DICTIONNAIRE BIOGRAPHIQUE DU CANADA

DICTIONNAIRE BIOGRAPHIQUE DU CANADA

DICTIONARY OF CANADIAN BIOGRAPHY

FRANCESS G. HALPENNY GENERAL EDITOR

JEAN HAMELIN DIRECTEUR GÉNÉRAL ADJOINT

Volume XII

QUÉBEC

HUGUETTE FILTEAU directrice de la rédaction
MICHEL PAQUIN administrateur

THÉRÈSE P. LEMAY rédactrice-historienne principale
PAULETTE M. CHIASSON, CÉLINE CYR
CHRISTIANE DEMERS, FRANCE GALARNEAU, JOHN KEYES
JAMES H. LAMBERT, JACQUELINE ROY rédacteurs-historiens

CLAUDIANE BOLDUC réviseure-traductrice
MARCELLE DUQUET relectrice
MICHÈLE BRASSARD chargée de recherche
RÉJEAN BANVILLE auxiliaire de recherche

PIERRETTE DESROSIERS, SUZANNE EAST, FRANCINE LÉVESQUE secrétaires

TORONTO

MARY P. BENTLEY, CHARLES DOUGALL supervisory editors
JANE E. GRAHAM associate editor HENRI PILON executive officer

ROBERT LOCHIEL FRASER, STUART R. J. SUTHERLAND
senior manuscript editors
ELIZABETH HULSE, DAVID ROBERTS
MONICA SANDOR, ROBERT G. WUETHERICK
manuscript editors

PHYLLIS CREIGHTON translations editor
SUSAN E. BÉLANGER bibliographies editor
DEBORAH MARSHALL editorial assistant
JOANNA DAVIS, TRACEY PEGG secretaries

TRADUCTRICE PRINCIPALE Sylvie Chaput
TRADUCTEURS Pierre Bédard, Jean Bouchard, Danièle Chaput, Jean-Paul Corriveau

LES PRESSES DE L'UNIVERSITÉ LAVAL

UNIVERSITY OF TORONTO PRESS

DICTIONNAIRE BIOGRAPHIQUE DU CANADA

VOLUME XII

DE 1891 À 1900

LES PRESSES DE L'UNIVERSITÉ LAVAL

Dépôt légal (Québec et Ottawa), deuxième trimestre 1990
Édition originale : ISBN 2-7637-7217-x
Édition laurentienne : ISBN 2-7637-7218-8

Table des matières

VOLUME I (1000–1700) 1966
1986 (réimprimé avec corrections)
VOLUME II (1701–1740) 1969
VOLUME III (1741–1770) 1974
VOLUME IV (1771–1800) 1980
VOLUME V (1801–1820) 1983
VOLUME VI (1821–1835) 1987
VOLUME VII (1836–1850) 1988
VOLUME VIII (1851–1860) 1985
VOLUME IX (1861–1870) 1977
VOLUME X (1871–1880) 1972
VOLUME XI (1881–1890) 1982
VOLUME XII (1891–1900) 1990

GUIDE DE CONSULTATION, VOLUMES I À IV : 1000–1800 1981
INDEX ONOMASTIQUE, VOLUMES I À XII : 1000–1900 (en préparation)

Introduction

C'EST AVEC FIERTÉ et le sentiment du devoir accompli que l'équipe du *Dictionnaire biographique du Canada/Dictionary of Canadian Biography* présente le volume XII, qui vient clore la première étape de son programme d'édition. Depuis la mise en chantier du volume I, paru en 1966, une multitude de collaborateurs, de rédacteurs-historiens, de traducteurs et de personnes-ressources, soutenus par un grand nombre d'établissements de recherche, ont travaillé à cette œuvre collective. En incluant le volume XII, ce sont 6 520 biographies de personnages dont la date de décès ou la dernière date d'activité se situe entre les années 1000 et 1900 que le lecteur pourra consulter. La liste des volumes figure en page vi ; elle indique la période sur laquelle chacun porte et l'année de publication.

Les 450 collaborateurs du volume XII ont rédigé, soit en français soit en anglais, 597 biographies dont la longueur varie de 600 à plus de 10 000 mots. Le DBC/DCB a fait appel à eux en raison de leur connaissance particulière de la période et des personnages qui s'y sont illustrés et les a invités à observer les directives énoncées à leur intention dans ses *Instructions générales* :

1. Leurs exposés devront être exacts, précis et fondés, autant que possible, sur des sources de première main et dignes de foi.
2. Ils éviteront les simples énumérations de faits et de dates ou les compilations d'études déjà faites sur le sujet.
3. Ils s'efforceront de retracer de façon vivante le portrait du personnage, son œuvre et les événements auxquels il a pu être mêlé.

Les collaborateurs ont enrichi le volume XII de connaissances nouvelles, tant sur des figures majeures et mineures que sur la société de l'époque.

Comme le volume XII regroupe des personnages qui sont morts durant la dernière décennie du XIXe siècle, on ne s'étonnera pas qu'il ait des liens étroits avec les volumes X et XI. Par exemple, les hommes qui prirent part aux débats politiques sur le projet d'union des colonies de l'Amérique du Nord britannique et sur la forme que devait prendre cette union étaient nombreux dans le volume X (George Brown, sir George-Étienne Cartier, Joseph Howe, William Henry Pope) et dans le volume XI (William Annand, Charles James Fox Bennett, sir Anthony Musgrave, Edward Palmer, sir Albert James Smith). Ces débats, le volume XII les évoque à son tour en détail dans la biographie de sir John Alexander Macdonald et dans celles de sir Alexander Tilloch Galt (un des premiers à avoir défini les formes possibles d'union), Timothy Warren Anglin, sir Adams George Archibald, sir Frederic Bowker Terrington Carter, Amor De Cosmos, Thomas Heath Haviland, Félix-Gabriel Marchand, Peter Mitchell, John Robson, sir Samuel Leonard Tilley, Robert Duncan Wilmot. En fait, tout au long du présent volume, comme des précédents, le lecteur trouvera des précisions sur l'ensemble des problèmes qui affectent ces débats. Les partisans de l'union des colonies étaient conscients de l'impasse législative dans laquelle se trouvaient le Bas et le Haut-Canada ; de la difficulté qu'auraient les colonies, tant qu'elles resteraient séparées, à se financer et à faire du commerce entre elles ou avec la Grande-Bretagne et les États-Unis ; des retombées positives que laissaient espérer les chemins de fer intercoloniaux ; de la menace que faisait planer sur les colonies l'activité militaire des États-Unis ; de l'attrait que représentaient les immenses territoires du Nord-Ouest où l'on était prêt à entamer des négociations pour s'affranchir de la Hudson's Bay Company ; de la puissance et de l'importance accrues que connaîtrait l'Amérique du Nord britannique si les colonies s'unissaient. Mais les choses n'étaient pas si simples. La question de l'union touchait des cordes sensibles et remettait en cause des allégeances traditionnelles. Au Bas-Canada, elle soulevait des passions parce que l'on craignait pour la survie de la langue, de la religion et de la culture. En 1865, dans le *Morning News* de Saint-Jean, au Nouveau-Brunswick, Edward Willis pouvait bien se moquer des anticonfédérateurs des Maritimes en disant qu'ils croyaient « que le commerce peut être stimulé davantage par l'isolement et le maintien de tarifs hostiles ; que les chemins de fer peuvent être construits sans argent, et les capitalistes amenés à investir sans [qu'on leur offre de] garantie ; que les déplacements entre les provinces sont mieux encouragés [par l'absence] de liaison ferroviaire ». Cela n'empêchait pas que, tout comme Cornelius Howatt à l'Île-du-Prince-Édouard, Alexander Lawson, à la veille même du 1er juillet 1867, prônait la fidélité au passé dans son journal, le *Yarmouth Herald* : « Il y a près de trente ans, après une longue lutte, écrivait-il, la Nouvelle-Écosse s'est vu concéder le droit de se gouverner elle-même et, depuis, le peuple a eu le privilège d'administrer ses propres affaires, de faire ses propres lois, de réglementer son propre tarif et d'avoir plein pouvoir sur ses revenus, et a connu un degré de liberté, de prospérité, de contentement et de bonheur inégalé ailleurs sur terre [...] Mais, malgré tout, on lui a imposé la révolution. Est-ce là la liberté ? »

Toutefois, la Confédération n'est que l'un des moments relatés dans le volume XII. On y rencontre également quelques personnages qui ont été mêlés aux rébellions de 1837–1838 dans le Bas et le Haut-Canada. On y trouve aussi beaucoup de renseignements sur ceux qui, par la suite, s'allièrent à tel ou tel des groupes politiques (*grits,* « rouges », « bleus », libéraux, conservateurs) qui s'efforçaient de résoudre les problèmes de représentation que connaissait la province du Canada. Les événements capitaux qui suivirent la Confédération, les adaptations qu'elle nécessita y sont décrits : création de l'appareil gouvernemental fédéral et de sa fonction publique, de la Cour suprême et des partis politiques nationaux. De même, on peut y observer les rapports d'interaction entre ces nouvelles créations et leurs équivalents provinciaux, et suivre les changements qui se produisirent dans le gouvernement des provinces. La période postérieure à la Confédération est marquée par d'autres adaptations et faits nouveaux que mentionne le volume : négociation et conséquences du traité de Washington (1871) et différends persistants à propos des pêcheries de l'Atlantique, entre autres des droits sur la côte française de Terre-Neuve ; reprise infructueuse, au Canada, des discussions sur la réciprocité (Guillaume Amyot, Charles Henry Fairweather) ; questions tarifaires ; enfin, Politique nationale des conservateurs, appliquée par le ministre des Finances Tilley et qui toucha un très grand nombre des marchands et industriels du volume. L'incident du *Trent* en 1861, les alertes aux frontières pendant la guerre de Sécession, les ambitions que risquait d'avoir le Nord s'il sortait vainqueur de ce conflit, les raids féniens – tout cela souleva des inquiétudes et donna lieu à des débats sur la défense des colonies. Le nouveau dominion continuait de s'interroger sur le rôle des militaires – troupes régulières ou milice – ainsi que sur le soutien qu'il convenait de leur apporter. Comme l'annoncent les biographies de Canadiens qui firent partie du contingent britannique envoyé au Soudan et de ceux qui participèrent à la guerre des Boers, le pays allait prêter son appui à l'Empire dans les années qui suivraient.

Il ne faudrait pas croire pour autant que les personnages du volume XII se préoccupaient uniquement des transformations que connaissaient leurs gouvernements ou se contentaient de réagir à des événements extérieurs. Bon nombre de biographies traitent d'affaires intérieures. Le volume XI présentait la biographie de Louis Riel. On verra que les événements survenus en 1869–1870 à la colonie de la Rivière-Rouge, la création de la province du Manitoba, le second soulèvement, en 1885, le sort des Métis et de Riel lui-même occupent aussi une place importante dans le volume XII, et que les militaires, le gouvernement fédéral, les administrateurs et chefs du Nord-Ouest et d'autres provinces du Canada s'y intéressent de près. C'est dans autant de milieux que, durant de longues années, on débattra avec angoisse la question scolaire du Manitoba, mise à l'ordre du jour en 1890 par une loi provinciale, et dont les droits de la minorité catholique en matière d'éducation sont le grand enjeu. De même, des lois scolaires adoptées en 1871 au Nouveau-Brunswick et en 1877 à l'Île-du-Prince-Édouard causent des frictions interconfessionnelles, et la question des écoles séparées de l'Ontario continue d'engendrer des conflits. Adopté par la province de Québec en 1888, l'Acte relatif au règlement de la question des biens des jésuites, qui alloue des fonds aux écoles protestantes et à l'Église catholique, éveille aussi des passions dans bien des régions du pays. C'est à cause de ces dissensions que naît l'Equal Rights Association, qui tente de s'imposer comme force politique. Et ces événements ne font pas que créer des remous chez les catholiques et les protestants, les francophones et les anglophones, les habitants de l'est et ceux de l'ouest du Canada. Ils posent avec acuité le problème de la répartition des droits et responsabilités entre les provinces, d'une part, et les gouvernements fédéral et britannique, d'autre part – problème que l'on rencontrera de nouveau dans les volumes qui suivront le XII.

Bien des événements intérieurs obligent les populations à mobiliser leurs énergies pour survivre ou faire face au changement : le feu ravage Trois-Rivières en 1856, Saint-Jean en 1877, Vancouver en 1886, St John's en 1892, Toronto en 1895. À la fin des années 1850 et dans les années 1870, les colonies de l'est et du centre de l'Amérique du Nord britannique traversent une grave dépression ; au début des années 1880, un effondrement des valeurs immobilières survient dans la région de Winnipeg ; en 1894, les banques de Terre-Neuve font faillite ; partout, dans les années 1890, il y a ralentissement de l'économie. Tout cela freine et menace l'expansion que connaît la plus grande partie du pays dans la seconde moitié du siècle. Cette volonté d'expansion apparaît clairement dans la préoccupation que manifestent pour la construction ferroviaire les hommes politiques et les administrateurs de tous les paliers de gouvernement, les hommes d'affaires, les ingénieurs et les industriels. Les Maritimes s'occupent de la construction du chemin de fer Intercolonial ; l'Ouest, après bien des retards, est enfin relié à l'Est par le chemin de fer canadien du Pacifique. Mais ce ne sont là que deux des exemples les plus patents. Des chantiers ferroviaires, il y en a partout – lignes locales, chemin de fer qui amène l'Île-du-Prince-Édouard à faire partie de la Confédération, lignes qui ouvrent l'accès aux États-Unis, chemin de fer de la rive nord du Saint-Laurent, chemin de fer de Québec, Montréal, Ottawa et Occidental, Grand Tronc, Great Western Railway. D'un bout à l'autre du volume, on voit à quel point, durant ces années, les hommes publics pensent et décident en fonction des chemins de fer.

Cependant, l'expansion, c'est aussi autre chose. À l'époque, à cause de l'entrepreneuriat et de la disponibilité de plus en plus grande du capital dans des centres comme Montréal et Toronto, l'industrie connaît des changements profonds. Elle a beaucoup progressé dans l'est du pays, et ses dirigeants cherchent sans cesse de nouveaux débouchés, dans l'Ouest canadien, aux États-Unis, en Grande-Bretagne, en Europe, en Australie. On en a quelques exemples dans les biographies de Joseph Barsalou, William Mellis Christie et Charles-Théodore Viau, Hart Almerrin Massey, William Church Moir, William Watson Ogilvie, Hiram Walker et Richard Mott Wanzer, qui fabriquent des produits aussi divers que le savon, les biscuits, les instruments aratoires, les bonbons, la farine, le whisky et les machines à coudre. Les grandes expositions de la seconde moitié du XIXe siècle offrent à ces entrepreneurs une merveilleuse occasion de montrer leur production ; tout au long du volume, on entendra parler des expositions tenues à Paris en 1855 et 1867, à Londres en 1862 et 1886, à Philadelphie en 1876, à Chicago en 1893. Aux entreprises traditionnelles (bois, pêches, construction navale, agriculture et approvisionnement), s'ajoutent des manufactures de textiles, de meubles, de chaussures, de pianos, de vêtements, de papier, de caoutchouc, de produits pharmaceutiques, de produits du tabac. Les revues commerciales font leur apparition. Les centres urbains, en pleine croissance, tirent profit des nouveaux moyens qui sont à leur disposition pour améliorer leurs services publics – eau, gaz, électricité, systèmes sanitaires, tramways. Les banques jouent un rôle important, de même que les compagnies d'assurances ou les sociétés d'investissement et d'épargne. Le télégraphe, le câble océanique, le téléphone et un service postal amélioré amènent de grands changements dans les communications.

On peut suivre l'évolution survenue dans ces divers domaines en consultant les biographies d'un grand nombre de personnages qui appartiennent au monde de la politique, du droit, du journalisme et de l'éducation. Parmi les chefs de gouvernement, on peut passer de sir John Alexander Macdonald à son adversaire, le chef libéral et premier ministre Alexander Mackenzie, et à ses successeurs sir John Joseph Caldwell Abbott et sir John Sparrow David Thompson, qui a d'abord été ministre fédéral de la Justice. Les premiers ministres des provinces sont des figures importantes : à Terre-Neuve, Carter, Philip Francis Little ; en Nouvelle-Écosse, Philip Carteret Hill ; au Nouveau-Brunswick, John James Fraser, Andrew Rainsford Wetmore ; à l'Île-du-Prince-Édouard, Robert Poore Haythorne, Joseph Hensley ; au Québec, sir Joseph-Adolphe Chapleau, Marchand, Honoré Mercier ; au Manitoba, Marc-Amable Girard ; en Colombie-Britannique, De Cosmos, Theodore Davie et Robson. Du côté des hommes politiques influents, on peut citer, à Terre-Neuve, Robert John Kent ; à l'Île-du-Prince-Édouard, Joseph-Octave Arsenault ; au Nouveau-Brunswick, Peter Mitchell, Robert Duncan Wilmot ; au Québec, Louis-Antoine Dessaulles, sir Antoine-Aimé Dorion et Joseph Gibb Robertson ; en Ontario, sir Alexander

Campbell, sir James David Edgar, Christopher Finlay Fraser, Donald Alexander Macdonald (Sandfield), D'Alton McCarthy, Archibald McKellar.

Parmi les grands noms du monde du droit qui s'intéressent généralement à la politique à un moment quelconque de leur carrière, il y a des juges des cours supérieures, tels sir William Johnston Ritchie et Télesphore Fournier de la Cour suprême ; James Horsfield Peters de l'Île-du-Prince-Édouard ; sir John Campbell Allen du Nouveau-Brunswick ; sir Francis Godschall Johnson au Québec ; sir John Hawkins Hagarty et sir Adam Wilson en Ontario ; sir Matthew Baillie Begbie dans l'Ouest. Pour en savoir plus long sur les nombreux journaux qui rapportent les événements de ces années, et qui contiennent des controverses souvent férocement partisanes sur les grandes questions, on consultera les biographies d'Anglin, James Beaty, Christopher William Bunting, Thomas Winning Dyas, François Évanturel, George Edward Fenety, John Livingston, Joseph Tassé. Bon nombre de projets publics et d'initiatives administratives sont lancés par des fonctionnaires influents, dont Hewitt Bernard, Donald Codd, Francis Collier Draper, George Futvoye, Samuel Bickerton Harman, John Hearn, John Langton, Donald McInnes, Gilbert McMicken, Pierre St Jean, sir John Christian Schultz, William Smith, Toussaint Trudeau, Samuel Wilmot. Parmi les militaires qui s'occupent de la défense, du maintien de l'ordre public ou de la répression du soulèvement de 1885, on retrouve sir Casimir Stanislaus Gzowski, Edward Osborne Hewett du Royal Military College of Canada, sir William Francis Drummond Jervois, Richard George Amherst Luard, sir Patrick Leonard MacDougall, William Macauley Herchmer et James Farquharson Macleod, tous deux de la Police à cheval du Nord-Ouest, ainsi que sir Frederick Dobson Middleton, commandant des forces armées canadiennes en 1885.

Si l'on veut suivre l'activité industrielle, tant dans les secteurs nouveaux que traditionnels, on consultera, outre les biographies de personnages déjà cités, celles d'Édouard-André Barnard, William Beatty, James Beaty, Guillaume Bresse, George Bryson, Alexander Buntin, Samuel Davis, Edward Doran Davison, Timothy Hibbard Dunn, Theodor August Heintzman, John Herring, Victor Hudon, John Kerry, Elijah Leonard, John McDougall, Owen McGarvey, Donald McInnes, James Maclaren, Robert Stewart Munn, Andrew Paton, William Penny, Hollis Shorey, George Elias Tuckett, Jesse Oldfield Wisner et William John Withall. Parmi les hommes d'affaires intéressés aux terres, aux investissements, aux banques, aux chemins de fer et au commerce figurent James Austin, Alexander Cameron, Charles Henry Fairweather, James Goodfellow, John Leonard Harris, Joseph Jeffery, sir Edward Kenny, Edwin Henry King, Duncan McIntyre, sir David Lewis Macpherson, Henry Morgan, George Richard Renfrew, William Eli Sanford, Robert Simpson, Isidore Thibaudeau et John Jacob Withrow.

L'expansion rapide que connaît cette époque se manifeste concrètement grâce à la qualification et à la détermination parfois farouche d'un grand nombre d'arpenteurs, d'ingénieurs, d'entrepreneurs et de constructeurs. Au moment de négocier des chartes et des trajets de chemin de fer, des travaux de construction, des aménagements fonciers ou des concessions commerciales, certains d'entre eux sont partie à des ententes (parfois secrètes) avec les milieux politiques et les gouvernements. Plusieurs dressent des plans de municipalité ou élaborent des aménagements portuaires et des ouvrages publics. Ils déterminent le tracé des chemins de fer et les construisent, font de l'arpentage pour des routes et des cartes côtières, érigent des ponts importants et des édifices publics. Entrent dans cette catégorie Job Abbott, Gzowski, Charles George Horetzky, William Kingsford, Peter John Leech, Alexander Luders Light, Donald McGillivray, Joseph Despard Pemberton, Hugh Ryan, sir George Henry Richards. Des ingénieurs tels Alan Macdougall et Walter Shanly œuvrent pour que le génie acquière l'excellence qui lui permettra d'être reconnu officiellement comme profession ; la Société canadienne des ingénieurs civils naît en 1887. Thomas McGreevy se taille une renommée toute spéciale dans l'histoire des relations entre le monde de la politique et celui de la construction.

Bien qu'il ait déjà été question ici des Prairies et de la côte ouest, il semble indiqué d'apporter des précisions sur le contexte dans lequel ce vaste territoire est présenté au volume XII. L'« Ouest » que les lecteurs du DBC/DCB connaissent depuis longtemps est celui de la traite des fourrures, de la colonie de la Rivière-Rouge, des premiers temps de la colonisation sur la côte du Pacifique. Ils retrouveront tout cela dans le présent volume sous les noms d'Alexander Begg, Horace Bélanger, Pascal Breland, William Joseph Christie, Joseph James Hargrave, Josette Legacé (Work) et Joseph William McKay. Le volume XI, notamment dans la biographie de John Norquay, présentait un autre aspect de l'Ouest : rapide croissance démographique, grands changements socio-économiques, interaction constante avec le gouvernement fédéral sur un grand nombre de questions. C'est cet aspect, caractéristique de la fin du XIXe siècle, que reflète l'ensemble du volume XII. La politique foncière du Nord-Ouest, qui touche les nouveaux colons et les Métis, est un problème particulièrement épineux, tout comme la coexistence de cultures nouvelles et anciennes, dont celle des peuples autochtones. Pour en savoir davantage, on consultera les biographies d'Archibald, Codd, Girard, McMicken, Macpherson, Schultz, de même que celles de Charles Arkoll Boulton, John Bruce, Alexander Mackinnon Burgess, Maxime Lépine et John B. Mather. Winnipeg connaît tour à tour des moments de prospérité et des périodes de crise, Calgary et Edmonton sont sur une bonne lancée : on peut le constater dans les biographies d'Alexander Logan, Samuel Henry Harkwood Livingston, Wesley Fletcher Orr, Thomas Stone et Donald McLeod. Sur l'établissement des grandes compagnies céréalières, on consultera Joseph Harris, Stephen Nairn, Ogilvie et James Richardson. Les embranchements de chemin de fer et le tarif du transport des marchandises sont toujours de grands sujets de préoccupation. L'enthousiasme des débuts et les réalités du développement façonnent chez les habitants de l'Ouest un sentiment d'identité. Sur la côte du Pacifique, la ruée vers l'or et la société qu'elle engendre – sujets traités dans les précédents volumes – sont abordés de nouveau, par exemple dans la biographie de William Barker. Dans celles de Begbie, de De Cosmos et de Robson, on peut observer les mouvements qui sont à l'œuvre sur le territoire de la Colombie-Britannique : d'abord, les pressions en faveur d'un gouvernement responsable et d'un régime civil, nécessaires à une population en expansion et en mutation, puis l'adaptation à la Confédération et à la croissance de la province. L'essor rapide de centres urbains tels New Westminster et Vancouver est décrit dans les biographies de Henry Valentine Edmonds, Malcolm Alexander MacLean et David Oppenheimer ; le développement économique, dans celles de Charles Frederick Houghton, éleveur de bétail, Jacob Hunter Todd, exploitant d'une conserverie de saumon, et Gustavus Blinn Wright, entrepreneur de transport. Du côté des peuples autochtones, le tableau est trop souvent désolant. Finie l'époque des grands chefs des Prairies qui figuraient dans le volume XI. On voit plutôt d'anciens guerriers qui parviennent à peine à subsister, dans les réserves ou ailleurs ; ils sont victimes de la traite du whisky et fréquemment impliqués dans des poursuites criminelles qu'ils ne comprennent pas (Kitchi-manito-waya, Si'k-okskitsis). Rares sont ceux qui réussissent à s'adapter au nouveau contexte dans lequel ils doivent vivre : il y a Mékaisto, Natawista, Natos-api, Jerry Potts. Néanmoins, la côte du Pacifique et le Yukon comptent des hommes prestigieux et puissants : Eda'nsa, Isadore, Paul Legaic, Sahneuti.

Les provinces plus anciennes connaissent également des changements dans certaines de leurs régions. Bien que le nord de l'Ontario soit encore un territoire de traite des fourrures, les populations autochtones ont du mal à conserver leurs terres (Peemeecheekag) en raison des bouleversements, entre autres ceux que le chemin de fer canadien du Pacifique provoque dans des endroits comme Port Arthur et Fort William (Alexander Clark, John McKellar, Victoria McVicar, Thomas Marks, Arthur Rankin). Dans la province de Québec, l'heure est à la colonisation de régions agricoles éloignées des grands centres : pour François Évanturel, François-Xavier-Antoine Labelle et Jean Langevin, il s'agit d'une initiative culturelle et religieuse propre à freiner l'émigration des Canadiens français vers la Nouvelle-Angleterre et le Centre-Ouest américain. De même, bon nombre de leaders déjà mentionnés luttent pour maintenir la présence et l'influence canadiennes-françaises au nord-ouest de la province ; Jacques Dufresne favorise les sociétés d'entraide pour les Franco-Ontariens afin de résister à l'assimilation.

Comme on peut s'y attendre, puisqu'il est question du XIXe siècle, le volume XII fait bien ressortir l'importance des convictions religieuses et des Églises. Chronologie oblige, le volume contient un groupe impressionnant d'évêques catholiques de la province de Québec – Édouard-Charles Fabre, Louis-François Laflèche, Jean Langevin, Antoine Racine, Elzéar-Alexandre Taschereau. En consultant leur biographie, de même que celle de Benjamin Pâquet, on peut voir de quelle façon et à quel point l'ultramontanisme influe sur la foi et la vie publique, et suivre le vaste et houleux débat sur la création d'une université à Montréal. La hiérarchie catholique compte aussi des représentants importants dans d'autres régions : Armand-François-Marie de Charbonnel à Toronto, Alexandre-Antonin Taché à Saint-Boniface, Paul Durieu sur la côte du Pacifique, Peter McIntyre à l'Île-du-Prince-Édouard, Thomas Joseph Power à Terre-Neuve, et, dans l'ouest de l'Ontario, John Walsh qui, tout en étant imbu du triomphalisme de l'Église du XIXe siècle, exerce une influence modératrice. Camille Lefebvre fonde à Memramcook un collège qui contribuera fortement à la prise de conscience des Acadiens. Critique historique de la Bible et convictions individuelles sont abordées dans les biographies des presbytériens William Cochrane de Brantford, John Cook de Québec, John Mark King de Winnipeg, Daniel James Macdonnell de Toronto, soumis par son Église à un procès pour « hérésie », et Alexander McKnight de Halifax. Chez les méthodistes, le besoin de se servir de la parole évangélique pour en arriver à changer la société est profond ; la biographie du ministre Henry Flesher Bland en témoigne, mais aussi celles des laïques Hart Almerrin Massey et William Beatty. Le rédacteur en chef baptiste Ebenezer William Dadson préconise lui aussi l'application des principes chrétiens dans la lutte contre la pauvreté. Pour connaître les opinions opposées sur l'influence des tractariens et des tendances évangéliques au sein de l'Église d'Angleterre, on consultera la biographie des évêques anglicans George Hills de la côte ouest, John Medley de Fredericton, Ashton Oxenden de Montréal, Edward Sullivan d'Algoma et James William Williams de Québec, ainsi que celle du travailleur social Samuel Massey. Le Noir Richard Randolph Disney est l'un des chefs de l'Église méthodiste épiscopale africaine. Quant à William Allen Pringle, c'est un vigoureux défenseur de la libre-pensée.

Toute une gamme de préoccupations sociales se dégagent du volume XII. La tempérance est l'une des plus évidentes ; approuvée par bon nombre de gens, cette cause compte d'énergiques défenseurs. Tilley en est un, mais on peut citer aussi William Holmes Howland de Toronto, Samuel Creelman du canton d'Upper Stewiacke en Nouvelle-Écosse, George Douglas, militant du mouvement White Cross à Montréal, Letitia Creighton (Youmans) de Picton et de Toronto, force agissante de la Woman's Christian Temperance Union et partisane de la prohibition locale, Catharine Morton (McLellan) de Victoria, qui appartient à la même association, Alfred Moore Phillips, de l'organisation des Templars, et un personnage québécois controversé, Charles Chiniquy. Le commerce de l'alcool engendre des problèmes sociaux criants, mais pour le journaliste Louis P. Kribs et le docteur Darby Bergin de Cornwall, par exemple, l'interdire par voie législative n'est pas du tout une solution. Par ailleurs, répondant à un besoin de plus en plus manifeste, des travailleurs dévoués, des chefs religieux et des philanthropes veillent à la fondation d'hôpitaux et de refuges pour les orphelins (Honoria Conway), les indigents, les sourds (James Scott Hutton, Joseph-Marie Young) et les malades incurables. Parfois, ces initiatives sont destinées à des groupes particuliers, les travailleurs irlandais, par exemple, ou les immigrants juifs (Alfred David Benjamin). De leur côté, William King et Mary Ann Camberton Shadd (Cary) œuvrent à l'amélioration de la situation sociale des Noirs. Par contre, en Colombie-Britannique, les Chinois qui travaillent dans les régions minières ou à la construction du chemin de fer trouvent peu de défenseurs. Samuel Lawrence Bedson, directeur de prison, et Edmund Allen Meredith, membre du Bureau d'inspecteurs des asiles et prisons, tentent de réformer les établissements pénitentiaires. L'hygiène publique intéresse particulièrement les médecins, tels Alphonse-Barnabé Larocque de Rochbrune, qui prône la vaccination, et Jean-Lukin Leprohon. Parmi ceux qui se dévouent pour les malades mentaux, on peut citer Henry Hunt Stabb de St John's et Joseph Workman qui préconise à Toronto les nouveaux principes du « traitement moral » ; Flora Amelia Ross (Hubbs) et Cléophée Têtu, elles, assument de hautes responsabilités dans des établissements pour aliénés. Maria Louisa Angwin, tenante de la médecine préventive, est la première femme autorisée à pratiquer la médecine en Nouvelle-Écosse. L'expansion commerciale et industrielle décrite dans le volume ne bénéficie pas à tout le monde. Souvent, les ouvriers de la chaussure, du textile, du tabac, de la confiserie et du vêtement travaillent de longues heures pour de maigres salaires, subissent les inconvénients du travail à la pièce et ne jouissent pas d'une protection suffisante. Ceux qui tentent d'améliorer leur sort obtiennent plus ou moins de succès : ce sont par exemple Olivier-David Benoît de Montréal qui milite dans les Chevaliers du travail, Arthur C. Lessel qui œuvre auprès des charpentiers de Halifax, Bergin qui proteste contre l'embauche des enfants dans l'industrie textile de Cornwall, Henry Swift qui tente d'exploiter efficacement des mines à Springhill. Il arrive que le travail fasse des victimes, comme en témoigne le cas pathétique de George

Everitt Green, jeune Anglais envoyé au Canada dans le cadre d'un programme d'émigration d'enfants qui portait le nom du docteur Thomas John Barnardo. Employé dans une ferme, il meurt par suite de négligence et son décès va contribuer à la réglementation de l'immigration des enfants.

Par ailleurs, étant donné les mutations et l'expansion que connaît le pays, l'instruction demeure une priorité pour beaucoup. Dans la province de Québec, sir John William Dawson, s'appuyant sur son expérience pratique de l'éducation en Nouvelle-Écosse, favorise la fondation d'écoles normales, tout comme William Henry Hicks et François-Xavier Toussaint. À titre de directeur du McGill College et d'auteur d'importants écrits scientifiques, Dawson fait connaître Montréal sur le plan international en matière de géologie et de paléobotanique. George Munro permet au Dalhousie College de sortir d'une crise ; John Pryor est le premier directeur de l'Acadia College. Theodore Harding Rand, après s'être distingué comme surintendant de l'Éducation en Nouvelle-Écosse et au Nouveau-Brunswick au moment où l'on y créait un système d'enseignement public, poursuit sa carrière dans des collèges baptistes de l'Ontario et devient l'un des fondateurs de la McMaster University. Très sensible aux progrès de la pensée laïque et de la science, il n'en espère pas moins, comme d'autres, voir l'éducation et la foi associées pour que la société et les individus prennent pleinement conscience des perspectives chrétiennes. Sir Daniel Wilson, recteur de la University of Toronto, n'acquiert pas une solide réputation seulement en luttant contre l'influence des hommes politiques sur son université et contre la fédération des collèges confessionnels ; c'est aussi un grand pionnier de la préhistoire et une autorité en ethnologie. Wilson ne favorise pas les études supérieures pour les femmes, mais il devra y consentir. D'autres font avancer cette cause : Mary Electa Adams, qui défend le principe d'« un enseignement rigoureux dans un cadre chrétien » à la Wesleyan Academy de Sackville et finalement à l'Ontario Ladies' College de Whitby ; Martha Hamm Lewis (Peters), première femme à entrer à l'école normale au Nouveau-Brunswick ; Anne Molson, qui appuie l'entrée des femmes à McGill ; la féministe Sarah Anne Vincent (Curzon), qui défend cette cause dans ses écrits.

Après avoir vaqué à leurs tâches quotidiennes, les gens ont plus qu'avant l'occasion d'exercer d'autres activités, et le volume XII illustre bien ce nouveau phénomène. Les sociétés de littérature, d'art, d'histoire, d'histoire naturelle et d'astronomie fleurissent en maints endroits, et le Canadian Institute constitue une puissante force intellectuelle. La Women's Canadian Historical Society, fondée à Toronto en 1895, a comme première présidente Mme Curzon. Ceux qui veulent parfaire leurs connaissances par eux-mêmes peuvent fréquenter les instituts d'artisans et les bibliothèques, les sociétés bibliques et la Young Men's Christian Association. Ceux qui souhaitent partager un héritage culturel et des intérêts communs se réunissent à la Société Saint-André ou à la Société calédonienne. La franc-maçonnerie compte de nombreux membres (John Hamilton Graham, Hugh Miller). Il y a des librairies et de riches collections de livres ; Allan Gilmour consacre ses énergies à une collection d'art. Thomas Beamish Akins devient le premier archiviste officiel de l'Amérique du Nord britannique. Il y a des imprimeurs et des éditeurs, notamment à Québec, à Montréal et à Toronto (William Walter Copp, George-Édouard Desbarats, Stanislas Drapeau, John Lovell, Thomas Maclear, George Maclean Rose). Le nom de cercles mondains – le Club St James, le Rideau Club, le Manitoba Club – apparaît fréquemment dans les biographies. Les riches hommes d'affaires et industriels se font construire d'imposantes résidences. Le sport a ses vedettes et ses mordus, comme Thomas Stone ; ils pratiquent la crosse (William George Beers), le baseball et le cricket (Thomas Goldie), l'aviron (Albert Hamm, Samuel Hutton, William Joseph O'Connor), le golf, le curling, la voile.

La fondation de la Société royale du Canada, en 1882, est l'un des grands événements culturels de ces années. Le volume XII contient la biographie de 13 des membres fondateurs et de 7 des membres élus entre cette date et 1900. Dawson est le premier président de cet organisme qui regroupe aussi bien des artistes et des écrivains que des spécialistes des sciences humaines et des sciences pures. L'activité scientifique sous différentes formes mène à l'implantation d'observatoires (Edward David Ashe, Charles Carpmael, James Williamson) et améliore la technique des levés (Andrew Robertson Gordon) ; George Lawson, Jean Moyen et Léon Provancher consacrent leur vie à la botanique ; Francis Bain s'adonne à la géologie ; Andrew Downs ouvre un jardin zoologique à Halifax. Horatio Emmons Hale reconstitue un classique de la philologie et de l'anthropologie en éditant le Livre des rites iroquois. Frederic Newton Gisborne innove en matière de télégraphie et de transmission par câble sous-marin. Charles Fenerty découvre comment fabriquer du papier à partir de la pâte de bois et compose des poèmes. William Henry Rogers perfectionne les échelles à poissons.

Les lecteurs qui espèrent trouver dans ce volume un plus grand nombre d'artistes et de gens de lettres ne seront pas déçus. Parmi les artistes, il y a des noms bien connus : George Theodore Berthon, Daniel Fowler de l'île Amherst, John Arthur Fraser, qui va peindre dans l'Ouest en empruntant le chemin de fer canadien du Pacifique, Lucius Richard O'Brien, membre actif de l'Ontario Society of Artists et de l'Académie royale canadienne des arts, Paul Peel, Antoine Plamondon, Anne Langton, qui exerce son talent de peintre dans les forêts du Haut-Canada. Comme on en est de moins en moins à l'étape des objets de première nécessité, on commande au Montréalais Robert Hendery d'élégantes pièces d'argenterie destinées à servir de présents officiels. Le studio de William Notman à Montréal est le foyer d'une florissante communauté artistique ; fidèles documents de l'époque, ses photographies nous passionnent autant qu'elles passionnaient ses contemporains. Grâce à Thomas Fuller, le dominion se dote de sa principale œuvre architecturale, les édifices du Parlement. William George Storm dessine les plans du University College de Toronto avec son associé Cumberland et fait ensuite ceux de l'église St Andrew et du Victoria College. Hermann Otto Tiedemann est l'architecte des premiers édifices de l'Assemblée de la Colombie-Britannique. Les écrivains sont nombreux. Il y a les poètes Archibald Lampman et Charles Sangster, ou encore Catherine Parr Strickland (Traill), qui décrit la vie dans les régions forestières du Haut-Canada, et Alexander Begg qui fait connaître le Nord-Ouest. On trouve aussi des auteurs de poèmes et de contes historiques ou patriotiques (Joseph-Guillaume Barthe, Georges de Boucherville, Narcisse-Henri-Édouard Faucher de Saint-Maurice, John Lesperance), de littérature sentimentale (Amelia Clotilda Jennings, Louisa Annie Murray), d'ouvrages d'histoire (Hargrave, Kingsford, Joseph Wilson Lawrence, Francis Parkman, George Patterson), de poésie inspirée particulièrement de

Robert Burns (Alexander McLachlan), de romans édifiants (Margaret Murray Robertson, Pamelia Sarah Vining (Yule)), de recueils de folklore (Joseph-Charles Taché) et de pièces de théâtre (John Hunter-Duvar, Sarah Anne Vincent). Désormais, les citadins ont le loisir et la possibilité d'assister aux représentations des troupes de tournée, et des gens comme Anne Fairbrother (Hill), Kate M. Horn (Buckland), Eugene Addison McDowell et James Franklin McLeay font leur entrée dans le monde du théâtre. Les goûts musicaux se raffinent grâce au compositeur Calixa Lavallée, à l'auteur Henry Francis Sefton et à l'organiste Charles-Gustave Smith, qui écrit sur l'enseignement de la musique, ainsi qu'à l'interprète Frantz Jehin-Prume et à sa femme.

À l'instar des autres tomes du DBC/DCB, le volume XII relate des événements et décrit des personnages qui piquent la curiosité du lecteur en raison de leur caractère inhabituel. Le nom de l'avocat Louis de Gonzague Baillairgé est associé à la découverte de ce que l'on croyait être le drapeau de Carillon et à l'érection du monument aux Braves en l'honneur des soldats de 1760. Grand philanthrope, il fait construire une chapelle dans chacune des cinq parties du globe. Robert Michael Ballantyne passe six ans au service de la Hudson's Bay Company dans le Nord-Ouest et dans les postes du roi. Il n'a rien à lire mais possède « un cahier de feuilles blanches » où écrire. Après avoir publié *Hudson's Bay,* il fait carrière dans la rédaction de livres pour jeunes garçons, et à sa mort ses lecteurs vident leur tirelire pour lui ériger un monument commémoratif. Fanny Bendixen accueille les chercheurs d'or de la région du Cariboo dans ses saloons, dont l'un a une belle salle de lecture agrémentée de tableaux. Journaliste prolifique, Hector Berthelot est célèbre pour son humour et ses caricatures : un jour, il invente le discours d'un politicien local en pigeant dans les caractères d'imprimerie des « bouts de mots ronflants, des points de suspension et d'exclamation », et une autre fois il monte un canular en annonçant son propre assassinat par des bandits. Francis Canning, aubergiste à St John's, est jugé coupable du meurtre d'une servante abattue d'un coup de feu au cours d'une dispute. Sa pendaison a lieu en juillet 1899 après une vigile de prière de 24 heures, au cours du pire orage que la ville ait connu en 50 ans. Polly Barber (Scovill) de Sutton, dans les Cantons-de-l'Est, devient veuve à 44 ans. Elle est enceinte, a trois autres enfants et des dettes, mais cela ne l'empêche pas de prendre en charge la ferme, d'en augmenter la production (1 300 livres de sucre d'érable en 1861), d'ouvrir une fabrique de vêtements et de voir à l'éducation et à l'établissement de ses enfants. L'infirmière Agnes Cowan, « la Florence Nightingale de Terre-Neuve », se dévoue particulièrement pour aider les grands malades et les agonisants à surmonter leurs peurs ; elle meurt de tuberculose, et un pavillon du Health Sciences Centre, de St John's, porte maintenant son nom. Simon Thomas Gibbons, né au Labrador d'une mère inuit, est d'abord catéchiste de l'Église d'Angleterre dans les petits villages de pêcheurs de Terre-Neuve. Puis, une fois ordonné ministre, il œuvre au Cap-Breton où, pour aller célébrer l'office de Noël dans un village isolé, il doit parfois ramper le long d'une rive glacée. Il va solliciter des fonds en Grande-Bretagne et explique son franc succès en disant simplement : « Ma chance, c'est ma figure ». Le funambule Jean-François Gravelet, connu sous le nom de Charles Blondin, impressionne les foules en franchissant la gorge de la rivière Niagara. Un jour, il installe même un gros poêle de fonte sur son fil de fer, puis prépare son repas, et va jusqu'à offrir au prince de Galles de le prendre sur son dos pour le faire passer au-dessus des chutes. De 1841 à 1843, Samuel Douglass Smith Huyghue publie dans un périodique de Saint-Jean, l'*Amaranth,* une aventure intitulée *Argimou.* C'est le premier roman canadien à raconter la déportation des Acadiens et l'un des premiers à manifester une conscience sociale, car il évoque la manière dont les Micmacs et les Malécites sont réduits à l'assimilation et à une « épouvantable misère ». Theresa Mary Johnson (Gowanlock) épouse en 1884 un jeune entrepreneur qui travaille dans les Territoires du Nord-Ouest, plus précisément à Frog Lake, petit village blanc et réserve de Cris. Le 2 avril, au cours d'une attaque contre les colons, son mari est tué sous ses yeux ; elle-même est faite prisonnière et demeurera en captivité jusqu'en juin. Bien qu'illettré, Pierre Martel, de l'Assomption, près de Montréal, a des dons musicaux et se fait connaître en fabriquant des violons au timbre particulièrement remarquable. On peut en admirer deux à l'Exposition universelle de Paris en 1878 et des centaines sont vendus au Canada et à l'étranger. Henry Wentworth Monk, sioniste chrétien, est convaincu que les progrès mécaniques du XIXe siècle peuvent être liés aux prophéties bibliques et propage ses visions millénaristes, où il est question de colonisation de la Palestine et de paix mondiale. Le peintre William Holman Hunt le prend comme modèle d'une toile biblique et John Ruskin finance la publication de son livre. Dès l'âge de quatre ans, sir Provo William Parry Wallis a son nom inscrit dans le rôle d'équipage d'un navire. Il n'est encore que lieutenant en second quand, en 1813, la frégate américaine *Chesapeake* est presque désemparée par le vaisseau britannique *Shannon,* et il se retrouve, près d'une côte ennemie, au commandement de ces deux navires remplis de blessés et de prisonniers. Lorsqu'il meurt, à l'âge de 100 ans, il est amiral à la retraite mais touche encore une solde complète.

La vie de Wallis, comme celle de Samuel Chipman, de Nouvelle-Écosse, englobe tout le XIXe siècle. Et c'est avec le volume XII que se termine la galerie des personnages disparus de la scène canadienne avant le début du XXe siècle.

Les noms des membres du personnel du DBC/DCB qui ont participé de diverses manières à la préparation du volume XII figurent dans les pages préliminaires. Nous voulons leur exprimer notre appréciation pour la constance, la connaissance et l'expérience éditoriale qu'ils ont apportées à ce travail. Le bureau de Toronto désire souligner l'apport de Catherine A. Waite, de Wendy Cameron et de Lina Peres, qui faisaient partie de l'équipe dirigée par Henri Pilon durant la phase d'élaboration des listes et des assignations ; Charles Dougall, qui était rédacteur-historien principal au moment où l'on a entrepris le travail d'édition du volume, a quitté le DCB en décembre 1988. Nous voulons le remercier tout spécialement pour les 12 années qu'il nous a consacrées à titre de rédacteur-historien et de rédacteur-historien principal ; énergique et compétent dans son enthousiasme indéfectible pour la portée de nos travaux, il était toujours déterminé à les faire progresser le plus avantageusement possible. Après son départ, Mary Bentley a assumé la supervision. Le bureau de Québec et les volumes du DBC/DCB ont largement bénéficié des connaissances en histoire et des talents éditoriaux de James H. Lambert, qui a quitté les rangs de l'équipe, et le volume XII, en décembre 1988 ; pour sa contribution, nous lui exprimons toute notre reconnaissance.

FRANCESS G. HALPENNY

JEAN HAMELIN

Postface

LE VOLUME XII étant le dernier tome du DBC/DCB à la production duquel je serai associée, j'aimerais profiter de l'occasion pour dire quelques mots en mon nom personnel. Ma participation à cet ouvrage remonte au tout début, c'est-à-dire au moment où le legs de James Nicholson a rendu possible le lancement du projet. En 1959, le *Dictionary of Canadian Biography* s'est installé aux University of Toronto Press, plus précisément à l'Editorial Department, où j'occupais alors le poste d'*editor* et par la suite celui de *managing editor*. L'équipe du dictionnaire faisait partie de ce service, et j'ai eu le plaisir et le privilège de travailler avec ses deux premiers *general editors,* les professeurs George W. Brown et David M. Hayne. En 1961, l'ouvrage est devenu le DBC/DCB et la plus grande entreprise de recherche bilingue au pays. C'est ainsi qu'a commencé, pour moi, une collaboration merveilleuse avec des gens de Québec : l'équipe du dictionnaire et nos collègues de l'université Laval et des Presses de l'université Laval, parmi lesquels Marcel Trudel et André Vachon. En 1969, Marsh Jeanneret, directeur des University of Toronto Press, m'a fait l'honneur de me nommer *general editor* du DBC/DCB. Au même moment, le DCB est devenu un service distinct à l'intérieur des éditions de cette université, ce qu'il est toujours. Je dois énormément à M. Jeanneret : en m'accordant sa confiance, il m'a permis d'apporter ma contribution à une œuvre de grande importance et de longue haleine. Jamais son appui ni son enthousiasme pour le projet n'ont faibli. La dette que le DBC/DCB et moi-même avons envers son successeur, Harald Bohne, qui a pris sa retraite en 1989, n'est pas moins grande. En qualité de directeur des University of Toronto Press, il a toujours bien compris notre travail et s'est toujours montré fier des résultats. En 1973, Jean Hamelin est devenu directeur général adjoint du DBC/DCB. Les 16 années durant lesquelles j'ai travaillé avec lui ont été profondément gratifiantes. Au fil des obstacles et des bonheurs qui accompagnent la production d'une œuvre d'une aussi grande envergure, j'ai été à même d'apprécier la qualité de son savoir, de son dévouement et de son amitié.

Beaucoup de gens ont fait partie de l'équipe du DBC/DCB au cours de ses 30 années d'existence, et j'ai entretenu des liens étroits et durables avec quelques-uns d'entre eux. Je ne puis tous les énumérer ici, mais on retrouvera leurs noms sans peine dans les pages préliminaires des 12 volumes. Cependant, j'aimerais leur rendre hommage pour la compétence dont ils ont fait preuve dans ce travail de collaboration et pour la vive amitié qui nous a unis. Le travail que nous faisions ensemble à Toronto et à Québec me manquera beaucoup. Je remercie aussi les centaines de collaborateurs dont les biographies ont défilé sur mon bureau. Grâce à eux, j'ai pu voir progresser une œuvre de recherche monumentale, et cela a été un privilège extraordinaire. Dans les autres équipes de chercheurs, bibliothèques, dépôts d'archives, établissements de recherche et universités, j'ai trouvé des conseillers et amis qui se sont montrés coopératifs et m'ont toujours bien accueillie en tant que représentante du DBC/DCB. Enfin, je tiens à exprimer ma gratitude à la University of Toronto, à l'université Laval, au Conseil des arts et au Conseil de recherches en sciences humaines du Canada pour la confiance qu'ils m'ont témoignée.

Je souhaite à mon successeur, Ramsay Cook, d'avoir autant de chance que moi. Assurément, c'est une expérience riche et passionnante qui s'ouvre devant lui.

FRANCESS G. HALPENNY

Remerciements

LE *Dictionnaire biographique du Canada/Dictionary of Canadian biography* reçoit régulièrement les conseils et les encouragements de plusieurs personnes et de plusieurs organismes. Nous ne pouvons malheureusement mentionner tous ceux qui nous ont apporté leur aide, mais nous leur exprimons toute notre reconnaissance.

Le DBC/DCB, qui doit sa création à la générosité du regretté James Nicholson, bénéficie depuis ses débuts de l'appui des établissements auxquels il est rattaché : l'université Laval, les Presses de l'université Laval, la University of Toronto et les University of Toronto Press. Depuis 1973, le Conseil des arts du Canada a accordé de généreuses subventions qui ont permis de continuer et d'accélérer la préparation des volumes du DBC/DCB. Le Conseil de recherches en sciences humaines du Canada, créé en 1978, a pris la relève et a même accru le montant des subventions. Nous tenons à remercier tout spécialement le CRSHC de ses encouragements lorsqu'il s'est agi de faire face à nos échéanciers de publication pour les volumes couvrant le XIXe siècle. Le ministère de la Culture et des Communications de l'Ontario, dirigé par l'honorable Christine E. Hart, nous a également alloué une importante aide financière. Nous voulons aussi témoigner notre gratitude à l'université Laval pour le soutien financier qu'elle nous accorde. Nous voudrions enfin souligner l'appui que nous a apporté Sears Canada Inc. en offrant un exemplaire français ou anglais de chaque volume à toutes les écoles secondaires du Canada.

Un grand nombre de collaborateurs ont participé à la réalisation du volume XII, et nous tenons à citer tout spécialement nos auteurs qui ont fait de ce travail une œuvre vraiment collective. Sans eux, ce volume n'aurait pas vu le jour. Plusieurs personnes, parmi lesquelles se trouvent aussi des collaborateurs, nous ont fourni une aide toute spéciale au cours des diverses étapes de la préparation du volume. Nous remercions : Marie-Thérèse Béchire, Patricia Birkett, Louise-Hélène Boileau, Denise Bousquet, Raymond Dumais, Neil Forsyth, Micheline Fortin, Armand Gagné, Burton Glendenning, Frances Gundry, Gilles Héon, Patricia Kennedy, Louis-Joseph Lépine, G. Edward MacDonald, Monique Mailloux, André Martineau, Pamela J. Miller, J. E. Rea, Shirlee Anne Smith, Wendy L. Thorpe, Lucille Vachon et D. Murray Young.

Nous avons eu l'avantage de pouvoir compter sur l'entière coopération des bibliothèques et des dépôts d'archives au Canada comme à l'étranger. Nous sommes particulièrement reconnaissants envers les organismes auxquels nous avons fait régulièrement appel. En plus des Archives nationales du Canada, des Archives nationales du Québec et de leurs centres régionaux, et des autres dépôts d'archives provinciaux, nous aimerions mentionner : au Québec, les archives civiles et judiciaires, les Archives de l'archidiocèse de Québec, les Archives de la ville de Québec, les Archives de l'université de Montréal, la Bibliothèque de l'Assemblée nationale (Québec), la Bibliothèque et les Archives du séminaire de Québec, la

Bibliothèque générale et la Division des archives de l'université Laval, et le musée McCord (Montréal) ; à l'Île-du-Prince-Édouard, le Prince Edward Island Museum and Heritage Foundation (Charlottetown) ; au Manitoba, les Hudson's Bay Company Archives (Winnipeg) ; au Nouveau-Brunswick, le Musée du Nouveau-Brunswick (Saint-Jean) et la University of New Brunswick Library (Fredericton) ; en Ontario, la Genealogical Library of the Church of Jesus Christ of Latter-Day Saints (Toronto), la Metropolitan Toronto Reference Library et la University of Toronto Library ; à Terre-Neuve, le Centre for Newfoundland Studies à la Memorial University of Newfoundland (St John's). Nous tenons aussi à remercier les archives départementales de France, les différents dépôts d'archives du Royaume-Uni et plusieurs centres d'archives, bibliothèques et sociétés historiques des États-Unis qui ont répondu avec amabilité à nos nombreuses demandes de renseignements, ainsi que la Baker Library, à la Harvard University.

Les membres de l'équipe du DBC/DCB qui étaient affectés à la préparation du volume XII ont aussi bénéficié de l'aide de leurs collègues. À Québec, Louise D. Barabé, Jean Benoit et Hélène Filteau ont secondé l'équipe à une étape ou l'autre du volume. Le bureau de Toronto tient à souligner la collaboration exceptionnelle de la regrettée Mara De Diego. Enfin, nous avons profité des judicieux conseils du personnel de l'Office de la langue française ainsi que du Bureau des traductions relevant du Secrétariat d'État.

Les autorités de l'université Laval et les administrateurs des éditions des deux universités nous ont également facilité la tâche. Nous tenons à remercier Marc Boucher et Denis-Marc Pinsonnault à Québec, de même que Harald Bohne, H. C. Van Ierssel et Peter Scaggs à Toronto.

DICTIONNAIRE BIOGRAPHIQUE DU CANADA DICTIONARY OF CANADIAN BIOGRAPHY

Liste des personnages

ABBOTT, Job (1845–1896)
Abbott, sir John Joseph Caldwell (1821–1893)
Adams, Mary Electa (1823–1898)
Aikins, William Thomas (1827–1897)
Akins, Thomas Beamish (1809–1891)
Allen, sir John Campbell (1817–1898)
Amyot, Guillaume (1843–1896)
Anderson, Robert (1803–1896)
André, Alexis (1832–1893)
Anglin, Timothy Warren (1822–1896)
Angwin, Maria Louisa (1849–1898)
Api-kai-ees (mort en 1897)
Archibald, sir Adams George (1814–1892)
Armour, Rebecca Agatha (Thompson) (1845–1891)
Armstrong, sir Alexander (1818–1899)
Armstrong, John Belmer (mort en 1892)
Arsenault, Joseph-Octave (1828–1897)
Ashe, Edward David (mort en 1895)
Austin, James (1813–1897)

BAILLAIRGÉ, Louis de Gonzague (1808–1896)
Bain, Francis (1842–1894)
Baird, William Teel (mort en 1897)
Baker, Loran Ellis (1831–1899)
Baldwin, William Henry (1827–1894)
Balfour, William Douglas (1851–1896)
Ballantyne, Robert Michael (1825–1894)
Barber, Polly (Scovill) (1803–1898)
Barker, William (mort en 1894)
Barnard, Édouard-André (1835–1898)
Barr, Robert (1831–1897)
Barsalou, Joseph (1822–1897)
Barthe, Georges-Isidore (1834–1900)
Barthe, Joseph-Guillaume (1816–1893)
Beach, Thomas Billis (1841–1894)
Beatty, William (1835–1898)
Beaty, James (1798–1892)
Bedson, Samuel Lawrence (1842–1891)
Beers, William George (1841–1900)
Begbie, sir Matthew Baillie (1819–1894)
Begg, Alexander (1839–1897)
Bélanger, Horace (1836–1892)
Bell, Robert (1808–1894)
Belleau, sir Narcisse-Fortunat (1808–1894)
Bellerose, Joseph-Hyacinthe (1820–1899)
Bellingham, Sydney Robert (1808–1900)
Bemister, John (1815–1892)
Bendixen, Fanny (morte en 1899)
Benjamin, Alfred David (1848–1900)
Benoît, Olivier-David (1837–1897)
Bergin, Darby (1826–1896)
Bernard, Hewitt (1825–1893)
Berthelot, Hector (1842–1895)
Berthon, George Theodore (1806–1892)
Bertram, George Hope (1847–1900)
Bertrand, Charles (1824–1896)
Bethune, Norman (1822–1892)
Bethune, Robert Henry (1836–1895)
Bill, Ingraham Ebenezer (1805–1891)
Bird, James (mort en 1892)
Bland, Henry Flesher (1818–1898)
Blanshard, Richard (1817–1894)
Borden, Harold Lothrop (1876–1900)
Botsford, Amos Edwin (1804–1894)
Bouchard, Arthur (1845–1896)
Boucherville, Georges de (1814–1894)
Boulton, Charles Arkoll (1841–1899)
Bourassa, François (1813–1898)
Boyd, John (1826–1893)
Bradford, William (1823–1892)
Breithaupt, Ezra Carl (1866–1897)
Breland, Pascal (1811–1896)
Bresse, Guillaume (1833–1892)
Brooking, Robert (1813–1893)
Brown, Corydon Partlow (1848–1891)
Brown, Robert (1842–1895)
Browne, John James (1837–1893)
Bruce, John (1837–1893)
Brunet, Wilfrid-Étienne (1832–1899)
Bryson, George (1813–1900)
Buntin, Alexander (1822–1893)
Bunting, Christopher William (1837–1896)
Bunting, William Franklin (1825–1897)
Burgess, Alexander Mackinnon (1850–1898)
Burn, William John (1851–1896)
Burns, Alexander (1834–1900)
Burns, Kennedy Francis (1842–1895)
Burstall, John (mort en 1896)

CAMERON, Alexander (1827–1893)
Cameron, Malcolm Colin (1831–98)
Cameron, sir Roderick William (1823–1900)
Campbell, sir Alexander (mort en 1892)
Campbell, Andrew (*circa* 1892–1895)

Lavallée, Calixa (1842–1891)
Laver, Augustus (1834–1898)
Laviolette, Godefroy (1826–1895)
Lawrence, Joseph Wilson (1818–1892)
Lawson, Alexander (1815–1895)
Lawson, George (1827–1895)
Leblanc, Étienne (1839–1897)
Ledingham, John (1846–1897)
Leech, Peter John (mort en 1899)
Lefebvre, Camille (1831–1895)
Legacé, Josette (Work) (morte en 1896)
Legaic, Paul (mort en 1894)
Leonard, Elijah (1814–1891)
Lépine, Maxime (mort en 1897)
Leprohon, Jean-Lukin (1822–1900)
Lesieur-Désaulniers, Louis-Léon (1823–1896)
Lesperance, John (1835–1891)
Lessel, Arthur C. (mort en 1895)
Lewin, James Davies (1812–1900)
Lewis, Martha Hamm (Peters) (1831–1892)
Light, Alexander Luders (1822–1894)
Little, Philip Francis (1824–1897)
Livingston, John (1837–1894)
Livingston, Samuel Henry Harkwood (1831–1897)
Logan, Alexander (1841–1894)
Lovell, John (1810–1893)
Lowell, Robert Traill Spence (1816–1891)
Luard, Richard George Amherst (1827–1891)

McArthur, Alexander (1839–1895)
McCarthy, D'Alton (1836–1898)
MacColl, Evan (1808–1898)
McCrea, Robert Barlow (1823–1897)
McDonald, Francis John (1815–1900)
Macdonald, sir John Alexander (1815–1891)
Macdonald, Ranald (1824–1894)
Macdonald (Sandfield), Donald Alexander (1817–1896)
Macdonnell, Daniel James (1843–1896)
Macdougall, Alan (1842–1897)
McDougall, John (mort en 1892)
MacDougall, sir Patrick Leonard (1819–1894)
McDowell, Eugene Addison (1845–1893)
McGarvey, Owen (mort en 1897)
McGillivray, Donald (1857–1900)
McGreevy, Thomas (1825–1897)
McInnes, Donald (mort en 1900)
McIntyre, Alexander (1841–1892)
McIntyre, Duncan (1834–1894)
McIntyre, Peter (1818–1891)
McKay, Angus (né en 1836 ; mort en 1897 ou après)
McKay, Joseph William (1829–1900)
McKellar, Archibald (1816–1894)
McKellar, John (1833–1900)
Mackenzie, Alexander (1822–1892)
McKnight, Alexander (1826–1894)
McLachlan, Alexander (1817–1896)
Maclaren, James (1818–1892)
MacLean, Malcolm Alexander (1844–1895)
Maclear, Thomas (1815–1898)
McLeay, James Franklin (1864–1900)
McLennan, Hugh (1825–1899)
McLeod, Angus Jonas (1861–1900)
McLeod, Donald (1846–1894)
Macleod, James Farquharson (mort en 1894)
McMicken, Gilbert (1813–1891)
McMurray, William (1810–1894)
Macpherson, sir David Lewis (1818–1896)
McSpiritt, Francis (1837–1895)
McVicar, Victoria (morte en 1899)
Mann, John (1798–1891)
Marchand, Félix-Gabriel (1832–1900)
Maréchal, Louis-Delphis-Adolphe (1824–1892)
Marks, Thomas (1834–1900)
Martel, Pierre (1801–1891)
Massey, Hart Almerrin (1823–1896)
Massey, Samuel (1817–1897)
Mather, John B. (mort en 1892)
Maturin, Edmund (1819–1891)
Medley, John (1804–1892)
Mékaisto (mort en 1900)
Mercier, Honoré (1840–1894)
Meredith, Edmund Allen (1817–1899)
Méthot, Michel-Édouard (1826–1892)
Middleton, sir Frederick Dobson (1825–1898)
Miles, Henry Hopper (1818–1895)
Miller, Hugh (1818–1898)
Mitchell, James (1843–1897)
Mitchell, Peter (1824–1899)
Moffatt, Lewis (mort en 1892)
Mohr, Sigismund (1827–1893)
Moir, William Church (1822–1896)
Molson, Anne (Molson) (1824–1899)
Monck, Charles Stanley, 4e vicomte Monck (1819–1894)
Monk, Henry Wentworth (1827–1896)
Monro, Alexander (1813–1896)
Monroe, Moses (1842–1895)
Montminy, Théophile (1842–1899)
Moore, John Warren (1812–1893)
Moreton, Julian (1825–1900)
Morgan, Henry (1819–1893)
Morin, Achille (mort en 1898)
Morton, Catharine (McLellan) (1837–1892)
Morton, George Elkana (1811–1892)
Motton, Robert (mort en 1898)
Mowat, John Bower (1825–1900)
Mowat, Thomas (1859–1891)
Moyen, Jean (1828–1899)
Munn, Robert Stewart (1829–1894)
Munro, George (1825–1896)
Murchie, James (1813–1900)
Murray, Louisa Annie (1818–1894)

Notice d'emploi

NOMS PROPRES

Les personnages sont classés d'après leur nom de famille et non d'après leur titre, leur pseudonyme, leur sobriquet ou leur nom en religion. Chaque fois que c'est possible, la forme du nom reproduit la signature de la personne, mais on a pris aussi en considération l'usage de l'époque. Les variantes les plus utilisées sont indiquées entre parenthèses après le nom de famille.

Dans le cas de noms français, *La, Le, Du, Des* et parfois *De* sont censés faire partie du nom et prennent la majuscule. Même si le personnage signe en un seul mot, avec deux majuscules, son nom apparaît en deux mots, comme le veut l'usage français ; toutefois, pour les personnes qui se sont intégrées à un milieu anglophone, cette règle n'a été appliquée que si elle était confirmée par une signature. Quelques personnages ont des noms composés, Narcisse-Henri-Édouard Faucher de Saint-Maurice et Thomas-Edmond d'ODET d'Orsonnens, par exemple. En pareil cas, le texte renvoie des composés aux noms-vedettes : de *Saint-Maurice* à *Faucher* et d'*Orsonnens* à *Odet*.

Pour les noms de famille commençant par *Mc* ou *Mac* et dont l'orthographe ne peut être confirmée par une signature, la forme *Mac* a été privilégiée, suivie d'une majuscule. Les Écossais qui avaient droit, selon la loi, d'ajouter une désignation territoriale à leur nom ont été présentés comme Alexander MacDonell* of Scothouse du volume V. Quant à ceux qui ne l'utilisaient que pour se distinguer d'une autre personne, cette désignation a été ajoutée entre parenthèses : Donald Alexander MACDONALD (Sandfield). Dans tous les cas, les renvois appropriés ont été faits.

Les femmes mariées, les religieuses et les actrices sont classées d'après leur nom de jeune fille, auquel renvoie celui de leur mari, leur nom en religion ou leur nom de théâtre, conormément à la règle générale du classement par noms de famille. Exemples : Catharine Parr STRICKLAND (Traill) ; Cléophée TÊTU, dite Thérèse de Jésus ; Margaret FINLAYSON, dite Margaret Bloomer et Margaret Mather (Haberkorn ; Pabst).

Les noms amérindiens présentent un problème particulier. Un Indien ou un Inuk pouvait en effet être connu sous son propre nom, que les gens, peu familiarisés avec la langue, orthographiaient à leur façon ; il pouvait aussi porter un sobriquet ou un nom de baptême. De plus, certaines familles indiennes, comme celle des Peminuit Paul [V. Jacques-Pierre PEMINUIT PAUL], utilisaient un nom de famille. Le nom indien ou inuit a été conservé lorsque nous pouvions le trouver et, puisqu'il est impossible de reconstituer l'orthographe originelle, la forme sous laquelle il figure est celle que nous retrouvons dans les sources les plus consultées ou celle que les linguistes considèrent aujourd'hui comme la plus juste. Les variantes apparaissent entre parenthèses. Exemples : EDA'NSA (Edensa, Edensaw, Edenshaw, Edinsa, Edinso, Idinsaw ; Gwai-Gu-unlthin ; Captain Douglas ; baptisé Albert Edward Edenshaw) ; PEEMEECHEEKAG (Pemecka, Pemicheka, Porcupine). Les sang-mêlé sont présentés sous leur nom « européen », sauf s'ils se sont intégrés à un milieu amérindien. Exemple : James BIRD. Dans tous les cas, les renvois nécessaires ont été faits.

La section III de la Bibliographie générale énumère les ouvrages de référence qui ont servi à établir la forme définitive des noms des personnages qui n'ont pas de biographie dans le *Dictionnaire*.

RENVOIS

La première fois que, dans une biographie, apparaît le nom d'un personnage qui a aussi une biographie dans le volume XII, son nom de famille est imprimé en petites capitales (avec grande capitale initiale), dans la forme sous laquelle il figure comme nom-vedette à sa place alphabétique. Exemples : Frantz JEHIN-PRUME ; Alexandre-Antonin TACHÉ.

ASTÉRISQUES (*)

Sont marqués d'un astérisque les noms des personnages ayant leur biographie dans les volumes déjà parus, par exemple sir Isaac Brock* et Louis-Joseph Papineau*, ou à paraître, tels sir Wilfrid Laurier* et sir Oliver Mowat*. Les dates de naissance et de décès (ou encore celles de la période d'activité) des personnages ci-dessus mentionnés sont indiquées dans l'index afin de préciser dans quel volume apparaît ou apparaîtra leur biographie.

NOMS DE LIEUX

Les noms de lieux utilisés dans le volume XII sont ceux de l'époque, suivis, si cela est nécessaire, du toponyme actuel ou parfois du nom moderne de la province, du territoire, de l'État ou du pays entre parenthèses. Exemples : Bytown (Ottawa) ; Norway House (Manitoba) ; Terre de Van Diemen (Tasmanie) ; Marioupol (Jdanov, URSS). Le DBC a toutefois établi une liste de noms de lieux qui ne nécessitent aucune identification, telles les capitales des provinces canadiennes et les villes bien connues comme Londres, Paris, Rome et Boston. Le nom de la province, du territoire, de l'État ou du pays est indiqué chaque fois qu'il diffère de celui qui précède ou, dans certains cas, pour faciliter la compréhension.

Plusieurs ouvrages ont été utilisés pour préciser la forme des noms de lieux du XIXe siècle : Joseph Bouchette, *Description topographique de la province du Bas Canada, avec des remarques sur le Haut Canada, et sur les relations des deux provinces avec les États-Unis de l'Amérique* (Londres, 1815 ; réimpr., J. E. Hare, édit., [Montréal,

1978]) ; *Encyclopédie du Canada* ; *Encyclopædia Britannica* ; *Encyclopedia Canadiana* ; *HBRS* (plusieurs volumes de cette série ont été utiles) ; *Lovell's gazetteer of British North America* [...] (Montréal, 1881) ; Hormisdas Magnan, *Dictionnaire historique et géographique des paroisses, missions et municipalités de la province de Québec* (Arthabaska, Québec, 1925) ; *Man. hist. atlas* (Warkentin et Ruggles) ; *Municipalités et paroisses dans la province de Québec*, C.-E. Deschamps, compil. (Québec, 1896) ; *Place-names of N.S.* ; *Places in Ont.* (Mika) ; Rayburn, *Geographical names of N.B.* et *Geographical names of P.E.I.* ; W. H. Smith, *Canada ; past, present and future* [...] (2 vol., Toronto, [1852] ; réimpr., Belleville, Ontario, 1973–1974) ; Walbran, *B.C. coast names*. Le lecteur trouvera dans la Bibliographie générale une description complète de tous les titres abrégés.

Les ouvrages suivants ont servi à déterminer les noms actuels : *Répertoire géographique du Canada* (collection publiée par le Comité permanent canadien des noms géographiques, Ottawa) ; *Canada atlas toponymique* (s.l., 1980) ; *Répertoire toponymique du Québec* (publié par la Commission de toponymie, Québec, 1987) et les suppléments parus à la *Gazette officielle du Québec*. Pour les lieux situés en dehors du Canada, nous avons consulté : *Bartholomew gazetteer of Britain*, Oliver Mason, compil. ([Édimbourg, 1977]) ; *Dictionnaire universel des noms propres* [...] *le Petit Robert 2*, Paul Robert *et al.*, édit. (3e éd., Paris, 1977) ; *Grand Larousse encyclopédique* ; *National Geographic atlas of the world*, W. E. Garrett *et al.*, édit. (5e éd., Washington, 1981).

RAISONS SOCIALES

Les noms des maisons d'enseignement, des établissements commerciaux, hospitaliers, philanthropiques, des compagnies et des organismes gouvernementaux ont été établis, dans la plupart des cas, à partir des *Statuts* des différentes provinces. Tout organisme œuvrant au Québec a été présenté sous sa forme française lorsque celle-ci avait été reconnue juridiquement ; il en a été de même pour les organismes du Manitoba constitués en société entre les années 1870 et 1890. Pour le reste du Canada, l'appellation française n'a pas été retenue, sauf dans le cas des départements et ministères des différents gouvernements et des organismes qui leur sont directement rattachés.

TERMINOLOGIE

Certains mots ou expressions employés durant la période que couvre le volume XII ont été conservés, même s'ils n'ont plus aujourd'hui le sens qu'ils avaient autrefois. Exemples : paquebot, marchandises sèches. Le lecteur pourra trouver la plupart de ces termes dans L.-N. Bescherelle, *Dictionnaire national* [...] (12e éd., 2 vol., Paris, 1867), et dans Émile Littré, *Dictionnaire de la langue française* (nouv. éd., 7 vol., Paris, 1959).

Les canadianismes littéraires ou de bon aloi ont aussi été conservés. En outre, on retrouve plusieurs canadianismes populaires qui servent à dénommer des réalités particulières et qui témoignent de tout un héritage culturel. Ils se réfèrent, entre autres, aux domaines du commerce, de la politique, de l'agriculture, de la chasse et de la pêche. Pour leur définition exacte, on consultera L.-A. Bélisle, *Dictionnaire nord-américain de la langue française* (Ottawa, 1979) et *Glossaire du parler français au Canada* (Québec, 1930 ; réimpr., 1968).

Certains mots d'usage courant à l'époque, mais reconnus aujourd'hui comme des anglicismes, ont été rejetés. Ainsi, l'orateur de la chambre d'Assemblée a fait place au président, l'officier rapporteur au directeur du scrutin et le comté à la circonscription électorale. Toutefois, les raisons sociales ou les noms des maisons d'enseignement, des établissements commerciaux, hospitaliers et philanthropiques ont été respectés, même s'ils contenaient des anglicismes.

Des mots anglais ont dû être conservés parce qu'ils n'avaient pas d'équivalents en français. Exemples : *attorney*, *barrister*, *grammar school*, *rector*.

CITATIONS

Les citations dont la langue originale diffère du texte de la biographie ont été traduites. Les lecteurs du DBC pourront consulter le DCB afin de retrouver l'original des citations traduites. Dans le cas de certaines citations anglaises tirées d'un ouvrage ayant aussi été publié en français, la version française a généralement été retenue. Tout changement apporté à une citation est indiqué entre crochets. On a parfois placé entre crochets le nom d'un personnage de manière à l'identifier de façon plus précise ou à titre de renvoi à une autre biographie.

DATES

Il arrive que malgré de nombreuses recherches il soit impossible de déterminer les dates de naissance et de mort d'un personnage et que seules des années précises de sa vie soient connues. Dans le paragraphe d'introduction et dans les différents index, nous utilisons alors *circa* pour présenter les dates limites de l'activité dont l'exactitude est confirmée par des documents.

BIBLIOGRAPHIE

Chaque biographie est suivie d'une bibliographie particulière. Les titres des ouvrages utilisés fréquemment par les auteurs, les rédacteurs-historiens et les rédactrices-historiennes au cours de la préparation du volume apparaissent en abrégé dans les bibliographies particulières et sont cités au long dans la Bibliographie générale. Plusieurs sigles ont été utilisés dans ces bibliographies, spécialement pour les dépôts d'archives : la liste de ces sigles se trouve aux pages 2 et 0000.

Les bibliographies particulières sont habituellement divisées en cinq sections, tout comme la Bibliographie générale : les sources manuscrites, les sources imprimées comprenant une sous-section pour les journaux de l'époque, les ouvrages de référence, les études et les thèses, et les périodiques. Lorsque c'est possible, les références aux sources manuscrites renvoient aux documents originaux ; toutefois, si l'auteur a consulté des copies, la provenance de celles-ci sera aussi indiquée.

Aux sources et ouvrages cités par les collaborateurs en bibliographie particulière, d'autres ont souvent été ajoutés par les équipes du DBC/DCB, à Québec et à Toronto, de façon à fournir une plus ample documentation. Dans certains cas, les bibliographies sont commentées par les collaborateurs ; leurs initiales apparaissent alors entre crochets à la fin du commentaire.

BIOGRAPHIES

Sigles

AAQ	Archives de l'archidiocèse de Québec
AC	Archives civiles
ACAM	Archives de la chancellerie de l'archevêché de Montréal
AD	Archives départementales
ADB	*Australian dictionary of biography*
AJ	Archives judiciaires
AN	Archives nationales du Canada
ANQ	Archives nationales du Québec
AO	Archives of Ontario
AP	Archives paroissiales
APNB	Archives provinciales du Nouveau-Brunswick
ARCAT	Archives of the Roman Catholic Archdioceses of Toronto
ASQ	Archives du séminaire de Québec
ASSH	Archives du séminaire de Saint-Hyacinthe
ASSM	Archives du séminaire de Saint-Sulpice, Montréal
AUM	Archives de l'université de Montréal
AVQ	Archives de la ville de Québec
BCHQ	*British Columbia Historical Quarterly*
BE	Bureaux d'enregistrement
BRH	*Le Bulletin des recherches historiques*
CEA	Centre d'études acadiennes
CHR	*Canadian Historical Review*
CPC	Canadian parliamentary companion
CRCCF	Centre de recherche en civilisation canadienne-française
CTA	City of Toronto Archives
DAB	*Dictionary of American biography*
DBC	*Dictionnaire biographique du Canada*
DHB	*Dictionary of Hamilton biography*
DNB	*Dictionary of national biography*
DOLQ	*Dictionnaire des œuvres littéraires du Québec*
DUA	Dalhousie University Archives
EEC	Église épiscopale du Canada
GRO	General Register Office
HBCA	Hudson's Bay Company Archives
HBRS	Hudson's Bay Record Society, *Publications*
HPL	Hamilton Public Library
ICMH	Institut canadien de microreproductions historiques
MHA	Maritime History Archive
MTRL	Metropolitan Toronto Reference Library
OH	*Ontario History*
PABC	Provincial Archives of British Columbia/British Columbia Archives and Records Service
PAM	Provincial Archives of Manitoba
PANL	Provincial Archives of Newfoundland and Labrador
PANS	Public Archives of Nova Scotia
PAPEI	Public Archives of Prince Edward Island
PCC	Presbyterian Church in Canada
PRO	Public Record Office
QUA	Queen's University Archives
RHAF	*Revue d'histoire de l'Amérique française*
RHL	Rhodes House Library
RPQ	*Répertoire des parlementaires québécois*
SCHEC	Société canadienne d'histoire de l'Église catholique
SHC	Société historique du Canada
SPG	Society for the Propagation of the Gospel in Foreign Parts
SRC	Société royale du Canada
UCC	United Church of Canada
UNBL	University of New Brunswick Library
UTA	University of Toronto Archives
UTFL	University of Toronto, Thomas Fisher Rare Book Library
UWOL	University of Western Ontario Library

Biographies

A

ABBOTT, JOB, ingénieur civil et entrepreneur, né le 23 août 1845 à Andover, Massachusetts, fils de Nathan B. Abbott, fermier, et d'Elizabeth L. Noyes ; décédé le 18 août 1896 au même endroit.

Job Abbott fréquenta des écoles de la région d'Andover et la Phillips Academy avant de faire des études en génie à la Lawrence Scientific School de la Harvard University, d'où il sortit diplômé en 1864. Il travailla quelque temps pour la Manchester Locomotive Works, au New Hampshire, puis devint ingénieur adjoint à la Long Island Rail Road ; il entra ensuite au service de la Pittsburgh, Fort Wayne and Chicago Railroad. Après avoir travaillé un certain temps à Canton, en Ohio, Abbott fut engagé en 1866 pour dresser les plans d'une partie de la ville ; il y exerça en plus les fonctions d'ingénieur civil et minier. Il fit aussi des études en droit dans le domaine des brevets d'invention et, inscrit au barreau de l'Ohio, il devint expert en la matière.

La spécialité juridique d'Abbott lui permit d'entrer en contact avec un important constructeur de ponts préfabriqués de Canton, la Wrought Iron Bridge Company, dont il devint vice-président et ingénieur en chef en 1872. La mise au point de fermes standardisées réduisit considérablement l'aspect conjectural de la construction des ponts ; une fois les dimensions et la capacité déterminées, il était relativement facile de dessiner et de fabriquer la structure voulue. À partir de 1874, l'entreprise commença à produire des catalogues qui décrivaient, à l'intention des compagnies ferroviaires et des gouvernements, divers types de ponts. Les ponts standardisés qu'elle fabriquait favorisèrent grandement l'essor du transport routier et ferroviaire.

La Wrought Iron Bridge Company vendit des structures en Ontario jusqu'en 1879, année où sir John Alexander MACDONALD imposa, dans le cadre de sa Politique nationale, un droit de 25 % sur les ouvrages de fer et d'acier importés. La même année, un ingénieur de Toronto, James Bartlett, d'autres investisseurs torontois et James Cooper, attaché à une entreprise de quincaillerie et d'importation de métal de Montréal, fondèrent la Toronto Bridge Company avec l'appui indéterminé de la Wrought Iron Bridge Company ; Abbott se joignit à l'entreprise à titre d'actionnaire minoritaire et de conseiller. La première année, le chiffre d'affaires fut peu élevé et l'inexpérience du personnel entraîna des problèmes dans la construction des ponts. En 1880, Abbott devint président et ingénieur en chef. Son expérience en ingénierie et ses contacts avec les constructeurs de chemins de fer produisirent l'effet escompté ; le chiffre d'affaires, de 60 000 $ qu'il était en 1879-1880, grimpa à 206 000 $ entre mai 1880 et avril 1881. Cependant, les objectifs modestes de l'administration et des statuts originaux de l'entreprise, les installations inadéquates de l'usine de Toronto, la difficulté d'importer du fer durant l'hiver et l'éloignement des sièges sociaux des entreprises ferroviaires (situés à Montréal) furent autant de facteurs qui limitèrent les perspectives d'affaires, malgré la probabilité d'un accroissement énorme de la demande de ponts en raison de la construction imminente du réseau ferroviaire de la Compagnie du chemin de fer canadien du Pacifique.

Au début de 1882, Abbott et ses collègues de Montréal, qui possédaient la majorité des actions de la Toronto Bridge Company, décidèrent de former une nouvelle entreprise dont le siège social serait à Montréal. Le 23 septembre 1882, on délivrait une charte fédérale à la Dominion Bridge Company Limited pour le travail du fer et de l'acier ainsi que pour la fabrication et l'installation de ponts et de structures partout au Canada. Abbott devint alors président et ingénieur en chef de la nouvelle entreprise ; on fixa son salaire à 5 000 $ et il touchait une commission de 10 % sur tous les contrats. Le capital-actions émis s'élevait à 500 000 $, réparti en 5 000 actions. En avril 1883, des investisseurs de Glasgow et de Sheffield, en Angleterre, avaient acheté pour 185 000 $ d'actions, probablement en contrepartie d'engagements de l'entreprise à leur fournir de l'acier. Cet investissement leur donna la haute main sur la société, mais la distance qui les séparait de Montréal amoindrit leur influence. Abbott et ses collègues réalisèrent des profits imprévus en acquérant l'actif de la Toronto Bridge Company pour la somme de 356 292 $. On assista à une guerre d'enchères pour l'obtention de l'installation des ateliers de la Dominion Bridge Company Limited, et c'est Lachine, localité située près de Montréal, qui l'emporta en offrant une subvention de 10 000 $ et une exemption de taxes pour une période de 20 ans.

La Dominion Bridge Company Limited ne tarda pas à obtenir plusieurs contrats d'envergure. Au cours de 1883–1884, elle construisit un pont cantilever à poutres inégales au-dessus des chutes Reversing à Saint-Jean, au Nouveau-Brunswick. Ce pont constituait l'un des premiers exemples de construction cantilever au Canada ; en outre, il était fait d'acier, matériau utilisé depuis peu dans la construction. En 1885, on retint la soumission de la Dominion Bridge Company Limited pour la construction du pont de Lachine, long de plus de 3 400 pieds ; avec ce pont qui reliait Montréal à la rive sud, la Compagnie du chemin de fer canadien du Pacifique donnait la réplique au chemin de fer du Grand Tronc, qui avait fait construire le pont Victoria [V. James Hodges*]. Parmi les autres ouvrages dignes de mention réalisés par l'entreprise, il y eut le pont Coteau, qui enjambait aussi le Saint-Laurent et fut construit pour le chemin de fer Atlantique canadien, et le pont Grand Narrows au Cap-Breton. La majeure partie des commandes provenait des compagnies ferroviaires, surtout de celle du chemin de fer canadien du Pacifique, qui remplaçait ses ponts de chevalets. La Dominion Bridge Company Limited construisit également des ponts dans beaucoup de villes et de comtés, ce qui améliora le transport en région, et monta des structures d'acier d'immeubles en hauteur dans les centres urbains.

Abbott fut le principal artisan du succès de la compagnie. En plus de ses fonctions de président et d'ingénieur en chef, il remplissait celles de représentant principal des ventes et négociait souvent personnellement des contrats avec des clients importants. Son expérience d'ingénieur et d'administrateur en faisait un bon vendeur ; de plus, au moment de présenter une soumission, il pouvait compter sur des ingénieurs et des ouvriers compétents, de vastes installations modernes et un accès facile au fer et à l'acier britanniques. Cependant, Abbott cumulait de lourdes tâches et, en octobre 1887, il dut prendre un congé en raison de problèmes de santé. Il revint en mars 1888, mais en juin un autre prit la relève à titre d'ingénieur en chef.

Toujours en relation avec ses compatriotes américains, Abbott était demeuré administrateur de la Wrought Iron Bridge Company et, à partir du début de 1889, il consacra beaucoup de temps à la New York Rapid Transit Railway. Incapable de concilier ses nombreuses activités, il abandonna à regret la présidence de la Dominion Bridge Company Limited le 26 juin 1890, mais demeura conseiller de l'entreprise jusqu'à son décès. James Ross*, ingénieur et entrepreneur de chemins de fer, le remplaça au poste de président. Habitué aux changements de carrière et satisfait d'avoir mené la Dominion Bridge Company Limited à la réussite après huit années de travail, Abbott avait probablement le goût de relever ailleurs d'autres défis dans le domaine de l'ingénierie. Il devint donc ingénieur en chef de la New York Rapid Transit Railway, ingénieur-conseil pour la Wheeling Bridge and Terminal Railway Company de la Virginie-Occidentale et ensuite pour la Bangor and Aroostock Railroad au Maine. Sa santé recommença toutefois à décliner et il mourut en août 1896, juste avant son cinquante et unième anniversaire ; il laissait sa femme dans le deuil.

Figure dominante de la création de la Dominion Bridge Company Limited, Job Abbott réussit à allier la technologie américaine de la construction des ponts à l'utilisation des capitaux et de l'acier britanniques, tout en maintenant l'autonomie de son entreprise. La Dominion Bridge Company Limited (maintenant AMCA International) en vint à dominer le marché canadien de la construction de ponts et de l'érection de structures d'acier destinées à des immeubles, et devint l'une des plus importantes entreprises de fabrication de matériel lourd. Avec sa formation en génie civil, en droit et en administration, Abbott fut l'un des premiers exemples de polyvalence professionnelle. Grâce à ces compétences variées, il fit preuve d'une grande efficacité dans l'obtention de contrats et la réalisation de travaux, qualité qu'il sut communiquer à son entreprise. Comme nombre de ses contemporains dans le domaine de l'ingénierie, Abbott paya son succès de sa santé, mais sans son dynamisme, sa carrière et les affaires de la Dominion Bridge Company Limited n'auraient probablement pas été aussi fructueuses.

LARRY MCNALLY

AN, MG 28, III 100 ; MG 30, B86, 11, catalogue 18. — City of Andover Arch. (Andover, Mass.), Reg. of births, marriages, and deaths, 23 août 1845, 18 août 1896. — « Job Abbott, M.Am.Soc.C.E. », American Soc. of Civil Engineers, *Trans.* (New York), 36 (1896) : 538–539. — « Obituary : Job Abbott », Canadian Soc. of Civil Engineers, *Trans.* (Montréal), 10 (1896), part. II : 209–210. — *Railroad Gazette* (Chicago), 28 (1896) : 610. — *Andover Townsman,* 21 août 1896. — *Engineering Record* (New York et Londres), 5 sept. 1896. — D. J. Cuming, *Discovering heritage bridges on Ontario's roads* (Erin, Ontario, 1983). — Steve Dunwell et Doug Fetherling, *Vision in steel, 1882–1982 : one hundred years of growth, Dominion Bridge to AMCA International* (Montréal et Toronto, 1982).— Christine Roysdon et L. A. Khatri, *American engineers of the 19th century : a biographical index* (New York et Londres, 1978). — George Richardson, « 19th century bridge design in Canada : a technology in transition », *HSTC Bull.* (Thornhill, Ontario), 5 (1981) : 177–186.

ABBOTT, sir JOHN JOSEPH CALDWELL, avocat, homme d'affaires, professeur, administrateur scolaire, homme politique, officier de milice et gentleman-farmer, né le 12 mars 1821 à St Andrews (Saint-André-Est, Québec), fils aîné du révérend Joseph Abbott* et de Harriet Bradford ; le 26 juillet

1849, il épousa Mary Martha Bethune, fille du révérend John Bethune*, et ils eurent quatre fils et quatre filles ; décédé le 30 octobre 1893 à Montréal.

John Joseph Caldwell Abbott était le fils d'un ambitieux missionnaire anglais de l'Église d'Angleterre qui croyait en l'hégémonie anglaise sur l'Amérique du Nord britannique. Abbott passa sa jeunesse dans diverses missions rurales du Bas-Canada, où son père œuvrait pour la Society for the Propagation of the Gospel in Foreign Parts. « Lecteur vorace », il acquit sa formation dans la riche bibliothèque de son père, qui fut un professeur exigeant. Peut-être fréquenta-t-il quelque temps, à Grenville, l'école que son père avait contribué à fonder.

À l'âge de 17 ans, une fois ses études secondaires terminées, Abbott commença à travailler à l'A. Laurie and Company de Montréal. Dans cette entreprise qui vendait des marchandises sèches en gros et au détail, il fit de tout – emballer des pommes aussi bien que vendre des étoffes. Cependant, quelques mois plus tard, la maladie l'obligea à retourner chez ses parents. Une fois remis sur pied, il se trouva un emploi chez un grossiste de Gananoque, dans le Haut-Canada, où il apprit la tenue de livres et la comptabilité. En 1843, il retourna à Montréal pour étudier au McGill College. En même temps, il fit son stage de droit avec William Collis Meredith, Strachan Bethune (son futur beau-frère) et Christopher Dunkin*, qui se joignit aux deux associés en 1846. Doué d'une « belle [voix de] ténor », il prenait des leçons pour la parfaire et chantait dans la chorale à six voix de la Christ Church, qu'il dirigea. En outre, il aidait son père, trésorier du McGill College, à faire les comptes. Bien qu'en 1844 un inspecteur ait signalé dans son rapport que les livres étaient tenus de façon irrégulière et contenaient des erreurs, il fut nommé secrétaire-archiviste adjoint et secrétaire du trésorier en 1845. Les liens de sa famille avec le directeur intérimaire, John Bethune (son futur beau-père), le mettaient à l'abri des remontrances.

Dès son admission au barreau, le 25 octobre 1847, Abbott devint l'associé de William Badgley*, professeur de droit au McGill College ; quand celui-ci allait devenir juge, en 1855, Abbott lui succéderait à la tête de son cabinet privé, qui était fort payant. Grâce aux bons offices de Badgley, le McGill College l'engagea comme maître de conférence en 1853. L'année suivante, il obtint du collège une licence en droit civil ; en 1867, il allait recevoir un doctorat en droit civil, diplôme qui pouvait être décerné sans examen 12 ans après la licence en droit. En 1855, Abbott succéda à Badgley à la chaire de droit commercial et de droit criminel ainsi qu'au poste de doyen de la faculté. C'était une fonction prestigieuse mais peu exigeante : les étudiants n'étaient pas nombreux, les cours magistraux assez rares (la plus grande partie de la formation se donnait dans les cabinets d'avocat des professeurs) et les tâches administratives, qu'une formalité. Le doyen touchait chaque année une rémunération de £500 et une part des frais de scolarité. Abbott conserva ce titre jusqu'en 1880, mais il avait déjà cessé d'enseigner et d'exercer ses fonctions administratives lorsque William Warren Hastings Kerr devint doyen intérimaire, en 1876. Quand il prit officiellement sa retraite, le McGill College le nomma professeur émérite de la faculté de droit, puis en 1881, membre du conseil d'administration de l'Institution royale pour l'avancement des sciences. Dans sa longue carrière, il enseigna à bon nombre de jeunes gens qui firent par la suite leur marque dans la vie publique : par exemple Adolphe-Philippe Caron*, Toussaint-Antoine-Rodolphe LAFLAMME, Gonzalve Doutre*, Wilfrid Laurier* et Eugène Lafleur.

En tant qu'universitaire, avocat ou homme d'affaires, Abbott avait le même centre d'intérêt : le droit commercial, particulièrement les contrats, les faillites, les sociétés et les banques. Administrateur perspicace, il fit de son cabinet l'un des plus importants du Canada, et l'on estimait que durant de nombreuses années il avait « touché de plus gros honoraires professionnels que tout autre avocat de la province ». En 1862, on lui décerna le titre de conseiller de la reine. Par deux fois, on lui aurait offert le siège de juge en chef, qu'on l'estimait particulièrement apte à occuper, mais s'il l'avait accepté il aurait dû renoncer à peu près aux quatre cinquièmes de son revenu. Au fil de ses 46 ans de pratique, il eut plusieurs associés, dont ses fils John Bethune et Henry. En 1870, sa clientèle était assez vaste pour qu'il ouvre une succursale ontarienne avec Joseph Doutre* ; dirigée par l'avocat torontois Herbert Chilion Jones, elle visait à favoriser « les relations d'affaires entre les marchands de Montréal et les gens de l'Ontario ».

Les apologistes d'Abbott ont amplement vanté son sens de la justice, en disant que plus ses clients étaient pauvres et plus leur cause était juste, plus il mettait d'acharnement à défendre leurs droits. Pourtant, sa clientèle était constituée surtout d'hommes riches et puissants, tels John Thomas Molson et sir Hugh Allan*, ou de sociétés comme la Banque de Montréal, la Banque des marchands du Canada, la Hudson's Bay Company, le séminaire de Saint-Sulpice, la Compagnie canadienne de téléphone Bell, la Standard Life Assurance Company et la Compagnie du chemin de fer canadien du Pacifique. Réservé et flegmatique, réfractaire aux conflits, à la parade et aux débordements d'émotion, il préférait ce qui se faisait dans le calme – conseiller ses clients, négocier des ententes, rédiger des contrats – au spectacle du tribunal, surtout s'il fallait plaider devant jury. En matière de droit public, son procès le plus retentissant fut celui où il défendit, avec Laflamme et Kerr, des agents confédérés qui, en octobre 1864, avaient lancé à partir du Canada un raid contre St Albans, au Vermont, et qui risquaient d'être extradés aux États-Unis. Au grand déplaisir des autorités canadiennes et américaines, le magistrat de police Charles-Joseph Coursol* se laissa convaincre par Abbott que l'affaire ne tombait pas sous sa juridiction et libéra les prisonniers. Ceux-ci furent capturés de nouveau, et Abbott réussit à les faire acquitter par le juge James Smith* en alléguant qu'ils étaient des belligérants, non des criminels. Ces procès, qui firent couler beaucoup d'encre, faillirent déclencher un conflit armé entre le Canada et les États-Unis.

Tout comme son père et son jeune frère Harry Braithwaite*, ingénieur bien connu des chemins de fer, Abbott se passionnait pour la construction ferroviaire. Son père avait été l'un des premiers à promouvoir la construction d'une ligne qui contournerait les rapides de Carillon, et lorsque la Compagnie du chemin de fer de Carillon et Grenville fut constituée juridiquement, en 1847, Abbott et son frère Harry Braithwaite en achetèrent des actions. En janvier 1859, profitant de ce que la Compagnie du chemin de fer de Montréal et Bytown, constituée en 1853 dans le but d'absorber celle de Carillon et Grenville, se trouvait en difficulté financière, Abbott et ses associés achetèrent la ligne pour 21 000 $ à une vente judiciaire (la construction avait coûté environ 400 000 $ aux promoteurs). Cinq ans plus tard, ils réalisèrent un « joli bénéfice » en la revendant à la Compagnie de navigation de la rivière des Outaouais. À un moment ou l'autre de sa carrière, Abbott détint aussi des actions de la Compagnie du chemin à lisses de colonisation du nord de Montréal, de l'Eastern Extension Railway Company de la Nouvelle-Écosse et de nombreuses autres sociétés ferroviaires. En ce domaine, son projet le plus ambitieux prit naissance dans le cadre de la Compagnie du chemin de fer du Canada central, dont il fut président plusieurs années et dont son frère fut l'un des constructeurs. D'abord constituée en 1856 sous le nom de Compagnie du chemin de fer de jonction du lac Huron, de l'Ottawa et de Québec à partir de la fusion de plusieurs petites lignes, elle prit le nom de Compagnie du chemin de fer du Canada central en 1861 par suite d'une réorganisation. Abbott et le financier montréalais Allan la considéraient comme un élément stratégique du futur chemin de fer transcontinental.

À titre de conseiller juridique de Hugh Allan, Abbott prit part aux démarches que celui-ci faisait en vue d'obtenir du gouvernement un contrat pour la construction du chemin de fer qui mènerait au Pacifique. Il rédigea le projet de charte de la Compagnie du chemin de fer du Pacifique du Canada, veilla à ce que cette société soit constituée et en devint l'un des administrateurs intérimaires. À la fin de février 1873, il s'embarqua pour Londres avec Allan afin de mettre des obligations sur le marché pour financer la construction. Mais le scandale du Pacifique ruina leurs efforts, détruisit la compagnie, et Abbott se retrouva au centre de l'une des plus sensationnelles affaires politiques de l'histoire du pays. Non seulement les documents à l'aide desquels le député fédéral Lucius Seth Huntington* accusa de corruption le gouvernement de sir John Alexander MACDONALD avaient-ils été volés dans le bureau d'Abbott par son homme de confiance, George Norris, mais il avait assisté à la rencontre au cours de laquelle Allan avait accepté de financer la campagne électorale de sir George-Étienne Cartier* en 1872 en échange du marché de construction. De plus, il avait rédigé des lettres à Cartier sur cette entente et avait été l'intermédiaire par lequel Cartier et Macdonald avaient demandé et obtenu des fonds supplémentaires. Un des témoins vedettes à la commission royale d'enquête instituée plus tard en 1873 pour examiner les accusations de Huntington, Abbott avait donné son avis à Macdonald sur les hommes qui devaient siéger à la commission, avait indiqué les documents à détruire et tenté de suborner un témoin pour discréditer les accusateurs. Ses adversaires politiques ne lui permirent jamais d'oublier le rôle sordide que lui, député conservateur, joua dans ce scandale. Toutefois, l'affaire n'atténua pas l'enthousiasme que lui inspirait la construction du chemin de fer transcontinental.

Plus encore, Abbott participa étroitement à la formation d'une autre société pour construire le chemin de fer du Pacifique. Quand Macdonald reprit le pouvoir en 1878, Abbott se mit à travailler à un projet qu'il soumit au premier ministre deux ans plus tard. Il s'agissait de prolonger le chemin de fer du Canada central de façon à le relier à la ligne que le gouvernement d'Alexander MACKENZIE avait commencé de construire entre Port Arthur (Thunder Bay, Ontario) et Winnipeg. À la demande de Macdonald, Abbott révisa ses plans et augmenta le nombre d'investisseurs pour y inclure notamment Duncan MCINTYRE, alors président et gros actionnaire de la Compagnie du chemin de fer du Canada central, George Stephen* et Donald Alexander Smith*. Nommé conseiller juridique du groupe, fonction qu'il exerça de 1880 à 1887, il en rédigea la charte et fit les démarches nécessaires à sa constitution, le 15 février 1881, sous le nom de Compagnie du chemin de fer canadien du Pacifique. Lorsqu'il négocia le marché de construction avec le gouvernement, il obtint des concessions bien plus généreuses que Macdonald ne le comprit sur le moment ; en fait, selon sir Richard John Cartwright*, il « surpassa en tactique » le premier ministre. En février de la même année, il alla recueillir des fonds en Angleterre avec Stephen, McIntyre et d'autres. Plus tard dans l'année, la Compagnie du chemin de fer canadien du Pacifique acheta la Compagnie du chemin de fer du Canada central. Pendant les travaux, Abbott défendit bien les intérêts de la compagnie et exerça souvent des pressions en coulisse pour obtenir de l'aide du gouvernement. Naturellement, il assista au parachèvement de l'ouvrage. Jusque-là, il avait refusé d'acheter des actions de la compagnie et, au grand déplaisir de Macdonald, d'intervenir ou de voter aux Communes lorsqu'il était question du chemin de fer afin d'éviter de sembler être en conflit d'intérêt. En privé, toutefois, il appuya les demandes de la Compagnie du chemin de fer canadien du Pacifique chaque fois qu'il le put et, une fois les travaux terminés, il souscrivit des actions et accepta un siège au conseil d'administration, qu'il conserva jusqu'à ce qu'il devienne premier ministre.

Abbott était actionnaire de plusieurs autres sociétés : il avait investi 20 000 $ dans la Banque Molson, 50 000 $ dans la Banque des marchands du Canada, 8 000 $ dans la Banque de Montréal. Il avait aussi placé de l'argent dans la Dominion Cartridge Company, la Dominion Transport Company, la Compagnie minérale Dominion, la Lake of the Woods Milling Company et la Montreal Safe Deposit Company, et il détenait un certificat à intérêt conditionnel de 1 500 $ de la Minneapolis, St Paul and Sault Ste Marie Railway Company. Pour permettre à ses fils cadets, Arthur et William, de lancer l'Abbott and Company, il leur avança plus de 68 000 $, endossa pour eux un emprunt bancaire de 86 000 $ et, plus tard, prêta quelque 49 000 $ à la Metropolitan Rolling Mills, propriété de l'Abbott and Company. Dans les débuts de sa carrière, il avait été secrétaire et trésorier de la City and District Building Society. Par la suite, il fut président de la Compagnie d'assurance des citoyens du Canada et siégea au conseil d'administration de la Banque de Montréal, de la Banque des marchands du Canada, de la Standard Life Assurance Company et de l'Intercolonial Coal Mining Company.

En prenant connaissance de ce qu'Abbott avait en fait de propriétés foncières, on comprend encore mieux ses aspirations sociales et l'étendue de sa réussite matérielle. Il possédait à Montréal une maison bien aménagée, évaluée à 64 818 $ en 1898, de même qu'une maison plus modeste, d'une valeur de 3 000 $, où habitait sa sœur Harriet. En 1865, il acheta Senneville, un domaine rural de 300 acres sur la pointe ouest de l'île de Montréal, où se trouvaient les vestiges du moulin de pierre construit par Jacques Le Ber*. Cette propriété, d'abord connue sous le nom de Senneville Grange, puis sous le nom plus majestueux de Boisbriant, fut évaluée à 35 000 $ en 1898. Il y construisit une demeure seigneuriale avec bibliothèque et serres, et il y aménagea des fermes, des vergers et des jardins. Le troupeau de vaches de Guernesey qu'il importa de 1878 à 1883 était, semble-t-il, « le premier arrivage direct » de cette race au Canada. Passionné par la culture des orchidées, il aurait possédé « la plus riche variété au Canada à cette époque ». Boisbriant lui permettait de se livrer à ses passe-temps favoris et de se retirer du monde ; en fait de symbole de réussite, c'était aussi, par rapport aux autres grands marchands montréalais, un complément fort utile à son appartenance au Rideau Club d'Ottawa et au Club St James de Montréal.

Qui dit réussite sociale dit obligations sociales. Abbott ne manquait pas de s'en acquitter. En 1860, il participa à la fondation de l'Association des beaux-arts de Montréal (dont son fils aîné, John Bethune, devint conservateur). L'un des administrateurs de la succession du marchand montréalais Hugh Fraser, il consacra plus de 15 ans à tenter de mettre sur pied la bibliothèque, la galerie d'art et le musée pour lesquels Fraser avait laissé un legs dans son testament. Finalement, le 15 octobre 1885, après des années de litige entre les administrateurs de la succession et les héritiers du bienfaiteur, Abbott, en qualité de président à vie, prononça le discours inaugural de l'Institut Fraser, qui abritait les livres de l'Association de la bibliothèque de commerce et de l'Institut canadien. En 1869, il avait contribué à la création de l'Institution protestante pour les sourds-muets et les aveugles [V. Joseph Mackay*].

En dépit du fait qu'il servait dans la milice coloniale « depuis l'adolescence », Abbott signa en 1849 le Manifeste annexionniste, qui préconisait l'union du Canada aux États-Unis. Si, pendant l'affaire du *Trent* en 1861 [V. sir Charles Hastings Doyle*], il recruta 300 hommes, les Argenteuil Rangers, ce fut donc peut-être tout autant pour faire oublier ce qu'il appela plus tard ses « erreurs de jeunesse » et améliorer son image politique que pour montrer son souci de la sécurité nationale. À ses adversaires politiques qui, en mars 1889, lui remettraient sur le nez sa « déloyauté » de 1849, il expliqua que selon lui son service militaire et sa commission d'officier puis de commandant du 11e bataillon de milice d'Argenteuil prouvaient qu'on lui avait pardonné sa folie de jeunesse.

Ironiquement, le nom d'Abbott évoque surtout la politique, métier qu'il affirmait « mépriser et détester ». « Je hais la politique, expliqua-t-il en 1891, et les méthodes par lesquelles il est convenu d'en faire. Je hais la notoriété, les assemblées publiques, les discours, les conciliabules, et tout ce qui, d'après mon expérience, fait partie des ingrédients nécessaires de la politique – sauf m'occuper des affaires publiques au meilleur de ma compétence. » Toutefois, il n'est pas surprenant qu'il soit entré en politique en 1857, pendant la décennie même où « la politique, c'était les chemins de fer ». La circonscription qu'il choisit, Argenteuil, n'était pas de tout repos. Un libéral-conservateur, Sydney Robert BELLINGHAM, la représentait depuis 1854. Il remporta de nouveau la victoire, par environ 200 voix, aux élections de 1857–1858. Abbott demanda alors qu'on annule le scrutin en faisant valoir que des hommes qui ne satisfaisaient pas aux conditions de propriété requises et vivaient à l'extérieur de la circonscription s'étaient laissé convaincre de voter pour son adversaire. Après une enquête qui dura plus de deux ans, sous la présidence de deux juges, un comité spécial de l'Assemblée législative lui concéda la victoire ; il prit son siège à l'Assemblée législative le 12 mars 1860. La même année, il publia tous les documents relatifs à ce litige dans un ouvrage de 258 pages où il affirmait que la meilleure garantie de probité électorale consistait à appliquer les lois électorales en vigueur plutôt qu'à en adopter de nouvelles. Même s'il avait raté les deux premières années de son mandat et même si, en raison de ses obligations professionnelles, il n'assista pas régulièrement à la session de 1860, il fut réélu en 1861. En mai 1862, il entra au gouvernement réformiste modéré de John Sandfield Macdonald* et de Louis-Victor Sicotte* à titre de solliciteur général du Bas-Canada. Pendant l'année où il exerça cette fonction, il présenta trois projets de loi importants : un qui réglementait la distribution de l'actif aux créanciers et allégeait la responsabilité des débiteurs – projet de loi qui établit son autorité en matière de faillites et accrut sa réputation d'avocat ; un autre sur les jurés et jurys au Bas-Canada ; enfin un troisième qui instaurait un droit de timbre sur les actes de procédure. En outre, il insista pour agir lui-même à titre de procureur de la couronne, malgré sa modeste expérience des affaires criminelles. Il fut réélu en 1863, et même s'il refusa de se joindre au nouveau cabinet et vota par la suite contre le gouvernement, Sandfield Macdonald l'invita à défendre devant l'Assemblée son projet de loi sur la faillite, qui n'avait pas pu être adopté avant la dissolution de la chambre. L'année suivante, il publia une édition annotée du texte de la loi intitulée *The Insolvent Act of 1864, with notes together with the rules of practice and the tariff of fees for Lower Canada,* qui démontrait sa maîtrise du droit français, anglais et écossais.

Dans les années suivantes, le député Abbott eut la réputation de ne pas avoir d'allégeance particulière. Il appuyait la Confédération à contrecœur, car il craignait qu'elle ne prive les anglophones du Bas-Canada de tout pouvoir politique. De concert avec William Collis Meredith, Christopher Dunkin et d'autres, il rédigea une proposition demandant au gouvernement de protéger les limites de 12 circonscriptions anglophones de la province de Québec. Par la suite, Alexander Tilloch GALT reprit la proposition et la fit accepter à la conférence de Londres. Elle fut intégrée à l'Acte de l'Amérique du Nord britannique, dans l'article 80.

Après la Confédération, Abbott passa peu à peu au parti conservateur. Élu député d'Argenteuil à la chambre des Communes en 1867 et 1872, il continua de s'intéresser aux finances, spécialement à la révision, en 1869, de l'Acte concernant la faillite, et il présida pendant quelques années le comité parlementaire des banques. Son implication dans le scandale du Pacifique lui fit perdre son siège ; il fut élu en 1874, mais le scrutin fut annulé par voie de requête, les listes d'électeurs contenant des irrégularités. Battu en 1878 par 89 voix, il remporta en février 1880 une élection partielle qui fut déclarée nulle parce que ses hommes s'étaient livrés à la corruption. Réélu à une élection partielle en août 1881, puis élu sans opposition aux élections générales de 1882, il démissionna des Communes le 15 janvier 1887. Le 12 mai suivant, il fut nommé au Sénat, institution qui, d'après lui, avait un rôle important à jouer au sein du gouvernement. Le lendemain, sir John Alexander Macdonald, reconnaissant ses dons de parlementaire et son utilité générale, le nomma leader du gouvernement au Sénat et ministre sans portefeuille.

Abbott fut aussi maire de Montréal. Bien que l'énergique George Washington Stephens*, réformiste municipal, ait vivement contesté sa nomination comme candidat anglais, il recueillit en 1887 une majorité confortable de quelque 2 000 voix sur Henri-Benjamin Rainville et fut réélu sans opposition l'année suivante. Une fois au Sénat, son premier geste fut de faire octroyer une charte à l'hôpital Royal Victoria. Choisi premier président du conseil d'administration à la demande des principaux bienfaiteurs de l'hôpital, Donald Alexander Smith et George Stephen, il supervisa la construction d'un édifice de 650 000 $. Toutefois, il ne parvint pas à réaliser la fusion de l'établissement avec le Montreal General Hospital, et il souleva la colère des défenseurs de la nature en insistant pour que l'immeuble soit construit dans les bois, sur les flancs de la montagne, et en usant de son prestige de maire pour y parvenir. Le *Montreal Star* fut particulièrement critique à l'endroit de son administration municipale, de son insensibilité aux besoins de sa circonscription et de la corruption qui régna à l'hôtel de ville pendant son mandat.

Au Parlement comme à l'extérieur, Abbott était un juriste très en demande. En 1876, le gouvernement libéral d'Alexander Mackenzie l'avait consulté avant de réviser la loi sur la faillite. En avril 1879, à titre de conseiller juridique, il accompagna Hector-Louis Langevin* à Londres pour demander au ministère des Colonies de soutenir les efforts du gouvernement du Canada en vue de destituer le lieutenant-gouverneur de la province de Québec, Luc Letellier* de Saint-Just, qui avait déclenché de vives controverses dans la province en démettant le cabinet conservateur. Pendant son séjour là-bas, Abbott négocia d'autres affaires gouvernementales, en particulier l'admission, en Grande-Bretagne, du bétail américain qui transitait par le Canada. En 1888, Macdonald lui demanda de se rendre en Australie pour négocier un resserrement des liens commerciaux et des communications. Toutefois, cette mission, ardemment soutenue par la Compagnie du chemin de fer canadien du Pacifique, fut remise à plus tard, et finalement il ne l'accomplit jamais.

Macdonald avait, semble-t-il, bonne opinion d'Abbott : il le considérait comme un parlementaire digne, calme, bien informé, qui se distinguait « par son absence d'animosité et de rancune personnelle », et il le tenait pour l'un des meilleurs orateurs de la chambre. À la veille de sa mort, en 1891, il lui offrit la présidence du Conseil privé. Apparemment, il voyait alors en lui son successeur. Il avait dit au ministre de la Justice, sir John Sparrow David THOMPSON, qui semblait le plus destiné à prendre la relève : « Quand je ne serai plus là, vous devrez vous rallier autour d'Abbott ; c'est le seul qui puisse faire l'affaire. »

Abbott ne voulait certainement pas être premier ministre ; d'après lui, c'était Thompson qui était le plus apte à diriger le parti. Mais finalement Thompson, avec d'autres, parvint à le convaincre, et Abbott accepta à contrecœur, à la condition que Thompson assume une bonne part des fonctions, surtout aux Communes. Il avait conscience de ses limites, au point d'ailleurs de les exagérer, et répétait sans cesse à qui voulait l'entendre qu'il était devenu chef de son parti uniquement parce que de tous les candidats possibles c'était lui qui y suscitait le moins de divisions.

« Vénérable et distingué, amateur de whist et de cribbage », selon le portrait brossé par l'historien Peter Busby Waite, le premier des premiers ministres du Canada à être né au pays « ne manquait pas de charme » ni de qualités mondaines, administratives et politiques. Même ses adversaires politiques, Cartwright par exemple, le concédaient. De plus, toujours selon Waite, son gouvernement ne fut pas un simple interrègne, contrairement à ce que l'on a si souvent dit. Quand Abbott prit le pouvoir, le 15 juin 1891, un gros arriéré de travail l'attendait. Diriger un parti faible et fatigué par des années de pouvoir, miné par la corruption et divisé par des rivalités religieuses, ethniques et personnelles n'était pas non plus chose facile. Et puis, le pays connaissait de graves problèmes : une forte dépression commerciale, la question scolaire du Manitoba [V. Thomas Greenway*], la destitution du premier ministre de la province de Québec Honoré MERCIER, le litige de la mer de Béring [V. John Sparrow David Thompson] et la convention Bond-Blaine [V. sir Robert Bond*] – pour ne mentionner que ceux-là. Pendant ses 17 mois de gouvernement, Abbott, travailleur infatigable, régla une bonne partie des affaires, remania son cabinet, obligea Langevin à abandonner son portefeuille jusqu'à ce qu'il ait été acquitté des accusations de corruption qui pesaient sur lui, sanctionna une réforme de la fonction publique, fit accepter par un Sénat récalcitrant d'importantes révisions du Code criminel, pressa le ministère des Colonies de nommer un attaché du Canada à la légation de la Grande-Bretagne à Washington, et envoya Thompson dans la capitale américaine pour discuter de tout un éventail de questions, dont un traité de réciprocité. Grâce à son leadership énergique (particulièrement son habileté dans l'affaire Mercier), grâce à ses qualités de diplomate et au soutien d'amis tel William Cornelius Van Horne* (qui contribua à ramener dans le rang d'impatients conservateurs canadiens-français comme Joseph-Adolphe CHAPLEAU et Langevin), Abbott parvint, selon toute apparence, à redonner confiance à son parti, tant au Parlement qu'à l'extérieur. Des 52 élections partielles tenues pendant son bref mandat, les conservateurs en remportèrent 42, augmentant de 13 sièges leur majorité aux Communes. En récompense de sa contribution à la vie publique, il fut fait chevalier commandeur de l'ordre de Saint-Michel et Saint-Georges le 25 mai 1892.

Cependant, à peine sir John Joseph Caldwell Abbott était-il au pouvoir depuis un an que sa santé se mit à décliner. En août 1892, ses médecins le pressèrent de prendre un repos prolongé pour se remettre de ce qui, selon leur diagnostic, était « un épuisement du cerveau et du système nerveux, causé par une congestion cérébrale ». Abbott, qui avait alors 71 ans, quitta son bureau pour n'y plus revenir. En octobre, il partit pour l'Angleterre afin de se faire soigner. Une fois là-bas, il écrivit à Thompson, à qui il avait laissé les rênes du pouvoir, une lettre de démission non datée, en lui disant de s'en servir au moment qui lui conviendrait. Le 23 novembre, Thompson eut un entretien avec le gouverneur général et accepta de remplacer officiellement Abbott le 4 décembre. Trois jours plus tard, Thompson prêta serment à titre de premier ministre. Pendant ce temps, Abbott parcourait la France et l'Italie, dans le vain espoir de se détendre et de recouvrer la santé. Après son retour au Canada, son état continua d'empirer et il mourut à Montréal. Le 2 novembre 1893, en la cathédrale Christ Church, l'évêque célébra ses funérailles, en présence des hommes les plus riches et les plus puissants du pays. *La Minerve* le qualifia, avec générosité, d'« ami de [la] race [canadienne-française] » mais, en fait, il n'avait pas été populaire parmi un bon nombre de ses collègues francophones. Il avait tout simplement été plus acceptable que les extrémistes du parti conservateur. Coulissier habile, persuasif et discret, il était demeuré le porte-parole chevronné du puissant milieu anglais des affaires dans la province de Québec.

CARMAN MILLER

Sir John Joseph Caldwell Abbott est l'auteur de : *The Argenteuil case ; being a report of the controverted election for the county of Argenteuil* [...] (Montréal, 1860) ; *The Insolvent Act of 1864, with notes together with the rules of practice and the tariff of fees for Lower Canada* (Québec, 1864) ; et *Functions of the Senate* (Montréal, 1890).

AN, MG 24, B2 ; MG 26, C ; MG 30, C128. — ANQ-M, CE1-63, 26 juill. 1849, 2 nov. 1893 ; CE6-34, 12 mars 1821. — McGill Univ. Arch., RG 14, c.262 ; RG 37, c.21. — Musée McCord, Deligny, Armstrong, Phillips, Bentham coll. — R. [J.] Cartwright, *Reminiscences* (Toronto, 1912).— *Legal News* (Montréal), 16 (1893) : 327–329. — *CPC*, 1874–1893.— *Cyclopædia of Canadian biog.* (Rose et Charlesworth). — *DNB*. — *Dominion annual reg.*, 1885–1886. — *Montreal directory*, 1855–1864 ; 1865–1866. — F. W. Terrill, *A chronology of Montreal and of Canada from A.D. 1752 to A.D. 1893* [...] (Montréal, 1893). — Atherton, *Montreal*. — Pierre Berton, *The last spike : the great railway, 1881–1885* (Toronto et Montréal, 1971) ; *The national dream : the great railway, 1871–1881* (Toronto et Montréal, 1970). — A. W. P. Buchanan, *The bench and bar of Lower Canada down to 1850* (Montréal, 1925). — Creighton, *Macdonald, old chieftain*. — D. S. Lewis, *Royal Victoria Hospital, 1887–1947* (Montréal, 1969). — Maud Ogilvy, « Sir J. J. C. Abbott », *les Hommes du jour : galerie de portraits contemporains*, L.-H. Taché, édit. (32 sér. en 16 vol., Montréal, 1890–[1894]), sér. 11. — G. R. Stevens, *Canadian National Railways* (2 vol., Toronto et Vancouver, 1960–1962). — Walter Vaughan, *Sir William Van Horne* (Londres et Toronto, 1926). — Waite, *Man from Halifax*. — M. E. S. Abbott, « Biographical sketch of « Argenteuil's greatest son », *Lachute Watchman* (Lachute, Québec), 8 oct. 1936 : 2, 6. — S. B. Frost, « The early days of law teaching at McGill », *Dalhousie Law Journal* (Halifax), 9 (1984–1985) : 150–157. — S. [B.] Frost et D. L. Johnston, « Law at McGill : past, present and future », *Rev. de droit de McGill* (Montréal), 27 (1981–1982) : 32–46.

ADAMS, MARY ELECTA, éducatrice, administratrice scolaire et poète, née le 10 novembre 1823 à Westbury, Bas-Canada, fille de Rufus Adams et de Maria Hubbard ; décédée le 5 novembre 1898 à Toronto.

Mary Electa Adams avait deux ans lorsque sa famille, d'ascendance néo-anglaise, s'installa à Adamsville (Acton), dans le Haut-Canada. Elle grandit dans cette localité, et ses parent se chargèrent de son instruction jusqu'à ce qu'elle entre à l'école dans la ville natale de sa mère, Montpelier, au Vermont, en 1840. L'année suivante, elle poursuivit ses études au Cobourg Ladies' Seminary, dans le Haut-Canada, où elle devint professeure après avoir obtenu un diplôme qui lui permettait d'enseigner les arts libéraux. En 1847, la jeune femme se fixa à Toronto, suivant ainsi son école qui prit à ce moment le nom d'Adelaide Academy ; un an plus tard, toutefois, elle accepta le poste de directrice de la Picton Academy. Après avoir résigné ses fonctions en 1850, pour cause de maladie, elle passa quatre ans comme professeure et administratrice à l'Albion Seminary, dans le Michigan. Elle revint en Amérique du Nord britannique au printemps de 1854 et, au mois d'août suivant, fut nommée préceptrice en chef de la nouvelle « section féminine » de la Wesleyan Academy de Mount Allison, à Sackville, au Nouveau Brunswick [V. Charles Frederick Allison*].

À titre de préceptrice en chef, Mary Electa Adams remplissait la plus haute fonction administrative accessible aux femmes dans son école. Elle agissait essentiellement à titre de directrice même si, officiellement, elle relevait du directeur Humphrey Pickard*, qui s'occupait surtout de l'école des garçons, située à côté. Elle estimait qu'il fallait offrir aux femmes un enseignement scolaire rigoureux dans un cadre chrétien, et la Wesleyan Academy lui donna l'occasion de mettre ces principes à l'épreuve. Tout en s'inclinant devant les conventions qui imposaient à la plupart des femmes instruites de servir la société en tant qu'épouses et mères, elle ne pouvait admettre que leur formation se limite aux matières « d'agrément ». Un éditorial de la *Mount Allison Academic Gazette* de décembre 1855, non signé mais qui portait clairement sa marque, affirmait qu'« il [était] de la plus grande utilité d'incorporer les sciences difficiles au programme scolaire des étudiantes ». Pour elle, la femme cultivée devait posséder à la fois vigueur intellectuelle, sens artistique et force morale : c'est ce principe qu'elle cherchait à faire valoir par le programme d'études du nouvel établissement (qui comprenait des cours de mathématiques, de sciences, de morale, de langue et de littérature latines, et qui offrait la possibilité d'étudier la musique et les beaux-arts) et par les conseils et l'exemple qu'elle donnait aux élèves.

À la suite du décès de son père, en mai 1856, Mary Electa Adams songea à quitter Mount Allison pour aller s'occuper de sa mère chez elle, dans le Haut-Canada. Mais son intense dévouement à « la cause de l'éducation féminine » et au méthodisme l'incita à persévérer une autre année dans son poste. « Je suis terrifiée par l'idée de vivre inutilement », écrivait-elle dans son journal, le 20 juillet 1856. Elle finit par démissionner à l'été de 1857, pour retourner chez elle, mais son retrait de la vie professionnelle ne dura que quatre ans. À l'automne de 1861, elle devint la première directrice du Wesleyan Female College de Hamilton. En sept ans à ce poste, Mlle Adams fit de cet établissement une maison d'enseignement hautement réputée, malgré des problèmes financiers et les incommodités de l'édifice, un ancien hôtel imparfaitement aménagé. Le *Canadian Illustrated News* de Hamilton mentionnait, en juin 1863, que son érudition et sa compétence administrative étaient « la vie de l'établissement ». Après avoir établi un programme scolaire fondé sur son expérience à la Wesleyan Academy et peut-être aussi sur les constatations qu'elle fit au cours d'une tournée d'écoles pour femmes en Grande-Bretagne, à l'été de 1862, elle laissa à son successeur Samuel Dwight Rice*, en 1868, un établissement qui devait continuer à prospérer pendant près de 30 ans.

Après le décès de sa mère, en 1868, Mary Electa Adams passa deux ans en Italie où elle voyagea avec sa sœur et collègue Augusta Minerva. À leur retour en Ontario, les deux femmes s'installèrent à Cobourg et, en 1872, elles ouvrirent près du Victoria College une école pour jeunes filles, la Brookhurst Academy. Destinée à l'origine à « recevoir uniquement des étudiantes de niveau supérieur qui aspiraient aux privilèges universitaires », comme le nota Mary Electa dans son journal huit ans plus tard, la Brookhurst Academy fonctionnait en étroite collaboration avec le Victoria College. Les étudiantes suivaient des cours au collège et, en 1877, Mary Crossen fut la première à obtenir un diplôme en littérature anglaise décerné conjointement par les deux établissements. Des difficultés financières entraînèrent la fermeture de la Brookhurst Academy au printemps de 1880, avant même que sa fondatrice ait pu réaliser son ambition de voir des femmes obtenir un diplôme universitaire terminal du Victoria College. La Wesleyan Academy de Mount Allison, de son côté, grâce à la tradition établie par Mlle Adams, avait eu en 1875 sa première diplômée, Grace Annie Lockhart*. Nathanael Burwash*, qui fut plus tard président du Victoria College, allait néanmoins louer le travail d'avant-garde accompli par Mlle Adams à la Brookhurst Academy, et affirmer que son œuvre avait marqué « la première étape de l'accession des filles de la province à tous les privilèges liés aux études universitaires complètes ».

Pendant les 12 dernières années de sa carrière professionnelle, Mary Electa Adams fut directrice de l'Ontario Ladies' College de Whitby. Malgré sa répugnance à devoir accepter un emploi dans une école qu'elle avait considérée comme une importante concurrente de la Brookhurst Academy et malgré les différends qui ne tardèrent pas à l'opposer au président John James Hare, dont elle relevait, elle s'efforça d'appliquer ses principes personnels : un enseignement méthodique et rigoureux dans un cadre chrétien. Lorsqu'elle prit sa retraite en 1892, elle avait près de 70 ans. Malgré tout, elle passa le reste de sa vie à aider sa sœur Augusta Minerva et son neveu Lucius Coleman à établir une ferme d'élevage de bétail à Morley (Alberta) et une autre sur le bord de la rivière Red Deer, non loin de là. Elle mourut en novembre 1898, au cours d'une visite chez des parents à Toronto.

Tout au long de sa vie, Mary Electa Adams s'était faite la championne de l'instruction des femmes. Peintre et poète dans ses temps libres, elle incarnait ce mélange d'intelligence cultivée et de créativité artistique qu'elle essayait, toujours dans le cadre de sa foi méthodiste, de promouvoir auprès de ses étudiantes. Ses efforts ont été fructueux à plus d'un titre : en plus d'être personnellement utile à ses étudiantes, elle servit globalement la cause de l'éducation des femmes au Nouveau-Brunswick, en Ontario et dans toute l'Amérique du Nord britannique.

JOHN G. REID

Une aquarelle originale de Mary Electa Adams ainsi que des poèmes écrits dans son journal se trouvent aux Mount Allison Univ. Arch. (Sackville, N.-B.), E. M. Pomeroy papers, box 11 (M. E. Adams material). Une collection de ses poèmes, *From distant shores,* a été publiée à Toronto en 1898.

Victoria Univ. Library (Toronto), Helena Coleman MS coll. — *Mount Allison Academic Gazette* (Sackville), nos 3 (juin 1854)–7 (1857).— *Canadian Illustrated News* (Hamilton, Ontario), 27 juin 1863.— *Christian Guardian,* 16, 30 nov. 1898. — *Globe,* 7 nov. 1898. — Nathanael Burwash, *The history of Victoria College* (Toronto, 1927). — J. G. Reid, *Mount Allison University : a history, to 1963* (2 vol., Toronto, 1984). — E. [M.] Pomeroy, « Mary Electa Adams : a pioneer educator », *OH,* 41 (1949) : 107–117. — J. G. Reid, « The education of women at Mount Allison, 1854–1914 », *Acadiensis* (Fredericton), 12 (1982–1983), no 2 : 3–33. — Marion Royce, « A landmark in Victorian education for young ladies », *Improving College and Univ. Teaching* (Corvallis, Oreg.), 23 (1975) : 9–11.

AIKINS, WILLIAM THOMAS, médecin, professeur de médecine et administrateur scolaire, né le 5 juin 1827 dans le canton de Toronto, Haut-Canada, fils de James Eakins et d'Ann Cox ; le 7 octobre 1851, il épousa à Toronto Louisa Adelia Piper (décédée en 1863), fille de Hiram Piper, et ils eurent six enfants, puis le 4 mai 1865, dans la même ville, Lydia Ann Piper, sœur de Louisa, et de ce second mariage naquirent quatre enfants ; décédé le 24 mai 1897 à Toronto.

James et Ann Eakins quittèrent leur Irlande natale en 1816 pour Philadelphie, puis s'installèrent en 1820 dans le canton de Toronto. Ils y élevèrent six enfants, dont William Thomas Aikins était le quatrième, et le troisième de quatre garçons, qui signeraient plus tard leur nom Aikins. En 1843, James Eakins, riche fermier et fervent wesleyen, envoya William au Victoria College de Cobourg, comme il le fit pour ses autres garçons. Il paya aussi les études médicales que William entreprit en 1845 ou 1846, fort probablement à la Toronto School of Medicine du docteur John Rolph*. Bien qu'il ait reçu l'autorisation d'exercer le 16 avril 1849, William s'inscrivit en octobre au fameux Jefferson Medical College de Philadelphie, où il décrocha un doctorat en médecine en mars 1850.

Aikins amorça alors ses 47 années de carrière dans le monde de l'éducation en entrant comme chargé de cours d'anatomie à l'école de Rolph (avec qui il faisait déjà de la pratique privée). En août 1851, l'école obtint sa constitution juridique et, dès l'automne, il en était le directeur des finances et le secrétaire. C'est surtout grâce à lui qu'elle survécut et que, de 1854 à 1856, sa situation s'améliora considérablement. Comme Rolph passait de longues périodes à Québec, où il exerça des fonctions parlementaires jusqu'en 1855, Aikins donnait plus que sa part de cours, tenait les comptes, supervisait le programme et recrutait du personnel. Bons pédagogues, Michael Barrett*, Henry Hover Wright et Uzziel Ogden* demeurèrent à l'école jusqu'à leur mort ou leur retraite. Fait plus important, étant donné que les étudiants de médecine étaient de plus en plus résolus à obtenir des diplômes et que l'école n'était pas habilitée à leur en remettre, Aikins réussit à contrer la concurrence des facultés de médecine du Trinity College et du McGill College en concluant en octobre 1854 une convention avec le Victoria College. En vertu de cette entente, les membres du personnel de la Toronto School of Medicine devinrent les premiers professeurs de médecine du Victoria College, où Aikins accéda aux postes de doyen et de membre du « sénat ».

Une fois que l'école fut devenue le département de médecine du Victoria College, le nombre d'inscriptions grimpa en flèche. À l'été de 1856, on remit toutefois en question la convention conclue entre les deux établissements quand Rolph, alors professeur de chirurgie, et le conseil d'administration du Victoria College ne tinrent pas compte des usages relatifs à la formulation des lignes de conduite départementales. C'est le conseil d'administration qui déclencha la querelle en décidant d'acheter pour l'école un édifice à Yorkville (Toronto). Aikins protesta en quittant le poste de doyen en juin ; Rolph, nommé par le conseil, lui succéda. Au cours des trois mois suivants, Aikins, et avec lui Barrett (président de l'école depuis le début de 1855), Wright et Ogden s'inquiétèrent de plus en plus du mode de gestion de Rolph, essentiellement autocratique, et de l'autorité absolue que lui conféraient, à titre de doyen, des propositions adoptées par le conseil en juillet. Celles-ci étaient tout à fait contraires aux principes démocratiques d'Aikins ; de plus, selon les quatre professeurs, elles niaient que la Toronto School of Medicine continuait d'exister en tant qu'école et qu'eux-mêmes avaient des droits en qualité de copropriétaires. Apparemment, Aikins fut le principal porte-parole du groupe au cours d'infructueuses négociations avec le conseil d'administration. Les 6 et 7 octobre, les quatre professeurs démissionnaient du département de médecine du Victoria College.

Les dissidents, majoritaires au sein de l'école, ne tardèrent pas à trouver un édifice et à poursuivre l'exploitation de l'établissement. Dès le début des années 1860, la Toronto School of Medicine comptait autant d'étudiants que le Victoria College, encore sous la direction de Rolph, le Queen's College et le McGill College (en ne comptant que les étudiants haut-canadiens). Elle devait son succès en partie à la fermeture de la faculté de médecine du Trinity College, survenue en 1856, et au fait qu'Aikins avait obtenu une accréditation de la University of Toronto en 1854, car celle-ci avait fermé sa propre faculté de médecine en 1853. À compter d'octobre 1856, la Toronto School of Medicine appliqua les critères d'enseignement de cette université et fonda sa publicité sur le fait que ses finissants étaient qualifiés pour s'y inscrire aux examens de la licence et du doctorat en médecine.

Maître de chirurgie à l'école depuis juillet 1856, Aikins succéda à Barrett à la présidence en 1862 et exerça cette fonction jusqu'à sa mort. De 1862 à 1880, il représenta l'école au « sénat » de la University of Toronto, où il fit adopter des changements importants au programme des diplômes de médecine. En outre, dans les années 1857 à 1870 et 1888 à 1893, il fut à l'occasion examinateur pour l'université dans des matières liées à la médecine. À la fois en qualité de professeur, de clinicien et de membre de la haute administration, il fut l'un des grands artisans du succès académique et financier que l'école connut jusqu'au début des années 1890. Sa réputation croissante attirait des étudiants du centre et de l'ouest du Haut-Canada. À la fermeture de la faculté de médecine du Trinity College et de celle du Victoria College (en 1874), plusieurs de leurs professeurs, dont Norman BETHUNE, James Bovell* et Edward Mulberry Hodder*, passèrent à la Toronto School of Medicine.

Au moins à compter de 1863, Aikins fit partie de la majorité qui, au « sénat » de la University of Toronto, prônait la restauration de la faculté de médecine. Sans doute envisageait-il que le personnel de la Toronto School of Medicine formerait cette nouvelle faculté – non sans avoir obtenu, toutefois, des garanties plus solides que celles de l'entente conclue auparavant avec le Victoria College. Dans les années 1870, il se mit à parler publiquement « en faveur d'un grand nombre de collèges [de médecine] mais d'une seule université », vraisemblablement celle de Toronto, situation qui, selon lui, « hausserait le niveau de l'éducation, créerait une saine rivalité et ferait que [les] diplômes seraient respectés à l'étranger ». En mars 1887, il se jeta donc « corps et âme » dans des pourparlers à l'issue desquels presque tous les enseignants de l'école acceptèrent un poste à la nouvelle faculté de médecine de la University of Toronto. Quant à lui, il en fut le doyen de septembre 1887 à avril 1893.

Depuis 1865 environ, Aikins avait une nombreuse clientèle à titre de chirurgien et retirait un bon salaire de l'école de médecine. En matière d'argent, disait le *Globe*, ses habitudes étaient « sans égales » ; il investissait dans l'immobilier, tant à Toronto qu'ailleurs. Dès la fin des années 1860, il était un médecin exceptionnellement riche, et il le demeura jusqu'à ce que, vers 1895, il perde presque toute sa fortune. Wesleyen « sincère et doué de sens pratique », il fut parmi les fondateurs de l'église Metropolitan de Toronto et membre du conseil d'administration de 1868 à 1897. En outre, de 1865 à 1869, il siégea au comité général de la Wesleyan Methodist Missionary Society. Il fit des donations substantielles aux fonds de construction de l'église Metropolitan et, de 1877 à 1891, se classa souvent parmi les plus généreux bienfaiteurs au Canada de la société missionnaire.

Fils d'un réformiste, Aikins embrassa la cause des *clear grits* au début des années 1850, se rangea du côté du parti réformiste de George Brown* dans les années 1860 puis, contrairement à son frère plus connu, James Cox Aikins*, appuya leurs successeurs libéraux. Bien que riche et sachant s'exprimer, il tenta sa chance une seule fois en politique. En 1867, à titre de réformiste opposé à la coalition, il se présenta contre James BEATY, propriétaire du *Leader*, dans la circonscription fédérale de Toronto East. Cependant, malgré l'admiration que le *Globe* professait pour lui, il fut défait.

Aikins obtint plus de succès au sein des organisations de médecins. Usant de son influence, Rolph le fit nommer au Medical Board of Upper Canada en 1852 ; il allait y rester jusqu'à l'abolition de cet organisme, en 1865. D'avril 1855 à 1857, à cause de la constante rivalité qui opposait le Trinity College à la Toronto School of Medicine et de l'animosité qui régnait contre Rolph, le Toronto General Hospital lui retira ses privilèges, ce qui attira sur lui l'attention de ses collègues et de la population du Haut-Canada. Il s'employait à hausser les normes d'exercice de sa profession et à faire que son école comme les médecins allopathes soient respectés. Son objectif, exprimé en privé dès 1852 et en public au moins à compter de 1859, était la création d'une seule corporation professionnelle qui imposerait une norme d'admission commune et un programme de base à toutes les écoles de médecine du Haut et du Bas-Canada et qui serait seule habilitée à délivrer des autorisations aux médecins, diplômés compris. Bien sûr, certains de ses rivaux dans le monde de l'éducation, dont Rolph à compter de 1856, faisaient valoir que ce serait la Toronto School of Medicine qui bénéficierait le plus de la concrétisation d'un tel projet. Néanmoins, à la fin des années 1850 et dans les années 1860, les praticiens allopathes, ses collègues de l'école et du Medical Board of Upper Canada ainsi que plusieurs autres éducateurs, notamment le docteur John Robinson Dickson* du Queen's College, étaient de plus en plus nombreux à appuyer les démarches qu'il faisait en vue d'une élévation des normes et d'une réforme de la délivrance des autorisations.

C'est probablement au milieu des années 1860 qu'Aikins influa le plus sur le développement de la profession médicale. En effet, probablement avec Henry Hover Wright, il rédigea en 1865 l'Acte pour régler les qualités requises des médecins et chirurgiens pratiquant dans le Haut-Canada, puis l'année suivante la première série de modifications qui allaient être apportées à cette loi. Lui-même et ses collègues de la Toronto School of Medicine exercèrent de fortes pressions en faveur de la loi elle-même et des modifications ; le moindre de leurs motifs n'était pas que ces mesures donnaient aux diplômés de leur école (qui ne se présentaient pas tous aux examens de médecine de l'université) le droit dont jouissaient alors les diplômés des facultés de médecine d'obtenir une autorisation provinciale sans autre examen. L'*Ontario Medical Act* de 1869, grâce auquel les praticiens ruraux réduisirent de façon décisive l'indépendance des écoles de médecine en éliminant ce privilège, allait essentiellement dans le sens de ce qu'Aikins souhaitait depuis longtemps : un seul bureau d'examen et de délivrance des autorisations pour tous. Il représenta son école au General Council of Medical Education and Registration de 1866 à 1869, puis au conseil du College of Physicians and Surgeons of Ontario de 1869 à 1880. Il fut trésorier de ces deux organismes, dans le second cas jusqu'à sa mort. Les rares déclarations publiques qu'il fit à titre de membre de l'un de ces deux conseils reflètent sa préoccupation de toujours : que l'on hausse les critères d'admission aux études de médecine afin qu'ils correspondent au moins à ceux que l'on exige des étudiants admis en arts, et finalement des diplômés.

Des années 1850 à 1890, Aikins occupa une série de postes de consultant au Toronto General Hospital, au Hospital for Sick Children et à la Central Prison. Il fut médecin de plusieurs sociétés locales de bienfaisance dont, au début des années 1870, l'Irish Protestant Benevolent Society, et fut souvent convoqué à titre de témoin expert à des enquêtes et à des procès. Il reçut un doctorat en droit du Victoria College en 1881, et un autre de la University of Toronto en 1889. En 1895, sa santé l'obligea à quitter l'enseignement et la pratique privée.

À la fois en qualité de professeur et de chirurgien, Aikins était réputé avoir peu d'égaux dans tout le Canada, et même sur tout le continent. Sa pédagogie, impressionnante, s'appuyait sur de solides conseils et de fréquentes démonstrations, en classe ou en clinique. Prudent et consciencieux tout en étant inventif et au fait des progrès de la science, il contribua beaucoup, en 40 ans, à faire avancer la chirurgie parmi les médecins formés à Toronto. Il conçut une attelle pour les fractures de l'humérus et un appareil qui rafraîchissait constamment les articulations enflammées, raffina les méthodes chirurgicales pour réduire les hémorragies pendant et après les opérations, fut un pionnier des amputations ostéoplastiques pratiquées au-dessus du genou et fut l'un des premiers à prôner le grand air pour le traitement de la tuberculose. Sa contribution clinique la plus importante fut sans contredit son adoption précoce et sa promotion ardente des règles d'antisepsie lancées en 1867 par Joseph Lister, qu'il consulta en 1880 au cours d'une longue tournée dans des hôpitaux anglais et européens.

Par l'énergie qu'il déploya au Medical Board of Upper Canada et dans les organismes qui lui succédèrent, William Thomas Aikins contribua directement, des années 1850 aux années 1880, à faire de la médecine ontarienne une véritable profession. À sa mort, ses collègues, anciens étudiants et amis laïques ou ecclésiastiques choisirent cependant de rappeler plutôt sa supériorité de chirurgien et de professeur, sa largeur de vues, sa générosité et son « authentique personnalité de chrétien ». Ils parlèrent aussi de sa modestie professionnelle et personnelle – qualité qui pourrait expliquer pourquoi il fit si peu d'interventions publiques, surtout après les années 1860.

DAVID R. KEANE

Une recherche dans l'ensemble des publications contemporaines en médecine n'a permis de découvrir qu'un seul article de William Thomas Aikins, bien qu'il soit mentionné en relation avec un certain nombre d'autres rapports. Son article, « Ovariotomy – five cases », *Canadian Journal of Medical Science* (Toronto), 7 (1882) : 185–187, constitue un exposé utile sur l'antiseptie au cours des interventions chirurgicales.

Academy of Medicine (Toronto), W. T. Aikins papers ; AM 440 (licence to practise issued to Aikins, 16 avril 1849) ; R. I. Harris papers, notes, transcriptions, and photocopies of materials concerning Aikins and the Toronto School of Medicine ; MS 38 (Toronto School of Medicine, account-book, 1878–1887, and misc. accounts to 1904) ; MS 133 (Medical Council of Upper Canada, scrapbooks, 2 vol.). — AN, MG 24, B24, 2 : 177, 180–181, 186–188, 206–212 ; MG 27, I, D1, 6 ; RG 4, B28, 135, bond n° 1513 ; RG 5, C1, 417, file 1013 ; 446, file 959 ; 450, file 1298 ; 473, file 545 ; RG 31, C1, 1861, Toronto Township, district 3 : 55 ; 1871, Toronto, St John's Ward : 12 ; 1881, Toronto, St James Ward : 157. — CTA, RG 5, F, St Andrew's and St John's wards, 1857–1859 ; Ward 3, division 2, 1894–1896 (mfm aux AO). — UCC-C, Ontario histories, Toronto, Metropolitan Methodist/United Church, clipping files ; contribution reg., 1868–[1886] : 1, 7, 21, 27, 34, 37 ; Victoria College Arch., Faculty of Medicine papers, boxes 2–3.— UTA, B74-0007/001. — York County Surrogate Court (Toronto), n° 12204 (mfm aux AO). — *Acta Victoriana* (Cobourg, Ontario), 5 (1882–1883) : 9. — Canada, prov. du, *Statuts*, 1851, chap. 155 ; 1865, chap. 34. — *Canada Lancet* (Toronto), 21 (1888–1889) : 281–282 ; 29 (1896–1897) : 581 (une photographie face à la page 580). — *Canadian Journal of Medical Science*, 5 (1880) : 24–25. — *Canadian Journal of Medicine and Surgery* (Toronto), 1 (1897) : 274–275 (notice nécrologique avec photographie écrite par W. A. Young). — *Canadian Medical Rev.* (Toronto), 5 (1897) : 233–235. — *Canadian Practitioner* (Toronto), 14 (1889) : 235–236 (portrait gravé entre les pages 235 et 236) ; 15 (1890) : 233–235 ; 22 (1897) : 467–468. — *Dominion Medical Journal* (Toronto), 1 (1868–1869) : 158–162, 232–246 ; 2 (1869–1870) : 142–160. — *Medical Chronicle* (Montréal), 4 (1856–1857) : 268–270 ; 5 (1857–1858) : 329–330, 420–423. — Toronto School of Medicine, *Announcement*, 1862 ; 1864 ; 1870–1887 (copie aux UTA et à la MTRL).— Univ. of Toronto, *Calendar*, 1889-1890. — *Upper Canada Journal of Medical, Surgical and Physical Science* (Toronto), 2 (1852) : 26–27.— Victoria College, *Catalogue* (Cobourg), 1845 ; 1848–1849 ; *Gazette* (Cobourg), 1855 ; (Toronto), 1856–1857. — Wesleyan Methodist Church in Canada, Missionary Soc., *Annual report* (Toronto), 1850–1874 ; aussi ses successeurs dans Methodist Church of Canada, 1874–1884 ; et dans Methodist Church (Canada, Newfoundland, Bermuda), 1884–1898.— *Christian Guardian*, 22 oct. 1845, 8 oct. 1851, 10 mai 1865, 9 juin 1897. — *Globe*, 16 sept. 1857, 3–4 mai 1866, 21 août–3 sept. 1867, 26, 28 mai 1897. — *Leader* (Toronto), 4 mai, 16 juin 1866, 7 oct. 1867.— *Toronto Evening Star*, 25, 27 mai 1897. — H. A. Bruce, *Varied operations : an autobiography* (Toronto, 1958). — Nathanael Burwash, *The history of Victoria College* (Toronto, 1927). — C. K. Clarke, *A history of the Toronto General Hospital* [...] (Toronto, 1913). — W. G. Cosbie, *The Toronto General Hospital, 1819–1965 : a chronicle* (Toronto, 1975). — R. D. Gidney et W. P. J. Millar, « The origins of organized medicine in Ontario, 1850–1869 », *Health, disease and medicine : essays in Canadian history*, C. G. Roland, édit. ([Toronto], 1984), 65–95.— C. M. Godfrey, *Medicine for Ontario : a history* (Belleville, Ontario, 1979). — M. H. V. Cameron, « William Thomas Aikins (1827–1895) », Canadian Medical Assoc., *Journal* (Toronto), 64 (1951) : 161–163.— L. D. Fraser, « Phoenix : medicine at Victoria, 1854–1892 », *Vic-Report (Toronto), 2 (1974), n° 5* : 6–7. — C. W. Harris, « History of Canadian surgery : William Thomas Aikins, M.D., LL.D. », *Canadian Journal of Surgery* (Toronto), 5 (janv.–oct. 1962) : 131–137. — G. A. Peters, « Aikins's hoop-iron splint in fractures of the humerus », *British Medical Journal* (Londres), janv.–juin 1897 : 1409–1410.— F. N. G. Starr, « Dr. William Thomas Aikins », *Univ. of Toronto Monthly*, 2 (1901–1902) : 173–175 (photographie face à la page 173).

AKINS, THOMAS BEAMISH, avocat, historien, fonctionnaire et bibliophile, né le 1er février 1809 à Liverpool, Nouvelle-Écosse, seul enfant de Thomas Akins (Akin), marchand, et de Margaret Ott Beamish ; décédé célibataire le 6 mai 1891 à Halifax.

Orphelin de mère dès l'âge de dix jours, Thomas Beamish Akins fut élevé à Halifax par sa famille maternelle, aux côtés de son cousin germain Beamish Murdoch*, de neuf ans son aîné, qui fut pour lui un frère. On est presque assuré qu'il suivit Murdoch à la Halifax Grammar School, où il aurait reçu une solide formation classique. Après avoir étudié le droit au cabinet de son cousin, il fut admis au barreau de la province le 3 mai 1831. Selon la plupart des sources, Akins avait une pratique lucrative, surtout à titre de solicitor (son nom figure rarement dans les archives judiciaires de l'époque). Grâce au revenu qu'il en retirait, et fort probablement à un héritage assez substantiel, il fut bientôt indépendant de fortune, ce qui lui permit de prendre une retraite précoce et de se consacrer aux archives et aux livres rares.

À l'époque où il faisait son stage de clerc au cabinet de Murdoch, Akins, avec son cousin, avait aidé Thomas Chandler Haliburton* à faire des recherches pour *An historical and statistical account of Nova-Scotia*, publié à Halifax en 1829. En outre, peut-être en qualité de membre fondateur, il appartenait à un cercle appelé The Club qui, à la fin des années 1820, se réunissait régulièrement au bureau de Joseph Howe* pour discuter littérature en mangeant des gâteaux ou en buvant de la bière. Du côté maternel, Akins avait des ancêtres parmi les premiers colons de Halifax, et il fut cofondateur et président de l'Old Nova Scotia Society, formée un peu avant 1838. Tous les membres de cet organisme affirmaient descendre des premiers Haligoniens et s'étaient donné pour mission de veiller à ce que jamais l'on n'oublie l'anniversaire de la fondation de la ville. Lorsque le Halifax Mechanics' Institute offrit une médaille d'argent à l'auteur du meilleur essai sur les premiers temps de Halifax, Akins posa donc sa candidature. Le seul ouvrage en lice était le sien, « Essay on the early history of Halifax », qui reçut la médaille d'argent en 1839 et parut pour la première fois huit ans plus tard. Tout au long de sa vie, Akins fit des corrections et des ajouts à cet ouvrage ; en 1895, la Nova Scotia Historical Society publia, comme huitième volume de ses *Collections,* la version qu'il avait laissée à sa mort.

Les recherches qu'Akins avait effectuées dans sa jeunesse pour le livre d'histoire de Haliburton l'avaient convaincu de la nécessité de conserver et de cataloguer les archives publiques de la Nouvelle-Écosse. En 1841, dans une lettre au Halifax Mechanics' Institute, il proposa « la fondation d'[un] dépôt d'archives coloniales ». Sa proposition n'eut pas de suite, non plus qu'une autre semblable présentée quatre ans plus tard par un comité de l'institut dont il faisait partie et que présidait Joseph Howe. On n'entendit plus parler des archives publiques jusqu'en 1857, lorsque Akins comparut devant un comité de la chambre d'Assemblée pour plaider en faveur de leur conservation. Il abandonna alors son calme habituel et parla avec une telle énergie et une telle émotion que, selon le témoignage d'Adams George ARCHIBALD, il communiqua son enthousiasme aux « hommes politiques pragmatiques de l'époque ». En avril de cette année-là, Howe présenta en chambre une proposition qui déboucha le 29 mai sur la nomination d'Akins au poste de commissaire des archives publiques. La création des archives néo-écossaises précéda donc de 15 ans celle des archives du dominion, et il n'y eut pas d'autre archiviste provincial avant 1903, date de la nomination d'Alexander Fraser* en Ontario.

Akins allait occuper ce poste jusqu'à sa mort, 34 ans plus tard. Par l'intermédiaire du secrétaire de la province, il rendait compte de son travail à l'Assemblée, qui formait des comités pour étudier ses rapports et faire des recommandations. Il soumit 13 rapports et reçut en tout quelque 18 800 $ de crédits, dont 10 938 $ pour son salaire. Le système de catalogage qu'il adopta était celui de la collection harléienne du British Museum. On classait les documents par date et par sujet (les dépêches des gouverneurs par exemple) pour les relier ensuite en volumes. En 1859, Akins publia *Descriptive catalogue of books in the iron safe of the Provincial Secretary's Office, Nova Scotia,* réimpression du catalogue paru cette année-là dans les journaux de la chambre d'Assemblée.

Akins ne tarda pas à constater qu'une partie de la correspondance officielle manquait et qu'elle se trouvait à Londres, au State Paper Department du Public Record Office. À la suite de nombreuses pressions d'Akins, le lieutenant-gouverneur, lord Mulgrave [Phipps*], veilla à ce que l'on transcrive la correspondance officielle du Board of Trade, des secrétaires d'État et des gouverneurs. Cependant un grave problème, qui n'allait cesser de préoccuper Akins, surgit dès l'amorce de ce travail : ses copistes ne transcrivaient que les dépêches, et non les pièces jointes, qui avaient souvent plus d'importance et dont un bon nombre ne se trouvaient plus avec la dépêche correspondante. Aussi devait-il commander séparément une transcription des pièces jointes après avoir lu les dépêches qui y renvoyaient. La publication du *Catalogue of the Library of Parliament* [...] par la province du Canada en 1857–1858 attira son attention sur l'existence, à Paris, de documents sur l'Acadie, qu'il fit copier de 1860 à 1862. Par la suite, il reçut presque constamment des transcriptions du British Museum, du Public Record Office et de la Royal Institution of Great Britain de Londres, ainsi que de la bibliothèque du séminaire de Québec, des nouvelles archives du dominion et de la Massachusetts Historical Society. En même temps, dans la mesure où son budget le lui permettait, il continua d'amasser et de cataloguer les documents néo-écossais qu'il trouvait dans les divers bureaux gouvernementaux. En 1886, le nombre de volumes reliés s'élevait à 473, et le contenu de nombreuses boîtes de documents était trié. Un catalogue parut cette année-là, qui énumérait toutes ces pièces et qui servit jusqu'en 1976. Grâce au travail d'Akins, la plus grande partie des archives publiques du gouvernement néo-écossais fut conservée, cataloguée et consultable bien avant qu'aucune autre province n'ait entrepris un travail semblable et au moment même où il débutait à peine aux archives du dominion.

Dans ses rapports, Akins prônait sans cesse la publication de morceaux choisis, pratique courante dans plusieurs États américains. En 1865, l'Assemblée autorisa enfin l'impression de 1 000 exemplaires d'une compilation en un volume. *Selections from the public documents of the province of Nova Scotia,* préparé par Akins, fut publié en 1869. Le volume connut une large diffusion : on expédia des exemplaires à des bibliothèques du Canada, des États-Unis et de Grande-Bretagne. Il contenait des documents sur les Acadiens, la guerre de Sept Ans, la naissance de Halifax et la création de l'Assemblée représentative. Akins, qui avait d'abord demandé de publier trois volumes, avait dû se montrer très sélectif pour des motifs d'espace et de coût : il n'avait donc pas reproduit tous les documents en entier et avait omis, en général, les instructions verbeuses. (Sur les originaux conservés aux Public Archives of Nova Scotia, on peut encore voir les directives qu'il inscrivait au crayon à l'intention de ses copistes.)

Comme nombre de ses contemporains, Akins était sensible aux critiques de plus en plus vives que suscitait la déportation des Acadiens de la Nouvelle-Écosse survenue en 1755 [V. Charles Lawrence*]. En publiant *Selections,* l'un de ses objectifs était de dissiper les malentendus qui entouraient cet événement. Dans sa préface, il déclarait avoir retenu parmi les documents que le gouvernement possédait alors tous ceux qui « pouvaient jeter quelque lumière sur l'histoire et la conduite des habitants français de la Nouvelle-Écosse ». En 1880–1881, la Massachusetts Historical Society lui envoya une transcription du journal tenu par le lieutenant-colonel John Winslow*, et le British Museum, une copie des documents dans lesquels le révérend Andrew Brown* parlait des Acadiens. Toutes ces pièces parurent dans les *Collections de la Nova Scotia Historical Society* dans les années 1880. Leur publication rehaussa encore l'intérêt que suscitait le débat international, déjà très animé, sur la déportation. Les Néo-Écossais se sentirent tenus de défendre aussi bien la nécessité de la déportation que l'intégrité d'Akins, que l'on accusait d'avoir supprimé des indices et d'avoir fait preuve de partialité dans le choix des documents sur les Acadiens à reproduire dans *Selections*.

L'événement qui donna vraiment une dimension internationale au débat fut la publication à Boston en 1884, par Francis PARKMAN, de *Montcalm and Wolfe,* qui contenait un chapitre intitulé « Removal of the Acadians ». Pour rédiger ce chapitre, où il affirmait que la Déportation avait été nécessaire, Parkman s'était abondamment inspiré de *Selections* d'Akins, « publication gouvernementale d'une grande valeur » selon lui. En 1887, à Québec, Henri-Raymond Casgrain* répliqua à Parkman dans *Un pèlerinage au pays d'Évangéline,* mais ce dernier lui reprocha sévèrement de ne pas avoir fait assez de recherches. Casgrain passa l'hiver de 1887–1888 à fouiller les archives à Londres et à Paris. En 1888, dans une conférence prononcée devant la Société royale du Canada, il accusa Akins d'avoir « éliminé systématiquement et laissé dans l'ombre les pièces les plus compromettantes, celles qui pouvaient le mieux établir les droits des Acadiens ». Casgrain citait des documents favorables aux Acadiens, qu'il avait trouvés à Londres mais qui ne figuraient pas dans *Selections*.

Tout comme d'autres qui avaient contesté la thèse de Parkman aux États-Unis, Casgrain croyait qu'à l'époque de la Déportation, et par la suite, il y avait eu complot pour éliminer les indices favorables aux Acadiens. Cette théorie venait de Haliburton, qui avait déclaré dans son ouvrage d'histoire n'avoir pu trouver aucun document sur la Déportation dans les archives publiques de Halifax, et qui laissait entendre que la honte avait poussé à les dissimuler. D'après Casgrain, *Selections* d'Akins constituait une nouvelle preuve de l'existence de ce complot. Il proposa même au gouvernement de la Nouvelle-Écosse d'instituer une enquête judiciaire sur cette publication.

Le débat autour de *Selections* fut le plus pénible épisode de la vie d'Akins, que son tempérament disposait à refuser de s'engager dans la polémique. Il ne manqua toutefois pas de défenseurs : Parkman, Henry Youle Hind* et Adams George Archibald, par exemple, furent de son côté. Lui-même n'intervint que deux fois, toujours pour réfuter les accusations en ne s'appuyant que sur des faits. En 1885, dans le cadre d'un échange publié par le *Boston Evening Transcript,* auquel participa notamment Parkman et dont le principal objet était l'accusation de complot lancée par Haliburton, Akins rédigea une longue lettre sur « les documents relatifs à l'expulsion des Acadiens ». Il y démontrait clairement que les pièces, cachées selon Haliburton, avaient en fait été disponibles. Haliburton avait même eu la permission d'en emporter quelques-unes chez lui afin de pouvoir les consulter plus facilement. Comme Akins le notait dans une lettre à Parkman, que ce dernier avait citée dans un article publié le 22 janvier 1885 par un journal de New York, le *Nation,* Haliburton n'avait pas mené « ses recherches avec assez de diligence », fait aujourd'hui reconnu par les spécialistes.

Akins reprit part au débat en 1890 en faisant paraître une lettre dans le *Morning Herald* de Halifax. Sa première réaction, en lisant les accusations de Casgrain, disait-il, avait été de chercher, à Halifax, les documents qu'on lui reprochait de ne pas avoir publiés. Bientôt, il avait compris que la plupart de ces documents étaient les pièces jointes des dépêches qu'on n'avait pas envoyées d'Annapolis Royal à Halifax au moment du transfert du gouvernement en 1749. Il n'en avait tout simplement pas soupçonné l'existence jusqu'à ce que Casgrain les retrouve à Londres. Quant à ce dernier, il croyait – peut-être parce qu'il avait à dessein mal interprété la préface de *Selections* – qu'Akins s'était rendu à Londres et avait vu les documents en question. Or Akins n'était jamais allé à Londres (dans toute son existence, il ne quitta la Nouvelle-Écosse qu'une seule fois, pour un voyage à l'Île-du-Prince-Édouard). Il avait donc été à la merci de ses copistes et pouvait montrer que les accusations de Casgrain étaient tout à fait dénuées de fondement. De plus, il pouvait faire valoir que c'était lui qui avait remis à la Nova Scotia Historical Society les copies des papiers d'Andrew Brown que celle-ci avait publiés. Brown y disait notamment qu'à sa connaissance on ne pouvait « imputer à la nation française aucun acte aussi répréhensible que la déportation des Acadiens, sauf le massacre de la Saint-Barthélemy ». Si

Akins avait voulu supprimer cette remarque, il l'aurait pu, mais il s'était au contraire assuré de sa publication, comme de celle d'autres documents favorables à la cause acadienne.

Cette explication aurait dû clore le débat, et pourtant, encore aujourd'hui, certains historiens accusent Akins, non pas de suppression pure et simple d'indices, mais à tout le moins de partialité dans le choix des documents. Toutefois, un seul d'entre eux, John Bartlet Brebner, a été en mesure de citer un cas où Akins a omis un extrait qu'on pouvait juger important, et même cette omission a probablement été involontaire. À l'instar de la plupart de ses compatriotes néo-écossais, Akins estimait que la déportation des Acadiens avait été « une terrible nécessité – combien cruelle, mais combien inévitable ». Il croyait fermement que « les documents publics d'un pays constituent, à eux seuls, sa véritable histoire », qu'ils parlent par eux-mêmes.

Le penchant d'Akins pour les choses anciennes ne se limitait pas à collectionner les documents publics. Quand on le nomma commissaire des archives, il accepta aussi, à titre gracieux, le mandat de bibliothécaire de la province. Toutefois, il ne put s'acquitter de cette responsabilité, car le gouvernement n'avait pas encore fusionné les bibliothèques de l'Assemblée et du conseil en une seule bibliothèque législative. Il veilla donc plutôt à rassembler les nombreux livres et opuscules disséminés dans Province House et à se procurer des ouvrages pour une future bibliothèque, soit par donation, échange ou achat. En deux ans, il fit l'acquisition de 1 750 volumes ; de ce nombre, il en acheta seulement 138, pour la somme de £17. Ainsi Akins prépara le terrain au premier bibliothécaire rémunéré de la province, John Thomas Bulmer*, qui dès les années 1880 put faire de la bibliothèque de l'Assemblée législative de la Nouvelle-Écosse l'une des meilleures du Canada.

Grâce aux bibliographies et aux catalogues de libraire qu'il se procurait à titre de bibliothécaire provincial, Akins connaissait l'existence de nombreux livres et brochures sur l'histoire de la Nouvelle-Écosse et de l'Amérique du Nord britannique. Il fit valoir au gouvernement l'« importance capitale » d'obtenir ces ouvrages pour la future bibliothèque législative. Mais l'indifférence des autorités l'amena à constituer sa propre collection. Au moment de son décès, il possédait quelque 4 000 volumes sur l'histoire de l'Amérique coloniale et de l'Amérique du Nord britannique. Connue aujourd'hui sous le nom d'Akins Library et conservée aux Public Archives of Nova Scotia, cette collection était, à la mort d'Akins, la plus considérable bibliothèque privée du genre et, vu la rareté de certains de ses volumes, la plus belle du dominion.

La raison pour laquelle Akins collectionnait les ouvrages sur l'Amérique du Nord britannique était évidente. Par contre, sa fascination pour les livres des XVe et XVIe siècles, et surtout pour les incunables allemands et italiens, les aldes et les elzévirs, demeure quelque peu mystérieuse. Archibald McKellar MacMechan*, professeur à la Dalhousie University qui eut un entretien avec lui avant sa mort, fit observer en 1932 qu'Akins s'intéressait aux débuts de l'imprimerie. Quoi qu'il en soit, dans les années 1860 et 1870, Akins assembla l'une des plus belles collections d'incunables en Amérique du Nord ; avant 1880, il existait probablement moins d'une douzaine de collectionneurs de livres du XVe siècle sur tout le continent. En 1877, à l'occasion de l'exposition tenue à Montréal en l'honneur de l'imprimeur anglais William Caxton, on avait présenté seulement 26 incunables ; en 1888, Akins en possédait 28. Parmi ses volumes les plus rares figuraient la première bible (1475) imprimée par Anton Koberger (alors la plus ancienne bible latine au Canada et peut-être en Amérique du Nord) ainsi qu'un exemplaire de *Speculum vitae humanae* (1471), de Rodrigo Sanchez de Arévalo, imprimé chez Gunther Zainer à Augsbourg (République fédérale d'Allemagne). En 1872, Akins avait donné 152 volumes de sa collection de livres rares au King's College, alors situé à Windsor, en Nouvelle-Écosse, et à sa mort 250 autres allèrent au même établissement. Dans les années 1950, on découvrit dans le grenier de sa maison d'été à Falmouth plus de 100 livres des XVIe, XVIIe et XVIIIe siècles ; ils se trouvent maintenant à la Dalhousie University Library.

Akins entretenait d'étroites relations avec le King's College, qui lui conféra en 1865, à titre honorifique, un doctorat en droit civil. L'année précédente, il avait créé au collège l'Akins Historical Prize, qui devait récompenser chaque année le meilleur ouvrage d'histoire écrit sur un ou plusieurs comtés néo-écossais [V. Mather Byles DESBRISAY ; Peter Stevens HAMILTON ; George PATTERSON]. Son but était d'encourager l'historiographie locale avant que ne disparaissent « les traditions populaires sur les débuts et l'évolution des villages ». Avant sa mort, des prix couronnèrent les histoires de 14 comtés ; plusieurs des ouvrages primés demeurent des sources de première importance sur les débuts de la colonisation de la province.

Par tempérament, Akins était plus amateur d'antiquités qu'historien, ce dont témoigne la perspective strictement factuelle et chronologique des quelques ouvrages qu'il publia. Outre son histoire de Halifax, il fit paraître *A sketch of the rise and progress of the Church of England in the British North American provinces* (Halifax, 1849), *A brief account of the origin, endowment and progress of the University of King's College, Windsor, Nova Scotia* (Halifax, 1865) de même qu'un article, « The first Council », dans les *Collections* de la Nova Scotia Historical Society pour 1879–1880. Président de cette société en

1882–1883, il en était l'un des vice-présidents au moment de sa mort. Il fut en outre membre honoraire ou correspondant de la Société littéraire et historique de Québec, de l'American Historical Association et des sociétés historiques du Massachusetts, du Maryland et du Texas.

Selon Archibald MacMechan, Thomas Beamish Akins était « un gentleman de la vieille école ». D'un naturel courtois et discret, il se vêtit jusqu'à la fin de sa vie à la mode des années 1830 – hauts cols empesés et cravates de drap fin – et ne porta jamais la barbe. Il avait bon goût en matière de peinture et, dans sa jeunesse, il présenta ses œuvres dans des expositions provinciales. L'hiver, il vivait dans sa maison de la rue Brunswick (classée monument historique et propriété de la municipalité de Halifax). L'été, il demeurait à Falmouth, où ses ancêtres paternels, *planters* de la Nouvelle-Angleterre, s'étaient fixés et où, passionné d'horticulture, il fit pousser de nombreuses variétés d'arbustes et d'arbres rares. Il appartint toute sa vie à la Basse Église ; de tendance évangélique à la fin des années 1880, il assista dès lors régulièrement à des réunions de prière et à des classes bibliques, dont celles des méthodistes et de l'Armée du Salut. Sa sensibilité et sa générosité ne se démentirent jamais. Dans son testament, il légua non seulement des sommes à de nombreuses œuvres de charité et à des organisations religieuses, mais aussi 7 000 $ à la Halifax City Mission. Le reste de sa succession, estimée à 54 000 $, fut légué à de nombreux parents. On trouve sur son acte d'inhumation en l'église St George de Halifax cette phrase d'Horace : *Multis bonis flebilis occidit* (Bien des hommes bons ont pleuré sa mort).

BRIAN C. CUTHBERTSON

L'ouvrage intitulé *Prize essay on the history of the settlement of Halifax, at the Mechanics' Institute, on 18th April, 1839* de Thomas Beamish Akins a été édité en brochure dans cette ville en 1847. La version considérablement augmentée et révisée qu'il a laissée à sa mort a été publiée en 1895 sous le titre de « History of Halifax City », N.S. Hist. Soc., *Coll.*, 8 (1892–1894) ; elle a été réimprimée à Belleville, Ontario, en 1973.

On trouve des renseignements d'ordre généalogique sur les familles Akins et Beamish aux PANS, MG 1, 5, et sur la famille Beamish aux PANS, MG 100, 109, n°s 18–19. L'inscription d'Akins au barreau, le 3 mai 1831, est enregistrée dans PANS, First barristers' roll for Nova Scotia. Son testament daté du 6 déc. 1890 se trouve à la Halifax County Court of Probate (Halifax), Estate papers, n° 4109 (mfm aux PANS). Des notices nécrologiques ont paru dans l'*Acadian Recorder* et l'*Evening Mail*, de Halifax, le 6 mai 1891, et dans le *Morning Chronicle*, du 7 mai, ainsi qu'un avis « In memoriam » dans N.S. Hist. Soc., *Coll.*, 7 (1889–1891) : 157–158. Les souvenirs d'Archibald McKellar MacMechan ont été publiés sous le titre de « A gentleman of the old school » dans le *Halifax Herald*, 31 déc. 1932.

La principale source de documentation en ce qui a trait au travail d'Akins comme commissaire des archives publiques de 1857 à 1885 est constituée par ses rapports dans N.-É., House of Assembly, *Journals and proc.*, app., 1858–1886, et par ceux de la commission des registres de l'Assemblée publiés également dans les annexes du journal, en particulier ceux des années 1860 et 1864. La correspondance concernant les transcriptions du PRO se trouve aux PANS, RG 1, 103–104, 106, 125. AN, RG 37, B, 106, renferme la correspondance entre Akins and Douglas Brymner*, archiviste du dominion. Les T. B. Akins papers conservés aux PANS (MG 1, 5–8) comprennent son registre de commission (MG 1, 8), dans lequel sont notés ses rapports à l'Assemblée, le travail accompli, ainsi que des copies de quelques lettres relatives à la commission. L'article de B. C. Cuthbertson, « Thomas Beamish Akins : British North America's pioneer archivist », *Acadiensis* (Fredericton), 7 (1977–1978), n° 1 : 86–102, constitue l'étude la plus importante du travail d'Akins comme archiviste. Le compte rendu d'Adams George Archibald de l'apparition d'Akins devant le comité de la chambre d'Assemblée en 1857 se trouve dans son discours inaugural, N.S. Hist. Soc., *Coll.*, 1 (1878) : 29.

Des lettres de divers protagonistes au *Boston Evening Transcript* en 1885 et au *Morning Herald* de Halifax en 1889 et 1890 constituent la principale source de renseignements sur le débat suscité par la parution de *Selections from the public documents of the province of Nova Scotia* (Halifax, 1869). Les lettres d'Akins ont paru dans le *Boston Evening Transcript*, 19 mars 1885, et dans le *Morning Herald*, 4 avril 1890. Sa lettre à Francis Parkman a été publiée dans le *Nation* de New York du 22 janv. 1885. Le texte de H.-R. Casgrain a été publié sous le titre de « Éclaircissements sur la question acadienne », SRC *Mémoires*, 1re sér., 6 (1888), sect. I : 23–75. Les transcriptions des Andrew Brown papers sur « The Acadian French » ont été diffusées dans les N.S. Hist. Soc., *Coll.*, 2 (1879–1880) : 129–160 ; le commentaire de Brown sur la déportation apparaît à la page 150. La thèse de M. Brook Taylor, « The writing of English-Canadian history in the nineteenth century » (thèse de PH.D., 2 vol., Univ. of Toronto, 1984), constitue la meilleure source de l'historiographie de la déportation des Acadiens de la Nouvelle-Écosse.

Les activités de bibliophile d'Akins sont traitées dans l'article de B.C. Cuthbertson, « Thomas Beamish Akins », Atlantic Provinces Library Assoc., *APLA Bull.* (Fredericton), 44 (1980–1981) : 49, 51. D'autres sources sont : Harry Piers, « Historical introduction », *Catalogue of the library of King's College, Windsor, Nova Scotia, with occasional annotations by Harry Piers* (Halifax, 1893) ; *A catalogue of the Akins collection of books and pamphlets*, S. I. Stewart, compil. (Halifax, 1933) ; et D. C. Harvey, « The Akins Library in the Public Archives of Nova Scotia », *Journal of Education* (Halifax), 4e sér., 5 (1934) : 57–60. [B. C. C.]

ALLEN, sir JOHN CAMPBELL, officier de milice, avocat, auteur, fonctionnaire, homme politique et juge, né le 1er octobre 1817 dans la paroisse de Kingsclear, Nouveau-Brunswick, fils de John Allen et d'Ann Blair ; le 3 juillet 1845, il épousa à Portland (Saint-Jean, Nouveau-Brunswick), Margaret Austen

Drury, et ils eurent au moins neuf enfants ; décédé le 27 septembre 1898 à Fredericton.

Tory, adversaire de la Confédération et gentleman, John Campbell Allen fut le dernier juge de la Cour suprême du Nouveau-Brunswick à devoir son poste en bonne partie à son rang social plutôt qu'au jeu de la politique partisane. Durant les 20 années où il fut juge en chef, années qui coïncidèrent avec une période de difficultés internes et de défis jurisprudentiels sans précédent, sa présence donna de la crédibilité au tribunal. Dans les dernières décennies de sa vie, ceux qui déploraient les bouleversements que la Confédération avait engendrés dans la société des Maritimes virent en lui l'incarnation des vertus loyalistes d'une époque révolue.

Petit-fils d'Isaac Allen, qui avait été, à l'époque de la fondation de la province, juge à la Cour suprême durant 22 ans, John Campbell grandit dans la ferme familiale, située sur l'emplacement d'un ancien campement malécite au nord de Fredericton, Aukpaque. Il ne fréquenta pas le collège mais fut stagiaire au cabinet de John Simcoe Saunders*, fonctionnaire provincial doté d'une modeste expérience mais très versé en droit. Reçu attorney le 13 octobre 1838 et admis au barreau le 15 octobre 1840, Allen, au lieu de s'établir à Saint-Jean – qui offrait les affaires les plus lucratives – choisit la paisible ville de Fredericton, où il allait passer toute sa carrière. Selon son successeur au poste de juge en chef, William Henry Tuck*, il était sans contredit « l'avocat le plus connu du comté d'York ». Pourtant, d'après l'historien et homme de loi James Hannay*, il « ne gagna jamais beaucoup d'argent en pratiquant le droit, parce qu'accumuler des richesses ne l'intéressa jamais assez ». À ses débuts, il fut notamment secrétaire de tournée du juge George Frederick Street*, qui était « sourd comme un pot ».

Du temps où il fut avocat, Allen ne se signala pas tant par ses plaidoiries ou ses avis juridiques que par son travail d'éditeur. En 1847, il publia, à compte d'auteur, la première édition annotée des règles de procédure des divers tribunaux de la province. Deux ans plus tard, son érudition se manifesta dans un recueil jurisprudentiel abondamment annoté des jugements rendus de 1825 à 1827 par les tribunaux d'appel du Nouveau-Brunswick, recueil qu'il avait préparé à l'aide des notes manuscrites prises à l'époque par le juge Ward Chipman* fils, un cousin de sa femme. En 1848, il succéda à David Shank Kerr au poste de sténographe officiel de la Cour suprême. Quoique cette fonction ait été pénible et mal payée, y accéder était le signe que l'on était bien vu du gouvernement. Pendant qu'il l'exerça, Allen produisit six volumes de recueils jurisprudentiels qui englobaient les années 1848 à 1866. Quand on le nomma juge à la Cour suprême en 1865, il quitta le poste de sténographe, mais son dévouement au barreau était tel qu'il compila les recueils durant une autre année, jusqu'à ce que Hannay le remplace. En outre, il prêta le manuscrit de ses deux derniers volumes (dont la publication se fit longtemps attendre) à James Gray Stevens* afin qu'il puisse préparer le répertoire du droit jurisprudentiel du Nouveau-Brunswick, qui parut en 1874, et il contribua à la difficile tâche de résumer les causes. Fait significatif, Stevens dédia l'ouvrage à Allen plutôt qu'au juge en chef alors en poste ; même en 1894, le sténographe de la Cour suprême allait remercier Allen de son aide et de ses encouragements.

Avec James A. MacLauchlan, Allen s'était vu confier en 1845, par le gouvernement provincial, la mission de régulariser les titres fonciers des colons, acadiens pour la plupart, qui s'étaient établis comme squatters du côté néo-brunswickois du territoire qui, dans la vallée du haut Saint-Jean, avait fait l'objet d'un litige [V. sir John Harvey*]. Probablement devait-il cette nomination à l'influence de son père, propriétaire terrien et fidèle député conservateur de la chambre d'Assemblée durant 36 ans, qui entra au Conseil exécutif en 1845. Le même motif pourrait expliquer son accession, en 1851, au poste de greffier du Conseil exécutif, qu'il occupa jusqu'à son entrée en politique provinciale. La même année, il devint le premier maire élu de Fredericton. Fils et petit-fils de colonels de milice, il suivit la tradition familiale et s'enrôla à 20 ans dans le New Brunswick Regiment of Artillery, où il avait le grade de capitaine au moment de son entrée à la Cour suprême. En 1844, le lieutenant-gouverneur, sir William MacBean George Colebrooke*, personnage controversé, le choisit comme aide de camp. Anglican, Allen fut d'abord un partisan modéré de la Basse Église – il fréquentait l'église paroissiale de Fredericton plutôt que la cathédrale de l'évêque John MEDLEY, mais ses vues s'élargirent avec le temps, comme celles de la plupart des anglicans du Nouveau-Brunswick. À preuve, il ne quitta pas l'église paroissiale quand, en 1873, le nouveau *rector,* George Goodridge Roberts*, suivant les engouements du mouvement d'Oxford, instaura le chant, installa une croix au-dessus de l'autel et décida que le célébrant se tournerait vers l'est pendant l'office. Lorsque les différends paroissiaux que soulevaient ces pratiques tournèrent au litige en 1887, c'est lui qu'on proposa comme médiateur.

Allen entra en 1856 à la chambre d'Assemblée en qualité de député de sa circonscription natale, York, et la représenta jusqu'à son accession au titre de juge. Il fut solliciteur général en 1856–1857 dans l'éphémère gouvernement conservateur de John Hamilton Gray*, et son élection, en 1863, à la présidence de l'Assemblée, où dominaient les *smashers,* témoigne du respect qu'il inspirait aux députés de toutes tendances. Après les élections de 1865, il fut procureur général durant plusieurs mois dans le gouvernement opposé à la Confédération d'Albert James Smith*.

Malgré son intelligence, ses victoires électorales et l'estime qu'il suscitait, Allen ne montra aucun désir de devenir le chef dont les conservateurs avaient besoin après leur défaite historique de 1854 [V. Charles Fisher*]. Il est même l'un des rares procureurs généraux du Nouveau-Brunswick qui, de 1851 à 1970, ne fut pas premier ministre. Comme bon nombre des membres de familles conservatrices qui connurent la période qui suivit l'instauration de la responsabilité ministérielle, il n'avait que mépris pour le favoritisme de bas étage qui cimentait les partis. Dans ce qui est probablement son discours le plus célèbre à l'Assemblée, il accusa les habitants de sa circonscription de commettre « la plus malheureuse profanation du droit de suffrage » en vendant leurs votes. L'esprit partisan à outrance le rebutait et, si c'était là ce qu'engendrait le gouvernement responsable, alors « il devenait vite dégoûté de tout le régime ». Cependant, il lui arrivait d'être radical. Bien qu'il ait été alarmé de la corruption électorale, il était prêt à soutenir le suffrage masculin quasi universel, et ce à une époque où même les *smashers* affirmaient l'entrevoir avec horreur. S'il s'opposait au projet d'union coloniale mis au point à la conférence de Québec, ce n'était pas, contrairement à l'avis de Smith et de Timothy Warren ANGLIN, parce qu'il minait l'autonomie provinciale mais, comme le pensait le lieutenant-gouverneur Arthur Hamilton Gordon*, parce que c'était un « fragile substitut de l'union législative ».

Gordon avait une très haute opinion d'Allen, qui était l'un de ses avocats personnels. Il le tenait pour le personnage le plus respecté d'un gouvernement opposé à la Confédération qui comprenait pourtant le distingué William Hunter ODELL et un homme aussi droit qu'Arthur Hill Gillmor*. Pourtant, Allen ne joua pas un rôle très visible dans le régime. Il n'assista qu'à la session législative de 1865 à titre de procureur général, et il y prit la parole rarement, et jamais sur la Confédération. En outre, il accompagna Smith à Londres dans le vain espoir de convaincre le ministère des Colonies que l'union suscitait, au Nouveau-Brunswick, une opposition intransigeante. Presque dès le début du gouvernement, on dut tenir pour acquis qu'il accéderait à la Cour suprême aussitôt que le juge en chef, sir James Carter*, démissionnerait. Son droit à un siège était quasi indéniable. Par convention, les procureurs généraux des Maritimes, tout comme leurs homologues en Angleterre, avaient de sérieuses prétentions à la première fonction judiciaire acceptable. De toute façon, Allen était considéré comme le candidat le plus probable dans la province, abstraction faite de toute considération politique. Sa nomination en septembre 1865 eut donc l'assentiment de tous.

Allen siégea 31 ans à la Cour suprême. Il faisait des tournées dans la province afin de présider des procès et restait à Fredericton quand la Cour suprême y siégeait en pleines assises pour entendre des appels. Règle générale, seules ces causes donnaient lieu à un jugement écrit, et en consultant ces textes on constate que, durant ses dix premières années, Allen fut un assistant précieux pour le juge en chef William Johnston RITCHIE. Les recueils jurisprudentiels laissent deviner que tous deux portaient presque seuls le fardeau de la rédaction, car les autres juges étaient des nullités ou presque. Quand, en 1875, Ritchie passa à la Cour suprême du Canada, qui venait d'être instituée, Allen devint automatiquement juge en chef. Il était le plus ancien et le plus compétent des juges puînés, mais le fait que Smith et Anglin, qui avaient combattu la Confédération à ses côtés, étaient alors devenus d'influents libéraux fédéraux ne nuisit sûrement pas.

Durant le mandat d'Allen, la Cour suprême dut examiner les lois en tenant compte de la façon dont l'Acte de l'Amérique du Nord britannique répartissait les pouvoirs entre le Parlement fédéral et les provinces. Plusieurs des causes constitutionnelles les plus importantes de la fin du XIXe siècle furent d'abord entendues au Nouveau-Brunswick, et dans l'ensemble la cour s'acquitta bien de son travail. En 1869, sous le juge en chef Ritchie, elle avait énoncé ce qui allait devenir la théorie acceptée au Canada, soit le contrôle judiciaire de la validité des actes législatifs. Il en avait résulté de vives contre-attaques de la part du Parlement du Nouveau-Brunswick aussi bien que d'un pamphlétaire et juge d'un tribunal de comté. Elle fut aussi le premier tribunal d'appel à se prononcer sur la constitutionnalité de l'Acte de tempérance du Canada, qui était extrêmement controversé [V. sir Richard William Scott*]. Dans l'affaire Barker contre la municipalité de Fredericton, en 1879, le juge en chef Allen s'allia à trois autres juges pour déclarer la loi fédérale invalide. Dans cette première tentative de réponse à l'énigme qu'était la répartition des pouvoirs, ils adoptèrent, ce qui était prévisible, une interprétation littérale, en analysant la fédération comme une structure composée de « sphères distinctes », mais ils la tempérèrent en reconnaissant franchement l'importance du contexte historique et contemporain. Le fait que la Cour suprême du Canada annula finalement leur jugement en dit moins long sur la qualité de leur raisonnement que sur le caractère sibyllin de l'acte constitutionnel. L'affaire Barker déclencha, dans le milieu juridique de Saint-Jean, une guerre journalistique entre partisans et adversaires de la loi fédérale sur la tempérance. Cette guerre inspira à Jeremiah Travis* un ouvrage paru à Saint-Jean en 1884 et qui fit sensation, *A law treatise on the constitutional powers of parliament, and of the local legislatures, under the British North America Act, 1867*. Une bonne partie de sa véhémence était dirigée contre l'« absurde » jurisprudence constitutionnelle établie par la Cour suprême du Nouveau-Brunswick, donc notamment par le juge en chef Allen.

Outre qu'il assista à la naissance d'importants litiges sur la répartition des pouvoirs, le Nouveau-Brunswick de la fin du XIXe siècle fut le théâtre de la première crise des écoles séparées qui éclata après l'union des provinces [V. John Costigan*]. La Cour suprême devait décider si les écoles catholiques financées à même les deniers publics au moment de la Confédération étaient des écoles « confessionnelles » existant à ce moment « en vertu de la loi », ce qui leur aurait assuré la protection de l'Acte de l'Amérique du Nord britannique. Dans *Ex parte Renaud,* en 1873, la Cour suprême, par la voix du juge en chef Ritchie, se prononça à l'unanimité contre les catholiques. Le jugement fut confirmé à tous les paliers d'appel. Quand les protestations contre l'imposition de taxes scolaires en 1875 provoquèrent des pertes de vie à Caraquet, c'est le juge Allen qui eut la lourde responsabilité de présider l'audition des procès pour désordre et meurtre, et par la suite, en qualité de juge en chef, la révocation de ses propres jugements sur des causes ayant été jugées recevables en appel.

Quoique la jurisprudence constitutionnelle établie à la fin du XIXe siècle par la Cour suprême ait été digne d'éloges, jamais, depuis que les juges Ward Chipman* père et John Murray Bliss* avaient tenté de régenter la province dans les années 1820, le prestige de la magistrature n'avait été aussi bas. De l'avis unanime, le juge en chef Allen n'était pas un juriste aussi remarquable que Ritchie l'avait été, mais le vrai problème, c'étaient les autres membres du tribunal. À la Cour suprême du Nouveau-Brunswick, la connaissance des aspects techniques du droit faisait tristement défaut : la Cour suprême du Canada révoquait ses jugements dans 42 % des cas, proportion inquiétante. Cependant, la personnalité même des juges était plus encore à blâmer. Durant le mandat d'Allen, les nominations se multiplièrent : au total, il siégea avec 12 juges moins anciens que lui. Tous sauf un furent nommés après la Confédération, et de ceux-là un seul n'était pas un conservateur fédéral. Pour la première fois, à la fin des années 1870, les juges du Nouveau-Brunswick étaient majoritairement des hommes choisis pour des raisons de politique partisane et non pour leur compétence en droit. Les commentaires ne tardèrent pas. En 1882, Jeremiah Travis dépeignit sans détour ce groupe de « vils incapables ». Allen lui-même, malgré sa « bienveillance », était « simplement un avocat passable » qui, par indolence, reportait ses jugements de plusieurs « années, *littéralement* ». Les autres se tiraient moins bien de l'évaluation. Par exemple, Andrew Rainsford WETMORE, « grossièrement et honteusement malhonnête », était le « pire juge qui [eût] jamais déshonoré la magistrature de [la] province ». Charles Duff avait une « belle intelligence », mais ses « années de débauche » l'avaient presque rendu fou. Acalus Lockwood Palmer était un « avocat généraliste » compétent, mais il trempait dans tellement de transactions financières louches que « personne n'a[vait] la moindre confiance en son intégrité ». Parmi ceux que l'on nomma par la suite, John James FRASER fut accusé publiquement de se présenter souvent au tribunal en état d'ébriété, ce qui ne fut jamais démenti de façon convaincante ; on disait, probablement avec raison, que les jugements de William Henry Tuck étaient empreints de partisannerie. Ces deux derniers incidents menèrent à l'emprisonnement de rédacteurs en chef, et les journalistes ne tardèrent pas à laisser entendre que, si les verdicts d'outrage au tribunal étaient alors si fréquents, c'était parce que les juges de la Cour suprême avaient bien des motifs d'être chatouilleux, tant à cause de leur vie publique que de leur vie privée. À la fin du siècle, le barreau du Nouveau-Brunswick n'échappait pas non plus au mécontentement populaire. Inquiets de voir chuter la cote de la magistrature et du barreau, des hommes de loi fondèrent en 1892 la Saint John Law School (aujourd'hui la faculté de droit de la University of New Brunswick), dont le juge en chef Allen était le parrain. Celui-ci opposa cependant son veto lorsque le barreau, dans l'espoir de rehausser le prestige de l'appareil judiciaire, proposa d'imiter d'autres provinces et de s'adresser aux juges en leur donnant le titre ronflant de « Milord » plutôt que celui de « Votre Honneur », traditionnellement employé au Nouveau-Brunswick.

Tout au long de ces difficultés, Allen lui-même reçut des témoignages de respect nombreux et sincères ; on trouva tout à fait juste qu'en 1889 il soit fait chevalier. Il participa avec enthousiasme au renouveau loyaliste des années 1880 et se vanta même tant de son lignage qu'un de ses parents par alliance en vint à se moquer de lui, en privé, en le traitant de « freluquet présomptueux » et de « blanc-bec impertinent ». En 1883, il fut l'un de ceux qui commandèrent un recueil de courts portraits loyalistes à son vieux compagnon tory et antifédéraliste Joseph Wilson LAWRENCE, et personne n'exerça autant de pression que lui pour que l'ouvrage *Judges of New Brunswick* soit achevé. Il se porta volontaire pour organiser le financement du travail et offrit même « d'aider de [son] mieux à la rédaction de ce qui [pouvait] en être considéré comme la partie *juridique* ».

Quand *Judges of New Brunswick* paraîtrait enfin, en 1907, soit bien longtemps après la mort de sir John Campbell Allen et de Lawrence, on n'y trouverait que le résumé de la carrière des juges nommés avant la Confédération et, en guise de conclusion, le chapitre sur Allen. Cet agencement était bien conforme à ce que l'on croyait alors : la retraite d'Allen, en 1896, avait mis fin à l'époque coloniale distinctive du Nouveau-Brunswick. Presque dès sa nomination, des commentateurs avaient fait observer que jamais plus la Cour suprême ne pourrait inspirer aux gens de robe et à la population l'estime dont elle bénéficiait avant 1867, car la politique partisane était désormais la seule voie d'accès à la magistrature. Songeant à ce qu'était la magistrature d'alors, James Hannay disait avec nostalgie, en 1892, que « dans ce temps-là » il y avait des « géants parmi les hommes de loi ». Dans un hommage à Allen, un autre historien et juriste, William Kilby Reynolds*, versait aussi dans le romantisme en décrivant sa carrière comme la fin d'une époque. Prenant bien soin de souligner qu'Allen avait été « nommé juge parce qu'il était digne d'en être un », Reynolds terminait par cette conclusion fameuse : « il importe que ceux qui viendront après nous se souviennent que, quel que soit le calibre des hommes qui siégeront à l'avenir dans les tribunaux, nous avons au moins eu, au poste de juge en chef du Nouveau-Brunswick, des juristes comme Chipman [fils], [Robert Parker*], Carter, Ritchie et Allen ». La disparition d'Allen mettait un terme à cette succession de patriciens.

D. G. BELL

John Campbell Allen est l'auteur, vraisemblablement avec James A. MacLauchlan, de : *Report of awards made on the upper Saint John under fourth article of the Treaty of Washington* (Fredericton, 1848), cependant on ne trouve aucun exemplaire de cet ouvrage. Il a édité N.-B., Supreme Court, *Rules of all the courts, and a collection of statutes relating to practice, with notes, and an appendix of fees* (Fredericton, 1847), et a aussi préparé l'édition de *Reports of cases determined in the Supreme Court of New Brunswick, by the Honorable Ward Chipman* [...] (Fredericton, 1849), d'après le manuscrit de Chipman qui se trouve actuellement au Musée du N.-B., A365. Une édition révisée concernant la période qui va jusqu'en 1835 est toujours en vente et est généralement désignée comme le volume 1 de *New Brunswick Reports* (Saint-Jean et Fredericton). En sa qualité de sténographe judiciaire de la Cour suprême, Allen a édité six volumes de *Reports of cases argued and determined in the Supreme Court of New Brunswick* (Saint-Jean et Fredericton, 1850–1879). Les nouvelles éditions sont toujours en vente et sont connues comme le volumes 6 à 11 de *New Brunswick Reports*.

AN, MG 23, D1, sér. 1, 80 ; MG 24, A20, 3 (transcriptions) ; MG 27, I, D15, 21. — APNB, MC 1156 ; RG 5, RS32, C, 8. — Musée du N.-B., F71 ; I. A. Jack papers, diary ; New Brunswick Loyalist Soc. records, application book ; Tilley family papers, box 9. — N.-B., House of Assembly, *Journal*, 1846 ; *Reports of the debates*, 1857–1858, 1865 ; Supreme Court, *New Brunswick equity cases* (Toronto), 1 (1876–1893) ; *New Brunswick Reports*, 12–16 (1867–1877). — [W. K. Reynolds], « Sir John Campbell Allen », *New Brunswick Magazine* (Saint-Jean), 1 (juill.-déc. 1898) : 233–234 (portrait face à la page 233). — [James] Steadman, *Opinion of judge Steadman of the York County Court, delivered in 1868, upon the power of the judiciary to determine the constitutionality of a law enacted by the parliament of Canada or a provincial legislature* [...] ([Fredericton, 1873]). — *Daily Telegraph* (Saint-Jean), 23, 27 déc. 1892. — *Progress* (Saint-Jean), 5 mai, 13 oct. 1888, 16 févr., 2–9 mars 1889. — *St. John Daily Telegraph and Morning Journal* (Saint-Jean), 12 août 1869. — *Saint John Globe*, 16 mai, 12, 18 juin 1888, 23 févr. 1901, 13 déc. 1911. — *Elections in N.B.* — *The New Brunswick militia commissioned officers' list, 1787–1867*, D. R. Facey-Crowther, compil. (Fredericton, 1984). — Lawrence, *Judges of N.B.* (Stockton et Raymond). — MacNutt, *New Brunswick*. — J. G. Snell, « Relations between the Maritimes and the Supreme Court of Canada : the early years », *Law in a colonial society : the Nova Scotia experience*, P. [B.] Waite *et al.*, édit. (Toronto, 1984) : 143–163. — P. M. Toner, « The New Brunswick separate schools issue, 1864–76 » (thèse de M.A., Univ. of N.B., Fredericton, 1967). — G. F. G. Stanley, « The Caraquet riots of 1875 », *Acadiensis* (Fredericton), 2 (1972–1973), n° 1 : 21–38.

ALMIGHTY VOICE. V. KITCHI-MANITO-WAYA

AMYOT, GUILLAUME (baptisé **Guillaume-Eusèbe-Damase**), avocat, rédacteur en chef, homme politique et officier de milice, né le 10 décembre 1843 à Saint-Gervais, Bas-Canada, fils de Guillaume-Eusèbe Amyot, pilote, et de Louise Gosselin ; le 27 avril 1874, il épousa à Québec Marguerite-Alice-Gertrude Pennée, et ils n'eurent pas d'enfants ; décédé le 30 mars 1896 à Québec.

Après des études classiques au collège de Sainte-Anne-de-la-Pocatière (La Pocatière), où il fut inscrit de 1852 à 1862, Guillaume Amyot choisit la carrière d'avocat. À l'instar de plusieurs de ses confrères, il tâta du journalisme et de la politique tout en poursuivant ses études. Ainsi, en 1865, il lança à Québec *l'Organe de la milice*, hebdomadaire où se retrouvaient surtout des nouvelles politiques et des faits divers, et qui disparut l'année suivante. Admis au barreau en septembre 1867, Amyot fut de 1873 à 1875 rédacteur en chef du *Courrier du Canada*, publié à Québec. Adversaire malheureux de Henri-Gustave Joly* dans la circonscription de Lotbinière aux élections provinciales de 1875 et de 1878, il fut de nouveau candidat conservateur, cette fois dans Bellechasse, aux élections fédérales de 1878. Après une série de procès en contestation d'élection, il entra à la chambre des Communes en 1881, et y siégea à titre de député de Bellechasse jusqu'à sa mort.

De la carrière politique d'Amyot, il faut surtout retenir l'évolution parallèle de ses prises de position à propos du mouvement national et du libre-échange avec les États-Unis. Il refusa d'assumer la responsabilité de la pendaison de Louis Riel* qu'il croyait fou, et adhéra au mouvement national d'Honoré MERCIER en novembre 1885. Cette adhésion l'amena à participer avec Louis-Philippe Pelletier* à la création, à Québec, en janvier 1886, du journal conservateur national *la Justice*. Fort de son expérience à la tête du 9e bataillon de milice de Québec pendant l'insurrection de 1885 dans le Nord-Ouest, Amyot défendit avec ardeur aux Communes les droits des francophones qui y vivaient. Il proposa même de renforcer leur position par le détournement vers l'ouest de l'émigration canadienne-française aux États-Unis. Il se fit également l'avocat de l'autonomie des provinces et du respect de leurs différences.

Les révélations de l'enquête sur l'affaire du chemin de fer de la baie des Chaleurs en 1891 lui firent perdre sa confiance en Mercier et, à la session de 1892, Amyot rejoignit les rangs du parti conservateur. Il disait alors que le mouvement national était mort à Québec et que la population de la province de Québec avait finalement approuvé la conduite du gouvernement conservateur dans l'affaire Riel.

La conversion d'Amyot aux vertus du libre-échange avec les États-Unis était survenue en 1888. La Politique nationale avait certes créé la prospérité dans le pays mais, disait-il, la montée du protectionnisme européen et l'indifférence de la Grande-Bretagne à l'égard des intérêts canadiens avaient encombré le marché canadien de produits manufacturés. Les États-Unis, avec leur marché de 60 millions d'habitants, représentaient désormais la solution aux problèmes économiques du Canada. Statistiques à l'appui, Amyot avait alors cherché à démontrer que plusieurs compagnies canadiennes étaient assez fortes pour résister à la concurrence et qu'elles deviendraient même encore plus prospères. L'année suivante, il avait invité le gouvernement à faire savoir aux États-Unis que le Canada était prêt à discuter de libre-échange avec eux.

En retournant au sein du parti conservateur en 1892, Amyot fut obligé de rejeter le libre-échange comme il avait retiré son appui au mouvement national de Mercier. Il justifia le renouvellement de son soutien à la Politique nationale par l'incapacité des libéraux de définir une politique cohérente sur le libre-échange et par le refus des Américains de signer un traité de réciprocité avec le Canada aussi longtemps que ce dernier demeurerait une colonie de la Grande-Bretagne . Or, à son avis, le Canada n'était pas prêt à s'en détacher.

Guillaume Amyot fut un député consciencieux, fortement préoccupé de la place des Canadiens français dans la Confédération, doté d'un esprit tolérant et très informé des questions économiques.

Louis Garon

Guillaume Amyot est l'auteur de : *Adresse à MM. les électeurs du comté de Lotbinière* [...] (s.l., 1878) ; *la Protection au Canada : conférence* [...] *le 14 mars 1895 aux salles du club Cartier-Macdonald* (Lévis, Québec, [1895]) ; *Questionnaire politique* (Lévis, 1895).

AN, MG 26, A : 43617, 43636, 84794. — ANQ-Q, CE1-1, 27 avril 1874, 1er avril 1896 ; CE2-17, 11 déc. 1843. — Arch. du collège de Sainte-Anne-de-la-Pocatière (La Pocatière, Québec), Fichier des élèves. — Canada, chambre des Communes, *Débats*, 1882–1896. — *Le Courrier du Canada*, 1873–1875. — *La Justice* (Québec), 9 janv. 1886.— *La Presse*, 30 mars 1896. — *CPC*, 1881 ; 1883 ; 1887 ; 1891. — Rumilly, *Hist. de la prov. de Québec*, 5–6.

ANDERSON, ROBERT, homme d'affaires, né le 28 juin 1803 à Renfrew, Écosse, fils d'Archibald Anderson et d'Ann Graham ; décédé célibataire le 24 mars 1896 à Montréal.

Après avoir terminé ses études à Londres, Robert Anderson travailla à la Verreville Pottery, de Finnieston, près de Glasgow, qui appartenait alors à John Geddes ; on y faisait un commerce considérable avec l'Amérique du Nord. Anderson manifesta un sens aigu des affaires dès le début : en moins de deux ans, il devint gérant de l'établissement que Geddes possédait à Glasgow et où l'on vendait porcelaine, verrerie et faïence. Quatre ans plus tard, il dirigeait un magasin de Geddes à Belfast. Après avoir passé six ans à cet endroit, il s'installa à son compte à Galway (république d'Irlande). En 1840, il vendit tout et immigra à Montréal.

Anderson s'établit comme marchand de porcelaine à Pointe-à-Callière, près du port de Montréal, où il reçut des marchandises dès 1841. Ses liens avec la Verreville Pottery lui furent sans aucun doute utiles : même si son stock n'était aucunement limité à des articles d'origine écossaise, on peut voir dans les listes d'importation publiées dans les journaux de Montréal que ses pipes d'argile et ses tonneaux d'articles de faïence venaient souvent de Glasgow. En 1844, installé dans de « vastes locaux », sur un emplacement de choix de la rue Saint-Paul, presque en face du bureau de la douane, il faisait le commerce de gros et de détail d'articles de faïence, de verre, de métal anglais ou plaqués. Il gardait en magasin des objets solides, peu coûteux, qui trouvaient toujours acheteurs parmi les immigrants de plus en plus nombreux. Aux marchands de la campagne, il envoyait des caisses de marchandises variées, ou il vendait à la douzaine avec l'irrésistible slogan : « aux plus bas prix possibles ». Il faisait beaucoup de publicité pour annoncer qu'il avait en stock un million d'articles et quelque chose pour chacun : des cuvettes de lavabo pour les plombiers, des jouets pour les enfants, de la vaisselle de porcelaine opaque et des pots à marinade pour les ménagères. À sa clientèle plus fortunée, il offrait des ensembles de porcelaine à dorure pour le thé et de beaux vases. Sa réussite dans le commerce de porcelaine, solidement établie sur les connaissances acquises auprès de Geddes et sur son évaluation perspicace du marché canadien, lui permit d'amasser un capital suffisant pour passer à un autre secteur des affaires, et au printemps de 1854 il vendit son entreprise à James Thomson et à William Minchin.

Anderson loua un bureau et entreprit de faire fructifier son capital. Il avait déjà investi considérablement dans le domaine du transport à vapeur, alors en pleine expansion. Au début des années 1850, il était le deuxième actionnaire en importance de la Compagnie du chemin à rails du lac Saint-Louis et de la ligne de la province, qui faisait partie de la Compagnie du chemin de fer de Montréal et New York, et il fut l'un des promoteurs de la Compagnie du chemin de fer de Montréal et Bytown fondée en 1853, qui s'avéra un échec. À titre de membre de l'establishment financier écossais de Montréal, Anderson était un ami de longue date de Hugh Allan*. Lorsque ce dernier organisa la Compagnie des bateaux à vapeur océaniques de Montréal, constituée juridiquement en 1854, d'où naîtrait l'Allan Line, Anderson compta parmi les dix premiers actionnaires. Il investit £5 000 et fit partie du conseil d'administration jusqu'en 1858. Cette année-là, il vendit sa part à Allan et au jeune frère de ce dernier, Andrew*, à la suite d'un désaccord au sujet d'un projet d'augmentation du nombre des traversées vers la Grande-Bretagne, projet qu'Anderson jugeait trop risqué. Ils restèrent cependant amis, puisque ce dernier tint un cordon du poêle aux funérailles d'Allan en 1882.

À compter de 1859, Anderson orienta une grande partie de ses placements vers les institutions financières. Cette année-là, il se joignit aux pétitionnaires qui souhaitaient la constitution juridique de la Compagnie métropolitaine d'assurance contre le feu. Comme il était l'un des principaux actionnaires de la Commercial Bank of Canada, il dut faire face à une perte de 70 000 $ lorsque la banque suspendit ses paiements en 1867. L'année suivante, Anderson amorça une longue association avec la Banque des marchands du Canada [V. sir Hugh Allan] après sa mainmise sur la Commercial Bank ; nommé vice-président en 1882, il occupa ce poste jusqu'à son décès. Il fut l'un des principaux actionnaires de la Banque Molson et de la Banque de Montréal. En 1893, la part qu'il détenait dans cette dernière avait une valeur marchande de 253 000 $, et ses actions de la Banque des marchands étaient évaluées à 352 000 $. Entre-temps, à l'âge de 82 ans, il avait été élu administrateur de la Compagnie canadienne d'assurance sur la vie, dite du Soleil [V. Mathew Hamilton Gault*]. Il faisait également partie du conseil d'administration de la Compagnie de fabrication de papier du Canada et de la Nouvelle Compagnie du gaz de la cité de Montréal, et il possédait un avoir considérable dans le coton, les tramways et les titres municipaux.

Presbytérien fervent, Anderson fut conseiller presbytéral de la congrégation Coté Street (qui porta plus tard le nom de Crescent Street) durant un certain temps, et de la congrégation St Gabriel Street de 1855 à 1857. Il appartint plus tard à la congrégation St Paul. Toute sa vie, il distribua scrupuleusement le dixième de son revenu à des sociétés de bienfaisance, ce dont peu de gens étaient au courant, vu sa grande discrétion à ce sujet. Influent dans les cercles protestants, il compta parmi les fondateurs de la Maison protestante d'industrie et de refuge de Montréal en 1863, et fit partie du conseil de la Montreal Auxiliary Bible Society. Selon le *Montreal Daily Star*, le dimanche, il se promenait « les poches pleines de tracts [...] et les [déposait] en toutes sortes d'endroits où il y avait le plus de chances qu'on les trouve et qu'on les lise ». À mesure que les années passèrent, on le considéra de plus en plus comme un excentrique en raison de son extrême parcimonie pour lui-même et de la rudesse de ses manières. En politique, il était d'allégeance conservatrice.

Robert Anderson mourut « de faiblesse » à 92 ans ; nombre de personnes assistèrent à ses obsèques célébrées à l'église St Paul. Dans sa notice nécrologique, le *Star* soulignait qu'il aimait gagner de l'argent, [que] c'était son plaisir dans la vie ». Grâce à sa diligence, à sa prudence et à sa tempérance, Anderson amassa une fortune qu'on évalua à entre 1 500 000 $ et 2 000 000 $. Il en disposa par des legs nombreux. Parmi les établissements qui en bénéficièrent, on trouve le collège presbytérien de Montréal, la Dominion Alliance for the Total Suppression of the Liquor Traffic, l'Institut maritime de Montréal, la Société Saint-André (dont il avait fait partie) et le Montreal General Hospital (dont il avait été membre à vie du conseil d'administration). Ce sont sans doute les administrateurs de la Banque des marchands qui ont le mieux résumé ses qualités le jour de ses funérailles en évoquant son attention vigilante, sa capacité de tenir bon dans les périodes difficiles et la constance avec laquelle il s'acquitta de ses devoirs.

ELIZABETH COLLARD

Gazette (Montréal), 6 août 1841, 18 mai 1842, 18 juin, 5 juill. 1844, 11 mars, 16 avril, 15 juill. 1845, 19 janv., 6 mars 1846, 6 oct. 1847, 9 juin 1848, 1er juill., 2 août 1851, 1er–2 nov. 1867, 25, 28 mars 1896. — *La Minerve*, 20 oct. 1842, 21 déc. 1852. — *Montreal Daily Star*, 25 mars 1896. — *Montreal Transcript*, 12 oct., 17 déc. 1844, 15 août 1846, 18 mars 1854. — *Montreal Witness*, 27 déc. 1882. — *Montreal Witness, Weekly Review and Family Newspaper*, 17 mai 1848. — *Pilot* (Montréal), 3 janv. 1849, 21 mars 1854, 1er oct. 1855. — *La Presse*, 25 mars 1896. — *La Revue canadienne* (Montréal), 3 mars 1846.— Borthwick, *Hist. and biog. gazetteer*. — *Canadian album* (Cochrane et Hopkins), 4 : 505. — *Montreal directory*, 1843–1896. — T. E. Appleton, *Ravenscrag : the Allan Royal Mail Line* (Toronto, 1974). — Campbell, *Hist. of Scotch Presbyterian Church*. — Elizabeth Collard, *Nineteenth-century pottery and porcelain in Canada* (éd. rév., Montréal, 1984). — G. H. Harris, *The president's book ; the story of the Sun Life Assurance Company of Canada* (Montréal, 1928). — Elizabeth Collard, « The achievements of Scottish potters », *Scottish Field* (Glasgow, Écosse), 118 (avril 1971) : 42–43.

ANDRÉ, ALEXIS, prêtre, oblat de Marie-Immaculée et missionnaire, né le 6 juillet 1832 à

Kergompez, près de Guipavas, France, fils de Gouesnou André et d'Annette Guevel ; décédé le 10 janvier 1893 à Calgary (Alberta).

Alexis André étudia d'abord au petit séminaire de Pont-Croix d'octobre 1851 à août 1856, puis il fréquenta le grand séminaire de Quimper. Le 15 février 1859, il entra au noviciat oblat de Nancy et, un an plus tard, il prononçait ses vœux perpétuels. Ordonné prêtre le 14 juillet 1861, il fut tout de suite envoyé aux missions de la colonie de la Rivière-Rouge (Manitoba) et du territoire du Dakota.

Après un bref séjour à Saint-Boniface, le père André fut affecté à la mission Saint-Joseph de Pembina (Dakota du Nord) où, à titre de délégué officiel de l'armée américaine, il participa à une tentative infructueuse pour réprimer un soulèvement sioux [V. Tatanka-najin*].

Nommé à la paroisse Saint-Charles (Manitoba) en 1864, André fut affecté l'année suivante à l'établissement métis de Saint-Albert (Edmonton) et on le chargea de Saint-Paul-des-Cris, à Brosseau. En 1868, la mission Saint-Joseph de Carlton House (près de Batoche, Saskatchewan) fut rattachée à Saint-Paul-des-Cris. André se rendait fréquemment à Carlton House, où sa grande énergie lui valut de susciter l'esprit chrétien chez les Métis. Il décida de fonder en 1871 une mission distincte avec un groupe de Métis qui souhaitaient s'établir à proximité du poste de traite. L'année suivante, il ouvrit une résidence tout près, à Saint-Laurent (St-Laurent-Grandin). L'évêque Vital-Justin Grandin* se rendit sur les lieux au printemps de 1873 et approuva son projet. En 1876, André célébra la première messe à Prince Albert (Saskatchewan). Cette année-là, il entreprit la construction d'une chapelle au lac aux Canards (lac Duck), après quoi il partit pour Battleford. Il fonda la mission Notre-Dame-du-Sacré-Coeur au lac Sandy, où les Cris étaient nombreux, puis en 1879 la mission Saint-Georges à Prince Albert. Il y demeura jusqu'à ce que le père Valentin Végreville le remplace en 1881, pour y revenir en octobre 1882.

Le père André passa la plus grande partie de ses années de sacerdoce auprès des populations métisses dispersées dans l'Ouest, et il se fit à l'occasion leur porte-parole auprès des autorités gouvernementales. Sur son conseil, les Métis de Saint-Laurent formèrent un gouvernement provisoire le 10 décembre 1873 et adoptèrent des lois et des règlements concernant, entre autres choses, la chasse, la protection de la propriété et des personnes et l'observance du repos dominical ; ils avaient également élu un président, Gabriel Dumont*, et huit conseillers, pour un mandat d'un an.

Homme vigoureux et robuste, André avait son franc-parler et il sut, en certaines occasions, se servir de son physique râblé pour ramener ses paroissiens à l'ordre. Il accompagnait souvent les Indiens et les Métis à la chasse au bison et prit part à l'une de leurs dernières expéditions, en 1878. Trois ans plus tôt, avec le commissaire de la Police à cheval du Nord-Ouest, George Arthur French*, il avait pressé le gouvernement fédéral de resserrer sa surveillance sur ces chasses afin d'empêcher l'extermination du bison.

En juin 1881, André soumit une pétition au lieutenant-gouverneur David Laird* et au Conseil des Territoires du Nord-Ouest pour exposer les problèmes que soulevait l'enregistrement des concessions de terre aux Métis. Deux ans plus tard, il en présenta une autre dans laquelle il décriait le fait qu'on utilise deux méthodes différentes pour arpenter les terres dans le Nord-Ouest : on avait conçu Prince-Albert, selon la tradition métisse, en longues bandes qui finissaient par un terrain étroit en bordure d'un cours d'eau, alors qu'on avait découpé Saint-Laurent en cantons carrés que les Métis refusaient de reconnaître.

Comme plusieurs questions, dont celle du territoire, n'étaient pas réglées en 1884, les Métis et d'autres colons conclurent qu'ils avaient besoin d'un chef pour faire valoir leurs revendications auprès du gouvernement du Canada. Malgré les réserves exprimées par le clergé catholique, on invita Louis Riel* à revenir dans le Nord-Ouest. D'abord impressionné par l'attitude pacifique du leader métis, André demeurait quand même inquiet de l'agitation croissante qui gagnait la population. En septembre, les Métis accusèrent l'Église de ne pas défendre leur cause et André d'être à la solde du gouvernement. Les discussions furent parfois amères, et le clergé, dont André, pressa le gouvernement de renvoyer Riel.

Les Métis admettaient de plus en plus mal que le gouvernement ne réponde pas à leurs requêtes. Au mois de février 1885, André en informa le lieutenant-gouverneur Edgar Dewdney* et lui dit craindre un accès de violence. Le 2 mars, Riel demanda à André d'appuyer la formation d'un gouvernement provisoire ; André refusa et les deux hommes se disputèrent. Le combat qui eut lieu le 26 mars au lac aux Canards entre la Police à cheval du Nord-Ouest et les Métis annonça l'éclatement de la rébellion. Dans son journal, André décrivit la grande confusion qui régnait à Prince Albert après cette première victoire métisse, mais il ne fut lié en rien aux événements qui allaient suivre.

On demanda à André de s'occuper de Riel après son procès et de le préparer pour son exécution. Cette relation étroite le fit changer d'avis sur le chef métis. Celui-ci avait rétracté ses déclarations contraires à la doctrine catholique, mais il soutenait toujours que sa mission était d'inspiration divine. Le prêtre passa de longues heures à converser avec Riel et fut impressionné par la sincérité de ce dernier, mais convaincu de sa folie. Malgré l'état de grande tension nerveuse dans lequel le mettaient ses fonctions, André resta à Regina avec Riel, à la demande de l'évêque de Saint-Boniface, Alexandre-Antonin Taché. Sa tâche prit fin le 16 novembre, jour de la pendaison de Riel.

En 1887, on nomma Alexis André à la mission de Calgary, où il fut membre du conseil épiscopal du diocèse de Saint-Albert et adjoint du père Hippolyte Leduc. En 1892, sa santé devint chancelante et, le 1er janvier 1893, il célébra la messe pour la dernière fois. Il mourut neuf jours plus tard et on l'inhuma à Calgary. Ses restes furent transférés par la suite au cimetière des oblats, à Saint-Albert.

DUNCAN FRANCIS ROBERTSON

AD, Finistère (Quimper), État civil, Kergompez, 7 juill. 1832. — AN, MG 27, I, J7. — *Calgary Herald,* 11 janv. 1893. — Gaston Carrière, *Dictionnaire biographique des oblats de Marie-Immaculée au Canada* (3 vol., Ottawa, 1976–1979), 1 : 26–27. — [J.-P.-A.] Benoît, *Vie de Mgr Taché, archevêque de St-Boniface* (2 vol., Montréal, 1904), 1. — Jules Le Chevallier, *Batoche : les missionnaires du Nord-Ouest pendant les troubles de 1885* (Montréal, 1941) ; *Saint-Laurent de Grandin : une mission et un pélérinage dans le nord-ouest de l'Amérique* (Vannes, France, 1930). — Stanley, *Birth of western Canada* ; *Louis Riel.* — L. H. Thomas, *The struggle for responsible government in the North-West Territories, 1870–97* (Toronto, 1956). — M. B. Venini Byrne, *From the buffalo to the cross ; a history of the Roman Catholic diocese of Calgary* (Calgary, 1973). — Robrecht Boudens, « la Mission conciliatrice du P. Alexis André auprès des Sioux, 1863–1865 », *Études oblates* (Ottawa), 18 (1959) : 404–414. — Gaston Carrière, « Une mission de paix : le père Alexis André, o.m.i., et les Sioux (1863–1865) », *Rev. de l'univ. d'Ottawa,* 39 (1969) : 24–93. — Louis Pfaller, « The peace mission of 1863–1864 », *N. Dak. Hist.* (Bismark), 37 (1970) : 292–313.

ANGLIN, TIMOTHY WARREN, journaliste, éditeur, homme politique et fonctionnaire, né le 31 août 1822 à Clonakilty (république d'Irlande), fils de Francis Anglin, employé de l'East India Company, et de Joanna Warren ; en 1853, probablement le 26 novembre, il épousa à Saint-Jean, Nouveau-Brunswick, Margaret O'Regan (décédée en 1855), et ils n'eurent pas d'enfants, puis le 25 septembre 1862, dans la même ville, Ellen McTavish, et de ce mariage naquirent dix enfants ; décédé le 3 mai 1896 à Toronto.

Né dans une famille irlando-catholique, bourgeoise et relativement à l'aise du comté de Cork, Timothy Warren Anglin fit de bonnes études classiques à Clonakilty. Il se destinait au droit, mais la grande famine qui frappa l'Irlande en 1845 mit fin à ses projets ; il dut se résigner à enseigner dans une école de sa ville natale. Le lundi de Pâques 1849, il s'embarqua pour Saint-Jean, manifestement convaincu qu'immigrer augmenterait ses chances de réussite. Ses antécédents irlandais, catholiques et bourgeois l'influenceraient tout au long de sa vie et en feraient un porte-parole éloquent des catholiques irlandais du Nouveau-Brunswick et du Canada.

Anglin était arrivé depuis peu à Saint-Jean lorsqu'il fit sa première intervention publique. À la suite d'une émeute survenue le 12 juillet, il écrivit à un journal de la ville, le *Morning News,* une longue lettre dans laquelle il déplorait les luttes confessionnelles, reprochait aux autorités municipales d'avoir laissé dégénérer les événements et pressait chacun de rester calme pour travailler ensemble au bien de la colonie. Cette lettre le fit remarquer et acheva de le convaincre de fonder un journal. Le *Saint John Weekly Freeman,* voué à l'amélioration de la condition des Irlando-catholiques de la ville, parut pour la première fois le 4 août 1849.

Au fil des années 1850, Anglin devint, par l'intermédiaire de son journal, le porte-parole laïque reconnu des Irlandais catholiques, qui représentaient environ le tiers de la population de Saint-Jean. Comme ils en formaient la tranche la plus pauvre, ils souffraient d'autant plus des piètres salaires, du chômage, des mauvaises conditions de logement et des maladies. Ils subissaient diverses formes de discrimination : économique, sociale, politique et religieuse, et les citoyens « respectables » les jugeaient enclins à l'ivrognerie, à la débauche et à la violence. À titre de leader catholique irlandais, Anglin menait sa bataille sur plusieurs fronts. Il défendait ses compatriotes lorsqu'on les accusait d'être dépravés ou de représenter un fardeau pour la société. Il cherchait à leur redonner le respect d'eux-mêmes en publiant des nouvelles d'Irlande, en appuyant la formation de groupes ethno-religieux comme l'Irish Friendly Society ou en encourageant la création de sociétés de bienfaisance catholiques. Mais il les incitait aussi à supplier Dieu de les aider à se réformer et à se transformer. Dans le *Freeman,* il stigmatisait les bagarres, l'immoralité, les parents qui, « trop paresseux pour travailler, ou trop dissipés et lâches pour faire vivre leur famille », poussaient leurs enfants à « faire de la mendicité un métier ». En un sens, il montrait peu de compassion et de compréhension, mais son attitude se justifie : selon lui, les catholiques irlandais, pour se faire accepter, devaient éviter tout agissement qui menaçait le tissu social ou effrayait les groupes dominants. Anglin se sentait tenu de les « réformer » afin d'être mieux en mesure de réclamer ensuite, pour eux, plus de reconnaissance sociale et de droits. Sa position, identique à celle de l'Église, est bien celle d'un bourgeois qui n'était pas tout à fait aveugle à la pauvreté dans laquelle beaucoup vivaient. Même sa philosophie économique ne différait guère de l'individualisme du XIXe siècle, qui prônait le laisser-faire. Certes, il favorisait la création de diverses entreprises, à Saint-Jean et dans les environs, car elles donneraient du travail aux catholiques irlandais, mais il était convaincu que les règles du jeu devaient être celles de la libre entreprise et du capitalisme.

Sans jamais être une grande réussite financière, le

Freeman devint, dans les années 1850, un élément important de la vie politique du Nouveau-Brunswick et demeura la principale tribune d'Anglin pendant un quart de siècle. Celui-ci adorait le ton belliqueux qui dominait alors le journalisme politique et il excellait dans ce genre. D'abord, le *Freeman* appuya les réformistes, ou *smashers* comme on les appelait quelquefois, mais lorsqu'ils eurent pris le pouvoir, en 1854, Anglin les trouva décevants. Le nouveau gouvernement, dirigé par Charles Fisher*, ne se montrait pas plus généreux que l'ancien à l'égard des catholiques. Le projet de loi de 1855, qui prohibait les boissons alcooliques sauf à des fins médicales, choqua Anglin ; pour lui, c'était là une négation des droits civils. Il rompit donc avec les *smashers* et resta dans l'opposition même après le rappel de la prohibition en 1856. En fait, il sembla toujours plus à l'aise dans l'opposition. C'était davantage un indépendant qu'un véritable homme de parti : sans doute avait-il des intérêts particuliers à défendre à titre de leader irlando-catholique, mais surtout il trouvait « plus facile et plus agréable » d'attaquer que de défendre.

Anglin tenta une première fois, en 1860, d'obtenir une charge publique, soit un siège d'échevin au conseil municipal de Saint-Jean, mais il échoua. En 1861, on l'élut député indépendant de la circonscription qui regroupait le comté et la ville de Saint-Jean à la chambre d'Assemblée du Nouveau-Brunswick. Durant toute sa carrière, sa pensée politique fut pragmatique, mais au fond il était libéral et vaguement démocrate. Il appuyait l'extension du suffrage, le scrutin secret et les élections simultanées ; cependant, ses tendances démocrates se mêlaient de libéralisme, terme qui à l'époque désignait l'individualisme et le laisser-faire prônés par la bourgeoisie de Grande-Bretagne. D'après lui, les idéaux libéraux se réaliseraient moins par des systèmes politiques ou des programmes législatifs précis que par le maintien, sous quelque forme de gouvernement que ce soit, de la justice et de la liberté individuelle. « Là où les droits de l'individu sont foulés aux pieds, écrivait-il, il y a despotisme. » C'est l'influence de la religion, et non l'utilisation du pouvoir de l'État, qui résoudrait les problèmes sociaux.

La guerre de Sécession et ses conséquences furent, dans les années 1860, déterminantes pour l'Amérique du Nord britannique. Anglin trouvait beaucoup à redire contre les sentiments, les idées et la conduite des chefs et des citoyens de la république ; cependant, il ne voyait nul motif de se réjouir des problèmes américains. À ses yeux, la destruction des États-Unis serait une tragédie pour le monde entier. En outre, contrairement à tant d'habitants de l'Amérique du Nord britannique, il ne trouvait aucune grande leçon constitutionnelle à tirer de la guerre. La source du mal était, selon lui, non pas le républicanisme ou la forme particulière du fédéralisme américain, mais l'esclavage érigé en institution et le fanatisme qui existait tant dans le Nord que dans le Sud.

La guerre souleva la question de la défense des colonies et du lien impérial. Anglin adopta une attitude nuancée envers la Grande-Bretagne. Sans jamais accepter la domination britannique de l'Irlande, il convenait toutefois qu'il n'était ni nécessaire ni juste de critiquer le lien impérial du point de vue de l'Amérique du Nord britannique. Ce lien constituait la meilleure protection des colonies contre toute tentative de conquête de la part des Américains. Anglin s'appliquait à faire valoir que les habitants de l'Amérique du Nord britannique, y compris les catholiques irlandais, ne désiraient nullement être intégrés dans la République américaine. Mais, comme les colonies étaient les témoins innocents des conflits entre la Grande-Bretagne et les États-Unis, la mère patrie devait assumer en grande partie l'organisation et le financement de leur défense.

L'atmosphère de crise qu'engendra la guerre, combinée aux problèmes économiques et politiques des colonies, poussa les fonctionnaires britanniques et nombre de coloniaux à embrasser l'idée d'une union des colonies nord-américaines. Cette idée n'emballait pas Anglin, même s'il croyait l'union probable, voire opportune dans un avenir plus ou moins rapproché, surtout si la Grande-Bretagne rompait ses liens avec les colonies. À l'époque toutefois, il ne la trouvait ni nécessaire ni souhaitable. Elle n'apporterait ni puissance militaire ni avantages économiques extraordinaires, du moins aux gens du commun et surtout pas aux habitants de Saint-Jean ou du Nouveau-Brunswick. Les grands gagnants, prétendait-il, seraient les hommes politiques et les hommes d'affaires des colonies centrales, dont l'extravagance, l'extrémisme et l'incompétence avaient été à l'origine des problèmes coloniaux. Il valait bien mieux, pour les hommes publics, promouvoir le développement matériel essentiel, quoique banal, comme la construction routière, l'aide aux colons et la levée des barrières commerciales, plutôt que de poursuivre « des chimères et des fantaisies aux frais de la population ».

Puisque, pour Anglin, l'idée même de l'union était prématurée, on ne s'étonnera guère qu'il se soit opposé à la version particulière de ce projet contenue dans les Résolutions adoptées à Québec en 1864. Le *Freeman* en critiqua les conséquences économiques avec une sévérité particulière, soutenant que les arrangements financiers étaient injustes pour le Nouveau-Brunswick, qu'il faudrait augmenter les droits de douane à l'importation et qu'à Saint-Jean le transport et le secteur manufacturier se développeraient moins vite qu'ailleurs, et ainsi de suite. Quant aux dispositions constitutionnelles, Anglin estimait qu'il ne s'agissait pas d'une union législative de nature à protéger vraiment les intérêts particuliers du Nouveau-Brunswick. De plus, le fait que les délégués de la conférence de Québec entendaient soumettre le projet non pas à l'ensemble de l'électorat, mais uniquement aux Parlements coloniaux, le scandalisait : « De toute évidence, on conspire pour priver le peuple du droit de décider lui-même si cette union se réalisera ou non. »

La conjoncture qui régnait au Nouveau-Brunswick obligea le gouvernement de Samuel Leonard TILLEY à tenir des élections au début de 1865. En personne et dans les colonnes du *Freeman,* Anglin livra une dure et habile bataille qui le rangea parmi les adversaires les plus notoires de la Confédération. Étant donné que la majorité s'opposait, comme lui, au projet d'union, le gouvernement essuya une cuisante défaite. Les partisans de la Confédération attribuèrent leur échec à divers facteurs, mais particulièrement à un complot fomenté par des ecclésiastiques et des laïques, tel Anglin, qui, croyaient-ils, avaient poussé les catholiques à voter en bloc contre eux. Tout au long de leur lutte pour l'union, ils appuyèrent leur stratégie sur cette conviction, pourtant erronée. Non seulement est-il douteux que les catholiques aient voté ainsi, mais il est assez évident qu'il n'y eut aucun effort concerté de la part de la hiérarchie ecclésiastique pour les pousser tous à accorder leur suffrage au même camp.

Anglin devint conseiller exécutif sans portefeuille dans le gouvernement hostile au projet confédératif formé en avril 1865 par Albert James Smith* et Robert Duncan WILMOT. Dès le début, la situation fut difficile. Le gouvernement était désavantagé par un ralentissement de l'économie, l'obstruction manifestée par le Conseil législatif et des divisions internes : certains membres du cabinet s'étaient opposés aux Résolutions de Québec sous prétexte qu'elles donnaient trop de pouvoir aux provinces, d'autres parce qu'elles n'en donnaient pas assez. De plus, les adversaires de la Confédération se firent accuser de déloyauté, surtout après que les autorités impériales eurent déclaré que l'union était hautement souhaitable, en particulier à des fins de défense. Dès le début, Anglin, l'Irlando-catholique, fut la cible de la campagne de « loyauté » des partisans de la Confédération. Même s'il semble avoir été un membre du cabinet consciencieux et utile, il constituait une cible de choix pour les attaques dirigées contre le gouvernement. Selon un journal, sa nomination même était « une contrainte et une insulte pour tout loyal sujet protestant de Sa Majesté dans la province ». S'opposer à la Confédération, répétait Anglin, n'était pas un signe de déloyauté envers l'Empire, mais il était impossible de mettre fin à une telle accusation, car elle était politiquement utile aux tenants de la Confédération.

La question de la loyauté prit encore plus d'importance quand, à l'automne de 1865, la menace fénienne parut s'aggraver. La branche américaine du mouvement des féniens, déterminée à libérer l'Irlande de la domination britannique, projetait d'attaquer les colonies britanniques d'Amérique du Nord. Ni Anglin ni la grande majorité des Irlando-catholiques du Nouveau-Brunswick n'appartenaient au mouvement, ni même ne sympathisaient avec lui, quoique Anglin et d'autres aient sûrement voulu une Irlande plus libre. Néanmoins, les partisans néo-brunswickois de la Confédération profitèrent de l'occasion pour prétendre que deux forces s'opposaient dans la colonie : les fédéralistes protestants et loyaux, d'une part, et les catholiques profénіens et antifédéralistes dirigés par Anglin, d'autre part. Cette stratégie se révéla très fructueuse à l'élection partielle dans la circonscription d'York, en novembre 1865, où le partisan de la Confédération Charles Fisher battit John Pickard*. Peu après, Anglin quitta le cabinet, en partie parce qu'il en avait assez des injures, mais surtout parce qu'il ne croyait plus que le gouvernement faisait assez pour garantir la construction d'une ligne de chemin de fer entre Saint-Jean et Portland, dans le Maine. Cependant, il continua de donner un appui général au gouvernement et demeura un adversaire notoire du projet confédératif.

Pour bien des raisons, la position du gouvernement s'affaiblit peu à peu. Surtout, les partisans de la Confédération continuèrent d'user avec efficacité de l'argument de la loyauté, puissamment aidés par un raid fénien tout à fait burlesque contre le Nouveau-Brunswick en avril 1866. Le lieutenant-gouverneur, Arthur Hamilton Gordon*, profita de la crise et de la faiblesse du gouvernement pour exiger un changement. Aux élections qui suivirent, en mai et juin, les opposants à la Confédération, y compris Anglin, furent battus à plate couture. D'après un journal néo-brunswickois, les résultats du scrutin signifiaient que « le fénianisme et l'annexion[nisme], bref les idéaux de Warren et d'Anglin, [étaient] « démolis » et que l'engeance traîtresse des sympathisants féniens [était] écrasée ». Quant à Anglin, il estimait que « les conspirateurs » avaient gagné.

Dans sa lutte contre la Confédération, Anglin avait présenté nombre d'arguments qui, vus de Saint-Jean, étaient particulièrement sensés. En outre, il avait passablement raison de critiquer les tactiques des fonctionnaires britanniques et des partisans néo-brunswickois de la Confédération. Cependant, il semblait ne vouloir accepter qu'un projet d'union parfait. Si, comme il le soutenait, il appuyait l'idée générale, il aurait dû voir que les conditions ne seraient jamais idéales et qu'aucun arrangement ne pouvait être sans défauts. De toute façon, il accepta le verdict de l'électorat et décida de donner une chance équitable à la Confédération.

Pour Anglin, comme pour le nouveau dominion du Canada, les années 1867 à 1872 furent une importante période d'adaptation. Il cessa de militer contre la Confédération, même s'il prenait sûrement plaisir à en signaler les faiblesses, qu'il avait lui-même prédites. Aux premières élections générales de la chambre des Communes, il remporta la victoire dans la circonscription de Gloucester, à majorité acadienne, sur la côte nord du Nouveau-Brunswick ; il allait conserver ce siège durant 15 ans. Sur la scène nationale, il disputa le leadership officieux des catholiques irlandais à Thomas D'Arcy McGee*, jusqu'à l'assassinat de ce dernier en avril 1868. Par la suite, il continua de se prononcer sur des questions qui intéressaient particulièrement sa communauté, mais ses critiques étaient rarement violentes. Certes, la condition des Irlando-catholiques du Canada ne lui semblait pas idéale, mais il y voyait une amélioration et la croyait au moins meilleure que celle de ses compatriotes aux États-Unis. Quant à la position du Nouveau-Brunswick dans le nouvel ordre politique, Anglin relevait les problèmes, surtout la situation économique difficile de Saint-Jean, mais il les croyait inévitables et peut-être pas aussi graves qu'il ne l'avait craint. Par ailleurs, il s'inquiétait de l'expansion géographique du pays, qui selon lui représentait un trop lourd fardeau, et déplorait qu'on ait sacrifié des droits du Canada au moment de la signature du traité de Washington en 1871 [V. sir John Alexander MACDONALD]. Cependant, en ces matières comme en bien d'autres, Anglin montrait, en prenant pour critère l'intérêt supérieur de la nation, qu'il acceptait le nouveau dominion. De plus, il consolida sa position à la chambre des Communes : indépendant en 1867, il devint en 1872 un membre important du parti libéral, encore assez peu structuré et dont le chef était Alexander MACKENZIE. Au fil des cinq premières années d'existence du pays, cet ancien adversaire de la Confédération en vint donc à accepter le nouveau régime. Il n'en aimait pas tous les aspects, mais il lui avait donné le temps de faire ses preuves et ne l'avait pas trouvé totalement déficient.

En 1872 et 1873, Anglin s'occupa surtout de la question des écoles du Nouveau-Brunswick [V. John Costigan*]. D'après lui, une loi provinciale sur les écoles publiques, adoptée en 1871, empêchait les catholiques, pourtant soumis à l'impôt scolaire, d'avoir leurs propres établissements d'enseignement, à moins d'accepter de les financer eux-mêmes, ce qui était contraire aux pratiques en vigueur au moment de la Confédération. Cette question était fort complexe, et Anglin défendit la cause des catholiques de bien des façons : en écrivant dans le *Freeman* ; en intervenant à Ottawa, tant dans les coulisses que sur le parquet de la chambre des Communes ; en discutant avec les évêques catholiques de la province, John Sweeney* et James Rogers* (il leur demandait des directives ou leur donnait des avis) ; enfin, en aidant ceux qui contestaient la loi en justice à préparer des plaidoiries. Finalement, les catholiques du Nouveau-Brunswick perdirent la bataille, et l'énergie qu'Anglin avait dépensée pour eux lui mit à dos les hommes politiques protestants de la province. Lorsque le scandale du Pacifique fit tomber le gouvernement de Macdonald en novembre 1873, on l'exclut donc du nouveau cabinet formé par Mackenzie, et ce, même si l'on reconnaissait sa compétence dans les cercles libéraux. Les autres députés du Nouveau-Brunswick prétendaient que la population de la province n'appuierait pas un cabinet dont ferait partie Anglin. Cependant, en récompense des services rendus au parti, on le nomma président de la chambre des Communes en mars 1874.

Surmontant son naturel combatif, et mettant toute son application et son intelligence à profit, Anglin exerça ses fonctions de président de manière satisfaisante. Bien sûr, il ne pouvait pas participer au débat qui se poursuivait, aux Communes, sur la question scolaire, mais il continuait de travailler en coulisse à Ottawa et exprimait assez ouvertement ses positions dans le *Freeman*. Être à la fois président de la chambre des Communes et journaliste s'avéra d'ailleurs plein d'embûches. Anglin pouvait difficilement conserver une réputation d'impartialité aux Communes tout en exprimant des opinions partisanes dans son journal. En outre, le lien entre le gouvernement et le *Freeman* lui fit perdre son siège aux Communes en 1877, à cause d'un conflit d'intérêts. Suivant l'usage en pareil cas, il s'était efforcé de ne pas s'occuper directement de l'aspect commercial du *Freeman,* mais le comité des Communes qui étudia l'affaire conclut que les précédents étaient erronés et que les commandes d'imprimerie passées au service commercial du *Freeman* par le département des Postes en 1874 et 1875 étaient des marchés qui entraînaient l'exclusion. On ne divulgua le rapport du comité qu'à la fin de la session, en avril, si bien qu'Anglin put se présenter à une élection partielle pendant l'été. Après une lutte acharnée, il remporta la victoire ; au début de la session de 1878, il fut réélu président de la chambre, mais non à l'unanimité.

Au cours des années 1870, les opinions fondamentalement conservatrices d'Anglin devinrent évidentes. Comme bien d'autres, il craignait et dénonçait le socialisme, le républicanisme rouge et le communisme, qui menaçaient la civilisation occidentale et surtout ses bases religieuses. À l'instar de bien des leaders catholiques, il estimait que l'athéisme et le scientisme représentaient un danger pour l'Église et la morale chrétienne. Effrayé par ces courants de pensée et d'autres éléments perturbateurs, il rejetait tout ce qui visait à affaiblir davantage le rôle de la religion dans la société. Les hommes d'Église, déclarait-il, avaient le droit et le devoir d'identifier et de condamner ce qui était illégitime et impie. Toutefois, le catholique avait, autant que quiconque, la liberté de se former des opinions politiques. Au clergé de la province de Québec qui dénonçait le parti libéral [V.

Ignace Bourget*], il répliquait que celui-ci n'était pas comme « le parti d'infidèles qui, en Europe, sali[s-sait] le nom de libéral en guerroyant sans relâche contre toute vraie liberté, contre la société et contre Dieu ». Bien qu'il ait été d'allégeance libérale, Anglin n'était pas un réformateur social. Sa morale puritaine excluait toute compassion pour les faiblesses de la nature humaine. Il soutenait les causes généreuses mais insistait beaucoup sur le maintien de la loi et de l'ordre. D'après lui, la religion et le dur labeur pouvaient triompher du paupérisme, qu'il trouvait relativement peu répandu en Amérique du Nord. Pourtant, malgré son conservatisme et sa foi en la libre entreprise, il ne se joignit pas aux nombreux bourgeois canadiens qui condamnaient les associations ouvrières. Le *Freeman* rapportait assez objectivement les activités de ces organismes, et Anglin en vint même à approuver les efforts des syndicats, dont bon nombre de membres, à Saint-Jean, étaient des catholiques irlandais, quand leurs actions étaient légales, modérées et non violentes.

Après la défaite des libéraux en 1878, l'étoile d'Anglin se mit à pâlir. De 1878 à 1882, il fut l'un des grands censeurs du gouvernement Macdonald ; tant aux Communes que dans le *Freeman,* il intervenait surtout sur les grandes questions du jour, la Politique nationale et le chemin de fer canadien du Pacifique. Il continuait de se prononcer sur ce qui touchait les Irlandais catholiques ; il préconisait, entre autres, l'envoi d'une aide économique à l'Irlande et l'instauration de l'autonomie politique dans ce pays. Cependant, sa position dans Gloucester vacillait : le nationalisme acadien gagnait des adeptes [V. Onésiphore Turgeon*], Mgr James Rogers se montrait peu enclin à lui donner un appui constant, des hommes politiques de la région se taillaient une place, et lui-même n'arrivait pas à maintenir des liens forts dans sa circonscription. Il mena une campagne courageuse aux élections de 1882 mais fut ignominieusement battu par Kennedy Francis BURNS. Ce désastre et la baisse de popularité de son journal le poussèrent à rompre ses attaches avec le *Freeman* et à s'installer à Toronto en 1883.

La vie à Saint-Jean avait pris une coloration terne, dénuée de satisfaction et de perspective. Par contre, à Toronto, le chef libéral Edward Blake*, dont la stratégie consistait à courtiser les catholiques de l'Ontario afin de leur faire appuyer le parti fédéral, avait besoin d'un lieutenant. Avec le soutien financier de membres du parti, Anglin prit en main un hebdomadaire catholique, le *Tribune*. En outre, il collabora à la page éditoriale du *Globe*. Les libéraux devaient aussi tenter de lui trouver un siège aux Communes. Anglin s'acquitta de toutes ses responsabilités avec sérieux et alla jusqu'à livrer une lutte perdue d'avance à D'Alton MCCARTHY dans la circonscription de Simcoe North en 1887. Cependant, sa diligence ne rapporta guère aux libéraux qui, après leur défaite aux élections de 1887, lui retirèrent leur appui. Le *Tribune* sombra et Anglin perdit son poste au *Globe*. Désillusionné, il se retrouvait sans travail, situation très angoissante pour un homme de 65 ans qui avait une femme et sept enfants de 4 à 22 ans à nourrir. Sa famille ne connut jamais la misère, puisque dans les années précédentes il avait réussi à investir une somme substantielle ; il trouva cependant un emploi stable peu de temps avant sa mort. Entre-temps, le gouvernement ontarien du libéral Oliver Mowat* lui confia, en guise de faveurs, plusieurs postes : président de la commission des institutions municipales qui fit deux rapports en 1888 ; commissaire de l'Ontario à la Centennial Exposition of the Ohio Valley en 1888, où la province avait un stand minier ; secrétaire de la commission d'enquête sur le système carcéral et pénitentiaire de l'Ontario en 1890–1891 ; et enfin membre de l'Ontario Royal Commission on Municipal Taxation, qui déposa son rapport en 1893. Cependant, l'insécurité de sa situation devint telle que sa femme et son fils aîné, Francis Alexander*, en furent réduits à supplier en secret (et en vain) ses adversaires politiques, sir John Alexander Macdonald et sir John Sparrow David THOMPSON, de lui confier un poste dans l'administration fédérale. Pendant ces années, il publia quelques articles dans des revues et journaux, prononça un certain nombre de discours et rédigea le chapitre consacré à l'archevêque John Joseph Lynch* dans un volume qui célébrait le cinquantenaire de l'archidiocèse de Toronto. De 1888 à 1892, il fut membre du Toronto Separate School Board. Il n'obtint un emploi permanent qu'en mai 1895, celui de greffier en chef de la cour de *surrogate* de l'Ontario, probablement en partie grâce à l'influence de ses deux fils avocats, Francis Alexander et Arthur Whyte. Un an plus tard, il mourait d'une embolie cérébrale.

Sans être un personnage illustre de l'histoire du Canada, Timothy Warren Anglin ne fut pas non plus un raté. Il manifesta diligence et compétence dans presque tous ses rôles – journaliste, homme politique, porte-parole des Irlando-catholiques, président de la chambre des Communes et commissaire. Il ne brillait pas d'un éclat remarquable, mais on respectait ses talents, sa détermination, sa conscience et sa droiture. Durant la deuxième moitié du XIXe siècle, son nom et ses prises de position étaient connus dans une bonne partie de l'Amérique du Nord britannique. À titre de leader des catholiques irlandais, il avait forgé un outil important pour aider ce groupe à s'intégrer à la société canadienne. Enfin, malgré l'insécurité de ses dernières années, il avait préparé une base solide pour l'avenir de ses enfants. Francis Alexander devint juge en chef de la Cour suprême du Canada et Mary Margaret se tailla une réputation internationale comme actrice. Souvent coupable de dogmatisme et de pharisaïsme, Anglin n'était pas un homme particulièrement engageant, mais en dernière analyse sa personnalité et sa carrière commandent respect et admiration.

WILLIAM M. BAKER

Le présent article est extrait pour l'essentiel de la biographie de l'auteur intitulée, *Timothy Warren Anglin*. Les principales sources sur Anglin sont citées dans les renvois en bas de page de cet ouvrage et peu de nouveaux documents ont fait surface depuis sa parution. La source unique la plus importante est le *Freeman*. Il a commencé à paraître en 1849 sous le titre de *Saint John Weekly Freeman* (Saint-Jean, N.-B.) ; le 4 févr. 1851, il paraissait trois fois la semaine sous le titre de *Morning Freeman* ; du 29 août 1877 au 2 nov. 1878, il parut quotidiennement ; après il devint hebdomadaire. Sont également utiles : le *Tribune* (Toronto), 1883–1887 ; d'autres journaux contemporains , et les papiers de nombreux particuliers comme John Sweeney (Arch. of the Diocese of Saint John, Saint-Jean), sir Samuel Leonard Tilley (AN, MG 27, I, D15, et Musée du N.-B., Tilley family papers), Edward Blake (AO, MU 136–273), Arthur Hill Gillmor* (APNB, MC 243), Alexander Mackenzie (AN, MG 26, B), et James Rogers (Arch. of the Diocese of Bathurst, Bathurst, N.-B. ; copies à la UNBL). [W. M. B.]

ANGWIN, MARIA LOUISA, éducatrice et médecin, née le 21 septembre 1849 à Blackhead, dans la baie Conception, Terre-Neuve, fille du révérend Thomas Angwin et de Louisa Emma Gill ; décédée le 25 avril 1898 à Ashland, Massachusetts.

Issue d'une famille méthodiste aux principes solides, Maria Louisa Angwin raconterait plus tard qu'elle « avai[t] toujours eu l'intention de faire quelque chose, d'être quelqu'un ». On ne sait rien de son enfance, si ce n'est que son père fut muté en Nouvelle-Écosse au milieu des années 1850, et qu'en 1865 il était établi de façon permanente à Dartmouth. En 1866, on envoya Maria Louisa à l'école de jeunes filles de la Mount Allison Wesleyan Academy, à Sackville, au Nouveau-Brunswick, où trois ans plus tard elle obtint une licence en arts libéraux.

Maria Louisa Angwin envisagea d'abord de devenir avocate puis changea peu à peu d'idée : « J'ai acquis la conviction qu'on a besoin de femmes médecins et j'ai vu qu'en gagnant ma vie de cette façon-là je pourrais aider [les personnes de] mon sexe. » À l'époque, les écoles de médecine du Canada n'admettaient pas les femmes, mais plusieurs établissements américains leur ouvraient leurs portes, notamment le Woman's Medical College de la New York Infirmary for Women and Children, fondé en 1868 par les docteurs Elizabeth et Emily Blackwell.

De telles études coûtaient cher, particulièrement pour un pasteur méthodiste qui avait quatre fils à faire instruire. Maria Louisa résolut le problème en amassant elle-même la somme nécessaire : après ses études à la Normal School de Truro, elle enseigna à Dartmouth pendant cinq ans. En 1879, elle partit pour le Woman's Medical College où, en juin 1882, elle obtint son doctorat en médecine. Elle fit ensuite un an d'internat comme médecin adjoint au New England Hospital for Women and Children de Boston. Dans une entrevue qu'elle accordait en août 1883 à un journaliste de l'*Evening Mail* de Halifax, elle faisait remarquer : « Plus je sais de choses, plus je veux en savoir, et plus le champ de la science médicale m'apparaît vaste. » Elle s'apprêtait alors à partir pour l'Angleterre afin de suivre des cours et d'assister à des cliniques au Royal Free Hospital de Londres.

Le 20 septembre 1884, Maria Louisa Angwin devint la première femme autorisée à pratiquer la médecine en Nouvelle-Écosse, même si d'autres femmes de cette province avaient déjà fait des études de médecine aux États-Unis. Elle exerça d'abord à Halifax et à Dartmouth mais, après 1886, elle travailla essentiellement à son cabinet, à sa résidence située dans le centre de Halifax. Elle fut parmi les premiers abonnés du téléphone, et les patients qui sonnaient à sa porte étaient annoncés par un perroquet qui criait : « Quelqu'un veut voir le docteur. » Un contemporain la décrivit ainsi : « une femme courageuse prête à toute urgence, aux talents variés, que rien n'effraie, qui répond à tous les appels d'où qu'ils proviennent dans la ville, le jour ou la nuit », et elle-même ajoutait : armée d'une épingle à chapeau.

Il était inévitable qu'à titre de première femme médecin de la province, dotée en outre d'une grande conscience sociale, Maria Louisa Angwin attire l'attention. Dès 1875, dans une allocution devant la Nova Scotia Teachers' Association, elle défendit le droit des femmes aux études supérieures. Plus tard, elle subit largement l'influence de la philosophie sociale des sœurs Blackwell, qui préconisaient la médecine préventive et s'employaient à enseigner l'hygiène physique et morale aux jeunes, et particulièrement aux femmes. De telles idées n'étaient peut-être plus nouvelles dans le Halifax de la fin du XIXe siècle, mais elles suscitaient encore la controverse.

Maria Louisa Angwin se fit rapidement remarquer par ses cheveux courts et la fermeté de son opposition à l'alcool et à la cigarette. Membre de la Woman's Christian Temperance Union, elle fut surintendante de « l'enseignement scientifique de la tempérance » en 1889 puis de « l'hygiène et [de] l'hérédité » en 1890. Quatre ans plus tard, elle parla du suffrage féminin et, en 1895, donna tous les quinze jours des conférences sur l'hygiène, dont certaines avec Annie Isabel Hamilton qui, l'année précédente, avait été la première femme titulaire d'un diplôme de médecine de la Dalhousie University. Elle publia en 1895, dans le *Halifax Herald*, un article qui dénonçait les difficultés à surmonter par les femmes qui cherchent à entrer sur un marché du travail dominé par les hommes.

Malgré sa santé qui s'était détériorée, Maria Louisa Angwin retourna à la New York Infirmary vers la fin de l'année 1897 pour y faire des recherches postuniversitaires. On s'attendait à ce qu'elle retourne à son cabinet de Halifax lorsque, de passage à Ashland, au Massachusetts, elle mourut subitement des suites d'une opération bénigne. Son testament traduit bien sa philosophie personnelle : elle laissa de modestes sommes à la Woman's Christian Temperance Union, au collège de jeunes filles de Sackville et au Woman's Medical College de New York. Elle n'oublia pas non plus ses neveux, à la condition qu'ils « demeurent sobres et honnêtes ». Le docteur Jane Lambert Heartz, une Néo-Écossaise qui avait aussi étudié au Woman's Medical College, prit la relève auprès de ses patients.

Dans la notice nécrologique qu'il consacra à Maria Louisa Angwin, le *Wesleyan* fit état de l'« opposition lourde et tenace à laquelle se heurtent toujours les pionniers », mais conclut que, « loyale, attentive, consciencieuse, elle [s'était] dévouée à sa profession bien au delà de ses forces, tandis que sa compassion féminine et ses connaissances médicales lui [avaient] valu l'amitié tout comme la confiance de ses patients ». Même le *Maritime Medical News* dut admettre qu'elle était « très respectée, non seulement dans ses devoirs de médecin, mais aussi dans chaque tâche qui tendait à relever l'humanité déchue ».

LOIS K. KERNAGHAN

Halifax County Court of Probate (Halifax), Estate papers, n° 5036. — PANL, Vital statistics, vol. 52A, 17 janv. 1850. — PANS, MG 20, 356–357 ; 506, n° 20 ; RG 25, C, 10, n° 4. — *Maritime Medical News* (Halifax), 10 (1898) : 132, 175. — *Halifax Herald,* 10 août 1895.— *Morning Herald* (Halifax), 13 août 1883, 9 sept. 1884. — *Wesleyan* (Halifax), 27 avril 1898. — R. B. Nichols, « Early women doctors of Nova Scotia », *Nova Scotia Medical Bull.* (Halifax), 29 (1950) : 14–21.

API-KAI-EES (nom qui signifie « viande séchée avariée » et parfois traduit par « mauvaise viande séchée », connu aussi sous le nom de **Deerfoot**), coureur indien de la tribu des Pieds-Noirs, né vers 1864 dans les plaines de l'Ouest, fils de Natowes-tsitsi (Medicine Fire) ; il eut plusieurs femmes et enfants ; décédé le 24 février 1897 à Calgary.

Neveu de Pied de Corbeau [Isapo-muxika*], chef principal des Pieds-Noirs, Api-kai-ees jouissait déjà localement d'une réputation pour sa capacité de franchir à la course de longues distances dans la réserve des Pieds-Noirs (Alberta), lorsqu'un groupe de Calgary qui s'intéressait à la course professionnelle le découvrit en 1884. Les courses à pied de toutes sortes étaient une forme de divertissement et de pari très populaire à l'époque, et les champions locaux s'y mesuraient à des coureurs professionnels itinérants qui venaient d'aussi loin que la Grande-Bretagne. Api-kai-ees participa à des courses mineures de 1884 à 1886, moment où l'on construisit une piste intérieure à Calgary. Cette année-là, il vainquit le coureur professionnel James Green et un autre coureur pied-noir, Little Plume, dans une course d'endurance libre de quatre jours. Il fit 84 milles et 6 tours de piste durant les 16 heures allouées. Après ce succès retentissant, Api-kai-ees commença à participer à des courses professionnelles sous le nom de Deerfoot, qu'avait utilisé vers les années 1860 Ha-ga-sa-do-ni, Indien tsonnontouan qui avait établi plusieurs records mondiaux à la course à pied au Crystal Palace, à Londres.

Api-kai-ees participa à plusieurs autres courses locales en 1886. Il gagna la course d'un mille de la fête du dominion et, selon le *Calgary Herald,* il lui manquait seulement une seconde pour battre le record établi pour cette distance. Les journaux se firent l'écho de ses performances même jusqu'à New York, ce qui donna lieu à l'organisation d'une grande course de dix milles l'automne suivant à Calgary. Api-kai-ees battit d'un tour complet J. W. Stokes, de Birmingham, en Angleterre, et l'emporta aussi sur le coureur George Irvine, de Winnipeg. Cependant, les entraîneurs du coureur britannique contestèrent le compte des tours, et la course fut déclarée nulle. On reprit la compétition plusieurs jours plus tard, mais Api-kai-ees, méfiant, n'entra dans la course qu'après le sixième tour de piste de Stokes. Il réussit néanmoins à dépasser le coureur de Birmingham, et termina la course en 54 minutes et 30 secondes.

La carrière de coureur d'Api-kai-ees prit brusquement fin en août 1887, lorsqu'on le prit à voler deux couvertures dans une maison de colons située près de la réserve des Pieds-Noirs. Se défendant avec une hache, il résista aux agents de la Police à cheval du Nord-Ouest et réussit à s'enfuir. La veille, on avait abattu un autre Pied-Noir dans des circonstances semblables. Les Blancs du district commencèrent à s'inquiéter de la fuite d'Api-kai-ees, et les journaux, dont le *Calgary Herald* et le *Calgary Tribune,* parlèrent de l'imminence d'une guerre indienne.

Api-kai-ees demeura au large durant environ deux ans, malgré un appel personnel du lieutenant-gouverneur Edgar Dewdney* à Pied de Corbeau pour que son neveu se rende, une fouille de la réserve que firent 100 agents de la Police à cheval du Nord-Ouest, et l'offre d'une prime de 50 $. Enfin, au printemps de 1889, Pied de Corbeau prit des arrangements avec Dewdney, alors ministre de l'Intérieur, pour la reddition de son neveu. Représenté à son procès, à Calgary, par le conservateur influent James Alexander Lougheed*, il reçut une sentence de six semaines d'emprisonnement.

Entre-temps, la course à pied avait perdu de sa popularité et Api-kai-ees ne revint jamais aux sports. Il fréquenta plutôt la prison à maintes reprises pour ivresse, bagarres ou vols. Au cours de l'un de ses séjours en prison, il contracta la tuberculose ; il mourut brisé, en février 1897, à Calgary, au poste de la Police à cheval du Nord-Ouest. Cependant, on oublia vite sa triste fin, et l'on se souvint de Deerfoot pour ses exploits de coureur professionnel. Dans les années 1970, on honora sa mémoire en donnant son nom à l'une des principales voies rapides de Calgary, la Deerfoot Trail, ainsi qu'à un centre industriel et à un centre commercial.

HUGH A. DEMPSEY

Canada, Parl., *Doc. de la session,* 1887–1889 (rapports annuels de la North-West Mounted Police). — *Calgary Herald,* 10 avril 1889. — *DAB*.— L. V. Kelly, « 4 famed Indians caused white men to bite dust », *Calgary Herald,* 30 oct. 1954.

ARCHIBALD, sir ADAMS GEORGE, avocat, juge de paix, fonctionnaire, homme politique et juge, né le 3 mai 1814 à Truro, Nouvelle-Écosse, fils cadet de Samuel Archibald et d'Elizabeth Archibald ; le 1er juin 1843, il épousa dans la même ville Elizabeth Archibald Burnyeat, et ils eurent trois filles et un fils, qui mourut à l'âge de 14 ans ; décédé le 14 décembre 1892 au même endroit.

Adams George Archibald reçut sa première instruction d'un parent à Truro puis il fréquenta la Pictou Academy, où il suivit les cours de Thomas McCulloch*. Assez doué pour les sciences, il passa un été à explorer la baie de Fundy en compagnie de ce dernier. Il entreprit des études de médecine à Halifax auprès du docteur Edward Carritt mais, comme cette profession ne lui convenait pas, il devint l'élève d'un barrister en vue de la ville, William Sutherland. Reçu notaire en 1836 et attorney en 1838, il fut admis dans les rangs du barreau de l'Île-du-Prince-Édouard en juin de la même année ; sept mois après, celui de la Nouvelle-Écosse en faisait autant. Peut-être dès 1836, il avait ouvert un bureau non pas à Halifax mais à Truro, où il allait pouvoir bénéficier des nombreuses relations de sa famille. Afin de promouvoir sa carrière de juriste, il recherchait les charges publiques. Il devint successivement juge de paix en 1836, commissaire d'écoles en 1841, greffier en 1842 puis, en 1848, juge à la Cour d'enregistrement et d'examen des testaments du comté de Colchester. En 1849, il fut parmi les cinq commissaires chargés de superviser la construction d'une ligne télégraphique de Halifax à la frontière du Nouveau-Brunswick [V. Frederic Newton GISBORNE].

En 1843, Archibald avait épousé sa cousine Elizabeth Archibald Burnyeat, fille du ministre anglican de l'église St John's de Truro. Ils vivaient dans l'ancienne maison de John Burnyeat, Longfield Cottage. Bien qu'Archibald ait été un presbytérien convaincu, deux de ses filles épouseraient des ministres anglicans.

Même s'il avait milité au parti réformiste, ou libéral, Archibald attendit d'avoir de solides assises financières avant de briguer les suffrages. Aux élections générales d'août 1851, il se présenta avec un autre candidat réformiste dans la circonscription de Colchester. Six membres de la famille Archibald avaient déjà siégé à la chambre d'Assemblée, et elle occupait depuis longtemps une place prépondérante sur les plans politique, économique et social. L'opposition conservatrice tenta d'ailleurs d'exploiter le ressentiment que cette domination pouvait inspirer dans la circonscription en faisant valoir que l'emprise de la famille s'accroîtrait si Archibald était élu. Il se classa en tête de liste aux élections mais, contrairement à ce que l'on avait prévu, son ascension dans le monde politique ne fut pas rapide. Quand il s'adressait à l'Assemblée, il évitait le style flamboyant et les fleurs de rhétorique qui étaient en vogue à l'époque : pour lui, tout cela ne visait qu'à flatter la sentimentalité. Il tentait plutôt, d'une voix à peine audible, de présenter des argumentations irrésistibles et bien structurées. Il était surtout efficace dans les comités, où se faisaient la plupart des travaux de la chambre.

Archibald s'efforçait d'obtenir un consensus mais, une fois qu'il avait opté pour une mesure quelconque, il avait tendance à négliger les conséquences politiques de son choix. Tout en étant fermement convaincu que le gouvernement devait représenter la volonté du peuple, il s'opposait à ce que l'on modifie la vieille règle qui restreignait le droit de suffrage à ceux qui possédaient 40s de propriété foncière libre, et il ne fit pas exception quand son propre parti tenta de le faire en 1851. Il combattit en particulier, en faisant valoir la nécessité de faire échec à l'influence corruptrice du régime ministériel, la proposition par laquelle le chef conservateur James William Johnston* réussit à instaurer le suffrage universel masculin en 1854. Archibald n'aimait donc pas que l'on touche aux coutumes britanniques, et c'est pourquoi il s'opposa encore à Johnston quand celui-ci émit l'idée de contrebalancer le suffrage universel masculin en formant une Chambre haute élue par ceux qui posséderaient au moins £1 000 de biens immobiliers, ce qui était prohibitif. Toutefois, il fut l'un des rares députés libéraux qui soutinrent Johnston lorsque celui-ci proposa d'instaurer dans la province des gouvernements municipaux élus et de limiter les attributions des magistrats stipendiaires, qui étaient nommés par le cabinet. Il n'avait aucune objection à ce que l'on restreigne le pouvoir de l'exécutif (principal objectif de Johnston), pourvu que les éléments respectables et dignes de confiance continuent de jouer leur rôle dans la société.

Inévitablement, si quelqu'un réclamait un changement politique, Archibald répondait qu'il valait mieux attendre que la population ait atteint un degré de progrès économique et moral suffisant pour pouvoir en bénéficier. D'abord, il fallait ouvrir des écoles publiques. En 1853, Archibald et quelques-uns de ses collègues avaient en vain tenté d'amener l'Assemblée à imposer les taxes nécessaires au financement d'un réseau d'écoles publiques. Toutefois, l'année suivante, elle ouvrit une école normale à Truro, et Archibald en devint l'un des administrateurs.

Selon Archibald, la deuxième étape du processus de développement devait être l'intensification du commerce avec les États-Unis. En 1852, il avait d'ailleurs préconisé la réciprocité avec ce pays. Il appuya donc sans réserve l'entente conclue à Washington entre les colonies de l'Amérique du Nord britannique et les États-Unis quand, à la fin de 1854, elle fut soumise à l'Assemblée pour être ratifiée. Contrairement à ce que pensaient Joseph Howe* et quelques autres libéraux, le fait que la Nouvelle-Écosse avait été exclue par inadvertance des négociations ne constituait pas pour Archibald un motif suffisant pour se priver des avantages de l'entente. Toujours dans le but de faciliter le commerce, il appuyait la construction de chemins de fer dans la province. Durant le long débat qui s'amorça en 1851 par une proposition en faveur de la construction d'une ligne jusqu'à Windsor, il maintint que la province avait tellement besoin de chemins de fer que la question de savoir s'ils devaient être construits et exploités par le gouvernement ou par des intérêts privés était bien secondaire. En 1854, il ne fut donc pas de l'avis de Howe, qui réclamait que le gouvernement construise tous les chemins de fer.

Archibald préconisait aussi de développer l'économie en exploitant les richesses naturelles, mais il n'investit pas personnellement dans le développement industriel. Il plaça plutôt son argent dans des hypothèques, surtout dans la région agricole du comté de Colchester, centre de sa force politique. Il ne faut pas en déduire nécessairement qu'à ses yeux société rurale et société industrielle s'opposaient, mais plutôt que l'industrialisation et son cortège de changements sociaux demeuraient pour lui un concept vague. Il supposait que le progrès humain suivrait la mise en valeur des ressources. En 1852, à titre de président d'un comité de la chambre sur les mines et les minéraux, il chercha à briser l'emprise exercée depuis 1827 sur les bassins houillers de la province par la General Mining Association, et trois ans plus tard il demanda des négociations immédiates avec le gouvernement britannique pour mettre fin à ce monopole qui, déclarait-il, ralentissait le commerce et privait la province d'une part de ses revenus. Les pourparlers entrepris par le premier ministre de la province, William Young*, en 1856 avec le gouvernement britannique échouèrent. L'année suivante, le nouveau premier ministre, le conservateur James William Johnston, qui voulait l'appui des deux partis mais refusait de travailler avec Young, invita Archibald à faire une nouvelle tentative avec lui. Ils parvinrent à une entente en Angleterre, mais seulement après avoir accepté que la compagnie conserve son monopole encore 25 ans et que la province perçoive des redevances réduites.

La carrière politique d'Archibald fit un bond en avant le 14 août 1856 : on le nomma alors solliciteur général. Cependant, le gouvernement Young démissionnait en février suivant, après une défaite à l'Assemblée, ce qui mit prématurément fin à son mandat. Une querelle confessionnelle engendrée par le renvoi, pour accusations de trahison, de William Condon, petit fonctionnaire et président de la Charitable Irish Society [V. William Alexander Henry*], avait beaucoup contribué à cette défaite. L'affaire donna le ton aux débats politiques des deux années suivantes et aux élections générales de 1859. Archibald et son collègue libéral Alexander Campbell remportèrent la victoire dans Colchester South après une campagne marquée par la corruption et la violence. Les libéraux récoltèrent 29 sièges tandis que 26 allaient aux conservateurs, qui contestèrent l'élection de certains libéraux parce qu'ils occupaient des postes mineurs au gouvernement. Néanmoins, le cabinet de Johnston fut battu sur une motion de censure, et les libéraux formèrent un gouvernement où Archibald était procureur général. Sa victoire à l'élection partielle qu'il fallut ensuite tenir fut contestée immédiatement pour une affaire de corruption, et un comité de la chambre, composé de six conservateurs et d'un libéral, vota pour son expulsion. L'Assemblée, où les libéraux dominaient, rejeta la recommandation du comité.

Le gouvernement libéral parvint à se maintenir en place, mais les débats, tumultueux et acerbes, entravaient les travaux de la chambre. Howe, devenu premier ministre en août 1860, continuait de mettre tout en œuvre pour construire un chemin de fer intercolonial. En septembre de l'année suivante, Archibald et le commissaire des chemins de fer Jonathan McCully* l'accompagnèrent à Québec pour rencontrer des représentants des gouvernements du Canada et du Nouveau-Brunswick et formuler une proposition à l'intention du gouvernement britannique. Malgré des signes encourageants au début, le projet avorta. En raison de la chute de ses revenus, surtout en 1862, le gouvernement provincial se trouvait dans l'impossibilité d'engager d'autres dépenses dans le secteur ferroviaire. Archibald demeurait cependant convaincu que le chemin de fer était essentiel au développement économique de la province.

Par suite de la nomination de Howe au poste de commissaire impérial des pêches, en décembre 1862, et même si celui-ci allait demeurer premier ministre jusqu'après les élections générales de mai 1863, on reconnut Archibald comme chef du parti. Toujours réfractaire au suffrage universel masculin, Archibald présenta en 1863 un projet de loi qui aurait de nouveau imposé la propriété comme condition d'éligibilité. Le Conseil législatif décida d'accepter le projet à la condition qu'il entre en vigueur seulement après les élections générales. Par la suite, certains, dont Howe, y virent l'une des causes majeures de la débâcle des libéraux : seulement 14 d'entre eux furent élus, dont Archibald.

Quand l'Assemblée se réunit, en février 1864, le nouveau gouvernement conservateur jouissait d'une solide majorité, et l'économie de la province, tout comme ses revenus, s'améliorait rapidement. Le secrétaire de la province, Charles Tupper*, qui remplaça bientôt Johnston au poste de premier ministre, était résolu à se faire une réputation en créant un réseau d'écoles publiques qui serait financé par un impôt obligatoire et où l'enseignement serait gratuit. Archibald appuya les mesures présentées dans ce sens, mais il s'opposa vigoureusement à ce que le Conseil exécutif soit le conseil de l'Instruction publique : au nom de l'harmonie sociale, il voulait que la politique demeure séparée de l'éducation.

En août, Tupper demanda à Archibald et à McCully d'agir à titre de représentants libéraux à la conférence intercoloniale qui devait se tenir à Charlottetown en septembre. Jusque-là, Archibald n'avait manifesté aucun enthousiasme pour une union des Maritimes ni pour la réunion d'un plus grand nombre de colonies, mais ses opinions changèrent radicalement après la conférence de Charlottetown et celle de Québec en octobre. Peut-être croyait-il que l'union était le seul moyen d'obtenir une liaison ferroviaire avec la province du Canada. Il se peut aussi, et ce facteur joua peut-être davantage, qu'il ait été un peu las de la politique provinciale et ait eu envie d'une scène plus vaste. Et puis peut-être comprenait-il enfin que, en raison du changement qui s'était produit en 20 ans dans les relations entre les colonies et la Grande-Bretagne, il fallait modifier les liens entre les colonies elles-mêmes.

Au moment de la rédaction du projet de constitution, à Québec, Archibald pencha instinctivement en faveur d'une union législative plutôt que fédérale, peut-être parce que la première évoquait la Grande-Bretagne et que la seconde était entachée de républicanisme. Le modèle britannique recelait une forte tradition de localisme, et c'est peut-être ce qui l'incita à réclamer que les Assemblées provinciales ne changent pas de forme si l'on décidait de les conserver. Cependant, sa véritable force, c'étaient les questions pratiques, et surtout les modalités financières de l'union. Par la suite, à Halifax, c'est à lui que revint la tâche difficile de justifier ces modalités.

Pendant l'hiver de 1864–1865, au moment où l'union suscitait de plus en plus d'opposition en Nouvelle-Écosse, Archibald fut le seul député libéral à la soutenir. Il se peut fort bien que Tupper ait été heureux de voir le chef des libéraux défendre cette position, situation qui avait des chances d'accélérer l'éclatement du parti, mais la seule tentative sérieuse pour supplanter Archibald, dirigée par William Annand* en 1866, se solda par un échec. Ce n'était certainement pas la première fois qu'Archibald n'était pas d'accord avec son parti sur une question importante.

Une fois que l'Assemblée eut accepté les principes de l'union, en 1866, on nomma Archibald parmi les six délégués néo-écossais à la conférence de Londres, où l'on allait préciser les modalités définitives. Apparemment, il ne s'opposa pas aux conditions financières, qui étaient pourtant assez désavantageuses pour la Nouvelle-Écosse, ce qui donne la mesure de son appui à la Confédération. Au cours du débat que l'Assemblée tint sur la Confédération dans la dernière session qui en précéda l'entrée en vigueur, il soutint que l'on avait fait des concessions favorables aux Maritimes, qui pourraient toujours en réclamer d'autres dans le nouveau dominion. L'année suivante, en reconnaissance de sa contribution à la cause de l'union, on le nomma secrétaire d'État aux Affaires provinciales dans le premier cabinet fédéral, celui du conservateur sir John Alexander MACDONALD.

Dès que l'Assemblée de Halifax eut terminé sa dernière session, Archibald regagna la circonscription de Colchester afin de se préparer aux élections fédérales de septembre. Maintenant que l'Acte de l'Amérique du Nord britannique était adopté, il n'avait pas tout à fait tort de penser que la résistance à la Confédération s'effondrerait, car certains des adversaires avoués de celle-ci avaient déclaré que, s'ils étaient élus, ils appuieraient l'union. Mais il allait jusqu'à croire que les partisans de la Confédération obtiendraient au moins la moitié des sièges, et en cela il ne tenait aucun compte de l'antagonisme qui régnait dans la province et de la détermination avec laquelle les antifédéralistes entendaient le battre. Il dépensa tant d'argent que l'archevêque catholique de Halifax Thomas Louis Connolly* fut convaincu que le scrutin l'avait mené au bord de la faillite. Malgré ses efforts, l'offensive de ses adversaires fut couronnée de succès : Tupper fut le seul partisan de la Confédération élu dans la province.

Macdonald persuada Archibald de demeurer en poste jusqu'à ce qu'il puisse se servir de son portefeuille pour attirer un antifédéraliste. Cependant, lorsqu'il devint évident que l'opposition à l'union montait toujours dans la province, Archibald refusa de se laisser convaincre encore, et il démissionna le 30 avril 1868. Il ne joua qu'un rôle mineur dans les négociations qui permirent à la Nouvelle-Écosse d'obtenir de « meilleures conditions » [V. Howe], mais il accomplit un modeste retour en remportant une élection partielle fédérale dans Colchester en 1869.

Archibald n'aimait pas Ottawa, mais y vivre lui donnait le temps d'améliorer son français et de satisfaire son goût pour la lecture. En mai 1870, au cours du débat sur l'Acte du Manitoba, il défendit le gouvernement et plaida pour une politique de conciliation envers la population de la Rivière-Rouge. Son discours plut à sir George-Étienne Cartier* qui, en l'absence de Macdonald, gravement malade, lui demanda d'être le premier lieutenant-gouverneur du Manitoba et des Territoires du Nord-Ouest. Archibald n'éprouvait aucun intérêt réel pour les affaires du Nord-Ouest, mais son sens du devoir l'emporta et il accepta de servir un an, à la condition d'entrer à la Cour suprême de la Nouvelle-Écosse à la fin de son mandat.

En apprenant la nomination d'Archibald, les journaux montréalais déclarèrent que le gouvernement fédéral avait choisi une respectable nullité des Maritimes pour servir d'arbitre entre les intérêts du Québec et de l'Ontario. La presse ontarienne, surtout les journaux libéraux, émit l'avis qu'il fallait d'abord soumettre le Manitoba à un régime militaire pendant quelque temps afin d'y instaurer l'ordre public. Certains journaux conclurent même que cette nomination faisait partie d'un complot québécois qui visait à empêcher l'envoi d'une expédition militaire au Manitoba. Ainsi, des semaines avant d'arriver sur les lieux, Archibald faisait figure d'un homme qui, pour satisfaire les visées de Cartier, empêcherait le rétablissement de l'ordre au Manitoba après la rébellion de 1869–1870 [V. Louis Riel*] en pratiquant une politique d'apaisement. Même si le gouvernement Macdonald n'estimait pas nécessaire d'imposer une période de régime militaire, les membres du cabinet n'approuvaient pas tous le plan de Cartier, et certains considéraient probablement Archibald avec méfiance.

En août 1870, aux chutes du Niagara, Archibald prêta le serment d'office au cours d'une rencontre avec le gouverneur général, sir John Young*. Il se rendit ensuite à Upper Fort Garry (Winnipeg), où il constata que le commandant de l'expédition militaire qui avait été envoyée à la Rivière-Rouge, le colonel Garnet Joseph Wolseley*, était déjà sur place et avait nommé Donald Alexander Smith* gouverneur intérimaire d'Assiniboia afin de préserver un semblant de gouvernement civil dans la province.

Archibald proclama le nouveau gouvernement du Manitoba le 6 septembre, mais il eut du mal à trouver des candidats convenables pour former son conseil. Les leaders naturels des Métis avaient presque tous été mêlés au soulèvement. L'antagonisme qu'ils inspiraient était tel que le 13 septembre Elzéar Goulet*, membre de la cour martiale qui avait condamné Thomas Scott*, se noya dans la rivière Rouge en tentant d'échapper à ses poursuivants. Certains d'entre eux appartenaient au 1st (Ontario) Battalion of Rifles, qui jusqu'à son départ en juin 1871 participa volontiers à des attaques contre les Métis. On connaissait fort bien l'identité de ceux qui étaient impliqués dans la mort de Goulet, mais aucune accusation ne fut portée à cause des pressions locales. Archibald résista aux gens qui ne cessaient de réclamer qu'il lance des mandats d'arrêt contre Riel et les autres chefs métis, mais en n'amnistiant pas ceux qui avaient participé à la rébellion le gouvernement britannique compromit gravement ses efforts de conciliation.

L'hostilité que les Métis inspiraient dans la province limitait donc la marge de manœuvre d'Archibald. Rien n'indique cependant qu'il entendait collaborer avec les leaders du groupe qui s'était opposé aux Métis en 1869–1870. Il n'avait certes pas l'intention de faire siéger John Christian SCHULTZ dans son cabinet, car il voyait en lui le plus grand fauteur de troubles du Manitoba. Durant presque tout son mandat, il crut pouvoir isoler Schultz et détruire son influence ; c'était sous-estimer grandement cet homme. Obligé de se contenter d'un strict minimum de ministres, Archibald nomma Marc-Amable GIRARD et le marchand Alfred Boyd* respectivement trésorier et secrétaire de la province. Même si ces choix semblaient assurer un équilibre entre les deux groupes ethniques, ils favorisaient en fait l'élément anglophone, car Boyd avait été un adversaire du gouvernement provisoire et Girard était arrivé depuis peu de la province de Québec. Malgré cela, Archibald gagna peu d'appui de la part des anglophones de la province. Doter le Manitoba d'une chambre d'Assemblée était l'une de ses priorités. Avant de pouvoir tenir des élections, il dut faire procéder à un recensement. Une fois que celui-ci fut terminé, en décembre 1870, il délimita les 24 divisions électorales prévues dans l'Acte du Manitoba de 1870. Sans doute fut-il heureux que plusieurs candidats élus ce mois-là soient des modérés sympathiques à ses idées de conciliation, mais il ne pouvait pas oublier que la victoire remportée par Smith aux dépens de Schultz dans Winnipeg and St John avait poussé les fusiliers ontariens à provoquer une émeute. En outre, parmi les Métis, seuls ceux qui avaient été discrets pendant la rébellion avaient accepté de se présenter, et même certains d'entre eux risquaient une attaque dans les rues de Winnipeg.

Après le scrutin, en janvier 1871, Archibald ajouta à son Conseil exécutif deux hommes venus de la province de Québec, soit Henry Joseph Clarke*, qu'il nomma procureur général, et Thomas Howard*, ministre sans portefeuille. Pour représenter les Métis au gouvernement, il choisit le trafiquant de fourrures James McKay*. Étant donné que celui-ci n'avait pas de siège à l'Assemblée, on lui fit une place au Conseil législatif qu'Archibald forma en mars, conformément à l'Acte du Manitoba. Il escomptait que son cabinet deviendrait une force réelle dans la province, mais ses attentes ne tardèrent pas à être ébranlées. Le cabinet n'arrivait pas à exercer une influence et manquait absolument de cohésion ; plusieurs membres, dont Clarke, agissaient de manière fortement individualiste et excentrique. Archibald demeurait donc le véritable chef du gouvernement. Fort de son expérience néo-écossaise, il présenta à son cabinet 31 propositions sur des services aussi fondamentaux que l'appareil judiciaire et le réseau scolaire. Il parvint à faire adopter ses mesures au cours de la session qui commença le 15 mars, mais il garda en réserve quatre lois qui visaient à promouvoir la construction ferroviaire. En outre, le procureur général Clarke lui causa beaucoup de problèmes en insistant pour que les avocats ne soient admis au Manitoba qu'avec son consentement.

La province devait aussi se préparer à accueillir une vague de nouveaux colons, et surtout à distribuer les terres de la couronne. Après le recensement, en décembre, Archibald avait été en mesure de rédiger, à l'intention du gouvernement fédéral, un long mémoire dans lequel il faisait état des ressources foncières et de la population du Manitoba ainsi que des engagements qui touchaient déjà les terres détenues par la province. Il tint pour acquis que les concessions foncières seraient délimitées selon le plan rectangulaire en vigueur aux États-Unis. En préconisant de concéder les terres par blocs de 160 acres, il ne tenait nullement compte du régime foncier des Métis, qui était communautaire.

Archibald ne souhaitait aucunement préserver le mode de vie traditionnel de la Rivière-Rouge. En fait, il attribuait les problèmes de la province au choc d'une société primitive et isolée et d'une civilisation avancée. Les gens du Nord-Ouest, avait-il dit en juillet 1870 à sir William Young, n'étaient que des enfants, dotés de l'entêtement et de l'imagination d'enfants, qu'il fallait convaincre de s'adapter au progrès. S'il en appelait constamment à la conciliation, c'était donc en raison à la fois de son sens de la moralité publique et d'un puissant désir de voir l'inévitable transition s'effectuer sans autre violence.

Néanmoins, Archibald demeurait très conscient que les Métis, sous l'effet de la frustration et de la colère, pourraient recourir à la violence. La question de l'amnistie faisait toujours l'objet de griefs, et il n'avait aucun pouvoir en cette matière. Il n'était pas habilité non plus à distribuer les acres de terre (1 400 000) promises aux Métis par l'Acte du Manitoba. Il décida toutefois d'intervenir quand, en juillet 1871, un groupe de Métis se plaignirent du fait que, pendant qu'ils étaient dans les prairies, des colons venus d'Ontario avaient jalonné des terres au bord de la rivière aux Îlets-de-Bois, qu'ils avaient rebaptisée rivière Boyne. Ce faisant, les colons défiaient ouvertement le régime communautaire des Métis, et le nouveau nom qu'ils avaient donné à la région faisait ressortir le caractère religieux et ethnique du conflit. Conscient de la gravité de la provocation, Archibald tenta de faire comprendre aux Métis qu'ils seraient fous de résister aux colons. En même temps, il leur conseilla de revendiquer leurs droits fonciers afin de consolider leurs communautés. Comme il était convaincu qu'ils vendraient bientôt leurs certificats de concession à des colons qui seraient mieux en mesure d'exploiter les terres, sa stratégie visait à apaiser les Métis dans l'immédiat sans nuire aux objectifs à long terme du gouvernement fédéral. Malheureusement, il excédait ses attributions et allait à l'encontre d'une récente directive du gouvernement fédéral qui autorisait les colons ontariens à jalonner des terres non arpentées. Joseph Howe, secrétaire d'État aux Affaires provinciales, lui adressa un blâme sévère, et Macdonald refusa d'examiner sérieusement son avis. Peut-être Macdonald craignait-il le vote orangiste d'Ontario ; par ailleurs, il ne donnait aucun signe de compréhension ou de sympathie envers les Métis. En fin de compte, l'incident de la rivière aux Îlets-de-Bois affaiblit la position d'Archibald à Ottawa, aggrava les griefs du gouvernement fédéral à l'endroit des Métis et renforça la conviction profonde qu'avaient ceux-ci d'avoir été trahis par Ottawa.

À l'automne de 1871, Archibald s'inquiétait de plus en plus des rapports qui indiquaient que les féniens se préparaient à envahir le Manitoba. Depuis le départ des fusiliers de l'Ontario et du Québec, en juin, il avait dû compter, pour défendre la province, sur environ 100 miliciens et 70 constables. En outre, il savait bien que les Métis pourraient se joindre aux envahisseurs. Macdonald refusa de lui envoyer les troupes qu'il demandait sous prétexte que ce serait une dépense inutile, jusqu'à ce qu'en octobre William Bernard O'Donoghue* pénètre dans la province avec une poignée d'hommes. Moins d'une semaine plus tard, l'offensive se soldait par un échec. O'Donoghue lui-même fut capturé par deux Métis. Avant d'apprendre sa capture, les chefs métis avaient décidé, en conseil, de prendre les armes contre lui. Riel, dans le but évident d'obtenir un appui politique, invita Archibald à les rencontrer à Saint-Boniface. Malgré qu'il ait bien dû savoir que le geste pouvait susciter des problèmes, Archibald serra la main de plusieurs chefs, dont Riel ; cependant, aucun nom ne fut prononcé au cours de la rencontre.

À Ottawa, Macdonald en venait à penser que les incidents de l'été et de l'automne de 1871 faisaient partie d'un complot ourdi par des prêtres catholiques qui refusaient de se plier à l'autorité du Canada. Le 25 novembre, Archibald lui fit parvenir sa démission afin, disait-il, de donner toute latitude au gouvernement de régler la controverse suscitée par ses actes. Cependant, dans une lettre personnelle, il lui dit que, s'il condamnait sa conduite, c'était parce qu'il ne comprenait rien à la situation manitobaine. Il lui donna ensuite une leçon sur la procédure constitutionnelle. S'appuyant sur la tradition du localisme, il soutenait que la majorité des résidents de la province approuvait sa politique ; selon les principes de l'autonomie, l'opinion du peuple devait être son seul guide. Il défendit vigoureusement ses actes dans le discours du trône qu'il prononça à l'ouverture du Parlement du Manitoba en janvier 1872. Comme son discours avait été adopté par une majorité écrasante, il envoya un deuxième avis, plus officiel, de démission.

Macdonald demanda à Archibald de retirer sa démission, car il avait beaucoup de mal à lui trouver un remplaçant. Le lieutenant-gouverneur accepta de rester en poste jusqu'après les élections fédérales mais, comme les tensions subsistaient dans la province, il estimait se trouver dans une position anormale. Quand des problèmes surgirent, notamment au sujet des traités n°s 1 et 2 avec les Indiens, aux négociations desquels il avait participé en août 1871, il agit avec autant de détermination que possible. Les difficultés provenaient en partie de ce que les chefs autochtones se plaignaient que les approvisionnements agricoles promis par le commissaire aux Affaires indiennes Wemyss McKenzie Simpson n'avaient pas été livrés. Un problème plus pressant se posa quand des marchands de l'Est, au mépris du traité n° 2, commencèrent à abattre des arbres sur des terres réservées aux Sauteux. À titre de lieutenant-gouverneur des Territoires du Nord-Ouest, Archibald eut aussi à faire face à l'agitation qui régnait parmi les Indiens et dans certains villages métis de la région. Cependant, il avait peu de pouvoir et de ressources pour affronter cette situation.

Les élections fédérales de septembre 1872 amenèrent d'autres problèmes ; par exemple, le bureau de scrutin de Saint-Boniface fut attaqué. Toutefois, ce qui attira surtout l'attention en dehors de la province, ce fut l'élection de Cartier (défait dans Montréal-Est) dans Provencher, à la place de Riel. Macdonald avait prévenu Archibald qu'il ne fallait absolument pas permettre à Riel de se désister en faveur de Cartier, mais Archibald, convaincu de mieux comprendre la province que Macdonald, n'avait guère fait d'efforts pour lui obéir. Quand Archibald obtint finalement la permission de rentrer à Ottawa, en octobre, même si la version officielle disait qu'il s'absenterait temporairement, la plupart des gens comprirent que son départ était définitif. En récompense de ce qu'il avait fait au Manitoba, on le nomma compagnon de l'ordre de Saint-Michel et Saint-Georges.

Diverses complications retardèrent sa nomination à la Cour suprême de la Nouvelle-Écosse, et en février 1873 il accepta de faire partie du conseil d'administration de la Compagnie du chemin de fer du Pacifique du Canada. Il se rendit en Angleterre en compagnie de John Joseph Caldwell ABBOTT et de sir Hugh Allan* afin d'organiser le financement du chemin de fer projeté. Apparemment, il ne croyait guère au succès de ces démarches, mais il était déterminé à explorer toutes les possibilités afin d'éviter qu'Allan n'attribue au gouvernement la responsabilité d'un échec. À son retour, il apprit que sa nomination était chose faite. Il demeura au conseil d'administration mais ne participa plus aux affaires de la compagnie parce qu'Abbott était bien décidé à la diriger sans représentants des « provinces éloignées ».

Après la nomination de James William Johnston au poste de lieutenant-gouverneur de la Nouvelle-Écosse, en juin, Archibald fut nommé juge en *equity*. Cependant, quelques jours plus tard, Johnston décida, pour des raisons de santé, de ne pas accepter son nouveau poste, et on l'offrit à Archibald. Celui-ci démissionna donc du tribunal pour prêter le serment d'office le 5 juillet. Être lieutenant-gouverneur de la Nouvelle-Écosse était bien plus facile que de l'être au Manitoba. Pourtant, les débats à l'Assemblée néo-écossaise n'étaient pas, dans les années 1870, moins acerbes que d'habitude, et certains ministres lui en voulaient d'avoir contribué à l'avènement de la Confédération.

L'Acte de l'Amérique du Nord britannique avait modifié le rôle du lieutenant-gouverneur, tout comme la tentative du gouvernement fédéral de faire du titulaire de ce poste son représentant. Le fait que les fonctionnaires provinciaux, en général, communiquaient avec les fonctionnaires fédéraux directement, sans passer par lui, limitait beaucoup le pouvoir d'Archibald. En outre, sous Macdonald et sous Alexander MACKENZIE, si une province adoptait une loi contraire à la politique fédérale, surtout en matière de commerce, elle risquait bien plus de voir le gouvernement du pays refuser de la reconnaître que de voir le lieutenant-gouverneur user de son droit de réserve. Archibald en usa effectivement pour deux projets de loi et refusa d'en signer six autres.

Sir Charles Hastings Doyle*, qui avait été lieutenant-gouverneur de 1867 à 1873, s'était peu intéressé aux affaires de la province et avait cessé d'assister aux réunions du conseil en 1871. En sa qualité d'ancien procureur général, Archibald était plus apte à évaluer l'état des mesures publiques. En outre, son expérience manitobaine influait sans doute sur la manière dont il concevait sa fonction. Dans les premiers temps après avoir prêté le serment d'office, il participa aux réunions du cabinet, mais il cessa de le faire en 1874. En fait, il ne jouait plus aucun rôle manifeste sur la scène politique dès 1876 et préférait demeurer à l'arrière-plan. Il parvint si bien à ne manifester aucune partisannerie qu'en 1877 Macdonald lui offrit de renouveler son mandat à son échéance l'année suivante. Aux yeux de certains libéraux éminents de Halifax, c'était un moyen grossier et malhonnête de neutraliser un formidable adversaire politique. Archibald comprenait probablement qu'en raison de son âge et de ses opinions il n'avait guère de chances d'obtenir un autre poste de juge. Quoi qu'il en soit, il accepta de demeurer en poste jusqu'en juillet 1883. Deux ans plus tard, on le fit chevalier commandeur de l'ordre de Saint-Michel et Saint-Georges.

Archibald continua de participer à diverses activités publiques. En octobre 1883, il prit part à l'inauguration de l'école de droit de la Dalhousie University. Dans son discours, il insista sur la nécessité, pour les avocats, de comprendre les valeurs morales qui formaient la base de la société civilisée. L'année suivante, le recteur de la Dalhousie University, James Ross*, lui demanda de diriger une opération d'expansion et de réorganisation qui était rendue possible, en partie, par une donation de sir William Young. En novembre, on nomma Archibald président du conseil d'administration de l'établissement. Peu après, il participa étroitement à des négociations avec la municipalité de Halifax, qui aboutirent à une entente selon laquelle l'université recevrait un nouveau terrain pour son campus en échange de celui du Grand Parade. Il contribua aussi à l'affiliation du Halifax Medical College à l'université. Par contre, les négociations en vue de la fusion de l'université et du King's College de Windsor n'aboutirent pas.

En juin 1878, Archibald participa à la fondation de la Nova Scotia Historical Society. Il en occupa la présidence de 1886 à sa mort, et il y lut des communications sur divers sujets. Il s'indigna que l'on accuse le commissaire des archives de la province Thomas Beamish AKINS d'avoir sélectionné avec partialité les documents sur l'expulsion des Acadiens de la Nouvelle-Écosse en 1755 qu'il avait publiés dans un volume en 1869. En 1886, il présenta, sur la déportation, deux exposés dans lesquels il disait que le geste des Britanniques était parfaitement justifié et que le blâme pour les mauvais traitements infligés aux Acadiens devait retomber sur le gouvernement français et le clergé catholique. Son interprétation des événements montrait son chauvinisme et avait des relents de racisme. Au moment où il rédigeait ses essais, il participa à l'établissement, à Halifax, d'une branche de l'Imperial Federation League.

Ses exposés suscitèrent une controverse, tant à cause de leur contenu que de sa célébrité. Bientôt, il eut dans les journaux de Halifax un échange épistolaire avec l'archevêque catholique Cornelius O'Brien*. Ces lettres parvinrent jusqu'à l'historien James McPherson Le Moine*, qui organisa pour Archibald une conférence devant la Société royale du Canada. Archibald envoya aussi une copie de ses communications à l'historien Francis PARKMAN qui, dans une recension anonyme, les cita pour étayer ses propres conclusions.

En juillet 1888, on demanda à Archibald de se porter candidat conservateur à l'élection partielle fédérale qui allait se tenir dans Colchester parce qu'Archibald Woodbury McLelan* avait été nommé lieutenant-gouverneur. Les deux partis politiques étaient désorganisés, et les conservateurs s'étaient tournés vers lui de crainte que le choix d'un candidat ne les divise. Peut-être flatté de pouvoir encore servir, et favorable à la politique de Macdonald (y compris la pendaison de Riel), il accepta. Il remporta la victoire sans difficulté mais ne prononça aucun discours aux Communes, et dès 1891 il était trop malade pour envisager de se présenter à nouveau. Il mourut à Truro en décembre de l'année suivante. Tout un éventail de personnages publics assistèrent à ses obsèques. Sur le chemin de la procession, les stores étaient baissés, les commerces et écoles, fermés. Après la vente de ses propriétés immobilières, on évalua sa succession à environ 50 000 $; c'était une modeste somme pour un homme de son rang.

Sir Adams George Archibald incarnait bon nombre des grandes idées de son temps : ainsi il était convaincu que l'évolution passait par l'éducation et croyait que la technique déboucherait sur le progrès, tant matériel que moral. Il acceptait l'idée selon laquelle la société repose sur des principes moraux, qu'il associait implicitement à la Grande-Bretagne. Il croyait fermement en l'autonomie telle qu'elle s'exerce dans le régime de la responsabilité ministérielle. Il était sans aucun doute le type même du gentleman et de l'homme cultivé qui avait consacré sa vie au service de l'État.

KENNETH GEORGE PRYKE

Sir Adams George Archibald est l'auteur de : « The expulsion of the Acadians », part. I et II, N.S. Hist. Soc., *Coll.*, 5 (1886–1887) : 11–38 et 39–95 ; et « First siege and capture of Louisbourg, 1745 », SRC *Mémoires*, 1re sér., 5 (1887), sect. II : 41–53.

AN, MG 26, A, 518 ; RG 6, C2, 136, 353 ; RG 15, DII, 1, vol. 228 ; 230. — DUA, MS 1-1, A4. — Mount Allison Univ. Arch. (Sackville, N.-B.), Israel Longworth papers (mfm aux PANS). — PAM, MG 12, A (mfm aux AN).— PANS, MG 1, 244, nº 236 ; 279, nº 3 ; 771, nº 7 ; 1798, F/15 ; 1840, F/4–5 ; MG 9, 2, 41 ; MG 100, 7, nº 7 ; 104, nos 4–8C, 15, 18–20A ; 138, nº 5 ; 208, nº 6A ; 250, nº 1 ; RG 3, 1, nº 128 ; 2, nº 302 ; RG 5, GP, 10, nº 69 ; 11, nº 34. — Canada, chambre des Communes, *Journal*, 1874, app. 6.— *Manitoba : the birth of a province*, W. L. Morton, édit. (Altona, Man., 1965). — N.S. Hist. Soc., *Coll.*, 9 (1893–1895) : 197–201. — *Acadian Recorder*, 1856, 1864–1874. — *British Colonist* (Halifax), 1864–1875.— *Citizen* (Halifax), 1864–1873. — *Evening Express* (Halifax), 1864–1875.— *Halifax Herald*, 29 nov. 1892. — *Morning Chronicle* (Halifax), 1864–1875. — *Morning Herald* (Halifax), 25 déc. 1891. — *Reporter and Daily and Tri-Weekly Times* (Halifax), 1864–1875. — J. M. Beck, *Joseph Howe* (2 vol., Kingston, Ontario, et Montréal, 1982–1983) ; *Politics of Nova Scotia* (2 vol. Tantallon, N.-É., 1985–1989). — A. D. Brannen, « Sir Adams George Archibald », Colchester Hist. Soc., *Proc., reports and program summaries, 1958–1967* (Truro, N.-É., 1967), 21–28. — R. S. Craggs, *Sir Adams G. Archibald : Colchester's father of confederation* ([Truro, 1967]). — Israel Longworth, *Life of S. G. W. Archibald* (Halifax, 1881). — Morton, *Manitoba* (1967). — *The new peoples : being and becoming Métis in North America*, J. [L.] Peterson et J. S. H. Brown, édit. (Winnipeg, 1985). — K. G. Pryke, *Nova Scotia and confederation, 1864–74* (Toronto, 1979). — N. E. A. Ronaghan, « The Archibald administration in Manitoba - 1870–1872 » (thèse de PH.D., Univ. of Manitoba, Winnipeg, 1986). — I. [M.] Spry, « The great transformation : the disappearance of the commons in western Canada », *Canadian plains studies 6 : man and nature on the prairies*, Richard Allen, édit. (Regina, 1976), 21–45. — Stanley, *Birth of western Canada*. — Waite, *Life and times of confederation*. — R. S. Bowles, « Adams George Archibald, first lieutenant-governor of Manitoba », Manitoba, Hist. and Scientific Soc., *Trans.* (Winnipeg), 3e sér., n° 25 (1968–1969) : 75–88. — *Chronicle-Herald* (Halifax), 18 juill. 1959. — *Daily News* (Truro), 29 juin 1967. — C. B. Fergusson, « Sir Adams G. Archibald », N.S. Hist. Soc., *Coll.*, 36 (1968) : 4–58.— Rosemarie Langhout, « Developing Nova Scotia : railways and public accounts, 1849–1867 », *Acadiensis* (Fredericton), 14 (1984–1985), n° 2 : 3–28. — *Mail-Star* (Halifax), 27 oct. 1966. — D. A. Muise, « Parties and constituencies : federal elections in Nova Scotia, 1867–1896 », SHC *Communications hist.*, 1971 : 183–202. — Elizabeth Parker, « Manitoba's first lieutenant-governor », *Dalhousie Rev.*, 10 (1930–1931) : 519–524. — D. N. Sprague, « The Manitoba land question, 1870–1882 », *Rev. d'études canadiennes*, 15 (1980–1981) : 74–97.

ARMOUR, REBECCA AGATHA (Thompson), institutrice et auteure, née le 25 octobre 1845 à Fredericton, aînée des filles de Joseph Armour et de Margaret Hazlett ; le 22 janvier 1885, elle épousa dans cette ville John G. Thompson, et ils n'eurent pas d'enfants ; décédée le 24 avril 1891 au même endroit.

Le père de Rebecca Agatha Armour, originaire de Coleraine (Irlande du Nord), avait immigré en 1820. À Fredericton, il se disait indifféremment marchand ou épicier. Rebecca Agatha fréquenta l'église St Paul avec ses parents presbytériens et, après avoir reçu son diplôme du Provincial Teachers' College, elle obtint son brevet d'enseignement le 30 novembre 1863. Elle exerça sa profession à Fredericton pendant plusieurs années et on l'a décrite plus tard comme « l'une des meilleures institutrices à avoir enseigné au Nouveau-Brunswick ».

Le 1er mai 1873, on transféra dans le sud du Nouveau-Brunswick le brevet d'enseignement de Mlle Armour, et celle-ci s'installa probablement à Lancaster (Saint-Jean Ouest) à cette époque. D'après un numéro du *Daily Telegraph* de Saint-Jean en date de novembre 1878, c'est à Lancaster qu'elle composa « des histoires écrites très intelligemment, qui suscitèrent un grand intérêt, et les journaux qui les contenaient étaient très demandés ». Elle était cependant de retour à Fredericton à la fin de ce mois de novembre, au moment où le *Daily Telegraph* publia par souscription son roman, *Lady Rosamond's secret : a romance of Fredericton*.

Ce premier roman, vendu au prix de 0,50 $, ou de 5 $ pour 12 exemplaires, raconte une histoire qui se passe en Angleterre et à Fredericton entre 1824 et 1831, soit la période où sir Howard Douglas* fut lieutenant-gouverneur du Nouveau-Brunswick. Malgré les dialogues artificiels, certaines intrusions maladroites de l'auteure et des passages flagorneurs à l'endroit de sir Howard, le roman donne un aperçu intéressant de la vie à Fredericton dans les années 1820. Rebecca Agatha Armour fait allusion aux séances de patinage, aux concours militaires, à la Philharmonic Society et à la St Patrick's Society comme éléments de la structure sociale de la capitale et elle utilise comme arrière-plan historique le caractère agricole de la province, l'incendie survenu dans la région de la Miramichi, la reconstruction de la résidence du gouverneur, l'ouverture du King's College et la question de la frontière du Maine. Son intérêt pour les édifices locaux se manifesta de façon plus particulière encore dans la série d'articles intitulée « Old landmarks of Fredericton » qu'elle écrivit en 1880 dans le *Capital* de Fredericton. Dans une lettre adressée à l'historien Joseph Wilson LAWRENCE de Saint-Jean, le 1er septembre 1880, afin d'obtenir des renseignements sur Rose Hall, l'ancienne résidence de Benedict Arnold* à Fredericton, elle exprima en ces termes sa frustration de ne pouvoir trouver les documents dont elle avait besoin pour son travail : « J'ai interrogé de nombreuses personnes chez les anciennes familles mais, chose étrange, il n'existe aucun document d'une quelconque valeur historique à Fredericton. » Apparemment, la réponse de Lawrence ne se fit pas attendre, car l'article de Mlle Armour sur Rose Hall parut dans le *Capital* du 23 septembre. Le 27 novembre, elle avait déjà publié au moins sept autres études agrémentées d'anecdotes, où elle donnait parfois son opinion personnelle.

Le 22 janvier 1885, Rebecca Agatha Armour épousa John G. Thompson, résident de Fredericton et fabricant de voitures comme son père, qui était un Irlandais presbytérien. Après son mariage, elle continua à écrire : le 19 octobre 1886, le *Daily Telegraph* annonçait son nouveau roman, *Marguerite Verne ; or: scenes from Canadian life*, vendu par souscription à 0,50 $ l'exemplaire. L'histoire se passe à Saint-Jean au milieu des années 1880 et tourne autour des amours tourmentées d'un avocat de l'endroit et de l'héroïne du roman. Malgré certains défauts, comme les transitions brusques, les apartés de l'auteure, le moralisme maladroit et les heureuses coïncidences, le récit suscite tout de même l'intérêt par ses allusions à la vie commerciale de Saint-Jean, à la rébellion menée par Louis Riel*, aux coloniaux en visite à Londres et à certains endroits bien connus du Nouveau-Brunswick. Au moins deux autres romans, *Marion Wilburn* (sans date) et *Sylvia Leigh ; or, the heiress of Glenmarle*, paru en 1880, furent publiés à Saint-Jean du vivant de l'auteure.

Rebecca Agatha Armour Thompson mourut en 1891, moins de trois semaines après sa mère. L'une de ses sœurs contesta sa succession car, trois jours seulement avant de mourir, Mme Armour avait rédigé un testament par lequel elle léguait tous ses biens à Rebecca Agatha et à John G. Thompson. Le décès de l'auteure fut donc l'occasion d'un drame humain semblable à ceux qu'elle aimait tant raconter dans ses romans. Si ses histoires ne peuvent prétendre au rang des œuvres impérissables de la littérature canadienne, elles eurent au moins le mérite, à l'époque, de favoriser la fierté des Néo-Brunswickois et la loyauté envers l'Empire britannique, comme beaucoup d'autres écrits postérieurs à la Confédération. D'ailleurs, elle écrivait dans *Marguerite Verne* : « Nous avons, chez nous, la liberté, le droit, l'instruction, le raffinement et la culture ; nous avons un bon gouvernement, de nobles réformes et tous les avantages nécessaires à notre bien-être. Soyons donc attachés aux droits et aux institutions qui font de notre Nouveau-Brunswick chéri la fierté de ses loyaux habitants. Ce sont là les sentiments qui animent ce travail et si les quelques descriptions que nous tenterons de faire de divers lieux de la province, des usages de la société, des coutumes [...] ainsi que de certains personnages issus de la vie réelle gagnent votre faveur, nos vœux les plus chers seront comblés. »

GWENDOLYN DAVIES

Il semble qu'il ne subsiste aucun exemplaire des romans de Rebecca Agatha Armour *Marion Wilburn* et *Sylvia Leigh*. Huit articles de la série « Old landmarks of Fredericton » ont été publiés anonymement dans le *Capital* de Fredericton entre sept. et nov. 1880 : « [...] Rose Hall » (23 sept.) ; « [...] The Hermitage » (2 oct.) ; « [...] Waterloo Row » (16 oct.) ; « [...] The Golden Ball, Waterloo Row » (23 oct.) ; « [...] Royal Oak, Waterloo Row » (30 oct.) ; « Leading establishments half a century ago » (13 nov.) ; et deux autres appelés simplement « Old landmarks of Fredericton » (20, 27 nov.). Ce qui reste du tirage du *Capital* de la période est incomplet et il est possible que Rebecca Agatha Armour ait publié plus que ces huit articles ; toutefois, aucune preuve ne vient étayer l'affirmation de V. B. Rhodenizer, *Canadian literature in English* ([Montréal], 1965), 711, que sa collaboration au journal ait compté environ 50 fascicules. Il faut noter que, même si sa famille et ses amis la connaissaient sous le nom de Rebecca, elle signait ses romans Re. Agatha Armour. [G. D.]

AN, MG 23, D1, sér. 1, 80 : 341–343. — APNB, RG 7, RS75, 1891, Margaret Armour ; RG 11, RS115, 13/8 :6 ; St Paul's United Church (Fredericton), records of Old St Paul's Kirk [St Paul's Church of Scotland], 3 sept. 1843, 26 nov. 1845, 1er sept. 1870, 22 janv. 1885 (mfm). — *The Fredericton census of 1871*, R. F. Fellows, édit. (Fredericton, 1974), 12. — *The New Brunswick census of 1851 : York County*, Elizabeth Sewell et Elizabeth Saunders, compil. (Fredericton, 1979). — *Butler's Journal* (Fredericton), mai 1891. — *Daily Telegraph* (Saint-Jean, N.-B.), 4, 29 nov. 1878, 19 oct. 1886. — *St. John Daily Sun*, 25 avril 1891. — Hill, *Old Burying Ground*. — Watters, *Checklist of Canadian literature* (1972).

ARMSTRONG, sir ALEXANDER, chirurgien, officier de marine, explorateur, naturaliste et auteur, né en 1818 dans le comté de Donegal (république d'Irlande), fils d'Alexander Armstrong du comté de Fermanagh (Irlande du Nord) ; en 1894, il épousa Charlotte Simpson, veuve de sir William King Hall ; décédé le 4 juillet 1899 dans son domaine, Elms, à Sutton Bonington, Angleterre.

Alexander Armstrong étudia la médecine à Dublin et à la University of Edinburg puis entra dans la marine royale à titre d'aide-chirurgien en 1842. Doué pour sa profession, il reçut des félicitations de ses supérieurs pour les améliorations qu'il apporta à l'hygiène dans la marine, et on le promut chirurgien le 19 octobre 1849. Au mois de décembre de la même année, sous les ordres de Robert John Le Mesurier McClure*, il devint chirurgien et naturaliste à bord de l'*Investigator*. Le bateau était l'un des deux navires envoyés dans l'ouest de l'océan Arctique, via le détroit de Béring, à la recherche des navires de sir John Franklin*, disparus depuis 1845. L'officier commandant était le capitaine Richard Collinson*, à bord de l'*Entreprise*.

Les deux navires quittèrent l'Angleterre en janvier 1850 ; au cours du voyage, McClure, impatient de se distinguer, se sépara de Collinson et, en juillet, pénétra seul dans les eaux arctiques. Il longea la côte vers l'est, découvrant le détroit du Prince-de-Galles, et après l'avoir traversé, se trouva devant le détroit du Vicomte-Melville, que William Edward Parry* avait exploré en venant de l'est en 1819. McClure compléta ainsi le tracé du passage du Nord-Ouest qui reliait l'océan Pacifique à l'océan Atlantique en passant par l'archipel canadien. Finalement, l'*Investigator* dut rebrousser chemin dans le détroit devant les glaces poussées par le vent, se renversa sur le côté et faillit faire naufrage. Imprudemment, McClure tenta à l'été de 1851 de contourner la terre de Banks (île Banks, Territoires du Nord-Ouest) le long d'une côte qu'Armstrong décrivit comme « sans parallèle nulle part au monde pour les dangers de navigation » qu'elle présentait. Après s'être presque fracassé contre des falaises rocheuses, le navire parvint à se faufiler dans un bras de mer si étroit que les extrémités de sa grand-vergue frottaient contre les murs de glace géants qui se dressaient de part et d'autre du bateau. McClure parvint finalement à atteindre la baie Mercy, sur la rive nord de la terre de Banks, où d'ailleurs l'*Investigator* passa les hivers de 1851–1852 et de 1852–1853, cerné par les glaces. Les membres de son équipage, qui vivaient de demi-rations depuis plusieurs mois, étaient sur le point de mourir de faim lorsque le lieutenant Bedford Clapperton Trevelyan Pim* vint les sauver en avril 1853. Sur les ordres du capitaine Henry Kellett*, Pim avait quitté le *Resolute*, qui se trouvait alors dans le détroit du Vicomte-Melville, en traîneau. McClure entendait bien libérer son bateau des glaces mais Kellett lui ordonna de l'abandonner. Armstrong vit sa collection de plantes et d'animaux périr avec le navire, mais il réussit à conserver son journal, même si McClure avait ordonné à ses officiers de laisser leurs dossiers à bord.

Après d'autres mésaventures et un dernier hiver dans l'Arctique, les hommes retournèrent à Londres en septembre 1854 en passant par le détroit de Barrow à bord des navires d'approvisionnement d'une autre expédition partie à la recherche de Franklin, et sous le commandement de sir Edward Belcher*. Le groupe avait donc franchi le passage du Nord-Ouest en naviguant successivement à bord de trois bateaux différents et en parcourant des centaines de milles en traîneau sur les mers gelées.

Tout au long du voyage, le jeune et brillant médecin était trop conscient de ses facultés supérieures pour être populaire auprès de ses confrères officiers. Au cours du premier hiver passé dans l'Arctique, ceux-ci firent d'Armstrong la cible de jeux si brutaux que Johann August Miertsching*, missionnaire morave qui accompagnait le groupe à titre d'interprète pour l'inuktitut, exprima son étonnement devant l'inaction du capitaine. C'est cette indifférence qui explique peut-être la vive antipathie d'Armstrong pour McClure. Pour sa part, il semble que McClure ait sous-estimé la valeur du travail médical du chirurgien, que les hommes, par contre, appréciaient grandement. Armstrong semble avoir été aussi intime avec les hommes du pont inférieur que son rang le lui permettait, et si empressé à les soigner que seulement 6 des 66 hommes souffrant de malnutrition et de scorbut périrent au cours du voyage. À leur arrivée à Londres, les sous-officiers et hommes d'équipage remercièrent Pim et Armstrong pour leurs services.

Les efforts déployés par Armstrong pour maintenir la santé et le moral des hommes tout au long de cette expédition tourmentée constituent une preuve digne d'éloges de sa compétence et de son zèle, mais sa contribution la plus importante est le récit qu'il rédigea des exploits glorieux, quoique ternis, de l'expédition de 1850–1854. Son livre, *A personal narrative of the discovery of the north-west passage ; with numerous incidents of travel and adventure during nearly five years' continuous service in the Arctic regions while in search of the expedition under Sir John Franklin,* paru à Londres en 1857, fut la dernière de trois chroniques du voyage que l'on publia. Le journal de McClure lui-même, édité par le capitaine Sherard Osborn* et publié en 1856, n'était qu'une brillante mise en scène pour camoufler les aspects moins reluisants du voyage. L'année précédente était paru le journal de Miertsching, qui même s'il est empreint d'émotion et contient des erreurs, est néanmoins confirmé pour l'essentiel par le récit plus sobre d'Armstrong. Il s'agit en fait d'un compte rendu lucide et sans détour, quoique rédigé dans un style un peu lourd, de tous les phénomènes, animés et inanimés, observés par l'auteur. Il contient des descriptions saisissantes des effroyables dangers courus dans les glaces poussées par le vent, ainsi qu'une franche révélation de la condition à laquelle l'équipage était réduit. Il contredit ainsi la vantardise arrogante de McClure qui prétendait qu'il aurait pu sauver la vie de ses hommes sans aide extérieure. Le livre reçut la médaille d'or Gilbert Blane accordée au meilleur journal tenu par un chirurgien de la marine royale.

Parmi les journaux personnels publiés sur l'exploration de l'Arctique, *A personal narrative* d'Armstrong est à placer au premier rang pour l'intérêt et la valeur du témoignage, au même titre que l'ouvrage de Franklin, *Narrative of a journey to the shores of the polar sea* [...]. Ce chirurgien irlandais prosaïque et méthodique a donné une *Odyssée* canadienne presque aussi fantastique que l'originale, empreinte de dignité et de vérité historique. Tout en faisant preuve de réserve dans son langage, il manifeste un talent inégalé dans la description de son voyage sur des mers turbulentes, souffrant du froid et de la faim, et sur un rivage stérile et désolé.

On publia à Londres en 1858 un autre livre d'Alexander Armstrong, *Observations on naval hygiene and scurvy, more particularly as the latter appeared during a polar voyage*. Il passa les décennies suivantes en mission dans la mer Baltique et dans les Antilles, fut surintendant de l'hôpital naval à Malte et directeur général du service médical de la marine royale. Fait chevalier commandeur de l'ordre du Bain en 1871, il prit sa retraite en 1880 pour mener une vie paisible. En 1894, cinq ans avant sa mort, il épousa la veuve de sir William King Hall.

LESLIE HAMILTON NEATBY

R. [J.] Le M. McClure, *The discovery of the north-west passage by H.M.S.* Investigator, *Capt. R. M'Clure, 1850, 1851, 1852, 1853, 1854,* Sherard Osborn, édit. (Londres, 1856). — G. F. M'Dougall, *The eventful voyage of H.M. discovery ship* Resolute *to the Arctic regions in search of Sir John Franklin and the missing crews of H.M. discovery ships* Erebus *and* Terror, *1852, 1853, 1854* [...] (Londres, 1857). — J. A. Miertsching, *Reise-Tagebuch des Missionars Johann August Miertsching, welcher als Dolmetscher die Nordpol-Expedition zur Aufsuchung Sir John Franklins auf dem Schiffe Investigator begleitete* ([Gnadau, République démocratique allemande], 1855 ; 2e éd., Gnadau et Leipzig, République démocratique allemande, 1856) ; traduit en anglais et édité par L. H. Neatby sous le titre de *Frozen ships : the Arctic diary of Johann Miertsching, 1850–1854* (Toronto, 1967). — *A concise dictionary of Irish biography,* J. S. Crone, édit. (Londres, 1928), 4. — *DNB*.

ARMSTRONG, JOHN BELMER, homme d'affaires, inventeur et homme politique, né vers 1838 à Guelph, Haut-Canada, fils aîné de Robert Armstrong et de Janet Scott ; il épousa Margaret Dryden, et ils eurent deux fils dont l'un mourut en bas âge ; décédé le 11 décembre 1892 dans sa ville natale.

En 1834, quelques années avant la naissance de John Belmer Armstrong, son père avait mis sur pied une fabrique de voitures à Guelph. Après la mort de Robert Armstrong en 1848, sa veuve se chargea de la succession, y compris de la fabrique de voitures, jusqu'en 1861, c'est-à-dire jusqu'au moment où John Belmer revint des États-Unis pour prendre en main l'entreprise. Cette année-là, il forma avec son frère David la société J. B. Armstrong and Brother, qu'ils commencèrent à exploiter à l'automne dans les locaux de leur père, rue Macdonnell. Ils louèrent cet emplacement de leur mère jusqu'en 1868, année où leur sœur cadette atteignit sa majorité et où la famille devint libre de vendre des parts de la succession. David se retira de la société (à une date indéterminée) et John Belmer continua à diriger l'entreprise; en 1870, celle-ci était connue sous les noms de Guelph Carriage Goods et de J. B. Armstrong and Company. Vers 1872, Armstrong prit Thomas H. Scarff comme associé et, en 1876, l'entreprise fut constituée juridiquement sous le nom de J. B. Armstrong Manufacturing Company. Celle-ci, en plus de son installation principale, exploita d'autres divisions à Guelph, dont la Guelph Carriage Goods, ainsi qu'un établissement à Flint, dans le Michigan.

Les traîneaux, chariots, bogheys, corbillards, voitures et pièces de voiture produits aux ateliers d'Armstrong une excellente réputation. En 1870, la compagnie gagna six premiers prix à l'Exposition provinciale de Toronto. Le gouvernement canadien délivra au nom d'Armstrong ou de sa compagnie un total de 44 brevets d'invention, qui portaient sur des perfectionnements techniques de toutes sortes en matière de traitement de l'acier ainsi que de conception et de fabrication de voitures, de traîneaux et d'instruments aratoires. Armstrong attachait de l'importance à l'image de marque et à la stabilité financière de son entreprise. C'est pourquoi, dans son testament rédigé en 1888, il stipula que son fils Bertie ne recevrait pas tout son héritage à l'âge de 25 ans s'il ne s'était pas montré travailleur et économe ou si sa mère n'approuvait pas son mariage.

Armstrong faisait partie d'un cercle d'hommes d'affaires et de manufacturiers d'ascendance écossaise qui avaient acquis la haute main sur le développement industriel et les affaires municipales de Guelph dans les années 1870. Il fréquentait l'église St Andrew et fut membre actif de la St Andrew's Society, du Guelph Board of Trade et du comité de la Central Exhibition. En 1876, il représenta le quartier Est au conseil municipal. Il fut directeur de la Guelph and Ontario Investment and Savings Society, à laquelle il prêta la somme de 60 000 $ en 1887, et il remplit les fonctions d'administrateur intérimaire de la Guelph Junction Railway Company. Armstrong fit aussi des investissements à l'extérieur : avec James Walter Lyon* et Robert Bathgate, des hommes d'affaires de l'endroit, il acheta et remit à neuf les usines à gaz de Winnipeg, puis les revendit en réalisant un profit de 57 000 $.

Au moment du décès de John Belmer Armstrong, en décembre 1892, Scarff n'avait plus d'intérêts dans la fabrique de voitures de Guelph. Robert Lindsay Torrance, neveu d'Armstrong, était vice-président et sous-directeur de l'entreprise, et c'est lui qui remplaça Armstrong à titre de directeur général. En 1892, un capital-actions de 200 000 $ avait été investi dans l'entreprise, dont les produits étaient distribués dans le monde entier par l'entremise de dépositaires installés en Écosse, en Australie, en Nouvelle-Zélande et au Japon.

DEBRA L. NASH-CHAMBERS

AN, RG 31, C1, 1861, 1871, 1881, Guelph. — AO, RG 22, sér. 317, reg. M (1891–1893) : 448 ; RG 55, I-2-A, 1–6. — Baker Library, R. G. Dun & Co. credit ledger, Canada, 24 : 202. — City of Guelph, Ontario, City Hall, Assessment rolls, 1855–1900 ; Council minutes, 1876. — Guelph Civic Museum, Lettre de la J. B. Armstrong Manufacturing Company, Flint, Mich., à Gertrude Baily, 10 nov. 1892. — Guelph Public Library, Guelph and Ontario Investment and Savings Soc., minute-books, n°s 2–3 (1876–1891). — St Andrew's Presbyterian Church Arch. (Guelph), Communion rolls, 1886–1902 ; Reg. of baptisms, 1827–1852, 1858–1872. — Woodlawn Cemetery (Guelph), Burial records. — *Guelph and Galt Advertiser, and Wellington District Advocate* (Guelph), 29 juin 1848. — *Guelph Daily Herald,* 3 déc. 1888. — *Mercantile agency reference book,* 1864–1900. — C. A. Burrows, *The annals of the town of Guelph, 1827–1877 (Guelph, 1877). — L. A. Johnson, History of Guelph, 1827–1927* (Guelph, 1977).

ARSENAULT, JOSEPH-OCTAVE, instituteur, homme d'affaires, homme politique et fermier, né le 5 août 1828 à Cascumpec, Île-du-Prince-Édouard, fils de Mélème Arsenault, fermier, et de Bibienne Poirier ; le 15 avril 1861, il épousa à Miscouche, Île-du-Prince-Édouard, Gertrude Gaudet, et ils eurent cinq fils et quatre filles ; décédé le 14 décembre 1897 à Abrams Village, Île-du-Prince-Édouard.

Joseph-Octave Arsenault avait quatre ans lorsque ses parents quittèrent Cascumpec pour aller s'établir à La Roche (Egmont Bay). Il fréquenta d'abord l'école locale puis, à Miscouche, celle de Joseph-F. Gaudet, que l'inspecteur des écoles jugeait le meilleur instituteur acadien de l'époque. À l'âge de 19 ans, il commença sa carrière d'instituteur, qui allait durer 18 ans. Après avoir enseigné cinq ans, il retourna étudier un an à la Central Academy, à Charlottetown, le temps d'obtenir un brevet d'enseignement de première classe.

En 1865, Arsenault abandonna l'enseignement pour se lancer dans le commerce. Il ouvrit un magasin général à Abrams Village, où il avait enseigné pendant de nombreuses années. En 1874, une fois le chemin de fer construit dans l'île, il en ouvrit un second près de Wellington qui devint le centre de son commerce. Cet établissement offrait une grande variété de produits qu'il vendait ou qu'il troquait contre des produits agricoles.

Arsenault s'intéressa aussi à l'industrie de la pêche au cours des années 1870, et il acquit une pêcherie. Au début, il exploitait avant tout le maquereau, l'espèce commercialement la plus rentable à l'époque, mais aussitôt que l'industrie du homard eut pris son essor dans l'île, vers 1880, il s'orienta vers ce secteur et construisit une usine au cap Egmont. Il devint l'un des principaux empaqueteurs de sa région. Son produit acquit une bonne réputation et en 1891, à l'occasion d'une exposition internationale tenue en Jamaïque, Arsenault remporta la médaille d'or pour son homard en conserve.

À l'incitation de plusieurs de ses concitoyens, Arsenault décida en 1867 de suivre l'exemple d'un autre Acadien de l'île, Stanislaus Francis PERRY, et de se lancer en politique sous la bannière libérale de George Coles*. Il se fit élire à la chambre d'Assemblée dans le troisième district de la circonscription de Prince, et conserva son siège sans interruption jusqu'en 1895. Au cours de sa première campagne électorale, soutenant que les insulaires savaient mieux se gouverner que les Canadiens réussiraient à le faire pour eux, il se déclara contre l'adhésion de l'île à la Confédération. Cependant, dès les élections de juillet 1870, il se montra plus favorable à cette idée, mais déclara qu'il ne l'imposerait pas aux citoyens. Contrairement à certains adversaires de la Confédération, quelque peu paranoïaques, il voyait l'union de l'île au Canada comme « une alliance avec des semblables, et non avec un pays étranger ou un gouvernement despotique ».

Arsenault milita peu longtemps dans les rangs des libéraux. En août 1870, à l'instar de presque tous les députés libéraux de religion catholique, il se joignit à l'opposition conservatrice dirigée par James Colledge Pope* afin de mettre fin au gouvernement libéral de Robert Poore HAYTHORNE et de former un gouvernement de coalition. Les députés libéraux catholiques voulaient ainsi protester contre le refus du gouvernement d'accorder des subventions aux établissements d'enseignement catholiques, comme l'avait demandé l'évêque de Charlottetown, Mgr Peter MCINTYRE. Les conservateurs, de leur côté, se disaient favorables à des subsides de ce genre et, comme les libéraux continuèrent de s'opposer au financement des écoles confessionnelles, Arsenault demeura fidèle au parti conservateur jusqu'à la fin de sa vie.

Pope nomma Arsenault au Conseil exécutif et il y siégea du 25 juillet 1873 au 4 septembre 1876, puis du 11 mars 1879 au 21 avril 1891, soit sous les gouvernements de William Wilfred Sullivan* et de Neil McLeod*. Il fit partie du bureau d'Éducation de 1879 à 1891. Le 18 février 1895, il devint le premier Acadien de l'Île-du-Prince-Édouard à accéder au Sénat, où il remplaça George William Howlan*. Même si Arsenault ne se distingua pas comme homme politique, il mérita néanmoins la considération de ses pairs et de la presse tant anglaise que française. Deux de ses fils, Joseph-Félix et Aubin-Edmond*, suivirent leur père dans l'arène politique. Aubin-Edmond fut premier ministre de l'Île-du-Prince-Édouard de 1917 à 1919, le premier Acadien à occuper un tel poste dans une province canadienne.

L'avancement du peuple acadien fut une préoccupation majeure d'Arsenault. Il se tenait en contact avec les chefs de file acadiens du Nouveau-Brunswick, tels Pierre-Amand Landry*, Pascal Poirier* et l'abbé Marcel-François Richard*, et collabora aux grands projets des nationalistes acadiens. Il fut l'un des délégués de l'île qui assistèrent au congrès de la Société Saint-Jean-Baptiste à Québec en 1880. À cette occasion, on le nomma membre du comité chargé d'organiser la première convention nationale des Acadiens, tenue à Memramcook, au Nouveau-Brunswick, en 1881. Il fut également un organisateur clé de la deuxième convention qui se déroula à Miscouche, en 1884, où l'on choisit le drapeau et l'hymne acadiens. La même année, il devenait le président fondateur de la Société l'Assomption, dans sa paroisse ; cet organisme patriotique assurait avant tout la tenue de célébrations à l'occasion de l'Assomption, fête nationale des Acadiens.

Arsenault porta un intérêt particulier au développement de l'instruction chez les siens et à l'enseignement du français dans les écoles acadiennes. En 1868, il obtint de l'Assemblée que l'on verse un boni de £5 à tout instituteur jugé apte à enseigner le français. En 1880, il usa de son influence pour faire introduire plus de français dans les écoles acadiennes en incitant le bureau d'Éducation à autoriser une nouvelle série de livres de lecture française. Arsenault fut aussi un ami du St Dunstan's College, à Charlottetown, du collège Saint-Joseph, à Memramcook, et du couvent Saint-Joseph, à Miscouche. Tous ses enfants poursuivirent des études dans l'un ou l'autre de ces établissements.

L'agriculture et la colonisation furent les thèmes privilégiés du nationalisme acadien, et Arsenault s'en fit un ardent défenseur tout au long de sa carrière. Propriétaire d'une ferme, il y mettait en pratique les méthodes agricoles les plus modernes, ce qui en faisait un agriculteur modèle. Face au problème du surpeuplement des paroisses acadiennes et de la pénurie de terres agricoles, Arsenault, avec l'aide de l'abbé Richard, encouragea les Acadiens à coloniser les terres vacantes au Nouveau-Brunswick et dans la province de Québec. À la convention nationale des Acadiens en 1881, Arsenault fut élu deuxième vice-président de la société de colonisation mise sur pied à cette occasion.

Homme d'action, Joseph-Octave Arsenault participa à presque toutes les entreprises de sa communauté et jouit toujours du respect et de l'estime de ses concitoyens. Personnalité marquante de l'époque habituellement appelée la renaissance acadienne, il possédait une éducation au-dessus de la moyenne pour un Acadien du temps. Il compta parmi ces quelques chefs acadiens instruits qui cherchèrent à tirer leurs compatriotes de leur isolement culturel et de leur infériorité socio-économique afin de les placer sur un pied d'égalité avec leurs concitoyens d'origine britannique. À sa mort, *le Moniteur acadien* signalait qu'il était l'un de ceux qui avaient « relevé la valeur du nom français dans la province insulaire ».

GEORGES ARSENAULT

PAPEI, RG 10, 5. — Î.-P.-É., House of Assembly, *Journal,* 1847–1895. — *Courrier des Provinces maritimes* (Bathurst, N.-B.), 23 févr. 1895. — *L'Impartial* (Tignish, Î.-P.-É.), 28 févr. 1895. — *Islander,* 25 mars 1870. — *Le Moniteur acadien* (Shédiac, N.-B.), 26 juin, 25 sept. 1884, 6 août 1886, 17, 21 déc. 1897. — *Prince Edward Island Agriculturist* (Summerside), 22 juin 1891. — *Summerside Journal,* 21 févr. 1867. — *CPC,* 1887 : 358–359, 364 ; 1897. — Georges Arsenault, *les Acadiens de l'Île, 1720–1980* (Moncton, N.-B., s.d.). — J.-H. Blanchard, *The Acadians of Prince Edward Island, 1720–1964* (Charlottetown, 1964) ; *Acadiens de l'Île-du-Prince-Édouard* ([Charlottetown], 1956). — *By the old mill stream : history of Wellington, 1833–1983,* Allan et Mary Graham, édit. ([Wellington, Î.-P.-É.], 1983). — Conventions nationales des Acadiens, *Recueil des travaux et délibérations des six premières conventions,* F.-J. Robidoux, compil. (Shédiac, 1907). — Georges Arsenault, « le Dilemme des Acadiens de l'Île-du-Prince-Édouard au 19e siècle », *Acadiensis* (Fredericton), 14 (1984–1985), n° 2 : 29–45.

ASHE, EDWARD DAVID, officier de marine, astronome, auteur et fonctionnaire, né vers 1813 à Bath, Angleterre ; le 28 mai 1851, il épousa à Québec Marcella Percy, et ils eurent quatre filles et quatre fils ; décédé le 30 mars 1895 à Sherbrooke, Québec.

Edward David Ashe entra dans la marine royale le 20 mars 1830 et, après avoir étudié le tir d'artillerie à Portsmouth, en Angleterre, il fut reçu à l'examen en 1836. Affecté à titre de second sur le *Daphne* l'année suivante, il servit en Méditerranée jusqu'en 1840. Durant son entraînement, il avait montré des aptitudes pour les mathématiques et la mécanique ; peu de temps après, il mit au point une nouvelle méthode pour concentrer le feu des navires, dont les essais, entrepris en 1841, s'avérèrent très positifs. Promu lieutenant le 25 mai 1842, il servit pendant quelques mois à titre d'officier à bord de l'*Excellent* ; on l'affecta ensuite dans le Pacifique, sur le *Fisgard* en mai 1843, puis sur le *Daphne*. En 1847, on donna son nom à un cap (Ashe Head), situé dans le havre d'Esquimalt, en Colombie-Britannique. En août 1849, Ashe était invalide pour la vie après s'être fracturé le fémur dans un accident survenu à bord d'un navire. Il se vit offrir la direction de l'observatoire qu'on se proposait de construire à Québec.

Projet du gouvernement canadien, l'observatoire avait été conçu pour indiquer l'heure exacte dans le port de Québec. Ashe arriva en novembre 1850 en apportant avec lui des instruments du Royal Observatory de Greenwich (Londres). Après avoir fait quelques transformations au bâtiment de l'observatoire, il en prit la direction en 1851. Il eut d'abord pour fonctions d'observer le passage des astres et de donner chaque jour le signal horaire. Au cours de l'hiver de 1856–1857, à la demande de sir William Edmond Logan* de la Commission géologique du Canada, il détermina, par rapport à Québec, la longitude de Montréal, de Toronto, de Kingston et de plusieurs autres villes canadiennes. À l'automne suivant, il constata que la longitude établie pour Québec n'était pas exacte et corrigea les longitudes canadiennes en échangeant des signaux horaires par télégraphe – une technique innovatrice – avec William Cranch Bond de l'observatoire du Harvard College.

Ashe s'intéressait également à l'observation du soleil et il se joignit donc en 1860 à une expédition américaine au cap Chidley, dans les Territoires du Nord-Ouest, pour étudier les taches solaires à l'aide du petit télescope de l'observatoire de Québec. À compter du milieu des années 1850, il fit de multiples pressions auprès du gouvernement pour obtenir un télescope suffisamment puissant pour la recherche ; on lui accorda finalement un bon instrument en 1865. Ashe devint bientôt l'un des pionniers mondiaux de la photographie astronomique, et d'éminents astronomes solaires d'Angleterre, dont Warren De La Rue, admirèrent ses photographies du soleil. En 1867, il publia dans les *Monthly Notices* de la Royal Astronomical Society, dont il était membre, une théorie sur les taches solaires qui fit l'objet d'une controverse et fut bientôt réfutée. En 1869, il dirigea une petite expédition à Jefferson City, dans le Missouri, pour observer une éclipse totale de soleil. Ses photographies, qui ne correspondaient pas à celles des autres observateurs, soulevèrent elles aussi une longue controverse ; Ashe avait remarqué des protubérances « repliées » qui furent mises en doute par De La Rue mais confirmées par d'autres. Il poursuivit ses expériences photographiques durant la décennie suivante. En 1875, il confirma un certain nombre de longitudes le long de la rivière des Outaouais pour le compte du département des Terres de la couronne de la province de Québec.

Ashe ne limitait pas sa recherche et ses réflexions aux questions d'astronomie. Ainsi en 1858 le général sir John Fox Burgoyne l'invita-t-il à commenter une nouvelle méthode de « navigation orthodromique » ; il conçut également un radeau de sauvetage et, en 1869, soumit les plans détaillés de l'observatoire et du ballon du signal horaire qu'il proposait pour le port de Saint-Jean, au Nouveau-Brunswick. Membre actif de la Société littéraire et historique de Québec (dont il fut vice-président en 1854 et président en 1866, 1867 et 1873), il présenta des communications et écrivit des articles sur des sujets aussi variés que la rotation de la terre, l'énergie hydraulique, les insurrections à la Jamaïque et la position morale et politique des femmes. Ashe était également un orateur populaire à Québec. En 1861, on l'avait nommé commissaire chargé de venir en aide aux marins nécessiteux et, en 1865, on l'avait promu commandant dans les cadres de réserve de la marine royale.

La dernière tâche importante d'Edward David Ashe à l'observatoire de Québec consista à s'occuper des préparatifs en vue de l'observation du passage de Vénus en 1882. Quatre ans plus tard, son fils William Austin le remplaça à titre de directeur. Ashe habita quelque temps à Lennoxville avant d'aller s'installer à Sherbrooke vers 1890 ; c'est là qu'il mourut en 1895. Ses relations difficiles avec le gouvernement et la controverse qui entoura la valeur de ses théories et de ses photographies du soleil ne l'avaient pas empêché d'être un scientifique productif et plein de ressources. En particulier, les longitudes qu'il a établies ont jeté les bases de ce qu'allait être l'astronomie pratique au Canada durant un demi-siècle, et ses recherches sur le soleil en font le premier astrophysicien du Canada.

RICHARD A. JARRELL

Edward David Ashe est l'auteur de plusieurs articles scientifiques. Ceux parus dans les Literary and Hist. Soc. of Quebec, *Trans.* sont : « The late eclipse : journal of a voyage from New York to Labrador », 4 (1843–1860) : 1–16 ; « Plan of the construction of a raft to rescue passengers from sinking ships » : 237–241 ; « Water power of Quebec » : 229–235 ; « Notes of a journey across the Andes », 5 (1861–1862) : 3–35 ; « Motions of the top, teetotum, and gyroscope », nouv. sér., 2 (1863–1864) : 94–104 ; « Results of observations for the determination of the latitude of the Observatory », nouv. sér., 2 : 159–160 ; « On solar spots », nouv. sér., 5 (1866–1867) : 5–14 ; « On the physical constitution of the sun », nouv. sér., 6 (1867–1869) : 41–44 ; « The Canadian eclipse party, 1869 », nouv. sér., 7 (1869–1870) : 85–110. Ont été publiés dans les Royal Astronomical Soc., *Monthly Notices* (Londres) : « On determining the longitude at sea from altitudes of the moon », 12 (1851–1852) : 179–180 ; « On the pendulum experiment for illustrating the rotation of the earth », 15 (1854–1855) : 93 ; « Physical constitution of the sun », 26 (1865–1866) : 61–62 ; « On a plan for fixing the position of solar spots », 27 (1866–1867) : 274–275 ; « Solar eclipse of August 7th, 1869 », 30 (1869–1870) : 3 ; « On his photographs taken during the total solar eclipse, Aug. 7, 1869 » : 173–174. Enfin, il a publié : « On the employment of the electric telegraph in determining the longitude of some of the principal places in Canada », *Canadian Journal of Industry, Science, and Art* (Toronto), nouv. sér., 4 (1859) : 453–465 ; et « On the longitude of some of the principal places, in Canada as determined by electric telegraph in the years 1856–57 », Geological Survey of Canada, *Report of progress* (Toronto), 1857 : 231–240.

AC, Saint-François (Sherbrooke), État civil, Anglican, St Peter's Church (Sherbrooke), 1er avril 1895. — AN, MG 26, A : 179317–179318 ; RG 4, C1, 273 ; 290 ; 292 ; 303 ; RG 93, 82. — ASQ, Univ., Cartons 83, n° 29 ; 101, n° AS. — Harvard College Library, Houghton Library (Cambridge, Mass.), G. P. Bond papers ; W. C. Bond papers, V630.2. — Canada, prov. du, Assemblée législative, *App. des journaux,* 1849, app. MMM. — *Gazette* (Montréal), 1er avril 1895. — *Le Pionnier,* 5 avril 1895. — *Quebec Daily Mercury,* 1er mars 1864. — *Canadian men and women of the time* (Morgan ; 1898). — *Dominion annual reg.*, 1885. — R. A. Jarrell, *The cold light of dawn : a history of Canadian astronomy* (Toronto, 1988) ; « Origins of Canadian government astronomy », Royal Astronomical Soc. of Canada, *Journal* (Toronto), 69 (1975), n° 2 : 77–85.— « L'Observatoire de Québec », *BRH,* 42 (1936) : 16–18.

AUSTIN, JAMES, imprimeur et homme d'affaires, né le 6 mars 1813 à Tandragee (Irlande du Nord), fils de John Marks Austin ; le 28 novembre 1844, il épousa à Toronto Susan Bright, et ils eurent trois fils et deux filles ; décédé le 27 février 1897 dans cette ville.

Le père de James Austin, avait entendu parler en bien du Haut-Canada et décida donc d'y immigrer avec sa femme et ses cinq enfants. Arrivés à York (Toronto) en octobre 1829, ils y séjournèrent deux mois tout en cherchant une ferme. Avant qu'ils ne s'installent dans le canton de Trafalgar, James, alors âgé de 16 ans, entra comme apprenti chez l'imprimeur William Lyon Mackenzie*. Il y passa quatre ans et demi, puis ouvrit sa propre imprimerie. Comme il avait travaillé avec Mackenzie, il jugea prudent de quitter la province après la rébellion de 1837–1838 : il partit pour les États-Unis et y resta quelques années.

En 1843, Austin estima pouvoir rentrer au pays sans danger. Il avait assez de capital pour s'établir épicier de gros et de détail avec un associé, Irlandais comme lui, Patrick Foy. Leur alliance avait ceci d'inhabituel que Foy était catholique et tory, tandis qu'Austin était méthodiste et réformiste. Le succès de leur collaboration constituait, selon Foy, « un exemple de ce que l'Orange et le Vert peuvent réaliser en travaillant dans l'harmonie au lieu de dissiper leurs énergies à se combattre ». Peut-être avaient-ils d'autant moins de mal à s'entendre qu'Austin n'était guère pratiquant, ainsi qu'en témoigne son appartenance à une société qui, selon le bottin municipal de 1846–1847, vendait de l'alcool.

Foy et Austin prospérèrent suffisamment pour être en mesure, en 1849, de prêter 20 000 $ à un autre Irlandais catholique ambitieux, Frank Smith*, pour qu'il devienne épicier à London. La même année, le feu détruisit leur commerce torontois, mais ils rouvrirent bientôt et purent même prendre à bail, dans le prestigieux et nouveau St Lawrence Hall, des locaux qu'ils donnèrent ensuite en location. Leur commerce d'épicerie continua de progresser durant les années 1850, jusqu'a ce que le Canada connaisse une grave dépression en 1859. Austin jugea qu'établir la solvabilité des clients était devenu si difficile qu'« on [pouvait] faire plus d'argent dans d'autres secteurs, et cela de façon beaucoup plus sûre ». Il liquida donc son association avec Foy, qui demeura dans le commerce d'épicerie, et investit sa part dans d'autres entreprises moins hasardeuses, dont la Consumers' Gas Company of Toronto.

Grâce à ses talents de financier et à sa situation de rentier, Austin ne tarda pas à se tailler une place prépondérante dans le milieu des affaires torontois. En 1866, il acheta Spadina, la maison construite par William Warren Baldwin* sur l'escarpement qui dominait la ville en pleine expansion et qu'avait habitée par la suite son fils Robert*. L'offre d'Austin, £3 550, était plus généreuse que celles de John Ross*, ancien président du Grand Tronc, et de John Macdonald*, le magnat des marchandises sèches. Après avoir fait démolir la maison des Baldwin, la famille Austin en fit construire une autre plus vaste, aussi appelée Spadina, sur le même terrain. Preuve tangible que James Austin avait accédé aux premiers rangs de l'élite locale, cette maison est devenue un musée où ses descendants ont conservé une bonne partie des objets et de la décoration d'époque.

Dans les années 1860, les hommes d'affaires torontois étaient de plus en plus mécontents de voir Montréal dominer le commerce et les finances du pays. En 1867, pour protester contre les normes de crédit restrictives de la Banque de Montréal, William McMaster* décida de fonder une banque dont le siège social serait à Toronto ; il invita Austin à faire partie du conseil d'administration. La Banque canadienne de commerce connut aussitôt le succès, et dès 1869 McMaster ambitionnait de lui imprimer une expansion rapide. Plus prudent que lui, Austin craignait que des décisions ne soient prises trop brusquement et que la banque n'excède ses possibilités ; aussi ne se représenta-t-il pas aux élections du conseil en 1870.

Cependant, à peine quelques mois plus tard, Austin participait au projet de fondation d'une autre banque avec un groupe de Torontois, dont John Ross, John Crawford, Walter Sutherland Lee* et le sénateur James Cox Aikins*. Ils s'étaient liés à trois hommes d'affaires importants du comté d'Ontario, à l'est de la ville, soit Joseph Gould*, James Holden et Aaron Ross. À l'origine, ils avaient voulu que la Dominion Bank, qu'ils avaient organisée en 1869 mais n'avaient pu ouvrir, mette la main sur la Banque royale du Canada (Royal Canadian Bank), alors en difficulté et dont Crawford était président, mais il fut impossible de rassembler les fonds nécessaires. En fin de compte, Holden pressentit Austin qui à la fin de 1870, avec un groupe d'amis, tels Frank Smith, Peleg Howland, Samuel Nordheimer* et Joseph Hooper Mead, accepta d'investir à condition que l'on abandonne le projet de mainmise sur la Banque royale du Canada. Grâce à leur appui, on vendit rapidement des actions pour une valeur de plus de 500 000 $.

En janvier 1871, Austin devint président de la Dominion Bank, qui ouvrit ses portes le 1er février. Peu après, il proposa d'ajouter au bureau principal de la rue King Est une succursale qui serait située plus près du quartier résidentiel, afin surtout de desservir les déposants. Celle-ci s'ouvrit rue Queen Ouest. Les autres banques privilégiées ne tardèrent pas à adopter cette idée nouvelle, soit d'exploiter de multiples succursales dans les grands centres urbains. Avant la récession de 1874, la Dominion Bank connut trois bonnes années qui lui permirent de s'établir solidement ; le capital versé atteignit presque le million de dollars. Si les profits déclinèrent au milieu des années 1870, la croissance reprit quand l'économie se redressa, dans les années 1880. En 1896, le capital de la banque s'élevait à un million et demi de dollars. Austin avait d'abord acheté 32 000 $ d'actions ; en 1875 la valeur nominale des actions qu'il détenait approchait les 180 000 $, ce qui en faisait, et de loin, le plus gros actionnaire. Jusqu'à sa mort, en 1897, il s'occupa de tous les aspects de la gestion de la banque. Il assistait fidèlement aux réunions hebdomadaires du conseil d'administration, où l'on examinait soigneusement chaque demande d'emprunt de quelque importance. Comme dans le commerce d'épicerie, la clé du succès était l'évaluation correcte de la solvabilité de chaque emprunteur. En raison du personnel réduit de la banque, Austin et son caissier (directeur général), Robert Henry BETHUNE, administraient les affaires courantes.

Par ailleurs, en 1871, Austin s'associa à William Holmes HOWLAND pour fonder la Queen City Fire Insurance Company. Former une compagnie locale qui n'assurerait que des biens du comté d'York serait avantageux, firent-ils valoir, car on empêcherait ainsi les primes d'aller à des assureurs étrangers (la restriction géographique tomba en 1887). Les investisseurs réunirent 10 000 $ et la compagnie se lança en affaires pendant l'été de 1871. Outre Austin et Howland, qui était président, le conseil d'administration comprenait Robert G. Barrett, Thomas McCrossan, John MacNab et William Paterson. Accepter un poste d'administrateur voulait dire se mêler étroitement à toutes les activités de la compagnie, jusque dans leurs moindres détails. Le conseil se réunissait chaque semaine pour examiner toutes les demandes d'assurance et de réassurance ainsi que pour décider de l'investissement des fonds en caisse. Pendant la période où le secrétaire-directeur de la compagnie, Hugh Scott, s'absenta de la ville, Austin et McCrossan s'entendirent pour se rendre au bureau tous les jours pour le remplacer. Austin devint vice-président en 1875, ce qui accrut ses responsabilités. À l'occasion, il allait inspecter des propriétés que la compagnie envisageait de prendre en garantie contre un prêt. En 1884, les réunions du conseil se tinrent chaque quinzaine ; Austin y assista toujours fidèlement. Quand Howland mourut, en 1893, Austin lui succéda à la présidence, malgré ses 80 ans. Vers 1897, son style de gestion reflétait sans doute une époque déjà révolue, car tout de suite après son décès le conseil décida de ne se réunir qu'une fois par mois.

Naturellement, la compagnie d'assurances était un complément utile aux autres intérêts financiers d'Austin, à la Dominion Bank surtout. La compagnie déposait ses fonds à la banque en attendant de les investir en permanence et faisait garder tous ses titres dans la chambre forte. En 1873, le comptable de la banque devint vérificateur de la compagnie. Quand, deux ans plus tard, on proposa que la compagnie d'assurances ouvre une succursale dans les locaux du People's Loan and Deposit Office, le conseil de la compagnie refusa. Comme Austin avait du flair en matière d'investissement, le conseil comptait sur lui pour trouver de bonnes occasions de placements : sociétés immobilières, hypothèques, actions ou obligations. En 1871, il offrit de vendre l'une de ses hypothèques à la compagnie. Le conseil se demanda si l'éthique n'interdisait pas de faire pareille transaction avec l'un de ses membres, mais décida d'aller de l'avant, « considérant l'hypothèque comme un titre financier transférable, et comme très intéressant et sûr, ce qui [était] très difficile à obtenir [à] ce moment[-là] ».

Les 40 actions de la compagnie que détenait Austin (sur un total de 2 000) se révélèrent d'un bon rapport. Au terme d'un an d'exploitation, la Queen City Fire Insurance Company déclara un dividende de 10 % sur le capital versé (10 000 $), rendement qui se maintint jusqu'en 1880 puis doubla cette année-là. En 1882, le conseil d'administration décida de porter le capital-actions à 50 000 $; la compagnie fournit aux actionnaires les fonds nécessaires au moyen d'un dividende spécial de 400 % (40 000 $) sur le surplus accumulé. Par la suite, elle versa régulièrement un dividende annuel de 5 % (25 % sur l'investissement initial de 10 000 $). Les affaires continuèrent d'aller tellement bien que, malgré la crise du début des années 1890, on versa des dividendes supplémentaires à trois reprises. En 1887, les assurés touchèrent même un dividende de 5 %, ce qui devait être inhabituel pour une compagnie d'assurances à capital social.

Banque et assurance n'étaient pas les seules activités financières d'Austin. En 1875, il rejoignit un autre grand financier torontois, Edmund Boyd Osler*, au conseil canadien de gestion de la North of Scotland Mortgage Company, dont le siège social se trouvait à Aberdeen. À titre de président, il supervisait l'investissement de fonds écossais en terre canadienne. En outre, son associé à la Dominion Bank, James Holden, le persuada d'investir dans la Port Whitby and Port Perry Railway. Dans les années 1860, Holden avait espéré canaliser le commerce intérieur par Whitby et, ultimement, prolonger la ligne de chemin de fer au moins jusqu'à la baie Géorgienne, mais la voie ferrée s'arrêtait à Port Perry, sur le lac Scugog, et la compagnie était au bord de la faillite. Austin examina la proposition et consulta deux Torontois bien placés dans le commerce d'épicerie, James Michie et Alexander Thomson Fulton. En 1872, ils décidèrent d'investir dans le chemin de fer : Austin devint président, Michie, vice-président, et Holden s'occupa des affaires courantes. Ils remirent bientôt la compagnie sur pied, prolongèrent la ligne jusqu'à Lindsay en 1876 et réalisèrent la prédiction d'Austin : « si [c'est] bien géré, ça ne peut manquer d'être lucratif ».

En fait, presque toutes les activités commerciales d'Austin semblent avoir été couronnées de succès. En 1889, par exemple, il subdivisa une partie de son vaste terrain de Spadina. Il réalisa probablement 200 000 $ environ sur la vente de ces lots à bâtir, profit intéressant sur les 14 000 $ qu'il avait versés pour toute la propriété. Quand son fils Albert William* alla chercher fortune à Winnipeg, il lui donna de quoi investir dans des hypothèques. En 1882, avec le soutien de son père et d'Osler, Albert William constitua juridiquement la Winnipeg Street Railway Company, qu'il vendit à des rivaux en 1894 pour la somme de 175 000 $. Par la suite, il succéderait à son père à la présidence de la Dominion Bank et de la Consumers' Gas Company.

James Austin n'était pas uniquement un financier et un rentier : il montra tôt qu'il était fin stratège, ainsi qu'il convient à un bon administrateur d'entreprise. La Consumers' Gas Company fournissait l'éclairage à Toronto depuis environ dix ans lorsque Austin y investit généreusement en 1859, et il fut promptement élu au conseil d'administration. La demande de gaz dégringola après la dépression de 1859 ; la compagnie demeurait lucrative, mais les temps étaient tout de même difficiles et en 1867 les administrateurs élurent Austin vice-président. En 1874, certains membres du personnel se plaignirent que le président, Edward Henderson Rutherford, gonflait ses dépenses ; le conseil d'administration fit enquête et découvrit, à son grand regret, que les accusations étaient fondées. Les administrateurs demandèrent alors à Austin d'assumer la présidence, qu'il occupa jusqu'à la fin de sa vie.

Le plus grand défi auquel Austin eut à faire face à titre de gestionnaire fut le progrès technique. Dans les années 1870, on mit au point, aux États-Unis, un nouveau procédé de production de gaz à partir du charbon : il consistait à injecter de la vapeur d'eau et du pétrole dans les cornues. Non seulement ce « gaz à l'eau carburé » avait-il un coût de production moins élevé, mais on pouvait régler son pouvoir calorifique avec précision, et dès 1880 la Consumers' Gas employait cette nouvelle technique. Lorsqu'on eut réglé quelques problèmes de qualité, l'innovation remporta un vif succès et permit de faire passer le tarif de 1,75 $ les mille pieds cubes en 1879 à 0,90 $ dès

1896. En même temps, les profits restaient élevés et la compagnie accumulait d'importantes réserves de fonds.

Austin eut aussi à affronter l'augmentation de la concurrence sur le marché de l'éclairage. En 1879, la Consumers' Gas Company tenta de se protéger en faisant modifier sa charte provinciale de manière à pouvoir entreprendre la distribution d'électricité. En 1889, elle décida d'acheter les droits d'utilisation du système d'éclairage Westinghouse, mais le conseil municipal lui interdit de poser des fils électriques le long des voies publiques. Les échevins étaient persuadés que les profits accumulés grâce aux ventes de gaz serviraient à financer la distribution d'électricité. Non seulement la Consumers' Gas Company se vit-elle refuser le droit de fournir de l'électricité, mais en 1891 la ville remplaça un grand nombre de lampadaires au gaz par des lampadaires électriques, plus brillants.

Malgré ce revers, la compagnie continua de prospérer sous la présidence d'Austin ; elle offrait des ristournes à ses gros clients et encourageait l'emploi du gaz pour la cuisson et le chauffage. En 1887, elle obtint un amendement de sa charte qui lui permettait de constituer un fonds de réserve important en vue de financer des réparations et ajouts. Elle devait réduire ses tarifs une fois que ce fonds aurait atteint un certain volume, mais Austin, astucieux, le maintint à un niveau à peine inférieur à cette limite et finança de grands travaux d'immobilisations à même les bénéfices non répartis. Malgré de féroces critiques de la part des autorités municipales, la compagnie ne fléchit jamais, et elle était en excellente position à la mort d'Austin.

Dans les années 1890, Austin, âgé de plus de 80 ans et affligé d'une surdité de plus en plus grave, se mit à vivre en reclus. Il mourut en février 1897 après quelques semaines de maladie et, bien que méthodiste, fut inhumé au cimetière anglican St James, dans le caveau familial. Sa carrière montre bien quelles qualités devait posséder l'homme d'affaires canadien du XIXe siècle pour réussir. Austin écrivit un jour à son fils Albert William : « Celui qui a réussi est toujours considéré comme un homme astucieux ; veille à conserver cette réputation. » Ceux qui faisaient affaire avec lui reconnaissaient sa perspicacité, qui l'avait fait passer du rang d'apprenti imprimeur à celui de président de banque. Il possédait apparemment de grands talents d'entrepreneur et la faculté de s'adapter aux changements de conjoncture ainsi qu'aux nouveaux types d'organisation commerciale. La chance lui sourit aussi. La Dominion Bank et la Queen City Fire Insurance Company avaient des bases assez solides pour survivre à la récession du milieu des années 1870 et même pour prospérer sans difficultés majeures. Cependant, Austin avait appris très tôt, semble-t-il, que le secret de la réussite réside dans l'évaluation juste de la solvabilité de ceux avec qui on fait affaire.

Il faut signaler, en terminant, le nombre réduit de l'élite commerciale d'un centre régional comme Toronto. Même si James Austin avait quitté le conseil de la Banque canadienne de commerce en raison d'un désaccord avec William McMaster, tous deux n'en firent pas moins partie du conseil d'administration de la Consumers' Gas Company pendant des années. Austin et William Howland avaient fondé ensemble la Queen City Fire Insurance Company mais, lorsque ce dernier devint maire en 1886 et qu'il fallut négocier les tarifs de gaz, les deux hommes se trouvèrent face à face, ce qui ne détruisit pourtant pas leur relation d'affaires. Sagacité, facilité d'adaptation, chance et amabilité permirent à Austin d'accumuler une belle fortune au cours de sa longue carrière d'homme d'affaires.

CHRISTOPHER ARMSTRONG

Quelques lettres de James Austin à son fils Albert William traitant du déménagement de ce dernier à Winnipeg en 1880 sont en possession de Mme Joan Thompson de Toronto, veuve de l'arrière-petit-fils de James Austin, Austin Seton Thompson. Des renseignements sur la Consumers' Gas sont tirés du document inédit de l'auteur intitulé « In defence of private enterprise : gas supply in Toronto, 1840–1910 » (Toronto, 1982). [C. A.]

Consumers' Gas Company (Toronto), Annual reports ; Corr. ; Minute-books (mfm des reports et des minute-books aux York Univ. Arch., Toronto). — Royal Insurance Company of Canada (Toronto), Queen City Fire Insurance Company, minute-book. — Canada, Parl., *Doc. de la session,* 1872, n° 13 ; 1875, n° 22. — Davin, *Irishman in Canada,* 272–273. — *Toronto directory,* 1837–1861. — Dominion Bank, *Fifty years of banking service, 1871–1921 : the Dominion Bank,* [O. D. Skelton *et al.*, compil.] (Toronto, 1922). — Joseph Schull, *100 years of banking in Canada : a history of the Toronto-Dominion Bank* (Toronto, 1958). — *75th birthday : 1848–1923, the Consumers' Gas Company of Toronto,* E. J. Tucker, compil. (Toronto, 1923). — A. S. Thompson, *Spadina : a story of old Toronto* (Toronto, 1975).

B

BAILLAIRGÉ, LOUIS DE GONZAGUE, avocat, homme d'affaires et philanthrope, né le 18 février 1808 à Québec, fils de Pierre-Florent Baillairgé* et de Marie-Louise Cureux, dit Saint-Germain, et petit-fils de Jean Baillairgé* ; décédé célibataire le 20 mars 1896 dans sa ville natale.

Baillairgé

Issu d'une famille dont plusieurs membres s'illustrèrent dans les arts du bois et de la construction, Louis de Gonzague Baillairgé, qui n'était âgé que de quatre ans au moment du décès de son père, préféra se diriger vers la pratique du droit. Après ses études classiques au petit séminaire de Québec de 1822 à 1830, il fit son stage de clerc d'abord sous la direction de Philippe Panet*, d'octobre 1830 jusqu'en juin 1832, puis sous celle de René-Édouard Caron*, à compter de juillet de la même année. Il reçut sa commission d'avocat le 5 novembre 1834 et on l'admit au barreau le 12 octobre 1835. Il ouvrit son bureau à Québec, rue Haldimand. Peu de temps après, il l'installa définitivement dans une maison qu'il avait acquise du côté nord de la rue Saint-Louis, à proximité de la rue du Parloir, et tint office à cet endroit pendant près de 60 ans.

En 1844, Baillairgé s'associa à son ancien maître Caron, et leur prospère société ne fut dissoute qu'en 1853, lorsque ce dernier devint juge. Entre-temps, en 1850, les deux associés avaient conjointement été nommés avocats de la ville de Québec. Le 22 février 1861, Baillairgé devint le seul avocat de la corporation, et ce jusqu'en 1885, au moment où on lui adjoignit l'avocat Charles-Alphonse-Pantaléon Pelletier* qui, depuis plus de 20 ans, avait œuvré sous sa direction et comme associé dans son bureau de la rue Saint-Louis. Avocat influent et jurisconsulte réputé, Baillairgé devint conseiller de la reine en août 1863 et bâtonnier du barreau de Québec en mai 1873.

Fin administrateur, Baillairgé amassa l'une des plus importantes fortunes de Québec au cours de la seconde moitié du XIXe siècle. Au moment de son décès, ses biens immobiliers et ses placements atteindraient la valeur de 190 000 $. Ses honoraires d'avocat, ses revenus d'immeubles et ses intérêts de prêts et placements contribuèrent à la constitution de sa fortune. En se joignant à l'avocat Caron, il s'était attiré l'une des plus fortes clientèles du barreau à cette époque. En plus d'être l'avocat de la ville de Québec, il était le conseiller et l'avocat de plusieurs établissements, dont le séminaire de Québec et l'hôpital du Sacré-Cœur de Jésus, qui deviendrait en 1894 l'Hôtel-Dieu du Sacré-Cœur de Jésus. Il possédait plusieurs maisons à louer dans la haute et la basse ville, et il lui arrivait d'en acquérir du shérif pour une somme dérisoire. Il accordait couramment des prêts à des particuliers, à des organismes et à des établissements, et comptait parmi ses emprunteurs les descendants de son ancien associé Caron, la Corporation archiépiscopale de Québec, les Sœurs de la charité de Québec et l'asile du Bon-Pasteur. Il plaçait ses revenus dans des établissements francophones de Québec : la Banque nationale et la Caisse d'économie de Notre-Dame de Québec [V. François Vézina*]. Il fut d'ailleurs, en 1862 et 1863, vice-président honoraire de ce dernier établissement, dont il était l'un des principaux déposants.

Baillairgé prit part à la fondation de la Société Saint-Jean-Baptiste de la cité de Québec et en devint, le 31 août 1842, le premier commissaire ordonnateur. Il occupa ce poste jusqu'en 1852 et fut, de 1855 à 1859, président général de cette association. Entre-temps, il avait participé en 1848 à la fondation de l'Institut canadien de Québec, dont il devint président honoraire en 1873. En 1857, il avait également collaboré à la création du journal *le Courrier du Canada* [V. Joseph-Charles TACHÉ].

Pour les Québécois de la seconde moitié du XIXe siècle, le nom de Louis de Gonzague Baillairgé était intimement associé au drapeau de Carillon. Baillairgé s'interrogeait sur le sort réservé au drapeau rapporté de la bataille de Carillon (près de Ticonderoga, New York) [V. Louis-Joseph de Montcalm*], en 1758, par le père Félix Berey Des Essarts. Il le trouva en janvier 1848 dans le grenier du dernier frère récollet à Québec, Louis Martinet*, dit Bonami, qui l'avait récupéré de l'incendie de l'église des récollets le 6 septembre 1796. Ce dernier le céda à Baillairgé qui s'en fit le fier gardien jusqu'à la fin de sa vie. Chaque année à partir de 1848, à l'occasion du défilé de la Saint-Jean-Baptiste, Baillairgé apparaissait dignement à sa porte et confiait le drapeau de Carillon à un détachement de membres de la société nationale, puis plus tard de l'association des zouaves. Ce drapeau serait en fait une bannière religieuse et sa présence à la bataille de Carillon demeure hypothétique.

Baillairgé fut l'un des principaux instigateurs et artisans de la réalisation du monument aux Braves sur l'emplacement de la bataille de Sainte-Foy, près de Québec, où s'étaient affrontées en 1760 les troupes des généraux François de Lévis* et James Murray*. Il fit partie du comité chargé de la translation des restes des soldats, ainsi que du comité qui supervisa la construction du monument à leur mémoire [V. Pierre-Martial Bardy*], et il en fut l'un des principaux souscripteurs. Sous son œil vigilant, la pose de la pierre angulaire eut lieu le 18 juillet 1855 et le monument fut finalement inauguré le 19 octobre 1863.

À compter des années 1870, Baillairgé, dont on connaissait la fortune et la générosité, se vit de plus en plus sollicité par les organismes de bienfaisance et les communautés religieuses. Véritable philanthrope, il portait secours à de nombreux individus et venait en aide à plusieurs groupes. Toutefois, il n'était point toujours un bienfaiteur tout à fait désintéressé. Ainsi, en 1890, lorsque les Augustines de la miséricorde de Jésus, responsables de l'hôpital du Sacré-Cœur de Jésus, se conformant à une recommandation du cardinal Elzéar-Alexandre TASCHEREAU, confièrent une cause à l'avocat Joseph-Édouard Bédard, elles indisposèrent Baillairgé qui avait été leur avocat depuis 1873 ; irrité, il leur rappela le don de 1 700 $ qu'il venait pourtant tout juste de leur faire. Il fit de nouveau mention de cet incident au cardinal, en 1891, lorsque celui-ci lui lança un appel pour secourir financièrement leur hôpital. Reconfirmé avocat de l'établissement, un Baillairgé reconnaissant irait jusqu'à effacer, le 1er février 1893, la dette de 17 000 $ que lui devaient les religieuses depuis 1879. Les prêtres du séminaire connurent, eux aussi, les caprices du philanthrope. Au moment de la reconstruction de leur chapelle, au lendemain de l'incendie de 1888, Baillairgé s'obstinait à vouloir assumer le coût du maître-autel et rien d'autre, et ce même si le séminaire en avait déjà reçu un en don des membres du clergé. Les suppliques de l'abbé Louis-Honoré Pâquet et de Mgr Louis-Nazaire Bégin* n'y firent rien. Après de longues tractations, le supérieur du séminaire, Mgr Joseph-Clovis-Kemner Laflamme*, obtempéra au désir de Baillairgé et eut recours à lui, mais il était trop tard car l'entêté bienfaiteur devait mourir dix jours plus tard.

D'autres solliciteurs eurent plus de chance dans leurs négociations avec Baillairgé. En 1887, il agréa les vœux des Sœurs de la charité en leur donnant la colossale statue du Sacré-Cœur, œuvre du sculpteur Louis Jobin*, que l'on installa au faîte du clocher de leur chapelle, rue Saint-Olivier. Elle disparut dans l'incendie du 20 février 1914. Acquiesçant aux souhaits du curé François-Xavier Faguy, il fit don, pour la basilique dont la construction s'effectua de 1887 à 1891, de la riche ornementation de la chapelle du Sacré-Cœur. Il accepta aussi de payer la moitié du coût de la maison que le père Joseph-Édouard Désy avait achetée en 1891 pour en faire une maison de retraite, la villa Manrèse, et contribua à la construction de la chapelle Notre-Dame-du-Chemin. Durant les années 1880, Baillairgé concrétisa un projet fort ambitieux et qui ne manqua pas de provoquer l'étonnement : la construction d'une chapelle ou église dans chacune des cinq parties du monde. Un geste inattendu de la part d'un homme sédentaire qui ne mit jamais, ou presque, les pieds hors de sa ville natale. D'où lui vint ce souci de la propagation de la foi catholique à travers le monde ? Les pères Voisin et Roger furent possiblement à l'origine de cette initiative. Ils devinrent, de toute façon, les premiers à bénéficier de l'appui de Baillairgé qui leur remit, le 18 août 1882, la somme nécessaire à la construction de l'église Saint-Pierre de Bukumbi, dans l'actuelle Tanzanie. De 1883 à 1886, il fit ériger l'église de la Vierge Marie à Rapid Creek en Australie. En 1884 et 1885, fut construite à Haimen, en Chine, l'église Saint-François-Xavier. En 1886, la chapelle Saint-Louis-de-Gonzague fut bâtie à la Pointe-aux-Esquimaux (Havre-Saint-Pierre, Québec). Une dernière église fut érigée, en 1887, à Sawakin, au Soudan. La munificence de Baillairgé lui valut l'attribution de titres honorifiques. En 1885, le pape Léon XIII le louangeait au sujet d'une chaire d'éloquence sacrée et profane à la faculté des arts de l'université Laval, connue sous le nom de chaire Baillairgé, qu'il avait permis de créer et dotée d'une somme de 10 000 $. Deux ans plus tard, le 18 mars 1887, il le faisait chevalier-commandeur de l'ordre de Saint-Grégoire-le-Grand. Puis, le 6 mars 1893, Baillairgé se voyait conférer le titre de comte romain.

Baillairgé vivait modestement dans l'étroit logis familial de la rue Saint-François (rue Ferland) qu'il avait hérité et n'avait pas quitté depuis son enfance, entouré de quelques meubles de style Louis XV, de livres et de portraits anciens. Malgré les instances de ses confrères et du père Désy, il ne consentit jamais à se laisser photographier. Plusieurs de ses contemporains le voyaient comme un être très original.

Le père Désy fut le dernier confident de Louis de Gonzague Baillairgé qui mourut, à l'âge de 88 ans, dans la matinée du 20 mars 1896. Ses funérailles eurent lieu trois jours plus tard à la basilique de Québec et on l'inhuma dans la crypte de la chapelle du séminaire, près de la tombe de son frère, l'abbé François-Xavier Baillairgé, comme il avait été convenu au moment de la création de la chaire d'éloquence sacrée et profane. Il laissa une fortune considérable qui fut partagée entre ses trois nièces et ses deux neveux, l'ingénieur et architecte Charles Baillairgé* et le biographe de la famille Georges-Frédéric Baillairgé*. Les héritiers firent don du drapeau de Carillon à l'université Laval. Les Archives du séminaire de Québec ont aujourd'hui la garde de ce drapeau qui fut à l'origine du drapeau Carillon-Sacré-Cœur puis, en 1948, du drapeau officiel et actuel du Québec.

JEAN-MARIE LEBEL

AAQ, 210 A, XXXVI : 581 ; XXXVII : 143–144, 197 ; 81 CD, III : 52–52a, 58–58a ; 516 CD, II : 28 ; 10 CM, VII : 176, 189 ; VIII : 223 ; Titres et contrats, VI : 89, 119–120. — AC, Québec, État civil, Catholiques, Notre-Dame de Québec, 23 mars 1896. — ANQ-Q, CE1-1, 19 févr. 1808 ; CN1-188, 9 oct. 1830, 11 juill. 1832, 27 nov. 1833, 7 avril 1834, 2 mars 1835, 5 mars 1836 ; CN1-255, 20 avril, 26 juin 1868, 16 mai 1871, 29 févr., 20 sept. 1872 ; CN1-261, 18 août, 11 sept. 1855, 29 janv., 14 févr. 1856, 18 nov. 1857 ; P-232. — ASQ, Fichier des anciens ; Grand livre, II : 41–42 ; Journal du séminaire, IV : 270–271, 472–473, 621, 632 ; Lettres, V, 86–88 ; X, 119 ; Polygraphie, LX : 2L ; S, carton 6 : n° 79 ; Séminaire, 12, nos 49, 49b ; 74, n° 19a ; SME, 16, 23 févr. 1885 ; Univ., 40, n° 11 ; 44, nos 4–8, 22 ; 159a, n° 138 ; 232, n° 6. — AVQ, P38/1, 19, 23–24 ; P38/5-6. — *Le Courrier du Canada*, 20, 23 mars 1896. — *Le Journal de Québec*, 27 juin 1848, 13 mars 1860, 3 mars, 18 août 1863. — *Quebec Gazette*, 27 sept. 1839, 4 août, 1er sept. 1842, 10 nov. 1845, 10 mars 1847, 28 juin 1848. — P.-G. Roy, *les Avocats de la région de Québec*, 16. — Amicus [Blanche Gagnon], *les Deux « Villa Manrèse », 1891–1921 : souvenances* (Québec, 1944). — Jacques Archambault et Eugénie Lévesque, *le Drapeau québécois* (Québec, 1974). — G.-F. Baillairgé, *Louis de Gonzague Baillairgé, avocat, c.r., chevalier commandeur de l'ordre de S. Grégoire le grand* (Joliette, Québec, 1891). — Mario

Béland, *Louis Jobin, maître sculpteur* ([Québec et Montréal], 1986). — Émilia Boivin Allaire, *Quand les murs parlent... : 1873–1973 : cent ans de générosité* [à l'] *Hôtel-Dieu du Sacré-Cœur de Jésus de Québec* ([Québec, 1973]). — Chouinard *et al., la Ville de Québec,* 3 : 18. — H.-J.-J.-B. Chouinard, *Fête nationale des Canadiens français célébrée à Québec en 1880 : histoire, discours, rapport* [...] (4 vol., Québec, 1881–1903), 1 : 39, 51, 53, 55, 58–59, 73, 596, 598, 611 ; 2 : 56–58 ; 3 : li, 70–73 ; 4 : 336, 338, 559–562, 575. — *Le Docteur Pierre Martial Bardy : sa vie, ses œuvres et sa mémoire,* F.-X. Burque, compil. (Québec, 1907). — *Historique de la Banque d'économie de Québec (the Quebec Savings Bank), 1848–1948* (Québec, 1948), 148.— Manrésien [Blanche Gagnon], *Autour de Manrèse ; histoire et monographie ; impressions et souvenirs* (Québec, 1948). — *Notes biographiques et historiques sur la Société Saint-Jean-Baptiste de Québec, 1842–1967,* Mme Paul Duchesneau [Fernande Lecour], compil. (Québec, 1967). — *Notre-Dame-du-Chemin, Québec, 1909–1984* (Québec, 1984). — Honorius Provost, « Historique de la faculté des Arts de l'université Laval, 1852–1902 » (thèse de M.A., univ. Laval, 1952).— P.-G. Roy, *Toutes Petites Choses du Régime anglais* (2 sér., Québec, 1946), 2 : 210–211. — *Souvenir des fêtes du second centenaire de la fondation de l'Hôpital-Général de Québec célébrées au monastère le 16, le 17 et le 18 mai 1893* (Québec, 1893). — « Louis de Gonzague Baillairgé », *BRH,* 18 (1912) : 115–119. — Ernest Gagnon, « le Drapeau de Carillon », *Rev. canadienne,* 28 (1892) : 129–139. — Pierre Sailly [Ernest Gagnon], « le Prétendu Drapeau de Carillon », *Rev. canadienne,* 69 (juill.–déc. 1915) : 304–309.

BAIN, FRANCIS, fermier, scientifique et auteur, né le 25 février 1842 dans la ferme familiale, lot 32, à North River, Île-du-Prince-Édouard, fils de William Bain et d'Ellen Dockendorff ; en 1876, il épousa Caroline Clark, et ils eurent trois filles et six fils ; décédé le 20 novembre 1894 au même endroit.

Enfant, Francis Bain aimait la lecture et prit goût aux sciences naturelles. Après avoir fait ses premières classes à la maison du ministre baptiste de North River, il entra dans une école du district. Au début de son adolescence, il assista pendant un hiver aux cours de Thomas Leeming, à Charlottetown, et quelques années plus tard il fréquenta pendant un semestre la Central Academy de cette ville. Resté seul à s'occuper de la ferme familiale après la mort de son frère aîné en 1862, il dut renoncer à suivre des cours mais n'en poursuivit pas moins, de lui-même, l'étude des classiques, des mathématiques, du français et de l'allemand. Son entourage le tenait pour très religieux et d'un naturel timide et modeste mais, hormis ces quelques traits, on sait peu de chose sur sa personnalité.

Au cours des années 1860, malgré le peu de temps que lui laissaient la ferme et ses obligations familiales, Bain commença à parcourir l'Île-du-Prince-Édouard afin de satisfaire son goût pour les sciences naturelles. Grâce en grande partie à son travail personnel, il devint une autorité en matière de coquillages, d'insectes, de plantes, d'oiseaux, de roches et de fossiles que l'on trouvait dans l'île. Le journal qu'il commença à tenir en 1865 révèle son exceptionnel talent d'observateur de la nature. Même si ses recherches étaient fort diversifiées, Bain se considérait surtout comme un géologue. Il dressa la carte du soubassement de l'île et recueillit, illustra, décrivit et identifia un grand nombre de fossiles. Ses connaissances en géologie l'amenèrent à s'intéresser à l'une des plus importantes questions qui occupèrent la scène politique de l'Île-du-Prince-Édouard après la Confédération, soit d'exiger du gouvernement fédéral qu'il mette en place, comme il l'avait promis en 1873, une voie de communication rapide entre l'île et le continent. En 1882, après avoir procédé à une étude préliminaire, Bain conclut qu'il était possible de creuser un tunnel sous le détroit de Northumberland pour relier Cape Traverse, dans l'île, à Cape Tormentine, au Nouveau-Brunswick. Dix ans plus tard, il passa quatre mois à étudier, pour le compte du gouvernement fédéral, la possibilité de construire un tel tunnel. Toutefois, le gouvernement continua à se montrer peu enthousiaste devant ce projet.

Bain, qui poursuivait toujours ses travaux, fit la connaissance de certains naturalistes de l'île, dont David Laird*, Lawrence White Watson, John MacSwain et Donald Montgomery*. Reconnu par ses pairs comme un observateur attentif et consciencieux, il entra en relation avec des hommes de science et des naturalistes d'autres régions du Canada ainsi que des États-Unis. Il eut l'occasion d'identifier un fossile qu'un fermier de New London, Benjamin McLeod, avait trouvé en creusant un puits. Informé de la découverte, Bain établit en 1883 qu'il s'agissait d'un *Bathygnathus borealis,* reptile considéré depuis 1867 comme un dinosaure. Après que l'éminent géologue canadien John William DAWSON, à qui il avait fait parvenir le fossile, eut confirmé son avis, Bain fut reconnu comme le premier à avoir consigné la découverte d'un fossile de dinosaure au Canada. (On cessa de classer ce reptile parmi les dinosaures en 1905.) Pour souligner l'apport de Bain à la géologie, Dawson donna en 1890 le nom de *Tylodendron baini* à une nouvelle espèce de fougère fossilisée que Bain avait découverte dans l'île St Peters, située dans la baie Hillsborough.

Toujours ravi de partager ses connaissances, Bain se mit à écrire beaucoup et à prononcer nombre de conférences. En novembre 1881, il commença, dans le *Daily Examiner* de Charlottetown, une chronique intitulée « Notes of a naturalist ». Pendant les 11 années qui suivirent, il publia plus de 50 articles sur la météorologie, la géologie, les oiseaux, les plantes et les fossiles ; il fit également le récit de ses excursions dans l'île. Sa chronique témoigne de son talent littéraire, d'une faculté d'émerveillement qu'il savait communiquer à ses lecteurs et de sa profonde compréhension scientifique des sujets traités – ce qui en fait, et de loin, le meilleur auteur scientifique de l'île à cette époque. Ses observations sur l'histoire géologique de l'Île-du-Prince-Édouard, tout particulièrement, furent accueillies avec enthousiasme par le grand public, et avec respect par ses collègues tant canadiens qu'étrangers. Dans sa chronique, Bain s'intéressa aux applications de la connaissance scientifique. Par exemple, il conseilla les fermiers sur la façon de combattre la rouille des céréales, proposa des moyens d'améliorer la gestion de la pêche au homard, qui périclitait à l'époque, et prit la défense des mésanges parce qu'elles mangent les œufs de pucerons « par milliers ». Bain ne se cantonna pas pour autant dans la vulgarisation scientifique. De 1881 à 1893, il publia au moins 20 articles dans une demi-douzaine de revues scientifiques canadiennes et américaines, notamment des listes et des relevés d'oiseaux, de coquillages, de plantes, de papillons, de fossiles et de formations géologiques. Sa carrière d'orateur, commencée dès 1885 et peut-être même avant, prit un nouvel essor avec la fondation, à Charlottetown, le 26 mars 1889, de la Natural History Society. De tous les membres de cette société, il semble avoir été le plus soucieux de renseigner les habitants de l'île sur l'histoire naturelle et la géologie de leur province. Il prononça une causerie au cours de la première assemblée publique de la société, le 2 juillet, et par la suite donna plusieurs conférences, devant cette société et d'autres, sur la botanique, la géologie et le projet de tunnel vers le Nouveau-Brunswick, conférences qu'il agrémentait souvent de ses propres dessins.

À l'apogée de sa carrière, Bain écrivit deux livres. *The natural history of Prince Edward Island,* publié en 1890 à Charlottetown, contient une foule de détails sur la géologie, la flore et la faune de l'île et fut accepté officiellement comme manuel dans les écoles primaires de la province. Un an plus tard parut *Birds of Prince Edward Island* [...], dans lequel Bain recense à peu près 152 espèces d'oiseaux et qui est le premier ouvrage d'envergure sur l'ornithologie de l'île. Quoiqu'il existe aujourd'hui des traités plus complets sur le sujet, c'est encore dans ce livre de Bain qu'on peut trouver la description la plus précise de certaines espèces.

En juin 1894, Bain se blessa à l'épaule en soulevant un poids lourd et eut le bras gauche paralysé ; quelque temps après, il subit une légère attaque d'apoplexie. Un peu plus tard au cours de l'été, après avoir donné une conférence sur la géologie à la Summer School of Science de Charlottetown, il se rendit à Boston avec l'espoir de recouvrer la santé. Moins de trois semaines après son retour, il fut atteint d'une paralysie dont il ne se remit jamais. Il mourut le 20 novembre 1894 et on l'inhuma au cimetière baptiste d'East Wiltshire.

Francis Bain fut le premier natif de l'Île-du-Prince-Édouard à apporter une contribution aussi importante à l'étude du milieu naturel de la province, et il le fit sans formation professionnelle ni véritables moyens financiers. Bien qu'il ait gagné la reconnaissance et le respect de nombre de ses contemporains, et qu'on ait élevé à Charlottetown un monument de granit à sa mémoire, que le lieutenant-gouverneur Donald Alexander MacKinnon dévoila le 25 novembre 1905, il semble que Bain ait rapidement été oublié. Le caractère éphémère de sa célébrité est pour le moins surprenant si l'on considère le nombre astronomique de livres, de journaux, de notes de lecture, d'articles et de manuscrits qu'il a laissés. Quoiqu'on ait réévalué d'un œil critique certains aspects de ses travaux, dont quelques-unes de ses théories sur l'histoire géologique de l'île, sa contribution n'en a pas moins été considérable. Par son vaste savoir dans le domaine des sciences naturelles et par sa reconnaissance des rapports qui existent entre les plantes, les animaux et le milieu dans lequel ils vivent, Bain est, au sens où on l'entend aujourd'hui, le premier écologiste de l'Île-du-Prince-Édouard.

KATHY MARTIN

Francis Bain est l'auteur de : *The natural history of Prince Edward Island,* et de *Birds of Prince Edward Island : their habits and characteristics,* publiés à Charlottetown en 1890 et 1891. La liste complète de ses publications figure dans L. W. Watson, « Francis Bain, geologist », SRC *Mémoires,* 2e sér., 9 (1903), sect. IV : 135–142 ; une recherche effectuée par l'auteure dans le *Daily Examiner* de Charlottetown pour la période de 1881–1892 a cependant révélé quelques erreurs dans la liste ainsi qu'un certain nombre d'articles supplémentaires. Une sélection de photocopies des articles écrits par Bain pour les journaux se trouve dans la P.E.I. Coll. à l'Univ. of P.E.I. Library (Charlottetown). Son journal, des notes de lecture, des manuscrits inédits et d'autres textes ayant trait à sa carrière de naturaliste sont conservés aux PAPEI, Acc. 2353/90–95 et 2353/160–171. [K. M.]

PAPEI, Acc. 2541/6. — P.E.I. Museum, Naomi Newson, biog. of Francis Bain, s.d. (copie). — *Daily Examiner,* 11 févr. 1882, 18 août 1883, août 1887, 12, 27 nov. 1889, 20 nov. 1894. — *Island Guardian,* 22 nov. 1894. — M. K. Cullen, « The transportation issue, 1873–1973 », *Canada's smallest prov.* (Bolger), 232–263. — D. S. Erskine, *The plants of Prince Edward Island* (Canada, Dept. of Agriculture, Plant Research Institute, *Pub.,* n° 1088, [Ottawa], 1960), 6–7. — Winifred Cairns, « The Natural History Society of P.E.I., part I : 1889–1891 », Î.-P.-É., Natural Hist. Soc., *Newsletter* (Charlottetown), n° 70 (mars–avril 1983) : 12–15. — W. E. Godfrey, « Birds of Prince Edward Island », Canada, National Museum, *Annual report* (Ottawa), 1952–1953 : 159. — *Guardian* (Charlottetown), 27 nov. 1905. — Kathy Martin, « The first year of the Prince Edward Island Natural History Society », Î.-P.-É., Natural Hist. Soc., *Newsletter,* n° 30 (mars 1978) : 4–6 ; « Francis Bain, farmer naturalist », *Island Magazine* (Charlottetown), n° 6 (printemps–été 1979) : 3–8.

BAIRD, WILLIAM TEEL, pharmacien, fonctionnaire, officier de milice et auteur, né vers 1819 à Fredericton, fils de John Baird* et d'Annie Diggin ; le 6 janvier 1842, il épousa à Woodstock, Nouveau-Brunswick, Sarah Ann Shea, et ils eurent six enfants ; décédé le 23 février 1897 à cet endroit.

William Teel Baird passa une partie de son enfance dans le haut de la rivière Saint-Jean, où son père, instituteur et ancien soldat, avait défriché une petite terre. En 1825, la famille retourna à Fredericton ; par la suite, Baird allait classer ce déménagement parmi les « grands événements de [sa] vie ». Voilà qu'il pouvait puiser à son gré dans une bibliothèque publique, étudier, développer ses talents. Les souvenirs de ses années à Fredericton, parus dans son autobiographie, constituent un témoignage coloré et remarquablement pénétrant sur la vie dans la capitale.

Entré à l'âge de 14 ans à la *grammar school* de la ville, Baird fut mis en apprentissage chez un pharmacien peu de temps après. En 1839, une fois sa formation terminée, il s'installa à Woodstock pour ouvrir son propre commerce. Là, il put exprimer ses goûts très diversifiés en les mettant au service de la collectivité. Amateur de musique et instrumentiste, il encouragea la formation de sociétés musicales, et il fonda la première bibliothèque de prêt de Woodstock en utilisant ses propres livres. Argumentateur brillant, conférencier populaire et fervent historien amateur, il fut secrétaire du Woodstock Mechanics' Institute et exerça, entre autres fonctions municipales, celle d'administrateur d'école. Il collabora en outre à la fondation des Fils de la tempérance. Toutefois, sa grande passion était la milice.

Sans doute attiré par les activités de la garnison britannique et les rassemblements annuels des compagnies locales, Baird s'était pris d'intérêt pour la milice quand il vivait à Fredericton. En 1836, en atteignant l'âge réglementaire, il s'était enrôlé dans la compagnie de fusiliers du 1st Battalion of York Militia. À Woodstock, il entra comme simple soldat dans le 1st Carleton, unité plus active que bien d'autres parce que la ville, située près de la frontière, était toujours sur le qui-vive dans l'éventualité d'un conflit. Pendant l'émeute orangiste de 1847, à titre de lieutenant dans la compagnie de fusiliers, Baird commanda la garde qui défendait la ville. Deux ans plus tard, on le promut capitaine. Pendant la période qui précéda la Confédération, sa compagnie fut la seule que le gouvernement mit en état d'alerte pour un conflit de travail ; c'était en 1862, au moment où les travailleurs du chemin de fer de Richmond prirent l'initiative de récupérer le salaire qui leur était dû.

D'ailleurs, les années 1860 marquèrent pour Baird le début d'un engagement intense dans les affaires de la milice. Lorsque se produisit l'incident du *Trent,* en 1861 [V. sir Charles Hastings Doyle*], il organisa une garde pour empêcher les désertions parmi les troupes britanniques qui traversaient le Nouveau-Brunswick ; pour cette raison, on le promut au grade de lieutenant-colonel le 1er janvier 1863 et, cinq mois plus tard, on le nomma sous-quartier-maître général. À titre de commandant du 1st Carleton, il travailla ferme pour revivifier son bataillon. En janvier 1865, il fit partie de la commission qui réorganisa la milice provinciale et, en juillet, il commanda un bataillon de milice de service au premier camp d'entraînement militaire tenu au Nouveau-Brunswick. À l'automne, au moment de la menace fénienne, on le plaça à la tête des compagnies de volontaires organisées par le lieutenant-gouverneur Arthur Hamilton Gordon*, les « Home Guards », pour défendre la frontière. Quand on restructura la milice en 1869, après l'avoir fait passer sous compétence fédérale à la Confédération, Baird eut la responsabilité d'organiser le Carleton Light Infantry (67th Battalion of Infantry). Sa contribution exceptionnelle à la milice lui valut cette année-là le grade d'officier payeur de district. Dix ans plus tard, il devint garde-magasin de district à Saint-Jean. Il occupa ces postes peu exigeants jusqu'au début de 1887, année où le gouvernement fédéral les confia à quelqu'un d'autre, dans l'espoir d'influer sur le cours des élections imminentes. Baird en conçut énormément d'amertume quant à l'« influence des partis politiques ».

Baird se retira à Woodstock et publia en 1890 son autobiographie, *Seventy years of New Brunswick life* [...], récit à la fois remarquable et très personnalisé où il parle abondamment de sa carrière et des affaires militaires. La dernière partie révèle qu'à l'instar de bien des Américains il s'inquiétait de l'anarchie et de l'agitation sociale qui se dessinaient aux États-Unis et qui, craignait-il, gagneraient le Canada. Pour contrer cette influence, il proposait de former une petite force permanente et très bien entraînée, commandée par des officiers canadiens et soutenue par une milice de volontaires bien équipée. On recruterait ces derniers parmi les gens politiquement sûrs et la « solide classe des petits propriétaires fonciers du pays », et cette milice pourrait, au moment voulu, aider les autorités civiles « à réprimer les émeutes [... et] à étouffer les premiers signes de chahut ».

L'autobiographie de William Teel Baird révèle un grand nombre des vertus publiques qui caractérisaient les hommes de son temps et de sa position : c'était un bon père de famille, doté de principes élevés, d'un solide sens du devoir et d'un fort sentiment de patriotisme. Après sa mort en 1897, le *Carleton Sentinel* souligna en particulier ce qu'il avait fait pour Woodstock et son « empressement à appuyer tout mouvement susceptible de favoriser [le] progrès moral ou matériel » de la ville.

DAVID R. FACEY-CROWTHER

L'autobiographie de William Teel Baird intitulée *Seventy years of New Brunswick life : autobiographical sketches* (Saint-Jean, N.-B., 1890) a été réimprimée à Fredericton en 1978.

L. P. Fisher Public Library (Woodstock, N.-B.), W. T. Baird, letter-book, 1865–1866 (mfm au Musée du N.-B.). — *The New Brunswick census of 1851 : Carleton County, New Brunswick, Canada,* R. F. Fellows, édit. (Fredericton, 1972). — E. T. Sturdee, *Historical records of the 62nd St. John Fusiliers (Canadian militia)* (Saint-Jean, 1880).— *Carleton Sentinel* (Woodstock), 27 févr. 1897. — *The New Brunswick militia commissioned officers' list, 1787–1867,* D. R. Facey-Crowther, compil. (Fredericton, 1984). — D. R. Facey-Crowther, « The New Brunswick militia : 1784–1871 » (thèse de M.A., Univ. of N.B., Fredericton, 1965).

BAKER, LORAN ELLIS, homme d'affaires, philanthrope et homme politique, né le 13 mai 1831 à Yarmouth, Nouvelle-Écosse, enfant unique d'Ellis Baker et de Delina Kenney ; le 22 septembre 1857, il épousa dans sa ville natale Mary Eliza Bond (décédée en 1868), et ils eurent un fils et deux filles, puis le 10 mai 1870, dans la même ville, Frances Isabella Farish (décédée en 1872) ; un second fils naquit d'un de ces mariages mais ne survécut probablement pas à l'enfance ; en 1873, il épousa à Dartmouth, Nouvelle-Écosse, Mary Isabel Creighton, et de ce mariage naquirent trois fils ; décédé le 31 décembre 1899 dans un train, entre New York et Boston.

Après avoir fait ses études à la Yarmouth Academy, Loran Ellis Baker devint commis chez un commerçant de l'endroit, Dana D. Moulton. Plus tard, il accepta un poste semblable que lui offrit William H. Townsend*, homme politique et homme d'affaires important de Yarmouth, qui connaissait son zèle et sa haute moralité. En 1855, Baker s'associa à John Young pour fonder une entreprise qui importait et vendait une grande variété de produits : marchandises sèches, quincaillerie, papier et articles de bureau, vêtements, peinture, denrées alimentaires et autres ; c'est Young qui fournit le capital initial. Installés à Yarmouth, les deux marchands y firent construire le premier immeuble commercial de brique en 1856 et le premier trottoir de bois l'année suivante. Ils jouèrent aussi un rôle actif dans le domaine du transport maritime à Yarmouth, car ils possédaient des intérêts importants dans quelque dix navires qui jaugeaient en tout 4 196 tonneaux.

Young mit fin à son association en 1864, et Baker poursuivit seul ses activités commerciales. L'année suivante, des citoyens fondèrent la Bank of Yarmouth et, reconnaissant le sens aigu des affaires de Baker, le nommèrent membre du conseil d'administration du nouvel établissement. Il en devint président dix ans plus tard et le resta jusqu'à sa mort. En plus d'être l'un des administrateurs de la Yarmouth Marine Insurance Association de 1867 à 1883, il acquit des actions dans plusieurs autres compagnies d'assurances maritimes. En 1870, il devint le premier président de la Western Counties Railway Company, créée pour terminer la ligne de chemin de fer qui reliait Halifax et Yarmouth via la vallée de l'Annapolis ; il garda des intérêts dans cette compagnie pendant une bonne partie des années 1880. Au cours de cette décennie et de la précédente, il eut des capitaux dans d'autres entreprises, dont la Yarmouth Gas Light Company, la Mountain Cemetery Company, la Yarmouth Water Company, la Yarmouth Marine Railway Company, la Yarmouth Woollen Mill Company et la Cowan Gold Mining Company.

En 1868, Baker avait acheté une part dans le célèbre clipper américain *Great Republic*. Selon les registres de la marine marchande de Yarmouth, il continua à s'occuper de navires à voiles dans les années 1880, mais il ne comptait pas parmi les actionnaires les plus importants des sociétés qui les exploitaient. Baker ne faisait pas partie des administrateurs de la Yarmouth Duck and Yarn Company au moment de sa création en 1883 ; peut-être est-ce le signe qu'il prévoyait le déclin de la navigation à voile à Yarmouth. En 1885, il acheta le vapeur *Dominion* et le Clements Wharf de la Nova Scotia Steamship Company ; l'année suivante, il acquit deux autres vapeurs. En 1887, il mit sur pied la Yarmouth Steamship Company dont il fut le président, le directeur général et le principal actionnaire ; cette entreprise fort dynamique exploitait des vapeurs qui desservaient les ports de la baie de Fundy et de la rive sud de la Nouvelle-Écosse ou qui étaient affectés à la ligne Yarmouth-Boston.

C'est grâce à cette compagnie que Baker se vit attribuer le mérite d'avoir créé l'industrie touristique de la Nouvelle-Écosse. Dans les brochures de la Yarmouth Steamship Company, il faisait de la réclame pour sa province et en vantait les charmes. Comme il savait que le tourisme ne pourrait pas devenir une industrie prospère si l'on n'offrait pas aux visiteurs des services d'hébergement et des activités récréatives appropriés, il fonda en 1893 la Grand Hotel Company, laquelle construisit à Yarmouth l'une des hôtelleries les plus importantes de la Nouvelle-Écosse. Trois ans plus tard, on inaugurait Bay View Park, station de tourisme qu'il mit en valeur. Il joua également un rôle dans la construction de la ligne de chemin de fer qui reliait Halifax et Yarmouth en longeant la rive sud de la province.

Anglican, Baker fréquentait l'église Holy Trinity et était membre du conseil paroissial. C'était aussi un franc-maçon actif de la Hiram Lodge, et il faisait partie du conseil d'administration d'organismes communautaires tels que le Yarmouth Seminary et la Yarmouth County Agricultural Society. En 1872, il créa la Yarmouth Public Library and Museum ; le musée rassemblait divers artefacts tandis que la bibliothèque de prêt gratuit, la première du genre dans la ville, possédait 2 500 livres. Dans les années 1890,

Baker manifesta de nouveau son dévouement à la chose publique en faisant don à Yarmouth d'un parc de trois acres.

Loran Ellis Baker, qui ne s'était jamais engagé en politique municipale, provinciale ou fédérale, fut nommé au Conseil législatif de la Nouvelle-Écosse le 18 février 1878 et y resta jusqu'à sa mort. C'était un libéral, mais on rapporte que pendant les délibérations du conseil, comme aussi au moment des décisions, il s'attachait à défendre le bien commun et non pas des intérêts partisans. Au cours des semaines qui précédèrent sa mort, on cita son nom parmi les successeurs possibles de Malachy Bowes Daly*, lieutenant-gouverneur de la Nouvelle-Écosse. Il ne fait aucun doute que, tout au long des dernières décennies de son siècle, Baker fut l'un des hommes d'affaires et des citoyens les plus marquants de Yarmouth.

ERIC J. RUFF

AN, RG 42, E1, 1296–1298, 1300, 1439–1441 (mfm à la Yarmouth County Museum and Hist. Research Library, Yarmouth, N.-É.). — PANS, MG 9, 194 : 124 ; MG 100, 7, n° 22 ; 222, no 9 ; 251, n° 29P ; RG 32, M, 108, n° 2738 ; Vert. file, 243, n° 10. — Yarmouth County Museum and Hist. Research Library, Arch. files, YMS 1-11 (L. E. Baker) ; 1-147 (Young et Baker) ; YMS 4-4 (L. E. Baker and Company) ; 4-6 (Bank of Yarmouth) ; 4-7 (Exchange Bank of Yarmouth) ; 4-14 (Cowan Gold Mine) ; 4-27 (Grand Hotel) ; 4-60 (Western Counties Railway) ; 4-69 (Yarmouth Steamship Company). — J. M. Lawson, *Yarmouth past and present : a book of reminiscences* (Yarmouth, 1902). — *Acadian Recorder*, 1er janv. 1900. — *Halifax Herald*, 8 juin 1898. — *Progress* (Saint-Jean, N.-B.), 14 oct. 1893. — *Yarmouth Herald*, 14 mars 1835, 2 mai 1872, 21 févr. 1878, 2, 9 janv. 1900. — *Biographical review : this volume contains biographical sketches of leading citizens of the province of Nova Scotia*, Harry Piers, édit. (Boston, 1900). — *CPC*, 1891. — J. M. Lawson, *Record of the shipping of Yarmouth, N.S., containing a list of vessels owned in the county of Yarmouth since its settlement in 1761* [...] (Yarmouth, 1876) ; *Appendix to the record of shipping of Yarmouth, N.S., from 1876 to 1884 (inclusive)* (Yarmouth, 1884). — *N.S. directory*, 1864–1865 ; 1868–1869. — F. W. Wallace, *In the wake of the wind-ships : notes, records and biographies pertaining to the square-rigged merchant marine of British North America* (Toronto, 1927). — *Yarmouth directory*, 1890 ; 1895. — G. S. Brown, *Yarmouth, Nova Scotia : a sequel to Campbell's history* (Boston, 1888). — J. R. Campbell, *A history of the county of Yarmouth, in Nova Scotia* (Saint-Jean, 1876 ; réimpr., Belleville, Ontario, 1972). — F. W. Wallace, *Wooden ships and iron men : the story of the square-rigged merchant marine of British North America, the ships, their builders and owners, and the men who sailed them* (Boston, 1937 ; réimpr., Belleville, 1973). — R. B. Blauveldt, « Profiles from our past », *Light Herald* (Yarmouth), 27 août 1970. — *Busy East of Canada* (Sackville, N.-B.), 7 (juin–juill. 1917). — G. A. MacInnis, « Yarmouth Steamship Company », *Light Herald*, 10 janv. 1974. — *Vanguard* (Yarmouth), 9 juin 1971.

BALDWIN, WILLIAM HENRY, constructeur de navires, né le 3 novembre 1827 à Québec, fils de Patrick (Peter) Baldwin et d'Isabella Gilley ; le 4 février 1864, il épousa au même endroit Annie Jane Lee, fille de Thomas Conrad Lee, constructeur de navires, et ils n'eurent pas d'enfants ; décédé le 17 octobre 1894 dans sa ville natale.

William Henry Baldwin était issu d'une famille de constructeurs de navires, tant du côté paternel que du côté maternel. Son grand-père paternel, Henry Baldwin, avait quitté l'Écosse en 1793 pour venir travailler à titre de contremaître au chantier de Patrick Beatson*, le premier grand chantier naval privé de Québec. Son grand-père maternel, le charpentier de navires Walter Gilley, était arrivé à Québec peu avant la guerre de 1812 pour aider à construire des bâtiments qui serviraient au transport du bois. Son père, Patrick, était, comme son oncle Henry Baldwin, fabricant de pompes et de poulies ; il mourut quand William Henry avait quatre ans. Sa mère, qui se remaria en 1833 à James Dinning, mourut quatre ans plus tard. Baldwin fut donc élevé par un oncle, le constructeur de navires George Black*, qui en 1841 l'envoya comme apprenti chez son oncle Henry pour apprendre à fabriquer des pompes et des poulies. Il commença donc son apprentissage à 14 ans, mais n'y demeura que quatre ans. Le 27 mars 1851, Baldwin, prêt à entreprendre une carrière, conclut avec son demi-frère Henry Dinning* une entente d'association qui entrait rétroactivement en vigueur le 1er septembre 1850. Cette entente, signée pour huit ans, précisait que les associés comptaient « exercer le métier de constructeurs de navires, réparer les navires ou les vaisseaux et, d'une manière générale, faire commerce à un endroit appelé anse du Cap ».

Le chantier de l'anse du Cap était l'un des meilleurs du port de Québec. Établi par John Saxton Campbell*, il avait été dirigé de 1825 à 1837 par son associé George Black, qui l'avait alors acheté. À la retraite de celui-ci en 1846, il l'avait loué à son fils, prénommé George lui aussi. À l'époque, le chantier comptait deux docks flottants, des maisons, des quais, des cales, des grils de carénage, des estacades, des grèves et des lots en eau profonde. Le jeune George Black n'était pas resté longtemps au chantier, car il était mort en 1849. Cette année-là, son père avait loué le chantier à Baldwin pour huit ans sous réserve que, à sa demande, Baldwin prenne un autre de ses fils, plus jeune, Edmund Black, comme associé à part égale pour la durée du bail. Cependant, Baldwin constata qu'Edmund n'avait pas d'argent à investir dans l'affaire et il refusa de s'associer à lui pour se tourner plutôt vers Henry Dinning.

Baldwin et Dinning vécurent tous deux dans la vieille maison de Black, au pied de la falaise qui dominait le chantier ; le premier surveillait les « travaux à l'extérieur », tandis que le second s'occupait

« plus particulièrement du bureau et de la comptabilité ». En six ans, ils construisirent dix navires qui jaugeaient en moyenne 1 100 tonneaux, parmi lesquels l'*Ocean Monarch,* trois-mâts carré de 1 832 tonneaux dont l'*Illustrated London News* publia une gravure. Les deux associés avaient droit de puiser chaque année £150 aux bénéfices du chantier et, de temps à autre, on devait partager les profits. La G. B. Symes and Company [V. George Burns Symes*] agissait en qualité de courtier pour la vente de leurs navires, surtout à Liverpool.

Cependant, en 1856, les deux hommes mirent fin à leur association et c'est Dinning qui conserva le chantier de l'anse du Cap. Baldwin alla s'installer à Saint-Roch, de l'autre côté du cap, où il loua le chantier de John James Nesbitt, constructeur de navires qui avait fait faillite et dont il avait précédemment acheté le stock. Il y travailla avec son cousin Peter Baldwin, sans toutefois s'associer officiellement avec lui. En 1859, un jugement de la Cour supérieure ordonna la saisie de ses biens meubles dans sa maison du chemin Charlesbourg. William put cependant récupérer ceux-ci en les louant de Peter, qui les avait rachetés à la vente judiciaire. De 1859 à 1863, période durant laquelle il était associé à William Dinning sous la raison sociale de William H. Baldwin and Company, il construisit les « Empire », série de neuf navires qui jaugeaient entre 1 143 et 1 752 tonneaux, baptisés *Celestial Empire, Western Empire,* et ainsi de suite. De 1865 à 1868, c'est le courtier maritime Thomas Hart Watson, de Glasgow, à qui il envoya six navires à vendre, qui lui fournit l'argent nécessaire au fonctionnement de son entreprise. En 1868, Baldwin déclara qu'il exerçait ce métier depuis 20 ans et qu'il avait construit 47 navires. Selon le recensement de 1871, il avait exploité son chantier durant huit mois cette année-là et construit des navires d'une valeur totale de 80 000 $; ses 230 employés avaient gagné 42 300 $.

La même année, après que son chantier eut été complètement détruit dans l'incendie qui ravagea Saint-Sauveur, Baldwin alla s'établir à Pointe-aux-Lièvres, où il occupa le chantier de son défunt beau-père, Thomas Conrad Lee. Là, il construisit encore quatre navires. Pendant la plus grande partie de sa carrière, il n'avait produit que des trois-mâts carrés, mais à compter de 1866 il fabriqua, pour chaque navire de 1 200 à 1 300 tonneaux, un trois-mâts barque de 700 tonneaux. Il se retira des affaires en 1872 et laissa le chantier à son cousin Peter, à qui il accorda également son aide financière. Mais comme la construction des navires ne lui occupait plus l'esprit, il trouva les jours d'hiver bien longs et, après entente avec son cousin, il construisit en 1875 sa dernière barque, le *Princess Beatrice.* Il mourut en octobre 1894 au terme d'une longue maladie.

On comprend difficilement pourquoi William Henry Baldwin, l'un des constructeurs de navires les plus respectés de Québec, a renoncé à ce commerce à l'âge de 46 ans seulement, après 25 ans de carrière. Peut-être avait-il pressenti la fin de l'ère des grands voiliers de bois ; peut-être aussi estimait-il qu'il avait eu sa chance et qu'il devait donner à son cousin, qui travaillait dans l'ombre depuis si longtemps, la satisfaction de construire ses propres navires avant qu'il ne soit trop tard.

EILEEN MARCIL

AC, Québec, Minutiers, H. C. Austin, 24 mai 1873 ; John Strang, 28 déc. 1866. — ANQ-Q, CE1-66, 19 déc. 1827, 19 oct. 1894 ; CN1-49, 6 nov. 1846, 19 avril 1848 ; CN1-67, 1er juill. 1850, 27 mars 1851, 26 avril, 1er août 1856, 24 juin, 8 déc. 1859, 3 févr. 1864 ; CN1-109, 8 avril 1831 ; CN1-116, 7 déc. 1841, 4 nov. 1845 ; CN1-117, 31 déc. 1852 ; CN1-196, 30 avril 1858 ; ZQ6-120, 4 févr. 1864. — Arch. de Ports Canada (Québec), Reg. of shipping. — *Quebec Mercury,* 17 oct. 1894.

BALFOUR, WILLIAM DOUGLAS, instituteur, éditeur et homme politique, né le 2 août 1851 à Forfar, Écosse, aîné des enfants de David Balfour et de Janet Douglas ; le 17 octobre 1874, il épousa à Grosse Île, Michigan, Josephine Brodhead, et ils eurent quatre fils et quatre filles ; décédé le 19 août 1896 à Toronto et inhumé à Amherstburg, Ontario.

William Douglas Balfour avait six ans quand il arriva avec sa famille à St Catharines, dans le Haut-Canada. Il fréquenta l'école primaire locale ainsi que la Grantham Academy. Après avoir quitté l'école à 15 ans, il enseigna durant cinq ans dans les cantons de Grantham et de Louth. En 1872, il devint propriétaire des éditions quotidienne et hebdomadaire du *St. Catharines News,* avec Robert Matheson comme associé. Deux ans plus tard, après la dissolution de la société, Balfour s'installa à Amherstburg où il fonda un hebdomadaire, l'*Amherstburg Echo,* avec John Allan Auld. Ce journal de tendance politique libérale fut un ardent promoteur de la ville d'Amherstburg et constitua une importante source d'information pour les comtés d'Essex et de Kent.

En 1875, peu de temps après son arrivée à Amherstburg, Balfour fut élu commissaire des écoles publiques, poste qu'il avait déjà occupé à St Catharines. De 1878 à 1882, il exerça la fonction de président du conseil municipal d'Amherstburg. Défait aux élections provinciales en 1879 dans la circonscription d'Essex South, il remporta la victoire trois ans plus tard dans une élection complémentaire. Une fois élu député provincial, il continua à publier son journal, l'*Amherstburg Echo* : c'était pour lui un moyen efficace de promouvoir sa carrière politique, car il lui permettait de tenir ses lecteurs au courant de ses activités législatives. En 1885, son association avec Auld prit fin, et une société par actions y succéda, l'Echo Printing Company.

Relativement peu de temps après son arrivée au Parlement, Balfour avait été, en 1884, du nombre des députés provinciaux libéraux qu'on avait cherché en vain à soudoyer pour détourner des votes du gouvernement d'Oliver Mowat* [V. Christopher William BUNTING]. Balfour contribua à dévoiler le complot en remettant au président de l'Assemblée le pot-de-vin de 800 $ que lui avait offert John A. « Big Push » Wilkinson, ancien rédacteur en chef de journal.

Tout au long de sa carrière de législateur, Balfour se fit constamment le champion des minorités et des déshérités de la société. En 1884, il présenta un projet de loi qui aida Delos Rogest Davis, du canton de Colchester, dans le comté d'Essex, à devenir le premier avocat noir du Canada. Balfour mena aussi une longue campagne contre l'octroi de primes aux fabricants par les municipalités, et parvint ainsi à faire modifier le *Municipal Act* en 1888, puis à faire abolir cette pratique en 1892. Il s'opposa, en outre, vigoureusement au maintien des routes à péage provinciales. Partisan du droit de vote pour les femmes, il joua un rôle majeur dans l'adoption, en 1892, d'un projet de loi qui autorisait les femmes à faire partie de la Law Society of Upper Canada et à pratiquer le droit. Presbytérien et membre des Oddfellows, il défendit avec fermeté les lois sur la tempérance.

À titre de député libéral qui soutenait Mowat, Balfour plaida résolument en faveur des droits des provinces et, en 1896, au cours du débat sur la question des écoles du Manitoba, il appuya le chef libéral fédéral Wilfrid Laurier* qui s'opposait à l'adoption d'un projet de loi qui obligeait les provinces à restaurer les privilèges des minorités en matière d'éducation. Élu président de l'Assemblée législative de l'Ontario, en février 1895, Balfour conserva ce poste jusqu'en juillet 1896, après quoi il se joignit au cabinet d'Arthur Sturgis Hardy* à titre de secrétaire de la province. À cette époque, Balfour souffrait déjà de tuberculose depuis plusieurs années et, au mois d'août, des complications précipitèrent sa mort.

William Douglas Balfour avait été propriétaire d'un prospère journal hebdomadaire tout en servant la circonscription d'Essex South comme député. Homme politique progressiste, il donna son soutien aux défavorisés. Avec ses qualités, il aurait pu connaître une carrière politique exceptionnelle, mais il en fut malheureusement empêché par la maladie et par une mort prématurée.

RONALD G. HOSKINS

La notice nécrologique de William Douglas Balfour parue dans le *Globe,* 20 août 1896, est accompagnée d'une gravure qui le représente, et *Commemorative biog. record, county York* comprend une photographie.

AN, RG 31, C1, 1891, Amherstburg, Ontario, district n° 63, 3rd ward : 34 (mfm aux AO). — AO, MS 76, J. Wallace à Charles Clarke, 3 mars 1884. — Ontario, Legislature, *Journals,* 1882–1896 ; *Statutes,* 1884, chap. 94 ; 1888, chap. 28 ; 1892, chap. 32. — *Amherstburg Echo,* 1874–1896. — *CPC,* 1891. — *Cyclopædia of Canadian biog.* (Rose et Charlesworth), 1. — D. G. Hill, *The freedom-seekers : blacks in early Canada* (Agincourt [Toronto], 1981).

BALLANTYNE, ROBERT MICHAEL, trafiquant de fourrures et auteur, né le 24 avril 1825 à Édimbourg, fils d'Alexander Ballantyne et d'Anne Randall Scott Grant ; le 31 juillet 1866, il épousa Jane Dickson Grant, et ils eurent six enfants ; décédé le 8 février 1894 à Rome.

Le père de Robert Michael Ballantyne était le frère cadet de James Ballantyne, l'imprimeur des romans de sir Walter Scott. Lorsque ce dernier fit subitement faillite en janvier 1826, Alexander Ballantyne, qui avait investi dans l'entreprise de son frère, partagea le même revers. Sa famille vécut par la suite dans des conditions difficiles. À 16 ans, Robert Michael obtint un poste à la Hudson's Bay Company grâce à l'influence de cousines éloignées : Frances Ramsay Simpson*, femme de sir George Simpson*, gouverneur de la compagnie, ainsi que la sœur de cette dernière, Isobel Graham Simpson*, épouse du gouverneur d'Assiniboia, Duncan Finlayson*. Dans un contrat daté du 31 mai 1841, Ballantyne fut nommé commis débutant pour une période de cinq ans au salaire annuel de £20.

Ballantyne arriva à York Factory (Manitoba) le 21 août, et dix jours plus tard il partait avec un convoi vers la colonie de la Rivière-Rouge. James Hargrave*, chef de poste à York Factory, pensa que les Simpson aimeraient que Ballantyne soit près des Finlayson, et il l'affecta donc à Upper Fort Garry (Winnipeg) à titre de commis comptable. En juin 1842, on l'envoya à Norway House où il travailla une année. Sa troisième affectation fut à York Factory, où il poursuivit son travail de commis jusqu'en juin 1845.

La première impression que Ballantyne fit, en 1841, sur Letitia Hargrave [MacTavish*], épouse de James Hargrave, était celle d'un être « intelligent, très courtois et divertissant ». Mais durant ses quatre années de service dans Rupert's Land le manque d'aptitudes de Ballantyne mit à rude épreuve la patience de ses supérieurs. En 1843, Letitia Hargrave écrivit qu'il était « un petit commis inutile qui [pouvait] à peine copier », tandis que son mari le disait aussi inapte à être comptable « qu'à être archevêque de Cantorbéry ». Ballantyne lui-même s'intéressait davantage aux aventures dans la nature sauvage qu'à la comptabilité. Les Hargrave ne pouvaient se douter que sa puissance d'observation et d'expression lui permettrait plus tard de décrire avec précision les diverses facettes du mode de vie relié à la traite des fourrures.

Selon James Hargrave, au cours de son dernier hiver à York Factory, Ballantyne souffrit d'une « santé médiocre, sa constitution ne convenant pas à ce climat inhospitalier », et par conséquent on l'affecta à Lachine, dans le Bas-Canada. Déçu d'apprendre qu'on le destinait au poste de secrétaire du gouverneur Simpson, Ballantyne demanda un poste dans une région sauvage. En janvier 1846, il partit en raquettes avec George Barnston* pour les postes du roi de la rive nord du Saint-Laurent. Ils arrivèrent à Tadoussac le 7 février. Un mois plus tard, on mutait Ballantyne à Îlets-Jérémie puis, en avril, à Sept-Îles pour relever le commis sortant. Son contrat de cinq ans devait se terminer en juin mais, comme il n'avait pas donné un préavis suffisant pour qu'on puisse lui trouver un remplaçant, il dut rester en poste durant l'hiver de 1846–1847. Il quitta Tadoussac le 9 mai 1847 et, plus tard le même mois, prit le bateau à New York pour retourner en Écosse.

La carrière littéraire de Ballantyne naquit de l'ennui qui régnait dans les postes de traite isolés où, pour passer le temps, il écrivait de longues lettres descriptives à sa mère. Plus tard, il devait mentionner qu'à Sept-Îles il n'y avait ni gibier à chasser ni livres pour se distraire, « mais [qu'il] avai[t] une plume et de l'encre, et par bonheur étai[t] en possession d'un cahier de feuilles blanches d'un bon pouce d'épais ». C'est ainsi qu'il coucha sur papier son expérience de la traite des fourrures. Après son retour en Écosse, une dame âgée qui avait pris plaisir à lire ses lettres lui offrit de financer une édition privée de ses souvenirs. En mars 1848 paraissait le livre *Hudson's Bay ; or, every day-life in the wilds of North America* [...].

Même si Ballantyne, qui avait trouvé un emploi chez des éditeurs d'Édimbourg, n'avait toujours pas l'intention de faire une carrière d'écrivain, son intérêt pour l'exploration dans l'Arctique l'amena à réviser l'ouvrage de Patrick Fraser Tytler, *Historical view of the progress of discovery on the more northern coasts of America* [...], publié à Édimbourg en 1832. La nouvelle édition, qui visait un public jeune, parut à Londres et à Édimbourg en 1853 sous le titre : *The northern coasts of America, and the Hudson's Bay territories* [...].

À la lecture de *Hudson's Bay,* William Nelson, éditeur d'Édimbourg, suggéra à Ballantyne d'écrire un livre à l'intention des jeunes, en mettant peut-être l'accent sur quelques-unes de ses premières aventures. En novembre 1856, *Snowflakes and sunbeams ; or, the young fur traders* [...] parut à Londres, et Ballantyne était lancé comme auteur pour jeunes garçons. Un an plus tard, il écrivit un autre livre centré sur une région du Canada : *Ungava ; a tale of Esquimaux-land.* Ce livre, daté de 1858, parut en novembre 1857, juste à temps pour les achats de Noël. On croit que Ballantyne en obtint les idées de Nicol Finlayson*, le fondateur de fort Chimo (Kuujjuaq, Québec), qui avait pris depuis peu sa retraite en Écosse. Le même Noël parut *The coral island ; a tale of the Pacific Ocean.*

On attribue à Ballantyne la rédaction de 74 volumes au cours des 30 années suivantes, dont 62 récits indépendants ; si l'on ajoute ses histoires illustrées pour enfants et ses manuels, il écrivit plus de 90 livres. Ses récits d'aventures, dont plus de 20 se déroulent dans les Prairies, les Rocheuses et l'Arctique, sont empreints d'un souci de vraisemblance. Bien que les intrigues soient parfois minces et le ton chargé de morale victorienne, ses histoires pleines d'action eurent une grande popularité auprès de son jeune auditoire. Il illustra lui-même bon nombre de ses livres, car il s'adonnait au dessin et à l'aquarelle et exposa assez souvent à la Royal Scottish Academy.

Les livres de Ballantyne furent souvent réimprimés, plusieurs connurent de nouvelles éditions et quelques-uns ne sont toujours pas épuisés. Aucune de ses œuvres de fiction ultérieures ne fut cependant aussi populaire que les trois premières ; malheureusement, il ne put tirer profit de leur réimpression car il avait vendu ses manuscrits et tous ses droits à son premier éditeur, Thomas Nelson. En 1863, il passa chez James Nisbet, éditeur de Londres, qui versait des droits d'auteur convenables. Ballantyne arrondissait ses revenus d'auteur en donnant des conférences publiques sur la vie dans Rupert's Land, au cours desquelles il projetait des dessins à l'aide d'une lanterne magique et exposait des souvenirs de la traite des fourrures.

Vers 1890, Robert Michael Ballantyne commença à souffrir de vertiges et de nausées, premier symptômes du syndrome de Ménière, et il éprouva de plus en plus de difficultés à poursuivre son œuvre littéraire. En octobre 1893, accompagné d'une de ses filles, il se rendit à Rome pour se faire admettre dans une clinique médicale. Il mourut dans cette ville quatre mois plus tard et on l'enterra au cimetière anglais de Rome. Une souscription publique en Grande-Bretagne permit qu'on lui élève une pierre tombale ; parmi les dons reçus, il y avait beaucoup de pennies ou de sixpences, cadeaux d'écoliers à qui les récits d'aventures publiés chaque Noël par Ballantyne avaient procuré tant de joies.

BRUCE PEEL

Robert Michael Ballantyne publia des souvenirs de sa carrière littéraire dans *An author's adventures, or personal reminiscences in bookmaking* (Londres, [1893]). Il est l'auteur de nombreux volumes pour garçons, dont un bon nombre ont connu plusieurs éditions et réimpressions. L'ouvrage d'Eric Quayle, *R. M. Ballantyne : a bibliography of first editions* (Londres, 1968) et le *National union catalog* contiennent des inventaires détaillés de sa production littéraire.

PAM, HBCA, A.1⅛ : f° 264d ; A.32/21 : f° 77 ; B.134/c/62 : f° 341 ; B.134/g/20 : 175 ; B.154/a/37 : f° 19 ; B.214/

a/1 ; B.235/d/84 : f° 4 ; B.239/a/154 ; B.239/g/22 ; C.4/1 : f° 20d ; D.5/11 : f° 238d ; D.5/13 : f° 371d ; D.5/14 : f° 94. — Letitia [Mactavish] Hargrave, *The letters of Letitia Hargrave,* Margaret Arnett MacLeod, édit. (Toronto, 1947). — *Times* (Londres), 10 févr. 1894. — *British Library general catalogue*. — *DNB*.— Eric Quayle, *Ballantyne the brave ; a Victorian writer and his family* (Londres, 1967). — J. W. Chalmers, « Ballantyne and the Honourable Company », *Alta. Hist. Rev.*, 20 (1972), n° 1 : 6–10.

BARBER, POLLY (elle reçut à la naissance le prénom de **Mary**) (**Scovill**), institutrice, fermière et femme d'affaires, née le 25 septembre 1803 à Saint-Armand, Bas-Canada, fille d'Asahel Barber et de Polly Armes ; décédée le 23 février 1898 à Scottsmore, Québec.

Le père de Polly Barber était le fils d'un médecin de Canton, au Connecticut, et sa mère comptait plusieurs membres du clergé baptiste dans sa famille. Dans ce milieu d'origine assez distinguée, Polly, douée d'une vive intelligence, reçut une bonne éducation tant intellectuelle que pratique et sut en tirer parti.

Dès 1820, la jeune Polly enseignait à Saint-Armand, probablement chez des particuliers, pour 4*ll* par semaine et réglait le prix de sa pension avec des travaux de tissage. Elle suivit sa famille dans le canton de Sutton où elle remplaça un maître d'école en 1834 ; malgré son maigre salaire hebdomadaire de 1 $ en plus de sa pension, on dit qu'elle arrivait à faire des économies.

C'est à cette époque que Polly épousa Stephen Scovill (Scofield) fils, son cadet de cinq ans et fermier du canton de Sutton qui possédait plus de 250 acres de terre. Tous les deux déployèrent certainement beaucoup d'énergie pour mettre leur domaine en valeur. L'adresse de Polly dans les arts domestiques se traduisit par une importante production de laine et de tissu. En 1842, le troupeau de 40 moutons fournit 200 livres de laine transformée en 55 verges d'étoffe. D'après le rôle d'évaluation cantonal dressé en 1846, la valeur des propriétés des Scovill s'élevait à 1 450 $.

Polly fut cependant durement éprouvée par la mort de plusieurs de ses enfants ; seul l'un des jumeaux nés en 1835 et trois filles parvinrent à l'âge adulte. De plus, le 7 novembre 1847, son mari mourut en la laissant, à 44 ans, enceinte avec trois autres enfants à élever et des dettes à rembourser. Elle fit face : non seulement elle n'abandonna pas la ferme, mais elle redoubla d'activité, intensifia les cultures et l'élevage, ouvrit même une fabrique de vêtements qui embauchait plusieurs employés. En 1861, la valeur de sa ferme atteignait 5 000 $, et les chiffres de certaines productions étonnent : par exemple, 1 300 livres de sucre d'érable, 1 100 livres de beurre, 350 livres de fromage, 60 verges de lainage.

La « veuve Scovill », ainsi qu'on l'appelait, connut un tel succès que l'on considérait sa ferme comme la plus prospère de Sutton. Elle avait fait instruire ses filles et avait établi son fils Smith sur deux autres lots du canton. À sa fille Julia, femme de George L. Scott, elle donna en 1867 un emplacement avec maison et magasin, situé à Knowlton. À peu près à la même époque, elle dut toutefois prendre du repos, car sa santé se ressentait de tant d'efforts. Elle confia alors la gérance de sa ferme, située près d'Abercorn, à son aînée Judith et au mari de celle-ci, Abram N. Smith, qui fut juge de paix et maire de la municipalité du canton de Sutton.

Polly Barber Scovill passa ses dernières années chez sa fille Julia et son gendre à Scottsmore, dans le canton de Dunham. Le 8 janvier 1880, elle rédigea son testament : elle laissait tous ses biens à ses quatre enfants en parts égales, mais stipulait que l'héritage de ses filles ne devait jamais tomber sous une communauté de biens. Restée parfaitement lucide, elle avait conservé également son extraordinaire mémoire et, quelques jours avant sa mort, pouvait encore réciter des hymnes. Élevée dans la foi baptiste, elle était passée aux universalistes, comme il arrive souvent dans les milieux où la population est trop dispersée pour pouvoir entretenir des pasteurs de plusieurs confessions. Le 23 février 1898, après plusieurs années d'invalidité, elle s'éteignit à l'âge de 94 ans. Ses funérailles eurent lieu à l'église méthodiste, à Abercorn, où on l'inhuma dans le cimetière Old Union. Elle a laissé le souvenir d'une femme énergique et de grand talent, qui surmonta les préjugés et les dures conditions de vie de son temps, et fut tout à la fois un exemple et un précurseur.

MARIE-PAULE R. LABRÈQUE

Il existe un portrait à l'huile de Polly Barber (Scovill) aux Brome County Hist. Soc. Arch. (Knowlton, Québec). La principale source de renseignements sur ce personnage est son petit-neveu, le révérend Ernest Manly Taylor, l'auteur de *History of Brome County, Quebec, from the date of grants of land therein to the present time ; with some records of early families* (2 vol., Montréal, 1908–1937). C'est probablement lui qui a écrit « A pioneer dead : Mrs Scoville passes away at a ripe old age » paru dans le *Montreal Daily Star,* 5 mars 1898. [M.-P.R.LB.]

AJ, Bedford (Cowansville), Minutiers, Samuel Gale. — AN, RG 31, C1, 1831, 1842, 1852, 1861, 1871, 1881, canton de Sutton. — ANQ-E, CN2-21 ; CN2-26. — ANQ-Q, E18/211. — Arch. privées, Hilari Farrington (Abercorn, Québec), notes personnelles ; corr. — Brome County Hist. Soc. Arch., H12 (geneal. files), Hilari Farrington, « Minding her own business », *le Tour* (Sutton, Québec), 2 (1984), n° 1 ; M. L. Phelps, personal notes ; Alice Smith papers ; H14 (cemetery records), Abercorn ; P1 (Nathaniel Pettes), deeds ; P5 (Alice Smith photograph album) ; S1 (school papers), Sutton Township, school rate role, 1861–1886 ; V1 (municipal records), Sutton Township, valuation roll, 1846 (Transcription). — Joseph Bouchette, *Carte topographique de la province du Bas-Canada* [...] (s.l., 1815 ; réimpr., Montréal, 1980).— *Illustrated atlas of the Dominion of Canada* [...] *Eastern Townships and south western Quebec* (Toronto, 1881 ; publié à nouveau, Ross Cumming, édit., Port Elgin, Ontario, 1972). — Langelier, *Liste des terrains concédés*. — Cyrus Thomas, *Contributions to the history of the Eastern Townships* [...] (Montréal, 1866). — Hilari Farrington, « Making a success of life in the country », *Gazette* (Montréal), 29 mars 1985 : C-1. — « Life work of Polly Scoville », Missisquoi County Hist. Soc., *Report* (Saint-Jean-sur-Richelieu, Québec), 14 (1976) : 193.

BARKER, WILLIAM, mineur et prospecteur, baptisé le 7 juin 1817 à March, Angleterre, fils de Samuel Barker et de Jane Brighton ; le 31 octobre 1839, il épousa à Earith, Angleterre, Jane Lavender, née Young (décédée en 1850), puis le 13 janvier 1863, à Victoria, Elizabeth Mary Collyer ; décédé le 11 juillet 1894 au même endroit.

William (Billy) Barker n'est pas né en Cornouailles, comme on l'a prétendu, mais bien dans le Cambridgeshire, où on le baptisa à l'église St Wendreda, dans la ville de March. À l'instar de son père, il exerça le dur métier de batelier à bord des chalands qui naviguaient sur les canaux entre March et King's Lynn, dans le comté de Norfolk. Le 31 octobre 1839, il épousa une veuve, Jane Lavender, et leur fille unique, Emma Eliza, naquit au mois de mai suivant. L'avènement du chemin de fer, au milieu des années 1840, réduisit à l'inactivité de nombreux travailleurs des canaux et il semble que Barker ait décidé alors de chercher fortune aux États-Unis, en laissant sa famille dans l'indigence.

On ne sait à peu près rien de ce que fit Barker pendant son séjour aux États-Unis sauf qu'il se joignit à la ruée vers les gisements aurifères de la Californie. Il devait, d'ailleurs, passer le reste de sa vie à chercher de l'or, ce qui l'amena en Colombie-Britannique en 1858, année de la ruée vers l'or du fleuve Fraser. C'est là qu'en septembre 1859 on lui délivra un certificat de mineur indépendant, après quoi, associé à plusieurs autres Anglais, il exploita d'abord une concession située à la barre Canada, près de Lillooet. La saison suivante, en partie à cause d'un litige concernant des droits de captation d'eau, il décida de vendre sa part dans cette affaire, après avoir jalonné des concessions plus en amont. À l'été de 1860, l'évêque George HILLS rencontra Barker à l'occasion de sa tournée des terrains aurifères du Fraser et tous deux s'entretinrent avec nostalgie de la « vieille Angleterre ». À cette époque, Barker avait perdu le contact avec sa famille (sa femme était décédée en 1850 au Union Workhouse à Doddington, dans le Cambridgeshire) mais, comme l'évêque insistait, il renoua avec sa fille.

Au début de l'année 1861, on signala que certaines zones se prêtaient à l'exploitation le long de nombreux ruisseaux dans la partie nord de la région accidentée de Cariboo. Barker se joignit donc à une centaine d'autres mineurs qui décidèrent de tenter leur chance au ruisseau Williams. Avec cinq autres hommes, il forma la société Barker and Company qui, le 15 août, fit enregistrer officiellement ses premières concessions sur le ruisseau Williams. Comme beaucoup d'autres, Barker et ses associés trimèrent tout l'été sans faire de découverte importante. Avec l'ardeur qui semble avoir caractérisé toute sa carrière, il persuada plusieurs mineurs de se joindre à lui la saison suivante pour jalonner des concessions bien en aval du canyon Black Jack, près de la ravine Stouts. Vers la même époque, il vendit les intérêts qu'il avait dans la première concession ; ironie du sort, ses anciens partenaires trouvèrent un bon filon quelques jours plus tard. Bien des gens le jugèrent alors téméraire, estimant que la deuxième concession était trop en aval pour renfermer de l'or. De fait, la société de Barker fut obligée de creuser des puits plus profonds que tous ceux des groupes installés dans cette région éloignée mais, après deux vaines tentatives, le 17 août 1862, Barker et ses sept compagnons découvrirent de riches gisements à une profondeur de 40 pieds. L'évêque Hills relata le fait en ces termes : « Entendu parler du filon qu'on a découvert sur la concession de Barker, au ruisseau Williams, où je suis allé il y a plusieurs jours. D'emblée, chaque associé estime la valeur de sa part à vingt mille dollars. Tous « font la fête » depuis plusieurs jours. »

Devenu riche, Barker confia l'exploitation de la concession à l'un de ses associés et alla passer un agréable hiver à Victoria. C'est là qu'au début de janvier il épousa Elizabeth Mary Collyer, veuve fraîchement arrivée d'Angleterre à bord du *Rosedale*. À l'été de 1863, elle accompagna son mari au ruisseau Williams, où on lui délivra à son propre nom un certificat de mineur indépendant. Une ville champignon, qu'on appela bientôt Barkerville, surgissait déjà autour du riche gisement découvert par Barker et ses associés. Après une autre fructueuse saison pendant laquelle on exploita trois puits sur la concession de Barker, le couple revint à Victoria.

Il n'existe pas de preuve à l'appui de l'histoire selon laquelle la femme de Barker l'aida à dépenser sa fortune puis le quitta une fois l'argent épuisé. Leur mariage, de courte durée, se termina par la mort d'Elizabeth, âgée de 38 ans, le 21 mai 1865. L'année précédente, Barker avait vendu sa part dans la concession qui l'avait rendu célèbre, car on en avait extrait la plus grande partie des sables aurifères. Il se croyait peut-être assez riche pour vivre à l'aise et investir encore des capitaux dans d'autres projets, mais la chance tourna ; sa générosité notoire fut peut-être aussi pour quelque chose dans ce déclin.

Par la suite, Barker n'obtint pas de succès avec ses autres entreprises. Sa deuxième concession, située entre les ruisseaux Williams et Valley, semblait prometteuse en 1869, mais la boue qui inonda le puits réduisit tout espoir à néant. Dans les années 1870, Barker dirigea plusieurs équipes de prospection dans la région de Horsefly, contrée montagneuse qui s'étend au sud-est de Quesnel Forks. En 1875, le gouvernement de la Colombie-Britannique reçut une pétition qui réclamait la désignation de Barker à la tête d'une nouvelle expédition de prospection. Bien qu'infructueuse, cette pétition, qui parut dans le *Cariboo Sentinel* du 30 janvier, montre l'estime qu'on avait pour Barker, ce mineur « connu à la grandeur de la province, une personne d'une expérience reconnue et d'une compétence indiscutable ». En 1876, il prit part à une ruée vers le ruisseau Black à titre de membre d'une société minière dirigée par John Butson, vieux camarade avec qui il avait déjà travaillé sur les bords du Fraser. Une montagne et un ruisseau de la région de Horsefly portent le nom de Barker.

On a prétendu que, dans les années subséquentes, Barker devint cuisinier au sein d'une équipe d'hommes employés à construire des routes, mais cette fausse assertion semble tirer son origine dans une erreur d'identité. Barker continua à s'occuper de prospection et d'exploitation minière jusqu'à la dernière année de sa vie. Dans les années 1880, il résida principalement à Clinton, où il passait l'hiver au Dominion Hotel. En 1891, cependant, d'après les données du recensement, il était de retour au ruisseau Lightning, dans la région de Cariboo, où il vivait avec deux autres mineurs dans une cabane d'une seule pièce. Quelques années plus tard, comme il souffrait d'un cancer de la mâchoire, on le persuada de chercher refuge à l'Old Men's Home à Victoria, où il mourut le 11 juillet 1894. On l'inhuma dans une fosse commune au cimetière Ross Bay.

Si William Barker ne parvint pas à acquérir une fortune durable, il occupe tout de même une place unique dans l'histoire des chercheurs d'or de la Colombie-Britannique. À la fin de sa vie, la ville qui portait son nom était à son déclin mais, en 1959, après d'importants travaux de restauration, Barkerville est devenu un parc historique provincial et, en 1962, on a posé à l'endroit de sa sépulture une plaque commémorative.

SYLVIA M. VAN KIRK, KEN MATHER ET DOROTHY A. SWEET

Arch. privées, Ken Mather (Vernon, C.-B.), Ken Mather, « William « Billy » Barker : myth and reality ». — EEC, Provincial Diocese of New Westminster Arch. (Vancouver), George Hills, diaries, 1860–1862 (mfm aux PABC). — GRO (Londres), Marriage certificate, William Barker et Jane Lavender, parish of Bluntisham, Huntingdonshire, 31 oct. 1839 (copie). — PABC, GR 216, 35 ; GR 224, list of free miners' certificates, 26 sept. 1859 ; claims recorded, 21 nov. 1859 ; GR 1372, F 524, Thomas Elwyn to colonial secretary, 3 janv., 14 mars, 14 avril 1860, 22 août 1862 ; Vert. file, William Barker. — *Cariboo Sentinel* (Barkerville, C.-B.), 20 nov. 1869, 22 août 1870, 30 janv. 1875. — *Daily Colonist* (Victoria), 14 janv. 1863, 12–13 juill. 1894. — T. W. Paterson, « Billy Barker of Barkerville », *Pioneer days in British Columbia : a selection of historical articles from « BC Outdoors » magazine,* A. [G.] Downs, édit. (Surrey, C.-B.), 1 (1973) : 95–96. — Richard Wright, *Discover Barkerville* (Vancouver, 1984).

BARNARD, ÉDOUARD-ANDRÉ (baptisé **Edward André Benjamin**), cultivateur, officier de milice, zouave pontifical, rédacteur en chef, fonctionnaire, auteur et conférencier, né le 30 septembre 1835 à Trois-Rivières, Bas-Canada, fils d'Edward Barnard et de Mathilde Blondin ; décédé le 19 août 1898 à L'Ange-Gardien, Québec.

Originaires d'Angleterre, les Barnard immigrent en Nouvelle-Angleterre au XVIIe siècle. Le grand-père d'Édouard-André arrive dans la province de Québec en 1774. Son père, Edward, sera avocat, député, patriote, greffier et protonotaire à Trois-Rivières. Troisième d'une famille de dix enfants, Édouard-André Barnard entre au séminaire de Nicolet en 1846, mais interrompt ses études en 1851. Il avouera qu'il n'avait guère de penchant pour les disciplines classiques ; toutefois, les difficultés financières et le mauvais état de santé nerveuse de son père semblent le décider à quitter le séminaire pour devenir commis chez un marchand de Trois-Rivières, avant d'aller tenter sa chance à Montréal puis de revenir à Trois-Rivières s'occuper des terres paternelles. En 1862, dans l'espoir de succéder à son père à titre de protonotaire, il entreprend des études de droit, tout en continuant de veiller à l'exploitation agricole familiale ; il est reçu au barreau en 1867.

Barnard n'exerce pas sa nouvelle profession mais opte plutôt pour des occupations paramilitaires. Volontaire dans la milice depuis 1862, il est promu major en 1867. À la même époque, en Italie, les soldats de Giuseppe Garibaldi attaquent les États pontificaux à Rome et plusieurs pays envoient des volontaires au secours du pape Pie IX. Fort de son expérience, Barnard, après avoir obtenu un congé de la milice, se met à la disposition de l'évêque de Montréal, Mgr Ignace Bourget*, et lui offre en octobre 1867 d'organiser un détachement de volontaires. Le 26 décembre, il se joint au comité chargé de l'organisation du premier contingent de zouaves canadiens, comité dont son frère Edmund fait partie, et à la mi-février 1868 il se rend à New York pour régler la question du transport transatlantique. Aussitôt le premier groupe parti, le 19 février, le comité s'affaire déjà à en envoyer un deuxième. Cependant, des difficultés surgissent au sujet de l'entretien des zouaves en Italie et, à la fin du mois de mars, on délègue Barnard à Rome pour négocier les conditions de la venue et de l'installation des contingents canadiens. À son retour, il multiplie les efforts pour réaliser des projets visant à expédier d'autres détachements. Cependant, ses initiatives n'ont guère de succès, tant au pays qu'à Rome où l'aumônier des zouaves, Louis-Edmond Moreau, personnage ombrageux, perçoit dans la venue de Barnard le signe d'un manque de confiance de la hiérarchie catholique de la province de Québec à son endroit ; c'est le début d'une rivalité personnelle. Et comme Barnard donne l'impression de vouloir tout diriger, on se pose des questions sur son refus de s'engager comme simple soldat ; en dépit de ses qualités incontestables, on le suspecte d'arrivisme.

Selon l'historien René Hardy, il est vrai que Barnard voit dans le mouvement zouave un instrument de réussite sociale. Cette ambition et l'impatience qui en découle compromettent les chances de succès de son projet, d'autant plus que sa vision d'une véritable armée de zouaves canadiens qui s'engagerait dans des actions militaires d'éclat pour écraser les troupes de Garibaldi ne correspond pas au point de vue de l'Église canadienne sur ce mouvement. Pour Mgr Bourget, il ne s'agit pas de constituer une armée puissante et nombreuse, mais de profiter de la situation pour provoquer un regain de piété à l'égard du pape et un intérêt soutenu pour la question romaine. Toutefois, malgré ses visées personnelles, Barnard sait, toujours selon Hardy, « trouver suffisamment d'humilité pour faire oublier le côté déplaisant de certaines de ses initiatives ».

À la fin de l'année 1868, Barnard revient à Trois-Rivières et reprend ses expériences en agriculture. Il devient correspondant de *la Semaine agricole, (illustrée)* hebdomadaire publié à Montréal à compter de l'automne de 1869 par le Conseil d'agriculture en collaboration avec l'école d'agriculture de L'Assomption. Ce périodique remplace *la Revue agricole* de Joseph-Xavier Perrault*, dans laquelle Barnard a déjà écrit. En 1870, celui-ci devient le rédacteur en chef de la nouvelle publication et commence à prononcer des causeries agricoles. C'est à ce moment qu'il s'installe à Varennes, près de Montréal. Ses articles et ses conférences le font bientôt remarquer par le commissaire de l'Agriculture et des Travaux publics de la province de Québec, Louis Archambeault*, qui l'envoie en Europe en 1871 à titre d'agent d'immigration. Cette mission s'inscrit dans une stratégie d'éducation agricole et de développement économique des campagnes, et vise à faire venir au Québec de bons agriculteurs francophones et catholiques de France, de Belgique et de Suisse. Barnard profite de ce voyage et d'un second séjour de six mois, qu'il effectue en 1872 pour le compte du gouvernement fédéral cette fois, pour visiter des écoles d'agriculture et des organisations agricoles.

À son retour, Barnard reste au service du département de l'Agriculture et des Travaux publics à titre d'agent de colonisation. Il fait le tour de la province dans le but d'évaluer le fonctionnement des sociétés de colonisation et donne une série de conférences sur l'art de bien cultiver. C'est probablement à partir de cette expérience que le gouvernement mettra en place un petit réseau de conférenciers qui circuleront dans les cercles agricoles afin de diffuser des connaissances agronomiques auprès de la masse des agriculteurs.

À l'occasion d'une de ces conférences, Barnard fait la connaissance d'Amélie Chapais, fille de Jean-Charles Chapais*, l'un des Pères de la Confédération, chez qui il est reçu à Saint-Denis, près de Kamouraska. Il en devient bientôt amoureux. Toutefois, la perspective d'une union entre sa fille et cet homme de 17 ans plus âgé qu'elle et qualifié d'instable par son entourage ne sourit guère à Chapais. Dans l'espoir de se concilier les bonnes grâces du sénateur conservateur, Barnard brigue les suffrages sous la bannière conservatrice dans la circonscription de Verchères aux élections de janvier 1874. Il échoue, mais sa démarche auprès de Mme Chapais, à qui il écrit une longue lettre autobiographique le 4 juin 1873, sera plus fructueuse. Le 22 juillet 1874, Barnard, âgé de 38 ans, épouse en grande pompe à Saint-Denis la jeune Amélie Chapais. Par ce mariage, il consolide sa position de membre à part entière de la bourgeoisie canadienne-française. Pour faire plaisir à sa femme, il francisera son nom en signant Édouard au lieu d'Edward. Le couple aura 14 enfants dont 3 mourront en bas âge.

Barnard est aussi revenu d'Europe avec l'idée d'implanter la culture de la betterave à sucre, laquelle, en plus de créer un nouveau marché pour les cultivateurs, pourrait contribuer à réduire la dépendance à l'égard du sucre importé. Bien qu'elle n'ait pas eu l'ampleur souhaitée et malgré les difficultés d'implantation de l'industrie sucrière avec ses raffineries, cette culture est devenue une réalité au Québec.

Avec l'avènement de la Confédération en 1867 et la mise en place des gouvernements provinciaux, le Québec doit se doter d'une nouvelle organisation de l'agriculture conforme à l'esprit de la constitution. Ainsi, la Chambre d'agriculture du Bas-Canada est abolie et remplacée par le Conseil d'agriculture de la province de Québec, duquel relèvent les sociétés d'agriculture de comté. À plusieurs reprises, Barnard s'insurge contre ce conseil dont l'action se résume à organiser avec les sociétés d'agriculture des expositions où les bons agriculteurs, qui n'ont pas besoin de l'aide gouvernementale, se partagent sous forme de prix les fonds publics destinés au développement de l'agriculture. Cette structure fort coûteuse ne contribue pas, selon lui, au développement agricole de la province, et plusieurs partagent cet avis. Il encourage donc la création de cercles agricoles qui, avec l'appui du clergé, œuvrent à l'échelle de la paroisse. Barnard est un ardent défenseur de l'action pédagogique et économique de ces cercles, qui n'obtiennent la reconnaissance du gouvernement qu'en 1894, au moment où ils couvrent presque toute la province et comptent un nombre important de membres. On peut dire aujourd'hui que ces cercles agricoles ont été le fer de lance de la modernisation de l'agriculture québécoise en engendrant un mouvement coopératif agricole qui est devenu une véritable force économique dans le Québec contemporain.

Depuis longtemps, les élites agricoles parlaient de la nécessité de publier un grand journal qui contribuerait à l'éducation des cultivateurs. Après bien des débats, le gouvernement provincial décide, en octobre 1876, de financer *le Journal d'agriculture*, qui sera publié à Montréal et d'en confier la rédaction à Barnard ; on le nomme également directeur de l'agriculture au sein du département de l'Agriculture et des Travaux publics. Il s'agit pour lui d'une victoire personnelle car, convaincu de l'inefficacité du Conseil d'agriculture, il ne voulait pas que ce journal soit sous l'autorité de cet organisme mais sous celle du département responsable de l'agriculture. Avec cette nomination, Barnard devient, en quelque sorte, un conseiller influent du commissaire et il a les coudées franches pour mettre en œuvre les projets qui lui tiennent à cœur en ce qui concerne le développement agricole de la province. Il accomplit une admirable tâche d'éducation avec ce journal qui, compte tenu des moyens du temps, est d'une grande qualité de facture et de contenu. Toutefois, il faut convenir que ce moyen de vulgarisation n'est pas vraiment adapté à une classe agricole fort peu lettrée, pour ne pas dire analphabète.

La contribution la plus remarquable de Barnard à l'histoire agricole du Québec est sans contredit le développement de l'industrie laitière dont il est un grand propagandiste. Dans ses nombreuses causeries devant les cercles agricoles tout comme dans ses écrits, il vante les avantages financiers de la production de beurre et de fromage, tant pour les cultivateurs que pour l'économie agricole de la province. Malgré une vision assez traditionnelle de l'agriculture qui transpire dans plusieurs de ses propos, Barnard, tel un brillant économiste agricole, chiffres à l'appui, démontre dans un mémoire rédigé en 1880 les avantages économiques de la production laitière par rapport à celle des viandes, et à celle des céréales qui est de toute façon en perte de vitesse au Québec depuis l'ouverture de l'Ouest canadien. Il encourage les cultivateurs à créer de petites beurreries et fromageries paroissiales. Dans le but de propager cette industrie, il s'associe à son beau-frère Thomas Chapais* pour fonder à Saint-Denis, en 1881, une école de laiterie, qui doit former des fabricants et les premiers inspecteurs gouvernementaux des fabriques. De plus, il participe à la mise sur pied en 1882 de la Société d'industrie laitière de la province de Québec qui, grâce au zèle de l'abbé Théophile MONTMINY, deviendra un important outil de promotion et de développement de cette industrie en dynamisant l'agriculture en quête d'orientation depuis le début du XIXe siècle. Durant ses voyages en Europe, Barnard a vu juste quant à la possibilité d'exporter du beurre et du fromage canadiens sur les marchés britanniques ; vers la fin du siècle, on assistera à la croissance spectaculaire de l'exportation de ces produits, qui engendrera une prospérité nouvelle dans les campagnes.

Si l'influence de Barnard s'est particulièrement fait sentir dans le développement de l'industrie laitière au Québec, il en va autrement de ses efforts en vue de mettre en place un véritable système de recherche en agronomie et de formation des agriculteurs. Tout en occupant des fonctions administratives, il cultive presque toujours une terre dont il veut faire une véritable ferme expérimentale, reconnue par l'État et par la profession agricole, qui la prendraient en charge. Malheureusement, que ce soit à Trois-Rivières, à Varennes, à Rougemont ou à L'Ange-Gardien, malgré ses expérimentations fort intéressantes sur les techniques culturales (fertilisation des sols, conservation des engrais naturels, égouttement et drainage des terres, assolement, adoption des cultures sarclées, amélioration du bétail, construction de silos), partout il essuie un échec et s'endette fortement. Quant à l'enseignement agricole, Barnard n'est pas toujours tendre envers les écoles d'agriculture de Sainte-Anne-de-la-Pocatière (La Pocatière) et de Rougemont, qui relèvent des collèges classiques de ces endroits, et il souhaite voir se répandre des écoles rattachées à une ferme expérimentale et gérées par une communauté de moines agriculteurs. Un débat passionne les esprits à l'époque, soit la construction d'une seule grande maison d'enseignement agricole ou de plusieurs établissements dans les différentes régions. Selon Marc-André Perron, Barnard apporte dans ce débat la solution la plus logique : plusieurs écoles élémentaires d'agriculture mais une seule d'enseignement agronomique. En outre, il est l'instigateur de l'enseignement ménager par sa participation de 1891 à 1895 à la fondation de la première école du genre, celle des ursulines de Roberval, qui doit instruire les futures femmes de cultivateurs des secrets de l'économie domestique agricole. Mais Barnard disparaîtra avant qu'on mette en place les organismes capables d'assurer le développement d'une véritable agronomie québécoise dont il a pourtant défini le programme de recherche et d'expérimentation, notamment dans « Éloge de l'agriculture », conférence prononcée en 1878 qui lui valut de remporter la palme au concours d'éloquence sur l'agriculture organisé par l'Institut canadien de Québec. Ce texte, publié dans *le Journal d'agriculture* en février 1879, constitue un extraordinaire réquisitoire en faveur de la formation agricole de la classe paysanne ainsi qu'une pièce de collection pour l'étude de l'idéologie ultramontaine qui déferle sur le Québec avec le Programme catholique de 1871 [V. François-Xavier-Anselme Trudel*]. Si Barnard commence en parlant de l'agriculture comme d'une institution divine, citant Mgr Félix Dupanloup, il termine son éloge par des considérations bien pratiques sur l'état lamentable de l'agriculture chez les Canadiens français, en mentionnant par exemple le gaspillage des fumiers et la méconnaissance des engrais ou du drainage. La solution se trouve, selon lui, dans l'éducation des cultivateurs et surtout dans une revalorisation de l'agriculture par les classes aisées de la société.

Porté au pouvoir en 1887, le gouvernement d'Honoré MERCIER, pour asseoir son autorité, effectue plusieurs réformes gouvernementales dont la création en 1888 d'un département de l'Agriculture et de la Colonisation ; le premier ministre en prend lui-même la direction avec le curé François-Xavier-Antoine LABELLE au poste de sous-commissaire. Malgré ses liens avec les conservateurs, Barnard est invité, à la demande de Labelle, à venir s'installer à Québec pour être, ironie du sort, secrétaire du Conseil d'agriculture, organisme dont il a régulièrement critiqué l'inefficacité et même les pratiques frauduleuses. Il s'agit pour lui d'une rétrogradation, d'une destitution de son prestigieux poste de directeur de l'agriculture. Toutefois, même lorsque les conservateurs reviendront au pouvoir en 1891 et que Louis Beaubien* sera commissaire de l'Agriculture, le statut professionnel de Barnard restera le même. Tant sur les questions agronomiques que d'organisation socio-économique de l'agriculture, il ne s'entend pas avec Beaubien ; par exemple, ce dernier ne croit pas à l'existence de la « vache canadienne » que Barnard a fait reconnaître comme une « race pure » et dont il a tant encouragé la diffusion.

Si cette dernière période de la vie de Barnard est moins éclatante, elle n'en est pas moins fort active et encore pleine de réalisations. En premier lieu, vient l'élaboration des règlements du Mérite agricole. Mis sur pied en 1890, cet ordre reprend la pratique des concours de fermes organisés par les sociétés d'agriculture de comté sous les auspices du Conseil d'agriculture et s'inspire de la loi française de Jules Méline qui a créé le Mérite agricole en 1883. Toutefois, d'après Barnard lui-même, qui travaille à ce projet depuis plusieurs années, la ressemblance s'arrête au nom car, dans le cas français, c'est une distinction honorifique et discrétionnaire offerte par le gouvernement pour couronner une longue et fructueuse carrière agricole, alors qu'au Québec il s'agit d'un concours avec un jury indépendant qui visite les exploitations.

Le nom de Barnard est aussi lié au Syndicat des cultivateurs de la province de Québec, dont l'idée refait surface en janvier 1892, au congrès de la Société d'industrie laitière. Depuis longtemps, Barnard caresse le projet d'un grand syndicat agricole qui réunirait les membres des cercles agricoles installés dans la plupart des paroisses et qui aurait un mandat d'organisation économique selon les principes coopératifs. Il souhaite que le Conseil d'agriculture, qui touche à toutes les facettes de l'activité agricole, en fasse son projet, mais c'est la Société d'industrie laitière qui, ayant pris les devants, poursuit en 1892 et 1893 son travail d'organisation, avec l'aide des évêques, qui en font la propagande dans leurs lettres pastorales. Cependant, faute de subventions gouvernementales, ce syndicat s'éteint lentement et sans trop de bruit. Le commissaire de l'Agriculture, Beaubien, préfère donner son appui à la fondation à Montréal en 1892 du Syndicat central des agriculteurs du Canada, lequel ne réussit pas à imposer son leadership et connaît une existence encore plus éphémère.

À la fin de 1893, à la demande de Beaubien, Barnard rédige son ouvrage intitulé *Manuel d'agriculture,* pour lequel il doit recevoir 2 500 $, somme dont il a bien besoin tant il est criblé de dettes. À partir de ses causeries agricoles et de ses expériences personnelles, il produit l'un des premiers véritables ouvrages d'agronomie québécoise, qui prône une agronomie typiquement québécoise au service de l'agriculture. Avant sa parution en mai 1895 à Montréal, les traités d'agriculture disponibles étaient des versions à peine modifiées d'ouvrages français, faites par des hommes de lettres soucieux de rendre service à la classe agricole, selon l'esprit de l'époque, mais qui ne possédaient aucune connaissance particulière en ce domaine. Malheureusement, un tirage de 2 500 exemplaires – soit environ la moitié du tirage du *Journal d'agriculture* dont Barnard est toujours le rédacteur en chef – distribués gratuitement par le département d'Agriculture aux dirigeants des organisations agricoles ne permet pas à ce volumineux travail de vulgarisation de 534 pages, qui comprend 1 000 articles et plus de 250 gravures, d'atteindre la masse des agriculteurs. Barnard entreprend des démarches en vue d'une nouvelle édition, mais sans succès. Il publie cependant un autre ouvrage, *la Colonisation bien faite,* dont il tire une série d'articles qui paraissent dans le journal québécois *la Vérité* de mars à juillet 1897. D'après Perron, la perspective d'obtenir le poste de sous-commissaire à la Colonisation et aux Mines – nouveau département dont le premier titulaire assermenté en janvier 1897 est nul autre que son beau-frère, le conservateur Thomas Chapais, qui l'a d'ailleurs soutenu dans ses œuvres et dans ses difficultés financières – incite Barnard à démontrer ses connaissances sur la colonisation et son intérêt pour cette question. Malgré sa soumission entière et dévouée à l'Église catholique, il fait preuve de clairvoyance et de courage en s'opposant fortement à un système de colonisation structuré par l'Église sur le modèle d'une organisation de charité publique. Selon lui, la colonisation ne peut être une affaire « de quêteux par des quêteux », mais une profession respectable qu'il faut valoriser socialement, dirait-on de nos jours.

Au Conseil d'agriculture, Barnard s'occupe d'autres questions, tel le rôle du clergé dans la promotion de l'agriculture. Sous son influence, l'Église catholique entreprend en janvier 1894 l'œuvre des missionnaires agricoles, organisation qui regroupe les curés de paroisse, déjà animateurs des cercles agricoles. Ces missionnaires agricoles convaincront les autorités politiques de la province de Québec d'introduire une formation de niveau universitaire en agronomie et de mettre au service de la classe agricole les premiers bacheliers en sciences agricoles, ce qui sera chose faite en 1913. Barnard participe aussi à la création en 1895 de la Société des bons chemins dont il devient le secrétaire. Ce groupe de pression souhaite une intervention plus énergique de l'État en matière de voirie rurale, qui est alors du ressort des municipalités, car la condition des routes est si mauvaise qu'elle constitue un obstacle au développement de l'agriculture. En outre, Barnard est président de la Société générale des éleveurs d'animaux de race pure du Québec depuis sa fondation en septembre 1895 jusqu'en 1898. Travailleur inlassable, il trouve encore le temps de s'occuper avec Hadelin Nageant, son assistant à la rédaction du *Journal d'agriculture,* de la recherche et de l'expérimentation d'un nouvel engrais chimique composé de phosphates, exclusivement canadien et soluble dans le carbonate de potasse. Cependant, le Bureau des brevets refuse en 1897 de reconnaître cette invention.

Résumer l'œuvre gigantesque d'Édouard-André Barnard, que l'historiographie québécoise désigne comme l'un « des plus célèbres agronomes et conférenciers de la province de Québec », n'est pas tâche facile. Parmi les éléments essentiels figure certainement sa remarquable contribution au développement de l'industrie laitière. De plus, la profession agronomique reconnaît en lui un précurseur, un fondateur et un pionnier qui a compris que le développement des sciences agricoles n'est possible que par des expérimentations sur le terrain, qui permettent de contrôler toutes les variables propres à l'écologie d'un terroir. Enfin, l'apport du « grand éducateur agricole », selon l'expression de Perron, réside dans son souci, au delà de la production de connaissances nouvelles, de la vulgarisation du savoir agronomique pour le bénéfice des agriculteurs et, partant, de la société toute entière.

BRUNO JEAN

AC, Québec, État civil, Catholiques, L'Ange-Gardien, 22 août 1898. — ANQ-MBF, CE1-48, 1er oct. 1835 ; P-3. — ANQ-Q, CE3-15, 22 juill. 1874 ; P1000-58-1125. — CRCCF, P 32/1/ A : 61 ; Ph 32. — Québec, Parl., *Doc. de la session,* 1880, nº 2, Rapport du commissaire de l'agriculture. — *L'Événement,* 19 août 1898. — René Hardy, *les Zouaves ; une stratégie du clergé québécois au XIXe siècle* (Montréal, 1980). — Bruno Jean, *les Idéologies éducatives agricoles (1860–1890) et l'Origine de l'agronomie québécoise* (Québec, 1977). — J.-C. Magnan, *le Monde agricole* (Montréal, 1972), 12–13. — M.-A. Perron, *Un grand éducateur agricole : Édouard-A. Barnard, 1835– 1898 ; étude historique sur l'agriculture de 1760 à 1900* ([Montréal], 1955). — J.-B. Roy, *Histoire de la Corporation des agronomes de la province de Québec, 1937–1970* ([Montréal], 1971). — L. de G. Fortin, « Rôle des agronomes », Semaines sociales du Canada, *Compte rendu des cours et conférences* (Montréal), 12 (1933) : 101–102. — Magella Quinn, « les Capitaux français et le Québec, 1855–1900 », *RHAF,* 24 (1970–1971) : 538, 559.

BARR, ROBERT, instituteur et fonctionnaire, né le 29 décembre 1831 à Leeds, Angleterre, troisième fils de John Barr et d'Elizabeth Wilkinson Tarbotton ; le 29 juillet 1852, il épousa Harriet Mallinson, et ils eurent une fille et un fils ; décédé le 24 ou le 25 mai 1897 près de Bradford, Angleterre.

Fils d'un maître imprimeur de Leeds, Robert Barr devint « professeur assistant » à « l'école commerciale de jour » de William Kay. Élu le 6 août 1851 directeur adjoint de la Leeds Moral and Industrial Training School, établissement destiné aux orphelins et aux enfants abandonnés, Barr en prit la responsabilité dès novembre. D'après Samuel Smiles, du Leeds National Railway, il donna « entière satisfaction » au comité d'administration de l'assistance publique jusqu'à ce qu'il exprime « son vif désir d'épouser la gouvernante du même établissement ». Comme le comité lui en refusait l'autorisation, il posa sa candidature au poste d'« instituteur à l'île de Vancouver », poste offert par Kenneth McKenzie* qu'on venait de nommer régisseur de la future Craigflower Farm, près d'Esquimalt. Choisi parmi 75 candidats au début de juillet 1852, Barr démissionna immédiatement de son poste de Leeds, épousa la gouvernante, et tous deux se joignirent au groupe de colons que McKenzie avait recrutés et qui atteignirent l'île de Vancouver le 16 janvier 1853.

Pour nommer Barr, McKenzie avait consulté le comité de Londres de la Hudson's Bay Company, puisque le salaire de £50 par an de l'instituteur devait provenir d'un fonds en fiducie que la compagnie avait établi en 1849 grâce à une subvention de Londres, et qui était destiné aux dépenses publiques de la colonie. Sitôt Barr arrivé, le gouverneur James Douglas*, administrateur du fonds, requit ses services pour l'école coloniale qu'il venait d'ouvrir au fort Victoria (Victoria) l'année précédente et qu'il avait confiée à Charles Bailey. Les gens de McKenzie durent donc se passer d'instituteur pendant presque deux ans. En privé, les administrateurs de la Hudson's Bay Company compatissaient à leur sort, mais il reste que Douglas était dans son droit. L'expérience de Barr s'avéra fort utile au gouverneur, qui était déterminé à répandre l'instruction publique dans la colonie.

Le 31 mars 1853, le Conseil de l'île de Vancouver désigna John Tod* et Barr pour superviser la construction d'une école dans une réserve gouvernementale de dix acres dans le village de Victoria, à environ un mille du fort. Vers la fin de l'été, le bâtiment était si avancé que Douglas put muter Bailey à Nanaimo pour qu'il y ouvre une école, dont cette localité avait grand besoin. En octobre, le gouverneur signalait que, même si « les aménagements intérieurs n'[étaient] pas encore terminés », Barr vivait à l'école de Victoria et avait « 33 élèves qui [faisaient] des progrès satisfaisants ».

Trois ans plus tard, ce nombre était réduit de moitié, ce qui diminua d'autant les droits de scolarité que Barr percevait pour arrondir son salaire. Un rapport officiel du 30 novembre 1856 que présenta le révérend Edward Cridge* ne fait état que de 17 élèves, tous des garçons, dont 9 étaient pensionnaires. L'école avait perdu la faveur des employés de la Hudson's Bay Company, « en raison surtout, alléguaient-ils, de l'irrégularité de la présence du maître », que Cridge attribuait en partie du moins « à [ses] autres devoirs, qui l'obligeaient à s'absenter ».

Barr s'occupait en effet de diverses affaires communautaires, comme le Patriotic Fund, destiné aux familles des victimes britanniques de la guerre de Crimée, et le Nightingale Fund. Plus encore, à l'inauguration de la première chambre d'Assemblée de l'île de Vancouver par le gouverneur Douglas le 12 août 1856, on nomma Barr greffier *pro tempore*. Selon le témoignage de la chambre, il s'acquitta de ses devoirs « de la façon la plus exemplaire ».

Le contrat de cinq ans que Robert Barr avait signé avec la Hudson's Bay Company expirait en août 1857, mais vers la fin de 1856 il avait décidé de démissionner et de retourner en Angleterre. Durant les quatre années passées dans la colonie, ses finances ne s'étaient pas améliorées, la santé de sa femme n'avait pas toujours été bonne, et il avait maintenant deux enfants à sa charge. La pénurie d'instituteurs était si criante que Douglas espérait le garder et pensait qu'il pourrait bien « changer d'idée » avant qu'il ne soit en mesure de partir. Mais le 4 mars 1857 Barr s'embarquait pour Londres avec sa famille et, à la fin de juillet, il était de retour à Leeds, où sa belle-mère exploitait une imprimerie. Il prit l'affaire en main pendant quelque temps, mais vers 1861 il s'installa dans la ville voisine de Bradford et reprit son ancienne profession. En 1865, il ouvrit la Clarendon Academy, qu'il dirigea pendant plus de 20 ans. Il semble que vers la fin de sa vie Barr ait sombré dans l'alcoolisme. Il n'avait plus d'emploi régulier et, en 1896, il passa six mois dans une maison pour alcooliques à Londres. Le 25 mai 1897, on trouva son corps dans le Leeds and Liverpool Canal à Shipley, près de Bradford. Des témoins à l'enquête déclarèrent qu'il avait été « complètement ivre » les jours qui précédèrent sa mort ; on ne découvrit aucun signe de violence ni « aucun indice qui prouvait de façon concluante qu'il s'était suicidé ». Ce sont d'anciens élèves de la Clarendon Academy qui organisèrent ses funérailles.

DOROTHY BLAKEY SMITH

Bradford Central Library, Local Studies Dept. (Bradford, Angl.), C. A. Federer coll., Clarendon Academy pamphlets. — PABC, A/C/20/Vi2-4, 7 ; Add. MSS 2431, box 1, files 5, 35 ; box 3, files 21, 25 ; box 6, files 1–12 ; C/AA/10.4/1. — PAM, HBCA, A.5/21 : f° 90 ; A.10/42 : f° 102 ; A.11/76a : f° 375 ; C.1/977 : f° 3d. — St Peter-at-Leeds Church (Leeds, Angl.), Reg. of marriages, 3 mai 1826. — *The annals and history of Leeds, and other places in the county of York, from the earliest period to the present time*, John Mayhall, compil. (Leeds, 1860). — M. C. Ella, « The diary of Martha Cheney Ella, 1853–56 », J. K. Nesbitt, édit., *BCHQ*, 13 (1949) : 91–112, 257–270. — Robert Melrose, « The diary of Robert Melrose », W. K. Lamb, édit., *BCHQ*, 7 (1943) : 119–134, 199–218, 283–295. — Vancouver Island, Council, *Minutes* [...] *commencing August 30th, 1851, and terminating with the prorogation of the House of Assembly, February 6th, 1861* (Victoria, 1918) ; House of Assembly, *Minutes* [...] *August 12th, 1856, to September 25th, 1858* (Victoria, 1918). — *Bradford Daily Telegraph*, 28 mai 1897. — *Bradford Observer*, 28–29 mai 1897. — *Daily Colonist* (Victoria), 16–17 juin 1897. — *Leeds Mercury*, 9 août, 25 oct. 1851 (suppl.), 5 juin 1852. — D. C. Davidson, « The war scare of 1854 », *BCHQ*, 5 (1941) : 248–252. — D. L. MacLaurin, « Education before the gold rush », *BCHQ*, 2 (1938) : 247–263.

BARSALOU, JOSEPH, homme d'affaires et homme politique, né le 5 décembre 1822 à Montréal, fils de Joseph Barsalou, maçon, et de Marie Beaupré ; le 22 janvier 1845, il épousa au même endroit Julie-Adèle Gravel, et ils eurent cinq fils et deux filles ; décédé dans sa ville natale le 17 mai 1897.

Joseph Barsalou commence son apprentissage du métier de commerçant dès l'âge de 15 ans. Il travaille ensuite durant cinq ans pour l'encanteur montréalais Austin Cuvillier*. En 1847, il est au service de la Young and Benning, firme de marchands à commission et d'encanteurs, où on lui a confié la tenue des livres et, à l'occasion, le poste de crieur dans les ventes à l'encan. En 1853, il devient l'associé de James Benning, et l'entreprise prend alors le nom de Benning and Barsalou. En 1857, l'actif de la firme se situe entre 60 000 $ et 70 000 $. Deux ans plus tard, on l'évalue entre 70 000 $ et 80 000 $ et, en 1860, entre 120 000 $ et 140 000 $. Quoique la Benning and Barsalou investisse dans l'immobilier, son principal secteur d'activité demeure la vente à l'encan. On la considère alors comme la plus importante firme montréalaise dans ce domaine.

En 1863, avec Peter Sarsfield Murphy et Alfred M. Farley, Barsalou acquiert une fabrique d'articles en caoutchouc, la Compagnie de manufacture britannique américaine [V. Ashley Hibbard*], qui devient la

Compagnie canadienne de caoutchouc. Trois ans plus tard, les associés réorganisent l'entreprise. James Benning, Jean-Baptiste Prat*, William Moodie, Amable Prévost, Adolphe V. Roy, Francis Scholes, William Learmont et William D. B. Janes y investissent. Barsalou est le premier président de la Compagnie canadienne de caoutchouc de Montréal, qui prend son véritable essor en 1867 lorsqu'un groupe de financiers, avec à sa tête Andrew* et Hugh* Allan, y investissent des sommes importantes. En 1871, elle est bien implantée : son capital fixe s'élève à 400 000 $, ses capitaux circulants à 150 000 $ et elle compte 370 employés. De 1870 à 1900, elle s'approprie une part croissante du marché intérieur, rachète ses concurrentes et établit des filiales dans les grandes villes canadiennes, telles Toronto, Winnipeg et Vancouver. Le capital souscrit passe de 700 000 $ en 1878 à un million en 1885 et à 1,5 million en 1895. Vers 1870 Barsalou cède son poste de président à un administrateur du groupe Allan. Actionnaire minoritaire, il conserve néanmoins des liens commerciaux avec la Compagnie canadienne de caoutchouc de Montréal. En effet, en 1894, la Benning and Barsalou continue d'offrir à l'encan des articles endommagés produits par cette manufacture.

Au début des années 1860, Barsalou s'associe à la famille Dessaulles de Saint-Hyacinthe pour administrer un moulin à farine et une fabrique de lainage dans cette ville. En 1864, le gouvernement l'autorise à percevoir des droits de péage sur le pont qu'il construit sur la rivière Yamaska. D'une longueur de 680 pieds sur 15 de largeur et autant de hauteur, ce pont permet aux associés de s'approvisionner plus facilement en matières premières. L'entreprise connaît une certaine expansion jusqu'en 1872, mais une campagne de boycottage menée par des marchands grossistes qui reprochent à Barsalou et aux Dessaulles de vendre au détail, met un terme à leurs activités. On réorganise l'entreprise l'année suivante avec un capital de 90 000 $ et sous une nouvelle raison sociale, la Compagnie manufacturière de Saint-Hyacinthe. Toutefois, Barsalou ne se retrouve pas parmi les nouveaux actionnaires. En 1874, il réintègre les rangs et on l'identifie de plus en plus au groupe Dessaulles avec qui il participe de plain-pied à l'essor industriel et financier de Saint-Hyacinthe. En 1874, il fait partie du premier conseil d'administration de la Banque de Saint-Hyacinthe, fondée l'année précédente et dans laquelle il a acquis 30 actions au coût de 3 000 $, ce qui lui confère un certain pouvoir sur la croissance et le développement de cette banque.

Néanmoins, le centre d'intérêt de Barsalou demeure Montréal. La Benning and Barsalou continue de réaliser des transactions rentables. En 1873, la société déclare même un surplus de 300 000 $. Elle se spécialise de plus en plus dans le financement d'hypothèques ou le prêt commercial et industriel. Son expansion est toutefois limitée par sa marge de crédit. Sa principale pourvoyeuse, la Banque du peuple, freine sa croissance en lui octroyant une marge de crédit de 75 000 $ au lieu des 200 000 $ normalement requis pour une entreprise de cette taille. Cette politique prudente est peut-être due, en fait, aux pertes financières qu'a connues la société en 1874–1875. La crise frappe alors la Benning and Barsalou de plein fouet et ses pertes s'élèvent à 250 000 $ dont près de la moitié est constituée d'avances faites sur des marchandises qui n'ont jamais été livrées ; elle n'a pu recouvrer qu'un dixième du déficit enregistré sur ses contrats d'affrètement maritime. La nomination de Barsalou à titre de commissaire-priseur en 1876 l'aide à retrouver une certaine aisance financière.

En 1876 des rumeurs de dissolution de la Benning and Barsalou circulent dans le milieu d'affaires montréalais. On ignore toutefois si elles se sont alors concrétisées. Les activités de la Benning and Barsalou revêtent de plus en plus un caractère familial. Les fils de Barsalou se joignent à l'entreprise au milieu des années 1870. La société conserve la même raison sociale et continue de prospérer jusqu'en 1886, au moment où Joseph Barsalou se retire. Ce retrait n'affecte pas le volume commercial mais la marge de crédit accordée et les ressources financières de la Benning and Barsalou. Ces dernières, évaluées entre 200 000 $ et 250 000 $ de 1878 à 1883, et entre 250 000 $ et 300 000 $ en 1885, ne sont estimées qu'entre 10 000 $ et 20 000 $ en 1889, lorsque Arthur Barsalou, fils de Joseph, se retrouve à la tête de l'entreprise. Malgré la crise des années 1870 et des déboires momentanés, la Benning and Barsalou demeure en excellente santé commerciale. Durant les années 1890, elle domine toujours son secteur, en tenant des ventes à l'encan hebdomadaires et de grandes ventes printanières et automnales, où elle écoule d'importantes quantités de marchandises sèches, de chaussures et d'articles en caoutchouc. Elle continue également d'imposer sa présence sur le marché du prêt en plus d'acquérir plusieurs propriétés de valeur, situées, entre autres, le long de la rue Sainte-Catherine, dans les quartiers Sainte-Marie et Saint-Louis, et dans les banlieues autour de Montréal.

Le nom de Barsalou est aussi rattaché à la fabrique de savon que Joseph et ses fils ont fondée vers 1875. Ils ont investi 30 000 $ dans la construction de cette manufacture de quatre étages située à l'angle des rues Sainte-Catherine et Durham. Les Barsalou utilisent une technologie nouvelle qu'ils ont acquise au coût de 10 000 $. Le nouveau procédé élimine les odeurs nauséabondes et permet de raccourcir substantiellement les étapes de la fabrication, principalement celles où l'on mélange et broie les matières premières pour constituer un liquide uniforme, refroidi par la suite et tranché en pièces d'une livre par des presses hydrauliques. De cette façon, l'entreprise fabrique

6 000 livres de savon en une heure et demie au lieu d'une semaine avec la méthode artisanale. La mécanisation réduit considérablement le coût de production. En fait, seul l'estampillage s'effectue encore manuellement en 1876, mais sera mécanisé dès l'année suivante. La manufacture fabrique un million de livres de savon au cours de la première année d'exploitation. À l'époque, les Barsalou mettent sur le marché du savon en barres pour l'usage courant et du savon en flocons pour la lessive sous les marques de commerce Steam Refined, Domestic et White Olive. Cependant, ils modifient les noms au fil du temps pour mieux s'adapter à la réalité canadienne. Les savons sont alors vendus sous les étiquettes Marseille, Universel, Cambridge, Oxford et Imperial. La dernière serait la plus populaire. Une tête de cheval devient l'emblème de la savonnerie, sans doute parce que Barsalou aime cet animal. (Avec Andrew Allan, il avait créé en 1873 une compagnie afin de promouvoir et de faire l'élevage de chevaux importés d'Europe.) Barsalou fait également reproduire une tête de cheval en savon grandeur nature à l'occasion d'une exposition commerciale en 1880. Le savon Imperial est même estampillé de cet emblème. Cette politique originale de mise en marché se développe au cours des années suivantes. En 1886, à la Colonial and Indian Exhibition de Londres, les Barsalou présentent des savons marbrés de rouge et de bleu. En 1891, plus consciente de l'identité nationale de son produit, la maison fait exécuter deux grands bustes représentant sir John Alexander MACDONALD et sir Antoine-Aimé DORION.

Barsalou laisse officiellement la direction de la savonnerie à ses fils Hector et Érasme en 1888. Cet héritage industriel n'est pas le seul que les fils de Barsalou reçoivent. En effet, tout au cours des années 1870 et de la décennie suivante, Joseph Barsalou s'est engagé dans d'autres secteurs. Associé à un groupe d'hommes d'affaires dirigé par Andrew Allan, il a participé à la fondation de la Compagnie des prélarts du dominion en 1872 et en est devenu actionnaire. Cette entreprise a démarré très lentement pour ensuite s'approprier une partie importante du marché intérieur. C'est ainsi qu'elle a doublé son capital souscrit de 100 000 $ entre 1878 et 1894, et augmenté sa capacité de production en concentrant six manufactures à l'angle des rues Sainte-Catherine et Parthenais.

Les autres entreprises de Barsalou n'ont pas connu le même succès. La Dominion Glass Company, fondée après 1885, a enregistré un taux de croissance plutôt modeste. Joseph en cède tôt la gérance à son fils Maurice et conserve seulement un certain droit de regard sur les décisions. C'est lui, toutefois, qui sert d'intermédiaire principal entre cette manufacture et la Banque des marchands du Canada, qui procure à l'entreprise la marge de crédit nécessaire pour la production et la mise en marché. En 1897, il doit 41 000 $ à cette banque et hypothèque alors diverses propriétés, mais cela semble insuffisant car la Dominion Glass Company est absorbée par une de ses rivales au début du XXe siècle.

L'aventure de Barsalou dans le secteur des abattoirs n'est guère plus heureuse. La Compagnie d'abattoirs de Montréal, constituée juridiquement en 1880 avec un capital autorisé de 200 000 $, ne prend jamais véritablement son essor. Bien que Barsalou en soit le premier président, elle présente de très faibles rendements, notamment si l'on se fie à l'évaluation de l'agence de crédit Bradstreet. Par contre, la Compagnie d'assurance royale canadienne, constituée juridiquement en 1873, représente un meilleur placement pour Barsalou. Fondateur et actionnaire, il se retrouve en 1876 au conseil d'administration de cette entreprise, qui serait disparue ou aurait été absorbée vers la fin des années 1880. Enfin, la Montreal Terra Cotta Lumber Company, manufacture de tuiles fondée en 1887 par le gendre de Barsalou, Alphonse Desjardins*, échappe d'une certaine façon à son emprise bien qu'il en soit l'un des principaux actionnaires.

Barsalou s'est aussi intéressé à la politique municipale. En 1873, il se présente au poste d'échevin dans le quartier Saint-Louis à Montréal contre Ferdinand David*. Il mène une campagne serrée et reproche à son adversaire différentes spéculations ainsi que d'avoir fait preuve de favoritisme lorsqu'il occupait la présidence du comité des chemins. De son côté, Barsalou n'est pas exempt de tout reproche. On met en doute l'évaluation foncière qu'il a faite d'un terrain exproprié par la ville dans le but de créer le parc du Mont-Royal. Il perd ses élections par 62 voix seulement. Au début des années 1880, il s'oppose au projet d'annexion d'Hochelaga à Montréal. Lorsque ce projet se réalise trois ans plus tard, il obtient du gouvernement la création de la municipalité de Maisonneuve, qui englobe la partie est d'Hochelaga. Barsalou devient alors promoteur urbain. Maire de Maisonneuve de 1884 à 1889 et de 1890 à 1892, il pose les assises sur lesquelles la ville va se développer.

Joseph Barsalou apparaît comme un homme d'affaires sagace qui n'a pas eu peur de prendre des risques tout en sachant bien s'entourer. Ses associations avec les Allan et les Dessaulles le démontrent bien. L'esprit d'entreprise et l'appartenance à un réseau d'affaires lui ont permis de s'affirmer comme homme d'affaires canadien-français. Mais, en fait, les affaires ne répondent qu'à un principe universel, celui de la réussite et, dans ce sens, Barsalou a obtenu plus qu'une note de passage. À maintes reprises, il s'est classé parmi les premiers en matière d'innovation industrielle et financière.

JEAN BENOIT

AC, Montréal, Minutiers, Narcisse Pérodeau, 25 août 1879, 27 mars, 10–11 avril 1888, 12 avril, 16 mai 1897. — AN,

RG 31, C1, 1871, Montréal. — ANQ-M, CE1-51, 6 déc. 1822, 22 janv. 1845, 20 mai 1897. — Arch. privées, P. M. Barsalou (Montréal), Dossier Joseph Barsalou ; Marc Pelletier (Montréal), Dossier Joseph Barsalou. — Baker Library, R. G. Dun & Co. credit ledger, Canada (mfm aux AN). — *Bradstreet Commercial Report,* John Bradstreet, édit. (New York), 1878 ; 1881 ; 1883 ; 1885 ; 1887 ; 1889 ; 1895. — Canada, *Statuts,* 1873, chap. 99. — Canada, prov. du, *Statuts,* 1860, chap. 119 ; 1863, chap. 24 ; 1864, chap. 104 ; 1866, chap. 111. — *Montreal illustrated, 1894* [...] (Montréal, [1894]), 141, 186–187. — Québec, *Statuts,* 1888, chap. 114. — *Le Bien public* (Montréal), 18 mars 1876. — *Gazette* (Montréal), 13 avril 1876. — *La Minerve,* 17 mars, 20 oct. 1873, 16 sept. 1880. — *Montreal Herald,* 8 févr. 1873, 13, 17 avril 1876. — *Montreal Herald and Daily Commercial Gazette,* 28 avril 1887. — *Montreal Witness,* 25 janv. 1873, 16 juill. 1875, 13 avril 1876. — *Le National* (Montréal), 10–11, 17–18, 24 févr., 3 mars 1873. — *L'Ordre* (Montréal), 22 août 1866. — *La Patrie, 14 sept. 1880.* — *La Presse,* 17 mai 1897. — *Le Progrès* (Sherbrooke, Québec), 9 nov. 1877. — F. W. Terrill, *A chronology of Montreal and of Canada from A.D. 1752 to A.D. 1893* [...] (Montréal, 1893), 175, 200. — Émile Benoist, *Monographies économiques* (2e éd., Montréal, 1925). — Jean Benoit, « le Développement des mécanismes de crédit et la Croissance économique d'une communauté d'affaires ; les marchands et les industriels de la ville de Québec au XIXe siècle » (thèse de PH.D., univ. Laval, 1986), 387, 747. — C.-P. Choquette, *Histoire de la ville de Saint-Hyacinthe* (Saint-Hyacinthe, Québec, 1930), 195, 302–303. — *Industries of Canada, city of Montreal, historical and descriptive review, leading firms and moneyed institutions* (Montréal, 1886), 106, 314. — Laurent Lapointe, « la Formation de la Banque de St-Hyacinthe et le Développement économique régional (1850–1875) » (thèse de M.A., univ. de Montréal, 1976), 131, 139, 160–161, 252. — P.-A. Linteau, *Maisonneuve ou Comment des promoteurs fabriquent une ville, 1883–1918* (Montréal, 1981), 27–28, 41–46, 53. — Leslie Roberts, *From three men* (s.l., 1954), 26. — *Special number of the* Dominion Illustrated *devoted to Montreal, the commercial metropolis of Canada* (Montréal, 1891), 72. — Louise Voyer, *Saint-Hyacinthe : de la seigneurie à la ville québécoise* ([Montréal], 1980), 35, 46, 112.

BARTHE, GEORGES-ISIDORE (baptisé **Isidore**), fonctionnaire, journaliste, avocat, éditeur, homme politique, juge de paix et auteur, né le 16 novembre 1834 à Restigouche, Bas-Canada, fils de Joseph Barthe et de Marie-Louise-Esther Tapin, et frère cadet de JOSEPH-GUILLAUME ; en 1861, il épousa Joséphine-Charlotte Meilleur, fille de Jean-Baptiste Meilleur*, et ils eurent neuf enfants ; décédé le 11 août 1900 à Ottawa.

Georges-Isidore Barthe entra au séminaire de Nicolet en 1847, mais quitta l'établissement avant la fin de ses études classiques. Admis au barreau le 6 octobre 1856, il avait auparavant travaillé à titre de clerc d'abord sous la direction de Napoléon Bureau de Trois-Rivières, de 1851 à 1853, puis au cabinet des avocats Andrew* et George R. Robertson, à Montréal, de 1853 à 1855.

Barthe fut le premier secrétaire-trésorier de la ville de Trois-Rivières, du 23 juillet 1855 au 30 juin 1857. Il était encore étudiant en droit lorsqu'il forma, le 3 avril 1855, avec Charles-Odilon Doucet de Trois-Rivières, une société dans le but de publier un journal qui propagerait l'idée de l'indépendance du Bas-Canada. Comme son frère Joseph-Guillaume, Barthe rêvait d'un Bas-Canada indépendant qui, avec l'aide de la France, prendrait sa place parmi les États indépendants d'Amérique : un Bas-Canada émancipé de l'Angleterre, libéral et démocratique, dont les institutions politiques assureraient l'épanouissement des Canadiens français, de leur langue, de leur culture et de leurs lois. Lancé le 22 avril 1856, *le Bas-Canada* ne parut que quelques mois ; il disparut après le grand incendie qui détruisit en novembre suivant une partie de la ville de Trois-Rivières. Cette catastrophe ne mettait pas fin pour autant aux ambitions journalistiques de Barthe qui, quelques mois plus tard, s'établissait à Sorel.

Outre *le Bas-Canada,* Barthe fonda et dirigea, seul ou avec d'autres, pas moins de sept journaux : *la Gazette de Sorel* (1857–1880), le *Sorel Pilot* (1868–1877) et le *Journal du cultivateur et de l'ouvrier* (1876–1879), à Sorel ; *l'Ère nouvelle* (1884–1885), le *New Era* (1885) et *l'Indépendance canadienne* (1894–1896), à Trois-Rivières ; le *Canadian Democrat* (1895), à Montréal. Il fut encore propriétaire en 1874 du *Courrier de Richelieu,* publié à Sorel, qui appartenait auparavant à son rival politique Michel Mathieu*.

Barthe concevait le journalisme comme un sacerdoce. D'ailleurs, sa carrière étonne par sa continuité et par les multiples batailles qu'il mena au nom de la liberté de la presse. Esprit combatif et doué d'un rare talent d'écriture, il se voulait la conscience de ses concitoyens. En ce sens, ses campagnes de presse éclairent l'homme politique qu'il était. Les attaques véhémentes qu'il proféra contre l'administration municipale du notaire John George Crebassa au cours des années 1860 lui valurent d'être élu maire de Sorel en 1864, poste qu'il occupa pendant neuf ans. Au cours de son mandat, la ville de Sorel connut un essor économique et social important.

Libéral et démocrate, Barthe s'opposa aux partis politiques plus qu'il ne les soutint vraiment. Foncièrement nationaliste, il fut pendant les années 1850 contre l'union du Haut et du Bas-Canada et prôna l'indépendance du Bas-Canada. D'abord opposé au projet de la Confédération, il finit par l'accepter, non sans avoir mis en garde les Canadiens français contre les dangers que représentaient à ses yeux les pouvoirs dévolus au gouvernement fédéral.

Élu député conservateur indépendant de Richelieu à la chambre des Communes à l'élection partielle de novembre 1870, Barthe fut défait par le conservateur Michel Mathieu en 1872. Deux ans plus tard, il parvenait à l'emporter avec une majorité de 201 voix. Il se représenta en 1878, mais fut cette fois battu par le conservateur Louis-Huet Massue. Barthe eut alors le sentiment d'avoir été trahi par ses amis politiques. Dégoûté et moralement affaibli, il crut le moment venu de quitter le journalisme militant et la politique active pour retourner à la pratique du droit. Le 26 février 1880, il annonça aux lecteurs de *la Gazette de Sorel* qu'il venait de vendre le journal. Deux ans plus tard, il tenta une nouvelle fois de se faire élire à titre de député conservateur indépendant, mais encore une fois son vieil adversaire Massue remporta la victoire.

Parti de Trois-Rivières en 1856, Barthe retourna s'y installer en 1882. Avec son frère René et quelques libéraux qui désiraient une tribune, il entreprit de ressusciter *l'Ère nouvelle*, qui avait paru de 1852 à 1864. La vie du journal fut de courte durée, soit du 3 juillet 1884 au 29 décembre 1885 ; les libéraux, eux-mêmes divisés, lancèrent le 2 août 1884 un nouveau journal, *la Sentinelle*, ce qui eut comme conséquence d'étaler au grand jour les rivalités qui couvaient dans le parti. Entre-temps, la pendaison de Louis Riel*, le 16 novembre 1885, toucha profondément Barthe qui se rallia alors au parti national d'Honoré MERCIER. Ce geste d'appui à la cause nationaliste lui valut d'être nommé juge de paix du district de Trois-Rivières le 15 décembre 1887. C'est le gouvernement conservateur de Louis-Olivier Taillon* qui le destitua le 24 mars 1894.

Barthe retourna alors au journalisme et fonda *l'Indépendance canadienne*, qui parut du 13 octobre 1894 au 13 juin 1896. Libéral et nationaliste, le journal cherchait à promouvoir l'idée d'une « république canadienne » dont le gouvernement serait décentralisé au profit des provinces. C'est dans les pages de ce journal que Barthe publia du 13 octobre 1894 au 8 février 1896 son roman *Drames de la vie réelle, roman canadien*, dans lequel il évoquait quelques épisodes de l'histoire sociale de Sorel, notamment le meurtre du mari de Joséphine-Éléonore d'ESTIMAUVILLE. L'ardent défenseur de la liberté de la presse n'avait vraiment plus le goût de se battre et il sentait plutôt le besoin de raconter ses souvenirs. Nommé traducteur officiel aux Communes le 16 novembre 1897, il mourut à Ottawa le 11 août 1900.

Georges-Isidore Barthe fut l'un des meilleurs journalistes canadiens-français du XIXe siècle. La profession lui doit beaucoup. Profondément attaché aux valeurs traditionnelles du Canada français, Barthe mena sa vie durant un long combat pour le triomphe des libertés démocratiques, dont il avait en partie puisé les fondements dans l'ouvrage de son frère Joseph-Guillaume, *le Canada reconquis par la France*, paru en 1855. À Sorel, à la nouvelle de sa mort, on mit les drapeaux en berne en témoignage de reconnaissance à l'égard de l'un des premiers maires de la ville.

GUILDO ROUSSEAU

Georges-Isidore Barthe est l'auteur de : *Drames de la vie réelle, roman canadien,* qu'il publia à Sorel, Québec, en 1896 après l'avoir fait paraître dans un journal trifluvien, *l'Indépendance canadienne,* du 13 octobre 1894 au 18 février 1896.

AN, MG 27, I, E1. — Arch. de la ville de Trois-Rivières (Trois-Rivières, Québec), Procès-verbaux des séances du conseil de ville, 1850–1860. — Arch. du séminaire de Nicolet (Nicolet, Québec), Séminaire, V, n° 51 ; fichiers d'entrée. — Arch. du séminaire de Trois-Rivières, 0013 (fonds J.-N. Bureau). — J.-G. Barthe, *Souvenirs d'un demi-siècle ou Mémoires pour servir à l'histoire contemporaine* (Montréal, 1885). — *Procédés des citoyens des Trois-Rivières au sujet de l'incendie du 15 novembre 1856* (Trois-Rivières, 1857). — *La Gazette de Sorel* (Sorel), 28 févr. 1880. — *Le Monde illustré,* 8 sept. 1900. — *Le Trifluvien* (Trois-Rivières), 30 mars, 3 avril 1894. — *Canadian directory of parl.* (Johnson). — J. Desjardins, *Guide parl.* — J. Hamelin *et al.*, *la Presse québécoise*, 2–3. — Le Jeune, *Dictionnaire*. — *RPQ*. — *Statistiques électorales fédérales du Québec, 1867–1980,* Pierre Drouilly, compil. (Montréal, 1983). — Azarie Couillard Després, *Histoire de Sorel : de ses origines à nos jours* (Sorel, 1926 ; réimpr., 1980). — Roland Legendre, « Analyse de contenu du journal *Bas-Canada* » (thèse de D.E.S., univ. Laval, 1968). — P.-G. Roy, « la Famille Barthe », BRH, 41 (1935) : 705–707.

BARTHE, JOSEPH-GUILLAUME, auteur, avocat, journaliste, homme politique et fonctionnaire, né le 16 mars 1816 à Carleton, Bas-Canada, fils aîné de Joseph Barthe et de Marie-Louise-Esther Tapin, et frère de GEORGES-ISIDORE ; le 23 janvier 1844, il épousa à Trois-Rivières Louise-Adélaïde Pacaud, et ils eurent sept enfants dont Émilie*, la mère d'Armand La Vergne* ; décédé le 4 août 1893 à Montréal.

Le grand-père paternel de Joseph-Guillaume Barthe, Thaddée-Alexis, était originaire de Toulon, en France. D'après *Souvenirs d'un demi-siècle* [...], il aurait immigré dans la province de Québec pour fuir la Révolution française, et c'est en rat de cale qu'il aurait fait la traversée. Cette belle histoire est sans doute fausse, puisque dès 1784 Thaddée-Alexis Barthe est établi à Carleton, où il épouse, le 17 février, Louise-Françoise Poisset. Le père de Joseph-Guillaume se fait d'abord cultivateur, puis capitaine au long cours. Il joue un rôle politique assez important à la baie des Chaleurs. Son opposition au puissant avocat Robert Christie* lui vaut d'ailleurs la perte de ses propriétés à Carleton. Il doit alors installer sa famille à Restigouche, sur un reste de terre qu'il avait reçu en héritage. Il s'établira plus tard à Sorel.

Au moment où sa famille se fixe à Restigouche, Barthe est placé chez un oncle maternel, Étienne Tapin, à Trois-Rivières. C'est là qu'il fait ses études primaires. En 1827, il entre au séminaire de Nicolet, qu'il quitte au printemps de 1834, à la fin de sa première année de philosophie, pour aller en Gaspésie visiter sa famille qu'il n'a pas revue depuis sa petite enfance. De retour à Nicolet à l'automne, il essaie en vain de terminer son cours de philosophie. Il échoue également dans sa tentative de faire des études médicales avec le docteur René-Joseph Kimber. Il entreprend alors des études de droit chez l'avocat Edward Barnard et sera finalement admis au barreau le 17 mars 1840.

Barthe s'intéressa très jeune à la politique. Étienne Tapin était un personnage bien considéré et actif dans le milieu trifluvien où évoluaient les Kimber, Barnard, Hart, entre autres, et les frères Pacaud, notamment Édouard-Louis* et Philippe-Napoléon*, dont Barthe épousera la sœur. Le 26 juillet 1837, il est l'un des orateurs à l'assemblée de protestation du comté de Saint-Maurice, qui se tient à Yamachiche. À cette époque, il commence également à se faire connaître au delà des frontières régionales par des poésies, de plus en plus patriotiques, qu'il publie régulièrement, d'abord sous le pseudonyme de Marie-Louise, dans *le Populaire* de Montréal. Un poème intitulé *Aux exilés politiques canadiens,* paru dans *le Fantasque* de Québec le 26 décembre 1838, va lui donner le privilège de figurer à jamais sur la liste des glorieux patriotes. Toutefois, cet écrit à vrai dire anodin lui vaut, en ces temps troublés, un séjour de trois mois à la prison de Trois-Rivières, du 2 janvier au 3 avril 1839. Un désagrément de bien courte durée, somme toute, en comparaison de la notoriété et de la gloire qu'il va en tirer sa vie durant.

Le 8 avril 1841, Barthe fait son entrée au Parlement du Canada-Uni à titre de député de Yamaska. Il siège alors au côté du député de Richelieu, Denis-Benjamin Viger*, le protecteur qui l'avait appelé l'année précédente à la rédaction de *l'Aurore des Canadas,* de Montréal, et à qui il restera aveuglément fidèle. Ses options politiques seront infailliblement celles de Viger, et les ennemis politiques de celui-ci deviendront aussi les siens, parmi lesquels figure, au tout premier rang, Louis-Hippolyte La Fontaine*. Il aura également à subir l'hostilité de Ludger Duvernay* de *la Minerve*. Aux élections du 12 novembre 1844, Barthe perd sa circonscription au profit du candidat des réformistes, Léon Rousseau, et c'est dans les pages de son journal qu'il poursuit rageusement son combat politique.

Viger, alors président du Conseil exécutif, trouve l'occasion de récompenser Barthe en le faisant nommer, le 16 juin 1846, greffier à la Cour d'appel du Bas-Canada. Cette nomination politique à une fonction aussi convoitée et aussi bien rémunérée est tout de suite vigoureusement dénoncée, tant par les adversaires du gouvernement que par le barreau de Québec. Il n'est donc pas surprenant que Barthe n'ait pu conserver longtemps ce poste après le retour de La Fontaine au pouvoir en 1848. Le 24 décembre 1849, Barthe reçoit une nouvelle commission, mais avec un mode de rémunération différent : un salaire fixe au lieu d'honoraires. Lui qui n'avait jusque-là déclaré que des honoraires d'environ £250 chaque année voit son salaire annuel fixé à £250. Il crie à l'injustice : par vengeance politique, croit-il, on lui a coupé ses revenus des trois quarts. Il refuse donc d'aller au travail dans de telles conditions et nomme Louis-de-Gonzague Duval, son beau-frère, greffier adjoint pour agir à sa place. Les juges, sauf Thomas Cushing Aylwin*, refusent de valider cette nomination et n'acceptent pas de siéger en l'absence du greffier. En novembre 1850, Barthe remet finalement sa démission, qui est aussitôt acceptée. Il crie à la vengeance politique, principalement dans le journal montréalais *l'Avenir,* sans toutefois recevoir de nouveaux appuis.

Ne pouvant plus longtemps « souffrir les hauteurs où l'injustice d'adversaires politiques », Barthe décide d'aller vivre quelques années en France. Il compte bien continuer à y servir son pays et se donne lui-même un double mandat : provoquer un mouvement d'émigration française vers les terres neuves du Canada et obtenir pour le jeune Institut canadien de Montréal affiliation et appui de la part du vénérable Institut de France. Muni d'une lettre de recommandation de Louis-Joseph Papineau* auprès de Pierre Margry, des Archives de la Marine, il s'embarque avec sa petite famille pour Paris le 15 juin 1853. Il reviendra au bout de deux ans, avec cependant peu de chose de ce qu'il ambitionnait au départ : 280 volumes pour la bibliothèque de son institut et quelques moulages de chefs-d'œuvre antiques ; c'est tout. Pas question d'affiliation. Il était d'ailleurs sans doute le seul à trouver sensé un tel projet : ses confrères de l'Institut canadien, dont Joseph Emery-Coderre* et Alfred-Xavier Rambau*, sollicités par lui en 1854, refusent de présenter une demande officielle d'affiliation. Quant au recrutement de colons français pour augmenter la population francophone du Canada, ce fut un échec complet : Barthe se plaint de n'avoir pu intéresser à cette cause les journaux parisiens, trop préoccupés qu'ils étaient en 1854 et 1855 par la guerre de Crimée et tout à fait ignorants des enjeux canadiens.

Ce qu'il n'a pu écrire dans les journaux français, Barthe l'écrit dans un livre, *le Canada reconquis par la France,* publié à compte d'auteur avant son départ de Paris. Le titre en est sans doute délibérément provocateur, pour attirer la clientèle. En réalité, Barthe ne prône pas une reconquête militaire, ni même politique, du Canada : il rêve seulement que la France profite de sa nouvelle amitié avec le Royaume-Uni pour consolider la présence française au Canada en fournissant à son ancienne colonie plusieurs contingents de nouveaux citoyens et de généreux secours d'ordre culturel. Et à la trop insouciante mère patrie il décrit d'abord, et longuement, les combats qu'ont menés les Canadiens français depuis 1763, leur situation actuelle tant au point de vue politique et social que culturel, puis les richesses de tous ordres qui attendent, au Bas-Canada, ceux qui voudront bien venir les exploiter. Cet exposé, très objectif selon Barthe, est en fait l'opinion personnelle et passionnée d'un membre de l'Institut canadien de Montréal et d'un partisan inconditionnel de Viger, de Papineau et des « rouges ». Autant il est généreux dans l'éloge qu'il fait de ces derniers, autant il décrie la personne et l'action politique de La Fontaine, le traître à la solde des « Bretons », qui a tout sacrifié, même l'honneur, à ses ambitions personnelles. Plusieurs passages sont de purs règlements de comptes. Ainsi truffé de querelles partisanes, le plus souvent mesquines, qui divisaient les hommes politiques du Bas-Canada, l'ouvrage n'avait rien pour intéresser des métropolitains, à qui pourtant il était destiné. De plus, il était fort mal écrit, parfois même incompréhensible. Le livre fit beaucoup plus de bruit au Canada, où il a attisé et nourri pendant quelques mois la guerre verbale entre libéraux rouges et conservateurs.

À son retour au pays en 1855, précédé de quelques semaines par son livre, Barthe ne fait que passer à Montréal où selon Édouard-Martial Leprohon, un compagnon de voyage, il « n'a pas eu une acceuil bien aimable », et il va tout de suite prendre résidence à Trois-Rivières. Il y retrouve son métier de rédacteur, d'abord à *l'Ère nouvelle,* puis au *Bas-Canada,* journal que son frère Georges-Isidore a fondé en avril 1856 et qui va paraître quelques mois seulement, jusqu'à l'incendie des ateliers en novembre. Il s'installe ensuite à Québec pour prendre avec François-Magloire Derome* la rédaction du *Canadien.* C'est là son dernier poste important, qu'il va occuper jusqu'en août 1862. Quatre ans plus tard, on le retrouve au *Drapeau de Lévis,* où il succède à Louis-Honoré Fréchette*, puis au *Journal de Lévis.* Finalement, vers 1870, il retourne habiter à Montréal. On n'entend plus parler de lui que de temps à autre, à l'occasion de banquets ou de rassemblements à caractère patriotique, auxquels il assiste à titre d'invité d'honneur.

Dans cette quasi-retraite, Barthe écrit *Souvenirs d'un demi-siècle* qui paraît à Montréal en 1885. Avec l'âge, ses passions politiques se sont calmées, il est devenu plus indulgent pour ses adversaires de jadis, mais il a malheureusement conservé son style boursouflé, ses phrases longues et enchevêtrées. Plus grave encore pour un mémorialiste, il continue d'en prendre à son aise avec la vérité. Tribun habitué d'arranger la réalité selon les besoins des causes à défendre, mégalomane enclin à grossir les faits et à embellir les histoires qui lui donnent de l'importance, il parsème son ouvrage de récits qu'on sait maintenant inventés, ou d'affirmations que la recherche historique actuelle est en mesure de contredire.

Joseph-Guillaume Barthe, qui eut longtemps l'art de faire parler de lui et de se trouver au cœur des querelles politiques, et là où se faisait l'histoire, a bien vite disparu de la mémoire collective de ses compatriotes. Il ne faut pas pour cela crier à l'injustice : il n'est, en effet, rien resté de toute son agitation, ni réalisation d'ordre politique ou social dont il aurait été l'initiateur ou l'artisan principal, ni œuvre écrite digne d'être relue. S'il fut indéniablement un patriote ardent et dévoué, c'est avant tout au service de quelques hommes qu'il s'est voué : des hommes qui pour lui incarnaient la nation, et qui ont bien su profiter de sa fidélité inconditionnelle, souvent bornée, mais parfois émouvante de naïveté ou de courage.

JEAN-GUY NADEAU

Un portrait de Joseph-Guillaume Barthe, gravé par un dénommé Pierdon, est reproduit au début de *le Canada reconquis par la France,* publié à Paris en 1855 par Barthe. Ce dernier est également l'auteur de : *Souvenirs d'un demi-siècle ; ou, Mémoires pour servir à l'histoire contemporaine* (Montréal, 1885). Il a aussi fait paraître dans *le Populaire* de Montréal trois contes : *Opium littéraire ou Conte de ma grand'mère,* le 15 mai 1837 : 1 ; *la Pauvre Famille,* le 16 juin 1837 : 1 ; *Des plaisirs ; leur frivolité,* le 12 juill. 1837 : 1. Enfin, il est l'auteur de quelque 80 poèmes, publiés dans *le Populaire* du 10 mai 1837 au 26 oct. 1838, dans *le Fantasque* de Québec du 26 déc. 1838 et enfin, dans *l'Aurore des Canadas* de Montréal du 19 mai 1840 au 30 déc. 1843. Ces poèmes, pour la plupart réédités dans le volume 2 du *Répertoire national, ou Recueil de littérature canadienne,* James Huston, compil. (4 vol., Montréal, 1848–1850), ont fait l'objet d'un excellent inventaire bibliographique dans *DOLQ,* 1 : 581.

ANQ-MBF, CE1-48, 23 janv. 1844 ; M-68. — ANQ-Q, P1000-6-105. — AP, Saint-Joseph (Carleton), Reg. des baptêmes, mariages et sépultures, 16 mars 1816. — *Lettres à Pierre Margry de 1844 à 1886 (Papineau, Lafontaine, Faillon, Leprohon at autres),* L.-P. Cormier, édit. (Québec, 1968). — Alphonse Lusignan, *Coups d'œil et Coups de plume* (Ottawa, 1884), 186–191. — *L'Avenir* (Montréal), déc. 1850. — *Le Charivari canadien* (Montréal), 10 mai–3 oct. 1844. — *Le Fantasque,* 27 juill. 1844. — *La Gazette de Québec,* 10 févr. 1838. — *Le Journal de Québec,* 31 juill., 4, 18 août, 4, 15 sept., 30 oct., 10 nov. 1855. — *La Minerve,* 31 juill. 1837, 25–26 juill. 1844, 23, 30 juin 1846, 14, 31 oct., 7, 11, 14, 21 nov., 12 déc. 1850. — *La Patrie,* juill. 1855. — *Le Pays* (Montréal), 12 mai, 5, 10, 14, 19 juill. 1855, 29 déc. 1865. — *Le Temps* (Montréal), 21 août, 30 oct. 1838. — *DOLQ,* 1 : 75–76, 582, 687–688. — J. Hamelin *et al., la Presse québécoise,* 1 : 16, 100, 104, 137, 196 ; 2 : 63. — Henri Vallée, *les Journaux trifluviens de 1817 à 1933* (Trois-Rivières, Québec, 1933), 24–25. — Bernard, *les Rouges,* 130–132. — Aurélien Boivin, *le Conte littéraire québécois au XIXe siècle ; essai de bibliographie critique et analytique* (Montréal, 1975), 51–52. — Ægidius Fauteux, *le Duel au Canada* (Montréal, 1934), 317. — Armand La Vergne, *Trente ans de vie nationale* (Montréal, 1934), 42, 50–55. — Jacques Monet, *The last cannon shot : a study of French-Canadian nationalism, 1837–1850* (Toronto, 1969 ; réimpr., Toronto et Buffalo, N.Y., 1976), 249–251, 272–273, 290. — J.-P. Tremblay, *À la recherche de Napoléon Aubin* (Québec, 1969), 16, 41–44, 54–55, 81. — Marcel Trudel, *l'Influence de Voltaire au Canada* (2 vol., Montréal, 1945), 1 : 151–152 ; 2 : 78. — Armand Yon, *le Canada français vu de France (1830–1914)* (Québec, 1975), 37–39. — B. D. [Émile Castonguay], « Un grand méconnu ou le Pèlerin passionné », *l'Action catholique, suppl. illustré* (Québec), 10 août 1952 : 17, 22 ; « Une poétesse trifluvienne fait la conquête des Montréalais », 19 oct. 1952 : 3, 17. — Jean Bruchési, « l'Institut canadien de Québec », *Cahiers des Dix,* 12(1947) : 93–114.

BAYFIELD, FANNY AMELIA. V. WRIGHT

BEACH, THOMAS BILLIS (alias **Henri Le Caron** et **docteur Howard**), agent secret et auteur, né le 26 septembre 1841 à Colchester, Angleterre, fils de John Joseph Billis Beach et de Maria Passmore ; décédé le 1er avril 1894 à South Kensington (Londres).

Thomas Billis Beach était le fils cadet d'une famille de 13 enfants ; son père était tonnelier. On ne sait pas quelle formation il reçut dans son enfance mais, à l'âge de 12 ans, après avoir tenté par deux fois de s'enfuir à Londres, il fut mis en apprentissage chez un marchand drapier. À 16 ans, il trouva une place de commis dans une draperie londonienne. Deux ans plus tard, en 1859, il se rendit à Paris, où une banque anglaise, l'Arthur and Company, qui s'occupait d'affaires américaines, l'embaucha.

Excité à l'annonce du déclenchement de la guerre de Sécession, Beach se rendit à New York où il s'enrôla, le 7 août 1861, dans le 8th Pennsylvanian Reserves de l'armée de l'Union. Apparemment par goût du secret, il prit le nom d'Henri Le Caron et déclara être de nationalité française. Il servit en Virginie puis, en 1862, on l'envoya dans l'Ouest. Il s'y montra si utile comme éclaireur et patrouilleur qu'il obtint une promotion. Passé au grade de lieutenant en second en juillet 1864, il s'éleva rapidement à celui de major avant sa démobilisation en 1866.

Le Caron avait épousé en 1865 Nannie Melville, fille d'un planteur irlandais de Virginie, avec qui il allait avoir six enfants. Après la guerre, il s'établit à Nashville, au Tennessee, et étudia la médecine. Il renoua avec un homme qu'il avait connu durant les hostilités, John O'Neill*, qui le présenta à des membres importants de la Fenian Brotherhood, dont le général Thomas William Sweeny. Celui-ci était secrétaire à la guerre dans l'aile de l'organisation dirigée par William Randall Roberts qui préparait une deuxième invasion du Canada. Le Caron envoya à son père, en Angleterre, des rapports sur les projets des féniens. Ce dernier les montra au député libéral de Colchester John Gurdon Rebow qui, impressionné, les remit au ministère de l'Intérieur.

Au cours d'une visite en Angleterre en 1867, Le Caron fut présenté à Rebow, qui lui fit rencontrer en secret Robert Anderson, fonctionnaire attaché au cabinet du secrétaire de l'Irlande. Anderson acheta ses services à titre d'agent et fut, dès lors, le principal trait d'union entre Le Caron et le gouvernement britannique.

Quand, à la fin de 1867, on chargea O'Neill d'autres opérations féniennes contre le Canada, Le Caron put pénétrer dans l'état-major de l'organisation. Il abandonna ses études de médecine et un poste qu'il occupait dans l'Illinois pour prêter le serment des féniens. Il devint alors chef d'une section locale (poste de direction) et organisateur des opérations militaires ; par la suite, il accéda au grade de colonel. Cette position lui permettait de transmettre à Anderson des rapports détaillés sur les plans des féniens. Au printemps de 1868, il rencontra le commissaire de police canadien Gilbert MCMICKEN et s'engagea à lui communiquer régulièrement des renseignements. Il vit de nouveau McMicken près de la frontière en 1870 et le prévint de l'imminence d'un raid contre le Canada. Le gouvernement canadien était donc prêt lorsque, le 25 mai, O'Neill attaqua Eccles Hill, près de Frelighsburg, dans la province de Québec. Le Caron, affecté aux munitions pendant le raid, fit son possible pour semer le désordre dans les rangs des féniens.

Après le raid, Le Caron se rendit à Montréal pour consulter le magistrat de police Charles-Joseph Coursol*, puis à Ottawa, en passant par Cornwall, en Ontario. C'est là qu'on l'appréhenda comme fénien et qu'on l'envoya sous escorte à McMicken, à Ottawa. Il y fut accueilli en héros par les rares personnes qui connaissaient le rôle qu'il avait joué, et on le relâcha en secret pour qu'il rentre aux États-Unis. Le rapport de Le Caron sur le raid fénien de 1870 marqua le sommet de sa carrière d'agent secret. L'année suivante, il informa le gouvernement du Canada que William Bernard O'Donoghue* projetait de convaincre les féniens d'envahir le Manitoba. Une fois ses études de médecine terminées, il pratiqua à Braidwood, dans l'Illinois, et finit par être propriétaire de plusieurs pharmacies. Agent secret du gouvernement britannique jusqu'en 1889, il se joignit au Clan-na-Gael, qui naquit du mouvement fénien en 1867. Pendant une courte période, en 1881, il fut agent de liaison entre le clan et le leader politique irlandais Charles Stewart Parnell. Quand l'organisation projeta une série d'attentats à la dynamite en Angleterre, Le Caron put fournir des renseignements qui aboutirent à l'arrestation de 25 terroristes. Cependant, il n'arriva pas à découvrir tous les plans de l'opération de dynamitage, si bien qu'il y eut plusieurs explosions à Londres. Malgré les arrestations, Le Caron garda la confiance du clan jusqu'à ce qu'il témoigne contre Parnell en Angleterre, en 1889. Son témoignage, qui fit sensation, lui apporta la célébrité qu'il avait évitée toute sa vie même s'il l'avait secrètement désirée.

Le Caron pouvait facilement accomplir des tâches mineures et avait le don de gagner la confiance de personnes influentes, d'où la facilité avec laquelle il se trouvait de l'emploi et la rapidité de son ascension dans l'armée de l'Union. Son travail d'agent secret lui donnait un sentiment d'importance qui le combla pendant la plus grande partie de sa carrière. Cependant, il finit par avoir besoin de reconnaissance publique, qu'il trouva en témoignant contre Parnell.

Par la suite, comme les féniens le menaçaient de mort, Thomas Billis Beach prit une deuxième fausse identité, celle du docteur Howard, et demeura sous la protection de la police à Londres. Il y rédigea ses mémoires, qui parurent en 1892. Deux ans plus tard, il mourut d'une appendicite. Sa veuve et leurs quatre filles retournèrent aux États-Unis.

HEREWARD SENIOR

Thomas Billis Beach est l'auteur de : *Twenty-five years in the secret service : the recollections of a spy* (Londres, 1892) qu'il publia sous le nom d'Henri Le Caron.

AN, MG 26, A, 244. — PRO, CO 42/686. — *Times* (Londres), 2, 29 avril 1894. — *DNB*. — Robert Anderson, *Sidelights on the Home Rule movement* (Londres, 1906). — J. A. Cole, *Prince of spies, Henri Le Caron* (Londres et Boston, 1984). — Léon O'Broin, *The prime informer : a suppressed scandal* (Londres, [1971]). — Hereward Senior, *The Fenians and Canada* (Toronto, 1978). — K. R. M. Short, *The dynamite war ; Irish American bombers in Victorian Britain* (Atlantic Highlands, N.J., et Dublin, 1979). — John Sweeney, *At Scotland Yard ; being the experiences during twenty seven years' service of John Sweeney* [...], Francis Richards, édit. (Londres, 1904). — Charles Curran, « The spy behind the speaker's chair », *Hist. Today* (Londres), 28 (1968) : 745–754.

BEATTY, WILLIAM, homme d'affaires, pasteur laïque méthodiste et homme politique, né le 19 janvier 1835 à Stonyford (république d'Irlande), deuxième fils de William Beatty et de Frances Hughes ; le 9 décembre 1873, il épousa Isabella Eliza Bowes, fille de John George Bowes*, et ils eurent quatre filles et un fils ; décédé le 2 décembre 1898 à Parry Sound, Ontario.

En 1835, William Beatty quitta l'Irlande avec sa famille, qui s'installa à Thorold, dans le Haut-Canada, où William père construisit une tannerie et, plusieurs années plus tard, deux scieries sur le bord du canal Welland. William fils fréquenta les écoles locales avant de s'inscrire au Victoria College, à Cobourg, où il obtint une licence ès arts en 1860, une maîtrise ès arts en 1863 et une licence en droit en 1864. Élu au « sénat » de l'université en 1865, il en fit partie durant un quart de siècle.

Malgré ses aptitudes pour les activités universitaires, William prit part, aux côtés de son frère James Hughes et de son père, à l'entreprise familiale d'exploitation forestière. À l'été de 1863, ils parcoururent la rive nord du lac Huron à la recherche de concessions forestières. Au bras Parry, à l'embouchure de la rivière Seguin, ils trouvèrent une scierie ainsi qu'une concession de 50 milles carrés qui avaient appartenu à deux frères, William Milnor et James Alexander Gibson, mais que la couronne avait confisquées. Immédiatement séduits par les possibilités qu'offrait cette propriété, les Beatty obtinrent un bail pour les droits de coupe sur un territoire de 234 milles carrés autour de la scierie. Ils achetèrent en 1867 une autre concession de 50 milles carrés le long de la rivière Moon.

Même si les Beatty étaient tous les trois associés dans la J. and W. Beatty and Company, formée en vue d'exploiter les concessions forestières, c'est William fils qui s'y intéressa davantage et en devint le directeur. La route du bras Parry, dont la construction débuta en 1863 après que John Stoughton Dennis* en eut établi le tracé, fut terminée par William quatre ans plus tard ; l'avant-poste devenait ainsi accessible par voie terrestre à partir de la route de Muskoka vers le sud. Pendant que William s'occupait des concessions forestières, James Hughes supervisait l'exploitation du *Waubuno,* que Melancthon SIMPSON avait construit en 1865 pour les Beatty à Port Robinson. Ce vapeur, qui jaugeait 193 tonneaux, transportait des passagers et des provisions à partir de la tête de ligne de la Northern Railway Company of Canada, à Collingwood, jusqu' au bras Parry et à la baie Thunder, ce qui en faisait le principal bateau commercial à naviguer dans la partie nord des Grands Lacs.

En mai 1867, la firme Beatty acheta 2 198 acres de terrain de la couronne à l'embouchure de la rivière Seguin pour y établir un village ; en octobre 1869, le premier plan officiel était dressé. William fils sut rendre la localité naissante très attirante pour les colons éventuels ; dès 1869, Parry Sound pouvait se vanter d'offrir les services d'un médecin et d'un instituteur. Il y avait aussi un moulin à farine, une salle de lecture publique, un hebdomadaire (le *Northern Advocate,* fondé par Thomas McMurray*), ainsi qu'un service de diligence jusqu'à Bracebridge qu'exploitaient les Beatty. Méthodiste pieux, William dirigeait des offices à titre de pasteur laïque depuis l'automne de 1864. Deux ans plus tard, il fit don à la ville d'un terrain et des matériaux nécessaires pour la construction de la première église du village. L'été, il tenait des assemblées du culte en plein air dans le but de convertir les autochtones et attirait ainsi des fidèles qui venaient de toute la région de la baie Géorgienne. Très vite, il reçut le surnom de « gouverneur » en raison de ses capacités de chef et de l'attention qu'il accordait aux besoins des colons.

Beatty fut le premier à se présenter aux élections

générales fédérales de 1867 dans la circonscription d'Algoma, où était situé Parry Sound. Il échoua dans sa tentative d'amener à temps un bateau de partisans jusqu'à Sault-Sainte-Marie afin qu'ils puissent voter : il perdit par une mince marge de neuf voix. Néanmoins, on l'élut la même année député réformiste de la circonscription de Welland à l'Assemblée législative de l'Ontario. La principale réalisation de la première session, en 1868, fut l'adoption du *Free Grant and Homestead Bill*. Beatty se déclara en faveur du projet de loi et suggéra des amendements utiles — l'un d'eux, qui fut adopté, stipulait que l'on devait accorder les droits de coupe relatifs à un terrain concédé seulement après que le colon aurait rempli un certain nombre d'exigences strictes et obtenu un titre de concession foncière. En mars 1871, Beatty perdit son siège, surtout à cause de son appui au gouvernement de coalition de John Sandfield Macdonald*.

Quelque temps après cette défaite, la J. and W. Beatty and Company fut dissoute. James Hughes s'affairait de plus en plus au transport maritime ; William fils, qui s'intéressait surtout au commerce et à l'exploitation de la forêt, décida de s'installer d'une façon permanente à Parry Sound. En décembre 1871, les trois associés vendirent la scierie et une partie de leur propriété située à l'embouchure de la rivière Seguin à Hugo Burghardt Rathbun et à Edward Wilkes Rathbun* de Trenton, pour la somme de 125 000 $. Les Rathbun revendirent immédiatement ces biens à Anson Greene Phelps Dodge, à John Classon Miller* et à d'autres qui, en 1872, formèrent la Parry Sound Lumber Company. En décembre de la même année, William acheta, pour 30 000 $, les parts de son père et de son frère dans ce qui restait de leur concession originale de 2 198 acres.

Comme il avait été témoin des ravages causés par l'alcool dans d'autres centres forestiers, Beatty était déterminé à faire de son établissement un village respectable. Parmi les premiers villageois, plusieurs donnèrent leur appui à sa position antialcoolique. À l'été de 1872, les résidents du canton de McDougall, dont Parry Sound faisait partie, votèrent pour la prohibition locale en vertu des dispositions de la loi Dunkin [V. Christopher Dunkin*]. De plus, lorsque Beatty fut devenu en décembre propriétaire unique de l'emplacement du village, quiconque voulait y acheter un terrain devait signer une entente qui lui interdisait la vente, le troc ou l'échange de boissons alcooliques sur les lieux. La force de ce document tenait à la clause qui autorisait Beatty ou ses descendants à reprendre possession des terrains de tout contrevenant. La plupart des colons partageaient toutefois ses convictions et, à ce que l'on sache, aucune vente ne fut résiliée. Le « pacte Beatty » est demeuré en vigueur à Parry Sound jusqu'en 1950.

La principale occupation de Beatty après la dissolution de l'entreprise familiale fut le magasin général établi au bras Parry en 1863 et dont il était le propriétaire. Il continua toutefois à s'intéresser sporadiquement à l'industrie forestière et à lancer d'autres genres d'entreprises. Il construisit en 1874 les Seguin Steam Mills, qu'il exploita avant de les revendre à la Parry Sound Lumber Company en 1881. Neuf ans plus tard, il fit l'acquisition d'une autre scierie, qu'il dirigea jusqu'à ce qu'un incendie la détruise en 1893. Beatty conserva ses intérêts dans le *Waubuno,* que la famille avait continué d'exploiter après 1871. Celui-ci servit de lien vital aux gens de la rive nord jusqu'en 1876, année où le *Northern Belle,* propriété de Thomas* et de John Joseph Long, de Collingwood, entra en service. La concurrence entre ces bateaux donna rapidement lieu à une fusion, et la nouvelle entreprise, à laquelle Beatty participa, prit le nom de Georgian Bay Transportation Company Limited. Le naufrage du *Waubuno* pendant une tempête en novembre 1879 précipita la compagnie au centre de plusieurs poursuites judiciaires pour cause de négligence. Elle fut finalement exonérée, mais elle subit d'autres désastres. En mai 1882, le feu détruisit le *Manitoulin* qu'on avait construit pour remplacer le *Waubuno* et, en septembre, un autre bateau, l'*Asia*, coula ; 100 personnes y trouvèrent la mort. Les administrateurs de la compagnie demandèrent l'abandon de la charte provinciale en 1885, et les bateaux qui restaient passèrent à la Great Northern Transit Company Limited (la White Line), qui avait une charte fédérale, et dont James H. Beatty fut le premier actionnaire.

L'un des premiers à reconnaître le potentiel touristique de la région de Parry Sound, Beatty avait constitué en 1881 la Parry Sound Hotel Company Limited en société commerciale, se réservant la fonction de président. La compagnie construisit l'imposant Belvidere Hotel, qui donnait sur la baie Géorgienne et que fréquentèrent les estivants jusqu'à ce qu'un incendie le détruise en 1961. Beatty était également parmi les instigateurs de la Parry Sound Colonization Railway, constituée juridiquement en 1885 dans le but de construire une ligne de chemin de fer qui relierait le Northern and Pacific Junction Railway à Parry Sound. Il fut vice-président de l'entreprise jusqu'à ce que John Rudolphus Booth*, le magnat du bois d'Ottawa, et sa Canada Atlantic Railway Company en fassent l'acquisition en 1893.

William Beatty mourut en 1898 à Parry Sound, après une longue maladie. C'est le journal local *North Star* qui a le mieux résumé le sentiment de regret de ses concitoyens : « Véritablement, il a mérité l'engageant surnom de « gouverneur » que tout le monde lui accordait [...] Sa réputation s'est étendue beaucoup plus loin que les limites de la ville et de la région où il a vécu et travaillé.» Beatty laissa sa maison, Minnewawa Grove, à son épouse, ainsi qu'un legs considérable à l'église méthodiste St James, à Parry Sound. Le reste de sa succession fut divisé entre ses cinq enfants et son testament stipulait que ses héritiers avaient le loisir de continuer ses affaires ou d'y mettre fin. En 1904, la William Beatty Company Limited fut constituée en société commerciale, avec des membres de sa famille immédiate comme administrateurs, afin de gérer son magasin général et son entreprise de charbon. Dix ans plus tard, une deuxième société, la William Beatty Lands and Timber Limited, obtint sa constitution juridique afin de conclure la vente des propriétés et des stocks de bois de construction qu'avait laissés Beatty. Les deux sociétés existent encore aujourd'hui.

ADRIAN ERIC HAYES

Les papiers de William Beatty sont en la possession de ses descendants ; on a autorisé l'auteur à les consulter, mais non à divulguer leur emplacement. [A. E. H.]

AO, RG 55, I-2-B, liber 5 : f° 42 ; liber 14 : f° 37. — Ontario, Legislative Library (Toronto), Newspaper Hansard, 11 janv. 1868 (mfm aux AO) ; Ministry of Consumer and Commercial Relations, Companies Branch, Corporate Search Office (Toronto), Corporation files C-4171, C-12284. — Parry Sound Land Registry Office (Parry Sound, Ontario), Testament de William Beatty. — *Canada Gazette*, 18 sept. 1880. — *Canada Lumberman* (Toronto), 20 (1899), n° 1 : 5 ; n° 3 : 5 (mfm aux AO). — Alexander Kirkwood et J. J. Murphy, *The undeveloped lands in northern & western Ontario ; information regarding resources, products and suitability for settlement* [...] (Toronto, 1878). — Thomas McMurray, *The free grant lands of Canada, from practical experience of bush farming in the free grant districts of Muskoka and Parry Sound* (Bracebridge, Ontario, 1871). — Ontario, *Statutes*, 1885, chap. 78. — W. W. Walker, *By northern lakes ; reminiscences of life in Ontario mission fields* (Toronto, 1896). — *North Star* (Parry Sound), 8 déc. 1898. — *Canadian album* (Cochrane et Hopkins), 3 : 252. — *Guide book & atlas of Muskoka and Parry Sound districts, 1879* (Toronto, 1879 ; réimpr., Port Elgin, Ontario, 1971). — *Globe and Mail*, 5 mars 1950 : 15.

BEATY, JAMES, cordonnier, homme politique, homme d'affaires et fonctionnaire, né en 1798 à Killashandra (république d'Irlande), cadet des cinq fils de Robert Beaty ; le 26 décembre 1822, il épousa à York (Toronto) Sarah Anne Armstrong (décédée en 1829), et ils eurent deux enfants ; décédé le 5 mars 1892 à Toronto.

James Beaty apprit son métier en Irlande puis immigra à New York vers 1815. Au printemps de 1818, il s'installa à York, où il s'associa à William Armstrong dans la fabrication de bottes et de chaussures. Tous deux vivaient et travaillaient dans la même maison, et leurs liens se renforcèrent davantage lorsque Beaty épousa la sœur d'Armstrong. Depuis 1818, son frère John exploitait une ferme dans Trafalgar, canton du comté de Halton. Par la suite, certains de ses neveux, dont plusieurs enfants de John, travailleraient dans les entreprises torontoises de Beaty ; l'un d'eux, James Beaty, allait faire une belle carrière d'avocat et d'homme politique à Toronto.

Beaty, qui affirma plus tard avoir porté le drapeau d'Orange à l'occasion du premier défilé orangiste de la ville, opta pour le réformisme, même si la plupart des orangistes de Toronto allaient plutôt s'associer aux conservateurs. Le mouvement de réforme torontois avait bien sûr des attaches avec l'Irlande protestante, notamment par la famille Baldwin. De plus, les cordonniers avaient une forte tradition radicale. Beaty lui-même avait quitté l'Église d'Angleterre pour se joindre à une secte non conformiste, les Disciples du Christ [V. James Black*]. Les tories avaient beau lui reprocher son « élocution rude », il se tirait bien d'affaire dans les débats parfois orageux qui animaient la politique locale. Lorsque les réformistes regagnèrent la majorité au conseil municipal de Toronto, en 1836, Beaty fut élu échevin du quartier St Lawrence, où le pourcentage d'Irlandais était particulièrement élevé. C'est lui qui proposa que Thomas David Morrison* soit maire pour l'année. Il joua également un rôle assez important à l'assemblée publique du 10 octobre 1836, qui vit naître la City of Toronto Political Union. Il participa à la création de la Home District Mutual Fire Insurance Company et de la Bank of the People, qui avait son bureau dans une maison dont il était propriétaire. C'est dans ce milieu qu'il noua des liens étroits avec Francis Hincks*. Dans les années 1840, il encouragea suffisamment Hincks, allant peut-être jusqu'à le soutenir financièrement, pour que celui-ci lui soit redevable en partie de sa carrière politique.

En 1837, Beaty et Armstrong figuraient encore à titre de cordonniers dans le bottin municipal et, en 1842, selon le rôle d'évaluation, ils étaient toujours copropriétaires de leurs locaux de la rue King. En 1843 cependant, la propriété était au nom de Beaty, qui était alors inscrit comme marchand de cuir. Il avait toujours exercé cette activité, ayant conservé les relations qu'il s'était faites à New York au cours de son séjour là-bas, mais il en faisait maintenant sa spécialité, qui consistait surtout à vendre du cuir américain aux cordonniers et selliers de Toronto et des environs. En outre, Beaty spéculait un peu, avec succès semble-t-il, dans le secteur résidentiel.

À Toronto, les années 1840 furent médiocres pour les réformistes, et pourtant Beaty remporta en 1846 un siège d'échevin dans le quartier St Lawrence. En 1847, pas moins de 14 des 24 échevins étaient des Irlandais protestants. La majorité des Irlando-protestants de Toronto, y compris la plupart de ceux qui siégèrent au conseil vers 1845, étaient conservateurs, mais Beaty vit élire en 1847 un autre conseiller réformiste irlandais avec qui il allait être très lié, le docteur Joseph WORKMAN. Aux élections provinciales qui se tinrent au milieu de l'hiver de 1847–1848, Beaty fit campagne pour Hincks dans la circonscription d'Oxford puis porta seul, et sans succès, la bannière réformiste dans Toronto. Selon un portrait qu'il avait brossé de lui-même en décembre, c'était « un artisan [...] parvenu à l'indépendance par son propre travail, [...] un humble citoyen libre de toute attache partisane – le défenseur d'une justice et de droits égaux pour toutes les classes sociales ». Conformément à la politique réformiste, il déclarait sans ambiguïté, et c'est tout à son honneur, que catholiques et Canadiens français faisaient partie de ceux qui avaient droit à l'égalité. Il s'était déjà acquis la gratitude du cabinet réformiste en octobre 1843 en étant l'instigateur, à Toronto, d'une assemblée publique qui avait appuyé le transfert du siège du gouvernement de Kingston à Montréal. Avec Workman, il démissionna du conseil municipal en juillet 1849 pour protester, tardivement il est vrai (d'autres avaient quitté leur poste en avril), contre le refus du conseil de condamner une émeute qu'avait déclenchée à Toronto le projet de loi pour l'indemnisation des pertes subies pendant la rébellion [V. James Bruce*]. En novembre 1853, voyant que leurs collègues refusaient de condamner le rôle qu'avait joué le maire John George Bowes* dans un scandaleux conflit d'intérêts, l'affaire des £10 000 [V. sir Francis Hincks], un grand nombre de conseillers démissionnèrent. À la faveur des élections partielles qui suivirent la démission massive, Beaty reprit pour quelque temps sa place au conseil, à titre de partisan de Bowes.

Comme il avait toujours bien servi le mouvement et était (comme George Brown* le dit à Robert Baldwin*) un ami « très cher » de Hincks, Beaty, malgré sa défaite aux élections provinciales, était fort bien placé pour bénéficier du retour des réformistes au pouvoir en 1847–1848. Ainsi il ne tarda pas à entrer au conseil d'administration du Provincial Lunatic Asylum, dont il fit partie au moins pendant une décennie et où il soutint sans aucun doute Workman, qui devint directeur de l'établissement en 1853. Mieux encore, il put profiter des nouvelles occasions qui s'offraient aux hommes d'affaires grâce à l'érection des villes en municipalité, à la réforme de la loi sur l'évaluation (qui facilitait la levée d'impôts) et à la rapidité de la croissance locale. Beaty avait beaucoup appris durant ses années au conseil et dans les comités municipaux. En 1848, il fut l'un des administrateurs fondateurs de la Consumers' Gas Company, qui concurrença avec succès la compagnie de gaz déjà en place à Toronto.

En 1850, dans ce qui ressemblait à un coup de force, Beaty usa des connaissances acquises au conseil et de ses relations avec Hincks, alors inspecteur général de la province, pour déjouer le conseil du comté d'York et acheter de la province les trois principales routes à péage qui menaient à la ville. C'est la Toronto Roads Company, compagnie à charte dont il était en fait l'unique propriétaire, qui réalisa l'achat. Dans une transaction défendue par le *Globe*, alors journal gouvernemental, mais que le *North American*, journal *clear grit* de William McDougall*, qualifia en août d' « acte de corruption le plus impudent et le plus flagrant jamais perpétré par un gouvernement canadien », Beaty s'engagea à verser £75 100 en 21 ans, en échange de quoi il entretiendrait les routes et aurait le droit d'y prélever un péage. Pendant deux ans, l'entente sembla rentable : les recettes augmentaient rapidement, quoique pas suffisamment pour couvrir les frais d'intérêt sur le capital. Puis l'Ontario, Simcoe and Huron Union Rail-road, terminé en 1853, commença à drainer le commerce qui empruntait auparavant la rue Yonge. Chose curieuse, Beaty lui-même avait des intérêts considérables dans les chemins de fer. Membre du conseil d'administration de la Toronto and Guelph, puis pendant quelques années du Grand Tronc, il présida une société lancée en 1853, la Toronto Locomotive Manufacturing Company, dont Bowes et Casimir Stanislaus GZOWSKI étaient également les administrateurs.

Dès 1856, la compagnie routière, très en retard dans ses paiements, conclut le premier d'au moins deux compromis avec le gouvernement provincial. Ils se soldèrent par un double échec, et en 1863 les routes redevenaient propriété de la province. Le comté d'York put ensuite les acquérir pour une fraction de ce qu'il aurait payé 13 ans plus tôt. En 1858, après avoir analysé le défaut de paiement de la compagnie, John LANGTON, vérificateur provincial et homme respecté, avait accepté sa comptabilité et, au moins en partie, la validité de sa cause. Deux ans plus tard cependant, le *Globe*, devenu journal d'opposition, parlait de la transaction initiale de Beaty en termes cuisants, en dépit de son échec manifeste : « Des nombreux cas de malversation attribuables à l'exécutif et de vol réel de fonds publics, [...] L'AFFAIRE DES ROUTES D'YORK [...] est peut-être le plus hardi et le plus infâme. »

Le succès de la Consumers' Gas Company avait incité un groupe qui comprenait plusieurs hommes très proches de Hincks, tels Samuel Zimmerman*, James Hervey Price*, Frederick Chase Capreol* et Joseph Curran Morrison*, à former la Metropolitan Gas and Water Company en 1853. Le nom de Beaty ne figurait pas dans la charte, mais dès la fin de 1856, sinon avant, il dominait la compagnie, même si Capreol en demeurait le porte-parole. Elle avait l'autorisation de construire des usines de gaz et de distribution d'eau à Toronto et dans d'autres municipalités et, suivant une pratique de plus en plus courante, bien connue de Zimmerman et d'autres, à savoir l'aide municipale aux chemins de fer, elle espérait amasser son capital initial en vendant des actions aux municipalités. En 1855, une révision de la charte fit en sorte que Toronto puisse fixer le tarif que la compagnie prélèverait pour l'utilisation de l'eau.

En vertu de la charte originale, la municipalité avait le droit d'acheter la compagnie, mais seulement à la condition de payer une prime d'au moins 20 % sur la « somme réellement dépensée ». Au moment où la ville obtint l'autorisation de construire sa propre usine de distribution d'eau, en 1857, la compagnie pouvait prétendre à des droits acquis, que la ville devrait acheter si elle voulait prélever une taxe d'eau pour financer ses travaux.

Pour peu qu'ils réussissent à convaincre la municipalité de soutenir la compagnie, les promoteurs avaient une concession lucrative à portée de la main. Comme le service assuré par l'usine existante de distribution d'eau suscitait un vaste mécontentement, Toronto semblait, en 1856–1857, se trouver devant l'alternative suivante : construire sa propre usine, ou aider la Metropolitan Gas and Water Company en achetant de ses actions et en fixant le tarif que celle-ci exigerait. Au début de 1857, la compagnie annonça qu'elle était prête à aller de l'avant : elle avait déjà signé un contrat avec des constructeurs anglais chevronnés. Des détracteurs, au fait des récents travaux de chemin de fer, jugèrent excessif le coût inscrit au contrat, soit £400 000. Parmi d'autres, l'échevin Alfred Brunel*, qui proposait que la ville construise sa propre usine, dénonça en juin 1857 « le caractère dangereux de ces spéculateurs » et prétendit qu'il y avait un « courant sous-jacent » à l'appui donné par certains échevins à la proposition de la Metropolitan Gas and Water Company. Cependant, en avril, la compagnie avait accusé la ville de tourner casaque après avoir appuyé ses demandes de charte puis d'amendements. Finalement, la dépression de 1857 eut raison des deux projets. En vertu de sa charte, la Metropolitan ne pouvait acheter d'actions de compagnies rivales, mais en 1858 elle acquit l'usine de la compagnie d'eau existante, propriété d'Albert Furniss. Toutefois, comme dans le cas des routes, Beaty avait surestimé les recettes à venir. Comme il tardait à payer, Furniss reprit la propriété et la gestion de l'usine.

Au fil de tous ces épisodes, Beaty exposa ses positions dans le *Leader* de Toronto, qu'il avait fondé en juillet 1852 pour soutenir le gouvernement de Hincks et d'Augustin-Norbert Morin*. On ne sait pas au juste s'il avait une expérience de l'édition, bien qu'en 1836 et à la fin des années 1840, au conseil municipal, il ait été membre du comité d'imprimerie. À l'été de 1853, le journal ajouta une édition quotidienne à son édition régulière. Beaty acheta ses rivaux conservateurs, le *Patriot* en décembre 1854 et le *British Colonist* en septembre 1860. Après les élections provinciales et la formation, en 1854, du gouvernement de coalition de sir Allan Napier MacNab* et de Morin, le *Leader* soutint le pouvoir ; il devenait le principal organe libéral-conservateur du Haut-Canada et partageait le marché torontois avec son principal concurrent, le *Globe* réformiste. Dirigé avec compétence par Charles Lindsey*, que remplaçait à l'occasion le stimulant George Sheppard*, le journal se révélait non seulement un instrument utile au gouvernement et à Beaty lui-même, mais aussi une intéressante source de revenu. Grâce à l'imprimerie commerciale du *Leader* (de 1856 à 1859, Beaty fut l'imprimeur du Conseil législatif), il en retira jusqu'à 10 000 $ par an de revenu net durant les années 1860. Il devait en partie cette réussite à son neveu Robert Beaty, qui assuma la gestion quotidienne du journal de 1862 à 1867, puis le quitta pour fonder un établissement qui était à la fois banque, maison de courtage et comptoir de change. Comme on peut le constater en lisant les articles, excellents et assez objectifs, qu'il consacra aux négociations et aux débats sur la Confédération, le *Leader* fut à certains moments l'un des meilleurs journaux du Canada.

Une fois Lindsey parti, en 1867, ce fut Charles Belford*, petit-neveu de Beaty et bon journaliste, qui devint rédacteur en chef. Mais le mécontentement des conservateurs grandissait. En novembre 1871, sir John Alexander MACDONALD déplora : « Le « Leader » est devenu si faible qu'il n'a plus de valeur, mais Beaty le conserve comme un jouet et ne veut ni le vendre ni prendre de mesure pour en faire un journal efficace. » Macdonald et ses alliés veillèrent donc à ce que le parti ait un nouvel organe à Toronto, le *Mail,* qui fut lancé sous la direction de Belford au printemps de 1872. Le *Leader* parut encore pendant six ans, mais son influence diminua progressivement et sa tendance vers un nationalisme protestant marqué s'accentua.

En matière politique, Beaty ne s'était pas contenté de commenter les événements. Lorsque le Conseil législatif devint électif, en 1856, il se présenta dans la division de Saugeen, qui incluait le comté de Grey, où il avait des propriétés. Il était devenu partisan de Macdonald ; en fait, la réunion durant laquelle un groupe clé de réformistes associés à Hincks résolurent que le premier ministre MacNab serait déposé et remplacé par Macdonald se tint chez Beaty le 14 avril. Lui-même se classa troisième au scrutin de 1856, derrière James Patton et John McMurrich*. Aux élections du premier Parlement du dominion, en 1867, il remporta la victoire comme conservateur dans Toronto East, l'une des rares circonscriptions canadiennes où le vote de la classe ouvrière était déterminant. Dans son premier discours à la chambre des Communes, en décembre, il dérida l'assistance en se qualifiant de « jeune député ». Réélu de justesse en 1872, il ne se présenta pas en 1874.

En 1871, pendant qu'il siégeait au Parlement, Beaty se joignit aux promoteurs américains George William McMullen et Charles Mather Smith pour demander l'autorisation de construire le chemin de fer qui devait se rendre jusqu'au Pacifique. En juillet, à Ottawa, les trois hommes présentèrent leur proposition à Macdonald et à Hincks. Cependant, Beaty n'était plus des leurs lorsqu'à l'automne, Smith et McMullen s'allièrent à sir Hugh Allan*. En novembre 1872, lui-même et William Kersteman, avec qui il avait travaillé à l'occasion des négociations de 1871, pressèrent Macdonald de laisser tomber les « cartels » d'Allan et de David Lewis MACPHERSON en faveur d'un groupe qu'ils représentaient et qui serait « exclusivement *anglais* ».

Beaty avait une fortune considérable (le représentant de la R. G. Dun and Company estimait sa valeur à 150 000 $ en 1873 ; elle était de 250 000 $ dans le rapport précédent), mais dans les cercles politiques et commerciaux où il évoluait dans les années 1870 son principal capital était son influence. Même si on le dit souvent marchand de cuir et manufacturier dans le contexte des événements de cette décennie, il avait laissé le commerce du cuir en 1857. Homme politique et capitaliste, Beaty se tenait, à profit, sur la frontière mal définie mais attrayante de ces deux sphères. L'échec de ses concessions d'eau et de routes, dont il se tira manifestement sans avoir dû engager sa fortune personnelle, et le déclin progressif du *Leader* diminuèrent considérablement sa richesse. Il disposa de ses derniers immeubles torontois dans les années 1870. Néanmoins, il semble avoir joui d'une certaine aisance à sa retraite.

La fortune de Beaty ne l'empêcha pas d'être acclamé en 1872 comme un héros de la classe ouvrière. L'événement eut lieu lorsque naquit le mouvement en faveur de la journée de neuf heures, qui déboucha sur un dur affrontement entre les typographes de Toronto et la plupart des imprimeurs de la ville, regroupés au sein de la Master Printers' Association par George Brown du *Globe*. Beaty refusa de se joindre à l'association ; quand, en mars, une grève éclata, il accepta les revendications du syndicat et donna l'appui du *Leader* aux grévistes, qui purent ainsi se faire entendre directement de la population. Son attitude fut l'un des principaux facteurs qui poussèrent Macdonald à déposer, en avril, un projet de loi qui légalisait les syndicats. Beaty retira des avantages commerciaux et politiques de sa position, suscitée en partie sans doute par son intense et ancienne rivalité avec Brown. Les travailleurs du *Leader* étaient syndiqués depuis la fondation du journal, et Beaty affirmait avoir toujours été un sincère partisan des droits ouvriers. Bien des travailleurs auraient pu faire valoir que toutes ses prises de position ne justifiaient pas cette prétention. Ainsi, en 1871, le *Leader* avait dénoncé avec virulence les Knights of St Crispin, qui étaient alors engagés dans un grave conflit avec les propriétaires des usines de chaussures de Toronto : il qualifiait ce syndicat de séditieux et lui reprochait d'être dominé par des Américains. Pendant un temps, on oublia cette partie de sa vie et, le 11 juillet 1872, aux côtés d'Andrew McCormick (président de la Toronto Trades Assembly), de sir John et de lady Macdonald [Bernard*], il parcourut les rues sous les acclamations de la foule.

Il peut sembler ironique que James Beaty ait commencé sa carrière publique en défendant les cellules politiques et l'ait terminée en défendant les syndicats : entre ces deux moments, peu d'hommes représentèrent plus que lui la « politique de l'entreprise » qui caractérisa le réformisme préconisé par Hincks au milieu du XIXe siècle. Cependant, quand on les envisage dans le contexte global de sa carrière, en se souvenant qu'il était irlandais, entrepreneur et artisan, ces positions ne paraissent plus incohérentes ni illogiques. Comme Hincks, Beaty appartenait à cette catégorie d'hommes qui surent discerner rapidement les avenues qu'ouvrait, à l'ère de la responsabilité ministérielle, le renouveau de la politique provinciale et municipale. Cependant, les nouvelles règles de la politique lui convenaient peut-être mieux que celles des affaires ; c'est du moins ce dont témoigne le fait que, de toutes ses initiatives politico-commerciales, seul le *Leader* fut vraiment une réussite.

DOUGLAS MCCALLA

AN, MG 26, A, 519 : 495–498. — AO, MU 472–473 ; MU 1853, n° 1719 ; MU 1923. — CTA, RG 1, A, 1836, 1846–1849, 1853–1863 ; B (mfm aux AO) ; RG 5, F, 1835, 1837, 1842–1843, 1880. — MTRL, Robert Baldwin papers, A35, n°s 108, 110 ; A38, n° 59 ; A48, n° 17 ; A50, n° 81 ; A51, n°s 7, 56–57 ; A59, n° 69 ; A65, n° 12 ; A70, n° 6. — Canada, chambre des Communes, *Débats*, 1867–1873. — Canada, prov. du, Parl., *Doc. de la session*, 1861, app. 2 ; *Statuts*, 1853, chap. 250 ; 1855, chap. 218 ; 1859, chap. 135 ; 1861, chap. 101. — J. A. Macdonald, *The letters of Sir John A. Macdonald* [...], J. K. Johnson et C. B. Stelmack, édit. (2 vol., Ottawa, 1968–1969), 1 : 326, 355, 372–373 ; 2 : 9–10, 189–190. — Ontario, *Statutes*, 1872, chap. 78. — *The rebellion of 1837 in Upper Canada : a collection of documents*, C. [F.] Read et R. J. Stagg, édit. (Ottawa, 1985). — *Examiner* (Toronto), 14 janv. 1846, 22 déc. 1847, 5 janv. 1848, 28 mars, 11 juill. 1849. — *Globe*, 1850–1860, 7 mars 1892. — *Leader* (Toronto), 11 nov. 1853, 1856–1857, particulièrement 28 avril 1857. — *Mail* (Toronto), 12 juill. 1872. — *North American* (Toronto), 20 août 1850. — *Canadian biog. dict.*, 1 : 340–341, 424–430. — *Canadian directory of parl.* (Johnson). — *Dict. of Toronto printers* (Hulse). — *Marriage bonds of Ont.* (Wilson). — *Toronto directory*, 1833–1890. — J. M. S. Careless, *Brown of* The Globe (2 vol., Toronto, 1959–1963 ; réimpr., 1972), 1 : 176 ; 2 : 28, 55–58, 292–299. — Creighton, *Macdonald, old chieftain*, 116, 120–124, 135. — Davin, *Irishman in Canada*, 278–279. — B. D. Dyster, « Toronto, 1840–1860 : making it in a British Protestant town » (thèse de PH.D., 1 vol. en 2, univ. of Toronto, 1970). — G. S. Kealey, *Toronto workers respond to industrial capitalism, 1867–1892* (Toronto, 1980). — R. S. Longley, *Sir Francis Hincks : a study of Canadian politics, railways, and finance in the nineteenth century* (Toronto, 1943), 409–410. — *Robertson's landmarks of Toronto*, 3 : 55–56,

110–111, 427. — Rutherford, *Victorian authority*, 42, 59, 85, 105, 167, 225, 231, 239. — S. F. Zerker, *The rise and fall of the Toronto Typographical Union, 1832–1972 : a case study of foreign domination* (Toronto, 1982). — J. W. Bengough, « Reminiscences of a chalk-talker », *Canadian Magazine*, 60 (nov. 1922–avril 1923) : 298–299. — D. G. Creighton, « George Brown, Sir John Macdonald, and the « Workingman », *CHR*, 24 (1943) : 362–376. — M. S. Cross, « The stormy history of the York roads, 1833–1865 », *OH*, 54 (1962) : 1–24. — R. A. Hill, « A note on newspaper patronage in Canada during the late 1850s and early 1860s », *CHR*, 49 (1968) : 44–59. — Elwood Jones et Douglas McCalla, « Toronto waterworks, 1840–77 : continuity and change in nineteenth-century Toronto politics », *CHR*, 60 (1979) : 300–323. — Bernard Ostry, « Conservatives, Liberals, and labour in the 1870's », *CHR*, 41 (1960) : 93–127. — A. A. den Otter, « Nationalism and the Pacific Scandal », *CHR*, 69 (1988) : 315–339. — J. J. Talman, « The newspaper press of Canada West, 1850–60 », SRC *Mémoires*, 3e sér., 33 (1939), sect. II : 149–174.

BEDSON, SAMUEL LAWRENCE, soldat, fonctionnaire et officier de milice, né le 3 février 1842 à Betley, Angleterre, fils de Samuel A. Bedson, soldat ; le 25 décembre 1872, il épousa à Winnipeg Jemima Alexandrina Murray, fille de l'ancien chef de poste de la Hudson's Bay Company Alexander Hunter Murray*, et ils eurent trois fils et deux filles, puis en juillet 1890, à Chicago, Florence A. Frankfort ; décédé le 17 juillet 1891 à Ottawa.

Samuel Lawrence Bedson naquit dans un camp militaire ; son père était alors sous-officier dans le 16th Foot. Venu au Bas-Canada comme simple soldat en 1861, lui aussi dans le 16th Foot, il décida d'y rester quand son régiment repartit pour l'Angleterre neuf ans plus tard. Le 1er mai 1870, il s'engagea dans le 2nd (Quebec) Battalion of Rifles, à titre de sergent quartier-maître de l'expédition qui devait se rendre à la colonie de la Rivière-Rouge (Manitoba) sous les ordres du colonel Garnet Joseph Wolseley*. L'année suivante, le 1er mai, on licencia son bataillon, posté à Lower Fort Garry, et Bedson devint directeur de la prison provinciale qu'on allait aménager dans les bâtiments de pierre abandonnés par les soldats. En 1874, après le transfert de la maison d'arrêt et de la prison provinciale dans le nouveau palais de justice de Winnipeg, Bedson assuma la direction du premier pénitencier fédéral du Manitoba, à Lower Fort Garry. Il occupa le même poste au nouveau pénitencier fédéral qu'on ouvrit à Stony Mountain le 2 février 1877. Malgré ses fréquentes protestations, cet établissement servit aussi d'asile d'aliénés jusqu'en 1885.

Bedson n'avait aucune formation en matière correctionnelle, mais il appliqua une stricte discipline militaire, qu'il sut tempérer de bon sens et d'humanité. Il insista pour que ses prisonniers soient convenablement nourris, logés et vêtus, qu'ils reçoivent les soins médicaux dont ils avaient besoin et qu'on leur confie des travaux utiles : construction ou réparation de bâtiments, jardinage, élevage, cordonnerie. Il ouvrit également une école pour les détenus analphabètes. Dans ses rapports annuels, l'inspecteur fédéral ne tarit pas d'éloges sur le travail de Bedson, l'état du pénitencier et des prisonniers. « La discipline est aussi parfaite que possible et suscite l'admiration de tous les visiteurs » pouvait-on y lire en 1881. Cependant, comme le coût moyen par prisonnier était plus élevé à Stony Mountain que partout ailleurs, on dut, de temps à autre, rappeler Bedson à ses responsabilités financières.

Bedson avait un talent reconnu pour l'organisation et la discipline. C'est pourquoi, lorsque « la discipline [...] fut devenue relâchée » au pénitencier de Saint-Vincent-de-Paul, près de Montréal, à l'automne de 1881, le gouvernement fédéral fit appel à lui pour rétablir l'ordre et « préparer la voie pour le directeur qu'on était sur le point de nommer ». Bedson n'y resta que cinq semaines mais, à l'entrée en fonction du nouveau directeur Godefroy LAVIOLETTE, le 21 novembre, les affaires de la prison étaient « en règle ». À la fin de mars 1885, un défi encore plus grand attendait Bedson : le major général Frederick Dobson MIDDLETON, commandant des opérations militaires pendant la rébellion du Nord-Ouest, le nomma officier en chef du service des transports. Bien qu'officiellement non combattant, Bedson fut appelé en première ligne. On le chargea notamment de missions de reconnaissance et, sous son commandement, le vapeur *Northcote* parvint, malgré le harcèlement de l'ennemi, à transporter les vivres aux troupes en poste à Fish Creek et à Batoche (Saskatchewan). La contribution de Bedson aux succès de la milice lui valut maints éloges de Middleton et d'autres personnes en cause.

Un incident qui survint aux derniers jours de la campagne allait toutefois ternir la réputation de Bedson et de certains membres de l'état-major du quartier général, dont Middleton. Ces derniers avaient voulu se procurer des fourrures confisquées à un prisonnier, Charles Bremner, qui porta plainte par la suite, ce qui amena un comité spécial de la chambre des Communes à faire enquête. Quoique Bedson ne reçut jamais sa part de fourrures – elles avaient apparemment été volées pendant le transport – le comité estima qu'elles avaient été acquises illégalement.

Bedson et son épouse Jemima étaient renommés pour l'hospitalité qu'ils manifestaient envers leurs invités, du gouverneur général lord Dufferin [Blackwood*] et lady Dufferin, qui avaient présidé à l'ouverture du pénitencier de Stony Mountain, en août 1877, à d'autres visiteurs officiels, employés et amis. Dans ces moments-là, « Bedson était dans son élément, car il aimait les réunions mondaines ». Grand sportif, il forma un club de chasse et fit aménager pour ses visiteurs et amis un golf à six trous, une piste de curling, un champ de courses de même qu'un parc zoologique pour son troupeau de bisons. En 1888, lorsqu'il s'en défit, le troupeau comptait 110 bêtes dont certaines de race pure et d'autres issues de croisements avec des bovins domestiques.

Toujours intéressé aux affaires militaires, Samuel Lawrence Bedson resta dans la milice à titre de lieutenant-colonel du 91st Battalion. En 1890, on le nomma aide de camp extraordinaire du gouverneur général lord Stanley*. À la fin d'octobre de la même année, le *Winnipeg Daily Free Press* annonça qu'il était gravement malade et sur le point de mourir. On avait diagnostiqué le mal de Bright, mais Bedson se rétablit suffisamment pour reprendre son poste à la direction du pénitencier le 4 mars 1891. Affaibli par la maladie, il dut toutefois prendre sa retraite le 6 avril suivant. En voyage à Ottawa, il fut soudainement paralysé par une attaque d'apoplexie et mourut le 17 juillet à l'âge de 49 ans.

LEE GIBSON

AN, RG 9, II, B4, 16 : 4. — PAM, MG 7, B15, reg. of marriages, 1862–1917, n° 45. — Stony Mountain Penitentiary (Stony Mountain, Manitoba), Letter-books, 1872–1892 ; Order-books, 1875–1884. — Canada, chambre des Communes, *Journaux*, 1890, app. 1 ; Parl., *Doc. de la session*, 1876–1893. — *Daily Free Press* (Winnipeg), août 1877, mars–juill. 1885, 1886–1887, 1889–1891. — *Pioneers of Manitoba* (Morley *et al.*). — Philip Goldring, *The Manitoba Penitentiary and Asylum, 1871–1886* (Canada, Direction des parcs et lieux hist. nationaux, *Travail inédit*, n° 28, Ottawa, 1970). — E. R. R. Mills, *The story of Stony Mountain and district* (Winnipeg, 1960). — Philip Goldring, « Lower Fort Garry », *Beaver*, outfit 301 (été 1970) : 34–36. — J. D. Griffin et Cyril Greenland, « The asylum at Lower Fort Garry, 1874–1886 », *Beaver*, outfit 310 (printemps 1980) : 18–23. — Steve Melnyk, « The fascinating history of the big house on the hill », *Winnipeg Tribune*, 24 juill. 1965, suppl. : 1.

BEERS, WILLIAM GEORGE, dentiste, athlète, éditeur, rédacteur en chef et auteur, né le 5 mai 1841 à Montréal, fils de James Crawford Beers, ébéniste, et d'Isabella Hope ; il épousa Mary E. Hope ; décédé le 26 décembre 1900 dans sa ville natale.

Après ses études à Montréal, à la Philips School puis au Lower Canada College, William George Beers fit un stage d'apprentissage de quatre ans au cabinet du dentiste Charles M. Dickinson de Montréal. Grâce à cette formation, il devint rapidement un dentiste de premier plan dans la province du Canada et, dès le début des années 1860, il publiait des articles dans des revues d'art dentaire américaines. Beers fut parmi les premiers à favoriser la création d'écoles dentaires et l'adoption d'une loi qui reconnaissait la profession de dentiste. Il compta également parmi les fondateurs, en 1868, de l'Association des dentistes de la province de Québec, dont il devint le secrétaire, puis le président. La même année, il fonda et finança lui-même le *Canada Journal of Dental Science*, de Montréal ; malheureusement, cette revue se heurta à des difficultés financières à compter de 1871, pour finalement sombrer en 1879 après que Beers y eut englouti toutes ses ressources.

Beers, par ailleurs, pratiquait la crosse depuis l'âge de six ans. Pendant l'été de 1860, il avait été gardien de but pour le Montreal Lacrosse dans un match présenté devant le prince de Galles en visite au pays. Depuis les années 1830, des Blancs pratiquaient occasionnellement la crosse, mais les maîtres reconnus de ce jeu étaient les Indiens, ses inventeurs. Dans sa jeunesse, Beers suivait passionnément les matchs disputés entre les Indiens de Saint-Régis (Akwesasne) et ceux de Caughnawaga (Kahnawake) dans la région de Montréal, mais il ne pouvait accepter leur style de jeu farouche et souvent violent. Il en arriva à la conclusion qu'il fallait rationaliser ce sport et, en 1860, il publia une brochure dans laquelle il en fixait les règles fondamentales en établissant la dimension du terrain, la distance entre les buts et le nombre de joueurs par équipe. La crosse acquit par la suite une grande popularité chez les Blancs. Le 26 septembre 1867, dans une large mesure grâce aux efforts de Beers, les représentants de 29 clubs du Québec et de l'Ontario formèrent à Kingston, en Ontario, la National Lacrosse Association ; elle adopta les règles de Beers. Deux ans plus tard, il publia un livre intitulé *Lacrosse, the national game of Canada*, dans lequel il faisait un bref historique du jeu, en répétait les règles et proposait certaines réflexions sur la théorie et la stratégie du jeu aux diverses positions.

Dans ses écrits sur la crosse, Beers manifestait à maints égards des attitudes et des opinions typiques de l'élite canadienne anglaise de son temps. Il appuyait la conception britannique d'un christianisme robuste, exprimait sa croyance profonde en la nécessité de l'ordre et affirmait que la science et les méthodes scientifiques constituaient les clés du progrès. Selon Beers, l'Indien jouait à la crosse « surtout d'instinct [...] mais [il était] incapable de jouer avec autant de science que les meilleurs joueurs blancs ». « Le jeu actuel, affirmait-il, amélioré et réglementé par les Blancs, emploie la plus grande combinaison d'activité physique et mentale que l'homme blanc peut soutenir dans le jeu, et est aussi supérieur à l'original que la civilisation l'est à la barbarie. » Plus tard, cependant, Beers reconnaîtrait les limites inhérentes aux règlements et à la « civilisation » dans la mentalité canadienne. « Les sports canadiens [...] ont un caractère distinctif », écrivait-il en 1883. « Ils tiennent davantage de l'ingouverné et de l'ingouvernable que les jeux de l'Ancien Monde et semblent mal s'accommoder du poids des règlements. »

Beers ne s'est pas contenté de codifier le jeu de crosse ; il en a également fait une promotion fructueuse. La National Lacrosse Association lui donna la structure et l'élan nécessaires pour rivaliser avec des sports comme le cricket, les courses de chevaux, le soccer, le rugby et le baseball, tandis que le livre de Beers le popularisait dans tout le pays. En 1876 et 1883, Beers fut l'organisateur principal des tournées effectuées dans les îles Britanniques par des équipes canadiennes de crosse. Ces tournées avaient pour but de susciter à l'étranger un intérêt pour ce sport. La volonté de Beers de donner une impulsion à la crosse révélait un ardent nationalisme. « Si la république de Grèce fut redevable aux Jeux Olympiques, si l'Angleterre avait des motifs de louer le jeu de cricket, le Canada peut, quant à lui, s'enorgueillir de la crosse », affirmait-il. « Elle a amené des jeunes gens de tout le dominion à faire un exercice sain ; [...] et [elle] a peut-être contribué plus que n'importe quoi à instiller le sentiment de patriotisme chez les jeunes hommes du Canada. » Beers fit si bien pour promouvoir la crosse qu'il parvint à implanter et à répandre le mythe selon lequel ce jeu avait été déclaré sport national du Canada par une loi du Parlement. Ce rang de sport national reviendrait tout de même à la crosse vers la fin du siècle. En effet, le travail de pionnier accompli par Beers pour son développement et sa promotion en ferait un modèle, à l'époque, sur les plans de l'organisation et de l'administration, pour les autres sports pratiqués au Canada.

Pourtant, Beers se rendait compte des problèmes que la crosse pourrait connaître si « une déviation courante du sport » caractérisée par le recours à la force brutale et au jeu rude chez « des joueurs jeunes et non scientifiques » s'accentuait. Ses efforts en vue d'éliminer toute violence du jeu sans pour autant interdire les contacts corporels virils étaient cependant voués à l'échec à une époque où les conflits ethniques et religieux trouvaient un exutoire dans les matchs entre équipes issues de groupes antagonistes ; au début du XXe siècle, la crosse allait commencer à perdre de sa popularité.

La crosse ne fut pas le seul sport auquel Beers s'intéressa ni le seul moyen par lequel il exprima son nationalisme. Dans les années 1850, il avait été membre du Montreal Snow Shoe Club, de l'Olympic Club et d'un club de luge. En 1862 et 1863, il envoya 20 articles sur les sports canadiens au *Wilkes' Spirit of the Times,* de New York, après quoi il écrivit sur divers aspects de la vie canadienne dans le *Saturday Reader* de Montréal et le *Once a Week* de Londres ainsi que dans le *Harper's Magazine* de New York, le *Lippincott's Magazine* de Philadelphie, le *Century Illustrated Magazine* et le *Scribner's Magazine,* tous deux de New York, ainsi que d'autres grands périodiques américains. Après l'affaire du *Trent* en 1861 [V. sir Charles Hastings Doyle*], il forma et équipa à ses frais une compagnie intégrée au bataillon des Victoria Rifle Volunteers et recrutée parmi les joueurs du Montreal Lacrosse Club et du Beaver Lacrosse Club. Le bataillon en question devint célèbre sous le nom de Victoria Rifles of Canada. Beers fut l'un des fondateurs de l'Association des gymnastes amateurs de Montréal. Constituée juridiquement en 1881, celle-ci s'affilia rapidement à des clubs de raquette, de crosse, de bicyclette, de luge et de football de Montréal, auxquels s'ajoutèrent par la suite des clubs de hockey, d'échecs et de cricket. Grâce à son expansion, elle put bientôt disposer d'excellentes installations sportives et compter sur des dirigeants très compétents pour l'organisation de sports à l'échelle nationale. L'organisme finit par diversifier ses activités pour inclure le théâtre, la musique et les débats contradictoires. En 1883, se remémorant une époque où, dans la société canadienne, « on considérait les lettrés et les sportifs comme aussi étrangers les uns aux autres que le vice et la vertu », Beers applaudit ceux qui, comme lui, avaient préparé le terrain pour une « appréciation rationnelle des activités récréatives » dans la vie canadienne. Excellent orateur, Beers s'était fait largement connaître au Canada et aux États-Unis et il écrivait de la poésie, des chansons, des articles et des livres de nature à susciter le patriotisme chez les habitants du nouveau dominion. Sur le plan politique, il était conservateur et sur le plan religieux, presbytérien, mais ce qui le caractérisait surtout, c'était son nationalisme ; « il croit davantage en l'annihilation qu'en l'annexion, écrivit Henry James Morgan*, et dans un canadianisme impérial ». Beers fut d'ailleurs l'un des fondateurs de la Canadian National League en 1893.

En 1880, Beers se flattait de posséder le plus important cabinet de dentiste à Montréal : il était déjà l'un des chefs de file de sa profession au Canada depuis au moins les années 1870. En 1889, il devint rédacteur en chef d'une nouvelle revue, le *Dominion Dental Journal,* de Toronto et, en 1892, on le nomma premier doyen du Collège dentaire du Québec. Il avait été professeur de dentisterie à la McGill University et agissait à titre de conseiller auprès du gouvernement pour toutes les questions relatives à ce domaine. À deux reprises, il remplit la fonction de président du Bureau des examinateurs et, pendant 11 ans, il fut secrétaire de cet organisme chargé de réglementer la profession. Il publia en tout plus de 200 articles sur la dentisterie préventive. Il chercha constamment à améliorer la pratique de l'art dentaire et, en 1896, il abandonna son poste de doyen du Collège dentaire parce que plusieurs de ses confrères préconisaient l'embauche d'auxiliaires ; il craignait que cette innovation ne nuise à la réputation de sa profession. Au cours des années 1890 à tout le moins, Beers en vint à pratiquer uniquement la chirurgie buccale dans son cabinet ; son succès fut à l'origine d'une tendance à la spécialisation chez les dentistes des grands centres urbains. Il ne pouvait s'empêcher de manifester son nationalisme, même dans le contexte de sa profession, dont l'organisation, se plaisait-il à dire, remontait à la Confédération. Lorsqu'il prenait la parole devant des associations de dentistes, il en profitait pour faire valoir ses idées nationalistes. En 1888, par exemple, devant une assemblée de dentistes américains qui discutaient d'annexion, il déclara : « Monsieur le président, le Canada n'est pas à vendre. » Ou encore, deux ans plus tard, il affirma aux diplômés d'une école dentaire de Toronto que « ni la race, ni la religion, ni la couleur ne peuvent nous exempter de notre devoir de rendre service à notre patrie ».

William George Beers mourut d'une maladie cardiaque en décembre 1900, à l'âge de 59 ans. Il avait légué au Royal College of Dental Surgeons of Ontario sa bibliothèque d'environ 400 volumes sur l'art dentaire (certainement la plus considérable de l'époque, au Canada). Son œuvre, qui consista principalement à codifier et à promouvoir le jeu de crosse, à faire progresser le sport organisé et à rechercher l'acquisition d'un statut professionnel pour la dentisterie, eut des répercussions remarquablement durables sur l'histoire sociale canadienne. En outre, il témoigna souvent et avec éloquence du nationalisme canadien naissant, à une époque où les États-Unis, qui se remettaient de la guerre de Sécession, apparaissaient pour bien des gens comme une menace toujours croissante pour la survie du nouveau dominion en tant que pays distinct.

J. THOMAS WEST

En plus d'avoir fait paraître de nombreuses articles de revue, William George Beers a publié, entre autres : *Lacrosse, the national game of Canada* (Montréal, 1869) ; *Over the snow ; or the Montreal carnival* (Montréal, 1883) ; et *Young Canada's reply to « annexation »* ([Montréal, 1888]). Un portrait de Beers a été publié dans D. W. Gullett, *A history of dentistry in Canada* (Toronto, 1971), et on trouve Beers sur une photographie du Montreal Lacrosse Club de 1867, reproduite dans S. F. Wise et Douglas Fisher, *Canada's sporting heroes* (Don Mills [Toronto], 1974), 29.

AN, MG 28, I 351 ; MG 29, C17. — ANQ-M, CE1-95, 29 mai 1842. — *Gazette* (Montréal), 27 déc. 1900. — *Canadian men and women of the time* (Morgan ; 1898). — Dane Larken, « Lacrosse : « little brother of war », the Indians called it », *Canadian Geographic* (Ottawa), 104 (1984), n° 5 : 36–43.

BEGBIE, sir MATTHEW BAILLIE, juge et homme politique, né le 9 mai 1819, probablement sur un navire britannique ancré à la colonie du Cap (Afrique du Sud), fils de Thomas Stirling Begbie et de Mary Hamilton Baillie ; décédé le 11 juin 1894 à Victoria, Colombie-Britannique.

Jusqu'à l'âge de sept ans, Matthew Baillie Begbie vécut à l'île Maurice, où le régiment de son père tenait garnison. La famille retourna ensuite en Grande-Bretagne et s'installa en 1830 à Guernesey, où Begbie entra à l'Elizabeth College. Élève brillant, il allait conserver toute sa vie un don pour les langues et un vif intérêt pour à peu près toutes les matières qu'on lui avait enseignées. L'étude des mathématiques dut nourrir l'esprit logique qu'il allait exercer dans sa carrière d'homme de loi. Grâce à un maître de dessin, il devint un bon artiste ; par la suite, il allait enjoliver les notes de ses procès en dessinant à l'encre les témoins, les spectateurs et des objets liés à la cause entendue. Il étudia aussi la théologie et demeura toute sa vie un fervent anglican et un théologien notable.

Begbie quitta l'Elizabeth College en 1836 pour entrer au Trinity College de Cambridge mais, deux ans plus tard, il passait au Peterhouse College, où il obtint en 1841 une licence ès arts. Ses cinq années à Cambridge furent heureuses mais, à la fin de ses études, il eut la déception de ne pas se classer assez bien pour devenir professeur. Sans doute le titre de *fellow* de l'une des fondations collégiales qu'on lui décerna en 1849 pour la publication, l'année précédente, de son traité sur le droit des sociétés allait-il atténuer quelque peu ce regret. En novembre 1844, après des stages à la Lincoln's Inn, Begbie devint barrister ; admis sans délai au barreau de la chancellerie, il pratiquait exclusivement dans les tribunaux de celle-ci. Son revenu était suffisant pour qu'il mène une vie confortable à Londres et puisse s'offrir des voyages à l'étranger. Sans être au sommet de sa profession, il faisait une belle carrière ; ses collègues le tenaient pour un avocat compétent et un homme intègre.

En août 1858, sir Hugh McCalmont Cairns, avocat général et confrère de Begbie à la Lincoln's Inn, connaissant son tempérament et sa réputation au barreau, proposa sa candidature au poste de juge de la nouvelle colonie de la Colombie-Britannique. On avait créé celle-ci plus tôt dans le mois, en conséquence de la ruée vers l'or qui avait commencé au printemps. Devant l'afflux des mineurs, il fallait instaurer un pouvoir civil. James Douglas*, gouverneur de l'île de Vancouver et agent principal de la Hudson's Bay Company, avait proclamé une série d'édits fort judicieux pour réglementer l'exploitation minière, mais ils n'étaient pas valides car celui-ci n'était pas habilité à légiférer sur le continent. Le ministère des Colonies, interprétant le geste de Douglas comme une tentative de perpétuer l'hégémonie de la compagnie, donna à la Colombie-Britannique le statut de colonie et l'en fit gouverneur. Le ministère nomma aussi plusieurs fonctionnaires, dont Begbie, pour lui fournir l'appareil administratif.

Célibataire de 39 ans, Begbie vivait alors dans l'aisance à Londres. Accepter cette nomination, c'était abandonner sa pratique d'avocat. Il le fit en partie parce qu'il aimait voyager et qu'on lui avait promis pour l'avenir un poste de juge en chef, mais surtout parce qu'il s'ennuyait et rêvait d'aventure.

Arrivé à Victoria le 16 novembre 1858, il partit le lendemain avec Douglas pour le fort Langley, sur le Fraser. Le 19 novembre, on proclamait la nouvelle colonie et les deux hommes se faisaient mutuellement prêter le serment d'office. À compter de cette cérémonie, ils allaient travailler ensemble jusqu'à la retraite de Douglas, en 1864. Begbie entra au Conseil exécutif de la Colombie-Britannique au début de 1859, même s'il appartenait au pouvoir judiciaire. Ce cumul inhabituel de fonctions était nécessaire parce que personne d'autre dans la colonie ne possédait de formation en droit. On ignore pendant combien de temps il siégea officiellement au conseil, mais on sait que Douglas le consultait souvent sur des questions politiques et administratives.

La rédaction de nombreuses lois coloniales fut peut-être le principal apport de Begbie en qualité de membre de l'exécutif. Ainsi les trois lois les plus importantes que la Colombie-Britannique proclama avant son union avec l'île de Vancouver en 1866 étaient son œuvre : l'*Aliens Act* et le *Gold Fields Act* de 1859, et le *Pre-Emption Act* de 1860. Elles régissaient l'immigration, le commerce et le peuplement. Il arrivait que Begbie ait à interpréter au tribunal les lois mêmes qu'il avait conçues à titre de conseiller exécutif, ce qui soulevait la colère de certains rédacteurs en chef, dont John ROBSON et Amor DE COSMOS. Il survécut à ces virulentes attaques, tout comme à des accusations de faute professionnelle dont la plus grave fut d'avoir accepté en décembre 1862, au cours de ce que l'on a appelé le scandale Cottonwood, un pot-de-vin de la part de spéculateurs fonciers. Jamais on ne put prouver l'accusation, publiée dans le *British Columbian* de New Westminster, et Begbie fit emprisonner le rédacteur en chef du journal, Robson, pour outrage au tribunal.

Aussi importante qu'ait été sa participation au gouvernement de la colonie, Begbie se distingua surtout en appliquant le droit britannique aux communautés éparpillées de mineurs. On ne saurait exagérer l'importance de ce qu'il fit dans ce domaine. Cette colonie britannique, gouvernée par une poignée de fonctionnaires de la métropole, avait une population blanche composée principalement de ressortissants étrangers, américains pour la plupart, et concentrée presque entièrement dans des camps isolés de mineurs. Arrivés d'abord dans la basse vallée du Fraser, les mineurs remontèrent lentement le fleuve pour gagner l'arrière-pays. D'autres camps apparurent dans le sud de la Colombie-Britannique et dans le fossé des Rocheuses, puis dans le nord de la colonie. Begbie voyait qu'il fallait amener la justice jusque dans ces communautés, dont les membres ne pouvaient ou ne voulaient se rendre à New Westminster (la capitale jusqu'en 1868) pour régler des litiges civils ou se soumettre à la procédure criminelle. Heureusement, c'était un homme d'une très forte trempe. En janvier 1859, avec le colonel Richard Clement Moody* et un groupe du génie royal, il remonta le Fraser encombré de glaces pour réprimer une insurrection qui s'était déclenchée parmi les mineurs de Yale et de Hills Bar, et pour juger Ned McGowan, le chef de l'une des factions. Le mois suivant, afin de mieux connaître la population minière du Fraser, il partit de New Westminster, se rendit jusqu'à ce qui est aujourd'hui Lillooet et en revint, à pied (un trajet d'environ 350 milles). Plus tard dans l'année, après avoir rédigé le *Gold Fields Act,* il fit, toujours à pied, le trajet aller et retour entre New Westminster et Kamloops (encore à peu près 350 milles) pour promulguer la nouvelle loi aux mineurs dans leurs camps et aux commissaires de l'or dans leurs cabanes de rondins. Il nota l'impression favorable que lui avaient faite les mineurs ; ceux-ci durent être encore plus frappés, sinon ébahis, par lui.

Pendant les dix années suivantes, Begbie passa presque toujours l'automne et l'hiver à New Westminster ou dans des établissements de la basse vallée du Fraser ; au printemps et à l'été, il séjournait dans les régions du haut Fraser et de Cariboo. À mesure que la colonie eut des chevaux et que des sentiers s'ouvrirent, il fit ses tournées à cheval, ce qui lui plaisait car il avait toujours été bon cavalier. Il tint des audiences dans presque toutes les parties peuplées de la colonie, et l'on estime qu'en 1865 seulement il parcourut environ 3 500 milles à cheval. Amateur de grand air, il plantait sa tente en pleine nature, chassait, pêchait et cuisait son pain. Pourtant, lorsqu'il présidait son tribunal, dehors sur son cheval ou assis sur une souche dans un bosquet, ou encore dans une grange ou une cabane de rondins, il portait sa toge et, s'il prononçait une sentence de mort, la traditionnelle toque noire. En toutes circonstances, les observateurs avaient la certitude que le droit britannique, dans toute sa majesté, était parmi eux. Il produisait sur ces gens rudes exactement l'effet qu'il souhaitait : à quelques exceptions près, il parvenait sans peine à appliquer le droit civil et le droit criminel. Certes, des contemporains lui reprochaient parfois d'avoir une attitude autocratique et de rendre des jugements arbitraires, mais les mineurs le respectaient. Ses jugements dans les litiges miniers, qui formèrent le plus gros des causes civiles entendues avant 1871, sont éclairés, et il arrive encore qu'on les cite dans les tribunaux.

La considération que les peuples autochtones avaient pour ce juge était peut-être plus impressionnante encore. Begbie admira les Indiens dès son arrivée dans la colonie, et il en connaissait personnellement un grand nombre. Il en vint à comprendre si bien la langue des Shuswaps et des Chilcotins qu'il n'avait pas besoin d'interprète quand des membres de ces groupes comparaissaient. Il comprenait que la population autochtone, d'un naturel paisible, pouvait contribuer au développement de la Colombie-

Britannique. Les Indiens l'aimaient aussi : jusqu'à la fin de ses jours, individuellement ou en groupes, ils vinrent demander de l'aide à celui qu'ils appelaient le « Grand Chef », et il fit tout son possible pour les aider. En 1860, il dit à Douglas que les Indiens, à titre de premiers occupants, jouissaient de droits fonciers qu'on devrait reconnaître avant l'imposition de quelque plan général de peuplement (il changea toutefois d'avis dans sa vieillesse). Il s'opposa aux tentatives qui visaient à expulser les Indiens de leurs maisons et de leurs pâturages et, dans les années 1870, il persuada le gouvernement fédéral de préserver leurs droits traditionnels de pêche dans le bas Fraser. En outre, il fit adopter la loi provinciale qui donnait aux Indiennes ayant vécu en union de fait avec des Blancs un pourcentage de leur succession s'ils mouraient intestats. Il se montra toujours clément envers les autochtones : ainsi, en 1872, même s'il aurait pu les condamner à mort, il plaça sous la garde du missionnaire de Metlakatla, William Duncan*, quatre Indiens reconnus coupables de tentative de meurtre.

Imposer le règne du droit dans la période coloniale ne fut pas aussi difficile qu'on l'a souvent cru, car la communauté minière de la Colombie-Britannique n'était pas d'un naturel violent ou anarchique. L'analyse des causes de crime grave que jugea Begbie démontre que les mineurs américains venaient dans la colonie pour s'enrichir, et non pour se battre entre eux ou se tirer dessus. Avant 1871, seulement trois hommes blancs furent pendus pour meurtre après un procès que présida Begbie. Dans la même période, 22 Indiens furent pendus (Begbie obtint une commutation de peine pour 11 autres, alors qu'il n'en demanda jamais pour un Blanc). Il ne faut pas oublier que l'alcool était le principal facteur des cas d'homicide parmi les Indiens et que la population autochtone était beaucoup plus nombreuse que la population blanche. Ces chiffres prouvent que, contrairement à ce dont on l'a souvent accusé, Begbie n'était pas un juge inflexible ou sanguinaire – un « juge bourreau ». Bien sûr, il était sévère, mais le droit criminel de l'époque l'était aussi et il ne pouvait guère en atténuer les rigueurs. D'ailleurs, dans les causes criminelles, sa sévérité était une pose, une stratégie pour impressionner la galerie et non une manifestation de sa véritable nature. Au fond, il était humain et compréhensif.

Lorsque la Colombie-Britannique et l'île de Vancouver devinrent une seule colonie, en 1866, Begbie pensa obtenir le poste de juge en chef, comme on le lui avait promis à sa nomination. Cependant, la loi d'habilitation ne définissait pas l'appareil judiciaire de la nouvelle colonie. Cette lacune engendra trois ans de controverse entre Begbie et le juge en chef de l'île de Vancouver, Joseph Needham. En fait, on avait toujours considéré ce dernier comme le juge en chef, et Begbie était demeuré simple juge. Finalement, on trouva une solution de compromis : après la démission de Needham en 1870, Begbie devint juge en chef de la colonie unie, et un an plus tard, à l'entrée de la Colombie-Britannique dans la Confédération, on le nomma juge en chef de la province. En privé, il s'était opposé à la Confédération, et quand elle avait paru imminente il avait cherché un poste judiciaire ailleurs ; n'en trouvant pas, il accepta l'inévitable et devint un fervent Canadien.

À compter de 1871, Begbie n'exerça plus aucune fonction exécutive ou administrative et se consacra, durant 23 ans, à ses fonctions judiciaires. Il conçut un système de tribunaux et veilla à appliquer la loi à la trame sociale et commerciale d'une province en pleine croissance. Vivement intéressé par la réforme du droit, il fit constamment des recommandations aux gouvernements provincial et fédéral. Par exemple, durant des années, il réclama une loi qui conférerait un droit d'appel aux personnes trouvées coupables, par des magistrats stipendiaires, d'infractions graves, et il finit par l'obtenir.

Les dix années qui suivirent la Confédération furent un intermède paisible dans la longue carrière de Begbie ; aucune controverse et aucun tumulte ne les marquèrent, et la presse ne le critiqua à peu près pas. Il continuait de faire de longues tournées ; ainsi par deux fois (la deuxième à l'âge de 61 ans) il remonta le fleuve Stikine en canot jusqu'aux districts aurifères d'Omineca et de Cassiar, dans le nord de la Colombie-Britannique. En 1874, il présida un célèbre procès ecclésiastique. L'évêque anglican de la Colombie-Britannique, George HILLS, avait défroqué son doyen Edward Cridge* qui, à titre de partisan de la Basse Église, l'accusait d'hérésie à cause de ses vues Haute Église ou ritualistes. Cependant, Cridge refusait d'abandonner le ministère et ne permettait pas à l'évêque d'entrer dans la cathédrale pour y célébrer un office. Hills le poursuivit en cour, et Begbie, dans un jugement remarquable, stigmatisa le doyen et donna raison à l'évêque. Cridge, sir James Douglas et bien d'autres abandonnèrent la cathédrale pour former une nouvelle congrégation sous les auspices de l'Église épiscopale réformée qui compte encore des fidèles parmi les anglicans de Victoria. À peine Begbie avait-il prononcé ce jugement (il avait travaillé toute la nuit pour l'écrire) qu'il s'embarqua pour l'Europe ; c'était la première fois, en 16 ans, qu'il prenait de longues vacances. Il partait notamment parce que depuis la mort de son père, en 1872, sa famille se querellait sur la répartition de la succession. En octobre 1875, il eut la surprise de recevoir le titre de chevalier des mains mêmes de la reine, au cours d'une exceptionnelle cérémonie privée d'investiture au château de Balmoral.

Quelques-uns des meilleurs jugements de Begbie découlèrent des lois discriminatoires qu'adopta le Parlement de la Colombie-Britannique entre 1878 et 1885 contre les résidents chinois. Les premiers Chinois étaient arrivés dans la colonie peu après le début de la ruée vers l'or mais, en raison de l'animosité des autres mineurs, ils furent réduits à l'exploitation de concessions marginales. Contrairement à leurs homologues de Californie, les mineurs blancs de Colombie-Britannique ne manifestèrent jamais de violence contre les Chinois et supportaient leur présence même si c'était à contrecœur. Ce sont plutôt les hommes politiques de la province qui firent preuve de violence dans leurs lois. En 1874, l'Assemblée discuta d'un projet de loi qui aurait imposé une taxe aux Chinois selon la longueur de leur natte. Jamais on n'adopta ce projet mais, en 1878, le premier ministre George Anthony Walkem* présenta une loi qui imposait une capitation spéciale aux Orientaux. Un collègue de Begbie, John Hamilton Gray*, la déclara cependant nulle et non avenue. Puis, dans les années 1880, des entrepreneurs firent venir encore d'autres Chinois pour construire l'infrastructure du chemin de fer canadien du Pacifique dans le canyon du Fraser. Poussée par Amor De Cosmos, l'Assemblée reprit l'offensive en adoptant des projets de loi visant à expulser ceux qui se trouvaient déjà en Colombie-Britannique et à empêcher l'arrivée de nouveaux groupes. Begbie se mit alors à défendre les Chinois au tribunal, dans la presse, et dans de longs mémoires à la commission d'enquête sur la « question chinoise », instituée en 1884 par le gouvernement fédéral [V. John Hamilton Gray]. Dans les années 1880, peu de ceux qui occupaient des postes élevés dans la province déclarèrent publiquement, comme Begbie le fit dans l'un de ses jugements, que ces lois portaient atteinte « à la liberté individuelle et à l'égalité de tous les hommes devant la loi ». À l'époque, ses opinions furent généralement impopulaires et suscitèrent des critiques dans les journaux ; plus tard cependant, on le reconnut comme un ardent défenseur des libertés civiles. Malgré ses efforts, quelques lois anti-Chinois adoptées à son époque ne furent ni contestées devant les tribunaux, ni rejetées par le gouvernement fédéral, et il en subsistait des vestiges même au début du XXe siècle.

Au cours des 15 dernières années de la vie de Begbie, à mesure que la Colombie-Britannique, bénéficiant directement de la construction du chemin de fer, sortait du marasme économique des années précédentes, le nombre de litiges criminels et civils augmenta énormément. Conformément aux vues centralisatrices qu'il avait adoptées après la Confédération, Begbie affirmait que l'expression législative et exécutive de la volonté royale revenait au dominion plutôt qu'au gouvernement provincial. Aussi eut-il des conflits avec les autorités provinciales et des différends en cour avec leurs avocats. La Cour suprême du Canada cassa ses jugements deux fois dans des causes constitutionnelles importantes. La plus notable fut peut-être, en 1882, le cas Thrasher (du nom d'un rocher du port de Nanaimo sur lequel un navire s'était écrasé) : il fallait déterminer si le gouvernement provincial avait le pouvoir d'exercer un droit de regard administratif sur la Cour suprême de la Colombie-Britannique, autorité exercée auparavant par ce tribunal lui-même. Selon Begbie, il s'agissait d'un tribunal fédéral puisque c'était le gouvernement du dominion qui en nommait les juges. Par conséquent, disait-il, le gouvernement provincial n'était pas habilité à fixer le moment, la date et le lieu des audiences, ni à affecter des juges dans des régions précises de la province. L'Assemblée de la Colombie-Britannique avait établi ce droit de regard au moyen d'une série de lois adoptées dans les années 1870. Quand ces lois, parrainées par le premier ministre Walkem, furent contestées devant les tribunaux en 1881, Begbie et ses collègues les jugèrent nulles et non avenues, mais la Cour suprême du Canada cassa leur jugement. La décision du tribunal fédéral est importante, parce qu'elle conférait aux Parlements provinciaux une autorité sur l'administration judiciaire des tribunaux supérieurs. Fidèle à ses convictions, Begbie continua toujours d'affirmer que cette autorité devait, sinon être reconnue comme faisant partie de la juridiction inhérente du tribunal, du moins être exercée par Ottawa. Par la suite, il exprima cette position dans plusieurs jugements, mais une seule fois il reçut un appui de l'extérieur de la province, soit de la chambre des Communes, qui adopta une loi pour corriger une faiblesse relevée dans l'un de ses jugements. Cette loi fut à son tour frappée de nullité, la Cour suprême du Canada infirmant le jugement de Begbie qui en avait provoqué l'adoption.

Tard en 1893, pour la première fois depuis son arrivée en Colombie-Britannique, Begbie tomba malade. Après une chirurgie exploratoire, il dut passer plusieurs mois à récupérer. À son retour au tribunal, en janvier 1894, il connaissait la gravité de son mal : un cancer de l'estomac et du foie. Il refusa fermement toute opération et toute médication, choisissant de supporter des douleurs et une faiblesse croissantes au lieu de risquer de perdre sa lucidité. Il travailla assidûment jusqu'au 15 mai ; il ne pouvait alors plus s'asseoir, encore moins se tenir debout. Son esprit demeura clair presque jusqu'à la fin. Le 11 juin, il mourut paisiblement dans son lit, en présence de ses amis les plus chers. Il avait exprimé le souhait d'avoir des obsèques simples, mais la population de la Colombie-Britannique voulait rendre hommage à celui qui avait été, après sir James Douglas, le « premier citoyen » de la province. La procession qui défila dans les rues de Victoria, de l'église St John au cimetière de la baie Ross, n'a jamais été égalée depuis.

Il est certain que Douglas, Begbie et quelques autres, par leurs efforts et leur exemple, avaient empêché la Colombie-Britannique de tomber aux mains des Américains et assuré ainsi son intégration au dominion du Canada. En général, on a reconnu ce rôle essentiel. Par contre, on n'a compris que récemment combien Begbie avait été utile au sein de l'exécutif colonial et à titre d'initiateur ou de rédacteur d'importantes lois coloniales, et combien il avait exercé avec grande compétence les fonctions quotidiennes d'un juge. On a souvent prétendu que sa connaissance du droit était limitée ; l'examen de ses recueils d'audience, qui couvrent toute sa carrière judiciaire, et de ses nombreux jugements publiés, dément cette assertion.

Non seulement Begbie avait-il plusieurs qualités utiles à son travail (une excellente mémoire, la capacité de saisir rapidement les problèmes, le désir d'éviter les retards, de vastes connaissances, et un remarquable talent pour exprimer des concepts juridiques avec style), mais il était, chose rare, un juge de l'époque victorienne qui penchait du côté des humbles. Même s'il appartenait à l'élite politique et sociale, ses jugements révèlent qu'il était tolérant et humain, prêt à défendre, chaque fois que c'était possible, les intérêts des plus pauvres et des moins puissants de la collectivité. La dichotomie entre son image publique de justicier inflexible, particulièrement dans la période coloniale, et ses décisions réelles dans des causes particulières est frappante. Il prenait souvent la part des opprimés : un jeune marin qui suppliait de pouvoir renoncer à son rôle d'équipage au lieu de retourner dans la mer de Béring sous les ordres d'un capitaine tyrannique ; une jeune Noire accusée par le conseil de l'école d'écrire des remarques obscènes dans son cahier ; un officier de police poursuivi pour avoir acheté un verre de bière pendant son service ; et les Chinois, dans une série de causes types. Plusieurs des jugements qu'il rendit dans des conflits de travail méritent aussi d'être relevés : même s'il désapprouvait les arrêts de travail, il refusa d'emprisonner un groupe de mineurs qui faisaient la grève aux mines de charbon de Nanaimo en 1890, et ce malgré qu'ils aient défié une série d'injonctions.

Il n'est pas facile de saisir l'élément clé de la personnalité de Begbie ou de découvrir l'homme qu'il était, même si nombre de ses traits sont évidents : son attachement à la reine, sa fermeté dans l'application de la loi (la permissivité ne faisait pas partie de son vocabulaire) et sa remarquable intelligence (il est probablement l'un des hommes les plus brillants à avoir rempli une charge publique au Canada). Il n'a pas laissé de journal intime, et très peu de lettres personnelles subsistent. S'il a confié ses pensées et ses sentiments les plus profonds à ses amis, ils ne les ont pas rapportés. Ses contemporains l'ont plus souvent décrit tel qu'il était en société plutôt qu'en privé. Il aimait la bonne chère et le bon vin ; il était sociable ; doué pour l'opéra italien, il donnait souvent des concerts à Victoria ; il participait à une foule d'activités communautaires et menait une vie mondaine bien remplie. Sa confortable maison de la rue Cook à Victoria, où il s'installa définitivement en 1870, était entourée de grands jardins, d'un terrain de croquet et de trois excellents courts de tennis sur gazon (il fut l'un des premiers dans l'ouest du Canada à pratiquer ce sport sous sa forme moderne).

Peut-être la caractéristique la plus intéressante de sir Matthew Baillie Begbie était-elle son goût des contraires, auquel s'ajoutait un mépris de l'hypocrisie. Sa vie entière fut un paradoxe. Il appartenait à l'establishment, et pourtant ses jugements allaient à l'encontre des intérêts de ce dernier. D'un naturel autocratique, il savait traiter avec les gens du commun. Fervent royaliste, il s'entendait facilement avec les républicains américains. Tout en étant juge, il siégea au gouvernement. Bien qu'aimant la compagnie des femmes, dont bon nombre le lui rendaient bien, il demeura célibataire. En interprétant une loi, il préférait déterminer non pas ce qu'elle disait, mais ce qu'elle ne disait pas. Il trouvait du plaisir à relever l'hypocrisie, par exemple celle des Anglo-Saxons qui, tout en condamnant la coutume chinoise d'acheter une épouse, ne trouvaient rien à redire contre les contrats de mariage et les dots. Sa personnalité était fascinante mais difficile à cerner. Peut-être suffit-il de dire qu'il était un représentant de l'ère victorienne et qu'il fit son devoir – au grand avantage de son pays.

DAVID RICARDO WILLIAMS

Une liste complète des sources documentaires sur la vie de sir Matthew Baillie Begbie se trouve dans la biographie exhaustive de l'auteur, *« ... The man for a new country » : Sir Matthew Baillie Begbie* (Sidney, C.-B., 1977).

Le corpus de documents le plus important se trouve aux PABC, principalement dans les collections mentionnées ci-dessous. Les pièces pertinentes de la Crease coll. comprennent des lettres de Begbie (A/E/C86/B39), les documents juridiques de Crease (Add. MSS 54, vol. 1–15), et les papiers de la famille Crease (Add. MSS 55, vol. 1–22), particulièrement vol. 22, file 4 (corr. diverse du juge Begbie). Dans les livres de procès de la Cour suprême de Begbie (C/AB/30.3N, 1–17) sont consignées toutes les causes qu'il a entendues au cours de sa carrière, sauf pour une période de 18 mois en 1861–1862 dont le volume manque. Il y inscrivait tous ses jugements et s'en servait dans une certaine mesure comme d'un journal. Parmi les autres collections pertinentes des PABC, citons : le journal et les notes diverses du juge Begbie, 1858–1874 (E/B/B41.1, .2) ; ses carnets de notes, 1876–1882 (E/C/B41.5) ; la correspondance qu'il a envoyée, 1865–1878 (C/AB/30.3J/B) ; les documents de la correspondance coloniale le concernant (GR 1372, F 142, incluant F 142A–142I) ; ceux du procureur général (GR 1372, F 18–71A) ; ceux du secrétaire de la colonie (GR 1372, F 326–376) ; et la O'Reilly coll., Peter O'Reilly diaries, 1858–1905.

D'autres dépôts importants de documentation comprennent ce qui suit : un certain nombre de collections de manuscrits sur la période, y compris certains traitant précisément de Begbie, dans la Bancroft Coll. de la Bancroft Library, Univ. of Calif. (Berkeley) ; la correspondance concernant les circonstances de sa nomination dans les Lytton papers (D/EK/024/78) du Hertfordshire Record Office (Hertford, Angl.) ; et aux AN, RG 13, A2, 52, file 170/1882 ; 84, file 170/1892, et les registres annuels, 1871–1894.

Nombre de jugements de Begbie ont été publiés dans *The British Columbia reports, being reports of cases determined in the Court of Appeal, supreme and county courts, and in admiralty* [...] (Victoria), 1 (1867–1889)–4 (1894–1896). Sa décision dans la dispute qui opposa l'évêque George Hills et Edward Cridge parut sous le titre de C.-B., Supreme Court, *Judgement : bishop of Columbia versus Rev. Mr. Cridge ; judgement rendered on Saturday, October 24th, 1874, at 11:20 o'clock, A.M.* ([Victoria, 1984]). On trouve les lois qui furent introduites durant son mandat dans C.-B., [*Proclamations and ordinances, 1858–1864*] (Victoria ; New Westminster, 1858–1864 ; copie aux PABC), et Legislative Council, *Ordinances passed during the session from February 1864–March 1871* (8 vol., New Westminster ; Victoria, 1864–1871).

A. T. Bushby, « The journal of Arthur Thomas Bushby, 1858–1859 », Dorothy Blakey Smith, édit., *BCHQ*, 21 (1957–1958) : 83–198. — *British Columbian* (New Westminster), 6 déc. 1862. — D. R. Williams, *Matthew Baillie Begbie* (Don Mills [Toronto], 1980). — S. G. Pettit, « Dear Sir Matthew » : a glimpse of judge Begbie », *BCHQ*, 11 (1947) : 1–14 ; « Judge Begbie in action : the establishment of law and preservation of order in British Columbia » : 113–148 ; « His Honour's honour : judge Begbie and the Cottonwood scandal » : 187–210 ; « The tyrant judge : judge Begbie in court » : 273–294.

BEGG, ALEXANDER, homme d'affaires, auteur, rédacteur en chef et fonctionnaire, né le 19 juillet 1839 à Québec, fils d'Alexander Begg, pharmacien, et de May Urquhart ; le 20 mai 1868, il épousa à Hamilton, Ontario, Katherine Glenn Macaulay Rae Hamilton, fille du docteur John Macaulay Hamilton, et ils eurent deux enfants ; décédé le 6 septembre 1897 à Victoria, Colombie-Britannique.

Alexander Begg mena une vie active et diversifiée. D'abord et avant tout, il fut un écrivain et journaliste talentueux et passionné par son époque. Vivant dans le Nord-Ouest durant les années critiques du transfert du pouvoir de la Hudson's Bay Company au Canada et de la colonisation, il fut un observateur et un analyste privilégié des événements, et notamment de la résistance qui se manifesta à la colonie de la Rivière-Rouge (Manitoba) en 1869–1870.

Pourtant, ce n'est pas le journalisme mais les affaires qui avaient attiré Begg dans l'Ouest. Après avoir fait ses études à Saint-Jean (Saint-Jean-sur-Richelieu), au Bas-Canada, et à Aberdeen, en Écosse, il entra dans une maison montréalaise d'import-export qui avait des débouchés à Hamilton, la Law, Young and Company [V. John Young*]. En 1867, il se rendit à la Rivière-Rouge à titre de représentant de diverses entreprises de Hamilton. L'année suivante, avec Andrew Graham Ballenden Bannatyne*, il forma une société de commerce et d'approvisionnement qui se révéla prospère et dura jusqu'en novembre 1871. Par l'entremise de son associé, il se lia aux plus anciens colons de la Rivière-Rouge. Autrefois, ceux-ci s'étaient opposés au monopole de la Hudson's Bay Company mais, à la fin des années 1860, les problèmes de stabilité et les conditions du transfert de la colonie au Canada les inquiétaient suffisamment pour qu'ils voient d'un bon œil l'hégémonie de la compagnie et soutiennent les efforts qu'elle déployait pour maintenir l'ordre dans une collectivité de plus en plus indocile.

Même si Begg était arrivé du Canada depuis peu, les relations qu'il entretenait avec les colons faisaient en sorte qu'il ne fréquentait pas – et combattait même – le groupe d'expansionnistes canadiens dirigé par John Christian SCHULTZ. Pour le parti canadien, comme on désignait communément Schultz et ses compagnons, la Hudson's Bay Company était une organisation tyrannique qui faisait la loi sans le soutien du peuple. Begg, lui, tenait une position plus tolérante. Les autorités de la compagnie, écrivait-il en 1869, « ne sont pas et, au cours des vingt dernières années, n'ont pas été impopulaires auprès de la majorité des colons ». Sa position se précisa en octobre 1869 lorsque les Métis de la Rivière-Rouge firent un geste de résistance en interdisant l'accès de la colonie au lieutenant-gouverneur nommé depuis peu, William McDougall*. Begg, comme Bannatyne, pencha d'abord fortement pour la position des Métis. Il ne ménagea ses reproches ni à ses compatriotes canadiens, en qui il voyait les vrais responsables de la déstabilisation dans la colonie, ni au gouvernement du Canada, pour n'avoir pas consulté la population locale. On trouve ses critiques dans le journal personnel qu'il tint en 1869–1870 ; dans un ouvrage de fiction qui date de 1871, *« Dot it down »* [...], où il raconte l'agitation de la Rivière-Rouge en déguisant à peine les acteurs ; dans un compte rendu historique de cette période tumultueuse, *The creation of Manitoba* [...], paru la même année et largement inspiré de son journal ; et enfin dans une série de lettres publiées dans le *Globe* de Toronto en 1869–1870 sous le pseudonyme de Justitia. Begg stigmatisa ceux qui semblaient prêts à sacrifier les intérêts de la population locale pour satisfaire leur avidité ou leur ambition. Le poète canadien et expansionniste Charles Mair*, trésorier des travaux de construction de la route Dawson, fait l'objet de critiques particulièrement dures, en partie parce qu'il avait publié en janvier 1869, dans le *Globe*, des lettres où il décrivait en des termes insultants la femme de Bannatyne et d'autres femmes sang-mêlé. Begg se montrait même soupçonneux à l'endroit de James Ross*, pourtant né à la Rivière-Rouge, parce qu'il lui trouvait un tempérament instable et jugeait excessifs ses sentiments procanadiens. Le contenu des écrits de Begg et les opinions personnelles parfois sévères qu'il exprima durant ces mois critiques reflètent non seulement sa position politique, mais aussi les conflits de personnalité qui empoisonnaient le climat à la Rivière-Rouge à la veille de l'union avec le Canada.

À mesure que les Métis persistaient dans leur résistance, l'appui de Begg se tempéra d'une inquiétude de plus en plus vive devant la direction que prenait le mouvement. Selon lui, cette résistance devait viser à ce que, par suite de négociations avec le Canada, le transfert du Nord-Ouest se réalise, et ce dans le respect des intérêts et des droits de la population locale. Au fil des semaines, les éléments qui, dans le mouvement de résistance, favorisaient l'annexion aux États-Unis [V. Enos Stutsman*] le préoccupaient de plus en plus. Et puis, à la fin de novembre, le leadership du mouvement était passé aux mains de Louis Riel* qui, selon Begg, abordait les problèmes avec beaucoup trop d'arrogance et pas assez de mesure. Modérés de langue anglaise, Begg et Bannatyne espéraient que les colons francophones et anglophones prendraient le parti de la sagesse politique et feraient front commun dans leurs négociations avec le Canada. Cependant, l'attitude souvent rigide et soupçonneuse de Riel réduisait à néant toute possibilité de collaboration durable entre les deux groupes. De l'avis de Begg, la situation s'aggrava quand Riel usurpa l'autorité et les biens de la Hudson's Bay Company, acte qu'il jugea peu sage. Leur méfiance envers Riel s'intensifia quand le gouvernement provisoire détint temporairement Bannatyne en février 1870. En avril, Begg nota dans son journal que Riel « ne pourra[it] pas tenir les rênes bien longtemps », étant donné la baisse de sa cote dans la population. C'est donc avec un certain soulagement qu'il apprit la conclusion heureuse des négociations entre le gouvernement du Canada et les représentants de la Rivière-Rouge, Joseph-Noël Ritchot*, John Black* et Alfred Henry Scott*. L'opinion qu'il avait de Riel trouva sa meilleure expression dans un commentaire écrit après l'exécution de ce dernier à Regina en 1885 : « Ainsi finit un homme qui a fait quelque bien dans sa vie mais qui, aussi, a apporté beaucoup de chagrin et de souffrance à ses compatriotes. »

Après la passation des pouvoirs, en juillet 1870, Begg résolut de profiter des possibilités que l'ouverture de l'Ouest faisait naître à Winnipeg. En janvier 1872, il fonda la *Manitoba Trade Review,* qui ne parut que deux fois, puis de mars à septembre de la même année il fut éditeur et rédacteur en chef de la *Manitoba Gazette and Trade Review*. Vers le mois de juillet, il avait lancé, à Winnipeg, une usine d'eau gazeuse qui s'était avérée rentable ; malheureusement, la faillite d'une entreprise montréalaise dans laquelle il avait des intérêts l'obligea à la vendre. Infatigable, il devint à l'été de 1874 rédacteur en chef du *Daily Nor'Wester,* qui soutenait le gouvernement du premier ministre du Manitoba Robert Atkinson Davis* ; il occupa ce poste jusque vers décembre 1875. L'année suivante, il fonda l'éphémère Manitoba Commercial College. Son expérience de rédacteur en chef et coéditeur (avec Walter R. Nursey) du *Manitoba Herald* ne fut pas plus heureuse : le journal parut seulement quelques semaines au cours de l'été de 1877. Il se tourna alors vers la fonction publique et occupa des postes sous le gouvernement des premiers ministres provinciaux Davis et John Norquay* : imprimeur de la reine en 1877, sergent d'armes de l'Assemblée au début de 1878 et trésorier adjoint de novembre de cette année-là à 1884. Il continua à écrire pendant cette période et collabora, avec George Bryce*, à la fondation de la Société historique et scientifique de Manitoba en 1879. Cette année-là, il publia aussi *Ten years in Winnipeg* [...] ; écrit en collaboration avec Nursey, cet ouvrage raconte la croissance de la ville dans les années qui ont suivi l'entrée du Manitoba dans la Confédération. Toujours en 1879, à la demande du gouvernement du Manitoba, il organisa à Ottawa une exposition de produits agricoles de la province, ce qui lui permit de satisfaire en partie son goût croissant pour la promotion de l'Ouest (il avait publié un guide de la province en 1877).

Les opinions politiques que Begg exprima pendant ces années sont d'une grande cohérence. Dans l'ensemble, il préconisait toute mesure et soutenait tout groupe susceptibles de faire avancer ce qu'il considérait comme les intérêts de l'Ouest et condamnait donc ce qui ne semblait pas aller dans ce sens. Ainsi il critiqua durement les gouvernements libéral et conservateur d'Alexander MACKENZIE et de sir John Alexander MACDONALD à cause de leurs politiques foncières et ferroviaires des années 1870 et 1880. « Les deux gouvernements, écrivit-il par la suite, ont fait preuve d'une grande maladresse dans l'administration des terres du Nord-Ouest ; il a fallu des années d'expérience aux autorités pour comprendre vraiment la question foncière, et entre-temps tout le Nord-Ouest a souffert chaque année de la perte de milliers de bons colons. » Par contre, les tentatives du gouvernement Norquay en vue d'obtenir pour le Manitoba de meilleures conditions au sein de la Confédération lui semblaient se situer dans la droite ligne des efforts que la population de la Rivière-Rouge avait déployés pour obtenir justice de la part des autorités canadiennes. Cependant, Begg réservait ses louanges les mieux senties aux deux gigantesques sociétés dont la présence semblait si inséparable du progrès passé et futur de l'Ouest : la Hudson's Bay Company et la Compagnie du chemin de fer canadien du Pacifique. À cause de son esprit d'entreprise et de son intégrité, Donald Alexander Smith*, homme d'affaires et homme politique lié aux deux compagnies, en vint à incarner pour lui le type d'individu dont l'Ouest avait besoin pour se développer. Dans ces années, le régionalisme contribua beaucoup à façonner les positions politiques de Begg, comme celles de beaucoup d'autres habitants de l'Ouest. Ce qui le distinguait, c'était qu'il avait acquis son sentiment d'appartenance si tôt après son arrivée.

En 1884, l'admiration que Begg vouait à Smith et son souci du progrès de l'Ouest l'amenèrent à entrer au service de la Compagnie du chemin de fer canadien du Pacifique, à Londres, à titre de promoteur de l'immigration. Durant les quatre années suivantes, il composa de ces écrits dithyrambiques – notamment *Canada and its national highway* – que l'Ouest inspira à l'époque. Comme plusieurs des brochures qu'il publia pendant son séjour à Londres, ce texte avait d'abord été présenté en conférence à un auditoire londonien. Pour lui, les années 1870 et 1880 se caractérisèrent donc par un constant louvoiement entre des activités qui s'enracinaient toutes dans sa foi constante en l'avenir de l'Ouest, dans sa sensibilité aux intérêts régionaux et dans sa détermination à profiter des débouchés qu'offrait la colonisation.

En 1888, Begg quitta la Compagnie du chemin de fer canadien du Pacifique et s'installa à Seattle (Washington) où il fut rédacteur en chef de plusieurs journaux et fonda le *Washington Magazine*. En 1892, il s'établit à Victoria, où il fut quelque temps rédacteur en chef du *Daily Morning News*. Au début des années 1890, il rédigea les trois volumes de son ouvrage le plus ambitieux, *History of the north-west,* qui parut à Toronto en 1894–1895. C'est une étude critique du Nord-Ouest, généralement bien construite, qui s'inscrit dans la perspective résolument régionale qui avait caractérisé une si grande part des œuvres antérieures de Begg. En octobre 1895, il commença le *British Columbia Mining Record,* dont il dirigea la publication jusqu'à peu de temps avant sa mort. En 1884, il avait publié un autre roman, *Wrecks in the sea of life, a novel* ; cette intrigue morale typiquement victorienne eut apparemment peu de succès.

On peut évaluer la contribution d'Alexander Begg sous deux angles. D'abord, il fut historien et observateur d'événements importants. Dans cette perspective, son legs est constitué des écrits qu'il a laissés aux générations suivantes plutôt que de ses actes : il fut toujours plus témoin intelligent que principal acteur. On peut aussi voir en lui le représentant d'un certain type de Canadiens de la fin du XIXe siècle, et particulièrement de ces perpétuels itinérants dont le destin fut lié à l'histoire de la frange pionnière. Changer d'activité et de lieu faisait autant partie de sa vie que la soif du succès et de la richesse. Sa carrière diversifiée reflète l'esprit d'entreprise et la personnalité des pionniers.

DOUGLAS R. OWRAM

Alexander Begg est l'auteur de : *The creation of Manitoba ; or, a history of the Red River troubles* (Toronto, 1871) ; *« Dot it down » ; a story of life in the north-west* (Toronto, 1871) ; *Practical hand-book and guide to Manitoba and the north-west* [...] (Toronto, 1877) ; *The great Canadian north west : its past history, present condition, and glorious prospects* (Montréal, 1881) ; *Seventeen years in the Canadian northwest* [...] (Londres, 1884) ; *Wrecks in the sea of life, a novel* (New York, [1884]) ; *Canada and its national highway* (Londres, 1886) ; *Emigration* [...] (Londres, 1886) ; *The great north-west of Canada* [...] (Londres, [1886]) ; et *History of the north-west* (3 vol., Toronto, 1894–1895). Aussi, en collaboration avec Walter R. Nursey, il publia *Ten years in Winnipeg*. Enfin, il est probablement l'auteur de quelques chapitres dans John Macoun *et al.*, *Manitoba and the great north-west* [...] (Guelph, Ontario, 1882). Le journal de Begg, pour les années 1869–1870, *Red River journal* (Morton), conservé aux AN, a été publié par la Champlain Society. Begg est souvent confondu avec son homonyme Alexander Begg* (1825–1905) qui eut une carrière semblable dans l'Ouest canadien. L'article du Madge Wolfenden, « Alexander Begg versus Alexander Begg », *BCHQ,* 1 (1937) : 133–139 est très utile pour démêler les carrières des deux hommes.

AN, MG 29, C1 ; E29. — ANQ-Q, CE1-66, 19 août 1839. — PAM, MG 2, C5 ; MG 12, E. — QUA, 2026a. — *British Columbia Mining Record* (Victoria), 1 (1895)-3 (1897). — *Daily Free Press* (Winnipeg), 1877–1879. — *Daily Spectator,* 22 mai 1868. — *Globe,* 1869–1870. — *Victoria Daily Times,* 7 sept. 1897. — *A historical directory of Manitoba newspapers, 1859–1978,* D. M. Loveridge, compil. (Winnipeg, 1981). — *Canadian men and women of the time* (Morgan ; 1898). — *Pioneers of Manitoba* (Morley *et al.*). — Morton, *Manitoba* (1957). — Stanley, *Louis Riel.*

BÉLANGER, HORACE (baptisé **Édouard-Horace**), trafiquant de fourrures et juge de paix, né le 11 juin 1836 à Rivière-Ouelle, Bas-Canada, fils d'Édouard Bélanger et de Marie-Sophie Casgrain ; le 27 août 1861, il épousa à Saint-Boniface (Manitoba) Rosalie Marion, et ils eurent 11 enfants ; décédé le 1er octobre 1892 à la chute Sea River (Manitoba), sur la rivière Nelson.

La mère d'Horace Bélanger, fille du seigneur et homme d'affaires Pierre Casgrain*, était apparentée à de nombreuses familles canadiennes-françaises bien en vue. Le fils aîné issu de son premier mariage, le demi-frère d'Horace, Luc Letellier* de Saint-Just, devint lieutenant-gouverneur de la province de Québec. Le père d'Horace, homme d'affaires bien établi dans le domaine de la pêche à la baleine, se joignit à la Hudson's Bay Company en 1853 à titre de chef de poste pour mettre sur pied une entreprise de pêche de ce mammifère à la rivière Little Whale (Petite rivière de la Baleine, Québec), mais il se noya à cet endroit la même année.

En février 1849, Horace Bélanger avait entrepris un cours commercial au collège de Sainte-Anne-de-la-Pocatière, établissement qu'il fréquenta jusqu'en juillet 1851. Deux ans plus tard, il entra à la Hudson's

Bay Company à titre de commis débutant à Sault-Sainte-Marie, dans le Haut-Canada. L'agent principal, James Hargrave*, prit le jeune homme sous son aile. S'il ne parlait d'abord que le français, Bélanger apprit vite à parler et à écrire l'anglais, et à converser en cri et en sauteux.

Après avoir travaillé à Michipicoten (Michipicoten River) de 1855 à 1857, Bélanger fut promu au poste de commis en 1858 et affecté au fort Albany (Fort Albany). En 1860, on le muta dans le district du lac à la Pluie, un secteur où les trafiquants indépendants faisaient concurrence à la Hudson's Bay Company. Il fit preuve de l'esprit d'initiative et de la persévérance nécessaires pour contrer tout adversaire, et ce malgré sa corpulence massive, car c'était un « homme de grande carrure aux cheveux frisés noir de jais, à la barbe fournie et qui devait peser plus de 300 livres ».

En 1867, Bélanger s'installa à Cumberland House (Saskatchewan), où la compagnie était encore une fois menacée par les trafiquants indépendants. À titre de commis responsable à Fort-à-la-Corne en 1868–1869, il surveilla les convois de transport fluvial, liens vitaux, durant l'été, entre Cumberland House et ses postes au nord. En 1870, toujours à titre de commis, il prit en charge tout le district de Cumberland. Deux ans plus tard, on le promut chef de poste et, en 1873, il devint agent.

La Hudson's Bay Company et son personnel continuèrent de dominer les régions du Nord-Ouest, même après la cession de la terre de Rupert au gouvernement canadien ; certains parmi ceux qui occupaient un poste important, dont Bélanger, furent alors nommés juges de paix. Ce dernier, qui avait été témoin des conséquences pour les Indiens et les Métis des traités et de la colonisation par les Blancs, insista pour que le gouvernement vienne en aide aux plus démunis et il prit même des mesures de sa propre initiative dans des situations d'urgence.

En 1885, Bélanger dut trouver d'autres moyens de transport lorsque les forces militaires gouvernementales, sous la gouverne de Frederick Dobson MIDDLETON, utilisèrent les bateaux à vapeur de la Hudson's Bay Company pour transporter des troupes et du matériel sur le territoire de la Saskatchewan pendant la rébellion du Nord-Ouest. Il fournit aussi de la nourriture à plusieurs réfugiés de Fort-à-la-Corne et tenta d'empêcher les Métis et les Indiens du district de Cumberland de participer au soulèvement. À l'automne de 1885, il prit en charge le district de Saskatchewan, en plus de celui de Cumberland. Les efforts acharnés qu'il déploya au profit de la Hudson's Bay Company et des gens de son district lui gagnèrent l'estime des Cris et des Métis et justifièrent sa promotion au poste d'agent principal en décembre. Il était alors parvenu au sommet de l'administration de la compagnie et fut le seul Canadien français à accéder à ce rang au XIXe siècle.

En 1889, on muta Horace Bélanger à Norway House (Manitoba). On le nomma alors juge de paix pour le district de Keewatin, fonction qu'il occupa jusqu'en 1892. Devenu veuf en 1887, il avait prévu quitter la Hudson's Bay Company en 1893 pour faire un foyer à ses enfants. Il n'eut cependant pas le temps de réaliser ce projet, car il se noya à la chute Sea River au cours de sa quarantième année de service. Bélanger avait toujours craint ce genre de mort ; fait étrange, son père, son frère et deux de ses fils avaient péri de la même façon. Les Indiens de Cumberland House et de Norway House furent consternés d'apprendre la mort de « l'un de leurs bienfaiteurs les plus nobles et généreux ». Les fonctionnaires de la Hudson's Bay Company partageaient les mêmes sentiments ; ils firent ériger à Norway House un imposant monument de pierre à sa mémoire.

BRUCE F. DONALDSON ET MARTHA MCCARTHY

ANQ-Q, CE3-1, 11 juin 1836. — PAM, MG 7, D8, reg. des mariages ; MG 12, B ; E ; HBCA, A.12/Ft, 340/1 ; B.49/b/7, 10–11 ; B.49/e/1 ; B.135/g/42 ; B.154/k/1 ; B.239/c/18 ; B.239/g/39–40 ; B.239/k/3–4. — *Daily Free Press* (Winnipeg), 24 oct. 1892. — *Le Manitoba* (Winnipeg), 26 oct. 1892. — *L'Opinion publique*, 15 mars 1877. — *Winnipeg Daily Tribune*, 22 oct. 1892. — *Catalogue des anciens élèves du collège de Sainte-Anne-de-la-Pocatière, 1827–1927*, [François Têtu, compil.] (Québec, 1927). — *Répertoire des mariages de Rivière-Ouelle, 1672–1972, troisième centenaire*, Armand Proulx, compil. (La Pocatière, Québec, 1972). — « The Belanger monument », *Beaver*, outfit 261 (mars 1931) : 177–178. — L.-A. Prud'homme, « M. Horace Bélanger, facteur en chef de la Compagnie de la Baie d'Hudson », *Rev. canadienne*, 27 (1891) : 464–468.

BELL, ROBERT, imprimeur, homme d'affaires, fonctionnaire, homme politique, juge de paix et officier de milice, né le 16 mars 1808 à Londres, quatrième fils de William Bell* et de Mary Black ; le 17 janvier 1839, il épousa à Brockville, Haut-Canada, Emmeline Sedate Jones, et ils eurent deux fils et une fille ; décédé le 2 avril 1894 à Carleton Place, Ontario.

En 1817, William Bell, qui était devenu ministre presbytérien, immigra avec sa famille à Perth, dans le Haut-Canada, et c'est là que Robert Bell fit ses études. Dès 1825, il apprenait le métier d'imprimeur à Brockville sous la direction de William Buell*, rédacteur en chef du *Brockville Recorder*. En mars 1827, il était imprimeur à la *Gore Gazette* d'Ancaster ; il y fut promu prote en mars 1828, mais le journal cessa de paraître en juin de l'année suivante. À Perth, le 8 août, parut une première annonce dans laquelle Bell faisait savoir qu'il avait ouvert à Morphy's Falls un magasin général, succursale de l'entreprise de son frère William Bell*.

C'est dans cette agglomération de la vallée de la rivière Mississippi, rebaptisée Carleton Place en

1830, que Bell devait s'installer. Il y devint maître de poste en 1834 et « ingénieur en chef » de la première compagnie de sapeurs-pompiers. En 1835, on le nomma commissaire de la Cour des requêtes du district. En 1836 et 1838, il remplit les fonctions de président et de secrétaire des « Loyal Village Guards ». En collaboration avec James Wylie, de Shipman's Mills (Almonte), il fonda en 1840 une société connue aujourd'hui sous le nom de North Lanark Agricultural Society. Deux ans plus tard, Bell fut l'un des représentants du canton de Beckwith au sein du premier conseil du district de Bathurst, dont il fut le préfet en 1847–1848. Les conseils de comté remplacèrent les conseils de district en 1850, et Bell, qui était alors président du conseil municipal de Beckwith, fut élu préfet des comtés unis de Lanark et de Renfrew. Deux ans plus tôt, il avait assumé la présidence de la Bathurst District Temperance Union.

À la fin des années 1840, Bell élargit encore ses intérêts dans le domaine public. Candidat réformiste aux élections générales de 1847–1848, il l'emporta sur Thomas Mabon Radenhurst* et Daniel McMartin dans la circonscription de Lanark, qu'il représenterait jusqu'en 1851. En 1849, en s'échappant par une échelle d'une fenêtre située à l'étage supérieur, il évita de justesse d'être la victime des émeutiers qui incendièrent les édifices du Parlement à Montréal [V. James Bruce*]. En 1854, 1857–1858, 1861 et 1863, il fut élu député de Lanark North. William McDougall*, membre du cabinet de la Grande Coalition [V. George Brown*] qui venait d'être battu dans une élection complémentaire, le persuada en 1864 d'abandonner son siège en échange d'une compensation qu'il demanda à John Alexander MACDONALD. McDougall gagna l'élection et on attribua à Bell un poste récemment créé au département des Finances, celui d'inspecteur des revenus des canaux, qu'il occupa jusqu'en 1880.

Tout en remplissant ses fonctions parlementaires à Québec et à Toronto, Bell continuait d'accomplir ses tâches de fonctionnaire et d'exercer des activités commerciales à Carleton Place. Il demeura maître de poste jusqu'en 1856, délivra des dispenses de bans pendant de nombreuses années et assuma la charge de juge de paix à partir des années 1840. En plus de posséder un magasin, Bell eut des intérêts financiers, à un moment ou l'autre, dans un moulin à blé, une scierie, un atelier de fabrication de pièces de harnais, une ferblanterie et une compagnie d'assurances. De 1851 à 1854, il appuya le projet de construction du Bytown and Prescott Railway ; il fut l'un des administrateurs de la Brockville and Ottawa Railway Company et, plus tard, de la Compagnie du chemin de fer du Canada central.

Bell résida à Carleton Place jusqu'à sa mort. Il s'intéressa à beaucoup de choses, entre autres aux sciences naturelles et à la philosophie. Il cultivait des fleurs, s'occupait de sa riche bibliothèque et, dans la région, on le considérait comme un expert en ornithologie. Il joua un rôle actif dans la milice de Lanark, où il obtint le grade de lieutenant-colonel, et dans les conseils d'administration de la Carleton Place Library Association and Mechanics' Institute (créée en 1846), de la *grammar school* du village (ouverte en 1853), de la Carleton Place Mutual Improvement Association (formée en 1868 et où, pour un penny, on pouvait assister à des lectures publiques) et de la Carleton Place Game, Fish and Insectivorous Birds Protective Society (fondée en 1884). Enfin, il aurait été président du bureau d'éducation pendant 50 ans et conseiller presbytéral pendant quelques décennies.

Au cours des dernières années de sa vie, Robert Bell perdit une bonne partie de ses biens, peut-être à cause de crises économiques ; il put toutefois continuer d'assurer sa subsistance grâce à une pension du gouvernement. Il mourut en 1894 et on l'enterra à Perth.

COURTNEY C. J. BOND

AN, MG 26, A, W. McDougall à Macdonald, 16 août 1864. — AO, MU 7098 ; RG 8, I-6-A, 1 : 44. — *Bathurst Independent Examiner* (Perth, Ontario), 11 sept. 1829. — *Canadian* (Carleton Place, Ontario), 5 avril 1894. Il s'agit d'une notice nécrologique soignée [C. C. J. B.]. — *Globe,* 28 juill., 8 déc. 1864. — *Herald* (Carleton Place), 10, 17, 24 avril 1894, 5 mai 1903. — *Canadian biog. dict.*, 1 : 536–537. — *Canadian men and women of the time* (Morgan ; 1898), 71. — *CPC,* 1862. — *Cyclopædia of Canadian biog.* (Rose et Charlesworth), 1. — *Illustrated atlas of the Dominion of Canada* [...] *Lanark supplement* (Toronto, 1880), iii, viii. — H. M. Brown, *Founded upon a rock : Carleton Place recollections* (Carleton Place, 1969). — Isabel [Murphy] Skelton, *A man austere : William Bell, parson and pioneer* (Toronto, 1947), 28, 298, 303–304. Il est évident que l'auteure a fait une erreur d'une année en établissant la date de naissance de Robert Bell [C. C. J. B.]. — J. J. Bell, « The burning of the Parliament Buildings », *Canadian Magazine,* 20 (nov. 1902–avril 1903) : 501–506. — C. C. J. Bond, « Tracks into Ottawa : the construction of railways into Canada's capital », *OH,* 57 (1965) : 122–134. — Elizabeth Hulse, « A printer writes home », *Devil's Artisan* (Toronto), n° 12 (1983) : 3–8.

BELLEAU, sir NARCISSE-FORTUNAT (baptisé **Narcisse**), avocat, homme politique, homme d'affaires et fonctionnaire, né le 20 octobre 1808 à Québec, fils de Gabriel Belleau, cultivateur, et de Marie-Renée Hamel ; le 15 septembre 1835, il épousa à Berthier (Berthier-sur-Mer, Québec) Marie-Reine-Josephte Gauvreau, fille du marchand Louis Gauvreau*, et ils n'eurent pas d'enfants ; décédé le 14 septembre 1894 dans sa ville natale.

Narcisse-Fortunat Belleau fait ses études classiques au petit séminaire de Québec de 1818 à 1827. Il entreprend son stage de clerc en droit en avril 1827 auprès de Joseph-François Perrault* et d'Edward Burroughs, protonotaires à la Cour du banc du roi. Il le poursuit chez André-Rémi Hamel de novembre 1829 jusqu'à l'obtention de sa commission d'avocat le 26 septembre 1832. À cette époque, le choléra frappe durement la population de Québec. Les décès, souvent subits, laissent de difficiles problèmes de succession, dont tirent parti les gens de basoche. Selon son biographe Stanislas DRAPEAU, Belleau se constitue alors une clientèle qui lui restera longtemps fidèle.

Très tôt à l'aise financièrement, Belleau se marie le 15 septembre 1835. Il s'installe rue Saint-Louis et s'adonne à la pratique du droit. Il amorce sa carrière politique en janvier 1848, lorsqu'il se présente, mais sans succès, sous la bannière réformiste dans Portneuf. La même année, il milite dans le parti réformiste et appuie Joseph-Édouard Cauchon* contre Louis-Joseph Papineau*, qui réclame l'abrogation de l'Union. Belleau s'intéresse aussi à la vie municipale. Le 9 février 1848, il est élu conseiller du quartier Saint-Jean. Deux ans plus tard, il devient maire de Québec, poste qu'il occupe jusqu'au 4 février 1853. Durant son mandat, on entreprend d'importants travaux d'aqueduc. Le conseil municipal fait appel à l'ingénieur américain George R. Baldwin, qui a déjà supervisé l'installation du système d'éclairage au gaz dans la ville. Celui-ci opte pour l'érection d'un barrage et d'un château d'eau à Jeune-Lorette (Wendake), au débouché du lac Saint-Charles, puis pour la mise en place d'une canalisation jusqu'à Québec. L'eau potable parvient dans la ville en 1852. Belleau propose aussi de construire un système d'égouts et de paver toutes les rues qu'on avait défoncées pour installer l'aqueduc.

En 1848, Belleau était devenu administrateur de la Banque de Québec, fonction qu'il allait occuper jusqu'en 1893. Au dire de Drapeau, il considère toujours les demandes d'escompte « au point de vue de la solvabilité raisonnable de l'emprunteur sans distinction de race ou de religion ». Il accepte aussi, en 1850, la présidence de la Compagnie du chemin de fer de la rive nord, entreprise appuyée par des hommes d'affaires qui veulent relier Québec à Montréal. Ses amis réformistes ne l'oublient pas. Le 23 octobre 1852, on le nomme membre à vie du Conseil législatif pour la division de Québec et, le 18 décembre 1854, conseiller de la reine. Il devient bâtonnier du barreau de Québec le 1er mai 1857.

Belleau est un homme qui possède ses dossiers, influent dans sa région, modéré dans ses idées et d'un comportement affable, qualités qui lui valent le respect de ses adversaires. Désireux de renforcer leur ministère, John Alexander MACDONALD et George-Étienne Cartier* le nomment président du Conseil législatif le 26 novembre 1857 ; à ce titre, il fait aussi partie du Conseil exécutif. Renversés le 29 juillet 1858, Macdonald et Cartier reprennent le pouvoir le 6 août et renomment Belleau président du Conseil législatif. Ce dernier s'occupe de la visite du prince de Galles durant l'été de 1860. Le 21 août, au cours d'une réception dans la salle des séances du Conseil législatif, le prince le fait chevalier ; il porte désormais le titre de sir.

En mars 1862, Belleau devient ministre du département d'Agriculture et de Statistiques mais, le 21 mai suivant, le gouvernement Macdonald-Cartier est renversé. Belleau continue alors de siéger au Conseil législatif tout en s'adonnant à la pratique du droit et à l'administration de la Banque de Québec. Associé depuis 1858 à Philippe-Jacques Jolicœur, il va exercer avec lui jusqu'en 1863. En février 1865, durant le débat au Conseil législatif sur les Résolutions de Québec, il appuie fortement le projet confédératif, car il est sûr que les Canadiens français du Bas-Canada s'épanouiront dans ce cadre constitutionnel. Quelques mois plus tard, la mort du premier ministre sir Étienne-Paschal Taché*, qui était à la tête de la coalition qui prépare la Confédération, le ramène à l'avant-scène. George Brown*, Macdonald et Antoine-Aimé DORION, le triumvirat qui détient le pouvoir réel, s'entendent pour lui confier la succession de Taché. Jusqu'au 1er juillet 1867, Belleau est donc officiellement premier ministre et receveur général. En récompense de ses services, Macdonald et Cartier le font sénateur en mai 1867. Il démissionne après avoir accepté le poste de lieutenant-gouverneur de la province de Québec le 1er juillet.

Belleau, premier Canadien français à représenter la couronne britannique, demeure en poste jusqu'en février 1873. Au lieu de s'installer à Spencer Wood, la résidence du lieutenant-gouverneur, il préfère continuer à vivre dans sa maison de la rue Saint-Louis. Il assume lui-même les dépenses inhérentes à ses fonctions. Avec lady Belleau, il participe à toutes les réceptions et à tous les dîners d'État. Mais la fonction n'est pas que représentative. En tant que lieutenant-gouverneur, il est l'œil du gouvernement fédéral qui surveille l'administration provinciale. Lui qui croyait en l'autonomie des provinces au sein de la Confédération, il ne tarde pas à déchanter. Les tensions qui règnent entre Cartier et Hector-Louis Langevin* d'une part, Pierre-Joseph-Olivier Chauveau* et les ministres provinciaux d'autre part, dans la conduite des affaires publiques comme de celles du parti conservateur, l'amènent à intervenir en coulisses. En avril 1869, dans une longue lettre à Langevin, il fait le procès des ministres fédéraux tatillons, autocrates, jaloux de leur pouvoir, qui ne cessent d'interpréter dans un sens centralisateur le partage des pouvoirs prévu par la constitution. Il prie Langevin de donner « le bénéfice du doute aux juridictions provinciales » et de ne pas, « par déduction, par conséquence & conclusion », attribuer d'autres pouvoirs au gouvernement fédéral.

Le 11 février 1873, son mandat terminé, sir Narcisse-Fortunat Belleau se retire. Il refuse un siège de sénateur. Il continue de faire partie du conseil d'administration de la Banque de Québec et prend une part active à la vie mondaine. Il suit toujours de près la vie politique et n'hésite pas parfois à intervenir auprès des uns et des autres. Le 24 mai 1879, à Montréal, il reçoit le titre de commandeur de l'ordre de Saint-Michel et Saint-Georges. Il meurt le 14 septembre 1894 en laissant à un neveu une fortune que des contemporains évaluent entre 200 000 $ et 300 000 $.

MICHÈLE BRASSARD ET JEAN HAMELIN

ANQ-Q, CE1-1, 20 oct. 1808, 18 sept. 1894 ; CE2-2, 15 sept. 1835 ; P-3 ; P-134. — ASQ, Fichier des anciens. — *Le Canadien,* 13 déc. 1847. — *Le Courrier du Canada,* 14 sept. 1894. — *L'Événement,* 15 sept. 1894. — *Gazette* (Montréal), 15 sept. 1894. — *La Minerve,* 17 sept. 1894. — Audet, « les Législateurs du B.-C. ». — J. Desjardins, *Guide parl.* — *Political appointments, 1841 to 1865* (J.-O. Coté ; 1866). — *Quebec directory,* 1847–1892. — *RPQ.* — Turcotte, *le Conseil législatif.* — Chouinard *et al., la Ville de Québec,* 3. — L.-M. Côté *et al., les Maires de la vieille capitale.* — Désilets, *Hector-Louis Langevin.* — Stanislas Drapeau, *Biographie de sir N. F. Belleau* [...] (Québec, 1883). — Henry Fry, *A biographical sketch of Sir N. F. Belleau from* Home Journal, *for October 1894* (Québec, 1894). — M. Hamelin, *Premières années du parlementarisme québécois.* — Rumilly, *Hist. de la prov. de Québec,* 1. — Alastair Sweeny, *George-Étienne Cartier : a biography* (Toronto, 1976). — F.-J. Audet *et al.,* « les Lieutenants-Gouverneurs de la province de Québec », *Cahiers des Dix,* 27 (1962) : 215–216.

BELLEROSE, JOSEPH-HYACINTHE (baptisé **Joseph**), marchand, officier de milice, homme politique et juge de paix, né le 12 juillet 1820 à Trois-Rivières, Bas-Canada, fils de Michel-Hyacinthe Bellerose, marchand, et de Geneviève-Sophie Lemaître, dit Lottinville ; décédé le 13 août 1899 à Saint-Vincent-de-Paul (Laval, Québec).

Après avoir fait son cours primaire à Trois-Rivières, Joseph-Hyacinthe Bellerose fréquente le séminaire de Nicolet (à partir de 1833), puis celui de Saint-Hyacinthe (à partir de 1836 ou 1837). Ses études classiques terminées en 1842, il commence à faire son droit à Montréal où, encore étudiant, il épouse le 4 octobre 1847 Henriette Armand, veuve du commerçant Michel Brunet, de Saint-Vincent-de-Paul, fille du lieutenant-colonel de milice François Armand, dit Flamme, qui a été un gros actionnaire de la Banque du peuple [V. Louis-Michel Viger*], et sœur du futur conseiller législatif et sénateur Joseph-François Armand. Le couple s'installe définitivement à Saint-Vincent-de-Paul où Bellerose s'occupe de commerce et d'agriculture.

Bellerose joue un rôle important dans la milice. On lui doit la création d'une vingtaine de régiments de volontaires. Il gravit rapidement les échelons. Le 6 décembre 1855, il obtient une commission d'enseigne au 2e bataillon des milices de Terrebonne et en devient adjudant. Le 29 janvier 1857, on le nomme capitaine de la 1re compagnie de milice volontaire de Saint-Vincent-de-Paul, qui vient d'être créée, puis il est promu major de brigade dès le 4 décembre suivant. Pressenti en 1858 pour devenir capitaine dans le 100th Regiment de l'armée régulière, que l'on rassemblait pour le service impérial, Bellerose décline l'offre du gouverneur général à la dernière minute, pour des raisons inconnues. Il devient major de brigade du 8e district militaire le 22 mai 1861 et commandant du nouveau 12e bataillon de milice volontaire le 29 octobre 1862.

Après un essai infructueux aux élections de 1861 dans Laval contre Louis-Siméon Morin*, Bellerose est élu député de cette circonscription en 1863 avec 94 voix de majorité. En 1867, à l'occasion des premières élections générales tenues sous le nouveau régime constitutionnel, il est de nouveau candidat conservateur dans Laval, mais aux deux paliers de gouvernement (fédéral et provincial) cette fois, et il l'emporte sans opposition dans les deux cas. Par la suite, il est réélu sans concurrent pour représenter Laval d'abord à l'Assemblée législative de la province de Québec en 1871, puis à la chambre des Communes l'année suivante. Le 16 octobre 1873, on l'appelle au Sénat où il représentera la division de Lanaudière jusqu'à la fin de sa vie ; il abandonne son siège parlementaire à Ottawa, mais conserve celui de Québec jusqu'aux élections provinciales de 1875. C'est grâce à son insistance que la transcription des débats du Sénat est traduite en français à partir de 1877. Il sera aussi président du comité des bills privés de la Chambre haute.

En politique ainsi que dans sa vision de la société, Bellerose se révèle un conservateur de tendance ultramontaine. Cette attitude l'amène à critiquer le projet de loi présenté en 1869 par le premier ministre provincial conservateur Pierre-Joseph-Olivier Chauveau* pour scinder le conseil de l'Instruction publique en deux comités, l'un catholique et l'autre protestant ; toutefois, comme Joseph-Édouard Cauchon* et Joseph-Adolphe CHAPLEAU, il se rallie à la fin, à l'heure du vote. De même, à l'occasion de la visite dans la province de Québec du délégué apostolique dom Joseph-Gauthier-Henri Smeulders en 1883 et 1884, lui présente-t-il, à l'instar de ses collègues ultramontains, une série de requêtes pour réclamer une enquête canonique sur les multiples difficultés religieuses dans la province [V. Louis-François LAFLÈCHE ; Elzéar-Alexandre TASCHEREAU].

Ami intime du sénateur François-Xavier-Anselme Trudel*, Bellerose est l'un des principaux souscripteurs et défenseurs du journal ultramontain *l'Éten-*

dard, de Montréal, que Trudel fonde en 1883 et qui critique vertement le gouvernement conservateur provincial. Avec les ultramontains, le clan des « castors » ainsi qu'on les désigne, il fait campagne contre le premier ministre conservateur Joseph-Alfred Mousseau* et s'allie même avec les libéraux d'Honoré MERCIER aux élections partielles de juin 1883 et de juillet 1884 dans son château fort de Laval pour tenter de faire battre le candidat ministériel Pierre-Évariste Leblanc*. Il fait de nouveau cause commune avec les libéraux en 1885 pour dénoncer le gouvernement conservateur fédéral qui a permis l'exécution de Louis Riel* et il contribue à l'élection du parti national de Mercier en octobre 1886. L'alliance est rompue en 1892 lorsque, devant les accusations de scandales qui accablent le gouvernement Mercier, Bellerose décide d'appuyer les conservateurs de l'ultramontain Charles-Eugène Boucher* de Boucherville. Dans la querelle relative aux écoles du Manitoba en 1895, il encourage activement les ministres canadiens-français fédéraux du cabinet de Mackenzie Bowell* à démissionner et les sénateurs à refuser tout portefeuille tant que ne seront pas rétablies les écoles séparées.

Au cours de sa vie, Bellerose exerce diverses autres fonctions : juge de paix, commissaire chargé de l'érection des paroisses et de la construction et de la réparation des églises, des presbytères et des cimetières, maire de la municipalité de la paroisse de Saint-Vincent-de-Paul de 1867 à 1887, vice-président de la Sovereign Fire Insurance Company et président de la Compagnie de navigation Union, dominée par sir Hugh Allan*.

Atteint d'un cancer de l'estomac, Joseph-Hyacinthe Bellerose meurt le 13 août 1899 et est inhumé le 16 dans le caveau de l'église à Saint-Vincent-de-Paul. Veuf, « il laisse, selon *la Patrie*, une fortune de $30,000 dont $25,000 doivent être divisés également entre le collège Laval et le couvent des Sœurs de la Providence, de St-Vincent-de-Paul, pour l'entretien des pauvres ».

MARCEL CAYA

AN, RG 68, General index, 1841–1867. — ANQ-M, CE1-51, 4 oct. 1847 ; CE1-59, 16 août 1899. — ANQ-MBF, CE1-48, 12 juill. 1820. — *La Patrie*, 14 août 1899. — Auguste Achintre, *Manuel électoral ; portraits et dossiers parlementaires du premier Parlement de Québec* (Montréal, 1871 ; réimpr., 1871), 35. — Audet, « les Législateurs du B.-C. ». — *Canadian directory of parl.* (Johnson). — J. Desjardins, *Guide parl.* — *RPQ.* — Choquette, *Hist. du séminaire de Saint-Hyacinthe*, 2 : 246. — J.-A.-I. Douville, *Histoire du collège-séminaire de Nicolet, 1803–1903, avec les listes complètes des directeurs, professeurs et élèves de l'institution* (2 vol., Montréal, 1903), 2 : 253. — Rumilly, *Hist. de la prov. de Québec*, 1–7. — « Le Sénateur Luc-Hyacinthe Bellerose », *BRH*, 39 (1933) : 28–29.

BELLINGHAM, SYDNEY ROBERT, marchand, juge de paix, officier de milice, avocat, rédacteur en chef, homme politique, auteur et fermier, né le 2 août 1808 à Castlebellingham (république d'Irlande), quatrième fils de sir Allan Bellingham et d'Elizabeth Walls ; décédé le 9 mars 1900 au même endroit.

Sydney Robert Bellingham naquit dans une famille qui, bien qu'issue de la classe dirigeante protestante, avait des ressources modestes. Comme son père ne pouvait assurer sa subsistance, le jeune Bellingham, âgé de 15 ans, décida de tenter sa chance en s'embarquant seul pour le Bas-Canada au printemps de 1824. Durant trois ans, il sillonna le Haut-Canada puis, en 1827, il accepta un emploi de James Hamilton, marchand de bois à Québec, pour qui il ouvrit un bureau à Montréal. Quatre ans plus tard, avec James Wallis, il fonda dans cette ville une maison d'import-export. Le 28 octobre 1831, à Québec, il épousa Arabella Holmes, fille du docteur William Holmes* et veuve du docteur William Larue. Il resta en affaires plusieurs années, mais apparemment sans grand succès.

Aux élections de 1834, moment chaud dans l'histoire politique du Bas-Canada, Bellingham, en partie grâce à l'argent de sa femme, brigua le siège de Montréal-Est à l'Assemblée mais fut battu par un candidat du parti patriote, Joseph Roy*. En décembre 1835, il entra au comité général de la Loyal and Constitutional Association, fondée notamment par un autre candidat défait, William Walker*, dans le but de lutter contre les réformes que revendiquait le parti patriote de Louis-Joseph Papineau*. À ce moment, il appuyait la politique modérée du gouverneur lord Gosford [Acheson*], ancien compagnon de classe de son père.

Mandaté juge de paix le 13 avril 1837 par Gosford, Bellingham s'exposa en novembre à de grands dangers en participant, à ce titre, à des expéditions à la fois civiles et militaires qui visaient l'arrestation de plusieurs chefs patriotes, dont Pierre-Paul Démaray* et Bonaventure Viger*. Ces missions, infructueuses, coïncidèrent avec le début de la rébellion. Le procureur général Charles Richard Ogden* l'envoya alors au fort Chambly livrer des dépêches dans lesquelles le commandant en chef, sir John Colborne*, ordonnait au lieutenant-colonel George Augustus Wetherall* d'attaquer un campement de combattants patriotes à Saint-Charles-sur-Richelieu. Bellingham se joignit aux troupes de Wetherall lorsqu'elles se mirent en marche. Puis, dans la soirée du 23 novembre, ce dernier apprit que, contre toute attente, le lieutenant-colonel Charles Stephen Gore* avait été défait à Saint-Denis, sur le Richelieu. Sans tarder, Bellingham et le soldat de cavalerie John LOVELL se portèrent volontaires pour retourner au fort Chambly, à la faveur de l'obscurité, afin d'amener des renforts à Wetherall. L'entreprise était risquée, mais elle réussit. Après la bataille de Saint-Charles-sur-Richelieu, Wetherall chargea Bellingham, qui lui servait d'aide de camp, de porter à Colborne des dépêches pour l'informer de la victoire des Britanniques. En décembre, à titre de capitaine, Bellingham commanda un détachement de la Royal Montreal Cavalry qui alla reconnaître la position des éléments loyalistes et patriotes dans la région du lac des Deux Montagnes en prévision de la bataille de Saint-Eustache, qui eut lieu le 14 et se solda par une victoire britannique. Par la suite, il protégea les fermiers de Saint-Henri (Montréal) contre le pillage puis, exécutant à contrecœur les ordres qu'il avait reçus, il participa à l'incendie des maisons de patriotes.

Bellingham éprouvait beaucoup de sympathie pour les fermiers canadiens-français qui étaient restés neutres ou fidèles à la couronne. En 1839, après que sa femme eut hérité de 15 000 acres de terres seigneuriales dans le canton de Buckland et le comté de Bellechasse, il alla y percevoir les redevances des 180 tenanciers. Il affirmait ne pas avoir le goût du lucre et reconnaissait que c'étaient eux qui, par leur labeur, avaient « donné sa valeur à la propriété ». Pour s'assurer leur loyauté, il se faisait passer pour catholique – ce qui lui était d'autant plus facile qu'il admirait leur foi, leur moralité, leur honnêteté et leur diligence. Plus tard, il allait écrire qu'au cours de ses 50 années au pays il n'avait « jamais découvert la moindre trace d'antipathie raciale » chez les Canadiens français.

Bellingham fit son stage de droit chez Alexander Buchanan* de 1838 à 1840. Reçu au barreau cette année-là, le 23 mars, il s'associa à William Walker, qui était aussi rédacteur en chef d'un journal réformiste de Montréal, le *Canada Times*, et le suppléa quelque temps à ce poste. À peu près à la même époque, à Québec, il rédigea avec John Neilson* des requêtes contre l'union du Bas et du Haut-Canada, solution prônée par les conservateurs britanniques et coloniaux à la suite des rébellions. Partisan des réformes que proposait le gouverneur lord Durham [Lambton*], il tint à se porter candidat réformiste en 1841, car le gouverneur lord Sydenham [Thomsom*] lui paraissait presque un « despote ». Toutefois, d'anciens revers commerciaux l'incommodaient encore, et Sydenham put le convaincre de retirer sa candidature en lui faisant miroiter la promesse d'un poste dans la fonction publique. En 1843, Bellingham devint rédacteur en chef d'un journal réformiste dont Walker avait été l'éditeur en 1841–1842, le *Times and Daily Commercial Advertiser*. Cependant, l'année suivante, il abandonna les réformistes pour se ranger derrière le gouverneur sir Charles Theophilus Metcalfe* et il quitta la direction du journal. En collaboration avec Dominick Daly* et Bernard Devlin*, il tenta de persuader les Irlandais de Montréal de soutenir le gouvernement conservateur de Metcalfe. Président de la Montreal Repeal Association, qui soutenait la campagne de Daniel O'Connell en vue d'obtenir par des moyens pacifiques et constitutionnels l'abrogation de l'union de la Grande-Bretagne et de l'Irlande, il en vint, en 1848, à favoriser plutôt la cause du mouvement radical de la Jeune-Irlande.

À l'instar de Devlin et de Papineau, et tout comme Thomas D'Arcy McGee*, autre partisan de la Jeune-Irlande, Bellingham adopta les vues du mouvement annexionniste du Canada et, en 1849, il fut secrétaire par intérim de l'Association d'annexion de Montréal. Il caressait l'idée de lancer dans cette ville un journal qui soutiendrait la cause, mais son projet ne se matérialisa pas. Bon nombre des tenants canadiens de l'annexion étaient des hommes d'affaires, et peut-être était-ce en partie à cause de ses intérêts commerciaux que Bellingham participait au mouvement. En 1853, il fut l'un de ceux qui firent constituer juridiquement la Compagnie du chemin de fer de Montréal et Bytown, dont le président, l'année suivante, fut l'influent homme politique conservateur Alexandre-Maurice Delisle*. Que Bellingham ait eu ou non du succès en affaires, l'argent ne lui manquait pas. Il possédait, a dit son contemporain John Douglas Borthwick*, « un terrain de bonnes dimensions et de grande valeur, magnifiquement situé sur le sommet de la montagne, du côté nord, [... où] il construisit une confortable maison dans laquelle il habita de nombreuses années avec sa famille ».

La Compagnie du chemin de fer de Montréal et Bytown fit faillite en 1859, mais auparavant elle avait eu le temps de construire un tronçon qui reliait Carillon à Grenville, dans le comté d'Argenteuil. Bellingham, qui avait abandonné tout espoir d'obtenir un siège à Montréal, avait l'ambition de se faire élire dans cette circonscription. Ses tournées de promotion pour le chemin de fer lui avaient donné l'occasion de rencontrer bon nombre de ses habitants ; en plus, il était lieutenant-colonel du bataillon de milice Argenteuil Rangers. En 1854, on l'élut à l'Assemblée législative. Toutefois, à cause de son rôle pendant les rébellions, les deux paroisses canadiennes-françaises de la circonscription avaient voté en masse contre lui. George Kains apprit « de source sûre » que c'était « un homme dépourvu de principes » et qu'il avait « recouru aux moyens les plus condamnables » pour se faire élire : il avait menti et « excit[é] les passions des orangistes irlandais ». On l'accusait d'avoir fait appel à des terrassiers irlandais pour intimider les électeurs canadiens-français. On ordonna donc un nouveau scrutin. Bellingham avait pris la précaution de faire exclure les paroisses récalcitrantes de la circonscription et de les faire remplacer par une paroisse largement composée de Britanniques. En outre, il avait le soutien financier de plusieurs notables, dont Delisle et Francis Hincks* du Bas-Canada et John Hillyard Cameron*, sir Allan Napier MacNab* et John Alexander MACDONALD du Haut-

Canada. Il récolta de nouveau la majorité, mais cette fois on invalida l'élection parce qu'il avait acheté des suffrages. Un troisième scrutin, en mai 1856, lui donna une victoire sans opposition.

En général, à l'Assemblée, Bellingham soutint les gouvernements formés par Macdonald, d'abord avec Étienne-Paschal Taché* puis avec George-Étienne Cartier*. Il appuya notamment le premier (de mauvais gré il est vrai) au cours d'un vote déterminant sur le financement du chemin de fer du Grand Tronc. Aux élections de 1857–1858, il récolta, dans Argenteuil, 200 voix de plus que John Joseph Caldwell ABBOTT, qui avait pourtant derrière lui l'influent Hugh Allan*. En mars 1860, un comité parlementaire déclara que 201 des suffrages recueillis par Bellingham étaient illégitimes et le priva de son siège au profit d'Abbott. Bellingham se sentit alors trahi : il crut que Macdonald avait fait pression sur le comité à la demande d'Alexander Tilloch GALT, à qui il avait reproché publiquement une transaction privée et lucrative qui mettait le Grand Tronc en cause. Par ailleurs, l'année précédente, il avait commencé à cultiver les terres en friche de la rivière Rouge, dans le nord du comté d'Argenteuil. Il construisit une route dans la région, installa des familles canadiennes-françaises, irlandaises, anglaises et écossaises, puis vendit les terres en 1869.

La création du gouvernement provincial de Québec, qui accompagna l'avènement de la Confédération, ouvrit de nouvelles perspectives politiques à Bellingham. Élu en 1867 député conservateur d'Argenteuil à l'Assemblée législative, il fut réélu au scrutin de 1871, qui porta les conservateurs au pouvoir. Cette année-là, le journaliste Auguste Achintre* brossa un portrait révélateur de cet énigmatique député. Ce qui le frappait le plus, c'était « son visage, dont on ne remarqu[ait] que les trois lignes principales : front, nez, menton ». Bellingham était maigre, osseux même. « Irlandais de naissance, Anglais par son éducation », il avait « le don de la parole [et] des idées pratiques ». Convaincu que l'absence de gouvernement constitutionnel n'engendrait qu'anarchie et despotisme, il cherchait à concilier « l'amour de la liberté et du progrès [avec] le respect de l'ordre établi et le culte de la souveraine ». Selon Achintre, il avait une solide formation, une intelligence rare et une nature subtile, plaçait les principes au-dessus des partis et défendait ses convictions avec ténacité, même contre ses amis. « En un mot, c'est un indépendant », concluait Achintre qui ajoutait : « on ne peut douter de ses intentions ni de ses motifs ». Pourtant, beaucoup le faisaient ; à voir la rapidité avec laquelle il pouvait changer d'allégeance, ils croyaient qu'il ne recherchait que son propre avancement. Même s'il avait déjà été président de la Société Saint-Patrice, il ne parvint jamais à gagner toute la confiance des Irlandais de Montréal, en partie peut-être parce qu'il était protestant, mais aussi parce qu'il vantait son ascendance irlandaise, et la leur, dans l'espoir de gagner des appuis politiques. Ses collègues politiques le trouvaient ou trop opportuniste ou trop indépendant, même en ce temps où les frontières entre les partis étaient floues, et ils n'eurent jamais envie de lui confier de hautes fonctions.

À compter de la fin des années 1870, Bellingham promut la construction d'un chemin de fer qui relierait Québec à Deep River, en Ontario, en passant par la rive nord du Saint-Laurent et par sa circonscription. Il rechercha l'appui de l'influent curé de Saint-Jérôme, François-Xavier-Antoine LABELLE, mais celui-ci avait des relations plus étroites avec Allan, dont le projet concurrent, le chemin à lisses de colonisation du nord de Montréal, l'emporta. Bien que Bellingham ait fini par approuver ce projet, l'expérience accentua sa méfiance à l'endroit des entrepreneurs ferroviaires et dut lui laisser un ressentiment considérable envers le gouvernement conservateur.

En chambre, Bellingham intervenait souvent, et sur un large éventail de questions. Il présenta une proposition contre le double mandat (fédéral et provincial), proposa la publication d'un journal des débats et s'opposa au versement d'une subvention pour la construction du chemin de fer de la rive nord. En 1871, il émit des réserves sur Joseph-Édouard Cauchon*, député conservateur de l'Assemblée et vieil ami personnel, en tant que propriétaire et administrateur de l'asile de Beauport. Affirmant que l'asile profitait du gouvernement (dont il recevait des subventions) et donnait une alimentation de qualité inférieure aux pensionnaires, il préconisa d'en confier l'administration à des « fonctionnaires publics désintéressés ». Le scandale qui en résulta força Cauchon à abandonner l'asile et à démissionner de son siège. Pendant le scandale des Tanneries [V. Louis Archambeault*], en 1874 et 1875, Bellingham appuya l'opposition libérale et son chef Henri-Gustave Joly*. Tout frais converti à ce parti, il fut élu sans opposition aux élections de 1875 et, la même année, il publia un opuscule dans lequel il expliquait ses actes. Il y déclarait que les grosses subventions versées aux chemins de fer par le gouvernement conservateur de Charles-Eugène Boucher* de Boucherville avaient accru la dette provinciale, encouragé une spéculation féroce et favorisé la formation de « cartels ferroviaires assez puissants pour menacer l'existence du gouvernement s'il ne [cédait] pas à leurs exigences ». De plus, il accusait le gouvernement de manquer à son devoir en laissant à l'entreprise privée le traitement des malades mentaux et la surveillance des jeunes délinquants. Enfin, il déplorait le « mauvais usage » que le parti conservateur avait fait d'une lettre pastorale dans laquelle Mgr Ignace Bourget* indiquait aux électeurs comment voter au scrutin de 1875. À l'instar de Cauchon, il faisait valoir les avantages d'une fusion des conservateurs et des libéraux ; elle permettrait surtout, disait-il, de « former un ministère assez puissant [...] pour défier les cartels de maîtres chanteurs, d'exploiteurs, de spéculateurs des chemins de fer et de quémandeurs d'emplois [... et] empêche-r[ait] la province de glisser vers la faillite ou l'imposition directe ».

Au fil des ans, Bellingham avait collaboré à plusieurs journaux. En 1871, il devint rédacteur en chef du *Daily News* de Montréal, propriété de son « ami dévoué » et ex-compagnon d'armes John Lovell. D'après Achintre, Bellingham était l'un des meilleurs journalistes de la province et, quand il s'agissait de politique, son indépendance d'esprit à titre de rédacteur en chef n'entrait jamais en conflit avec ses positions de député conservateur. En 1877, il devint président de la Lovell Publishing Company. La même année, le journaliste Nicholas Flood Davin* écrivit qu'« à un moment donné, le nom de Bellingham était synonyme de pouvoir à Montréal et était connu dans tout le Canada » et qu'il avait été « l'un des écrivains politiques les plus réputés [...] du Bas-Canada ».

Sydney Robert Bellingham quitta son siège à l'Assemblée provinciale en 1878 et retourna pour de bon en Irlande. Depuis qu'il avait hérité du château Bellingham, en 1874, il passait chaque année de longs mois dans son pays natal. Il continua de suivre la politique québécoise et canadienne et, vers 1895, dicta ses mémoires à une infirmière. Deux ans plus tard, il félicita le libéral Félix-Gabriel MARCHAND pour sa nomination au poste de premier ministre de la province de Québec. Il vouait beaucoup d'admiration à sir Wilfrid Laurier* et exprimait l'espoir que les libéraux sauveraient le pays de la corruption et de l'intimidation engendrées par Macdonald et par la « clique de protectionnistes » qui avaient « acheté » ce dernier. Veuf depuis 1887, il ne mourut qu'au tournant du siècle, dans sa quatre-vingt-douzième année.

ROBERT C. DALEY

Sydney Robert Bellingham est l'auteur de : *Reasons why British Conservatives voted against the Boucherville ministry* (Rouses Point, N.Y., 1875) ; et *Some personal recollections of the rebellion of 1837 in Canada* (Dublin, 1902). Ses mémoires, demeurés à l'état de manuscrit, se trouvent aux AN, MG 24, B25.

AN, MG 24, A40 : 8261–8263 ; B2 : 4420–4423, 4456–4459, 5045–5058, 5515–5517, 5528–5529, 5534, 5542–5544, 5888–5889, 5946–5948, 5953–5956, 5959–5960, 5971–5972, 5988–5993 ; MG 30, D1, 4 : 286–300 ; RG 68, General index, 1651–1841 : 385, 391. — ANQ-Q, CE1-61, 28 oct. 1831 ; P-124/1, n°s 123–126 ; P-174/1. — AUM, P 58, U, S. R. Bellingham à A.-M. Delisle, 24–26 juill., 19 août, 7, 9, 13–14 sept., 21–22 oct. 1854, 12 mars 1855, 16–27 mars 1856. — « The annexation movement, 1849–50 », A. G. Penny, édit., *CHR*, 5 (1924) : 236–261. — Canada, prov. du, *Statuts*, 1852–1853, chap. 103. — *Débats de l'Assemblée législative* (M. Hamelin). — *La Presse*, 13 mars 1900. — *Times and Daily Commercial Advertiser* (Montréal), 1842–1844. — Audet, « les Législateurs du B.-C. ». — Borthwick, *Hist. and biog. gazetteer*. — *CPC*. — *RPQ*. — Patricia Brown Peter, « A question of loyalty and self-interest : Irish Montrealers and the struggle for responsible government in Canada, 1840 to 1848 » (thèse de M.A., Concordia Univ., Montréal, 1981). — Davin, *Irishman in Canada*, 331. — M. Hamelin, *Premières années du parlementarisme québécois*. — Elinor Kyte Senior, *Redcoats and Patriotes : the rebellions in Lower Canada, 1837–38* (Stittsville, Ontario, 1985). — Jacques Monet, *The last cannon shot : a study of French-Canadian nationalism, 1837–1850* (Toronto, 1969 ; réimpr., Toronto et Buffalo, N.Y., 1976).

BEMISTER, JOHN, marchand, homme politique et fonctionnaire, né en 1815 à Carbonear, Terre-Neuve, fils de William Willis Bemister et d'Ann Howell ; le 3 janvier 1839, il épousa au même endroit Jane Taylor, et ils eurent quatre filles ; décédé le 19 décembre 1892 à Harbour Grace, Terre-Neuve.

Aîné d'une famille de sept enfants, John Bemister entra au service de la société commerciale de son père, la William Bemister and Company, à Carbonear, au poste de commis et teneur de livres. En 1841, on l'envoya gérer la succursale de New Perlican, dans la baie Trinity, où la compagnie venait d'acheter des locaux. Bemister continua à travailler dans l'entreprise familiale à New Perlican et à Carbonear jusqu'en 1860 mais, après son entrée en politique, il laissa de plus en plus à ses frères la direction quotidienne des affaires.

En 1852, Bemister fut élu député conservateur de Conception Bay. Son expérience dans le commerce constitua un atout : en janvier 1853, on le désigna pour faire partie d'un comité chargé de « vérifier [...] solder et clore les comptes des receveurs des droits ». Le mois suivant, il fut nommé membre du conseil d'administration de la Newfoundland Savings' Bank. Les libéraux, majoritaires à la chambre d'Assemblée, insistaient fortement pour obtenir la responsabilité ministérielle [V. Philip Francis LITTLE] et, lorsqu'ils y parvinrent en 1855, le nombre de députés augmenta. L'année même, Bemister se fit élire dans le nouveau district de Bay de Verde. Quatre ans plus tard, il serait réélu sans opposition mais, dans les deux cas, lui et ses collègues conservateurs, sous la gouverne de Hugh William Hoyles*, allaient demeurer dans l'opposition.

Après les élections de 1859, les relations entre les libéraux et le gouverneur sir Alexander Bannerman* avaient commencé à se détériorer. Au début de 1861, le gouverneur avait dissous le gouvernement libéral et demandé à Hoyles d'en former un nouveau. Croyant que seule une représentation confessionnelle équilibrée au sein de l'exécutif pourrait réduire les conflits sectaires, Hoyles invita Bemister, wesleyen et représentant du principal district méthodiste de l'île, à devenir membre du Conseil exécutif. Bemister conserva ce poste après les élections générales de mai. Nommé receveur général au mois de février suivant, il assuma ainsi la responsabilité des finances à un moment où la colonie était au bord de la faillite. Les recettes baissaient et, même après avoir entrepris de réduire les dépenses, Bemister jugea vite nécessaire de hausser les tarifs douaniers, en particulier sur le rhum et d'autres spiritueux.

Hoyles démissionna en 1865 pour accepter la charge de juge en chef de Terre-Neuve. Frederic Bowker Terrington CARTER le remplaça comme premier ministre et, en incitant les libéraux catholiques John Kent* et Ambrose Shea* à faire partie d'un gouvernement de coalition, il réussit là où son prédécesseur avait échoué. Réélu sans opposition en novembre dans Bay de Verde pour la troisième fois, Bemister fut nommé peu après secrétaire de la colonie ; sa correspondance à ce poste révèle que le gouvernement était une fois de plus assailli par les difficultés financières. À plusieurs reprises, il refusa d'accorder des secours aux pauvres parce que « la colonie n'en a[vait] vraiment plus les moyens et [... ne pouvait] se permettre des secours que pour sauver des vies ».

À la fin des années 1860, la question de la Confédération allait dominer le débat politique à Terre-Neuve. Comme tous les marchands importants de Conception Bay [V. Robert Stewart MUNN], Bemister était un ardent partisan de la Confédération. Durant la campagne électorale de 1869, qui portait sur cette question, les hommes politiques se rangèrent en deux clans : les fédéralistes, dirigés par Carter, et les antifédéralistes, menés par Charles James Fox Bennett*. De nouveau candidat, Bemister ne figura pas au nombre des principaux porte-parole des fédéralistes. Il avait comme adversaire dans Bay de Verde Robert Reader, instituteur et magistrat stipendiaire à Old Perlican. La population de Bay de Verde, qui élisait ses représentants sans opposition depuis plus de dix ans, se laissa apparemment gagner par la fièvre électorale. Reader allait plus tard soutenir que, dans plusieurs localités, les partisans de Bemister avaient recouru à « l'intimidation, la brutalité et l'influence du clergé ». Néanmoins, Bennett et les adversaires de la Confédération l'emportèrent et seulement neuf fédéralistes, dont Bemister, furent réélus.

Malgré sa victoire personnelle, Bemister choisit cette occasion pour mettre fin à sa carrière politique. Avant que le nouveau cabinet n'entre en fonction, on le nomma shérif du district du Nord et on l'affecta à Harbour Grace. Les antifédéralistes crièrent alors à l'infamie en affirmant que « depuis des mois [Bemister] détenait par écrit la promesse de cette nomination ». Bemister assuma ses fonctions à Harbour Grace dans une relative obscurité durant plus de 20 ans, jusqu'à ce que la maladie l'oblige à prendre sa retraite en 1891. Il y mourut l'année suivante.

Quoique John Bemister ait occupé des postes importants dans deux gouvernements, il ne fut pour aucun un membre clé. Wesleyen bien en vue, il avait plutôt profité de nominations fondées sur des motifs confessionnels tant sous Hoyles que sous Carter.

PAUL F. KENNEY ET ROBERT H. CUFF

Carbonear United Church (Carbonear, T.-N.), Reg. of baptisms and burials for the Wesleyan Methodist Church, 1817–1867 ; Reg. of marriages, 1806–1867 (mfm aux PANL). — MHA, Gertrude Crosbie, « Names in the newspapers, 1825–67 » (s.d.). — PANL, GN 2/1/A, 1865–1869 ; GN 9/1, 1855–1869. — *Courier* (St John's), janv. 1864, sept. 1869–févr. 1870. — *Evening Telegram* (St John's), 20 déc. 1892. — *Newfoundlander*, 1852–1855. — *Royal Gazette and Newfoundland Advertiser*, nov. 1852–févr. 1853. — *St. John's Daily News and Newfoundland Journal of Commerce*, 1861. — E. C. Moulton, « The political history of Newfoundland, 1861–1869 » (thèse de M.A., Memorial Univ. of Nfld., St John's, 1960). — James Murphy, *Murphy's old Carbonear* (St John's, 1916). — Arthur Pittman, « History and description of New Perlican », *Newfoundland Quarterly* (St John's), 35 (1935–1936), n° 3 : 17–18.

BENDIXEN, FANNY, tenancière de saloon, née vers 1820 en France ; décédée le 2 mai 1899 à Barkerville, Colombie-Britannique.

On ne connaît presque rien des premières années de la vie de Fanny Bendixen. Cette femme d'origine française, apparemment attirée par la ruée vers l'or de la Californie, y épousa Louis A. Bendixen. Comme beaucoup de Californiens, le couple se laissa tenter par l'or du fleuve Fraser, en Colombie-Britannique, et il ouvrit en octobre 1862 le St George Hotel rue View à Victoria, dans l'île de Vancouver. Il semble toutefois que l'entreprise et le mariage aient tous deux battu de l'aile, et Mme Bendixen partit seule à l'été de 1865 pour Barkerville, ville champignon édifiée à la faveur des découvertes de gisements d'or. Elle revint à Victoria l'hiver suivant, au St George Hotel, car le *Daily British Colonist* du 4 décembre 1865 mentionne qu'elle et son mari y furent mêlés à une violente dispute avec une Française.

En 1866, Fanny Bendixen élut domicile pour de bon dans la région de Cariboo et annonça fièrement l'ouverture du Parlour, son premier saloon à Barkerville. L'établissement dut toutefois fermer rapidement ses portes, peut-être à cause de la procédure de faillite intentée cet automne-là contre le mari de Fanny, à Victoria. Il semble que Louis Bendixen ait passé les quelques années suivantes à Barkerville, mais sa femme était déjà une femme d'affaires indépendante. En juin 1867, elle ouvrit un deuxième saloon, le Bella Union, dont la publicité disait qu'il était « aménagé dans le style le plus élégant » et qu'on y servait seulement les « meilleures marques de boissons et de cigares ». Malheureusement, l'établissement fut entièrement détruit par l'incendie qui ravagea Barkerville en septembre 1868 et Fanny Bendixen essuya des pertes évaluées à 5 000 $.

Après cet incendie, Mme Bendixen semble avoir eu de la difficulté à remettre ses affaires en marche à Barkerville même si, en 1869, elle s'associa à James Burdick et qu'en 1871 les registres indiquent qu'elle était propriétaire du St George Saloon, à Barkerville. Mais déjà, à ce moment-là, elle se réinstallait au ruisseau Lightning, où l'on venait de trouver de l'or. Son saloon de Van Winkle, au dire de certains, était pourvu « d'une salle de lecture et d'une galerie de peintures parmi les plus belles » de la région et Fanny était une hôtesse populaire, même si elle ne parlait pas couramment l'anglais. En 1874, elle vendit son saloon et en ouvrit un autre appelé l'Exchange, dans la ville de Stanley. À la fin des années 1870, les beaux jours de la ruée vers l'or étaient révolus dans la région de Cariboo et Mme Bendixen retourna à Barkerville, la seule ville encore viable dans ce coin de pays. Unique femme dont le nom figurait régulièrement dans l'annuaire du commerce de cette localité, elle y tint un saloon jusque dans les années 1890. Le juge sir Matthew Baillie BEGBIE, à sa dernière visite dans la région de Cariboo en 1889, la trouva « en pleine forme ; voire énorme [...] même si elle était toujours de belle taille ».

Fanny Bendixen était veuve depuis 1881. Avant sa mort en 1899, elle légua ses intérêts commerciaux, c'est-à-dire son saloon et ses deux terrains situés à Barkerville, au notaire de la ville, Hugh Cochrane, qui avait épousé sa petite-nièce Leonie Fanny. Un codicille qu'elle joignit à son testament à la demande de Cochrane fit cependant l'objet d'un litige après sa mort. Dans son testament original, elle avait expressément légué ses boucles d'oreilles à Mme Andrew Kelly, l'épouse d'un hôtelier bien connu de Barkerville ; cependant quelques mois avant sa mort, alors qu'elle était dans un état presque comateux, on avait aidé la mourante à signer le codicille stipulant que sa petite-nièce héritait des boucles. Mme Kelly fit empêcher l'homologation du testament jusqu'à ce qu'un tribunal établisse que le codicille allait contre la volonté réelle de Fanny Bendixen et que celle-ci n'était pas apte à signer le document. C'est ainsi que Mme Kelly hérita des précieuses boucles d'oreilles qui témoignaient du succès de son amie Fanny comme tenancière de saloon à l'époque de la ruée vers l'or en Colombie-Britannique.

SYLVIA M. VAN KIRK

PABC, GR 1052, box 3, n° 445. — *Ashcroft Journal* (Ashcroft, C.-B.), 29 juill., 5 août 1899. — *Cariboo Sentinel* (Barkerville, C.-B.), 1865–1874. — *Daily British Colonist* (Victoria), 23 oct. 1862, 4 déc. 1865. — *Victoria directory*, 1871 : 53, 71. — Richard Wright, *Discover Barkerville* (Vancouver, 1984). — T. W. Paterson, « British Columbia characters », *Canada West Magazine* (Langley, C.-B.), 7 (1977), n° 1 : 37.

BENJAMIN, ALFRED DAVID, homme d'affaires et philanthrope, né le 9 août 1848 à Melbourne (Australie), troisième fils de David Benjamin et d'Esther Solomon ; le 6 avril 1886, il épousa à Londres Rosetta Levy, et ils eurent un fils et deux filles ; décédé le 8 janvier 1900 à Toronto.

David Benjamin, marchand et banquier qui avait vu la chance lui sourire en participant à la ruée vers l'or en Australie, s'était probablement déjà retiré des affaires à l'époque où naquit son fils Alfred David Benjamin. En 1854, il retourna à Londres dans l'intention de consacrer tout son temps à servir sa communauté. Alfred David fréquenta l'école d'Alphonse Hartog à Camden Town (Londres), puis la University College School ; en 1867, à la University of London, il subit avec succès le premier examen en vue de la licence ès arts, et remporta même un prix de français, mais il interrompit ses études avant d'obtenir son diplôme.

Benjamin immigra à Montréal en 1873 ; il y vécut quelques années, séjourna ensuite à Londres un an et, finalement, s'établit à Toronto en 1878. Grâce à l'appui financier de son père, il devint l'un des associés de la M. and L. Samuel and Company, une entreprise qui exerçait le commerce de gros d'articles de quincaillerie, et quand Lewis Samuel* mourut en 1887, il prit la tête de la compagnie. Benjamin fit partie du Board of Trade et fut un membre respecté du milieu des affaires de Toronto. Une notice nécrologique allait le décrire comme un « homme affable et bienveillant [...] estimé pour son honnêteté en affaires ». En plus de diriger la M. and L. Samuel and Company, Benjamin assuma la présidence de la Metallic Roofing Company et de la Toronto Silver Plate Company. Libéral-conservateur, il fut membre de l'Albany Club et des Oddfellows.

Mais c'est surtout à la communauté juive que Benjamin porta son intérêt. Grâce à des investissements judicieux dans une mine des monts Cœur d'Alene, en Idaho, et dans d'autres entreprises, il eut les moyens et le loisir de s'adonner à la philanthropie. Juif orthodoxe, il enseigna à l'école de la synagogue qu'il fréquentait, Holy Blossom, et présida la congrégation presque sans interruption de 1882 jusqu'à sa mort. Il fit l'un des dons les plus importants au fonds de construction d'une nouvelle synagogue inaugurée en 1897, rue Bond : il versa avec son frère Frank D. la somme de 10 000 $. De plus, il réunit une grande partie des autres fonds nécessaires à la construction de l'édifice, et pour ce faire se rendit en Angleterre, aux États-Unis et dans diverses régions du Canada. Benjamin fut aussi vice-président de la Hebrew Benevolent Society et de la société de charité des hommes de la congrégation Holy Blossom, ainsi que trésorier de la société sioniste locale et de la succursale torontoise de l'Anglo-Jewish Association, qui aidait les immigrants juifs désireux de s'établir dans l'ouest du Canada.

En 1897, Benjamin fut l'un des principaux opposants au projet qui visait à ajouter l'enseignement religieux chrétien au programme d'études des écoles publiques de Toronto. Avec le révérend Abraham Lazarus de la congrégation Holy Blossom et Edmund Scheuer, il soumit à la commission scolaire un exposé dans lequel sa congrégation déclarait que ce projet créerait une division inutile entre les citoyens de la ville.

Benjamin fut l'un des rares Juifs bien établis de Toronto qui essayèrent de créer des liens entre sa communauté, représentée par la congrégation Holy Blossom, et les Juifs originaires de l'Europe de l'Est qui avaient commencé à arriver au Canada dans les années 1880 et qui se fixaient dans le quartier St John. Il aida la congrégation autrichienne Shomrai Shabboth à acquérir l'immeuble qui devait lui servir de synagogue ; en 1899, il accepta de présider la Talmud Torah Association, organisme qui regroupait des Juifs de l'Europe de l'Est et dont le but était de fonder une école religieuse communautaire à Toronto ; tous les vendredis après-midi, enfin, Benjamin parcourait les rues à la recherche de crieurs de journaux d'origine juive et achetait tous leurs journaux pour qu'ils puissent participer, avec leur famille, à l'inauguration du sabbat.

En novembre 1899, Alfred David Benjamin, cycliste passionné, se blessa en tombant de sa bicyclette ; frappé d'incapacité pendant des semaines, il mourut d'un arrêt du cœur dans sa maison de la rue Sherbourne, en janvier 1900. Selon le *Toronto Evening Star,* ses obsèques donnèrent lieu à l'« un des plus grands rassemblements de personnes [...] que l'on n'ait jamais vus à Toronto pour un simple particulier ».

STEPHEN A. SPEISMAN

Arch. privées, S. A. Speisman (Toronto), entrevue enregistrée avec Arthur Cohen, Toronto, 15, 20 déc. 1971. — GRO (Londres), Reg. of marriages in the registration district of Paddington (Londres), n° 134 (6 avril 1886). — PRO, RG 9/11 : f°s 86–87. — University College (Londres), Records of University College School, 1864–1865 ; Records of University College, 1865–1867. — Univ. of London Arch., Examination reg., 1866–1867. — *Jewish Chronicle* (Londres), 12 janv. 1900. — *Canadian Jewish Times* (Montréal), 18 août, 29 sept. 1899. — *Daily Mail and Empire,* 12 juin 1897, 9 janv. 1900. — *Globe,* 4 juin 1897, 9 janv. 1900. — *Toronto Evening Star,* 8, 10 janv. 1900. — *Toronto World,* 4 juin 1897, 10 janv. 1900. — *The Jew in Canada : a complete record of Canadian Jewry from the days of the French régime to the present time,* A. D. Hart, édit. (Toronto et Montréal, 1926). — Sigmund Samuel, *In return : the autobiography of Sigmund Samuel* ([Toronto], 1963). — S. A. Speisman, *The Jews of Toronto : a history to 1937* (Toronto, 1979).

BENOÎT, OLIVIER-DAVID, cordonnier-monteur et dirigeant syndical, né le 6 février 1837 ; il épousa Mathilde Thouin, et ils eurent quatre enfants ; décédé le 19 février 1897 à Montréal.

Olivier-David Benoît appartient à cette première génération de chefs ouvriers qui ont lutté pour donner une voix aux travailleurs. Il doit son éducation syndicale aux Chevaliers du travail, organisation venue des États-Unis à la fin du XIXe siècle et qui proposait une réforme profonde de la société : rien de moins que l'abolition du salariat et l'établissement d'un régime économique fondé sur la coopération et la petite propriété. Les Chevaliers du travail avaient une conception harmonieuse des rapports sociaux et comptaient parvenir à leur fin grâce à l'éducation de la population, à la formation de coopératives et à l'action électorale.

Les années 1880 constituent l'âge d'or des Chevaliers du travail au Canada et aux États-Unis. Montréal compte une première assemblée en 1882, formée d'anglophones, l'assemblée Dominion n° 2436, puis une autre, l'année suivante, composée de francophones, l'assemblée Ville-Marie n° 3484. On trouve dans cette dernière des ouvriers de plusieurs métiers, dont un certain nombre de cordonniers-monteurs, ouvriers qualifiés dont le travail consiste à coudre l'empeigne sur la semelle de la chaussure. Benoît, qui fait partie de ce groupe de monteurs, devient président de l'assemblée Ville-Marie peu après sa fondation. Les réunions de l'assemblée sont l'occasion pour les membres, au nombre de 230 en 1885, de discuter des problèmes auxquels ils ont à faire face.

Au cours de la période où Benoît préside ses destinées, l'assemblée Ville-Marie lutte particulièrement pour l'abolition de la capitation. Un règlement municipal oblige en effet tous les citoyens qui ne payent pas de taxes à verser 1 $ pour pouvoir voter aux élections municipales. Beaucoup de travailleurs s'abstiennent de payer cette somme relativement élevée, compte tenu de leur revenu, et sont ainsi privés de leur droit de vote. L'influence des milieux ouvriers sur la politique municipale s'en trouve ainsi diminuée.

C'est cette injustice surtout qui incite l'assemblée Ville-Marie à convoquer, en janvier 1886, les assemblées et les syndicats de la métropole pour discuter d'un vaste programme de réformes sociales. Ébauché par l'assemblée Ville-Marie, ce programme constitue la première synthèse des revendications sociopolitiques des travailleurs et il comprend 14 mesures qui touchent tant leur protection en milieu de travail que leurs droits politiques. Toujours à l'instigation de l'assemblée Ville-Marie, on institue à la même occasion le Conseil central des métiers et du travail de

Montréal, organisme chargé de présenter les doléances des travailleurs aux pouvoirs publics. Il s'agit du premier organisme syndical au Québec chargé d'intervenir au niveau politique ; il marque l'éveil des travailleurs comme force sociale dans la province.

En 1888, Benoît témoigne de la condition des ouvriers de la chaussure devant la Commission royale d'enquête sur les relations entre le capital et le travail au Canada [V. James Sherrard Armstrong*]. Comme il a vécu le passage de l'artisanat au machinisme dans l'industrie de la chaussure, il fait valoir que la mécanisation et la spécialisation des tâches n'ont pas amélioré le sort des travailleurs. Au contraire, les salaires ont baissé et les emplois ont diminué sans que les consommateurs bénéficient pour autant d'une réduction du prix des chaussures. À son avis, ce sont les manufacturiers qui ont profité de l'avènement du machinisme.

Dans des circonstances que l'on connaît mal, Olivier-David Benoît lance l'idée de fonder une coopérative de fabrication de chaussures en 1889. Les monteurs forment cette année-là une assemblée distincte, l'assemblée Coopérative n° 6023, dont une partie des membres gèrent la manufacture de chaussures. Pour des raisons inconnues, celle-ci doit fermer ses portes en 1891. Cet échec démoralise les monteurs qui demeureront désunis pendant plusieurs années. Déçu et fatigué, Benoît cesse en 1894 de prendre une part active aux affaires syndicales.

JACQUES ROUILLARD

ANQ-M, CE1-51, 22 févr. 1897. — Canada, Commission royale sur le travail et le capital, *Rapport*. — *Le Monde* (Montréal), 1893–1894. — *La Presse*, 20 févr. 1897. — Fernand Harvey, « les Chevaliers du travail, les États-Unis et la Société québécoise, 1882–1902 », *Aspects historiques du mouvement ouvrier au Québec*, Fernand Harvey, édit. (Montréal, 1973), 33–118 ; *Révolution industrielle et Travailleurs ; une enquête sur les rapports entre le capital et le travail au Québec à la fin du 19e siècle* (Montréal, 1978). — Jacques Rouillard et Judith Burt, « le Monde ouvrier », *les Travailleurs québécois, 1851–1896*, sous la direction de Jean Hamelin (Montréal, 1973), 61–111.

BERGIN, DARBY, médecin, officier de milice, éleveur de bétail, fonctionnaire, homme politique et entrepreneur ferroviaire, né le 7 septembre 1826 à York (Toronto), fils aîné de William Bergin et de Mary Flanagan ; décédé célibataire le 22 octobre 1896 à Cornwall, Ontario.

Darby Bergin était le fils d'un immigrant irlando-catholique qui s'était établi comme marchand à York en 1820. Il fit ses études à l'Upper Canada College puis, probablement en 1844, entra au McGill College de Montréal ; au moment de son inscription, il déclara résider à Cornwall. Après avoir reçu son doctorat en médecine au cours d'une cérémonie spéciale de remise des diplômes en septembre 1847, soit peu après son vingt-et-unième anniversaire, il ouvrit un cabinet à Cornwall, qui demeura son principal lieu de résidence jusqu'à la fin de sa vie. En 1848, il administra les baraquements installés dans cette ville pour les victimes du typhus, et quelques années plus tard, pendant une épidémie de variole, il soigna les Indiens de Saint-Régis (Akwesasne), au Bas-Canada. On n'en sait guère plus sur sa carrière médicale, sinon qu'il avait un « long circuit de visites et une pratique lucrative », selon une source biographique de l'époque. Il prit part également à l'organisation de la profession médicale. Président fondateur de l'Eastern District Medical Association et président de la St Lawrence and Eastern District Medical Association, il remplit la fonction d'examinateur d'obstétrique et d'anatomie chirurgicale pour le College of Physicians and Surgeons of Ontario. En 1880–1881, il occupa la vice-présidence du conseil de ce regroupement (principal organisme de contrôle de la profession médicale dans la province) ; en 1881–1882, puis en 1885–1886, il en fut le président.

Bergin, avec son frère John, avocat, exploitait dans la région de Cornwall la Stormont Stock Farm. L'élevage de trotteurs et de bétail à cornes courtes était l'une de leurs principales activités. Vers 1880, ils étaient propriétaires de deux étalons renommés, Ringwood et Midway. Bergin prenait également part aux affaires municipales, à titre de commissaire de la *grammar school* et de membre du conseil municipal. En 1872, il fut élu sans opposition député libéral de la circonscription de Cornwall aux Communes. L'année suivante, c'est Alexander MACKENZIE qui prit le pouvoir, et Bergin espéra obtenir un poste au cabinet ; on l'écarta cependant au profit d'un autre catholique de la région de Cornwall-Glengarry, Donald Alexander MACDONALD. Le fait qu'Alexander Francis Macdonald, frère de Donald Alexander et partisan du gouvernement Mackenzie, fit campagne contre Bergin dans Cornwall aux élections de 1874 et remporta la victoire aggrava le conflit de ce dernier avec la famille Macdonald et la scission entre les libéraux. Lorsque Bergin reconquit son siège, en 1878, il était devenu un conservateur avoué. En décembre de l'année suivante, on annula son élection par suite d'une contestation devant la Cour du banc de la reine de l'Ontario. Plusieurs personnes furent alors trouvées coupables de « pratiques de corruption » pendant l'élection, mais le juge prit soin de noter que Bergin n'avait rien su de ces manigances et qu'il ne les avait pas approuvées. Réélu le 27 janvier 1880, il conserva son siège jusqu'à sa mort.

Bergin, dit-on, était un parlementaire doué et un bon orateur. Les lois relatives à la santé publique et au transport retenaient particulièrement son attention. Pour lui, s'occuper de l'hygiène publique voulait notamment dire veiller à la santé des animaux de ferme. En 1879, il aborda en chambre la question des maladies du bétail, et cinq ans plus tard, à titre de membre du comité des finances, il approuva l'affectation de crédits par le gouvernement à la mise en quarantaine. Son intérêt pour ces questions devait rehausser sa popularité auprès de ses électeurs, dont bon nombre étaient fermiers. Il s'opposa à l'Acte de tempérance du Canada adopté en 1878 [V. sir Richard William Scott*]. En 1887, aux Communes, il prononça un discours énergique dans lequel il relevait les effets désastreux que la loi (qui en fait encourageait la prohibition, non la tempérance) avait eus sur la moralité publique à Cornwall. En ce lieu où l'ivrognerie n'existait pas auparavant, disait-il, il y avait de « 100 à 150 débits illégaux où l'on vend[ait] du poison matin, midi et soir, le jour du Seigneur comme les jours de semaine ».

Bergin apporta aussi une contribution importante dans les domaines de la main-d'œuvre et de l'hygiène industrielle. De 1879 à 1886, peut-être à cause des conditions qui régnaient dans l'industrie textile de Cornwall, il présenta une série de projets de loi d'intérêt privé qui visaient à réglementer le travail des enfants et des femmes dans les manufactures. Le premier de ces projets prohibait l'embauche d'enfants de moins de 12 ans, stipulait qu'aucun enfant et aucune femme ne devaient travailler plus de 10 heures par jour, et prescrivait des normes de propreté et de sécurité dont l'application serait surveillée par des inspecteurs du gouvernement ; il ne dépassa pas l'étape de la première lecture. Le deuxième, révisé et augmenté au point de contenir quelque 200 articles, fut présenté à la session de 1880–1881 ; toutefois, on reporta le débat et l'on institua une commission d'enquête. Puis, en 1882 et 1883, le gouvernement présenta ses propres projets de loi sur les manufactures. Les Communes en débattirent mais, malgré l'appui du ministre du Revenu intérieur, James Cox Aikins*, et du ministre de la Justice, sir Alexander CAMPBELL, on finit par les retirer parce que des détracteurs, dont le sénateur Robert Barry Dickey*, soutenaient que la réglementation du travail ne relevait pas de la compétence du dominion. Bergin continua de présenter des projets de loi privés en les formulant de telle sorte qu'ils n'empiètent pas sur les pouvoirs des assemblées provinciales, mais les querelles partisanes et les conflits de juridiction eurent encore une fois raison de ceux-là. Même si les projets de loi sur les manufactures présentés au Parlement du dominion ne furent pas adoptés, bon nombre de leurs articles servirent de base à d'importantes lois provinciales, tel l'*Ontario Factories Act* de 1884. En outre, le gouvernement fédéral institua en 1886 la Commission royale d'enquête sur les relations entre le capital et le travail [V. James Sherrard Armstrong*].

La façon dont Bergin s'intéressait au transport dénote une certaine ambivalence qui s'enracinait peut-être dans la politique de parti. Il critiqua âprement les dépenses ferroviaires des libéraux vers 1875, et pourtant il ne put résister au gigantesque mouvement d'expansion que connaissait la construction des chemins de fer. Principal promoteur de l'Ontario Pacific Railway Company, qui devait construire une ligne de Cornwall à Ottawa, il présenta en 1882, en vue de la constitution juridique de cette compagnie, un projet de loi qui reçut la sanction royale le 17 mai. Il était président de cette société en 1886 et le demeura jusqu'à sa mort en 1896, après quoi son frère John lui succéda. Le fait que Bergin était membre du comité spécial permanent des chemins de fer, canaux et lignes télégraphiques était loin de nuire à la compagnie ; au contraire, elle obtint des fonds publics. En 1884 par exemple, elle toucha une subvention de 262 400 $ pour la construction d'un embranchement qui irait de Cornwall à Perth. Selon la loi qui octroyait ces crédits, les travaux devaient commencer dans un délai de deux ans et se terminer dans un délai de quatre. Toutefois, c'est seulement après la mort de Bergin, 12 ans plus tard, que la New York Central Railroad Company termina la construction d'un chemin de fer qui passait par Cornwall. Par ailleurs, Bergin était favorable à l'agrandissement du canal de Cornwall, sujet sur lequel il prononça en 1889 l'un de ses discours parlementaires les plus importants. Il réclama alors la formation d'une commission royale pour examiner les plans, qui avaient soulevé beaucoup de désaccords entre divers ingénieurs.

Il semble que la carrière de milicien de Bergin débuta au moment de l'affaire du *Trent*, en novembre 1861 [V. sir Charles Hastings Doyle*], avec la levée de la 1st Volunteer Militia Rifle Company of Cornwall. Cet incident, qui montra qu'une guerre contre les États-Unis était possible et que, sans l'appui d'une milice, la défense du pays reviendrait à une poignée de soldats de l'armée régulière britannique, amena bien des Canadiens à manifester leur patriotisme de manière semblable. Bergin allait demeurer associé à la force armée canadienne jusqu'à la fin de sa vie. En 1866, pendant les raids féniens, il devint major de sa compagnie ; le 3 juillet 1868, on organisa le 59th (Stormont and Glengarry) Battalion of Infantry et Bergin fut nommé lieutenant-colonel.

La principale fonction militaire de Bergin fut toutefois celle de médecin général de l'expédition que l'on envoya dans le Nord-Ouest en 1885, sous le commandement de Frederick Dobson MIDDLETON, afin de réprimer les troupes de Louis Riel*. La plupart des unités de milice avaient leur propre médecin mais, jusque-là, la planification et l'organisation générales du service de santé revenaient pour une bonne part à l'armée britannique. En outre, la formation médicale était souvent négligeable dans la milice : le gouvernement s'entêtait à faire la sourde oreille à tous ceux qui recommandaient des réformes et réclamaient des instruments et des médicaments afin de remplacer ceux que des années d'entreposage avaient rendus périmés. Lorsque la rébellion éclata, en mars, le ministre de la Milice et de la Défense, Adolphe-Philippe Caron*, fit d'abord appel au docteur Campbell Mellis Douglas, titulaire de la croix de Victoria. Douglas entreprit une réorganisation, mais il la croyait impossible sans aide et estimait nécessaire de recourir aux Américains. Caron, lui, croyait le Canada capable de s'occuper de ses propres affaires ; le 1er avril, ayant peut-être perdu confiance en Douglas, il demanda à Bergin de le remplacer. Celui-ci accepta, même s'il était député. Un tel cumul de fonctions n'était pas inhabituel, ce qui n'empêcha pourtant pas des libéraux de critiquer au Parlement le mois suivant. Ils étaient inquiets de ce que Bergin reçoive deux salaires qui venaient des fonds publics. Cependant, Caron loua son travail et déclara qu'il était payé comme n'importe quel officier en service actif.

Entre-temps, Bergin tentait de créer un service de santé. La situation était chaotique, comme il l'écrivit dans son rapport du 13 mai 1886 : « Il n'y avait aucun service de santé départemental constitué, aucun hôpital de campagne ni service d'ambulance, aucune association d'infirmières organisée, aucune méthode déterminée pour reconnaître des sociétés comme la St John's Hospital Aid Society, la Croix-Rouge et autres organismes de bienfaisance du genre. » Quatre jours après son entrée en fonction, il nomma un état-major dans lequel le sénateur Michael Sullivan, médecin, occupait la fonction de fournisseur général, et le docteur Thomas George Roddick*, celle de médecin général adjoint. Il organisa deux hôpitaux de campagne où il affecta des volontaires, étudiants en médecine venus de l'Ontario et du Québec, et il en confia la direction à Douglas et au docteur Henri-Raymond Casgrain*. Grâce à l'énergie et à l'autorité de Bergin, le médecin général adjoint et son unité étaient à Winnipeg dès le 12 avril, seulement 13 jours après que Douglas eut admis son incapacité de structurer le service sans aide extérieure. Bergin, lui, poursuivait son travail d'organisation à Ottawa.

Le personnel médical eut la bonne fortune de se rendre dans le Nord-Ouest par les États-Unis ; ainsi il évita l'inconfort et les risques du voyage par le chemin de fer canadien du Pacifique, qui n'était pas terminé. Douglas n'avait pas réussi à doter la milice d'un service de santé, mais il ne manquait ni de courage ni de détermination. Après avoir franchi seul, en canot et par voie de terre, plus de 200 milles en cinq jours, il aida à soigner les blessés au ruisseau Fish (Saskatchewan). Il allait servir loyalement sous les ordres de Bergin et de Roddick. Toutefois, plusieurs médecins régimentaires refusèrent d'accompagner leur bataillon ; on les remplaça par des volontaires, qui ne manquaient pas. Le grand nombre de ces volontaires issus des écoles de médecine engendrait ses propres problèmes ; afin qu'ils ne se découragent pas, Bergin eut la sagesse de les rémunérer. Outre les médecins et les étudiants, le service comptait au moins une douzaine d'infirmières, dont L. Miller, infirmière en chef du Winnipeg General Hospital, qui s'occupait des nombreux blessés envoyés à Saskatoon.

Administrer le service de santé n'était pas chose facile. D'abord, Bergin n'avait pas de précédents canadiens sur lesquels s'appuyer pour guider le travail des équipes médicales. L'approvisionnement de l'armée posait un problème aigu dans cette région où la population était clairsemée et où manquaient les fournitures en tous genres, y compris les médicaments. Les Manitobains rivalisèrent avec la Hudson's Bay Company pour récolter les richesses que, croyaient-ils, l'État distribuerait généreusement à ceux qui fourniraient de la nourriture, des vêtements et autres biens de première nécessité. On commanda les médicaments, instruments et appareils à Montréal et à New York, et il fallut les faire venir dans le Nord-Ouest par un trajet tortueux. Même si la rébellion ne dura pas longtemps, les blessés furent assez nombreux pour mettre à l'épreuve le service de santé. Il semble qu'il s'acquitta bien de la tâche ; un blessé le loua publiquement en disant que les soins et – ce qui surprendra peut-être – la nourriture étaient fort bons. Fait plus révélateur encore, on ne trouve pas trace de critiques sérieuses dans la presse. On doit donc conclure que les efforts de Bergin furent couronnés de succès. C'était la première fois qu'un service de santé canadien s'occupait des blessés d'une importante force militaire canadienne en campagne.

Cependant, une fois l'urgence passée, le service fut dispersé. Bergin tenta en vain de persuader le gouvernement de mettre en place un service de santé permanent afin d'éviter de se trouver dans un chaos semblable à celui du printemps de 1885. Il avait défini un programme d'études pour les officiers affectés au service et proposé que les futurs médecins militaires soient tenus de démontrer leur compétence en campagne. Mais, comme il l'avait prévu, le gouvernement recula devant le coût de son projet. Les changements que Bergin souhaitait ne se firent que bien des années plus tard : trois ans après sa mort, George Ansel Sterling Ryerson*, qui avait été l'un de ses médecins de campagne en 1885, réclama à son tour que l'on dote la milice canadienne d'un service de santé. À compter de 1898, Frederick William Borden*, ministre de la Milice et de la Défense, aiderait à instituer plusieurs réformes et, en 1904, le service de santé de l'armée royale canadienne verrait enfin le jour.

Après la rébellion, Darby Bergin était retourné à ses fonctions parlementaires et avait recommencé à faire partie de diverses associations médicales. Promu colonel en 1886, il mourut dix ans plus tard, d'une maladie que l'on n'a pas identifiée. Le 14 octobre 1896, dans une lettre à Wilfrid Laurier*, un ami disait que Bergin se remettait « lentement mais sûrement ». Il se trompait : Bergin s'éteignit huit jours plus tard. Resté célibataire, il légua tous ses biens à son frère John. Après que son testament fut homologué, on découvrit que ses actions de l'Ontario Pacific Railway ne valaient rien. On estima alors sa succession à moins de 7 000 $, ce qui n'était guère impressionnant pour quelqu'un qui avait eu une « pratique lucrative », servi l'État et fait de la spéculation ferroviaire. Cependant, Bergin avait été aimé et admiré par ses contemporains. En 1892, l'écrivain Graeme Mercer Adam* lui avait rendu cet hommage : « Il a une nature des plus sympathiques et aimables, et ses nombreuses qualités estimables lui assurent le respect et la considération de tous. »

CHARLES G. ROLAND

Le rapport qu'a rédigé Darby Bergin en qualité de médecin général de la milice durant la rébellion du Nord-Ouest a paru dans Canada, Parl., *Doc. de la session,* 1886, n° 6a, app. 5, et a été réimprimé dans *The medical and surgical history of the Canadian North-West rebellion of 1885, as told by members of the hospital staff corps* (Montréal, 1886). Un discours qu'il a prononcé à la chambre des Communes a été publié sous le titre de *The Cornwall canal ; its location and construction, breaks and present condition* [...] ([Ottawa], 1889).

AN, MG 26, G : 8265, 14075 ; MG 27, I, E16 ; RG 9, II, A3, 13, Bergin letter-book. — AO, MS 162 ; RG 22, sér. 198, n° 1817. — McGill Univ. Arch., RG 38, c.11–c.12, 1844–1845, n° 18. — Canada, Chambre des Communes, *Débats,* 1880 : 2 ; 1881 : 559 ; 1885 : 1914 ; 1887 : 942 ; *Journaux,* 1882 : 74, 518 ; 1883, app. 1 ; 1884 : 407. — *Dominion Medical Monthly and Ontario Medical Journal* (Toronto), 7 (juill.–déc. 1896) : 635–636. — G. [A.] S. Ryerson, *The soldier and the surgeon* (Toronto, 1899). — *Telegrams of the North-West campaign, 1885,* Desmond Morton et R. H. Roy, édit. (Toronto, 1972). — *Canadian Illustrated News* (Montréal), 2 févr. 1879. — *Montreal Daily Star,* 22 oct. 1896. — *Canadian biog. dict.* — *Canadian directory of parl.* (Johnson). — *CPC,* 1873. — *Cyclopædia of Canadian biog.* (Rose et Charlesworth), 2. — *Prominent men of Canada* [...], G. M. Adam, édit. (Toronto, 1892), 410–413. — Elinor Kyte Senior, *From royal township to industrial city : Cornwall, 1784–1984* (Belleville, Ontario, 1983). — H. E. MacDermot, *History of the Canadian Medical Association* (2 vol., Toronto, 1935–1958), 1. — Desmond Morton et Terry Copp, *Working people : an illustrated history of the Canadian labour movement* (Ottawa, 1980). — G. W. L. Nicholson, *Seventy years of service : a history of the Royal Canadian Army Medical Corps* (Ottawa, 1977). — Swainson, « Personnel of politics ». — J. F. Cummins, « The organization of the medical services in the North West campaign of 1885 », Vancouver Medical Assoc., *Bull.,* 20 (1943) : 72–78. — Eugene Forsey, « A note on the dominion factory bills of the eighteen-eighties », *Canadian Journal of Economics and Political Science* (Toronto), 13 (1947) : 580–583. — J. P. McCabe, « The birth of the Royal Canadian Army Medical Corps », *United States Armed Forces Medical Journal* (Washington), 5 (1954) : 1016–1024. — Bernard Ostry, « Conservatives, Liberals, and labour in the 1880's », *Canadian Journal of Economics and Political Science,* 27 (1961) : 141–149.

BERLAND. V. BRELAND

BERNARD, HEWITT, avocat, officier de milice, rédacteur en chef et fonctionnaire, né en 1825 à Spanish Town, Jamaïque, fils aîné de Thomas James Bernard et de Theodora Foulkes ; décédé célibataire le 24 février 1893 à Montréal.

Le père de Hewitt Bernard, propriétaire d'une plantation de canne à sucre en Jamaïque, se trouva dans une situation difficile après la révolte des esclaves survenue en 1832. Comme beaucoup de planteurs, il exerçait de nombreuses fonctions dont celles de juge de paix et, pendant un certain temps, de procureur général. Le jeune Hewitt fit ses études à Bath, en Angleterre, et à son retour en Jamaïque, dans les années 1840, il s'établit avocat. Après la mort de son père, victime du choléra en 1850, c'est lui qui devint chef de famille. Estimant qu'il n'avait plus d'avenir en Jamaïque, il immigra au Canada en 1851, avec l'intention d'y poursuivre sa carrière d'avocat : il était muni d'une lettre de recommandation qui le mit en contact avec James Patton, avocat de Barrie dans le Haut-Canada. Son talent, son savoir-vivre et son sérieux lui ouvrirent les portes de la bonne société et, en 1854, sa mère et sa sœur Susan Agnes*, alors toutes deux en Angleterre, vinrent le rejoindre à Barrie. En 1855, il entra dans le corps de milice volontaire de la ville, la Barrie Rifle Company, au sein de laquelle il finit par accéder au grade de lieutenant-colonel.

Cette année-là, la capitale provinciale passa de Québec à Toronto et, en 1857, le procureur général, John Alexander MACDONALD, eut besoin d'un secrétaire particulier compétent. Il invita Bernard, alors corédacteur en chef de l'*Upper Canada Law Journal*, à accepter le poste, qui devait être attaché à son ministère. Ce dernier entra en fonction en février 1858 ; en mars de l'année suivante, il succéda à Robert Alexander Harrison* au poste de commis en chef, abandonnant vraisemblablement du même coup ses fonctions de secrétaire de Macdonald. L'année suivante, il devint adjoint du juge-avocat général, poste analogue à celui de sous-procureur général. En 1864, il avait acquis la stature nécessaire pour que Macdonald lui confie la charge de secrétaire aux conférences de Charlottetown et de Québec sur la Confédération, puis à la conférence de Londres tenue pendant l'hiver de 1866–1867.

En février 1867, Bernard mena sa sœur à l'autel lorsqu'elle épousa Macdonald à l'église St George Hanover Square de Londres. Le 1er juillet, il devint le premier sous-ministre de la Justice du nouveau dominion. Le ministre, Macdonald, lui laissa pour ainsi dire l'entière responsabilité des pénitenciers canadiens (à Kingston, Saint-Jean et Halifax) ; il lui confia également la mise sur pied des nouvelles prisons de Saint-Vincent-de-Paul (Laval, Québec) et de Lower Fort Garry (Manitoba) [V. Samuel Lawrence BEDSON]. En 1868, Bernard eut la responsabilité de faire comparaître des témoins et de recueillir des preuves dans l'enquête sur l'assassinat de Thomas d'Arcy McGee*, ainsi que dans le procès de Patrick James Whelan* qui s'ensuivit.

À mesure que passaient les premières années de la Confédération, Bernard s'imposait de plus en plus comme sous-ministre principal. Aux élections fédérales de 1872, en l'absence de tous les ministres, il assuma en quelque sorte le rôle de majordome du gouvernement. Au milieu du mois d'août, comme il faisait une chaleur accablante, le maître général des Postes, Alexander CAMPBELL, l'invita à passer quelques jours au bord d'un lac. Bernard refusa à regret. « Ne croyez pas que je sois vaniteux, écrivit-il à Campbell, si je vous dis que je ne pense pas pouvoir m'éloigner d'Ottawa même pendant une heure [...] Je dois répondre à des lettres et à des télégrammes, et m'occuper toute la journée d'affaires importantes [concernant le pays] de la Colombie-Britannique jusqu'à Halifax. » Seul le travail le consolait de rester confiné à Ottawa, cette ville qu'il appelait l' « ultime Thulé de l'ennui et de la désolation » et qu'il qualifiait de « petit village de dernier ordre, chaud et poussiéreux ». En novembre 1872, on le fit conseiller de la reine et, un mois plus tard, compagnon de l'ordre de Saint-Michel et Saint-Georges.

Quand les libéraux arrivèrent au pouvoir, en novembre 1873, Bernard resta sous-ministre de la Justice sous l'autorité d'Antoine-Aimé DORION. Il fallait qu'il soit d'une grande intégrité pour conserver ainsi son poste, tout en continuant d'habiter chez les Macdonald, sans qu'aucun ministre du gouvernement d'Alexander MACKENZIE, autant que l'on sache, ne murmure contre lui. Cependant, en 1876 sa santé s'altéra, et il démissionna au mois d'août. Il continua tout de même, par la suite, à s'occuper de temps à autre des affaires du gouvernement à titre d'expert-conseil. C'est à cette époque qu'il commença à passer ses hivers dans le Sud à cause de sa maladie ; il souffrait peut-être d'ostéo-arthrite, on n'en sait rien, mais il semble que son mal ait connu une lente progression. Au milieu des années 1880, il lui fallait une nourriture spéciale, des soins particuliers et de la tranquillité, encore que chaque jour, le printemps et l'automne, il allât passer quatre heures à Earnscliffe, la résidence des Macdonald. L'hiver, il avait l'habitude de gagner le Sud et de séjourner dans un sanatorium, optant finalement pour Lakewood au New Jersey. Selon une description d'Edmund Allen MEREDITH en 1890, le salon de la résidence d'été des Macdonald à Saint-Patrice, près de Rivière-du-Loup, dans la province de Québec, ressemblait à une salle d'hôpital : il y avait Bernard, « assis comme une momie » au milieu de la pièce, Margaret Mary Theodora Macdonald, qui était hydrocéphale, étendue sur un canapé dans le coin et lady Macdonald, qui veillait à tout avec sa santé robuste et sa force habituelle. Elle en avait besoin d'ailleurs. Son récit, en 1892, des promenades qu'elle faisait l'après-midi, à Lakewood, avec sa fille Mary dans un fauteuil roulant et Hewitt dans un autre, illustre d'une manière vivante la lourde tâche qui était souvent le lot des parents dévoués.

Vers la fin de 1892, Hewitt Bernard alla s'installer à l'hôtel Windsor, à Montréal, pour y passer l'hiver. C'est là qu'il mourut, en février 1893, « torturé par le rhumatisme », comme le rappela par la suite un ami de la famille, Thomas Charles Patteson.

P. B. WAITE

La correspondance de Hewitt Bernard à titre de sous-ministre de la Justice se trouve aux AN, RG 13, A3, 554 et les suivantes. Les Sir Alexander Campbell papers (AO, MU-469–487) et les Thomas Charles Patteson papers (AO, MS 22) contiennent quelques lettres de lui. On trouve beaucoup de renseignements sur lui dans l'ouvrage de Louise Reynolds, *Agnes : a biography of Lady Macdonald* (Toronto, 1979), ainsi que dans *Affectionately yours ; the letters of Sir John A. Macdonald and his family*, introd. de J. K. Johnson, édit. (Toronto, 1969) ; J. A. Macdonald, *The letters of Sir John A. Macdonald* [...], J. K. Johnson et C. B. Stelmack, édit. (2 vol., Ottawa, 1968–1969), 2 ; et Gwyn, *Private capital*. Les renseignements généalogiques proviennent de Chadwick, *Ontarian families*.

BERTHELOT, HECTOR, avocat, journaliste, éditeur et écrivain, né le 4 mars 1842 à Trois-Rivières, Québec, fils de Louis-Flavien Berthelot, marchand, et de Jane Mason ; décédé célibataire le 15 septembre 1895 à Montréal.

Bien que né à Trois-Rivières, à l'occasion du déplacement de ses parents de Québec à Montréal, Hector Berthelot s'est souvent défendu d'être un Trifluvien pour si peu, d'autant que « ce pays d'immobilisés » ne lui convient pas, ainsi qu'il l'affirmera dans une conférence largement autobiographique qu'il prononce, le 27 décembre 1889, au Cabinet de lecture paroissial, à Montréal. Au terme de ses études primaires, il fait ses éléments français au collège de Chambly, en 1853, puis ses éléments latins et sa syntaxe au séminaire de Saint-Hyacinthe, en 1854 et 1855. Il termine ses études classiques au collège Sainte-Marie, à Montréal. À compter de 1861, il fait son stage de clerc dans l'étude de George-Étienne Cartier* et de François-Pierre Pominville. Admis au barreau, à Québec, le 4 janvier 1865, il renonce toutefois à l'exercice de sa profession. Il ne se sent, avoue-t-il, aucun goût pour la chicane, pas plus d'ailleurs que pour la vie militaire, même s'il a obtenu un brevet de lieutenant de l'école militaire de Québec, en 1865, et réalisé quelques traductions d'ouvrages sur l'art militaire pour le major Louis-Timothée Suzor*, en 1863 et 1864.

Berthelot s'oriente très tôt vers le journalisme. À Montréal, il débute dans la carrière comme chroniqueur, d'abord au *Pays,* en avril 1861, puis à *la Guêpe.* À Québec, il fait ses débuts d'humoriste en 1863 à *la Scie,* un journal humoristique bilingue « pour agacer les mauvais rouges ». Il collabore, en qualité de chroniqueur parlementaire, au *Courrier de Saint-Hyacinthe,* que dirige alors Honoré MERCIER. On le retrouve par la suite à Ottawa, où il mène « une vie de bâton de chaise », selon sa propre expression, exerçant tour à tour la profession d'avocat, de professeur, de photographe, de chroniqueur pour le journal *l'Ordre* de Montréal et de commis-encanteur. En affirmant qu'il s'est fixé à Montréal en 1870, Berthelot contredit Ernest E. Cinq-Mars qui, dans son histoire de Hull, prétend qu'il a exercé la profession d'avocat dans cette ville de 1870 à 1873. Quoi qu'il en soit, en 1874, il est reporter au *Bien public* de Montréal. À la chute du journal, en 1876, il passe à *la Minerve* qu'il quitte en 1878, car *le Canard* qu'il a fondé à l'automne de 1877 lui réclame trop de travail. C'est surtout par cet hebdomadaire humoristique et satirique, où il exerce ses talents d'humoriste et de caricaturiste, que Berthelot se fait rapidement connaître. Même si quelques feuilles du journal ont déjà été publiées à l'occasion de croisières sur le vapeur *Canada,* le premier numéro paraît le 6 octobre 1877. Les 500 exemplaires s'envolent rapidement. Le tirage atteint 5 000 exemplaires en novembre et 10 000 en décembre, témoignage du vif succès de l'hebdomadaire, qui est d'ailleurs l'un des premiers journaux humoristiques à se doter d'une presse à vapeur et à publier des illustrations en couleur. En août 1879, Berthelot cède son journal à Honoré Beaugrand* pour fonder *le Vrai Canard* le 23. Il le remplace par *le Grognard,* autre hebdomadaire humoristique, le 12 novembre 1881, afin que le public ne confonde plus *le Vrai Canard* et *le Canard,* qui ne cesse de publier des âneries et des insultes qu'on ne manque pas, à son grand déplaisir, de lui attribuer. Des difficultés financières le forcent toutefois à se départir de son journal le 8 mars 1884.

Berthelot ne renonce pas pour autant à sa profession. Journaliste dans l'âme, il poursuit sa collaboration aux grands journaux montréalais : *le Monde, le Courrier de Montréal, l'Étendard,* le *Montreal Star, la Patrie* et *la Presse.* Il fonde à Longueuil, le 8 août 1885, *le Bourru,* « journal agaçant » qui se propose de « juger sans passion et à distance les événements importants qui troublent de temps à autre [le] monde politique et municipal ». L'hebdomadaire disparaît dès le 12 septembre suivant. Un an plus tard, le 25 septembre 1886, il fonde, à Montréal cette fois, *le Violon,* « le journal qui fait danser » et qui fait flèche de tout bois, comme tous les autres périodiques qu'a fondés et dirigés Berthelot. Le journal paraît jusqu'au 28 janvier 1888. Berthelot collabore à *la Vie illustrée,* « journal littéraire, satirique, humoristique, artistique, de société et de sport », publié à Montréal. Enfin, à l'occasion de l'élection provinciale déclenchée par Honoré Mercier, il lance *l'Iroquois,* le 24 mai 1890, qui disparaît quelques semaines plus tard, le 21 juin.

Berthelot a connu une carrière journalistique extraordinairement bien remplie. Ce succès, il le doit à son talent d'humoriste – on dit qu'il fut le plus grand de son époque, voire de son siècle – et de caricaturiste. Son personnage, Ladébauche, qu'il crée le 9 novembre 1878, n'est pas étranger au succès qu'il remporte auprès de ses lecteurs. Dans des éditoriaux signés Ladébauche, il ne manque jamais de les tenir, à sa façon, au courant de la politique fédérale, provinciale, même municipale. Ladébauche suit quotidiennement les activités politiques, sociales, culturelles et s'intéresse aux problèmes de l'heure : la question des écoles du Manitoba – il prend fait et cause pour les catholiques de cette province –, celle des chemins de fer du Nord, la chute des « rouges ». Il écorche les hommes politiques, décoche des flèches empoisonnées aux journaux rivaux, en particulier les journaux ultramontains, ridiculise les mœurs de ses concitoyens, s'amuse même aux dépens de ses propres amis. Dans *la Presse* du 4 juillet 1931, Éphrem-Réginald Bertrand, sous le pseudonyme de Gilles Reynald, jugera que « son Ladébauche ou sa Cane du parc Viger vous ont des analyses subtiles sur la mentalité et les activités de la population [... Le père Ladébauche] désespère d'empêcher jamais les femmes de s'émanciper ; il ose croire, en 1895, qu'elles en seront rendues au bout de 50 ans, à sacrer, boire, fumer le cigare. » Berthelot n'oublie pas les sociétés, les associations, les clubs. L'humoriste, doublé du caricaturiste, a ses têtes de Turc : le juge Bourgoin au long cou emmanché d'un long bec, représenté un jour comme une tête à ressort surgissant d'une boîte à surprise avec l'inscription « suite au prochain numéro » ; l'échevin Charles Thibault*, qu'il caricature toujours avec des pieds immenses, disproportionnés, qui rappellent à un père de famille éploré les cercueils de ses deux bessons. Manquant un jour de matière pour remplir son journal, il « prend une galée de pâtés (fouillis de lettres par quoi s'exercent les apprentis), y intercalle des « (applaud) », des bouts de mots ronflants, des points de suspension et d'exclamation : voilà un magnifique discours de Thibault », qui demande, comme tous les autres discours du célèbre échevin, au moins une semaine pour être digéré. Il épie constamment le « Grand Vicaire Trudel [François-Xavier-Anselme Trudel*] », rédacteur du *Nouveau Monde,* de Montréal, pour qui, avec Jules-Paul Tardivel* de *la Vérité* de Québec, il a une grande prédilection. Ses attaques, même sous le couvert de l'humour, ne se font pas sans risque : en 1889, il doit prononcer une conférence humoristique au Cabinet de lecture paroissial pour amasser des fonds afin de payer les frais de 422,67 $ pour diffamation que lui réclame une autre tête de Turc célèbre, le député Odilon Goyette, de Saint-Constant, qu'il a violemment attaqué dans un dialogue du *Violon*. À défaut de paiement avant le 4 janvier 1890, le juge l'a condamné à trois mois de prison.

L'une des plus spectaculaires mystifications de Berthelot est celle du samedi 14 février 1885, quand il annonce, dans *le Canard*, sa propre mort, après avoir été lâchement assailli par deux bandits armés de cannes chargées de plomb. Dans son testament qu'il a eu le temps de rédiger quelques minutes avant de mourir, une mort des plus dignes « dans la religion catholique et romaine », il « demande pardon à toutes personnes dont [il a] pu froisser les susceptibilités pendant [sa] carrière de journaliste ». Il s'adresse particulièrement au rédacteur de *l'Étendard* qui fut sa cible préférée et, « pour réparer le mal qu['il a] commis », il demande à Trudel de prendre la rédaction du journal « afin de ramener [ses] abonnés dans la voie des saintes doctrines ». « Je déplore, poursuit-il, tous les paradoxes, et les subtilités sataniques dont je me suis servi pour attaquer les principes de *l'Étendard*. Je reconnais mes erreurs et je supplie le Grand Vicaire de me les pardonner. » Il se moque même de sa victime préférée en reproduisant, à la fin de son texte, un télégramme de Trudel, daté de la veille, annonçant qu'il accepte la rédaction du journal et qu'il enverra son premier article le lendemain.

À la mort d'Hector Berthelot, le 15 septembre 1895, les journaux sont unanimes pour déplorer la disparition d'un grand humoriste et d'un brillant journaliste qui s'est amusé à dénoncer les travers de la société. Jean Bâdreux (pseudonyme d'Henri Roullaud) s'est fait le porte-parole de ses confrères journalistes quand, dans *le Monde* du 16 septembre, il se borne « à saluer tristement l'un des [leurs] qui n'avait que des amis dans la presse et [qui], malgré ses coups souvent cruels, n'avait pas un ennemi parmi ceux que sa verve satirique a quelquefois asticotés ».

AURÉLIEN BOIVIN

Littérateur à ses heures, Hector Berthelot fait paraître dans les pages du *Vrai Canard* de Montréal son seul roman, *les Mystères de Montréal, roman de mœurs*. La première partie est publiée du 20 décembre 1879 au 31 juillet 1880 ; la deuxième paraît du 13 novembre 1880 au 5 mars 1881. Ce roman est ensuite reproduit dans *le Canard* de Montréal du 23 mai 1896 au 18 février 1897, avant d'être publié en 1898 en volume chez A.-P. Pigeon, l'éditeur du *Canard* qui avait cessé sa publication le 24 septembre 1887 mais que Berthelot avait relancé le 25 novembre 1893. Ce roman est largement commenté dans le tome 1 du *DOLQ*. L'annonce qu'il fit de sa propre mort parut sous le titre de « Mort de Berthelot ». Berthelot est aussi l'auteur de : « Conférence donnée au Cabinet de lecture paroissial le 27 décembre 1889 », *le Canard*, 26 oct., 9, 16 et 30 nov. 1895.

En 1916, Édouard-Zotique Massicotte* édite, en deux volumes, sous le titre de *Montréal, le bon vieux temps*, plus de 70 chroniques consacrées à l'histoire de Montréal que Berthelot avait publiées dans *la Patrie* en 1884 et en 1885. La bibliographie des textes publiés par Hector Berthelot reste à faire.

AN, MG 30, D1, 4 : 519. — ANQ-M, CE1-51, 17 sept. 1895. — ANQ-MBF, CE1-48, 5 mars 1842. — *L'Électeur*, 17 sept. 1895. — *La Minerve*, 16 sept. 1895. — *Le Monde* (Montréal), 16–17 sept. 1895. — *La Patrie*, 16 sept. 1895. — *La Presse*, 16–17, 22 sept. 1895. — J. Hamelin *et al.*, *la Presse québécoise*. — *Oxford companion to Canadian hist. and lit.* (Story), 67. — P.-G. Roy, *les Avocats de la région de Québec*, 40–41. — Wallace, *Macmillan dict.*, 52. — E.-E. Cinq-Mars, *Hull, son origine, ses progrès, son avenir* (Hull, Québec, 1908), 137. — Alfred Duclos De Celles, « Hommes d'esprit d'autrefois », *Almanach du peuple*, 1919 : 299–306. — Joseph Jolicœur, *Histoire anecdotique de Hull* [...] (Hull, Québec, [1977]). — Henriette Tassé, *la Vie humoristique d'Hector Berthelot* (Montréal, 1934). — Gilles Reynald [Éphrem-Réginald Bertrand], « Hector Berthelot, l'ineffable humoriste ou le témoin goguenard et avisé d'un siècle qui s'en va », *la Presse*, 27 juin, 1er, 4, 8, 13 juill. 1931.

BERTHON, GEORGE THEODORE, peintre, né le 3 mai 1806 à Vienne, fils de René-Théodore Berthon et de Frances-Desirée Maugenet ; en 1840, probablement en France, il épousa Marie-Zélie Boisseau (décédée le 18 juillet 1847 à Toronto), et ils eurent une fille, puis le 14 août 1850, à Toronto, Clare Elizabeth de La Haye, et de ce mariage naquirent six fils et cinq filles ; décédé le 18 janvier 1892 dans cette ville.

George Theodore Berthon naquit au « palais royal » de Vienne, où son père, peintre à la cour de Napoléon et ancien élève de Jacques-Louis David, exécutait une commande pour l'empereur. La famille retourna à Paris la même année et René-Théodore Berthon reprit ses activités de peintre ordinaire à la cour.

On croit que c'est son père qui enseigna l'art au jeune Berthon. Comme il habitait Paris, il eut aussi l'occasion d'étudier les grands maîtres et les meilleurs artistes français de son temps. À l'âge de 21 ans, il émigra en Angleterre, peut-être pour étudier la médecine. On pense qu'il vécut d'abord chez l'homme politique tory et collectionneur d'œuvres d'art Robert Peel ; il enseigna le dessin et le français à sa fille aînée en échange de leçons d'anglais. Bien qu'on ne soit pas certain qu'il ait fait des études de médecine, on sait qu'il peignait, car il exposa des portraits à la Royal Academy of Arts de 1835 à 1837 et à la British Institution en 1837 et 1838. Pendant cette période, il aurait pu observer les toiles des plus célèbres tenants de la tradition britannique du portrait, dont Romney, Lawrence et Reynolds.

La participation de Berthon à l'exposition de la British Institution en 1838 est le dernier indice de sa présence en Angleterre. On ne peut établir avec certitude où il alla ensuite, jusqu'à ce qu'il offre ses services comme portraitiste « de Londres » dans le *British Colonist* de Toronto, le 1er janvier 1845, puis dans d'autres journaux locaux. (On ne peut vérifier les sources secondaires qui donnent 1840 comme l'année de son arrivée ou disent qu'il avait peint « au Canada » de 1837 à 1841 avant de retourner en Angleterre, puis de s'installer à Toronto.) Peut-être est-ce Peel qui lui avait suggéré de venir au Canada, ou encore le peintre germano-britannique Hoppner Francis Meyer, qui avait travaillé à Toronto et à Québec à divers moments dans les années 1830 et au début des années 1840 et qui s'établit par la suite à Londres. Quelles que soient les circonstances qui entourèrent sa décision, Berthon était manifestement prêt à tenter sa chance dans un nouveau milieu. La tradition rapporte que c'est grâce à des lettres d'introduction de Peel qu'il se fit connaître et put entrer dans les cercles mondains de Toronto, où dominaient les tories. D'ailleurs, dès avril 1845, Mme Berthon tenait salon pour les jeunes dames dans sa maison de la rue William (rue Simcoe). Cette initiative était parrainée par les épouses de plusieurs membres du *family compact,* dont Eliza Boulton, femme de Henry John*, et Emma Robinson, femme de John Beverley*.

Étant donné la formation raffinée qu'il avait acquise en Europe, Berthon ne tarda pas à attirer l'attention des amateurs d'art torontois, dont la plupart étaient affiliés aux tories, et à recevoir d'importantes commandes de portraits. Ainsi, dès 1845, il peignit des Torontois aussi bien placés que l'évêque John Strachan* et le juge en chef John Beverley Robinson. Il exécuta aussi divers tableaux pour les familles Boulton et Robinson, dont les plus connus sont le portrait en pied de William Henry Boulton*, qui date de 1846, et l'élégant *Three Robinson sisters* (Augusta Anne, Louisa Matilda et Emily Mary). Ces deux toiles se trouvent maintenant au Musée des beaux-arts de l'Ontario. La seconde, un cadeau que les sœurs Robinson destinaient à leur mère, fut commandée à son insu par James McGill Strachan*, mari d'Augusta Anne, et par George William Allan et John Henry Lefroy* qui allaient bientôt épouser Louisa Maud et Emily Mary. Elle fut remise à Mme Robinson le 16 avril 1846 à son retour du mariage de ses deux filles. Le portrait de Boulton, l'un des plus célèbres exemples que l'histoire canadienne du portrait offre de la tradition du « grand style », tout comme les portraits en buste, de plus petites dimensions, peints par Berthon se caractérisent par la fermeté du coup de pinceau, la netteté des formes et l'éclat de la couleur – traits marquants du néo-classicisme français pratiqué par des artistes comme David, dont le style lui était certainement familier.

Berthon présenta en 1847 trois portraits à l'exposition inaugurale de la Toronto Society of Arts [V. John George Howard*] – deuxième tentative de la part des artistes et architectes locaux de promouvoir les arts visuels par des expositions annuelles. Le *British Colonist* publia une série de longs commentaires sur l'événement ; cependant, le critique ne mentionna pas les œuvres de Berthon et préféra vanter les mérites de « Canadiens de naissance », tels Peter March et Paul Kane*. La nationalité de Berthon souleva une difficulté semblable en 1848 : on envisageait de commander le portrait « officiel » de l'ancien président de l'Assemblée législative, sir Allan Napier MacNab*, et le choix du peintre faisait l'objet d'une controverse. George Anthony Barber*, rédacteur en chef du *Herald* de Toronto, se prononça en faveur de Berthon, qu'il qualifia d'« artiste des plus accomplis ». De son côté, le *British Colonist,* journal réformiste et propriété de Hugh Scobie*, prit une position résolument nationaliste et déclara que la commande, très convoitée, devait aller à March, un Canadien d'origine. Finalement, c'est le Canadien français Théophile Hamel* qui peignit le portrait. Malgré ces obstacles, Berthon bénéficiait toujours de la protection de l'élite torontoise, encore plus consciente qu'auparavant de son professionnalisme. Ainsi, en 1848, il termina pour le Conseil législatif un portrait de groupe des juges en chef du Haut-Canada. On lui avait confié cette commande sur la recommandation de Robinson, qui avait déclaré : « [je] ne crois pas qu'on puisse trouver au Canada une personne aussi susceptible de donner satisfaction ». Cependant, Berthon ne put participer à la deuxième et dernière exposition de la Toronto Society of Arts en 1848, sans doute en raison de la controverse au sujet du portrait de MacNab et parce que son rival, Peter March, était secrétaire de la société cette année-là.

On sait que Berthon visita les États-Unis en 1852. De retour à Toronto dans l'année, il se remit au portrait. À compter de cette époque, sa clientèle ne se composa plus uniquement de membres de l'establishment tory, mais aussi de gens issus de tous les milieux, et surtout de marchands et banquiers prospères, qui se faisaient de plus en plus nombreux. En 1856, la Law Society of Upper Canada lui commanda le portrait d'un juge en chef. Dès lors, il put compter sur le parrainage durable de cette société, pour laquelle il peignit par exemple des portraits de William Henry Draper* et de John Douglas Armour.

Berthon participa toujours très peu aux expositions publiques, si bien que l'auteur de sa notice nécrologique éprouva le besoin de signaler que son « nom était bien connu des artistes, quoique peu familier au public ». Il faut dire que son art, d'inspiration académique, aurait semblé déplacé à l'Upper Canada

Provincial Exhibition, où convenaient mieux les paysages et tableaux de genre, de petites dimensions, signés par des artistes tels que Paul Kane, Daniel FOWLER et Robert Whale*. Peut-être aussi l'accueil tiède que l'on avait réservé aux tableaux qu'il avait exposés en 1847 l'avait-il découragé. Comme il pouvait compter sur une clientèle régulière, il n'éprouva jamais le besoin de chercher à se faire connaître, ce qui explique plus probablement son absence de la scène publique.

Berthon présenta des portraits aux expositions annuelles de l'Ontario Society of Artists [V. John Arthur FRASER] en 1875 et 1877, et en devint membre à vie en 1891. Toutefois, comme la mode était au paysage, les critiques trouvèrent encore à redire contre les dimensions et le caractère guindé de ses toiles. Une distinction internationale lui échut pourtant en 1876 : *An early visitor* reçut une médaille d'or à l'Exposition universelle de Philadelphie, événement qui, de toute évidence, présentait plus d'intérêt pour un artiste de formation française. (On ne sait pas où se trouve actuellement ce tableau.)

La renommée de Berthon était suffisante pour qu'on le choisisse parmi les membres originaires de l'Académie royale canadienne des arts en 1880 [V. John Douglas Sutherland Campbell*], mais il laissa finalement sa nomination arriver à échéance sans présenter son tableau d'accréditation. Peut-être ses énergies créatrices étaient-elles alors investies dans un travail plus lucratif. Cette année-là, John Beverley ROBINSON l'avait invité à exécuter la série de portraits des anciens lieutenants-gouverneurs qui orneraient la résidence du gouverneur, terminée depuis peu. À partir de gravures, de photographies, de miniatures, d'huiles et d'aquarelles, il peignit plus de 20 portraits posthumes de grands personnages de l'histoire du Canada, dont sir Francis Bond Head*, sir Isaac Brock* et sir Frederick Philipse Robinson. La commande, inspirée de la tradition des « temples de la renommée » et des « galeries de portraits », engloba par la suite les portraits des gouverneurs généraux de la province du Canada.

Berthon mourut dans sa maison de Toronto, d'une infection des bronches ; il n'avait cessé de peindre que quelques jours auparavant. Le 30 mars 1892, on mit en vente sa collection particulière, qui comprenait un portrait de Napoléon par son père, un authentique Watteau et diverses copies de grands maîtres.

On sait que Berthon peignit parfois des paysages et des scènes de genre, ordinairement à la demande d'un client, et il semble que de temps à autre il ait donné des leçons particulières pour arrondir son revenu. On pense que c'est lui qui aurait dessiné les grilles de fer de la clôture d'Osgoode Hall destinée à empêcher le bétail d'envahir la propriété. Toutefois, sa réputation repose exclusivement sur son œuvre de portraitiste. Pendant la plus grande partie de sa carrière, il observa des préceptes néo-classiques – perfection du dessin, maîtrise du coup de pinceau, éclat de la couleur locale – tout en manifestant un souci de réalisme. Vers la fin de sa vie, comme la plupart des artistes canadiens qui avaient fait la connaissance du pleinairisme et de l'impressionnisme, il adopta un coup de pinceau plus fluide et adoucit sa palette. À cette époque, Robert Harris*, John Wycliffe Lowes Forster* et Edmund Wyly Grier* comptaient parmi les portraitistes de l'establishment torontois.

Comme George Theodore Berthon est le plus connu des Torontois de l'ère victorienne à s'inscrire dans la tradition du portrait, son œuvre a une grande valeur historique et constitue un exemple particulièrement intéressant de ce que la pratique du « grand style » a produit au Canada. En outre, sa carrière, longue et prolifique, reflète la croissance et la prospérité soutenues de l'Ontario, l'ascension de Toronto vers l'influence politique, économique et culturelle de même que l'importance des appuis privés et publics dans la promotion des arts visuels.

CAROL LOWREY

Des portraits représentatifs de l'œuvre de George Theodore Berthon se trouvent dans un certain nombre de collections publiques, notamment dans celles de l'Art Gallery of Hamilton (Hamilton, Ontario) ; l'Agnes Etherington Art Centre, Queen's Univ. (Kingston, Ontario) ; la London Regional Art Gallery (London, Ontario) ; à Ottawa, au Musée des beaux-arts du Canada et dans la salle des délibérations du Sénat dans l'édifice du Parlement. La plupart des tableaux de Berthon font partie de collections torontoises, notamment celles du Musée des beaux-arts de l'Ontario ; des CTA ; des bureaux de la Law Soc. of Upper Canada à Osgoode Hall ; de la Hist. Picture Coll. à la MTRL ; de la Government of Ontario Art Coll. dans l'édifice du Parlement ontarien ; du Royal Canadian Institute ; du Sigmund Samuel Canadiana Building au Royal Ontario Museum ; des collèges St Michael, Trinity, et University de la Univ. of Toronto ; et de l'Upper Canada College. L'ouvrage de A. K. Carr, « The career of George Theodore Berthon (1806–1892) : insights into official patronage in Toronto from 1845 to 1891 » (thèse de M. PHIL., 2 vol., Univ. of Toronto, 1986), traite abondamment des œuvres de Berthon, de leur emplacement actuel et des publications dans lesquelles elles ont été reproduites ou étudiées. Une photographie des grilles dont on pense qu'elle ont été dessinées par Berthon pour la clôture qui entoure Osgoode Hall figure dans l'article de G. B. Baker, « Legal education in Upper Canada, 1785–1889 : the law society as educator », *Essays in the history of Canadian law*, D. H. Flaherty, édit. (2 vol., Toronto, 1981–1983), 2 : 88.

Sauf en ce qui concerne les deux peintures actuellement au Musée des beaux-arts de l'Ontario, *Queen Elizabeth and the Countess of Nottingham* ([1837]) et *Edward Marsh* (1842), on connaît peu la production de Berthon durant les années qu'il passa en Angleterre. Les sources usuelles de documentation sur sa participation aux expositions de Londres sont les trois ouvrages d'Algernon Graves : *The British Institution, 1806–1867 ; a complete dictionary of contributors and their work from the foundation of the institution* (Londres, 1875 ; réimpr., Bath, Angl., 1969), 43 ; *A dictionary of artists who have exhibited works in the principal London exhibitions from 1760 to 1893* (3e éd., Londres, 1970), 24 ; et *The Royal Academy of Arts* [...] (8 vol., Londres, 1905–1906 ; réimpr. en 4 vol., East Ardsley, Angl., 1970).

AO, MS 4, 22 nov. 1845, 8 août 1882. — Musée des beaux-arts de l'Ontario, Arch. (Toronto), Art Gallery of Toronto corr., 1900–1912, J. B. Robinson à William Morris, 20 avril 1846 (copie dactylographiée, copie dans la bibliothèque du musée, Berthon file) ; Library, G. T. Berthon, sitters' notebook, 1866–1891 ; R. F. Gagen, « Ontario art chronicle » (copie dactylographiée, *circa* 1919). — « Art and artists », *Saturday Night* (Toronto), 23 mars 1892 : 12. — J. H. Lefroy, *Autobiography of General Sir John Henry Lefroy* [...], [C. A.] Lefroy, édit. (Londres, [1895]). — *The valuable collection of pictures of the late Mons. G. T. Berthon* (Toronto, 1892). — *British Colonist* (Toronto), 1er janv. 1845, 14 avril 1848. — *Globe*, 19 janv. 1892. — *Herald* (Toronto), 6 janv. 1845, 30 mars, 5 juin 1848. — *Académie royale des arts du Canada ; exhibitions and members, 1880–1979*, E. de R. McMann, compil. (Toronto, 1981). — *Death notices of Ont.* (Reid). — Harper, *Early painters and engravers*. — *Standard dict. of Canadian biog.* (Roberts et Tunnell), 2. — Fern Bayer, *The Ontario collection* (Markham, Ontario, 1984). — W. [G.] Colgate, *Canadian art : its origin & development* (Toronto, 1943 ; réimpr., 1967). — J. R. Harper, *Painting in Canada, a history* (2e éd., Toronto et Buffalo, N.Y., 1977). — John Lownsbrough, *The privileged few : the Grange & its people in nineteenth century Toronto* (Toronto, 1980). — N. McF. MacTavish, *The fine arts in Canada* (Toronto, 1925 ; réimpr. [avec introd. de Robert McMichael], 1973). — Edmund Morris, *Art in Canada : the early painters* ([Toronto, 1911]). — D. [R.] Reid, *A concise history of Canadian painting* (2e éd., Toronto, 1988) ; *« Our own country Canada »*. — René Chartrand, « Military portraiture », *Canadian Collector*, 20 (1985), no 1 : 39–42. — W. [G.] Colgate, « George Theodore Berthon, a Canadian painter of eminent Victorians », *OH*, 34 (1942) : 85–103. — J. W. L. Forster, « The early artists of Ontario », *Canadian Magazine*, 5 (mai–oct. 1895) : 17–22. — C. D. Lowrey, « The Toronto Society of Arts, 1847–48 : patriotism and the pursuit of culture in Canada West », *RACAR* (Montréal), 12 (1985) : 3–44.

BERTRAM, GEORGE HOPE, homme d'affaires et homme politique, né le 12 mars 1847 à Fenton Barns, Écosse, fils de Hugh Bertram ; le 14 septembre 1870, il épousa à New Glasgow, Québec, Christina Murray, et ils eurent trois fils et deux filles ; décédé le 20 mars 1900 à Toronto.

George Hope Bertram doit ses prénoms à George Hope, agronome écossais et unitarien bien connu. Après avoir fréquenté l'école paroissiale de Dirleton, à proximité de Fenton Barns (propriété de Hope), Bertram fit son apprentissage à titre de marchand de fer et quincaillier. À l'âge de 18 ans, il immigra dans le Haut-Canada et s'installa à Lindsay où, en 1868, il ouvrit une quincaillerie de détail, la Bertram Brothers, en société avec son frère aîné John*, qui vivait à Peterborough et qui lui apporta un soutien financier. Le commerce allait bien et, en 1874, George racheta la part de son frère et continua seul jusqu'à ce qu'il s'établisse à Toronto, en 1881. Là, avec John, qui était resté à Peterborough, et Alexander, un autre de ses frères, il créa la Bertram and Company qui vendait au détail (et par la suite en gros) de la quincaillerie et du fer importé. En 1887, John vint s'installer à Toronto et s'intéressa davantage à la compagnie ; Alexander se retira pour travailler avec John dans une autre entreprise.

La Bertram and Company prospéra et, vers la fin de 1892, George et John se portèrent acquéreurs de la Doty Engine Works Limited, qui connaissait alors des difficultés financières. C'est là que les Bertram commencèrent à fabriquer des machines de toutes sortes, en particulier des moteurs, des chaudières, des bateaux et des navires en acier, tout en poursuivant leurs activités dans le domaine de la fonderie. Même si les deux frères étaient associés à parts égales, John consacrait la plus grande partie de son énergie au commerce du bois. C'est George principalement qui dirigeait la Bertram and Company et la Bertram Engine Works, constituée juridiquement en 1894 sous le nom de Bertram Engine Works Company Limited, et pour laquelle on allait offrir des actions. Parmi les premiers qui en acquirent figuraient les hommes d'affaires torontois William Mellis CHRISTIE, Edmund Boyd Osler* et John Speirs Playfair. Néanmoins, les Bertram gardèrent une participation majoritaire et c'est George qui en fut le président. En 1897, son fils, John H., et un associé assumèrent la responsabilité de la Bertram and Company pendant que lui essayait d'étendre les activités d'usinage de moteurs à la fabrication de machinerie utilisée dans les mines et de mettre l'accent sur la construction de navires en acier. Les deux frères continuèrent de s'intéresser au commerce de la quincaillerie par le biais d'une entreprise secondaire, la Toronto File Company.

Bertram fit preuve de civisme tant sur le plan local que national. De 1884 à sa mort, il fut membre du Board of Trade de Toronto, prit une part active au sein de l'Église unitarienne et de la St Andrew's Society et fit des dons généreux, particulièrement au Grace Hospital. Pendant les années 1890, il apporta son soutien au mouvement de réforme municipale ; en 1895, il milita, avec d'autres, pour que le système d'éclairage des rues devienne propriété municipale (c'était incidemment à son avantage, puisque son atelier d'usinage avait toutes les chances d'obtenir les contrats de fabrication de chaudières et de générateurs) et, en 1895–1896, il mena la campagne qui visait au maintien du service de tramway le dimanche.

Comme son frère aîné, qui avait exercé les fonctions de député, George était un fervent libéral, mais il avait des opinions qui lui étaient propres. En qualité de président d'une entreprise manufacturière torontoise de premier rang et de partisan bien connu du parti, il correspondit avec Wilfrid Laurier*, premier ministre libéral depuis 1896, relativement à l'attribution des marchés gouvernementaux et à la politique économique. Avant les élections du 23 juin 1896, au moment où les dirigeants libéraux cherchaient à définir une politique susceptible de remplacer la politique discréditée de réciprocité sans restriction [V. sir James David EDGAR], Bertram demanda à Laurier quel parti il prendrait. Ce dernier profita de l'occasion pour se prononcer, dans une lettre rendue publique, contre le libre-échange et pour un retour à la politique libérale traditionnelle en matière de tarif fiscal. À la suite de cet événement, certains manufacturiers de l'Ontario se servirent de plus en plus de Bertram pour faire connaître leurs préoccupations au premier ministre. C'est à leur suggestion, par exemple, que le 27 juin Bertram conseilla à Laurier de ne pas choisir sir Richard John Cartwright* comme ministre des Finances – il y avait des candidats plus intéressants, y compris William Stevens Fielding*. Quand il fut question de la préférence accordée aux pays de l'Empire en 1897, c'est de son propre chef que Bertram prévint le gouvernement que cette politique allait froisser les États-Unis et il suggéra plutôt un système de tarifs à deux paliers. Le gouvernement adopta une version modifiée de cette proposition.

Afin que Bertram puisse se porter candidat, on s'arrangea, vers la fin de l'année 1897, pour que William Lount quitte son siège de Toronto Centre en lui promettant en retour un poste dans le système judiciaire. Soutenu par divers membres du parti, en particulier par John Stephen Willison*, rédacteur en chef du *Globe*, Bertram défit Oliver Aiken Howland à l'élection partielle du 30 novembre. Un industriel bien en vue comme Bertram constituait indéniablement une recrue de choix, d'autant plus que ses recommandations partaient toujours d'un bon jugement et d'une étude attentive. On reconnut sa valeur en lui demandant d'ouvrir la séance de commentaires sur le discours du trône en 1898.

Malgré la confiance qu'il témoignait au parti libéral, Bertram ne se rangea pas toujours à ses vues : parfois il optait pour le soutien de ce qu'il estimait être dans l'intérêt du pays. Sa dernière intervention importante au Parlement débuta au printemps de 1899 ; il tenta alors de persuader le cabinet de constituer juridiquement la Canadian Inland Transportation Company, dont il était un directeur, afin de créer une flotte canadienne pour le transport du grain et du minerai. Même si Bertram avait l'appui d'une partie du caucus et de certains journaux, le cabinet refusa de garantir le rendement de 3 % des obligations de la compagnie et rien ne fut mis en œuvre. Néanmoins, il continua de promouvoir vigoureusement le projet d'une flotte canadienne, parce qu'il était contrarié de voir des navires américains, plutôt que canadiens, avoir la haute main sur le transport fluvial. Il n'agissait pas uniquement dans le but de favoriser sa propre compagnie, une parmi la demi-douzaine de sociétés canadiennes en mesure de construire les bateaux en acier qu'il fallait.

Durant les trois dernières années de sa vie, George Hope Bertram souffrit du cancer. Il réussit toutefois à rester actif jusqu'à six mois avant sa mort. Confiné alors chez lui, il continua d'effectuer des démarches par la poste en vue d'obtenir une flotte de navigation fluviale canadienne. Il avait largement subvenu aux besoins de ses enfants de son vivant, et à son décès, en 1900, il laissa une modeste succession. C'est John Bertram qui continua d'exploiter la Bertram Engine Works Company Limited, l'une des entreprises manufacturières les plus importantes de Toronto au début du siècle.

RONALD J. STAGG

AN, MG 26, G, 9–149. — ANQ-M, CE6-41, 14 sept. 1870. — AO, RG 8, I-1-D, 1894, files 1631, 4952 ; 1900, file 503, misc. file 2894 ; RG 55, I-2-B, liber 35 : f° 32 ; partnership records, York County, Toronto East, n° 30. — Baker Library, R. G. Dun & Co. credit ledger, Canada, 23 : 106 (mfm aux AN). — GRO (Édimbourg), Dirleton, reg. of births and baptisms, 12 mars 1847. — York County Surrogate Court (Toronto), n° 13898 (mfm aux AO). — Toronto, Board of Trade, *Annual report* [...] (Toronto), 1884–1901. — *Daily Mail and Empire*, 30 sept. 1902. — *Globe*, 21 mars 1900, 29 nov. 1904. — *Toronto Daily Star*, 29 nov. 1904. — *Canadian directory of parl.* (Johnson). — *Commemorative biog. record, county York*. — *CPC*, 1898–1899. — *Toronto directory*, 1881–1900. — Christopher Armstrong et H. V. Nelles, *The revenge of the Methodist bicycle company : Sunday streetcars and municipal reform in Toronto, 1888–1897* (Toronto, 1977). — Phillip Hewett, *Unitarians in Canada* (Toronto, 1978), 319. — O. D. Skelton, *The day of Sir Wilfrid Laurier : a chronicle of our own times* (Toronto, 1916). — Toronto, Board of Trade, *« Souvenir »*. — J. S. Willison, *Reminiscences, political and personal* (Toronto, 1919) ; *Sir Wilfrid Laurier and the Liberal party : a political history* (2 vol., Toronto, 1903).

BERTRAND, CHARLES (baptisé **Charles-Frédéric,** il est souvent désigné sous les prénoms de **Charles-Frédéric-Adolphe,** mais il signait **Charles**), seigneur, homme d'affaires et homme politique, né le 11 janvier 1824 à L'Isle-Verte, Bas-Canada, fils aîné de Louis Bertrand et d'Apolline Saindon ; décédé le 2 avril 1896 au même endroit.

Le père de Charles Bertrand s'établit en 1811 à L'Isle-Verte où il devient marchand. En 1818 et 1819, il obtient successivement l'affermage des droits sur le moulin banal et sur la seigneurie de l'Île-Verte dont il acquerra les titres de propriété en 1849. Il construit un premier moulin à scier dès 1819, puis un second après 1842 en société avec sir Henry John Caldwell et

William Price*. À trois reprises, il est élu député de Rimouski. À sa mort en 1871, il a réuni un patrimoine qui fait de sa famille l'une des plus en vue du Bas-Saint-Laurent.

Après des études primaires à L'Isle-Verte, Charles fréquente le petit séminaire de Québec de 1834 à 1840, mais sans terminer le cycle des études. Le 2 juillet 1850, il épouse à Cacouna Arthémise Dionne, fille de Benjamin Dionne, marchand et plus tard député ; seuls 4 des 12 enfants du couple survivront. Cette année-là, en lui remettant les pleins pouvoirs sur la seigneurie de l'Île-Verte, y compris les moulins à farine et à carder, son père le place dans une position stratégique au sein de l'économie locale. Il lui concède également sa part du deuxième moulin à scier, mais avec prise de possession après le départ de Price et de Caldwell. Charles reçoit aussi une terre et des valeurs sous forme de créances, sans doute des cens et rentes impayés. Selon les recensements de 1851 et de 1861, il est marchand mais ne possède pas encore le magasin, qui lui échappera d'ailleurs jusqu'à la mort de son père ; il est surtout un bon agriculteur et pas encore un homme d'affaires important.

Par la suite, la situation change considérablement car, en 1871, Bertrand possède 3 250 arpents de terre et en exploite plus de 1 800 à des fins agricoles ; il est aussi propriétaire d'un moulin à farine, d'un à carder et d'un autre à fouler, d'une manufacture d'instruments aratoires et d'une fonderie ; ces entreprises, qui ont demandé un investissement de 16 760 $, produisent des biens d'une valeur totale de 57 250 $ et nécessitent l'embauche de 27 travailleurs. Il a de plus 4 goélettes, qui totalisent 55 tonneaux, et un hôtel, le Mansion House de Cacouna. À L'Isle-Verte, seul son frère Louis-Achille fait des affaires presque aussi importantes avec moulins à farine et à scier. En 1881, le patrimoine immobilier de Charles atteint les 10 800 arpents de terre, situés pour la plupart dans les nouveaux cantons à l'arrière de L'Isle-Verte.

C'est en 1865 que Bertrand s'est associé à Antoine Rousseau dans le but d'ériger une fonderie et de manufacturer voitures et instruments aratoires. La société Bertrand et Rousseau est dissoute le 4 septembre 1868 par suite de l'incendie des usines. Bertrand reconstruit seul les installations. Il devra les rebâtir encore en 1875 et en 1888 pour les mêmes raisons. En 1877, Bertrand réorganise ses affaires et s'associe à son fils Charles-Georges et à celui qu'il voit comme son dauphin, Jean-Baptiste Raymond. Il s'engage à une mise de fonds de 25 000 $ tandis que les deux autres doivent assumer chacun le quart des dépenses ; ils toucheront la même proportion des bénéfices. De 1883 à 1894, la Charles Bertrand et Compagnie connaît ses heures de gloire, au point d'être, selon Marius Barbeau*, la manufacture « la plus importante dans la province » après la Matthew and Henry Moody de Terrebonne. On y produit « moulins à battre, « piloteuses », « éballeurs », charrues ordinaires, charrues à rouelles, « arrache-patates » en fonte, herses, poêles, chaudrons, chariots et roues de toutes sortes – [Bertrand] expéd[ie] en moyenne 1 200 paires de roues par an ; machines pour les moulins à farine, à scie, à carder et à fouler ; même des turbines ». Ces marchandises s'entassent sur les quais des Bertrand avant d'être embarquées sur leurs goélettes à destination des comptoirs de vente ouverts aux quatre coins de la province. En somme, sous l'impulsion des Bertrand, L'Isle-Verte devient un village d'allure industrielle avec son monde de salariés.

Bertrand semble partout à la fois, mais le magasin lui sert de quartier général. C'est là que le « père Charles » reçoit en dépôt les économies que lui confient les petites gens, qu'il vend des terres acquises dans les cantons des hauts plateaux, qu'il fait crédit aux nouveaux colons où qu'il leur avance de l'argent contre hypothèque. De plus, propriétaire en 1873–1874 de concessions forestières dans le canton de Cabano, où il aurait construit la première scierie, il s'occupe de la fabrication et de la commercialisation du bois de fuseaux à Saint-Simon et à Sainte-Anne-des-Monts ; il fait également partie du conseil d'administration du chemin de fer Témiscouata peu de temps avant sa mise en service en 1888.

Pour Bertrand, affaires, commerce et politique se complètent. Il est maire de la municipalité de paroisse de L'Isle-Verte en 1859 et de 1881 à 1885. Il organise en 1860, un triomphe bruyant pour saluer l'élection du libéral Luc Letellier* de Saint-Just au Conseil législatif ; par contre, en 1867, il a rallié les rangs conservateurs : la cinquantaine d'employés de la Charles Bertrand et Compagnie manifestent en faveur de la Confédération, et lui-même est élu sans concurrent député de Témiscouata au Parlement fédéral. Candidat en 1872, un autre conservateur le défait avec une écrasante majorité de 1 108 voix. Son intérêt pour la politique ne s'éteint toutefois pas avec ce revers, puisqu'aux élections provinciales de 1875 il a maille à partir avec Georges-Honoré Deschênes qui, dans le but d'écarter sa candidature, affirme que Bertrand « s'[est] vendu pour 500 $ » à l'occasion des élections fédérales de 1872.

Le petit empire des Bertrand est à bout de souffle au milieu des années 1890. Le fils de Charles n'est pas intéressé à prendre la relève, et ce dernier est pris au dépourvu par la mort prématurée de Raymond en 1891, au moment où la concurrence d'entreprises telles que la McCormick Harvesting Machine Company des États-Unis et la Massey-Harris Company Limited d'Ontario [V. Hart Almerrin Massey] rend les ventes ardues. Les incendies successifs, les débâcles et les sécheresses de la rivière Verte, ainsi que les pertes subies à bord des goélettes, ne font qu'ajouter aux difficultés. Le 2 avril 1896, « écrasé sous les tracas financiers », Bertrand meurt. Ses biens sont saisis le 3 novembre suivant, malgré les efforts de la famille pour reprendre en main les affaires de la compagnie et empêcher la faillite provoquée par la firme Thibaudeau, Frères et Compagnie de Québec [V. Isidore THIBAUDEAU]. L'inventaire dressé en 1897 révèle que l'actif des entreprises de Bertrand atteint la somme considérable de 289 045 $ dont 74 % provient de créances, billets à ordre, obligations, hypothèques et actions. Le matériel et le stock de la manufacture ne représentent que 16 % de l'actif. En outre, Bertrand possédait 50 lots et emplacements tant à L'Isle-Verte que dans les environs. D'après l'un de ses gendres, l'avocat Wilbrod Pagnuelo, chargé d'affaires de la compagnie à Montréal, l'actif aurait atteint les 350 000 $ dans les bonnes années.

Avec les Pelletier et Pouliot à Fraserville, et Butchart à Rimouski, Charles Bertrand compte parmi les plus importants entrepreneurs du Bas-Saint-Laurent de son temps. Le cas de ce brasseur d'affaires interpelle l'historiographie des régions rurales du Québec au XIXe siècle. Bertrand a su mettre à profit la conjoncture favorable et s'ajuster à certaines contraintes structurelles : colonisation active de l'arrière-pays et ouverture du Témiscouata, demande d'outillage que nécessite la modernisation de l'agriculture, exploitation de la ressource forestière et révolution du transport avec le chemin de fer. Sous son impulsion, L'Isle-Verte devient un village qui concurrence sur certains plans et pour un temps Fraserville. Cette image est loin d'être en accord avec les modèles d'une société rurale homogène, dominée par l'autosubsistance agricole, qu'imposent l'éloignement et l'absence de marchés. L'Isle-Verte est en fait l'un de ces lieux où apparaît une bourgeoisie villageoise et où se développent des formes d'industries rurales dont toute l'importance économique et sociale n'a pas encore été cernée.

ANTONIO LECHASSEUR

AN, RG 31, C1, 1851, comté de Rimouski, L'Isle-Verte ; 1861, comté de Témiscouata, canton de Viger et L'Isle-Verte ; 1871, 1881, 1891, comté de Témiscouata, L'Isle-Verte. — ANQ-Q, CE3-2, 18 janv. 1824 ; CE3-6, 2 juill. 1850 ; P1000-11-188 ; P1000-11-189 ; T11-3, n° 136. — AP, Saint-Jean-Baptiste (L'Isle-Verte), Reg. des baptêmes, mariages et sépultures, avril 1896. — ASQ, Fichier des anciens. — BE, Kamouraska, reg. A, n°s 293, 362. — *Le Courrier de Fraserville* (Fraserville [Rivière-du-Loup], Québec), 27 déc. 1888, 13 sept. 1889. — *Le Jour* (Fraserville), 4 mars 1887, 23 mars 1888. — *Monetary Times*, 10 avril 1896. — *Montreal Daily Star*, 2 avril 1896. — *La Presse*, 2 avril 1896. — *Le Saint-Laurent* (Fraserville), 3, 7, 10 avril 1896. — *Canadian directory of parl.* (Johnson). — J. Desjardins, *Guide parl.* — Marius Barbeau, *Maîtres artisans de chez nous* (Montréal, [1942]), 95–109. — Claude Blouin, « la Mécanisation de l'agriculture entre 1830 et 1890 », *Agriculture et Colonisation au Québec ; aspects historiques*, Normand Séguin, édit. (Montréal, 1980), 93–111. — C.-A. Gauvreau, *Nos paroisses : L'Isle-Verte (St-Jean-Baptiste)* (Lévis, Québec, 1889), 243–244. — M. Hamelin, *Premières années du parlementarisme québécois*, 297. — Robert Michaud, *la Mousse de mer : de L'Isle-Verte à la Baie des Chaleurs* (Montréal, 1985), 11–39, 134–137. — Robert Michaud et Gérard Filion, *L'Isle-Verte vue du large* ([Montréal], 1978), 198–264. — John Willis, « Fraserville and its Temiscouata hinterland, 1874–1914 : colonization and urbanization in a peripheral region of the province of Quebec » (mémoire de M.A., univ. du Québec, Trois-Rivières, 1981). — R.-P. Dubé, « Chronique de l'histoire de L'Isle-Verte », *le Saint-Laurent* (Rivière-du-Loup), 28 oct.–30 déc. 1920, 20 janv. 1921.

BETHUNE, NORMAN, médecin, professeur de médecine et administrateur scolaire, né le 13 août 1822 à Moose Factory (Ontario), fils d'Angus Bethune*, trafiquant de fourrures au service de la North West Company et de la Hudson's Bay Company, et de Louisa McKenzie ; en 1851, il épousa Janet Ann Nicolson, et ils eurent trois fils et quatre filles, puis Helen King, veuve du docteur Winer de Hamilton, Ontario ; décédé le 12 octobre 1892 à Toronto.

Le père de Norman Bethune, trafiquant de fourrures prospère, avait des relations familiales, par ses frères, avec l'élite sociale et politique du Haut-Canada. En 1840, il s'installa à Toronto avec sa famille et fit entrer Norman à l'Upper Canada College. De 1842 à 1845, Bethune étudia au King's College de Toronto en vue d'obtenir un diplôme en lettres, puis il s'inscrivit à l'école de médecine du collège en 1845–1846. Comme bien d'autres jeunes hommes ambitieux, il se rendit à Londres pour parfaire sa formation au King's College et au Guy's Hospital, après quoi on l'admit au Royal College of Surgeons en 1848.

De retour à Toronto après un voyage à la baie d'Hudson en 1849, Bethune se joignit à quatre autres médecins pour fonder la troisième école de médecine de la ville : l'Upper Canada School of Medicine (les deux autres étaient la Toronto School of Medicine de John Rolph* et le King's College). C'est ainsi qu'il fut initié à la politique éducationnelle. La sécularisation du King's College, devenu la University of Toronto en 1850, enragea tellement l'évêque John Strachan* qu'il entreprit de fonder une université affiliée à l'Église d'Angleterre comme solution de rechange à l'enseignement « athée » dispensé par l'établissement qui relevait de l'État. Bethune et ses collègues Edward Mulberry Hodder*, James Bovell*, Henry Melville, William Hallowell et Francis Badgley*, tous de loyaux anglicans, proposèrent à l'évêque de faire de leur école la faculté de médecine du nouveau collège, qu'on appellerait Trinity. Les cours débutèrent à l'automne de 1850. Professeur d'anatomie et de physiologie, Bethune allait occuper le poste de doyen en 1855–1856. Entre les années 1851 et 1854, il collabora aussi à l'*Upper Canada Journal of Medical, Surgical and Physical Science*, publié par ses collègues du Trinity College.

Tout au long des années 1850, les écoles de médecine de Toronto soulevèrent la controverse. En 1853, on abolit la faculté de médecine de la University of Toronto ; il ne restait donc en lice que la faculté de médecine du Trinity College et la Toronto School of Medicine [V. William Thomas AIKINS]. En qualité d'école privée, la faculté de médecine du Trinity College comptait sur les frais de scolarité imposés aux étudiants pour payer les salaires des professeurs, les fournitures et la location ou la construction de nouveaux locaux. En 1856, les professeurs annoncèrent qu'ils donneraient des cours à des « étudiants occasionnels » sans que ceux-ci soient obligés de témoigner de leur appartenance à l'Église d'Angleterre pour obtenir leur diplôme. Le conseil du Trinity College, dirigé par l'évêque Strachan, demanda alors des comptes aux médecins pour avoir pris cette décision. À titre de doyen, Bethune répondit à la critique et, le 2 juillet, il remit au conseil la démission générale de la faculté.

Comme la plupart de ses collègues, Bethune se joignit à la Toronto School of Medicine, qui mit fin à son affiliation au Victoria College de Cobourg [V. John Rolph] au mois d'octobre de la même année. Il y enseigna l'anatomie descriptive vers la fin des années 1850, puis partit avec sa famille pour Édimbourg, où il pratiqua la chirurgie après en avoir obtenu l'autorisation du Royal College of Surgeons en 1860. L'année précédente, il avait étudié quelque temps à Strasbourg, en France, et après la bataille de Solferino il aida à soigner les blessés. En 1869, de retour à Toronto, il enseignait les principes et la pratique de la médecine au Victoria College. Il était d'accord pour négocier le rétablissement de l'école de médecine du Trinity College à condition qu'aucune barrière religieuse ne soit imposée. Lorsque cette condition fut remplie et que l'école rouvrit ses portes en 1871, il accepta le poste de professeur de chirurgie, qu'il conserva jusqu'en 1881.

On sait peu de choses des dix dernières années de la vie de Norman Bethune, sauf qu'en 1888 il était enregistré comme médecin consultant pour le Toronto General Hospital. Son fils aîné et sa seconde femme moururent pendant ces années-là, et il déménagea souvent avec sa famille. Sa carrière avait embrassé la période pendant laquelle s'est effectuée la séparation de la religion et de la science en même temps que les écoles privées de médecine étaient graduellement subventionnées par l'État : toute cette évolution mena d'ailleurs à la réouverture, en 1887, de la faculté de médecine de la University of Toronto. Le petit-fils de Bethune, Henry Norman Bethune*, lui aussi médecin, devait parvenir à la célébrité pour son apport à la technique du pneumothorax et en exerçant sa profession en Chine pour l'armée de Mao Tsê-Tung, de 1937 à 1939.

HEATHER MACDOUGALL

AN, RG 31, C1, 1881, Toronto. — AO, MU 3023, W. B. Geikie, history of Trinity Medical College, 1906. — Trinity College Arch. (Toronto), Council minutes, 24 juin 1856 ; Geneal. file, Bethune family. — *Canada Lancet* (Toronto), 3 (1870–1871) : 337. — *Canadian album* (Cochrane et Hopkins). — *Canadian almanac*, 1859–1860. — *Toronto directory*, 1850–1889. — Trinity Medical College, *Announcement* (Toronto), 1871–1881 (copies aux Trinity College Arch.). — William Canniff, *The medical profession in Upper Canada, 1783–1850* [...] (Toronto, 1894 ; réimpr., 1980). — *Hist. of Toronto*, 2 : 9. — G. W. Spragge, « The Trinity Medical College », *OH*, 58 (1966) : 63–98.

BETHUNE, ROBERT HENRY, banquier et sportif, né le 5 mai 1836 à Cobourg, Haut-Canada, fils cadet d'Alexander Neil Bethune* et de Jane Eliza Crooks ; en 1862, il épousa Jane Frances Ewart, et ils eurent un fils et cinq filles ; décédé le 27 mars 1895 à Toronto.

Robert Henry Bethune grandit à Cobourg, où son père était ministre de l'Église d'Angleterre. Comme ses frères, il étudia dans des écoles privées puis entra à l'Upper Canada College de Toronto. En 1853, à l'âge de 17 ans, il entreprit une carrière dans le domaine bancaire à titre de commis à la Banque de Montréal, à Brockville. L'année suivante, il était guichetier à la succursale de Cobourg, et de 1855 à 1860, aide-comptable à celle de Toronto. C'est là qu'Edwin Henry KING, inspecteur des succursales et futur directeur général de la banque, le remarqua. Il voyait en lui un jeune homme plein de promesses, et ne tarda pas à lui confier plus de responsabilités. Bethune travailla un an à titre de comptable au bureau new-yorkais de la banque, ouvert depuis peu. Il occupa le même poste à Hamilton et c'est pendant son séjour dans cette ville qu'il épousa Jane Frances Ewart, fille aînée de James Bell Ewart*, de Dundas. En 1864, on le nomma directeur du bureau de St Catharines.

Bethune quitta St Catharines peu de temps après, car il passa à la Banque de Québec. Sous la direction de King, la Banque de Montréal réduisit ses activités dans le Haut-Canada pour se consacrer davantage à sa clientèle américaine. Les chances d'avancement du personnel supérieur s'en trouvèrent diminuées, et les banques rivales eurent l'occasion de s'étendre dans la partie ouest de la province. James STEVENSON, caissier (directeur général) de la Banque de Québec, forma Bethune en l'affectant d'abord, toute l'année 1865–1866, à un poste d'inspecteur, puis en lui confiant la direction du bureau de Toronto, qu'il occupa environ quatre ans.

Bethune fit ainsi son apprentissage auprès de deux hommes qui se rangeaient sans aucun doute parmi les géants du monde bancaire au Canada dans la période de la Confédération. King révolutionna les méthodes de prêt : traditionnellement, les banques canadiennes s'appuyaient sur des billets à ordre signés par des personnes en vue ; lui, par contre, enseigna à ses employés à évaluer la probabilité de remboursement de chaque prêt en fonction de la garantie réelle offerte. De Stevenson, Bethune apprit toutes les subtilités du commerce du bois, produit qui, avec les céréales, constituait la majeure partie des exportations, donc de la richesse du Haut-Canada.

En novembre 1870, après avoir travaillé cinq ans à la Banque de Québec, Bethune devint caissier de la nouvelle Dominion Bank à Toronto [V. James AUSTIN] ; son salaire annuel était de 4 000 $. Loin d'être le premier choix des administrateurs, il était en fait le quatrième. Cependant, son nom était déjà fait. Selon le *Monetary Times,* il avait « une réputation sans tache comme homme, de bonnes compétences comme financier [et] des qualités de comptable indubitables ». Il recruta ses directeurs de succursale et d'autres membres de son personnel supérieur à la Banque de Québec. Qu'il ait réussi à attirer cinq commis chevronnés sans perdre l'amitié de Stevenson en dit long sur ses talents de négociateur. Toutefois, à long terme, au lieu de puiser dans le personnel des autres banques, il préféra faire commencer ses employés au bas de l'échelle ; ainsi ils ne connaissaient que ses méthodes. Par exemple, Raynald D'Arcy Gamble, qui à sa mort lui succéda au poste de directeur général, avait été embauché à titre de commis dans la première année d'existence de la banque.

L'administration supérieure de la Dominion Bank, contrairement à celle de la Banque canadienne de commerce [V. William McMaster*], se refusait à l'expansion spectaculaire. Bethune se faisait donc une règle de gagner lentement mais sûrement les localités où la banque avait des appuis solides. À partir de Toronto, elle ouvrit des succursales à Whitby, Oshawa, Uxbridge et Orillia, où des investisseurs locaux la soutenaient. En 1871, elle envisagea une fusion avec la Niagara District Bank, qui avait son siège social à St Catharines et deux succursales dans la presqu'île. La fusion lui aurait assuré une présence immédiate au sud-ouest de Toronto, mais elle ne fit pas l'objet d'une étude sérieuse. Jusqu'à la fin du siècle, la Dominion Bank prit donc une expansion proportionnelle à ses moyens. En fait, son seul geste d'éclat fut d'ouvrir un deuxième bureau à Toronto ; c'était là une idée de son président, Austin.

Il ne fait aucun doute que, sous la direction de Bethune, la Dominion Bank connut une prospérité étonnante. Durant les 24 années où il fut directeur général, le Canada connut trois graves récessions économiques. Au cours de cette période, la banque ne connut en général aucune difficulté : elle déclara toujours un bénéfice, ne cessa d'augmenter ses réserves, versa sans faillir un dividende égal ou supérieur à celui de ses concurrents. La valeur de ses actions augmenta constamment. Entre le moment de sa fondation et juillet 1894, le bénéfice sur les actions correspondit à un intérêt composé de 8 % par année, alors qu'à la Banque de commerce, sa plus proche rivale, ce taux était de 4,5 %. Cette belle réussite s'accomplit exclusivement en Ontario, car jusqu'à la mort de Bethune la Dominion Bank n'eut aucune succursale hors de la province, même si d'autres banques canadiennes la représentaient ailleurs. En demeurant ainsi en Ontario, elle put éviter les effets de l'effondrement du marché immobilier de Winnipeg survenu vers 1885.

La base de cette réussite est toutefois difficile à définir. Bethune était certainement un leader vigoureux, capable d'inspirer la loyauté à son personnel. Il se décidait vite, et il lui arrivait rarement de mal évaluer une proposition d'affaires ou ceux qui la lui présentaient. Bien organisé, méthodique, il avait la réputation de garder son calme dans les situations difficiles. En outre, il savait définir des règles administratives et veiller à ce que ses employés les observent. Par exemple, les membres du conseil d'administration étaient fiers du fait que, durant la récession des années 1870, aucune des succursales n'ait enregistré de perte sur les prêts.

Bethune était un banquier hardi : une fois qu'il avait donné sa confiance à un emprunteur, il continuait de financer le prêt même si, dans les circonstances, les règles de prudence du métier lui interdisaient de le faire. Dans l'ensemble cependant, la Dominion Bank adoptait une attitude extrêmement prudente devant les investissements à risques. Elle scandalisa les milieux financiers de l'Ontario en annonçant, dans son rapport annuel de 1879, qu'elle avait investi la quasi-totalité de son compte de réserve dans des valeurs gouvernementales qui rapportaient beaucoup moins que le portefeuille de prêts mais étaient « sans risques et toujours disponibles ». Le compte de réserve assurait une protection contre les réductions des valeurs d'actif causées par les mauvaises créances et les récessions, et il permettait aussi de verser les dividendes dans les années où les recettes étaient moindres que prévu. On ne l'avait utilisé à aucune de ces deux fins. Même dans la conjoncture économique la plus sombre, le compte s'accrut jusqu'à ce que, en 1894, il égale le capital libéré de la banque, ce qui ne s'était jamais vu dans l'histoire des banques canadiennes. Les contemporains estimaient qu'un compte de réserve égal à 50 % du capital libéré était satisfaisant. Bethune avait donc réalisé un exploit, surtout si l'on songe que la banque versait aussi le meilleur dividende de tout le monde bancaire.

Bethune faisait partie du conseil d'administration de plusieurs compagnies, dont certaines, comme la Canada North-West Land Company et la North of Scotland Mortgage Company, comptaient parmi leurs actionnaires des fondateurs de la banque. En outre, il était membre du conseil de la Bishop Strachan School et de la Trinity College School (son frère Charles James Stewart* dirigea celle-ci de 1870 à 1899). C'était un homme posé, peu démonstratif et taciturne – un vrai banquier en somme. Certaines des critiques les plus aimables à son endroit le décrivent cependant comme un homme timide et doux dans ses relations personnelles. Il semble avoir été presque la caricature du banquier sans visage. Apparemment, il ne reste rien de ce qu'il aurait dit ou écrit ; aux assemblées annuelles de la banque, c'était Austin, et non lui, qui prenait la parole. La banque, la prospérité de la banque, voilà son monument !

Pourtant, Bethune s'intéressait à autre chose qu'à son travail. Joueur de curling enthousiaste, il compta parmi les fondateurs du Granite Club de Toronto et en fut président en 1890. Il appartenait au Royal Canadian Yacht Club, jouait très bien au golf et au cricket, et adorait le whist. Le personnel de la banque, semble-t-il, partageait son goût pour les sports. Dans les années 1880, son équipe de hockey affronta les équipes d'autres banques au port de Toronto. L'un des commis de Bethune, Thomas Scott, fut un aspirant sérieux au championnat ontarien de golf en 1889.

En février 1895, Robert Henry Bethune subit une légère attaque qui le paralysa temporairement. Il se remit suffisamment pour retourner au travail, mais il ne pouvait pas décroiser les jambes complètement. Peu après, il contracta une pneumonie. Une hémorragie cérébrale massive l'emporta le 27 mars.

PHILIP CREIGHTON

« The late R. H. Bethune », Canadian Bankers' Assoc., *Journal* (Toronto), 2 (1894–1895) : 425–427, et une photographie du sujet face à la page 425. — *Monetary Times,* 29 mars, 31 mai 1895. — *Toronto Daily Mail,* 1er nov. 1889. — *Toronto World,* 5 févr. 1892, 28 mars 1895. — *Cyclopædia of Canadian biog.* (Rose et Charlesworth), 2. — Dominion Bank, *Fifty years of banking service, 1871–1921 : the Dominion Bank,* [O. D. Skelton *et al.*, compil.] (Toronto, 1922). — J. C. Hopkins, « Historical sketch of the Dominion Bank from incorporation up to 1912 », Dominion Bank, *Annual report* (Toronto), 1912 : 29–37.

BILL, INGRAHAM EBENEZER, ministre baptiste, journaliste et auteur, né le 19 février 1805 à Billtown, Nouvelle-Écosse, fils d'Asahel Bill et de Mary Rand ; le 20 avril 1826, il épousa dans le canton de Cornwallis, Nouvelle-Écosse, Isabella Lyons, et ils eurent au moins cinq enfants, dont une fille, puis le 14 mai 1873, à Boston, Mme Susan L. Dove ; décédé le 4 août 1891 à St Martins, Nouveau-Brunswick.

Comme Ingraham Ebenezer Bill n'avait que neuf ans environ à la mort de son père, les influences qui marquèrent ses jeunes années furent celles de son frère aîné Caleb Rand et de son pasteur, Edward Manning*. Les deux hommes le dirigèrent sur le sentier de l'engagement chrétien et social. Le 8 août 1824, il reçut le baptême de Manning et se joignit à la congrégation baptiste de Cornwallis.

En 1827, après une longue et dure bataille contre ses craintes et ses doutes, Bill commença à prêcher dans le canton de Cornwallis. L'année suivante, il s'installa à Nictaux, en Nouvelle-Écosse, pour prêter main-forte à Thomas Handley Chipman, qui se faisait vieux. Consignant dans son journal l'ordination de Bill le 2 mars 1829, Manning écrivit : « Je n'ai jamais vu un jeune homme à l'air aussi solennel et radieux à son ordination. » Un an plus tard, à la mort de Chipman, Bill devint pasteur de la communauté très dispersée de Wilmot-Nictaux. Il se fit rapidement connaître comme l'un des jeunes ministres les plus populaires et efficaces des Maritimes. Grâce à une série de revivals, il put agrandir son église ; en 1837, c'était le plus grand temple baptiste des Maritimes. Sauf pendant une période de 18 mois en 1840–1842 où il fut pasteur à l'église baptiste de Fredericton, il allait demeurer à Nictaux jusqu'en 1852. Cette année-là, il retourna au Nouveau-Brunswick pour occuper la fonction de pasteur à l'église baptiste Germain Street, à Saint-Jean. Il fut par la suite ministre du culte à Carleton (Saint-Jean) et à St Martins.

Étant donné les talents de prédicateur de Bill, il n'est pas étonnant qu'on ait pensé à lui pour prendre en main d'autres secteurs d'activité religieuse. Même s'il n'avait pas fait de longues études, il acquit très tôt un profond respect pour l'instruction. L'intérêt qu'il portait à cette cause en fit un allié naturel des baptistes de Halifax, bien déterminés, à l'automne de 1838, à établir un collège confessionnel. Au cours d'une réunion tenue en octobre chez Bill, à Nictaux, et à laquelle assistaient Edmund Albern Crawley* et John PRYOR, on décida de fonder le Queen's College (renommé Acadia en 1841). Après que la Nova Scotia Baptist Education Society eut approuvé officiellement cette décision le 15 novembre, Bill fut nommé au comité de gestion de cet organisme et désigné agent financier du nouveau collège.

Au cours des 50 années qui suivirent, peu de personnes firent preuve d'un appui aussi indéfectible à l'Acadia College. Entre 1838 et 1884, Bill participa d'abord au comité de gestion, puis au conseil d'administration du collège. Il fit souvent la tournée des Maritimes, en quête d'appuis financiers et d'étudiants pour cet établissement. En 1844–1845, il alla jusqu'en Géorgie pour recueillir des fonds. Le gouverneur de la Caroline du Sud lui donna 50 $, mais la plupart des autres habitants du Sud ne contribuèrent pas à sa campagne parce que les baptistes des Maritimes étaient abolitionnistes. Toujours à la recherche de fonds, il se rendit en Grande-Bretagne en 1849 et en 1874. En reconnaissance de son dévouement pour la cause de l'instruction, l'Acadia College lui conféra en 1881 un doctorat honorifique en théologie.

La visite de Bill aux États-Unis lui avait fait vivement prendre conscience des besoins en matière « d'instruction féminine ». Il avait fait faire de bonnes études à sa fille unique, Mary ; à l'automne de 1845, avec l'aide de son père, elle ouvrit un pensionnat pour jeunes filles dans la maison familiale de Nictaux, première école de ce genre dirigée par les baptistes de la Nouvelle-Écosse. Bill mena une dure et longue campagne pour que les femmes aient plus de chances de s'instruire, et il vécut assez longtemps pour voir sortir des diplômées de l'Acadia College dans les années 1880.

De toute évidence, Bill ne craignait pas les changements dans la société ni dans son église. Il se fit l'un des champions de la tempérance dans la région de Nictaux ; en 1834, il pouvait déclarer avec fierté que tous les débits d'alcool avaient été forcés de fermer leurs portes. Pendant son bref ministère à Fredericton, on introduisit de la musique d'orgue aux offices qu'il présidait. Plusieurs fidèles scandalisés se joignirent alors à d'autres congrégations plus traditionnelles.

Bill était un promoteur enthousiaste de la participation des baptistes des Maritimes aux missions étrangères. Dans les années 1850, il tenta sans succès de mettre sur pied une mission baptiste en Australie, peut-être parce que deux de ses fils s'étaient établis là-bas. En 1870, il fut l'un des premiers à demander l'établissement d'un champ de mission distinct en Asie pour les baptistes des Maritimes ; durant 25 ans, ils avaient soutenu le travail de leurs coreligionnaires américains en Birmanie.

Presque tous les aspects de la vie confessionnelle passèrent sous la direction énergique de Bill. Secrétaire pendant 10 ans (1846–1856) de la Baptist Convention of Nova Scotia, New Brunswick and Prince Edward Island, regroupement qui venait de se former, il en occupa par la suite la présidence. En 1852, il devint rédacteur en chef du *Christian Visitor,* journal baptiste publié au Nouveau-Brunswick, et demeura à ce poste jusqu'en 1872.

Sa longue expérience au sein de l'Église baptiste, son rôle dominant dans l'évolution de celle-ci et sa connaissance intime des pères fondateurs de la confession amenèrent Bill au « devoir sacré » de consigner l'histoire des baptistes de doctrine stricte dans les Maritimes. À part la série d'articles de John Mockett Cramp*, parus dans le *Christian Messenger* dans les années 1860, le livre de Bill intitulé *Fifty years with the Baptist ministers and churches of the Maritime provinces of Canada* et publié à Saint-Jean, en 1880, constituait la première tentative de recueil historique. Bien que cet ouvrage soit plus narratif qu'analytique, sa publication marqua un point important dans la prise de conscience des baptistes des Maritimes à l'égard de leurs origines.

Évangéliste, pasteur et animateur religieux efficace, Ingraham Ebenezer Bill fut la figure dominante du groupe désigné comme la deuxième génération des dirigeants de l'Église baptiste des Maritimes.

BARRY M. MOODY

Outre son histoire des Baptistes des Maritimes, Ingraham Ebenezer Bill a écrit *Affectionate reminiscences of an only daughter and first-born son* [...] (Saint-Jean, N.-B., 1865).

Acadia Univ. Arch. (Wolfville, N.-É.), Board of Governors, minutes, 1850–1883. — Atlantic Baptist Hist. Coll., Acadia Univ., Fredericton, Brunswick Street United Baptist Church, records of the Baptist Church, Fredericton, 1814–1871 ; Edward Manning, corr. and journals ; Nova Scotia Baptist Education Soc., minutes. — Germain Street Baptist Church (Saint-Jean), Records, 1853–1883 (mfm aux APNB). — Baptist Convention of Nova Scotia, New Brunswick and Prince Edward Island, *Minutes* (Fredericton, etc.), 1846–1855. — Baptist Convention of the Maritime Provinces of Canada, *Baptist year book* (Halifax), 1870–1871 ; 1891. — Nova Scotia Baptist Assoc., *Minutes* (Halifax), 1829–1837. — *Christian Messenger* (Halifax), 1837–1872. — *Christian Visitor* (Saint-Jean), 1852–1872. — R. G. Baxter, *A history of the Nictaux United Baptist Church, 1779–1978* ([Nictaux, N.-É., 1978]). — Eaton, *Hist. of Kings County*. — *The history of Germain Street Baptist Church, St. John, N.B., for its first one hundred years, 1810–1910* (Saint-Jean, 1910).

BIRD, JAMES (appelé aussi **Jimmy Jock**), trafiquant de fourrures, chasseur, interprète et guide, né vers 1798, probablement à Carlton House (près de Fort-à-la-Corne, Saskatchewan), troisième fils de James Bird* et de sa femme crie, probablement appelée Mary ; il eut plusieurs épouses et au moins 11 enfants ; décédé le 11 décembre 1892 dans la réserve des Pieds-Noirs, au Montana.

Fils sang-mêlé d'un fonctionnaire de la Hudson's Bay Company, James Bird fut élevé dans divers postes de la compagnie situés dans le district de la Saskatchewan, surtout à Edmonton House (près de Fort Saskatchewan, Alberta), et il reçut son instruction de son père. Entré au service de la compagnie en août 1809, il fit un apprentissage de cinq ans, tout d'abord à York Factory (Manitoba) et, de 1810 à 1815, à Edmonton House. En poste, ensuite, au fort Qu'Appelle (Fort Qu'Appelle, Saskatchewan), il fut l'un de ceux que des hommes de la North West Company capturèrent en mai 1816, durant les hostilités qui opposèrent les deux entreprises rivales dans la traite des fourrures [V. Cuthbert Grant*]. On le relâcha bientôt, mais ces événements suscitèrent en lui de tenaces préjugés antifrançais et anticanadiens.

Bird passa les cinq années suivantes dans le district de la Saskatchewan. Comme il avait fini par maîtriser cinq langues autochtones en plus du français et de l'anglais, on l'engagea à titre d'interprète et on l'envoya souvent vivre au sein de bandes indiennes dans le but de les encourager à recueillir des fourrures pour en faire la traite avec les postes de la Hudson's

Bay Company. Durant l'été de 1819, il aida à amener des chevaux de la Hudson's Bay Company d'Edmonton House jusqu'à la colonie de la Rivière-Rouge (Manitoba). Responsable d'un poste avancé au lac Moose (près de Bonnyville, Alberta) pendant une partie de la saison de traite de 1819–1820, il fut envoyé la saison suivante en établir un autre au ruisseau White Earth.

Bird quitta la Hudson's Bay Company en avril 1821 afin de chasser et de trapper pour son propre compte dans le territoire situé de chaque côté des Montagnes Rocheuses, au nord et au sud du 49e parallèle. Sauf en ce qui concerne un voyage effectué en 1823 pour amener les chevaux d'un particulier à la Rivière-Rouge, il voyagea et vécut avec les Pieds-Noirs durant les années 1820. Il épousa vers 1825 une Peigan, Sarah (Sally), et cette année-là, avec un groupe important de Peigans et de Gens-du-Sang, il rencontra un chef de poste de la Hudson's Bay Company, Peter Skene Ogden*, dans la région de la rivière Snake. Convaincus de l'influence de Bird sur les Indiens des Plaines, dont il avait adopté le mode de vie, les responsables de la compagnie commencèrent à l'employer à titre d'agent non officiel dès la fin des années 1820. Toutefois, à la suite d'une dispute à propos d'argent, il quitta la Hudson's Bay Company en 1831 afin d'aider l'American Fur Company à consolider ses activités entreprises depuis peu parmi les Pieds-Noirs installés près du confluent des rivières Missouri et Marias. Sa réputation d'avoir de l'ascendant sur les Indiens fut compromise en octobre 1832 lorsque les Pieds-Noirs avec lesquels il voyageait tuèrent un trafiquant de l'American Fur Company, William Henry Vanderburgh. Bird quitta la compagnie américaine peu de temps après pour revenir à la Hudson's Bay Company à titre de commis en juin 1833.

Durant les années 1830, Jimmy Jock, comme on en vint à appeler Bird, vécut parmi les Pieds-Noirs et tenta de les ramener à la traite avec les postes de la Saskatchewan. La position de l'American Fur Company sur le Missouri était cependant trop forte, et même avec l'aide de Bird la Hudson's Bay Company fut incapable de regagner le terrain perdu. Bird avait adopté dans une large mesure le mode de vie des Pieds-Noirs et, lorsque l'un de ses parents indiens fut tué dans une bataille avec des trafiquants américains à Pierre's Hole (Teton Basin, Idaho) en juillet 1832, il accepta tout naturellement la responsabilité de venger sa mort. En mai 1836, il tira donc sur le présumé assassin, Antoine Godin, à l'extérieur du fort Hall (près de Fort Hall, Idaho), au moment où il fumait la pipe avec lui. En 1841, on ne renouvela pas le contrat qui le liait à la Hudson's Bay Company ; à l'instar de leurs concurrents américains, les gens de la compagnie en étaient venus à considérer Bird comme imprévisible et indigne de confiance.

Cette année-là, Bird servit de guide à un groupe de colons qui se rendaient de la rivière Rouge jusqu'au Columbia sous la direction de son beau-frère, James Sinclair*. Il les accompagna depuis Carlton House jusque dans les Rocheuses, où il les laissa à un autre guide, Bras Croche (Maskepetoon*). Plus tôt la même année, en avril, Bird avait servi d'interprète au missionnaire méthodiste Robert Terrill RUNDLE, avec qui il travailla périodiquement comme guide et interprète jusqu'en 1848. Vers la fin de 1845, un missionnaire catholique, Pierre-Jean De Smet*, l'engagea au même titre. À cause de l'esprit d'indépendance de Bird, des difficultés surgirent avec l'un et l'autre missionnaire. À plusieurs occasions, il refusa de servir d'interprète à Rundle après lui avoir fait rencontrer des Pieds-Noirs, et il mit soudainement fin à son entente avec De Smet peu de temps après avoir emmené le groupe du missionnaire de Rocky Mountain House (Alberta) jusque dans les Prairies.

Même s'il était toujours en étroite relation avec les Pieds-Noirs, Bird passa l'hiver de 1843–1844 avec une bande d'Assiniboines, celui de 1844–1845 seul avec sa famille, au pied des collines au sud de la rivière Bow, et l'hiver de 1847–1848 à Rocky Mountain House, temporairement désertée. Durant ces années, il eut à souffrir périodiquement de graves problèmes de vision (il allait devenir complètement aveugle au cours des années 1870). Au début des années 1850, Bird descendit plus au sud, dans les environs du fort Benton (Fort Benton, Montana) où, en 1854–1855, il fut de nouveau employé par l'American Fur Company. En 1855, le gouvernement des États-Unis l'engagea à titre d'interprète principal auprès des Pieds-Noirs durant les pourparlers qui précédèrent la signature du traité avec ces Indiens et les tribus voisines [V. Peenaquim*].

Au printemps de 1856, Bird quitta cette région pour la colonie de la Rivière-Rouge où un grand nombre de ses parents, y compris son père, s'étaient établis. Il fit l'acquisition d'un terrain et d'une maison sur le bord de la rivière, quelque 12 milles en aval d'Upper Fort Garry (Winnipeg). Quelque temps après le soulèvement de 1869–1870 [V. Louis Riel*], il quitta l'établissement pour retourner chez les Pieds-Noirs où, en 1877, jouissant de la confiance des fonctionnaires du gouvernement canadien et des chefs autochtones, il servit d'interprète pour le traité no 7 à Blackfoot Crossing (Alberta) [V. Isapo-muxika*]. Avec sa femme Sarah, Bird parcourut en charrette à partir de la Rivière-Rouge une grande partie du territoire qui constitue aujourd'hui la Saskatchewan et l'Alberta, avant de se fixer dans une réserve. Le couple vécut dans la réserve des Peigans (Alberta) de 1885 à 1887 ; en 1890, il habitait la réserve des Pieds-Noirs, au Montana, où Bird mourut nonagénaire en 1892.

D'une indépendance farouche, James Bird se rebiffa devant l'autorité et choisit de vivre en homme libre plutôt que de servir longtemps une compagnie. Il provoqua la colère des fonctionnaires de la traite des fourrures qui laissèrent de lui à la postérité l'image en bonne partie imméritée d'un personnage irresponsable et enclin à un comportement irrationnel. Durant sa vie, qui couvre presque tout le XIXe siècle, il joua cependant un rôle important dans les communications entre les trafiquants de fourrures, les missionnaires, les fonctionnaires du gouvernement et les autochtones avec lesquels il se sentait en une si grande affinité.

DAVID SMYTH

AN, MG 19, E1 ; RG 10, B3, 3585, 3779 ; CII, 1157 ; 1429 : 1665 ; RG 15, DII, 1, vol. 1325, file HB 285 ; vol. 1336, claim 90 ; vol. 1391, n° 7066 ; 3, vol. 170, file HB 18, part. I. — Mo. Hist. Soc. (St Louis), Chouteau coll., boxes 24, 33, 36 ; William Clark papers, box 5 ; Andrew Drips papers ; Fur trade ledgers, T ; V. — Mont. Hist. Soc. (Helena), T. J. Bird reminiscence. — National Arch. (Washington), RG 75, M5, roll 22 ; M234, rolls 30, 884, 907 ; T494, roll 5. — PAM, HBCA, A.6 ; A.16 ; A.30 ; A.32 ; B.21 ; B.22 ; B.27 ; B.60 ; B.115 ; B.184 ; B.235 ; B.239 ; C.1 ; D.3 ; D.4 ; D.5 ; E.4 ; E.5 ; E.6 ; MG 7, B6. — W. H. Cox, « Diary of a mountie, from 1880 to '85 », *Lethbridge Herald* (Lethbridge, Alberta), 11 juill. 1935 : 67–76. — P.-J. De Smet, *Life, letters and travels of Father Pierre-Jean De Smet, s.j., 1801–1873* [...], H. M. Chittenden et A. T. Richardson, édit. (4 vol., New York, 1905 ; réimpr., 1969). — James Doty, « A visit to the Blackfoot camp », H. A. Dempsey, édit., *Alta. Hist. Rev.*, 14 (1966), n° 3 : 17–26. — *Early western travels, 1748–1846 ; a series of annotated reprints of some of the best and rarest contemporary volumes of travel* [...], R. G. Thwaites, édit. (32 vol., Cleveland, Ohio, 1904–1907), 21 ; 23. — « The Fort Benton journal, 1854–1856 », Mont., Hist. Soc., *Contributions* (Helena), 10 (1940) : 1–100. — [James] Hargrave, *The Hargrave correspondence, 1821–1843*, G. P. de T. Glazebrook, édit. (Toronto, 1938). — *HBRS*, 19 (Rich et Johnson). — L. H. Morgan, *The Indian journals, 1859–62*, L. A. White, édit. (Ann Arbor, Mich., [1959]). — Morris, *Treaties of Canada with the Indians*. — *Paul Kane's frontier, including* Wanderings of an artist among the Indians of North America *by Paul Kane*, introd. de J. R. Harper, édit. (Austin, Tex., [1971]). — [R. T.] Rundle, *The Rundle journals, 1840–1848*, introd. de G. M. Hutchinson, H. A. Dempsey, édit. (Calgary, 1977). — George Simpson, *An overland journey round the world, during the years 1841 and 1842* (Philadelphie, 1847). — *Edmonton Bulletin*, 28 mars 1885, 16 mai 1892. — J. S. H. Brown, *Strangers in blood : fur trade company families in Indian country* (Vancouver et Londres, 1980). — A. L. Haines, « Antoine Godin », *The mountain men and the fur trade of the far west* [...], L. R. Hafen, édit. (10 vol., Glendale, Calif., 1965–1972), 2 : 175–178. — Grant MacEwan, *Métis makers of history* (Saskatoon, 1981). — Turner, *NWMP*. — J. E. Wickman, « James Bird, Jr. », *The mountain men and the fur trade of the far west*, 5 : 39–43. — W. J. Betts, « From Red River to the Columbia, the story of a migration », *Beaver*, outfit 301 (printemps 1971) : 50–55. — G. H. Gunn, « Jimmy Jock », the story of the Englishman who turned Indian in the palmy days », *Manitoba Free Press*, 8 nov. 1930, Saturday story sect. : 7, 11. — David Smyth, « The struggle for the Piegan trade : the Saskatchewan vs. the Missouri », *Montana* (Helena), 34 (printemps 1984) : 2–15.

BLACK WOOD ASHES. V. SI'K-OKSKITSIS

BLAND, HENRY FLESHER, ministre méthodiste, né le 23 août 1818 à Addingham, Angleterre, fils d'Anthony Bland et de Martha Flesher ; en 1846, il épousa à Addingham Emma Levell, et ils eurent cinq fils, dont Salem Goldworth* et Charles Edward qui devinrent ministres méthodistes ; décédé le 29 décembre 1898 à Smiths Falls, Ontario.

Henry Flesher Bland était « un méthodiste de la troisième génération tant par son père que par sa mère », et ses premiers souvenirs gravitaient autour de sa conversion au méthodisme, à l'âge de 13 ans, durant un revival qui avait eu lieu dans sa ville natale. Bien que son rêve d'enfant ait été de devenir missionnaire, il demeura prédicateur laïque tout le temps qu'il vécut en Angleterre. Il fut également propriétaire d'une boutique, ce qui ne l'empêcha pas de prononcer de nombreux sermons ni de se charger de deux importantes réunions de groupes de fidèles à Addingham. Actif dans des organisations de réforme politique, morale et sociale, Bland prononça des allocutions dans lesquelles il demandait l'abrogation des *Corn laws* britanniques et il joua un rôle de premier plan en éducation populaire puisqu'il mit sur pied dans sa ville un institut des artisans.

Le radicalisme politique et les tensions sociales qui agitaient la Grande-Bretagne à cette époque allaient marquer le jeune prédicateur et le confirmer dans cette idée que le christianisme évangélique avait le pouvoir de transformer la société. Bland affirmerait plus tard que « le christianisme est le véritable communisme », révélant ainsi sa profonde conviction que les doctrines du méthodisme wesleyen – qui met l'accent sur le sentiment personnel du péché, la transformation consécutive à la rencontre de l'âme avec un Christ personnel, la perfection chrétienne et la pratique de la sainteté – pouvaient faire contrepoids aux idéologies radicales et révolutionnaires répandues en Grande-Bretagne dans les années 1840. De ces convictions centrales, Bland ne s'écarterait jamais.

Bland immigra à Montréal avec sa famille en juin 1858. Comme on manquait d'argent dans le district du Bas-Canada de la Conférence méthodiste wesleyenne, les autorités ecclésiastiques voyaient d'un œil désapprobateur l'embauche d'hommes mariés qui avaient charge de famille. Bland eut toutefois la chance qu'on l'affecte à la mission de Lachute. Après avoir agi à titre de prédicateur d'une circonscription ecclésiastique et avoir été pris à l'essai comme ministre, il fut ordonné en juin 1862.

Malgré ses premières difficultés, Bland devint rapidement un membre respecté de la Conférence de Montréal. Entre 1863 et 1880, il exerça son ministère dans plusieurs grandes communautés urbaines du Québec et de l'est ontarien, plus particulièrement à Montréal, Québec, Kingston et Belleville. Il gagna l'estime de ses collègues, tant en qualité de prédicateur vigoureux que de chef de file du mouvement d'expansion de l'Église à Montréal durant les années 1860, dans le cadre duquel, grâce à sa campagne énergique, on put recueillir les fonds nécessaires à la construction de quatre nouveaux temples. Son élection à la présidence de la Conférence de Montréal en 1874, en 1876 et en 1880, et à celle de la Conférence générale en 1881, vint corroborer cette réussite.

Bland était arrivé au Canada au moment de la rencontre entre le mouvement évangélique, les théories scientifiques de Darwin et la critique historique de la Bible. Au cours des années 1870, à titre de membre de la Wesleyan Literary Association of Kingston, il eut accès à nombre d'œuvres populaires sur les théories évolutionnistes de l'époque. Son journal fait état d'une longue liste où l'on trouve le livre de Max Müller sur les religions comparées, les histoires de James Anthony Froude, de Thomas Babington Macaulay et de Francis PARKMAN, de même que l'ouvrage dans lequel Henry Drummond fait la fusion entre l'évolutionnisme de Herbert Spencer et la théologie chrétienne, *Natural law in the spiritual world*. Devant ces écrits qui mettaient en question sa foi, Bland réagit d'une manière caractéristique à bien des méthodistes canadiens. Sans être indifférent à certains aspects de l'argumentation évolutionniste, il demeurait profondément ancré dans la théologie traditionnelle de ses premières années de prédication. De fait, dans les sermons qu'il prononça entre 1860 et 1890, il continua surtout à parler de la notion de péché personnel, du repentir et de la présence du Christ insufflée au cœur du pécheur. Ses opinions sur l'autorité et la source d'inspiration de la Bible demeuraient également traditionnelles, comme s'il n'avait pas été touché par la « critique des sources ». Pour lui, la Bible n'était rien de moins que « la Vraie Parole », une révélation divine irréfutable sur le plan théologique et moral et une histoire de la société humaine. La lecture des grands apologistes anglais William Paley et Joseph Butler ne venait que renforcer ses opinions.

En 1883, le Victoria College de Cobourg, en Ontario, invita Bland à donner une série de conférences. Publiées sous le titre *Soul-winning,* ces allocutions donnent l'essentiel de la pensée de Bland comme prédicateur méthodiste. Elles réaffirment avec force l'opinion traditionnelle selon laquelle la religion évangélique est une expérience personnelle plutôt qu'un système d'éthique sociale. Tout en insistant sur l'importance d'une éducation libérale dans la formation du clergé, Bland rappelle aux étudiants que leur vocation « n'est pas exclusivement une vocation humaine et de sagesse. Elle porte un sceau supérieur et comporte un mandat plus noble. » Il met ses étudiants en garde contre la mode des sermons sur les questions politiques et sociales. D'après lui, un sermon doit s'appuyer sur « le Christ et la Bible », les « critères légitimes » d'une théologie autorisée.

C'est durant le mouvement qui aboutit à l'union des congrégations méthodistes en 1884 que la fidélité de Bland aux traditions du méthodisme wesleyen fut la plus évidente. À titre de leader des éléments antiunionistes, il craignait énormément que la fusion de quatre groupes fort différents ne s'avère une source de faiblesse plutôt que de vigueur. Évoquant également les difficultés financières qu'entraînerait le surplus de temples et de pasteurs, il s'opposa à ce qu'on autorise un nombre égal de délégués laïques et ecclésiastiques à la conférence générale. Une telle proposition dénigrait, selon lui, l'autorité du clergé.

Bland fut également le premier à tenter de persuader l'Église méthodiste de modifier son point de vue sur le péché et la damnation des jeunes enfants. Son intérêt pour cette question tenait à l'amer souvenir qu'il avait gardé de sa conversion. Selon lui, en insistant sur le moment vérifiable de la conversion, on excluait de l'Église les enfants qui n'avaient pas vécu cette expérience. S'opposant à d'autres leaders méthodistes en vue, il soutint que le Christ n'avait pas rejeté les enfants comme des pécheurs non repentants et qu'il incombait aux parents et aux prédicateurs de nourrir progressivement la foi chrétienne. Sa position sur ce sujet laissait entrevoir une lente transformation dans la pensée méthodiste au terme de laquelle le revivalisme allait perdre son écrasante importance. Ses vues impliquaient la création d'autres « moyens [d'accéder à la] grâce », comme les écoles du dimanche, les « nourritures chrétiennes » et l'éducation chrétienne.

La place d'honneur que Henry Flesher Bland occupe dans l'histoire du méthodisme canadien tient à l'estime dans laquelle on tenait cet énergique prédicateur et bâtisseur de temples. Très au courant de ce que l'on écrivait à son époque sur l'histoire et la théologie, Bland n'a cependant pas contribué de manière originale à ces discussions. De fait, malgré l'apparent adoucissement de ses convictions sur le péché des enfants, sa pensée n'est jamais sortie de l'orbite des doctrines traditionnelles du méthodisme wesleyen. Sa carrière illustre néanmoins la souplesse et l'esprit de conciliation avec lesquels la tradition évangélique a pu adapter ses principes aux réalités d'une époque de remise en question intellectuelle et d'expansion missionnaire.

MICHAEL GAUVREAU

Henry Flesher Bland est l'auteur de : *Universal childhood drawn to Christ ; with an appendix containing remarks on Rev. Dr. Burwash's* Moral condition of childhood (Toronto, 1882) ; et *Soul-winning : a course of four lectures delivered under the auspices of the Theological Union of Victoria University* [...] (Toronto, 1883).

UCC-C, Biog. files ; H. F. Bland papers. — Cook, *Regenerators*. — A. B. McKillop, *A disciplined intelligence : critical inquiry and Canadian thought in the Victorian era* (Montréal, 1979). — N. A. E. Semple, « The impact of urbanization on the Methodist Church in central Canada, 1854–84 » (thèse de PH.D., Univ. of Toronto, 1979).

BLANSHARD, RICHARD, gouverneur de l'île de Vancouver, né le 19 octobre 1817 à Londres, fils de Thomas Henry Blanshard, marchand aisé ; le 19 mai 1852, il épousa Emily Hyde, d'Aller, Somerset, et ils n'eurent pas d'enfants ; décédé le 5 juin 1894 dans sa ville natale.

Richard Blanshard obtint une licence ès arts de Cambridge en 1840 et une maîtrise ès arts quatre ans plus tard. Admis à la Lincoln's Inn en 1839, il fut reçu au barreau le 22 novembre 1844. Au lieu d'exercer le droit, il choisit de voyager et passa « au delà de deux ans » aux Antilles. Il servit en Inde pendant la deuxième campagne contre les sikhs, en 1848–1849, et fut décoré pour bravoure. L'armée britannique lui offrit un brevet d'officier, mais il préféra rentrer en Angleterre. Un parent, peut-être ami de sir John Henry Pelly, gouverneur de la Hudson's Bay Company à Londres, lui avait écrit que cette compagnie était sur le point de coloniser l'île de Vancouver et lui avait laissé entendre qu'il pourrait en devenir le premier gouverneur. Blanshard arriva à Londres à la fin de juin 1849 et Pelly s'empressa de recommander sa nomination. Son mandat était daté du 16 juillet. Il acceptait d'occuper le poste sans rémunération car on lui promettait une concession de 1 000 acres dans la colonie.

Au lieu de prendre le navire de la Hudson's Bay Company qui faisait le ravitaillement une fois l'an, Blanshard embarqua sur la malle des Antilles jusqu'à Panama, puis de là jusqu'au Pérou, où il monta à bord d'un vaisseau de guerre britannique, le *Driver*. À son arrivée au fort Victoria (Victoria), en mars 1850, les choses s'annonçaient mal : une tempête exceptionnelle en cette saison avait recouvert la région d'un pied de neige, et la jeune colonie n'avait nul endroit où le loger. Le 11 mars, il lut officiellement son mandat et ses instructions à une assemblée de sujets britanniques. Quelques jours plus tard, l'agent principal James Douglas* confia au gouverneur de la Hudson's Bay Company, sir George Simpson* : « Il est plutôt saisi par l'aspect sauvage de la contrée, mais s'y habituera. »

Le séjour de Blanshard allait être aussi malheureux que bref. La compagnie avait d'abord recommandé de nommer Douglas gouverneur, mais le ministère des Colonies, cédant inopinément aux pressions politiques exercées en Grande-Bretagne contre le choix d'un employé de la compagnie, avait obligé celle-ci à trouver un autre candidat. Néanmoins, elle confia à Douglas le mandat de diriger les affaires de la colonie en son nom conformément à la charte dont elle disposait. En pareilles circonstances, les conflits entre les deux hommes étaient quasi inévitables. La situation était d'autant moins simple que les administrateurs de la compagnie à Londres ne saisissaient pas toujours les réalités de la colonie. Par exemple, ils avaient promis une résidence officielle à Blanshard, sans songer que Douglas n'avait ni la main-d'œuvre ni les ressources nécessaires pour lui en faire construire une avant son arrivée. Blanshard dut donc rester à bord du *Driver* puis s'installer dans un entrepôt vide, au fort, où il habita jusqu'à la fin des travaux, à l'automne. Sidéré dès le début par le coût de la vie, il fut particulièrement ennuyé d'apprendre que le magasin de la Hudson's Bay Company pratiquait des prix discriminatoires à l'endroit de ceux qui n'étaient pas ses employés. Son mécontentement s'accrut encore lorsque Douglas l'informa que le grand terrain qu'il s'attendait à recevoir serait un domaine attaché à ses fonctions et non une propriété qu'on lui concéderait à titre personnel.

Le ministère des Colonies avait donné instructions à Blanshard de former un Parlement bicaméral, mais il ne tarda pas à découvrir que presque tous les résidents étaient des employés de la compagnie et que peu d'entre eux possédaient même assez de biens pour avoir le droit de vote. Aussi, écrivit-il à son patron, lord Grey, les seules personnes éligibles au conseil seraient « sous l'entière domination de leurs fonctionnaires supérieurs ». Il décida donc de ne pas agir avant d'avoir eu d'autres directives. Comme il n'y avait pas de colons indépendants, son travail de gouverneur se réduisait en fait à presque rien. Par ailleurs, moins il s'entendait avec Douglas, plus il fréquentait les détracteurs, de plus en plus nombreux, de la Hudson's Bay Company, dont Edward Edwards LANGFORD et Robert John Staines*.

Entre-temps, la détérioration des rapports entre les mineurs de charbon et la Hudson's Bay Company au fort Rupert (près de ce qui est aujourd'hui Port Hardy) avait amené Blanshard à intervenir dans le seul domaine où il avait quelque latitude, soit l'administration de la justice. Les mineurs s'adressèrent à lui en faisant valoir que le fonctionnaire de la compagnie qui dirigeait la mine avait incarcéré illégalement deux de leurs collègues par suite d'un arrêt de travail survenu en avril 1850 [V. Andrew Muir*]. Blanshard nomma le chirurgien de la compagnie John Sebastian Helmcken* juge stipendiaire du district et le chargea d'enquêter sur l'affaire. Avant que Helmcken ait pu faire quoi que ce soit, les mineurs partirent pour la Californie. Au cours de ses enquêtes ultérieures, trois marins de la compagnie qui avaient déserté et s'étaient réfugiés dans les bois pour échapper à la justice furent tués par des Indiens. En lisant les rapports déroutants et contradictoires qu'il reçut par la suite, Blanshard acquit la conviction que les fonctionnaires de la compagnie plaçaient les intérêts de leur employeur au-dessus des intérêts de la colonie. Il dut attendre jusqu'en octobre qu'un bâtiment de la marine royale l'escorte jusqu'au fort Rupert. Lorsqu'un détachement de la marine débarqua afin d'aller négocier avec les Indiens newitty la reddition de ceux que l'on soupçonnait d'avoir tué les trois marins, les Indiens s'enfuirent de leur village, que les Blancs incendièrent. L'été suivant, Blanshard ordonna la destruction d'un autre village newitty, ce à quoi les Indiens réagirent en exécutant eux-mêmes les suspects. Le ministère des Colonies se plaignit ensuite à Blanshard de l'impropriété de ces châtiments aveugles.

Durant tout son séjour à l'île de Vancouver, Blanshard eut de « constants accès de fièvre », et à son retour du fort Rupert au fort Victoria, en novembre, il tomba gravement malade après avoir passé sept jours dans un canot découvert. Il offrit sa démission et demanda la permission de quitter la colonie, mais la réponse se fit attendre neuf mois. Pendant cette période, aux côtés des détracteurs de la compagnie, il se querella avec Douglas au sujet de la quantité de terres revendiquées par celle-ci à titre de réserves pour la traite des fourrures. Il se plaignit qu'elle faisait exprès de retarder l'arpentage et réussit à embarrasser Douglas en signalant une irrégularité dans les prix des marchandises utilisées pour la traite avec les Indiens. En 1851, à la demande de la compagnie et d'un groupe de colons indépendants, il nomma un conseil formé de Douglas, du chef de poste John Tod* et de James Cooper*, qui se réunit pour la première fois le 30 août. Deux jours plus tard, il quittait la colonie à bord du *Daphne*. En franchissant l'isthme de Panama, son bateau fit naufrage sur le fleuve Chagres, si bien qu'il perdit la plus grande partie de ses bagages. Comble de malheur, à son arrivée à Londres, en novembre, il apprit qu'il devait rembourser environ £300 pour son voyage de retour.

Une fois en Angleterre, Richard Blanshard se maria ; apparemment, il hérita par la suite de la succession de son père. En 1857, il témoigna contre la Hudson's Bay Company devant le comité spécial du Parlement britannique sur les affaires de cette compagnie [V. sir George Simpson]. À ce moment-là, il vivait dans son domaine rural de Fairfield, dans le Hampshire, et possédait dans l'Essex un autre domaine de 1 000 acres. Il semble qu'après la mort de sa femme, en 1866, il passa la plus grande partie de son temps dans l'Essex et à Londres. Affligé d'une mauvaise santé et peut-être de cécité totale, il mourut à l'âge de 76 ans. Sa succession, qui valait plus de £130 000, alla à une nièce et à un neveu.

James E. Hendrickson

Les seuls documents qui subsistent concernant Richard Blanshard sont sa correspondance avec le ministère des Colonies (PRO, CO 305, particulièrement 305/2 : 49 et suivantes) et quelques documents du temps où il était gouverneur de l'île de Vancouver (PABC, Add. MSS 611). À cela il faut ajouter les James Douglas papers des PABC, particulièrement ses lettres au siège social de la Hudson's Bay Company (PABC, A/C/20/Vi2 et *HBRS*, 32 (Bowsfield) et la lettre de Douglas à Simpson datée du 20 mars 1850 (PAM, HBCA, D5/27) ; et Helmcken, *Reminiscences* (Blakey Smith et Lamb). Blanshard a aussi présenté un bref témoignage devant le comité spécial sur la Hudson's Bay Company (Voir G.-B., Parl., House of Commons paper, 1857, *Reports* (session II), 15, n°s 224, 260).

Parmi les études utiles de la carrière de Blanshard, on trouve : W. E. Ireland, « The appointment of Governor Blanshard », *BCHQ*, 8 (1944) : 213–226 ; W. K. Lamb, « The governorship of Richard Blanshard », *BCHQ*, 14 (1950) : 1–40 ; et l'introduction de Margaret A. Ormsby à *HBRS*, 32. Son rôle dans l'affaire du fort Rupert est à la fois compliqué et controversé. Le résumé le plus complet figure dans l'ouvrage de B. M. Gough, *Gunboat frontier : British maritime authority and northwest coast Indians, 1846–1890* (Vancouver, 1984), 32–49, mais il faut aussi voir celui de R. [A.] Fisher, *Contact and conflict : Indian-European relations in British Columbia, 1774–1890* (Vancouver, 1977), 49–53. Une brève note sur Blanshard apparaît dans *Alumni oxonienses ; the members of the University of Oxford, 1715–1886* [...], Joseph Foster, compil. (4 vol., Oxford, Angl., et Londres, 1888). [J. E. H.]

BLONDIN, CHARLES. V. Gravelet, Jean-François

BLOOMER, MARGARET. V. Finlayson, Margaret

BONEKEOSH. V. Ponekeosh

BORDEN, HAROLD LOTHROP, officier dans la milice et dans l'armée, né le 23 mai 1876 à Canning, Nouvelle-Écosse, fils unique de Frederick William Borden* et de Julia Maude Clarke ; mort au combat, célibataire, le 16 juillet 1900 à Witpoort (Afrique du Sud).

Le père de Harold Lothrop Borden, cousin du futur premier ministre conservateur sir Robert Laird Borden*, représenta la circonscription de Kings, en Nouvelle-Écosse, à la chambre des Communes à compter de 1874 ; il fut nommé ministre de la Milice et de la Défense dans le cabinet libéral de Wilfrid Laurier* en 1896. Après ses études dans la vallée d'Annapolis, Harold obtint son diplôme du Mount Allison College en 1897. Il souhaitait devenir médecin comme son père et son grand-père, et entra à l'automne même à l'école de médecine de la McGill University. Sir Robert Borden écrirait plus tard au sujet de son parent : « C'était un jeune homme superbe et plein de promesses. Je me souviens très bien de lui : grand, six pieds quatre pouces de taille, les cheveux sombres, beau, d'une belle prestance. Il était l'espoir et la joie de son père. »

Étudiant et sportif doué, Borden était aussi un membre passionné de la cavalerie de la milice. En 1897, on le nomma officier dans les King's Canadian Hussars, où il était entré à titre de cavalier à l'âge de 17 ans. La même année, avec plusieurs autres officiers de la milice, il accompagna Laurier à Londres pour le soixantième anniversaire du règne de la reine Victoria. Deux ans plus tard, il était promu major et commandant de son unité.

Après un débat houleux, le cabinet de Laurier décida en octobre 1899 de permettre le recrutement de Canadiens qui iraient grossir les rangs britanniques pour combattre les Boers en Afrique du Sud. Borden quitta rapidement l'école de médecine pour se porter volontaire. Au Canada anglais, l'enthousiasme populaire était tel que Borden, comme bien d'autres jeunes officiers de la milice, dut accepter un grade inférieur pour avoir le privilège d'être du nombre. Le lieutenant Borden de l'escadron B des 1st Canadian Mounted Rifles débarqua avec son régiment au Cap le 21 mars 1900, soit quatre mois après l'arrivée du premier contingent canadien [V. sir William Dillon Otter*]. Après une semaine d'entraînement sur place, dans des uniformes kaki auxquels ils étaient peu habitués, les soldats de l'unité de Borden partirent vers le nord le long du seul chemin de fer qui menait à Pretoria, capitale de la république des Boers du Transvaal.

La guerre commencée l'automne précédent avait mal tourné pour les Britanniques. Lourdes et encombrantes, leurs unités étaient des cibles faciles pour les habiles tireurs des commandos boers. Quand le régiment de Borden arriva en Afrique du Sud, l'armée britannique avait déjà essuyé les défaites de la « semaine noire » de décembre 1899 ; avec les petites unités coloniales qui l'avaient rejointe, elle aurait encore à affronter plus de deux années de combats incessants et, pire encore, de maladie. En peu de temps, les Canadian Mounted Rifles avaient vu suffisamment de batailles acharnées pour que leurs volontaires les plus enthousiastes se transforment en vétérans endurcis, sinon désillusionnés.

Au cours du mois de mai 1900, Borden se distingua si bien par sa « bravoure et son intrépidité » que son nom figura deux fois dans des dépêches du feld-maréchal lord Roberts, commandant en chef britannique en Afrique du Sud : « le lieutenant H. L. Borden, pour sa bravoure au moment de la traversée à la nage de la rivière Vet sous le feu de l'ennemi le 5 mai et à l'occasion de la capture de certains fourgons ennemis le 30 mai ».

L'armée britannique dut livrer bien des batailles dans sa lente marche vers la capitale et au delà ; c'est au cours de l'une d'elles que Borden trouva la mort, le 16 juillet. Pour contrer l'avance britannique, le général boer Louis Botha avait adroitement déployé ses hommes dans les montagnes à l'est de Pretoria. Voulant aider les Royal Irish Fusiliers et des Néo-Zélandais à résister à l'attaque ennemie sur la crête de Witpoort, les lieutenants Borden et John Edgar Burch lancèrent une contre-attaque, qui ne réussit qu'au prix de leur vie. À moins de 200 verges, les tireurs d'élite boers firent feu sur eux au moment où ils se levaient pour conduire leurs fusiliers.

Lord Roberts écrivit au ministère de la Guerre que Borden et Burch avaient « été tués en menant courageusement leurs hommes dans une contre-offensive sur le flanc de l'ennemi, à un moment critique de l'assaut contre [les] troupes [britanniques] ». On avait enseveli leurs corps à la lueur des lanternes près du champ de bataille ; plus tard, on les transférerait dans un petit cimetière à Brakpan. La reine Victoria demanda à Frederick William Borden une photographie de son fils, Laurier fit son éloge, les témoignages affluèrent de tous les coins du Canada et, dans la ville natale du lieutenant, on érigea un monument à sa mémoire.

Des Canadiens s'étaient énergiquement opposés à ce que leur pays s'engage dans le conflit en Afrique du Sud mais, pour la plupart des citoyens d'expression anglaise, le service militaire était accepté et même accueilli comme un signe de reconnaissance de la place du Canada dans l'Empire britannique. De la centaine de Canadiens victimes de cette guerre – la maladie en emporta un plus grand nombre encore –, Harold Lothrop Borden est le plus célèbre. Le fait d'avoir été le fils unique du ministre de la Milice et de la Défense n'est évidemment pas étranger à ce phénomène. Sa mort allait symboliser le service sous les drapeaux de ses quelque 7 000 compatriotes qui, avec enthousiasme, s'étaient portés volontaires pour cette lointaine campagne impériale et le prix qu'il en coûta au Canada.

ROY MACLAREN

Argosy (Sackville, N.-B.), 24 (1897–1898), nº 1 : 8–9. — R. L. Borden, *Robert Laird Borden : his memoirs* (2 vol., Toronto, 1938), 1. — Canada, Parl., *Doc. de la session*, 1901, nº 35a. — *Chronicle* (Montréal), 20 juill. 1900. — *Acadian Recorder*, 18, 25 juill. 1900. — Eaton, *Hist. of Kings County*. — W. S. Evans, *The Canadian contingents and Canadian imperialism : a story and a study* (Toronto, 1901). — Brereton Greenhous, *Dragoon : the centennial history of the Royal Canadian Dragoons, 1883–1983* (Belleville, Ontario, 1983).

BOTSFORD, AMOS EDWIN, cultivateur, officier de milice, juge de paix, juge, homme politique et homme d'affaires, né le 25 septembre 1804 à Saint-Jean, Nouveau-Brunswick, deuxième fils de William Botsford* et de Sarah Lowell Murray, née Hazen ; en septembre 1864, il épousa à Sackville, Nouveau-Brunswick, Mary Arabella Allison, née Cogswell, et ils n'eurent pas d'enfants ; décédé le 19 mars 1894 au même endroit.

En 1808, Amos Edwin Botsford alla habiter avec sa famille à Westcock, au Nouveau-Brunswick, où son grand-père Amos Botsford* s'était installé en 1790. Il fréquenta la Westmorland Grammar School et étudia un peu le droit avec son père. Il exerça ensuite le métier de cultivateur et en vint à exploiter des centaines d'acres de terre fertile dans les régions marécageuses et les plateaux de Tantramar. Au cours des années 1830, il fut juge de paix et doyen des juges à la Cour inférieure des plaids communs du comté de Westmorland. Toujours sur le plan local, il servit dans le 2nd Battalion of Westmorland County Militia et devint capitaine en 1823. Neuf ans plus tard, il accédait au grade de lieutenant-colonel et succédait à son père à la tête de cette unité, commandement qu'il conserverait jusqu'en 1867.

Comme sa famille s'intéressait activement aux affaires publiques, il était inévitable que Botsford tentât sa chance dans l'arène politique. Candidat aux élections de 1830, il fut défait dans la circonscription de Westmorland qu'avaient occupée son grand-père et son père. Trois ans plus tard, il devint membre du Conseil législatif et le demeura jusqu'à la Confédération. Il siégea également au Conseil exécutif de 1838 à 1840.

À titre de conseiller, Botsford représenta parfois le Nouveau-Brunswick à des pourparlers interprovinciaux et internationaux. En 1836, par exemple, avec Edward Barron Chandler*, il fut nommé commissaire pour régler la question de la frontière avec la Nouvelle-Écosse ; en 1839, il se rendit à Québec pour déterminer la frontière entre le Bas-Canada et le Nouveau-Brunswick et, la même année, à Washington, à titre de commissaire chargé d'examiner un problème frontalier. Le lieutenant-gouverneur, sir Edmund Walker Head*, lui confia en 1852, en raison de « sa discrétion et de son intelligence », l'une de ses missions les plus importantes. Il devait représenter la province aux entretiens sur la réciprocité, à Washington.

Ardent partisan de Samuel Leonard TILLEY et de la Confédération, Botsford combattit son jeune frère Bliss*, qui représentait l'opposition à ce projet au sein de la chambre d'Assemblée. En avril 1866, il présenta au Conseil législatif une proposition qui demandait l'union fédérale des provinces, motion qui fut adoptée. Après la chute, ce même mois, du gouvernement anticonfédéral d'Albert James Smith*, le lieutenant-gouverneur Arthur Hamilton Gordon* invita Botsford à former un nouveau gouvernement, mais il refusa. Aux élections suivantes, la campagne qu'il mena pour Tilley n'eut pas beaucoup de succès dans le comté de Westmorland, où furent élus quatre adversaires du projet confédératif, dont son frère. C'est quand même Tilley qui fut porté au pouvoir et la thèse de la Confédération l'emporta. En mai 1867, une proclamation royale nomma Botsford au premier Sénat canadien. Malgré son style relativement effacé en chambre, il y remplit les fonctions de président à deux reprises : du 3 au 5 juin 1872 et du 16 février au 19 avril 1880.

Botsford servit activement l'Église d'Angleterre à titre de laïque. Il fréquentait l'église St Ann à Westcock, construite en 1817 sur un terrain donné par son père. Il se joignit d'ailleurs à ce dernier comme marguillier et, jusqu'à sa mort, prêta son concours à l'entretien des églises anglicanes de sa région. Son attachement à l'Église d'Angleterre le mena, en mars 1845, à un affrontement avec Humphrey Pickard*, directeur de la Wesleyan Academy de Sackville. Ayant entendu dire que l'aumônier de cette école, Albert Des Brisay*, avait « recours à une méthode des plus singulières pour gagner les élèves à la foi méthodiste, en exploitant craintes et passions de la jeunesse », Botsford voulut dissuader le conseil d'accorder une subvention de £300 à l'école. Malgré la vigueur avec laquelle Pickard se défendit de « porter atteinte aux principes religieux des jeunes issus de familles membres d'autres confessions », Botsford refusa de revenir sur ses affirmations. Rien ne prouva, cependant, que Des Brisay avait fait du prosélytisme et le gouvernement continua à verser des subventions à la Wesleyan Academy.

Dans le domaine agricole, Botsford ne se limita pas à l'exploitation de sa grande ferme. Membre actif de la Sackville and Westmorland Agricultural Society, il représenta le comté de Westmorland au sein de la Chambre d'agriculture provinciale établie en 1859 par le gouvernement et dont il fut même président un certain temps. En exerçant une surveillance étroite sur les subventions gouvernementales versées aux sociétés agricoles régionales, la chambre favorisait les nouvelles cultures, l'importation d'animaux reproducteurs et la culture de racines comestibles utilitaires. Quand Botsford fit partie du comité de planification, elle entreprit également de tenir une exposition provinciale annuelle, et la première eut lieu le 1er octobre 1861.

Au cours de la seconde moitié du XIXe siècle, les perspectives d'avenir s'améliorèrent de façon spectaculaire dans le monde des affaires néo-brunswickois, surtout après l'adoption de la Politique nationale de sir John Alexander MACDONALD, en 1879. Tout ce qu'il fallait pour assurer le développement commercial de la province, c'était l'ambition et le capital des entrepreneurs, et Botsford fut l'un de ceux qui s'engagèrent dans l'aventure. Il concentra son action à Moncton, en investissant de fortes sommes dans la Moncton Gas Light and Water Company, la Moncton Cotton Manufacturing Company et l'Acadia Sugar Refinery. Il possédait aussi des actions de la Sackville Electric Light and Telephone Company. Mais le projet le plus important où il s'engagea fut celui du chemin de fer destiné à relier le Nouveau-Brunswick et l'Île-du-Prince-Édouard. Quand cette dernière entra dans la Confédération, en 1873, elle reçut la promesse d'un « lien permanent » avec le continent et, l'année suivante, quelques-uns des citoyens les plus en vue de Sackville se groupèrent pour élaborer le projet d'un embranchement de l'Intercolonial qui relierait Sackville et Cape Tormentine, point du continent le plus rapproché de l'île. Botsford se joignit au riche homme d'affaires Josiah Wood*, de Sackville, ainsi qu'à plusieurs autres pour réunir les fonds nécessaires à l'entreprise, et la New Brunswick and Prince Edward Railway Company fut constituée juridiquement au mois d'avril 1874. Botsford en devint président par la suite. Les plans de la nouvelle société furent toutefois menacés par la rivalité de la ville d'Amherst, en Nouvelle-Écosse, centre industriel en pleine expansion situé à dix milles de Sackville et presque à la même distance du cap. Cette menace s'intensifia après la nomination, en 1879, de Charles Tupper*, représentant d'Amherst à Ottawa, au poste de ministre des Chemins de fer et des Canaux. Il fallut dix ans de lutte avant que Wood, principal promoteur politique du chemin de fer, n'obtienne l'appui fédéral au projet. On inaugura la ligne le 20 novembre 1886.

À l'instar de son père et de son grand-père, Amos Edwin Botsford appuya les conservateurs, défendit les intérêts du monde agricole, favorisa le développement régional et soutint l'Église d'Angleterre. Il vécut, toutefois, dans un contexte économique différent suscité par l'arrivée des chemins de fer et la création d'entreprises manufacturières. C'est à Sackville qu'il mourut, à l'âge de 89 ans, emporté par des complications consécutives à une maladie cardiaque et à une bronchite aiguë. On l'inhuma au Rural Cemetery de Saint-Jean.

LORNA E. MILTON OULTON

AN, MG 24, A20, 3, Head à A. E. Botsford, 7 avril 1852 ; G24 ; MG 26, A, 139, A. E. Botsford et Josiah Wood à Charles Tupper, mars 1882 ; MG 27, I, D15, A. E. Botsford à George Kerr, s.d. ; RG 31, C1, 1861, Sackville. — APNB, MC 1156, X : 28, 51 ; RG 7, RS74, 1895, A. E. Botsford. — *Borderer, and Westmorland and Cumberland Advertiser* (Sackville, N.-B.), 13 janv. 1865. — *Chignecto Post and Borderer* (Sackville), 2 juin 1870, 22, 29 mars 1894. — *New-Brunswick Courier*, 29 mars, 12 avril 1845. — *CPC*, 1881 ; 1891. — D. R. Facey-Crowther, « The New Brunswick militia : 1784–1871 » (thèse de M.A., Univ. of N.B., Fredericton, 1965). — D. [W.] Jobb, « Josiah Wood [1843–1927] : « A cultured and honoured gentleman of the old school », (thèse de B.A., Mount Allison Univ., Sackville, 1980). — MacNutt, *New Brunswick*. — D. [W.] Jobb, « The politics of the New Brunswick and Prince Edward Island Railway, 1872–1886 », *Acadiensis* (Fredericton), 13 (1983–1984), n° 2 : 69–90.

BOUCHARD, ARTHUR (baptisé **Thomas-Arthur**), artisan, prêtre catholique et missionnaire, né le 4 janvier 1845 à Rivière-Ouelle, Bas-Canada, fils de Mathieu Bouchard, forgeron, et de Félicité Lebel ; décédé le 12 septembre 1896 à Port of Spain (république de Trinité-et-Tobago).

Arthur Bouchard était issu d'une famille pauvre et, encore très jeune, il perdit sa mère. Il fréquenta l'école de Saint-Denis puis, à l'âge de 15 ans, il fit son apprentissage de tailleur. Il exerça ce métier à L'Isle-Verte et à Trois-Pistoles. Il fit ensuite une année de noviciat chez les oblats de Marie-Immaculée, à Ottawa, avec la ferme intention de devenir frère convers, puis missionnaire. Tombé dangereusement malade, il dut cependant quitter l'établissement et se réfugia alors au séminaire de Saint-Sulpice à Montréal. Il y exerça les métiers de portier et de tailleur pendant six mois. Par la suite, il travailla à Montréal chez un fabricant et marchand d'ornements d'église.

En 1872, Bouchard rencontra Herbert Alfred Vaughan, prêtre anglais venu au Canada afin de recruter de futurs missionnaires. Il se sentit appelé et se rendit d'abord au séminaire qu'avait fondé Vaughan à Baltimore, au Maryland. Il étudia ensuite à Londres pendant quatre ans au St Joseph's College et termina sa théologie à Vérone, en Italie, où on l'ordonna prêtre le 11 août 1879.

Bouchard fit son apprentissage de missionnaire au Caire. En novembre 1879, il partit pour le Soudan et s'installa à Khartoum, où était établie la résidence principale de la mission. Il y travailla assidûment, non sans peine, puisqu'il dut constamment faire face aux conditions climatiques difficiles, à la maladie, à la misère, à la piètre qualité de la nourriture et au manque de ressources. À cela s'ajoutaient les problèmes de l'esclavage et de la traite des enfants noirs, qui le préoccupaient beaucoup.

En novembre 1881, on délégua Bouchard en Italie pour y faire état des besoins de la mission ; il arriva à Rome le 7 janvier 1882. Il passa le mois de mars à Paris afin de faire des collectes pour la mission. Il débarquait à Québec le 25 juin suivant. Avec l'assentiment de l'archevêque, Mgr Elzéar-Alexandre TASCHEREAU, il parcourut pendant deux ans les paroisses du diocèse où, tout en prêchant et en donnant des conférences sur les missions africaines, il levait des fonds pour ces dernières.

En septembre 1884, Bouchard fut appelé à retourner au Soudan, cette fois à titre d'aumônier d'un corps de voyageurs canadiens, que commandait le lieutenant-colonel Frederick Charles DENISON et qui faisait partie de l'expédition britannique dirigée par Garnet Joseph Wolseley*. Depuis 1881, le Soudan était en proie à l'agitation déclenchée par le mahdi. En janvier 1885, ce dernier s'empara de Khartoum et le commandant de la garnison, le major général Charles George Gordon, fut tué. L'expédition britannique était arrivée trop tard pour le secourir.

Bouchard revint au Québec en mai 1885. On le nomma desservant de la paroisse Notre-Dame-de-Lourdes. Peu de temps après, un incendie détruisit l'église, le presbytère et une partie du village ; on le désigna alors au poste de vicaire de Sainte-Julie (à Laurierville), chargé de desservir Notre-Dame-de-Lourdes. En novembre de la même année, il devint curé de la paroisse Saint-Étienne, à Beaumont, où il fit construire une sacristie. De plus en plus indisposé par la maladie, il démissionna en août 1888 et partit pour l'île de la Trinité (république de Trinité-et-Tobago) avec l'intention de se refaire une santé. On le nomma curé d'une paroisse de l'île. Une fois rétabli, en juillet de l'année suivante, il revint à Québec. Jusqu'en octobre 1891, il remplit les fonctions curiales à Saint-Pierre-Baptiste. En novembre, il entra au noviciat des pères du Saint-Sacrement à Bruxelles, mais dut le quitter en janvier 1893 à cause de sa mauvaise santé. De retour à Québec, il devint curé de la paroisse Notre-Dame-de-la-Garde le 13 avril suivant. Pendant l'hiver de 1894–1895, il tomba gravement malade et le médecin lui conseilla de quitter le pays pour aller vivre sous un climat plus chaud. Il regagna donc l'île de la Trinité et s'installa à Port of Spain, où il mourut le 12 septembre 1896.

Selon son ami et confident, Mgr Henri Têtu*, Arthur Bouchard était un homme simple, gai, aimable et d'une grande bonté de cœur. Sa piété, son zèle pour le salut des âmes ainsi que son grand esprit de sacrifice étaient remarquables. En plus de s'avérer un excellent orateur et un « joyeux et infatigable causeur », il s'était toujours attiré le respect et la confiance de ses paroissiens.

HONORIUS PROVOST

ANQ-Q, CE3-15, 5 janv. 1845. — *L'Opinion publique*, 24 août 1882. — Allaire, *Dictionnaire*. — R. A. Preston, *Canada and « Imperial defense » ; a study of the origins of the British Commonwealth's defense organization, 1867–1919* (Toronto, 1967). — Honorius Provost, *Notre-Dame-de-la-Garde de Québec, 1877–1977* (Québec, 1977). — P.-G. Roy, *À travers l'histoire de Beaumont* (Lévis, Québec, 1943), 176–177. — Henri Têtu, *le R.P. Bouchard, missionnaire apostolique* (Québec, 1897).

BOUCHERVILLE, GEORGES DE (baptisé **Pierre-Georges-Prévost Boucher de Boucherville**), auteur, avocat et fonctionnaire, né le 21 octobre 1814 à Québec, fils aîné de Pierre de Boucherville et de Marguerite-Émilie Bleury, et frère de sir Charles-Eugène Boucher* de Boucherville ; le 15 février 1847, il épousa à Montréal, selon les rites catholique et anglican, Louise Gregory, et ils eurent deux enfants ; décédé le 6 septembre 1894 à Saint-Laurent, île d'Orléans, et inhumé quatre jours plus tard dans le caveau familial à Boucherville, Québec.

De 1822 à 1832, Georges de Boucherville étudie au petit séminaire de Montréal, où s'affirme son goût pour les mathématiques, l'histoire et l'anglais. En 1833, il commence un stage de clerc en droit auprès de Benjamin Beaubien, qu'il poursuit chez Alexander Buchanan*. Parallèlement, il se consacre à la littérature et, le 2 mai 1835, paraît sa première nouvelle, *la Tour de Trafalgar*, dans *l'Ami du peuple, de l'ordre et des lois*. En septembre, il publie dans le même journal *Louise Chawinikisique*, conte mélodramatique inspiré de Chateaubriand, qui lui vaut le premier prix d'un concours littéraire organisé par le journal.

Boucherville est admis au barreau le 26 janvier 1837. Il s'intéresse à la politique mais, comme il est partisan de Louis-Joseph Papineau*, son père l'empêche de pratiquer le droit à Montréal. Aussi va-t-il s'installer dans le canton d'Aylmer. Il revient bientôt à Montréal, où il joint les rangs des Fils de la liberté et signe leur manifeste en octobre 1837 à titre de secrétaire correspondant [V. André Ouimet*]. Arrêté le 16 novembre suivant, il est accusé de haute trahison, mais son père réussit à le faire libérer et lui conseille de se réfugier aux États-Unis. Boucherville séjourne en Nouvelle-Angleterre, où l'on sait seulement qu'il fraternise avec l'Association des frères-chasseurs de Robert Nelson*. En juillet 1838, il a un bureau d'avocats à Montréal avec André Ouimet, et s'occupe de défendre les prisonniers accusés de meurtre. Il se rend en Louisiane au début de 1839 mais l'on sait peu de chose des années qu'il y passa.

Boucherville rentre au Bas-Canada en 1846 et va pratiquer le droit dans le canton d'Aylmer. De novembre 1848 à janvier 1849, il publie dans *la Minerve*, sous le pseudonyme de José, des essais sur des questions économiques intitulés « les Sophismes de M. Bastiat ». De janvier 1849 à juin 1851, il écrit un feuilleton d'aventures louisianaises, *Une de perdue, deux de trouvées*, qui paraît dans l'*Album littéraire et musical de la Minerve* et qui obtient un très grand succès.

Boucherville participe en 1856 aux commissions chargées de la refonte des lois générales du Bas-Canada et des lois de la province du Canada. Après la mort de son père, en 1857, il s'installe à Saint-Hyacinthe où il publie *Projet d'étude pour la formation d'une banque agricole nationale pour le Bas-Canada*, en 1862, et *le Crédit foncier* l'année suivante. En 1864–1865, la *Revue canadienne* reprend la publication d'*Une de perdue, deux de trouvées* que Boucherville remanie en y ajoutant une suite qui s'intègre d'ailleurs assez mal à la première partie. L'action se déroule désormais au Bas-Canada pendant les événements de 1837 ; l'auteur défend la cause des patriotes que les bureaucrates ont, selon lui, poussés à la lutte armée. D'après le critique littéraire Maurice Lemire, « ce feuilleton a le mérite presque unique, dans notre roman du XIXe siècle, de captiver l'intérêt du lecteur ».

À la Confédération, Boucherville est nommé secrétaire du lieutenant-gouverneur Narcisse-Fortunat BELLEAU. Il démissionne peu après et devient greffier du Conseil législatif à Québec, poste qu'il va occuper jusqu'à sa retraite en 1889. Malgré ses fonctions, Boucherville a le loisir de faire quelques voyages aux États-Unis et en Amérique latine. Il publie *Code du whist* en 1877. Il entreprend même un second roman, *Nicolas Perrot ou les Coureurs de bois sous la domination française,* qui va paraître dans *la Revue de Québec* sous forme de feuilleton en 1889. Si le sens du rebondissement était l'une des grandes qualités de son premier roman, cette fois le héros vainc trop facilement ses ennemis, grâce à ses inventions et à une sorte de deus ex machina.

Le besoin de rationalité de Boucherville s'affirme pleinement dans son ouvrage *Dictionnaire du langage des nombres* [...] publié à Québec en 1889. À cette époque, fleurissent dans le monde des dizaines de langues universelles, dont l'espéranto. Mais la langue de Boucherville est d'un caractère tout particulier : « La base fondamentale du langage numérique étant les nombres mêmes, écrit-il, toutes les opérations que l'on peut faire avec les nombres peuvent également se faire avec les mots du langage. » La grande simplicité des règles facilite l'apprentissage de la grammaire, l'abandon des racines permet d'éliminer toute référence ethnique et, de plus, le système assure des économies dans les transmissions télégraphiques grâce à des opérations arithmétiques de réduction de textes.

On a reproché à Georges de Boucherville le caractère ambigu de son engagement politique, l'apparent reniement de ses convictions de jeunesse et l'opportunisme avec lequel il aurait distribué les beaux rôles, dans *Une de perdue, deux de trouvées,* aux membres de l'élite conservatrice au pouvoir dans les années 1860, pour se ménager une situation confortable. Cependant, il semble avoir été préoccupé de l'établissement d'une entente durable entre les Canadiens. Il est en tout cas assez troublant de voir cet homme, marqué par la tourmente politique des années 1830 et en ayant tiré l'une des œuvres littéraires les plus remarquables du Canada français du XIXe siècle, publier une méthode purement rationnelle pour réaliser la concorde entre les peuples : une langue entièrement débarrassée de connotation nationale.

ANDRÉ LEMELIN

Le roman de Georges de Boucherville *Une de perdue, deux de trouvées* parut en deux volumes à Montréal en 1874. Il connut plusieurs éditions par la suite dont celle présentée par Réginald Hamel (Montréal, 1973). Ses contes *la Tour de Trafalgar* et *Louise Chawinikisique* parurent dans *l'Ami du peuple, de l'ordre et des lois* (Montréal) du 2 mai et du 23 et 26 sept. 1835. Ses essais d'économie politique, « les Sophismes de M. Bastiat », furent publiés dans *la Minerve* du 9 nov. 1848 au 11 janv. 1849. Boucherville est aussi l'auteur de : *Projet d'étude pour la formation d'une banque agricole nationale pour le Bas-Canada* (Saint-Hyacinthe, Québec, 1862) ; *le Crédit foncier* (Québec, 1863) ; *le Code du whist* (Montréal, 1877) ; *Nicolas Perrot ou les Coureurs de bois sous la domination française,* feuilleton qui parut dans *la Rev. de Québec* en 1889 et *Dictionnaire du langage des nombres* [...] (Québec, 1889).

AN, MG 24, B93 ; MG 30, D1, 5 : 362–370. — ANQ-M, CE1-22, 3 oct. 1812, 10 sept. 1894. — ANQ-Q, CE1-1, 24 oct. 1814. — *L'Opinion publique,* 22 févr. 1872. — *DOLQ,* 1. — Ægidius Fauteux, *Patriotes de 1837–1838* (Montréal, 1950). — Réginald Hamel *et al., Dictionnaire pratique des auteurs québécois* (Montréal, 1976). — Le Jeune, *Dictionnaire,* 1. — P.-G. Roy, *les Avocats de la région de Québec.* — Turcotte, *le Conseil législatif.* — J.-S. Lesage, *Notes biographiques ; propos littéraires* (Montréal, 1931). — M.-A. Riopel, « Bibliographie de Georges Boucher de Boucherville, avocat » (thèse de bibliothéconomie, univ. de Montréal, 1945). — J.-J. Lefebvre, « Brevets de cléricature des avocats de Montréal au deuxième quart de XIXe siècle », *la Rev. du Barreau* (Montréal), 14 (1954) : 310. — É.-Z. Massicotte, « Deux fois mariés le même jour », *BRH,* 27 (1921) : 191–192.

BOULTON, CHARLES ARKOLL, officier dans l'armée et dans la milice, arpenteur, homme d'affaires, homme politique, auteur, fermier et fonctionnaire, né le 17 avril 1841 à Cobourg, Haut-Canada, fils de D'Arcy Edward Boulton, avocat et officier de milice, et d'Emily Heath ; le 4 février 1874, il épousa à Orillia, Ontario, Augusta Latter, et ils eurent sept enfants ; décédé le 15 mai 1899 à Russell, Manitoba.

Arrière-petit-fils du juge D'Arcy Boulton*, Charles Arkoll Boulton venait d'une famille étroitement liée à l'élite militaire et politique du Haut-Canada. En 1854, il entra à l'Upper Canada College. Suivant la tradition familiale, il opta pour une carrière militaire et recruta des hommes pour avoir droit au grade d'enseigne dans ce qui devint le 100th Foot, où il obtint son brevet d'officier le 23 juin 1858. Promu lieutenant le 25 mai 1861, il acheta son grade de capitaine le 15 juin 1866. Pendant son service, il passa quatre ans à Gibraltar, fit un bref séjour à Malte et vécut deux ans, de 1866 à 1868, à Montréal. Il vendit son brevet en 1868 et, par la suite, on le nomma major du 46th (East Durham) Battalion of Militia, en Ontario.

En 1869, Boulton se joignit au groupe qui, sous les ordres de John Stoughton Dennis*, devait procéder à l'arpentage des terres de la colonie de la Rivière-Rouge (Manitoba), en prévision de l'affluence de colons qui viendraient s'établir dans cette région lorsqu'elle ferait partie du Canada. La résistance des Métis de Louis Riel* à la domination canadienne incita Dennis à charger Boulton de regrouper des volontaires pour contrer le soulèvement. Au début de décembre, environ 50 d'entre eux se barricadèrent dans un bâtiment qui appartenait à John Christian SCHULTZ. Boulton ne réussit pas à les convaincre de sortir et les Métis les capturèrent le 7 décembre pour les emprisonner ensuite à Upper Fort Garry (Winnipeg). Dennis quitta la colonie peu de temps après. Boulton, qui avait espéré faire reconnaître l'autorité du Canada, perdit son sang-froid après la capture des 50 volontaires, et décida de passer l'hiver à Portage-la-Prairie, où vivaient surtout des Canadiens. À la mi-février, quelques-uns de ceux qui avaient échappé aux Métis et s'étaient réfugiés en cet endroit décidèrent de marcher sur Upper Fort Garry pour libérer les autres prisonniers. Boulton tenta, en vain, de retenir ce groupe de « têtes brûlées », dont Charles Mair* et Thomas Scott*. Pour éviter que ces hommes ne s'attirent des ennuis, il en vint progressivement à prendre le commandement du groupe, qui prévoyait s'unir à un autre dirigé par Schultz. Les Métis n'eurent aucune difficulté à contenir ces Canadiens indisciplinés et ils les firent prisonniers pour la plupart, y compris Boulton. Avec trois autres personnes, ce dernier fut condamné à mort mais il eut la vie sauve grâce à l'intervention de certains leaders de la Rivière-Rouge. Sorti de prison le 16 mars 1870, il retourna en Ontario.

Par la suite, Boulton exploita une scierie près de Lakefield, fit partie de la milice, fut élu conseiller municipal puis président du conseil en 1874. Trois ans plus tard, l'effondrement des marchés du bois de sciage les accula à la faillite, lui et son associé Roland Strickland. Quelque temps plus tard, il allait se tourner de nouveau vers l'Ouest. En 1880, Boulton s'établissait en effet dans une ferme rudimentaire de la vallée de la rivière Shell (Manitoba). La vie de colon s'avéra toutefois extrêmement difficile pour cet homme qui, s'il avait un penchant marqué pour la spéculation, des intérêts dans une scierie et certaines ambitions politiques, devait, avec de maigres moyens financiers, subvenir aux besoins de sa nombreuse famille. En 1881, on intégra au Manitoba la vallée de la Shell, et on établit un régime de gouvernement de comtés. À titre de premier préfet du comté de Russell, Boulton fit pression auprès des gouvernements fédéral et provincial pour obtenir une liaison ferroviaire, qu'il estimait vitale, avec la région de Russell-Shellmouth. En 1881, tentant d'accéder à un poste plus important, il posa sa candidature dans la circonscription de Birtle aux élections provinciales, mais il fut défait. On le nomma cependant président du conseil judiciaire du district de l'Ouest cette année-là.

Quoiqu'il ait partagé la colère des Manitobains devant le peu de cas que le gouvernement fédéral faisait de l'Ouest, Boulton ne remettait pas en question l'autorité canadienne dans cette région. Dès que les nouvelles de la rébellion dans les Territoires du Nord-Ouest arrivèrent, à la fin de mars 1885, il offrit ses services au commandant de la milice canadienne, le major général Frederick Dobson MIDDLETON ; il se trouvait alors à Winnipeg. Nommé officier, il retourna tout de suite dans la région de Russell pour former deux troupes d'éclaireurs qui, connues sous le nom de Boulton's Scouts, jouèrent un rôle majeur à la bataille de Fish Creek (Saskatchewan) et menèrent le gros des troupes canadiennes dans la marche sur Batoche. Après la bataille, Boulton demeura dans le secteur et pourchassa le chef cri Gros Ours [Mistahimaskwa*] jusqu'à ce qu'il se rende à la Police à cheval du Nord-Ouest.

Boulton espérait tirer profit de ses exploits militaires en publiant rapidement un récit de ses activités, *Reminiscences of the North-West rebellions* [...], et en faisant pression auprès du gouvernement fédéral pour obtenir des faveurs. Ainsi fit-il de longs voyages à Winnipeg et à Ottawa en laissant sa femme, d'une patience à toute épreuve, veiller sur la famille et tenter de venir à bout de leurs éternels problèmes financiers. Amère déception pour cet homme qui croyait avoir bien mérité de la patrie, aucune de ses nombreuses démarches en vue d'obtenir un poste qui lui convienne n'aboutit.

Dans l'attente d'une récompense, Boulton s'adonna à l'agriculture et exploita un magasin général. En 1886, il participa à la fondation de la Manitoba Dairy Association, dont il devint vice-président en 1888 et président deux ans plus tard. Franc-maçon actif, partisan de la tempérance, il fut aussi officiant laïque de l'Église anglicane. Comme il s'intéressait toujours à la politique, il se porta candidat du parti conservateur dans la circonscription fédérale de Marquette en 1887, mais sans succès. Deux ans plus tard, il reçut enfin la faveur qu'il estimait lui être due depuis longtemps : sa nomination au Sénat. Là, malgré ses liens avec le parti conservateur, il préconisa énergiquement le libre-échange et la construction de nouveaux chemins de fer. En 1895, il assista au congrès annuel des Patrons of Industry et fut nommé vérificateur principal des comptes. Le *Russell Chronicle and Free Trade Advertiser*, journal qu'il avait fondé en 1893, appuya le programme de réforme de ce groupe de pression agrarien.

L'importance de Charles Arkoll Boulton réside dans le rôle, toutefois inégal, qu'il a joué sur le plan militaire, et dans les luttes qu'il a menées pour promouvoir l'Ouest canadien. S'il n'a pas su s'imposer auprès de ses hommes durant la rébellion de 1869–1870, il a eu plus de succès en 1885, mais ce fut pour constater le peu d'honneurs que son pays réservait à ses chefs militaires. Quoiqu'on l'ait choisi pour participer aux célébrations du jubilé de diamant de la reine Victoria, à Londres en 1897, il fut très peu acclamé au Manitoba et dans l'ensemble du pays. Sa vie professionnelle et sa conception des choses reflètent celles de beaucoup de ses concitoyens du Manitoba. Sur la scène publique, Boulton fut constamment tiraillé entre les exigences de son affiliation conservatrice et les protestations des citoyens irrités de l'Ouest.

Comme nombre de Canadiens de cette région, il a démontré les limites de l'opposition aux lignes de conduite fédérales par sa réaction sans équivoque à la rébellion du Nord-Ouest. Ses difficultés financières furent celles de bien d'autres habitants des Prairies, pris entre l'enthousiasme de leurs premières attentes et la réalité de la vie de pionnier dans l'Ouest.

KENNETH STEPHEN COATES ET RUTH SWAN

Charles Arkoll Boulton est l'auteur de : *Reminiscences of the North-West rebellions, with a record of the raising of Her Majesty's 100th Regiment in Canada, and a chapter on Canadian social & political life* (Toronto, 1886). Une réimpression de cet ouvrage avec une introduction d'Heather Robertson a été publiée sous le titre de *I fought Riel : a military memoir* (Toronto, 1985).

AN, MG 26, A ; RG 8, I (C sér.), 184 : 28 ; 1020 : 62–65. — AO, MS 575. — PAM, MG 3, B15 ; B16 ; D1 ; MG 14, B20. — St Peter's Anglican Church Arch. (Cobourg, Ontario), Reg. of baptisms (mfm aux AO). — *Brandon Sun* (Brandon, Manitoba), 1897–1899. — *Observer* (Birtle, Manitoba), 1884–1889. — *Canadian men and women of the time* (Morgan ; 1898). — *CPC,* 1897. — *Hart's army list,* 1858–1869. — *Major Charles Arkoll Boulton* (s.l., 1981). — Keith Wilson, *Charles Arkoll Boulton* (Winnipeg, 1984). — B. R. McCutcheon, « The Patrons of Industry in Manitoba, 1890–1898 », Manitoba, Hist. and Scientific Soc., *Trans.* (Winnipeg), 3e sér., no 21 (1965–1966) : 7–25.

BOURASSA, FRANÇOIS, fermier, patriote, officier de milice et homme politique, né le 5 juin 1813 à Sainte-Marguerite-de-Blairfindie (L'Acadie, Québec), fils aîné de François Bourassa, premier maire de l'endroit, et de Geneviève Patenaude ; il était le frère de Napoléon Bourassa* et l'oncle d'Henri Bourassa* ; décédé le 13 mai 1898 à Saint-Valentin, Québec.

François Bourassa fréquenta la petite école rurale de ce qui est devenu L'Acadie puis, afin de subvenir aux besoins de la famille, il travailla à la ferme de son père qui possédait 336 arpents de terre. Son intelligence vive et son grand jugement compensaient son instruction limitée. Le 28 février 1832, à l'âge de 18 ans, il épousa à Dorchester (Saint-Jean-sur-Richelieu) Sophie Trahan, d'un an sa cadette. Ils eurent 13 enfants dont 11 survécurent ; l'aîné, Alfred, fut maire de L'Acadie de 1875 à 1877.

Bourassa participa à la rébellion de 1838 à titre de capitaine d'une compagnie de l'Association des frères-chasseurs. Par suite de l'échec du soulèvement, il fut arrêté et incarcéré à la prison de Montréal, mais il obtint ensuite sa libération sans procès. En 1847, il avait regagné la confiance des autorités et devint capitaine dans le 3e bataillon de milice du comté de Chambly, grade qu'il conserverait jusqu'en 1859.

Pour un temps agriculteur à L'Acadie, Bourassa s'établit ensuite à Saint-Jean (Saint-Jean-sur-Richelieu) en 1849. L'année suivante, le 8 juillet, on l'élut représentant de sa paroisse au conseil de la municipalité de comté de Chambly, fonction qu'il remplit jusqu'au 24 juillet 1854. Partisan de l'abolition de la tenure seigneuriale, il fut, avec Pierre-Paul Démaray*, l'un des délégués choisis le 22 août 1853 afin de prendre part à la Convention pour l'abolition des droits seigneuriaux dans le district de Montréal.

Le 1er août 1854, avec une majorité de 434 voix, Bourassa fut élu député de la nouvelle circonscription de Saint-Jean sous la bannière des « rouges ». Réélu en 1857, 1861 et 1863, il fut du nombre des représentants du peuple opposés au projet de confédération des provinces de l'Amérique du Nord britannique et qui adressèrent en 1866 une requête au secrétaire d'État aux Colonies à Londres, lord Carnarvon. Cette position ne l'empêcha toutefois pas, après l'entrée en vigueur de la Confédération canadienne, de briguer les suffrages aux élections générales tenues sous le nouveau régime et même de devenir, en septembre 1867, le premier député fédéral libéral de Saint-Jean. Très populaire auprès de ses commettants, il fut réélu sans interruption jusqu'en 1891.

Bourassa se retira de la vie politique en 1896, à l'âge de 83 ans, après une étonnante carrière de 42 années « marquée, comme le souligna *le Canada français* de Saint-Jean, par une honnêteté qui ne s'[était] jamais démentie et une rigoureuse observance de son devoir ». Même si Bourassa, qui s'était fait « l'avocat zélé des intérêts agricoles de ses commettants », ne parlait pas l'anglais et avait recours depuis 1854 à Félix-Gabriel MARCHAND comme interprète auprès de ses électeurs anglophones, ceux-ci lui étaient toujours restés fidèles. Considéré comme le doyen des parlementaires fédéraux, il fut surnommé le « père de la chambre des Communes ».

Outre la charge de député, Bourassa occupa celle de maire de L'Acadie du 1er février au 6 septembre 1858. Il n'obtint cependant pas en 1862 le siège de conseiller législatif pour la division de Lorimier.

François Bourassa mourut à Saint-Valentin en mai 1898. On inhuma sa dépouille mortelle le 16 de ce mois dans le cimetière de sa paroisse natale à L'Acadie, en présence de nombreux notables et hommes politiques dont Marchand, alors premier ministre à Québec.

LIONEL FORTIN

AN, RG 68, General index, 1841–1867. — ANQ-M, CE4-1, 5 juin 1813, 16 mai 1898 ; CE4-10, 28 févr. 1832. — ANQ-Q, E17/19, no 1241 ; E17/20, nos 1251, 1268–1270. — Arch. de la ville de Longueuil (Longueuil, Québec), Fonds Brais, Doc. concernant l'élection des conseillers de Saint-Jean-l'Évangéliste au conseil de la municipalité du comté de Chambly, 8 juill. 1850, 12 juill. 1852, 24 juill. 1854. — Arch. municipales, L'Acadie (Québec), Livres des délibérations du conseil municipal, 1er févr., 6 sept. 1858. — Arch. privées, Lionel Fortin (Saint-Jean-sur-Richelieu,

Québec), Lionel Fortin, « le Député François Bourassa » (travail présenté dans le cadre du cours d'histoire 924 au Cegep Saint-Jean-sur-Richelieu, 1973), 1–6. — *Le Canada français/le Franco-Canadien* (Saint-Jean-sur-Richelieu), 15 janv. 1897. — Audet, « les Législateurs du B.-C. ». — F. R. É. Campeau, *Illustrated guide to the House of Commons and Senate of Canada* [...] (Ottawa, 1879), 40–42, 90–91. — *Canadian directory of parl.* (Johnson), 61–62. — J. Desjardins, *Guide parl.*, 180, 294. — Pierre Brault, *Histoire de L'Acadie du Haut-Richelieu* (Saint-Jean-sur-Richelieu, 1982), 269–273. — Cornell, *Alignment of political groups*, 38. — Lionel Fortin, *Félix-Gabriel Marchand* (Saint-Jean-sur-Richelieu, 1979), 20–22. — W. L. Morton, *The critical years : the union of British North America, 1857–1873* (Toronto, 1964). — Robert Rumilly, *Papineau et son temps* (2 vol., Montréal, 1977), 2. — J. E. Atkinson, « A quintette of veterans : five relicts of the legislature of the United Canadas who are now members of the House of Commons », *Canadian Magazine*, 6 (nov. 1895–avril 1896) : 431–432.

BOYD, JOHN, homme d'affaires, fonctionnaire et homme politique, né le 28 septembre 1826 à Magherafelt (Irlande du Nord), fils de James Boyd, commerçant, et de Margaret E. Lynn ; le 4 septembre 1852, il épousa à Weymouth, Nouvelle-Écosse, Annie E. Jones ; décédé le 4 décembre 1893 à Saint-Jean, Nouveau-Brunswick.

En 1833, deux ans après la mort de leur père, John Boyd et son frère cadet vinrent s'installer à Saint-Jean avec leur mère. À l'âge de 11 ans, après avoir fréquenté les écoles locales, John entra au service de Mathew Holdsworth et de Thomas Daniel, importateurs de « marchandises sèches britanniques et étrangères ». Durant son apprentissage, il se familiarisa avec tous les aspects du commerce, passant des fonctions de garçon de caisse à celles de teneur de livres et d'acheteur. C'est à ce titre qu'on l'envoya en Grande-Bretagne et en Europe dans les années 1840. Thomas Wilder DANIEL, neveu du fondateur, acquit l'entreprise en 1847 et invita Boyd à devenir associé à part entière en 1854. Spécialisée dans la fabrication et la vente au détail et en gros d'une vaste gamme de marchandises sèches, la London House, située au cœur de la ville, devint l'un des établissements les plus rentables de Saint-Jean.

Le grand incendie qui consuma la majeure partie de la ville en 1877 détruisit la London House. Daniel et Boyd reconstruisirent leur établissement, mais il semble qu'ils ne s'en remirent pas tout à fait. Boyd avait toujours dépensé sans compter pour acheter des livres, des peintures et des objets d'art, surtout au cours de ses fréquents voyages outre-mer. On considérait ses collections, et particulièrement sa bibliothèque, comme des trésors de Saint-Jean, tout comme sa maison de Queen's Square, que l'on tenait pour « l'une des plus belles constructions de la ville ». Tous ces biens avaient été anéantis dans l'incendie. Vers la fin de sa vie, Boyd n'était pas riche, en raison bien sûr des pertes que l'incendie lui avait infligées, mais aussi, semble-t-il, de ses méthodes de gestion discutables et de ses goûts extravagants.

Ses voyages et sa passion pour la lecture procurèrent à Boyd des idées pour son passe-temps favori : prononcer des conférences et écrire pour des journaux. Considéré à son époque comme « le conférencier le plus populaire que la province ait jamais produit », il était en demande partout dans les Maritimes. Son premier discours public, prononcé vers 1845 au Mechanics' Institute de Saint-Jean, prônait la tempérance ; il fit par la suite des conférences sur des sujets variés, allant d'un exposé sur le contraste entre le Nouveau et l'Ancien Monde à des commentaires sur les fréquentations et le mariage. On publiait souvent ses discours dans les journaux ; le *Boston Journal*, entre autres, lui consacrait une chronique à l'occasion. La transcription de ses discours n'était cependant qu'un pâle reflet de sa verve devant un auditoire. Sa force résidait dans sa façon de s'exprimer : une anecdote racontée au bon moment, un mot sur un bruit qui courait...

L'appui que Boyd accorda au mouvement de la tempérance lui permit de se lier d'amitié avec Samuel Leonard TILLEY. Selon ce dernier, ils furent des « amis inséparables » à partir de 1854 ; Boyd devint directeur de la campagne électorale de Tilley et fut souvent son porte-parole. Ses discours sur la Confédération de l'Amérique du Nord britannique, sur le libre-échange ou les échanges équitables, entre autres, appuyaient les causes de Tilley. Un rapport intitulé *A report on New-Brunswick railways* [...], publié par la Saint John Chamber of Commerce en 1858, finissait sur un thème favori des deux hommes : « Saint-Jean peut bien devenir le port d'hiver du pays [le Canada]. »

Boyd lutta pour la Confédération pendant la période difficile de 1864 à 1866, en prenant souvent la parole et en rédigeant des articles sous plusieurs pseudonymes dans de nombreux journaux. L'une de ses cibles favorites était Timothy Warren ANGLIN, adversaire de la Confédération et propriétaire du *Morning Freeman*, journal catholique de Saint-Jean. Nul doute que Boyd, irlandais protestant, se montrait hostile envers Anglin parce qu'il était irlandais catholique ; il avait écrit un jour qu'il voulait que toute la province « voie ce vulgaire « Paddy » aux joues creuses dans toute sa difformité naturelle ». En outre, la tentation de travailler à la création d'un bloc protestant en faveur de la Confédération doit avoir été grande. Ses lettres sont pleines d'allusions à la menace du papisme et aux périls qu'il représentait à cette époque. Boyd finit cependant par s'adoucir en vieillissant.

Presbytérien et partisan déclaré du *Common Schools Act* de 1871, Boyd fit partie de la commission scolaire de Saint-Jean dès cette année-là ; en 1874, il en fut nommé président, poste qu'il occupa durant 16 ans. Au cours de cette période, le débat acrimonieux entre protestants et catholiques au sujet du système d'enseignement non confessionnel établi par la loi faisait rage. Boyd, bien sûr, fit valoir son point de vue avec énergie. Pourtant, le fait qu'il fut en partie à l'origine d'un compromis accepté par les parties belligérantes en 1875, ce qui lui valut une mention publique de l'évêque catholique John Sweeney*, indique qu'il avait mûri.

Il semble que John Boyd se soit fait des alliés à la fois chez les catholiques et les protestants ; Tilley se fiait d'ailleurs à sa façon de diriger les affaires politiques et disait de lui qu'« il avait une grande influence dans la ville grâce à ses nombreux amis personnels et relations d'affaires ». Boyd fut président du conseil de la Victoria Hotel Company, membre du conseil d'administration de la Savings Bank et président de la St Patrick's Society of Saint John. Son appui inconditionnel à toutes les causes de Tilley lui valut d'être nommé d'abord sénateur le 11 février 1880, puis lieutenant-gouverneur du Nouveau-Brunswick le 21 septembre 1893. Cette dernière nomination était inattendue, puisque ses prédécesseurs avaient tous été d'éminents hommes politiques. Même s'il ne vécut que deux mois dans l'exercice de cette fonction, elle constitua certes une distinction pour l'homme de parti travailleur mais cancanier et le conteur qu'était John Boyd.

CARL M. WALLACE

AN, MG 27, I, D15. — Musée du N.-B., Tilley family papers. — R. H. Conwell, *History of the great fire in Saint John, June 20 and 21, 1877* (Boston, 1877). — *St. John and its business : a history of St. John* [...] (Saint-Jean, N.-B., 1875), 59–61. — Stewart, *Story of the great fire*. — *St. John Daily Sun*, 5 mars 1891. — *Canadian biog. dict.*, 2 : 594–598. — *Canadian directory of parl.* (Johnson). — *CPC*, 1891. — W. G. MacFarlane, *New Brunswick bibliography ; the books and writers of the province*. (Saint-Jean, 1895), 12–14. — Baker, *Timothy Warren Anglin*. — K. F. C. MacNaughton, *The development of the theory and practice of education in New Brunswick, 1784–1900 : a study in historical background*, A. G. Bailey, édit. (Fredericton, 1947). — C. M. Wallace, « Saint John boosters and the railroads in mid-nineteenth century », *Acadiensis* (Fredericton), 6 (1976–1977), n° 1 : 71–91.

BRADFORD, WILLIAM, peintre, photographe et auteur, né le 30 avril 1823 à Fairhaven, Massachusetts, fils de Melvin Bradford et de Hannah Kempton ; il épousa à Lynn, Massachusetts, Mary Breed, et ils eurent deux filles ; décédé le 25 avril 1892 à New York.

Issu d'une famille quaker du Massachusetts, William Bradford manifesta très jeune de l'intérêt pour la peinture. Son père, qui désapprouvait cette façon de gagner sa vie, le persuada de travailler pour l'entreprise familiale de vente au détail de marchandises sèches. Bradford passa quand même beaucoup de temps à cultiver ses dons artistiques et son coup d'œil, en imitant les dessins d'un livre anglais et en représentant, par des croquis aux lignes fines et précises, les bateaux ancrés dans les ports de New Bedford et de Lynn. Peu à peu, il élargit sa vision et peignit des paysages côtiers. En 1853, il put enfin se consacrer entièrement à la peinture. De 1854 à 1857, il visita plusieurs fois le Labrador. Il ouvrit un studio à Fairhaven en 1855 et accepta de peindre sur commande des navires marchands et des baleiniers. Pendant plusieurs années, il partagea son studio avec Albert Van Beest, peintre marin hollandais qui avait été formé en Europe et qui exerça sur lui une heureuse influence : cet artiste, en effet, lui apprit à relâcher ses lignes trop soignées et le convainquit de rendre son style plus suggestif et plus coulant.

Bradford, qui s'employait de plus en plus à représenter les glaces mystérieuses des mers du Nord, finit par se faire connaître à l'extérieur de sa région natale. La disparition d'une expédition polaire, partie en 1845 sous la direction du célèbre explorateur sir John Franklin*, avait éveillé dans la population et chez les artistes un intérêt passionné pour l'Arctique. Au milieu des années 1850, l'explorateur américain Elisha Kent Kane* publia deux récits, illustrés par James Hamilton, sur des recherches faites pour retrouver Franklin. Ces ouvrages remuèrent Bradford, et il écrivit plus tard à leur sujet : « Je fus pris du désir, bientôt irrépressible, de visiter les lieux qu'ils avaient décrits et d'étudier la nature sous les aspects terribles de la zone polaire. » Il fut probablement inspiré aussi par les œuvres de Frederick Edwin Church, artiste américain bien connu, qui avait accompagné Isaac Israel Hayes* en 1860–1861 dans une expédition afin de trouver une mer polaire libre de glaces. De 1861 à 1867, Bradford organisa lui-même chaque année, grâce à divers commanditaires, un voyage le long des côtes de la Nouvelle-Écosse et du Labrador, pour y peindre des icebergs et des paysages nordiques. En 1869, il réunissait la plus ambitieuse – et la dernière – de ses expéditions, pour laquelle il affréta le vapeur écossais *Panther*. Composée de 40 personnes, dont le capitaine John Bartlett*, Hayes, un équipage de Terre-Neuviens et les photographes John B. Dunmore et George B. Critcherson, l'expédition quitta St John's le 3 juillet et atteignit des régions nordiques aussi éloignées que l'île de Baffin (Territoires du Nord-Ouest) et la baie de Melville au Groenland, où elle put observer jusqu'à 200 icebergs à la fois. Bradford rapporta de cette aventure plusieurs photos et croquis de paysages accidentés ou de scènes de la vie des Inuit.

Au début des années 1870, Bradford alla s'établir à Londres avec sa femme et ses enfants. Il y tint un studio et se lança avec succès dans un nouveau métier, celui de conférencier spécialiste de l'Arctique. En

1873, il publia le récit de son expédition de 1869 : *The Arctic regions* [...], in-folio à tirage limité qui comprenait 130 photographies. Pendant son séjour en Angleterre, Bradford vendit plusieurs peintures à des membres de l'aristocratie et fit connaissance avec lady Jane Franklin [Griffin*] et lord Tennyson. Son plus grand titre de gloire fut sans contredit un tableau que lui commanda la reine Victoria, *The « Panther » off the coast of Greenland under the midnight sun*, et qui fut exposé dans la bibliothèque du château de Windsor.

William Bradford retourna en Amérique du Nord vers 1874 et ne fit plus d'autres voyages à l'extérieur des États-Unis. Installé dans un studio à New York, il adopta un nouveau style : il se mit à peindre de grandes huiles, inspirées de photographies et de croquis au crayon qu'il avait rapportés de ses expéditions dans le Nord. Malheureusement, ces œuvres montrent un retour aux lignes minutieuses de ses débuts et souffrent parfois de la présence de couleurs métalliques violentes et de la répétition des images. Même si le peintre avait beaucoup perdu de son naturel à cause de la distance et des ans qui le séparaient de ses sources d'inspiration, il continuait à se distinguer par son orientation artistique et sa ténacité peu communes. La patience fut chez Bradford « l'un des traits les plus marquants de l'artiste », selon l'historien de l'art Henry Theodore Tuckerman, qui attribue cette qualité à la « maîtrise de soi et [au] calme » caractéristiques des quakers. Dans son œuvre picturale et photographique sur les régions sauvages et exotiques du Nord, Bradford sut véhiculer à bon escient les thèmes favoris de son siècle : le progrès scientifique, le romanesque et l'amour de la nature. À cause de ces préoccupations et grâce à ses remarquables talents d'artiste, il laissa à la postérité de splendides paysages, qui révèlent avec quelle sensibilité il percevait la lumière unique, les formes étranges et les couleurs surprenantes du monde arctique.

CONSTANCE MARTIN

William Bradford est l'auteur de : *The Arctic regions, illustrated with photographs taken on an art expedition to Greenland ; with descriptive narrative by the artist* (Londres, 1873). Deux albums de photographies inédites de Bradford et de ses assistants, George B. Critcherson et John B. Dunmore, « Arctic scenes : ice » et « Photographs of Arctic ice », sont conservés à la Prints and Photographs Division de la Library of Congress (Washington).

I. I. Hayes, *The open polar sea, a narrative of a voyage of discovery towards the North Pole, in the schooner* United States (Londres, 1867). — E. K. Kane, *Arctic explorations : the second Grinnell expedition in search of Sir John Franklin, 1853, '54, '55* [...] (2 vol., Philadelphie et Londres, 1856) ; *The U.S. Grinnell expedition in search of Sir John Franklin : a personal narrative* (nouv. éd., Londres et New York, 1854). — L. L. Noble, *After icebergs with a painter : a summer voyage to Labrador and around Newfoundland* (New York, 1861). — *New-York Times*, 26 avril 1892. — *DAB*. — Clara Erskine Clement [Waters] et Laurence Hutton, *Artists of the nineteenth century and their works* [...] (2 vol., Boston et Cambridge, Mass., 1879 ; réimpr., St Louis, Mo., 1969). — Harper, *Early painters and engravers*, 42. — Constance Martin, *James Hamilton : Arctic watercolours* (catalogue d'exposition, Glenbow Museum, Calgary, 1983). — *The New-York Historical Society's dictionary of artists in America, 1564–1860*, G. C. Groce et D. H. Wallace, compil. (New Haven, Conn., et Londres, 1957 ; réimpr., 1964). — H. T. Tuckerman, *Book of the artists : American artist life* [...] (New York et Londres, 1867 ; réimpr., 1966). — John Wilmerding, *William Bradford, 1823–1892* (catalogue d'exposition, De Cordova Museum, [Lincoln, Mass.], et New Bedford Whaling Museum, [New Bedford, Mass., 1969]). — J. R. Harper, *Painting in Canada, a history* ([Toronto], 1966).

BREITHAUPT, EZRA CARL, ingénieur et homme d'affaires, né le 19 février 1866 à Berlin (Kitchener, Ontario), sixième d'une famille de dix enfants, fils de Louis Breithaupt, tanneur, et de Catharine Hailer ; décédé célibataire au même endroit le 27 janvier 1897.

Le père d'Ezra Carl Breithaupt, originaire d'Allemagne, vivait à Buffalo, dans l'état de New York, lorsqu'il épousa, en 1853, Catharine Hailer, née de parents allemands immigrés à Berlin, dans le Haut-Canada. Membre d'une famille de cinq générations de tanneurs, il avait hérité de la part de son père dans une tannerie de Buffalo, mais vers 1857 il en ouvrit une nouvelle à Berlin et, en 1861, s'installa là-bas avec les siens. La famille fut dévouée à l'église évangélique Zion et s'intéressa aux affaires et à la politique locales. À son décès, en 1880, Louis Breithaupt était maire de Berlin. Ses fils aînés devaient continuer le commerce du cuir et allaient prendre part à la création de la Berlin Gas Company vers 1883.

Ezra Carl (appelé communément Carl) fréquenta les écoles élémentaire et secondaire de sa ville natale et, de 1883 à 1887, reçut une formation générale au North-Western College, de confession évangélique, à Naperville, dans l'Illinois. Par la suite, des problèmes de santé, peut-être de nature respiratoire, l'amenèrent à passer ses hivers dans les Bermudes et au Texas avec le médecin de la famille, le docteur David Sovereign Bowlby. C'est sans doute le rôle que sa famille jouait dans la Berlin Gas Company qui influença le choix de carrière de Breithaupt. À l'automne de 1890, il entreprit un cours de deux ans en électricité appliquée, offert à la Johns Hopkins University de Baltimore depuis 1886. Il obtint son diplôme en 1892.

De retour à Berlin, Breithaupt se joignit à la Breithaupt Leather Company, dont il devint administrateur, et à la Berlin Gas Company, où il allia intérêts professionnels et familiaux. En 1892, il possédait plus de 2 000 $ en actions dans la Berlin Gas et c'est à peu près à ce moment-là qu'il en devint directeur. L'entreprise commença à produire de l'électricité et, en 1895,

Breithaupt transforma deux tramways tirés par des chevaux, propriété de la Berlin and Waterloo Street Railway Company, en voitures à traction électrique ; l'électricité produite par la Berlin Gas alimentait également huit réverbères à lampes à arc dans les rues de Waterloo. Entre juillet 1895 et février 1896, Breithaupt, son frère William Henry et sa sœur Melvina Emilia acquirent plus de 22 000 $ du capital de 40 000 $ de la compagnie de tramway, dont Carl devint vite le président. Il développa les deux firmes en construisant un grand réservoir à gaz et en agrandissant considérablement la centrale électrique et les installations de la Berlin Gas, et en dotant le tramway de deux voitures électriques et de rails neufs.

À l'exemple de ses frères aînés, Carl joua un rôle actif au sein de la collectivité. Louis Jacob fut maire de Berlin en 1888–1889, et John Christian en 1896–1897 ; tous les deux exercèrent la fonction de président de la chambre de commerce, le premier en 1891 et le second en 1895. Membre du comité des finances en 1893, Carl devint vice-président de la chambre de commerce l'année suivante, et fit partie du conseil d'administration en 1896. Pendant ces années, il travailla également à titre d'ingénieur-conseil à divers endroits au Canada et publia des articles sur l'électrotechnique canadienne dans des journaux américains. Membre de l'American Institute of Electrical Engineers, il adhéra à la Canadian Electrical Association (formée en 1889), devint membre du bureau et deuxième vice-président en juin 1896. Il donnait souvent des conférences au cours des assemblées de l'association.

En juin 1897, à l'âge de 30 ans, Ezra Carl Breithaupt mourut des suites de blessures subies dans une explosion survenue dans le nouveau réservoir à gaz qu'il avait construit pour la Berlin Gas. Sa mère fit don d'un grand orgue à l'église évangélique Zion en mémoire de son mari et de son fils, qui avait été maître de chapelle et professeur à l'école du dimanche à cet endroit. Elle préleva également 1 000 $ sur la succession de Carl pour les donner au Berlin-Waterloo Hospital, qui installa un vitrail en sa mémoire.

JOHN PARRY

Johns Hopkins Univ. Arch. (Baltimore, Md.), Registrar's records, E. C. Breithaupt student file, including transcript from North-Western College (Napierville, Ill.), 11 févr. 1889. — Kitchener Chamber of Commerce (Kitchener, Ontario), Board of Trade, minute-books ; Chamber of Commerce records. — Kitchener Public Library, Rare Books Dept., Berlin and Waterloo Street Railway Company, stock-book ; Berlin Gas Company, stock-book. — Univ. of Waterloo Arch. (Waterloo, Ontario), L. J. Breithaupt, diaries, 1867–1927 ; Breithaupt family photographs.— Zion Evangelical Church (Kitchener), Reg. of baptisms, marriages, and burials. — « The late E. Carl Breithaupt », *Canadian Engineer* (Toronto), 4 (1896–1897) : 285 (comprend une photographie). — *Berliner Journal* (Berlin [Kitchener]), 8 mars 1866. — *Daily Record* (Berlin), 27, 29–30 janv. 1897. — *Berlin, Canada : a self-portrait of Kitchener, Ontario, before World War One* [...], Paul Tiessen, édit. (St Jacobs, Ontario, 1979). — [W. H. Breithaupt], *Sketch of the life of Catharine Breithaupt, her family and times* (Berlin, 1911 ; copie à la Kitchener Public Library, Rare Books Dept.). — John English et Kenneth McLaughlin, *Kitchener : an illustrated history* (Waterloo, 1983).— J. C. French, *A history of the university founded by Johns Hopkins* (Baltimore, 1946), 169–170. — W. V. Uttley, *A history of Kitchener, Ontario* (Kitchener, 1937 ; réimpr., [Waterloo, 1975]). — « Waterloo County railway history », Waterloo Hist. Soc., *Annual report* (Kitchener), 1917 : 19.

BRELAND (Berland), PASCAL, trafiquant de fourrures, agriculteur, juge de paix, juge, homme politique et fonctionnaire, né le 15 juin 1811 dans la vallée de la rivière Saskatchewan, fils de Pierre Du Boishué, dit Berland, et de Louise (Josephte) Belley ; décédé le 24 octobre 1896 à Saint-François-Xavier, Manitoba.

Pascal Breland passa sans doute les premières années de sa vie sur les sentiers de la traite dans la vallée de la Saskatchewan, où son père était apparemment chasseur et trafiquant indépendant. On ne sait pas s'il a fréquenté l'école, mais les diverses nominations gouvernementales qu'il reçut et les documents qui en restent indiquent qu'il savait lire et écrire. En 1828, sa famille s'adonnait à l'agriculture au cœur de la colonie de la Rivière-Rouge (Manitoba). Quatre ans plus tard, Pascal alla s'établir à Grantown (Saint-François-Xavier) avec sa mère qui était veuve et ses jeunes frères et sœurs ; son frère aîné Alexandre y habitait depuis quelque temps. C'est là qu'en 1836 il épousa une jeune fille de 15 ans, Maria Grant, fille du fondateur de Grantown, Cuthbert Grant*. Ils élevèrent une nombreuse famille, six garçons et neuf filles, et leur fils aîné, Patrice, devait plus tard, comme son père, s'intéresser à la politique et aux affaires publiques.

Breland devint l'un des agriculteurs les plus prospères de Grantown grâce à l'acquisition progressive de la terre de son beau-père. En 1875, il en détenait un peu plus de 376 acres et, en 1880, il était, semble-t-il, propriétaire de tout le domaine. Il possédait également un nombre exceptionnel de chevaux, de bœufs et de charrettes de la Rivière-Rouge, indice de sa participation au commerce des fourrures, dont certaines activités illégales qui échappaient au monopole officiel de la Hudson's Bay Company.

Breland passait alors une grande partie de son temps dans les plaines de l'Ouest, surtout aux alentours du mont Wood, des monts Cypress et du fort Pitt (Fort Pitt, Saskatchewan), où il faisait commerce. La traite des fourrures, qu'il pratiqua tant à titre de trafiquant que d'intermédiaire, lui valut à la fois fortune et prestige social, comme en témoigne probablement son surnom de « Roi des traiteurs » ; ce sont les Métis qui lui auraient donné ce sobriquet, mais les trafiquants canadiens-français et écossais l'utilisaient aussi en certaines occasions. Selon ses descendants, il occupait une place importante dans les expéditions de chasse au bison que les Métis organisaient deux fois l'an et, après la mort de Grant en 1854, il l'a peut-être remplacé comme capitaine de chasse.

Breland s'engagea pour la première fois dans les affaires politiques de la colonie en se joignant, au moment du procès de Pierre-Guillaume Sayer* en mai 1849, aux Métis qui protestaient contre le monopole que la Hudson's Bay Company exerçait sur la traite des fourrures. Par la suite, on l'invita à faire partie du comité que Louis Riel* père avait formé pour faire connaître les griefs des Métis à l'égard de la compagnie et d'Adam Thom*, recorder de Rupert's Land. Au cours des deux décennies suivantes, Breland allait occuper plusieurs postes importants dans la structure administrative de la colonie de la Rivière-Rouge. L'organisme qui régissait la colonie, le Conseil d'Assiniboia, dont il fut membre du 19 septembre 1857 au 10 août 1868, le nomma juge de paix en 1850 et en 1861, juge au tribunal des petites causes en 1851 et agent recenseur en 1856, toujours pour le district de la prairie du Cheval-Blanc (Saint-François-Xavier), de même que membre du comité des travaux publics en 1856. Quoiqu'elles aient été la preuve d'un favoritisme criant, les nominations de ce genre parmi les membres de « l'élite » métisse étaient néanmoins accordées à ceux qui, par leur fortune ou leur rang social, auraient été des « leaders naturels ». D'après certains auteurs, Breland et d'autres comme lui « auraient été élus au suffrage populaire, si ce mécanisme avait existé ».

Après avoir fait la preuve de ses talents de leader dans les affaires politiques de la Rivière-Rouge, Breland allait briller par son absence au moment de l'insurrection de 1869–1870. Au cours de l'été de 1869, il avait organisé avec d'autres Métis une réunion des opposants aux Canadiens qui, sous les ordres du lieutenant-colonel John Stoughton Dennis*, avaient entrepris l'arpentage des terres de la colonie. Cependant, au moment où éclatait le premier incident du drame de 1869–1870, Breland et Salomon Hamelin étaient déjà partis avec leur famille pour leur migration annuelle vers la vallée de la Qu'Appelle. Il est possible que Breland ait évité le soulèvement métis pour protéger ses intérêts politiques et économiques, soit parce qu'il n'était pas prêt à accepter l'autorité de Louis Riel*, ou encore parce qu'il craignait réellement que les événements ne divisent sa famille et ses amis. Les chefs de la résistance ne manquèrent pas de lui reprocher son antipatriotisme et sa traîtrise. Toutefois, son absence ne semble pas avoir compromis sa popularité politique, car on l'élut en 1870 à la première Assemblée législative de la nouvelle province du Manitoba, à titre de député de Saint-François-Xavier-Est, fonction qu'il remplit jusqu'en 1874. Défait dans la circonscription fédérale de Marquette en 1872, il fut cependant nommé la même année au Conseil des Territoires du Nord-Ouest, qu'on venait de former ; il occupa ce poste durant quatre ans.

Pendant ses deux premières années au conseil, Breland joua un rôle important à titre de commissaire auprès des tribus indiennes de l'Ouest. Des signes d'agitation dans ces tribus et la menace d'un soulèvement sioux amenèrent le conseil à l'envoyer étudier la situation au printemps de 1873. On lui avait confié cette mission de conciliation parce qu'il était une personne sûre et qu'il avait de « nombreuses connaissances » parmi les Indiens, et tout porte à croire que son enquête plut aux autorités. À l'automne de la même année, il reçut une autre mission du conseil, celle de préparer la voie pour la négociation des traités entre le gouvernement fédéral et les Indiens des Plaines de ce qui est maintenant le sud de la Saskatchewan. Il retourna l'année suivante informer les chefs cris de la réunion au fort Qu'Appelle (Fort Qu'Appelle, Saskatchewan), réunion qui devait aboutir à la signature du traité n° 4 [V. Paskwāw*]. On lui confia également l'enquête sur deux séries de meurtres qui impliquaient diverses bandes indiennes, dont celle du chef assiniboine Hunkajuka*, afin qu'il traduise en justice les coupables. Tout compte fait, grâce à ses qualités de diplomate, Breland réussit à bien représenter les autorités gouvernementales tout en gagnant la confiance des autochtones qu'il rencontrait. En 1878, on le nomma encore une fois, à la demande populaire, à un nouveau Conseil des Territoires du Nord-Ouest, plus restreint ; cependant, son âge avancé, sa connaissance imparfaite de l'anglais et la distance qui séparait Saint-François-Xavier, où il habitait, de Battleford (Saskatchewan), où se tenaient les réunions, l'empêchèrent de prendre une part active aux travaux du conseil.

En politique, le Métis Pascal Breland fut un modéré. Peu enclin à s'opposer à l'autorité établie sur les questions relatives à son peuple, il jouissait néanmoins du respect et de la confiance de la population de Saint-François-Xavier et des autochtones de l'Ouest, qui se tournèrent vers lui pour les guider et les représenter.

LYNNE CHAMPAGNE

Arch. de la Soc. hist. de Saint-Boniface (Saint-Boniface, Manitoba), Dossier famille Breland ; Dossier Saint-François-Xavier. — Manitoba Culture, Heritage & Recreation, Hist. Resources Branch (Winnipeg), Lynne Champagne, « Pascal Breland « le Roi des traiteurs » (recherche non publiée, 1978). — PAM, MG 2, B3 ; MG 7, D6, reg. of marriages, 8 févr. 1836 ; MG 12, B1 ; B2 ; HBCA, B.63/a/9–10 ; E.5/1–6. — *Canadian north-west* (Oliver). — *Le Manitoba* (Saint-Boniface), 28 oct. 1896. — *CPC*, 1872–

1873. — A.-G. Morice, *Dictionnaire historique des Canadiens et des Métis français de l'Ouest* (Québec et Montréal, 1908). — Isaac Cowie, *The company of adventurers : a narrative of seven years in the service of the Hudson's Bay Company during 1867–1874* [...] (Toronto, 1913). — Marcel Giraud, *le Métis canadien ; son rôle dans l'histoire des provinces de l'Ouest* (Paris, 1945). — Robert Gosman, *The Riel and Lagimodière families in Métis society, 1840–1860* (Canada, Direction des parcs et lieux hist. nationaux, *Travail inédit*, n° 171, Ottawa, 1977). — Stanley, *Louis Riel.*

BRESSE, GUILLAUME, homme d'affaires, plus particulièrement manufacturier de bottes et de chaussures, et homme politique, né le 2 février 1833 à Saint-Mathias, près de Chambly, Bas-Canada, fils de Charles Bresse et de Marie Rocheleau ; décédé célibataire le 30 janvier 1892 à New York, au cours d'un voyage pendant lequel il contracta la fièvre jaune, et inhumé le 8 février à Québec.

Guillaume Bresse, fils d'un cultivateur, a deux frères et trois sœurs. Une partie de cette famille émigre aux États-Unis, notamment les trois filles qui y épousent des compatriotes francophones. Bresse lui-même, semble-t-il, réside plusieurs années au Massachusetts, où il se lie d'amitié avec Louis et Georges Côté, avant de venir au début des années 1860 s'établir à Québec.

En 1863, Bresse et ses deux amis se lancent en affaires sous la raison sociale de Côté and Bresse. Ils ouvrent un petit atelier de réparation de chaussures, situé côte d'Abraham, dans le quartier Saint-Jean. Leur association prend fin en 1866. Bresse installe alors son entreprise rue Desfossés, dans le quartier Jacques-Cartier, puis deux ans plus tard rue Saint-Paul, dans le quartier Saint-Pierre. En 1871, il fait ériger au coût de 11 304 $ une manufacture à l'intersection des rues Saint-Antoine (boulevard Charest) et du Vieux-Pont (rue Dorchester). Construite en pierre et en brique, cette bâtisse compte trois étages et est pourvue d'une aile avec cheminée qui abrite sa nouvelle source centrale d'énergie, une machine à vapeur.

En dépit de ce que certains ont affirmé, Bresse n'est pas le pionnier de la cordonnerie mécanisée à Québec. Ce titre revient plutôt à la famille Woodley, propriétaire de deux manufactures qui produisent en 1871 pour 600 000 $ de bottes et de chaussures, tandis que la valeur de la production de Bresse ne se chiffre qu'à 165 000 $. En outre, à cette époque, même si ce dernier emploie au delà de 200 travailleurs, les Woodley en embauchent quelque 800 de plus. Toutefois, Bresse surmonte la crise économique des années 1870 qui fauche plusieurs producteurs, dont les Woodley.

À l'aube des années 1880, de nouveaux manufacturiers de chaussures, comme John Henderson Botterell et John Ritchie, font leur apparition à Québec. La plupart d'entre eux tentent de concurrencer Bresse et Louis Bilodeau, les deux plus importants fabricants. Grâce à la Politique nationale que sir John Alexander MACDONALD instaure en 1879 et qui profite à l'ensemble des producteurs de chaussures québécois, Bresse voit ses ressources financières augmenter sans cesse au cours des années 1880. Évaluées entre 50 000 $ et 75 000 $ en 1879, elles atteignent 300 000 $ à 400 000 $ dix ans plus tard. C'est durant cette période que Bresse consolide ses positions commerciale et industrielle.

En 1881, Bresse agrandit sa manufacture en faisant construire une nouvelle bâtisse rue Sainte-Hélène, voisine de sa maison de brique érigée cinq ans plus tôt. En 1882, il loue les troisième et quatrième étages de cette annexe à James E. Woodley pour 1 200 $ annuellement avec le droit d'utiliser la source centrale d'énergie. Cinq ans plus tard, le loyer est porté à 2 400 $ par année. Toutefois, en 1889, le bail prend fin par suite de la faillite du locataire, et Bresse obtient toutes les machines et le fonds de commerce de Woodley. La même année, il commence à louer une autre aile, qu'il a fait construire en 1888 au coût de 5 151 $. En outre, Bresse possède une manufacture à Saint-Hyacinthe ; en 1891, il loue cette bâtisse et son installation hydraulique pour 1 014 $ par année à Joseph-Amable et Magloire Côté. De plus, il vend à la J.-A. and M. Côté pour 7 160 $ la machinerie et les outils qu'il a acquis de la faillite de la James Aird and Company.

Au cours des années 1880, Bresse continue à consentir des prêts, pratique à laquelle il recourt depuis la fin des années 1860. Ainsi, en 1882, finance-t-il la Richard Jacques and Company et fournit-il 12 000 $ aux associés de la A. Pion and Company en vue de financer la construction d'une mégisserie rue Prince-Édouard, dans le quartier Saint-Roch ; ces derniers débiteurs s'acquitteront de leur dette en 1890.

Sur le plan des débouchés, Bresse déborde le marché local et, notamment en 1883, il expédie pour plus de 22 000 $ de marchandises à William Higgins, grossiste de Winnipeg. Cependant, il n'est pas le seul à exploiter le marché de l'Ouest et celui des Maritimes. Des entreprises montréalaises et même québécoises, comme celles d'Octave Migner et de Botterell, lui livrent une vive concurrence. Même des manufacturiers de moindre importance, tels Jobin and Rochette ou la Levis Manufacturing Company, emploient des commis voyageurs afin d'écouler leur production sur le marché canadien.

Durant les années 1880, Bresse investit aussi dans d'autres secteurs. Il s'associe notamment au syndicat de Louis-Adélard Senécal* qui achète du gouvernement provincial puis revend à la Compagnie du chemin de fer canadien du Pacifique le tronçon Montréal-Québec du chemin de fer de Québec,

Montréal, Ottawa et Occidental. Cette spéculation lui rapporte des profits substantiels. Il en va autrement toutefois de ses investissements dans les services et les textiles : la Compagnie des élévateurs et entrepôts de Québec semble n'avoir jamais été en activité, tandis que la filature de coton et de laine Canada Worsted Company est liquidée après quelques années seulement d'exploitation et subit ainsi le même sort que d'autres firmes de ce secteur, telles la Riverside Worsted Company et celle qui lui succéda, la Quebec Worsted Company.

En dehors du monde des affaires, Bresse s'engage peu. Sur le plan politique, il fait une brève incursion au conseil municipal où il représente de 1876 à 1878 le quartier Jacques-Cartier ; sur la scène provinciale, grâce à son allégeance libérale et à l'amitié que lui porte le premier ministre Honoré MERCIER, il obtient en décembre 1887 le siège des Laurentides au Conseil législatif.

À la mort de Bresse, en 1892, son actif financier de 262 275 $ se décompose ainsi : près de 63 % de comptes à recevoir, 21 % d'argent en caisse ou de dépôts bancaires, environ 12 % de créances de particuliers et, enfin, 4 % seulement d'actions de compagnies d'assurances et de fiducie et d'une société de services publics. Plus des trois quarts de ce portefeuille a d'ailleurs contribué à constituer le capital initial de la Saint-Hyacinthe Water Works. En outre, Bresse possède des biens fonciers et mobiliers évalués à 176 650 $. Les fabriques, la machinerie, les outils et la matière première nécessaire à la production représentent près de 63 % de ce montant : 80 200 $ pour la vieille manufacture de Québec, 15 000 $ pour ses rajouts et 15 000 $ également pour la fabrique de Saint-Hyacinthe. Le reste se compose d'immeubles à Winnipeg d'une valeur de 13 000 $, de fermes à Charlesbourg, près de Québec, et dans la municipalité de Saint-Roch-de-Québec-Nord (Québec) (23 025 $), de sa résidence (14 000 $), ainsi que de diverses autres propriétés dans le quartier Jacques-Cartier et à Saint-Roch-de-Québec-Nord (15 000 $).

Après la mort de Guillaume Bresse, son neveu, Olivier Bresse fils, et François Dumas s'associent en vue de continuer la production de la G. Bresse and Company. Ils bénéficient d'un prêt de 20 000 $ que leur consentent les héritiers. L'accord du 17 février 1892 prévoit aussi un loyer annuel de plus de 6 000 $, les autres frais (notamment les assurances) en sus, l'interdiction de modifier la raison sociale avant 20 ans et le remboursement étalé sur 10 ans du capital et des intérêts. En retour, les associés obtiennent le droit d'exploiter la manufacture ainsi qu'une promesse de cession. Dès le 28 juin, Dumas se désiste et, le 5 juillet, c'est le comptable Louis-Eugène-Hercule Lapointe qui le remplace. Cependant, par suite d'une mésentente avec les héritiers, qui entraîne en 1896 un remboursement prématuré de 60 120 $ et un arrêt prolongé de la production, Olivier Bresse éprouve d'insurmontables difficultés financières et est acculé à la faillite en 1897. L'année suivante, la manufacture est vendue aux enchères. Georges-Élie Amyot, qui l'acquiert pour 21 500 $, la revendra 300 000 $ en 1907 aux actionnaires de la Dominion Corset Company dont il est l'un des fondateurs.

JEAN BENOIT

AC, Québec, État civil, Catholiques, Saint-Roch, 8 févr. 1892 ; Minutiers, É-J. Angers, 7 janv., 27 juill. 1881, 6–7 févr., 19 août 1882, 8 sept. 1883, 7 oct. 1886, 2 mars 1887, 23 juin 1888, 3 avril, 24 juill. 1889, 1er–2 mai, 3 juin 1890, 29 mai, 3 juill. 1891, 17, 22 févr., 28 juin, 5 juill. 1892, 24 juill. 1896, 30 août 1897 ; Augustin Vocelle, 3 mars, 20 déc. 1868, 14 juin 1871, 27 mai 1876. — ANQ-M, CE2-22, 3 févr. 1833. — BE, Québec, reg. B, 185, no 96627 ; 186, no 98346 ; 188, no 99742 ; 222, no 121098. — *Bradstreet Commercial Report,* John Bradstreet, édit. (New York), 1879 ; 1889. — *Gazette officielle de Québec,* 25 sept. 1897. — *L'Événement,* 1er févr. 1892. — *La Presse,* 4 mars 1896. — *Cyclopædia of Canadian biog.* (Rose et Charlesworth). — J. Desjardins, *Guide parl.,* 71. — *Quebec directory,* 1865–1866 ; 1868–1869. — *RPQ.* — Turcotte, *le Conseil législatif,* 226. — Jean Benoit, « le Développement des mécanismes de crédit et la croissance économique d'une communauté d'affaires : les marchands et les industriels de la ville de Québec au XIXe siècle » (thèse de d. ès l., univ. Laval, 1986), 284, 482, 689–690, 694–697, 723–724, 730, 736, 752. — Chouinard *et al., la Ville de Québec,* 4 : 37, 234. — Albert Jobin, *Histoire de Québec* (Québec, 1947), 157–158.– *Leather Life Daily* ([Montréal]), 16 oct. 1950 : 11. — « La Première Manufacture de chaussures à Québec », *BRH,* 47 (1941) : 191.

BROOKING, ROBERT, ministre méthodiste, né en mars 1813 près de Tavistock, Angleterre ; en 1843, il épousa une prénommée Elizabeth, et ils eurent au moins une fille, puis en 1863 il se remaria, et de ce mariage naquit une fille ; décédé le 21 décembre 1893 à Cobourg, Ontario.

Robert Brooking perdit ses parents très jeune et dut gagner sa vie dès l'âge de neuf ans. Toujours pratique et laborieux, il devint travailleur manuel et termina ses études primaires à l'école du soir. Son véritable éveil religieux date de 1832, soit un an avant que la coalition antiesclavagiste ne parvienne à faire abolir l'esclavage dans les colonies britanniques. Par la suite, ce mouvement devait pour une bonne part se transformer en croisade missionnaire destinée à diffuser le protestantisme et la civilisation britannique chez les aborigènes, en particulier en Afrique occidentale, où le funeste trafic des êtres humains avait donné lieu aux pires atrocités. À la fin de 1839, Brooking, fraîchement diplômé du Richmond Theological Institute et ordonné ministre, commença à tenir un rôle actif dans cet important épisode de l'évangélisation chrétienne. Cette année-là, la Wesleyan Methodist Missionary Society l'envoya dans la région de la

Côte-de-l'Or (Ghâna, Afrique occidentale), où il prêcha durant six ans.

Sur place, Brooking travailla en étroite collaboration avec celui qui allait devenir le missionnaire wesleyen le plus efficace d'Afrique occidentale, Thomas Birch Freeman. Toutefois, ses réalisations à lui furent plus modestes. Comme il le ferait plus tard en Amérique du Nord britannique, Brooking consacra une grande part de son énergie à construire les bâtiments des missions et à entretenir des machines. En donnant ainsi l'exemple de la discipline chrétienne, il espérait détourner les indigènes de leurs chefs religieux locaux, ces « féticheurs » comme il les appelait, dont les pratiques l'épouvantaient.

En 1846, Brooking tomba malade et retourna en Angleterre pour une convalescence d'un an. On a dit que par la suite il ne se guérit jamais d'une certaine surdité. En 1847, on l'envoya dans le Haut-Canada, en grande partie pour des raisons de santé, et de fait le climat canadien lui fut bénéfique. Avec son épouse, Brooking se lança dans le travail missionnaire auprès des Indiens, d'abord au lac Rice avec Shah-wun-dais*, puis à la mission Saint-Clair. Cette expérience le prépara à relever le plus grand défi de sa carrière. En 1854, l'Église méthodiste wesleyenne en Canada, société évangélique en pleine expansion et dont le siège social se trouvait à Toronto, envoyait dans Rupert's Land ses premiers missionnaires : Brooking, sa femme, John Ryerson* et plusieurs autres ministres du culte.

De 1854 à 1859, avec son épouse engagée tout autant que lui dans cette tâche, Brooking travailla parmi les Indiens, aux missions d'Oxford House (Manitoba) et de Norway House. Pendant la plus grande partie de cette période, il agit aussi en qualité de président du vaste district méthodiste de la baie d'Hudson. Mais l'ampleur de ses réalisations est plus facile à mesurer dans le domaine des travaux manuels que dans celui de l'administration. Dans ses rapports, il décrit avec force détails les maisons, les églises, les écoles, les clôtures, les entrepôts à poisson et les bateaux qu'il a construits à l'aide de planches laborieusement taillées. Comme toujours, ce furent les travaux pratiques nécessaires à la mise en place de l'infrastructure matérielle des missions qui accaparèrent l'immense énergie de ce pasteur.

Contrairement à certains missionnaires de Rupert's Land, tel James Evans*, Brooking semble avoir eu peu d'intérêt pour la politique, celle de la Hudson's Bay Company comme celle des tribus indiennes. C'est par le nombre de planches coupées, par le nombre d'âmes sauvées, qu'il mesurait le travail accompli. Dans les rares cas où il formula une opinion politique, il se rangea du côté de la Hudson's Bay Company. Ainsi, en 1858, il accusa les trafiquants indépendants qui défiaient le monopole de traite de la compagnie d'exploiter et de débaucher les Indiens. Il écrivit alors : « Les philanthropes du Canada fe-r[aient] bien d'étudier les meilleurs moyens de protéger les pauvres Indiens contre cette catégorie de gens. »

Brooking retourna dans les missions indiennes moins vastes du Haut-Canada en 1860 et s'installa dans la réserve de Rama, sur le lac Couchiching. Il perdit sa première femme en 1862, quelques mois après avoir été témoin de la mort de la mère de son collègue, le révérend Henry Bird Steinhauer*, Indien de la bande de Rama avec qui il avait travaillé étroitement dans Rupert's Land. Six ans plus tard, il quitta la réserve de Rama pour œuvrer, jusqu'en 1881, dans celle de Hiawatha et en d'autres endroits de l'Ontario. Puis il s'installa à Cobourg où il semble avoir passé le reste de ses jours dans une retraite calme et sereine.

Homme bon et doux, Robert Brooking mit tout son zèle à communiquer son enthousiasme chrétien aux peuples autochtones de l'Afrique occidentale et de l'Amérique du Nord britannique. Personnage apparemment peu complexe, jamais il ne mit en doute son désir de faire le bien. Sa foi simple et inébranlable en fit un instrument efficace de l'expansion du méthodisme dans le Nord-Ouest. Sa carrière incarne quelque chose de la corrélation entre le métropolitanisme haut-canadien et l'impérialisme britannique dans la colonisation des territoires indiens du nord-ouest de l'Amérique.

ANTHONY J. HALL

UCC-C, Robert Brooking papers. — Methodist Church (Canada, Newfoundland, Bermuda), Bay of Quinte Conference, *Minutes* (Toronto), 1894 : 10. — John Ryerson, *Hudson's Bay ; or, a missionary tour in the territory of the Hon. Hudson's Bay Company* [...] (Toronto, 1855). — Wesleyan Methodist Church in Canada, Missionary Soc., *Annual report* (Toronto), 1855–1859, 1862–1863. — Cornish, *Cyclopædia of Methodism*. — Carroll, *Case and his cotemporaries*, 5 : 10. — P. D. Curtin, *The image of Africa : British ideas and action, 1780–1850* (Londres, 1965). — Frits Pannekoek, « The Rev. James Evans and the social antagonisms of the fur trade society », *Canadian plains studies 3 : religion and society in the prairie west*, Richard Allen, édit. (Regina, 1974), 1–18. — J. H. Riddell, *Methodism in the middle west* (Toronto, 1946). — L. O. Sanneh, *West African Christianity : the religious impact* (Londres, 1983), 119–123. — J. [A.] Gallagher, « Powell Buxton and the new African policy, 1838–1842 », *Cambridge Hist. Journal* (Cambridge, Angl.), 10 (1950–1952) : 36–58. — H. D. Tresidder, « That old Rama Church », *United Church Observer* (Toronto), 15 janv. 1950 : 18.

BROUSSE. V. BRUCE

BROWN, CORYDON PARTLOW, administrateur scolaire, arpenteur, homme d'affaires et homme politique, né le 15 novembre 1848 à Southampton, Nouveau-Brunswick, fils de William Brown ; le 21 février 1874, il épousa Emma Davidson, de Palestine (Gladstone, Manitoba), puis en 1885 Jennie Davidson, sœur cadette de sa première épouse, et il eut six enfants ; décédé le 17 décembre 1891 à Winnipeg.

Corydon Partlow Brown fréquenta l'école à Southampton, puis à Fredericton, où il fit ses études de génie civil. Après avoir passé la plus grande partie de l'année 1872 au poste de directeur de la St Mary's School, il partit pour l'Ouest travailler sous contrat à titre d'arpenteur pour le Bureau des terres de la Puissance. En 1873, il occupa deux quarts de lot dans ce qui allait devenir le district de Westbourne, au Manitoba.

Prototype de l'homme politique issu des milieux d'affaires, Brown sut faire « mousser » les intérêts de son district et de sa province tout en servant ses propres fins. Après avoir ouvert en 1873 le premier magasin de la région, il créa une scierie et un moulin à farine puis, en 1879, fonda un journal, le *Gladstone News and Westbourne County Farmer*. En 1881–1882, il agit en qualité de promoteur et de directeur général de la Compagnie du chemin de fer du Portage, de Westbourne et du Nord-Ouest, qui reliait le district aux marchés extérieurs. En 1882, il fut associé dans la Bailey, Lochart and Brown, qui fonda la première banque de Westbourne. Gladstone, la principale ville de la région, fut construite en grande partie sur des terrains dont il était propriétaire, surtout parce qu'en 1875 c'est lui qui avait été l'arpenteur de l'emplacement.

Élu en 1874 député de Westbourne à l'Assemblée législative, Brown se fit connaître en présentant une suite de projets de loi qui jetaient les bases de l'organisation des nouveaux établissements en municipalités. Opposé au système d'écoles publiques catholiques et protestantes et aux droits linguistiques des francophones, il s'était d'abord porté candidat libéral indépendant, mais graduellement il modifia sa position et se rangea à l'avis de John Norquay*, anglophone modéré alors bien en vue. Ce revirement, ajouté aux nombreux projets de loi qu'il avait présentés, à son travail au bureau d'Éducation de Manitoba de 1875 à 1877 et aux liens de plus en plus étroits qu'il entretenait avec le milieu des affaires de Winnipeg, en faisait un candidat tout désigné pour le cabinet quand Norquay devint premier ministre en 1878.

En qualité de secrétaire de la province du 16 octobre 1878 au 19 novembre 1879 et de ministre des Travaux publics de cette date jusqu'au 27 août 1886, Brown prit part à tous les aspects du développement politique du Manitoba. Pendant que Norquay, sous les feux de la rampe, réclamait de « meilleures conditions », l'élargissement des frontières et, plus tard, la fin du refus du gouvernement fédéral de reconnaître les lettres patentes des compagnies de chemin de fer, Brown manœuvrait discrètement en coulisses pour expliquer au premier ministre sir John Alexander MACDONALD la situation désespérée du Manitoba. À titre de ministre des Travaux publics, il était responsable de la construction des routes et du drainage des terres – et ce dernier programme devint particulièrement important après que le dominion eut accordé au Manitoba la mainmise sur ses marécages en 1881. Il fit creuser des fossés et détourner des rivières afin que les marais puissent être employés à des fins agricoles.

Malgré sa compétence, Brown devint au milieu des années 1880 la cible de la presse libérale qui le qualifiait de « tripoteur » et l'accusait de distribuer par trop généreusement les terres publiques. À mesure que le vieux système des gouvernements de coalition cédait la place aux méthodes ouvertement partisanes des libéraux de Thomas Greenway* et du *Daily Free Press* de William Fisher Luxton*, il fallait s'attendre à ce genre d'attaque. Ironiquement, au moment même où la presse le critiquait pour son rôle dans le gouvernement Norquay, Brown perdait la faveur du premier ministre et du trésorier de la province, Alphonse-Alfred-Clément La Rivière*. Le 27 août 1886, il fut rétrogradé secrétaire de la province et, le 11 mars suivant, il quittait son poste au cabinet, apparemment parce qu'il désapprouvait le système préconisé par La Rivière et Norquay pour l'adjudication des marchés publics. En décembre 1887, un scandale ferroviaire provoqua la chute du gouvernement Norquay. Des conservateurs en vue comme William Bain Scarth* et Charles Acton Burrows craignirent alors que Brown, dont la loyauté envers le parti était devenue suspecte, n'aide Greenway à former un cabinet, ce qui ne se produisit pas. Cependant, la carrière d'homme politique de Brown avait pris fin. Après son élection sans opposition en 1878, 1879 et 1883, et sa réélection en 1886 au terme d'une rude bataille électorale, Brown ne parvint même pas à obtenir l'investiture conservatrice dans la circonscription de Westbourne en 1888.

Quelque peu amer, Corydon Partlow Brown retourna à l'arpentage, mais le gouvernement conservateur d'Ottawa ne lui confia que de rares travaux. Il brassa également quelques affaires, et s'occupa entre autres de promouvoir la construction d'un nouveau chemin de fer vers le sud-est et de mettre au point une charrue à vapeur. Il tenta de redorer son image auprès du parti conservateur mais, avant d'y parvenir, il contracta une pneumonie et mourut peu après, à l'âge de 43 ans.

JAMES DAVID MOCHORUK

AN, MG 26, A, 119–485 ; MG 27, I, E19 (mfm). — Man., Legislative Library (Winnipeg), Vert. file, Gladstone. — *Gladstone Age and Westbourne County Advertiser* (Gladstone, Manitoba), mai 1883–janv. 1890. — *Daily Free Press* (Winnipeg), sept. 1874–déc. 1891. — *Le Manitoba* (Winnipeg), 23 déc. 1891. — *Manitoba Sun* (Winnipeg), 24 déc. 1883. — *CPC*, 1874–1888. — *Pioneers of Manitoba*

(Morley *et al.*). — Margaret Morton Fahrni et W. L. Morton, *Third crossing ; a history of the first quarter century of the town and district of Gladstone in the province of Manitoba* (Winnipeg, 1946). — Morton, *Manitoba* (1967). — *Winnipeg Tribune*, 28 juin 1930.

BROWN, ROBERT, explorateur, botaniste et auteur, né le 23 mars 1842 à Camster, Écosse, fils de Thomas Brown ; en 1875, il épousa Kristiane Augusta Maria Eleonora Rudmose, de Ferslev, Danemark, et ils eurent deux fils ; décédé le 26 octobre 1895 à Streatham (Londres).

Dès sa jeunesse, Robert Brown manifesta son goût pour les voyages. En 1861, à l'âge de 19 ans, il interrompit ses études médicales à la University of Edinburgh, où il avait obtenu un prix en botanique, pour aller à la chasse aux phoques et à la baleine dans l'Arctique. Avec les autres membres du groupe, il visita l'Islande, le Groenland et la baie de Baffin (Territoires du Nord-Ouest), région que de nombreux chasseurs de baleine écossais fréquentaient à cette époque [V. William PENNY]. Une autre occasion de voyage s'offrit à Brown lorsque la British Columbia Botanical Association of Edinburgh, le chargea de la cueillette de graines en février 1863.

Brown arriva à Victoria le 6 mai. Sa première expédition le conduisit aux lacs Great Central et Sproat, à l'inlet Alberni et à la baie de Nootka. Il se rendit ensuite dans la péninsule Olympic (Washington), puis remonta le fleuve Fraser. Les Écossais qui le parrainaient étaient mécontents des graines qu'il leur envoya à la suite de ces expéditions ; quant à Brown, il était consterné de voir qu'on le considérait comme un simple cueilleur de graines et non comme un botaniste. Il contraria davantage ses protecteurs lorsqu'il accepta en mai 1864 de participer, à titre de commandant et d'agent gouvernemental, à l'expédition d'exploration de l'île de Vancouver organisée par un comité qui regroupait d'importants hommes d'affaires de Victoria et que subventionnait en partie le gouvernement colonial sous la direction du gouverneur Arthur Edward Kennedy*. Les rapports de Brown avec les membres du comité se compliquèrent cependant lorsqu'il se rendit compte que ces derniers s'intéressaient surtout à découvrir de l'or.

Les membres de l'expédition réussirent à traverser l'île de Vancouver à plusieurs endroits et, dans certains cas, en suivant de nouveaux parcours. À partir du lac Cowichan, Brown descendit la rivière Nitinat jusqu'à Whyac, en suivant un itinéraire semblable à celui qu'avait emprunté Joseph Despard PEMBERTON en 1857 ; pendant ce temps, un autre groupe prit un chemin plus difficile à partir du lac Cowichan jusqu'à Port San Juan. Brown et quelques autres allèrent ensuite de Comox à Alberni en passant par les lacs Comox et Great Central ; un autre groupe eut la tâche plus difficile de se rendre de Nanaimo à Alberni en passant par les lacs Nanaimo. Du 7 juin au 21 octobre 1864, les membres de l'expédition parcoururent environ 1 200 milles.

La plus grande réussite de l'expédition fut la découverte d'or, en juillet, dans une rivière qu'on nomma en l'honneur de Peter John LEECH, le commandant en second du groupe. Le sort voulut que cette trouvaille, qui donna lieu à la fondation de Leechtown, se fasse pendant que Brown était retourné à Victoria pour tirer au clair ses rapports avec le comité organisateur. Brown attacha d'ailleurs plus d'importance à la découverte de charbon dans une rivière située près de Comox, qui reçut son nom. Même si elle ne présentait aucun attrait immédiat sur le plan commercial, cette mise au jour indiquait qu'il y avait du charbon dans la région.

Toujours insatisfaits des graines que Brown leur envoyait, les Écossais qui le parrainaient n'acquiescèrent pas à sa demande de renouvellement de son contrat de trois ans. Avant son retour, Brown visita le territoire de Washington, l'Oregon, les îles de la Reine-Charlotte et le nord de l'île de Vancouver. Le 2 août 1866, au moment où il s'apprêtait à quitter l'île de Vancouver, le *Daily British Colonist and Victoria Chronicle* disait de lui que c'était « un homme de valeur, qui [avait] fait plus que quiconque pour explorer [les] régions inconnues [de l'île], dévoiler ses ressources naturelles et attirer l'attention sur [sa] richesse latente ».

Les écrits de Brown sur la côte du Nord-Ouest sont diversifiés. La publication à Victoria, vers 1865, d'un rapport officiel de 27 pages qui décrivait l'itinéraire de l'expédition et fixait les noms de lieux, *Vancouver Island ; exploration, 1864,* fut suivie en 1869 par « Memoir on the geography of the interior of Vancouver Island », travail diffusé seulement en allemand et pour lequel Brown obtint un doctorat de l'université de Rostock (République démocratique allemande) en 1870. Brown avait aussi prévu d'écrire pour le grand public un compte rendu de son expédition, illustré par l'artiste du groupe, Frederick Whymper*, mais le marché était déjà inondé d'écrits de ce genre. Il publia des articles allant de rapports sur la botanique, l'ornithologie et la géologie de la région qu'il avait visitée jusqu'à de courtes descriptions de la vie dans la colonie. Il rédigea plusieurs textes d'éducation populaire et écrivit un certain nombre d'articles pour *Illustrated travels*. Il y fait parfois la narration directe de ses voyages ou les transforme en œuvres d'imagination. Ses descriptions de la vie des Indiens comprennent des récits à sensation qui dépeignent des êtres déloyaux et mesquins, mais aussi des comptes rendus sur la mythologie et les coutumes indigènes, tel le potlatch, qui représentent pour l'époque un effort de compréhension exceptionnel.

Robert Brown tenta sans succès d'obtenir la chaire de botanique au Royal College of Science for Ireland en 1868, et à la University of Edinburgh en 1873. À Londres, en 1876, il se joignit au personnel de rédaction de l'*Echo,* puis en 1879 à celui du *Standard,* également à Londres. À la fin de sa vie, il donnait l'image d'un homme contraint et déçu. Il se tourna donc avec nostalgie vers ses années de jeunesse passées sur la côte nord-ouest, et il semble approprié que son dernier ouvrage, publié après sa mort, ait été l'édition de *Adventures* de John Rodgers Jewitt*, dont l'introduction et les commentaires s'inspirent de l'expérience vécue 30 ans plus tôt dans l'île de Vancouver.

JOHN HAYMAN

Robert Brown est l'auteur des ouvrages didactiques suivants : *The countries of the world : being a popular description of the various continents, islands, rivers, seas, and peoples of the globe* (6 vol., Londres, [1876–1892]) ; *The peoples of the world : being a popular description of the characteristics, condition, and customs of the human family* (6 vol. en 3, Londres, 1882) ; et plusieurs articles dans *Science for all* (5 vol., Londres, [1877–1882]) qu'il a édité. Parmi les textes qu'il a fait paraître dans *Illustrated travels ; a record of discovery, geography, and adventure,* H. W. Bates, édit. (6 vol., Londres, [1869–1875]), les plus remarquables sont : « The first journey of exploration across Vancouver Island », 1 : 254–255, 274–276, 302–304, 349–351 ; et « In pawn in an Indian village », 3 : 271–275, 338–343, 358–364.

Un exemplaire olographe de l'œuvre inédite de Brown, « Memoir on the geography of the interior of Vancouver Island », est conservé parmi ses papiers aux PABC, Add. MSS 794. La traduction allemande parut sous le titre de « Das Innere der Vancouver-Insel », *Mitteilungen aus Justus Perthes' Geographischer Anstalt* (Gotha, République démocratique allemande), 15 (1869) : 1–10, 85–95.

Rigsarkivet (Copenhague), Marriage record, 1875. — Royal Botanic Garden Library (Édimbourg), British Columbia Botanical Assoc. papers, minute-books, accounts, and letters from Robert Brown, 1863–1866. — Scott Polar Research Institute (Cambridge, Angl.), MS 441/1/1–2 (Robert Brown, journals, 1861, 1867). — Wilhelm-Pieck-Universität Rostock, Universitätsbibliothek (Rostock, République démocratique allemande), Record of doctorate, 1870. — J. [R.] Jewitt, *The adventures of John Jewitt, only survivor of the crew of the ship* Boston, *during a captivity of nearly three years among the Indians of Nootka Sound in Vancouver Island,* Robert Brown, édit. (Londres, 1896), particulièrement la préface de A. J. Wilson, 5–8. — *Testimonials in favour of Robert Brown* [...] *candidate for the chair of botany, in the Royal College of Science for Ireland* ([Édimbourg, 1868] ; copie à la Royal Botanic Garden Library). — *Daily British Colonist* (Victoria), 1863–1866. — *Daily British Colonist and Victoria Chronicle,* 2 août 1866. — *Standard* (Londres), 28 oct. 1895. — *Times* (Londres), 29 oct. 1895. — *Victoria Daily Chronicle,* 1863–1866. — *DNB.* — Walbran, *B.C. coast names,* 67–68. — John Hayman, *Robert Brown and the Vancouver Island Exploring Expedition* (Vancouver, 1989) ; « Robert Brown and the Vancouver Island Exploring Expedition », *Beaver,* 66 (1986), n° 3 : 15–29.

BROWNE, JOHN JAMES, architecte, homme d'affaires et juge de paix, né le 12 octobre 1837, probablement à Québec, fils de George Browne*, architecte, et d'Anna Maria Jameson ; le 19 décembre 1867, il épousa Agnes Dunlop Hay, et ils eurent au moins trois fils et trois filles ; décédé le 3 août 1893 à Montréal.

John James Browne fit ses premières études à la High School of Quebec. Il reçut ensuite une formation en architecture au bureau de son père, et commença à exercer à Montréal, à l'âge de 19 ans. Même s'il continua ses études par la suite, probablement en Angleterre, il allait plus tard attribuer son succès à ses grands voyages en Europe, au cours desquels il examina des édifices anciens et modernes, particulièrement en Grande-Bretagne, en France et en Allemagne.

À l'instar de son contemporain montréalais John OSTELL, dont la carrière d'architecte s'achevait à peu près au moment où Browne commençait la sienne, il fit preuve de beaucoup de polyvalence dans la conception des immeubles qu'il dessina. Il conçut les plans d'édifices publics, dont des bureaux de poste, des postes de police et de pompiers, des marchés, des collèges et des églises ; il dessina aussi des résidences, y compris des villas et des maisons en rangée, des édifices commerciaux, tels des banques, des magasins, des moulins, des manufactures et des entrepôts. Il dressa aussi les plans de monuments et de tombeaux. Ses principales réalisations se retrouvèrent surtout à Montréal, qui était en train de se donner une allure de métropole [V. William NOTMAN], mais il travailla aussi ailleurs, notamment à Ottawa, à Toronto et à Cornwall.

Browne participa aux recherches éclectiques qui fascinèrent l'ensemble des architectes de la dernière moitié du XIXe siècle. En 1870, dans une critique parue dans l'*American Architect and Builders' Monthly* sur un entrepôt de Montréal que Browne avait conçu pour Andrew Frederick Gault*, on signalait que le plan témoignait « d'une conception très soignée, d'une invention fertile [...] et d'un esprit de liberté [qui n'étaient] pas étrangers aux autres réalisations de l'architecte ». Trois résidences de Montréal illustrent l'étendue des recherches de Browne. Il s'agit de la résidence Dilcoosha, construite pour Jesse Joseph aux alentours de 1864, maintenant démolie, qui exhibait une façade composée d'éléments d'inspiration néo-égyptienne et néo-grecque. Rokeby, résidence avoisinante construite pour Gault vers 1875, représente une étude d'interprétation de l'architecture des châteaux seigneuriaux écossais et sa transposition à la villa urbaine canadienne. Cette construction est un exemple éloquent de la capacité de Browne de concilier les formes crénelées et les lourds éléments de maçonnerie de ce style avec les grandes surfaces vitrées alors en demande. Enfin, pour la résidence de l'entrepreneur

Peter Lyall*, Browne se servit de formes géométriques qui lui permirent d'élaborer un plan de style Renaissance française. Cette villa fut la dernière dont il traça les plans, et pour sa construction il dut mettre à profit le meilleur de son talent, celui du sculpteur de pierre Henry Beaumont, dont le travail témoigne du souci du détail de Browne, et celui de Lyall, qui ne ménagea ni efforts ni argent pour obtenir le plus bel effet. Contrairement à de nombreuses réalisations de Browne, on sauva cette dernière de la démolition afin de rendre hommage au bon goût et au raffinement qu'il démontra dans l'exercice de sa profession.

Malgré l'aptitude de Browne à s'exprimer dans des formes diverses, la plupart de ses ouvrages rappellent le style néo-gothique ; on construisit des églises, des écoles et même des résidences selon les règles propres à ce style. Les exemples les plus typiques des constructions de ce genre conçues par Browne comportent des éléments de maçonnerie lourde, inspirés des réalisations de l'Américain Henry Hobson Richardson, et des ornementations gothiques stylisées, qui rappellent les travaux de Frank Furness, compatriote de Richardson. On retrouve ces éléments réunis dans l'immeuble Racine, entrepôt construit à Montréal en 1887. La façade du rez-de-chaussée est divisée en deux travées aux contours formés par des arcs massifs en pierre grise supportés par de lourdes colonnes de granit. Les sculptures des chapiteaux gothiques ont une forme à la fois plastique et géométrique ; à l'arrière des arches, on retrouve de larges fenêtres. Dans les constructions qu'il conçut plus tard, Browne combina l'utilisation d'éléments de maçonnerie de forme traditionnelle à celle d'innovations techniques, telles de grandes fenêtres en oriel, dessinées pour laisser pénétrer davantage la lumière. Les réalisations les plus remarquables de ce style sont l'édifice Nordheimer construit à Montréal en 1888, et l'édifice Central Chambers construit à Ottawa en 1890.

Avec le temps, son travail d'architecte amena John James Browne à mettre sur pied une agence immobilière lucrative, et il fut membre de la Chambre de commerce de Montréal. Browne remplit aussi les fonctions de juge de paix. Sur le plan social, c'était un homme dont on recherchait la compagnie, car il était fin causeur et plein d'entrain. Parvenu au faîte de sa carrière, il fut frappé par un cheval qui tirait un traîneau dans une rue de Montréal, accident dont il ne se remit que partiellement. Atteint par la suite du mal de Bright, il mourut de cette maladie en août 1893, à l'âge de 55 ans. Il avait été un fidèle de l'église anglicane St George, et on l'inhuma au cimetière du Mont-Royal. L'un de ses fils, T. H. Browne, qui avait reçu une formation d'ingénieur civil, poursuivit pendant un certain temps les activités du bureau d'architecte de son père, en société avec James Smith, artiste amateur et dessinateur, mais ils concentrèrent plutôt leurs efforts sur l'expansion de l'agence immobilière.

JULIA GERSOVITZ

Des photographies de John James Browne se trouvent au Musée McCord, Notman Photographic Arch., 85651-B1 et 85652-B1. Un portrait a été publié dans J. D. Borthwick, *Montreal : its history, to which is added biographical sketches with photographs of many of its principal citizens* (Montréal, 1875).

ANQ-M, CE1-68, 7 août 1893. — *Illustrated Montreal, the metropolis of Canada : its romantic history, its beautiful scenery, its grand institutions, its present greatness, its future splendor* (5e éd., Montréal, 1890). — *Gazette* (Montréal), 4, 8 août 1893. — Borthwick, *Hist. and biog. gazetteer*. — Guy Pinard, *Montréal : son histoire, son architecture* (Montréal, 1986). — *The storied province of Quebec ; past and present*, William Wood *et al.*, édit. (5 vol., Toronto, 1931–1932), 4 : 256–257. — *Canadian Architect and Builder* (Toronto), 6 (1893) : 87 ; 22 (1908) : 23. — « Stray notes on street architecture in Montreal », *American Architect and Builders' Monthly* (Philadelphie), 1 (1870–1871) : 13–16.

BRUCE (Brousse), JOHN, charpentier d'origine métisse, président du gouvernement provisoire de la colonie de la Rivière-Rouge (Manitoba), fonctionnaire et juge, né en 1837, fils de Pierre Bruce et de Marguerite Desrosiers ; il épousa Angélique Gaudry, et ils eurent cinq enfants ; décédé le 26 octobre 1893 à Leroy, Dakota du Nord.

Considéré par certains comme une « figure de proue » du mouvement d'opposition des Métis de 1869–1870, John Bruce apparaît plutôt comme un homme d'une certaine importance qui avait des idées bien à lui quant à l'avenir de la colonie de la Rivière-Rouge. Charpentier de son état, il n'avait pas fait d'études particulièrement poussées, mais il aidait des confrères métis à exposer leurs causes devant les tribunaux de l'Assiniboia. En 1869, il travaillait pour la compagnie d'Andrew Graham Ballenden Bannatyne* et d'Alexander BEGG.

Au début d'octobre de cette année-là, Bruce rencontra Louis Riel* et trois autres Métis, probablement François-Xavier Dauphinais, Pierre Poitras et André ou Jean-Baptiste Beauchemin, dans le palais de justice situé tout juste à l'extérieur d'Upper Fort Garry (Winnipeg), afin de former un comité qui se chargerait d'empêcher le lieutenant-gouverneur désigné, William McDougall*, d'entrer dans la colonie jusqu'à ce que le gouvernement canadien ait garanti le respect des droits de ses habitants. Riel et Bruce assistèrent ensuite, chez le magistrat Thomas Sinclair, dans la paroisse St Andrews, à une réunion visant à persuader les sang-mêlé d'expression anglaise de s'opposer eux aussi à l'entrée de McDougall, mais ils ne parvinrent pas à les convaincre. À la mi-octobre, Bruce fut élu président du Comité national des Métis et, le 8 décembre, il devint chef du gouvernement provisoire proclamé par Riel. Il démissionna de ce dernier poste le 27 décembre en invoquant des raisons de santé, mais le bruit courait que les chefs du gouvernement étaient en désaccord. En février 1870, dans une lettre au *Courrier de Saint-Hyacinthe* (Québec), Bruce nia l'existence d'une dissension mais laissa à entendre qu'il était opposé à ce que la colonie fasse partie du Canada plutôt que des États-Unis. Il demeura membre du conseil du gouvernement en qualité de commissaire des travaux publics. Sous sa gouverne, on coupa les glaces autour des pontons qui soutenaient le pont de la rivière Assiniboine, de manière à ce que celui-ci ne soit pas emporté par la débâcle au printemps de 1870, et on fit des réparations à d'autres ponts.

Quoique plus tard Bruce ait nié avoir continué à faire partie du gouvernement provisoire, il se trouvait à Upper Fort Garry en juillet 1870 et il était au courant des activités de Riel. Il écrivit à l'évêque Alexandre-Antonin TACHÉ au sujet des problèmes qu'éprouvait Riel à traiter avec les Indiens venus lui demander son aide par suite des promesses que leur avaient faites, pendant l'hiver, les agents de McDougall et l'agitateur John Christian SCHULTZ, qui était opposé à Riel. Il était également au courant de l'arrivée du capitaine William Francis Butler*, officier de renseignements pour le compte du corps expéditionnaire de la Rivière-Rouge, déjà en route vers la colonie sous les ordres du colonel Garnet Joseph Wolseley*. Cependant, à l'arrivée des troupes de Wolseley, Bruce ne prit pas la fuite avec Riel et Ambroise-Dydime Lépine*. Il demeura dans la colonie, et Adams George ARCHIBALD, premier lieutenant-gouverneur du Manitoba, le nomma juge au tribunal des petites causes et magistrat stipendiaire.

En août 1871, Bruce décida de vendre sa terre, même s'il craignait qu'en la vendant à Bannatyne celui-ci la revende à un orangiste. Il écrivit à Mgr Taché qu'il le faisait parce qu'il avait des dettes, mais une autre raison plus impérieuse le poussait à ce geste. En effet, il semblait désormais presque impossible qu'Archibald parvienne à rétablir la paix et l'ordre qu'il recherchait pourtant sincèrement car, durant tout l'automne et l'hiver de 1870–1871, le 1st (Ontario) Battalion of Rifles, régiment de volontaires en poste à Upper Fort Garry, avait pourchassé et attaqué tous les Métis qui s'aventuraient dans le fort, sans tenir compte du fait qu'ils étaient ou non partisans de Riel ; n'importe quel Métis était une bonne prise. La violence avait atteint son paroxysme au cours d'une mutinerie survenue à la prison le 18 février 1871 ; on avait mis des heures à la maîtriser, et plusieurs prisonniers avaient réussi à s'évader. Puis, de nouveaux incidents violents avaient éclaté au printemps. Dans une lettre au premier ministre sir John Alexander MACDONALD, Archibald expliqua pourquoi William Bernard O'Donoghue*, l'ancien compagnon de Riel, en se présentant à la frontière avec un groupe armé de féniens, comme la rumeur le laissait entendre, avait de bonnes raisons de compter sur un soulèvement général des Métis : « Beaucoup [de Métis], écrivit Archibald, ont été tellement battus et violentés qu'ils ont l'impression de vivre en esclavage. »

D'après certains renseignements, Bruce aurait rejoint O'Donoghue, qui était arrivé avec une petite troupe à Pembina, dans le Dakota du Nord, à l'automne, en vue de porter un coup à la Grande-Bretagne en envahissant le Manitoba (cette invasion allait avorter). Le 4 octobre, pour expliquer leur absence de la réunion d'un comité qui cherchait à maintenir l'allégeance des Métis aux gouvernements fédéral et provincial, Jean-Baptiste Lépine* et André Nault* écrivirent qu'ils étaient allés « voir ce qu'O'-Donoghue [voulait], évaluer sa force et surveiller les agissements de Bruce et de tous les Métis de la province qui étaient près de lui ». On publia une proclamation annonçant que Bruce était destitué de ses fonctions. En novembre, Archibald écrivit à Macdonald que « le renvoi d'un homme nommé Bruce de la magistrature a[vait] aussi fait du bien ».

En 1874, Bruce comparut comme un des témoins importants au procès d'Ambroise-Dydime Lépine, accusé du meurtre de Thomas Scott*, et son témoignage contre l'inculpé lui valut d'être qualifié de « renégat et [de] traître » dans *le Métis de Saint-Boniface*. Plus tard, il alla s'installer à Leroy avec sa famille. Tombé malade au début de l'année 1892, il voulut se réconcilier avec son Église ; il écrivit à Mgr Taché qu'il avait écouté de mauvais conseils et demanda pardon. Il mourut à Leroy et fut inhumé dans le cimetière catholique.

L'étude de John Bruce jette un éclairage nouveau sur les diverses nuances d'opinion qui existaient tant dans le gouvernement provisoire de 1869–1870 que dans la communauté métisse des années ultérieures, en proie aux souffrances tant morales que physiques.

N. E. ALLEN RONAGHAN

AN, MG 26, A, 102 ; 187–188. — Arch. de l'archevêché de Saint-Boniface (Saint-Boniface, Manitoba), Fonds Taché, T6969, T7752, T9278, T48449–48451. — PAM, MG 14, B26. — PRO, CO 42/689. — St Joseph's Roman Catholic Church (Leroy, N.Dak.), Reg. of burials, oct. 1893. — Begg, *Red River journal* (Morton). — Canada, chambre des Communes, *Journaux*, 1874, app. 6. — *Preliminary investigation and trial of Ambroise D. Lepine for the murder of Thomas Scott* [...], G. B. Elliott et E. F. T. Brokovski, compil. (Montréal, 1874). — Louis Riel, *les Écrits complets de Louis Riel*, G. F. G. Stanley, édit. (5 vol., Edmonton, 1985). — *Le Courrier de Saint-Hyacinthe* (Saint-Hyacinthe, Québec), 5 févr. 1870. — *Manitoba Free Press*, 18 oct. 1873. — *Manitoba News-Letter* (Winnipeg), 11 oct. 1870. — *Le Métis* (Saint-Boniface), 9 nov. 1871, 5 déc. 1874. — *New Nation* (Winnipeg), 1er, 8 avril 1870. — *Nor'Wester* (Winnipeg), 26 oct. 1869. — *The genealogy of the first Métis nation ; the development and dispersal of the Red River settlement, 1820–1900,* D. N. Sprague et R. P. Frye, compil. (Winnipeg, 1983). — *Pioneers of Manitoba* (Morley *et al.*). — George Dugas, *Histoire véridique des faits qui ont préparé le mouvement des Métis à la Rivière-Rouge en 1869* (Montréal, 1905). — N. E. A. Ronaghan, « The Archibald administration in Manitoba – 1870–1872 » (thèse de PH.D., Univ. of Manitoba, Winnipeg, 1986).

BRUNET, WILFRID-ÉTIENNE (baptisé **Étienne-Wilfrid**), pharmacien et homme politique, né le 21 octobre 1832 à Québec, fils de Jean-Olivier Brunet, négociant, et de Cécile-Adélaïde Lagueux ; le 24 juin 1857, il épousa à Charlesbourg, Bas-Canada, Victoria Duberger, petite-fille de Jean-Baptiste Duberger*, et ils eurent 12 enfants ; décédé le 7 mars 1899 dans sa ville natale.

Après avoir étudié au petit séminaire de Québec de 1841 à 1850, Wilfrid-Étienne Brunet entreprend le 1er août 1850 un stage de cinq ans en chimie et en pharmacie auprès du pharmacien Pierre-O. Giroux, son beau-frère. En 1855, ce dernier fonde une pharmacie rue Saint-Pierre et cède à Brunet celle qu'il possédait rue Craig (rue du Pont), dans le quartier Saint-Roch. Outre un « assortiment complet des meilleures drogues », Brunet offre « toutes les variétés possibles d'articles de Fantaisie, de Toilette, Médecines à Patentes, Perfumerie » et s'engage à préparer avec soin « toutes les prescriptions des médecines ». L'année suivante, avec le support financier de sa mère, Brunet acquiert moyennant £600 l'édifice où loge la pharmacie.

Le 8 mai 1858, Brunet reçoit une licence de chimiste et de pharmacien. Ses affaires vont bon train, puisqu'en 1861 il a un apprenti et deux engagés à son service. Dix ans plus tard, le recenseur signale la présence chez lui de trois servantes, d'un domestique et de quatre employés. Aussi pense-t-il à loger son commerce florissant dans des locaux plus spacieux. Le 29 juillet 1872, il achète au coût de 3 000 $ un terrain à l'angle des rues Saint-Joseph et Sainte-Anne (rue de la Chapelle). L'année suivante, il y fait construire un édifice en pierre et en brique de trois étages. Cette construction, qui lui coûte 18 000 $, abrite la pharmacie à partir de 1874, et sert aussi de résidence familiale. Par leur architecture, leurs décorations somptueuses et leurs dimensions importantes, les nouveaux locaux attirent l'attention. Certains n'hésitent pas à les comparer avec ce qu'il y a de mieux à l'époque au Canada. Le 1er mai 1879, Brunet associe son fils Wilfrid-Jean-Baptiste, pharmacien lui aussi, à son entreprise sous la raison sociale de W. Brunet et Compagnie. Cinq ans plus tard, un autre de ses fils, Georges-Henri, qui exerce également le métier de pharmacien, se joint à l'équipe. En 1881, Brunet fait partie de l'Association pharmaceutique de la province de Québec et agit à titre d'examinateur.

Outre son commerce et l'achat de quelques propriétés foncières, Brunet s'intéresse à la politique. En février 1876, il devient conseiller du quartier Saint-Roch, poste qu'il occupe un an ou deux tout au plus. Il contribue par ailleurs à la fondation du journal libéral *l'Électeur* en 1880.

Wilfrid-Étienne Brunet meurt en 1899 dans la maison qu'il avait acquise en 1888 à la haute ville, rue Sainte-Ursule. La plupart des notables de Québec, spécialement des quartiers Saint-Roch et Saint-Sauveur, se font un point d'honneur d'assister à ses funérailles. Neuf de ses enfants lui survivent. Malgré une santé délicate, Brunet a su bâtir un établissement prospère. Il fut un des pionniers du commerce à Saint-Roch et contribua à faire de la rue Saint-Joseph une artère commerciale importante. Dans son testament, il a pris des dispositions qui visaient à assurer la survie de sa pharmacie afin qu'« elle se perpétue autant que possible dans la famille des Brunet». Ce vœu s'est réalisé jusqu'au milieu du XXe siècle. Même si aujourd'hui la compagnie porte encore son nom, elle n'appartient plus à ses descendants.

RENALD LESSARD ET MICHEL SIMARD

AC, Québec, État civil, Catholiques, Saint-Roch, 11 mars 1899 ; Minutiers, É.-J. Angers, 24 juin 1873 ; Jacques Auger, 29 juill. 1872 ; J.-A. Charlebois, 2 nov. 1878, 3 nov. 1883 ; Philippe Huot, 20 juin 1857, 27 févr. 1871 ; Louis Leclerc, 9 janv. 1874 ; John Strang, 21 juin 1873, 31 juill. 1874. — AN, RG 31, C1, 1851, 1861, 1871, Québec.— ANQ-Q, CE1-1, 22 oct. 1832 ; CE1-7, 24 juin 1857 ; CN1-128, 22 juill. 1856, 21 mai 1863 ; CN1-208, 8 oct. 1848, 6 juin 1851 ; T11-1/29, nº 2348 ; T11-1/445, 2 : 133 ; 3 : 286. — ASQ, Fichier des anciens. — AVQ, Conseil, conseil de ville, procès-verbaux, 1875–1876 ; Finances, bureau du trésorier, livres de comptes, 1875–1878. — BE, Québec, reg. B, 194 : 903–906 ; 197 : 667–669. — *Le Canadien,* 27 avril 1855. — *Le Journal de Québec,* 26 mai 1855. — *Le Soleil,* 8, 11 mars 1899. — *Grand Annuaire de Québec pour 1881,* Ovide Fréchette, édit. (2e éd., Québec, 1980), 98. — *Quebec & Levis directory,* 1892–1893. — J.-C. Gamache, *Histoire de Saint-Roch de Québec et de ses institutions, 1829–1929* (Québec, 1929), 106–108. — *L'Événement,* 9 juin 1955.

BRYSON, GEORGE, homme d'affaires, homme politique, fonctionnaire et juge de paix, né le 16 décembre 1813 à Paisley, Écosse, fils de James Bryson, tisserand, et de Jane Cochrane ; le 4 mars 1845, il épousa à Bytown (Ottawa) Robina Cobb, et ils eurent sept enfants dont au moins quatre survécurent à l'enfance ; décédé le 13 janvier 1900 à Fort-Coulonge, Québec.

Les parents de George Bryson s'établirent dans le canton haut-canadien de Ramsay en 1821, et le jeune garçon fit ses études à l'école locale. En 1835, en compagnie de son beau-frère Hiram Colton, il partit pour la région de Pontiac, au Bas-Canada, et se lança dans le commerce du bois à l'ancien poste de traite du fort Coulonge (Fort-Coulonge), dans la haute vallée de l'Outaouais. D'abord, Bryson produisit surtout du bois équarri pour la Grande-Bretagne ; malgré les fluctuations du marché, ses affaires prospérèrent. Dans les années 1850, comme le marché américain venait de s'ouvrir au bois de sciage, il se mit à en produire de plus en plus. Petit à petit, il acquit des droits de coupe sur des concessions gouvernementales et sur des terres à bois privées, toujours dans la région du fort Coulonge. À la fin de la décennie, il y construisit un vaste complexe qui comprenait maison et bureau : ce serait son siège social.

Fort-Coulonge connaissait une expansion rapide (la population passa de 75 habitants en 1857–1858 à 500 en 1864–1865) et Bryson occupait, tant à cet endroit que dans toute la région, une place de plus en plus éminente, comme le montrent les charges publiques qu'il remplissait. De 1855 à 1857, puis de 1862 à 1867, il fut maire des cantons unis de Mansfield et de Pontefract (qui englobèrent Fort-Coulonge jusqu'en 1888); en 1857–1858, maître de poste de Fort-Coulonge; en 1862 et 1863, préfet du comté de Pontiac; avant 1863 et après 1867, juge de paix du district d'Ottawa. Il avait remporté en 1857, sous la bannière conservatrice, une élection partielle dans la circonscription de Pontiac, mais l'Assemblée législative de la province avait été dissoute avant qu'il n'occupe son siège, et il fut défait aux élections générales. Cependant, peu après la Confédération, soit le 2 novembre 1867, le premier ministre Pierre-Joseph-Olivier Chauveau* le nomma représentant de la division d'Inkerman au Conseil législatif de la nouvelle province de Québec, signe évident de son influence croissante dans la région.

Au début des années 1860, Bryson était à la fois l'un des doyens de la fraternité des marchands de bois de la partie nord de la rivière des Outaouais et un homme d'affaires puissant dans toute la vallée. En 1870, avec d'autres gros entrepreneurs forestiers, il fonda l'Upper Ottawa Improvement Company, qui devait organiser le flottage de toutes les billes, aménager la rivière, entretenir les estacades et les glissoires et transporter des passagers et des marchandises. Homme perspicace, constant, prudent et heureux en affaires, Bryson avait, disait-on, fort bonne réputation, et sa cote de crédit était élevée. Il jouait un rôle d'intermédiaire à presque toutes les étapes du commerce du bois ; il sciait les billes qu'il abattait ou les vendait entières aux exploitants de scieries établies en aval. Dès les années 1870, il possédait peut-être 5 000 acres dans la vallée. Il cultivait sur une partie de ces terres les produits agricoles nécessaires à l'approvisionnement de ses propres chantiers ainsi que d'autres ; il faisait l'appoint en achetant des denrées à des fermiers de la région. Son frère Thomas, qui l'avait rejoint à Fort-Coulonge, soutenait son entreprise en exploitant un magasin général.

Dans les années 1870 et la décennie qui suivit, Bryson élargit considérablement l'éventail de ses activités. Il fut l'un des promoteurs de la Banque d'Ottawa, créée en 1874 pour financer des initiatives commerciales dans la vallée de l'Outaouais et qui, après 1881, fit affaire dans l'ouest du Canada. Dans les années 1870, il préconisa le prolongement, vers le nord, de la ligne de la Compagnie du chemin à lisses de colonisation du nord de Montréal, de sir Hugh Allan*, qui reliait Montréal et Ottawa, puis du chemin de fer qui remplaça celui-ci, le chemin de fer de Québec, Montréal, Ottawa et Occidental. Une société constituée en 1880 sous le nom de Chemin de fer de jonction de Pontiac au Pacifique construisit ce tronçon sur la rive québécoise de la rivière des Outaouais, de Hull à l'île des Allumettes, puis le prolongea jusqu'à Pembroke, du côté ontarien de la rivière. Les bailleurs de fonds escomptaient que cette ligne s'intégrerait au chemin de fer transcontinental que l'on projetait de construire, mais ils furent doublés par des rivaux qui avaient l'avantage d'être plus influents et de se trouver du côté ontarien, plus développé économiquement. Par la suite, le chemin de fer servit à la colonisation et au transport du bois.

Pendant ce temps, Bryson avait travaillé à consolider l'influence politique de sa famille dans la région de Pontiac. Lui-même fut maire des cantons unis de Mansfield et de Pontefract en 1877–1878, puis son frère Thomas le fut de 1878 à 1881. Son fils aîné, John, occupa ce poste à compter de 1882 et le conserva probablement jusqu'en 1891 ; son fils cadet, George, prit alors la relève et fut de nouveau maire en 1894–1895. Élu dans Pontiac en 1881, sous la bannière conservatrice, Thomas mourut avant même d'avoir pu occuper son siège à l'Assemblée législative de la province. John fut député conservateur de Pontiac à la chambre des Communes de 1882 à 1891 puis de 1892 à 1896. George fils succéda à son père à titre de conseiller législatif de la division d'Inkerman en 1887. C'est probablement au cours des années 1880 que les liens de la famille avec le parti conservateur commencèrent à se relâcher ; en 1887, George père était « réformiste modéré », et George fils libéral.

En qualité de conseiller législatif, Bryson était en mesure de servir d'intermédiaire entre le gouvernement et les barons du bois de l'Outaouais qui, vers 1880, se mirent à présenter diverses demandes pressantes. Comme les équipes de bûcherons atteignaient, au nord, les limites des pinèdes, aux sources mêmes de la rivière des Outaouais, les entrepreneurs forestiers devaient, pour obtenir des terres à bois, faire de plus en plus concurrence au puissant mouvement de colonisation soutenu par le clergé catholique [V. François-Xavier-Antoine LABELLE]. En même temps, le gouvernement étudiait un nouveau régime de permis qui augmenterait les revenus provinciaux au détriment des titulaires. La Quebec Limitholders'

Association, dont Bryson était un membre important et à qui il servait de porte-parole auprès du gouvernement, défendait la position des entrepreneurs forestiers. L'American Forestry Congress, tenu à Montréal en août 1882, permit à ceux-ci de se faire entendre. C'était la première fois que l'on tentait un effort important pour promouvoir la conservation des forêts canadiennes [V. James Little*]. Bryson présenta le rapport du comité de prévention des incendies de forêt, dont il avait fait partie. Le document recommandait, entre autres, de réserver à l'exploitation certaines terres forestières impropres au peuplement, d'interdire aux colons de faire des feux de broussailles l'été et l'automne (interdiction que des fonctionnaires nantis des pouvoirs de magistrat appliqueraient) et d'imposer une modeste taxe aux entrepreneurs forestiers afin de financer en partie un système de prévention des incendies. Par la suite, plusieurs gouvernements, au pays, s'inspirèrent de ces recommandations pour légiférer – notamment le gouvernement du Québec qui, en 1883, créa la première réserve forestière au Canada – et elles servirent à gagner l'appui des entrepreneurs forestiers aux programmes de foresterie, et ce jusqu'à la Première Guerre mondiale.

George Bryson se retira de la vie politique en 1887 mais continua à manifester un vif intérêt pour les affaires, particulièrement pour la Banque d'Ottawa, dont il fut l'un des administrateurs dès cette année-là. En outre, il était membre de la Dalhousie Masonic Lodge d'Ottawa. Cet authentique baron du bois de l'Outaouais, qui avait combiné esprit d'entreprise et pouvoir politique pour former un petit empire familial, mourut en janvier 1900.

ROBERT PETER GILLIS

AN, MG 26, A : 58153–58154, 187969–187971, 188546–188547 ; RG 15, DII, 1, vol. 298, file 62441 ; RG 68, General index, 1651–1841 : 298 ; 1841–1867 : 247–248. — Baker Library, R. G. Dun & Co. credit ledger, Canada, 3 : 148. — Canada, *Statuts*, 1880, chap. 55. — Ontario, Legislature, *Sessional papers*, 1882–1883, n° 3, app. C, app., « Report of delegation appointed to attend the American Forestry Congress held in Montreal, Province of Quebec ». — *Montreal Herald and Daily Commercial Gazette*. — *Canada directory*, 1857–1858 : 143 ; 1864– 1865 : 184. — *Canadian directory of parl.* (Johnson), 80. — *Canadian men and women of the time* (Morgan ; 1898). — *CPC*, 1887 : 98, 234. — *Cyclopædia of Canadian biog.* (Rose et Charlesworth), 2 : 470–471. — J. Desjardins, *Guide parl.* — *Quebec directory*, 1871 : 96. — *RPQ*. — E. T. D. Chambers, « Forest resources », *Canada and its provinces ; a history of the Canadian people and their institutions* [...], Adam Shortt et A. G. Doughty, édit. (23 vol., Toronto, 1913–1917), 16 : 531–551. — A. R. M. Lower, *Great Britain's woodyard : British America and the timber trade, 1763–1867* (Montréal et Londres, 1973). — *Pontiac & the Brysons* [...] (Campbell's Bay, Québec, 1980). — Mme Owen Toller, « The Brysons came out of their own free choice », *Some of the stories I told you were true*, Joan Finnigan, édit. (Ottawa, 1981), 101–105. — B. J. Young, *Promoters and politicians*. — B. W. Hodgins *et al.*, « The Ontario and Quebec experiments in forest reserves, 1883–1930 », *Journal of Forest Hist.* (Santa Cruz, Calif.), 26 (1982) : 20–33.

BUCKLAND, KATE M. V. HORN

BUNTIN, ALEXANDER, homme d'affaires, né le 21 octobre 1822 à Renton, Dunbartonshire, Écosse, fils d'Alexander Bontine et d'Isabel McLeod ; il épousa Isabella McLaren, et ils eurent au moins quatre filles et un fils ; décédé le 24 mars 1893 à Bath, Angleterre.

Vers l'âge de 15 ans, Alexander Buntin s'embarque pour St John's, Terre-Neuve, comme apprenti. Il n'aime pas la vie de matelot et décide de venir tenter sa chance à Québec où il entre au service de la McDonald and Logans qui, en plus d'un commerce de papeterie à Québec, exploite une fabrique de papier à Portneuf. Il y fait l'apprentissage du commerce. Par la suite, il se rend à Montréal où il aurait travaillé pour Robert Weir, grossiste en articles de papeterie, puis pour la William Miller and Company, une agence de la McDonald and Logans. À l'automne de 1848, à Hamilton, localité qui émerge comme centre de distribution pour le nord et l'ouest du Haut-Canada, il fonde la Buntin and Company, qui vend du papier et des fournitures de bureau en gros et au détail. Le 1er mai 1852, Buntin forme une coassociation avec son frère James puis, au cours de la même année, revient à Montréal travailler à titre de commis chez la William Miller and Company.

En 1854, William Miller terminait la construction de la Paper Manufactory non loin du canal de Beauharnois, à un endroit qu'il dénomme Valleyfield (Salaberry-de-Valleyfield). Cet établissement ultramoderne, doté d'une machine fourdrinier de 84 pouces de large, entre en activité en avril 1854 ; deux ans plus tard, il emploie 26 hommes et 45 femmes et est évalué à 48 000 $ ou £12 000. Toutefois, à court de liquidités, semble-t-il, Miller vend son commerce de papeterie de Montréal ; de plus, selon l'historien George Carruthers, craignant la faillite, il cède à Buntin pour une somme nominale ses actions dans la manufacture, quitte à reprendre plus tard la haute main, selon des arrangements connus d'eux seuls. Buntin fonde donc, sans doute au printemps de 1854, l'Alexander Buntin and Company. En 1856, toujours selon Carruthers qui n'en fournit cependant pas la preuve, il aurait refusé de rétrocéder les actions de Miller, qui se retire. Il prend alors comme associé son frère, à qui il a vendu l'année précédente sa part dans leur entreprise de Hamilton ; la manufacture sera connue jusque vers 1864 sous le nom de A. and J. Buntin. En 1856 également, les deux frères ouvrent à Toronto un commerce de papeterie en gros et au détail, la Buntin, Brother and Company. Cette expansion tient au fait que la papeterie de Valleyfield n'écoule dans le Bas-Canada que le tiers de sa production annuelle, évaluée cette année-là à 500 tonnes de papier.

En 1861, la mort inopinée de son frère fait d'Alexander Buntin le seul propriétaire de toutes les entreprises, qu'il lui faut alors réorganiser. À Hamilton, il s'associe d'abord avec George Boyd jusqu'en 1865, puis avec David Gillies, un neveu, sous la raison sociale de Buntin, Gillies and Company. À Toronto, il continue en affaires avec Boyd et John Young Reid de 1861 à 1878, puis avec Reid seul de 1878 à 1893 (la compagnie est connue aujourd'hui sous le nom de Buntin Reid Paper). Il demeure toutefois l'unique propriétaire de l'ancienne Paper Manufactory. Pour répondre à la demande croissante du marché intérieur, il améliore l'équipement de son entreprise. Entre 1866 et 1869, il introduit le procédé de la pâte mécanique, mis au point par l'Allemand Heinrich Voelter à partir de l'invention de Friedrich Gottlob Keller, procédé qui nécessite l'utilisation de trois machines : un défibreur, un raffineur, et un classeur fait de cylindres en toile. Mis au courant de l'existence de ce procédé par un périodique spécialisé, Buntin s'est rendu en Allemagne vers 1865 pour constater de visu le fonctionnement de ces appareils et a commandé au moins deux défibreurs qui sont en activité à Valleyfield en 1869. La papeterie consomme des billots d'érable Giguère de huit à dix pouces de diamètre qu'on écorce et qu'on coupe en billes d'un pied. Ce sera une première en Amérique du Nord ! D'autres améliorations suivent : la fabrique en vient à disposer de 3 fourdriniers d'une largeur qui varie de 60 à 84 pouces et d'appareils qui confectionnent quelque 20 000 enveloppes par jour. Vers 1879, elle commence à vendre de la pâte en Angleterre. Jusqu'au milieu des années 1880, la manufacture demeure à la fine pointe de l'industrie papetière. Cependant, en 1891, par suite du manque d'intérêt de Buntin, qui préfère diversifier son capital plutôt que moderniser l'équipement, l'entreprise est en déclin : on évalue son capital fixe à 120 000 $, son actif à 150 000 $; son personnel compte 72 employés dont 22 femmes.

Buntin ne gère pas directement sa papeterie. Dès janvier 1857, il en a confié la gérance au papetier d'expérience John Crichton, qui sera remplacé en 1887 par George di Madeiros Loy, un comptable de l'entreprise qui a de solides connaissances en chimie. Des Écossais presbytériens composent la main-d'œuvre qualifiée et les cadres. L'usine fonctionne jour et nuit, six jours par semaine car, exceptionnellement, à cause d'une tradition établie par le premier gérant, Hugh Wilson, on ne travaille pas le jour du Seigneur. Il semble n'y avoir jamais eu de grève.

Buntin tire de ses entreprises des revenus considérables qu'il place dans des sociétés maritimes. En 1864, il est l'un des fondateurs de la Compagnie de navigation de Beauharnois, Châteauguay et Huntingdon qui dessert les ports intermédiaires entre Cornwall, au Haut-Canada, et Montréal ; la faillite de cette entreprise quelque cinq ans plus tard lui aurait occasionné de lourdes pertes financières. En 1868, il investit dans la Compagnie de commerce maritime du Canada, mieux connue sous le nom de Beaver Line, que mettent sur pied des financiers montréalais sous le leadership de William Murray. L'année suivante, la Beaver Line dispose de six vapeurs qui font la navette entre Montréal et Liverpool, en Angleterre. Elle fera cependant faillite en 1895.

Peu à peu, Buntin s'insère dans l'univers clos de la finance montréalaise. Il gravite autour des frères Mathew Hamilton* et Andrew Frederick* Gault. Avec Mathew Hamilton, il participe en 1871 à la véritable mise sur pied de la Compagnie d'assurance mutuelle sur la vie, de Montréal, dite du Soleil (connue plus tard sous le nom de Sun Life) ; il en serait l'un des principaux actionnaires. Il détient également avec Mathew Hamilton une part importante de la Banque d'échange du Canada fondée en 1872. Mais ses relations avec les Gault ne sont pas au beau fixe. En 1871, ces derniers avaient manœuvré pour faire annuler son élection à la vice-présidence de la Sun Life ; en 1883, à la suite de la faillite de la Banque d'échange du Canada – imprévu qui lui aurait coûté quelque 260 000 $ –, Buntin obtient par personne interposée la démission de Mathew Hamilton Gault à la vice-présidence de la Sun Life. Il aurait en outre refusé de participer à la mise sur pied de la Compagnie des cotons de Montréal, par méfiance à l'égard des machinations des Gault.

L'activité de Buntin dans la finance le tient de plus en plus à distance de son moulin. En 1883, il associe l'un de ses employés, Andrew Boyd, à son commerce de papier sous la raison sociale de Buntin, Boyd and Company. Cinq ans plus tard, Boyd fonde sa propre affaire et Buntin prend comme associé son fils, aussi prénommé Alexander, pour créer la société Alexander Buntin and Son, alors propriétaire de la papeterie et du commerce de papier. Comme sa santé se détériore, sur les conseils de son médecin, il se rend en cure de repos à Bath, en Angleterre, où il meurt le 24 mars 1893. Son testament spécifie que les exécuteurs testamentaires – sa femme, George di Madeiros Loy et George Hyde – devront maintenir l'entreprise de Valleyfield en activité durant sept ans. De fait, acquise par la Compagnie des cotons de Montréal, l'usine produira sa dernière feuille de papier le 23 juillet 1900, avant d'être démolie.

La carrière d'Alexander Buntin illustre le rôle exceptionnel des Écossais dans la construction de l'économie canadienne et comment les relations de clan sont à la base de leurs succès en affaires. Il a laissé l'image d'un entrepreneur audacieux et très fier de sa réussite personnelle. Dans ses mémoires, Adam Brown*, de Hamilton, rapporte qu'à un interlocuteur qui le disait « aussi riche que Crésus », Buntin aurait répondu : « Je ne connais pas Crésus mais, pour chacun de ses dollars, j'en mettrai deux. »

JEAN HAMELIN ET MICHEL PAQUIN

Nous remercions Mme Gladys Barbara Pollack et nos collègues Elizabeth Hulse et Robert Lochiel Fraser pour leur collaboration et pour les renseignements qu'ils nous ont fournis. [J. H. et M. P.]

GRO (Édimbourg), Renton, reg. of births and baptisms, 21 oct. 1822. — HPL, Arch. files, Brown-Hendrie papers, reminiscences of Adam Brown. — « Documents inédits : the manufactures of Montreal », *RHAF*, 6 (1952–1953) : 139. — *Gazette* (Montréal), 25 mars 1893. — *Hamilton Evening Times* (Hamilton, Ontario), 22 oct. 1866. — *Hamilton Gazette*, 30 oct. 1848. — *Hamilton Spectator*, 12 juill. 1851, 25 juin 1855, 21 juin 1864, 16 mai 1884, 24 juill. 1893. — *Hamilton Times*, 24 mars 1893. — *Montreal Daily Witness*, 25 août 1900. — *Dict. of Toronto printers* (Hulse). — *Lovell's historic report of census of Montreal* (Montréal, [1891]). — *Montreal directory*, 1842–1893. — *Quebec directory*, 1847–1853. — George Carruthers, *Paper-making* (Toronto, 1947). — Jean Hamelin et Yves Roby, *Histoire économique du Québec, 1851–1896* (Montréal, 1971). — Dard Hunter, *Papermaking, the history and technique of an ancient craft* (éd. abrégée, New York, 1978). — Augustin Leduc, *Beauharnois, paroisse Saint-Clément, 1819–1919 ; histoire religieuse, histoire civile ; fêtes du centenaire* (Ottawa, 1920). — Esdras Minville, *la Forêt* (Montréal, 1944). — Joseph Schull, *Un astre centenaire : les cent premières années de Sun Life du Canada, compagnie d'assurance-vie* (Québec, 1971). — « Buntin, Gillies marks centenary in business here », *Hamilton Spectator*, 14 déc. 1948. — « Firm in business here since 1848 », *Hamilton Herald*, 29 juin 1927. — « Gillies », *Hamilton Spectator*, 26 juin 1926.

BUNTING, CHRISTOPHER WILLIAM, imprimeur, homme d'affaires, journaliste et homme politique, né le 11 septembre 1837 à Amigan, comté de Limerick (république d'Irlande), fils de William Bunting et de Jane Crowe ; le 5 novembre 1868, il épousa Mary Elizabeth Ellis, et ils eurent cinq fils et une fille ; décédé le 14 janvier 1896 à Toronto.

En 1850, Christopher William Bunting, sa sœur et leur mère, qui était veuve, immigrèrent au Canada et se fixèrent à Toronto. Bunting avait fait quelques études en Irlande et, à Toronto, il fréquenta l'école de la paroisse St James ; sa formation religieuse fut méthodiste et anglicane. Vers l'âge de 14 ans, il devint typographe au *Globe*, dont George Brown* était le rédacteur en chef. Il fut prote à l'atelier de mécanique et fit quelques reportages locaux avant de quitter le journal en 1866. Puis, pendant 11 ans, il travailla dans l'alimentation de gros ; il fut d'abord directeur financier de la John Smith and Company, ensuite associé en second de la John Boyd and Company, et enfin associé de Henry W. Bailey. En 1873, il s'installa à Clifton (Niagara Falls), où la Bailey and Bunting se spécialisa dans l'importation du sucre.

On ignore à quel moment exactement Bunting fit la connaissance de l'Irlandais John Riordon*, fabricant de papier et millionnaire de St Catharines, mais en 1877 Riordon réalisa un coup de force avec lui en exerçant ses droits d'hypothèque mobilière contre le *Mail* de Toronto, organe du parti conservateur. Avec Bunting comme associé en second, Riordon avait mis la main sur le *Mail* pour une somme dérisoire et, une fois la compagnie réorganisée, Bunting en devint le gérant. Tous deux convinrent de laisser au journal son étiquette conservatrice, et Bunting devint même un organisateur loyal et actif du parti. Cependant, la reprise du *Mail* lui offrait l'occasion de transformer le journal en une entreprise florissante.

Bunting se servit des nouveaux capitaux investis par Riordon pour défier la position dominante du *Globe*. Avec le temps, il embaucha pour animer les chroniques du journal de jeunes journalistes talentueux, dont Kathleen Watkins [Blake*], Philip Dansken Ross* et Edmund Ernest Sheppard*. Lui-même écrivait très peu d'éditoriaux, mais il exerçait toujours une supervision étroite sur le service de l'information, qu'il agrandit, et sur celui de la rédaction. Avec William James Douglas*, il réorganisa les services commerciaux et acheta de nouvelles presses. Dès 1881, année de la construction d'un nouvel édifice, les innovations de Bunting portaient fruits : le tirage du *Mail* égalait celui du *Globe*.

Du côté politique, Martin Joseph Griffin* (rédacteur en chef de 1881 à 1885) veillait à ce que le journal continue de donner une information rigoureusement partisane, tandis que Bunting cimentait ses liens avec sir John Alexander MACDONALD : il siégea en effet aux Communes à titre de député conservateur de la circonscription de Welland de 1878 à 1882. Cette année-là, il perdit dans West Durham au profit du chef du parti libéral Edward Blake*. Macdonald tenta, sans succès, de lui assurer un siège en Colombie-Britannique. Bunting était devenu l'un des grands conseillers du premier ministre.

Toutefois, dès 1882, la priorité politique de Bunting fut de provoquer la défaite du premier ministre libéral de l'Ontario, Oliver Mowat*. Comme les libéraux avaient été réélus par une faible majorité en 1883, il étudia les possibilités d'attirer les indécis hors du caucus libéral. C'était une stratégie dangereuse, car quelques-uns de ses associés, imprudents, commirent la maladresse de l'impliquer dans des offres explicites de pots-de-vin. Quand, le 17 mars 1884, ce « complot de corruption » fut mis au jour à l'Assemblée législative, Bunting fit face à la crise de sa carrière. Il risquait d'être inculpé de conspiration criminelle et de mépris de l'autorité de l'Assemblée. En mai, il quitta le pays pour deux mois afin d'éviter de témoigner à l'enquête judiciaire. En janvier 1885, un rapport majoritaire conclut qu'il y avait bien eu complot. Par contre, un rapport minoritaire affirmait, en s'appuyant sur des questions de forme, qu'il était impossible de tirer des conclusions, ce qui réduisait le risque pour Bunting d'être blâmé par l'Assemblée. Des poursuites criminelles, qui se terminèrent en avril 1885, innocentèrent Bunting et ses acolytes.

Dès 1883, Bunting avait acquis la conviction que pour battre Mowat il fallait que le *Mail* en appelle aux sentiments de la majorité anglo-protestante, au risque d'éloigner les conservateurs catholiques. Les suites de la rébellion du Nord-Ouest, en 1885 [V. Louis Riel*], ne firent que le persuader davantage que l'abus d'influence des francophones, des catholiques et du clergé corrompait la politique, non seulement provinciale mais nationale. En choisissant de combattre les catholiques de tout le pays, il précipita le *Mail* et le parti conservateur dans une crise.

Pour mobiliser les Anglo-protestants, Bunting avait choisi (probablement à l'automne de 1884), sur la recommandation du député fédéral D'Alton McCARTHY, un nouveau rédacteur en chef fort compétent, Edward Farrer*. Malgré tout l'embarras que le *Mail* causa à Macdonald jusqu'en 1886, Bunting demeura d'abord fidèle au parti conservateur. Quelles qu'aient été les motivations de Farrer ou de Charles Riordon*, son nouvel associé principal depuis 1882, il semble que Bunting ait considéré l'appel aux protestants comme la stratégie la plus susceptible de mener les conservateurs à la victoire en Ontario. En même temps, cet anticatholicisme intransigeant favorisait l'indépendance à l'égard du parti conservateur, ce qui, par ricochet, augmentait l'importance et l'influence du *Mail* dans toute la province. Bunting visait un objectif très semblable à celui de McCarthy : un regroupement du parti conservateur autour d'une classe dirigeante anglo-protestante. Macdonald continuait de l'exhorter à abandonner la partie, puis à l'automne de 1886 il se contenta de répudier les opinions du *Mail* sur l'influence des catholiques. Ce n'est qu'après les élections ontariennes de décembre remportées haut la main par Mowat, que Macdonald conclut à la nécessité d'une rupture publique. À sa demande, le *Mail* se proclama indépendant le 8 janvier 1887.

Le journal entreprit ensuite de définir ce que son indépendance signifiait. Tout en continuant de prôner, à grands cris, la résistance à l'influence des francophones et des catholiques, il donna son appui à une union commerciale avec les États-Unis. Il soutint la prohibition de l'alcool, entre autres panacées réformistes. Pendant l'été de 1888, il profita de l'adoption, par le gouvernement de Québec, de l'Acte relatif au règlement de la question des biens des jésuites [V. Honoré MERCIER] pour manifester son inquiétude au sujet de l'« agression » française et catholique. Encore une fois, il tentait d'amener l'opinion ontarienne à affirmer les valeurs anglo-protestantes et prônait l'Equal Rights Association, fondée à Toronto en juin 1889, comme agent du changement de la politique en Ontario [V. Daniel James MACDONNELL]. D'autres journaux avaient déjà tenté de ne pas se laisser dicter leurs opinions par un parti, mais aucun n'avait soutenu, dans sa page éditoriale, une position aussi ferme que le Mail sous la direction de Farrer. En 1891, le critique américain Walter Blackburn Harte émit l'avis que Bunting avait créé, au Canada, le seul journal du matin « de qualité » qui pratiquait l'« indépendance ».

Cependant, tout ne se passait pas comme le voulait le *Mail*, et Bunting trouvait l'indépendance aussi contraignante que l'affiliation à un parti. En 1886, l'édifice du journal avait subi un incendie coûteux. L'année suivante, les conservateurs se donnèrent un nouveau journal officiel, l'*Empire*, qui réduisit les profits du *Mail*. En outre, il semble que Charles Riordon ait laissé moins de latitude administrative à Bunting que son prédécesseur. Le journal abandonna la cause de l'union commerciale en 1889, presque aussi soudainement qu'il l'avait adoptée deux ans plus tôt. Aux élections provinciales de 1890, le chef conservateur William Ralph Meredith* orienta la rhétorique du parti dans le sens exigé par le *Mail* indépendant, mais encore une fois Bunting assista à une victoire des libéraux. Pendant l'été de 1890, Farrer passa au *Globe*. Aux élections fédérales de mars 1891, les occasions de provoquer une révolution électorale dans la politique canadienne en s'employant à renforcer le pouvoir anglo-protestant s'étaient envolées.

À l'automne, Bunting entama des négociations avec le gouvernement conservateur d'Ottawa dans l'espoir de parvenir à un compromis, et il en entreprit d'autres en 1893. Ces démarches débouchèrent sur un autre triomphe commercial pour lui. Le 7 février 1895, il se porta acquéreur de l'*Empire*, pour aussi peu, croit-on, que 30 000 $. D'un seul coup, Riordon et Bunting rationalisèrent le marché torontois des quotidiens du matin et lancèrent un nouveau journal officiellement conservateur : le *Daily Mail and Empire*.

En un sens, Bunting se retrouvait au même point qu'en 1877. Avec son jeune rédacteur en chef, Arthur Frederick Wallis, il revenait au journalisme partisan. Pourtant, ce recul apparent masquait des changements subtils. Certes, le *Daily Mail and Empire* s'efforçait d'interpréter l'actualité à l'avantage du parti conservateur mais, tout comme le *Mail* à l'époque de son indépendance, il visait à donner une information complète et à présenter des éditoriaux impartiaux. Un bon journal du matin ne pouvait plus se contenter de répéter comme un perroquet ce que disaient les chefs de parti. Cependant, Bunting n'eut pas l'occasion de superviser ce changement. À l'automne de 1895, il était en assez mauvaise santé, et il mourut du mal de Bright à sa maison de Queen's Park, à l'âge de 58 ans, moins d'un an après avoir brillamment réalisé la fusion du *Mail* et de l'*Empire*.

Christopher William Bunting ne parvint pas à être un journaliste vraiment indépendant, et son importance tient à ce que sa carrière montre que la dernière génération de journalistes victoriens ne sut pas trouver une stratégie professionnelle qui l'aurait aidée à se dégager complètement de l'influence des partis. Surtout, en passant au journalisme indépendant, Bunting ne s'attaqua pas au problème des responsabilités et des droits professionnels des journalistes : il aurait pu reconnaître le rôle qu'ils jouaient dans la définition de l'information ou créer des mécanismes qui leur auraient permis d'établir une certaine distance entre eux et leurs éditeurs. Il reste que Bunting « capt[ait] vite l'humeur de l'opinion et [fut] toujours capable de faire un grand journal, respecté et influent », comme le notait en 1897 le rédacteur en chef du *Globe*, John Stephen Willison*. C'était un début. La volonté d'attirer de nouveaux lecteurs par une réputation d'intégrité éditoriale faisait partie d'un processus qui allait finir par donner aux journaux, devenus des médias de masse capables de compter sur d'énormes revenus de publicité, la base d'une indépendance plus authentique. Bien que son expérience du journalisme indépendant ait été brève, d'envergure limitée et se soit soldée par un échec, Bunting fut l'un des pionniers qui contribuèrent à transformer le journalisme quotidien en une profession. Mort prématurément, il devint un symbole d'idéaux journalistiques encore irréalisés.

BRIAN P. N. BEAVEN

AN, MG 26, A. — UWOL, Regional Coll., Fred Landon papers, newspaper hist. scrapbooks, 2 : 74. — J. T. Clark, « The daily newspaper », *Canadian Magazine,* 7 (mai-oct. 1896) : 101–104. — W. B. Harte, « Canadian journalists and journalism », *New England Magazine* (Boston), nouv. sér., 5 (1891–1892) : 411–441. — Ontario, Legislature, *Journals,* 1884 : 149–151, 154–157, 160, 198–199 ; *Sessional papers,* 1885, n° 9. — *Daily Mail and Empire,* 14 janv. 1896. — *Globe,* 14 janv. 1896. — *Grip* (Toronto), 1873–1894. — *Mail* (Toronto), 1877–1880, particulièrement 23 nov. 1877. — *Toronto Daily Mail,* 1880–1889, particulièrement 2 août 1880, 14 janv., 20 sept. 1886, 8 janv. 1887, 16 févr. 1889. — *The Canadian newspaper directory* (Montréal), 1892 ; 1899. — *CPC,* 1879–1881 ; 1883. — *Prominent men of Canada* [...], G. M. Adam, édit. (Toronto, 1892), 222–225. — *A history of Canadian journalism* [...] (2 vol., Toronto, 1908–1959 ; réimpr. du vol. 1, New York, 1976), [1]. — B. P. N. Beaven, « A last hurrah : studies in Liberal party development and ideology in Ontario, 1875–1893 » (thèse de PH.D., Univ. of Toronto, 1982). — C. R. W. Biggar, *Sir Oliver Mowat* [...] *a biographical sketch* (2 vol., Toronto, 1905), 1. — George Carruthers, *Paper-making* (Toronto, 1947), 499–501, 510–512. — H. [W.] Charlesworth, *Candid chronicles : leaves from the note book of a Canadian journalist* (Toronto, 1925) ; *More candid chronicles : further leaves from the note book of a Canadian journalist* (Toronto, 1928). — J. C. Hopkins, « Toronto ; an historical sketch », Toronto, Board of Trade, *« Souvenir »,* 3–113. — J. E. Middleton et Fred Landon, *The province of Ontario : a history, 1615–1927* (5 vol., Toronto, [1927–1928]), 1 : 409. — C. P. Mulvany, *Toronto : past and present ; a handbook of the city* (Toronto, 1884 ; réimpr., 1970), 192. — Rutherford, *Victorian authority.* — G. R. Tennant, « The policy of the *Mail,* 1882–1892 » (thèse de M.A., Univ. of Toronto, 1946). — Waite, *Man from Halifax.*

BUNTING, WILLIAM FRANKLIN, fonctionnaire, magistrat stipendiaire, auteur et amateur de sports, né le 25 mai 1825 à Saint-Jean, Nouveau-Brunswick, fils du révérend Joshua Bunting et d'Elizabeth Giraud ; décédé le 14 janvier 1897 au même endroit.

William Franklin Bunting fit ses études à Saint-Jean, à l'établissement d'enseignement commercial et mathématique de William Mills et à la *high school* de Jarvis William Hartt. Il commença sa carrière publique en 1846 en qualité de commis au bureau du percepteur des impôts de la ville, où il travaillerait durant plus de 40 ans. Au moment de l'adoption d'une nouvelle loi sur l'évaluation pour la ville de Saint-Jean en 1859, on le nomma commis au bureau des estimateurs constitué en vertu de cette loi. En 1882, on créa un poste permanent à la présidence du bureau, conformément à une autre loi sur l'évaluation. C'est Bunting qui remplit cette fonction jusqu'en 1896, année où on le nomma estimateur.

Bunting s'occupa de divers aspects de la vie publique. Il fit partie du corps des pompiers volontaires dès sa formation jusqu'à sa dispersion en 1864, les 14 dernières années à titre de chef d'une brigade. En 1874, on le nomma magistrat stipendiaire pour la ville et le comté de Saint-Jean.

Bunting ne se contenta pas de remplir ses responsabilités d'administrateur municipal ; il joua aussi un rôle actif dans la vie sociale, culturelle et sportive de Saint-Jean, spécialement dans la franc-maçonnerie. Sa longue affiliation à ce mouvement débuta en 1852 lorsqu'il adhéra à la St John's Lodge No. 632, fondée 50 ans auparavant par Hugh Johnston*, John Wolhaupter* et d'autres. Il y occupa à différents moments les fonctions de secrétaire, de trésorier et de maître ; il trouva aussi le temps de participer à des activités franc-maçonniques dans tout le Nouveau-Brunswick et fut grand secrétaire provincial entre 1861 et 1867, année où la Grand Lodge of New Brunswick vit le jour ; Bunting en devint grand secrétaire, poste qu'il occupa durant les 15 années suivantes. Élu grand maître adjoint en 1882, il accéda à la dignité de grand maître en 1883. Il remit sa démission l'année suivante à cause des exigences de son poste de président du bureau des estimateurs.

Toute sa vie, Bunting attacha beaucoup d'importance à la franc-maçonnerie. Il visita souvent des agglomérations de la province pour aider à la création de nouvelles loges, à l'installation des dignitaires ou à d'autres fonctions cérémonielles. L'œuvre la plus durable qu'il laissa fut un livre intitulé *History of St. John's Lodge, F. & A.M. of Saint John, New Brunswick, together with sketches of all masonic bodies in New Brunswick from A.D. 1784 to A.D. 1894,* qu'il publia à Saint-Jean en 1895, et qui présente un compte rendu détaillé des travaux de l'ordre dans la province ainsi que des notes biographiques sur ses membres en vue. Bunting rédigea aussi, dans le *St. John Daily Sun* entre février et mai 1888, une série d'articles sur les débuts de l'administration de Saint-Jean.

Comme il n'était pas marié, Bunting n'avait pas d'obligations familiales susceptibles de restreindre ses activités. Même si son travail d'estimateur et ses fonctions de maçon prenaient beaucoup de son temps, il réussit à jouer un rôle actif dans certaines associations de la ville. Il fut l'un des principaux membres de la Polymorphian Society, groupe formé de jeunes hommes de Saint-Jean et reconnu pour l'organisation de défilés et de divertissements publics ; entre 1858 et 1864, il agit en qualité de secrétaire du Mechanics' Institute de Saint-Jean.

Les loisirs furent importants dans la vie de Bunting. Passionné de chasse et de pêche, il parcourut de nombreux cours d'eau et zones de chasse de la province. Membre du Saint John Baseball Club et de la Pleasure Grounds Association, il participa en outre à la fondation du Victoria Skating Rink and Club en 1863. Comme à son habitude, Bunting ne se contenta pas d'accorder son appui et sa participation ; il fut secrétaire-trésorier du club de patinage durant plusieurs années, et président un an.

À cause du rôle qu'il joua à Saint-Jean, Bunting était bien placé pour observer les changements sociaux, politiques et culturels qui s'opéraient dans la collectivité. Il commença à rédiger un journal personnel en 1858 et le continua jusqu'à peu de temps avant sa mort. Même s'il disait ne vouloir y consigner que la trame de sa vie quotidienne, son journal devint, grâce à ses talents d'observateur méticuleux, un précieux registre de la vie locale. Il faisait régulièrement allusion aux événements à caractère politique et décrivait les diverses occupations culturelles de ses contemporains. Son compte rendu des conséquences désastreuses du grand incendie du 20 juin 1877 est caractéristique de son style. Bien sûr, il y décrit en détail les ravages de la conflagration, mais il révèle aussi son sens du devoir en déclarant que, même s'il était au courant de la gravité de la situation, il devait accorder toute son attention à son travail, et qu'il ne se rendit compte de l'étendue de la catastrophe que tard dans la journée. Bunting reprocha aussi à d'autres fonctionnaires municipaux d'avoir manqué à leur tâche en ne sauvant pas des documents importants.

William Franklin Bunting mourut subitement d'un arrêt du cœur en 1897. Une notice nécrologique mentionnait que « les meilleures années de sa vie [avaient été] consacrées au service de la ville et [qu'] il s'[était acquitté] fidèlement de tâches très lourdes et difficiles ». Il ne ménageait aucun effort dans tout ce qu'il entreprenait, tant en politique que dans les activités sociales, culturelles ou sportives. Son journal demeure le testament d'un homme qui a apprécié sa vie et qui a donné autant à la collectivité qu'il en a reçu.

DONALD P. LEMON

City of Saint John (Saint-Jean, N.-B.), City Clerk's Office, Common Council, minutes, 17 janv. 1884 (mfm au Musée du N.-B.). — Musée du N.-B., W. F. Bunting, diaries, 1858–1897. — *Gripsack* (Saint-Jean), févr. 1897 (copie au Musée du N.-B.). — N.-B., *Acts,* 1859, chap. 37 ; 1882, chap. 59. — *St. John Daily Sun,* 15 janv. 1897.

BURGESS, ALEXANDER MACKINNON, chroniqueur parlementaire, éditeur et fonctionnaire, né le 21 octobre 1850 dans la vallée de la rivière Spey, Écosse, fils de John Burgess et d'Ann Davidson ; le 7 juillet 1873, il épousa Margaret Beatrice Anderson, et ils eurent quatre filles et trois fils ; décédé le 25 février 1898 à Ottawa.

Alexander Mackinnon Burgess fit ses études dans les écoles d'Advie et d'Aberdeen et à la University of Aberdeen. Il travailla à titre de commis pour le Great North of Scotland Railway de 1867 à 1869, puis il devint journaliste. Il immigra au Canada en 1871 et, de 1872 à 1874, il fut chroniqueur parlementaire pour le *Globe* de Toronto. Devenu rédacteur en chef du *Times* d'Ottawa le 1er juillet 1874, il donna son appui au gouvernement libéral d'Alexander MACKENZIE. L'année suivante, il assuma, le premier, la fonction de sténographe des débats de la chambre des Communes ; on renouvela son contrat en 1876 de façon à inclure les débats du Sénat. À la fin de décembre 1875, il avait acheté le *Times* mais, dans le creux de la crise économique, le journal s'endetta tellement que Burgess fut forcé de le vendre l'été suivant.

Le 1er décembre 1876, le gouvernement libéral nomma Burgess secrétaire privé de David Mills*, alors ministre de l'Intérieur. Il devint secrétaire de première classe en octobre 1878, commis en chef et secrétaire du ministère le 1er janvier 1882, et sous-ministre le 1er juillet 1883. Selon George Maclean ROSE, un contemporain, Burgess manifestait « une ardeur soutenue au travail, ainsi que de la courtoisie, de l'honnêteté et de l'efficacité administrative comme fonctionnaire ». Ces qualités contribuèrent sans doute à son avancement rapide, mais ses succès étaient aussi attribuables aux efforts qu'il fit pour cultiver et impressionner ses supérieurs – en particulier le premier ministre sir John Alexander MACDONALD, qui cumula les fonctions de ministre de l'Intérieur de 1878 à 1883 – en mettant de l'avant certaines politiques et en s'empressant de défendre les réalisations du gouvernement conservateur élu en 1878. S'il put accéder au rang de sous-ministre en 1883, c'est que le gouvernement décida alors de partager le ministère en quatre divisions : il confia la Commission géologique du Canada à Alfred Richard Cecil Selwyn*, la Police à cheval du Nord-Ouest à Frederick White, les Services d'arpentage des terres fédérales à Lindsay Alexander Russell*, et les autres fonctions ministérielles à Burgess. Quelques mois plus tard, après avoir cédé le portefeuille du ministère de l'Intérieur à David Lewis MACPHERSON, Macdonald assuma celui des Affaires indiennes et mit la Police à cheval du Nord-Ouest sous sa juridiction ; Burgess prit en charge les Services d'arpentage des terres fédérales à la place de Russell, malade.

Burgess était devenu sous-ministre juste comme s'achevaient la vague de prospérité et la période d'essor de la colonisation qu'avait suscitées la construction du chemin de fer transcontinental au Manitoba. Par la suite, la croissance démographique des Prairies allait être lente jusqu'à la fin du siècle. Nul doute que son administration fut discrètement efficace et que c'est lui qui dirigea en grande partie le ministère pendant les années où des titulaires peu capables s'y succédèrent ; toutefois, il ne fut apparemment jamais très sensible aux opinions des Canadiens de l'Ouest. Il rejetait d'emblée les griefs des fermiers, des mineurs et des Métis, comme s'ils venaient d'agitateurs et de vauriens. Le rapport qu'il fit à ses supérieurs sur les causes de la rébellion de 1885 [V. Louis Riel*] porte la conclusion suivante : « il n'y a en fait dans l'histoire aucun cas où l'étendard de la révolte a été brandi, et le sang versé, avec aussi peu de justification ou de provocation ». À titre d'administrateur, il soumettait ses fonctionnaires à une surveillance étroite et paternelle, et allait parfois jusqu'à s'ingérer dans leur vie privée. « Il n'est évidemment pas du ressort d'un sous-ministre de se rendre populaire, écrivait-il en 1885 ; au contraire, sa tâche est de ne pas perdre de vue ce qu'il considère comme le point de repère de son devoir et, s'il est parfois incompris ou grossièrement mal interprété, alors c'est tant pis pour lui. » Il n'est guère surprenant qu'au cours d'une tournée dans l'Ouest son ministre Edgar Dewdney* ait fait allusion à lui en ces termes : « Je trouve mon adjoint Burgess fort impopulaire. » Pourtant, grâce à son amitié avec Macdonald et à sa gestion efficace, Burgess n'eut pas à s'inquiéter de son poste au ministère.

En 1892, le gouvernement conservateur décida de retirer la division de l'Immigration au ministère de l'Agriculture pour l'intégrer à celui de l'Intérieur ; ainsi il confiait au même ministère la responsabilité de recruter et d'établir les colons et celle de gérer les terres des Prairies. Pour Burgess, cette combinaison était un prolongement logique des pouvoirs d'un ministère qui s'occupait déjà de terres et de colonisation. Il y vit même une mesure d'économie, qui éliminerait de nombreux agents d'immigration, réduirait la compilation de statistiques sur l'immigration et obligerait les agents des terres à jouer le rôle d'agents d'immigration. Burgess estimait que seuls les pauvres et les mécontents étaient susceptibles de quitter l'Europe pour le Canada et il jugeait souhaitable de dissuader les membres d'une même ethnie de s'établir en groupes. Une brève tentative d'expansion du programme aux États-Unis en 1892–1893, en particulier la promotion de l'immigration et le rapatriement des colons, échoua radicalement l'année suivante à cause des restrictions budgétaires. Malgré son apport aux politiques d'immigration, Burgess ne fit guère évoluer la colonisation. On lui confia trop tard la direction de ce secteur, à une époque où une forte dépression entravait déjà les efforts en matière d'immigration.

En 1896, l'avènement du gouvernement libéral de Wilfrid Laurier* et la nomination d'un nouveau ministre de l'Intérieur, Clifford Sifton*, mirent abruptement fin au pouvoir d'Alexander Mackinnon Burgess. Sifton n'avait pas oublié un affront que Burgess lui avait infligé en 1884, au cours de sa tournée dans l'Ouest à titre de sous-ministre. En outre, il voulait un adjoint dont les idées seraient plus compatibles avec les siennes. Le 1er avril 1897, on rétrograda Burgess au poste de commissaire des Terres de la couronne, et James Allan Smart lui succéda à titre de sous-ministre. Burgess mourut moins d'un an plus tard d'une crise d'apoplexie, pendant qu'il se remettait chez lui d'un accident qui n'eut apparemment rien à voir avec son décès.

D. J. HALL

Outre la rédaction des comptes rendus des *Débats* de la chambre des Communes en 1875, et ceux de la chambre des Communes et du Sénat en 1876, Alexander Mackinnon Burgess contribua à la rédaction du *Dominion annual reg.* en 1878 et en 1879.

AN, MG 9, D7-35, reg. des baptêmes, mariages et sépultures ; MG 26, A ; E ; MG 27, I, C4 ; D8 ; MG 29, E114 ; RG 15, A4, 82, Ernest Voorhis, « The Department of the Interior : a brief sketch of its history and development [...] » (photocopie d'une copie dactylographiée de 1927) : RG 31, C1, 1881 ; RG 32, C2, 538, file 1850/10/21. — Univ. of Alberta Library, Special Coll. Dept. (Edmonton), William Pearce papers, F. F. Dixon à Pearce, 26 févr. 1898. — Canada, chambre des Communes, *Journaux*, 1892–1896 ; Parl., *Doc. de la session*, 1884–1898, particulièrement les rapports annuels du département de l'Intérieur, 1883–1895. — *Daily Free Press* (Ottawa), 26 févr. 1898. — *Ottawa Citizen*, 26 févr. 1898. — *Ottawa Evening Journal*, 26 févr. 1898. — *Times* (Ottawa), 1874–1876. — *Canadian album* (Cochrane et Hopkins). — *Canadian men and women of the time* (Morgan ; 1898). — *Cyclopædia of Canadian biog.* (Rose et Charlesworth), 1. — *Ottawa directory*, 1889–1890. — Gerald Friesen, *The Canadian*

Prairies : a history (Toronto, 1984). — D. J. Hall, *Clifford Sifton* (2 vol., Vancouver, 1981–1985), 1.

BURN, WILLIAM JOHN, ministre de l'Église d'Angleterre et évêque, né le 28 octobre 1851 à South Moor (Durham, Angleterre), fils de William Lewis Burn ; il épousa Maud Mary Banks, et ils eurent un fils ; décédé le 18 juin 1896 à Indian Head (Saskatchewan).

William John Burn grandit dans une famille instruite et cultivée, et il fit ses études primaires à la Richmond Grammar School, dans le Yorkshire. Après avoir gagné une bourse pour fréquenter la University of Cambridge, il entra au St John's College en 1872. Il préparait encore sa licence quand il décida de devenir ministre du culte ; il obtint son diplôme avec la mention très bien en mathématiques, et reçut le diaconat le 28 décembre 1874. L'année suivante, il était ordonné prêtre et nommé vicaire de la paroisse St Andrew, à Chesterton (Cambridge). Après avoir passé deux ans dans une paroisse rurale, Burn retourna dans son comté natal de Durham ; il devint vicaire de la paroisse St Paul, à Jarrow, puis en 1881 *vicar* de St Peter, dans la même ville. Pendant son ministère à Jarrow, il vécut et travailla parmi les pauvres de la ville, des gens jusque-là négligés par l'Église d'Angleterre. Une grave détérioration de sa santé le força ensuite à se retirer dans la paroisse rurale de Coniscliffe, dont il fut *rector* de 1890 à 1893, année où on le nomma deuxième évêque du diocèse de Qu'Appelle. Ce diocèse, créé en 1883 et situé dans ce qui constitue maintenant le sud de la Saskatchewan, s'étendait sur tout le district d'Assiniboia, qui faisait alors partie des Territoires du Nord-Ouest ; en 1893, il comprenait 16 paroisses et missions.

Burn fut sacré évêque à l'abbaye de Westminster le 25 mars 1893 par l'archevêque de Cantorbéry, les évêques de Londres et de Bangor, et son prédécesseur, l'évêque Adelbert John Robert Anson. L'annonce de sa nomination ne reçut pas un accueil également favorable de tous les anglicans des Prairies. Certains laïques du diocèse et des membres de la presse locale et régionale avaient demandé un pasteur de tendance évangélique pour succéder à Anson, tractarien inconditionnel. Le clergé diocésain, cependant, était principalement de tradition tractarienne (dite catholique) et satisfait de cette nomination. Burn arriva à Qu'Appelle le 20 mai 1893 et fut intronisé à l'église St Peter, qui tenait lieu de cathédrale. En quelques mois, il réussit si bien à faire l'unité parmi les membres du clergé et les laïques du diocèse qu'un correspondant du *Canadian Churchman* faisait remarquer que la « doctrine orthodoxe de Burn ainsi que son attitude chaleureuse, [son] comportement chrétien et [son] esprit large et tolérant en [faisaient] un visiteur bienvenu dans toutes les classes, sans égard à la nationalité ou à la foi ».

Comme son prédécesseur, Burn fut un ardent défenseur de la doctrine anglo-catholique dans le diocèse. Les rites et les ornements liturgiques suscitaient occasionnellement la controverse ; l'incident le plus important survint en 1895 lorsque le *rector* de la paroisse St Paul, à Regina, menaça de remettre sa démission devant le refus du conseil paroissial de permettre l'usage des cierges sur l'autel. L'évêque désamorça rapidement la situation, mais déclara qu'aucune église où l'on refusait ce type d'ornement ne pourrait devenir la cathédrale du diocèse. Peu après son arrivée, ses talents d'administrateur furent mis à l'épreuve lorsque le nouvel évêché subit un revers financier à cause d'un important détournement de fonds et qu'on dut fermer le St John's College et cesser l'exploitation de sa ferme. La conjoncture économique incertaine continua de nuire à l'entrée de fonds et à l'adhésion de nouveaux fidèles, ce qui rendit difficile le maintien des missions existantes. Une assistance financière apportée au bon moment par la Qu'Appelle Association en Angleterre, l'unification des activités missionnaires et l'amélioration graduelle de l'économie des Prairies permirent de sauver le diocèse de la ruine. En 1894–1895, on déplaça le siège épiscopal de Qu'Appelle à Indian Head, à la suite d'un don généreux qu'avait fait au diocèse un riche bienfaiteur.

En parcourant son diocèse de long en large, Burn acquit des connaissances de première main sur le travail missionnaire et apprit à connaître ses ouailles. Prédicateur puissant et éloquent, il attirait de nombreux fidèles. Il était préoccupé du bien-être de son clergé, isolé à la limite des terres colonisées des Prairies, dans un environnement parfois hostile. C'est pourquoi il décida que dorénavant les synodes diocésains auraient lieu tous les deux ans afin d'offrir aux pasteurs l'occasion de rencontrer entre-temps leur évêque pour prier et créer des liens d'amitié. Il se fit aimer autant des laïques que des membres du clergé, qui lui vouaient loyauté et respect.

William John Burn décéda le 18 juin 1896 à l'âge de 44 ans ; on l'inhuma à Qu'Appelle. En trois ans seulement ce travailleur pieux et infatigable avait réussi à rapprocher les anglicans des Prairies et à consolider la situation financière de l'Église d'Angleterre dans cette partie de la vaste communauté anglicane.

TREVOR J. D. POWELL

Church of England, Diocese of Qu'Appelle, *Occasional papers* (Regina), 1893–1896. — *Canadian Churchman*, 1893–1896. — *Church Times* (Londres), 1893–1896. — *Qu'Appelle Progress* (Qu'Appelle, Saskatchewan), 1896. — Frederic Boase, *Modern English biography* [...] (6 vol., Truro, Angl., 1892–1921 ; réimpr., Londres, 1965). — T. C. B. Boon, *The Anglican Church from the Bay to the Rockies : a history of the ecclesiastical province of Rupert's Land and its dioceses from 1820 to 1950* (Toronto, 1962). — *History of the diocese of Qu'Appelle*, J. T. Embury, édit.

([Regina, 1958]). — T. J. D. Powell et J. H. Archer, *Living faith : a pictorial history of the diocese of Qu'Appelle from 1884 to 1984* (s.l., [1984]).

BURNS, ALEXANDER, ministre méthodiste, éducateur et administrateur scolaire, né le 12 août 1834 à Castlewellan (Irlande du Nord), fils de James Burns, menuisier, et d'Elizabeth McAdam ; décédé le 22 mai 1900 à Toronto.

Alexander Burns fréquenta l'école en Irlande jusqu'à ce que ses parents immigrent en Amérique du Nord britannique, en 1847. La famille résida tout d'abord à Québec puis, en 1850, elle se fixa à Toronto. Élevé dans la foi presbytérienne, Burns se convertit au méthodisme et devint membre de l'Église méthodiste wesleyenne en 1851, après avoir assisté aux revivals organisés par le révérend James CAUGHEY à Toronto. Il apprit le tournage du bois dans le but de financer ses études complémentaires et, en 1855, il put s'inscrire au Victoria College de Cobourg, établissement d'obédience méthodiste. Étudiant travailleur et très doué, récipiendaire de la médaille d'or du prince de Galles, c'est lui qui prononça le discours d'adieu de sa promotion en 1861. L'année suivante, Burns se joignit au clergé méthodiste, et on l'envoya à l'essai à Stratford et à Drayton. Le 15 juin 1863, il épousa Sarah Andrews, la fille du meunier de Cobourg Thomas Andrews. Il reçut l'ordination en 1864.

Dès 1865, Burns avait acquis la réputation d'intellectuel méthodiste d'avenir. On lui offrit, cette année-là, la vice-présidence du Mount Allison Wesleyan College, au Nouveau-Brunswick, mais il déclina l'offre pour accepter un poste de vice-président et professeur de mathématiques et d'astronomie à l'Iowa Wesleyan College. En 1868, il devint président du Simpson College en Iowa, poste qu'il occuperait jusqu'en 1878. Au cours des années qu'il passa aux États-Unis, Burns était un conférencier très recherché dans les établissements d'enseignement et les milieux religieux ; en 1876, il fut également délégué de la Conférence de l'Iowa à la conférence générale de l'Église méthodiste épiscopale qui se tint à Baltimore, au Maryland.

Burns revint en Ontario en 1878 pour succéder à Samuel Dwight Rice* au poste de gouverneur et directeur du Wesleyan Female College de Hamilton. Il y enseigna la morale et l'histoire de la philosophie, la logique, les preuves du christianisme et les grandes œuvres de la littérature anglaise. Dans les milieux de l'enseignement, il avait alors acquis un certain renom. En 1869, l'Indiana University lui avait conféré un doctorat honorifique en théologie et, l'année de son retour en Ontario, le Victoria College lui en remit un autre en droit. Bientôt élu au « sénat » de la University of Toronto, il devint membre du conseil d'administration et du « sénat » du Victoria College.

Dès 1880, Burns, qui s'était déjà imposé dans les milieux universitaires et religieux, avait également démontré ses tendances nettement libérales dans de nombreux domaines. Soit qu'il ait été influencé par Samuel Sobieski Nelles* pendant ses études au Victoria College, soit qu'il ait été marqué par son séjour aux États-Unis à une époque d'effervescence sociale, ou encore par suite de ses nombreuses lectures, il était devenu, comme le nota en 1880 le journaliste et historien John Charles Dent*, le champion de « la suprématie de la raison en matière de théologie aussi bien que dans les affaires ordinaires de la vie » et il était d'avis qu'on « devrait éliminer de la théologie moderne tout ce qui répugne à la raison ». Dent concluait : « C'est un adversaire de l'incroyance, mais il croit [qu'il faut] combattre l'incroyance par des arguments tirés de la connaissance et de l'expérience humaines plutôt que par la suppression de l'examen libre et honnête. »

Étant donné la réputation de Burns, il est compréhensible que certains membres de l'Église méthodiste du Canada aient considéré sa prise de position en faveur de l'examen critique comme une menace pour l'orthodoxie évangélique. À la conférence de Londres, en 1882, il fut accusé d'hétérodoxie par le révérend David C. Clappison de la circonscription ecclésiastique de Brussels, en Ontario. Clappison, ministre depuis 1844, reprocha à Burns de s'écarter des normes doctrinales méthodistes sur trois points d'importance majeure, soit « l'égale inspiration des Écritures canoniques », « la théorie du rachat par substitution » et « la doctrine du tourment conscient éternel et la possibilité d'une probation après la mort ». Après de longues discussions qui se poursuivirent durant deux jours, la conférence conclut qu'après « avoir entendu les explications du Dr. Burns, [elle] les accept[ait] comme substantiellement conformes à [ses] canons sur l'inspiration des Écritures ».

Alexander Burns conserva tout de même son franc-parler sur les questions religieuses et politiques. Il affirmait avec conviction que ni les Églises ni les gouvernements ne devraient appuyer l'octroi de privilèges. Il défendait le libre-échange comme la libre pensée, se déclarait partisan des écoles publiques plutôt que séparées, préconisait, à la suite de Henry George, réformateur américain en matière d'économie, l'instauration de la taxe unique « dans la mesure du possible », s'opposait au maintien du Sénat et prônait l'autonomie politique de l'Irlande. Il s'exprima abondamment sur tous ces sujets, se porta candidat libéral à Hamilton aux élections fédérales de 1887 (mais fut battu par 169 voix) et fut délégué à l'Irish Race Convention qui eut lieu à Dublin en 1896. Grand partisan de l'enseignement supérieur pour les femmes, il dirigea sans succès un mouvement qui réclamait la création à Hamilton d'une université réservée aux femmes. C'est peut-être à cause du faible appui reçu dans ce combat qu'il mit fin à son association avec le Wesleyan Ladies' College en 1897 et qu'il se retira à Toronto. Même s'il n'était plus le pasteur d'une congrégation, il continua à prêcher dans diverses églises et apporta un soutien actif au Muskoka Cottage Sanatorium de Gravenhust, centre de traitement des victimes de la tuberculose. Burns mourut chez lui, à Toronto, le 22 mai 1900, de ce qu'on a décrit comme un « rhumatisme inflammatoire ».

A. B. McKillop

UCC-C, Biog. files. — Methodist Church of Canada, London Conference, *Journal of proc.* (Toronto), 1882. — *Evening News* (Toronto), 23 mai 1900. — *Globe*, 23 mai 1900. — *Canadian men and women of the time* (Morgan ; 1898). — *Commemorative biog. record, county York.* — Dent, *Canadian portrait gallery*.

BURNS, KENNEDY FRANCIS, homme d'affaires et homme politique, né le 8 janvier 1842 à Thomastown (république d'Irlande), fils de Thomas E. Burns et d'Ann Ryan ; le 26 septembre 1865, il épousa à Bathurst, Nouveau-Brunswick, Harriet McKenna, et ils eurent quatre filles ; décédé le 23 juin 1895 dans la même ville.

Après avoir fréquenté l'école de son village natal, Kennedy Francis Burns immigre en Amérique du Nord britannique ; il étudie au St Mary's College à Halifax puis à Saint-Jean, au Nouveau-Brunswick. En 1857, il entre au service de la firme de John Burke, marchand général, à titre de commis à Chatham ; en 1861, on l'envoie à Bathurst où, deux ans plus tard, il fait l'acquisition du magasin de son patron et s'établit à son propre compte. Il s'occupe de commerce jusqu'en 1874. Cette année-là, il achète pour la somme de 1 000 $ une propriété située sur la rivière Caraquet, dans le comté de Gloucester. Cette propriété comprend un moulin à scier actionné à l'eau, qui sert de base à la nouvelle activité de Burns, l'exportation de bois d'œuvre, ainsi qu'à la formation de la K. F. Burns and Company. En 1878, il associe à son entreprise son frère Patrick et son beau-frère Samuel Adams, et la compagnie prend le nom de Burns, Adams and Company. Cette dernière fait construire à Bathurst une scierie à vapeur qui ouvre ses portes au printemps de 1880. D'une capacité de production de 60 000 pieds-planches par jour, cette scierie sera pendant plusieurs décennies l'une des plus importantes industries de Bathurst. En 1880, Adams quitte la compagnie qui reprend le nom de K. F. Burns and Company. De 1877 à 1885, on exporte en Grande-Bretagne à partir du port de Caraquet le bois scié au moulin à eau. Les quantités varient entre 2 500 000 et 4 500 000 pieds-planches par année. Durant la même période, la scierie de Bathurst produit environ le double de ces quantités, que l'on exporte du port de Bathurst. À compter de 1885, toutes les exportations de bois se feront de ce port à la suite de la construction du chemin de fer de Caraquet. En 1890, Burns forme la St Lawrence Lumber Company, dont il est président. Cette compagnie possède un moulin à Bersimis (Betsiamites, Québec) ainsi que les installations mises sur pied par Burns au Nouveau-Brunswick ; elle est financée par des capitaux britanniques et, lorsqu'en 1894 la firme Novelli, de Londres, fait faillite, elle entraîne dans sa chute la St Lawrence Lumber Company. Le frère et le beau-frère de Burns rachèteront l'actif de la compagnie l'année suivante.

Dès l'ouverture de sa première scierie, Burns est également très actif dans la Caraquet Railway Company, mise sur pied en 1874 dans le but d'établir un lien ferroviaire entre Bathurst et la péninsule acadienne dans le nord du Nouveau-Brunswick. Principal actionnaire de la compagnie, il en devient président en 1882 et obtient des subventions des gouvernements fédéral et provincial pour la construction de la ligne. La première section entre Bathurst et Caraquet est ouverte à l'automne de 1885. Rapidement, on se rend compte que le chemin de fer sert avant tout les intérêts de Burns : la ligne fait un détour de 13 milles pour se rendre à sa scierie ; le chemin de fer fonctionne surtout l'été, au moment où les scieries sont en activité, tandis que l'hiver le service est souvent interrompu. En 1889, un scandale éclate lorsque des actionnaires anglais se plaignent de manœuvres frauduleuses et de fausses représentations de la part de Burns au sujet de la construction du chemin de fer et de l'émission des actions.

Durant toute sa carrière d'homme d'affaires, Burns emploie surtout des travailleurs acadiens. Il utilise des « pitons », ou jetons, comme mode de rémunération, que les travailleurs ne peuvent échanger qu'au magasin de la compagnie. Il profite également des largesses des gouvernements en ce qui a trait aux subsides pour le chemin de fer et à l'octroi de permis pour la coupe du bois sur les terres de la couronne au Nouveau-Brunswick.

L'année 1874 marque aussi l'entrée de Burns en politique. Il se fait élire à la chambre d'Assemblée du Nouveau-Brunswick dans la circonscription de Gloucester. Son mandat est très mouvementé. En tant que catholique, il s'oppose au *Common Schools Act*, adopté en 1871, qui prive ses coreligionnaires de droits dont ils jouissaient sur le plan scolaire, droits consacrés par l'usage sinon par la loi. Il prend donc une part très active au fonds de défense des accusés acadiens mis sur pied à la suite de l'émeute de Caraquet en 1875, au cours de laquelle l'un des opposants à la loi et un membre de la troupe de soldats improvisés sont tués [V. Samuel Robert Thomson*]. En 1878, il quitte la politique provinciale. Quatre ans plus tard, il est élu au Parlement fédéral à titre de représentant de la circonscription de Gloucester, et l'emporte alors sur Timothy Warren ANGLIN, de Saint-Jean. À Ottawa, Burns se fait l'ardent défenseur de la Politique nationale de sir John Alexander MACDONALD ; il doit toutefois se défendre contre les attaques d'Edward Blake* au sujet du scandale de la construction du chemin de fer de Caraquet. Nommé sénateur, en 1894, il espère devenir lieutenant-gouverneur du Nouveau-Brunswick, mais sans succès.

Un des aspects intéressants de la carrière politique de Kennedy Francis Burns est le fait que cet unilingue anglophone se fait élire dans une circonscription à forte majorité acadienne. Le nationaliste acadien Pascal Poirier* maintenait que Burns devait ses succès à l'intervention de l'évêque de Chatham, Mgr James Rogers*, auprès des électeurs acadiens. À plusieurs reprises, Burns est accusé de fraudes, de conflits d'intérêts et le résultat de ses élections fait l'objet de procès. Le 23 juin 1895, il meurt à sa résidence de Bathurst des suites d'une pneumonie, ce qui vient mettre un terme à une carrière fort controversée.

RAYMOND LÉGER

AN, MG 26, C : 1404–1405 ; RG 31, C1, 1861, Gloucester. — APNB, MC 1246, II/14/3/1, « J. B. Snowball's Miramichi Wood Circular », 1879, 1885 ; MC 1156, I : 57. — Arch. de l'évêché de Bathurst (Bathurst, N.-B.), Sainte-Famille (Bathurst), reg. des baptêmes, mariages et sépultures, 6, 26 sept. 1865 (mfm aux APNB). — CEA, Fonds Edmé Rameau de Saint-Père, 2.1-30 (Pascal [Poirier] à Rameau de Saint-Père, 27 mai 1894). — Gloucester Land Registry Office (Bathurst), Registry books, 23, n° 46 ; 28, n°s 35–37 ; 35, n° 365. — Canada, chambre des Communes, *Débats*, 1883 : 476–481 ; 1890 : 4602–4644. — *Courrier des Provinces maritimes and Gloucester Chronicle* (Bathurst), 10 mars 1887, 21 juin 1888, 30 avril 1891. — *Miramichi Advance* (Chatham, N.-B.), 8 nov. 1877, 21 févr. 1878, 1er janv. 1879, 15 mai, 23 déc. 1880, 29 déc. 1881, 31 janv. 1884, 22 janv. 1885. — *Le Moniteur acadien* (Shédiac, N.-B.), 26 nov. 1885, 1er mars 1883. — *Times* (Londres), 30 mars 1889, 10 févr. 1891. — *World* (Chatham), 17 juin 1885. — *Canadian directory of parl.* (Johnson). — *Dictionnaire biographique du nord-est du Nouveau-Brunswick* (4 cahiers parus, [Bertrand ; Shippegan, N.-B.], 1983–), 3 : 12–15. — *A statutory history of the steam and electric railways of Canada, 1836–1937* [...], Robert Dorman, compil. (Ottawa, 1938), 146. — Raymond Léger, « l'Industrie du bois dans la Péninsule acadienne (N.-B.), 1875–1900 » (thèse de M.A., univ. de Moncton, N.-B., 1987), 33, 39–68, 73–74. — G. F. G. Stanley, « The Caraquet riots of 1875 », *Acadiensis* (Fredericton), 2 (1972–1973), n° 1 : 36–37.

BURSTALL, JOHN, marchand de bois, né vers 1832 à Hessle, Angleterre, fils de William Burstall ; le 3 septembre 1861, il épousa à Québec Fanny Bell Forsyth, fille aînée de James Bell Forsyth*, et ils eurent deux garçons et cinq filles ; décédé en février 1896 en Angleterre.

John Burstall reçoit en Angleterre une instruction et une éducation qui le préparent à devenir commerçant. Il débarque à Québec dans les années 1850 pour faire son apprentissage auprès de ses oncles Edward et Henry Burstall, importants exportateurs de produits forestiers établis dans cette ville depuis le début des années 1830. En 1857, John devient l'associé d'Edward ; Henry s'est retiré des affaires depuis deux ans. L'accession de John au titre d'associé survient à un bien mauvais moment. En octobre 1857, la firme se retrouve dans une position financière précaire : la principale constituante de son réseau d'affaires, la Harrison, Watson and Company, de Hull, en Angleterre, est en faillite. Les notes et les traites émises s'élèvent à près de 800 000 $. Edward Burstall est personnellement responsable de créances évaluées à 200 000 $ et sa firme enregistre un passif d'environ 300 000 $. Ce revers d'importance a des retombées extrêmement néfastes sur la communauté commerciale canadienne. Plusieurs marchands de Québec sont affectés par cette faillite, ne serait-ce que par la panique bancaire qu'elle provoque. Les contrecoups sont également perceptibles en amont, particulièrement dans la région de l'Outaouais, où la faillite de Burstall entraîne celle de plusieurs producteurs et négociants de bois.

Afin de se protéger de ses créanciers, Edward Burstall transfère à son frère Henry sa villa de Sillery, de même que ses actions dans la Compagnie d'entrepôt de Québec, entreprise qui permet aux actionnaires de disposer d'une anse à Lévis où le bois destiné à l'exportation est amené. On négocie une composition commerciale. La compagnie d'Edward sort de l'impasse en garantissant un paiement de 10s pour une livre. Pour un temps, Henry assume la direction de la E. Burstall and Company. Il permet la reprise des activités commerciales tout en assainissant les finances. Au début des années 1860, Edward se libère de ses dettes et reprend le commerce à son nom.

Jusqu'à ce moment, John Burstall a eu peu de responsabilités autres que celles qui sont usuelles dans le commerce d'expédition de ses oncles. Au début de 1860, son rôle devient un peu plus important à cause du retrait définitif de Henry. En 1862, il quitte son oncle Edward et s'associe à Henry Stanley Smith, de Liverpool, sous la raison sociale de John Burstall and Company. Son centre d'intérêt demeure l'expédition et l'entreposage du bois. Contrairement à ses oncles, qui ont spéculé souvent dans la construction navale au cours des années 1840 et de la décennie suivante, John ne manifeste aucun intérêt marqué pour ce secteur de la production ; tout au long de sa carrière, ses acquisitions vont se limiter à quelques navires.

Les entreprises de John et d'Edward Burstall sont indépendantes l'une de l'autre. Ils ont chacun leur bureau et un chargé d'affaires qui s'occupe des transactions courantes en leur absence. Ils s'approvisionnent à des scieries différentes qu'ils financent parfois, en partie ou en totalité, comme dans le cas des entreprises de George Benson Hall* et de Henry Atkinson. Néanmoins, Edward et John Burstall se rendent mutuellement service. Grâce aux relations d'Edward, John devient actionnaire de la Compagnie d'entrepôt de Québec au même titre que son comptable Frederick Billingsley, qui en est le secrétaire. La John Burstall and Company dispose ainsi d'un lieu d'entreposage et elle est propriétaire d'un quai sur lequel sont érigés quelques bâtiments qu'elle loue à d'autres marchands.

En 1869, le capital de la John Burstall and Company est de 305 000 $ dont 165 000 $ ont été souscrits par John. À l'aube des années 1870, l'entreprise est donc en excellente santé financière. John vit alors dans la somptueuse résidence de son oncle Edward à Sillery, que sa femme a achetée ; le couple l'habitera jusqu'à sa destruction par le feu en 1879. En 1874, John Burstall consolide sa position commerciale à Liverpool : il s'associe à William Henry Robinson, de la Harrison, Robinson and Company. Burstall et Robinson investissent près de 460 000 $ dans l'entreprise. À Québec, la firme possède un navire à vapeur, deux barges, neuf petits bateaux et une anse à bois. La John Burstall and Company traverse presque aisément la crise des années 1870. Certes, elle enregistre des pertes substantielles, en particulier sur les exportations de chêne, mais cette situation affecte peu sa politique d'achat. Elle profite de la conjoncture pour se procurer à bas prix des quantités impressionnantes de bois dans la vallée de l'Outaouais. Malgré le décès de Robinson en mars 1875, l'entreprise québécoise continue de tisser des liens étroits avec les Harrison, de Liverpool. En 1876, Burstall s'associe avec James père, James fils et Thomas Harrison. Cette association est renouvelée l'année suivante. À Québec, Frederick Billingsley et Henry Talbot Walcot se joignent à Burstall dans la compagnie, qui fonctionne toujours sous la même raison sociale. C'est sans doute l'affiliation avec les Harrison qui permet à cette dernière de limiter les dégâts, malgré une nette régression de ses ressources financières entre 1875 et 1879.

La John Burstall and Company est d'abord une firme d'agents. Elle agit souvent pour le compte de marchands métropolitains qui affrètent à son intention des navires qui viennent chercher des cargaisons de bois destinées à être vendues sur le marché britannique. Les chartes-parties constituent le fondement de cette activité commerciale. Elles précisent l'expéditeur, les agents maritimes, l'armateur et l'affréteur, elles spécifient le nom du capitaine, du navire, sa nationalité, son port d'attache, son ordre de route et déterminent la nature, la quantité et la qualité du bois transporté de même que la destination. Ces contrats fixent également le temps alloué au voyage aller et retour, les délais accordés au chargement et au déchargement et les pénalités en cas de violation de l'une des différentes clauses. Dans la métropole, les affréteurs et les armateurs de la John Burstall and Company sont la plupart du temps des marchands de Hull, de Newcastle upon Tyne, de Londres et de Liverpool. Vers les années 1870, ils nolisent de plus en plus souvent des voiliers norvégiens ou suédois pour transporter le bois vers le marché britannique. Au Canada, la firme de Burstall utilise un réseau d'agents qu'elle a établis à Sault-au-Mouton, aux Escoumins, à Betsiamites et à Trois-Rivières, où se fait aussi le chargement des navires. À partir du milieu des années 1880, elle a également un important bureau à Montréal pour contrer le coût croissant de la manutention et du chargement du bois au port de Québec. Loin d'être centralisée, la structure du réseau de distribution du bois est éclatée surtout dans le cas des intervenants. Elle l'est également en ce qui a trait aux techniques employées pour mieux répondre à la demande du marché. Lorsque les aires de travail sont insuffisantes, les surplus de bois sont dirigés vers d'autres anses, d'où l'on procède au chargement. Cette pratique est usuelle tout comme les nombreux services que les marchands de bois québécois se rendent entre eux. Selon les circonstances, les uns et les autres agissent comme armateurs, agents maritimes, entreposeurs ou fournisseurs de matières premières.

Entre les années 1870 et 1890, le problème de l'entreposage du bois persiste toujours. La John Burstall and Company y remédie par une nouvelle association commerciale. En 1877, Billingsley et Walcot forment une société avec les frères William Henry et Charles Edward Knight. L'entente, d'une durée de cinq ans, permet aux associés d'utiliser l'anse Spencer, où l'on trouve plusieurs maisonnettes, un hôtel, une étable, une forge, une machine à confectionner les lattes, des ancres, des chaînes et des estacades. Au cours des années 1880, la John Burstall and Company change encore d'aire d'entreposage. En 1885, elle loue pour cinq ans l'anse Woodfield à proximité de la résidence familiale de Burstall.

Malgré une augmentation des ressources financières de l'entreprise, qui se chiffrent entre 250 000 $ et 300 000 $ tout au long des années 1880, les associés se désistent les uns après les autres. En 1886, Walcot se retire après avoir assumé la direction du bureau de Londres pendant un certain temps. Quatre ans plus tard, c'est au tour des Harrison. John Burstall ne peut plus compter que sur Billingsley. Un marché plus restreint en Angleterre affecte d'ailleurs la croissance de la compagnie. Ses ressources financières diminuent proportionnellement. Évaluées entre 150 000 $ et 200 000 $ en 1895, elles se situent, quatre ans plus tard, entre 75 000 $ et 100 000 $. Même si le fils de John, John Forsyth Burstall, prend la relève durant les premières décennies du XXe siècle, c'est la fin d'une ère, celle de la voile et des barons du bois.

JEAN BENOIT

AC, Québec, Minutiers, W. N. Campbell, 2 juin 1885, 17, 30 juill., 2 sept. 1886, 9 juill. 1890, 16 déc. 1896. — AN, RG 31, C1, 1891, Saint-Colomban de Sillery. — ANQ-Q, CE1-61, 3 sept. 1861 ; CN1-43, 10 avril, 4 mai, 23 sept. 1858, 2 sept. 1861, 26 nov. 1866, 25 janv. 1867, 10, 15 oct. 1869, 19 janv., 4 nov. 1870 ; CN1-51, 17 juin 1863, 15 mai 1866, 27 mai, 8, 10, 15 juill. 1868, 20 juill. 1870, 5 juill., 14 sept., 4 oct., 14 déc. 1871, 15 mai, 12 juin, 4, 6 juill., 18 oct. 1872, 9 juin, 12 nov. 1873, 5, 26, 30 juin, 6 juill., 20 oct. 1874, 25 juin 1875, 27 avril, 11 juill., 4 août, 1er sept. 1876, 6 juill., 25 sept., 28 oct., 4, 27 déc. 1877 ; T11-1/28, nos 11, 293, 988 ; T11-1/29, nos 3702, 4538 ; T11-1/30, no 5937 ; T11-1/205. — Baker Library, R. G. Dun & Co. credit ledger, Canada, 8 : 38, 259. — *Bradstreet Commercial Report*, John Bradstreet, édit. (New York), 1875 ; 1878–1879 ; 1895 ; 1899. — Canada, Commission royale sur le travail et le capital, *Rapport*. — *Montreal directory*, 1886–1892. — Jean Benoit, « le Développement des mécanismes de crédit et la Croissance économique d'une communauté d'affaires ; les marchands et les industriels de la ville de Québec au XIXe siècle » (thèse de PH.D., univ. Laval, 1986). — J. E. Defebaugh, *History of the lumber industry of America* (2 vol., Chicago, 1906–1907). — France Gagnon-Pratte, *l'Architecture et la Nature à Québec au dix-neuvième siècle : les villas* ([Québec], 1980). — *The storied province of Quebec ; past and present*, William Wood *et al.*, édit. (5 vol., Toronto, 1931–1932), 3 : 8.

C

CAMERON, ALEXANDER, avocat et homme d'affaires, né le 22 juin 1827 en Irlande, fils d'Allan Cameron ; le 2 novembre 1853, il épousa à Toronto Calcina Medora Buell, et ils eurent deux fils et deux filles, puis le 7 novembre 1878 à Conneaut, Ohio, Catharine Ward, née Lyon, et aucun enfant ne naquit de ce mariage ; décédé le 15 mai 1893 à Toronto.

Alexander Cameron naquit en Irlande pendant le service militaire de son père, un Écossais du 79th Foot. Il passa son enfance à Amherstburg, dans le Haut-Canada, où son père, retourné à la vie civile, était devenu inspecteur des douanes. Autodidacte – Allan Cameron n'avait pas les moyens d'envoyer son fils à l'école –, Cameron aurait travaillé durant trois ans dans une épicerie d'Amherstburg avant de devenir instituteur dans le canton de Malden. Entré en 1846 à l'Upper Canada College, il subvint à ses besoins en écrivant pour divers journaux. L'année suivante, toujours étudiant, il écrivit à l'éminent réformiste Robert Baldwin* pour lui demander de l'engager à titre de clerc dans son cabinet d'avocat, en lui laissant entendre qu'il pourrait en même temps faire des études universitaires. Après la victoire électorale des réformistes en 1848, il adressa une nouvelle requête à Baldwin pour obtenir un poste de greffier au tribunal ; il estimait que « les services [qu'il avait rendus] pour la *cause* mérit[aient] récompense ». On ne sait pas ce que Baldwin répondit, ni même s'il répondit à cet avide mais présomptueux jeune réformiste. Après ses études au collège, Cameron entra comme stagiaire au cabinet de Stephen Richards, à Toronto, et fut reçu au barreau en 1853 ; il exerça dans cette ville et à Windsor, dont il fit le lieu de sa résidence principale. Il se lia d'amitié avec la famille d'Andrew Norton Buell*, réformiste bien en vue de Brockville et maître à la Cour de la chancellerie, et épousa sa fille Dora, qui était aussi la cousine du juge William Buell Richards*.

Admirateur de Francis Hincks*, Cameron fit campagne avec succès pour lui aux élections de 1854, mais ce soutien ne lui valut qu'un poste de secrétaire de commission. Dans une lettre à son beau-père en novembre de la même année, il avouait commencer « à en avoir assez de la politique ». Avant l'élection de 1861 dans la circonscription d'Essex, la rumeur voulait qu'il soit candidat, mais Cameron appuya Arthur RANKIN, qui accepta de « donner aux réformistes une juste part des faveurs politiques » et à Cameron « les affaires de la couronne dans cette circonscription judiciaire ». Une fois seulement, encouragé par George Brown*, il tenta de se faire élire (comme représentant d'Essex aux élections provinciales de 1867), mais il fut défait par quelques voix.

Pendant la vague de prospérité des années 1850, Cameron avait consacré son immense énergie à la spéculation foncière. En 1853, il commença à acheter des milliers d'acres dans le Haut-Canada, particulièrement dans le comté d'Essex. Il mit à profit les renseignements que lui transmettaient ses amis du département des Terres de la couronne et put ainsi se procurer des terrains à fort bon prix. Cependant, il arriva au moins une fois que ses tractations embarrassent ses amis politiques. En novembre 1853, la presse d'opposition soutint que Cameron, « instrument sans scrupules » du maître général des Postes, Malcolm Cameron*, avait acheté, grâce à certains ministres, un grand nombre de réserves du clergé à un prix dérisoire. On insinuait que le maître général des Postes avait lui aussi profité de l'aubaine, bien qu'en fait Alexander (identifié à tort comme un parent de Malcolm) eût fait la transaction seul. L'opposition considéra néanmoins l'incident comme une preuve que le gouvernement « corrupteur » de Hincks profitait de la vente des réserves du clergé.

En septembre 1853, Cameron avait prédit à Buell qu'il « ferait fortune en dix ans ». Ce ne fut pas le cas. Au lieu de monter, le prix des terres baissa à la fin des années 1850 et laissa Cameron devant des domaines qui ne se vendaient pas et des hypothèques qu'il était incapable de rembourser. Sa belle-famille fit patienter quelques créanciers jusqu'à ce qu'il puisse stabiliser sa situation financière. Outre ces déboires financiers, Cameron s'était brouillé avec sa capricieuse épouse qui détestait Essex et les tâches domestiques. Elle était retournée à Brockville et devait mourir en 1875 sans s'être réconciliée avec lui.

Après sa défaite électorale de 1867, Cameron se lança dans plusieurs entreprises à Windsor. Il exploita des routes à péage, tenta de mettre sur pied une banque privée, acheta un journal (sans doute l'*Essex Record*) et tint un cabinet d'avocat à Windsor et à Toronto. Sans renoncer pour autant à la spéculation foncière, il adopta toutefois une attitude raisonnable et circonspecte, de sorte que ses transactions devinrent enfin rentables. Il tira profit de subventions gouvernementales pour drainer les terres qu'il possédait dans le comté d'Essex en vue de les vendre comme terres agricoles. En 1872, il vendit en six semaines des terres d'une valeur de 6 000 $ et put se targuer devant son beau-père de ce que son « heure allait venir, [et que les] terres à l'ouest prendr[aient] constamment de la valeur pendant des années encore ». Il avait très vite compris que la valeur des propriétés adjacentes aux chemins de fer projetés pourrait monter en flèche. En 1872, Cameron et un partenaire commercial, George Wilson, eurent vent du tracé du Canada Southern Railway et achetèrent les terrains où le chemin de fer devait croiser la route à péage qu'exploitait Cameron. Il fit construire des immeubles et concevoir le plan d'une ville à cet endroit, Essex Centre (Essex). Il usa de ses relations politiques et réussit même à faire verser une prime à la Canada Southern Railway pour qu'elle fasse plutôt passer ses trains par Windsor, ce qui améliorait la position de la ville comme grand terminus de chemin de fer et y garantissait la valeur de ses propriétés.

D'abord avec James Curry, puis avec le frère de celui-ci, John, banquier et marchand de Windsor, Cameron entreprit des opérations bancaires qui lui permettaient d'utiliser l'argent des dépôts pour financer ses acquisitions foncières. En 1879, Cameron et John Curry s'associèrent pour former l'Essex County Bank. Ils pressentirent également, au cours des années 1880, que Windsor profiterait de la croissance industrielle et commerciale de Detroit. De fait, un certain nombre d'hommes d'affaires américains, comme Hiram WALKER, avaient déjà franchi la rivière de Detroit pour établir des entreprises et investir dans la région de Windsor. Comme la main-d'œuvre toujours plus nombreuse avait besoin de logements, Cameron et Curry subdivisèrent les terrains qui entouraient le centre de Windsor. De 1880 à 1892, en société avec d'autres, ils délimitèrent plus de 1 280 lots à bâtir, soit beaucoup plus que l'ensemble des autres promoteurs de la ville. Cette expansion mena à l'érection de Windsor en municipalité en 1892 et fit en même temps la fortune de Cameron et de Curry.

À sa mort en 1893, Alexander Cameron était considéré comme « l'homme le plus riche de l'ouest du Canada ». Sa fortune, que d'aucuns estimaient à 1 500 000 $, ne fut toutefois évaluée qu'à 700 000 $ au moment de la vérification de son testament, et elle était en grande partie immobilisée dans des terres qui ne se vendraient que bien des années plus tard. Pourtant, même s'il avait acquis la richesse, le bonheur était resté hors de sa portée. Il s'était remarié en 1878 à la veuve du riche constructeur de navires de Detroit, Eber Ward, mais son épouse n'aimait pas vivre dans la petite ville de Windsor. Le couple s'était donc installé à Toronto vers 1890 mais, même là, Catharine Ward était plus attirée par la vie mondaine et brillante de Paris que par la compagnie de son époux. Cameron la voyait rarement. Il restait à Toronto pour maintenir le contact avec ses associés commerciaux et avec quelques membres de la vieille garde du parti libéral, tels Goldwin Smith* et George Goldwin Smith Lindsey. Les affaires, semble-t-il, étaient la seule compagne à laquelle il ait pu être attentif.

PATRICK BRODE

AN, RG 31, C1, 1871, Essex County. — AO, Hiram Walker Hist. Museum Coll., 20–38 (Alexander Cameron, political poster, 5 août 1867) ; 20–57 (John Curry, personal cheque-book, 1880–1881) ; MU 303–309 ; RG 53, sér. 56. — Essex Land Registry Office (Windsor, Ontario), Records. — Windsor Public Library, Municipal Arch., Assessment records. — *Detroit Free Press,* 24 nov., 15 déc. 1878, 9 avril 1890. — *Globe,* 16 nov. 1853. — *Leader* (Toronto), 11, 21, 23, 29 nov. 1853. — *North American* (Toronto), 22 nov. 1853. — *Canadian album* (Cochrane et Hopkins), 4 : 441. — *Ont. marriage notices* (Wilson), 244. — *Roll of U.C. College* (A. H. Young), 152. — Ian MacPherson, *Matters of loyalty : the Buells of Brockville, 1830–1850* (Belleville, Ontario, 1981), 168–169. — *Robertson's landmarks of Toronto,* 3 : 532–533. — Patrick Brode, « Alexander Cameron and the flowering of the county of Essex, 1853–1893 », Essex County Hist. Soc., *Occasional papers* (Windsor), n° 4 (1987).

CAMERON, MALCOLM COLIN, homme politique, avocat, homme d'affaires et fonctionnaire, né le 12 avril 1831 à Perth, Haut-Canada ; le 30 mai 1855, il épousa Jessie H. McLean, et ils eurent huit enfants ; décédé le 26 septembre 1898 à London, Ontario.

Malcolm Colin Cameron fut toujours considéré comme le fils de Malcolm Cameron*, homme politique et homme d'affaires sous l'Union, qui l'avait probablement adopté. Il fréquenta le Knox College de Toronto afin de devenir ministre presbytérien. Cependant, il choisit par la suite d'étudier le droit (à Renfrew) et fut reçu au barreau en 1860 ; seize ans plus tard, il deviendrait conseiller de la reine. En 1855, il s'était fixé à Goderich, où il mena jusqu'à la fin de ses jours une carrière d'avocat, d'homme d'affaires et d'homme politique. Il parvint au poste d'associé principal de la firme Cameron, Holt, and Cameron et investit dans au moins une saline du comté de Huron. (En 1865, on avait découvert du sel à Goderich, qui devint rapidement le centre de la production de sel au Canada, notamment en raison de son accès au transport peu coûteux par les Grands Lacs.) Pendant 12 ans, à compter de 1856, Cameron acquit de l'expérience dans l'administration municipale, tour à tour en qualité de conseiller, de président du conseil municipal et de maire de Goderich.

Cameron fut élu député libéral de la circonscription de South Huron à la chambre des Communes en 1867, puis réélu en 1872 et 1874. On annula sa dernière victoire, en 1875, « en raison des agissements d'amis trop zélés ». Il ne se présenta pas à l'élection partielle qui suivit et dont Thomas Greenway* sortit vainqueur. En 1878, Cameron redevint député de South Huron. Par suite du fameux redécoupage de la carte électorale, en 1882, il se porta candidat dans West Huron, et fut élu la même année. Battu de justesse dans cette circonscription en 1887, il l'emporta quatre ans après, mais encore une fois on annula le résultat du scrutin. À l'élection partielle de 1892, le secrétaire d'État James Colebrooke Patterson* récolta seulement 25 voix de plus que lui. Cameron reprit le siège de West Huron à l'élection partielle de janvier 1896 puis le conserva au scrutin général de juin. En près de 30 années, il mena donc 10 campagnes chaudement disputées, dont la plupart se soldèrent par des écarts étroits.

Bien qu'il ait été un libéral convaincu, Cameron ne manifesta que rarement son rigoureux esprit de parti au Parlement. La plupart du temps, il critiquait les projets de loi à la deuxième lecture en invoquant quelques principes et en présentant ou en appuyant des amendements constructifs. Les ports et le sel étaient ses deux grands sujets de préoccupation. De 1867 à 1897, il plaida pour que Goderich devienne, puis demeure, un port de refuge franc (un port qui servait surtout à abriter les petites embarcations plutôt qu'un port commercial qui imposerait des droits de bassin) ainsi que pour l'aménagement de Bayfield en port commercial. C'est en grande partie à cause de son insistance que le gouvernement fédéral investit plus de 600 000 $ dans le port de Goderich. Le fait que les travaux aient débuté en 1872, sous le gouvernement conservateur de sir John Alexander MACDONALD, atteste l'efficacité de Cameron. De plus, il réclama à plusieurs reprises la protection des navires canadiens des Grands Lacs contre la concurrence déloyale des Américains.

Dès sa première session, Cameron revendiqua des mesures qui visaient à protéger le sel canadien contre l'importation, de Grande-Bretagne et des États-Unis, de sel moins cher. Il savait fort bien que protectionnisme et libéralisme n'allaient pas de pair mais, en 1870, citant John Stuart Mill, il défendit les tarifs de représailles : « Le sel était un cas particulier, étant donné la richesse des manufacturiers qui avaient résolu d'écraser l'industrie naissante du Canada. » Il réclamait une « politique nationale et [une] protection pour l'industrie du pays », ce à quoi le chef libéral Alexander MACKENZIE opposa un « non » catégorique. Durant le débat sur le budget de 1879, il tenta de se conformer à la politique de son parti en affirmant être « opposé au tarif douanier, même s'il avait déjà été protectionniste lui-même ». Néanmoins, quand le comité des voies et moyens étudia le budget, Cameron demanda pourquoi l'industrie du sel avait été « laissée pour compte [...] Elle seule n'avait bénéficié d'aucun encouragement, d'aucune assistance et d'aucune considération ». Il arracha au ministre des Finances, Samuel Leonard TILLEY, la promesse qu'il envisagerait des moyens d'aider les producteurs canadiens de sel. En 1897, il pressa le gouvernement libéral de Wilfrid Laurier*, nouvellement élu, d'imposer une taxe sur le sel des États-Unis et de Grande-Bretagne, tout en maintenant que « ce n'[était] pas une protection au sens habituel du terme, comme les honorables députés de l'opposition l'entend[aient] ». Aucune autre question ne suscita autant de désaccords entre lui et son parti.

Au cours de sa carrière parlementaire, Cameron se prit aussi de passion pour l'Ouest. De 1880 à 1883, pendant l'été, il se rendit régulièrement au Manitoba et dans le Nord-Ouest. On savait qu'il y avait investi dans des terres ; Macdonald le lui rappelait souvent, sur un ton taquin ou agressif, et en 1885 il l'accusa de spéculer sur les certificats de concession de terres aux Métis. Dans ses attaques du gouvernement, amorcées en 1880, Cameron visa principalement le département des Affaires indiennes (dirigé par Macdonald de 1878 à 1887). Il insistait sur le gaspillage et la corruption qui retardaient le peuplement : les guides des terres du dominion égaraient les colons, la spéculation foncière autour de Regina nuisait à la colonisation, les coûts administratifs des Affaires indiennes et de la Police à cheval du Nord-Ouest étaient excessifs, et des terres de la couronne se vendaient en privé. Sachant que l'agitation régnait dans le Nord-Ouest, il présenta en 1884, puis de nouveau au début de 1885, un projet de loi d'intérêt privé dans lequel il proposait d'admettre aux Communes des représentants élus des territoires, mais ce fut en vain. Aux élections de 1887, ses accusations à l'endroit des Affaires indiennes donnèrent lieu à une campagne contre lui durant laquelle le gouvernement publia une brochure qui réfutait ses allégations.

Réélu en 1896, en plein débat sur l'opportunité pour le gouvernement fédéral d'adopter une loi réparatrice concernant les écoles catholiques du Manitoba, Cameron ne prononça qu'un bref discours pour s'opposer à toute coercition envers la province et faire valoir que la voie du compromis serait plus fructueuse pour la minorité catholique. Selon lui, le projet de loi réparateur était une hypocrisie : la loge d'Orange s'y opposait, et pourtant elle était l'un des « principaux éléments » du gouvernement. Cameron s'était déjà élevé contre l'octroi d'une charte fédérale aux orangistes, et il dénonçait la pendaison de Louis Riel* comme une pure vengeance pour la mort de « frère » Thomas Scott*.

Les tendances protectionnistes de Cameron et sa campagne obstinée contre l'administration des Affaires indiennes et de la Police à cheval du Nord-Ouest embarrassaient le premier ministre Laurier. Pourtant, son intérêt pour l'Ouest en faisait un candidat tout désigné pour le poste de lieutenant-gouverneur des Territoires du Nord-Ouest, auquel il fut assermenté le 7 juin 1898. Moins de trois mois plus tard, il prenait un congé pour des raisons de santé et retournait en Ontario. Il mourut chez son gendre à London le 26 septembre, à l'âge de 67 ans.

La carrière de Malcolm Colin Cameron montre quelles tensions vivait un libéral à une époque où les conservateurs dominaient. Il trouvait difficile de concilier des intérêts personnels et locaux tangibles avec les exigences d'un parti qui commençait à peine à exister. Habitué d'être dans l'opposition, il ne put s'adapter, après les élections de 1896, à son nouveau rôle de membre du gouvernement. Bien qu'un contemporain, Daniel McGillicuddy, journaliste à Goderich, ait prétendu que Cameron avait « fait de l'invective une science », sa carrière parlementaire fut celle d'un critique de l'opposition constructif.

PETER ANGUS RUSSELL

AN, MG 26, A, T. Greenway à Macdonald, 7 août, 17 sept. 1872, 29 avril, 18 nov. 1874. — Canada, chambre des Communes, *Débats*, 1868–1897. — *Globe*, 27 sept. 1898. — *Manitoba Morning Free Press*, 27 sept. 1898. — *Winnipeg Daily Tribune*, 26 sept. 1898. — *Canadian biog. dict.* — *Canadian men and women of the time* (Morgan ; 1898), 144. — *Cyclopædia of Canadian biog.* (Rose et Charlesworth), 1. — Dianne Newell, *Technology on the frontier : mining in old Ontario* (Vancouver, 1986), 138. — Swainson, « Personnel of politics ». — Dan McGillicuddy, « M. C. Cameron, as I knew him : a character sketch », *Canadian Magazine*, 12 (nov. 1898–avril 1899) : 57–60.

CAMERON, sir RODERICK WILLIAM, homme d'affaires, lobbyist et commissaire d'exposition, né le 25 juillet 1823 dans le comté de Glengarry, Haut-Canada, fils de Duncan Cameron* et de Margaret McLeod ; le 6 août 1845, il épousa Mary Ann Cumming (décédée en 1858), puis en 1861 Anne Fleming Leavenworth (décédée en 1879), et de ce mariage naquirent deux fils et cinq filles ; décédé le 19 octobre 1900 à Londres.

Roderick William Cameron fit une partie de ses études primaires à Williamstown, dans le Haut-Canada, et eut probablement John Rae* comme précepteur ; par la suite, il aurait fréquenté des écoles à Williamstown, à Cornwall et à Kingston. À partir de 1839 environ, et jusqu'en 1847, il fut dans les affaires à Hamilton et servit pendant un certain temps à titre de commis au magasin de marchandises sèches de Robert Roy. Il prétendit par la suite qu'en 1849, sur la recommandation de William Hamilton Merritt*, il avait fait du lobbying à Washington afin d'inciter le gouvernement américain à signer un traité de réciprocité avec le Canada. À cette occasion, Samuel Lawrence et d'autres marchands de Boston avaient assumé ses « menues dépenses ». Il aurait aussi voyagé et chassé dans le Nord-Ouest canadien durant sa jeunesse.

En 1852, au moment où la ruée vers l'or australien passionnait la population de l'Amérique du Nord, Cameron affréta un navire pour transporter passagers et provisions de New York vers l'Australie. Puis, durant 26 mois, il loua 17 autres navires et consolida son entreprise grâce à une compagnie de navigation appelée Australian Pioneer Line. Après s'être associé à William Augustus Street en 1870, il changea le nom de son entreprise pour celui de R. W. Cameron and Company, raison sociale sous laquelle elle fonctionne encore aujourd'hui. Avant de se lancer dans le transport maritime, Cameron avait subi certains revers financiers à New York, et il en subit d'autres quelques années après mais, somme toute, sa carrière d'homme d'affaires semble avoir été un succès continu. Sa compagnie survécut à la crise économique de 1857, à la guerre de Sécession et au déclin des clippers. La firme s'occupait surtout du commerce entre New York et l'Australie tout en assurant une liaison avec la Nouvelle-Zélande et l'Angleterre, mais elle faisait également du commerce en Asie et ailleurs. Ses cargaisons pouvaient aussi bien contenir du kérosène et des machines agricoles en provenance des États-Unis que de la laine d'Australie. Après ses premières années d'activité, la compagnie acheta des navires en plus d'en louer mais, vers la fin du XIXe siècle, elle était revenue à la seule location.

Le succès de sa compagnie fit de Cameron un homme riche, et il se complut dans ce rôle. À l'île Staten, dans l'état de New York, il établit un domaine, Clifton Berly, qui faisait l'admiration de tous. Un des principaux promoteurs de courses de chevaux à New York, il avait un haras à Clifton Berley et s'enorgueillissait d'avoir importé Leamington, le père d'Iroquois, premier cheval américain à remporter le derby et le Saint-Léger à Londres en 1881. Il se passionnait aussi pour la navigation de plaisance et fit un voyage dans la mer du Nord et la Baltique en 1890.

Des notices biographiques parues de son vivant font ressortir le rôle de Cameron à titre de représentant officiel à différentes expositions internationales. Il ne fait aucun doute qu'il aimait tout particulièrement ce genre de nominations, bien qu'elles semblent avoir été davantage un hommage à son succès commercial et social qu'un véritable travail. Il fut représentant de la Nouvelle-Galles du Sud (Australie) à l'exposition de Philadelphie en 1876 et à celle de Paris en 1878. Il fut également commissaire honoraire du Canada en Australie, à l'exposition de Sydney en 1879–1880 et à celle de Melbourne en 1880–1881. Cependant, dans le premier cas, le Canada n'envoya qu'un nombre restreint d'exhibits et aucun dans le second. Cameron accepta de figurer comme l'un des trois auteurs d'un rapport officiel publié en 1882 dans les documents parlementaires du Canada au sujet de l'exposition de Sydney même si, personnellement, il n'était pas d'accord avec quelques-unes des affirmations qu'il contenait. Dans ces documents, le gouvernement publia en outre une certaine quantité de données sur l'Australie que Cameron avait présentées dans un rapport sur l'exposition de Melbourne. L'ouvrage de Cameron, simple compilation sans aucune valeur en soi, rend bien peu compte des vastes connaissances de son auteur sur l'Australie, mais démontre cependant l'intérêt qu'il portait à la promotion du commerce entre ce pays et le Canada.

En 1882, le gouvernement canadien recommanda que Cameron soit fait chevalier. Les autorités britanniques hésitèrent d'abord mais, le 11 juin 1883, sir Alexander Tilloch GALT, haut commissaire du Canada à Londres, à la retraite depuis peu, était en mesure d'informer sir John Alexander MACDONALD qu'il avait obtenu pour leur « ami » Cameron son titre de chevalier. La cérémonie eut lieu le 16 juin. Officiellement, cet honneur se voulait une récompense pour services rendus au Canada à titre de commissaire d'exposition. Il existe toutefois une explication plus près de la réalité, quoique moins précise : c'était une façon de reconnaître tout le crédit dont Cameron jouissait auprès du gouvernement canadien. Ainsi, au moment de l'exposition de Philadelphie, il avait généreusement accueilli des visiteurs canadiens et australiens à sa résidence de New York.

Cameron, qui demeura toujours sujet britannique, soignait ses relations avec le Canada, tout particulièrement au cours de ses dernières années. C'était un bon ami des Macdonald. En 1885, il était à Ottawa pour l'ouverture de la session et, en juin 1891, il assistait aux funérailles du premier ministre. Au mois de mars précédent, il avait offert ses services à celui-ci pour aller défendre la cause de la réciprocité à Washington ; en plus de connaître « intimement » le secrétaire d'État américain, James Gillespie Blaine, il prétendait avoir « le tact d'un diplomate et un certain degré de magnétisme ». Cameron avait une résidence d'été à Tadoussac, dans la province de Québec, qui avait déjà appartenu à l'ancien gouverneur général lord Dufferin [Blackwood*]. Dans les années 1880 et 1890, il se porta acquéreur d'une vaste étendue de terre en friche près de Lethbridge (Alberta), qui allait être connue sous le nom de Cameron Ranch. Cependant, il fit peu pour exploiter cette propriété, si ce n'est d'y mettre des poneys.

Sir Roderick William Cameron ne négligeait pas les États-Unis pour autant. Malgré sa loyauté ostentatoire vis-à-vis de la Grande-Bretagne, en vertu de laquelle il envoya son fils aîné étudier à Harrow, la population de son pays adoptif et une foule d'amis l'admiraient. On le reconnaissait comme un authentique exemple américain du gentilhomme campagnard anglais. Durant la guerre de Sécession, il avait aidé à recruter le 79th New York Regiment, composé de Highlanders liés au clan Cameron et dont le colonel était le frère du secrétaire d'État à la Guerre, Simon Cameron. Sir Roderick connaissait d'éminents Américains, tels Blaine et Jay Gould, et il était un membre assidu de clubs new-yorkais et londoniens. Comme il comptait un grand nombre d'amis en Angleterre, dont le duc d'Albany, ainsi qu'en Australie et en Nouvelle-Zélande, il voyagea beaucoup à l'étranger dans les dernières années de sa vie.

ROYCE C. MACGILLIVRAY

On trouve des récits des jeunes années de sir Roderick William Cameron dans un certain nombre de notices biographiques contemporaines énumérées ci-dessous dans l'ordre chronologique. On suppose que la documentation qui les a inspirées venait directement ou indirectement de Cameron lui-même, ce dont il faut tenir compte si on les utilise. [R. C. MACG.]

Alexander Mackenzie, *History of the Camerons, with genealogies of the principal families of the name* (Inverness, Écosse, 1884), 409–412. — *Appletons' cyclopædia* (Wilson *et al.*), 1 : 509 ; 7 : 47. — *History of Richmond County (Staten Island), New York, from its discovery to the present time,* R. M. Bales, édit. (New York, 1887), 695–697. On trouve dans ce volume un portrait pleine page de Cameron. — *Prominent families of New York* [...], [L. H. Weeks, édit.] (New York, 1897), 94–95 ; (éd. rev., 1898), 94–95. — *National cyclopædia of American biography* [...] (63 vol. parus, New York, [etc.], 1892–), 8 : 400. La biographie de Cameron paraît dans le volume de 1898. — *Canadian men and women of the time* (Morgan ; 1898). — Frederic Boase, *Modern English biography* [...] (6 vol., Truro, Angl., 1892–1921 ; réimpr., Londres, 1965), 4 : 586. La biographie de Cameron paraît dans le volume de 1908.

Cameron est l'auteur de : « The Commonwealth of Australia », *Forum* (New York), 11 (mars–août 1891) : 379–397.

AN, MG 11, [CO 448], 1B (photocopies) ; MG 26, A : 93793–93795, 251048–251051 ; G : 29185a–b ; MG 27, I, B4, 1, Macdonald à Lorne, 11 août 1882 ; RG 17, AI, 1, vol. 245 ; 247–248 ; 258 ; 286–287 ; 289 ; 295–296 ; 310 ; 314 ; 331 ; 334. — AO, MS 107, reg. of births, 1823 ; MU 7629–7630. — Baker Library, R. G. Dun & Co. credit ledger, New York, 342 : 251 ; 348 : 822, 900a/9, /39, /48, /60, /85, /109, /161, 900q. — Glenbow Arch., M2427, files 6–7. — HPL, Clipping file, Hamilton biog., George Mills. — Mitchell Library (Sydney, Australie), Sir Henry Parkes corr., lettres de R. W. Cameron. — New York Public Library, MSS and Arch. Division, Robert Bonner papers, R. W. Cameron corr. concerning horses. — St John's Church (Staten Island, N.Y.), Memorial plaques, window inscription, and vital records relating to Cameron family. — Staten Island Institute of Arts and Sciences, T. A. Watson, recollections of Cameron family and Clifton Berley (copie dactylographiée). — Canada, Parl., *Doc. de la session*, 1882, n° 11, app. 46. — G.-B., Royal Commission for the Paris Exhibition, 1878, *Catalogue of the British colonies* (Londres et Paris, [1878]). — Melbourne, Australie, Intercolonial Exhibition, 1875, *Official record* [...] (Melbourne, 1875). — New South Wales, Australie, Commission to the International Exhibition, Philadelphie, 1876, *New South Wales, its progress and resources* (Sydney, 1876). — William Todd, *The Seventy-Ninth Highlanders, New York Volunteers in the war of rebellion, 1861–1865* (Albany, N.Y., 1886), 5. — *Glengarrian* (Alexandria, Ontario), 20 déc. 1889. — *Hamilton Gazette, and General Advertiser*, 1852–1855, particulièrement 19 oct. 1854. — *New York Herald*, 21 oct. 1900. — *New York Times*, 20 nov. 1867, 14 juill. 1884, 20 oct. 1900. — *Sydney Morning Herald*, 3 mars 1881. — *Times* (Londres), 2 juin, 15 sept. 1881, 25 mai, 20 juin 1883, 22 oct. 1900. — H. Livingston, « A three-hundred-acre estate in New York City », *Country Life in America* (New York), 4 (avril 1904). — *Via Port of New York–New Jersey* (New York), 23 (févr. 1971) ; 34 (déc. 1982).

CAMPBELL, sir ALEXANDER, avocat, homme politique, administrateur scolaire, homme d'affaires et fonctionnaire, baptisé le 9 mars 1822 à Hedon, Angleterre, fils de James Campbell et de Lavinia Scatcherd ; le 17 janvier 1855, il épousa à Beverley, Angleterre, Georgina Fredrica Locke Sandwith, et ils eurent deux fils et trois filles ; décédé le 24 mai 1892 à Toronto.

James Campbell, médecin d'origine écossaise, immigra dans la province du Canada avec sa famille en 1823. D'abord installés à Montréal, les Campbell s'établirent à Lachine dix ans plus tard, puis à Kingston, dans le Haut-Canada, en 1836. Alexander Campbell fit de bien meilleures études qu'on en faisait généralement au Canada au début du XIXe siècle. Son premier instituteur fut un ministre presbytérien. Bien que sa famille ait été anglicane, il fréquenta ensuite avec son frère Charles James le séminaire catholique de Saint-Hyacinthe, dans le Bas-Canada, où il acquit une maîtrise suffisante du français pour le parler en public. De là, il passa à la Midland District Grammar School de Kingston, puis entreprit ses études de droit au cabinet de Henry Cassady. Après la mort de ce dernier, en septembre 1839, il poursuivit son stage chez John Alexander MACDONALD ; il avait alors 17 ans. Campbell était le deuxième stagiaire de Macdonald ; le premier avait été Oliver Mowat*. Pendant quelque temps, ces trois jeunes gens destinés à une brillante carrière travaillèrent ensemble dans le cabinet de Macdonald, à Kingston. Reçu au barreau en 1843, Campbell devint l'associé de Macdonald ; en 1849, ils mirent fin à cette association, qui en elle-même n'avait pas été particulièrement importante. Par contre, l'alliance politique qu'ils avaient nouée au cours des années 1840 était telle qu'ils allaient demeurer étroitement liés jusqu'à ce que Campbell quitte la politique, en 1887.

Campbell commença sa carrière publique au conseil municipal de Kingston où, de 1850 à 1852, il fut échevin du quartier Victoria. En 1858, puis en 1864, on l'élut au Conseil législatif de la province (dont il fut le président de février à mai 1863) ; il représentait la vaste division de Cataraqui, qui englobait Kingston et la totalité des circonscriptions de Frontenac et d'Addington. À la fin de 1861, Macdonald, alors procureur général du Haut-Canada, lui offrit un siège au sein du cabinet qu'il tentait désespérément de former. Campbell accepta à la condition que Thomas Clark Street* et John Hillyard Cameron*, deux tories de la vieille garde, y entrent aussi, mais Macdonald refusa. L'incident semble indiquer que Campbell entretenait de meilleures relations que Macdonald avec les groupes tories de Toronto et de l'ouest du Haut-Canada.

Peut-être le moment décisif de la carrière préconfédérale de Campbell survint-il à l'occasion de la crise déclenchée par la démission, le 21 mars 1864, du gouvernement de coalition de John Sandfield Macdonald* et d'Antoine-Aimé DORION. Comme Adam Johnston Fergusson* Blair n'avait pas réussi à former un gouvernement, le gouverneur général, lord MONCK, demanda à Campbell d'essayer. Il n'y parvint pas davantage, et cet échec anéantit sa seule chance réelle de devenir un grand leader politique. Le 30 mars, il accéda au rang de ministre en obtenant, dans le gouvernement de John Alexander Macdonald et de sir Étienne-Paschal Taché*, le poste de commissaire des Terres de la couronne, qu'il occupa jusqu'au 30 juin 1867. À titre de membre de ce cabinet de coalition, on le délégua aux conférences de Charlottetown et de Québec en 1864 ; il est donc l'un des Pères de la Confédération.

Après 1867, Campbell ne fut plus jamais candidat à des élections. Appelé au Sénat le 23 octobre de cette année-là, il y siégea jusqu'à sa démission, le 7 février 1887. Au cours de cette période, il exerça des fonctions très diverses au cabinet : maître général des Postes à quatre reprises, (1867–1873, 1879–1880, 1880–1881, 1885–1887), surintendant général des

Affaires indiennes et ministre de l'Intérieur en 1873, receveur général de 1878–1879, ministre de la Milice et de la Défense en 1880, et enfin ministre de la Justice et procureur général de 1881 à 1885. De plus, il fut ministre intérimaire du Revenu intérieur en 1868–1869 et leader du gouvernement au Sénat de 1867 à 1873, puis de 1878 à 1887. Sous le gouvernement libéral d'Alexander MACKENZIE, de 1873 à 1878, il dirigea le parti conservateur à la Chambre haute. Nommé conseiller de la reine en 1856, il fut fait chevalier commandeur de l'ordre de Saint-Michel et Saint-Georges en 1879. Il représenta le Canada à Londres en 1887, à l'occasion de la première conférence coloniale, qui fut surtout un déploiement de cérémonies. Nommé lieutenant-gouverneur de l'Ontario le 1er juin de la même année, il le resta jusqu'à sa mort, cinq ans plus tard. Durant une brève période après cette nomination, les trois jeunes gens qui avaient travaillé ensemble à Kingston en 1839 formèrent une étonnante constellation politique : Macdonald était premier ministre conservateur du Canada ; Mowat, qui malgré une querelle de longue date avec Macdonald demeurait l'ami de Campbell, était premier ministre libéral de l'Ontario ; et Campbell en était le lieutenant-gouverneur.

Campbell était loin de restreindre ses activités à la politique et à la pratique du droit. De 1861 à 1864, il fut doyen de la faculté de droit du Queen's College de Kingston. Ses intérêts commerciaux étaient nombreux dans les années 1850 ; il s'était occupé notamment de diverses compagnies de chemin de fer, de la Kingston Fire and Marine Insurance Company et de la Cataraqui Cemetery Company. Une bonne partie de ses activités commerciales commencèrent en 1873, à la chute du premier gouvernement Macdonald. Comme il se trouvait dans l'opposition, il eut beaucoup de loisirs jusqu'à son entrée, en 1878, au deuxième gouvernement Macdonald. Dans les années 1870, il fut président de l'Intercolonial Express Company, mise sur pied au moment de l'inauguration du chemin de fer Intercolonial, vice-président de l'Isolated Risk Fire Insurance Company of Canada, président du conseil de la succursale torontoise de la Banque consolidée du Canada et membre des conseils d'administration de la Kingston and Pembroke Railway Company et de la London and Canadian Loan and Agency Company. En outre, il détenait des actions de l'Ives Mining Company et de la Banque maritime de la Puissance du Canada, et s'occupait de la Boiler Inspection and Insurance Company et de la Canadian Express Company. Au début des années 1870, il acheta des terrains houillers de Charles Tupper*, et en 1873, avec John Beverley ROBINSON et Richard John Cartwright*, il fit l'acquisition d'une région houillère de la Nouvelle-Écosse dont l'exploitation ne se révéla pas rentable. Dans les années 1880, il spécula sur des terres de l'Ouest canadien. À sa mort, il était président de deux sociétés : l'Imperial Loan and Investment Company of Canada Limited et la Boiler Inspection and Insurance Company.

C'était chose facile pour Campbell de maintenir d'étroites relations d'affaires avec d'éminents libéraux de Kingston, comme Cartwright et Charles Fuller Gildersleeve. Mais, ce qui étonne peut-être davantage, il en avait aussi avec d'importants libéraux fédéraux qui avaient peu à voir avec Kingston. À titre de vice-président de l'Isolated Risk Fire Insurance Company, entreprise essentiellement formée de libéraux, il côtoyait cependant des tories bien connus, tel Matthew Crooks Cameron*. Le président en était Alexander Mackenzie, et le conseil d'administration se composait de personnalités libérales comme Edward Blake*, George Brown*, Adam Crooks*, William McMaster* et Robert Wilkes*. Kingston occupa toujours une place de choix dans les entreprises auxquelles Campbell participa. Ses activités commerciales, politiques et sociales, tout comme son mariage, le plaçaient au centre d'un réseau qui liait plusieurs grandes familles de la ville : les Campbell, les Macdonald, les Strange, les Kirkpatrick, les Gildersleeve et les Cartwright.

Campbell ne fut pas un grand ministre, mais certaines de ses décisions administratives eurent des répercussions considérables. Ministre de la Justice au moment de la capture de Louis Riel*, en 1885, il tenait absolument à ce que le chef des Métis subisse son procès ailleurs qu'à Winnipeg. Comme il l'expliqua à Macdonald, Riel devait « être conduit à Regina sous bonne garde, puis y être jugé, devant [Hugh Richardson*] et un jury de six [anglophones], en vertu de l'Acte des Territoires du Nord-Ouest », qui n'autorisait pas un prisonnier à avoir un jury mixte. Un procès à Winnipeg, surtout devant des jurés francophones, aurait pu aboutir aisément à un autre verdict que la culpabilité, ce qui, aux yeux de Campbell, aurait été un « déni de justice ». Ainsi le Canada aurait pu ne pas connaître la crise qui entoura l'exécution de Riel, ou en connaître une fort différente.

Veiller à ce que Riel ne bénéficie d'aucun traitement de faveur correspondait bien aux méthodes administratives de Campbell. C'était un homme froid, consciencieux, attaché aux traditions, légaliste, étroit, paternaliste et économe. En 1885, dans un avis qu'il donnait à Macdonald, il soulignait les problèmes causés par « la satisfaction constante de revendications excessives et [les] retards, ainsi que l'irritation et les torts qu'ils engendr[aient] » ; « tous, poursuivait-il, [en] parlent et ce sont des maux dont vous et moi ferions bien de prendre note [...] J'espère que nous prendrons un nouveau départ. »

Si Campbell fut un personnage important, ce n'est pas parce qu'il siégea longtemps au cabinet, mais parce qu'il fut à la fois un homme de confiance du premier ministre, à qui il prodigua des conseils sur un très large éventail de questions, et un administrateur politique au sein du parti conservateur. Ce dernier rôle fut primordial dans la carrière de Campbell : c'était un organisateur astucieux qui agissait souvent à titre de délégué de Macdonald. Ce fut particulièrement le cas au cours du premier gouvernement de ce dernier, de 1867 à 1873. Pendant ces années (ses plus actives comme administrateur du parti), il exerça constamment la fonction de maître général des Postes, sauf pendant quatre mois. Il dispensa assidûment, dans l'intérêt de son parti, les faveurs que sa charge lui permettait de distribuer. Les augmentations de salaire des employés des Postes, les congés, les nominations étaient accordés selon des critères partisans. C'est pourquoi on lui prêtait parfois beaucoup plus de pouvoir qu'il n'en avait en fait. En 1887, le *Week* de Toronto émit l'avis qu'il avait remporté une grande victoire en se faisant nommer, en 1867, maître général des Postes : « Cette nouvelle fonction n'exigeait pas d'aussi grands talents de juriste que la précédente [celle de commissaire des Terres de la couronne], mais des intérêts publics importants et un système de favoritisme très étendu y étaient attachés. »

Selon Campbell, la chute du gouvernement, survenue en 1873, était imputable à Macdonald : au début de novembre, il nota que le régime aurait pu tenir « si seulement sir John A. était resté sobre pendant la dernière quinzaine ». Il participa moins qu'en 1872 à l'organisation des élections générales de 1874, et après la cuisante défaite des conservateurs cette année-là il délaissa peu à peu l'administration du parti. C'est John Graham Haggart* qui prit sa succession dans l'est de l'Ontario. Vers 1875, Campbell se consacra surtout aux affaires, et à compter de 1878 à ses fonctions ministérielles. C'est donc surtout en examinant la portée et la nature de ses activités à l'époque des élections de 1872 que l'on comprendra son rôle d'administrateur. On aura en même temps une bonne idée de ce qu'était la politique au XIXe siècle.

Campbell assuma beaucoup de responsabilités durant la période des élections, dont l'examen de la situation qui régnait dans diverses parties du pays. Ainsi, peu après le début de la campagne, il réclama un « document sur le Manitoba » à Alexander Morris*, administrateur de cette province et des Territoires du Nord-Ouest, informa Macdonald que John George Bourinot* avait préparé une étude sur les relations entre la Nouvelle-Écosse et le Canada et demanda au premier ministre de dicter un document d'ordre général sur les « réalisations du gouvernement ». Après avoir consulté Henry Nathan, député de Victoria, et Donald Alexander Smith*, député de Selkirk, il conseilla à Macdonald de tenir les élections de Colombie-Britannique « le plus tôt possible » et celles du Manitoba « dans la dernière moitié d'août ou la première semaine de septembre ». Il aida sir George-Étienne Cartier* à remporter l'élection partielle tenue en septembre 1872 dans la circonscription de Provencher puis, après la mort de Cartier en mai 1873, il participa à la campagne dont Riel sortit vainqueur. En décembre 1872, à propos de la délicate question de Riel et des Métis, Campbell avait demandé au premier ministre : « Que pensez-vous de ma proposition qui consiste à prélever dans le fonds des services secrets les £500 que Donald Smith recommande de verser aux Métis loyaux ? » En juillet 1873, il devint ministre de l'Intérieur ; les problèmes manitobains relevaient dorénavant de sa compétence.

Le financement des élections de 1872 donna lieu, l'année suivante, à une Commission royale d'enquête sur le scandale du Pacifique. Appelé à témoigner, Campbell prétendit avoir à peine entendu parler des contributions massives que sir Hugh Allan* avait versées l'année précédente. Pourtant (l'amnésie est une maladie qui fut très courante chez les tories en 1873...), il en savait long sur le financement de la campagne. En juillet 1872, au bureau des commissaires de la Trust and Loan Company of Canada, à Toronto, William Cleghorn lui avait dit que lui-même et son personnel contribueraient à la caisse électorale. Plus tard dans la campagne, Campbell avait eu à faire face à un incident fort curieux : Macdonald avait emprunté 10 000 $, à des fins électorales, de John Shedden* et du frère de Campbell, Charles James. Leur garantie, expliqua ce dernier à Alexander, était « l'engagement écrit de sir John comme *membre du gouvernement de [leur] rembourser la somme prêtée* ». On ne sait pas exactement comment Campbell sortit Macdonald de l'embarras, mais fort heureusement il le connaissait bien et put régler les problèmes financiers qui, selon lui, provenaient de ce que le premier ministre, entre le moment de son élection en 1872 et la défaite de son gouvernement en novembre 1873, était souvent ivre.

Même après sa nomination au Sénat, en 1867, Campbell veilla aux affaires du parti conservateur à la chambre des Communes. Par exemple, il offrit un poste de sénateur au docteur James Alexander Grant*, député de Russell, en échange de sa loyauté pendant la crise parlementaire de 1873. En outre, il participa activement aux manœuvres qui visèrent à empêcher Donald Alexander Smith de faire défection à la veille de la chute du gouvernement.

Tenir la presse en respect faisait aussi partie des grandes préoccupations de Campbell. C'était une tâche difficile et importante, car en Ontario le parti conservateur avait un adversaire puissant, le *Globe* de Toronto, propriété de George Brown. Les conservateurs tentèrent à plusieurs reprises de contrer son influence, mais ils n'y parvinrent jamais [V. James BEATY]. Néanmoins, il y avait une guerre des journaux, et Campbell, tant qu'il fut maître général des Postes, en fut l'un des principaux combattants. Il se servait des annonces des Postes pour forcer la loyauté des éditeurs indisciplinés et faire vivre des journaux insolvables. Pour obtenir des réclames ou des contrats d'imprimerie du gouvernement, un journal devait figurer sur la « Liste » pour reprendre le terme employé en 1871 par F. Munro, propriétaire d'un journal d'Orangeville. De plus, bien des journalistes demandaient de l'aide à Campbell. À l'occasion, il agissait sans délai. Pendant la campagne de 1872, James George Moylan*, du *Canadian Freeman* de Toronto, demanda une avance sur « quelques milliers de dollars de travaux d'imprimerie ». Moins de cinq jours plus tard, il recevait de l'argent, sans doute parce qu'il avait menacé de suspendre la publication en pleine campagne. L'*Ontario Workman*, premier grand journal ouvrier de la province [V. James Samuel Williams*], figurait sur la liste de Campbell : pendant la campagne de 1872, les conservateurs obtinrent l'appui des ouvriers, et Macdonald comme Campbell participèrent au financement du journal.

On constate donc à quel point Campbell joua un rôle stratégique au cours des élections de 1872. Macdonald lui confia le soin d'assurer sa réélection dans Kingston, et sans doute s'occupa-t-il aussi des autres circonscriptions du vieux district de Midland. Avant la Confédération, ce territoire avait constitué l'assise du pouvoir de Macdonald mais, à partir du moment où il évolua sur une scène plus vaste, il délégua à Campbell une bonne partie de l'administration du parti dans ce district. De toutes les circonscriptions dont Campbell eut la charge en 1872, la plus importante était Kingston, où il organisa minutieusement la réélection du premier ministre. Il le tint au courant des événements et veilla à ce qu'on le choisisse comme candidat. Le 11 juillet, il se réjouit d'avoir manœuvré l'évêque catholique de Kingston, Edward John Horan* : « L'évêque m'a promis aujourd'hui qu'il parlera à ses gens demain – la désaffection l'afflige beaucoup, surtout en ce moment où une demi-douzaine de catholiques font campagne avec votre concours – il dit n'avoir coutume de parler à l'église que dans les crises les plus graves, mais il estime que c'en est une et le fera. » Cependant, neuf jours plus tard, Campbell pressa Macdonald de venir à Kingston, « certains catholiques, certains de [ses] anciens amis et beaucoup d'hommes plus jeunes » menaçaient sa réélection. Il fit revenir à Kingston les électeurs qui travaillaient à l'extérieur de la ville, sauf s'ils étaient libéraux ; ceux-là, il veilla à ce qu'on les retienne à leur travail. Les partisans loyaux reçurent des récompenses : de l'argent dans certains cas, ou la possibilité d'un emploi s'ils avaient rendu des services particulièrement utiles. En même temps, Campbell s'occupait des circonscriptions situées entre Toronto et la vallée de l'Outaouais. Il encourageait et conseillait les candidats, trouvait des fonds, tançait les fonctionnaires qui ne se montraient pas assez amicaux, persuadait les collaborateurs du parti de continuer leur travail, faisait appel aux chefs religieux et tentait de minimiser les effets de l'esprit de discorde. On comprend pourquoi, dans une lettre écrite en août, le sénateur John Hamilton* faisait allusion aux élections que Campbell « manipul[ait] à Kingston ».

La carrière publique de Campbell correspond à un modèle fort courant au XIXe siècle. C'est par la politique qu'il se hissa au plus haut échelon de la société ontarienne. Il dut toutefois son ascension à sa propre utilité politique, non à une amitié personnelle avec Macdonald. Ils n'étaient pas de grands amis. La dissolution de leur association d'avocats en 1849 s'était d'ailleurs faite dans des circonstances extrêmement désagréables. Sir Joseph Pope*, secrétaire particulier de Macdonald, devait plus tard dire : « Sir John et sir Alexander n'étaient pas des amis intimes, mais si leurs rapports étaient peu chaleureux, c'était pour des raisons personnelles ; politiquement, ils furent toujours [...] très proches. » Cette entente fut extrêmement utile à Macdonald ; Campbell exerçait, avec une grande compétence, une foule de fonctions d'une valeur inestimable. Il avait pour ami et homme de confiance le sénateur John Hamilton, puissant homme d'affaires montréalais, et par l'intermédiaire de son frère Charles James, il avait des relations avec le milieu des affaires torontois. Sir Richard Cartwright et Oliver Mowat, deux hommes que Macdonald détestait, demeurèrent toujours les amis de Campbell ; ces relations lui permettaient, à tout le moins, de savoir ce qui se passait dans des cercles où Macdonald avait peu de contacts. Toutefois, Campbell ne représentait pas une menace pour son chef ; il n'avait pas la personnalité pour rivaliser avec lui. C'était un homme distant, qui méprisait les masses et avait passablement tendance à se moquer des aspects populaires de la politique. Le Sénat lui convenait mieux que la chambre des Communes. Cependant, il savait bien que pour demeurer en place un gouvernement avait besoin d'hommes doués de grandes capacités électorales, d'hommes populaires dans tout le pays. D'où son commentaire à Macdonald en décembre 1872 : « Aucune nomination de sénateur [au cabinet] ne peut renforcer la position du gouvernement auprès des Communes ou de la population, au contraire. »

La plus grave faiblesse politique de sir Alexander Campbell était de ne pas avoir de territoire bien à lui ; son quartier général était Kingston, le foyer de Macdonald. Pendant les dernières années de l'Union, il eut une assise électorale, fragile il est vrai, en qualité de conseiller législatif élu, mais même alors il la partageait avec Macdonald. L'alliance qui l'unissait avant 1864 à certains tories de la vieille garde avait davantage d'importance. Dans le contexte instable de l'Union, où gouvernements et leaders s'usaient vite, cette alliance faillit suffire à lui assurer le leadership des conservateurs haut-canadiens. Puis, à compter de

1867, il n'y eut plus de Chambre haute élue au niveau fédéral, si bien qu'il devint impossible à de petits groupes d'exercer l'immense pouvoir qu'ils avaient eu avant 1864. Campbell accepta ce changement et, durant le premier gouvernement fédéral de Macdonald, il assista son chef avec loyauté. Qu'il ait siégé au premier cabinet prouve que Macdonald avait de l'estime pour lui. L'Ontario n'avait que cinq ministres dans ce cabinet, dont trois libéraux (Adam Johnston Fergusson Blair, William Pearce Howland* et William McDougall*) ; les deux conservateurs étaient de Kingston, et seul Macdonald avait un siège aux Communes. Le fait que Macdonald ait réalisé une combinaison aussi dangereuse politiquement démontre combien il tenait à l'assistance de Campbell. Cet homme utile, sûr et compétent ne pouvait pas menacer son leadership mais le renforcer. Il était le lieutenant politique idéal.

DONALD SWAINSON

Alexander Campbell est l'auteur de : *Speeches on divers occasions* ([Ottawa], 1885).

AN, MG 26, A. — AO, MU 469–487 ; RG 24, sér. 6. — PAM, MG 12, B1, ébauche de télégramme, 19 août 1873 ; télégramme, Campbell à Morris, 21 août 1873 ; B2. — Canada, prov. du, Parl., *Débats parl. sur la confederation* ; Royal Commission to inquire into a certain resolution moved by the Honourable Mr. Huntington, in Parliament, on April 2nd, 1873, relating to the Canadian Pacific Railway, *Report* (Ottawa, 1873). — *Confederation : being a series of hitherto unpublished documents bearing on the British North America Act,* Joseph Pope, édit. (Toronto, 1895). — *In memoriam : Sir Alexander Campbell, K.C.M.G., born March 9, 1822, died May 24, 1892* ([Toronto, 1892]). — *Canadian directory of parl.* (Johnson). — *CPC,* 1864–1887. — *Répertoire des ministères canadiens.* — M. K. Christie, « Sir Alexander Campbell » (thèse de M.A., Univ. of Toronto, 1950). — Creighton, *Macdonald, young politician.* — B. S. Osborne et Donald Swainson, *Kingston : building on the past* (Westport, Ontario, 1988). — Swainson, « Personnel of politics » ; « Alexander Campbell : general manager of the Conservative party (eastern Ontario section) », *Historic Kingston,* n° 17 (1969) : 78–92.

CAMPBELL, ANDREW (aussi connu sous le nom de **Dr Lovingheart**), présumé avorteur, né en 1853 en Angleterre ; il épousa une prénommée Bertie ; *circa* 1892–1895.

Même si, à certains moments, Andrew Campbell prétendit avoir les titres de professeur et de médecin, il n'existe aucune preuve qu'il détenait les diplômes nécessaires. Il habitait Calgary depuis au moins 1891 lorsqu'il fut arrêté pour la première fois en 1892 par la Police à cheval du Nord-Ouest pour avoir omis de veiller au bien-être et à la sécurité d'un jeune employé. Envoyé par Campbell pour acheter du charbon à la mine de Kneehill (Alberta), située à une distance de 50 milles, ce garçon était mort de faim et de froid. Le juge acquitta Campbell en invoquant le fait que l'employé avait agi de façon irresponsable.

En 1893, la police municipale de Calgary, qui soupçonnait Campbell de pratiquer des avortements sous le nom de Dr Lovingheart, commença à le surveiller. Le 15 avril, on l'arrêta et on l'accusa d'avoir provoqué un avortement en administrant une substance nocive à Maggie Stevenson. Cette expérience sembla le bouleverser, car il pleura durant des heures dans sa cellule. Même les visites de sa femme ne parvinrent pas à le consoler. En affirmant que son client était détenu dans des conditions insalubres, James Alexander Lougheed*, habile avocat qui représentait Campbell, le fit transférer au corps de garde plus confortable de la Police à cheval du Nord-Ouest. Le 19 avril, on libéra Campbell sous une caution de 1 000 $. Entre-temps, la police eut de la difficulté à réunir des preuves contre lui. Maggie Stevenson, qui avait quitté la ville pour ne pas être compromise, fut arrêtée à Langdon par la Police à cheval du Nord-Ouest le 2 mai. Ramenée à Calgary, elle refusa de témoigner contre Campbell ; on abandonna donc les poursuites.

Campbell retint davantage l'attention du public en 1894. Le 28 mai, la Police à cheval du Nord-Ouest arrêta Fred Gibbs, à Lethbridge, pour avoir tenté de faire avorter Ida Morton, âgée de 16 ans. L'enquête démontra que Gibbs était le conjoint de fait de la mère d'Ida, Alice, et qu'il avait séduit la jeune fille et l'avait forcée à entretenir avec lui des rapports sexuels. Quand cette dernière devint enceinte, il lui fit boire un abortif obtenu du soi-disant médecin, en la prévenant que, si la substance ne faisait pas effet, le Dr Lovingheart procéderait à une intervention pour 50 $. Le procès révéla l'implication du Dr Lovingheart dans cette histoire, mais il n'y avait apparemment pas suffisamment de preuves directes pour le mettre en accusation. Reconnu coupable, Gibbs fut condamné à neuf ans de prison.

La police ne laissa pas de répit à Campbell en 1894. On l'arrêta en mai pour avoir pratiqué la médecine sans autorisation, accusation souvent portée en l'absence de preuves directes dans une cause d'avortement. Déclaré coupable, il fut condamné à 25 $ d'amende. En octobre, on l'accusa d'avoir tenté de provoquer un avortement, mais le juge rejeta l'accusation.

Sans doute incommodés de toute cette attention, Andrew et Bertie Campbell quittèrent Calgary en 1895 pour se rendre à Washington, en emmenant avec eux une jeune fille de 14 ans. Croyant qu'il ne s'agissait que d'un voyage de vacances, ses parents avaient consenti à la laisser partir ; quand ils virent qu'elle ne revenait pas à la date fixée, ils en avisèrent les autorités. La police américaine découvrit le couple dans la pièce arrière d'un logement à Washington, et l'on renvoya la jeune fille à Calgary. À son retour, cette dernière révéla que Campbell l'avait menacée à certains moments, puis lui avait promis des présents tandis qu'il tentait de l'embrasser. Le 15 mars 1895, le *Calgary Herald* mentionnait indirectement que « les faits et gestes du « professeur » durant son séjour [... étaient] bien connus des citoyens de Calgary ». On ne possède pas d'autres informations sur Campbell. Les accusations pour avoir pratiqué des avortements étaient plutôt rares dans l'Ouest des pionniers. Andrew Campbell fut le seul à parvenir à la notoriété à ce titre.

WILLIAM BEAHEN

AN, RG 18, A1, 75, nuod 127. — Canada, Parl., *Doc. de la session,* 1892–1895 (rapports annuels du commissaire de la Police à cheval du Nord-Ouest). — *Calgary Herald,* 1892–1895. — William Beahen, « Abortion and infanticide in western Canada, 1874 to 1916 : a criminal case study », SCHEC S*tudy sessions*, 53 (1986) : 53–70.

CAMPBELL, ROBERT, agriculteur, trafiquant de fourrures et explorateur, né le 21 février 1808 à Glen Lyon, Écosse ; le 5 août 1859, il épousa à Norway House (Manitoba) Elleonora C. Stirling, et ils eurent trois enfants ; décédé le 9 mai 1894 à Merchiston Ranch, près de Riding Mountain, Manitoba.

En 1830, Robert Campbell travaillait à la ferme d'élevage de moutons de son père en Écosse lorsqu'il fut embauché par la Hudson's Bay Company pour aider l'agent principal James McMillan*, avec qui il était parent, à établir une ferme expérimentale dans la colonie de la Rivière-Rouge (Manitoba). Après avoir participé à une vaine tentative d'importer des moutons du Kentucky en 1833, Campbell, dégoûté de la vie de fermier, demanda une affectation de trafiquant de fourrures. L'année suivante, la compagnie le nomma commis du district du fleuve Mackenzie.

La Hudson's Bay Company prenait à cette époque des mesures concertées pour assurer son expansion à l'ouest du Mackenzie afin de contrer la concurrence de plus en plus serrée des Russes dans les terres intérieures du Nord-Ouest. Deux expéditions menées par John M. McLeod* en 1831 et 1834 avaient permis de repérer la ligne de partage des eaux des rivières aux Liards et Dease. En 1837, la compagnie envoya Campbell ouvrir un poste au lac Dease (Colombie-Britannique), et le promut chef d'avant-poste. L'opposition des Indiens kaskas devait cependant obliger Campbell à passer deux années infructueuses dans la région, à souffrir de la faim. Au terme de cette période, la Compagnie russo-américaine et la Hudson's Bay Company [V. sir George Simpson*] mirent fin à leur rivalité en signant une entente selon laquelle la compagnie britannique pouvait louer l'enclave de l'Alaska, et Campbell quitta la région du lac Dease.

Comme on croyait à l'époque que le district situé à l'ouest du Mackenzie était riche en fourrures, Campbell reçut la consigne de poursuivre l'exploration entreprise par McLeod en 1831 le long des bras nord du réseau hydrographique de la rivière aux Liards. En 1840, il se rendit donc jusqu'au lac Frances (Yukon), qu'il nomma ainsi en l'honneur de Frances Ramsay Simpson*, épouse du gouverneur de la Hudson's Bay Company. De là, il poursuivit sa route par voie de terre jusqu'aux berges de la rivière Pelly, qu'il crut d'abord être la Colville (Alaska), découverte trois ans auparavant par Peter Warren Dease*. Campbell fut ainsi le premier Blanc à pénétrer par l'est dans le bassin du fleuve Yukon.

En 1842, à la tête de dix employés de la Hudson's Bay Company et de quatre chasseurs indiens, Campbell retourna au lac Frances pour y construire un petit poste de traite. L'été suivant, il descendit la Pelly jusqu'au point de jonction d'une autre rivière importante, qu'il appela la Lewes (maintenant le fleuve Yukon). Après plusieurs années d'un retard attribuable aux difficultés d'approvisionnement et à l'hésitation de Campbell à pénétrer en territoire potentiellement hostile, on ouvrit finalement en 1848 un nouveau poste au point de jonction, le fort Selkirk. Particulièrement impatient de trouver une route vers le Pacifique, Campbell souhaitait poursuivre son exploration, mais le gouverneur Simpson craignait que les trafiquants indépendants ne profitent de la découverte pour détruire le monopole de la compagnie à l'intérieur des terres. La Hudson's Bay Company ordonna donc à Campbell d'étudier plutôt le parcours qui séparait le fort Selkirk de l'autre poste de la compagnie dans la région, le fort Yukon (Fort Yukon, Aslaska), que l'on savait maintenant être tous deux situés sur le fleuve Yukon. Campbell fit ce voyage en 1851 et mit ainsi fin à ses explorations dans le nord ; l'année suivante, on le promut chef de poste.

Quoique célèbre pour ses exploits au Yukon, Campbell demeure en quelque sorte une énigme comme explorateur. Il ne manquait certes pas de courage et de ténacité et, de fait, nombre de ses contemporains ont souligné son endurance devant les souffrances personnelles. Par contre, prudent à outrance, il procédait à petits pas timides et reculait devant l'inconnu. Il ne possédait peut-être pas les qualités typiques de l'explorateur, en particulier cette soif de pousser toujours plus loin vers l'imprévu, mais il souhaitait vivement passer à l'histoire comme l'un des découvreurs du Nord-Ouest. Cette attitude l'amena à avoir une courte vue des activités de la Hudson's Bay Company et à surestimer sa propre importance.

À titre de trafiquant de fourrures dans le district du fleuve Mackenzie, Campbell connut une carrière houleuse, pleine de chamailleries avec ses confrères. James Anderson*, chargé du district en 1852, l'a décrit comme un « homme plein de zèle et d'initiative ». Et il poursuit : « [il est d']un caractère vraiment digne d'estime, si je ne me trompe – mais qui vire à la folie dès qu'il est question de l'avenir du [fort] Selkirk. Il n'a aucun sens de l'économie, de la méthode ou de l'organisation et il est, bien sûr, en perpétuelles difficultés. » La source de celles-ci, outre son dédain pour les aspects terre-à-terre du commerce, est qu'il confondait son avancement personnel avec la réussite de la traite dans la région de la Pelly et du fort Selkirk. C'est sur sa recommandation optimiste qu'on s'était lancé dans cette entreprise, et il était déterminé à la justifier à tout prix. Même s'il reconnaissait, en privé, que les problèmes locaux rendaient le commerce des fourrures difficile, il préférait blâmer les autres du peu de bénéfices qu'on en tirait, en particulier celui qui fut son supérieur pendant la plus grande partie des années 1830 et 1840, Murdoch McPherson. Les vagues accusations de Campbell, sa répugnance à obéir aux ordres et les demandes qu'il présentait presque chaque année pour obtenir la permission de prendre sa retraite soulevèrent maintes fois la colère de Simpson. Celui-ci ne croyait pas que le sud du Yukon recelait beaucoup de richesses ni que Campbell devait administrer ce territoire à sa guise.

Si la Hudson's Bay Company ne fit pas de profits au Yukon durant le mandat de Campbell, on ne peut en rejeter entièrement le blâme sur ce dernier. L'approvisionnement par la rivière aux Liards était à la fois peu fiable et coûteux et les contraintes du commerce au fort Selkirk empêchaient pratiquement de soutenir la concurrence contre les trafiquants de la côte du Pacifique. Tant au lac Frances qu'au fort Selkirk, les employés des postes de traite devaient accepter d'être régulièrement privés de tout, y compris de nourriture, et ils eurent même à plusieurs reprises à passer toute une année sans recevoir quoi que ce soit. Manquant de marchandises d'échange et forcé par la Hudson's Bay Company de fixer des prix non concurrentiels, Campbell devait se contenter de regarder les trafiquants chilkats, chargés de fourrures, traverser sa région pour aller les vendre sur la côte du Pacifique. Il allait rapidement se décourager des possibilités de « son » district ; son journal personnel est plein de remarques qui traduisent son dégoût de la région, son immense solitude et le sentiment croissant de son échec.

En 1852, les Chilkats, depuis longtemps froissés de l'intrusion de la Hudson's Bay Company dans leur commerce intérieur, saccagèrent le fort Selkirk. Campbell supplia Anderson de rouvrir tout de suite le poste, mais sans succès. Pour arriver à ses fins et, fait tout aussi important, pour se décharger de toute responsabilité dans cette affaire, Campbell quitta le fort Selkirk et se rendit à Montréal rencontrer Simpson. Celui-ci rejeta sa requête et lui suggéra plutôt de prendre un congé et de faire un voyage en Angleterre.

De retour en Amérique du Nord en 1854, Robert Campbell fut de nouveau affecté dans le district du fleuve Mackenzie, cette fois au fort Liard (Fort Liard, Territoires du Nord-Ouest). Puis, l'année suivante, on le chargea du district d'Athabasca, où il resta jusqu'en 1863, année de sa mutation dans le district de la rivière du Cygne. En 1867, on le nomma agent principal. Craignant que les Métis ne s'emparent du poste pendant l'insurrection de la Rivière-Rouge en 1869–1870, il emmena sa famille et emporta les fourrures de la compagnie, par les États-Unis, en évitant les routes habituelles de traite. Ses supérieurs, particulièrement William Mactavish*, gouverneur de l'Assiniboia et de la terre de Rupert, ne virent pas ce geste d'un très bon œil. En permission dans le Perthshire en 1871, Campbell reçut une lettre l'informant que l'on n'avait plus besoin de ses services. Le fait qu'il ait songé à démissionner ne diminua en rien sa colère, mais l'affliction dans laquelle la mort récente de son épouse l'avait plongé l'amena à ne pas demander réparation de ce qu'il considérait comme un mauvais traitement. Au cours des dix années suivantes, il vécut tour à tour en Écosse et au Manitoba pour s'établir finalement dans les années 1880 à Merchiston Ranch, sur une parcelle de terre qu'il avait achetée en 1878 près de Riding Mountain. Il y resta jusqu'à sa mort en 1894.

KENNETH STEPHEN COATES

La plupart des papiers de Robert Campbell furent détruits par le feu en 1882. L'année suivante, il publia *The discovery and exploration of the Pelly (Yukon) River* ([Toronto]). Deux copies manuscrites de son autobiographie, ainsi que d'autres papiers sont conservés aux AN, sous la cote MG 19, A25. Deux de ses journaux furent publiés sous le titre de *Two journals of Robert Campbell, chief factor, Hudson's Bay Company, 1808 to 1853* [...] (Seattle, Wash., 1958).

AN, MG 19, D13. — PAM, HBCA, B.200/b/15–22 ; D.4/17–119 ; D.5/3–52. — Alan Cooke et Clive Holland, *The exploration of northern Canada, 500 to 1920 : a chronology* (Toronto, 1978). — K. S. Coates, « Furs along the Yukon : Hudson's Bay Company – native trade in the Yukon River basin, 1830–1893 » (thèse de M.A., Univ. of Manitoba, Winnipeg, 1980). — Clifford Wilson, *Campbell of the Yukon* (Toronto, 1970). — A. A. Wright, *Prelude to bonanza : the discovery and exploration of the Yukon* (Sydney, C.-B., 1976). — George Bryce, « Sketch of the life and discoveries of Robert Campbell, chief factor of the Hon. Hudson's Bay Company », Man., Hist. and Scientific Soc., *Trans.* (Winnipeg), n° 52 (1898) : 1–18.

CAMPBELL, ROBERT, potier et manufacturier, né en 1826 dans la paroisse de Tullanisken, dans le comté de Tyrone (Irlande du Nord) ; le 22 février 1845, il épousa Margaret Dillworth, et ils eurent quatre fils et quatre filles ; décédé le 3 janvier 1898 à Hamilton, Ontario.

Robert Campbell, tout comme son père, apprit le métier de potier dans le comté de Tyrone. Il immigra au New Jersey en 1846, puis s'installa six ans plus tard à Wellington Square (Burlington, Ontario). Il se lança en affaires avec son frère William, qui avait ouvert entre 1847 et 1851 un atelier de poterie de grès. En 1859 ou 1860, les deux frères s'établirent à Hamilton et y exploitèrent leur commerce sous la raison sociale de W. and R. Campbell. Ils remportèrent des prix pour leurs articles de poterie à l'exposition provinciale en 1864 et 1865. L'année suivante, ils mirent fin à leur association, mais chacun continua de mener ses affaires de son côté. Le commerce de Robert Campbell était connu sous le nom de Hamilton West Pottery au début des années 1870, puis sous celui de Hamilton Pottery, à partir de 1874. D'après une annonce publicitaire parue en 1875, son entreprise fabriquait des briques réfractaires pour les poêles ainsi que des articles d'argile cuite et de grès recouverts d'une glaçure « Rockingham » (brune), jaune, ou ocre.

Campbell figurait parmi les fabricants de poterie de l'Ontario les plus ouverts aux modes de production industrielle, groupe qui comprenait Franklin P. Goold et William Erastus Welding à Brantford, et les Hart à Picton. Grâce à l'introduction de matières et de méthodes de production nouvelles, ils firent d'une activité surtout artisanale une véritable entreprise de fabrication, comme le démontrèrent des potiers bien connus tels William Eby, de Conestogo, David Burns, de Holmesville, Valentine Boehler, d'Egmondville, et Jacob Ahrens, de Paris. L'installation de Campbell devint rapidement la plus grande manufacture de poterie à Hamilton et, vers les années 1890, au plus fort de la concurrence entre les fabricants canadiens d'articles moulés, l'entreprise commerciale de ce genre la plus importante du dominion. Elle se spécialisait dans la fabrication d'articles de restaurant, cuisine et salle de bain et produisait aussi des moulures, garnitures et carreaux décoratifs pour les poêles. À la différence d'autres manufactures de poterie dans la province, la Hamilton Pottery utilisait de l'argile du New Jersey et de la Pennsylvanie, qui permettait d'obtenir une qualité supérieure ; elle était donc en mesure de concurrencer les produits américains vendus au Canada. Grâce à ces types d'argile il était possible aussi de fabriquer des pièces dont la couleur se mariait bien à celle des glaçures que préférait Campbell, le jaune d'une teinte semblable à celle du jonc, et le brun Rockingham. On produisait de grandes quantités d'articles en utilisant des tours à calibre (moule tournant et outil servant à former les assiettes), des moules et des formes, ou en coulant un engobe, au lieu d'avoir recours à la technique traditionnelle de tournage à la main. Par l'utilisation de ces méthodes de travail, l'entreprise de Campbell ressemblait aux grandes manufactures de poterie de Grande-Bretagne et des États-Unis. La Hamilton Pottery présente aussi un intérêt additionnel du fait qu'il existe encore des photographies et des documents, dont des catalogues, qui donnent des renseignements précieux sur les techniques de fabrication utilisées et sur le type de pièces produites à cet endroit entre les années 1890 et 1947.

Réformateur politique et membre de la congrégation rattachée au temple méthodiste Main Street à Hamilton, Robert Campbell jouissait du respect des gens d'affaires de la ville. Il rédigea son testament en novembre 1897, et mourut le 3 janvier 1898, en laissant une succession évaluée à plus de 48 170 $. Campbell légua son entreprise à trois de ses fils, Robert Wesley, John Dilworth et Colin Cole, qui avaient formé la R. Campbell's Sons deux jours avant le décès de leur père. En mai 1928, la Hamilton Pottery n'était plus sous la gouverne de la famille. Elle dut fermer en 1947 après qu'un incendie en eut détruit les installations.

DAVID L. NEWLANDS

AO, Coll. of photographs and docs., including catalogues, concerning the Hamilton Pottery ; RG 22, sér. 205, n° 4511. — *Hamilton Spectator*, 3 janv. 1898. — *Hamilton directory*, 1875–1888. — J. E. Middleton et Fred Landon, *The province of Ontario : a history, 1615–1927* (5 vol., Toronto, [1927–1928]), 3 : 256–257. — D. L. Newlands, *Early Ontario potters : their craft and trade* (Toronto, 1979). — D. [B.] Webster, *Early Canadian pottery* (Toronto, 1971). — D. L. Newlands, « The Hamilton pottery », *Canadian Collector*, 13 (1978), n° 2 : 29–34.

CANNING, FRANCIS, commissaire de bord et tavernier, condamné pour meurtre, né en 1851 à Saint-Hélier, Jersey ; le 4 juin 1879, il épousa Hannah Donnelly, de St John's, et ils eurent cinq enfants ; exécuté le 29 juillet 1899 au même endroit.

En 1877, Francis Canning immigra à Terre-Neuve, où il trouva un emploi de commissaire de bord. Après avoir passé 17 ans en mer, il acheta une taverne rue New Gower, à St John's.

En 1899, Canning employait une serveuse d'une vingtaine d'années, Mary Nugent, de Kelligrews, qui venait de se fiancer à un marin. L'après-midi du 12 mai, la grande amie de cette femme, Mary Tracey, qui s'occupait d'un enfant malade à son appartement de la rue Pleasant, non loin de là, vint chez Canning chercher un peu de brandy pour soulager le petit. En entrant dans la taverne par la porte de service, elle entendit trois coups de feu venant de l'étage et une femme crier : « Mon Dieu ! Mon Dieu ! » Canning sortit en titubant de l'une des pièces et se pencha sur la rampe d'escalier. En apercevant Mary Tracey, il lui demanda, furieux, ce qu'elle voulait. Après lui avoir versé pour 0,10 $ de brandy, il la mit à la porte.

Inquiète de ce qui se passait chez Canning, Mary Tracey alla voir le propriétaire de son logement, William Brazil, dès son retour chez elle. Parti aux nouvelles, celui-ci surprit Canning qui s'enfuyait. La serveuse gisait dans une chambre de l'étage, la face contre le plancher, la tête couverte de sang. Arrivés rapidement sur les lieux, l'inspecteur général John Roche McCowen*, le surintendant John Sullivan et le docteur Frederick Bunting pressèrent Mary Nugent de dire qui avait tiré sur elle, mais la jeune femme ne pouvait que répondre : « Jésus, Marie et Joseph, priez pour moi. » On la transporta immédiatement au General Hospital pour une opération d'urgence. Cependant, comme l'extraction de la balle logée à un pouce au-dessus de l'oreille gauche mettait sa vie en danger, on dut renoncer à la chirurgie. La jeune femme demeura inconsciente plusieurs jours. Quand elle revint à elle, elle demanda à voir Canning, mais le tribunal refusa.

Le jour même de l'attentat, on avait arrêté Canning chez lui. En examinant le contenu de ses poches, les policiers l'avaient vu déchirer une note. Il s'y plaignait des ennuis que lui causait Mary Nugent et de la jalousie de sa femme, qui lui rendait la vie misérable. La note laissait également supposer qu'il avait eu l'intention de tuer la jeune femme et de se suicider ensuite. Malgré une mise en garde contre le fait que ses propos pourraient être retenus contre lui, Canning insista pour dire qu'il s'était querellé avec Mary quand elle était entrée au travail après le dîner. La serveuse était revenue du rez-de-chaussée avec un revolver. Il avait tenté de lui enlever l'arme, mais les trois coups étaient partis et l'un d'eux avait atteint la jeune femme. Après que Canning eut remis l'arme tachée de sang aux policiers, ceux-ci le placèrent sous bonne garde. Le 17 mai, on l'amena au General Hospital pour une confrontation avec la victime. La rencontre fut cordiale, et l'accusé se mit à pleurer en entendant la jeune femme raconter sa version de l'incident. Elle expliqua que, au retour du dîner, elle enlevait son manteau au moment où la dispute éclata. À propos de quoi ? elle ne s'en souvenait plus. Elle ajouta toutefois que Canning avait tiré sur elle dans son dos, sans avertissement. Avant de partir, Canning et elle se serrèrent la main. Mary Nugent mourut cinq jours plus tard et son ex-employeur fut accusé de meurtre.

Le procès commença le 3 juillet, devant le juge en chef Joseph Ignatius Little*. Plaidant l'aliénation mentale, l'avocat de Canning, Frank J. Morris, fit valoir que, depuis une insolation au cours d'un voyage au Brésil en 1879, Canning souffrait de violents maux de tête, qu'il cherchait à soulager dans l'alcool. Grand buveur, que l'alcool rendait agressif, il avait bu le jour de l'incident. Plusieurs témoins de la défense, dont le fils de Canning, vinrent confirmer son comportement irrationnel. L'ancien directeur de l'asile d'aliénés de St John's, le docteur James Sinclair Tait, expliqua qu'à son avis Canning avait perdu la tête au moment du meurtre. Le docteur Herbert Rendell, témoin à charge, contesta cette opinion et affirma que les accès de colère de Canning tenaient à son ivrognerie, bien qu'il eût admis que la consommation excessive d'alcool pouvait causer des lésions au cerveau.

Pressé par le juge Little de faire une déclaration, Canning dit regretter sincèrement son geste, car Mary Nugent avait toujours été comme sa fille. Le jury ne mit pas de temps à rendre un verdict de culpabilité. Canning fut condamné à la potence et exécuté le matin du 29 juillet pendant le pire orage qu'ait connu St John's en 50 ans. Durant les 24 heures qui précédèrent sa mort sur l'échafaud, des prêtres, des religieuses et des laïques catholiques firent pour lui une veillée de prières.

On enterra Francis Canning à 30 pieds de la potence. En 1983, des ouvriers qui érigeaient un nouveau mur au pénitencier découvrirent son squelette et ceux de deux autres hommes. On ensevelit alors ses restes dans le Holy Sepulchre Cemetery.

PAUL O'NEILL

Daily News (St John's), 13 mai–30 juill. 1899. — *Evening Telegram* (St John's), 13 mai–30 juill. 1899. — Jack Fitzgerald, *Ten steps to the gallows* (St John's, 1981), 71–82. — Paul O'Neill, *The story of St John's, Newfoundland* (2 vol., Erin, Ontario, 1975–1976), 2 : 590-591. — *Evening Telegram*, 18 juin 1983.

CANTIN, AUGUSTIN, constructeur de navires, né le 17 juin 1809 à Cap-Santé, Bas-Canada, fils de Guillaume Cantin et de Catherine Defoie ; le 29 mai 1841, il épousa à Montréal Elizabeth Benning, et ils eurent dix enfants dont sept moururent en bas âge ; décédé le 30 novembre 1893 au même endroit.

Augustin Cantin apprit la charpenterie de navires à Cap-Santé. En 1831, il s'installa à Montréal, où l'on construisait, pour un commerce de plus en plus intense, des navires à vapeur et d'autres genres de bateaux. Après avoir travaillé quelques années dans des chantiers navals, il fonda sa propre entreprise puis l'abandonna pour aller étudier les dernières techniques de construction navale à Liverpool, en Angleterre, et à New York. Rentré à Montréal vers 1837, il travailla de nouveau dans des chantiers navals et se tailla une excellente réputation. En 1841, il se relança en affaires, cette fois près de l'entrée du canal de Lachine. Son entreprise connut une expansion rapide ; on lui commandait des bateaux à vapeur d'aussi loin que Hamilton, dans le Haut-Canada.

Cantin fit faillite en 1843 mais se remit tout de suite sur pied. En 1846, il inaugura un nouveau chantier naval doté d'un bassin de radoub. En moins de dix ans, il ajouta une fonderie de moteurs et une scierie à ses installations, qui s'étendaient sur une superficie de 14 acres. En 1850, il commença à construire de petits navires océaniques et à en exporter quelques-uns. À ce moment-là, l'industrie était devenue si centralisée, si efficace et avancée sur le plan technologique que Montréal ne comptait plus que trois producteurs. Cantin avait, sur ses rivaux, l'avantage d'être le premier à exploiter une entreprise tout à fait intégrée : il pouvait donc vendre des bâtiments complets (moteur et coque) et en assurer l'entretien. Les affaires étaient bonnes et sa réputation, solide. Un agent de la maison d'évaluation du crédit des sociétés R. G. Dun and Company écrivit en 1855 qu'il était « l'un des Français les plus entreprenants de la ville et a[vait] beaucoup d'allant ». La même année, Cantin participa à l'Exposition universelle de Paris. En 1857, son entreprise, la Montreal Marine Works, comptait de 150 à 250 employés et valait, estimait-on, £32 000. Toujours selon un agent de la R. G. Dun and Company, c'était non seulement le plus gros chantier naval de Montréal, mais aussi « la plus grosse, la plus complète et la mieux organisée des usines de la ville ». En outre, Cantin possédait une quantité considérable de biens immobiliers dans Griffintown (Montréal). On disait de lui qu'il avait une « excellente réputation d'homme d'affaires, le sens du devoir, [qu'il était] honnête dans ses transactions [... et] parfaitement en mesure de respecter tous ses engagements ». Pourtant, même si l'on croyait qu'il avait réalisé de gros bénéfices, des problèmes financiers s'abattirent sur lui en 1859 et ses créanciers se mirent à lui réclamer leur dû. Il lui fallut plusieurs années pour redonner de la stabilité à son entreprise mais, dès 1865 environ, sa situation était de nouveau florissante. Le gouvernement du Canada, des sociétés montréalaises et des compagnies de navigation qui desservaient le Saint-Laurent et les Grands Lacs figuraient dans son carnet de commandes. En outre, il construisit le forceur de blocus *Sumter* pour le gouvernement des confédérés, des bateaux à vapeur pour Cuba et des pataches de la douane pour la France. En 1871, on estimait son capital fixe à 180 000 $, son fonds de roulement à 45 000 $ et sa production annuelle à 70 000 $; cette année-là, il versa un total de 35 000 $ en salaires à 84 employés.

Augustin Cantin profitait de son prestige de constructeur de navires et d'entrepreneur de transports pour se prononcer sur des questions relatives au domaine maritime. Il insista particulièrement pour que le gouvernement du dominion protège davantage l'industrie de la construction navale contre la concurrence américaine. Il était né dans une famille catholique, mais il se maria et fut inhumé selon le rite presbytérien. Après sa mort, en 1893, l'un de ses fils, Charles-Albert, continua d'exploiter son entreprise.

GERALD JOSEPH JACOB TULCHINSKY

On trouve un portrait d'Augustin Cantin dans *Canadian album* (Cochrane et Hopkins), 4 : 512.

AN, MG 24, D16 : 17304 ; MG 26, A ; RG 31, C1, 1871. — ANQ-M, CE1-115, 2 déc. 1893 ; CE1-125, 29 mai 1841. — ANQ-Q, CE1-8, 17 juin 1809. — Baker Library, R. G. Dun & Co. credit ledger, Canada, 5 : 218 (mfm aux AN). — Canada, Parl., *Doc. de la session*, 1876, n° 61. — *Montreal in 1856 : a sketch prepared for the opening of the Grand Trunk Railway of Canada* (Montréal, 1856). — L. S. McNally, *Water power on the Lachine Canal, 1846–1900* (Québec, 1982). — Tulchinsky, *River barons*. — John Willis, *The process of hydraulic industrialization on the Lachine Canal, 1840–1880 : origins, rise and fall* (Québec, 1987), 360–361. — É.-Z. Massicotte, « les Chantiers Cantin, à Montréal », *BRH*, 42 (1936) : 509–510.

CAPTAIN DOUGLAS. V. EDA'NSA

CAPTURED THE GUN INSIDE. V. MÉKAISTO

CARON, ÉDOUARD, cultivateur, commerçant, fonctionnaire, homme politique et officier de milice, né le 22 avril 1830 à Rivière-du-Loup (Louiseville, Québec), second fils de François Caron, cultivateur, et de Marie-Henriette Coulombe ; le 11 janvier 1860, il épousa au même endroit Marie-Louise Lemaître-Augé, et ils eurent quatre fils ; décédé le 25 février 1900 à Louiseville.

Après des études au séminaire de Nicolet de 1845 à 1847, Édouard Caron se livre à l'agriculture sur la terre de son père, l'un des plus gros exploitants de la paroisse de Rivière-du-Loup. À l'âge de 26 ans, il reçoit en donation de son père deux terres qui totalisent 79 acres, de même qu'une portion de 5 acres d'un lot en « prairie à gros foin ». En 1859, il acquiert de François Belliveau, cultivateur, pour la somme de 4 800 $, deux terres qui couvrent 84,5 acres. Il détenait une hypothèque sur l'une d'elles en vertu d'un prêt de 400 $ consenti l'année précédente.

Très tôt, Caron s'impose comme un important cultivateur. Déjà au recensement de 1861, il déclare posséder 211 acres de terre et produire 214 boisseaux d'avoine ainsi que 6 000 bottes de foin. Son cheptel compte 2 chevaux, 2 poulains, 5 moutons et 2 porcs ; il possède jusqu'à 200 $ d'instruments aratoires ou machines, et ses terres sont évaluées à quelque 12 500 $. Afin de faciliter la vente de sa production agricole, Caron devient en 1863 l'un des associés de la Société de navigation des Trois-Rivières à Montréal côté nord du fleuve. Formée cette année-là, la nouvelle société regroupe des commerçants, des navigateurs et des cultivateurs de Rivière-du-Loup, de Trois-Rivières, de Saint-Léon et de Yamachiche.

Avec le temps, l'exploitation de Caron fait figure de modèle, ce qui lui vaut en 1871 le premier prix à l'« Examen des terres les mieux tenues pour le comté de Maskinongé ». Au recensement de cette année-là, il déclare occuper 241 acres de terre, dont 118 en foin. Il produit 644 boisseaux d'avoine, 161 de sarrasin, 644 de pommes de terre et 30 000 bottes de foin. Il est devenu, et de loin, le plus gros producteur de foin de Rivière-du-Loup. Son cheptel, considérable, se compose entre autres de 3 chevaux, 50 bovins, 112 moutons et 12 cochons. Enfin, il possède cinq entrepôts, huit granges et écuries, dix charrettes et chariots ainsi que diverses machines agricoles.

Caron fait de plus le commerce du foin et du grain

avec des cultivateurs de sa paroisse et des environs. Pour le faciliter, il fait construire en 1874 avec son neveu Ferdinand Caron une péniche de 400 tonneaux. L'ampleur de son commerce au début des années 1880 impressionne : en 1880, par exemple, il achète 80 000 bottes de foin à Saint-Paulin. Pour écouler une bonne partie de sa marchandise, il se tourne vers New York. Cette année-là, il y fait affaire avec la maison Frazee and Company et, l'année suivante, avec la Theo. Chase and Company. Cette dernière société se charge, moyennant une commission de un dollar « par tonneau de 2 000 livres », de la vente sur le marché de New York. En 1881, les expéditions de foin dans cette ville s'élèvent à 1 145 558 livres (approximativement 71 500 bottes) qui rapportent environ 6 000 $ à Caron, déduction faite des frais de transport et de commission. En 1885, il s'associe à Ignace Leclerc sous la raison sociale de Caron et Leclerc ; en plus de faire le commerce du foin et du grain, les associés touchent à celui du bois de sciage et du charbon.

Caron, qui a passablement investi pour se doter d'installations adéquates afin d'entreposer de grandes quantités de foin, semble éprouver des difficultés financières au fil des années 1880. Les différents emprunts qu'il contracte entre 1883 et 1889 totalisent 32 500 $. Ses affaires périclitent en 1889 : la société Caron et Leclerc fait faillite, et Caron doit déclarer en plus une faillite personnelle. Au moment de la cession des biens, la société Caron et Leclerc possède 54 lots dans le canton de Caxton, la moitié d'un moulin à farine à Yamachiche, plusieurs granges, 3 presses à foin et quelques biens meubles. Dans la faillite personnelle de Caron, on saisit quatre terres estimées à environ 22 000 $, des instruments aratoires, un cheptel et des biens meubles d'une valeur approximative de 2 000 $.

En plus de ses activités agricoles, Caron a formé des projets qui, tous, sont demeurés sans lendemain. En 1881, il envisage, avec Auguste-Frédéric Dame, médecin de Louiseville, de creuser sur la terre d'un cultivateur de Rivière-du-Loup un puits artésien afin d'exploiter du gaz et du pétrole. La même année, on le retrouve à la tête d'une entreprise qui vise à faire souscrire un capital de 40 000 $ destiné à la construction d'un chemin de fer entre Louiseville et Hunterstown. Avec trois marchands et un manufacturier de Louiseville, il forme en 1882 une compagnie au capital de 25 000 $ afin d'établir une manufacture de chaussures à Louiseville.

Caron cumule au cours de sa vie diverses responsabilités. Il est commissaire d'écoles, préfet de comté, capitaine de milice, maire de la municipalité de paroisse de Rivière-du-Loup en 1874. Dans le domaine de l'agriculture, Caron est secrétaire-trésorier élu de la Société d'agriculture du comté de Maskinongé (en 1864, 1869 et 1872), et membre de la Société de fabrication de beurre et de fromage de Louiseville en 1884. De plus, il est l'un des administrateurs en 1859 de la Compagnie du pont de la Rivière-du-Loup et membre en 1874 de la Société de construction Victoria.

À l'instar de son grand-père, François Caron, et du frère de celui-ci, Charles*, Édouard Caron fait de la politique. Aux élections provinciales de 1867, il brigue la faveur populaire comme candidat conservateur dans Maskinongé, mais il essuie la défaite. Sous la même bannière et dans la même circonscription, il se représente aux élections de 1878 et remporte la victoire. Réélu en 1881, c'est par une faible majorité de 65 voix qu'il conserve son siège de député aux élections de 1886. Cependant, l'un de ses adversaires, Joseph-Hormidas Legris, cultivateur de Rivière-du-Loup, demande l'annulation de cette élection. Ce dernier allègue que Caron s'est adonné à des manœuvres frauduleuses, a usé d'intimidation et proféré des menaces au cours de l'élection.

Legris a gain de cause puisqu'en 1887 un jugement de la Cour supérieure annule l'élection du 14 octobre 1886. À l'élection partielle du 28 avril 1888, il éclipse Caron par une majorité d'à peine 48 voix. Les différends entre les deux hommes ne s'arrêtent pourtant pas là. Le 1er août suivant, Legris réclame devant la Cour supérieure la somme de 10 000 $ à Caron pour dommages et intérêts. Il déclare qu'avant l'élection partielle, au cours des rencontres des deux hommes les dimanches aux portes des diverses églises de la circonscription, Caron n'a pas cessé de le calomnier. Cette affaire se termine en 1890 par une entente de gré à gré.

Édouard Caron est un exemple intéressant de cultivateur entrepreneur qui, malgré bien des déboires, a tout mis en œuvre pour donner à ses activités un rayonnement extra-régional. Il a aussi participé à la vie de sa communauté et acquis une grande respectabilité.

JOCELYN MORNEAU

AC, Trois-Rivières, État civil, Catholiques, Saint-Antoine-de-la-Rivière-du-Loup (Louiseville), 27 févr. 1900. — AN, RG 31, C1, 1852, Rivière-du-Loup (Louiseville) ; 1861, Rivière-du-Loup ; 1871, Rivière-du-Loup. — ANQ-MBF, CE1-15, 22 avril 1830, 11 janv. 1860 ; T-11/1, n° 36 (1883) ; n° 9 (1886) ; n° 7 (1887) ; n° 116 (1888) ; nos 252–253 (1889) ; T11-401. — *Le Constitutionnel* (Trois-Rivières, Québec), 1869–1872, 1882. — *Le Courrier de Maskinongé* (Louiseville), 1879–1881. — *RPQ*.— J.-A.-I. Douville, *Histoire du collège-séminaire de Nicolet, 1803–1903, avec les listes complètes des directeurs, professeurs et élèves de l'institution* (2 vol., Montréal, 1903), 2. — Germain Lesage, *Histoire de Louiseville, 1665–1960* (Louiseville, 1961). — Charles Drisard, « Édouard Caron », *l'Écho de Saint-Justin* (Saint-Justin, Québec), 1er oct. 1927 : 1.

CARPMAEL, CHARLES, météorologue, astronome et fonctionnaire, né le 19 septembre 1846 à

Streatham, Londres, huitième fils d'un agent des brevets bien connu, William Carpmael, et de Sarah Pitt ; le 22 juin 1876, il épousa à Toronto Julia McKenzie, et ils eurent un fils et une fille ; décédé le 21 octobre 1894 à Hastings, Angleterre.

Charles Carpmael fit ses études élémentaires à la Clapham Grammar School auprès de Charles Pritchard, qui fut plus tard titulaire de la chaire d'astronomie Henry Savile à la University of Oxford. Après avoir mérité une bourse pour étudier les mathématiques à la University of Cambridge en 1865, il se classa sixième à la remise des diplômes en 1869. Élu *fellow* du St John's College de Cambridge en 1870, il partit la même année pour l'Espagne, avec une expédition britannique, pour faire des observations spectroscopiques de la couronne solaire durant une éclipse.

Carpmael passa par Toronto au cours d'un voyage en Amérique du Nord en 1871, au moment où George Templeman Kingston*, directeur de l'observatoire magnétique de cette ville, mettait sur pied le Bureau météorologique du dominion (qui devint plus tard le Service météorologique). Kingston avait pour objectifs de recruter et de former un groupe d'observateurs qui recueilleraient des données sur le climat et la température, de classifier ces données à Toronto en vue d'établir des tendances à court et à long terme et, ultimement, de prévoir avec une certaine justesse les conditions météorologiques quotidiennes pour ceux dont le gagne-pain en dépendait. Il souhaitait aussi pouvoir émettre des signaux horaires, déterminer des latitudes et des longitudes et corriger les relevés magnétiques. Nommé surintendant adjoint du service en octobre 1872 grâce à sa réputation et à l'intérêt qu'il portait à ce programme, Carpmael devint surintendant et directeur de l'observatoire au moment où Kingston prit sa retraite au début de 1880.

Carpmael réussit à concrétiser la plupart des espoirs de Kingston avant et après 1880. En 1877, il avait étendu jusqu'à la Colombie-Britannique et aux Territoires du Nord-Ouest le réseau d'observateurs qui s'étendait déjà de Halifax à Winnipeg au moment de sa nomination. Son penchant pour les mathématiques, et particulièrement pour la théorie des probabilités, permit d'accroître la justesse des prévisions et, croit-on, de réduire le nombre de naufrages à mesure que les marins faisaient confiance aux avis de tempête placardés dans les ports. Les agriculteurs aussi en vinrent à compter sur ces avertissements qui furent affichés sur les wagons de chemin de fer à compter de 1885. Les observations de marée avaient toujours fait partie du travail des météorologues de la côte mais, en 1891, Carpmael importa d'Écosse des jauges à enregistrement automatique ; l'année suivante, il entreprit de mettre en place dix postes où l'on pourrait noter les mouvements à long terme des marées. Il avait aussi commencé en 1880 à parler de la nécessité de faire des observations sur l'océan et dans l'Arctique.

L'influence de Carpmael sur le Service météorologique se manifeste dans la nature des recherches faites à l'observatoire de Toronto et, moins directement, dans l'insistance qu'il mit durant des années à demander que les observateurs et autres adjoints soient reconnus comme fonctionnaires. Outre les travaux qu'il entreprit en physique solaire, y compris en spectroscopie, il fit participer le Canada à des manifestations scientifiques internationales. Parmi les plus importantes, mentionnons l'observation du passage de Vénus sur le disque du soleil en 1882 et la première Année polaire internationale en 1882–1883, qui exigea de fréquentes observations magnétiques et la présentation des résultats de ces observations à l'International Polar Commission. En 1883, Carpmael fonda un service de signaux horaires pour le dominion et devint surintendant des observatoires astronomiques de Québec [V. Edward David ASHE] et de Saint-Jean, au Nouveau-Brunswick. Grâce aux chronographes placés dans les trois observatoires du dominion et dans celui de Montréal, grâce aussi à la communication régulière des résultats des observations astronomiques, ce service fut en mesure de déterminer l'heure juste.

Membre fondateur de la Société royale du Canada, Charles Carpmael fut président de la section III – mathématiques, physique et chimie – en 1882 et en 1886 et vice-président en 1884 et en 1885. Il fit également partie du conseil du Canadian Institute, dont il présida les destinées en 1888, au moment où l'institut s'intéressait de plus en plus à l'anthropologie. En 1890, il participa à la fondation de l'Astronomical and Physical Society of Toronto. Il en fut président jusqu'en 1894 et, à ce titre, organisa des observations magnétiques systématiques afin d'étudier les courants terrestres. Une longue maladie, apparemment un cancer de l'estomac, l'obligea à se rendre en Angleterre, où il mourut en 1894.

SUZANNE ZELLER

Charles Carpmael est l'auteur de : *On the reduction of the barometer to sea level ; with tables* (Toronto, 1878) ; et plusieurs articles parus dans les SRC *Mémoires* : « On the law of facility of error in the sum of « n » independent quantities, each accurate to the nearest degree », 1re sér., 1 (1882–1883), sect. III : 9–12 ; « On the determination in terms of a definite integral [...] and on the deduction therefrom of approximate values in certain cases », 1re sér., 3 (1885), sect. III : 101–110 ; « Presidential address », 1re sér., 4 (1886), sect. III : 1–5 ; et avec Clement Henry McLeod*, « The longitude of the Toronto observatory », 1re sér., 6 (1888), sect. III : 27–53.

Canada, Environnement Canada, Service de l'environnement atmosphérique, National Headquarters (Toronto), Meteorological Service, superintendent's letter-books ; Charles Carpmael, letter-books, 1870–1895. — Astronomical and Physical Soc. of Toronto, *Trans.*, 1890–1894. — Canada, Parl., *Doc. de la session,* 1872–1885 ; 1893–1894 (rapport annuel du dép. de la Marine et des Pêches) ; 1886–1892 (rapport annuel du dép. de la Marine). — *Cyclopædia of Canadian biog*. (Rose et Charlesworth), 1. — Suzanne Zeller, *Inventing Canada : early Victorian science and the idea of a transcontinental union* (Toronto, 1987). — M. K. Thomas, « A century of Canadian meteorology », Canada, Service de l'environnement atmosphérique, *Annual report of operations* ([Toronto]), 1971–1972 : 1–20.

CARTER, sir FREDERIC BOWKER TERRINGTON, avocat, homme politique et juge, né le 12 février 1819 à St John's, troisième fils de Peter Weston Carter et de Sydney Livingstone ; en 1846, il épousa Eliza Walters Bayly, et ils eurent 11 enfants ; décédé le 1er mars 1900 dans sa ville natale.

Frederic Bowker Terrington Carter venait d'une famille du Devon qui faisait depuis longtemps du commerce à Terre-Neuve. Dès la dernière partie du XVIIIe siècle, elle était même établie à Ferryland et à St John's. Les Carter étaient marchands et appartenaient à la petite élite des fonctionnaires de Terre-Neuve. Le grand-père de Frederic, William Carter, était juge à la Cour de vice-amirauté. Son père, nommé juge de paix à St John's en 1815, fut par la suite greffier de la Cour de vice-amirauté, sous-officier de marine, greffier de la Cour d'enregistrement et d'examen des testaments et du tribunal du district central ; en 1842, il était le doyen des juges de paix de la ville. Frederic fréquenta d'abord une école privée à St John's. Ensuite, il fit son stage de droit chez Bryan Robinson*, puis il passa les années 1840 et 1841 en Angleterre, où il poursuivit vraisemblablement ses études. En 1842, on l'admit au barreau de Terre-Neuve qui, deux ans plus tard, ne comptait que sept membres.

Selon la notice nécrologique de l'*Evening Telegram* de St John's (sans doute écrite par le juge et historien Daniel Woodley Prowse*), les premières années de pratique de Carter auraient été difficiles. Bien que ce soit fort possible, il se tira rapidement d'affaire. Non seulement était-il compétent et avait-il belle allure, mais il entretenait des relations dans la bonne société de St John's, comme en témoigne son élection en 1848 au poste de conseiller juridique de la chambre d'Assemblée. Il exerça cette fonction jusqu'à sa défaite, en 1852, au profit de John Little, dont le frère Philip Francis LITTLE dirigeait la majorité libérale. Dans les années 1840 et au début des années 1850, Carter consacra le plus gros de ses énergies à son cabinet d'avocat ; il milita aussi, pendant quelques années, dans la Natives' Society. Apparemment, ses opinions politiques étaient celles d'un anglican et d'un conservateur typique ; elles rejoignaient pour l'essentiel celles que défendaient son oncle Robert Carter*, son mentor Robinson et son grand ami Hugh William Hoyles*. D'abord adversaire de la responsabilité ministérielle, il finit par s'y résoudre et se présenta aux élections de 1855, qui en marquèrent l'instauration. Il fut élu sans opposition député de la circonscription de Trinity Bay.

Membre de l'opposition conservatrice que dirigeait Hoyles, avec lequel il collaborait étroitement, Carter présenta, de sa propre initiative, un projet de loi qui visait à empêcher les fonctionnaires de siéger à l'Assemblée. Surnommé « purge de Carter », ce projet fut rejeté en 1856, 1858 et 1859 par la majorité libérale, qui usait abondamment de favoritisme pour cimenter le parti. En 1857, Carter apparut à l'évidence comme le principal lieutenant de Hoyles : en effet, il fut l'un des deux représentants conservateurs nommés au sein des délégations envoyées en Amérique du Nord britannique et en Angleterre pour protester contre la convention par laquelle la Grande-Bretagne et la France projetaient de définir les droits de pêche sur la côte française de Terre-Neuve. Au printemps, en compagnie de John Kent*, il se rendit à Halifax, à Saint-Jean au Nouveau-Brunswick et à Québec. Leurs interlocuteurs acceptèrent d'appuyer la position qu'ils étaient venus défendre : la convention était nuisible pour Terre-Neuve, en plus d'être fondamentalement dangereuse puisqu'elle avait été conclue sans l'accord de la colonie.

À l'approche des élections de 1859, les conservateurs s'employèrent à détourner les méthodistes des libéraux en insistant sur le catholicisme du gouvernement et en faisant valoir la nécessité, pour les protestants, de se serrer les coudes. Dans le cadre de cette stratégie qui échoua, Hoyles se porta candida dans le district clé de Burin contre un influent libéra catholique, Ambrose Shea*. Il perdit, et jusqu'au moment où il put trouver un siège sûr, ce fut Carter réélu dans la circonscription de Trinity Bay, qu dirigea l'opposition conservatrice. Le climat politique était très tendu. Les libéraux, alors sous la direction de Kent, entraient dans une phase difficile. La coloni s'enfonçait dans le marasme économique, et de querelles intestines les divisaient. La relation de Ken avec le puissant protecteur du parti, l'évêque Joh Thomas Mullock*, se détériora au point que ce dernie rompit ses attaches avec le gouvernement. En outre Kent affrontait l'hostilité du gouverneur, sir Alexander Bannerman*, qui se montrait amical avec Hoyle et Carter et souhaitait l'avènement d'un gouvernemen conservateur. Ces tensions culminèrent en une grav crise politique pendant la première moitié de 1861 Bannerman destitua le gouvernement Kent. Le conservateurs remportèrent les élections suivante avec une faible majorité, grâce à l'appui des méthodistes et en raison du découragement des libéraux Hoyles devint premier ministre. Carter prit le poste d président de l'Assemblée et eut la satisfaction de voi son projet de « purge » sanctionné en 1862.

Tout comme son prédécesseur, le gouvernemen Hoyles se préoccupait des problèmes économiques e sociaux de la colonie ; il s'employait à trouver de moyens de réduire les fonds affectés à l'aide au pauvres et de renforcer l'économie. La confédératio des colonies d'Amérique du Nord britannique n devint un sujet de discussion qu'en 1864, soit au moment où Hoyles accepta, sur l'invitation de John Alexander MACDONALD, d'envoyer des délégués à la conférence de Québec. Comme il n'y avait encore eu aucun débat sur la question à Terre-Neuve, le gouvernement décida d'envoyer une délégation composée de membres des deux partis et non habilitée à s'engager au nom de la colonie. Carter représenterait les conservateurs et les protestants, Ambrose Shea, les libéraux et les catholiques. Ils partirent pour Québec le 23 septembre. Un versificateur hostile au projet confédératif allait écrire plus tard :

Les générations à venir
....
Maudiront le jour
Où Shea et Carter
Ont traversé la mer
Pour aller brader
Les droits de Terra Nova !

Les délégués signèrent, « à titre individuel », les Résolutions de Québec, qui contenaient des propositions sur l'entrée de Terre-Neuve dans la Confédération, et ils prononcèrent une série de discours enthousiastes. Carter fut l'un des orateurs invités à un dîner du Bureau de commerce de Québec. À Toronto, il exprima l'espoir que la Confédération ne ferait pas qu'accroître la stabilité économique de la colonie, mais qu'elle en apaiserait aussi le climat de guerre politique. « J'espère sincèrement, dit-il, que si cette Confédération voit le jour, elle tendra réellement à détruire l'esprit partisan, les préjugés et l'aigreur qui, malheureusement, règnent encore ; car on constate qu'en général l'intensité de l'aigreur est proportionnelle à l'étroitesse des limites. » Dans leur rapport officiel, les délégués affirmaient que la colonie ne pouvait pas rejeter la proposition d'entrée dans la Confédération « sans aggraver les conséquences néfastes de [son] isolement ».

Ces thèmes, Carter allait les développer pendant cinq ans dans ses discours à l'Assemblée. D'après lui, l'union avec les colonies du continent, c'est-à-dire le libre-échange et l'amélioration des communications avec elles, ne pouvait que renforcer et diversifier l'économie terre-neuvienne. La situation financière se stabiliserait, les revenus s'accroîtraient, et tout le pays s'engagerait sur la voie d'« un progrès tel que personne ne [pouvait] encore le concevoir ». Il prédisait que le ton et la qualité de la vie et des discussions politiques seraient rehaussés, et affirmait avec vigueur que seule la Confédération permettrait à Terre-Neuve de « sortir de l'isolement qui retardait [son] progrès depuis si longtemps ».

La publication des Résolutions de Québec en décembre, à Terre-Neuve, déclencha un vif débat et il devint vite évident que Carter s'était trompé en annonçant que « la grande majorité » des colons seraient favorables à l'union. L'opposition se manifesta tout de suite. Les marchands de St John's craignaient une augmentation des taxes et la perturbation des circuits traditionnels de commerce. Pour leur part, les catholiques s'attendaient à ce que Terre-Neuve, une fois unie aux colonies du continent, se trouve aux prises avec tous les maux qui affligeaient l'Irlande depuis l'union avec l'Angleterre. Étant donné cette opposition, personne ne tenta d'imposer un vote sur les Résolutions de Québec quand le Parlement se réunit au début de 1865. Carter, Hoyles et Shea se prononcèrent tous avec vigueur pour la Confédération, mais le gouvernement concéda qu'il faudrait tenir des élections générales sur cette question.

On ignore si les fédéralistes espéraient faire de la Confédération l'enjeu des élections qui devaient se tenir à l'automne de 1865, mais au printemps ils se livrèrent à une série de manœuvres politiques qui éveillèrent des soupçons chez leurs adversaires. Hoyles accepta un siège à la Cour suprême, et Carter le remplaça au poste de premier ministre. Après avoir mené, « avec beaucoup de tact et de discrétion », des négociations délicates, il reforma le gouvernement en y faisant entrer les chefs catholiques de l'opposition libérale, Kent et Shea. Évidemment, le fait que tous deux étaient fédéralistes ne manqua pas de soulever des commentaires. Ces deux nominations renforcèrent à coup sûr l'aile fédéraliste du parti conservateur et créèrent un puissant gouvernement panconfessionnel qui pouvait espérer diviser le vote des catholiques. Carter et ses alliés répliquèrent aux critiques que la politique confessionnelle avait révélé ses lacunes et que la colonie, étant donné la situation, avait besoin d'un gouvernement uni. En fait, ce genre d'alliance était envisagé depuis quelque temps déjà. Carter avait préconisé une fusion des partis en 1861, et Hoyles, dans un geste symbolique, avait laissé des places vacantes dans son gouvernement pour les membres de l'opposition. Tout simplement, le débat sur la Confédération et la personnalité de Carter avaient rendu possible la formation d'un gouvernement panconfessionnel. Le *Patriot and Terra-Nova Herald*, d'obédience libérale, admit de mauvais gré que le premier ministre n'avait pas de « propension au fanatisme », et d'autres journaux, conservateurs il est vrai, parlèrent de ses « vues larges et généreuses », de sa compétence, de son intégrité, ou signalèrent « la cordialité et l'amitié avec lesquelles les députés des deux partis [le] trait[aient] ».

Quels qu'aient été, à court terme, les avantages politiques de ce qu'on appela la coalition de 1865, elle créa un précédent important. Que toutes les confessions religieuses soient représentées au gouvernement, et qu'elles aient droit en plus à une proportion équitable des sièges de l'Assemblée et des postes de la fonction publique, devint une règle de base de la politique terre-neuvienne. L'instauration de ces pratiques dans les années 1860 fit en sorte que l'appartenance religieuse cessa d'être le facteur déterminant de l'affiliation à un parti. En inscrivant les divisions religieuses dans la constitution, les hommes politiques modérés espéraient qu'elles cesseraient d'être au centre de la vie politique. Bien que cette innovation ait fini par être durement critiquée, elle était sensée et réaliste dans le contexte du milieu du XIXe siècle.

Carter ne fit pas porter les élections de novembre 1865 sur la Confédération. Les conservateurs étaient divisés sur la question de l'union, et beaucoup de Terre-Neuviens étaient contre. Apparemment, les fédéralistes avaient résolu d'attendre de voir ce qui se passerait dans les colonies du continent, et espéraient que l'opinion terre-neuvienne changerait. Comme il n'y avait pas de parti d'opposition bien organisé, le gouvernement fut réélu avec une majorité de 14 sièges. La Confédération demeura au centre des débats, et l'Assemblée passa un temps considérable à discuter de ses mérites, mais le gouvernement avait d'autres préoccupations, dont la plus importante était l'aide aux pauvres. Pendant une dizaine d'années, à compter de la fin des années 1850, Terre-Neuve fut aux prises avec une grave dépression due au faible rendement de la pêche à la morue et de la chasse au phoque et à des complications sur les marchés espagnol et brésilien de la morue. La pauvreté sévissait à l'état endémique, et les secours absorbaient, en moyenne, un quart du revenu annuel de la colonie. Le gouvernement Carter adopta des lois en faveur de l'agriculture et lança une vigoureuse offensive contre l'aide aux pauvres valides, initiative audacieuse qui fut impopulaire dans presque tous les milieux, à l'exception de la bourgeoisie de St John's.

Une fois que la Confédération fut chose faite sur le continent, il devint évident que Terre-Neuve devait prendre une décision. On craignait beaucoup que Carter (qui, selon certains, avait « un esprit trop flexible et un tempérament trop malléable ») se laisse manipuler par Shea, homme ambitieux qui n'inspirait pas confiance, renie la promesse de Hoyles et ne tienne pas d'élections sur le sujet. On murmurait aussi que Carter pourrait remplacer Philip Francis Little à la Cour suprême. Or, Carter résista à la tentation de devenir juge et confirma qu'il y aurait des élections sur la Confédération. Cependant, il ajouta que Terre-Neuve devrait bénéficier de meilleures conditions que celles dont on avait convenu à Québec. Au début de 1869, il fit adopter des propositions d'union à l'Assemblée et se rendit à Ottawa à la tête d'une délégation pour en négocier la version définitive. Obtenir l'assentiment de l'électorat était tout ce qu'il restait à faire. Malgré les pressions, Carter refusa de tenir des élections au printemps, soit au moment où les chances des fédéralistes étaient assez bonnes. (Les opposants à l'entrée dans la Confédération n'étaient pas encore organisés, et bien des marchands, alors gagnés à la cause, auraient pu influencer leurs fournisseurs.) Il insista pour que le scrutin ait lieu, comme d'habitude, à la fin de la saison de pêche.

Les antifédéralistes eurent donc le temps de se regrouper autour de Charles James Fox Bennett*. En plus, comme le rendement de la pêche et le prix du poisson augmentèrent, la population abandonna le pessimisme qui la faisait pencher pour l'entrée dans la Confédération et reprit confiance en l'avenir de la colonie. La décision de Carter montre qu'il n'était pas un confédérateur du genre de Charles Tupper* (ou Ambrose Shea). Il croyait en la Confédération, mais il pensait aussi fermement qu'en définitive la décision revenait au peuple. L'union devait être librement choisie, et non pas imposée à une colonie par des hommes politiques manipulateurs.

Le débat sur la Confédération transcendait les partis. Hommes politiques et électeurs se regroupèrent derrière Carter ou Bennett selon leurs vues sur la question, en faisant peu de cas de leur affiliation antérieure. Carter garda le soutien de la plupart des hommes politiques conservateurs, de quelques marchands et d'une petite minorité de catholiques. Ce n'était pas assez. Appuyé par la majorité des marchands et des catholiques, le groupe de Bennett remporta 21 sièges ; celui de Carter, 9 seulement. Candidat dans la circonscription de Burin, comme en 1865, Carter lui-même n'obtint qu'une faible majorité de cinq voix juridiquement contestable. Son gouvernement démissionna le 11 février 1870. Une fois dans l'opposition, Carter et son parti prirent vite leurs distances par rapport à la Confédération. La défaite avait été si massive qu'il aurait été suicidaire de continuer à prôner l'union. Moment décisif de l'histoire de Terre-Neuve, les élections de 1869 avaient décidé, dans les faits, que dans un avenir prévisible la colonie chercherait à conserver son indépendance.

La période que Carter passa dans l'opposition fut troublée. Le gouvernement Bennett allégua des irrégularités pour tenter, en vain, de faire invalider son élection dans Burin. Puis ses propres partisans commencèrent à lui causer de graves ennuis. Un groupe d'hommes jeunes, dont les plus importants étaient Alexander James Whiteford McNeily et William Vallance Whiteway*, étaient prêts à tout pour déloger Bennett. Profitant de ce que le gouvernement avait été porté au pouvoir grâce à l'appui des catholiques, ils se mirent, dans l'espoir de regagner des votes protestants, à attiser les craintes qu'inspiraient les féniens et les méfiances interconfessionnelles, et à cultiver des liens avec l'ordre d'Orange. De toute évidence, cette stratégie déplaisait souverainement à Carter, qui prenait soin d'attaquer le gouvernement avec d'autres armes. En 1871, il commit une erreur de jugement qui provoqua des déchirements amers au sein de son parti : il accepta, à titre d'avocat, de défendre Bennett dans un procès en diffamation contre un journal de l'opposition auquel, pensait-on, McNeily et Whiteway collaboraient. Fait significatif, l'opposition ne présenta aucun candidat aux élections partielles de cette année-là. À l'été de 1873, pendant que Carter était au Canada, un parti qui se disait nouveau se forma en prévision des élections de l'automne. Finalement, grâce à un rapprochement entre ses propres partisans et ce « nouveau parti », Carter put conserver son leadership. Cependant, la campagne qui suivit ne lui plut certainement pas, étant donné son ton sectaire. Bennett obtint une majorité réduite, et son parti était dans un tel état que cette majorité fondit avant même que l'Assemblée ne se réunisse en 1874. Carter (devenu député de la circonscription de Twillingate and Fogo) entreprit son deuxième mandat de premier ministre le 30 janvier, avec une majorité d'un siège.

Des indices laissent supposer que Carter tenta de trouver des alliés au sein du parti libéral afin de moins dépendre du nouveau parti et de pouvoir éviter la tenue d'élections en 1874. Il eut connaissance des discussions que le gouverneur, sir Stephen John Hill, et Mgr Thomas Joseph Power eurent au sujet d'une fusion, mais elles n'aboutirent pas. Aux élections de l'automne, Carter récolta une majorité de cinq sièges. En fait, les partis étaient redevenus divisés comme au début des années 1860. Les libéraux se retrouvaient dans l'opposition en tant que parti catholique. Le parti conservateur de Carter était massivement protestant, et son seul député catholique (Shea) représentait un district protestant. Les espoirs que Carter avait mis en l'existence de partis authentiquement non confessionnels étaient réduits à néant. Toutefois, des partis de ce genre réapparaîtraient dans les années 1880, car la construction d'un chemin de fer et la mise en valeur de l'intérieur de la colonie provoqueraient un réalignement des hommes politiques.

Dans le domaine des affaires locales, le gouvernement que Carter dirigea de 1874 à 1878 vit la fin d'un vieux litige et l'apparition d'un nouveau. La répartition de la subvention à l'éducation protestante, qui faisait périodiquement l'objet de débats parfois houleux depuis au moins 1850, cessa d'être un problème. En 1874, une loi que Carter accepta sans enthousiasme permit aux méthodistes et aux anglicans d'avoir chacun leur réseau scolaire. Cette loi était fidèle au compromis interconfessionnel que Carter avait contribué à établir dans d'autres domaines au cours des années 1860, et elle créait le système d'écoles confessionnelles encore en vigueur aujourd'hui dans la province. Quant au nouveau sujet de dispute, c'était la construction d'une ligne ferroviaire qui traverserait l'île. Au gouvernement, le plus ardent promoteur du chemin de fer était Whiteway. De son côté, Carter reculait devant l'envergure et le coût du projet ; les avantages économiques qu'on lui faisait miroiter ne le convainquaient pas. Mécontent, Alexander Murray*, géologue de la colonie, jugeait que Carter n'était pas « simplement indifférent, mais nuisible » au projet. Néanmoins, on contracta un emprunt en 1875 pour financer un levé exécuté la même année, suivant les avis de Sandford Fleming*. On déposa les plans au ministère des Colonies, où les parties intéressées pourraient les consulter.

Le ministère des Colonies était cependant hostile au projet, qui supposait la construction d'un terminus dans la baie St George, sur la côte où la France avait des droits de pêche. Ni le ministère ni Carter ne voulaient exaspérer le gouvernement français, car ils tenaient à régler un certain nombre de questions liées aux droits concédés aux Terre-Neuviens et aux Français par les traités en vigueur. Depuis les années 1860, Carter était impatient de permettre le développement économique de la côte française et d'affirmer la pleine autorité de la colonie dans toute cette région. En 1875, il se rendit à Londres pour discuter de l'affaire et proposa que le gouvernement britannique achète les droits des Français. On rejeta sa proposition, mais le ministère des Colonies concéda qu'il fallait établir une autorité civile sur la côte. Après de longues et tortueuses négociations, Carter réussit à obtenir la nomination de juges de paix, donc la perception de l'impôt et l'application de la loi. Cependant, on dut remettre à plus tard le règlement d'autres questions, telles les concessions de terres et la représentation politique.

Carter avait des opinions bien arrêtées, mais non extrémistes, sur le sujet de la côte française, et Londres jugeait fondamentalement raisonnable sa manière d'envisager les choses. On pourrait en dire autant de son attitude devant la multiplication des pêcheurs américains dans les eaux terre-neuviennes. Il avait toujours douté que les échanges avec les États-Unis aient été une option judicieuse et s'était opposé à ce que Terre-Neuve adhère aux dispositions sur les pêches du traité de Washington, conclu en 1871. Son gouvernement était décidé à empêcher les pêcheurs américains d'abuser des droits que leur concédaient ce traité et la convention de 1818, et il estima, en 1877, que la colonie devait demander une généreuse indemnité au tribunal de Halifax. Whiteway prépara le plaidoyer de la colonie et réclama 2 880 000 $ en s'appuyant largement sur le fait que les Américains avaient accès aux réserves terre-neuviennes de poisson employé comme appât. Finalement, le tribunal adjugea 5 500 000 $ au Canada et à Terre-Neuve ; selon une décision prise par les autorités canadiennes et britanniques avec le consentement de la colonie, on préleva sur cette somme 1 000 000 $ que l'on versa à Terre-Neuve. Il y eut quelque déception à Terre-Neuve, surtout parce que le tribunal avait statué que le commerce de l'appât n'avait rien à voir avec les privilèges des traités, mais dans l'ensemble on considéra l'indemnité comme une victoire importante. Conscient, désormais, de la valeur que les réserves d'appât avaient pour les pêcheurs étrangers, le gouvernement entreprit d'affirmer son droit de réglementer leur exportation ; les autorités impériales allaient le lui concéder, à contrecœur, en 1886. Par ailleurs, il fallait déterminer si les pêcheurs étrangers étaient soumis aux lois coloniales de pêche. Cette question se posa avec acuité après une échauffourée survenue entre des pêcheurs américains et terre-neuviens dans la baie Fortune au début de 1878.

Le règlement de ce conflit incomba à Whiteway, qui accéda au poste de premier ministre une fois la session de 1878 terminée. Carter devint alors juge à la Cour suprême et on le fit chevalier de l'ordre de Saint-Michel et Saint-Georges. Nommé juge en chef deux ans plus tard, il allait le rester jusqu'à sa retraite en 1898. Quand il quitta le poste de premier ministre, les passions religieuses soulevées plus tôt dans les années 1870 s'étaient calmées, on ne parlait plus de Confédération, et le parti d'opposition était essentiellement d'accord avec le gouvernement sur presque tout, y compris la construction du chemin de fer. Carter avait rétabli l'hégémonie du parti conservateur et contribué à tracer la voie que son successeur allait suivre dans les années 1880.

À titre de juge en chef, Carter fut administrateur de la colonie à quelques reprises, en l'absence d'un gouverneur. Il connut donc plusieurs situations politiques délicates, qu'il traita de manière sensée, semble-t-il. On peut mentionner, par exemple, la crise qui suivit l'émeute de Harbour Grace en décembre 1883 [V. Robert John KENT] et la tentative de faire accepter par la colonie une nouvelle convention sur la côte française en 1886. L'un après l'autre, les gouverneurs le tinrent pour un conseiller éclairé. Aussi n'est-il pas surprenant qu'il ait caressé l'ambition de devenir gouverneur à son tour. En 1885, dans le cadre d'une stratégie politique secrète, Carter et Whiteway firent la proposition suivante au ministère des Colonies : Carter succéderait au poste de gouverneur à sir John Hawley Glover*, qui était malade, et l'on nommerait Whiteway juge en chef. On écarta la candidature de Carter parce qu'il avait déjà fait de la politique. Contre toute logique, le ministère des Colonies porta ensuite son choix sur Ambrose Shea, puis dut changer d'avis à cause des protestations qui venaient de la colonie. Shea, dans un violent discours public, blâma Carter qui, de toute évidence, blessé d'avoir été évincé, avait orchestré les protestations.

À sa mort, en 1900, sir Frederic Bowker Terrington Carter laissait une succession d'une valeur de 6 000 $ seulement. Il n'avait pas profité de sa position publique pour s'enrichir et, à titre de juge, il avait probablement gagné moins que s'il était demeuré dans la pratique privée. D'un côté, ces faits reflètent un manque d'énergie et d'ambition, de l'autre, une honnêteté foncière. Il ne fut jamais une bête politique, et sa carrière le montre parfois prudent, hésitant et ambivalent, si bien qu'on l'accusait d'être inefficace, de manquer d'éclat et d'exceller dans l'art de se servir d'autrui. Cependant, selon tous ses contemporains, c'était un avocat et un juge compétent, et son intégrité ne faisait aucun doute. L'auteur de sa notice nécrologique se rappelait que Carter était sympathique, hospitalier, charitable – et pêcheur enthousiaste. Il ajoutait : « Il n'a jamais affiché l'insolence caractéristique des responsables de portefeuilles [...] il a toujours été le même gentleman affable, bienveillant, sans hypocrisie, fanatisme ni prétention. » Ce fut, au XIXe siècle, l'un des plus grands serviteurs du gouvernement terre-neuvien ; sa carrière d'homme politique et de juge s'étendit sur 43 ans. Historiquement, il se signala par son rôle dans les débats des années 1860 sur la Confédération, par la mise en place du partage des pouvoirs entre confessions religieuses et par sa fermeté dans les négociations sur les droits de pêche des Français et des Américains dans les eaux terre-neuviennes. Carter avait une vision réaliste de Terre-Neuve : c'était une colonie isolée, dotée de ressources limitées, dont l'économie était fragile et le pouvoir de négociation, restreint. Dans ce contexte, la Confédération et la prudence étaient des choix judicieux. C'est en partie à cause de ses lacunes d'homme politique que la colonie n'entra pas dans l'union ; si ses successeurs avaient imité sa prudence, Terre-Neuve aurait peut-être eu plus de chances de réussir dans la voie de l'indépendance.

JAMES K. HILLER

AN, MG 29, B1, 36 : 264. — MHA, Carter name file. — PANL, GN 1/3/A, 1878, file 19, 4 févr. 1878. — PRO, CO 194/136 : 116– 121 ; 194/174 : 89. — Supreme Court of Newfoundland (St John's), Registry, F. B. T. Carter, will and probate records. — Canada, Parl., *Doc. de la session,* 1869, n° 51. — T.-N., House of Assembly, *Journal,* 1865 ; 1869. — *Courier* (St John's), 15 avril 1865. — *Day-Book* (St John's), 20 févr. 1865. — *Evening Telegram* (St John's), 6 mars 1900. — *Morning Chronicle* (St John's), 16 juin 1866, 22 août, 2 sept., 23 oct., 4 nov. 1867, 27 janv. 1868. — *Newfoundlander,* 10, 13 mars 1856, 16 mars 1857, 1er mars 1858, 24 févr. 1859, 13 juin 1861, 3, 24 nov. 1864, 9 févr. 1865, 19, 22 févr. 1866. — *Patriot and Terra-Nova Herald,* 4, 25 mai 1857, 9 mai, 29 juill. 1865. — *Public Ledger,* 10 mars, 3 avril 1857. — *Telegraph* (St John's), 21 août 1867. — *Encyclopedia of Nfld.* (Smallwood *et al.*).— *Nfld. almanack,* 1844 : 36. — G. Budden, « The role of the Newfoundland Natives' Society in the political crisis of 1840– 42 » (essai honorifique, Memorial Univ. of Nfld., St John's, 1983), app. B. — J. P. Greene, « The influence of religion in the politics of Newfoundland, 1850–1861 » (thèse de M.A., Memorial Univ. of Nfld., 1970). — Gunn, *Political hist. of Nfld.* — Hiller, « Hist. of Nfld. » ; « Confederation defeated : the Newfoundland election of 1869 », *Newfoundland in the nineteenth and twentieth centuries : essays in interpretation,* J. [K.] Hiller et P. [F.] Neary, édit. (Toronto, 1980), 67–94 ; « The railway and local politics in Newfoundland, 1870–1901 », 123–147. —

W. D. MacWhirter, « A political history of Newfoundland, 1865–1874 » (thèse de M.A., Memorial Univ. of Nfld., 1963). — E. C. Moulton, « The political history of Newfoundland, 1861–1869 » (thèse de M.A., Memorial Univ. of Nfld., 1960). — W. G. Reeves, « The Fortune Bay dispute : Newfoundland's place in imperial treaty relations under the Washington treaty, 1871–1885 » (thèse de M.A., Memorial Univ. of Nfld., 1971). — J. R. Smallwood, « The history of the Carter family in Newfoundland » (copie dactylographiée, 1937 ; copie à la Nfld. Hist. Soc., St John's). — E. C. Moulton, « Constitutional crisis and civil strife in Newfoundland, February to November 1861 », *CHR*, 48 (1967) : 251–272.

CARVELL, JEDEDIAH SLASON, homme d'affaires, homme politique et fonctionnaire, né le 16 mars 1832 à Newcastle, Nouveau-Brunswick, fils de Jacob Carvell et d'Isabella Henderson ; le 19 juin 1861, il épousa à Saint-Jean, Nouveau-Brunswick, Alice Caroline Hanford, et ils eurent trois fils ; décédé le 14 février 1894 à Charlottetown.

Issu d'une vieille famille loyaliste d'origine hollandaise, Jedediah Slason Carvell étudia à Saint-Jean et à la Fredericton Collegiate School avant d'aller vivre en Australie. De retour en Amérique du Nord en 1855, il habita quelque temps en Californie, trouva un emploi dans le commerce du bois à Portland, en Oregon, puis revint au Nouveau-Brunswick où il s'engagea chez des entrepreneurs qui travaillaient à la construction du European and North American Railway. En 1860, il s'établit à Charlottetown et y devint marchand général.

L'année suivante, Carvell épousa la nièce de Samuel Leonard TILLEY, et ce mariage consolida ses liens avec ce qui allait devenir le groupe confédérateur du Nouveau-Brunswick. De même, le cercle de ses relations dans l'Île-du-Prince-Édouard comprenait William Henry Pope*, James Colledge Pope*, Robert Hodgson* et d'autres qui préconisaient l'union avec le Haut et le Bas-Canada. Les relations qu'il s'était faites parmi les insulaires étaient une conséquence normale du nouveau commerce d'import-export qu'il exploitait avec l'aide intermittente de ses deux frères Jacob et Lewis, la Carvell Brothers. Dans les années 1860, l'entreprise s'adonnait surtout à l'exportation d'avoine vers l'Angleterre, mais elle jouait aussi le rôle de marchand détaillant, de commissaire-priseur et d'agent maritime. Selon ce que déclara en 1867 l'agent de la R. G. Dun and Company, les Carvell étaient des « hommes d'affaires respectables, sérieux, sobres et perspicaces » ; à l'époque leur entreprise était reconnue comme le plus gros exportateur de marchandises de l'île, qui faisait « des affaires énormes pour l'endroit ». James Colledge Pope, entrepreneur de Summerside, déclara en 1871 que le montant de ses transactions annuelles avec la Carvell Brothers était supérieur à l'ensemble du revenu de la colonie.

Le commerce d'exportation amena Carvell et l'*Examiner*, le journal qu'il avait acquis vers 1869, à appuyer ceux qui réclamaient la construction d'un chemin de fer dans l'île. Ses opposants l'accusèrent alors de former, avec d'autres, une clique motivée par la recherche d'avantages personnels dans ce projet. Il est vrai que Carvell et la Carvell Brothers achetèrent de vastes terrains à Summerside et à Georgetown et que, selon le *Patriot* et l'*Island Argus*, Carvell revendit l'une de ses propriétés de Summerside à la compagnie de chemin de fer 1 250 $ de plus que ce qu'elle lui avait coûté seulement quelques mois plus tôt avec 20 acres supplémentaires. S'il réalisa des profits grâce à la spéculation foncière, Carvell dut également sa prospérité à une économie en pleine croissance qu'alimentaient la construction des chemins de fer, la hausse des prix des produits agricoles et la forte demande de navires et de services de transport maritime en Angleterre.

Carvell prêta son appui et les services de l'*Examiner* aux tenants de l'union avec le Canada, de même qu'aux éléments réformistes qui exigeaient de meilleurs services sociaux. Même s'il se dessaisit de son journal après la Confédération, le 1er juillet 1873, il n'en poursuivit pas moins sa carrière publique. Il siégea à titre de président d'un jury d'accusation qui, à Charlottetown, dénonça les abus et la négligence dont les patients de l'asile d'aliénés étaient victimes ; puis, en qualité de maire réformiste en 1877–1878, il mit un terme à la malhonnêteté et à l'inefficacité des pratiques comptables et proposa un ensemble de mesures administratives concernant l'environnement et de travaux d'aménagement, dont témoignent le Prince Edward Island Hospital for the Insane (connu plus tard sous le nom de Falconwood Hospital), inauguré en 1880, et l'embellissement du parc Victoria. La récession de la fin des années 1870, durement ressentie par tous les commerçants de l'île, l'affecta aussi. Carvell vendit la somptueuse demeure dont il venait de faire l'acquisition, réorganisa ses affaires à une échelle plus modeste et se tourna vers ses amis politiques pour obtenir leur aide.

La nomination de Carvell au Sénat au titre de représentant de Kings, le 18 décembre 1879, souleva un tollé. Comme il n'habitait pas ce comté, certains insulaires le considéraient comme un parfait étranger, qui avait peu contribué aux affaires publiques mais avait profité de ses contacts personnels pour obtenir de l'avancement. Dans une lettre anonyme publiée par le *Patriot* le 8 janvier 1880, un observateur furieux soutenait que Carvell avait « connu la population de l'île libre, prospère et satisfaite, et qu'il avait tout fait pour la priver de sa liberté, la spolier de sa prospérité et la rendre insatisfaite et malheureuse ». Neuf ans plus tard, un commentateur faisait tout simplement remarquer que le mécontentement tenait au sentiment qu'en nommant quelqu'un de l'extérieur on avait négligé les intérêts légitimes de la circonscription de

Kings. Pendant son mandat, Carvell exerça énormément d'influence sur les affaires de l'île, et ses avis suscitèrent l'attention, sinon toujours l'assentiment, du premier ministre sir John Alexander MACDONALD. On peut constater à quel point il était efficace lorsqu'il intervint en 1884 pour empêcher un autre homme politique de l'île, George William Howlan*, de remplacer Thomas Heath HAVILAND au poste de lieutenant-gouverneur. Selon Carvell, Howlan était coupable de trahison politique et refusait d'honorer ses dettes commerciales. Malgré l'appui que l'archevêque catholique de Halifax, Cornelius O'Brien*, accordait à Howlan, Carvell réussit à obtenir la nomination d'Andrew Archibald Macdonald*.

Dans les années 1880, la santé de Carvell, de plus en plus mauvaise, l'obligea à ralentir ses activités politiques et commerciales. Il faillit mourir en 1884 et en 1886. La maladie, les soucis commerciaux et le sentiment que le moment était propice l'incitèrent finalement à renoncer à son poste au Sénat le 3 juillet 1889. Entré en fonction à titre de lieutenant-gouverneur à Charlottetown le 5 septembre suivant, il s'installa dans la « misérable » résidence officielle, « qui mena[çait] ruine ». Avec le temps, son amabilité et ses liens parmi la population firent en sorte que sa nomination fut bien accueillie. Toutefois, sa santé ne s'améliora pas et il mourut pendant son mandat, le 14 février 1894. Howlan lui succéda au poste de lieutenant-gouverneur. Quoiqu'il se fût retiré des affaires en 1891, Carvell avait pu reconstituer une grande partie de sa fortune ; il laissa des legs importants à son épouse et aux deux fils qui lui survivaient.

Jedediah Slason Carvell fut un homme dont l'ambition, l'influence et le sens des affaires étaient remarquables, et dont la fortune fluctua au gré de l'économie de l'île. Il aurait pu s'enrichir davantage s'il avait vécu dans une grande ville, où il aurait probablement échappé, en partie du moins, à la méfiance que les petites localités réservent aux étrangers. Il choisit néanmoins d'habiter Charlottetown, et ce fut tout à l'avantage de l'Île-du-Prince-Édouard.

PETER E. RIDER

Il n'existe pas de source unique qui révèle une partie importante de la carrière de Jedediah Slason Carvell. Les papiers Pope aux AN, MG 27, I, F2, et les papiers S. L. Tilley aux AN, MG 27, I, D15, contiennent des détails sur l'aspect non politique de sa vie, tout comme le Baker Library, R. G. Dun & Co. credit ledger, Canada, 9 : 393. Les registres du United States Consul de Charlottetown aux National Arch. (Washington), RG 84, disponibles sur microfilm aux AN, expliquent un peu le contexte économique dans lequel Carvell mena ses affaires. Les papiers Macdonald (AN, MG 26, A) contiennent un nombre considérable de lettres de Carvell, ou à son sujet, à la suite de sa nomination au Sénat et les papiers de Joseph Pope, AN, MG 30, E86, renferment des détails sur la rivalité entre Carvell et George William Howlan. Les registres de la ville de Charlottetown, conservés aux PAPEI, RG 20, constituent une source majeure en ce qui a trait au mandat de Carvell comme maire, en particulier les minutes du conseil de ville, vol. 4–6. Son testament homologué se trouve à la Supreme Court of Prince Edward Island (Charlottetown), Estates Division, liber 13 : f°s 480–484, et il est disponible sur microfilm aux PAPEI.

Les appendices de Î.-P.-É., House of Assembly, *Journal*, donnent des faits sur le scandale des conditions du Lunatic Asylum ; en particulier les documents suivants : 1875, app. G, app. T ; et 1876, app. G. Les phases importantes de la carrière politique de Carvell sont traitées dans les journaux de Charlottetown, le *Patriot* offrant une vision critique et l'*Examiner* une vision favorable. Le débat public sur sa participation aux questions concernant le chemin de fer figure dans le *Patriot*, 9 mars 1871, 9 mars 1872, et dans l'*Island Argus*, 1er août 1871, 28 janv., 4 févr. 1873. On trouve les fait illustrant sa carrière dans l'administration dans l'*Examiner*, 7 août 1871, 3, 6 août 1877, l'*Argus*, août 1873, et le *Patriot*, 9 août 1877. La controverse ayant trait à sa nomination au Sénat est traitée dans le *Daily Examiner*, 19–23 déc. 1879, le *Patriot*, 20 déc. 1879, 3–24 janv. 1880, et l'*Argus*, 23 déc. 1879–13 janv. 1880, les numéros du 23 et du 30 déc. offrant une analyse raisonnablement impartiale. On peut trouver la réaction à la nomination de Carvell comme lieutenant-gouverneur dans le *Daily Examiner*, 12–18 juill. 1889, et dans le *Patriot*, 16 juill.–7 sept. 1889.

Outre les détails biographiques habituels contenus dans *CPC*, 1883 ; 1885 ; 1891, et *Canadian directory of parl.* (Johnson), des renseignements personnels utiles sur Carvell se trouvent dans « The press in Prince Edward Island » et « William Frederick Harrison Carvell », tous deux dans *Past and present of Prince Edward Island* [...], D. A. MacKinnon et A. B. Warburton, édit. (Charlottetown, [1906]), 112–121 et 668–670. Les articles consacrés à son décès dans le *Daily Examiner*, 14, 16 févr. 1894, ainsi que la notice nécrologique de l'*Island Guardian*, 15, 22 févr. 1894, sont aussi dignes d'intérêt. Un avis paru dans le *Ross's Weekly* (Charlottetown), 1er janv. 1861, annonçant des articles à vendre au magasin de Carvell établit sa présence à Charlottetown en 1860. On a aussi trouvé des renseignements biographiques dans le *P.E.I. directory*, 1864, et le livre si utile d'I. L. Rogers, *Charlottetown : the life in its buildings* (Charlottetown, 1983), qui renferme des détails ayant trait aux propriétés de Carvell. [P. E. R.]

CARY, MARY ANN CAMBERTON. V. SHADD

CASSILS, WILLIAM, télégraphiste et homme d'affaires, né le 25 juin 1832 à Denny, Écosse, fils aîné de John Cassils et de Margaret Murray ; le 11 juin 1856, il épousa à Québec Agnes Simpson Hossack, et ils n'eurent pas d'enfants ; décédé le 25 décembre 1891 à Montréal.

William Cassils fut élevé dans le village de Renton, en Écosse, et fréquenta l'école locale. Avec l'encouragement de parents établis dans le Haut et le Bas-Canada, il immigra au printemps de 1851 et devint aussitôt apprenti télégraphiste pour la Compagnie du télégraphe de Montréal. L'entreprise, dirigée par Hugh Allan* à partir de 1852, connut une expansion rapide et absorba la majorité de ses concurrents. Cassils progressa rapidement au sein de la compagnie et on lui confia très vite la tâche de surveiller l'installation d'une ligne qui longeait le chemin de fer du Grand Tronc ; en novembre 1853, on le promut au poste de directeur du bureau de l'entreprise à Québec. Cette année marqua le début de la rivalité entre la Compagnie du télégraphe de Montréal et l'Association du télégraphe électrique de l'Amérique britannique du Nord pour la domination du marché Montréal–Québec. Les bénéfices que l'entreprise de Montréal réalisait grâce à ses autres lignes lui permirent de l'emporter et d'absorber sa rivale de Québec en 1856 ; Cassils fut alors nommé responsable du secteur Est de la Compagnie du télégraphe de Montréal. En 1865, l'entreprise avait déjà acquis toutes les lignes sur la côte Nord du Nouveau-Brunswick et en avait construit une autre vers Saint-Jean et Halifax.

Cassils quitta le bureau de Québec en novembre 1866 et retourna à Montréal ; l'année suivante, il s'associa à George A. Cameron pour former une société, Cassils and Cameron, et ouvrir une manufacture de cerceaux pour robes. Peu de temps après, l'entreprise se lança dans l'importation et devint un commerce en gros de nouveautés. En 1876, cependant, Cassils se sépara de Cameron pour former la Canadian District Telegraph Company, dont il devint président ; le vice-président était le sénateur conservateur Matthew Henry Cochrane*, beau-père et associé en affaires de son frère Charles. En 1881, l'entreprise était déjà liée à la Compagnie du télégraphe de Montréal, et c'est Allan qui en devint président. Cassils dut passer à la vice-présidence, mais il revint à la présidence en 1882. Son entreprise conserva cependant des liens étroits avec la Compagnie du télégraphe de Montréal, surtout après la nomination de Cassils au conseil d'administration de cette société en 1883.

Au cours des années 1880, Cassils lia fermement sa destinée aux secteurs du transport et des communications alors en pleine évolution ; les intérêts de son entreprise commencèrent donc à s'entremêler à ceux de la Compagnie du chemin de fer canadien du Pacifique, qui prenait rapidement de l'expansion. Aux environs de 1877, Cassils était devenu président de la Compagnie du chemin de fer du Canada central, qui fusionna avec la première en 1881. Il remplit alors la fonction d'administrateur judiciaire de la Compagnie du chemin de fer du Saint-Laurent à l'Ottawa, qui connaissait des difficultés financières et dont on loua la ligne à la Compagnie du chemin de fer canadien du Pacifique en 1884. L'année suivante, à titre de président de la Dominion Transport Company, il obtint le contrat de transport routier de la Compagnie du chemin de fer canadien du Pacifique à Toronto.

Au cours de la même année, Cassils agit à titre de négociateur pour cette compagnie dans les pourparlers avec la Western Union Telegraph Company pour l'obtention d'une part majoritaire dans la Compagnie du grand télégraphe du nord-ouest du Canada. La Compagnie du chemin de fer canadien du Pacifique considérait le télégraphe comme un élément vital pour ses activités, mais elle visait aussi à défendre ses intérêts dans un secteur lié de près à celui du transport. La Compagnie du télégraphe de Montréal et la Compagnie de télégraphe de la Puissance dominaient le réseau télégraphique canadien. En 1881, ces entreprises avaient mis fin à leur concurrence en louant leurs lignes à la Compagnie du grand télégraphe du nord-ouest du Canada, qui appartenait à la firme américaine Western Union Telegraph Company. En acquérant des intérêts majoritaires dans la Compagnie du grand télégraphe, la Compagnie du chemin de fer canadien du Pacifique comptait dominer le secteur des services télégraphiques au Canada. Malgré l'accord préliminaire rédigé par Cassils et signé par Norvin Green, président de la Western Union, et William Cornelius Van Horne*, directeur général de la Compagnie du chemin de fer canadien du Pacifique, on ne parvint pas à s'entendre sur le prix des actions et sur l'appropriation par cette dernière des garanties de location des lignes. Cassils perdit alors la chance d'accéder à la présidence de la Compagnie du grand télégraphe du nord-ouest du Canada. Il continua néanmoins à s'intéresser au secteur des communications et, en 1889, il devint président de la Federal Telephone Company. Il s'engagea aussi dans d'autres secteurs d'activité : il fut président de l'Electro-Mechanical Clock Company, vice-président de la British American Ranch Company, administrateur du *Montreal Herald,* de la Windsor Hotel Company of Montreal et de plusieurs établissements financiers.

Comme de nombreux hommes d'affaires de son importance, Cassils participa à l'administration d'établissements scolaires, religieux et sociaux. Lors de son séjour à Québec, il avait occupé le poste de secrétaire-trésorier du Bureau des commissaires des écoles protestantes de la cité de Québec. À Montréal, il fit partie du conseil de la congrégation Erskine Presbyterian de 1868 à 1871. Sa femme et lui abandonnèrent subitement ce groupement religieux en octobre 1872, probablement à la suite d'une controverse sur l'introduction de musique instrumentale pendant les offices, qui provoqua une scission. Ils adhérèrent alors à la congrégation American Presbyterian, qui recourait à la musique d'orgue. Cassils y fut toutefois moins actif ; mis en nomination en 1874 pour le poste de conseiller presbytéral, il ne fut pas élu. Sociable et bon raconteur, il fréquentait la société montréalaise. À la Société Saint-André de Montréal, on appréciait particulièrement sa participation enthousiaste aux célébrations annuelles. « Doué d'une belle voix de ténor, racontait un contemporain, il interprétait les chants de sa terre natale avec une douceur et une émotion peu communes. » Il faisait aussi partie de groupes sociaux comme le Club St James et le Fish and Game Club, dont il était président.

Vers le mois d'octobre 1891, William Cassils commença à éprouver des troubles cardiaques, et il mourut le jour de Noël à un endroit qui lui était familier, l'hôtel Windsor. Il avait connu du succès en affaires parce qu'il avait su saisir au bon moment l'occasion d'étendre ses activités dans divers secteurs du transport et des communications, mais il ne réussit jamais à égaler des magnats comme Allan et Van Horne, dont il fut pourtant un proche collaborateur.

GORDON ARTHUR BURR

ANQ-M, CE1-130, 28 déc. 1891 ; CM1, testaments homologués, 4 févr. 1893. — ANQ-Q, CE1-67, 11 juin 1856. — Arch. du Canadien Pacifique (Montréal), Van Horne corr., incoming corr., n°s 13029, 14431 ; letter-book n° 12, 15 août 1885. — St Andrew's Soc. Arch. (Montréal), Annual reports, 1870–1889 ; « List of St Andrew's Society Presidents, 1835–1988 » ; Minute-book, 1835–1884. — UCC, Montreal-Ottawa Conference Arch. (Lennoxville, Québec), A/2 ; A/30 ; E/3 ; E/21 ; E/88 ; E/210/1. — *Gazette* (Montréal), 26 déc. 1891. – *Monetary Times,* 1er janv., 6, 27 mai, 5 août 1892. — *Montreal Daily Star,* 26 déc. 1891. — *Cyclopædia of Canadian biog.* (Rose et Charlesworth). — C. P. Dwight, « History of Canadian telegraphy », *Canada, an encyclopædia* (Hopkins), 6 : 530–535. — [Robert Campbell *et al.,*] *A summary of the first fifty years transactions of the St. Andrew's Society of Montreal* (Montréal, 1886). — *Montreal directory,* 1867–1891. — D. C. Knowles, « The American Presbyterian Church of Montreal, 1822–1866 » (thèse de M.A., McGill Univ., Montréal, 1957). – G. R. Lighthall, *A short history of the American Presbyterian Church of Montreal, 1823–1923* (Montréal, 1923). — John Murray, *A story of the telegraph* (Montréal, 1905), 174–175.

CAUGHEY, JAMES, ministre méthodiste et évangéliste, né le 9 avril 1810 dans le nord de l'Irlande, de parents écossais ; il se maria ; décédé le 30 janvier 1891 à Highland Park, New Jersey.

James Caughey se convertit au méthodisme au cours d'un revival tenu en 1830 à Troy, ville de l'état de New York où sa famille avait immigré au début des années 1820. Accepté comme prédicateur à l'essai dans l'Église méthodiste épiscopale des États-Unis en 1832, il fut ordonné diacre deux ans plus tard et devint ministre à Burlington, dans le Vermont. Il fit son premier voyage d'évangélisation au Canada en 1835 dans le cadre d'une campagne de trois mois à Montréal. En 1839, comme il se demandait s'il devait se marier, il reçut de Dieu, ainsi qu'il le rapporta plus tard, le message suivant : « Ces questions qui te troublent, tu ne dois pas t'en occuper. La volonté de Dieu est que tu ailles en Europe [...] Va d'abord au Canada ; quand ce sera fait, vogue vers l'Angleterre. »

Arrivé à Québec en octobre 1840, Caughey sut tirer parti du mouvement de renouveau religieux qui régnait et il y exerça son ministère durant trois mois ; puis il se rendit à Montréal, qu'il quitta en mars 1841. Après un arrêt à Saint-Jean, au Nouveau-Brunswick, il atteignit Halifax et, à la fin de juillet, s'embarqua pour la Grande-Bretagne, où il allait demeurer jusqu'en 1847 et connaître un énorme succès.

Dès l'époque de son départ pour l'Angleterre, Caughey avait précisé les grandes lignes de sa théologie. Partisan de la doctrine de la sainteté, il estimait que la justification, c'est-à-dire le pardon des péchés, et la sanctification, ou la purification devant Dieu, étaient des grâces que Dieu accordait instantanément à ceux qui allaient vers lui dans la foi. Caughey pouvait donc s'adresser tant à ceux qui ne s'étaient jamais convertis qu'à ceux qui avaient déjà fait une profession de foi, et à ces derniers il demandait de renouveler leur engagement envers Dieu pour recevoir la plénitude de sa bénédiction. Peu de gens pouvaient ne pas se sentir visés par ce message qu'en orateur capable de comprendre son auditoire et d'y réagir, Caughey livrait avec une grande éloquence.

À la fin de novembre 1851, Caughey se rendit à Toronto, où il allait passer près de huit mois. Durant cette période, le nombre de fidèles des églises méthodistes wesleyennes de la ville, c'est-à-dire le nombre de personnes inscrites dans les « classes », passa de 714 à 1 537, ce qui obligea la congrégation Richmond Street à ouvrir une succursale rue Elm en 1853. Sensibles au travail de Caughey, les méthodistes de Toronto se ralliaient à lui, invitaient leurs amis aux services et lui assuraient leur soutien moral et spirituel. Il est clair que bien des non-méthodistes furent également touchés par son message, puisque environ 2 000 personnes se convertirent durant son séjour. À Toronto, Caughey prononçait sept sermons par semaine et, quand il n'était pas en chaire, il se préparait émotivement et spirituellement, dans la solitude, à prendre la parole.

Caughey avait été un personnage quelque peu controversé en Grande-Bretagne, mais rien de cela ne l'avait suivi au Canada. Les méthodistes d'ici étaient en effet beaucoup mieux disposés à accepter son style évangélique et son appel à l'émotion que leurs coreligionnaires britanniques, soucieux de respectabilité et des valeurs bourgeoises. Sans être étrangers à ces préoccupations, les méthodistes canadiens étaient plutôt pris entre leur désir d'honorabilité et l'envie de retourner à la ferveur d'autrefois. C'est entre ces deux extrêmes que Caughey trouvait sa place, invitant chacun à un engagement ferme mais dans un langage qu'il savait faire éminemment savant et plein d'allusions classiques.

De 1851 à 1856, Caughey passa les mois de novembre à mars au Canada-Uni. À l'automne de 1852, il se rendit à Kingston, dans le Haut-Canada, où il eut autant d'influence qu'il en avait exercée à

Toronto puisque le nombre de membres des congrégations méthodistes wesleyennes et baptistes connut une augmentation sans précédent. En mars 1853, il arriva à Hamilton au moment propice pour accélérer un renouveau religieux qui s'amorçait. John Saltkill Carroll*, le ministre méthodiste wesleyen de l'endroit, était ravi de sa présence car en trois mois et demi de prêche Caughey réussit à doubler le nombre de fidèles. Ce dernier revint au Canada à l'automne suivant, à Montréal cette fois, puis il passa l'automne et l'hiver de 1854–1855 à London. En décembre 1855, il se rendit à Belleville, à l'invitation de Carroll ; ce fut sa dernière campagne fructueuse car, au début de l'année suivante, il eut moins de succès à Brockville. En 1857, il s'installa en Grande-Bretagne où il demeura huit ans, puis il revint à Burlington, dans le Vermont. Quelque temps après, sa santé ruinée, il se retira à Highland Park, dans le New Jersey.

Caughey a marqué le Canada et plus particulièrement le méthodisme canadien de trois manières. Tout d'abord, premier évangéliste professionnel à parcourir le pays, il prépara la voie à ses successeurs et leur offrit un modèle que des gens comme Dwight Lyman Moody pourraient suivre. Ensuite, avec Walter et Phoebe Palmer, évangélistes laïques de New York qui, entre 1852 et 1858, participèrent à des assemblées religieuses en plein air au Canada, il contribua à l'essor du mouvement de la sainteté au pays, et ouvrit ainsi la porte à d'autres groupes, dont l'Église du Nazaréen, le mouvement de Keswick et, finalement, le mouvement pentecôtiste. Enfin, le travail qu'il avait accompli à Hamilton en 1853 en incita plusieurs à devenir ministres de l'Église méthodiste wesleyenne ; ces jeunes gens, qui fréquentèrent le Victoria College de Cobourg, suscitèrent en moins d'un an un renouveau chez les étudiants de l'endroit. Parmi eux se trouvaient Albert Carman* et Nathanael Burwash*, deux hommes dont l'influence sur le méthodisme canadien se ferait sentir au delà du tournant du siècle.

James Caughey put ainsi, durant les années 1850, rompre l'isolement d'un grand nombre de Canadiens. Aux récents immigrés des îles Britanniques, il offrait un lien avec leur mère patrie, qu'il connaissait bien ; aux méthodistes canadiens, un pont entre le style revivaliste d'une époque révolue et la respectabilité du moment ; à tous ceux qui l'écoutaient, un moyen de puiser aux sources du passé pour s'adapter aux réalités d'une société en voie d'urbanisation. Comme tous les bons évangélistes, c'est en allant chercher les gens là où ils étaient qu'il pouvait les emmener avec lui à destination.

PETER BUSH

Les œuvres de James Caughey étudiées pour la préparation de cette biographie sont les suivantes : *Arrows from my quiver ; pointed with the steel of truth and winged by faith and love ; selected from the private papers of Rev. J. Caughey,* introd. de Daniel Wise (New York, 1868) ; *Conflicts with skepticism : or, the Christian's ally in collision with unbelief and unbelievers in the various departments of Christian labor* [...] (Boston, 1860 ; copie à l'UCC-C) ; *Earnest Christianity illustrated ; or, selections from the journal of the Rev. J. Caughey* [...] *with a brief sketch of Mr. Caughey's life by the Rev. Daniel Wise* (London, Ontario, 1855) ; *Glimpses of life in soul-saving ; or, selections from the journal and other writings of the Rev. James Caughey,* introd. de Daniel Wise (New York, 1868) ; *Helps to a life of holiness and usefulness, or revival miscellanies* [...] *selected from the works of the Rev. James Caughey* [...], R. W. Allen et Daniel Wise, édit. (Toronto, 1854) ; *Letters on various subjects* (5 vol., Londres, 1844–1847) ; *Methodism in earnest : being the history of a great revival in Great Britain ; in which twenty thousand souls were justified, and ten thousand sanctified, in about six years, through the instrumentality of Rev. James Caughey* [...] (Boston, 1850) ; *Showers of blessing from clouds of mercy ; selected from the journal and other writings of the Rev. James Caughey* [...] (Toronto, 1857) ; et *The triumph of truth, and continental letters and sketches, from the journal, letters, and sermons of the Rev. James Caughey* [...] (Philadelphie, 1857).

Il n'existe aucune bibliographie complète des publications de Caughey dont beaucoup ont paru en multiples éditions, mais la plupart sont énumérées dans le *British Library general catalogue* et dans le *National union catalog* ; des impressions canadiennes de trois de ses ouvrage figurent dans *Biblio. of Canadiana : second supp.* (Alston et Evans). Parmi les autres œuvres pour lesquelles l'auteur de la biographie a vu des références mais qu'il n'a pas examinées, citons : *Parting sermon of the Rev. James Caughey* [...] *delivered in Sans Street Chapel, Sunderland, on Friday evening Sept. 4, 1846* (Sunderland, Angl., 1846) (cité à la page 234 de l'ouvrage de Cawardine mentionné plus bas) ; *Report of a farewell sermon delivered in the Methodist New Connexion Chapel* [...] *Nottingham, by the Rev. J. Caughey* [...] *to which is added, an epitome of his farewell address at Sheffield, and an account of his embarkation at Liverpool* (Nottingham, Angl., 1847) ; et *A voice from America ; or, four sermons* [...] *reported by a Manchester minister* (2e éd., Manchester, 1847) (des exemplaires des deux derniers se trouvent à la British Library, Londres).

UCC-C, Nathanael Burwash papers, box 28, files 622–624 (esquisse autobiographique, chap. 1–3). — *Christian Guardian,* 1846–1860. — Richard Carwardine, *Transatlantic revivalism : popular evangelicalism in Britain and America, 1790–1865* (Westport, Conn., 1978). — Peter Bush, « The Reverend James Caughey and Wesleyan Methodist revivalism in Canada West, 1851–1856 », *OH,* 79 (1987) : 231–250.

CHABERT, JOSEPH, ecclésiastique catholique et professeur d'art, né le 3 juin 1831 à Lauris, France, fils de François Chabert et de Marguerite Thomassin ; décédé le 29 mars 1894 à Longue-Pointe (Montréal).

Fils de fermier, Joseph Chabert aurait étudié pendant trois ans à l'École impériale des beaux-arts à Paris avant de s'orienter vers l'état ecclésiastique. En 1861, il entra dans la Congrégation de Sainte-Croix au

Mans. Il fut tonsuré l'année suivante, mais quitta la communauté en 1864.

Attiré par les œuvres d'évangélisation, Chabert, qui avait accédé au sous-diaconat, se joignit au printemps de 1865 à un groupe de missionnaires que Mgr Henri Faraud* avait recrutés pour son vicariat apostolique d'Athabasca-Mackenzie dans Rupert's Land. Malade, Chabert dut cependant renoncer à ce projet et se rendit plutôt au petit séminaire de Sainte-Thérèse, au Bas-Canada, où il restructura le cours de dessin. Il aurait fait de même au collège Masson à Terrebonne. En 1865–1866, il aurait été chargé de l'enseignement du dessin au collège d'Ottawa, et il fonda en 1866 sa propre école de dessin dans cette ville. Accusé d'entretenir des visées trop élitistes, il se ravisa pour se consacrer dès lors à un enseignement pratique du dessin et à l'avancement de la classe ouvrière.

Dans sa nouvelle orientation, Chabert a pu être influencé par Napoléon Bourassa* qui réclamait un enseignement pratique des beaux-arts dans la ville de Montréal, alors en pleine expansion sur les plans démographique et industriel. Or, l'industrialisation croissante exigeait une main-d'œuvre qui possédait une connaissance des arts et des sciences appliqués à l'industrie. Ces conditions étaient favorables à la poursuite de l'œuvre éducatrice de Chabert. Aussi s'installa-t-il à Montréal dès la fin de 1870. En janvier de l'année suivante, grâce à l'aide de bienfaiteurs, dont l'industriel Jean-Baptiste Prat*, il put ouvrir gratuitement aux ouvriers les portes de l'Institut national des beaux-arts, sciences, arts et métiers et industrie. L'institut fut ouvert de 1871 à 1877 environ, puis durant le premier semestre de 1883 ; de nombreux professeurs y enseignèrent, dont le graveur Rodolphe Bresdin. Il rouvrit de 1885 à 1887 et Chabert reprit alors un enseignement purement artistique. En 1886, ses efforts furent couronnés de succès lorsque ses élèves se regroupèrent en une association professionnelle dans le but de prolonger auprès du public le rôle éducatif de l'école. De plus, cette année-là, Chabert remporta une médaille et un diplôme à la Colonial and Indian Exhibition à Londres.

Bien que Chabert ait affiché une neutralité politique, l'extrême diversité de ses sympathisants laisse entrevoir la possibilité qu'il ait été victime de ses propres jeux de pouvoir. Sa position marginale dans l'Église en tant que perpétuel sous-diacre a sans doute aggravé son isolement. Scandée par des moments de gloire et des fermetures précipitées, l'histoire de l'Institut national suivit en cela les péripéties de la vie personnelle de son fondateur. Une accusation d'assaut sur une jeune fille portée contre lui en 1886 assombrit la fin de sa carrière. Il souffrait d'aliénation mentale, et le 7 janvier 1888 on l'interna à l'asile de Longue-Pointe ; il y mourut le 29 mars 1894.

Joseph Chabert fut un animateur convaincant et dévoué qui s'attira de nombreux élèves. Un journaliste de *la Minerve* le qualifia de « maître capable, versé dans toutes les difficultés du dessin, et initié aux meilleures méthodes ». D'un tempérament impressionnable, il fut, selon Napoléon Bourassa, « une tête incontrolable » et un irréaliste qui compromit toutes ses entreprises même les plus louables. Mais, à l'instar des historiens qui se sont intéressés à Chabert, il faut reconnaître qu'il a joué un rôle de premier ordre dans l'enseignement des arts dans la province de Québec durant le dernier quart du XIXe siècle. Parmi les artistes qui ont fréquenté son école figurent Edmond Dyonnet, Henri Beau*, Ludger Larose et Marc-Aurèle de Foy Suzor-Côté*.

BERNARD MULAIRE

Joseph Chabert est l'auteur de : *Programme de l'Institution nationale, école spéciale des beaux-arts, sciences, arts et métiers et industries* (Montréal, 1874) ; *le Premier Canadien nommé à l'éminente charge de paléontologiste de la Commission géologique du Canada* [...] (Montréal, 1877) ; et *la Guerre au Canada* [...] (Montréal, 1881). Il a aussi fondé le journal *le Propriétaire et l'Ouvrier* (Montréal) dont l'unique numéro parut le 1er nov. 1875.

De toute la production de Chabert n'existent encore qu'une aquarelle représentant une nature morte au lapin blanc (1865 ou 1874 ; musée du séminaire de Québec) et une lithographie d'un portrait de Louis Riel*, œuvre publiée dans *la Presse* d'après un dessin de Chabert (1885 ; AN et musée McCord). On connaît aussi de Chabert des modèles pour l'enseignement du dessin (1865) et un dessin au crayon montrant une tête de lionne ou de tigre (1875). En argile, il façonna un buste de vieillard (1871) et deux sangliers qu'il présenta à l'exposition provinciale de Montréal en 1882. Il conçut les catafalques de sir George-Étienne Cartier* (1873) et de Jean-Baptiste Prat (1876), ainsi que les décorations de la salle mortuaire de ce dernier. [B. M.]

ACAM, 451.734, 875-1-3, 876-1. — AD, Vaucluse (Avignon), État civil, Lauris, 5 juin 1831. — ANQ-M, CE1-160, 31 mars 1894. — Arch. de l'hôpital Louis-H. La Fontaine (Montréal), Dossier 3148. — Arch. des Pères de Sainte-Croix (Montréal), CB 19, X-1861–X-1862 : 305–306 ; Matricule générale, matricule de la congrégation de Sainte-Croix : 37, n° 1464. — Arch. privées, Bernard Mulaire (Montréal), Entrevue avec le père Roger Bessette, archiviste des Pères de Sainte-Croix, 13 mai 1987. — ASQ, Fonds C.-H. Laverdière, n° 169 ; Fonds Viger-Verreau, carton 23, n° 383 ; 33, n° 60. — Bibliothèque de la ville de Montréal, Salle Gagnon, Env. 5449. — *Le Bien public* (Montréal), 19–20 juill. 1875. — *La Minerve,* 9 févr. 1867, 5 janv. 1871, 18 sept. 1882, 4 janv. 1883, 20 mai 1886. — *L'Opinion publique,* 3 août 1876. — *La Patrie,* 10 nov. 1886. — *La Presse,* 25 sept., 23 nov. 1885, 28 avril, 1er mai 1886, 23 avril 1887, 30 mars 1894. — *Montreal directory,* 1875–1876. — Rodrigue Bédard, « Napoléon Bourassa et l'Enseignement des arts au XIX siècle » (mémoire de M.A., univ. de Montréal, 1979). — Émile Falardeau, *Artistes et Artisans du Canada* (5 sér., Montréal, 1940–1946), 3. — Romain Gour, *Maurice Cullen, un maître de l'art au Canada* ([Montréal, 1952]). — Gérard Morisset, *la Peinture traditionnelle au Canada français* (Ottawa, 1960). — J.-R. Ostiguy, *Marc-Aurèle de Foy Suzor-Coté : paysage d'hiver* (Ottawa, 1978).— « Funérailles de sir G. E. Cartier, baronet, 13 juin 1873 », *l'Écho du Cabinet de lecture paroissial* (Montréal), 15 (1873) : 436–439.— Céline Larivière-Derome, « Un professeur d'art au Canada au XIXe siècle : l'abbé Joseph Chabert », *RHAF*, 28 (1974–1975) : 347–366.

CHADWICK, CHARLES ELI, fermier, fonctionnaire, homme d'affaires, officier de milice et homme politique, né le 13 août 1818 à Preston, Lancashire, Angleterre, fils du révérend Eli Chadwick et de Margaret Weal ; le 7 septembre 1843, il épousa à Ingersoll, Haut-Canada, Jane McCartney, et ils eurent neuf enfants ; décédé le 22 février 1896 au même endroit.

Charles Eli Chadwick immigra dans le Haut-Canada avec sa famille en 1826. Instruit par son père, qui était devenu agriculteur et instituteur à Vittoria, dans le comté de Norfolk, il possédait une solide formation classique quand il quitta l'école à l'âge de 16 ans pour travailler à la ferme familiale. À l'exception des deux années qu'il passa au service de son oncle Benjamin Chadwick, marchand à Drummondville (Niagara Falls), il demeura à la ferme jusqu'à son mariage en 1843, après quoi il s'établit dans une ferme de 500 acres dans le canton de Dereham (Southwest Oxford), dans le comté d'Oxford. Il commença à s'occuper des affaires locales et devint membre du conseil scolaire et inspecteur d'écoles, conseiller de district et greffier du canton, postes qui aiguisèrent son intérêt pour la vie publique. Fatigué de l'agriculture et peut-être encouragé par certains amis politiques comme Francis Hincks*, il alla se fixer à Ingersoll en 1853.

Chadwick allait y mener une carrière florissante. Maître de poste de 1853 à 1861, directeur de la succursale de la Niagara District Bank de 1854 à 1877, membre et, à certains moments, président du conseil scolaire entre 1866 et 1877, il fut également président de la Reform Association d'Oxford South et officier dans la milice d'Oxford, dont il devint lieutenant-colonel en 1860. Toutes ces occupations n'empêchèrent pas cet homme d'une intarissable énergie de diriger aussi une agence d'assurances tout en faisant partie du conseil d'administration de plusieurs entreprises locales.

Chadwick fut l'un des premiers à préconiser la fabrication industrielle du fromage au Canada et il exerça en ce domaine une grande influence. Depuis les débuts de la colonie, les fermiers ou, le plus souvent, les fermières produisaient le fromage en faibles quantités, et cette activité n'occupait qu'une petite place dans l'ensemble des activités agricoles. En 1864, un immigrant américain, Harvey Farrington, fonda à Oxford la première fabrique de fromage de l'Amérique du Nord britannique ; il y centralisa la production, ce qui eut pour effets d'augmenter le rendement et d'assurer tant un meilleur contrôle de la qualité qu'un revenu plus stable aux agriculteurs. Cette formule attira l'attention de Chadwick ; en avril 1865, il convoqua à une assemblée les fermiers et hommes d'affaires de la région d'Ingersoll, qui formèrent alors la West Oxford Cheese Association. En collaboration avec James Harris, fromager local, Chadwick et l'association ouvrirent la première fabrique d'Ingersoll. La croissance de l'industrie fromagère amena la formation d'associations industrielles et de groupes de pression. Chadwick participa à la mise sur pied du premier de ces groupes, la Canadian Dairymen's Association, fondée à Ingersoll en 1867 ; plus tard, il devint secrétaire de la Dairymen's Association of Western Ontario, poste qu'il occuperait durant de nombreuses années.

En 1878 et en 1879, on proclama Chadwick maire d'Ingersoll. Malgré les éloges que lui valut le fait d'avoir attiré à Ingersoll le Credit Valley Railway, il perdit son poste l'année suivante, au terme d'une campagne pendant laquelle on lui reprocha de ne pas avoir réussi à percevoir les 15 000 $ de taxes non payées par les habitants de la ville. Chadwick n'en conserva pas moins sa popularité, et même ses adversaires politiques signèrent la pétition qui demandait au gouvernement ontarien de le nommer magistrat de police pour Ingersoll. On annonça cette nomination en novembre 1880 et Chadwick occupa la fonction jusqu'à ce que son état de santé l'oblige à prendre sa retraite, à l'âge de 77 ans, quelques mois avant sa mort en 1896.

Grand voyageur, Chadwick avait, dit-on, traversé l'Atlantique sept fois. Enchanté par l'Exposition internationale de Vienne en 1873, il s'était quand même plaint des « tentatives systématiques d'extorsion [subies] dès [son] entrée dans ce satané pays d'Allemagne ». « Dégoûté de Vienne », il était retourné en Grande-Bretagne en remerciant Dieu de se trouver « encore une fois sur le sol britannique, dans un pays qui a quelque chose de chrétien ». Plus tard, ses visites à l'Exposition universelle de Philadelphie en 1876 et à l'Exposition universelle de Paris en 1878 ne susciteraient pas de tels commentaires, et l'on peut supposer qu'il tolérait mieux désormais les us et coutumes qui n'étaient pas ceux de son patelin.

Dans la région d'Ingersoll, Chadwick était connu comme orateur et auteur de fréquents articles dans la presse locale. Ses discours étaient ceux d'un impérialiste et nationaliste pour qui le Canada devait maintenir son « lien intime avec le trône britannique ». Néanmoins, malgré ses vues impérialistes, Chadwick soutint en 1880 dans l'*Ingersoll Chronicle and County of Oxford Intelligencer* que l'avenir du dominion appartenait aux immigrants des nombreux groupes ethniques qui, grâce « aux institutions libres et aux écoles gratuites [du Canada] de même qu'à la [mise en pratique des préceptes de la] Bible », pourraient se fondre en « une nouvelle race, qui ne le céderait en rien à aucune autre au monde ».

Aux yeux de ses contemporains, Charles Eli Chadwick fut un fonctionnaire dévoué et efficace, un magistrat sévère mais impartial, et un gentilhomme cultivé et courtois. Travailleur infatigable, consciencieux dans l'exécution de toutes sortes de fonctions, il ne franchit jamais, sur le plan public, les frontières du comté d'Oxford, peut-être parce qu'il dispersait son énergie dans tant d'occupations diverses, probablement surtout parce qu'il était satisfait de la gloire locale et n'avait aucune envie de quitter Ingersoll. Dans l'Ontario du XIXe siècle, il n'était pas rare que l'on exerce trente-six métiers, mais Chadwick fut exceptionnellement polyvalent, même pour son époque.

IAN M. STEWART

AO, MS 451, Oxford County, Oxford (North) Township, Ingersoll Rural Cemetery : 210 ; MS 747, Council minutes, 1878–1880. — UWOL, Regional Coll., C. E. Chadwick papers. — *Farmer's Advocate and Home Magazine* (London, Ontario), juill. 1867. — *Ingersoll Chronicle and Canadian Dairyman* (Ingersoll, Ontario), 2 janv., 3 juill. 1879, 8–15 janv., 8 juill. 1880, 20 janv. 1881, 14 nov. 1895. — *Canadian biog. dict.* — *Cyclopædia of Canadian biog.* (Rose et Charlesworth), 1. — *The dairy industry in Canada*, H. A. Innis, édit. (Toronto, 1937). — E. [S.] Moore, *When cheese was king : a history of the cheese factories in Oxford County* ([Norwich, Ontario], 1987).

CHAPLEAU, sir JOSEPH-ADOLPHE, avocat, éditeur, homme politique, directeur de journal et fonctionnaire, né le 9 novembre 1840 à Sainte-Thérèse, Bas-Canada, fils de Pierre Chapleau et de Zoé Sigouin ; le 25 novembre 1874, il épousa à Sherbrooke Marie-Louise King, et ils n'eurent pas d'enfants ; décédé le 13 juin 1898 à Montréal.

Joseph-Adolphe appartient à la huitième génération des Chapleau au Canada. Son ancêtre, Jean Chapeleau, est né en 1626 de Jean et de Françoise Brochard dans la paroisse des Brouzils, aujourd'hui en Vendée. Au milieu du XVIIe siècle, il immigre en Nouvelle-France et s'établit à La Canardière, près de Québec, où il est maître maçon. Le 26 avril 1654, il y épouse Jeanne Gagnon, de l'évêché de Poitou. Les six enfants nés de ce mariage font souche dans le pays, plus ou moins près de Québec, selon ce que leur offre l'effort de colonisation et de développement intégral de la colonie entrepris à la fin du XVIIe siècle. Un descendant des Chapeleau se trouve parmi les premiers habitants de la seigneurie de Terrebonne. Joseph-Adolphe est sans doute de cette lignée, puisque sa famille est du village de Sainte-Thérèse, dans le domaine de Blainville, de la seigneurie des Mille-Îles, voisine immédiate de la seigneurie de Terrebonne. Son père, Pierre Chapleau, est un paisible entrepreneur-maçon, « un tailleur de pierre ». C'est un homme grand de six pieds, qui commande le respect tant par « sa scrupuleuse probité » que par « sa belle tête ». Joseph-Adolphe gardera de son père le souvenir d'un homme qui s'est contenté toute sa vie de « travailler, aimer et prier » et d'« un honorable représentant du travailleur canadien ». Sa mère, femme remarquable, aurait légué à son fils ses dons les plus éclatants, au dire de Clément-Arthur Dansereau*, ami intime de la famille, conseiller personnel et collaborateur de Chapleau en politique.

La famille est modeste et, comme si souvent à l'époque, la phtisie y fait des ravages. Deux enfants, Henri et Philomène, en meurent à la fleur de l'âge. Rien n'indique que la maladie ait atteint Joseph-Adolphe lui-même. Cependant, toute sa vie, il sera fragile de santé, s'enrhumera au moindre refroidissement et devra s'imposer de fréquentes cures de repos.

Tout jeune, Joseph-Adolphe se montre intelligent, vif et curieux. Il a le goût d'apprendre. Grâce à la famille Masson, les parents trouvent le moyen de lui donner des études supérieures. Après avoir fréquenté l'école du village de Sainte-Thérèse, Joseph-Adolphe entre au collège Masson, où se donne alors un enseignement classique. Le collège a été fondé grâce à la générosité du seigneur Joseph Masson*. Depuis la mort de son mari en 1847, Marie-Geneviève-Sophie Raymond continue de soutenir l'établissement comme un bien de famille. Elle y entretient aussi des jeunes hommes de familles plus modestes, qu'on lui recommande parce qu'ils semblent destinés au sommet de l'échelle sociale, dans le sacerdoce ou sur la scène politique. Sous son influence, Joseph-Adolphe va faire ses classes de philosophie au séminaire de Saint-Hyacinthe. C'est le choix que la seigneuresse de Terrebonne a fait quelque dix ans plus tôt, à l'instigation de Mgr Ignace Bourget*, pour son fils Louis-François-Rodrigue*. Le jeune Chapleau, qui a beaucoup de talent, peut profiter d'un enseignement qui jouit d'une excellente réputation et qui se présente comme un rempart dans le Bas-Canada contre les valeurs anglo-saxonnes. Le séminaire de Saint-Hyacinthe est, en effet, « un foyer d'éducation nationale et de sentiment patriotique ». Une grande partie de la bourgeoisie bien pensante du Bas-Canada y est formée.

À la fin de ses études, Chapleau opte pour le droit, qu'il étudie auprès des avocats Gédéon Ouimet*, Louis-Siméon Morin* et Louis-François-Wilfrid Marchand, de Montréal. Lorsqu'il est admis au Barreau du Bas-Canada le 2 décembre 1861, il vient tout juste d'atteindre la majorité.

Chapleau commence immédiatement à exercer sa profession à Montréal. Il s'associe d'abord à Ouimet, celui qui l'a initié au droit, dans l'étude Moreau et Ouimet. Au cours de sa carrière, il travaillera successivement avec Joseph-Alfred Mousseau*, Edward

Carter, Levi Ruggles CHURCH, Albert William Atwater, Charles Laplante, dit Champagne, ainsi qu'à l'étude Moreau, Archambault, Nicolls et Brown. Chapleau se spécialise en droit criminel. En 15 ans de pratique, il figurera dans 22 procès pour meurtre, et en gagnera 21. Il met dans ses plaidoyers de l'intelligence et de la sensibilité. Il y ajoute une mise en scène favorable, comme on le fait volontiers à l'époque. Laurent-Olivier David* en donne cette description : « Sa figure pâle et sympathique encadrée d'une longue chevelure qu'il faisait flotter sur ses épaules, la façon dont il savait se draper dans sa toge, sa voix mélodieuse et ses appels touchants, passionnés, à la pitié, à la miséricorde, avaient un effet miraculeux sur les jurés. » Chapleau acquiert une réputation qui le distingue des avocats de son âge, mais sa nature appelle quelque chose de plus.

Avec quelques amis, Ludger Labelle*, Louis-Wilfrid Sicotte, Joseph-Alfred Mousseau et Laurent-Olivier David, Chapleau fonde à Montréal en 1862 *le Colonisateur*. Ces jeunes intellectuels se croient investis d'une mission et cherchent à se faire un nom et une place dans les débats de l'heure. Mais leur aventure est de courte durée puisque le journal publie son dernier numéro le 27 juin 1863.

Chapleau est bientôt tenté par la politique. À 19 ans, il a participé à des campagnes électorales et il garde la nostalgie de ces luttes que domine la passion, souvent de façon excessive et brutale. À Montréal, dans le milieu où vit Chapleau, la politique est au menu de toutes les conversations et, depuis le début des années 1860, elle cause de profondes inquiétudes. L'union des deux Canadas n'a jamais été vigoureuse, mais elle agonise alors et met en péril l'autonomie législative du Bas-Canada. Dans l'entourage de Chapleau, on se demande si les assauts du Haut-Canada et sa politique de la « Rep. by Pop. », la représentation proportionnelle à la population, n'auront pas finalement raison de l'existence du Bas-Canada comme entité différente du Haut-Canada. On sent le besoin d'une réforme constitutionnelle de fond et on est prêt à beaucoup pour la réaliser.

Dans ce contexte d'antagonisme interprovincial, s'ouvre en 1864 l'ère de la Confédération canadienne. Le projet presse tous les nationalistes à s'engager selon leurs talents car, pense-t-on, « Mieux vaut une confédération imparfaite dans sa forme, qu'une *union législative* des Canadas avec la représentation basée sur la population ». Chapleau décide alors de faire le saut en politique active pour soutenir le projet de Confédération et appuyer le parti libéral-conservateur que dirigent George-Étienne Cartier* et John Alexander MACDONALD. Il rompt ainsi avec une partie de la jeunesse conservatrice qui se rebelle contre Cartier.

Au lendemain de la mise en vigueur de la Confédération, le 1er juillet 1867, des élections se tiennent pour la chambre des Communes et l'Assemblée législative de la province de Québec. Dans la circonscription de Terrebonne, Louis-François-Rodrigue Masson se présente à la chambre fédérale. Il envisage de siéger aussi au Parlement provincial, comme le feront d'ailleurs un grand nombre de ses amis politiques, puisque rien ne s'oppose au double mandat pour la province de Québec. Il a l'appui du chef du parti conservateur, George-Étienne Cartier, qui veut jouer sûr dans Terrebonne, aux mains des « rouges » depuis 1861. Son représentant, Louis Labrèche-Viger*, a d'ailleurs voté contre le projet de Confédération en 1865. Faisant fi de sa dette envers la famille Masson et du désir de Cartier, Chapleau parvient, grâce à quelques intrigues, à obtenir le mandat provincial de la circonscription de Terrebonne. Sa carrière s'ouvre donc sur un geste d'insubordination envers son chef et d'autonomie personnelle à l'égard des Masson. Cette attitude n'entame pourtant pas son engagement envers le parti libéral-conservateur ni envers le projet de Confédération. Le jour même où il est élu sans opposition député de Terrebonne contre la volonté et les ordres de Cartier, il vient au secours de son chef, dont l'élection est sérieusement compromise. Dans une assemblée contradictoire, les ouvriers de Montréal-Est, affolés par Médéric Lanctot* et Ludger Labelle, le candidat de l'opposition, empêchent Cartier de se faire entendre. Chapleau se lance sur la tribune. Après un discours d'une heure sur les mérites du chef et les avantages de la Confédération, les applaudissements éclatent. À Cartier qui vient le remercier avec effusion, Chapleau répond : « Il n'y a pas de quoi, monsieur Cartier, ce n'est pas pour vous que je l'ai fait. » Cet incident révèle ce que Chapleau sera, pendant 25 ans, aux premiers rangs de la politique québécoise puis canadienne : dévoué, vrai, mais ferme, fier, parfois cassant et irritant. S'y révèle également le talent oratoire de Chapleau, dont on parle dans les cercles politiques et qui le devance au Parlement de Québec. C'est à lui que le premier ministre Pierre-Joseph-Olivier Chauveau* confie la tâche de proposer l'adresse en réponse au discours du trône. Chapleau profite de ce moment solennel pour lancer, le 30 décembre 1867, un appel à l'unité : « Nous sommes au berceau d'une constitution nouvelle ; autour d'un berceau, les passions se taisent, les divisions disparaissent, pour faire place à des sentiments d'amour, à des projets de gloire et d'avenir. » Il reprendra fréquemment cet appel au cours de sa carrière politique, qui comprendra trois actes : de 1867 à 1882, Chapleau siège à l'Assemblée législative de Québec, où il gravit tous les échelons ; de 1882 à 1892, il est à Ottawa, député de Terrebonne et ministre de la couronne ; de 1892 à 1897, il est lieutenant-gouverneur à Spencer Wood.

À son arrivée au Parlement de Québec, Chapleau n'est pas une vedette. La moyenne d'âge des députés est de 42 ans ; il n'en a que 26. Parmi ses nouveaux collègues, 19 ont déjà fait partie de la chambre du Canada-Uni ; il est sans expérience parlementaire. Un grand nombre ont du prestige : ils sont aussi députés, voire ministres, à la chambre des Communes, ils sont liés au monde des affaires ou ils ont eu une carrière militaire. Chapleau, lui, n'a pour tout crédit que ses quelques années de pratique juridique, son expérience au *Colonisateur,* ses liens professionnels avec Gédéon Ouimet, le procureur général du nouveau gouvernement Chauveau, ainsi que ses liens d'amitié avec quelques autres députés. Il possède cependant des dons que tous lui reconnaissent. C'est également un ambitieux. Il accorde donc une grande attention à tous les débats qui occupent la chambre avant de s'y engager personnellement.

Pendant son premier mandat, entre 1867 et 1871, Chapleau se compromet pourtant sur la question de l'éducation, révélant ainsi « un nationalisme prudent » mais fort. Cette question épineuse, le dernier gouvernement de l'Union n'a pas réussi à la régler. Hector-Louis Langevin*, qui prétendait le faire pour le Bas-Canada au cours de la session de 1866, a dû retirer son projet de loi, ce qui entraîna la démission du représentant de la minorité protestante du Bas-Canada, le ministre des Finances, Alexander Tilloch GALT. Au lendemain même de la Confédération, Joseph-Édouard Cauchon* a dû renoncer à l'honneur de former le premier gouvernement provincial parce que sa violente opposition au projet de loi Langevin, un an plus tôt, lui avait aliéné la minorité protestante de la province et qu'aucun député anglophone n'acceptait de faire partie de son gouvernement.

La question des écoles est une priorité pour le premier ministre Chauveau, aussi détenteur du ministère de l'Instruction publique, créé en 1867. Des groupes de pression lui rappellent avec insistance que Cartier a promis publiquement d'obtenir du gouvernement québécois une législation scolaire qui satisfasse la minorité protestante. On lui demande de donner suite à la promesse du chef conservateur. Le 19 mars 1869, Chauveau présente donc son projet de loi sur les écoles, que le lieutenant-gouverneur sanctionne le 5 avril suivant. Cette nouvelle loi est bien reçue par les protestants car elle leur accorde les privilèges qu'ils réclamaient depuis plusieurs années et qui leur avaient échappé de justesse à la toute veille de la Confédération. Ils obtiennent ainsi la mainmise sur leurs écoles et un mode de financement plus adéquat. Il est clair qu'une loi aussi favorable à la minorité protestante de la province est le prix payé pour la Confédération et pour la paix politique et sociale de la nouvelle province de Québec. C'est aussi la preuve qu'on ne pourra gouverner à Québec sans concessions importantes à l'élément anglais, vu sa prépondérance dans la vie économique de la province.

La libéralité du gouvernement Chauveau ne fait pas l'unanimité chez les catholiques. Elle est l'objet de critiques dans la presse canadienne-française comme au Parlement. Tel que prévu par Chauveau comme par Cartier et Langevin qui dominent le gouvernement, c'est Cauchon qui ouvre le débat. Il ne peut laisser passer un projet de loi qui est, en quelque sorte, le calque du projet de loi Langevin de 1866. Le jeune Chapleau lui emboîte le pas en dénonçant les privilèges accordés à la minorité protestante et les dangers que représente tant de générosité de la part du gouvernement.

Dans les circonstances, cette première prise de position de Chapleau en chambre est courageuse, bien qu'elle ne soit pas sévère. On a ainsi la preuve que le jeune politicien est déjà capable de se mettre au-dessus de ceux qui le dérangent, même si ce sont eux qui ont en main son avenir politique. Chapleau manifeste la même indépendance en 1870, en votant contre le double mandat, parce que celui-ci pourrait mettre l'Assemblée législative à la remorque de la chambre des Communes et menacer ainsi l'autonomie provinciale.

Aux élections provinciales tenues à l'été de 1871, Chapleau est réélu sans opposition dans Terrebonne. De nouveau, Masson est tenté par la scène provinciale. Pour la paix de la circonscription, et comme c'est fréquent à l'époque, les deux hommes s'entendent pour s'appuyer mutuellement, les élections fédérales devant se tenir sous peu. Au Parlement, l'atmosphère n'est plus celle de 1867. Les conservateurs y sont encore majoritaires, mais l'ultramontanisme exprimé dans un manifeste, le Programme catholique [V. François-Xavier-Anselme Trudel*], aux élections précédentes, les divise en deux ailes de parti. Chapleau n'a pas eu à affronter personnellement un opposant programmiste. Il doit se définir cependant. Il est un conservateur libéral ; il prône la séparation de l'Église et de l'État, l'obéissance à « la puissance séculière » pour les matières civiles et à « la puissance spirituelle » pour les questions religieuses. Il n'a donc rien du conservateur d'extrême droite ni de l'ultramontain.

L'appartenance régionale divise également les conservateurs. Depuis la formation du gouvernement de Québec, les intérêts régionaux se sont précisés avec la création d'un regroupement de députés et l'apparition de chefs de région. Deux régions s'affrontent particulièrement au sein du parti : Montréal et Québec. Chapleau n'est pas le représentant officiel de la région de Montréal mais, dans les faits, c'est lui qui la défend avec le plus d'ardeur et d'autorité. Après la mort de Cartier en 1873, le nouveau chef du parti, Hector-Louis Langevin, lui confie la formation d'une ligue conservatrice dans la région de Montréal, et se charge lui-même d'une organisation semblable pour la région de Québec. Les conservateurs alors « hésitants » suivent Chapleau, surtout les jeunes qui, comme lui, penchent légèrement vers la gauche. Sans s'en douter, Langevin se tend un piège, puisque c'est ainsi que commence la longue rivalité qui marquera la carrière politique des deux hommes.

D'autre part, beaucoup de députés ministériels contestent le cabinet Chauveau à cause de sa grande faiblesse administrative. Ils s'opposent également au double mandat, qui favorise les empiétements du gouvernement fédéral et entame, dans les faits, l'autonomie de la province. Chapleau prend part à cette double protestation, assurant ainsi sa promotion politique. Après la démission forcée du premier ministre en 1873, Gédéon Ouimet remplace Chauveau. Le 27 février, il fait de son disciple Chapleau le solliciteur général de son gouvernement.

Chapleau se trouve ainsi impliqué dans le scandale des Tanneries qui ébranle fortement le gouvernement Ouimet en 1874 [V. Louis Archambeault*]. Le cabinet a voté à la hâte l'échange d'un terrain d'environ 25 arpents dans le village des Tanneries pour un autre, d'une quarantaine d'arpents, situé au coteau Saint-Pierre. La transaction est dénoncée comme défavorable à la province et on accuse alors le gouvernement Ouimet d'avoir fait le jeu des spéculateurs fonciers. Il aurait cédé une propriété de 200 000 $ pour une autre d'environ 20 000 $. On découvre également un jeu d'influences, dans lequel Dansereau, l'ami de Chapleau, aurait été très actif. Le 22 septembre, Ouimet remet le gouvernement à Charles-Eugène Boucher* de Boucherville, qui s'entoure d'hommes que n'a pas touchés le scandale des Tanneries mais qui n'ont pas assez de tendances communes pour constituer un gouvernement fort.

L'enquête qui suit établit la corruption dans cette affaire et recommande l'annulation de la vente. Les enquêteurs démontrent que Dansereau a bénéficié de renseignements auprès de Chapleau. Coupable ou non, celui-ci se trouve compromis, ce qui aurait pu bloquer son élan politique. Mais la province de Québec est pauvre d'hommes d'avenir et Ottawa en recrute déjà un grand nombre.

En 1874, deux autres événements marquent la vie de Chapleau. Il en sort mieux armé à différents égards. En octobre, on le désigne avocat d'office pour la défense d'Ambroise-Dydime Lépine* et de ses compagnons métis, arrêtés relativement à la mort de Thomas Scott* en 1870. Dans le cas de Lépine, Chapleau n'a pas raison du fanatisme anglais, mais il est plus heureux en ce qui concerne André Nault* et d'Elzéar Lagimodière. Il a fait le voyage à Winnipeg à ses frais et il a plaidé sans honoraires. Il est clair que Chapleau s'associe au nationalisme ethnique de son temps, dont l'un des traits est la mission providentielle de propager la culture française et la foi catholique romaine sur un continent anglo-saxon et protestant. Dans cette perspective, la province de Québec doit se rendre responsable de la communauté métisse de l'Ouest et lui donner tous les moyens de survivre d'abord, puis de se développer, grâce à un mouvement de colonisation en partance des rives du Saint-Laurent. La solidarité ethnique soutient donc Chapleau dans cette intervention en faveur des Métis. Mais le geste n'est pas totalement gratuit. Un voyage dans l'Ouest est une aventure dont rêvent beaucoup de jeunes qui ont connu Louis Riel* quand il était au collège à Montréal, ce qui est le cas de Chapleau. En plus, la participation à un procès qui fait la manchette de la presse du pays ne peut que consolider une carrière politique.

À peine revenu de Winnipeg, Chapleau épouse à Sherbrooke Marie-Louise King, fille du lieutenant-colonel Charles King, militaire de marque né en Angleterre et venu s'établir en 1860 à Sherbrooke, où il devient un très riche spéculateur foncier. Marie-Louise est une jeune fille accomplie, éduquée chez les religieuses, bien qu'elle soit protestante. Elle parle très bien le français, elle est musicienne et possède une belle voix qu'elle a cultivée dès sa tendre enfance. Chapleau l'a rencontrée un an plus tôt, à l'occasion d'un concert à Montréal. C'est donc la musique qui unit d'abord les époux, car Chapleau est lui-même artiste à ses heures et chante « à ravir les vieilles chansons de France ». Par un tel mariage, Chapleau gagne à la fois les moyens de payer ses plaisirs, qui sont toujours très nombreux, et d'obtenir « la faveur des grands ».

Le programmiste Boucher de Boucherville et Chapleau ne sont pas des amis. Des pressions politiques obligent pourtant le premier ministre à encourager l'ascension de Chapleau. Il en fait même le secrétaire de son gouvernement le 27 janvier 1876. Chapleau accepte la tâche, non sans regarder du côté d'Ottawa. Il rêve d'un « changement de décors et d'acteurs » et, il faut le croire, d'une scène plus prestigieuse, où donner sa pleine mesure. Mais Ottawa est alors sans avenir immédiat pour un conservateur. Au contraire, Québec lui réserve une lutte comme il les aime, avec le renvoi d'office du ministère de Boucher de Boucherville par le lieutenant-gouverneur Luc Letellier* de Saint-Just le 2 mars 1878 et la formation d'un ministère libéral, que sanctionnent les élections qui suivent. À Ottawa, cependant, le parti conservateur reprend le pouvoir le 17 septembre 1878. Deux promesses figurent à son programme électoral : l'instauration d'une Politique nationale en matière économique [V. sir Samuel Leonard TILLEY] ; la destitution du lieutenant-gouverneur de Québec, Letellier de Saint-Just. Le nouveau gouvernement Macdonald s'attaque immédiatement au rajustement du tarif protectionniste, mais il tarde à régler le sort du lieutenant-gouverneur. Chapleau estime qu'il faut « une pression violente » sur sir John car, s'il est « laissé à lui-même, il aura des conseillers froids dans les Anglais, et les choses languiront ». Il est sûr que le sort du parti conservateur à Québec est lié au dénouement de l'affaire Letellier. Sous forme de plaisanterie un peu cavalière, Chapleau écrit cette prévision : « Spencer-Wood est en ce moment un vrai baromètre. Si le *bonhomme* sort, c'est le beau temps, s'il reste chez lui c'est du mauvais ! [...] Et dire que c'est vous à Ottawa qui *faites la pluie et le beau temps.* » Chapleau mène le combat contre les intrigues de Macdonald qui subit des influences en Ontario, il soutient ses amis d'Ottawa dans leurs démarches auprès du chef, réagit à chaque épisode de l'affaire, calme les membres du Club Cartier lorsqu'ils réclament la démission en bloc des ministres fédéraux de la province de Québec, s'impatiente quand la solution retarde, soutient Langevin qui joue en Angleterre le rôle le plus important dans le dénouement du drame Letellier, se réjouit enfin à l'annonce de la destitution du lieutenant-gouverneur le 25 juillet 1879.

Chapleau sort donc de la crise Letellier plein d'une force nouvelle. Il a plus que jamais les yeux tournés vers Ottawa et ne manque pas d'y souligner ses mérites. Cependant, avant de passer à la scène fédérale, il se donne la mission de refaire l'unité du parti et de remettre la province aux conservateurs. À cette dernière fin, avec l'appui de Louis-Adélard Senécal*, le grand argentier du parti, il gagne à sa cause le Conseil législatif, qui refuse de voter les subsides. Le coup d'État du Conseil législatif, qui fait écho au coup d'État Letellier, entraîne la chute du gouvernement d'Henri-Gustave Joly*.

Chapleau devient premier ministre de la province le 31 octobre 1879, à l'âge de 38 ans. Homme politique habile, il sait manier les hommes presque aussi bien que la parole. Mais comme il est sans majorité sûre à la chambre, il ne peut espérer gouverner sainement la province à moins d'une coalition qui unirait les modérés des deux partis. Depuis la Confédération, l'idée d'une telle entente revient régulièrement. On en fait le fondement d'un gouvernement fort et la condition de l'autonomie provinciale.

À son arrivée au pouvoir, Chapleau prend donc l'initiative d'une union avec les libéraux de droite. À cette fin, il charge Mousseau, alors député conservateur, d'approcher Honoré MERCIER, l'âme du parti libéral depuis la chute du gouvernement Joly. Mercier est séduit par le projet. Les deux chefs ont des origines professionnelles et politiques communes et, en dépit de cheminements divergents, ils restent de bons amis. Dans ces circonstances, la formation d'un cabinet de coalition est plus réaliste que jamais. Tant que les négociations sont secrètes, Chapleau garde espoir, même si les libéraux posent des conditions exigeantes, dont l'abolition du Conseil législatif. Mais quand les pourparlers sont connus, les ultramontains partent en guerre et réclament le maintien des chambres hautes aux deux niveaux du gouvernement comme remparts contre le libéralisme. Une fois de plus, l'union entre conservateurs et libéraux modérés échoue. Chapleau y reviendra en 1881. Il essuiera semblable échec. Mercier sera plus heureux en 1886. Son parti national ne survivra pourtant que quelques années à l'émotion collective soulevée autour de la pendaison de Riel.

À la direction de la province, Chapleau a un règne de courte durée. Il prend le fauteuil du premier ministre le 28 mai 1880, après la démission forcée de Joly. Il l'occupe de nouveau pendant la session de 1881. Bien que son parti gagne les élections du 2 décembre suivant avec une écrasante majorité de 37 voix, Chapleau connaît une session difficile au printemps de 1882 et se voit contraint de quitter Québec pour Ottawa en juillet de la même année. Son règne de premier ministre de la province est donc tumultueux. Les difficultés proviennent, comme il se doit, de l'opposition libérale, mais aussi de son propre parti, où les ultramontains se méfient de leur chef et le surveillent de très près.

Au tout début de la session de 1880, Chapleau a l'occasion de tester son pouvoir. Les libéraux, victimes du Conseil législatif quelques mois plus tôt, présentent le 2 juin 1880 une motion qui vise à en référer à la reine pour l'abolition du conseil. Ils ont l'appui de presque toute la population anglaise de la province et même celui de la presse conservatrice, *la Minerve* et *le Courrier de Montréal*. Chapleau et plusieurs de ses lieutenants se trouvent dans l'embarras, car ils ont envisagé de façon positive la suppression du conseil en vue d'une entente avec Mercier. Mais les ultramontains sont aux aguets. La motion présentée par Mercier est rejetée par 35 voix contre 27. En deux ans de pouvoir, Joly n'a pas connu pareille majorité. Chapleau peut donc être confiant, d'autant plus qu'il a mis à son menu ministériel des mesures sagement préparées pendant les vacances parlementaires et propres à redresser l'économie de la province.

Chapleau soumet à la chambre deux projets négociés avant la session. Pour renflouer le trésor provincial, le gouvernement a conclu sur le marché monétaire de Paris un emprunt de 4 millions de dollars, à un taux favorable de 5 %. D'autre part, il a obtenu l'appui financier des banquiers français pour la fondation d'un Crédit foncier franco-canadien, fonds social de 25 millions de francs (5 millions de « piastres ») constitué pour des prêts aux cultivateurs, aux corporations municipales et scolaires, aux fabriques et même au gouvernement de la province. L'emprunt obtient l'approbation de l'Assemblée, et la fondation du Crédit foncier franco-canadien est votée par les deux chambres au cours de la session de 1880. Chapleau acquiert ainsi une très grande influence. Dans les milieux d'affaires, on entrevoit que les industriels français investiront, entre autres, dans l'exploitation des phosphates et de la betterave à sucre et dans l'organisation du Crédit mobilier. Autrement dit, on pressent, grâce aux relations avec les capitalistes français, un développement économique qui rattraperait celui de l'Ontario, qui accuse déjà une avance inquiétante. Les francophiles se montrent particulièrement heureux de cette première collaboration d'envergure avec la France depuis la Conquête. « Non seulement nous avons réussi à créer en Europe un nouveau crédit à la province, mais nous avons encore fait renaître un lien de sympathie entre le Bas-Canada et notre ancienne patrie, la vieille France », écrit *la Minerve* du 7 novembre 1881. « Nous avons réussi à donner du sentiment au capital, et cette affection fraternelle retrouvée après plus d'un siècle d'oubli a déjà produit les résultats les plus heureux pour notre province. »

Le gouvernement Chapleau présente, au cours de cette session qui a tous les caractères d'une avant-première, un autre projet de loi d'ordre économique. Il crée un fonds consolidé d'emprunt municipal. La plupart des municipalités sont endettées envers la province pour des prêts contractés 25 ans plus tôt, avant même la Confédération et la création de la province de Québec. Le gouvernement propose de ne calculer les intérêts que pour une période de 12 ans, à un taux maximum de 5 %, d'y ajouter le capital et d'accepter le paiement de la dette en obligations négociables. Le projet reçoit l'appui des deux côtés de la chambre. Au Conseil législatif, c'est Joly qui le défend avec le plus de chaleur et de conviction. Enfin, dans l'intention de consolider son pouvoir, le gouvernement Chapleau présente un budget sobre et rassurant, susceptible de rétablir l'équilibre dans les finances de la province.

Après une première session, Chapleau estime qu'il a acquis une majorité assez solide, assez disciplinée pour lui permettre de résister à tous les orages. Certaines questions bouleversent la province depuis plusieurs années. Le premier ministre n'a pas osé les aborder dans la première session de son gouvernement, alors que sa majorité était inconnue. Mais elles dominent les sessions de 1881 et de 1882.

À l'intérieur du parti conservateur, différents sujets divisent les ultramontains, qui se nourrissent des idées de Louis Veuillot et des enseignements de Pie IX, et les modérés qui, sans idéologie précise, vivent pour l'État, le parti et, prioritairement, pour les intérêts économiques de la province. La question universitaire est l'un des sujets de division qui déchire le parti depuis bientôt dix ans. Dans les faits, elle constitue un dialogue de sourds entre Montréal et Québec sur le droit de l'université Laval d'ouvrir des succursales à l'extérieur de Québec. En 1872, Laval a décidé d'établir quatre facultés à Montréal : théologie, sciences et arts, droit et médecine. Les trois premiers établissements se sont faits sur la base d'ententes avec les sulpiciens ou les jésuites, mais l'école de médecine et de chirurgie de Montréal a refusé et refuse encore en 1881 le joug de Laval [V. Thomas-Edmond d'ODET d'Orsonnens]. De démarche en démarche, l'université en arrive à demander au gouvernement une charte additionnelle qui donnerait un statut légal à sa succursale de Montréal. Appelé à se compromettre dans la dispute, Chapleau ne peut soutenir les ultramontains intransigeants qui ont en main la cause de Montréal, d'autant plus que sept évêques sur huit soutiennent Laval, voire militent en faveur de la succursale de Montréal. Il vient en plus de refuser à Mgr Louis-François LAFLÈCHE une déclaration officielle dans laquelle son gouvernement se serait engagé à soumettre sa législation au principe de subordination de l'État à l'Église. Il a aussi résisté à l'évêque, avec « la bénédiction » de l'ensemble de l'épiscopat, sur la question des immunités accordées à l'Église en relation avec la loi électorale. Selon lui, il n'était pas opportun de présenter un projet de loi formel sur les immunités ecclésiastiques, parce qu'une telle loi aurait pu ranimer « la guerre sainte » et être jugée par les protestants comme « une agression » et, en conséquence, susciter « une controverse ardente », néfaste à « l'expansion des forces nationales et religieuses de l'élément canadien-français ».

La loi spéciale demandée par l'université Laval réussit d'abord l'épreuve du comité des bills privés, le 3 juin 1881, par 9 voix contre 4. À l'Assemblée législative, la recommandation du comité suscite quatre heures de discussion, puis elle est votée le 13 juin à minuit par 31 voix contre 20. Le vote favorable à Laval est moins celui des conservateurs que celui des libéraux de Mercier, puisque les premiers ne donnent que 10 des 31 « pour » enregistrés.

Une telle loi ne réussit pas à régler la question universitaire et elle n'a rien pour rétablir la paix dans le parti conservateur. Pendant la courte session de 1881, Chapleau a gagné des ennemis, qui ne perdent aucune chance de l'incriminer. Exaspéré, malade en plus, conscient de s'enliser à la direction du ministère, il part pour Paris, le lendemain même de la dissolution des chambres. Il voyage en compagnie de sa femme, qui est chez elle autant à Paris qu'à Londres ou à Québec. Senécal et sa famille sont aussi du voyage, ce qui n'est pas sans susciter de vives réactions dans la presse. Ce dernier, trésorier du parti conservateur, est vu comme l'éminence grise de Chapleau. Ambitieux, audacieux, fort de la puissance que donne l'argent, il a une activité économique sans pareille dans le milieu canadien-français. Senécal a largement contribué à la destitution de Letellier, à la chute du gouvernement Joly et à écarter les libéraux du pouvoir en 1879. Chapleau lui doit en grande part sa promotion politique et, davantage encore, sa situation financière personnelle. Senécal l'entraîne, en effet, dans un grand nombre d'affaires, ce qui ne manque pas d'irriter la presse libérale. Mais *la Minerve* vient à son secours ; le salaire de 3 000 $ par an qu'on paie à un ministre, sans allocation supplémentaire pour ses frais de déplacement et de représentation, « ne permet pas de faire des folies ».

En Europe, Chapleau remplit la mission d'un chef d'État, en plus de se reposer et de prendre ses distances par rapport aux problèmes de la province. Il se rend aussi à Rome, où l'on ne manque pas de l'interroger sur la question universitaire. Il revient au pays le 17 septembre 1881 en compagnie de Macdonald qui lui conseille de tenir des élections au plus tôt et d'envisager sérieusement son départ pour Ottawa. Chapleau suit l'avis de son chef et annonce des élections pour le 2 décembre. Après une éclatante victoire, il prépare la session de 1882, où il doit soumettre à la législature les intentions de son gouvernement concernant le chemin de fer de Québec, Montréal, Ottawa et Occidental, probablement l'acte principal de ses trois années d'administration.

L'affermage ou la vente de cette importante propriété de la province est à l'étude depuis plusieurs années. Quand Chapleau est arrivé au pouvoir, il s'est engagé à trouver la solution la plus avantageuse pour la province. Il en est arrivé à céder à la Compagnie du chemin de fer canadien du Pacifique le tronçon ouest (Montréal-Ottawa) pour un montant de 4 000 000 $. Puis il vend le tronçon est (Montréal-Québec) à un syndicat formé et dirigé par Senécal. Cette transaction donne lieu à d'amères critiques. On estime qu'elle sacrifie les intérêts financiers de la province à la politique ferroviaire du Canada. Le 19 février 1882, Chapleau avoue lui-même à Macdonald, alors qu'il en négocie la vente : « Nous pourrions trouver, (& j'en ai déjà l'offre) un montant d'argent plus considérable [...] mais je sais que vous préférez l'arrangement que je négocie [...]. » D'autre part, la transaction favorise Montréal, dont elle fait le terminus du chemin de fer canadien du Pacifique. Enfin, elle est surtout l'œuvre de Senécal, et on ne peut douter que l'homme y réalise des profits considérables pour lui-même et ses amis. Après s'être sacrifié à trois reprises pour refaire la position du parti conservateur dans la province de Québec, Chapleau se trouve devant un parti plus divisé que jamais. Les « castors », que dirige François-Xavier-Anselme Trudel, et les « senécalistes » s'y affrontent durement. « Chapleau est mort », écrit Joseph-Israël Tarte* à Langevin, en demandant l'autorisation de lui porter un dernier coup. « Il s'agit de convaincre Mc de ne faire que le strict nécessaire. » Mais à Ottawa les ministres ont les mains liées envers Chapleau et la dernière transaction n'est pas de nature à les libérer. Le 29 juillet 1882, Macdonald appelle Chapleau au ministère fédéral pour être secrétaire d'État. Depuis le 20 mai 1881, Mousseau occupe le poste, mais il a accepté de céder sa place à Chapleau quand celui-ci serait prêt à passer à Ottawa. La permutation Chapleau-Mousseau confirme l'échec non pas du régime Chapleau, qui a servi les intérêts économiques de la province, mais des illusions de Chapleau sur ses chances de refaire l'unité du parti. Chapleau est victime de l'idéologie ultramontaine. On comprend qu'il rêve encore de l'union des modérés, conservateurs et libéraux.

Le 22 mai 1883, Chapleau fait son entrée à la chambre des Communes, escorté du premier ministre et de sir Hector-Louis Langevin, chef de l'aile provinciale du parti conservateur et leader des députés canadiens-français à Ottawa. Depuis l'affaire Letellier, Langevin jouit d'un grand prestige à l'intérieur du parti et il est particulièrement jaloux de son influence. Très prudent, mal à l'aise dans ses fonctions de chef, il a réussi à demeurer neutre dans le conflit qui a coûté la tête de Chapleau. Il a même laissé à chaque faction l'illusion d'avoir son appui. La venue d'un homme de la trempe et du passé politique de Chapleau n'a rien pour le rassurer. À juste titre, il y voit « la fin de son repos ».

Les premiers mois de Chapleau au gouvernement canadien sont pourtant paisibles. Au secrétariat d'État, il a peu d'influence et, en conséquence, peu de poids quant au favoritisme, en comparaison de Langevin, au département des Travaux publics. L'antagonisme Langevin-Chapleau demeure donc à l'état latent jusqu'à ce que Mousseau soit acculé à la chute comme premier ministre de la province de Québec. Les castors, qui ne voient en lui que « l'ombre de Chapleau » et qui sont stimulés par *l'Étendard* montréalais de François-Xavier-Anselme Trudel, l'ennemi notoire du régime Chapleau-Senécal-Mousseau, mettent tout en œuvre pour ruiner son autorité. Quand un rouge comme François-Xavier Lemieux* est élu dans Lévis grâce à leur appui, un changement s'impose. Langevin prend la situation en main, mais il est incapable d'obtenir la démission de Mousseau. Il doit donc accepter que Macdonald s'en remette à Chapleau en ce moment critique et que le choix du successeur de Mousseau se fasse sans lui. Chapleau a alors l'occasion de prouver ce qu'il soutient depuis longtemps : pour une administration forte et efficace dans la province de Québec, il faut une coalition. Avec les libéraux modérés, celle-ci s'est avérée impossible, à plusieurs reprises. Il faut donc penser au rapprochement des deux factions du parti sous le commandement d'un homme qui « ne soit l'ennemi de personne ». À défaut de Masson, qui refuse de prendre la direction de la province, cet homme, c'est John Jones Ross*, qui a signé en 1871 le Programme catholique mais qui s'est refroidi depuis, au point d'être simplement un fervent catholique. Chapleau croit qu'il n'est pas à la hauteur de la situation, mais il se rallie, en janvier 1884, à son ministère qui représente toutes les nuances du parti conservateur provincial. Il accepte la victoire de l'ultramontanisme au Québec, qui consomme sa propre défaite. Il demande l'entrée de Senécal au

Sénat, en retour de sa fidélité au parti et du rôle qu'il a joué dans les derniers événements. Mais Macdonald ne saurait donner davantage aux amis de Chapleau sans s'exposer à perdre la paix qu'il vient d'établir au Québec et qui est encore bien fragile. Chapleau obtient pourtant la responsabilité du district de Montréal. Maître de la région la plus peuplée, la plus riche et la plus active de la province, il prend de l'ascendant sur ses collègues, et devient donc plus menaçant pour Langevin. Le fait qu'il soit maintenu dix ans au secrétariat d'État, alors qu'il demande avec insistance un portefeuille qui se prête mieux à l'exercice du favoritisme ministériel, n'est pas étranger à la rivalité croissante entre Langevin et lui.

Pendant que le parti s'occupe à régler les problèmes politiques de la province de Québec, aucune grande question ne fait surface à la chambre des Communes. Le parti au pouvoir jouit d'une majorité confortable ; le pays en est à une période de consolidation économique : la Politique nationale est mise en place, le transcontinental est en voie de réalisation, les grandes institutions financières soutiennent de nouvelles industries et le commerce trouve des marchés diversifiés. Au point de vue constitutionnel, il y a de sérieuses discussions, voire des affrontements, entre le gouvernement fédéral et les provinces sur le pouvoir d'annulation du fédéral, les empiétements législatifs du pouvoir central, l'autonomie des provinces et de « meilleures conditions » à la Nouvelle-Écosse [V. Archibald Woodbury McLelan*]. Mais ces discussions ont lieu en dehors du Parlement et n'ont guère d'écho en chambre. Chapleau a donc peu d'occasions de prendre la parole aux Communes. Il a cependant la chance de plaider une cause qui lui tient à cœur, celle des relations avec la France. Comme premier ministre de la province de Québec, il a cru bon d'établir des relations entre le Québec et la France. Il n'a pas agi par esprit « de clocher » ou au nom de « la nationalité ». « De tous les députés de la Chambre qui sont d'origine française, je crois, que je serai le dernier à être soupçonné de cette partisanerie de race », soutient-il. Il estime qu'il est dans l'ordre que le Canada ait des relations avec les métropoles de ses deux peuples fondateurs. Comme le pays a un agent à Londres afin d'attirer l'immigration britannique et d'assurer les échanges commerciaux avec l'Angleterre, il devrait en avoir un à Paris. Il pourrait à tout le moins donner à Hector Fabre*, que Chapleau a lui-même nommé en 1882 agent de la province de Québec dans la capitale française, un plein mandat pour représenter aussi le Canada.

En 1885, éclate la rébellion du Nord-Ouest [V. Louis Riel], qui agite le pays tout entier. La rébellion elle-même est de courte durée, car le gouvernement canadien est en mesure de l'étouffer rapidement. Il a un droit légal sur les Territoires du Nord-Ouest et il peut compter sur la Police à cheval du Nord-Ouest et sur une force militaire permanente créée en 1883. Cette rébellion a cependant des conséquences si importantes qu'elle exige une prise de position de tous ceux qui participent alors au gouvernement du pays.

La pendaison de Louis Riel le 16 novembre 1885 constitue un drame national. Les Canadiens français la considèrent comme « un soufflet donné à la race », tandis que les Ontariens, qui ont la mémoire longue, voient enfin vengé le meurtre de Scott. Au Québec, l'indignation conduit à un mouvement nationaliste qui engendre le parti national. Mercier réunit ses libéraux, des conservateurs et des castors. En signe de protestation, les nationaux demandent la démission des trois ministres canadiens-français à Ottawa : Langevin, Adolphe-Philippe Caron* et Chapleau. D'autre part, Mercier se montre prêt à céder la direction du parti à Chapleau s'il veut mener la bataille contre le gouvernement canadien. Jouant de ruse, Macdonald déclare que, si ses trois collègues décident de quitter, il formera un ministère sans représentation canadienne-française. Chapleau hésite longuement. Joseph-Israël Tarte raconte qu'il le convoque un soir, avec Alexandre Lacoste* et son très vieil ami Clément-Arthur Dansereau. Avec eux, il veut « peser les pour et les contre » de l'offre des nationaux. L'analyse dure jusqu'à quatre heures du matin et Chapleau réfléchit seul le reste de la nuit. Le lendemain, au petit déjeuner, il annonce à ses conseillers qu'il ne démissionnera pas et conclut : « Nous sommes dans la fosse aux lions. » En fait, Chapleau se trouve piégé par le parti. C'est par nationalisme qu'il ne peut démissionner et c'est aussi au nom du nationalisme qu'il sera accusé de trahison. Il ne peut envisager d'autre situation pour le Québec que son appartenance au Canada, et son nationalisme ne renie pas la Confédération. Il pense donc qu'un gouvernement fédéral sans défenseur canadien-français serait néfaste à l'unité canadienne comme aux intérêts de la province. Il espère aussi que les conséquences négatives de la pendaison de Riel finiront par s'estomper. Il résiste à l'appel de Mercier, qui lui aurait pourtant assuré un triomphe sans précédent dans la province, et décide de rester un ministre « de second ordre » à Ottawa. « Je préfère le risque d'une défaite personnelle, écrivait-il à Macdonald le 12 novembre, au danger national imminent que pose la perspective d'une lutte dans l'arène des préjugés de race et de religion. » Mais il est conscient qu'une lutte d'une autre nature l'attend : « Il nous faudra nous battre, peut-être tomber. Eh bien, après tout, je préfère me battre et tomber dans le même bateau et pour le même drapeau. »

Avec le plus d'habileté possible, Chapleau fait face à la campagne qui se déclare dans la province contre les ministres du Québec à Ottawa. Dans une lettre aux Canadiens français, il justifie en ces termes la décision qu'il a prise : « Ma conscience me dit que je n'ai failli, dans cette circonstance, ni à Dieu, ni au Souverain, ni à mes compatriotes. Le courage qui m'a porté à faire mon devoir, sans faiblesse, ne me fera pas défaut dans les tribulations dont on me menace. J'ai servi mon pays, comme député, depuis dix-huit ans, avec joie, avec orgueil. Je ne continuerai à le faire qu'à une condition : celle de garder ma liberté, et d'avoir seul le souci de mon honneur et de ma dignité. »

Les événements renforcent la position de Chapleau dans le parti conservateur. L'influence de Langevin l'empêche néanmoins d'obtenir un ministère plus prestigieux. À la veille des élections que Macdonald doit tenir, car son mandat de cinq ans vient à terme, Chapleau exige une décentralisation réelle des pouvoirs dans le parti. Il menace de démissionner s'il n'obtient pas la parfaite autonomie du district de Montréal, c'est-à-dire tout le favoritisme, le choix des candidats aux élections et la responsabilité de la caisse électorale. Il demande en plus la disparition du *Monde,* que possède Langevin, à l'avantage de *la Minerve,* sur laquelle il a lui-même la haute main. Le 31 octobre 1886, il écrit à sir John : « Le centre d'action et d'information doit être *la Minerve* (je veux dire qu'il doit lui être relié) pour les députés francophones, tout comme l'est la *Gazette* pour les anglophones. Veuillez voir Langevin à ce sujet et bien lui faire comprendre, parce qu'il faut que je vous dise franchement que si les choses ne se passent pas de cette façon, j'entends me retirer complètement de la direction des élections et m'en tenir à ma propre circonscription. » Enfin, il exige la nomination de Senécal au Sénat. Macdonald, Langevin et Caron se rendent à toutes ses exigences, ce qui peut laisser croire que Chapleau a enfin le dessus sur ses collègues de la province de Québec.

Les élections générales ont lieu le 22 février 1887. La lutte est très ardue pour Macdonald et son parti. Partout, dans le pays, on dénonce les tendances centralisatrices du gouvernement Macdonald. Au Québec, Mercier a remporté la victoire aux élections du 14 octobre 1886, et la politique centralisatrice de sir John semble avoir contribué autant que l'exécution de Riel à la défaite des conservateurs. Chapleau réussit à reprendre toutes les circonscriptions de son district perdues aux élections provinciales. Le parti conservateur garde ainsi une majorité dans la région de Montréal, ce qui n'est pas le cas dans celles de Québec et de Trois-Rivières.

Après avoir établi le nombre d'élections qu'il a gagnées alors que la victoire semblait impossible, on a dit de Chapleau qu'il est « homme d'élections ». Il remporte, en effet, toutes les circonscriptions où il passe en 1878, 1881 et 1887. Il ne fait aucun doute qu'il est un orateur que les foules aiment et suivent volontiers. « Il électrisait les foules, écrira son secrétaire Arthur Beauchesne, par une éloquence incomparable qui bouleversait ses adversaires, ébranlait les opinions les mieux arrêtées et attachait à sa personne tous ceux qui avaient l'heur de l'entendre. »

Chapleau est le vainqueur moral des élections de 1887 dans la province de Québec. Il en récolte du prestige mais peu de bénéfice. De toute façon, c'est dans un parti et un gouvernement affaiblis par l'affaire Riel et par le mécontentement des provinces qu'il est appelé à terminer sa carrière politique. Le régime Macdonald souffre visiblement d'épuisement, autant que les hommes qui l'ont établi et maintenu vivant pendant un quart de siècle. Pour sa part, Chapleau ne peut espérer un portefeuille de première importance tant que Langevin sera au gouvernement, et celui-ci refuse de partir, même pour Spencer Wood. Chapleau accepterait de succéder à Masson à titre de lieutenant-gouverneur de la province de Québec mais, à la suggestion de Tarte, c'est Auguste-Réal Angers* que l'on nomme.

Dans le contexte de l'irréversible rivalité Langevin-Chapleau, se situe l'un des épisodes significatifs du rôle politique que joue la presse au XIXe siècle. À Montréal, Chapleau est engagé dans deux journaux : *la Minerve,* dont il est l'un des actionnaires majoritaires et le directeur politique, et *le Monde,* que dirige William Blumhart avec l'appui financier de son beau-père, le grand argentier Louis-Adélard Senécal. À Québec, Langevin exerce sa domination sur *le Courrier du Canada.* Comme il veut s'assurer plus d'influence à Montréal, il manœuvre pour acheter *le Monde,* ce qui est fait le 14 octobre 1884. Il pense pouvoir ainsi lutter à armes égales avec Chapleau. Mais au lendemain même de la transaction, Blumhart lance un nouveau journal montréalais, *le Nouveau Monde,* qui devient *la Presse* le 20 octobre suivant. Le coup est dur. Il n'est surtout pas de nature à rapprocher Langevin de Chapleau. Après deux ans de publication, Blumhart a des difficultés financières telles qu'il doit se défaire de *la Presse.* Les propriétaires successifs, Clément-Arthur Dansereau et Guillaume-Alphonse Nantel*, n'arrivent pas à financer le journal. Chapleau, qui veille de près, y investit suffisamment de fonds pour assurer la survie de *la Presse,* dans l'intérêt de la faction du parti conservateur. Mais le 19 novembre 1889, par l'intermédiaire de la Compagnie de l'imprimerie et de publication de Montréal, il le cède à bail à Trefflé Berthiaume*. Il exige cependant d'en demeurer le directeur politique tant qu'il en sera le maître financier. Dans les faits, il le restera jusqu'à sa mort.

Il fait un long séjour en Europe, où il a l'habitude d'aller oublier ses déceptions et refaire sa santé physique et morale, puis les élections générales du 5 mars 1891 et la question des écoles du Manitoba le ramènent à la dure réalité politique. Wilfrid Laurier*, chef du parti libéral, fait campagne sur les avantages du libre-échange avec les États-Unis. Les conservateurs misent sur *Le même homme, la même politique et le même drapeau*. Macdonald obtient sa quatrième victoire électorale depuis 1878. Sa majorité est cependant diminuée et il perd celle de la province de Québec. Par entente tacite, peut-être même officieuse, Chapleau et Laurier se sont réciproquement ménagés au cours de la campagne. Il y a une réelle sympathie politique entre les deux hommes. De plus, Chapleau n'est pas à son aise dans un parti qui ne semble pas vouloir s'ajuster aux conditions nouvelles et qui refuse toujours d'entendre ses légitimes revendications. Le rapprochement Chapleau-Laurier ne peut cependant aller plus loin tant que Chapleau est en politique active.

En 1890, éclate la question des écoles du Manitoba, c'est-à-dire la réorganisation complète du système d'éducation dans cette province : le français y perd son statut de langue officielle et le gouvernement ne subventionne plus que les écoles neutres. La question rebondit au gouvernement fédéral. En février 1891, Chapleau est chargé de mission auprès de Mgr Alexandre-Antonin TACHÉ. Il promet, par engagement signé, de faire rendre justice aux Manitobains francophones. Après la mort de Macdonald en juin suivant, la question des écoles conduit lentement le gouvernement et le parti conservateur à la ruine. Dans le ministère de John Joseph Caldwell ABBOTT, Chapleau est secrétaire d'État puis ministre des Douanes. En novembre 1892, il refuse par « un non résolu » d'entrer dans le ministère de sir John Sparrow David THOMPSON. Le premier ministre le nomme alors lieutenant-gouverneur de la province de Québec.

À ses électeurs de Terrebonne, qui l'ont élu 10 fois en 25 ans, Chapleau fait des adieux simples mais touchants. « Il semblait qu'entre vous et moi, il y avait un pacte à long terme, que c'était à la vie et à la mort. La Providence en a décidé autrement. » Chapleau informe ses électeurs qu'il lutte depuis plusieurs années contre « une cruelle maladie » et qu'il espère qu'un séjour de quelques années à Spencer Wood, où la vie est moins exigeante, lui redonnera ses forces perdues. En réalité, Chapleau n'attend plus rien d'un gouvernement aux prises avec un problème insoluble, ni d'un parti qui est en chute libre. Il part avant le naufrage. Il peut le faire sans amertume, ni même émotion. L'œuvre qu'il voit s'anéantir n'est pas la sienne. Il avait tous les dons d'un grand homme d'État, mais il a été gardé en tutelle par une faction du parti et des rivalités personnelles. Son arrivée à Québec le lui rappelle d'ailleurs. Le premier ministre Boucher de Boucherville, un ennemi de longue date, menace de partir « si Chapleau vient ». Il remet en effet sa démission dès sa première visite chez le nouveau lieutenant-gouverneur.

À Spencer Wood, Chapleau ne se fait pas la vie aussi calme et douce qu'il le pourrait. Il est toujours le directeur politique de *la Presse* et il y tient une chronique politique « à la pige ». Berthiaume consent à lui verser 3 $ pour chaque article qu'il ose publier, mais sous le couvert de l'anonymat. Il a, en plus, avec son fidèle ami Alfred Duclos* De Celles une correspondance qui nous permet de le suivre pendant sa retraite. Il avoue écouter autant « les bruits du dehors » que « les voix du dedans ». Sur la question des écoles, il en arrive à un nationalisme qui dépasse largement le sort des quelques Métis et des quelques Canadiens français du Nord-Ouest. « Je ne puis m'empêcher, écrit-il, d'attribuer les vexations dont on les poursuit au manque de fermeté, au manque de dignité, que nous avons montré dans nos relations politiques avec nos compatriotes anglais et protestants. C'est notre faute, me diras-tu, et c'est chez nous qu'il faut appeler le médecin. C'est vrai ; mais « dans l'espèce », pour parler en avocat, le remède n'est-il pas dans une affirmation courageuse, qui fasse comprendre que nous entendons prendre toute notre place dans ce Dominion qui n'a pas été fait pour des privilégiés. »

De son poste d'observation, il regarde le parti conservateur dériver davantage d'un gouvernement à l'autre, tandis que Laurier prend les commandes du navire. Le 1er janvier 1896, il écrit : « Je n'ose plus aller à Montréal ; j'ai honte de regarder ce qui reste du grand parti libéral-conservateur ! [...] Si Laurier savait manœuvrer, il aurait toute la Province à sa suite dans la prochaine campagne. Il n'a plus à ramer, le courant le mène ; un peu de gouvernail, presque pas, et de l'aplomb, c'est tout. Je voudrais avoir du ressentiment pour chanter cette revanche. Je n'ai que de la pitié, avec un peu d'appréhension pour la suite. »

En mars 1896, Chapleau refuse d'entrer dans le cabinet de sir Charles Tupper*, qui tente de sauver le gouvernement et le parti. Il se rappelle avec dégoût « les comédies de 1887 et de 1891 » où il s'est laissé duper par sir John. « Le « non » résolu que je donnais à Thompson [...] est le premier geste énergique de ma vie politique qui m'ait valu quelque chose, du repos et de la considération. » Le 20 mai 1896, la reine le fait chevalier commandeur de l'ordre de Saint-Michel et Saint-Georges.

La victoire de Laurier, le 11 juin 1896, marque la fin véritable de la carrière politique de Chapleau. Il doit encore s'occuper des affaires de la province de Québec. Mais celle-ci est entrée dans le sillon ouvert par Laurier. Le 11 mai 1897, Félix-Gabriel MARCHAND triomphe d'Edmund James Flynn*. Pendant la campagne électorale, un mot d'ordre a circulé : « Votez pour Laurier, contre Flynn ! » Chapleau a perdu bien des illusions au cours de sa vie publique, mais un rêve demeure : l'unification nationale. Il l'espère de Laurier qui est, comme lui, dans la tradition du parti libéral-conservateur de sir Louis-Hippolyte La Fontaine* et de Cartier. Il est évidemment prêt à y faire sa large part. Le temps lui manque. À regret, il quitte Spencer Wood à la fin de 1897. C'est en vain qu'il a fait des démarches auprès de Laurier pour obtenir un renouvellement de mandat ou, du moins, une prolongation de mandat jusqu'à ce qu'une tâche prestigieuse lui soit confiée. À brève échéance, Laurier le destinerait, en effet, au poste de ministre canadien à Washington.

Après 30 ans sur la scène politique, Chapleau se résigne donc à retourner à la vie privée. Il revient à Montréal, qui a été au cœur de sa vie politique, avec un programme bien précis, en trois points : « M'abstenir de la politique active, m'occuper de mes affaires et très peu de celles des autres. » Des revenus annuels de 5 000 $ à 6 000 $ lui assurent une vie confortable et il peut encore compter sur sa profession. Mais la maladie a raison de lui. Il meurt le 13 juin 1898. Après des funérailles nationales qui rassemblent autant d'anciens adversaires que d'amis, on l'inhume trois jours plus tard au cimetière Notre-Dame-des-Neiges, à Montréal.

Sir Joseph-Adolphe Chapleau laisse un testament civil qui révèle un avoir de 125 000 $ à 150 000 $. Il meurt sans testament politique. Mais de sa très dense carrière à Québec et au gouvernement fédéral, de ses discours, dont plusieurs ont été publiés, et d'une abondante correspondance dans laquelle il peut livrer l'intime de sa pensée, on peut déduire l'essentiel de ses principes, l'explication de ses actes et, surtout, l'ambition d'un projet national. Chapleau est sans doute le plus grand nationaliste de son époque.

ANDRÉE DÉSILETS

Parmi les sources les plus importantes pour l'étude de la vie de Joseph-Adolphe Chapleau, retenons : ACAM, Corr. avec les hommes politiques ; Corr. de laïques ; AN, MG 26 ; MG 27 ; MG 29 ; ANQ-Q, P-36 ; P-134 ; Arch. de la Compagnie de Jésus, prov. du Canada français (Saint-Jérôme, Québec), Fonds Alphonse Desjardins ; Fonds général ; Arch. du Centre de recherche Lionel-Groulx (Outremont, Québec), Fonds Alphonse Desjardins ; Arch. du séminaire de Trois-Rivières (Trois-Rivières, Québec), Corr. de cardinaux, évêques et laïques de marque ; Arch. privées, Henri Masson (Outremont), Corr. de L.-F.-R. Masson ; et CRCCF, P 26. Enfin, plusieurs discours, manifestes et lettres de Chapleau couvrant les années 1868–1893 sont inscrits dans ICMH, *Reg*.

ANQ-E, CE1-18, 25 nov. 1874. — ANQ-M, CE1-51, 16 juin 1898 ; CE6-25, 10 nov. 1840. — ANQ-O, P-119/2. — *Archives du ministère des Affaires étrangères ; état numérique des fonds de la correspondance consulaire et commerciale de 1793 à 1901* (Paris, 1961). — Canada, chambre des Communes, *Débats 1883–1892*. — J.-A. Chapleau, « Lettres de J.-A. Chapleau (1870–1896) », Fernand Ouellet, édit., ANQ *Rapport*, 1959–1960 : 23–118. — *Débats de la législature provinciale* (G.-A. Desjardins *et al.*), 1879–1892. — *Débats de l'Assemblée législative* (M. Hamelin). — *L'Honorable J.-A. Chapleau, sa biographie, suivie de ses principaux discours, manifestes, etc., publiés depuis son entrée au Parlement en 1867*, A. de Bonneterre, édit. (Montréal, 1887). — J. Hamelin *et al.*, *la Presse québécoise*, 2–3. — Arthur Dansereau, « J.-A. Chapleau », *les Hommes du jour : galerie de portraits contemporains*, L.-H. Taché, édit. (32 sér. en 16 vol., Montréal, 1890–[1894]), sér. 4 : 49–65. — L.-O. David, *Mes contemporains* (Montréal, 1894) ; *Souvenirs et Biographies* (Montréal, 1911). — Désilets, *Hector-Louis Langevin* ; *Louis-Rodrigue Masson : un seigneur sans titre* (Montréal, 1985). — Cyrille Felteau, *Histoire de* La Presse (2 vol., Montréal, 1983–1984), 1. — M. Hamelin, *Premières années du parlementarisme québécois*. — K. J. Munro, « The political career of Sir Joseph-Adolphe Chapleau » (thèse de PH.D., univ. d'Ottawa, 1973). — Rumilly, *Hist. de la prov. de Québec*, 1–8. — Arthur Beauchesne, « Adolphe Chapleau », *Rev. moderne* (Montréal), 15 mars 1921 : 17–20. — Jacques Gouin, « Histoire d'une amitié : correspondance intime entre Chapleau et De Celles (1876–1898) », *RHAF*, 18 (1964–1965) : 363–386. — Jean Hamelin et André Beaulieu, « Aperçu du journalisme québécois d'expression française », *Recherches sociographiques* (Québec), 7 (1966) : 305–348. — Rodolphe Lemieux, « Blake, Chapleau, Laurier », SRC *Mémoires*, 3e sér., 21 (1927), sect. I : 51–65. — J. A. Munro, « British Columbia and the « Chinese evil » : Canada's first anti-Asiatic immigration law », *Rev. d'études canadiennes*, 6 (1971), n° 4 : 42–51. — H. B. Neatby et J. T. Saywell, « Chapleau and the Conservative party in Quebec », *CHR*, 37 (1956) : 1–22.

CHARBONNEL, ARMAND-FRANÇOIS-MARIE DE, prêtre, sulpicien, évêque et fonctionnaire, né le 1er décembre 1802 au château du Flachat, près de Monistrol-sur-Loire, France, fils de Jean-Baptiste de Charbonnel, comte de Charbonnel, et de Marie-Claudine de Pradier ; décédé le 29 mars 1891 à Crest, France.

En 1812, Armand-François-Marie de Charbonnel entreprenait une brillante carrière scolastique en commençant des études classiques dans un collège de Montbrison. Un an plus tard, il passait au collège d'Annonay. Par la suite, il se prépara au sacerdoce au séminaire de Saint-Sulpice, à Paris, où à l'âge de 20 ans il refusa un poste de professeur de philosophie. Ordonné le 17 décembre 1825, il fut nommé aumônier de la duchesse de Berry en récompense du soutien que son père avait apporté à la cause royaliste pendant la Révolution française.

Désireux d'exercer des fonctions plus exigeantes, Charbonnel entra à la Compagnie de Saint-Sulpice en 1826 ; il devint professeur de dogmatique et d'exégèse au séminaire de Lyon, puis trésorier du même établissement. En 1833, son intervention au cours d'une révolte ouvrière sauva le séminaire de la destruction, mais il refusa qu'on lui décerne la Légion d'honneur pour son geste. De 1834 à 1839, après une période de maladie, il enseigna aux séminaires de Versailles et de Bordeaux. Pour éviter qu'on le nomme évêque ou supérieur d'un séminaire, il décida de se consacrer au missionnariat en Amérique du Nord. Arrivé au séminaire de Saint-Sulpice à Montréal à la fin de 1839, il s'y distingua par l'éloquence avec laquelle il prêcha de grandes retraites. Vers 1841, il alla étudier l'anglais à Baltimore, dans le Maryland.

Environ deux ans après son retour à Montréal, en 1844, Charbonnel fut pressenti par Antoine Blanc, évêque de La Nouvelle-Orléans, pour être son successeur, et le pape reçut la requête de le nommer coadjuteur de l'évêque. Charbonnel refusa toutefois cette promotion et resta à Montréal. À l'automne de 1847, après avoir failli mourir au cours de l'épidémie de typhus amenée au Canada par des réfugiés de la famine irlandaise, il alla refaire ses forces en France. Pendant la Révolution de 1848, son frère Félix-Louis fut tué à Paris ; on offrit alors à Charbonnel de prendre son siège à l'Assemblée, mais il préféra demeurer professeur dans un séminaire d'Aix-en-Provence.

Entre-temps, la mort de Mgr Michael Power*, le 1er octobre 1847, avait créé au siège épiscopal de Toronto une vacance qui allait durer deux ans et demi. Après que John Larkin* eut refusé ce poste, quatre évêques canadiens écrivirent à Rome, en 1849, pour dire qu'ils privilégiaient la candidature de Charbonnel. Celui-ci avait fait la conquête du clergé de Toronto depuis qu'il avait prêché une retraite en 1845 à la demande de Power. C'est en France, au début de 1850, qu'il reçut les bulles papales lui conférant ses pouvoirs. Le 15 mars, au cours d'un synode, il fut préconisé évêque de Toronto et, le 26 mai, en la chapelle Sixtine, Pie IX le sacra évêque.

Arrivé à Toronto le 21 septembre, Charbonnel se trouva devant la gigantesque tâche de restaurer l'ordre dans un diocèse qui n'avait pour ainsi dire pas eu de chef pendant l'interrègne. En 1844, Mgr Power avait admis n'avoir « ni collèges, ni écoles, ni hommes » sur son territoire, qui s'étendait d'Oshawa à Windsor. Estimée à 2 500 fidèles en 1838, la population catholique de Toronto se chiffrait à 7 940 en 1850, principalement à cause de l'immigration causée par la famine irlandaise (en 1860, elle dépasserait 12 000 âmes). Quant à la population catholique du diocèse, autour de 50 000 personnes en 1842, elle était passée à environ 80 000 en 1850 ; selon Charbonnel, elle était constituée surtout d'Irlandais. La pauvreté comme « l'ignorance et l'intempérance » des immigrants le stupéfièrent à tel point qu'il institua un programme en plusieurs volets pour instruire jeunes et vieux dans la foi catholique.

Malgré l'ampleur des besoins du diocèse, il n'y avait pas d'institutions, pas de religieux masculins pour assister l'évêque, et les écoles catholiques étaient peu nombreuses. À part la cathédrale St Michael, encore inachevée, qui était grevée d'une dette de £11 216 11s garantie par deux éminents laïques catholiques, John Elmsley* et Samuel George Lynn, la ville de Toronto comptait une seule église catholique, St Paul, située à l'angle des rues Queen et Power. Quelques membres des Sisters of Loretto enseignaient à Toronto [V. Ellen Dease*], mais le clergé diocésain se réduisait à 28 prêtres séculiers éparpillés sur un vaste territoire. Enfin, peu d'indices révélaient une direction financière dans ce diocèse insolvable.

Avec Charbonnel cependant, le changement devint impératif. Il constitua le Cathedral Loan Fund, qui recevait des dons du Haut et du Bas-Canada ainsi que des États-Unis ; les laïques de Toronto y contribuaient généreusement, comme les amis et la famille de Charbonnel. Il embaucha des artisans pour décorer la cathédrale et paya lui-même les vitraux. Sous sa direction, les prêtres et les établissements adoptèrent des méthodes de comptabilité précises. En 1852, il mit en vigueur le cens cathédratique, en vertu duquel un dixième de toutes les recettes paroissiales étaient remises à l'évêque pour l'administration du diocèse. Pour répondre aux besoins spirituels de ses ouailles, il recruta des prêtres, tels John Walsh, Michel Moncoq* et Jean-François Jamot*, et il exerça une surveillance sur le clergé en recréant un système de doyennés et un synode. En 1855, il signalait que le diocèse comptait 42 nouveaux prêtres et que 40 aspirants faisaient leurs études. En février 1856, la partie ouest du diocèse fut détachée pour former deux nouveaux évêchés, celui de Hamilton et celui de London. Trois mois plus tard, John Farrell* et Pierre-Adolphe Pinsoneault* en furent consacrés évêques. En 1860, l'année de son départ, le diocèse de Toronto comptait encore 36 prêtres. En outre, pendant son épiscopat, il fit construire 23 églises : 16 dans la région qui constituait le diocèse de Toronto au moment de son départ, 2 dans le diocèse de Hamilton, et 5 dans le diocèse de London.

Charbonnel fit venir plusieurs communautés religieuses de France pour s'occuper de l'enseignement et de l'assistance sociale. Arrivés à Toronto en 1851, les Frères des écoles chrétiennes ouvrirent le St Michael's College ; ils enseignaient aussi dans le réseau des écoles séparées, qui prenait alors forme. Les basiliens, arrivés en 1852, participaient à la tenue des paroisses, mais leur principale fonction était de préparer des candidats à la prêtrise [V. Jean-Mathieu Soulerin*]. En 1853, leur séminaire fusionna avec le St Michael's College, qui devint un important établissement catholique pour l'instruction des prêtres et des laïques. Les Sœurs de Saint-Joseph vinrent assumer en 1851 l'administration de l'orphelinat fondé par John Elmsley [V. Marie-Antoinette Fontbonne*] et instituer un programme d'assistance publique pour les pauvres. De plus, elles visitaient les maisons des malades et des nécessiteux, et elles enseignaient aux côtés des Sisters of Loretto et des Frères des écoles chrétiennes.

En novembre 1850, pour aider les pauvres, on fonda sous les auspices de Charbonnel la conférence torontoise de la Société Saint-Vincent-de-Paul. Ses membres (des laïques catholiques) allaient voir les nécessiteux chez eux, à l'hôpital ou en prison. Ils fournissaient de la nourriture, des vêtements, du combustible, des meubles et des médicaments, trouvaient des emplois et des logements, ouvraient des bibliothèques, organisaient des cours du soir et faisaient respecter les règlements de la scolarisation. Avec eux, Charbonnel fonda en 1854 la Toronto Savings Bank, où l'on pourrait investir des fonds pour les œuvres de bienfaisance et où les immigrants irlandais pauvres pourraient déposer leurs épargnes en prévision de leurs dépenses de logement ou d'instruction, de leur retraite ou d'une période de maladie. Charbonnel créa aussi la House of Providence, qui ouvrit ses portes en 1857 et dont il confia l'administration aux Sœurs de Saint-Joseph. Elles y accueillaient malades, incurables, vieillards et sans-abri. L'établissement comprenait une section hospitalière, un orphelinat doté d'une école, et un institut pour les sourds-muets. S'y ajoutèrent par la suite un foyer pour les personnes âgées, trois hôpitaux, trois orphelinats et des auberges pour les jeunes sans-abri. Par la multiplication des établissements et du personnel, Charbonnel instaurait un gouvernement ecclésiastique de forme métropolitaine traditionnelle. En instituant les retraites annuelles (en 1853), en encourageant la musique sacrée, l'art religieux et la dévotion mariale, et en insistant pour que les écoles dispensent une formation religieuse, il favorisa un réveil de la spiritualité chez les Irlandais (qui, d'après lui, observaient mollement leurs devoirs religieux). Parallèlement, les magasins qui importaient d'Irlande des documents religieux et pieux se multiplièrent, et le diocèse se donna une presse (le *Toronto Mirror,* le *Catholic Citizen* et, à compter de 1858, le *Canadian Freeman*) qui tendait à identifier l'Église catholique au paysan irlandais.

Pour Charbonnel, établir des écoles séparées dans le Haut-Canada constituait un aspect essentiel de son programme pour instruire les enfants dans la foi catholique, et il joua un rôle important dans ce domaine. On le nomma au conseil de l'Instruction publique en 1850, l'année de son arrivée, au moment où la controverse sur le rétablissement de la hiérarchie catholique en Angleterre [V. George Brown*] ranimait les rancunes religieuses et où l'on reprochait à la loi sur les écoles séparées d'être discriminatoire et préjudiciable au développement d'un système d'enseignement national. Néanmoins, Egerton Ryerson*, surintendant en chef de l'Éducation, se rendit en 1851 à la requête de Charbonnel d'obtenir une école séparée dans chaque ville ou quartier – ce pour quoi l'évêque loua la « sincère libéralité » de Ryerson et du gouvernement. À l'encontre des quelques membres de l'Assemblée qui exigeaient l'abolition des écoles séparées au nom de l'unité nationale, Ryerson défendait leur existence (mais non leur multiplication). Cependant, contrairement aux catholiques qui les considéraient comme un droit inaliénable, il les voyait comme un privilège et une protection.

Charbonnel se plaignit en 1852, qu'à Chatham les Noirs avaient reçu une aide plus généreuse que les catholiques dans le domaine du financement à l'éducation, que certains manuels donnaient des « interprétations bâtardes » de la vérité religieuse et qu'il fallait protéger les jeunes catholiques contre un triple danger : les enseignants protestants, les livres protestants et les condisciples protestants – les écoles mixtes, déclarait-il, étaient « la ruine de la religion et une persécution contre l'Église ». Il réclamait que les catholiques assument l'« entière administration » de leurs écoles dans le cadre d'un système dualiste comme celui du Bas-Canada. Ryerson laissa entendre que ce changement d'attitude reflétait les influences ultramontaines d'Europe et il défendit la lettre des lois scolaires du Haut-Canada. Dans un long échange de lettres ouvertes, Charbonnel se révéla passionné, et souvent mal renseigné ; quant à Ryerson, en raison de sa connaissance du système, il avait un avantage insurmontable sur lui.

L'archevêque Pierre-Flavien Turgeon* affirmait à Charbonnel que le copremier ministre Augustin-Norbert Morin* et le procureur général William Buell Richards* avaient promis de rendre le système haut-canadien dualiste comme celui du Bas-Canada. Les membres catholiques de l'Assemblée rédigèrent un projet de loi correctif qui exemptait ceux qui finançaient les écoles séparées des taxes perçues pour les écoles publiques, et ils le présentèrent au gouvernement à la fin de 1852. Au printemps suivant, on adopta une version révisée du projet, que les auteurs avaient acceptée. Ryerson fit bien valoir que ces dispositions sur les écoles séparées ne mettaient pas le système scolaire en danger, mais il condamna « l'ingérence du Bas-Canada dans une question relevant exclusivement du Haut-Canada ». Toutefois, avant la fin de 1853, Charbonnel demanda des modifications précises au copremier ministre Francis Hincks*. Peu avant la chute du gouvernement Morin-Hincks en juin 1854, Ryerson rédigea un nouveau projet de loi pour satisfaire ces demandes mais il annonça qu'il n'y aurait plus d'autres concessions. Si les catholiques exigeaient davantage, laissa-t-il entendre, 90 % des Haut-Canadiens soutiendraient la séparation complète de l'Église et de l'État.

Après l'élection et l'installation du gouvernement de Morin et de sir Allan Napier MacNab* en septembre, Charbonnel remit personnellement au nouveau procureur général, John Alexander MACDONALD, une « protestation » et un nouveau projet de loi sur les écoles séparées. Présenté inopinément par Étienne-Paschal Taché* dans les derniers jours de la session, le projet fut adopté grâce à l'appui de la majorité des députés bas-canadiens. La loi Taché de 1855 levait plusieurs obstacles administratifs à l'établissement des écoles séparées, exemptait en permanence ceux qui les finançaient de l'obligation de payer les taxes des écoles publiques et donnait à ces écoles une proportion de la subvention à l'éducation. Charbonnel remercia officiellement le gouvernement de « rendre justice à son Église », mais quelques jours plus tard il démissionnait du conseil de l'Instruction publique en annonçant que les effets de la nouvelle loi étaient « iniques ». En 1856, dans sa lettre pastorale du Carême, il affirma que les catholiques qui n'exerçaient pas leur droit de vote pour promouvoir les écoles séparées étaient coupables de péché mortel.

Malgré ce qu'il avait réussi à faire pour le diocèse, Charbonnel ne s'était jamais senti à la hauteur de sa tâche, en raison de l'écart linguistique et culturel qu'il y avait entre lui et ses ouailles. Dès mars 1854, il informa Rome que son clergé ne l'aimait pas, que plusieurs prêtres le détestaient même. À sa propre requête, il reçut, en 1856, l'autorisation de quitter son poste. Il partit pour l'Europe pendant l'été et il y resta 22 mois. Il se rendit deux fois à Rome, où il apprit que sa requête était désormais refusée en raison de l'admiration que son travail et sa personnalité suscitaient dans la population. Il rentra donc à Toronto en juin 1858. Toutefois, l'année suivante, après avoir demandé un coadjuteur pour la troisième fois, il obtint la nomination d'un Irlandais de naissance, John Joseph Lynch*, fondateur et directeur du Seminary of Our Lady of Angels. Lynch fut sacré en la chapelle Sixtine en novembre. Reparti pour l'Europe en février 1860, Charbonnel démissionna de son siège le 26 avril pour devenir évêque titulaire de Sozopol (Bulgarie).

Charbonnel entra au monastère des capucins de Rieti (Italie) ; son noviciat terminé, il retourna en France, où il devint l'un des auxiliaires du cardinal archevêque de Lyon. Pendant une vingtaine d'années, il parcourut le pays, fit de l'administration, prêcha, organisa des retraites et consacra des prêtres – des basiliens surtout, auxquels il était particulièrement attaché. Il continuait de s'intéresser à l'Église canadienne et de la soutenir. En 1880, dix ans après la transformation du diocèse de Toronto en archevêché, Léon XIII accéda à la demande de l'archevêque Lynch et de trois évêques ontariens qui réclamaient la reconnaissance des services rendus à l'Église par Charbonnel au Canada et en France : il le nomma archevêque de Sozopol. Cependant, depuis 1878, la santé de Charbonnel se détériorait ; il abandonna ses fonctions administratives et ses prédications en 1883 pour se retirer au monastère des capucins de Crest. Il avait toujours été grand voyageur mais, à compter de 1885, il dut rester au couvent, où il mourut et fut inhumé en 1891.

Malgré ce qu'il avait accompli, Charbonnel avait toujours éprouvé un sentiment d'insuffisance et en avait cruellement souffert. Bon nombre de problèmes qu'il avait connus à Toronto venaient de ce qu'il ne parvint jamais à maîtriser l'anglais. Plusieurs fois, il tenta de se retirer dans le calme d'un monastère mais, par obéissance à son Église, il continua avec persévérance et courage d'exercer les fonctions qu'elle lui assignait. Homme doux et pieux, il était néanmoins intransigeant dans ses convictions, qu'il exprimait avec beaucoup d'émotion. D'un naturel ascétique, il vivait comme un mendiant, ce qui le faisait aimer des pauvres. Cependant, certains laïques de Toronto, qui choisirent de conserver l'anonymat, lui en voulaient d'exiger qu'ils pratiquent leur religion et soutiennent les écoles et les œuvres de bienfaisance. Ils dirigèrent donc leurs critiques contre ce qui le distinguait (ses antécédents français et son personnel religieux d'origine française). Leur opposition à ses innovations joua pour beaucoup dans sa détermination à être relevé des fonctions épiscopales qu'il n'avait assumées que pour obéir au pape.

Bien qu'Armand-François-Marie de Charbonnel ait été d'abord et avant tout un prédicateur, ses nombreux talents ont amené les évêques du Canada à le reconnaître comme « père et fondateur de la province ecclésiastique de Toronto ». En effet, durant son épiscopat relativement court, il a donné de solides assises financières au diocèse et créé les organismes grâce auxquels son Église pouvait faire œuvre de charité, d'éducation et d'assistance spirituelle. Son épiscopat a coïncidé avec une décennie de bouleversements sociaux, économiques, politiques, démographiques, éducationnels et technologiques qui ont profondément transformé le Haut-Canada. C'est grâce à lui que son Église a été en mesure de faire face aux problèmes d'une société qui s'urbanisait et s'industrialisait rapidement.

MURRAY W. NICOLSON ET JOHN S. MOIR

On trouve des renseignements additionnels concernant les sources dans M. W. Nicolson, « The Catholic Church and the Irish in Victorian Toronto » (thèse de PH.D., Univ. of Guelph, Ontario, 1981).

ARCAT, Basilian Fathers papers ; Brothers of the Christian Schools papers ; C, particulièrement AA01 ; AA01.02 (Brother Alfred [A. J. Dooner], « Most Rev. Armand-François-Marie, Comte de Charbonnel, D.D., second bishop of Toronto (1802–1891) ») ; AA07.01 ; AC02.01(b) ; E. J. Kelly, « Biographical notes on clergy » ; LB03.057 : 43 ; PRC 2301–2302 ; St Michael's Cathedral (Toronto), parish papers ; St Vincent de Paul Soc. papers, records and minute-books ; Sisters of St Joseph papers. — ASSM, 10, Charbonnel à Dowd, 20 août 1852 ; Charbonnel à Regourd, 26 juill. 1869 (mfm aux AN). — Basilian Fathers Arch. (Toronto), Records, particulièrement Charbonnel letters. — Brothers of the Christian Schools, District of Toronto Arch., Records. — Sisters of St Joseph Arch. (Toronto), Annals, journals, and ledgers. — *Doc. hist. of education in U.C.* (Hodgins), 9–10 ; 12. — *Jubilee volume, 1842–1892 : the archdiocese of Toronto and Archbishop Walsh,* [J. R. Teefy, édit.] (Toronto, 1892), 141–168. — *Catholic Register*

(Toronto), 13 déc. 1894. — *Globe*, 22 mai 1855. — *News of the Week* (Toronto), 2 févr. 1856. — *Toronto Mirror*, 21–27 sept. 1850, 22 juin 1855, 20 juin 1856. — *Canadian R.C. bishops, 1658–1979*, André Chapeau *et al.*, compil. (Ottawa, 1980). — W. J. Battersby, *History of the Institute of the Brothers of the Christian Schools in the nineteenth century* (2 vol., Londres, 1961–1963), 2. — Candide Causse, *Évêque d'or, crosse de bois : vie de Monseigneur de Charbonnel, évêque de Toronto* (Gembloux, Belgique, 1931). — Robert Choquette, *l'Église catholique dans l'Ontario français du dix-neuvième siècle* (Ottawa, 1984). — B. P. Clarke, « Poverty and piety : the Saint Vincent de Paul Society's mission to Irish Catholics in Toronto, 1850–1890 », *Canadian Protestant and Catholic missions, 1820s–1960s : historical essays in honour of John Webster Grant*, J. S. Moir et C. T. McIntire, édit. (New York, 1988), 75–101. — Mary Hoskin, *History of St. Basil's parish, St. Joseph Street* (Toronto, 1912). — J. S. Moir, *Church and state in Canada West : three studies in the relation of denominationalism and nationalism, 1841–1867* (Toronto, 1959). — Charles Roume, *A history of the Congregation of St. Basil to 1864*, K. J. Kirley et W. J. Young, trad. (Toronto, 1975). — *The story of St. Paul's parish, Toronto* [...], Edward Kelly, édit. ([Toronto], 1922). — F. A. Walker, *Catholic education and politics in Ontario* [...] (3 vol., Toronto, 1955–1987 ; réimpr. des vol. 1–2, 1976), 1. — M. W. Nicolson, « Ecclesiastical metropolitanism and the evolution of the Catholic archdiocese of Toronto », *Histoire sociale* (Ottawa), 15 (1982), nº 29 : 129–156 ; « The Irish Catholics and social action in Toronto, 1850–1900 », *Studies in Hist. and Politics* (Lennoxville, Québec), 1 (1980) : 30–54.

CHARCOAL. V. SI'K-OKSKITSIS

CHASE, HENRY PAHTAHQUAHONG (connu dans l'enfance sous le nom de **Pahtahquahong**), interprète mississagué de la tribu des Sauteux, fonctionnaire, ministre méthodiste, marchand et ministre de l'Église d'Angleterre, né en 1818 près de Belleville, Haut-Canada ; décédé le 21 mars 1900 à Sarnia, Ontario.

On ignore tout de la famille de Pahtahquahong, qui signifie en sauteux « tonnerre qui approche », sauf que sa mère vivait toujours en 1853 et qu'il était le cousin du fameux prédicateur et écrivain sauteux George Copway [Kahgegagahbowh*]. Dès sa petite enfance, on le prépara à œuvrer pour l'Église méthodiste. Il fut élevé à la mission de l'île Grape, près de Belleville, par William Case*, surintendant des missions indiennes de la Conférence canadienne. Tout comme Peter Jacobs [Pahtahsega*], George Copway, Henry Bird Steinhauer* et David Sawyer [Kezhegowinninne*], il appartient donc au groupe d'Indiens doués que formèrent les méthodistes à la fin des années 1820. La New York City Female Missionnary Society, qui avait assumé les frais de son instruction, obtint le droit de lui donner un nom « anglais » ; vers 1830, il reçut donc celui de Henry Chase, apparemment en l'honneur du président de la Young Men's Missionary Society de New York. (Il conserva son nom sauteux et signait généralement Henry P. Chase.) Tant Case que le chef de l'île Grape, John Sunday [Shah-wun-dais*], le considéraient comme « un jeune homme d'une conduite exemplaire ».

Doué pour traduire la langue des Sauteux, Chase devint à l'âge de 14 ans interprète du révérend John Clarke, surintendant de la mission méthodiste américaine au lac Supérieur. Il servit deux ans parmi les Sauteux non chrétiens de toute cette région et de Sault-Sainte-Marie (Sault Ste Marie, Ontario). Aussi longtemps que vécut Clark, Chase lui demeura « très attaché » en raison de la « bonté » avec laquelle il l'avait traité. Sans doute est-ce Clark qui veilla à ce qu'il entre en 1836 au Genesee Wesleyan Seminary de Lima, dans l'état de New York, que fréquentaient 200 élèves blancs. Pendant l'hiver, Chase étudia l'arithmétique, la grammaire et la diction ; pendant l'été, il travailla comme journalier pour payer ses cours.

Comme l'Église méthodiste n'avait pas tardé à constater ses talents d'orateur, Chase fit en 1837, avec Clark, une tournée de conférences qui les mena à Albany et à Troy dans l'état de New York, à Philadelphie et à Baltimore dans le Maryland, et à New York même. L'hiver suivant, Chase parcourut le Kentucky en compagnie du révérend Benjamin T. Kavanaugh pour recueillir des fonds. Il fut ensuite, de 1840 à 1842, interprète à la mission du lac Sandy, au Minnesota, tout près de la zone mal définie qui séparait les Sauteux de leurs ennemis les Sioux.

À son retour dans le Haut-Canada, en 1843, Chase devint interprète du département des Affaires indiennes à Port Sarnia (Sarnia), auprès des Sauteux du lac Saint-Clair. Après y avoir travaillé à ce titre et à celui de comptable durant 13 ans, il démissionna pour devenir prédicateur méthodiste en 1856. Le révérend Solomon Waldron, qu'il avait souvent assisté à la mission Saint-Clair, disait n'avoir « jamais connu meilleur traducteur des leçons tirées des Écritures ». Chase servit deux ans à Muncey, près de London, et à Michipicoten (Michipicoten River), sur le lac Supérieur, puis pour des raisons mystérieuses abandonna le ministère et le méthodisme. Peut-être ne se sentait-il plus à l'aise dans cette Église qui, depuis la mort de William Case en 1855 et celle de Peter Jones* en 1856, semblait ne plus manifester beaucoup de zèle pour les missions indiennes.

On ne sait pas grand-chose de ce que Chase fit de 1858 à 1863. Il vivait à Sarnia, et quand le prince de Galles s'y rendit, en 1860, il lui lut une adresse au nom des 70 délégués indiens, qui représentaient 35 bandes. Rangé par le *Sarnia Observer, and Lambton Advertiser* parmi « les marchands les plus entreprenants » de la ville, il fut l'associé principal de la Chase and Armour, puis de la Chase and Buchanan. En 1852, il avait épousé une femme de 19 ans, d'ascendance écossaise, Annie G. Armour ; deux filles et deux garçons naquirent de ce mariage.

Les anglicans de Sarnia convièrent d'abord Chase parmi eux en qualité de catéchiste. Il abandonna les affaires pour devenir diacre en 1863 et ministre un an plus tard. Réaffecté à Muncey, il rallia à l'anglicanisme, dans la seule année 1864, 70 Sauteux adultes qui pratiquaient le méthodisme. Inlassablement, il visitait les trois missions des alentours de Muncey, celle des Onneiouts, celle des Loups (Delawares), qui parlaient le munsee, et celle des Sauteux. Dès 1876, il avait construit une église anglicane dans chacune d'elles, et chaque dimanche il parcourait 16 milles à pied pour y prêcher. Il affirmait avoir converti 210 Indiens de 1865 à 1878 – donc un cinquième de la population totale des réserves, ce qui était tout un exploit.

Afin de recueillir de l'argent pour l'entretien des églises, Chase se rendit en Grande-Bretagne en 1876, en 1881 et en 1885. Le lord-maire de Londres le reçut à l'occasion de sa troisième visite, et le prince de Galles lui donna aussi audience. Chase quitta la mission de Muncey en 1880 mais, à la demande des autorités anglicanes, il accomplit des tâches spéciales, dont ces tournées de collecte. De 1887 à 1896, il fut ministre à l'église anglicane de la réserve indienne de Sarnia.

Après la Confédération, étant donné son âge, sa renommée et ses qualités d'intermédiaire culturel, Chase fut appelé à travailler au sein des organisations politiques indiennes. En 1870, à titre d'interprète adjoint et de président de plusieurs séances, il participa au « Conseil général des Six-Nations et diverses bandes de l'Ontario et du Québec ». Par élection, le conseil lui confia, ainsi qu'à un autre délégué, le mandat de rencontrer le gouverneur général, sir John Young*, au sujet de la recommandation faite par le conseil qu'une « consultation convenable du peuple indien ait lieu quand une loi du Parlement pouvant les toucher est proposée, et ne soit pas laissée à des subordonnés qui n'ont pas de connaissance réelle des positions ou exigences des Indiens ».

Henry Chase fut élu en 1874, de préférence au médecin agnier Oronhyatekha*, président du grand conseil général indien qui se tint à la réserve de Sarnia. En compagnie du chef de la réserve, William Wawanosh, il se rendit à Ottawa pour présenter au gouvernement fédéral les doléances exprimées par les délégués (plus de 120) de toutes les régions de l'Ontario et de la province de Québec à propos d'une loi sur les Indiens adoptée en 1869. Les délégués voulaient être maîtres de leurs affaires et avoir le droit de faire les règlements qui concernaient leurs réserves. En 1882, le grand conseil tenu à la réserve de New Credit, près de Hagersville (Haldimand, Ontario), l'élut président pour la durée de la rencontre. À l'époque, un reporter du *Free Press* de Detroit décrivit le ministre, alors à la retraite, et leader politique indien comme « un vieillard digne, sage et éloquent ».

DONALD B. SMITH

AN, RG 10, A4, 507 : 352 ; B3, 1942, file 4103 ; CI, 2, vol. 436 : 574–784. — Huron College Arch. (London, Ontario), Clergy list, Diocese of Huron [...], 30 juin 1887. — Minn. Hist. Soc. (St Paul), G. L. Nute, « North West Mission papers ». — UCC-C, Solomon Waldron, « A sketch of the life, travels, and labors of Solomon Waldron [...] ». — UWOL, Regional Coll., James Evans papers. — Colonial and Continental Church Soc., *Annual report* (Londres), 1865–1885. — Mme B. C. Farrand, *Indians at Sarnia* (s.l., 1899 ; réimpr., Brights Grove, Ontario, 1975 ; copie à la Bibliothèque nationale du Canada, Ottawa). — Grand General Indian Council of Ontario and Quebec, *Minutes* (Hamilton, Ontario), 1870 ; (Sarnia, Ontario), 1874 ; (Hagersville, Ontario), 1882 ; 1884. — B. M. Hall, *The life of Rev. John Clark* (New York, 1857), 184–187. — « An Indian chief at the Mansion House », *Aborigines' Friend : a Journal of the Aborigines' Protection Society* (Londres), [4e] sér., 6 (1885) : 255–256. — Kahgegagahbowh [George Copway], *The life, history, and travels of Kah-ge-ga-gah-bowh, (George Copway) a young Indian chief of the Ojebwa nation* [...] (Philadelphie, 1847). — *Christian Advocate and Journal* (New York), 2 mai, 5 déc. 1828, 2 juin 1837, 1er mai 1840. — *Christian Guardian*, 13 avril 1853. — *London Advertiser*, 18 mai 1898. — *Sarnia Observer*, 14 sept. 1860, 23 mars 1900. — *Canadian album* (Cochrane et Hopkins), 1. — Cornish, *Cyclopædia of Methodism*. — *Crockford's clerical directory* [...] (Londres), 1899 : 244.

CHATELAIN (Chastellaine, Chatelaine, Chatelan, Chattelaine), NICOLAS, porte-parole des Métis, interprète, trafiquant de fourrures et fonctionnaire, né autour des années 1795–1799, vraisemblablement à ou dans la région de Grand Portage (près de Grand Portage, Minnesota), d'un père francophone venu du Bas-Canada et d'une mère de la tribu des Sauteux ; il se maria et eut au moins deux fils et une fille ; décédé le 6 mars 1892 au fort Frances (Fort Frances, Ontario).

On sait peu de chose de la jeunesse de Nicolas Chatelain, sinon qu'il combattit apparemment durant la guerre de 1812. La première mention de son nom remonte à 1823 : il était interprète pour la Hudson's Bay Company au lac à la Pluie (lac Rainy, Ontario). En 1850, il était présent au moment de la signature, à Sault-Sainte-Marie (Sault Ste Marie, Ontario), du traité du 7 septembre entre William Benjamin Robinson*, représentant de la province du Canada, et les Sauteux de la rive nord du lac Supérieur. À l'époque, Chatelain faisait partie de la bande du fort William (Thunder Bay), qui comptait un certain nombre de Métis. Il travailla pour la Hudson's Bay Company pendant environ 50 ans à titre d'interprète, de trafiquant et de chef de poste de l'intérieur, ce qui explique peut-être, en partie du moins, qu'il ait quitté le fort William pour aller vivre au fort Frances.

En 1871, Chatelain était interprète pour le compte du gouvernement fédéral et recevait un salaire de 250 $ par an, qu'il toucha d'ailleurs jusqu'à sa mort. D'après les fonctionnaires de l'époque, il ne pouvait traduire le sauteux qu'en français, ce qui ne fit aucunement obstacle à sa carrière. Il assista aux négociations avec les Sauteux de la région du lac des Bois, puis il participa à la signature du traité n° 3 en 1873. Les Métis de la région du lac et de la rivière à la Pluie, dont il faisait partie, avaient beaucoup en commun avec les Sauteux, et on peut supposer qu'ils eurent plus d'influence sur le résultat des négociations que les Métis du Manitoba, à qui le négociateur du gouvernement, Alexander Morris*, attribua cependant son succès.

Au cours des négociations, les Sauteux avaient demandé que l'on autorise les Métis de la région à signer le traité ; Morris refusa mais recommanda néanmoins que ceux qui souhaitaient être considérés comme Indiens puissent y donner leur adhésion. Le 12 septembre 1875, Chatelain signa donc au nom des Métis du lac et de la rivière à la Pluie un protocole d'entente avec l'arpenteur général du Canada, John Stoughton Dennis*. Selon cette entente, connue sous l'appellation d'« adhésion des sang-mêlé au traité n° 3 », les Métis devaient, à cause de leur « sang indien », se voir accorder deux réserves de même que les indemnités prévues par le traité, notamment des rentes, du bétail et des instruments aratoires.

Il est fort probable que le protocole d'entente avait d'abord été conçu par les Métis du lac et de la rivière à la Pluie, ensuite arrêté par Chatelain et rédigé par Dennis. Cependant, les mesures ultérieures du département des Affaires indiennes laissent supposer que le gouvernement fédéral ne le ratifia jamais. Ainsi, durant dix ans, les Métis chercheraient à obtenir ce qu'on leur avait promis. La première tentative eut lieu en août 1876 : Chatelain informait Dennis que Robert Pither, le fonctionnaire des Affaires indiennes au fort Frances, n'avait reçu aucune instruction à propos de l'entente, et lui demandait de faire en sorte que les Métis reçoivent, entre autres choses, les rentes. On renvoya l'affaire au département, qui déclara ne pas pouvoir reconnaître les Métis séparément et demanda si ceux-ci ne pouvaient se joindre à la bande de Sauteux qui vivaient près de là. Plusieurs mois après, un groupe de Métis rencontra Pither, en l'absence de Chatelain. Certaines rentes avaient de toute évidence été payées entre-temps, puisque les Métis déclarèrent qu'ils n'en accepteraient pas d'autres si on ne leur faisait pas parvenir les autres indemnités qu'on leur devait et s'ils n'avaient pas droit à une reconnaissance distincte.

Juste au moment où la résistance dans le Nord-Ouest [V. Louis Riel*] prenait fin, les Métis tentèrent à nouveau de faire reconnaître tous les droits que leur conférait le traité. Le 8 juillet 1885, Chatelain envoya au département des Affaires indiennes une pétition qui demandait les rentes que les « sang-mêlé du lac à la Pluie » n'avaient pas reçues, et qui s'élevaient à 782 $ pour 46 personnes. La correspondance officielle qui suivit confirma que les Métis avaient fait des aménagements dans leurs réserves et construit de bonnes maisons de rondins. Les Métis affirmaient cependant qu'ils n'avaient reçu ni bétail, ni instruments aratoires, ni arrérages comme le prévoyait l'entente de 1875 et, qu'en conséquence, ils s'estimaient « mal traités par le gouvernement ». La résistance indienne et métisse de 1885 contribua peut-être à faire voir leurs demandes d'un œil favorable. Suivant les recommandations de Duncan Campbell Scott* et d'autres fonctionnaires des Affaires indiennes, on leur accorda l'argent dû depuis 1875. Chatelain et d'autres Métis continuèrent jusqu'en 1886 à faire pression pour obtenir les arrérages de rentes de même que le bétail, la nourriture et les instruments aratoires qu'on leur avait promis mais pour le département des Affaires indiennes, l'affaire était classée.

Nicolas Chatelain mourut au fort Frances le 6 mars 1892, vraisemblablement parmi les Métis. Trois ans auparavant, un fonctionnaire des Affaires indiennes l'avait décrit comme « l'un des aristocrates de la nature, six pieds quatre pouces de taille, 98 ans et complètement aveugle ». Le fonctionnaire ajoutait que personne dans la région n'avait « plus d'influence sur les Indiens que cet homme remarquable ». Il est clair que Chatelain avait aussi beaucoup d'influence sur les Métis du fort Frances et qu'il avait dans une certaine mesure réussi à défendre leurs intérêts au cours des années 1870 et 1880.

DAVID T. MCNAB

AN, RG 10, B3, 3637, file 6918 ; 3715, file 21809 ; 3830, file 62423. — D. T. McNab, « Hearty co-operation and efficient aid, the Métis and Treaty #3 », *Canadian Journal of Native Studies* (Brandon, Manitoba), 3 (1983) : 131–149.

EWETT, WILLIAM CAMERON, homme d'affaires, né le 16 août 1828 à York (Toronto), fils aîné de James Grant Chewett* et de Martha Smith Robison ; le 28 avril 1857, il épousa Maria Susan Ranney, et ils eurent trois fils et trois filles ; décédé le 30 novembre 1897 à Toronto.

William Cameron Chewett naquit dans l'une des familles les plus anciennes et les plus en vue de Toronto. Son grand-père William Chewett* était venu s'installer à « Muddy York » en 1796 et, comme son fils James Grant, il y mena une longue carrière d'arpenteur et de fonctionnaire. Entré à l'Upper Canada College en 1837, William Cameron étudia ensuite la médecine au King's College, qui allait devenir la University of Toronto. Élève remarquable, il remporta plusieurs prix et, en 1851, devint l'un des deux premiers étudiants de l'université à obtenir un diplôme de médecin.

Chewett comprit très vite qu'il n'était pas fait pour la médecine et, bien qu'on l'ait souvent appelé docteur, il n'exerça apparemment jamais. Intéressé par la chose littéraire, il se laissa attirer par l'imprimerie, l'édition et la vente de livres, qui se développaient alors rapidement à Toronto. En janvier 1854, en société avec William Walter COPP et Thomas MACLEAR, il acheta de la veuve de Hugh Scobie* une partie de l'établissement fondé en 1838 par ce dernier. Entreprise d'impression et d'édition de premier plan durant les années 1850, la Maclear and Company produisait des lithographies et des périodiques aussi importants que le *Canadian almanac,* l'*Upper Canada Law Journal* et l'*Anglo-American Magazine,* tout en faisant des travaux de ville. Chewett apprit rapidement son métier et, au départ de Maclear en 1857, il devint le principal associé de la compagnie ; les deux autres étaient William Walter Copp et George Elliot Thomas. L'entreprise prit le nom de W. C. Chewett and Company en 1861, soit un an avant que Chewett ne s'associe à Copp et à un teneur de livres de la firme, Henry James Clark.

On pouvait trouver chez Chewett toute une gamme d'articles et de services connexes, allant du papier, des fournitures de bureau et des livres d'intérêt général aux services d'impression, de reliure et de lithographie. Ce dernier département, dirigé par Charles Fuller, produisait des travaux de haute qualité, tels des cartes géographiques, des couvertures pour la musique en feuilles, des diplômes, des chèques et des étiquettes. Chaque année, de 1862 à 1868, ses lithographies remportèrent le premier prix à l'Upper Canada Provincial Exhibition. Tout au long des années 1860, l'entreprise imprima et publia d'importants ouvrages, la plupart à caractère résolument « pratique » – annuaires locaux, index des chemins de fer, tracts religieux, livres de droit et de médecine, manuels. La W. C. Chewett and Company continua à imprimer le *Canadian almanac* et plusieurs périodiques. Elle ne publia que quelques ouvrages littéraires, mais son propriétaire n'en fut pas moins mêlé en 1862 à l'impression de la première édition clandestine des poèmes de jeunesse de Tennyson.

Malgré le succès de la W. C. Chewett and Company, dont la boutique de la rue King Est à Toronto était connue partout au Canada, Chewett n'y demeura pas longtemps. Il cessa probablement de s'en occuper activement en 1865 mais la firme conserva son nom jusqu'en 1869, année où Copp et Clark l'acquirent pour en faire la Copp, Clark and Company. La retraite de Chewett fut cependant de courte durée. Vers 1872, il entra au service d'Abraham* et Samuel* Nordheimer, qui exploitaient à l'époque « la principale maison d'édition [de] musique du dominion », et il en assurerait la direction jusqu'en 1880 ou 1881.

Quand il ne s'occupait pas d'impression ou d'édition, Chewett s'adonnait vraisemblablement à d'autres activités commerciales. Sa famille possédait un terrain d'une grande valeur à l'angle des rues King et York, où l'on avait construit en 1856 l'un des meilleurs hôtels de la ville, le Rossin House. Après l'incendie qui rasa cet hôtel en 1864, bon nombre de citoyens bien en vue de Toronto, dont Chewett, Casimir Stanislaus GZOWSKI et Thomas Charles Patteson, formèrent une société par actions en vue de reconstruire un immeuble encore plus somptueux. L'entreprise fut d'ailleurs un succès et, jusqu'à sa mort, Chewett s'en occupa de très près.

Actif dans la franc-maçonnerie, William Cameron Chewett était devenu membre de l'Ionic Lodge en 1855 et fut maître en 1859–1860 et en 1860–1861.

DONALD W. MCLEOD

Une liste chronologique des publications de la W. C. Chewett and Company figure en annexe (pp. 30–45) à l'étude de l'auteur intitulée « William Cameron Chewett and W. C. Chewett & Company of Toronto, printers and publishers », Soc. bibliogr. du Canada, *Cahiers,* (Toronto), 21 (1982) : 11–51. Les détails concernant l'appartenance de Chewett à la franc-maçonnerie ont été confirmés par l'Ionic Masonic Lodge, Toronto. [d. w. mcl.]

CTA, RG 5, F, St Lawrence Ward, 1854–1882 (mfm aux AO). — St James' Cemetery and Crematorium (Toronto), Tombstones, Chewett family plot. — York County Surrogate Court (Toronto), n° 12404 (mfm aux AO). — *Business sketches of Toronto* ([Toronto, 1867]), 100 (copie à la MTRL). — H.-C., Board of Agriculture, *Tans.* (Toronto), 6 (1867–1868) : 601 ; Board of Arts and Manufactures, *Journal* (Toronto), 2 (1862)–7 (1867). — « Men of the times : Mr. W. W. Copp », *Books and Notions* (Toronto), 7 (juill. 1891) : 6. — *Evening News* (Toronto), 3 déc. 1897. — *Globe,* 2 déc. 1897. — Chadwick, *Ontarian families.* — *Dict. of Toronto printers* (Hulse). — *Fasti academici ; annals of King's College, Toronto* [...] *from 1827 to 1849* (Toronto, 1850), 16, 32–33. — Harper, *Early painters and engravers.* — *University of Toronto fasti from 1850 to 1887,* W. J. Loudon et W. J. MacLean, compil. et édit. (Toronto, 1887). — William Canniff, *The medical profession in Upper Canada, 1783–1850* [...] (Toronto, 1894 ; réimpr., 1980). — David Sinclair, « The first pirated edition of Tennyson's poems », *Book Collector* (Londres), 22 (1973) : 177–188.

CHINIQUY, CHARLES (baptisé **Charles-Paschal-Télesphore**), prêtre catholique, ministre presbytérien et auteur, né le 30 juillet 1809 à Kamouraska, Bas-Canada, fils de Charles Cheniquy, étudiant en droit, et de Marie-Reine Perrault ; le 26 janvier 1864, il épousa Euphémie Allard, et ils eurent trois enfants ; décédé le 16 janvier 1899 à Montréal.

En 1818, Charles Chiniquy, dont les parents habitent La Malbaie, va terminer ses études primaires dans la paroisse Saint-Thomas (à Montmagny). Il a 12 ans quand son père qui, selon la tradition, buvait à l'excès meurt subitement. Son oncle, Amable Dionne*, le recueille à Kamouraska et, en 1822, l'envoie étudier au séminaire de Nicolet. Il se révèle un « excellent sujet » doué pour l'art oratoire et loué pour sa piété. Il prend la soutane en 1829 et, quatre ans plus tard, Mgr

Joseph Signay* l'ordonne prêtre dans la cathédrale Notre-Dame de Québec.

Peu après, Chiniquy est nommé vicaire à Saint-Charles, près de Québec. En mai 1834, on le retrouve à Charlesbourg et, en septembre, dans la paroisse Saint-Roch, à Québec. Il exerce aussi les fonctions d'aumônier à l'hôpital de la Marine et des Émigrés, où il rencontre le docteur James Douglas* qui le renseigne sur les ravages de l'alcool et oriente sa carrière vers la lutte en faveur de la tempérance. Son goût pour les gestes d'éclat, sa soif de plaire, sa tendance à faire étalage de ses vertus et à flatter l'autorité irritent ses confrères et inquiètent ses supérieurs. Certains voient en lui un intrigant.

Cette situation n'empêche pas l'archevêque de Québec, Mgr Signay, le 21 septembre 1838, de nommer Chiniquy curé de La Nativité-de-Notre-Dame, à Beauport, l'une des paroisses les plus importantes et prospères de la région de Québec. L'alcoolisme y est fort répandu et accapare toutes les énergies de Chiniquy qui a trouvé sa vocation : lutter contre les ravages de l'alcool. Au Bas-Canada, il n'est ni le premier ni le seul à le faire, mais il est certes l'élément le plus dynamique de l'équipe de la première heure formée, entre autres, de Patrick Phelan*, d'Édouard Quertier* et d'Alexis Mailloux*. Le 29 mars 1840, Chiniquy fonde une société de tempérance à laquelle adhèrent 1 300 paroissiens qui s'engagent à éviter l'intempérance, à ne pas boire de boissons fortes et à ne pas fréquenter les cabarets. En 1841, il va plus loin et propose la tempérance totale ; 812 paroissiens signent leur carte d'adhésion et portent sur eux une médaille de tempérance.

Chiniquy parcourt les paroisses environnantes, prêche dans l'église Notre-Dame à Montréal, le 24 octobre 1841, et dans la cathédrale Notre-Dame à Québec, le 24 juin 1842. Sa renommée s'étend. La construction d'une colonne de tempérance à Beauport, que vient bénir Charles-Auguste-Marie-Joseph de Forbin-Janson* en septembre 1841 devant environ 10 000 personnes, est une véritable apothéose. Comme ce prédicateur, Chiniquy utilise des procédés spectaculaires et puise dans un abondant répertoire d'exemples tragiques dans le but d'impressionner et de faire peur. Dans ses sermons, il décrit avec force détails, qui frôlent parfois la vulgarité, les ravages de l'alcool sur l'organisme et ses conséquences pour l'individu et sa famille ; au milieu des sanglots et des cris d'allégresse, il invite les paroissiens à s'avancer vers l'autel, à se repentir et à signer leur engagement de tempérance. Cette prédication produit un véritable retournement religieux dans Beauport.

Le 28 septembre 1842, Chiniquy devient adjoint du curé Jacques Varin de la paroisse Saint-Louis, à Kamouraska. Mgr Signay veut-il le rappeler à l'humilité ou fournir de l'aide à Varin qui est malade ? A-t-il eu vent de la mésaventure qui serait survenue entre Chiniquy et la ménagère du presbytère de Beauport ? Furieux, Chiniquy conteste cette décision auprès du secrétaire de Signay, orchestre les protestations d'un groupe de dames de Beauport, mais il doit se résigner.

Lorsque Varin meurt le 11 avril 1843, Chiniquy le remplace et devient curé en titre. Il travaille avec enthousiasme, s'occupe des écoles et prêche la tempérance dans sa paroisse et les environs. La publication à Québec en avril 1844 de son ouvrage intitulé *Manuel ou Règlement de la société de tempérance dédié à la jeunesse canadienne,* tiré à 4 000 exemplaires, en fait le théoricien officiel de la tempérance totale et le projette au premier plan. Admiré et adulé, Chiniquy est infatigable ; il prêche sans relâche.

En octobre 1846, Chiniquy annonce qu'il entre chez les oblats de Marie-Immaculée, en disant à ses paroissiens qu'il se sent appelé par Dieu dans cette voie. Plus tard, il va justifier son geste en soulignant qu'il ne pouvait prêcher la tempérance dans tout le pays en restant curé à Kamouraska ; les oblats, communauté vouée à la prédication, pouvaient lui fournir une armée de prédicateurs. Il arrive au noviciat à Longueuil après avoir prêché la tempérance tout le long de sa route ; partout, il a été acclamé. Toutefois, la vérité s'avère moins reluisante : Chiniquy est admis chez les oblats à la demande de l'archevêque de Québec afin d'y expier une faute. Pendant qu'il prêchait une retraite à Saint-Pascal, il avait poursuivi instamment une ménagère et on l'avait pris en flagrant délit.

Chiniquy s'accommode mal de la règle de la communauté. L'obéissance, la soumission totale et la solitude lui pèsent. Très vite, son activisme reprend le dessus : il critique, veut tout réformer. En particulier, il transmet un mémoire au supérieur général des oblats, Mgr Charles-Joseph-Eugène de Mazenod, dans lequel il déplore la nomination du père Joseph-Bruno Guigues* au siège épiscopal de Bytown (Ottawa). C'en est trop ; on lui montre la porte. En octobre 1847, il se retire chez son ami Louis-Moïse Brassard*, curé à Longueuil, où il va demeurer jusqu'en octobre 1851.

En janvier 1848, Chiniquy, croyant sans doute que la punition a assez duré, demande à Mgr Signay de réintégrer l'archidiocèse de Québec. Il se fait rabrouer de belle façon. Toutefois, l'évêque de Montréal, Mgr Ignace Bourget*, lui confie la prédication de la tempérance dans son diocèse. Sa croisade débute en 1848 pour se terminer à l'automne de 1851. Le 10 août 1849, les *Mélanges religieux* affirment qu'en 18 mois Chiniquy a donné plus de 500 sermons et suscité 200 000 conversions à la tempérance. En maintes occasions, il reçoit de magnifiques témoignages de reconnaissance : Mgr Bourget lui remet un crucifix en or qu'il a rapporté de Rome ; en 1848, les paroissiens de Longueuil lui présentent en grande pompe un portrait de sa personne réalisé par Théophile Hamel* ;

en 1849, toujours à Longueuil, il reçoit une médaille d'or devant une foule de 9 000 personnes. On l'appelle « l'apôtre de la tempérance ».

Au faîte de la popularité, Chiniquy a la sensation de tourner en rond. Il se cherche de nouveaux défis. Il s'attaque alors au journal radical *l'Avenir* et, dans de rudes échanges, défend l'Église, la papauté et le droit du clergé d'intervenir dans les affaires publiques, condamne l'annexion aux États-Unis et s'interroge sur l'émigration vers ce pays ; à Pointe-aux-Trembles (Montréal), il croise le fer avec les protestants français, qu'on appelait les Suisses.

Mgr Bourget voue une profonde reconnaissance à Chiniquy. Avec beaucoup d'affection, il lui conseille de faire preuve de modération dans sa prédication, d'éviter la flatterie envers les puissants, toutes trivialités, vulgarités, personnalités et de se défier de l'amour-propre. Il lui suggère aussi de restreindre ses activités. C'est donc avec beaucoup de tristesse qu'à l'automne de 1851, pour des raisons semblables à celles qui ont expliqué ses départs de Beauport et de Kamouraska, Mgr Bourget l'invite à quitter son diocèse.

Les circonstances permettront à Chiniquy de partir la tête haute. En octobre 1851, l'évêque de Chicago, James Oliver Van de Velde, est de passage à Montréal, et Chiniquy lui propose ses services. Mgr Bourget lui facilite les choses en obtenant son exeat de l'archevêque de Québec, Mgr Pierre-Flavien Turgeon*. Bourget règle ainsi un cas difficile tout en offrant à Chiniquy l'occasion de prendre un nouveau départ. Ce dernier connaît les problèmes des Canadiens émigrés aux États-Unis. Sa croisade pour la tempérance l'avait conduit auprès d'eux. Exalté et passionné, il se voit déjà responsable d'une grande mission : diriger tous ces catholiques francophones. Toutefois, au Bas-Canada, les élites craignent que la popularité de Chiniquy et son enthousiasme à vanter l'Illinois stimulent l'exode, aggravent le dépeuplement des campagnes et détournent les colons des cantons.

Chiniquy s'installe à St Anne, dans l'Illinois. Son dynamisme et son charisme tout comme la construction de l'Illinois Central Railroad à Kankakee font en sorte que St Anne surclasse rapidement les communautés environnantes. Les paroissiens de Chiniquy, trop heureux de recréer sous sa gouverne un coin de la patrie perdue, donnent généreusement et bientôt s'élèvent une église, un presbytère et une école pour garçons. En mars 1856, après avoir rappelé qu'il est entouré de 10 000 Canadiens établis à l'ombre des croix qu'il a plantées, Chiniquy demande qu'on lui envoie d'autres prêtres canadiens puisqu'il est impossible de compter sur les évêques irlandais pour assurer le salut des émigrés. Ses confrères des paroisses environnantes, peu connus, moins dynamiques, l'envient, le critiquent et lui font mauvaise réputation auprès des évêques du Bas-Canada et de Chicago. Chiniquy riposte violemment, intrigue, médit.

Mgr Anthony O'Regan, qui s'était donné comme tâche de restaurer la discipline ecclésiastique dans le diocèse de Chicago, s'impatiente et rend Chiniquy responsable de la discorde. Il est aussi troublé par certaines rumeurs sur la conduite de celui-ci et ses démêlés avec un spéculateur foncier. En outre, il n'apprécie pas la volonté des Canadiens de faire bande à part et craint que cette situation n'éveille l'hostilité des xénophobes. Il semonce alors Chiniquy et décide de le muter, mais ce dernier riposte. Il ne veut pas bouger et entretient la rumeur selon laquelle l'évêque veut s'emparer de l'église et y nommer un prêtre irlandais, comme il a fait de l'église canadienne de Chicago. Le 19 août 1856, Mgr O'Regan, furieux de l'esprit d'insubordination de Chiniquy et de la publicité qui entoure tous ces événements, le suspend. Ce dernier supplie l'évêque de revenir sur sa décision, en appelle à ses compatriotes qui tous se rangent derrière lui et, en dépit de sa suspension, continue à dire la messe et à administrer les sacrements. Le 3 septembre, il est excommunié.

Au Bas-Canada, la presse ouvre alors toutes grandes ses pages à Chiniquy et à ses adversaires. Les évêques appréhendent les divisions et craignent que le schisme ne mette en péril la foi des émigrés. Ils insistent donc auprès de Chiniquy pour qu'il en appelle au supérieur de l'évêque et même au pape s'il se sent lésé, et ils invitent les paroissiens à ne pas le fréquenter. En novembre 1856, à la demande de l'évêque de Chicago, Mgr Bourget envoie à St Anne les abbés Isaac-Stanislas Lesieur-Désaulniers* et Louis-Moïse Brassard, amis de Chiniquy, pour l'inciter à se soumettre à l'autorité légitime et à réparer le scandale causé. Déjà le 9 août 1856, Chiniquy implorait Bourget de le laisser rentrer au pays afin de prêcher contre l'émigration. Il ajoutait qu'il pourrait être encore utile à la cause de la tempérance. Dans ses instructions du 17 novembre à Lesieur-Désaulniers et à Brassard, Bourget écrit que, si Chiniquy veut faire pénitence, il trouvera une place dans le diocèse de Montréal qui n'oublie pas tout le bien qu'il y a fait.

Les délégués de Bourget arrivent à St Anne à la fin de novembre et rencontrent Chiniquy. Celui-ci accepte d'écrire une lettre à Mgr O'Regan dans laquelle il reconnaît se soumettre à sa sentence, regrette que ses actions et écrits aient pu causer scandale et demande la levée des censures portées contre lui et ceux qui ont communiqué avec lui *in sacris*. Il cessera d'exercer son ministère et quittera St Anne dans trois semaines. Lesieur-Désaulniers crie au succès, mais il doit déchanter : Mgr O'Regan exige davantage et refuse l'acte de soumission. Il insiste pour que Chiniquy confesse publiquement avoir désobéi à l'autorité légitime et rétracte explicitement les diverses affirmations fausses et non fondées qu'il a faites et publiées dans les journaux. Il veut en outre que Chiniquy reconnaisse que son évêque a toujours agi envers lui avec la plus grande justice. Convaincu que Mgr O'Regan veut l'humilier, que ses amis du Bas-Canada l'ont piégé et trahi, Chiniquy entre dans une rage folle. Il maudit ces prêtres, nie avoir été suspendu et excommunié et en appelle à la population de St Anne. Une majorité l'appuie sans réserve.

Pendant qu'au Bas-Canada on fait connaître les véritables raisons qui ont amené le départ de Chiniquy et qu'on interdit la lecture de ses écrits mensongers, l'évêque O'Regan nomme Lesieur-Désaulniers curé de Bourbonnais et demande au moins deux autres prêtres canadiens. Il veut ainsi encercler Chiniquy et éloigner de lui la population. Cette stratégie connaît un certain succès mais ne règle nullement le problème. Mgr John Duggan, successeur de Mgr O'Regan, se rend à St Anne le 3 août 1858 et reconfirme officiellement l'excommunication de Chiniquy. Plutôt que de se soumettre, ce dernier quitte l'Église catholique et entraîne avec lui ses fidèles de St Anne et de diverses missions de l'Illinois.

À ce moment, raconte Chiniquy dans ses mémoires, il vit clairement que l'Église de Rome ne pouvait être l'Église de Jésus-Christ. Cette pensée le remplit d'effroi. Il comprit alors qu'il avait quitté pour toujours parents, amis, patrie, qu'il n'était plus pour eux qu'un apostat, un traître à combattre par tous les moyens. Où aller pour être sauvé ? Il ne comptait pas d'amis parmi les protestants qu'il avait toujours combattus. La vie lui apparut soudainement comme un fardeau et il aurait même songé à se suicider. Il eut alors une révélation : le salut est un don parfait et gratuit, un cadeau de Dieu qui ne demande en retour qu'amour et repentir. Il comprit que Dieu seul avait un droit absolu sur lui, qu'il ne devait obéissance ni au pape, ni aux évêques, ni à l'Église. « Je n'avais plus qu'un seul désir : c'était qu'il me fut permis de montrer ce don à mon peuple et de lui faire accepter. » C'est ainsi qu'il raconte sa conversion, récit qu'il enrichit, modifie au gré des circonstances et des auditoires. Il se convertit, c'est-à-dire qu'il s'accommode à ce qu'il avait toujours refusé mais qui lui semble maintenant inévitable.

Après avoir observé les différentes dénominations religieuses et s'être convaincu que l'union avec l'une des grandes familles protestantes valait mieux que l'isolement, Chiniquy décide de se rattacher à l'Église presbytérienne aux États-Unis qui compte plus de 2 000 fidèles. Reçu ministre presbytérien le 1er février 1860, il est invité, la même année, à prendre part en Europe aux fêtes du troisième centenaire de la Réforme, il se rend en Grande-Bretagne, en France, en Suisse et en Italie. Il en revient auréolé de prestige.

En juin 1862, pour des raisons mal connues mais qui tiennent apparemment à son manque d'ordre, à sa soif de briller et à sa manie de contester l'autorité, le consistoire de Chicago suspend Chiniquy puis le destitue de toutes ses fonctions de ministre. Le 11 juin 1863, après une enquête présidée par le ministre presbytérien Alexander Ferrie Kemp*, le synode de l'Église presbytérienne du Canada l'accepte comme ministre et sa congrégation de St Anne est admise au sein du synode. Ces événements ralentissent à peine les activités de Chiniquy. Toutefois, il cherche manifestement une mission à sa mesure. Sa dispersion en témoigne. En plus de s'occuper de St Anne, où il doit reconstruire la chapelle et l'école détruites par un incendie, il prêche ici et là, se rend à l'Île-du-Prince-Édouard, passe plusieurs mois à Montréal et publie de nombreux articles dans des journaux protestants. Dans le *Home and Foreign Record* (Toronto) de l'Église presbytérienne du Canada en particulier, il laisse entendre que la conversion des Canadiens français au protestantisme prend constamment de l'ampleur, qu'il espère consacrer les dernières années de sa vie à l'évangélisation du Canada, de l'Acadie et des États-Unis. Sa mission se précise.

La prédication de Chiniquy plaît à ses coreligionnaires. Il s'agit d'une charge à fond de train contre l'Église catholique, ses dogmes, ses sacrements, sa morale et ses pratiques de dévotion. Il formule des énormités contre le pape, les évêques et les prêtres. Puissant prédicateur, capable d'entraîner les foules, il paraît être l'homme tout désigné pour détourner de Rome la masse des Canadiens français. En 1873, le synode de l'Église presbytérienne du Canada décide de lui confier cette mission.

Durant les cinq années suivantes, Chiniquy mène une campagne sans relâche, prêche inlassablement les mêmes thèmes. On le retrouve dans les Maritimes, dans l'Ouest, en Nouvelle-Angleterre et surtout dans la province de Québec où il revient s'installer avec sa famille en janvier 1875. Il fait usage de procédés spectaculaires, cherche les gros effets, frôle la vulgarité. Même des protestants s'en indignent. Le 30 janvier 1876, à Montréal, il consacre des hosties, les brise en miettes et les foule aux pieds pour montrer que ce ne sont que des galettes inoffensives. En 1875, toujours à Montréal, il a fait paraître *le Prêtre, la Femme et le Confessionnal* où il traite de la confession auriculaire, son thème favori. Selon lui, le confessionnal n'est qu'« une école de perdition ». Les questions immorales et honteuses que pose le confesseur « initient les enfants à des mystères d'iniquité » suggèrent au prêtre de même qu'à ses pénitentes des pensées, des images et des tentations inexprimables. Le confessionnal permet au prêtre de connaître lesquelles de ses pénitentes sont fortes, lesquelles sont faibles.

Cette nouvelle croisade de Chiniquy aurait amené quelques milliers de personnes au Québec à « abandonner leurs erreurs » ; ailleurs, les résultats sont plus minces : à peine compte-t-on quelques dizaines de disciples de Chiniquy en Nouvelle-Angleterre. C'est peu mais plus que suffisant pour susciter l'inquiétude et la colère des catholiques canadiens-français. Partout où il passe, Chiniquy sème la fureur et provoque la violence. Le 19 mars 1875, Mgr Bourget publie une lettre pastorale contre lui.

En 1878, les médecins conseillent à Chiniquy un voyage de repos pour soigner ses poumons. Il passe deux ans à visiter l'Australie, la Tasmanie et la Nouvelle-Zélande et à prêcher contre Rome. En 1880, on le retrouve à St Anne. Deux ans plus tard, il repart pour une tournée de conférences en Angleterre, mais son temps est essentiellement consacré à l'écriture et notamment à la rédaction de ses mémoires. Ils paraissent en deux volumes : *Cinquante ans dans l'Église de Rome* en 1885 à Montréal et *Forty years in the Church of Christ* à Toronto en 1900, après sa mort.

Les mémoires de Chiniquy, centrés sur le récit de sa conversion, s'adressent à deux auditoires différents. Aux protestants, il raconte comment, au milieu de la corruption et des erreurs de l'Église catholique, la lecture de la Bible, une vie irréprochable et la recherche de la vérité l'ont conduit vers eux et préparé l'itinéraire exemplaire du nouveau converti. La partie adressée aux catholiques est d'une rare violence. Manifestement, il veut en découdre avec ses amis d'hier. Le récit de chaque étape de sa vie lui fournit l'occasion d'attaquer l'Église de Rome, de montrer la vie dissolue que sont censés mener ses prêtres, de blasphémer contre, entre autres, les dogmes et les sacrements. Ses écrits connaissent un succès prodigieux. En 1892, des versions en neuf langues du premier volume circulent. En 1898, celui-ci en est rendu à 70 éditions. De partout dans le monde des évêques demandent des renseignements à leurs confrères de la province de Québec de façon à contrer l'influence des mémoires de Chiniquy.

Les remous que créent les écrits de Charles Chiniquy n'arrivent pas à troubler la sérénité de ses années de vieillesse qu'il passe au milieu des siens à Montréal, dans une enviable aisance. En bonne santé, il voyage, prêche ici et là, au Québec et à l'étranger. Sa mort toutefois ravive les passions. Le 16 janvier 1899, après une brève maladie, il meurt calmement. Quelques jours auparavant, il avait poliment refusé de rencontrer l'archevêque de Montréal, Mgr Paul Bruchési*, prêt à tenter une ultime démarche pour le ramener dans le giron de l'Église catholique. Le 23 janvier, la *Gazette* de Montréal publie le testament religieux de Chiniquy rédigé peu de temps avant sa mort. Il s'agit d'un virulent réquisitoire contre l'Église de Rome où il reprend tous les thèmes qu'il avait prêchés comme ministre protestant, un dernier cri de rage montrant qu'il n'avait ni oublié ni pardonné la blessure de 1858.

YVES ROBY

On trouve dans l'ouvrage de Marcel Trudel, *Chiniquy* (2e éd., [Trois-Rivières, Québec], 1955), une remarquable bibliographie où l'auteur présente de façon détaillée et critique les œuvres manuscrites et imprimées de Charles Chiniquy, les principaux fonds d'archives, les sources imprimées et les études consacrées au personnage et à son époque. Toutefois, l'auteur ne fait pas mention du fonds I.-S. Lesieur-Desaulniers conservé aux Arch. du séminaire de Saint-Hyacinthe (Saint-Hyacinthe, Québec), sous la cote A, Fg-9. [Y.R.]

ANQ-M, CE1-127, 16 janv. 1899. — ANQ-Q, CE3-3, 30 juill. 1809. — *DOLQ*, 1. — Gaston Carrière, *Histoire documentaire de la Congrégation des missionnaires oblats de Marie-Immaculée dans l'Est du Canada* (12 vol., Ottawa, 1957–1975), 10. — Claude Lessard, *Le Séminaire de Nicolet, 1803–1969* (Trois-Rivières, 1980). — J. S. Moir, *Enduring witness : a history of the Presbyterian Church in Canada* ([Hamilton, Ontario, 1974]). — Gaston Carrière, « Une mission tragique aux Illinois ; Chiniquy et les oblats », *RHAF*, 8 (1954–1955) : 518–555.

CHIPMAN, SAMUEL, fermier, homme d'affaires, homme politique, fonctionnaire et officier de milice, né le 18 octobre 1790 dans le canton de Cornwallis, Nouvelle-Écosse, cinquième enfant de William Allen Chipman* et d'Ann Osborn ; le 11 mai 1815, il épousa Elizabeth Gesner, sœur du géologue Abraham Gesner*, et ils eurent trois filles et un fils, puis le 8 décembre 1841 Jessie W. Hardy, et de ce mariage naquirent sept enfants ; décédé le 10 novembre 1891 à Kentville, Nouvelle-Écosse.

Samuel Chipman est issu d'une famille illustre du comté de Kings, que l'on appelle parfois le « Chipman compact ». Même s'il exerça avant tout le métier de fermier sur la terre de 100 acres qu'il possédait à Canard, il fut également fonctionnaire, armateur et commerçant de produits agricoles (en 1870, par exemple, il vendit 1 200 boisseaux de pommes de terre qui provenaient de sa ferme).

En 1830, Chipman succéda à son père comme député réformiste du comté de Kings à la chambre d'Assemblée. Il conserva ce siège jusqu'en 1843 : Chipman connut alors la défaite parce que son parti tenta d'établir une université provinciale non confessionnelle. Même s'il était baptiste et s'il préconisait l'utilisation de fonds publics pour le financement de l'Acadia College, fondé depuis peu à Wolfville par les baptistes de la Nouvelle-Écosse [V. John PRYOR], un grand nombre de ses électeurs le considéraient comme un ennemi du collège. Chipman retourna au Parlement en 1851 à titre de représentant du canton de Cornwallis et le demeura jusqu'à l'abolition de ce siège en 1859, après quoi on l'élut représentant de la division nord du comté de Kings. Il exerça cette fonction jusqu'à sa nomination au Conseil législatif en 1863. À l'Assemblée, Chipman, tout comme son père, s'intéressait principalement à l'agriculture et aux affaires locales comme les routes, les digues, les brise-lames et les ponts. Adversaire convaincu de la Confédération, il appuya Joseph Howe* en 1869, ainsi que les « meilleures conditions » que ce dernier arriva à négocier pour la Nouvelle-Écosse.

En 1856, à l'époque où Chipman était secrétaire aux Finances de la province, on le décrivit dans l'*Acadian recorder* comme un homme égoïste qui ne connaissait rien aux finances mais qui avait obtenu son poste en vertu d'un « droit héréditaire » et grâce à la « franc-maçonnerie politique ». Physiquement, Chipman était « un petit homme à l'air important », qui s'assoyait « les bras croisés, à la gauche du fauteuil du président, juste sous la tribune de la presse [...] la tête [...] complètement chauve et lustrée et le visage un peu ridé ». Le journal ajoutait : « M. Chipman ne prend presque jamais la parole sauf si la discussion porte sur une question locale [...] mais il le fait comme quelqu'un qui commande. Il a la voix grêle et un fort zézaiement qui rend assez difficile de saisir le sens de ce qu'il lui arrive de dire. » C'est là, il est vrai, une description assez méchante et quelque peu injuste, mais les avantages qu'il retirait du régime de favoritisme contribuèrent certainement à accréditer sa réputation d'homme vénal. En 1842, le gouvernement provincial l'avait nommé commissaire des égouts et, six ans plus tard, commissaire de la paix pour le comté de Kings. À deux reprises, il remplit la fonction de commissaire chargé d'évaluer les dommages causés par la voie ferrée : en 1868, dans le comté d'Annapolis et, en 1869, dans celui de Kings. Quand il quitta le Conseil législatif en 1870, à l'âge de 80 ans, il fut nommé registrateur dans son comté natal et ce n'est que 18 ans plus tard, devenu aveugle, qu'il abandonna ce poste. Il n'accepta de prendre sa retraite qu'à la condition que « son successeur lui verse 400 $ par an pour le reste de ses jours ».

À l'instar de son père, Samuel Chipman fut officier de milice et franc-maçon. À sa mort, à l'âge de 101 ans, on le considérait comme le maçon le plus âgé du monde et le doyen des Néo-Écossais. On l'inhuma selon tous les rites maçonniques et ses obsèques attirèrent plus de 1 000 personnes à sa résidence de Chipmans Corner. Ses admirateurs l'ont décrit comme un homme tranquille et doux, d'« une intégrité authentique » et respecté de ses voisins tandis que d'autres le considéraient comme un homme politique cupide. Sa carrière laisse deviner l'importance et l'étroitesse des liens qui existaient entre la famille et la politique au début de l'histoire de la Nouvelle-Écosse.

CARMAN MILLER

AN, RG 31, C1, Kings County, 1851 ; 1861, district 2, abstract 4, n° 32 ; 1871, district 189, n° 7. — PANS, MG 20, 1015, n° 12a ; MG 100, 12, n° 50 ; RG 3, 1, n°s 2a, 15, 21, 159 ; RG 7, 6, n° 59. — N.-É., House of Assembly, *Journal and proc.*, 1851–1859. — *Acadian Recorder*, 14 juin 1856, 10 nov. 1891. — *Morning Chronicle* (Halifax), 11 nov. 1891. — *A Chipman genealogy, circa 1583–1969, beginning with John Chipman (1620–1708), first of that surname to arrive in the Massachusetts Bay colony* [...], J. H. Chipman, compil. (Norwell, Mass., 1970), 81. — *Legislative Assembly of N.S.* (Elliott). — J. M. Beck, *Joseph Howe* (2 vol., Kingston, Ontario, et Montréal, 1982–1983). — Eaton, *Hist. of Kings County*.

CHRISTIE, WILLIAM JOSEPH, trafiquant de fourrures, administrateur de la Hudson's Bay Company, juge de paix et fonctionnaire, né le 19 janvier 1824 au fort Albany (Fort Albany, Ontario), fils d'Alexander Christie* et d'Ann Thomas ; en 1849, il épousa à York Factory (Manitoba) Mary Sinclair, fille de William Sinclair* ; décédé le 22 octobre 1899 à Seeleys Bay, Ontario.

Fils d'un agent principal de la Hudson's Bay Company, William Joseph Christie fit ses études à Aberdeen, en Écosse. Il revint en Amérique du Nord en 1841 et entra bientôt au service de cette compagnie. Après une première affectation au lac Supérieur, il exerça la fonction de commis débutant sous l'autorité de John Edward Harriott* à Rocky Mountain House (Alberta), dans le district de la Saskatchewan, puis il fut muté à York Factory où il travailla sous les ordres de l'agent principal James Hargrave*. Promu commis le 1er juin 1847 avec un salaire de £100 par année, Christie fut envoyé au fort Churchill (près de Churchill, Manitoba) en 1848 à titre de responsable de ce poste, « un coin très isolé », observa-t-il.

Christie fit si bien qu'en 1852, malgré son rang de simple commis, on lui confia la responsabilité du district de la rivière du Cygne dont le quartier général se trouvait au fort Pelly (Fort Pelly, Saskatchewan). Il préféra ce poste à celui du fort Churchill parce qu'il offrait de meilleures perspectives d'avenir, même si le travail y était rendu difficile par la présence de nombreux trafiquants indépendants dont la principale monnaie d'échange était le whisky américain. La meilleure stratégie, estima Christie, serait de « débarrasser les Indiens de toutes leurs fourrures » afin qu'ils n'aient rien à offrir aux trafiquants indépendants. Il comptait ainsi priver les concurrents de toute source de profits de façon à les décourager et à les empêcher de pénétrer dans les régions du Nord.

Promu chef de poste en 1854, puis agent principal en 1860, Christie fut envoyé au fort Edmonton (Edmonton) en 1858 en qualité de responsable du district de la Saskatchewan. Il exerça cette fonction pendant une période de 14 ans, au cours de laquelle il voyagea beaucoup. Chaque année, par exemple, il se rendait, avec les convois de bateaux, à la réunion annuelle du conseil du département du Nord de la Hudson's Bay Company. Il participa également à des expéditions de plus grande envergure : en 1862, il fit une tournée des postes du Nord en compagnie d'Alexander Grant Dallas*, gouverneur en chef de Rupert's Land pour la Hudson's Bay Company, et en 1861 comme en 1868 il profita d'un congé pour aller visiter ses parents en Écosse.

Pendant son séjour au fort Edmonton, Christie reçut de nombreux visiteurs illustres, dont les membres de l'expédition que John Palliser* dirigea en 1858–1859. Eugène Bourgeau*, botaniste collectionneur qui accompagnait Palliser, évoqua avec plaisir les soirées passées en compagnie de Christie et de son épouse, et en particulier le « bon grog » que Mme Christie savait si bien préparer. Le comte de Southesk fut un autre de ces visiteurs qui fit mention de la chaleureuse hospitalité de Christie. Par contre, un prospecteur américain du nom de John W. Jones, qui s'arrêta au fort Edmonton en 1858 avant de poursuivre sa route vers les placers du fleuve Fraser, ne garda pas un bon souvenir des manières de Christie. Il eut l'impression que, « par son allure et son comportement, il se prenait pour le plus gros crapaud de la mare ».

À cause du nombre croissant de nouveaux venus (missionnaires, mineurs, sportifs, explorateurs, scientifiques, émissaires publics), il fallait faire face à des besoins inhabituels en matière de transport, d'approvisionnement, de fournitures et de main-d'œuvre. L'arrivée de ces nouveaux venus ne constituait, d'ailleurs, que l'un des nombreux changements auxquels Christie devait s'adapter et qui étaient de nature à bouleverser la vie des habitants des plaines dans les années 1860. Ainsi, on cessa peu à peu d'emprunter la route de la baie d'Hudson pour assurer le ravitaillement du district de la Saskatchewan et l'on se mit à passer au sud, par les États-Unis et la colonie de la Rivière-Rouge (Manitoba). En outre, la région était aux prises avec des troubles incessants à cause de l'ivrognerie qui sévissait chez les Indiens, les Métis et les sang-mêlé, approvisionnés en whisky par les trafiquants indépendants de plus en plus nombreux qui venaient surtout du fort Benton (Fort Benton, Montana), et à cause des violents affrontements entre Indiens ainsi que des razzias de chevaux auxquelles on se livrait. En 1870, Christie transmit de précieux renseignements à William Francis Butler*, que l'on avait envoyé pour faire rapport de la situation qui existait dans le district de la Saskatchewan. Investi du pouvoir de nommer des juges de paix, Butler désigna Christie pour occuper ce poste en dépit du fait, comme il le signala, qu'il était impossible de faire observer la loi sans en avoir les moyens. En 1871 il adressa ses remerciements à Christie pour les renseignements fournis, tout comme l'avait fait Palliser antérieurement ; plus tard dans l'année, le commissaire aux Affaires indiennes, Wemyss McKenzie Simpson, devait envoyer au secrétaire d'État une note rédigée par Christie, accompagnée d'un message de la part des Indiens. L'une des tâches de Butler était de faire un rapport sur une virulente épidémie de petite vérole qui sévissait alors et qui semait partout le découragement, la famine et la mort. Christie agissait à titre de président du bureau de santé de la Saskatchewan mis sur pied dans le but d'empêcher la propagation de la maladie.

Christie fut nommé en 1872 au nouveau poste d'agent principal inspecteur pour la Hudson's Bay Company ; il devenait ainsi l'adjoint du commissaire principal Donald Alexander Smith*. Le 22 août de cette année-là, il partit d'Upper Fort Garry (Winnipeg) pour effectuer une tournée d'inspection des postes de la compagnie ; il se rendit ainsi jusqu'au fort Simpson (Fort Simpson, Territoires du Nord-Ouest) puis revint en traîneau à chiens et atteignit le fort Carlton (Fort Carlton, Saskatchewan) le 28 janvier 1873. Il lui sembla que le commerce des fourrures, sous l'autorité de Smith, était administré de manière négligente et inefficace ; cette impression lui parut confirmée par le fait que le courrier contenant les instructions pour l'hiver ne parvint pas à destination. Il retourna alors à Upper Fort Garry puis se rendit à Londres pour présenter son rapport au comité de la Hudson's Bay Company. Incapable d'influencer la politique de la compagnie, il démissionna de son poste et se retira à Brockville, en Ontario.

Membre du Conseil provisoire des Territoires du Nord-Ouest depuis 1872, Christie semble cependant n'avoir assisté à aucune des réunions. Il avait insisté pour qu'on voie à établir la paix et l'ordre dans le district de la Saskatchewan et pour qu'on en arrive à « la conclusion d'un traité ou d'un accord quelconque avec les Indiens ». Reconnu pour sa « connaissance intime des Indiens de la Saskatchewan, de leurs besoins, de leurs coutumes et de leurs dialectes », il fut nommé commissaire responsable de la négociation du traité n° 4 [V. David Laird*] au fort Qu'Appelle (Fort Qu'Appelle, Saskatchewan), en 1874, et du traité n° 6, aux forts Carlton et Pitt (Fort Pitt), en 1876. Même s'il avait résigné ses fonctions à la Hudson's Bay Company, les Indiens conservaient un certain ressentiment à son égard à cause de ses liens antérieurs avec la compagnie. En 1876, il chercha à obtenir l'adhésion de nouvelles bandes indiennes aux traités et fit rapport sur l'établissement des Indiens dans les réserves ; ce fut là son dernier travail dans l'Ouest.

Même après sa retraite, William Joseph Christie resta en contact avec l'Ouest en correspondant avec d'anciens collègues. Il avait trois fils au service de la Hudson's Bay Company. En 1892, il subit une opération pour une cataracte et, quelque temps après, il s'établit avec son épouse à Seeleys Bay où vivait un autre de ses fils, le docteur William Joseph Christie. C'est à cet endroit qu'il mourut le 22 octobre 1899.

IRENE M. SPRY

AN, MG 19, A21, sér. 1 ; MG 29, A6 ; A11. — Leeds Land Registry Office (Brockville, Ontario), General reg. 5, n° 2047 (letters of administration for W. J. Christie estate, 11 nov. 1899). — Newberry Library (Chicago), Everett D. Graff Coll. of Western Americana, 2243, J. W. Jones, « Across the plains : my trip from Faribault, Minn., to Oregon, via, Saskatchewan route, British America [...] ». — PABC, Add. mss 635. — PAM, MG 1, D7 ; MG 12, A ; B2, 190 ; HBCA, B.60/a/37–39 ; PAM, HBCA, B.239/k/3 ; D.5/49 ; D.11/1 ; E.23/1–2. — W. F. Butler, *The great lone land : a narrative of travel and adventure in the north-west of America* (6e éd., Londres, 1874) ; *The wild north land : being the story of a winter journey, with dogs, across northern North America* (2e éd., Londres, 1874). — *Canadian north-west* (Oliver). — [James Carnegie], comte de Southesk, *Saskatchewan and the Rocky Mountains* [...] (Toronto et Édimbourg, 1875 ; réimpr., Edmonton, 1969). — Peter Erasmus, *Buffalo days and nights : Peter Erasmus as told to Henry Thompson,* introd. d'I. M. Spry (Calgary, 1976). — Charles Gay, « le Capitaine Palliser et l'Exploration des montagnes rocheuses, 1857–1859 », *le Tour du monde* (Paris et Londres), 1 (1860) : 273–294. — *HBRS,* 19 (Rich et Johnson) : 154, 158, 215, 235, 248–249. — J. [C.] McDougall, *Opening the great west : experiences of a missionary in 1875–76,* introd. de J. E. Nix (Calgary, 1970). — Morris, *Treaties of Canada with the Indians.* — *The papers of the Palliser expedition, 1857–1860,* I. M. Spry, édit. (Toronto, 1968). — *Cyclopædia of Canadian biog.* (Rose et Charlesworth), 1 : 561–563. — Isaac Cowie, *The company of adventurers : a narrative of seven years in the service of the Hudson's Bay Company during 1867–1874* [...] (Toronto, 1913). — A.-G. Morice, *Histoire de l'Église catholique dans l'Ouest canadien, du lac Supérieur au Pacifique (1659–1905)* (nouv. éd., 3 vol., Saint-Boniface, Manitoba, et Montréal, 1915), 2 : 228–230, 269. — Turner, *NWMP.* — « The Christie family and H.B.C. », *Beaver,* 3 (1922–1923) : 417–419.

CHRISTIE, WILLIAM MELLIS, boulanger et fabricant de biscuits, né le 5 janvier 1829 à Huntly, Écosse, enfant unique de John Christie et de Jane Grant ; le 21 mars 1855, il épousa Mary Jane McMullen, et ils eurent sept enfants dont quatre vécurent jusqu'à l'âge adulte ; décédé le 14 juin 1900 à Toronto.

William Mellis Christie fit ses premières classes à l'école paroissiale de Forglen, à une trentaine de milles de son lieu de naissance, et en novembre 1843, à l'âge de 14 ans, il entra en apprentissage chez un boulanger de Turriff, non loin de là. Il termina sa formation en 1847 et, jugeant que les perspectives économiques de l'Écosse étaient trop limitées, il immigra au Canada l'année suivante. En septembre 1848, il travaillait comme boulanger chez William McConnell, à Toronto. La boutique était située rue Yonge, à la limite nord de la ville, et Christie, pour quatre dollars par mois en plus de la nourriture et du logement, cuisait le pain pendant la nuit et allait le livrer en charrette à bras aux clients de l'agglomération voisine de Yorkville (Toronto). Vers 1850, il trouva un emploi à la boulangerie d'Alexander Mathers et d'Alexander Brown, également située à l'extrémité nord de la rue Yonge, qu'il reprit en 1853 avec George Maver. Christie essuya quelques revers fina ciers l'année suivante mais, en 1856, il avait ass bien rétabli sa situation pour désintéresser son associ acheter la boutique et embaucher trois aides.

Christie commença à se tailler une réputation da la biscuiterie quand l'Agricultural Association Upper Canada, qui tint son exposition à Toronto e 1858, lui accorda le prix du meilleur assortiment biscuits. Deux ans plus tard, Christie s'associait à sc beau-père, James McMullen, et décidait de s'adonn exclusivement à la fabrication de biscuits. L'entrepr se, qui comptait six hommes, produisait à la main pl de 4 300 boîtes de biscuits par an, et son chiff d'affaires atteignait quelque 13 000 $. Vers 186 Christie commença à approvisionner surtout les gro sistes.

L'augmentation rapide de la demande tout au lor des années 1860 força Christie à se tourner vers sc ancien employeur, Alexander Brown, pour obten des capitaux. Les deux hommes s'associèrent en 18 sous la raison sociale de Christie, Brown and Comp ny et, à la fin de l'année, installèrent des machines vapeur dans la biscuiterie agrandie de la rue Yong Deux ans plus tard, le nombre d'employés ava doublé – ils étaient alors 12 – et les ventes, quadrupl Après un déménagement au cœur de la ville en 187 et un autre à une adresse voisine vers la fin de 187 l'entreprise prit encore de l'expansion et finit p occuper tout un quadrilatère à l'angle des rues Du (Adelaide) et Frederick. Christie acheta la part de sc associé en février 1878 mais conserva le nom Christie, Brown and Company ; il demeura jusqu'à mort le seul propriétaire de l'entreprise.

En 1876, Christie s'était rendu à l'Expositic universelle de Philadelphie présenter ses échantillo de biscuits et en était revenu avec des médaill d'argent et de bronze. Il fit imprimer des illustratio de ces récompenses sur ses emballages et, encoura par ce succès, entreprit lui-même de faire connaît ses produits dans d'autres foires internationales, Canada et à l'étranger. L'entreprise, qui avait ouve un bureau de ventes à Montréal en 1880, vit sc personnel passer de 120 au milieu des années 1880 375 une quinzaine d'années plus tard. Christie n'e qu'une seule véritable concurrente à Toronto dura les 30 dernières années du XIXe siècle, la pâtisserie William Hessin, et il l'avait dépassée en taille penda les années 1870. En 1890, à Toronto, environ cinquième des travailleurs de la boulangerie, c'est- dire les deux tiers de ceux de la biscuiterie, étaient a service de Christie. Dès la fin des années 1880, bie des gens considéraient la compagnie comme la pl grande entreprise du genre au Canada. Au dire tous, Christie s'assurait lui-même de la qualité d produits que son entreprise vendait. Elle offrait pl de 400 variétés de gâteaux et de biscuits et compta des clients dans tous les coins du pays, mais semb avoir fait peu d'exportation du vivant de son fondateur. Durant plusieurs années cependant, comme le nota le *Toronto World* en 1900, la biscuiterie anglaise Huntley and Palmers avait eu une « entente permanente » avec Christie « pour l'utilisation des nombreux perfectionnements » que ce dernier apportait « à la fabrication des biscuits ». On peut lire dans ce journal que « Christie jou[ait] avec les recettes et les machines pendant des semaines jusqu'à ce qu'il obtienne la forme, le goût et l'apparence qu'il cherch[ait] pour son produit ». En juin 1899, la Christie, Brown and Company se constitua en société par actions – mesure destinée en partie à faciliter la disposition des biens de son propriétaire après sa mort –, et Christie lui-même conserva les 5 000 actions.

Jusqu'en 1870, Christie s'était toujours logé à l'étroit avec sa famille et ses pensionnaires à l'étage de la boutique de la rue Yonge. Comme la prospérité de son entreprise lui procurait une certaine aisance, il alla vivre dans des maisons de plus en plus grandes et mieux aménagées. En 1881, il s'installa avec sa famille dans l'hôtel particulier qu'il avait fait construire dans le chic quartier de Queen's Park. Sa réussite phénoménale lui assura une place parmi les hommes d'affaires et les leaders politiques de Toronto, et il se lia avec son confrère libéral Oliver Mowat*. En 1879, Christie prit part à la fondation de l'Industrial Exhibition Association et il serait durant nombre d'années président de son comité hippique. Il fut membre du conseil du Board of Trade de Toronto de 1883 jusqu'à sa mort, devint administrateur de la University of Toronto en 1887 et entra dans la Canadian Manufacturers' Association en 1891. Pendant les 20 dernières années de sa vie, Christie prit goût aux voyages et parcourut le Canada, les États-Unis, la Grande-Bretagne et l'Europe. D'une générosité discrète envers les œuvres de bienfaisance, il partagea le temps que lui laissaient ses affaires et ses voyages entre le jardinage et la lecture. Homme taciturne, c'était un impérialiste loyal et un fervent presbytérien, et il demeura toujours sceptique à l'égard du syndicalisme.

Christie se rendit en Écosse, dans son village natal, au cours de l'été de 1899. Peu après son retour au Canada, une tumeur maligne au cou fit son apparition. Le cancer proliféra rapidement et il s'éteignit à sa résidence de Queen's Park le 14 juin 1900. La Christie, Brown and Company, évaluée à 500 000 $, revint à son unique fils, Robert Jaffray Christie. La famille la vendit à la fin des années 1920, et une société américaine, Nabisco Brands Limited, continue à l'exploiter sous son nom d'origine.

De la fabrication artisanale dans une petite boutique à la division du travail dans une grande entreprise mécanisée, William Mellis Christie réussit la transition entre deux ères de l'histoire économique du Canada. Doué pour la mécanique, toujours soucieux de la qualité de ses produits, il mit sur le marché des biscuits d'une vente facile. Fin publicitaire, il sut faire de Christie un nom qui fut sur toutes les lèvres à son époque.

DEAN BEEBY

AN, RG 31, C1, 1861, 1871, Toronto. — AO, MU 2181, corr., 1898–1899 ; MU 7728, n° 1 ; RG 55, partnership records, York County, Toronto, n°s 235, 1703. — Arch. privées, Helen Christie (Toronto), Christie family papers and letters. — CTA, RG 1, A, 19, 26 oct. 1868, 29 juill. 1872, 19 août 1874 ; RG 5, F, 1848–1871. — York County Surrogate Court (Toronto), n° 14104 (mfm aux AO). — *Canadian Grocer* (Toronto), 22 juin 1900. — *Canadian Manufacturer* (Toronto), 3 août 1888 : 76. — W. F. Munro, *Diary of the Christie party's trip to the Pacific coast* (Toronto, [1897] ; 2e éd., [1897]). — *Daily Mail and Empire*, 15 juin 1900. — *Evening Telegram* (Toronto), 14 juin 1900. — *Globe*, 5 avril 1893, 15 juin 1900. — *Toronto Daily Star*, 14 juin 1900. — *Toronto World*, 15 juin 1900. — *Commemorative biog. record, County York*, 47–48. — *Cyclopædia of Canadian biog.* (Rose et Charlesworth), 1. — *Toronto directory*, 1850–1873. — *Globe*, 14 juin 1926. — *Hist. of Toronto*, 1 : 376–377. — *Illustrated Toronto, past and present, being an historical and descriptive guide-book* [...], J. Timperlake, compil. (Toronto, 1877), 276–278. — *Industries of Canada : historical and commercial sketches of Toronto and environs* [...] (Toronto, 1886), 199. — *Special number of the* Dominion Illustrated *devoted to Toronto, the commercial metropolis of Ontario* (Montréal, 1892), 53. — Toronto, Board of Trade, *« A souvenir »*, 184.

CHURCH, LEVI RUGGLES, médecin, avocat, homme politique et juge, né en 1836, probablement le 26 mai, à Aylmer, Bas-Canada, fils de Peter Howard Church et de Sylvia Comstock Coller, de Merrickville, Haut-Canada ; le 3 septembre 1859, il épousa à Montréal Eliza Jane Erskine Bell, fille de l'avocat William Bell et nièce du général George Bell, et ils eurent un fils, qui mourut en bas âge, et trois filles ; décédé le 30 août 1892 à Montréal, puis inhumé dans le cimetière Bellevue, près d'Aylmer.

Levi Ruggles Church était le petit-fils de Jonathan Mills Church, loyaliste descendant de Richard Church décédé au Massachusetts en 1667, et le fils d'un médecin d'Aylmer. La famille Church devait fournir aux citoyens de cet endroit cinq générations de médecins et 122 ans de pratique médicale ininterrompue. Levi Ruggles, tout comme ses deux frères, suivit les traces de son père. Avant de se lancer dans l'étude et la pratique du droit, il fit donc des études de médecine au Victoria College de Cobourg, au Haut-Canada, à l'Albany Medical College, dans l'état de New York, et au McGill College de Montréal ; ce dernier établissement, où il obtint son diplôme en 1857, fut fréquenté par 13 des membres de cette famille qui embrassèrent la profession médicale.

Après avoir effectué son stage de clerc à Montréal auprès des avocats Henry Stuart et Edward Carter, Church fut admis au Barreau du Bas-Canada le 7 février 1859. De retour à Aylmer, il pratiqua le droit dans le cabinet Fleming et Church, qui devint par la suite Fleming, Church et Kenny. En 1863, avec les avocats Jean Delisle, Peter et John Aylen, il attaqua en justice pour malversations le juge Aimé Lafontaine. Celui-ci, protégé de George-Étienne Cartier*, allait se trouver au centre de polémiques qui opposèrent des amis de Church au conseil municipal de Hull et au père oblat Louis-Étienne-Delille Reboul*, curé fondateur de Hull. Ce n'était qu'une des premières salves dans la guerre de tranchées que se livrèrent Aylmeriens et Hullois sur la question de l'administration judiciaire dans le canton de Hull. Nommé procureur de la couronne pour le district d'Ottawa en 1868, Church devint conseiller de la reine le 22 octobre 1874. Il exerça aussi le droit à Montréal en compagnie d'avocats aussi réputés que Joseph-Adolphe CHAPLEAU, John Smythe Hall*, Albert William Atwater et Edward Carter.

Tout en poursuivant sa carrière juridique, Church s'engagea en politique, domaine qui n'était pas inconnu dans la famille, puisque son oncle, le docteur Basil Rorison Church, avait été député de Leeds and Grenville à l'Assemblée législative de la province du Canada de 1854 à sa mort en avril 1858. À quelques reprises, Levi Ruggles brigua avec succès les suffrages pour le parti conservateur provincial et représenta à l'Assemblée législative de la province de Québec la circonscription d'Ottawa, de 1867 à 1871, et celle de Pontiac, du 26 octobre 1874 jusqu'en 1881. Il fit aussi partie du cabinet formé par le premier ministre conservateur Charles-Eugène Boucher* de Boucherville, d'abord à titre de procureur général, du 22 septembre 1874 au 27 janvier 1876, puis de trésorier, à compter de cette date jusqu'au 8 mars 1878, quelques jours après le « coup d'État » du lieutenant-gouverneur Luc Letellier* de Saint-Just. Toutefois, Church préférait l'exercice du droit à la vie politique. Aussi refusa-t-il à deux occasions les invitations que lui fit plus tard le premier ministre Chapleau de joindre les rangs de son cabinet.

Issu d'une des familles les plus respectées d'Aylmer et de l'Outaouais, Church occupa tout au long de son existence des fonctions prestigieuses tant sur les plans juridique et politique qu'économique. Il côtoya des personnalités comme James MACLAREN, George BRYSON et Peter Aylen, membres de l'establishment conservateur de l'Outaouais. C'est vraisemblablement pour cette raison qu'on le retrouve au sein du premier conseil d'administration de la Banque d'Ottawa créée en 1874, lié de près à diverses compagnies de navigation fluviale, président de la très contestée Compagnie du chemin de fer de jonction de Pontiac au Pacifique en 1883, administrateur de l'Ottawa Agricultural Insurance Company et du Collège des médecins et chirurgiens du Bas-Canada, ainsi que membre du comité protestant du conseil de l'Instruction publique de la province de Québec. Son manque d'assiduité aux réunions de ce dernier organisme amena le gouvernement d'Honoré MERCIER à lui demander d'expliquer sa conduite. Dans l'espoir de déloger les éléments les plus conservateurs du conseil, on adressa également cette demande à Boucher de Boucherville, Adolphe-Basile Routhier* et sir Narcisse-Fortunat BELLEAU. La tentative se solda cependant par un échec, et Mercier se vit dans l'impossibilité de faire adopter les réformes envisagées.

Levi Ruggles Church termina sa carrière à titre de juge à la Cour du banc de la reine, du 25 octobre 1887 au 7 janvier 1892, quelques mois à peine avant sa mort.

PIERRE-LOUIS LAPOINTE

AN, MG 24, B40 ; MG 30, D1, 8. — ANQ-M, CN1-151, n° 4258. — ANQ-O, CN1-7, n°s 227, 237, 516, 520, 525–526, 571, 588, 611, 625, 645, 666, 683, 723, 758, 910, 916–917, 922, 995–996, 1095, 1117, 1177, 1187, 1313, 1350, 1607, 1655, 1684, 1698, 1704, 1720–1721, 1740, 1752, 1794, 1828, 1838, 1853, 2308, 2344, 2354, 2497, 2597, 2599–2600, 2812, 2958, 2986–2987 ; CN1-21, n°s 292, 553, 778. — *Ottawa Evening Journal*, 30 août 1892. — *La Presse*, 30 août 1892. — *Bellevue cemetery, Aylmer, Quebec*, Joan Jowsey et Lillian Mulligan, compil. (Aylmer, 1986). — *Cyclopædia of Canadian biog.* (Rose et Charlesworth), 1 : 754–755. — J. Desjardins, *Guide parl.*, 40, 198. — Maréchal Nantel, « les Avocats admis au Barreau de 1849 à 1868 », BRH, 41 (1935) : 692. — *Political appointments, 1841 –1865* (J.-O. Coté ; 1866), 94, 98, 114. — *Political appointments and judicial bench* (N.-O. Coté), 339, 402, 413. — P.-G. Roy, *les Juges de la prov. de Québec*. — *RPQ*. — L.-P. Audet, *Histoire de l'enseignement au Québec* (2 vol., Montréal et Toronto, 1971), 2 : 222–223. — *The Bank of Nova Scotia, one hundredth anniversary, 1832–1932* ([Toronto, 1932]), 99. — C. C. J. Bond, *The Ottawa country ; a historical guide to the National Capital Region* (Ottawa, 1968), 61. — A. A. Gard, *Pioneers of the upper Ottawa and the humors of the valley* [...] (nouv. éd., Ottawa, 1908), 13, 33. — J. L. Gourlay, *History of the Ottawa valley : a collection of facts, events and reminiscences for over half a century* (Ottawa, 1896), 151, 177, 185. — *Pontiac & the Brysons* [...] (Campbell's Bay, Québec, 1980), 160. — Léo Rossignol, « Histoire documentaire de Hull, 1792–1900 » (thèse de PH.D., univ. d'Ottawa, 1941), 123, 302–303. — Rumilly, *Hist. de la prov. de Québec*, 1–5.

CLARK, ALEXANDER, pêcheur, marin, colon, propriétaire de navire et trafiquant de fourrures, né en 1818 dans la paroisse South Ronaldsay, Écosse ; décédé le 26 avril 1898 à Pointe aux Pins, Ontario.

Originaire des îles Orcades, Alexander Clark entra à la Hudson's Bay Company, comme l'avaient fait avant lui un nombre incalculable de ses compatriotes. Pêcheur d'expérience en mer du Nord, il signa en mai 1839 un contrat de pêcheur sur le lac Supérieur. Débarqué à Moose Factory (Ontario) à la fin d'août, il remonta en canot les rivières Moose et Missinaibi pour se rendre aux postes de Michipicoten et de Pic où on l'avait affecté. Il travailla au dernier endroit comme pêcheur puis, de l'été de 1841 jusqu'en 1846, il fit partie de l'équipage du *Whitefish,* ravitailleur de la Hudson's Bay Company. Ce schooner de 50 tonneaux avait pour capitaine Thomas Lamphier, dont Clark épousa la fille métisse, Betsy, peu après 1841. Une fois marié, il prit possession d'un terrain de la couronne sur la presqu'île inhabitée de Pointe aux Pins, près de la base du schooner, à Sault-Sainte-Marie (Sault Ste Marie). Il y construisit bientôt une grande maison de rondins et devint ainsi le premier colon blanc à établir sa ferme sur la pointe.

À la fin de la saison de navigation de 1846, Clark abandonna la Hudson's Bay Company et trouva rapidement du travail comme pilote, navigateur et capitaine de goélette. Il commanda deux schooners, le *Napoleon* (transformé plus tard en navire à hélice) et le *Florence* (qui appartenait à Allan Macdonell*), et il pilota, sous les ordres du capitaine Thomas Dick*, le vapeur *Rescue* pour son premier voyage au lac Supérieur. En 1851, il acheta un navire, un sloop d'environ 80 tonneaux qu'il baptisa *Rising Sun,* et il entreprit de transporter passagers et marchandises vers les villages miniers et autres établissements de la rive nord du lac Supérieur. Selon les archives, après l'ouverture du canal de la rivière St Marys en 1855, le *Rising Sun* emprunta maintes fois ce passage. Toutefois, l'expansion du réseau ferroviaire et le début de la crise économique en 1857 allaient réduire considérablement le transport par les Grands Lacs et faire perdre des cargaisons rentables aux propriétaires de navires. Comme bien d'autres, Clark se vit forcé de mettre son bâtiment en rade.

Même si depuis les années 1830 on faisait de moins en moins de traite dans le district du lac Supérieur, Clark, misant sur sa grande connaissance de la pêche et du commerce des fourrures, décida de retourner à sa première occupation. En 1858, il s'installa sur une terre de la couronne inoccupée à Pays Plat, près de la baie Nipigon, et entreprit avec un associé d'y fonder un poste de traite, « alimenté en articles de traite par des relations de Dick » selon l'agent principal de la Hudson's Bay Company, George Barnston*, et qui faisait concurrence aux postes avoisinants de Long Lake et de Nipigon House, propriétés de la compagnie. Pour assurer l'autonomie de son domaine isolé de Pays Plat durant les sept années qu'il y passa, Clark transforma 200 acres de forêt en champs et en pâturages et pêcha dans la baie voisine la truite, le hareng et le corégone, qu'il vendait sur les marchés de l'Est.

Le séjour de Clark à Pays Plat fut marqué par des conflits avec la Hudson's Bay Company, plus favorisée sur le plan des capitaux, de l'organisation et de la main-d'œuvre. Comme d'autres énergiques trafiquants indépendants de son époque, Clark tentait de rivaliser avec la compagnie en ayant recours à des pratiques commerciales dynamiques qui frisaient souvent la malhonnêteté, et le trafic du whisky demeurait la principale cause de controverse. En 1864 ou 1865 cependant, l'épuisement des réserves de pelleteries (attribuable à une chasse excessive), la faible demande de castor sur les marchés étrangers et la concurrence croissante pour l'obtention des autres peaux convainquirent Clark d'abandonner son poste et de retourner dans son domaine, à la vie de fermier.

Au cours des années 1865–1870, cet homme énergique qui approchait de la cinquantaine entreprit d'agrandir sa terre de Pointe aux Pins en défrichant 200 acres de broussailles. Il acquit aussi un lot de 1 500 pieds près de Gros Cap, dans la baie Whitefish, où il se remit à la pêche. En vertu du *Free Grant and Homestead Act* de l'Ontario, en 1868, il obtint quatre autres étendues de terre à Gros Cap, d'une superficie totale de 360 acres ; il en reçut le titre de propriété final en 1883. Au cours des années 1880, Clark possédait quelque 750 acres, dont la plupart se trouvaient dans ce qui est maintenant la ville de Sault Ste Marie.

Alexander Clark avait perdu son épouse vers 1879 et il se remaria avec une femme d'origine écossaise un peu après 1881. Il continua d'exploiter sa petite ferme et sa pêcherie et, à la fin de sa vie, aida à entretenir la balise lumineuse que les services fédéraux avaient installée en face de son domaine. Après avoir navigué durant 48 ans sur le « grand lac », le vieux marin rendit l'âme chez lui en avril 1898. Ses six enfants lui survivaient. On peut voir son monument funéraire au West Korah Pioneer Cemetery de Sault Ste Marie.

CLARK MARTIN MACINTYRE

AN, RG 31, C1, 1861, 1871, Algoma (mfm aux AO). — AO, MU 838, T. G. Anderson diary, 1849 (copie dactylographiée) ; MU 1385, box 2. — National Arch. and Records Administration, Federal Arch. and Records Centre, Arch. Branch (Chicago), St Mary's Falls ship canal, cash-book and reg. of vessels, 1855–1857. — Ontario, Ministry of Natural Resources, Titles Section (Toronto), Crown land sales, Parke Township, sects. 5, 24 ; Prince Township, sects. 27, 32–33. — PAM, HBCA, A.10/23 : f° 134 ; A.32/24 : f° 3 ; B.135/a/144 : f° 16d. — « The steamer *Rescue,* a pioneer in Great Lakes shipping », James McCannell, édit., Thunder Bay Hist. Soc., *Annual report* ([Fort William (Thunder Bay), Ontario]), 1923 : 11–14. — C. M. MacIntyre, « Alexander Clark : fur trader – mariner, 1819–1898 » (miméographie, Toronto, 1987).

CLEARY, JAMES VINCENT, prêtre catholique et archevêque, né le 18 septembre 1828 à Dungarvan, comté de Waterford (république d'Irlande), fils de Thomas Cleary et de Margaret O'Brien ; décédé le 24 février 1898 à Kingston, Ontario.

James Vincent Cleary naquit dans une famille catholique pieuse, aux moyens modestes. Pour ses classes élémentaires, il fréquenta une école privée sélecte de sa ville natale. À 15 ans, comme il avait terminé ses études classiques et son programme d'anglais, ses parents l'envoyèrent à Rome poursuivre des études en théologie mais, deux ans plus tard, il revint étudier en Irlande quand le fonds du séminaire de Maynooth, près de Dublin, fut augmenté. Après cinq années passées à cet endroit, Cleary reçut les ordres le 19 septembre 1851. Il alla ensuite étudier à Salamanque, en Espagne, pour revenir en Irlande en 1854 enseigner la théologie dogmatique et l'exégèse biblique au St John's College de Waterford. Neuf ans plus tard, l'université catholique d'Irlande, qui n'avait pas de charte royale, décida de se prévaloir de sa charte papale pour décerner un diplôme en théologie. Choisi pour subir le rigoureux examen public de trois jours, Cleary reçut ainsi le premier doctorat en théologie de l'université. Nommé directeur du St John's College en 1873, il devint trois ans plus tard vicaire général du diocèse de Waterford et curé de Dungarvan.

Le pape Léon XIII annonça le 1er octobre 1880 que Cleary, élevé au rang d'évêque de Kingston, allait succéder à John O'Brien, décédé subitement l'année précédente. Consacré à Rome le 21 novembre, le nouvel évêque retourna en Irlande régler ses affaires avant de s'embarquer pour le Canada, où il fut officiellement installé dans son diocèse le 7 avril 1881. Malgré l'accueil enthousiaste qu'on lui fit, sa nomination ne plaisait pas à tous ; le choix d'un étranger plutôt que d'un Canadien en amena même certains à faire des démarches auprès de Rome.

Cleary découvrit rapidement que son diocèse avait grand besoin de ses talents d'administrateur aussi bien que de ses qualités de professeur. La négligence et les entorses à la discipline de l'Église s'étaient poursuivies impunément, et il y avait beaucoup à faire pour rétablir le diocèse sur de bonnes assises financières. Cleary consolida les dettes et emprunta de l'argent qu'il garantit par des propriétés. Dans une série de brillantes lettres pastorales rédigées à compter de mai 1881, il instruisit le clergé comme les laïques sur divers sujets, qui allaient de la dette du diocèse à la sanctification du ménage chrétien. Si ses instructions s'avéraient inefficaces, il passait alors à l'action et appliquait les sanctions prévues par le droit, tant civil qu'ecclésiastique. Ainsi gagna-t-il rapidement respect et loyauté. Durant ses 18 années d'épiscopat, il fit entreprendre ou terminer la construction d'une quarantaine d'églises sur son territoire, dont plusieurs avec l'aide de Joseph Connolly*, architecte torontois réputé. Cleary surveilla la rénovation de la cathédrale St Mary, à Kingston, y compris le rajout de la chapelle St James en 1890. Entre 1883 et 1895, il fit installer dans la cathédrale des vitraux, sans pareils en Ontario et peut-être au Canada, qu'il avait lui-même dessinés.

Bien qu'il ait pris une part active aux affaires nationales lorsqu'il habitait l'Irlande, Cleary s'efforça de rester plutôt à l'écart de la politique de parti au Canada ; il intervenait toutefois s'il croyait que les intérêts de l'Église catholique étaient en jeu, en particulier lorsqu'il était question de l'enseignement catholique, engagement qu'il ne renia jamais. Sa position sur ce sujet donna lieu à maintes confrontations remarquables, qui firent d'ailleurs les manchettes, avec le directeur du Queen's College, George Monro Grant*, et le leader de l'opposition conservatrice en Ontario, William Ralph Meredith*. Tout aussi intransigeant dans sa fidélité aux principes lorsqu'il instruisait le clergé ou les fidèles, Cleary exigeait aussi d'eux la même observance. Il n'hésitait d'ailleurs pas à exercer toute son autorité face aux récalcitrants, et même à recourir à l'excommunication. Personne n'y échappait, pas même ses confrères évêques. Il désapprouva fortement ce qu'il considérait comme un compromis excessif consenti par l'archevêque John Joseph Lynch* de Toronto au gouvernement libéral provincial d'Oliver Mowat* en décembre 1884 en ce qui avait trait à la lecture des passages de la Bible et à la prière dans les écoles publiques [V. Christopher Finlay FRASER].

La campagne que Cleary menait en faveur de l'enseignement catholique suscita fréquemment la critique de milieux aussi influents que le *British Whig* de Kingston ou le *Toronto Mail* et le *Globe*. Mais, comme ce dernier le reconnaîtrait au moment de la mort de Cleary, c'était là des « passes d'armes [...], ce genre de batailles que les hommes peuvent livrer dans un pays libre sans mauvaise foi et sans laisser de rancœur derrière eux ». D'autres allaient également faire l'éloge de Cleary : l'archevêque Adélard Langevin* de Saint-Boniface, en 1895, à l'occasion du débat sur la question des écoles du Manitoba, et des évêques encouragés par les prises de position lucides et énergiques de Cleary.

La grande réalisation de Cleary dans le domaine de l'enseignement – la réouverture du Regiopolis College en septembre 1896 – allait venir tard dans sa carrière, soit après son élévation à l'archevêché. Cet établissement, fondé par Mgr Alexander McDonell* une soixantaine d'années auparavant comme séminaire et collège classique, avait fermé ses portes en 1869. En 1891, Cleary vendit le vieil immeuble aux Religieuses hospitalières de Saint-Joseph qui en firent l'Hôtel-Dieu. Puis il acheta un immeuble, rue King, le rénova, remit en vigueur la charte du collège et, en novembre, ordonna une collecte de fonds dans tout le diocèse pour le financer.

En créant la province ecclésiastique de Kingston le 28 juillet 1889 et en nommant Cleary premier archevêque de l'endroit, les autorités ecclésiastiques avaient reconnu ce diocèse comme le plus ancien du Canada anglais, mais elles avaient aussi voulu rendre hommage au talent et aux réalisations de Cleary lui-même.

Pendant la dernière partie de son archiépiscopat, Cleary s'occupa surtout de gérer et de régler la dette diocésaine.

D'une santé délicate, l'archevêque souffrait d'athérome et, en 1896, son état se détériora au point qu'il dut prendre du repos. Vers la fin de l'année, il se rendit à Atlantic City et à Baltimore pour échapper au rude hiver canadien. Il revint chez lui partiellement remis mais, comme sa santé déclinait de nouveau, on se rendit bien compte qu'il perdait la bataille contre la maladie. Il sombra dans le coma le 23 février 1898 et mourut le lendemain. On l'exposa à l'archevêché avant de le transférer à la cathédrale St Mary où, le 1er mars, Mgr Richard Alphonsus O'Connor* de Peterborough célébra une messe pontificale de requiem devant un nombre impressionnant de dignitaires religieux et civils. On l'inhuma dans la chapelle St James.

De partout au Canada et aux États-Unis affluèrent les hommages à James Vincent Cleary, et c'est ce qu'on put lire dans le *Daily News* de Kingston qui les résume le mieux : « Peut-être possédait-il certains des inconvénients aussi bien que des avantages du génie. Il avait assurément un sens aigu de l'humour et nous sommes enclins à penser qu'il prenait un énorme plaisir à voir la fureur que soulevaient certaines de ses déclarations pastorales [...] Ses concitoyens de Kingston, qui peuvent difficilement s'attendre à revoir un homme comme lui avant bien des années encore, se souviendront longtemps avec respect et affection du grand érudit, du grand théologien polémiste et du grand administrateur que fut le défunt prélat. »

BRIAN J. PRICE

Arch. of the Archdiocese of Kingston (Kingston, Ontario), F (J. V. Cleary papers) ; St Mary's Cathedral (Kingston), reg. of baptisms, marriages, and burials. — *Canadian Freeman* (Kingston), 2 mars 1898. — *Catholic Register* (Toronto), 3 mars 1898. — *Daily British Whig*, 26 févr. 1898. — *Globe*, 2 mars 1898. — *Weekly British Whig* (Kingston), 24, 26 févr., 3 mars 1898. — *Canadian album* (Cochrane et Hopkins), 2 : 490–491. — *Canadian men and women of the time* (Morgan ; 1898). — *Cyclopædia of Canadian biog.* (Rose et Charlesworth), 1 : 642–650. — L. J. Flynn, *Built on a rock ; the story of the Roman Catholic Church in Kingston, 1826–1976* (Kingston, 1976).

CLÉMENT, JOSÉPHINE-ÉLÉONORE. V. ESTIMAUVILLE

CLINDINNING, ROBERT WILSON (William), imprimeur et chef syndical, né en 1815 dans le nord de l'Irlande, fils de David Clindinning, tailleur, et de Mary Clark, tous deux du comté de Monaghan ; décédé le 31 août 1898 à Toronto.

Robert Wilson Clindinning immigra dans le Haut-Canada en 1819 avec ses parents, qui s'établirent d'abord à Gananoque puis, six ans plus tard, à Kingston. C'est là qu'il fit ses premières classes, à l'époque où son père, propriétaire du Hibernian Inn, exploitait cet établissement place Market. En 1830, sa famille alla se fixer à York (Toronto). Robert s'initia au métier d'imprimeur le 6 mai 1831 au *Courier of Upper Canada,* publié par George Gurnett*. Lorsque le *Courier* cessa de paraître en 1837, il travailla pour divers journaux de Toronto : le *Palladium* de Charles Fothergill*, le *Morning Star,* l'*Upper Canada Gazette* et le *Church*. En 1843, il entra au *Banner* puis, l'année suivante, au *Globe,* deux journaux publiés par Peter* et George* Brown.

Clindinning avait été en 1832 l'un des 24 premiers membres de la York Typographical Society (plus tard la Toronto Typographical Society), syndicat d'artisans imprimeurs fondé la même année et qui serait réorganisé en 1844, après une période d'inactivité. Cette année-là, on l'élut secrétaire-archiviste de la société et, en 1845, il en devint le deuxième président. Personnage de premier plan dans la formation de l'un des plus anciens syndicats ouvriers du Canada, Clindinning compte ainsi parmi les fondateurs du mouvement syndical au pays. Mais sa contribution est particulièrement remarquable du fait qu'en 1845, à un moment critique de l'histoire de la société typographique, où celle-ci n'avait pas encore d'assises solides, il sacrifia de lui-même son revenu et sa sécurité pour défendre le droit de regard du syndicat sur les conditions d'emploi des imprimeurs de Toronto. George Brown du *Globe* livrait alors une guerre ouverte à ce groupe qui prétendait avoir le droit de déterminer les taux de salaire et, entre autres tactiques pour miner le syndicat, il congédiait les employés qui en faisaient partie. Il offrit à Clindinning le salaire que la société avait fixé, mais à la seule condition qu'il quitte le syndicat. En mai, Clindinning rejeta courageusement l'offre alléchante de Brown par ces mots : « Je ne déserterai pas la société. » En conséquence, il perdit son emploi.

Clindinning quitta alors Toronto pour New York, y acheta une imprimerie en juin et s'établit à son compte pendant quelque temps. Puis il vendit son entreprise, rentra à Toronto vers 1846 et retourna au *Globe* durant un an. Au service du *British Colonist* jusqu'en 1860, puis du *Leader* jusqu'en 1878, il travailla ensuite à l'imprimerie de la Dudley and Burns. Redevenu membre de la société typographique le 6 septembre 1848, il allait demeurer loyal à ce syndicat toute sa vie.

Le 1er janvier 1845, Robert Wilson Clindinning avait épousé Jane McLean, et ils eurent au moins une fille, décédée en bas âge. Il se maria peut-être une seconde fois car, dans le registre des mariages du comté d'York, on peut lire qu'un certain Robert W. Clendinning a, le 1er avril 1855, épousé Mary Fife, de

Pickering. Clindinning, qui était presbytérien, mourut le 31 août 1898 et on l'inhuma au cimetière Necropolis de Toronto.

SALLY F. ZERKER

AO, MS 423, A-2, vol. 1, avril, 5 mai 1845, 6 sept. 1848 ; RG 8, I-6-A, 12 : 302. — Toronto Necropolis and Crematorium, burial records, sect. S, lot 14 ; reg. of deaths, n° 26973. — *Death notices from* Christian Guardian, *1851–60* (McKenzie). — *Dict. of Toronto printers* (Hulse). — *Ont. marriage notices* (Wilson). — John Armstrong, « Sketch of the early history of No.91 », International Typographical Union of North America, *Souvenir of 50th convention* (Toronto, 1905). — *Hist. of Toronto,* 2 : 31–32. — *Robertson's landmarks of Toronto,* 3 : 131. — S. F. Zerker, *The rise and fall of the Toronto Typographical Union, 1832–1972 : a case study of foreign domination* (Toronto, 1982), 30. — S. [F.] Zerker, « George Brown and the printers' union », *Rev. d'études canadiennes,* 10 (1975), n° 1 : 42–48.

COCHRANE, HENRY, instituteur, ministre de l'Église d'Angleterre, traducteur et interprète cri, né vers 1834 à l'Indian Settlement (Dynevor, Manitoba) ; le 13 octobre 1859, il épousa Mary Gowler, et ils eurent deux enfants, puis le 23 juin 1863 Elizabeth Jane Budd ; décédé le 22 mai 1898 à Jackhead, Manitoba.

Fils d'Indiens cris, Henry Cochrane fit ses études en vue de devenir instituteur et interprète, probablement auprès du catéchiste Joseph Cook, à l'Indian Settlement, endroit aussi appelé paroisse St Peter. En juillet 1854, il était le maître d'école de la Church Missionary Society au lac de l'Orignal (lac Moose, Manitoba) et, de 1855 à 1859, il enseigna au fort Alexander. On suppose toutefois qu'il avait fait d'autres études, car le 26 mai 1858 il subit un examen comme candidat à l'ordination. On l'ordonna diacre le 1er août de la même année et prêtre le 27 décembre de l'année suivante. Associé à la Church Missionary Society durant la plus grande partie de sa carrière, il commença son ministère en 1859 à titre de vicaire du révérend Abraham Cowley*, à l'Indian Settlement. Cinq ans plus tard, on le chargea de la paroisse Holy Trinity à Headingley, après les désordres qui opposèrent les sang-mêlé anglophones aux Métis. Devenu pasteur autochtone de l'Indian Settlement en septembre 1866, il prononça souvent des sermons dans les paroisses de colons blancs des environs. Durant le soulèvement de la colonie de la Rivière-Rouge en 1869–1870, il fit beaucoup pour empêcher les Indiens d'appuyer Louis Riel*. En 1875, il assura la direction de la mission Devon (The Pas), en remplacement de son beau-père, le révérend Henry Budd*, qui avait été le premier Indien ordonné ministre de l'Église d'Angleterre.

Accusé d'immoralité et d'ivrognerie, Cochrane démissionna de son poste et quitta la Church Missionary Society en août 1879 pour devenir instituteur pour le département des Affaires indiennes. Il enseigna à la mission Devon jusqu'en 1880, puis retourna à St Peter comme instituteur. En 1892, il s'occupa d'une petite école de dix élèves dans la réserve indienne Ebb and Flow, puis en 1894 de la Hungry Hall School, de l'agence de Couchiching (réserve indienne de Couchiching Island, Ontario), près du lac à la Pluie (lac Rainy). En 1895 ou 1896, il alla s'établir à Fairford, au Manitoba, où jusqu'à sa mort, en 1898, il travailla avec le révérend George Bruce. On transféra ses restes au cimetière St Peter le 20 février 1899.

La vie de Cochrane fut marquée par la tragédie et la douleur. Sa première épouse, qui était blanche, mourut deux ans seulement après leur mariage. En 1867, la fièvre emporta son fils et sa fille, de même que le frère de sa seconde épouse. Celle-ci devait par ailleurs arriver à la mission Devon en 1875, avec Cochrane, juste à temps pour assister aux derniers jours de son père. De santé fragile, elle était sujette à de fréquents accès de faiblesse et à des évanouissements. Les commérages sur l'infidélité de son mari furent pour elle particulièrement difficiles à supporter.

Cochrane, tout comme Budd et James Settee*, était l'un des pasteurs indiens de la terre de Rupert. Tous trois étaient très liés, conscients de l'infériorité de leur statut en tant que membres du clergé autochtone et de l'indigence qui en découlait. Ils réclamèrent au moins une fois l'égalité avec leurs homologues européens, mieux payés qu'eux. Néanmoins une profonde amitié existait entre Cochrane et Cowley, doyen des missionnaires blancs, amitié que les accès d'ivrognerie de Cochrane mirent d'ailleurs plus d'une fois à rude épreuve. C'est ce problème d'alcool, surtout, qui l'obligea à changer tant de fois de place et le fit exclure de l'Église d'Angleterre.

Cochrane et sa seconde épouse traduisirent en cri la Bible, le *Book of Common Prayer* et beaucoup de cantiques. Ils le firent en écriture syllabique, mais ils étaient également convaincus de l'efficacité de la translittération. On envoya en Angleterre leurs traductions pour les faire imprimer, mais rien n'indique qu'on les ait publiées. Cochrane avait entrepris un travail d'éducation qui, d'après lui, était essentiel à la survie des Indiens de l'Ouest, mais la pénurie de livres et de papier et les migrations saisonnières des Cris des Bois ne lui permirent pas d'obtenir les résultats voulus. Excellent professeur, il gagna des sommes assez considérables au département des Affaires indiennes de 1886 à 1890 et, au dire de tous, il était tenu en très haute estime, bien que dans un différend sur un arriéré de salaire, en 1880, le commissaire aux Affaires indiennes Edgar Dewdney* eût pressé Ottawa de lui verser les 330 $ qu'on lui devait, parce qu'il était « un homme si vindicatif ». Témoin de la signature des traités n° 1 et n° 5, Cochrane servit d'interprète aux établissements indiens de la pointe East Doghead, de la rivière Berens, des rapides Grand et de The Pas au moment de la négociation du traité n° 5, et il toucha 30 $ pour ses services. Comme il avait la considération des Indiens, ses propos eurent beaucoup d'influence sur leur acceptation des traités.

Figure tragique en marge de l'Église, jamais tout à fait accepté, Henry Cochrane nourrit en silence son amertume. Pourtant, il était animé d'un christianisme sincère, trouvait sa consolation en Dieu et peut-être trop souvent dans la bouteille.

Frits Pannekoek

AN, RG 10, B3, sér. noire. — PAM, MG 2, C14 ; MG 7, B5, reg. of burials, n° 456a ; B7, reg. of marriages, 1854–1882, n° 46 ; B17, reg. of marriages, 1858–1882 ; MG 12, A ; B. — Univ. of Birmingham Library, Special Coll. (Birmingham, Angl.), Church Missionary Soc. Arch., C, C.1/L.3, 1872 ; C.1/M.8, 1870–1872 ; C.1/M.9, 1873 ; C.1/M.10, 1875 ; C.1/O ; G, C.1/P.1, 1884. — Canada, Parl., *Doc. de la session,* 1880–1900 (rapports annuels du dép. des Affaires indiennes). — Henry Budd, *The diary of the Reverend Henry Budd, 1870–1875,* Katherine Pettipas, édit. (Winnipeg, 1974). — J. J. Hargrave, *Red River* (Montréal, 1871 ; réimpr., Altona, Manitoba, 1977). — *Canadian Churchman,* 1898–1899. — *Manitoba Morning Free Press,* 4 juin 1898. — *Saskatchewan Herald,* 10 juin 1898. — T. C. B. Boon, *The Anglican Church from the Bay to the Rockies : a history of the ecclesiastical province of Rupert's Land and its dioceses from 1820 to 1950* (Toronto, 1962) ; « Henry Cochrane was honoured in his time », *Winnipeg Free Press,* 7 oct. 1967, *Leisure Magazine* : 17.

COCHRANE, WILLIAM, ministre presbytérien, instituteur, administrateur scolaire et auteur, né le 9 février 1831 à Paisley, Écosse, fils de William Cochrane, horloger, et de Mary McMillan ; le 24 juillet 1860, il épousa Mary Neilson Houstoun, de Paisley, et ils eurent un fils et une fille, puis le 2 octobre 1873 Jeannette Elizabeth Balmer, d'Oakville, Ontario, et de ce mariage naquirent deux fils jumeaux ; décédé le 15 octobre 1898 à Brantford, Ontario.

William Cochrane quitta l'école à l'âge de 12 ans pour travailler comme messager dans une librairie de Paisley où, en quelques années, il accéda au poste de gérant. De foi presbytérienne, il œuvra au sein de l'Église libre d'Écosse, qui lui inculqua le respect de ses traditions : évangélisme, soutien de l'Église par des contributions volontaires, intérêt pour les missions et la réforme morale. En 1853, deux amis de sa famille, qui vivaient aux États-Unis, lui offrirent une aide financière afin qu'il puisse y étudier la théologie ; il accepta. Au bout de quatre ans, il obtenait une licence ès arts du Hanover College (qui lui décerna plus tard une maîtrise ès arts et un doctorat en théologie), après quoi il fréquenta le Princeton Theological Seminary, où il eut comme professeur Charles Hodge, défenseur de l'orthodoxie calviniste. Cochrane reçut l'autorisation de prêcher en février 1859 ; ordonné le 7 juin, il s'installa dans une église de Jersey City, au New Jersey.

Après être retourné en Écosse pour se marier, Cochrane alla visiter le village haut-canadien de Brantford en 1861. La congrégation Zion Presbyterian de l'endroit fit bientôt appel à ses services ; il acquiesça et entra en fonction en mai 1862. « Plein d'aversion pour le sensationnalisme et le verbiage », Cochrane prêchait « l'Évangile dans sa simplicité et sa pureté », dans un langage « animé et impressionnant ». C'est en partie grâce à sa réputation de « vigoureux prédicateur évangélique » et à ses remarquables talents d'organisation que la congrégation Zion Presbyterian devint nombreuse et florissante. Elle vit ses fidèles augmenter sans cesse, organisa des cours bibliques et soutint des missions.

Secrétaire de son synode et de son consistoire, Cochrane acquit une réputation d'envergure nationale. Avec Robert Ure, il forma en 1873 la commission qui, au terme d'un voyage au Manitoba, recommanda qu'on déplace le collège presbytérien de Kildonan à Winnipeg. L'année précédente, on l'avait nommé président du Home Mission Committee (section ouest), poste qu'il conserva jusqu'à sa mort. Cochrane fit à ce titre des tournées missionnaires dans le nord de l'Ontario, au Manitoba et en Colombie-Britannique ; en 1882, avec James Robertson*, il prit part à la fondation d'un organisme important : le Church and Manse Building Fund of Manitoba and the North-West. En 1875, il avait donné son appui enthousiaste à l'union de congrégations presbytériennes du Canada. Peu après, pendant la controverse soulevée par Daniel James Macdonnell, qui mettait en doute la doctrine de la damnation éternelle, Cochrane joua un rôle majeur dans l'élaboration d'un compromis qui permit à ce dernier de demeurer ministre sans aggraver le désaccord entre orthodoxes et libéraux. Élu modérateur de l'assemblée générale en 1882, Cochrane représenta sa congrégation à trois réunions de la Pan-Presbyterian Alliance : à Belfast en 1884, à Londres en 1888, et à Glasgow en 1896.

Même s'il avait été formé à Princeton, Cochrane n'était pas d'une orthodoxie inflexible. L'idée d'engager un chef de chœur et d'utiliser un harmonium avait déclenché tout un débat dans la congrégation Zion Presbyterian ; Cochrane, quant à lui, trouvait « terriblement partiaux » ceux qui refusaient de laisser entrer la musique au temple. Il comprenait que l'industrialisation, les découvertes scientifiques et les interrogations des spécialistes de la Bible remettaient en question la théologie traditionnelle et l'enseignement social du christianisme. Selon Cochrane, les pratiquants couraient le « risque de perdre toute foi dans les vérités fondamentales », et l'Église se méprenait en considérant l'augmentation du nombre des fidèles et l'expansion des missions comme des signes de force interne. Consterné de voir que beaucoup de Nord-Américains n'accordaient pas de valeur sociale à la pratique religieuse, il prônait une observance plus stricte du dimanche. Il affirmait en outre que les ministres se devaient de « présenter les vérités de l'Écriture en des phrases neuves qui les adaptent le mieux possible à l'époque ». Même s'il prônait une attitude plus libérale, Cochrane crut toujours que l'Écriture était d'inspiration divine et il soutenait qu'il fallait préserver les fondements du christianisme évangélique, en particulier la doctrine du sacrifice expiateur du Christ et la nécessité de la repentance. « Toute édulcoration de doctrines de ce genre, souligna-t-il en 1892 dans un opuscule, est déshonorante CHEZ UN MAÎTRE CHRÉTIEN et mérite la plus sévère condamnation. »

En chaire, Cochrane faisait rarement allusion à l'actualité ; ses discours publics, par contre, traduisirent de plus en plus son inquiétude à l'égard de la pauvreté urbaine et des conflits dus à l'industrialisation. Préoccupé d'éducation, il collabora en 1874 à la fondation du Young Ladies' College de Brantford, dont il fut administrateur et professeur de philosophie. Par ailleurs, il présida longtemps l'institut des artisans de Brantford. En politique, il était libéral et partisan de George Brown*, et il fustigea la « corruption éhontée » des gouvernements dirigés par sir John Alexander MACDONALD. Cochrane partageait en grande partie les préjugés anticatholiques des protestants de l'époque victorienne et approuvait, semble-t-il, le programme de la Protestant Protective Association [V. Oscar Ernest Fleming*] qui, dans les années 1890, préconisa l'abolition des écoles séparées.

Cochrane demeura ministre de la congrégation Zion Presbyterian jusqu'à sa mort. Il cherchait à gagner des âmes au Christ et à fortifier et réconforter les fidèles. Même s'il multipliait ses visites aux malheureux, aux malades et aux mourants de sa congrégation, il déplorait souvent dans son journal que le fardeau des affaires ecclésiastiques lui laissait peu de temps pour les tâches pastorales et le progrès spirituel. Il se demandait si rédiger des rapports et assister à des réunions constituaient le « bon genre de travail pour un ministre de l'Évangile », et vers la fin de sa vie il jugeait que sa tâche était « en train de devenir aussi profane que religieuse ».

Même s'il était beaucoup sollicité, William Cochrane écrivait souvent des lettres et des articles dans divers journaux ; de plus, à compter de 1871, il produisit plus d'une dizaine de livres et d'opuscules, dont beaucoup s'inspiraient de ses sermons et de ses discours. Sa réalisation la plus ambitieuse fut, au début des années 1890, la direction de la publication des quatre premiers volumes d'un ouvrage biographique qui parut sous le titre de *The Canadian album* [...]. Apparemment, Cochrane rédigea lui-même un grand nombre des résumés biographiques et veilla à ce que chaque personnage en vérifie le contenu. L'ouvrage se voulait utile aux gens d'affaires, car chacun des portraits décrivait le « caractère et les capacités » du sujet, ce qui, aux yeux de Cochrane, importait autant que les résultats financiers et professionnels ; les photographies insérées illustraient le « lien intime entre physionomie et expression du visage et qualités et habitudes de l'esprit ». Mais par-dessus tout *The Canadian album* représente un véritable monument à l'esprit victorien – manifeste dans les ouvrages précédents de Cochrane – qui veut que la réussite repose sur l'effort personnel et l'élévation morale.

DAVID B. MARSHALL

La liste complète des ouvrages publiés de William Cochrane se trouve dans *Canadiana, 1867–1900*. En plus de *Canadian album*, sa publication la plus importante, qui parut à Brantford, Ontario, de 1891 à 1896 en cinq volumes (le dernier édité par John Castell Hopkins*), signalons : *The heavenly vision ; and other sermons (1863–73)* (Toronto, 1874) ; *Christ and Christian life ; sermons preached in Zion Church, Brantford, 1875* (Toronto, 1876) ; *Warning and welcome ; sermons preached in Zion Presbyterian Church, Brantford, during 1876* (Toronto, 1877) ; *The church and the commonwealth : discussions and orations on questions of the day, practical, biographical, educational, and doctrinal, written during a twenty years ministry* (Brantford, 1887) ; et *The negative theology and the larger hope* (Brantford, 1892).

AO, MS 409. — R. N. Grant, *Life of Rev. William Cochrane, D.D.* [...] (Toronto, 1899). — PCC *Acts and proc.*, 1899. — *Presbyterian Record for the Dominion of Canada* (Montréal), 13 (1888) : 16. — *Canadian biog. dict.* — *Canadian men and women* (Morgan ; 1898). — *Cyclopædia of Canadian biog.* (Rose et Charlesworth), 1. — D. G. Burley, « Making the self-made man : business and social mobility in mid-nineteenth-century Brantford, Ontario » (communication faite au congrès annuel de la CHA, Winnipeg, 1986). — J. S. Moir, *Enduring witness : a history of the Presbyterian Church in Canada* ([Hamilton, Ontario, 1974]). — J. R. Miller, « Anti-Catholic thought in Victorian Canada », *CHR*, 66 (1985) : 474–494. — J. T. Watt, « Anti-Catholic nativism in Canada : the Protestant Protective Association », *CHR*, 48 (1967) : 45–58.

CODD, DONALD, arpenteur, fonctionnaire et auteur, né vers 1845 dans le Norfolk, Angleterre, fils du révérend Charles Edward Codd, ministre de l'Église d'Angleterre ; décédé le 9 décembre 1896 à Winnipeg.

Les parents de Donald Codd avaient immigré au Canada avant 1850 et s'étaient établis à Ottawa. Le jeune Donald fit probablement ses premières classes à la maison et ses études secondaires dans des écoles locales. Par la suite, il étudia l'arpentage auprès de John Allan Snow*, et reçut peut-être une certaine formation militaire. En 1869, il obtint un poste sous la direction de Snow, qui supervisait la construction d'une route entre le lac des Bois et Upper Fort Garry (Winnipeg). Une fois ce travail terminé, il fit partie de l'équipe d'arpenteurs envoyée à la colonie de la Rivière-Rouge (Manitoba), sous le commandement du lieutenant-colonel John Stoughton Dennis*. Il gagna rapidement la confiance de son supérieur, qui le chargea de copier les cartes et les registres des terres accordées aux colons par la Hudson's Bay Company.

Codd avait remarqué que les Métis, insatisfaits du projet de transférer de la Hudson's Bay Company au gouvernement canadien la propriété du Nord-Ouest, « avaient [...] pris des mesures pour faire triompher leur point de vue, en faisant cesser de force les travaux d'arpentage canadiens ». Or, Dennis s'était justement préparé à cette éventualité. Selon ses dires, tout le personnel placé sous son autorité – « sans aucune exception » – possédait une formation militaire en même temps que des compétences en arpentage. Dennis espérait que ses arpenteurs pourraient regrouper les loyalistes de l'endroit pour « entreprendre de rétablir l'ordre dans la colonie ». Aussi envoya-t-il l'arpenteur Charles Arkoll BOULTON dans les diverses localités de la colonie pour enrôler des volontaires, et il garda Codd comme aide de camp. Les arpenteurs-soldats ne parvinrent cependant pas à mobiliser les colons et, probablement par crainte d'être emprisonnés par Louis Riel* et ses partisans, certains d'entre eux, y compris Codd et Dennis, s'enfuirent de la colonie à la mi-décembre 1869. Le lien qui s'était formé entre Codd et Dennis allait durer.

Codd retourna à Ottawa et entra au Bureau des terres de la Puissance, qui relevait du secrétariat d'État. Formé au début de 1871, il était dirigé par Dennis, dont Codd devint rapidement le commis de confiance. En septembre 1873, les arpenteurs avaient fini de cartographier les régions habitées du Manitoba, et Dennis commença alors à accepter les demandes de reconnaissance des titres de propriété des lots de grève, conformément, semble-t-il, aux garanties de l'article 32 de l'Acte du Manitoba concernant les terrains détenus avant l'entrée de la province dans le dominion. Il envoya Codd à Winnipeg à titre d'agent des terres chargé de traiter les demandes des Métis et des nouveaux arrivants qui, avant l'arpentage, s'étaient établis sur des terres inoccupées. Codd refusa les demandes de tout occupant dont la propriété n'avait pas été reconnue par la Hudson's Bay Company ou qui avait apporté des améliorations foncières que les arpenteurs n'avaient pas notées, peut-être à cause de leur faible valeur. Consciencieusement, il demanda à Dennis de faire approuver ses décisions par le ministre, expliquant que le problème était de savoir « où s'arrêter ». Dennis convint que l'on ne pouvait reconnaître l'occupation à moins qu'il y ait déjà eu des améliorations importantes aux propriétés réclamées et il renvoya l'affaire au département de la Justice pour obtenir une opinion juridique. Apparemment, le sous-ministre de la Justice, Zebulon Aiton Lash*, estimait que l'Acte du Manitoba n'était pas assez précis. On modifia la loi en 1874 et Codd obtint un plus grand pouvoir discrétionnaire pour refuser les demandes.

On considéra donc la majeure partie des terres de l'ancienne zone de colonisation du Manitoba comme territoire inhabité du dominion, même si nombre de Métis continuaient à l'occuper comme par le passé, convaincus qu'ils étaient de recevoir plus tard leur titre de concession foncière. En 1876, l'archevêque Alexandre-Antonin TACHÉ prit fait et cause pour eux et persuada le ministre de l'Intérieur, David Mills*, de rouvrir le dossier de leurs revendications de titres, mais Codd reçut de Dennis instructions de limiter les reconnaissances, comme il l'avait fait auparavant. Après plusieurs années d'inertie, du moins apparente, Mgr Taché accusa Codd de retarder délibérément les décisions et de dissimuler les preuves. La passion avec laquelle Codd défendit son administration suscita une grande quantité de lettres, qui atteignit le premier ministre sir John Alexander MACDONALD en novembre 1880. Dans une lettre à ce dernier, l'homme politique manitobain Joseph Royal* soutenait que les « revendications [non résolues] des squatters [...] ne concern[aient] que les anciens et nouveaux colons francophones » ; selon lui, la situation était une preuve flagrante des préjugés des fonctionnaires qui n'avaient jamais pu oublier « le traitement [qu'ils avaient] reçu aux mains des pauvres Métis d'expression française » en 1869.

Le premier ministre réagit en rouvrant le dossier des « revendications des squatters » et en changeant le personnel du département de l'Intérieur, ce qui n'accéléra pas beaucoup le règlement des demandes en suspens mais donna du moins l'impression que, pour Macdonald, Codd avait fait son temps. En octobre 1881, ce dernier, que Dennis avait qualifié l'année précédente d'agent des terres du dominion le plus expérimenté du pays, et qui avait commencé à travailler comme inspecteur itinérant des agences des terres du dominion, fut licencié sans égard ni générosité au moment de la nomination d'un inspecteur officiel.

Après 1882, Donald Codd trouva un travail de dessinateur dans une petite compagnie de chemin de fer manitobaine, la Great North West Railway, et il consacra ses loisirs à l'invention de divers mécanismes, dont aucun ne fut breveté. En 1886, il reçut une prime, d'un montant inconnu, pour services rendus, non précisés, à titre d'agent des terres du dominion. Peu après, il écrivit le récit de sa participation aux événements dramatiques de la rébellion de la Rivière-Rouge, que l'on ne publierait qu'en 1899, soit trois ans après sa mort. Décédé d'une maladie cardiaque à l'âge de 51 ans, Codd avait laissé dans le deuil sa femme Sarah, son fils Alfred Arthur et son frère, le docteur Alfred Codd.

D. N. SPRAGUE

Donald Codd est l'auteur de : « Some reminiscences of Fort Garry in 1869–70 », publié dans *Great West Magazine* (Winnipeg), 13 (1899) : 294–299.

AN, MG 26, A. — PAM, GR 170, file 2182 ; MG 12, A, 9 ; B. — Canada, Parl., *Doc. de la session*, 1882, n° 2. — *Manitoba Morning Free Press*, 3 janv. 1874, 10 déc. 1896. — *The genealogy of the first Métis nation ; the development and dispersal of the Red River settlement, 1820–1900*, D. N. Sprague et R. P. Frye, compil. (Winnipeg, 1983).

COLLINS, JOSEPH EDMUND, instituteur, éditeur, journaliste et auteur, né le 22 octobre 1855 à Placentia, Terre-Neuve, fils de William Joseph Collins et d'Eleanor O'Reiley ; il épousa Gertrude Anna Murphy, et ils eurent deux enfants qui moururent en bas âge ; décédé le 23 février 1892 à New York.

Joseph Edmund Collins aimait à imaginer qu'il était de beau lignage mais, en fait, son père était un modeste fermier et gardien de phare. Intelligent et ambitieux, quoiqu'il n'eût pas fait d'études, Edmund (comme il préférait se faire appeler) fit l'essai de plusieurs métiers : à l'âge de 18 ans, il appartint un bref moment à la Constabulary Force of Newfoundland ; à 19 ans, il quitta l'île pour travailler dans un cabinet d'avocat à Fredericton ; à 20 ans, il se tourna vers l'enseignement. C'est seulement quand il tâta du journalisme, d'abord à titre d'éditeur du *Star* de Fredericton, puis de rédacteur en chef du *North Star* de Chatham deux ans plus tard, que l'amour des lettres le gagna finalement. Comme l'a dit sa mère, il trouvait irrésistible le pouvoir d'« influencer la multitude ».

Collins avait un message à livrer : l'indépendance du Canada, voire sa constitution en république. Il cherchait en particulier à doter le corps politique inerte qu'était la Confédération d'un cœur et d'une âme bien à lui, en favorisant la culture littéraire de la nation ; il dirigeait donc ses efforts vers la jeunesse instruite du pays – ceux qui, croyait-il, étaient affranchis des préjugés partisans et sectaires du passé. À Chatham, l'enthousiasme et le brio de Collins captèrent l'imagination du petit-cousin de sa femme, le jeune instituteur et poète débutant Charles George Douglas Roberts*. Autour des feux de camp ou dans les salons, Collins poussait Roberts à travailler davantage ses poèmes et à s'engager plus à fond dans le nationalisme. À l'automne de 1880, la publication d'*Orion, and other poems*, par Roberts, lui parut être la percée nécessaire à la naissance d'une littérature canadienne.

Cet hiver-là, Collins s'installa à Toronto pour travailler à la rédaction du *Globe*. Toujours résolu à diffuser son message, il pouvait, en plus, citer Roberts en exemple. C'est probablement lui qui, en mai 1881, remit à un autre jeune poète, Archibald LAMPMAN, étudiant au Trinity College, l'exemplaire d'*Orion* qui inspira tant ce dernier. C'est certainement par son entremise que Lampman et Roberts entreprirent une correspondance amicale. En outre, pour que Roberts soit engagé à titre de rédacteur en chef du Week et qu'il s'établisse à Toronto à l'automne de 1883, Collins usa de son influence auprès de l'éditeur Goldwin Smith*, vers qui il avait été attiré par une communion d'idées. Bref, Collins stimula, fit connaître et mit en rapport les deux figures centrales du groupe que l'on appellerait plus tard les « poètes de la Confédération ». Lampman le surnommait le « père littéraire » d'une génération de jeunes poètes et disait à un ami : « puisque ce vieux Joseph Edmund nous pousse, nous allons sûrement faire quelque chose ». Mais, ce faisant, Lampman et Roberts dépassèrent leur mentor.

Brillant, enthousiaste, amant de la vie et de la littérature, Collins manquait de discipline quand il s'agissait d'écrire et il était instable dans sa vie professionnelle et familiale. Ne voulant pas ou ne pouvant pas conserver un emploi, il était « toujours, disait Roberts, absorbé dans des travaux décousus, au gré du hasard ». Il quitta le *Globe* au bout d'un an ou deux et tenta par la suite de gagner sa vie comme pigiste. Comme il écrivait sur à peu près n'importe quel sujet, pour tout magazine, périodique ou journal qui était prêt à le payer, jamais Collins n'eut ou ne se donna les loisirs nécessaires pour développer le potentiel que ses amis étaient certains de voir en lui. En fait, son seul ouvrage important fut la première biographie de sir John Alexander MACDONALD, parue à la Rose Publishing Company en 1883. Collins attribuait à Macdonald ses propres idéaux de nationalisme pragmatique et s'efforçait de couler son personnage dans un moule libéral. Trop partisane et pas assez documentée pour servir encore d'ouvrage de référence, cette biographie conserve néanmoins un certain intérêt à cause de l'avant-dernier chapitre, qui porte sur la pensée et la littérature. C'était l'une des premières tentatives sérieuses d'attirer l'attention sur la nouvelle génération d'auteurs canadiens, dont Roberts était, selon Collins, la figure exemplaire. Il refit l'éloge des jeunes auteurs l'année suivante dans un ouvrage de moindre importance, *Canada under the administration of Lord Lorne*. Las de ces biographies d'hommes politiques, il publia de 1884 à 1886 quatre romans mineurs. De ceux-ci, *Story of Louis Riel* [...], œuvre imaginative, fut le seul à acquérir quelque notoriété – pour son racisme patent.

En 1886, la carrière d'écrivain de Collins était au point mort. Sa vision nationaliste n'avait pas pu prendre corps dans un pays trop jeune pour faire vivre ses hommes de lettres. Conscients de cette réalité, ses amis se trouvèrent d'autres emplois : Lampman devint commis au département des Postes à Ottawa et Roberts, professeur au King's College de Windsor, en Nouvelle-Écosse. Comme il ne pouvait pas ou ne voulait pas suivre la même voie, Collins se laissa attirer par l'effervescence des milieux littéraires de New York. Il devint rédacteur au magazine *Epoch*, hebdomadaire de littérature et d'opinion fondé depuis peu. Il n'oublia pas pour autant ses racines. Paru le 11 février 1887, le premier numéro du magazine contenait, parmi des notices sur plusieurs ouvrages américains, une annonce du livre de Roberts, *In divers tones,* dédié à Collins. D'ailleurs, le nom de Roberts continua de figurer en page littéraire jusqu'à ce que Collins quitte la revue en 1889.

Hélas ! le changement de décor n'améliora pas la situation de Collins. Cause ou conséquence, il se mit à boire, ce qui mina à la fois sa santé et son ménage. Forcé de retourner à l'existence précaire de pigiste, et désormais seul, il vivait dans des chambres meublées et devait souvent compter sur la charité de ses amis. Parmi ceux qui l'accueillirent se trouvait un autre des poètes de la Confédération, William Bliss Carman*, arrivé à New York en 1890 pour tenter sa chance comme rédacteur à l'*Independent*. Peut-être revigoré par l'influence du jeune Carman, Collins se rendit cet été-là chez Roberts, à Windsor, dans l'espoir d'améliorer sa santé et de retrouver un peu de la fructueuse camaraderie du passé. Physiquement, ces vacances lui furent salutaires pendant quelque temps, mais elles brisèrent une amitié. Apparemment, Collins avait des mœurs trop dissolues pour être un compagnon agréable. Pour aggraver les choses, il retourna à New York en octobre en laissant à Roberts une série de factures impayées. Ce dernier écrivit plus tard à Carman : « Ma profonde méfiance à son endroit avait complètement tué l'affection que je lui portais. » C'était une triste fin pour une relation qui avait été aussi importante. Quant à Carman, il hébergea Collins presque jusqu'au début de 1892, moment où celui-ci mourut, fou.

La littérature inspirait à Joseph Edmund Collins un enthousiasme et un amour sans bornes. Même s'il n'arriva jamais à canaliser cette énergie dans une œuvre durable, il fut, pendant un bref et heureux moment, celui qui encouragea et réunit deux des meilleurs poètes que le Canada allait produire au XIXe siècle. Ce rôle, Lampman l'évoqua à la mort de son mentor : « Il y a deux ou trois jeunes auteurs – peut-être davantage [...] qui se souviennent de Collins avec une tendresse, une gratitude, presque une vénération particulières. » Le drame de Collins, c'est qu'il n'arrivait pas à être à la hauteur de ceux qu'il inspirait et qu'il n'avait pas la force de caractère d'accepter cette réalité. « C'est le Collins des années passées, écrivait Roberts à Carman, que j'essaierai de garder dans ma mémoire. »

M. Brook Taylor

L'auteur aimerait souligner l'aide à la recherche qu'il a reçue d'Al Randall de St John's.

Joseph Edmund Collins est l'auteur des ouvrages suivants tous publiés à Toronto : *Life and times of the Right Honourable Sir John A. Macdonald* [...] *premier of the Dominion of Canada* (1883) ; *Canada under the administration of Lord Lorne* (1884) ; *The story of a Greenland girl (1885)* ; *The story of Louis Riel : the rebel chief* (1885) ; *Annette, the Metis spy : a heroine of the N.W. rebellion* (1886) ; et *The four Canadian highwaymen ; or, the robbers of Markham swamp* (1886). Il était l'éditeur du *Star* (Fredericton), 1878–1880, et le rédacteur en chef du *North Star* (Chatham, N.-B.), 1880, et de l'*Epoch* (New York), 1887–1889.

Seules quelques lettres de Collins, ou à son sujet, subsistent. La correspondance manuscrite se trouve dans les Bliss Carman papers aux QUA (2070), box 12, Collins à Carman, juill. 1890 ; box 13, Lampman à Carman, 10 juin 1892 ; box 15, Jean Hunter Bliss à Carman, 1er janv. 1892 ; box 22, Collins à Carman, trois lettres sans date [été 1890] ; dans l'Archibald Lampman coll. à la Simon Fraser Univ. Library Special Coll. (Burnaby, C.-B.), Collins à Lampman, août 1891 ; et à la Smith College Library (Northampton, Mass.), Eleanor Collins à Bliss Carman, 18 avril 1892 (une copie de cette lettre se trouve dans les Carman papers aux QUA). La correspondance publiée figure dans l'ouvrage de C. G. D. Roberts, *The collected letters of Sir Charles G. D. Roberts,* Laurel Boone, édit. (Fredericton, à venir), et C. Y. Connor, *Archibald Lampman : Canadian poet of nature* (New York et Montréal, 1929 ; réimpr., Ottawa, 1977).

Un article autobiographique se trouve dans *Cyclopædia of Canadian biog.* (Rose et Charlesworth), 1. Des renseignements utiles figurent dans deux notices nécrologiques : « At the Mermaid Inn », *Globe,* 19 mars 1892 : 9, et dans le *Critic* (New York), 27 févr. 1892 : 136. Voir aussi, C. G. D. Roberts, « On the Bartibogue River », *Forest and Stream* (New York), 20 (févr.–juill. 1883), numéro du 31 mai, et dans le livre de Roberts, *In divers tones* (Boston, 1886), 9.

L'étude la plus importante sur Collins est celle de J. C. Adams, « Roberts, Lampman, and Edmund Collins », *The Sir Charles G. D. Roberts symposium,* Glenn Clever, édit. (Ottawa, 1984), 5–13. D'autres travaux secondaires utiles comprennent : J. C. Adams, *Sir Charles God Dann : the life of Sir Charles G. D. Roberts* (Toronto, 1986) ; J. R. Harper, *Historical directory of New Brunswick newpapers and periodicals* (Fredericton, 1961) ; E. M. Pomeroy, *Sir Charles G. D. Roberts : a biography* (Toronto, 1943) ; *The book of Newfoundland,* J. R. Smallwood *et al.,* édit. (6 vol., St John's, 1937–1975), 5 : 554 ; et la thèse de l'auteur, « The writing of English-Canadian history in the nineteenth century » (thèse de PH.D., 2 vol., Univ. of Toronto, 1984), 2 : 394–401. [M. B. T.]

COLVILE, EDEN, administrateur foncier, homme politique et administrateur de la Hudson's Bay Company, né le 12 février 1819 à Langley, près de Beckenham, Angleterre, fils d'Andrew Colvile et de Mary Louisa Eden ; le 4 décembre 1845, il épousa à Montréal Anne Maxwell, et ils n'eurent pas d'enfants ; décédé le 2 avril 1893 dans le Devon, Angleterre.

Fils d'un riche marchand britannique, Eden Colvile vécut une enfance aisée. Il fit ses études à l'Eton College et au Trinity College, à Cambridge, où il obtint un diplôme en 1841. Au début de l'année suivante, il partit pour le Bas-Canada en compagnie d'Edward Gibbon Wakefield*, régisseur de la seigneurie de

Beauharnois pour la North American Colonial Association of Ireland, dont Andrew Colvile était gouverneur adjoint. Deux ans plus tard, il succéda à Wakefield au poste de représentant de l'association et administra la seigneurie avec passablement de succès. Élu à l'Assemblée législative pour Beauharnois en 1844, il appuyait le gouvernement de sir Charles Theophilus Metcalfe* et remplit un seul mandat.

Après avoir démissionné de son poste à la North American Colonial Association of Ireland, Colvile s'associa aux activités de la Hudson's Bay Company pour la première fois en 1848, lorsqu'il accompagna sir George Simpson*, gouverneur de la compagnie, jusqu'à la colonie de la Rivière-Rouge et à Norway House (Manitoba). Après cette tournée d'inspection, il retourna en Grande-Bretagne, mais pour peu de temps. Son père, gouverneur adjoint de la Hudson's Bay Company, était le plus influent des membres du comité de Londres, qui étaient mécontents des récents événements survenus dans le Nord-Ouest. Le procès de Pierre-Guillaume Sayer*, tenu à la Rivière-Rouge en 1849, marqua la fin du monopole de la compagnie dans la traite des fourrures. Des trafiquants indépendants très actifs avaient trouvé un autre débouché pour leurs fourrures : le poste de Norman Wolfred Kittson*, à Pembina (Dakota du Nord). En outre, les habitants de la colonie dérangeaient la conduite des affaires de la compagnie. Dans de petites collectivités isolées, des événements considérés comme anodins ailleurs peuvent parfois engendrer beaucoup d'animosité. Ainsi une querelle larvée qui mettait en cause la réputation de Sarah McLeod*, épouse de l'agent principal John Ballenden*, avait donné lieu à des poursuites pour diffamation intentées par le capitaine Christopher Vaughan Foss, le prétendu amant de Mme Ballenden, contre un commis de la compagnie, Augustus Edward Pelly, sa femme et d'autres. De plus, les exigences des presbytériens, qui voulaient un pasteur et un temple bien à eux ainsi qu'une somme d'argent compensatoire pour leur contribution à l'entretien de la paroisse anglicane depuis des années, avaient créé un profond désaccord entre les deux groupes religieux [V. Alexander Ross*]. Les colons étaient aussi de plus en plus insatisfaits de l'administration de William Bletterman Caldwell*, gouverneur d'Assiniboia. En prenant en considération la demande de Simpson d'être relevé de sa responsabilité de la colonie et de voyager moins, et en arrivant à la conclusion qu'une poigne solide était nécessaire à la Rivière-Rouge, le comité de Londres se tourna vers Eden Colvile. Étant donné le poste qu'occupait son père, cette décision n'avait rien de surprenant.

Le 3 février 1849, Colvile devenait gouverneur de Rupert's Land ; il devait résider à la colonie de la Rivière-Rouge et avait le mandat d'exercer tous les pouvoirs de Simpson en son absence, « partout où le commerce [était] autorisé en vertu de la Charte ». Colvile fut aussi nommé au Conseil d'Assiniboia. Sa première tâche, cependant, consista à mettre de l'ordre dans les affaires troubles de la Puget's Sound Agricultural Company, ce qui l'obligea à passer l'hiver de 1849–1850 sur la côte du Pacifique.

En août 1850, Colvile arriva à la colonie de la Rivière-Rouge en compagnie de sa femme, et se mit au travail immédiatement. Il remplaça Caldwell pendant une courte période au poste de président du Conseil d'Assiniboia et à la Cour générale des sessions trimestrielles, et il mit fin à la carrière judiciaire houleuse du recorder Adam Thom*, personnage honni par les Métis. Il réussit à amener un compromis entre les anglicans et les presbytériens, mais au prix d'une généreuse contribution de la Hudson's Bay Company à un fonds destiné à la construction d'un temple presbytérien. L'imbroglio Foss-Pelly fut plus délicat à dénouer, car les figures dominantes de la colonie, dont le clergé protestant, avaient pris position. « Dans l'ensemble, la situation est fort déplaisante, expliquait-il à Simpson ce mois-là quoique un peu ridicule. » Sa solution, qui exigea un certain temps, consistait à éloigner de la colonie les principaux intéressés dans cette histoire, soit les Pelly, Foss et Mme Ballenden. Les revenus que la compagnie tirait de la traite des fourrures retrouvèrent une certaine stabilité grâce à l'augmentation des prix qu'elle accorda aux trafiquants indépendants et à l'imposition, par le gouvernement américain, de droits de douane sur les fourrures vendues à Pembina. Kittson dut fermer son poste à cet endroit.

Une fois ses objectifs réalisés, Eden Colvile retourna en Grande-Bretagne avec sa femme après la crue dévastatrice de la rivière Rouge au printemps de 1852. Il hérita plus tard de la plupart des fonctions administratives de son père et poursuivit une brillante carrière dans le domaine des affaires ; il occupa, entre autres, le poste de président du conseil de la Royal Mail Steam Packet Company. Il entra au comité de Londres de la Hudson's Bay Company en 1854, et fut l'un des deux seuls membres à survivre à la réorganisation de 1863 ; devenu gouverneur adjoint de la compagnie en 1871, et gouverneur en 1880, c'est à ce titre qu'il vint encore une fois au Canada. Il prit sa retraite en 1889 et mourut dans le Devon le jour de Pâques 1893.

J. E. Rea

La correspondance d'Eden Colvile avec le gouverneur de la Hudson's Bay Company à Londres, conservée pour la plupart dans PAM, HBCA, A.12/13, et sa correspondance avec George Simpson qui se trouve dans PAM, HBCA, D.5/25–35, fut publiée dans *HBRS,* 19 (Rich et Johnson).

ANQ-M, CE1-63, 4 déc. 1845. — PAM, HBCA, A.1/66, 69 ; A.3/4 ; A.6/28 ; A.12/70 ; B.154/a/50 ; D.5/23 ; D.7 ; Eden Colvile file. — *Canadian north-west* (Oliver). — Alexander Ross, *The Red River settlement : its rise, progress and present state ; with some account of the native races and its general history, to the present day* (Londres, 1856 ; réimpr., Edmonton, 1972). — *The Stock Exchange year-book and diary*, T. Skinner, édit. (Londres), 1881. — J. S. Galbraith, « Eden Colvile's letters », *Beaver*, outfit 287 (printemps 1957) : 34–35.

CONNON, THOMAS, homme d'affaires, fonctionnaire, photographe et peintre, né le 14 septembre 1832 dans une ferme à Udny, Écosse, fils de Robert Connon et d'Ann Findlay ; le 4 novembre 1854, il épousa à Elora, Haut-Canada, Jean Keith, et ils eurent deux fils et deux filles ; décédé le 10 janvier 1899 au même endroit.

Thomas Connon fit ses études à Stonehaven, en Écosse, et entra comme apprenti chez un épicier grossiste d'Aberdeen. Il immigra dans le Haut-Canada en 1852 et vécut à Beamsville avant de s'établir à Elora l'année suivante. Il travailla d'abord chez différents marchands à Elora et, pendant de brèves périodes, dans d'autres petites localités dont Beamsville, Streetsville (Mississauga) et Salem, dans le comté de Wellington, puis de 1859 à 1867 il exploita un magasin général avec son beau-frère à Elora. Il fut aussi membre du conseil scolaire et vérificateur des comptes du village.

Connon s'est vraisemblablement intéressé très tôt aux arts : enfant, il s'exerçait déjà au dessin et à la peinture. Il ne semble pas avoir fait d'études artistiques et, dans une lettre qui date de 1854, il se décrivait lui-même comme un « artiste *manqué* ». Il aurait remporté des prix pour ses paysages et aurait exposé des tableaux à Paris. Ce n'est qu'après s'être établi à Elora qu'il commença à apprendre la photographie. La lecture des articles de l'*Art Journal*, publié dans la capitale britannique, qui décrivaient les pièces qu'on pouvait voir à l'Exposition universelle de Londres en 1851 lui permit de se tenir au courant de ce qui se passait dans ce domaine. En 1859, Connon entama une carrière de photographe professionnel et, l'année suivante, ouvrit l'Elora Art Studio. Avec son fils John Robert, il parcourut le comté de Wellington pour y photographier les gens et les lieux, les villes de Guelph, d'Elora et de Fergus et le site le plus fréquenté de la région, la gorge d'Elora sur la rivière Grand. Il tira des vues stéréoscopiques de ses paysages, dont les séries *Wellington County, Grand River near Elora, Views of the Irvine River* et *Wellington Scenery*. Comme il a pu vivre de la photographie après 1867, on peut supposer que ses œuvres se vendaient bien. Il travailla comme photographe jusqu'à ce que sa santé chancelante l'oblige à prendre sa retraite en 1885.

Observateur attentif qui se consacra à fixer les images de son coin de province, Connon annonce Homer Ransford Watson* qui, quelques années plus tard, peindra dans sa ville natale de Doon (Kitchener), près d'Elora. Quoiqu'ils aient utilisé des moyens d'expression différents, les deux artistes n'en ont pas moins eu le même souci de consigner le détail des événements de la vie rurale et des paysages de leur campagne. Bien sûr, le peintre, qui exposa tant à l'étranger qu'au pays, connut une tout autre gloire que le photographe.

Connon ne quitta jamais la région de Wellington. Il n'eut pas non plus, semble-t-il, l'ambition de photographier les personnages célèbres du pays ou de fixer pour mémoire la grande diversité des paysages canadiens comme l'ont fait d'autres de ses contemporains bien connus, tels William NOTMAN ou John Arthur FRASER. Mais en captant plus de vues du comté de Wellington que bien d'autres photographes professionnels n'en avaient prises ailleurs, Connon et son fils devinrent, selon les termes de Charles Corke, « probablement les plus grands photographes de l'ouest du Canada ». De plus, contrairement à la plupart de ses collègues qui durent exercer un second métier pour gagner leur vie, Thomas Connon travailla à plein temps dans la même région durant 25 ans, et il est l'un des rares qui aient pu tenir studio durant si longtemps.

D'après son fils, Connon avait conçu en 1881 ce qu'on appellera plus tard un porte-rouleau, grâce auquel on déposait l'émulsion à la gélatine sur une bande de pellicule plutôt que sur une plaque de verre. C'est cependant un Américain qui obtint le brevet d'invention de ce porte-rouleau quelques années plus tard.

La correspondance que Thomas Connon entretint avec un parent d'Écosse de 1852 à 1859 nous est restée. Ces lettres, où l'artiste décrit par le menu maints aspects de sa vie quotidienne, complètent son œuvre de photographe, car elles témoignent du même sens aigu de l'observation et de l'attention aux détails que révèlent ses photographies du comté de Wellington.

CLAIRE CHAMP

Un portrait peint par Thomas Connon de son beau-père, John Keith, se trouve dans la collection du Macdonald Stewart Art Centre (Guelph, Ontario). Un tableau montrant un gros rocher de la gorge Elora, *The tooth of time* (vers 1870), se trouve aux Wellington County Museum and Arch. (Fergus, Ontario). Des photographies prises par Connon y sont également conservées ainsi que dans les collections de photographies des AN, Division de l'art documentaire et de la photographie, des AO, et de l'Univ. of Guelph.

Une photographie de Connon est reproduite dans J. R. Connon, *« Elora »* (voir ci-dessous), en regard de la page 188. Des photographies de Connon et de sa famille font partie de la collection de M. et Mme Charles Corke (voir J. [M. Goatley] Nasby, *Canada in the Victorian image, 1837–1887* (catalogue d'exposition, Univ. of Guelph, 1975), n°s 51–53, 55). Des lettres écrites à sa tante, Mme E. Connon d'Aberdeen, Écosse, trouvées parmi les Connon papers dans la Régional Coll. de l'UWOL, ont été publiées sous le titre de « Impressions of Canada West in the

1850s », *Western Ontario Hist. Notes* (London), 17 (1961) : 1–43 ; les réponses de sa tante sont conservées aux Wellington County Museum and Arch.

Church of Jesus Christ of Latter-Day Saints, Geneal. Soc. (Salt Lake City, Utah), International geneal. index. — Harper, *Early painters and engravers*. — Univ. of Guelph, *The University of Guelph art collection : a catalogue of paintings, drawings, prints and sculpture*, J. M. [Goatley] Nasby, édit. (Guelph, 1980), 74. — J. R. Connon, *« Elora »* (s.l., 1930) ; publié de nouveau sous le titre de *The early history of Elora, Ontario, and vicinity*, introd. de Gerald Noonan (2e [éd.], Waterloo, Ontario, 1975). — Ralph Greenhill et Andrew Birrell, *Canadian photography : 1839–1920* (Toronto, 1979). — *History of Elora*, Roberta Allen, compil. (Elora, 1982), 175. — A. E. Byerly, « Connons, father and son, brought home to Elora by photographic research », *London Free Press*, 9 août 1924. — Charles Corke, « Early photography and photographers in Guelph and area », *Historic Guelph, the Royal City* (Guelph), 17 (1977–1978) : 55–67. — Elsie McLeod Murray, « An Upper Canada « bush business » in the fifties », *OH*, 36 (1944) : 41–47.

CONWAY, HONORIA, dite **mère Mary Vincent**, supérieure des Sisters of Charity of Saint John, enseignante et administratrice scolaire, née vers le 18 juin 1815 à Dover Castle, Angleterre, fille de Michael Conway et d'Eleanor McCarthy ; décédée le 27 mai 1892 à Saint-Jean, Nouveau-Brunswick.

Honoria Conway naquit dans une modeste famille irlandaise et catholique. Son père, qui avait servi dans la milice durant les guerres napoléoniennes, s'était établi à Ballinasloe, dans le comté de Galway (république d'Irlande), et avait envoyé ses trois enfants dans une école privée catholique, leur donnant ainsi une bonne instruction pour l'époque.

L'arrivée d'Honoria en Amérique du Nord britannique semble tenir à un concours de circonstances. Deux des frères de sa mère, James et Charles McCarthy, étaient venus en Nouvelle-Écosse dans leur jeunesse et s'étaient taillé une place enviable dans le comté de Digby tout en créant dans la famille le précédent de l'émigration outre-Atlantique. En 1831, la sœur aînée d'Honoria, Margaret, avait épousé Hugh Donnelly, veuf et marchand de laine d'Athlone, non loin de Ballinasloe, qui s'établirait à Saint-Jean en 1833 et y deviendrait un commerçant prospère. En 1837, Donnelly fit venir à Saint-Jean sa famille et une fille qu'il avait eue de son premier mariage ; Honoria et sa mère, qui était veuve, faisaient partie de cette famille étendue.

En 1838, un revers de fortune força Donnelly à se retirer des affaires et à s'établir en Nouvelle-Écosse. Honoria et sa mère habitèrent alors chez le frère de celle-ci, Charles, à Salmon River, près de Meteghan. Mme Conway mourut à cet endroit en 1845 et les Donnelly se fixèrent au Rhode Island en 1848. Bien qu'aucun document ne nous renseigne sur ses activités vers la fin des années 1840 et le début des années 1850, on présume qu'Honoria retourna à Saint-Jean, où la fille de Donnelly habitait avec son mari, un homme d'affaires. On peut également supposer que, dans cette ville portuaire où ses compatriotes indigents arrivaient par milliers, elle prit part aux œuvres des groupes catholiques qui visaient à subvenir aux besoins de la population irlandaise de plus en plus nombreuse.

C'est au cours de cette période de profonds changements démographiques et socio-économiques à Saint-Jean que le diocèse du Nouveau-Brunswick accueillit son nouvel évêque en 1852, Thomas Louis Connolly*. Venu de l'archidiocèse de Halifax, dont la région de Meteghan faisait partie, il avait vraisemblablement déjà rencontré Honoria Conway. Dès son arrivée à Saint-Jean, Mgr Connolly entreprit de mettre en place les établissements grâce auxquels le diocèse pourrait instruire sa population. Les écoles catholiques et l'orphelinat que l'on se proposait d'ouvrir avaient un besoin urgent de personnel permanent. Connolly alla donc demander l'aide des Sisters of Charity of Saint Vincent de Paul de New York, qui lui répondirent que, s'il pouvait inciter des jeunes femmes de Saint-Jean à entrer dans leur congrégation, elles l'aideraient à fonder une nouvelle communauté dans son diocèse. Encouragé par ces paroles, Connolly retourna à Saint-Jean et, l'année suivante, envoya à New York trois jeunes femmes de l'endroit, dont Honoria Conway.

Au début de 1854 cependant, il était devenu évident que les religieuses de New York ne pourraient se permettre d'envoyer en mission aucune de leurs membres. On peut supposer que ce changement d'attitude tenait, en partie du moins, au travail qu'il y avait à faire dans l'archidiocèse de New York car, là aussi, les immigrants affluaient. Il semble en outre que les jeunes femmes venues de Saint-Jean n'étaient pas en bonne santé. Quand une épidémie de choléra laissa orphelins des centaines d'enfants irlandais catholiques de Saint-Jean cet été-là, Connolly retourna à New York. Regrettant de ne pouvoir envoyer de religieuses, les sœurs permirent néanmoins à l'évêque de s'adresser aux novices. Connolly invita donc les volontaires à se séparer du groupe de New York et à fonder à Saint-Jean ce qui deviendrait la première congrégation religieuse véritablement canadienne composée de femmes anglophones. Honoria Conway et trois autres novices acceptèrent son offre.

Le 21 octobre 1854, les quatre femmes prononcèrent leurs vœux dans la congrégation des Sisters of Charity of Saint John. Elles reçurent également les premiers règlements de la communauté qui, bien que rédigés par Mgr Connolly, n'en étaient pas moins fidèles, par l'esprit, à ceux des Sisters of Charity of New York. Comme c'était la coutume durant les premières années d'existence d'une congrégation religieuse diocésaine, c'est l'évêque qui nomma l supérieure. Il choisit Honoria Conway, qui assuma tout de suite la charge de mère générale ; quelques années plus tard, elle serait également nommée maîtresse des novices.

Progressivement mais régulièrement, les novices, pour la plupart d'origine irlandaise, entraient dans la nouvelle congrégation. Honoria Conway, devenue mère Mary Vincent, avait la double et essentielle mission de mettre en place les mécanismes grâce auxquels les religieuses seraient formées suivant la règle, tout en répondant à la nécessité immédiate de diriger un orphelinat et d'ouvrir des écoles. L'orphelinat, bien que rudimentaire, existait déjà quand les sœurs en assumèrent la direction, mais pour fonder des écoles elles procédèrent comme elles avaient vu faire leurs consœurs de New York. Ainsi, en 1854, elles ouvrirent à Saint-Jean la première école gratuite pour les filles des immigrants irlandais pauvres, qu'elles firent suivre en 1858 d'un établissement où l'on exigeait des droits de scolarité, la St Vincent's Select School for Girls. On espérait que l'argent versé à ce dernier établissement permette de financer l'école gratuite. En 1859, 27 religieuses s'occupaient de cinq écoles – deux à Saint-Jean, une à Portland, une à Fredericton et une dans la paroisse acadienne de Saint-Basile-de-Madawaska, qui connut du succès bien qu'elle ait dispensé les cours en anglais.

L'école de Madawaska devait éventuellement causer beaucoup de soucis et un certain embarras à mère Mary Vincent et aux autorités du diocèse. En décembre 1861, pour des raisons inconnues, sœur Mary Stanislaus et deux postulantes affectées à Saint-Basile s'enfuirent du couvent pour se rendre par « véhicule public » dans le diocèse récemment formé de Chatham, dirigé par Mgr James Rogers*. Pour aggraver la situation, sœur Mary Stanislaus, qui faisait partie du premier groupe de quatre religieuses venues de New York, se mit à discréditer publiquement les Sisters of Charity. On croit que Mgr Rogers a pu persuader les religieuses dissidentes de demander pardon à mère Mary Vincent, mais celle-ci n'était pas disposée à l'indulgence et elle répondit à l'évêque : « tous ceux qui ont à cœur le bien-être de la communauté ressentent vivement la honte dont ces femmes nous ont couvertes ». Mgr Connolly, qui était devenu archevêque de Halifax, appuya mère Mary Vincent et soutint devant Mgr Rogers que les sœurs délinquantes n'avaient « jamais eu la vocation ».

Le généralat de mère Mary Vincent prit fin en 1862. On ne sait pas si elle offrit d'elle-même sa démission à celui qui était alors évêque de Saint-Jean, John Sweeney*, ou si celui-ci la lui demanda. En cette période de profonde antipathie entre catholiques et protestants, il est certain que la dernière image que l'évêque ou mère Mary Vincent souhaitaient laisser était celle que suggéraient « les sœurs en fuite ».

De 1862 à 1882, mère Mary Vincent travailla à Fredericton, où elle fut enseignante et supérieure du St Dunstan's Convent. Durant cette partie de sa carrière, elle dut être bien consciente de la controverse entourant le *Common Schools Act* de 1871 et de ses effets sur les écoles des Sisters of Charity, qui étaient, en fait, privées de soutien financier public. Une fois le conflit réglé en 1875, les écoles tombèrent sous le coup de la loi et les religieuses commencèrent à se préparer pour les examens prescrits par la province afin d'obtenir l'autorisation d'enseigner.

En 1882, mère Mary Vincent retourna à la maison mère du St Vincent's Convent, à Saint-Jean, où elle allait voir les Sisters of Charity se lancer dans une entreprise qui, d'emblée, ferait ressortir davantage une caractéristique de la vie urbaine de la fin du XIXe siècle, le déplacement des personnes âgées, et reconnaîtrait un besoin croissant au sein de la communauté catholique, le soin des infirmes. En 1888, les Sisters of Charity ouvraient le premier foyer pour vieillards de la ville, le Mater Misericordiae Home.

Après avoir mené une carrière aussi active, mère Mary Vincent Conway fut durant les quatre dernières années de sa vie confinée au fauteuil roulant. En regardant les jeunes novices, elle devait se réjouir de voir croître la communauté qu'elle avait fondée et aidée à grandir, et dans laquelle elle avait accueilli sa nièce, sœur Mary Vincentia Donnelly. Après avoir connu la lutte pour la reconnaissance du rôle des communautés religieuses dans le système d'enseignement du Nouveau-Brunswick, elle comprit sûrement les difficultés avec lesquelles son neveu Charles Francis Donnelly était aux prises, lui qui en 1888–1889 représenta avec succès l'évêque de Boston dans la défense des écoles catholiques de cette ville. Mère Mary Vincent mourut à la maison mère le 27 mai 1892.

ELIZABETH W. MCGAHAN

Arch. of the Diocese of Saint John (Saint-Jean, N.-B.), John Sweeney papers, James Rogers à Sweeney, 8 févr. 1862 ; T. W. Anglin à Sweeney, 6 juin 1892. — Arch. of the Sisters of Charity of the Immaculate Conception (Saint-Jean), Box 1A, folders 101 ; 103, mère Mary Vincent à James Rogers, 17 déc. 1860, 24 déc. 1861 ; 109 ; 109.01 ; 109.06 ; T. L. Connolly, « Rules of the Sisters of Charity, Saint John, N.B. », 21 oct. 1854 ; T. L. Connolly papers, Connolly à l'Assoc. for the Propagation of the Faith, 28 févr. 1859 (copie dactylographiée) ; Connolly à James Rogers, 28 déc. 1861 ; « Other Saints There Are » (nécrologie des Sisters of Charity). — *Morning News* (Saint-Jean), 16 août 1854. — M. G. Hennessey, *Honoria Conway : woman of promise ; foundress of Sisters of Charity of the Immaculate Conception, Saint John, N.B.* ([Saint-Jean], 1985). — [(Elizabeth) Legere, dite sœur Mary Brendan], *Laus Deo ! 1854–1954 ; centenary of the Sisters of Charity of the Immaculate Conception, Saint John, New Brunswick, Canada* ([Saint-Jean, 1955]), 35. — Loretta MacKinnon, « St. Vincent's High School, a history of adaptation » (thèse de M. ED., Univ. of N.B., Fredericton, 1985), chap. 3-4. — K. F.

Trombley [Tremblay], *Thomas Louis Connolly (1815–1876) : the man and his place in secular and ecclesiastical history* (Louvain, Belgique, 1983), chap. 3. — Estella Kennedy, « Immigrants, cholera and the Saint John Sisters of Charity : the first ten years of the Sisters of Charity of the Immaculate Conception, Saint John, N.B., 1854–1864 », SCHEC *Sessions d'études*, 44 (1977) : 25–44. — E. W. McGahan, « Inside the hallowed walls : convent life through material history », *Bull d'hist. de la culture matérielle* (Ottawa), 25 (1987) : 1–9.

COOK, JOHN, ministre presbytérien, fonctionnaire et administrateur scolaire, né le 13 avril 1805 à Sanquhar, Écosse, fils aîné de John Cook, conseiller municipal, et de Marion Wilson ; avant 1837, il épousa Elizabeth Airth, et ils eurent quatre fils et trois filles ; décédé le 31 mars 1892 à Québec.

Esprit pénétrant, porté aux travaux d'érudition, John Cook fréquenta la University of Glasgow en 1820, puis la University of Edinburgh, où le célèbre Thomas Chalmers lui enseigna la théologie. En 1831 ou 1832, une fois autorisé à prêcher par l'Église d'Écosse, il fut nommé ministre adjoint à Cardross. En 1835, probablement sous l'influence de Chalmers, il renonça à regret aux très bonnes chances qu'il avait d'obtenir la charge d'une congrégation à Glasgow pour accepter une invitation de l'église St Andrew de Québec. Le consistoire de Dumbarton l'ordonna le 29 décembre.

Cook commença à exercer son ministère à St Andrew en avril 1836. Son temple était le refuge spirituel des régiments écossais en garnison à la citadelle et, à l'époque où Québec était la capitale du Bas-Canada, puis du Canada-Uni, de grands hommes politiques et d'importants fonctionnaires le fréquentaient. De plus, St Andrew était la congrégation à laquelle appartenaient la plupart des hommes d'affaires presbytériens de la ville. Cook, qui se fit connaître pour son sens des affaires, son hospitalité et son talent de fin causeur, s'y sentait parfaitement à l'aise. Il ne tarda pas à prendre une part active aux affaires de sa congrégation et de la ville. En 1837–1838, il fit construire un presbytère et, en 1845, il compta parmi les protestants anglophones qui demandèrent la constitution juridique de l'Association charitable du bois de chauffage de Québec, organisme qui achetait du bois de chauffage à bas prix en été pour le distribuer aux pauvres en hiver. La même année, il joua un rôle important dans le secours aux victimes des incendies qui avaient ravagé les faubourgs Saint-Roch et Saint-Jean ; il ferait de même quand le faubourg Saint-Sauveur connaîtrait un désastre semblable en 1866. En 1860, on le nomma l'un des commissaires chargés des enfants abandonnés et des malades indigents du district de Québec. En outre, il appartenait à l'Association de la bibliothèque de Québec, à la St Andrew's Society et à la Quebec Bible Society.

En raison de ces diverses activités, Cook était populaire dans tous les milieux. Il croyait que la société continuerait d'être divisée en classes oisive et laborieuse, mais il n'admettait pas la perpétuation du paupérisme. « Il existe entre la justice économique et le respect de la morale et de la religion, dit-il à l'Institut des artisans de Québec en 1848, un lien plus étroit qu'on ne le suppose généralement. » La pauvreté menait au crime ; pour leur éviter de se trouver dans le besoin à la perte d'un emploi, il incitait les ouvriers à déposer dans des caisses d'épargne et à prendre des assurances sur la vie. Cependant, l'assurance sur la vie lui semblait préférable aux dépôts bancaires : elle supposait que l'on se prive pour le bien d'autrui au lieu d'accumuler des biens pour soi-même.

Malgré sa popularité générale, Cook pouvait prendre des positions controversées sur des questions d'intérêt local. Afin de maintenir les relations cordiales qui existaient traditionnellement entre sa congrégation et la population catholique de la ville, il refusa d'accueillir à l'église St Andrew Alessandro Gavazzi, révolutionnaire italien et ancien barnabite, lorsque celui-ci vint prononcer des conférences en juin 1853. Néanmoins, il alla l'entendre à l'église Chalmers Free et, lorsque des catholiques irlandais prirent l'église d'assaut et déclenchèrent une bagarre, il tenta vainement d'apaiser la foule. Quelques jours plus tard, il présidait un comité qui exigeait le châtiment des coupables et réclamait, des autorités civiles, une meilleure protection des droits religieux des protestants. Par contre, dans une lettre, anonyme il est vrai, au *Morning Chronicle* de Québec en 1878, il qualifia d'« injuste, insultante et maladroite » la réticence évidente du gouvernement provincial à investir dans une ligne de chemin de fer qui relierait Terrebonne à Sainte-Thérèse et permettrait à Québec d'avoir directement accès aux marchés de l'Ouest, aux dépens de Montréal. Affirmant que Montréal devenait « rapidement une grande ville anglaise et protestante » tandis que Québec « restera[it] probablement longtemps [...] française et catholique », il s'étonnait qu'une « Assemblée française » néglige la capitale et déplorait de voir « dépérir » sa ville d'adoption depuis plus de 40 ans. Il était sans doute aussi au courant du fait que le chemin de fer constituerait un avantage notable pour le milieu des affaires écossais de Québec.

Cook était aussi profondément engagé dans la promotion de l'éducation. En 1840, nommé directeur temporaire d'un collège presbytérien établi à Kingston, dans le Haut-Canada, il participa aux efforts qui visaient à le financer [V. William Rintoul*] et à lui faire octroyer une charte sous le nom de Queen's College. À titre de membre du premier conseil d'administration, il favorisa d'abord l'influence du clergé sur la gestion du collège. Tout au long des années 1840 et 1850, il s'employa assidûment à maintenir la bonne situation financière du collège et, de 1857 à 1859, il y exerça, à contrecœur, les fonctions de directeur par intérim, tout en conservant sa charge à St Andrew. En 1877, en reconnaissance de sa contribution, le Queen's College en fit le premier de ses chanceliers, poste qu'il accepta sans plaisir parce que, selon lui, on aurait dû confier cette charge à un laïque. Dans son discours d'acceptation, il avoua avoir l'impression que la fondation d'un collège presbytérien avait été une erreur. Pour éviter de compromettre le soutien public et pour atteindre l'excellence, il maintenait qu'un collège devait être chrétien, mais non confessionnel. Selon lui, le Queen's College devait s'affilier aux autres établissements confessionnels de l'Ontario ainsi qu'à la University of Toronto, laïque, afin de former une université provinciale fédérée. En même temps, Cook déplorait la tendance athée qu'il percevait dans les universités chez les hommes de science, tout en affirmant, avec un brin de malice, sa confiance de voir le christianisme vaincre l'athéisme « en vertu de la loi de la sélection naturelle, selon laquelle c'est le plus fort qui survit ». De plus, il dénonçait l'indifférence que manifestait, à l'égard de l'enseignement universitaire, le milieu des affaires canadien, « prompt à déprécier tout effort qui ne produit pas immédiatement un avantage matériel ». Cook avait reçu en 1838 un doctorat honorifique en théologie de la University of Glasgow et, en 1880, le Queen's College lui en décerna un autre en droit.

Cook souhaitait aussi faire avancer l'instruction protestante dans sa propre province. Il estimait nécessaire de la développer pour préserver la présence britannico-protestante, convertir des catholiques et desservir les protestants canadiens-français. Nommé administrateur de l'Institution royale pour l'avancement des sciences en 1836, il devint membre du Bureau des commissaires des écoles protestantes de la cité de Québec dix ans plus tard et entra au conseil de l'Instruction publique en 1859. Il joua un rôle important dans la fondation de la High School de Québec en 1842 ou 1843 ; au moment de la constitution juridique de cette école, en 1845, il était membre du conseil d'administration. Lorsque le docteur Joseph Morrin* dota et ouvrit en 1862, à Québec, une école privée appelée Morrin College, il en confia la direction à Cook, qui assuma cette fonction jusqu'à son décès. L'établissement relevait du McGill College de Montréal pour les cours d'humanités et de sciences, et de l'Église presbytérienne du Canada, affiliée à l'Église d'Écosse, pour l'enseignement de la théologie. Le conseil d'administration du Morrin College était exclusivement presbytérien, mais le personnel enseignant et les élèves étaient de diverses confessions. Conçu pour compléter la formation classique de niveau secondaire, le programme offrait une base générale en vue d'une spécialisation universitaire. Cook entendait y former une élite qui guiderait l'opinion publique avec sagesse, selon les principes de la raison et de la justice, en cette « époque où tout tend[ait] vers le pouvoir populaire ». En 1882, le collège comptait 20 étudiants à temps plein, 31 à temps partiel en arts, et 5 en théologie. En outre, Cook était membre du conseil d'administration du McGill College ; vers 1875, dans un discours prononcé à la collation des diplômes, il affirma : « la capacité de progresser est le principal attribut de l'homme [...] Et elle pourra toujours s'exercer, dans une connaissance encore plus parfaite des œuvres et des desseins de Dieu. » Sur les rapports entre la science et la religion, il était en général d'accord avec le directeur du McGill College, John William DAWSON, géologue renommé et fervent presbytérien.

Depuis son arrivée à Québec en 1836, Cook s'était dépensé inlassablement pour l'Église presbytérienne. En 1838, on l'élut modérateur de l'Église presbytérienne du Canada, affiliée à l'Église d'Écosse. Il s'opposa par la suite aux partisans canadiens du mouvement scissionniste de l'Église libre qui secoua l'Écosse en 1843–1844, et tenta vainement d'empêcher qu'un schisme semblable ait lieu dans les colonies. Demeuré au sein de l'Église d'Écosse malgré la défection en faveur de l'Église libre de la plupart de ses parents écossais et celle de son mentor, Chalmers, il fut réélu modérateur en 1844, à la place du scissionniste Mark Young Stark*. Trois ans plus tard, il était l'un des administrateurs du Fonds des veuves et orphelins des ministres du synode de l'Église presbytérienne du Canada ; en 1858, il entra au bureau d'administration des biens temporels de l'Église presbytérienne du Canada, affiliée à l'Église d'Écosse, constitué cette année-là. Protagoniste actif de la réunification des organismes presbytériens du Canada, il devint en 1870 président du comité mixte de fusion. En 1875, la formation de l'Église presbytérienne en Canada combla ses espoirs ; en récompense de son dévouement et de son travail, on l'élut premier modérateur du presbytérianisme nouvellement unifié.

Cook alla cependant plus loin et plaida finalement pour une union au delà des frontières confessionnelles. « Peut-être, disait-il, avons-nous donné à notre presbytérianisme [...] une teinte trop exclusivement écossaise » ; « il n'est pas un regroupement de chrétiens, qu'il s'agisse de l'Église de Rome ou du récent rassemblement des Frères de Plymouth, d'où [notre Église] ne puisse tirer quelque bonne leçon ». Il se méfiait néanmoins de la Haute Église d'Angleterre qui lui paraissait « fondamentalement papiste » et « d'inspiration moyenâgeuse ».

Cook estimait en outre que l'Église devait s'ouvrir aux nouvelles connaissances scientifiques et s'en servir pour mieux comprendre les enseignements fondamentaux de la Bible. Il approuvait la critique biblique et, sans jamais être un leader du mouvement, donna un appui prestigieux à la nouvelle théologie libérale. En outre, il exigeait que l'Église travaille à l'amélioration de la condition sociale des pauvres et à l'intégration de la religion à la vie quotidienne. Cook n'était guère écrivain ni pamphlétaire, et il œuvrait dans la structure administrative régulière sans faire d'éclat. Cependant, des amis le convainquirent de publier, en 1888, un recueil de sermons, que les critiques trouvèrent posé et raisonnable, ni intensément évangélique, ni vaguement libéral. Les sermons de Cook avaient toujours un solide fondement moral. Ils visaient à l'amélioration de la conduite individuelle par la croyance et la pensée justes, et par conséquent à l'amélioration de la société en général. Ils ne révèlent cependant pas un grand souci de réforme sociale.

John Cook avait pris sa retraite de l'église St Andrew et du ministère en 1883, mais il continua d'exercer ses fonctions à temps plein jusqu'à l'arrivée de son successeur, à l'automne de 1884. Par la suite, il servit à titre de ministre émérite jusqu'à sa mort en mars 1892. Ses funérailles eurent lieu en l'église St Andrew, en présence notamment de l'évêque anglican James William WILLIAMS, d'Henri-Gustave Joly* de Lotbinière et de Thomas Chase Casgrain*. Regretté par les presbytériens pour qui il avait été un pasteur, un éducateur et un chef national, Cook fut loué par la presse francophone qui salua en lui un « ennemi de tout fanatisme » et un homme qui avait veillé à « entretenir entre les deux nationalités cet esprit de bonne entente qui distingue la population de Québec ».

ELIZABETH ANN KERR MCDOUGALL ET NEIL SEMPLE

John Cook est l'auteur de : *The advantages of life assurance to the working classes* [...] (Montréal, 1848) ; *Early moral and religious education ; a lecture* (Québec, 1849) ; *A sermon preached on the occasion of the death of the Rev. Robert McGill, D.D., minister of St. Paul's Church, Montreal* (Montréal, 1856), et de *Sermons preached in St Andrew's Church, Quebec* (Montréal, 1888). Un portrait de Cook, au Agnes Etherington Art Centre, Queen's Univ., Kingston, Ontario, a été reproduit dans Frost, *McGill Univ.*, 1, et dans H. [M.] Neatby et F. W. Gibson, *Queen's University*, F. W. Gibson et Roger Graham, édit. (2 vol., Kingston et Montréal, 1978–1983), 1. Un timbre a été émis en son honneur en 1975.

AN, RG 68, General index, 1651–1841 ; 1841–1867. — ANQ-Q, CE1-66, 31 mars 1872. — Arch. privées, C. C. Dooley (Québec), Album de la famille Cook. — QUA, 1227 ; 1241 ; 2139. — UCC-C, Biog. files ; Inter-church coll., Presbyterian union, 1861–1875 ; James Robertson Memorial Lectures, [Robert] Campbell, « Four Presbyterian fathers : James McGregor, John Bayne, John Cook, James Robertson » (1915). — Canada, prov. du, *Statuts*, 1844–1845, chap. 89, 105 ; 1847, chap. 103 ; 1858, chap. 66. — *Draft of an answer to the dissent and protest of certain ministers and elders who have seceded from the Synod of Canada in connexion with the Church of Scotland* (Kingston, Ontario, 1844). — *Presbyterian* (Montréal), 28 (1875) : 153–188. — PCC *Acts and proc.*, 1875–1892. — Presbyterian Church of Canada in connection with the Church of Scotland, *Acts and proc. of the synod* (Montréal et Toronto), 1831–1845 ; 1871–1875. — *Queen's College Journal* (Kingston), 1873–1892. — Morgan, *Sketches of celebrated Canadians*. — *Quebec directory*, 1847–1848 ; 1863–1864 ; 1867–1868. — Hew Scott *et al.*, *Fasti ecclesiæ scoticanæ : the succession of ministers in the Church of Scotland from the Reformation* (nouv. éd., 9 vol. parus, Édimbourg, 1915–), 7 : 631. — Campbell, *Hist. of Scotch Presbyterian Church*. — William Gregg, *History of the Presbyterian Church in the Dominion of Canada, from the earliest times to 1834* [...] (Toronto, 1885). — John Moir, *Enduring witness : a history of the Presbyterian Church in Canada* ([Hamilton, Ontario, 1974]). — Robert Stewart, *St. Andrew's Church (Presbyterian), Quebec : an historical sketch of the church and its ministers* ([Québec, 1928]). — P.-G. Roy, « la Famille Cook », *BRH*, 42 (1936) : 193–195. — Robert [Philippe] Sylvain, « Séjour mouvementé d'un révolutionnaire italien à Toronto et à Québec », *RHAF*, 13 (1959–1960) : 183– 229.

COPP, WILLIAM WALTER, libraire et éditeur, né le 18 novembre 1826 à Great Torrington, Angleterre, fils de William Copp et de Frances Cock ; le 27 août 1850, il épousa à Toronto Caroline Ann Thomas, et ils eurent quatre filles et un fils qui vécurent au delà de l'enfance ; décédé le 20 août 1894 dans cette ville.

Le père de William Walter Copp était charpentier à Great Torrington, dans le Devon, et travaillait peut-être pour son beau-père, constructeur bien connu dans la région, qui érigea le nouveau clocher de l'église paroissiale en 1830. William Walter était le deuxième enfant et le fils aîné ; ses parents eurent plusieurs autres enfants avant d'immigrer dans le Haut-Canada en 1842 et de s'établir à Toronto. Peu après leur arrivée, le jeune Copp devint apprenti au magasin du libraire et éditeur Hugh Scobie*. Selon un profil de Copp, publié en 1891, le commerce du livre était particulièrement stagnant dans les années 1840. Après avoir passé des jours entiers « sans faire une seule vente », il songea « sérieusement à partir pour l'Australie ». Cependant, il resta chez Scobie jusqu'à la mort de ce dernier, en 1853, et put alors acheter une part de l'entreprise.

À Great Torrington, les Copp avaient appartenu à l'Église d'Angleterre, mais en mai 1844 les parents de William devinrent des fidèles de l'église congrégationaliste (qui allait devenir l'église Zion) [V. John Roaf*]. En décembre 1847, on y admit William à son tour ; il allait demeurer un congrégationaliste actif toute sa vie. C'est probablement au temple qu'il fit la connaissance de sa future épouse, Caroline Ann Thomas, dont la famille faisait aussi partie de la congrégation. Le frère de Caroline Ann, George Elliot Thomas, était imprimeur. Par la suite il s'associa à

Copp et, au XXe siècle, ses petits-fils allaient être propriétaires de la compagnie fondée par celui-ci.

En janvier 1854, avec ses associés Thomas MACLEAR et William Cameron CHEWETT, Copp acheta de la veuve de Scobie, Justina, une partie de l'entreprise (le journal de Scobie, le *British Colonist*, passa à Samuel Thompson*). Il n'était qu'associé subalterne dans la Maclear and Company mais, comme il avait près de 12 ans d'expérience, ses responsabilités devaient être importantes. En 1857, Maclear quitta l'entreprise. Copp et Chewett continuèrent toutefois de l'exploiter sous le même nom jusqu'au 1er juillet 1861 puis la rebaptisèrent alors W. C. Chewett and Company. Leurs activités étaient aussi diversifiées que l'avaient été celles de Scobie : ils étaient imprimeurs, éditeurs, relieurs, papetiers et libraires. En 1869, Chewett avait pris sa retraite et Copp était devenu l'associé principal d'une nouvelle société, la Copp, Clark and Company.

Plus âgé que Copp de plusieurs années, Henry James Clark avait déjà tenu un commerce de nouveautés à Londres, sa ville natale, puis il avait tenté sans succès d'exercer le métier de libraire. Arrivé à Toronto en 1855, il fut embauché pour faire la tenue de livres à la Maclear and Company. Tout comme Copp, Clark était congrégationaliste et, peu après son arrivée, il devint membre de la congrégation de Toronto, ce qui explique peut-être son engagement chez Maclear. Durant sa longue carrière dans le commerce du livre, Clark se dévoua à de nombreuses causes, dont la tempérance (tout comme un autre éditeur torontois, George Maclean ROSE), la réduction des heures d'ouverture des commerces et l'enseignement dans les écoles du dimanche. En 1867 et 1868, notamment avec Copp et George Elliot Thomas, il fonda l'église Northern Congregational. Associés en affaires et à l'église pendant plus de 35 ans, Copp et Clark devaient être très proches.

En 1873, les deux hommes vendirent leur commerce de détail pour se consacrer à l'imprimerie, à l'édition et au commerce de gros. Leur publication la plus populaire était sans doute le *Canadian almanac*, lancé par Scobie en 1848 et publié annuellement. D'importants ouvrages de science et d'anthropologie que signaient, entre autres, John William DAWSON, Sandford Fleming*, Casimir Stanislaus GZOWSKI, Adrien-Gabriel Morice* et sir Daniel WILSON, parurent à la Copp, Clark and Company, peut-être parce qu'elle faisait des travaux d'imprimerie pour le Canadian Institute. La mise en valeur du nord de l'Ontario pendant la dernière partie du siècle donna une forte impulsion à l'impression et à l'édition de cartes géographiques, une spécialité de la firme depuis l'époque de Scobie. De même, l'expansion du réseau d'écoles publiques du Haut-Canada au cours des années 1860 et l'utilisation croissante de manuels scolaires produits et autorisés dans la province permirent à l'entreprise de s'imposer dans un secteur où elle avait déjà été active sous le nom de W. C. Chewett and Company. En octobre 1868, elle soumit à l'approbation du conseil de l'Instruction publique [V. Henry James Grasett*] une arithmétique adaptée aux écoles canadiennes et, bientôt, les publications éducatives – des livres de lecture pour les écoles publiques aux textes de niveau universitaire – représentèrent une bonne part de sa production. En outre, la compagnie vendait, en gros, des fournitures scolaires de toutes sortes. Solidement établie dans le domaine du manuel scolaire, elle put se lancer, dès le début des années 1890, dans la publication de littérature canadienne et étrangère. Avant la fin du siècle, elle allait éditer les romanciers Robert Barr et Horatio Gilbert Parker* ainsi que les poètes William Bliss Carman*, Emily Pauline Johnson* et Charles George Douglas Roberts*.

Selon un témoignage de l'époque, Copp « s'occupait plutôt des finances de la maison » tandis que Clark exerçait la « direction générale de l'entreprise ». Charles Fuller, lithographe chevronné dont la W. C. Chewett and Company avait acquis la firme en 1862, administrait l'atelier d'imprimerie. En décembre 1885, on constitua juridiquement la Copp, Clark Company Limited et trois jeunes hommes s'y intégrèrent, soit le fils de Copp, William, le neveu de sa femme, Arnold William Thomas, et Henry Leggatt Thompson, employé de longue date qui allait succéder à Copp à la présidence en 1894.

En 1873, William Walter Copp avait fait l'acquisition d'un lot triple, rue Isabella, où il construisit une grande maison ; il cultivait des roses qui suscitaient l'admiration de ses concitoyens. Diacre, administrateur et trésorier de l'église Northern Congregational, il fut aussi membre du National Club à compter de 1878 [V. William Alexander Foster*] ainsi que du Board of Trade. Dans les années 1880, il fit souvent des voyages d'affaires en Angleterre et, au cours d'un long séjour à Londres, en 1886, sa femme et lui furent invités au bal d'ouverture de la Colonial and Indian Exhibition, au Guildhall. En 1891, la revue spécialisée *Books and Notions* lui consacra le premier volet d'une série intitulée « Men of the Times » et souligna qu'il travaillait dans le commerce du livre depuis près d'un semi-siècle. Au cours de sa carrière, il avait vu l'édition canadienne passer des bureaux modestes de petits journaux à ceux d'une industrie moderne. La mort de Clark en 1892 puis celles de Fuller et de Copp en 1894 semblaient marquer la fin d'une époque. Des membres éminents de sa profession se réunirent à ses funérailles afin d'honorer la mémoire de celui qui avait été à la tête d'une importante maison d'édition canadienne et qui « ne laissait derrière lui que d'agréables souvenirs et aucun ennemi ».

ELIZABETH HULSE

Les détails concernant la famille Copp ont été obtenus grâce à des souvenirs de famille actuellement aux mains de Mme Beverley Copp Alkerton d'Ancaster, Ontario, une arrière-petite-fille du sujet.

AO, RG 2, C-5 ; D-9-A. — Baker Library, R. G. Dun & Co. credit ledger, Canada, 26–27. — Great Torrington Parish Church (Great Torrington, Angl.), Reg. of baptisms, marriages, and burials, 1789–1845. — UCC-C, Zion Church (Toronto), minutes of meetings, vol. 1–2. — « The late Henry J. Clark », *Books and Notions* (Toronto), 8 (avril 1892) : 8. — « Men of the times : Mr. W. W. Copp », *Books and Notions*, 7 (juill. 1891) : 6. — Northern Congregational Church, *Manual* (Toronto), 1875 (copie à la MTRL). — *Globe*, 8 mars 1892, 21 août 1894. — *Dict. of Toronto printers* (Hulse). — G. L. Parker, *The beginnings of the book trade in Canada* (Toronto, 1985).

CORDNER, JOHN, ministre unitarien, rédacteur en chef et auteur, né le 3 juillet 1816 en Irlande, fils de John Cordner, horloger, et de Mary Neilson ; décédé le 22 juin 1894 à Boston.

John Cordner grandit à Newry (Irlande du Nord), mais il était peut-être né à Hillsborough. À l'époque, l'Église presbytérienne d'Irlande, à laquelle il appartenait, était le théâtre d'une polarisation de plus en plus forte des calvinistes orthodoxes et des libéraux. Nombre de ces derniers étaient des ariens ou des unitariens avoués, en même temps que des radicaux politiques. Expulsés de l'Église presbytérienne en 1829, ils fondèrent le Remonstrant Synod de l'Ulster. C'est en vue de recevoir le ministère de ce synode que Cordner, après avoir passé quelque temps dans les affaires à Newry, fréquenta la Royal Belfast Academical Institution. En 1843, année où il termina ses études, son superviseur, Henry Montgomery, reçut une requête dans laquelle on lui demandait son aide afin de trouver un ministre pour la nouvelle Unitarian Society de Montréal, la seule congrégation unitarienne du Canada. Cordner se laissa convaincre d'accepter ce rôle de pionnier et fut ordonné en Irlande le 12 septembre, le jour même où la congrégation de Montréal devint membre du Remonstrant Synod de l'Ulster. Il arriva à Montréal le 4 novembre.

Cordner commença son ministère en se lançant dans un tourbillon d'activités. En 1844, pour clarifier, défendre et répandre les idées unitariennes, il fonda à Montréal un mensuel, le *Bible Christian*. Il attira de nouveaux membres et se trouva bientôt à la tête d'une congrégation de 200 personnes, où le milieu des affaires était très bien représenté. Il entreprit donc, dans la côte du Beaver Hall, la construction d'une belle église de 450 places qu'on ouvrit au culte en 1845. Il obtenait la même année, par voie législative, le droit de tenir des registres de baptêmes, de mariages et d'inhumations. Toujours en 1845, il se rendit à Toronto pour fonder une congrégation. À Montréal, au début de l'année suivante, il donna une série de conférences doctrinales très annoncée, qui attira des auditoires nombreux et déclencha une tempête de dénonciations de la part des prédicateurs et des journaux protestants.

Selon des critères unitariens, les déclarations qui étaient à l'origine de cet émoi semblaient passablement conservatrices ; la Bible demeurait au cœur de la religion de Cordner. Cependant, en 1846, les Montréalais n'étaient pas prêts à entendre dire que l'arbitre ultime en matière de croyance religieuse devait être la raison, que Dieu est un et indivisible, ou que Jésus était un être humain (investi, certes, d'une mission divine) et que sa mort, plutôt qu'un sacrifice expiatoire, est un exemple de fidélité absolue à des principes. En outre, et ce qui n'était pas moins choquant, Cordner rejetait le dogme du péché originel au profit d'une conception de la nature humaine capable de progrès constant avec l'aide de la Providence. Les catholiques, qui n'avaient pas oublié l'aide des unitariens dans la reconnaissance de leurs droits civils dans les îles Britanniques et en Nouvelle-Angleterre, ne prêtèrent pas leurs voix aux dénonciations des protestants.

Toutefois, les positions de Cordner convenaient en général aux figures dominantes du milieu des affaires et de la politique – entre autres, Adam Ferrie*, Francis Hincks*, Luther Hamilton Holton*, John Young*, Benjamin Holmes*, Harrison Stephens*, Theodore Hart* ainsi que Benjamin, Thomas* et William* Workman – qui formaient le noyau de la Unitarian Society. Les enseignements de Cordner étaient, dans une large mesure, en harmonie avec l'importance que ces hommes accordaient à la liberté de l'individu, au fait de ne compter que sur soi et à la possibilité de progresser par l'effort. Pour Cordner, le capitalisme était, par essence, une évolution considérable par rapport au féodalisme contraignant qui l'avait précédé ; cependant, il créait la responsabilité d'employer la richesse qu'il engendrait au bénéfice de tous, et surtout des moins nantis.

Cette vision morale de l'économie et de la politique amena Cordner à prendre des positions fermes sur la plupart des questions du jour. Dans les années 1840 par exemple, il défendit avec Holton et Young le mouvement britannique de libéralisation des échanges, même si la plupart des marchands montréalais, dont Stephens, s'y opposaient. Il faisait notamment valoir qu'en rendant le prix de la nourriture plus accessible aux nécessiteux, et en accroissant le commerce entre les pays, le libre-échange diminuerait les risques de conflits de classes ou de nations. Rien, d'ailleurs, ne lui tenait plus à cœur que la paix mondiale ; en 1849, on le délégua au Congrès de la paix de Paris. Il dénonçait vigoureusement l'impérialisme, et surtout la domination britannique en Inde et dans son Irlande natale. Défenseur des droits des femmes, il préconisait aussi l'instruction publique non confessionnelle, l'humanisation du système pénal et le traitement plus compatissant des malades mentaux. Il appuyait la campagne des unitariens américains contre l'esclavage et fut l'un des principaux orateurs à une grande manifestation tenue à Montréal en 1861 en vue d'empêcher l'extradition d'un esclave fugitif. Pendant la guerre de Sécession, même si, par intérêt, bien des hommes d'affaires montréalais soutenaient le Sud, il organisa l'opposition aux tentatives des confédérés pour amener la Grande-Bretagne à prendre les armes contre le gouvernement de l'Union. En 1867, dans un discours qu'il prononça devant l'Institut canadien de Montréal, il ne mâcha pas ses mots pour prôner l'ouverture d'esprit aux idées nouvelles et aux peuples des autres cultures, attaquer la censure et qualifier l'institut et sa bibliothèque de porte-étendard de la liberté et de la tolérance dans une guerre « contre l'exclusivisme et la domination de l'ultramontanisme ». Cette invitation et la franchise de ses propos contribuèrent sans doute à la détérioration des relations entre l'Institut canadien et Mgr Ignace Bourget*.

La détermination avec laquelle Cordner prônait ses idées et l'appui des membres influents de sa congrégation faisaient de lui une force avec laquelle il fallait compter. Il demeura rédacteur en chef du *Bible Christian* jusqu'à la fin de la publication, en décembre 1848, et cinq ans plus tard il lança un autre mensuel, le *Liberal Christian,* où il s'exprima jusqu'en 1858. Discret sur sa vie, ses expériences et ses sentiments, et d'un mutisme déconcertant dans les réunions mondaines, il pouvait par ailleurs déployer une éloquence passionnée quand il défendait une cause en chaire ou sur une tribune.

À son arrivée en Amérique du Nord, Cordner avait noué d'excellentes relations avec le florissant mouvement unitarien des États-Unis, et surtout avec ses coreligionnaires de la Nouvelle-Angleterre ; ils avaient même payé près de la moitié du coût de construction de son église. Il resserra encore davantage ces liens en épousant le 20 octobre 1852, à Boston, la sœur de l'historien Francis PARKMAN, Caroline Hall Parkman, avec qui il allait avoir trois filles. En 1854, sur son invitation, le congrès unitarien qui se tenait chaque automne eut lieu à Montréal ; quelque 300 délégués de tous les coins de l'Amérique du Nord, dont des célébrités des milieux intellectuel, social et politique des États-Unis, y participèrent. Toutefois, au sein même de la Unitarian Society, Benjamin Workman s'alarmait de voir la congrégation abandonner ses liens avec l'Irlande pour en nouer avec les États-Unis et tentait de s'y opposer. En 1856, Cordner força une décision sur le sujet en démissionnant ; la congrégation refusa sa démission et décida plutôt de quitter le Remonstrant Synod de l'Ulster.

En fait, à compter des années 1850, les affaires de Cordner et de la Unitarian Society prospérèrent. On les avait ouvertement exclus quand, en 1846, les églises protestantes de la ville avaient formé la Strangers' Friend United Society, mais après la famine qui frappa l'Irlande, l'année suivante, Cordner devint l'un des principaux organisateurs des secours. En 1852, il joua un rôle important dans l'établissement du cimetière du Mont-Royal, et 11 ans plus tard il compta parmi les membres fondateurs de la Maison protestante d'industrie et de refuge de Montréal. Outre les efforts personnels de Cordner, ce sont le congrès unitarien de l'automne de 1854 et la prospérité économique des années 1850, reflétée dans la croissance et l'enrichissement de la Unitarian Society, qui expliquent l'acceptation graduelle de cette dernière dans les cercles religieux de Montréal. En 1857, la congrégation décida d'édifier une nouvelle église ; l'ancienne était assez grande mais trop modeste. Cette fois, il ne fut pas nécessaire de recourir à des fonds de l'extérieur. L'édifice, baptisé Church of the Messiah, à l'instar de plusieurs églises des États-Unis, fut ouvert au culte le jour de Pâques 1858. Un incendie l'endommagea en 1869 ; sur l'invitation du prêtre irlando-catholique Patrick DOWD, les unitariens se réunirent alors, temporairement, dans des locaux de l'église St Patrick. L'année suivante, Cordner reçut du McGill College un doctorat honorifique en droit.

Bien que sa vision des choses ait été de plus en plus continentaliste, Cordner affirmait : « notre nation, à mesure qu'elle croît, doit tenir du sol sur lequel elle croît » et il insistait pour qu'on affecte à des ministres du Canada-Uni les fonds envoyés par sa congrégation à l'American Unitarian Association. Selon lui, la province du Canada, et plus tard le pays, représentait une chance offerte par Dieu de construire une nation de justes ; pour lui la politique opportuniste de sir John Alexander MACDONALD, tout comme l'engouement populaire pour le progrès matériel sans égard à la condition humaine, constituait de l'apostasie. Cependant, il ne se prononça pas au sujet de la Confédération, question sur laquelle sa congrégation était divisée.

Depuis 1858, John Cordner connaissait des ennuis de santé de plus en plus graves, et à compter de 1872 seule l'insistance de sa congrégation l'empêcha de prendre sa retraite. Il démissionna finalement en 1879 et, trois ans plus tard, s'installa à Boston où il pouvait profiter d'un climat plus doux ainsi que de la compagnie de Parkman et de nombreux collègues unitariens, tout en travaillant quelque peu pour sa secte. En juin 1894, il mourut chez lui, rue Chestnut, d'une « maladie de la prostate due au vieillissement » et d'une « congestion hypostatique des poumons ». Bien qu'il ait prétendu en 1851 ne pas aimer la polémique, Cordner avait consacré à des débats la plus grande partie de son ministère montréalais, et il continua d'écrire sur des questions controversées jusqu'à peu de temps avant sa mort.

PHILLIP HEWETT

En plus d'être le rédacteur du *Bible Christian* (Montréal) et du *Liberal Christian* (Montréal), John Cordner est l'auteur d'au moins 120 articles, brochures et livres, dont un certain nombre sont plus importants à cause de leur influence ou pour ce qu'ils révèlent des idées et des croyances de Cordner. Parmi les articles, on trouve dans *Bible Christian* : « The moral results of unrestricted commerce », 3 (août 1846) : 2 ; « Public opinion in Montreal », 5 (janv. 1848) : 3 ; « Popular power and its proper guidance », 5 (avril 1848) : 3 ; « The university question », 5 (mai 1848) : 3 ; et « Protestantism », 5 (sept.–oct. 1848) : 3. Citons également les articles suivants : « Unitarianism in Canada », *Unitarianism exhibited in its actual condition* [...], J. R. Beard, édit. (Londres, 1846), 83–87 ; « l'Hospitalité de l'esprit », Institut canadien, *Annuaire* (Montréal), 1867 : 9–14 ; et « The railway scandal and the new issue », *Montreal Herald,* 19 août 1873. Parmi les brochures, signalons : *A pastoral letter to the Christian congregation assembling for worship and education in the Unitarian Church, Montreal* (Montréal, 1853) ; *The foundations of nationality* [...] (Montréal, 1856) ; *The Christian idea of sacrifice : a discourse preached at the dedication of the Church of the Messiah, Montreal, on Sunday, 12th September 1858* (Montréal, 1858) ; *Righteousness exalteth a nation* [...] (Montréal, 1860) ; *The providential planting and purpose of America* (s.l.n.d.) ; *The American conflict* [...] (Montréal, 1865 ; réimpr. sous le titre de *Canada and the United States* [...], Manchester, Angl., 1865) ; *Is Protestantism a failure ?* [...] (Montréal, 1869) ; et *A letter to Geo. W. Stephens, esq.* (Boston, 1892). L'ouvrage, *Twenty-five sermons* [...] (Montréal, 1868), contient plusieurs de ces publications. En outre, un certain nombre d'articles éloquents publiés dans des journaux qu'on n'arrive plus à identifier ont été réunis dans un album de coupures de journaux déposé aux Unitarian Church Arch. (Montréal), Church of the Messiah, scrapbook ; il s'agit de : « Wisdom is better than weapons of war » (1857) ; « Royalty and its recognition » (28 août 1860) ; « The true purpose of the Christian Church » (4 avril 1876) ; « Rights of tenant farmers in Ireland » (24 déc. 1879) ; « Forty-one years » (oct. 1884). Des portraits de Cordner se trouvent aux Unitarian Church Arch.

Arch. privées, Phillip Hewett (Vancouver), Mary Lu MacDonald, « John Cordner » (texte dactylographiée). — Boston, Registry Division, Records of births, marriages and deaths, 22 juin 1894. — Unitarian Church Arch. (Montréal), Church of the Messiah, E. A. Collard, histoire manuscrite de l'église, 1984 ; W. N. Evans, histoire manuscrite de l'église, 1892. — *Christian Inquirer* (New York), 8 mai 1858. — *Christian Register Unitarians* (Boston), 28 juin, 5 juill. 1894. — *Montreal Herald,* 20 avril 1872. — *Cyclopædia of Canadian biog.* (Rose et Charlesworth), 1 : 98–99. — Phillip Hewett, *Unitarians in Canada* (Toronto, 1978).

CORNISH, GEORGE, ministre congrégationaliste, éducateur et bibliothécaire, né vers 1828 à Wotton-under-Edge, Angleterre ; le 10 août 1858, il épousa à Montréal Martha Harvey, et ils eurent un fils ; décédé le 17 août 1895 au même endroit.

Après ses études au Highbury College et à la University of London, George Cornish fut ordonné ministre de l'Église congrégationaliste le 30 avril 1855 et envoyé en Nouvelle-Écosse, à la fois comme assistant de Frederick Tomkins, au Gorham College de Liverpool, et comme pasteur de la petite congrégation de Milton. L'année suivante, le feu détruisit le collège ; on muta alors Cornish à Halifax où, durant une session, il enseigna les humanités au Dalhousie College.

Au cours de l'été de 1857, Cornish accepta la chaire de littérature classique que lui offrait le McGill College. Ainsi commençait sa longue association avec cet établissement et ceux qui lui étaient affiliés. Au même moment, il devint membre de la Congregational Union of Canada, dont il allait être président en 1871, après avoir fait partie de divers comités ; il fut également président de la Canada Congregational Missionary Society de 1883 à 1893. Cependant, ses plus grands services à l'Église, c'est en qualité de professeur et de secrétaire du Congregational College of British North America qu'il les rendit. À ce titre, il contribua beaucoup à donner un second souffle au travail éducationnel de l'Église, qui commença par la relocalisation du collège à Montréal et son affiliation à McGill en 1864. Tout en poursuivant sa carrière dans l'enseignement, Cornish fut secrétaire correspondant de la Montreal Auxiliary Bible Society, membre du conseil de l'Instruction publique de la province de Québec et du comité de direction de la McGill Normal School.

Lorsque Cornish était entré à McGill en 1857, ce haut lieu du savoir était au bord de la faillite. Il arriva dans le sillage de John William DAWSON, qui semble avoir pourvu à ses besoins durant toute sa carrière. Affligé d'une santé précaire, Cornish dut souvent annuler ses cours et prendre des congés réparateurs pendant les grandes vacances. Selon ses collègues, qui le tenaient pour consciencieux sans être brillant, il ne semblait s'intéresser qu'au grec et à son petit refuge tranquille de la bibliothèque. Comme professeur, il était assez quelconque, et l'on trouve son nom principalement associé à des tentatives d'obtenir des augmentations de salaire.

En 1873, Cornish et trois autres professeurs eurent la témérité de laisser entendre au conseil d'administration que leur revenu était insuffisant. En réprimandant poliment les administrateurs de leur parcimonie, ils firent valoir que les salaires fixes qu'ils touchaient avaient perdu 50 % du pouvoir d'achat qu'ils représentaient et que la part des droits d'examen qu'on leur avait promise se faisait attendre. Conscients de la gravité de l'état des finances du collège et offusqués du ton sur lequel les professeurs s'étaient adressés à eux, les membres du conseil menacèrent de congédier sur-le-champ quiconque leur tiendrait de nouveau ce langage. Mais Cornish osa quand même exiger une seconde somme d'argent cette année-là. Comme McGill ne disposait pas de résidence d'étudiants, c'était lui et son épouse qui accueillaient les étudiants en pension chez eux depuis 1860. En 1873, il en avait assez de cette tâche, et seules les pressions de Dawson et la promesse qu'on lui avait faite de doter sa maison d'un nouveau cabinet d'aisances l'incitaient à continuer. L'année suivante, on eut la bonté de lui remettre la somme de 400 $ en contrepartie des dépenses qu'il avait engagées durant 14 ans.

En 1873, on avait nommé Cornish au comité de la faculté des arts chargé de surveiller le fonctionnement de la bibliothèque. Il était urgent de réviser et de mettre à jour le catalogue des auteurs, ce que Cornish entreprit avec le professeur de philosophie morale John Clark Murray. Publié trois ans plus tard, le *Catalogue of authors* était le premier recueil imprimé de la collection de McGill. Les deux hommes reçurent chacun 100 $ pour leur travail. En 1883, Cornish devint bibliothécaire honoraire. Sa charge de travail n'était pas lourde – il n'avait qu'à rendre visite chaque semaine à son adjoint et à assurer le secrétariat du comité de la bibliothèque –, mais il demanda quand même des honoraires. On lui accorda 100 $ par an. Il occupa ce poste jusqu'à l'ouverture de la Redpath Library et l'engagement d'un bibliothécaire permanent en 1892.

Cornish avait tout de suite été nommé secrétaire du Congregational College of British North America au moment de son affiliation à McGill en 1864 et le succès que le collège connut par la suite est largement attribuable à son talent et à sa fidélité. Dans le cadre de ses fonctions, il devait notamment s'occuper de faire connaître le collège au Canada et en Angleterre et d'y recueillir des fonds. En 1864, il avait aussi accepté, sans rémunération, la chaire d'exégèse grecque, qu'il occupa jusqu'à ce que la maladie l'oblige à démissionner 12 ans plus tard. En 1883, parce que le collège manquait de personnel et se trouvait dans une situation financière difficile, il retourna à l'enseignement pour un salaire nominal.

Dès les années 1890, l'âge et la maladie forcèrent Cornish à réduire ses activités. En 1891, il cessa d'enseigner au Congregational College pour accepter le poste moins exigeant de président du conseil. Il continua cependant d'enseigner à McGill, jusqu'à ce que l'aggravation de son état l'oblige à démissionner au printemps de 1895. Le conseil d'administration le nomma professeur émérite, mais entreprit ensuite de réduire le statut de ces membres du corps enseignant en abolissant la plupart de leurs privilèges.

L'ironie la plus cruelle dont George Cornish fut victime est peut-être que, après avoir été tourmenté toute sa vie par les problèmes de santé et d'argent, la rente annuelle de 1 200 $ que lui avait votée McGill lui fut versée pour la première fois en septembre 1895 ; or, Cornish était mort depuis le 17 août.

PETER D. JAMES

George Cornish est l'auteur de : « Sermon », *Canadian Independent* (Toronto), 11 (1864) : 32–39 ; et « Retiring address to the ministers and delegates of the Congregational Union of Ontario and Quebec », 19 (1872) : 10–18. Il a compilé avec John Clark Murray, *Library of McGill College, catalogue of authors* (Montréal, 1876).

ANQ-M, CE1-91, 10 août 1858, 19 août 1895 ; CE1-95, 10 août 1858, 19 août 1895. — McGill Univ. Arch., RG 2, c.3, c.5, c.10, c.15 ; RG 4, c.3–c.6 ; RG 32, c.705–c.707. — *Canadian Independent*, 26 (1879). — Colonial Missionary Soc. in connection with the Congregational Union of England and Wales, *Report* (Londres), 1855–1863. — « Congregational College of British North America », *Canadian Independent*, nouv. sér., 2 (1883) : 229–232. — *Congregationalist and Canadian Independent* (Toronto), 2 (1895). — « In memoriam : the Rev. George Cornish, M.A., LL.D. », Montreal Auxiliary Bible Soc., *Annual report*, 75 (1895) : 8. — *Gazette* (Montréal), 19, 21 août 1895. — Congregational Church, *Yearbook (Toronto), 1860–1865 ; 1868 ; 1870 ; 1873–1877 ; 1882–1883 ; 1890–1896*. — *Encyclopedia of library and information science*, Allen Kent et Harold Lancour, édit. (42 vol., New York, 1968–1987), 17 : 311–320. — Frost, *McGill Univ.*, 1. — F. H. Marling, *Congregational College of British North America : the story of the fifty years 1839 to 1889* [...] (Montréal, 1889). — John Wood, *Memoir of Henry Wilkes, D.D., LL.D., his life and times* (Montréal et Londres, 1887).

COWAN, AGNES, infirmière et administratrice d'hôpital, née en 1839 à Moffat, Écosse, septième et dernière enfant de John Cowan et d'Elizabeth Hastie ; décédée célibataire le 25 mars 1893 à St John's.

Généralement considérée comme la Florence Nightingale de Terre-Neuve, Agnes Cowan, femme pieuse et instruite de la bourgeoisie, était le genre de « dame » que Nightingale voyait comme l'infirmière idéale. Ses 39 années de carrière démontrent bien son sens de la vocation. Contrairement à la plupart des infirmières qui devaient travailler pour survivre, elle venait d'une famille aisée, qui ne lui ménageait pas ses encouragements. Néanmoins, elle se consacra à son travail exigeant et sacrifia son confort personnel pour vivre à l'hôpital qu'elle dirigeait afin d'être toujours auprès de ses patients.

Agnes Cowan était arrivée à Terre-Neuve en 1840 avec sa famille, qui entreprit l'exploitation d'une terre aux alentours de ce qui est aujourd'hui l'avenue Cowan, à St John's. Elle ne fit pas d'études en soins infirmiers mais, à l'âge de 15 ans, elle commença un long apprentissage sous la supervision de sa sœur Janet. Les deux sœurs partageaient une chambre dans le sous-sol froid et humide du St John's Hospital, à Riverhead. Janet, qui avait 20 ans de plus qu'Agnes, lui enseigna tout ce qu'elle savait sur le soin des malades et l'administration et, quand on la nomma infirmière en chef, en 1860, elle prit Agnes comme adjointe. Janet mourut de la tuberculose en 1865 et peu après, Agnes fut à son tour promue infirmière en chef ; elle avait alors 25 ans. Le poste ajouta de nombreuses responsabilités à ses tâches d'infirmière, notamment surveiller le travail du personnel, commander le matériel nécessaire, assister aux interventions chirurgicales et prendre soin des patients les plus gravement atteints.

À la fermeture de l'immeuble de Riverhead (sauf pour les urgences), en 1871, le St John's Hospital emménagea dans les locaux d'un ancien hôpital militaire, situé à l'extrémité est de la ville, et Agnes en devint la première infirmière en chef. La tâche y était toujours aussi lourde et les heures aussi longues, mais les conditions de travail et de vie nettement meilleures. Dans le nouvel édifice, l'infirmière en chef disposait d'un agréable appartement de fonction qu'elle allait d'ailleurs occuper toute sa vie.

Durant les 22 années qui suivirent, Agnes Cowan continua à faire de son travail le centre de sa vie, et l'on reconnut partout sa compétence. Réputée pour sa bonté envers les patients et sa façon d'apaiser les craintes des mourants et des malades gravement atteints, elle se fit aussi remarquer par ses talents d'administratrice. En 1890, par exemple, c'est à elle que les membres du conseil d'administration de l'asile d'aliénés de St John firent appel pour appliquer des réformes depuis longtemps attendues. Elle obtint alors la permission de quitter l'hôpital et assura durant trois mois la direction de l'asile. Dans son rapport de cette année-là, le médecin de l'établissement, Kenneth MacKenzie, reconnut chaleureusement ses services, loua sa compétence en administration et lui attribua une grande part du mérite d'avoir amélioré la situation.

Agnes Cowan mourut de tuberculose en mars 1893, à l'âge de 54 ans. On parla de son dévouement et de sa bonté dans l'*Evening Herald,* mais les hommages ne s'arrêteraient pas à quelques paragraphes dans un journal local. L'année même, un groupe de femmes philanthropes fonda la Cowan Mission qui, durant 90 ans, honorerait sa mémoire par l'action charitable et le soin des pauvres, des malades et, en particulier, des personnes âgées. En 1894, le tout nouvel hôpital général de St John's, le Health Sciences Centre, donna à l'un de ses pavillons le nom de cette pionnière : l'Agnes Cowan Hostel loge maintenant les familles qui viennent des petits villages de pêcheurs si l'un des leurs doit être hospitalisé. C'est là un hommage qui semble particulièrement approprié à cette femme qui a toujours cherché à répondre aussi bien aux besoins affectifs qu'aux besoins physiques de ses patients.

TERRY BISHOP

Newfoundland Geneal. Soc. (St John's), Frances [Cowan] McKinlay, « Cowan family history ». — PANL, P8/A/35. — T.-N., House of Assembly, *Journal,* app., 1860–1891 (reports of the visiting physicians) ; 1867 (evidence taken by select committee on the St John's Hospital) ; 1891 : 376 (report of medical attendant of the lunatic asylum). — *Evening Herald* (St John's), 27 mars 1893. — Joyce Nevitt, *White caps and black bands : nursing in Newfoundland to 1934* ([St John's], 1978). — *Daily News* (St John's), 1er févr. 1984. — *Evening Telegram* (St John's), 31 janv. 1984.

CREELMAN, SAMUEL, fermier, instituteur, homme d'affaires, juge de paix, homme politique et fonctionnaire, né le 19 novembre 1808 dans le canton d'Upper Stewiacke, Nouvelle-Écosse, fils de William Creelman, fermier, et de Hannah Tupper ; le 11 février 1834, il épousa Elizabeth Elliott Ellis, et ils n'eurent pas d'enfants ; décédé le 5 juin 1891 dans sa ferme de Round Bank, Upper Stewiacke.

Originaire de Londonderry, en Irlande du Nord, le grand-père paternel de Samuel Creelman avait immigré en Nouvelle-Écosse avec ses parents en 1761. Devenu l'un des premiers concessionnaires du canton d'Upper Stewiacke en 1784, il avait légué à ses héritiers mâles, dont le père de Samuel, des fermes situées dans la plaine alluviale. Samuel fréquenta l'école publique de Stewiacke et travailla dans la ferme de son père jusqu'à sa majorité. D'après une biographie de l'époque, il étudia un hiver auprès de son cousin James Ross*. Il fut aussi instituteur durant trois ou quatre ans, puis s'adonna quelque temps au commerce à Stewiacke. Après son mariage, en 1834, il entreprit d'exploiter une partie de la ferme de son père. En 1865, le gouvernement provincial lui octroya une terre dans le canton d'Upper Stewiacke et, en 1871, Creelman était devenu un agriculteur prospère et en vue, fier de ses 660 acres de cultures mixtes. En 1872, il alla s'établir avec son épouse dans une ferme voisine appelée Round Bank.

Homme d'affaires, Creelman investissait fréquemment dans des terrains et des hypothèques. Les lignes de crédit que lui procuraient ces transactions, de même que sa position de premier plan dans la société, lui valurent le titre de squire. En 1869, il devint le principal propriétaire et actionnaire de la fabrique de lainages de Mulgrave, à Newton Mills, et, dans les années 1880 un important actionnaire de la Hopewell Woollen Mills Company.

Fermier et homme d'affaires dur à la tâche, Creelman n'en était pas moins considéré comme un « gentleman », principalement en raison de sa carrière publique. Devenu juge de paix et membre du conseil de la Truro Academy en 1843, il fut député de la circonscription de Colchester de 1847 à 1851, puis représentant du canton de Truro entre 1851 et 1855. Il occupa également le poste de secrétaire aux Finances de la province de 1851 à 1856. Quatre ans plus tard, on le nomma au Conseil législatif, mais il démissionna en 1862 à la suite de la ruée vers l'or dans la colonie pour devenir le premier commissaire de l'or de la Nouvelle-Écosse. (L'année suivante, Peter Stevens HAMILTON lui succéda à ce poste.) En 1867, après avoir siégé quelques mois au Conseil exécutif, Creelman retourna au Conseil législatif et y resterait jusqu'à sa mort.

Entre 1878 et 1882, il fut commissaire des Mines et des Travaux publics.

Sous la bannière libérale d'abord, Creelman avait fait campagne en faveur de la responsabilité ministérielle avec Joseph Howe* et ses associés au cours des années 1840. Contrairement à celui-ci toutefois, il appuyait sans réserve le projet de Confédération. Devenu libéral-conservateur après 1867, il joua le rôle de chef de l'opposition au Conseil législatif jusqu'à ce que les libéraux-conservateurs de Simon Hugh Holmes* prennent le pouvoir en 1878, moment auquel il entra au gouvernement. Homme aux idées progressistes, notamment dans le domaine des chemins de fer et de l'éducation, il était favorable au regroupement des chemins de fer de Nouvelle-Écosse et, en 1882, on l'envoya en Angleterre à titre de délégué du gouvernement pour négocier une entente avec un syndicat londonien. Cependant, le nouveau gouvernement libéral le rappela et le remplaça la même année, et l'on abandonna finalement le projet.

Bien qu'il n'ait été instituteur que quelques années, Creelman s'intéressa toujours à l'éducation et en particulier à la situation des enseignants. Il prit publiquement parti pour la création d'instituts pédagogiques, présenta à l'Assemblée en 1854 un projet de loi qui visait à créer une école normale provinciale, et fit en sorte que l'on établisse cette école à Truro [V. Alexander Forrester*]. Il adhéra à la Stewiacke Literary Society, fondée en 1839, et à la Nova Scotia Historical Society. Sa vie privée témoigne elle aussi de l'intérêt qu'il portait à l'éducation : propriétaire d'une bibliothèque personnelle, il laissa à sa mort de l'argent à son petit-neveu, John Ernest, pour que celui-ci poursuive des « études littéraires » en vue d'exercer une « profession libérale ».

Jeune homme, Creelman avait été gagné à l'abstinence et il avait participé à la fondation d'une société locale de tempérance en 1830. Élu *grand worthy patriarch* de la grande division des Fils de la tempérance en 1868, il entra à la division nationale en 1871. Il participa également à la Nova Scotia Temperance Alliance, formée au congrès provincial sur la tempérance tenu en 1869, et plus tard à la Dominion Alliance for the Total Suppression of the Liquor Traffic. De plus, il signa des pétitions sur la tempérance, qu'il présenta à l'Assemblée, et appuya un projet de loi sur la prohibition, adopté en 1859 mais rejeté la même année par le Conseil législatif.

Les préoccupations de Creelman n'étaient pas étrangères au désir de progrès et de réforme sociale qui animait l'époque victorienne. Néanmoins, en dernière analyse, il concevait ses activités publiques et privées comme des moyens de propager et de glorifier l'Évangile. L'un de ses principaux objectifs d'homme politique et d'éducateur était l'élimination des boissons alcooliques par des lois, car il était convaincu que la tempérance était « prescrite par Celui qui dans Sa sagesse gouverne toutes choses afin de hâter la gloire de Son royaume ».

Malgré ses activités publiques, Creelman était, selon l'un de ses contemporains, un homme « simple et direct, pourtant sans prétention et consciencieux », qualités qu'il devait probablement à son inébranlable presbytérianisme. Admis avec son épouse, dans la congrégation presbytérienne d'Upper Stewiacke en 1836, il avait été, avec son père, ordonné conseiller presbytéral en 1851. Il enseigna également plusieurs années à l'école du dimanche. Très actif au synode de sa confession dans les Maritimes, il fut à plusieurs reprises délégué à l'assemblée générale. Le don posthume du reste de sa fortune au comité des missions étrangères et au conseil de l'évangélisation française démontre l'importance de la religion dans sa vie. On le décrivit en son temps comme « un chrétien authentique » en toutes choses et on dit de lui qu'il eut une influence dans « toute entreprise chrétienne ». Creelman fut également un membre en vue et un responsable de la Young Men's Christian Association, de la Sunday School Convention of the Maritime Provinces et de la Nova Scotia Bible Society.

C'est surtout à son engagement envers des causes politiques, sociales et religieuses que Samuel Creelman doit d'avoir été considéré comme le fils le plus illustre de Stewiacke. Militant remarquable, « sachant et faisant ce qui est juste », comme l'écrivit un biographe de son époque, Creelman accorda une grande place à ses activités publiques sans pour autant négliger ses occupations agricoles quotidiennes. En ce sens, il se distingue car il a réussi à être à la fois un fermier et un gentleman dans une société où ces deux rôles n'étaient pas toujours faciles à concilier. Sa carrière met aussi en lumière sa volonté de servir Dieu – idéal qui inspira autant sa vie personnelle que sa contribution publique à la société néo-écossaise.

BONNIE HUSKINS

AN, RG 31, C1, 1871, 1881, 1891, Stewiacke (Upper) (mfm aux PANS). — Colchester County Court of Probate (Truro, N.-É.), Estate papers, n° 1245 ; Wills, vol. D : f°s 336–338 (mfm aux PANS). — Colchester County Registry of Deeds (Truro), Deeds, vol. 16–104 (mfm aux PANS). — PANS, Cemeteries, Colchester County, Stewiacke (mfm) ; Churches, Upper Stewiacke, Presbyterian/United, reg. of elders and communicants of Springside Presbyterian Church : 2, 30 ; program of anniversary service, 1953 (mfm) ; MG 1, 909B (copie dactylographiée) ; MG 4, 146 ; MG 10, 19, n° 65 ; MG 100, 51, n° 125 ; 78, n° 15 ; 128, n° 2 ; RG 3, 1, n°s 86, 128 ; RG 5, P, 6, n° 40 ; 59, n° 157. — N.-É., House of Assembly, *Journal and proc.*, 1848, 1854–1855, 1882 ; Legislative Council, *Journal and proc.*, 1882. — Nova Scotia Bible Soc., *Report* (Halifax), 1857–1860 ; 1871–1873, 1875–1877. — N.S. Hist. Soc., *Coll.*, 2 (1879–1880) : 9. — PCC *Acts and proc.*, 1884–1885 ; Synod of the Maritime Provinces, *Minutes* (Halifax), 1875–1876 ; 1878 ; 1880–1881 ; 1883–1884. — Presbyterian

Church of the Lower Provinces of British North America, *Minutes of the synod* (Halifax), 1859–1860 ; 1862–1863 ; 1866–1867 ; 1873. — Sons of Temperance, Grand Division of Nova Scotia, *Journal of the proc.* (Halifax), 1867–1872 ; National Division of North America, *Journal of the proc.* (Philadelphie), 1871. — Young Men's Christian Assoc. of Halifax, *Annual report,* 1880–1884. — Young Men's Christian Assoc. of the Maritime Provinces, *Proc. of the annual convention* (Halifax), 1869–1873 ; 1875–1879. — *Acadian Recorder,* 8 juin 1891. — *Alliance Journal and Temperance Advocate* (Halifax), 21 févr. 1878 (copie aux PANS). — *Novascotian,* 25 févr. 1861, 17 juin 1867. — *Belcher's farmer's almanack,* 1843 ; 1847–1872 ; 1878–1883 ; 1888 ; 1891. — *Canadian biog. dict.* — *CPC,* 1883 ; 1885. — *Cyclopædia of Canadian biog.* (Rose et Charlesworth), 2. — *Legislative Assembly of N.S.* (Elliott). — *Stewiacke* [...] (Truro, 1902 ; réimpr., Belleville, Ontario, 1973). — E. J. Dick, « From temperance to prohibition in 19th century Nova Scotia », *Dalhousie Rev.,* 61 (1981–1982) : 530–552. — G. R. Evans, « Early gold mining in Nova Scotia », N.S. Hist. Soc., *Coll.,* 25 (1942) : 17–47.

CREIGHTON, LETITIA (Youmans), professeure et organisatrice du mouvement de tempérance, née le 3 janvier 1827 à Baltimore, Haut-Canada, fille de John Creighton et d'Annie Bishop ; décédée le 16 juillet 1896 à Toronto.

Les antécédents de Letitia Creighton ne laissaient guère prévoir qu'elle jouerait un rôle de premier plan dans les affaires publiques. Son père, venu d'Irlande avec peu d'argent, avait réussi à acquérir une petite ferme à Baltimore. C'est là, dans une cabane en rondins, que Letitia naquit. Peu après, Creighton et sa femme, qui était d'origine américaine, obtinrent un lot de 200 acres à environ deux milles de Cobourg. Ils y construisirent une maison, toujours en rondins, et défrichèrent la terre afin de la cultiver. Conscients de la valeur de la religion et de l'éducation, ils élevèrent Letitia dans la foi méthodiste et l'envoyèrent à l'école dès l'âge de quatre ans. Pendant un temps, comme il n'y avait pas encore de réseau scolaire, la petite fille reçut sa formation d'un hôtelier qui vaquait à ses affaires entre les leçons. Même si son père était mort du choléra alors qu'elle était encore très jeune, à l'âge de 16 ans elle put entrer au Cobourg Ladies' Seminary. Un an plus tard, le directeur de cet établissement, Daniel C. Van Norman, ouvrit à Hamilton la Burlington Academy, où Letitia termina ses études.

Letitia était une élève brillante qui se consacrait avec enthousiasme aux activités parascolaires ; une fois qu'elle eut décroché son diplôme, l'école lui offrit un poste de professeure d'anglais. Toutefois, au bout de deux ans, sa santé se mit à décliner, et elle devint assistante à la Picton Academy. C'est dans cette localité qu'elle fit la connaissance d'Arthur Youmans, veuf et père de huit enfants, et propriétaire d'une ferme et de moulins. Mariés le 29 août 1850, ils s'installèrent à la campagne. La jeune femme ouvrit une école à la maison pour les enfants de son mari.

Dix-huit ans plus tard, un mauvais emprunt força les Youmans à vendre leur propriété. Comme les enfants étaient élevés, ils retournèrent à Picton et y achetèrent une grande maison de brique. Letitia Youmans participa à l'enseignement religieux au temple méthodiste qu'elle fréquentait, où son intérêt pour la tempérance naquit. À l'âge de dix ans, elle avait signé à l'école un engagement d'abstinence totale mais, par la suite, elle avait semblé indifférente à la cause de la tempérance. Quand elle constata à quel point l'alcool causait des problèmes à Picton, elle décida de faire signer un engagement semblable dans sa classe de Bible. Persuadée que les enfants issus de familles intempérantes avaient besoin d'un plus grand soutien, elle organisa un groupe appelé Band of Hope, comme il en existait en Grande-Bretagne depuis 1847. Puis, comme les non-méthodistes lui reprochaient de tenir ses réunions au temple, elle dut opter pour une autre salle, où elle en vint à accueillir une centaine d'enfants.

Letitia Youmans participa en 1874 à un congrès d'éducateurs chrétiens à Chautauqua, dans l'état de New York. C'était le premier d'une série d'événements qui n'allaient pas tarder à la faire connaître du public. La même année avait eu lieu aux États-Unis la fondation de la Woman's Christian Temperance Union, et des réunions sur la tempérance figuraient au programme du congrès. Stimulée par cette expérience, Letitia Youmans fonda à Picton dès 1874 une branche de la Woman's Christian Temperance Union – la deuxième au Canada. Son dévouement à la cause ne s'enracinait pas dans son expérience personnelle. Contrairement à bon nombre de ses contemporaines, sa vie familiale n'avait jamais été bouleversée par les effets de l'alcoolisme. Son mari était un homme paisible qui ne participait pas publiquement à ses activités mais qui la soutenait. Elle était mue par le sentiment qu'elle avait un devoir social envers les victimes de cette dépendance. À ses yeux, combattre ce fléau était, pour les femmes, une manière nouvelle de vivre leur foi et d'élargir le champ de leurs activités bénévoles.

Les membres de la Woman's Christian Temperance Union de Picton firent d'abord pression pour l'abolition des permis d'alcool délivrés aux commerces de détail, mais elles essuyèrent une rebuffade. Refusant de se laisser abattre, elles tentèrent ensuite d'obtenir la prohibition locale (l'interdiction des ventes au détail) en vertu de la loi Dunkin de 1864. La campagne qu'elles avaient déclenchée fut dure et souvent pleine d'acrimonie. On disait de Letitia Youmans et de ses compagnes qu'elles étaient « rusées comme les serpents et candides comme les colombes ». Comme le parti libéral se montrait plus favorable à la tempérance que le parti conservateur, on murmurait qu'elles en étaient les dupes. Quelqu'un accusa même Letitia Youmans de s'être rendue coupable de diffamation au cours d'une assemblée publique mais retira sa plainte par la suite. Finalement, la détermination des militantes fut récompensée : en 1875, le comté de Prince Edward adopta la prohibition locale par une majorité de 600 voix.

L'élection des libéraux d'Alexander MACKENZIE en 1874 avait encouragé les champions de la tempérance, qui espéraient voir le Parlement fédéral adopter des lois plus sévères contre les boissons alcooliques. En 1875, à Montréal, Letitia Youmans assista à une réunion de tempérance qui portait précisément sur cette question. Comme elle venait à peine de remporter la victoire dans son comté, on lui demanda de prendre la parole. Elle se rendit ensuite à Cincinnati, dans l'Ohio, afin de participer au premier congrès annuel de la Woman's Christian Temperance Union des États-Unis, où son éloquence électrisa l'assistance. Plus tard dans l'année, elle s'adressa à des femmes de Toronto et contribua à former dans cette ville une première branche de l'union américaine. Les invitations à parler en public se mirent à affluer, et elle devint bientôt l'organisatrice la plus célèbre du mouvement canadien de tempérance.

Letitia Youmans croyait en la tempérance et en la prohibition. Pour combattre les méfaits de l'alcoolisme, elle en appelait à la discipline personnelle et à l'interdiction de la vente d'alcool. Ainsi, à l'occasion d'une visite à des prisonniers, elle les déclarait privilégiés de se trouver dans un milieu où ils n'avaient pas accès à ces boissons maudites. Même si la prohibition ne pouvait être adoptée sans l'appui des hommes politiques, elle ne revendiquait pas pour autant le suffrage féminin, car elle croyait que sa cause en serait affaiblie. D'après elle, son devoir était non pas d'argumenter en faveur des droits des femmes, mais de protester contre les torts infligés aux femmes et aux enfants. C'est dans un discours prononcé aux États-Unis en 1876 qu'elle lança l'expression « protection du foyer », dont la militante américaine de la tempérance Frances Elizabeth Caroline Willard allait faire son slogan.

Les électeurs de Prince Edward rejetèrent la prohibition locale en 1877, mais ce geste ne dissuada pas Letitia Youmans. Cette année-là, les sociétés féminines de tempérance formèrent une organisation provinciale, l'Ontario Women's Christian Temperance Union, dont elle devint la présidente. Le principal travail des membres consistait à persuader les gens de signer des engagements d'abstinence totale et à convaincre les enfants de renoncer sous serment à l'alcool, au tabac et aux écarts de langage. Elles distribuaient de la documentation sur la tempérance et faisaient circuler des pétitions. En outre, elles tentaient de restreindre l'usage qu'on faisait de l'alcool dans les églises et à des fins médicales. L'association faisait pression pour que l'on sépare les boissons alcooliques des autres marchandises dans les magasins de détail, pour que les ventes aux mineurs soient punissables par la loi et que le nombre des débits de boissons autorisés soit réduit. Letitia Youmans tenta particulièrement de faire adopter par le gouvernement provincial un manuel sur la tempérance ; elle échoua, mais d'autres y parviendraient en 1886. Comme un certain nombre de femmes, elle entreprit de faire du travail social, notamment auprès de groupes de jeunes femmes, de travailleurs des chemins de fer, de prisonniers, de soldats et de marins. En 1878, l'Ontario Women's Christian Temperance Union prit un ruban blanc pour emblème.

Le rôle de Letitia Youmans dans ce mouvement naissant consistait à prononcer des discours et à faire campagne. Après l'entrée en vigueur de l'Acte de tempérance du Canada de 1878, qui permettait à une majorité d'électeurs d'appliquer la prohibition dans leur comté, elle participa à presque toutes les campagnes qui visaient à convaincre l'électorat ontarien de choisir cette mesure. Elle intervint aussi au Nouveau-Brunswick et à l'Île-du-Prince-Édouard. Dans sa province, les résultats furent d'abord décevants, puis un peu encourageants, et enfin carrément inquiétants : en 1889, tous les comtés qui avaient opté pour la prohibition locale n'en voudraient plus. Par ailleurs, Letitia Youmans devint la porte-parole internationale des Canadiennes et se rendit fréquemment aux États-Unis. En 1880, elle comparut devant le Sénat du Maryland à titre de membre d'une délégation qui prônait la prohibition locale.

Letitia Youmans excellait sur les tribunes : ses longs discours ampoulés mais pleins d'émotion, appuyés sur des thèmes bibliques, soulevaient l'enthousiasme. Partout où elle prenait la parole, elle tentait de former un nouveau groupe de tempérance. En 1880, pour l'aider à payer ses voyages, l'Ontario Women's Christian Temperance Union l'engagea en qualité d'organisatrice. L'année suivante, elle prononça 37 allocutions et contribua à la formation de cinq groupes.

Inspirée par l'exemple de Frances Elizabeth Caroline Willard et de ses consœurs américaines, Letitia Youmans avait, dès 1878, exprimé le souhait de fonder un regroupement fédéral des associations féminines de tempérance. Afin de s'y consacrer, elle quitta la présidence de l'union ontarienne en 1882, tout en continuant de faire partie du bureau. Cinq ans après sa fondation, cette union comptait 96 sociétés et quelque 2 500 membres ; c'était une expansion équivalente à celle qui avait suivi la formation du mouvement féminin de tempérance aux États-Unis. L'Union chrétienne de tempérance des femmes du Canada vit le jour en 1883 mais ne tint sa première assemblée annuelle que deux ans plus tard, à Ottawa ; Letitia Youmans en devint alors la présidente. Celle qui avait pris sa succession à la tête de l'association ontarienne, Adeline Chisholm [Davies*], était alors parvenue à fonder un périodique féminin sur la tempérance, le *Woman's Journal*.

La mort de son mari en 1882 avait amené Letitia Youmans à vendre sa maison de Picton l'année suivante puis à s'installer à Toronto. Libérée des responsabilités familiales, elle pouvait voyager encore plus. En 1883, une société masculine lancée six ans plus tôt, la Dominion Alliance for the Total Suppression of the Liquor Traffic, l'invita à Montréal, où elle fonda la première branche québécoise de la Woman's Christian Temperance Union. La même année, elle eut un entretien avec le premier ministre du pays, sir John Alexander MACDONALD, qui lui demanda pourquoi son comté natal avait rejeté la prohibition locale. Parce que le gouvernement ne l'appliquait pas assez rigoureusement, rétorqua-t-elle. Puis elle lui demanda quand son gouvernement appliquerait la prohibition. « Dès qu'on enverra au Parlement des hommes qui adopteront la loi », répondit-il, en refusant de s'engager. Toujours en 1883, elle visita l'Angleterre et l'Écosse à titre de déléguée de l'Union chrétienne de tempérance des femmes du Canada auprès de la British Women's Temperance Association. En 1886, pour soulager son asthme, elle se rendit en Californie, en Colombie-Britannique et dans les Prairies.

Affligée de rhumatisme inflammatoire, Letitia Youmans dut restreindre ses activités en faveur de la tempérance à compter de 1888 ; ses derniers jours allaient être marqués par de grandes souffrances. En 1889, les membres de l'union fédérale élurent présidente honoraire celle en qui elles voyaient « la Deborah du mouvement de tempérance du Dominion ». À une époque où les sociétés féminines de bénévolat étaient en pleine formation, elle avait gagné, par sa prodigieuse énergie, son dévouement à la tempérance et ses talents d'oratrice, l'affection d'un nombre incalculable de femmes.

Dans la première moitié du XIXe siècle, des femmes avaient formé des sociétés de tempérance, mais, si le mouvement dirigé par Letitia Youmans visait initialement des objectifs semblables, il se distingue par son ampleur et sa continuité. Sous sa tutelle, la Woman's Christian Temperance Union tire moins son importance de ce qu'elle parvint à réaliser que de ce sur quoi elle déboucha. En donnant aux femmes l'occasion de se réunir aux niveaux local, provincial et fédéral pour défendre la cause de la tempérance, elle finit par les amener à revendiquer le droit de vote. Quant à Letitia Youmans, elle fut certes très acclamée mais, malgré son œuvre et sa compétence, elle ne réussit jamais à sortir tout à fait de l'ombre de Frances Elizabeth Caroline Willard, qui demeura à la tête de la Woman's Christian Temperance Union des États-Unis durant presque 20 ans. Comme elle avait commencé sa carrière publique tard dans la vie, elle ne put que jeter les fondations sur lesquelles d'autres allaient construire.

TERENCE A. CROWLEY

Letitia Creighton Youmans est l'auteur de : *Campaig[n] echoes : the autobiography of Mrs. Letitia Youmans, th[e] pioneer of the white ribbon movement in Canada*, introd. d[e] F. E. Willard (Toronto, [1893]).

AN, MG 29, D61, 8583–8589. — AO, MU 8284– 8472 particulièrement MU 8398 (Dominion WCTU, annual re[-] ports), 1889–1896, et MU 8404 (Ontario WCTU, minute books), 1878–1896. — Prince Edward County Arch[ives] (Picton, Ontario), AR984.19.1 (indenture, 1883) ; 81-34-[…] (Yarwood scrapbook). — *Globe*, 20–21, 23, 25 juill. 1896 — *Woman's Journal* (Toronto), 1885–1896 (copies au[x] AO, MU 8455). — *Cyclopædia of Canadian biog.* (Rose e[t] Charlesworth), 1. — R. E. Spence, *Prohibition in Canada a memorial to Francis Stephens Spence* (Toronto, 1919). — Mme H. G. Willies, *The life of Letitia Youmans* (s.l.n.d. copie aux AO, MU 8469, folder 5). — *Gazette* (Picton), 2[…] août 1975.

CRONAN, DANIEL, marin, marchand et juge d[e] paix, né en 1807 à Londres, fils aîné de Daniel Crona[n] et de Mary McCarthy ; décédé célibataire le 2[…] septembre 1892 à Halifax.

Fils d'un petit fonctionnaire originaire du comté d[e] Cork (république d'Irlande), Daniel Cronan vint [à] Halifax avec ses parents en 1815. Son père, deven[u] capitaine dans la marine marchande, l'envoya à l[a] Royal Acadian School que Walter Bromley* venait d[e] fonder. Encore enfant, Daniel entra en apprentissag[e] chez un chapelier et marchand de fourrures local, Joh[n] McNeil. Puis, de la fin des années 1820 au milieu de[s] années 1830, il travailla surtout à titre d'acheteur d[e] fourrures sur les rives lointaines du golfe du Saint[-] Laurent, ce qui lui permit de développer son talen[t] pour les affaires. En 1837, il entra dans le commerc[e] avec son père, dont les locaux étaient situés sur le[s] quais de Halifax, et fut capitaine d'un schooner qu[i] sillonnait les eaux du Labrador et de Terre-Neuve à l[a] recherche de fourrures et d'huile de phoque. Après l[a] mort de son père, en 1842, Daniel prit la direction de[s] affaires à Halifax et envoya en mer ses deux jeune[s] frères, John et William, commander la flottille don[t] l'entreprise se servait pour faire commerce dans l[e] golfe et aux Antilles.

Après avoir occupé une petite place dans le mond[e] des affaires haligonien tout au long des années 1840[,] les Cronan connurent au cours de la décennie suivant[e] leur période de grande expansion. Quoiqu'il n'ai[t] jamais pris part à des entreprises aussi lucratives que l[e] transport international ou la spéculation sur le coto[n] durant la guerre de Sécession, Daniel Cronan profit[a] quand même de l'essor économique que connut l[a] Nouvelle-Écosse au milieu du règne de la rein[e] Victoria, surtout en faisant le commerce des fourru[-] res, de l'huile de phoque, du poisson et du sucre entr[e] l'est de l'Amérique britannique et les Antilles. E[n] 1863, par exemple, il arma 3 brigantins et 2[…] schooners qui firent 79 voyages à partir de Halifax[,] principalement vers le Labrador, les îles de la Made[-] leine et Porto Rico. Le centre de toute cette activit[é] était un vaste complexe évalué à 50 000 $, qui regroupait débarcadères et entrepôts rue Upper Water à Halifax et que Daniel dirigeait avec son frère John et un beau-frère, Daniel H. Pitts.

Sans être à l'avant-garde dans le domaine du commerce maritime, Daniel Cronan excellait néanmoins à accumuler des richesses et il put faire étalage de sa réussite pendant les années 1850 et la décennie qui suivit achetant de grandes étendues de terrain dans des secteurs bien cotés comme ceux des chemins Spring Garden et Tower. Lentement, l'establishment anglo-protestant de la ville commença à lui confier des fonctions privées et publiques. Au milieu des années 1860, par exemple, Cronan comptait parmi les administrateurs de la Bank of Nova Scotia et les juges de paix du comté de Halifax. Réputé pour sa bonne humeur et sa générosité, « Old Dan » devint en même temps un personnage important du prestigieux yacht-club de la ville.

Peu intéressé par la politique de parti, Cronan participa quand même au débat sur la Confédération, et son opposition à ce projet lui valut d'entrer en conflit avec l'archevêque catholique Thomas Louis Connolly*. L'attitude qu'il adopta à ce moment-là illustre bien le conservatisme de l'élite marchande haligonienne mais, comme les autres, Cronan n'était pas entièrement opposé au changement. Au début des années 1880 d'ailleurs, il se montra capable d'innover, même à un âge avancé, en prenant part à la double campagne qui visait à doter Halifax d'une raffinerie de sucre et d'une filature de coton. Son enthousiasme devant l'industrialisation demeurait toutefois prudent, et il n'affecta jamais plus de 1 % de son capital à des entreprises manufacturières.

À sa mort, Cronan laissait une fortune évaluée à quelque 720 000 $, somme suffisante pour le faire reconnaître comme « l'homme le plus riche de Halifax ». Environ 40 % de son avoir était constitué de propriétés commerciales et privées, de meubles, de marchandises et d'argent comptant. Le reste consistait en portefeuilles d'investissements qui comprenaient surtout des fonds d'État mais aussi des actions dans des banques, des sociétés d'assurance et de services publics, de même que des hypothèques. Homme prévoyant, comme cet inventaire en témoigne, Cronan avait été tout aussi prudent dans la façon de disposer de sa fortune. Il avait légué à sa famille immédiate 97 % de ses biens mais, dans la plupart des cas, il avait posé des restrictions pour en empêcher la dispersion rapide. Bien que négligée dans le testament, la hiérarchie catholique de Halifax reçut bientôt une grande partie de l'argent de Cronan grâce à la générosité des sœurs et du frère survivant du défunt. L'entrée en vigueur d'une loi sur les droits successoraux trois mois avant le décès de Cronan permit également au gouvernement provincial d'obtenir une part de sa fortune.

Homme riche et respectable, chéri des catholiques irlandais de Halifax pour qui il incarnait leur intégration dans une collectivité autrefois hostile, Daniel Cronan devint pour d'autres Néo-Écossais le point central d'une aspiration nostalgique au retour de cette époque où le commerce avec les Antilles était censé avoir créé un « âge d'or » de prospérité matérielle.

DAVID A. SUTHERLAND

Halifax County Court of Probate (Halifax), Estate papers, nos 4305, 4480, 5413, 6257. — Halifax County Registry of Deeds, Deeds, 69 : f° 281 ; 101 : f° 171 ; 109 : f° 535 ; 110 : f° 162 ; 111 : f° 385 ; 141 : f° 321 ; 154 : f° 427 ; 287 : f° 82 ; 288 : f° 168 ; 301 : f° 323. — *Acadian Recorder*, 2 sept. 1837, 2 août 1882, 23–24, 26–27 sept., 1er oct. 1892. — *Halifax Herald*, 23, 26 sept. 1892. — *Morning Chronicle* (Halifax), juin–déc. 1863, 24 déc. 1864, 16 sept. 1867, 19 avril 1893. — *Novascotian*, janv.–juin 1863, 23 juill. 1866. — *Belcher's farmer's almanack*, 1859–1878. — *Halifax directory*, 1869–1882. — *Mercantile agency reference book*, 1871 ; 1886. — P. R. Blakeley, *Glimpses of Halifax, 1867–1900* (Halifax, 1949 ; réimpr., Belleville, Ontario, 1973). — *History of the Bank of Nova Scotia, 1832–1900 ; together with copies of annual statements* ([Toronto, 1900]). — T. M. Punch, *Some sons of Erin in Nova Scotia* (Halifax, 1980). — *Acadian Recorder*, 13 oct. 1923. — *Maritime Merchant and Commercial Rev.* (Halifax), 8 mars 1928.

CROZIER, ST GEORGE BARON LE POER, musicien et professeur de musique, né le 13 mai 1814 à Douvres, Angleterre ; le 29 juin 1841, il épousa à Brighton, Haut-Canada, Isabella Deacon, et ils eurent au moins trois fils ; décédé le 21 novembre 1892 à Belleville, Ontario.

On ne sait rien de l'enfance ni de la formation musicale de St George Baron Le Poer Crozier. On sait toutefois qu'il arriva dans le Haut-Canada dans les années 1830 comme maître de musique militaire et qu'il servit à ce titre pendant la rébellion de 1837–1838. En 1841, il épousa la fille du receveur des douanes de Picton. Leur premier fils, John Albert Gordon, naquit l'année suivante à Toronto où Crozier était apparemment en poste comme maître de musique du 93rd Foot. À des dates inconnues, ses obligations militaires l'amenèrent en Angleterre et en Irlande (son troisième fils, Leif Newry Fitzroy*, naquit le 11 juin 1846 à Newry), de même qu'à Gibraltar et en Méditerranée. On suppose toutefois qu'il revint en 1846, puisque les éditeurs de musique Abraham* et Samuel* Nordheimer, de Toronto, publièrent cette année-là sa marche rapide pour piano *Those evening bells*. Vers 1848, la A. and S. Nordheimer Company publia également sa polka pour piano *les Jolies Filles du Canada*. En 1855 et 1856, Crozier dirigea des concerts à Hamilton où, en 1858, on le retrouve inspecteur du revenu. La même année, à Toronto, il dirige un concert pour la Metropolitan Choral Society et joue dans l'orchestre à la représentation donnée par cette société de *la Création* de Haydn.

En 1860, Crozier s'annonçait comme « professeur

de musique » à Belleville, non loin de Picton où son épouse était née et où au moins deux de ses frères s'étaient établis. (L'un de ceux-ci, Thomas Charles Crozier, avait également travaillé à Toronto dans les années 1840 comme compositeur, maître de musique et chef d'orchestre.) Crozier ne devait jamais plus quitter Belleville. Il laissa apparemment l'armée en 1866 et, deux ans plus tard, il était inscrit comme professeur de musique à l'Albert College de Belleville et à l'Ontario College de Picton. En 1870, il commença à se faire appeler « docteur » Crozier et on lui attribua toujours par la suite le titre de « Mus. Doc. », mais personne ne sait où il avait obtenu son diplôme. Des bulletins ultérieurs de l'Albert College et du Victoria College de Cobourg, avec lequel le premier s'était affilié, indiquent qu'on avait accepté Crozier comme diplômé à partir de 1871 ou 1872 « *ad eundem gradum* », c'est-à-dire qu'il avait été admis comme docteur en musique sans examen, sur la foi d'un diplôme obtenu ailleurs. Quoi qu'il en soit, il demeura à l'Albert College en qualité de professeur ou d'examinateur jusqu'à sa mort, et continua à donner des cours privés jusque dans les années 1880. Il devint organiste à l'église presbytérienne St Andrew de Belleville en 1871. Vers la fin de sa vie, en 1888, il représenta cette ville à la réunion de la Canadian Society of Musicians à Toronto.

Quoique les documents qui apportent des précisions sur les activités musicales de St George Baron Le Poer Crozier soient rares, on ne peut douter du fait qu'il ait été un musicien de goût et de talent. Ainsi présentait-il en concert des ouvertures écrites par des compositeurs populaires, tels Rossini et Donizetti, de même que des œuvres de Haydn, Mozart et Beethoven, dont la musique n'était pas souvent jouée dans le Haut-Canada au milieu du XIXe siècle. Sa propre musique s'inscrivait dans le style des salons de l'époque. Mentionnons par exemple *The Nor'West Mounted Police waltzes*, publiées par Nordheimer vers 1877 et sans doute inspirées par l'entrée de son fils cadet, Leif Newry Fitzroy, dans la Police à cheval du Nord-Ouest. Durant les 30 dernières années de sa vie, Crozier fut le musicien le plus en vue de Belleville, et l'un de ceux qui, par l'enseignement et par l'exemple, jouèrent un rôle si important pour l'épanouissement de la culture à l'extérieur des grands centres.

CARL MOREY

AN, RG 18, dossier d'information concernant L. N. F. Crozier. — EEC, Diocese of Ontario Arch. (Kingston), Kente parish, reg. of baptisms, marriages, and burials, 29 juin 1841 (mfm à l'EEC, General Synod Arch., Toronto). — Hastings County Museum (Belleville, Ontario), File information concerning the Crozier family. — MTRL, Toronto Choral Soc., Toronto Philharmonic Soc., minutes. — *Official text-book and programme of the Queen's Jubilee Music Festival, at the Crystal Palace, Hamilton, Canada* [...], *F. H. Torrington, musical director*, F. W. Wodell, compil. (Hamilton, Ontario, 1887), 2. — *British Colonist* (Toronto), 13 oct. 1846. — *Daily Intelligencer* (Belleville), 9, 21 nov., 1er déc. 1870, 14 janv., 8 févr. 1871, 22, 24 nov. 1892. — *Daily Spectator, and Journal of Commerce*, 1855–1856. — *Globe*, 30 sept. 1858. — *Toronto Daily Mail*, 28 déc. 1888. — Albert College, *Calendar* (Belleville), 1874 ; 1884 ; 1889–1890 ; 1891–1892. — Alexandra College, [*Calendar*] (Belleville), 1872 : 7 (copie aux Victoria Univ. Arch., Toronto). — Canadian Music Library Assoc., *A bio-bibliographical finding list of Canadian musicians and those who have contributed to music in Canada* (Ottawa, [1961]). — *Encyclopédie de la musique au Canada* (Kallmann *et al.*). — *Hamilton directory*, 1856–1858. — *Hastings County directory*, 1860/1861–1889. — *Marriage notices of Ont.* (Reid). — Maria Calderisi [Bryce], *Music publishing in the Canadas, 1800–1867* (Ottawa, 1981), 112–113. — Helmut Kallmann, *A history of music in Canada, 1534–1914* (Toronto et Londres, 1960). — W. E. L. Smith, *Albert College, 1857–1957* ([Belleville, 1957]). — Turner, *NWMP*, 2 : 292–293.

CUOQ, JEAN-ANDRÉ (nommé par les Algonquins **Nij-Kwenatc-anibic,** qui signifie « double bellefeuille » ou « second Bellefeuille », en mémoire d'un missionnaire vénéré, et par les Iroquois **Orakwanentakon,** « étoile fixe », sans doute en raison de la fixité de son œil gauche qu'un accident de jeunesse avait endommagé), prêtre, sulpicien, missionnaire, linguiste, philologue et auteur, né le 6 juin 1821 au Puy, France, fils de Jean-Pierre Cuoq, serrurier, et de Marie-Rosalie Delholme ; décédé le 21 juillet 1898 à la mission de Lac-des-Deux-Montagnes (Oka, Québec).

Ses études littéraires accomplies, Jean-André Cuoq commence la théologie au grand séminaire du Puy le 20 octobre 1840. Attiré par les langues étrangères, il apprend l'espagnol et en donne des leçons. Diacre en octobre 1844, il poursuit ses études théologiques à Paris sous la direction d'Arthur Le Hir et les achève à la Solitude d'Issy-les-Moulineaux en 1846. Ordonné prêtre depuis le 20 décembre 1845, Cuoq embarque pour le Canada le 11 octobre 1846 à bord du *François Ier* et, pendant les 38 jours de la traversée Le Havre-New York, il étudie l'anglais. Arrivé à Montréal à la fin de novembre, il est nommé vicaire à l'église Notre-Dame.

À partir du 26 octobre 1847, Cuoq œuvre à la mission de Lac-des-Deux-Montagnes. Tout en pratiquant les langues vernaculaires avec ses paroissiens algonquins, il s'intéresse aux manuscrits des anciens missionnaires et aux travaux de ses collègues sulpiciens. L'année suivante, il commence à apprendre l'iroquois avec Joseph Marcoux*, curé à Caughnawaga (Kahnawake), et copie le dictionnaire en agnier que celui-ci vient d'achever. Cuoq supervise l'édition et la réimpression d'opuscules religieux composés par ses prédécesseurs, notamment l'ancien vicaire Flavien Durocher*, ouvrages qu'il destine aux fidèles de sa mission.

Depuis 1857, Cuoq assume aussi le ministère auprès des Iroquois de Lac-des-Deux-Montagnes. Pour eux, il a composé et publié un syllabaire suivi de cantiques, uniquement en iroquois. Il laisse sa charge en 1859, d'abord pour diriger la classe de versification au petit séminaire de Montréal, puis pour enseigner au collège St Charles, à Baltimore, au Maryland, à l'occasion du séjour qu'il y fait en 1860 en compagnie d'Étienne-Michel Faillon*. La même année, Cuoq reprend son poste de vicaire à l'église Notre-Dame et, de 1862 à 1865, il publie plusieurs livrets religieux pour les paroissiens des deux groupes linguistiques de Lac-des-Deux-Montagnes.

Un fait change alors le cours de la carrière du missionnaire Cuoq. En 1855, la parution en France de l'ouvrage d'Ernest Renan, *Histoire générale et Système comparé des langues sémitiques*, avait déchaîné un tollé dans les milieux catholiques. Pour soutenir sa thèse philosophique élaborée en 1848 dans *De l'origine du langage* et montrer les différences entre les races sauvages et civilisées, l'ex-séminariste et élève de Le Hir dénigre les langues américaines, en particulier l'iroquoise, en s'appuyant selon Cuoq sur des descriptions linguistiques sans fondements qui lui venaient de voyageurs et de touristes ignorants. Sur les instances de son ancien maître de Saint-Sulpice, Cuoq publie en 1863 une réponse cinglante, « Jugement erroné de M. Ernest Renan sur les langues sauvages », signée N. O., initiales de ses noms indiens, qui sera éditée par la suite. La réplique de Cuoq n'a pas simplement pour but de montrer la beauté et la complexité des langues algonquines et iroquoises, mais avant tout de défendre les principes sacrés de la religion et de la foi. C'est l'unicité de la race humaine et du langage qui est attaquée. Stimulé par le succès de sa publication, Cuoq promet à ses lecteurs dans un article de 1864, « Encore un mot sur les langues sauvages », de continuer ses travaux comparatifs. En 1866, avec *Études philologiques sur quelques langues sauvages de l'Amérique*, signé N. O. ancien missionnaire, il devient le spécialiste des langues du Nouveau Monde, et cet ouvrage le fait connaître des milieux lettrés d'outre-Atlantique. « Quels étaient les sauvages que rencontra Jacques Cartier sur les rives du Saint-Laurent ? » paraît dans les *Annales de philosophie chrétienne*, à Paris, en septembre 1869. La même année, *Jugement erroné de M. Ernest Renan* est réédité. Dans cette nouvelle version, considérablement augmentée, l'auteur, qui a modéré sa virulence à l'égard de Renan, s'adonne à la comparaison des langues. De 1872 à 1883, il publie des articles et des opuscules religieux qui traitent principalement des langues algonquines.

Après l'incendie de l'église et du presbytère de la mission de Lac-des-Deux-Montagnes, en 1877, Cuoq revient à Montréal. Cinq ans plus tard, *Lexique de la langue iroquoise* [...], où abondent notes, citations et emprunts à Marcoux, est signé Cuoq, prêtre de Saint-Sulpice, comme le sera en 1886 *Lexique de la langue algonquine*, basé sur le dictionnaire algonquin-français de Jean-Baptiste Thavenet*. À cette époque, Cuoq est nommé professeur de linguistique amérindienne à l'université Laval. La Société royale du Canada qui l'accueille en 1888 va publier ses derniers articles : « Grammaire de la langue algonquine », en 1891 et 1892 ; « Anotc kekon » ou « [Mélanges] », appendice à la grammaire, en 1893. Après une paralysie de 11 jours, Cuoq s'éteint le 21 juillet 1898 à la mission de Lac-des-Deux-Montagnes. Ses funérailles ont lieu quatre jours plus tard.

Ceux qui ont approché Jean-André Cuoq le décrivent comme un homme affable, modeste et excellent conteur. En cherchant à sauver l'honneur de Dieu, à réhabiliter les langues du Nouveau Monde et à satisfaire la curiosité de ses contemporains imbus de philologie, il a perpétué des travaux qui autrement auraient été détruits par le temps ou les flammes. Avec les années, il a eu la sagesse d'abandonner les recherches comparatives contestées pour décrire les langues algonquines et iroquoises. Il est cependant regrettable que, dans sa persistance à n'utiliser qu'un nombre restreint de signes de l'alphabet latin pour les transcrire, il ait ignoré leurs traits phonétiques particuliers et que, même s'il disposait d'une abondance de travaux de missionnaires répartis sur près de trois siècles, il n'ait pas apporté d'éléments nouveaux sur la structure de ces langues.

PIERRETTE L. LAGARDE

Jean-André Cuoq est l'auteur de : *Jugement erroné de M. Ernest Renan sur les langues sauvages* (Montréal, 1864 ; 2e éd., 1869), publié d'abord dans le *Journal de l'Instruction publique* (Québec et Montréal), 7 (1863) : 166–168 ; 8 (1864) : 5–7, 20–22 ; « Encore un mot sur les langues sauvages », paru également dans le *Journal de l'Instruction publique*, 8 : 128–130 ; *Études philologiques sur quelques langues sauvages de l'Amérique* (Montréal, 1866) ; « Quels étaient les sauvages que rencontra Jacques Cartier sur les rives du Saint-Laurent ? », publié dans *Annales de philosophie chrétienne* (Paris), 5e sér., 19 (1869) ; *Chrestomathie algonquine* (Paris, 1873) ; *Lexique de la langue iroquoise* [...] (Montréal, 1882) ; *Lexique de la langue algonquine* (Montréal, 1886) ; « Grammaire de la langue algonquine », SRC *Mémoires*, 1re sér., 9 (1891), sect. I : 88–114 ; 10 (1892), sect. I : 41–119 ; « Anotc kekon », 11 (1893), sect. I : 137–179 ; « Notes pour servir à l'histoire de la mission du Lac-des-Deux-Montagnes, 1721–1898 », manuscrit rédigé en 1898 qui est conservé aux ASSM. Cuoq a également fait paraître une traduction, *Catéchisme algonquin avec syllabaire et cantiques* [...] (Montréal, 1865).

AC, Terrebonne (Saint-Jérôme), État civil, Catholiques, Lac-des-Deux-Montagnes (Oka), 25 juill. 1898. — AD, Haute-Loire (Le Puy), État civil, Le Puy, 7 juin 1821. — Allaire, *Dictionnaire*. — L.-A. Bélisle, *Références biographiques, Canada-Québec* (5 vol., Montréal, 1978), 2. — *Canadian men and women of the time* (Morgan ; 1898). —

The Catholic encyclopedia, C. G. Herbermann *et al.*, édit. (15 vol., New York, 1907–1912), 4 : 569 ; 10 : 381, 387. — Louise Dechêne, « Inventaire des documents relatifs à l'histoire du Canada conservés dans les archives de la Compagnie de Saint-Sulpice à Paris », ANQ *Rapport,* 1969 : 149–288. — Le Jeune, *Dictionnaire*. — J. C. Pilling, *Bibliography of the Algonquian languages* (Washington, 1891) ; *Bibliography of the Iroquoian languages* (Washington, 1888), tous deux réimpr. sous le titre de *Bibliographies of the languages of the North American Indians* (9 part. en 3 vol., New York, 1973), 2 ; 1, part. 3). — *Standard dict. of Canadian biog.* (Roberts et Tunnell), 2. — Wallace, *Macmillan dict.* — Louis Bertrand, *Bibliothèque sulpicienne ou Histoire littéraire de la Compagnie de Saint-Sulpice* (3 vol., Paris, 1900), 2. — [J.-L.-]O. Maurault, *Nos messieurs* (Montréal, [1936]). — A. F., « l'Abbé Cuoq ; notice biographique », SRC *Mémoires,* 2e sér., 8 (1902), sect. I : 127–129. — R. Bonin, « les Archives sulpiciennes, source d'histoire ecclésiastique », SCHEC *Rapport,* 2 (1934–1935) : 40–50. — « Comparisons of American languages with those of the Old World », *Canadian Naturalist and Geologist* (Montréal), nouv. sér., 1 (1864) : 146. — G. Forbes, « la Mission d'Oka et ses missionnaires », *BRH,* 6 (1900) : 147. — John Reade, « The Basques in North America », SRC *Mémoires,* 1re sér., 6 (1888), sect. II : 21–39. — P.-G. Roy, « Ouvrages publiés par l'abbé Jean-André Cuoq », *BRH,* 30 (1924) : 260. — Joseph Royal, « [Compte rendu] *Jugement erroné de M. Ernest Renan sur les langues sauvages* [...] », *Rev. canadienne,* 1 (1864) : 253–254.

CURZON, SARAH ANNE. V. VINCENT

D

DADSON, EBENEZER WILLIAM, ministre baptiste et rédacteur en chef, né le 10 juillet 1845 à Cranbrook, comté de Kent, Angleterre, cadet des cinq fils de Stephen Dadson et de Mary Breachin ; en août 1877, il épousa Julia Elizabeth French, de Paris, Ontario, et ils eurent cinq fils ; décédé le 12 mars 1900 à Montréal.

En 1849, la famille Dadson avait immigré dans le Haut-Canada pour s'établir à Toronto. Élevé dans la religion anglicane, Stephen Dadson était devenu tour à tour *class leader* méthodiste, congrégationaliste et baptiste. Sa famille fréquentait le temple baptiste Bond Street, où le jeune Ebenezer William subit l'influence de trois grands pasteurs baptistes, James Pyper, Thomas Ford Caldicott* et surtout Robert Alexander Fyfe*, fondateur et directeur du Canadian Literary Institute de Woodstock.

En 1857, la famille retourna en Angleterre, puis revint un an plus tard s'établir à Toronto. Peu après, Stephen Dadson ouvrit une chapellerie à Guelph. Ebenezer William demeura à Toronto et y travailla comme garçon de courses, assistant de Fyfe, alors rédacteur en chef et éditeur du *Canadian Baptist,* et aide chez un imprimeur. Il alla rejoindre sa famille à Guelph en 1861 pour travailler au magasin de son père. Il n'avait fréquenté qu'une école, la Toronto Model School, de 1853 à 1857, mais à l'âge de 20 ans il s'inscrivit au Canadian Literary Institute, où il se convertit et fut baptisé en 1868.

Après avoir terminé ses études secondaires, « Ebb », comme on le surnommait, retourna à Toronto où sa famille s'était de nouveau établie en 1867, et il entra à la University of Toronto. Il y devint membre fondateur de la University College Young Men's Christian Association et fit du travail religieux avec le professeur James Colton Yule, à York Mills (Toronto). Au cours de l'été de 1872, soit un an avant d'obtenir son diplôme, il travailla comme assistant pasteur à Ottawa ainsi qu'à Chelsea, dans la province de Québec. Écrivain accompli, Dadson ne manifestait aucune aptitude pour la prédication. Néanmoins, malgré les efforts de ses amis pour l'en dissuader, il était déterminé à devenir pasteur, et en s'exerçant sans relâche il acquit une telle facilité en chaire qu'on le considérait, parvenu à l'âge mûr, comme le meilleur prédicateur baptiste du Canada.

Dadson retourna au Canadian Literary Institute en 1873 pour étudier la théologie et, après un stage à Buckhorn, à Clarence et à Haldimand, il devint pasteur de la congrégation baptiste à Denfield, dans le sud-ouest de l'Ontario, en 1876. Durant les premières années de son pastorat, il s'occupa beaucoup de sport amateur et se fit connaître par ses discours et ses écrits sur divers sujets populaires, classiques et religieux. Après un bref séjour à Strathroy, il accepta en 1882 le poste de rédacteur en chef du *Canadian Baptist,* qu'un éminent laïque de cette confession, le sénateur William McMaster*, venait tout juste d'acheter.

À cause de la controverse sur l'emplacement d'une université baptiste, Dadson connut à ce poste des débuts difficiles, mais l'impartialité et l'ouverture d'esprit avec lesquelles il traitait les différents points de vue lui gagnèrent le respect des parties opposées. Calviniste, il était traditionaliste dans sa théologie, et dans ses écrits, simples mais pleins de force, comme dans ses prêches, il mettait toute son énergie à répandre la bonne parole plutôt qu'à faire œuvre littéraire. Ses éditoriaux prônaient la justice dans les relations personnelles, l'égalité politique et la liberté de conscience et faisaient valoir les responsabilités individuelles et collectives plutôt que les droits.

Sous la direction de Dadson, le *Canadian Baptist*

devint l'un des premiers interprètes du « message social de l'Évangile » dont les principes seraient plus tard incorporés au mouvement *Social Gospel*. Il préconisa, au besoin par des voies législatives, le secours aux pauvres, le droit au travail et la liberté syndicale, la protection juridique des enfants, des femmes et des Indiens, l'honnêteté en affaires, la pureté en politique, l'équité salariale et le partage des profits, ainsi que la prohibition du trafic d'alcool, et il condamna la vivisection et la chasse. En 1886, il défendit énergiquement les membres des Chevaliers du travail congédiés pour activités syndicales par la direction de la Toronto Street Railway Company. Pour lui, ces questions étaient tout aussi religieuses que sociales et politiques. Il soutenait que la loi de l'offre et de la demande n'était « pas chrétienne » et que les préceptes du Sermon sur la montagne devaient régir les relations tant publiques que privées.

Pour réduire les difficultés financières du *Canadian Baptist*, probablement attribuables à sa diffusion restreinte, Ebenezer William Dadson devint en 1886 pasteur à Claremont (Pickering) tout en demeurant rédacteur en chef. Deux ans plus tard cependant, pour des raisons inconnues, il quitta les deux postes et devint pasteur à Woodstock ; James Edward WELLS lui succéda au journal. En 1896, Dadson accepta l'invitation de la congrégation d'Olivet, la plus grande communauté baptiste de Montréal. Le fait de vivre dans la province de Québec l'amena à s'intéresser davantage à l'histoire et à la culture canadiennes-françaises et en fit un vigoureux partisan de l'évangélisation des Canadiens français. Il fit partie de plusieurs conseils baptistes, dont ceux de la mission de Grande-Ligne [V. Henriette Odin*] et des missions étrangères, et fut président de la Baptist Convention of Ontario and Quebec en 1892. La McMaster University lui remit en 1895 un doctorat honorifique en théologie, le troisième qu'elle décernait. Blessé au dos en tombant du toit d'une église en construction près de sa maison d'été, dans le district de Muskoka, Dadson mourut trois ans plus tard d'un cancer, à l'âge de 54 ans.

JOHN S. MOIR

Les principales sources de renseignement sur Ebenezer William Dadson sont les dossiers du *Canadian Baptist* (Toronto) des années 1882–1888, et *E. W. Dadson, B.A., D.D. : the man and his message,* J. H. Farmer, édit. (Toronto, 1902), qui renferment des extraits non identifiés de journaux intimes, de correspondance privée, de sermons et d'écrits publics qui sont disparus aujourd'hui. [J. S. M.]

Dadson est l'auteur de deux brochures : *Bible baptism* (3e éd. (seule édition connue), Toronto, 1899), et un hommage à sa femme, *Julia French Dadson ; written by her husband for the boys* ([Montréal, 1898]). Les grands traits de deux de ses sermons ont été publiés sous forme de brochures pour commémorer des anniversaires d'église : *Paris Baptist Church : a memorial pamphlet, containing an account of the services held on the fiftieth anniversary of the organization of the church* [...] (Paris, Ontario, 1893) ; et *Centennial services, Haldimand Baptist Church, 1798–1898, on Sunday, May 22, 1898* [...] (Colborne, Ontario, [1898]).

Baptist Convention of Ontario and Quebec, *Baptist year book* (Toronto), 1879–1898. — J. S. Moir, « *The Canadian Baptist* and the Social Gospel movement », *Baptists in Canada : search for identity amidst diversity,* J. K. Zeman, édit. (Burlington, Ontario, 1980), 147–159. — H. U. Trinier, *A century of service : story of the* Canadian Baptist », *1854–1954* ([Toronto, 1958]).

DANIEL, THOMAS WILDER, homme d'affaires et philanthrope, né le 26 juin 1818 à Woburn, Angleterre, fils de Wilder Daniel et de Maria H. Lancaster ; le 23 août 1848, il épousa à Saint-Jean, Nouveau-Brunswick, Louisa Sophia Jordan, fille de Daniel Jordan ; décédé le 2 janvier 1892 au même endroit.

Thomas Wilder Daniel immigra à Saint-Jean en 1837 pour entrer au service de son oncle, Thomas Daniel, qui exploitait un commerce de marchandises sèches, la Holdsworth and Daniel. Après le départ de son oncle pour l'Angleterre dix ans plus tard, il acheta la société pour en faire la T. W. Daniel and Company. En 1854, il s'associa à John BOYD, un employé de la compagnie ; celle-ci prit alors le nom de Daniel and Boyd. De ses locaux de London House, sur la place Market, la compagnie vendait en gros des marchandises sèches en provenance de la Grande-Bretagne, des États-Unis et de la France et, au début des années 1850, elle se lança aussi dans la vente au détail. Un commentateur fera plus tard remarquer que, grâce à elle, « nombre de jeunes hommes » avaient fait leurs premières armes dans le monde des affaires.

En plus d'exploiter son entreprise, Daniel souhaitait vivement promouvoir la colonisation et l'investissement au Nouveau-Brunswick. En 1859 et 1862, il proposa donc à Samuel Leonard TILLEY, avec qui il semble avoir entretenu des relations cordiales, que la province envoie « une sélection de bois, [...] de minéraux et de céréales » dans des musées de Grande-Bretagne – geste qui, selon lui, constituerait « la meilleure publicité qui soit pour l'immigration ». Son désir de développer Saint-Jean et la province s'intensifia après la Confédération. En 1869, Daniel se joignit à un groupe d'hommes d'affaires qui tentaient de faire construire un bassin de radoub à Saint-Jean. Comme d'autres, ils étaient parfaitement conscients des transformations que subissait l'industrie de la construction navale à la fin des années 1860 et ils croyaient qu'un bassin de ce genre favoriserait de nouvelles activités portuaires. Malheureusement, les divergences de vues au sein du conseil municipal, qui louait à bail les terrains sur la rive, empêchèrent le projet de se concrétiser.

Daniel put néanmoins manifester le grand intérêt qu'il portait à sa ville et à sa province d'adoption en faisant prospérer sa maison de commerce. En 1873, elle employait quelque 27 personnes dans son service de vente en gros et 22 dans celui de vente au détail ; l'année suivante, « la R. G. Dun and Company pouvait dire d'elle qu'elle était « de loin la [société commerciale] la plus importante [...] des Maritimes ». Elle avait également mis sur pied un florissant atelier de vêtements de confection – le plus grand du genre dans les Maritimes – où travaillaient environ 120 hommes et femmes. Par cette poussée dans le domaine de la fabrication, Daniel démontrait, comme d'autres hommes d'affaires de l'endroit, sa volonté de créer un secteur manufacturier qui fasse partie intégrante de l'économie locale et qui permette de réduire la dépendance à l'égard des importations.

L'incendie de Saint-Jean en 1877 détruisit London House et, même si on la rebâtit, les « vicissitudes » éprouvées par la plupart des maisons d'affaires de Saint-Jean à la fin des années 1880 peuvent avoir nui à l'expansion de l'atelier de confection de la Daniel and Boyd et réduit les importations. Une comparaison du chiffre d'affaires de la firme, qui passait de 1 702 000 $ en 1875 à 750 000 $ en 1887, illustre bien à quel point les perspectives étaient peu réjouissantes.

Daniel déploya son activité dans un certain nombre d'autres entreprises de Saint-Jean. Depuis 1856, il était l'un des administrateurs de la Bank of New Brunswick et, au cours des années 1870, il fut mêlé à la Victoria Coal Mining Company, la People's Street Railway Company et la Saint John Rural Cemetery Company ; on le retrouve aussi, à un certain moment, président de la Joggins Coal Mines Association. Son désir de promouvoir Saint-Jean à l'intérieur du Canada l'amena également à occuper durant 15 ans divers postes de direction au bureau de commerce de la ville, entre 1867 et 1887.

Respecté par le milieu des affaires, Daniel semble avoir été tenu en aussi haute estime par le clergé. De religion anglicane, il fréquentait l'église St John (Stone) où il fut marguillier pendant plusieurs années. L'un des administrateurs de la Diocesan Church Society et vice-président de la section néo-brunswickoise de la British and Foreign Bible Society, il était, au moment de sa mort, président de l'Auxiliary Bible Society du Nouveau-Brunswick et vice-président de l'Evangelical Alliance. Son intérêt pour les œuvres de bienfaisance ne se limitait pas à répondre à un besoin social par un immeuble approprié. Ainsi, après avoir contribué au financement du Home for Aged Females, il s'occupa, avec son épouse, « de son aménagement ». Il fut aussi parmi les fondateurs du Protestant Orphans' Asylum en 1855 et au nombre des administrateurs du Wiggins Orphan Asylum, de l'école de Madras et de l'Industrial School. Durant nombre d'années, il fit partie de la Young Men's Christian Association.

À sa mort, Thomas Wilder Daniel laissait sa femme, deux filles et trois fils. Deux d'entre eux devinrent ministres anglicans, et le troisième prit plus tard la direction de l'entreprise de son père, qu'il réorganisa sous la raison sociale de F. W. Daniel and Company – nom qu'elle allait conserver jusqu'en 1950.

ELIZABETH W. MCGAHAN

APNB, RG 18, RS427, 17 sept., 20 oct. 1869. — Baker Library, R. G. Dun & Co. credit ledger, Canada, 9 (mfm aux AN). — Musée du N.-B., Tilley family papers, T. W. Daniel à S. L. Tilley, 3 mars 1859, 26 déc. 1862. — *Our dominion ; mercantile and manufacturing interests of St. John and environs* [...] (Toronto, 1887), 42 (copie au Musée du N.-B.) — *St. John and its business : a history of St. John* [...] (Saint-Jean, N.-B., 1875), 60–61. — *St. John Daily Sun*, 4–5 janv. 1892. — *St. John Daily Telegraph and Morning Journal*, 21 oct. 1869. — *Canadian biog. dict.*, 2 : 610–611. — *N.B. directory*, 1889–1896. — *N.B. vital statistics, 1845–47* (Johnson), 138. — Harold McCullagh, *A century of caring : the story of the New Brunswick Protestant Orphans' Home* (St Stephen[-Milltown], N.-B., 1986), 145–146. — E. W. McGahan, « The port in the city : Saint John, N.B. (1867–1911) and the process of integration » (thèse de PH.D., Univ. of N.B., Fredericton, 1979), 279 ; *The port of Saint John* [...] (1 vol. paru, Saint-Jean, 1982–). — *Evening Times-Globe* (Saint-Jean), 9 févr. 1950.

DAVIE, THEODORE, avocat, homme politique et juge, né le 22 mars 1852 à Brixton (Londres), fils de John Chapman Davie et d'Anne Collard Waldron ; le 28 juin 1874, il épousa à Saanich, Colombie-Britannique, Blanche Baker, âgée de 14 ans (décédée en 1876), puis en janvier 1884, à Victoria, Mary Alice Yorke, et ils eurent quatre fils et trois filles ; décédé le 7 mars 1898 dans cette ville.

Theodore Davie partit en mer très jeune, mais déçu de cette expérience il vint à Victoria en 1867 rejoindre son père, qui s'y était installé cinq ans auparavant. Comme son frère Alexander Edmund Batson Davie*, Theodore étudia le droit au cabinet de Robert Bishop. Après s'être qualifié comme solicitor en 1873, il pratiqua dans le district de Cassiar à l'époque de la ruée vers l'or. Admis au barreau en 1877, il exerça durant une courte période à Nanaimo et retourna ensuite à Victoria où il acquit rapidement une réputation d'avocat redoutable, surtout dans les causes criminelles. Déjà à cette époque, il montrait les qualités qui allaient marquer sa carrière politique ultérieure : détermination farouche, énergie sans borne et intelligence. Jamais ces traits ne furent aussi évidents que dans la cause célèbre qu'il défendit en 1886, celle de Robert Sproule, inculpé du meurtre d'un rival pour la propriété d'une riche concession minière. La finesse et la persistance déployées par Davie, quoique sans succès, l'opposèrent violemment au juge en chef, sir Matthew Baillie BEGBIE.

Les talents de Davie le destinaient inévitablement à la politique. Élu d'abord à l'Assemblée législative de la Colombie-Britannique en 1882, il représenta Victoria et appuya le gouvernement de William Smithe*. Il accorda ensuite son soutien à son frère Alexander Edmund Batson, qui fut premier ministre de 1887 à 1889. Puis il devint procureur général dans le cabinet de John Robson, à qui il succéda comme premier ministre en 1892. Grâce à son projet de loi de 1894 sur le remaniement de la carte électorale, il fit augmenter la représentation du continent à l'Assemblée ; par la suite, afin de stimuler la croissance économique, il offrit des avantages financiers controversés aux compagnies ferroviaires. La réalisation la plus remarquable de Davie durant son mandat, qui dura presque trois ans, fut sa décision (très critiquée d'ailleurs par les députés continentaux) de construire les superbes édifices du Parlement à Victoria [V. Francis Mawson Rattenbury*]. Même s'il avait un net penchant conservateur, sa carrière politique s'inscrivit dans une époque où les gouvernements de la Colombie-Britannique n'avaient pas une base purement idéologique mais étaient plutôt formés de partisans regroupés autour d'un chef fort.

Même premier ministre, Theodore Davie continua de pratiquer le droit, avec apparemment la même énergie indomptable ; toutefois, en 1895, il devint évident que cette double carrière avait compromis sa santé. Il démissionna le 2 mars pour prendre la relève de Begbie à titre de juge en chef de la Colombie-Britannique, malgré l'intense concurrence du juge Henry Pering Pellew Crease*. En soulignant la nomination de Davie, le *Vancouver World* fit valoir son « étonnante capacité de travail, son attention soutenue pour les détails et ses talents remarquables ». Assermenté le 11 mars, il occupa sa charge durant un peu moins de trois ans, jusqu'à son décès survenu en 1898 à la suite de la maladie cardiaque dont il souffrait depuis son retrait de la vie politique. Ses jugements, toujours promptement rendus, étaient remarquables de concision et de pertinence, mais toujours dépourvus d'humour ou d'ironie. Cependant, on l'avait aussi nommé juge d'un tribunal maritime, et les quelques jugements qu'il rendit sont plus vivants. Par ailleurs, sa plus grande contribution à la jurisprudence fut sans doute la première refonte des lois de la Colombie-Britannique (réalisation dont il tirait beaucoup de fierté), qui entra en vigueur moins d'une semaine avant son décès. Dans sa notice nécrologique, le *Daily Colonist* de Victoria le désigna comme « l'homme d'État le plus énergique, le plus pratique que la Colombie-Britannique ait jamais produit ».

DAVID RICARDO WILLIAMS

Les causes les plus importantes de la carrière d'avocat de Theodore Davie sont contenues dans : *The British Columbia reports, being reports of cases determined in the Court of Appeal, supreme and county courts, and in admiralty* [...] (Victoria), 1 (1867–1889)–2 (1887–1893) ; ses jugements se trouvent dans 3 (1893–1895)–6 (1897–1899). L'un de ses discours politiques, *Facts and figures : a mass meeting addressed by the premier at New Westminster* [...], a été publié (s.l., [1893]), tout comme des compte rendus de deux autres : *A rousing meeting* [...] ([Victoria, 1889]), paru à l'origine dans le *Daily Colonist* (Victoria), 13 août 1889 et *Opposition slanders refuted* [...] (s.l., [1894]).

PABC, Theodore Davie, diary of legal matters, 1890–1891 ; diary of daily events, 1894–1896 (mfm). — St Andrew's Cathedral (Roman Catholic) (Victoria), St Andrew's Church, reg. of marriages, 14 janv. 1884. — « Electors ! look at this ! » (in-plano, [1894] ; copie aux PABC). — *Daily Colonist,* 25 mars 1867, 8, 12 mars 1898. — *Vancouver World,* 22 févr. 1895. — *Canadian men and women of the time* (Morgan ; 1898). — *CPC,* 1891. — Kerr, *Biog. dict. of British Columbians.* — Wallace, *Macmillan dict.* — S. W. Jackman, *Portraits of the premiers : an informal history of British Columbia* (Sidney, C.-B., 1969). — Ormsby, *British Columbia.* — E. O. S. Scholefield et F. W. Howay, *British Columbia from the earliest times to the present* (4 vol., Vancouver, 1914), 2 : 189–194. — Alfred Watts, « The Honourable Mr. Justice Theodore Davie [...] », *Advocate* (Vancouver), 26 (1968) : 8–9.

DAVIS, SAMUEL, marchand, manufacturier et philanthrope, né le 4 juillet 1834 à Londres, fils de David Davis, gentleman-farmer ; en 1857, il épousa Minnie Falk, et ils eurent cinq fils et deux filles ; décédé le 30 novembre 1895 à Montréal.

Samuel Davis était tout jeune encore quand il débarqua à New York et s'y établit dans le commerce du tabac. Par la suite, il s'installa à Montréal, où il ouvrit en 1862 une petite manufacture de tabac qui produisait entre autres des cigares, ce qui était assez peu courant dans la ville à l'époque. Dès 1867, il faisait du commerce de gros, tenait deux magasins de détail à Montréal et finançait seul toute son affaire. La même année, son entreprise remporta un premier prix à l'Exposition universelle de Paris. À l'été de 1868, il prit un associé, Lyon Silverman, mais la compagnie connut des difficultés, si bien qu'au début de 1870 elle était sous séquestre.

Davis conclut une entente avec ses créanciers et se relança en affaires – grâce à des amis de New York, selon un agent de la maison d'évaluation du crédit des sociétés R. G. Dun and Company. Cependant, son principal bailleur de fonds était un prêteur sur gages de Montréal, Jacob Moss, qui investit environ 20 000 $ en 1872. Dès lors, la compagnie connut un essor rapide. En octobre 1874, elle employait 75 cigarières et cigariers, et son chiffre d'affaires annuel s'élevait à 300 000 $ environ. Sa cote de crédit était telle que la Banque de la cité et la Banque Molson, toutes deux montréalaises, lui prêtèrent de fortes sommes, ce qui la rendit moins dépendante de New York. En 1876, ses cigares remportèrent un premier prix à l'Exposition universelle de Philadelphie. On lui décernait régulièrement des honneurs semblables à des expositions provinciales.

Au début des années 1880, Davis prit trois de ses fils comme associés et, en 1883–1884, l'entreprise fit construire une vaste manufacture rue Côté. Le secteur manufacturier de la ville était en pleine expansion, et le tabac en était devenu un élément important. En fait, Montréal était la capitale canadienne du cigare : sa production était presque quatre fois supérieure à celle de ses deux grandes rivales prises ensemble, Toronto et Hamilton. La S. Davis and Sons était la plus importante des fabriques montréalaises de cigares. En 1888, celles-ci comptaient en moyenne 74 employés ; Davis en avait 457 et son principal concurrent, Jean-Marie Fortier*, 275. Vers 1894, à peu près 600 personnes par année travaillaient dans son usine de sept étages, équipée de monte-charge à vapeur et d'un réseau téléphonique interne. À cette époque, la S. Davis and Sons avait absorbé une autre société montréalaise, la D. Ritchie and Company. En 1895, à la fondation de l'American Tobacco Company, elle s'intégra à cette société, dont Davis devint un gros actionnaire et dont son fils Mortimer Barnett* devint président.

De toutes les industries montréalaises, l'industrie du cigare était l'une de celles qui payaient les salaires les plus bas et qui employaient le plus de femmes et d'enfants. À compter de 1888, grâce aux machines à cigares, les fabricants purent congédier une partie de leurs cigarières et cigariers qualifiés et les remplacer par des jeunes filles et des jeunes garçons qu'ils désignaient frauduleusement sous le nom d'« apprentis ». Les salaires, maigres au départ, étaient souvent réduits par un régime arbitraire d'amendes, et certains employeurs avaient sur place une police et un cachot pour punir les apprentis. Fortier était probablement celui qui abusait le plus du régime d'apprentissage. Dans l'espoir de mettre fin à cet état de fait, les ouvriers avaient formé plusieurs syndicats ; l'Union des cigariers, sections 58 et 226, était la plus militante. En 1888, seulement 6 % des employés de la S. Davis and Sons étaient syndiqués, contre près de 20 % dans l'ensemble de l'industrie. Contrairement à ses collègues, Davis n'apposait pas l'étiquette syndicale sur ses cigares, qui étaient donc boycottés dans les régions très favorables aux syndicats. Toutefois, il n'appliquait pas de régime d'amendes ni de punition. Selon le *Montreal Daily Star*, la S. Davis and Sons « eut toujours la réputation de traiter ses employés de la manière la plus équitable ». Pourtant, *la Presse* affirmait que « ses rapports avec [son personnel] n'[avaient] pas toujours été très amicaux » et qu'elle avait connu une vingtaine de grèves. De 1883 à 1895, on peut en relever au moins trois. En juin 1883, la section 58 de l'Union des cigariers déclencha une grève dans toute l'industrie pour obtenir une hausse des salaires ; le conflit commença à la S. Davis and Sons, et c'est elle qui, semble-t-il, résista le plus longtemps. De juin à septembre 1894, les sections 58 et 226 firent la grève à la S. Davis and Company afin d'empêcher une réduction de salaire de 20 %, et elles atteignirent leur but. Il leur fallut recommencer en juillet 1895, mais cette fois on ignore quelle fut l'issue du conflit.

Davis prit sa retraite à l'été de 1895. Il était juif et avait longtemps appartenu à la congrégation espagnole et portugaise de Montréal, Shearith Israel, et avait été président de ce groupe orthodoxe durant 17 ans. Il s'était pris d'intérêt pour le mouvement de réforme et participa en 1882 à la fondation du Temple Emanu-El. Après avoir versé des sommes importantes pour la construction de la synagogue, il fut neuf ans président de la congrégation. Davis mettait systématiquement de côté 10 % de son bénéfice pour des œuvres philanthropiques, et c'est pourquoi on le surnomma « le Montefiore et le Hirsch du Canada » (les deux plus célèbres philanthropes juifs européens du XIXe siècle). En cette époque où la plupart des Juifs fortunés ne se préoccupaient pas du sort de leurs coreligionnaires pauvres et immigrants, il milita dans la principale œuvre de bienfaisance juive de Montréal, la Young Men's Hebrew Benevolent Society, qui prit par la suite le nom d'Institut du Baron de Hirsch. Président du comité consultatif de la Ladies' Hebrew Benevolent Society, il fut aussi président honoraire de la Hebrew Benevolent Loan Society. Il payait les permis de colporteurs juifs, et quand des Juifs affluèrent de Russie, dans les années 1880, il veilla personnellement à loger 80 familles. En outre, il paya les études universitaires de Juifs démunis et contribua à la dotation d'une chaire d'hébreu à la McGill University. Cependant, ses coreligionnaires n'étaient pas les seuls à bénéficier de sa générosité. Il œuvrait à l'hôpital protestant des aliénés, ou asile de Verdun, versait des dons à de nombreuses œuvres de bienfaisance de la ville et fut administrateur à vie de différents hôpitaux. Sa femme, Minnie Falk, était également bien connue dans les cercles juifs de Montréal pour son infatigable dévouement aux œuvres de bienfaisance.

Samuel Davis exerçait toutes ces activités en même temps qu'il administrait son entreprise. Il mourut à Montréal à l'âge de 61 ans, quelques mois après avoir pris sa retraite.

GERALD JOSEPH JACOB TULCHINSKY
EN COLLABORATION AVEC JAMES H. LAMBERT

ANQ-M, CE1-197, 3 déc. 1895. — Baker Library, R. G. Dun & Co. credit ledger, Canada (mfm aux AN). — [A. J. Bray], *Canada under the National Policy : arts and manufactures* (Montréal, 1883), 165. — Canada, Commission royale sur le travail et le capital, *Rapport, Québec*. — *Montreal illustrated, 1894* [...] (Montréal, [1894]), 292. —

Montreal Daily Star, 2 déc. 1895. — *La Presse*, 2 déc. 1895. — Atherton, *Montreal*, 3 : 375. — Jean De Bonville, *Jean-Baptiste Gagnepetit : les travailleurs montréalais à la fin du XIXe siècle* (Montréal, 1975). — Jean Hamelin *et al.*, *Répertoire des grèves dans la province de Québec au XIXe siècle* (Montréal, 1970), 78, 121, 126. — Jean Hamelin et Yves Roby, *Histoire économique du Québec, 1851–1896* (Montréal, 1971), 277. — Fernand Harvey, *Révolution industrielle et Travailleurs ; une enquête sur les rapports entre le capital et le travail au Québec à la fin du 19e siècle* (Montréal, 1978). — *The Jew in Canada : a complete record of Canadian Jewry from the days of the French régime to the present time*, A. D. Hart, édit. (Toronto et Montréal, 1926), 123, 243. — Michael Brown, « The beginnings of Reform Judaism in Canada », *Jewish Social Studies* (New York), 34 (1972) : 322–342. — G. J. J. Tulchinsky, « Immigration and charity in the Montreal Jewish community before 1890 », *Histoire sociale* (Ottawa), 16 (1983) : 359–380.

DAVISON, EDWARD DORAN, homme d'affaires et homme politique, né le 10 juin 1819 à Mill Village, comté de Queens, Nouvelle-Écosse, fils de Samuel Davison et d'Eleanor Doran ; le 18 septembre 1839, il épousa dans le comté de Queens sa cousine Desiah Mack (décédée en 1886), et ils eurent dix enfants, puis le 5 janvier 1887, à Halifax, Martha Hopkins Campbell ; décédé le 21 février 1894 à Bridgewater, Nouvelle-Écosse.

Seul fils survivant de la famille, Edward Doran Davison perdit ses parents avant d'avoir atteint l'âge de 12 ans. De la famille de sa mère, il hérita d'une entreprise engagée à la fois dans l'exploitation agricole, la pêche et l'exploitation forestière. Sa tante, Catherine Doran, se chargea de cette affaire et lui enseigna les rudiments de la gestion. À 18 ans, Davison prit la relève : il possédait une scierie, au moins 580 acres de terre arable et de forêt, et des droits de pêche. Amant de la vie au grand air, il se passionnait pour l'exploitation forestière. Travailleur infatigable, d'un esprit technique et inventif, il avait construit dès 1845 l'une des premières scieries à vapeur de la Nouvelle-Écosse, et ses affaires marchaient bien.

En 1855, Davison fut élu député libéral de la circonscription de Queens à l'Assemblée de la Nouvelle-Écosse. Il écrira plus tard à ce propos : « Je préférais [William Young*] à [Joseph Howe*] comme leader, et le soutenir contre le chef de l'opposition [James William Johnston*] m'a coûté beaucoup d'argent. » Davison fut toutefois défait quatre ans plus tard, et ce n'est qu'à l'extérieur de la chambre qu'il put manifester son opposition à la Confédération.

En 1865, les propriétés de Davison dans le réseau hydrographique de la Medway s'étendaient sur 10 000 acres, mais l'incendie de 1849 avait détruit la plupart des boisés. Davison s'associa à ses trois fils et, avec eux, se lança dans une nouvelle entreprise à Bridgewater, à la limite des eaux de marée de la rivière La Have. Les entrepreneurs forestiers de la rivière La Have avaient exploré les terres en amont, mais avaient conclu qu'ils ne pouvaient maîtriser la rivière elle-même. La débâcle avait gravement endommagé leurs estacades et leurs moulins à scier, et ils étaient prêts à abandonner. Pour contenir la glace, la E. D. Davison and Sons, formée en 1865, entreprit de construire de nouvelles digues et de consolider les estacades. Elle réussit là où d'autres avaient échoué.

La crise économique de 1873 força plusieurs entrepreneurs forestiers de la rivière La Have à fermer leur exploitation, et au cours des 13 années qui suivirent les Davison purent acquérir les domaines de tous leurs rivaux. Auparavant, au début des années 1870, ils avaient agrandi leur territoire sur les rivières Medway et Nictaux, en achetant aux exploitants des États-Unis et du Nouveau-Brunswick de vastes étendues que ceux-ci estimaient peu rentables en 1871. L'acquisition en 1888 des avoirs fonciers de trois autres propriétaires étendit encore leur domaine sur la Medway et la Nictaux.

Dès les années 1880, la E. D. Davison and Sons était devenue la plus grande exploitation forestière de la Nouvelle-Écosse, et son territoire couvrait 200 000 acres. La compagnie employait 350 hommes et 50 équipes de bœufs qui approvisionnaient et faisaient fonctionner cinq scieries, dont trois pouvaient couper jusqu'à 250 000 pieds par jour. La production annuelle s'élevait en moyenne à 12 millions de pieds-planches et rapportait environ 120 000 $. Pendant nombre d'années, la société Davison exporta la plupart de ses produits vers l'Argentine, mais elle fit également commerce avec les Açores, Madère et les Antilles et, finalement, avec la plupart des pays de la côte Atlantique.

En évoquant le passé, Edward Doran Davison put écrire dans son journal en 1891 : « Dans ma famille, j'ai connu le bonheur du début jusqu'à maintenant, et jamais je n'ai souhaité de jours meilleurs [...] Aujourd'hui, à 72 ans, je profite du bon temps que me procure ma première passion, l'exploitation forestière dans tous ses aspects, de l'abattage à l'exportation, et des autres défis que je me suis donnés pour le simple plaisir de la chose. » Après sa mort, survenue en 1894, les gens de son entourage louèrent ses nombreux gestes charitables.

CATHERINE PROSS

PANS, MG 1, 254–255 ; MG 3, 70–109. — Joseph Howe, « Letters relating to confederation written by Joseph Howe to Edward Doran Davison, former M.L.A. for Queens County », PANS, Board of Trustees, *Report* (Halifax), 1965 : 20–22. — J. E. Defebaugh, *History of the lumber industry of America* (2 vol., Chicago, 1906–1907), 1 : 249. — B. R. Robertson, *Sawpower : making lumber in the sawmills of Nova Scotia* (Halifax, 1986). — J. B. Tanner, « The rise of entrepreneurship in the Bridgewater–La Have region : the Davison legacy, 1865–1894 » (thèse de M.A., Dalhousie Univ., Halifax, 1986). — *Halifax Daily Echo*, 3 juill. 1903. — R. S. Johnson, « A nostalgic look at an old lumber company », *Atlantic Advocate* (Fredericton), 68 (1977–1978), n° 11 : 67–75.

DAWSON, sir JOHN WILLIAM, géologue, paléontologue, auteur, professeur, fonctionnaire, éditeur, rédacteur et administrateur scolaire, né le 13 octobre 1820 à Pictou, Nouvelle-Écosse, fils de James Dawson et de Mary Rankine ; décédé le 19 novembre 1899 à Montréal.

John William Dawson (qui fut toujours connu sous son second prénom) était fils d'immigrants écossais. À sa naissance, son père exploitait un florissant commerce d'import-export, possédait des navires et tenait une librairie-papeterie à Pictou. La crise économique du milieu des années 1820 et une série de catastrophes maritimes qui touchèrent ses navires le laissèrent dans de graves difficultés financières. Ses créanciers l'autorisèrent à consolider ses dettes à condition qu'il rembourse le montant avec intérêt au cours des décennies suivantes, et qu'il limite son activité commerciale à ses occupations de libraire, de papetier et d'imprimeur. Dans les années 1840, après plus de dix ans d'une décente misère, la famille Dawson était devenue relativement aisée par rapport aux autres habitants de Pictou. Néanmoins, la dette demeura un souci constant, jusqu'à son extinction, dans les années 1850.

William Dawson, fervent chrétien, estimait que son devoir filial lui imposait de participer à l'acquittement de la dette et cette conviction eut des conséquences déterminantes sur les débuts de sa vie d'adulte. Il tenait son ardente foi de son père, conseiller presbytéral de l'Église presbytérienne et adepte d'une théologie fortement évangélique. Un ami intime de la famille, le révérend James Drummond MacGregor*, *anti-burgher* convaincu, joua aussi un rôle dans la formation des croyances du jeune William. Pour Dawson, celles-ci faisaient partie intégrante de la vie ; elles allaient d'ailleurs fortement influencer ses vues sur la science et l'éducation.

Dawson reçut ce qu'il appelait sa « formation générale » du révérend Thomas McCulloch*, à la Pictou Academy qui était avant tout un collège préparatoire pour ministres presbytériens. À la fin de son cours, il possédait une base solide en latin, en grec, en physique et en biologie ainsi qu'une connaissance pratique de l'hébreu. De sa propre initiative, il dévorait tous les ouvrages de géologie et d'histoire naturelle qui lui tombaient sous la main. Tant dans la campagne qui environnait Pictou que dans la forêt pétrifiée de South Joggins (Joggins), située à 70 milles à l'est, il recueillait des minéraux, des coquillages et des spécimens naturels de toutes sortes. Pour enrichir son impressionnante collection, il faisait des échanges avec des géologues et des naturalistes néo-écossais, tels Abraham Gesner*, Thomas Trotter* ou Isaac Logan Chipman, et même avec des naturalistes de Boston. À l'automne de 1840, il entra à la University of Edinburgh, où il suivit des cours de géologie et de taxidermie ; il y apprit aussi à préparer des coupes fines d'animaux et de plantes fossiles pour l'observation au microscope. Dans les années 1850 et 1860, ses études microscopiques de fossiles lui vaudront une réputation enviable qui allait durer toute sa vie, et il fut un pionnier canadien dans ce domaine. Au printemps de 1841, il dut cependant abandonner ses études et rentrer à Pictou en raison des difficultés financières de sa famille.

En 1842, Charles Lyell, considéré aujourd'hui comme le père de la géologie moderne par la plupart des spécialistes des sciences de la terre, se rendit à Pictou pour étudier les imposants dépôts houillers d'Albion Mines (Stellarton), au sud de la ville. Son principal guide fut Dawson, et de cette rencontre naquit une amitié durable, basée sur le respect mutuel. Vers 1845, encouragé et conseillé par Lyell, Dawson effectua, en Nouvelle-Écosse, énormément de travaux sur le terrain, dont il publia les résultats dans le *Quarterly Journal* de la Geological Society of London. Au même moment, il entreprit sous contrat des programmes d'exploration pour des entrepreneurs miniers qui cherchaient, dans la province, des dépôts minéraux et houillers à exploiter.

Au cours de ces années, Dawson envisagea sérieusement de se faire ordonner ministre presbytérien. Il y renonça pour plusieurs raisons, mais surtout parce qu'il ne voyait pas comment un salaire de pasteur pourrait lui permettre d'aider son père à acquitter le solde, encore élevé, de sa dette. En outre, il était très épris de Margaret Ann Young Mercer, qu'il avait rencontrée à Édimbourg en 1840 (elle était la fille d'un marchand aisé de cette ville). Malgré qu'ils aient dû se séparer lorsque Dawson était rentré en Nouvelle-Écosse en 1841, ils poursuivirent une correspondance assidue jusqu'à son retour à Édimbourg en janvier 1847. Ils se marièrent le 19 mars, avec la bénédiction du père de la jeune fille. Opposée à cette union, la mère de celle-ci n'assista pas à la cérémonie et demeura brouillée avec sa fille durant des années.

Au début de 1847, Dawson s'était inscrit de nouveau à la University of Edinburgh pour suivre un cours de chimie appliquée qui l'aiderait à faire ses explorations à des fins commerciales. Toujours à Édimbourg, il fit lithographier une petite carte géographique de la Nouvelle-Écosse, qu'il avait dressée à partir de diverses sources. Elle parut dans *A hand book of the geography and natural history of the province of Nova Scotia,* qu'il publia pour la première fois en 1848 à Pictou ; adopté plus tard par les écoles néo-écossaises, ce manuel connut de nombreuses rééditions. Imprimé en format de poche, il décrivait en détail la géographie de la province, comté par comté, et contenait de brèves sections sur ses institutions politiques et judiciaires ainsi que sur ses confessions religieuses. Il présentait aussi une analyse statistique de la population et les grandes lignes de la géologie, de la faune et de la flore néo-écossaises.

Dawson rentra en Nouvelle-Écosse, au printemps de 1847 ; il était le premier habitant d'Amérique du Nord britannique à avoir reçu une formation de géologue d'exploration. Dans les années suivantes, il fit beaucoup de travaux pratiques, tant en Nouvelle-Écosse que dans diverses régions du Bas et du Haut-Canada, sur des dépôts de houille, de fer, de cuivre et de phosphate. Sa première mission importante, en août et septembre 1848, consista à évaluer, pour le gouvernement de la Nouvelle-Écosse, les possibilités d'exploitation des gisements de charbon du sud de l'île du Cap-Breton. Par ailleurs, il donna des cours d'histoire naturelle et de minéralogie appliquée à la Pictou Academy en 1848 et au Dalhousie College en 1850.

Dawson prenait à cœur les problèmes que connaissait sa province natale en matière d'éducation, particulièrement l'ignorance des fermiers néo-écossais sur la chimie agricole et d'autres aspects scientifiques de l'agriculture. Il rédigea des textes techniques et des articles de journal sur le moucheron du blé, un insecte nuisible de la région, et sur une maladie venue d'Europe, la rouille de la pomme de terre, qui faisaient tous deux des ravages dans la province. En 1850, ses amis de la chambre d'Assemblée, Joseph Howe* et George Renny Young*, le persuadèrent d'accepter le nouveau poste de surintendant de l'Éducation de la Nouvelle-Écosse. Howe avait trouvé l'argument décisif : comme ses fonctions l'amèneraient à parcourir toute la province, Dawson pourrait continuer à y faire ses propres études géologiques.

Dawson se plongea dans son nouveau travail avec le zèle et l'enthousiasme qui le caractérisaient. Sa première mesure à titre de surintendant fut de visiter les écoles publiques du Massachusetts, du Connecticut et de l'état de New York, afin de se renseigner sur les programmes, les écoles normales, la construction des écoles et leur financement. Il se rendit compte dès le début de la nécessité d'un soutien public pour les réformes qu'il projetait ; il visita donc systématiquement tous les districts scolaires de la province, et autant d'écoles qu'il le put. Dans les grands centres, il suscita la formation d'associations d'enseignants, et il mit sur pied, à leur intention, un certain nombre d'instituts, des cours d'une semaine sur divers sujets suivis de discussions ouvertes sur les problèmes particuliers à chaque région. Après deux ans de déplacements (1850 et 1851) dans la province et d'enquêtes sur tous les aspects de l'éducation, il recommanda l'introduction, dans toutes les écoles, d'un programme uniforme, enseigné par des professeurs qualifiés. Il prôna aussi l'instauration d'un système d'imposition pour financer les écoles et il souligna l'importance de l'école normale. Il lança à Halifax en 1851 un périodique qui expliquait et analysait les réformes proposées : le *Journal of Education for Nova Scotia,* dont il écrivait une bonne partie des articles.

Le gouvernement fut lent à réagir à ses propositions, et Dawson démissionna en 1852 après avoir remis son rapport, invoquant « les exigences de ses préoccupations et devoirs personnels ». Il avait joué un rôle majeur dans la fondation de la Normal School de Truro, qui ouvrit enfin ses portes en 1855, et il fut l'un des premiers commissaires de cette école provinciale. Il avait imprimé une poussée vigoureuse à l'enseignement de la chimie agricole et, voyant qu'aucun manuel approprié n'était disponible, il en rédigea plusieurs, dont *Scientific contributions towards the improvement of agriculture in Nova Scotia,* paru à Pictou en 1853, et *Practical hints to the farmers of Nova-Scotia* [...], publié à Halifax en 1854. Refondus et révisés à l'intention des écoles de la province de Québec, ces deux manuels seraient publiés en 1864 à Montréal par John LOVELL sous le titre de *First lessons in scientific agriculture : for schools and private instruction* [...].

En 1852, Lyell revint en Nouvelle-Écosse et étudia, avec Dawson, l'intérieur des troncs d'arbre fossiles que laissaient voir les falaises du rivage de Joggins. Les deux chercheurs découvrirent les plus anciens vestiges reptiliens alors connus en Amérique du Nord (et rares ailleurs dans le monde). Par la suite, on baptisa *Dendrerpeton acadianum* le reptile en question. Au même endroit, ils trouvèrent les restes, tout aussi rares, d'un escargot qui reçut le nom de *Pupa vetusta.* La découverte de ces formes de vie si anciennes dans l'échelle géologique eut une grande importance pour les paléontologues, puis pour les évolutionnistes. Jusqu'à la fin de sa vie, Dawson se consacrera, à diverses reprises, à l'étude et à la description de ces animaux aérobies trouvés à Joggins. En 1863, il publiera à Montréal et à New York sa plus précieuse contribution sur le sujet, *Air-breathers of the coal period* [...], monographie qui suscite encore l'admiration des paléontologues. Sa dernière communication importante sur ces animaux, publiée par la Société royale du Canada dans ses *Mémoires* de 1894, s'intitulera « Synopsis of the air-breathing animals of the Palæozoic in Canada, up to 1894 ».

Élu membre de la Geological Society of London en 1854, Dawson termina la même année le manuscrit d'une œuvre monumentale, *Acadian geology* [...], qui parut à Édimbourg et à Londres l'année suivante. Il s'agissait d'un guide pratique sur la géologie et les ressources économiques de la Nouvelle-Écosse, du Nouveau-Brunswick et de l'Île-du-Prince-Édouard, qui fit autorité. La quatrième et dernière édition, révisée et mise à jour, parut en 1891 ; elle comptait près de 700 pages alors que la première en avait 388.

On comprendra donc sans peine que Lyell ait recommandé chaleureusement la candidature de Dawson à la chaire d'histoire naturelle de la University of Edinburgh lorsqu'elle devint vacante en 1854. Selon un géologue britannique de l'époque, John Jeremiah Bigsby*, il aurait alors dit : « à présent, je compte surtout sur Dawson [...] pour faire avancer réellement la philosophie de la géologie ». Cependant, en août 1855, au moment où Dawson s'apprêtait à s'embarquer pour l'Angleterre afin d'aller promouvoir sa candidature, il apprit qu'on avait confié la chaire au botaniste George James Allman, surtout à cause des pressions de la faculté de médecine de l'université, qui voulait un botaniste plutôt qu'un géologue.

Presque en même temps, Dawson eut la surprise de se voir offrir la direction du McGill College de Montréal (il deviendrait le cinquième directeur de l'établissement). Les recommandations du gouverneur en chef, sir Edmund Walker Head*, avaient beaucoup pesé dans cette décision du conseil d'administration. C'est en 1852, au moment où il était lieutenant-gouverneur du Nouveau-Brunswick, que Head avait connu Dawson par l'entremise de son vieil ami Lyell. Dawson l'avait tellement impressionné que deux ans plus tard on l'avait invité à faire partie d'une commission d'enquête sur la situation du King's College de Fredericton [V. Edwin Jacob*], avec le surintendant des écoles du Haut-Canada, Egerton Ryerson*, les hommes politiques néo-brunswickois James Brown* et John Hamilton Gray*, ainsi que John Simcoe Saunders*. Les travaux de cette commission débouchèrent sur la fondation d'une université provinciale non confessionnelle, la University of New Brunswick. De par ses fonctions de gouverneur en chef, Head était d'office visiteur du McGill College. C'est lui qui convainquit les membres du conseil d'administration de nommer, à la tête de l'établissement, non pas un distingué humaniste de Grande-Bretagne, mais un scientifique sensible aux besoins éducationnels d'un jeune pays en pleine expansion et qui jouissait déjà d'une réputation internationale. Découragé par l'échec d'Édimbourg, Dawson accepta l'offre, même s'il connaissait peu Montréal et McGill. Toutefois, il se rendit d'abord en Grande-Bretagne, où il prononça plusieurs communications à l'assemblée annuelle de la British Association for the Advancement of Science.

Lorsque Dawson arriva à McGill en 1855 avec sa femme et ses enfants, il se trouva devant une situation déprimante. La faculté des arts était moribonde ; les deux édifices du collège (dont l'un devait servir en partie de résidence au directeur) étaient en ruine ; les vaches broutaient sur les terrains du collège, qui étaient reliés à la ville de Montréal par un tortueux chemin charretier à peu près impraticable une fois la nuit tombée. Les fonds faisaient défaut. Heureusement – et c'étaient là les deux seuls points encourageants – la faculté de médecine était florissante [V. Andrew Fernando Holmes*] et le conseil d'administration regroupait des hommes de valeur. On y trouvait, entre autres, Charles Dewey Day*, James Ferrier* et William Molson*, qui allaient donner sans compter temps et argent pour aider McGill à progresser. À l'instar de Dawson, ils estimaient que dans une société coloniale l'enseignement supérieur devait obéir à des considérations pratiques. À cette époque, comme le Canada-Uni avait besoin de personnes qui possèdent des compétences professionnelles, Dawson et le conseil d'administration se préparèrent à en former.

Les administrateurs purent constater que Dawson était bien l'homme dont le collège avait besoin. Ses préoccupations et ses compétences étaient aussi bien théoriques que pratiques. La University of Edinburgh lui décerna une maîtrise ès arts en 1856, en partie à cause de ses publications. Éducateur chevronné, doté d'une expérience du commerce et de la finance, Dawson était un conférencier brillant, un auteur populaire et un fervent chrétien. Sa grande énergie et sa détermination ne l'empêchaient pas d'être, en général, calme, bienveillant et courtois ; son humour était parfois lourd, mais toujours inoffensif. Au fil des ans, Dawson fit figure de véritable patriarche sur le campus de McGill, aimé et respecté pour sa prévenance et sa patience par des générations d'étudiants, dont le plus élogieux fut sir William Osler*. Chaque trimestre, il invitait tous les élèves, par petits groupes, à prendre le thé chez lui, ce qui donnait souvent lieu à des concerts improvisés.

En 1857, Dawson connut son premier succès à McGill en établissant une école normale subventionnée par le gouvernement. Il allait être directeur et professeur de sciences à la McGill Normal School durant environ 13 ans, ce qui lui imposerait de lourds sacrifices (comme il s'en plaindrait plus tard). En effet, les cours n'y finissaient pas au début de mai, comme au collège, mais tard en juin, et il avait ainsi moins de temps à consacrer à sa passion : les travaux sur le terrain. Outre ses deux postes de directeur, Dawson assuma au début celui de professeur de chimie, d'agriculture et d'histoire naturelle (géologie, zoologie et botanique) ; il avait donc une pleine charge d'enseignement. Tout de même, il trouva le temps d'aménager le parc du collège, appelé aujourd'hui campus inférieur de McGill, et aida, avec sa femme, à planter les grands ormes qui ornèrent les lieux jusqu'à ce qu'une maladie les détruise presque un siècle plus tard. Un peu plus de dix ans après l'arrivée de Dawson à Montréal, le McGill College était un établissement florissant, qui commençait à se faire un nom dans l'est de l'Amérique du Nord. La recherche innovatrice et créative de Dawson en géologie, science la plus populaire du milieu du XIXe siècle, ainsi que ses efforts pour regrouper un corps professoral compétent en biologie, physique et génie jetèrent les fondations de la réputation de McGill. Comme allait l'écrire le célèbre humoriste Stephen Butler Leacock*, professeur d'économie à McGill : « Plus que celle de n'importe quel individu ou groupe, McGill est *son* œuvre. »

En s'installant à Montréal, en 1855, Dawson se rapprocha des hommes de science américains et d'organismes comme la Smithsonian Institution de Washington et le Museum of Comparative Zoology de la Harvard University. Il noua de longues amitiés avec une foule d'hommes de science américains réputés, tels James Hall, John Strong Newberry, James Dwight Dana et Samuel Hubbard Scudder. Le directeur Dawson, comme on l'appelait généralement dans les cercles scientifiques, entretenait aussi des liens étroits avec des établissements britanniques et d'éminents géologues de Grande-Bretagne comme Lyell, Bigsby, William Crawford Williamson et Philip Herbert Carpenter. En 1888, il préconisera la formation d'une association impériale de géologie, mais sa proposition n'aura pas de suite.

En 1857, Dawson accueillit à Montréal les membres de l'American Association for the Advancement of Science, qui tenait pour la première fois son assemblée annuelle hors des États-Unis. Peu auparavant, la Société d'histoire naturelle de Montréal l'avait élu président ; il allait occuper ce poste pendant plus de 19 mandats et publier énormément dans le périodique de la société, le *Canadian Naturalist and Geologist*. En outre, il travaillait avec enthousiasme aux côtés de sir William Edmond Logan*, Thomas Sterry Hunt, Elkanah Billings* et d'autres membres de la Commission géologique du Canada (dont le siège était alors à Montréal) à faire rayonner dans le monde les recherches géologiques qui se faisaient dans cette ville.

Une fois installé à McGill, Dawson eut beaucoup moins souvent qu'auparavant l'occasion de faire de longues expéditions sur le terrain. Ses fonctions y étaient pour quelque chose, mais de plus il estimait nécessaire d'épargner à sa famille la chaleur de l'été montréalais. Pendant la plus grande partie des années 1860, la santé de son fils aîné, George Mercer*, fut un constant sujet d'inquiétude. (Le premier-né des Dawson, James Cosmo, était mort en 1849, peu après sa naissance.) Au printemps de 1860, George était tombé dans un ruisseau (celui dont le domaine de Burnside, propriété de James McGill*, tirait son nom, « burn » voulant dire « ruisseau » en écossais). Victime d'un refroidissement, il souffrit d'une infection de la moelle épinière qui fit cesser sa croissance et le laissa bossu. Dawson suivit de près l'éducation de son fils qui, une fois adulte, devint l'un des plus grands géologues explorateurs du Canada. C'est par souci de la santé des siens que Dawson choisit d'étudier principalement, pendant l'été, les plantes fossiles de la Gaspésie et du Maine. Ces endroits, faciles d'accès, étaient propices à de courtes expéditions de cueillette. En outre, ils recélaient les plus anciennes plantes connues de la colonne géologique, et les travaux que Dawson a faits sur elles se classent parmi ses plus grandes réalisations scientifiques. Ainsi, « On fossil plants from the Devonian rocks of Canada », article publié dans le *Quarterly Journal* de la Geological Society of London en 1859, a fait date dans l'histoire de la paléobotanique. Tout aussi importants furent ses travaux sur les plantes fossiles des formations canadiennes du dévonien et du silurien supérieur, publiés par la Commission géologique du Canada en 1871.

À son arrivée à McGill, Dawson avait entrepris une étude attentive des dépôts et fossiles glaciaires des environs de Montréal. Par la suite, il fit des études semblables dans la vallée du bas Saint-Laurent, où il participa à la fondation d'une colonie estivale et d'une église presbytérienne à Métis Beach (Métis-sur-Mer). Ses contributions à la connaissance de la flore et de la faune fossiles de la grande période glaciaire furent reconnues à leur juste valeur de son vivant. Cependant, il continuait d'adhérer à la théorie selon laquelle les principaux agents de l'action glaciaire avaient été les glaces flottantes, c'est-à-dire des morceaux de glace qui s'étaient détachés des glaciers et avaient charrié des blocs erratiques du soubassement rocheux strié pendant les périodes où la surface terrestre était partiellement immergée. Son attachement à cette position et son refus d'accepter la théorie de la grande calotte polaire, énoncée pour la première fois en Écosse par Louis Agassiz en 1840, créaient un grave conflit entre lui et d'autres géologues. De plus, Dawson avait constamment des critiques à formuler contre les théories de Dana et de Newberry. Il faut rappeler qu'il avait grandi sur les rivages de la Nouvelle-Écosse, l'un des deux seuls endroits habités au monde où l'on peut observer chaque année les effets des glaces flottantes. En étudiant les matériaux glaciaires de la province de Québec, il trouva nombre d'indices de la formation des dépôts sous l'action des glaces flottantes. Ce qu'on ignorait alors, c'est qu'à l'époque du recul de l'inlandsis laurentidien, qui par son seul poids avait abaissé le territoire où il se trouvait, une nappe d'eau qu'on appelle maintenant la mer de Champlain occupait toute la vallée du Saint-Laurent et s'étendait jusque dans le lac Champlain. Une grande quantité d'icebergs bourrés de blocs erratiques avaient flotté sur cette mer et laissé leur empreinte sur les dépôts sous-jacents. Dawson rassembla ses principaux travaux sur le sujet dans une monographie publiée à Montréal en 1872, *Notes on the post-Pliocene geology of Canada* [...] ; elle reparut en 1893 à Montréal, en version révisée et augmentée, sous le titre *The Canadian Ice Age* [...].

Dans ce dernier ouvrage, il admettait l'existence de grands glaciers dans les Laurentides et les Appalaches, mais n'acceptait pas encore tout à fait la théorie des nappes glaciaires. Ce n'est qu'après sa mort que fut résolu le mystère de la glaciation et que cette théorie s'imposa.

En 1864, le directeur de la Commission géologique du Canada, William Logan, demanda à Dawson d'examiner au microscope des restes apparemment organiques qui provenaient de la série laurentienne du Bouclier canadien, les plus anciennes roches alors connues au monde et que l'on croyait azoïques (sans vie). Dawson conclut que ces restes étaient organiques et les identifia comme ceux de foraminifères géants, forme primitive de vie animale. Carpenter, considéré à l'époque comme l'autorité britannique en matière de foraminifères, ainsi que plusieurs éminents paléontologues confirmèrent son identification. Le fossile, baptisé par Dawson *Eozoön canadense* (animal qui date de l'aube de la vie au Canada), fut présenté officiellement par Dawson, Logan, Carpenter et Hunt dans des communications publiées pour la première fois dans le *Quarterly Journal* de la Geological Society of London en février 1865. Le monde scientifique tout entier salua cette découverte soigneusement documentée qui allait établir une nouvelle époque géologique. L'ère éozoïque de Dawson allait accéder au même rang que d'autres ères, tel le paléozoïque. Puis, l'année suivante, deux géologues irlandais, William King et Thomas H. Rowney, eurent l'audace d'affirmer que l'*Eozoön* était inorganique : selon eux, c'était le produit de l'action de la chaleur et de composants chimiques sur le calcaire. Une querelle scientifique passionnée naquit autour de l'*Eozoön canadense*. La controverse allait faire rage presque jusqu'à la mort de Dawson (en 1895, il défendait encore son cher *Eozoön* contre une nouvelle attaque), et il n'abandonna jamais la conviction que les restes en question étaient organiques. Finalement, l'énigme fut résolue à la satisfaction de la plupart des spécialistes des sciences de la terre lorsque l'on découvrit, en 1895, des formes semblables à l'*Eozoön* parmi les projections volcaniques du Vésuve, en Italie. Aujourd'hui, on considère que l'*Eozoön* est inorganique.

Dawson avait publié en 1860, dans le *Canadian Naturalist and Geologist,* un examen critique de l'ouvrage de Charles Darwin paru depuis peu, *On the origin of species [...].* Il y relevait les faiblesses de l'argumentation darwinienne en ce qui a trait aux renseignements trouvés dans les fossiles, faiblesses qui soulèvent encore de fervents débats, plus d'un siècle après. Aussi est-il ironique de constater qu'au moment où la Royal Society of London envisagea de donner à Dawson le titre de membre, en 1892, Darwin fut l'un des signataires de la recommandation qui aboutit à son élection. Bien sûr, Dawson avait d'autres motifs d'attaquer les théories évolutionnistes de Darwin. Chrétien fervent, il croyait fermement en un Dieu créateur – la nature ne pouvait pas être dépourvue d'intelligence et d'un plan. En outre, il estimait que la religion n'avait rien à craindre de la science : interprétées correctement, les Écritures étaient en harmonie avec elle, comme il le fit valoir dans *Archaia* [...], paru à Montréal et à Londres en 1860, et dans *The origin of the world, according to revelation and science,* publié en 1877 à Montréal. Carl Clinton Berger résume le point de vue de Dawson en soulignant que ce dernier s'opposait au darwinisme en raison de sa vision athée non seulement de la nature mais de l'homme. Il voyait dans le darwinisme la destruction des croyances religieuses et de la morale sociale. En 1890, il lança à Londres un ouvrage qui résumait sa position : *Modern ideas of evolution* [...]. Déjà, il pressentait qu'une vision athée de la nature conduirait l'homme à la dégrader. « Quand on considère l'homme comme un agent d'amélioration et d'innovation dans le monde, beaucoup de choses laissent supposer qu'il y a conflit entre lui et la nature, et qu'au lieu d'être l'élève de son milieu il en devient le tyran. Ainsi l'homme, et surtout l'homme civilisé, apparaît-il comme l'ennemi de la nature vierge, de sorte que, dans les régions où sa domination s'exerce le plus, nombre d'animaux et de plantes ont été exterminés, et presque toute la surface de la terre a subi l'action de ses procédés de culture et a perdu les caractéristiques de son état primitif [...] Par certaines opérations auxquelles il donne le nom de culture, l'homme tend à épuiser et à appauvrir le sol, qui cesse de subvenir à ses besoins et se transforme en désert [...] La progression de l'épuisement vers l'Ouest nous avertit qu'un jour peut-être, même dans des contrées relativement nouvelles comme l'Amérique, la terre cessera de pourvoir aux besoins de ses habitants. » Par la suite, Dawson devint un fidèle correspondant du Victoria Institute de Londres, qui se vouait à l'harmonisation de la Bible et de la science.

À compter de 1855, et jusqu'à peu de temps avant sa mort, Dawson prononça chaque année une quantité incalculable de conférences très prisées du public sur la science et la Bible, et sur des sujets connexes, devant les membres d'organismes comme la Young Men's Christian Association (non seulement à Montréal mais dans tout l'Ontario) et l'institut des artisans. Pendant les vacances de Noël, il faisait de même dans de nombreuses villes américaines, dont New York, Boston, Philadelphie et Baltimore. Ces grands cycles de conférences furent à l'origine de livres populaires comme *Nature and the Bible* [...], paru à New York en 1875, *The geological history of plants,* publié dans la même ville en 1888, et *Facts and fancies in modern science* [...], lancé à Philadelphie en 1882.

Le populaire magazine hebdomadaire britannique *Leisure Hour,* publié par la Religious Tract Society à Londres, commanda à Dawson, en 1872, une série d'articles qui, comme il le disait lui-même, ne présenteraient « aucune trace d'agnosticisme ». Ils reparurent en 1873 à Londres dans un recueil intitulé *The story of the earth and man,* qui connut une douzaine d'éditions autorisées et deux éditions illégales aux États-Unis. Par la suite, *Leisure Hour* publia plusieurs autres séries d'articles de sa main. En un temps où le principe selon lequel « l'homme est d'abord fait pour rendre gloire à Dieu et l'aimer toujours » régissait encore la vie de la plupart des gens, Dawson se fit largement connaître, par ces textes destinés au grand public, comme un éloquent défenseur du christianisme contre la science athée ou agnostique. Il y présentait la science naturelle et l'anthropologie culturelle de façon à la fois sérieuse et vivante, sans jamais cesser d'attaquer le darwinisme. Cependant, ces textes ternirent sa réputation auprès des scientifiques de la génération suivante et ont eu tendance à éclipser, durant près d'un siècle, son œuvre exceptionnelle de scientifique et d'éducateur.

C'est par ses grands écrits scientifiques que Dawson fit de Montréal un centre international de géologie et de paléobotanique. Son zèle, sa haute moralité, sa courtoisie et sa bonté lui ouvrirent les demeures des riches familles montréalaises, qui acceptaient facilement son opposition absolue aux boissons alcooliques et versaient des fonds à McGill. On peut se demander si un fervent partisan de la théorie darwinienne de l'évolution aurait obtenu un tel appui à Montréal, où l'esprit de clocher et la crainte de Dieu régnaient encore. Dawson, lui, y parvint parce qu'il affirmait que la science, en tant qu'étude des œuvres de Dieu, était à la fois un devoir chrétien dont une université devait s'acquitter et une nécessité pratique pour un pays neuf.

Au cours de sa vie, Dawson publia quelque 350 textes scientifiques, imposants ou modestes. De ce nombre, environ 200 étaient consacrés à la paléontologie : plus de la moitié de ceux-ci traitaient de paléobotanique, environ un quart, de la paléontologie des invertébrés (à l'exclusion de l'*Eozoön*), un dixième, de la paléontologie des vertébrés (surtout des amphibies et des reptiles du carbonifère), et les autres, de l'*Eozoön canadense*. Ces proportions montrent l'importance relative de ses divers domaines d'intérêt scientifique. Parmi ses autres publications scientifiques, beaucoup traitaient de la glaciologie canadienne (notamment de la paléontologie du pléistocène). Dawson publia, à Montréal, plusieurs manuels pour les étudiants des universités canadiennes, dont *Handbook of zoology* [...], paru en 1870, qui avait l'originalité de présenter des exemples de fossiles de la région montréalaise, coraux et autres animaux marins. En 1880, parut *Lecture notes on geology and outline of the geology of Canada* [...], puis en 1889 une version beaucoup plus considérable de cet ouvrage, sous le titre de *Handbook of geology for the use of Canadian students*.

En creusant des fondations pour construire des maisons près du collège, des ouvriers avaient trouvé en 1860 divers vestiges d'un village aborigène, dont des ossements. Dawson en dirigea la récupération et, après examen, les déclara contemporains de la visite de Jacques Cartier* dans l'île de Montréal en 1535. Selon lui, ce site avait été celui du village indien d'Hochelaga. La même année, il décrivit en détail cette découverte dans le *Canadian Naturalist and Geologist*. Bien que par la suite des anthropologues aient contesté que ce site ait vraiment été celui d'Hochelaga, il reste que Dawson contribua à conserver, pour la postérité, un élément unique du patrimoine archéologique canadien.

À la fin des années 1860, à Montréal comme ailleurs, des pressions en faveur de l'accès des femmes à l'enseignement supérieur commençaient à se faire sentir. En 1870, Dawson et sa femme profitèrent donc d'un voyage dans les îles Britanniques pour observer ce qui se faisait dans ce domaine en Angleterre et en Écosse. À son retour à Montréal, plus tard dans l'année, Dawson consulta notamment Lucy Stanynought (Simpson) et Anne MOLSON, puis il préconisa la formation d'un groupement semblable à celui qui venait de voir le jour à Édimbourg. Le 10 mai 1871, naquit la Montreal Ladies' Educational Association, dont le but était d'offrir des conférences sur divers sujets et de fonder par la suite un collège affilié à McGill. Dawson conçut et donna le cours d'histoire naturelle. Il était convaincu du bien-fondé des études supérieures pour les femmes, mais les obstacles ne manquaient pas à McGill : opposition résolue de la faculté des arts, pénurie de fonds, controverse irritante sur la formation de classes mixtes. En 1884, Donald Alexander Smith* fit une donation de 50 000 $ pour financer à la faculté des arts les deux premières années d'études en classes séparées pour les femmes. Par la suite, Dawson reconnut préférer les classes de ce genre, car il fallait protéger la nature délicate et sensible des jeunes femmes contre la rudesse des jeunes gens. Toutefois, il n'hésitait pas à dire qu'il aurait accepté des classes mixtes si Smith en avait fait une condition.

Insatisfait de vivre à Montréal, Dawson avait postulé en 1868 le rectorat de la University of Edinburgh. Il se sentait entravé dans ses travaux scientifiques par sa double charge d'administrateur et de professeur, le peu de temps qu'il pouvait consacrer à la recherche scientifique créative et l'isolement qu'il ressentait par rapport aux grands courants britanniques, européens et américains de la pensée scientifique. Ses quelques collègues montréalais prenaient de l'âge – c'était le cas de son grand ami Logan – ou vivaient désormais ailleurs, comme Hunt. Malgré des recommandations très élogieuses du Canada et d'outre-mer, il n'eut pas le poste. Cependant, sa libération de la direction de l'école normale en 1870

(William Henry Hicks lui succéda) et la création, en 1871, du département de sciences appliquées dont il rêvait depuis longtemps l'incitèrent à demeurer à McGill.

Dawson eut une influence marquante sur le développement et le maintien de l'enseignement protestant dans la province de Québec, tant avant qu'après la loi qui, en 1867, établit un système protestant distinct dans la province. Pendant de nombreuses années, il fit partie du Bureau des commissaires des écoles protestantes de la cité de Montréal et du comité protestant du conseil de l'Instruction publique. Dans son esprit, le système éducatif de la province avait la forme d'une pyramide : au sommet se trouvaient McGill et l'école normale, au milieu les collèges communautaires, comme le Morrin College de Québec [V. Joseph Morrin*], puis la pyramide s'élargissait de plus en plus jusqu'à la base, constituée des écoles élémentaires. Dawson apporta toujours un appui ferme aux instituteurs et il participait souvent à leurs réunions professionnelles. Jusqu'à sa mort, il s'intéressa aux réformes qui touchaient tous les niveaux de l'enseignement au Canada et contribua à adapter la formation aux besoins du pays.

Tout en affirmant l'absolue nécessité de maintenir, dans la province de Québec, un système protestant d'écoles séparées, Dawson n'approuvait pas l'établissement de systèmes catholiques distincts en Nouvelle-Écosse ou ailleurs au Canada, au Manitoba par exemple. D'après lui, il fallait un seul système public pour que l'enseignement soit éclairé, progressiste et non sectaire. Un système séparé ne se justifiait que dans la province de Québec, où la majorité franco-catholique donnait une forte teinte religieuse à toutes les composantes de son système d'éducation et refusait d'offrir le type de formation qu'il souhaitait.

Dawson participa toujours fidèlement aux œuvres de son Église. En Nouvelle-Écosse, il avait travaillé pour la Foreign Missionary Society de l'Église presbytérienne et avait été trésorier du synode de l'Église libre de la Nouvelle-Écosse en 1849 et en 1850. En outre, il avait milité dans le mouvement de tempérance, comme il allait le faire toute sa vie. À Montréal, il participa au mouvement des écoles du dimanche et dressa plus de 40 plans détaillés de textes bibliques à l'intention des instituteurs de ces écoles. Il s'opposait fermement à ce que l'on joue de la musique d'orgue pendant les offices religieux : elle distrairait les fidèles, et l'argent affecté à l'achat d'un orgue pourrait servir à des bonnes œuvres plus urgentes. À cause de la controverse que cette question souleva dans sa propre congrégation, il quitta l'église presbytérienne Erskine en 1874 et fonda, avec d'autres, l'église presbytérienne Stanley Street. De plus, il fut président de la branche montréalaise de la British and Foreign Bible Society.

En 1871, même si ses obligations à Montréal lui laissaient peu de temps pour la recherche, Dawson, avec l'aide de son futur gendre Bernard James Harrington*, professeur de chimie et de minéralogie à McGill, fit des levés à l'Île-du-Prince-Édouard et publia à Montréal, pour le gouvernement de cette province, *Report on the geological structure and mineral resources of Prince Edward Island* [...].

En 1878, le College of New Jersey, à Princeton (alors l'un des foyers de la lutte contre les théories darwiniennes de l'évolution), offrit à Dawson un poste de professeur d'histoire naturelle. Son salaire dépasserait le revenu qu'il gagnait à McGill et, ce qui comptait davantage, il aurait l'occasion de diriger des expéditions paléontologiques dans l'Ouest américain, où l'on avait fait peu de temps auparavant d'importantes découvertes d'animaux et de plantes fossiles. Pourtant, Dawson déclina l'offre en expliquant qu'il devait rester à Montréal afin de continuer à se battre pour que les protestants de la province conservent leurs droits et leurs établissements d'enseignement. Un autre facteur avait influé sur sa décision : s'il demeurait au collège, son ami Peter Redpath ferait un don à McGill pour la construction et la dotation d'un musée d'histoire naturelle. Toute sa vie, Dawson avait rêvé d'un établissement de ce genre. Inauguré en 1882, le Peter Redpath Museum domine encore le campus inférieur de McGill. Bien en vue, dans le hall d'entrée, se trouvait une plaque enluminée où l'on pouvait lire : « O Lord, how Manifold are Thy works ! All of them in wisdom thou hast made. » (« Ô Dieu, que tes œuvres sont en grand nombre ! Toutes, elles témoignent de ta sagesse. »)

En 1881, la Geological Society of London décerna la médaille Lyell à Dawson pour ses contributions exceptionnelles à la géologie. La même année, le marquis de Lorne [Campbell*], gouverneur général, lui confia le mandat de fonder une société royale au Canada. Dawson songea à créer une société semblable à la Royal Society de Londres, mais Lorne tenait à ce qu'elle ait une vocation plus large et embrasse non seulement les sciences, mais aussi les arts et la littérature. En effet, il avait compris que c'était le seul moyen d'intéresser un tant soit peu les érudits et les membres des professions libérales de la communauté francophone. Un comité provisoire rencontra donc Lorne, chez Dawson, en décembre 1881. Étaient présents Dawson, Hunt, Pierre-Joseph-Olivier Chauveau*, Narcisse-Henri-Édouard Faucher de Saint-Maurice, Daniel Wilson, Goldwin Smith*, Charles Carpmael, Alfred Richard Cecil Selwyn*, George Lawson et John George Bourinot*. Ensemble, ils rédigèrent une constitution et proposèrent le nom de certains candidats. La société compterait deux sections d'humanités et deux de sciences. Dawson, président fondateur, déclara dans son discours à la première assemblée de la Société royale du Canada, en mai 1882, que seuls seraient admis « des hommes représentatifs et triés sur le volet, qui [auraient] accompli eux-mêmes une œuvre originale connue au moins au Canada ». La société, disait-il, créerait « un lien entre les travailleurs dispersés alors dans les diverses régions du dominion ». Les *Mémoires,* dans lesquels Dawson allait publier de nombreux articles, surtout sur les plantes fossiles de l'Ouest canadien, furent pendant des années l'un des principaux organes canadiens des savants du pays.

En 1882, l'American Association for the Advancement of Science se réunit de nouveau à Montréal, sous la présidence de Dawson. L'ouverture officielle du Peter Redpath Museum fut l'une des grandes attractions du congrès, qui fit date dans l'histoire des sciences au Canada. En 1884, la British Association for the Advancement of Science tint aussi son assemblée annuelle à Montréal ; cet événement n'avait encore jamais eu lieu en dehors des îles Britanniques. Deux ans plus tard, elle élut Dawson président, ce qu'il considéra comme le couronnement de sa carrière. Il devenait ainsi le seul homme à avoir occupé la présidence des sociétés américaine et britannique, les deux associations scientifiques les plus prestigieuses de l'époque.

Dawson prit sa première et unique année sabbatique en 1884 et se rendit en Italie, en Égypte et en Terre Sainte avec sa femme et leur fille aînée, Anna Lois. Ces « vacances » l'amenèrent à produire une masse d'articles sur la géologie et l'anthropologie de l'Égypte, du Liban et de la Syrie ainsi qu'un imposant ouvrage intitulé *Modern science in Bible lands,* qui parut à New York en 1887 et connut plusieurs éditions. Depuis le 24 mai 1881, Dawson était compagnon de l'ordre de Saint-Michel et Saint-Georges. On le fit chevalier le 11 septembre 1884 ; la même année, son alma mater, la University of Edinburgh, lui décerna un doctorat en droit (McGill avait fait de même en 1857).

En 1892, après avoir souffert d'une grave pneumonie, Dawson reçut de ses médecins l'ordre de passer l'hiver dans un climat plus chaud. Il partit donc pour la Floride mais, à son retour à Montréal, au printemps, on lui conseilla de restreindre ses activités, car sa santé était encore chancelante. À regret, après avoir dirigé McGill durant 38 ans, il prit sa retraite en juin. Sous la direction de cet éducateur d'une énergie et d'une perspicacité extraordinaires, le collège, devenu la McGill University en 1885, avait connu une croissance sans précédent et avait atteint, par son envergure et son influence, le rang des grandes universités du monde – « surpassé seulement par Harvard en Amérique du Nord », dirait la notice nécrologique de Dawson dans le *Times* de Londres en 1899. Actif même durant sa retraite, Dawson présida, plus tard en 1893, l'assemblée annuelle de la Geological Society of America, dont il était le cinquième président, indice de la considération dont il jouissait dans les cercles de géologues américains. La même année, il publia à Londres *Some salient points in the science of the earth,* que l'on peut considérer comme son autobiographie scientifique. En 1896, à l'âge de 75 ans, il prononça l'allocution principale du cinquantenaire de l'Evangelical Alliance en Angleterre. En août, il lut une intéressante communication sur les fossiles précambriens à l'assemblée annuelle de la British Association for the Advancement of Science et fit des travaux sur le terrain au pays de Galles. Dans les années 1890, il produisit plusieurs de ses écrits religieux les plus longs, dont *Eden lost and won* [...], paru à Londres en 1895, et *The seer of Patmos and the twentieth century,* publié à New York et à Londres en 1898. En outre, il publia à Montréal, en 1898, la troisième édition d'une conférence prononcée pour la première fois en 1848 devant la Pictou Total Abstinence Society, *The testimony of the Holy Scriptures respecting wine and strong drink* [...].

Sir John William Dawson s'éteignit le 19 novembre 1899 après une longue maladie. On le pleura à Montréal et dans toute sa province d'adoption ; on parla de lui dans les journaux de bien des villes d'Amérique du Nord et d'outre-mer. Il laissait dans le deuil lady Dawson, trois fils, George Mercer, William Bell et Rankine, ainsi que deux filles, Anna Lois et Eva.

PETER R. EAKINS ET JEAN SINNAMON EAKINS

L'autobiographie de sir John William Dawson fut publiée après son décès sous le titre de *Fifty years of work in Canada, scientific and educational* [...], Rankine Dawson, édit. (Londres et Édimbourg, 1901). Dawson est l'auteur de plus de 400 volumes et articles traitant de plusieurs sujets. Le *National union catalog* et le *British Library general catalogue* contiennent des listes des volumes. Quant aux articles écrits par Dawson, le lecteur se référera aux bibliographies des ouvrages biographiques cités plus bas. Les auteurs ont déposé aux McGill Univ. Arch. une bibliographie de toutes les publications de Dawson.

McGill Univ. Arch., MG 1022 ; RG 2, J. W. Dawson, 1855–1893. — McGill Univ. Libraries, Dept. of Rare Books and Special Coll., MS coll., CH380.S342-4. — G. M. Dawson, *The life of George Mercer Dawson* [...] *1849–1901,* Lois Winslow-Spragge, compil. ([Montréal, 1962]). — SRC, *Index des* Mémoires *et autres publications, 1882–1982,* R. H. Hubbard, compil. (Ottawa, 1987). — C. [C.] Berger, *Science, God, and nature in Victorian Canada* (Toronto, 1983). — T. H. Clark, « Sir John William Dawson, 1820–1899 », *les Pionniers de la science canadienne,* G. F. G. Stanley, édit. (Toronto, 1966), 101–113. — Frost, *McGill Univ.* — S. [B.] Leacock, *Montreal, seaport and city* (Garden City, N.Y., 1943). — A. B. McKillop, *A disciplined intelligence : critical inquiry and Canadian thought in the Victorian era* (Montréal, 1979). — G. P. Merrill, *The first one hundred years of American geology* (New Haven, Conn., 1924 ; réimpr., New York, 1969). — C. F. O'Brien, *Sir William Dawson, a life in science and religion* (Philadelphie, 1971). — Morris Zaslow,

Reading the rocks : the story of the Geological Survey of Canada, 1842–1972 (Toronto et Ottawa, 1975). — H. M. Ami, « Sir John William Dawson, a brief biographical sketch », *American Geologist* (Minneapolis, Minn.), 26 (1900) : 1–49.

DE COSMOS, AMOR (il reçut à sa naissance le nom de **William Alexander Smith**), photographe, homme d'affaires, journaliste et homme politique, né le 20 août 1825 à Windsor, Nouvelle-Écosse, fils de Jesse Smith et de Charlotte Esther Weems (Wemyss) ; décédé célibataire le 4 juillet 1897 à Victoria.

Issu d'une famille qui avait quitté les colonies américaines après la guerre d'Indépendance et s'était installée en Nouvelle-Écosse, William Alexander Smith commença ses études dans une école privée et les poursuivit à la King's College School de Windsor. Vers 1840, sa famille, qui comptait alors deux garçons et quatre filles, s'installa à Halifax, où il devint commis chez William et Charles Whitham, épiciers de gros et de détail. Il fréquentait les cours du soir de la *grammar school* que dirigeait John Sparrow Thompson* et appartenait au cercle de débats du Dalhousie College.

En 1852, Smith quitta Halifax pour les régions aurifères de la Californie. Il passa par New York et, une fois à St Louis, au Missouri, se joignit à un groupe qui avait l'intention de se rendre par terre à la côte ouest. Le groupe prit du retard, notamment à cause de l'agitation qui régnait parmi les Indiens, et dut passer l'hiver à Salt Lake City, dans l'Utah. Au printemps, Smith laissa le groupe derrière lui, même si c'était assez dangereux de voyager seul. En juin 1853, il atteignit Placerville, en Californie.

Une fois dans les régions aurifères, Smith se mit à photographier des mineurs sur leurs concessions, avec du matériel qu'il avait transporté d'un bout à l'autre des plaines. Comme il était l'un des premiers à offrir ce genre de service là-bas, la chose se révéla « très rentable ». En 1854, son frère aîné, Charles McKeivers Smith, qui avait été quelque temps constructeur à Halifax, le rejoignit. Tous deux s'établirent à Oroville, et William Alexander se lança dans des « spéculations minières et d'autres genres de transactions ». La même année, il obtint du Parlement californien un changement officiel d'identité. Certes, admit-il devant les législateurs amusés, Amor De Cosmos était un nom bizarre, mais il symbolisait « ce qu['il] aim[ait] le plus, c'est-à-dire : amour de l'ordre, de la beauté, du monde, de l'univers ». Assurément, ce nom-là attirerait plus l'attention et resterait plus longtemps gravé dans les mémoires que Bill Smith. Même si dans le texte de la loi californienne son nom est écrit Amor de Cosmos, il signait avec un *d* majuscule suivi, jusqu'en 1870 environ, d'un *epsilon* et, par la suite, d'un *e* minuscule.

En janvier 1858, juste avant la ruée vers l'or du Fraser, Charles McKeivers Smith monta jusque dans la colonie britannique de l'île de Vancouver. Autour du fort Victoria, propriété de la Hudson's Bay Company, une ville avait poussé comme un champignon ; il y devint constructeur et entrepreneur. En mai, De Cosmos y fit un voyage de reconnaissance et, en juin, après avoir liquidé ses affaires en Californie, il alla y retrouver son frère. Quelques mois après son arrivée à Victoria, il se lança dans une carrière de journaliste et d'homme politique qui allait faire de lui, durant 24 ans, l'un des principaux personnages publics de l'île.

Le 11 décembre 1858, De Cosmos lança le *British Colonist,* dont il allait être rédacteur en chef jusqu'en 1863. Dès l'éditorial de ce premier numéro, il s'affirma comme un « ami de la réforme ». La cible de sa « critique franche et intrépide », pour reprendre les termes de l'auteur George Woodcock, était le gouvernement colonial de James Douglas*, que les colons de l'île de Vancouver critiquèrent durant toutes les années 1850. Le gouverneur Douglas avait quitté le poste d'agent principal de la Hudson's Bay Company en 1858, mais son gouvernement se composait encore d'une élite d'anciennes personnalités de la compagnie, de membres de sa famille et d'amis à lui. Renforcé dans les années suivantes par un nombre croissant de fonctionnaires instruits et de « gentlemen », tous venus d'Angleterre, ce groupe, que De Cosmos surnomma le « *family-company compact* » en février 1859, continua de dominer la colonie jusqu'en 1871, donc même après le départ de Douglas. Méfiants à l'endroit des institutions représentatives, ces gens croyaient en une société hiérarchisée dont le gouvernement devait maintenir la cohésion en soutenant une Église établie, une aristocratie terrienne et un système d'enseignement confessionnel et privé.

Pour lutter contre cette élite et contre les postulats sur lesquels elle fondait son pouvoir, De Cosmos s'inspirait de la tradition du libéralisme britannique et surtout de la pensée de son mentor néo-écossais, Joseph Howe*. Il haïssait les privilèges sociaux, économiques et politiques, se méfiait des « monopoles » et des « compagnies constituées », et voyait, chez les gens du commun, une intelligence et une dignité qui méritaient le respect. Sa critique s'enracinait dans la conviction que le gouvernement devait agir « selon les vœux bien compris du peuple ». La liberté de parole, la liberté de réunion, des institutions représentatives et un gouvernement responsable dans l'île de Vancouver, voilà, disait-il, quels étaient ces vœux. Il avait la certitude qu'un gouvernement autonome, formé d'assemblées élues, serait plus attentif aux intérêts des colons et moins coûteux que le régime colonial. De l'île de Vancouver à la Nouvelle-Écosse, tous les sujets britanniques, indépendamment de leur couleur, devaient jouir des « droits et privilèges inaliénables dont hérit[aient] les Anglais ».

Toutefois, en tant que libéral du milieu de l'époque victorienne, il croyait aussi que la propriété et la stabilité sociale étaient des conditions essentielles à l'exercice éclairé de la citoyenneté. C'est pourquoi, même si au début des années 1860 il préconisa dans ses éditoriaux un élargissement du droit de vote, il s'opposait au suffrage universel masculin : pour être électeur, il fallait être contribuable et résident.

Idées libérales et souci de l'intérêt des colons caractérisaient aussi la vision que De Cosmos avait de l'économie. Fidèle à l'esprit du temps, il célébrait les chemins de fer, les « hommes d'action », le progrès moral et matériel, la croissance démographique et l'expansion du commerce. La propriété privée des ressources était pour lui un principe indiscutable. Il encourageait donc l'agriculture, qui lui semblait être le fondement de la prospérité coloniale, mais il entrevoyait que, pour devenir véritablement une colonie de peuplement, la Colombie-Britannique allait devoir diversifier son économie. Le littoral, dont les pêcheries constituaient « une intarissable source de richesse » et dont les forêts étaient « à peu près inépuisables », n'avait besoin, pour prospérer, que de capital et de main-d'œuvre. C'est pourquoi l'influence du gouverneur Douglas et de la Hudson's Bay Company était pour lui une source de frustration, car il considérait (ce en quoi il se trompait passablement) qu'ils avaient retardé la diversification et l'expansion de l'économie.

La foi que De Cosmos avait dans les valeurs économiques de son époque s'exprimait dans ses propres transactions. Peu après son arrivée à Victoria, il commença à investir dans l'immobilier – des terrains au fort Langley (Fort Langley) par exemple. Dès 1897, il possédait, à Victoria, 34 lots d'une valeur totale de 118 000 $. Le fait que ces biens-fonds étaient « grevés de terribles hypothèques » (plus de 87 000 $) laisse supposer que ses investissements étaient de nature spéculative. Dans les années 1860, il fit, sans succès, la promotion d'une mine de quartz, d'une scierie et d'une ferme d'élevage dans l'île de Vancouver (elle aurait été située dans la réserve indienne de Cowichan), puis, à la fin des années 1880, d'un service de chemin de fer et de bac qui aurait relié Victoria à la baie Swartz et à la terre ferme. Bref, à l'île de Vancouver comme en Californie, il agissait de la même manière que bon nombre d'entrepreneurs dans les sociétés de colonisation : il vendait et achetait des propriétés, et il faisait de la promotion d'entreprises.

Les positions de De Cosmos sur le libre-échange et les droits de douane ne présentaient pas la même simplicité que le reste de sa philosophie politique et économique. Dans ce cas, quelque chose tempérait son libéralisme, à savoir la conviction que le littoral nord-ouest, malgré son appartenance à l'Empire britannique, avait une identité propre. Certes, il proclama en 1862 que le temps était à « la liberté de presse, [au] libre-échange et [à] la liberté tout court », et dix ans plus tard il prôna, en matière de richesses naturelles, la réciprocité totale avec les États et territoires du Sud. Pourtant, il défendit toujours, et surtout à compter des années 1870, une espèce de nationalisme économique. Dès 1859, le *Colonist* préconisait non pas le laisser-faire mais la « protection de [l']industrie » coloniale et pressait le gouvernement de soutenir les affaires, soit en allouant des « primes » aux pêcheurs, en subventionnant les compagnies locales de navigation à vapeur ou en donnant, aux fermiers et aux bûcherons, libre accès aux terres et aux forêts. Après l'entrée de la Colombie-Britannique dans la Confédération, en 1871, De Cosmos se prononça régulièrement en faveur de l'imposition de droits de douane qui soutiendraient « les manufactures et l'agriculture », encore bien fragiles. À la chambre des Communes en mai 1872, il déclara que la « colonie était jeune » et qu'elle « avait besoin de soins ». Pour son contemporain Gilbert Malcolm Sproat*, qui croisait quelquefois le fer avec lui, il était un « protectionniste consommé ».

Ce nationalisme économique, chez De Cosmos, découlait entre autres motifs de la volonté de voir les colonies nord-américaines devenir politiquement indépendantes de la Grande-Bretagne. Attristé par la politique impériale qui obligeait des colonies comme l'île de Vancouver à vivre « complètement en autarcie », donc à ne compter que sur leurs « propres efforts », il les invita en 1861 à « former une nation bien à elles ». Pareille nation naîtrait de la fédération de toutes les colonies britanniques de l'Amérique du Nord ; cet objectif, qu'il avait défini clairement dès le premier éditorial du *Colonist,* allait lui valoir le titre de « Père de l'entrée de la Colombie-Britannique dans la Confédération ». Dans les années suivantes, il appuya la construction d'un chemin de fer intercolonial et les buts de la British North American Association, toutes choses que soutenait Joseph Howe. Un autre objectif sous-tendait son programme politique : avoir un gouvernement moins coûteux et une économie plus forte. C'est pourquoi l'union de l'île de Vancouver et de la Colombie-Britannique, et l'entrée de la Colombie-Britannique dans la Confédération figurent parmi les grandes causes auxquelles il se consacra. L'étape ultime de l'évolution politique de l'Amérique du Nord britannique devrait être la création d'un État indépendant qui serait représenté au Parlement impérial. La perspective de demeurer politiquement inférieurs aux Anglais, disait-il, révoltait les habitants de l'Amérique du Nord britannique parce qu'elle les atteignait jusque dans leur « dignité d'homme » et leur « fierté ». Au cours des débats que le Parlement de la Colombie-Britannique tint sur la Confédération, en mars 1870, puis en juin dans un éditorial du *Victoria Daily Standard* (journal qu'il avait fondé cette année-là et qu'il dirigea jusqu'en 1872), il affirma que, à part la fédération, la seule solution était « la séparation du Canada de l'Angleterre et la constitution de celui-ci en une autre nation américaine, souveraine et indépendante ». « Je suis [né] colon britannique, mais je ne souhaite pas mourir en larve de colon britannique », déclara-t-il solennellement à la chambre des Communes en avril 1882. « Je ne veux pas mourir sans avoir les droits, privilèges et immunités du citoyen d'une nation. » Il précisait que, même si l'indépendance lui paraissait prématurée, le Canada devrait avoir pleine compétence en matière d'affaires étrangères. S'il perdit aux élections fédérales de cette année-là, ce fut surtout parce qu'il avait laissé entendre que, pour devenir une nation à part entière, le Canada pourrait bien devoir se séparer de la Grande-Bretagne.

Son nationalisme n'empêchait pas De Cosmos d'être aussi un fervent régionaliste, la « nation » étant pour lui un regroupement de collectivités régionales. Comme le *Victoria Daily Times* le soulignerait dans sa notice nécrologique, dès le début de sa carrière de journaliste, et tout au long de sa carrière politique, il prit fait et cause pour Victoria, sa « ville d'adoption », et en défendit les intérêts « contre vents et marées dans ses journaux aussi bien qu'au Parlement provincial et à la chambre des Communes ». Ainsi, pendant les débats sur la Confédération, il réclama pour Victoria un traitement de faveur – par exemple un tarif protecteur – afin qu'elle reste la « principale ville commerciale de la Colombie-Britannique, toutes les autres parties de la colonie en étant tributaires ». « Voilà, concluait-il, ce que la Confédération, à des conditions justes, fera pour nous. » Nationalisme et régionalisme n'étaient pas incompatibles parce qu'il entrevoyait la création d'un pays très décentralisé où, notait-il dans son discours sur le « colon britannique à l'état larvaire », « chaque province sera[it] un État indépendant », comme « le [voulait] la règle en terre d'Amérique ».

Pendant sa carrière politique, qui mit du temps à démarrer, De Cosmos allait siéger, à titre de représentant élu de Victoria ou de la région environnante, dans plusieurs corps législatifs : chambre d'Assemblée de l'île de Vancouver de 1863 à 1866, Conseil législatif de la Colombie-Britannique en 1867–1868 et 1870–1871, Assemblée législative de la Colombie-Britannique de 1871 à 1874 et chambre des Communes de 1871 à 1882. Même s'il allait jouer des rôles importants dans la période postconfédérale (par exemple il fut, de 1872 à 1874, donc durant un peu plus d'un an, le second premier ministre de la province), il fit surtout sa marque pendant la période coloniale. Il brigua les suffrages pour la première fois aux élections générales de 1860, qui visaient à former la deuxième Assemblée de l'île de Vancouver, mais George Hunter Cary* l'emporta sur lui. Ensuite, il se porta candidat à une élection partielle. Son identité d'adoption posant des problèmes, il dut s'identifier comme « William Alexander Smith, connu communément sous le nom d'Amor De Cosmos », et perdit parce qu'un électeur n'avait pas bien dit cette formule. Enfin, après avoir clairement défini son programme de réformes en publiant durant cinq ans des articles « vigoureux » dans le *Colonist,* il remporta la victoire aux élections générales de juillet 1863. Sa carrière publique entrait dans sa deuxième phase. Durant les trois ans de mandat de la troisième Assemblée, il représenta, avec trois autres députés, la circonscription de la ville de Victoria.

Deux questions politiques dominaient alors les débats de l'Assemblée – l'union de l'île de Vancouver avec la Colombie-Britannique et la réduction des dépenses coloniales – et toutes deux s'imposaient parce que, sur le continent, la ruée vers l'or semblait près de devenir chose du passé. Il y eut bien des regains d'excitation – dont un en 1864 à la rivière Leech, dans le sud de l'île de Vancouver – mais aucune découverte ne se comparait à celle qui, en 1862, avait provoqué une ruée dans la région de Cariboo. De Cosmos était l'un des plus chaleureux partisans de l'union avec la Colombie-Britannique, et il était même prêt, pour la réaliser, à ce que Victoria renonce à son rang de port franc. Ce point de vue lui mit à dos les grands hommes d'affaires de la rue Wharf. Dès janvier 1865, sous son impulsion, l'Assemblée avait adopté des propositions dans lesquelles elle s'était engagée à ratifier l'union avec la colonie continentale « en vertu de la constitution qu'il plaira[it] au gouvernement de Sa Majesté d'octroyer » et préconisait, en matière économique, « la plus stricte retenue » qui puisse se pratiquer sans mettre en danger « l'efficacité de la fonction publique ». Pour mesurer l'assentiment populaire à ces propositions, De Cosmos et Charles Bedford Young, qui s'y était opposé, démissionnèrent. À l'élection partielle qui suivit en février 1865, De Cosmos fut réélu tandis que Young fut battu par Leonard McClure*, cocandidat de De Cosmos et nouveau rédacteur en chef du *Colonist*.

Quand l'Assemblée termina son mandat, en septembre 1866, elle n'était toujours pas parvenue à s'entendre avec le gouverneur et le Conseil législatif au sujet des dépenses de la colonie. Les députés avaient tenté de réduire la liste civile afin de pouvoir consacrer des fonds au développement, mais le gouverneur Arthur Edward Kennedy* avait refusé de diminuer son effectif de fonctionnaires. La constitution adoptée en novembre au moment de l'union de l'île de Vancouver et de la Colombie-Britannique montrait que le gouverneur et l'Assemblée étaient encore à couteaux tirés. Le ministère des Colonies noyait littéralement l'île de Vancouver dans la Colombie-Britannique en abolissant l'Assemblée e en étendant sur toute la nouvelle colonie le pouvoir du Conseil législatif de la Colombie-Britannique, dont les membres n'étaient pas élus mais nommés. L'Assemblée mourut tandis que ses membres protestaient contre la décision du gouvernement britannique qui lui refusait même le droit de ratifier l'union. Des adversaires politiques accusèrent De Cosmos de ne pas avoir prévu que les propositions de 1865 pourraient servir à la faire disparaître.

Quand le Conseil législatif de la nouvelle colonie entama sa première session, au début de 1867, De Cosmos y siégeait en qualité de conseiller « populaire » de Victoria. (Les conseillers populaires étaient ceux que le gouverneur nommait après un vote dans le district qui devait être représenté. Tous les gouverneurs acceptèrent de nommer les personnes ainsi choisies.) Par voie de motion, De Cosmos demanda au gouverneur Frederick Seymour* d'engager des pourparlers afin que la Colombie-Britannique soit admise, « à des conditions justes et équitables », au sein de la Confédération qui était sur le point de se former dans l'est de l'Amérique du Nord britannique. Le conseil adopta la motion à l'unanimité et Seymour télégraphia la requête au ministère des Colonies. Une fois la session terminée, De Cosmos se rendit dans la province du Canada afin d'y trouver des alliés parmi les hommes politiques. Il assista et prit la parole au congrès réformiste qui se tint à Toronto à la fin de juin 1867 et où George Brown* galvanisa les délégués en vue d'une nouvelle lutte contre John Alexander MACDONALD et ses partisans.

Pour De Cosmos, la session de 1868 du Conseil législatif fut moins fructueuse que la précédente. Dans le discours inaugural, le gouverneur Seymour déclara que sa motion de 1867 était « l'expression d'une collectivité démoralisée, prête à n'importe quel changement », et affirma que rien ne pouvait se faire tant que la Hudson's Bay Company n'aurait pas cédé Rupert's Land au nouveau dominion. De Cosmos répliqua en présentant un projet d'adresse à la reine dans lequel il proposait des conditions d'union. Sa motion fut anéantie par un amendement qui, tout en réaffirmant l'appui des conseillers au « principe général » de l'union avec le Canada, faisait valoir que ceux-ci n'avaient pas en main « assez d'éléments » pour définir les conditions. L'amendement, présenté par deux conseillers gouvernementaux, fut adopté par 12 voix contre 4. Parmi ceux qui l'appuyèrent se trouvaient John Sebastian Helmcken* et Joseph Despard PEMBERTON, les autres conseillers populaires de Victoria. Seuls Edward Stamp*, John ROBSON et George Anthony Walkem* (ces deux derniers allaient être premiers ministres de la province) soutinrent la proposition de De Cosmos. Les résultats du scrutin montraient que la Confédération suscitait une opposition de plus en plus vive à Victoria, qui était non seulement le plus grand centre et le foyer commercial de la colonie, mais aussi le siège du gouvernement – New Westminster avait cessé, plus tôt dans l'année, d'être la capitale de la colonie unie.

Après cette défaite au conseil, De Cosmos et ses alliés entreprirent dans toute la colonie une campagne en faveur de la Confédération. En mai, ils fondèrent la Confederation League ; Robert Beaven*, lui aussi futur premier ministre, en était le secrétaire. Au cours d'un congrès tenu à Yale en septembre, à la veille des élections des conseillers populaires, la ligue présenta un programme politique qui était de nature à rallier ceux qui étaient à la fois partisans de la Confédération et partisans du gouvernement responsable. Aux élections de novembre, les candidats favorables à la Confédération firent bonne figure sur le continent. Par contre, dans l'île de Vancouver, la victoire alla à une coalition formée par les élites du gouvernement et de la Hudson's Bay Company, favorables au statu quo, et par les hommes d'affaires d'origine européenne, qui souhaitaient l'annexion aux États-Unis plutôt qu'au Canada. De Cosmos lui-même perdit, dans la ville de Victoria, aux mains de Helmcken, ancien président de la chambre d'Assemblée de l'île de Vancouver qui était chirurgien de la Hudson's Bay Company et gendre de Douglas, et du cocandidat de Helmcken, Montague William Tyrwhitt-Drake*. Dès la première réunion du nouveau Conseil législatif, les vainqueurs montrèrent leur pouvoir. Les fonctionnaires coloniaux et les magistrats qui formaient la majorité se joignirent aux antifédéralistes de l'île de Vancouver pour adopter une motion qualifiant l'entrée dans la Confédération d'« indésirable, même si réalisable ». Seuls les cinq conseillers populaires du continent votèrent contre cette motion.

Ce fut la dernière victoire des antifédéralistes. Quand le Conseil législatif de 1870 se réunit, la voie de la Confédération était libre. Les Territoires du Nord-Ouest avaient été transférés au Canada. Le gouverneur Seymour était mort et son successeur, Anthony Musgrave*, avait reçu instructions de faciliter l'entrée de la province dans le dominion. On leva le dernier obstacle en promettant, aux conseillers nommés, une pension ou un autre poste dans les colonies. Il ne restait donc plus qu'à tenir un vaste débat sur les conditions proposées par le gouverneur. De Cosmos siégeait de nouveau au conseil, car il avait remporté une victoire sans équivoque à une élection partielle tenue au sujet de la Confédération dans le district rural de Victoria. Pour lui comme pour les autres réformistes, l'essentiel était le gouvernement responsable ; or, il ne figurait pas au nombre des conditions. Malgré des différences de tactique, De Cosmos, Robson et leurs alliés luttèrent tous pour qu'il y soit inclus. Repoussés par la majorité progouvernementale, ils se remirent à faire de l'agitation hors du Parlement. Une assemblée de masse et la réception d'une délégation favorable à la responsabilité ministérielle convainquirent Musgrave de changer d'avis. Comme il n'était pas parvenu à faire entrer Terre-Neuve dans la Confédération, il ne pouvait se permettre le même échec avec la Colombie-Britannique.

Certains contemporains, et des commentateurs par la suite, ont exprimé des doutes quant à l'enthousiasme que De Cosmos éprouvait à ce moment-là pour la Confédération. S'il avait pu obtenir le gouvernement responsable, disait Musgrave, le Canada ne l'aurait pas intéressé. En fait, la vérité semble être que pour lui, comme pour son grand adversaire le docteur Helmcken, tout dépendait des conditions. La plus importante, aux yeux des habitants de la Colombie-Britannique, et celle qui pava l'entrée de la colonie au sein du dominion était la promesse de ce dernier d'entreprendre avant deux ans la construction d'un chemin de fer transcontinental et de le terminer en moins de dix ans. Même si le non-respect de cet engagement allait dominer la carrière de De Cosmos au Parlement, sa principale préoccupation durant la période qui précéda la Confédération fut d'en arriver à une Assemblée élue démocratiquement et, jusqu'à la fin de la session de 1871, il harcela le Conseil législatif formé alors de neuf membres élus et de six membres nommés. Cependant, la majorité, dirigée par Helmcken et composée de tous les conseillers nommés, contrecarra ses efforts et empêcha, jusqu'après l'entrée de la Colombie-Britannique dans la Confédération (le 22 juillet 1871), la création d'une Assemblée exclusivement élective et régie par le principe du gouvernement responsable. Après, une Assemblée législative formée de 25 députés élus fut créée. De Cosmos demeura représentant du district de Victoria et fut aussi élu député fédéral de Victoria au cours de la série d'élections partielles qui ajoutèrent, à la chambre des Communes, six députés de la nouvelle province.

Après la défaite du gouvernement de transition de John Foster McCreight* en Colombie-Britannique, le 19 décembre 1872, le lieutenant-gouverneur Joseph William Trutch* demanda à De Cosmos de former un nouveau gouvernement. (Il n'avait pas fait appel à lui au moment de choisir le premier des premiers ministres de la Colombie-Britannique.) Comme le *Vancouver World* allait le noter en 1897, De Cosmos était depuis des années « le pivot du principal parti politique de la Colombie-Britannique », et sa réputation demeurait telle, en 1872, que son droit au titre de premier ministre ne pouvait plus être nié. Le 23 décembre, il forma le premier d'une série de gouvernements dont les membres présentaient deux caractéristiques : généralement nés ou élevés en Amérique du Nord, ils avaient lutté pour la réforme et la Confédération dans les années 1860. Même si De Cosmos ne fut premier ministre que jusqu'en 1874, ce groupe allait rester au pouvoir presque sans interruption jusqu'au début de 1883, tandis que l'opposition serait constituée de l'élite d'origine britannique. Fait significatif, John Robson, l'autre grand tenant de la réforme, ne faisait pas partie du cabinet et se laissait attirer par l'opposition, affichant dans le *Colonist* son association avec le plus implacable ennemi de De Cosmos, David William Higgins.

Aucun exploit législatif ne marqua le bref mandat de De Cosmos – dont il passa la plus grande partie à Ottawa ou à Londres. Réformes et expansion économique (ses chevaux de bataille) étaient les grands principes de son gouvernement, qui poursuivit l'œuvre entreprise par McCreight, à savoir l'implantation d'un réseau d'écoles publiques, gratuites et non confessionnelles, réduisit le nombre des fonctionnaires, étendit les droits de propriété des femmes mariées et institua le scrutin secret. Mais surtout, De Cosmos instaura, en Colombie-Britannique, un gouvernement pleinement responsable. La première fois qu'il réunit son cabinet, il mit fin à la pratique instituée par McCreight suivant laquelle le lieutenant-gouverneur siégeait au Conseil exécutif pour donner son avis aux ministres. L'un des gestes les plus importants de De Cosmos à titre de premier ministre plongea son gouvernement au cœur d'un âpre conflit politique. Au nom de la croissance économique, il tenta de faire modifier l'une des conditions de l'union, par laquelle Ottawa s'était engagé à garantir les intérêts sur la somme – £100 000 au plus – que coûterait l'aménagement d'un bassin de radoub à Esquimalt, et ce durant les dix années qui suivraient l'achèvement des travaux. Comme il fallait du capital de lancement, il alla demander des fonds à Ottawa et à Londres à titre de représentant spécial de la province. Le gouvernement Macdonald s'engagea à verser une subvention de £50 000 au lieu de garantir les intérêts (le premier ministre Alexander MACKENZIE renouvela cette promesse à la fin de 1873) et à prêter à la province un million de dollars à 5 % d'intérêt pour d'autres travaux publics. Le gouvernement impérial, quant à lui consentit un prêt de £30 000. Pourtant, quand De Cosmos rentra à Victoria, à la fin de janvier 1874 porteur de ces bonnes nouvelles, ses adversaires politiques parvinrent à soulever une tempête de critiques.

La campagne en vue des élections fédérales de 1874 battait alors son plein en Colombie-Britannique où la journée du scrutin avait été reportée au 20 février Les adversaires de De Cosmos, groupés autour de Higgins, directeur du *Colonist,* comptaient notamment Helmcken et avaient Robson pour porte-parole au Parlement provincial. Ils appuyaient deux candidats dans Victoria, parce qu'ils prévoyaient que De Cosmos, élu en 1871 et 1872, se présenterait à nouveau. Jouant sur la crainte que le terminus du chemin de fer, que Macdonald avait promis à Victoria en 1873, ne soit installé sur le continent, ils alléguèrent que la réouverture des conditions de l'union relatives au bassin de radoub permettrait également la modification des clauses qui avaient trait au chemin de fer, et ce, au détriment de Victoria. Le groupe organisa un rassemblement monstre le soir du 7 février 1874 et envahit la chambre à la tête d'une foule de protestataires, ce qui força à ajouner les travaux dans la confusion. Deux jours après, De Cosmos et Arthur Bunster, son homologue dans la circonscription provinciale du district de Victoria, démissionnèrent en guise de contestation de l'élection fédérale. (Conformément à un projet de loi adopté en 1873 pendant le mandat de De Cosmos, le double mandat devait être aboli dès l'élection d'une nouvelle chambre des Communes.) Ses adversaires continuèrent de le poursuivre, d'abord avec une pétition qu'ils présentèrent à l'Assemblée le 9 février et, après sa démission, avec des accusations portées par Robson voulant qu'il ait « extorqué » 150 000 $ à sir John Alexander Macdonald et qu'il ait mésusé de son poste pour son profit personnel en favorisant la création d'une mine de fer dans l'île Texada. L'accusation d'extorsion fut finalement abandonnée. De Cosmos remporta la victoire par quatre voix contre Francis James Roscoe, que le *Colonist* appuyait. Une commission royale provinciale qui tint des audiences à la fin de l'été et au début de l'automne conclut à son innocence, mais l'accusation avait laissé derrière elle des relents de corruption.

Étant donné ses états de service, il était ironique que les protestataires accusent De Cosmos d'avoir « trahi » les intérêts locaux. D'ailleurs, cette accusation n'était pas fondée : l'entente qu'il avait conclue (et que le Parlement ratifia une fois le malentendu dissipé) portait sur le bassin de radoub et la dette, non sur le chemin de fer. Pourtant, elle le fouetta sans doute ; dès lors, il se battit encore plus rudement pour que le chemin de fer canadien du Pacifique soit construit bientôt et aille jusque dans l'île de Vancouver. Ce n'était pas une question nouvelle pour lui. En 1873, il avait publié dans le *Daily Standard* une série d'articles où il se plaignait que parmi les conditions de l'union, rien ne garantissait que le futur chemin de fer transcontinental se terminerait à Victoria et, depuis, la réalisation de ce projet était devenue une idée fixe chez lui. À compter de 1874, à cause de son engagement de longue date en faveur des intérêts de Victoria et du récent revirement de la politique ferroviaire du gouvernement fédéral, cet homme qui défendait le « nationalisme » depuis les années 1860 se vit contraint de manifester un esprit de clocher.

À la chambre des Communes, De Cosmos défendit les clauses de l'entente proposée en 1874 par le secrétaire d'État aux Colonies, lord Carnarvon, et en particulier celle qui recommandait de commencer sans délai la construction du tronçon Esquimalt-Nanaimo de la ligne nationale [V. Andrew Charles Elliott*]. Il opposa une fin de non-recevoir à ceux qui suggéraient de doter l'île de Vancouver d'une simple ligne locale ou de l'indemniser si elle acceptait que le chemin de fer se termine sur le continent. Il évoqua la possibilité d'un trajet qui passerait par l'inlet de Bute et irait jusqu'à Esquimalt ; le havre de cette ville, faisait-il valoir, était bien supérieur à son rival, le havre de l'inlet de Burrard. Il alla jusqu'à présenter, au début de 1879, une motion qui prévoyait que la Colombie-Britannique pourrait se séparer pacifiquement du Canada. Cette motion de sécession ne fut pas mise aux voix faute de deuxième parrain, mais elle reflétait tout de même la frustration qu'éprouvaient les habitants de l'île depuis que le gouvernement Mackenzie, en 1878, avait choisi de faire passer le chemin de fer par la vallée du Fraser. En 1880, le gouvernement provincial envoya De Cosmos en mission spéciale à Ottawa pour qu'il convainque le gouvernement du dominion de construire un tronçon du chemin de fer canadien du Pacifique dans l'île. Cette tentative ayant échoué, De Cosmos se rendit à Londres afin de faire appel à la reine au sujet des engagements que le dominion avait pris envers l'île de Vancouver à propos du chemin de fer. Revenu au Canada les mains vides en novembre 1881, il fut relevé de ses fonctions spéciales l'année suivante. Finalement, la construction du tronçon de l'île fit l'objet d'une entente dans le cadre du *Settlement Act* adopté par la province en décembre 1883 et d'une loi semblable que le gouvernement fédéral adopta en avril suivant [V. William Smithe*].

Dans les dernières années de sa carrière publique, la question raciale requit de plus en plus l'attention de De Cosmos. Ses vues sur les Indiens et sur les immigrants chinois reflétèrent toujours les valeurs et les préjugés des colons. Dans les années 1880, il parlait d'eux comme de peuples « inférieurs ». Il en était venu à une telle opinion sur les Indiens au début de l'époque de la ruée vers l'or, quand beaucoup d'entre eux erraient dans les rues de Victoria. Il les définissait comme des êtres « irrationnels », mais dans l'ensemble il les croyait susceptibles de « progrès » et de « rachat » si on les soustrayait aux aspects les plus néfastes de l'influence des Blancs et si on leur enseignait des travaux « civilisés », l'agriculture surtout. Même si les immigrants chinois lui paraissaient moins avilis, il voyait en eux un danger plus grave parce qu'ils « ne s'assimilaient pas ». Mais en même temps, le désir de promouvoir la croissance économique et la conscience du fait que les groupes minoritaires pouvaient donner à la colonie la main-d'œuvre dont elle avait tant besoin tempéraient ces jugements négatifs. Ainsi, il louait la contribution que les Indiens apportaient à l'économie de marché en pratiquant la pêche et l'agriculture. Les Chinois aussi, souligna-t-il à plusieurs occasions dans les années 1860, pourraient se montrer fort utiles en mettant en valeur les vastes ressources naturelles de la colonie. Mais, à mesure que les colons blancs augmentaient, l'animosité raciale s'intensifiait en Colombie-Britannique, et le caractère ambigu des opinions de De Cosmos sur la question des minorités s'atténua. En 1877 et de nouveau en 1880, il informa la chambre des Communes que les Blancs de la Colombie-Britannique étaient de plus en plus frustrés par la politique fédérale sur les terres indiennes. Les concessions foncières aux Indiens étaient trop généreuses, affirmait-il ; elles empêchaient les Blancs, qui en avaient le droit, de peupler la province. En outre, il s'opposait à la reconnaissance des droits territoriaux des Indiens, qu'il avait pourtant appuyée auparavant, et réclamait que l'on cesse de les traiter comme « une classe privilégiée ». L'Indien devait apprendre à « gagner sa vie tout comme l'homme blanc ». Quant au sentiment antichinois, c'est surtout parmi les ouvriers blancs de Victoria, de plus en plus nombreux, qu'il se développait, car ceux-ci craignaient que ces Asiatiques ne leur fassent une concurrence déloyale. Même si De Cosmos essayait d'aller de l'avant dans ce mouvement racial qui prenait de l'importance, c'est Noah Shakespeare* et ses partisans de la Workingman's Protective Association qui en prirent la tête. La pétition de 1 500 noms que De Cosmos présenta au Parlement en 1879 avait été rédigée par Shakespeare. Fait significatif, ce fut ce dernier, avec un programme ouvertement raciste, qui battit De Cosmos aux élections fédérales de 1882 et mit fin à sa carrière de député de Victoria.

On concède généralement que De Cosmos fut un député fédéral de peu d'envergure. Les circonstances jouèrent contre lui, et comme les citoyens de Victoria croyaient que leur prospérité future était liée au prolongement du chemin de fer jusqu'à Esquimalt, il dut se cantonner dans le rôle de critique des conditions de l'union. Il se trouva de plus en plus isolé, ses positions sur la question ferroviaire lui aliénant même les autres députés de la Colombie-Britannique.

La personnalité bizarre de De Cosmos explique aussi pourquoi il n'arrivait pas à grand-chose quand il était en dehors de son petit monde, Victoria. On trouvait que tout, en lui, était « très excentrique », aussi bien son nom que sa mise : il portait habituellement « une redingote, un chapeau haut de forme et, sur l'avant-bras, une canne à grosse poignée dont il ne se servait pas pour marcher ». De l'avis général, c'était un « homme des plus égocentriques », qui « avait l'habitude de s'adresser aux autres d'un ton très condescendant ». Cultivé, il pouvait citer Adam Smith ou John Stuart Mill dans ses écrits ou dans les débats ; à sa mort, il laissa l'une des plus belles bibliothèques de la province. « Libre-penseur », il s'opposa en 1877 à l'adoption de la pratique de la prière aux Communes. En outre, il était têtu, sujet à la colère et porté à prendre les questions politiques pour des affaires personnelles : ses adversaires se faisaient abreuver de phrases caustiques et d'invectives. Célibataire, il avait beaucoup d'amis dans les cercles politiques, mais sa vie privée était étriquée. Ses fréquents manques de retenue en public – par exemple, il lui arrivait de fondre en larmes quand il parlait ou de se battre avec ses poings et sa canne dans les rues de Victoria – laissent supposer une tendance au déséquilibre émotif. Selon Gilbert Malcolm Sproat, il n'avait ni la « patience » nécessaire à l'« homme de parti » ni la « diplomatie » nécessaire à l'homme d'État. À Londres, au milieu des années 1870, De Cosmos « causa beaucoup d'amusement partout, à cause de son langage et de son comportement » ; en 1881, le secrétaire d'État aux Colonies, lord Kimberley, le trouva « terriblement assommant ». Fait intéressant, ses excentricités lui avaient moins nui dans l'île de Vancouver que sur la scène nationale et internationale. Victoria en avait régulièrement fait son représentant dans les corps législatifs de la colonie et du dominion parce qu'il avait des « compétences non négligeables de législateur » et qu'elle le reconnaissait comme un « ami du peuple ».

Amor De Cosmos demeura à Victoria après sa défaite aux élections de 1882. Vêtu comme à l'habitude, il errait dans les rues, se querellant à l'occasion avec d'anciens adversaires et faisant parfois des déclarations publiques incohérentes. Son déclin fut graduel. En 1889, il inspirait encore assez d'estime pour qu'un groupe de citoyens l'appuie dans la promotion d'un système de chemin de fer et de bac entre Victoria et le continent. Mais le processus était inéluctable. À la fin de 1895, on le déclara « aliéné » ; il avait alors 70 ans. Il mourut le 4 juillet 1897 sans avoir recouvré sa lucidité.

ROBERT A. J. MCDONALD ET H. KEITH RALSTON

Les deux journaux de Victoria fondés par Amor De Cosmos ont fait l'objet d'un examen systématique pour les périodes durant lesquelles il en a été le rédacteur en chef : le *British Colonist* (1858–1860, devenu ensuite le *Daily British Colonist*, 1860–1863), et le *Victoria Daily Standard* (1870–1873).

PABC, Add. MSS 14 ; Add. MSS 470 ; GR 1304, file 1897/2139 ; GR 1372, F 447, 1891. — Canada, chambre des Communes, *Débats*, 1875–1882. — C.-B., Legislative Assembly, *Journals*, 1872–1874 ; 1875, « Sessional papers », 181–274 ; Legislative Council, « Debate on the subject of confederation with Canada », *Government Gazette Extraordinary* (Victoria), mars–mai 1870 ; réimpr. sous le titre de *Debate* [...] (Victoria, 1870 ; réimpr., 1912), et aussi dans *Journals of the colonial legislatures* [...] (voir plus bas), 5 : 444–575 ; *Statutes*, 1872–1874. — *Journals of the colonial legislatures of the colonies of Vancouver Island and British Columbia, 1851–1871*, J. E. Hendrickson, édit. (5 vol., Victoria, 1980). — *Acadian Recorder*, 6 juill. 1897. — *British Columbian*, 12 août 1882. — *Daily British Colonist*, 1864–1882. — *Daily Colonist* (Victoria), 6 juill. 1897. — *Monetary Times*, 9 juill. 1897. — *Vancouver Daily World*, 6 juill. 1897. — *Victoria Daily Times*, 5 juill. 1897.

— H. R. Kendrick, « Amor De Cosmos and confederation », *British Columbia & confederation*, W. G. Shelton, édit. (Victoria, 1967), 67–96. — Ormsby, *British Columbia*. — Margaret Ross, « Amor De Cosmos, a British Columbia reformer » (thèse de M.A., Univ. of B.C., Vancouver, 1931). — Roland Wild, *Amor De Cosmos* (Toronto, [1958]). — George Woodcock, *Amor De Cosmos, journalist and reformer* (Toronto, 1975). — Beaumont Boggs, « What I remember of Hon. Amor DeCosmos », British Columbia Hist. Assoc., *Report and Proc.* (Victoria), 4 (1925–1929) : 54–58. — *Daily Colonist*, 14 mars 1943, 12 mars 1967, 12 déc. 1972 (magazine). — A. G. Harvey, « How William Alexander Smith became Amor de Cosmos », *Wash. Hist. Quarterly* (Seattle), 26 (1935) : 274–279. — *Pacific Tribune* (Vancouver), 27 juin, 11 juill. 1952. — Margaret Ross, « Amor DeCosmos, a British Columbia reformer », *Wash. Hist. Quarterly*, 23 (1932) : 110–130. — W. N. Sage, « Amor De Cosmos, journalist and politician », *BCHQ*, 8 (1944) : 189–212. — *Vancouver Sun*, 24 juin 1958. — *Victoria Daily Times*, 19 janv. 1906, 28 déc. 1929.

DEERFOOT. V. API-KAI-EES

DENISON, FREDERICK CHARLES, officier de milice, avocat, auteur, homme politique et homme d'affaires, né le 22 novembre 1846 à Rusholme, près de Toronto, quatrième enfant de George Taylor Denison* et de Mary Anne Dewson ; le 22 avril 1874, il épousa Julia Abigail Macklem, et ils eurent six fils et deux filles ; décédé le 15 avril 1896 à Rusholme.

Frederick Charles Denison appartenait à une famille riche et influente, très attachée à la milice. Il eut des précepteurs jusqu'en 1858, puis entra à l'Upper Canada College. En 1864, il entreprit ses études de droit à Osgoode Hall. Reçu au barreau en 1870, il entra au cabinet de son frère aîné, George Taylor*. À mesure que celui-ci s'absorbait dans ses activités d'officier de milice, d'auteur et de magistrat de police, Frederick Charles s'occupa de plus en plus du cabinet, qui avait une belle clientèle.

Denison appartenait lui aussi à la milice canadienne depuis l'époque de ses études et allait y rester longtemps. En 1864, il obtint un certificat de deuxième classe (qui le qualifiait pour le commandement d'une compagnie d'infanterie) à la School of Military Instruction, que tenait à Toronto l'armée britannique. L'année suivante, il fit quatre mois de service actif à titre de lieutenant dans le 2nd (Central) Administrative Battalion qui, en cette fin de guerre de Sécession, patrouillait la frontière du Niagara. Le 25 août 1865, on annonça sa nomination de cornette au sein de la 1st York Troop of Cavalry. En avril 1866, sous le commandement de son frère George Taylor, cette unité devint la Governor General's Body Guard. De nouveau en campagne, avec sa troupe, pendant la crise fénienne de 1866, Denison commanda un poste de surveillance après la bataille de Ridgeway (Fort Erie) [V. Alfred Booker*], puis un avant-poste de cavalerie à Thorold. C'est probablement là qu'il fit la connaissance du colonel Garnet Joseph Wolseley*, brillant officier britannique qui commandait un camp d'entraînement pour miliciens.

Au moment de l'agitation dans la colonie de la Rivière-Rouge, en 1869–1870 [V. Louis Riel*], on organisa une expédition britannico-canadienne pour aller maintenir l'ordre par voie de terre. Déterminé à en faire partie, Denison obtint un poste d'« officier d'ordonnance » canadien auprès du commandant Wolseley, apparemment grâce à l'intervention de celui-ci et de George Taylor. Tout comme les autres jeunes officiers de l'expédition, il travailla dur, d'abord à la construction d'une route entre Prince Arthur's Landing (Thunder Bay) et le lac Shebandowan puis, dans les régions sauvages, à la manœuvre et au portage de provisions et d'embarcations encombrantes. Il apprit à naviguer dans les rapides, expérience que le jeune athlète trouva « très amusante ». Le 24 août 1870, il joua un rôle plus normal pour un aide de camp, celui d'éclaireur : il franchit, sur le cheval d'un fermier, la dernière étape du trajet qui menait à Upper Fort Garry (Winnipeg) et fut le premier à constater que le fort était vide. La troupe britannique de Wolseley repartit pour l'Est à l'automne, mais Denison demeura au Manitoba presque un an à titre d'aide de camp du lieutenant-gouverneur Adams George ARCHIBALD. C'est au cours de cette période qu'il noua une très longue amitié avec le docteur John Christian SCHULTZ, l'un des leaders du « parti canadien » de la Rivière-Rouge, qui d'ailleurs lui communiqua son animosité envers les Métis francophones.

En 1872, après que George Taylor Denison eut démissionné à cause d'une querelle avec le ministre de la Milice et de la Défense, sir George-Étienne Cartier*, Frederick Charles prit le commandement de la Governor General's Body Guard et fut promu capitaine. Quatre ans plus tard, une réorganisation, effectuée sous un gouvernement libéral, ramena George Taylor au commandement d'escadron, et Frederick Charles, promu au grade honoraire de major, prit la tête de la troupe « A ». La même année parut son unique publication, *Historical record of the Governor-General's Body Guard*, à laquelle il avait travaillé plus de deux ans. Toutefois, être reconnu socialement comme capitaine de cavalerie à une époque où la milice était en pleine stagnation ne suffisait pas à cet homme qui rêvait de service actif. En 1878, il sollicita une affectation à n'importe quel contingent canadien advenant le déclenchement d'une guerre contre la Russie et, l'année suivante, il demanda une place auprès de Wolseley au Natal. Comme ces requêtes demeuraient infructueuses, il tenta d'obtenir au moins une promotion au grade honoraire de lieutenant-colonel, mais ni le major général Richard George Amherst LUARD, officier général commandant la milice canadienne, ni sir John Alexander MACDONALD ne lui donnèrent une réponse favorable. Par la suite, Luard lui refusa aussi une commission dans le Cavalry School Corps des forces canadiennes régulières, formé en 1883.

Néanmoins, le fait d'appartenir à la prestigieuse garde personnelle du gouverneur général ne pouvait nuire à la carrière politique que Denison menait à Toronto. Dès décembre 1875, il avait fait une campagne pour son oncle Richard Lippincott Denison, qui briguait le siège d'échevin du nouveau quartier St Stephen. À la mort de celui-ci, en mars 1878, il décida de se présenter à l'élection partielle. Sa popularité était telle qu'on l'élut sans opposition à l'assemblée de nomination, après le retrait des deux autres candidats. Élu peu de temps après au comité exécutif du conseil municipal, il s'occupa de faire prolonger la rue College vers l'ouest jusqu'aux propriétés de sa famille. De nouveau élu sans opposition à la fin de 1878, il remporta encore la victoire en 1880 et 1881. Même s'il était l'un des plus jeunes membres du conseil, il fut élu président du comité exécutif en janvier 1881.

À la fin de cette année-là, au lieu de briguer de nouveau les suffrages, Denison fit un long voyage en Europe avec sa femme, Julia Abigail Macklem. En Angleterre, Wolseley veilla à ce qu'on le présente à la cour et qu'il ait l'occasion de voir s'entraîner des soldats et des volontaires de l'armée britannique.

Denison n'avait pas prévu retourner en politique, mais en juin 1883, par suite d'une démission, il fut élu sans opposition échevin du quartier St Stephen. Bientôt président du comité exécutif et de celui des finances, il suppléait, à l'occasion, le maire Arthur Radcliffe Boswell. En préconisant l'annexion de Rosedale, Riverside et Brockton à Toronto, il veillait encore une fois aux intérêts de sa famille, car les Denison avaient des terres à Brockton. En 1884, on parla de sa candidature possible à la mairie l'année suivante. Peut-être y songeait-il, mais les affaires de l'Empire modifièrent ses projets.

Au printemps de 1884, le major général Charles George Gordon, qui entraînait une armée d'indigènes au Soudan afin de réprimer une insurrection de fondamentalistes musulmans dirigée par le Mahdī, fut assiégé à Khartoum par les mahdistes. Après maintes tergiversations, le gouvernement britannique résolut d'envoyer une expédition à sa rescousse. Le commandant de cette expédition, lord Wolseley, conclut que le transport des troupes jusqu'au point stratégique posait des problèmes semblables à ceux qu'avait connus l'expédition de la Rivière-Rouge et que les soldats devraient remonter le Nil dans des baleinières construites à cette fin. En août, en vacances à Chippawa, en Ontario, Denison eut la surprise de recevoir un télégramme dans lequel le secrétaire militaire du gouverneur général, lord Melgund [Elliot*], lui offrait le commandement d'un détachement civil de bateliers canadiens. On demandait à cet homme de 37 ans, avocat, administrateur municipal, soldat colonial amateur et père de famille, de rejoindre le cercle des officiers de Wolseley, qui avaient accumulé expérience et renommée au fil des guerres coloniales. Il accepta sans la moindre hésitation cette offre exceptionnelle de faire du service actif.

Sélectionner et équiper les bateliers (mariniers, bûcherons et Indiens, tous censés avoir l'expérience des cours d'eau difficiles) était une tâche qui, même si Melgund en assumait une bonne partie, ne tarda pas à absorber Denison. Il résista, sans succès, à l'admission d'un contingent de Winnipeg que commandait le lieutenant-colonel William Nassau Kennedy*. Ces hommes, soutenait-il, n'étaient pas des voyageurs ; mais en fait, ce qui l'agaçait, c'était que Kennedy avait un grade plus élevé que le sien. Il obtint donc un grade honoraire de lieutenant-colonel, et les hommes de Kennedy se joignirent à l'expédition, qui quitta Québec le 15 septembre. Arrivés en Égypte en octobre, les bateliers remontèrent le Nil jusqu'à l'endroit où les renforts luttaient eux-mêmes contre le courant ; on les répartit alors par groupes sur des eaux tumultueuses afin d'aider les soldats à bord des baleinières. Les responsabilités de Denison se limitaient à l'administration du personnel et au commandement de ceux qui, parmi ses hommes, étaient à portée immédiate de canot. Le plus jeune de ses frères, Egerton Edmund Augustus l'assistait : il s'était rendu en Égypte par ses propres moyens après que Melgund l'eut refusé, et il avait obtenu une place dans l'expédition.

Les voyageurs n'étaient pas des soldats. Denison dut leur imposer des amendes et les réprimander sévèrement pour leur faire comprendre qu'ils devraient travailler le dimanche. Parmi les militaires, on les disait indisciplinés ; Denison, lui, accusait les Manitobains de Kennedy. Il donna l'exemple aux voyageurs comme aux soldats en participant à l'embarquement des stocks et au halage des baleinières. Malgré les efforts des voyageurs, l'armée progressait lentement. Lorsqu'en décembre Denison apprit que Wolseley allait envoyer directement par le désert, au secours de Gordon, des soldats de la cavalerie montés sur des chameaux, il demanda de les accompagner « à n'importe quel titre – ou comme observateur », en faisant valoir qu'il était « le plus élevé en grade [parmi les officiers] canadiens présents ». Cependant, Wolseley lui ordonna de rester avec la colonne d'infanterie et d'approvisionnement, moins glorieuse mais combien vitale, qui suivait la longue route fluviale sous le commandement du major général William Earle. Denison en devint le pilote en chef, et chercha les meilleurs passages pour les baleinières.

À ce moment, on savait déjà que la campagne s'étirerait au delà des six mois d'engagement des voyageurs et que leur présence continuerait d'être essentielle. Denison leur offrit une augmentation et leur promit des visites touristiques au Caire et à Londres sur le chemin du retour, mais il ne put convaincre que 89 de ses 380 hommes de se rengager. Beaucoup devaient retourner au Canada pour travailler sur les cours d'eau et d'autres craignaient la terrible chaleur de l'été africain. Quant à Denison, il écrivit à sa famille le 25 janvier 1885 : « Je ne manquerais cette partie de la campagne pour rien au monde. Nous nous trouvons maintenant en territoire ennemi. »

À l'insu des membres de l'expédition, Khartoum tomba le 26 janvier et Gordon fut tué. Les mahdistes, qui avaient battu en retraite devant la colonne d'approvisionnement, se remirent à résister. Denison, comme d'habitude à la tête de la colonne, essuya le tir de l'ennemi ; c'était son baptême du feu. Le 10 février, au cours d'une attaque britannique à Kirbekan, il était à l'avant avec l'infanterie, grisé d'excitation. Les mahdistes subirent de lourdes pertes ; le général Earle fut tué. Cependant, les mahdistes ne tardèrent pas à se regrouper, et la colonne du désert manquait de vivres et d'eau, si bien que Wolseley ordonna une retraite rapide. Durant les neuf jours suivants, les soldats, dans leur descente des rapides, dépendirent totalement des voyageurs et de leur chef. Le 6 mars, ils étaient hors de danger. Le 13, Denison atteignit Le Caire, où on l'hospitalisa pour une fièvre typhoïde. Il demeura alité six semaines, et Kennedy ramena les voyageurs en Angleterre.

Quand Denison arriva à Londres à la fin de mai, on l'accueillit comme un héros d'importance secondaire. Il rencontra le duc de Cambridge, alla au derby et assista à un dîner d'État. Un mois plus tard, il rentrait à Toronto. Son arrivée fut passablement éclipsée par l'enthousiasme que soulevait la campagne du Nord-Ouest [V. sir Frederick Dobson MIDDLETON], où la Governor General's Body Guard allait enfin faire du service actif, mais sans lui. Néanmoins, il était devenu une célébrité et, en août, on le fit compagnon de l'ordre de Saint-Michel et Saint-Georges. Il était, nota-t-il dans son journal, « le premier Denison du Canada à recevoir une distinction ». Bientôt, on l'invita comme orateur de fin de dîner pour connaître ses impressions de la campagne du Soudan. Mis en nomination à la mairie en 1885 et 1886, il se désista chaque fois en faveur d'Alexander Henderson Manning*.

Pourtant, Denison ne pouvait plus se satisfaire de son cabinet d'avocat, de sa position au sein de la garde du gouverneur ni des magasins et des propriétés rurales qu'il accumulait. Aux élections fédérales du 22 février 1887, il remporta de justesse la victoire sur Edmund Ernest Sheppard* et devint député conservateur de la circonscription de Toronto West. Il n'intervenait pas souvent à la chambre des Communes, mais il participait activement aux débats sur la milice. Comme les autres « colonels parlementaires », il s'empressa d'user de sa position pour dénigrer la toute nouvelle armée permanente du Canada [V. sir Adolphe-Philippe Caron*], qui enlevait des fonds, déjà rares, aux corps de volontaires comme la Governor General's Body Guard. Et, à l'instar de la plupart des députés de l'époque, il s'intéressait de près aux postes mineurs dont il pouvait influencer la distribution.

En 1889, Denison suivit l'exemple de D'Alton McCARTHY et, allant à l'encontre de la position conservatrice, vota pour la non-reconnaissance de la loi du gouvernement du Québec sur les biens des jésuites. L'année suivante, il donna encore du fil à retordre à son parti en appuyant le projet de loi d'intérêt privé (finalement défait) dans lequel McCarthy proposait de modifier les dispositions linguistiques de l'Acte des Territoires du Nord-Ouest pour limiter l'usage du français. « Qu'il eût tort ou raison, écrivit plus tard le *Toronto World,* le colonel avait toujours le courage de ses opinions. » Il n'est donc guère étonnant qu'il n'ait pas été invité à se joindre au cabinet, même si on avait évoqué aux Communes, en 1889, la possibilité qu'il devienne ministre de la Milice et de la Défense (Caron occupa ce poste). Cependant, la même année, il put user de son influence politique pour faire transformer la Governor General's Body Guard en un régiment de quatre troupes. Commandant d'escadron dans la nouvelle unité, il obtint le grade effectif de major (en dépit du fait qu'il était déjà lieutenant-colonel honoraire).

Aux élections du début de 1891, les conservateurs remportèrent la victoire ; Denison récolta dans Toronto West la plus grosse majorité en Ontario et la deuxième au pays. Cependant, le parti était essoufflé. Macdonald mourut en juin ; ses successeurs possibles étaient peu intéressants. Dans son journal, Denison les évalua froidement : John Joseph Caldwell ABBOTT (« inconnu à l'extérieur de sa province »), McCarthy (« détestable pour les [Canadiens] français »), sir John Sparrow David THOMPSON (« catholique et partisan actif de la loi sur les jésuites, tout à fait inacceptable pour les conservateurs ontariens ») et sir Charles Tupper* (« a la réputation de ne veiller qu'à ses intérêts et [est] dénué de scrupules [...] arrivera probablement premier à la fin »). Encore une fois, quelques membres du nouveau gouvernement, dirigé par Abbott, proposèrent Denison comme ministre de la Milice et de la Défense, mais il n'eut pas le poste.

Durant ses dernières années, Denison fut mêlé à une désagréable controverse. Il prétendait que James Gibson Slater, un vétéran de l'armée britannique qui s'était enrôlé dans la Governor General's Body Guard pour les années 1885 à 1888, était un ivrogne, et il lui avait ordonné de rendre son fourniment à la fin de son service. Comme Slater ne l'avait pas fait, Denison l'avait traîné devant un tribunal d'instance et lui avait fait imposer une amende. Slater, de son côté, lui intenta une poursuite au civil de 250 $ en dédommagement pour les manœuvres et pour l'entretien de ses armes et de son équipement. En 1891, ayant perdu son procès, il exposa son cas dans une brochure qu'il distribua à tous les membres du Parlement. En outre, il accusait des officiers de la garde d'avoir empoché de l'argent destiné aux hommes de troupe. Quand l'opposition libérale souleva ces accusations aux Communes, Denison eut quelque difficulté à les réfuter. N'ayant pas obtenu satisfaction au Parlement, Slater menaça de tuer Denison, puis porta sa cause à l'attention du gouverneur général, du ministère des Colonies et du Parlement britannique. Quand William Mulock* exposa de nouveau toute l'affaire en chambre en 1893, Denison lui dit qu'il était « une canaille et un lâche [... que] pour un peu [il] assommerai[t] ».

En octobre 1895 se manifestèrent les premiers symptômes du cancer de l'estomac qui allait emporter Denison. Six mois plus tard, il mourut à Rusholme, qui faisait désormais partie de Toronto. Ses funérailles, privées, ressemblèrent à une procession d'État. Les huit porteurs représentaient les élites militaires et conservatrices de la ville. À Ottawa, Tupper annonça son décès aux Communes et Wilfrid Laurier* prononça son éloge funèbre.

La carrière de Frederick Charles Denison fut quelque peu contradictoire. D'une part, il demeura fondamentalement un Torontois toute sa vie. En tant qu'administrateur municipal, il était conformiste. Même à titre de législateur fédéral, il travaillait beaucoup pour Toronto. D'autre part, même si sa carrière militaire fut toujours menacée d'être éclipsée par celle de son frère George Taylor, il parvint en 1884 et 1885, grâce à ses amitiés parmi la coterie des brillants officiers de Wolseley, à dépasser les limites d'une carrière dans la milice canadienne en commandant le premier groupe de Canadiens qui participa à une intervention militaire outre-mer au sein d'une force impériale.

O. A. Cooke

Frederick Charles Denison est l'auteur de : *Historical record of the Governor-General's Body Guard, and its standing orders* (Toronto, 1876). Son portrait, qui se trouve à la MTRL, Hist. Picture Coll., est reproduit en page frontispice de *Records of the Nile voyageurs, 1884–1885 : the Canadian voyageur contingent in the Gordon relief expedition*, C. P. Stacey, édit. (Toronto, 1959).

AN, MG 29, E29, 15, 36. — MTRL, Denison family papers, L22–23. — G. T. Denison, *Soldiering in Canada ; recollections and experiences* (Toronto, 1900). — [J. G. Slater], *Three years under the Canadian flag as a cavalry soldier ; a peep behind the scenes of political, municipal, military, and social life in Canada* ([Ottawa, 1892]). — Chadwick, *Ontarian families*. — *CPC*, 1889. — *Cyclopædia of Canadian biog.* (Rose et Charlesworth), 1 : 246–247. — *Roll of U.C. College* (A. H. Young), 207. — D. P. Gagan, *The Denison family of Toronto, 1792–1925* (Toronto, 1973).

DÉSAULNIERS. V. Lesieur-Désaulniers

DESBARATS, GEORGE-ÉDOUARD (baptis **George-Édouard-Amable,** aussi appelé George Edward), avocat, imprimeur, inventeur, éditeur, administrateur scolaire et officier de milice, né le 5 avri 1838 à Québec, fils de George-Paschal Desbarats* e d'Henriette Dionne ; décédé le 18 février 1893 à Montréal.

George-Édouard Desbarats perdit sa mère à l'âg d'un an et fut confié à son grand-père Amabl Dionne*. En 1846, son père l'envoya étudier au Hol Cross College de Worcester, au Massachusetts Malgré l'éloignement de sa famille, le jeune Desbarats semble avoir été heureux durant les cinq année qu'il passa dans cet établissement. En 1852, i s'inscrivit au collège Sainte-Marie de Montréal, où i fit sa rhétorique et ses deux années de philosophie Ayant terminé ses études classiques à l'âge de 17 ans – ce qui était jeune à l'époque –, il entreprit son droit à l'université Laval et revint ainsi dans sa ville natale. I devint en même temps clerc dans le cabinet de so oncle Jean-Thomas Taschereau, qui lui remit e novembre 1858 un certificat attestant de sa capacité à pratiquer le droit. Comme il était partagé entr l'exercice de sa profession ou l'association à son père imprimeur, il fit d'abord un voyage en Europe. A retour, il se présenta aux examens de la faculté de droi et reçut un diplôme du Barreau du Bas-Canada le mai 1859. L'année suivante, soit le 30 avril 1860, i épousa Lucianne (Lucie-Anne) Bossé, fille aînée d Joseph-Noël Bossé, plus tard sénateur et juge.

Plutôt que d'entrer dans le cabinet de Toussaint Antoine-Rodolphe Laflamme, Desbarats préféra s'initier aux affaires de son père, toujours imprimeur d la reine sous la raison sociale de Desbarats e Derbishire. Durant les cinq années qui suivirent, il pri une part active aux travaux de l'imprimerie et se mêl de près au petit monde des écrivains québécois qu gravitaient autour du *Foyer canadien* et que son pèr soutenait comme imprimeur-éditeur. Pendant cett période, les Desbarats publieraient plus d'une douzaine d'œuvres littéraires, historiques, religieuses biographiques et scientifiques, dont la deuxièm édition des *Anciens Canadiens* (1864) de Philippe Joseph Aubert* de Gaspé, *Histoire de la mèr Marie-de-l'Incarnation* [...] (1864) de l'abbé Henri Raymond Casgrain* et *Énumération des genres d plantes de la flore du Canada* [...] (1864) de Louis Ovide Brunet*.

En 1865, Desbarats – héritier des entreprises de so père mort l'année précédente – et son associé Malcolm Cameron* – qui avait remplacé Stewart Derbishire* mort en 1863 et qui portait le titre d'imprimeu de la reine – suivirent le gouvernement à Ottawa. Ils établirent leurs ateliers au rez-de-chaussée de l'édifice que Desbarats père avait fait construire rue Sparks et louèrent les chambres qui occupaient une partie des deux étages supérieurs. Desbarats installa en même temps sa famille à Chapel Court, une belle maison qu'il avait fait ériger au coin de la rue Chapel et de l'avenue Daly. En somme, tout s'annonçait très bien pour la jeune firme Desbarats et Cameron, et les Desbarats menaient grand train de vie dans la nouvelle capitale du Canada-Uni, ce qui faisait un peu moins regretter la ville de Québec à Mme Desbarats.

L'année 1868 fut cependant marquée par une tragédie qui allait affecter personnellement Desbarats. À la suite de l'assassinat de Thomas D'Arcy McGee*, à la porte de la pension de la rue Sparks, pendant la nuit du 6 au 7 avril 1868, Desbarats, désireux de perpétuer le souvenir de son ami et locataire, fit apposer une plaque sur le mur de l'édifice, et ce malgré les menaces reçues. Or, le soir du 20 janvier 1869, pendant un bal costumé que donnaient les Desbarats à leur résidence, un incendie criminel détruisit l'immeuble de la rue Sparks et tout le matériel d'imprimerie qui s'y trouvait, ainsi que les exemplaires déjà imprimés, les plaques lithographiques et les illustrations de la première édition de l'ouvrage de l'abbé Charles-Honoré Laverdière*, *Œuvres de Champlain*. Heureusement, Laverdière avait gardé un jeu d'épreuves à Québec. Loin de se décourager, Desbarats lui permit en 1870 d'imprimer les six volumes de son ouvrage à Québec même où il avait installé cinq ans auparavant un imprimeur, une presse et le matériel nécessaire. Il avait d'autre part de nombreux engagements à Montréal, où il venait de s'associer au graveur William Augustus Leggo* fils et de s'installer au 319 de la rue Saint-Antoine. En outre, le 1er octobre 1869, il avait accepté l'offre que lui avait faite le premier ministre sir John Alexander MACDONALD de devenir le premier imprimeur du Canada. Mais l'importance de ses propres affaires d'imprimerie et d'édition à Montréal et à Québec ne lui permit pas de tenir le coup longtemps à Ottawa, d'autant plus qu'il en était rendu à négliger sa famille. Désireux au surplus de voir ses fils prendre un jour la relève, il résigna ses fonctions au printemps de 1870, vendit Chapel Court à Sandford Fleming* et investit les 10 000 $ ainsi recueillis dans le *Canadian Illustrated News* de Montréal, qui paraissait depuis le 30 octobre 1869. Il emmena sa famille à Montréal et put dès lors donner libre cours à ses projets d'imprimeur-éditeur.

C'est sans aucun doute à Québec que Desbarats avait connu Leggo, qui y avait travaillé dans l'atelier de son père, William Augustus Leggo, avant d'aller se perfectionner à Montréal et à Boston, puis y était revenu et s'était établi graveur sur cuivre et sur acier. Le 12 décembre 1864, les deux associés, qui se présentaient alors comme « graveurs, lithographes et électrotypistes », avaient déposé une première demande conjointe de brevet pour la découverte d'un art nouveau et utile, la leggotypie. Cette méthode se situait dans la suite des travaux de Paul Pretsche sur la galvanoplastie et d'Alphonse Poitevin sur l'« hélioplastie », « procédé de photogravure qui permet de reproduire des dessins au trait ou des gravures sans teinte ». En juin 1869, Leggo avait déposé un brevet pour la photographie grenée, avant de créer la Leggo and Company à Montréal en juillet. Desbarats, pour sa part, avait lancé à la fin d'octobre le *Canadian Illustrated News,* avec en pleine page une gravure photomécanique traitée par Leggo. « C'était une première mondiale » que cette exploitation « sur une base commerciale d'un moyen de reproduction photomécanique compatible avec la typographie ». Dès l'année suivante, Desbarats allait utiliser la leggotypie pour réimprimer en fac-similé les *Œuvres de Champlain*. Le 1er janvier 1870, il entreprit la publication de *l'Opinion publique,* hebdomadaire de 12 pages dont les illustrations, que l'on retrouvait pour la plupart dans le *Canadian Illustrated News,* son frère jumeau, étaient fournies surtout par les ateliers de photographie de feu Jules-Isaïe Benoît*, dit Livernois, de Québec et de William NOTMAN de Montréal. Les deux magazines étaient néanmoins autonomes ; le *Canadian Illustrated News* avait comme rédacteur Alexander Robinson et *l'Opinion publique,* Joseph-Alfred Mousseau* et Laurent-Olivier David*. À partir du 17 septembre, grâce aux ateliers de la rue Saint-Antoine alors dotés d'un ensemble de services qui faisaient de l'entreprise de Desbarats l'une des plus modernes au Canada, on illustra les deux magazines à l'aide de la lithographie, fait encore exceptionnel et reconnu comme tel en Europe. C'est ainsi qu'on doit à Desbarats et à Leggo les trois innovations appliquées à l'impression des périodiques : la leggotypie, la photographie grenée et la photolithographie, qui toutes se situaient dans la chaîne des progrès techniques du XIXe siècle pour la communication de masse.

Desbarats et Leggo ne voulaient pas en rester là. Après entente avec Ferdinand Gagnon*, *l'Opinion publique* absorba en novembre 1870 *l'Étendard national,* de Worcester, et en fit son édition franco-américaine. Cette année-là, les deux inventeurs projetaient également d'éditer des journaux simultanément dans différentes villes grâce à des fac-similés leggotypiques et à la retransmission télégraphique, et de produire un ouvrage de luxe qui coûtait ordinairement 10 $ pour la modique somme de 0,10 $, puisqu'un seul cliché leggotypique pouvait imprimer 15 000 exemplaires. Si ces projets restèrent en l'état, d'autres se réalisèrent. En 1870, Desbarats fonda le magazine *Hearthstone,* hebdomadaire littéraire montréalais rédigé par John Arthur Phillips. L'année suivante, il acheta le Dominion Telegraph Institute, qui prépara un grand nombre de télégraphistes du Canada et des

États-Unis ; il le dirigea pendant deux ans. Il avait d'ailleurs établi une ligne télégraphique pour relier son bureau de la place d'Armes à son atelier de la rue Saint-Antoine. En 1872, il lança à Montréal le *Canada Medical & Surgical Journal* et, l'année suivante, le *Dominion Printer*.

La faible population du Canada des années 1870 ne permettait cependant pas à Desbarats d'atteindre les tirages nécessaires à la rentabilité de ses publications. Il eut alors l'idée d'aller fonder avec Leggo à New York un quotidien illustré car, pensait-il, le tirage dans cette ville pouvait facilement atteindre 50 000 exemplaires. Il organisa à cette fin une puissante société par actions au capital d'un demi-million de dollars, la Union Art Publishing Company. Parmi les 15 administrateurs provisoires se trouvaient Edward Goff Penny* du *Montreal Herald* ainsi que sir Francis Hincks* et sir Alexander Tilloch GALT. Seuls deux Canadiens de langue française, Honoré Cotté et Edmond-Julien Barbeau, figuraient sur le prospectus. En mars 1873, Desbarats et Leggo purent lancer le *New York Daily Graphic,* premier quotidien illustré à paraître dans le monde. Même s'il tint le coup jusqu'en 1889, ce journal ne fut publié que quelques mois sous la direction de Desbarats qui, faute de capitaux, dut passer la main à d'autres. Également en mars 1873, Desbarats fonda à Montréal le *Canadian Patent Office Record and Mechanics' Magazine*. Chaque numéro de ce mensuel comprenait une première section de 32 pages, consacrée à l'ingénierie, aux manufactures, aux mines et autres industries, et une autre partie de 30 à 50 pages où se trouvait la liste officielle des brevets d'invention déposés à Ottawa, le tout abondamment illustré ; offerte au début pour la modique somme de 1,50 $ par année, cette publication paraissait encore en 1984, malgré de nombreux changements de propriétaire et de nom. En même temps, Desbarats crut le moment venu de créer une autre société par actions, la Desbarats Lithographic and Publishing Company, dans le but d'aider l'édition canadienne et plus particulièrement l'imprimerie et la gravure à Montréal.

Hélas ! tant de recherches, d'inventions et de publications exigeaient toujours plus de capitaux. Les seuls travaux de recherche sur la leggotypie auraient englouti depuis 1867 un quart de million de dollars. Mme Desbarats s'en plaignait déjà dans son journal intime avant 1870. Et l'aventure du *New York Daily Graphic* mit les affaires de Desbarats au plus mal. Afin de sauver ses périodiques canadiens, il forma en janvier 1874 avec George Bull Burland la Burland-Desbarats Lithographic and Publishing Company. Le *Canadian Illustrated News* et *l'Opinion publique* purent ainsi continuer de paraître, mais ce fut la fin du tandem Desbarats-Leggo, ce dernier demeurant à New York. L'insolvabilité de Desbarats fut déclarée le 31 mai 1875. Pour rembourser les créanciers, la famille dut régler la succession de George-Paschal Desbarats, qui avait laissé un solide héritage en propriétés et en valeurs mobilières à sa troisième femme et à ses quatre enfants.

Après s'être retiré de la Burland-Desbarats Lithographic and Publishing Company en 1876, Desbarats décida de repartir à neuf. Il ouvrit un petit atelier dans l'édifice du vieux bureau de poste de la rue Saint-Jacques et passa bientôt dans un local plus vaste de la rue Craig. En 1877, il prit avec lui son second fils, William-Amable, âgé de 15 ans ; un an plus tard, il mit sur pied la Desbarats Printing Company. Puis il se lia en 1879 avec les photographes Notman et Henry Sandham* dans l'Artotype Printing Company, se rendant lui-même à New York pour s'initier à cette nouvelle technique. Les affaires allèrent si bien qu'en 1884 William Cumming Smillie lui demanda de participer à titre de cogérant à la Canada Bank Note Engraving and Printing Company, fondée deux ans plus tôt. En 1888, Desbarats s'associa à son fils William-Amable pour revenir à sa passion ancienne et faire paraître le *Dominion Illustrated,* premier hebdomadaire au Canada illustré selon le procédé de la gravure en demi-ton. Il avait fallu installer un atelier de photogravure pour publier le magazine. Cette fois encore, Desbarats avait fait appel à des investisseurs de prestige, tels sir Donald Alexander Smith*, Richard Bladworth Angus* et Fleming, respectivement président et administrateurs de la Compagnie du chemin de fer canadien du Pacifique, et le riche armateur Andrew Allan*. Mais ce ne fut pas suffisant pour maintenir longtemps le nouveau magazine, qui cessa de paraître en juin 1893. Malgré tout, Desbarats gardait toujours intact ce besoin de nouvelles techniques à expérimenter. On a d'ailleurs retrouvé des lettres qu'il avait écrites en 1889 à un graveur de Dayton, en Ohio, pleines de renseignements sur des produits chimiques et des alliages pour on ne sait trop quel procédé.

Il ne fait aucun doute que Desbarats avait un tempérament d'inventeur, qui se manifesta dans l'imprimerie et les techniques d'illustration par la photographie et qui se doublait d'un talent d'artiste, comme en témoignent abondamment ses nombreuses éditions de livres et de journaux. On ne peut pas dire qu'il ait été un mauvais homme d'affaires, même s'il a connu la faillite une fois dans sa vie. Il voyait les besoins énormes de son temps dans les domaines de l'imprimerie et des communications, ainsi que les possibilités que de nouvelles inventions comme la photographie allaient pouvoir offrir aux masses de plus en plus alphabétisées. C'était peut-être un rêveur, mais un rêveur conscient de rendre service à l'humanité. À la fin du XIXe siècle, les grands magazines illustrés d'Angleterre, de France et des États-Unis étaient toujours limités aux gravures sur bois faites par les artistes, alors que le *Canadian Illustrated News* fut le premier à « voir » le monde à travers la lentille de l'appareil photographique, lui-même nouvellement inventé. En 1865, l'Amérique du Nord britannique comptait près de 400 journaux, dont la plupart paraissaient sur quatre pages, avec des informations et des annonces publicitaires. Avec Leggo, Desbarats donna un immense apport aux recherches menées en Europe et en Amérique pour adapter la photographie à la feuille imprimée. Ses recherches et ses inventions pour le périodique illustré ne l'ont pas empêché d'être l'imprimeur-éditeur de nombreux livres, dont plusieurs étaient également illustrés. Outre ceux de sa période littéraire québécoise, à ses débuts, on lui doit notamment *Bibliotheca canadensis* de Henry James Morgan* en 1867, *Railway routes from Montreal* [...] de George Bemister et *Atlas of the Dominion of Canada* de Henry Francis Walling en 1875, ainsi que les biographies de Laurent-Olivier David sur Louis-Joseph Papineau*, Pierre-Joseph-Olivier Chauveau*, sir Louis-Hippolyte La Fontaine* et Mgr Ignace Bourget*, entre autres. De cette façon, Desbarats continuait la tradition de l'imprimeur-éditeur que connaissait l'Amérique du Nord depuis le milieu du XVIIIe siècle et que les frères Samuel* et John* Neilson ainsi que le fils de ce dernier, Samuel*, avaient si bien illustrée à Québec de 1789 à 1848.

Par ses deux principaux périodiques, le *Canadian Illustrated News* et *l'Opinion publique*, Desbarats mit à la disposition des lecteurs, de 1869 à 1883, environ 15 000 images de personnes, de lieux et d'événements de l'actualité canadienne et étrangère. La seule rubrique de la « Canadian portrait gallery » du magazine anglais a compté plus de 300 portraits. Bien que curieux de l'actualité mondiale, les journaux de Desbarats se consacraient avant tout à la jeune Confédération canadienne, à son expansion et à son développement. Le *Canadian Illustrated News* s'intéressait aux transports et à l'industrie, aux nouveaux territoires habités et à l'épopée du rail. Il dénonçait à l'occasion les logements insalubres et l'absence de services de santé, mais ne voulait pas accepter les unions ouvrières, l'instruction obligatoire ou le suffrage universel. Comme les magazines de l'Angleterre victorienne, il contenait des articles sur la mode féminine, les sports et les enfants. Sur le plan politique, il accordait plus d'attention à l'Europe et surtout à la Grande-Bretagne qu'aux États-Unis, car ses rédacteurs et ses lecteurs étaient d'ascendance britannique. De son côté, *l'Opinion publique*, fondé par trois patriotes convaincus qui avaient convenu de publier un hebdomadaire illustré, d'inspiration politique et littéraire, mais sans attache partisane, et destiné aux Canadiens français, fut assez différent dès le début. Articles sur la société québécoise, revue de l'actualité, feuilletons, anecdotes et récits revenaient chaque semaine. Et David ne manquait pas de s'inspirer largement de l'idée d'un parti national. Oscar Dunn* continua dans la même optique lorsqu'il fut rédacteur en chef. Desbarats fit de même en 1875, mais ses efforts pour en améliorer la présentation ne réussirent pas à augmenter le nombre d'abonnés, si bien qu'en 1877 on le remplaça par un rédacteur anonyme. Contrairement au *Canadian Illustrated News*, destiné à une élite anglophone, *l'Opinion publique* n'a pas su, dit-on, s'adapter à une clientèle précise. Pourtant les deux magazines cessèrent de paraître en même temps. De toute façon, le contenu des périodiques laisse entendre que Desbarats était conservateur sur le plan social comme sur le plan politique. Dans la vie professionnelle, son honnêteté était sans faille, ce qui fait que ses associés et ses créanciers ne l'abandonnèrent pas et lui firent confiance pendant ses années difficiles. Son courage était à toute épreuve, et il ne s'est pas laissé abattre par les échecs. Il était aussi reconnu pour bien traiter ses employés et ses collaborateurs. D'une grande générosité de cœur et d'esprit, il n'a pas négligé l'activité hors de la profession et des affaires. Il fut président de la Société Saint-Jean-Baptiste d'Ottawa, directeur de la Philarmonic Society de Montréal et capitaine du Civil Service Rifle Regiment d'Ottawa. Pendant l'épidémie de variole à Montréal en 1885, il dirigea le comité de citoyens qui créa un hôpital temporaire.

De son mariage avec Lucianne Bossé, George-Édouard Desbarats avait eu deux filles et cinq garçons, dont l'avant-dernier, Jean-Robert-Alexandre, mourut à l'âge de cinq ans, en 1873, au pire moment de la vie professionnelle de son père. Lucianne épousa William De Blaquiere, 6e baron De Blaquiere, et vécut en Angleterre, alors que Cécile, entrée en religion chez les Religieuses du Sacré-Cœur, fut supérieure de la communauté aux États-Unis et au Canada. L'aîné des quatre fils, George-Joseph, était ingénieur et fut sous-ministre de la Défense nationale ; quant à William-Amable, Édouard-Stanislas-Cirice et Charles-Henri-Hullet, ils s'associèrent à leur père et continuèrent la tradition dans la Desbarats Printing Company et la Desbarats Advertising Agency. En 1970, on trouvait encore deux jeunes de la septième génération dans la Desbarats Printing. La famille Desbarats peut s'enorgueillir de célébrer bientôt son deuxième centenaire dans la profession de Gutenberg. Par ses inventions, ses innovations et ses publications, Desbarats fut un grand imprimeur, parmi les plus importants du Québec et du Canada.

CLAUDE GALARNEAU

En avril 1858, George-Édouard Desbarats fit une conférence en français au Cabinet de lecture paroissial de Montréal, qui fut publiée en 1860 dans *l'Écho du Cabinet de lecture paroissial*, 2 : 244–247, 261–265 et 288, sous le titre de « l'Esclavage dans l'antiquité, et son abolition par le christianisme ». Dans ce texte, où sont cités Homère, Aristote, Platon et Virgile, saint Paul et saint Augustin, Las

Casas, Peter Claver et François Guizot, se révèlent le juriste, l'humaniste et le chrétien. [C. G.]

ANQ-M, CE1-51, 6 juin 1873, 21 févr. 1893 ; CM1, 2/8, 25 nov. 1864. — ANQ-Q, CE1-1, 6 avril 1838, 30 avril 1860. — ASQ, Séminaire, 225, n° 288 ; SME, 6 oct. 1865 ; Univ., 77, n° 18 ; 79, n° 10 ; 101, n° CL. — AUM, P 58, Q2/22 ; U, 3513–3521, 8944. — Lilian Scott Desbarats, *Recollections*, W. K. Lamb, édit. (Ottawa, 1957). — *Le Canadien*, 22 oct. 1869. — *Montreal Herald*, 26 avril 1872. — *L'Opinion publique*, 9 mai 1872. — *La Presse*, 20 févr. 1893. — J. Hamelin *et al.*, *la Presse québécoise*, 1–3. — Le Jeune, *Dictionnaire*, 1 : 499–500. — *Montreal directory*, 1867–1893. — *Quebec directory*, 1844–1865. — P.-G. Roy, *Fils de Québec* (4 sér., Lévis, Québec, 1933), 4 : 165–167. — Atherton, *Montreal*, 3 : 469–473. — Canadian Illustrated News : *a commemorative portfolio*, Peter Desbarats, édit. (Toronto, 1970). — Thomas Chapais, *Cours d'histoire du Canada* (8 vol., Québec et Montréal, 1919–1934 ; réimpr., Trois-Rivières, Québec, 1972), 4 : 149–287. — Yves Chèvrefils, « John Henry Walker (1831–1899), artisan–graveur montréalais ; la montée et la chute du premier médium moderne d'illustration : la gravure sur bois de reproduction », (mémoire de M.A., univ. du Québec, Montréal, 1985). — Michel Lessard, « le Studio Livernois, 1854–1974 ; un commerce familial d'art photographique à Québec » (thèse de PH.D., univ. Laval, 1986). — Jim Burant, « Quand une image vaut mille mots : les journaux illustrés et les magazines sont des documents historiques de premier ordre », *l'Archiviste* (Ottawa), 13 (sept.–oct. 1986) : 6–7. — « 300 ans dans l'imprimerie », *le Maître imprimeur* (Montréal), 17 (1953), n° 5 : 11–15.

DesBRISAY, MATHER BYLES, avocat, homme politique, fonctionnaire, juge et historien, né le 19 mars 1828 à Chester, Nouvelle-Écosse, fils de Thomas Belcher DesBrisay et de Lucretia Bourdette Woodward ; en septembre 1876, il épousa Ada A. Harley, et ils n'eurent pas d'enfants ; décédé le 8 avril 1900 à Bridgewater, Nouvelle-Écosse.

Mather Byles DesBrisay était l'arrière-petit-fils de Thomas DesBrisay*, lieutenant-gouverneur de l'île Saint-Jean (Île-du-Prince-Édouard), et du pasteur loyaliste Mather Byles*. Après des études à Halifax et à Dartmouth, il reçut sa formation juridique au cabinet de George Augustus Blanchard et d'Alexander James, à Halifax. On l'admit au barreau en 1851. Trois ans plus tard, avec son collègue Howard D. Steele, il agit à titre de secrétaire de la première exposition industrielle de la Nouvelle-Écosse. DesBrisay exerça le droit à Halifax durant plusieurs années avant de s'installer à Chester puis, en 1865, à Bridgewater.

Après une tentative infructueuse dans l'arène politique en 1863, DesBrisay, un libéral, fut élu député de la circonscription de Lunenburg à la chambre d'Assemblée, et ce avec une forte majorité, au moment où la vague (libérale) d'opposition à la Confédération déferlait en 1867. Il était parmi les sept députés extrémistes dirigés par le docteur George Murray*, de la circonscription de Pictou, qui s'opposaient farouchement à l'« adhésion forcée » de la Nouvelle-Écosse à la Confédération. Selon DesBrisay, « le Canada n'avait pas davantage le droit de taxer la Nouvelle-Écosse sans le consentement de la population que la Grande-Bretagne ne l'avait de taxer les colonies américaines en 1776 ». Réélu en 1871 et en 1874, il avait compris dès 1871 que la révocation de la Confédération était impossible. Il avait également constaté que les libéraux, une fois au pouvoir, s'étaient montrés aussi cupides que les conservateurs. On avait récompensé de riches partisans par l'octroi de vastes terres propices à la spéculation forestière et minière. Dans les années 1870, DesBrisay exerça la fonction d'agent d'immigration pour la province : il estimait qu'on devait réserver les terres aux colons véritables, et il en combattit l'appropriation avec un certain succès en forçant le gouvernement à publier une liste des concessions. Dans le but d'écarter DesBrisay, le premier ministre William Annand* l'avait nommé commissaire responsable de la refonte et de l'unification des lois de la province. Élu président de l'Assemblée en mai 1875, il démissionna l'année suivante pour devenir juge de la Cour des comtés de Lunenburg, de Queens et de Shelburne poste qu'il conserva jusqu'en 1897.

Si Mather Byles DesBrisay a laissé sa marque, c'es bien plus à titre d'historien que comme juge o homme politique. Une version augmentée de l'essa sur l'histoire du comté de Lunenburg qu'il présenta e 1868 pour l'Akins Historical Prize [V. Thoma Beamish AKINS], au King's College, fut publiée deu ans plus tard à Halifax. En 1895, à Toronto, o procéda à une deuxième édition, considérablement augmentée, de *History of the County of Lunenburg* L'ouvrage, qui s'appuie sur des documents très diver et des entrevues avec de nombreux colons d'un âg avancé, constitue une tentative sincère de recrée l'atmosphère de l'ancien Lunenburg et de décrir l'évolution de la colonie. On y trouve, certes, le erreurs inévitables dans une œuvre nourrie de réminis cences, et on y fait souvent l'éloge des vaillant pionniers du comté sur un ton moralisateur. Mais, l'instar de George PATTERSON dans *History of th county of Pictou, Nova Scotia* publié à Montréal e 1877, DesBrisay s'élève bien au-dessus des méandre généalogiques propres à la plupart des historiques d comté de la Nouvelle-Écosse. Winthrop Pickard Be a rendu hommage au travail de DesBrisay et s'en e souvent inspiré dans sa monumentale étude intitulé *The « foreign Protestants » and the settlement of Nov Scotia* [...].

A. A. MACKENZ

Mather Byles DesBrisay se classa deuxième au concou Akins de 1868 avec son essai intitulé : « History of t county of Lunenburg » ; le manuscrit est conservé dans collection des Akins Hist. Prize Essays à la Univ. of King

College Library (Halifax). L'édition de 1895 a été réimprimée (Belleville, Ontario, 1980).

PANS, MG 100, 115, n° 20. — N.-É., House of Assembly, *Debates and proc.*, 1869–1872 ; *Journal and proc.*, 1874–1875. — *Acadian Recorder*, 9–10 avril 1900. — *Morning Chronicle* (Halifax), 1868, 1872. — *Canadian biog. dict.* — *Legislative Assembly of N.S.* (Elliott). — W. P. Bell, *The « foreign Protestants » and the settlement of Nova Scotia* [...] (Toronto, 1961). — K. G. Pryke, *Nova Scotia and confederation, 1864–74* (Toronto, 1979). — M. B. Taylor, « Nova Scotia's nineteenth-century county histories », *Acadiensis* (Fredericton), 10 (1980–1981), n° 2 : 159–167.

DESCHÊNES, GEORGES-HONORÉ (baptisé **Honoré),** agriculteur, fonctionnaire, homme politique et homme d'affaires, né le 25 août 1841 à Cacouna, Bas-Canada, de parents inconnus, fils adoptif de Hilary Gagnon et d'Adeline Pelletier, du même endroit ; décédé le 11 août 1892 à Saint-Épiphane, Québec.

Le jeune Georges-Honoré figure au recensement de 1851 sans nom de famille. En 1861, il porte le nom de son père adoptif. Toutefois, c'est sous le patronyme de Deschênes qu'on le retrouve un peu plus tard, sans qu'il soit possible d'établir s'il s'agit du nom de l'un ou l'autre de ses parents naturels. À Cacouna, il fait deux ou trois années d'études primaires ; par la suite, son goût pour la lecture et la culture personnelle fera de lui un autodidacte. Entre 1857 et 1861, il suit sa famille adoptive qui monte s'établir dans le premier rang du canton de Viger, juste à l'arrière de la seigneurie de l'Île-Verte, parmi les pionniers de la future paroisse Saint-Épiphane. À cet endroit, le 26 janvier 1864, il épouse Suzanne Michaud, et ils auront six enfants. Peu après son mariage, il devient propriétaire de la ferme des Gagnon.

C'est d'abord à l'échelon paroissial que Deschênes fait ses premières armes au service de ses concitoyens. De 1872 à 1875, puis de 1876 à 1882, il est secrétaire-trésorier de Saint-Épiphane, avec une rémunération annuelle de 60 $. Simultanément, il fait partie de la commission scolaire de la paroisse. En outre, nommé « agent des sauvages » en 1872 pour la gestion des affaires des Malécites du canton de Viger et de Cacouna, il devient, l'année suivante, « surintendant spécial pour la paroisse ». En 1877, il compte parmi les syndics chargés de « mettre à exécution le décret canonique concernant la construction d'église, sacristie et presbytère ». Il occupe également pour un temps le poste d'administrateur puis celui de vice-président de la nouvelle Société d'agriculture du comté de Témiscouata.

Deschênes passe cependant la majeure partie de sa vie active en politique provinciale, à titre de député de Témiscouata. Élu la première fois en juillet 1875 avec 57 % des suffrages exprimés, il se joint aux 21 autres députés libéraux qui forment l'opposition sous la gouverne d'Henri-Gustave Joly*. Selon l'historien Marcel Hamelin, « la campagne provinciale de 1875 est une des plus odieuses de la deuxième partie du XIXe siècle ». Témiscouata n'échappe pas à la règle. Le 5 septembre, Deschênes est contraint de confesser publiquement qu'il a fait circuler pendant la campagne électorale des calomnies et des mensonges sur le compte de Charles BERTRAND, à qui il a déjà remis une déclaration signée en ce sens. *Le Canadien* du 11 septembre réclame vigoureusement que la « conduite » du député de Témiscouata soit « désavou[ée] publiquement » par les électeurs. Dès lors, craignant d'être accusé devant l'Assemblée, Deschênes cherche des appuis du côté des libéraux. Sachant qu'il ne peut compter sur Joly qui le considère comme celui qui « a abandonné le parti auquel il s'était lié », il regarde ailleurs. À l'occasion du débat sur le chemin de fer de Québec, Montréal, Ottawa et Occidental, en décembre, Deschênes annonce ses couleurs : « Je n'ai pas été élu dans mon comté pour venir ici servir comme une « machine à voter », malgré que certains députés se sont plu à l'insinuer dans les coulisses de cette Chambre. Je voterai avec le gouvernement [conservateur] parce que je pense sa politique sage et tout à fait rationnelle. » En réponse, ses collègues libéraux, notamment l'influent George IRVINE, tentent de le compromettre définitivement en faisant étaler toute l'affaire devant la chambre. On renvoie le tout au comité permanent des privilèges et élections ; celui-ci conclut qu'il y a eu faute mais considère que réparation a été faite. En désaccord, les libéraux exigent l'expulsion du député. Après un vif débat, grâce à l'appui des conservateurs, Deschênes n'est que « sévèrement réprimandé » par le président de l'Assemblée et conserve son siège. C'est sous la bannière conservatrice qu'il est réélu en 1878, en défaisant un autre conservateur avec une majorité légèrement augmentée. En 1881, toujours conservateur, il est élu sans opposition.

Toutefois, les choses tournent mal pour Deschênes à la suite de sa réélection d'octobre 1886. En décembre, son adversaire Louis-Philippe Pelletier*, avocat ambitieux et futur ministre conservateur tant au fédéral qu'au provincial, dépose une requête pour faire invalider l'élection dans Témiscouata. À la stupéfaction générale, Deschênes remet une lettre de « résignation » à Pelletier, dans laquelle il reconnaît ne devoir son élection « qu'à la corruption la plus effrénée ». Des rumeurs circulent selon lesquelles il a « résigné » contre la promesse d'une charge d'agent de colonisation que lui aurait réservée le gouvernement d'Honoré MERCIER. Cependant, en août 1887, il déclare publiquement l'avoir fait parce que la contestation allait coûter trop cher, à lui et à son parti. À partir de ce moment, il tente de convaincre le juge de donner raison à son adversaire. Les choses ne sont pas si simples et, en mai 1888, le juge de la Cour supérieure de Kamouraska renvoie l'argumentation de la contestation, ce qui permet à Deschênes de continuer à occuper son siège au Parlement. Aux élections suivantes, en 1890, il ne se représente pas, mais il brigue les suffrages en 1891, cette fois sous la bannière libérale aux élections fédérales. Il perd aux mains du député conservateur sortant, et cette défaite mettra fin à sa carrière politique.

Au cours de ses mandats, Deschênes s'est intéressé plus particulièrement à la politique de colonisation des terres publiques, à l'ouverture des routes et aux subsides accordés aux compagnies de chemin de fer. Ses premières interventions devant l'Assemblée portent justement sur le financement du projet de chemin de fer entre Woodstock, au Nouveau-Brunswick, et Fraserville (Rivière-du-Loup), au Québec. En 1888, aux côtés de Bertrand, il figure parmi les administrateurs du chemin de fer Temiscouata. En outre, il milite en faveur de l'établissement d'un canton de rapatriement dans le Témiscouata pour les Canadiens français émigrés aux États-Unis. Enfin, il intercède en faveur du déplacement du siège du district judiciaire de Kamouraska à Rivière-du-Loup.

Même si le notaire Charles-Arthur Gauvreau écrit en 1889 que « M. Deschênes fut le plus aimé et le plus populaire des députés de Témiscouata », même si, lorsqu'il a changé de parti, les électeurs en ont fait autant, Georges-Honoré Deschênes laisse l'image d'un homme politique vulnérable face à des adversaires issus du monde des affaires et des professions libérales. On ne sait s'il se place en situation fâcheuse par naïveté politique ou à cause de ses difficultés financières personnelles. L'acquisition de plusieurs machines agricoles modernes, dans le but d'améliorer l'exploitation de la ferme de 291 arpents qu'il possède toujours, explique peut-être que, dès 1879, il doive l'hypothéquer auprès de la Charles Bertrand et Compagnie de L'Isle-Verte pour un montant de 826 $ puis, en 1882, pour la somme de 2 700 $. Dans les dernières années de sa vie, il fait chantier et exploite deux scieries, l'une dans la paroisse Saint-Hubert, l'autre dans le canton de Whitworth. Ses affaires personnelles, tout comme ses projets politiques, le conduisent tout droit à la banqueroute. À la demande d'un marchand de Fraserville à qui il doit 400 $, Deschênes dépose son bilan et fait cession de ses biens le 18 mars 1892. Ses dettes atteignent 10 893 $, dont 5 000 $ envers Bertrand et sa compagnie. Son actif s'élève à seulement 11 200 $. Par la suite, tout se bouscule. « Atteint par une maladie du foie, miné par sa défaite électorale et démoralisé par son état financier », il meurt en août, quelques jours avant d'avoir atteint 51 ans. Et c'est Bertrand qui a le dernier mot : le 19 septembre, il achète aux enchères la ferme de Deschênes pour 1 625 $...

Antonio Lechasseur

AC, Kamouraska (Rivière-du-Loup), État civil, Catholiques, Saint-Épiphane, 26 janv. 1864, 15 août 1892. — AJ, Kamouraska, Cour supérieure, reg. des faillites, 1, n°s 1–299. — AN, RG 31, C1, 1851, comté de Rimouski, Saint-Georges, à Cacouna ; 1861, comté de Témiscouata, canton de Viger ; 1871, comté de Témiscouata, cantons de Viger et Demers ; 1881, 1891, comté de Témiscouata, Saint-Épiphane. — ANQ-Q, CE3-6, 26 août 1841 ; T11-3, n° 98. — AP, Saint-Épiphane, reg. des baptêmes, mariages et sépultures, août 1892. — BE, Kamouraska, reg. A, 26 : 255 ; 29 : 24 ; 33 : 229 ; 34 : 69. — *Débats de la législature provinciale* (G.-A. Desjardins *et al.*), 19 juin 1879–24 juin 1892. — *Débats de l'Assemblée législative* (M. Hamelin), 1875–1878. — Québec, Assemblée législative, *Journaux*, 1875–1886. — *Le Canadien*, 11 sept. 1875. — *Le Courrier de Fraserville* (Fraserville [Rivière-du-Loup], Québec), 27 déc. 1888. — *Le Journal de Fraserville*, 3 déc. 1886–19 oct. 1888. — *Cyclopædia of Canadian biog.* (Rose et Charlesworth), 2 : 774–775. — J. Desjardins, *Guide parl.* — Louis Fortier, *Index général des Journaux de l'Assemblée législative de la province de Québec* [...] (Québec, 1893), 445–451. — *RPQ*. — Laurent Chouinard, *Histoire de Saint-Épiphane* [...], Mario Chouinard, édit. (2e éd. augm., Rivière-du-Loup, 1970). — M. Hamelin, *Premières Années du parlementarisme québécois*, 297–298. — Labarrère-Paulé, *les Instituteurs laïques*, 315. — Rumilly, *Hist. de la prov. de Québec*, 2–3 ; 5. — John Willis, « Fraserville and its Temiscouata hinterland, 1874–1914 : colonization and urbanization in a peripheral region of the province of Quebec » (mémoire de M.A., univ. du Québec, Trois-Rivières, 1981).

DESSAULLES, LOUIS-ANTOINE, seigneur, journaliste, auteur, homme politique et fonctionnaire, né et baptisé le 31 janvier 1818 à Saint-Hyacinthe, Bas-Canada, fils aîné de Jean Dessaulles*, seigneur, et de Marie-Rosalie Papineau ; le 4 février 1850, il épousa au même endroit Catherine-Zéphirine Thompson, sa cousine au troisième degré, et ils eurent une fille, Caroline-Angélina* ; décédé le 4 août 1895 à Paris et inhumé le 6 au cimetière de Pantin.

Dès 1825, Louis-Antoine Dessaulles entre au collège de Saint-Hyacinthe, maison fondée par son parrain, le curé Antoine Girouard*. Il poursuit ses études au petit séminaire de Montréal (1829–1832), puis fait ses classes de philosophie à Saint-Hyacinthe (1832–1834), au moment et au lieu mêmes où la philosophie et la politique de Félicité-Robert de La Mennais se trouvent au centre d'une vive polémique [V. Jacques Odelin*].

À l'automne de 1834, « au milieu d'agitations politiques et de luttes constitutionnelles », il commence des études de droit à Montréal et demeure chez son oncle Louis-Joseph Papineau*, qui sera pour lui un véritable père. Aperçu aux réunions du Comité central et permanent du district de Montréal du parti patriote, témoin des rixes entre les Fils de la liberté et le Doric Club à l'automne de 1837, le jeune Louis-Antoine assiste Papineau qui, menacé d'arrestation, quitte Montréal sous un déguisement pour Varennes, puis Saint-Denis, sur le Richelieu, peu avant le coup de feu du 23 novembre 1837.

À Saint-Hyacinthe, parmi les leaders patriotes se trouvent le député Thomas Boutillier*, Philippe-Napoléon Pacaud* et les membres de la famille Papineau. Mme Dessaulles elle-même cache la fille de Wolfred Nelson*, fait parvenir des vivres au camp de Saint-Charles-sur-Richelieu et envoie Louis-Antoine à Saint-Denis pour offrir à la famille de Côme-Séraphin Cherrier* le refuge de sa maison. C'est alors que Dessaulles, le matin du combat, aurait entendu Nelson dire à Papineau qu'il ne devait pas y participer.

Après un séjour à Saint-Hyacinthe, Papineau se réfugie aux États-Unis ; la solidarité des Dessaulles à l'égard des Papineau se poursuit durant cette période et même au delà. Louis-Antoine s'embarque à New York en juillet 1839 pour accompagner Mme Papineau (Julie Bruneau) qui va rejoindre son mari en exil à Paris. Recommandé à tous par Papineau « comme un autre [lui]-même », il séjourne en Europe jusqu'en novembre, observant avidement Paris et Londres. Il y découvre non seulement un train de vie mais un axe de vie : le La Mennais de *Affaires de Rome* (Paris, 1837) le confirme dans sa détermination dorénavant inébranlable de dénoncer les intrusions et les intérêts temporels de l'Église catholique romaine.

Des séjours aux États-Unis et un nouveau voyage en Europe (octobre 1842–mars 1843) éveillent de façon décisive le jeune seigneur de 25 ans aux réalités économiques et l'incitent à doter Saint-Hyacinthe de « manufactures ». Mais au début des années 1840 les revenus de la seigneurie n'arrivent pas à dépasser les dépenses et les obligations. Les sommes empruntées par Dessaulles, sur hypothèque portant parfois sur la seigneurie entière, parfois sur ses seuls droits, prennent une ampleur préoccupante : en 1845, selon Julie Papineau, il est au bord de la ruine et il songe à vendre.

Aux élections de l'automne de 1844, Dessaulles se porte candidat dans Saint-Hyacinthe contre Boutillier, député réformiste sortant et partisan de Louis-Hippolyte La Fontaine*. Les partisans de celui-ci estiment, au nom de la primauté des alignements idéologiques, que les réformistes, majoritaires dans le Bas-Canada, ne doivent pas participer à un gouvernement dominé par la majorité tory du Haut-Canada ; d'autres cependant, dont Denis-Benjamin Viger* et le frère de Papineau lui-même, Denis-Benjamin*, au nom de la double majorité, celle du Haut et du Bas-Canada, ont accepté des fonctions dans le Conseil exécutif, justement pour y assurer une présence canadienne-française. Battu, Dessaulles conteste les résultats, mais en vain. Revenu d'exil, Papineau est candidat dans Saint-Maurice lorsque Dessaulles, de Saint-Hyacinthe, commence en décembre 1847 la première des quatre phases de son importante collaboration au journal *l'Avenir* (Montréal). Jusqu'à l'été de 1848, Dessaulles – alias Anti-Union, Campagnard ou L. A. D. – demande l'abrogation de l'Union de 1841, défend la politique intransigeante de Papineau contre celle, de compromis, de La Fontaine et préconise le ralliement autour du premier. À l'automne et à l'hiver de 1848, au cœur de la polémique au sujet du comportement de Papineau à Saint-Denis – une « fuite » ou un « départ à l'invitation de Nelson » –, Dessaulles s'oppose à la version de la « fuite » ; ses articles sont repris dans la brochure *Papineau et Nelson ; blanc et noir... et la lumière fut faite* (Montréal, 1848). En 1849, il alimente le journal de ses « correspondances » anticléricales et dénonce l'attitude de l'Église et de ses « organes » manifestement favorables à la politique de compromis du parti au pouvoir.

Élu, à la fin de novembre 1849, maire du village de Saint-Hyacinthe – qui devient ville l'année suivante –, Dessaulles sera en poste jusqu'en avril 1857, avec l'appui des conseillers Donald George Morisson, son cousin, et Maurice Laframboise*, son beau-frère. La ville compte 3 313 habitants au recensement de 1851 et profite du « boom » du chemin de fer : le tronçon Longueuil–Saint-Hyacinthe a été inauguré à la fin de 1848 et la ligne rejoint par la suite Portland, au Maine, et Pointe-Lévy (Lauzon et Lévis), au Bas-Canada.

Dessaulles adhère au mouvement annexionniste. En 1850 et 1851, il explicite ses positions dans *l'Avenir* et dans la brochure *Six lectures sur l'annexion du Canada aux États-Unis* (Montréal, 1851). D'entrée de jeu, il pose la question : « De quel pays êtes-vous ? » Au fait du goût de ses contemporains pour l'indépendance nationale et la marche vers la souveraineté, il prend acte de la fin du protectionnisme britannique qui sonne du coup « l'heure de la séparation » et de « la nouvelle direction [du] commerce ». Ces conférences s'avèrent « le procès minutieusement fait du gouvernement monarchique et colonial, comparé aux institutions américaines » qu'il admire tellement. C'est en qualité de Canadien français que Dessaulles (Anti-Union) s'était exprimé contre le maintien de l'union du Haut et du Bas-Canada, mais c'est à titre de libéral, soucieux de la prospérité et de la liberté individuelles, qu'il se prononce peu après pour l'annexion du Bas-Canada aux États-Unis.

Admirateur de la république et néanmoins seigneur, Dessaulles doit énoncer, dans *l'Avenir* en avril 1850, sa position sur la question seigneuriale : il reconnaît au peuple son droit de changer les institutions, même si certains griefs contre la tenure seigneuriale lui semblent mal fondés ; il rappelle que la propriété privée est de droit naturel et que la minorité a des droits ; il souligne enfin que le changement de ce type de propriété foncière ne pourrait se faire qu'avec pleine indemnité.

En janvier 1852, au moment de la parution à

Montréal du *Pays*, financé par Édouard-Raymond Fabre* et lancé pour défendre la cause des « vrais démocrates au Canada », Dessaulles assume pour quelques mois, avec Louis Labrèche-Viger*, la rédaction du journal.

Toujours maire et seigneur de Saint-Hyacinthe, conférencier à l'Institut des artisans et à l'Institut canadien de l'endroit, Dessaulles tâte à nouveau de la politique en se présentant dans Bagot à l'automne de 1854 ; défait par peu de voix (922 contre 897), victorieux dans six des huit paroisses de la circonscription, il s'est heurté dans Saint-Hugues et dans Sainte-Hélène (Sainte-Hélène-de-Bagot) à l'influence du curé Louis-Misaël Archambault. Le nom de ce curé figure dans le « Cahier de notes (1852–1874) » sur le clergé que Dessaulles remplit progressivement. On y trouve, classés par ordre alphabétique de noms (avec dates, lieux et sources), deux types d'information : des « faits » d'intervention de membres du clergé contre les libéraux et des « faits » relatifs à leurs rapports avec les femmes. Dessaulles dira plus tard que « l'on peut presque toujours hardiment conclure des sermons politiques violents [contre les libéraux] aux mœurs douteuses de leurs auteurs ».

À l'automne de 1856, Dessaulles est élu au Conseil législatif, dans la division de Rougemont. Pour la première fois des conseillers législatifs sont élus, et non nommés ; Dessaulles est le seul « démocrate » à l'emporter, alors que 12 sièges sont en jeu pour le Bas-Canada. Il a l'appui de la presque totalité des électeurs de Saint-Hyacinthe (ville et paroisse), des trois quarts de ceux de la circonscription de Rouville et des deux tiers de ceux d'Iberville. Sa brochure de 1858, *À messieurs les électeurs de la division de Rougemont,* fait le procès des ministres conservateurs qui, après l'éphémère gouvernement de 48 heures des libéraux George Brown* et Antoine-Aimé DORION, reviennent au pouvoir quelques jours après avoir démissionné, en changeant simplement de poste pour n'avoir pas à subir d'élection ; elle s'attaque aussi au député libéral indépendant de Saint-Hyacinthe, Louis-Victor Sicotte*.

Vers la fin de 1859, Dessaulles, avec Dorion, Lewis Thomas Drummond* et Thomas D'Arcy McGee*, fait partie du comité chargé de rédiger le manifeste de l'opposition parlementaire du Bas-Canada qui, à propos de la question constitutionnelle, met de l'avant l'idée du maintien de l'union du Haut et du Bas-Canada, mais dans un fédéralisme décentralisé. Dans une lettre du 14 octobre 1859 à Brown, Luther Hamilton Holton* explique : « certains de nos *Rouges* les plus avancés [...] craignent l'ascendant d'idées rétrogrades et surtout les effets de la domination du clergé dans le Bas-Canada s'il était séparé du Haut-Canada ». Dessaulles est son premier exemple... Dans ce cas-ci, le Dessaulles dont on parle, c'est le libéral et l'anticlérical.

De manière générale, Dessaulles est assidu aux séances du Conseil législatif (à Toronto et à Québec) : en sept ans il présente pas moins de 177 pétitions au nom d'individus, de municipalités, d'instituts « littéraires » et d'organismes catholiques de bienfaisance. De manière plus particulière, il participe au comité des publications et de la bibliothèque du Parlement ainsi qu'au comité chargé d'enquêter sur la construction des édifices publics à Ottawa.

Par ailleurs, Dessaulles, nouvellement établi à Montréal avec sa famille, a accepté le poste de rédacteur en chef du *Pays* (1er mars 1861), ce qui lui cause certains embarras et lui attire les critiques d'adversaires politiques. *Le Pays* est à ce moment-là un journal de l'opposition libérale. Toutefois, avec la formation en mai 1862 du ministère de John Sandfield Macdonald* et de Sicotte, il glisse du côté gouvernemental, puis il y passe carrément à compter de l'été de 1863, au moment où Dorion et des ministres choisis par lui pour le Bas-Canada remplacent Sicotte et ses collaborateurs. Au delà des seules personnes, les libéraux avancés de Montréal et *le Pays* se distinguent des libéraux modérés et de *l'Ordre* (Montréal), journal fondé en 1858 et plus désireux, pour des motifs religieux ou politiques, de faire la paix avec le clergé.

Le rédacteur en chef du *Pays* participe très activement aux élections générales de 1863 et à l'élection complémentaire de Bagot, puis à celle de Saint-Hyacinthe, où son beau-frère Laframboise et son cousin Augustin-Cyrille Papineau sont respectivement candidats. Par suite des luttes électorales dans la région maskoutaine, où les débats politico-religieux ont été particulièrement vifs dans les assemblées publiques et dans les journaux, Dessaulles est pris personnellement à partie par Cyrille Boucher*, ancien rédacteur en chef de *l'Ordre,* qui lui reproche l'hétérodoxie de sa conférence de 1858 sur le progrès, et par Louis Taché, notaire de Saint-Hyacinthe, qui l'accuse d'avoir eu en sa possession pendant un certain temps, à l'époque où il était maire, une somme d'argent qui correspondait à la valeur d'obligations appartenant à la municipalité. À la fin de novembre 1863, le rédacteur en chef de *l'Ordre,* Labrèche-Viger, qui avait été avec Dessaulles de la première rédaction du *Pays* en 1852 et qui le lui rappelle, se déclare contre les « dissertations philosophiques qui n'avancent guère les intérêts du parti libéral ». Un mois plus tard, le gouvernement Macdonald-Dorion nomme Dessaulles greffier de la couronne et greffier de la paix, ce qui entraîne sa démission du Conseil législatif et du *Pays*. L'homme, qui a 45 ans et dont les états de service sont considérables, était devenu gênant pour les intérêts du parti depuis peu et pour peu de temps encore au pouvoir.

En 1859, on avait fait connaître l'estimation de la valeur des propriétés et des droits seigneuriaux sur laquelle l'indemnisation prévue depuis 1854 devait être fondée. On évalue alors l'actif de la seigneurie Dessaulles à environ 125 000 $ (les héritiers de Pierre-Dominique Debartzch* possédaient encore les 3/5 de la valeur du moulin banal). Mais le passif est sûrement aussi très considérable. On fait courir la rumeur que Dessaulles a eu du mal à faire la preuve qu'il avait bien en main les 8 000 $ de qualification foncière que son poste de conseiller législatif exigeait.

C'est que le seigneur d'hier a échoué comme capitaliste. Avec la construction du chemin de fer, il avait pensé trouver l'occasion de redresser sa fortune dans la production du bois et de la chaux, ainsi que dans une entreprise de transport qui reliait le « côteau » de la paroisse Saint-Dominique à la station ferroviaire de Britannia Mills, non loin de Saint-Hyacinthe, par un « chemin à lisses », avec rails de bois renforcés de métal, et des voitures tirées par des chevaux. Mais toute cette activité, qui a culminé vers 1854, décline par la suite, particulièrement après 1860. Le promoteur a perdu des milliers de dollars. Les circonstances y sont peut-être pour quelque chose. Par exemple, il est sûr que les avantages de la construction du chemin de fer pour les économies régionales se déplacent progressivement de plus en plus loin à l'est de Saint-Hyacinthe. L'aventure n'est certes pas une preuve des capacités administratives de Dessaulles, mais il faut souligner cette particulière diversité, voire dispersion, de ses énergies.

Le 1er juillet 1867, le jour même de l'entrée en vigueur de la Confédération que Dessaulles a combattue, un mandat judiciaire de vente aux enchères est émis contre le propriétaire de la seigneurie Dessaulles. La mise à l'encan a lieu quelques jours plus tard, et personne ne veut donner plus que les 32 025 $ offerts par Robert Jones. Plus qu'un détail, du moins pour Dessaulles, le shérif chargé de l'opération est Louis Taché. L'ancien seigneur de Saint-Hyacinthe n'aura plus que des dettes : environ 15 000 $ en 1869, et cinq fois plus en 1875.

Ce n'est qu'en 1855 que Dessaulles est devenu membre actif de l'Institut canadien de Montréal, et le conseiller législatif, qui demeure encore à Saint-Hyacinthe, ne joue pas de rôle éminent au printemps de 1858 lorsque la majorité à l'institut décide de ne pas céder aux pressions de la minorité qui voudrait, à l'instigation de l'autorité ecclésiastique, retirer de la bibliothèque et de la salle de lecture les « mauvais livres » et les journaux protestants militants. Mais, de 1850 à 1871, à 20 reprises et sur une dizaine de sujets, dont l'annexion aux États-Unis (1850 et 1851), la condamnation de Galilée (1856) et le progrès (1858), il y prononce des conférences qui ont du retentissement. Et, comme rédacteur en chef du *Pays,* il répond au début de 1862 « Aux détracteurs de l'Institut canadien, grands et petits » lorsque l'évêque de Montréal adresse sept lettres privées aux propriétaires en les invitant à modifier l'orientation du journal relativement aux questions religieuses. À compter de ce moment, Dessaulles devient la personnification de la résistance de l'institut au clergé en général et à Mgr Ignace Bourget* en particulier.

Dessaulles est président de l'Institut canadien de mai 1862 à mai 1863, de mai 1865 à mai 1866, puis de novembre 1866 à mai 1867. En 1863 et 1864, il est le principal membre du comité chargé par l'institut de « s'enquérir des moyens propres à aplanir les difficultés » avec l'évêque de Montréal. Il est en 1865 le premier signataire de l'appel à Rome formulé par « dix-sept membres catholiques de l'Institut ». À la fin de 1866, à l'occasion de la grande soirée d'inauguration du nouvel édifice de l'institut, il prononce une longue conférence qui fait l'historique du conflit avec l'autorité ecclésiastique. *Le Courrier de Saint-Hyacinthe* attaque autant cette défense de l'institut que son auteur. Comme Dessaulles croit y voir l'influence des prêtres du séminaire de l'endroit, le supérieur Joseph-Sabin Raymond* réplique. Pendant toute la première moitié de l'année 1867, chacun écrit une vingtaine de lettres, que publient respectivement *le Journal de Saint-Hyacinthe* et *le Pays,* ainsi que *le Courrier*. On passe progressivement de la discussion du rôle « politique » en tant que tel du séminaire à celle du sens de ce rôle. Dessaulles, que son adversaire présente comme « le chef de l'école qui veut changer les idées et les mœurs qui ont dominé jusqu'ici », met plutôt de l'avant que c'est le comportement du clergé qui a changé depuis 20 ans, et que la théocratie est à l'horizon.

La condamnation romaine du 7 juillet 1869 porte rigoureusement plus sur l'*Annuaire de l'Institut canadien de 1868* et sur le plaidoyer de Dessaulles en faveur de la tolérance, qui en est la pièce maîtresse, que sur l'institut lui-même. L'Annuaire est mis à l'Index, mais Mgr Bourget interprète largement et condamne aussi l'institut. Bientôt, quatre membres de l'institut [V. Gonzalve Doutre*], dont Dessaulles, font à titre privé un second appel. On est à la veille de l'affaire Guibord [V. Joseph Guibord*].

Dessaulles prend de nouveau la parole à l'institut et traite de Guibord (29 décembre 1869) et de l'Index (11 janvier 1870). Jusqu'en 1875, il continue sa « grande guerre ecclésiastique », ferraillant contre Mgr Bourget, le Programme catholique [V. François-Xavier-Anselme Trudel*] et la presse ultramontaine. Mais les jeux sont faits. D'une part, Dessaulles a beau écrire que l'on n'a pas répondu à la véritable question, celle de savoir si un catholique peut ou non appartenir à un organisme qui possède des livres à l'Index, et d'autre part les défenseurs du droit de Guibord à l'inhumation dans un cimetière catholique ont beau triompher devant le Conseil privé de Londres, la résistance militante au pouvoir social du clergé n'a pas beaucoup d'appuis dans l'opinion publique.

Aux prises avec une situation financière désespérée depuis 1870, Dessaulles ne parvient plus, au plus fort de la crise économique de 1875, à repousser les échéances de ses créanciers. Il est incapable de recourir plus avant à ce qu'il appellera lui-même un stratagème « malhonnête » et « honteux » au moyen duquel il prolongeait son « intolérable situation » en retenant pour son usage personnel de l'argent perçu dans l'exercice de ses fonctions. Déshonoré, il fuit aux États-Unis. Et c'est en mer, en route pour l'Europe, qu'il écrit à sa femme une poignante lettre (1er août 1875), dans laquelle il avoue sa faute et qu'il termine par une précision prosaïque : les clés sont sur le bureau. Les journaux conservateurs et catholiques ironiseront poliment sur son sort au moment où l'on révoquera sa commission de greffier (13 septembre 1875).

L'« exilé » se rend d'abord en Belgique, principalement à Gand. Il essaie de « transplanter » des inventions nord-américaines et observe avec l'œil d'un connaisseur les conflits politico-religieux de la Belgique bilingue, biethnique et bireligieuse. Tel Sisyphe, il tente chaque jour de se réhabiliter financièrement, reprenant souvent au point de départ l'inachevable projet de faire fortune et de rembourser ses créanciers.

Déçu, Dessaulles quitte la Belgique et s'établit à Paris en février 1878. Il garde toujours ses espoirs de réhabilitation, grâce à une idée ou à une invention. Mais c'est avec l'argent que lui envoie assez régulièrement son gendre Frédéric-Ligori Béique* qu'il peut subsister. La vie parisienne lui apporte néanmoins quelques gratifications : cours suivis au Collège de France, musique « gratuite » dans les églises. Ces petites joies n'excluent pas qu'il doive mettre un habit au mont-de-piété. Isolé, le vieil homme meurt le 4 août 1895 après 20 ans d'exil.

À la nouvelle de la mort de Louis-Antoine Dessaulles, un auteur anonyme – peut-être Arthur Buies* – à qui le journal *le Réveil* de Montréal a demandé un article « vrai » sur le disparu, écrit qu'il a été un homme de conviction, dévoué à une cause à laquelle il a tout sacrifié, mais aussi « le jouet de chimères de toutes sortes » et le représentant des « tendances les plus avancées et, en même temps, les plus irréalisables » du parti libéral. Le jugement paraît juste. Qu'il s'agisse de fortune, d'influence sociale ou de famille, cette vie a mal tourné. L'homme, dont les atouts et les talents n'étaient pas minces, a misé fort et a perdu.

JEAN-PAUL BERNARD ET YVAN LAMONDE

Outre les œuvres déjà mentionnées dans le texte qui précède, Louis-Antoine Dessaulles a écrit : *Galilée, ses travaux scientifiques et sa condamnation ; lecture publique faite devant l'Institut canadien* (Montréal, 1856) ; *Discours sur l'Institut canadien, à la séance du 23 décembre 1862, à l'occasion du dix-huitième anniversaire de sa fondation* (Montréal, 1863) ; *la Guerre américaine, son origine et ses vraies causes ; lecture faite à l'Institut canadien, le 14 décembre 1864* (Montréal, 1865) ; « Discours d'inauguration », Institut canadien, *Annuaire* (Montréal), 1866 : 17–26 ; *À Sa Grandeur Monseigneur Charles Larocque, évêque de St. Hyacinthe* (s.l., 1868) ; « Discours sur la tolérance », Institut canadien, *Annuaire*, 1868 : 4–21 ; « l'Affaire Guibord », 1869 : 5–50 ; « l'Index », 1869 : 51–136 ; *Dernière correspondance entre S.E. le cardinal Barnabo et l'Hon. M. Dessaulles* (Montréal, 1871) ; *la Grande Guerre ecclésiastique ; la comédie infernale et les noces d'or ; la suprématie ecclésiastique sur l'ordre temporel* (Montréal, 1873) ; *Quelques observations sur une averse d'injures à moi adressées par quelques savants défenseurs des bons principes* (Montréal, 1873) ; *Réponse honnête à une circulaire assez peu chrétienne ; suite à la Grande Guerre ecclésiastique* (Montréal, 1873) ; *Ses difficultés avec Mgr. Bourget, évêque de Montréal, à propos de* la Grande Guerre ecclésiastique *et le journal* la Minerve (s.l., 1873) ; *les Erreurs de l'Église en droit naturel et canonique sur le mariage et le divorce* (Paris, 1894) ; « Polémique entre l'Hon. A. B. Routhier, M. L. Fréchette et l'Hon. L.-A. Dessaulles, 1871–1872 », Auguste Laperrière, *les Guêpes canadiennes* (2 vol., Ottawa 1881–1883), 2 : 146–162.

Pour repérer une grande partie des articles de journaux de Dessaulles, on consultera : Jeannette Bourgoin, « Louis-Antoine Dessaulles, écrivain » (mémoire de M.A., univ. de Montréal, 1975) et Harel Malouin, « Louis-Antoine Dessaulles (1818–1895), Danielle Leclerc *et al.*, *Figures de la philosophie québécoise après les troubles de 1837* (Montréal, 1988), 143–223.

AAQ, 210 A, XXIX : 611, 614. — ACAM, 901.133, 901.135. — AN, MG 24, B2 ; B4 ; B59, Cahier de notes, 1852–1874 ; MG 29, D27. — ANQ-M, CE2-5, 31 janv. 1818, 4 févr. 1850 ; P-102. — ANQ-Q, E4, lettres envoyées, M-90, 1875 : 38 ; E17/9, no 1238 ; E17/15, no 1100 ; E17/23, nos 1179, 1247, 1250 ; P-60 ; P-417 (publié en partie dans Joseph Papineau, « Correspondance de Joseph Papineau (1793–1840) », Fernand Ouellet, édit., ANQ *Rapport*, 1951–1953 : 165–299, et dans Julie Bruneau, « Correspondance de Julie Bruneau (1823–1862) », Fernand Ouellet, édit., ANQ *Rapport*, 1957–1959 : 53–184) ; P1000-30-562 ; P1000-49-960 (publié en partie dans L.-J.-A. Papineau, *Journal d'un Fils de la liberté, réfugié aux États-Unis, par suite de l'insurrection canadienne, en 1837* (2 vol. parus, Montréal, 1972–). — Arch. de l'évêché de Trois-Rivières (Trois-Rivières, Québec), Corr. Laflèche, 1868. — Arch. du séminaire de Saint-Hyacinthe (Saint-Hyacinthe, Québec), A, Fg-6, dossier 1. — Arch. municipales, Paris, État civil, 6 août 1895. — Bibliothèque nationale du Québec (Montréal), Dép. des MSS, MSS-101, Coll. La Fontaine, lettres 343, 358, 404, 409, 659. — Musée McCord, Famille Dessaulles. — Canada, prov. du, Assemblée législative, *App. des journaux*, 1858, app. 28 ; Conseil législatif, *Journaux*, 1856–1863. — *Charte et règlements de la cité de St-Hyacinthe* [...] (Saint-Hyacinthe, 1895). — *Mandements, lettres pastorales, circulaires et autres documents publiés dans le diocèse de Montréal depuis son érection* (20 vol., Montréal, 1869–1952), 6 : 38–49. — *Règlements du conseil de ville de St.-Hyacinthe* [...] (Saint-Hyacinthe, 1856). — *Le Réveil* (Montréal), 17 août 1895. — Ivanhoë Caron, « Inventaire des documents relatifs aux événements de 1837 et 1838, conservés aux

Archives de la province de Québec », ANQ *Rapport,* 1925–1926 : 163, 191, 217–218. — Yvan Lamonde et Sylvain Simard, *Inventaire chronologique et analytique d'une correspondance de Louis-Antoine Dessaulles (1817–1895)* (Québec, 1978). — Bernard, *les Rouges.* — C.-P. Choquette, *Histoire de la ville de Saint-Hyacinthe* (Saint-Hyacinthe, 1930) ; *Hist. du séminaire de Saint-Hyacinthe.* — Mario Coderre *et al., Histoire de Saint-Dominique, 1833–1983* [...] (s.l., 1983). — Harel Malouin, « le Libéralisme de Louis-Antoine Dessaulles : une question », *Objets pour la philosophie,* sous la dir. de Marc Chabot et André Vidricaire (2 vol., Québec, 1983–1985), 2 : 111–152. — Maurault, *le Collège de Montréal* (Dansereau ; 1967). — Gérard Parizeau, *les Dessaulles, seigneurs de Saint-Hyacinthe ; chronique maskoutaine du XIXe siècle* (Montréal, 1976). — Jean Piquefort [A.-B. Routhier], *Portraits et Pastels littéraires* (3 vol., Québec, 1873). — Pouliot, *Mgr Bourget et son temps,* 4. — Philippe Pruvost, « la Philosophie devant le libéralisme : sur une polémique », *Objets pour la philosophie,* 1 : 209–226. — Philippe Sylvain, « Libéralisme et Ultramontanisme au Canada français : affrontement idéologique et doctrinal (1840–1865) », *le Bouclier d'Achille : regards sur le Canada de l'ère victorienne,* W. L. Morton, édit. (Toronto et Montréal, 1968), 111–138, 220–255. — Harel Malouin, « le Libéralisme : 1848–1851 », *la Petite Rev. de philosophie* (Longueuil, Québec), 8 (automne 1986) : 59–101. — Christine Piette-Samson, « Louis-Antoine Dessaulles, journaliste libéral », *Recherches sociographiques* (Québec), 10 (1969) : 373–387. — Philippe Sylvain, « Quelques aspects de l'antagonisme libéral-ultramontain au Canada français », *Recherches sociographiques,* 8 (1967) : 275–297 ; « Un disciple canadien de Lamennais : Louis-Antoine Dessaulles », *Cahiers des Dix,* 34 (1969) : 61–83.

DEVISME, LÉOPOLD (il reçut à sa naissance les prénoms de **Pierre-Jean-Baptiste-Furcy-Léopole**), instituteur et fonctionnaire, né le 24 septembre 1816 à Domart (Domart-en-Ponthieu, France), fils de Pierre-Louis-Fleur Devisme, corroyeur, et de Geneviève-Adélaïde-Albertine Helluin ; le 7 mai 1855, il épousa à Berthier-en-Haut (Berthierville, Québec) Aurélie Denis, et ils eurent au moins deux enfants ; décédé le 24 février 1900 à Amiens, France.

On sait peu de chose de la vie de Léopold Devisme avant sa venue au Bas-Canada. Après avoir fait des études à l'université de Paris, il aurait enseigné une dizaine d'années à Londres. La première date précise concernant sa vie au Bas-Canada est celle de son mariage, le 7 mai 1855. Sa carrière professorale se déroule alors à l'« académie » de Berthier [V. Louis-Marie-Raphaël Barbier*] où il est instituteur.

Au moment de la création de l'école normale Jacques-Cartier, à Montréal, en 1857 [V. Pierre-Joseph-Olivier Chauveau*], on engage Devisme à titre de professeur ordinaire, c'est-à-dire à plein temps, au salaire annuel de £350. Il est chargé de l'enseignement de la lecture raisonnée, des grammaire française et anglaise, de la littérature, de l'élocution, de la déclamation, des histoires de France et d'Angleterre et de la géographie. Il participe également aux conférences publiques que l'école organise, où il traite de grammaire française et de philologie. En juillet 1865, en invoquant des raisons de santé, il remet sa démission à titre de professeur ; il gagnait alors 1 000 $ par année.

Au mois de mai 1866, Devisme se retrouve à Québec où il entre à titre de clerc surnuméraire au département de l'Instruction publique, qui a remplacé en 1856 le bureau d'Éducation. On l'engage alors pour une période de trois mois, au salaire de un dollar par jour, mais ces quelques mois se transformeront en 21 années de fonctionnarisme, puisqu'il ne quittera le département qu'en 1887. Peu après son arrivée, il devient préposé aux statistiques. En 1880, on le nomme premier clerc de la correspondance française et anglaise et premier clerc de la statistique. Enfin, en 1883, il obtient le poste de clerc de première classe auquel est rattaché un traitement annuel de 1 400 $. Son intelligence, son assiduité et son zèle au travail lui valent l'estime de ses supérieurs.

Le 25 avril 1887, dans une lettre à Gédéon Ouimet*, surintendant de l'Instruction publique, Devisme demande un congé de maladie jusqu'au 1er juillet, en attendant que le conseil de l'Instruction publique acquiesce à sa demande d'une pension de retraite. Cette année-là, il retourne à Montréal, au 263 de la rue Amherst, où il reste peu de temps. En effet, le 8 novembre 1888, après avoir pris les dispositions pour qu'on lui transfère sa pension en France, il retourne dans son pays natal. Il s'installe à Amiens où, frappé par une longue et cruelle maladie, il est obligé de contracter d'importantes dettes.

On possède peu de renseignements sur la vie familiale de Léopold Devisme : sa femme mourut à Québec le 16 juillet 1877, à l'âge de 44 ans ; des deux filles nées de leur union, au moins une a suivi son père en France.

MICHEL VERRETTE

AD, Somme (Amiens), État civil, Domart (Domart-en-Ponthieu), 24 sept. 1816. — ANQ-M, CE5-1, 7 mai 1855. — ANQ-Q, CE1-22, 18 juill. 1877 ; E13/1865, n° 1615 ; E13/1866, n° 734 ; E13/1873, n° 699 ; E13/1880, n° 94 ; E13/1881, n° 1683 ; E13/1882, n° 1534 ; E13/1883, n° 36 ; E13/1887, n° 468 ; E13/1888, n° 1538 ; E13/1900, n° 633. — Arch. du Tribunal de grande instance (Amiens), État civil, 24 févr. 1900. — *Quebec directory,* 1868–1869 ; 1876–1878 ; 1880–1881 ; 1883–1887. — [L.-]A. Desrosiers, *les Écoles normales primaires de la province de Québec et leurs œuvres complémentaires ; récit des fêtes jubilaires de l'école normale Jacques-Cartier, 1857–1907* (Montréal, 1909), 291, 375. — Labarrère-Paulé, *les Instituteurs laïques,* 193, 200, 204, 207.

DICKINSON, MOSS KENT, homme d'affaires et homme politique, né le 1er juin 1822 dans le canton de Denmark, comté de Lewis, New York, fils de

Barnabas Dickinson et de Lydia Davenport ; le 25 novembre 1846, il épousa à Toronto Elizabeth Mary Trigge, et ils eurent trois fils et trois filles ; décédé le 19 juillet 1897 à Manotick, Ontario.

Natif de la Nouvelle-Angleterre, le père de Moss Kent Dickinson était un homme plein d'initiative : en plus d'être entrepreneur de transport postal et transitaire, il assura après 1812 des services de transport public par diligence et par bateau à vapeur entre Montréal et Prescott, et compte parmi les fondateurs de Dickinson's Landing, sur le Saint-Laurent. Il exerça par la suite des activités semblables sur le canal Érié, dans l'état de New York, et fut victime de l'épidémie de choléra en 1832. Il laissa à son fils son goût pour les transports.

Le jeune Moss Kent fréquenta l'école primaire de Cornwall et de Prescott avant de poursuivre ses études dans le canton de Denmark et à Lowville, situé tout près, dans l'état de New York. Après un bref service dans une milice juvénile, à Prescott, pendant la rébellion de 1837–1838, il partit à l'automne de 1838 travailler avec l'ex-associé de son père, Hiram Norton, à titre de commis de magasin à Lockport, dans l'Illinois. De retour dans le Haut-Canada en 1840, il acquit une autre expérience en travaillant au bureau de poste et de douane que dirigeait son beau-frère, Alpheus Jones, à Prescott.

Installé à Kingston en 1844, Dickinson acheta un bateau à vapeur et un chaland pour transporter des produits agricoles par les voies navigables de la Rideau, des Outaouais et du Saint-Laurent, et pour expédier le bois de la vallée de l'Outaouais par le canal Rideau vers Oswego, dans l'état de New York, et un bras du canal Érié. En 1848, il se fixa à Montréal pour mieux gérer un réseau de transit qui avait été étendu vers l'est jusqu'à Québec et vers le sud jusque dans la région du lac Champlain, par les canaux de la rivière Richelieu. Son entreprise, l'Ottawa and Rideau Transportation Line, comptait des bureaux à Kingston, à Ottawa, à Montréal et à Québec, de même qu'en deux endroits des États-Unis : Burlington, dans le Vermont, et Whitehall, dans l'état de New York. La compagnie devint particulièrement apte, après 1850, à approvisionner en bois les marchés de l'est des États-Unis par canal ou par chemin de fer, et elle possédait en 1865 une flottille d'au moins 11 bateaux à vapeur, 55 chalands et plusieurs remorqueurs.

Vers 1850, Dickinson s'était associé, à Bytown (Ottawa), à l'entrepreneur forestier et homme d'affaires bien en vue Joseph Merrill Currier*, pour fabriquer du bois d'œuvre. Les deux hommes semblent aussi avoir géré le commerce de bois de Thomas McKay* et de John MacKinnon à New Edinburgh (Ottawa). En 1858, ils achetèrent des terrains qui longeaient la rivière Rideau, près de l'île Long, et louèrent à bail l'énergie hydraulique produite par un nouveau barrage-déversoir construit dans le chenal ouest de la rivière. Devenu veuf, Dickinson s'était installé à Ottawa au début de 1851. Currier avait fait entrer dans l'entreprise de l'île Long deux mécaniciens d'Ottawa, Horace Merrill* et Nathaniel Sherrald Blasdell. Le petit village de Manotick se forma autour des « Long Island Milling Enterprises » et, en 1863, Dickinson devint seul propriétaire de ce complexe : un moulin à farine qui servait aussi de scierie, auquel s'ajouta cette année-là un atelier de cardage de la laine et d'apprêtage des tissus.

En 1864, Dickinson fut élu maire d'Ottawa. Le groupement qu'il représentait, la Municipal Reform Association of Ottawa, était composé d'organismes des milieux d'affaires, dont le Board of Trade, l'Ottawa Association of Lumber Manufacturers et les entrepreneurs forestiers des chutes des Chaudières, tous furieux de l'endettement considérable de la municipalité et de la hausse des taxes. Pendant ses trois mandats comme maire (1864–1866), il négocia la cession de l'Ottawa and Prescott Railway (alors criblée de dettes et sur laquelle la municipalité détenait une hypothèque) au Grand Tronc, qui la renomma la Compagnie du chemin de fer du Saint-Laurent à l'Ottawa. Pendant la crise fénienne de 1866 [V. Michael Murphy*], il se porta volontaire dans l'Ottawa City Rifle Corps. Il eut la satisfaction de voir la Confédération se réaliser et sa ville devenir la capitale du nouveau dominion.

En 1867, Dickinson réorganisa son entreprise de transit en compagnie par actions et devint membre du conseil d'administration avec Currier, George Heuback de Montréal, Lawrence Barnes de Burlington et Ezra Butler Eddy* de Hull. Deux ans plus tard toutefois, invoquant la concurrence de plus en plus forte des chemins de fer et les problèmes de commercialisation éprouvés depuis l'abrogation de la réciprocité, il vendit ses intérêts dans l'Ottawa and Rideau Forwarding Line et alla s'installer en 1869 ou 1870 à Manotick, où il pouvait accorder toute son attention à la M. K. Dickinson's General Trading and Manufacturing Depot and Farmer's Exchange. L'entreprise comptait alors un moulin à blé et à farine, un atelier de rabotage et de fabrication de bardeaux, un magasin général, une tonnellerie et un atelier de menuiserie où l'on fabriquait des meubles de même que des pièces en bois pour les chariots, les voitures et les traîneaux. On y ajouta vers 1875 une fabrique de bondons, de bouchons et de faussets. Autour de l'élégante maison à deux étages de Dickinson, le petit village de Manotick se développa ; en 1879, 400 personnes y vivaient.

Dickinson n'avait jamais épargné ses critiques quant à la façon dont on administrait et entretenait le canal Rideau. En 1864, il négocia la construction d'un pont qui donnerait accès à Manotick par l'île Long. Six ans plus tard, il fit pression sur le ministre des Travaux publics, Hector-Louis Langevin*, pour que le canal soit mieux adapté à l'exportation massive de bois vers Albany, dans l'état de New York. En 1882, après que les moulins en aval du barrage de Poonamalie eurent manqué d'eau pendant six semaines, Dickinson présenta au département des Chemins de fer et Canaux une pétition qui mettait 45 entreprises en cause et demandait qu'on fasse les aménagements nécessaires pour que le réservoir des lacs Rideau s'alimente principalement à la rivière Tay. Même s'il n'était plus transitaire, il considérait toujours les canaux comme des moyens de liaison importants pour le pays.

Comme il avait défendu les intérêts des meuniers, des municipalités et des usagers des canaux, Moss Kent Dickinson se laissa persuader de briguer les suffrages dans Russell aux élections fédérales de 1882. Il représentait le parti conservateur dirigé par son vieil ami sir John Alexander MACDONALD, qu'il avait connu à Kingston dans les années 1840. Élu en 1882, il ne disputa pas son siège en 1887 ; de nouveau candidat en 1891, il fut défait par William Cameron Edwards*. Dickinson, qui était de religion presbytérienne, mourut à Manotick six ans plus tard. Ses bateaux avaient parcouru la plupart des voies navigables de l'est ontarien, du Québec, des états de New York et du Vermont, mais c'est d'abord pour avoir été l'un des premiers à transiter par le canal Rideau, puis pour s'être consacré au développement de Manotick, que Dickinson mérita le titre de « roi de la rivière Rideau ».

LARRY TURNER

AN, MG 26, A ; RG 5, B47, 8, Johnstown, entry 8 ; RG 11, B1(a), 185, docket n°s 11483, 13210 ; RG 31, C1, 1861, Gower (North), enumeration district 1 : 5 ; RG 43, CI, 1a, 2007, part. II : 101–103 ; 2023, part. II : 328–330. — AO, North Gower Township, abstract index to deeds, broken front concession, lots 1–2 ; deeds, n[os] 12954½, 13064, 17121–17123, 20809 (mfm). — Baker Library, R. G. Dun & Co. credit ledger, Canada, 13 : 220 (mfm aux AN). — Canada, Parcs Canada, Ontario Region (Cornwall), Division des parcs et lieux hist. nationaux, « Long Island », (Rideau Canal preliminary site study ser., n° 11, 1976). — *Ottawa Citizen*, 14 févr. 1860. — *Canadian directory of parl.* (Johnson). — *Cyclopædia of Canadian biog.* (Rose et Charlesworth), 1. — E. F. Bush, *Commercial navigation on the Rideau Canal, 1832– 1961* (Ottawa, 1981). — C. L. Carroll, *King of the Rideau : a novel based on the life of Moss Kent Dickinson* (Manotick, Ontario, 1974). — J. H. Taylor, *Ottawa : an illustrated history* (Toronto, 1986).

DISNEY, RICHARD RANDOLPH, ministre méthodiste, évêque et rédacteur en chef, né le 24 juin 1830 à North East, Maryland, fils de Henry Disney et d'une prénommée Rebecca ; il épousa une prénommée Sarah Elizabeth ; décédé le 20 avril 1891 à Baltimore, Maryland.

Les parents de Richard Randolph Disney avaient connu l'esclavage, mais lui-même naquit libre. Pendant qu'il travaillait à Baltimore, il se sentit appelé à prêcher et décida d'aller parfaire sa formation dans un séminaire dirigé par le révérend Samuel Osgood à Springfield, au Massachusetts. Durant ses études, il subvint à ses besoins en exerçant le métier de barbier. En 1857, l'Église méthodiste épiscopale africaine l'autorisa à prêcher et l'ordonna par la suite diacre et ministre. Cette Église, née en 1816 de la réunion de plusieurs congrégations noires autour d'un prédicateur de Philadelphie, Richard Allen, regroupait vers 1855 sept Conférences aux États-Unis. Elle avait commencé à compter des prédicateurs dans le Haut-Canada en 1834, et une Conférence s'y était formée en 1840.

Disney arriva dans le Haut-Canada en 1857 afin d'exercer son ministère auprès des nombreux Noirs qui, en ces années d'avant la guerre de Sécession, s'y étaient réfugiés pour échapper à l'esclavage. Willis Nazrey, évêque de l'Église méthodiste épiscopale britannique, de fondation récente, le recruta pour l'affecter à Chatham. À partir du moment où les États-Unis avaient adopté le *Fugitive Slave Act* en 1850, plusieurs anciens esclaves devenus prédicateurs au Canada avaient craint d'assister aux conférences tenues au sud de la frontière. En 1856, l'Église méthodiste épiscopale africaine avait autorisé ses constituantes haut-canadiennes, sur la requête de la plupart d'entre elles, à former une Église autonome. C'est ainsi que l'Église méthodiste épiscopale britannique était née. Nazrey, jusque-là évêque de l'Église méthodiste épiscopale africaine, avait accepté d'en être le premier évêque.

À compter de 1857, Disney occupa plusieurs charges, notamment dans le canton de Peel, à Windsor, Hamilton et Toronto. En même temps, il se fit connaître à titre d'administrateur de la bibliothèque de l'Église et de rédacteur en chef de sa publication, le *Missionary Messenger*. En 1864, il agit à titre de secrétaire général de la Conférence de l'Église méthodiste épiscopale britannique. À la mort de Nazrey, en 1875, on choisit Disney pour lui succéder ; un évêque de l'Église méthodiste épiscopale africaine l'ordonna la même année. Son territoire administratif englobait l'Ontario, la Nouvelle-Écosse, les Bermudes, les Antilles et la Guyane britannique (Guyana). Disney s'occupait beaucoup de la promotion du travail missionnaire aux Antilles, et en 1876 il manifesta son intention de faire une tournée de six mois dans les missions de cette région. En 1879, après avoir reçu l'autorisation de recueillir des fonds pour que son Église ouvre un établissement d'enseignement, il visita la Grande-Bretagne en compagnie d'une chorale de jeunes organisée selon le modèle des célèbres Jubilee Singers de la Fisk University et portant ce nom. Cependant, d'autres groupes du même genre les avaient précédés ; les recettes, rapporta-t-il, compensèrent à peine les frais du voyage.

À la fin des années 1870, l'Église méthodiste épiscopale britannique comptait 56 congrégations ; le nombre de ses membres s'élevait à environ 3 100, dont la plupart vivaient aux Antilles danoises et en Guyane britannique. Comme le missionnariat à l'extérieur du Canada avait grevé les ressources financières de l'Église, Disney entama en 1880 des négociations en vue de la réunir à l'Église méthodiste épiscopale africaine. La fusion se réalisa la même année et fut ratifiée par une majorité écrasante au cours d'un congrès tenu à Hamilton en juin 1881 par l'Église méthodiste épiscopale britannique. Un référendum montra que, même si la majorité des fidèles ontariens s'y opposaient, 86 % des membres étaient en faveur de la fusion. L'Église méthodiste épiscopale africaine accepta Disney à titre d'évêque et le plaça à la tête du dixième district épiscopal. Ce district englobait son ancien territoire ainsi que certaines des constituantes de l'Église méthodiste épiscopale africaine qui ne s'étaient pas jointes à l'Église méthodiste épiscopale britannique.

La réunification semblait avoir été un triomphe pour Disney, mais la situation ne tarda pas à s'envenimer. La majorité des congrégations et prédicateurs ontariens, sous la direction du révérend Walter Hawkins, de Chatham, tentaient de rétablir l'Église méthodiste épiscopale britannique. Ils craignaient de perdre leur identité et considéraient peut-être que les groupes antillais avaient eu trop de poids dans le débat sur la réunification. En 1866, ils tinrent à Chatham un conseil ecclésiastique au cours duquel on prétendit que Disney avait fait défection en se joignant à l'Église méthodiste épiscopale africaine. La même année, au cours d'une conférence générale, on reconstitua l'Église méthodiste épiscopale britannique. On y déposa Disney en convenant d'« effacer son nom, de ne pas tenir compte de son autorité et d'annuler son titre officiel d'évêque ». Le procès-verbal mentionne aussi que des poursuites intentées par Disney parvinrent jusqu'à la Haute Cour de la chancellerie en Grande-Bretagne, mais le dossier n'a pas été retrouvé. L'Église méthodiste épiscopale britannique élut Hawkins au poste de surintendant général, évitant pendant plusieurs années d'employer le titre d'évêque.

Disney continua de diriger jusqu'en 1888 ce qu'il restait du dixième district de l'Église méthodiste épiscopale africaine. On le muta ensuite au huitième district, qui regroupait des églises de l'Arkansas et du Mississippi. Il vécut à Greenville, au Mississippi, jusqu'à ce qu'il soit atteint de malaria, puis il s'installa à Baltimore, où il mourut dans sa soixante-et-unième année. On l'inhuma à Chatham, près de la tombe de Nazrey. Il n'avait pas eu d'enfant, et sa veuve épousa par la suite un avocat de Greenville, C. J. Jones. Elle fut inhumée aux côtés de Disney en 1907.

À la conférence de l'Église méthodiste épiscopale africaine de 1891, on rendit hommage à Richard Randolph Disney en disant qu'il était « courageux, frugal et persévérant, aimable et doux ». Bien qu'il ait brillé parmi les leaders noirs du Canada, il n'était pas parvenu à unir les congrégations méthodistes noires éparpillées dans le pays. En 1898, l'Église méthodiste épiscopale britannique comptait 27 lieux de prédication et 25 prédicateurs, et l'Église méthodiste épiscopale africaine avait 130 églises au Canada. Encore aujourd'hui, ce sont deux Églises distinctes. Des temples de Baltimore et de Greenville portent le nom de Disney.

J. William Lamb

La British Methodist Episcopal Church de Toronto possède le « Journal of the proceedings of the Ecclesiastical Council of the B.M.E. Church, held in the B.M.E. Chapel on Princess St., Chatham, 1886 » ; le volume renferme aussi les minutes de la conférence générale de Windsor, juin 1886.

S. J. C. Edwards, *From slavery to a bishopric, or the life of Bishop Walter Hawkins of the British Methodist Episcopal Church, Canada* (Londres, 1891). — *Christian Recorder* (Philadelphie), 30 avril 1891. — R. R. Ball, « The British Methodist-Episcopal Church of Canada », *Canada, an encyclopædia* (Hopkins), 4 : 136–137. — J. C. Coleman, « The African Methodist-Episcopal Church », *Canada, an encyclopædia,* 4 : 135–136. — *Cyclopædia of Canadian biog.* (Rose et Charlesworth), 1 : 456. — *The encyclopedia of world Methodism,* N. B. Harmon *et al.*, édit. (2 vol., Nashville, Tenn., 1974). — R. W. Winks, *The blacks in Canada : a history* (Londres et New Haven, Conn., 1971).

DORION, sir ANTOINE-AIMÉ, avocat, propriétaire d'un journal, homme politique et juge, né le 17 janvier 1818 à Sainte-Anne-de-la-Pérade (La Pérade, Québec), fils de Pierre-Antoine Dorion* et de Geneviève Bureau ; le 12 août 1848, il épousa à Montréal Iphigénie Trestler, et ils eurent un fils et trois filles, dont Eulalie qui épousera Christophe-Alphonse Geoffrion ; décédé le 31 mai 1891 au même endroit.

Antoine-Aimé Dorion naît dans une famille et même dans un milieu aux idées avancées pour l'époque. Deuxième d'une famille de dix enfants, il grandit dans une atmosphère de discussion et de ferveur patriotique. Son grand-père maternel, Pierre Bureau*, disciple de Louis-Joseph Papineau*, occupe le siège de Saint-Maurice à la chambre d'Assemblée du Bas-Canada de 1819 à 1836. Son père est aussi l'un des porte-étendard de Papineau à l'Assemblée où il représente la circonscription de Champlain de 1830 à 1838. Il est également marchand général à Sainte-Anne-de-la-Pérade, où sa notabilité ne fait pas de doute. Souvent consulté sur des questions d'éducation, il a l'intention de faire étudier ses enfants afin de leur assurer un rang élevé, une profession. Ainsi Pierre-Nérée, Antoine-Aimé, Hercule et Louis-Eugène bénéficient de son apport financier et poursuivent des études classiques au séminaire de Nicolet. Cependant, une transaction financière malheureuse ruine Pierre-Antoine Dorion et empêche ses fils Jean-Baptiste-Éric* et Vincislas-Paul-Wilfrid* d'étudier dans cet établissement.

Le jeune Antoine-Aimé entre au séminaire de Nicolet en septembre 1830 pour en sortir diplômé en 1837. Ses notes de discipline varient très souvent mais on constate déjà ses capacités d'analyse, sa pensée logique, son solide esprit de synthèse et sa grande facilité à apprendre l'anglais. Dorion choisit le droit. En 1838, Côme-Séraphin Cherrier*, le grand avocat de Montréal, l'accueille dans son étude pour qu'il y fasse son apprentissage. Toutefois, le revers financier de son père oblige Dorion à demander de l'aide. Cherrier l'envoie frapper à la porte d'Édouard-Raymond Fabre* qui l'engage comme petit commis, c'est-à-dire balayeur de planchers. Dorion garde de ce séjour des affinités avec l'élite intellectuelle qui se donne rendez-vous chez le libraire de renom. On l'admet au barreau le 6 janvier 1842, et Cherrier le prend comme associé. C'est déjà le signe d'une reconnaissance évidente de ses capacités d'avocat.

Depuis son admission au barreau jusqu'en 1849, Dorion en est à la dernière étape de ses années de maturation. Même s'il est souvent appelé à plaider, la toge et la cour ne comblent pas ses désirs d'action et d'information culturelle. Il passe le plus clair de son temps à lire et à étudier des livres de droit et de philosophie. Le 24 novembre 1844, il participe à la fondation de la Société des amis, groupe d'étude et de discussion philosophiques et littéraires, dont il est élu vice-président. Grâce à ses amis, Dorion fait la connaissance d'Iphigénie Trestler, fille du docteur Jean-Baptiste Trestler, qu'il épouse en 1848. La tradition orale veut que cette dernière, de santé chétive, n'ait pas participé activement à la vie publique de son mari.

Il apparaît tout à fait vraisemblable que Dorion ait été un tenant de la responsabilité ministérielle, la cause « libérale » de 1840 à 1848. En fait, il est juste de dire, comme sir Wilfrid Laurier*, que « c'est dans l'accomplissement de cette œuvre que les libéraux de toutes les nuances avaient uni toutes leurs énergies ». Les libéraux mais non les radicaux. Ainsi, lorsque Papineau revient d'exil, il vilipende les réformistes à la Louis-Hippolyte La Fontaine* et dénonce l'Acte d'Union de 1841 et ses effets. C'est suffisant pour inciter plusieurs radicaux à fonder en 1847 leur propre journal, *l'Avenir,* édité par Jean-Baptiste-Éric Dorion.

On retrouve dans le groupe des collaborateurs de ce journal toute une frange de jeunes intellectuels libéraux, démocrates, « républicanistes », nationalistes, laïcistes et anticléricaux parmi lesquels Joseph Doutre*, Toussaint-Antoine-Rodolphe LAFLAMME, Charles Laberge*, Louis-Antoine DESSAULLES et Louis Labrèche-Viger*. Cependant, il n'est pas dans la nature ni dans l'idéologie d'Antoine-Aimé Dorion de s'associer à tant de radicalisme, qu'il a d'ailleurs toujours rejeté comme moyen d'action. C'est un homme de loi qui a énormément de respect pour les règles du jeu parlementaires. Quoique près de ses amis qui participent à la rédaction de l'Avenir, Antoine-Aimé n'y collabore pas selon le témoignage même de son frère Jean-Baptiste-Éric cité le 18 août 1863 dans *le Défricheur* (journal publié dans le village de L'Avenir). Par ailleurs, il participe en 1849 à la création du Club national démocratique avec Joseph Papin*, Joseph Doutre, Charles Daoust* et plusieurs autres. Pour la première fois, il annonce la couleur et les fondements de ses principes politiques : « Démocrates par conscience et Canadiens-Français d'origine [...] Sans le suffrage universel, quelle sera la consécration légitime et rationnelle des droits du pouvoir [... ?] nous [réclamons] le puissant droit de souveraineté [...], l'éducation populaire, le commerce et le suffrage universel. » On voit bien là l'idéologie libérale et, se profilant derrière, la prospérité publique que Dorion associe au libéralisme.

Lancé sur la scène publique, Dorion continue de militer dans les mouvements d'opposition. En novembre 1849, il participe officiellement à la fondation de l'Association d'annexion de Montréal. Créée à la demande de nombreux signataires du Manifeste annexionniste de Montréal, lancé le mois précédent, elle couronne l'activité annexionniste entreprise par *l'Avenir.* Dorion est l'un des deux secrétaires de la société. Les financiers anglophones protestants, qui vont jouer un rôle important dans le déroulement de la carrière de Dorion, se joignent pour l'occasion aux forces d'opposition francophones, mâtinées de catholicisme, de laïcisme et d'anticléricalisme.

Dès 1851, Dorion est reconnu comme un « rouge » et sûrement un rouge actif. Catholique pratiquant, il avait pourtant assisté au banquet qui soulignait la victoire de Louis-Antoine Dessaulles, anticlérical notoire, dans un procès en diffamation intenté en décembre 1849 contre Ludger Duvernay*. Il commence à émerger sérieusement du groupe et assume le leadership laissé vacant par Papineau. Pour Dorion, l'année 1851 marque la fin de la coexistence entre les radicaux et les modérés du parti rouge. Il contribue à fonder le journal officiel du parti, *le Pays,* en janvier 1852. *L'Avenir,* qui continue de paraître sporadiquement jusqu'au 24 novembre 1852, avait adopté un ton radical ; *le Pays,* lui, choisit celui de la modération. Il a été fondé pour défendre le point de vue des vrais démocrates du Canada, et Dorion en est fort probablement le propriétaire.

Désormais, l'Institut canadien de Montréal est chez les rouges l'unique point de jonction entre les modérés et les radicaux. La participation de Dorion aux choses de l'institut est obligée. S'en abstenir serait politiquement suicidaire. Il fait partie d'un comité qui prépare en 1853 des résolutions pour honorer la mémoire des patriotes mais en fait, dans sa correspondance, Dorion est toujours demeuré muet sur la période trouble de 1837–1838. Il prend la parole en 1858 à l'occasion de la pose de la première pierre du monument en mémoire des victimes de 1837–1838. Difficile de faire autrement quand on est le chef du parti rouge, héritier du radicalisme du parti patriote. Mais l'anticléricalisme affiché de l'institut et ses propos radicaux cadrent mal avec le raffinement de Dorion et le catholicisme qu'il pratique. Aussi celui-ci démissionne-t-il en 1869 après la proscription de l'Annuaire de l'Institut canadien de 1868 par la congrégation de l'Index [V. Gonzalve Doutre*].

En 1853, le débat sur l'abolition de la tenure seigneuriale provoque de multiples rassemblements populaires, et l'équipe du *Pays*, en faveur de l'abolition, fait la tournée de toutes ces assemblées. Dorion n'y participe pas. Calcul politique ? Il faut savoir que le cabinet d'avocats dont il fait partie avec Côme-Séraphin Cherrier et son frère Vincislas-Paul-Wilfrid accepte de représenter les intérêts des seigneurs devant la cour seigneuriale constituée par Lewis Thomas Drummond*. Donc, Dorion se tient coi. Il se contente de prendre part à plusieurs réunions mondaines à l'invitation d'amis anglophones prospères, tels Luther Hamilton Holton*, Alexander Tilloch GALT et John Rose*.

Un battage publicitaire précède l'inscription de Dorion comme candidat aux élections municipales de 1854, à Montréal. On annonce sa candidature le 21 janvier dans *le Pays*. Il se présente dans le quartier Saint-Jacques aux côtés d'Édouard-Raymond Fabre et contre le groupe de Wolfred Nelson*. Le déroulement de la campagne électorale est à ce point virulent que Dorion se retire de la lutte, et son nom ne fait plus partie de la liste des candidats soutenus par *le Pays* le 14 février. Fabre et son équipe sont littéralement balayés par Nelson et ses hommes. C'est la première et la seule incursion de Dorion en politique municipale.

Le gouvernement formé par Francis Hincks* et Augustin-Norbert Morin* tombe en juin 1854. Des élections générales se déroulent à la mi-juillet, et Dorion se porte candidat dans Montréal, où il est élu aux côtés de Holton et de John Young*. Cette victoire personnelle, il la doit nommément au soutien massif des anglophones de Montréal. Durant la campagne, il s'est fait volontiers cajoleur et électoraliste. Il a parlé de progrès, de développement des ressources, de conciliation, de liberté. C'est donc ouvertement libéral mais franchement modéré que Dorion, le jeune chef, s'est présenté à l'électorat. Son thème politique central demeure « la recherche du progrès ». Il s'est déclaré, enfin, pour une fonction publique et un Conseil législatif électifs, pour la réciprocité commerciale avec les États-Unis, pour l'éducation populaire, pour le développement du port de Montréal et pour que le siège du gouvernement soit à Montréal. Son comportement politique ne provoque pas de sentiments belliqueux, et d'ailleurs « ses adversaires, lorsqu'ils parlent en bien de lui, font en soupirant cette remarque : « il est malheureux que ce soit un *rouge* ».

Comme on l'avait pressenti depuis 1852, Dorion recueille, dès son entrée au Parlement, la succession de Papineau. Sa personnalité sobre et discrète l'incline au partage dans la direction du parti. Sa conception du parti libéral-démocrate consiste d'ailleurs en une alliance autour de principes démocratiques. Son leadership demeure incontesté de 1854 à 1867. Aucun indice sérieux ne tend à accréditer l'hypothèse de Thomas Chapais* et de Louis-Philippe Turcotte* quant à la contestation du leadership de Dorion, que ce soit par Louis-Victor Sicotte* en 1861 ou par Médéric Lanctot* en 1865. Il reçoit bien des « messages », mais ils proviennent de l'extérieur de son parti. Évidemment, les velléités contestataires au sein du parti surgissent au moment précis où Dorion est absent de l'Assemblée législative de la province du Canada, du 10 juin 1861 au 20 juin 1862.

Pour un libéral aux teintes « whiggistes », la propriété privée revêt un caractère inaliénable et sacro-saint. D'ailleurs, sur le projet d'abolition de la tenure seigneuriale, Dorion ménage les grands propriétaires fonciers, notamment le clergé. Et comme la propriété privée est la pierre angulaire de l'idéologie libérale telle que vécue en cette deuxième moitié du XIXe siècle, son libéralisme ne fait pas de doute.

Dorion lutte contre la corruption et le pourrissement des mœurs politiques ; c'est là un autre aspect « whig » de son libéralisme. Il participe, à compter du 13 octobre 1854, aux travaux du comité chargé d'enquêter sur les accusations de corruption portées contre le dernier gouvernement. « Dorion le Juste » veut épurer le gouvernement, le Parlement ; il veut en arriver à des élections démocratiques. En 1857, il appuie une motion de William Lyon Mackenzie* qui vise à introduire le vote au scrutin secret. Sur la même lancée, il se prononce ouvertement pour le suffrage universel et pour la tenue des sessions parlementaires à des dates fixes.

Habile tacticien mais mauvais stratège, le 13 septembre 1854, Dorion passe alliance avec George Brown*, réformiste du Haut-Canada, et indispose ainsi le clergé à tout jamais, en plus de heurter le vieux fond nationaliste conservateur présent dans les années préfédérales. Trop absorbé par la vision à court terme, le renversement du gouvernement d'Augustin-Norbert Morin et de sir Allan Napier MacNab*, il calcule mal son effet ; il le paiera cher.

Dorénavant, Dorion jaugera encore plus ses prises de position. En mars 1855, au cours des discussions sur le projet de loi de la milice, il émet l'idée de verser les sommes prévues à l'éducation plutôt qu'à une milice qui ne serait utile, en pratique, qu'à l'Angleterre. En 1856, il vote, contre Brown, pour la motion de Joseph Papin qui demande « un système général et uniforme d'éducation élémentaire gratuite et maintenue entièrement aux frais de l'État ». La même année, il propose la fédération des deux Canadas, qu'il préfère à la représentation proportionnelle à la population (« Rep. by Pop. ») ou au simple rappel de l'Union. L'idée d'une petite fédération, qui est alors lancée, sera reprise de 1857 à 1859 et en 1864–1865. Homme de principes libéraux, Dorion refuse l'offre formulée par George-Étienne Cartier* à l'automne de 1857 de faire partie du gouvernement à titre de ministre, alors que le Tout-Toronto, selon le *Globe,* était certain qu'il accepterait.

Les élections de 1857 confirment que Dorion est le candidat le plus populaire dans Montréal ; il reçoit 2 547 voix, alors que Cartier termine bon dernier et va se faire élire dans Verchères. Les rouges de Dorion ont toutefois subi une défaite cuisante aux mains des « bleus » de Cartier tandis que les partisans de Brown ont remporté une nette majorité dans le Haut-Canada. Dès lors, Dorion cherche à nouveau alliance avec Brown. Le terrain d'entente est trouvé : la représentation proportionnelle protégée « par une constitution écrite procédant directement du peuple ou par un bill canadien de droits garantis par statuts impériaux, ou par l'adoption d'une union fédérale avec les droits provinciaux garantis ». La démission du ministère de John Alexander MACDONALD et de Cartier en juillet 1858 conduit le gouverneur général, sir Edmund Walker Head*, à faire appel à Brown pour former le nouveau gouvernement. Il s'adjoint alors Dorion et, le 2 août 1858, le nouveau ministère entre en fonction. Il n'a pas encore fait connaître sa ligne d'action qu'une motion de censure est présentée le même jour. Le vote qui suit amène la défaite de la coalition par 71 voix contre 31. Le 5 août, le ministère Brown-Dorion n'existe plus ; le 6, celui de Cartier et de Macdonald le remplace.

La campagne électorale qui suit donne lieu à diverses tractations politiques. Alexander Tilloch Galt, jusque-là membre de l'opposition, a accepté de faire partie du ministère Cartier-Macdonald, et il propose de présenter un francophone contre Dorion pour diviser le vote francophone. Qu'à cela ne tienne ! Dorion se promène partout avec Thomas D'Arcy McGee*, anglophone et membre de l'opposition. Il prend bien soin de faire annoncer sa candidature par William Molson*, homme d'affaires anglophone reconnu. Le vote anglophone est assuré. D'ailleurs, Dorion est toujours partie prenante des discussions et tractations des milieux d'affaires anglophones de Montréal, et ce depuis l'époque du Manifeste annexionniste de 1849. Au nombre de ses amis intimes, il faut compter surtout Luther Hamilton Holton (qui est également l'ami personnel de George Brown), John Young, Alexander Tilloch Galt et Jacob De Witt*. Bref, en raison de ses nombreuses relations avec les hommes d'affaires anglophones, il n'y a rien de surprenant à ce que tous ses contemporains remarquent la difficulté de plus en plus marquante de Dorion à maîtriser l'usage verbal de la langue française à partir de 1854, jusqu'à une détérioration complète après 1871.

Malgré la réélection de Dorion en 1858, des reproches vont venir des journalistes Louis Labrèche-Viger et Hector Fabre* : trop de compromis au sujet de la « Nationalité » et de la « Rep. by Pop. ». Des heurts politiques avec les réformistes de Brown achèvent une mauvaise année politique 1858–1859. Et même si le comité ad hoc de l'aile parlementaire libérale-démocrate, dont Dorion fait partie, propose la fédération des deux Canadas comme solution aux problèmes constitutionnels, les *grits* de Brown prennent de la distance face aux libéraux du Bas-Canada. La stratégie de la petite fédération, chère à Dorion, échoue lentement mais sûrement en 1859–1860. À la session de 1861, il n'est plus question du plan libéral d'une fédération des deux Canadas. Les années 1859, 1860 et 1861 sont les plus dures de la vie politique de Dorion. Ce sont des années de discussion sur un projet qui s'articule autour de la question du Grand Tronc, et Dorion n'intervient à peu près pas dans cet important débat.

Au scrutin de 1861, malgré une alliance avec John Sandfield Macdonald*, le chef libéral du Haut-Canada, Dorion est vaincu par Cartier dans Montréal. La majorité de ce dernier est de 25 voix. La défaite est amère. Dorion refuse la circonscription de Waterloo North que Brown lui offre. La correspondance entre les deux hommes s'éteint : aucune trace d'échange de lettres après 1861.

De juillet 1861 à mai 1862, Dorion s'occupe de son bureau d'avocats et du barreau de Montréal dont il est bâtonnier depuis le 1er mai 1861. Il occupera de nouveau cette fonction de 1873 à 1875. Après quelques jours de tractations entre John Sandfield Macdonald, Louis-Victor Sicotte et Dorion, *le Pays* du 27 mai 1862 annonce l'entrée de ce dernier dans le cabinet de Macdonald et de Sicotte, comme secrétaire et registraire de la province du Canada. Par déférence, le député libéral-démocrate d'Hochelaga, Joseph-Pascal Falkner, offre son siège à Dorion puis démissionne le 6 juin suivant. Malgré les tentatives de Cartier pour susciter une opposition, Dorion est élu par acclamation le 20 juin 1862.

Cependant, la question de l'Intercolonial oblige Dorion à prendre position dans l'épineux débat sur les chemins de fer. En principe, son parti et lui-même ont toujours considéré que le coût en était excessif, compte tenu du crédit de la province, et que la réalisation des projets à long terme ruinerait celle-ci qui, de plus, n'en retirerait aucun avantage direct pour sa population. Dorion a tout de même fait partie du comité organisateur mis sur pied pour célébrer l'ouverture, en 1856, de la ligne de chemin de fer du Grand Tronc entre Montréal et Toronto. Il a même voté pour une aide financière à cette compagnie le 30 avril 1857 alors que son parti votait contre : c'est la seule incartade de Dorion face à la majorité de son parti. Mais c'est en s'appuyant sur le fait que le cabinet Cartier-Macdonald a passé outre aux privilèges de la chambre et a, en vertu de son seul pouvoir exécutif, autorisé des dépenses de plus de un million de dollars pour aider le Grand Tronc à acheter des terres qu'il a réussi à jeter le discrédit sur le gouvernement pendant la session qui est prorogée le 18 mai 1861.

Ainsi donc en 1862, sous la gouverne de John Sandfield Macdonald et de Louis-Victor Sicotte, le projet du Grand Tronc se transforme et devient celui du chemin de fer Intercolonial ; Dorion est alors secrétaire provincial. Le 10 septembre, une réunion du cabinet a lieu avec sir Edward William Watkin, le représentant des intérêts de la firme Baring Brothers de Londres. Le 22 octobre, Dorion abandonne ses fonctions ministérielles ; selon *le Pays*, Sicotte avait reçu la lettre de démission depuis cinq semaines. En fait, c'est à la séance du 17 février 1863 que Dorion démissionne du gouvernement en lisant sa lettre. Tout ce projet est trop coûteux, ruineux et non rentable pour la province, dit-il en substance.

Sa démission donne à Dorion une marge de manœuvre politique qui lui fait accepter l'invitation de John Sandfield Macdonald de former avec lui le nouveau gouvernement en mai 1863. Dorion déclare alors que ses vues sur la réalisation de l'Intercolonial n'ont pas changé. Bien plus, il affirme que « le chemin de fer inter-colonial est plutôt un projet militaire qu'un projet commercial propre à développer les ressources du pays ». L'équilibre budgétaire et l'économie dans l'administration publique, deux politiques libérales, vont à l'encontre de ce projet. Par ailleurs, il propose une « voie canalisée entre Milwaukee [au Wisconsin] et Montréal ». Toujours l'axe de développement commercial nord-sud plutôt qu'est-ouest.

Dorion participe au gouvernement de mai 1863 à mars 1864. Administration sobre, sans reflets ni réalisations importantes. Un gouvernement de transition, comme le mentionne Holton dans une lettre à Brown en date du 24 janvier 1864. Pour y participer, Dorion s'était soumis à des élections en juin 1863. Il s'était présenté dans Montréal-Est contre Cartier et dans Hochelaga contre un dénommé Girard. Défait de façon nette par Cartier, il avait vaincu Girard.

La suite des événements entraîne la chute du cabinet de Macdonald et de Dorion sur une discussion à propos de la fameuse représentation basée sur la population que les *grits* de Brown réclament à grands cris depuis 1857. La coalition est renversée les 20 et 21 mars 1864 et un gouvernement entièrement conservateur formé par sir Étienne-Paschal Taché* et John Alexander Macdonald lui succède. Son premier geste est de constituer le comité d'étude sur les questions constitutionnelles demandé par Brown. Ainsi ce dernier se voit accorder par des adversaires ce que ses alliés lui avaient refusé, ce qui allait provoquer la Grande Coalition [V. George Brown], le grand réalignement politique autour d'un projet : la confédération des provinces britanniques d'Amérique du Nord. Après la présentation par Dorion d'une motion de censure relativement à des sommes autorisées par le Conseil exécutif pour le financement du Grand Tronc, le gouvernement de Taché et de Macdonald est défait par deux voix en juin 1864.

Le rapprochement de Brown et de John Alexander Macdonald se produit alors, et la Grande Coalition devient réalité le 22 juin 1864. La plate-forme politique qui réunit tous les partis politiques de la province du Canada, à l'exclusion des libéraux-démocrates de Dorion, est précise : la Confédération. Adversaire de ce projet, Dorion essaie de rendre l'opposition la plus cohérente possible. Il fait paraître notamment dans *la Minerve* du 11 novembre 1864 un manifeste contre la Confédération. Les célèbres débats du 16 février et du 6 mars 1865 en chambre reprendront les mêmes arguments : coûts, absence de consultation populaire formelle, camouflage, poids des provinces Maritimes et autres. Parlementaire rompu aux règles du jeu, Dorion dirige, résigné, une opposition opiniâtre mais sans âme. Les mots sont là mais le souffle n'y est plus. Il participe aux assemblées d'opposition dans les comtés du Bas-Canada, il rédige une adresse à lord Carnarvon, secrétaire d'État aux Colonies, à Londres, et écrit régulièrement dans *le Pays* entre 1865 et 1867, mais sans succès. Le projet fédéral réussit à faire élire ses promoteurs dans la province. Désormais, Dorion n'est plus le leader des rouges ; il ne reste que des libéraux.

Le leadership de Dorion n'est pas contesté à la suite des élections de 1867 au cours desquelles il est élu député d'Hochelaga à la chambre des Communes par 23 voix de majorité. Il est le seul maître à bord de la barque libérale, tant au fédéral qu'au provincial, mais c'est un chef fatigué qui, de 1867 à 1874, prépare sa retraite de la vie politique. Il occupe ses dernières années de politique active à structurer le « nouveau » parti libéral fédéral pour lui enlever toute tache de radicalisme et d'anticléricalisme. Âgé d'à peine 50 ans, il réussit à organiser le parti et à être reconnu comme le premier chef qu'ait eu le parti libéral canadien-français. Dorion veut donner au parti des assises à Montréal et dans la région avoisinante. Député d'Hochelaga du 16 septembre 1867 au 8 juillet 1872, il est élu par la suite, sans présentation officielle, député de Napierville, circonscription qu'il représente du 4 septembre 1872 au 1er juin 1874.

Quand les libéraux arrivent au pouvoir en 1873, c'est sans conviction, à la demande expresse d'Alexander MACKENZIE et avec le sens du devoir parlementaire à accomplir, qu'il accepte le poste de ministre de la Justice dans le cabinet Mackenzie. Il l'occupe du 7 novembre 1873 au 31 mai 1874. Pendant ce temps, il refuse de faire partie de la Commission royale d'enquête sur le chemin de fer du Pacifique en 1873. Il attend le futur chef, Wilfrid Laurier, qu'il a pris sous sa protection en l'envoyant dans les Cantons-de-l'Est, au *Défricheur,* remplacer son frère Jean-Baptiste-Éric, décédé en 1866.

Aussi, lorsqu'en 1874 on offre à Dorion le poste de juge en chef de la Cour du banc de la reine de la province de Québec, l'homme de loi, le juriste qu'il n'a jamais cessé d'être accepte d'emblée. Tous ses contemporains sont d'accord avec cette nomination. De 1874 à 1891, il y œuvre avec rigueur et ardeur en faisant preuve d'un jugement sûr.

Le départ de Dorion est ressenti comme une perte pour les libéraux fédéraux. Dans une lettre datée du 7 juillet 1874 à Arthabaskaville (Arthabaska), Laurier est éloquent sur ce sujet. Afin de l'honorer, Alexander Mackenzie fait les démarches nécessaires pour que Dorion obtienne le titre de chevalier, ce qui se produit le 4 octobre 1877. Dorion qui demeure à Montréal, rue Sherbrooke, avec son gendre Christophe-Alphonse Geoffrion, met désormais toutes ses capacités au service de la justice. Il travaille notamment à accélérer l'audition des causes pendantes devant le tribunal.

Le 31 mai 1891, à l'âge de 73 ans, sir Antoine-Aimé Dorion s'éteint doucement chez lui, victime d'une congestion cérébrale. Sa mort précède de quelques jours à peine celle de son vieil adversaire, John Alexander Macdonald. Dorion a droit à des funérailles nationales. Ses goûts pour le beau, l'esthétique et le raffiné étaient connus, mais à sa mort il ne laisse rien de luxueux. Cette pauvreté a de quoi surprendre. Chef du parti rouge, il avait toujours son banc à l'église de la paroisse Notre-Dame où il assistait régulièrement à la messe, ce qui ne l'empêchait pas de réclamer la séparation de l'Église et de l'État. En cela, Dorion était un représentant du libéralisme anglais du XIXe siècle, intégré dans une personnalité de juriste désireux de mener la population sur la route du progrès, de l'instruction, de la démocratie, de la propriété privée, de la richesse. Rouge ? Non ! Libéral ? Certes !

JEAN-CLAUDE SOULARD

ACAM, 574.000 ; 730.002 ; 901.058 ; 901.090 ; 901.119 ; 901.133 ; 901.135 ; 901.136 ; 901.137. — AN, MG 24, B14 ; B30 ; B40 ; B67 ; B111 ; C3 ; L3 ; MG 26, A ; B ; G ; MG 27, I, D2 ; D8 ; MG 29, D27 ; MG 30, D1, 11 : 130–212 ; RG 1 ; RG 4. — ANQ-M, CE1-51, 12 août 1848, 3 juin 1891. — ANQ-MBF, CE1-21, 19 janv. 1818. — ANQ-Q, P-43 ; P-417/6–8. — AO, MS 76 ; MS 395 ; MS 535 ; MU 136–273 ; MU 500–515 ; MU 1769 ; MU 2385–2387. — Arch. du séminaire de Nicolet (Nicolet, Québec), AP-G, L.-É. Bois, Succession, VIII, n°s 1, 8, 10 ; Biographies d'anciens élèves du séminaire, cahier DES-DOU ; Fichiers d'entrée ; Liste des « ordo locorum », boîte n° 12 ; Palmarès 1815–1858, résultats scolaires. — Arch. du séminaire de Trois-Rivières (Trois-Rivières, Québec), 0016 (fonds L.-F. R. Laflèche) ; 0368 (fonds Trifluviens, 19e–20e siècles), dossier A.-A. Dorion. — Canada, prov. du, Assemblée législative, *Journaux,* 1848–1867 ; Parl., *Débats parl. sur la confédération* ; *Doc. de la session,* 1862, n° 24 ; 1863, n° 48. — Canada, Parl., *Doc. de la session,* 1867–1868, 7, n° 41. — *In memoriam, sir A.-A. Dorion, chevalier, juge-en-chef de la Cour d'appel, ancien ministre de la Justice* [...] (Montréal, 1891). — *Manifeste du Club national démocratique* (Montréal, 1849). — *Représentations de la minorité parlementaire du Bas-Canada à lord Carnarvon, secrétaire des colonies, au sujet de la confédération projetée des provinces de l'Amérique britannique du Nord – octobre 1866* (Montréal, 1866). — *L'Avenir* (Montréal), 1847–1852. — *Le Canadien,* 1854–1868. — *Le Courrier de Saint-Hyacinthe* (Saint-Hyacinthe, Québec), 1864–1868. — *Le Journal des Trois-Rivières,* 1865–1868. — *La Minerve,* 1848–1868. — *Le Monde illustré,* 1884–1893. — *L'Opinion publique,* 1892–1893. — *L'Ordre, union catholique* (Montréal), 1861–1868. — *Le Pays* (Montréal), 1852–1871. — L.-O. David, *Biographies et Portraits* (Montréal, 1876). — J.-P. Bernard, *les Idéologies québécoises au 19e siècle* (Montréal, [1973]) ; *les Rouges.* — Guy Bérubé, « Côme-Séraphin Cherrier (1798–1885), son rôle et ses idées politiques » (thèse de M.A., univ. d'Ottawa, 1967). — J.-C. Bonenfant, *la Naissance de la Confédération* (Montréal, 1969). — Ludovic Brunet, *la Province du Canada : histoire politique de 1840 à 1867* (Québec, 1908). — J. M. S. Careless, *The union of the Canadas : the growth of Canadian institutions, 1841–1857* (Toronto, 1967). — R. [J.] Cartwright, *Address* [...] *upon the subject of « Memories of confederation »* ([Ottawa, 1906]). — Thomas Chapais, *Cours d'histoire du Canada* (8 vol., Québec et Montréal, 1919–1934 ; réimpr., Trois-Rivières, 1972). — Cornell, *Alignment of political groups.* — L.-O. David, *Souvenirs et Biographies, 1870–1910* (Montréal, 1911). — D. H. Gillis, *Democracy in the Canadas, 1759–1867* (Toronto, 1951). — A. R. M. Lower, *Colony to nation ; a history of Canada* (Toronto et New York, [1946]). — W. L. Morton, *The critical years : the union of British North America, 1857–1873* (Toronto, 1964). — Rumilly, *Hist. de la prov. de Québec.* — J.-C. Soulard, « Esquisse biographique et Pensée politique d'un adversaire de la confédération : Antoine-Aimé Dorion, chef du parti rouge (1818–1891) » (thèse de M.A., univ. Laval, 1976). — Benjamin Sulte, *Histoire des Canadiens-Français, 1608–1880* [...] (8 vol., Montréal, 1882–1884). — L.-P. Turcotte, *le Canada sous l'Union, 1841–1867* (2 vol., Québec, 1871–1872). — F. H. Underhill, *In search of Canadian liberalism* (Toronto, 1960). — Un observateur [L.-H. Huot], *le Rougisme en Canada ; ses idées religieuses, ses principes sociaux et ses tendances anti-canadiennes* (Québec, 1864). — Mason Wade, *les Canadiens français, de 1760 à nos jours,* Adrien Venne et Francis Dufau-Labeyrie, trad. (2e édit., 2 vol., Ottawa, 1966). — P. B. Waite, *Confederation, 1854–1867* (Toronto, [1972]).

DOUGLAS, CAPTAIN. V. EDA'NSA

DOUGLAS, GEORGE, ministre méthodiste et éducateur, né le 14 octobre 1825 à Ashkirk, Écosse, cadet des trois fils de John Douglas et de Mary Hood ; le 28 novembre 1855, il épousa à Toronto Maria Bolton Pearson, et ils eurent quatre filles dont l'une mourut enfant ; décédé le 10 février 1894 à Montréal.

George Douglas arriva à Montréal en juillet 1832 en compagnie de sa mère et de ses deux frères aînés. Ils venaient rejoindre John Douglas, qui avait immigré l'année précédente parce qu'il avait du mal à joindre les deux bouts avec son métier de meunier en Écosse. George étudia à l'établissement montréalais de la Société d'école anglaise et canadienne, puis dans une école privée de Laprairie (La Prairie), après quoi il occupa un poste de commis dans une librairie montréalaise. Dans l'espoir de devenir mécanicien de marine, il entra à la fonderie de la Sutherland and Burnett et prit des cours de dessin technique le soir. Mais sa santé l'obligea par la suite à renoncer à son ambition.

Bien que presbytériens par tradition, les Douglas finirent par fréquenter la chapelle méthodiste St James Street. C'est au cours d'une série de revivals tenus à cet endroit en 1843 que George se convertit. Malgré son tempérament effacé, il accepta la charge de *class leader* ; selon un contemporain, il montrait une « éloquence extraordinaire et [un] rare talent dans l'exposé des Écritures, en plus d'une grande intuition spirituelle ». En 1847, il devint prédicateur ; l'année suivante, l'Église méthodiste wesleyenne le prit à l'essai à titre de ministre. Décidé à parfaire sa formation, plutôt rudimentaire, il partit pour l'Angleterre en décembre 1849 afin de s'inscrire à la Wesleyan Theological Institution de Richmond (Londres). Cependant, à peine était-il arrivé qu'on l'affecta au travail missionnaire ; le 1er mars 1850, avant de s'embarquer pour les Bermudes, il reçut l'ordination sur autorisation spéciale. Atteint de malaria, il dut mettre prématurément fin à son séjour là-bas et rentra à Montréal au printemps de 1851. Pendant sa convalescence, il assista à des conférences de médecine au McGill College, et il reprit son ministère l'année suivante.

À compter de 1854, Douglas reçut des affectations successives de trois ans dans le Haut-Canada, soit à Kingston, à Toronto et à Hamilton. En 1863, un accès de malaria l'obligea à prendre un an de congé. Les nerfs et les muscles de ses mains s'atrophièrent tellement que par la suite il fut incapable d'écrire sans l'aide d'un dispositif mécanique. Sa vue se détériora aussi ; à compter de 1877, sa femme et ses filles durent lui faire la lecture. Malgré ces handicaps, il recommença à exercer son ministère à temps plein à Montréal en 1864 et devint l'un des pasteurs les plus connus et les plus respectés du pays. Le McGill College lui décerna en 1870 un doctorat honorifique en droit et, en 1883, le Victoria College de Cobourg, un autre en théologie. En 1876, on nomma en son honneur une église de l'extrémité ouest de l'île de Montréal.

Douglas n'avait jamais fait d'études supérieures mais, grâce à sa mémoire phénoménale et à force d'application constante, il avait réussi à acquérir de vastes connaissances qui faisaient sa renommée. Lorsque d'influents méthodistes de Montréal, dont James Ferrier*, obtinrent en 1872 l'approbation de fonder un collège de théologie dans la ville, Douglas en fut nommé directeur et professeur de théologie. Le Wesleyan Theological College ouvrit ses portes à l'automne de 1873 ; situé au sous-sol de l'église méthodiste Dominion Square, il comptait six étudiants. Sous la direction de Douglas, l'établissement s'affilia à McGill et fut autorisé à décerner des diplômes ; en 1894, on y trouvait 72 étudiants et 4 professeurs. Comme nombre de protestants dévots de son époque [V. sir John William DAWSON], Douglas craignait que les nouveaux courants philosophiques et scientifiques « ne bouleversent tous les systèmes de pensée ». Les établissements méthodistes de haut savoir, croyait-il, pouvaient protéger la société contre le scepticisme troublant en y envoyant des « fils de l'Église, armés d'une interprétation chrétienne de la culture et de la science ». Ils relèveraient le défi que représentait le « grand vingtième siècle électrique qui émerge[ait] [...] tel un puissant colosse, avec sa démarche oscillante, son pas retentissant, son regard d'aigle inquisiteur et sa formidable énergie ». En préparant ses étudiants au ministère, Douglas s'efforçait de maintenir l'équilibre entre la nécessité de leur dispenser un savoir de plus en plus spécialisé et celle d'aborder les problèmes contemporains sans renoncer à la simplicité et à l'enthousiasme évangéliques.

Qualifié par lord Dufferin [Blackwood*] de « Bismarck du méthodisme canadien », Douglas était un ardent porte-parole du mouvement qui, dans la seconde moitié du XIXe siècle, tentait d'en réunir les diverses branches. Il se réjouissait de voir que le méthodisme progressait par rapport aux autres confessions protestantes, mais il estimait que l'Église ne pouvait pas se permettre de se reposer sur ses lauriers, car les besoins des communautés urbaines et pionnières taxaient de plus en plus lourdement ses ressources spirituelles et financières.

Reconnu pour ses talents de chef de file et d'administrateur, Douglas fut en 1877 président de la Conférence de Montréal de l'Église méthodiste du Canada ainsi que vice-président, en 1874, et président, en 1878, de la conférence générale. Sa participation à la Young Men's Christian Association, à l'Evangelical Alliance, à l'Epworth League et aux conférences méthodistes œcuméniques en fit un orateur de réputation internationale.

C'était d'ailleurs à titre de « Chrysostome du Canada » que Douglas était le plus apprécié. Ses sermons se caractérisaient par la puissance de l'argumentation, une imagerie frappante et une grande éloquence. Il incarnait ce mélange de théologie traditionnelle et de souci d'une vie sainte qui constituait un élément important du méthodisme canadien au XIXe siècle. Douglas était d'une piété aussi totale que celle d'un prophète de l'Ancien Testament, et le révérend Hugh Johnston rappelait que « ses réprimandes étaient cuisantes comme une flamme et tombaient comme des éclairs brûlants sur les malhonnêtes et les corrompus ». Il était particulièrement direct pour condamner le théâtre, les romans modernes, le commerce de l'alcool, la corruption politique et le divorce.

Dans les années 1890, sa préoccupation de la pureté des mœurs amena Douglas à devenir un grand porte-parole du mouvement White Cross, qui visait à « protéger l'intégrité et la vertu de la famille ». Comme bien des réformateurs de l'époque, il avait une grande foi dans « le pouvoir toujours croissant de la femme de faire le bien ». Il reconnaissait que l'Église méthodiste devait une partie de sa force au rôle actif que les femmes avaient souvent joué dans les activités pastorales. Tout en condamnant absolument la limitation des naissances, il défendait l'accès des femmes aux études supérieures et aux professions libérales afin qu'elles puissent acquérir « une indépendance égale » à celle des hommes. « Donnez-lui seulement du temps, affirmait-il, donnez-lui le droit de vote, donnez-lui la reconnaissance qui arrive à grands pas, et la femme [...] régénérera et purgera la vie politique, et mettra l'empreinte de sa pureté, de son élévation, sur tout ce qui se rapporte à la reconquête du monde pour Dieu. »

En outre, selon Douglas, le progrès spirituel de la nation était gravement menacé par « les subtiles agressions de Rome ». Il utilisait les locaux du Wesleyan Theological College et du French Methodist Institute, qu'il aida à fonder à Montréal en 1880, pour former des missionnaires qui convertiraient les Canadiens français. Alarmé par les liens étroits qui existaient entre le gouvernement d'Honoré MERCIER et la hiérarchie catholique, il considéra l'adoption de l'Acte relatif au règlement de la question des biens des jésuites, en juillet 1888, comme un signe avant-coureur du triomphe de l'ultramontanisme. Par un discours passionné, il contribua à persuader la Conférence de Montréal de l'Église méthodiste de protester à la fois contre la loi et contre le refus du gouvernement fédéral de lui retirer sa reconnaissance. En juillet 1889, il joua un rôle de premier plan dans la fondation d'une branche montréalaise de l'Equal Rights Association [V. D'Alton MCCARTHY], mise sur pied le mois précédent à Toronto pour orchestrer une campagne contre la loi et ses conséquences. Deux ans plus tard, il attira l'attention de tout le pays en déclarant que sir John Sparrow David THOMPSON était une « création du clergé » de connivence avec les jésuites, et donc indigne de succéder à sir John Alexander MACDONALD au poste de premier ministre du Canada. Bien des méthodistes connus applaudirent Douglas et l'imitèrent lorsqu'il dénonça la loi sur les biens des jésuites et appuya le *Manitoba School Act* de 1890 ; cependant, son attaque très personnelle contre la moralité de Thompson fut moins bien accueillie.

George Douglas mourut d'une pneumonie le 10 février 1894 ; on l'inhuma au cimetière du Mont-Royal après un service modeste. Par son franc-parler, il avait soulevé pas mal de controverses, mais peu de gens pouvaient s'empêcher d'admirer le courage avec lequel il supportait ses handicaps physiques et la constance avec laquelle il prônait la vertu.

KATHERINE RIDOUT

George Douglas est l'auteur de : *Memorial of Rev. George McDougall, Indian missionary to the Saskatchewan, with his last two letters* [...] (Montréal, 1876) ; *Discourses and addresses* (Toronto, 1894) ; *Thou art the man !* (Toronto, 1895) ; et, avec William Morley Punshon*, *A sermon in memory of the late Rev. Robert Watson Ferrier, M.A.* [...] *together with an obituary notice and a minute of the Montreal District meeting* (Montréal, 1870).

On trouve des portraits de Douglas dans *Discourses and addresses* ; Dent, *Canadian portrait gallery* ; *Montreal Daily Star*, 12 févr. 1894 ; et Cornish, *Cyclopædia of Methodism*.

ANQ-M, CE1-109, 13 févr. 1894. — GRO (Édimbourg), Ashkirk, reg. of births and baptisms, 25 nov. 1825. — UCC, Montreal-Ottawa Conference Arch. (Lennoxville, Québec), M/50/1. — UCC-C, Biog. files. — French Methodist Institute, *Annual report* (Montréal), 3 (1883). — Methodist Church (Canada, Newfoundland, Bermude), General Conference, *Journal of proc.* (Toronto), 1890 ; Montreal Conference, *Minutes* (Toronto), 1889 : 11. — Methodist Church of Canada, General Conference, *Journal of proc.* (Toronto), 1878. — W. I. Shaw, « Memories of the Rev. Dr. Douglas », *Methodist Magazine* (Toronto et Halifax), 39 (janv.–juin 1894) : 336–339. — W. H. Withrow, « Death of Dr. Douglas », *Methodist Magazine*, 39 : 305–307. — *Christian Guardian*, 4 déc. 1855, 13 mars, 12, 17, 19 juin 1889, 14, 21 févr. 1894, 3 févr. 1904, 12 sept. 1906, 18 mars 1914. — *Gazette* (Montréal), 6 juill. 1889. — *Montreal Daily Witness*, 24 déc. 1892, 12 févr., 13 mars 1894. — *Appletons' cyclopædia* (Wilson *et al.*), 2. — Wallace, *Macmillan dict.* — Frost, *McGill Univ.* — N. H. Mair, *The people of St James, Montreal, 1803–1984* ([Montréal, 1984]). — J. R. Miller, *Equal rights : the Jesuits' Estates Act controversy* (Montréal, 1979). — Waite, *Man from Halifax*.

DOWD, PATRICK, prêtre et sulpicien, baptisé le 24 novembre 1813 à Dunleer (république d'Irlande), fils de Patrick Dowd et de Mary McDonald ; décédé le 19 décembre 1891 à Montréal.

Patrick Dowd fit ses études au petit séminaire de Newry (Irlande du Nord). Désireux de devenir prêtre et missionnaire, il entra au collège irlandais de Paris en 1832. Tonsuré le 20 décembre 1834 et reçu diacre le 17 décembre 1836, il fut ordonné prêtre le 20 mai 1837 au séminaire de Saint-Sulpice à Paris. Il demeura au collège irlandais jusqu'en août 1838, après quoi on l'affecta au ministère paroissial à Drogheda (république d'Irlande). De 1840 à 1843, il œuvra au séminaire d'Armagh (Irlande du Nord), puis exerça de nouveau à Drogheda de 1843 à 1847. Après avoir adressé plusieurs demandes à son évêque, il obtint finalement la permission d'entrer dans la Compagnie de Saint-Sulpice. Il entreprit sa solitude (noviciat) à Issy-les-Moulineaux, près de Paris, en août 1847 et fut agrégé à Saint-Sulpice l'année suivante.

Dowd arriva à Montréal en juin 1848. Aussitôt, on lui assigna la desserte des Irlandais regroupés autour de l'église St Patrick, inaugurée le 17 mars 1847 et propriété de la fabrique de Notre-Dame. Les Irlandais, nouvellement immigrés pour la plupart, habitaient les quartiers pauvres, les faubourgs Sainte-Anne et Saint-Laurent, et Griffintown. Industrieux et travailleurs, locataires de modestes maisons, ils étaient des gagne-petit. En 1848, selon le témoignage de Dowd, seulement trois paroissiens avaient pu donner 20 $ pour ses œuvres.

L'épidémie de typhus, dont les Irlandais avaient été victimes en 1847, avait fait nombre d'orphelins que les sœurs grises essayèrent tant bien que mal de recueillir et de soigner. En 1851, aidé de ces religieuses, Dowd fonda l'asile des orphelins de Saint-Patrice de Montréal, qui accueillit quelque 5 000 enfants jusqu'en 1900. Pour soutenir cette œuvre, il forma un comité chargé d'organiser un bazar annuel afin d'amasser les fonds nécessaires.

Dowd ne tarda pas à occuper une place prépondérante dans les plans des supérieurs de Saint-Sulpice et dans le milieu, ascendant qui déplut d'ailleurs à certains de ses confrères. L'importance de ses activités, le succès de ses œuvres de bienfaisance et la qualité de son apostolat lui valurent une renommée enviable. Aussi pensa-t-on à lui pour occuper un siège épiscopal. Mgr Armand-François-Marie de CHARBONNEL, évêque de Toronto et ancien confrère de Saint-Sulpice, pressa Rome de nommer Dowd coadjuteur de Toronto avec résidence à Hamilton, sans toutefois en informer ce dernier. Le 17 décembre 1852, Pie IX le nommait évêque titulaire de Canée et coadjuteur de l'évêque de Toronto et envoyait les bulles. Dowd déclina cet honneur, car il voulait demeurer desservant de St Patrick. Mais il eut de la difficulté à faire valoir son point de vue et ce n'est qu'après six mois de pourparlers que Rome accepta sa décision. Il reçut d'autres offres pour occuper les sièges épiscopaux de Kingston et de Halifax ; il les refusa également.

Bien que Dowd entretînt de bonnes relations avec l'évêque de Montréal, Mgr Ignace Bourget*, il appuya les sulpiciens qui s'opposaient à la division territoriale de la paroisse Notre-Dame que prônait l'évêque. Dowd profitait en effet du fait que la fabrique de Notre-Dame assumait les responsabilités matérielles de l'église St Patrick et acquittait une grande partie de son déficit. Malgré l'opposition des sulpiciens, Bourget fit ériger, en 1866–1867, dix nouvelles paroisses dans les limites de Notre-Dame, dont St Patrick. Dowd en devint le premier curé. En 1865, ce dernier avait fondé la maison de refuge de Sainte-Brigitte, vaste établissement où les plus démunis pouvaient trouver un gîte temporaire. En 1868, il ouvrit une école pour jeunes filles qu'il confia aux religieuses de la Congrégation de Notre-Dame.

Dowd se distingua par son intelligence supérieure, son invincible fermeté, sa charité inépuisable, son désintéressement et un oubli de lui-même extraordinaire. Voilà qui explique sans doute la vénération des paroissiens à son endroit. Le 19 mai 1887, à l'occasion de son cinquantième anniversaire d'ordination et de celui de son vicaire, le sulpicien Joseph Toupin, les paroissiens organisèrent une fête digne des deux prêtres. Trois archevêques et deux évêques se joignirent aux 42 prêtres, aux représentants des gouvernements et des mouvements apostoliques de la paroisse pour leur rendre hommage. On remit à Dowd une bourse de 22 000 $ qu'il employa à diminuer la dette de la fabrique.

L'attachement de Patrick Dowd pour le séminaire de Saint-Sulpice ne se démentit jamais. Il se joignit toujours à ses confrères pour les retraites annuelles, les conférences spirituelles et les détentes hebdomadaires. Malade, il entra à l'infirmerie du séminaire le 12 décembre 1891 et y mourut sept jours plus tard, victime d'une pneumonie. Vingt mille fidèles défilèrent devant sa dépouille. Ses funérailles, célébrées dans l'église Notre-Dame, regroupèrent 4 évêques et 200 prêtres. On l'inhuma dans la crypte du grand séminaire au milieu de confrères sulpiciens.

BRUNO HAREL

ACAM, 355.121, 875-4, 877-2 ; 468.101 ; 901.145. — ANQ-M, CE1-51, 22 déc. 1891. — Arch. du séminaire de Saint-Sulpice (Paris), Cahiers des conseils, 3 : 715, 770, 777, 784 ; 4 : 21, 82 ; Fonds canadien, dossier 116, n°s 54–61 ; dossier 135, n° 28. — ASSM, Cahiers des conseils ; 13, B ; 15 ; 21 ; 22 ; 27 ; 35. — St Brigid's Church (Roman Catholic) (Dunleer, république d'Irlande), Dunleer, reg. of baptisms, 24 nov. 1813. — *The case of St. Patrick's congregation, as to the erection of the new canonical parish of St. Patrick's, Montreal* (Montréal, 1866). — *Objections and remonstrances against the dismemberment of the ancient parish of Montreal* [...] (Montréal, 1867). — *Le Diocèse de Montréal à la fin du dix-neuvième siècle* [...] (Montréal, 1900). — *Golden jubilee of the Reverend Fathers Dowd and Toupin* [...], J. J. Curran, édit. (Montréal, 1887). — [J.-L.-]O. Maurault, *Marges d'histoire ; l'art au Canada* ([Montréal], 1929), 146–188. — Pouliot, *Mgr Bourget et son temps*, 4. — Robert Rumilly, *Histoire de Montréal* (5 vol., Montréal, 1970–1974), 2. — Gerald

Berry, « A critical period in St Patrick's parish, Montreal – 1866–74 », SCHEC *Report,* 11 (1943–1944) : 117–128 ; « Father Patrick Dowd refuses to be a bishop », 14 (1946–1947) : 95–104. — G. R. C. Keep, « The Irish adjustment in Montreal », *CHR,* 31 (1950) : 39–46. — [J.-L.-]O. Maurault, « la Congrégation irlandaise de Montréal », *Rev. trimestrielle canadienne* (Montréal), 8 (1922) : 267–290.

DOWNS, ANDREW, naturaliste, ornithologue, taxidermiste et propriétaire d'un jardin zoologique, né le 27 septembre 1811 à New Brunswick, New Jersey, fils de Robert Downs et d'Elizabeth Plum ; il épousa à Halifax Mary Elizabeth Matthews, et ils eurent quatre filles, puis le 22 juin 1859 Mathilda E. Muhlig, et de ce mariage naquit une fille ; décédé le 26 août 1892 au même endroit.

Il semble qu'Andrew Downs soit arrivé à Halifax en 1825, au moment où son père, un Écossais, quitta le New Jersey. On croit qu'il a d'abord été ferblantier (plombier) comme son père. En 1833, il rencontra l'ornithologue américain John James Audubon, qui était en voyage en Nouvelle-Écosse et avec qui il continua de correspondre. En 1838, il avait suffisamment démontré son intérêt pour la faune de la province pour être nommé représentant d'un « gentleman désireux de constituer une collection d'animaux de la Nouvelle-Écosse en vue de la présenter à des établissements scientifiques d'Angleterre ». Membre du comité directeur du Halifax Mechanics' Institute depuis 1835, Downs préconisa ardemment la fondation d'un musée provincial d'histoire naturelle. Son plan, diffusé en novembre 1838, prévoyait un parc pour la promenade et l'étude de la zoologie, de l'ornithologie et de la flore, ainsi qu'une bibliothèque.

Downs n'était pas seul à se passionner pour l'histoire naturelle de la Nouvelle-Écosse. En 1842, en rappelant que l'étude de la faune de la province était « une voie qu['il avait] suivie depuis [son] enfance », il demanda au lieutenant-gouverneur lord Falkland [Cary*] la subvention de £250 que le Parlement avait approuvée au bénéfice d'un musée provincial. Cette subvention répondait à la pétition présentée par Thomas McCulloch* pour l'entretien de sa collection, de plus en plus nombreuse, de spécimens de la faune néo-écossaise. Comme la somme était insuffisante pour que l'on mette sur pied un établissement réputé, Downs recommanda que l'on annexe le nouveau musée à la petite collection de l'institut des artisans, mais en vain. On le nomma cependant conservateur adjoint de la collection de l'institut en mai 1845, et conservateur l'année suivante.

En 1847, Downs entreprit l'aménagement de ce qu'on appellerait plus tard ses jardins zoologiques. D'abord situés sur un terrain de 5 acres à la source du bras Northwest, ces jardins allaient s'étendre sur 100 acres et comprendre une serre, une volière et un aquarium. Même si en 1863 on y trouvait, comme l'écrivait le *Novascotian,* « pas beaucoup plus que le noyau d'un jardin zoologique », les améliorations des trois années suivantes, facilitées par la réputation grandissante de Downs et des subventions annuelles de la province, allaient permettre d'augmenter considérablement les collections. Les oiseaux et les animaux qui formaient un ensemble bruyant et diversifié vivaient là dans un habitat naturel adapté. À la collection initiale s'ajoutèrent des dons de militaires britanniques, des importations de la Zoological Society of London et la propre collection que Downs amassa au cours de ses trois voyages en Europe, en 1862, en 1864 – à l'occasion de sa visite au naturaliste anglais Charles Waterton – et en 1867.

Dès le début des années 1860, l'étendue et la diversité des collections de Downs et la curiosité grandissante du public envers l'histoire naturelle avaient fait de ces jardins zoologiques une destination privilégiée pour les groupes et les promeneurs de Halifax désireux de s'évader pour une journée. Au Halifax Natal Day de 1865 par exemple, on y accueillit un millier de visiteurs (cette fête commémore l'arrivée d'Edward Cornwallis* en 1749). Chaque touriste britannique – y compris le prince de Galles, qui les avait visités en 1860 – reconnaissait l'intérêt scientifique au goût du jour et les qualités pittoresques des jardins de Downs. Ce dernier s'occupait également de recueillir des animaux vivants pour les envoyer à des princes, dont le roi Victor Emmanuel II d'Italie, et à des établissements étrangers, comme le zoo de Londres. Comme Campbell Hardy*, sportif enthousiaste en poste à Halifax avec l'armée britannique, le dirait plus tard : « Chaque visiteur désireux de connaître la faune des bois ou des eaux de l'Acadie allait à Downs pour [obtenir] conseils ou références. » En 1862, Downs fut élu membre correspondant de la Zoological Society of London.

Downs s'intéressa aux possibilités économiques de l'élevage car il estimait que ses jardins présentaient plus qu'une valeur éducative ou récréative pour la population locale. En soutenant qu'on pourrait vendre des volailles à l'étranger, il avait obtenu en 1853 une subvention gouvernementale pour améliorer les reproducteurs de sa basse-cour. Il importa alors 44 oiseaux d'Angleterre et remporta cette année-là 11 prix dans le concours provincial dont il avait lui-même proposé la tenue afin d'inciter les fermiers à rehausser la qualité de leurs lignées. Encouragé par une autre subvention en 1856, il réussit à acclimater des faisans anglais et à introduire dans la province des moutons de Chine.

Les sciences naturelles, l'ornithologie ou l'élevage ne permettaient cependant pas à Downs de gagner sa vie, et pour le faire il devait compter sur ses talents de taxidermiste. Doué d'un sens aigu de l'observation et ayant appris sur le tas, il était, comme l'historien Charles Bruce Fergusson* l'écrirait plus tard, « un artisan habile et méticuleux ». Ses têtes d'orignal, empaillées et montées, et ses cages de verre qui contenaient du gibier à plumes, des canards sauvages et des oiseaux-mouches lui valurent régulièrement des prix dans des expositions locales de même que des médailles aux expositions internationales de 1851, 1862, 1865 et 1867. On envoyait ses spécimens dans des collections privées et publiques des deux côtés de l'Atlantique. Il affirmera avoir empaillé plus de 800 têtes d'orignal au cours de sa carrière. Comme le fit remarquer Hardy, « peu [de gens] retournaient en Europe après un séjour [...] dans les provinces maritimes sans rapporter soit un trophée du gros gibier ou des spécimens de la belle faune avicole de l'est du Canada qui étaient passés par les mains de [ce] talentueux naturaliste ».

En 1867, on offrit à Downs le poste de surintendant des collections zoologiques de Central Park, à New York, après que Spencer Fullerton Baird, l'éminent zoologiste de la Smithsonian Institution, eut apparemment suggéré son nom. Downs avait, semble-t-il, décliné une offre semblable en 1864, mais il vendit son domaine et ses collections de Halifax pour partir vers le milieu de l'année 1868. Le naturaliste américain Charles Hallock dirait plus tard que « quelque tour de passe-passe politique » avait empêché que Downs ne s'installe à Central Park. Au début de janvier 1869, il était en effet de retour à Halifax. Incapable de racheter ses anciens jardins, il acquit une propriété adjacente qu'il aménagea bientôt d'une manière pittoresque, avec une volière et de nouvelles collections. L'aventure ne fut cependant pas un succès, et il dut vendre en 1872.

On sait peu de chose sur ce que Downs fit au cours des quelques années suivantes. En 1862, il avait participé à la fondation du Nova Scotian Institute of Natural Science et y avait fait trois ans plus tard la première de ses communications qui ait été publiée. Au cours des années 1880, il publierait notamment une liste des oiseaux de la Nouvelle-Écosse, qui ferait autorité, et présenterait en 1888 une allocution sur le même sujet devant la Société royale du Canada. Actif dans les comités organisateurs d'expositions, il manifesterait son engagement envers l'histoire naturelle jusqu'à sa mort en 1892 en adhérant à des associations locales comme la Nova Scotia Dog, Pigeon and Poultry Society, et en continuant d'exposer des collections qui témoignaient de l'excellence de son travail. Ses investissements dans l'immobilier et des titres solides lui apportèrent finalement la sécurité.

Reconnu par ses contemporains comme le fondateur du premier jardin zoologique aménagé au nord du Mexique, Andrew Downs résume bien l'intérêt qu'on portait, au milieu du XIXe siècle, aux sciences, aux parcs publics et aux loisirs sains. En 1864, on avait dit de lui, autorité reconnue sur les oiseaux de Nouvelle-Écosse, qu'il était un homme dont le « cœur [était] dans son travail, s'il en fut jamais, et qui a[vait] la libéralité d'esprit qu'ont tous les véritables amoureux de la nature ».

SUSAN BUGGEY

Les œuvres publiées d'Andrew Downs comprennent trois communications sur l'ornithologie dans les Nova Scotian Institute of Natural Science, *Proc. and Trans.* (Halifax) : « On the land birds of Nova Scotia », 1 (1863–1866), part. 3 : 38–51 et part. 4 : 130–136 ; « Pied, or Labrador, duck », 6 (1883–1886) : 326–327 ; et « A catalogue of the birds of Nova Scotia », 7 (1886–1890) : 142–178.

PANS, RG 1, 275, nº 86 ; RG 5, P, 19, 54. — Francis Duncan, *Our garrisons in the west or sketches of British North America* (Londres, 1864). — Charles Hallock, « The first American zoo », *Nature* (New York), 1 (1889–1890) : 150–151 ; publié de nouveau sous le titre de « Far ahead of his time : Andrew Downs, famous as scientist and naturalist [...] », *Halifax Herald,* 30 août 1892. — N.-É., House of Assembly, *Journal and proc.*, 1853, app. 38, petition nº 22 ; 1863 : 107 ; 1866, app. 36. — *Acadian Recorder,* 26 mars, 27 août, 19 sept. 1864, 7, 21 janv., 25 févr., 23 juin, 29 juill., 19, 26 août, 2 sept. 1865, 9 juin, 11 août 1866, 12, 15 juin, 31 août 1867, 28 mars, 23 mai 1868, 9 janv. 1869. — *Evening Express and Commercial Record,* 13 sept. 1861, 29 juin 1863, 8 mai 1867. — *Evening Reporter* (Halifax), 27 nov. 1860. — *Halifax Herald,* 27 août, 6 sept. 1892. — *Illustrated London News,* 24 août 1867. — *Novascotian,* 25 août, 20 oct. 1856, 15 févr. 1858, 6 août 1860, 16 mars 1863. — *Wesleyan* (Halifax), 6 mai, 10 sept. 1838. — John Quinpool [J. W. Regan], *First things in Acadia, « the birthplace of a continent »* (Halifax, 1936), 273–274. — H. K. Swann, *Nature in Acadia* (Londres, 1895), 15. — C. B. Fergusson, « Montezuma's successor : Andrew Downs of Halifax », *Dalhousie Rev.*, 27 (1947–1948) : 261–280. — Campbell Hardy, « Reminiscences of a Nova Scotian naturalist : Andrew Downs », Nova Scotian Institute of Science, *Proc. and Trans.*, 12 (1906–1910) : xi–xxix. — Harry Piers, « Sketch of the life of Andrew Downs, founder of the first zoological garden in America », Nova Scotian Institute of Science, *Proc. and Trans.*, 10 (1898–1902) : cii–cviii (un portrait paraît sur la page frontispice du volume).

DRAPEAU, STANISLAS (baptisé **Jean-Baptiste-Stanislas**), imprimeur, éditeur, rédacteur, fonctionnaire et auteur, né le 28 juillet 1821 à Québec, fils de Jean-Baptiste Drapeau, de Charlesbourg, et de Marie-Angèle Bourbeau, de Beauport ; décédé le 21 février 1893 à Pointe-Gatineau (Gatineau, Québec) et inhumé le 24 dans le cimetière de l'endroit.

Du vivant de Stanislas Drapeau, son ami Charles Thibault* publie, le 25 mars 1891 à Ottawa, *Biographie de Stanislas Drapeau, auteur des* Études sur les développements de la colonisation du Bas-Canada *et promoteur des sociétés de secours pour venir en aide aux colons défricheurs*. Œuvre politicienne de circonstance, elle occulte par son sous-titre le principal mérite de Drapeau, celui d'être un « homme à journaux ».

Drapeau fréquente d'abord simultanément les écoles privées d'Antoine Légaré* et de Charles Dion à Saint-Roch, puis il reçoit l'enseignement mutuel de la Société de l'école britannique et canadienne du district de Québec. Il entre ensuite au petit séminaire de Québec à l'âge de 14 ans avant d'opter en 1837 pour la typographie. Apprenti typographe au *Fantasque* de Napoléon Aubin*, il est déjà correcteur d'épreuves de confiance au moment de l'emprisonnement de ce dernier et d'Adolphe Jacquies* le 2 janvier 1839, une semaine après l'incarcération d'Étienne Parent* et de Jean-Baptiste Fréchette du *Canadien*. En leur absence, le jeune Drapeau assure le fonctionnement de leurs ateliers, la publication régulière et la distribution trihebdomadaire, même le service de porteur.

Chef d'atelier de composition ou prote de 1838 à 1843 au *Canadien*, Drapeau acquiert en janvier 1844, de James Huston*, les presses du journal *l'Artisan* dont la publication est suspendue depuis six mois. Le journal reparaît aussitôt et Drapeau imprime un premier ouvrage, *Manuel ou Règlement de la société de tempérance dédié à la jeunesse canadienne* de Charles Chiniquy. Protégé de Louis Panet et de René-Édouard Caron*, il lance en juin 1844, avec l'aide de Marc-Aurèle Plamondon, une revue littéraire et musicale, *le Ménestrel*, où l'on retrouve des partitions musicales reproduites par le procédé de la lithographie. En même temps, il est l'associé de Plamondon dans l'entreprise du quotidien *Courier and Quebec Shipping Gazette*, tiré à 2 000 exemplaires et distribué gratuitement à six heures du matin. Retitrée *le Courrier commercial/Commercial Courier* en janvier 1845, cette publication est victime des grands incendies des quartiers Saint-Roch et Saint-Jean, les 28 mai et 28 juin de la même année.

Drapeau part alors pour Montréal où il devient imprimeur et chef d'atelier de la *Revue canadienne* et de la *Revue de législation et de jurisprudence*, toutes deux propriétés de Louis-Octave Le Tourneux. Le 5 août 1846, il épouse à Québec Caroline Drolet, et le couple réside à Montréal jusqu'à la mort du père de Drapeau en juillet 1847. De retour à Québec, il imprime pour les libraires Joseph et Octave* Crémazie un *Tableau de la messe* avec gravures et *le Petit Catéchisme du diocèse de Québec*, à 5 000 exemplaires chacun, sur les presses de Joseph-Édouard Cauchon* et d'Augustin Côté* du *Journal de Québec*.

Lorsque la « Librairie ecclésiastique et classique » des Crémazie décide de se doter d'un journal, c'est Drapeau qui met sur pied le 18 décembre 1847 *l'Ami de la religion et de la patrie*. Ce périodique, qui innove en publiant les dépêches télégraphiques, dure jusqu'au 13 mars 1850 puis est relancé le 28 sous le titre de *l'Ordre social* ; il disparaît toutefois en fin d'année à cause de la négligence des souscripteurs.

De 1851 à 1857, Drapeau est chef d'atelier au *Journal de Québec*, mais c'est de l'atelier de la librairie des Crémazie que sort néanmoins son premier ouvrage personnel : *Petit Almanach de Québec pour l'année bissextile de 1852, religieux, historique, littéraire, agricole et de connaissances utiles*. Ce volume, compilé et publié par Drapeau, « Membre de l'*Institut Canadien* de Québec », est une mine de renseignements à l'usage des journalistes, sur les éclipses, les jours maigres ou d'abstinence, les sociétés religieuses ; il contient aussi de la poésie, des articles, notamment sur l'éducation, l'agriculture, les romans et l'Exposition universelle de 1851, une chronique « Science/Astronomie », la liste des caisses d'épargne, près de 20 tableaux statistiques d'import-export, de populations, de ventes de spiritueux, de tonnages de vaisseaux et de revenus douaniers, des statistiques du « Fonds consolidé » de 1796 à 1840, sans compter la liste nominative et le salaire du personnel des « Bureaux du Gouvernement », le tableau des cours de justice et finalement la liste du clergé de la ville de Québec. Le travail de Drapeau a dû servir à son ami Joseph-Charles Taché pour écrire *Esquisse sur le Canada considéré sous le point de vue économiste* à l'occasion de l'Exposition universelle de Paris en 1855. La boulimie de Drapeau pour des connaissances précises et des statistiques fiables lui fait combattre en note « bien des idées fausses, à l'Approche d'un Recensement », et souhaiter que « les personnes de la campagne » s'empressent « de donner tous les renseignements qui seront requis ».

Cet intérêt nouveau pour « les personnes de la campagne », qui constituent alors près de 80 % de la population, est à l'origine du *Manifeste* du 15 août 1856 pour la formation de la Société de colonisation, manifeste que signent plus de 300 notables et dont Plamondon est l'initiateur. En 1858, Drapeau publie une brochure, *Appel aux municipalités du Bas-Canada : la colonisation du Canada envisagée au point de vue national*, qui contient un « Plan de colonisation par l'État ».

Consulté à titre d'expert-comptable par l'archevêché de Québec à propos du projet de l'abbé Narcisse Bellenger de mettre sur pied un journal nommé *le Courrier du Canada*, Drapeau en est le premier administrateur en 1857 et contribue vraisemblablement à l'entente intervenue en juillet 1858 entre l'archevêché et l'imprimeur Jean-Docile Brousseau*, qui en devient alors l'éditeur-propriétaire. Son ami Taché est corédacteur en chef avec Hector-Louis Langevin*.

Drapeau quitte *le Courrier du Canada* pour occuper un poste auquel l'a recommandé Narcisse-Fortunat Belleau, celui d'agent de colonisation dans le comté de L'Islet, sur le chemin Elgin-Taché, avec résidence à Saint-Jean-Port-Joli, de 1859 à 1865. C'est là qu'il lance l'idée d'une société de secours, qui lui permet en 1860 de distribuer 430 minots de grain et de pommes de terre aux nouveaux défricheurs. Il réussit ainsi à donner un caractère communautaire à ce projet social, tout comme Jean-Baptiste-Éric Dorion* tente de le faire au même moment pour les Bois-Francs, en ces temps d'instabilité politique chronique et d'impuissance gouvernementale récurrente.

Drapeau assure jusqu'en 1865 une chronique agricole au *Courrier du Canada* et publie en 1863 chez Léger Brousseau* *Études sur les développements de la colonisation du Bas-Canada depuis dix ans (1851–1861)* [...], un livre de 593 pages ponctuées de tableaux, de cartes et de dépliants. Il y ajoute, l'année suivante, une « suite » intitulée *Coup d'œil sur les ressources productives et la richesse du Canada* [...], une brochure de 36 pages où il reprend son « Plan d'organisation ». On a vanté sa grille d'analyse systématique et sa méthode de composition de nature sociogéographique. Une note critique des sources statistiques officielles, « surtout pour le Bas-Canada », apparaît en fin de description, et Drapeau estime, par suite de son travail sur le terrain, que la valeur de la propriété foncière y est sous-estimée « d'au moins un tiers ».

Enfin, lorsque l'on nomme son ami Taché sous-ministre du département d'Agriculture et de Statistiques en août 1864, Drapeau accepte de devenir son adjoint ; on le charge de compiler des statistiques démographiques rétrospectives en vue de la publication du recensement de 1871. Tandis que Taché entreprend des fouilles d'archéologie historique au Haut-Canada, Drapeau polémique en 1866 et 1867 avec les abbés historiens Charles-Honoré Laverdière* et Henri-Raymond Casgrain* à l'occasion des fouilles reliées à l'emplacement du tombeau de Samuel de Champlain* et il leur fait baisser pavillon. Par ailleurs, lui, qui a dirigé de 1849 à 1859 le chœur de l'archiconfrérie de Québec à l'église Saint-Jean-Baptiste, fait de même pour la chorale de la basilique d'Ottawa. Sa vie de fonctionnaire fédéral semble être paisible et laborieuse, puisqu'en outre il entreprend de rédiger et de publier, « par livraison de 150 pages tous les 4 mois », sa fameuse *Histoire des institutions de charité, de bienfaisance et d'éducation du Canada depuis leur fondation jusqu'à nos jours,* au « tirage limité à 2 000 copies seulement » et qui ne s'« adres-[se] qu'aux souscripteurs ».

Ce projet grandiose fait l'objet d'un prospectus en 1872 et, par la suite, est mentionné pour la première fois dans une lettre du 4 décembre 1874, dans laquelle Drapeau prie Léger Brousseau d'intervenir auprès de son beau-frère le ministre Pierre Garneau* pour que le gouvernement provincial s'engage à faire « l'achat de quelques centaines de copies ». Drapeau soumet ensuite une première partie manuscrite à l'approbation de l'évêché d'Ottawa, qui la lui accorde le 27 mai 1875, puis aux autres évêques canadiens. Fort de ces appuis, il lance son œuvre. Le premier tome, *Hôpitaux et Lazarets*, qui paraît le 1er juillet 1877, contient les 148 pages promises, mais se veut un livre d'art, d'impression polychrome, dédicacé au gouverneur général du Canada, lord Dufferin [Blackwood*] ; c'est un délire de virtuosités graphiques, typographiques et chromolithographiques d'une exubérance baroque ou romantique à la Gustave Doré. Cependant, Drapeau ne peut poursuivre la réalisation de son rêve : le livre se vend mal et les quatre autres volumes annoncés – Hospices ou Asiles ; Orphelinats ; Éducation ; Société Saint-Vincent de Paul, Sociétés de secours mutuels, Calamités ou Désastres – ne paraîtront jamais.

En même temps, Drapeau lance le 1er avril 1876 à Ottawa un magazine familial, *le Foyer domestique*, qu'il imprime d'abord à 6 000 exemplaires, puis à 5 000 en 1877 et à 3 250 en 1878. Le bilan des recettes mensuelles fait voir d'amples variations : 149 $ seulement en mai 1876, mais une explosion de 861 $ en décembre ; 520 $ en janvier 1877 et 686 $ en avril alors qu'octobre n'apporte que 182 $ et que l'année 1878 est d'une grande faiblesse, sauf janvier, juillet et septembre ; par contre, le premier trimestre de 1879 connaît une reprise, mais il est trop tard. Drapeau reconnaît le 12 décembre 1879 que « la confiance n'est plus la même » chez les abonnés du *Foyer domestique*, qui « n'osent point payer aussi facilement et d'avance ». De plus, l'échec de la publication de son dernier ouvrage, *Histoire des institutions*, s'est répercuté sur le magazine qui a dû combler le déficit d'impression. La belle aventure du *Foyer domestique* a duré trois années complètes sous la direction personnelle de Drapeau et lui a permis de se vanter d'avoir réuni 63 collaborateurs, dont Pierre-Joseph-Olivier Chauveau*, Narcisse-Henri-Édouard FAUCHER de Saint-Maurice, Louis-Honoré Fréchette*, Alfred Garneau, Napoléon Legendre*, Pamphile Le May*, James MacPherson Le Moine*, le docteur Jean-Baptiste Meilleur*, Benjamin Sulte*, l'abbé Cyprien Tanguay* et l'historien Louis-Philippe Turcotte*.

Devant ces difficultés, Drapeau propose à Léger Brousseau, qui peut seul « commander l'influence qui n'existe plus », de devenir son « associé » à titre de propriétaire-éditeur du magazine, alors que lui-même resterait « directeur » et lui expédierait d'Ottawa la copie pour composition, impression et distribution postale à Québec. Brousseau refuse la « société », mais semble accepter d'imprimer et d'assurer la distribution, puisqu'une série de lettres que lui envoie Drapeau en 1882 et 1883 retentissent de plaintes et de réclamations au sujet de délais et de retards de parution, ce qui, selon Drapeau, « brise » sa collection, sans compter les problèmes de distribution postale ou à domicile par porteur.

Le Foyer domestique ainsi réorganisé, et baptisé *l'Album des familles*, dure de janvier 1880 à juillet 1884 ; la liste de ses agents couvre les campagnes de

20 comtés du Québec et inclut les noms et adresses de 20 agents aux États-Unis, les trois quarts en Nouvelle-Angleterre et le quart au Middle West. Le prix de l'abonnement est passé de un à deux dollars, et le nouveau magazine familial sollicite des annonces pour sa couverture. Drapeau estime ses lecteurs à « plus de 50 000 [...] durant l'année ». Il a deux agents à Rimouski, à Kamouraska, dans Terrebonne et Sainte-Rose (Laval), trois dans Lévis, mais un seul à Chicoutimi.

Le retour à la prospérité ne signifie pas le repos pour Drapeau, qui se propose le 15 novembre 1882 « d'apporter plus d'intérêt pour l'*Album* de 1883, en reproduisant des Romans et des Études plus au goût de la masse ». Il avoue le 10 janvier 1883 travailler « nuit et jour depuis trois semaines, pour le gouvernement ». Il écrit en même temps une brochure de 39 pages, *Biographie de sir N. F. Belleau, premier lieutenant-gouverneur de la province de Québec* [...], qui paraît en 1883 chez Léger Brousseau. L'optimisme de Drapeau est tel qu'il se propose d'acheter l'imprimerie-librairie de Brousseau au faîte de sa productivité : il offre même 100 000 $ dans sa lettre du 30 mars 1883. Quatre ans plus tard, il rédige *Canada : le guide du colon français, belge, suisse, etc.* [...], livre destiné à favoriser l'immigration francophone au Canada. Malgré l'échec de *l'Album des familles,* il lance un nouveau magazine familial, « accessible à toutes les bourses par son bon marché », *la Lyre d'or*, le 1er janvier 1888 ; publiée jusqu'en juin 1889 avec une brochette de collaborateurs, réduite cette fois à 40, la revue fait un déficit de 600 $, comblé en 1890.

Depuis 1883, Drapeau caressait un autre projet, celui d'un « journal politique de premier ordre, qui serait indépendant », et qu'on appellerait *l'Union nationale* ; le prospectus avait paru en 1885 et Drapeau avait vainement tenté d'obtenir l'appui de Joseph-Adolphe CHAPLEAU. Le projet est repris à l'automne de 1889 puis proposé au premier ministre Honoré MERCIER le 18 novembre, dans un « Mémoire privé », préparé à la suite d'une rencontre particulière à Montréal entre les deux correspondants. *Le National* serait un « journal hebdomadaire [...] pour répondre aux attaques de la nouvelle revue politique : *Le Drapeau* dont la mission [...] est d'anéantir, s'il le peut, l'influence du parti national ». *Le Drapeau*, paru en septembre 1889 dans l'entourage des Clercs de Saint-Viateur du collège Bourget, à Rigaud, influents dans la campagne montréalaise, est la cible qu'il faut viser. « Bien déterminé à servir le parti par toutes les voies possibles », Drapeau offre notamment à Mercier de mettre son matériel d'imprimerie à sa disposition et même ses droits d'auteur, en capital de lancement. Il exige en contrepartie une entière discrétion de sorte que « la bombe ne devra éclater qu'à l'heure marquée », celle de son ralliement au parti national.

Le 9 décembre 1889, Mercier accuse réception d'un projet de « lettre ouverte » intitulée « *Un Projet National* » et destinée à recueillir des fonds ; le 8 janvier 1890, une lettre de Drapeau accompagne le numéro zéro du *Drapeau national*, qui porte le sous-titre de « Journal des Patriotes », suivi de la devise *Pour le soutien des idées favorables au Peuple*, et en surtitre-bandeau « Religion/Patrie/Famille ». La matrice, construite et mise en page par Drapeau, comporte une note manuscrite en apostille : « Au lieu du drapeau étoilé porté par un American, ça sera le *Drapeau Canadien* porté par un *Patriote* à la tuque canadienne », gravure qui est déjà imprimée en filigrane.

La maquette de ce numéro zéro est en partie manuscrite, le reste étant des insertions collées de textes déjà imprimés en 1885. Aux 11 rubriques prévues (feuilleton, précis historique, annonces, entre autres) s'ajoute une « Tribune du Peuple ». Le titre initial, *le National*, n'étant plus utilisable depuis le 14 décembre 1889, puisque Gonzalve Desaulniers* de Montréal vient de l'accaparer, Drapeau a opté pour *le Drapeau national,* mais il suggérera, le 20 février, deux autres titres, *l'Ami du peuple* et *l'Écho des campagnes,* tout en s'en remettant « à la décision de Mercier ».

Dans sa lettre, Drapeau insiste encore sur la discrétion nécessaire pour que « cela fasse comme un *coup de* trompette à l'heure marquée », afin de « frapper mieux et plus activement quand l'heure sonnera ». Il propose d'emprunter en son nom personnel ou de garantir les actions à émettre en hypothéquant son matériel et même sa presse à vapeur.

Cependant, Mercier, en prétextant la « besogne » de la session parlementaire en cours, ne fait répondre à Drapeau que le 25 février 1890. À cause de ce délai, la date du 2 mars inscrite sur le numéro zéro est reportée au 1er mai. Drapeau refait un mémorandum le 16 avril, puis écrit une nouvelle lettre le 28, mais Mercier répond le 30 qu'il ne lui est « pas possible de [s']occuper immédiatement de cette affaire [...] Aussitôt que je serai prêt, ajoute-t-il, je vous le manderai. » C'est une fin de non-recevoir, à la veille de la campagne électorale qui sera un triomphe pour Mercier.

Drapeau conçoit en sa verte vieillesse d'éditer son *Drapeau national* à Deschaillons, où il se propose de se retirer auprès de son beau-frère, le curé Pierre-Olivier Drolet. Son biographe Charles Thibault fait état de cette rumeur de retraite campagnarde, mais lui assigne pour but la rédaction du deuxième tome de *Histoire des institutions* laissé en plan. Drapeau meurt à Pointe-Gatineau sans avoir révélé à son ami son secret, ensuite bien gardé pendant plus de trois quarts de siècle.

Urbain, doué d'une intelligence vive et d'une grande curiosité, peu marqué par l'enseignement classique, Drapeau vivait encore à 70 ans sa folle passion d'adolescent de 15 ans pour la typographie et la lithographie, pour le chant choral, pour la précision statistique qui l'avait amené sur le terrain à prendre contact à l'âge de 38 ans avec « les personnes de la campagne ». D'esprit pragmatique, sinon positiviste, il transformait les « projet[s] » en « plan[s] d'organisation » et révélait ses talents d'animateur social à distribuer des lots et à rassembler les minots de grain comme à accorder les voix de chorale et les partitions musicales, à aligner les collaborateurs et les agents de ses magazines familiaux, ou à charpenter ses tableaux statistiques et à calibrer ses illustrations polychromes avec ses textes à la « typographie soignée ».

Homme à journaux, organisateur d'espaces à occuper pour une littérature nationale naissante, Drapeau était un « intellectuel organique » et témoignait par sa cohérence de la qualité de l'enseignement des écoles avant le système public et de l'apprentissage avant les écoles de métier.

Du *Ménestrel* de 1844 et de *l'Ami de la religion et de la patrie* de 1847 à *la Lyre d'or* de 1888 et au projet de *l'Ami du peuple*, la trajectoire de Stanislas Drapeau est cohérente dans ce beau métier urbain de typographe qui, alignant ses caractères avec soin pour que vivent la pensée et la voix de chez nous, est comparable au laboureur campagnard qui aligne avec soin ses sillons dans des lots défrichés prêts à recevoir des minots de grain pour que vive la terre de chez nous.

ELZÉAR LAVOIE

ANQ-Q, CE1-1, 5 août 1846 ; CE1-22, 13 janv., 5 juill. 1847 ; CE1-93, 28 juill. 1821 ; P-16 ; P1000-32-597, dossier « le Drapeau national », 1889–1890 ; corr. Stanislas Drapeau-Honoré Mercier. — AP, Saint-François-de-Sales (Gatineau), reg. des baptêmes, mariages et sépultures, 24 févr. 1893. — *Le Monde illustré,* 15 avril 1893. — *DOLQ,* 1 : 127, 230–231, 820, 845. — J. Hamelin *et al., la Presse québécoise,* 1–3. — « Ouvrages publiés par Stanislas Drapeau », *BRH,* 34 (1928) : 295. — Claude Poirier, « Inventaire analytique du fonds Léger Brousseau », ANQ *Rapport,* 1972 : 159–253. — L.-P. Audet, *Histoire de l'enseignement au Québec* (2 vol., Montréal et Toronto, 1971), 1 : 365 ; *le Système scolaire de la province de Québec* (6 vol., Québec, 1950–1956), 4 : 19 ; 6 : 204–209. — Éveline Bossé, *Joseph-Charles Taché (1820–1894), un grand représentant de l'élite canadienne-française* (Québec, 1971). — Elzéar Lavoie, « les Crises au *Courrier du Canada* : affaires et rédaction », *les Ultramontains canadiens français,* sous la dir. de Nive Voisine et Jean Hamelin (Montréal, 1985) : 143–149, 320–324. — Réjean Robidoux, « *les Soirées canadiennes* et *le Foyer canadien* dans le mouvement littéraire québécois de 1860 » (thèse de D.E.S., univ. Laval, 1957). — Rumilly, *Mercier et son temps,* 2. — « Biographies canadiennes : Stanislas Drapeau (1821–1893) », *le Droit* (Ottawa), 19 août 1947 : 3. — Claude Galarneau, « la Presse périodique au Québec de 1764 à 1859 », SRC *Mémoires,* 4e sér., 22 (1984) : 156–161. — Elzéar Lavoie, « la Clientèle du *Courrier du Canada* », *Culture* (Québec), 30 (1969) : 299–309 ; 31 (1970) : 40–57. — Ernest Myrand, « la Chapelle Champlain », *BRH,* 4 (1898) : 293. — « Les Revues de Stanislas Drapeau », *BRH,* 42 (1936) : 613. — Réjean Robidoux, « *les Soirées canadiennes* et *le Foyer canadien* dans le mouvement littéraire québécois de 1860, étude d'histoire littéraire », *Rev. de l'univ. d'Ottawa,* 28 (1958) : 411–452.

DRAPER, FRANCIS COLLIER, avocat, officier de milice et fonctionnaire, né le 3 mars 1837 à Toronto, fils de William Henry Draper* et d'Augusta White ; il épousa Mary Catherine Baines (décédée en 1872), et ils n'eurent pas d'enfants, puis une prénommée Elsie, veuve de Henry Routh, et de ce mariage naquit une fille ; décédé le 25 juillet 1894 dans sa ville natale.

Fils cadet du solliciteur général William Henry Draper, l'un des avocats les plus habiles de son temps, Francis (Frank) Collier Draper suivit les traces de ses frères aînés en entrant à l'Upper Canada College en 1844, et il termina ses études en 1854 au Rensselaer Polytechnic Institute de Troy, dans l'état de New York. Il semble avoir mis des années à se fixer, car ce n'est qu'en 1867, à l'âge de 30 ans, qu'il est inscrit au barreau après un stage de formation au cabinet de John Willoughby Crawford*, à Toronto. Draper exerca le droit d'abord à Kingston, puis à Toronto, mais il semble que le domaine juridique ne lui convenait pas. On peut supposer que la milice et le sport occupaient beaucoup de son temps. À l'époque de l'affaire *Trent* en 1861 [V. sir Charles Hastings Doyle*], il s'était engagé dans le 2nd Battalion Volunteer Militia Rifles (qui devint plus tard le Queen's Own Rifles), au sein duquel il atteignit le grade de major. Au milieu des années 1860, Draper était lanceur régulier pour le Toronto Cricket Club, où il était réputé « manier puissamment » la batte. Également franc-maçon, membre de l'Ionic Lodge, il remplit les fonctions de secrétaire de la grande loge provinciale en 1866.

Lorsque William Stratton Prince démissionna de son poste de chef de police de Toronto pour devenir directeur de la Central Prison de Parkdale (Toronto), Draper sollicita l'emploi, en même temps que 1[illegible] autres candidats. C'est lui que le Bureau des commissaires de police choisit, et il entra en fonction le 1[illegible] janvier 1874 à titre de chef adjoint. Quatre mois e[t] demi plus tard, soit le 1er juin, il prit la tête du servic[e] de police ; il devait y rester 12 ans. Durant cett[e] période, de 1874 à 1886, les effectifs firent plus qu[e] doubler : ils passèrent de 75 à 162 agents et employés.

À titre de chef de police (appellation changée pour celle de directeur de police en 1876), Draper respect[a] le compromis politique établi dans les années 1860 a[u] sujet des liens entre l'ordre d'Orange et la forc[e] policière. On continua de recruter des orangiste[s] malgré l'interdiction officielle pour les agents d[e] police de faire partie de sociétés secrètes. En 188[illegible] l'*Irish Canadian* qualifiait le service de police d[e]

« refuge [...] de nombreuses personnes ayant comme seules références le signe et le mot de passe », et la liste du personnel ne laisse guère de doute sur le fait que la police demeurait un bastion de l'orangisme. On y retrouvait d'anciens membres de la Royal Irish Constabulary, et la grande majorité des recrues d'origine irlandaise, toujours supérieures en nombre dans les années 1880, étaient protestantes. La police s'était tout de même passablement soustraite à l'influence orangiste et elle contenait les émeutes sectaires avec une impartialité calculée. Au plus fort de ces affrontements violents, soit pendant les émeutes qui marquèrent le jubilé papal en 1875, et à l'occasion de la manifestation contre la visite du fénien américain O'Donovan Rossa en 1878, la police fit preuve de retenue et d'efficacité et confirma sa réputation de rempart contre la violence sectaire. Les catholiques, en particulier, félicitèrent Draper dans l'*Irish Canadian* pour sa conduite intrépide au moment du pèlerinage du 3 octobre 1875, lorsque des émeutiers orangistes attaquèrent des catholiques à l'extérieur de la cathédrale St Michael puis assiégèrent la taverne d'Owen Cosgrove, rue Queen Ouest, dans un quartier en majorité catholique.

Draper maintint donc la police à l'écart de la politique et contribua à accroître sa crédibilité en tant que force de maintien de la paix. Il soutint également la campagne contre le désordre et l'immoralité publique qu'avait énergiquement réclamée la bourgeoisie torontoise, appuyée par tout un réseau d'organisations religieuses, de sociétés de tempérance et d'organismes philanthropiques ainsi que par des réformistes du conseil municipal et de la presse. Dès ses premières années à la tête de la police, Draper organisa de nouvelles rondes dans le but de sévir contre les maisons de jeux et les débits de boissons illégaux, et il appliqua rigoureusement les restrictions relatives à la consommation d'alcool en fin de semaine. Par la suite, comme les couches respectables de la société commençaient à se préoccuper des bonnes mœurs et du caractère sacré de la vie de famille, il ordonna des descentes de grande envergure dans les maisons de prostitution, fit jouer à la police un rôle de bureau d'assistance provisoire auprès des enfants abandonnés de la ville et accueillit favorablement les projets de fondation d'une école professionnelle (à l'origine de la Victoria Industrial School) qui amènerait, espérait-il, plus d'un gamin des rues « à mener une vie laborieuse et utile plutôt qu'à grossir les rangs des criminels ». Autrement dit, le major Draper, toujours sensible au courant dominant de l'opinion publique qui favorisait des réformes en matière sociale, accentua le rôle capital de missionnaire dévolu à la police dans l'édification de « Toronto la pure ». À cet égard, Draper fut sans doute influencé par le zèle philanthropique de sa mère. Ses initiatives reflétaient certainement et renforçaient le processus de réforme morale en cours, qui reçut un appui officiel majeur sous le maire William Holmes HOWLAND en 1886. Même si ce n'est qu'après le remplacement de Draper par Henry James Grasett* que l'on organisa la section de la moralité, c'est sous sa direction que furent posées les bases du rôle des policiers comme champions de la moralité.

En s'abstenant de toute partisanerie et en se faisant le défenseur des vertus victoriennes, Draper se conformait essentiellement à la volonté de réforme qu'avait déjà exprimée le Bureau des commissaires de police au cours des deux premières années de son mandat (1858–1860). Il fit cependant preuve d'un esprit novateur dans un autre domaine : celui des conditions de vie des policiers. Les premiers efforts pour promouvoir la discipline et la respectabilité au sein des forces policières n'avaient pas toujours été bien acceptés par les hommes, qui devaient travailler de longues heures et subir un isolement social considérable contre un salaire relativement modeste. Ces frustrations avaient fait surface en 1872 : une grande partie du personnel s'était révolté contre le régime policier et avait réclamé le licenciement du chef, le capitaine Prince. Quand Draper prit le commandement, deux ans plus tard, il tint compte de ces griefs. Pour favoriser la vie sociale des policiers, il fit aménager une salle de jeux et une bibliothèque au quartier général. Il insista également sur l'importance de la bonne condition physique des policiers, organisa des concours de tir au pistolet, mit sur pied une association athlétique et chercha à rendre la police plus visible, pour améliorer à la fois le moral des policiers et leur légitimité dans l'opinion publique. Son but était essentiellement de contribuer à l'efficacité du service et au bon moral des hommes afin d'attirer plus de candidats et de contrer le roulement élevé de personnel et les nombreux congédiements. L'exemple qui illustre le mieux ses initiatives est la création, en 1880, d'une caisse de prévoyance en cas d'invalidité, pour la retraite ou comme assurance-vie. D'abord mal accepté de certains policiers, ce système s'avéra finalement fort populaire. Par d'autres mesures comme la diminution des heures de travail, l'obtention de congés supplémentaires, l'établissement d'une indemnité de maladie, et une approche plus rationnelle des tâches et des perspectives d'avancement, Draper visait à offrir aux policiers une carrière plutôt qu'un simple emploi. Il se rendit à Londres et dans diverses villes américaines pour voir comment fonctionnaient les forces policières ailleurs. D'après ses constatations, il codifia les ordonnances et règlements de la police de Toronto, recommanda l'utilisation des voitures cellulaires et introduisit un service télégraphique et téléphonique destiné à faciliter les communications au sein de la police. Il n'est sans doute pas étonnant qu'en mai 1881 on ait élu Draper premier président de la

Chief Constables Association of Canada formée depuis peu.

Deux ans plus tard, Francis Collier Draper dut prendre un congé de six mois, en Floride et aux Caraïbes, à cause d'une « affection pulmonaire », sans doute la tuberculose. Comme la maladie persistait, il démissionna le 26 novembre 1886. À son départ, le Bureau des commissaires de police recommanda qu'on lui verse une indemnité équivalente à son salaire annuel, mais le conseil municipal, après avoir envisagé de lui offrir une allocation de retraite de 1 000 $, rejeta finalement cette éventualité. On ne sait pas si des raisons politiques furent à l'origine de cette décision. Chose certaine, cet homme affable et aristocratique avait gagné le respect de la police en la faisant évoluer vers le professionnalisme. Il ne resta plus longtemps à Toronto. Sur les conseils de son médecin, il partit vivre sous des cieux plus cléments et s'installa dans la région de Los Angeles, avec sa femme et sa fille. Mais en 1892 il revint seul à Toronto, où il mourut le 25 juillet 1894 « de la plus fatale des maladies ».

NICHOLAS ROGERS

AN, RG 31, C1, 1861, Yorkville (Village) : 20 ; 1871, Yorkville (Village) : 33–34 (mfm aux AO). — AO, MU 2581. — CTA, RG 1, A, 1876, app. 62 ; 1877, app. 115 ; 1880, app. 4 ; 1883, app. 16 ; 1884, app. 10 ; 1886, n°s 1197, 1220 ; app. 47 ; 1887, n° 1196 ; RG 5, F, 1884. — Metropolitan Toronto Police Museum Arch., Board of Police Commissioners, minute-book, 1868–1878 : 198. — Rensselaer Polytechnic Institute Arch. (Troy, N.Y.), Reg. of officers and students, août 1854. — St James' Cathedral Arch. (Anglican) (Toronto), Reg. of baptisms, 1841–1842. — St James' Cemetery and Crematorium (Toronto), Burial records, Draper family plot. — [L. W. V.] Smith, *Young Mr Smith in Upper Canada*, M. L. Smith, édit. (Toronto, 1980). — *Toronto police force ; a brief account of the force since its re-organization in 1859 up to the present date* [...] (Toronto, 1886), 15 (copie à la MTRL). — *Globe*, 27 nov. 1886. — *Irish Canadian* (Toronto), 6 oct. 1875, 12 nov. 1885. — *Toronto Daily Mail*, 3 juill. 1872, 27 sept. 1887, 26 juill. 1894. — *Toronto World*, 27 nov. 1886, 26 juill. 1894. — *Death notices of Ont.* (Reid), 162. — *Dominion annual reg.*, 1880–1881. — *Landmarks of Canada ; what art has done for Canadian history* [...] ([nouv. éd.], 2 vol. en 1, Toronto, 1967), 69. — *Roll of U.C. College* (A. H. Young), 217. — *Toronto directory*, 1874 : 365. — *Hist. of Toronto*, 1 : 305–307. — G. S. Kealey, *Toronto workers respond to industrial capitalism, 1867–1892* (Toronto, 1980), chap. 7. — Nicholas Rogers, « Serving Toronto the Good : the development of the city police force, 1834–84 », *Forging a consensus : historical essays on Toronto*, V. L. Russell, édit. (Toronto, 1984), 116–140. — Bill Rawling, « Technology and innovation in the Toronto police force, 1875–1925 », *OH*, 80 (1988) : 53–71.

DUFFIN, SIMON, photographe et marchand, né vers 1844 en Irlande ; il épousa Sarah Jane Calder, et ils eurent deux enfants ; décédé le 26 juillet 1900 à Winnipeg.

Simon Duffin immigra dans le Haut-Canada pendant sa jeunesse et exploita un commerce à Odessa avant d'aller s'établir à Winnipeg vers 1872. Il y ouvrit un studio de photographie au sud de la rue Main, devenant ainsi l'un des premiers photographes à résider au Manitoba. Même s'il disposait au départ d'un capital limité, quatre ans plus tard, il pouvait déclarer dans sa publicité que sa galerie comptait « le plus vaste assortiment de photos dans la province et dans les Territoires du Nord-Ouest ». Au cours des années 1878 et 1879, Duffin partagea son studio avec W. Caswell, et ils firent affaire ensemble sous le nom de Duffin and Caswell.

En 1881, Duffin était devenu le photographe le plus important de la province et il avait agrandi son entreprise, qui pouvait fournir du matériel à de nombreux photographes au Manitoba et dans le nord-ouest du pays. Il avait aussi fait construire un immeuble de trois étages rue Main, lequel comprenait un nouveau studio, son commerce et sa résidence. On disait de cet immeuble qu'il était « l'une des plus belles constructions de Winnipeg ». Le studio comprenait « deux salles spacieuses, la salle de réception, meublée de façon élégante et sobre, et qui convenait bien à l'exposition de beaux spécimens de [son] excellent travail, et l'atelier, doté de tous les appareils et dernières innovations utiles en ce domaine ». Dans les années 1880, Duffin, à l'apogée de sa carrière, passait pour « un homme affable [et] courtois, honorable et honnête dans toutes [ses] transactions ». Chef de file en son domaine, il dirigea en 1885 une délégation de photographes professionnels qui demanda au conseil municipal de Winnipeg d'imposer une taxe aux photographes itinérants, afin de protéger les entreprises établies.

Duffin jugea que les années 1880 étaient propices à la vente de matériel photographique. Grâce à l'introduction des négatifs de plaque sèche, la pratique de la photographie devenait plus facile et plus répandue. Il abandonna donc les activités de son studio en 1888 et les confia à la firme Steele and Wing afin de se consacrer davantage à son commerce, qui pouvait équiper complètement un studio de photographie « du tapis jusqu'aux instruments photographiques les plus délicats ». Après son décès, son gendre, Newman Fletcher Calder, continua à diriger son commerce sous la raison sociale de Duffin and Company jusqu'à ce qu'il soit vendu vers 1926.

Membre du Winnipeg Camera Club, fondé en 1892, Simon Duffin participa aussi longtemps aux activités des francs-maçons. À sa mort, il était l'un des plus âgés parmi les maîtres maçons de l'ouest du Canada. À ses contemporains, il laissa surtout le souvenir d'un homme d'affaires qui avait réussi, mais son véritable héritage est constitué de ses archives photographiques, dont les exemples les mieux connus sont sans doute la vue de la cathédrale de Saint-Boniface et un portrait de Gabriel Dumont*. On y trouve aussi les archives d'innombrables photographes de l'Ouest canadien qui ont pu exercer leur métier grâce à l'équipement vendu par sa compagnie. Les photographies qui subsistent sont souvent le lien le plus tangible que l'on ait avec la vie urbaine de l'époque, le patrimoine rural et les ancêtres.

ELIZABETH BLIGHT

Les PAM possèdent des photographies et des stéréographies faites par Simon Duffin et ses associés.

PAM, GR 170, file 2519 ; MG 7, B7-1, reg. of burials, 26 déc. 1886, 28 juill. 1900. — Begg et Nursey, *Ten years in Winnipeg*. — *Manitoba Free Press*, 1er–8 août 1874, 4 févr., 13 mars 1879, 25 déc. 1886, 20 août–21 sept. 1888, 27, 30 juill. 1900, 27 août 1927. — *Blue book of amateur photographers, British societies*, Walter Sprange, édit. (Londres, [1893]). — *Manitoba directory*, 1876–1879. — *Pioneers of Manitoba* (Morley *et al.*). — *Winnipeg directory*, 1880–1900. — Schofield, *Story of Manitoba*, 2 : 682–685. — W. T. Thompson, *The city of Winnipeg, the capital of Manitoba and the commercial, railway & financial metropolis of the northwest : past and present development and future prospects* (Winnipeg, 1886). — *Winnipeg, Manitoba, and her industries* (Chicago et Winnipeg, 1882).

DUFRESNE, JACQUES, imprimeur et promoteur de sociétés d'entraide, né le 26 avril 1844 à Québec, fils de Jacques Dufresne, menuisier, et d'Éléonore Perrault ; le 1er mai 1866, il épousa au même endroit Delphine Bédard, et ils eurent trois filles et un fils ; décédé le 16 juillet 1896 à Ottawa.

Jacques Dufresne avait, semble-t-il, appris le métier de typographe pendant sa jeunesse à Québec. Peu après son mariage en 1866, la récession qui frappait la province de Québec l'incita vraisemblablement à faire comme des milliers de ses compatriotes francophones : aller chercher du travail dans l'est de l'Ontario. Il arriva à Ottawa vers 1870 afin d'occuper un emploi d'imprimeur dans la fonction publique fédérale. Il devint prote du service d'imprimerie gouvernemental et, toute sa vie, fit partie de l'Ottawa Typographical Union No. 102, dont il fut deux fois président.

Peu après l'arrivée de Dufresne à Ottawa, lui et d'autres francophones catholiques commencèrent à se regrouper en sociétés d'entraide qui avaient pour double objectif d'offrir des services sociaux – notamment de l'assurance-vie et des services de placement – et de constituer des organisations nationales fortes qui permettraient aux Franco-Ontariens de résister à l'assimilation. De plus, à cette époque, l'Ontario était envahi par les confréries américaines, non catholiques ou non françaises qui venaient y fonder des sociétés locales par milliers. Inquiets, bien des Franco-Ontariens voyaient là une menace nationale précise, un phénomène qui risquait d'accélérer l'assimilation des Québécois immigrés, établis pour la plupart le long de la frontière entre l'Ontario et la province de Québec. Le groupe qu'on craignait le plus à Ottawa était irlandais, la Catholic Mutual Benefit Association. Dufresne fut donc de l'élite outaouaise qui se donna pour mission de contrer cette tendance en formant ses propres sociétés catholiques et françaises, qui s'occupèrent d'abord de recruter des membres, d'assister aux fêtes nationales et d'insuffler un sentiment patriotique à leurs membres.

Dufresne occupa des postes de direction dans deux sociétés locales d'entraide, l'Union Saint-Thomas et l'Union Saint-Pierre, et il fut président de la Société Saint-Vincent-de-Paul d'Ottawa, œuvre catholique vouée au secours des pauvres. C'est toutefois à l'Union Saint-Joseph d'Ottawa, fondée en 1863, qu'il accomplit son travail le plus important. Membre à compter de 1872, il fut président de 1881 à 1883 après avoir été deuxième vice-président en 1879 et vice-président en 1880 et en 1881. À titre de membre du conseil, il contribua à convertir en 1895 cette petite société locale d'entraide en une compagnie d'assurances mutuelle moderne où l'on appliquait de solides principes actuariels. En 1895 également, conscient que la communauté franco-ontarienne, de plus en plus nombreuse, devait former une association provinciale, Dufresne convainquit les membres de l'Union Saint-Thomas et de l'Union Saint-Pierre de la nécessité d'une fusion avec l'Union Saint-Joseph d'Ottawa, sous la devise : *L'union fait la force*. Élu au conseil d'administration cette année-là, il parcourut la vallée de l'Outaouais afin de persuader ses compatriotes franco-ontariens d'adhérer au nouvel organisme. Il ne vécut cependant pas assez longtemps pour voir le fruit de ses efforts, mais l'Union Saint-Joseph (qui devint plus tard l'Union du Canada) prendrait une telle expansion qu'en 1910 elle compterait 150 succursales partout dans la province. Fait des plus importants, ce sont les membres de sa direction qui formèrent le premier noyau de ce qui allait être l'Association canadienne-française d'éducation d'Ontario [V. Napoléon-Antoine Belcourt*], fondée à Ottawa en 1910.

Jacques Dufresne avait appris en 1895 qu'il souffrait d'insuffisance rénale. En 1896, il alla consulter un spécialiste à Montréal, mais son état de santé se détériora au milieu de l'année et il dut quitter son poste au département des Impressions et de la Papeterie publiques. Compte tenu de son long dévouement à la cause de l'entraide et de la survivance nationale des francophones catholiques, sa mort en juillet eut quelque chose de pathétique : il s'éteignit là même où l'Union Saint-Joseph se réunissait autrefois, au 392 de la rue Sussex, dans un immeuble dont il avait fait sa résidence et où il logeait des pensionnaires.

GAYLE M. COMEAU

L'information concernant la participation de Jacques Dufresne à l'Ottawa Typographical Union, obtenue du *Typographical Journal* (Indianapolis, Ind.), 1 (1889)–4 (1892), a été fournie par Gregory S. Kealey de la Memorial Univ. of Nfld., St John's. [G. M. C.]

AN, RG 31, C1, 1891, Ottawa. — ANQ-Q, CE1-97, 26 avril 1844, 1er mai 1866 (mfm à la Bibliothèque de la ville de Montréal, Salle Gagnon). — CRCCF, C 20. — *L'Union Saint-Joseph* (Ottawa), 15 juill., 15 août 1896 (copies au CRCCF). — *Daily Free Press* (Ottawa), 16 juill. 1896. — *Ottawa Evening Journal,* 16, 18 juill. 1896. — *Le Temps* (Ottawa), 16 juill. 1896. — G. M. Comeau, « The role of the Union St-Joseph du Canada in the organization of the Association Canadienne-Française d'éducation d'Ontario, 1900–1910 » (thèse de M.A., univ. de Montréal, 1982). — Charles Leclerc, *l'Union St. Joseph du Canada ; son histoire, son œuvre, ses artisans* [...] *1863–1913* (Ottawa, 1919), 62–63. — L. G. Robillard, *les Sociétés de bienfaisance* ([Montréal, 1897]).

DUHAMEL, GEORGES, avocat, rédacteur en chef, homme politique et propriétaire d'un journal, né le 2 janvier 1855 à Belœil, Bas-Canada, fils de Toussaint Duhamel, cultivateur, et de Théotiste Ostilly (Ostigny) ; le 30 janvier 1883, il épousa à Montréal Marie-Catherine-Cordélia Dugas, fille de feu Adolphe Dugas, médecin et patriote, et ils eurent trois fils et une fille ; décédé le 11 août 1892 au même endroit.

Après avoir fréquenté le collège Sainte-Marie-de-Monnoir, à Marieville, Georges Duhamel choisit de devenir avocat. Il fait son stage de clerc dans deux cabinets d'avocats montréalais : Longpré et Dugas, puis De Bellefeuille et Turgeon. Admis au barreau le 11 janvier 1879, il s'associe à Joseph Adam. La firme Adam et Duhamel, établie à Montréal, garde ce nom jusqu'en 1889, année où un nouvel associé s'y ajoute ; elle prend alors la raison sociale d'Adam, Duhamel et Plourde. À la mort de Duhamel en 1892, le bureau, qu'on avait réorganisé peu auparavant, est connu sous le nom de Duhamel, Pelland, Girard et Pelletier.

De 1878 à 1880, Duhamel est vice-président du Club Cartier, dont la figure dominante est Joseph-Adolphe CHAPLEAU ; il en devient le président en 1881. Il participe à plusieurs campagnes électorales à titre de militant conservateur. À compter de 1881, il est rédacteur en chef du journal nationaliste *le Courrier de Montréal,* qui disparaît en avril 1883. Duhamel quitte le parti conservateur en 1885, à l'occasion de l'affaire Riel [V. Louis Riel*], et il anime avec le libéral Laurent-Olivier David* le comité montréalais des amis de Riel. Il compte parmi les principaux organisateurs de la fameuse assemblée du Champ de Mars, tenue le 22 novembre 1885 à Montréal et considérée comme le prélude à la formation du parti national d'Honoré MERCIER. Il est d'ailleurs l'un des principaux responsables de ce parti dans le district de Montréal. Secrétaire conjoint du comité national de Montréal avec Henry Joseph Cloran, le rédacteur en chef du *Montreal Daily Post,* il participe activement aux côtés de Mercier à la campagne qui précède les élections provinciales de 1886. Il inspire également la fondation, à Montréal en 1889, d'une nouvelle version du journal *le National* pour défendre les intérêts du parti national à la fois contre les conservateurs et contre les libéraux plus radicaux ; il en demeurera propriétaire jusqu'à sa mort.

Candidat défait dans la circonscription de Laprairie à l'issue des élections provinciales d'octobre 1886, où il s'était présenté sous la bannière du parti national, Duhamel fait son entrée à l'Assemblée législative de la province de Québec à la suite de l'élection partielle du 11 décembre 1886 dans la circonscription traditionnellement libérale d'Iberville. Il siège comme conservateur national aux côtés de Louis-Napoléon Larochelle*, de Ferdinand Trudel et d'Avila-Gonzalve Bourbonnais sur les banquettes transversales. À l'occasion de la formation de son premier cabinet en 1887, Mercier le nomme solliciteur général. Il lui confie, en 1888, le poste de commissaire des Terres de la couronne, qu'il conserve jusqu'en 1891. C'est à ce titre qu'il défend un projet de loi sur les forêts qui donne au colon un plus grand accès aux ressources forestières de la province [V. François-Xavier-Antoine LABELLE], puis un projet de loi sur les mines qui réserve à l'État la propriété du sous-sol minier de l'ensemble du territoire. Réélu dans Laprairie en juin 1890, il est défait avec trois de ses collègues ministres aux élections générales de mars 1892 déclenchées à la suite du « coup d'État » du lieutenant-gouverneur de la province, Auguste-Réal Angers*.

Ruiné par la politique, Georges Duhamel meurt à Montréal, le 11 août 1892, à l'âge de 37 ans.

MARCEL CAY[...]

ANQ-M, CE1-33, 30 janv. 1883 ; CE1-49, 2 janv. 185[.] ; CE1-51, 13 août 1892. — J. Hamelin *et al., la Pres[se] québécoise,* 2–3. — *Montreal directory,* 1889–1892. — Rumilly, *Hist. de la prov. de Québec,* 5 : 48, 69, 8[...], 113–114, 163, 191–192, 195 ; 6 : 28–29, 119 ; 7 : 42.

DUHAMEL, JOSEPH, avocat et homme politiqu[e], né le 22 janvier 1834 à Montréal, fils de Jose[ph] Duhamel, marchand épicier, et de Domitille (Dom[i]thilda) Mousseau (Mousset) ; le 20 juin 1859, [il] épousa au même endroit Alphonsine Masson ; décé[dé] le 23 octobre 1894 dans sa ville natale.

Après avoir fréquenté le petit séminaire de Sain[te-]Thérèse puis le séminaire de Saint-Hyacinthe, où il [est] entré en 1850, Joseph Duhamel termine ses étud[es] classiques au collège Sainte-Marie, à Montréal. [Il] entreprend ensuite son stage de clerc chez Badgl[ey] and Abbott [V. sir John Joseph Caldwell ABBOTT], l'un des plus prestigieux cabinets d'avocats de Mo[nt]réal. Admis au barreau le 6 avril 1857, il s'asso[cie] d'abord à Cyrille Archambault, qui meurt accidentellement en 1865.

À partir de 1867, Duhamel pratique avec Gustave-Adolphe Drolet avant de devenir en 1871 l'associé d'Henri-Félix Rainville. Leur cabinet, Duhamel et Rainville, connaît une constante évolution. En 1875, il prend la raison sociale de Duhamel, Rainville, Rinfret et Rainville. Avec l'arrivée, deux ans plus tard, de Siméon Pagnuelo*, il porte le nom de Duhamel, Pagnuelo et Rainville, et ce jusqu'en 1882. De 1884 à 1889, puis de 1890 à 1892 et, enfin, de 1892 jusqu'à sa mort, Duhamel fait partie respectivement des firmes Duhamel, Rainville et Marceau, puis Duhamel, Marceau et Merrill, et Duhamel et Merrill. Parmi ses principaux clients, on compte des compagnies de chemin de fer, notamment celle du Grand Tronc, et de nombreuses maisons d'affaires bien établies.

À l'âge de 25 ans, Duhamel avait fait son entrée sur la scène politique montréalaise à titre d'échevin du quartier Sainte-Marie. Il avait rempli cette charge de 1859 à 1861 inclusivement. Réélu en 1875 par les citoyens de Montréal-Est, il les représente au conseil municipal pendant trois ans. Trop absorbé par sa profession d'avocat et désireux de faire de la politique à l'échelon provincial, il décline les invitations qui lui sont faites de siéger de nouveau à titre d'échevin et même de devenir maire.

Aux élections provinciales de juillet 1875, Duhamel s'était porté candidat dans la circonscription de Montréal-Est sous la bannière libérale. Il subit la défaite contre le conservateur Louis-Olivier Taillon* qui l'emporte par 357 voix. Membre actif du Club national, association libérale créée en 1875, il participe à d'autres campagnes électorales sans toutefois se présenter comme candidat. Ainsi, en 1881, il fait partie du comité électoral de la région de Montréal formé peu auparavant par Honoré Mercier. En 1882, il devient président de l'Association de réforme du parti national de Montréal.

Joseph Duhamel s'éteint à Montréal le 23 octobre 1894.

Marcel Caya

ANQ-M, CE1-51, 22 janv. 1834, 20 juin 1859, 26 oct. 1894. — *CPC*, 1876. — *Cyclopædia of Canadian biog.* (Rose et Charlesworth), 1 : 283. — *Montreal directory*, 1857–1894. — Caya, « la Formation du parti libéral au Québec ». — Choquette, *Hist.du séminaire de Saint-Hyacinthe*, 2. — J.-C. Lamothe, *Histoire de la corporation de la cité de Montréal depuis son origine jusqu'à nos jours* [...] (Montréal, 1903). — Rumilly, *Hist. de la prov. de Québec*, 1 : 321 ; 3 : 118.

DUNN, TIMOTHY HIBBARD, homme d'affaires, né le 22 ou le 23 mai 1816 à Maskinongé (Sainte-Ursule, Québec), fils de Charles Dunn et de Mary Hibbard ; le 14 mai 1845, il épousa à William Henry (Sorel, Québec) Margaret Turner, et ils eurent neuf enfants ; décédé le 2 juillet 1898 à Sainte-Pétronille, île d'Orléans, Québec.

Timothy Hibbard Dunn grandit dans la propriété familiale du rang Crête-de-Coq, le long de la rivière Maskinongé, donc sur la rive nord du Saint-Laurent à l'ouest de Trois-Rivières. Ses grands-parents Charles Dunn et Rebecca Logie, loyalistes, avaient quitté le Vermont en 1778–1779 pour s'installer dans la province de Québec. Ils aménagèrent une ferme au bord de la rivière et construisirent aux chutes de Sainte-Ursule ce qui était, dit-on, le premier moulin à farine du district, auquel ils joignirent une scierie. En 1811, la propriété passa à leur fils le plus jeune, Charles, qui acquit une certaine notoriété à Sainte-Ursule et à Maskinongé. Il éleva une famille de 14 enfants dont Timothy Hibbard, Charles Edward, l'aîné, et William Oscar, qui allait être le père de l'écrivain et journaliste Oscar Dunn*. En 1831, le moulin familial, deuxième en importance dans la région du Saint-Maurice, employait 24 hommes dans les mois d'été et rapportait annuellement £200 de recettes. En 1853, l'affaire avait pris de l'expansion et on y retrouvait une forge, une boulangerie, quatre maisons, des écuries, un magasin et d'autres bâtiments ; on en estimait la valeur à £2 750.

En mai 1841, Timothy Hibbard Dunn devint commis à la D. D. Calvin and Company, firme fondée à Québec cette année-là par Dileno Dexter Calvin*, Hiram Cook et John Counter*. Depuis 1836, ces trois hommes exploitaient une entreprise qui expédiait du bois équarri et des douves à Québec à partir de l'île Garden, près de Kingston dans le Haut-Canada. Charles Edward Dunn prit une demi-part dans la nouvelle firme de Québec. À la fin de 1843, Counter quitta ses associés ; la Calvin, Cook and Company prit la relève à Kingston, et la Dunn, Calvin and Company à Québec. En janvier 1844, les associés fondèrent, à Hamilton, une troisième société, la Hiram Cook and Company, qui allait s'occuper de leurs relations avec les producteurs de bois du Haut-Canada. Le 2 décembre de cette année-là, Calvin, Cook et Charles Edward Dunn admirent Timothy Hibbard comme associé dans les trois compagnies ; chacun des frères Dunn détenait une part d'un sixième, Calvin et Cook d'un tiers chacun. Au début de 1846, Charles Edward se retira, et sa part fut divisée entre Calvin et Cook.

Dans les années 1840, la maison de Québec s'occupa surtout de l'aspect commercial des affaires du groupe. Celle de l'île Garden veillait à acheminer le bois des Grands Lacs à Québec, tout en exploitant un chantier naval. En 1844, celle de Hamilton prit en main l'aspect financier et administratif des relations du groupe avec les manufacturiers de bois équarri et de douves. Les compagnies elles-mêmes ne produisaient qu'une petite partie du bois qu'elles vendaient ; elles se regroupaient pour acheter le bois ou traiter avec les producteurs. La compagnie de Québec dispensait les services essentiels d'une agence commerciale. Elle s'occupait de rédiger les contrats de vente pour son propre bois et celui des clients qu'elle représentait, d'obtenir des avances sur le bois expédié en Grande-Bretagne, d'escompter les billets à ordre, d'organiser l'embauche de bûcherons qualifiés pour les chantiers, de trier, mesurer et charger le bois qui arrivait dans le port de Québec en provenance de l'île Garden, et d'informer les deux autres compagnies et les clients sur la situation du commerce du bois à Québec et l'état du marché britannique. Toutes les trois avançaient des fonds à des manufacturiers pour la production. En général, le bois équarri ou les douves servaient de garantie ; l'intérêt et les commissions sur les ventes, les frais d'escompte des billets à ordre et les frais d'acheminement du bois à Québec étaient portés au débit du compte. En outre, les avances étaient souvent garanties par une hypothèque sur la ferme, la scierie ou quelque autre propriété du manufacturier. Bien que la compagnie de Québec ait surtout négocié du bois, il lui arrivait d'ouvrir des comptes pour du porc, des pois, du sel ou du fromage. En 1849, elle en ouvrit même un, avec avances et commission sur les ventes, pour l'expédition d'une cargaison de fer de Québec à Cleveland, dans l'Ohio.

La plupart des transactions se faisaient par des contrats qui montrent à quel point les services offerts par chacune des trois sociétés du groupe Dunn, Calvin et Cook se complétaient. Les avances et les services commerciaux relevaient des compagnies de Hamilton et de Québec ; le bois était confié à celle de l'île Garden pour être acheminé à Québec. Cette intégration donnait un pouvoir considérable aux associés dans leurs négociations avec les producteurs, et ils savaient en user. Elle permettait, temporairement du moins, de régulariser l'offre dans un secteur réputé pour ses hauts et ses bas. Par exemple, après la désastreuse saison de 1847, la Dunn, Calvin and Company participa à la formation d'un cartel parmi les producteurs de chêne afin de « garantir la quantité de bois que le marché p[ouvait] demander (à des prix modérés et rémunérateurs) », et pas plus.

Au fil des années 1840, Timothy Hibbard Dunn avait appris à connaître dans tous ses détails le commerce du bois. Au début, il passait beaucoup de temps avec les clients établis le long du Saint-Laurent, avec Calvin à l'île Garden ou à la Hiram Cook à Hamilton. Plus d'une fois, à cette époque, il supervisa le travail des chantiers durant tout l'hiver : il vérifiait la qualité du produit et sa quantité, ainsi que les comptes des manufacturiers auxquels lui-même et ses associés avaient consenti des avances. Une fois que son frère eut quitté l'entreprise, en 1846, il se fixa à Québec pour diriger la Dunn, Calvin and Company. Sa participation aux débats publics le fit connaître parmi les hommes d'affaires anglophones de la ville. Pendant cette décennie particulièrement éprouvante, on craignait, en divers milieux, que Québec cesse d'être un haut lieu du commerce. L'insuffisance du réseau de transport qui desservait la ville à l'époque du rail et de la vapeur était particulièrement menaçante. En 1845, Dunn fut parmi les commerçants qui exercèrent des pressions pour que l'on améliore le service de traversiers entre Pointe-Lévy (Lauzon et Lévis) et Québec. Plus tard dans l'année, il s'associa à plus de 100 hommes d'affaires qui convoquèrent, par l'entremise du *Quebec Mercury*, une assemblée publique où l'on « prendr[ait] en considération les mesures nécessaires pour faire avancer le projet de chemin de fer entre Halifax et Québec ». Grâce à cette ligne, Québec aurait accès toute l'année aux navires qui traversaient l'Atlantique. Par ailleurs, dans le but de doter la ville de meilleurs services financiers, Dunn signa avec d'autres, en 1847, la demande de constitution de la Banque de district de Québec, qui ne vit jamais le jour. Une fois élu au conseil du Bureau de commerce de Québec, en 1850, il continua de faire pression pour l'achèvement de la ligne de chemin de fer jusqu'à Halifax.

Toutefois, les problèmes intérieurs de transport n'étaient pas les seules menaces qui pesaient sur l'avenir commercial du port de Québec. Avec la réduction des droits protecteurs sur le bois en 1842 et l'abrogation des *Corn Laws* en 1846, la Grande-Bretagne était en train de démanteler son système mercantiliste, qui accordait un traitement préférentiel aux colonies, pour se tourner résolument vers le libre-échange. Au Canada, ce revirement donna naissance à un mouvement favorable à l'annexion aux États-Unis et mena au Manifeste annexionniste, qui fut publié à Montréal [V. David Kinnear*] et signé par des membres influents du milieu des affaires et de la politique, entre autres Alexander Tilloch GALT, Luther Hamilton Holton* et John Rose*. Un même sentiment se fit jour à Québec, où Dunn fut l'un de ceux qui, en octobre 1849, convoquèrent une assemblée de « personnes qui [étaient] en faveur d'une séparation pacifique du Canada de la Grande-Bretagne en vue d'une annexion aux États-Unis ». Cependant, comme le commerce du bois dépendait du lien impérial, la plupart des personnages clés de ce secteur, dont Peter Patterson*, James Bell Forsyth*, Charles Sharples et George Burns Symes*, signèrent une contre-pétition. Si l'on en croit le *Morning Chronicle* de Québec, l'assemblée ne fut pas une réussite.

Vers la fin de la décennie, plusieurs facteurs poussaient Dunn, Calvin et Cook à se dissocier. La répartition de leurs responsabilités et de celles de leurs trois sociétés devint quasi exclusive. Dunn s'occupait de tout à Québec ; Hiram Cook dirigeait la compagnie de Hamilton et devenait peu à peu producteur indépendant ; Calvin concentrait ses efforts sur les activités de l'île Garden. En outre, tout le commerce du bois connaissait une période difficile, et les pertes occasionnées par les faillites des clients de Québec nuisaient beaucoup aux associés. Le 1er juin 1850, Dunn, Calvin et Cook mirent fin à leur association, et Dunn annonça dans le *Chronicle* l'ouverture de sa propre firme, la Dunn and Company, avec un associé du nom de Willis A. Benson. Dès décembre 1851, cette société était dissoute. Dunn continua seul jusqu'au 1er janvier 1853, date à laquelle il s'associa à son frère Charles Edward.

À la fin de 1857, Timothy Hibbard Dunn redevint seul propriétaire de l'entreprise, qu'il rebaptisa T. H. Dunn and Company. En décembre 1859, il prit pour associé son commis William Home. Cette collaboration allait s'avérer durable : en effet, la Dunn and Home existerait jusqu'en 1872. Elle s'occupait principalement de la vaste clientèle que Dunn s'était constituée à titre de commissionnaire dans le secteur du bois, mais elle avait aussi d'autres activités. En 1860, le correspondant de la R. G. Dun and Company, agence new-yorkaise qui recueillait et diffusait des renseignements sur le crédit commercial, parla d'elle en termes favorables : « Timothy Hibbard Dunn [est] reconnu dans notre milieu d'affaires comme un homme de caractère et de quelques moyens. « Home » est un jeune homme et jouit d'une bonne [réputation]. Cette entreprise a de bonnes chances de bien aller. » En 1861 et 1862, le rapport disait que leur capital n'était pas imposant mais qu'ils faisaient des « affaires régulières » en tant que courtiers. Quelquefois, les commentaires débordaient les strictes questions de capital et de crédit. À propos de la personnalité et de l'expérience des associés, on notait que leurs aptitudes étaient « bonnes » et que dans l'ensemble, ils se montraient « méticuleux ». En lisant qu'ils étaient « rangés », il faut comprendre que leur vie privée n'était entachée d'aucun excès. En 1863, l'informateur disait que l'affaire était « importante » et que les deux hommes étaient « considérés comme à l'aise – [leur] crédit [était] bon pour leurs besoins en affaires ».

Dunn fit entrer dans l'entreprise ses deux fils, Logie Henry et Stuart Hunter. Ils en devinrent propriétaires à la suite d'une réorganisation en 1872, mais leur père continua de « les aider et [de] les assister ». Il s'intéressa au commerce du bois de cette manière indirecte jusqu'à sa mort en 1898.

Dunn et ses différents associés étaient principalement des marchands commissionnaires. Ils consentaient des avances à des producteurs de bois établis dans l'Ouest, et ils se spécialisaient dans le bois franc (surtout le chêne et l'orme) qui, dans les années 1870, dominait dans leurs livres. L'entreprise des Dunn avait des clients au Québec, en Ontario, au Michigan, dans l'Ohio, au Wisconsin, et par la suite elle en eut même dans l'Arkansas, au Kentucky et en Virginie-Occidentale. Elle était le principal fournisseur de chêne du marché québécois, et avec le temps elle négocia bien au delà de la moitié des cargaisons qui passaient par le port. Comme le commerce du bois équarri, et du chêne en particulier, déclina dans les deux dernières décennies du XIXe siècle, Dunn et sa compagnie négocièrent aussi, à la commission, du bois en grumes et du bois d'œuvre expédiés de différents ports du sud des États-Unis par des marchands canadiens. À l'occasion, l'entreprise agissait pour son propre compte, et parfois en participation avec des manufacturiers de bois ou des marchands de Québec. Pour Dunn, le plus rentable était de vendre par contrat son bois ou celui d'un de ses clients à un expéditeur de Québec avant qu'il soit coupé par les bûcherons. On fixait les prix, on convenait des dates de livraison en prévision de la prochaine saison d'expédition, on estimait la quantité totale, on précisait la qualité et la taille moyenne du bois, et on déterminait la date du versement des avances avant même qu'un seul arbre n'ait été abattu. À cause des coûts, des délais inévitables avant les ventes finales – quelquefois plusieurs années – et des risques, ce n'est qu'en dernier ressort que la firme se chargeait d'acheminer des cargaisons en consignation vers Glasgow, Liverpool ou Londres pour les écouler sur le marché britannique si du bois invendu arrivait à Québec à un moment où le marché était défavorable. Des années 1850 à la fin des années 1880, le chiffre d'affaires de l'entreprise excédait souvent 250 000 $ par an. À la fin des années 1870, soit au moment où le commerce du chêne était le plus florissant à Québec, ses comptes annuels dépassaient les 350 000 $ et son capital avoisinait les 175 000 $.

Dunn possédait des intérêts ailleurs que dans le commerce du bois, soit seul, avec ses associés ou avec d'autres capitalistes. À compter des années 1850, il se passionna pour la promotion ferroviaire à titre de membre du conseil du Bureau de commerce de Québec, qui en 1852 appuya la construction du « chemin de fer de Halifax », y voyant un « complément [des] canaux ». Une fois cette ligne construite, le commerce de l'Ouest transiterait par Québec, ce qui n'était pas à négliger. L'année précédente, à Boston, Dunn avait assisté à un congrès international sur les chemins de fer en qualité de délégué du conseil. Quand la construction du chemin de fer Intercolonial devint partie intégrante de l'entente sur la Confédération de 1867, Dunn et son associé William Home furent parmi les hommes d'affaires de Québec qui s'intéressèrent aux travaux. Ils s'associèrent, en tant que bailleurs de fonds et garants financiers, à François-Xavier Berlinguet* et à Jean-Baptiste Bertrand, pour la construction de quatre sections (nos 3, 6, 9 et 15) entre les rivières Restigouche et Miramichi. On disait que, de tous les tronçons de la ligne de

Fraserville (Rivière-du-Loup, Québec) à Truro, en Nouvelle-Écosse, ce serait l'un des plus difficiles à construire. En vertu des marchés conclus le 25 mai 1870, Dunn et Home garantirent par des obligations le double du prix convenu pour les sections 3 et 6, qui devaient être construites respectivement pour 924 888 $ et 913 892 $ avant le 1er juillet 1871.

L'affaire ne tarda pas à tourner mal. Bientôt, les coûts excédèrent les paiements. Pour se faire adjuger les marchés, les associés avaient présenté des soumissions trop basses, établies à partir de rapports techniques incomplets. Or, en vertu du système de marchés à prix fixe adopté par le Conseil des commissaires des chemins de fer et le gouvernement fédéral, à l'encontre de la recommandation de l'ingénieur en chef, Sandford Fleming*, les prix n'étaient pas sujets à révision. En outre, des difficultés continuelles avec l'ingénieur de district Marcus Smith retardaient les travaux. En février 1871, dans une lettre à Hector-Louis Langevin*, commissaire des Travaux publics, Dunn attribua l'attitude de Smith au fait qu'il avait été associé à des Britanniques dont les soumissions sur les mêmes sections avaient été rejetées et à son antipathie pour les associés canadiens-français. Une fois rassurés par Langevin, Dunn et les autres bailleurs de fonds auxquels il avait fait appel, Thomas Glover, John S. Fry et John Ross, poursuivirent les travaux. Les contrats furent modifiés, et l'échéance assouplie. Néanmoins, les sections n'étaient toujours pas terminées quand les ouvriers déclenchèrent une grève en mai 1873 parce qu'ils n'avaient pas été payés depuis trois mois. Les commissaires reprirent les contrats et terminèrent les travaux – à un coût supplémentaire de 244 472 $, selon le commissaire Charles John Brydges*. Dunn et ses associés réclamèrent au gouvernement 523 000 $ en frais de travail, de main-d'œuvre, de matériaux et d'intérêt, et en 1875 ils intentèrent des poursuites contre la couronne, qu'ils perdirent. En 1878, Dunn se retira de cette mauvaise affaire en transférant sa réclamation à John Ross et à John Theodore Ross*. Ceux-ci firent appel à la Cour suprême du Canada et perdirent leur cause en 1896.

Les hypothèques, l'immobilier et les actions bancaires constituaient un secteur important des affaires de Dunn ; il avait commencé à y investir dans les années 1850. Entre ce moment et les années 1890, il se constitua un portefeuille où les hypothèques, à elles seules, dépassaient 200 000 $. Il était créancier hypothécaire pour des anses à bois de Québec, des propriétés résidentielles à Toronto, des fermes situées aussi loin que le Colorado, des établissements d'enseignement et des propriétés de toutes sortes. Un de ses derniers investissements fut, en 1895, une hypothèque sur le cimetière catholique de Denver, au Colorado, qu'il prit par l'entremise de son représentant là-bas. En 1869, il commença à acquérir des propriétés sur la pointe sud de l'île d'Orléans, près de Québec. Avec son fils Logie Henry et ses associés Home et François Gourdeau, il en vint à posséder presque tout ce qui deviendrait la paroisse Sainte-Pétronille. Il y fit construire le domaine familial, Homestead, et, sur le même terrain, il érigea une chapelle anglicane et aménagea un petit terrain de golf.

Parmi les hypothèques que Dunn consentit au cours des années suivantes, il faut signaler celles qui étaient rattachées à des biens-fonds de Winnipeg. À compter de 1881, il avança de fortes sommes sur hypothèques à Andrew Graham Ballenden Bannatyne*, homme d'affaires éminent de cette ville. Avec Evan John Price, il prêta en 1882 au lieutenant-gouverneur du Manitoba, Joseph-Édouard Cauchon*, 100 000 $ sur des propriétés urbaines situées à Winnipeg et sur des terrains de Saint-Boniface, et, l'année suivante, encore 23 000 $. Il avança aussi au moins 50 000 $ en son propre nom sur d'autres propriétés du centre de Winnipeg, dont le Grand Union Hotel. Le boom foncier qui avait entraîné ces investissements prit fin dans les années 1880. Dunn et Price saisirent alors la plupart des propriétés de Winnipeg dont ils étaient les créanciers hypothécaires y compris celles de Cauchon.

Dunn avait consenti une partie de ses hypothèques sur des propriétés industrielles ; c'était notamment le cas des sommes avancées à un manufacturier de chaussures de Québec et au propriétaire d'une petite fabrique de vinaigre. Garantis par des biens immobilisés, ces investissements présentaient peu de risques. Il participa de plus près à l'activité industrielle qui se déroulait dans la vaste propriété qui bordait la chute Montmorency. Sur ce terrain, acquis en 1890 avec Andrew Thomson*, Peter Patterson Hall et Herbert Molesworth Price, s'élevaient les Hall-Price Mills. De plus, moyennant loyer, la Compagnie d'éclairage électrique de Québec et Lévis (rebaptisée Compagnie de pouvoir électrique de Montmorency en 1893), la Compagnie des filatures de coton de Montmorency et la Riverside Manufacturing Company s'alimentaient au potentiel hydro-électrique de la chute. Dunn possédait bon nombre d'actions de toutes ces entreprises industrielles et, au début des années 1890, il fit partie du conseil d'administration de la Compagnie de pouvoir électrique de Montmorency.

Toutefois, ce fut à la Standard Drain Pipe Company de Saint-Jean (Saint-Jean-sur-Richelieu), dont il fut l'un des administrateurs et des principaux actionnaires, que Dunn s'engagea le plus à fond dans l'industrie. Cette société fondée en 1885 était le principal producteur de tuyaux d'écoulement de la province. Elle avait un capital permanent de 200 000 $ dès 1894, employait environ 150 hommes et produisait annuellement environ 700 wagons de tuyaux, ce qui représentait une valeur supérieure à 100 000 $. En cette époque où les centres urbains de tout le Canada étaient en train de se doter de services, elle avait des clients à

Montréal, Toronto, Québec, Sherbrooke, New Glasgow en Nouvelle-Écosse, Saint-Jean au Nouveau-Brunswick, Ottawa et bien d'autres endroits encore. Elle consolida certainement sa position en fixant les prix de concert avec sa principale concurrente canadienne, la Hamilton and Toronto Sewer Pipe Company, et les importateurs de tuyaux d'Écosse. Les seuls secteurs du marché canadien qui échappaient à l'emprise de ce cartel étaient les municipalités du sud de l'Ontario, situées près de la frontière américaine, car elles pouvaient obtenir de meilleurs prix des manufacturiers de l'Ohio.

Timothy Hibbard Dunn mourut le 2 juillet 1898 dans son domaine de l'île d'Orléans, après trois semaines de maladie. Les journaux de Québec imprimèrent la nouvelle à la une et déplorèrent la disparition de ce membre « grandement respecté et estimé » de la communauté. Le *Montreal Daily Star* déclara que Québec perdait en lui « un de ses citoyens les plus âgés et illustres, artisan de sa très grande fortune et l'un des plus patriotes d'entre les Québécois ». Ses biens personnels, estimés à plus de un million de dollars, assurèrent un avenir confortable à sa famille, et son fils Stuart Hunter Dunn exploiterait son entreprise de bois jusque dans les années 1920. Investisseur fondamentalement prudent, Dunn avait protégé sa fortune de plus en plus grande contre les aléas des affaires en achetant la plupart de ses hypothèques et actions à l'aide d'un fonds de fiducie créé pour ses enfants. Les actions bancaires, l'immobilier et les prêts hypothécaires étaient des moyens sûrs de faire fructifier ce capital. Néanmoins, il participa à certaines des tentatives de développement industriel qui se firent à Québec dans les dernières années du commerce du bois. Sans nécessairement prendre une part active à la création et à l'administration de sociétés telles la Drum Cabinet Manufacturing Company, la Canada Worsted Company, la Compagnie des filatures de coton de Montmorency, la Riverside Manufacturing Company et la Quickcure Company, il y investit de bon gré. Toutes ces entreprises furent lancées par des capitalistes de Québec en une période difficile, la fin du XIXe siècle, pour exploiter le potentiel industriel de la ville.

JOHN KEYES

AN, RG 30, 12471 : 368. — ANQ-E, CN2-15, 17 sept. 1853. — ANQ-M, CE3-17, 14 mai 1845. — ANQ-Q, CN1-49, 1840 (n° 71), 11 mai 1847, 21 févr. 1848 ; CN1-116, 21 nov. 1843, 16 déc. 1845, 22 janv. 1846 ; Fichier protestant ; P-134, 11 févr. 1871 ; P-219/4. — Arch. de l'univ. Laval, 220/1–13 (fonds Dunn). — Arch. privées, Famille Dunn (Sainte-Pétronille, Québec), Genealogy. — Baker Library, R. G. Dun & Co. credit ledger, Quebec, Canada East, 45, 22 mai 1860. — Mount Hermon Cemetery (Sillery, Québec), Reg. of interments. — QUA, 2248ab. — Canada, prov. du, *Statuts*, 1847, chap. 113. — *Canada Gazette*, 27 janvier 1844. — Charles Robb, *Lumbering on the River du Loup ; notes of a trip to Hunterstown, St. Maurice territory, Canada East* (Montréal, 1862). — *Morning Chronicle* (Québec), 27, 29 oct. 1849, 1er juin 1850, 31 déc. 1857, 23 déc. 1859. — *Quebec Gazette*, 12 janv. 1844. — *Quebec Mercury*, 8 mai, 2 août, 21 oct. 1845, 2 juill. 1898. — *Cyclopædia of Canadian biog.* (Rose et Charlesworth), 2 : 542–543. — *Mariages de St-Joseph (1875–1965), Notre-Dame (1911–1965), Ste-Anne (1876–1965) et Christ Church (1784–1965) de Sorel*, Antonio Mongeau et J.-M. Laliberté, compil. (Québec, 1967). — *Répertoire, baptêmes-mariages-sépultures, Trois-Rivières protestant, 1767–1875*, Lucie Beauvillier et Carmen Grondin, compil. (s.l., 1979). — M. C. Boyd, *The story of Garden Island*, M. A. Boyd, édit. (Kingston, Ontario, 1973). — J. C. Dent, *The last forty years : the union of 1841 to confederation*, D. [W.] Swainson, édit. (Toronto, 1972), 213. — John Keyes, « The Dunn family business, 1850–1914 : the trade in square timber at Quebec » (thèse de PH.D., univ. Laval, 1987) ; « The Dunn family : two generations of timber merchants at Quebec, 1850–1914 » (communication faite devant la Canadian Business Hist. Conference, Peterborough, Ontario, 1984) ; « The trade in timber from Quebec, 1850–1914 », (communication faite devant le Forest Hist. Soc. Symposium, Vancouver, 1986). — B. [J.] Young et J. A. Dickinson, *A short history of Quebec : a socio-economic perspective* (Toronto, 1988), 116. — Catherine Breslin, « The other Trudeaus », *Chatelaine* (Toronto), 42 (1969), n° 9 : 32–33, 108–111, 113. — « Combien de chartes de banque ont-elles été octroyées au Canada [...] », S. Sarpkaya, compil., *le Banquier et Revue IBC* (Montréal), 5 (1978), n° 5 : 71–78. — Charles Drisard, « les Dunn », *l'Écho de Saint-Justin* (Saint-Justin, Québec), 1er juin 1924 : 1, 12. — John Keyes, « la Diversification de l'activité économique de Timothy Hibbard Dunn, commerçant de bois à Québec, 1850–1898 », *RHAF*, 35 (1981–1982) : 323–336.

DURIEU, PAUL (baptisé **Pierre-Paul**), prêtre, oblat de Marie-Immaculée, missionnaire et évêque, né le 4 décembre 1830 à Saint-Pal-de-Mons, Haute-Loire, France, deuxième fils de Blaise Durieux et de Mariette Bayle ; décédé le 1er juin 1899 à New Westminster, Colombie-Britannique.

Paul Durieu venait d'une famille de petits paysans très attachée à l'Église catholique : pendant la Terreur, elle avait donné asile à des prêtres. Tout comme son frère aîné, il entra au petit séminaire de Monistrol-sur-Loire. Déjà, il rêvait d'être missionnaire en terre étrangère. La lecture d'histoires des missions d'Amérique du Nord et une visite de recrutement du père Jean-Claude-Léonard Baveux* au séminaire achevèrent de le décider : en octobre 1848, il entreprit son noviciat chez les oblats à Notre-Dame de l'Osier. Il prononça ses vœux le 1er novembre 1849, puis commença son scolasticat à Marseille. Le 11 mars 1854, le fondateur des oblats, Mgr Charles-Joseph-Eugène de Mazenod, l'y ordonna prêtre.

Durieu avait appris à Marseille comment les oblats évangélisaient les pauvres et avaient restauré l'Église en Provence après la Révolution. Des membres de la communauté parcouraient la région et tenaient des séances d'instruction d'une durée de deux à six semaines. Au cours de ces « missions », ils enseignaient les articles de la foi catholique en provençal et recouraient abondamment à la musique, aux œuvres et aux grandes processions pénitentielles. En outre, ils veillaient à ce que des laïques renforcent leur enseignement et poursuivent les dévotions régulières en leur absence.

Au séminaire, Durieu n'avait reçu aucune formation spéciale en vue de son travail auprès des Indiens d'Amérique du Nord, mais il connaissait les instructions générales de Mgr Mazenod, qui recommandait d'utiliser les langues autochtones, d'ouvrir des écoles de mission et d'éviter toute participation directe au gouvernement d'une tribu. En plus, comme son départ et celui de Pierre Richard (lui aussi ordonné depuis peu) pour les missions de l'Oregon furent retardés de six mois, l'évêque les renvoya tous deux à Notre-Dame de l'Osier pour apprendre l'anglais et réviser leur théologie. Au début des années 1840, seuls des prêtres séculiers canadiens-français [V. Modeste Demers*] et des jésuites européens [V. Pierre-Jean De Smet*] avaient œuvré dans le territoire de l'Oregon. Les premiers oblats y étaient arrivés en 1847 pour assister les missionnaires du Bas-Canada et, en 1851, ils avaient créé le vicariat de l'Oregon (qui comprenait la partie sud de ce qui est aujourd'hui la Colombie-Britannique).

Durieu arriva à Olympia (Washington) en décembre 1854 et, presque immédiatement, le supérieur local des oblats, Pascal Ricard, l'envoya prêter main-forte au père Charles PANDOSY dans la vallée de la Yakima. À la mission Saint-Joseph d'Ahtanum, il apprit à connaître les Indiens et leurs langues, ainsi que les méthodes d'évangélisation appliquées par les missionnaires de la région. À partir de leurs postes, les oblats faisaient, en canot et à cheval, la tournée des campements indiens, dormaient à la belle étoile et se nourrissaient de ce qu'ils trouvaient. Comme les missionnaires du Bas-Canada, ils utilisaient l'« échelle catholique » de François-Norbert Blanchet, archevêque de l'Oregon [V. Modeste Demers], et ils fondaient des sociétés de tempérance, privilégiaient l'usage de la musique et des langues indiennes, et encourageaient l'émergence de catéchistes et de gardiens de la moralité dans chaque bande de convertis. Ces gardiens informaient les prêtres itinérants des transgressions ; ensemble, ils présidaient les confessions publiques et décrétaient les pénitences.

Durieu put aussi constater combien les oblats avaient du mal à établir des missions agricoles autosuffisantes parmi les tribus de l'est de la chaîne des Cascades. Les Indiens préféraient se tenir en groupes distincts, chacun parcourant un immense territoire, plutôt que de se fixer ensemble à la mission. Les colons anglophones, le plus souvent protestants, ainsi que les fonctionnaires du gouvernement américain, qui lorgnaient les terres indiennes, se méfiaient des missionnaires catholiques, et surtout des oblats, qui étaient d'expression française. Durieu ne tarda pas à partager l'enthousiasme des plus chevronnés de ses collègues pour les plans à long terme avec lesquels les jésuites s'attaquaient à ces problèmes. Dans le plan des jésuites, établi d'après l'expérience acquise sur place et celle des villages modèles (« réductions ») fondés par leur ordre au Paraguay au XVIIe siècle, le poste et la chapelle de chaque mission étaient le foyer de cérémonies hautes en couleur, adaptées aux coutumes autochtones, ainsi que le pied-à-terre des prêtres qui visiteraient les tribus. À long terme, ils fonderaient des villages agricoles. En procédant étape par étape, les établissements missionnaires seraient des foyers religieux et des exemples pour l'avenir, mais non des villages communautaires qui réuniraient plusieurs tribus.

La guerre des Indiens yakimas, qui éclata pendant l'hiver de 1855–1856, força Pandosy et Durieu à s'enfuir de leur mission pour trouver refuge à la mission jésuite de St Paul's, près du fort Colvile (Colville, Washington). La bienveillance des jésuites les impressionna, de même que leur « réduction » organisée selon le nouveau plan. En 1856, à cause des hostilités qui sévissaient toujours dans la vallée de la Yakima et de conflits avec les évêques canadiens-français Augustin-Magloire Blanchet*, de Nesqually, et son frère François-Norbert, le père Louis-Joseph d'Herbomez*, nommé depuis peu visiteur extraordinaire des missions oblates de l'Oregon, envoya ses prêtres dans les missions côtières voisines d'Olympia. Il affecta Durieu à Tulalip (Washington) auprès du père Eugène-Casimir Chirouse l'aîné, qui desservait une tribu de Salishs, les Snohomishs. Durieu put observer la popularité des séances et rassemblements cérémoniels que Chirouse tenait à la mission, ainsi que la réussite des efforts qu'il déployait en vue de fonder un village et une école modèles.

Entre-temps, comme les relations des oblats avec la hiérarchie ecclésiastique et le gouvernement américain ne s'amélioraient pas, d'Herbomez décida d'envoyer tous ses prêtres, sauf Chirouse, en territoire britannique. Il choisit Esquimalt comme base et plaça la communauté sous la protection de l'évêque de l'île de Vancouver, Modeste Demers, et des fonctionnaires de la Hudson's Bay Company. En 1859, Durieu fut d'abord affecté dans une paroisse de colons à Esquimalt, puis à Kamloops, dans la nouvelle colonie de Colombie-Britannique. Il y prit la succession du père Pandosy au poste de directeur des missions des vallées de la Thompson et de l'Okanagan, auprès des Salish de l'intérieur. À ce titre, il contribua à la mise en œuvre des plans par lesquels d'Herbomez entendait créer dans chaque région, loin de la débauche qui régnait dans les localités blanches, des postes missionnaires centrés sur une église. À partir de ces postes, des prêtres itinérants desservaient les missions autochtones et les sociétés de tempérance, et ils encourageaient la pratique des rites catholiques au lieu des cérémonies traditionnelles. Durieu profitait aussi de ses tournées pour vacciner des Indiens contre la variole.

Devenu évêque titulaire de Miletopolis et vicaire apostolique de la Colombie-Britannique, d'Herbomez fit venir Durieu en 1864 à sa résidence, à New Westminster, afin qu'il l'assiste auprès des colons et des Salishs de la vallée du Fraser. L'année suivante, il l'envoya superviser la mission Saint-Michel, près du havre Beaver, dans l'île de Vancouver ; cette mission œuvrait auprès des Kwakiutls, qui jusque-là s'étaient montrés réfractaires à la conversion.

On rappela Durieu à New Westminster en 1867 pour servir d'assistant à l'évêque et diriger la mission Sainte-Marie dans la vallée du bas Fraser. Étant donné l'expérience qu'il avait acquise à Tulalip, d'Herbomez comptait sur lui pour développer la mission et ses pensionnats. En effet, les oblats avaient fondé une école de garçons en 1863, et les Sœurs de Sainte-Anne [V. Marie-Angèle GAUTHIER] allaient ouvrir une école de filles en 1868. L'école de garçons possédait une fanfare qui avait déjà l'habitude de se produire à New Westminster les jours de congé public. Tout en maintenant cette pratique, Durieu fit donner des représentations à la fanfare, ainsi qu'à la chorale des filles, au cours des grandioses cérémonies chrétiennes (qualifiées de « potlatchs » dans la presse) qui se tenaient devant des rassemblements d'Indiens à la mission Sainte-Marie. Il faisait la tournée des villages autochtones de tout le district missionnaire Saint-Charles (la vallée du Fraser et la côte), où vivaient notamment les Salishs du Fraser et du détroit de Géorgie. Les tribunaux des sociétés de tempérance, présidés par les prêtres visiteurs, jugeaient les cas d'ivrognerie, de jeu et d'immoralité sexuelle. À cette époque, c'étaient surtout eux qui appliquaient le droit civil dans les villages indiens de la Colombie-Britannique. Pour les aider, Durieu et ses assistants publièrent des documents religieux (catéchisme, chants, prières et histoire sainte) dans les langues autochtones et dans le jargon de traite des Chinooks. Sa Bible en chinook allait paraître en 1892. Il n'est donc pas surprenant que, dès la fin des années 1860, les chefs indiens du bas Fraser aient fait appel aux oblats pour rédiger, au sujet de leurs terres, des pétitions et des lettres de doléances à l'intention du gouvernement colonial de la Colombie-Britannique. Le gouvernement avait en effet refusé de signer des traités avec les Indiens et de leur donner des garanties au sujet des réserves existantes et futures.

Durieu gravit rapidement les échelons de la mission et de la hiérarchie ecclésiastique. En 1869, d'Herbomez lui confia son vicariat pour aller assister au concile du Vatican. Devenu vicaire général l'année suivante, Durieu assista en 1873 au chapitre général des oblats en France. Sacré évêque titulaire de Marcopolis le 24 octobre 1875, il devint le coadjuteur de d'Herbomez. À ce titre, il participa à la fondation de paroisses, d'écoles et d'hôpitaux dans les villes. En outre, il visita les missions de l'intérieur : par exemple, la vieille mission du lac Stuart en 1876, la nouvelle mission de Kootenay (Saint-Eugène) en 1877 et la mission de la région de Cariboo (Saint-Joseph) en 1878. Il demanda au gouvernement fédéral de porter assistance aux écoles indiennes et à la réserve agricole modèle de l'île Seabird, et d'appuyer les revendications territoriales des Indiens. Il recruta des missionnaires au cours de voyages en France et dans les provinces centrales du Canada, en 1873–1874 et en 1879. Il donnait des directives aux missionnaires fraîchement arrivés (par exemple, Nicolas Coccola et Adrien-Gabriel Morice* ou le frère convers Patrick Collins), supervisait le travail des oblats sur le terrain et leur redonnait courage au cours de retraites spirituelles. Il poussait les francophones à apprendre l'anglais, et tant les anglophones que les francophones à étudier les langues indiennes. En rentrant de son deuxième voyage en France, il enseigna le jargon de traite chinook au père Jean-Marie Le Jeune et, par la suite, l'encouragea à publier le *Kamloops Wawa,* journal qui contenait des articles religieux en chinook, en anglais et en français et qui était distribué parmi les Indiens de la région.

Durieu se fit connaître en particulier par les retraites qu'il organisait dans les centres missionnaires, dont Sainte-Marie, Squamish, Sechelt et Kamloops. Ces rassemblements, dont certains réunirent 3 000 Indiens du sud-ouest de la Colombie-Britannique, renforçaient la foi des convertis, contribuaient à répandre les nouvelles dévotions et permettaient à des organisations laïques, telle la Garde d'honneur du Sacré-Cœur, de recruter de nouveaux membres. Quand le chemin de fer canadien du Pacifique fut terminé, des touristes et des missionnaires des Territoires du Nord-Ouest assistèrent, tous les mois de juin, aux réunions qui célébraient la Fête-Dieu. Ils virent des foules d'Indiens fervents, campant par bandes sous les bannières des sociétés de tempérance, écouter des sermons en langues autochtones, chanter dans leurs langues et en latin, et participer à des processions impressionnantes. Les gens qui visitaient la nouvelle ville de Vancouver pouvaient voir, en regardant de l'autre côté de l'inlet Burrard, la mission des Squamishs, exemple local d'un village oblat modèle.

Pourtant, le succès des rassemblements et des villages de mission camouflait des problèmes qui préoccupaient les évêques d'Herbomez et Durieu. Dans chacun des districts missionnaires oblats, un certain nombre d'autochtones persistaient à pratiquer leur religion. Beaucoup abusaient de l'alcool. Rares étaient ceux qui se faisaient fermiers, surtout s'ils pouvaient toucher un salaire contre un travail saisonnier ou si l'économie traditionnelle leur apportait un soutien. Les pensionnats des missions n'arrivaient pas à attirer ou à retenir beaucoup d'élèves. La maladie décimait les populations indiennes. Les périodes de forte croissance économique de la fin du XIXe siècle, qui créèrent des emplois et des loisirs dans les camps de construction et les villes, favorisaient les autochtones opposés au travail des missionnaires. La pénurie perpétuelle de pères et de frères oblats avait d'ailleurs le même résultat. En outre, les colons protestants et les fonctionnaires du gouvernement se montraient souvent soupçonneux à l'endroit du travail accompli par les oblats dans les écoles, ou de l'aide qu'ils apportaient aux Indiens en rédigeant des pétitions. Dans la vallée du Fraser, les écoles et villages modèles des méthodistes concurrençaient les efforts des oblats, et l'évêque anglican Acton Windeyer Sillitoe imitait leurs « potlatchs chrétiens ».

En 1888, on nomma Durieu vicaire des missions (provincial) des oblats. À la mort de d'Herbomez, en 1890, il devint évêque du nouveau diocèse de New Westminster et vicaire apostolique de la Colombie-Britannique. Son assistant était le jeune évêque Augustin Dontenwill, né en Alsace mais formé au collège d'Ottawa, où il avait enseigné les langues. Les rapports soumis par Durieu aux chapitres généraux de 1893 et 1898 décrivent leurs responsabilités en détail. Pour desservir la population immigrante, toujours plus nombreuse, et les 70 églises installées dans des villages indiens, ils avaient deux douzaines de prêtres, une douzaine de frères convers et quatre petits groupes de religieuses. En vue d'augmenter ses effectifs, Durieu fonda un séminaire à New Westminster et tenta d'ouvrir un noviciat pour les religieuses autochtones au lac Williams. En attendant, il maintint le régime des prêtres itinérants. Les rassemblements annuels des Indiens aux missions centrales semblaient de belles réussites, surtout dans des endroits comme le village de Sechelt, dont les habitants étaient pieux et où il n'y eut pas de prêtre résidant avant 1901. De même, sous l'influence de Durieu, la dévotion à la Vierge et au Saint-Sacrement augmentait. En 1894, pour accomplir un vœu de son prédécesseur, il bénit la grotte de Notre-Dame de Lourdes à la mission Sainte-Marie. En même temps, un rêve qu'il avait caressé avec d'Herbomez se concrétisa : le gouvernement fédéral versa des fonds pour les pensionnats des missions Sainte-Marie, Kamloops et Saint-Eugène dans les Kootenays. Pour combler une partie des postes d'enseignants, Durieu recruta des sœurs de l'Enfant-Jésus.

En 1892, le scandale Chirouse vint mettre en lumière les problèmes constants que posaient à Mgr Durieu la résistance des autochtones, l'opposition des protestants et la pression du peuplement sur des villages de mission naguère isolés. Au printemps de cette année-là, le père Eugène-Casimir Chirouse le jeune, neveu de celui qui avait été le mentor de Durieu à la mission des Snohomishs, comparut devant un tribunal civil pour avoir approuvé une sentence excessive de fouet rendue par un tribunal missionnaire, qui siégeait près de Lillooet, contre une jeune fille accusée d'un délit sexuel. Durieu parvint à faire gracier Chirouse, mais l'éventualité de voir un missionnaire déchu lui faisait quand même peur. Pareille chose, déclara-t-il, « détruirait tout le bien accompli pour les Indiens » par les missionnaires catholiques, et priverait les autochtones de « leurs droits immémoriaux à réglementer les affaires privées de leur peuple ».

Après cet incident, Durieu entreprit de faire reconnaître légalement l'Indian Total Abstinence Society of British Columbia en codifiant, dans son règlement, les prohibitions en vigueur. Sur sa demande (et sous le couvert de l'anonymat), le père Chirouse organisa, dans les missions, des rassemblements encore plus grandioses, où des Indiens représentaient, en des tableaux évocateurs, le chemin de la Croix – pièces que l'on applaudit bientôt comme des « Passions » autochtones. Ces initiatives contribuèrent effectivement à éloigner les Indiens de leurs danses rituelles, de l'église syncrétique Indian Shaker du Puget Sound, dans l'état de Washington, ainsi que des séductions exercées par les villes blanches. Elles emportèrent aussi l'adhésion de la presse, même si le climat était à l'anticatholicisme et si le milieu était largement protestant et blanc.

En 1897, Dontenwill devint coadjuteur de Durieu, alors âgé et malade, avant de lui succéder l'année suivante à la fonction de vicaire des missions. En 1898, Durieu fit un dernier voyage en France afin d'assister au chapitre général des oblats. En janvier suivant, il alla bénir le pensionnat indien St Paul, dans la réserve des Squamishs. Le 1er juin 1899, il mourait des suites de problèmes gastriques. À ses obsèques, célébrées en la cathédrale St Peter de New Westminster, on loua le travail missionnaire et administratif qu'il avait accompli pour l'Église catholique, et en particulier pour les Indiens. On l'inhuma aux côtés de Mgr d'Herbomez à la mission Sainte-Marie.

Historiquement, on a surtout associé Durieu au régime qui porte son nom, c'est-à-dire à la stricte théocratie tribale catholique qu'il administrait dans le sud-ouest de la Colombie-Britannique. Tout en encourageant les missionnaires à employer les langues autochtones, le « régime Durieu » s'opposait aux traditions religieuses des Indiens. Deux oblats français formés par Durieu, soit Morice et Émile-Marie Bunoz, ont laissé des témoignages sur le fonctionnement de ce régime. L'anthropologue américain Edwin McCarthy Lemert en a publié une étude anthropologique en 1954.

Cependant, des recherches récentes sur les missions oblates de la Colombie-Britannique ont remis en question ces premières interprétations et leurs variantes modernes. Il apparaît maintenant que le régime des missions oblates, loin d'être exclusivement l'œuvre de Durieu, s'inspirait du travail accompli par les jésuites dans la province de Québec et le territoire de l'Oregon, ainsi que de l'expérience des oblats en France et dans la colonie de la Rivière-Rouge. La plupart des éléments de ce régime étaient déjà en place avant que Durieu n'arrive de France en 1854. Par la suite, comme les missionnaires catholiques devaient affronter le ressentiment qu'inspiraient les jésuites et rivaliser avec des protestants comme William Duncan*, Durieu permit au jeune Morice d'écrire, à des fins de relations publiques pourrait-on dire, des textes enthousiastes qui le glorifiaient personnellement. Des indices montrent d'ailleurs, dans la correspondance des pères Pandosy, Richard et Léon Fouquet, que d'aucuns jugeaient Durieu égoïste de s'attribuer le mérite qui aurait dû revenir à tout un groupe de pionniers oblats. Après la mort de ce dernier, Morice et Bunoz, tous deux en lutte contre des membres irlandais de leur communauté, continuèrent d'encenser leur ancien supérieur français. Malheureusement, certains chercheurs modernes ne vont pas voir plus loin que ces écrits partiaux, qui ont été la principale source des discussions anthropologiques de Lemert sur le régime Durieu. De plus, ils négligent tout un corpus – rapports des missions et articles de presse de l'époque – qui décrit le travail des oblats et fait état de la persistance de la religion et des coutumes autochtones. Ils oublient le fait que le régime Durieu a toléré la continuation de certaines pratiques sociales et culturelles, et que souvent, au programme des rassemblements des missions, il y avait des manifestations traditionnelles : festins, courses de chevaux et de canots.

La méthode des oblats semble avoir été vraiment efficace pendant un temps, à la fin du XIXe siècle, dans les missions relativement isolées, telles Sechelt et celle de la vallée de l'Okanagan. Par contre, elle ne convenait pas dans la vallée du Fraser, qui s'urbanisait de plus en plus. On n'appliqua pas intégralement le régime dans la mission de la région de Cariboo avant l'arrivée du père François-Marie Thomas, en 1897, ni dans le territoire de New Caledonia (mission Notre-Dame-de-Bonne-Espérance) avant le départ de Morice, en 1905. Deux générations d'anthropologues du XXe siècle ont pu faire carrière en étudiant la survivance des cultures que les missionnaires de Durieu étaient censés avoir éliminées.

À mesure que deviendront accessibles un plus grand nombre de documents sur Paul Durieu et que des chercheurs bilingues commenceront à s'en servir, on aura de lui un portrait plus complet – celui d'un administrateur, d'un fondateur de missions et d'un aide des Indiens. On reconnaîtra que, pour diriger les effectifs dont il disposait tout en réduisant les querelles internes, il lui fallait de la compétence. On appréciera que, malgré la fermeté de ses croyances, il ait autorisé des adaptations autochtones de la pratique catholique. Au lieu d'y voir les preuves d'une pensée janséniste ou d'un tempérament autocratique, on situera dans leur contexte – celui, difficile, de la frange pionnière – les directives sévères et précises qu'il donnait aux missionnaires, par exemple celles qui figurent dans ses lettres au père Jean-Marie LeJacq. On trouvera d'autres indices sur sa personnalité dans les lettres attachantes qu'il adressait à sa famille en France ou aux jeunes missionnaires sur le terrain, ainsi que dans la tradition des Squamishs et des Sechelts.

JACQUELINE GRESKO

Paul Durieu est l'auteur d'une histoire sainte transcrite en écriture phonétique chinook par Jean-Marie Le Jeune et publiée à Kamloops, C.-B., en 1899 sous le titre de *Chinook Bible history*. Le Jeune a aussi compilé et transcrit *Practical Chinook vocabulary, comprising all & the only usual words of that wonderful language* [...], diffusé sous forme ronéotypée (Kamloops, 1886), et une seconde édition, *Chinook vocabulary : Chinook-English* [...] (copie ronéotypée, Kamloops, 1892), qu'il attribue à la recherche de Durieu bien que la bibliographie chinook de Pilling (citée ci-dessous) dise que Durieu a « modestement nié la paternité » de ce travail. En outre, plusieurs œuvres religieuses inédites de Durieu sont énumérées dans « Catalogue des manuscrits en langues indiennes ; conservés aux archives oblates, Ottawa », Gaston Carrière, compil., *Anthropologica* (Ottawa), nouv. sér., 12 (1970) : 159–161.

Une lettre de Durieu à ses parents, datée du 1er juill. 1859, figure dans les *Annales de la Propagation de la Foi* (Lyon, France), 32 (1860) : 262–279.

AD, Haute-Loire (Le Puy), État civil, Saint-Pal-de-Mons, 4 déc. 1830. — AN, RG 31, C1, 1881, North (New Westminster) : 35. — Arch. Deschâtelets, Oblats de Marie-Immaculée (Ottawa), MS Division K-75 (Indian Soc. of Total Abstinence, agreement of Sliammin mission, 4 janv. 1904) ; Oregon, 1, b-xii, 4 ; c-vii, 2 ; c-xi-1 (Durieu corr.). — Arch. générales des oblats de Marie-Immaculée (Rome), Dossier Colombie-Britannique, acte de visite d'Aimé Martinet, Sainte-Marie, 18–25 sept. 1882 ; Dossier Paul Durieu ; Dossier L.-J. d'Herbomez (copies aux Arch. Deschâtelets). — Arch. of the Diocese of Prince George, C.-B., L.-J. d'Herbomez, circular, 7 févr. 1888 ; lettre à Durieu, 12 mars 1882 ; Paul Durieu, acte de visite, Notre-Dame de Bonne Espérance, 28 sept. 1876 ; lettres à Bunoz, 1892–1895, particulièrement 22 avril, 6 mai, 1er oct. 1892 ; lettre de d'Herbomez, 14 mars 1882 ; lettre pastorale, 21 nov. 1890 (photocopies aux St Paul's Prov. Arch., Oblates of Mary Immaculate, Vancouver). — PABC, GR 1372, F 503, n°s 1a, 2–2a, 4. — Canada, Parl., *Doc. de la session*, 1873–1879 (rapports annuels du dép. des Affaires indiennes). — C.-B., Legislative Assembly, *Sessional papers*, 1876 : 161–328. — « The first bishop of New Westminster », *Missionary Record of the Oblates of Mary Immaculate* (Dublin), 9 (1899) : 377–378. — *Missions de la*

Congrégation des missionnaires oblats de Marie Immaculée (Marseille ; Paris), 1 (1862)–40 (1900). — *Petites Annales de la Congrégation des missionnaires oblats de Marie-Immaculée* (Paris), 9 (1899) : 280–284. — *British Columbian,* 13 févr. 1861–27 févr. 1869, 7 févr. 1885. — *Daily Colonist* (Victoria), 23 janv. 1873, 12 août, 28 oct. 1875, 19 janv., 8 févr., 7 avril, 23 août 1877, 14 oct. 1879, 22 oct. 1880, 26 oct. 1887, 31 août 1888, 5 déc. 1889, 1er janv., 10 mai 1891, 6, 10, 12, 31 mai, 5, 12 juill. 1892, 2 juin 1899. — *Daily Columbian,* 8 févr., 13 juin 1887, 15 mai, 23 juin 1888, 31 août 1889, 5, 7 juin 1890, 10 mai, 5 juill. 1892, 29 mai, 1er–2, 6 juin 1899. — *Mainland Guardian* (New Westminster, C.-B.), 7–14 août, 16–30 oct. 1875, 11–14, 23 oct. 1879. — *Vancouver Daily Province,* 1er, 5 juin 1899, 1er, 4 juin 1901. — *Vancouver Daily World,* 4 juin 1890, 1er, 5–6 juin 1899. — Gaston Carrière, *Dictionnaire biographique des oblats de Marie-Immaculée au Canada* (3 vol., Ottawa, 1976–1979). — J. C. Pilling, *Bibliography of the Chinookan languages (including Chinook jargon)* (Washington, 1893 ; réimpr. sous le titre de *Bibliographies of the languages of the North American Indians* (9 part. en 3 vol., New York, 1973), 3, part. 7 : 44–45. — P. Besson, *les Missionnaires d'autrefois ; Monseigneur Paul Durieu, o.m.i.* (Marseille, 1962). — Kay Cronin, *Cross in the wilderness* (Vancouver, 1960). — R. [A.] Fisher, *Contact and conflict : Indian-European relations in British Columbia, 1774–1890* (Vancouver, 1977). — R. A. Fowler, *The New Caledonia mission : an historical sketch of the Oblates of Mary Immaculate in north central British Columbia* (B.C. Heritage Trust, New Caledonia heritage research report, Burnaby, 1985). — Donat Levasseur, *Histoire des missionnaires oblats de Marie Immaculée : essai de synthèse* (1 vol. paru, Montréal, 1983–). — A.-G. Morice, *History of the Catholic Church in western Canada from Lake Superior to the Pacific (1859–1895)* (2 vol., Toronto, 1910). — David Mulhall, *Will to power : the missionary career of Father Morice* (Vancouver, 1986). — Bernard de Vaulx, *D'une mer à l'autre : les oblats de Marie-Immaculée au Canada (1841–1961)* (Lyon, 1961). — Margaret Whitehead, *The Cariboo mission* (Victoria, 1981). — *B.C. Catholic* (Vancouver), 4 oct. 1953, 16 août, 8 nov. 1981, 13 juin 1982, 25 nov. 1984. — É.-[M.] Bunoz, « Bishop Durieu's system », *Études oblates* (Ottawa), 1 (1942) : 193–209. — *Fraser Valley Record* (Mission, C.-B.), 9 déc. 1948, 20 juill. 1949, 25 oct.–8 nov. 1950, 13 nov. 1957, 15 juin 1983. — E. McC. Lemert, « The life and death of an Indian state », *Human Organization* (New York), 13 (1954–1955), no 3 : 23–27. — R. M. Weaver, « The Jesuit reduction system concept : its implications for northwest archaeology », *Northwest Anthropological Research Notes* (Moscow, Idaho), 11 (1977) : 163–177.

DUVAR. V. HUNTER-DUVAR

DYAS, THOMAS WINNING, arpenteur, ingénieur, homme d'affaires et organisateur agricole, né le 2 septembre 1845 à Clonturken, comté de Cavan (république d'Irlande), cinquième des sept enfants de John Dyas et d'Ellen Warren ; le 22 juin 1871, il épousa à London, Ontario, Emma Wilder Ball, et ils eurent trois fils et trois filles ; décédé le 22 juin 1899 à l'île Toronto.

La famille de Thomas Winning Dyas, qui avait immigré à La Nouvelle-Orléans en 1850, vint dans le Haut-Canada huit ans plus tard et s'établit à London en 1859. Au cours des 30 années suivantes, le père de Thomas Winning, instituteur et rédacteur en chef, protestant de tendance évangélique, devait travailler sans relâche pour l'Église d'Angleterre, en aidant à mettre sur pied son réseau d'écoles du dimanche et en œuvrant comme auxiliaire laïque. Son dévouement et sa célébrité valurent à sa famille d'occuper une place importante et eurent un effet durable sur ses enfants, qui devinrent tous de pieux anglicans.

Dyas termina ses études à la Union School de London en 1860 et y obtint des prix en latin, en composition française et en grammaire. Malgré ses aptitudes littéraires, il décida de faire carrière dans le génie. Après un apprentissage de trois ans, vraisemblablement auprès de Charles Lennox Davies et de William Robinson, il réussit l'examen pour devenir arpenteur provincial en janvier 1865. Il s'installa alors à son compte et pratiqua quelque temps à London et dans la petite ville pétrolière en pleine expansion de Bothwell, où il fut également marchand commissionnaire et agent général. À l'automne suivant toutefois, il ferma son bureau et devint apprenti imprimeur dans une maison d'impression et d'édition de Toronto, la Bell and Company.

De retour à London en 1868, Dyas rouvrit son cabinet d'arpenteur et d'ingénieur et ajouta l'architecture à ses activités. Comme il n'avait pas renoncé à l'édition, il se lança l'année suivante dans sa première aventure en ce domaine, le *Canadian Builder and Mechanics' Magazine*. Ce mensuel, l'un des premiers périodiques spécialisés du Canada, ne parvint cependant pas à trouver beaucoup de lecteurs et, en 1870, Dyas le vendit à son ancien employeur, devenu la Bell, Barker and Company. Il retourna à l'ingénierie sans pour autant abandonner l'édition. Entre 1872 et 1874, il écrivit régulièrement dans une revue de London, le *Farmer's Advocate and Home Magazine*, et publia des cartes de London et de Strathroy.

Dyas mit à profit son talent d'organisateur, vraisemblablement hérité de son père, pour promouvoir diverses entreprises commerciales et organisations professionnelles du Sud-Ouest ontarien. Il participa, par exemple, à la mise sur pied du London, Huron and Bruce Railway et de la Surveyors' Association of Western Ontario. Sa compétence, son expérience et son intérêt pour la question l'amenèrent à prendre la direction du mouvement qui préconisait la fondation de la Grange fédérale, qui serait le bureau canadien de la fédération des agriculteurs nord-américains, les Protecteurs de l'industrie agricole. Malgré l'opposition concertée des dirigeants de l'American Grange à la création d'une fédération canadienne « indépendante mais affiliée », on annonça en juin 1874, au cours d'une assemblée tenue à London, la formation du groupe canadien, et Dyas fut élu secrétaire. On croit qu'il était particulièrement intéressé par la perspective de publier le journal officiel de la nouvelle association. Cependant, il devait bientôt quitter cet organisme et London pour occuper au *Globe* un poste de direction que lui avait offert George Brown*. En décembre, Dyas alla s'établir à Toronto avec sa jeune famille.

Dyas était un conservateur et, en 1877, après avoir été promu chef de l'imprimerie au *Globe*, il accepta un poste semblable au *Mail*, le principal quotidien tory de Toronto, poste qu'on lui avait peut-être offert en raison de ses convictions politiques. En 1881, on le nomma directeur commercial, responsable de la publicité et de la diffusion. On peut supposer que son influence dans le domaine de l'édition s'étendait car, deux ans auparavant, son frère John Joseph Dyas avait quitté le secteur de l'ameublement à London pour celui de la publicité à Toronto, à titre de représentant du *Canadian Illustrated News* [V. George-Édouard DESBARATS]. En 1884, John Joseph fonda la Booksellers' Association of Ontario, dont il fut élu premier secrétaire, devenant ainsi l'éditeur du magazine de l'organisme, *Books and Notions*.

L'année suivante, le *Mail*, sous la direction de Christopher William BUNTING, coupa ses liens avec le parti conservateur, et Thomas Winning Dyas se vit forcé de remplacer les contrats de publicité qui venaient du gouvernement fédéral. Pour attirer de nouveaux clients, Dyas fonda, au *Mail*, la Mail Newspaper Advertising Agency, firme qui offrait de rédiger des annonces publicitaires et de les faire publier dans les journaux canadiens et étrangers. Première agence de publicité d'envergure nationale au Canada et deuxième seulement en Amérique du Nord, la Mail Newspaper Advertising Agency était représentée à Montréal par Anson McKim*, qui fonda plus tard sa propre agence. C'est grâce à Dyas si le *Mail* put survivre durant cette période d'indépendance politique et repousser, à partir de 1887, son concurrent l'*Empire*, qui avait la sanction du parti, pour finalement l'absorber en 1895. Dyas devint alors directeur de la publicité au nouveau *Daily Mail and Empire*, poste qu'il occupa jusqu'à sa mort.

À la fin des années 1880 et au début des années 1890, pendant qu'il aidait le *Mail* à consolider sa position, Dyas prit part à plusieurs autres entreprises d'édition. En 1887, avec l'ancien rédacteur financier du *Mail* John Bayne Maclean*, l'influent éditeur torontois Christopher Blackett Robinson et le comptable William Ross, il fonda la Grocer Publishing Company. Dyas, Robinson et Ross investirent un peu d'argent et offrirent leur expérience et les installations nécessaires à l'impression tandis que Maclean fournissait le gros des fonds et administrait l'affaire. Ensemble, ils produisirent la première publication de ce qui allait devenir l'empire Maclean Hunter, le *Canadian Grocer and General Storekeeper*, magazine spécialisé qui connut beaucoup de succès.

Cette entreprise déclencha pour les quatre associés une soudaine poussée d'activité qui durerait plusieurs années. En 1888, Maclean acheta *Books and Notions* de John Joseph Dyas, qui devait abandonner l'édition pour des raisons de santé. L'été suivant, un deuxième frère de Dyas, William Jacob, pharmacien et homme d'affaires prospère de Strathroy, fonda une autre revue spécialisée, imprimée par Maclean, le *Canadian Druggist*, qui se vendit bien. En 1890, le frère de Maclean, Hugh Cameron MacLean*, acheta la part que Thomas Winning Dyas détenait dans le *Canadian Grocer*. Les deux familles conservèrent des liens étroits et travaillèrent ensemble à d'autres projets d'édition. Par exemple, en 1893, Dyas, les frères Maclean et William James Douglas* du *Mail* publièrent à New York l'*Art Weekly*, que l'on devait distribuer avec les journaux pour augmenter le tirage. Hugh Cameron MacLean épousa la fille de Dyas, Bessie Emma Mathilda, en mai 1894.

Esprit créatif, intelligent, Thomas Winning Dyas était un homme très respecté dans le secteur de l'édition. Quoiqu'il ne fût jamais riche, il participa à la fondation de beaucoup d'entreprises de communication parmi les plus innovatrices et les plus prospères de son époque. Il mourut de tuberculose en 1899, à l'âge de 53 ans, à son chalet d'été de l'île Toronto.

R. NEIL MATHESON

Un portrait de Thomas Winning Dyas jeune homme illustre l'article de W. J. Dyas, « Thomas Winning Dyas », Assoc. of Ontario Land Surveyors, *Annual report* (Toronto), 1924 : 157–158. Un portrait de l'homme mûr se trouve dans *The first hundred years* (Toronto, s.d.), 3, et dans le *Canadian Printer and Publisher* (Toronto), juin 1899 : 3 (ce dernier, que l'on a par erreur identifié comme celui de son frère John Joseph, figure aussi dans le *Bookseller and Stationer* (Toronto), 21 (1905) : 303).

AN, RG 31, C1, 1861, London Township, Middlesex County ; 1871, 1881, London, Ontario ; 1891, Toronto. — AO, Maclean-Hunter records.— *Canadian Printer and Publisher*, oct. 1893 : 8–9 ; nov. 1895 : 4–6. — *Farmer's Advocate and Home Magazine* (London), 1872, 1874. — *Granger* (London), nov. 1875. — Patrons of Husbandry, Dominion Grange, *History of the Grange in Canada* [...] (Toronto, 1876). — *Printers' Miscellany* (Saint-Jean, N.-B.), 2 (1877), n° 5 : 108. — *Canadian Home Journal* (St Thomas, Ontario), 30 juin 1871. — *Daily Mail and Empire*, 19 juill. 1892, 23 juin 1899. — *Dominion Churchman* (Toronto), 31 mai 1888. — *Evangelical Churchman* (Toronto), 31 mai 1888. — *London Advertiser*, 1864–1865, 1868–1870, 1873–1874, 21 mai 1888. — *London Free Press*, 1860–1861, 1865, 1869–1874, 7 juin 1883, 19 mai 1888, 26 juin 1890. — *Commemorative biog. record, county York*. — *Dict. of Toronto printers* (Hulse). — *Gazetteer and directory of the counties of Kent, Lambton and Essex, 1866–67* (Toronto, 1866). — *London directory*, 1856–1897. — *Ont. directory*, 1869 ; 1871. — *Toronto directory*,

1855–1900. — G. L. Parker, *The beginnings of the book trade in Canada* (Toronto, 1985). — Rutherford, *Victorian authority*. — H. A. Seegmiller, « The Colonial and Continental Church Society in eastern Canada » (thèse de D.D., préparée à Windsor, N.-É., 1966, pour l'EEC, General Synod, Huron College, London, 1968), 503–504. — H. E. Stephenson et Carlton McNaught, *The story of advertising in Canada ; a chronicle of fifty years* (Toronto, [1940]). — L. A. Wood, *A history of farmers' movements in Canada* (Toronto, [1924] ; réimpr. avec introd. de F. J. K. Griezec, Toronto et Buffalo, N.Y., [1975]). — G. M. Innes, « The history of the parish of St. Pauls, London, Ontario », *Western Ontario Hist. Notes* (London), 19 (1963) : 44–50.

E

EATON, WYATT (baptisé **Charles Wyatt**), peintre, professeur et auteur, né le 6 mai 1849 à Philipsburg, Bas-Canada, fils de Jonathan Wyatt Eaton et de Mary Smith ; le 24 septembre 1874, il épousa Constance Laure Papelard (décédée le 7 février 1886), puis le 23 juillet 1887 Charlotte Amelia Collins ; décédé le 7 juin 1896 à Middletown, Rhode Island, et inhumé à Philipsburg.

Américains d'origine, les parents de Wyatt Eaton s'étaient installés à Philipsburg et y vivaient bien. Son père, propriétaire d'une entreprise de bois d'œuvre et d'une fabrique de voitures qui avait des clients à Montréal et exportait en Nouvelle-Zélande, fut président de la Compagnie d'assurance mutuelle contre le feu de Missisquoi et de Rouville. Respecté dans son milieu, il fut aussi pendant quelque temps maire de Philipsburg. Après avoir été apprenti artisan à la manufacture paternelle, le jeune Eaton se mit à dessiner et à peindre, souvent en copiant les rares paysages, portraits et moulages de plâtre qu'il pouvait trouver dans son entourage. Il apporta plusieurs de ses dessins à Montréal. À l'automne de 1867, suivant le conseil de William Lewis Fraser, coloriste de photographies chez William NOTMAN, il s'inscrivit à la National Academy of Design de New York. Parmi ses maîtres, dont la plupart étaient portraitistes, se trouvait Emanuel Leutze, l'un des plus célèbres peintres d'histoire des États-Unis. Durant cinq ans, il prit aussi des leçons particulières d'un spécialiste reconnu du portrait, Joseph Oriel Eaton (sans lien de parenté avec lui).

Rentré à Philipsburg à l'été de 1868, Eaton reçut des commandes d'amateurs d'art de la région et peignit des scènes champêtres et des personnages. Un de ses clients était John Carpenter Baker, banquier et mécène de Stanbridge, celui-là même qui encourageait un jeune peintre à peine plus âgé qu'Eaton, Allan Aaron Edson*. Comme ce dernier, Eaton reçut de Baker des fonds qui lui permirent, en 1872, d'aller étudier en Europe. Il fit un bref séjour à Londres, où il admira les derniers paysages de Joseph Mallord William Turner et rencontra le peintre américain expatrié James Abbott MacNeill Whistler. Ensuite, il se rendit à Paris, où il s'inscrivit en octobre aux leçons de Léon Gérôme, à l'École des beaux-arts.

À l'époque, le style dominant dans l'art français était celui des peintres de Barbizon. Jules Bastien-Lepage et Pascal-Adolphe-Jean Dagnan-Bouveret eurent quelque influence sur Eaton, mais sa source d'inspiration la plus vivifiante fut l'œuvre du maître incontesté de cette école, Jean-François Millet, à qui des artistes américains vivant à Paris avaient l'habitude de rendre visite. Au printemps de 1873, en voyant une toile de Millet, peinte l'année précédente, *Femme cousant à la lampe,* Eaton fut si impressionné par la manière dont l'artiste peignait les scènes de genre qu'il décida de passer l'été à Barbizon. Cependant, il ne rencontra Millet que peu de temps avant de rentrer à Paris. Il retourna à Barbizon pendant l'hiver, puis à l'été de 1874, et noua avec le peintre français une amitié profonde qui allait durer jusqu'à la mort de celui-ci, l'année suivante. Selon Will Hickock Low, qui accompagna Eaton en 1873 et 1874, leur relation n'avait pas de quoi surprendre : « d'une sincérité et d'une simplicité absolues dans ses affections », Eaton avait « une personnalité attachante qui forçait la réciprocité du sentiment ». Son premier tableau de genre digne de mention, *Harvesters at rest,* exécuté de 1874 à 1876, s'inspirait grandement de l'imagerie paysanne de Millet. Low a même dit que « pendant quelques années, [il ne fit] à peu près qu'imiter l'œuvre du maître ». Néanmoins, il finit par acquérir son propre style, un réalisme qui alliait le naturalisme de Millet à l'académisme et à la technique précise de Gérôme.

Rentré à Philipsburg en 1876, Eaton fit du portrait pendant quelques mois, tant à cet endroit qu'à Montréal. En janvier 1877, il retourna à New York, où il travailla à la Cooper Union. Il y enseigna le dessin et le portrait jusqu'en 1882, et donna aux étudiants et au public des conférences sur la vie et la philosophie artistique de Millet. Bientôt, les critiques tout autant que ses élèves n'eurent que des éloges pour la sensibilité de son art. En 1877, le succès de *Harvesters at rest* à l'exposition annuelle de la National Academy of Design attira sur lui l'attention de bon nombre des plus grandes figures culturelles de New York, dont Richard Watson Gilder, rédacteur gérant du *Scribner's Monthly*. Gilder et Eaton étaient tous deux découragés par la manière dont on envisageait la formation artistique aux États-Unis, et particulièrement à la National Academy of Design, où les critères d'exposition pénalisaient les jeunes artistes. D'après Low, Eaton, « à sa façon toute simple, avait de l'obstination à revendre », et pour offrir un foyer plus accueillant, surtout aux jeunes artistes formés en France, il déploya des « efforts inestimables », avec Walter Shirlaw, Mme Helena Gilder, Augustus Saint-Gaudens et d'autres, afin de fonder en 1877 la Society of American Artists. Premier secrétaire de cette nouvelle organisation, il en fut président en 1883. Néanmoins, il participa aux expositions annuelles de la National Academy of Design jusqu'en 1890. De même, dans les années 1880 et en 1892, il présenta des portraits et des scènes de genre aux expositions annuelles de l'Association des beaux-arts de Montréal [V. William Notman] ; il contribuait ainsi à faire connaître le style de l'école de Barbizon dans cette ville.

À New York, Eaton était un portraitiste très recherché. Sa renommée s'accrut encore grâce au succès remporté à la fin des années 1870 par une série de portraits d'écrivains et de poètes – dont William Cullen Bryant, Oliver Wendell Holmes, Henry Wadsworth Longfellow et Ralph Waldo Emerson – que Timothy Cole publia sous forme de gravures dans le *Scribner's Monthly*. À Paris, en 1878, la presse fit des critiques favorables de *Harvesters at rest,* qui se trouvait à l'Exposition universelle. Pendant ces années, Eaton passait ses étés à Philipsburg : l'atmosphère de la campagne canadienne-française, qui lui rappelait Barbizon, l'attirait. En janvier 1884, il retourna en France, où il renoua avec la famille de Millet et se consacra à la peinture de genre. C'est au cours de ce séjour, en 1884–1885, qu'il peignit l'une de ses œuvres les plus connues, *The harvest field*. De retour à New York en 1886, il se remit sans grand enthousiasme au portrait. Vers la même époque, il commença à explorer d'autres types d'imagerie picturale : par exemple des sujets classiques ou religieux, et le nu (la critique acclama son *Ariadne,* qui date de 1888). En outre, il continua de contribuer à la popularité de Millet en Amérique du Nord en publiant en 1889 un grand article dans le *Century Magazine* de New York.

À la fin de 1891 ou au début de 1892, Eaton rentra à Montréal, où il fut appelé à faire le portrait de Canadiens aussi renommés que sir John William Dawson, William Cornelius Van Horne*, sir Donald Alexander Smith*, Richard Bladworth Angus* et William Christopher Macdonald*. En même temps, il continuait de peindre des tableaux de genre dans le goût de Millet (par exemple, en 1894, *Plowing : Eastern Townships*), où il montrait souvent l'habitant canadien-français en train de vaquer à ses occupations quotidiennes. En 1895, par suite d'une maladie qui exigea une intervention chirurgicale, il alla se reposer en Italie. Puis, en pleine forme, il se rendit à Londres, mais tomba de nouveau malade et rentra bientôt à New York pour se faire traiter. Il mourut de tuberculose en juin 1896 à l'âge de 47 ans, ce qui mit fin à une carrière qui promettait d'être fort importante.

Bien que Wyatt Eaton se classe surtout, comme peintre, professeur et auteur, dans la tradition de l'art américain de la fin du XIXe siècle, son rôle dans l'évolution de l'art canadien est loin d'être négligeable. En se rendant en Europe en 1872, il indiqua le chemin à plusieurs de ses compatriotes, tout comme le fit aussi Edson : après eux, leurs contemporains Paul Peel, Robert Harris*, William Brymner* et George Agnew Reid* se laissèrent tous gagner par l'attrait de Paris et acquirent une formation auprès de représentants de l'académisme français, ce qui se traduisit par un cosmopolitisme nouveau dans l'art canadien aussi bien qu'américain. Eaton fut aussi l'un des premiers artistes canadiens à s'inspirer de l'école de Barbizon. L'historien d'art, auteur et rédacteur en chef canadien Newton McFaul MacTavish* a noté que l'élément central de ses portraits était « la forme de la tête et l'esprit qui transparaissait dans le regard, tout le reste y étant assujetti ». Le talent qui lui permettait de faire ressortir ainsi la personnalité de ses sujets en faisait un portraitiste très admiré, à la fois au Canada et aux États-Unis.

Carol Lowrey

Wyatt Eaton est l'auteur de : « Jean-François Millet », *Modern French masters,* J. C. Van Dyke, édit. (New York, 1896), 179–195 ; « Recollections of Jean-François Millet », *Century Magazine* (New York), 38 (1889) : 90–104 ; et « Recollections of American poets », 64 (1902) : 842–850. La National Academy of Design (New York) et le Musée des beaux-arts de Montréal possèdent des autoportraits d'Eaton ; l'œuvre qui est à Montréal est reproduite dans J. R. Harper, *la Peinture au Canada des origines à nos jours* (Québec, 1966), 207. Un autre autoportrait se trouve dans G. H. Montgomery, *Missisquoi Bay (Philipsburg, Que.)* (Granby, Québec, 1950). Les œuvres d'Eaton mentionnées dans le texte se retrouvent à différents endroits : *Harvesters at rest* au Smith College (Northampton, Mass.) ; *The harvest field* au Musée des beaux-arts de Montréal ; *Ariadne* à la Smithsonian Institution (Washington) ; et *Plowing : Eastern Townships* dans la collection de la Power Corporation du Canada (Montréal). Outre ces établissements, le Museum of Fine Arts (Boston), le Brooklyn Museum (New York), le Chrysler Museum (Norfolk, Va.), l'Univ. of Mich. Museum of Art (Ann Arbor), l'Art Museum, Princeton Univ. (Princeton, N.J.), le Bowdoin College Museum of Art (Brunswick, Maine), la McGill Univ. (Montréal), le Musée du Québec, la Robert McLoughlin Gallery (Oshawa, Ontario), le Musée des beaux-arts de l'Ontario (Toronto) et le Musée des beaux-arts du Canada (Ottawa) possèdent aussi des tableaux d'Eaton.

ANQ-E, CE2-87, 11 mai 1849. — Musée des beaux-arts de l'Ontario, Library, Wyatt Eaton scrapbooks. — New England Hist. Geneal. Soc. Library (Boston), Wyatt Eaton papers. — New York Public Library, MSS and Arch.

Division, R. W. Gilder papers. — *Saturday Night* (Toronto), 20 juin 1896. — *DAB*. — Harper, *Early painters and engravers*. — C. S. Macdonald, *A dictionary of Canadian artists* (3e éd., 6 vol., Ottawa, 1987), 1. — N. Z. Molyneaux, *History, genealogical and biographical, of the Eaton families* (Syracuse, N.Y., 1911). — *Standard dict. of Canadian biog.* (Roberts et Tunnell), 2. — Peter Bermingham, *American art in the Barbizon mood : a visual history* (Washington, 1975). — J. A. M. Bienenstock, « The formation and early years of the Society of American Artists, 1877–1884 » (thèse de PH.D., City Univ. of New York, 1983). — W. H. Gerdts, *The great American nude : a history in art* (New York et Washington, 1974). — W. H. Low, *A chronicle of friendships, 1873–1900* (New York, 1908), 110–118. — N. McF. McTavish, *The fine arts in Canada* (Toronto, 1925 ; réimpr. [avec introd. de Robert McMichael], 1973). — L. L. Meixner, *An international episode : Millet, Monet and their North American counterparts* (Memphis, Tenn., 1982) ; « Jean-François Millet : his American students and influences » (thèse de PH.D., Ohio State Univ., Columbus, 1979). — G. W. Sheldon, *American painters* (éd. augmentée, Boston, 1881 ; réimpr., New York, 1972). — H. B. Weinberg, *The American pupils of Jean-Léon Gérôme* (Fort Worth, Tex., 1984). — C. A. [Collins] Eaton, « Millet's peasant life as a boy, its influence on his art : told from notes of the late Wyatt Eaton, his friend and pupil », *Craftsman* (New York), 14 (avril-sept. 1908) : 350–362 ; « Wyatt Eaton », *Canadian Magazine*, 10 (nov. 1897–avril 1898) : 241–248 ; « Wyatt Eaton, painter », *Canadian Magazine*, 32 (nov. 1908–avril 1909) : 145–152 ; « Wyatt Eaton's friendships with great men : notes culled from his diary », *Craftsman*, 13 (oct. 1907–mars 1908) : 505–511. — Giles Edgerton, « Millet as an etcher : some reminiscences of Wyatt Eaton at Barbizon », *Craftsman*, 13 : 50–58. — G. S. Hellman, « Wyatt Eaton », *Art World* (New York), 3 (1917–1918) : 204–209. — F. F. Sherman, « Figure pictures by Wyatt Eaton », *Art in America* (New York), 7 (1919) : 171–178.

EDA'NSA (Edensa, Edensaw, Edenshaw, Edinsa, Edinso, Idinsaw, qui signifie « glace fondant d'un glacier », du mot tlingit pour « dépérissement » ; **Gwai-Gu-unlthin,** qui veut dire « l'homme qui repose sa tête sur une île » ; **Captain Douglas** ; baptisé **Albert Edward Edenshaw),** chef haïda, trafiquant et pilote, né vers 1810 à Gatlinskun Village, près du cap Ball dans l'île Graham, archipel de la Reine-Charlotte (Colombie-Britannique), fils de Duncan et de Ninasinlahelawas ; il épousa d'abord Ga'wu aw, veuve de son oncle le chef Edinsa, et ils eurent un fils, Ga'wu (appelé plus tard George Cowhoe), puis Amy, nièce de sa première femme, et de ce mariage naquit un fils, Henry Edenshaw ; décédé le 16 novembre 1894 à Masset, Colombie-Britannique.

L'homme qui allait devenir l'énigmatique et dynamique leader autochtone Eda'nsa reçut le nom de Gwai-Gu-unlthin à sa naissance. Selon la légende, ses ancêtres seraient arrivés dans l'archipel de la Reine-Charlotte venant de la région de la rivière Stikine. Toute sa vie, il s'efforça de faire sienne une dignité de chef qui remontait au premier contact des Haïdas avec les Européens. Il déclara en 1878 que son titre héréditaire venait du chef Blakow-Coneehaw. Celui-ci avait rencontré le capitaine William Douglas en 1788 et avait changé de nom avec lui afin de conclure une alliance commerciale. C'est pourquoi Eda'nsa se désignait lui aussi comme Captain Douglas. On rapporte qu'il prétendait être lié par le nom, et même apparenté, au gouverneur James Douglas*. Par ses ancêtres, il venait au troisième rang pour le titre de chef du clan de l'Aigle de la lignée des Sta Stas Shongalth ; par succession matrilinéaire, ce titre passa de son oncle Edinsa à son cousin Yatza, avant de lui être attribué en 1841.

Dorénavant il portait le nom d'Eda'nsa et il se mit en devoir, comme c'était la coutume, d'affirmer son identité. Les Sta Stas menés par Eda'nsa étaient l'une des trois lignées apparentées qui rivalisaient pour la domination de Kiusta, l'ancien village de l'Aigle dans l'île Graham. Les deux autres étaient les Sta Stas originaires du village de Hiellen, et les Q'awas, dont le chef Itine était chef de village. La tradition orale indique qu'à la mort d'Itine, au début des années 1840, Eda'nsa se prévalut de sa dignité de chef de la lignée la plus ancienne. Il s'installa à Kiusta avec son peuple, construisit l'immense Story House et démontra par un potlatch qu'il méritait le titre de chef de village. Kiusta passa aux Sta Stas et Eda'nsa s'en proclama le « chef légitime ». Tous les hommes de « haut rang » étaient formés dès l'enfance à agir de la sorte, mais Eda'nsa semblait particulièrement avide de devenir, comme il prétendit l'être plus tard, « le plus grand chef de tous les Haïdas ». Toutefois, la méthode qu'il employa pour y arriver ne suscita pas l'admiration unanime de son peuple.

Eda'nsa participa au trafic côtier des esclaves que les autochtones se procuraient parmi les peuplades voisines à l'occasion de razzias ou par le troc. En 1850, il possédait 12 esclaves et il en reçut 10 autres de son beau-père quand il épousa Ga'wu aw, une Haïda de haut rang qui avait environ 15 ans de plus que lui et venait de Kaigani (Alaska). Eda'nsa visait probablement, par ce mariage, à accroître son pouvoir, sa richesse et son prestige. Lorsque des officiers de la marine royale le rencontrèrent au début des années 1850, sa position de prestige et son influence ne faisaient aucun doute.

En septembre 1852, on engagea Eda'nsa à titre de pilote du schooner *Susan Sturgis* qui, sous le commandement de Matthew Rooney, servait au commerce dans les îles de la Reine-Charlotte. Comme Eda'nsa connaissait à fond les eaux de l'archipel, il était constamment demandé par les capitaines en visite. Les navires qui frayaient dans ces eaux devaient se méfier non seulement des périls de la navigation, mais aussi des Haïdas, qui avaient la réputation de piller les navires en difficulté. Le *Susan Sturgis* quitta Skidegate, sur la côte sud-est de l'île Graham, pour se rendre à Kung, village situé sur le détroit qui mène à Naden Harbour, dans l'île Graham, où Eda'nsa allait s'installer. Près de Rose Spit, quelques Massets menés par le chef Weah abordèrent le schooner, capturèrent les Blancs, pillèrent le coffre-fort et mirent le feu au navire. Des témoignages recueillis auprès des Indiens au cours de l'enquête qu'effectua par la suite la marine royale laissent croire qu'Eda'nsa avait informé Weah du manque de moyens de défense du schooner. Le capitaine Augustus Leopold Kuper, du *Thetis,* était convaincu qu'Eda'nsa avait « partagé le butin ». Cependant, on ne put jamais prouver sa complicité, et le chef prétendit avoir en fait empêché le massacre des Blancs. Ces derniers furent relâchés après que l'agent principal de la Hudson's Bay Company, John Work*, eut versé une rançon.

Le capitaine Wallace Houstoun, du *Trincomalee,* considérait Eda'nsa comme « un homme de grande influence dans la région et digne d'être traité avec une haute considération ». Le capitaine James Charles Prevost, du *Virago,* navire sur lequel on avait détenu le chef pour interrogatoire, pensait qu'il était « décidément l'Indien le plus évolué qu'[il ait] rencontré sur la côte : vif, rusé, ambitieux, astucieux et, par-dessus tout, empressé de faire bonne impression sur les Blancs ». C'est William Henry Hills, le commissaire du Virago, qui traça le meilleur portrait d'Eda'nsa : « Il aurait fait un Pierre le Grand, ou un Napoléon, avec les mêmes occasions [...] Il a beaucoup de bon sens et de jugement, [est] très vif, et subtil et rusé comme le serpent [...] Il est ambitieux et remue ciel et terre pour accroître son pouvoir et ses biens. » Hills a aussi noté qu'Eda'nsa parlait « un anglais très intelligible ». Il mesurait « environ 5 pieds 7 pouces, [avait] le teint un peu jaunâtre, les yeux noisette, plutôt petits, et les traits [caractéristiques de sa race]. Des épaules carrées et hautes sur un corps sec et nerveux. Il port[ait] les cheveux à l'européenne, et à chaque rencontre il était toujours vêtu proprement. »

Désireux de faire plus de commerce, surtout avec les navires qui fréquentaient les côtes de l'Alaska et du nord de la Colombie-Britannique, Eda'nsa avait bâti deux villages : Kung, ou « village de rêve », établi probablement en 1853 (abandonné en 1884), et Yatza, fondé vers 1870 sur la côte nord de l'île Graham. Plus exposé que le premier, cet emplacement était cependant mieux situé pour le commerce, et Eda'nsa s'y établit avant d'aller se fixer à Masset, probablement dans les années 1870 ou 1880. Au cours de cette période, les Haïdas, décimés par la variole et d'autres maladies (leur nombre, évalué à 6 000 à la fin des années 1830, était d'environ 900 en 1880), désertèrent vite les petits villages pour Masset et Skidegate ; ils y étaient attirés par les activités des missionnaires (des anglicans à Masset, et des méthodistes à Skidegate).

Vers la fin de sa vie, Eda'nsa disputa au chef Weah la prééminence à Masset. Les deux chefs, baptisés par le ministre anglican Charles Harrison en 1884, furent parmi les premiers Haïdas à devenir chrétiens. Eda'nsa prit les prénoms d'Albert Edward, en l'honneur du prince de Galles, et c'est l'évêque William Ridley* qui le confirma. À partir de ce moment, les renseignements sur Eda'nsa deviennent fragmentaires. On retrouve des allusions à son sujet dans les écrits anthropologiques de James Gilchrist Swan, qui l'engagea à titre de guide et de pilote en 1883. Newton Henry Chittenden, membre d'une expédition d'exploration de la Colombie-Britannique, le rencontra en 1884 et rapporta : « Il a succédé aux chefs des diverses parties du clan l'un après l'autre, grâce à l'érection de mâts sculptés en leur mémoire, de festins plantureux et de généreux potlatchs à l'intention de leurs sujets, si bien qu'il est maintenant reconnu comme leur plus grand chef. » Eda'nsa mourut en 1894, quatre ans après son fils George Cowhoe, premier instituteur autochtone des îles de la Reine-Charlotte. Ses titres passèrent à un neveu, Tahayghen (baptisé Charlie Edenshaw*), artiste haïda renommé.

On peut douter qu'Eda'nsa ait effectivement été le plus grand des chefs haïdas, mais il voulait certainement le devenir, et il déclara à des Blancs crédules qu'il l'était. Il vécut à l'ère de la colonisation et à une époque où la maladie sévissait chez les Haïdas ; il s'efforça, malgré les profondes transformations sociales et économiques qu'avait subies son peuple, de maintenir et d'améliorer sa position. Ses réalisations illustrent la grande adaptabilité des Haïdas au changement. Eda'nsa mérite qu'on le considère comme un homme énergique et puissant, déterminé par des forces intérieures, peut-être même par ses insécurités, à établir sa propre grandeur dans le cadre social haïda, sans jamais perdre de vue, semble-t-il, l'influence et l'avantage commercial des Blancs.

BARRY MORTON GOUGH

Le Musée national du Canada (Ottawa) possède une photographie représentant Eda'nsa, négatif 266, qui est reproduite dans B. M. Gough, *Gunboat frontier* (cité plus bas), planche 16.

AN, MG 24, F40. — Mitchell Library (Sydney, Australie), MSS 1436/1 (W. H. Hills, « Journal on board H.M.S. *Portland* and H.M.S. *Virago,* 8 Aug. 1852–8 July 1853 ») (mfm à la Univ. of B.C. Library, Special Coll., Vancouver). — PABC, G.B., Admiralty corr., I, Merivale à l'amirauté, 13 mai 1852 ; Stafford à Moresby, 24 juin 1852 ; Add. MSS 757 ; Add. MSS 805 ; OA/20.5/T731H. — PRO, ADM 1/5630, particulièrement J. C. Prevost, rapport à Fairfax Moresby, 23 juill. 1853, inclus dans Moresby au secrétaire de l'amirauté, 13 oct. 1853. — N. H. Chittenden, *Exploration of the Queen Charlotte Islands* (Victoria, 1884 ; réimpr., Vancouver, 1984). — G. M. Dawson, *Report on the Queen*

Charlotte Islands, 1878 (Montréal, 1880), app. A. — « Four letters relating to the cruise of the *Thetis,* 1852–1853 », W. K. Lamb, édit., *BCHQ,* 6 (1942) : 200–203. — [J. C. Prevost], « Account of the plunder of the *Susan Sturgis,* American schooner, burnt at Queen Charlotte Islands », *Nautical Magazine and Naval Chronicle* (Londres), 23 (1854) : 209–212. — J. G. Swan, *The northwest coast ; or, three years' residence in Washington Territory* (New York, 1857). — Walbran, *B.C. coast names,* 162–163. — M. B. Blackman, *During my time : Florence Edenshaw Davidson, a Haida woman* (Seattle, Wash., et Londres, 1982) ; *Window on the past : the photographic ethnohistory of the northern and Kaigani Haida* (Musée national de l'homme, *Mercury ser.,* Canadian Ethnology Service paper n° 74, Ottawa, 1981). — J. H. van den Brink, *The Haida Indians : cultural change mainly between 1876–1970* (Leiden, Pays-Bas, 1974). — Douglas Cole, *Captured heritage : the scramble for northwest coast artifacts* (Vancouver et Toronto, 1985). — W. H. Collison, *In the wake of the war canoe* [...] (Londres, 1915). — K. E. Dalzell, *The Queen Charlotte Islands, 1774–1966* (Terrace, C.-B., 1968) ; *The Queen Charlotte Islands, book 2, of places and names* (Prince Rupert, C.-B., 1973). — R. [A.] Fisher, *Contact and conflict : Indian-European relations in British Columbia, 1774–1890* (Vancouver, 1977). — B. M. Gough, *Gunboat frontier : British maritime authority and northwest coast Indians, 1846–1890* (Vancouver, 1984) ; « Haida-European encounter, 1774–1900 : the Queen Charlotte Islands », *Outer shores,* Nicolas Gessler, édit. (à venir). — Charles Harrison, *Ancient warriors of the north Pacific : the Haidas, their laws, customs and legends, with some historical account of the Queen Charlotte Islands* (Londres, 1925). — M. L. Stearns, *Haida culture in custody : the Masset band* (Seattle, 1981) ; « Succession to chiefship in Haida society », *The Tsimshian and their neighbors of the north Pacific coast,* Jay Miller et C. M. Eastman, édit. (Seattle et Londres, 1984), 190–219. — J. R. Swanton, *Contributions to the ethnology of the Haida* (Leiden et New York, 1905 ; réimpr., New York, [1975]). — B. M. Gough, « New light on Haida chiefship : the case of Edenshaw, 1850–1853 », *Ethnohistory* (Lubbock, Tex.), 29 (1982) : 131–139 ; « The records of the Royal Navy's Pacific Station », *Journal of Pacific Hist.* (Canberra, Australie), 5 (1969) : 146–153.

EDGAR, sir JAMES DAVID, avocat, journaliste, auteur et homme politique, né le 10 août 1841 à Hatley, Bas-Canada, fils de James Edgar et de Grace Matilda Fleming ; le 5 septembre 1865, il épousa Matilda Ridout*, fille de Thomas Gibbs Ridout*, et ils eurent trois filles et six fils, dont Oscar Pelham* ; décédé le 31 juillet 1899 à Toronto.

James David Edgar était issu d'une vieille famille écossaise de Keithock, dans le Forfarshire, qui s'était signalée parmi les jacobites pendant les soulèvements de 1715 et 1745. Ses parents immigrèrent en 1840 dans le comté de Stanstead, au Bas-Canada, où il vit le jour. Il fréquenta des écoles privées à Lennoxville, non loin de là, et à Québec. Après la mort de son père, il s'installa avec sa mère et ses deux sœurs à Woodbridge, dans le Haut-Canada, où il poursuivit ses études. Bientôt, ses succès scolaires attirèrent l'attention d'un homme politique libéral-conservateur bien connu, John Hillyard Cameron*, et en 1859 il devint stagiaire en droit au cabinet de ce dernier à Toronto. L'un des meilleurs étudiants de droit de la province, il fut admis au barreau en 1864.

Une fois sa formation terminée, Edgar s'orienta dans plusieurs directions. Il entra d'abord au cabinet de Samuel Henry Strong*, l'un des avocats les plus compétents de Toronto. En même temps, il devint chroniqueur et rédacteur judiciaire au *Globe,* et se joignit aussi à l'équipe de la *Trade Review* de Montréal, également à titre de rédacteur judiciaire. Ses deux petits volumes sur l'Acte concernant la faillite, parus en 1864 et 1865, ainsi qu'une brève étude sur les contrats et l'immobilier, publiée en 1866 et intitulée *A manual for oil men and dealers in land,* le firent connaître dans le milieu des hommes de loi. Durant les 30 années suivantes, cet avocat spécialisé en droit civil se ferait une nombreuse clientèle à Toronto et, en 1890, il recevrait le titre de conseiller de la reine. De plus, alors qu'il était encore dans la vingtaine, il se tailla une réputation d'auteur et de patriote. Il fut président de l'Ontario Literary Society en 1863, puis du Toronto Reform and Literary Debating Club. Pour saluer l'avènement de la Confédération, il composa un poème populaire, *This Canada of ours.* Mis en musique par E. H. Ridout, ce morceau allait être primé en 1874 à l'occasion d'un concours de chants patriotiques tenu à Montréal et il connaîtrait une autre heure de gloire dix ans plus tard, au cinquantenaire de Toronto. En 1865, Edgar avait épousé Matilda Ridout, fille d'une des plus grandes familles de la ville, qui allait se faire connaître par ses écrits historiques.

Edgar devait toutefois se consacrer surtout à la politique. En 1867, il fut élu échevin du quartier St George de Toronto mais perdit son siège par suite d'une décision judiciaire. Sous l'influence de George Brown*, rédacteur en chef du *Globe* et chef des réformistes haut-canadiens, il entra au parti réformiste. Brown lui confia une fonction importante dans l'organisation du congrès réformiste qui eut lieu à Toronto en 1867, celle de secrétaire d'un comité exécutif central provisoire, et il l'aida par la suite à trouver une circonscription où briguer les suffrages. Durant quelques années, Edgar joua un rôle clé dans l'organisation du parti. De 1867 à 1876, il fut secrétaire de l'Ontario Reform Association, dont il aida à revitaliser la branche torontoise. Au cours de son bref séjour à la chambre des Communes, soit en 1872 et 1873, il fut whip en chef du parti. C'était une position qu'il adorait et, quand survint le scandale du Pacifique [V. sir John Alexander MACDONALD ; sir Hugh Allan*], il contribua beaucoup à l'orchestration des attaques de l'opposition contre le gouvernement conservateur, qui démissionna en novembre 1873. Il ne siégea pas aux Communes durant les années du gouvernement d'Alexander MACKENZIE, soit de 1874 à 1878, mais il fut le principal agent de liaison politique du chef libéral à Toronto puisque Brown avait presque quitté la politique active et que la loyauté d'Edward Blake* était incertaine.

Ironiquement, malgré ses talents d'organisateur, Edgar avait énormément de mal à se faire élire. Aux élections provinciales de 1871, il fut défait par cinq voix dans Monck, circonscription de la presqu'île du Niagara. Il remporta la victoire au scrutin fédéral de 1872 mais ne parvint pas à conserver son siège en 1874, et il perdit trois élections partielles fédérales (dans Oxford South en 1874, dans Monck en 1875 et dans Ontario South en 1876) ainsi que les élections générales de 1878 dans Monck. Ses difficultés provenaient en partie du fait qu'on l'associait encore trop à Brown, aux réformistes torontois et à ce que la presse conservatrice, surtout le *Leader* de James BEATY, surnommait « la brigade de la bouteille noire » – c'est-à-dire les partisans libéraux qui s'étaient servis de boissons alcooliques pour gagner des électeurs à Brown en 1867 et dont le but était de « centraliser le pouvoir entre les mains de la junte de Toronto ». Deux circonscriptions torontoises rejetèrent Edgar : en 1881, il fut défait à l'assemblée d'investiture libérale dans York East et, aux élections générales de l'année suivante, Robert Hay* le battit dans Toronto Centre. Le parti ne lui trouva un siège sûr qu'en 1884, celui d'Ontario West qu'il allait conserver aux élections générales de 1887, 1891 et 1896.

De retour à Ottawa, en 1884, Edgar reprit ses activités dans les coulisses du parti. Il redevint l'un des whips parlementaires, cette fois grâce au nouveau chef des libéraux, Edward Blake. C'est Edgar qui mena l'offensive en 1885 contre le projet de loi du gouvernement conservateur sur les listes électorales et contre la politique appliquée par ce dernier dans le Nord-Ouest en 1885–1886. Blake le nomma aussi censeur du parti en matière de chemins de fer, responsabilité qui lui convenait tout à fait. En 1874, Mackenzie l'avait envoyé renégocier avec George Anthony Walkem*, premier ministre de la Colombie-Britannique, l'article relatif aux chemins de fer parmi les conditions d'entrée de la province dans la Confédération. En outre, de 1874 à 1882, d'abord à titre de président de l'Ontario and Pacific Junction Railway Company, Edgar avait préconisé de construire, de Toronto au lac Nipissing, un tronçon qui serait relié au trajet du transcontinental. Malgré leur échec, ces démarches l'avaient bien préparé à critiquer les projets ferroviaires du gouvernement de sir John Alexander Macdonald. Cependant, c'était encore à titre d'organisateur qu'il était le plus utile à son parti. Officiellement, les libéraux n'avaient jamais eu d'organisateur en chef sur la scène fédérale, mais Edgar assumait officieusement un très grand nombre des fonctions d'une pareille charge. Comme l'a dit un historien, il était, pour le parti libéral du Canada, ce que Francis Robert Bonham avait été en Grande-Bretagne pour les conservateurs de sir Robert Peel. Quoiqu'il ait tenté, en 1885, d'amener au sein du parti les conservateurs québécois qui s'étaient opposés à la décision de Macdonald de ne pas surseoir à l'exécution de Louis Riel*, son territoire se limitait à l'Ontario. Dès 1887, le successeur de Blake, Wilfrid Laurier*, lui confia la présidence du comité parlementaire du parti sur l'organisation. À ce titre, il dirigea pendant quelques années l'organisation des élections partielles fédérales. La distribution des fonds et de la documentation du parti était aussi de son ressort, et il prépara la première tournée de discours de Laurier en Ontario à l'été de 1888. En outre, il était agent de liaison entre le parti et le *Globe,* dont il fut l'un des administrateurs de 1882 à 1889.

C'est principalement dans le secteur des finances qu'Edgar déploya ses talents d'organisateur. Jusqu'en 1887, le parti n'avait aucun système de financement. Certes, les candidats demandaient souvent au parti provincial ou fédéral de les aider à financer leurs campagnes, mais ils comptaient surtout sur les sommes recueillies par leurs associations locales ou, dans bien des cas, assumaient eux-mêmes leurs dépenses. Toutefois, après la débâcle de 1882, le parti dressa une « liste de souscription » qui énumérait les libéraux connus sur lesquels il pouvait compter, et après son élection en 1884 Edgar se vit confier le mandat de percevoir leurs contributions. Dans le cadre du programme de son comité sur l'organisation, il établit une stratégie afin de rationaliser les collectes de fonds. Il abandonna l'ancienne façon de faire, qui donnait des résultats incertains, et proposa que les souscripteurs versent un montant fixe chaque année durant trois ans et que l'on soumette au contrôle de Laurier et du comité parlementaire les fonds ainsi réunis. Cette stratégie marquait une étape importante dans l'édification d'un parti libéral vraiment national, car pour la première fois les libéraux tentaient de constituer, systématiquement, une caisse générale dans laquelle le parti pourrait puiser à tout moment. Le plan en question ne s'appliquait qu'en Ontario mais, dans les années 1890, des organisations provinciales, dont celle de Joseph-Israël Tarte* au Québec, allaient s'en inspirer.

Ce fut aussi dans les années 1880 qu'Edgar contribua de manière significative à la définition de la politique de son parti. Pour répondre au sentiment de plus en plus favorable que suscitait une union commerciale, et convaincu de la nécessité de trouver une « nouvelle politique audacieuse » après avoir hérité de la direction d'un parti qui avait perdu trois élections consécutives, Laurier sonda ses partisans, pendant l'été de 1887, sur la possibilité d'inscrire l'union commerciale au programme. Au début, ce dernier était enthousiaste, mais Edgar était prudent. Comme la plupart des libéraux du XIXe siècle, il appuyait le libre-échange avec les États-Unis parce qu'il abolirait les tarifs douaniers qui, sous la Politique nationale des conservateurs, avaient permis aux manufacturiers de constituer des monopoles aux dépens des fermiers et consommateurs canadiens. En novembre, dans une série de lettres ouvertes à Erastus Wiman*, homme d'affaires new-yorkais et dirigeant du mouvement pour l'union commerciale, il soutint que la réciprocité totale serait préférable, surtout parce que l'union commerciale priverait le Canada de son identité. À son avis, si l'on choisissait l'union commerciale, le contrôle des tarifs douaniers serait confié à une quelconque commission mixte qui, inévitablement, serait soumise au Congrès des États-Unis. Par contre, sous un régime de réciprocité totale, chacun des gouvernements conserverait le contrôle de ses tarifs.

Apparemment, ces lettres furent déterminantes. À la réunion des principaux membres du caucus libéral, au début de la session de 1888, ceux-ci acceptèrent la distinction qu'avait établie Edgar et recommandèrent au parti d'adopter officiellement la réciprocité totale. Peu après, le caucus entier appliqua leur recommandation. Sous certains aspects pourtant, la distinction était plus apparente que réelle. Elle avait beau sembler claire en théorie, même certains libéraux considéraient la réciprocité totale comme un « compromis malheureux et maladroit » assez ambigu pour que ses opposants l'interprètent de manière à ce qu'il ait les mêmes effets que l'union commerciale. C'est d'ailleurs ce que Macdonald démontra avec beaucoup d'adresse aux élections générales de 1891, que son parti remporta. Pire encore, la réciprocité dépendait de l'accord du gouvernement américain ; or, si aux États-Unis des indices donnaient à penser qu'elle suscitait des appuis, d'autres, bien plus nombreux, disaient que les libéraux se frappaient la tête contre un mur. Les libéraux se tirèrent mieux des élections de 1891 que de celles de 1887, surtout en Ontario et au Québec, mais ce résultat pouvait aussi bien s'expliquer par les talents d'organisateur d'Edgar que par sa compétence en matière de définition de politique. En 1893, le parti raya la réciprocité totale de son programme.

Toutefois, les libéraux avaient trouvé un autre point sur lequel attaquer le gouvernement : de 1891 à 1895, ils accusèrent de corruption sept ministres conservateurs. S'il ne siégeait pas au comité des privilèges et élections qui examina en 1891 les accusations contre deux conservateurs québécois, sir Hector-Louis Langevin* et Thomas MCGREEVY, Edgar assista à toutes les audiences et participa à l'organisation de la poursuite. En fin de compte, Langevin démissionna du cabinet et McGreevy fut jugé coupable. Pour Edgar cependant, l'enquête Langevin-McGreevy n'était que le début d'une campagne qui visait à discréditer le gouvernement. Au cours de l'enquête, on avait mis en lumière des indices qui montraient que le ministre de la Milice et de la Défense, sir Adolphe-Philippe Caron*, avait usé de son influence pour obtenir des subventions de construction à l'intention de deux compagnies de chemin de fer québécoises dont il était l'un des administrateurs puis qu'il avait fait remettre les fonds à des candidats conservateurs de la province. Le 6 avril 1892, Edgar présenta à la chambre des Communes dix accusations distinctes contre Caron et exigea qu'elles soient examinées par le comité des privilèges et élections. Quand le gouvernement les confia à un comité judiciaire extra-parlementaire et effaça les accusations qui portaient sur le financement d'élections, Edgar refusa de comparaître, malgré les pressions de Laurier. En définitive, les accusations n'aboutirent qu'à l'inclusion d'un rapport dans les dossiers de la session de 1893, et Caron demeura ministre.

Durant les quelques années qui suivirent, Edgar fit néanmoins de son mieux pour que les scandales de ce genre soient mis au jour. En 1893, il déposa au congrès national du parti libéral, à Ottawa, une proposition qui condamnait le gouvernement pour le maintien en poste de Caron. En juillet 1894, en s'appuyant sur la preuve du procès de McGreevy, il déposa aux Communes une motion de censure à l'endroit de Langevin et de Caron. Pour lui, cette campagne s'avéra cependant une arme à double tranchant. On ne saurait douter que le discrédit jeté sur des organisateurs aussi importants que Caron et McGreevy affaiblit les conservateurs au Québec. Par contre, la santé d'Edgar se détériora de façon notable et, même s'il était devenu l'un des « avocats de la poursuite » les plus remarqués aux Communes, son image d'homme politique affilié à une mécanique hautement partisane s'était renforcée. Ce n'était pas une image susceptible de lui assurer une bonne place dans le parti libéral de Wilfrid Laurier, qui souhaitait ne pas avoir pour seule base l'Ontario et ses *clear grits*.

On a dit que l'étoile d'Edgar pâlit dans les années 1890 parce qu'il ne parvint pas à abandonner le libéralisme du XIXe siècle pour s'adapter à celui de Laurier et du XXe siècle. Dans une certaine mesure, c'est vrai. Au cours de la campagne électorale de 1896, il continua de vanter les vertus du libre-échange avec les États-Unis et d'attaquer le protectionnisme. Sous d'autres aspects cependant, il fit la transition beaucoup plus résolument que certains de ses collègues ontariens. À l'occasion, les censeurs conservateurs le qualifiaient d'anti-impérialiste, mais sa vision de l'Empire et du rôle que le Canada devait y jouer était remarquablement proche du concept du Commonwealth moderne. Au début des années 1870, il avait songé quelque temps à joindre le mouvement *Canada First* [V. William Alexander Foster*], et dans les années 1880 et la décennie qui suivit, il prononça une série de discours dans lesquels il proposait que le Canada prenne la haute main sur ses traités commerciaux et sa loi sur le droit d'auteur. Cependant, quand il parlait de la souveraineté du Canada, il ne voulait pas dire que le pays devait rompre ses liens avec l'Empire. « La conception la plus élevée de la nationalité canadienne, écrivit-il dans *Canada and its capital* [...], paru à Toronto en 1898, est que notre pays fasse partie d'une vaste fédération de nations britanniques libres, supérieure par sa puissance, sa richesse et sa grandeur. »

L'opposition d'Edgar à la mentalité chauvine, antifrançaise et anticatholique des *grits* de l'Ontario était plus révélatrice encore. Il avait été le premier libéral ontarien à promettre publiquement de soutenir le gouvernement conservateur quand celui-ci refusa en 1889 d'user de son droit d'intervention à l'égard de la loi du gouvernement du Québec sur les biens des jésuites [V. Honoré MERCIER] en 1889. L'année suivante, à l'instar de la plupart de ses collègues libéraux, il s'opposa au projet de loi par lequel D'Alton MCCARTHY entendait abolir l'usage du français à l'Assemblée et dans les tribunaux des Territoires du Nord-Ouest. Il fut aussi le premier homme politique protestant de l'Ontario à dénoncer le fanatisme et l'intolérance d'une fraternité secrète appelée Protestant Protective Association [V. Oscar Ernest Fleming*], ramification de l'American Protective Association, qui défendait jalousement les droits des personnes nées aux États-Unis. Deux critiques écrites par Edgar, adressées au *Globe* et imprimées sous forme d'opuscule par le parti libéral en 1894, contribuèrent beaucoup, cette année-là, au succès de la campagne provinciale du chef libéral sir Oliver Mowat*.

La position d'Edgar, une fois que le gouvernement du Manitoba eut aboli le financement public des écoles catholiques, n'avait pas non plus grand-chose à voir avec ses antécédents de *clear grit*. Comme la plupart des libéraux ontariens, il s'opposait à « l'aide de l'État à toute forme d'enseignement au plus léger caractère confessionnel » et tolérait les écoles séparées d'Ontario uniquement parce qu'elles faisaient « partie d'un pacte et d'un compromis » conclus au moment de la Confédération. Contrairement à plusieurs de ses collègues toutefois, il résistait à la tentation de considérer la situation de la minorité catholique du Manitoba comme une question de droits provinciaux. Bien qu'il ait été opposé à la loi réparatrice proposée par le premier ministre conservateur du Canada, sir Mackenzie Bowell*, il reconnaissait que l'on pouvait, en matière d'éducation restreindre les droits provinciaux et que le gouvernement fédéral devait contribuer à la sauvegarde des droits dont jouissaient les minorités au moment de la Confédération. Par suite de la victoire électorale de Laurier en 1896, il put donc jouer un rôle majeur dans les derniers épisodes du drame. À titre d'intermédiaire du cabinet du premier ministre, il convainquit l'archevêque de Toronto, John WALSH, d'intervenir afin d'amener la hiérarchie catholique du Manitoba à soutenir le compromis proposé par le gouvernement Laurier au gouvernement provincial de Thomas Greenway* : pas d'écoles séparées, mais une certaine formation religieuse dans les écoles publiques.

Malgré cette initiative et ses états de service dans le parti libéral, James David Edgar ne fut pas choisi pour faire partie du cabinet de Laurier en 1896. Le premier ministre le nomma plutôt président de la chambre des Communes, fonction qu'il allait occuper jusqu'à sa mort. C'était le premier des honneurs qui allaient lui échoir dans les dernières années de sa vie. En 1897, on l'élut à la Société royale du Canada pour son œuvre poétique, qui regroupait *The white stone canoe : a legend of the Ottawas,* paru à Toronto en 1885, et *This Canada of ours, and other poems,* publié dans la même ville en 1893. Son dernier ouvrage, *Canada and its capital,* écrit dans un style assez ampoulé, était une série de tableaux patriotiques de la vie sociale et politique d'Ottawa. En 1898, Edgar fut fait chevalier commandeur de l'ordre de Saint-Michel et Saint-Georges, même s'il s'était longtemps opposé à ce que les Canadiens acceptent des titres impériaux. Sa santé n'avait toutefois pas cessé de décliner depuis le début de la décennie – il souffrait du mal de Bright – et il s'éteignit le 31 juillet 1899. Laurier déclara aux Communes qu'il avait été un « pilier du parti » – hommage qui résumait fort bien ce qu'il avait fait pour le Canada.

PAUL D. STEVENS

Outre les œuvres citées dans le texte, les publications de James David Edgar comprennent : « A potlatch among our West Coast Indians », *Canadian Monthly and National Rev.* (Toronto), 6 (juill.–déc. 1874) : 93–99 ; « Celestial America » : 389–397 ; *A protest against the increased taxation advocated by the Canadian opposition as their National Policy, being an address to the electors of Monck* (Toronto, 1878) ; *The commercial independence of Canada ; an address* [...] (Toronto, [1883]) ; *Loyalty ; an address delivered to the Toronto Young Men's Liberal Club, January 19th, 1885* ([Toronto, 1885]) ; et *The Wiman–Edgar letters : unrestricted reciprocity as distinguished from commercial union ; first letter – Mr. Edgar to Mr. Wiman* (s.l., 1887). D'autres écrits sont énumérés dans *Canadiana, 1867–1900* et ICMH *Reg.*

AN, MG 26, B ; G. — AO, MS 20 ; MU 960–970. — UTFL, MS coll. 110 (John Charlton papers). — *Canadian biog. dict.* — *CPC*, 1873.— *Cyclopædia of Canadian biog.* (Rose et Charlesworth), 2. — *A dictionary of Scottish emigrants to Canada before confederation,* Donald Whyte, compil. (Toronto, 1986). — *Dominion annual reg.*, 1882 : 171, 411 ; 1883 : 205, 390 ; 1884 : 344, 391. — *Encyclopedia of music in Canada* (Kallmann *et al.*), 226. — B. P. N.

Beaven, « A last hurrah : studies in Liberal party development and ideology in Ontario, 1875–1893 » (thèse de PH.D., Univ. of Toronto, 1982). — [O.] P. Edgar, *Across my path,* Northrop Frye, édit. (Toronto, 1952). — E. V. Jackson, « The organization of the Canadian Liberal party, 1867–1896, with particular reference to Ontario » (thèse de M.A., Univ. of Toronto, 1962). — R. M. Stamp, « The public career of Sir James David Edgar » (thèse de M.A., Univ. of Toronto, 1962). — P. D. Stevens, « Laurier and the Liberal party in Ontario, 1887–1911 » (thèse de PH.D., Univ. of Toronto, 1966). — Waite, *Canada, 1874–96.* — R. M. Stamp, « J. D. Edgar and the Liberal party : 1867–96 », *CHR*, 45 (1964) : 93–115.

EDMONDS, HENRY VALENTINE, homme d'affaires, fonctionnaire, officier de milice, notaire, juge de paix et homme politique, né le 14 février 1837 à Dublin, fils de William Edmonds et de Matilda Humphries ; le 27 novembre 1867, il épousa à Sapperton (New Westminster, Colombie-Britannique), Jane Fortune Kemp, de Cork (république d'Irlande), et ils eurent trois fils et deux filles ; décédé le 14 juin 1897 à Vancouver.

Né dans une famille anglo-irlandaise, Henry Valentine Edmonds quitta Dublin pour Liverpool à l'âge de 12 ans. Plus tard, il fréquenta des écoles en Allemagne et passa quelque temps dans l'armée britannique avant d'immigrer, en avril 1862, en Colombie-Britannique. Peu après son arrivée, il s'adonnait à une gamme caractéristique de petites activités commerciales à New Westminster.

C'est cependant en qualité de fonctionnaire qu'Edmonds se fit d'abord connaître. Nommé shérif adjoint en 1867, il serait affecté après la Confédération à une kyrielle de postes publics dans la ville et dans le district de New Westminster, qui s'étendait vers l'est par la vallée du bas Fraser jusqu'à Hope. En juin 1872, on le nomma notaire et, au cours des deux années suivantes, il occupa les postes de directeur du scrutin, shérif, greffier du district à l'enregistrement des naissances, des mariages et des décès, commissaire adjoint des terres et commissaire de l'or. Tous ces postes, sauf celui de shérif, il les perdit après le départ du premier ministre provincial George Anthony Walkem* en 1876. Quatre ans plus tard, il perdrait également son poste de shérif, « essentiellement, dirait-il, pour des raisons politiques ». Par la suite, il s'annonça en disant qu'il connaissait bien toutes les ficelles de l'administration provinciale sur le continent, en particulier les « questions foncières ». On le nomma juge de paix du district de New Westminster en juillet 1883.

Spéculateur foncier, Edmonds avait acheté beaucoup de propriétés à Port Moody, dans le secteur Mount Pleasant de Vancouver, à Burnaby et à l'île Lulu, de même qu'à New Westminster, sa ville d'adoption. Au début des années 1880, il concentra son attention sur Port Moody, endroit que des spéculateurs fonciers de New Westminster espéraient voir devenir le terminus du chemin de fer canadien du Pacifique. Après l'érection de Vancouver en municipalité en 1886 [V. Malcolm Alexander MACLEAN], les terrains qu'il détenait au sud de la crique False prirent de la valeur.

La promotion immobilière démesurée dans les environs de New Westminster allait cependant mener Edmonds à la ruine. À compter de 1889, il engagea des capitaux dans trois compagnies de tramways, dont la plus importante était la Westminster and Vancouver Tramway Company, formée en 1891 par plusieurs hommes d'affaires de la localité, notamment le maire de Vancouver, David OPPENHEIMER. La voie interurbaine, terminée en septembre de la même année et qui traversait Mount Pleasant et Burnaby, était clairement destinée à hausser la valeur des terrains de banlieue qui appartenaient à Edmonds. Malheureusement, les pentes abruptes, la faible densité démographique et un ralentissement radical du marché immobilier dans la région desservie par le tramway allaient mettre la compagnie dans l'impossibilité de rembourser ses emprunts en mai 1893. Ce printemps-là, des réclamations de plus de 100 000 $ étaient déposées contre Edmonds à la Cour suprême de la Colombie-Britannique. La *British Columbia Gazette* du 6 décembre 1894 annonça la vente d'un grand nombre de terrains qu'Edmonds possédait en ville et en banlieue afin de satisfaire ses créanciers. Ainsi, graduellement, perdit-il ce qu'il avait mis plus de 30 ans à amasser dans ses diverses entreprises de New Westminster. En 1897, il vivait à Vancouver avec son fils et, à sa mort, il ne laissa que 1 000 $ en biens immobiliers et 100 $ en biens personnels.

Le rôle de chef de file assumé par Edmonds au sein de la collectivité fut toutefois plus constant que sa réussite à titre d'entrepreneur. S'attaquant avec enthousiasme à la promotion de sa ville entre 1872 et 1883, il avait préconisé la mise en place d'une liaison ferroviaire entre le fleuve Fraser et les États-Unis, s'était joint à un certain nombre « de citoyens et de marchands influents » pour tenter, sans succès d'ailleurs, d'établir une industrie de la betterave sucrière à New Westminster, et était devenu secrétaire du bureau de commerce dès sa fondation en 1883. Organisateur de l'institut des artisans en 1865, officier de la Hyack Fire Company No. 1 en 1871 et de la milice locale de 1870 à 1875, comédien à l'Amateur Dramatic Club en 1877, il présida les commissions du Royal Columbian Hospital et du Provincial Asylum for the Insane en 1884.

Edmonds trouva aussi une expression politique à son activité de promoteur. On l'entendit d'abord appuyer les gens de New Westminster qui souhaitaient que leur ville demeure le siège du gouvernement colonial [V. John ROBSON]. Au début de 1870, après s'être joint à d'autres chefs de file municipaux pour presser la colonie d'entrer dans la Confédération et exiger qu'on supprime ou qu'on modifie, parmi les conditions d'entrée préparées par le gouverneur Anthony Musgrave*, les dispositions qui favorisaient l'île de Vancouver, il fut nommé avec d'autres de ses éminents concitoyens au comité chargé d'étudier ces conditions. Il occupa aussi le poste politiquement important de greffier du conseil municipal de 1867 à 1872. Il quitta mystérieusement son poste d'échevin en 1882 puis, élu maire au début de 1883, il démissionna en plein mandat après avoir perdu un vote au conseil. Durant la campagne infructueuse qu'il mena pour se faire élire député au Parlement provincial en 1884, il continua d'insister sur les questions locales, en soutenant que les députés de New Westminster devraient être plus nombreux afin que les électeurs de cette circonscription « soient au moins sur un pied d'égalité avec [ceux de] l'île lorsqu'il s'agit de voter sur des questions d'intérêt [pour le] le continent ». Il tomba presque dans l'oubli au cours des années 1880.

Henry Valentine Edmonds doit son importance historique non pas aux hauts et aux bas de sa carrière commerciale et politique mais au caractère représentatif de son rôle économique et de sa perspective locale. La rue Edmonds et la gare de transit rapide de Burnaby, qui porte également son nom, rappellent qu'il eut de l'influence surtout à titre de promoteur foncier de la banlieue.

ROBERT A. J. MCDONALD

City of New Westminster, C.-B., Council minutes, 1882–1883. — City of Vancouver Arch., Add. MSS 54 (J. S. Matthews coll.), file E-35 ; Map Coll., n°s 39, 108, 531 ; Newspaper clipping files, n°s 2744 (H. V. Edmonds), 7549 (Page Powell). — PABC, GR 1422, 1897/401. — Univ. of B.C. Library, Special Coll. (Vancouver), M75 (British Columbia Electric Railway Company Ltd., records), AXB 5-1 (Vancouver Street Railway Company, minute-books, nov. 1888–mars 1894). — *British Columbia Gazette* (New Westminster ; Victoria), 1863–1897. — *British Columbian*, 24 déc. 1862, 9 mai, 10 juin 1867, 13 nov. 1867–févr. 1868, avril–nov. 1882, 1883–1884. — *Daily News-Advertiser* (Vancouver), 12–15 juin 1897. — *Mainland Guardian* (New Westminster), 16 nov. 1867, 1870–1871, 6 févr. 1873, 28 janv. 1875, 14 juin 1876, 14 déc. 1878, 2 avril, 31 mai, 18 juin 1879, avril–nov. 1882, 1883–1884. — *Vancouver Daily World*, 12–14 juin 1897. — *B.C. directory*, 1882–1883 : xxxi, 201–209 ; 1892 : 906, 1002, 1013, 1036, 1108–1109. — Kerr, *Biog. dict. of British Columbians*. — Martin Robin, *The rush for spoils : the company province, 1871–1933* (Toronto, 1972). — E. O. S. Scholefield et F. W. Howay, *British Columbia from the earliest times to the present* (4 vol., Vancouver, 1914), 3 : 72–76. — George Green, « Some pioneers of light and power », *BCHQ*, 2 (1938) : 153–158.

ELLIOT, WILLIAM, fermier et homme d'affaires, né le 22 décembre 1812 à Hammersmith (Londres) ; il épousa Mary Oliphant, et ils eurent quatre filles et un fils ; décédé le 3 juin 1893 à Toronto.

William Elliot fit ses études dans un pensionnat de Londres. Sa famille immigra à Dundas, dans le Haut-Canada, et il vint la rejoindre quand il eut terminé ses études, à l'âge de 15 ans. En 1834, il s'installa sur une terre près de la ville et commença à la cultiver. Il épousa Mary Oliphant, et leur premier fils, Robert Watt*, naquit en 1835. Pendant qu'il demeurait à Dundas, Elliot passa de la religion anglicane à la foi baptiste. Le travail de ferme ne le satisfaisait pas, même s'il semblait assez bien réussir. Il se joignit au bureau de Lesslie and Sons à Dundas, vaste entreprise spécialisée dans la vente de médicaments et de papeterie qui avait aussi des magasins à Toronto et à Kingston [V. James Lesslie*]. En 1846, Elliot et un associé, un certain Thornton, firent l'acquisition de l'établissement de Dundas, et leur firme prit de l'expansion.

Il y a toutefois des limites à la taille que peut prendre un magasin de vente au détail dans une petite localité, quelle que soit la qualité de son administration. Au début des années 1850, il semble qu'Elliot était parvenu au bout des possibilités commerciales de Dundas. Il vendit sa part et s'installa à Toronto en vue de se lancer dans la vente en gros de médicaments ; en 1855, il s'associa à Benjamin Lyman* pour former la Lyman, Elliot and Company. Une fois de plus, les affaires d'Elliot prospérèrent. Il se joignit au groupe de capitalistes associés à William Pearce Howland* et à William McMaster*, et participa à de nombreuses réussites du groupe. Par exemple, en 1867, il fut l'un des administrateurs qui fondèrent la Banque canadienne de commerce de McMaster (il devait en être vice-président de 1879 à 1887) et il occupa, avec McMaster, la vice-présidence de l'Association d'assurance sur la vie, dite la Confédération. En 1882, Elliot, McMaster et d'autres établirent la Standard Publishing Company, qui publiait le *Canadian Baptist*. Les deux hommes d'affaires firent construire l'église baptiste Jarvis Street, terminée en 1875 ; Elliot y fut plus tard diacre et administrateur.

C'est au cours des années 1860 que s'organisa la profession de pharmacien au Canada. Elliot et un associé, Edward Buckingham Shuttleworth*, directeur d'une filiale de la Lyman, Elliot and Company, spécialisée dans la fabrication de médicaments, participèrent à la mise sur pied de la Toronto Chemists' and Druggists' Association en 1867, qui prit de l'ampleur et devint plus tard dans l'année la Canadian Pharmaceutical Society. Elliot en fut le deuxième président. Il s'employa à promouvoir le projet de loi sur la pharmacie qui fut présenté au Parlement ontarien en 1868, sans être adopté, et le *Pharmacy Act* de 1871, qui établissait l'Ontario College of Pharmacy et réglementait de façon générale la profession dans cette province. Il fut le premier président de cette association et remplit un deuxième mandat de 1877 à 1879.

En avril 1870, Elliot s'était retiré de la Lyman, Elliot and Company. Il fonda avec son fils une entreprise appelée Elliot and Company, et acheta le commerce de Dunspaugh and Watson rue Front. Il s'associa à son gendre pour effectuer une autre transaction, soit l'achat de l'immeuble qui abritait cette entreprise de vente en gros. La firme Elliot and Company se hissa au premier rang des grossistes de produits pharmaceutiques en Ontario et dans l'Ouest. L'usine de l'entreprise, située rue Beverley, fabriquait divers médicaments et préparations pharmaceutiques, ainsi que d'autres produits chimiques, comme des colorants et de l'huile de lin. Elliot s'intéressa à d'autres secteurs du monde des affaires ; il fut président du Board of Trade de Toronto en 1870–1871, administrateur de la Northern Railway Company of Canada, de la Toronto General Trusts Company et de la Freehold Permanent Building Society, et président de la People's Loan and Savings Company. Après l'incendie qui détruisit les installations d'Elliot and Company de la rue Front en 1886, Elliot prit sa retraite et vendit ses intérêts à son fils.

William Elliot décéda en 1893 d'une grippe qui faisait suite à une longue maladie. Ses derniers jours furent assombris par le décès tragique de son petit-fils, Howard, qui mourut d'une péritonite à l'âge de 25 ans. Il avait été un étudiant en pharmacie remarquable et semblait destiné à mener l'entreprise familiale vers de plus hauts sommets. William Elliot mourut riche. L'homologation de son testament révéla un actif de plus de 100 000 $, comprenant des intérêts substantiels aux États-Unis.

PHILIP CREIGHTON

Canadian Pharmaceutical Journal (Toronto), 26 (1892–1893) : 173–174, 190–191. — *Empire* (Toronto), 5 juin 1893. — *Toronto Daily Mail,* 5 juin 1893. — *Dominion annual reg.*, 1882 : 373. — Emile Holowachuk, « Biography of William Elliot » (essai de 1er cycle, Faculty of Pharmacy, Univ. of Toronto, s.d.). — E. W. Stieb, « Edward Buckingham Shuttleworth, 1842–1934 », *Pharmacy in Hist.* (Madison, Wis.), 12 (1970) : 91–116.

ESTIMAUVILLE, JOSÉPHINE-ÉLÉONORE D' (Taché ; Clément), née le 30 août 1816 à Québec, fille de Jean-Baptiste-Philippe d'Estimauville, officier dans l'armée et fonctionnaire, et de Marie-Joseph Drapeau ; décédée en juin 1893 à Montréal, puis inhumée le 28 aux Éboulements, Québec.

Orpheline de père dès l'âge de sept ans, Joséphine-Éléonore d'Estimauville grandit à Québec, rue Saint-Jean, auprès de ses tantes maternelles et de sa grand-mère, Marie-Geneviève Noël*, veuve de Joseph Drapeau*. De 1829 à 1831, elle étudia chez les ursulines. Le 16 juillet 1834, elle épousa à Québec Louis-Paschal-Achille Taché, propriétaire d'une partie de la seigneurie de Kamouraska.

Le jeune couple s'établit au manoir seigneurial. Bientôt, Joséphine-Éléonore commença à se plaindre de l'ivrognerie de son mari, de ses absences, des mauvais traitements qu'il lui infligeait et même des menaces de mort qu'il proférait à son endroit. En décembre 1837, elle décida de quitter Kamouraska avec ses deux enfants et d'aller vivre avec sa mère qui habitait William Henry (Sorel). En janvier 1838, Taché vint la rejoindre mais, après mésententes, il retourna seul à Kamouraska dès le mois suivant.

À William Henry, Joséphine-Éléonore avait rencontré George Holmes, jeune médecin célibataire, nouvellement arrivé et qui fréquentait assidûment le presbytère du curé Jean-Baptiste Kelly*, parent par alliance de la famille Drapeau. Elle eut recours à ses services pour soigner ses enfants ainsi qu'elle-même, car sa santé était fragile. Holmes et Joséphine-Éléonore devinrent rapidement amants, et leur liaison ne put rester très longtemps secrète dans le petit village. L'abbé John Holmes* vint même de Québec pour sermonner son demi-frère, mais rien n'y fit.

Selon des témoignages ultérieurs, George Holmes résolut de se débarrasser de Taché. À l'automne de 1838, à deux reprises il essaya vainement d'envoyer quelqu'un à Kamouraska afin d'empoisonner le seigneur avec de l'arsenic. Il s'adressa ensuite à Aurélie Prévost, dit Tremblay, domestique au service de Joséphine-Éléonore et complice de leur liaison depuis le début. Aurélie s'installa dans une auberge de Kamouraska sous un faux nom. Le 4 janvier 1839, elle réussit à faire boire le poison à Taché, mais il n'en mourut pas. Holmes partit alors lui-même assassiner le mari gênant. Il le tua de deux coups de pistolet à la tête le 31 janvier, puis l'ensevelit sous la neige dans l'anse Saint-Denis, où on le découvrit trois jours plus tard.

Une enquête sur les circonstances de la mort de Taché se déroula du 5 au 28 février 1839. Joséphine-Éléonore fut arrêtée, puis emprisonnée à Montréal. Toutefois, elle nia toute participation au meurtre, et on la libéra le 27 du même mois. Un procès eut lieu à Québec le 21 septembre 1841 ; on accusa alors Joséphine-Éléonore d'avoir administré ou fait administrer un poison à son mari le 4 janvier 1839. Le témoignage d'Aurélie, le seul qui aurait pu l'incriminer, n'était pas sans contradictions ; le jour même du début du procès, le jury rendait un verdict d'acquittement.

Joséphine-Éléonore d'Estimauville se remaria à Québec le 18 mai 1843 avec le notaire Léon-Charles Clément. Ils s'installèrent aux Éboulements et eurent six enfants. Elle mourut sans jamais revoir George Holmes qui s'était réfugié aux États-Unis à la suite du meurtre pour échapper à la justice. On l'avait fait arrêter et emprisonner mais, au début de 1840, après que les autorités américaines eurent refusé l'extradition demandée par le gouvernement du Bas-Canada, on l'avait relâché. Peu après sa remise en liberté, on perd sa trace.

Le meurtre du seigneur Taché fit beaucoup de bruit à l'époque à cause du prestige des familles concernées par cette affaire. À la fin du XIXe siècle, il ressurgit sous la plume du journaliste Georges-Isidore BARTHE, qui publia à Sorel en 1896 *Drames de la vie réelle, roman canadien*. En 1970, Anne Hébert s'inspira de ces événements pour écrire son très beau roman *Kamouraska* (Paris), qui fut porté à l'écran en 1973 par le cinéaste Claude Jutra*.

CÉLINE CYR

AC, Saguenay (La Malbaie), État civil, Catholiques, L'Assomption (Les Éboulements), 28 juin 1893. — ANQ-Q, CE1-1, 31 août 1816, 16 juill. 1834, 18 mai 1843 ; CE3-3, 22 juin 1813, 7 févr. 1839 ; P-107. — *DOLQ*, 1 : 201–202 ; 5 : 476–481. — Sylvio Leblond, « le Drame de Kamouraska d'après les documents de l'époque », *Cahiers des Dix*, 37 (1972) : 239–273.

EVANS, EPHRAIM, instituteur, ministre méthodiste, rédacteur en chef et administrateur scolaire, né le 30 juin 1803 à Kingston upon Hull, Angleterre, fils de James Evans et d'une prénommée Mary, et frère de James Evans* ; le 27 juin 1832, il épousa Charlotte Shaw, fille d'Æneas Shaw*, et ils eurent quatre filles et un fils, puis le 16 juillet 1874 Mary E. Gunn, fille de Robert Gunn, de Wallacetown, Ontario, qui lui survécut avec de jeunes enfants ; décédé le 14 juin 1892 à London, Ontario.

Ephraim Evans fit des études dans un pensionnat du Lincolnshire. En 1820, il accompagna ses parents à Lachute, au Bas-Canada ; quatre ans plus tard, il s'installa dans le Haut-Canada pour enseigner. À cet endroit, malgré qu'il ait reçu une éducation méthodiste stricte, il se mit à écrire un roman. Cependant, transformé par un revival tenu dans le canton de Bastard en 1827, il commença à prêcher presque tout de suite dans la circonscription ecclésiastique de Kingston. Ordonné en 1830, il exerça successivement son ministère à Cobourg, Niagara (Niagara-on-the-Lake), Stamford (Niagara Falls) et Ancaster. En 1833–1834, il parcourut l'ouest du Haut-Canada afin de recueillir des fonds pour l'Upper Canada Academy, que les méthodistes projetaient d'ouvrir.

En bonne partie à l'instigation de William*, John* et Egerton* Ryerson, la Conférence canadienne de l'Église méthodiste épiscopale se plaça en 1833 sous la juridiction de la Conférence wesleyenne britannique. Les méthodistes britanniques, qui par tradition montraient du respect aux autorités, s'inquiétaient de l'âpreté avec laquelle le *Christian Guardian*, journal des méthodistes canadiens, réclamait des réformes. Pour les rassurer, les Ryerson, qui cherchaient un rédacteur en chef conciliant, manigancèrent pour qu'Evans soit élu à ce poste en 1835. Jamais rédacteur en chef n'occupa position si malaisée. Le débat sur les réserves du clergé battait son plein. La Conférence méthodiste revendiquait son droit à une part égale du produit de ces réserves même si elle niait avoir l'intention d'accepter de l'argent du gouvernement à d'autres fins que l'éducation ou « l'ensemble des affaires religieuses ». Evans défendait de son mieux cette ligne de conduite ambiguë. D'un côté, il résistait aux anglicans et à leur prétention à la propriété exclusive des réserves du clergé. De l'autre, il répliquait aux attaques des méthodistes épiscopaux traditionnels qui, tel James Richardson*, insistaient sur le principe de la séparation de l'Église et de l'État et du soutien de l'Église par contributions volontaires. Il réussissait moins bien à apaiser les éléments réformistes qui se trouvaient au sein du groupe principal des méthodistes. En effet, Evans était un ultraloyaliste pour qui la province se divisait seulement en deux parties, « l'une qui cherch[ait] à préserver le lien colonial avec la Grande-Bretagne, l'autre à le rompre ». Adversaire résolu de l'esclavage, il devint en 1837 secrétaire de l'Upper Canada Anti-Slavery Society, de fondation récente. Cette prise de position, qui l'amena à condamner l'attitude équivoque des méthodistes américains sur la question, déplut en cette époque où l'Église méthodiste du Canada tenait à se faire reconnaître par l'Église américaine. En 1838, avec l'assentiment du surintendant de la Conférence britannique des missions du Haut-Canada, Joseph Stinson*, on convint qu'Egerton Ryerson reprendrait le poste de rédacteur en chef. En guise de récompense, Evans obtint la présidence du district de London.

Déjà, avant de remplacer Evans, Ryerson s'était opposé aux wesleyens britanniques qui exigeaient le renvoi des fidèles sympathiques à la rébellion de 1837 et, ce faisant, il avait amorcé une rupture qui allait se consommer en 1840 par la dissolution de l'union des deux Conférences. Durant cette période critique, Evans tint toujours une position claire. Convaincu que la présence d'un « méthodisme authentique » était essentielle à la préservation du lien impérial, il croyait que, si les Ryerson avaient naguère prôné l'union des Conférences britannique et canadienne, c'était uniquement pour exclure les missionnaires britanniques de la province. Il prit parti pour la Conférence britannique, servit ses congrégations de Hamilton et de London, et devint en 1843 secrétaire de l'assemblée de son district.

Les deux Conférences méthodistes fusionnèrent de nouveau en 1847. Evans se laissa convaincre tant bien que mal que c'était là le seul moyen d'assurer l'avenir du wesleyanisme britannique dans le Haut-Canada. Il comprit aussi qu'il avait cessé d'être utile dans la province, à cause de son intransigeance. L'année suivante, la Conférence britannique se porta à son secours en le nommant – à dix jours d'avis – surintendant général de ses missions des Maritimes. Il fut en outre missionnaire à Halifax jusqu'en 1852 puis à Charlottetown jusqu'en 1854, toujours pour la Conférence britannique. Pendant son mandat, il organisa une caisse de réserve pour les dépenses imprévues, fit adopter par le Parlement néo-écossais des projets de loi qui constituaient juridiquement l'assemblée du district local et des sociétés de gestion des temples et s'employa à obtenir la formation d'une conférence semi-autonome en 1855. Les trois années où il fut administrateur et aumônier des écoles wesleyennes de Sackville, au Nouveau-Brunswick, furent moins heureuses, car le directeur, Humphrey Pickard*, ne cédait pas facilement des parcelles de son autorité jusque-là incontestée.

En 1857, le temps ayant apaisé les vieilles querelles, Evans demanda une affectation au Canada. S'il espérait quelque sinécure, il déchanta rapidement. Après avoir passé un an à Kingston, il fut placé à la tête d'un groupe de quatre ministres méthodistes, dont Edward White*, qui partaient pour la côte du Pacifique où la fièvre de l'or avait provoqué une affluence soudaine. Le 10 février 1859, il parvint à Victoria, qui devait être son point d'attache. Le mois suivant, il dirigea ses collègues dans une expédition harassante : la remontée du Fraser en canot jusqu'à Yale, puis le retour. En 1862 et 1863, il visita les nouvelles régions minières de Cariboo, mais une fracture du bras en novembre 1864 l'obligea à mettre fin à son ambitieux programme de voyages. De 1866 à 1868, il desservit la circonscription ecclésiastique de Nanaimo, ce qui était moins épuisant, puis il retourna en Ontario pour exercer son ministère à Hamilton et à Yorkville (Toronto). De 1872 à 1875, il dirigea la Mount Elgin Industrial Institution, à Muncey, qui accueillait des élèves indiens. Finalement, il s'établit à London, où il fut durant 14 ans secrétaire de la Western Ontario Bible Society.

Les contemporains d'Ephraim Evans le décrivent en général comme un homme d'allure militaire, qui se tenait aussi droit qu'un soldat. Formidable dans les débats, il était en même temps d'une indéfectible courtoisie. Dans ses premières circonscriptions ecclésiastiques, il participa à l'animation de plusieurs revivals. Par la suite, même si l'érudition et l'élégance littéraire de ses sermons inspiraient le respect, il se fit surtout remarquer à titre d'administrateur à qui l'on pouvait se fier pour exercer avec talent des fonctions difficiles. En général, peu après son affectation dans une congrégation, celle-ci pouvait se vanter de posséder « un temple spacieux et élégant ». La dernière construction qu'il fit ériger était un presbytère à Muncey ; âgé de plus de 70 ans, il le peignit lui-même. Dans les Maritimes, il se signala en introduisant une certaine mesure d'organisation dans une œuvre où elle avait fait défaut jusque-là. Bien que sa réputation ait peut-être quelque peu pâti de son adhésion à des positions ecclésiastiques et politiques périmées, jamais son intégrité, sa compétence et son dévouement au méthodisme ne furent mis en question.

John Webster Grant

UCC-C, Biog. files. — [J. S. Carroll], *Past and present, or a description of persons and events connected with Canadian Methodism for the last forty years ; by a spectator of the scenes* (Toronto, 1860). — Wesleyan Methodist Church, *Minutes of the conferences* (Londres), 1893 : 23. — Wesleyan Methodist Church in Canada, Missionary Soc., *Annual report* (Toronto), 1858–1868 ; 1872–1874. — *Christian Guardian,* 1831–1892. — Cornish, *Cyclopædia of Methodism.* — S. P. Rose, « Ephraim Evans, D.D. (1803–1892) », *The chronicle of a century, 1829–1929 : the record of one hundred years of progress in the publishing concerns of the Methodist, Presbyterian, and Congregational churches in Canada,* L. [A.] Pierce, édit. (Toronto, [1929]), 27–32.

ÉVANTUREL, FRANÇOIS, avocat, officier de milice, homme politique, propriétaire de journal, journaliste et auteur, né le 22 octobre 1821 à Québec, fils unique de François Évanturel, jardinier, et de Marie-Anne Bédard ; le 22 octobre 1844, il épousa au même endroit Louise-Jeanne-Eugénie Huot, et ils eurent dix enfants ; décédé le 12 mars 1891 dans sa ville natale.

Natif de Beaucaire, en France, le père de François Évanturel était un ancien soldat de l'armée napoléonienne. Fait prisonnier au cours de la guerre d'Espagne, il avait troqué sa libération contre un engagement dans l'armée britannique. Après diverses campagnes, on l'avait envoyé au Bas-Canada. Démobilisé à Québec en 1814, il s'y était fixé.

François Évanturel fait ses études au petit séminaire de Québec de 1832 à 1841, puis il entreprend son stage de clerc chez René-Édouard Caron*. Admis au barreau le 26 septembre 1845, il ouvre un cabinet le mois suivant dans sa ville natale. Enseigne dans le 1er bataillon de milice de la ville et banlieue de Québec en 1845, il est promu quelques années plus tard lieutenant dans le 4e bataillon de milice du comté de Québec et finalement capitaine dans le 3e bataillon de la ville de Québec. Encore jeune avocat, Évanturel devient l'un des membres en vue de la Société Saint-Jean-Baptiste de Québec. Il participe en outre, en janvier 1848, à la fondation de l'Institut canadien de Québec où il occupe le premier la fonction de trésorier.

Bien qu'Évanturel semble, dès cette époque, s'être activement intéressé à la politique, ce n'est qu'en 1855 qu'il se présente comme candidat à des élections. Le 7 août, sous la bannière libérale-conservatrice, il est élu sans difficulté député de la circonscription de Québec à l'Assemblée législative de la province du Canada. C'est pour promouvoir le projet d'un chemin de fer sur la rive nord entre Québec et Montréal qu'il s'est lancé en politique, déclare-t-il dans un discours de 1856. Les chemins de fer constituent d'ailleurs l'une de ses principales préoccupations. Ainsi, en juillet 1857, les actionnaires l'élisent au conseil d'administration de la Compagnie du chemin de fer de la rive nord. La même année, il agit à titre de secrétaire de la Compagnie du chemin de fer et de la navigation du Saint-Maurice.

Aux élections de décembre 1857, Évanturel est à nouveau candidat, mais dans deux circonscriptions, et curieusement sous une étiquette différente dans chacune. Dans Québec, il se présente comme indépendant et, dans la cité de Québec, comme membre de l'opposition. Ce « double langage », que lui reproche *le Canadien,* lui coûte sans doute la victoire : il est défait aux deux endroits. Il lui faudra attendre le scrutin de 1861 pour retrouver son siège de Québec en tant que libéral favorable au gouvernement. Le 24 mai 1862, il entre dans le cabinet formé par John Sandfield Macdonald* et Louis-Victor Sicotte*, avec le portefeuille de ministre de l'Agriculture et des Statistiques qu'il conserve jusqu'à la chute du gouvernement, le 15 mai 1863. Il est également membre du Conseil exécutif à la même époque. Élu de nouveau député de Québec sous la bannière libérale aux élections de juin 1863, il le restera jusqu'en 1867, fidèle à un libéralisme modéré.

Évanturel hérite en 1862 d'un ministère de l'Agriculture et des Statistiques peu dynamique, négligé et inefficace. Il procède, d'entrée, à une réorganisation interne en s'appliquant particulièrement à mettre sur pied un système de recherches statistiques. C'est la colonisation, toutefois, qui paraît absorber l'essentiel de ses énergies. Évanturel préconise la division du Bas-Canada en cinq régions dont chacune serait traversée par « une grande route artérielle ». Le nouveau ministre porte une attention spéciale au Saguenay–Lac-Saint-Jean où, durant l'année 1862, il se rend en personne. Il attend avril 1863 avant de prendre les premières mesures pour la construction d'un chemin direct entre Québec et le lac Saint-Jean. Son mandat ministériel est toutefois trop court pour lui laisser le temps de mener à bien ses projets.

Durant l'hiver de 1864–1865, Évanturel participe activement aux discussions qui vont mener à la Confédération. Il en approuve le principe, mais sans enthousiasme excessif. En vérité, il n'est pas toujours aisé de suivre les méandres de ses idées et les fluctuations de ses allégeances politiques, tout au moins jusqu'à la Confédération. Il se déclare libéral, mais se démarque très nettement des « rouges », se situant plutôt au centre droit du parti. Après le départ de Sicotte en 1863, il a tenté un moment de regrouper le reste des forces libérales modérées qui n'ont voulu rejoindre ni les rouges d'Antoine-Aimé DORION, ni les « bleus ».

Mais déjà Évanturel avait partie liée avec *le Canadien* qui, lui-même, subit les contrecoups de ce ballottement. Les libéraux disposent alors de peu de journaux. À Québec, ils n'en ont aucun au début des années 1860. Le 28 mars 1862, un groupe de sept libéraux, dont Évanturel, achète *le Canadien* et déclare vouloir le consacrer à « la cause libérale ». Le journal soutient sans réserve le gouvernement de Macdonald et de Sicotte mais la chute de celui-ci et la formation d'un nouveau ministère par Macdonald et Dorion divisent les propriétaires. Après une période de flottement (mai-août 1863), la tendance, pourtant minoritaire, qui veut que l'on n'appuie pas le nouveau ministère l'emporte. *Le Canadien* devient à la fin de 1863 la propriété de l'imprimeur Joseph-Norbert Duquet et d'Évanturel ; malgré les objurgations des ministériels, ce dernier refuse de soutenir le gouvernement Macdonald-Dorion. Le journal suit la politique libérale modérée que défend Évanturel. Des problèmes de nature administrative se seraient déclarés au milieu de l'année 1865 et auraient mis fin à l'association Duquet-Évanturel. Le 24 février 1866, le député de Québec devient le seul propriétaire du *Canadien,* dont il est aussi l'unique rédacteur depuis le départ d'Hector Fabre* survenu, semble-t-il, le même mois. En octobre 1870, il associe au moins l'un de ses fils à l'entreprise, mais l'affaire périclite. Évanturel y engouffre une partie de sa fortune et hypothèque sa santé déjà fragile. Le journal défend durant toute cette période des idées libérales modérées, mais avec une certaine indépendance, et critique au besoin les prises de position du chef de l'opposition libérale, Henri-Gustave Joly*. Il appelle de ses vœux une union de tous les modérés pour travailler à l'amélioration du nouveau régime et soutient la création du parti national d'Honoré MERCIER.

Le coup fatal est donné à Évanturel en 1871 lorsqu'il tente un retour à la vie publique. En 1867, il avait décidé de ne pas solliciter un nouveau mandat. Il avait appuyé chaudement la candidature de Pierre-Joseph-Olivier Chauveau* qui, en août de cette année-là, avait été élu sans opposition dans la circonscription de Québec. Mais, déçu par la politique du gouvernement provincial qu'il considère à la remorque du fédéral, il se présente contre Chauveau aux élections de juin 1871, et il est alors très largement battu. Le 15 janvier 1872, à bout de souffle et déçu par la politique, il est contraint de vendre *le Canadien* à des intérêts conservateurs.

On ignore si Évanturel abandonna la pratique du droit durant sa carrière politique. L'*Almanach de Québec* le mentionne comme avocat, au début des années 1870. En 1880, son nom ne figure plus dans la liste de ceux qui pratiquent à Québec. Déjà malade, totalement retiré de la vie publique, il a cependant encore l'énergie, en 1886, de publier *les Deux Cochers de Québec* [...]. Il meurt à Québec le 12 mars 1891.

Au total, la carrière politique de François Évanturel ne présente pas de réalisations majeures. Plus marquant, en revanche, apparaît son passage au *Canadien*. La décennie 1862–1872 constitue en effet, pour ce journal traditionnellement voué aux intérêts conservateurs, une parenthèse libérale singulière, mis à part l'intermède papineauiste avec Napoléon Aubin*, de mai 1847 à mai 1849.

GÉRARD LAURENCE

François Évanturel est l'auteur d'un ouvrage à saveur politique : *les Deux Cochers de Québec ; souvenirs historiques,* paru à Québec en 1886 sous le pseudonyme de Montre-Œil, cocher de nuit.

AC, Québec, État civil, Catholiques, Saint-Jean-Baptiste, 14 mars 1891. — ANQ-Q, CE1-1, 22 oct. 1821 ; CE1-22, 22 oct. 1844. — Canada, prov. du, Parl., *Doc. de la session,* août–oct. 1863, n° 4. — *Le Canadien,* 22 oct. 1845, 19 janv. 1848, 26 févr. 1856, 11, 14 juill. 1857, 28 mars, 11 avril 1862, 7 août 1863, 4, 20, 24 janv. 1864, 13, 17 mars 1865, 24 févr. 1866, 15, 22 juill., 23 août 1867, 9 mai 1870, 3 avril 1871, 15 janv. 1872. — *Les Débats* (Québec), 1er, 27 mai 1862. — *L'Électeur,* 13 mars 1891. — *Le Journal de Québec,* 23 oct. 1845, 15 juill. 1848, 28 févr. 1856, 19 déc. 1857. — *La Minerve,* 8 avril, 4 nov., 29 déc. 1862, 29 août 1871, 18 janv. 1872. — *Le Pays* (Montréal), 9 juin 1860, 11 août 1863. — *La Scie* (Québec), 25 nov. 1864. — *La Scie illustrée* (Québec), 12, 19 mai 1865, 12 janv. 1866. — *La Tribune* (Québec), 19 janv. 1864. — *Almanach de Québec,* 1840–1841 ; 1846 ; 1849 ; 1856 ; 1870–1872 ; 1881–1886. — Audet, « les Législateurs du B.-C. ». — *CPC,* 1862 : 27. — *DOLQ,* 1 : 184. — J. Hamelin *et al., la Presse québécoise,* 1 : 16–17 ; 2 : 37, 45, 116, 134 ; 3 : 269. — William Notman et [J.] F. Taylor, *Portraits of British Americans, with biographical sketches* (3 vol., Montréal, 1865–1868), 2 : 222–226. — *Quebec directory,* 1868–1869 ; 1881–1882 ; 1890–1891. — P.-G. Roy, *les Avocats de la région de Québec,* 158 ; *Fils de Québec* (4 sér., Lévis, Québec, 1933), 4 : 53–55. — Wallace, *Macmillan dict.*. — Bernard, *les Rouges,* 150, 163. — John Boyd, *Sir George Étienne Cartier, bart., his life and times ; a political history of Canada from 1814 until 1873* [...] (Toronto, 1914), 246–248. — Thomas Chapais, *Cours d'histoire du Canada* (8 vol., Québec et Montréal, 1919–1934 ; réimpr., Trois-Rivières, Québec, 1972), 8 : 29, 59. — Cornell, *Alignment of political groups,* 36, 43, 50, 54, 69–70. — Désilets, *Hector-Louis Langevin,* 154, 181n. — Éric Foucart, « la Société Saint-Jean-Baptiste de Québec, de sa fondation à 1903, d'après ses archives » (thèse de M.A., univ. Laval, 1974). — Jean Hamelin *et al., Aperçu de la politique canadienne au XIXe siècle* (Québec, 1965). — M. Hamelin, *Premières années du parlementarisme québécois,* 338. — Rumilly, *Hist. de la prov. de Québec,* 1 : 28–29, 38–47, 86, 100, 143–147, 149, 162, 173, 176. — Mason Wade, *les Canadiens français, de 1760 à nos jours,* Adrien Venne et Francis Dufau-Labeyrie, trad. (2 vol., Ottawa, 1963), 359. — Waite, *Life and times of confederation,* 113, 129. — B. J. Young, *Promoters and politicians,* 16, 21.

EWART, CATHERINE SEATON. V. SKIRVING

F

FABRE, ÉDOUARD-CHARLES, prêtre catholique et archevêque, né le 28 février 1827 à Montréal, fils aîné d'Édouard-Raymond Fabre* et de Luce Perrault ; décédé le 30 décembre 1896 au même endroit.

Édouard-Charles Fabre naquit dans une famille qui était passée depuis peu de la classe des artisans à celle de la bourgeoisie. Maître boulanger, son grand-père maternel était devenu représentant de la ligne de diligences Montréal-Québec. Parmi les frères de sa mère, on comptait un libraire et gros imprimeur, Louis Perrault*, un avocat et député de la chambre d'Assemblée du Bas-Canada, Charles-Ovide Perrault, et un médecin, Joseph-Adolphe Perrault. Son grand-père paternel avait été menuisier et son père, d'abord commis dans une quincaillerie, possédait une librairie en 1823. Par la suite, il fit des investissements fructueux dans l'imprimerie, le commerce de détail, la finance et les journaux.

Le père et les oncles maternels de Fabre étaient des piliers du parti patriote de Louis-Joseph Papineau*. Charles-Ovide Perrault et Édouard-Raymond Fabre combattirent même à la bataille de Saint-Denis, sur le Richelieu, en 1837 ; le premier y trouva la mort et on incarcéra le second en 1838. Les hommes de la famille se faisaient un nom en politique avec les libéraux ; quant aux femmes, elles se firent connaître par leur participation à des œuvres catholiques. Avec sa mère et l'une de ses sœurs, Luce travailla à l'Association des dames de la charité, puis à l'asile de Montréal pour les femmes âgées et infirmes et à l'asile de la Providence.

Luce Perrault, qui se maria à 15 ans et donna naissance neuf mois et demi plus tard au premier de ses 11 enfants, Édouard-Charles, dirigeait une maisonnée qui comptait quatre domestiques. À la fois comme maîtresse de maison, mère et philanthrope, elle assurait le cadre familial, l'image et le soutien que l'on attendait d'une femme de sa classe. Selon son mari, c'était « la plus douce, la plus charitable, la plus sans prétention » des femmes. Même au séminaire de Saint-Hyacinthe, où il commença son cours classique en 1836, à l'âge de neuf ans, Édouard-Charles continua d'entretenir avec elle une affectueuse intimité, comme en témoignent ses lettres. Luce Perrault devait survivre 56 ans à son mari. Devenu adulte et prêtre, Édouard-Charles allait unir ses efforts à ceux de sa mère pour préserver l'image de la famille malgré la mort du père, les profonds désaccords idéologiques qui le séparaient de ses frères et sœurs et la rupture du mariage de sa sœur Hortense avec George-Étienne Cartier*.

Les relations d'Édouard-Charles avec son père sont plus énigmatiques. La vie familiale constituait une priorité pour Édouard-Raymond Fabre, qui possédait une imposante demeure et prenait soin de l'embellir de divers signes d'aisance matérielle, un piano par exemple. Son prestige en affaires et en politique procura à son fils une enfance dans le confortable milieu bourgeois dont les Cuvillier, les Papineau et les Cherrier faisaient partie. Peu instruit lui-même, il était prêt à investir beaucoup dans l'éducation de ses enfants afin d'assurer leur avancement social, et sa réputation faisait en sorte qu'Édouard-Charles bénéficiait d'un traitement privilégié au séminaire. Il fut donc contrarié d'apprendre que son fils songeait à embrasser la prêtrise, vocation que ses pairs et ses alliés politiques ne voyaient pas d'un bon œil.

À la fin de ses études à Saint-Hyacinthe, en 1843, Édouard-Charles se rendit à Paris avec son père, qui y allait pour affaires, puis resta un an chez la sœur de celui-ci, Julie. Elle était mariée à Hector Bossange, l'associé parisien de Fabre, qui l'approvisionnait en livres. Tout en considérant son fils comme un « bon enfant », « sage et réservé », Fabre le trouvait « trop apathique ». Il souhaitait le voir « plus ambitieux » et espérait qu'à Paris il verrait quelque chose du monde. Cependant, la vie profane de la capitale ne tarda pas à inspirer dégoût et sentiment d'aliénation à Édouard-Charles. Son vœu de devenir prêtre se réaffirma au séminaire des sulpiciens d'Issy-les-Moulineaux, où il commença à étudier la philosophie en 1844. Fabre tenta de s'opposer au projet de son fils, mais celui-ci était fermement résolu et, avec l'appui de sa mère, il finit par obtenir le consentement de son père : « laissons-le faire puisqu'il veut absolument faire un prêtre, écrivit Fabre aux Bossange, le pauvre enfant sera plus heureux je pense avec ses goûts que dans le monde ». À son fils, il écrivit : « si tu fais un prêtre il faut que tu fasses un prêtre très distingué ». Tonsuré à Paris le 17 mai 1845, Édouard-Charles termina ses études à Issy-les-Moulineaux en février 1846 puis rentra à Montréal après une visite à Rome où Pie IX le reçut en audience.

En septembre 1846, Édouard-Raymond Fabre, le cœur brisé, écrivit à Julie Bossange : « mon pauvre abbé a quitté le toit paternel pour *toujours* ». Grâce à l'influence de son père, Édouard-Charles entreprit ses études de théologie au palais épiscopal, sous la direction de Mgr Ignace Bourget*, plutôt qu'au principal collège de théologie de Montréal, le séminaire de Saint-Sulpice. Pendant sa formation, il enseigna le catéchisme le dimanche, dirigea une chorale et prépara 75 orphelins irlandais à leur première communion. Ordonné le 23 février 1850 en la cathédrale Saint-Jacques de Montréal, il devint, plus tard dans l'année, vicaire à Sorel. En 1852, on le nomma curé de Pointe-Claire. Ses lettres à son père, alors homme politique et journaliste libéral en vue, prirent un ton plus autoritaire. Il y critiquait sévèrement *le Pays*, journal libéral de Montréal que Fabre père avait contribué à fonder ; « un véritable scandale pour ma paroisse », déclara-t-il une fois.

La nomination du jeune abbé Fabre au chapitre de la cathédrale en 1856 souligna son avancement à titre de protégé de Bourget. Selon son contemporain Laurent-Olivier David*, sa position de chanoine fit de lui « le prêtre à la mode, celui à qui on s'adressait dans les circonstances critiques ou solennelles, qu'on recherchait pour les mariages fashionables ». Fabre nourrissait une passion pour la liturgie depuis l'époque de ses études et, au fil de son existence, il se tailla une réputation internationale à cet égard.

Bourget demanda et obtint en 1873 que Fabre devienne son coadjuteur avec droit de succession. Depuis des années, l'évêque de Montréal croisait le fer avec les archevêques successifs et le clergé de Québec. Lasse d'arbitrer ce qui était à la fois querelles de pouvoir, différends idéologiques et conflits de personnalité, Rome pressa les deux parties de mettre fin à ces hostilités inconvenantes. En signe de réconciliation, l'archevêque Elzéar-Alexandre TASCHEREAU lui-même consacra Fabre évêque de Gratianopolis le 1er mai 1873. Néanmoins, la nomination de Fabre n'enchantait pas l'entourage de l'archevêque. Antoine-Narcisse Bellemare, professeur de philosophie au séminaire de Nicolet, nota : « ce ne sera pas l'évêque le plus *futé* ni le plus capable d'en imposer aux *prétendus gallicans* ». Dans le diocèse de Montréal, cependant, le choix de Bourget fut « salué avec joie », selon David. Ce dernier, contrairement à Bellemare, reconnaissait à Fabre un esprit vif et une mémoire remarquable. Jovial et corpulent, le nouveau coadjuteur était, selon son propre dire, lent à se fâcher. David concluait un portrait du jeune évêque en disant que « [sa] tête forte et [son] front découvert porter[aient] bien la mitre ». Bourget continua de guerroyer contre Québec jusqu'à ce qu'un revers particulièrement décevant sur la question de l'établissement d'une université catholique à Montréal le persuade de prendre sa retraite. Le 11 mai 1876, Édouard-Charles Fabre devint le troisième évêque de Montréal.

À l'époque, bien structuré et doté d'un effectif suffisant, le diocèse était le théâtre de conflits politico-religieux et croulait presque sous les dettes. En 1879, elles s'élevaient à 750 000 $ et les intérêts dépassaient 50 000 $ par an. En outre, à cause de l'arrivée en ville d'un nombre prodigieux de gens de la campagne à la recherche d'un emploi, il fallut établir de nouvelles paroisses ouvrières, notamment Saint-Louis-de-

France en 1880, Saint-Charles en 1883, St Anthony of Padua en 1884, Saint-Léonard en 1885, Immaculée-Conception en 1887, Très-Saint-Nom-de-Jésus en 1888, Sainte-Élisabeth-du-Portugal en 1894 et Présentation-de-la-Sainte-Vierge à Dorval en 1895, ce qui entraîna d'autres dépenses d'immobilisation. Pour réduire la dette, Fabre prit une série de mesures énergiques : par exemple, il suspendit, de 1879 à 1885, la construction de la nouvelle cathédrale Saint-Jacques, à laquelle Bourget tenait tant, et imposa de lourdes responsabilités financières aux paroisses. Tous les catholiques furent invités ou contraints à faire leur part. Il exigea en 1889 de chaque diocésain une contribution spéciale d'un cent par mois durant deux ans, renouvela une dîme annuelle minimale de 2 $ par famille et de 1 $ par individu vivant seul, imposa à compter de 1895 une taxe de 100 $ aux communautés religieuses, augmenta le prix des messes spéciales, annonça en 1887 que ceux qui contribuaient à réduire le déficit du diocèse bénéficieraient d'une indulgence de 40 jours, sollicita en 1885 un emprunt public de 70 000 $ pour terminer le toit de la cathédrale, demanda en 1880 au pape la permission de vendre certaines propriétés et en vendit plusieurs en 1882–1883 ; il imposa finalement en 1895 une taxe de 25 % sur les frais funéraires perçus par les curés ou les fabriques.

Malgré la situation manifestement critique où se trouvait la population ouvrière de plus en plus nombreuse de son diocèse, Fabre s'opposait fermement à tout changement des bases de la société. Conformément à la doctrine sociale prônée par l'Église à la fin du XIXe siècle, il résistait à la thèse selon laquelle la société québécoise était le théâtre d'une lutte entre capital et main-d'œuvre. Corporatiste, il insistait sur l'importance du travail, de la coopération et de l'obéissance des ouvriers et rejetait le recours à la grève comme moyen de préserver qualification et statut ; en 1882, il ordonna aux prêtres de dénoncer du haut de la chaire une grève de cordonniers. Les ouvriers, disait-il, ne devaient se regrouper que sous l'égide des employeurs et de l'Église. Il estimait que les Chevaliers du travail étaient particulièrement dangereux, appuya la condamnation que Taschereau prononça contre eux et déclara qu'appartenir à cette organisation constituait un péché mortel.

Inquiet des conséquences morales de la pauvreté, Fabre se préoccupait beaucoup de la menace que représentaient la mobilité et l'urbanisation croissantes de la société. Il condamnait le théâtre populaire, les loteries, les parcs d'amusement, les pique-niques, les carnavals, les concours de bébés, la danse chez les jeunes, la présence des filles aux rassemblements publics ainsi que les concerts et bazars dominicaux. Il présidait des réunions de tempérance, prônait le refus des permis d'alcool quand il y avait scrutin sur la prohibition locale, faisait campagne contre les promenades en traîneau et en raquettes, condamnait le port des bijoux chez les femmes, prohibait les chorales mixtes et interdisait aux femmes de chanter à l'église, sauf dans des occasions spéciales. Il craignait tellement la promiscuité qu'il bannit les pèlerinages mixtes dans les cas où les participants devaient passer la nuit à bord d'un train ou d'un bateau. Selon lui, les retraites étaient un excellent moyen de garantir l'âme contre les perversions de la société, et il en organisait pour des groupes déterminés, les gens de profession libérale ou les commerçants par exemple. De même, en s'inspirant de la campagne de Léon XIII pour fortifier le christianisme dans la famille, il créa en 1892 l'Association universelle de la Sainte-Famille. Joseph, chef de famille juste, Marie, mère bienveillante, et Jésus, fils soumis, indiquaient aux chrétiens et aux chrétiennes quel rôle ils devaient jouer dans leur foyer.

Dès le début de son épiscopat, Fabre put compter, pour s'acquitter d'une charge diocésaine toujours plus lourde, sur beaucoup de prêtres séculiers et sur un nombre considérable de communautés religieuses. Pendant les 23 années où il fut en fonction, il maintint son effectif en ordonnant 210 prêtres pour le diocèse même et en acceptant ou faisant venir au moins 1[illegible] communautés, dont les trappistes, les franciscains, les Frères de l'instruction chrétienne et les Petites Sœurs des pauvres. De plus, quelque 4 200 hommes et femmes prononcèrent des vœux ou prirent l'habit. Comme l'intensification du sentiment religieux s'accompagnait d'une recrudescence du zèle missionnaire, il ordonna beaucoup plus de prêtres pour l'extérieur du diocèse et même du pays. Lui-même sillonnait sans relâche son territoire : tout au long de son épiscopat, il fit 1 284 visites paroissiales au cours desquelles il confirma un total de 222 438 fidèles. Fervent partisan du mouvement de colonisation et de la Société de colonisation du diocèse de Montréal fondée en 1879 par le curé François-Xavier-Antoine LABELLE, il allait célébrer chaque année dans une paroisse différente la fête de saint Isidore, patron de la colonisation.

La dette diocésaine empoisonnait les relations de Fabre avec certains membres de son clergé. Les restrictions financières le rendaient réticent à porter le fardeau que représentait l'installation de nouvelles communautés religieuses, et il trouvait qu'un trop grand nombre de ses prêtres – son infanterie dans sa bataille pour la stabilisation de la dette – se montraient irresponsables ou peu coopératifs en matière d'argent. Il exigea qu'ils obtiennent l'autorisation de l'évêché avant d'emprunter pour des projets paroissiaux et que, chaque fois que c'était possible, ils reprennent aux marguilliers l'administration des finances paroissiales. De leur côté, bien des prêtres n'aimaient pas avoir à porter une partie du poids de la dette diocésaine et s'offusquaient de voir Fabre se mêler des finances de leur paroisse. Ce dernier s'opposait à toute participa tion des prêtres à l'administration publique ou à des entreprises privées. Sceptique quant au rôle qu'ils pouvaient jouer au sein des conseils d'administration de sociétés ferroviaires, il leur interdisait d'investir dans les banques, les journaux ou les entreprises manufacturières. Il s'éleva particulièrement contre la nomination de Labelle au poste de sous-commissaire de l'Agriculture et de la Colonisation dans le gouvernement d'Honoré MERCIER, et il maintint sa condamnation même après que Mercier et Labelle eurent obtenu, sans passer par lui, l'assentiment de Rome. La moralité du clergé était une autre source de conflits. Il renforça l'application des codes vestimentaires des prêtres, interdit en 1882 le port de la barbe et fit la chasse aux prêtres qui buvaient. Quant aux religieuses, elles devaient observer sans discussion la règle de leur communauté et éviter de provoquer le scandale par leur conduite. Pour protéger leur chasteté, elles ne devaient jamais être seules avec un homme, fût-il prêtre ou laïque. Fabre comptait beaucoup sur les retraites pour affermir les prêtres dans leur vocation ; en 1887 par exemple, il en dirigea une qui réunit 200 participants.

Sous un aspect au moins, ses relations avec le clergé étaient meilleures que celles de son prédécesseur. Pendant longtemps, les sulpiciens avaient défendu avec ténacité, contre Bourget, leurs droits de titulaires de la paroisse de Montréal ; achevée en 1876, la subdivision de cette paroisse creva l'abcès. Fabre eut périodiquement des différends avec les sulpiciens sur des questions de liturgie ou d'attributions, mais dans l'ensemble ses rapports avec la communauté religieuse la plus puissante de Montréal furent sereins. Fait significatif, il séjourna trois mois au collège canadien des sulpiciens à Rome en 1890.

Fabre parvint aussi à désamorcer le conflit qui opposait depuis longtemps son évêché à l'archevêché de Québec. En 1877, l'année qui suivit son sacre, Rome envoya un délégué apostolique, Mgr George Conroy*, pour régler les désaccords politiques et théologiques du clergé. Fabre lui apporta son entière collaboration, en renonçant à l'ultramontanisme extrémiste de Bourget qui avait été l'une des principales sources du conflit entre ce dernier et Taschereau. Avoir eu Bourget pour mentor durant près de 30 ans avait sans aucun doute fait de lui un ultramontain convaincu, malgré le libéralisme de son père, sa propre propension au compromis et la préférence qu'il accordait à la liturgie sur la politique. Son premier mandement, dans lequel il soulignait la menace que l'indifférence des fidèles et l'hostilité des forces laïques, impies et libérales, faisaient peser sur l'Église, était résolument ultramontain. Toutefois, contrairement aux ultramontains purs et durs, qui refusaient tout compromis sur ce qu'ils considéraient comme les droits de l'Église, Fabre avait une vision réaliste de la société. En cela, il ressemblait à Taschereau, qui admettait que la perfection n'est pas de ce monde et qu'il faut prendre les hommes comme ils sont.

En politique par exemple, Fabre se rendit à l'avis de Conroy et de Taschereau, selon qui l'Église devait abandonner les directives rigides, tel le Programme catholique [V. François-Xavier-Anselme Trudel*], que Bourget avait appuyé et qui condamnait toute forme de libéralisme. En janvier 1877, il s'allia à Taschereau et à l'évêque de Sherbrooke, Antoine RACINE, pour résister aux pressions des ultramontains qui réclamaient un blâme à l'endroit du juge Louis-Napoléon Casault*, parce qu'il avait condamné l'abus d'influence commis par les prêtres de la circonscription de Bonaventure aux élections provinciales de 1875. En septembre 1878, l'abbé Luc Desilets*, ultramontain extrémiste, inscrivit le nom de Fabre sur une liste d'évêques trop indulgents envers le libéralisme. En 1880, Fabre présida les obsèques de Gonzalve Doutre*, libéral réputé et ancien président de l'Institut canadien. Par contre, en 1891, il rejeta une requête de libéraux qui voulaient transférer en terre consacrée les restes du patriote Jean-Olivier Chénier*. Tué en 1837 à la bataille de Saint-Eustache, Chénier avait résisté, les armes à la main, à l'autorité que l'État, selon l'Église, tenait de Dieu.

Fabre usait de prudence dans ses relations avec les partis politiques. À mesure que le radicalisme des « rouges » se transformait en un libéralisme politique qui cherchait à établir un modus vivendi avec l'Église, il adoucit la position de l'évêché. En 1877, soit l'année même où Wilfrid Laurier* embrassa le libéralisme modéré, il enjoignit à ses prêtres de ne pas accepter de fonctions politiques. Ils devaient s'abstenir de se prononcer en chaire pour un parti et ne devaient pas refuser les sacrements aux adversaires de l'Église, ni les accuser de péché. En fait, il avait certainement un penchant pour le parti conservateur. Aux élections de 1891, il publia, sur l'avis du conservateur Louis-Olivier Taillon*, une lettre pastorale dans laquelle il faisait valoir les avantages du lien impérial pour les Canadiens français. Cette lettre scandalisa les libéraux, qui prônaient la réciprocité avec les États-Unis.

Cependant, Fabre soutint toujours l'autorité de l'État, quel qu'ait été le parti au pouvoir. Quand la résistance populaire à la vaccination tourna à la violence pendant l'épidémie de variole de 1885 [V. Alphonse-Barnabé LAROCQUE de Rochbrune], il ordonna à ses prêtres de rassurer leurs paroissiens sur l'intervention et de ne pas gêner les médecins qui la pratiquaient. La question nationale était plus explosive. Fabre affecta un aumônier au 65e bataillon de carabiniers Mont-Royal, qui faisait partie de l'expédition envoyée dans le Nord-Ouest en 1885 pour réprimer la rébellion de Louis Riel*, mais par la suite il reconnut en privé avoir sous-estimé l'importance politique du chef des Métis. Il tenta de dissocier l'Église des nombreuses manifestations de protestation que souleva l'exécution de Riel. La question des écoles du Manitoba, dans les années 1890, se révéla embarrassante elle aussi. En 1891 puis en 1896, les évêques de la province de Québec tentèrent de contrebalancer l'opposition à ce qu'ils appelaient la laïcisation des écoles manitobaines avec « ce qui, disait Fabre, aurait pu paraître de la partisannerie ».

Fabre était plus direct avec la presse. En 1882, il appuya le lancement d'un journal diocésain, *la Semaine religieuse de Montréal*. La même année, il interdit aux catholiques de lire ou d'avoir en leur possession, sous « peine de faute grave », *le Courrier des États-Unis*, publié à New York. Une décennie plus tard, il condamna la *Canada-Revue* de Montréal, publication libérale radicale, et l'*Écho des Deux-Montagnes*, autre périodique libéral publié à Sainte-Scholastique. Tout catholique qui les imprimerait, garderait en stock, vendrait, distribuerait, recevrait ou lirait, déclara-t-il, serait privé des sacrements. Les deux journaux durent interrompre leur publication, mais réapparurent sous un autre nom et prirent un ton plus modéré. Aristide Filiatreault*, rédacteur en chef et éditeur de la *Canada-Revue*, intenta une poursuite en dommages contre Fabre mais la perdit. Pour contenir l'influence de journaux montréalais comme *la Patrie*, d'allégeance libérale radicale, et *le Monde*, publication ultramontaine, l'évêque proposa qu'un prêtre en surveille le contenu.

Si Fabre cherchait à réduire le conflit avec l'archevêque Taschereau, c'était surtout pour se conformer aux souhaits de Rome. En raison de cela, toutefois, les ultramontains extrémistes l'accusaient souvent d'être faible ou de sacrifier à Québec les intérêts de son diocèse, qui avaient toujours été plus ou moins confondus avec les positions de Bourget que Taschereau avait combattues avec succès. C'était d'ailleurs une victoire de l'archevêque qui avait provoqué, en 1876, la démission de Bourget : par l'intermédiaire de Benjamin Pâquet à Rome, Taschereau avait en effet obtenu que l'on rejette le projet caressé depuis longtemps par Bourget, à savoir la fondation d'une université diocésaine à Montréal, en faveur de l'implantation d'un campus affilié à l'université Laval. Fabre avait espéré que Rome n'imposerait pas une succursale universitaire à Montréal à cause du fardeau financier qu'elle représenterait pour le diocèse. Quand on apprit que Montréal devrait débourser pour que Laval vienne y exercer son monopole sur l'enseignement universitaire, la décision, déjà impopulaire dans bien des milieux, le devint encore plus. Fabre déclara tout de même à ses ouailles en 1878 : « Le Souverain Pontife [...] a décidé que ce qu'il fallait à Montréal, c'était une succursale de l'université Laval [...] J'obéis [...] Il n'y a plus de cause dès que Rome a parlé. » Pourtant, au cours d'une visite à Rome en 1879–1880, il tenta discrètement d'obtenir une université indépendante, mais il abandonna la partie dès qu'il vit que son intervention ne donnait rien. D'un côté, sa soumission à Rome lui mit à dos des personnes et établissements influents du diocèse. Étaient du nombre Bourget lui-même (appuyé par Louis-François Laflèche, évêque de Trois-Rivières), la plupart des chanoines de la cathédrale (dont beaucoup devaient leur nomination à Bourget) ainsi que les ultramontains Frédéric Houde* du *Monde* et François-Xavier-Anselme Trudel. Une forte opposition lui vint aussi du docteur Thomas-Edmond d'Odet d'Orsonnens et de l'école de médecine et de chirurgie de Montréal, qui, semblait-il, devrait se laisser damer le pion par une faculté de médecine, et de l'Hôtel-Dieu, lié à l'école par contrat. D'un autre côté, tandis que Fabre manœuvrait pour apaiser les esprits dans son diocèse, Taschereau lui reprochait de ne pas imposer son autorité pour supprimer l'opposition à la volonté de Rome. Fabre, pour sa part, trouvait que l'archevêque et le recteur de l'université Laval, Thomas-Étienne Hamel*, lui compliquaient la tâche par leur manque de discrétion.

En 1883, comme la question de l'université suscitait encore de graves conflits, non seulement dans l'Église mais au sein de la société québécoise, Rome confia à un autre délégué apostolique, Dom Joseph-Gauthier-Henri Smeulders, le mandat de trouver un règlement qui irait dans le sens d'une succursale universitaire. Fabre était convaincu d'avoir la solution. Montréal devait devenir un archidiocèse et diriger le campus à peu près indépendamment de Québec. Le recteur de la succursale, vice-chancelier de Laval, devait être l'archevêque de Montréal, et le vice-recteur devait venir de cet archidiocèse. Fabre, qui préconisait la subdivision de l'archidiocèse de Québec au moins depuis 1879, expliqua au délégué apostolique que « Montréal n'accept[ait] qu'avec répugnance le joug de son aînée ; son caractère [était] différent ; son activité ne port[ait] pas sur les mêmes objets ». Comme Taschereau craignait l'émergence de conflits entre les deux archidiocèses et l'annulation de la victoire de l'université Laval après tant d'efforts, il s'opposa à l'élévation de Montréal en archevêché. Il changea toutefois d'avis en apprenant, en 1886, qu'il deviendrait cardinal. Le 8 juin 1886, Léon XIII – qui aurait déclaré : « Il ne faut pas faire de peine à Fabre, c'est la bonté même » – le nomma archevêque de Montréal. L'année suivante, les diocèses de Sherbrooke et de Saint-Hyacinthe, dirigés par Antoine Racine et Louis-Zéphirin Moreau*, passèrent sous la dépendance du nouvel archidiocèse.

Dès lors, Fabre travailla obstinément à régler à sa manière la question de l'université. En février 1889, la bulle *Jamdudum* récompensa ses efforts. Elle garantissait à la succursale une large autonomie par rapport à l'université Laval. L'archevêque de Montréal devenait vice-chancelier de Laval ; il avait un droit de veto sur la nomination ou la destitution des professeurs et doyens du campus montréalais. Les collèges affiliés à la succursale montréalaise pouvaient participer à l'élaboration de certains programmes, l'école de médecine et de chirurgie devenait la faculté de médecine, et les jésuites, que Fabre avait soutenus, bénéficiaient d'un statut particulier.

Au cours de son épiscopat, Fabre sortit souvent de son diocèse. En 1887, une fois terminé le chemin de fer canadien du Pacifique, il se rendit dans un wagon spécial à Saint-Boniface, au Manitoba, pour la consécration de la cathédrale que Mgr Alexandre-Antonin TACHÉ venait d'achever, puis il poursuivit sa route vers l'ouest jusqu'à Victoria. Il alla aussi à l'Île-du-Prince-Édouard, de même qu'en Nouvelle-Angleterre, dans le Maryland, en Grande-Bretagne et en France. Il fit plusieurs séjours à Rome, et c'est là, en 1896, qu'on apprit qu'il avait un cancer du foie. De retour à Montréal, il mourut « doucement, sans agonie », le 30 décembre et on l'inhuma le 5 janvier 1897 en la cathédrale Saint-Jacques. Par égard pour la désapprobation que lui inspiraient les funérailles ostentatoires, il n'y eut ni fleurs ni discours aux obsèques, auxquelles assistèrent, entre autres, le lieutenant-gouverneur, 5 archevêques et 17 évêques. Comme ses biens matériels avaient déjà été distribués à des séminaristes nécessiteux, il n'avait pas laissé de testament ; on célébra 2 000 messes pour le repos de son âme.

Les 20 années durant lesquelles Édouard-Charles Fabre fut évêque puis archevêque de Montréal représentent, pour des historiens de la religion tels Nadia Fahmy-Eid et Rolland Litalien, une période où le pouvoir de l'Église dans la société québécoise ne cessa de croître. Qu'il ait été issu de familles bourgeoises qui comptaient parmi leurs membres certains des patriotes les plus illustres et qu'il soit passé à la hiérarchie ultramontaine soulignent la complexité des courants idéologiques et des structures sociales de la province de Québec au XIXe siècle. Fabre prit ses distances à la fois par rapport au libéralisme de son père et à l'ultramontanisme radical de Bourget, et il chercha à s'entendre avec les éléments modérés, pragmatiques, des deux camps. En même temps, il renforça le puritanisme et le conservatisme social qui avaient caractérisé l'épiscopat de Bourget. Il resserra l'emprise de l'Église sur les divers éléments sociaux de son diocèse – les classes populaires, les femmes, le clergé, la presse, le mouvement ouvrier et les professions libérales. Il subordonna la sexualité, la culture populaire, les sphères d'activité féminine et la diversité religieuse à l'ordre, à la discipline, au devoir, à la stricte observance de la liturgie et à la domination masculine du monde privé et public. Il parvint à assainir les finances diocésaines tout en construisant une immense cathédrale et en fondant de nombreuses paroisses. Enfin, par son rôle primordial dans le règlement de la question de l'université et dans la subdivision de l'archidiocèse de Québec, il contribua beaucoup à établir la paix ecclésiastique. Bien que sa stature n'égale pas celle de son prédécesseur, Bourget, ni de son successeur, Paul Bruchési*, il importe de prendre son épiscopat en considération pour bien saisir l'évolution de la société québécoise dans le dernier quart du XIXe siècle.

BRIAN YOUNG

Des recherches pour cette biographie ont été effectuées par Peter Gossage, Christian Roy et Lise St-Georges.

On trouve des portraits d'Édouard-Charles Fabre dans : L.-O. David, *Biographies et Portraits* (Montréal, 1876) ; Rolland Litalien, « Monseigneur Édouard-Charles Fabre, troisième évêque de Montréal (1876–1896) », *Église de Montréal : aperçus d'hier et d'aujourd'hui, 1836–1986* ([Montréal, 1986]), 83–88 ; *l'Opinion publique*, 24 avril 1873 ; Gérard Parizeau, *la Chronique des Fabre* (Montréal, 1978) ; et Léon Pouliot, *Trois grands artisans du diocèse de Montréal* (Montréal, 1936). Le palais épiscopal de Montréal conserve une peinture représentant Fabre, et le Musée de la civilisation (Québec) possède un buste de lui.

Les principales sources de documentation sur la carrière de Fabre se trouvent aux ACAM. Pour une description de ces sources voir : François Beaudin, « Inventaire d'archives : Archives de la chancellerie de l'archevêché de Montréal, instruments de recherche, 1877–1896 », *RHAF*, 24 (1970–1971) : 111–142. À ces documents, il convient de souligner le dossier 902.004, qui est d'un intérêt particulier. [B. Y.]

ANQ-M, P1000-7-561 ; P1000-17-669. — ANQ-Q, P1000-37-693. — ASSM, 27, tiroirs 103–104. — *Mandements, lettres pastorales, circulaires et autres documents publiés dans le diocèse de Montréal depuis son érection* (23 vol., Montréal, 1869–1952), 9–12. — *La Semaine religieuse de Montréal* (Montréal), 1 (1883)–30 (juill.–déc. 1897). — Gabriel Dussault, *le Curé Labelle ; messianisme, utopie et colonisation au Québec, 1850–1900* (Montréal, 1983). — Nadia Fahmy-Eid, *le Clergé et le Pouvoir politique au Québec : une analyse de l'idéologie ultramontaine au milieu du XIXe siècle* (Montréal, 1978). — Jean Hamelin et Nicole Gagnon, *Histoire du catholicisme québécois : le XXe siècle* (2 vol., Montréal, 1984), 1. — René Hardy, *les Zouaves ; une stratégie du clergé québécois au XIXe siècle* (Montréal, 1980). — Lavallée, *Québec contre Montréal*. — Pouliot, *Mgr Bourget et son temps*. — J.-L. Roy, « Édouard-Raymond Fabre, bourgeois patriote du Bas-Canada, 1799–1854 » (thèse de PH.D., univ. McGill, Montréal, 1972) ; *Édouard-Raymond Fabre, libraire et patriote canadien (1799–1854) : contre l'isolement et la sujétion* (Montréal, 1974). — Robert Rumilly, *Histoire de Montréal* (5 vol., Montréal, 1970–1974), 3 ; *Mercier et son temps*. — Voisine, *Louis-François Laflèche*. — Jean De Bonville, « la Liberté de presse à la fin du XIXe siècle : le cas de *Canada-Revue* », *RHAF*, 31 (1977–1978) : 501–523. — Édouard Fabre Surveyer, « Édouard-Raymond Fabre d'après sa correspondance et ses contemporains », SRC *Mémoires*, 3e sér., 38 (1944), sect. I : 89–112. — J.-L. Roy, « Livres et Société bas-canadienne : croissance et expansion de la librairie Fabre (1816–1855) », *Histoire sociale* (Ottawa), 5 (1972) : 117–143

FAIRBROTHER, ANNE (Hill) (baptisée **Amelia**), comédienne, danseuse et professeure de danse, née à Londres et baptisée le 15 juillet 1804, une des six enfants de Robert Fairbrother, danseur et acrobate, et de Mary Bailey ; vers 1826, elle épousa Charles John Hill, et ils eurent deux fils et une fille ; décédée en 1896 à Montréal.

La famille Fairbrother était liée au Drury Lane Theatre de Londres et jouissait d'une bonne popularité. Tous les enfants des Fairbrother y firent leur apprentissage. Anne débuta en incarnant le rôle de l'enfant de Cora dans *Pizarro,* de Richard Brinsley Butler Sheridan, et devint membre permanent du corps de ballet vers 1816. Entre 1819 et 1825, elle dansa et interpréta des rôles mineurs aux théâtres Surrey et Sadler's Wells. Vers 1826, elle épousa Charles Hill, comédien talentueux issu d'une famille de théâtre du Covent Garden Theatre. Durant plusieurs années, les Hill firent des tournées en Grande-Bretagne afin d'acquérir de l'expérience, mais la carrière d'Anne fut interrompue par la naissance de ses enfants.

Les Hill retournèrent à Londres en 1830 ; Anne figura aux théâtres Drury Lane et Surrey comme danseuse et comédienne de pantomime. Ils entrèrent à Covent Garden en 1835 ; Anne accéda rapidement au titre de première danseuse et connut beaucoup de succès en pantomime. De 1837 à 1840, les Hill travaillèrent dans des théâtres de province, où Charles fut à la fois comédien et directeur. La faillite du Theatre Royal de Brighton, causée par sa mauvaise administration, les força à fuir vers l'Amérique.

Les Hill firent leurs débuts sur le Nouveau Continent au Park Theatre de New York le 2 septembre 1840. Engagée comme danseuse pendant les entractes, Mme Hill gagna rapidement la faveur du public, qui, selon Joseph Norton Ireland, spécialiste en histoire du théâtre, la considérait comme « l'une des comédiennes les plus polyvalentes et les plus utiles ». Après trois années de longues tournées, le couple s'installa à Montréal, y jouant pour la première fois le 26 juin 1843 au Theatre Royal avec la compagnie de John Nickinson*. Au début du mois suivant, la *Montreal Gazette* disait d'Anne Hill qu'elle était « la danseuse la plus gracieuse que [l'on ait] vue » et qu'elle « étonnait et ravissait les sujets [de Sa Majesté] à Montréal grâce à ses charmantes interprétations ». Durant la fermeture du théâtre chaque hiver, les Hill dirigeaient une école de danse et aidaient des amateurs à monter des pièces.

Au cours des étés de 1846 à 1849, la famille partit en tournée dans le Haut-Canada ; elle connut de bonnes saisons à Toronto et à Hamilton, et fit de brefs séjours dans d'innombrables autres villes. Anne Hill dansait et jouait la comédie, tandis que son mari remplissait la fonction de directeur tout en interprétant des rôles de composition, son fils Charles John Barton incarnait les jeunes premiers, sa fille Rosalie était seconde danseuse et tenait des rôles d'ingénues, et Robert Herbert, son fils cadet, s'occupait du guichet. Des comédiens amateurs étaient invités à jouer des rôles de soutien. Il arrivait que l'auditoire soit peu nombreux, ce qui causait des problèmes financiers, mais dans certaines localités la troupe était chaleureusement accueillie. « Nous avons été si longtemps privés de manifestations publiques, lisait-on dans le *Dumfries Courier* de Galt (Cambridge) en 1846, que même si la représentation avait été médiocre nous aurions été heureux d'en profiter ; mais celle qui nous fut présentée dans notre indigence était non seulement particulièrement bien choisie, mais bien jouée, possédant tous les avantages de la nouveauté, du goût, des bons costumes, d'une parfaite mise en scène et de la connaissance exacte de l'effet scénique. »

Les violentes manifestations qui eurent lieu en 1849 à Montréal pour protester contre le projet de loi qui visait l'indemnisation des pertes subies pendant la rébellion forcèrent les théâtres à fermer leurs portes [V. James Bruce*]. Les Hill allèrent à Toronto afin de se joindre à la nouvelle compagnie de Charles Kemble Mason, qui joua durant de longues saisons au Royal Lyceum de Toronto et au Theatre Royal de Hamilton. À la suite du mariage de Charles John Barton à la comédienne américaine Olivia Crook et des fiançailles de Rosalie avec MacDonald Bridges, de Hamilton, la troupe familiale se sépara en 1851. Au printemps de la même année, le Toronto Patriot annonçait une représentation au bénéfice de Mme Hill et soulignait alors sa compétence comme professeure de danse : « Elle a gagné l'estime de tous, non seulement par sa grâce, son élégance et son succès dans ce domaine, mais aussi par son très agréable tempérament, son bon jugement et sa gentillesse naturelle. Comme interprète, ses mérites sont bien connus ; mais la mesure de ses efforts [dans le domaine théâtral] en faveur des autres est connue seulement de quelques-uns. »

Charles et Anne Hill firent de grandes tournées aux États-Unis et au Canada durant les années 1850, visitant à l'occasion leur fils Robert Herbert à Montréal. Lorsque la guerre de Sécession éclata en 1861, Mme Hill, qui s'était séparée de son mari, s'établit à Montréal. Elle poursuivit sa carrière de comédienne durant de nombreuses années ; elle jouait dans une représentation de bienfaisance pour le Home of the Friendless à Detroit, quand son mari mourut, le 24 septembre 1874. Anne Hill demeura active dans le domaine du théâtre professionnel et amateur à Montréal jusqu'à son décès en 1896 ; selon l'historien Franklin (Thomas) Graham, « elle conserva jusqu'à la fin un trésor d'anecdotes et de réminiscences ».

MARY JANE WARNER

Church of Jesus Christ of Latter-Day Saints, Geneal. Soc

(Salt Lake City, Utah), International geneal. index. — Victoria and Albert Museum, Theatre Dept. (Londres), Playbills : Drury Lane, Sadler's Wells, Surrey theatres (Londres), 1800–1840 ; Brighton, Angl., theatres, 1820–1840 (microfiches). — *Leader*, 1852. — *Montreal Gazette*, 1843–1852. — *Toronto Patriot*, 1843–1852. — J. N. Ireland, *Records of the New York stage from 1750 to 1860* (2 vol., New York, 1866–1867 ; réimpr., 1966). — Franklin Graham, *Histrionic Montreal ; annals of the Montreal stage with biographical and critical notices of the plays and players of a century* (2e éd., Montréal, 1902 ; réimpr., New York et Londres, 1969), 140. — P. B. A. O'Neill, « A history of theatrical activity in Toronto, Canada : from its beginnings to 1858 » (thèse de PH.D., 2 vol., La. State Univ., Baton Rouge, 1973). — Kathleen Barker, « The decline and rise of the Brighton theatre, 1840–1860 », *Nineteenth Century Theatre Research* (Tucson, Ariz.), 8 (1980) : 29–51. — Mary Shortt, « Touring theatrical families in Canada West : the Hills and the Herons », *OH*, 74 (1982) : 3–25.

FAIRWEATHER, CHARLES HENRY, homme d'affaires, né le 4 mai 1826 à Norton, Nouveau-Brunswick, fils de James Fairweather et de Martha Humbert ; le 15 août 1849, il épousa à Saint-Jean, Nouveau-Brunswick, Margaret R. Robertson, puis à une date indéterminée Lucille H. Hall ; il eut 11 enfants ; décédé le 12 juin 1894 au même endroit.

À l'âge de 13 ans, Charles Henry Fairweather alla s'établir à Saint-Jean pour devenir commis chez le grossiste Stephen Wiggins and Son. En 1854, avec Stephen Sneden Hall, il fonda la Hall and Fairweather, une épicerie de gros dont il ne se départit jamais. Propriétaire d'un grand entrepôt au bord de l'eau, la Hall and Fairweather fut l'une des entreprises d'un noyau qui, dans la deuxième moitié du XIXe siècle, contribua à faire de Saint-Jean le centre du commerce en gros des Maritimes. À la fin des années 1880, elle importait du thé de Chine et de grandes quantités de farine de l'Ontario. Première maison de commerce de Saint-Jean à s'inscrire à la bourse des denrées de New York, ce qu'elle fit en 1863, elle inaugurait ainsi, d'après un rapport ultérieur, « le système qui permettait de traiter avec les négociants primaires et d'éviter les profits des intermédiaires ».

Fairweather devint, en 1867, membre du conseil du Board of Trade de Saint-Jean – organisme dont le président, Lauchlan Donaldson, se faisait vieux et qui, disait-on, donnait des signes de lassitude. Dès décembre 1870, il avait participé à la restructuration de l'organisme pour attirer de nouveaux membres, et ainsi lui permettre de jouer un rôle plus actif dans les affaires commerciales de la ville. Président de 1871 à 1874 et membre du conseil de 1875 à 1877 puis en 1885, Fairweather y exerça une vigoureuse influence, sans doute à cause de la grande estime dans laquelle on le tenait.

Durant la présidence de Fairweather toutefois, l'économie de Saint-Jean, fondée sur « le vent, le bois et la voile », commença à péricliter. Ce déclin pouvait se mesurer par l'agitation qui régnait chez les travailleurs du port qui, entre 1873 et 1875, donnèrent libre cours à leur mécontentement par l'intermédiaire de leurs syndicats, de plus en plus puissants. Dès le début du printemps de 1873, les constructeurs de navires disaient tout haut qu'ils craignaient d'embaucher des ouvriers parce que les salaires risquaient d'augmenter de manière exorbitante. Fairweather blâma les syndicats, ou combinaisons comme on les appelait à l'époque, en les accusant de « faire fuir les navires au détriment de la population ». D'après lui, il y avait « un surplus de main-d'œuvre en maints [...] endroits [...] mais les [syndicats] impos[aient] des salaires anormalement élevés ».

À la même époque, le milieu des affaires de Saint-Jean fut saisi d'une autre question importante, soit la rédaction, en 1874, d'un traité de réciprocité avec les États-Unis [V. George Brown*]. Dès le mois d'août de cette année-là, le Board of Trade avait formé deux comités pour étudier la proposition. Les manufacturiers et les marchands reconnurent que la réciprocité allait permettre aux États-Unis de « submerger [leurs] industries naissantes » et, à la fin de décembre, l'organisme approuva la proposition de Fairweather de demander au Parlement de ne pas donner son assentiment au traité. Le mois suivant, la Chambre de commerce de la Puissance vota également contre le traité au cours d'une réunion où l'on élut Fairweather président. Son mandat dura apparemment moins de deux ans.

Les questions de réciprocité et de protection et les affrontements patronaux-syndicaux illustrent bien la situation nouvelle dans laquelle se trouvait Saint-Jean après la Confédération. Toutefois, malgré leur importance, elles furent reléguées dans l'ombre par la nécessité primordiale et immédiate de déterminer le rôle que jouerait le port de Saint-Jean au sein de la nouvelle nation et de son réseau de transport. Tout au long des années 1880, Fairweather et certains de ses concitoyens cherchèrent par tous les moyens à faire en sorte que leur ville devienne le terminus de l'Est du chemin de fer canadien du Pacifique. La Confédération, croyaient-ils, profiterait à Saint-Jean si le port disposait des installations nécessaires à l'exportation du grain en provenance des autres régions du Canada. Fairweather fut donc l'un des premiers à préconiser la construction d'élévateurs à grain, ce qui allait contribuer à faire de Saint-Jean le port d'hiver du Canada à la fin du XIXe siècle et au début du XXe. Pour Fairweather, l'union avec les autres provinces était une occasion de favoriser le commerce est-ouest. Dans une communication qu'il fit au Board of Trade en 1885, il demandait : « Qu'avons-nous fait toute notre vie avant de prendre la farine de l'Ontario ? Seulement envoyer de l'or à New York pour elle. Ma propre entreprise a envoyé un tiers de million de dollars par an en or pour des céréales panifiables importées de là. »

Fairweather prit une part active aux affaires politiques de son époque. Avant la Confédération, il avait adhéré au parti libéral, peut-être à cause du *Morning News* de George Edward FENETY, qui dirigeait les attaques journalistiques des libéraux, peut-être aussi parce que c'était là un moyen pour un jeune homme sans fortune de se tailler une place dans la société. Il appuya le mouvement en faveur de la Confédération et devint plus tard un membre dévoué du parti conservateur du Canada.

On croit que c'est Fairweather qui suggéra le nom de *Daily Sun* pour le quotidien conservateur que les tenants de ce parti souhaitaient fonder à Saint-Jean en prévision des élections fédérales de 1878. Par après, il fit partie du premier comité de direction de ce journal et contribua sans aucun doute à définir sa politique éditoriale. Cependant, quoiqu'il se soit toujours intéressé à la politique, jamais il ne se porta candidat à un poste électif. Cette surprenante distance à l'égard de la vie publique, chez un homme que tous estimaient « de manières affables et de tempérament jovial », tient peut-être au fait que, comme on le souligna dans sa notice nécrologique du *Daily Sun,* il « n'était pas enclin à parler en public ».

Charles Henry Fairweather fit également la preuve de son sens civique dans un grand nombre d'activités à caractère communautaire. Ainsi fut-il, à divers moments, membre du conseil de la congrégation St John (Stone), membre de la Church of England's Young Men's Society et membre du conseil des commissaires d'école de la ville. Trésorier de la Saint John Relief and Aid Society – constituée après l'incendie de 1877 [V. Sylvester Zobieski Earle*] dans lequel, comme tant d'autres, il avait beaucoup perdu –, il fut aussi durant plusieurs années l'un des administrateurs de la Bank of New Brunswick. Comme plusieurs marchands de Saint-Jean, il s'occupa de la construction des chemins de fer de la province. Sa maison, l'une des élégantes demeures construites après l'incendie, s'élevait comme un témoignage visible de ce que lui et d'autres avaient fait pour conserver à la ville de Saint-Jean son importance.

ELIZABETH W. MCGAHAN

City of Saint John, N.-B., City Clerk's Office, Common Council, minutes, 23 juin 1892 (mfm aux APNB). — Musée du N.-B., Fairweather family, CB DOC ; Hazen family papers, box 10, F9, n° 7. — Saint John Regional Library, « Biographical data relating to New Brunswick families, especially of loyalist descent », D. R. Jack, compil. (4 vol., copie dactylographiée), 2 : 43. — Stewart, *Story of the great fire.* —*Daily Telegraph* (Saint-Jean), 13 juin 1894. — *St. John Daily Sun,* 13 juin 1894. — *Saint John Globe,* 13 juin 1894. — *The city of Saint John* (Saint-Jean, 1908 ; copie au Musée du N.-B.), 84. — E. W. McGahan, « The port in the city : Saint John, N.B. (1867–1911) and the process of integration » (thèse de PH.D., Univ. of N.B., Fredericton, 1979), 191–193, 329, 761, 764, 769 ; *The port of Saint John* [...] (1 vol. paru, Saint-Jean, 1982–). — MacNutt, *New Brunswick,* 291–293, 394–402.

FATHER OF MANY CHILDREN. V. ONISTA'POKA

FAUCHER DE SAINT-MAURICE, NARCISSE-HENRI-ÉDOUARD, littérateur, officier, fonctionnaire, homme politique et journaliste, né le 18 avril 1844 à Québec, fils de Narcisse-Constantin Faucher, avocat, et de Catherine-Henriette Mercier ; le 25 mai 1868, il épousa au même endroit Joséphine Berthelot, nièce de sir Louis-Hippolyte La Fontaine* ; décédé le 1er avril 1897 dans sa ville natale.

Narcisse-Henri-Édouard Faucher passe son enfance à Québec, fait ses études classiques au petit séminaire de Québec (1853–1859) puis à Sainte-Anne-de-la-Pocatière (La Pocatière) (1860). Élève indiscipliné, il entre en qualité de clerc au cabinet des avocats Henri Taschereau et Ulric-Joseph TESSIER. Cependant, la carrière des armes l'intéresse davantage et, à 18 ans, il publie un opuscule intitulé *Organisation militaire des Canadas. L'ennemi ! L'ennemi !,* sous le pseudonyme Un carabinier. En réalité, cette brochure lui sert de tremplin pour accéder à la profession d'homme de lettres. En s'inspirant du nom patronymique de son ancêtre Léonard Faucher, dit Saint-Maurice, il signe pour la première fois la dédicace que porte sa plaquette de « Faucher de Saint-Maurice », surnom qui lui accorde un vernis de distinction et une noble prestance.

Toujours passionné de gloire militaire, Faucher publie *Cours de tactique* en 1863, juste avant de s'enrôler dans le corps expéditionnaire français envoyé au Mexique pour lutter contre Benito Juárez García. Cette aventure a quelque chose de donquichottesque car, inconsciemment, Faucher vient appuyer une mauvaise cause. Fait inusité, le jeune officier rencontre là-bas un compatriote, Honoré Beaugrand*, futur maire de Montréal. Il quitte définitivement Veracruz en juin 1865, après avoir reçu des mains de l'empereur Maximilien la médaille du Mexique et la croix de l'ordre militaire de Guadalupe.

De retour à Québec, Faucher est nommé, en 1867, greffier des projets de loi d'intérêt privé au Conseil législatif, nouvellement créé. Cette fonction peu accaparante, qu'il occupe pendant 14 ans, lui permet de se livrer en toute liberté au journalisme et à la littérature. À l'instar de son confrère Joseph-Étienne-Eugène Marmette ou de bien d'autres fonctionnaires écrivains à cette époque – Benjamin Sulte*, Napoléon Legendre*, Alfred Duclos* De Celles, Alphonse Lusignan et James MacPherson Le Moine*, pour ne nommer que ceux-là – Faucher profite de sa situation pour entreprendre la rédaction d'ouvrages littéraires, destinés d'abord aux lecteurs de périodiques. C'est ainsi qu'il publie des contes, des essais et des récits de voyage dans la *Revue canadienne* (1866–1870), *l'Opinion publique* (1871–1872) et *la Minerve* (1868–1870). Dans une conférence prononcée en 1866 devant la Société littéraire et historique de Québec, intitulée « De la mission de l'homme de lettres dans la société moderne », le jeune écrivain déplore les effets néfastes de la « mauvaise » littérature – surtout le roman – et formule des principes qui guideront toute son œuvre : « imprimer un cachet de pureté à notre littérature née d'hier [...] éloigner de cet enfant chéri tout ce qui plus tard pourrait le souiller et l'entacher ». Pareille attitude censoriale ne doit pas étonner à cette époque, compte tenu que la littérature, dominée par les conservateurs, devait défendre des principes moraux et servir l'ordre établi.

La carrière littéraire de Faucher démarre véritablement en 1874. Il réunit ses écrits épars en une série de quatre volumes et 1 000 pages de texte : *À la brunante* [...], un recueil de contes, légendes et récits, puisés dans la tradition populaire ; *De Québec à Mexico* [...], deux tomes de souvenirs militaires ; enfin, *Choses et Autres* [...], une collection d'écrits de circonstance (conférences et critiques littéraires) consacrés aux œuvres canadiennes. Ce tour de force éditorial a été rendu possible grâce à la débrouillardise de l'auteur et à l'appui financier de plus de 500 souscripteurs. Si la critique a reproché à l'essayiste sa prolixité, son esprit brouillon et son penchant à vanter ses connaissances bibliographiques, en revanche, elle a été unanime à reconnaître ses talents de conteur, même si un parti pris trop prononcé en faveur des « bonnes lectures » obligeait l'auteur à faire triompher la morale et à briser parfois le fil du récit.

Fort de sa réussite auprès du public lecteur, Faucher publie, en 1877, *De tribord à bâbord* [...], récit de trois croisières sur un vapeur dans le golfe du Saint-Laurent en 1874. Cet ouvrage et son recueil de contes, rebaptisé *À la veillée* [...], feront l'objet de plusieurs rééditions du vivant de l'auteur et deviendront de véritables succès de librairie. En décembre 1881, à la surprise de son entourage, le fonctionnaire délaisse sa sinécure pour se lancer, comme son père l'avait fait avant lui, en politique provinciale. Élu député conservateur de la circonscription de Bellechasse, il siège à l'Assemblée législative jusqu'en 1890. L'année même de son élection, il représente le Canada et la province de Québec au troisième congrès international de géographie, tenu à Venise. En 1888, il va en France et se rend jusqu'en Algérie et en Tunisie. Les résultats de ces pérégrinations sont consignés sous forme de notes de voyage en 1889 dans *Loin du pays, souvenirs d'Europe, d'Afrique et d'Amérique*. Voyageur infatigable, en 1888 il a publié *En route ; sept jours dans les provinces Maritimes* où il relate une excursion effectuée avec le syndicat de la presse.

Dans l'intervalle, en 1881, Faucher a été nommé chevalier de la Légion d'honneur, en récompense de services rendus à la France. La même année, le gouverneur général, le marquis de Lorne [Campbell*], lui demande de collaborer à la création d'une académie : la Société royale du Canada [V. sir John William DAWSON]. Bien perçu par ses pairs du milieu intellectuel, Faucher préside au choix d'une vingtaine d'éminents sociétaires canadiens-français. Il livre le discours d'inauguration de la section française des humanités à la séance d'ouverture, le 25 mai 1882. Malgré ses nombreuses occupations, il ne délaisse pas pour autant la vie journalistique : rédacteur au *Journal de Québec* de 1883 à 1885, il passe au *Canadien,* sous la direction de Joseph-Israël Tarte*, en 1885–1886. Entre-temps, il collabore sporadiquement à *la Presse* (1884, 1885, 1889) et à *l'Événement,* tout en s'acquittant de ses obligations envers les électeurs de Bellechasse.

Membre de plusieurs sociétés littéraires, dont la Société des gens de lettres de France, et leur représentant officiel en Amérique du Nord, Faucher est souvent appelé à jouer un rôle d'ambassadeur culturel auprès de visiteurs étrangers au Québec. En retour, au cours de ses voyages en Europe, il tente d'introduire des œuvres canadiennes. Ces tentatives de rapprochements culturels ne seraient pas étrangères à l'attribution de prix de l'Académie française à Henri-Raymond Casgrain* (pour ses études historiques) ou à Louis-Honoré Fréchette* (pour ses recueils poétiques).

Défait aux élections provinciales de mai 1890, Faucher se fait nommer greffier des procès-verbaux au Conseil législatif, poste qu'il conserve jusqu'à sa mort. Il poursuit son œuvre journalistique en rédigeant des chroniques pour *le Monde illustré* (1891–1892) et des études pour *la Revue nationale* (1895–1896). Ses dernières publications portent sur la langue française, notamment *la Question du jour : resterons-nous français ?* qui paraît en 1890.

L'œuvre complète de Narcisse-Henri-Édouard Faucher de Saint-Maurice compte près de 5 000 pages, ce qui le range parmi les littérateurs canadiens-français les plus féconds du XIXe siècle. Néanmoins, les historiens de la littérature le relèguent habituellement parmi les écrivains de seconde zone, parce qu'il n'a pas laissé d'ouvrages vraiment substantiels. Probablement à cause de son tempérament spontané et un peu désordonné, ses essais, souvenirs et récits de voyage donnent l'impression d'avoir été rédigés à la hâte. Laurent-Olivier David*, ancien confrère à *l'Opinion publique,* résumait bien l'idée qu'on se faisait de lui : « Cet homme d'esprit avait une manie, la manie des grandeurs, la passion des honneurs, des décorations et un désir insatiable de se singulariser, qui lui a fait perdre une partie de sa vie à mystifier ses contemporains. »

KENNETH LANDRY

Le discours d'inauguration de la section française de la Société royale du Canada que Narcisse-Henri-Édouard Faucher de Saint-Maurice a prononcé a paru dans SRC *Mémoires,* 1re sér., 1 (1882–1883), sect. I : 13–19. Sur l'œuvre de Faucher, on consultera : Raoul Renault, *Faucher de Saint-Maurice : son œuvre* (Québec, 1897) et *DOLQ,* 1.

ANQ-Q, CE1-1, 19 avril 1844, 25 mai 1868, 5 avril 1897. — *Cyclopædia of Canadian biog.* (Rose et Charlesworth), 1 : 277. — J. Desjardins, *Guide parl.,* 185. — Le Jeune, *Dictionnaire,* 1 : 619. — *RPQ.* — Wallace, *Macmillan dict.* — L.-O. David, *Souvenirs et Biographies, 1870–1910* (Montréal, 1911), 127–134. — Alfred Duclos De Celles, « Souvenirs », *Almanach du peuple,* 1905 : 268–276. — Edmond Lareau, *Histoire de la littérature canadienne* (Montréal, 1874), 320–322. — Serge Provencher, « Présentation », N.-H.-É. Faucher da Saint-Maurice, *Contes et Récits* (Montréal, [1977]), 5–19. — L.-H. Taché, « Faucher de St-Maurice », *les hommes du jour : galerie de portraits contemporains,* L.-H. Taché, édit. (32 sér. en 16 vol., Montréal, 1890–[1894]), sér. 1. — « La Famille Berthelot d'Artigny », *BRH,* 41 (1935) : 15. — Gérard Parizeau, « Faucher de Saint-Maurice : écrivain, journaliste, député, président de la section française de la Société royale du Canada », SRC *Mémoires,* 4e sér., 7 (1969), sect. I : 207–230. — Charles Robillard, « Réminiscences d'un vieux journaliste ; galerie nationale ; Faucher de Saint-Maurice », *la Patrie,* 20 déc. 1942 : 17–18. — P.-G. Roy, « le Lieu de naissance de Faucher de Saint-Maurice », *BRH,* 29 (1923) : 33–35. — J.-B. Bérard, « Étude littéraire : M. Faucher de St. Maurice », *Rev. canadienne,* 11 (1874) : 914–926. — Paul de Cazes, « Pour Faucher de Saint-Maurice », *la Rev. des deux Frances* (Paris), 1 (oct. 1897) : 22–24.

FAUVEL, WILLIAM LE BOUTILLIER, commerçant, homme politique et fonctionnaire, né le 5 janvier 1850 à Percé, Bas-Canada, fils de John Fauvel et d'Henriette-Marie Le Boutillier ; le 11 avril 1881, il épousa Emma Du Heaume ; décédé le 8 février 1897 à Paspébiac, Québec.

William Le Boutillier Fauvel est issu d'une famille de marchands engagés dans le commerce de la morue. Son père, d'abord gérant de la Charles Robin and Company [V. Charles Robin*] à Percé, de 1833 à 1850, s'établit ensuite à Pointe-Saint-Pierre où il fonde sa propre entreprise commerciale, la John Fauvel and Company, en 1854. Même s'il n'est pas certain que sa mère soit la sœur de John Le Boutillier*, il reste que ces deux familles de marchands sont de plus en plus étroitement associées économiquement au moins, par suite du mariage en 1855 d'un fils de Le Boutillier avec une fille de John Fauvel.

Élevé dans un milieu propice à la fois à l'apprentissage du commerce et au développement d'un intérêt pour l'action politique, Fauvel travaille, dès son adolescence, pour son père, mais il n'assume pas de fonction importante à ce moment. La John Fauvel and Company est dirigée exclusivement par son fondateur ; relativement modeste, elle ne possède que deux petits établissements de pêche, à Pointe-Saint-Pierre et à Saint-Georges-de-la-Malbaie (Saint-Georges-de-Malbaie), et un troisième, sur la Côte-Nord cette fois, mis sur pied vers 1865 à Longue-Pointe-de-Mingan.

John Fauvel se retire en 1879 à Saint-Hélier, dans son île natale de Jersey, et vend l'actif de son entreprise en trois parts indivises à ses fils John Bertram, George Philip et William. Tandis que les deux aînés dirigent la compagnie à partir de Pointe-Saint-Pierre, William demeure à Paspébiac. En 1885, grâce au rachat de la part de John Bertram, William et son autre frère deviennent propriétaires de la compagnie à parts égales.

Toutefois, en 1886, William Fauvel est nommé procureur des créanciers de la Le Boutillier Brothers [V. David Le Boutillier*], compagnie en liquidation par suite de son association avec la Jersey Banking Company, de Saint-Hélier, laquelle a déclaré faillite. Amené à gérer l'entreprise pendant la période de transition entre les anciens et les nouveaux propriétaires, Fauvel ne tarde pas à en découvrir l'ampleur et la solidité. À l'été de 1888, il visite les établissements et les stations de pêche de la compagnie le long de la côte du Labrador et de la baie des Chaleurs, et il décide de s'associer à un groupe de financiers de Québec pour la racheter. Résidant à Paspébiac, où se trouve le siège social de ce qui est devenu la Le Boutillier Brothers Limited, Fauvel en est le premier gérant général. En 1889, comme il a perdu tout intérêt à la John Fauvel and Company, il se dessaisit de sa part au profit de son frère George Philip.

Les intérêts de Fauvel le portent cependant davantage vers la politique. Déjà, il a été élu maire de New Carlisle, il a effectué plusieurs séjours à l'étranger, notamment en Norvège, à titre d'expert dans le domaine des pêches, et il a été nommé vice-consul du Portugal à Paspébiac. En 1891, élu député libéral de Bonaventure au Parlement fédéral, il l'a emporté contre le représentant de cette circonscription depuis 1882, Louis-Joseph Riopel, gérant de la Compagnie du chemin de fer de la baie des Chaleurs [V. Honoré Mercier ; Théodore Robitaille]. Il a bénéficié de l'appui du premier ministre Mercier, qui est aussi le député provincial de Bonaventure. L'année suivante, ce dernier prie Fauvel, à l'occasion des élections provinciales, de tenter de contrer les projets de ses adversaires conservateurs dans la région et de rétablir la confiance dans l'intégrité de son gouvernement. Mercier est réélu, mais le gouvernement est défait. Homme de confiance de Mercier, Fauvel est aussi l'organisateur de François-Xavier Lemieux*, qui brigue les suffrages à l'élection provinciale partielle tenue dans Bonaventure en 1894 par suite de la mort de Mercier ; il semble avoir été le principal artisan de cette victoire libérale. En 1896, Fauvel est à son tour réélu dans sa circonscription sous la bannière libérale.

À partir de 1895, la santé de William Le Boutillier Fauvel a commencé à donner des signes d'inquiétude.

Il songe à effectuer un long séjour de repos à l'étranger, mais ses nombreuses tâches l'accaparent. Il meurt le 8 février 1897 à Paspébiac, en laissant vacant son siège à la chambre des Communes. Il est inhumé le 10 février par le ministre de l'Église d'Angleterre de New Carlisle et de Paspébiac. À l'été suivant, on érige un monument à la mémoire de Fauvel à New Carlisle.

ANDRÉ LEPAGE

AC, Bonaventure (New Carlisle), État civil, Anglicans, New Carlisle, 8 févr. 1897. — AN, MG 27, I, E3. — ANQ-Q, P1000-37-701. — BE, Gaspé (Percé), reg. B, 11, n° 123 : 110 ; 13, n° 301 : 264 ; 14, n° 4 : 4 ; 15, n° 126 : 106 ; 19, n° 884 : 850. — J.-P. Le Garignon, « la Famille Le Bouthillier (quelques documents généalogiques) », *Gaspésie* (Gaspé, Québec), 17 (1979) : 163–173. — *Canadian directory of parl.* (Johnson). — J. Desjardins, *Guide parl.* — P.-G. Roy, « les Monuments commémoratifs de la province de Québec », *BRH*, 30 (1924) : 36. — Jules Bélanger *et al.*, *Histoire de la Gaspésie* (Montréal, 1981). — Pierre Rastoul et Chantal Soucy, « le Site de Pointe-Saint-Pierre, municipalité de Percé, comté de Gaspé-Est [...] » (copie dactylographiée, Gaspé, 1981), 75–85. — Rumilly, *Mercier et son temps*, 2.

FENELON, MAURICE, professeur, libraire, homme politique et fonctionnaire, né en 1834 dans le comté de Carlow (république d'Irlande) ; il épousa Ellen Kitchen de St John's, et ils eurent un fils ; décédé le 31 janvier 1897 à St John's.

Maurice Fenelon, titulaire d'un certificat d'enseignant de première classe décerné par l'Irish Board of National Education, s'embarqua en 1856 pour St John's où il allait devenir maître d'anglais et de mathématiques au St Bonaventure's College, école catholique pour garçons fondée cette année-là. Plus tard, l'un de ses élèves allait dire de lui qu'il appliquait une « discipline rigoureuse [et] insistait pour que tous les règlements de l'établissement soient suivis à la lettre », mais que néanmoins il « pouvait faire une farce ou un jeu de mots ». Il quitta le collège en 1867 pour les États-Unis, où il vécut peut-être trois ans. En 1870, il était de retour à St John's et il reprenait l'enseignement l'année suivante à la St John's Academy. À la même époque, il appliquait ses connaissances littéraires au commerce plus lucratif des livres et de la papeterie. En qualité de propriétaire du « Catholic and General Book-Store, Cheap Stationery Warehouse and News Depot », il allait vendre, entre autres marchandises, des « instruments de musique, cannes, articles religieux, images et chapelets » jusqu'à ce que le grand incendie de 1892 rase son magasin de la rue Water, en même temps qu'une grande partie de la ville.

Le maître d'école devenu libraire semble avoir eu des intérêts aussi variés que le stock de son magasin. Élu sans opposition à l'Assemblée législative de Terre-Neuve à l'occasion d'une élection partielle dans St John's West en 1871, comme partisan de Charles James Fox Bennett*, Fenelon serait réélu aux trois élections suivantes. Aux élections générales de 1869, Bennett, qui était protestant, avait réussi malgré le sectarisme qui hantait la politique terre-neuvienne à former une précaire coalition de protestants et de catholiques opposés à la Confédération, que défendait Frederic Bowker Terrington CARTER. Fenelon avait été porté par la vague hostile au projet confédératif en 1871 mais, aux élections générales de 1873, la crise était passée et, comme le vote se répartissait plus traditionnellement selon les confessions religieuses, l'alliance formée par Bennett eut du mal à remporter la victoire. Après le départ de plusieurs membres de son parti, ce dernier démissionna au début de l'année suivante et, à l'automne, on porta au pouvoir le parti protestant de Carter.

Aux élections de 1878, Carter et Bennett avaient tous deux quitté la scène politique, et le nouveau dossier d'un chemin de fer dans l'île réunit encore une fois protestants et catholiques au sein de l'Assemblée. Fenelon se trouva alors dans l'inconfortable situation d'avoir à s'opposer au parti de William Vallance Whiteway*, que l'on associait aux causes traditionnellement défendues par les libéraux catholiques. Avant la fin de l'année, il avait démissionné et, en mai 1879, il remplaça Michael John Kelly* au poste d'inspecteur catholique des écoles. Durant les sept années suivantes, Fenelon consacra ses énergies à son travail d'inspecteur des écoles, à son magasin et à la Benevolent Irish Society, organisme qu'il avait présidé de 1874 à 1879 et auquel il adhéra toute sa vie. Cela ne l'empêchait pas de se rendre compte qu'en politique le feu couvait sous la cendre.

En 1882, un raz-de-marée électoral qui fit disparaître temporairement les barrières religieuses porta le parti de Whiteway au pouvoir, et mit en minorité le *New Party* pro-protestant de James Johnstone Rogerson*. Cependant, la violence sectaire explosa de nouveau en décembre de l'année suivante, dans le village de Harbour Grace : une bataille entre protestants et catholiques au cours d'un défilé orangiste fit cinq morts. Comme on craignait d'autres troubles, on demanda à l'Amirauté britannique d'envoyer sur les lieux un navire de guerre. Nerveux, les protestants de la colonie firent front commun contre la minorité catholique et contre Whiteway, qu'ils tinrent responsable de l'acquittement des 19 accusés en 1884–1885 [V. Robert John KENT]. Whiteway donna sa démission en octobre 1885 et Robert Thorburn* mit sur pied une coalition de protestants qui, sous le nom de parti réformiste, formèrent le gouvernement. Aux élections générales suivantes, marquées par une grande animosité religieuse, les réformistes battirent les libéraux de sir Ambrose Shea* ; l'Assemblée se retrouva divisée selon des lignes confessionnelles rigoureuses, et aucun député catholique n'était du côté du gouvernement. Comme le premier ministre Thorburn craignait l'accroissement de l'antagonisme religieux et peut-être d'autres effusions de sang, il se tourna vers Maurice Fenelon. Ce dernier était, semble-t-il, l'homme de la situation et il possédait un atout non négligeable : il était catholique.

Pour restaurer une certaine paix religieuse au gouvernement et dans la colonie, Thorburn demanda donc à Fenelon et à son coreligionnaire libéral William J. S. Donnelly de faire partie de son équipe. Fenelon, qui ne siégeait pas à la chambre, fut assermenté au poste important de secrétaire de la colonie le 26 juillet 1886 et nommé au Conseil législatif. Le nouveau gouverneur, sir George William Des Vœux*, écrivit au ministère des Colonies que le choix de ces deux hommes « éminemment compétents » marquait la diminution des tensions religieuses et laissait pressentir « la fin de l'extrême animosité sectaire qui a[vait] caractérisé la politique de la colonie depuis quelques années ». La nomination n'eut pas seulement pour effet d'apaiser les catholiques – indice du respect qu'on portait à Fenelon –, elle incita également tous les députés catholiques, sauf trois, à se ranger du côté de Thorburn même avant la rentrée parlementaire. Ce précédent qu'on venait d'établir en matière de représentation confessionnelle deviendrait un modus vivendi pour presque tous les gouvernements suivants.

Fenelon, à titre de secrétaire de la colonie, participa aux délicates négociations internationales qui menèrent à l'adoption du *Bait Act* en 1888 [V. Robert Stewart MUNN]. De nouvelles controverses et de vieux hommes politiques allaient cependant mettre le parti de Thorburn en déroute l'année suivante. Aux élections générales, Whiteway quitta sa retraite pour prendre la direction des libéraux, qui avaient fait peau neuve, et pour lancer les habituelles accusations de corruption contre les titulaires de postes publics ; les réformistes furent presque anéantis. Candidat dans Harbour Main, Fenelon fut défait par près de dix voix contre une par ses deux adversaires libéraux.

Maurice Fenelon ne retourna à ses livres que pour quelque temps. En 1892, le feu détruisit sa boutique et, l'année suivante, on le persuada de se représenter comme député, cette fois sous la bannière tory dans St John's East. Les libéraux furent réélus, mais des accusations de corruption électorale amenèrent Whiteway à remettre sa démission. Pendant que les tribunaux étudiaient l'affaire, on demanda en avril 1894 au chef conservateur Augustus Frederick Goodridge* de former le gouvernement, et Fenelon, qui avait été défait aux élections, fut invité à reprendre son siège au Conseil législatif, ce qu'il fit le 7 août. Whiteway redevint par la suite premier ministre mais Fenelon conserva son poste au conseil. En décembre, alors qu'on se ressentait encore de l'incendie de 1892 et de la crise politique, survint l'effondrement des principales banques de la colonie ; Fenelon, qui était alors un homme politique chevronné, fut nommé syndic de la défunte Commercial Bank of Newfoundland. À sa mort en 1897, il était toujours conseiller législatif, et les journaux firent remarquer qu'on avait pour ainsi dire donné à ce pionnier de l'enseignement et pacificateur politique des obsèques nationales.

ROBERT D. PITT

PRO, CO 194/209 : 151–152 ; CO 199/83–90 (copie aux PANL). — T.-N., Legislative Council, *Journal*, 1886–1894. — *Daily News* (St John's), 1er, 3 févr. 1897. — *Evening Herald* (St John's), 31 janv. 1895, 1er févr. 1897. — *Evening Telegram* (St John's), 1er févr. 1897. — *Encyclopedia of Nfld.* (Smallwood *et al.*), 1 : 679–749. — *Nfld. men* (Mott), 59. — *Nfld. year book and almanac*, 1870–1892. — *Who's who in and from Newfoundland* [...] (St John's 1927), 224. — *Centenary volume, Benevolent Irish Society of St John's, Newfoundland, 1806–1906* (Cork, république d'Irlande, [1906]), 134–135. — Hiller, « Hist. of Nfld ». — F. W. Rowe, *A history of Newfoundland and Labrador* (Toronto, 1980). — Harvey Mitchell, « The constitutional crisis of 1889 in Newfoundland », *Canadian Journal of Economics and Political Science* (Toronto), 24 (1958) 323-331. — *Parsons' Xmas Annual* (St John's), 1907 : 13–16.

FENERTY, CHARLES, inventeur, poète, agriculteur et fonctionnaire, né en janvier 1821 à Springfield Lake, Nouvelle-Écosse, fils de James Fenerty et d'Elizabeth Lawson ; il épousa Ann Hamilton, de Falmouth Village (Upper Falmouth, Nouvelle-Écosse), et ils n'eurent pas d'enfants ; décédé le 10 juin 1892 à Sackville, Nouvelle-Écosse.

Charles Fenerty grandit dans la vaste ferme et les boisés que sa famille possédait sur la route de Windsor, près de Sackville. La famille exploitait trois scieries à l'ancienne, et le jeune garçon était fasciné par l'aspect mécanique des opérations. Il semble que c'est au cours d'une visite à la papeterie Holland, près de Bedford Basin [V. Anthony Henry Holland*], qu'il prit conscience des difficultés qu'éprouvaient les propriétaires des papeteries de la région à obtenir un approvisionnement régulier de chiffons dont on faisait le papier à l'époque. D'un naturel observateur et curieux, il releva le défi de trouver un moyen de fabriquer du papier à partir du bois. L'expérience était réalisable et arrivait à point nommé, puisque la demande croissante de papier de la part des imprimeurs et des propriétaires de journaux d'Europe et d'Amérique du Nord dépassait la quantité de chiffons disponible.

On a ébauché plusieurs théories pour tenter d'expliquer comment Fenerty eut un jour l'idée de fabriquer du papier à partir du bois. Titus Smith*, naturaliste et ami de la famille, avait écrit un ouvrage sur l'utilité possible de l'épinette. Il se peut que Fenerty ait tenté l'expérience avec du bois parce qu'à l'instar du lin et du coton, présents dans les chiffons, il s'agissait d'une fibre végétale ; il arrêta son choix sur l'épinette, qu'il jugea assez tendre pour être convertie en « papier de pâte », selon sa propre expression. Peut-être est-ce l'observation des nids de guêpes, qui ressemblent au papier, qui mena Fenerty à la découverte du procédé. En fait, il est possible que les nids l'aient conduit à remarquer que diverses fibres végétales pouvaient donner un matériau semblable au papier. Mais la théorie la plus plausible est que l'idée vint au jeune Fenerty durant les longues heures qu'il passait dans les scieries, à regarder les lourds cadres de bois auxquels les scies étaient fixées monter puis retomber le long d'une glissière de bois. La friction constante du bois contre le bois au cours du mouvement de va-et-vient produisait en petite quantité une substance floconneuse. Fenerty pensa peut-être alors que cette fibre, une fois aplatie et façonnée, pourrait servir à la fabrication du papier. Selon la tradition, en 1838 ou 1839, à l'âge de 17 ou 18 ans, il montra un petit échantillon de son « papier de pâte », probablement obtenu grâce au procédé qu'il allait ensuite appeler le « grattage » du bois, à Charles Hamilton, beau-frère de son épouse. Sa découverte aurait donc été antérieure à celle de Friedrich Gottlob Keller, tisserand allemand, inventeur du procédé de fabrication du papier à partir de la pâte mécanique dans les années 1840 [V. Alexander BUNTIN]. Malheureusement pour sa notoriété future, Fenerty ne rendit ses découvertes publiques que le 26 octobre 1844, par une lettre publiée dans l'*Acadian Recorder*. Il écrivait qu'un échantillon, qu'il avait joint à sa lettre, « lequel [était] aussi ferme, aussi blanc et, selon toutes les apparences, aussi durable que le papier d'emballage courant fait de chanvre, de coton ou des matériaux ordinaires de fabrication, [était] fait en réalité de bois d'épinette réduit en pâte et soumis au même traitement que le papier ».

Nul ne tira profit, en Nouvelle-Écosse, de la découverte de Fenerty. L'inventeur orienta par la suite sa créativité vers la poésie et écrivit entre autres *Betula nigra*, poème en l'honneur d'un grand bouleau noir qui poussait dans la ferme familiale. L'œuvre lui valut le premier prix de poésie à l'exposition industrielle de la Nouvelle-Écosse tenue en 1854 et fut publiée à Halifax l'année suivante. Dans une chanson (apparemment inédite) intitulée *Terra nova*, il exprima son opinion sur la Confédération, et *Essay on progress*, publié à Halifax en 1866, exaltait en vers la lutte des Italiens et des Polonais pour la liberté, ainsi que l'expansion du peuple britannique, de sa langue, de ses lois et de son industrie de par le monde. En 1888, le *Rockingham Sentinel* publia son poème *Passing Away*, écrit des années auparavant sur Prince's Lodge, propriété laissée à l'abandon à Rockingham après que le prince Edward* Augustus y eut vécu durant son séjour en Nouvelle-Écosse.

Au cours des années 1850, Fenerty avait émigré en Australie où il demeura plusieurs années, peut-être pour travailler dans les régions aurifères. À son retour en Nouvelle-Écosse et après son mariage avec Ann Hamilton, il se fit agriculteur dans la région de Sackville. Il fut également inspecteur de santé de son district pendant un certain nombre d'années, mesureur de bois en 1869, responsable de l'aide aux pauvres à plusieurs reprises entre 1870 et 1881 et receveur régional des impôts du comté de 1883 à 1890. Il participa à la vie religieuse de la congrégation anglicane de l'église St John's, à Sackville, à titre d'officiant laïque, et fut aussi un conservateur convaincu. Ardent défenseur de la tempérance, il s'éleva également contre l'usage du tabac à fumer.

Charles Fenerty était un homme bienveillant et réfléchi, mais quelque peu original. Plusieurs anecdotes sur sa distraction subsistent encore. Ainsi avait-il l'habitude de rentrer à pied à la maison, après avoir fait quelque course, en oubliant sa voiture à l'endroit où il s'était arrêté. Un jour où il était particulièrement absorbé dans ses pensées, il fut incapable de se souvenir à quel arrêt, parmi plusieurs, il avait laissé sa voiture. Malgré ses particularités, ses voisins l'estimaient et l'on considère de nos jours qu'il fut probablement le fils le plus célèbre de Sackville.

TERRENCE M. PUNCH

DUA, MS 2-158 (Charles Fenerty, « Hid Treasure ; or, the Labours of a Deacon – and other poems » (vers 1900). — PANS, MG 1, 1854, F$\frac{1}{3}$, 6, 10, 21, 26. — *Acadian Recorder*, 26 oct. 1844, 19 juin 1847. — *Halifax Herald*, 13 juin 1892. — *Encyclopédie canadienne*. — A. E. Marble, *Nova Scotians at home and abroad, including biographical sketches of over six hundred native born Nova Scotians* (Windsor, N.-É., 1977), 158–159. — C. B. Fergusson, *Charles Fenerty ; the life and achievement of a native of Sackville, Halifax County, N.S.* (Halifax, 1955). — T. M. Punch, « Charles Fenerty (1821–1892), the Sackville papermaker », dans T. M. Punch, *Some sons of Erin in Nova Scotia* (Halifax, 1980), 83–89. — Shemas Hall, « Who invented mechanical wood pulp ? » *World's Paper Trade Rev.* (Londres), 62 (1914) : 1017–1019. — Gordon Minnes, « Progress with paper », *Atlantic Advocate* (Fredericton), 57 (1966–1967), n° 4 : 16–23. — N.-É., Provincial Museum and Science Library, *Report* (Halifax), 1927 : 27.

FENETY, GEORGE EDWARD, journaliste, éditeur, imprimeur, fonctionnaire, auteur et homme politique, né le 10 mars 1812 à Halifax, quatrième fils de William Fenerty, dessinateur et architecte, et de Mary Hall ; il épousa une dénommée Wallace, qui mourut en couches, puis le 30 septembre 1847, à New York, Eliza Ann Arthur, et ils eurent sept fils et quatre filles ; décédé le 30 septembre 1899 à Fredericton.

À 17 ans, après avoir étudié plusieurs années dans des écoles de Halifax, George Edward Fenety commença son apprentissage au *Novascotian, or Colonial Herald*, auprès de Joseph Howe*. Il y apprit plus que le métier de journaliste ; pendant cinq ou six ans, comme en témoigne la suite de sa carrière, Howe lui communiqua ses opinions politiques et son zèle réformiste.

En novembre 1835, Fenety partit pour New York. Un an plus tard, à Donaldsonville, en Louisiane, le *Planters' Advocate* l'embaucha ; il en devint bientôt l'un des propriétaires et l'adjoint au rédacteur en chef. Il vendit sa part du journal en 1839, et s'installa à Saint-Jean, au Nouveau-Brunswick. L'expérience acquise aux États-Unis lui servit : le 16 septembre 1839, avec l'aide de son frère William, il lança le *Commercial News and General Advertiser,* premier journal à deux sous des Maritimes, qui paraissait trois fois la semaine. Ce genre de journal, écrivait Fenety, était « l'ami du pauvre » ; il se faisait l'écho de la lutte que les gens du commun menaient contre la répression. Fenety lui-même considérait qu'il appartenait à cette catégorie : non seulement il dirigeait son journal, il en était aussi le typographe et l'imprimeur. Malgré la concurrence des hebdomadaires en place, il tint le coup. Moins de quatre mois après le lancement, il changeait de caractères d'imprimerie ; le 3 avril 1840, il augmentait le nombre de pages du journal et le rebaptisait *Morning News*. Sa publication contenait des rubriques d'intérêt local, des nouvelles internationales et un peu de fiction.

Fenety n'était ni un grand prosateur ni un grand rédacteur en chef ; son journal était fait à la va-vite, sans raffinement. Pour lui, c'étaient les idées qui comptaient. Il cherchait en vain, au Nouveau-Brunswick, les réformistes et les partis politiques qui caractérisaient la Nouvelle-Écosse et les États-Unis. Dans la colonie sœur, écrivit-il plus tard, la presse, « détenue par des hommes compétents, s'employait constamment à éduquer le pays ». Il décida donc de combler ce vide. Son journal prit pour devise *Réforme et gouvernement responsable*, ce qui représentait pour Fenety une indépendance quasi totale par rapport à l'Angleterre et la fin de l'oligarchie dans la colonie. En politique, il voulait l'extension du suffrage, le scrutin secret, des institutions municipales et la présentation des projets de loi de finances par l'exécutif plutôt que par des députés. En matière sociale, il se portait à la défense des opprimés. Selon lui, les écoles publiques et l'instruction des enfants noirs (exclus des écoles de la ville) étaient essentielles. Il prônait l'amélioration des conditions de travail des ouvriers, ainsi que la tempérance, mesure de réforme très populaire parmi les anglicans de la Basse Église de Saint-Jean, dont il était.

Fenety devint un ardent défenseur des intérêts de Saint-Jean. Il invectivait le conseil municipal, qui n'arrivait pas à améliorer les conditions de vie, par exemple à régler les problèmes posés par le dépotoir de King Square ou le système d'approvisionnement en eau. Il entra au Mechanics' Institute, qui réunissait presque tous les hommes influents de la ville. En 1849, il fit partie de la Rail-Way League, qui réclama la construction d'une ligne de chemin de fer d'abord entre Saint-Jean et Shediac, puis entre Saint-Jean et le Maine. Pendant un temps, son journal s'appela le *Morning News and New Brunswick Railway Advocate*.

Dès le début, Fenety s'intéressa surtout aux travaux de la chambre d'Assemblée de Fredericton ; si elle siégeait, il rapportait les débats trois fois la semaine, en les commentant. Bientôt, le *Morning News* fut le journal le plus lu de la province, même s'il n'était diffusé que dans les comtés du Sud. Homme d'affaires et journaliste averti, Fenety maintint l'avance du *Morning News* sur ses concurrents jusque dans les années 1860 grâce à un réseau de reporters dynamiques et à la modernisation continue de ses installations. Ainsi, en 1847, il fit installer une ligne télégraphique entre son journal et Fredericton. Le tirage hebdomadaire du *Morning News,* de 500 qu'il était à l'origine, atteignit près de 8 000 exemplaires en 1857.

Fenety conserva son indépendance durant toute sa carrière de journaliste, mais il avait des affinités avec les réformistes qui obtinrent finalement le gouvernement responsable en 1854. « Quoi ? *Enfin mort* ? » s'exclama-t-il d'un ton faussement incrédule quand l'ancien régime tomba. « Merveilleux ! » Le nouveau gouvernement de Charles Fisher* était « *libéral* jusqu'à la moelle ». Dans l'ensemble, les réformes de ce gouvernement satisfaisaient Fenety, même s'il n'aimait guère Fisher. Il lui préférait deux de ses amis, William Johnston RITCHIE et Samuel Leonard TILLEY, avec qui il avait travaillé, tout au long des années 1840, dans des organisations comme le Mechanics' Institute, la Rail-Way League et l'Église d'Angleterre. Néanmoins, Fenety combattit Tilley en plusieurs occasions, et surtout au sujet du *Prohibition Act* de 1855 qui, prédisait-il avec raison, aurait « des effets néfastes – ferait plus de mal que de bien ».

En 1857, grâce à Tilley, Fenety fit partie d'une commission qui recommanda la réforme administrative de l'asile, du pénitencier, de l'hôpital maritime et des phares de la province. Lorsque Tilley devint premier ministre, en 1861, on considéra le *Morning News* comme son porte-parole. En février 1863, Tilley fit nommer Fenety imprimeur de la reine, poste qu'il allait occuper avec ténacité jusqu'en 1895. Installé à Fredericton pour exercer cette fonction, il vendit le *Morning News* en 1865 à Edward WILLIS et à deux autres personnes. Cependant, il ne devint jamais un fonctionnaire silencieux. Il fit campagne pour la Confédération au milieu des années 1860 et, dans les années 1880, il s'opposa avec la même fermeté à la fédération impériale, notamment en publiant à Fredericton en 1888 un opuscule sur le manque de réalisme du projet.

Il semble que Fenety ait fini par se plaire à Fredericton, quoique peu après son déménagement il eût connu plusieurs malheurs, dont la mort de trois de ses enfants et de sa mère. Avec sa femme, Eliza Ann Arthur, et ses autres enfants, il s'établit dans une vaste propriété qu'il appela Linden Hall. Située juste en face de la cathédrale anglicane, elle devint un point de repère local, surtout après l'entrée de Fenety dans l'administration de Fredericton. Élu maire en 1877, année où les fonctionnaires municipaux s'installèrent dans le nouvel hôtel de ville, il fit don de son salaire annuel de 200 $ pour contribuer à l'installation, sur l'édifice, d'une horloge et d'une cloche d'une valeur de 2 320,62 $. À sa défaite, en janvier 1878, par trois voix, un groupe de citoyens reconnaissants lui firent remettre, par le professeur George Eulas Foster* de la University of New Brunswick, un surtout de table plaqué argent d'une valeur de 250 $. La même année, Fenety publia à Fredericton une brochure adressée à ses concitoyens, *The city hall clock* [...]. Réélu à la mairie en janvier 1884, il n'eut pas d'adversaires aux trois élections suivantes, mais ne se représenta pas en 1888. Embellir Fredericton était sa préoccupation première, et il contribua personnellement au financement de divers travaux publics comme la plantation d'arbres et l'installation d'une fontaine devant l'hôtel de ville.

Outre ses divers opuscules, Fenety écrivit plusieurs livres. En 1842, il publia à Halifax *The lady and the dress-maker ; or, a peep at fashionable folly* [...], roman banal sur un événement survenu à Saint-Jean. Son œuvre majeure, encore consultée de nos jours, parut à Fredericton en 1867 ; il s'agit de *Political notes and observations ; or, a glance at the leading measures that have been introduced and discussed in the House of Assembly of New Brunswick* [...]. Comme, à l'époque, les débats provinciaux n'étaient pas publiés, Fenety les avait reconstitués à partir des dossiers du *Morning News*. Ce livre, qui traite des années 1842 à 1854, est un collage d'articles entre lesquels Fenety expose ses vues sur la réforme et la responsabilité ministérielle. La suite, qui va jusqu'en 1860, parut en feuilleton dans le *Progress* de Saint-Jean en 1894. Une fois à la retraite, Fenety composa un médiocre portrait de son ancien mentor, *Life and times of the Hon. Joseph Howe* [...], qui parut à Saint-Jean en 1896.

George Edward Fenety mourut en 1899 après une brève maladie. Le *St. John Daily Sun* déclara alors que Fredericton perdait « l'un de ses citoyens les mieux connus et les plus estimés ». Il avait servi la collectivité dans plusieurs organismes, dont le conseil scolaire, la société historique, le bureau de santé et la Fredericton Society for the Prevention of Cruelty to Animals. Par le biais du *Morning News,* non seulement avait-il modifié les règles de la presse néo-brunswickoise, mais il avait contribué à la victoire d'un mouvement de réforme politique. Dans sa province, aucun journaliste de son époque n'est plus connu que lui.

CARL M. WALLACE

La deuxième partie de l'ouvrage de George Edward Fenety, *Political notes and observations*, a paru dans le *Progress* (Saint-Jean, N.-B.), 6 janv.–7 juill. 1894, sous le titre de « Political notes : a glance at the leading measures carried in the House of Assembly of New Brunswick, from the year 1854 ». Ces articles ont été réunis dans un album (Fredericton, 1894), dont des copies se trouvent au Musée du N.-B. et à la bibliothèque des AN ; l'album est aussi disponible sur microfiches (ICHM, *Reg.*, n° 06725.

En plus des brochures, des livres et des articles de journaux que George Edward Fenety a écrit, les sources énumérées ci-après ont été utiles dans la préparation de cet article.

AN, MG 24, B29 ; MG 27, I, D15. — Musée du N.-B., Tilley family papers. — *St. John Daily Sun,* 9 janv. 1885, 12 janv. 1886, 11 janv. 1887, 4 janv. 1888, 2 oct. 1899. — *Standard dict. of Canadian biog.* (Roberts et Tunnell), 2. — C. M. Wallace, « Saint John boosters and the railroads in mid-nineteenth century », *Acadiensis* (Fredericton), 6 (1976–1977), n° 1 : 71–91.

FENWICK, GEORGE EDGEWORTH, chirurgien, professeur, rédacteur en chef et auteur, né le 8 octobre 1825 à Québec, fils de Joseph Fenwick, assistant au maître du havre, et de Margaret Elizabeth Greig ; en 1852, il épousa Eliza Charlotte de Hertel, et ils eurent sept enfants dont un seul survécut à son père ; décédé le 26 juin 1894 à Montréal.

George Edgeworth Fenwick fréquenta d'abord l'école d'un prêtre anglican de Québec, le révérend James Ramsay. Il entreprit sa formation médicale dans cette ville auprès de James Douglas*. En 1841, il fut apothicaire à l'hôpital de la Marine et des Émigrés, sous les ordres de son frère Alexander Greig, qui y était interne en chirurgie. L'année suivante, il commença ses études de médecine au McGill College. Dès juin 1846, il satisfaisait à toutes les exigences nécessaires à l'obtention d'un diplôme, à l'exception d'une : il n'avait pas encore 21 ans. Ayant atteint cet âge en octobre, une assemblée spéciale de la communauté universitaire lui conférait le 29 janvier 1847 le titre de docteur en médecine. En mai, on le nomma apothicaire et interne en chirurgie au Montreal General Hospital. Toutefois, il se querella avec les autorités de l'hôpital parce qu'il gardait un chien dans sa chambre (au grand « déplaisir des domestiques ») et insistait pour manger seul à une table, si bien qu'à la fin de 1848 il ne travaillait plus à l'hôpital et avait son propre cabinet de médecine générale à Montréal. Il participa en 1850 à la fondation du dispensaire de Montréal, qui traitait les malades pauvres. L'année suivante, avec Robert Palmer Howard*, il devint instructeur à l'école de médecine de Saint-Laurent, à

Montréal ; il y enseignait la pharmacologie et la pharmacie. Ouverte pour concurrencer la faculté de médecine du McGill College, l'école ne dura qu'une session.

En 1864, Fenwick réintégra le Montreal General Hospital à titre de médecin traitant et, la même année, il devint démonstrateur d'anatomie au McGill College. Chirurgien à la Volunteer Militia Field Battery of Artillery of Montreal, il était de service pendant les raids féniens de 1866 et 1870. Même s'il avait continué à faire de la médecine générale, Fenwick était de toute évidence particulièrement doué pour la chirurgie. Le McGill College reconnut officiellement ce talent en le nommant, en 1867, professeur de chirurgie clinique et de médecine légale. Une fois que George William Campbell* eut pris sa retraite, nombreux furent ceux qui tinrent Fenwick pour le meilleur chirurgien de Montréal. En 1882, il devint chirurgien traitant au Montreal General Hospital et, par la suite, chirurgien en chef.

Fenwick acquit la plus grande partie de son expérience de chirurgien avant l'application des méthodes antiseptiques. Selon l'un de ses étudiants, Francis John Shepherd, il revêtait « une vieille redingote noire tachée de sang » pour pratiquer ses interventions. « Les seules précautions qui étaient prises [...] consistaient à se laver les mains ; les instruments et le patient ne faisaient pas l'objet d'un nettoyage particulier », notait Shepherd. Conscient des risques d'infection, Fenwick n'opérait cependant qu'après « mûre réflexion » et uniquement pour guérir, jamais pour explorer. Une fois qu'il avait décidé de faire une intervention, il se montrait « assuré », « bien au fait de l'anatomie » et « très pratique dans ses directives », de sorte qu'il obtenait « un taux de réussite bien plus élevé que ceux qui avaient des connaissances scientifiques plus poussées ». Shepherd faisait aussi observer que Fenwick méprisait les chirurgiens « qui se mêlaient de tout ». Après l'opération, il « ne se préoccupait pas beaucoup du cas, pouvait même s'absenter une journée, et pourtant le patient prenait du mieux ». Les chirurgiens plus empressés examinaient constamment la blessure, « comme s'ils déterraient une graine pour voir si elle poussait » ; il arrivait souvent que leurs patients meurent.

Afin de réduire le nombre des cas d'amputation au-dessus du genou, Fenwick commença, dans les années 1870, à pratiquer des excisions sur les os du genou. Le patient soumis à ce type d'intervention risquait fort d'avoir une infection postopératoire qui pouvait être mortelle. Fenwick excisait les parties atteintes de l'os ou des os et soudait ce qui restait. Selon Shepherd, son taux de réussite fut très faible avant 1877. C'est alors que Thomas George Roddick*, qui revenait d'étudier en Grande-Bretagne auprès de Joseph Lister, se mit à appliquer les méthodes antiseptiques de son maître au Montreal General Hospital. Malgré le scepticisme de quelques collègues, Fenwick adopta sans délai le « listérisme », et ses excisions commencèrent à être couronnées de succès. Fort de ces victoires, il lança une vigoureuse offensive contre les champions de l'amputation, surtout en publiant un ouvrage intitulé *Excision of the knee joint with report of twenty-eight cases*. Il se fit aussi connaître par l'excision de tumeurs malignes au rectum et par l'ablation de calculs urinaires et de grosses tumeurs au cou. On considéra comme novateurs plusieurs des nombreux articles qu'il publia sur ses méthodes chirurgicales. En outre, le musée de médecine du McGill College avait en lui un collectionneur passionné de spécimens pathologiques.

Fenwick s'intéressait à de nombreux aspects de la médecine et de la formation médicale. Sa vaste expérience de chirurgien impressionnait ses étudiants, à qui, d'après Shepherd, il enseignait à penser par eux-mêmes et à ne pas obéir servilement aux autorités. À compter de 1864, il fut, avec Francis Wayland Campbell*, rédacteur en chef du *Canada Medical Journal and Monthly Record of Medical and Surgical Science* de Montréal. Les deux hommes se séparèrent en 1872, peut-être à cause de leurs allégeances institutionnelles : la loyauté de Campbell allait à la faculté de médecine du Bishop's College. La même année, Fenwick fonda, toujours à Montréal, le *Canada Medical & Surgical Journal,* dont il fut rédacteur en chef jusqu'en 1879. Sa renommée et sa passion pour sa profession l'amenèrent à la présidence de la Montreal Medico-Chirurgical Society en 1876–1877, puis de l'Association médicale canadienne en 1881–1882. Pendant de nombreuses années, il représenta ses collègues montréalais au Collège des médecins et chirurgiens du Bas-Canada. Conservateur en politique, il avait à cœur les intérêts de l'Église anglicane ; ses liens avec la paroisse St John the Evangelist furent étroits et durables.

Fenwick était aimé de tous, y compris de ses étudiants, selon Shepherd, car il avait « une figure aimable et ouverte, et des manières charmantes et bienveillantes ». Il pouvait devenir irascible, mais il se montrait alors si pitoyablement honteux et s'excusait avec tant de cœur que « personne ne pouvait lui en vouloir longtemps ». Comme il ne se souciait jamais de l'heure, on le surnommait « the late Dr Fenwick » ; l'argent ne le préoccupait pas davantage, si bien qu'il était « toujours à sec ». Il présentait des comptes « quand il avait absolument besoin d'argent ». Un jour, après qu'il eut souffert d'une longue maladie, ses collègues rassemblèrent 1 000 $ pour qu'il prenne des vacances ; il prit 600 $ pour acheter un piano et, avec le reste, se rendit aussi loin qu'il le put. Vers la fin de sa vie, on pouvait le voir « se promener en voiture à Montréal, vêtu de son manteau de fourrure et se mouchant comme un stentor, avec une collection de mouchoirs bigarrés ». Il continua de pratiquer la chirurgie dans sa vieillesse, mais il avait perdu son assurance ; Shepherd affirme avoir dû parfois terminer une opération que Fenwick avait commencée.

Quand George Edgeworth Fenwick quitta McGill, en 1890, il était professeur émérite de chirurgie. Atteint depuis des années d'artériosclérose, il mourut d'une hémorragie cérébrale le 26 juin 1894. Des collègues honorèrent sa mémoire en faisant poser un vitrail et une plaque à l'église St John the Evangelist. Sir William Osler*, un autre de ses étudiants, évoqua son souvenir de manière moins officielle, par ces mots : « Quel charmant vieillard c'était ! »

EDWARD HORTON BENSLEY

George Edgeworth Fenwick est l'auteur de : *Excision of the knee joint with report of twenty-eight cases* (Montréal, 1883). Un portrait de Fenwick peint par Robert Harris* se trouve dans le Strathcona Anatomy and Dentistry Building, McGill Univ. Une photographie de Fenwick a été reproduite dans F. J. Shepherd, *Reminiscences of student days and dissecting room* (Montréal, 1919) et dans H. E. MacDermot, « History of Canadian surgery : George Edgeworth Fenwick (1825–1894) », *le Journal canadien de chirurgie* (Toronto), 11 (1968) : 1–4.

ANQ-Q, CE1-61, 29 janv. 1826. — ANQ-M, CE1-70, 28 juin 1894. — McGill Univ. Arch., MG 2028 ; RG 14 ; RG 38. — McGill Univ. Libraries, Osler Library, Acc. 603 ; Acc. 612. — Mount Royal Cemetery Company (Outremont, Québec), Burial reg. — Montreal General Hospital, *Annual report* (Montréal), 1865–1893. — *An annotated bibliography of Canadian medical periodicals, 1826–1975,* C. G. Roland et Paul Potter, compil. (Toronto, 1979). — Borthwick, *Hist. and biog. gazetteer*. — *Canadian biog. dict.* — *Cyclopædia of Canadian biog.* (Rose et Charlesworth). — H. A. Kelly et W. L. Burrage, *Dictionary of American medical biography : lives of eminent physicians of the United States and Canada from the earliest times* (New York et Londres, 1928). — McGill Univ., Faculty of Medicine, *Calendar* (Montréal), 1865–1894. — Abbott, *Hist. of medicine*. — H. [W.] Cushing, *The life of Sir William Osler* (2 vol., Oxford, Angl., 1925 ; réimpr. en 1 vol., Londres et Toronto, 1940). — [W. H. Davison], *The Church of St. John the Evangelist, Montreal, 1878–1928 : a historical record in commemoration of the jubilee of the parish church* ([Montréal, 1928]), 58. — H. E. MacDermot, *A history of the Montreal General Hospital* (Montreal, 1950). — F. J. Shepherd, *Origin and history of the Montreal General Hospital* ([Montréal, 1925]), 43–44. — « Dr. G. E. Fenwick », *Ontario Medical Journal* (Toronto), 2 (1894) : 430–431. — « Prof. Geo. E. Fenwick, M.D », *Montreal Medical Journal,* 23 (1894) : 77–79.

FINLAYSON, MARGARET, dite **Margaret Bloomer et Margaret Mather (Haberkorn ; Pabst)** actrice, née le 21 octobre 1859 dans le canton de Tilbury East, Haut-Canada, fille de John Finlayson, fermier et artisan, et d'Ann Mather ; le 15 février 1887, elle épousa à Buffalo, New York, Emil Haberkorn, puis le 26 juillet 1892 Gustav Pabst, et elle n'eut pas d'enfants ; décédée le 7 avril 1898 à Charleston, Virginie-Occidentale, et inhumée à Detroit.

Margaret Finlayson alla habiter Detroit vers l'âge de cinq ans, avec ses trois frères et ses deux sœurs, et passa son enfance dans un milieu pauvre. Comme son père, Écossais d'origine, était souvent en chômage, elle dut vendre le *Detroit Free Press* à la criée dès l'âge de 10 ans jusqu'à 14 ans. Sa triste existence se poursuivit quand elle quitta la maison pour laver la vaisselle dans un hôtel. Une nuit, elle tenta de se suicider en se jetant dans la rivière Detroit. Secourue, elle fut ensuite mise, peut-on lire dans *Types of Canadian women* de Henry James Morgan*, « en posture de cultiver ses grands dons innés pour la scène ». On présume qu'elle recevait de l'argent pour sa formation et sa subsistance. À l'âge de 19 ans, elle prit le nom de Margaret Bloomer et se mit en route pour New York afin d'entreprendre une carrière théâtrale. Elle manquait d'expérience, mais c'était une rousse remarquablement jolie.

Margaret Bloomer étudia de 1879 à 1881 auprès de George Edgar, acteur et professeur de diction qui dirigeait une troupe formée principalement de ses élèves. Il canalisa son talent dans l'interprétation d'une série d'héroïnes shakespeariennes. L'impresario J. M. Hill la remarqua dans *le Roi Lear,* où elle jouait Cordelia, et lui fit signer un engagement. Durant un an, elle ne fit aucune apparition publique et logea chez John Habberton, critique dramatique au *New York Herald,* où elle acquit des notions de littérature, reçut des leçons de maintien et se fit « dégrossir l'esprit ». Ensuite, selon une stratégie minutieuse, Hill organisa une série de récitations privées devant des critiques et amis, ce qui éveilla la curiosité au sujet de la talentueuse jeune femme. Le 28 août 1882, elle fit des débuts réussis au McVicker's Theatre de Chicago dans le rôle de Juliette, auquel elle allait demeurer indissolublement associée. Vers cette époque, elle adopta le nom de jeune fille de sa mère, Anglaise d'origine, qui voyageait avec elle. Sous la direction de Hill, *Roméo et Juliette* fut présenté en tournée pendant trois autres années, notamment, au Canada, dans trois villes qui faisaient partie des circuits nord-américains, soit Toronto en décembre 1883, London en décembre 1884 et Montréal en mai 1885. Au répertoire traditionnel de Margaret Mather s'ajoutèrent Rosalinde, dans *Comme il vous plaira,* de même que les rôles titres de *Leah the forsaken,* par John Augustin Daly, et d'une pièce de Bulwer-Lytton, *la Dame de Lyon.* C'étaient à peu près les œuvres que Mary Anderson, Julia Marlowe et Adelaide Neilson – rivales contemporaines auxquelles elle souhaitait être comparée – choisissaient pour faire valoir leur talent. Finalement, au milieu d'une vaste campagne publicitaire, elle alla jouer au Union Square Theatre de New York, qui appartenait à Hill.

Dès la première représentation, le 13 octobre 1885, Margaret Mather fit un malheur à Broadway. Grâce à son interprétation, dont on parlait beaucoup, *Roméo et Juliette* fut présenté 84 fois de suite, ce qui était un record aux États-Unis. L'auditoire, surpris de voir une Juliette déployer autant d'énergie et d'aspérité, était électrisé ; dans la scène de la potion, l'actrice roulait au bas d'une volée de marches après avoir bu. Toutefois, les critiques se durcirent avec les années. Le *New York Times* disait, dans sa notice nécrologique, que sa réputation avait été en bonne partie « délibérément fabriquée ». Pour George Clinton Densmore Odell, chroniqueur du théâtre new-yorkais du XIXe siècle, la Juliette de Margaret Mather manifestait une « excitation artificielle » et manquait de « la distinction que l'on s'attendait de voir chez la fille des Capulet ». Il louait sa « force naturelle », sa « voix puissante », son « ambition et [son] courage », mais il trouvait son accent « provincial ». La nécrologie du *Times* parlait aussi de sa « diction déficiente et [de] ses fréquentes crudités de langage ». À côté de la Juliette de Mary Anderson, disait Odell, celle-là était « éminemment criarde et violente ». Un collègue de Margaret Mather, Otis Skinner, a rappelé cette violence en termes évocateurs. Décrivant cette fois où il l'avait vue sortir d'une scène de *Leah the forsaken,* il disait : « des vagues d'hystérie la submergeaient ; ses doigts claquaient ; [elle avait un] rire nerveux sur les lèvres, et les pupilles dilatées jusqu'à la noirceur totale [...] Cet état durerait cinq ou dix minutes, puis elle en sortirait aussi molle qu'une chiffe. »

La vie privée de Margaret Mather n'était pas moins turbulente. En 1887, à l'insu de son impresario, elle épousa Emil Haberkorn, chef d'orchestre au Union Square Theatre. Lorsque ce dernier demanda à voir le compte de sa femme, Hill refusa, ce qui déclencha une poursuite judiciaire qui mit un terme au long contrat de Margaret. Haberkorn lui servit d'impresario jusqu'en 1891 ; pendant cette période, elle continua d'enrichir son répertoire romantique. En 1890, elle fit un effort sincère pour s'imposer comme une grande tragédienne en jouant dans l'adaptation anglaise de la *Jeanne d'Arc* de Jules Barbier par William Young, pièce dans laquelle Sarah Bernhardt s'était illustrée. Malgré une agréable mise en scène et la musique de Charles Gounod, la production, rappelle Odell, fut jugée « lourde et lente », et elle ne tint pas l'affiche longtemps. Par ailleurs, comme tant d'interprètes expatriés, l'actrice Mather restait fidèle à son pays natal : elle fit souvent des tournées au Canada (Montréal en 1890, Winnipeg et Hamilton en 1892–1893).

Margaret Mather divorça de Haberkorn le 2 juillet 1892 pour cause d'abandon – ils s'étaient séparés l'année précédente. (Un de ses Roméo, Otis Skinner, lui servit d'impresario durant quelques années.) Moins d'un mois après le jugement, elle épousa Gustav Pabst, fils du magnat de la bière de Milwaukee. Ce mariage ne fut pas plus heureux que le premier ; on raconte qu'en octobre 1895 elle cravacha Pabst dans une rue de Milwaukee. Par la suite, il intenta une procédure de divorce en invoquant la cruauté et lui versa, dit-on, 100 000 $ pour qu'elle ne conteste pas sa demande.

Après le divorce, prononcé le 19 octobre 1896, Margaret Mather retourna à la scène et monta à grands frais (40 000 $) *Cymbeline* de Shakespeare au Wallack's Theatre de New York. Ensuite, elle présenta la pièce en tournée, aux États-Unis et au Canada, avec *Roméo et Juliette* et d'autres pièces de son répertoire. Ce fut un épisode difficile, car non seulement elle dirigeait la troupe, mais elle jouait tous les soirs. Le rôle d'Imogène, dans *Cymbeline,* lui convenait bien. Le *New York Times* déclara par la suite que c'était « probablement sa prestation la plus intelligente, la plus sensible et la plus édifiante ». Hector Willoughby Charlesworth*, qui la vit à Toronto en 1897, trouva son Imogène « touchante » mais jugea, lui aussi, que sa Juliette « semblait manquer de subtilité et d'inspiration ». Le critique de Berlin (Kitchener) fut moins poli : « Juliette a vieilli et engraissé avec les années », lança-t-il. Margaret Mather ne joua pas *Cymbeline* à Berlin parce que trop peu de places avaient été louées à l'avance pour cette pièce peu connue, mais elle l'avait présentée auparavant à Montréal, où aucune représentation n'en avait jamais été donnée. Le 27 mai 1897, tandis qu'elle y jouait Imogène, elle calma l'auditoire, apeuré par une secousse sismique. Au début d'avril 1898, comme son impresario de tournée était tombé malade et avait quitté la compagnie, elle dut faire répéter elle-même quatre nouveaux comédiens et assumer des responsabilités supplémentaires. Le 6 avril, au cours d'une représentation de *Cymbeline* à Charleston, les acteurs remarquèrent qu'elle oubliait son texte et se conduisait de façon bizarre. Elle s'effondra sur scène et mourut le lendemain après-midi sans avoir repris conscience. Elle avait succombé à des convulsions causées par le mal de Bright.

La carrière mouvementée de Margaret Mather n'allait pas connaître une fin paisible. Son corps fut transporté à Detroit pour y être inhumé. À l'Elmwood Cemetery, une foule d'au moins 5 000 personnes s'agitait autour de la chapelle mortuaire. Otis Skinner, l'un des porteurs du cercueil, nota qu'on avait promis aux gens qu'ils pourraient voir la morte dans le costume de Juliette. Cependant, on changea d'avis, et la foule, en colère, s'avança en piétinant « les tertres consacrés ». « Au moment où nous atteignîmes l'endroit où Margaret Mather allait reposer pour toujours, dit-il, une bonne partie des branches d'épinette qui tapissaient la fosse avaient été dérobées en guise de souvenirs. »

Toujours selon Skinner, Margaret Mather n'avait pas été une personne communicative : « Derrière son silence, il y avait un chaos de fantaisie, d'ambition, de sympathie, de générosité, de jalousie, de timidité – tout cela mal ajusté et se livrant un combat sans fin. » Son jeu avait « de l'impulsion, de la puissance, de l'intensité, mais il manquait tout à fait de maîtrise. » Née sous une mauvaise étoile et, d'après Skinner, « obsédée par le désir de faire *quelque chose* – d'être *quelqu'un* », Margaret Mather aspirait à la grandeur tragique mais, en dernière analyse, elle n'est plus qu'un souvenir coloré du monde du théâtre.

David Gardner

AN, RG 31, C1, 1861, Tilbury East. — Otis Skinner, *Footlights and spotlights ; recollections of my life on the stage* (Indianapolis, Ind., [1924]), 192–198. — *New York Times*, 8 avril 1898. — *Times* (Tilbury, Ontario), 8 avril 1898. — *Catalogue of dramatic portraits in the theatre collection of Harvard College Library*, L. A. Hall, compil. (4 vol., Cambridge, Mass., 1930–1934). — *The Marie Burroughs art portfolio of stage celebrities* [...] (Chicago, 1894). — *Types of Canadian women* (Morgan). — Franklin Graham, *Histrionic Montreal ; annals of the Montreal stage with biographical and critical notices of the plays and players of a century* (2e éd., Montréal, 1902 ; réimpr., New York et Londres, 1969), 276, 278–279. — G. C. D. Odell, *Annals of the New York stage* (15 vol., New York, 1927–1949), particulièrement 12–15.

FINLAYSON, RODERICK, trafiquant de fourrures, fermier, homme d'affaires et homme politique, né le 16 mars 1818 à Loch Alsh (Kyle of Lochalsh, Écosse), fils d'Alexander Finlayson, éleveur de bétail, et de Mary Morrison ; le 14 décembre 1849, il épousa au fort Victoria (Victoria, Colombie-Britannique) Sarah Work, fille de John Work* et de Josette Legacé, et ils eurent sept filles et quatre fils ; décédé le 20 janvier 1892 à Victoria.

Membre d'une famille qui avait sombré dans la pauvreté, Roderick Finlayson fit ses études dans une école paroissiale de son Ross-shire natal et immigra à New York en juillet 1837. Grâce à l'influence d'un parent qui habitait là, il obtint un poste d'apprenti commis au siège social de la Hudson's Bay Company à Lachine, au Bas-Canada. (Deux de ses oncles, Nicol* et Duncan* Finlayson, travaillaient déjà pour la compagnie.) On le muta bientôt au fort Coulonge (Fort-Coulonge), sur la rivière des Outaouais, où on lui enseigna, pendant l'hiver de 1837–1838, comment la compagnie faisait la traite avec les autochtones et les bûcherons. L'été suivant, on l'affecta au fort William (Thunder Bay, Ontario). En 1839, il se rendit dans le district de la Columbie avec un convoi que commandait John McLoughlin*. Ces hommes avaient l'ordre de prendre possession de la partie du territoire russe que la Compagnie russo-américaine avait louée à la Hudson's Bay Company pour qu'elle y fasse de la traite [V. sir George Simpson*]. En 1840, ils s'installèrent au poste russe situé à l'embouchure du fleuve Stikine. Après avoir laissé quelques hommes sur place pour qu'ils s'occupent de la traite, Finlayson et les autres, sous la direction de l'agent principal James Douglas*, poursuivirent leur chemin jusqu'à la base principale de la Compagnie russo-américaine, à Sitka (Alaska), où les questions de traite se réglèrent à l'amiable entre les deux compagnies. Le groupe de Douglas remonta ensuite le fleuve Taku sur une distance de 50 milles et construisit le fort Taku. On nomma Finlayson commandant en second. Au cours des deux hivers suivants, on le muta d'abord au fort Stikine (Alaska), puis au fort Simpson (Port Simpson, Colombie-Britannique). Toutefois, la Hudson's Bay Company avait décidé que le vapeur *Beaver* pouvait faire la plus grande partie de la traite dans le district et qu'il valait mieux concentrer ses forces à l'extrémité sud de l'île de Vancouver. Le 1er juin 1843, Finlayson devint commandant en second à Victoria Harbour et commença à travailler à l'édification du fort Victoria.

L'année suivante, par suite de la mort de Charles Ross, commandant du poste, Finlayson accéda à cette fonction. Douglas constata qu'il se tirait fort bien d'affaire : « Ce n'est pas un homme à faire de l'esbroufe, mais toutes ses dispositions témoignent d'un certain degré d'énergie, de persévérance, de méthode et de jugement [...] De plus, c'est un jeune homme d'une grande probité et d'une haute valeur morale. » Parmi les problèmes qui se posaient à Finlayson, il y avait les relations difficiles de la compagnie avec les Indiens songhees. Après plusieurs affrontements, il les convainquit de s'installer de l'autre côté du havre, à l'endroit où il y aurait une réserve indienne. De plus, on établit l'une des fermes du fort Victoria pendant son mandat. Les produits laitiers et agricoles étaient expédiés vers le nord à la Compagnie russo-américaine, conformément à l'entente de 1839, puis vendus aux colons de l'endroit et aux navires qui y faisaient escale. Finlayson participa aussi à la fondation de la Vancouver's Island Steam Mill Company d'Esquimalt, qui fut un échec.

En 1846, le 49e parallèle devenait la frontière entre les territoires britannique et américain [V. John Gordon*]. Peu à peu, la compagnie abandonna donc les postes qu'elle avait au sud de cette ligne, et son principal dépôt cessa d'être le fort Vancouver (Vancouver, Washington), sur le Columbia, au profit du fort Victoria. En conséquence, Douglas quitta le fort Vancouver en juin 1849 pour prendre la relève de Finlayson au commandement du fort Victoria. Nommé par la suite chef comptable de ce fort, ce dernier exerça cette fonction jusqu'en 1862.

En janvier 1849, on avait loué officiellement l'île de Vancouver à la Hudson's Bay Company à des fins de colonisation. Pour satisfaire aux exigences du bail, la compagnie encourageait ses fonctionnaires, en leur offrant de bonnes conditions, à acheter des terres et à établir des fermes. En 1851, Finlayson acheta 100 acres de terre au nord de la baie Rock ; ce fut la première des nombreuses transactions foncières qui allaient le rendre riche. Son prestige s'accroissait, comme en témoignent ces nominations : chef de poste en 1850 et, deux ans plus tard, trésorier du Conseil de l'île de Vancouver, dont il demeura membre jusqu'en 1863. Quand Douglas quitta la Hudson's Bay Company, en 1859, Finlayson devint agent principal.

En 1861, Roderick Finlayson obtint un congé et fit une visite en Écosse. À son retour, l'année suivante, la compagnie lui confia la surintendance de ses affaires dans la partie intérieure de la Colombie-Britannique. Finlayson se retira de la compagnie en 1872 pour se consacrer à l'exploitation agricole ainsi qu'à l'administration de ses propriétés foncières et de ses intérêts commerciaux. Selon la notice nécrologique parue dans le *Vancouver Daily World,* il devint « un personnage éminent parmi les hommes d'affaires du quartier commercial de la capitale ». En 1878, on l'élut maire de Victoria ; c'est pendant son année de mandat que l'on entreprit la construction de l'hôtel de ville. Après avoir quitté ce poste, il se retira de la vie publique. Il habita Victoria jusqu'à sa mort en 1892.

ELEANOR STARDOM

La Visual Records Division des PABC possède six photographies de Roderick Finlayson, ainsi qu'un portrait à l'huile réalisé par un peintre anglais dénommé Haddon, commandé par la fille de Finlayson, Anne Jane et son mari, J. C. Keith. Le tableau a été offert au gouvernement de la Colombie-Britannique en 1914 au nom de la famille afin qu'il soit exposé dans le foyer du Legislative Hall.

Finlayson a publié un petit volume de souvenirs peu de temps avant sa mort sous le titre de *Biography of Roderick Finlayson* ([Victoria, 1891]) ; il parut par la suite dans le *Wash. Historian* (Seattle), 2 (1900) : 29–33, 70–84. Son œuvre inédite, « History of Vancouver Island and northwest coast », se trouve aux PABC, A/B/30/F49.1.

EEC, Diocese of British Columbia Arch. (Victoria), Christ Church Cathedral (Victoria), reg. of births, marriages, and burials (mfm aux PABC). — PABC, A/C/40/F49.2 ; E/C/F49.9 ; M/F49. — PAM, HBCA, A.1/145 : f° 91 ; B.134/c/53 : f°s 110–112d ; B.223/b/27–28 ; B.226/a/1 : f° 159 ; B.239/k/2–3 ; D.5/17 : f° 93d. — *HBRS,* 6 (Rich). — *Journals of the colonial legislatures of the colonies of Vancouver Island and British Columbia, 1851–1871,* J. E. Hendrickson, édit. (5 vol., Victoria, 1980). — *Daily Colonist* (Victoria), 22, 24 janv. 1892, 7 mai 1893. — *Vancouver Daily World,* 26 janv. 1892. — Derek Pethick, *Victoria : the fort* (Vancouver, 1968). — E. E. Rich, *The history of the Hudson's Bay Company, 1670–1870* (3 vol., Toronto, 1960), 3. — E. O. S. Scholefield et F. W. Howay, *British Columbia from the earliest times to the present* (4 vol., Vancouver, 1914), 4 : 190–194. — *Daily Colonist,* 19 juill. 1914, 13 mars 1949.

FITZGERALD, DAVID, ministre de l'Église d'Angleterre, fonctionnaire et auteur, né le 3 décembre 1813 à Tralee, comté de Kerry (république d'Irlande), fils de William Fitzgerald et d'Anne Minnitt ; en février 1843, il épousa à Kerry Charity Christina Purdon, et ils eurent six enfants dont trois fils seulement parvinrent à l'âge adulte ; décédé le 23 février 1894 à Charlottetown.

David Fitzgerald, l'aîné des garçons et le cinquième d'une famille de dix enfants, était fils d'un barrister et petit-fils d'un ministre anglican. Il fréquenta des écoles à Clonmel et à Limerick, puis en 1843 il obtint une licence ès arts au Trinity College de Dublin. Ordonné prêtre trois ans plus tard, il commença son ministère à titre de vicaire à Coltrain, dans le comté de Fermanagh (Irlande du Nord), puis il prit en charge une paroisse dans le même comté.

En 1847, Fitzgerald accepta le poste d'assistant du révérend Louis Charles Jenkins à l'église St Paul de Charlottetown. Le 3 juin, il arrivait dans cette ville avec sa femme, deux enfants et une domestique ; le 6 juin, il prononçait son premier sermon. Jenkins abandonna ses fonctions en 1854, et trois ans plus tard on élut Fitzgerald *rector*. Son installation eut lieu le 26 mars 1858. Pendant près de 40 ans, jusqu'à sa retraite en 1885, il remplirait ses fonctions pastorales avec fidélité et ferveur, gagnant le respect et l'estime de ses paroissiens.

Même s'il se consacra d'abord à son ministère et à l'avancement de l'Église et de ses membres, Fitzgerald s'intéressait beaucoup à l'éducation. Il établit et mit à la disposition des fidèles une bibliothèque bien garnie et participa à plusieurs sociétés qui encourageaient l'éducation chrétienne ; il fut aussi longtemps membre du bureau d'Éducation de la province, et prononça des conférences sur divers sujets. *A lecture on the Reformation,* paru à Charlottetown en 1859, figure parmi les sermons et les conférences qu'il aurait publiés. Le King's College de Windsor, en Nouvelle-Écosse, lui décerna une maîtrise ès lettres *ad eundem gradum* en 1880, puis il obtint une licence et un doctorat en théologie l'année suivante.

Fitzgerald adhéra à de nombreuses sociétés ; la plupart d'entre elles étaient de nature religieuse ou visaient à promouvoir le protestantisme, par exemple, entre 1847 et 1886, la Diocesan Church Society de l'Île-du-Prince-Édouard et la Colonial Church and School Society (il fit partie de son comité de correspondance), ainsi que des sociétés bibliques et de propagande religieuse. Membre fondateur et soutien fidèle du Young Men's Christian Association and Literary Institute, il appartint à la Prince Edward Island Association for Promoting Christianity amongst the Jews, et participa vers la fin de 1849 à l'organisation de la Micmac Mission, groupe protestant voué à l'amélioration du sort des Indiens de l'île [V. Thomas Irwin* ; Silas Tertius Rand*]. Il fut aussi administrateur de l'asile d'aliénés durant environ 20 ans, commissaire des terres assignées à un bénéfice ou réservées aux écoles, et aumônier du Conseil législatif en 1863–1867. Il participa activement au mouvement des Fils de la tempérance [V. James Barrett Cooper*], à titre d'aumônier et de représentant des divisions locale, insulaire et nationale. En 1861, il fut l'un des organisateurs d'un regroupement de tempérance qui demandait au gouvernement d'imposer des restrictions sur la vente d'alcool.

C'est envers la cause du protestantisme que l'engagement de Fitzgerald fut le plus ferme. Son préjugé contre les catholiques se manifesta ouvertement dans son adhésion, toute sa vie, à l'ordre d'Orange (il s'y était joint à Dublin en 1832). Aumônier de la loge de Charlottetown durant de nombreuses années, il ne renonça pas à cette fonction lorsque le lieutenant-gouverneur sir Alexander Bannerman* émit une proclamation qui désapprouvait les sociétés comme l'ordre d'Orange en raison de l'animosité qu'elles pouvaient soulever. Manifestant son désir évident de voir les habitants de l'île reconnaître le protestantisme comme « le chemin par excellence », selon ses propres termes, il se rangea du côté du parti conservateur. Quand Fitzgerald devint aumônier du Conseil législatif, Edward Whelan*, catholique de souche irlandaise et rédacteur en chef de l'*Examiner* de Charlottetown, affirma que c'était une récompense pour services politiques.

Vers la fin de 1856, Fitzgerald joua un rôle clé dans l'une des questions les plus épineuses de la vie politique de l'île. Alors qu'il était membre du bureau d'Éducation, il rendit publique une lettre de Mgr Bernard Donald Macdonald* au premier ministre George Coles*, lettre dans laquelle l'évêque parlait de la lecture de la Bible à l'école normale de l'île. Fitzgerald participa ensuite à une campagne en vue d'autoriser ces lectures dans toutes les écoles publiques. Le rôle de la religion dans l'enseignement allait dominer le débat politique durant 20 ans.

Une conséquence des événements de 1856 fut la « grande réunion protestante » tenue à Charlottetown le 13 février 1857 et présidée par un autre chef de file protestant, John Hamilton Gray*. Fitzgerald et les autres préconisèrent la lecture obligatoire de la Bible dans les écoles et décidèrent de fonder un périodique pour faire avancer la cause protestante. On lança cette année-là le *Protector and Christian Witness*, et Fitzgerald était de ceux que l'on présumait responsables de l'extrémisme du contenu. Il se peut même qu'il ait rédigé l'éditorial du 14 octobre selon lequel l'île « ne [pouvait] pas être à la fois romaine et protestante, puisqu'il s'agit de contraires ». Les ministres protestants, précisait-on, devaient « utiliser la chaire, la presse et la tribune électorale pour faire bien comprendre leurs principes. Négliger cela revenait à jouer le rôle de traîtres. »

Le journal cessa de paraître en janvier 1859, et Fitzgerald collabora alors au *Monitor* de J. B. Cooper. Dans des articles publiés en 1862–1863, il faisait allusion au romanisme comme à « une erreur mortelle et destructrice pour l'âme » et appelait les catholiques à se convertir à la vraie religion et les ministres à « s'éveiller à leur devoir et à parler haut pour aider ceux qui étaient tenus dans l'ignorance ». De concert avec l'Evangelical Alliance of Prince Edward Island, formée à Charlottetown en 1870, il participa au débat sur l'enseignement confessionnel dans l'île et ailleurs. En mars 1874, avec 54 autres « pasteurs chrétiens », il s'opposa publiquement aux efforts de Mgr Peter McIntyre en vue d'assurer un soutien gouvernemental aux écoles catholiques ; l'année suivante, il publia avec des membres de l'Evangelical Alliance un manifeste contre la loi fédérale qui visait à instaurer un système d'enseignement confessionnel dans les Territoires du Nord-Ouest.

Le 23 février 1894, quelques semaines après avoir été projeté hors de son traîneau, David Fitzgerald mourut des suites de ses blessures. Sa femme était décédée plusieurs mois auparavant. C'est le *Daily Examiner* qui, le jour de son décès, décrivit le mieux le caractère impétueux et entêté de cet homme : le « Dr. Fitzgerald possédait une grande force de principe. Tous connaissaient exactement ses opinions comme homme d'Église et comme citoyen. [Qu'il ait eu] tort ou raison, il était sincère et honnête. Son courage moral n'a jamais failli. » Dans une notice nécrologique, le *Guardian* fit écho à ces sentiments : « Et le jugement de tous ceux qui ont parlé de sa carrière était que ces forts traits de caractère, unis à une générosité de cœur authentique mais discrète, ont fait de lui l'une des personnalités les plus marquantes de Charlottetown au cours du dernier demi-siècle. »

JEAN LAYTON MACKAY

Grand Orange Lodge of Prince Edward Island (Charlottetown), Annual report, 1862–1863. — Î.-P.-É, Legislative Council, *Journal*, 1863. — *Daily Examiner* (Charlottetown), 13 avril 1885, 10, 20, 23 févr. 1894. — *Examiner* (Charlottetown), 25 déc. 1847, 1er janv., 22 févr. 1848, 16 févr. 1849, 23 févr., 9 mars 1857, 15 mars 1858, 24 janv. 1859, 19 avril, 15 juill., 12 août 1861, 13 oct. 1862, 23 févr., 9 mars 1863, 3 janv., 7 févr., 27 mars 1876. — *Guardian* (Charlottetown), 1er mars 1894. — *Haszard's Gazette* (Charlottetown), 16 nov., 21 déc. 1852, 4 janv., 23 févr., 27 avril, 27 août, 29 oct. 1853, 4 févr., 1er nov. 1854, 11 oct. 1856. — *Islander*, 1847–1852, 1856–1857, 1859– 1861, 29 juin 1866, 29 mars 1867, 19 août 1870, 7 mars 1873. — *Monitor* (Charlottetown), 1857–1865. — *Patriot* (Charlottetown), 10 avril 1869, 15 févr., 15 mars, 17 avril 1873, 8 avril 1885, 23 févr. 1894. — *Protector and Christian Witness* (Charlottetown), 4, 18, 25 mars, 20 mai, 14 oct., 4 nov. 1857, 24 févr. 1858 (copie aux PAPEI). — *Protestant and Evangelical Witness* (Charlottetown), 7, 28 janv., 4, 25 févr., 17 mars, 5 mai 1860, 2 janv. 1862. — *Ross's Weekly* (Charlottetown), 21 janv., 15 avril, 27 mai 1861. — *Royal Gazette* (Charlottetown), 28 déc. 1847, 11, 25 janv., 1er févr., 2 mai, 29 août 1848, 2 janv., 1er mai 1849, 8, 22 mars

1852, 14 avril 1883. — *Vindicator* (Charlottetown), 19 déc. 1862, 6 févr., 22 mai, 3 juill. 1863. — *Canadian biog. dict.* — *Cyclopædia of Canadian biog.* (Rose et Charlesworth), 2. — Morgan, *Bibliotheca canadensis*. — *P.E.I. almanac*, 1853–1854 ; 1868–1881 (Harvie) ; 1879–1887 (Chappelle). — *P.E.I. calendar*, 1862–1868, 1870–1872. — *P.E.I. directory*, 1864. — Univ. of King's College, *The calendar of King's College, Windsor, Nova Scotia* [...] (Halifax), 1881–1882. — W. E. MacKinnon, *The life of the party : a history of the Liberal party in Prince Edward Island* (Summerside, Î.-P.-É., 1973). — T. R. Millman et A. R. Kelley, *Atlantic Canada to 1900 ; a history of the Anglican Church* (Toronto, 1983). — *Past and present of Prince Edward Island* [...], D. A. MacKinnon et A. B. Warburton, édit. (Charlottetown, [1906]), 197, 231, 270, 274. — I. R. Robertson, « Religion, politics, and education in P.E.I. ». — H. J. Cundall, « The early days of the Young Men's Christian Association and Literary Institute », *Prince Edward Island Magazine and Educational Outlook* (Charlottetown), 6 (1904) : 192–201.

FLETCHER, EDWARD TAYLOR, architecte, arpenteur, auteur et fonctionnaire, né le 20 mai 1817 à Cantorbéry, Angleterre, fils de John Fletcher, capitaine dans le 72nd Foot de l'armée britannique ; le 21 octobre 1846, il épousa à la Christ Church de Montréal Henrietta Amelia Lindsay, fille de William Burns Lindsay, greffier de l'Assemblée législative de la province du Canada, et ils eurent quatre fils et trois filles ; décédé le 1er février 1897 à New Westminster, Colombie-Britannique.

Par suite de la nomination de son père au Bureau des douanes de Québec, Edward Taylor Fletcher immigra au Canada avec ses parents. Malgré son jeune âge, il garda un souvenir inoubliable de son arrivée à Québec le 20 octobre 1827, ainsi qu'en témoignent ses mémoires. La famille Fletcher logea d'abord rue du Palais (côte du Palais), puis elle s'établit à Mount Pleasant, hameau situé le long du chemin Sainte-Foy, près de Québec, et habité presque exclusivement par la bourgeoisie anglaise. Dès le mois de décembre 1827, Edward fréquenta l'école privée du révérend Daniel Wilkie*. En 1832, il devint pensionnaire au petit séminaire de Québec où il se fit remarquer par son goût pour la littérature et manifesta ses talents en poésie.

En 1838, Fletcher entra au service d'un cousin très lié à sa famille, l'architecte Frederick Hacker, également originaire de Cantorbéry. C'est de lui qu'il apprit les rudiments de la profession avant de devenir commis et plus tard associé. Mais sa carrière d'architecte fut de courte durée car, autour de 1841, il s'orienta vers l'arpentage. Néanmoins, il prit part à la construction ou à la rénovation de plusieurs édifices importants de la ville de Québec, dont l'église congrégationaliste (1840), située au coin de la rue du Palais et de la rue Sainte-Hélène (rue McMahon), et l'ancien palais de justice, ainsi que de plusieurs commerces et résidences cossues de notables anglophones.

Entré au service du département des Terres de la couronne le 21 décembre 1841, Fletcher reçut sa commission d'arpenteur le 7 mars 1842 et entreprit une longue carrière qu'il n'abandonna qu'au moment de sa retraite en 1882. Très tôt, il fut appelé à jouer un rôle important dans le développement de la profession d'arpenteur au Canada. En 1849, en vertu d'une loi de la province du Canada qui réglementait de façon beaucoup plus sévère la pratique de l'arpentage, on forma un bureau d'examen [V. John Knatchbull Roche*] établi à Toronto, et Fletcher en fut nommé secrétaire. Il ne séjourna toutefois que peu de temps au Haut-Canada : en 1851, on créait deux sections distinctes, et il devint secrétaire de celle du Bas-Canada. Les membres de ces bureaux étaient chargés de faire passer les examens aux candidats. C'est sans doute grâce à ses grandes connaissances en mathématiques que Fletcher fut appelé à remplir cette fonction.

Au cours de cette seconde carrière, Fletcher pratiqua très peu à titre privé et travailla surtout pour le compte du gouvernement. Il n'effectua que très peu de levés sur le terrain et ne signa qu'un petit nombre de plans d'arpentage. Ses tâches consistaient essentiellement à vérifier et à valider des travaux exécutés par les autres arpenteurs. En 1846, par exemple, il devait copier les plans, les diagrammes et les instructions aux arpenteurs, et effectuer diverses tâches administratives. Dans les années 1860, il porta les titres d'arpenteur principal, de dessinateur et d'inspecteur des arpentages, ce qui laisse entendre que son travail se déroulait dans un bureau. Néanmoins, associé à de grands projets qui l'amenèrent à voyager dans presque toutes les régions du Québec, il prit part, entre autres, aux travaux de vérification de la frontière entre le Bas et le Haut-Canada. Cette frontière, qui s'étendait du lac Saint-François jusqu'à la rivière des Outaouais, on dut l'arpenter à plusieurs reprises à compter de 1859 à cause de l'ambiguïté créée par l'Acte constitutionnel de 1791 ; son tracé final fut établi en 1862. L'année suivante, Fletcher explora la région du Saguenay, en vue de tracer la route entre Saint-Urbain et la baie des Ha ! Ha !, destinée à faciliter les communications avec le reste de la province. Nommé en 1878 arpenteur général adjoint de la province de Québec, en remplacement de Joseph Bouchette fils, il occupa ce poste pendant quatre ans.

Au début des années 1880, commencèrent à se former au Canada des corporations d'arpenteurs, dans le but de réglementer la profession aux prises avec de nombreux litiges nés du manque de compétence technique des arpenteurs et de l'absence d'une reconnaissance légale. Fletcher participa activement à la mise sur pied en 1882 de la Corporation des arpenteurs-géomètres de la province de Québec, et il en fut le secrétaire dès le début jusqu'à ce qu'il se retire en 1885. Il fit aussi partie du bureau d'examen de la corporation pendant la même période.

Fletcher est toutefois davantage connu pour sa contribution à la littérature canadienne-anglaise du XIXe siècle. Doté d'une facilité incroyable pour les langues, il pouvait en parler et en écrire plusieurs, notamment le français, l'allemand et l'italien, en plus d'avoir des connaissances en grec, en latin, en hébreu et en sanskrit. Véritable érudit, il consacra beaucoup de temps à l'écriture et à la littérature. Sous différents pseudonymes, il collabora au *Quebec Mercury* (1834), au *Quebec Transcript* (1838–1839) et au *Literary Garland* de Montréal (1838–1851). Il publia en 1857 *Essay on language* (Toronto). Président pendant quelques années de la Toronto Literary Association, il fut également actif au sein de la Société littéraire et historique de Québec, et fit devant ses membres de nombreux exposés, dont « The twenty year's siege of Candia » (1855), « The lost island of Atlantis » (1865) et « Notes of a journey through the interior of the Saguenay country » (1869). Il publia aussi à Ottawa les poèmes *The lost island (Atlantis) ; a poem (*1889 ; réédité en 1895) et *Nestorius ; a phantasy* (1892).

Musicien à ses heures, Fletcher jouait du violoncelle. Adepte du jeu d'échecs, il était reconnu par ailleurs comme un grand sportif, un tireur d'élite, et il pratiquait l'escrime. Collectionneur, il entretint des relations avec les artistes de Québec, dont Joseph Légaré*. Plus intéressé par l'histoire, la littérature et les arts, il ne se mêla pas à la vie politique. Par contre, au moment des troubles de 1837–1838, à l'instar de la plupart de ses concitoyens d'origine britannique, il s'enrôla. Malgré sa participation somme toute minime aux événements, dans les rangs des Quebec Engineer Rifles à partir de février 1838, il n'en partageait pas moins les idées de l'élite britannique sur les causes de la rébellion ; elle était, selon lui, l'œuvre de fomenteurs de troubles qui avaient exploité la misère de la population et elle avait retardé pour longtemps tout progrès politique. À la fin de sa vie, Fletcher n'avait toujours pas accepté qu'on ait indemnisé en 1849 les patriotes [V. James Bruce*] alors qu'on ne s'était jamais préoccupé de récompenser ou de remercier les citoyens qui avaient défendu la couronne.

Au début de sa retraite, Edward Taylor Fletcher continua à vivre à Québec mais, en 1887, il alla rejoindre ses enfants établis en Colombie-Britannique. Il termina ses jours auprès d'eux, d'abord à Victoria puis, les cinq dernières années, à New Westminster.

GILLES LANGELIER

AN, MG 29, C26 ; Division des arch. cartographiques et architecturales, NMC-27270, NMC-44106–44108, NMC-44609–44611. — ANQ-M, CE1-63, 21 oct. 1846. — *Daily Columbian* (New Westminster, C.-B.), 1er févr. 1897. — « Arpenteurs du Bas et Haut Canada, 1764–1867 », *BRH*, 39 (1933) : 728. — Literary and Hist. Soc. of Quebec, *Index of the lectures, papers and historical documents* [...] *1829 to 1891*, F. C. Würtele et J. C. Strachan, compil. (Québec, 1927). — Morgan, *Bibliotheca canadensis*. — Wallace, *Macmillan dict*. — Watters, *Checklist of Canadian literature* (1972). — N. L. Nicholson, *The boundaries of the Canadian confederation* (Toronto, 1979), 100–101. — J.-R. Pelletier, *Arpenteurs-géomètres, un siècle, 1882–1982* (Québec, 1982), 1–6. — A. J. H. Richardson *et al.*, *Quebec City : architects, artisans and builders* (Ottawa, 1984), 301, 308. — D. W. Thomson, *Men and meridians : the history of surveying and mapping in Canada* (3 vol., Ottawa, 1966–1969), 1. — Assoc. of Ontario Land Surveyors, *Annual report* (Toronto), 1935 : 131–134.

FLINT, BILLA, homme d'affaires, juge de paix, fonctionnaire, officier de milice, homme politique et philanthrope, né le 9 février 1805 près d'Elizabethtown (Brockville, Haut-Canada), fils de Billa Flint et de Phoebe Wells ; le 10 septembre 1827, il épousa à Brockville Phoebe Sawyer Clement, et ils adoptèrent un enfant, John James Bleecker ; décédé le 15 juin 1894 à Ottawa.

Billa Flint n'avait que six semaines de scolarité quand, à l'âge de 11 ans, il commença à travailler à titre de commis pour son père. Celui-ci, venu des États-Unis, était un marchand et hôtelier tapageur de Brockville. Déjà grand buveur, il s'adonna par la suite à l'opium. Billa, par contre, opta pour la tempérance. En 1827, deux ecclésiastiques montréalais, un certain M. Arble et Joseph Stibbs Christmas, de l'Église presbytérienne des États-Unis, visitèrent Brockville. Ils obtinrent de Flint et de quatre autres personnes, dont Adiel Sherwood*, l'engagement de fonder une société de tempérance dans cette ville, la première du Haut-Canada, affirmerait-il plus tard. En 1829, mécontent de ce que son père vende de l'alcool dans son magasin, il partit se lancer en affaires à Belleville, comté de Hastings, dans la baie de Quinte.

Flint fit ses débuts à titre de marchand général dans des locaux loués, mais dès 1837 il avait transformé l'entrée de la rivière Moira en y construisant de nouveaux quais, des entrepôts et l'une des premières scieries à vapeur de la province. En puisant dans les richesses agricoles et forestières de l'arrière-pays, il accéda rapidement aux marchés américains par Oswego, dans l'état de New York, et par le canal Érié. Sa nomination comme juge de paix et le fait qu'il devint président du bureau de police de Belleville en 1836 témoignent de la rapidité de sa réussite. Quand la rébellion éclata l'année suivante, il servit à titre de commissaire dans le 1st Regiment of Hastings cavalry ; par la suite, il réclama une indemnité pour les pertes subies pendant le soulèvement. Il avait, de toute évidence, représenté une cible pour Cornelius Parks, qui déclara, à son procès pour trahison, en 1839, que Flint figurait sur une liste noire.

Comme le sénateur Mackenzie Bowell* allait le dire dans un éloge funèbre, Flint était « un homme très énergique qui défendait ardemment ses positions politiques, sociales et religieuses, quel que fût le parti qu'il prit ». Il exerça une influence sur la vie sociale de Belleville dès son arrivée, en 1829, en créant une société de tempérance, et fut l'un des principaux fondateurs de la Canadian Temperance League en 1845. Pendant 21 ans, il fut surintendant de l'école du dimanche de l'église méthodiste Bridge Street. En 1834, avec d'autres administrateurs de cette congrégation méthodiste wesleyenne, il refusa d'admettre des membres de l'Église méthodiste épiscopale ; William Henry Draper* le défendit au cours du célèbre procès qui eut lieu à Kingston en 1837. Les wesleyens perdirent, mais ils gagnèrent en appel en 1840.

Flint poussa l'exploitation de l'arrière-pays vers le nord jusqu'à un affluent de la Moira, la Skootamatta, dans le canton d'Elzevir. En 1853, il entreprit d'aménager des emplacements de moulins dans ce canton, à Troy (rebaptisé par la suite Bridgewater et appelé aujourd'hui Actinolite). En 1860, il possédait des moulins à farine, à avoine et à orge, une scierie, une fabrique d'armoires et de chaises, un magasin général et un hôtel où la vente d'alcool était interdite. En amont, dans le canton de Kaladar, il fit tracer le plan d'un village avec un moulin à farine, une scierie et des ateliers de construction mécanique qui formèrent le noyau de Flint's Mills (Flinton). D'autres propriétaires de vastes concessions, parmi lesquels se trouvaient Hugo Burghardt Rathbun et son fils Edward Wilkes*, de Deseronto, de même que la compagnie d'Allan GILMOUR, sise à Trenton, exploitaient cette région forestière. Pour leur faire concurrence, Flint s'associa soit avec des parents, la famille Holden par exemple, soit avec d'autres hommes d'affaires, dont Horace Youmans (Yeomans). En 1866–1867, on découvrit de l'or dans le canton de Madoc ; Flint s'empressa de spéculer sur des entreprises minières dans le canton d'Elzevir, qui était voisin. Une carrière de marbre, près de Bridgewater, connut une certaine prospérité, mais des faillites (notamment celle d'un concasseur de quartz aurifère, au même endroit, et celle de la Flint and Merrill Bronze Mining Company) obligèrent Flint à se montrer prudent.

Flint ne cessait de faire de la promotion et de la spéculation dans le transport par eau, par route ou par rail. Pour les besoins de son commerce avec Oswego, il exploitait un vapeur, le *Moira*, et il investit dans d'autres compagnies de navires à vapeur installées le long de la rive nord du lac Ontario. Dans une requête, en 1837, il réclama qu'on entreprenne des travaux dans le Saint-Laurent. En 1868, il présida une délégation qui préconisait la construction d'un canal entre la baie de Quinte et la baie Wellers (le canal Murray). Il fit construire un chemin entre ses moulins de la Skootamatta et la route Addington. À compter de 1865, il fut l'un des principaux promoteurs de la construction d'un chemin de fer qui aurait relié Belleville à Marmora par Tweed et Bridgewater. Quand on construisit le Grand Junction Railway, dans les années 1870, il dut être déçu car le trajet choisi ne fut pas celui dont il avait rêvé. La faillite de la Toronto and Ottawa Railway, qui tenta au début des années 1880 de construire une ligne est-ouest parallèlement au trajet du chemin de fer d'Ontario et Québec, porta un dur coup à Flint. En effet, Bridgewater n'eut pour toute voie ferrée qu'un embranchement du chemin de fer Midland du Canada, et les piliers du pont qu'on avait construits dans la rivière s'avérèrent inutiles.

Flint dut mettre en vente son moulin et son magasin de Belleville en 1868 soit parce que ses capitaux n'étaient pas suffisants pour faire des investissements dans le nord du comté de Hastings, ou encore que la région ne recélait pas autant d'or qu'on avait espéré. Ces propriétés passèrent à son fils adoptif et à Charles P. Holton en 1873. Les intérêts de Flint s'étendaient jusqu'à la rivière York, dans la vallée de la Madawaska, par la route Hastings. En 1877, il se porta acquéreur des moulins de James Cleak à York Mills, et en 1879 il réussit à faire rebaptiser ce village Bancroft, en l'honneur de sa belle-mère, Elizabeth Ann Bancroft. Toutefois, incendies et faillites de chemins de fer poussèrent Flint (qui de toute façon prenait de l'âge) à vendre ses propriétés de la Skootamatta en 1883 et à se retirer presque complètement des affaires.

Au moment où Flint prit sa retraite, les tentatives des entrepreneurs pour franchir le bassin hydrographique de la Moira afin de rejoindre la Madawaska et d'autres rivières qui se jetaient dans la vallée de l'Outaouais s'avéraient fort coûteuses. Étant donné qu'il y avait peu de bois vendable dans les régions reculées du comté de Hastings, les villages de Flint se trouvèrent dépourvus de moyens de subsistance. Cette région devint une terre « que les jeunes s'empress[aient] de quitter », comme Al Purdy l'écrivait en 1965 dans un poème intitulé *The country north of Belleville*. L'assaut du bassin hydrographique avait été si intensif que dès 1869 Flint pouvait écrire : « Les pins et autres essences que l'on trouve sur la Moira et ses tributaires disparaissent rapidement et seront bientôt chose du passé. » Ainsi que le poète Stuart MacKinnon l'a écrit en 1980 dans *Mazinaw* : « Tout était à prendre / Et Billa savait le faire à pleines mains ».

Par ailleurs, Flint avait mené une carrière politique bien remplie. Préfet du canton d'Elzevir de 1858 à 1879, il fut préfet et maire de Belleville en 1866 et préfet du comté de Hastings en 1873. Élu en 1847 député de la circonscription de Hastings à l'Assemblée législative, il y connut la défaite en 1851 mais devint député de Hastings South en 1854. Il fut candidat au Conseil législatif dans la division de Trent en 1861 ; battu par Sidney Smith* cette année-là, il remporta la victoire deux ans plus tard. Il vota contre la Confédération en 1865, parce qu'il s'opposait aux écoles séparées, au financement gouvernemental du chemin de fer Intercolonial et à un sénat non électif. Néanmoins, en 1867, il entra au Sénat du Canada, où il siégea jusqu'à sa mort, plus d'un quart de siècle plus tard. En 1848, le *British Whig* de Kingston avait dit de lui qu'il n'était « ni chair ni poisson », ni réformiste ni conservateur. Pourtant, selon une notice biographique qui date de 1880, il était « depuis toujours un libéral inflexible ». En 1894, Mackenzie Bowell le décrivit comme un « réformiste à la manière de Baldwin » avant la Confédération, mais ensuite il était devenu l'un de ses partisans et soutenait le parti libéral-conservateur, sauf qu'« il se plaisait à se dire libéral en politique ».

Derrière la personnalité puissante de Flint, l'homme « au visage rubicond », se cachait un personnage plus doux, que les enfants prenaient souvent pour le Père Noël à cause de sa bonhomie et de sa longue barbe blanche. Selon le sénateur Richard William Scott*, il « envisageait toujours tout du point de vue de la morale et de la religion » et était soit un ami, soit un ennemi. Philanthrope, Flint donna des terrains pour construire des églises et des écoles et fut l'un des premiers à soutenir la travailleuse sociale Annie Macpherson, qui ouvrit en 1869 une maison de transition, Marchmont, pour les enfants immigrants originaires des villes britanniques. Il participa à de nombreuses initiatives commerciales ou sociales : en 1865, notamment avec Bowell et Henry Corby*, il fonda le Board of Trade de Belleville, et en 1869 il favorisa l'installation d'un haut fourneau dans cette ville.

Billa Flint mourut en 1894, à l'âge de 89 ans, pendant qu'il exerçait ses fonctions de sénateur à Ottawa. Le *Weekly Intelligencer* de Belleville résuma ainsi sa contribution à la vie publique : « Peu d'hommes ont été liés de façon aussi manifeste que M. Flint aux affaires publiques du district. Sa carrière fut orageuse [...] et il adorait la controverse, surtout politique ou religieuse. »

LARRY TURNER

Billa Flint fut lui-même un historien et un biographe actif. Sa série d'articles sur les débuts de Belleville, en Ontario, fut publiée sous le titre de « Forty years ago », *Daily Intelligencer* (Belleville), 20, 27 juill., 4, 10, 18, 24, 31 août, 7, 14, 21, 29 sept. 1869 ; la série a aussi paru dans le *Globe*, dans la *Gazette* (Montréal), et dans le *Montreal Herald*. D'autres souvenirs de Flint se trouvent dans l'édition hebdomadaire de l'*Intelligencer* : « Forty-seven years a resident of Belleville » (21 juill. 1876) ; et « Fifty years ago today » (8 nov. 1872) ; un second article intitulé « Fifty years ago today » a paru dans le *Daily Intelligencer*, 19 juill. 1879.

AN, RG 5, A1 : 11758–11761 ; RG 68, General index, 1651–1841 : 496. — Belleville Public Library, Rebellion losses claims. — Lennox and Addington County Museum (Napanee, Ontario), Lennox and Addington Hist. Soc. Coll., Benson family papers : 2755–2758 ; T. W. Casey papers : 11271–11272. — QUA, 2056, box 107. — Canada, Sénat, *Débats*, 1894 : 563–564. — Methodist Episcopal Church in Canada, *Report of the trial of an action brought by John Reynolds and others on the part of persons calling themselves the Methodist Episcopal Church in Canada, against Billa Flint and others, trustees of the Wesleyan Methodist Church in Belleville, to obtain a chapel in the possession of the latter in the town of Belleville, by Harvey Fowler, with brief notes and remarks by E. Ryerson* (Toronto, 1837 ; copies à la Queen's Univ. Library, Special Coll. Dept., Kingston, Ontario, et à la Victoria Univ. Library, Toronto). — *British Whig* (Kingston), 2 mai 1834, 18 mai, 10 nov. 1836, 1er, 9 janv. 1848. — *Brockville Evening Recorder*, 18 juin 1894. — *Brockville Recorder*, 7 oct. 1852. — *Chronicle & Gazette* (Kingston), 26 oct. 1834, 9 mars, 3 sept. 1836, 1er févr., 19 avril, 11 oct. 1837. — *Daily British Whig*, 18 juin 1894. — *Daily Intelligencer*, 1867–1879. — *Hastings Chronicle* (Belleville), 19 oct. 1859, 21 août 1861, 18 sept. 1865. — *Intelligencer* (éd. hebdomadaire), 28 déc. 1866, 26 juin, 28 août 1868, 13 sept. 1877, 14, 21 juin 1894. — *Canadian biog. dict.* — *Canadian directory of parl.* (Johnson). — *Hastings County directory*, 1860 ; 1868–1869. — G. E. Boyce, *Historic Hastings* (Belleville, 1967). — Jean Holmes, *Times to remember in Elzevir Township* (Madoc, Ontario, 1984). — W. L. Lessard, « The history of Kaladar and Anglesea townships » (copie dactylographiée, 1964 ; conservée au Lennox and Addington County Museum). — Nick et Helma Mika, *The Grand Junction Railway* (Belleville, 1985). — Nila Reynolds, *Bancroft, a bonanza of memories* (Bancroft, Ontario, 1979). — Merrill Denison, « The Hon. Billa Flint », *Canadian Mining Journal* (Gardenvale, Québec), 88 (1967) : 49–52. — J. H. Richards, « Population and the economic base in northern Hastings County, Ontario », *Canadian Geographer* (Ottawa), no 11 (1958) : 23–33.

FOREMOST MAN. V. NE-CAN-NETE

FOURNIER, TÉLESPHORE, avocat, éditeur, journaliste, homme politique, fonctionnaire et juge, né le 5 août 1823 à Saint-François-de-Sales-de-la-Rivière-du-Sud, Bas-Canada, fils de Guillaume Fournier et de Marie-Archange Morin ; le 22 juillet 1857, il épousa à Saint-Pierre-les-Becquets (Les Becquets) Hermine Demers, et ils eurent neuf enfants ; décédé le 10 mai 1896 à Ottawa.

Dès son jeune âge, Télesphore Fournier fait montre d'un réel talent. Son père, sans doute avec l'aide financière de Claude Dénéchau*, dont il est le meunier, l'inscrit en 1835 au séminaire de Nicolet. Fournier se tient au premier rang et on lui fait sauter la classe de quatrième (versification). Fort en langues, il excelle aussi en mathématiques et dans l'art oratoire. Antoine Gérin-Lajoie*, son condisciple et ami, écrira plus tard qu'il « montrait déjà cette délicatesse de sentiment, cet honneur, cet esprit de fierté et d'indépendance qui l'ont toujours distingué dans le monde ».

En 1842, Fournier commence son stage de clerc

chez l'avocat René-Édouard Caron*. À 19 ans, il fait partie de la jeunesse lettrée de la ville de Québec qui vit intensément le ressac de l'échec des insurrections de 1837 et de 1838 et s'interroge sur le devenir de la société canadienne-française. Il fréquente l'hôtel de la Cité, l'hôtel de Tempérance, les locaux du journal *le Fantasque,* où Pierre-Joseph-Olivier Chauveau*, Joseph-Charles TACHÉ, James Huston*, Auguste Soulard* et d'autres jeunes débattent des idées. Il subit l'influence de Napoléon Aubin*. Le 4 octobre 1843, il est avec ce dernier, Taché et Marc-Aurèle PLAMONDON membre fondateur de la Société canadienne d'études littéraires et scientifiques, dont il est élu secrétaire adjoint. Cette société qui compte une trentaine de membres joue, malgré une existence éphémère, un rôle dans le développement de la vie intellectuelle à Québec. Ses membres s'intéressent au progrès des arts et des métiers. Ils tiennent une séance d'étude hebdomadaire puis, en janvier 1844, inaugurent des cours publics.

Admis au barreau le 10 septembre 1846, Fournier exerce sa profession à Québec, au 7 de la rue Haldimand. Il s'associe par la suite à John Gleason (1858–1865), à Charles-Alphonse Carbonneau (1872–1873) et enfin à Matthew Aylward Hearn et Achille Larue sous la raison sociale de Fournier, Hearn et Larue (1874– 1875). Le juge Thibaudeau Rinfret*, qui a recueilli la tradition orale, rapporte qu'« au palais, il parlait lentement. Il plaidait brièvement, mais avec sincérité, élégance et clarté [...] soucieux du choix de ses mots et de la facture de sa phrase. » Il aurait cette faculté de saisir rapidement l'incidence des lois dans les cas particulièrement complexes. Son talent reconnu par ses pairs lui vaut d'être élu bâtonnier du barreau de Québec le 1er mai 1867 et, l'année suivante, bâtonnier général de la province de Québec.

Fournier mène de front la basoche et la politique. Il participe en 1847 à la campagne du Comité constitutionnel de la réforme et du progrès sous la présidence de René-Édouard Caron ; il est alors assistant du secrétaire-archiviste Napoléon Aubin. En 1849, son nom figure avec ceux d'Aubin, de Plamondon et de Soulard en tête d'une pétition favorable à l'annexion avec les États-Unis. Aux élections de 1854, il est défait dans Montmagny par Louis-Napoléon Casault*, natif de l'endroit et, de surcroît, le frère de Louis-Jacques*, recteur de l'université Laval. Les chefs du parti rouge attribuent la défaite de tous leurs candidats à l'est de la circonscription de Champlain à l'absence d'un journal vigoureux. Ils pressent donc Fournier de défendre la cause libérale par la plume. Le 20 novembre 1855, celui-ci lance *le National,* bihebdomadaire dont il est copropriétaire et corédacteur avec Pierre-Gabriel Huot* et Plamondon. Ce journal de quatre pages a une facture moderne pour l'époque : une page littéraire faite d'un feuilleton, une de nouvelles européennes, une de nouvelles locales où les événements politiques sont prétextes à des polémiques partisanes et idéologiques, et une page d'annonces. Il s'affiche résolument démocrate. Fournier se bat pour un projet de société axé sur l'indépendance du Canada, le libéralisme et la modernisation des institutions socio-politiques. À court terme, ses objectifs sont : le rachat par la couronne des droits casuels de la tenure seigneuriale ; la réforme du système électoral ; l'ouverture des terres incultes à la colonisation ; une répartition équitable des fonds publics entre le Haut et le Bas-Canada ; l'indépendance de la chambre face à l'exécutif, notamment par l'exclusion des personnes qui touchent des émoluments du gouvernement. À plus long terme, Fournier milite pour la dissolution de l'Union. *Le National* livre une guerre acharnée à ses rivaux : *le Canadien,* journal ministériel, et *le Journal de Québec* du versatile Joseph-Édouard Cauchon*. Un article incisif donne lieu à un incident cocasse – un duel entre Fournier et Michel Vidal, rédacteur en chef du *Journal de Québec*. Ce duel est entouré d'éléments légendaires que les historiens n'ont pas encore dissipés. À court d'argent, *le National* ferme ses portes le 9 juin 1859.

Fournier capitalise sur sa réputation d'avocat, de journaliste et d'orateur populaire pour se faire élire au Parlement, même s'il a été battu de nouveau dans Montmagny en 1857. Il tente en vain de se faire élire au Conseil législatif pour la division de Stadacona en 1861 et celle de La Durantaye en 1864. Ses amis attribuent ses déboires à son style de campagne électorale : « Il luttait avec vigueur et énergie, mais n'entrait jamais sur le terrain des personnalités. Il discutait les questions politiques devant le peuple comme il l'aurait fait devant une réunion d'hommes d'état. » Lui-même, un bagarreur fougueux, en trouve la raison dans la lutte acharnée et peu scrupuleuse que lui livrent les curés de paroisse, le grand vicaire Charles-Félix Cazeau* et la machine électorale d'Hector-Louis Langevin*. Absent de la scène parlementaire pendant les grands débats sur la Confédération canadienne, Fournier revient à la politique active grâce à un événement inattendu. À l'occasion d'une élection partielle en août 1870, les électeurs de Bellechasse l'élisent sans opposition leur représentant à la chambre des Communes. L'année suivante, ceux de Montmagny l'élisent au Parlement provincial, comme le permet le double mandat. Avec Wilfrid Laurier*, Fournier est l'un des espoirs du parti libéral.

Du 6 juillet 1871 au 19 novembre 1873, Fournier mène avec Henri-Gustave Joly*, Maurice Laframboise* et Pierre Bachand* une vigoureuse opposition au gouvernement Chauveau. Il attaque sur deux fronts : la corruption électorale et le favoritisme dans les concessions forestières. Son premier discours est une dénonciation enflammée de la corruption électorale qui, depuis 20 ans, fausse le jeu démocratique dans le district de Québec. À chaque session, lui et ses amis proposent des modifications à la loi électorale et, en 1871, ils amorcent une campagne pour que l'on porte devant les tribunaux les contestations d'élection. Par ailleurs, ses attaques contre les amis du régime qui édifient des empires forestiers au détriment de la population trouvent un écho favorable parmi les députés et dans les journaux. Le gouvernement doit cesser les ventes privées et diminuer la concession de vastes étendues de terre aux compagnies forestières.

Aux Communes, Fournier avait connu des débuts plus difficiles. Il aurait été, la première année, « au-dessous de sa réputation », selon certains journaux. Sans doute, à l'instar de nombreux députés canadiens-français, connaît-il des difficultés d'adaptation. Jamais il n'aura aux Communes le panache qu'il a à Québec. Il est plus juriste que politique et peut-être est-il, en dépit de sa prestance, trop sensible et trop inflexible pour être un leader. Ministre du Revenu de l'intérieur du 7 novembre 1873 au 7 juillet 1874, il remplace Antoine-Aimé DORION, nommé juge, à la Justice, du 8 juillet 1874 au 18 mai 1875. Incapable de rassembler la députation libérale canadienne-française et tombé en disgrâce auprès d'Alexander MACKENZIE à la suite d'une rixe dans une taverne, il doit céder son portefeuille à Edward Blake* et se contenter, en attendant sa nomination comme juge, de celui de maître général des Postes, du 19 mai au 7 octobre 1875. C'est à la Justice que Fournier donne le meilleur de lui-même. Il fait adopter en 1874 la loi des élections contestées qui prévient qu'on fasse le procès des pétitions d'élection durant la session du Parlement. L'année suivante, il fait adopter la loi des faillites qui prévoit la nomination de syndics et empêche qu'une personne se déclare en faillite sans avoir consulté ses créanciers, qui conservent l'initiative en cette affaire. Mais sa plus grande réussite demeure l'adoption, le 8 avril 1875, de la loi créant la Cour suprême. Cette loi, dont sir John Alexander MACDONALD avait esquissé les grandes lignes, répond au besoin d'une interprétation uniforme de la loi à travers le Canada et d'une instance pour arbitrer les différends constitutionnels. Elle divise cependant les esprits sur plusieurs points. Mettra-t-elle fin à l'appel au Conseil privé ? Inclura-t-elle les lois civiles françaises dans la juridiction de cette cour ? Combien de juges de la province de Québec en feront partie ? Fournier se montre habile tacticien. Il consent, bien à regret, que l'on sauvegarde la prérogative de la reine dans l'appel au Conseil privé et démontre que les Canadiens français n'ont rien à craindre pour leurs lois. D'une part, affirme-t-il, les principes d'équité britanniques sont identiques à ceux du Code civil de la province de Québec – ces deux systèmes de lois sont fondés sur le droit romain. D'autre part, il y aura toujours plus de juges du Québec à ce tribunal qu'au Conseil privé où il n'y en a pas. Il fait insérer dans la loi que deux membres du Barreau de la province de Québec siégeront dans cette cour et que les causes en provenance du Québec et inférieures à un montant de 2 000 $ ne pourront être portées en appel.

Le 8 octobre 1875, Fournier est nommé juge de la Cour suprême. Il installe sa famille à Ottawa. Sa femme meurt en 1879 en le laissant avec neuf enfants ; c'est Adrienne, l'aînée, qui tient maison. Fournier passe l'hiver à Ottawa et l'été à Berthier (Berthierville). Il s'intéresse à l'actualité, à la littérature et à la philosophie. Il donne des réceptions fort goûtées par les lettrés francophones d'Ottawa et il se plaît en compagnie de son ami intime, André-Napoléon Montpetit, et des membres du Cercle des Dix, dont font partie Benjamin Sulte*, Alphonse Lusignan, Joseph-Étienne-Eugène Marmette, Alfred Duclos* De Celles et d'autres dilettantes. Il est vice-doyen de la faculté de droit de l'université d'Ottawa de 1892 à 1895. Mais, durant 20 ans, rendre justice sera son principal souci. Ses jugements formulés dans une langue concise et précise, étayés par une culture juridique étendue, portent l'empreinte d'un esprit vigoureux et perspicace. Dans plusieurs causes, au dire du juge Thibaudeau Rinfret, tout spécialement dans celles de la Colombie-Britannique contre le gouvernement du Canada (1889), et de la Compagnie du chemin de fer canadien du Pacifique contre Mme Agnes Robinson (1887), son dissentiment prévaut devant le Conseil privé sur l'avis de tous ses collègues. Ses jugements les plus célèbres demeurent celui qu'il rendit dans la cause d'Andrew Mercer* (1881), selon lequel les biens échéant à la couronne ne tombaient pas sous l'effet des lois provinciales, mais que le Conseil privé refusa d'entériner, et son jugement dans la question des écoles du Manitoba, que retint le Conseil privé et qui servit de fondement au projet de loi réparatrice en 1896. Son opinion sur le droit de l'Ontario d'exiger un permis pour la fabrication des boissons alcooliques et d'en percevoir des revenus fut entérinée par le Conseil privé peu de temps avant sa mort.

Télesphore Fournier, atteint du mal de Bright, meurt le 10 mai 1896 à l'âge de 72 ans et 9 mois. Son ami Montpetit lui rend cet hommage : « un homme d'un caractère élevé, d'un esprit cultivé, délicat, dégagé de préjugés, d'un jugement, d'une droiture exceptionnels, généreux, hospitalier, d'une volonté de fer, mais tempérée par une rare bonté et la plus exquise sensibilité ».

MICHÈLE BRASSARD ET JEAN HAMELIN

ANQ-MBF, CE1-40, 22 juill. 1857. — ANQ-Q, CE2-9, 5 août 1823. — Canada, chambre des Communes, *Débats*, 1875 ; Parl., *Doc. de la session*, 1874. — *Débats de l'Assemblée législative* (M. Hamelin), 1871–1872. — *L'Électeur*, 4 nov. 1893, 11 mai 1896. — *L'Événement*, 13 juill. 16 déc. 1871. — *Le Journal de Québec*, 13, 25, 27 juill. 1854, 19–20 déc. 1857, 22, 25, 28 juin, 2, 6, 11 juill. 1861, 3 juin 1863. — *Le National* (Québec), 20 nov., 7 déc. 1855, 27 août 1857, 12 janv., 28 nov. 1858, 14 juin 1859. — *L'Opinion publique*, 13 juill. 1871. — *La Patrie*, 11 mai 1896. — *Le Soir* (Montréal), 13 mai 1896. — « Bâtonniers du barreau de Québec », *BRH*, 12 (1906) : 342. — F.-M. Bibaud, *le Panthéon canadien ; choix de biographies*, Adèle et Victoria Bibaud, édit. (nouv. éd., Montréal, 1891). — *Cyclopædia of Canadian biog.* (Rose et Charlesworth), 2. — Dent, *Canadian portrait gallery*, 3. — J. Desjardins, *Guide parl.* — P.-G. Roy, *les Juges de la prov. de Québec*. — *RPQ*. — Réal Bélanger, *Wilfrid Laurier ; quand la politique devient passion* (Québec et Montréal, 1986). — Bernard, *les Rouges*. — Creighton, *Macdonald, old chieftain*. — Léon Gérin, *Antoine Gérin-Lajoie ; la résurrection d'un patriote canadien* (Montréal, 1925). — M. Hamelin, *Premières années du parlementarisme québécois*. — Rumilly, *Hist. de la prov. de Québec*, 4 ; 6–7. — J. G. Snell et Frederick Vaughan, *The Supreme Court of Canada : history of the institution* (Toronto, 1985). — D. C. Thomson, *Alexander Mackenzie, Clear Grit* (Toronto, 1960). — J.-P. Tremblay, *À la recherche de Napoléon Aubin* (Québec, 1969). — Waite, *Canada, 1874–96*. — Mme Donat Brodeur, « le Cercle des Dix », *la Rev. moderne* (Montréal), 5 (1924), n° 10 : 19–22. — A.[-H.] Gosselin, « Réponses », *BRH*, 14 (1908) : 320. — Charles Langelier, « J.-B. Parkin, c.r. », *BRH*, 3 (1897) : 82–89. — R. O., « Quelques sociétés disparues », *BRH*, 49 (1943) : 316. — « Questions », *BRH*, 2 (1896) : 128. — Thibaudeau Rinfret, « le juge Télesphore Fournier », *Rev. trimestrielle canadienne* (Montréal), 12 (1926) : 1–16. — P.-G. Roy, « les Sources imprimées de l'histoire du Canada-français », *BRH*, 29 (1923) : 177.

FOWLER, DANIEL, peintre, fermier, rédacteur et auteur, né le 10 février 1810 à Champion Hill, Camberwell (Londres), fils de Daniel Fowler et de Mary Ann Pope ; le 6 août 1835, il épousa à Londres Elizabeth Gale, et ils eurent trois filles et deux fils ; décédé le 14 septembre 1894 dans sa maison de l'île Amherst, Ontario.

Daniel Fowler naquit dans une famille assez riche de la haute bourgeoisie. Ses souvenirs d'enfance évoquent le village isolé de Downe (Londres), dans le Kent, où sa famille se fixa vers 1815. Une gouvernante à demeure s'occupait de lui et de ses trois sœurs aînées en faisant régner l'ordre et la discipline. Parlant de ces années, Fowler écrivit par la suite : « J'aimais beaucoup la lecture et le dessin. Jamais je ne me lassais de l'une ni de l'autre. Jamais je n'étais aussi heureux qu'avec un crayon et du papier, sinon avec un livre. » Quand il eut huit ans, on l'envoya à l'école, d'abord à l'Alfred House Academy de Camberwell, où il passa deux années assez tristes pour qu'il les qualifie plus tard de « mort vivante ». À dix ans, il entra à la Cogan's School de Walthamstow (Londres), où il resta six ans et demi. Pendant un bref moment, Benjamin Disraeli fut l'un de ses condisciples. La Cogan's School était un établissement purement classique et représentait, pour Fowler, un grand progrès par rapport à l'Alfred House. « Mon travail ne me donnait aucun mal, a-t-il écrit ; il arrivait très rarement que je ne sois pas le premier de ma classe. Je savais mon latin sur le bout de mes doigts, et j'étais parvenu à pouvoir lire du théâtre grec [...] Il y avait une impressionnante bibliothèque à l'école [...] Et puis j'eus la chance de pouvoir reprendre le dessin et de m'y exercer auprès du maître qui enseignait cette matière ; que de demi-congés j'y ai consacrés. » Dessiner directement d'après le modèle dès son jeune âge aida Fowler à acquérir la remarquable coordination de la main et de l'œil dont témoignent ses œuvres.

Après avoir quitté l'école, Fowler connut une période d'oisiveté au cours de laquelle il apprit, comme tout vrai gentleman de son temps, à conduire une voiture à deux chevaux et à chasser la perdrix. À 18 ans, il entra au Doctors' Commons mais, comme il avait peu d'inclination pour le droit et que c'était son père qui l'avait poussé dans cette voie, il abandonna son stage à la mort de celui-ci en 1829. À titre de fils aîné, il prit alors en main la gestion des affaires maternelles, et il se remit au dessin. Suivirent des exercices intensifs et des leçons d'un ami artiste ; une visite à l'aquarelliste William Henry Hunt, vers 1830, eut l'effet d'une « véritable révélation ». Toutefois, les aquarelles de Turner, qu'il vit pour la première fois vers la même époque, l'impressionnèrent plus profondément.

Durant trois ans, à compter de 1831, Fowler suivit à Londres des leçons de James Duffield Harding, peintre reconnu pour ses publications sur le dessin de paysage et pour la maîtrise des aquarelles qu'il peignait en atelier, dans le style pittoresque. Bientôt cependant, à force d'observer les œuvres de paysagistes anglais comme Turner, Constable, David Cox, Peter De Wint et John Sell Cotman, Fowler souhaita peindre d'après nature plutôt qu'en atelier. Sa rencontre avec l'éminent lithographe Charles Joseph Hullmandel l'encouragea aussi dans cette voie. Déjà un dessinateur accompli, Fowler commença à donner des leçons de dessin vers 1832, sur le conseil de Harding. L'enseignement l'aidait un peu financièrement, mais l'empêchait de se consacrer entièrement à son art. Et puis il était d'un tempérament effacé et d'une constitution fragile (en date de 1834, quatre de ses sœurs et l'un de ses frères étaient morts de la tuberculose, qui le menaçait aussi). Les fréquentes excursions de dessin qu'il faisait en Angleterre et au pays de Galles lui plaisaient plus que l'enseignement. Il aima davantage la tournée européenne qu'il fit en 1834–1835 en compagnie de Robert Leake Gale, frère de sa future femme. Leur itinéraire, dressé par Hullmandel, les mena par les Alpes suisses et italiennes ; selon les peintres britanniques du XIXe siècle, Turner surtout, un artiste se devait de voir ces paysages grandioses. Malheureusement, Fowler contracta la variole pendant le voyage et fut gravement malade à Rome durant un mois. Il profita de sa longue convalescence pour faire de nombreuses esquisses dans cette ville et ailleurs en Italie. Dès le début de l'été de 1835, assez en forme pour entreprendre son voyage de retour, il franchit, seul et à pied, le col du Grand-Saint-Bernard, ce qui n'était pas un mince exploit. Rentré à Londres, il se maria, ouvrit un atelier et se remit à l'enseignement et au dessin. De 1836 à 1842, il exposa 16 tableaux, principalement des paysages européens et anglais, à la Society of British Artists, et un à la Royal Academy of Arts. En outre, il renoua avec Edward Lear, humoriste et paysagiste bien connu. Ensemble, ils firent du dessin en Angleterre et sur le continent ; ils allaient demeurer des amis pour la vie.

Fowler n'aimait pas enseigner ; sa santé était précaire ; élever à Londres une famille de plus en plus nombreuse et y maintenir un atelier coûtait cher. Voilà de quoi le forcer à reconsidérer sa situation. On lui conseillait, pour des raisons de santé, de quitter l'Angleterre et de s'organiser pour vivre au grand air. Même s'il était très mortifié que son art ne lui permette pas de faire vivre sa famille, il fit face à la situation, ce qui était tout à son honneur : il décida d'immigrer dans le Haut-Canada. En juin 1843, avec sa femme, Elizabeth Gale, leurs trois enfants, une nurse et l'un de ses frères (probablement Reginald), il parvint à l'île Amherst, à l'extrémité est du lac Ontario, où Robert Leake Gale s'était établi. L'île lui plut tout de suite, mais il décida d'aller voir ailleurs avant de décider de s'y installer. Du 11 au 24 juin, avec son frère et d'autres compagnons, il alla vers l'ouest, jusqu'à London, qu'il décrivit ainsi : « littéralement arraché à la forêt – des souches jusqu'aux portes arrière. Un lieu neuf, hideux et âpre. » Rien de ce qu'il vit au cours de cette expédition n'égalait le charme de l'île Amherst ; elle lui rappelait la campagne de sa jeunesse. Il décida donc de s'y fixer et paya £500 comptant une ferme de 150 acres appelée Cedars et située face à la baie de Quinte. Sa troisième fille naquit en août.

Fowler n'était guère préparé à tenir une ferme dans un pays neuf. Durant 14 ans, il abandonna complètement la peinture pour apprendre à exploiter sa terre et aménager sa maison. Grâce à un dur labeur, il rendit la ferme autosuffisante et, comme on l'avait espéré, prit beaucoup de mieux, même s'il ne devint jamais robuste. L'incendie qui détruisit sa maison en décembre 1847 mit son courage à rude épreuve. Il la reconstruisit presque seul, de 1848 à 1850, et elle subsiste toujours. En 1857, il sentit qu'il pouvait confier la ferme à un employé et retourna pour la première fois en Angleterre afin de rendre visite à sa mère à Maidstone. Ce voyage, qui lui permit d'assister à des expositions à Londres et de voir les œuvres des préraphaélites, marqua un autre tournant dans sa vie. Avant la fin de l'année, il rentra à l'île Amherst avec des provisions de matériel ; son amour de la peinture était ranimé, et il était prêt, à 47 ans, à entreprendre une deuxième carrière artistique.

Fowler s'était installé un atelier chez lui et consacrait tous ses moments de loisir à l'aquarelle (il ne peignait pas à l'huile). Il développait ses idées à partir de petites esquisses en noir et blanc, dessinées en extérieur, et y ajoutait de la couleur « inventée et cherchée à tâtons », en atelier, à la manière de Harding. Ses œuvres étaient de dimensions variées ; certaines mesuraient environ 20 pouces sur 28, ce qui est passablement grand pour des aquarelles.

Dans le Haut-Canada, au milieu du XIXe siècle, les amateurs d'art et les débouchés étaient peu nombreux. En 1859, Fowler emporta donc en Angleterre quelques dessins – « tous des essais de petites dimensions » – en partie pour trouver un marchand mais surtout pour avoir des avis sur son travail. Aucun marchand ne manifesta d'intérêt et, avec son honnêteté coutumière, il reconnut, une fois de retour chez lui, qu'il devait renouveler sa façon de travailler. Formé en Angleterre, où les maîtres accordaient beaucoup d'attention au dessin, Fowler se libéra, au Canada, de certaines contraintes inhérentes à la tradition de l'aquarelle anglaise et trouva son propre style, plus libre, qui consistait à appliquer directement la couleur. Cette année-là, il commença à peindre d'après nature, sans passer par l'étape de l'atelier. Quelques modestes tableaux représentant des objets qui se trouvaient autour de sa ferme – une corde, un harnais, une brouette – révèlent qu'il observait si attentivement les choses que les couleurs et les nuances devenaient des éléments structuraux, ce qui était nouveau et personnel.

L'Upper Canada Provincial Exhibition, qui se tenait à Kingston en 1863, fut pour Fowler, comme il le dit plus tard, une « première occasion de se présenter au public ». Ses œuvres, inscrites dans la catégorie des amateurs, reçurent quatre premiers prix et trois deuxièmes prix. Même s'il continua d'envoyer des aquarelles et des dessins aux expositions provinciales jusqu'en 1868 (dans la catégorie des professionnels à compter de 1866) et remporta constamment des prix, il vendait peu. Il exposa aussi à l'Association des beaux-arts de Montréal de 1867 à 1892, à la Société des artistes canadiens de 1868 à 1870, à l'American Society of Painters in Water Colors de 1868 à 1874, et à l'Ontario Society of Artists, dont il était membre fondateur, de 1873 à 1892 [V. John Arthur FRASER]. Grâce à ces expositions, il fit la connaissance de plusieurs peintres, dont Fraser, Lucius Richard O'BRIEN et Otto Reinhold Jacobi*, ainsi que de George A. Gilbert et James Spooner, tous deux de Toronto, qui devinrent ses amis et agents vers 1865 et l'encouragèrent beaucoup. Peu à peu, Fowler atteignit sa maturité, et ce à titre de peintre canadien, comme en témoignent surtout les paysages qu'il peignit à compter de 1875 environ. Ces tableaux sont réalisés dans un style libre et calligraphique, par une succession de petits coups de pinceau rapides. Fowler s'y distingue de la plupart des peintres immigrants anglais, tels John Herbert Caddy*, William Nichol Cresswell, Fraser et Thomas Mower Martin*, dont les paysages canadiens rappellent l'atmosphère feutrée de l'Angleterre. À propos de ce qui différenciait le Canada de son pays d'origine, Fowler écrivit plus tard : « Cela est particulièrement perceptible pour l'œil du peintre. Par contraste avec la lumière dansante et la vivacité de l'atmosphère canadienne, les lumières qui éclairaient le paysage anglais semblaient toutes atténuées, les ombres profondes et obscures. »

Les sujets canadiens de Fowler se regroupent en trois catégories : gibier mort, fleurs et paysages. Ses meilleurs tableaux (et il demeure l'un des aquarellistes les plus subtils du Canada) révèlent un remarquable sens de l'observation, l'assurance et l'économie de moyens ; en même temps, ils dégagent beaucoup de liberté, et le coup de pinceau, par sa franchise, en fait des œuvres audacieuses et rafraîchissantes. Fowler était très fier de la technique qu'il était parvenu à mettre au point pour peindre l'arrière-plan de ses natures mortes et de ses représentations de fleurs mais, souvent, ces arrière-plans créés de toutes pièces jurent par rapport au réalisme des oiseaux et des fleurs et nuisent à l'harmonie de l'ensemble. Une peinture de fleurs, *Hollyhocks,* réalisée en 1869, remporta une médaille de bronze et un diplôme en 1876 à l'Exposition universelle de Philadelphie. Quand il reçut ce prix, première récompense internationale décernée à un peintre canadien, Fowler estima qu'il avait atteint le faîte de sa carrière. Peint sur le conseil de Gilbert, *Hollyhocks* fut exposé pour la première fois à l'Association des beaux-arts de Montréal en 1870. Le prix de la « meilleure aquarelle, tous sujets » alla à Jacobi, qui protesta que celle de Fowler était meilleure que la sienne, si bien que le prix fut partagé entre eux. Opposé à ce compromis, Fowler exigea une explication ; une fois que le jury la lui eut donnée, une amitié chaleureuse naquit entre les deux artistes. *Hollyhocks* se trouve maintenant au Musée des beaux-arts du Canada. Bien que le tableau ait un peu pâli, on y discerne encore à quel point Fowler a su, par son extraordinaire sensibilité aux couleurs et aux nuances, rendre l'éclat de ces fleurs délicates. Dans son autobiographie, il raconte que, pendant qu'il y travaillait, il parcourait trois milles à pied chaque jour pour cueillir des bouquets parfaits.

Toutefois, c'est au cœur des paysages de l'île Amherst, qu'il peignit de 1875 environ à 1890, que Fowler parvint à saisir « la lumière dansante et la vivacité » de son pays d'adoption. Pour n'en nommer que deux, des tableaux comme *Fallen birch* (l'aquarelle de 1888 surtout) et *A woodland wanderer,* peint en 1888, sont des joyaux de la peinture de paysage, qui ne doivent rien aux conventions du pittoresque et rendent la luminosité et la vigueur de l'environnement canadien. L'amour de Fowler pour la campagne éclate dans ces tableaux étincelants, où l'on ne décèle pas la moindre sentimentalité. Avec une grande liberté et souvent une technique qui se rapproche plus de la calligraphie que de la peinture, il recrée les conditions atmosphériques avec la couleur elle-même. Tout autant que les toiles de Turner, ces œuvres expriment directement les sentiments de l'auteur devant la nature, à ce moment où la lumière se fond avec la terre. En cela, Fowler est unique parmi ses contemporains canadiens : aucun autre n'atteint une telle liberté dans son observation et son analyse de la nature. Ses toiles ont des affinités avec celles des impressionnistes, certainement avec celles de Constable, et même de Cézanne, quoiqu'il n'ait pas pu le connaître. Deux contemporains canadiens, O'Brien et Fraser, évoquaient la grandeur romantique ou poétique de la nature canadienne en insufflant au paysage une force spirituelle. Fowler, lui, se contentait de dépeindre les aspects plus intimes, plus communs de la nature, qu'il transformait par l'étincelle de la lumière et de la couleur en des peintures de paysage exquises et pleines de vie. En 1878, il écrivait à une amie, Louisa Annie MURRAY : « La nature est remplie de couleur, de couleur délicieuse, tout comme elle l'est d'autres harmonies. Ne devons-nous pas la faire entrer dans nos pièces ternes pour illuminer nos murs ? »

En 1880, Fowler devint l'un des membres fondateurs de l'Académie royale canadienne des arts [V. John Douglas Sutherland Campbell*], où il exposa jusqu'en 1893. Chaque académicien devait contribuer, par le don d'une œuvre, à la constitution du noyau de la collection nationale. *Dead Canadian game,* œuvre primée de Fowler, faisait partie de ses tableaux d'oiseaux morts qui furent si populaires dans les années 1870 et 1880. Bien que ces peintures varient par la qualité de leur composition, toutes sont des représentations méticuleuses, réalisées directement d'après le modèle. Fowler soumit des tableaux à l'Industrial Exhibition de Toronto de 1883 à 1894. En outre, il reçut une médaille et un diplôme à la Colonial and Indian Exhibition de Londres en 1886 et à l'Exposition universelle de Chicago en 1893. Ses amis se portaient à son secours quand les tableaux qu'il exposait soulevaient de la controverse. Une large proportion d'œuvres montrées dans les expositions canadiennes représentaient des sujets britanniques et européens, et celles de Fowler ne faisaient pas exception. Il exposait par exemple des scènes de rue et paysages à l'aquarelle exécutés à partir des centaines d'esquisses qu'il avait faites en Europe et qui, avec ses livres, avaient toutes échappé à l'incendie de 1847. En 1885, on l'accusa d'avoir copié ces aquarelles sur des illustrations parues dans des guides de voyage. Malgré le soutien d'amis comme Homer Ransford Watson*, qui prit la plume pour le défendre, cette controverse et cette accusation l'affectèrent beaucoup.

Esprit curieux, Fowler était demeuré grand liseur

même une fois retranché dans sa maison de l'île Amherst. En 1892, il mentionnait encore recevoir régulièrement et lire avec intérêt plusieurs périodiques américains, britanniques et canadiens. Il trouvait l'*Illustrated London News* particulièrement utile pour l'éducation de ses enfants, qu'il dirigeait lui-même. Pendant au moins 20 ans, surtout dans les années 1870 et 1880, il publia des articles, des lettres et des critiques, parfois sous le couvert de l'anonymat, dans des périodiques comme le *Week*, le *Chambers's Journal*, le *All the Year Round* et la *Canadian Monthly and National Review*. Ces textes portaient sur un large éventail de sujets, dont Darwin, Disraeli, Gladstone, les personnages féminins de Shakespeare, Harriet Martineau, la question irlandaise et Millet. Écrits dans un style lucide et puissant, ils n'étaient pas sans qualités, mais Fowler n'en faisait pas du tout un objet de vantardise. Cependant, son entreprise la plus ambitieuse fut une autobiographie, qu'il commença en 1893. Le journaliste Hector Willoughby Charlesworth* le rencontra à peu près à cette époque. Ne sachant pas, de toute évidence, que Fowler avait déjà publié, il faisait ce commentaire : « Il écrit dans un anglais concis et incisif, ce qui est remarquable chez un homme de plus de 80 ans qui n'a jamais fait de littérature. Il faudra un jour publier son histoire, non pas à cause de la place que son auteur occupe en tant que peintre, mais parce qu'elle donne un aperçu tout à fait intéressant de l'Angleterre de son enfance, celle de la période immédiatement postérieure aux guerres napoléoniennes, et parce qu'elle dépeint de manière intimiste et attachante la vie rurale du Haut-Canada avant la Confédération. » Fowler n'avait pas terminé son autobiographie quand il mourut en 1894.

Les rares descriptions de Daniel Fowler laissées par ses contemporains confirment l'impression qui se dégage de son autobiographie : c'était un homme simple, doux et passablement dénué de prétention. L'artiste Robert Ford Gagen, qui le connaissait, a dit de lui : « Fowler était de petite taille, avait des traits délicats bien dessinés, une voix grêle, des manières très raffinées et était fort bien mis – ce qui était assez remarquable chez un homme qui avait vécu à la dure pendant tant d'années. » Le premier conservateur du Musée des beaux-arts du Canada, John William Hurrell Watts*, avec qui Fowler correspondit au sujet des tableaux qu'il avait l'intention de léguer à l'établissement, a écrit : « M. Fowler était aimable et calme ; c'était un gentleman de la vieille école, aux manières impeccables. »

FRANCES K. SMITH

La liste des croquis et peintures de Daniel Fowler que possède l'Agnes Etherington Art Centre, Queen's Univ. (Kingston, Ontario), compte plus de 1000 œuvres, dont environ les trois quarts ont été photographiés. Outre la collection qui appartient au centre, on trouve d'importantes quantités de ses travaux à l'Art Gallery of Hamilton (Hamilton, Ontario) ; à Ottawa, au Musée des beaux-arts du Canada et aux AN, Division de l'art documentaire ; à Toronto, au Musée des beaux-arts de l'Ontario et au Royal Ontario Museum, Sigmund Samuel Canadiana Building.

Le journal plein de vie du voyage que Fowler fit en 1843 dans le Haut-Canada à la recherche d'un endroit pour s'installer est conservé aux AO, MS 199 ; des extraits ont été publiés sous le titre de « An artist inspects Upper Canada : the diary of Daniel Fowler, 1843 », T. R. Lee, édit., *OH*, 50 (1958) : 211–218. Son propre dessin de la maison qu'il construisit dans l'île Amherst apparaît dans *Illustrated historical atlas of the counties of Frontenac, Lennox and Addington, Ontario* (Toronto, 1878 ; réimpr., Belleville, Ontario, 1971). Le manuscrit de son autobiographie, « Old Times, Old Houses, and Old Habits » (1893–1894), conservé à l'Agnes Etherington Art Centre, a été publié en entier pour la première fois dans le livre de F. K. Smith, *Daniel Fowler of Amherst Island, 1810–1894* (Kingston, 1979) ; une version antérieure, intitulée « The artist turns farmer : chapters from the autobiography of Daniel Fowler », T. R. Lee, édit., *OH*, 52 (1960) : 98–110, a été préparée à partir d'un manuscrit dactylographié qui appartient à ses descendants.

L'Agnes Etherington Art Centre détient aussi des photocopies des 17 lettres qui subsistent, écrites par Fowler à Louisa Annie Murray entre 1866 et 1894. Les lettres, qui traitent surtout de questions de littérature, de critiques et de lectures, viennent d'une collection plus vaste de lettres écrites à Louisa Murray que les York Univ. Arch. (Toronto) ont photocopiées en 1969 à partir d'originaux qui appartiennent à Louisa Murray King (North Andover, Mass.) ; on ne sait pas où se trouvent les lettres que Louisa Annie Murray a écrites à Fowler.

Les renseignements généalogiques ont été tirés surtout de la bible de famille de Fowler qui se trouve aux mains de ses descendants.

Des recensions, des articles et des lettres de Fowler ont paru dans quelque 30 numéros du *Week* entre 1884 et 1889, dans la *Canadian Monthly and National Rev.* (Toronto) 3 (janv.–juin 1873)–13 (juill.–déc. 1878), et dans la *Rose-Belford's Canadian Monthly and National Rev.* (Toronto) 1 (juill.–déc. 1878–8 (janv.–juin 1882). [F. K. S.]

AN, RG 11, B2(a), 1027 : 158440 ; 1030 : 158816. — AO, MU 584, sect. IV, Fowler–Spooner corr. — Musée des beaux-arts de l'Ontario, Library, R. F. Gagen, « Ontario art chronicle » (copie dactylographiée, *circa* 1919) ; T. R. Lee coll., Daniel Fowler papers. — Musée des beaux-arts du Canada, H. R. Watson papers. — *Week*, 19 oct. 1894. — *Académie royale des arts du Canada ; exhibitions and members, 1880–1979*, E. de R. McMann, compil. (Toronto, 1981). — *A checklist of literary materials in* The Week (Toronto, 1883–1896), D. M. R. Bentley, assisté de M. L. Wickens, compil. (Ottawa, 1978). — J. W. L. Forster, « Art and artists in Ontario », *Canada, an encyclopædia* (Hopkins), 4 : 347–352. — Harper, *Early painters and engravers*. — *An index to the* Canadian Monthly and National Review *and to* Rose-Belford's Canadian Monthly and National Review, *1872–1882*, M. G. Flitton, compil. (Toronto, 1976). — *Standard dict. of Canadian biog.* (Roberts et Tunnell). — Christopher Wood, *The dictionary of Victorian painters* (2e éd., Woodbridge, Angl., 1978). — J. R. Harper,

Painting in Canada, a history ([Toronto], 1966). — W. S. Herrington, *History of the county of Lennox and Addington* (Toronto, 1913 ; réimpr., Belleville, 1972). — Vivien Noakes, *Edward Lear : the life of a wanderer* (Londres, 1968). — D. [R.] Reid, *A concise history of Canadian painting* (Toronto, 1973) ; *« Our own country Canada »*. — Rebecca Sisler, *Passionate spirits ; a history of the Royal Canadian Academy of Arts, 1880–1980* (Toronto, 1980). — F. K. Smith, « Daniel Fowler (1810–1894) », *Lives and works of the Canadian artists* (série de 20 brochures, Toronto, [1977–1978]), nº 3. Contient plusieurs erreurs de l'éditeur [F. K. S.]. — H. [W.] Charlesworth, « Autobiography of a Canadian painter », *Queen's Quarterly* (Kingston), 45 (1938) : 88–96. — F. K. Smith, « Daniel Fowler of Amherst Island », *Historic Kingston*, nº 28 (1980) : 25–34 ; « The will of Daniel Fowler of Amherst Island : « Memorials of the Early History of Canadian Art », *RACAR* (Ottawa), 6 (1979–1980) : 110–112.

FRASER, CHRISTOPHER FINLAY, avocat, homme politique, officier de milice, homme d'affaires et fonctionnaire, né le 16 octobre 1839 à Brockville, Haut-Canada, fils de John S. Fraser et de Sarah M. Burke ; le 10 janvier 1866, il épousa Mary Ann Lafayette, et ils eurent un fils et une fille ; décédé le 24 août 1894 à Toronto et inhumé dans sa ville natale.

Le père de Christopher Finlay Fraser, Écossais des Highlands et cordonnier, immigra dans le Haut-Canada vers 1835 et s'établit à Brockville. En 1838, il épousa Sarah M. Burke, dont la famille venait du comté de Mayo (république d'Irlande). L'aîné d'une famille catholique de dix enfants, Christopher Finlay ne fréquenta guère l'école. À huit ans, il était déjà livreur au journal réformiste *Brockville Recorder*. Par la suite, et durant son adolescence, il fut apprenti chez l'éditeur-imprimeur de ce journal, David Wylie.

En 1859, Fraser entra au cabinet de l'avocat Albert Norton Richards, membre important de l'establishment réformiste local. Reçu au barreau en 1864, il pratiqua d'abord seul, puis avec un certain M. Mooney, et pendant quelque temps à Prescott. Il consolida sa position en 1874, en s'associant à Albert Elswood Richards. Fraser fut nommé conseiller de la reine en 1876 ; l'année suivante, Edmund John Reynolds se joignit au cabinet. Contrairement à Richards, qui partit pour le Manitoba en 1880, Reynolds demeurera l'associé de Fraser jusqu'à la mort de celui-ci.

Jeune avocat prometteur de Brockville, Fraser se fit diverses relations dans la localité. Il fit partie du conseil municipal de 1867 à 1873, se distingua comme joueur de crosse et accéda à la présidence de la Roman Catholic Literary Association. En épousant Mary Ann Lafayette, fille de John Lafayette, homme d'affaires protestant bien placé, il put fréquenter la meilleure société de Brockville. Au fil du temps, il fit l'acquisition d'une lieutenance dans la milice locale, d'une belle maison rue James et d'une villa à Union Park, un endroit de villégiature à la mode situé près de Brockville. Sa participation à la réorganisation financière de la Brockville and Ottawa Railway, à la fin des années 1860, montre que le cercle de ses relations d'affaires s'élargissait. C'est à lui que l'on attribue le mérite d'avoir réalisé un transfert complexe de valeurs d'actif et de passif entre le gouvernement provincial, la compagnie de chemin de fer (qui détenait des droits sur de riches concessions forestières) et les municipalités qui avaient des hypothèques sur la compagnie. Par ailleurs, il fut affilié plus longtemps encore à la Banque d'Ontario, dont l'expansion s'était révélée trop ambitieuse au moment de la crise économique de 1874–1879. Au plus tard en octobre 1881, dans le cadre de la réorganisation qui visait à la sauver, Fraser entra au conseil d'administration. La banque se tira d'affaire sans plus de difficultés pendant son mandat d'administrateur.

Même si le cheminement de Fraser correspond au modèle victorien, c'est-à-dire entrer en politique par le droit et les affaires, sa participation aux entreprises ferroviaires et aux banques ne fut jamais le moteur de son activité politique. Il apprit les rudiments de l'organisation électorale durant les campagnes d'Albert Norton Richards, son maître réformiste. En septembre 1867, il se présenta pour la première fois au Parlement provincial, dans Brockville, sous la bannière réformiste.

Sa candidature était le produit de deux courants qui coïncidaient avec la Confédération. Le parti réformiste entamait une campagne soutenue afin de regagner la minorité catholique, qu'il s'était aliénée pendant les querelles confessionnelles des années 1850 [V. George Brown*]. En même temps, des leaders catholiques laïques issus d'une nouvelle génération essayaient de persuader leurs coreligionnaires irlandais d'abandonner leur infructueux soutien au parti conservateur pour une position politique plus indépendante. Fraser fit le pont entre ces deux courants et, parmi les hommes politiques catholiques qui prônaient une alliance avec le parti libéral, c'est lui qui, finalement, aura le plus de succès.

En juin 1867, Fraser avait assisté au congrès réformiste de Toronto, où lui-même et d'autres catholiques figurèrent parmi les vedettes d'une première réconciliation publique. Le mois suivant, un congrès de catholiques se tint à Toronto. Même si elle se prononça pour le parti réformiste en vue des prochaines élections fédérales et provinciales, cette assemblée n'était pas qu'une affaire partisane. Elle attira des catholiques laïques – dont Frank Smith*, maire de London et politiquement indépendant – qui réclamaient une reconnaissance politique plus concrète de la minorité catholique de l'Ontario. Cependant, les efforts qui visaient à regrouper les catholiques au sein d'une organisation ostensiblement neutre, l'« Ontario Electoral Association », furent bientôt détournés au profit d'une stratégie partisane. John O'Donohoe amena les catholiques demeurés fidèles au parti réformiste, même sous George Brown, à s'assurer de la présence à l'assemblée du plus grand nombre possible de sympathisants et à soutenir ce parti aux élections suivantes. Catholique d'origine modeste ayant bénéficié de relations réformistes à Brockville, Fraser pouvait à la fois promouvoir les intérêts des catholiques irlandais et se présenter à titre de candidat réformiste sans qu'il y ait contradiction ni conflit d'intérêts.

Au congrès de juillet, la hiérarchie catholique condamna l'initiative des catholiques laïques, et Fraser connut la défaite dans Brockville. La stratégie électorale de rapprochement des catholiques et des réformistes s'en trouva désorganisée, mais pas pour longtemps. Moins de deux ans plus tard, Smith et O'Donohoe participaient à une autre entreprise laïque, à visée politique : la formation de l'Ontario Catholic League. Fraser était l'un des membres fondateurs de cette ligue et contribua sans doute à en maintenir le cap sur le parti réformiste. En apparence bipartite, la ligue, par son existence même, défiait l'alliance des catholiques et des conservateurs favorisée par le clergé. Elle se montra toutefois plus prudente que les catholiques ne l'avaient été en 1867 et s'inclina devant les évêques. Les circonstances favorisaient cette manœuvre : en 1870, la hiérarchie en général et l'archevêque de Toronto John Joseph Lynch* en particulier étaient déçus du parti conservateur et du peu de reconnaissance qu'il accordait à la minorité catholique. Certaines concessions des conservateurs, dont la nomination de Smith au Sénat et de John O'Connor* au cabinet, empêchèrent qu'une rupture ne se produise sur la scène fédérale mais ne mirent pas fin au désenchantement de la hiérarchie catholique devant le gouvernement de coalition de John Sandfield Macdonald* à Toronto.

C'est dans ce contexte que Fraser fit sa deuxième campagne électorale : candidat libéral dans la circonscription provinciale de Grenville South en 1871, il fut de nouveau battu. Dans l'ensemble toutefois, ces élections modifièrent sensiblement la position des partis, et le gouvernement de Macdonald se désintégra, surtout à cause de la défection du catholique Richard William Scott*. La formation d'un gouvernement libéral sous Edward Blake* semblait faire pencher l'équilibre politique du côté que favorisaient O'Donohoe et Fraser depuis 1867. En 1872, l'organisation des libéraux provinciaux chercha à accroître le nombre de députés catholiques, ce qui favorisa l'investiture de Fraser dans la circonscription de Grenville South, devenue vacante à la mort du député conservateur cette année-là. On annula son élection pour cause d'irrégularités, mais il remporta l'élection partielle tenue aussi en 1872. Il devenait ainsi le seul membre important de l'Ontario Catholic League à siéger à l'Assemblée législative, puisque le président de la ligue, O'Donohoe, avait été battu dans Peterborough East. Réélu dans Grenville South en 1875, Fraser serait défait de justesse dans cette circonscription en 1879, mais gagnerait dans Brockville, où il remporterait encore la victoire en 1883, 1886 et 1890.

Quand Fraser entra à l'Assemblée, en 1872, il dut composer avec Mgr Lynch, catholique irlandais politiquement actif qui parlait invariablement de lui comme d'un « Écossais catholique », et avec le nouveau premier ministre libéral Oliver Mowat*. Dès 1873, la présentation par le conservateur Herbert Stone McDonald de projets de loi d'intérêt privé qui visaient à constituer en société civile l'ordre d'Orange, donna à Fraser l'occasion de prouver sa valeur. Résolu à profiter de ce débat pour mettre son influence à l'épreuve, Lynch informa sèchement Mowat que le gouvernement ne pourrait plus compter sur l'appui des catholiques si l'ordre d'Orange était légalement constitué. Comme il était impossible d'empêcher l'adoption des projets de loi, Fraser se fit le porte-parole de l'opposition catholique qui existait au sein du gouvernement de manière à rassurer Lynch tout en donnant une marge de manœuvre à Mowat. Il s'acquitta de cette tâche avec beaucoup d'efficacité, démontrant, à l'occasion de ce premier débat sérieux, son talent d'orateur parlementaire. Son argumentation, conçue avec soin, visait à désamorcer les rancunes interconfessionnelles en dénonçant sur un ton nettement partisan la duplicité des conservateurs et la méthode utilisée pour présenter le projet de loi. Pour lui manifester son soutien, Lynch lui remit un portrait des Pères du concile du Vatican. Mowat fut impressionné lui aussi. Le 25 novembre 1873, il nommait Fraser secrétaire de la province et, le 4 avril 1874, il lui confiait le portefeuille clé du gouvernement en ce qui a trait aux dépenses, celui de commissaire des Travaux publics.

Fraser se tailla vite une réputation de bon administrateur et d'« ennemi du gaspillage et de l'extravagance ». Les 20 ans qu'il passa à la direction du département des Travaux publics se déroulèrent sans embarras ni scandale public et contribuèrent grandement aux réalisations du gouvernement Mowat. Fraser supervisait la construction des barrages, écluses et ponts, ainsi que l'érection et l'entretien des édifices provinciaux. Approuver le financement des programmes d'assèchement et des routes de colonisation qui menaient dans le nord de l'Ontario était aussi de son ressort. De plus, son ministère devait approuver les primes que le département des Terres de la couronne prélevait dans le fonds provincial du rail pour la construction des chemins de fer. Cette responsabilité partagée est un exemple des mécanismes que le gouvernement de Mowat utilisait pour resserrer l'administration et empêcher que la distribution des faveurs de l'État ne vienne déclencher un scandale. Ainsi les entrepreneurs n'étaient payés que si leurs travaux respectaient les normes.

Lorsque Fraser assuma ses fonctions, les dépenses du département augmentaient rapidement depuis plusieurs années. Sans tarder, il appliqua des règles d'économie strictes. Même si le budget de son département connut des hauts et des bas selon l'approche des élections, ce n'est pas avant 1889, soit vers le milieu de la construction du nouvel édifice du Parlement de Queen's Park, que les dépenses excédèrent celles de 1873. Ce projet de construction, lancé en 1877 et terminé en 1894, s'avéra le plus grand défi auquel Fraser eut à se mesurer à titre d'administrateur. Le retard dans sa réalisation s'explique en partie par l'écart qui séparait les crédits initiaux de 500 000 $, adoptés en 1880, et les soumissions, toutes supérieures à un million. La construction elle-même commença en 1886. Le gouvernement prétendit que c'était le seul grand édifice public contemporain dont le coût n'avait pas dépassé les prévisions, mais ce n'était pas tout à fait exact : en 1893, on accorda de nouveaux crédits pour parvenir au coût total de 1 257 000 $. Néanmoins, Fraser fit valoir avec succès que ce bel édifice avait côuté moins cher que tous les autres du même genre, dans la province de Québec et dans plusieurs États américains. Certes, ses adversaires chicanèrent régulièrement sur l'emplacement, les plans et les soumissions, mais jamais un scandale financier ou un cas douteux de favoritisme n'éclata au grand jour.

Pendant une brève période, Fraser eut aussi la responsabilité de la législation du travail et des usines. Il présida un comité spécial de révision du *Workmen's Compensation for Injuries Act* de 1886. Les modifications adoptées en 1887 sur la recommandation de ce comité soumettaient à la loi les compagnies de chemin de fer et d'autres employeurs même s'ils avaient déjà leurs propres sociétés d'assurance volontaire. Cependant, ces modifications ne libéraient pas les ouvriers du fardeau d'entamer des poursuites au civil et de prouver qu'il y avait eu négligence en vue d'obtenir des dommages-intérêts de l'employeur. Le ministère de Fraser devait veiller à l'exécution de la loi novatrice qu'était l'*Ontario Factories Act* de 1884 dès l'adoption des règlements d'application, en 1887 ; l'année suivante, on transféra cette responsabilité au département de l'Agriculture. De toute façon, la législation sociale d'avant-garde ne convenait pas au tempérament politique de Fraser : « Il détestait toutes les lois d'ingérence et de protection », rappela plus tard sir John Stephen Willison*.

Fraser était un parlementaire brillant, quoique parfois acerbe ; il possédait les talents d'orateur et de tacticien ainsi que le sens de l'humour nécessaires pour imposer le respect à l'Assemblée. À la stupéfaction de ses contemporains, il inventa la formule « brawling brood of bribers » (engeance de bruyants corrupteurs) pour qualifier les membres du parti conservateur qui, en 1884, tentèrent maladroitement de corrompre assez de députés libéraux d'arrière-ban pour faire tomber le gouvernement. Mais ce fut très sérieusement qu'il dirigea les manœuvres discrètes destinées à piéger les conservateurs mêlés à cette affaire [V. Christopher William BUNTING]. Il présida aussi le comité des projets de loi d'intérêt privé, où il avait la délicate et importante responsabilité des mesures législatives qui visaient à doter d'une charte et d'une constitution juridique des sociétés privées de chemin de fer.

Tout en vaquant à ses occupations ministérielles et parlementaires, Fraser se mêlait directement d'organisation politique. Il fut coordonnateur régional du parti libéral aux élections provinciales et fédérales tenues dans les circonscriptions de la vallée du Saint-Laurent à l'est de Kingston. Cependant, ce rôle comptait moins que sa position de représentant des catholiques au cabinet provincial. Les principaux aspects de son rôle d'intermédiaire demeurèrent discrets, dans l'ombre de ce que l'on a appelé le concordat Lynch-Mowat.

Pour comprendre la fonction de Fraser, il faut savoir que la minorité catholique de l'Ontario ne formait pas un bloc. Même si l'on parlait de « vote catholique », les électeurs ne soutinrent jamais tous le même parti. Les tensions (évidentes dès 1883) croissaient entre Irlandais catholiques et Franco-Ontariens, les groupes nationalistes irlandais ne s'entendaient pas sur la stratégie à suivre et les laïques contestaient de plus en plus l'autorité que s'arrogeait le clergé ; tout cela venait encore exacerber les rivalités. Les évêques eux-mêmes étaient divisés sur la question des alliances politiques et sur les moyens d'appliquer les directives papales. Le fossé entre le pragmatique Lynch et l'autoritaire James Vincent CLEARY, évêque ultramontain de Kingston, était particulièrement grand. Pour s'imposer comme intermédiaire, il fallait jongler avec toutes ces tendances et ne pas perdre de vue l'écrasante majorité des Ontariens anglo-protestants.

La nomination de Fraser au cabinet était le symbole extérieur de l'influence politique des catholiques et la condition essentielle de la coopération de Lynch, mais Fraser n'était pas pour autant la marionnette de la hiérarchie catholique. Son rôle était très diversifié. Il défendit les droits des catholiques dans divers débats publics : contre la constitution en société civile de l'ordre d'Orange lorsque cette question revint sur le tapis en 1874 ; en faveur de l'enseignement français aux Franco-Ontariens ; contre les efforts déployés par des laïques catholiques et des militants protestants, de 1878 à 1894, pour imposer le scrutin secret au moment du choix des administrateurs des écoles séparées ; pour la défense de l'intégrité du système des écoles séparées. Fraser joua aussi un rôle plus discret mais d'une importance considérable en faisant pression pour que la minorité catholique obtienne des mesures législatives conçues à son avantage en matière d'écoles séparées, de droit matrimonial ou de distribution de subventions aux sociétés de bienfaisance. Il rédigea et présenta d'ailleurs une loi sur cette dernière question. À l'occasion d'un banquet public en 1879, année d'élections, le parti libéral rendit hommage à son ministre catholique. Fraser demanda publiquement à ses coreligionnaires de soutenir le gouvernement, en leur faisant valoir que c'était là le meilleur moyen de garantir leurs droits en tant que minorité et d'obtenir un traitement juste de la part des protestants. En privé, avant les élections législatives de juin, il convainquit Mowat de recruter plus de candidats catholiques.

Comme membre catholique du cabinet, Fraser devait apaiser les hommes d'Église dans les cas fréquents où Mowat ne pouvait se rendre à leurs demandes. En 1874, il avait conseillé au père John O'Brien, de Brockville, de se montrer patient sur la question des modifications au droit matrimonial. Deux ans plus tard, l'évêque John WALSH, de London, lui écrivit pour lui faire part de son mécontentement devant l'acquiescement de Lynch aux nouveaux règlements scolaires. En 1879, dans sa correspondance avec Walsh, Fraser défendit les modifications que le ministre de l'Éducation, Adam Crooks*, avait apportées à la loi sur les écoles séparées et en 1886 il rassura de nouveau l'évêque de London en lui faisant valoir que le gouvernement manifestait de la sagesse en différant les modifications à la législation sur les écoles séparées.

Par ailleurs, Fraser pouvait concevoir des stratégies politiques afin d'aider la hiérarchie catholique à atteindre ses objectifs. Au cours du farouche débat sur l'introduction du scrutin secret pour l'élection des administrateurs des écoles séparées, en 1878–1879, les évêques (fermement opposés à cette idée) se rendirent à sa proposition de présenter promptement une contre-requête, au début de 1879, pour mettre le gouvernement en position de résister à la revendication. En 1887, face encore une fois à l'agitation des laïques, les évêques acceptèrent, comme Fraser le recommandait, de retarder la campagne de pétitions projetée. De même, durant la croisade du *Toronto Daily Mail* contre les écoles séparées, en 1886, Fraser avait aidé les évêques Walsh et Lynch à rédiger leur réponse publique.

Mowat et Lynch traitaient directement des questions de favoritisme, mais il semble qu'à partir de 1885 c'est Fraser qui reçut les demandes de faveurs adressées par l'évêque Cleary de Kingston. Ce n'était là qu'un des aspects de ses rapports avec cet ultramontain irlandais peu commode et très attaché aux principes. Quand la campagne d'opposition aux écoles séparées s'intensifia, à compter de 1885, Cleary devint bien malgré lui l'allié des libéraux provinciaux. Cependant, ses appuis dogmatiques les embarrassaient tellement qu'ils durent s'en dissocier. Au cours des campagnes électorales de 1890 et 1894, lorsque Cleary réclama avec indignation des rétractations publiques d'Arthur Sturgis Hardy*, commissaire des Terres de la couronne dans le gouvernement de Mowat, ainsi que du *Globe,* c'est Fraser qui servit de modérateur.

Fraser s'avéra plus que jamais indispensable au maintien de la fragile alliance catholico-libérale dans l'affaire du « programme biblique de Ross », où Cleary joua un rôle de protestataire. En décembre 1884, le gouvernement publia de nouveaux règlements qui imposaient l'utilisation, dans les écoles publiques, d'une sélection officielle de textes bibliques et de prières. En préparant les règlements, Mowat et son ministre de l'Éducation, George William Ross*, avaient pris la précaution de soumettre le choix des textes à Lynch et de s'assurer qu'il ne s'opposait pas à cette initiative protestante. Ce dernier ne fit que quelques suggestions mineures, qu'ils acceptèrent. Mowat comptait sur lui pour obtenir l'adhésion de ses collègues de l'épiscopat. Quand, le 31 décembre, Lynch tenta de présenter les règlements comme un fait accompli qui ne menaçait ni les droits ni la doctrine des catholiques, Cleary prit la tête du groupe des évêques et lança une offensive appuyée sur de solides bases doctrinales. Isolé, Lynch dut accepter une série de résolutions qui désavouaient le programme biblique de Ross, réclamaient une rencontre immédiate entre Mowat et une délégation d'évêques conduite par Cleary et menaçaient, si le programme n'était pas annulé, de faire appel à Rome et de prononcer une condamnation publique.

En janvier 1885, tout en cherchant à gagner du temps, Mowat et Lynch chargèrent Fraser de trouver un compromis qui satisferait Cleary, Walsh et l'évêque de Hamilton, James Joseph Carbery, tout en évitant au gouvernement de perdre la face. Fraser négocia d'abord une entente partielle avec Cleary les 28 et 29 janvier, amena ensuite Walsh et Carbery à accepter cette entente comme base d'une solution ; il manœuvrait ainsi pour convaincre Cleary, plus récalcitrant. Les nouvelles instructions aux inspecteurs d'écoles, tout à fait à l'opposé de deux importants articles des règlements initiaux, garantissaient que les élèves et instituteurs catholiques ne participeraient pas au programme biblique, ce que les évêques jugeaient essentiel. Cette entente empêcha que ne dégénère la controverse confessionnelle qui secouait déjà la scène publique provinciale. Le fait que la population n'eut jamais connaissance de l'intervention de Fraser, comme de la plupart de ses activités, montre bien son habileté.

L'influence politique de Fraser atteignit son apogée au cours des années qui suivirent la crise déclenchée par Cleary. À titre d'intermédiaire entre les catholiques et les libéraux, il avait déjoué tous ses rivaux potentiels dans la province ou leur avait survécu. Grâce aux sénateurs catholiques Frank Smith et John O'Donohoe (passé au parti conservateur en 1877–1878), à l'ancien député provincial John O'Sullivan et au compétent avocat torontois James Joseph Foy*, les conservateurs fédéraux conservaient l'appui de presque tous les Irlandais catholiques de l'Ontario, mais ces hommes ne pouvaient défier le réseau catholico-libéral que Fraser avait tissé dans la province. Lorsque Timothy Blair Pardee*, bras droit de Mowat, devint incapable d'exercer ses fonctions en 1886, puis mourut en 1889, l'importance de Fraser au cabinet s'accrut encore. Ross et Hardy, les seuls qui auraient pu lui disputer la place de principal lieutenant de Mowat, n'avaient ni ses nombreux talents politiques ni son expérience.

Cependant, dès 1885, l'efficacité de Fraser en qualité d'intermédiaire catholique avait sérieusement restreint sa carrière. L'intolérance anglo-protestante croissante faisait de lui la cible de dénonciations partisanes ou confessionnelles haineuses et limitait le rôle public qu'il aurait pu jouer. À la fin des années 1880, pendant une procession catholique à Toronto, des hommes de main protestants lui lancèrent même des pierres. Les stratégies appliquées par le parti conservateur ontarien pendant cette période furent telles que les évêques catholiques renforcèrent leur appui aux libéraux provinciaux, mais elles permirent aussi à des conservateurs catholiques comme Foy de courtiser les laïques qui continuaient de contester l'autorité du clergé. Tant Fraser que le gouvernement de Mowat, qui prenait de l'âge, devaient s'appuyer davantage sur une hiérarchie dont l'influence politique baissait. Parallèlement, de 1884 à 1894, la réaction des militants protestants obligeait le gouvernement libéral à adopter une attitude défensive dans le débat sur les écoles séparées, ce qui affaiblissait ses liens avec la hiérarchie catholique. En outre, les interventions inopportunes de Cleary au cours des campagnes électorales de 1890 et 1894 firent beaucoup pour transformer l'alliance catholico-libérale en un fardeau pour le gouvernement libéral. Pour Fraser, tous ces facteurs compliquèrent son rôle délicat d'intermédiaire à compter du moment où les conservateurs abandonnèrent leurs cris de ralliement antipapistes.

Toutefois, l'influence de Fraser ne déclina pas seulement en raison de la conjoncture sociale et politique. Sa « grande capacité de travail et sa passion » pour ses fonctions l'épuisèrent. Comme il le dit en août 1894 en grommelant : « Je ne quitte pas mon poste, c'est mon poste qui me lâche. » Des rapports indiquent que sa santé laissait à désirer au moins depuis 1877, mais il semble que le surmenage aggrava son état en 1885–1886. Ses problèmes cardiaques empirèrent et devinrent chroniques vers l'époque de la campagne électorale de 1890. Il manqua la session de 1892 pour aller refaire ses forces dans le Sud-Ouest américain ; en 1894, il était sujet à des « évanouissements » depuis au moins cinq ans. Pourtant, quand il offrit sa démission en 1891, puis en 1893, Mowat refusa de se séparer d'un ministre aussi utile.

Fraser accepta de rester jusqu'à ce que la construction de l'édifice du Parlement soit terminée. Il participa donc à la session législative de février à mai 1894. Le 21 février, prévoyant que l'opposition et la Protestant Protective Association [V. Oscar Ernest Fleming*] lanceraient une offensive contre la loi sur les écoles séparées, le libéral catholique James Conmee, avec l'appui de Richard William Scott, de Wilfrid Laurier* et de nombreux laïques catholiques irlandais, présenta un projet de loi qui proposait, si les contribuables d'une localité le demandaient, la tenue d'un scrutin secret pour l'élection des administrateurs des écoles séparées. Le 23 avril, dans son dernier discours à l'Assemblée, Fraser défendit l'intégrité du système des écoles séparées et le rôle du clergé dans son administration sans pour autant rejeter l'option que proposait le projet de loi de Conmee. La scène fut « pathétique » : naguère grand orateur, Fraser s'arrêta court trois fois avant de renoncer à exprimer intégralement sa position. Ce dernier discours, l'adoption du projet de loi et la défaite de deux motions en faveur d'un vote secret obligatoire (l'une du chef conservateur William Ralph Meredith*, l'autre de Peter Duncan McCallum, membre de la Protestant Protective Association) permirent au gouvernement d'amorcer la campagne électorale sans avoir à se prononcer sur cette question controversée. Fraser termina sa carrière parlementaire de la même façon qu'il l'avait commencée, en jouant le rôle d'intermédiaire entre les catholiques et les libéraux.

Le 28 février, Mowat avait annoncé officiellement que Fraser démissionnait du cabinet mais demeurait commissaire des Travaux publics. Pour ajouter à la nouveauté de cet arrangement, Meredith demanda au gouvernement de confier à Fraser une charge « impor-tante » et digne de ses grands talents. Après avoir démissionné des Travaux publics le 30 mai, il assuma en juin les fonctions d'inspecteur des bureaux d'enregistrement, mais fit une crise cardiaque dans son bureau en août, au retour d'une tournée d'inspection. Il mourut le 24, et on exposa sa dépouille une journée à Queen's Park.

Les contemporains de Christopher Finlay Fraser s'entendaient dans leurs éloges sur trois points : c'était un excellent parlementaire, un représentant digne et indépendant de la minorité catholique, et un administrateur efficace qui avait été, durant toute sa vie publique, d'une honnêteté inattaquable. Ces jugements sont incomplets car ils négligent la dimension cachée de sa carrière. Sir John Alexander MACDONALD avait fait observer dès 1882 : « jusqu'à maintenant, la force [de Mowat] a été Fraser, l'archevêque [Lynch] et le vote catholique ». Comme Macdonald le comprenait si bien, Fraser avait contribué de façon toute particulière à la longévité politique de Mowat. Il semble à propos qu'on ait sculpté ses initiales dans la pierre qui coiffe les six colonnes situées à droite de l'entrée principale du Parlement. À l'image du rôle qu'il joua durant ses 25 années de vie publique, elles sont cependant quasi invisibles.

BRIAN P. N. BEAVEN

Trois discours de Christopher Finlay Fraser ont été publiés : *Speech of the Honourable C. F. Fraser, delivered in the Legislative Assembly of Ontario, February 25th, 1878, on the Orange Incorporation Bill* (Toronto, 1878) ; *The Fraser banquet : magnificent tribute of respect and confidence rendered to the Honorable C. F. Fraser, commissioner of public works* [...] *eloquent speech by the guest of the evening* ([Toronto, 1879]) ; et *A speech delivered by Hon. C. F. Fraser, commissioner of public works, in the Legislative Assembly, March 25th, 1890, on separate schools and the position of the Roman Catholic electors with the two political parties* (Toronto, 1890).

AN, MG 27, I, E12. — AO, MU 4756, n° 7. — ARCAT, L, AD01, 03, AE12, AF02, AG04, AH21, AO03, 14, 20, 27–28, AP01 ; W, AB02, AD01 ; aussi quelques documents de Walsh conservés sous la cote L, AO27. — Arch. of the Archdiocese of Kingston (Kingston, Ontario), DI (E. J. Horan papers, corr.), 5C29, 37, 8C41, 13C4, 11ED11 ; FI (J. V. Cleary papers, corr.), 1C13–14, 16, 23, 25, 2C1, 27, 41, 8ER3–4. — St Francis-Xavier Roman Catholic Church (Brockville, Ontario), Reg. of baptisms, marriages, and burials. — *Brockville, the city of the Thousand Islands*, Thomas Southworth, compil., avec des croquis à la plume de F. C. Gordon (Brockville, 1888). — *Brockville Evening Recorder*, 25 mai 1893, 31 août 1894. — Dent, *Canadian portrait gallery*. — A. M. Evans, « Oliver Mowat and Ontario, 1872–1896 : a study in political success » (thèse de PH.D., 2 vol., Univ. of Toronto, 1967). — D. M. Grant, *Discovering old Brockville, Ontario : the historic core* (Brockville, 1979). — T. W. H. Leavitt, *History of Leeds and Grenville, Ontario, from 1749 to 1879* [...] (Brockville, 1879 ; réimpr., Belleville, Ontario, 1972). — G. W. Ross, *Getting into parliament and after* (Toronto, 1913). — F. A. Walker, *Catholic education and politics in Ontario* [...] (3 vol., Toronto, 1955–1987 ; réimpr. des vol. 1–2, 1976).

FRASER, DONALD, journaliste, homme d'affaires et homme politique, né en 1810 ou 1811 en Écosse ; décédé le 2 octobre 1897 à Londres.

On sait peu de chose sur les origines de Donald Fraser, si ce n'est qu'il grandit à Inverness, en Écosse, où il eut comme camarades de classe Alexander Grant Dallas*, futur gouverneur de Rupert's Land, et John Cameron Macdonald, qui allait devenir directeur du *Times* de Londres. Selon son contemporain Gilbert Malcolm Sproat*, Fraser étudia le droit dans sa jeunesse puis « se lança en affaires et gagna de l'argent » au Chili et en Californie. Il était allé à ce dernier endroit en 1849, au moment de la ruée vers l'or, en qualité de correspondant spécial du *Times*. Au printemps de 1858, ayant entendu les mineurs qui en revenaient parler de l'or de la vallée du Fraser, il décida de se rendre à Victoria, dans l'île de Vancouver. Il y arriva en juin, nanti d'une lettre d'introduction du consul de Grande-Bretagne à San Francisco pour le gouverneur James Douglas*.

Fraser avait rédigé à San Francisco son premier reportage sur la ruée vers l'or de la Colombie-Britannique, après avoir parlé avec des mineurs ; la tournée du district minier qu'il effectua avec Douglas en septembre 1858 ne vint en rien ternir son optimisme. Ses articles parurent périodiquement dans le *Times* jusqu'à l'automne de 1860, et reprirent l'année suivante après qu'on eut découvert de l'or dans la région de Cariboo. Robert Michael BALLANTYNE, qui préparait alors un guide de la région, trouva les reportages de Fraser si enthousiastes qu'il décrivit les rivières de Colombie-Britannique comme de « purs lits d'or, si abondant que c'en [était] plutôt dégoûtant ». On vit toutefois plus d'un mineur revenir les mains vides en maudissant Donald Fraser.

Impressionné par la personnalité et les « grandes connaissances juridiques » de Fraser, le gouverneur Douglas en fit rapidement son confident et son conseiller officiel, en même temps qu'un promoteur en vue de l'île de Vancouver. Alors qu'il faisait la tournée des régions aurifères, Douglas nomma Fraser et deux autres personnes membre d'un tribunal à fort Hope (Hope, Colombie-Britannique) pour juger un mineur accusé de meurtre. En octobre 1858, toujours grâce à Douglas, Fraser devint membre du Conseil de l'île de Vancouver, poste qu'il occupa jusqu'en mars 1862. Il siégea également au Conseil législatif d'avril 1864 à juillet 1866.

À Victoria, Fraser s'occupa de diverses opérations commerciales et fit tant de spéculation foncière qu'il en vint à posséder plus de terrains que n'importe quel autre résident de l'endroit. Il gagna aussi du prestige dans la communauté en prenant position sur des questions politiques controversées ; il s'opposa notamment à l'imposition des biens immobiliers et à l'union avec la colonie de la Colombie-Britannique. À titre de membre du conseil, il joua un rôle de premier plan en novembre 1864 dans le rejet, par la chambre d'Assemblée de l'île de Vancouver, d'une proposition du ministère des Colonies voulant que la colonie assume la liste civile, en échange de quoi elle pourrait disposer à sa guise des recettes engendrées par la vente des terres de la couronne [V. sir Arthur Edward Kennedy*]. Après que l'île de Vancouver eut cessé d'être une colonie distincte pour s'annexer à la Colombie-Britannique en 1866, Fraser retourna en Angleterre et travailla activement, avec Sproat et

Dallas, à ce qu'ils appelaient le London Committee for Watching the Affairs of British Columbia, puissant lobby formé pour protéger l'hégémonie chancelante de Victoria sur le continent et obtenir le transfert de la capitale, de New Westminster à Victoria – ce qui se réalisa en 1868 [V. Frederick Seymour*].

Donald Fraser passa les 30 dernières années de sa vie en Angleterre. Au moment de l'entrée de la Colombie-Britannique dans la Confédération en 1871, la presse locale annonça qu'il revenait à Victoria, et certains crurent même qu'on le nommerait sénateur. De fait, il revint à l'île de Vancouver en septembre 1872, mais pour six mois seulement, et passa la plupart de son temps avec son vieil ami Douglas. Ce dernier écrivit à la plus jeune de ses filles, Martha : « Je suis sorti avec M. Fraser presque toute la journée hier ; j'ai beaucoup de plaisir en sa compagnie. Il sait un tas de choses, sa mémoire est prodigieuse, il n'oublie rien. Il aime beaucoup les dîners tranquilles et les soirées sociales à la baie James. » Fraser décéda de mort naturelle en 1897. Sa notice nécrologique, dans le *Times*, fut remarquablement concise : « Le 2 octobre, à Ben Blair, Putney-hill, Londres, DONALD FRASER, autrefois de Victoria, Colombie-Britannique, âgé de 86 ans. »

JAMES E. HENDRICKSON

On doit glaner les renseignements sur Donald Fraser dans des articles de journaux et des écrits de ses contemporains. Voir ses comptes rendus dans le *Times* (Londres), 1858–1863, ainsi que dans des communiqués de la presse locale, surtout dans le *British Colonist* (Victoria), 1858–1860, et son successeur, le *Daily Colonist,* 1860–1866, 15 nov. 1871, 6 oct. 1897.

PABC, Add. MSS 257 ; Add. MSS 505 ; B/40/4, particulièrement 10 sept. 1872. — John Emmerson, *British Columbia and Vancouver Island ; voyages, travels, & adventures* (Durham, Angl., 1865). — *Handbook to the new gold fields ; a full account of the richness and extent of the Fraser and Thompson River gold mines* [...], R. M. Ballantyne, édit. (Édimbourg, 1858). — *Times,* 6 oct. 1897.

FRASER, JOHN ARTHUR, peintre, homme d'affaires et professeur, né le 9 janvier 1838 à Londres, un des cinq enfants de John Fraser, de Portsoy, Écosse, et d'Isabella Warren, de Londres ; le 4 avril 1858, il épousa à Forest Hill (Londres) Anne Maria Sayer, et ils eurent trois fils et trois filles ; décédé le 1er janvier 1898 à New York.

On sait peu de chose sur la période que John Arthur Fraser passa à Londres, c'est-à-dire ses 20 premières années. Un résumé biographique rédigé après sa mort par l'une de ses filles laisse entendre que dès 1852 il étudia le dessin, le soir, dans les écoles de la Royal Academy, et un article de journal qui date de 1864 en fait « un élève de la South Kensington School ». Pourtant, son nom ne figure pas dans les registres de ces établissements. De même, sur son certificat de mariage, on le dit « artiste », et une notice biographique rédigée à la veille de son décès affirme qu'à Londres il tirait « un revenu respectable de la peinture de portraits », mais on n'a identifié aucune œuvre de cette période. Son père, un tailleur, était un fervent militant du mouvement chartiste, et ses descendants croient que c'est en raison de ses activités politiques qu'il décida d'immigrer au Bas-Canada. Toute la famille s'embarqua au lendemain du mariage de John Arthur et s'installa à Stanstead, dans les Cantons-de-l'Est, où les grands-parents s'étaient établis sur une terre en 1831 et où la grand-mère Fraser était devenue veuve tout juste deux ans plus tôt. John Arthur, dit-on, chercha du travail comme peintre décorateur ; son père reprit son métier de tailleur et se livra de nouveau à sa passion : la politique libérale. Tous deux se fixèrent bientôt à Montréal, où John Arthur espérait trouver plus d'occasions d'exercer ses talents de peintre. Son père écrivit des commentaires politiques sous le pseudonyme de Cousin Sandy et gagna sa vie à titre de représentant dans le domaine du livre jusqu'à sa mort subite en 1872.

Le premier document où John Arthur Fraser est dit résident de Montréal date de 1860. Selon des sources secondaires publiées à la fin du XIXe siècle et au début du XXe, l'entreprise de William NOTMAN l'engagea cette année-là pour colorier des portraits et diriger la section artistique qui venait d'être formée. Les portraits qui subsistent montrent que Fraser possédait une sensibilité et une adresse remarquables. Les plus anciens, de petites dimensions, sont des études où n'apparaissent que la tête et les épaules du sujet. En y appliquant des touches de couleurs translucides, juste assez pour évoquer une peinture, Fraser leur donnait l'apparence de délicates miniatures, car le papier photographique ressemblait aux minces plaques d'ivoire ou au vélin sur lesquels on peignait traditionnellement ce genre de portraits. Dès 1864, il occupait la fonction la plus élevée parmi les employés de Notman, celle de directeur artistique. À ce titre, il supervisait les autres artistes du personnel. En outre, il travaillait sur des portraits beaucoup plus grands. Le portrait en pied était alors le genre le plus courant pris en studio, et non seulement Fraser coloriait le sujet, mais il l'intégrait à un paysage d'aspect réaliste qu'il peignait directement sur une grande feuille de papier photosensible où tout l'appareillage du studio avait été soigneusement masqué pendant le tirage.

À la même époque, Fraser présentait des paysages à l'huile chez des marchands de la ville et aux expositions de l'Association des beaux-arts de Montréal. On appréciait particulièrement, pour la franchise de leurs couleurs et la simplicité de leur composition, les toiles où il peignait les montagnes et les lacs du New Hampshire et des Cantons-de-l'Est. En 1867, il participa à la fondation de la Société des artistes canadiens. En février de cette année-là, il signa avec

Notman un contrat en bonne et due forme qui lui garantissait son emploi, puis en mai 1868 il fut élu membre de l'American Society of Painters in Water Colors de New York. Cette élection laisse supposer que ses ambitions de peintre comptaient plus que les chances d'avancement qui pourraient s'offrir dans l'entreprise de Notman. Il toucha son dernier salaire du studio montréalais à la fin d'octobre 1868 et, dès le 19 novembre, il vivait à Toronto où, devenu associé de son ancien employeur, il avait formé une entreprise de photographie : la Notman and Fraser.

Les premières années torontoises de Fraser sont peu connues, mais sans doute les consacra-t-il en bonne partie à la consolidation de sa nouvelle entreprise. Après 1868, il n'exposa pour ainsi dire plus à Montréal et, comme il ne se prévalait pas de sa qualité de membre de l'American Society of Painters in Water Colors, elle tomba en désuétude. Le 25 juin 1872, il réunit chez lui six autres artistes de la région et, le 2 juillet, il était élu vice-président de la nouvelle Ontario Society of Artists. (On allait confier la présidence honoraire à un parrain ; le premier fut William Holmes HOWLAND.) La société tint sa première exposition à compter du 14 avril 1873 dans les nouveaux locaux de la Notman and Fraser, plus grands que les précédents et aménagés spécialement pour l'entreprise. La presse remarqua surtout trois artistes : Lucius Richard O'BRIEN, Frederick Arthur Verner* et Fraser lui-même. Il exposait une aquarelle et cinq huiles ; toutes, sauf une, représentaient des paysages des Cantons-de-l'Est. On a pu identifier deux de ces huiles, qui datent de 1873 et appartiennent maintenant à la collection du Musée des beaux-arts du Canada. Il s'agit de *September afternoon, Eastern Townships* et d'un paysage ontarien intitulé *A shot in the dawn, Lake Scucog* (ce lac se trouve au nord-est de Toronto). Le second de ces tableaux représente deux chasseurs devant un spectaculaire lever de soleil automnal ; l'autre montre deux hommes qui se reposent près d'une petite embarcation au bord du lac Memphrémagog pendant que des moutons paissent au premier plan. Œuvres aux couleurs vives, d'une clarté frappante, ces toiles, par leur traitement simple d'un sujet anecdotique, leur minutie, leur atmosphère cristalline, leur composition complexe et non conventionnelle, et l'emploi des couleurs au coaltar, utilisées depuis peu, rappellent les paysages des préraphaélites, dont la popularité ne faisait que commencer à décliner en Grande-Bretagne. *September afternoon,* en particulier, doit aussi quelque chose à l'imagerie photographique : emploi d'une série de plans bien définis pour donner une impression de profondeur, accent mis sur les éléments d'avant-plan, tendance générale aux forts contrastes dans les tons et à l'absence de contrastes dans les zones sombres. L'impressionnant naturalisme des toiles de Fraser suscita beaucoup d'éloges à l'époque, tout comme son coup de pinceau.

Peu après l'exposition, Fraser fut réélu vice-président de l'Ontario Society of Artists. Cependant, avant la fin de l'année, d'aucuns lui reprochèrent son attitude quand il découvrit que le trésorier, un marchand au bord de la faillite, avait escroqué la société en l'endettant. Aux élections suivantes, en juin 1874, O'Brien, qui semble-t-il l'avait critiqué plus que tout autre, le remplaça. Fraser résilia sa carte de membre en décembre et abandonna complètement la peinture. De son côté, la Notman and Fraser prospérait. Au printemps et à l'été de 1876, Fraser assuma, en plus de ses fonctions habituelles, la direction artistique de la Centennial Photographic Company, que Notman avait fondée pour dispenser des services à l'Exposition universelle de Philadelphie.

Sans doute stimulé par l'ampleur du volet artistique de cette exposition, Fraser accepta, en février 1877, que l'on présente sa candidature pour redevenir membre de l'Ontario Society of Artists. Au cours de l'été, il monta à bord du nouveau chemin de fer Intercolonial et alla faire des croquis dans la partie néo-brunswickoise de la baie des Chaleurs. En mai 1878, il présenta plus de toiles que dans aucune autre exposition annuelle de la société, qui furent d'ailleurs reçues très favorablement. Son séjour dans l'est du pays lui avait inspiré aussi bien des aquarelles que des huiles. Dans l'ensemble, ce sont des œuvres plus ambitieuses sur le plan de l'échelle et du fini, et plus originales sur le plan de la couleur et de la composition que celles qu'il avait exécutées une décennie plus tôt en tentant d'établir sa réputation de paysagiste. Élu représentant des peintres au conseil de l'Ontario School of Art, à Toronto, il exposa finalement, toujours en 1878, à l'American Water Color (anciennement l'American Society of Painters in Water Colors). Le 11 septembre, il devint surveillant général des cours du soir à l'Ontario School of Art ; il allait exercer, pendant les quelques années suivantes, plusieurs autres fonctions dans cet établissement. Même si déjà, chez Notman à Montréal puis à la Notman and Fraser à Toronto, il avait transmis ses connaissances picturales aux jeunes gens placés sous sa surveillance – Henry Sandham* avait bénéficié de ses conseils au milieu des années 1860, puis Robert Ford Gagen, Homer Ransford Watson* et Horatio Walker* au début des années 1870 –, c'était la première fois qu'il donnait officiellement des leçons. George Agnew Reid* et Ernest Evan Thompson*, qui accéderaient à la renommée une dizaine d'années plus tard, étaient alors au nombre de ses élèves.

L'impressionnant retour de Fraser dans les cercles artistiques de Toronto ne fut pas sans effets : en 1880, il fut choisi pour être l'un des membres fondateurs de l'Académie royale canadienne des arts [V. John Douglas Sutherland Campbell*], et on lui demanda de faire des dessins (ce pourquoi il retourna sur la côte est pendant l'été) pour l'imposant ouvrage dont on commençait la préparation cette année-là, *Picturesque Canada* [V. George Monro Grant*]. Cependant, son succès n'allait pas durer. Les éditeurs refusèrent ses dessins et, pressentant, avec raison, que contrairement à leur promesse ils n'emploieraient pas que des talents canadiens, il les dénonça publiquement en octobre. (Un de ses croquis des Cantons-de-l'Est parut finalement dans l'ouvrage.) Il s'en prit aussi à Lucius Richard O'Brien, directeur artistique de la publication et président de l'Académie royale canadienne des arts ; l'animosité surgit de nouveau entre les deux hommes, et elle n'allait jamais s'éteindre tout à fait.

Homme fier et obstiné, Fraser devait sentir qu'à peu près toutes les possibilités de tirer un revenu d'une activité artistique à Toronto lui étaient fermées. Puis, pendant l'été de 1883, il se vit offrir la possibilité de voyager encore une fois afin de réaliser des illustrations. Pour le compte d'un éditeur de Chicago, il passa d'abord une quinzaine de jours dans le nord du Wisconsin, où il fit des croquis qui servirent ensuite à illustrer un article dans lequel il raconta son voyage. Ensuite, à peu près jusqu'à la mi-septembre, il parcourut la section du chemin de fer canadien du Pacifique [V. George Stephen*] qui reliait depuis peu Calgary et Port Arthur (Thunder Bay, Ontario), à titre d'invité de la compagnie. Dans le courant de 1883, la Notman and Fraser fut liquidée et, en juin 1884, le studio de photographie Fraser and Sons fit de la réclame pour la première fois à Toronto. Au début de l'année suivante, Fraser laissa la direction de l'entreprise à ses fils et rejoignit sa femme et ses filles à Boston, où son frère William Lewis Fraser et Henry Sandham, devenu son beau-frère (tous deux, anciens employés de Notman, avaient quitté Montréal), lui trouvèrent des commandes d'illustrations. La même année, il entrait au Boston Art Club et devenait membre fondateur de la Boston Water Color Society. Dès mars 1886, la Fraser and Sons fut vendue avec tout son stock de négatifs. Fraser travaillait alors régulièrement comme illustrateur pour le *Century Illustrated Magazine* et d'autres mensuels new-yorkais.

La carrière de Fraser au Canada n'était pourtant pas terminée. La Compagnie du chemin de fer canadien du Pacifique fit de nouveau appel à lui au début de 1886 ; William Cornelius Van Horne* lui demanda alors de peindre trois grandes aquarelles, à Boston, à partir de la collection de photographies des Rocheuses que la compagnie possédait. Elles serviraient à promouvoir la nouvelle ligne ferroviaire qui passait par ces montagnes et feraient partie des neuf tableaux de Fraser qui figureraient dans la section d'art canadien à la Colonial and Indian Exhibition de Londres. Les critiques londoniens remarquèrent à peine les œuvres de Fraser et des autres paysagistes de sa génération et jugèrent que leurs cadets – des portraitistes canadiens formés en France, tels William Brymner*, Paul PEEL, Robert Harris* et Percy Franklin Woodcock* – étaient beaucoup plus intéressants. Par contre, un rapport sur la section d'art canadien de l'exposition, commandé par le gouverneur général lord Lansdowne [Petty-Fitzmaurice*] et rédigé par le bibliothécaire de la Royal Academy of Arts, n'eut que des louanges pour les aquarelles de Fraser sur les Rocheuses. Une atmosphère bien canadienne, dit-il avec admiration, se dégageait de leur naturalisme frappant.

Comme la Compagnie du chemin de fer canadien du Pacifique l'avait invité à parcourir sa ligne de bout en bout pour faire des croquis, Fraser vit enfin les Rocheuses pendant l'été de 1886 (cette année-là et par la suite, la compagnie convia aussi d'autres artistes canadiens). Parti de Montréal le 8 juin, il se rendit jusqu'à l'île de Vancouver et fit ses croquis sur le chemin du retour, malgré la fumée des incendies de forêt qui lui gâchait la vue des montagnes. Finalement, il rentra à Toronto le 19 octobre avec un bon nombre d'aquarelles – tant des études que des pièces plus grandes et plus finies. On a toujours considéré ces images des Rocheuses comme ses œuvres les plus caractéristiques. Comme celles qu'il avait peintes quelques mois plus tôt à partir de clichés, elles sont hautement naturalistes et doivent plus aux conventions de la photographie qu'à la peinture traditionnelle de paysage. Il les exposa dans la deuxième semaine de novembre – peut-être avec certaines huiles terminées depuis son retour. L'exposition, chaleureusement accueillie, se tint aussi à Montréal, mais dès la fin de novembre lui-même et sa famille vivaient de nouveau à Boston.

Fraser conserva des relations au Canada, surtout parmi les dirigeants de la Compagnie du chemin de fer canadien du Pacifique, mais il n'y travailla plus. En mars 1887, il exposa les tableaux qu'il avait peints pour la compagnie au Canadian Club de New York et, en mai, chez un marchand de Londres ; la compagnie facilita la tenue de ces deux expositions. Il retourna en Grande-Bretagne au printemps de 1888 et visita l'Écosse et le Kent. Puis il logea à Londres où il prépara des pièces qu'il voulait présenter à une autre exposition, mais sa santé l'obligea à interrompre son travail à l'été de 1889. Cette année-là, l'une de ses aquarelles écossaises figura à l'exposition de la Royal Academy of Arts. De retour aux États-Unis, Fraser et sa femme s'installèrent à New York où, en 1890, il commença à participer à des expositions de la Society of American Artists, du New York Water Color Club et de la National Academy of Design. Il y présenta surtout les nouvelles aquarelles exécutées en Grande-Bretagne, mais aussi quelques sujets américains. Il continua à exposer au Canada et à Boston et, en 1891, le Salon de Paris accepta quelques-unes de ses aquarelles. Cependant, sa vie était de plus en plus centrée sur le petit cercle d'aquarellistes et d'illustrateurs new-yorkais qui fréquentaient le Salmagundi Sketch Club et présentaient leurs œuvres dans le cadre des expositions des sociétés locales. En 1893 et 1894, il fit partie du comité de direction du New York Water Color Club ; en 1894 et 1895, de celui de l'American Water Color Society. À cette époque, il n'exposait plus au Canada, mais les Torontois purent voir ses œuvres une dernière fois à l'occasion de l'encan qu'il tint dans leur ville en octobre 1897, soit moins de trois mois avant sa mort.

John Arthur Fraser était un homme remuant, ambitieux, voire fat selon certains, à qui convenait tout à fait le gigantesque mouvement de croissance et d'expansion géographique que le Canada connut pendant qu'il y habita. Il participa de très près à la plupart des projets de regroupement professionnel que les artistes canadiens conçurent à l'époque, mais il se trouva bientôt en butte aux organisations qui en résultèrent, si bien que sa production picturale fluctua selon sa situation. La peinture fut rarement son souci premier, et il l'abandonna souvent pour vaquer à d'autres affaires. Pourtant, c'est en qualité de peintre qu'on se souviendra de lui. Emballé par le progrès de la photographie et par le nationalisme expansionniste que favorisait le développement des chemins de fer, il sut réunir ces deux éléments dans sa peinture de façon telle qu'ils lui donnent une puissance remarquable.

DENNIS REID

John Arthur Fraser est l'auteur de : « A scamper in the Nor'-west, » *Outing and the Wheelman* (Boston), 5 (1884) : 83–90 et de « An artist's experiences in the Canadian Rockies », *Canadian leaves* (New York, 1887), 233–246. Un certain nombre de photographies rehaussées de couleurs datées de 1861 jusqu'à environ 1868 sont conservées au musée McCord, Notman Photographic Arch. Il ne subsiste qu'un très petit nombre de ses peintures. La collection la plus importante est celle du Musée des beaux-arts du Canada (Ottawa). La Beaverbrook Art Gallery (Fredericton), le Musée des beaux-arts de Montréal, l'Art Gallery of Hamilton (Hamilton, Ontario), le Musée des beaux-arts de l'Ontario, les CTA, la Hist. Picture Coll. de la MTRL, la London Regional Art Gallery (London, Ontario) et le Glenbow Museum (Calgary) possèdent un nombre limité de ses travaux. Deux portraits de Fraser faits par le studio Notman sont reproduits dans Reid, *« Our own country Canada »*, lequel s'avère l'étude la plus détaillée de l'artiste.

ANQ-M, CN1-26, 21 févr. 1867 (copie au Musée McCord, Notman Photographic Arch.). — AO, MU 2254. — Arch du Canadien Pacific (Montréal), Van Horne corr., 1883–1887. — Arch. of American Art, Smithsonian Institution (Washington), American Water Color Soc., minutes, 5 mai 1868. — Arch. privées, Joan Sullivan (Bakersfield, Calif.), Diary of Nanette Fraser, 1886–1888. — Greater London Record Office, St George in the East (Londres), Reg. of baptisms, marriages, and burials, 21 juill. 1835, 3 févr. 1838. — Musée des beaux-arts de l'Ontario (Toronto), Curatorial files, L. R. O'Brien, scrapbook (photocopie) ; Library, R. F. Gagen, « Ontario art chronicle » (copie dactylographiée, *circa* 1919). — Musée des beaux-arts de Montréal, Library, Scrapbooks, I (1864–1887) : 6 ; III (1886–1892) : 18. — Musée McCord, Ontario Soc. of Artists, letter-book, 1886 ; Notman Photographic Arch., Montreal studio records, Notman's wages book (1863–1917). — *American Art Annual* (New York), 1 (1898) : 30. — American Water Color Soc., [*Exhibition catalogue*] (New York), 1878 ; 1883 ; 1885–1886 ; 1888 ; 1891–1896. — Art Assoc. of Montreal, [*Exhibition catalogue*], 1864 ; 1872 ; 1883 ; 1886 ; 1891 ; 1894. — Boston Art Club, [*Exhibition catalogue*], 1884–1886 ; 1890 ; 1895. — New York Water Color Club, [*Exhibition catalogue*], 1890–1893. — Ontario Soc. of Artists, [*Exhibition catalogue*] (Toronto), 1873 ; 1877–1882 ; 1886 ; 1890. — Royal Canadian Academy of Arts, [*Exhibition catalogue*] (Ottawa), 1880–1881 ; 1886 ; 1890–1891 ; 1893–1894. — Soc. of Canadian Artists, [*Exhibition catalogue*] (Montréal), 1868. — *Canadian Illustrated News* (Montréal), 15 juin 1872. — *Globe*, 19 nov. 1868, 29 mai 1878, 16 sept. 1880, 10 nov. 1886. — *New York Times*, 3 janv. 1898. — *Times* (Londres), 2 juin 1887. — *Toronto Daily Mail*, 11 nov. 1886. — *Week*, 5 juin 1884, 18 mars 1886, 23 août 1889. — *World* (New York), 14 mars 1887. — *Académie royale des arts du Canada ; exhibitions and members, 1880–1979*, E. de R. McMann, compil. (Toronto, 1981). — *Canada, an encyclopædia* (Hopkins), 4 : 401–402. — *Canadian men and women of the time* (Morgan ; 1898). — Harper, *Early painters and engravers*. — *Montreal directory*, 1859–1860. — *Montreal Museum of Fine Arts, formerly Art Association of Montreal ; spring exhibitions, 1880–1970*, E. de R. McMann, compil. (Toronto, 1988). — Maria Naylor, *The National Academy of Design exhibition record, 1861–1900* (2 vol., New York, 1973). — *Catalogue of paintings* [...] *by the late John A. Fraser, with a short biographical sketch* [...] ([New York], 1901). — J. R. Harper, *Painting in Canada, a history* ([Toronto], 1966). — K. L. Kollar, « John Arthur Fraser (1838–1898) » (thèse de M.A., Concordia Univ., Montréal, 1981) ; *John Arthur Fraser (1838–1898), aquarelles* (Montréal, 1984). — D. [R.] Reid, *A concise history of Canadian painting* (2e éd., Toronto, 1988). — Rebecca Sisler, *Passionate spirits ; a history of the Royal Canadian Academy of Arts, 1880–1980* (Toronto, 1980).

FRASER, JOHN JAMES, avocat, homme politique, juge et fonctionnaire, né le 1er août 1829 dans l'île Beaubears, près de Newcastle, Nouveau-Brunswick, fils de l'Écossais John Fraser, marchand et constructeur de navires, et de Margaret Fraser ; le 17 septembre 1867, il épousa Martha Cumming (décédée en 1871), fille d'Alexander Cumming, de Fredericton, et ils eurent deux filles qui moururent en bas âge, puis en mai 1884 Jane M. Paulette Fisher, fille aînée de Charles Fisher*, de Fredericton ; décédé le 24 novembre 1896 à Gênes, Italie.

John James Fraser fréquenta la Newcastle Grammar School, puis en 1845 il entreprit ses études de droit au cabinet de Street and Davidson de Newcastle. Reçu attorney en 1850, il fut admis au barreau deux ans plus tard. Il s'était installé à Fredericton en 1851 après que l'on eut nommé son mentor, John Ambrose Sharman

Street*, procureur général et chef du gouvernement. Ce dernier quitta la capitale en 1854, et Fraser ouvrit alors son propre cabinet. Il s'associerait à Edward Byron Winslow en 1866, et à Edward Ludlow Wetmore en 1877.

Aux élections générales de mars 1865, Fraser fit campagne au sein d'un groupe d'adversaires de la Confédération qui comprenait John Campbell ALLEN, George Luther Hatheway* et William Hayden Needham*, et il fut élu député de la circonscription d'York. Fraser et Needham persistèrent dans leur opposition lorsque le lieutenant-gouverneur Arthur Hamilton Gordon* démit de ses fonctions le gouvernement d'Albert James Smith* et prorogea l'Assemblée en avril 1866. Ils furent alors parmi les 22 députés qui se proclamèrent prêts à soutenir une proposition qui visait à présenter à la reine Victoria une adresse sollicitant le rappel de Gordon. Aux élections générales de mai et juin, tous deux subirent une cuisante défaite.

Cinq ans plus tard, en juin 1871, Fraser accepta d'entrer dans le gouvernement de Hatheway à titre de conseiller législatif et de président du Conseil exécutif. À la mort de ce dernier, en juillet 1872, il devint secrétaire de la province dans le gouvernement de George Edwin King* et fut élu sans opposition député de la circonscription d'York.

À titre de secrétaire de la province, Fraser exerçait aussi la fonction de receveur général. Il participa donc, en 1873, aux négociations au cours desquelles le gouvernement fédéral accepta de verser annuellement des subsides de 150 000 $ au Nouveau-Brunswick, à la condition que cette province, conformément au traité de Washington [V. sir John Alexander MACDONALD], renonce à percevoir un droit d'exportation sur le bois. Dans le cadre de l'entente, la province se vit accorder une hausse d'intérêt sur l'indemnité compensatoire pour dettes, qui équivalait à un revenu de 58 000 $ par an. En février 1878, dans l'une de ses dernières missions à titre de secrétaire de la province, Fraser dirigea une autre délégation qui alla notamment réclamer à Ottawa un autre versement de 150 000 $. La province croyait que le gouvernement fédéral lui devait cette somme parce qu'il avait pris possession du chemin de fer qui allait de Moncton à la frontière néo-écossaise. Fraser quitta la vie politique en 1882, et ce montant n'avait pas encore été versé.

Grâce à l'augmentation des subsides négociés au moment de la Confédération et par la suite (de 341 622 $ en 1872–1873 à 513 638 $ en 1874–1875) et au remplacement des droits d'exportation par un régime de permis d'abattage et de droits de coupe, le gouvernement néo-brunswickois était mieux à même de financer l'éducation, les routes, les ponts et les services généraux, et aussi de faire face aux exigences des promoteurs ferroviaires. Néanmoins, les revenus sur lesquels la province pouvait compter au sein de la Confédération demeuraient insuffisants, si bien que ses chefs politiques entreprirent de rénover le système d'administration locale en y apportant des changements que les réformistes réclamaient depuis un quart de siècle. Désormais, les autorités régionales devraient percevoir des revenus pour financer leurs propres services au lieu de compter sur des crédits du Parlement. En qualité de secrétaire et trésorier de la province, Fraser appuya des mesures qui aboutirent, en 1877, à une loi cadre qui exigeait la constitution juridique de tous les comtés – réforme à laquelle plusieurs résistaient depuis des années : ils y voyaient « une hideuse invention destinée à extorquer des impôts directs au peuple ».

On avait franchi la première étape de ce transfert de responsabilités en 1871. Des députés qui représentaient la majorité protestante évangélique, malgré l'opposition des catholiques et de certains anglicans, avaient alors imposé aux districts scolaires un régime de taxation obligatoire pour financer les écoles non confessionnelles. Par défi, des chefs catholiques, dont François-Xavier-Joseph Michaud* et John Sweeney*, évêque de Saint-Jean, avaient usé de tous les moyens légaux et politiques pour empêcher l'application de la nouvelle loi et recouru même à la désobéissance civile en refusant de payer les taxes scolaires. Le premier ministre King avait réagi en lançant le slogan : « Attention aux compromis ; n'en acceptez aucun. » Aux élections générales de 1874, seulement cinq adversaires du nouveau système avaient été élus – tous dans des circonscriptions à prédominance acadienne. Dans York, Fraser s'était classé en tête de liste.

Fraser ne faisait pas partie du gouvernement au moment de l'adoption de la loi de 1871, et il tenait moins que King aux écoles non confessionnelles. C'est pourquoi il put accepter, et probablement promouvoir, le compromis de 1875 sur l'éducation. À la session du printemps, Kennedy Francis BURNS présenta à la chambre au nom des catholiques une proposition de réconciliation, qu'on lut le 6 août suivant à une réunion du Conseil exécutif à laquelle King et Fraser assistaient. Cependant, King n'était pas à la réunion du bureau d'Éducation qui se tint plus tard dans la journée et où l'on adopta des règlements indulgents envers les écoles du réseau non confessionnel qui avaient une tendance confessionnelle. On n'inscrivit pas au registre des délibérations du bureau d'Éducation avant plusieurs années les détails de cette entente, peut-être parce qu'ils risquaient de provoquer des remous ; on fit de même pour ceux d'un arrangement ultérieur, conclu une fois que Fraser fut devenu premier ministre et qui autorisait les Sœurs de la charité à subir un examen distinct pour obtenir l'autorisation d'enseigner. Ces omissions, et le fait qu'au moins un des nouveaux règlements ne figurait pas dans le manuel des écoles, amèneraient des mécontents, dans les années 1890, à parler de « règlements secrets » et donneraient lieu à une enquête à laquelle Fraser serait mêlé.

King démissionna au printemps de 1878, et Fraser lui succéda le 4 mai aux postes de premier ministre et de procureur général. Aux élections générales tenues peu après, les circonscriptions du nord de la province rejetèrent les candidats du gouvernement. Le 4 juillet, le *Saint John Globe* déclara : « Le peuple s'est levé et a dit « nous ne voulons plus du gouvernement. » [...] Pourquoi M. Fraser ne tire-t-il pas poliment sa révérence ? Sinon, on l'y forcera. » Ce que le journal oubliait, c'est que, vu l'absence de partis organisés, les majorités gouvernementales dépendaient des talents de manipulateur du premier ministre. Or, bon nombre des nouveaux députés élus en juin n'étaient « ni chair ni poisson ». En juillet, Fraser, qui n'inspirait pas d'antipathies personnelles, parvint à réunir une majorité en jouant sur les intérêts régionaux et particuliers, et en concluant des marchés avec certains députés. Les étiquettes de parti, qui indiquaient l'affiliation en politique fédérale, avaient une signification limitée à l'Assemblée de la province. Fraser était conservateur (parmi les 7 élus en 1874), mais il était devenu le chef d'une Assemblée où, initialement, King et 27 autres députés s'étaient dit libéraux. En 1878, 21 libéraux, 17 conservateurs et 3 indépendants furent élus. La même année, Fraser reforma le Conseil exécutif en y nommant trois libéraux et six hommes qui se disaient conservateurs. Son bras droit à Saint-Jean était un libéral, William Elder*, influent rédacteur en chef du *Daily Telegraph,* presbytérien comme lui et un ami personnel.

Fraser fut le premier chef du gouvernement néo-brunswickois à donner, au cabinet, une représentation effective aux groupes acadiens et irlandais de la communauté catholique. Il affecta Pierre-Amand Landry*, de la circonscription de Westmorland, à la fonction de commissaire des Travaux publics et Michael Adams, de Northumberland, à celle d'arpenteur général, qui comprenait l'administration des terres de la couronne. Ces deux portefeuilles étaient des nids de favoritisme, et on les considérait comme très attrayants. Daniel Lionel Hanington, de la circonscription de Westmorland, entra lui aussi au Conseil exécutif ; il avait été l'un des meneurs de l'opposition anglicane au *Common Schools Act* de 1871 et l'un des partisans de l'union des Maritimes. En procédant à ces nominations, Fraser reconnaissait l'importance accrue de la circonscription de Westmorland et le poids de son Nord-Est natal dans l'équilibre entre les régions. Les retombées économiques de la construction du chemin de fer Intercolonial avaient revitalisé ces parties de la province.

Les députés de Saint-Jean faisaient constamment campagne pour que leur ville devienne la capitale de la province, mais l'affaire tourna à la crise lorsqu'un incendie détruisit le vieil édifice du Parlement à Fredericton en février 1880. Fraser s'opposa à ce que l'on tranche la question par un vote populaire, mais il la soumit à un débat ouvert. Avec le chef de l'opposition, Andrew George Blair*, lui aussi originaire de Fredericton, il dut déployer tous ses talents d'orateur et de meneur pour vaincre les puissants arguments de ceux qui réclamaient le transfert de la capitale. Le vote de l'Assemblée fut serré : 20 contre, 18 pour. Hanington, Landry et *le Moniteur acadien* de Ferdinand Robidoux* apportèrent un soutien essentiel à la cause de Fredericton. L'impressionnant édifice du Parlement, dessiné par James Charles Philip Dumaresq*, ouvrit ses portes le 16 février 1882.

En d'autres matières cependant, Blair attaquait le gouvernement sans relâche : il le qualifiait de « règne des incapables » et accusait des ministres de corruption, de mauvaise administration et d'hypocrisie. Cette dernière accusation s'adressait à Fraser : contrairement à ce qu'il avait promis en 1878, ce dernier n'abolit pas le Conseil législatif – ce que Blair lui-même n'allait faire qu'en 1892, soit dix ans après son accession au poste de premier ministre.

En raison du peu d'influence (si évident dans l'affaire de l'abolition du conseil) que les premiers ministres néo-brunswickois exerçaient sur l'Assemblée, les gouvernements en faisaient souvent bien moins qu'ils ne l'auraient souhaité. Ce problème n'était nulle part plus patent que dans le secteur de l'éducation. En 1880, le gouvernement Fraser ne parvint pas à réaliser les réformes en vertu desquelles on aurait confié la responsabilité de l'éducation à un conseiller exécutif. Ce n'était là qu'un signe avant-coureur de l'immobilisme qui allait affliger la politique et l'administration de ce domaine pendant un demi-siècle. L'indépendance des députés se manifesta aussi lorsqu'en 1881 on n'adopta que par une faible majorité, et ce malgré le soutien de Fraser, une proposition relativement anodine qui garantissait la publication en français des rapports gouvernementaux sur l'agriculture.

Fraser acceptait la tradition qui consistait à donner de généreuses subventions aux promoteurs ferroviaires – tradition qui finit par grever la province d'une lourde dette et par la doter de lignes de piètre qualité, en général peu rentables, et tout à fait disproportionnées à la population. À titre de secrétaire de la province, il avait contribué à l'adoption de la loi des subsides de 1874, et comme premier ministre il défendit en 1880 le projet d'extension de la charte du Grand Southern Railway. Le Conseil législatif rejeta la motion par laquelle l'Assemblée avait approuvé l'extension, mais le gouvernement versa la subvention quand même, en soutenant que la loi en vigueur le lui permettait. Le *Daily Sun* de Saint-Jean stigmatisa ce « geste tout à fait arbitraire, téméraire et despotique ». En mars 1882, Fraser présenta avec succès un projet de loi qui prévoyait le financement d'un tronçon entre Fredericton et Richibucto ainsi que le paiement de 3 000 $ le mille pour la construction de plusieurs chemins de fer locaux.

Fraser démissionna de ses fonctions de premier ministre et de procureur général le 25 mai 1882 pour se présenter aux élections fédérales dans York sous la bannière libérale-conservatrice. Défait, il fut nommé juge à la Cour suprême du Nouveau-Brunswick en décembre. En 1887, selon le puissant rédacteur en chef libéral du *Moncton Transcript,* John Thomas Hawke*, l'état dans lequel il se présentait au tribunal « était tel que l'on entendait de toutes parts des expressions de dégoût ». La même année, il eut à statuer sur une requête présentée par Henry Robert Emmerson* contre l'élection de Josiah Wood* à titre de député de Westmorland à la chambre des Communes. Il repoussa par trois fois la date de l'audience, croyant que la session fédérale en cours ne comptait pas dans les six mois autorisés entre le dépôt d'une requête et son expiration. Quand, dans un éditorial, Hawke mentionna que l'on devait ajourner des causes parce que le juge était ivre, on ne pouvait guère douter qu'il parlait de Fraser. Une fois que l'avocat de Wood, en invoquant la loi, eut affirmé que la requête était parvenue à expiration, on porta l'affaire en appel devant les pleines assises de la Cour suprême, où Fraser changea d'avis. Pour Hawke, cette attitude était par trop burlesque. Le « remarquable saut périlleux juridique » de Fraser, disait-il, rappelait le « Pantalon de la pantomime comique » ; en usant d'une référence plus à la mode (l'opéra *The Mikado* avait été créé seulement deux ans auparavant), il le comparait aussi au « juge Pooh-Bah [qui] en qualité d'exécuteur des hautes œuvres annulait son ancien jugement et rejetait la requête en s'appuyant sur l'argument qu'il avait auparavant jugé erroné ».

Assigné en justice pour outrage au tribunal, Hawke fut condamné à une amende et à deux mois de prison, car les juges avaient conclu que comparer Fraser à Pooh-Bah, c'était l'accuser d'avoir accepté des pots-de-vin. Les journaux du parti libéral en firent une affaire nationale et proclamèrent qu'il s'agissait d'un cas de négation de la liberté de presse. Il y eut, à la chambre des Communes, un débat si long qu'il totalisait 60 000 mots dans le hansard. Louis Henry Davies*, futur juge en chef du Canada, menait la bataille pour Hawke ; John Sparrow David THOMPSON répliquait au nom du gouvernement ; Nicholas Flood Davin* défendait le droit des juges. Les discussions constituèrent ce qu'un commentateur qualifia par la suite de « bon exposé des lois sur les outrages criminels et implicites ainsi que sur les questions connexes ». Le gouvernement du Nouveau-Brunswick refusa de libérer Hawke.

Fraser fut de nouveau au centre de l'attention lorsqu'en avril 1893 son ancien adversaire, le premier ministre Blair, le nomma commissaire spécial chargé d'étudier la question des écoles de Bathurst. Des protestants prétendaient que l'on administrait certaines écoles publiques du comté de Gloucester à l'encontre de la loi de 1871 sur les écoles publiques, et son mandat consistait à examiner leurs plaintes. Elles portaient en particulier sur deux écoles jadis conventuelles, soumises à cette loi depuis 1890, qui employaient des instituteurs catholiques et se trouvaient dans des édifices loués appartenant aux autorités catholiques. À ce moment, le climat était tendu dans toute la province, plus peut-être que 20 ans auparavant. En effet, la langue, et non plus seulement la religion, était en cause – situation qui reflétait la prise de conscience des Acadiens et l'augmentation sensible de leur nombre. En 1871, ils formaient moins de 16 % de la population ; en 1901, ils compteraient plus de 24 %.

Ce qui n'avait été jusque-là qu'une question d'intérêt local était devenu en 1891 le principal objet de débat sur la scène provinciale. Cette année-là, Peter John Veniot*, qui allait devenir le premier Acadien à exercer la fonction de premier ministre du Nouveau-Brunswick mais n'était encore que le jeune rédacteur en chef nationaliste du *Courrier des Provinces maritimes* de Bathurst, publia un opuscule dans lequel il pressait les Acadiens de « soutenir le gouvernement [d'Andrew George Blair] » s'ils voulaient « conserver [leur] langue, [leur] religion et [leurs] coutumes ». Craignant que Blair ne soit en train d'encourager la renaissance des écoles confessionnelles, des fanatiques protestants se rallièrent devant la menace qu'ils croyaient voir contre leurs institutions et leurs valeurs. Le premier ministre conserva le pouvoir aux élections d'octobre 1892 mais fut battu dans sa circonscription d'York par un groupe dont le chef était un autre jeune rédacteur en chef, Herman Henry Pitts* du *New Brunswick Reporter and Fredericton Advertiser,* presbytérien évangélique et candidat indépendant des orangistes d'York et des Fils de la tempérance. Voyant à quel point Pitts se rendait populaire en réclamant l'application rigoureuse des principes de non-confessionnalité de la loi de 1871, Blair jugea que sa propre position et l'harmonie politique de la province étaient menacées. En homme rusé, il se tourna donc vers Fraser, qui avait été l'un des artisans de la politique du compromis et était encore un personnage respecté parmi les protestants modérés.

Dans le rapport lucide et sobre qu'il déposa en 1894, Fraser signala que certains administrateurs scolaires avaient commis des écarts de conduite ou mal fait leur travail, mais il affirma que, contrairement aux accusations, le clergé ne s'ingérait pas dans les écoles de Bathurst. Certes, disait-il, c'était contraire aux règlements de donner de l'instruction religieuse pendant l'heure du dîner ; cependant, cette infraction n'avait pas été commise de propos délibéré, « vu que les instituteurs qui enseignaient le catéchisme croyaient honnêtement que l'heure de récréation ne faisait pas partie de la journée de cours ». Son rapport et un jugement rendu en 1896 par Frederick Eustache Barker* de la Cour suprême d'*equity* confirmèrent que, légalement, il pouvait y avoir des écoles séparées à l'intérieur du système non confessionnel du Nouveau-Brunswick.

Fraser fut nommé lieutenant-gouverneur du Nouveau-Brunswick le 20 décembre 1893, après la mort de John Boyd. La maladie et la nécessité de terminer la rédaction de certains dossiers judiciaires sur lesquels il travaillait l'empêchèrent d'occuper pleinement cette fonction tout de suite. Parmi les événements marquants de l'année suivante, il faut signaler, en août, une tournée en compagnie du gouverneur général, le comte d'Aberdeen [Hamilton-Gordon*], et en septembre une visite dans la région de Miramichi, où il fut « surpris au delà de toute mesure » par la manière dont on l'accueillit dans sa région natale.

Fraser mourut le 24 novembre 1896 en Italie, où il voyageait dans l'espoir d'améliorer sa santé. Comme tous les meilleurs hommes politiques du Nouveau-Brunswick, il semblait établir une nette distinction entre la moralité de la vie privée et celle des gestes accomplis dans l'exercice d'une charge publique. Le *Herald* de Fredericton, journal libéral et censeur sévère de son gouvernement, avait relevé cette dichotomie en résumant sa vie publique lorsqu'il avait quitté le poste de premier ministre en 1882. Tout en lui attribuant « tout le mérite de son honnêteté personnelle et de sa « bonté », le journal disait : « [sa carrière a été] désastreuse pour la province financièrement et moralement, si une telle expression peut s'appliquer à la politique ». Presque tous ceux qui étaient intervenus dans l'affaire de Pooh-Bah lui rendirent un chaleureux hommage en disant qu'il avait été « un homme de haute moralité et un juge plein de droiture ».

Rétrospectivement, il est manifeste que John James Fraser apporta une contribution essentielle à la vie publique, et ce au cours de l'une des décennies les plus agitées de l'histoire de la province. Cependant, peu de ses contemporains ont reconnu cette contribution, et les historiens l'ont négligée. Grâce à son tempérament accommodant et aux amitiés et alliances qu'il noua pendant son opposition à la Confédération et sa participation au gouvernement King, il put commencer à restaurer la bonne entente qu'avaient brisée les débats sur la Confédération et la politique agressive de son prédécesseur. En raison de l'esprit conciliant avec lequel il tentait d'apaiser les tensions que causaient les divisions culturelles, et à cause de sa sensibilité aux changements démographiques et régionaux, il mérite, tout autant que King et Blair, de figurer parmi les artisans de la structure politique néo-brunswickoise d'après la Confédération.

D. Murray Young

John James Fraser est l'auteur de : *Report upon charges relating to the Bathurst schools and other schools in Gloucester County* ([Fredericton], 1894).

APNB, MC 300, MS6 ; MC 1156 ; RG 1, RS357, B ; RG 2, RS6, A ; RG 11, RS113, A. — Musée du N.-B., Tilley family papers, boxes 6–10. — [F. E.] Barker, *Bathurst school case : the judgment of His Honor, Mr. Justice Barker, delivered in the Supreme Court in Equity, of New Brunswick, 17th March, 1896* (Saint-Jean, N.-B., [1896]). — N.-B., House of Assembly, *Journal,* 1873–1882 ; *Synoptic report of the proc.*, 1874–1884 ; Legislative Council, *Journal,* 1871–1872. — *Herald* (Fredericton), 15 mai 1882. — *Morning Freeman* (Saint-Jean), 21 avril 1866. — *New-Brunswick Royal Gazette* (Fredericton), 19 nov. 1825. — *Saint John Globe,* 4 juill. 1878, 16 mai, 12 juin 1888. — *Canadian album* (Cochrane et Hopkins), 3 : 157. — *Cyclopædia of Canadian biog.* (Rose et Charlesworth). — *Prominent people of New Brunswick* [...], C. H. McLean, compil. (s.l., 1937). — H. L. Bateman, *Home is where one starts from ; a view of the people of nineteenth century Westmorland County, New Brunswick, as perceived through the literature of the time* (Scoudouc, N.-B., 1984), chap. 2. — Wilfrid Eggleston et C. T. Kraft, *Dominion-provincial subsidies and grants : a study prepared for the royal commission on dominion-provincial relations* (Ottawa, 1939). — Michael Gordon, « The Andrew G. Blair administration and the abolition of the Legislative Council of New Brunswick, 1882–1892 » (thèse de M.A., Univ. of N.B., Fredericton, 1964). — Hannay, *Hist. of N.B.* — K. F. C. MacNaughton, *The development of the theory and practice of education in New Brunswick, 1784–1900 : a study in historical background,* A. G. Bailey, édit. (Fredericton, 1947). — W. S. MacNutt, *Days of Lorne : from the private papers of the Marquis of Lorne, 1878–1883, in the possession of the Duke of Argyll at Inveraray Castle, Scotland* (Fredericton, [1955]). — D. L. Poynter, « The economics and politics of New Brunswick, 1878–1883 » (thèse de M.A., Univ. of N.B., 1961). — D. M. M. Stanley, *Au service de deux peuples : Pierre-Amand Landry* (Moncton, N.-B., 1977). — R. G. Thorne, « Aspects of the political career of J. V. Ellis, 1867–1891 » (thèse de M.A., Univ. of N.B., 1981). — Hugh Whalen, « The development of local government in New Brunswick », New Brunswick royal commission on finance and municipal taxation, *Report* (Fredericton, 1963), 40–68. — Michael Hatfield, « H. H. Pitts and race and religion in New Brunswick politics », *Acadiensis* (Fredericton), 4 (1974– 1975), n° 2 : 46–65.

FRONT MAN. V. Ne-can-nete

FRY, HENRY, courtier maritime, propriétaire de navires, réformateur, fonctionnaire et auteur, né le 5 juin 1826 à Bristol, Angleterre, aîné des dix enfants de George Fry, boucher, et de Charlotte Augusta Goss ; le 9 décembre 1858, il épousa à Montréal Mary Jane Dawson, et ils eurent une fille et six fils ; décédé le 27 février 1896 à Sweetsburg, Québec.

Henry Fry commença sa carrière dans le transport maritime à l'âge de 12 ans, lorsqu'il entra à titre d'apprenti à la société de courtage de Mark Whitwill, à Bristol. Dès l'âge de 19 ans, c'est lui qui affrétait les navires de la compagnie au pays de Galles et, un an plus tard, il se mit à faire régulièrement des voyages d'affaires à Londres. Devenu un associé de la compagnie en 1851, il fit sa première visite à Québec en 1854 pour y représenter la société de Whitwill durant la saison et superviser la récupération et la remise en état de deux bateaux pris dans les glaces. Il s'acquitta si bien de sa tâche que la Lloyd's de Londres lui envoya un beau chèque. Cependant, comme la guerre de Crimée monopolisait une bonne partie des navires, il eut de la difficulté à en acheter un ou deux, conformément aux instructions reçues, et ne put se procurer, au prix fort, qu'un petit trois-mâts barque. Au retour, comme son associé lui reprochait de s'être mal tiré d'affaire, il acheta la part que Whitwill détenait dans le navire. La saison suivante, il représenta de nouveau ce dernier à Québec ; il y revint en 1856, mais ce fut à son propre compte, à titre de propriétaire de navires, d'agent de transport maritime et de représentant de la Lloyd's de Gaspé à Sorel. Déjà, il était entièrement ou partiellement propriétaire de quatre bâtiments et, au fil des 30 années suivantes, il en acheta (seul ou en copropriété) 18 autres, qu'il exploitait lui-même. On peut mentionner par exemple le *Devonshire* et le *Cosmo,* construits respectivement en 1860 et 1877 par Henry Dinning*, dont il admirait le travail, ainsi que le *Rock City,* construit en 1868 par Henry Warner et Lauchlan McKay, frère du célèbre constructeur américain de clippers Donald McKay. Fry commanda tous ces navires pour donner du travail aux charpentiers de Québec pendant des périodes particulièrement difficiles. Mais ceux-ci n'étaient pas les seuls à avoir besoin d'aide. De 1861 à 1864, à la demande de Dinning, il se porta aussi au secours d'Édouard Trahan, bon constructeur qui manquait de capital, en lui commandant quatre bâtiments. Financer les constructeurs de navires n'était cependant pas une habitude chez lui ; il investissait plutôt ses bénéfices dans une entreprise d'exportation de bois, qu'il appelait sa « marotte ». Il passait la plupart de ses hivers en Grande-Bretagne, à s'occuper de ses affaires. En 23 ans, il traversa l'Atlantique 37 fois, en se mettant souvent en route en janvier, soit au moment où les conditions de navigation étaient les plus mauvaises. En 1873, son frère Edward Carey devint son associé et la firme prit le nom de Henry Fry and Company.

Fry exerça de nombreuses fonctions dans le milieu des affaires. De 1864 à 1878, il fit partie du conseil d'administration de la Banque de Québec ; de 1868 à 1871, il fut président du Bureau de commerce. Vice-président de la Chambre de commerce de la Puissance en 1872, il en fut président l'année suivante. Il fit partie du conseil de la Commission du havre de Québec, d'abord en qualité de membre d'office de 1866 à 1868, après quoi, de 1875 à 1879, il y fut l'un des deux représentants élus par les « armateurs ».

D'un côté comme de l'autre de l'Atlantique, les transporteurs maritimes connaissaient bien Fry, tant pour sa position courageuse contre l'enrôlement forcé de marins que parce qu'il avait réussi à faire appliquer de nouveau d'anciennes lois qui interdisaient les pontées en hiver et réglementaient la manutention des cargaisons de grain en vrac. Bon nombre de pertes de vie, soutenait-il, étaient attribuables aux pratiques courantes. Durant toutes ces années où il fut propriétaire de navires, quatre hommes seulement trouvèrent la mort sur les bâtiments qu'il exploitait ; si le nombre des pertes était si peu élevé, c'était, disait-il, parce qu'il interdisait les pontées après le 1er octobre. Ses connaissances et son jugement en matière maritime étaient tels que la Cour de vice-amirauté de la ville de Québec faisait souvent appel à lui à titre d'évaluateur. On ne se surprendra donc pas que Basil Greenhill, ancien administrateur du National Maritime Museum de Londres, en parle comme d'« une figure remarquable de l'histoire maritime du Canada ».

Fry manifestait aussi sa conscience sociale en participant aux affaires communautaires, comme il en a parlé dans ses mémoires. Membre du conseil d'administration de la Quebec High School de 1866 à 1877, il fut commissaire protestant au conseil de l'Instruction publique en 1876–1877. Devenu conseiller consultatif de l'Asile des dames protestantes en 1865, et il fit partie de son conseil d'administration jusqu'en 1877. Président de la Young Men's Christian Association de 1870 à 1878, il fut membre du comité de direction de la Young Women's Christian Association de 1875 à 1877. De plus, il fit partie du comité de direction de l'Evangelical Alliance de 1873 à 1877, et de celui de la Bible Society, dont il fut vice-président de 1857 à 1878, en plus d'assumer la charge de commissaire de la Religious Tract Society de 1857 à 1877. Nommé trésorier de la Société littéraire et historique de Québec en 1867, il demeura au conseil d'administration jusqu'en 1872. En outre, il fut trésorier de la Baptist Church de 1875 à 1877 et de la Mission de la cité de Québec de 1870 à 1877.

Henry Fry prenait la plume non seulement pour écrire, mais pour dessiner. « Reminiscences », écrit pour son fils Henry en 1891, est illustré de jolis dessins des navires dont il était propriétaire. Par la suite, il y ajouta « Leaves of my life », série de dessins qui représentent d'autres bâtiments dont il parlait dans ses mémoires. Il écrivit pour la Chambre de commerce de la Puissance un texte sur les pontées et les cargaisons de grain qui fut reproduit en 1873 dans le *Nautical Magazine*. En 1895, il publia une brochure à Québec, *Lloyd's : its origin, history and methods* et, dans le *Canadian Magazine,* un article intitulé « Shipbuilding in Quebec » dans lequel il demandait au gouvernement de subventionner la construction des navires de métal. Passionné par l'utilisation de la vapeur, il la préconisa tôt, et au cours de ses visites en Grande-Bretagne il se rendit souvent dans des chantiers où l'on construisait des vapeurs. *The history of North Atlantic steam navigation with some account of early ships and shipowners* – son dernier ouvrage, paru à Londres et à New York en 1896, l'année de sa mort – demeure le livre tout indiqué pour conserver sa mémoire.

EILEEN MARCIL

L'auteure aimerait remercier monsieur John Fry, de New York, ainsi que Mme Lucy Fry Webster, de Truro, en Nouvelle-Écosse, pour les documents qu'ils lui ont permis de consulter, notamment les « Reminiscences » de Henry Fry.

Fry fut un auteur prolifique, surtout pendant sa retraite, et nombre de ses écrits sont restés à l'état de manuscrits. Outre les ouvrages mentionnés dans le texte, il a publié : *Atlantic steam navigation* (Québec et Bristol, Angl., 1883), et *A biographical sketch of Sir N. F. Belleau from* Home Journal, *for October 1894* (Québec, 1894). [E. M.]

AN, RG 42, E1, 1293–1402. — ANQ-M, CE1-109, 9 déc. 1858. — ANQ-Q, CN1-51, 29 avril 1873 ; F2. — Literary and Hist. Soc. Arch. (Québec), L1, B. — *Gazette* (Montréal), 28 févr. 1896. — Judith Fingard, *Jack in port : sailortowns of eastern Canada* (Toronto, 1982), 207. — Basil Greenhill et Ann Giffard, *Westcountrymen in Prince Edward's Isle : a fragment of the great migration* (Newton Abbot, Angl., et [Toronto], 1967 ; réimpr., Toronto et Buffalo, N.Y., 1975).

FULLER, THOMAS, architecte et fonctionnaire, né le 8 mars 1823 à Bath, Angleterre, fils de Thomas Fuller, carrossier, et de Mary Tiley ; en 1853, il épousa Caroline Anne Green, de Bath, et ils eurent un fils et deux filles ; décédé le 28 septembre 1898 à Ottawa.

Thomas Fuller reçut sa formation d'architecte, du moins en partie, au bureau de James Wilson à Bath. Jeune à l'époque, Wilson avait la réputation d'être plutôt radical ; on estime que c'est principalement lui qui amena les sectes non conformistes à adopter le style néo-gothique, déjà en faveur dans les églises anglicanes et catholiques. Wilson se spécialisait aussi dans les plans d'école – préparation fort utile à Fuller qui allait concevoir plus tard des complexes publics séculiers.

Fuller eut la première commande qu'on lui connaît en 1845 : il s'agit de la cathédrale anglicane St John, à Antigua. Malgré les innovations en matière de structure que comportait son plan, on trouva que l'édifice, conçu dans une version georgienne tardive du baroque italien, n'était plus au goût du jour. On le critiqua en Grande-Bretagne, où les progressistes prônaient de plus en plus le néo-gothique.

Sans doute Fuller demeura-t-il quelque temps dans les Caraïbes ; il exécuta, dit-on, « des ouvrages ecclésiastiques en Jamaïque et dans d'autres îles des Antilles ». Cependant, il était revenu en Angleterre en 1847, car il existe des indices qu'il avait pour associé, à Bath ou à Bristol (peut-être aux deux endroits), un autre ancien apprenti de Wilson, William Bruce Gingell. Cette année-là, Fuller et Gingell remportèrent le concours d'architecture pour la prison de Plymouth en présentant un plan de style à l'italienne. Toujours en 1847, on les mandata pour concevoir des écoles unitariennes à Taunton. De 1848 jusqu'à 1851, dernière année de leur association, présume-t-on, ils dessinèrent des écoles et des édifices publics à Stonehouse (1848), à Londres (1848) et à Llandovery, au pays de Galles. Ils firent de plus quelques maisons à Portishead en 1850.

À la fin des années 1840, malgré les édifices publics à l'italienne auxquels son nom est attaché, Fuller semblait priser au moins autant le néo-gothique. Il partageait ce goût avec les jeunes disciples progressistes d'Augustus Welby Northmore Pugin, appelés *ecclesiologists* parce qu'ils préconisaient la construction d'églises rigoureusement médiévales. Peut-être Fuller aida-t-il les frères John Raphael et Joshua Arthur Brandon à illustrer leurs volumes sur l'architecture anglaise du Moyen Âge ; du moins est-on sûr qu'il appartenait au groupe de jeunes architectes qui, à l'occasion des réunions de fondation de la Bristol Society of Architects, réclamèrent un renouveau stylistique.

En 1851 ou à peu près, Fuller s'associa à son ancien maître James Wilson, avec qui il semble avoir fait surtout de l'architecture publique ou institutionnelle. Toujours en 1851, il se « retira » du Royal Institute of British Architects, dont on l'aurait exclu pour quelque faute professionnelle.

En 1855, l'hôtel de ville de Bradford-on-Avon fut construit selon un plan de Fuller, qui exerçait alors seul. Ce bâtiment rappelle les édifices publics à l'italienne qu'il avait exécutés quelques années plus tôt en compagnie de Gingell, mais annonce aussi le puissant style qui allait faire sa renommée au Canada : celui de l'apogée de l'ère victorienne. Toutefois, si l'on excepte cet hôtel de ville et un poste de police à Bath, il semble qu'à la fin des années 1850 il dressa surtout des plans d'église, et employa alors principalement le style gothique.

Fuller partit pour le Canada en 1857 et, en septembre, il vivait à Toronto. Les architectes, surtout les Britanniques, tels William Thomas* et Frederic William Cumberland*, avaient jugé que cette ville, déjà la métropole du Haut-Canada, était un bon endroit où s'établir. L'Amérique du Nord n'offrait encore aucun lieu de formation aux architectes, sauf les bureaux des professionnels, et les provinces avaient besoin du concours de la mère patrie. En outre, l'architecture prenait une forte teinte britannique sur tout le continent. Même aux États-Unis (habituellement plus réfractaires à l'influence britannique qu'à la française), la mode voulait que les églises, les maisons et quelques types d'édifices publics aient les formes audacieuses et imposantes que leur donnaient, en Grande-Bretagne, les adeptes du gothique victorien. En raison de son caractère anglo-écossais, Toronto devint l'un des foyers des architectes anglais qui pratiquaient ce style.

Les premiers ouvrages que Fuller réalisa au Canada témoignaient de sa fidélité aux styles médiévaux. Peut-être aida-t-il Cumberland et William George STORM à concevoir le University College de Toronto ; c'est lui qui, en 1858, dressa le plan de l'église anglicane St Stephen-in-the-Fields, rue College. Comme il s'agissait d'une église de banlieue, Fuller prit exemple sur un populaire modèle de gothique de l'apogée victorienne qui s'inspirait d'églises paroissiales du Moyen Âge (l'une d'elles était St Michael de Longstanton, choisie par les *ecclesiologists* pour servir de modèle aux petites églises d'outre-mer) et réalisa un élégant bâtiment de brique et de pierre, construit aux frais du colonel Robert Brittain Denison. Incendiée en 1865, St Stephen-in-the-Fields fut reconstruite, plus grande, par la firme Gundry and Langley et subsiste toujours.

En juin 1858, Fuller se joignit aux ingénieurs civils Robert C. Messer et Chilion Jones*, qui étaient déjà associés. Messer quitta la société au cours de l'été de 1859, probablement pour aller au Brésil. Quant à Jones, il continua de travailler avec Fuller jusqu'en 1863. Les deux associés se spécialisèrent dans la conception d'églises, dont la plupart étaient anglicanes et relevaient du même genre que St Stephen-in-the-Fields, villageois de style gothique. Leurs plans furent réalisés dans plusieurs localités haut-canadiennes : Stirling (1860–1861), Lyn (1860), Almonte (1862–1864), Westboro, en banlieue d'Ottawa (construction commencée en 1865), et peut-être Simcoe (1860). Pendant qu'il travaillait à Ottawa, Fuller dressa aussi le plan de l'église St James, de Hull (1866–1867). Même s'il ne les conçut pas seul, St James à Perth (1853–1861) et Holy Trinity à Hawkesbury (1859) portent sa marque. En outre, c'est à lui, en fin de compte, qu'on doit attribuer l'imposante église St Alban the Martyr, dans la côte de Sable à Ottawa (1866–1868). L'adresse et la puissance avec lesquelles Fuller maniait le gothique primitif anglais ont donné de fort bons résultats dans tous ces cas. On sait qu'il réalisa un seul lieu de culte non anglican, soit l'église presbytérienne St James, à London (1859–1861). De style gothique primitif anglais, elle aussi, cette église à plan central rappelait la bibliothèque du Parlement, dont Fuller venait à peine de dessiner les plans, et convenait mieux aux exigences du rituel protestant que la traditionnelle forme oblongue.

La conception de l'édifice du Parlement à Ottawa fut la plus importante commande que Fuller eut au cours de sa carrière. Réalisé avec Jones, le plan montre une tour centrale flanquée de deux ailes symétriques en faible saillie ; à l'arrière s'élève une bibliothèque circulaire qui rappelle un chapitre ou une cuisine de monastère. Ce projet, de style gothique civil, fut préféré à 15 autres à l'occasion d'un concours tenu pendant l'été de 1859. Les deux associés présentèrent un autre projet, selon le même plan horizontal mais d'un style à l'italienne, qui ne fut pas primé ; cependant, au concours des édifices ministériels, ils se classèrent deuxièmes, derrière Thomas Stent* et Augustus LAVER.

Le plan que Fuller avait conçu pour l'édifice du Parlement fut acclamé par la critique et reçut une large publicité en Europe et en Amérique. Il mariait les récentes tendances du néo-gothique à la tradition académique française et prévoyait des installations tout à fait modernes (quatre types de système de chauffage, systèmes novateurs de distribution d'eau et de ventilation, avertisseurs électriques) ; il suivait ainsi les conseils du célèbre critique John Ruskin qui préconisait l'intégration des styles médiévaux aux programmes de construction contemporains. Vu de la ville, l'édifice avait une allure solennelle tandis que, du côté de la rivière des Outaouais, il présentait une asymétrie pittoresque, contraste idéal, estimait-on, pour un immeuble officiel construit dans le sauvage paysage nordique. Au cours d'une visite à Ottawa, en 1861, Anthony Trollope écrivait : « Le groupe d'édifices publics que l'on est en train de construire sur le rocher qui protège, pour ainsi dire, la ville de la rivière feront – et font d'ailleurs déjà – la gloire d'Ottawa [...] Je n'hésite pas à mettre en jeu la réputation de mon jugement en louant sans restriction la beauté de leur ensemble et l'authentique noblesse de leurs détails. »

La construction de l'édifice du Parlement se révéla toutefois d'une difficulté extrême. En raison de l'augmentation des coûts, de retards imprévus et de soupçons de scandales en haut lieu [V. Thomas MCGREEVY ; Samuel Keefer*], on interrompit les travaux à la fin de 1861 et on institua une commission d'enquête. En 1863, dans son rapport, la commission critiqua la conduite de tous les architectes participants (peut-être moins celle de Fuller que des autres, cependant) mais recommanda de ne pas les congédier tous car il fallait assurer la continuité. On nomma donc Fuller architecte de tout le complexe, avec Charles Baillairgé*, et il put voir l'essentiel de son plan exécuté en 1866, à temps pour accueillir les chambres du nouveau dominion, au moment de la Confédération, l'été suivant. Malheureusement, après l'incendie de 1916, seuls les édifices ministériels et la bibliothèque demeureraient intacts.

Fuller, qui travailla seul à compter de 1863, eut

d'autres engagements importants au cours des années 1860. Outre les églises précitées, il conçut notamment un pâté d'immeubles rue Elgin, à Ottawa (1861), une maison de style gothique, toujours à Ottawa (1864), ainsi que la maison synodale attachée à la cathédrale anglicane St George, à Kingston (1865). Fait plus marquant, Fuller et Jones avaient remporté en 1863, avant de se séparer, un concours qui visait à choisir l'architecte du nouveau capitole de l'état de New York, à Albany. Mis en chantier durant cette forte période de croissance économique qu'avait engendrée la guerre de Sécession, cet édifice gouvernemental devait être le plus ambitieux du continent, exception faite du capitole fédéral, dont on était en train de poser le dôme. Il ne subsiste malheureusement aucune trace du plan avec lequel Fuller et Jones remportèrent le concours en 1863 et, de toute façon, il ne fut pas exécuté. Trois ans plus tard, on lança un nouveau concours, que Fuller remporta en 1867 grâce à un plan conçu en collaboration avec une société de la région, la Nichols and Brown. On l'appela à travailler au plan définitif avec Arthur Delavan Gilman, adepte du style Second Empire, et Augustus Laver, lauréat lui aussi. Les travaux, exécutés selon une version légèrement révisée de leur plan, cessèrent en 1875, au milieu d'accusations de corruption et d'inefficacité. En mars 1876, une nouvelle commission du capitole recommanda de modifier sensiblement l'édifice, et on congédia Fuller. Même si, apparemment, son tort avait été tout au plus de fermer les yeux sur trop de tractations louches, l'incident dut l'embarrasser beaucoup car il quitta Albany peu après. En 1881, il vivait à Glens Falls, dans l'état de New York.

Il reste que pendant un bref moment, au début des années 1870, Fuller et Laver avaient occupé une place de choix dans l'architecture américaine. Le plan du capitole que Fuller avait dressé, même s'il était un peu démodé au milieu de la décennie, reçut l'appui de nombreux architectes à l'occasion d'un grand débat national. De plus, Fuller et Laver remportèrent en février 1871 le concours tenu pour désigner les architectes du nouvel hôtel de ville et palais de justice de San Francisco. Leur vaste complexe de style Second Empire mesurait presque 200 verges de longueur et culminait en une tour de 300 pieds au sommet arrondi, version allongée du dôme de Washington. Selon un critique, « jamais on n'a[vait] exécuté, aussi loin *à l'Ouest*, un ouvrage d'architecture aussi grandiose » ; le complexe municipal de San Francisco faisait d'ailleurs partie des immeubles publics aux dimensions colossales qui se construisirent aux États-Unis après la guerre de Sécession. Bien que l'on attribue habituellement le plan à Laver et que celui-ci se soit rendu en Californie pour superviser la construction, Fuller mit certainement la main à la pâte. On invita alors la firme à participer aux concours qui menèrent à la construction de certains des plus importants complexes publics de cette période expansionniste. En 1869, avec Henry Augustus Sims (de Philadelphie, mais anciennement d'Ottawa), elle s'était classée troisième à un concours organisé pour l'imposant hôtel de ville de Philadelphie ; en 1871, elle fut l'une des rares firmes invitées à soumettre des plans pour le prestigieux capitole du Connecticut à Hartford. De toute évidence, Fuller et Laver étaient à l'avant-garde de ce groupe éclectique et ambitieux qui faisait alors de l'architecture publique.

En octobre 1881, Fuller obtint le poste d'architecte en chef du dominion du Canada, vacant depuis la retraite de Thomas Seaton Scott, qui avait rempli cette fonction depuis 1871. Sous Scott, la plupart des édifices publics du dominion, et ils étaient nombreux, avaient été conçus dans le style mansardé du Second Empire mais, au début des années 1880, le gouvernement canadien recherchait, semble-t-il, une image architecturale plus colorée, plus naturelle, qui distinguerait le Canada tout en s'harmonisant à la mode néo-romane lancée par l'architecte américain Henry Hobson Richardson. Comme le style de l'édifice du Parlement – gothique de l'apogée de l'ère victorienne – pouvait servir de modèle à ce style national, ce fut une grande chance que Fuller pose sa candidature au poste d'architecte en chef à ce moment même. Le cabinet de sir John Alexander Macdonald tenait à rehausser l'image du gouvernement fédéral dans les villes et villages de tout le dominion ; Fuller, en raison de sa réputation internationale et de sa longue expérience en matière d'édifices publics, était l'homme de la situation. Son élection à l'Académie royale canadienne des arts en 1882, peu après son retour au Canada, montre aussi combien on l'estimait.

La conception et la construction de l'édifice Langevin, rue Wellington, en face de celui du Parlement, fut l'un des premiers projets de Fuller pendant son mandat de 15 années, et probablement le plus important. Construit de 1883 à 1889, il permit de loger les services qui ne pouvaient plus trouver place dans les édifices ministériels. Ce nouvel immeuble s'harmonisait au gothique de l'édifice du Parlement tout en se conformant au style roman, à la mode dans les années 1880 pour les commerces et les bureaux.

Toutefois, les quelque 140 édifices fédéraux que Fuller mit en chantier furent pour la plupart beaucoup plus petits. Environ 80 d'entre eux étaient à la fois des bureaux de poste et de la douane ; surtout dans les petits villages, on ne voyait guère d'immeubles plus prestigieux que ceux-là. Bien que Fuller n'ait pas fait lui-même tous les plans, il ajouta une touche distinctive à un type d'édifice conçu à l'époque de Scott. Il façonna ainsi une « image du dominion » assez cohérente, qui rappelait l'édifice du Parlement tout en s'adaptant aux goûts plus académiques et plus sages des 20 dernières années du siècle. Outre ces nombreux petits bâtiments, on construisit durant son mandat des bureaux de poste imposants dans plusieurs villes : ceux de Hamilton (1882–1887), de Winnipeg (1884–1887), de Vancouver (1890–1894) et de Victoria (1894–1898). Il s'occupa aussi de la conception et de la construction de salles d'exercice et de manèges militaires, de prisons (notamment celle de Saint-Vincent-de-Paul (Laval), dans la province de Québec), d'entrepôts de la douane, de hangars d'accueil pour les immigrants, d'hôpitaux (particulièrement à Grosse-Île) et de palais de justice. En outre, Fuller, ou son principal assistant, David Ewart*, dessina un pavillon canadien pour l'Exposition universelle de Chicago en 1893. Enfin, et cela démontre combien il était respecté, Fuller échappa à la grande purge qui frappa les fonctionnaires des Travaux publics au moment où des scandales secouèrent ce ministère au début des années 1890 [V. sir Hector-Louis Langevin*].

Les genres et styles d'édifices conçus pour le gouvernement fédéral sous la direction de Thomas Fuller, tout comme l'organisation de son service, continuèrent d'influencer le travail du bureau de l'architecte en chef pendant une bonne partie du XXe siècle. Grâce à la présence d'Ewart, assistant de Scott puis de Fuller et architecte en chef de 1897 à 1914, et à celle du fils de Fuller, Thomas William, architecte en chef de 1927 à 1936, les édifices fédéraux, jusqu'à la veille de la Seconde Guerre mondiale, conservèrent la qualité, la dignité et le caractère traditionnel que Scott avait imposés et que son successeur avait raffermis. Non seulement Fuller mena-t-il une carrière de concepteur d'églises et d'édifices publics en Grande-Bretagne, aux Antilles et en Amérique du Nord, mais à compter de la conception de l'édifice du Parlement, en 1859, sa contribution à l'expression architecturale du Canada fut déterminante.

CHRISTOPHER ALEXANDER THOMAS

Le seul exposé complet de la vie et du travail de Thomas Fuller se trouve dans la thèse de l'auteur intitulée « Dominion architecture : Fuller's Canadian post offices, 1881–96 » (thèse de M.A., 2 vol., Univ. of Toronto, 1978). [C. A. T.]

AN, RG 11, D4, 3909–3921 ; Division des arch. cartographiques et architecturales, RG 11M, Acc. 79003/29. — *American Architect and Building News* (Boston), 62 (oct.–déc. 1898) : 37. — *Builder* (Londres), 75 (juill.–déc. 1898) : 366. — Canada, Parl., *Doc. de la session,* 1867–1868, n° 8 (rapport du commissaire des Travaux publics) ; 1868–1898 (rapport annuel du dép. des Travaux publics). — Canada, prov. du, dép. des Travaux publics, *Documents relating to the construction of the parliamentary and departmental buildings at Ottawa* (Québec, 1862) ; Parl., *Doc. de la session,* 1863, n° 3. — *Canadian Architect and Builder* (Toronto), 11 (1898) : 168–169. — *Ottawa Citizen,* 29 sept. 1898. — *Ottawa Evening Journal,* 29 sept. 1898. — *Cyclopædia of Canadian biog.* (Rose et Charlesworth), 1. — Margaret Archibald, *By federal design : the chief architect's branch of the Department of Public Works, 1881–1914* (Ottawa, 1983). — B. F. L. Clarke, *Anglican cathedrals outside the British Isles* (Londres, 1958). — John Coolidge, « Designing the Capitol : the roles of Fuller, Gilman, Richardson and Eidlitz », N.Y., Temporary State Commission on the Restoration of the Capitol, *Proceedings of the New York State Capitol Symposium* (Albany, 1983), 21–27. — Alan Gowans, *Building Canada : an architectural history of Canadian life* (Toronto, 1966) ; « The Canadian national style », *le Bouclier d'Achille : regards sur le Canada de l'ère victorienne,* W. L. Morton, édit. (Toronto et Montréal, 1968), 208–219. — Ralph Greenhill *et al., Ontario towns* ([Ottawa, 1974]). — W. E. Langsam, « The New York State Capitol at Albany : evolution of the design, 1866–1876 » (thèse de M.A., Yale Univ., New Haven, Conn., 1968). — Marion MacRae *et al., Hallowed walls : church architecture of Upper Canada* (Toronto et Vancouver, 1975). — D. [R.] Owram, *Building for Canadians : a history of the Department of Public Works, 1840–1960* ([Ottawa], 1979). — Thomas Ritchie *et al., Canada builds, 1867–1967* (Toronto, 1967). — C. A. Thomas, « Thomas Fuller (1823–98) and changing attitudes to medievalism in nineteenth-century architecture », Soc. for the Study of Architecture in Canada, *Selected papers, vol.* [III] : *annual meeting, 1978,* Christina Cameron et Martin Segger, édit. (Ottawa, 1982), 103–147. — A. H. Armstrong, « Profile of Parliament Hill », Royal Architectural Institute of Canada, *Journal* (Toronto), 34 (1957) : 327–331. — W. E. Langsam, « Thomas Fuller and Augustus Laver : Victorian Neo-Baroque and Second Empire vs. Gothic Revival in North America », Soc. of Architectural Historians, *Journal* (Philadelphie), 29 (1970) : 270. — D. [S.] Richardson, « Canadian architecture in the Victorian era : the spirit of the place », *Canadian Collector,* 10 (1975), n° 5 : 20–29. — C. [A.] Thomas, « Architectural image for the dominion : Scott, Fuller and the Stratford Post Office », *Annales d'hist. de l'art canadien* (Montréal), 3 (1976), n°s 1–2 : 83–94.

FUTVOYE, GEORGE, rédacteur, fonctionnaire, avocat et officier de milice, né le 13 mai 1808 à Londres ; il épousa Catherine Hedwige Lozeau ; il eut au moins deux fils ; décédé le 29 décembre 1891 à Saint-Jean (Saint-Jean-sur-Richelieu, Québec).

Peu après son arrivée au Canada en 1837, George Futvoye est d'abord rédacteur du *Morning Courier* de Montréal. Puis, sous le gouvernement de lord Durham [Lambton*], on le nomme inspecteur des écoles protestantes du Bas-Canada, poste qu'il quitte en 1840 pour occuper pendant quatre ans celui de greffier de la ville de Québec. Intéressé au droit, il devient en 1845 le secrétaire de la commission d'enquête sur le département des Terres de la couronne. Par la suite, il dirige la préparation du cadastre des terres du Haut-Canada. Admis au barreau au Bas-Canada le 18 août 1848, Futvoye poursuit néanmoins sa carrière dans la fonction publique. Du 2 mai 1852 jusqu'à la Confédération, il remplit la charge de commis permanent au bureau du procureur général, fonction qui fait de lui un familier des hommes politiques les plus puissants du Bas et du Haut-Canada, car il doit veiller à la coordination et à la cohérence des lois.

Futvoye cumule d'autres tâches administratives. En 1854, il est secrétaire de la commission chargée d'enquêter sur les causes de l'incendie des édifices du Parlement de Montréal [V. James Bruce*] et, en 1862, inspecteur des bureaux d'enregistrement du Bas-Canada. En outre, il participe à plusieurs commissions d'enquête sur l'administration publique et restera toute sa vie membre d'office du Bureau du service civil et du Bureau d'audition [V. John LANGTON]. En 1867, on le nomme conseiller de la reine, signe évident d'une carrière réussie tant en qualité d'homme de loi que de fonctionnaire parvenu aux échelons supérieurs de la petite fonction publique d'alors. George-Étienne Cartier*, ministre de la Milice et de la Défense à partir de 1867, qui apprécie les talents de Futvoye, en fait son secrétaire et s'apprête à lui confier de hautes responsabilités administratives.

Tout au long des années 1860, le Canada a fait face à des questions épineuses concernant la défense : la crainte d'une invasion américaine à la suite de la défaite des États du Sud en 1865 ; la menace de raids féniens [V. John O'Neill*] ; la perspective du retrait par la Grande-Bretagne de ses troupes et la première rébellion des Métis sous Louis Riel* en 1869–1870. Le gouvernement britannique a alors encouragé fortement la formation d'une organisation militaire canadienne capable de mobiliser une partie de la population. Au milieu des années 1860, la milice volontaire au Bas et au Haut-Canada était nombreuse et dotée d'armes modernes ; quant aux crédits alloués à l'époque de la Confédération, ils étaient suffisants. Les milices volontaires du Nouveau-Brunswick et de la Nouvelle-Écosse se trouvaient également en bon état. De plus, en 1867, en vertu de l'Acte de l'Amérique du Nord britannique, le Canada a obtenu le pouvoir de maintenir une force armée, tant permanente que volontaire. Aussi pense-t-on à organiser un département qui s'occuperait de toutes les questions de défense. Le 29 mai 1868, Cartier confie à Futvoye le poste de sous-ministre de son nouveau département.

De toute évidence, le nouveau sous-ministre, âgé de 60 ans, ne semble pas intéressé particulièrement par les questions militaires et a peu d'expérience dans le métier des armes. Le grade de major qu'il possède depuis 1865 est purement honorifique et ne relève pas de la milice volontaire, la « vraie », mais de celle de réserve, rarement appelée, qui dénombre tous les hommes en état de porter les armes. Cependant, il découvre rapidement les avantages que procure son nouveau poste puisque, dès le 3 juillet 1868, son fils Isaac Booth reçoit son brevet de lieutenant en premier dans la batterie d'artillerie de la milice volontaire de Saint-Jean, au Québec.

Durant le mandat de Futvoye, la situation de la milice volontaire dégénère lentement mais sûrement, malgré les discours martiaux que Cartier prononce devant les bataillons qu'il visite. L'armement des années 1860 est bientôt périmé avec l'apparition dans l'armée britannique en 1871 de la puissante carabine Martini-Henry ; le matériel désuet de l'artillerie fait même l'objet d'une brochure qui gagne en 1877 un prix du gouverneur général lord Dufferin [Blackwood*]. Les crédits pour le département de la Milice et de la Défense sont considérablement réduits, et en conséquence le nombre de miliciens volontaires décline. En octobre 1871, le gouvernement ne peut lever qu'une minuscule force régulière de deux batteries d'artillerie afin de tenir garnison dans les forts de Québec et de Kingston, en Ontario, et de servir d'école de canonniers pour remplacer les troupes britanniques. Il n'y a également qu'un maigre bataillon d'infanterie à Winnipeg. Ces troupes régulières, appelées milices permanentes, sont aussi mal armées que les volontaires. L'établissement à Kingston du Royal Military College of Canada, approuvé en mai 1874 [V. Edward Osborne HEWETT], constitue sans doute la plus belle réussite du mandat de Futvoye. Bien que du point de vue strictement militaire l'utilité de cet établissement soit discutable, il s'agit du premier collège à former des ingénieurs au Canada.

George Futvoye prend sa retraite le 10 janvier 1875, et s'établit à Saint-Jean. Nommé plus tard lieutenant-colonel de la milice de réserve, il meurt le 29 décembre 1891 et son corps est inhumé le 31 dans le cimetière de la paroisse catholique Saint-Jean-l'Évangéliste. Futvoye ne fut guère novateur à titre de sous-ministre. Travaillant dans un domaine peu familier, il resta en retrait et n'aborda pas les grandes questions en matière de défense nationale comme le firent les adjudants généraux Patrick Leonard MACDOUGALL, Patrick Robertson-Ross* et Edward Selby Smyth. Il semble d'ailleurs que ces derniers n'eurent pas l'entier soutien du sous-ministre et que cette situation se maintint jusqu'au tournant du siècle.

RENÉ CHARTRAND

AC, Iberville (Saint-Jean-sur-Richelieu), État civil, Catholiques, Saint-Jean-l'Évangéliste (Saint-Jean-sur-Richelieu), 9 janv. 1879, 31 déc. 1891. — AN, MG 26, A : 162488 ; MG 30, D1, 13 : 653–655 ; RG 8, I (C sér.), 184 : 34, 181 ; 604 : 231. — Canada, Parl., *Doc. de la session,* 1868–1875 (rapport annuel sur la milice). — G.[-É.] Cartier, *Discours de sir George Cartier* [...], Joseph Tassé, édit. (Montréal, 1893). — *L'Événement,* 30 déc. 1891. — *Gazette* (Montréal), 30 déc. 1891. — *Volunteer Review and Military and Naval Gazette* (Ottawa), 1867–1874. — F.-J. Audet, « Commissions d'avocats de la province de Québec, 1765 à 1849 », *BRH,* 39 (1933) : 594. — *Canada directory,* 1857–1858 : 787, 1001. — *Cyclopædia of Canadian biog.* (Rose et Charlesworth), 2 : 782. — *Mariages du comté de*

Saint-Jean (1828–1950), Irénée Jetté *et al.*, compil. (Sillery, Québec, 1974), 192. — *The militia list of the Dominion of the Canada* (Ottawa), 1868–1875. — *Militia reports*, 1868–1875. — *Political appointments, 1841–1865* (J.-O. Coté ; 1866), 13. — *Political appointments and judicial bench* (N.-O. Coté), 130. — P.-G. Roy, *les Avocats de la région de Québec*, 179. — *The year book and almanac of Canada* [...] (Montréal), 1868. — John Boyd, *Sir George Étienne Cartier, bart., his life and times ; a political history of Canada from 1814 until 1873* [...] (Toronto, 1914), 291–295. — E. J. Chambers, *The Canada militia, a history of the origin and development of the force* (Montréal, 1907). — Chouinard *et al.*, *la Ville de Québec*, 3 : 19. — R. H. Davis, *The Canadian militia ! its organization and present condition* (Caledonia, Ontario, 1873). — C. E. Montizambert, *Dominion Artillery Association : prize essay* (Québec, 1877) ; *Prize essay, on the supply, care, and repair of artillery material, including small arms and ammunition for Canadian militia* (Québec, 1877).

G

GALT, sir ALEXANDER TILLOCH, homme d'affaires, homme politique, auteur et diplomate, né le 6 septembre 1817 à Chelsea (Londres), cadet des trois fils de John Galt* et d'Elizabeth Tilloch ; décédé le 19 septembre 1893 à Montréal.

D'ascendance écossaise, Alexander Tilloch Galt passa les premières années de sa vie avec ses frères John et Thomas tantôt dans l'agglomération de Londres, tantôt en Écosse. Son enfance et son adolescence baignèrent dans ce curieux mélange d'aventure, de création littéraire et d'entreprises spéculatives qui furent le lot de son père. Son grand-père maternel, Alexander Tilloch (Tulloch), était un diplômé d'université, membre de sociétés savantes, éditeur de journaux et de revues. Sa mère qui, selon un témoin du temps, avait « un empire absolu sur ses fils, surtout sur le cadet », dut en fait s'occuper seule de l'éducation de ses enfants, le père étant souvent absent, en voyage ou au service de groupes divers comme agent de pression. Dès sa tendre enfance, le jeune Alexander dut rêver du Canada, pays d'aventure et de réussite rapide aux gens entreprenants. Un des amis de son père était en effet Edward Ellice*, financier londonien qui fut à l'origine de la réorganisation entre 1821 et 1824 du commerce des fourrures au Canada sous l'égide de la Hudson's Bay Company. John Galt lui-même était devenu en 1820 l'agent de résidents du Haut-Canada qui souhaitaient recevoir du gouvernement britannique des compensations pour les dommages subis lors de la guerre anglo-américaine de 1812. Cette affaire l'amena en 1824 à organiser avec des marchands de Londres une compagnie de colonisation, la Canada Company, qui acquit de vastes étendues de terre de la couronne dans la région du lac Huron. Le jeune Galt suivit de loin les efforts héroïques de son père parti organiser en pleine forêt du Haut-Canada une nouvelle ville, Guelph. Il put même, avec ses frères, s'embarquer pour le Nouveau Monde en 1828, mais ses parents les tinrent à distance du front pionnier et préférèrent le sérieux des études offertes au nouveau séminaire anglican de Chambly au Bas-Canada [V. Charles James Stewart*]. Sous la direction de Joseph Braithwaite, Alexander Galt y entama de solides études classiques, mais le renvoi de son père par les administrateurs de la Canada Company le ramena en Grande-Bretagne en juin 1830. Malgré cet échec et de sérieux déboires financiers, John Galt conçut un nouveau plan de colonisation et de spéculation foncière, cette fois au Bas-Canada, qui déboucha sur la fondation en 1834 de la British American Land Company, et il eut encore assez d'influence pour faire nommer son fils cadet commis aux écritures au bureau que cette compagnie venait d'ouvrir au village de Sherbrooke, dans la région des Cantons-de-l'Est. En mars 1835, le jeune Galt s'embarquait une deuxième fois pour le Canada.

Sous la direction d'hommes d'affaires de la région comme Samuel Brooks, Arthur Webster ou John Fraser, responsables successifs de l'agence de Sherbrooke, Galt s'initia à la gestion quotidienne de la compagnie naissante. Il assista au succès éclatant de ce projet de colonisation de 1835 à 1837, au moment où la British American Land Company bâtissait des routes, des ponts, des villages même pour les immigrants et transformait Sherbrooke de modeste bourgade en une petite ville aux rues bien tracées. Il vécut aussi la quasi-déroute de l'entreprise, le flot d'immigrants européens tari par la crise de 1837–1838, les défrichements abandonnés par les pionniers et l'obligation pour la compagnie de rétrocéder une partie des terres à la couronne. Malgré son rang subalterne, Galt analysait avec perspicacité la situation d'un projet qui ne rapportait plus rien aux actionnaires britanniques. Dès 1840, il écrivit un rapport dans lequel il indiquait les conditions d'une reprise éventuelle des profits : attirer des colons américains ou canadiens, plus adaptés aux conditions de vie des pionniers que des immigrants européens ; faciliter l'achat des terres par les colons en étalant la période de remboursement ; accepter le paiement d'arrérages en nature. Enfin, premier indice de son sentiment d'appartenance à une nouvelle nation en gestation, Galt suggérait d'accorder une large autonomie de décision au commissaire canadien de la compagnie. Ce rapport chemina jusqu'à la haute direction de Londres, qui résolut de rappeler en Angleterre cet employé avisé pour mieux examiner la situation.

Durant ces années à Sherbrooke, Galt avait non seulement appris à connaître une région, ses ressources et ses habitants, mais il s'était inséré progressivement dans la communauté des hommes d'affaires et des officiers à la demi-solde qui, sous l'égide d'Edward Hale*, composaient l'embryon de la bourgeoisie locale. En novembre 1842, lorsqu'il allait rentrer à Londres, la bonne société sherbrookoise lui fit l'honneur d'un banquet d'adieu. Il était évident pour tous que cet habile administrateur serait promu à de hautes fonctions en Angleterre et ne reviendrait plus dans la région.

Galt fut effectivement nommé responsable du bureau londonien de la British American Land Company. Il eut ainsi tout loisir de faire partager par les administrateurs de la compagnie ses vues sur une nouvelle gestion plus profitable des propriétés foncières des Cantons-de-l'Est. Ses supérieurs décidèrent de lui faire confiance en la matière et le renvoyèrent au Canada en octobre 1843 avec le titre de secrétaire de la compagnie. Un peu plus tard, en février 1844, à l'occasion d'un nouveau voyage en Angleterre pour faire rapport sur la mise en place de la nouvelle politique, il fut promu à 26 ans au titre de commissaire, le plus haut poste canadien dans la hiérarchie de la compagnie foncière.

Pendant les 12 années qu'il occupa ce poste au Canada, Galt, avec l'aval de ses supérieurs, disposa d'assez d'autonomie pour décider du réinvestissement d'une partie des montants reçus pour la vente de terres dans différentes entreprises à caractère foncier, industriel ou ferroviaire. Ces investissements avaient pour but d'une part le désenclavement d'une région jusque-là mal servie en voies de communication et d'autre part l'émergence de Sherbrooke comme pôle urbain et industriel. C'est ainsi que, disposant de fonds importants et d'un large pouvoir de décision, il fut, avec l'argent de la British American Land Company, l'artisan du démarrage industriel de Sherbrooke dans les années 1844–1854. Construction de nouveaux barrages, offre de terrains industriels avec baux à long terme, prêts à la construction consentis aux industriels locataires, promotion directe d'entreprises manufacturières, telles furent les clés de la stratégie de Galt. Grâce à lui, les rives de la Magog se couvrirent non seulement d'ateliers ou de petites manufactures, mais aussi d'entreprises plus importantes comme l'usine de laines d'Adam Lomas, le moulin à farine d'Edward Hale et de George Frederick Bowen ou la firme de fabrication de papier de William Brooks, avec ses deux usines et sa machine Fourdrinier toute neuve. Galt gérait de plus deux entreprises qui appartenaient en propre à la British American Land, une importante scierie, puis en 1851 une fabrique de seaux. Mais c'est incontestablement la création d'une usine de cotonnades en 1844 qui illustre le mieux le rôle déterminant de Galt dans l'introduction de la révolution industrielle à Sherbrooke.

Première manufacture de coton au Canada et première compagnie industrielle par actions à être reconnue juridiquement au Canada, en 1845, la Fabrique de coton de Sherbrooke fut lancée avec du capital de la région. Galt y contribua personnellement pour £500 et lorsqu'en 1847 l'entreprise, entravée par les contraintes de sa charte et par l'incapacité de nombreux petits actionnaires à payer leurs parts souscrites, fut sur le point de faire faillite, c'est encore Galt qui, au nom de la British American Land, racheta l'actif. Avec l'aide de Hale et d'un gérant américain, Charles Philipps, il la relança en 1848, en réinjectant des capitaux et en supervisant les opérations, au point qu'en 1851 elle était devenue une entreprise florissante qu'il revendit pour £3 000.

C'est toutefois comme promoteur de chemins de fer que Galt se signala après 1844. Ce type d'activité allait définitivement le hisser hors du cadre des Cantons-de-l'Est et en faire une figure nationale. Les premiers projets de construction ferroviaire pour sortir les Cantons-de-l'Est de l'isolement en les reliant à Montréal et à Boston datent de 1835, l'année d'arrivée de Galt à Sherbrooke. Retardée par l'instabilité politique et économique des années 1837–1838, l'idée fut reprise en 1840 et une compagnie, regroupant des hommes d'affaires de la région de Sherbrooke sous l'égide de Hale, fut constituée juridiquement en 1841. Galt faisait déjà partie du groupe des promoteurs, mais à titre subalterne de secrétaire ou d'organisateur de réunions. Faute de capitaux, ce deuxième projet fut abandonné, puis, durant le séjour de Galt à Londres en 1843, un troisième essai fut tenté, toujours par des promoteurs sherbrookois, qui devait déboucher en 1845 sur la reconnaissance juridique de la Compagnie du chemin à lisses du Saint-Laurent et de l'Atlantique.

Dès son retour en mai 1844, Galt appuya le projet avec enthousiasme : il allait en devenir bientôt l'organisateur principal aux côtés de Samuel Brooks et de Hale. Ces deux notables, à la veille d'être réélus à l'Assemblée législative de la province du Canada en novembre, s'engagèrent en secret devant Galt à s'opposer à tout ministère qui refuserait d'aider financièrement le projet de chemin de fer. Une fois que la compagnie fut reconnue juridiquement, Galt souscrivit 30 000 $ d'actions en son nom personnel et 96 000 $ au nom de la British American Land. Pour convaincre le public montréalais d'investir largement, il fit jouer ses relations avec d'anciens responsables canadiens de la compagnie foncière, Peter McGill* et George Moffatt*. En juin 1845, Galt fut élu administrateur du chemin à lisses du Saint-Laurent et de l'Atlantique, dans un conseil présidé par McGill ; il était le seul, avec Brooks, à venir des Cantons-de-l'Est. Son rôle fut décisif dans le choix du tracé qui traverserait cette région et dans l'adoption de Portland, au Maine, comme terminus plutôt que Boston [V. John Alfred Poor*]. C'est lui qu'on envoya à Londres en juillet pour tenter d'intéresser des investisseurs britanniques à fournir les £500 000 qui manquaient encore au capital. Le succès de ce voyage fut mitigé, de même qu'un autre essai, en 1847, de vendre des obligations sur le marché londonien, mais Galt, confiant dans l'avenir, convainquit ses collègues administrateurs d'amorcer quand même les travaux. À la fin de 1848, le premier tronçon, de Longueuil à Saint-Hyacinthe, au Bas-Canada, était achevé.

Toutefois, à court de capitaux, la compagnie dut se tourner vers le gouvernement pour obtenir de l'aide, et George-Étienne Cartier* présenta au nom de cette dernière une pétition au ministère de Louis-Hippolyte La Fontaine* et de Robert Baldwin*. Cette démarche fut déterminante dans l'adoption en 1849 d'une loi de garantie, œuvre de Francis Hincks*, par laquelle le gouvernement canadien garantissait le paiement de l'intérêt sur la moitié des obligations de tout chemin de fer de plus de 75 milles de longueur, à condition que la moitié de la ligne ait déjà été réalisée. Pour pouvoir se prévaloir de cette loi, il restait au chemin à lisses du Saint-Laurent et de l'Atlantique à construire encore 45 milles de voie ferrée, de Saint-Hyacinthe à Richmond. Les dirigeants de la compagnie, à bout de ressources, confièrent alors à Galt à la fois la présidence du conseil d'administration et la supervision directe des travaux. Avec l'aide du promoteur montréalais John Young*, il parvint à renflouer les opérations par des ventes d'obligations pour un total de £50 000 au séminaire de Saint-Sulpice de Montréal et à la British American Land. Il reprit également le contrat de construction de la ligne de la firme américaine Black, Wood and Company pour le confier, sous sa propre supervision, à l'ingénieur Casimir Stanislaus GZOWSKI. Il put ainsi, non sans d'énormes difficultés financières, achever la ligne jusqu'à Richmond en 1851 et obtenir aussi la garantie gouvernementale. L'année suivante, le gouverneur lord Elgin [Bruce*] inaugura la ligne jusqu'à Sherbrooke et, en 1853, les convois circulaient de Longueuil à Portland.

Galt et d'autres promoteurs montréalais comme Luther Hamilton Holton* et David Lewis MACPHERSON avaient pressenti dès la fin de 1850 le grand intérêt qu'il y avait pour l'économie montréalaise d'améliorer le débouché ferroviaire vers Portland par une ligne de chemin de fer reliant Montréal à Kingston, au Haut-Canada, ou même à Toronto. Ils firent donc reconnaître juridiquement en août 1851 la Compagnie du chemin de fer de Montréal et Kingston. Au même moment, sous l'impulsion de Joseph Howe*, secrétaire de la province de la Nouvelle-Écosse, l'idée de construire un chemin de fer intercolonial de Halifax à Québec trouvait des échos favorables auprès du gouvernement de la province du Canada, où Hincks militait pour la construction par l'État d'une ligne partant de Québec et allant jusqu'à Windsor ou Sarnia, dans le Haut-Canada. Lorsque cet ambitieux projet tomba faute de garantie financière de la part du gouvernement impérial, Hincks entra en négociation avec la société de construction britannique Peto, Brassey, Jackson, and Betts pour construire une ligne de Montréal à Hamilton, au Haut-Canada. Ce projet entrait en concurrence directe avec celui de Galt et de ses associés qui, par peur de perdre leur charte, souscrivirent en août 1852 tout le capital du chemin de fer de Montréal et Kingston ; Galt, Holton et Macpherson détenaient chacun £199 000 d'actions. Galt mena alors une lutte serrée, mais vaine, devant le comité des chemins de fer pour tenter de convaincre les députés que son projet coûterait moins cher et serait terminé plus tôt que celui de Hincks et de William Mather Jackson. À bout d'expédients, Galt et ses associés fusionnèrent le chemin de fer de Montréal et Kingston avec le chemin à lisses du Saint-Laurent et de l'Atlantique. Ils détenaient ainsi un avantage marqué et amenèrent Hincks à négocier avec Galt l'unification des divers projets et la création de la compagnie du Grand Tronc, dont la ligne principale devait s'étendre de Trois-Pistoles, au Bas-Canada, à Sarnia. Galt se révéla un négociateur de première force. Il fit racheter par le Grand Tronc la ligne du chemin à lisses du Saint-Laurent et de l'Atlantique à £8 500 du mille, fit de plus assumer par la nouvelle compagnie les sommes dues à la cité de Montréal, aux sulpiciens et à la British American Land Company, qui totalisaient 600 000 $, et parvint à négocier un supplément de £75 000 pour les actionnaires du chemin à lisses du Saint-Laurent et de l'Atlantique à titre de dédommagement. Comme leurs actions étaient échangées au pair pour celles de la nouvelle compagnie alors qu'elles valaient à peine la moitié sur le marché, on comprend que les actionnaires votèrent à Galt une commission d'environ 7 000 $ avec les remerciements d'usage.

Mais les ambitions de Galt ne s'arrêtaient pas là. En novembre 1852, il s'associait avec Holton, Macpherson et Gzowski pour fonder une entreprise de construction ferroviaire connue sous la raison sociale de C. S. Gzowski and Company. Leur premier contrat avait trait à la construction du chemin de fer de Toronto à Sarnia. Galt parvint à financer la construction par une émission d'obligations sur le marché de Londres, mais négocia aussi l'inclusion de cette ligne dans le projet du Grand Tronc comme section à l'ouest de Toronto. Cela fait, il obtint que le Grand Tronc accorde à la C. S. Gzowski le contrat de construction de Toronto à Sarnia au prix de £8 000 le mille. Bien que Galt ait mis fin à sa participation à cette dernière compagnie en 1858, il n'est pas douteux que c'est comme constructeur de chemins de fer qu'il réussit à asseoir une fortune personnelle appréciable, qui servirait par la suite comme capital dans diverses entreprises spéculatives. Outre sa splendide résidence à Sherbrooke, baptisée Rockmount, où il eut l'honneur de recevoir le prince de Galles en 1860, il acquit de vastes terrains dans ce qui était alors la banlieue montréalaise et les revendit 60 000 $ en 1871. Il possédait également des terrains à Portland, au Maine, où il construisit des élévateurs à grain raccordés au terminus du Grand Tronc. Pendant les années 1860, au moment de la ruée vers le cuivre dans les Cantons-de-l'Est, il s'associa aux ingénieurs Thomas MacCaw et Walter SHANLY, exploita la mine Ascot près de Lennoxville, érigea un haut fourneau pour réduire le minerai et réussit à vendre l'entreprise pour la somme colossale à l'époque de 127 500 $. Il fut également l'un des promoteurs de la mine Ives dans le canton de Bolton. Galt investit enfin d'importants capitaux dans des banques : il eut pour 26 000 $ d'actions dans la Commercial Bank of Canada, du Haut-Canada, et fut l'un des promoteurs de la Banque des Townships de l'Est, qui ouvrit ses portes à Sherbrooke en 1859, et dans laquelle il souscrivit pour 10 500 $ d'actions. Bref, par ses intérêts diversifiés, qui touchaient à la fois les secteurs manufacturier, ferroviaire, foncier, minier et bancaire, Galt illustre bien le type de bourgeoisie polyvalente qui se constitua au Canada au milieu du XIXe siècle.

Comme il était courant à l'époque, son lien avec le développement ferroviaire devait presque fatalement l'amener à la vie politique. Lorsque le 22 mars 1849, en plein milieu de la session, le député de la circonscription de Sherbrooke à l'Assemblée de la province du Canada, Samuel Brooks, décéda inopinément, les citoyens les plus influents de la région demandèrent à Galt de le remplacer. Malgré certaines réticences à accepter sur-le-champ cette nouvelle responsabilité sans avoir reçu l'aval de ses supérieurs de la British American Land, il fut élu en avril 1849 sans opposition. On en était alors aux jours tumultueux de la sanction de la loi pour l'indemnisation des pertes subies pendant la rébellion de 1837–1838 au Bas-Canada, jours qui virent le gouverneur lord Elgin hué par la foule et l'édifice du Parlement à Montréal incendié.

Tout en représentant une circonscription traditionnellement conservatrice, Galt s'était, au moment de son élection, défini comme indépendant des partis mais sensible au fait que l'intérêt de la région exigeait de ne pas rester dans une opposition stérile. En novembre 1849, cependant, le manifeste des marchands de Montréal en faveur de l'annexion aux États-Unis [V. James Bruce ; David Kinnear*] avait suscité beaucoup d'enthousiasme dans les Cantons-de-l'Est, et Galt fut pressé par une pétition de plus de 1 200 de ses électeurs de prendre position. Dans un discours nuancé mais au ton convaincu, il appuya la thèse de l'annexion. Toutefois, les critiques de ses supérieurs londoniens sur cette initiative, le déplacement du Parlement à Toronto et son engagement croissant dans la construction ferroviaire l'amenèrent à démissionner de son siège le 10 janvier 1850.

En novembre 1852, la nomination comme juge d'Edward Short*, député de la circonscription de la ville de Sherbrooke, fournit à Galt l'occasion de renouer avec la politique, et il fut élu sans opposition à une élection partielle en mars 1853. Par la suite, il se fit réélire sans interruption jusqu'en 1867. Tout en siégeant comme indépendant, Galt favorisait un certain nombre de réformes importantes comme l'abolition du régime seigneurial [V. Lewis Thomas Drummond*], la sécularisation des réserves foncières du clergé, le scrutin secret aux élections et une stricte séparation entre les Églises et l'État. Cette attitude l'amena à être très proche de députés comme Luther Hamilton Holton, Antoine-Aimé DORION ou John Sewell Sanborn* et à être familièrement étiqueté de « rouge ». Toutefois, Galt était, à l'époque, trop lié aux entreprises ferroviaires qui recevaient des subventions gouvernementales pour ne pas être éclaboussé par les virulentes attaques qui surgirent régulièrement dans les deux chambres du Parlement contre la collusion entre hommes politiques et compagnies de chemins de fer. Les accusations proférées contre Galt en 1857 par le comité spécial d'enquête sur le Grand Tronc et surtout par son président George Brown*, leader des *clear grits* du Haut-Canada, eurent pour effet de détacher progressivement le député de la ville de Sherbrooke de ses collègues les plus radicaux de l'opposition.

Aux élections de décembre 1857, Galt promit à ses électeurs de donner un appui critique au ministère de John Alexander MACDONALD et de George-Étienne Cartier tout en restant indépendant. Au même moment, avec sa perspicacité habituelle, Macdonald lui écrivait confidentiellement qu'il ferait un « honnête conservateur » et qu'il pourrait devenir un « vrai bleu ». Galt toutefois continua à garder ses distances jusqu'à la fin de juillet 1858 au moment où le cabinet Macdonald-Cartier fut mis en minorité sur la question du choix de la capitale canadienne. On sait que le gouverneur sir Edmund Walker Head* confia sur-le-champ aux chefs de l'opposition Brown et Dorion le soin de former un nouveau gouvernement, qui se vit refuser deux jours plus tard la confiance de l'Assemblée. Plutôt que de recourir à une dissolution, Head chercha une autre combinaison ministérielle en proposant à Galt de former le gouvernement. Celui-ci déclina l'honneur et suggéra de choisir Cartier, qui devint premier ministre avec Macdonald. Galt accepta cependant de participer à ce ministère et de remplacer William Cayley* comme inspecteur général, titre porté à l'époque par le responsable des Finances. En l'espace de quelques mois, il était ainsi passé de la position d'indépendant proche des « rouges » à celle de pilier d'un gouvernement libéral-conservateur.

Un certain nombre de ses électeurs de Sherbrooke eurent de la peine à comprendre une évolution si rapide et la *Sherbrooke Gazette* de Joseph Soper Walton, qui avait été depuis 1849 son porte-parole officieux, se mit à le critiquer systématiquement. Galt trouva désormais l'hospitalité dans les pages de journaux locaux concurrents tel le *Canadian Times,* qui devint le *Sherbrooke Leader* puis le *Sherbrooke Freeman.* Le fait qu'il défendait avec habileté en chambre des projets de lois privés essentiels au développement de la région, comme celui de l'octroi d'une charte à la Banque des Townships de l'Est, lui conserva la sympathie des citoyens influents de Sherbrooke. Par ailleurs, les positions politiques, que le nouveau ministre défendit dès 1858, furent de nature à lui conférer une stature nationale et du coup à accroître l'estime de ses concitoyens pour lui.

Galt avait en effet lié son acceptation d'un poste dans le nouveau gouvernement à l'adoption par celui-ci d'un projet de fédération des colonies de l'Amérique du Nord britannique. Comme d'autres observateurs de la scène politique, il était conscient des difficultés croissantes à maintenir les principes d'égalité de représentation entre le Bas et le Haut-Canada au sein de l'Union, mais il était un des rares à croire que la solution résidait dans le remplacement de l'union égalitaire par un système fédératif auquel participeraient le Nouveau-Brunswick, la Nouvelle-Écosse, Terre-Neuve, l'Île-du-Prince-Édouard et d'autres territoires. Galt avait d'ailleurs à l'époque une vision très détaillée de ce que pourrait être l'organisation des pouvoirs au sein d'une telle fédération : gouvernement central doté des pouvoirs essentiels ainsi que des pouvoirs résiduels, création d'une cour suprême, paiement de subsides fédéraux aux provinces. Il réussit à convaincre ses collègues de faire de ce projet de fédération un objectif avoué du nouveau ministère. En octobre 1858, encouragés par le gouverneur Head, les ministres Galt, Cartier et John Ross* s'embarquèrent pour la Grande-Bretagne afin de discuter de la proposition avec les responsables du ministère des Colonies. Toutefois, les autorités impériales virent ce projet sans grand enthousiasme et les autres colonies ne réagirent guère. Au début de 1859, de retour au Canada, Galt admettait lui-même en chambre l'impossibilité de faire avancer le projet pour l'instant.

Galt concentra dès lors ses efforts à résoudre les graves problèmes financiers que connaissait la province du Canada depuis quelques années et que la conjoncture des années 1857–1858 venait d'aggraver. Les revenus de la province reposaient essentiellement sur les droits de douane à l'importation, sur quelques taxes indirectes et sur la vente des terres de la couronne. Or, Galt constatait que la période de prospérité du début des années 1850, accentuée par le flux de capitaux britanniques pour la construction ferroviaire, avait été remplacée par une phase de dépression commerciale et financière, due aux effets combinés de la guerre de Crimée et d'une crise bancaire aux États-Unis. La baisse des importations expliquait la baisse des montants retirés à titre de droits par le fisc de la province. Par ailleurs, le trésor provincial se voyait obligé de payer les intérêts sur les obligations des compagnies ferroviaires dont il avait garanti le paiement aux investisseurs, surtout britanniques, en cas de défaillance de ces compagnies. Il en était de même pour les obligations des fonds d'emprunt municipaux, placées sur le marché londonien aux beaux jours du début de la décennie, dont la plupart des municipalités ne purent honorer le remboursement, une fois la crise venue. Le gouvernement, qui n'était que fiduciaire de ces obligations et non garant, dut néanmoins payer pour les municipalités défaillantes. Tout ceci avait forcé le trésor provincial à payer en 1858 plus de un million de dollars en intérêts sur les obligations de toute nature, une hémorragie qui équivalait à 60 % du revenu de la province. Galt avait analysé en détail toute cette situation dès son entrée au cabinet Cartier-Macdonald. Il réussit à baisser les charges de remboursement de prêts antérieurs en consolidant des dettes et en en renégociant avantageusement les conditions, mais il ne put s'empêcher de recourir à une nouvelle hausse des droits d'importation, politique amorcée par ses prédécesseurs au gouvernement en 1856 et 1858. De 12,5 % sur la valeur des marchandises qu'il était en 1849, le taux bondit à 20% ou même à 25 % selon les produits en 1859.

Par cette hausse des droits, Galt faisait coup double. Il remplissait les coffres de la province, mais fournissait également aux manufacturiers canadiens une solide protection contre la concurrence britannique ou américaine. Enfin, l'afflux de liquidités permettait aussi de relancer la construction ferroviaire et de sauver de la faillite une entreprise comme le Grand Tronc. Par contre, ces mesures protectionnistes suscitèrent le mécontentement du gouvernement américain, qui y voyait une violation dans l'esprit sinon dans la lettre du traité de réciprocité de 1854. De même, les manufacturiers britanniques s'indignèrent de ce qu'ils prétendaient être une attaque à la philosophie libre-échangiste qui caractérisait la pratique commerciale de la Grande-Bretagne depuis 15 ans. Mais Galt, en des textes lucides et fermes, justifia auprès de l'opinion et du gouvernement britanniques le droit à la responsabilité financière du Canada-Uni comme corollaire à celui de la responsabilité ministérielle.

Ainsi, tant par sa lucidité à forger un cadre politique futur aux colonies britanniques de l'Amérique du

Nord que par son habileté à restaurer les finances de la province et à encourager l'industrie naissante au pays, Galt était devenu en peu de temps une étoile montante au firmament parlementaire de l'Union. Il fut réélu par ses concitoyens sherbrookois aux élections de 1861, mais il dut affronter pour la première fois l'opposition, menée par William Locker Pickmore Felton*, qui lui reprochait sa collusion avec le Grand Tronc. Il continua ainsi à diriger le département des Finances jusqu'au 23 mai 1862, date à laquelle le gouvernement Cartier-Macdonald fut obligé de démissionner après le rejet par l'Assemblée de son projet de réforme de la milice. Galt passa donc dans l'opposition la période libérale des gouvernements dirigés par John Sandfield Macdonald* de 1862 à 1864. L'impasse persistante dans laquelle s'enfonça le système politique de l'Union, où le Haut-Canada dominé par les *clear grits* faisait face au Bas-Canada majoritairement acquis aux « bleus » de Cartier, relançait l'intérêt d'un système fédéral, dont l'idée avait été magistralement explicitée par Galt en 1858. Aussi n'est-il pas étonnant qu'après de nouvelles élections en 1863, après la démission du cabinet John Sandfield Macdonald-Dorion en mars 1864 et le retour au pouvoir de Cartier, de Galt et de John Alexander Macdonald dans un ministère dirigé par sir Étienne-Paschal Taché*, il y eut une majorité en chambre pour former un comité parlementaire chargé d'examiner la question d'une redéfinition de la structure gouvernementale. Ironie du sort, le comité fut proposé par Brown des rangs de l'opposition, et Galt s'en retrouva membre bien qu'il eût voté contre sa formation. Et seconde ironie, le comité, Galt inclus, pencha majoritairement en faveur d'une solution de type fédéral et fit rapport en ce sens à la chambre le 14 juin 1864 ; mais, le jour même, le gouvernement de Taché tombait à cause d'une motion de censure portant sur la décision que Galt avait prise en 1859 en tant que ministre des Finances d'avancer 100 000 $ à la compagnie du Grand Tronc pour l'aider à racheter des obligations qui arrivaient à terme. La crise ministérielle devait toutefois se dénouer de façon inattendue par une rencontre entre Brown et John Alexander Macdonald en présence de Galt. Celle-ci déboucha sur une trêve politique, sur la constitution d'un gouvernement de coalition où Brown côtoyait Taché, Macdonald, Cartier et Galt, avec la promesse de soumettre à la session suivante un projet d'union fédérale englobant les autres provinces.

À la fin d'août 1864, Galt fit partie de la délégation de ministres qui se rendit à Charlottetown rencontrer les dirigeants des provinces Maritimes rassemblés pour discuter d'une union législative de la Nouvelle-Écosse, du Nouveau-Brunswick et de l'Île-du-Prince-Édouard. Il eut la responsabilité d'exposer à cette conférence ce que pourrait être le fonctionnement financier de l'éventuelle fédération et comment serait réglée la question des dettes de chaque province. En octobre, à la conférence de Québec, les grandes lignes de l'organisation d'un État fédéral furent définies, dans des termes fort proches de ceux que Galt avait proposés en 1858. Galt, ici encore, eut le mérite de dénouer une impasse relative à l'ordre de grandeur des subsides que le gouvernement central devrait accorder aux gouvernements provinciaux. Par sa proposition d'assumer les dettes et les obligations des provinces et de donner une allocation équivalant à 0,80 $ par tête d'habitant, il balaya les réticences des provinces Maritimes, qui acceptèrent de céder au gouvernement central le pouvoir de taxation indirecte. Le rôle de Galt fut également décisif en ce qui concerne l'inclusion dans les résolutions de la conférence d'une clause protégeant les droits acquis par les minorités religieuses quant à leurs privilèges en matière scolaire. En tant que représentant des anglo-protestants du Bas-Canada, il avait mis tout son prestige dans l'adoption de cette clause. Le projet fédéral reçut alors une grande publicité dans l'opinion, particulièrement grâce à un discours que Galt prononça à Sherbrooke le 23 novembre 1864, qui fut reproduit par la plupart des journaux et même diffusé sous forme de brochure. En avril 1865, après l'adoption par l'Assemblée du Canada-Uni du projet fédéral, Galt se retrouva avec Cartier, Brown et Macdonald à Londres pour entamer avec les autorités britanniques les négociations requises par la création du nouvel État. Il put alors apprécier l'accueil favorable des milieux gouvernementaux de Londres à un projet auquel il avait contribué dans les grandes lignes comme dans de nombreux détails, mais ne put, comme ses collègues du Canada, que s'incliner devant les tergiversations des provinces Maritimes. Les années 1865 et 1866 le virent donc absorbé davantage par ses responsabilités de ministre des Finances. À ce titre, il entama des discussions avec des responsables du gouvernement des États-Unis sur une éventuelle prolongation du traité de réciprocité de 1854, il fit adopter une réduction des droits d'importation sur les produits manufacturés et autoriser l'émission par la province du Canada, au montant de 5 millions de dollars, de billets ayant cours légal, un privilège jusque-là réservé aux banques [V. Edwin Henry KING].

À l'été de 1866, Galt dut faire face à une situation politique imprévue. Conformément aux dispositions de la conférence de Québec, un projet de loi avait été proposé pour confirmer et préciser les droits scolaires de la minorité protestante au Bas-Canada. Cette initiative amena les milieux catholiques à demander une garantie similaire pour la minorité catholique dans le Haut-Canada [V. Robert Bell*], mesure qui rencontra l'hostilité générale de la députation de cette partie de la province, mais qui était considérée comme indispensable par les députés catholiques du Bas-Canada pour approuver le projet sur la minorité protestante. Devant l'impossibilité de trouver des majorités sûres pour son projet, le gouvernement préféra le retirer. Galt comprenait la nécessité stratégique de ce repli mais ne pouvait en être solidaire, puisqu'il s'était fait le champion auprès des anglo-protestants du Bas-Canada de l'inclusion dans la loi de la garantie de leurs droits scolaires. Le 12 août 1866, il démissionna du cabinet.

Toutefois, la part que Galt avait prise dans l'élaboration du projet de fédération était trop grande pour qu'il ne fût pas invité par ses anciens collègues du gouvernement à faire partie de la délégation canadienne à la conférence de Londres en décembre 1866, convoquée pour rédiger le texte définitif de l'accord. Il put, à cette occasion, faire inclure dans le futur Acte de l'Amérique du Nord britannique une clause qui garantissait les droits scolaires des minorités religieuses dans toutes les provinces, avec possibilité de recours au gouvernement central en cas de modification de ces droits par une province. Ainsi, du premier schéma de confédération en 1858 jusqu'à l'écriture finale du document fondamental en 1867, Galt marqua de ses larges visions mais aussi de son réalisme politique le processus de genèse du nouvel État canadien. Son rôle exceptionnel fut souligné symboliquement par l'audience que lui accorda la reine Victoria le 27 février 1867, privilège qui ne fut partagé parmi les délégués que par Cartier, Macdonald, Charles Tupper* et Samuel Leonard TILLEY.

Galt fut réélu par ses concitoyens de Sherbrooke député au Parlement d'Ottawa après avoir accepté, non sans réticence, d'exercer les responsabilités de ministre des Finances du nouveau dominion dans le gouvernement dirigé par John Alexander Macdonald. Il ne devait toutefois pas en faire partie longtemps. À l'automne de 1867, la Commercial Bank of Canada, aux prises avec des difficultés financières, demanda l'aide du gouvernement pour éviter la faillite. Galt fit d'abord jouer ses relations avec la Banque de Montréal pour trouver une solution mais, devant le refus des milieux bancaires d'intervenir, il résolut de recommander au cabinet d'accorder une assistance d'un demi-million de dollars à la Commercial Bank pour éviter une panique générale en cas de fermeture. Un second refus entraîna la cessation des activités de la banque et Galt, qui s'était senti à cette occasion « trahi » par Macdonald, préféra démissionner, ce qu'il fit officiellement le 7 novembre 1867. D'ailleurs, il se découvrit par la suite plusieurs fois en désaccord avec les tactiques du gouvernement Macdonald, sur la question de la Nouvelle-Écosse par exemple, mais, peu séduit par l'idée d'appuyer l'opposition libérale ni de jouer le rôle d'un indépendant, il ne se représenta pas devant ses électeurs de la ville de Sherbrooke en 1872. Malgré de nombreuses invitations à revenir dans la mêlée politique à l'occasion des élections anticipées de 1874 pour épauler le parti conservateur ébranlé par le scandale du Pacifique [V. sir John Alexander Macdonald ; sir Hugh Allan*] ou pour rejoindre les libéraux d'Alexander MACKENZIE, Galt resta dès lors à l'écart de tout engagement politique partisan. Il put ainsi redonner pleine mesure pendant près de deux décennies à ses talents d'essayiste, à ses qualités de diplomate et à de nouveaux projets d'affaires.

Galt avait manifesté, dès sa jeunesse, d'indéniables qualités d'écriture, qui doivent sans doute quelque chose à son milieu familial et à des études brèves mais sérieuses. Une intelligence vive lui donnait la maîtrise de problèmes complexes qu'il était capable d'analyser avec sagacité, d'exposer avec brio et de commenter avec conviction. Pendant des années, ces talents furent mis au service de ses supérieurs de la British American Land Company ou des actionnaires de compagnies mais, devenu ministre, il rédigea, essentiellement pour le public britannique, un court essai sur le développement récent de sa province, intitulé *Canada : 1849 to 1859* et publié en 1860 à Londres et à Québec, qui faisait brillamment le bilan d'une décennie de décollage économique et de réformes politiques. Seize ans plus tard, il écrivit coup sur coup deux textes sur les rapports entre les Églises et l'État, publiés à Montréal. Dans *Church and State,* texte bref, à la plume virulente, comme dans *Civil liberty in Lower Canada,* essai plus consistant, Galt s'insurgeait contre les menées ultramontaines au Québec, ravivées par l'affaire Guibord [V. Joseph Guibord*] et les tentatives de Mgr Ignace Bourget* d'orienter le vote des catholiques de la province de Québec aux élections de 1871 et de 1875. Enfin, en 1883, il publia *The relations of the colonies to the Empire, present and future* [...] (Londres) et *The future of the Dominion of Canada* [...] où il s'affirmait partisan de l'extension du principe fédératif à tout l'Empire britannique. Selon ses vues, le Parlement impérial aurait défini les lignes de conduite générales de tout l'Empire et les assemblées locales auraient disposé des questions d'intérêt local.

Durant toute sa carrière d'homme d'affaires et d'homme politique, Galt s'était révélé un négociateur avisé, tant auprès de financiers ou de banquiers londoniens qu'auprès de responsables du ministère des Colonies. Son poste de ministre des Finances d'une province si intensément liée par le commerce avec les États-Unis lui fournit l'occasion de faire ses premiers pas dans la diplomatie internationale. En décembre 1861, il partit pour Washington afin de sonder les intentions du gouvernement américain tant sur le renouvellement du traité de réciprocité que sur l'impact pour le Canada du refroidissement des relations anglo-américaines au début de la guerre civile. Il eut à cette occasion une entrevue avec le président Abraham Lincoln. En 1868, au moment où Joseph Howe tentait de convaincre les autorités britanniques du bien-fondé d'un retrait de la Nouvelle-

Écosse du dominion, le cabinet Macdonald fit pression pour que Galt accompagne Tupper à Londres dans une mission destinée à s'opposer à la sécession de cette province. Galt déclina l'offre. Par contre, après la conclusion du traité de Washington en 1871, une commission d'arbitrage dut être créée pour évaluer le montant à payer par les États-Unis en compensation de la réadmission de leurs pêcheurs dans les eaux canadiennes [V. Samuel Robert Thomson*]. Galt fut choisi par les autorités britanniques pour être le représentant du Canada aux réunions de la commission à Halifax en 1877.

Avec le retour de sir John Alexander Macdonald au pouvoir après les élections de 1878, les relations amicales entre Galt et le premier ministre reprirent ; ils tournaient ainsi la page sur un froid personnel et politique qui avait duré une douzaine d'années. Macdonald put alors confier à Galt des missions à l'étranger, particulièrement pour régler des contentieux sur les droits d'importation avec la France et avec l'Espagne. Galt partit donc en Europe au début de 1879, mais ne put faire aboutir ses négociations tant à cause de la conjoncture qu'à cause des difficultés pour un délégué d'un dominion d'agir en harmonie avec le ministère des Affaires étrangères et avec les ambassadeurs de Sa Majesté. Un nouveau voyage en Grande-Bretagne en août avec Macdonald, dans le but de négocier l'injection de capitaux britanniques dans la construction du chemin de fer canadien du Pacifique, jeta les bases de l'établissement du poste de haut-commissaire du Canada à Londres. Galt en fut le premier titulaire. Il partit s'installer à Londres en avril 1880 et entra officiellement en fonction à compter du 11 mai. Par ses bons offices, le gouvernement canadien put bénéficier d'un représentant capable de faciliter les grands desseins de la Politique nationale, du financement d'un chemin de fer transcontinental à l'immigration européenne. Néanmoins, Galt souffrit rapidement dans ses nouvelles fonctions de l'ambiguïté de sa situation, du manque de ressources financières à sa disposition pour maintenir le train de vie requis dans la capitale de l'Empire et de la distorsion entre son goût d'exposer au public la moindre de ses idées et le désir du gouvernement canadien de le voir maintenir une discrétion plus diplomatique. Après plusieurs offres de démission, il quitta son poste le 1er juin 1883.

Les années 1880 virent aussi le retour de Galt dans le monde des affaires, cette fois dans l'Ouest canadien. En 1881, pendant qu'il résidait à Londres, il avait été informé par son fils aîné Elliott Torrance Galt, alors commissaire adjoint aux Affaires indiennes à Regina, de la présence de gisements de houille dans le sud de ce qui est aujourd'hui la province de l'Alberta. Après avoir examiné en personne la région, Galt forma en 1882 avec deux hommes d'affaires britanniques, William Henry Smith et William Lethbridge, la North-Western Coal and Navigation Company Limited. Un de ses objectifs était d'alimenter en charbon le chemin de fer canadien du Pacifique, dont la voie était encore en construction à l'ouest de Winnipeg. Pour transporter le charbon, Galt et ses associés établirent d'abord un système de vapeurs et de barges sur les rivières Bow et Saskatchewan-du-Sud, puis construisirent une voie ferrée de leurs mines jusqu'à Dunmore, près de Medicine Hat, achevée en 1885. Dans ces territoires encore non colonisés, le génie organisateur de Galt, aidé par des relations sûres dans les milieux financiers britanniques et par l'appui fidèle et compétent de son fils Elliott, contribua à la mise en valeur de la région de Lethbridge. La recherche d'un débouché américain pour le charbon l'amena à construire en 1890 une ligne de chemin de fer de Lethbridge vers l'état du Montana, entreprise facilitée, il est vrai, par l'octroi d'un million d'acres de terre à la compagnie sur décision du gouvernement de John Alexander Macdonald. Ceci devait amener Galt et ses associés à s'intéresser également à la mise en valeur de ces terres pour l'agriculture et à amorcer un système d'irrigation à grande échelle pour la région. Toutes ces activités furent l'œuvre de compagnies établies par Galt, par son fils et par quelques associés, comme la Compagnie de chemin de fer et de houille d'Alberta (1889) ou l'Alberta Irrigation Company (1893).

À cause de sa santé chancelante, Galt ne quitta plus guère Montréal et sa résidence de la rue de la Montagne après 1890. Un cancer de la gorge exigea, au début de 1893, une trachéotomie. Incapable de parler, il communiquait par écrit avec ses proches. Il s'éteignit un peu avant l'aube du 19 septembre. Deux jours plus tard, d'imposantes funérailles eurent lieu à Montréal, mais le service fut chanté à la résidence même du défunt par le révérend John Potts, de Toronto, un vieil ami de Galt, qui prononça aussi l'oraison funèbre. Il fut enterré au cimetière du Mont-Royal. Galt laissait alors l'image noble et complexe d'un homme qui avait brillamment réussi dans des champs d'activité fort variés. Son panégyriste, le révérend Potts, disait de lui : « Il était d'un ordre supérieur. C'était un profond penseur, un économiste distingué, un homme d'affaires entreprenant et courageux. » D'autres se rappelaient son éloquence plaisante et aisée, et l'intérêt que suscitaient ses discours en matière financière. « Ses écrits sont marqués au coin de la pureté et de l'élégance », ajoutait-on.

Le mariage de Galt avec Elliott Torrance, fille de John Torrance*, le 9 février 1848, l'avait allié avec une des familles marchandes les plus en vue de Montréal. Son épouse mourut cependant peu après avoir accouché d'un fils, le 25 mai 1850. L'année suivante, Galt se remaria avec une sœur cadette de sa première femme, Amy Gordon Torrance, et ils eurent deux fils et huit filles. Parmi ses enfants, son fils aîné,

Elliott, poursuivit les activités ferroviaires, minières et foncières de son père en Alberta et un autre de ses fils, John, eut une brillante carrière de marchand et de financier.

Galt fut fait chevalier commandeur de l'ordre de Saint-Michel et Saint-Georges le 5 juillet 1869 et grand-croix du même ordre le 25 mai 1878. La University of Edinburgh lui conféra en 1883 un diplôme honorifique en droit. Il fit partie de loges maçonniques, telle la Victoria Lodge de Sherbrooke.

De forte stature, le regard lucide et perspicace, la bouche volontaire, Galt avait une voix calme, assurée et convaincante, teintée d'un léger accent écossais. Capable de dominer une situation avec assez de recul pour en saisir toute la complexité, habile à vulgariser auprès de ses auditeurs les projets les plus compliqués, doué d'une grande habileté de négociation, il réussit à se hisser au premier rang des hommes politiques de la génération qui a mis au monde la Confédération canadienne, à l'égal d'un John Alexander Macdonald ou d'un George-Étienne Cartier. En même temps, malgré les interruptions que sa carrière d'homme public apporta régulièrement à ses activités d'homme d'affaires, Galt fut un inlassable promoteur de projets de développement économique. C'était d'ailleurs un homme pragmatique, prompt à saisir l'influence de menus détails sur la viabilité d'une entreprise. Ce souci du concret lui permit d'implanter avec succès en pays pionnier les techniques nouvelles que la Révolution industrielle avait mises au point en Europe. Son itinéraire suivit ainsi la marche du développement de la jeune nation canadienne : il contribua à désenclaver une région isolée du Bas-Canada, les Cantons-de-l'Est, grâce au chemin de fer et à l'industrie. Par la suite, il fut l'un des artisans majeurs de l'établissement d'un lien structurel moderne entre les villes de la vallée du Saint-Laurent grâce au chemin de fer du Grand Tronc. Enfin, il a été l'un des architectes de la mise en valeur d'une région de l'Ouest canadien par l'introduction de techniques industrielles ou de procédés de bonification des terres.

Ces vastes entreprises successives ont ponctué une vie marquée par une foi inlassable dans les capacités créatrices d'un peuple du Nouveau Monde. Sir Alexander Tilloch Galt peut assurément être compté au nombre des rares esprits qui ont exprimé une nouvelle vision du Canada, souvent en avance sur ses contemporains. Certes, sur ce plan, tout comme la plupart des personnes de son milieu, il a hésité, au cours des ans, sur la meilleure stratégie à adopter. En 1849, pendant quelques mois, il crut à la nécessité de sortir de l'ornière coloniale en s'annexant pacifiquement aux États-Unis. Toutefois, il fut fondamentalement partisan de l'émergence d'une nation canadienne et joua un rôle décisif, tant par sa vision que par son réalisme, dans le processus qui devait souder les diverses colonies britanniques de l'Amérique du Nord en un État fédéral, modérément décentralisé. Il croyait que cette jeune nation devait, le cas échéant, s'abriter derrière un rempart protectionniste pour développer sa propre industrie, mais que cette maturité sur les plans politique et économique devait aller de pair avec une large autonomie sur le plan international. Il perçut très tôt, dans les années 1860, la remise en question par divers milieux britanniques du maintien du lien colonial entre le Canada et la Grande-Bretagne, source potentielle de conflit avec les États-Unis. Il fut convaincu, après 1867, que l'indépendance du Canada était essentielle pour que la Confédération soit pleinement réalisée et réclama, par exemple, en 1871, le droit pour le dominion de négocier sans intervention britannique la question des pêcheries avec les États-Unis. Par contre, dans les années 1880, le sentiment impérial s'étant réaffirmé en Grande-Bretagne, Galt fut l'un des avocats de la création d'une fédération impériale, non plus basée sur le lien de dépendance de colonies envers une mère patrie mais sur le rapport d'égalité entre nations indépendantes, égales, nourries des principes du parlementarisme britannique. Bref, sur toutes les questions qui ont balisé la marche du Canada vers un État moderne, l'immigration, le chemin de fer, la Politique nationale, la Confédération, voire le futur Commonwealth, Galt a laissé sa marque comme visionnaire perspicace, promoteur dynamique et homme d'État responsable.

JEAN-PIERRE KESTEMAN

En plus des titres mentionnés dans le texte, Alexander Tilloch Galt est l'auteur de : *The Saint Lawrence and Atlantic Railroad : a letter to the chairman and the deputy chairman of the North American Colonial Association* (Londres, 1847) ; *Speech of the Hon. A. T. Galt, at the chamber of commerce, Manchester, September 25, 1862* (Londres, 1862) ; *Speech on the proposed union of the British North American provinces, delivered at Sherbrooke, C.E., by the Hon. A. T. Galt, minister of finance, 23rd November, 1864* (Montréal, 1864) ; *Speech of the Honorable A. T. Galt, minister of finance of Canada, in introducing the budget* (Ottawa, 1866), qui parut aussi en français sous le titre de *Discours prononcé par l'honorable A. T. Galt, ministre des Finances du Canada, en présentant le budget* (Ottawa, 1866) ; *Prohibition ; great speech of Sir A. T. Galt, G.C.M.G.* (Ottawa, 1867) ; *Statement of the Honorable A. T. Galt, in reference to the failure of the Commercial Bank* (Ottawa, 1867) ; *The political situation ; a letter to the Honorable James Ferrier, senator* (Montréal, 1875) ; *A protest against the efforts now being made in Canada by the Roman Catholic hierarchy to put into practice among her majesty's Protestant subjects the doctrine of the Syllabus and the Vatican* (Londres, 1877) ; *Conférences pour la négociation d'une convention réglant les relations commerciales entre la France et le Canada : première conférence, 15 mars 1882* (s.l., 1882) ; *His Excellency the Marquis of Lorne* [...] *governor-general of Canada, &c. : [report upon the present commercial policy of Great Britain and its effects]* ([Londres, 1882]).

Les sources manuscrites les plus importantes relatives à Galt se trouvent aux AN, principalement dans le fonds A. T. Galt (MG 27, I, D8), mais également dans les fonds J. A. Macdonald (MG 26, A) et C. S. Gzowski (MG 24, E9).

La référence classique demeure la biographie de Skelton, *Life and times of Galt* (1920) (MacLean ; 1966). La vie familiale de Galt nous est connue grâce à un livre de souvenirs de sa fille, Evelyn Cartier Springett, *For my children's children* (Montréal, 1937). Sur le contexte de son enfance et de son adolescence, consulter l'article sur John Galt dans le vol. 7 du *DBC*. Les références aux activités de Galt dans l'Ouest canadien peuvent êtres trouvées dans A. A. den Otter, *Civilizing the West : the Galts and the development of western Canada* (Edmonton, 1982). L'auteur s'est également référé à son texte : « Une bourgeoisie et son espace : industrialisation et développement du capitalisme dans le district de Saint-François (Québec), 1823–1879 » (thèse de PH.D., 2 vol., univ. du Québec, Montréal, 1985), dans lequel on trouvera les renseignements concernant les activités économiques de Galt dans les Cantons-de-l'Est.

Le rôle de Galt dans les entreprises ferroviaires et dans les ministères qui ont précédé la Confédération est amplement exposé dans des ouvrages classiques de synthèse, tels : G. R. Stevens, *Canadian National Railways* (2 vol., Toronto et Vancouver, 1960–1962), 1 ; J. M. S. Careless, *The union of the Canadas : the growth of Canadian institutions, 1841–1857* (Toronto, 1967) ; W. L. Morton, *The critical years : the union of British North America, 1857–1873* (Toronto, 1964) ; et Creighton, *Macdonald, young politician* et *Macdonald, old chieftain*.

Sur certains aspects plus particuliers, voir : D. F. Barnett, « The Galt tariff : incidental or effective protection ? », *Rev. canadienne d'économique* (Toronto), 9 (1976) : 389–407 ; G. P. de T. Glazebrook, *A history of Canadian external relations* (éd. rév., 2 vol., Toronto, 1966) ; ainsi que les ouvrages de références suivants : *Canadian directory of parl.* (Johnson) ; *Cyclopædia of Canadian biog.* (Rose et Charlesworth), 1 : 75–76 ; J. Desjardins, *Guide parl.* ; *Political appointments, 1841–65* (J.-O. Coté ; 1866), 19, 42–43 ; *Political appointments and judicial bench* (N.-O. Coté) ; *Répertoire des ministères canadiens* ; et Wallace, *Macmillan dict.*

GARNIER, CONSTANT, marchand et propriétaire de saloon, né en 1816 à Avranches, France ; il épousa Marie Christe, et ils eurent au moins six fils et quatre filles, puis une prénommée Mary Letitia, fille d'une dame Boutillier, de Sydney, Nouvelle-Écosse ; arrière-grand-père du leader syndical du XXe siècle Donald MacDonald* ; décédé le 6 octobre 1894 à Halifax.

Constant Garnier arriva à Terre-Neuve vers 1850. D'après la tradition locale, il tenait les livres de l'entreprise française de pêche de l'île Red, au large de la presqu'île de Port-au-Port. Quelque temps après, il se fixa à Sandy Point, dans la baie St George, où il ouvrit un commerce d'approvisionnement pour les pêcheurs et devint un personnage important de la communauté. De fait, Garnier connut une destinée équivalente à celle de son village d'adoption. À son arrivée, Sandy Point était en passe de devenir le principal centre commercial des pêches françaises et britanniques de ce qu'on appelait alors la côte française. À sa mort, l'endroit était déjà sur son déclin, qu'accéléreraient la construction du chemin de fer en 1898 et le règlement, en 1904, au bénéfice de la Grande-Bretagne, des revendications britanniques et françaises (les derniers résidents partirent vers la fin des années 1940).

Sandy Point ne ressemblait pas aux autres villages de Terre-Neuve, tant par ses origines que par son mode de développement. La population de ce village fondé par des Jersiais à la fin du XVIIIe siècle était beaucoup plus diversifiée que celle de n'importe quel autre établissement de l'île. On y trouvait des gens venus de la Nouvelle-Écosse (Micmacs, Acadiens, Écossais et Irlandais), de la province de Québec (anglophones et francophones), de France et de Saint-Pierre, en plus des Basques, des Irlandais, des Terre-Neuviens d'origine, et d'au moins un Italien, Antonio Nardini. On y parlait quatre langues – l'anglais, le français, le gaélique écossais et le micmac – et l'enseignement était dispensé en français et en anglais. Comme le reste de la côte ouest de Terre-Neuve, Sandy Point avait échappé à toute autorité civile jusqu'à la nomination d'un magistrat stipendiaire résidant en 1877. Les clergés anglican, catholique et méthodiste avaient cependant commencé à servir la région dans les années 1850.

Garnier prit une part active aux affaires de Sandy Point. En 1853, avec le père Alexis Bélanger*, il signa une demande pour obtenir l'argent nécessaire à la construction de l'église catholique. Après la mort de celui-ci à Sandy Point en 1868, il transféra ses restes à Saint-Roch-des-Aulnaies, dans la province de Québec ; des quatre laïques qui avaient participé à ces obsèques quelque peu inhabituelles, il était le seul à pouvoir signer le registre d'inhumation. Quand on nomma un magistrat stipendiaire à la baie St George en 1877, puis un agent des douanes l'année suivante, bien des gens s'opposèrent à ces changements, en particulier à la perception de droits de douane. Il semble cependant que Garnier ait fait bon accueil à l'établissement d'un gouvernement civil. Naturalisé sujet britannique en 1881, il affirmait à l'époque être le seul marchand de Sandy Point à acquitter les droits récemment imposés. Néanmoins, se plaignait-il, il n'avait pas obtenu de permis pour vendre de l'alcool.

L'année même où il fut naturalisé, Garnier perdit beaucoup d'argent : le feu détruisit sa maison de commerce de Sandy Point, perte estimée à 3 000 $. Dans le reportage sur l'incendie que publia l'*Evening Telegram* de St John's, on put lire que Garnier était « le marchand fournisseur le plus important » de la baie St George. On raconte qu'il possédait cinq navires, commandés chacun par l'un de ses fils. Comme dans d'autres régions de Terre-Neuve, c'est sur la pêche que reposait toute l'économie de la baie St

George mais, contrairement à ce qui se faisait ailleurs dans l'île, les marchands fournisseurs comme Garnier envoyaient les produits de la pêche à Halifax plutôt qu'à St John's ou en Europe. À Halifax, Garnier achetait toutes sortes de marchandises, des aiguilles aux ancres marines. Il les faisait transporter à ses entrepôts de Sandy Point et les échangeait contre du poisson, des fourrures ou de la main-d'œuvre à l'entrepôt même, ou encore les expédiait par goélette vers des villages éloignés. Il importait également beaucoup de ce traditionnel rhum brun qu'on vendait 24 heures par jour, au plus fort de la saison de pêche, à son saloon de Sandy Point. C'est également lui qui, dit-on, fournit aux habitants de la baie les poêles qui remplacèrent les anciens feux ouverts ; homme d'affaires perspicace, il commença aussi à importer du charbon du Cap-Breton.

Le commerce apporta à Constant Garnier une assez grande richesse. On raconte que dans sa maison, détruite par le feu en 1881, l'escalier était fait de matériaux rapportés de France et qu'au bout de chacune des marches le tapis était maintenu en place par des dollars d'argent. C'est à Halifax que l'argent de Garnier, tout comme celui du milieu des affaires de Sandy Point d'ailleurs, était investi. Le reste de l'île de Terre-Neuve participait si peu à l'économie de cette région qu'au moment de l'effondrement bancaire de St John's en décembre 1894, deux mois après la mort de Garnier, Michael Francis Howley*, alors vicaire apostolique catholique de St George, déclara que le district « ne souffrirait pas davantage de la faillite qu'il n'avait souffert de la crise financière en Australie ». Il est significatif que Garnier soit mort chez son fils à Halifax. C'est dans cette ville qu'il laissait sa fortune personnelle, évaluée à plus de 10 000 $.

CYRIL J. BYRNE

La tradition concernant la carrière de Constant Garnier dans la baie St George, T.-N., a été recueillie par l'auteur auprès d'Isidore Halbot, autrefois habitant de Sandy Point, dans la baie St George ; du père Roderick White, natif de St George et actuellement chancelier du diocèse de St George (Corner Brook, T.-N.) ; et de John Barter, descendant de Garnier qui vit à Moncton, N.-B. [C. B.]

Halifax County Court of Probate (Halifax), Estate papers, n° 4596. — PANL, GN 2/22/A, 1883, n° 20. — M. F. Howley, « Reminiscences », *Terra Nova Advocate* (St John's), févr. 1882, particulièrement 9 févr. — *Evening Telegram* (St John's), 2 sept. 1881, 17 janv. 1895. — *Halifax Daily Echo,* 8 oct. 1894. — *Terra Nova Advocate,* 3 oct. 1881. — Michael Brosnan, *Pioneer history of St. George's diocese, Newfoundland* ([Corner Brook, 1948]). — J. J. Mannion, « Settlers and traders in western Newfoundland », *The peopling of Newfoundland : essays in historical geography,* J. J. Mannion, édit. ([St John's], 1977), 234–275.

GARNIER, JOHN HUTCHISON, médecin, naturaliste et auteur, né en 1823 en Écosse, d'une mère française catholique et d'un père huguenot ; décédé le 1er février 1898 à Lucknow, Ontario.

Le père de John Hutchison Garnier avait quitté la France à cause des persécutions religieuses et s'était réfugié en Écosse, où on l'avait nommé colonel. La famille semble avoir été fortunée car, plus tard, quoique l'on n'ait pas plus de précisions, Garnier aurait reçu périodiquement d'Écosse des sommes assez substantielles.

Au début des années 1850, Garnier étudia la médecine à Dublin et à Paris. Pendant son séjour en Irlande, il devint un fervent orangiste ainsi qu'une relation et un admirateur de Daniel O'Connell. Après avoir obtenu son diplôme, il voyagea beaucoup et visita notamment la colonie du Cap (Afrique du Sud), l'Inde et l'Australie. Puis en 1856, pour des raisons inconnues, il vint s'établir à Hagersville, dans le Haut-Canada, et commença à y pratiquer la médecine. Le docteur Alexander John Mackenzie, qui enfant avait connu Garnier, a laissé entendre que celui-ci avait un frère qui habitait dans le Haut-Canada à cette époque. Quatre ans plus tard, il se fixa dans le nouveau petit village de Lucknow, qui faisait alors partie du Queen's Bush. C'est là qu'il allait passer les 38 autres années de sa vie.

Malgré sa bonne éducation et sa formation médicale, Garnier traitait cavalièrement ses patients et, délibérément peut-être, ne faisait rien pour les rassurer. Son ton bourru n'éloigna cependant pas les malades qui, accompagnés de leurs parents, s'entassaient dans la rue en face de son cabinet durant les heures de visite du dimanche après-midi. L'un des premiers à utiliser les forceps en Ontario, Garnier devint un accoucheur très connu ; il se spécialisa également dans les opérations de la cataracte, pour lesquelles il utilisait un instrument qu'il avait lui-même conçu.

D'après nombre de témoins oculaires, Garnier était un homme excentrique et plein de manies, reconnu pour sa violence verbale. Il n'épargnait à personne – patients, connaissances comme étrangers – son humour rêche et même brutal. Une fois, semble-t-il, il emmena une femme dans son buggy et, en cours de route, la prévint qu'il était parfois en proie à des attaques mais qu'elle n'avait pas à s'inquiéter ; puis, arrivé au milieu d'un large ruisseau, il se mit à simuler une « crise » spectaculaire, sur quoi la jeune personne se sauva du plus vite qu'elle put, toute trempée et hurlant de peur. Le docteur Mackenzie se souvenait de lui comme d'un personnage terrifiant, que les gens du village « confondaient avec les fées et les revenants du folklore des Highlands ». Un jour, racontait-il, l'un de ses compagnons de jeu s'était fait capturer par le docteur Garnier, qui l'avait surpris en train de voler des pommes. Le petit, « tremblant, appréhendait d'étranges tortures ». Or, une fois arrivé chez lui, le médecin lui avait montré sa collection de serpents et de grenouilles et, avant de le relâcher, l'avait recruté pour lui trouver de nouveaux trésors.

Garnier possédait l'un des plus beaux jardins de fleurs de Lucknow et il fut parmi les premiers à importer des bulbes de l'étranger. Fervent naturaliste, c'était aussi un passionné de chasse et il emportait son arme avec lui lorsqu'il rendait visite à ses patients, allait en promenade et même, semble-t-il, en toute autre occasion. Son habileté légendaire de tireur d'élite ne fit qu'ajouter à son aura d'excentricité. Edward S. Caswell, résident de Lucknow, se souvenait avoir vu Garnier, à un âge avancé, abattre de petits oiseaux pour sa collection, démontrant ainsi qu'il n'avait rien perdu de son adresse. Garnier conservait et classait les petits mammifères, oiseaux et reptiles qu'il tuait et, comme il cherchait toujours à enrichir sa collection, il devint un grand spécialiste des oiseaux et des reptiles de l'Ontario. Dans *The birds of Ontario* [...], Thomas McIlwraith* lui attribue d'ailleurs nombre d'observations utiles. En 1891, Garnier donna à la University of Toronto des collections importantes, dont on peut voir les spécimens bien classés dans divers départements du Musée royal de l'Ontario. Selon le biographe W. Victor Johnston, Garnier a fait don aux musées de Toronto de plus de 600 oiseaux, 160 oiseaux fixés sur un support, 120 mammifères, 125 crânes de mammifères, 170 salamandres, 385 grenouilles et crapauds, environ 400 serpents non venimeux et 140 venimeux, et 360 tortues, lézards, crapauds cornus, alligators et autres créatures du même genre.

Dans le domaine des publications scientifiques sur la médecine, la contribution de Garnier semble avoir été minime, quoiqu'il ait publié quelques articles sur ses expériences cliniques, dont un sur les complications obstétricales qui pouvaient résulter d'un excès de liquide amniotique. Il est aussi l'auteur d'un document théorique sur le venin de serpent : après être accidentellement entré en contact avec du poison de cobra en manipulant certains cadavres de serpents de l'Inde, il avait dû mettre ses théories à l'épreuve ; sa guérison était, selon lui, le résultat direct de ces expériences. Comme il parlait couramment plusieurs langues, Garnier traduisit vers la fin du XIXe siècle plusieurs articles pour diverses revues médicales canadiennes. Il participa au Canadian Institute, où il fit en février 1883 une communication sur les serpents venimeux d'Amérique du Nord. Élu membre de cet institut en mars 1889, il s'y senti toutefois isolé car aucun de ses collègues ne partageait ses intérêts.

Garnier avait aussi du talent dans un tout autre domaine, celui de l'écriture dramatique. Il écrivit au moins trois pièces : *Dandolo ; a tragedy in five acts, Moron, the Jew of Syracuse* et *Prince Pedro*. On aurait joué la dernière dans deux théâtres de Londres, de même qu'en représentation privée pour la reine Victoria. Au moment de sa mort le 1er février 1898, Garnier avait presque terminé la rédaction d'un livre sur les reptiles, ainsi qu'un essai critique sur la Bible, « The mistakes of Moses ».

On ne sait toujours pas pourquoi John Hutchison Garnier, homme éminemment doué et aux intérêts si variés, était allé s'établir dans le hameau de Lucknow. D'ailleurs, on ne sait pas grand-chose sur sa vie personnelle. Certaines rumeurs voulaient qu'un jour il ait reçu la visite d'un jeune inconnu et qu'après son départ il ait découvert que cet étranger était son fils.

CHARLES G. ROLAND

Des détails sur la collection de spécimens appartenant à John Hutchinson Garnier ont été transmis à l'auteur par Ross MacCulloch du Royal Ontario Museum (Toronto). [C. G. R.]

Garnier est l'auteur d'un certain nombre de rapports sur des sujets médicaux et scientifiques, y compris : « Overdistention of the uterus from excess of liquor amnii », *Canada Lancet* (Toronto), 3 (1870–1871) : 262–266 ; « List of reptilia of Ontario », *Canadian Sportsman and Naturalist* (Montréal), 1 (1881) : 37–39 ; et « The poisonous snakes of North America » (communication faite devant le Canadian Institute, Toronto, 23 févr. 1883), dont une copie est conservée dans la James Little Baillie coll. de la UTFL (voir ci-dessous). Un extrait de son texte intitulé « Snake poisons », présenté devant les membres de l'institut en novembre 1887, figure dans les Canadian Institute, *Proc.* (Toronto), 3e sér., 5 (1888) : 255–261.

Les écrits de Garnier comprennent aussi une pièce de théâtre, *Prince Pedro : a tragedy* (Toronto, 1877). Les titres de deux autres pièces, *Dandolo ; a tragedy in five acts* et *Moron, the Jew of Syracuse,* sont consignés comme ayant fait l'objet d'une demande de copyright aux États-Unis en 1793, mais elles n'auraient pas été publiées.

UTFL, MS coll. 127, box 27. — Thomas McIlwraith, *The birds of Ontario* [...] (Hamilton, Ontario, 1886 ; 2e éd., Toronto, 1894). — *Dramatic compositions copyrighted in the United States, 1870 to 1916* (2 vol., Washington, 1918), 1 : 464, 1556. — P. B. [A.] O'Neill, « A checklist of Canadian dramatic writings to 1967, part I – A to K », *Canadian Drama* (Guelph, Ontario), 8 (1982) : 262. — E. S. Caswell, « An eccentric physician », *Canadian Journal of Medicine and Surgery* (Toronto), 79 (1936) : 135–138. — W. V. Johnston, « Article of 25 years ago told of Dr. Garnier's genius and eccentricities », *Lucknow Sentinel* (Lucknow, Ontario), 30 juill. 1958 ; « John Hutchison Garnier, a Canadian naturalist and physician », Canadian Medical Assoc., *Journal* (Toronto), 29 (1933) : 314–316. — A. J. Mackenzie, « A Canadian naturalist ; John Hutchison Garnier of Lucknow », Canadian Medical Assoc., *Journal,* 17 (1927) : 355–356.

GASCOIN, LÉOCADIE (baptisée **Léocadie-Romaine**), dite **Marie des Sept-Douleurs,** fondatrice et supérieure des Sœurs marianites de Sainte-Croix, née le 1er mars 1818 à Montenay, France, fille de Michel-Jean Gascoin et de Rosalie-Renée Chardon ; décédée le 29 janvier 1900 au Mans, France.

Désireuse de se consacrer à la vie religieuse,

Gascoin

Léocadie Gascoin quitta le foyer paternel en 1841 pour collaborer avec le père Basile Moreau à la fondation des Sœurs marianites de Sainte-Croix, au Mans. Ce dernier en fit d'ailleurs la pierre angulaire de la communauté et lui donna le nom de Marie des Sept-Douleurs. Toutefois, l'évêque du Mans, Mgr Jean-Baptiste Bouvier, favorable aux pères et aux frères de Sainte-Croix, ne voyait pas d'un œil aussi bienveillant l'établissement d'une communauté de femmes. Il considérait plutôt les marianites comme une simple association de filles pieuses au service des maisons d'éducation de la Congrégation de Sainte-Croix. Mais le père Moreau avait des vues plus larges ; il voulait en faire de véritables religieuses et les engager peu à peu dans des œuvres d'éducation proprement dites. Il ne craignit pas de les intégrer dans les premiers déplacements missionnaires de la Congrégation de Sainte-Croix vers l'Indiana, aux États-Unis, en 1843, et vers le Bas-Canada, en 1847.

Les marianites prirent leur véritable essor en terre d'Amérique où on les accepta d'emblée. Leur lien avec la maison mère du Mans s'amenuisa et la cohésion de la communauté s'en trouva compromise. Pour redresser la situation et, du même coup, préparer sœur Marie des Sept-Douleurs à la charge éventuelle de supérieure générale, le père Moreau décida de la nommer supérieure des Sœurs marianites au Bas-Canada. Il lui enjoignit de fixer sa demeure à Saint-Laurent, dans l'île de Montréal. À l'arrivée de la supérieure en 1849, 19 sœurs, dont 13 Canadiennes, faisaient partie de la communauté ; à son départ, en 1863, on en compterait 70.

Appréciée tant pour sa bonté et sa générosité que pour sa fermeté et sa fidélité aux observances, sœur Marie des Sept-Douleurs réussit à façonner et à consolider la communauté selon les désirs et l'esprit du fondateur. La répartition ordonnée des tâches, la mise en vigueur d'une discipline de bon aloi, tant au bénéfice des sœurs qu'à celui des élèves, n'étaient pas sans attirer l'attention du public sur cette jeune communauté. En moins de dix ans, on ouvrit quatre couvents avec pensionnats pour les enfants des campagnes. Les novices se faisaient nombreuses et l'ordre régnait dans les établissements. Sœur Marie des Sept-Douleurs ne laissait rien passer, au risque d'être parfois taxée d'intransigeance, mais elle était toujours la première à s'engager dans les dures et inévitables corvées inhérentes à tout commencement.

Le statut juridique des Sœurs marianites de Sainte-Croix demeurait insuffisamment défini. L'approbation accordée en 1857 par le Saint-Siège aux religieux de Sainte-Croix n'incluait pas la branche féminine en raison des réticences apportées par l'évêque du Mans. Par la force des circonstances, les évêques des autres diocèses prenaient en main, et selon leurs propres vues, la gouverne des établissements locaux des marianites, ce qui n'était pas sans inquiéter le père Moreau. Aussi, s'appuyant sur la ligne de conduite que lui avait personnellement donnée Pie IX, le fondateur jugea le temps venu, en 1857, de nommer d'autorité sœur Marie des Sept-Douleurs supérieure générale des Sœurs marianites de Sainte-Croix, tant de France que des États-Unis et du Bas-Canada. Toujours supérieure à Saint-Laurent, elle continua d'exercer en même temps les fonctions de supérieure provinciale. On la rappela à la maison mère du Mans en 1863.

Les constitutions, rédigées depuis longtemps par le père Moreau, reçurent enfin l'approbation du Saint-Siège en février 1867 ; l'autorité de la supérieure générale sur toute la congrégation s'en trouva ratifiée et authentiquement confirmée. Mais il était déjà trop tard. Les sœurs de l'Indiana avaient pris trop de distance vis-à-vis de la maison mère pour revenir sur leurs pas ; elles réclamèrent et obtinrent un bref pontifical de séparation en 1869. La province canadienne, que sœur Marie des Sept-Douleurs avait elle-même modelée pendant 14 ans, semblait vouloir demeurer fidèle à ses origines. Mais le zèle de la supérieure générale pour faire aimer et respecter la législation de la congrégation ne rencontrait plus la même adhésion qu'autrefois. Les recours trop fréquents à la supérieure générale, notamment pour les nominations aux charges et les admissions au noviciat, alourdissaient les rouages administratifs. On voulait donc les supprimer. De plus, quelques sœurs, appuyées dans leurs revendications par l'évêque de Montréal, Mgr Édouard-Charles Fabre, insistaient pour qu'on enlève des constitutions le soin des malades et qu'on établisse une nette distinction entre les sœurs enseignantes et les sœurs destinées aux tâches domestiques. Toutefois, sœur Marie des Sept-Douleurs se montra inflexible et refusa de modifier les règles. La séparation de la province canadienne s'en trouva enclenchée et devint réalité le 3 décembre 1882. Les sœurs canadiennes changèrent alors leur nom pour celui de Sœurs de Sainte-Croix et des Sept-Douleurs et elles instaurèrent au Canada une nouvelle congrégation religieuse de plein droit, dont la première supérieure fut Julie Bertrand, dite Marie de Saint-Basile. Sœur Marie des Sept-Douleurs devait rester supérieure générale des maisons de France et de la Louisiane jusqu'à sa mort le 29 janvier 1900.

Marguerite Jean

Les Arch. générales des Sœurs de Sainte-Croix (Saint-Laurent, Québec), conservent bon nombre de documents sur Léocadie Gascoin, dite Marie des Sept-Douleurs. Nous avons consulté entre autres : Annales de la congrégation des Sœurs de Sainte-Croix et des Sept-Douleurs ; Annales de la congrégation des Sœurs marianites de Sainte-Croix ; Chroniques de la fondation de l'établissement des Sœurs marianites de Sainte-Croix à Saint-Laurent, près de Montréal, Bas-Canada ; et Notice biographique de la très honorée mère Marie des Sept-Douleurs.

AD, Mayenne (Laval), État civil, Montenay, 1er mars 1818. — Arch. municipales, Le Mans, France, État civil, Le Mans, 30 janv. 1900. — H.-P. Bergeron, *Basile Moreau, fondateur des religieux et des religieuses de Sainte-Croix* (Rome, 1979) ; *Léocadie Gascoin, 1818–1900 ; Fondatrice des religieuses de Sainte-Croix* ([Montréal, 1980]). — Étienne Catta, *la Très Révérende Mère Marie des Sept-Douleurs, 1818–1900, et les Origines des Marianites de Sainte-Croix* (Le Mans, [1958]).

GAUTHIER, MARIE-ANGÈLE (baptisée **Marie-Louise-Angèle**), dite **sœur Marie-Angèle,** sœur de Sainte-Anne, enseignante, supérieure et auteure, née le 9 février 1828 à Vaudreuil, Bas-Canada, fille de Louis-Pascal Gauthier et de Marie-Charles Chôlet ; décédée le 25 mai 1898 à Duncan, Colombie-Britannique.

Marie-Angèle Gauthier passa son enfance à Vaudreuil, où son père était fermier. Quoiqu'elle eût à participer aux tâches domestiques, elle fréquenta aussi l'école paroissiale pendant quelque temps. Le 6 novembre 1849, elle entra chez les Sœurs de Sainte-Anne et prit le nom de sœur Marie-Angèle. Cette congrégation, nouvellement fondée à Vaudreuil par Esther Sureau*, dit Blondin, dirigeait un établissement qu'on appelait l'académie Blondin, et qui servait à la fois d'école et de noviciat. Il n'y avait à l'époque aucun instituteur diplômé dans cette région rurale, et c'est à l'académie que sœur Marie-Angèle et d'autres novices reçurent, des prêtres qui supervisaient leurs études, des notions de pédagogie. Pour se préparer à leur rôle d'éducatrices et de missionnaires, les jeunes religieuses apprirent aussi divers aspects du travail domestique – cuisine, couture, tissage, tricot, dentellerie et soin des malades. Sœur Marie-Angèle prononça ses vœux le 17 novembre 1851.

Le 30 août 1854, Mgr Ignace Bourget* choisit sœur Marie-Angèle à titre de deuxième supérieure générale de la congrégation, dont on avait transféré la maison mère, pour des raisons financières et sociales, à Saint-Jacques-de-l'Achigan (Saint-Jacques) l'année précédente. À l'expiration de son mandat de trois ans et à la demande de Mgr Modeste Demers*, on affecta sœur Marie-Angèle à la mission que les sœurs étaient sur le point de fonder à Victoria, dans l'île de Vancouver. On publierait à Montréal en 1859 le délicieux journal qu'elle écrivit à l'intention de ses parents durant ce voyage qui l'amena de Montréal à Panama, puis à San Francisco, avant d'atteindre Victoria. Avec une simplicité et un humour charmants, elle y décrit la traversée puis l'arrivée, en juin 1858, des quatre premières religieuses de l'île de Vancouver. On peut y lire : « [Nos compagnons de voyage] furent bien étonnés quand nous leur dîmes que nous ne cherchions pas de l'or, mais seulement le bien de la Société, en nous dévouant à l'éducation de la jeunesse. »

À Victoria, sous la direction de mère Marie du Sacré-Cœur [Salomé Valois*], les religieuses fondèrent un couvent et une école, la St Ann's Academy, où sœur Marie-Angèle œuvra durant six ans. Sa formation l'avait bien préparée pour chacune de ses quatre affectations suivantes : le St Joseph's Hospital de Victoria, la St Ann's Academy de Vancouver, la mission St Mary dans la vallée inférieure du fleuve Fraser, et la mission située à Quamichin (près de ce qui est aujourd'hui Duncan). Les lettres qu'elle écrivit à sa famille indiquent un grand dévouement envers les petits Indiens et les enfants noirs, et nous révèlent qu'elle pouvait chaque jour mener de front l'enseignement et le soin des pauvres et des malades en même temps que les tâches ménagères pour le clergé et ses autres obligations domestiques. Elle accomplissait chacune de ces tâches avec une spiritualité profonde, et son charisme lui gagnait l'attachement de tous ceux qu'elle rencontrait. Pour ces enfants toujours heureux de la voir, elle cachait sous ses jupes une pomme ou une friandise. Elle leur montra à semer les graines que lui envoyait sa famille et à cultiver un jardin. L'une des cinq sources qui coulent dans le domaine des religieuses à Duncan est enregistrée sous son nom. On lui doit aussi, en quelque sorte, les fameux chandails Cowichan de Duncan, puisque c'est elle qui enseigna aux Indiens à tricoter.

Sœur Marie-Angèle consacra les quelque 50 années de sa vie religieuse à l'éducation chrétienne des jeunes et au soulagement des maux de l'humanité. Elle avait bien compris les besoins immédiats des gens auprès desquels elle vécut et, en cela, elle allait influencer plusieurs générations de missionnaires de la côte du Nord-Ouest. Les nombreuses maisons d'enseignement fondées par sa congrégation un peu partout en Colombie-Britannique, au Yukon et en Alaska témoignent de son travail et de celui de ses compagnes. Sœur Marie-Angèle fut inhumée à Victoria dans la propriété de la St Ann's Academy ; ses restes se trouvent aujourd'hui dans le lot des Sœurs de Sainte-Anne au cimetière Ross Bay de Victoria.

EDITH DOWN

Le compte rendu que fit Marie-Angèle Gauthier de son voyage à l'île de Vancouver en 1858 a été publié sous le titre de « Lettre de la sœur Marie-Angèle, Sœur de Ste. Anne, à Vancouver », *l'Ordre* (Montréal), 1er, 5, 19, 22 avril 1859. Une traduction dactylographiée, « Journal of Sister Mary Angèle, Vancouver, 1858 », se trouve aux Sisters of St Ann, Arch. (Victoria).

ANQ-M, CE1-50, 9 févr. 1828. — Arch. de la congrégation des Sœurs de Sainte-Anne (Lachine, Québec), Sœur Marie-Angèle [Gauthier], corr. (copies aux Sisters of St Ann, Arch.). — Sisters of St Ann, Office of the Treasurer (Victoria), Burial book, 28 main 1898 ; Water licences for the Sisters of St Ann (Nelson, C.-B.), Victoria water district, C 026604 00 E, C 026605 00 7. — É.-J.[-A.] Auclair, *Histoire des Sœurs de Sainte-Anne ; les premiers cinquante ans, 1850–1900* (Montréal, 1922). — Jan Gould, *Women of*

British Columbia (Saanichton, C.-B., 1975). — N. de B. Lugrin, *The pioneer women of Vancouver Island, 1843–1866,* John Hosie, édit. (Victoria, 1928). — Sœur Marie-Jean de Pathmos [Laura Jean], *les Sœurs de Sainte-Anne ; un siècle d'histoire* (1 vol. paru, Lachine, 1950–) (une copie d'une traduction faite par Sœur Marie Anne Eva, *A history of the Sisters of St. Anne* (New York, 1961), se trouve aux Sisters of St Ann, Arch.). — Sœur Marie-Rollande, *Mère Marie-Angèle, deuxième supérieure générale des Sœurs de Sainte-Anne, 1828–1898* ([Montréal, 1941]) (Sœur Marie-Angèle, « Lettre », est reproduite aux pages 116 à 133). — Margaret Meikle, *Cowichan Indian knitting* (Vancouver, 1987). — Eugène Nadeau, *The life of Mother Mary Ann (1809–1890), foundress of the Sisters of Saint Ann,* Sœur Mary Camilla, trad. (Lachine, 1965).

GAY, JAMES, charpentier, aubergiste, armurier, serrurier, musicien et poète, né le 24 mars 1810 à Bratton Clovelly, Angleterre ; le 27 août 1833, il épousa au même endroit Elizabeth Stanlake, et ils eurent cinq enfants ; décédé le 23 février 1891 à Guelph, Ontario.

James Gay fit son apprentissage de charpentier auprès de son grand-père, puis il monta une petite entreprise à Plymouth avant d'immigrer dans le Haut-Canada en 1834. Cet été-là, il s'installa à Guelph et commença à travailler avec les hôteliers John Thorp, propriétaire du British Hotel, et William Dyson, à qui appartenait la Red Lion Tavern. Gay connut la prospérité et construisit en 1842 un immeuble de deux étages appelé Gay's Inn, qu'il exploita jusqu'à ce qu'il le vende en 1865. Il était aussi propriétaire du Bullfrog Inn en 1847 et, à un certain moment au cours de cette période, il dirigea un troisième hôtel, le Durham Ox. Après la vente du Gay's Inn, il reprit son travail de charpentier et pratiqua par la suite les métiers d'armurier et de serrurier dans son magasin situé sur la place du marché. Gay était également connu pour son talent de flûtiste et l'on avait souvent recours à lui pour jouer de la musique aux danses en plein air qui suivaient les foires agricoles.

Probablement vers la fin des années 1860, Gay fut atteint d'une « fièvre cérébrale » qui affaiblit ses facultés intellectuelles et, semble-t-il, fit naître chez lui une passion pour la rimaillerie qui, tout au long de sa vie, suscita la production enthousiaste de vers de mirliton. Fort de la publication de ses vers dans divers journaux et anthologies, il se proclama « poète lauréat du Canada et maître de tous les poètes ». Au début des années 1870, il fit l'acquisition d'un poulain à deux têtes qu'il emmena avec lui, vraisemblablement en 1873–1874, pour un périple de 15 mois en Angleterre, en Irlande et dans les îles Anglo-Normandes. De retour au Canada en 1875, il exhiba l'animal aux foires d'automne à Guelph et dans d'autres villes de l'Ontario. Il faisait payer 0,10 $ pour voir le poulain et, contre un supplément de 0,05 $, on pouvait acheter des exemplaires de ses poèmes. À la fin des années 1870, il semble que Gay se soit porté garant d'un percepteur qui, selon lui, ne remit pas les sommes requises aux autorités, ce qui entraîna sa ruine. Peut-être est-ce à la suite de cette mésaventure qu'en novembre 1879 il alla s'installer à Belleville, en Ontario, mais pas avant que le *Guelph Daily Mercury and Advertiser* n'ait qualifié sa poésie de « foutaise ». Immédiatement après avoir établi son commerce d'armurerie et de serrurerie à Belleville, il intenta au début de janvier un procès en diffamation contre le *Mercury* et le *Free Press* de Belleville. Le jury se prononça en faveur de Gay, mais on porta la cause en appel. À l'occasion d'un simulacre de procès tenu quelques jours plus tard, le verdict alla contre le poète et l'affaire fut close. Gay demeura à Belleville jusqu'en septembre 1881, puis revint à Guelph.

Il semble que Gay soit retourné en Angleterre au moins à deux autres reprises, en 1860–1861 et en 1882–1883. Apparemment, c'est ce dernier voyage qui lui inspira son premier recueil de vers, *Poems by James Gay, poet laureate of Canada, master of all poets ; written while crossing the sea in 1882*. Ce livre fut publié à Guelph en 1883, de toute évidence aux frais de Harry P. Dill, consul des États-Unis, qui en expédia des exemplaires à ses amis américains à titre d'échantillon de la poésie canadienne. Une critique du livre parue dans le *Detroit Free Press* incita un éditeur britannique à demander à Gay un volume de ses poèmes. Le poète répondit en envoyant une liasse d'écrits non publiés. Achetés pour la somme de £25, les poèmes parurent, en 1885 probablement, sous le titre de *Canada's poet : yours alway James Gay, poet laureate of Canada & master of all poets this day*. L'introduction citait l'une des lettres du poète : « Alors vous pouvez publier / Ces poèmes et les envoyer / Partout en Angleterre / Et décidément vous verrez / Qu'ils se vendront comme / Des petits pains. » On trouvait également à l'intérieur de *Canada's poet* une dédicace à Tennyson qui commençait ainsi : « Maintenant [que] Longfellow n'est plus, il ne reste plus que nous deux. Il ne doit pas y avoir de rivalité entre nous. »

Vers la fin de sa vie, James Gay continua d'être un personnage connu à Guelph qui se distinguait par sa redingote à l'ancienne mode et son chapeau de soie cabossé, sa flûte omniprésente et l'habitude qu'il avait de faire des rimes en parlant et de citer ses derniers vers. William Arthur Deacon l'a immortalisé comme personnage folklorique dans *The four Jameses*.

JOHN LENNOX

Il reste très peu de poèmes de James Gay à part ceux qu'on trouve dans les sélections de W. A. Deacon, *The four Jameses* (Ottawa, 1927 ; éd. rév., Toronto, 1953 ; réimpr. avec introd. de Doug Fetherling, 1974), et dans le volume publié sous le titre de *Canada's poet* [...], introd. de James Millington (Londres, [1885]). Le seul exemplaire connu de *Poems by James Gay* [...] *written while crossing the sea in 1882* (Guelph, Ontario, 1883), est un facsimilé dactylographié daté de 1927–1928, conservé avec quelques lettres et des renseignements biographiques au sujet de Gay parmi les notes de recherche de Deacon pour *The four Jameses,* à la UTFL, MS coll. 160, box 38. La Univ. of Guelph Library, Arch. and Special Coll., possède une brochure de quatre pages, *Christmas carols for '82* (Guelph, [1882]), probablement imprimée par Gay lui-même.

Daily Intelligencer (Belleville, Ontario), 12 nov. 1879–13 sept. 1881. — *Guelph Daily Herald,* 24 févr. 1891. — *Guelph Daily Mercury and Advertiser,* 9 mai 1879–24 mars 1883, 24 févr. 1891. — *Guide to the literary heritage of Waterloo and Wellington counties from 1830 to the mid-20th century ; an historical bibliography of authors and poets,* G. [A.] Noonan *et al.,* compil. (Waterloo, Ontario, 1985). — A. L. Hinds, *Pioneer inns and taverns of Guelph* (Cheltenham, Ontario, [1977]). — L. A. Johnson, *History of Guelph, 1827–1927* (Guelph, 1977). — « James Gay, « The Poet of the Day », was a genial old man », *Guelph Evening Mercury,* éd. du centenaire, 20 juill. 1927 : 118.

GEOFFRION, CHRISTOPHE-ALPHONSE (baptisé **Christophe**), avocat, professeur et homme politique, né le 23 novembre 1843 à Varennes, Bas-Canada, fils de Félix Geoffrion, cultivateur, et de Catherine Brodeur ; décédé le 18 juillet 1899 à Dorion, Québec.

Christophe-Alphonse Geoffrion fait ses études classiques au séminaire de Saint-Hyacinthe à compter de 1855. Diplômé en droit civil du McGill College en 1866, au terme de brillantes études, notamment auprès de Toussaint-Antoine-Rodolphe LAFLAMME, il est reçu au barreau le 4 juin de la même année. Il entre alors au bureau d'Antoine-Aimé DORION, chez qui il a fait son stage de clerc et dont il épousera la fille aînée, Eulalie, le 11 janvier 1870 ; le couple aura deux filles et un fils, Aimé.

Geoffrion exerce au sein du cabinet d'avocats Dorion, Dorion et Geoffrion qui devient, en 1874, Dorion et Geoffrion. En 1878, il est le principal associé de la maison Geoffrion, Rinfret, Archambault et Dorion, laquelle prend, dès l'année suivante, le nom de Geoffrion, Rinfret et Dorion puis, en 1885, celui de Geoffrion, Dorion, Lafleur et Rinfret. Au cours des années 1890, Geoffrion exerce surtout sous la raison sociale de Geoffrion, Dorion et Allan. Ses principaux clients sont la Banque du peuple de Montréal, la succursale de la Banque nationale à Montréal, le séminaire de Saint-Sulpice, le Grand Tronc et la Commission du havre de Montréal.

Outre son travail de cabinet, Geoffrion donne le cours de droit romain au McGill College de 1874 à 1876 et, à partir de 1891, il enseigne le droit du contrat et le droit civil au même établissement, devenu la McGill University. Il est créé conseiller de la reine en 1879 par le gouvernement provincial et le 18 février 1887 par le gouvernement fédéral. Élu bâtonnier du barreau de Montréal en 1883–1884 et 1884–1885, il devient ultérieurement bâtonnier du Barreau de la province de Québec. En 1893, son alma mater lui remet un doctorat honorifique en droit civil.

Sur la scène politique, Geoffrion s'en tient d'abord à un rôle de militant libéral. À l'occasion des élections provinciales de mai 1878, entre autres, il participe à la campagne dans au moins trois circonscriptions à la fois, celles de Verchères, d'Hochelaga et de Terrebonne. Membre de l'Institut canadien de Montréal pendant ses études, il demeure associé à l'aile radicale du parti libéral durant toute sa carrière, tout en entretenant avec le clergé des relations cordiales : il est, par exemple, le conseiller de Mgr Édouard-Charles FABRE dans la cause qui l'oppose à *Canada-Revue* (Montréal) de 1892 à 1894. Président fondateur de l'Association libérale de Montréal créée par un groupe de libéraux de la vieille garde du parti en février 1883, il s'oppose fermement aux projets de coalition avec des conservateurs que formule Honoré MERCIER au moment de son accession en 1883 au poste de chef du parti libéral à l'Assemblée législative de la province. Composé surtout de militants plutôt à l'aise, pour qui la politique ne constitue pas l'occupation principale, mais dont les contributions financières sont importantes, ce groupe se présente comme le véritable successeur du parti rouge et menace, à plusieurs reprises, de se détacher du parti libéral provincial. Réconcilié avec Mercier en 1886, Geoffrion est l'un des représentants de la vieille garde au sein de l'exécutif du parti national que Mercier a fondé à la veille des élections provinciales d'octobre 1886. Autre marque d'estime et de réconciliation, Mercier le nomme, dès 1887, pour plaider devant le Conseil privé de Londres au nom de la province. Ardent républicain comme plusieurs de ses collègues radicaux, Geoffrion compte parmi les protestataires à l'occasion de la visite au Québec en 1890 de Philippe d'Orléans, comte de Paris, prétendant au trône de France, et de son fils Philippe, duc d'Orléans.

Trésorier du parti libéral pour la région de Montréal au cours des élections fédérales de 1891, Christophe-Alphonse Geoffrion quitte les coulisses pour s'engager en politique active à l'occasion de l'élection partielle tenue en avril 1895 dans la circonscription fédérale de Verchères. Il brigue avec succès les suffrages et succède à son frère FÉLIX, mort en fonction l'année précédente. Fidèle conseiller de Wilfrid Laurier*, il est, avec un groupe de libéraux, à l'origine de la fondation du journal *le Soir* en avril 1896 à Montréal ; le but poursuivi est de fournir au parti un organe plus engagé dans la défense de ses orientations que ne l'est *la Patrie* d'Honoré Beaugrand*, en somme un instrument semblable à *l'Électeur* d'Ernest Pacaud*. Victorieux dans les circonscriptions unies de Chambly et Verchères, aux élections générales de 1896, contre l'ancien premier ministre provincial conservateur Louis-Olivier Taillon*, il est nommé ministre sans portefeuille par un Laurier qui dispose de beaucoup plus d'hommes de talent que de ministères. Tout en confirmant la position éminente de Geoffrion dans les rangs du parti libéral fédéral et tout en lui donnant le moyen de représenter l'aile orthodoxe des libéraux au sein du conseil des ministres, ce poste lui permet de continuer à exercer sa lucrative profession. Cependant, le 18 juillet 1899, après un mois de maladie, il meurt dans sa maison de campagne de Dorion, à l'âge de 55 ans. Il est inhumé à Montréal le 21 en présence, notamment, du premier ministre du pays, Laurier, et du lieutenant-gouverneur de la province, Louis-Amable Jetté*.

MARCEL CAYA

AN, RG 68, General index, 1867–1908. — McGill Univ. Arch., RG 7, Calendars, 1873–1900 ; RG 37, c.21. — *Le National* (Montréal), 23 mars, 3, 13, 15, 18, 23 avril 1878. — *La Patrie*, 3, 6, 12, 14 févr. 1883, 18 juill. 1899. — *La Presse*, 18 juill. 1899. — *Le Réveil* (Montréal), 22 juill. 1899. — *Le Soleil*, 18 juill. 1899. — *Canadian directory of parl.* (Johnson). — J. Desjardins, *Guide parl.* — *Montreal directory*, 1874–1900. — *Répertoire des ministères canadiens*. — Pierre Beullac et Édouard Fabre Surveyer, *le Centenaire du barreau de Montréal, 1849–1949* (Montréal, 1949), 109–114. — Caya, « la Formation du parti libéral au Québec », 477. — Choquette, *Hist. du séminaire de Saint-Hyacinthe*, 2 : 302. — Rumilly, *Hist. de la prov. de Québec*, 3–9, 11.

GEOFFRION, FÉLIX (baptisé **Félix-Éleuthère**), notaire, fonctionnaire et homme politique, né le 3 octobre 1832 à Varennes, Bas-Canada, fils de Félix Geoffrion, cultivateur, et de Catherine Brodeur ; décédé le 7 août 1894 à Verchères, Québec.

Sans autre éducation que celle de l'école de campagne, Félix Geoffrion réussit à s'instruire lui-même et obtient sa commission de notaire le 18 octobre 1853. Il exercera sa profession toute sa vie à Verchères où, le 20 octobre 1856, il épouse Almaïde Dansereau, fille mineure du maire de l'endroit, Joseph Dansereau. Le couple aura un fils, mort à l'âge de 20 ans, et deux filles, décédées en bas âge. Mme Geoffrion mourra en 1881.

Nommé registrateur du comté de Verchères le 6 septembre 1854, Geoffrion remplit cette fonction jusqu'en 1863. Ses collègues l'élisent membre du bureau de la Chambre des notaires du district de Montréal en 1859, 1862 et 1865. Il fait de plus partie du comité formé par l'assemblée générale des notaires de Montréal le 2 juillet 1862 pour élaborer un amendement à la loi organique du notariat de 1847 [V. Louis-René Lacoste*] et mettre ainsi un terme à la multiplicité des chambres de notaires ; toutefois, il faudra attendre plusieurs années avant que la loi organique du 1er février 1870 ne crée la chambre unique. Par ailleurs, Geoffrion sera président de la Compagnie du chemin de fer de Montréal, Chambly et Sorel.

Candidat « rouge » dans Verchères, Geoffrion est élu député à l'Assemblée législative de la province du Canada le 20 juin 1863. Il fait partie du groupe qui, sous la direction d'Antoine-Aimé DORION, mène campagne contre la Confédération. Après l'entrée en vigueur du nouveau régime constitutionnel le 1er juillet 1867, il brigue de nouveau les suffrages sous la bannière libérale ; réélu à chacune des sept élections générales fédérales tenues de 1867 à 1891, il représente sans interruption la circonscription de Verchères à la chambre des Communes jusqu'à la fin de sa vie.

Le 25 janvier 1872, Geoffrion compte parmi les membres élus, par quelque 200 délégués réunis à Montréal, pour composer le comité général pour le district de Montréal du parti national, qu'un groupe de libéraux et d'anciens conservateurs, tel Honoré MERCIER, ont mis sur pied à la fin de l'année précédente, en vue des élections fédérales prévues pour l'été de 1872. De plus, il continue de servir au sein de l'exécutif de l'Association de réforme du parti national de Montréal, largement dominée par les députés fédéraux du parti libéral. Le 1er avril 1874, il appuie la proposition que Donald Alexander Smith* présente à la chambre dans le but de former un comité spécial de neuf membres chargé de s'enquérir des causes des troubles du Territoire du Nord-Ouest en 1869–1870. Élu président de ce comité, il prépare le rapport qui est soumis au Parlement le 22 mai de la même année et à la suite duquel la chambre accordera l'amnistie générale à toutes les personnes impliquées dans les troubles du Nord-Ouest, à l'exception de Louis Riel*, d'Ambroise-Dydime Lépine* et de William Bernard O'Donoghue*.

Un des principaux leaders libéraux de la région de Montréal, Geoffrion devient, le 8 juillet 1874, ministre du Revenu de l'intérieur dans le cabinet d'Alexander MACKENZIE le 8 juillet 1874, par suite de la nomination de Dorion, titulaire de la Justice, au poste de juge en chef de la Cour du banc de la reine de la province de Québec. Atteint de la fièvre typhoïde en 1876, il ne peut cependant reprendre ses fonctions ministérielles à cause de fréquentes pertes de mémoire et n'est pas en mesure de jouer le rôle de lieutenant qu'on attend de lui. Il doit donc abandonner son portefeuille le 8 novembre 1876, et c'est Toussaint-Antoine-Rodolphe LAFLAMME qui le remplace.

Malgré sa démission comme ministre, Félix Geoffrion reste député et continue de prêter main-forte à ses collègues à l'occasion des campagnes électorales. C'est lui que l'on retrouve, par exemple, aux côtés de Mercier pendant la campagne provinciale de 1878 dans un grand nombre de circonscriptions de la région de Montréal. Au cours de la campagne fédérale de

1891, il fait une chute dont il ne se rétablira jamais complètement. Il meurt le 7 août 1894. L'année suivante, son frère CHRISTOPHE-ALPHONSE lui succédera dans Verchères.

MARCEL CAYA

AC, Richelieu (Sorel), État civil, Catholiques, Saint-François-Xavier (Verchères), 12 avril 1881, 10 août 1894. — AN, RG 68, General index, 1841–1867 ; 1867–1908. — ANQ-M, CE1-26, 20 oct. 1856. — Canada, chambre des Communes, *Journaux,* 1874, app.6. — *L'Électeur,* 8–9 août 1899. — *L'Événement,* 9 août 1894. — *Montreal Daily Star,* 8 août 1894. — *La Presse,* 8 août 1894. — Lucien Brault, « Registrateurs de comtés, B.-C. », *BRH,* 43 (1937) : 277. — *Canadian directory of parl.* (Johnson). — J. Desjardins, *Guide parl.* — *Political appointments, 1841–1865* (J.-O. Coté ; 1866), 71. — *Répertoire des ministères canadiens.* — Bernard, *les Rouges,* 225–226, 298. — Caya, « la Formation du parti libéral au Québec », 219, 332. — J.-E. Roy, *Histoire du notariat au Canada depuis la fondation de la colonie jusqu'à nos jours* (4 vol., Lévis, Québec, 1899–1902), 3 : 202, 247, 291–293, 321. — Rumilly, *Hist. de la prov. de Québec,* 1–3 ; 6–7. — D. C. Thomson, *Alexander Mackenzie, Clear Grit* (Toronto, 1960), 251, 278. — André Vachon, *Histoire du notariat canadien, 1621–1960* (2e éd., Québec, 1962), 108–111.

GIBBONS, SIMON THOMAS, instituteur et ministre de l'Église d'Angleterre, né probablement le 21 juin 1851 à Forteau, Labrador, fils de Thomas Gibbons, pêcheur, et d'une Inuk qui mourut en couches ; le 26 mars 1878, il épousa à Clarenceville, Québec, Frances Eliza DuVernet, et ils n'eurent pas d'enfants ; décédé le 14 décembre 1896 à Parrsboro, Nouvelle-Écosse.

L'enfance de Simon Thomas Gibbons est entourée d'une multitude de légendes dont il inventa et diffusa sans doute lui-même une partie. On raconte encore, dans les paroisses qu'il desservit, qu'on le trouva sur une banquise au large du Labrador. Le premier document officiel où il est question de lui est le troisième rapport annuel du Church of England Widows and Orphans Asylum de St John's où on l'admit le 5 novembre 1857 à l'âge de six ans. Le rapport signale : « Ce garçon est à moitié Esquimau, et la mort de son père l'a laissé dans la misère, tout comme trois frères et une belle-sœur (purs Esquimaux). M. [Algernon] Gifford, missionnaire de Forteau au Labrador, l'a envoyé à St John's en demandant instamment qu'il soit admis chez nous. »

Selon un autre rapport de l'orphelinat, Simon Thomas manifestait « une intelligence exceptionnelle » ; à cause de sa « diligence et [de ses] progrès », on le plaça, en 1860, comme externe à l'école secondaire que tenait l'Église d'Angleterre et qui était dirigée par le révérend George Poulett Harris. Deux ans plus tard, on radia son nom de la liste de l'orphelinat car Sophia Mountain, veuve de Jacob George Mountain* et surintendante de l'établissement, le prit à sa charge. En 1867, Mme Mountain épousa l'évêque de Terre-Neuve, Edward Feild* ; Simon devint donc membre de la maisonnée de l'évêque à St John's. Après avoir terminé son cours secondaire, il poursuivit ses études et sa préparation au ministère auprès du révérend Hutchinson à Tilt Cove. Malheureusement, un incendie survenu au presbytère a détruit les archives de Tilt Cove ; aussi a-t-on peu d'indications sur cette période de la vie de Gibbons. Cependant, on sait qu'il appartint à un groupe renommé d'officiants laïques, instituteurs et catéchistes qui desservaient les petits ports de pêche de Terre-Neuve.

En 1875, Gibbons s'installa dans la province de Québec et assuma une charge du même genre dans le diocèse de Montréal. Au cours d'un bref séjour à Clarenceville, il manifesta ses qualités d'homme d'action : il enseignait à l'école secondaire administrée par l'Église, agissait à titre d'officiant laïque dans la paroisse et préparait le fils du *rector,* Frederick Herbert DuVernet*, à ses examens d'entrée à l'université. (Il épouserait plus tard la fille du *rector,* Frances Eliza DuVernet.) En 1876–1877, il fit un séjour bref mais intensif au King's College de Windsor, en Nouvelle-Écosse, pour se préparer à l'ordination. Le chanoine William Selwyn Hierliehy Morris, qui le connut au collège, raconta par la suite que « son physique typique d'Esquimau ne diminuait en rien sa popularité ». Par contre, Gibbons lui-même confia à un ami qu'au début de son séjour à Windsor certains étudiants l'avaient rudoyé parce qu'il était « différent ». Des photographies de lui montrent un homme trapu, au visage rond et plat, à la peau sombre, aux cheveux noirs, drus et raides, portant moustache. L'évêque de la Nouvelle-Écosse, Hibbert Binney*, ordonna Gibbons diacre le 25 février 1877, et prêtre le 17 mars de l'année suivante.

Pendant son trop bref ministère, Gibbons fut titulaire de trois paroisses néo-écossaises. Il servit d'abord à titre de missionnaire itinérant au Cap-Breton, et on le chargea plus particulièrement de la mission du comté de Victoria, où s'étaient installés des pêcheurs terre-neuviens. Il y montra que sa vigueur et son endurance lui permettaient de supporter des conditions difficiles. Selon le chanoine Morris, le chemin qui traversait son district était « à peine meilleur qu'une piste, souvent impraticable en hiver, sauf en raquettes ». Peu après son affectation, Gibbons écrivait à Thomas Fraser Draper, archidiacre de Louisbourg : « J'aurai beaucoup de marche à faire et devrai transporter sur mon dos de la nourriture et des vêtements de rechange. » Sac au dos (il avait demandé un havresac de soldat), il faisait le tour de sa mission. Des récits pittoresques de ses expériences hivernales circulent encore au Cap-Breton : il sautait sur les glaces flottantes pour traverser une anse, marchait à quatre pattes le long de la côte glacée pour aller célébrer les offices de Noël dans un village isolé ou gravissait en raquettes la piste escarpée et sinueuse qui franchissait le mont Smokey. Plus d'une fois, venant du nord, il arriva chez un ami après avoir franchi 100 milles à pied, épuisé, les chaussures tachées de sang, et s'effondra en franchissant le seuil.

En 1881 et 1882, Gibbons suspendit ces tournées harassantes pour se rendre en Grande-Bretagne : il manquait de fonds pour construire des églises dans sa mission. « Il avait, a dit le chanoine Morris, des qualités que ne possédait pas n'importe quel « collecteur » : une voix musicale, une grande facilité de parole, une personnalité attachante, et par-dessus tout un physique typiquement esquimau. Partout où il passait, il attirait de nombreux auditoires. » À ce sujet, Gibbons lui-même disait simplement : « Ma chance, c'est ma figure. » En Angleterre, il prêcha à l'abbaye de Westminster et parut devant la reine Victoria. L'aide financière qu'il reçut au cours de ses voyages lui permit de construire et de décorer deux églises et une maison au Cap-Breton et de confier 4 500 $ à l'évêque pour la dotation permanente de sa mission.

Un jour, en conversant avec Morris, Gibbons fit cette remarque : « J'ai passé un an de trop au Cap-Breton » ; jamais il ne prononça une phrase qui ressemblait davantage à une plainte. À la fin de 1885, après sept ans et demi de labeur épuisant, il passa à sa deuxième paroisse, Lockeport en Nouvelle-Écosse. L'une des deux régions ecclésiastiques du Cap-Breton porte le nom de Simon Gibbons en son honneur. Durant ses trois années à Lockeport, Gibbons desservit trois congrégations disséminées sur environ 35 milles le long de la côte sud de la Nouvelle-Écosse. Même si la tâche était beaucoup moins dure qu'à sa première paroisse, des indices montrent que sa santé se détériorait, et il dut passer six semaines aux Antilles en 1885. Deux ans plus tard, il retourna en Grande-Bretagne, dans l'espoir d'améliorer sa santé et de recueillir des dons pour sa paroisse. Il en revint avec de l'argent et une provision de meubles pour sa nouvelle église, à Jordan Falls.

On construisit trois églises dans la dernière paroisse de Gibbons, Parrsboro, où il s'installa en 1888. Lui-même travailla sur les trois chantiers, et chaque matin il versait une rasade de rhum aux ouvriers pour leur donner du cœur à l'ouvrage. On peut encore voir, sur la plupart des églises qu'il construisit dans la province, le clocher dont il les a ornées et qui porte le nom de « casque rhénan » à cause de la forme des pignons. Son zèle et l'énergie qu'il avait consacrée à amasser des fonds pour ces édifices lui ont valu le titre de « champion des constructeurs d'églises du diocèse ».

Voyager constamment dans les conditions les plus primitives n'empêchait pas Simon Thomas Gibbons de déployer de grands talents quand il s'adressait à un auditoire. En outre, les journaux locaux et étrangers, telles les publications ecclésiastiques du diocèse et du pays, publiaient de vivants reportages sur ses activités et réalisations ainsi que sur celles de ses paroissiens. L'aptitude remarquable qui lui permettait d'aider autrui à saisir que « Dieu aime celui qui donne avec joie » était étroitement liée à ses dons d'orateur. Le soir même de sa mort, parfaitement conscient de sa fin proche, il prononça un sermon puissant sur le thème « Il nous faut mourir ». On l'inhuma au cimetière de la paroisse de Parrsboro pendant l'une des pires tempêtes de neige du siècle. Ainsi se termina le bref ministère d'un prêtre exceptionnel.

LEONARD FRASER HATFIELD

On trouve une biographie complète du sujet dans le livre de L. F. Hatfield, *Simon Gibbons : first Eskimo priest ; the life of a unique clergyman and church builder* (Hantsport, N.-É., 1987).

Une grande partie des documents consultés demeurent en possession de particuliers, y compris les journaux personnels et albums de Mme Olive Canning de Wards Brook (près de Parrsboro, N.-É.), qui ont été confiés à Mlle Hazel Slater (Wards Brook) ; une collection de coupures de journaux rassemblés par Mme Helen Fraser de Parrsboro se trouve aux mains de sa nièce, Mme W. B. Bruce Fullerton (Parrsboro) ; et les journaux personnels de David Harris Jenks de Diligent River, N.-É., conservés par Jack F. Layton (Innisfail, Alberta), et dont on peut obtenir des exemplaires à la St George's Anglican Church de Parrsboro. Une copie du manuscrit de T. F. Draper, « A history of the church in Cape Breton » (1901), est en possession de l'auteur (une version dactylographiée se trouve aux PANS).

On a fait une étude poussée des copies de documents de la SPG aux AN (MG 17, B1). La correspondance de Gibbons quand il était dans le comté de Victoria, N.-É., présente un intérêt particulier et on en trouve une transcription aux AN (D.58/N.S. : 89 ; D.66/N.S. : 49, 54, 58 ; D.70/N.S. : 109–112). Son rapport de sa mission de 1879 est disponible sur microfilm aux AN et dans d'autres dépôts d'archives dont les EEC, General Synod Arch. (Toronto), et aux PANS, comme c'est le cas pour les papiers d'Algernon Gifford à Forteau (C/Nfl., box II/27, folder 316).

Diocese of Nova Scotia Arch. (Halifax), W. S. H. Morris, « True clerical experiences » ; Statistics for the parishes of Victoria County, Lockeport, and Parrsboro. — EEC, Diocese of Montreal Arch., St George's (Clarenceville, Québec), records, 1875–1878, including Clarenceville Academy records ; reg. of marriages, 16 mars 1878. — Holy Trinity Anglican Church (Lockeport, N.-É.), Records, 1885–1888. — St George's Anglican Church, Records of the parishes of St George's and Holy Trinity (Port Greville, N.-É.), 1888–1896. — St James' Cemetery and Crematorium (Toronto), Burial records, F. E. [DuVernet] Gibbons, 23 nov. 1918. — St Peter's and St John's Anglican Church (Baddeck, N.-É.), Records of the mission of Victoria County, Cape Breton, 1877–1885. — Univ. of King's College Library (Halifax), Matriculation records, 1876. — *Church Guardian* (Moncton, N.-B. ; Halifax ; Montréal ; St John's), 1879–1895. —

Church Observer (Springhill, N.-É.), 4 janv. 1897. — *Church Work* (Digby, N.-É. ; Halifax), 1875–1897. — M. W. Morley, *Down north and up along* (New York, 1900). — Newfoundland Church of England Widows and Orphans Asylum, *Annual report* (St John's), 1858–1863 (copies disponibles à l'EEC, Diocese of Newfoundland Arch., et au Queen's College, Memorial Univ. of Nfld., tous deux à St John's ; les archives diocésaines possède la collection complète de ces *Reports*). — SPG *Report* (Londres), 1878–1896. — *Crockford's clerical directory* [...] (Londres), 1891. — Univ. of King's College, *The calendar of King's College, Windsor, Nova Scotia* [...] (Halifax), 1876–1878. — V. G. Kent, *The origins of the Anglican Church in Cape Breton* (s.l., 1985). — R. J. Morgan, « Heroes of Anglican Christianity in Cape Breton » (communication faite devant l'EEC, Synod of Nova Scotia, Sydney, 1985). — J. H. Purchase, *The parish of St. Andrew's Church, Neil's Harbour, Nova Scotia : 100th anniversary, 1877–1977* (s.l.n.d.). — Chris Thomas, *Holy Trinity Anglican Church in Jordan Falls, Shelburne Co., N.S.* (s.l.n.d.). — « The Anglican Church celebrating 200 years in Cape Breton », *Cape Breton Post* (Sydney), 11 mai 1985, suppl. — *Canadian Churchman*, 26 sept. 1929 : 635. — M. A. Gibson, « Churches by the sea », *Chronicle-Herald* (Halifax), 22 nov. 1980. — W. S. H. Morris, « Simon Gibbons, travelling missionary in Cape Breton, 1877–1885 : a memoir », *Church Work* (Middleton, N.-É.), 57 (1935), n° 7 : 10–11 ; n° 8 : 7.

GILCHRIST, FREDERICK CHARLES, marchand, fermier, fonctionnaire, homme politique et juge de paix, né le 20 avril 1859 à Port Hope, Haut-Canada, fils de Charles Gilchrist et d'une prénommée Belle ; le 1er juillet 1882, il épousa au même endroit Harriet Marian Newbegin, et ils eurent six enfants ; décédé le 20 mars 1896 au fort Qu'Appelle (Fort Qu'Appelle, Saskatchewan).

Frederick Charles Gilchrist était le petit-fils d'un éminent médecin du Haut-Canada et, manifestement, ses parents espéraient qu'il devienne lui aussi médecin. Mais le jeune Frederick Charles s'intéressait plutôt aux animaux et aux poissons et, à 18 ans, c'est dans cette voie qu'il décida de s'engager. Pendant quelque temps, il aida son père, qui était sous-inspecteur des pêches dans le district du lac Rice. Son travail personnel en fit un spécialiste en ichtyologie et un taxidermiste amateur ; il s'essaya aussi à la culture du riz sauvage. Très tôt dans sa carrière, il manifesta un intérêt remarquable pour l'application des méthodes scientifiques de recherche et s'occupa de diffuser les résultats de ses découvertes. Ainsi, dès 1880, il publia dans une lettre au *Forest and Stream* de New York les conclusions de ses études sur le riz sauvage.

De 1880 jusqu'au début de 1883, Gilchrist exploita un commerce au lac Rice. Il y rencontra sa future femme, une missionnaire méthodiste anglaise arrivée depuis peu au pays. Après leur mariage, et probablement dans l'espoir d'améliorer leur situation financière, les époux partirent pour l'Ouest et entreprirent l'exploitation d'une ferme près de Qu'Appelle ; leur demande de terrain porte la date du 26 avril 1883.

Gilchrist devint en octobre 1884 le premier sous-inspecteur fédéral des pêches de la région des lacs Qu'Appelle (The Fishing) et de leurs affluents. Après plusieurs demandes, il parvint à faire agrandir son district en obtenant, le 1er mai 1891, une promotion au poste d'inspecteur des pêches des Territoires du Nord-Ouest, poste qu'il occupera jusqu'à sa mort. À ce titre, Gilchrist fit plusieurs longs voyages, dont l'un en 1891 qui l'amena aussi loin vers l'ouest que le lac Kootenay, en Colombie-Britannique. Bon canoéiste, il descendit la Saskatchewan en 1894 pour inspecter divers endroits, notamment Fort-à-la-Corne et Cumberland House (Saskatchewan).

Gilchrist prit une part active à la vie communautaire de l'Ouest, en qualité de conseiller municipal de Qu'Appelle en 1884 et d'administrateur de la société agricole de l'endroit pendant plusieurs années à partir de cette date. Il fut aussi commissaire d'écoles, cotiseur municipal et juge de paix. En 1886, il s'installa avec sa famille dans une nouvelle ferme au lac Echo.

Dans le cadre de son travail, Gilchrist était appelé à préparer des comptes rendus, dont certains furent publiés, entièrement ou partiellement, dans les rapports du département de la Marine et des Pêcheries. Le plus important d'entre eux est probablement celui de 1894, qui portait sur la reproduction du corégone dans le lac Long. Gilchrist y écrivait que, si ses conclusions justifiaient la directive ministérielle sur l'interdiction de pêcher entre le 15 décembre et le 1er janvier, elles ne réglaient pas pour autant la question de savoir à quel moment le frai avait lieu ; il fallait donc poursuivre les recherches pour déterminer à quelle période on pouvait permettre aux Indiens et aux Métis de pêcher le poisson dont ils avaient besoin pour se nourrir. Quelque peu moralisateur et pédant, ce texte démontre toutefois la démarche rigoureusement scientifique de son auteur. Grâce à ses travaux, Gilchrist entra en contact avec la Smithsonian Institution de Washington, et à deux reprises au moins il y envoya, conservés dans l'alcool, des spécimens de poissons des lacs de son district. Les nombreuses observations ornithologiques qu'il nota dans son journal s'avérèrent aussi de précieuses sources de renseignements.

Tout portait à croire que Frederick Charles Gilchrist contribuerait grandement à faire avancer la connaissance et la gestion des pêches de ce qui est maintenant l'ouest du Canada. Sa mort prématurée, à l'âge de 36 ans, mit fin à sa prometteuse carrière, mais ses études avaient jeté les bases des travaux de ses successeurs.

DOUGLAS H. BOCKING

Frederick Charles Gilchrist est l'auteur de trois articles qui parurent dans *Forest and Stream* (New York), « All about wild rice », 15 (août 1880–janv. 1881) : 168 ; « Sawdust in Ontario streams », 34 (févr.–juill. 1890) ; 150-151 ; et « The tullibee », 38 (janv.–juin 1892) : 325.

AN, RG 31, C1, 1881, Port Hope. — Saskatchewan Arch. Board (Saskatoon), A76, F. C. Gilchrist papers ; Dept. of the Interior, Dominion Lands Branch, file 365-18, F. C. Gilchrist, application for patent for SW-12-23-15-W2, 9 mai 1887. — Canada, Parl., *Doc. de la session*, 1887, n° 16 ; 1888, n° 6 ; 1894, n° 11. — Smithsonian Institution, *Annual report* (Washington), 1893 : 234 ; 1895 : 119. — D. H. Bocking, « The Gilchrist diaries », *Saskatchewan Hist.* (Saskatoon), 20 (1967) : 108–113. — Mary et C. S. Huston, « F. C. Gilchrist's diary – Fort Qu'Appelle, 1883–1896 », *Blue Jay* (Saskatoon), 24 (1966) : 169–170.

GILMOUR, ALLAN, homme d'affaires, officier de milice et amateur d'œuvres d'art, né le 23 août 1816 dans la paroisse de Shotts, Écosse, fils unique de David Gilmour, cultivateur, et d'une prénommée Betty ; décédé célibataire le 25 février 1895 à Ottawa.

Allan Gilmour était le neveu d'Allan Gilmour*, qui s'était joint à John et à Arthur Pollok en 1804 pour former la Pollok, Gilmour and Company. L'entreprise se lança plus tard dans le commerce du bois en Amérique du Nord britannique par l'intermédiaire de membres de la famille qui établirent des bureaux d'achat au Nouveau-Brunswick ainsi qu'à Québec et à Montréal. On ouvrit en 1828 la succursale de Montréal que dirigeait William Ritchie* sous la raison sociale William Ritchie and Company. Il s'agissait d'une entreprise de commerce général qui achetait du bois équarri et des madriers, et qui fournissait des provisions aux camps de bûcherons de la vallée de l'Outaouais.

Allan Gilmour de Shotts (ainsi nommé pour le distinguer de son oncle et d'un autre neveu, Allan Gilmour* de Québec) fit ses études à l'école publique de campagne. En 1832, il fut affecté avec son cousin James à la firme de Ritchie à titre de commis ou de « cadet ». Leur arrivée donna un nouvel élan d'enthousiasme à la compagnie. Elle appliqua une politique dynamique d'achat de bois en envoyant des agents dans les coins reculés du pays afin d'évincer ses concurrents. En 1840, au moment où Ritchie prit sa retraite, les cousins assurèrent la succession et renommèrent la firme Gilmour and Company, bien que l'entreprise conservât des liens étroits avec Gilmour et Pollock de Grande-Bretagne.

Il semble que la compagnie ait acquis, à compter du milieu des années 1840, des propriétés et des terrains à vocation industrielle dans le but de mieux établir sa position dans l'industrie du bois. L'une des étapes initiales de cette stratégie consista à ouvrir une succursale à Bytown (Ottawa) sous la direction de John Porter, qui poursuivit l'achat de bois et la vente de provisions. L'attention des nouveaux propriétaires se porta de plus en plus du côté de la rivière Gatineau lorsque le monopole de coupe qui y existait prit fin en 1843 [V. George Hamilton*]. Au même moment, l'abaissement des droits protecteurs qui favorisaient l'accès du bois en grumes des colonies sur le marché britannique forçait les producteurs à se tourner vers la fabrication de bois de sciage destiné au marché américain. La Gilmour and Company, l'une des rares entreprises de bois équarri à effectuer la transition, s'orienta vers ce nouveau débouché. En 1852, elle construisit des scieries dans la baie de Quinte, à Trenton dans le Haut-Canada, afin de tirer profit des forêts des lacs Kawartha ainsi que des vallées de la Moira et de la haute Madawaska. Elle acquit en 1853 les scieries et les droits de coupe qui appartenaient à Nathaniel Sherrald Blasdell et à Julius Caesar Blasdell, à Chelsea, près de la rivière Gatineau. La même année, Gilmour alla s'établir à Bytown ; il en faisait ainsi le siège social de la firme et réduisait la succursale de Montréal au rang d'agence. Sa compagnie, qui exerçait ses activités surtout à Ottawa, à Hull et dans la vallée de la Gatineau, allait ainsi devenir l'une des plus importantes entreprises de bois en grumes au Canada.

Il semble que Gilmour ait été constamment rongé par l'inquiétude, et qu'il se tenait à l'écart des activités quotidiennes de l'entreprise. Cette réserve le distinguait des autres marchands de bois de l'époque, qui travaillaient souvent côte à côte avec leurs hommes à la scierie ou dans la forêt. Un vieil employé, James Murtagh, décrivit Gilmour comme un « homme d'une grande force de caractère qui avait tendance à se mettre en colère sans raison valable chaque fois qu'un problème surgissait à la scierie. Il parlait rarement aux ouvriers sauf pour les saluer et il n'entretenait aucun rapport avec eux, quoi qu'il arrive. »

Au début, Allan Gilmour avait de bonnes raisons de s'inquiéter. Les affaires n'allaient pas très bien et, en février 1857, son cousin James Gilmour décéda. Toutefois, il engagea la même année un Écossais, John Mather*, qui fut chargé des exploitations forestières et des scieries. En 20 ans, sa direction habile et éclairée devait faire de la compagnie une entreprise d'importance majeure. On équipa les scieries Blasdell de nouvelles scies et on les dota d'autres améliorations technologiques, telle une machine pour alimenter les scies en billes et en retirer les planches et les rebuts. La compagnie fit également l'acquisition de scieries sur les rives des rivières Blanche et de la Petite Nation. En 1860, grâce au traité de réciprocité signé en 1854 avec les États-Unis, la production avait augmenté et les affaires étaient florissantes. À Ironside, près de l'embouchure de la rivière, on aménagea de plus grands terrains d'empilage et de meilleurs quais pour desservir les scieries de la Gatineau ; à Trenton, on transforma les installations en importantes scieries à vapeur.

Si Gilmour s'inquiétait en affaires, il savait aussi

comment se détendre. Il adorait les voyages et s'adonnait au tir au fusil, à la pêche et à la navigation de plaisance sur son propre bateau à vapeur, le *Cruiser*. Longtemps membre de la Long Point Shooting Company, il jouissait de droits de pêche au saumon sur la rivière Godbout (près de Pointe-des-Monts sur la rive nord du Saint-Laurent) et jouait fréquemment au curling (il devint même président de l'Ottawa Curling Club). Gilmour fut major dans la milice au moment de la crise fénienne de 1866, et on lui donna le sobriquet de colonel. Enfin, dans sa riche demeure de l'avenue Vittoria, avec vue sur l'Outaouais, le magnat du bois rassembla l'une des plus belles collections d'œuvres d'art de l'époque au Canada, laquelle comprenait des tableaux de Cornelius Krieghoff*.

En 1873, Gilmour décida de se retirer des affaires afin de goûter les fruits de son labeur et de s'adonner aux activités qu'il préférait par-dessus tout, soit la chasse, la pêche, les voyages, la lecture et la collection d'œuvres d'art. Comme il était célibataire, l'entreprise passa à d'autres membres de la famille engagés dans l'industrie du bois à Québec : John, Allan et David Gilmour, les fils de John Gilmour*, ainsi qu'un cousin, J. D. Gilmour. L'année suivante, Allan Gilmour voyagea en Europe puis en Égypte, où il descendit en bateau la première cataracte du Nil, ainsi qu'en Terre Sainte et en d'autres régions du Moyen-Orient. De retour à Ottawa, il vécut une vie tranquille et raffinée. Il devint un « ami personnel chaleureux et apprécié » du gouverneur général lord Dufferin [Blackwood*] et de lady Dufferin, qu'il accompagna d'ailleurs dans des excursions de pêche. Gilmour lisait des ouvrages qui, sans lui faire abandonner la religion presbytérienne, l'amenèrent néanmoins à élargir les horizons de sa foi et à reconnaître les autres religions et confessions. Il poursuivit son mécénat et, en 1879, avec Edmund Allen MEREDITH, Sandford Fleming* et d'autres, il fonda l'Art Association d'Ottawa afin de promouvoir la création d'une « Galerie nationale » et d'une école des beaux-arts. Au cours des années 1880, Gilmour fut président et vice-président de l'association. Il mourut paisiblement chez lui le 25 février 1895 ; jamais il n'avait regretté d'avoir tourné le dos au monde des affaires à un âge relativement précoce.

Allan Gilmour laissa une fortune de 1 452 825 $, dont sa collection de 146 œuvres d'art évaluée par un artiste d'Ottawa, Peleg Franklin Brownell, à 11 163 $. Aux termes de son testament, il léguait à ses sœurs en Écosse, à deux anciens employés (son comptable, James Cunningham, et John Mather), ainsi qu'à des œuvres de charité locales des sommes qui totalisaient 265 000 $. Le gros de sa succession, y compris ses placements, sa demeure et sa collection d'œuvres d'art, alla à John Manuel*, un ami très proche qui habitait avec lui durant les derniers mois. Il avait été officier dans la compagnie de Gilmour et l'on croit qu'il était le beau-fils de sa sœur Marion.

ROBERT PETER GILLIS

AN, MG 24, I89 (mfm) ; MG 26, B, Gilmour à Mackenzie, 21 déc. 1878 ; MG 28, III 6, 133, 148 ; RG 1, L3, 216A : G4/121 ; 217 : G5/21 ; 218 : G6/77 ; 220 : G8/51, 87 ; 301 : L7/11. — AO, RG 22, sér. 354, nº 2625. — Baker Library, R. G. Dun & Co. credit ledger, Canada, 13 : 206. — GRO (Édimbourg), Shotts, reg. of births and baptisms, 15 sept. 1816. — [H. G. Hamilton Blackwood, marquise de] Dufferin [et Ava], *My Canadian journal, 1872–1878*, Gladys Chantler Walker, édit. (Don Mills [Toronto], 1969). — *Canadian album* (Cochrane et Hopkins), 4 : 386. — *Canadian men and women of the time* (Morgan ; 1912), 447, 728–729. — *Cyclopædia of Canadian biog.* (Rose et Charlesworth), 1. — *Dominion annual reg.*, 1880–1881 : 169, 174, 325 ; 1883 : 240 ; 1884 : 208. — G. E. Boyce, *Historic Hastings* (Belleville, Ontario, 1967). — Gwyn, *Private capital*. — J. W. Hughson et C. C. J. Bond, *Hurling down the pine ; the story of the Wright, Gilmour and Hughson families, timber and lumber manufacturers in the Hull and Ottawa region and on the Gatineau River, 1800–1920* (Old Chelsea, Québec, 1964). — William Leggo, *The history of the administration of the* [...] *Earl of Dufferin,* [...] *late governor general of Canada* (Montréal et Toronto, 1878). — A. R. M. Lower, *Great Britain's woodyard : British America and the timber trade, 1763–1867* (Montréal et Londres, 1973). — John Rankin, *A history of our firm, being some account of the firm of Pollok, Gilmour and Co. and its offshoots and connections, 1804–1920* (2e éd., Liverpool, Angl., 1921).

GILPIN, JOHN BERNARD, médecin, chirurgien, naturaliste, auteur et artiste, né le 4 septembre 1810 à Newport, Rhode Island, quatrième enfant de John Bernard Gilpin et de sa seconde épouse, Mary Elizabeth Miller ; le 13 août 1846, il épousa à Digby, Nouvelle-Écosse, Charlotte Smith (décédée en 1851), et ils eurent deux fils ; décédé le 12 mars 1892 à Annapolis Royal, Nouvelle-Écosse.

Venu d'Angleterre pour s'installer à Philadelphie en 1783, le père de John Bernard Gilpin fut consul britannique à Newport, dans le Rhode Island, de 1802 à 1832. C'est là que le jeune John Bernard fit ses premières classes avant d'aller étudier au Trinity College de Hartford, dans le Connecticut, où il obtint sa licence ès arts en 1831. Après un an d'apprentissage au cabinet du docteur T. C. Gunn, à Newport, il entra à la University of Pennsylvania ; il y reçut son diplôme de médecine en 1834, avec un mémoire intitulé « Old age ». On ne sait pas où il demeura pendant les quelques années suivantes mais, en janvier 1838, il pratiquait la médecine à Annapolis Royal, en Nouvelle-Écosse. Son père s'y était retiré au printemps de 1833 pour se rapprocher de ses fils Edwin et Alfred, nés de son premier mariage et tous deux ministres anglicans. En 1838, Annapolis Royal était une petite ville d'un peu plus de 1 000 habitants, servie par un seul médecin, Robert Leslie ; quatre autres médecins s'occupaient des districts agricoles des alentours.

En 1845, Gilpin se rendit à Londres et, au mois de janvier suivant, passa l'examen d'admission au Royal College of Surgeons of England. De retour en Nouvelle-Écosse au début de l'année 1846, il devenait ainsi l'un des cinq médecins de la province officiellement reconnus à la fois comme médecins et chirurgiens. Après son mariage, plus tard cette année-là, Gilpin alla s'établir à Halifax et ouvrit son cabinet rue Barrington. En 1847, il fut appelé à travailler à titre d'officier de santé adjoint dans le port de Pictou, au moment où sévissait une grave épidémie de typhus. Membre de la Medical Society of Halifax, il participa en 1854 à la réorganisation de cet organisme, qui devint la Medical Society of Nova Scotia.

Quoique Gilpin ait beaucoup contribué à la profession médicale en Nouvelle-Écosse, c'est surtout à titre de naturaliste qu'on le connaît aujourd'hui. On suppose qu'il s'était installé à Halifax pour être près de ceux qui partagaient ses intérêts littéraires et scientifiques. Après la mort prématurée de sa femme en 1851, Gilpin ne se remaria jamais et, pendant les 40 années qui suivirent, il s'absorba dans l'étude de la faune de la Nouvelle-Écosse. L'un des fondateurs du Nova Scotian Institute of Natural Science (devenu le Nova Scotian Institute of Science), c'est lui qui donna la première conférence devant les membres, en présentant le 2 février 1863 une communication sur le hareng. À titre de membre puis de président (1873–1878) de cette société, il se tailla une solide réputation comme naturaliste et zoologiste, au Canada et aux États-Unis, durant la dernière moitié du XIXe siècle. Les 34 communications qu'il présenta en une période de plus de 20 ans furent publiées dans les mémoires de l'institut ; elles portaient entre autres sur les oiseaux, les poissons, les phoques, les morses, les orignaux, les castors, les serpents et les fossiles, et une série était consacrée aux mammifères de la Nouvelle-Écosse. Gilpin écrivit également sur l'âge de pierre et sur les Indiens de la province. Sa conférence *Sable Island : its past history, present appearance, natural history, &c., &c.* [...] fut publiée à Halifax en 1858, accompagnée d'une description par Joseph Darby du naufrage de la goélette *Arno*, survenu en 1846, et d'un poème de Joseph Howe*.

Gilpin illustrait souvent ses textes lui-même. Selon un commentaire du président du Nova Scotian Institute of Science, Martin Murphy, en 1892, « il [avait] bien servi le muséum autant par son pinceau que par sa plume, car il possédait le rare talent d'illustrer en couleurs, avec art et précision, tout sujet dont il traitait dans ses écrits ». Dans sa notice nécrologique, le *Halifax Herald* fit l'éloge de « ses croquis fougueux des poneys sauvages typiques de l'île de Sable », qui « témoignent encore de son talent pour représenter la vie animale ».

Membre fondateur de la Société royale du Canada en 1882 [V. sir John William DAWSON], Gilpin se retira cette année-là à Annapolis Royal, où il vécut jusqu'à la fin de ses jours. Il mourut en 1892 et on l'inhuma dans le vieux cimetière paroissial, aux côtés de sa femme et de son fils Bernard, décédé en bas âge.

En rendant hommage à John Bernard Gilpin, plusieurs soulignèrent sa contribution à l'étude de l'histoire naturelle de la Nouvelle-Écosse. Dans une série de portraits d'anciens présidents du Nova Scotian Institute of Science, Harry Piers le décrit comme « probablement le meilleur observateur des animaux supérieurs que nous ayons eu, capable d'avancer, dans un style savoureux, pittoresque et séduisant, des affirmations très précises. Bon dessinateur, il maniait facilement le pinceau et le crayon, ce qui l'aidait à illustrer ses conférences. » En 1910, le docteur Donald Alexander Campbell rappelait dans le *Maritime Medical News* que Gilpin « faisait toujours tout son possible pour aider et encourager l'étude de l'histoire naturelle de la province et [que] le professeur [Spencer Fullerton] Baird du Smithsonian Institute lui demandait fréquemment son avis sur des espèces de poissons nouvelles ou douteuses et sur leurs migrations dans les eaux du Nord ».

ALLAN E. MARBLE

Une liste des communications que John Bernard Gilpin a publiées dans les *Proc. and Trans.* (Halifax), 1 (1863–1866)–5 (1879–1882), du Nova Scotian Institute of Natural Science, se trouve dans l'article de D. A. Campbell, « Some Nova Scotia physicians and their contributions to natural science », *Maritime Medical News* (Halifax), 22 (1910) : 184–185. Quelques-uns de ses dessins font maintenant partie de la collection du Nova Scotia Museum (Halifax).

PANS, MG 1, 329, particulièrement n°s 1, 27 ; 717, n° 53 ; MG 4, 23, reg. of marriages, 13 août 1846 ; RG 1, 175 : 471 ; RG 25, C, 10, n° 1 : 192. — St Paul's Anglican Church (Halifax), Reg. of baptisms, 13 août 1847, 3 août 1849 (mfm aux PANS). — Univ. of Pa. Arch. (Philadelphie), Medical school records, particulièrement index to medical matriculants, 1834. — Nova Scotian Institute of Science, *Proc. and Trans.*, 6 (1883–1886) : 158 ; 8 (1890–1894) : xlvii–xlviii ; 10 (1898–1902), photographie face à la page xxxv ; 13 (1910–1914) : lxxxii–lxxxiv. — SRC *Mémoires*, 1re sér., 1 (1882–1883), proc. : iv, xxvi. — *Halifax Herald*, 22 mars 1892. — *Novascotian*, 10 mars 1851. — *Belcher's farmer's almanack*, 1845. — *Catalogue of the alumni of the Medical Department of the University of Pennsylvania, 1765–1877* (Philadelphie, 1877). — *Cunnabell's N.-S. almanac*, 1851 : 76. — *Dictionary of American medical biography* [...], H. A. Kelly et W. L. Burrage, édit. (New York, 1928). — *N.S. directory*, 1871. — Eaton, *Hist. of Kings County*. — D. A. Campbell, « History of the Medical Society of Nova Scotia », *Maritime Medical News*, 15 (1903) : 540. — Harry Piers, « Artists in Nova Scotia », N.S. Hist. Soc., *Coll.*, 18 (1914) : 153.

GIRARD, MARC-AMABLE, notaire, fonctionnaire, homme politique et avocat, né le 25 avril 1822 à Varennes, Bas-Canada, cinquième des six enfants et fils unique d'Amable Girard, fermier, et de Josephte Daunais ; le 23 septembre 1878, il épousa à Montréal Marie-Aurélie de La Mothe, veuve d'Alfred Versailles, et ils eurent une fille et un fils qui mourut en bas âge ; décédé le 12 septembre 1892 à Saint-Boniface, Manitoba.

Marc-Amable Girard entra au collège de Saint-Hyacinthe en 1831. Huit ans plus tard, il commença son stage chez le notaire Louis Lacoste* à Boucherville. En 1840, il passa quelque temps à Middlebury, au Vermont, « pour apprendre l'anglais ». Il prit la direction de l'étude de Lacoste en 1843, car celui-ci, qui soutenait Louis-Hippolyte La Fontaine*, fut élu à l'Assemblée législative. Reçu notaire le 12 février de l'année suivante, Girard retourna à Varennes, pour y pratiquer durant 26 ans. De 1859 à 1870, il fut membre du conseil d'administration de la Chambre des notaires de Montréal. À Varennes, il fit de la spéculation foncière et occupa les fonctions de commissaire d'écoles, de conseiller municipal et de maire. Tout au long de sa vie, il conserverait un solide attachement pour sa paroisse natale et pour sainte Anne, qui en était la patronne.

Varennes se trouvait dans la circonscription de Verchères, où George-Étienne Cartier* s'était présenté pour la première fois, en 1848, et avait été élu. Girard faisait d'ailleurs partie de ceux qui l'avaient convaincu de poser sa candidature. Cartier, d'abord partisan de La Fontaine, allait devenir le chef du parti conservateur dans la province de Québec, et Girard, tout comme Lacoste, l'accompagnerait dans ce cheminement. Girard lui-même tenta sans succès de se faire élire dans la région de Montréal, d'abord à titre de membre du Conseil législatif en 1858, puis de député à l'Assemblée législative en 1863. Les opinions qu'il exprimait en 1863 étaient semblables à certaines de celles qu'il allait défendre par la suite au Manitoba. Il prônait la restriction des dépenses gouvernementales et la réduction de la dette publique, l'encouragement de l'agriculture en évitant l'impôt direct sur la propriété, l'égalité de représentation pour le Bas et le Haut-Canada, et une milice efficace.

Par l'Acte du Manitoba, le 15 juillet 1870, on créait la province du même nom qui devenait une partie du Canada. Selon Cartier, qui avait défendu le projet de loi à la chambre des Communes, il fallait absolument que quelques jeunes Canadiens français de profession libérale aillent s'installer sans délai dans la nouvelle province pour diriger les Métis. Naturellement, il songea à son ami Girard, alors âgé de 48 ans, célibataire, bilingue et doté d'une solide réputation de notaire et de négociant foncier ; on pouvait compter sur son conservatisme, tant en matière politique que religieuse. Ami de Girard depuis l'époque où ils avaient fait leurs études, l'évêque de Saint-Boniface, Alexandre-Antonin TACHÉ, usa aussi de son influence auprès de lui. En outre, Cartier et Taché pressèrent l'Irlandais catholique Henry Joseph Clarke*, ainsi que l'avocat et journaliste ultramontain Joseph Royal*, de se rendre dans l'Ouest. Joseph Dubuc* partit aussi pour le Manitoba en juin 1870, avec l'encouragement de Cartier. On surnommait quelquefois ces hommes, tous issus de la région montréalaise, et dont Girard était le plus âgé, « les jeunes gens de Cartier ».

Girard se rendit à Saint-Boniface en compagnie de Taché et de Royal. Le soir même de leur arrivée, soit le 23 août 1870, Girard et Royal franchirent la rivière Rouge et eurent un entretien de dix minutes avec le chef métis Louis Riel* à Upper Fort Garry (Winnipeg). Le lendemain matin, au moment où le colonel Garnet Joseph Wolseley* et ses hommes, dépêchés dans l'Ouest par le gouvernement du Canada, pénétraient dans le fort par le nord, Riel s'enfuit du côté sud. Le premier lieutenant-gouverneur du Manitoba, Adams George ARCHIBALD, arriva plus d'une semaine après et commença à mettre sur pied le gouvernement provincial. Comme l'insurrection avait laissé la province dans un climat fort agité, Archibald tenait avant tout à appliquer une politique de conciliation qui consistait à traiter sur un pied d'égalité les catholiques francophones et les protestants anglophones. Agissant comme premier ministre, il fit ses premières nominations à l'exécutif le 17 septembre : Alfred Boyd* devint secrétaire de la province et Girard, qui représentait le parti francophone, trésorier de la province. Puis, le 13 décembre, il proclama la création de 24 districts électoraux, dont 12 à majorité catholique et 12 à majorité protestante. (Un recensement fait plus tôt dans l'année avait démontré que les deux groupes religieux étaient à peu près égaux en nombre.) Girard, le principal candidat catholique d'Archibald, fut élu sans opposition le 27 décembre dans la plus importante circonscription catholique, Saint-Boniface-Est. Clarke, Royal et Dubuc furent aussi élus sans opposition.

Bientôt des dissensions éclatèrent au sein du groupe, surtout à propos de Riel. Girard était convaincu que la politique de conciliation porterait fruits si l'on parvenait à persuader le chef métis, revenu au Manitoba en mai 1871, de se faire discret. Aussi l'exhorta-t-il en ces termes : « pour l'amour de votre pays et de vos amis, éloignez-vous pendant quelque temps ». Dubuc, le plus radical des jeunes Canadiens français, trouvait Girard trop timide. Le mois précédent, dans une lettre à Riel, il avait dit de lui qu'il était « pour le moins une ganache », et il ajoutait : « Son premier principe c'est de plaire aux anglais. » Cependant, comme les événements allaient le montrer, Girard avait raison de trouver « extrêmement imprudent » le retour de Riel dans la région de Saint-Boniface.

Le 5 octobre, sous le commandement de William

Bernard O'Donoghue*, une poignée de féniens venus des États-Unis firent un raid au Manitoba. Les Métis ne leur apportèrent aucun appui. Archibald se rendit alors à Saint-Boniface pour passer en revue les cavaliers métis qui s'étaient portés à la défense de la province. Girard, qui l'accompagnait, lui présenta leurs chefs, dont Riel, sans les nommer toutefois, et le lieutenant-gouverneur leur serra la main à tous. À cause de cet incident, qui fut largement publicisé, on sut que Riel se trouvait toujours au Manitoba, ce qui souleva une vive indignation en Ontario et n'aida pas la politique de conciliation du gouverneur.

Entre-temps, Girard avait commencé à jouer un rôle important au Manitoba. Reçu attorney et barrister le 8 mai 1871, il devenait ainsi le premier membre du barreau de la province. Le 29 juin, il fut habilité, à titre de commissaire, à faire prêter les serments d'allégeance et d'office. En novembre, Archibald fit enfin connaître au premier ministre du pays, sir John Alexander MACDONALD, le candidat qu'il recommandait de nommer au Sénat pour représenter l'élément francophone. Malheureusement, disait-il, « personne, parmi les résidents [c'est-à-dire les Métis,] n'est vraiment apte à occuper cette fonction ». Girard, bien qu'il n'ait pas été le candidat le plus acceptable pour les Métis ni pour les colons d'origine anglaise, avait été « d'une fidélité à toute épreuve depuis son arrivée [dans la province] ». Et le lieutenant-gouverneur ajoutait : « Il n'est pas tout à fait dans les bonnes grâces de l'évêque car il ne s'est pas montré aussi souple qu'on l'espérait. » Le 13 décembre, Girard accéda au Sénat. Il démissionna du Conseil exécutif du Manitoba le 14 mars 1872 (Royal le remplaça) mais conserva son siège à l'Assemblée. Le 12 avril, à titre de partisan du gouvernement conservateur de Macdonald, il proposa l'adoption de l'adresse du Sénat en réponse au discours du trône. Pendant les périodes où il participait aux travaux du Parlement, il pouvait se rendre souvent à Varennes. Le 28 décembre 1872, le gouvernement fédéral créa le Conseil des Territoires du Nord-Ouest, qui était investi de pouvoirs exécutifs et législatifs et qui devait assister le lieutenant-gouverneur. Le jour même, Girard en devint membre (il fut le premier conseiller à être nommé). Siégeaient aussi au conseil : Clarke, Boyd, Dubuc, Pascal BRELAND, John Christian SCHULTZ, Donald Alexander Smith* et Andrew Graham Ballenden Bannatyne*.

La présence de Riel continuait de troubler la vie politique manitobaine, et son activité politique, de plus en plus intense, préoccupait Girard. Pourtant, de concert avec Royal, Dubuc et un Canadien français arrivé depuis peu, Alphonse-Alfred-Clément La Rivière*, il l'invita à se porter candidat à l'élection partielle qui devait se tenir dans Provencher, dont le siège était vacant depuis la mort de Cartier. Riel fut élu sans opposition en octobre 1873. L'année suivante, il remporta une autre victoire aux élections générales de février mais se vit expulser de la chambre des Communes, ce qui donna lieu, en septembre, à une nouvelle élection partielle dont il sortit vainqueur pour la troisième fois. La persistance de la circonscription de Provencher, formée de francophones, à voter en bloc pour Riel irritait un nombre de plus en plus grand d'électeurs anglophones aussi bien au Manitoba que dans tout le Canada. Le 19 mai 1874, Girard présenta un témoignage favorable au chef métis devant un comité spécial de la chambre ; il fut aussi l'un de ceux qui insistèrent le plus auprès du gouvernement fédéral pour que Riel soit amnistié, mais en vain. Finalement, en 1875, on le bannirait.

Dans la province, la politique de conciliation, dont le successeur d'Archibald, Alexander Morris*, avait hérité en décembre 1872, devenait de plus en plus difficile à appliquer. L'immigration protestante avait dépassé de beaucoup celle des catholiques, et au Parlement la représentation fondée sur l'appartenance religieuse ne correspondait plus, même de loin, à la population. La crise politique atteignit son paroxysme le 2 juillet 1874. Ce jour-là, le ministre des Travaux publics et de l'Agriculture, John Norquay*, présenta un projet de remaniement des districts électoraux, car on avait préparé à la hâte la révision adoptée en 1873. Le lendemain, sous la direction d'Edward Henry George Gunter Hay, la partie anglophone de l'opposition décida de s'associer aux francophones, alors dirigés par Dubuc, et fit adopter une motion de censure contre le gouvernement. Girard avait appuyé le parti francophone.

Sur l'avis du lieutenant-gouverneur, tous les membres du cabinet présentèrent leur démission. Puis Morris donna pour la première fois un premier ministre au Manitoba : Girard, le seul membre de l'opposition à avoir déjà siégé au Conseil exécutif. De plus, il n'avait pas exercé son droit de vote quand Royal avait proposé un amendement au projet de remaniement des districts électoraux de 1873, amendement qui avait provoqué un affrontement entre députés catholiques et protestants. Comme il allait diriger une coalition de deux partis fondés sur la religion ou la langue plutôt que sur un programme politique, Girard forma son gouvernement en tenant surtout compte de ce fait. Il fit passer le nombre de conseillers exécutifs de cinq à six pour donner une représentation égale à la population protestante, qui s'accroissait rapidement. Le conseil comprenait Girard et Hay, considérés respectivement comme les chefs francophone et anglophone, Dubuc et Robert Atkinson Davis*, ainsi que, du Conseil législatif, le catholique James McKay* et le protestant Francis Ogletree. Morris attira l'attention du secrétaire d'État Richard William Scott*, sur le fait qu'on avait fait appel à un premier ministre pour former le gouvernement : « voilà, disait-il, qui instaure la forme moderne du gouvernement responsable dans la province –

mon prédécesseur avait choisi lui-même le cabinet précédent – aucun de ses membres n'était reconnu comme premier ministre ».

En faisant connaître la composition de son gouvernement, le 8 juillet 1874, Girard annonça quel en serait le programme : réduction des dépenses gouvernementales, mise sur pied d'un système efficace de vérification des comptes publics, abolition du Conseil législatif, remaniement des circonscriptions électorales, confection minutieuse d'une liste des électeurs, définition des pouvoirs de la Cour du banc de la reine en matière d'*equity* et assignation par appels d'offres des marchés d'imprimerie du gouvernement.

Le nouveau gouvernement était vulnérable pour plusieurs raisons. Étant donné que le Conseil exécutif comptait un nombre égal de catholiques et de protestants et que ces derniers étaient en majorité à l'Assemblée, les membres du parti francophone de Girard devaient absolument conserver la confiance de leurs collègues anglophones et s'assurer leur coopération. Le grand malheur de Girard fut d'être premier ministre au moment où Riel, avec l'appui bruyant de ses sympathisants, continuait d'insister pour occuper son siège à la chambre des Communes – ce qui entretenait, dans les esprits, le souvenir des « troubles » survenus seulement quatre ans plus tôt. En pareilles circonstances, ce fut une grave erreur que d'avoir fait entrer Dubuc au cabinet, et plus encore de l'avoir nommé procureur général. En effet, quelques semaines auparavant, Dubuc avait assuré quelque temps la défense de l'ancien lieutenant de Riel, Ambroise-Didyme Lépine*, accusé d'avoir tué Thomas Scott* en 1870, et il était encore l'ami et l'organisateur politique de Riel. Tout comme Dubuc, Girard continuait d'afficher ses origines au lieu d'agir en représentant de toute la province. Le fait qu'il était président de l'Association Saint-Jean-Baptiste de Manitoba l'identifiait à l'une des parties dans le conflit toujours aussi acharné à propos de Riel.

Girard fit siéger l'Assemblée jusqu'au 22 juillet 1874. Son gouvernement avait l'appui de tous les députés francophones, y compris Royal. Seul le remaniement de la carte électorale risquait de poser un problème sérieux. Très semblable à celui du gouvernement précédent mais rédigé avec une plus grande compétence, un nouveau projet de loi, présenté par Hay, ne souleva que peu d'opposition. Il y aurait 14 districts anglophones et 10 districts francophones. Girard avait admis le principe de la représentation basée sur la population, car c'est à partir de ce principe qu'Archibald avait délimité les divisions originales quatre ans auparavant. Un député tenta d'empêcher les sénateurs de siéger à l'Assemblée de la province (ce qui attira l'attention sur le double mandat de Girard), et son amendement fut battu en comité par une seule voix. Cependant, exception faite de cet incident, le projet de remaniement passa sans difficulté et reçut la sanction royale, comme une vingtaine d'autres.

Riel fut réélu le 3 septembre 1874 dans Provencher, ce qui souleva l'ire de la plupart des Manitobains anglophones. Une coalition franco-anglaise ne pouvait pas durer dans un tel climat, et Girard n'y pouvait pas grand-chose. Même s'il lui était impossible de tenir Riel en bride, on l'associait à lui et aux intérêts franco-catholiques ; or, déjà à cette époque, moins d'un sixième de la population parlait français. Le 2 novembre, on jugea Lépine coupable. L'élément anglais, qui détenait la balance du pouvoir à l'Assemblée, se déclara incapable de continuer à appuyer un gouvernement dont le premier ministre et le procureur général étaient non seulement des francophones, mais des amis et des conseillers bien connus de Riel.

Hay et Ogletree remirent leur démission à Girard ; ensuite, McKay et Dubuc firent de même. Girard présenta ces démissions à Morris, avec la sienne, et lui conseilla de demander à Davis, le seul ministre restant, de former un gouvernement. Ainsi donc, le 1er décembre 1874, pour la première fois au Manitoba, un premier ministre remettait la démission de son cabinet. On avait formé le gouvernement Girard pour faire face à la situation d'urgence de juillet 1874. Il avait réussi à gagner « l'appui entier des deux races » au projet de refonte de la carte électorale. Mais, cinq mois plus tard, ce premier gouvernement pleinement responsable s'écroulait parce qu'il avait perdu l'appui du parti anglophone. Le 5 décembre, Morris écrivit au premier ministre du Canada, Alexander MACKENZIE : « Je vois partir à regret Girard, McKay et Dubuc. Ils ont agi avec la plus grande loyauté et montré beaucoup de désintéressement. » Les changements survenus dans le caractère de la province avaient eu des répercussions déterminantes sur leur carrière politique. On rapporte que Girard déclara : « Je suis le premier francophone à être premier ministre de cette province, et je pense que je serai le dernier. » Au deuxième scrutin général du Manitoba, à la fin de décembre 1874, on l'élut sans opposition dans Saint-Boniface, qui ne comptait plus deux députés mais un seul. Il avait donc conservé sa popularité dans sa circonscription.

En 1877, le Parlement d'Ottawa étudia un projet de loi qui modifiait l'Acte des Territoires du Nord-Ouest. Avant la troisième lecture, au Sénat qui siégeait en comité plénier, Girard proposa un amendement inspiré de l'Acte du Manitoba et qui prévoyait l'usage du français ou de l'anglais dans les débats, documents, journaux et ordonnances imprimées du conseil territorial ainsi que dans les tribunaux. L'amendement, adopté de mauvais gré à la chambre des Communes, allait provoquer un jour d'amers débats.

Girard, qui avait continué de vouer un culte à sainte Anne, fit en 1878, au cours d'un pèlerinage à Sainte-Anne-de-Beaupré, dans la province de Québec, la connaissance d'une veuve montréalaise, Marie-Aurélie de La Mothe. En vertu de leur contrat de mariage, Girard prenait en charge l'éducation de ses deux enfants. Les enfants issus de leur mariage ou, s'il n'y en avait pas, ses enfants à elle hériteraient de sa propriété de Saint-Boniface. Le 23 septembre, Mgr Édouard-Charles FABRE célébra leur mariage à Montréal. Mme Girard allait toujours préférer la vie à Montréal, ou dans la région, à la vie à Saint-Boniface.

En octobre 1878, Girard annonça qu'il se présenterait de nouveau à l'Assemblée du Manitoba. Fort de l'appui de Royal, chef du parti francophone, il tint une réunion d'électeurs le 30 octobre. À sa grande surprise, un « comité de citoyens » fort bien préparés exigèrent que leur représentant consacre tout son temps à sa circonscription provinciale. Apparemment, le comité avait l'appui du président de la réunion, Dubuc, alors député de la circonscription franco-manitobaine aux Communes, Provencher. La Rivière dénonça le double mandat de Girard et déclara qu'il allait l'affronter aux élections provinciales. Malgré des négociations, il ne changea pas d'avis et, le 11 décembre, jour de l'investiture officielle, on l'élut sans opposition dans Saint-Boniface. Pour la première fois depuis 1870, Girard ne siégeait pas à l'Assemblée.

Girard était donc libre de s'occuper exclusivement de la politique fédérale, et surtout de la construction du chemin de fer canadien du Pacifique. Fervent partisan de la politique ferroviaire du gouvernement conservateur et président d'un comité spécial du Sénat sur les chemins de fer, il usa avec succès de son influence pour que le chemin de fer canadien du Pacifique passe par Winnipeg. En avril 1879, il vota contre un projet de loi privé dont le but était de faire du 1er juillet un congé public « appelé fête du dominion », parce que ce n'était pas le gouvernement qui l'avait proposé, mais un sénateur, Robert William Weir Carrall*. Malgré l'opposition de Girard et d'autres membres du Sénat, le projet de loi fut accepté.

À l'issue des élections générales de 1878, le nombre de députés sur lesquels pouvait compter le gouvernement Norquay se situait entre 14 et 17. Les partis, au Manitoba, n'étaient pas divisés comme sur la scène fédérale. Norquay et Royal, de même que le principal député de l'opposition, Thomas Scott, étaient tous des conservateurs fédéraux. Cependant, le cabinet Norquay, tout comme auparavant celui de Girard et celui de Davis, s'appuyait sur une coalition d'intérêts, et il avait le soutien des députés francophones de l'Assemblée. À la fin de mai 1879, Royal tenta un coup de force : le parti francophone unifié, qui détenait la balance du pouvoir, s'allierait au groupe anglophone de Scott et formerait la majorité. Toutefois, la tentative échoua parce que Norquay s'assura vite l'appui de tous les députés anglophones, y compris ceux qui faisaient partie du groupe de Scott, et réclama la démission de Royal et de Pierre Delorme, l'autre ministre francophone du cabinet. Le parti francophone se trouva alors complètement isolé. Quand le lieutenant-gouverneur, Joseph-Édouard Cauchon*, insista pour que les vacances du cabinet soient comblées immédiatement, Norquay ne put que nommer deux autres anglophones, car tous les députés francophones s'étaient opposés à lui.

Les députés de langue anglaise s'étaient ralliés autour d'une nouvelle politique antifrançaise qui consistait notamment à cesser d'imprimer les documents publics en français et à modifier encore une fois les limites des circonscriptions. Les partis politiques du Manitoba seraient divisés entre anglophones et francophones si Norquay n'arrivait pas à nommer au cabinet quelqu'un qui représenterait l'élément francophone à la chambre et qui accepterait cette politique. Il se tourna vers Girard, qui était à Ottawa et à Varennes au moment de la crise.

Nommé secrétaire de la province le 19 novembre 1879, Girard avait posé ses conditions : le système scolaire en vigueur ne devait pas changer et, si un poste se libérait au cabinet, il irait à un autre membre du parti francophone. En outre, Girard conclut avec Norquay un compromis sur l'impression des documents publics en français. De tous côtés, on l'applaudit ; jamais sa popularité et son prestige n'avaient été aussi grands. Parce qu'il inspirait confiance, il avait évité au parti francophone la condamnation à siéger dans l'opposition et, avec Norquay, il avait rendu possible l'émergence de partis fondés principalement sur des programmes politiques plutôt que sur la langue. L'Assemblée fut dissoute et, le 9 décembre, au cours des élections générales, on élut Girard sans opposition dans Baie-Saint-Paul, circonscription à prédominance francophone. Le gouvernement récolta une majorité écrasante.

Pendant un temps, parce qu'il était celui qui, plus que tout autre, avait apaisé les sentiments amers du « préjugé national », on traita Girard en homme d'État inattaquable. Cependant, le 16 novembre 1881, La Rivière devint secrétaire de la province, et l'on nomma Girard ministre de l'Agriculture et de la Statistique. En 1882, le gouvernement proposa d'augmenter son salaire, ce qui souleva de vives protestations de la part de la nouvelle opposition libérale de Thomas Greenway*. Même s'il s'ennuyait de plus en plus de Varennes, Girard demeura ministre et toucha son salaire aussi longtemps qu'il le put. Une loi provinciale adoptée depuis peu, et qui interdisait aux sénateurs de se porter candidats à l'Assemblée, l'empêcha de se présenter aux élections de janvier 1883. Le 6 septembre, il démissionnait du Conseil exécutif et de son ministère.

En mars 1886, Girard prononça au Sénat un important discours dans lequel il condamnait la rébellion du Nord-Ouest parce que l'on avait sacrifié des vies humaines « pour le maintien [du] dominion ». En outre, d'après lui, l'agitation que l'exécution de Riel avait provoquée dans la province de Québec était « préjudiciable aux intérêts du Manitoba et du Nord-Ouest ». Par sa modération, il s'éloignait du sénateur François-Xavier-Anselme Trudel*, chef ultramontain de l'aile québécoise du parti conservateur (les « castors »), qu'il avait pourtant reconnu comme son chef dans le passé.

L'époque du conservatisme expansionniste qui avait permis à Girard de faire carrière tirait à sa fin. En 1887, les libéraux d'Honoré MERCIER prirent le pouvoir à Québec ; l'année suivante, les libéraux de Greenway furent élus au Manitoba. L'ordre ancien s'effondrait, mais ses champions étaient encore prêts à se battre sur la question des écoles et de la langue. En avril 1890, Girard intervint dans le débat sur les modifications présentées par D'Alton MCCARTHY à l'Acte des Territoires du Nord-Ouest. Il faisait partie des quelques sénateurs qui refusaient à l'Assemblée législative de ces territoires le pouvoir de réglementer l'usage du français ou de l'anglais dans ses délibérations. À ses yeux, la disparition du français était inévitable : « Nous entrevoyons le jour où l'usage du français disparaîtra, mais nous préférons que ce soit sous l'effet du temps, et non à cause d'hommes aujourd'hui vivants. » « Le gouvernement actuel du Manitoba, expliquait-il, a traité durement la minorité francophone. » Plus tard dans l'année, il présida le Congrès national, qui réunit à Saint-Boniface des représentants des sociétés nationales canadiennes-françaises et métisses de toute la province. Les délégués s'élevèrent, par voie de résolutions, contre la loi par laquelle le gouvernement Greenway avait aboli le système d'écoles publiques catholiques et protestantes de la province, et contre le déclin du français. Deux ans plus tard, en août, Girard convoqua une autre assemblée du Congrès national afin de réitérer les protestations de l'élite francophone du Manitoba. Il mourut le mois suivant, avant que le comité exécutif du congrès ne fasse parvenir une pétition au gouverneur général en conseil.

Marc-Amable Girard fut inhumé dans le cimetière de la cathédrale de Saint-Boniface, à quelques pas de Louis Riel. Sur sa pierre tombale, on a inscrit aussi le nom de son beau-fils, le docteur Alfred Versailles, mais rien n'indique qu'il naquit à Varennes ni qu'il fut premier ministre du Manitoba.

GORDON OLIVER ROTHNEY

Le minutier de Marc-Amable Girard, contenant des actes passés entre 1844 et 1870, est conservé aux ANQ-M, sous la cote CN1-178.

AN, MG 27, I, C8 ; F3. — ANQ-M, CE1-10, 26 avril 1822 ; CE1-33, 23 sept. 1878 ; P-5. — PAM, MG 3, D1 ; D2 ; MG 12, A ; B1 ; B2 ; MG 13, A ; MG 14, B26. — Canada, chambre des Communes, *Journaux*, 1874, app. 6 ; Sénat, *Débats*, 1872–1892. — Manitoba, Assemblée législative, *Journaux*, 1871–1882 ; *Sessional papers*, 1871–1883. — J. H. O'Donnell, *Manitoba as I saw it, from 1869 to date, with flash-lights on the first Riel rebellion* (Toronto, 1909). — *Daily Free Press* (Winnipeg), 1872–sept. 1892. — *Le Manitoba* (Saint-Boniface), 1881–14 sept. 1892. — *Le Métis* (Saint-Boniface), 1871–1881. — *Canadian directory of parl.* (Johnson). — *CPC*, 1871–1892. — *Cyclopædia of Canadian biog.* (Rose et Charlesworth), 1. — Alexander Begg, *History of the north-west* (3 vol., Toronto, 1894– 1895). — Choquette, *Hist. du séminaire de Saint-Hyacinthe*. — Dale et Lee Gibson, *Substantial justice ; law and lawyers in Manitoba, 1670–1970* (Winnipeg, 1972). — J.-E. Roy, *Histoire du notariat au Canada depuis la fondation de la colonie jusqu'à nos jours* (4 vol., Lévis, Québec, 1899– 1902), 3 : 247, 292, 321, 336.

GISBORNE, FREDERIC NEWTON, fermier, promoteur du télégraphe, fonctionnaire, ingénieur et inventeur, né le 8 mars 1824 à Broughton, Lancashire, Angleterre, fils de Hartley P. Gisborne ; le 31 octobre 1850, il épousa à Halifax Alida Ellen Starr (décédée en 1854), et ils eurent deux enfants, puis en avril 1857 Henrietta Hernaman de Newton Abbot, Angleterre, et de ce mariage naquirent quatre enfants ; décédé le 30 août 1892 à Ottawa.

Issu d'une famille bien établie du Derbyshire, Frederic Newton Gisborne fut formé en Angleterre par des ecclésiastiques et des précepteurs. Il étudia surtout les mathématiques et l'électricité, mais acquit aussi des notions de génie civil, de botanique et d'autres sciences. En janvier 1842, à l'âge de 17 ans, il s'embarqua pour un périple de trois ans qui le mena dans des endroits aussi exotiques que l'île Pitcairn, les îles Sandwich (Hawaï), l'archipel de la Société, l'Amérique centrale et l'Amérique du Sud. De retour au printemps de 1845, il trouva sa famille dans une situation difficile et repartit presque tout de suite, cette fois pour le Canada, avec son frère Hartley. Ils achetèrent une ferme près de Saint-Eustache, dans le Bas-Canada. Vite lassés de l'agriculture, ils quittèrent cependant les lieux en mai 1847.

La télégraphie était alors une technique en plein essor. Samuel Finley Breese Morse en avait fait la démonstration pour la première fois environ dix ans auparavant, et la première ligne terrestre, qui reliait la capitale des États-Unis à Baltimore, dans le Maryland, était sous exploitation commerciale depuis 1845. Intrigués par cette invention, les deux frères Gisborne s'inscrivirent à un cours de télégraphie que donnait à Montréal un élève de Morse. Frederic Newton se classa premier dans toutes les matières, et la Compagnie du télégraphe de Montréal, qui avait terminé en août 1847 l'installation d'une ligne de Montréal à Toronto et en construisait une autre vers Québec, lui offrit de choisir lui-même son affectation. Il décida d'ouvrir le bureau de Québec.

Gisborne fit, dans cette ville, la connaissance de plusieurs « notables » avec qui il fonda, dans les derniers mois de 1847, l'Association du télégraphe électrique de l'Amérique britannique du Nord, dont l'objectif était d'assurer une liaison entre le Canada et les Maritimes. Il quitta la Compagnie du télégraphe de Montréal en novembre pour devenir surintendant de l'association et, au cours de l'hiver, on l'envoya au Nouveau-Brunswick et en Nouvelle-Écosse afin d'y convaincre les gouvernements de contribuer à l'installation d'une ligne Halifax-Québec. Le Nouveau-Brunswick ne se montra pas favorable à ce projet, auquel il préférait une liaison Boston-New York. Gisborne arriva en Nouvelle-Écosse en mars, soit au moment où un comité spécial du Parlement étudiait la possibilité de financer la pose de lignes télégraphiques. Impressionné par la qualité de son long témoignage devant le comité, le gouvernement accepta de construire une ligne de Halifax à Amherst à condition qu'il quitte l'association pour superviser les travaux. Parti de Nouvelle-Écosse, Gisborne, toujours prêt pour l'aventure, se rendit en raquettes de Restigouche, au Bas-Canada, au fleuve Saint-Laurent par les montagnes de la Gaspésie, soit une distance de plus de 100 milles, en traînant un toboggan qui contenait tous ses bagages. En récompense de cet exploit digne d'Hercule, l'association lui remit, à son arrivée à Québec, une prime en argent et une décoration. Pourtant, malgré les efforts de Gisborne et de ses collègues, l'Association du télégraphe électrique de l'Amérique britannique du Nord n'avait réussi, en 1849, qu'à installer une ligne de Québec à Rivière-du-Loup.

Ce printemps-là, Gisborne quitta Québec pour aller exercer les fonctions de surintendant et télégraphiste principal des lignes du gouvernement néo-écossais, qui étaient alors les seules lignes télégraphiques de la province. Sans tarder, il expérimenta divers moyens d'installer sous l'eau un câble télégraphique. Des essais semblables, faits dans les années 1840 par l'ingénieur britannique John Watkins Brett, aboutirent en 1850 à la pose d'un câble opérationnel sous la Manche, de Douvres à Calais. La même année, Gisborne proposa à Joseph Howe*, secrétaire de la Nouvelle-Écosse et membre de la commission qui supervisait l'exploitation du réseau télégraphique provincial, un projet qui consistait à assurer, par Halifax, une liaison télégraphique sous-marine entre Terre-Neuve et le continent nord-américain. Séduits par l'idée, Howe et les autres commissaires lui accordèrent un congé vers la fin de 1850 pour aller chercher des appuis à St John's. Pendant son séjour à Terre-Neuve, il conclut un engagement en vue de l'installation d'une ligne terrestre entre St John's, Harbour Grace et Carbonear. Toutefois, à son retour à Halifax, Howe et les autres commissaires néo-écossais eurent la surprise d'apprendre qu'il ne souhaitait plus seulement relier Terre-Neuve à la Nouvelle-Écosse, mais aussi immerger un câble transatlantique entre Terre-Neuve et l'Irlande. Howe jugea irréalisable le second volet du projet et refusa de lui accorder un autre congé pour rassembler des capitaux. En mars 1851, le Parlement néo-écossais constitua juridiquement une société privée, la Nova Scotia Electric Telegraph Company, qui acquerrait les lignes gouvernementales et en installerait de nouvelles. Gisborne quitta son emploi au gouvernement le 1er juillet, date à laquelle cette société acheta toutes les installations publiques. Ensuite, en compagnie de sa femme, Alida Ellen Starr, âgée de 15 ans, il partit pour St John's afin d'entreprendre la construction d'une ligne qui traverserait Terre-Neuve.

Gisborne persuada l'Assemblée terre-neuvienne de constituer en société commerciale la Newfoundland Electric Telegraph Company. Dotée d'un capital de £100, elle ferait les levés nécessaires à l'installation, entre St John's et le cap Ray, d'une ligne qui serait reliée au Cap-Breton par des pigeons voyageurs, par vapeur et un jour, espérait-il, par un câble sous-marin. Dès le 1er septembre 1851, la liaison entre St John's, Harbour Grace et Carbonear était assurée. Gisborne pouvait donc entreprendre sérieusement de lever le trajet de la ligne qui relierait St John's au cap Ray. Même pour un homme de sa trempe, traverser plus de 300 milles de territoire vierge et particulièrement inhospitalier représentait une tâche incroyable. Il quitta St John's en compagnie de six hommes. Tous l'abandonnèrent vers le premier tiers du trajet, au havre Long dans la baie Fortune (aujourd'hui, non loin de là, un lac porte son nom). Quatre Indiens les remplacèrent, mais l'un d'eux mourut quelques jours seulement après avoir quitté le havre Long, en raison des rigueurs de l'expédition, deux autres abandonnèrent la partie peu après, et le quatrième, qui persista jusqu'à la fin, resterait handicapé pour le reste de ses jours. Gisborne et lui revinrent finalement à St John's le 4 décembre.

Malgré la difficulté de l'épreuve, à peine quelques semaines s'étaient-elles écoulées que Gisborne faisait déjà, à Boston, la promotion du projet de câble transatlantique. Ses efforts ayant été vains, il rentra à Halifax et présenta de nouveau le projet à Howe, qui ne se laissa pas davantage convaincre de sa faisabilité qu'en 1850. Gisborne se rendit donc à New York, où les hommes d'affaires Horace Tebbets et D. B. Holbrook lui offrirent un certain capital. Après quelques semaines, il se mit en route pour Londres afin de voir Brett, qui apporta aussi une première contribution au projet. Entre-temps, la Nova Scotia Electric Telegraph Company avait fixé à des prix exorbitants l'utilisation de ses lignes dans toute communication entre Terre-Neuve et le continent. Gisborne opta donc pour un trajet qui passerait par l'Île-du-Prince-Édouard et le Nouveau-Brunswick, et il commanda un câble pendant qu'il était en Angleterre. De retour à St John's avant la fin de la session printanière du Parlement terre-neuvien, il obtint, par voie législative, la dissolution de la Newfoundland Electric Telegraph Company et la constitution, sous la même raison sociale, d'une nouvelle société financée par Tebbets, Holbrook et Brett. Il se vit de plus attribuer pour une période de 30 ans le droit exclusif de construire des télégraphes à Terre-Neuve. Dès novembre 1852, un câble sous-marin reliait l'Île-du-Prince-Édouard au Nouveau-Brunswick ; l'immersion s'était faite grâce à des machines et à des techniques conçues en bonne partie par Gisborne lui-même. C'était le premier câble sous-marin en Amérique du Nord.

La levée des fonds nécessaires au grand projet transatlantique commença pour de bon au printemps de 1853. Gisborne forma une société à New York avec Tebbets et Holbrook, et Brett lui offrit d'en fonder une autre en Grande-Bretagne afin de rassembler l'autre moitié des capitaux, soit £750 000 au total. En avril, Gisborne constitua juridiquement une compagnie à Charlottetown et acquit de William Henry Pope*, éminent avocat de la colonie, tous les droits de communication par câble à l'Île-du-Prince-Édouard. Presque tout de suite après, il se rendit à Terre-Neuve afin de superviser l'installation de la ligne terrestre entre St John's et le cap Ray, qui nécessita des centaines d'hommes et la construction d'une route le long du trajet. Toutefois, pendant les travaux, Tebbets et Holbrook se trouvèrent en désaccord sur les intérêts que chacun d'eux avait dans la section terre-neuvienne et cessèrent de verser le capital promis. Gisborne se retrouva avec des dettes qui dépassaient de 50 000 $ la valeur de ses biens, qui incluaient des terres et des navires pour la chasse au phoque. Le gouvernement de Terre-Neuve offrit de payer les ouvriers si Gisborne s'engageait à procéder à une réorganisation, mais ses créanciers lui prirent tout. Arrêté, il ne fut libéré que grâce à l'intervention de quelques amis haut placés dans les gouvernements coloniaux. Brett lui offrit encore une fois de rassembler £375 000 en Angleterre s'il pouvait en faire autant en Amérique du Nord. En outre, il lui demanda de faire appel au gouvernement de Terre-Neuve pour constituer juridiquement une nouvelle société qui aurait des droits exclusifs de télégraphie sous-marine pour 50 ans et toucherait une subvention publique, en échange de quoi les messages gouvernementaux seraient transmis sans frais.

Ces conditions ramenèrent Gisborne à New York en janvier 1854, où il rencontra Cyrus West Field, jeune et prospère fabricant de papier, et quelques autres capitalistes. Field trouva le projet terre-neuvien sans intérêt mais fut séduit par le projet transatlantique. Après avoir consulté des experts, tels Morse et Brett, il forma un consortium et accompagna Gisborne à Terre-Neuve. Brett acheta l'actif de la Newfoundland Electric Telegraph Company, qui était insolvable, et en avril le Parlement de Terre-Neuve constituait en société commerciale la New York, Newfoundland and London Telegraph Company (dont Gisborne était l'ingénieur en chef), en lui accordant tous les privilèges que Brett souhaitait. La nouvelle société ne parvint pas à obtenir des droits en Nouvelle-Écosse, mais Gisborne lui transféra ceux qu'il avait à Terre-Neuve et à l'Île-du-Prince-Édouard, et il en acquit dans le Maine.

Malgré ces débuts triomphants, Gisborne quitta la compagnie moins d'un mois après sa création, pour des raisons mystérieuses. Il passa le reste de l'année 1854 à sillonner les États-Unis. De son côté, la société gaspillait de grosses sommes en essayant d'achever l'installation de la ligne terrestre de Terre-Neuve sous la surintendance du frère de Field, Matthew. L'été suivant, sa tentative d'immerger le câble entre Terre-Neuve et le Cap-Breton échoua également. (En constatant que le câble contournerait la province, le gouvernement néo-écossais avait fini par céder au sujet des droits.) Acculée au désastre, l'entreprise offrit de nouveau le poste d'ingénieur en chef à Gisborne, qui l'accepta et mena les travaux à bien dans un délai très court. En juillet 1856, il posa le câble du cap Ray au Cap-Breton et, dès octobre, il acheva la ligne qui reliait Terre-Neuve à la Nouvelle-Écosse.

Plus tard ce mois-là, Gisborne partit pour Londres en compagnie de Cyrus West Field et d'Edward Mortimer Archibald*, consul de Grande-Bretagne à New York. Leur destination ultime était Bombay (Inde), car ils étaient déjà absorbés par un autre ambitieux projet. Ils avaient l'intention de demander des privilèges et des subsides afin d'installer un câble de Londres à Bombay, par la mer Rouge, et de le prolonger peut-être jusqu'en Extrême-Orient. Cependant, une fois à Londres, Gisborne découvrit que ses associés étaient sur le point de le rouler dans l'affaire du câble transatlantique. Dégoûté, il abandonna le projet de Bombay, la New York, Newfoundland and London Telegraph Company, et tout ce qui avait un rapport avec le télégraphe. Field parvint à réunir assez de capitaux pour construire la ligne transatlantique mais, le 27 juillet 1866, quand sa compagnie installa finalement un câble opérationnel à Heart's Content, à Terre-Neuve, Gisborne n'était pas des célébrations.

Gisborne resta en Angleterre jusqu'en mai 1857 puis il rentra à St John's, où on lui réserva un accueil triomphal. À l'occasion d'un dîner public donné en son honneur, il reçut une statuette d'argent en reconnaissance de son travail. Ensuite, il s'adonna à une nouvelle passion : la recherche et l'exploitation de gisements miniers à Terre-Neuve et dans les Maritimes. Il explora le littoral terre-neuvien du cap Ray au détroit de Belle-Isle, rassembla des capitaux en Angleterre et mit en valeur au moins deux emplacements pour la St John's United Copper and Lead Mining Company.

Gravement blessé d'un coup de feu alors qu'il faisait de l'exploration à Terre-Neuve, Gisborne dut mettre un terme à ses aventures et rentrer en Angleterre en 1861. Il entreprit des recherches sur l'équipement du télégraphe, de signalisation et de navigation, et fit breveter des inventions très diverses. Il habitait près du pont de Londres et se définissait comme « ingénieur et électricien ». En 1862, on le nomma commissaire de Terre-Neuve à l'Industrial Exhibition de Londres et, cinq ans plus tard, commissaire des mines du gouvernement terre-neuvien à l'Exposition universelle de Paris. En 1865, il devint aussi agent des mines et minéraux à Londres pour le gouvernement néo-écossais. Il exposait régulièrement à la Royal Society, et ses inventions lui rapportèrent plusieurs médailles, mais une escroquerie industrielle lui fit perdre bon nombre de ses brevets britanniques en 1867.

De retour en Nouvelle-Écosse en 1869 pour recueillir des renseignements à titre d'agent provincial des mines et minéraux, Gisborne s'enthousiasma pour le potentiel des gisements houillers du Cap-Breton. Il trouva un groupe d'investisseurs anglais prêts à risquer de l'argent dans ces mines qui s'annonçaient lucratives et, dès la fin de l'année, il était ingénieur en chef d'une compagnie qui faisait de l'exploitation dans l'île. Il supervisa l'aménagement de quatre houillères, la construction de plusieurs tronçons de chemin de fer et l'amélioration des installations portuaires de Sydney et de Louisbourg. Cependant, la crise des années 1870, qui fit chuter le prix du charbon, eut raison de l'entreprise dans laquelle on avait déjà investi plus de 3 millions de dollars. Gisborne tenta de tirer son épingle du jeu en investissant dans les mines d'or de la Nouvelle-Écosse mais, là encore, il échoua. En 1879, à l'âge de 55 ans, il était de nouveau ruiné.

Le gouvernement fédéral saisit l'occasion de faire appel à un homme aussi compétent et offrit à Gisborne le poste, tout nouveau, de surintendant du service de télégraphie et de signalisation du dominion. Cette nomination, qui entra en vigueur le 1er mai 1879, inaugura une période relativement stable dans sa carrière. Son premier travail consista à réorganiser le réseau télégraphique de la Colombie-Britannique, qui coûtait cher et posait sans cesse des problèmes. Il se rendit tout de suite dans la province ; dès la fin de l'année, les lignes endommagées étaient réparées et le réseau commençait à rapporter quelques recettes régulières. En 1882, Gisborne reçut le titre de membre fondateur de la Société royale du Canada [V. sir John William DAWSON].

Pendant l'été de 1883, Gisborne alla inspecter le nouveau réseau télégraphique qui reliait Fort Qu'Appelle (Saskatchewan) à Edmonton et Calgary et qui remplaçait une vieille ligne « de pionniers » installée le long d'un ancien trajet du chemin de fer canadien du Pacifique. Parti avec son fils Hartley, qui allait occuper le poste de surintendant de district des télégraphes gouvernementaux à Battleford, il parcourut plus de 1 000 milles en chariot jusqu'à Calgary, ce qui lui permit de voir les premières fermes isolées, les campements indiens et les petits hameaux de la région. Il rentra à Ottawa par train ; son voyage avait duré environ trois mois. En 1885, repris par le goût de l'aventure, il accompagna le corps expéditionnaire qui allait réprimer la rébellion du Nord-Ouest [V. sir Frederick Dobson MIDDLETON ; Louis Riel*]. Il supervisa personnellement l'installation des lignes télégraphiques de Dunmore à Fort MacLeod (Alberta) et de Moose Jaw à Wood Mountain (Saskatchewan). En outre, il entreprit la remise en état de la ligne Edmonton-Calgary.

Il vaut aussi la peine de noter que, pendant qu'il était surintendant du service télégraphique, Gisborne organisa et réalisa l'installation d'un câble qui reliait les stations du golfe du Saint-Laurent. Cette ligne servait à transmettre des renseignements sur la pêche, les conditions atmosphériques et les catastrophes maritimes, en plus des messages usuels. Il continuait de prononcer des causeries et d'écrire des articles de journal sur une variété de sujets et, au moment de sa mort, en 1892, il projetait l'immersion d'un câble transpacifique. Membre de l'Église d'Angleterre, il était réputé pour sa « largeur de vues ». Habitué à se dépenser physiquement, il mourut chez lui, paisiblement et de manière assez imprévue, en se reposant d'une tournée au cours de laquelle il avait inspecté le réseau du golfe.

Frederic Newton Gisborne avait apporté une contribution remarquable à la conception et à la promotion de divers câbles télégraphiques, dont le câble transatlantique, ainsi qu'à l'exploration et à la mise en valeur des gisements houillers du Cap-Breton. Pourtant, sa disparition ne fit pas de bruit. Les uns après les autres, ses associés avaient tenté de lui voler ses innovations, ses entreprises et sa réputation ; parfois ils y étaient parvenus. Cependant, il reste que « l'indomptable électricien », comme le surnommait l'un de ses amis anglais, est une figure marquante de l'histoire de la science et de la technologie au Canada, de même qu'un pittoresque représentant de ces scientifiques épris d'aventure qu'a produits l'époque victorienne.

GWYNNETH C. D. JONES

Outre les sources citées ci-dessous, l'auteur souhaite mentionner l'aide reçue de la famille Burchell de la Nouvelle-Écosse et de l'Ontario. [G. C. D. J.]

Frederic Newton Gisborne est l'auteur entre autres de : *A midnight fantasy* (Halifax, 1850 ; copie à la Nova Scotia Legislative Library, Halifax) ; *Gisborne versus Kennelly*

[...] *F. N. Gisborne's reply to D. J. Kennelly's statement in defence ; with extracts from correspondence, &c., added* (Halifax, 1877) ; *Dominion of Canada telegraph & signal service* (Montréal, 1883) ; et *Gisborne on inception of electrical science and evolution of telegraphy* ([Montréal, 1888]).

AN, MG 23, GIII, 34 ; MG 29, D61 : 3292–3294. — PANS, MG 100, 146 ; RG 1, 422, 442 ; RG 7, 72, n° 1812. — Victoria Univ. Library (Toronto), F. N. Gisborne coll. — Canada, chambre des Communes, *Débats,* 1879–1892 ; Parl., *Doc. de la session,* 1880–1892 (rapports annuels du dép. des Travaux publics). — City of Ottawa, Assessment Dept., *Assessment roll* (Ottawa), 1879–1891. — SRC *Mémoires,* 1re sér., 11 (1893), sect. II : 67–68 (notice nécrologique écrite par sir James Grant). — *Acadian Recorder,* 31 janv. 1857. — *British Colonist* (Halifax), 2 nov. 1850. — *Canadian Illustrated News* (Montréal), 16 août 1873. — *Daily Free Press* (Ottawa), 30 août 1892. — *Globe,* 31 août 1892. — *Ottawa Citizen,* 30 août 1892. — *CPC,* 1891. — *Cyclopædia of Canadian biog.* (Rose et Charlesworth), 1 : 284–288. — *The encyclopedia of Canada,* W. S. Wallace, édit. (6 vol., Toronto, [1948]). — Le Jeune, *Dictionnaire.* — *Ottawa directory,* 1879–1892. — J. J. Brown, *Ideas in exile : a history of Canadian invention* (Toronto et Montréal, 1967). — John Quinpool [J. W. Regan], *First things in Acadia, « the birthplace of a continent »* (Halifax, 1936). — D. G. Whidden, *Nova Scotia's telegraphs, landlines and cables* (Wolfville, N.-É., 1938 ; copie à la Bibliothèque nationale du Canada, Ottawa).

GLASIER (Glazier), JOHN, entrepreneur forestier et homme politique, né le 3 septembre 1809 à Lincoln, près de Fredericton, fils de Benjamin Glasier et d'une prénommée Martha ; le 24 septembre 1842, il épousa Emmaline (Emanaline, Emeline) Garraty, et ils eurent sept enfants, dont un fils et une fille qui lui survécurent ; décédé le 7 juillet 1894 à Ottawa.

Dès le début de sa carrière, John Glasier devint une figure légendaire de patron d'exploitation forestière combatif et d'entrepreneur hardi. En 1926, soit une génération après sa mort, il fut élevé au rang de héros populaire par la parution de *Glasier's men,* l'un des plus mémorables poèmes de Hiram Alfred Cody* et le plus largement diffusé.

Deuxième d'une famille de quatre garçons, il était le petit-fils de Benjamin Glasier, héros du Massachusetts à la guerre de Sept Ans, qui avait acquis une vaste propriété à Lincoln, sur la rivière Saint-Jean [V. Beamsley Perkins Glasier*]. Son père et son oncle étaient constructeurs de navires et fermiers, mais leurs affaires connurent un net recul au milieu des années 1820 ; leur scierie comme leurs boisés furent ravagés par le grand incendie de 1825.

Les Glasier formaient une famille unie, dont tous les membres faisaient de l'exploitation agricole, étaient bûcherons et s'occupaient d'un petit moulin à farine et d'un moulin à carder. Peu à peu cependant, John et ses jeunes frères s'engagèrent davantage dans le commerce du bois. En général, John travaillait de concert avec Stephen ; ils abattaient des arbres et conduisaient les billes jusqu'aux estacades qui se trouvaient près de Fredericton. Duncan D., lui, travaillait sur le cours inférieur de la rivière : il touait des trains de bois et transportait des marchandises.

Dès 1837, John et Stephen avaient de gros contrats avec Robert Rankin*, un marchand de bois de Saint-Jean. D'abord, ils travaillèrent sur le ruisseau Shogomoc, dans le comté d'York, mais au début des années 1840 John exerçait son métier dans le nord du bassin hydrographique de la rivière Saint-Jean, sur le territoire concédé à la Grande-Bretagne par le traité Webster-Ashburton de 1842. Les Glasier s'installèrent dans le Maine en 1849 et y achetèrent tout un canton, soit 36 milles carrés de terre. C'est dans cette haute région isolée, située aux confins du Québec, du Nouveau-Brunswick et du Maine, que prirent naissance les histoires qui vantaient le courage et la témérité de John Glasier. « Premier à faire descendre un train de bois par le Grand-Sault / Premier à apercevoir les lacs Squatec, où brame l'orignal solitaire » : par ces lignes, le poète célébrait, en Glasier, celui qui avait été le premier à montrer que l'on pouvait faire passer régulièrement des trains de bois par la chute et qui avait amorcé, pour le bénéfice considérable du port de Saint-Jean, l'exploitation des derniers grands bois de pin de la vallée.

Les légendes décrivent Glasier comme un homme rude, extrêmement ambitieux, qui n'acceptait que sa propre loi. Il est possible de vérifier, du moins en partie, l'histoire selon laquelle il se rendit dans le Maine avec ses hommes, se battit contre les bûcherons de l'endroit et détruisit un gros barrage sur la rivière Allagash, en aval du lac Churchill, afin de libérer une masse d'eau qui permettrait à ses trains de bois de descendre le Grand-Sault. Sa réputation de combativité se perçoit aussi dans l'allégation voulant qu'un de ses bateaux, le *Bonny Doon,* qui prétendait au titre d'embarcation la plus rapide de la rivière Saint-Jean, coupa la route du célèbre *Reindeer* de Benjamin Franklin Tibbetts et tenta ensuite de l'éperonner en son milieu. Les histoires qui parlent de sa jument favorite, en l'honneur de qui il baptisa son bateau, révèlent un aspect plus doux de son tempérament. Version néo-brunswickoise du bœuf avec lequel le héros légendaire américain Paul Bunyan accomplit diverses tâches surhumaines, Bonny Doon était une monture d'une rapidité inégalée. Assez résistante pour maintenir une allure incroyable de Fredericton à Québec, elle avait en outre la vertu de conseiller son maître et d'écouter les confidences qu'il lui faisait au sujet de ses affaires.

John et Stephen Glasier avaient fait l'acquisition, en 1852, du *J. D. Pierce,* le premier vapeur à roue arrière à naviguer sur la Saint-Jean. L'année suivante, ils firent construire le *Bonny Doon* à Farmingdale, dans le Maine. Ce bateau, qui avait un très faible tirant d'eau, pouvait aller en amont de Fredericton et même, si la saison était favorable, remonter jusqu'au Grand-Sault. Le dépôt des Glasier se trouvait à 75 milles en amont du Grand-Sault, sur la rivière Saint-François ; le lac Glasier, non loin de là, perpétue leur nom.

L'association des frères Glasier atteignit le faîte de sa prospérité au début des années 1860, pendant la guerre de Sécession ; à un moment donné, ils employaient plus de 600 hommes. Cependant, lorsque s'abattit la dépression de 1872–1873, la compagnie avait pris des engagements qui dépassaient largement ses moyens. Apparemment, John et Stephen ne purent conserver que les fermes dont ils avaient hérité, toutes deux lourdement hypothéquées.

John Glasier avait fait son entrée en politique aux élections de 1861 en remportant sous la bannière libérale, par deux voix seulement, le siège de Sunbury à la chambre d'Assemblée. En 1865, l'un des rares partisans de la Confédération à être élu, non seulement arriva-t-il en tête, mais sa majorité fut écrasante, tout comme en 1866. On le nomma au Sénat en mars 1868 à la place d'Edward Barron Chandler* ou de William Todd*, qui avaient décliné l'invitation d'y entrer. Glasier avait peu de ce charme qui assure la réussite d'un homme politique. Tant au Sénat qu'à l'Assemblée, il prit rarement la parole, quoique selon le *Saint John Globe,* il ait été « capable d'exprimer clairement ses opinions quand il était nécessaire de parler ». Il s'acquitta de ses responsabilités publiques « avec conscience et courage ». Il se distinguait en tout par son indépendance ; même en religion, commentait un autre journal, il ne « suivait aucun credo ni aucune secte », bien que « sa connaissance des Écritures » ait été « remarquable ».

Glasier refusait qu'on le photographie, sans doute parce qu'il était embarrassé de la perruque noire qu'il portait toujours depuis qu'un accès de fièvre typhoïde, à 18 ans, lui avait fait perdre ses cheveux. Selon l'un de ses petits-neveux, « il ressemblait à l'Oncle Sam. Il avait un long nez crochu et un long menton en galoche, et il n'allait jamais sans son chapeau de castor – même quand il parcourait les bois pour aller visiter l'un de ses camps de bûcherons. C'était un homme de grande taille, d'une puissance terrible, tout en os et en muscles, et aussi souple qu'un jeune garçon même dans sa vieillesse. »

Pour John Glasier, le prestige était aussi une chose à propos de laquelle il ne plaisantait pas. Dans l'association qu'il formait avec son frère Stephen, c'était lui, insistait-il, « le plus grand », celui qui menait l'affaire. Aussi son employé Paddy McGarrigle, qui fut à un moment donné cuisinier et avait le privilège de pouvoir se moquer de lui, le surnomma-t-il « Le grand John Glasier », surnom adopté par bien des bûcherons. D'abord utilisé pour distinguer le propriétaire d'une entreprise forestière du patron d'une exploitation en particulier, ce nom en vint par la suite à désigner les patrons d'exploitations forestières eux-mêmes. John Glasier mourut du choléra le 7 juillet 1894, à Ottawa, où il assistait à une session du Sénat.

D. Murray Young

APNB, MC 30 ; MC 38 ; MC 300, MS2/115 ; MS5/5, 10–11, 17, 19, 23, 25 ; MS8 ; RG 7, RS72, A, 1814, Benjamin Glasier ; 1849, Benjamin Glasier ; 1884, D. D. Glasier ; 1923, Arthur Glasier. — Musée du N.-B., John Glasier letters ; F. A. Hoben, journal. — Sunbury Land Registry Office (Burton, N.-B.), Record books, 1788–1898 (mfm aux APNB). — UNBL, MG H104, T. S. Glasier, « Reminiscences of Thomas S. Glasier » (copie dactylographiée, vers 1914) ; une autre copie, intitulée « Lumbering with the Main John », introd. de L. M. Beckwith Maxwell. — N.-B., House of Assembly, *Journal,* 1838, app. 3 ; 1862–1867. — *Daily Gleaner,* 7, 9–10 juill. 1894. — *Herald* (Fredericton), 14 juill. 1894. — *Saint John Globe,* 7 juill. 1894. — *Elections in N.B.* — L. M. Beckwith Maxwell, *An outline of the history of central New Brunswick to the time of confederation* (Sackville, N.-B., 1937 ; réimpr., Fredericton, 1984). — H. A. Cody, *Glasier's men,* dans *Fifty-four narrative poems,* O. J. Stevenson, édit. (Toronto, 1933), 7–8 (copie au Musée du N.-B.). — Ted Jones, *All the days of his life : a biography of Archdeacon H. A. Cody* (Saint-Jean, N.-B., 1981). — G. [B.] MacBeath et D. F. Taylor, *Steamboat days : an illustrated history of the steamboat era on the St. John River, 1816–1946* (St Stephen[-Milltown], N.-B., 1982). — W. O. Raymond, *The River St. John : its physical features, legends and history from 1604 to 1784* (Saint-Jean, 1910). — Beatrice Craig, « Agriculture and the lumberman's frontier in the upper Saint John valley », *Journal of Forest Hist.* (Santa Cruz, Calif.), 32 (1988). — F. H. Phillips, « The Main John ; lumber king Glasier had great courage but wasn't popular », *Daily Gleaner,* 24 juin 1956. — *Telegraph-Journal* (Saint-Jean), 21 oct. 1926, 29 janv. 1936, 25 oct. 1948.

GOLDIE, THOMAS, homme d'affaires, homme politique et amateur de sports, né le 9 juillet 1850 à Paterson, New Jersey, fils aîné de James Goldie et de Frances Owen ; en 1877, il épousa en Nouvelle-Écosse Emma Jane Mitchell, et ils eurent deux fils et trois filles ; décédé le 2 février 1892 à Guelph, Ontario.

Le grand-père de Thomas Goldie, John Goldie, botaniste écossais réputé, visita le Haut-Canada et le nord-est des États-Unis entre 1817 et 1819, et immigra à Ayr, dans le Haut-Canada, en 1844. Les parents de Thomas, qui étaient demeurés en Écosse, vinrent aux États-Unis peu avant sa naissance. En 1860, ils s'établirent à Guelph, où James Goldie fonda une entreprise lucrative, la James Goldie Milling Company.

Après ses études à Guelph, Thomas Goldie fréquenta le McGill College, à Montréal, et l'Eastman's National Business College, à Poughkeepsie, dans l'état de New York. Par la suite, il occupa un poste de directeur dans l'entreprise de son père. Il joua aussi un rôle de premier plan dans la mise sur pied du Guelph Junction Railway, dont la construction débuta en 1886. Il fut par la suite l'un des administrateurs de l'entreprise. D'après un compte rendu daté de 1906, il occupa les postes d'administrateur de la Gore Fire Insurance Company, de vice-président de la Canadian Millers Mutual Fire Association et de la Wellington Mutual Fire Insurance Company, et de président de la Millers and Manufacturers Insurance Company. Il avait en outre continué de s'occuper de l'entreprise familiale et était président de la Dominion Millers' Association au moment de sa mort en 1892.

Goldie s'intéressa de près aux affaires publiques de la ville de Guelph. Il fut membre de la commission scolaire et, de 1881 à 1890, occupa la charge d'échevin. Élu à la mairie avec une majorité de plus de 500 voix en 1891, il fut reconduit sans opposition au même poste l'année suivante. L'un des maires les plus populaires de cette localité au XIXe siècle, il fit preuve de modernisme dans sa façon d'aborder les besoins de sa ville ; c'est pendant son mandat à la mairie que l'on engagea le premier ingénieur municipal de Guelph. Sur la scène politique, il remplit aussi la fonction de président de l'Association libérale-conservatrice de South Wellington (1882–1892). Membre fondateur en 1882 de la Guelph Lodge No. 163 de l'Order of United Workmen, il fit aussi partie du conseil de direction de la congrégation presbytérienne Knox et adhéra aux Sons of Scotland.

Toutefois, la renommée de Goldie est sans doute attribuable à sa longue participation à des activités de plein air et à l'essor qu'il donna au sport amateur en Ontario. Même s'il aimait la chasse et la pêche, il était mieux connu pour son enthousiasme au baseball, à la crosse et au cricket. Dans les années 1870, pendant les heures de gloire du Maple Leaf Base Ball Club de Guelph, il en fut le secrétaire. Ce club avait remporté en 1869 le championnat canadien et, en 1874, il gagna le championnat États-Unis–Canada à Watertown, dans l'état de New York. Pendant les premières années, son frère John fut l'un des joueurs étoiles du club. Thomas Goldie et le président du club, George Sleeman*, propriétaire d'une importante brasserie et maire de Guelph par la suite, surent très vite profiter de la popularité de ce jeu pour faire mousser l'image de la ville. D'après William Humber, historien dans le domaine des sports, cet intérêt pour les activités sportives comme médium de publicité de sa ville, est typique d'une époque « où les ligues comptaient peu, [et où] la taille d'une localité importait moins que l'enthousiasme publicitaire d'un protecteur local décidé à faire connaître sa ville ». Dans les débuts du baseball à Guelph, la composition sociale de la ville se retrouvait dans les équipes. Ce sport effectua un grand nivelage social, puisque les jeunes hommes issus de familles bien en vue et privilégiées, comme les fils de Goldie, faisaient équipe avec ceux de familles moins à l'aise. Les champions de Guelph en 1869 comprenaient « des machinistes originaires de l'endroit, un boucher, un ferblantier, un meunier et un pasteur méthodiste ». Au milieu des années 1880, cependant, le club éprouva des difficultés financières dans le circuit semi-professionnel ; la retraite de certains joueurs et le rétrécissement des marges bénéficiaires sonnèrent le glas des années de gloire. Sleeman fut forcé de disperser l'équipe en 1886.

Si le club de baseball connaissait des difficultés, d'autres sports, particulièrement la crosse, le cricket, le curling, les courses de chevaux et le patinage de vitesse, gagnaient la faveur populaire. Goldie fut un fervent partisan de la crosse après son introduction à Guelph en 1884. Il se tailla une réputation de joueur étoile au cricket, son sport préféré, qu'il avait pratiqué activement durant sa jeunesse (il avait aussi joué avec l'Albany Club de Toronto). En 1891, c'est lui qui fut la vedette du match annuel de Guelph, qui opposait les membres du conseil municipal à ceux de la commission scolaire. Son intérêt pour ce sport le mena jusque sur la scène provinciale. Il était en effet président de l'Ontario Cricket Association en 1892, lorsqu'il contracta une pneumonie dont il mourut en février de la même année, à l'âge de 41 ans.

Les journaux de Guelph et de Toronto soulignèrent chaleureusement la contribution de Thomas Goldie aux domaines des sports, des affaires et de la vie municipale. Ils firent l'éloge de sa gentillesse, de sa générosité et de son dévouement pour la chose publique. Le *Toronto World* le décrivit avec émotion comme « l'un des visiteurs les mieux accueillis à Toronto [...] Personne ne l'appréciait autant que les joueurs de cricket de la ville reine. Et c'était pleinement justifié. Il était un fervent partisan de ce noble jeu. Il le portait dans son cœur et aimait infiniment la batte et les guichets. »

DEBRA L. NASH-CHAMBERS

Guelph Public Library (Guelph, Ontario), Goldie papers, Roswell Goldie scrapbook. — UWOL, Regional Coll., George Sleeman papers. — Woodlawn Cemetery (Guelph), Records for Goldie family plot. — *Globe*, 4–5, 16 févr. 1892. — *Guelph Daily Herald*, 1871–1892, particulièrement 4 févr. 1892. — *Guelph Daily Mercury and Advertiser*, 1867–1892, particulièrement 21 août 1891, 4, 6, 8 févr. 1892. — *Guelph Herald*, 1860–1871. — *Guelph Weekly Mercury*, 1860–1867. — *Historical atlas of the county of Wellington, Ontario* (Toronto, 1906 ; réimpr. sous le titre de *Illustrated historical atlas of Wellington County, Ontario*, Belleville, Ontario, 1972). — William Humber, *Cheering for the home team : the story of baseball in Canada* (Erin, Ontario, 1983). — L. A. Johnson, *History of Guelph, 1827–1927* (Guelph, 1977). — *Guelph Evening Mercury*, éd. du centenaire, 20 juill. 1927. — James O'Mara, « The provincial riding of Wellington South, 1867 to present », *Historic Guelph, the Royal City* (Guelph), 23 (1983–1984) : 51–69.

GOODFELLOW, JAMES, homme d'affaires et homme politique, né le 10 janvier 1828 à Tranent, Écosse, fils de William Goodfellow et de Margaret Dodds ; le 18 mars 1858, il épousa à St John's Rosina Whiteford ; décédé le 25 janvier 1898 dans cette ville.

James Goodfellow débarqua à Terre-Neuve en 1850 pour occuper un poste de commis à la McBride and Kerr, filiale terre-neuvienne de la Kerr and McBride de Greenock et propriété, dans les années 1850, de James et Peter McBride, Robert Kerr et Gustav Ehlers. Établie à Terre-Neuve en 1821, la McBride and Kerr était l'un des plus gros fournisseurs de l'industrie locale de la pêche, et elle possédait plusieurs bateaux de chasse au phoque, de cabotage et de transport. Elle importait des marchandises sèches et de l'équipement de pêche de Greenock par l'entremise de la société mère, qui fournissait aussi, en les achetant d'une firme du Dorset, une bonne partie des filets et de la lignette dont l'île avait besoin. Par l'intermédiaire des relations qu'avait à Hambourg Gustav Ehlers, originaire de cette ville et directeur de la McBride and Kerr à St John's, la compagnie importait du pain dur (biscuit de mer), du beurre, des briques et des bottes. En 1864, Ehlers quitta les deux entreprises et Goodfellow le remplaça à la direction de St John's. Il représentait aussi la firme au conseil d'administration de la Commercial Bank of Newfoundland, l'une des deux banques privées de la colonie. On l'avait fondée en 1857 dans le but de financer l'industrie de la pêche, et la McBride and Kerr en était un actionnaire important.

Le 20 février 1865, les frères McBride et Kerr liquidèrent leurs compagnies et en vendirent l'actif pour £35 000 à une société à responsabilité limitée formée par le fils de James, Robert Kerr McBride, et par Goodfellow. Par suite de cette vente, la Kerr and McBride, de Greenock, devint la Robert Kerr McBride and Company, et la McBride and Kerr, de St John's, devint la McBride and Company. Goodfellow continua de diriger les affaires à Terre-Neuve. Seul McBride investit dans les deux entreprises : £10 000 qui venaient de son père. En vertu de leur entente, McBride toucherait les deux tiers du bénéfice et serait responsable des pertes dans la même proportion. La convention prit fin le 6 juillet 1869, la journée même où Goodfellow, après la dissolution des deux sociétés, acheta l'actif de la McBride and Company.

Ayant donné à son entreprise d'importation et de marchandises sèches le nom de Goodfellow and Company, Goodfellow prit pour associé en second, le 18 juin de l'année suivante, Moses MONROE, comptable de 28 ans, venu à Terre-Neuve en 1860 pour être commis à la McBride and Kerr. Cependant, en décembre 1872, un grave différend opposa les deux hommes. Selon Goodfellow, Monroe avait falsifié le prix des marchandises vendues par la compagnie, ce qui lui avait causé des pertes. Il refusa l'aide du ministre presbytérien Moses Harvey*, qui lui offrait d'arbitrer le conflit, et se dissocia de Monroe le 31 décembre pour faire affaire sous son propre nom. En 1881, il prit Alexander McDougall comme associé. Avec le temps, Goodfellow et Monroe se réconcilièrent et, dans les années 1880, ils collaborèrent aussi bien en affaires que sur la scène politique.

Avec d'autres investisseurs, Goodfellow spéculait beaucoup sur les gisements de l'intérieur de l'île – spéculation encouragée dans les années 1870 par les rapports optimistes du géologue du gouvernement, James Patrick Howley* – et il plaça aussi de l'argent dans des entreprises du secteur secondaire qui s'établirent à St John's après 1870. La Newfoundland Consolidated Foundry Company, la Newfoundland Boot and Shoe Manufacturing Company, la St John's Nail Manufacturing Company, la St John's Floating Dry Dock Company et la St John's Steam Tug Company étaient du nombre. En outre, il fut actionnaire du Terra Nova Curling and Skating Club Limited et administrateur, en 1880, de la section de la Young Men's Christian Association fondée peu de temps auparavant à St John's. À ce titre, il contribua à trouver les garanties financières qui permirent à l'association de louer des locaux pour son bureau principal. Membre actif de l'Église presbytérienne, il fut conseiller presbytéral de 1870 à sa mort, en 1898. Membre du comité directeur de la Newfoundland Auxiliary Bible Society durant de nombreuses années, et de divers conseils éducationnels affiliés à l'Église presbytérienne, il fut aussi l'un des administrateurs du Fishermen and Sailors' Home, qui ouvrit ses portes en 1886.

Avant 1888, Goodfellow exerça une influence politique uniquement à titre d'administrateur de la Commercial Bank et de secrétaire de la St John's Chamber of Commerce, poste qu'il occupait depuis 1867. Il avait été défait aux élections générales de 1882, dans le district de Port de Grave, comme candidat du *New Party* que dirigeait James Johnstone Rogerson* et qui faisait la lutte au gouvernement de sir William Vallance Whiteway* en défendant les intérêts des marchands. Sa carrière politique démarra vraiment le 21 août 1888, soit le jour où le gouvernement tory de sir Robert Thorburn* le nomma président du conseil municipal de St John's, créé par le Parlement dans le courant de l'année. Ce conseil se composait de deux membres nommés par le gouvernement et de cinq membres élus par scrutin de quartier. Sans doute sa loyauté envers le gouvernement Thorburn et son expérience de la gestion d'une grosse entreprise expliquent-elles en partie sa nomination. Toutefois, il avait aussi un autre atout : il connaissait la General Water Company pour en avoir présidé le conseil d'administration de 1886 à 1888, au moment où le conseil municipal avait acheté la part des actionnaires, dont l'un des plus importants était, semble-t-il, la Commercial Bank.

Le gouvernement avait érigé St John's en municipalité parce qu'il tenait à doter la ville des services dont elle avait cruellement besoin, ce qui n'empêchait pas Goodfellow et ses collègues marchands de voir là une excellente occasion d'obtenir du capital frais pour l'industrie de la pêche, étant donné la somme (environ 400 000 $) qu'il faudrait pour désintéresser les actionnaires de la General Water Company. Formée en 1859 par les marchands et banques de la ville, cette compagnie avait reçu une aide généreuse du gouvernement, sous forme de garanties sur ses emprunts, et en 1888 elle était en quelque sorte un service gouvernemental qui s'occupait de l'approvisionnement en eau et de la lutte contre les incendies. Le gouverneur en conseil et le Parlement exerçaient sur elle un contrôle serré et, à tout moment, l'État pouvait démettre de leurs fonctions ses trois administrateurs. Comme Goodfellow fut, de 1888 à 1890, le premier président du conseil municipal, il supervisa la fusion du personnel et des activités de la compagnie, ainsi que des services de voirie et d'égout dispensés directement par le gouvernement, en un seul service municipal. Cependant, cette intégration ne se fit pas sans difficultés – discipline du personnel, inefficacité, double emploi – si bien que, naturellement, la population critiqua beaucoup le conseil et son président.

Les citoyens s'attendaient à recevoir plus de services, et le conseil municipal n'avait que des revenus limités pour les satisfaire. Mais ce n'était pas son unique problème. Sa formation avait donné lieu à une vive controverse partisane. Pendant les premiers mois d'existence du conseil, on reprocha aux membres d'avoir confié les postes municipaux à des parents et amis. Ces accusations contenaient certainement une part de vérité : le neveu de Goodfellow, Isaac Robert McNeilly, devint solicitor du conseil, et Moses Monroe, conseiller du quartier n° 3, fit nommer son neveu ingénieur municipal. Ce qui politisait vraiment le conseil, c'était l'ascendant de Monroe qui, semble-t-il, dominait les délibérations et imposait ses vues sur les questions qui l'intéressaient.

Goodfellow, Monroe et d'autres conseillers tories ne se présentèrent pas aux élections de 1889 mais tentèrent d'user de l'influence du conseil, et des faveurs qu'il pouvait dispenser, pour aider les candidats tories des deux districts de St John's, qui furent tout de même défaits. Vainqueurs, les libéraux de Whiteway firent payer à Goodfellow, l'année suivante, le soutien actif qu'il avait apporté à leurs adversaires. En alléguant qu'il avait jadis été un homme « honorable », mais qu'il avait toujours été « faible » et était « récemment tombé sous la coupe du conseiller le plus dénué de scrupules [Monroe] », la presse libérale lui reprocha vigoureusement de ne pas avoir eu le « bon goût » de quitter la présidence du conseil municipal après la défaite des tories. L'*Evening Telegram* déclara que désormais il n'était plus un représentant du peuple ni du gouvernement. Le 22 avril, le gouvernement Whiteway le démit de ses fonctions et le remplaça par un homme plus souple, d'allégeance libérale. Une semaine plus tard, il institua une enquête parlementaire sur toute l'histoire financière du conseil. Déposé le 5 juin, le rapport montrait que les méthodes comptables du conseil étaient laxistes et que les directives de Goodfellow donnaient à penser que lui-même et Monroe, comme le suggéraient les libéraux, avaient poussé le conseil à « constituer une caisse secrète » à des fins politiques. Malgré le discrédit que ses ennemis libéraux avaient jeté sur lui en alléguant qu'il avait mal géré les affaires municipales, le gouvernement ne prit aucune mesure contre lui ; il sortit donc de cette bataille partisane sans que sa réputation soit ternie. Deux ans plus tard, il réintégrait le conseil en triomphateur : il avait été élu conseiller du quartier n° 3, où les électeurs étaient surtout des marchands ; Monroe, pour des raisons d'affaires, avait décidé de ne pas se présenter.

Pendant la quasi-totalité de ses quatre années de mandat au conseil (1892–1896), Goodfellow connut de tels problèmes financiers et juridiques qu'il décida de ne pas se représenter. Il perdit ses installations dans l'incendie de 1892, qui détruisit une bonne partie de St John's, mais il se remit vite sur pied grâce aux indemnités d'assurances et aux facilités de crédit de la Commercial Bank, dont il était alors le doyen des administrateurs. C'est d'ailleurs en empruntant à celle-ci qu'il avait pu ajouter l'exportation de poisson aux activités de sa compagnie dès la fin des années 1880. En décembre 1886, Goodfellow devait environ 30 000 $ à la banque ; quatre ans plus tard, il lui en devait plus du double, soit 79 410,03 $. Sa dette allait augmenter annuellement au point d'atteindre 169 325,59 $ en 1894.

Au début des années 1890, l'industrie de la pêche, étant donné son organisation, avait absolument besoin de pareil crédit. Comme une longue période s'écoulait entre le moment où un marchand achetait du poisson et le moment où celui-ci était vendu, il devait emprunter pour avoir en stock de grosses quantités de marchandises sèches, de provisions et de matériel de pêche. C'est la vente du poisson qui garantissait les prêts bancaires consentis aux marchands. Cette pratique comportait un grave danger : les administrateurs des deux banques privées, pour se prêter de l'argent à eux-mêmes et en prêter à d'autres marchands de poisson, augmentaient beaucoup trop les marges de crédit et, en plus, puisaient à même les dépôts du gouvernement et des particuliers. En 1894, cette pratique allait entraîner la ruine des banques.

La cause immédiate de la faillite de la Commercial Bank, survenue le 10 décembre 1894 – le « lundi noir » –, fut l'impossibilité de satisfaire aux exigences des fiduciaires de la succession d'un important agent de l'industrie de la pêche terre-neuvienne en Angleterre, décédé quatre jours plus tôt. Comme la Commercial Bank ne parvenait pas à se faire rembourser sur-le-champ par les marchands, elle suspendit ses opérations. La Union Bank of Newfoundland s'empressa de faire de même afin d'éviter une ruée vers ses propres réserves. Le 17 décembre, le Parlement chargea un comité mixte spécial d'étudier la crise financière. Dans son rapport, présenté dix jours plus tard, le comité estima que, une fois réalisé, l'actif de la Union Bank ne vaudrait que 80 % de ses réserves, et celui de la Commercial Bank, 20 %. Il reprochait vivement aux deux banques d'avoir toléré les importants découverts de leurs clients, les administrateurs eux-mêmes se trouvant parmi les principaux débiteurs. Le 10 décembre, le passif de la Commercial Bank s'élevait à 3 500 000 $, dont 1 750 000 $ constituait l'obligation de ses administrateurs.

Le 28 décembre, la Cour suprême se réunit afin de décider s'il fallait obliger la Goodfellow and Company à déposer son bilan. Dans une déclaration faite sous serment devant le tribunal, Goodfellow et McDougall affirmèrent que leur entreprise était solvable et que, malgré la dette envers la Commercial Bank, ils étaient en mesure de satisfaire leurs créanciers. Le 31, la cour décida donc qu'aucune mesure ne serait prise contre la société. Toutefois, en mai 1895, la Goodfellow and Company déclara forfait et fut inscrite au tribunal des faillites. Le 18 juillet, la Cour suprême lui ordonna de rembourser sa dette à la Commercial Bank par versements, à raison de 65 cents le dollar. Dès septembre, l'entreprise fonctionnait à nouveau, mais à un rythme beaucoup plus modeste. Elle continua d'avoir des difficultés financières et, en octobre 1897, se trouva une autre fois acculée à la faillite : un créancier avait demandé à la Cour suprême d'ordonner la nomination d'un syndic pour examiner ses états financiers. Le tribunal différa la satisfaction de cette requête mais confia quand même à un syndic le mandat de gérer les biens de Goodfellow en attendant que l'on prenne une décision. Le 12 janvier 1898, Goodfellow conclut une entente à l'amiable avec son créancier, ce qui lui permit d'éviter encore une fois qu'on le déclare insolvable.

Par ailleurs, de décembre 1894 à décembre 1897, Goodfellow fut menacé de poursuites au criminel pour son rôle dans la faillite de la Commercial Bank. Un verdict de culpabilité signifiait une peine d'emprisonnement de cinq ans ou moins. Étant donné le prestige qu'ils avaient eu dans la colonie, c'est avec consternation que lui-même et les autres administrateurs apprirent la chose le 26 décembre 1894, jour de leur arrestation. L'un d'eux, Augustus Frederick Goodridge*, n'avait-il pas déjà été premier ministre de Terre-Neuve ? Ce jour-là, tandis que l'on exigeait, à titre de cautionnement, que deux personnes garantissent 18 000 $ pour chacun des administrateurs, « les prisonniers, notait l'*Evening Telegram*, semblaient découragés, abattus, et étaient de toute évidence plus que surpris par la soudaineté des démarches entreprises ».

Les audiences commencèrent en février 1895 devant le magistrat stipendiaire James Gervé Conroy*. Les administrateurs faisaient face à deux accusations. D'abord, celle d'avoir rendu publics des états financiers de la banque falsifiés. Ensuite, celle d'avoir conspiré pour escroquer les actionnaires en donnant l'impression que les finances de la banque étaient « prospères et solides » alors qu'en fait de gros découverts et prêts non garantis avaient été consentis, particulièrement à eux-mêmes. Dans leur plaidoyer, les administrateurs affirmèrent qu'ils croyaient la banque solvable quand, en juillet 1894, ils avaient présenté des états financiers aux actionnaires, et que la faillite de décembre avait simplement résulté de la mort de l'agent des pêches anglais, « calamité tout à fait imprévue et inattendue ». Quant à Goodfellow, il semblait avoir eu tellement confiance en la santé financière de la banque, jusqu'à la faillite, qu'il en avait acheté des actions juste avant ce moment.

Après plus de deux mois de séances, Conroy conclut qu'il y avait présomption légale contre les accusés et confia l'affaire à la Cour suprême. En avril 1896, les administrateurs de la banque comparurent devant ce tribunal, mais le jury d'accusation trouva non fondées les charges qui pesaient sur eux. Cette conclusion s'explique facilement : six des jurés étaient des parents ou des employés des accusés, et les autres étaient leurs amis. En décembre, les administrateurs échappèrent encore une fois à la poursuite devant la Cour suprême, car les trois juges refusèrent de présider le procès. Deux d'entre eux, sir Frederic Bowker Terrington CARTER et Joseph Ignatius Little*, avaient été actionnaires de la banque, et le troisième avait déjà participé, à titre d'avocat, à des poursuites contre les administrateurs. Le premier ministre Whiteway demanda donc au ministère des Colonies de nommer un juge de l'extérieur de Terre-Neuve, ce qui nécessitait une modification de la loi sur le système judiciaire. On désigna sir David Patrick Chalmers, ancien juge en chef de la Guyane britannique (Guyana), pour entendre la cause en décembre 1897.

L'audience dura plus de deux semaines et aboutit à l'acquittement de Goodfellow et des autres administrateurs. Chalmers n'avait pas eu d'autre choix que de recommander ce verdict au jury, étant donné la difficulté que la couronne avait eue à prouver l'intention criminelle des accusés. Dans une dépêche au ministère des Colonies, le juge fit observer que la conduite des administrateurs justifiait qu'il y ait eu poursuite au civil contre eux, mais que « les considérations morales » ne suffisaient pas quand il s'agissait de « traiter de questions criminelles ». Comme quelques-uns des administrateurs de la Commercial Bank et de la Union Bank s'étaient relancés en affaires après 1894 et employaient encore une nombreuse main-d'œuvre, on ne porta aucune nouvelle accusation contre ceux de la Commercial Bank, et on abandonna les poursuites engagées au criminel contre ceux de la Union Bank.

Pour James Goodfellow, faire l'objet d'une publicité constante, durant trois ans, à cause des accusations criminelles associées à la faillite de la banque, s'avéra traumatisant. Le procès de décembre 1897, en particulier, porta un dur coup à sa santé. Cette inquiétude et la crainte que la Cour suprême ne déclare sa compagnie en faillite provoquèrent un arrêt du cœur le 25 janvier 1898. Le 26 février, jour de l'examen de son testament, on évalua sa succession à près de 30 000 $, même si ses affaires avaient considérablement décliné depuis quatre ans. Elle se composait de parts dans diverses propriétés commerciales de St John's et de certains investissements commerciaux. Selon un de ses contemporains, il avait été un homme « de valeur » et avait tenu bon « devant les épreuves et tribulations qui [l'avaient] affligé durant tant de mois, réconforté et soutenu par le sentiment de sa propre intégrité et la cordiale sympathie d'une foule d'amis chaleureux ». Devant cette « féroce persécution, ajoutait-il, son caractère et sa réputation étaient triomphalement justifiés ». L'industrie de la pêche terre-neuvienne était une activité économique à hauts risques, où les pertes avaient des conséquences tragiques pour la population et où, même dans les meilleures périodes, marchands et pêcheurs vivaient sur la corde raide. Goodfellow avait participé à cette industrie en investisseur chevronné.

MELVIN BAKER

GRO (Édimbourg), Tranent, reg. of births and baptisms, 3 févr. 1828. — PANL, GN 5/2/A/1, 1894–1898 ; GN 9/1, 1888–1898 ; P5/4 ; P7/B/16, box 4, minute-book, 1889–1895. — Supreme Court of Newfoundland (St John's), Registry, 6 : 424 (testament de James Goodfellow). — *The crown vs. the directors and manager of the Commercial Bank of* Newfoundland *; evidence and exhibits, taken and produced at the preliminary investigation before His Honour Judge Conroy* [...] ([St John's, 1894]). — T.-N., House of Assembly, *Journal*, app., 1850–1899. — *Daily News* (St John's), 1894–1898. — *Evening Herald* (St John's), 1890–1898. — *Evening Telegram* (St John's), 1879–1898. — *Express* (St John's), 1851–1872. — *Newfoundland Colonist* (St John's), 1886–1892. — *Newfoundlander*, 1850–1880. — *Patriot and Terra-Nova Herald*, 1850–1884. — *Public Ledger*, 1850–1882. — *Royal Gazette and Newfoundland Advertiser*, 1850–1898. — *Nfld. directory*, 1871. — *Nfld. year book and almanac*, 1892. — Melvin Baker, « The government of St. John's, Newfoundland, 1800–1921 » (thèse de PH.D., Univ. of Western Ontario, London, 1981). — Hiller, « Hist. of Nfld. ». — Keith Matthews, *Profiles of Water Street merchants* (miméographie, [St John's], 1980). — C. F. Rowe *et al.*, *The currency and medals of Newfoundland* (Toronto, 1983).

GORDON, ANDREW ROBERTSON, officier de marine, homme d'affaires, fonctionnaire et hydrographe, né le 13 février 1851 à Aberdeen, Écosse ; il épousa Mary Elizabeth Parker, et ils eurent plusieurs enfants ; décédé le 24 mars 1893 à Ottawa.

Andrew Robertson Gordon fit ses études à Aberdeen et entra dans la marine royale en 1863. Promu lieutenant huit ans plus tard, il quitta la marine en octobre 1873. Dès août 1872, toutefois, il avait immigré au Canada, s'était fixé à Cooksville (Mississauga, Ontario) et avait épousé la fille de Melville Parker, vice-président du conseil du canton de Toronto et plus tard préfet du comté de Peel. Vers la fin des années 1870, Gordon et Parker étaient associés dans l'exploitation d'une raffinerie de pétrole près de Cooksville.

Le 1er août 1880, Gordon entra en fonction au département fédéral de la Marine et des Pêcheries [V. George Templeman Kingston*] à titre de surintendant adjoint du Service météorologique. En poste au bureau central du service à Toronto, il était chargé d'inspecter les stations d'observation météorologique et de conseiller le surintendant Charles CARPMAEL sur l'expansion du service. Au cours de l'été de 1881, Gordon se rendit dans les stations de la province de Québec et du golfe du Saint-Laurent ; il proposa par la suite que le service procède à un levé magnétique du golfe. Deux ans plus tard, il fit une tournée dans le sud du Manitoba et le Nord-Ouest en vue de formuler des recommandations sur l'expansion du service dans cette partie du pays. Avant cette époque, il n'y avait eu à l'ouest de Winnipeg que quatre stations météorologiques, qui transmettaient d'ailleurs des bulletins irréguliers. Le service souhaitait en établir de nouvelles près de la ligne télégraphique qui longeait le chemin de fer canadien du Pacifique, alors en construction. Gordon déposa son rapport et, moins de deux ans plus tard, on avait déjà ouvert plusieurs stations.

Gordon resta au Service météorologique à titre de surintendant adjoint mais, à compter de l'été de 1884, il s'occupa de plus en plus d'autres travaux à l'intérieur du département. Ainsi fut-il appelé cette année-là à diriger la première expédition canadienne depuis la Confédération à se rendre à la baie d'Hudson, dans le but d'évaluer la période de l'année où le détroit d'Hudson était navigable. Les gens de l'Ouest réclamaient alors la construction d'un chemin de fer qui se rendrait jusqu'à la baie d'Hudson, à l'embouchure du fleuve Nelson ou du fleuve Churchill ; pour être en mesure de prendre une décision, le gouvernement devait faire cette étude.

La première expédition, commandée par Gordon, partit donc de Halifax en juillet 1884 à bord du

Neptune, et mit sur pied cinq stations d'observation le long du détroit et une sur la côte du Labrador. À chaque endroit, on laissa pour l'hiver une équipe de trois hommes chargés d'observer la formation des glaces, la débâcle et le mouvement de celles-ci, et d'en prendre note. Les équipes enregistrèrent également les conditions météorologiques, recueillirent des données sur la marée et, en un endroit, firent des observations magnétiques. Au cours des étés de 1885 et de 1886, Gordon dirigea d'autres expéditions, cette fois à bord de l'*Alert,* pour observer les conditions pendant la saison chaude et renouveler le personnel des équipes ; en 1886, il démonta les stations et rembarqua les hommes et le matériel. Gordon conclut dans ses rapports que le détroit d'Hudson n'était navigable que de juillet à octobre, et que les meilleures conditions se produisaient en août et en septembre. Il soutint avec vigueur que l'estuaire du Nelson ne se prêtait nullement à l'aménagement portuaire, mais que Churchill, par contre, présentait toutes les caractéristiques nécessaires pour devenir un grand port et « devait être le terminus du chemin de fer projeté ». En vue d'affermir l'autorité du Canada dans l'Arctique, il réclama aussi la réglementation de la pêche à la baleine. D'autres membres des expéditions, dont Robert Bell*, publièrent des comptes rendus sur la géologie, la flore, la faune et les Inuit du Nord.

Gordon n'était pas un fonctionnaire ordinaire – certainement pas au sens où on l'entend aujourd'hui – et les occupations auxquelles il se livra pendant ses hivers à Toronto, toujours au Service météorologique, en témoignent. En 1884, il demanda, sans succès d'ailleurs, à Frederic Newton GISBORNE, surintendant du service fédéral de télégraphie, de hausser le salaire de son frère Leslie, télégraphiste et observateur météorologiste dans le Nord-Ouest. Militant du parti conservateur, il eut néanmoins des démêlés avec son ministère lorsqu'il embaucha, au début de l'année 1885, James Gordon Mowat à titre d'adjoint spécial pour rédiger un document sur le climat canadien. Climatologue et journaliste compétent, Mowat était aussi, par malheur, un adversaire politique du parti au pouvoir, et Gordon fut forcé de le laisser partir quelques mois plus tard, avant même qu'il ait terminé son rapport. Au printemps de 1886, Gordon écrivit au ministre de son département, George Eulas Foster*, pour lui demander de prendre, s'il y avait lieu, les mesures nécessaires afin de légaliser le mariage du missionnaire Joseph Lofthouse et de sa fiancée d'Angleterre, qu'il avait célébré l'été précédent à la baie d'Hudson en sa qualité de capitaine de navire. Bien que fonctionnaire, Gordon s'associa aux hommes politiques conservateurs : en 1886, il vendit du bétail de sa ferme de Cooksville à son ancien ministre, Archibald Woodbury McLelan*, et, l'année suivante, avant les élections fédérales, il participa ouvertement à des assemblées dans la circonscription de Peel. Ambitieux, il n'hésita pas à se servir de ses amis politiques, mais il ne parvint jamais à se faire nommer sous-ministre, comme il l'aurait souhaité.

Après ses voyages d'exploration à la baie d'Hudson, Andrew Robertson Gordon s'absenta chaque été du Service météorologique pour commander la flottille chargée de la protection des pêches sur la côte est. Le 14 octobre 1891, on le nomma conseiller naval et commandant de cette flottille. Atteint de tuberculose, il quitta le service actif en 1892 pour superviser la patrouille des garde-pêche depuis Ottawa. C'est là qu'il mourut l'année suivante, et on l'inhuma à l'église anglicane St Peter de Springfield, près de Cooksville.

MORLEY K. THOMAS

Les comptes rendus des trois expéditions d'Andrew Robertson Gordon à la baie d'Hudson ont été publiés en monographies distinctes et en annexes aux rapports annuels du département de la Marine et des Pêcheries puis du département de la Marine. Tous publiés à Ottawa, les rapports portent les titres suivants : *Report of the Hudson's Bay expedition, under the command of Lieut. A. R. Gordon, R.N., 1884* (1885) (aussi paru dans Canada, Dép. de la Marine et des Pêcheries, *Annual report,* 1883–1884, app. 30) ; *Report of the second Hudson's Bay expedition* [...] *1885* (1886) (aussi Canada, Dép. de la Marine, *Annual report,* 1884–1885, app. 29) ; et *Report of the Hudson's Bay expedition of 1886* [...] ([1887]) (aussi *Annual report,* 1885–1886, app. 27). Les rapports ministériels figurent aussi dans Canada, Parl., *Doc. de la session,* 1885, n° 9 ; 1886, n° 11 ; et 1887, n° 15.

AO, RG 22, sér. 224, reg. H (1892–1894) : 135 ; Toronto Township, abstract index to deeds, concession 1 N.D.S., lot 17 ; deeds, vol. 10, n°s 1021–1023 (mfm). — Canada, Environnement Canada, Service de l'environnement atmosphérique, Quartier général national (Toronto), Service météorologique, superintendent's letter-books ; A. R. Gordon, letter-books, 1880–1893 ; Dép. de la Marine, service météorologique, *Annual report* (Ottawa), 1880–1893 (publié séparément et dans l'*Annual report* du département). — *Brampton Conservator* (Brampton, Ontario), 30 mars 1893. — *Ottawa Citizen,* 25 mars 1893. — Alan Cooke et Clive Holland, *The exploration of northern Canada, 500 to 1920 : a chronology* (Toronto, 1978). — *Dominion annual reg.,* 1884 : 392.

GOWANLOCK, THERESA MARY. V. JOHNSON

GRAHAM, JAMES ELLIOT, médecin, auteur et professeur, né le 12 juin 1847 dans la ferme familiale de Richview, à Malton, Haut-Canada, cadet des fils de Joseph Graham et d'Ann Brown (LeBrun) ; le 15 juillet 1873, il épousa Mary Jane Aikins, fille de James Cox Aikins*, et ils eurent trois filles et un fils ; décédé le 7 juillet 1899 à Gravenhurst, Ontario.

James Elliot Graham commença ses études à la Weston Grammar School, où il fut un bon élève et remporta des prix en latin et en grec. Après avoir fréquenté l'Upper Canada College, puis la Toronto School of Medicine [V. William Thomas AIKINS], il obtint sa licence en médecine en 1869 et son doctorat l'année suivante à la University of Toronto. C'est à l'école de médecine qu'il rencontra William Osler*, avec qui il se lia d'une amitié qui allait durer 30 ans et qu'Osler commémorerait d'ailleurs en 1900 en dédiant à Graham, peu après la mort de ce dernier, une monographie sur le cancer de l'estomac. Les deux hommes étudièrent également avec le docteur James Bovell*, qui leur enseigna les subtilités de la microscopie ; celui-ci fut longtemps pour eux un modèle à suivre.

Après avoir obtenu son diplôme de médecine, Graham fit un stage d'un an au Brooklyn City Hospital de New York avant d'aller poursuivre ses études postuniversitaires en Europe. Il se trouvait en Allemagne pendant la guerre franco-allemande et se porta volontaire à titre de chirurgien militaire, sans solde, dans l'armée prussienne. Durant ce séjour, il acquit pour le peuple allemand et sa culture une admiration qui ne se démentit jamais. C'est probablement de cette époque que date son intérêt pour les maladies de la peau, qui jouerait un rôle de premier plan dans sa vie professionnelle. Graham quitta l'Allemagne pour aller étudier à Vienne, puis à Londres où il fut agréé par le Royal College of Physicians.

Après ce programme spécial de perfectionnement qu'il s'était lui-même imposé mais qui n'était pas rare à l'époque, Graham revint à Toronto en 1872 et se gagna à la fois une clientèle nombreuse et la réputation de s'occuper de ses patients avec soin et application. Dans des périodiques, tels le *Canadian Journal of Medical Science* et les *Transactions* de l'Association of American Physicians de Philadelphie, il publia fréquemment le compte rendu de ses observations sur un grand nombre de sujets, dont les maladies de la peau et du foie, la typhoïde et la tuberculose. De plus en plus de gens, malades comme médecins, le consultaient. Membre du personnel médical du Toronto General Hospital à partir de 1875 environ, il enseigna à la fois dans cet établissement et à la Toronto School of Medicine. Reconnu comme le « père de l'enseignement clinique au pays » – titre qui n'est pas sans importance étant donné l'intérêt grandissant qu'on portait à l'époque pour cette forme de transmission des connaissances –, Graham ouvrit la voie à l'enseignement moderne de la médecine.

Au fur et à mesure que sa clientèle augmentait, Graham trouvait de plus en plus difficile de maintenir l'objectif d'excellence qu'il s'était fixé et, vers 1880, il devint l'un des premiers praticiens nord-américains à travailler exclusivement en qualité de consultant. Toujours fasciné par les maladies de la peau, c'est dans ce domaine largement négligé qu'il allait se faire connaître. Très tôt, il fit partie de l'American Dermatological Association, fondée en 1876, et en fut élu président en 1888. Il occupa aussi des postes de responsabilité dans d'autres associations professionnelles : président de la Toronto Medical Society, de l'Ontario Pathological Society, de l'Ontario Medical Association et de l'Association médicale canadienne. Professeur de médecine clinique à la University of Toronto à compter de 1887 et professeur de médecine à compter de 1892, il fut élu deux fois au « sénat » de cette université.

Bien que substantielle, la contribution de Graham à la médecine nord-américaine est souvent passée inaperçue chez ses contemporains. Heureusement, Osler, qui était déjà un éminent professeur de médecine à la University of Pennsylvania, n'hésitait jamais à reconnaître les réalisations de ses collègues ; il souligna, par exemple, que l'on avait fondé l'Association of American Physicians en 1885 à la suite d'une suggestion de Graham au docteur James Tyson de Philadelphie. Fait à signaler, c'est également Graham qui incita, pendant les années 1890, plusieurs jeunes médecins canadiens de talent à aller étudier avec Osler et ses collègues à l'école de médecine de la Johns Hopkins University, à Baltimore, l'une des meilleures au monde. Ces hommes, dont Llewellys Franklin Barker, Thomas Barnes Futcher, Thomas McCrae et Thomas Stephen Cullen, devinrent à leur tour des chefs de file dans le domaine médical partout en Amérique du Nord pendant la première moitié du XXe siècle.

James Elliot Graham avait commencé à être malade au début des années 1880, atteint d'un diabète qui s'était déclaré tardivement mais qu'il pouvait surmonter grâce à un régime alimentaire. En 1899 cependant, il contracta une pneumonie, et le diabète s'aggrava. Au mois de juin, il se rendit dans la région de Muskoka dans l'espoir de reprendre des forces, mais un coma diabétique l'emporta le 7 juillet. Sa maison, au 70 de la rue Gerrard Est, est devenue en 1982 un centre pour jeunes sans-abri.

CHARLES G. ROLAND

James Elliot Graham a produit quelque 57 articles et rapports sur des sujets médicaux, dont 21 concernent la dermatologie. Voici quelques-uns de ses écrits les plus importants : « The external treatment of some of the more common skin diseases », *Canadian Journal of Medical Science* (Toronto), 4 (1879) : 83–85, 118–119 ; « Leprosy in New Brunswick », *Canada Medical & Surgical Journal* (Montréal), 12 (1882–1883) : 153–213 ; « General exfoliative dermatitis », *Journal of Cutaneous and Venereal Diseases* (Chicago), 1 (1883) : 390–395 ; « Skin eruption produced by the bromide of potassium », *Canadian Practitioner* (Toronto), 14 (1889) : 407–409 ; « The treatment of typhoid fever », 16 (1891) : 53–61 ; « The treatment of tuberculosis », *Montreal Medical Journal*, 21 (1892) : 253–275 ; et « Poisoning by illuminating gas », *Canada Lancet* (Toronto), 29 (1896–1897) : 425–434. Une bibliographie complète, « Bibliography of Dr. James Elliot Graham », compilée par H. J. Hamilton, au moment de la mort de Graham, figure aux pages 229–230 de l'ouvrage de R. R. Forsey, « James Elliot Graham, Canada's first dermatologist », *Arch. of Dermatology* (Rochester, Minn.), 99 (1969) : 226–231.

AN, RG 31, C1, 1861, Peel County : 38. — UTA, A73-0026, J. E. Graham file. — *British Medical Journal* (Londres), juill.–déc. 1899 : 317 (notice nécrologique incluant un hommage de [William] Osler). — I. H. Cameron, « The overcrowding and the decadence of scholarship in the profession », *Montreal Medical Journal,* 28 (1899) : 649–662. — *Canadian Practitioner and Rev.* (Toronto), 24 (1899) : 480–484. — William Osler et Thomas McCrae, *Cancer of the stomach ; a clinical study* (Philadelphie, 1900). — *Brampton Conservator* (Brampton, Ontario), mars 1899. — *Canadian men and women of the time* (Morgan ; 1898). — *Centennial history of American Dermatological Association, 1876–1976,* F. J. Szymanski, compil. ([Philadelphie], 1976), 62. — H. A. Kelly et W. L. Burrage, *American medical biographies* (Baltimore, Md., 1920), 1337. — H. [W.] Cushing, *The life of Sir William Osler* (2 vol., Oxford, Angl., 1925 ; réimpr. en 1 vol., Londres et Toronto, 1940). — H. E. MacDermot, *History of the Canadian Medical Association* (2 vol., Toronto, 1935–1958), 1 : 201. — Donald Jones, « Modern mission brings new life to famous doctor's old mansion », *Toronto Star,* 27 févr. 1982 : F14.

GRAHAM, JOHN HAMILTON, administrateur scolaire, professeur, auteur et homme d'affaires, né le 5 novembre 1826 à Overtown (Strathclyde, Écosse) ; décédé le 12 août 1899 à Hartford, Connecticut, et inhumé le 15 à Richmond, Québec.

John Hamilton Graham naquit dans une famille presbytérienne des Highlands. Il fréquenta une école paroissiale et la Johnstone Academy. Il se préparait à entrer à la University of Glasgow lorsque ses parents immigrèrent au Vermont, probablement au début des années 1840. Ils s'installèrent près de la frontière bas-canadienne, dans Orleans County, où Graham poursuivit ses études dans divers collèges, après quoi il alla les terminer à la Brown University de Providence, au Rhode Island. Il enseigna un moment, puis devint directeur de la Barton Academy et ensuite de la Northfield Institution, deux établissements du Vermont. Il milita au sein du mouvement qui réclamait la création d'écoles normales d'État au Vermont, rédigea un projet de loi sur l'éducation, adopté en 1856, et présida, à divers moments, trois associations d'enseignants.

S'étant taillé une excellente réputation, Graham accepta en 1858 la direction d'une *grammar school* pour garçons à Richmond, au Bas-Canada, et devint en même temps professeur de mathématiques au St Francis College, dans la même ville. Il fut titulaire de la chaire d'humanités et de littérature anglaise au collège en 1860 ; plus tard dans l'année, il devint directeur de l'établissement. Sous sa direction, le St Francis College attira des étudiants des autres colonies et des États-Unis, tant il était réputé offrir une formation complète et appliquer une discipline stricte.

Graham avait continué de s'intéresser aux associations d'enseignants, et à la première assemblée annuelle de la District of St Francis Teachers' Association, en 1858, il proposa la création d'un organisme provincial. En 1863–1864, avec le président de cette association, Jasper Hume Nicolls*, il participa à la formation de la Provincial Association of Protestant Teachers, dont il devint président en 1870. Il fut aussi, à un moment donné, président de la District of St Francis Teachers' Association.

À la faveur des pourparlers qui se déroulaient en 1865–1866 en vue de la fédération des colonies britanniques d'Amérique du Nord, Graham fit vigoureusement pression sur Alexander Tilloch GALT afin que le projet d'union assure le développement de l'instruction protestante dans la province de Québec. Admirateur du système d'enseignement qu'avait établi Egerton Ryerson* dans le Haut-Canada, il stigmatisa celui du Bas-Canada dans une série de lettres qui parurent d'abord dans le *Montreal Herald,* puis sous forme d'opuscule. Graham dénonçait la nomination, au conseil de l'Instruction publique [V. Louis Giard*], d'hommes politiques – nommément Galt et Timothy Lee Terrill* – qui n'avaient pas le temps d'assister aux réunions du comité protestant du conseil ni de défendre les droits des protestants. L'enseignement, affirmait-il, devait plutôt être administré par les enseignants. Ils dirigeraient le conseil et les bureaux d'examen et d'octroi d'autorisations, tout comme les médecins, avocats et membres des autres professions libérales. Il demandait « la reconnaissance officielle du statut professionnel de l'instituteur ». Il accusait le surintendant du département de l'Instruction publique, Pierre-Joseph-Olivier Chauveau*, de tenter d'instaurer une « séparation de l'instruction » au Bas-Canada en s'opposant à la création d'un regroupement provincial des instituteurs de toutes confessions et à l'admission d'instituteurs francophones à la District of St Francis Teachers' Association. Graham dénonçait en outre l'insuffisance du financement des établissements protestants. Importer à grands frais des manuels de New York, de Londres et de Paris était une pratique qu'il condamnait ; d'après lui, il fallait produire des manuels scolaires afin d'encourager « les talents et les initiatives du pays » et de cultiver « un patriotisme, qui fai[sait] cruellement défaut ». Pourtant, il reprochait à Chauveau d'avoir donné son aval à l'ouvrage de François-Xavier Garneau*, *Histoire du Canada depuis sa découverte jusqu'à nos jours,* dont une traduction était parue à Montréal en 1860. C'était l'un des seuls livres canadiens recommandés aux écoles, mais Graham le trouvait « rempli de sentiments déloyaux, traîtres même ».

Graham s'élevait aussi contre ce qu'il percevait comme une domination du système d'enseignement par l'Église catholique. Selon lui, Chauveau, par les livres qu'il sélectionnait pour les remises de prix, et le conseil de l'Instruction publique, en recommandant certains ouvrages religieux aux écoles, tendaient à faire du système d'enseignement un agent de la Propagande. Graham affirmait que l'Église catholique dominait l'instruction religieuse dans les écoles qui regroupaient protestants et catholiques et que c'était là « l'un des nombreux moyens par lesquels les conquis dict[aient] leurs conditions [...] aux conquérants ». En fait, d'après lui, « protestants et catholiques [devaient] renoncer à tenter de faire enseigner leur « foi » dans des écoles subventionnées en tout ou même en partie par les fonds publics ». L'affectation de fonds publics aux écoles catholiques, soutenait-il, constituait une « *quasi*-reconnaissance de cette Église par l'État ». Graham soulignait que ses vues n'étaient pas anticatholiques, mais représentatives de celles d'« un bon nombre de protestants et catholiques libéraux ».

Graham espérait que la Confédération serait l'occasion de procéder à des réformes radicales du système provincial d'enseignement. Il revendiquait notamment une répartition moins arbitraire des fonds publics entre les écoles ; la création d'une surintendance et d'un conseil protestants de l'Instruction publique ; la constitution d'une fondation permanente qui libérerait les établissements de haut savoir de leur dépendance envers les subventions gouvernementales ; la reconnaissance nationale, et non pas seulement provinciale, des diplômes de collège et d'université ; l'élection, par les instituteurs et étudiants, de membres du Parlement qui veilleraient précisément aux intérêts de l'enseignement. En 1872, il quitta la direction du St Francis College pour se présenter sous la bannière libérale dans la circonscription fédérale de Richmond and Wolfe, mais il perdit. Des amis le qualifiaient à la blague de « radical écossais », de « libéral anglais », de « républicain des États-Unis » et de « libéral-conservateur canadien ».

Après sa défaite, Graham se fit commerçant, mais il consacrait beaucoup de son temps à donner des leçons particulières, à écrire et à œuvrer dans la franc-maçonnerie. En 1855, il avait subi les rites d'initiation à la De Witt Clinton Lodge de Northfield, au Vermont. Quatre ans plus tard, après s'être installé au Bas-Canada, il entra à la St Francis Lodge, dont il fut maître de 1863 à 1866. Il agit aussi en qualité de *grand registrar* de la Grand Lodge of Canada en 1863. Comme à l'époque un antagonisme amer régnait entre les francs-maçons et l'Église catholique, il ne fait guère de doute que l'ascension de Graham dans la franc-maçonnerie était une conséquence de la part qu'il avait prise dans la controverse sur l'enseignement. De 1866 à 1868, il servit d'adjoint au grand maître d'un district de la Grand Lodge of Canada (celui des Cantons-de-l'Est) et, au moment de la Confédération, il prit la tête d'un mouvement en faveur de la création d'une loge centrale dans la nouvelle province de Québec. Il eut gain de cause et devint en 1869 le premier grand maître de la Grand Lodge of Quebec. Il exerça cette fonction jusqu'en 1873, puis en 1875, et de 1879 à 1881.

La fondation de la Grand Lodge of Quebec souleva une tempête dans la franc-maçonnerie canadienne car on avait créé la nouvelle institution à partir de la Grand Lodge of Canada, et en concurrence avec elle. Aux yeux de Graham, la formation de la Grand Lodge of Quebec était l'exercice d'un « droit naturel », celui de « l'autonomie locale des maçons », parce que, affirmait-il, la province de Québec nouvellement instituée jouissait d'une autonomie législative considérable au sein de la Confédération. En fait, il exagérait les pouvoirs constitutionnels de la province afin de justifier l'existence de la nouvelle loge centrale devant la franc-maçonnerie internationale. En même temps, peut-être à cause de son expérience de la franc-maçonnerie américaine, il estimait que toute loge centrale était souveraine sur son territoire, principe non reconnu dans la tradition de la maçonnerie britannique. Il eut en conséquence des démêlés avec plusieurs loges québécoises qui continuaient d'agir sous les ordres des grandes loges du Canada, d'Écosse et d'Angleterre.

En 1874, Graham obtint du prince de Galles l'autorisation d'établir au Canada un Supreme Council of the Ancient and Accepted Scottish Rite of Masonry. Deux ans plus tard, on lui permettait d'instaurer le Sovereign Great Priory of Knights Templar. En décembre 1876, il participa à la fondation du Grand Chapter of Royal Arch Masons of Quebec et devint l'un des trois principaux officiers du premier grand conseil de ce chapitre. Sa vaste expérience de la franc-maçonnerie lui permit de publier en 1892 *Outlines of the history of freemasonry in the province of Quebec,* qui fait encore autorité.

John Hamilton Graham reçut à titre honorifique une maîtrise ès arts de la University of Vermont et du McGill College, ainsi qu'un doctorat honorifique en droit de la Norwich University de Northfield, au Vermont. Il s'était marié, mais on ne sait rien de sa femme, qui mourut avant lui. Le couple avait eu deux fils et deux filles, qui vivaient aux États-Unis. En août 1899, au cours d'une visite en Nouvelle-Angleterre, Graham mourut subitement à Hartford, au Connecticut ; on l'inhuma à Richmond selon tout le rituel maçonnique. Dix ans plus tard, la Grand Lodge of Quebec dévoila un monument à sa mémoire au cimetière St Anne de Richmond. La carrière de Graham avait ressemblé à celle de bien des presbytériens écossais établis au Canada au XIXe siècle : son travail acharné et son goût de la controverse lui avaient apporté une certaine réussite.

HEREWARD SENIOR

John Hamilton Graham est l'auteur de : *Letters to the superintendent of education for Lower Canada* (Montréal, 1865) ; *Letters on public education in Lower Canada* (Montréal, 1866) ; *Arithmetic* (Montréal, 1866) ; et *Outlines of the history of freemasonry in the province of Quebec* (Montréal, 1892). Un portrait de Graham se trouve face à la page 232 dans ce dernier ouvrage.

AC, Saint-François (Sherbrooke), État civil, Presbytériens (Richmond), 15 août 1899. — AN, MG 24, L15 ; MG 29, D61, 9 : 3430–3461. — Grand Masonic Lodge of Quebec, *Proc.* (Montréal), 1891 : 24 ; 1895 : 122–123 ; 1899 : 82 ; 1900 : 3, 19, 56, 111 ; 1905 : 91. — *Gazette* (Montréal), 14 août 1899. — *Montreal Daily Herald,* 15 août 1899. — *Canadian men and women of the time* (Morgan ; 1898). — Morgan, *Bibliotheca canadensis.* — A. J. B. Milborne, *Freemasonry in the province of Quebec, 1759–1959* ([Québec], 1960). — A. D. Talbot, *P.A.P.T. : the first century* (s.l., [1964]). — J. I. Cooper, « Some early teachers' associations in Quebec », *Educational Record of the Prov. of Quebec* (Québec), 80 (1964) : 81–87. — É.-Z. Massicotte, « Leblanc de Marconnay », *BRH,* 26 (1920) : 177–179. — « La Première Édition du *Devoir du chrétien* », *BRH,* 46 (1940) : 323–324. — Eugène Rouillard, « la Franc-maçonnerie canadienne », *BRH,* 4 (1898) : 214–215.

GRAVELET, JEAN-FRANÇOIS, dit **Charles Blondin,** équilibriste, né le 28 février 1824 à Saint-Omer, France ; décédé le 22 février 1897 à Ealing (Londres).

Jean-François Gravelet, qui prendrait plus tard le surnom de Blondin que sa chevelure pâle avait valu à son père, marcha pour la première fois sur une corde raide à l'âge de cinq ans. Comme c'était une corde à linge tendue entre deux chaises de cuisine, il tomba. Ce fut sa dernière chute, même s'il allait continuer à se balader sur des cordes jusqu'à plus de 70 ans. « Le petit prodige », comme on l'annonçait, fit sa première apparition sur scène à huit ans et devint rapidement une étoile de music-hall et de cirque en France et en Grande-Bretagne. Phineas Taylor Barnum, le forain, l'emmena en Amérique du Nord avec une troupe d'acrobates aériens. En 1859, Blondin, qui faisait alors ses spectacles en solo, arriva aux chutes du Niagara et annonça qu'il traverserait le terrible ravin.

La région des chutes, particulièrement du côté canadien, était devenue un immense piège à touristes qui attirait les visiteurs par dizaines de milliers. Après avoir admiré le panorama, ceux-ci voulaient assister à des exploits, et il y en avait eu à profusion depuis l'époque de William Forsyth*. Blondin proposait le plus grand exploit jamais accompli, mais son premier auditoire fut modeste. En effet, peu de gens croyaient qu'un homme puisse survivre à une telle entreprise et la plupart pensaient qu'il changerait d'avis et s'enfuirait. Un organisateur local fournit 1 300 pieds de câble de deux pouces en chanvre de Manille et des fils de haubans qu'on tendit au-dessus du ravin, à environ trois quarts de mille en aval des chutes canadiennes, entre un point qui surplombe le quai actuel du vapeur *Maid of the Mist* et le parc appelé White's Pleasure Grounds, en aval de Prospect Point, du côté américain.

Le 30 juin, à quatre heures quarante-cinq de l'après-midi, Blondin, vêtu d'une chatoyante combinaison de soie et tenant un contrepoids de 35 pieds, sauta sur la corde au parc d'attractions. L'orchestre avait entonné *la Marseillaise.* Selon le *Globe* de Toronto : « Après avoir marché environ 150 verges, il se laissa subitement tomber sur la corde pour se reposer un peu. Un frémissement involontaire parcourut la foule quand, intrépide, il s'appuya le visage sur le câble, tandis que plusieurs dames poussaient un cri aigu et s'accrochaient plus fermement à leur protecteur. » Au milieu du ravin, il s'assit encore, envoya une corde au *Maid of the Mist,* remonta une bouteille « contenant quelque boisson », but et commença sa remontée vers la rive canadienne. Il devait monter car le câble, qui était lâche, s'était affaissé sur une cinquantaine de pieds. Vers la fin, il semblait fatigué mais il jouait probablement la comédie. La traversée avait duré 15 minutes. Après avoir mangé et arrosé son exploit au Canada, il remonta sur la corde et, d'un pas pressé, rentra en sept minutes. Avant l'automobile et l'hélicoptère, c'était, tout compte fait, le moyen le plus rapide de traverser.

Blondin était dès lors aussi célèbre que les chutes elles-mêmes, et les gens affluaient par train, par voiture ou par bateau à vapeur pour le voir se rire du danger. Il marcha le soir sur des échasses et, avec un sac sur la tête, il fit des sauts périlleux arrière sur la corde, se débattit dans des chaînes, et se prépara même un repas sur un grand poêle de fonte, au-dessus du ravin. Le correspondant du *Times* de Londres écrivit : « Je crois sincèrement qu'au moins la moitié des foules qui vont voir Blondin le font dans l'attente ferme de [...] le voir tomber. »

Désormais considéré comme un surhomme, Blondin proposa en août 1859 d'humaniser sa performance en transportant sur son dos une personne ordinaire. Comme il n'y avait aucun volontaire, c'est son impresario, Harry Colcord, qu'il mobilisa. Le spectacle du pauvre Harry, terrifié, qui dut descendre six fois pendant la traversée parce que Blondin avait de la difficulté était ce qu'on avait vu de plus excitant jusqu'à ce jour. Un fil de hauban cassa et Colcord prétendit que des parieurs l'avaient saboté.

L'année suivante, Blondin retourna aux chutes pour donner son spectacle devant le prince de Galles. Il offrit même de transporter le corpulent personnage sur son dos, mais celui-ci déclina gracieusement son invitation. Il prit alors son propre assistant, Romain Mouton. À mi-chemin, Mouton descendit pour se reposer et refusa de continuer. Blondin le menaça de le laisser rentrer chez lui par ses propres moyens. Le prince regardait, abasourdi, les deux hommes s'engueuler en français.

En 1861, le prince fit venir le grand funambule à Londres pour exécuter un numéro au Crystal Palace, à 180 pieds dans les airs, et par la suite Charles Blondin donna de nombreuses représentations en Angleterre et sur le continent. Après une brève retraite, il retourna sur la corde raide en 1880 et présenta son dernier spectacle à Belfast à l'âge de 72 ans.

GORDON DONALDSON

AO, Hiram Walker Hist. Museum Coll., MS 392, file 133 (« Blondin »). — Buffalo and Erie County Hist. Soc. (Buffalo, N.Y.), Posters, photographs, and newspaper files relating to Charles Blondin [J.-F. Gravelet]. — *Globe*, 1er juill. 1859. — *Times* (Londres), 2 oct. 1860, 23 févr. 1897. — M. F. Campbell, *Niagara : hinge of the golden arc* (Toronto, 1958). — Gordon Donaldson, *Niagara ! the eternal circus* (Toronto et Garden City, N.Y., 1979). — *Niagara Falls, Canada : a history of the city and the world famous beauty spot ; an anthology* (Niagara Falls, Ontario, 1967). — Andy O'Brien, *Daredevils of Niagara* (Toronto, 1964). — Percy Rowe, *Niagara Falls and falls* (Markham, Ontario, 1976). — R. L. Way, *Ontario's Niagara parks : a history* (2e éd., [Fort Erie, Ontario], 1960).

GREEN, GEORGE EVERITT, ouvrier agricole, né le 8 février 1880 à Tottenham (Londres), fils aîné de Charles Green, tailleur, et d'Amelia Green, blanchisseuse ; décédé le 9 novembre 1895 dans le canton de Keppel, Ontario.

Après son décès survenu en 1895, les Canadiens connaissaient George Everitt Green mieux que tout autre enfant envoyé dans le dominion par des organismes de charité britanniques pour remplir des fonctions d'ouvrier agricole et de domestique. Entre 1868 et 1924, plus de 80 000 jeunes, filles et garçons, vinrent au Canada pour travailler comme apprentis, dont peut-être le tiers étaient des orphelins qui venaient de refuges et d'écoles de l'assistance publique en Angleterre et en Écosse. On les plaça chez des gens qui avaient répondu à des offres d'aides domestiques et agricoles parues dans les journaux. La situation de Green révéla le programme d'immigration sous son jour le plus mauvais, et son cas, qui attira grandement l'attention de la presse locale et de Grande-Bretagne, devint le cheval de bataille des protecteurs de ces enfants en Ontario et du mouvement ouvrier canadien, qui réclamaient la réforme du système.

Jusqu'à l'âge de six ans, Green vécut avec sa sœur aînée, Margaret, son jeune frère, Walter, et ses parents dans des maisons d'hébergement à Tottenham, dans la banlieue de Londres. En 1886, les parents abandonnèrent leurs enfants, après quoi on les admit à l'Old Parish School, puis à l'Enfield Farm School, dirigée par l'Edmonton Poor Law Union, un organisme du ressort de l'administration municipale. Le père mourut en janvier 1888. En mai 1894, la mère persuada Margaret, alors âgée de 17 ans, d'abandonner son travail à l'école d'agriculture pour prendre une place de domestique. En guise de représailles, l'organisme remit les garçons sous la responsabilité de leur mère. Moins d'un mois après, Mme Green était incapable de payer le loyer de sa chambre, et la famille se retrouva sans toit. En juillet 1894, George et Walter furent admis, à la demande de leur mère, à l'East End Juvenile Mission du docteur Thomas John Barnardo. Dans les documents d'admission, on disait de George qu'il avait un bon comportement, mais qu'il louchait de l'œil gauche et avait une apparence singulière. Huit mois plus tard, le 21 mars 1895, les deux frères embarquaient pour le Canada parmi un groupe de 167 garçons.

Le 3 avril, George fut envoyé chez un fermier célibataire dans le comté de Norfolk, en Ontario ; ce dernier retourna le jeune garçon à la maison d'accueil Barnardo à Toronto avant la fin de la période d'essai d'un mois, en raison de sa mauvaise vision qui ne lui permettait pas de conduire un attelage. Le 7 mai, on l'envoya à un deuxième endroit, près d'Owen Sound, chez une femme célibataire, Helen R. Findlay. Depuis le décès de son frère l'été précédent, elle s'était occupée seule de la ferme. Auparavant, on avait placé chez les Findlay, à des moments différents, deux garçons qui venaient de la maison Barnardo. Des voisins qui avaient aperçu Green peu de temps après son arrivée dirent qu'il avait l'air propre, en santé et tranquille, mais attardé. Ils éprouvaient des soupçons à l'égard de Helen Findlay qu'ils avaient vue, après la mort de son frère, travailler aux champs et à la grange à des occupations jugées non convenables pour une femme.

George Everitt Green décéda le 9 novembre 1895, sept mois après son arrivée à la ferme Findlay. Une enquête du coroner établit que son décès résultait des « mauvais traitements infligés par Ellen R. Findlay, et du fait qu'elle ne lui avait pas donné les soins, les traitements et la nourriture appropriés pendant sa maladie chez elle » ; on accusa Helen Findlay d'homicide involontaire. Au procès qui s'ensuivit, des voisins signalèrent que durant plusieurs mois ils avaient vu que le garçon était mal habillé et mal nourri, qu'il était forcé, par la violence physique, de travailler au delà de ses capacités, et qu'il devait dormir dans la grange en guise de punition. Personne, cependant, n'avait jugé approprié de briser la solidarité de la collectivité pour tenter de lui venir en aide. Sur le plan médical, les témoignages étaient contradictoires. Green avait été incapable de bouger de son lit pendant la semaine qui précéda son décès. Son corps était décharné et ses membres, gangreneux. Il portait des marques de mauvais traitements. L'autopsie révéla qu'il avait déjà souffert de tuberculose. La question qui se posait au jury était donc de déterminer si le décès de Green était attribuable à de la négligence criminelle et aux mauvais traitements physiques infligés par Helen Findlay, ou si les actes de cette dernière constituaient des châtiments raisonnables pour un domestique de ferme mal préparé ; il devait aussi établir si les infirmités de Green étaient présentes à sa naissance ou avant son immigration. Le jury fut incapable d'arriver à une conclusion. On n'a trouvé aucun registre sur cette cause.

La publicité qui entoura cette enquête et ce procès influença la politique des gouvernements provinciaux et fédéral sur l'immigration des enfants. Le mouvement ouvrier s'intéressa à cette cause non seulement parce qu'il voulait assurer le bien-être des jeunes travailleurs immigrés, mais parce qu'il se préoccupait de l'effet sur les salaires versés au Canada du courant croissant d'immigration. En 1897, en réponse à des demandes du milieu ouvrier, le nouveau gouvernement libéral de Wilfrid Laurier* nomma un représentant du mouvement ouvrier, Alfred F. Jury*, au poste d'agent canadien de l'immigration à Liverpool, et le chargea d'analyser la conduite des maisons britanniques qui s'occupaient de l'émigration des enfants. En Ontario, John Joseph Kelso*, responsable provincial de l'enfance abandonnée, et ses partisans du mouvement de sauvegarde de l'enfance déclarèrent qu'il était inadmissible que des jeunes soient placés avec autant de négligence que George Everitt Green l'avait été. Leurs pressions dans le but d'une réforme aboutirent en 1897 à l'adoption du *Juvenile Immigration Act,* qui exigeait la tenue plus attentive des dossiers, l'amélioration du processus de sélection des enfants immigrants et l'inspection annuelle de leur foyer d'accueil au Canada. On adopta par la suite une loi semblable au Manitoba, au Québec, en Nouvelle-Écosse et au Nouveau-Brunswick, autres provinces où l'on plaçait bon nombre d'enfants britanniques.

Joy Parr

AN, MG 28, I 334, book 24 : 72 (mfm) ; RG 76, B1 ai, 124, file 25399. — Joy Parr, *Labouring children : British immigrant apprentices to Canada, 1869–1924* (Londres et Montréal, 1980), 54–58.

GRIFFIN, WILLIAM HENRY, fonctionnaire, né le 7 août 1812 à Londres, fils de George Griffin, chirurgien militaire ; il se maria et eut au moins deux filles ; décédé le 4 novembre 1900 à Claygate, Surrey, Angleterre.

La rareté des renseignements sur William Henry Griffin, l'homme qui détient probablement le record de la plus longue carrière de fonctionnaire au Canada, illustre bien la tradition d'anonymat associée à la fonction publique permanente. Griffin passa toute sa carrière aux Postes : embauché à titre de commis le 24 avril 1831, soit environ un an après son arrivée au Canada, il prit sa retraite le 30 juin 1888. Maître général des Postes adjoint durant les 20 dernières années de ce total remarquable de 57 années de service, il était le doyen des sous-ministres de l'époque.

Lorsque Griffin entra aux Postes, celles-ci faisaient partie de la fonction publique impériale [V. Thomas Allen Stayner*] dirigée depuis Whitehall. En 1833, il devint maître de poste de la ville de Québec puis, le 1er mai 1835, inspecteur des Postes pour la partie de l'Amérique du Nord britannique comprise entre Kingston et Fredericton. Trois ans plus tard, il était attaché au bureau de Stayner, alors maître général des Postes adjoint. L'expérience ainsi acquise l'avait préparé à remplir l'importante fonction de secrétaire des Postes de la province du Canada, qu'il exerça sous la direction du maître général des Postes James Morris* à compter du 6 avril 1851, au moment où l'on transféra le département aux colonies d'Amérique du Nord britannique. Durant les années 1850, le service postal se développa rapidement : on commença à émettre des timbres et des mandats-poste, à trier le courrier dans les trains et à expédier des colis ; on prit aussi des mesures pour améliorer le service dans la région de la Rivière-Rouge (Manitoba) et les colonies de l'Atlantique. Le 12 juin 1857, dans le cadre de la réorganisation de l'administration centrale du département, on nomma Griffin maître général des Postes adjoint.

Après la Confédération, c'est le gouvernement du dominion qui se chargea des services postaux regroupés du Canada-Uni, de la Nouvelle-Écosse et du Nouveau-Brunswick, et le 29 mai 1868 Griffin devenait maître général des Postes adjoint de la nouvelle administration. L'année suivante, une commission royale d'enquête sur la fonction publique loua sa bonne gestion du département. Le fait qu'il ait été membre de cette importante commission laisse entendre qu'il avait mérité le respect et la confiance de ses collègues. Durant les années que Griffin passa dans la fonction publique du dominion, l'administration postale, plus préoccupée de fournir des services que de parvenir à l'autonomie financière, connut une expansion rapide : les dépôts locaux étaient si nombreux que le département mit sur pied en 1868 une caisse d'épargne postale avant de négocier en 1875 une entente postale avec les États-Unis. Durant toute cette période, le personnel de l'administration centrale doubla et le nombre de bureaux de poste passa de 3 630 à plus de 7 600. Cependant, le nom de Griffin ne figura jamais dans un rapport annuel, si bien qu'à sa retraite ni son supérieur politique, le ministre des Postes Archibald Woodbury McLelan*, ni le Parlement ne soulignèrent publiquement sa contribution. Il avait pourtant géré le plus gros département du gouvernement du dominion, et ce à une époque où la forte expansion du territoire et l'admission de nouvelles provinces conféraient aux services postaux une importance toute particulière.

En 1880, on appela Griffin à témoigner à titre d'expert devant une autre commission d'enquête sur la fonction publique. Les détails qu'il donna dans son témoignage révèlent son excellente compréhension des problèmes qu'éprouvait alors la bureaucratie canadienne, mais aussi son hésitation à formuler de franches critiques, attribuable peut-être au fait qu'il dirigeait un département considéré comme un foyer privilégié du favoritisme. Griffin eut néanmoins des liens avec les premiers organismes de réglementation et de coordination qui cherchèrent, quoique timidement, à inculquer à la bureaucratie des principes de saine gestion des finances et du personnel. À titre de chef d'un important département générateur de revenus, il devint membre du Bureau d'audition [V. John LANGTON] en 1858, puis du Bureau des droits de douane, d'accise et des timbres en 1864. Il fit également partie du Bureau d'examinateurs pour le service civil (créé en 1857 et maintenu après la Confédération), précurseur inefficace de la Commission du service civil mise sur pied en 1908. À tous ces postes, il contribua largement au long processus qui visait à donner à la fonction publique une structure conforme aux exigences du développement du dominion.

Selon le *Canadian biographical dictionary* de 1880, William Henry Griffin, anglican et à l'époque président de la Civil Service Building and Savings Society, était « un homme plein d'entrain et d'une nature [empreinte] d'une cordialité authentique ». Fait compagnon de l'ordre de Saint-Michel et Saint-Georges en 1890, en reconnaissance de ses services, il mourut en Angleterre dix ans plus tard.

J. E. HODGETTS

AN, MG 24, I104 ; RG 3. — Canada, Post Office Dept., *Report of the postmaster general* (Ottawa), 1867–1888. — Canada, prov. du, Post Office Dept., *Report of the postmaster general* (Ottawa), 1851–1867. — *Times* (Londres), 10 nov. 1900. — *Canadian biog. dict.* — *Cyclopædia of Canadian biog.* (Rose et Charlesworth), 1. — *Political appointments and judicial bench* (N.-O. Coté). — Postes Canada, *le Service postal au cours des siècles* ([Ottawa, 1974]). — William Smith, *The history of the Post Office in British North America, 1639–1870* (Cambridge, Angl., 1920 ; réimpr., New York, 1973) (comprend un portrait à la page 273).

GUILLET, dit **Tourangeau.** V. TOURANGEAU

GWAI-GU-UNLTHIN. V. EDA'NSA

GZOWSKI, sir CASIMIR STANISLAUS, ingénieur, fonctionnaire, homme d'affaires et officier de milice, né le 5 mars 1813 à Saint-Pétersbourg (Leningrad, U.R.S.S.), fils aîné du comte Stanislaw Gzowski et de Helena Pacewicz ; le 29 octobre 1839, il épousa Maria M. Beebe, et ils eurent huit enfants dont deux moururent en bas âge ; décédé le 24 août 1898 à Toronto.

Sir Casimir Stanislaus Gzowski avait tout du héros romantique tel que le concevaient les Canadiens de la fin de l'époque victorienne. Si une grande partie de sa vie fut assez banale et qu'une autre côtoya le scandale, elle débuta toutefois de façon dramatique et eut une fin heureuse ; c'est d'abord pour cette raison qu'on allait se souvenir de lui.

Le père de Gzowski appartenait à la petite noblesse terrienne de la région de Grodno, en Pologne ; comme ses ancêtres, il fit une carrière d'officier. À la fin du XVIIIe siècle, les trois partages successifs de la Pologne par la Prusse, l'Autriche et la Russie firent de la région de Grodno un territoire russe. La famille Gzowski, catholique, s'attacha au nouveau régime, et le comte obtint une commission de capitaine dans la garde impériale. Casimir Stanislaus naquit en 1813, pendant que son père accomplissait une période de service dans la capitale impériale. En qualité de fils aîné, il était destiné à la carrière des armes ; dès l'âge de neuf ans, on le plaça dans une prestigieuse école préparatoire de la province de Volhynie, le lycée de Krzemieniec (Kremenets, U.R.S.S.). Le programme, rigoureux, comportait des cours de langues et de littérature, d'architecture, de médecine et de topographie. En 1830, une fois ses études terminées, Casimir entra dans le corps impérial de génie grâce à son père ; il avait alors 17 ans.

En 1815, le congrès de Vienne avait recréé un royaume de Pologne, le « royaume du Congrès », doté d'une constitution progressiste mais sous la suzeraineté de la Russie. À la faveur des soulèvements qui éclataient un peu partout en Europe occidentale, les nationalistes polonais résolurent en 1830 de secouer le joug tsariste. En novembre, à Varsovie, une conspiration d'officiers et de civils déboucha sur une révolte. Quelques combats suffirent à faire tomber la ville, et bientôt un régime révolutionnaire se réclama d'appuis dans tout le royaume. Gzowski et d'autres jeunes officiers, dont Alexandre-Édouard Kierzkowski*, donnaient l'impulsion à la cause nationaliste, qui visa d'abord la restauration d'un gouvernement constitutionnel au sein de l'empire de Russie, puis l'indépendance de la Pologne.

L'armée russe se regroupa et envahit la Pologne en février 1831. Gzowski servait alors à titre d'officier dans un corps polonais placé sous le commandement du général Dwerniki, vétéran des campagnes antinapoléoniennes. Il était très probablement au sein des troupes de Dwerniki quand elles arrêtèrent temporairement l'armée russe à la bataille de Stoczek, le 14 février. Cependant, aux portes de Varsovie, une bataille rangée (où, dit-on, Gzowski fut légèrement blessé) marqua le commencement de la fin pour les insurgés polonais, écrasés par l'ennemi. En septembre, la ville tomba aux mains des Russes. Gzowski se trouvait alors dans une prison autrichienne. Le 27 avril, en livrant une attaque de diversion afin de soulever une rébellion d'appui en Volhynie, les troupes de Dwerniki avaient été refoulées de l'autre côté de la frontière autrichienne. Sous les pressions diplomatiques de la Russie, les autorités autrichiennes avaient emprisonné les 4 000 soldats rebelles, dont Gzowski.

Entre-temps, la cause des patriotes polonais avait éveillé la sympathie dans tout le réseau de leurs compatriotes exilés à l'étranger et dans les cercles libéraux d'Europe occidentale, de Grande-Bretagne et des États-Unis. Cette sympathie ne se transforma pas en aide militaire, mais l'opinion publique eut une influence décisive sur le sort des hommes de Dwerniki. Relativement bien traités par les Autrichiens, ils devinrent un symbole de la cause perdue en même temps qu'un faible rayon d'espoir pour le nationalisme polonais. Par l'entremise de leurs diplomates, la France et la Grande-Bretagne demandèrent à l'Autriche de ne pas les remettre à la Russie. Durant deux ans, on conduisit les prisonniers d'un fort à l'autre ; à chacun des déplacements, les évasions en réduisaient le nombre. Finalement, le gouvernement autrichien autorisa l'exil définitif des prisonniers restants aux États-Unis, où leurs idéaux révolutionnaires et leurs malheurs avaient éveillé un intérêt considérable dans la population. En novembre 1833, on embarqua donc 264 d'entre eux, dont Gzowski, sur deux frégates autrichiennes, et ils entreprirent ce qui allait être une pénible traversée hivernale. En mars 1834, les frégates jetèrent l'ancre dans le port de New York ; les réfugiés, abasourdis, reçurent un accueil enthousiaste. Le consul d'Autriche remit 50 $ à chacun d'eux, des philanthropes américains leur apportèrent une aide supplémentaire, des représentations théâtrales et des concerts furent organisés en leur faveur, la presse parla abondamment de leur triste histoire, et un comité polonais s'organisa pour veiller à les installer et leur trouver du travail.

Seul aux États-Unis, mais non sans amis, Gzowski s'employa à tirer le meilleur parti possible de son instruction et de sa noblesse. Tout en apprenant l'anglais, il donnait des leçons de musique, d'escrime et de langues. Les réfugiés se dispersèrent les uns après les autres, à mesure que des amis américains leur trouvaient une place. C'est par l'entremise de ce réseau que Gzowski obtint pendant l'été de 1834 un poste de clerc au cabinet d'avocat de Parker L. Hall, à Pittsfield, au Massachusetts ; il continuait de subvenir à ses besoins en enseignant le français, l'allemand et le dessin. Au cabinet, il était à la fois un ornement exotique et un élève brillant. Il ne se contenta pas seulement d'apprendre l'anglais et les rudiments du droit américain, mais observait de près les manières yankees, et surtout avec quel soin les hommes d'affaires prospères rédigeaient et faisaient respecter des contrats irrévocables. Dans les années suivantes, il allait devoir sa réussite en partie à ses compétences d'homme de loi yankee dans le monde brutal des entrepreneurs de chemins de fer canadiens.

Dès novembre 1837, ayant terminé son stage de droit, Gzowski était citoyen américain et avait gagné l'admiration de ses supérieurs. En le recommandant, l'un des associés de Hall parla de sa « bonne conduite » et de ses « manières de gentilhomme », un autre de sa « bonne moralité », et un troisième vanta les « très grands progrès qu'il [avait] accomplis [...] dans [la] langue [anglaise], dans la connaissance [des] institutions [américaines] et du droit en général ». Gzowski avait besoin de ces témoignages car, en véritable Américain, il avait annoncé qu'il allait « s'installer dans l'Ouest ». À l'âge de 24 ans, nimbé de cette irrésistible aura romantique qui, en terre américaine, entoure les aristocrates et les exilés, il partit s'établir dans l'ouest de la Pennsylvanie, où la production du charbon montait en flèche. Grâce à ses lettres de recommandation, il ne tarda pas à être admis au barreau de cet état et ouvrit un cabinet dans la petite localité de Beaver, sur l'Ohio.

Ironiquement, dans sa nouvelle situation, l'expérience que Gzowski avait acquise en Europe allait avoir plus de prix que ses titres d'avocat. La Pennsylvanie était alors un véritable chantier : chemins, ponts, grandes routes, canaux surtout s'y construisaient en grand nombre. Tirant parti de sa formation d'officier du génie, il trouva du travail auprès de William Milnor Roberts, ingénieur en chef d'une bonne partie de ces canaux. Il collabora avec lui à la construction du canal Beaver and Ohio River, qui étendait les communications vers le nord, à travers le bassin hydrographique, jusque dans le district du lac Érié. Gzowski abandonna ainsi le droit pour le génie et, quittant son cabinet de l'Ohio, travailla à partir d'Erie, en Pennsylvanie, où se trouvait le bureau de la compagnie de Roberts. Il acquit aussi une expérience précieuse, toujours au service de Roberts, en traçant et construisant un tronçon de l'Erie Railroad à travers l'ouest de l'état de New York. Au cours de ses voyages, l'élégant avocat polonais devenu ingénieur fit la connaissance de la fille d'un médecin d'Erie, Maria M. Beebe, qu'il épousa en octobre 1839.

En moins de dix ans aux États-Unis, Gzowski avait accompli des progrès considérables. Il avait maîtrisé le droit commercial et avait appliqué ses compétences d'arpenteur militaire à la construction de canaux et de chemins de fer, tout en acquérant une expérience des méthodes américaines de construction et des techniques de gestion de travaux. À l'automne de 1841, Roberts l'envoya de l'autre côté du lac Érié afin qu'il étudie les possibilités de travailler, au Canada, à l reconstruction du canal Welland. Après une rapide tournée d'inspection, Gzowski proposa à William Hamilton Merritt*, député à l'Assemblée législative et principal promoteur de cet ouvrage, de reconstruire tout le canal d'amenée à partir de Port Maitland et de « mener à bien tous les travaux en une saison ». En 1842, Gzowski se rendit dans la capitale provinciale, Kingston, pour presser de nouveau Merritt. Il ne parvint pas à décrocher le contrat de construction, mais une rencontre fortuite avec le gouverneur sir Charles Bagot* se révéla plus avantageuse. Ambassadeur de Grande-Bretagne à Saint-Pétersbourg dans les années 1820, Bagot y avait fait la connaissance du père de Gzowski. Le récit que ce dernier fit de la rébellion, de son exil et de sa remarquable carrière aux États-Unis captiva le gouverneur, qui aurait alors déclaré : « Nous devons vous garder au Canada. » Bagot avait besoin d'hommes comme lui. Dans le cadre de l'Acte d'Union, le gouvernement avait lancé un ambitieux programme de construction de routes et de canaux. Bagot offrit à Gzowski, qui l'accepta, le poste de surintendant des routes et voies navigables du district de London, au bureau des Travaux publics que présidait Hamilton Hartley Killaly*.

En 1842, Gzowski installa sa famille (il avait alors deux filles, nées à Erie, et un fils, Casimir Stanislaus, qui ne vécut que deux ans) à London, d'où il supervisait les nombreux ponts, routes, phares et ports qui se construisaient dans cette presqu'île du Haut-Canada. Il parcourait la campagne en étudiant, d'un œil exercé, la topographie et les possibilités de cette région peu peuplée. Il traça des chemins de gravier et des routes de planches de Hamilton à Amherstburg, et il aménagea les havres de Port Stanley et de Rond Eau (Rondeau Harbour). À compter de 1845, il travailla surtout à partir de Toronto : il dirigea les travaux de réfection de la rue Yonge vers le nord jusqu'au lac Simcoe, l'arpentage d'un grand nombre de routes de colonisation et la construction de ponts de pierre sur les grandes routes. Il donna aussi des conseils techniques aux propriétaires du canal Desjardins [V. John Paterson*]. Pendant ce temps, Maria donna naissance à une troisième fille et à un garçon, prénommé Casimir Stanislaus en mémoire de leur premier-né.

Un poste de fonctionnaire ne satisfaisait pas tout à fait cet ingénieur civil remuant et ambitieux ; cependant les possibilités offertes par le pays lui plaisaient assez pour qu'il adopte la citoyenneté britannique en 1846. Au bureau des Travaux publics, il releva le défi de diriger des travaux d'envergure, mais la richesse du pays demeurait hors de sa portée. De plus, en 1846, des hommes politiques jaloux et parcimonieux mirent la bride au bureau des Travaux publics, qui était quasi indépendant et dépensait de fortes sommes ; d'importantes compressions vinrent diminuer le budget d'investissement et le personnel, et démoraliser les autres employés. Gzowski saisit la première occasion de partir : en 1848, la Upper Canada Mining Company, de Hamilton, lui confia le mandat d'évaluer sa mine de Wallace et d'autres gisements de cuivre qu'elle possédait le long de la rive nord du lac Huron.

La présentation et l'adoption du *Guarantee Act* par l'Assemblée de la province, au printemps de 1849, relancèrent plusieurs projets de chemins de fer, dont le chemin à lisses du Saint-Laurent et de l'Atlantique. En janvier, nanti de la promesse d'une aide gouvernementale, le principal administrateur de la compagnie, Alexander Tilloch GALT, avait embauché Gzowski à cause de sa réputation et de son expérience des chemins de fer américains. À titre d'ingénieur, il devait mener à terme les travaux qu'il restait à faire dans les Cantons-de-l'Est, jusqu'à la frontière américaine. Pour Gzowski, cette orientation de sa carrière présentait un risque. La compagnie de chemin de fer était au bord de la faillite depuis plusieurs années, et son financement était encore loin d'être assuré. Cependant, ce projet le ramenait dans le secteur le plus dynamique du génie et le plaçait en étroite relation avec les plus grands capitalistes de Montréal, dont Galt, Luther Hamilton Holton*, John Young* et David Lewis MACPHERSON.

Installé à Sherbrooke, au Bas-Canada, Gzowski veilla à l'achèvement rapide du chemin à lisses du Saint-Laurent et de l'Atlantique. Dès septembre 1852, le tronçon de Montréal à Sherbrooke était terminé. Il arpenta ensuite le reste de la ligne jusqu'à Island Pond, au Vermont, où on devait la relier à l'Atlantic and St Lawrence, qui partait de Portland dans le Maine. Gzowski impressionna ses patrons montréalais en relançant des travaux interrompus depuis un bon moment tout en demeurant en deçà du budget, qui était de £6 500 le mille. De leur côté, ils se débrouillaient fort bien dans l'arène de la politique coloniale et lui préparaient un bel avenir. En novembre, Galt, Holton et Macpherson formaient une entreprise avec lui, la C. S. Gzowski and Company.

Grâce à l'expérience en génie de Gzowski, le groupe de Galt savait enfin construire des chemins de fer à peu de frais et se mit à chercher activement d'autres marchés. En novembre 1852, la C. S. Gzowski and Company obtenait le contrat de construction d'un autre chemin de fer, le Toronto and Guelph, projet influencé principalement par les municipalités où la ligne devait passer et pour lequel Gzowski avait fait des levés préliminaires. L'acceptation de la soumission de £355 600, soit £7 350 le mille, souleva une controverse ; on déclara que les intérêts locaux avaient été escamotés au cours des négociations avec ces « étrangers ». Mais la compagnie était réputée avoir de l'influence auprès du gouvernement provincial, et Galt avait promis de chercher, à Londres, du financement pour le chemin de fer et les projets connexes d'aménagement foncier. De plus, grâce à l'influence des entrepreneurs, le chemin de fer avait de fortes chances d'être intégré au projet, très discuté, du Grand Tronc. Après avoir décroché le contrat de construction du Toronto and Guelph, le groupe s'employa à devenir actionnaire majoritaire de la compagnie qui en était propriétaire.

Gzowski avait peu investi dans la C. S. Gzowski and Company, mais son apport était inestimable. Holton confia à Galt que son « énergie, son tact, sa connaissance approfondie de tous les détails de son métier, combinés à un agréable sens de l'humour, en faisaient à [son] avis le plus précieux des associés ». C'était un brillant maître d'œuvre, et il le prouva en dirigeant les travaux du Toronto and Guelph. Grâce à l'expérience acquise auprès du bureau des Travaux publics, il connaissait parfaitement le territoire que le chemin de fer allait parcourir. Afin d'avoir un levé détaillé du trajet, il recruta un service technique plus nombreux que ne le voulait la coutume et en confia la direction à Walter SHANLY. Ensuite, on scinda les travaux en sous-contrats facilement administrables puisque la tâche de chaque sous-traitant fut définie avec soin. Le personnel de Shanly supervisait étroitement les sous-traitants et soumettait des rapports d'étape détaillés au bureau central sur des formules imprimées à cette fin. Grâce à cette méthode, les constructeurs purent exercer sur les coûts un contrôle inhabituel pour l'époque. Une fois, au moment d'une pénurie d'encaisse, Holton se plaignit amèrement des dimensions de l'équipe technique. Pourtant, ce fut cet outil de gestion efficace qui permit à la C. S. Gzowski and Company de construire le chemin de fer pour beaucoup moins que les £7 350 le mille qu'elle recevait.

Les associés retiraient donc une « très belle somme » de ce que Holton appelait leur « petit contrat sûr de Guelph », lorsqu'au printemps de 1853 Galt réalisa un double exploit financier qui rendit ce contrat encore plus rentable. Pendant les travaux du Toronto and Guelph, son groupe avait commencé à miser sur un enjeu beaucoup plus élevé, le droit de construire un chemin de fer transcolonial, mais jusqu'alors il n'avait guère eu de succès.

L'inspecteur général du Canada, Francis Hincks*, se souciait beaucoup du développement du territoire, et les chemins de fer étaient sa marotte. Selon lui, le recours au crédit de la colonie dans le cadre du *Guarantee Act* ne suffisait pas pour réaliser les travaux ferroviaires ; les ouvrages d'envergure étaient trop lourds pour les capitalistes coloniaux et pour le gouvernement. Au début des années 1850, Hincks avait exploré tous les moyens de convaincre les Britanniques de participer au financement d'une ligne principale qui relierait toutes les colonies de l'Amérique du Nord britannique. D'abord, il avait proposé un ouvrage public impérial, puis à mesure que la conjoncture économique s'améliorait il avait cherché à convaincre l'entreprise privée. En mai 1852, il négocia un contrat avec une compagnie anglaise, la Peto, Brassey, Jackson, and Betts, pour la construction du tronçon Montréal–Toronto du Grand Tronc.

Galt, Holton et Macpherson tenaient avant tout à profiter, de toutes les façons possibles, de la construction des chemins de fer. Prévoyant qu'on finirait par construire une ligne de ce genre, ils avaient établi leur titre de priorité à l'occupation du territoire situé à l'ouest de Montréal, au moyen de chartes pour un chemin de fer qui mènerait de Montréal à Kingston et de Kingston à Toronto. Ils étaient donc fortement opposés au projet de Hincks de construire une seule ligne principale, dans toute la colonie, sous une gestion britannique unifiée.

À l'automne de 1852, le comité ferroviaire de l'Assemblée législative dut choisir entre la solution de Hincks et celle du groupe de Galt, c'est-à-dire une association beaucoup moins étroite de constructeurs coloniaux existants. Entre-temps, les associés montréalais avaient fait bonne contenance en s'organisant et en chargeant Gzowski de délimiter le meilleur trajet vers l'ouest. Ils profitèrent le plus possible de leurs appuis montréalais, s'en prirent au fait qu'on confierait la direction du chemin de fer à un seul entrepreneur et promirent de faire les travaux pour beaucoup moins que la compagnie britannique n'avait proposé. Mais, à l'Assemblée, on n'appuyait plus les opportunistes montréalais. Séduits par les grands rêves de William Mather Jackson, venu au Canada pour signer le contrat, et convaincus par les cajoleries de Hincks, les députés adoptèrent le *Grand Trunk Railway Bill* et annulèrent en même temps la charte des deux compagnies ferroviaires qui occupaient le trajet. Galt et ses associés avaient été mis en déroute par leurs vieux amis.

Les associés montréalais ne manquaient pas de moyens de se défendre. Ils s'empressèrent de fusionner la Compagnie du chemin à rails de Montréal et Kingston et la Compagnie du chemin à lisses du Saint-Laurent et de l'Atlantique. En même temps, ils veillèrent à se rendre indispensables, ou à tout le moins inévitables, à l'ouest de Toronto, là où le trajet du Grand Tronc restait à délimiter. En mars 1853, Galt s'embarqua pour l'Angleterre afin d'offrir ses obligations de la Toronto and Guelph et de discuter avec les dirigeants du projet du Grand Tronc. La conjoncture économique s'annonçait belle, et l'on entrevoyait de bonnes possibilités d'amasser de l'argent pour le projet. Ce climat lui permit de négocier le contrat du siècle avec ceux qui, jusque-là, avaient été ses concurrents. Généreux à l'excès quand il s'agissait de l'argent d'autrui, les entrepreneurs britanniques achetèrent le chemin à lisses du Saint-Laurent et de l'Atlantique pour £8 000 le mille puis ajoutèrent à la somme une prime de £75 000, ce qui, il va sans dire, était substantiel. Par la même occasion, le Grand Tronc acheta le Toronto and Guelph et confia à l

C. S. Gzowski and Company, aux conditions prévues dans le contrat de la Peto, Brassey, Jackson, and Betts, soit £8 000 le mille, la construction d'un tronçon qui irait jusqu'à Sarnia. Le groupe de Galt se retira donc de la concurrence entre Montréal et Toronto après avoir réalisé un beau profit et avec un contrat encore plus avantageux en poche, celui du prolongement de la ligne principale vers l'ouest. Effectivement, les associés firent fortune avec le tronçon Toronto-Sarnia. Walter Shanly, qui devait savoir de quoi il parlait, estima que le bénéfice net se situait entre £120 000 et £140 000, soit environ un huitième du prix contractuel. La compétence de Gzowski permit de réaliser les travaux dans les limites des prévisions budgétaires, de sorte qu'il y eut un surplus à répartir.

Les bénéfices sur les contrats n'étaient qu'un commencement. Comme les occasions de ce genre étaient rares, les associés se montrèrent farouchement déterminés à en profiter le plus possible. En même temps que les chemins de fer, il fallait construire des gares, acquérir des terres pour les voies d'évitement, les gares de triage, les entrepôts de fret, les ateliers de réparation. En vertu de leur contrat, Gzowski et ses amis, qui décidaient de l'emplacement de ces installations, achetaient les terres requises puis revendaient, avec un bénéfice intéressant, à la compagnie de chemin de fer celles dont elle avait besoin ; ils gardaient ensuite le reste pour eux-mêmes. Ils achetèrent aussi des terres autour des dépôts, à des fins de spéculation. Comme le disait joliment Holton à Galt en parlant du terrain d'une gare : « Il me semble qu'une bonne gestion de nos affaires nous permettrait non seulement d'obtenir ce que nous voulons pour rien, mais de faire en plus un bon profit. » Tout cela n'allait pas sans de nombreux conflits d'intérêts. À Sarnia, avec l'aide de leur solicitor, John Alexander MACDONALD, les associés usèrent de leur énorme influence auprès du gouvernement provincial pour obtenir à très bas prix, du service de l'Ordnance, des terres à Point Edward, sous prétexte qu'ils en avaient besoin pour le chemin de fer. La compagnie conserva ces terres et les revendit ensuite pour son propre compte.

Pour juger de ces transactions, il n'y avait encore aucune délimitation stricte entre l'acceptable, le douteux et l'inconcevable. La notion de conflit d'intérêts avait lentement commencé à prendre forme à mesure que le droit de suffrage s'étendait, que l'on percevait la distinction, et la contradiction possible, entre les intérêts de l'élite et l'intérêt public, à mesure, aussi, que le système politique assumait de plus lourdes responsabilités fiscales et dispensait, par le fait même, des avantages énormes aux intérêts privés. Mais on n'avait pas encore défini clairement jusqu'à quel point l'on pouvait, à titre public ou personnel, tirer parti de renseignements confidentiels. À l'annonce que Hincks était actionnaire du Grand Tronc et qu'il avait réalisé un profit personnel en plaçant, à Londres, des obligations de la municipalité de Toronto, on jugea qu'il était allé trop loin. Holton admit privément en février 1853 que les négociations du Grand Tronc et ses propres transactions foncières l'embarrassaient ; il savait qu'il avait probablement dépassé les bornes, ce qui ne l'empêchait pourtant pas de saisir tout ce qu'il pouvait s'il en avait la chance. Gzowski et ses collègues firent fortune en raison de leur influence auprès du gouvernement provincial et du Grand Tronc. Ils faisaient de la spéculation foncière et utilisaient à leur profit personnel des renseignements confidentiels sans que le remords les empêche de dormir. La course à la richesse n'était pas faite pour les cœurs sensibles, les hésitants ni les scrupuleux.

Toutefois, Gzowski et ses associés eurent affaire à forte partie dans leurs relations avec le conseil municipal de Toronto, qui les soupçonna d'abord, les combattit ensuite et, finalement, leur imposa des sanctions. Au début des années 1850, Toronto avait tenté de profiter du boom ferroviaire pour faire converger tous les tracés de chemin de fer vers une installation centrale qui aurait occupé tout le bord de l'eau. Le gouvernement provincial avait cédé quelques lots riverains à la municipalité à la condition qu'elle construise une longue esplanade. La province adopta le 14 juin 1853 une loi qui autorisait l'émission de débentures, Walter Shanly dressa les plans et, en janvier 1854, c'est la C. S. Gzowski and Company qui décrocha le contrat de construction de l'esplanade, même si sa soumission n'était pas la plus basse. Les entrepreneurs garantissaient qu'ils construiraient l'esplanade pour £150 000 et six ponts pour £10 000, et qu'en plus ils useraient de leur influence pour que le Grand Tronc entre dans la ville en longeant l'esplanade.

Les problèmes commencèrent peu après l'adjudication du contrat. Certains des propriétaires des lots riverains privés refusèrent d'engager les dépenses que le projet leur imposait. On commença à se demander si les entrepreneurs ne trahissaient pas les intérêts de la municipalité en sanctionnant des retards dans le prolongement du Toronto and Guelph vers l'ouest. Les soupçons se portèrent alors sur l'ensemble du contrat : peut-être Gzowski et ses associés avaient-ils tenté de déposséder la municipalité de ses précieuses actions du Toronto and Guelph avant l'acquisition de ce chemin de fer par le Grand Tronc ? Peut-être avaient-ils obtenu le contrat de l'esplanade par des moyens condamnables et avaient-ils gonflé leurs prix ? De plus, il flottait une certaine ambiguïté, dont la C. S. Gzowski and Company tenta de tirer parti : les £10 000 prévues pour les ponts étaient-elles incluses ou non dans le prix global du contrat ? Bref, la réputation de la compagnie avait commencé à ternir celle des associés ; ils n'étaient plus dignes de confiance. Les éléments dissidents du conseil municipal devinrent majoritaires en 1855 et, après qu'un comité eut mené une enquête approfondie sur les négociations de l'esplanade, le conseil annula unilatéralement son contrat avec la C. S. Gzowski and Company. Le projet fut suspendu et n'allait jamais être relancé. Gzowski et ses associés, qui n'avaient pas l'habitude d'être la partie lésée, entreprirent une longue campagne pour récupérer leurs frais. Ironiquement, en 1889, la municipalité engagea Gzowski et Shanly, cette fois à titre d'éminents ingénieurs conseils, afin qu'ils trouvent le moyen de surmonter l'échec du projet et de dissiper la confusion qui régnait au sujet de l'emplacement des rails.

L'esplanade fut le seul échec de la C. S. Gzowski and Company, mais cette mauvaise expérience suffit à refroidir les ardeurs de l'équipe. De crainte que leur réputation d'hommes d'affaires ne nuise à leur carrière politique, Galt et Holton firent liquider la compagnie en 1857 et répartir le bénéfice en 1858. Macpherson et Gzowski demeurèrent entrepreneurs sous le nom de Gzowski and Company ; leurs bureaux étaient situés dans le chic Romain Building, à l'angle des rues King et Bay. Ils construisirent quelques embranchements du Grand Tronc dans le sud-ouest de la province et une voie d'évitement qui allait de Port Huron, au Michigan, à Detroit. Peu à peu, ils se lancèrent aussi dans l'immobilier et la promotion industrielle. À la fin des années 1850, avec Theodore et Robert Pomeroy, fabricants de lainages de Pittsfield et amis de Gzowski, ils construisirent les Toronto Rolling Mills sur un terrain de trois acres, près de l'embouchure de la Don. Grâce à un contrat de dix ans (conclu en novembre 1859) en vertu duquel elle repassait au laminoir des rails endommagés du Grand Tronc, la Gzowski and Company ne tarda pas à devenir l'une des entreprises industrielles les plus importantes de la province ; vers 1865, c'est-à-dire dans sa période la plus faste, elle employait plus de 150 hommes. Un tableau peint en 1864 par William Armstrong* présente d'ailleurs une vue impressionnante de l'intérieur de ces premiers ateliers. Sous l'influence des frères Pomeroy, Gzowski et Macpherson investirent aussi dans la Toronto Whale Oil Plant, qui fournissait des lubrifiants et des huiles d'éclairage au Grand Tronc. Ils projetèrent de fonder la compagnie Toronto Cotton Mills, qui apparemment ne fut jamais mise en exploitation, mais ils lancèrent une scierie prospère dans le nord de la province. Les deux associés appartenaient au consortium qui acheta en 1864 le plus bel hôtel de Toronto, Rossin House [V. William Cameron CHEWETT]. Macpherson spéculait énormément dans l'immobilier torontois ; Gzowski beaucoup moins, et surtout afin d'acquérir des propriétés pour son propre usage.

Cette fortune et cette réussite, il fallait qu'elles se voient. En 1855, Gzowski avait commencé à accumuler des terrains rue Bathurst. À la fin des années 1850, il demanda à Frederic William Cumberland* d'y construire une villa à l'italienne et d'y aménager un parc. En 1867, à la suite d'une inspection attentive, l'évaluateur de Toronto décrivit cette somptueuse propriété, appelée The Hall. La maison de deux étages, en brique, était de « toute première » qualité. Flanquée de jardins d'hiver, elle était entourée d'un lot de six acres et quart répondant aux diverses appellations de jardin, pelouses et chasse gardée pour le cerf. Il y avait aussi deux serres dont l'une servait à faire pousser la vigne, des écuries pour cinq chevaux et une vache ainsi qu'un pavillon occupé par un cocher et sa famille. La maisonnée comptait aussi un chien, un valet à demeure et un jardinier ; celui-ci, avec les huit membres de sa famille (et deux porcs), occupait une autre maison de Gzowski, rue High. En 1867, à des fins de taxation, on estima à 10 000 $ le revenu personnel de Gzowski, et son domaine de la rue Bathurst, à 33 282 $.

Dans la splendeur qui caractérisait le milieu de l'époque victorienne, entouré de bric-à-brac, de statues, de plantes en pot, de lourdes draperies et de tableaux, Gzowski présidait la destinée d'une famille qui comprenait sa femme, trois filles et trois fils. Un quatrième fils, né en 1859, était mort peu après. Dans les années 1860, chacune de ses filles épousa un officier de l'armée britannique, ce qui peut indiquer que la famille continuait de caresser des ambitions même si Gzowski n'était plus qu'homme d'affaires. Cependant, le fils aîné devint courtier en valeurs ; le second obtint une commission d'officier dans l'armée britannique ; quant au troisième, il mourut avant d'avoir vraiment entamé une carrière de banquier.

À la fin des années 1860, Gzowski avait réussi à se départir de l'image de flibustier qui lui avait tant nui dans la décennie précédente. L'âge, la richesse, la possession d'un domaine avaient tempéré les ambitions de cet homme à l'allure pleine de dignité, qui arborait des favoris touffus et blancs. Devenus des anglicans convaincus, les Gzowski donnaient des réceptions splendides et faisaient désormais partie de la plus belle société torontoise. Les rôles d'évaluation, qui reconnaissent successivement Gzowski comme ingénieur, entrepreneur et gentleman, reflètent son ascension. Au fil des ans, The Hall et ses terrains spacieux furent le théâtre de nombre de garden-parties parmi les plus mémorables de Toronto.

En 1867, Gzowski songea un moment à réunir ses anciens associés pour construire le chemin de fer transcontinental. Cette année-là, il expliqua à Galt, sur un ton léger et assez incohérent : « Vous serez le chef cherchant d'un regard pénétrant les bonnes occasions et vous vous occuperez de la tactique générale, et *Mac*[pherson] par contre (désormais libéré de l'obligation de se faire élire) travaill[era] parmi les « altesses » politiques, s'attachant au solide et faisant de temps à autre quelques pressions

[...] utiles en faveur du Trio. Votre humble serviteur sera le cheval de derrière et fera le défrichage et le creusage – le principe de la division du travail, [cher à] Holton, fonctionnera admirablement bien. » Galt et Holton déclinèrent l'invitation, trop occupés qu'ils étaient par la vie politique du nouveau pays. Par contre, Macpherson était toujours intéressé. Quelques années plus tard, vint le moment de construire le chemin de fer du Pacifique, et Gzowski fut l'un des principaux associés de l'entreprise qu'il fonda à cette fin – sans succès d'ailleurs : la Compagnie du chemin de fer Interocéanique du Canada.

En 1870, un important défi ramena Gzowski et Macpherson dans le secteur de la construction pour un dernier triomphe : un pont de chemin de fer qui enjamberait le Niagara de Fort Erie à Buffalo. À cet endroit, le fleuve était profond et le courant, puissant ; les variations du niveau de l'eau étaient hautement imprévisibles, tout comme la configuration des glaces qui se formaient à l'extrémité d'un grand lac peu profond ; le fond du fleuve était traître. Tous ces aléas rendaient l'ouvrage extrêmement difficile à réaliser. Des accidents navrants et nombreux jalonnèrent la construction des solides piliers de maçonnerie. Finalement, le 17 octobre 1873, on inaugura le pont de 3 651 pieds. Au cours de la cérémonie, le directeur général du Grand Tronc, Charles John Brydges*, déclara : « Aucun autre homme de ce pays n'aurait pu construire ce pont ni supporter l'anxiété que ces travaux engendrèrent chaque jour et chaque heure durant les quatre dernières années, sauf le colonel Gzowski. »

Que Brydges l'ait appelé « colonel » indique que Gzowski avait recommencé à s'intéresser aux questions militaires. En 1864, la possibilité que les Britanniques rappellent certaines des troupes envoyées en Amérique du Nord après l'incident du *Trent,* en 1861 [V. sir Charles Hastings Doyle*], poussa Gzowski et un comité de citoyens inquiets à tenir une assemblée de protestations polie mais ferme. Il correspondit même personnellement avec des personnages publics en leur faisant valoir que l'on devait renforcer la garnison et les fortifications de Toronto, et il soumit des plans de son cru pour la défense de Montréal. Les invasions féniennes de 1866 [V. John O'Neill*] le poussèrent à intervenir de nouveau ; on présenta des pétitions qui réclamaient un renforcement de la présence militaire britannique. Il fut trésorier du fonds qui servit à construire, au Queen's Park de Toronto, le monument commémorant la bataille de Ridgeway.

Plus tard dans les années 1860, Gzowski joua aussi un rôle important dans l'organisation de la Dominion Rifle Association. Cette fédération paramilitaire de miliciens avait pour but de maintenir, dans tout l'Empire britannique, une force armée de civils bien entraînés et prêts à intervenir en cas d'urgence. C'était aussi une association sportive, financée en grande partie par le département de la Milice et de la Défense, qui envoyait un contingent chaque année à un concours impérial de tir à Wimbledon (Londres). Chaque été, pendant un mois, soldats, tireurs d'élite et distingués parrains comme Gzowski se mêlaient, notamment au cours de dîners, à l'aristocratie britannique et à la famille royale. Dans les compétitions nationales, au Canada, les tireurs d'élite de l'association se disputaient la coupe Gzowski. En reconnaissance de sa contribution à la défense du Canada et de son travail à l'association de tir, et afin de « lui donner une position militaire parmi ceux qu'il rencontr[ait] dans ces associations », le gouverneur général lord Dufferin [Blackwood*] fit nommer Gzowski lieutenant-colonel de la milice en avril 1873.

Tout en gravissant les échelons de la société, Gzowski résistait fermement aux attraits de la politique. Contrairement à ses anciens associés, qui avaient tous tenté leur chance avec un succès varié, et même contrairement à certains de ses anciens collègues ingénieurs, tels Walter et Francis* Shanly, Gzowski se tenait résolument en marge. En 1867, John Alexander Macdonald lui offrit la circonscription de Toronto West, qu'il déclina. « Je sais que vous serez d'accord avec moi, écrivit-il à Galt pour expliquer son refus, la vraie place du cheval de derrière est à l'extérieur de l'écurie politique. »

La situation était tout de même délicate ; il était impossible de renoncer entièrement à la politique, car elle était la source de tous les honneurs officiels. Et, à mesure que Gzowski vieillissait, il en réclamait. Il ne pouvait non plus échapper complètement aux obligations politiques. En 1870, Macdonald l'enrôla, presque malgré lui, dans une commission royale sur les canaux parce qu'il le savait capable de tact et de discrétion. En 1872, Gzowski aida de nouveau Macdonald, cette fois en constituant un fonds de 66 576 $, dont il devint aussi l'un des fiduciaires, et qui était destiné à offrir au premier ministre un revenu régulier et digne de sa position. Féroce partisan, en privé, des conservateurs, il versa des sommes substantielles à Macdonald en 1878 pour sa lutte électorale contre ceux qu'il appelait les « philistins ». En public, toutefois, il était au-dessus de la politique. Il servit aussi quand le gouvernement libéral d'Oliver Mowat*, en Ontario, lui offrit une fonction prestigieuse comme la présidence de la Niagara Falls Park Commission, qu'il exerça de 1885 à 1893. Pendant une brève période, en 1896–1897, il fut administrateur de la province, alors sans lieutenant-gouverneur.

Finalement, les honneurs vinrent. Ayant reçu plusieurs gouverneurs généraux dans son domaine torontois et ayant assumé, à titre privé, la responsabilité du bien-être du premier ministre, Gzowski apprit avec émotion en 1879, après le retour de Macdonald au pouvoir, sa nomination à titre d'aide de camp honoraire de la reine Victoria. Cette sinécure lui donnait le privilège de porter un uniforme de cour impressionnant et d'assister à une réception annuelle au château de Windsor. De même, elle exigeait qu'il soit promu au grade de colonel, ce qui fut fait en 1882, car il fallait qu'il puisse rendre « à Sa Majesté les honneurs qui lui [étaient] dus ». En 1890, sur la recommandation de Mowat et de Macdonald, on le fit chevalier commandeur de l'ordre de Saint-Michel et Saint-Georges. Ainsi, à l'âge de 77 ans, il était de nouveau chevalier, au service d'un autre empire.

Ce gentleman digne et fortuné, au passé romanesque, propriétaire d'un grand domaine urbain, qui avait d'excellentes relations politiques, des associés militaires et des amis aristocrates, était très souvent pressenti pour parrainer de bonnes causes. C'était un ardent promoteur d'une fédération impériale et un fervent protecteur des arts et de la musique. Avec d'autres laïques en vue, dont les Blake, il participa en 1877 à la fondation d'un collège de théologie de la Basse Église, la Protestant Episcopal Divinity School, qui deviendra plus tard le Wycliffe College [V. James Paterson Sheraton*]. De 1873 à 1893, il fit partie du « sénat » de la University of Toronto et, en 1881, le bureau de l'adjudant général le nomma au conseil des visiteurs pour qu'il révise les activités du Royal Military College of Canada [V. Edward Osborne Hewett].

Dans les dernières années de sa vie, cet homme imposant, à la fois soldat, ingénieur, homme d'affaires et gentleman, exerça des fonctions symboliques. En 1887, les praticiens du génie civil se regroupèrent au sein de la Société canadienne des ingénieurs civils afin d'améliorer leur statut professionnel, et Gzowski, qu'ils considéraient comme leur « véritable héros », leur accorda son appui et présida l'organisme de 1889 à 1892. La médaille Gzowski devint la plus prestigieuse décoration décernée par cette nouvelle société. Il appartenait aussi à l'American Society of Civil Engineers et à la British Institution of Civil Engineers. Sa formation, son expérience et sa réputation internationale en faisaient une figure de proue quasi idéale. Il avait construit des ouvrages d'envergure et avait fait fortune, ce à quoi tous les ingénieurs aspiraient. Le symbolisme n'était cependant pas absolument parfait : Gzowski était avant tout entrepreneur, et l'entrepreneur est souvent l'adversaire de l'ingénieur. Toutefois, avec les années, ce détail perdait de l'importance. En un sens, cet homme qui avait eu une formation de soldat et que l'on avait exilé dans des circonstances romanesques était un symbole frappant des aspirations militaires canadiennes. Il était cependant plus ingénieur militaire que soldat, et il s'était distingué au combat seulement à titre de rebelle. Néanmoins, droit comme un i dans son uniforme écarlate, il correspondait parfaitement à l'image du vieux soldat et, si l'on tient compte de son assiduité indéfectible aux parades de la garnison et des prix remis en son nom, il est évident que la vie militaire demeura importante pour lui jusqu'à ses derniers jours. Dans les années 1930, donc bien longtemps après sa mort, les Canadiens d'origine polonaise le considéraient comme l'un des leurs qui s'était acquis l'acceptation complète qu'eux-mêmes recherchaient. Il incarnait l'idéal de la résistance, de la force morale et de la réussite polonaises. Pourtant, sir Casimir ne s'intéressait guère à son pays natal et, à mesure qu'il vieillissait, il n'entretenait que des relations sporadiques avec les survivants de sa famille. À la vérité, il s'identifiait entièrement à son nouveau pays et à l'Empire britannique. Un éventail inhabituel d'ingénieurs, de militaristes et d'associations patriotiques polonaises revendiquaient donc tous sir Casimir comme l'un des leurs.

Sir Casimir Stanislaus Gzowski mourut le 24 août 1898 après trois mois de maladie. C'est peut-être le *Toronto World* qui lui rendit l'hommage le plus poétique : « Hier matin, au moment même où le terrible orage prenait fin et où le soleil matinal pointait à l'horizon oriental, l'esprit de l'un des plus illustres citoyens de Toronto a pris son envol. » Sous des titres pleins d'émotion, les journaux racontèrent l'histoire de son existence fascinante. Rétrospectivement, sir Casimir apparaissait surtout comme un exilé romantique qui avait appris son métier aux États-Unis mais qui s'était voué à l'édification du Canada et à la défense de l'Empire, de sorte qu'il avait bien mérité richesse et honneurs. À titre de personnage public, on l'aimait beaucoup aussi. Le *Globe* disait : « Avec la mort [de Gzowski], Toronto perd un homme qui pendant près de soixante ans, a occupé une place de tout premier plan dans la vie sociale et industrielle de la collectivité. Homme d'allure impressionnante et [d'un] maintien plein de dignité, c'était un personnage familier aux habitants de la ville et quelqu'un qui ne passait jamais inaperçu. Ceux qui le fréquentaient le chérissaient à un degré exceptionnel pour son extrême amabilité, le charme de ses manières, sa vaste culture et sa généreuse hospitalité. »

L'exilé avait trouvé une patrie ; le soldat devint chevalier ; l'ingénieur mourut gentleman.

Henry Vivian Nelles

Les publications de sir Casimir Stanislaus Gzowski comprennent : *Description of the International Bridge, constructed over the Niagara River near Fort Erie, Canada, and Buffalo, U.S. of America* (Toronto, 1873), et un certain nombre de rapports, dont *Report of C. S. Gzowski, esq. appointed to examine and report upon the mines of the Upper Canada Mining Company on Lake Huron* (Hamilton, Ontario, 1848 ; copie aux AO, Pamphlet Coll., 1848, nº 5) ; ses rapports pour la Desjardins Canal Company sous le titre de *Detailed accounts and general abstract of the affairs of the Desjardins Canal Company, from 1831, to 1848* [...

(Dundas, Ontario, 1849 ; copie aux AO, Pamphlet Coll., 1849, n° 11) ; pour la Saint Lawrence and Atlantic Railroad Company dans *Meeting of the board of directors, 24 March 1852* [...] (Montréal, 1852) ; dans Canada., Dép. des Travaux publics, *Welland Canal enlargement* [...] (Ottawa, 1873) ; et dans *Report on the accommodation for railways on the water front of the city of Toronto and the location of the Canadian Pacific freight yards,* rédigé en collaboration avec Walter Shanly (Toronto, [1889]). À la suite de l'annulation du contrat de l'esplanade, il a publié une réfutation, *The esplanade contract : letter from C. S. Gzowski & Co., to the citizens of Toronto* ([Toronto, 1855]).

AN, MG 24, B40, Holton à Brown, 9 déc. 1860 (mfm aux AO) ; E9 ; E14 ; MG 26, A : 50555–50566, 50597–50606, 50642–50656, 156775–156776, 158487–158489, 160720, 162979–162980, 242340 ; MG 27, I, D8, Holton à Galt, 15, 18 févr., 10 avril 1853 ; Gzowski à Galt, 15 avril 1854, 2 juin 1867 ; MG 31, H67 ; RG 9, II, A1 ; RG 11, A1 ; A1B. — AO, MS 74, package 14, lettre d'introduction, P. S. V. Hancock à Merritt, 1er oct. 1841 ; Gzowski à Merritt, 6 oct. 1841 ; MU 1188–1192 ; MU 2194 ; MU 2690–2701. — Baker Library, R. G. Dun & Co. credit ledger, Canada, 26 : 252, 297 (mfm aux AN). — UTA, A73-0026/132 (16–17). — UWOL, Regional Coll., William Clambers papers, reports to C. S. Gzowski regarding West York Road and Dundas Street, 1846–48. — York County Surrogate Court (Toronto), n° 12899. — Canada, prov. du, Assemblée législative, *App. des journaux,* 1852–1853, app. XX ; Commission appointed to inquire into the affairs of the Grand Trunk Railway, *Report* (Québec, 1861) ; Special committee on the condition, management and prospects of the Grand Trunk Railway Company, *Report* (Toronto, 1857) ; Special committee on the subject of the proposed railroad from Toronto to Guelph, *Report* (Toronto, 1851) ; Parl., *Doc. de la session,* 1861, n° 11. — Canadian Soc. of Civil Engineers, *Trans.* (Montréal), 3 (1889)–8 (1894). — *Daylight through the mountain : letters and labours of civil engineers Walter and Francis Shanly,* F. N. Walker, édit. ([Montréal], 1957). — Samuel Keefer, *Report on Baie Verte Canal, 18 February, 1873 ; with Mr. Gzowski's approval prefixed* (Montréal, 1873). — Montreal and Kingston Railway Company, *Montreal and Kingston Railroad Company* ([Montréal, 1852]). — Walter Shanly, *Report on the preliminary surveys of the Toronto & Guelph Railway* (Toronto, 1852). — Toronto and Guelph Railway Company, Board of directors, *Annual report* (Toronto), 1853. — Upper Canada Mining Company, *Report of the proc.* (Hamilton), 1847. — *Evening News* (Toronto), 24 août 1898. — *Evening Telegram* (Toronto), 24 août 1898. — *Globe,* 25 août 1898. — *Toronto Evening Star,* 24 août 1898. — *Toronto World,* 25 août 1898. — A. W. Currie, *The Grand Trunk Railway of Canada* (Toronto, 1957). — G. C. D. Jones, « Sir Casimir Gzowski in the Toronto city assessment rolls, 1854–1875 » (note de recherche, Toronto, [1986]) ; « Sir Casimir Gzowski, the Toronto Esplanade, and the Toronto and Guelph Railway, 1840–1855 » (note de recherche, Toronto, [1986]). — H. C. Klassen, « L. H. Holton : Montreal business man and politician, 1817–1867 » (thèse de PH.D., Univ. of Toronto, 1970), 135–145. — Ludwik Kos-Rabcewicz-Zubkowski et W. E. Greening, *Sir Casimir Stanislaus Gzowski : a biography* (Toronto, 1959). — J. J. Lerski, « The United States and the Polish exiles of 1831 » (thèse de PH.D., Georgetown Univ., Washington, 1953). — R. S. Longley, *Sir Francis Hincks : a study of Canadian politics, railways, and finance in the nineteenth century* (Toronto, 1943). — J. R. Millard, *The master spirit of the age : Canadian engineers and the politics of professionalism, 1887–1922* (Toronto, 1988). — Skelton, *Life and times of Galt* (MacLean ; 1966). — G. R. Stevens, *Canadian National Railways* (2 vol., Toronto et Vancouver, 1960–1962). — Tulchinsky, *River barons.* — Paul Craven et Tom Traves, « Canadian railways as manufacturers, 1850–1880 », SHC *Communications hist.,* 1983 : 254–281.

H

HABERKORN, MARGARET. V. FINLAYSON

HACHÉ, JUSTE, instituteur, fonctionnaire, officier de milice, juge de paix et homme politique, né le 13 août 1823 à Caraquet, Nouveau-Brunswick, fils de François Haché, dit Gallant, et de Nathalie Thibodeau ; en 1848, il épousa, probablement à Caraquet, Vénérande Pinet, et ils eurent deux fils, puis le 23 novembre 1863, au même endroit, Suzanne Cormier, et de ce mariage naquirent dix enfants, dont deux au moins moururent en bas âge ; décédé le 4 juillet 1895 dans sa ville natale.

Juste Haché était le treizième enfant d'un maître charpentier qui n'avait aucune terre à lui donner mais pouvait néanmoins l'envoyer à l'école. Après avoir reçu une bonne instruction de base, il obtint en 1841 l'autorisation d'enseigner dans le comté de Gloucester. Durant la plus grande partie de sa vie, il enseignerait la lecture, l'écriture, l'orthographe et l'arithmétique, en français, aux enfants de Caraquet. Ce métier ne lui rapporterait pas beaucoup. En 1853, il demanda une terre de la couronne, qu'il comptait payer en travaillant à la construction des routes, mais il ne finit jamais de la payer. La fonction publique locale lui permit de gagner un revenu supplémentaire non négligeable ; après qu'on l'eut élu cotiseur municipal à Caraquet en 1855, Haché occupa des postes de ce genre presque toute sa vie, sans pour autant être à l'abri de la pauvreté.

Ses états de service montrent que Haché était un fonctionnaire consciencieux et efficace, désireux d'aider les gens de Caraquet. En janvier 1855, il regroupa les pêcheurs de la localité pour qu'ils demandent à la chambre d'Assemblée l'argent qu'on leur avait promis pour leur participation à un sauvetage. Ils estimaient que l'important magistrat stipendiaire anglophone John Doran tardait à le leur remettre. C'était là un geste courageux de la part d'un instituteur qui avait peine à joindre les deux bouts, car l'avancement aux postes plus lucratifs de l'administration du comté dépendait de la faveur des magistrats stipendiaires et des représentants locaux à l'Assemblée, qui étaient eux aussi des magistrats stipendiaires.

Plus tard en 1855, Haché joua un rôle encore plus important dans la cause des Acadiens : il devint professeur à la première académie à offrir un enseignement secondaire en français au Nouveau-Brunswick, le séminaire Saint-Thomas, à Memramcook. C'est l'abbé François-Xavier-Stanislas Lafrance*, dont le frère Charles-Édouard-François s'était lié d'amitié avec Haché à l'époque où ils enseignaient tous deux à Caraquet, qui avait fondé cet établissement l'année précédente. Comme il avait perdu son épouse en 1852, Haché laissa ses fils chez des parents et alla vivre environ trois ans à Memramcook. L'enthousiasme que les gens de cet endroit manifestaient à l'égard de l'éducation contrastait de manière encourageante avec l'indifférence de bien des parents de Caraquet.

C'est probablement son propre enthousiasme pour l'étude, que ses contemporains ont noté, et l'avenir incertain de l'académie qui incitèrent Haché à accepter l'invitation de l'évêque de Saint-Jean, Thomas Louis Connolly*, de servir en qualité de sacristain à sa cathédrale et d'y étudier la philosophie et la théologie. Toutefois, des problèmes de santé, qu'il croyait liés à l'épilepsie qui avait affligé l'abbé Lafrance, l'obligèrent à retourner à Caraquet dès janvier 1859.

La population de Caraquet lui refit bon accueil et l'élut tout de suite à la charge municipale de commissaire des routes. À la demande de l'abbé Joseph-Marie Paquet*, Haché devint aussi maître de chapelle et autorité reconnue en matière de rituel à l'église paroissiale. Il remit bientôt sur pied son école, mais comme celle-ci devait partager avec quatre écoles de Caraquet la subvention provinciale de £44 10s 8d et la contribution locale – toute théorique – de £64 10s, il ne touchait qu'un maigre salaire. Au recensement de 1861, il vivait toujours sans ses deux fils chez des parents d'élèves. Il se remaria en 1863 et sa famille, de plus en plus nombreuse, augmenta ses obligations financières. Il dut faire appel à la bienveillance des magistrats stipendiaires et des députés anglophones pour obtenir des emplois mieux payés.

Haché eut un certain succès, puisqu'en 1861 il remplit les fonctions d'agent recenseur à Caraquet et, trois ans plus tard, il devint le premier maître de poste acadien du village. Sa nomination comme lieutenant dans le 2nd Battalion of Gloucester County Militia, en 1864, consolida ses relations avec les magistrats stipendiaires ; elle révélait aussi qu'il bénéficiait de faveurs particulières, puisque le bataillon ne comptait que deux autres officiers acadiens. Néanmoins, quand James Gordon Canning Blackhall, qui était plus influent, se porta candidat à la fonction de maître de poste en 1867, Haché perdit son emploi. Sa situation financière ne s'améliora vraisemblablement pas car, en 1871, il vivait en pension avec sa famille.

Le *Common Schools Act* de 1871, qui assurait le financement des écoles non confessionnelles avec l'argent perçu par une taxe générale, vint ajouter aux problèmes financiers de Haché. À l'instigation de l'un de leurs députés, Théotime Blanchard*, la plupart des catholiques de Caraquet refusèrent de payer la taxe, et on dut fermer toutes les écoles locales avant la fin de 1872. Haché signa la pétition de l'abbé Joseph Pelletier, qui demandait la reconnaissance des droits des écoles catholiques mais, comme le gouvernement ne réagissait pas, il dut chercher une autre source de revenu.

Nommé commissaire de Paquetville et de Millville (Burnsville) en 1873, deux villages fondés en vertu du *Free Grants Act* de 1872, Haché allait ainsi régler ses problèmes d'argent. Ce poste lui assurait un revenu régulier trois ou quatre fois plus élevé que celui d'instituteur. À un certain moment avant les assises trimestrielles de 1874, on le nomma également juge de paix. Quand on demanda aux assises de voter pour choisir entre la liste des fonctionnaires municipaux élus par ceux qui n'avaient pas payé les taxes scolaires, présentée par Blanchard, et celle des fonctionnaires choisis par le juge de paix presbytérien Robert Young* – liste sur laquelle Haché et ses frères occupaient une place importante –, Haché vota contre Blanchard. Sa position en faveur des écoles non confessionnelles financées par une taxe est compréhensible. On peut supposer que Haché était en quelque sorte le protégé de Young, qui était député au moment des premières nominations de Haché à des postes provinciaux dans les années 1860, ainsi que de Samuel Hawkins Napier, autre presbytérien nouvellement élu. Ainsi Haché se trouva-t-il allié aux protestants contre beaucoup de ses coparoissiens dans les désordres qui suivirent à Caraquet en janvier 1875 [V. Samuel Robert Thomson*].

Si la population de Caraquet en voulut à Haché, elle l'oublia rapidement. Devenu greffier municipal et inspecteur des pêches, il continua à administrer les nouveaux villages de Paquetville et de Millville sans s'attirer de graves critiques. On l'élut également plusieurs fois au conseil municipal de Caraquet. Le compromis de 1875, qui permettait l'enseignement religieux après la fermeture des classes, avait rendu la loi scolaire acceptable pour les catholiques, et Haché recommença à enseigner en 1878 au moment où les nouveaux villages, qui exigeaient moins d'attention, lui procurèrent un revenu moins élevé. Il continuerait à enseigner jusqu'à ce qu'une paralysie partielle l'en empêche en 1893. Propriétaire d'une terre à Paquetville depuis 1881, il était en mesure de donner des terrains aux fils qu'il avait eus de son premier mariage, et d'envoyer son troisième fils au collège de Sainte-Anne-de-la-Pocatière, dans la province de Québec. En 1881 également, il avait fait valoir le droit des Acadiens à une meilleure représentation dans l'administration locale.

Rien dans les notices nécrologiques ne laisse entendre que la population considéra Juste Haché comme un traître. Même en admettant les exagérations que contient fréquemment ce genre d'écrit, on peut croire qu'il fut un homme agréable et travailleur, sincèrement préoccupé du bien-être de ceux qui l'entouraient.

SHEILA ANDREW

Un portrait de Juste Haché, qui se trouve dans une collection privée, est reproduit avec sa biographie dans *Dictionnaire biographique du nord-est du Nouveau-Brunswick* (4 cahiers parus, [Bertrand ; Shippegan, N.-B.], 1983–), 1 : 46–47.

AN, RG 31, C1, 1861, 1871, 1881, Gloucester County (mfm aux APNB). — APNB, RG 4, RS24, S70, P73 ; S92, pétition de Joseph Pelletier ; RG 18, RS149, A3–4. — Arch. paroissiales, Saint-Pierre-aux-Liens (Caraquet, N.-B.), Reg. des baptêmes, mariages et sépultures (mfm aux APNB). — CEA, 510-1-1 (Haché à McManus, 14 mars 1881). — « Documents inédits », *Rev. de la Soc. hist. Nicolas Denys* (Caraquet), 1 (1971–1972) : 88–93. — N.-B., House of Assembly, *Journal*, 1850–1892 ; Legislative Assembly, *Journal*, 1893–1895. — *Courrier des Provinces maritimes* (Bathurst, N.-B.), 18 juill., 26 sept. 1895. — *L'Évangéline* (Weymouth Bridge, N.-É.), 19 sept. 1895. — *Gleaner* (Chatham, N.-B.), 18 juill. 1853. — *Voix d'Évangéline* (Moncton), 4 juin 1936, 29 juin 1939 (lettres d'Augustin Haché).

HAGAN, MICHAEL, journaliste, éditeur, auteur, directeur d'école et fermier, né vers 1831 ; décédé le 2 novembre 1896 à Kelowna, Colombie-Britannique.

On sait peu de chose de la jeunesse de Michael Hagan, sinon qu'il était d'origine irlandaise et qu'il reçut apparemment une bonne instruction. Selon un rapport, il passa un certain temps dans les champs pétrolifères de la Pennsylvanie et de l'Ontario ; un autre document nous apprend qu'il fut associé durant quelque temps avec son compatriote irlandais et collègue journaliste, Thomas D'Arcy McGee*. En juillet 1875, Hagan fonda le *Thunder Bay Sentinel* à Prince Arthur's Landing (Thunder Bay, Ontario), où l'on construisait le chemin de fer qui devait se rendre au Pacifique. Il en fut le rédacteur en chef durant trois ans avant d'aller vivre quelque temps au Manitoba.

Hagan s'établit en Colombie-Britannique en 1879 et commença à publier un journal à Emory Bar, dans le canyon du Fraser, à l'endroit où débuta dans la province la construction du chemin de fer du Pacifique. Il y bâtit une maison et un atelier d'imprimerie et, le 29 mai 1880, publia le premier numéro de l'*Inland Sentinel*. Ce journal, qui ne contenait que quatre pages composées sur cinq colonnes, donnait surtout des nouvelles de la construction du chemin de fer. En juin 1881, Hagan se procura une vieille presse française que Mgr Modeste Demers* avait apportée en Colombie-Britannique et qui avait servi à Victoria et à Barkerville.

Journaliste d'esprit libéral qui ne mâchait cependant pas ses mots, Hagan écrivit dans le *Sentinel* plusieurs lettres ouvertes qui critiquaient la compagnie ferroviaire. En prenant parti pour les Indiens et les travailleurs chinois du chemin de fer, il se tailla rapidement une réputation de défenseur des groupes opprimés. Catholique dévot et abstinent, Hagan avait acquis, selon ce qu'on écrivit à sa mort dans le *Vernon News*, « le respect et l'estime des gens de toutes classes et conditions. Il était scrupuleusement honorable dans ses relations, droit dans sa vie privée, observateur perspicace et raisonneur profond. »

Hagan, semble-t-il, ne s'était jamais marié et n'avait pas de famille. Il se consacrait à son journal et l'utilisait aussi pour diffuser ses propres écrits. En 1882, par exemple, il y publia un roman sentimental intitulé *Myra, or the broken hearted*. Quand s'amorça le ralentissement de l'activité à Emory Bar, il alla s'établir dans le village voisin de Yale, en octobre 1880, et continua à y publier le *Sentinel*. Il fit savoir en août 1881 qu'il était président de la Yale Force Pump Placer Mining Company.

En effectuant une tournée de reconnaissance à l'intérieur de la Colombie-Britannique en 1882, Hagan passa par Kamloops et décida de s'installer dans ce centre ferroviaire plein d'avenir. Le premier numéro de l'*Inland Sentinel* publié à Kamloops parut le 31 juillet 1884. Hagan continua d'asséner ses critiques à la Compagnie du chemin de fer canadien du Pacifique, et plus particulièrement à son principal entrepreneur dans la province, Andrew Onderdonk*. Mais comme il était aussi favorable au progrès, il fit valoir à maintes reprises les possibilités qu'offrait Kamloops comme « capitale de l'intérieur ».

En 1886, « l'âge et l'affaiblissement de sa vue » forcèrent Hagan à vendre le *Sentinel* à l'homme d'affaires Hugh McCutcheon. L'ex-éditeur alla s'établir dans la mission d'Okanagan (qui fait aujourd'hui partie de Kelowna), où il acquit, par droit de préemption, une terre qu'il commença à cultiver. Il fit cependant de fréquents voyages vers l'intérieur et continua à écrire des articles et à donner son avis sur toutes sortes de sujets : la préservation de la faune, l'empaquetage du porc, le premier voyage du vapeur *Okanagan* en 1888, et le projet de chemin de fer entre le sud de la Colombie-Britannique et l'Alaska qui, selon lui, augmenterait les voyages et les échanges et favoriserait l'amitié entre les gens de la côte du Pacifique.

Hagan revint à Kamloops en 1889 comme directeur

de la nouvelle école professionnelle indienne, poste qu'il avait obtenu sur la recommandation du député John Andrew Mara* et qu'il devait surtout à sa réputation d'honnêteté, à ses aptitudes administratives et à son expérience de fermier. Cependant, la controverse qui entourait la nomination d'un laïque amena les Sœurs de Sainte-Anne à quitter, en juillet 1891, cet établissement où elles enseignaient [V. Marie-Angèle GAUTHIER]. Le gouvernement décida de confier l'école aux Oblats de Marie-Immaculée, et Hagan remit sa démission au mois de juin suivant. Pendant quelque temps encore, il continua à s'occuper des affaires locales ; il parla de la nécessité de construire un réseau d'irrigation dans la réserve indienne de même qu'un nouveau moulin à farine, et de promouvoir l'érection de Kamloops en municipalité.

Plus tard en 1892, Hagan retourna dans sa ferme de 640 acres, mais il n'en continua pas moins à faire parvenir ses « brillantes et vigoureuses critiques sur les questions d'intérêt provincial » au *Sentinel,* au *Vernon News* et au *British Colonist*. Il se préparait à se lancer dans l'élevage du porc et la fabrication du bacon quand il tomba malade. Il mourut le 2 novembre 1896 et on l'inhuma dans la mission d'Okanagan. Un grand nombre de personnes assistèrent à ses funérailles.

Michael Hagan fut, comme l'écrivit le *Vernon News,* « quelqu'un que sa nature bienveillante et sa valeur avaient rendu cher à tous ceux qui l'avaient connu ». Il avait « marqué l'histoire du pays de manière indélébile ». Son plus grand legs, l'*Inland Sentinel,* fut publié durant 107 ans sous diverses auspices et sous différents titres jusqu'en décembre 1987.

KEN FAVRHOLDT

Le roman de Michael Hagan, *Myra, or the broken hearted,* a paru en feuilleton dans l'*Inland Sentinel* (Yale, C.-B.), 5 janv.–2 mars 1882. D'autres numéros pertinents de ce journal sont ceux des 4 août 1881 et 29 mai 1884 (pendant qu'il était publié à Yale), et ceux des 2 sept. 1886, 4 juin 1892, 27 mai 1893, et 29 mai 1905 (pendant qu'il était publié à Kelowna, C.-B.).

AN, RG 10, B3, 3799, file 48432-1. — Kelowna Land Titles Office, Pre-emption records, township 26, sect. 25, west half; sect. 26, east half. — *Thunder Bay district, 1821–1892 : a collection of documents,* introd. de [M.] E. Arthur, édit. (Toronto, 1973). — *Vernon News* (Vernon, C.-B.), 12 nov. 1896. — Mary Balf, « Michael Hagan », *Kamloops Daily Sentinel* (Kamloops, C.-B.), vers 1964. — B. R. Campbell, « From hand-set type to linotype : reminiscences of fifty years in the printing trade », *BCHQ,* 10 (1946) : 266.

HAGARTY, sir JOHN HAWKINS, avocat, professeur, homme politique, auteur et juge, né le 17 septembre 1816 à Dublin, fils de Matthew Hagarty ; le 9 septembre 1843, il épousa à Toronto Anne Elizabeth Grasett (morte en 1888), sœur du révérend Henry James Grasett*, et ils eurent trois fils ; décédé le 27 avril 1900 au même endroit.

Fils d'un juge instructeur de la Cour des prérogatives d'Irlande, John Hawkins Hagarty fit ses études auprès d'un précepteur et passa l'année 1832–1833 au Trinity College de Dublin. En 1834, il immigra dans le Haut-Canada et, la première année, habita dans une ferme près de Bowmanville. Puis, pendant cinq ans, il étudia le droit au cabinet de George Duggan* à Toronto. Admis au barreau en 1840, il eut comme associé, à compter de 1846, John Willoughby Crawford*, qui devint plus tard lieutenant-gouverneur de l'Ontario. Sans abandonner sa carrière de barrister – il serait nommé conseiller de la reine en 1850 –, Hagarty enseigna le droit au Trinity College de Toronto de 1852 à 1855, année où il obtint son doctorat en droit civil. Il serait aussi membre du conseil du collège entre 1857 et 1869.

Hagarty se mêla aux Canadiens d'origine irlandaise et fut, en 1846, président de la St Patrick's Society. Élu conseiller municipal du quartier St Lawrence en janvier 1847, il démissionna au mois de mai suivant. En 1850, il fut élu commissaire d'école publique dans le quartier St Patrick. Il écrivit beaucoup de poèmes, dont la plupart parurent dans *Maple-Leaf, or Canadian Annual ; a Literary Souvenir,* publié sous la direction du révérend John McCaul*. Sa pièce la plus connue, et pourtant médiocre, est une ode héroïque intitulée *The funeral of Napoleon, 15th December 1840*, qui parut dans le volume de 1849. Il manifesta également son intérêt pour la chose littéraire en étant membre du Canadian Institute [V. sir Daniel WILSON], organisme dont il fut président en 1861–1862.

Ce sont cependant les 41 années – plus des deux tiers de sa carrière juridique – que Hagarty passa dans la magistrature qui constituent sa contribution la plus importante. Après avoir été juge puîné de la Cour des plaids communs de 1856 à 1862, juge de la Cour du banc de la reine de 1862 à 1868, juge en chef des plaids communs de 1868 à 1878 et juge en chef de la Cour du banc de la reine de 1878 à 1884, il fut président de la Cour d'appel et juge en chef de l'Ontario de 1884 à 1897. À ce dernier titre, il agit aussi en qualité d'administrateur de la province pour de courtes périodes, en 1882 et en 1892. Après sa retraite en avril 1897, on put lire dans le *Canada Law Journal* un éloge de cet homme qui n'avait eu « aucune ambition d'étendre le champ du droit « jurisprudentiel » mais, au contraire, [était] sincèrement désireux d'appliquer la loi telle qu'il la trouvait, sans usurper ni empiéter sur les fonctions du corps législatif ». L'auteur ajoutait que les jugements de Hagarty avaient été maintenus plus souvent que ceux de tout autre juge. L'observateur moderne de ses arrêts dans des affaires concernant pour la plupart la responsabilité des compagnies de chemin de fer, l'assurance, le meurtre, la situation juridique des femmes mariées, les contestations d'élections, la séduction et la diffamation pourrait difficilement être en désaccord. Cependant, en 1897, l'auteur avait négligé de souligner quelques-unes des qualités les plus attachantes de Hagarty : il écrivait avec beaucoup de clarté et de minutie, en particulier lorsqu'il utilisait un langage purement juridique ; il accordait beaucoup plus de place que ses collègues à l'interprétation de la loi ; et ses jugements étaient expressément entremêlés de réflexions dans lesquelles il exposait, le cas échéant, les dilemmes devant lesquels le plaçaient les jugements à rendre. Dans un cas, il confessa que, « très embarrassé » par la loi, il différait d'avis et, de fait, il exprima son désaccord beaucoup plus souvent que la plupart des juges. Une autre fois, il fit part de son « grand regret d'être obligé de faire mention de la très grande difficulté, pour ne pas dire l'impossibilité, dans laquelle se trouv[ait] le tribunal de traiter adéquatement » d'une question.

Hagarty fut mêlé à seulement deux jugements dont on puisse prétendre qu'ils eurent une grande importance juridique. Dans la cause Drake contre Wigle, en 1874, le défendeur, un locataire à vie, était accusé d'avoir dégradé un bien grevé d'un droit de retour en abattant des arbres sur une « terre sauvage » dont il était l'usufruitier, dans le but de la rendre propre à l'agriculture. En vertu de la loi anglaise, le locataire aurait sûrement été reconnu coupable de dégradation s'il avait détruit des chênes vieux de 100 ans. Mais couper des conifères qui croissaient rapidement dans la dense forêt canadienne était différent. Hagarty décida que le sens du terme dégradation « varia[it] selon l'endroit et [les] circonstances » et que les lois obscures qui régissaient l'immobilier en Angleterre n'étaient pas applicables au Canada.

Dans une autre affaire, John Anderson*, un esclave qui avait trouvé refuge et protection dans le Haut-Canada, avait été accusé en octobre 1860, par un tribunal de première instance, d'avoir tué un Blanc du Missouri qui tentait de l'empêcher de fuir. La même année, la Cour du banc de la reine reconnaissait Anderson coupable de meurtre selon la loi du Missouri et le déclarait passible d'extradition en vertu du traité Webster-Ashburton signé avec les États-Unis. L'année suivante, la cause fut portée en appel devant les juges William Henry Draper*, William Buell Richards* et Hagarty, à la Cour des plaids communs. Ceux-ci tranchèrent en faveur d'Anderson, mais pour des motifs strictement formalistes liés au libellé de l'accusation de 1860. Évitant consciemment de se prononcer sur les grandes questions de politique, les juges n'affirmèrent pas que le traité Webster-Ashburton ne pourrait jamais s'appliquer à des esclaves en fuite. Pour accorder la libération à Anderson, Hagarty invoqua le vice de forme dans le libellé de l'accusation et justifia cette façon étroite d'envisager la question par son « extrême importance pour la vie et la liberté du prisonnier ». Dans un commentaire plus général, il déclara : « Rien ne me serait plus facile que d'arriver à une conclusion si j'avais le droit de disposer de cette affaire simplement d'après ma propre conception du bien et du mal, ou selon la dignité et les privilèges de la liberté humaine – bref, si je pouvais ne pas tenir compte de mon impérieuse obligation de décider en fonction de ce que j'estime être la loi, et non en fonction de ce que je pourrais penser qu'elle devrait être. »

En reconnaissance de ses services à titre d'homme de loi, John Hawkins Hagarty fut fait chevalier au moment de sa retraite en 1897. Fidèle de l'église anglicane St George the Martyr, il mourut en 1900 et fut inhumé sans cérémonie publique au cimetière St James de Toronto.

GRAHAM PARKER

En plus du poème cité dans la biographie, sir John Hawkins Hagarty est l'auteur de : *St. Lawrence Ward : the favour of your vote and interest is requested for John H. Hagarty as alderman for your ward election, on Tuesday, 12th January, 1847, at nine A.M.* ([Toronto, 1847]) ; *Thoughts on law reform* (Toronto, 1850) ; *A legend of Marathon ; by an Ontario judge* ([Toronto, 1888]) ; et *Poems* (s.l., 1902).

Trinity College Library, MSS Dept. (Dublin), MUN/V/27/7–8 (term/exam books, 1833). — York County Surrogate Court (Toronto), n° 13897 (mfm aux AO). — Richard Armstrong, « Hon. John Hawkins Hagarty, chief justice of Ontario », *Barrister* (Toronto), 1 (1894–1895) : 252–256. — *Canada Law Journal* (Toronto), nouv. sér., 33 (1897) : 337–340. — « Sir John Hawkins Hagarty », *Canadian Law Times* (Toronto), annual digest, 20 (1900), [1re sect.] : 171–178. — *Daily Mail and Empire*, 28 avril 1900. — *Globe*, 28 avril 1900. — *Toronto Daily Star*, 28 avril 1900. — *Toronto World*, 28 avril 1900. — *Canadian men and women of the time* (Morgan ; 1898). — *Cyclopædia of Canadian biog.* (Rose et Charlesworth), 2. — Dent, *Canadian portrait gallery*. — Trinity College, *Calendar* (Toronto), 1853–1855. — G. B. Baker, « Legal education in Upper Canada, 1785–1889 : the law society as educator », *Essays in the history of Canadian law*, D. H. Flaherty, édit.(2 vol., Toronto, 1981–1983), 2 : 96. — *Centennial story : the Board of Education for the city of Toronto, 1850–1950*, H. M. Cochrane, édit. (Toronto, 1950), 30. — Charles Clarke, *Sixty years in Upper Canada, with autobiographical recollections* (Toronto, 1908), 304, 306. — Davin, *Irishman in Canada*. — *The Royal Canadian Institute, centennial volume, 1849– 1949*, W. S. Wallace, édit. (Toronto, 1949), 193, 306. — « Historical value of legal biography », *Canadian Law Times* (Toronto), 29 (1909) : 450.

HALE, HORATIO EMMONS, philologue, ethnologue, auteur et homme d'affaires, né le 3 mai 1817 à Newport, New Hampshire, fils de David Hale, avocat, et de Sarah Josepha Buell ; en 1854, il épousa à Jersey City, New Jersey, Margaret Pugh, du canton de

Goderich, Haut-Canada, et ils eurent deux fils et une fille ; décédé le 28 décembre 1896 à Clinton, Ontario.

Horatio Emmons Hale était le fils d'une journaliste et rédactrice en chef réputée pour sa défense des droits des femmes. La famille Hale comptait plusieurs avocats, et lui-même allait embrasser cette profession. Après la mort subite de son mari en 1822, Sarah Hale assura la subsistance de ses cinq enfants en écrivant et, fidèle à la tradition de la Nouvelle-Angleterre, elle leur donna une solide formation. Horatio, qui avait manifesté un intérêt précoce pour les Indiens et du talent pour les langues, fut admis à l'âge de 16 ans au Harvard College, en langues et littérature orientales.

En avril de sa première année au collège, il étudia une langue inconnue des érudits, à un jet de pierre de la cour de Harvard : ce devait être son premier travail sur le terrain. Il enregistra le vocabulaire d'un dialecte algique du Maine en rencontrant des autochtones qui hivernaient dans le voisinage de Cambridge. Puis, en suivant l'orthographe du philologue John Pickering, il intégra cette langue à un tableau comparatif des dialectes algiques connus et conclut qu'il s'agissait d'un dérivé du micmac. Dans une imprimerie des environs, il fit lui-même la composition du livre qui faisait état de ses découvertes, *Remarks on the language of the St. John's or Wlastukweek Indians, with a Penobscot vocabulary*, paru à Boston en 1834, et il en tira 50 exemplaires qu'il distribua à des amis.

Cette première publication attira l'attention des linguistes, si bien qu'après avoir obtenu son diplôme en 1837 Hale fut nommé philologue de l'expédition américaine d'exploration qui se rendait dans le Pacifique sous le commandement du capitaine Charles Wilkes. Pendant ce mémorable voyage, qui dura de 1838 à 1842, Hale nota le vocabulaire et esquissa la grammaire de plusieurs dialectes océaniens. Dans la dernière année de l'expédition, il débarqua sur le territoire de l'Oregon afin de dresser le portrait de la diversité ethnique et linguistique des peuples autochtones qui vivaient sur la côte ouest, de la Californie à la Colombie-Britannique. Son travail lui valut l'admiration d'américanistes comme Abraham Alfonse Albert Gallatin et, par la suite, Franz Boas*, qui écrirait en 1897 : « Son génie pour la recherche linguistique ne s'est manifesté nulle part avec autant d'évidence que dans sa remarquable étude des langues complexes du nord-ouest de l'Amérique. »

De retour à Philadelphie où habitait sa mère, Hale, qui touchait encore un salaire du gouvernement, s'empressa de mettre de l'ordre dans ses notes et entreprit la rédaction de son rapport sur l'expédition. Il termina son manuscrit avant ses collègues puis, laissant à sa mère le soin d'en corriger les épreuves, s'embarqua (probablement en 1843) pour l'Europe, où il voyagea jusqu'en 1853. Son document, intitulé *Ethnography and philology*, parut à Philadelphie en 1846, soit avant les autres rapports scientifiques de l'expédition et deux ans après le récit en cinq volumes de Wilkes. Les 300 exemplaires de cette monographie de près de 700 pages furent bientôt épuisés. Elle récolta immédiatement les louanges de savants des États-Unis et d'Europe, dont les Américains Asa Gray et Daniel Garrison Brinton, et Max Müller d'Oxford.

Hale ne rechercha ni n'obtint de haute fonction universitaire ; il se tourna plutôt vers l'étude du droit. Suivant le mouvement qui menait ses contemporains vers l'ouest, il s'installa à Chicago et, en 1855, on l'admit au barreau de l'Illinois. Entre-temps, il avait épousé une Canadienne, Margaret Pugh. En 1856, le couple s'établit sur les terres que la famille Pugh possédait près du village de Clinton, dans le Haut-Canada. Hale devint régisseur du domaine de son beau-père, William Pugh. Comme il croyait que ce travail lui « prendrait peu de temps », il avait laissé la plus grande partie de sa bibliothèque à Philadelphie. Mais Clinton, érigé en municipalité en 1858, prit de l'expansion et gagna peu à peu sur les terres de la famille Pugh. Hale avait désormais trop à faire pour s'en aller ou regagner Philadelphie. Il transforma le domaine en une entreprise de translation de propriétés et y fit tracer des rues auxquelles, fidèle à ses inclinations, il donna des noms d'écrivains : Addison, Cowper, Milton et Newton. Une florissante raffinerie de sel s'ouvrit à un mille à l'est de la municipalité. En 1875, Hale convainquit la London, Huron and Bruce Railway Company de prolonger sa ligne de chemin de fer jusqu'à Clinton. Comme il passait le plus clair de son temps à rédiger des actes de cession, à agir en qualité d'exécuteur testamentaire et à jouer le rôle d'agent d'assurances, on croit qu'il ne pratiqua pas le droit à titre d'avocat dans le Haut-Canada. Plus tard, un ancien greffier du comté allait le décrire comme un « homme d'une taille inférieure à la moyenne [qui] portait une perruque, se comportait toujours en gentleman [...] et versait des dons à l'église anglicane St Paul, qu'il fréquentait rarement ». Le citoyen moyen de Clinton aurait été stupéfié d'apprendre que la municipalité abritait un savant de réputation internationale.

La contribution de Hale à la vie municipale ne fut pas négligeable. À titre de président du conseil scolaire local, il fit ouvrir une *high school* pour garçons et filles et obtint des subventions provinciales pour l'enseignement secondaire. Il participa en outre à la fondation d'un institut d'artisans dont il fut président. Ces initiatives reflètent les prises de position de sa mère en faveur de l'accès des femmes à l'instruction supérieure.

La rencontre de locuteurs iroquois à Brantford, près de Clinton, et la découverte de sources huronnes-wyandotes à Amherstburg ravivèrent la passion de Hale pour la linguistique et l'ethnologie ; il avait alors 50 ans. On peut supposer que c'est John Fraser, qu'il avait connu à Clinton et qui allait devenir l'un des grands chefs de la nation des Agniers, qui lui fit connaître les paradigmes des verbes iroquois et lui parla de la lutte que les Six-Nations menaient pour conserver leur gouvernement confédératif. Après la Révolution américaine, les chefs avaient rallumé le feu du conseil à la rivière Grand (Ontario) [V. Thayendanegea*], où les rites de la vieille ligue refleurissaient. À l'époque de Hale, la réserve des Six-Nations comptait environ 3 000 habitants, dont des locuteurs de langues huronnes-iroquoises, une communauté de Loups, de la famille algique, et plusieurs locuteurs du tutelo, langue dont l'affiliation était alors inconnue.

Aidé par le chef George Henry Martin Johnson*, Hale travailla pendant dix ans (de 1867 à 1877), avec un comité de chefs, sur l'histoire des Six-Nations, sur les ceintures de wampum qui, par procédé mnémonique, servaient de base à leur tradition orale ainsi que sur la structure et les rites de la ligue. Au cours d'une mémorable rencontre tenue en septembre 1871, ils lui expliquèrent l'origine et les traditions de leur ligue en « lisant » les ceintures de wampum qui avaient été apportées à la rivière Grand. Ensuite, ils s'assirent pour une photographie dont Hale envoya des reproductions à plusieurs érudits. Il fit aussi photographier les ceintures et demanda à un artiste de faire des dessins en vue d'une grammaire du symbolisme du wampum. Comme la moitié des ceintures étaient demeurées chez les Iroquois de l'état de New York, il se rendit à Onondaga (près de Syracuse) à deux reprises, en 1875 et en 1880, afin de confirmer ses découvertes.

Parmi les nombreuses contributions de Hale à son domaine, contributions qui, écrira Boas en 1897, « se class[aient] parmi les meilleurs travaux réalisés en Amérique », il faut mentionner deux importantes découvertes faites à la réserve des Six-Nations. En 1870, Hale fit appel à Nikonha, dernier Tutelo de pure race, et recueillit auprès de lui le vocabulaire d'une langue parlée en Virginie avant que les vestiges des tribus tutelos et saponis ne s'enfuient et ne se joignent aux Six-Nations au milieu du XVIIIe siècle. Il démontra que le tutelo était relié à la famille linguistique siouse et fit état de sa découverte en décembre 1879 à l'assemblée de l'American Philosophical Society, dont on l'avait élu membre en 1872.

Dans la même communication, Hale parla des versions agnière et onontaguée du Livre des rites iroquois [V. John Johnson*] qu'il avait découvertes en septembre 1879. Ce livre rassemblait les textes rituels employés au cours de la cérémonie de condoléances, où l'on pleurait le chef décédé et l'on installait son successeur dans ses fonctions. Hale attribuait au chef David of Schoharie la paternité de la version canienga (agnière), écrite dans une orthographe mise au point par des missionnaires anglicans au XVIIIe siècle, et estimait qu'elle datait de 1745 environ. À partir des copies qui subsistaient, Hale entreprit de traduire le texte et de le préparer aux fins d'édition, en collaboration avec des informateurs et des interprètes agniers et onontagués. En revenant de son deuxième voyage à Onondaga, en 1880, il s'arrêta à Rochester, dans l'état de New York, pour rendre visite à l'anthropologue Lewis Henry Morgan. Depuis 1869, les deux érudits correspondaient sur des questions iroquoises et rédigeaient des documents sur des sujets d'intérêt mutuel. Comme leur relation de longue date se transformait en amitié, ils parlèrent de wampum, s'entendirent sur la date de la création de la ligue iroquoise, comparèrent des listes de ses fondateurs et relurent les manuscrits qui formaient le Livre des rites iroquois. L'année suivante, Hale donna un exposé sur ce livre à l'assemblée de l'American Association for the Advancement of Science. En 1883, son édition et sa traduction, accompagnées de notes, d'un glossaire et d'une longue étude d'introduction, parurent sous le titre *The Iroquois book of rites*. La publication de ce « Veda iroquois », comme l'appelait Hale, suscita à l'époque des commentaires favorables et inspira beaucoup de recherches par la suite. Cependant, Hale n'assista à un conseil de condoléances qu'après la parution de son ouvrage. En s'appuyant sur ses observations, il corrigea le déroulement de la cérémonie dans un document qui parut en 1895 dans les *Mémoires* de la Société royale du Canada.

À partir de ses études linguistiques sur la famille huronne-iroquoise, Hale conclut que l'agnier était la langue la plus ancienne des Cinq-Nations d'abord regroupées au sein de la ligue, que le huron était encore plus proche du proto-iroquoien que l'agnier, et que le vocabulaire laurentien noté par Jacques Cartier* était aussi affilié à cette famille linguistique. À l'aide de la technique des mutations phonétiques, mise au point pendant ses recherches en Océanie, il démontra que le cherokee était une langue huronne-iroquoise, reconstitua les mouvements des tribus et, dans une étude des sons intermédiaires de l'agnier, fut bien près d'énoncer une théorie des phonèmes. En 1886, dans une étude sur les idiolectes enfantins, il avança l'une des théories les plus sensées sur l'origine et la diversité des langues. Anticipant sur la glottochronologie moderne, il soulignait avec raison que la langue permettait de reconstituer l'histoire avec plus de sûreté que les théories et pratiques d'alors qui appartenaient à la biologie humaine. En 1891, dans un document intitulé « Language as a test of mental capacity », il dissipa les préjugés de ses contemporains sur le caractère primitif des langues indiennes en démontrant que les locuteurs des langues autochtones d'Amérique avaient un grand pouvoir de classification.

Même si l'ethnologie de Horatio Emmons Hale reflétait la mentalité du début du XIXe siècle, dans les dix dernières années de sa vie il contribua de manière importante au mouvement qui délaissa la philologie en faveur de l'anthropologie scientifique. L'historien Douglas Cole soutient qu'il « est la plus grande figure de l'anthropologie canadienne » dans la période antérieure à Edward Sapir*. Il fut secrétaire puis maître de recherche du comité que la British Association for the Advancement of Science établit à Montréal en 1884 « dans le but de faire des recherches et de publier des rapports sur les [...] tribus du nord-ouest du [...] Canada ». En qualité de maître de recherche, il écrivit ou révisa sept rapports, rédigea une « circulaire d'enquête » et planifia des travaux. Grâce à ce comité, dont faisaient également partie George Mercer Dawson* et sir Daniel WILSON, Franz Boas fit une longue carrière de chercheur sur la côte nord-ouest. Même si Hale n'obtint jamais de doctorat, ses collègues des sociétés savantes reconnurent son apport à la science. Élu vice-président de la section H de l'American Association for the Advancement of Science en 1886, membre de la Société royale du Canada en 1889 et président de l'American Folk-Lore Society en 1893, il fut choisi, pour l'année 1897, vice-président de la section d'anthropologie de la British Association for the Advancement of Science, mais déclina cet honneur pour des raisons de santé. À sa mort, survenue en décembre 1896, les Indiens de la réserve des Six-Nations tinrent une cérémonie de deuil. On l'inhuma à Clinton après un service à l'église St Paul, où l'on poserait une plaque commémorative en son honneur en 1963. Malheureusement pour les érudits qui vinrent après lui, ses manuscrits et notes de recherche furent détruits au cours de l'incendie qui ravagea son bureau de Clinton.

WILLIAM N. FENTON

Les ouvrages publiés de Horatio Emmons Hale comprennent : « Hale's Indians of north-west America, and vocabularies of North America », édité avec une introd. (xiii-clxxxviii) d'[Abraham Alfonse] Albert Gallatin, dans l'American Ethnological Soc., *Trans.* (New York), 2 (1848) : 1–130 ; « Indian migrations, as evidenced by language », *American Antiquarian and Oriental Journal* (Chicago), 5 (1883) : 110–124 ; « The Tutelo tribe and language », American Philosophical Soc., *Proc.* (Philadelphie), 21 (1883) : 1–45 ; « On some doubtful or intermediate articulations : an experiment in phonetics », Anthropological Institute of Great Britain and Ireland, *Journal* (Londres), 14 (1885) : 233–243 ; « The origin of languages, and the antiquity of speaking man [...] », American Assoc. for the Advancement of Science, *Proc.* (Cambridge, Mass.), 35 (1886) : 1–47 ; « Language as a test of mental capacity », SRC *Mémoires*, 1re sér., 9 (1891), sect. II : 77–112 ; « An Iroquois Condoling Council », 2e sér., 1 (1895) : 45–65 ; et « Four Huron wampum records : a study of aboriginal American history and mnemonic symbols », Anthropological Institute of Great Britain and Ireland, *Journal*, 26 (1896–1897) : 221–247. La circulaire, « Circular of inquiry », qu'il a préparée à titre de directeur de la recherche à la British Assoc. for the Advancement of Science pour le comité sur les tribus du Nord-Ouest du dominion du Canada a paru comme premier *Report* de ce comité ([Londres]), 1887.

Une bibliographie des 30 travaux de Hale figure dans SRC *Mémoires*, 1re sér., 12 (1894), proc. : 44–46, et une liste de 41 textes accompagne un article nécrologique rédigé par A. F. Chamberlain dans le *Journal of American Folk-Lore* (Boston), 10 (1897) : 60–66. Le livre de Hale, *Ethnography and philology* (1846) a été réimprimé à Ridgewood, N.J., en 1968, et une seconde édition de *The Iroquois Book of Rites*, avec une introd. de William N. Fenton (vii–xxvii), a paru à Toronto en 1963.

American Philosophical Soc. Library (Philadelphie), W. N. Fenton papers, R. H. Coats à Fenton, 11 juill. 1945. — Smithsonian Institution, Bureau of Ethnology (Washington), J. W. Powell papers, Hale à Powell, 14 mai 1881. — Univ. of Rochester Library (Rochester, N.Y.), L. H. Morgan papers, corr. de H. E. Hale, 1869–1880. — *American Anthropologist* (Washington), 10 (1897) : 25–27 (hommage nécrologique par D. G. Brinton). — *Month* (New York), 1 (1897) : 262–263 (hommage posthume par Franz Boas). — « Sketch of Horatio Hale », *Appletons' Popular Science Monthly* (New York), 51 (mai–oct. 1897) : 401–410. — Charles Wilkes, *Narrative of the United States Exploring Expedition ; during the years 1838, 1839, 1840, 1841, 1842* (5 vol. et un atlas, Philadelphie, 1844). — *Clinton New Era* (Clinton, Ontario), 1er janv. 1897. — *Huron News-Record* (Clinton), 6 janv. 1897. — *DAB*. — R. S. Hale, *Genealogy of descendants of Thomas Hale of Walton, England, and of Newbury, Mass.* [...], G. R. Howell, édit. (Albany, N.Y., 1889). — *Memorials of the class of 1837 of Harvard University, prepared for the fiftieth anniversary of their graduation*, Henry Williams, édit. (Boston, 1887). — William Stanton, *The great United States Exploring Expedition of 1838–1842* (Berkeley, Calif., 1975). — Douglas Cole, « The origins of Canadian anthropology, 1850–1910 », *Rev. d'études canadiennes*, 8 (1973), nº 1 : 33–45. — J. W. Gruber, « Horatio Hale and the development of American anthropology », American Philosophical Soc., *Proc.*, 111 (1967) : 5–37.

HALIBURTON, SUSANNA LUCY ANNE (Weldon) (son prénom est orthographié **Sussanah** dans les registres des baptêmes et des sépultures), collectionneuse d'objets en porcelaine, baptisée le 2 juin 1817 à Windsor, Nouvelle-Écosse, fille de Thomas Chandler Haliburton* et de Louisa Neville ; le 16 août 1848, elle épousa à Windsor John Wesley Weldon, et ils eurent un enfant ; décédée le 11 septembre 1899 à Halifax.

Susanna Lucy Anne Haliburton, l'aînée des 11 enfants de Thomas Chandler Haliburton, venait d'une famille bien établie de la Nouvelle-Écosse. C'est de son père, auteur célèbre et juge, qu'elle tenait son intérêt pour l'histoire familiale et locale. Artiste amateur au talent modeste, elle exécuta six dessins au lavis qui représentaient des vues de Windsor, et qui font maintenant partie de la collection John Ross Robertson de la Metropolitan Toronto Reference Library.

En 1848, Susanna Haliburton épousa John Wesley Weldon, avocat de Richibouctou, au Nouveau-Brunswick, dont la première femme, Frances Chandler Upham, était décédée quatre ans plus tôt, en lui laissant un enfant. Député du comté de Kent à l'Assemblée législative depuis 1827, Weldon en était devenu le président en 1843. Le couple eut un seul enfant, un garçon nommé Haliburton, né en 1849. La famille vécut à Richibouctou et à Saint-Jean avant de s'installer à Fredericton en 1865, à la suite de la nomination de Weldon à la Cour suprême du Nouveau-Brunswick. Peu de temps après la mort de son mari, en 1885, Mme Weldon s'installerait à Halifax, où elle passerait le reste de sa vie.

Dans les années 1860, Susanna Weldon se mit à collectionner les vieilles porcelaines. Dans son catalogue manuscrit intitulé « Specimens of China Brought to the Colonies by the early settlers particularly the Loyalists », elle écrivit que son but premier « était de sauver de la destruction certains spécimens des porcelaines apportées au pays par les loyalistes, et de les placer dans le premier collège établi en Amérique du Nord britannique par une charte royale depuis leur arrivée » (le King's College de Windsor en Nouvelle-Écosse). Elle ajoutait : « C'est un fait assez remarquable que ces réfugiés, partis dans des conditions dangereuses, obligés bien souvent d'abandonner livres, vaisselle et même vêtements, ont néanmoins toujours conservé la cuvette de baptême de leurs enfants ou d'autres objets précieux de verre ou de porcelaine, et il y a lieu de croire que leurs descendants accorderont quelque valeur à ces humbles témoins d'un passé vénérable. »

La position sociale de Mme Weldon était un atout pour le genre de collection qu'elle faisait. Elle a laissé les noms des 133 familles, la plupart du milieu des fonctionnaires civils et militaires, qui lui remirent des objets. Elle s'intéressait à la provenance des spécimens sans toutefois chercher à les identifier. Dans son catalogue, l'histoire familiale des donateurs fait parfois l'objet de quelques digressions, mais les observations sur les pièces elles-mêmes sont plutôt brèves et se limitent souvent à des remarques du genre : « plat ancien » ou « vase rare et remarquable ». La collection comprend surtout des articles fabriqués en Angleterre entre 1760 et 1840 ainsi que de la porcelaine de Chine produite entre 1610 et 1800 environ. Comme ces objets ont été donnés, leur état et leur qualité esthétique sont variables.

En 1873, le fils des Weldon, « jeune avocat plein de promesses » selon le *King's College Record,* mourut peu de temps après avoir obtenu son diplôme. En souvenir de lui, le 18 mai 1880, Mme Weldon offrit au musée du King's College, pour « le 97e anniversaire du débarquement des loyalistes à Saint-Jean, au Nouveau-Brunswick », un lot de 363 spécimens qu'elle appela « Histoire d'un peuple à travers sa porcelaine ». Cette collection est toujours conservée à la bibliothèque de la University of King's College, maintenant à Halifax. Une centaine de pièces, qui ne faisaient pas l'objet du don au King's College, sont exposées à la Haliburton House, à Windsor.

La collection de porcelaine Weldon est probablement la plus ancienne qu'on ait rassemblée au Canada. Son importance vient du fait qu'elle date d'une époque où les collectionneurs canadiens étaient rares. Notre connaissance des objets en porcelaine utilisés au Canada provient davantage de sources archéologiques, de registres de marchands, d'annonces publiées dans les journaux et d'inventaires de successions que de spécimens accompagnés d'une documentation. On doit donc à Susanna Lucy Anne Haliburton d'avoir contribué à combler cette lacune par sa propre collection.

MARIE ELWOOD

Le catalogue manuscrit de la collection de Mme Weldon est déposé à l'Univ. of King's College Library (Halifax). Il a été publié sous le titre de *Specimens of china brought to the colonies by the early settlers, particularly the loyalists* [...] (Fredericton, 1880).

PANS, Churches, Christ Church (Windsor, N.-É.), reg. of baptisms, marriages, and burials (mfm). — *Landmarks of Canada ; what art has done for Canadian history* [...] (2 vol., Toronto, 1917–1921), nos 2185, 2189, 2194, 2202, 2212–2213. — Florence Anslow, *The Haliburton Memorial Museum* (Windsor, [1960]). — Lawrence, *Judges of N.B.* (Stockton et Raymond), 503–505. — Marie Elwood, « The Weldon collection », *Canadian Collector,* 18 (1983), no 4 : 26–29 ; no 5 : 20–27 ; no 6 : 53–58 ; 19 (1984), no 1 : 36–42. — *King's College Record* (Windsor), 27 (1906) : 62.

HAMILTON, JAMES, éducateur, banquier et peintre, né probablement en 1810 à Londres, fils de James Matthew Hamilton et de Louisa Jupp ; le 4 septembre 1833, il épousa à York (Toronto) Eliza Hill, et ils eurent deux fils et deux filles ; décédé le 27 octobre 1896 à London, Ontario.

Fils d'un ancien officier de l'armée, James Hamilton quitta Londres avec sa famille en 1812, pour aller vivre à St Austell, en Cornouailles. Inscrit à l'âge de huit ans dans un pensionnat situé près de Londres, il revint, plusieurs années plus tard, étudier à St Austell. En 1829, la famille immigra dans le Haut-Canada, dans le canton de Matchedash, près de Penetanguishene, tandis que James terminait ses études en Angleterre. Environ un an plus tard, il s'installa à York pour y diriger une école préparatoire pour garçons. Guichetier dans une banque de l'endroit en 1834, il s'adonnait à la peinture à l'huile et à l'aquarelle pendant ses moments de loisir, et acquit graduellement la réputation d'être l'un des peintres amateurs les plus accomplis de la ville. Quoiqu'on ne sache rien de ses études en peinture, on dit qu'il était le plus instruit des enfants

Hamilton, et on peut supposer qu'il avait suivi des leçons privées de dessin et d'aquarelle.

Hamilton commença à se mêler au milieu artistique torontois – qui prenait rapidement de l'ampleur – en 1834, lorsqu'il devint membre de l'ambitieuse mais éphémère Society of Artists and Amateurs de Toronto, premier véritable regroupement d'artistes de cette ville. Il fit partie du comité de gestion de la société et, à titre d'« artiste associé », présenta, à la seule exposition que celle-ci ait tenue, en juillet 1834, sept paysages à l'huile et à l'aquarelle. Quoiqu'ils aient critiqué son emploi de la couleur, des commentateurs torontois furent très impressionnés par ses talents de dessinateur et firent l'éloge de plusieurs de ses tableaux, qui comptaient à la fois des œuvres originales et des copies d'après des grands maîtres.

Malgré la dissolution de la société et l'absence de lieux d'exposition dans la région torontoise, Hamilton continua à peindre tout au long des années 1830 et de la décennie qui suivit, en s'inspirant du paysage de la région. Conformément à ce qui était la vogue chez les peintres de son époque, il alliait l'approche topographique et les touches de pittoresque tout en s'intéressant à la subtilité des effets atmosphériques. Ses œuvres, et surtout ses aquarelles, se distinguaient par l'exactitude de la forme et le soin méticuleux du détail. Renommé pour sa grande maîtrise du dessin, il reçut au moins une fois, vers 1835, une commande d'un architecte local, John George Howard*, qui lui demandait de rendre le paysage d'arrière-plan de l'un de ses croquis.

En même temps, Hamilton poursuivait sa carrière dans le domaine bancaire et y connaissait un avancement régulier. Au début de l'année 1837, il entra à titre de comptable à la Bank of Upper Canada [V. Thomas Gibbs Ridout*], où il resterait jusqu'en 1844. Devenu caissier (directeur général) de la succursale de cette banque à London, il alla s'installer dans cette ville. Ses nouvelles fonctions lui laissaient peut-être moins de temps à consacrer à son art car il ne présenta que deux tableaux – des paysages – à l'exposition de la Toronto Society of Arts, en 1847, et ne participa point à la seconde et dernière exposition de cette société en 1848.

Vers la fin des années 1840 et durant la décennie suivante, Hamilton devint une figure de premier plan des cercles d'affaires de London. Tout en travaillant à la banque, il fut secrétaire-trésorier de la Proof Line Road Company, de même que représentant de l'Equitable Fire Insurance Company of London et de la National Loan Fund Life Assurance Society. Anglican, fidèle de la cathédrale St Paul, il y fut à compter de 1870 marguillier, représentant au synode et membre de divers comités. Il demeura au service de la Bank of Upper Canada jusqu'à peu de temps avant sa fermeture, pour cause de faillite, en 1866. En homme d'affaires astucieux, il acheta rapidement l'immeuble de la banque devenu vacant pour en faire sa résidence, Holmbank, où il vécut jusqu'à sa mort.

Même si Hamilton avait conservé quelques affaires privées après avoir quitté la banque, sa retraite lui laissait plus de temps pour peindre. Fidèle à son style topographique, il produisit de nombreuses vues du comté de Middlesex, qu'il présenta quelquefois aux expositions d'œuvres d'art qui se tenaient chaque année dans le cadre de la Western Fair. En 1890, il devint membre de la Western Art League, mais là aussi, il ne fit que de rares expositions. Son rendu des scènes locales était peut-être devenu démodé comparativement aux tableaux plus modernes de ses jeunes collègues, dont Paul Peel, qui se tournaient non pas vers la tradition britannique mais vers les écoles françaises du réalisme académique et de l'impressionnisme pour nourrir leur inspiration esthétique.

Bien que James Hamilton ait échappé aux grands courants artistiques durant ses dernières années et que, tout au long de sa carrière, il soit demeuré un « peintre du dimanche », sa contribution est importante, surtout du point de vue de l'activité artistique régionale. Ses paysages, d'une maîtrise superbe, des comtés d'York et de Middlesex illustrent, particulièrement pendant les années qui ont précédé la Confédération, l'intérêt croissant pour les scènes locales et la forte dépendance à l'égard des modèles britanniques. En œuvrant dans les premières sociétés d'artistes du Canada, Hamilton a contribué au développement progressif de la communauté artistique et y a insufflé une volonté d'excellence, conséquence directe de la stabilisation politique, économique et sociale du Haut-Canada. À sa mort, il laissait dans sa collection des œuvres de peintres britanniques aussi renommés que George Morland et sir Godfrey Kneller.

Carol Lowrey

Les collections publiques qui possèdent des travaux de James Hamilton comprennent : AN, Division de l'art documentaire et de la photographie ; MTRL, Hist. Picture Coll. ; et, à London, Ontario, les London Hist. Museums, la London Regional Art Gallery, et l'UWOL, Regional Coll. Des reproductions figurent dans Archibald Bremner, *City of London, Ontario, Canada : the pioneer period and the London of to-day* (London, 1900 ; réimpr., 1967), 14, 25, 36, 40, 48, 52, 128 (la page 25 montre une photographie du peintre) ; W. M. E. Cooke, *Collection d'œuvres canadiennes de W. H. Coverdale, peintures, aquarelles et dessins (Collection du Manoir Richelieu)* (Ottawa, 1983), n° 208 ; et D. [R.] Reid et Joan Vastokas, *From the four quarters : native and European art in Ontario, 5000 BC to 1867 AD* (catalogue d'exposition, Art Gallery of Ontario, Toronto, 1984).

Church of Jesus Christ of Latter-Day Saints, Geneal. Soc. (Salt Lake City, Utah), International geneal. index. — MTRL, J. G. Howard papers, sect. II, diaries, 12 janv. 1836, 9 mars 1837, 10 sept. 1844. — UWOL, Regional Coll., Middlesex County, Ontario, Surrogate Court, testament de

James Hamilton. — Church of England, Diocese of Huron, *Journal of the synod* (London), 1873 ; 1875 ; 1884 ; *Minutes of the synod* (London), 1870–1871 ; *Officers of the Huron diocesan synod* (s.l.), [1876]. — W. B. Hamilton, « William Basil Hamilton, Penetanguishene fur trader and Collingwood pioneer », G. E. French, édit., *East Georgian Bay Hist. Journal* ([Elmvale, Ontario]), 3 (1983) : 16–42. — Toronto, Soc. of Artists & Amateurs, [*Exhibition catalogue*] (Toronto), 1834 ; réimpr., [1848]. — Toronto Soc. of Arts, [*Exhibition catalogue*] ([Toronto]), 1847–1848. — *British Colonist* (Toronto), 5 mai 1846. — *London Free Press,* 28 oct. 1896. — *Toronto Herald,* 6 mars 1848. — Harper, *Early painters and engravers.* — *Landmarks of Canada ; what art has done for Canadian history* [...] (2 vol., Toronto, 1917–1921), 1, n°s 290, 863, 1441, 1445–1446, 1450, 1453, 1457–1463. — *Marriage notices of Ont.* (Reid), 112. — Nancy Geddes Poole, *The art of London, 1830–1980* (London, 1984). — J. R. Harper, « Landscape painting in Upper Canada », *Profiles of a province : studies in the history of Ontario* [...] (Toronto, 1967), 215–224. — *Hist. of Middlesex.* — A. F. Hunter, *A history of Simcoe County* (2 vol., Barrie, Ontario, 1909 ; réimpr., 2 vol. en 1, 1948). — [H.] O. Miller, *Gargoyles & gentlemen : a history of St. Paul's Cathedral, London, Ontario, 1834–1964* (Toronto, 1966). — Henry Scadding, *Toronto of old : collections and recollections of the early settlement and social life of the capital of Ontario* (Toronto, 1873 ; réimpr., 1878). — Janet Carnochan, « Capt. James Matthew Hamilton, 5th Regiment of Foot », Niagara Hist. Soc., [*Pub.*] (Niagara [Niagara-on-the-Lake], Ontario), n° 35 (1923) : 3–5. — B. G. Hamilton, « Captain J. M. Hamilton and descendants », Niagara Hist. Soc., [*Pub.*], n° 35 : 6–15. — C. D. Lowrey, « The Society of Artists & Amateurs, 1834 : Toronto's first art exhibition and its antecedents », *RACAR* (Montréal), 8 (1981) : 99–118 ; « The Toronto Society of Arts, 1847–48 : patriotism and the pursuit of culture in Canada West », 12 (1985) : 3–44.

HAMILTON, PETER STEVENS (il publia un recueil de poèmes sous le nom de **Pierce Stevens Hamilton**), avocat, journaliste, auteur et fonctionnaire, né le 3 janvier 1826 à Brookfield, près de Truro, Nouvelle-Écosse, fils aîné de Robert Hamilton et de Sophia Stevens ; le 8 décembre 1849, il épousa à New York Annie Brown, et ils eurent quatre fils et deux filles ; décédé le 22 février 1893 à Halifax.

Peter Stevens Hamilton était issu d'une famille d'Écossais de l'Ulster établie en Nouvelle-Écosse au XVIIIe siècle. Il fit ses études à Wolfville, d'abord à la Horton Academy puis à l'Acadia College. Forcé de quitter cet établissement pour des raisons de santé et par manque d'argent, il étudia le droit au cabinet d'Ebenezer F. Munro, à Truro ; par la suite, il fit son stage dans la même ville, chez Adams George ARCHIBALD. Reçu au barreau de la Nouvelle-Écosse en 1852, il ouvrit son propre cabinet à Halifax. L'année suivante, il devint secrétaire-trésorier de la Nova Scotia Electric Telegraph Company et représentant local de la New York Associated Press. C'est lui qui, dès leur arrivée à Halifax, décodait et retransmettait les dépêches en provenance d'Europe. Pour déjouer la concurrence, il imagina le système suivant : on plaçait les dépêches dans une boîte de métal étanche qui était lancée par-dessus bord dès que le vapeur entrait au port. Un assistant les recueillait alors et les portait en toute hâte au bureau de Hamilton qui les télégraphiait à New York au moment même où le vapeur touchait le débarcadère.

Lecteur vorace et « scribouilleur depuis l'enfance », comme il le disait lui-même, Hamilton n'était jamais aussi heureux que lorsqu'il écrivait, et c'est donc comme journaliste qu'il se fit connaître. Dès 1846, il collaborait au *Halifax Morning Post & Parliamentary Reporter,* et moins d'un an après son admission au barreau il abandonnait son cabinet d'avocat, peu rentable, pour devenir rédacteur en chef de l'*Acadian Recorder.* Il occupa ce poste jusqu'en 1861 puis collabora sporadiquement au journal jusqu'en 1874. Devenu un journal engagé, sous sa direction, l'*Acadian Recorder* soutenait tout un éventail de causes qui allaient de l'amélioration du réseau scolaire à la création de nouvelles industries en Nouvelle-Écosse. Cependant, la plus importante de toutes était la Confédération, pour laquelle Hamilton menait une campagne ardente. Unir la Nouvelle-Écosse aux autres colonies d'Amérique du Nord britannique était loin d'être une idée neuve, mais il fut l'un des premiers Néo-Écossais à l'appuyer catégoriquement. Les éditoriaux réfléchis qu'il publiait dans le *Recorder,* son infatigable labeur de publiciste et sa correspondance contribuèrent à galvaniser les forces proconfédérales de la colonie.

Au début de 1855, Hamilton publia à Halifax *Observations upon a union of the colonies of British North America.* Cet opuscule, largement diffusé dans la colonie et à l'extérieur, fut reproduit dans la *Quebec Gazette* et l'*Anglo-American Magazine* de Toronto. Hamilton y résumait les arguments classiques à l'appui de l'union, et faisait surtout valoir que des colonies divisées seraient « inévitablement » gobées par les États-Unis. Il préconisait une union législative plutôt que fédérale et donnait un avant-goût intéressant des conflits fédéraux-provinciaux. « Quelle sera la prérogative de ce gouvernement fédéral, et dans quels domaines ce Parlement légiférera-t-il ? De quels pouvoirs les chambres provinciales *peuvent*-elles se départir pour les confier à la chambre fédérale ? [...] Il est évident qu'en ce qui concerne l'administration des affaires intérieures de chaque province, aucune division des pouvoirs ne saurait satisfaire toutes les parties et faire l'objet d'une entente à l'amiable ; et même s'il y avait quelque entente, elle ne pourrait mener qu'à des affrontements de prétentions rivales sans perspective de bénéfice général. »

Au printemps et à l'été de 1858, Hamilton passa trois mois à parcourir le nord-est des États-Unis, le Haut et le Bas-Canada. De juillet à octobre, il publia une série de longs articles sur cette tournée dans l'*Acadian Recorder* sous le titre de « Notes of a flying visit among our neighbours ». Ce voyage lui donna la possibilité de s'entretenir avec de grands personnages politiques, dont John Alexander MACDONALD, John Rose*, Christopher Dunkin* et Thomas D'Arcy McGee*, et ainsi de jauger de près l'appui des Canadiens à la Confédération. Il revint à Halifax plus résolu que jamais à la promouvoir et garda des liens épistolaires avec les Canadiens qu'il avait rencontrés. C'est McGee qui le pressa de profiter de la visite du prince de Galles en 1860 pour répandre l'idée de la Confédération. Dans la brochure qu'il rédigea à cette fin pour le secrétaire d'État aux Colonies, le duc de Newcastle (qui accompagnait le prince), Hamilton reprenait les arguments économiques et politiques à l'appui de l'union et proposait que le duc s'efforce de connaître les opinions à ce sujet en Amérique du Nord britannique, « dans la mesure où il en aura[it] le loisir et où cela lui conviendra[it] ».

Tout Néo-Écossais connu qui avait une opinion sur la Confédération devait nécessairement, un jour ou l'autre, côtoyer les grandes vedettes du débat, Charles Tupper* et Joseph Howe*. Hamilton et Tupper avaient fréquenté la Horton Academy à la même époque et, même si tous deux soutenaient le parti conservateur, ils se méfiaient l'un de l'autre. Pendant la plus grande partie de sa carrière, Hamilton connut des difficultés financières ; les pressions qu'il exerçait en vue d'obtenir une sinécure politique devaient ennuyer Tupper. Nommé registrateur du comté de Halifax en 1859, Hamilton perdit ce poste dès le début de l'année suivante, à la défaite du gouvernement conservateur de James William Johnston*. Après le retour des conservateurs au pouvoir en 1863, il occupa le poste de commissaire de l'or, puis vit ses fonctions s'élargir à celle de commissaire des mines. Il exerça ouvertement des pressions pour être secrétaire de la conférence de Charlottetown en 1864, mais Tupper, devenu premier ministre de la colonie en mai, l'écarta. De 1864 à 1867, ses relations avec ce dernier se détériorèrent graduellement. En avril 1867, les deux hommes se disputèrent l'investiture de la circonscription de Halifax en prévision des élections fédérales ; cette « joute du Vendredi saint » constitua leur dernier affrontement. Le 1er mai, Tupper eut le dernier mot en congédiant Hamilton du poste de commissaire des mines deux mois seulement avant la fin de son mandat.

Au début des années 1860, les deux hommes avaient eu des relations assez cordiales, et Tupper avait demandé à Hamilton de la documentation pour ses discours sur la Confédération. En 1866 cependant, leurs liens étaient si tendus que Hamilton flaira quelque chose de louche lorsque Tupper lui demanda de réfuter publiquement les arguments de Howe contre le projet confédératif. « Je soupçonnais fortement, confia-t-il plus tard dans ses mémoires, que Tupper s'apprêtait à me jouer un mauvais tour. Si je ne l'avais pas connu à l'école, peut-être n'aurais-je pas songé à une chose pareille. » Néanmoins, la brochure qu'il publia à Halifax en 1866, *British American union : a review of Hon. Joseph Howe's essay, entitled* Confederation considered in relation to the interests of the empire, fut l'un de ses meilleurs textes journalistiques. Il démolit les arguments de Howe en citant abondamment les nombreux discours que ce dernier avait déjà prononcés à l'appui d'une union intercoloniale et en ridiculisant son « imagination de feu follet » ; selon lui, en rédigeant son essai, Howe avait pour but d'« induire en erreur les dirigeants de l'Angleterre » et d'« égarer la population de la Nouvelle-Écosse ». Ironie du sort, les deux hommes allaient changer de camp après 1867. Howe se joignit aux conservateurs ; Hamilton se rapprocha du parti libéral et, fut quelque temps, en 1875–1876, inspecteur des pêches de la Nouvelle-Écosse sous le gouvernement fédéral d'Alexander MACKENZIE.

Par la suite, Hamilton reprit sa carrière de journaliste, avec plus ou moins de succès. Correspondant de l'*Acadian Recorder* à Ottawa au début des années 1870, il eut accès à la tribune de la presse au Parlement et on le nomma vice-président de la Canadian Press Association. De temps à autre, il faisait un peu de poésie ; un recueil intitulé *The feast of Saint Anne and other poems,* paru sous le nom de Pierce Stevens Hamilton, fut publié à Halifax en 1878 et réédité à Montréal en 1890. Une histoire inédite du comté de Cumberland, qui remporta l'Akins Historical Prize [V. Thomas Beamish AKINS] en 1880, date également de cette période de sa carrière. Il passa apparemment quelque temps dans l'Ouest et assista en 1886 à l'arrivée du premier train de la Compagnie du chemin de fer canadien du Pacifique à Port Moody, en Colombie-Britannique.

En 1899, six ans après la mort de Peter Stevens Hamilton, un groupe d'amis érigea un monument à sa mémoire au cimetière de Camp Hill à Halifax. À la cérémonie d'inauguration, le procureur général James Wilberforce Longley* déclara : « Quelle qu'ait été l'ampleur de l'opposition [que suscitaient] certaines de ses déclarations sur des questions d'intérêt public, tous reconnaîtr[ont] qu'il était un homme capable, un écrivain intelligent et un patriote intègre dans les positions qu'il adopta à l'égard de [ces] questions. » En rapportant l'événement, le *Morning Chronicle* fit ce commentaire : « Ceux qui ont profité de ses efforts en vue de l'union lui ont tourné le dos et l'ont laissé se tirer d'affaire seul. On ne doit pas s'étonner que l'injustice et l'ingratitude des milieux politiques l'aient rendu amer. »

WILLIAM B. HAMILTON

Les publications de Peter Stevens Hamilton sur la Confédération comprennent : *A union of the colonies of British North America considered nationally* (Halifax, [1856]) ; et *Letter to His Grace the Duke of Newcastle, upon a union of the colonies of British North America* (Halifax, 1860) ; les deux ont été réédités, de même que *Observations upon a union of the colonies of British North America*, dans *Union of the colonies of British North America : being three papers upon this subject, originally published between the years 1854 and 1861* (Montréal, 1864). Il est aussi l'auteur de : *Nova-Scotia considered as a field for emigration* (Londres, 1858) ; et *The repeal agitation ; and what is to come of it ?* (Halifax, 1868). Ses commentaires sur Toronto publiés à l'origine dans l'*Acadian Recorder*, 21 août 1858, comme un épisode de « Notes of a flying visit » ont été reproduits sous le titre de « A Nova Scotian in Toronto », P. B. Waite, édit., *OH*, 55 (1963) : 155–159. L'essai de Hamilton, « History of Cumberland County » (1880), fait partie de la collection des Akins Hist. Prize Essays qui se trouve à la Univ. of King's College Library (Halifax). Il n'a pas été publié, mais une copie faite en 1976 est disponible aux PANS.

Les P. S. Hamilton papers aux PANS (MG 1, 335) constituent la principale source manuscrite. Hamilton était un épistolier infatigable et correspondait avec les personnages en vue de toutes les colonies, favorables au projet confédératif. Malheureusement, il subsiste peu de ses lettres personnelles ; toutefois, la plus grande partie de cette correspondance se retrouve dans les Macdonald papers aux AN (MG 26, A). Il existe aussi des lettres intéressantes écrites en 1860 dans les Mackenzie–Lindsey papers aux AO (MS 516). On peut se référer à l'*Acadian Recorder*, particulièrement pour les années 1853–1861. Sa notice nécrologique est publiée dans l'*Acadian Recorder*, 22 févr. 1893. Le généalogie familiale se trouve dans l'ouvrage de Thomas Miller, *Historical and genealogical record of the first settlers of Colchester County* [...] (Halifax, 1873 ; réimpr., Belleville, Ontario, 1972).

Les principales études sont : M. J. Shannon, « Two forgotten patriots », *Dalhousie Rev.*, 14 (1934–1935) : 91–98 ; et W. M. Whitelaw, *The Maritimes and Canada before confederation* (Toronto, 1934 ; réimpr., 1966). W. B. Hamilton dans « P. S. Hamilton – the forgotten confederate », N.S. Hist. Soc., *Coll.*, 36 (1968) : 67–94 (photographie face à la page 67), souligne la contribution de Hamilton au débat sur la Confédération. On trouve une évaluation littéraire dans *Lit. hist. of Canada* (Klinck *et al.* ; 1976). [W. B. H.]

HAMM, ALBERT, pêcheur et rameur, né en 1860 à Sambro, Nouvelle-Écosse ; décédé le 22 juin 1891 au même endroit.

Au moment où Albert Hamm entreprit sa carrière professionnelle de rameur, à la fin du XIXe siècle, les avironneurs canadiens, tels Edward Hanlan*, Samuel HUTTON et William Joseph O'CONNOR, étaient parmi les meilleurs au monde. Halifax était une pépinière de rameurs professionnels, le port de Halifax et le bassin de Bedford étant le théâtre de nombreuses compétitions. Comme l'aviron faisait partie intégrante de la vie de bien des gens de la région, surtout s'ils exerçaient le métier de pilotes de port ou de pêcheurs, plusieurs atteignirent une renommée internationale dans la pratique de ce sport. On croyait que Hamm suivrait les traces de héros locaux comme George Brown et Warren Smith. Pêcheur comme son père et né dans le même village que Smith, Hamm, dont on dit plus tard qu'il était un « rameur des plus adroits et des plus rapides qui aient avironné dans le bassin de Bedford », semblait promis à un brillant avenir.

Hamm participa pour la première fois à une compétition professionnelle dans le port de Halifax, le 1er août 1880, dans le cadre du championnat annuel de course à deux avirons pour un rameur, épreuve que le docteur Charles Cogswell avait lancée dans les années 1850. Ses adversaires étaient Smith et John Mann, ce qui se révéla un début fâcheux pour sa carrière. Malgré les encouragements de Smith, il paraissait nerveux et ne parvint pas à ramer en ligne droite ; le même problème allait lui arriver dans d'autres courses individuelles. Finalement, son bateau fut submergé et il dut se retirer de la compétition. Il défia cependant le vainqueur, Mann, et réussit à le battre le mois suivant.

Au printemps de 1881, le Bostonien William Spelman devint l'entraîneur de Hamm, qui commença à participer à des compétitions sous les auspices de la Halifax Rowing Association. Cette année-là, il remporta le championnat du port, exploit qu'il allait répéter plusieurs fois par la suite. Un autre membre de l'association, Peter Conley, devint son partenaire dans les courses à deux avirons pour deux rameurs. Bien assortis sous le rapport de la taille et du poids, ils formaient une bonne équipe : en 1881, aux Toronto Citizens' Regatta, ils sortirent vainqueurs de la compétition pour deux rameurs contre Jacob Gill Gaudaur* et l'Australien Edward Trickett. Au cours de ces régates, Hamm se classa avant Gaudaur dans l'épreuve éliminatoire de la course pour un rameur, mais il arriva quatrième dans la compétition elle-même.

Après la dissolution de la Halifax Rowing Association, Hamm et Conley allèrent s'entraîner aux États-Unis. Hamm passa l'hiver de 1883–1884 à New Bedford, au Massachusetts. Il participa à des régates et à des défis sportifs aux États-Unis et au Canada, et il pratiqua l'aviron en Angleterre. Au cours de ses 11 années de carrière, il se rangea parmi les meilleurs rameurs professionnels. Il termina parmi les trois premiers dans plusieurs courses et remporta des compétitions contre James Ten Eyck, de Peekskill, dans l'état de New York, en 1884 et contre le champion anglais George Bubear en 1887. Le 3 août 1889, Hamm et John Teemer, champion américain de course pour un rameur, battirent Gaudaur et John McKay au championnat américain de course à deux avirons pour deux rameurs. L'été suivant, dans des compétitions à quatre, Hamm fit équipe avec Gaudaur, McKay et Ten Eyck ; après une chaude lutte, ils remportèrent la victoire contre Hanlan, Teemer, George Hosmer et H. Wise à Duluth, au Minnesota. Quatre ans auparavant, avec Hanlan, Teemer et Ten Eyck, Hamm avait battu, sur la Tamise, une équipe anglaise renommée, ce qui montre que les rameurs n'avaient pas toujours les mêmes partenaires.

Même s'il remporta un certain succès au niveau international, Hamm ne parvint pas à devenir, comme on l'avait espéré, un rameur aussi remarquable que George Brown. Thomas Spelman, frère de son entraîneur et membre important de la Halifax Rowing Association, alla jusqu'à laisser entendre que c'était une « poule mouillée » lorsqu'il s'agissait de concourir pour de l'argent et qu'il ne « pourrait jamais se débrouiller aussi bien dans un match qu'à l'entraînement ». Selon Spelman, il était meilleur en équipe de deux ou quatre que seul.

En octobre 1890, Albert Hamm faisait partie d'une équipe de quatre rameurs de Halifax qui releva le défi d'une équipe de Saint-Jean, au Nouveau-Brunswick, et perdit. Selon le *Morning Herald* de Halifax, ce fut sa dernière course. Comme Ham avait aidé Teemer et Gaudaur à se préparer en vue de certaines compétitions, le Lurline Boat Club de Minneapolis, au Minnesota, l'engagea à titre d'entraîneur pour la saison 1891. Cependant, l'aggravation de son état de santé (il souffrait de tuberculose) l'obligea à abandonner son poste et à retourner à Sambro ; il y mourut d'une « hémorragie des poumons » en juin 1891. Le qualifiant de « modeste, intelligent, tempéré dans ses habitudes », l'*Acadian Recorder* nota que sa mort inspirerait « beaucoup de regret [...] parmi les admirateurs de la course professionnelle à l'aviron ».

LISA TIMPF

Acadian Recorder, 24 juin 1891. — *Globe*, 22 juin, 2, 10, 12 sept. 1881. — *Morning Herald* (Halifax), 9 août, 23 sept. 1880, 18 avril 1889, 23, 26–27 juin 1891. — W. R. Rivers, « The rise and fall of amateur rowing on the North West Arm » (thèse de M. SC., Dalhousie Univ., Halifax, 1975). — H. H. Roxborough, *One hundred – not out : the story of Canadian sport* (Toronto, 1966), 53–67.

HARGRAVE, JOSEPH JAMES, trafiquant de fourrures, journaliste, historien et homme d'affaires, né le 1er avril 1841 à York Factory (Manitoba), fils aîné du chef de poste James Hargrave* et de Letitia Mactavish* ; décédé le 22 février 1894 à Édimbourg.

Joseph James Hargrave naquit dans ce que l'on pourrait appeler l'aristocratie des trafiquants de fourrures. Ses parents lui inculquèrent, en bas âge, de bons principes moraux et religieux. En 1846, ils l'emmenèrent en Écosse en vue de lui donner « une bonne éducation écossaise ». Au Madras College de St Andrews, Hargrave devint un jeune homme généreux, honnête et méthodique. Il termina ses études d'arpenteur en 1859 et revint en Amérique du Nord britannique l'année suivante à titre d'employé de la Hudson's Bay Company.

Hargrave arriva à la colonie de la Rivière-Rouge (Manitoba) le 4 août 1861 et commença son apprentissage de commis au bureau de son oncle, William Mactavish*, gouverneur de l'Assiniboia et de Rupert's Land. Deux ans plus tard, il fut promu commis et secrétaire de son oncle. En octobre 1869, il débuta dans le journalisme en offrant au Montreal Herald une série d'articles sur le Nord-Ouest et le transfert prévu de Rupert's Land, alors propriété de la Hudson's Bay Company, au Canada. Il écrivit toutes les semaines, parlant tour à tour des possibilités de colonisation, de l'importance d'un bon réseau de communication avec le Canada, de la situation économique des habitants de la Rivière-Rouge, et d'une foule d'autres sujets. Il traita même d'un conflit de travail survenu pendant la construction de la route qui devait mener d'Upper Fort Garry (Winnipeg) au lac des Bois [V. John Allan Snow*]. Le 22 novembre 1869, il aborda le sujet de la résistance métisse [V. Louis Riel*] qui, d'après lui, était vaine.

L'expérience qu'il avait acquise en qualité de commis et de secrétaire de Mactavish et le fait d'avoir accès aux documents sur la traite des fourrures et aux dossiers coloniaux permirent à Hargrave de publier en 1871 son principal ouvrage sur l'Ouest canadien, *Red River*. Dans ce livre, il allie les considérations historiques à ses observations personnelles sur les institutions économiques, sociales, politiques, judiciaires et religieuses de la Rivière-Rouge avant le soulèvement de 1869–1870. Il défend la thèse selon laquelle la colonie et ses institutions doivent leur existence à la vitalité de la traite des fourrures. De l'auteur de cette œuvre d'une importance durable, publiée à Montréal par John LOVELL, William Lewis Morton* dira qu'il fut l'un des meilleurs historiens du Manitoba.

L'avancement était lent à la Hudson's Bay Company, et Hargrave dut terminer son contrat de 15 ans au poste de commis avant d'être admissible à une promotion. En 1877–1878, il obtint un emploi temporaire de caissier puis, le 1er juillet 1878, on le nomma enfin chef de poste dans le district de la Rivière-Rouge. Muté à Edmonton le 1er juin 1884, il allait y demeurer jusqu'à sa retraite, cinq ans plus tard. Durant toutes ses années à la Hudson's Bay Company, Hargrave s'était souvent plaint des mauvaises conditions de travail, de la rareté des chances d'avancement et des « salaires de misère ». Avec un certain nombre de collègues qui partageaient ces griefs, il forma en 1878 le « parti de la traite des fourrures » en vue d'obtenir des hausses salariales et une amélioration des conditions de travail. Élu secrétaire, il se rendit à Chicago et à Montréal pour négocier un meilleur contrat avec le commissaire principal Donald Alexander Smith*. Après avoir consulté le comité de Londres, Smith offrit, entre autres choses, une hausse minimale de salaire pour la période allant de 1878 à 1881 et le rétablissement de droits auparavant exercés par les fonctionnaires – ce que le groupe accepta.

Joseph James Hargrave fit également quelques affaires pendant son séjour à Winnipeg, notamment dans une société qui voulait, au début des années 1880, construire dans cette ville un hôtel du chemin de fer canadien du Pacifique. Il fut également propriétaire et président de l'Assiniboine Brewing and Distilling Company. Ces occupations ne l'empêchèrent cependant jamais « de considérer [son travail à la Hudson's Bay Company] comme un emploi permanent ». Même après avoir appris d'un cabinet d'avocats d'Édimbourg, en mars 1888, qu'il avait reçu un héritage, Hargrave ne voulut pas démissionner avant « d'avoir terminé [les] comptes de l'année en cours ». Il prit sa retraite le 1er juin de l'année suivante et alla s'établir à Montréal, pour être proche de sa famille et de ses amis tout en s'occupant de certains placements. En 1894, il retourna en Écosse et mourut à Édimbourg ; il laissait une fortune évaluée à plus de £5 050.

GLEN MAKAHONUK

Joseph James Hargrave est l'auteur d'articles qui parurent dans le *Montreal Herald* du 21 oct. 1869 au 25 févr. 1870, et le *Red River* (Montréal, 1871 ; réimpr., Altona, Manitoba, 1977).

AN, MG 19, A21, sér. 1. — Glenbow Arch., Richard Hardisty papers, 1861–1894. — PAM, HBCA, A.44/9 : 192–193 ; B.235/g/12–26 ; B.235/k/1–2 ; B.239/ g/41–114 ; B.239/k/24–28 ; E.21/2-4. — Begg, *Red River journal* (Morton). — Letitia [Mactavish] Hargrave, *The letters of Letitia Hargrave,* Margaret Arnett MacLeod, édit. (Toronto, 1947). — *Pioneers of Manitoba* (Morley *et al.*). — Isaac Cowie, *The company of adventurers : a narrative of seven years in the service of the Hudson's Bay Company during 1867–1874* [...] (Toronto, 1913). — Morton, *Manitoba* (1957).

HARMAN, SAMUEL BICKERTON, avocat, comptable, homme politique et fonctionnaire, né le 20 décembre 1819 à Brompton (Londres), fils de Samuel Harman, fonctionnaire et planteur antillais, et de Dorothy Bruce Murray ; le 26 juillet 1842, il épousa Georgiana Huson, et ils eurent six fils et deux filles ; décédé le 26 mars 1892 à Toronto.

Après avoir fréquenté la King's College School de Londres, Samuel Bickerton Harman commença sa carrière à titre de commis aux bureaux de la Colonial Bank, à la Barbade, en 1840. Deux ans plus tard, à Toronto, il épousait la fille du planteur barbadien George Huson. Son oncle, Davidson Munro Murray, qui avait épousé une autre fille de Huson, s'était établi vers 1835 à Toronto, où la famille Huson avait des intérêts financiers. Le premier fils des Harman, Samuel Bruce, naquit en 1843 à Grenade, où Harman était allé travailler en qualité de comptable et où il devint plus tard directeur de la succursale de la Colonial Bank.

Harman retourna en Angleterre en 1847, apparemment pour régler des affaires de famille. Il revint au Canada en 1848, avec sa femme et ses quatre fils, afin de récupérer un mauvais placement des Huson. Quelle qu'ait été la nature de ce placement, sa tentative de sauvetage ne fut probablement pas heureuse car, bien qu'il se soit établi dans un quartier chic de Toronto, il dut recommencer à travailler pour gagner sa vie. Au début des années 1850, il étudiait le droit auprès de John Hillyard Cameron*. Admis au barreau en 1855, après avoir passé l'examen qui menait à la licence en droit civil au Trinity College de Toronto, il commença à pratiquer comme associé en second de Cameron. Il travaillerait avec ce dernier durant 17 ans en qualité de clerc et d'associé. Huson William Munro Murray, neveu de Georgiana Harman et fils de Davidson Munro Murray, faisait également partie du cabinet de Cameron. Harman s'occupait de droit commercial et, vu sa bonne formation en comptabilité, se spécialisa dans les questions complexes d'arbitrage. En 1869, on le nomma membre du conseil de la Law Society of Upper Canada mais en 1871, lorsque l'assemblée générale des membres vota, il ne parvint pas à se faire élire.

Dès le début de sa carrière d'avocat, Harman s'était mêlé à l'élite torontoise et avait œuvré dans divers domaines. Anglican, il avait participé en 1851 à la malheureuse entreprise de la Church of England and Metropolitan Building Society. Il fut membre du premier synode diocésain en 1853, trésorier du diocèse de 1856 à 1858 et registraire de 1859 à 1877. Il fit aussi beaucoup de travail juridique pour le Trinity College, sans doute à cause des liens que Cameron entretenait avec sa faculté de droit. En 1852, il aida à mettre sur pied le Toronto Boat Club (qui deviendrait le Royal Canadian Yacht Club). Il gravit les échelons de la St George's Society, dont il devint président en 1860, l'année de la visite du prince de Galles. Maître franc-maçon à compter de 1842, il fonda la section torontoise des Knights Templar en 1854 et continua de s'occuper de cet ordre à titre d'officier supérieur jusqu'en 1882. Entre 1850 et 1853, les Harman avaient eu trois autres enfants ; la dernière, Georgina Mary, née en 1856, mourut un peu plus tard la même année.

Harman fit son entrée sur la scène politique municipale en 1866 à titre d'échevin du quartier St Andrew, qu'il représenterait jusqu'en 1872. Élu maire deux fois, en 1869 et en 1870, à une époque où les affaires municipales n'étaient encore qu'une occupation à temps partiel, il entreprit avec ses associés, dont l'ancien maire James Edward Smith, de changer cet état de choses et de doter Toronto d'une véritable administration gérée par des gens de métier. Il avait lui-même présidé la commission qui avait produit, en 1868, le premier recueil de règlements municipaux. Au début des années 1870, les membres progressistes du conseil s'inquiétaient des imprécisions flagrantes qui existaient dans les méthodes d'évaluation employées à Toronto. Pour réaliser les améliorations nécessaires, on nomma Harman commissaire à l'évaluation en novembre 1872, au salaire annuel de 3 000 $ – ce qui en faisait le fonctionnaire le mieux payé qu'ait jamais eu la ville. (Le maire Joseph Sheard, lui, toucha 4 000 $ cette année-là.)

À titre de commissaire à l'évaluation, Harman fit valoir avantageusement ses talents d'organisateur et d'administrateur. Il recruta des évaluateurs, leur assura une formation, puis conçut et mit en application les méthodes qui permettraient d'évaluer de manière conséquente toute la ville, et ce à temps pour la préparation du rôle des contributions de 1873. Les résultats furent impressionnants : l'assiette de l'impôt passa de 32 à 44 millions de dollars entre 1872 et 1873, ce qui augmentait considérablement les recettes même après la réduction radicale du taux d'imposition. On croit également, sans pouvoir le prouver, que Harman a participé à la manœuvre qui, en 1874, força Andrew Taylor McCord* à quitter le poste de trésorier qu'il occupait depuis 40 ans. Harman se porta candidat pour le remplacer et obtint le poste.

C'est probablement son travail à l'Institute of Chartered Accountants of Ontario qui illustre le mieux les remarquables talents politiques de Harman. Fondé en 1879, l'institut avait, sans résultat, entrepris des démarches auprès du gouvernement provincial en vue d'obtenir sa constitution juridique. En février 1882, son conseil, qui reconnaissait avoir besoin d'aide, recruta Harman comme président. En un an, ce dernier réorganisa le conseil pour en faire un groupe politiquement important, allongea – gonfla même – la liste des membres, mit en scène une assemblée publique de l'élite du milieu torontois des affaires, qui exigeait la constitution, fit pression auprès des députés provinciaux de la région de Toronto et auprès des ministres appropriés, et retint les meilleurs avocats. L'institut fut constitué juridiquement en février 1883.

Issu d'un milieu fortuné, Harman avait connu les plantations de canne à sucre d'Antigua et la maison de campagne en Angleterre, mais il eut des problèmes d'argent dès son arrivée au Canada. Tout le temps qu'il vécut à Toronto, il habita avec sa famille dans des logements loués. En avril 1862, l'évêque John Strachan* avait écrit à sir Allan Napier MacNab*, alors membre du Conseil législatif, pour demander que l'on nomme Harman greffier au tribunal de comté. En 1870, Samuel Bruce Harman, parti combattre les rebelles de la Rivière-Rouge à titre de capitaine dans le 2nd Battalion des Queen's Own Rifles, écrivait à sa mère : « J'essaierai le mois prochain de vous envoyer un chèque de 60 $ qui pourrait vous aider un peu en l'absence de papa. » Bruce savait qu'elle avait besoin d'aide pour soigner son jeune frère Lloyd Cusack Athill Murray, atteint d'une maladie débilitante. Au milieu des années 1870, les Harman furent durement éprouvés : ils perdirent la seule fille qui leur restait en 1874, Lloyd l'année suivante. Un autre de leur fils mourut six ans plus tard.

Malgré ses malheurs personnels, Harman parvint à réorganiser le service du trésor de la ville de Toronto et à y faire adopter de nouvelles méthodes. Il y attira du personnel compétent, dont son adjoint Richard Theodore Coady et John H. Menzies, qui étaient tous deux actifs aux comités de l'Institute of Chartered Accountants of Ontario. Toutefois, la ville continuait de grossir rapidement, expansion qui augmentait grandement la charge de travail du service que dirigeait Harman. Au milieu des années 1880, Harman tomba malade et devint incapable de bien faire son travail. On peut supposer que son incapacité de déléguer des pouvoirs ne faisait qu'aggraver la situation. Néanmoins, il s'accrocha à son poste parce qu'il avait besoin d'argent. Après un affrontement avec le comité exécutif de la municipalité à l'automne de 1888, il dut cependant démissionner, mais il reçut la superbe pension annuelle de 2 000 $, la plus forte que la ville ait jamais versée.

Samuel Bickerton Harman avait résumé sa vie dans sa lettre officielle de démission : « Il n'est pas trop de dire que la vie civique était devenue une seconde nature, et qu'il ne m'a pas été facile de l'abandonner. » Harman flâna chez lui quelque temps mais au début des années 1890, sa santé se détériora rapidement et il mourut le 26 mars 1892. Peut-être avait-il continué à dépenser comme les riches planteurs de sa jeunesse, car la succession qu'il laissa à ses héritiers valait moins de 1 465 $.

PHILIP CREIGHTON

CTA, D. M. Harman, « Biographical memoirs of Samuel Bickerton Harman and the Harman family in Canada, 1849–1938 » (copie dactylographiée). — St Mary Abbots Church (Londres), Reg. of baptisms for the parish of Kensington, 1er févr. 1820. — York County Surrogate Court (Toronto), nº 9061 (mfm aux AO). — *Globe*, 28 mars 1892. — *Monetary Times*, 1er avril 1892. — Chadwick, *Ontarian families*. — *The roll of pupils of Upper Canada College, Toronto, January, 1830, to June, 1916*, A. H. Young, édit. (Kingston, Ontario, 1917). — Philip Creighton, *A sum of yesterdays : being a history of the first one hundred years of the Institute of Chartered Accountants of Ontario* (Toronto, 1984). — *Robertson's landmarks of Toronto*, 3 : 480. — V. L. Russell, *Mayors of Toronto* (1 vol. paru, Erin, Ontario, 1982–).

HARRINGTON, JOANNA, dite **sœur Mary Benedicta,** supérieure des Sisters of Charity of Halifax, enseignante, née le 15 août 1845 à Chatham, Nouveau-Brunswick, fille de John Harrington et d'Elizabeth O'Keefe ; décédée le 12 février 1895 à Halifax.

En 1864, les Sisters of Charity of Halifax, communauté fondée en 1849 par Rosanna McCann*, dite sœur Mary Basilia, ouvrirent des écoles à Bathurst et à Newcastle, au Nouveau-Brunswick. Plusieurs jeunes filles de cette province ne tardèrent pas à demander leur admission au sein de la communauté de Halifax ; Joanna Harrington, qui était du nombre, y entra le 19 mars 1865. Admise au noviciat trois mois plus tard, elle prit le nom de Mary Benedicta et commença à se préparer à une carrière d'enseignante. En octobre, mère Mary Josephine Carroll, alors supérieure de la congrégation, écrivait à Mgr James Rogers*, évêque de Chatham, au sujet des candidates de son diocèse : « Je suis très contente d'elles. Elles manifestent d'excellentes dispositions. »

En 1867, après avoir été admise à prononcer ses vœux, sœur Mary Benedicta fut affectée à son premier poste d'enseignante à l'école de la rue Russell située à l'extrémité nord de Halifax. De 1868 à 1870, elle fit la classe à 47 fillettes de deuxième année à l'école St Mary. Titulaire d'une licence de deuxième catégorie, elle touchait un salaire annuel de 240 $. À l'automne de 1870, elle retourna à l'école de la rue Russell pour remplacer sœur Mary Elizabeth O'Neill, élue supérieure au cours de l'année. En 1868, on avait ouvert un petit couvent dans la paroisse St Joseph pour loger les sœurs enseignantes de l'école de la rue Russell ainsi qu'un certain nombre d'orphelins. Comme l'espace de logement était limité, sœur Mary Benedicta vécut en contact étroit avec ces derniers ; c'est là qu'elle s'initia au travail qui allait devenir sa grande passion.

De 1876 à 1882, soit entre le décès de l'archevêque Thomas Louis Connolly* et celui de son successeur, Michael Hannan*, les Sisters of Charity vécurent des moments particulièrement difficiles. Une querelle opposa Mgr Hannan et la supérieure du temps, mère Mary Francis [Mary Ann Maguire*], deux fortes personnalités, au sujet de l'autorité de l'archevêque sur la congrégation. Nulle part les effets de cette querelle ne se firent-ils sentir davantage qu'au St Anne's Convent d'Eel Brook (Sainte-Anne-du-Ruisseau) où sœur Mary Benedicta était enseignante et supérieure en 1878. En cette période qualifiée de « persécution » dans les annales du couvent, elle remplit ses fonctions avec courage et prudence. Malgré l'excès de zèle du curé de l'endroit, Eugène d'Hommé, qui cherchait à discréditer les sœurs et poussait même ses paroissiens à les boycotter ainsi que leur école, on ne retira aucun enfant de l'établissement. En 1879, probablement sur le conseil de leur avocat, John Sparrow David THOMPSON, les sœurs soumirent l'affaire à Rome. Le pape Léon XIII leur donna gain de cause le 30 avril 1880, mais ce conflit avait miné la santé de mère Mary Francis et, en juin 1881, à une élection organisée d'urgence, on désigna sœur Mary Benedicta pour lui succéder.

À titre de supérieure de sa congrégation à une période critique de son histoire, mère Mary Benedicta servit la communauté et l'Église avec grand désintéressement. Les documents de l'époque n'indiquent pas qu'elle avait un talent extraordinaire pour l'administration ni qu'elle aspirait à la puissance ou au prestige mais, sous son autorité, la communauté vécut des années paisibles et fructueuses. Même si 13 sœurs, sur un total d'environ 60, avaient quitté la communauté à l'époque difficile que celle-ci avait connue, mère Mary Benedicta ouvrit de nouvelles missions en Nouvelle-Écosse, à Lourdes et à North Sydney ; elle fit également les premières démarches qui conduisirent à l'ouverture de la St Patrick's Girls' High School de Halifax, en 1884. Elle entreprit aussi un agrandissement de la maison mère, le Mount St Vincent, qui doubla ses dimensions originales.

En 1884, mère Mary Benedicta refusa un second mandat comme supérieure de la congrégation. Elle accepta plutôt le poste de supérieure du St Patrick's Convent de Halifax. Lorsque les sœurs emménagèrent dans un bâtiment plus vaste, en 1888, on transforma l'ancien couvent en refuge pour les mères célibataires et leurs enfants. Mère Mary Benedicta devint la première supérieure de cette maison qu'on appela le Home of the Guardian Angel. Elle dirigea l'établissement pendant ses premières années d'existence, marquées par un grand dénuement. Cet apostolat, son dernier, lui procura beaucoup de satisfaction. Comme elle était d'un naturel compatissant et d'une cordialité délicate et généreuse, le travail qu'elle y accomplit, dans la véritable tradition de saint Vincent de Paul, son patron, porta beaucoup de fruits.

En 1894, on transféra le refuge dans une résidence plus spacieuse, mais le déménagement et la réorganisation furent trop durs pour la frêle constitution de mère Mary Benedicta. Au mois de février 1895, elle mourut au Home of the Guardian Angel. L'*Acadian Recorder* rapporta qu'à ses funérailles, qui eurent lieu à l'église St Patrick, « l'église était remplie de sœurs de sa communauté qui pleur[aient] la mort de cette vraie fille de saint Vincent de Paul qui n'[avait] aucunement recherch[é] les louanges, mais dont les actes de charité laisser[aient] des souvenirs vivaces dans les cœurs de tous ceux qui l'[avaient] connue ». Au sein de la congrégation des Sisters of Charity of Halifax, on vénère mère Mary Benedicta à cause de l'esprit de conciliation dont elle fit preuve avant tout, à un moment où sa communauté en avait grand besoin.

MARGARET FLAHIFF

Arch. de l'évêché de Bathurst (Bathurst, N.-B.), Arch. of the former diocese of Chatham, N.-B., reg. of baptisms, 1845 ; Group II/2 (Rogers papers), Mère Josephine à l'évêque Rogers, 19 oct. 1865 (transcriptions aux Sisters of Charity of Saint Vincent de Paul Arch., Halifax). — Archivio della Propaganda Fide (Rome), Lettere, decreti e biglietti, 375 : f° 463 ; 376 : f° 234 ; Scritturi riferite nei Congressi, America settentrionale, 21 : f°s 767–770 ; 22 : f°s 164–180, 425 (copies aux Sisters of Charity of Saint Vincent de Paul Arch.). — PANS, RG 14, 31, school commissioners' records, 1867–1870. — Sisters of Charity of Saint Vincent de Paul Arch., Annals, Holy Family Convent (West Bathurst, N.-B.), « History », 1–2 ; Sacred Heart Convent (Bathurst), « History », 2 ; Sainte-Anne-du-Ruisseau Convent (Eel Brook [Ste Anne du Ruisseau, N.-É.]) ; St Joseph Convent (Halifax) ; St Patrick's Convent (Halifax) ; Biog. records of professed sisters, 1859–1951 : 18. — *Acadian Recorder*, 16 févr. 1895. — *Morning Chronicle* (Halifax), 22 août 1883. — J. B. Hanington, *Every popish person : the story of Roman Catholicism in Nova Scotia and the church of Halifax, 1604–1984* (Halifax, 1984). — Marguerite Jean, *Évolution des communautés religieuses de femmes au Canada de 1639 à nos jours* (Montréal, 1977). — [M. A. McCarthy, dite] sœur Francis d'Assisi, *A valiant mother, Mother M. Francis Maguire, 1832–1905 ; a selfless mother, Mother M. Benedicta Harrington, 1845–1895* (Halifax, 1971). — [Mary Power, dite] sœur Maura, *The Sisters of Charity, Halifax* (Toronto, 1956).

HARRIS, JOHN LEONARD, homme d'affaires et propriétaire foncier, né le 27 septembre 1833 à Norton, Nouveau-Brunswick, fils cadet de Michael Spurr Harris* et de Sarah Ann Troop ; le 11 août 1864, il épousa à Moncton, Nouveau-Brunswick, Mary Cowie, et ils eurent un fils et une fille ; décédé le 10 janvier 1898 au même endroit.

La famille de John Leonard Harris s'était établie au lieudit Bend of Petitcodiac (Moncton) en 1836, et c'est là qu'il fit ses études et passa le reste de sa vie. Il entra au service de la société de commerce et de construction navale G. and J. Salter, et en devint bientôt le comptable. En 1856, son jeune frère Christopher Prince l'y rejoignit. Deux ans plus tard, les deux frères s'associèrent pour former la J. and C. Harris et devinrent marchands généraux : ils faisaient de l'import-export avec l'Angleterre, les États-Unis et les Antilles. Ils avaient fait construire en 1857 un navire de 1 018 tonneaux, le *Caspian,* qu'ils revendirent à profit à Liverpool, en Angleterre. Malgré cette expérience, ils ne furent jamais plus qu'actionnaires minoritaires des navires construits par la suite à Moncton, et ils louaient habituellement les bâtiments nécessaires à leurs activités commerciales. Les perspectives économiques des années 1860 étaient plutôt sombres, mais John Leonard Harris fit quand même bâtir un quai et un entrepôt au bout de la rue King, emplacement de choix à l'époque. En 1870, la nouvelle compagnie de chemin de fer Intercolonial choisit d'installer ses principaux ateliers à Moncton ; il crut alors que l'avenir de la ville était assuré. À peu près au même moment, les Harris acceptèrent dans leur entreprise un nouvel associé, John Albert Humphrey, qui avait épousé leur sœur aînée en 1855.

L'ère Harris commença vraiment en 1876 quand John Leonard proposa l'installation d'un aqueduc et d'une usine à gaz dans la ville, érigée de nouveau en municipalité depuis peu. La tâche ne fut pas facile, car les citoyens n'avaient pas particulièrement confiance en ce projet, et Harris dut aller chercher des capitaux à l'extérieur. En 1877, cependant, l'Assemblée législative du Nouveau-Brunswick constituait juridiquement la Moncton Gas Light and Water Company. En moins de trois mois, on y accomplit 30 000 jours de travail et, en 1879, le réseau de distribution d'eau, dont un réservoir d'une capacité de 80 millions de gallons, était en service ; il en allait de même de l'usine à gaz, que l'on dota plus tard d'un réseau pour l'éclairage des rues. L'électricité remplaça le gaz pour l'éclairage en 1887, et la municipalité prendrait ce service à sa charge le 1er juin 1895. Entre-temps, en 1879, les frères Harris avaient vendu la partie vente au détail de leur commerce à deux de leurs employés.

Fervent partisan de la Politique nationale de sir John Alexander MACDONALD, Harris devait en 1879 se lancer dans deux projets qui cadraient avec son objectif de créer et de maintenir des industries locales. La Moncton Sugar Refinery, constituée juridiquement en 1879 et qui commença partiellement ses activités en décembre 1881, allait transformer le panorama de la ville cette année-là, car l'un de ses bâtiments comptait huit étages. La raffinerie, sa tonnellerie et d'autres édifices étaient situés près des quais où les navires en provenance des Antilles déchargeaient la matière première. Malgré des débuts difficiles attribuables à la faiblesse des prix mondiaux, l'entreprise était rentable en 1888, sa production quotidienne se chiffrait à 300 barils et elle fournissait du travail à 150 personnes. Détruite par le feu le 20 septembre 1896, elle ne fut jamais reconstruite. Cependant, la tonnellerie tint le coup durant un quart de siècle, sous la raison sociale de Moncton Barrel Company. Après la raffinerie, soit en 1881, Harris obtint la constitution juridique de la Moncton Cotton Manufacturing Company. L'année suivante, il fit construire une filature, qui ouvrit ses portes au début de 1883. Située à l'est de la rue King, près de la raffinerie, la filature employait plus de 200 personnes, des jeunes femmes pour la plupart. Les 250 métiers à tisser et 12 000 fuseaux permirent, dans les meilleures années, une production quotidienne de 12 000 verges de chaîne, de tissu croisé et de toile à draps. La concurrence allait cependant obliger l'établissement à fermer un peu avant 1914.

Malgré le peu de temps que lui laissait la présidence de ces trois compagnies, Harris accepta d'être président du conseil municipal en 1881–1882. En fait, il était maire de Moncton. Cependant, il ne parvint pas à faire en sorte que se réalisent les travaux d'aménagement portuaire pourtant approuvés par l'Assemblée législative en 1881. On avait prévu l'aménagement d'un bassin à flot et d'un bassin de radoub dans une zone de 14 acres, mais ni Ottawa ni Fredericton ne considéraient qu'on allait en tirer des avantages équivalents à ce que coûteraient la construction et l'entretien d'écluses dans le ruisseau Halls, que les puissantes marées de la baie de Fundy asséchaient et remplissaient.

Quelque temps avant 1890, les frères Harris et Humphrey formèrent la Moncton Land Company, qui ne tarda pas à posséder de grandes étendues de terrain dans ce qui était alors la partie ouest de la ville. En 1897, à l'occasion du jubilé de diamant de la reine Victoria, la compagnie fit don d'un terrain pour l'aménagement d'un parc. Onze ans plus tard, elle devait aussi en donner d'autres situés au nord du parc pour qu'on y trace une rue menant aux nouveaux ateliers de réparation des chemins de fer, rue que l'on appela rue John, à la mémoire de Harris. La dernière entreprise de celui-ci fut la Moncton Electric Street Railway, Heat, and Power Company, qui n'eut que cinq ans d'existence, de 1896 à 1901. Peu intéressé par les activités sociales, Harris remplit néanmoins de nombreuses fonctions dans la hiérarchie franc-maçonnique.

La mort de John Leonard Harris en 1898 fut ressentie comme un deuil personnel par les gens de Moncton, et ses obsèques furent les plus importantes que la ville ait connues. Le cortège comptait plus de 200 traîneaux. Toute la population du Nouveau-Brunswick avait raison de pleurer la perte de cet homme prévoyant et énergique qui avait laissé sa marque dans le Moncton du dernier quart du XIXe siècle. Nul mieux que lui n'avait donné de sens à la nouvelle devise de la ville, *Resurgo* (Je renais).

C. ALEXANDER PINCOMBE

Une grande photographie de John Leonard Harris se trouve dans le hall du Masonic Temple de Moncton, N.-B. James Henry HOLMAN a peint Harris et sa femme un peu avant 1890. Ces portraits, en la possession des petits-enfants de Harris jusqu'en 1969, ont alors été offerts, dans leur cadre élégant, à la ville de Moncton et ils sont maintenant au Moncton Museum.

Outre les sources imprimées citées ci-dessous, l'auteur a également tiré son information des entrevues réalisées avec Richard R. Harris de Moncton (un petit-fils) les 11 oct. 1971 et 25 avril 1972, et avec Mme Catherine Harris (veuve d'un autre petit-fils, John Leonard Whitney Harris) entre 1975 et 1979. Mme Harris a travaillé au Moncton Museum à temps partiel. [C. A. P.]

N.-B., *Acts*, 1877 : 77–91. — *Moncton Times*, 11 déc. 1889, 15 juin 1927. — *Transcript* (Moncton), 10, 13 janv. 1898. — *Cyclopædia of Canadian biog.* (Rose et Charlesworth), 2 : 354–355. — *Centennial, 1870–1970, Botsford Chapter No.7, Royal Arch Masons* ([Moncton], 1970), 19. — Esther Clark Wright, *Saint John ships and their builders* (Wolfville, N.-É., [1975]), 24. — E. W. Larracey, *Chocolate river : a story of the Petitcodiac River from the beginning of habitation in the late 1600s until the building of the causeway at Moncton* ([Moncton], 1985), 56, 62, 74, 84–85, 87, app. I. — L. A. Machum, *A history of Moncton, town and city, 1855–1965* (Moncton, 1965), 69, 109–110, 127–128, 150–153, 174, 181, 207, 262. — C. A. Pincombe, « The history of Monckton Township (ca. 1700–1875) » (thèse de M.A., Univ. of N.B., Fredericton, 1969), 201, 206–207, 210–211, 220, app. R, T, W, X, Z.

HARRIS, JOSEPH, marchand de céréales, né en 1835 à Toronto ; il épousa Jane Andrew, et ils eurent quatre enfants, puis Rebecca Cummer, et de ce mariage naquirent deux enfants ; décédé le 1er novembre 1899 dans sa ville natale.

Le père de Joseph Harris était un immigrant britannique venu enseigner au Bas-Canada à la fin des années 1820. Joseph fit ses études à Toronto et entra dès son jeune âge au service de marchands de céréales de cette ville. Il décida de poursuivre son activité dans ce domaine à un moment très opportun. En effet, la construction de plusieurs lignes de chemin de fer importantes dans le Haut-Canada dans les années 1850 et 1860 avait fait de Toronto le principal centre du commerce des céréales de la région. En 1855, les hommes d'affaires de la ville avaient mis sur pied une bourse de commerce qui permettait aux acheteurs et aux vendeurs de se rencontrer pour négocier des contrats. Le succès de ces transactions était largement attribuable aux règlements efficaces qui régissaient la classification et l'inspection des céréales et qui éliminaient la nécessité pour l'acheteur d'examiner le produit. En 1863, une loi adoptée par l'Assemblée législative de la province du Canada établit des normes de classification et permit aux bureaux de commerce de Québec, de Montréal et de Toronto d'engager des inspecteurs. Après 1862, Harris devint inspecteur adjoint à Toronto, sous la direction de Julius Rough. Ce dernier prit sa retraite en juin 1871, et Harris fut promu inspecteur principal, poste qu'il occuperait durant les 20 années suivantes.

Au cours des années 1880, le centre du commerce des céréales au Canada se déplaça de Montréal et Toronto vers l'Ouest, à Winnipeg. La production de blé de qualité supérieure Red Fife augmenta au Manitoba, et le marché d'exportation des céréales de la province prit de l'expansion. On vit alors émerger une nouvelle catégorie d'hommes d'affaires optimistes, prêts à saisir les occasions qui s'offraient. Pour prendre livraison du blé, les marchands construisirent des silos et des entrepôts plats (trémies d'entreposage couvertes non dotées d'équipement mécanique) le long des voies ferrées ; à Winnipeg, ils fondèrent la Winnipeg Grain and Produce Exchange en 1887. Afin de tirer parti de cette évolution, Harris s'installa dans cette ville avec sa famille en 1891, et y établit un bureau de courtage des céréales. Il se joignit à la Winnipeg Grain and Produce Exchange et, de 1893 à 1898, il fut membre du conseil qui regroupait les principaux marchands de céréales et fixait les règles du commerce de cette denrée dans l'Ouest. Élu vice-président en 1896, il devint le douzième président le 11 janvier 1899 ; il dut cependant remettre sa démission après la moitié de son mandat en raison de son état de santé.

Au début des années 1890, deux entreprises propriétaires de silos et de meuneries établies au centre du Canada, l'Ogilvie Milling Company [V. William Watson Ogilvie] et la Lake of the Woods Milling Company, avaient dominé le commerce des céréales au Manitoba. Certains marchands de céréales de la ville vinrent à se rendre compte qu'ils devaient regrouper leur pouvoir économique afin de défier la suprématie des deux géants. En juillet 1897, Harris se joignit donc à plusieurs autres marchands, dont Rodmond Palen Roblin*, Samuel A. McGaw et Frederick Phillips, pour fonder la Dominion Elevator Company. Grâce à un capital autorisé de 200 000 $, la nouvelle société devint rapidement l'une des premières entreprises de commerce des céréales dans l'ouest du Canada. (En 1900, elle exploitait 64 silos – 14 % de leur nombre total dans les Prairies – d'une capacité globale d'environ 1,8 million de boisseaux.) Harris fut vice-président de l'entreprise jusqu'à son décès.

À sa retraite en 1899, Joseph Harris retourna à Toronto et y mourut la même année. Apprécié par ses collègues dans le commerce des céréales à Winnipeg, et respecté par l'ensemble des marchands de Toronto, il fut pour le parti libéral un fervent adhérent et pour l'Église d'Angleterre, un membre dévoué. Sa carrière témoigne cependant avant tout du mouvement vers l'Ouest qu'effectua l'industrie céréalière du Canada à la fin du XIXe siècle.

ALLAN LEVINE

AN, MG 28, III 56, 3. — Canada, Parl., *Doc. de la session*, 1898, n° 16. — Toronto, Board of Trade, *Annual report* [...] (Toronto), 1872–1891. — Winnipeg Grain and Produce Exchange, *Annual Report* (Winnipeg), 1890–1900. — *Commercial* (Winnipeg), 13 févr. 1893, 23 sept. 1895, 10 sept. 1898, 14 janv., 4 nov. 1899, 13 janv. 1900. — *Commemorative biog. record, county York*. — R. L. Jones, *History of agriculture in Ontario, 1613–1880* (Toronto, 1946 ; réimpr., Toronto et Buffalo, N.Y., 1977). — A. [G.] Levine, *The exchange : 100 years of trading grain in Winnipeg* (Winnipeg, 1987).

HARRISON, MARK ROBERT, peintre, directeur de théâtre et comédien, né le 7 septembre 1819 à Hovringham, Angleterre, fils de Robert Launcelot Harrison et d'Anne Bellmore ; décédé célibataire le 6 décembre 1894 à Fond du Lac, Wisconsin.

La famille de Mark Robert Harrison quitta l'Angleterre vers 1821 pour immigrer à Westmoreland, dans le comté d'Oneida, état de New York. Les Harrison demeurèrent 11 ans à cet endroit avant de s'installer à Hamilton, dans le Haut-Canada. Mark Robert, dont la mère était une artiste d'un certain talent, manifesta une inclination précoce pour l'art. Appuyé et encouragé par ses parents, il alla étudier à Toronto, à l'âge de 14 ans, sous la direction du portraitiste américain James Bowman*. Il reçut ensuite des leçons de Colby Kimble à Rochester, dans l'état de New York, avant de se rendre à New York même, où il fut l'élève de l'éminent portraitiste Henry Inman.

Harrison partit pour l'Angleterre à l'automne de 1838. Après un séjour d'un an et demi à la Royal Academy of Arts de Londres, il passa 15 mois au British Museum et dans la campagne, où il fit des croquis d'antiquités classiques et de ruines architecturales. En s'inspirant grandement de l'histoire, de la mythologie et de la religion, il peignit des compositions originales et reproduisit des œuvres de grands maîtres. Pendant son séjour à l'étranger, il parvint à une certaine notoriété en vendant une toile intitulée *The charge of Cromwell at Marston*. Vers 1842, Harrison revint à Hamilton pour y travailler à la peinture d'histoire, à la peinture de genre et aux portraits. L'une de ses œuvres, *The death of Abel*, qui date de 1843 et qui est aujourd'hui perdue, fut exposée dans le Haut-Canada et à l'étranger, et de nombreux critiques la saluèrent favorablement. Malheureusement, un incendie survenu à Hamilton en 1844 détruisit la plupart des tableaux et croquis de Harrison : il dut donc, pour ses peintures subséquentes, recourir à sa mémoire et à des illustrations imprimées comme ressources visuelles.

Peintre avant tout, Harrison joua quand même un rôle essentiel dans la vie théâtrale de Hamilton. Avant son séjour en Angleterre, il avait participé à la fondation de la Hamilton Amateur Theatrical Society, aussi connue sous le nom de Gentlemen Amateurs. À son retour, il devint le premier directeur du Theatre Royal, qui présentait des œuvres comme *Alozo the fair* et *The fair Imogene*. Harrison monta même sur la scène ; il aurait joué, semble-t-il, au moins une fois aux côtés de l'acteur anglais Junius Brutus Booth. Il produisit également, en collaboration avec son frère John P., une série de « dioramas chimiques illuminés » qu'il exposa partout dans la province du Canada jusqu'en 1849. En avril 1846, l'un de ces dioramas, une œuvre majeure en quatre parties qui représentaient la cathédrale d'Orléans, le sacre du roi de France Charles X et des scènes inspirées de la Bible, fit dire à un critique torontois qu'il surpassait « en beauté et en effets toute chose du genre jamais exposée à Toronto ». Le 12 juin, pendant une exposition de cette œuvre au théâtre Saint-Louis, à Québec, un incendie provoqué par le renversement d'un des feux de la rampe causa la mort de 50 spectateurs, dont le frère cadet de Harrison, Thomas C. À la deuxième et dernière exposition de l'éphémère Toronto Society of Arts, en 1848, Harrison présenta plusieurs tableaux, en particulier des portraits de comédiens et des scènes tirées de pièces de théâtre.

L'année suivante, Harrison partit pour Oshkosh, au Wisconsin, afin de rejoindre son frère déjà établi dans la région. En 1852, après avoir subi une perte financière considérable à la suite d'une tentative infructueuse d'établir un service de transport par vapeur sur le lac Winnebago, il alla s'installer à Fond du Lac, où il passa le reste de sa vie. Il continua de subvenir à ses besoins grâce à la peinture et à l'enseignement de son art. En 1853, le *Daily Spectator and Journal of Commerce* de Hamilton annonça que Harrison était en train de préparer un nouveau diorama avec l'aide d'un certain Thomas H. Stevenson, qui avait été en relation avec lui à Toronto et à Hamilton. Il s'agissait, disait-on, d'un diorama semblable à celui qu'il avait exposé à Toronto, sauf qu'il était de plus grandes dimensions.

Dans toute la vallée de la rivière Fox, on recherchait les scènes historiques et les portraits d'Indiens de Mark Robert Harrison. Son œuvre intitulée *Burial of Hiawatha,* en particulier, parvint à une grande célébrité ; on dit qu'elle représentait si fidèlement la vie des Indiens que Longfellow lui-même écrivit à Harrison pour le féliciter. Malheureusement, on trouve peu de ses œuvres, aujourd'hui, à l'extérieur du Wisconsin. Ses attaches avec le monde du théâtre, à Hamilton, continuèrent d'influencer l'aspect théâtral de sa peinture longtemps après son départ pour les États-Unis. Dans les annales de l'histoire culturelle du Canada, il apparaît comme un pionnier dans un milieu artistique qui évoluait graduellement vers une plus grande maturité.

CAROL LOWREY

Il existe peu d'œuvres de Mark Robert Harrison en dehors du Wisconsin. Ses peintures les plus représentatives sont déposées à la Fort Atkinson Hist. Soc.-Hoard Hist. Museum (Fort Atkinson, Wis.), et à la Wis., State Hist. Soc. (Madison). Un autoportrait tiré de cette dernière collection est reproduit dans C. D. Lowrey, « The Toronto Society of Arts, 1847–48 : patriotism and the pursuit of culture in Canada West », *RACAR* (Montréal), 12 (1985) : 3–44. La localisation de *The charge of Cromwell at Marston* est inconnue.

Arch. privées, Freda Crisp (Burlington, Ontario), Freda Crisp, « Hamilton's first Theatre Royal » (copie dactylographiée, s.d.). — Smithsonian Institution, National Museum of American Art (Washington), Inv. of American paintings executed before 1914. — J. E. Alexander, *L'Acadie ; or, seven years' explorations in British America* (2 vol., Londres, 1849). — *British Colonist* (Toronto), 28 avril 1846, 18 janv., 28 avril 1848. — *Daily Spectator, and Journal of Commerce,* 9 mars 1853, 11 oct. 1860. — *Milwaukee Sentinel* (Milwaukee, Wis.), 7 déc. 1894. — *Toronto Patriot,* 1er mai 1846. — *DHB*. — Harper, *Early painters and engravers*. — *The New-York Historical Society's dictionary of artists in America, 1564–1860,* G. C. Groce et D. H. Wallace, compil. (New Haven, Conn., et Londres, 1957 ; réimpr., 1964). — *Portrait and biographical album of Fond du Lac County, Wisconsin* (Chicago, 1889). — H. R. Austin, *The Wisconsin story : the building of a vanguard state* ([Milwaukee, 1948], réimpr., 1976). — Porter Butts, *Art in Wisconsin* (Madison, 1936). — *History of the Fox River valley, Lake Winnebago and the Green Bay region,* W. A. Titus, édit. (3 vol., Chicago, 1930). — J. M. LeMoine, *Quebec past and present, a history of Quebec, 1608–1876* (Québec, 1876).

HAVILAND, THOMAS HEATH, avocat, homme politique, officier de milice, propriétaire terrien et fonctionnaire, né le 13 novembre 1822 à Charlottetown, fils de Thomas Heath Haviland* et de Jane Rebecca Brecken ; le 5 janvier 1847, il épousa Anne Elizabeth Grubbe, fille de John Grubbe, de Horsenden House, Buckinghamshire, Angleterre ; décédé le 11 septembre 1895 à Charlottetown.

Durant presque tout le XIXe siècle, à l'Île-du-Prince-Édouard, le nom des Haviland fut synonyme de richesse, d'influence politique et de torysme. Thomas Heath Haviland père, qui avait immigré dans l'île en 1816, s'était taillé une place enviable de fonctionnaire, d'homme politique et de propriétaire terrien. Son biographe le décrit comme « le parfait représentant de l'ancien régime » et comme un « doyen des hommes d'État du vieux *family compact* ». Thomas Heath Haviland fils allait suivre ses traces en affaires, en politique et en société. Quand il mourut, en 1895, à près de 73 ans, bien des gens voyaient en lui le membre le plus éminent du vénérable establishment conservateur. Par ses liens avec l'Église et la milice, par ses intérêts commerciaux et ses opinions politiques, il avait fait partie d'une élite qui avait guidé l'île durant toute l'époque de la Confédération et au delà.

Le jeune Haviland était un cas assez unique parmi la génération qui naquit dans l'île au début des années 1820. Son père connaissait une ascension rapide (il fut nommé au Conseil de l'Île-du-Prince-Édouard en 1823 et désigné trésorier de la colonie en 1830) et savait si bien tirer profit de ses ressources et de sa position qu'à compter des années 1840 il était un grand propriétaire foncier. Aussi Thomas Heath fils fit-il ses études dans un établissement privé, en Belgique. La formation offerte dans la colonie était rudimentaire, et ceux qui en avaient les moyens préféraient les écoles d'Europe, d'où sortaient des hommes plus cultivés.

De retour à l'Île-du-Prince-Édouard au début des années 1840, Haviland étudia le droit auprès de James Horsfield PETERS à Charlottetown. En 1846, à l'âge de 24 ans, il fut reçu au barreau et commença à exercer. Moins d'un an plus tard, deux autres fondements de son existence étaient en place : il épousait Anne Elizabeth Grubbe et était élu pour la première fois à la chambre d'Assemblée. Six enfants – trois garçons et trois filles – allaient naître de son mariage. Son élection inaugurait une carrière politique qui allait durer près d'un demi-siècle.

Haviland représentait la circonscription de Georgetown and Royalty, dans le comté de Kings. C'était naturel qu'il l'ait choisie car son père possédait de grandes terres dans ce comté rural et il était entendu que lui-même allait travailler comme agent sur les propriétés familiales. Il représenta cette circonscription jusqu'en 1870, année où il fut élu au Conseil législatif dans le 3e district du comté de Queens. Puis il redevint député de Georgetown and Royalty à l'Assemblée en 1873 et le demeura jusqu'en 1876. En ce temps où les revendications réformistes et l'opposition aux propriétaires absentéistes de l'île se faisaient entendre de plus en plus, il était résolument conservateur. En dehors de sa vie familiale et des exigences du droit et de la politique, ses domaines d'intérêt étaient l'Église d'Angleterre et la milice volontaire, comme il convenait à un membre d'âge mûr de l'élite coloniale. Il allait s'occuper activement des affaires de l'Église toute sa vie et devenir colonel de milice dans les années 1860.

L'Île-du-Prince-Édouard connut une croissance rapide durant les années 1850. La population passa de 62 678 à 80 857 habitants de 1848 à 1861. La construction navale, en pleine expansion, et l'économie fondée sur l'agriculture, déjà très active, bénéficièrent en 1854 de la conclusion du traité de réciprocité avec les États-Unis. Les domaines politique et social connurent aussi des changements. En 1851, sous le ministère réformiste de George Coles*, la colonie se vit octroyer le gouvernement responsable. En 1852 on adopta le *Free Education Act,* qui assurait le financement public des écoles de district puis, l'année suivante, le *Land Purchase Act,* qui autorisait le gouvernement à acheter des domaines de plus de 1 000 acres, quand l'occasion se présentait, pour les revendre à des tenanciers et à des squatters. L'éducation (particulièrement la lecture de la Bible en classe) et la question foncière allaient mobiliser une bonne partie des énergies de Haviland pendant cette décennie.

Sur la question foncière, Haviland s'opposait vigoureusement à ceux qui cherchaient à acheter les grands domaines aux frais du gouvernement. À titre de porte-parole des propriétaires, il s'éleva contre l'achat, en 1854, des terres de Charles Worrell*, dont la superficie était de 81 303 acres. En 1857, à l'Assemblée, il se rallia au point de vue de William Cooper*, ancien chef du parti de l'*escheat,* et soutint qu'il « ne consentira[it] jamais à taxer, au bénéfice exclusif du tenancier à bail, celui qui [était alors] franc-tenancier et qui a[vait] acquis sa ferme au prix d'un infatigable et dur labeur ». Selon lui, le projet de loi autorisant le prêt qui financerait l'achat du domaine était « un impôt sur le travail au bénéfice de la paresse », auquel s'opposaient « tous les gens intelligents et nantis de la contrée ». Il fallait résister à ce projet de loi, comme à toute autre « loi de classe ».

La question biblique suscitait encore plus de différends – si c'est possible – que la question foncière. À la fin des années 1850, les revendications des protestants en faveur de la lecture des Saintes Écritures en classe, alimentées par les divisions religieuses et ethniques, et utilisées par Edward Palmer* et les conservateurs pour éreinter le gouvernement Coles, en vinrent à dominer les débats politiques. Les catholiques et leur évêque, Bernard Donald Macdonald*, s'opposaient à ce que la lecture de la Bible soit obligatoire dans tout le réseau scolaire, qui était multiconfessionnel. Haviland dirigea l'offensive des tories à l'Assemblée. Prétendant que les catholiques ne se satisferaient « de rien d'autre que d'un système d'éducation impie », il fit valoir que « si elle n'[était] pas religieuse, l'éducation fera[it] plus de mal que de bien à [ses] enfants ». Il avait beau affirmer ne pas avoir l'intention de « tyranniser les catholiques », Cooper, son grand rival, l'accusait de « semer [...] la jalousie, la dissension, la haine et la malveillance ». Ces excès de langage étaient courants à l'époque dans les débats sur cette question. En 1859, le gouvernement Coles subit la défaite et un ministère conservateur, dirigé par Palmer et composé exclusivement de protestants, prit le pouvoir. Haviland, qui avait alors 37 ans, devint le secrétaire de la colonie et l'un des porte-parole les plus vigoureux du gouvernement.

Les années 1860 et le début des années 1870 furent dominés, dans l'île, par la question de la Confédération, la question foncière et, à peine moins, par la question religieuse et éducative. Membre du Parlement durant toute cette période, Haviland allait jouer un rôle prépondérant. Il siégea au Conseil exécutif d'avril 1859 à novembre 1862, pendant une courte période en 1865, de 1866 à 1867, puis de 1870 à 1876. Durant la plus grande partie de ses années au gouvernement, il occupa le poste de secrétaire de la colonie, sauf en 1865, où il fut solliciteur général. En 1863 et 1864, il fut président de l'Assemblée et, de 1867 à 1870, chef de l'opposition. Que son parti ait été ou non au pouvoir, personne ne montrait, dans les débats de la chambre, plus de cohérence et de compétence que lui. Ses amis recherchaient son influence et sa protection ; ses ennemis politiques perdaient souvent contenance devant ses traits d'esprit et la puissance de ses arguments.

Sur le plan personnel aussi, les années 1860 furent marquantes pour Haviland. Le dernier de ses six enfants naquit en 1860, son cabinet prospérait, et il devenait un personnage clé dans la vie de Charlottetown. En 1864, il était lieutenant-colonel du Queens County Regiment de la milice volontaire, gouverneur et administrateur du Prince of Wales College et membre du conseil d'administration de l'asile d'aliénés. On pouvait souvent le voir aux alentours de son cabinet d'avocat, rue Water, ou de sa belle maison de la rue Upper Prince. À la mort de son père, en 1867, les terres et intérêts commerciaux de la famille passèrent officiellement sous sa gérance.

Haviland ne vit pourtant pas s'amorcer les années 1860 sans craindre énormément les conséquences que pourrait avoir, pour l'Amérique du Nord britannique, le conflit qui déchirait les États-Unis. Le scepticisme que lui inspirait la République américaine apparaît dans ces mots prononcés à l'Assemblée en 1862 : « Soyons reconnaissants du contraste qui existe entre nos privilèges et ceux dont bénéficie le peuple des États-Unis, où la presse est entravée, les rédacteurs en chef jetés en prison et l'*habeas corpus* suspendu au mépris de la Constitution. » Cette déclaration faisait partie d'un discours dans lequel il appuyait un projet de loi visant à octroyer £400 à la milice volontaire et soulignait la nécessité, pour les colonies, d'avoir des milices puissantes pour se défendre contre l'éventuelle hostilité des États-Unis. Pourtant, il se méfiait des propositions à l'effet de resserrer les liens avec d'autres colonies de l'Amérique du Nord britannique. L'idée d'une union des Maritimes, par exemple, le mettait en colère. Selon l'*Islander,* il aurait déclaré en 1863 qu'il ne « vendrait jamais son droit d'aînesse contre un plat de lentilles ». Quand il fut question de libre-échange avec le Canada à la chambre en 1862, il parla longuement contre la conclusion d'une telle entente. Il en avait à tout le moins contre la réduction du pouvoir de taxation que cet accord supposait, car l'île avait besoin de toutes les sources de revenu possibles. « La population, notait-il, s'attend à tout avoir sans devoir payer. »

La Confédération, c'était une autre affaire. Quand, en 1864, les délégués des Maritimes à la conférence de Charlottetown entendirent évoquer la possibilité d'une fédération plus vaste, Haviland devint peut-être le plus ardent et le plus constant des partisans de la Confédération à l'Île-du-Prince-Édouard. Repousser les frontières de la nation, assurer la croissance économique, se protéger contre la république américaine, tels étaient les principaux éléments de son argumentation. À Charlottetown, il proclama : « avant longtemps, les provinces formeront un seul grand pays, ou nation, du Pacifique à l'Atlantique ». Présent à la conférence de Québec à titre de membre de la délégation de l'Île-du-Prince-Édouard, il fut chaleureusement applaudi quand il déclara à un banquet : « Le despotisme qui triomphe maintenant au delà de notre frontière dépasse même celui de la Russie [...] Aux États-Unis, la liberté est à la fois une illusion, une moquerie et une attrape. Là-bas, aucun homme ne peut exprimer une opinion s'[il] n'est pas d'accord avec l'opinion de la majorité. » Il concluait par une profession de foi à l'endroit des chemins de fer, « ceinture d'airain [...] qui unirait les colonies ». Même lorsque ses concitoyens, sous l'influence de Coles, de Palmer et d'Andrew Archibald Macdonald*, prirent parti contre la Confédération, il ne changea pas d'avis. Dans les débats de l'Assemblée, en 1865, il évoqua de nouveau la menace qui venait du Sud. « Il me paraît très évident, dit-il en grondant ses concitoyens réfractaires, que nous devons choisir entre consolider les différentes provinces et colonies, et nous laisser absorber par la République américaine. »

Malgré les exhortations de Haviland et des rares autres partisans de la Confédération dans la colonie, l'Île-du-Prince-Édouard choisit de demeurer à l'écart. Mais lui ne cessa jamais vraiment de travailler pour la cause. Jusqu'à la fin des années 1860, il reprocha à ses concitoyens d'avoir l'esprit de clocher et continua de plaider pour la fédération des colonies en disant qu'elle ferait naître un sentiment national nouveau, moins étriqué. Lorsque la Union Association of Prince Edward Island fut formée, en janvier 1870, il en devint le premier président ; Joseph POPE en était le vice-président.

À l'époque, la Confédération n'était pas l'unique sujet de préoccupation des habitants de l'île. Quand, en 1868, Mgr Peter MCINTYRE réclama le financement public des écoles catholiques, la question religieuse et éducative resurgit dans toute son acuité. En fait, elle était toujours demeurée présente, implicitement, et sous bien des rapports elle avait plus d'importance, dans la vie politique de la colonie, que le débat sur la Confédération. Haviland prit encore une fois une part active aux discussions et se montra favorable à la requête de l'évêque. « La simple éducation laïque est tout à fait futile, affirma-t-il en 1868, si elle ne se fonde pas sur l'instruction religieuse. » D'autres problèmes retenaient aussi son attention. Préoccupés par la bonne marche des affaires, les hommes politiques de l'époque avaient toujours du mal à délimiter la frontière qui séparait le secteur privé et le secteur public. L'attitude de Haviland devant le projet de loi qui, en 1868, visait à abroger la réglementation des taux d'intérêt, en est un exemple. En déclarant qu'« une loi contre l'usure a[urait] pour effet de chasser les capitaux hors du pays, car les capitalistes placeraient leur argent là où de telles restrictions n'exist[aient] pas », il montrait que sa fonction d'administrateur de la Bank of Prince Edward Island (dont son père avait été président pendant quelques années) était au moins aussi importante que sa fonction publique.

Criblée de dettes à cause des chemins de fer, l'île dut réexaminer la question de la Confédération au début des années 1870. La construction d'une ligne reliant Charlottetown aux parties est et ouest de la colonie avait commencé en octobre 1871, ce qui n'avait pas tardé à placer le gouvernement dans une situation financière difficile. En février 1873, voyant que l'économie de l'île risquait de s'effondrer et se rendant à l'avis du lieutenant-gouverneur William Cleaver Francis ROBINSON, le premier ministre Robert Poore HAYTHORNE rouvrit les négociations avec le gouvernement du Canada. Après la défaite du gouvernement Haythorne aux élections suivantes, Haviland accompagna à Ottawa le nouveau premier ministre, James Colledge Pope*, et George William Howlan*, dans l'espoir d'obtenir de meilleures conditions. Mais le sort en était jeté. À l'exception de Cornelius HOWATT et d'Augustus Edward Crevier Holland, tous les députés de l'Assemblée étaient résolus à accepter l'entrée dans la Confédération. Au cours du dernier débat sur la question, en mai, Haviland présenta l'affaire dans une perspective pratique : « À moins d'accepter les conditions offertes maintenant et d'entrer dans la Confédération, il nous sera tout à fait impossible, étant donné l'énorme dette qui pèse sur nous, de lancer nos obligations sur le marché et d'établir notre crédit public. » Puis, ne pouvant s'empêcher de jeter un autre regard vers le sud, il ajouta : « nous pouvons être fiers de faire partie d'un dominion dont la forme de gouvernement est à ce point supérieure à celle des États-Unis ».

L'Île-du-Prince-Édouard entra dans la Confédération le 1er juillet 1873. La même année, en récompense de ses bons et loyaux services, Haviland accéda au Sénat du dominion. Le sifflet du chemin de fer, qui avait en quelque sorte donné le ton, dans l'île, au débat sur la Confédération lui fut, selon ses propres termes, « aussi agréable que le chant du rouge-gorge ». Chose certaine, il annonçait une ère nouvelle pour l'île.

L'année 1873 vit aussi le règlement d'une autre des plus grandes questions de l'époque, puisque l'entente d'union contenait des dispositions sur les terres. Il restait à régler le plus épineux problème de tous – le juste rapport entre religion et éducation – et il fut l'enjeu des élections générales de 1876. Il s'agissait de déterminer si l'île aurait un système d'écoles publiques laïques ou un système d'écoles confessionnelles financées par les deniers publics. Naguère tory, *biblican* (partisan des lectures bibliques) et non réfractaire à ce que le gouvernement subventionne les écoles séparées, Haviland s'associa cette fois à Louis Henry Davies* et à Alexander LAIRD, libéraux et *free schoolers* (opposés au financement public des écoles confessionnelles), pour faire campagne contre les *denominationalists* (partisans de l'aide gouvernementale aux écoles confessionnelles), dirigés par James Colledge Pope. Dans son programme, Davies affirmait : « les vieux liens de parti sont rompus. À présent, ce n'est plus une question d'hommes ni de parti, mais de principe. » Chose certaine, on mit temporairement de côté les traditionnelles affiliations partisanes. Le résultat fut une victoire sans équivoque pour le gouvernement Davies, et l'adoption, en 1877, du *Public Schools Act* qui dotait l'île d'un réseau d'écoles publiques et non confessionnelles bien meilleur qu'auparavant. L'affaire était donc réglée, en bonne partie grâce à Haviland. Lui-même n'avait pas brigué les suffrages, mais il avait mené une bataille énergique, et sa présence aux côtés de Davies avait donné du crédit à l'affirmation du chef libéral, selon qui la question éducative transcendait les partis. Son but étant atteint, Haviland se concentra sur les affaires fédérales en qualité de sénateur.

En 1878, le parti conservateur de sir John Alexander MACDONALD reprit le pouvoir à Ottawa. Le 14 juillet de l'année suivante, Haviland succédait à sir Robert Hodgson* à titre de lieutenant-gouverneur de l'Île-du-Prince-Édouard. Cette fonction lui seyait. Dans sa province, il était devenu un vénérable homme d'État et comptait des amis des deux côtés de la chambre. Jusqu'en 1884, il allait occuper ce poste qui le reposait de la politique de parti.

En 1886, par suite du décès du maire de Charlottetown, Henry Beer, Haviland assura l'intérim pendant la courte période qu'il restait avant la fin du mandat. (Il suivait ainsi les traces de son père, qui avait été maire de cette ville de 1857 à 1867.) Charlottetown traversait alors un moment critique. Le souvenir d'une épidémie de variole était encore vif, et tous reconnaissaient la nécessité d'installer un aqueduc municipal. Haviland promit d'en faire une entreprise publique, et fut élu en janvier 1887 pour un mandat entier, ce que l'*Examiner* qualifia de « victoire décisive pour les amis de l'ordre et du progrès ». Maire jusqu'à ce que sa santé l'oblige à prendre sa retraite, en 1893, il pouvait se vanter d'avoir construit un nouvel hôtel de ville, en 1888, et d'avoir doté la municipalité d'un bon aqueduc public.

Thomas Heath Haviland mourut le 11 septembre 1895 et fut inhumé au cimetière de la cathédrale St Peters. Il laissait dans le deuil sa femme, trois filles et deux fils. Dans la notice nécrologique que lui consacra le *Guardian,* on fit l'observation suivante : « l'un après l'autre, les sages de la ville et du pays qui ont constamment été mêlés à notre histoire politique disparaissent. Ils nous manqueront. » Les vertus que le journal attribuait à Haviland ressemblaient beaucoup à celles que l'on avait vues en son père. La courtoisie, l'intégrité, le sens du devoir et de l'honneur qui convenaient à un homme de son rang : tels avaient été les traits marquants de son existence.

ANDREW ROBB

PAPEI, RG6, Bankruptcy Court, Bank of Prince Edward Island, minute-book, 1856–1882 ; RG 18, 1848 : 35 ; 1861 : 17. — *Abstract of the proceedings before the Land Commissioners' Court, held during the summer of 1860, to inquire into the differences relative to the rights of landowners and tenants in Prince Edward Island,* J. D. Gordon et David Laird, rapporteurs (Charlottetown, 1862). — C. B. Bagster, *The progress and prospects of Prince Edward Island* [...] (Charlottetown, 1861). — Î.-P.-É., House of Assembly, *Debates and proc.*, 1857–1876. — *The union of the British provinces : a brief account of the several conferences held in the Maritime provinces and in Canada, in September and October, 1864, on the proposed confederation of the provinces* [...], Edward Whelan, compil. (Charlottetown, 1865 ; réimpr., Summerside, Î.-P.-É., 1949). — Edward Whelan, « Edward Whelan reports from the Quebec conference », P. B. Waite, édit., *CHR*, 42 (1961) : 23–45. — *Examiner* (Charlottetown), 5 déc. 1864, 12 sept. 1866, 10 sept. 1880, 2, 6, 14 sept. 1886, 20, 22 janv. 1887, 12 sept. 1895. — *Guardian* (Charlottetown), 13 sept. 1895. — *Islander*, 5 juin 1863, 25 févr. 1865. — *Patriot* (Charlottetown), 12 sept. 1895. — *Protestant and Evangelical Witness* (Charlottetown), 11 févr. 1865. — *CPC*, 1877. — *P.E.I. directory*, 1864. — Bolger, *P.E.I. and confederation*. — *Canada's smallest prov.* (Bolger). — *Gaslights, epidemics and vagabond cows : Charlottetown in the Victorian era*, Douglas Baldwin et Thomas Spira, édit. (Charlottetown, 1988). — I. R. Robertson, « Religion, politics, and education in P.E.I. ».

HAYTHORNE, ROBERT POORE, fermier, propriétaire terrien et homme politique, né le 2 décembre 1815 à Mardyke House, Clifton (Bristol, Angleterre), fils de John Haythorne et de Mary Curtis ; décédé le 7 mai 1891 à Ottawa.

Quand Robert Poore Haythorne arriva à l'Île-du-Prince-Édouard à bord du *Glenburnie* en octobre 1841, son avenir s'annonçait bien. Âgé de 25 ans, il venait rejoindre son frère aîné Edward Curtis qui avait immigré quelques années auparavant et avait acquis 10 000 acres sur la rivière Hillsborough, à Marshfield. Cette terre, où vivaient à la fois des squatters et des cultivateurs à bail qui en avaient loué des parcelles pour 999 ans, était encore en grande partie couverte de forêts mais elle était très propice à l'agriculture.

Le jeune Haythorne n'était pas un colon dépourvu de ressources. Son père, John Haythorne, était un prospère marchand de laine et un ancien maire de Bristol, et son grand-père, Joseph Haythorne, un banquier et fabricant de verre dans la même ville. Robert avait fréquenté des écoles privées de Bristol avant de parcourir l'Europe durant plusieurs années pour parfaire son éducation. En venant rejoindre son frère à l'Île-du-Prince-Édouard, il allait grossir encore la fortune familiale. Il arrivait dans une colonie en pleine croissance, qui jouissait d'une prospérité agricole générale. Pour des hommes fortunés, instruits et ambitieux, c'était une époque particulièrement prometteuse. Les frères Haythorne se taillèrent rapidement une réputation de fermiers progressistes, respectés tant de leurs locataires que des autres propriétaires terriens. Edward, par exemple, fut nommé au Conseil législatif en 1849. Sa mort en 1859 allait toutefois laisser à Robert seul la tâche de régler les problèmes domestiques et agricoles.

Après un voyage en Angleterre en 1860, Haythorne revint à l'Île-du-Prince-Édouard et, le 28 mai 1861, épousa Elizabeth Radcliffe Scott, la fille aînée de Thomas Scott, immigrant irlandais établi dans l'île depuis 1812. Leur premier fils, Edward Curtis, naquit en 1862, et leur second, Thomas Joseph, en 1863. Le bonheur du jeune ménage fut toutefois brusquement interrompu : en route vers Belfast pour visiter sa famille, Elizabeth mourut en septembre 1864 près de Liverpool, en Angleterre. Haythorne devait dès lors élever seul ses deux jeunes enfants tout en s'occupant d'administrer ses terres de l'île.

Bien qu'il ait été l'un des principaux agriculteurs et propriétaires terriens de l'Île-du-Prince-Édouard, Haythorne adopta une position réformiste sur la question des terres qui causa tant d'agitation politique dans les années 1860. En 1866, il avait aboli la tenure à bail sur son domaine et vendu des terres à ses locataires et aux squatters pour 2 $ l'acre. Ses initiatives lui valurent l'appui de ses anciens cultivateurs à bail et d'autres personnes de la région de Marshfield et, en 1867, la population du 2e district du comté de Queens l'élut au Conseil législatif. Haythorne arrivait sur la scène politique à une période critique de l'histoire de l'île, une période où les élus devaient débattre des difficiles questions de la Confédération, de la réforme foncière, de la construction du chemin de fer et de la controverse religieuse. Il allait jouer un rôle important dans chacun de ces dossiers. Fermement convaincu de la nécessité de résoudre le problème des terres, doutant par ailleurs des avantages que procurerait la Confédération, il fit toujours entendre la voix de la raison et de la modération dans le débat sectaire souvent pénible.

Le gouvernement conservateur de James Colledge Pope* remit sa démission quelques semaines seulement après l'élection de Haythorne. Les libéraux de George Coles* le remplacèrent et Haythorne entra au cabinet. En 1869, comme Coles avait démissionné pour des raisons de santé et que son successeur, Joseph HENSLEY, avait été nommé à la magistrature, Haythorne devint premier ministre de la colonie. Il arrivait à ce poste déterminé à régler la question des terres, profondément sceptique à l'égard de la Confédération et plutôt enclin à voir la réciprocité avec les États-Unis comme une possibilité intéressante pour l'île. L'année précédente, le Congrès américain avait envoyé à Charlottetown un comité dirigé par le major général Benjamin Franklin Butler et chargé d'étudier la question du libre-échange avec la colonie. Haythorne avait estimé que cette mission pouvait ouvrir les perspectives économiques de l'île, car celle-ci avait connu une prospérité sans précédent durant la période de réciprocité, de 1854 à 1866.

L'intérêt que ses hommes politiques portaient à un accord distinct de réciprocité avec les États-Unis aida l'île à décrocher de « meilleures conditions » de la part du gouvernement canadien qui, avec les autorités impériales, cherchait depuis un certain temps déjà à inciter la colonie à entrer dans la Confédération. En janvier 1870, le gouvernement de Haythorne rejeta néanmoins la nouvelle proposition, considérant qu'elle ne forçait pas le gouvernement britannique à régler la question des terres. De l'avis de Haythorne, les habitants de l'île et leur futurs représentants au Parlement fédéral compromettraient tout simplement leur indépendance s'ils acceptaient les 800 000 $ que les Canadiens offraient pour désintéresser les propriétaires absentéistes de l'île. Fait peut-être plus important encore, le dominion n'avait pas affecté d'argent pour la construction du chemin de fer dans la colonie. Or, Haythorne estimait que le chemin de fer était capital pour le développement de l'île, mais que ses contribuables n'étaient probablement pas en mesure de le payer. L'avenir devait lui donner raison.

Aux élections générales de juillet 1870, la population reportait les libéraux de Haythorne au pouvoir avec une majorité de quatre voix. Il semblait donc qu'elle appuyait la position du gouvernement sur la Confédération. Mais la controverse religieuse allait bientôt sonner le glas du cabinet. Haythorne, un anglican, était favorable aux subventions aux écoles catholiques demandées par Mgr Peter McINTYRE, tout comme deux autres membres du Conseil exécutif, Andrew Archibald Macdonald* et George William Howlan*. Malheureusement, quatre de leurs collègues, dont William Warren Lord*, s'y opposaient, et le gouvernement fut forcé de démissionner. Pope, le chef conservateur, réussit à former une coalition, mais seulement après avoir promis d'éviter la question scolaire durant quatre ans.

Tout comme celui de Haythorne, le gouvernement de Pope était convaincu de la nécessité du chemin de fer. Après l'adoption d'un projet de loi en 1871, on commença à construire, sous la direction de l'ingénieur Collingwood Schreiber*, une ligne entre Charlottetown et Alberton à l'ouest et Georgetown à l'est. L'enthousiasme débordant des gens de l'île pour la séduisante technologie du chemin de fer se transforma bientôt en ressentiment et en colère. Des accusations de dépassement de crédit, de corruption et de trafic d'influence forcèrent Pope à inviter la population aux urnes en avril 1872. Haythorne redevint premier ministre et s'engagea peu après à prolonger immédiatement le chemin de fer jusqu'aux confins de l'île, soit jusqu'à Souris à l'est et Tignish à l'ouest. Aucun gouvernement, il le voyait bien, ne pourrait conserver le pouvoir s'il ne tenait pas compte de cette exigence [V. Edward Palmer*]. Toutefois, comme lui et le lieutenant-gouverneur William Cleaver Francis ROBINSON l'avaient prévu, les insulaires s'endettèrent au delà de leurs moyens en voulant faire en sorte que le chemin de fer relie toutes les villes importantes de la colonie. Plutôt à contrecœur, Haythorne rouvrit les négociations avec le gouvernement de sir John Alexander MACDONALD au sujet de la Confédération.

Haythorne et son collègue au cabinet, David Laird*, commencèrent les discussions en février 1873 à Ottawa. Au début de mars, ils en étaient arrivés à une entente, en grande partie grâce aux bons offices de Samuel Leonard TILLEY. L'offre du gouvernement canadien était généreuse et comprenait la prise en charge du chemin de fer, le règlement de la dette coloniale et le versement de 800 000 $ pour acheter les terres des propriétaires fonciers et la promesse de maintenir en tout temps la communication, par bateau à vapeur, avec le continent. Après l'adoption d'une entente provisoire à Ottawa, le Parlement de l'île fut dissout et, aux élections d'avril, les conservateurs de Pope reprirent le pouvoir. Ils arrachèrent quelques concessions mineures au dominion puis, une fois les conditions de l'union approuvées, le gouvernement de Pope fit entrer l'Île-du-Prince-Édouard, quelque peu réticente, au sein de la Confédération le 1er juillet 1873. Haythorne pouvait au moins prétendre à une copaternité comme Père de la Confédération.

En reconnaissance de ses services, on nomma Haythorne au Sénat, où il entra au milieu du tumulte déclenché par le scandale du Pacifique [V. sir John Alexander Macdonald ; sir Hugh Allan*]. Sénateur jusqu'à sa mort en 1891, Haythorne ne cessa jamais de préconiser le libre-échange avec les États-Unis et de veiller à ce qu'on améliore les communications et les transports dans l'île. Il avait continué à s'intéresser à sa ferme de Marshfield, mais ses deux fils choisirent une autre voie que l'agriculture. Thomas émigra en Angleterre et y pratiqua la médecine ; il mourut en 1920 et fut inhumé à côté de sa mère à Liverpool. Edward émigra en Nouvelle-Zélande et ne revint jamais. À la fin des années 1880, incapable de s'occuper à la fois de sa ferme et de sa carrière politique, Haythorne vendit sa terre de Marshfield et acheta une maison à Charlottetown. Il mourut seul au Grand Union Hotel d'Ottawa en mai 1891.

Les auteurs de ses notices nécrologiques décrivirent Robert Poore Haythorne comme un « voisin digne d'estime » et un modèle d'« homme raisonnable », qui avait aidé dans la « lutte pour la libération de l'asservissement aux propriétaires ». Haythorne aurait apprécié qu'on résume ainsi sa vie.

ANDREW ROBB

PAPEI, Acc. 2576. — PRO, CO 226. — Î.-P.-É., House of Assembly, *Debates and proc.*, 1867–1873. — *Examiner* (Charlottetown), 1867–1873. — *Patriot* (Charlottetown), 1867–1873. — Bolger, *P.E.I. and confederation*. — *Canada's smallest prov.* (Bolger). — W. E. MacKinnon, *The life of the party : a history of the Liberal party in Prince Edward Island* (Summerside, Î.-P.-É., 1973). — I. R. Robertson, « Religion, politics, and education in P.E.I. ».

HEARN, JOHN, homme d'affaires et homme politique, baptisé le 4 janvier 1827 dans l'église cathédrale de Waterford (république d'Irlande), fils de Thomas

Hearn et de Catherine Power ; décédé le 17 mai 1894 à Québec.

Né dans une famille aisée d'Irlandais catholiques, John Hearn eut la chance d'étudier d'abord à la Meagher's Academy en Irlande. Au début de son adolescence, il débarqua à Québec, où il poursuivit sa formation auprès d'un précepteur. Après avoir été commis chez Hugh Murray, fournisseur de navires et conseiller municipal à compter de 1849, il ouvrit, dans la basse ville, son propre commerce d'épicerie et de ravitaillement de navires. Le 20 novembre 1849, il épousa Mary Doran, fille de John Doran, citoyen notable et lui-même épicier ; le couple eut quatre enfants, mais un seul d'entre eux, un garçon, vécut jusqu'à l'âge adulte. Au début des années 1860, un agent de la maison d'évaluation du crédit des sociétés, la R. G. Dun and Company, affirmait que les affaires de Hearn allaient assez bien ; dès la fin de la décennie, il faisait aussi de l'immobilier.

Hearn était déjà un peu connu dans la communauté irlandaise quand il accepta en 1848 la présidence de l'Emmet Rifle Club ; il avait alors 21 ans. Éloquent et « débrouillard », toujours selon l'agent de la R. G. Dun and Company, il avait, dès les années 1860, la réputation d'être « un leader actif et apprécié ». Il accéda à la présidence de l'Institut catholique et littéraire de Saint-Patrice de Québec en 1870, puis à celle de la section québécoise de la Hibernian Benevolent Society of Canada [V. Michael Murphy*] quatre ans plus tard. En 1871, il manifesta publiquement son appui à l'Irish League, qui visait à promouvoir les intérêts des Irlandais dans la ville. Membre du conseil d'administration de l'Association de l'asile de Sainte-Brigitte de Québec, il faisait aussi partie de celui de la paroisse St Patrick.

En raison de sa popularité auprès de ses concitoyens irlandais, Hearn avait été élu en 1856 conseiller municipal du quartier Champlain où il avait son domicile et son commerce, et où les Irlandais étaient en majorité. Son beau-père avait occupé le même siège de 1844 à 1849. Hearn apporta son concours à bon nombre de comités du conseil municipal, mais surtout à celui du réseau de distribution d'eau, dont il fut président durant une dizaine d'années à compter de 1863. Sa participation à ce comité lui permit d'assurer à des centaines de ses compatriotes le travail dont ils avaient tant besoin en hiver. Tout au long des 38 années où il représenta le quartier Champlain à la municipalité, d'abord en qualité de conseiller puis d'échevin, il défendit les intérêts des Irlandais. Cependant, il ne fit pas que manifester sa fidélité à ses origines. Il devint étroitement associé à la municipalité elle-même, dont certains résidents contestaient l'administration financière et dont une association de citoyens, fondée en 1869, réclamait l'abolition.

Hearn misa sur l'immense popularité dont il jouissait dans le quartier Champlain pour briguer un siège à la première Assemblée de la province en 1867 : candidat conservateur, il fut élu sans opposition dans la circonscription de Québec-Ouest. Quatre ans plus tard, il renouvela son exploit. En 1875, il eut un adversaire qu'il considéra avec un « souverain mépris » : il ne se donna même pas la peine de faire campagne et récolta une majorité bien moins impressionnante que prévu. Vigoureux défenseur de l'administration municipale de Québec à l'Assemblée, il lui servit d'intermédiaire en présentant une série de petites réformes dont le but était d'affaiblir l'association de citoyens. Celles-ci, qui portaient principalement sur les sources de revenus de la municipalité, nécessitaient des modifications aux lois provinciales. Invariablement – du moins jusqu'à ce qu'en 1872 un député de Montréal, Luther Hamilton Holton*, proteste – il remporta un succès considérable en veillant à ce que l'on présente les projets de loi sur la municipalité à la toute fin de la session, soit au moment où il n'était plus guère possible de les examiner ou d'en discuter. C'était là une tactique à laquelle la municipalité de Montréal recourait elle aussi. Il défendait également les intérêts de la municipalité lorsque d'autres lois risquaient de leur porter atteinte, surtout si un projet de loi menaçait une partie de l'assiette d'imposition de la ville ou entraînait une augmentation de ses dépenses.

En chambre, Hearn ne veillait pas avec moins de conviction aux intérêts des Irlandais. Les lois qui visaient à encourager l'immigration irlandaise et à décourager l'émigration vers les États-Unis avaient son appui. Mais c'était surtout les Irlandais de Québec qu'il défendait. En 1870, il déclara bien haut que la composition du conseil de l'Instruction publique faisait injure aux 20 000 catholiques anglophones de la ville : deux Irlandais catholiques de Montréal faisaient partie de cet organisme, mais aucun de Québec. La même année, puis de nouveau en 1875, il s'opposa à l'adoption d'une loi qui aurait fixé un cens électoral en fonction du loyer. « Dans [ma] circonscription, pas un homme sur cent » n'aura le droit de vote, clama-t-il en faisant valoir que sûrement le retrait du droit de suffrage allait « créer du mécontentement dans les classes inférieures ». En outre, il servait, en chambre, de porte-parole à des organisations irlandaises de Québec comme l'Association de l'asile de Sainte-Brigitte et l'Institut catholique et littéraire de Saint-Patrice. Il intervenait en particulier au nom des laïques irlando-catholiques. En 1875, il s'opposa à un projet de loi d'intérêt privé qui visait à retirer l'administration des affaires séculières de la paroisse St Patrick au conseil qui en avait la responsabilité pour la confier aux rédemptoristes qui assumaient la charge spirituelle de la paroisse. Cinq ans plus tôt, il s'était prononcé contre le projet du gouvernement d'augmenter de 60 % le prix des permis de vente d'alcool, en disant que les débits illégaux proliféreraient, et il avait proposé d'imposer les immeubles religieux pour compenser le manque à gagner de la municipalité.

Membre de l'aristocratie financière de Québec, Hearn ne négligeait pas les intérêts de sa propre classe, mais le plus souvent il les combinait astucieusement à ceux des ouvriers irlandais. Ainsi, toujours en alléguant que ces mesures profiteraient à la fois aux hommes d'affaires et aux ouvriers de Québec, il soutint la protection tarifaire de l'industrie, vota pour des subventions publiques aux chemins de fer (surtout celui de la rive nord et le chemin de fer de Montréal, Ottawa et Occidental, qui se rendrait directement dans l'Ouest du pays) et appuya une proposition qui visait à ouvrir à la navigation, pendant l'hiver, le Saint-Laurent de Québec aux Maritimes. De même, quand le gouvernement proposa, en 1875, d'affecter 100 000 $ à la construction d'édifices publics à Québec, il l'appuya à l'encontre de ceux qui auraient préféré que l'on construise ces immeubles à Montréal ou, pour des raisons d'économie, qu'ils soient d'un style « agréable mais simple ». Des « édifices attrayants et décoratifs, qui attireraient dans [la capitale provinciale] les amateurs d'art et d'architecture en visite en Amérique, voilà ce qu'il fa[llait] », affirmait-il. Plusieurs mois plus tard, au début de l'hiver de 1875, comme les travaux n'étaient pas encore commencés, Hearn explosa de colère contre le cabinet. « On a remis à plus tard presque tout ce qui pourrait s'avérer bénéfique pour Québec », cria-t-il ; le gouvernement ratait l'occasion de « soulager la misère qui exist[ait alors] parmi les classes ouvrières de cette ville ». Par la suite, il continua de harceler les ministres conservateurs sur cette question.

Bien qu'il ait été peu enclin à se prononcer sur des questions d'envergure provinciale, Hearn appartenait à la douzaine de députés conservateurs qui placèrent souvent le gouvernement de Pierre-Joseph-Olivier Chauveau* dans une position précaire en s'opposant à sa politique économique. De plus, au moment du scandale des Tanneries [V. Louis Archambeault*], en 1875, il vota contre le gouvernement conservateur de Charles-Eugène Boucher* de Boucherville. C'est peut-être pour se débarrasser de ce partisan plutôt instable que le gouvernement de Boucherville le nomma, en octobre 1877, représentant de la division de Stadacona au Conseil législatif, poste qu'occupait auparavant John Sharples*. Une fois au conseil, Hearn défendit les mêmes groupes qu'à l'Assemblée. Cependant, ses intérêts de classe l'emportèrent sur son allégeance à la communauté irlandaise lorsqu'en 1879 il prit connaissance d'un projet de loi qui visait à mettre à l'abri d'une saisie éventuelle la moitié du salaire des ouvriers : le projet, déclara-t-il, était « révolutionnaire », et il s'y opposa. Pas plus qu'auparavant, il ne suivait fidèlement la ligne de son parti ; en 1891, il se définit même comme un « libéral indépendant ».

Dans les années 1880 et 1890, Hearn diversifia ses intérêts et se tourna vers les chemins de fer. Promoteur de la Compagnie du chemin de fer du Saint-Laurent et de Témiscouata dès sa fondation, en 1883, il fit partie de son conseil d'administration à partir de 1884. Ce chemin de fer devait relier Fraserville (Rivière-du-Loup) à Sainte-Rose-du-Dégelis (Dégelis), mais les administrateurs ne purent obtenir de subvention gouvernementale, si bien que la compagnie disparut l'année suivante. En 1893, Hearn entra au conseil d'administration de la Compagnie du chemin le Grand Nord à la faveur d'une réorganisation pour faciliter la fusion de cette société avec plusieurs autres compagnies ferroviaires du Canada et avec la Northern Pacific Railroad des États-Unis. Le but ultime du projet était de créer un transcontinental qui ferait concurrence à la Compagnie du chemin de fer canadien du Pacifique, mais là encore ce fut l'échec.

Entre-temps, semble-t-il, Hearn s'était lassé du Conseil législatif. En 1891, il brigua le siège de Québec-Ouest à la chambre des Communes mais perdit par une cinquantaine de voix au profit du député sortant, le conservateur Thomas McGreevy. Candidat à l'élection partielle qui se tint en février 1892 par suite de l'expulsion de McGreevy des Communes, il remporta la victoire sur un adversaire d'origine irlandaise. Cependant, il contracta la tuberculose pendant la campagne et en mourut en mai 1894. Il avait abandonné le commerce depuis plusieurs années mais était considéré comme l'un des plus gros propriétaires fonciers de la ville. Sa fortune, constituée en bonne partie de biens-fonds, fut difficile à évaluer ; on avança plusieurs estimations : la plus faible était de 200 000 $ et la plus élevée dépassait les 300 000 $. Son fils, John Gabriel, suivit ses traces : il fut conseiller municipal (et président du comité des finances de 1896 à 1898) ainsi que député à l'Assemblée de 1900 à 1904, mais sous la bannière libérale.

Pour la municipalité de Québec, John Hearn fut, dans la seconde moitié du XIXe siècle, le type de l'homme public compétent et économe. Échevin du quartier Champlain jusqu'à sa mort, il avait présidé le comité de la traverse pendant la plus grande partie des années 1880 et celui des finances au début des années 1890. En 1892, le *Quebec Morning Chronicle* le qualifia de « gardien des finances de la municipalité » et, deux ans plus tard, dans la notice nécrologique que lui consacra l'*Événement,* on affirmait : « il a été l'âme du Conseil de ville pendant de longues années, il y jouissait d'une incroyable influence ». Les catholiques irlandais de Québec le considéraient comme un des leurs. À leurs yeux, c'était un homme politique qui comprenait leurs besoins et leurs aspirations et qui, en ces années où les règles politiques de leur pays d'adoption étaient en train de se définir, se battait pour eux, au mépris des lignes de parti si nécessaire.

ROBERT J. GRACE

AN, RG 31, C1, 1861, 1871, Québec. — ANQ-Q, CE1-1, 20 nov. 1849 ; CE1-98, 17 mai 1894. — AVQ, Aqueduc, comité de l'aqueduc, procès-verbaux ; Conseil, conseil de ville, procès-verbaux ; conseils et comités, conseillers ; échevins ; présidence, aqueduc. — Baker Library, R. G. Dun & Co. credit ledger, Canada, 8 : 161. — *Débats de l'Assemblée législative* (M. Hamelin), 1867–1877. — *L'Événement,* 17–18 mai 1894. — *Quebec Morning Chronicle,* 7 déc. 1858, 26 août 1867, 16–17 mars 1869, 12 juin 1871, 8 juill. 1875, 5 nov. 1877, 22, 25 févr. 1892, 18 mai 1894. — *CPC,* 1869 ; 1871–1874 ; 1876–1879 ; 1885 ; 1887 ; 1891. — J. Desjardins, *Guide parl.* — *RPQ.* — Turcotte, *le Conseil législatif.* — M. Hamelin, *Premières années du parlementarisme québécois.* — « Les disparus », *BRH,* 40 (1934) : 48.

HEINTZMAN, THEODOR AUGUST (à sa naissance **Theodore August Heintzmann**), facteur de pianos et inventeur, né le 19 mai 1817 à Berlin ; en 1844, il épousa au même endroit Matilda Louisa Grunow (Grunno, Grennew), et ils eurent six fils et cinq filles ; décédé le 25 juillet 1899 à Toronto Junction (Toronto).

Avant la Première Guerre mondiale, la marque de pianos Heintzman était probablement plus connue dans l'Empire britannique que le nom de sir Wilfrid Laurier* ou de sir Robert Laird Borden*. Malheureusement, on sait peu de chose sur les premières années du fondateur de la Heintzman and Company. Il existe bien des biographies non officielles, notices d'encyclopédie et témoignages d'estime, mais peu d'entre eux traitent de la période qui a précédé l'arrivée de Theodor August Heintzman à Toronto en 1860. Ceux qui le font sont souvent obscurs et contradictoires, car Heintzman n'a laissé aucun document personnel dans les dossiers de sa société. Des versions préliminaires de biographies approuvées par Heintzman et apparemment acceptées plus tard par sa famille révèlent qu'il fréquenta dans son enfance les écoles publiques de Berlin. Son père était propriétaire d'un atelier d'ébénisterie où l'on fabriquait aussi des mécaniques de pianos, des touches et des tables d'harmonie, ce qui l'influença sans doute dans le choix de sa future profession. Le jeune Theodor devint apprenti ébéniste, peut-être avec son père, puis apprit à fabriquer des touches de piano auprès d'un dénommé Bacholtz. En 1831, avec son frère Charles, il était apprenti chez William Grenew (peut-être son oncle, mais peut-être aussi son futur beau-père), facteur de pianos de Berlin qui se spécialisait, selon la méthode traditionnelle, dans la fabrication d'instruments de haute qualité à l'aide de matériaux ouvrés par un seul artisan. Il n'est pas tout à fait certain que Heintzman ait passé toutes ses années à Berlin comme facteur de pianos ; d'après diverses biographies, il aurait été facteur d'instruments, opticien et même mécanicien, et à ce dernier titre il aurait dessiné la première locomotive construite à Berlin. Après son mariage en 1844, Heintzman travailla comme facteur de pianos et d'instruments pour l'oncle de son épouse. L'agitation militaire et politique que connaissait Berlin au début des années 1840 incita cependant sa belle-famille à immigrer à New York en 1849. Le jeune couple fit de même l'année suivante avec ses enfants.

À leur arrivée à New York, les Heintzman emménagèrent dans un appartement de Greenwich Village et Theodor trouva facilement du travail chez les facteurs de pianos Lighte and Newton. Plusieurs versions ont nourri le mythe voulant que lui et Heinrich Engelhardt Steinweg, fondateur de la maison Steinway, aient travaillé ensemble à cet endroit. Or, aucun document ne permet de faire un rapprochement entre les fondateurs des deux grandes entreprises de fabrication de pianos du continent, si ce n'est qu'ils arrivèrent tous les deux en Amérique du Nord en 1850. L'année de leur arrivée, les Heintzman perdirent deux de leurs enfants. Peut-être pour échapper à ces tristes souvenirs, ils partirent en 1852 pour Buffalo, où Theodor travailla pour la Keogh Piano Company. Un an plus tard, il forma avec d'autres la Drew, Anowsky, and Heintzman, société qui semble avoir été garante de la Western Piano Company, autre firme dont il était copropriétaire. (Ses descendants possédaient encore en 1980 un piano carré que cette entreprise avait fabriqué vers 1854.) Heintzman parvint à se retirer de l'affaire avec plusieurs milliers de dollars avant la faillite qui survint pendant la panique financière de 1857.

Il est à peu près certain que Heintzman immigra à Toronto avec sa famille en 1860. Cependant, on ne sait pas très bien quand et comment il commença à fabriquer des pianos dans cette ville. L'explication la plus plausible, que corroborent du moins certaines indications historiques, c'est qu'il avait rencontré à Buffalo le facteur de pianos torontois John Morgan Thomas, qui l'avait persuadé de venir travailler dans son atelier, peut-être comme contremaître. (Le rapport ultérieur d'un agent de la R. G. Dun and Company selon lequel Heintzman avait « failli en rapp[ort] avec J. Thomas » laisse supposer une association plus étroite.) Comme Heintzman était un facteur de pianos exceptionnel comparativement aux assembleurs de la plupart des maisons nord-américaines, qui travaillaient à la pièce, il n'est pas déraisonnable de croire l'anecdote selon laquelle il assembla son premier piano canadien seul dans sa cuisine au cours de la première année qu'il passa à Toronto. Quoi qu'il en soit, le premier piano que Heintzman fabriqua au Canada se vendit tout de suite, car sa sonorité brillante et la qualité supérieure du fini du meuble le distinguaient des autres modèles nord-américains. Heintzman se servit de l'argent ainsi gagné pour fabriquer plusieurs autres pianos au cours des années suivantes, bien qu'il n'ait pas encore fondé de véritable entreprise. La « Tradition Heintzman » de Toronto s'appuierait néanmoins sur les pianos de haute qualité entièrement fabriqués par Heintzman au début des années 1860.

Heintzman

En 1864, une des filles de Heintzman, Anna Matilda Louisa, épousa Karl (Charles) Bender, marchand de tabac bien établi et membre, comme elle, de la congrégation luthérienne German Evangelical de la rue Bond. Bender aida à financer la Heintzman and Company qui, en 1866, était située rue Duke (rue Adelaide). Deux ans plus tard, la petite entreprise était en mesure de prendre de l'expansion et de s'installer rue King ouest, où elle employa bientôt 12 personnes qui produisaient 60 pianos par an. Comme leur facture européenne faisait des pianos Heintzman des instruments de plus en plus recherchés, la firme emménagea vers 1873 dans des locaux plus grands, à quelques pas de là, où elle aurait assez d'espace pour un atelier, un bureau et un magasin. Attiré exclusivement par l'aspect technique de son commerce, Heintzman réussit à améliorer la qualité de la mécanique de ses instruments grâce à une invention pour laquelle il reçut un brevet canadien. Il s'agit du chevalet à agraffe, pièce de métal qui traverse le cadre en fonte du piano pour empêcher les cordes de glisser, ce qui améliore la clarté des notes moyennes et donne une grande qualité acoustique. Le facteur parisien Sébastien Érard avait produit un chevalet de ce genre en 1809, mais Heintzman le perfectionna et, ce faisant, obtint des brevets en 1873, 1882, 1884 et 1896. En moins de 20 ans, il avait posé les bases de ce qui deviendrait la dynastie des pianos Heintzman au Canada.

Bender se retira de la Heintzman and Company en 1875 et mourut deux ans plus tard. La société ne souffrit cependant pas beaucoup de la perte de son principal bailleur de fonds, non plus que du départ soudain de l'un de ses principaux artisans, Johann Gerhard Heintzman, cousin de Theodor, qui partit en 1877 après une querelle pour fonder rue Queen une entreprise rivale que la Heintzman absorberait à la mort de Gerhard en 1926. Au milieu des années 1870, Theodor Heintzman était prêt à exporter le fruit de son travail à l'étranger et à recueillir des honneurs. En 1876, les pianos Heintzman remportèrent un prix à l'Exposition universelle de Philadelphie et, trois ans plus tard, ils furent en montre à la Toronto Industrial Exhibition pour la première fois. À la mort de Heintzman en 1899, ses pianos avaient remporté au moins 11 prix et diplômes aux États-Unis et partout dans l'Empire britannique, dont la prestigieuse médaille William Prince of Wales, à Londres en 1886.

Au cours des années 1880, plus de 500 pianos en moyenne sortaient chaque année des ateliers Heintzman, production attribuable à la réputation de leur fabricant, à ses constantes améliorations techniques et à la protection douanière que le gouvernement fédéral accordait en vertu de sa Politique nationale. Estimant que la croissance du dominion ferait augmenter la demande pour ses pianos, Heintzman s'occupa de trouver des locaux plus spacieux. En 1882, la Compagnie du chemin de fer canadien du Pacifique avait acheté 46 acres à l'ouest de Toronto, juste à la sortie de la ville, à un endroit qu'on appellerait plus tard Toronto Junction. Heintzman y installa son atelier en 1888, là où se situe maintenant la rue Heintzman, et garda l'immeuble de la rue King comme entrepôt et salle de montre. En 1888 également, il devint citoyen canadien et enregistra officiellement la Heintzman and Company. Deux ans plus tard, celle-ci comptait parmi les plus grandes entreprises manufacturières de Toronto et elle employait plus de 200 artisans qui fabriquaient 1 000 pianos par an.

En 1890 Heintzman s'installa dans une magnifique villa victorienne, Birches, rue Annette, à quelques mètres de son nouvel atelier. Très vite, il en fit une splendide résidence, où se réunissaient fréquemment ses collègues du German Reform Club. Heintzman fut aussi franc-maçon et versa beaucoup d'argent pour la reconstruction de l'église First de la rue Bond, temple luthérien construit en bois. Quoiqu'il ait pu voir encore son entreprise grossir durant les dernières années de sa vie, le vieil artisan n'en eut pas moins à souffrir d'une mauvaise santé et à déplorer la mort de ses proches. Le 22 janvier 1890, soit trois jours avant que la construction de sa villa ne soit terminée, sa femme mourut subitement. La santé de Heintzman commença à décliner peu après. Pour son quatre-vingtième anniversaire, en 1897, on tint à sa résidence une somptueuse fête à laquelle assistaient la plupart de ses employés et beaucoup de dignitaires, personnalités locales et membres du German Reform Club. Les comptes rendus des festivités soulignèrent la bonne mine de Heintzman, mais en réalité il était près de faire le grand voyage. Peu de temps après son anniversaire, sa fragilité, attribuable selon certains à la cystite, devint évidente. En décembre de cette année-là, Heintzman perdit son fils Charles Theodore, qui avait dirigé l'atelier de Toronto Junction.

Au cours des années 1890, la direction des affaires incomba progressivement à un autre fils de Heintzman, George Charles*, né l'année de l'arrivée de la famille à Toronto. Quoique toutes les sources confirment que c'est la qualité supérieure du travail de Heintzman père qui avait établi la tradition Heintzman au Canada, il est à peu près certain que c'est au dynamisme de George Charles comme vendeur que la maison devait son succès au Canada et à l'étranger. En effet, c'est lui qui avait prévu les possibilités d'expansion qu'offrait la Politique nationale et qui avait insisté pour ouvrir l'immense atelier de Toronto Junction. Quand le marché de Toronto avait semblé temporairement saturé de pianos Heintzman, c'est lui qui avait distribué des prospectus aux fermiers du nord de l'Ontario et accepté qu'ils paient leurs pianos en chevaux et en bétail (beaucoup de ces animaux moururent cependant dans les entrepôts Heintzman avant qu'on ait le temps de les vendre). Quand le premier train transcontinental à destination de Vancouver entra en gare en 1887 avec un plein wagon de pianos à vendre, George Charles était à bord. (Certains instruments auraient même pénétré dans l'Ouest encore plus tôt : apparemment, on joua du piano sur un Heintzman dans les casernes de la Police à cheval du Nord-Ouest durant la rébellion de 1885.) C'est également lui qui avait insisté pour présenter les pianos Heintzman à la Colonial and Indian Exhibition de Londres en 1886. Non seulement la société avait-elle remporté la médaille du prince de Galles, mais George Charles avait vendu la trentaine de pianos qu'il avait fait transporter, préparant ainsi le terrain pour exporter partout dans le monde. En 1888, il avait obtenu qu'on joue sur un Heintzman au Royal Albert Hall devant la reine Victoria, qui fit la remarque suivante : « Je ne m'étais pas rendu compte qu'on pouvait fabriquer de si beaux instruments dans les colonies. » Il était donc naturel que George Charles prenne la direction des affaires durant les années 1890, bien qu'une entente d'association signée en 1894 ait partagé la société entre Heintzman père, George Charles, Charles Theodore et deux autres fils, Herman et William Francis.

Theodor August Heintzman subit une intervention chirurgicale au St Michael Hospital en janvier 1899, mais sa santé continua à se détériorer. En juillet, il était encore capable de se rendre à son atelier mais, après avoir attrapé froid un soir qu'il était assis sur sa véranda, il sombra dans le coma. Il mourut chez lui le 25 juillet et fut inhumé près de sa femme au Mount Pleasant Cemetery. Trois fils et trois filles lui survivaient. La Heintzman and Company passa à ses fils Herman et George Charles. Suivant les dernières volontés de son père, George Charles hérita également de la villa et de son contenu, « pour son dévouement fidèle aux intérêts de [. . .] Heintzman & Co. ». Il allait en être le président jusqu'à sa mort en 1944.

GAYLE M. COMEAU

AO, MS 571 ; RG 8, I-1-D, 1903, file 2470 ; RG 55, I-2-B, liber 72 : f° 46 ; liber 275 : f° 82 ; partnership records, York County, Toronto, n°s 112, 399 ; Toronto East, n° 1136 ; Toronto West, n°s 1704, 1706. — Baker Library, R. G. Dun & Co. credit ledger, Canada, 26 : 360 (mfm aux AN). — Canada, Parcs Canada, Ontario Region (Cornwall), Parcs Canada, « In commemoration of Theodor August Heintzman » (1979). — Mount Pleasant Cemetery (Toronto), Reg. of burials, Heintzman family tombstone. — York County Surrogate Court (Toronto), n° 13506 (mfm aux AO). — *Canadian Manufacturer* (Toronto), 7 déc. 1888. — *Daily Mail and Empire*, 26 juill. 1899. — *Evening News* (Toronto), 25 juill. 1899. — *Evening Telegram* (Toronto), 25 juill. 1899. — *Toronto Evening Star*, 25 juill. 1899. — *Toronto World*, 26 juill. 1899. — *Commemorative biog. record, county York*. — *Encyclopedia of music in Canada* (Kallmann *et al.*). — *Toronto directory, 1860–1899*. — L. P. Barbier, *Follow the footsteps of your forefathers : 1898–1978, 80th anniversary of the building of our First Lutheran Church* [...] ([Toronto, 1978]) ; *The story of the First Lutheran Church, 1851–1976* ([Toronto], 1976). — Alfred Dolge, *Pianos and their makers* [...] (2 vol., Covina, Calif., 1911–1913 ; réimpr. en 1 vol., New York, [1972]). — *Hist. of Toronto*, 1. — C. P. Mulvany, *Toronto : past and present ; a handbook of the city* (Toronto, 1884 ; réimpr., 1970). — C. C. Taylor, *Toronto « called back », from 1894 to 1847* [...] (Toronto, 1894). — Toronto, Board of Trade, *« Souvenir »*.

HENDERY, ROBERT, orfèvre, commerçant et manufacturier d'argenterie, né le 14 décembre 1814 à Corfou (Kerkyra, Grèce) ; décédé le 20 juillet 1897 à Montréal.

La tradition familiale raconte qu'à l'époque de la naissance de Robert Hendery son père (qui s'appelait peut-être Robert) était chirurgien dans l'armée britannique à Corfou. Par la suite, il retourna dans son Écosse natale, où son fils apprit le métier d'orfèvre. Vers 1837, le jeune Robert immigra à Montréal. Peut-être entra-t-il à la George Savage and Son, le plus gros détaillant montréalais de bijouterie et d'orfèvrerie, mais il est plus probable qu'il devint compagnon de Peter Bohle, qui faisait des couverts et d'autres articles de table en argent pour l'entreprise des Savage. Le 16 mai 1843, veuf depuis peu et père d'au moins un garçon, il épousa Sarah Maysenhoelder, fille d'un autre orfèvre montréalais, John Maysenhoelder. Le couple allait avoir six enfants.

En 1851, Hendery était l'associé de Bohle et tenait avec lui une boutique rue Craig. En 1855, ils participèrent à l'Exposition universelle de Paris mais, à la fin de l'année ou au début de 1856, ils mirent fin à leur association et Hendery prit la suite des affaires. À l'exposition provinciale de 1858, il présenta « des médailles, des coupes de même qu'un joli couteau à poisson et une fourchette ». Toutefois, il en vint progressivement à produire, entre autres, des pièces d'orfèvrerie domestique d'une plus grande originalité qui présentaient souvent une riche ornementation en relief ou ciselée. Il ne tarda pas à devenir le plus gros producteur montréalais de trophées et de pièces remises en guise de cadeaux officiels et, de plus en plus, il se consacra à l'orfèvrerie religieuse, qui faisait l'objet d'une demande croissante. Il s'essaya aussi à la sculpture sur argent ; dans ce domaine qui compte relativement peu de pièces canadiennes, il est l'un de ceux qui en fabriqua le plus.

Cette réorientation coïncida avec l'arrivée, chez Hendery, d'un jeune concepteur et ciseleur venu d'Angleterre, Felix Louis Paris. Au fait des techniques et des styles pratiqués chez les orfèvres anglais à la mode, Paris put aider son patron à mieux concurrencer les importations anglaises, qui dominaient le marché colonial. Il travailla au moins 20 ans pour Hendery et épousa l'une de ses filles en 1867.

Lorsque se tint à Montréal l'exposition provinciale de 1863, Hendery n'avait pas son égal parmi les manufacturiers d'argenterie de la ville. Sa renommée reposait surtout sur les pièces destinées à servir de présents officiels. Parlant de son étalage, où l'on pouvait voir notamment des services à thé et à café, des coupes, des gobelets et des centres de table, la *Montreal Gazette* déclara que ces objets étaient « la preuve la plus convaincante que le Canada n'aura[it] pas besoin, à l'avenir, d'importer de l'étranger des pièces servant de cadeaux officiels ». Son ouvrage le plus remarquable était une pièce d'argenterie d'art, qui devait être présentée à George-Étienne Cartier*. Sur une base triangulaire ornée de divers emblèmes nationaux, s'élevaient une forme centrale évoquant un érable, dont les branches soutenaient divers plats, et un groupe de sculptures réunissant trois personnages historiques : « Jacques Cartier[*], le premier des navigateurs ; Montcalm [Louis-Joseph de Montcalm*], le premier des généraux français ; l'évêque Plessis [Joseph-Octave Plessis*], le premier représentant de l'Église au Canada ».

De confession anglicane, Hendery fut l'un des premiers orfèvres canadiens à fabriquer pour l'Église d'Angleterre une quantité notable de vases sacrés pour la communion. En 1861, il s'était distingué en fabriquant un service de sept pièces pour la communion destiné à la cathédrale Christ Church de Montréal. De style néo-gothique et conforme aux préceptes de l'Ecclesiological Society d'Angleterre, ce service est peut-être le premier qui témoigne de l'influence des tractariens sur l'orfèvrerie canadienne. En 1864, Hendery en fabriqua un autre, de style classique, pour l'église St James the Apostle et, en 1880, la croix, ou bâton pastoral, du métropolitain de la province ecclésiastique anglicane du Canada. Prenant la relève de Paul Morand*, il fit aussi bon nombre de pièces pour l'Église catholique. Il fabriqua même de l'argenterie rituelle juive, dont deux paires de *rimmonim* (baguettes autour desquelles on enroule la thora) pour la synagogue Shaar Hashomayim.

Afin de remplir ses commandes toujours plus nombreuses, Hendery ouvrit en 1866 un magasin de détail distinct de sa fabrique, et l'entreprise prit le nom de Robert Hendery and Company. Cependant, dès 1870–1871, il n'avait plus ce magasin ; il avait abandonné la vente et se cantonnait dans son métier de fabricant. En 1877, l'entreprise produisit, d'après un dessin de Felix Louis Paris, une pièce d'argenterie d'art à la fois majestueuse et d'une sobriété toute classique qui fut remise à George Washington Stephens* par un groupe de citoyens montréalais en reconnaissance de ses dix ans d'échevinage.

Le 4 juillet 1887, Hendery prit comme associé John Leslie, Écossais d'origine qui était devenu son apprenti en 1864 et travaillait pour lui depuis cette date. Il avait des clients à l'extérieur de la province de Québec depuis longtemps déjà, mais une fois qu'il se fut associé à Leslie, son marché connut une expansion considérable, surtout en Ontario. La Hendery and Leslie, dont la renommée ne cessait de grandir, continuait de produire aussi bien de la vaisselle d'usage courant que des pièces sur commande. Le trophée Carslake, remis en 1890 à la compétition de la Province of Quebec Rifle Association, est un remarquable exemple de ce qu'elle pouvait exécuter en fait de créations originales. Selon la *Gazette,* cette œuvre imposante était « l'un des plus magnifiques trophées jamais fabriqués au Canada ». L'entreprise maintenait aussi sa réputation artistique en orfèvrerie religieuse : le service pour la communion présenté en 1896 à la cathédrale Christ Church de Hamilton, en Ontario, par la famille de l'évêque Charles Hamilton*, est de toute première qualité.

Avec ses divers associés, Robert Hendery était devenu le plus grand fabricant d'argenterie du Canada. Pourtant, son entreprise fut toujours assez petite : elle comptait six employés en 1861, et une vingtaine en 1894. Finalement, sa santé l'obligea à en confier l'administration à Leslie puis, en 1895, il lui vendit sa part et prit sa retraite. Deux ans plus tard, la Henry Birks and Sons acheta la Hendery and Leslie.

Ross Fox

L'auteur tient à remercier Andrea Kirkpatrick, Winnie Kirkpatrick et Angela Houstoun, qui l'ont aidé dans ses recherches. [R. F.]

ANQ-M, CE1-75, 22 juill. 1897 ; CE1-126, 16 mai 1843, 1er nov. 1844, 26 août 1845. — *Les Beaux-Arts* (Montréal), 1er juin 1863. — *Canadian Churchman,* 19 août 1897. — *Canadian Illustrated News* (Montréal), 19 sept. 1874, 8 juill. 1876, 19 mai 1877, 25 sept. 1880. — *Dominion Illustrated* (Montréal), 10 mai 1890. — *Gazette* (Montréal), 7 oct. 1858, 17 sept. 1863, 21, 23 juill. 1897. — *Montreal Transcript,* 29 mai, 7 oct. 1858, 28 mars 1861, 18 sept. 1863, 9 mai 1864. — R. [A. C.] Fox, *Pièces honorifiques de la Collection Henry Birks d'orfèvrerie canadienne* (catalogue d'exposition, Musée des beaux-arts du Canada, Ottawa, 1985). — Raymond Boily, *Monnaies, Médailles et Jetons au Canada* ([Québec], 1980). — J. E. Langdon, *Canadian silversmiths, 1700–1900* (Toronto, 1966) ; *Canadian silversmiths & their marks, 1667–1867* (Lunenberg, Vt., 1960). — Ramsay Traquair, *The old silver of Quebec* (Toronto, 1940). — Honor de Pencier, « Early treasures : the John and Eustella Langdon Collection of Canadian silver », *Rotunda* (Toronto), 15 (1982–1983), n° 1 : 4–11.

HENSLEY, JOSEPH, avocat, fonctionnaire, homme politique et juge, né le 12 juin 1824 à Tottenham (Londres), fils de Charles Hensley et d'une prénommée Louisa Margaretta ; le 8 septembre 1853, il épousa à Charlottetown Frances Anne Dover Hodgson, et ils eurent quatre filles ; décédé le 11 mai 1894 à Clifton Springs, et inhumé à Charlottetown.

Deuxième fils d'une famille de dix enfants, Joseph Hensley fit ses études auprès d'un précepteur et à la Hackney Grammar School, dans le Middlesex. En

1841, à l'âge de 16 ans, il immigra avec sa famille à l'Île-du-Prince-Édouard. Son père, commandant de la marine à la retraite, s'introduisit rapidement dans le cercle plutôt restreint de la haute société de l'île. Il fonda un domaine appelé Newlands, dans Charlottetown Royalty, et s'occupa de propriétés foncières et d'affaires. En 1842, le lieutenant-gouverneur sir Henry Vere Huntley*, qui cherchait à se créer une suite de partisans, le nomma au Conseil législatif de la colonie. La même année, le jeune Joseph commença à étudier le droit auprès de Robert Hodgson*, membre clé du *family compact* local, procureur général et président du Conseil législatif. Admis au barreau le 6 janvier 1847, il épousa six ans plus tard la fille unique de Hodgson. En 1857, il fut nommé conseiller de la reine.

À maints égards, Hensley, anglican pieux d'un rang social élevé qui avait des relations importantes au sein de la hiérarchie ecclésiastique de l'endroit, semblait destiné à devenir lui-même membre du *family compact*. Pourtant, quand il entra sur la scène politique, il décida de tenter sa chance avec le parti réformiste, ancêtre du parti libéral, dirigé par un homme d'affaires autodidacte, George Coles*. En 1851, après l'obtention du gouvernement responsable, il devint greffier en loi de la chambre d'Assemblée puis, à l'automne, solliciteur général, bien qu'il n'occupât aucun siège au Conseil législatif ou à l'Assemblée. Au cours de la session de 1853, les tentatives de Coles en vue de remplacer les honoraires des fonctionnaires par des salaires fixes provoquèrent une scission au sein du cabinet réformiste ; c'est dans ce contexte que Hensley devint procureur général en avril et entra au Conseil exécutif. Candidat à l'Assemblée dans la circonscription de Georgetown and Royalty, il fut défait aux élections suivantes, et les réformistes formèrent un gouvernement minoritaire. Mais en décembre 1853, Coles, qui ne s'était pas laissé décourager, fit nommer Hensley au Conseil législatif, où il rejoignait son père.

Minoritaire à la chambre d'Assemblée, le gouvernement de Coles dut démissionner au début de 1854 pour laisser place aux conservateurs. Paralysé par la majorité libérale au Conseil législatif et par les sympathies réformistes du lieutenant-gouverneur sir Alexander Bannerman*, le gouvernement d'Edward Palmer* et de John Myrie Holl* éprouvait de plus en plus de difficultés. Invoquant la nécessité de faire en sorte que la chambre soit représentative d'un électorat plus nombreux depuis l'adoption du *Franchise Act* de 1853, Bannerman prononça la dissolution de l'Assemblée après seulement une séance et, aux élections suivantes de juin 1854, les réformistes purent regagner leur majorité.

Au cours du deuxième mandat de Coles, Hensley retrouva son poste de procureur général, qu'il occupa de juillet 1854 à juillet 1858. Sans être aussi en vue que Coles ou que James Warburton, il joua néanmoins un rôle important dans les diverses réformes que le gouvernement appliqua. Les amères batailles électorales de juin 1858 et de mars 1859, au cours desquelles la place de la religion dans le système d'enseignement gratuit de la colonie serait le principal enjeu, allaient cependant placer le gouvernement de Coles dans une impasse et lui faire perdre le pouvoir. Hensley avait quitté le Conseil législatif en mai 1858 pour se porter candidat à l'Assemblée dans le 3e district de Kings, sachant bien qu'il ne pourrait pas y retrouver son poste s'il était défait. Or, ce fut le cas et, quand on annonça d'autres élections générales au mois de mars suivant, il décida de ne pas poser sa candidature.

Devant la nécessité de trouver une solution à la question des terres, qui hantait la politique de l'Île-du-Prince-Édouard depuis des générations, le nouveau gouvernement tory créa en 1860 une commission chargée d'étudier les problèmes soulevés par le régime de tenure à bail appliqué dans l'île ; il y nomma Hensley ainsi que l'avocat Samuel Robert Thomson* du Nouveau-Brunswick à titre de représentants des locataires. Dans le rapport qu'ils déposèrent en 1861 et que le gouvernement britannique rejeta plus tard, les commissaires préconisaient le remplacement de la tenure à bail par la propriété foncière libre, et ce, soit par l'arbitrage obligatoire entre propriétaire et locataire, soit par le transfert des terres au gouvernement de l'île qui les achèterait grâce à un prêt garanti par le gouvernement impérial. Quoiqu'il ait joué un rôle moins important que celui de Thomson durant tout le débat, Hensley passa toujours, aux yeux des témoins, pour l'un des rares avocats de la colonie ayant la confiance des locataires, et il semble que sa carrière politique en ait profité.

Hensley revint à la politique pour l'élection partielle de mars 1861 et l'emporta dans une circonscription massivement libérale, le 1er district de Kings. Il conserva son siège aux élections générales de janvier 1863, mais les libéraux furent défaits une fois de plus sur la question antipapiste. Quatre ans plus tard cependant, en février 1867, les libéraux remportaient l'élection haut la main. Réélu, Hensley redevint procureur général dans le gouvernement de Coles. Beaucoup de figures de proue libérales des années 1850 étaient disparues de la scène politique, dont James Warburton et Edward Whelan* ; il se hissa donc à une place de choix dans le nouveau gouvernement. L'effondrement progressif des facultés mentales de Coles l'amena à assumer de plus en plus le fardeau du leadership et, à la session de 1868, Hensley exerçait déjà de fait les fonctions de chef du gouvernement à la chambre d'Assemblée. En cette qualité, il contribua à faire adopter un nouveau projet de loi sur l'éducation, qui rétablissait le principe de l'enseignement gratuit, et détourna les attaques de l'opposition qui cherchait à diviser le parti libéral sur la question des subventions gouvernementales aux écoles catholiques. Le système des écoles séparées, disait-il, était inapplicable. L'état de santé de Coles continua à s'aggraver et, en août 1868, Hensley devint officiellement président du Conseil exécutif et chef du gouvernement.

En tant que chef libéral, Hensley défendit les mêmes positions que son prédécesseur : il s'opposa à l'entrée de l'île dans la Confédération, continua à invoquer le *Land Purchase Act* de 1853 pour racheter leurs terres aux propriétaires désireux de vendre et pressa le gouvernement britannique de garantir un prêt suffisant pour terminer le démantèlement du régime de tenure à bail. Il chercha aussi, à une époque d'extrêmes tensions religieuses, à réconcilier les éléments catholiques et protestants de son parti, et si la brève période pendant laquelle il fut premier ministre parut relativement calme, la tension montait néanmoins chez les libéraux entre partisans et adversaires des écoles confessionnelles. Le 18 juin 1869, soit moins d'un an après être devenu premier ministre, Hensley accepta la charge de juge adjoint de la Cour suprême de l'Île-du-Prince-Édouard et de vice-chancelier de la Cour de la chancellerie, poste institué pendant sa dernière session à l'Assemblée. Discrètement, il quitta la scène politique, et Robert Poore HAYTHORNE lui succéda comme premier ministre. Dix-huit mois plus tard, le gouvernement libéral n'existait plus.

Bien installé à ses nouveaux postes de distinction, Hensley remplit ses fonctions judiciaires avec compétence et impartialité durant encore 25 ans. En 1869, en qualité de procureur général, il avait été l'accusateur dans le procès pour meurtre de George Dowie, dont l'exécution fut la dernière pendaison publique à l'Île-du-Prince-Édouard. Il devait présider, à titre de juge, un autre procès sensationnel en 1888, celui du présumé meurtrier William Millman. En 1881, la faillite de la Bank of Prince Edward Island, dont il était président, souleva une controverse à propos de ses activités commerciales, mais comme il était en Angleterre pour des raisons de santé au moment de la crise, Hensley fut délié de toute responsabilité dans cette affaire. D'une manière générale, après son retrait de la politique, sa carrière se déroula sans incident. Il mourut en 1894, de ce qu'on appela une « inflammation du cerveau ».

Dans les notices nécrologiques consacrées à Joseph Hensley, on vanta sa « grande modération et sa très rigoureuse intégrité ». L'*Examiner,* journal conservateur de Charlottetown, écrivit : « Ses intentions étaient pures [...] Il ne fut jamais un partisan extrême ni un défenseur très ardent. » C'était là une qualité rare à une époque de sectarisme déchaîné et de violents combats politiques. Il semble ironique, alors, que sa modération même et son manque de « chaleur », ajoutés à la brièveté de sa carrière de premier ministre, aient presque rayé le nom de Hensley de l'histoire de l'Île-du-Prince-Édouard.

G. EDWARD MACDONALD

PAPEI, Acc. 2694 ; Acc. 2849/239–240 ; RG 1, 5 : 42–43, 137, 207 ; RG 5, minutes, 1851 ; 1853–1854, particulièrement 21 avril 1853 ; 1867–1869, particulièrement 14 mars 1867, 9 janv., 20 août 1868, 6 févr., 18 juin 1869. — P.E.I. Museum, Geneal. files. — PRO, CO 226/79, Bannerman à Grey, 12 sept. 1851 ; 226/89, Daly à Stanley, 26 juin 1858 ; CO 227/9, Grey à Bannerman, 21 oct. 1851 ; Newcastle à Bannerman, 8 juill., 12 août 1853, 23 janv., 4 févr., 4 sept. 1854. — Supreme Court of Prince Edward Island (Charlottetown), Estates Division, liber 13 : f° 543. — *Abstract of the proceedings before the Land Commissioners' Court, held during the summer of 1860, to inquire into the differences relative to the rights of landowners and tenants in Prince Edward Island,* J. D. Gordon et David Laird, rapporteurs (Charlottetown, 1862). — Î.-P.-É, House of Assembly, *Debates and proc.,* 1861–1869 ; *Journal,* 1861, particulièrement 14 mars ; Legislative Council, *Debates and proc.,* 1856–1858 ; *Journal,* 1853, particulièrement 13 déc. ; 1854–1858 — *Daily Examiner* (Charlottetown), 12 mai 1894. — *Examiner* (Charlottetown), 1851–1869, particulièrement 24 mai, 5 juill. 1858, 18 mars 1861, 5 janv. 1863, 21 nov. 1864, 4 févr. 1867. — *Island Argus* (Charlottetown), 2 mars 1875. — *Islander,* 8 janv. 1847, 1er, 22 juill., 9 sept. 1853, 21 sept. 1855, 10 avril 1857, 11, 25 juin 1869. — *Patriot* (Charlottetown), 19 juin 1869, 11–12, 18–19 mai 1894. — *Royal Gazette* (Charlottetown), 25 mai 1841. — *Cyclopædia of Canadian biog.* (Rose et Charlesworth), 2. — *P.E.I. directory,* 1864. — I. R. Robertson, « Religion, politics, and education in P.E.I. ». — D. O. Baldwin et Helen Gill, « The Island's first bank », *Island Magazine* (Charlottetown), n° 14 (automne-hiver 1983) : 8–13.

HERCHMER, WILLIAM MACAULEY (l'orthographe fréquente de ce nom est **Macaulay**, mais il signait **Macauley**), avocat, officier de milice et fonctionnaire, né le 13 décembre 1844 à Shipton-on-Cherwell, Angleterre, fils de William Macaulay Herchmer et de Frances Turner ; il épousa Eliza H. Rose et ils eurent deux filles ; décédé le 1er janvier 1892 à Calgary.

William Macauley Herchmer venait d'une famille loyaliste bien en vue ; son arrière-grand-père Johan Jost Herkimer avait servi dans les rangs des Butler's Rangers et, en 1793, s'était installé à Cataraqui (Kingston, Ontario). Son père, ami et compagnon d'école de John Alexander MACDONALD, fréquenta la University of Oxford et devint ministre de l'Église d'Angleterre. Même si sa famille vivait à Kingston, le révérend Herchmer tenait à ce que ses enfants naissent en Angleterre. Sa femme, d'une patience à toute épreuve, fit avec soumission la pénible traversée de l'Atlantique pour la naissance de chacun de ses neuf enfants.

On envoya William Macauley et ses frères à l'école à Henley-on-Thames, en Angleterre. À la mort de son père en 1862, William Macauley retourna dans le Haut-Canada et étudia le droit à Osgoode Hall, à Toronto ; il passa ses examens de premier niveau en 1863. Il revint ensuite à Kingston pour faire un stage et exercer le droit. Comme de nombreux autres jeunes membres des professions libérales et des hommes d'affaires, il chercha à alléger la monotonie du travail de bureau en s'engageant dans la milice locale. Parvenu au grade de major du Princess of Wales's Own Regiment en 1869, il se joignit l'année suivante au corps expéditionnaire commandé par le colonel Garnet Joseph Wolseley* et envoyé pour réprimer les troubles dans la colonie de la Rivière-Rouge (Manitoba) ; on lui donna le commandement d'une compagnie du 1st (Ontario) Battalion of Rifles. Il reprit l'exercice du droit à Kingston, mais impressionné, semble-t-il, par les possibilités qu'offrait le Nord-Ouest, il retourna à Winnipeg où le barreau du Manitoba l'admit en octobre 1871.

En août 1876, Herchmer fut nommé surintendant de la Police à cheval du Nord-Ouest. Pendant les quatre premières années, il commanda l'unité affectée à Shoal Lake, poste tranquille situé près de la frontière actuelle du Manitoba et de la Saskatchewan, et qui avait pour principale tâche d'empêcher l'entrée d'alcool au pays par la Carlton Trail. En 1880, on le muta à Battleford (Saskatchewan), au milieu d'une vague de mécontentement qui sévissait parmi les Cris des Plaines. Herchmer n'était pas insensible à la pénible situation des Indiens, mais il avait des idées strictes sur l'application de la loi. Cette rigueur, associée à son audace, donna lieu à d'alarmantes confrontations. Lorsque le gouverneur général, le marquis de Lorne [Campbell*], en visite dans l'Ouest en 1881, s'arrêta à Battleford, le surintendant Leif Newry Fitzroy Crozier* et Herchmer dirigèrent son escorte.

Herchmer, muté au nouveau quartier général de la Police à cheval du Nord-Ouest à Regina en 1883, eut la charge des détachements affectés à la garde des biens de la Compagnie du chemin de fer canadien du Pacifique pendant une grève des mécaniciens et des chauffeurs. Au printemps de 1884, on l'envoya à Calgary pour prendre le commandement de la division E. Un an plus tard, quand la rébellion du Nord-Ouest éclata, il reçut l'ordre de se rendre, avec quelques-uns de ses hommes, à Swift Current (Saskatchewan), où ils rejoignirent la colonne du lieutenant-colonel William Dillon Otter* et se portèrent au secours de Battleford le 24 avril. Le 2 mai, à la bataille du mont Cut Knife, les 74 policiers de Herchmer formaient presque le quart de la troupe que dirigeait Otter. Même si leur offensive contre les Cris des Plaines [V. Pītikwahanapiwīyin*] échoua, Herchmer et la Police à cheval du Nord-Ouest eurent droit à de vibrants éloges d'Otter pour leur conduite au combat.

Le frère aîné de Herchmer, Lawrence William*, prit la relève le 1er avril 1886 à titre de commissaire de la Police à cheval du Nord-Ouest. Trois mois plus tard, il promut William Macauley au poste de commissaire adjoint. Même si ce dernier avait l'ancienneté et les compétences voulues, la promotion avait malheureusement un relent de népotisme. C'est sans doute pourquoi William Macauley passa la première année de ses nouvelles fonctions dans une ronde incessante d'activités. Cette année-là, il visita chaque poste du corps de police, parcourant plus de 15 000 milles par chemin de fer, par voie d'eau, à cheval et en raquettes. Cette façon énergique de mener ses activités caractérisa le reste de sa carrière. À la différence de son frère, de tempérament austère, il demeura populaire aussi bien à l'intérieur du corps policier qu'à l'extérieur.

Aux petites heures du jour de l'An 1892, William Macauley Herchmer fut terrassé par une crise cardiaque. On dit que ses obsèques furent les plus importantes jamais vues à Calgary. Son passage au sein de la Police à cheval du Nord-Ouest ne laissa pas de marque vraiment particulière, mais ses antécédents et son attitude en font un exemple typique des officiers qui guidèrent ce corps policier durant ses premières années.

RODERICK CHARLES MACLEOD

AN, RG 18, 3436, nº 37. — QUA, 2253. — Fort Macleod Gazette (Fort Macleod, Alberta), 7 janv. 1892. — Manitoba Daily Free Press, 4 janv. 1892. — A. M. Machar, *The story of old Kingston* (Toronto, 1908). — R. C. Macleod, *The NWMP and law enforcement, 1873–1905* (Toronto, 1976). — Turner, *NWMP*. — « Commissioner L. W. Herchmer, 1886–1900 », *RCMP Quarterly* ([Ottawa]), 2 (1935), nº 4 : 4–8. — D. B. Smith, « The Herchmers' secret », *Beaver*, outfit 310 (printemps 1980) : 52–58.

HERRING, JOHN, manufacturier et homme politique, né le 17 février 1818 dans le canton de Denmark, comté de Lewis, New York, fils de William Herring, brasseur, et de Cynthia Buck ; le 18 octobre 1842, il épousa à Brownville, New York, Pamelia Fowler, et ils eurent 11 enfants dont 5 atteignirent l'âge adulte ; décédé le 21 octobre 1896 à Napanee, Ontario.

Après avoir fréquenté l'école publique, John Herring, durant sa jeunesse, passait l'hiver à enseigner, et l'été à faire l'apprentissage du métier de constructeur. En 1841, il s'installa à Kingston, dans le Haut-Canada, où il travailla dans la construction pendant un an, avant de se fixer à Napanee. Au cours de sa longue carrière d'homme d'affaires, il participa à une multitude d'entreprises. En 1842, sans abandonner la production de potasse, de bois d'œuvre et de brique, il ouvrit une fonderie qui fabriquait des poêles et des charrues à soc d'acier. À titre d'entrepreneur, il construisit la West Ward Academy en 1863–1864. Actionnaire majoritaire de la Napanee Mills Paper Manufacturing Company en 1872, il fut le premier président de la Napanee Gas Company (formée en 1876) et le vice-président de la Compagnie de chemin de fer Napanee, Tamworth et Québec jusqu'en 1883.

Toutefois, c'est en fabriquant des instruments aratoires que Herring fit fortune. En 1852, il lança sa première moissonneuse, la Jersey Campaigner. En 1861, il fut l'un des premiers manufacturiers canadiens à obtenir de la firme Aultman, Miller and Company de l'Ohio le droit de fabriquer la Buckeye, une moissonneuse-faucheuse qui avait connu un succès immédiat aux États-Unis et qui allait dominer le marché nord-américain pendant toute la dernière partie du XIXe siècle, époque de la faucheuse. La hausse remarquable du tarif douanier sur les instruments aratoires, qui passa de 17 % à 35 % entre 1874 et 1883, assura le monopole du marché aux manufacturiers canadiens et donna un bon coup de pouce à Herring et à d'autres, dont Hart Almerrin MASSEY. En 1881, son usine comprenait une immense fonderie et un atelier de trois étages ; elle produisait chaque année 200 moissonneuses et faucheuses ainsi qu'une gamme d'instruments aratoires. Herring avait des représentants dans tout l'est de l'Ontario et en Écosse, et il possédait aussi des entrepôts à Winnipeg. En 1882, d'après Alexander Hall Roe, un homme d'affaires de Napanee, cette entreprise et d'autres sources de revenu moins importantes lui assuraient une fortune d'au moins 200 000 $.

Herring est surtout connu pour avoir ouvert la première usine de verre à vitre en Ontario. Encouragé par l'augmentation du tarif douanier sur le verre en 1879 et sachant que le Canada ne produisait plus de verre à vitre à cette époque, il tenta cette année-là de recueillir 200 000 $ d'actions pour construire une usine à Napanee. Sa tentative échoua et, comme il ne parvenait pas non plus à obtenir une prime du conseil municipal, il décida de monter l'affaire seul. Après avoir visité plusieurs verreries américaines, il entreprit de construire, selon le *Napanee Standard,* une usine qui « réunissait les installations [...] de fabrication de verre les plus modernes ». Cette description était juste : l'usine comprenait un tout nouveau four à dix creusets importé de Pittsburgh en pièces détachées et, pour l'aplanissement des cylindres de verre incisés, un immense four à six dalles plus perfectionné que les fours à quatre dalles dont étaient généralement pourvues les verreries américaines. Pour la première fois au Canada, et probablement en Amérique du Nord, le recuit se faisait dans un four équipé d'un système révolutionnaire de structures en forme de tunnels par où on faisait passer les feuilles de verre pour les refroidir. Herring fit venir de Pittsburgh le maître verrier Julius Seigsworth et de Suisse l'ouvrier responsable des creusets ; en comptant les autres artisans, venus des États-Unis, de Belgique, de France et de Grande-Bretagne, l'usine comptait 75 employés durant la période où elle fonctionna à pleine capacité. Le grès, ingrédient de base dans la fabrication du verre, était acheminé à Napanee par train, à partir des carrières de la région de Lansdowne, en Ontario. Les fours consommaient 12 tonnes de charbon par jour et, en période de pointe, l'usine devait produire en moyenne de 800 à 900 boîtes de verre par semaine. Comme le *Napanee Standard* le nota le 12 novembre 1881, c'est le fils de Herring, James Emerson, qui dirigeait le bureau de l'entreprise.

La production commença le 14 novembre 1881 et se poursuivit durant deux saisons. La Napanee Glass Works fabriquait un verre à vitre de très bonne qualité ; pendant quelques temps, elle produisit peut-être aussi des bouteilles de médicaments. Grâce, notamment, à une bonne publicité et à des démonstrations dans des expositions importantes, le verre à vitre trouva facilement un marché. Pourtant, l'usine ferma ses portes en mai 1883. Pendant la première saison, les problèmes de production n'avaient pas cessé, si bien qu'on dut congédier Seigsworth pour incompétence et remplacer le chauffeur, venu de Pittsburgh, où l'on utilisait de l'anthracite, par un autre qui connaissait bien le charbon gras de New York employé à Napanee. De plus, les relations de travail étaient une source de problèmes constants, et Herring faisait face à un tout nouveau type d'employé : le verrier syndiqué, bien payé et itinérant. Les ouvriers de l'usine étaient sans aucun doute affiliés aux Window Glass Workers of America. Des témoignages oraux révèlent que, tout en étant un « agnostique déclaré », Herring préconisait ardemment la tempérance et se querellait avec les ouvriers qui buvaient à l'usine.

Cependant, la verrerie cessa de fonctionner en raison surtout d'une pénurie de capitaux : Herring fut incapable d'en obtenir d'investisseurs privés ou sous forme de primes municipales. En 1885, une délégation se rendit en Angleterre pour amasser des fonds mais en revint bredouille. Trois ans plus tard, Herring vendait la verrerie. Le Napanee Standard estima alors qu'il avait perdu 65 000 $ dans l'affaire.

La carrière politique de Herring jette un éclairage intéressant sur ses activités commerciales. Conseiller, président ou président adjoint du conseil municipal de Napanee pendant 24 ans, il affirmait n'avoir jamais laissé « la politique l'influencer dans les affaires municipales ». Par contre, ce sont des considérations commerciales qui le firent changer de parti politique. Réformiste militant, au moins à compter de 1860, il fut président de la Reform Association de sa circonscription en 1877–1878. En mars 1881, Roe, qui était tory, écrivait à sir John Alexander MACDONALD : « Si nous pouvons faire démarrer une usine ici, les *grits* peuvent dire adieu à la circonscription. » Dès décembre, un mois après l'ouverture de sa verrerie, Herring était « converti » au parti conservateur. Avant le budget fédéral du 24 février 1882 qui précéda les élections, il multiplia les pressions, avec d'autres conservateurs de la région, pour faire augmenter le droit de douane sur le verre à vitre, notamment en menant des délégations à Ottawa et en faisant visiter la nouvelle usine de Napanee au ministre des Finances, sir Samuel Leonard TILLEY. Le budget fit passer le taux du droit de douane à 30 % ; le lendemain, Roe écrivait à Macdonald : « Remerciements chaleureux de moi-même et de M. Herring pour le droit sur le verre – vous pouvez dormir en paix : Lennox est sûr. »

Après la fermeture de sa verrerie en 1883, John Herring continua de fabriquer des instruments aratoires. Cependant, la baisse du tarif douanier sur la machinerie agricole, en 1894, lui porta un dur coup, comme à bien d'autres manufacturiers canadiens. Il mourut en 1896, et son usine ferma huit ans plus tard. Apparemment à la demande de sa famille, qui fréquentait l'église anglicane de la ville, on l'enterra en ce lieu « sans le rituel funéraire autorisé et sans que le service ne soit tenu dans l'église ».

JAMES ALBERT EADIE

AN, MG 26, A. — EEC, Diocese of Ontario Arch. (Kingston), Mary Magdalene Church (Napanee), reg. of burials, 4 (1895–1928), 24 oct. 1896. — Lennox and Addington County Museum (Napanee), Lennox and Addington Hist. Soc. Coll., Napanee municipal council, minutes, 1863- 1896. — *Beaver* (Napanee), 1895–1896, particulièrement 28 oct. 1896. — *Monetary Times*, 1879–1884. — *Standard* (Napanee), 1860–1885, particulièrement 29 oct., 12 nov. 1881. — *Cyclopædia of Canadian biog.* (Rose et Charlesworth), 1 : 602–603. — Janet Holmes, « Glass and the glass industry », *The book of Canadian antiques*, D. B. Webster, édit. (Toronto, 1974), 268–281. — G. F. Stevens, *Early Canadian glass* (Toronto, [1961]), 70–79. — Antony Pacey, « A history of window glass manufacture in Canada », Assoc. pour l'avancement des méthodes de préservation, *Bull.* (Ottawa), 13 (1981), n° 3 : 33–47.

HEWETT, EDWARD OSBORNE, officier, ingénieur militaire et commandant d'un collège militaire, né le 25 septembre 1835 dans la paroisse de Llantrisant, près de Pontypridd, pays de Galles, et baptisé le 30 octobre à Portsea, Angleterre, deuxième fils de John Hewett et de Frances Thornewell ; le 4 février 1864, il épousa à Toronto Catherine Mary Biscoe, et ils eurent au moins trois fils et huit filles ; décédé le 3 juin 1897 à Woolwich (Londres) et inhumé à Gillingham, comté de Kent, Angleterre.

John Hewett affirmait être apparenté à deux familles de l'aristocratie terrienne, les Hewett et les Osborne, qui s'étaient alliées à l'époque élisabéthaine par le mariage de la fille de sir William Hewett à sir Edward Osborne, tous deux lords-maires de Londres. Hewett lui-même servit dans la marine royale et les Royal Marines pendant les guerres napoléoniennes et la guerre de 1812 (on cita son nom dans les dépêches pour son rôle à Oswego, dans l'état de New York). À la naissance de son fils Edward Osborne, il était juge de paix, colonel de milice et sous-lieutenant du comté de Glamorgan, au pays de Galles.

Edward Osborne Hewett fit ses études au Cheltenham College et à la Royal Military Academy de Woolwich, où il fut vite promu au sein du groupe des cadets et remporta des prix. Diplômé au bout de trois ans, au lieu de quatre, afin de pouvoir participer à la guerre de Crimée, il fut nommé lieutenant en second dans le génie royal le 15 août 1854 et promu lieutenant le 20 octobre. À cause de la chute de Sébastopol (U.R.S.S) en septembre 1855, on annula l'ordre d'embarquement de son détachement quelques jours avant le départ.

Après avoir suivi des cours de topographie et de génie militaires, Hewett construisit des forts à Douvres et servit au camp d'artillerie de Shorncliffe. Muté aux Antilles en 1857, il y fut ingénieur en chef pendant dix mois. De retour en Angleterre, en poste à Portsmouth et à Chatham, il avait comme fonction, entre autres, la supervision de l'instruction des recrues. Promu capitaine le 1er février 1860, il devint instructeur adjoint à la Royal Military Academy.

Le 18 décembre 1861, Hewett démissionna de son poste à l'académie pour accompagner les renforts envoyés en Amérique du Nord britannique par suite de l'incident du *Trent* [V. sir Charles Hastings Doyle*]. Comme les glaces rendaient le Saint-Laurent impraticable, il fit le voyage en traîneau avec les troupes, de Saint-Jean, au Nouveau-Brunswick, à Montréal. Nommé ingénieur en chef du territoire situé à l'ouest de Hamilton, Hewett commandait la 18th Company, dont le quartier général était à London ; de plus, il devait choisir les positions militaires et diriger les levés faits à des fins de défense.

En 1862, pendant la guerre de Sécession, Hewett eut l'autorisation officielle de prendre deux mois de permission et de visiter les armées en guerre « pour s'informer ». Il passa une semaine à la United States Military Academy de West Point, dans l'état de New York, qu'il trouva « aussi bonne que toutes celles d'Europe » et dont les diplômés étaient « peut-être mieux éduqués que tout autre groupe d'hommes au monde ». En visitant l'armée du Potomac, il fut impressionné par la compétence avec laquelle le général George Brinton McClellan tenait en bride ces « 300 000 hommes qui [avaient] peu de discipline et encore moins d'expérience ». Hewett se rendit sur tous les champs de bataille du Maryland et de la Virginie et assista à la bataille d'Antietam le 17 septembre. Au Kentucky, il observa les manœuvres des armées pendant neuf jours et faillit être abattu par des soldats confédérés quand il franchit la ligne de démarcation. Présent à la bataille de Perryville le 8 octobre, il regarda des unités des deux armées manœuvrer autour de Harrisburg, en Pennsylvanie. Hewett écrivit un compte rendu de son voyage à sa mère, qui était clouée au lit. Issu de l'aristocratie britannique, il laisse voir dans son récit son aversion pour les « désordres » qu'engendrait la démocratie et le préjugé d'un militaire de carrière quant à la supériorité de la cavalerie. Mais il éprouve aussi de l'admiration pour le courage et la courtoisie de nombre d'Américains, surtout des sudistes, et pour l'intelligence des hommes de troupe.

En 1863, on affecta Hewett en Nouvelle-Écosse, d'abord à Pictou puis à Halifax, pour travailler à la conception et à la construction de nouvelles fortifications. De retour à Portsmouth, en Angleterre, en 1867, il supervisa la construction à Spithead de quatre forts blindés en eaux à marées à Spithead. Tout en continuant d'exercer ses fonctions militaires, il assura pendant huit ans l'inspection des écoles d'art et de sciences de Grande-Bretagne et, le 5 juillet 1872, on le promut major.

En 1871, on retira du Canada les forces armées de l'Empire et, dans les années qui suivirent, la formation professionnelle des militaires devint un sujet de préoccupation. En 1874, le gouverneur général lord Dufferin [Blackwood*], son secrétaire (le lieutenant-colonel Henry Charles Fletcher*) et l'adjudant général intérimaire de la milice du Canada (le lieutenant-colonel Walker Powell*) recommandèrent de fonder un établissement à cette fin. Quelques mois plus tard, le gouvernement libéral d'Alexander MACKENZIE résolut d'ouvrir à Kingston, en Ontario, un collège «qui donnera[it] une formation complète dans toutes les matières que doit connaître un bon soldat – tactique, fortifications, génie et connaissances scientifiques générales – et qui préparera[it] des officiers au commandement et à des fonctions d'état-major ». En 1874–1875, Dufferin et le secrétaire d'État aux Colonies, lord Carnarvon, choisirent Hewett au poste de commandant du collège. Étant donné l'importance de cette nomination pour l'Empire, sir Frederick Edward Chapman, inspecteur général des fortifications, libéra Hewett de son travail à Spithead. Ce dernier ouvrit le collège le 1er juin 1876 avec un état-major de trois officiers de l'armée britannique et un professeur civil canadien ; 18 cadets étaient inscrits.

Même s'il semble que Hewett n'enseigna pas beaucoup, il avait la charge de définir le programme de cet établissement novateur où des cadets devaient acquérir une formation professionnelle sans pour autant être tenus d'entrer dans l'armée régulière. Nombre d'entre eux allaient toutefois se distinguer dans l'armée britannique, et les diplômés constitueraient un noyau de personnes compétentes dans la milice canadienne. Quand les conservateurs reprirent le pouvoir en 1878, ils optèrent pour le maintien du collège plutôt que pour des préparatifs de défense, beaucoup plus coûteux. Cependant, il y aurait toujours des tensions entre la milice et le collège, où des nominations se feraient par favoritisme après le départ de Hewett.

Hewett accéda au grade de lieutenant-colonel le 21 octobre 1877 puis à celui de colonel le 21 octobre 1881. Sa période de service au collège (baptisé Royal Military College of Canada en 1878) fut prolongée en 1880 et en 1885. On le fit compagnon de l'ordre de Saint-Michel et de Saint-Georges en 1883 ; en 1885, on envisagea de le placer à la tête des forces de citoyens en Nouvelle-Zélande. Un an plus tard, à cause de sa nomination au poste d'ingénieur en chef du district de Western, en Angleterre, il quitta le collège et le Canada. En 1886, sir Charles Tupper*, alors haut-commissaire du Canada à Londres, rapporta que selon sir Andrew Clarke, inspecteur général des fortifications impériales, le collège était « l'un des meilleurs du genre au monde [...] Et les Américains eux-mêmes en dis[aient] plus de bien que de West Point. » En 1893, Clarke déclara que les diplômés du collège canadien étaient supérieurs à ceux de la Royal Military Academy de Woolwich. D'après le lieutenant-colonel John Bray Cochrane, qui servit à titre de cadet ou de membre de l'état-major sous tous les commandants du collège jusqu'à la Première Guerre mondiale, Hewett était « de loin le plus compétent et le mieux renseigné de tous ».

En 1890, Edward Osborne Hewett figura parmi les quelques candidats au poste d'officier général commandant de la milice canadienne. Trois ans plus tard, il reçut le commandement de la School of Military Engineering de Chatham. En 1895, il fut promu lieutenant-général et nommé directeur de la Royal Military Academy. C'est là qu'il mourut en 1897, des suites d'une fracture à une jambe subie en jouant au tennis.

RICHARD ARTHUR PRESTON

Un portrait à l'huile, exécuté après la mort d'Edward Osborne Hewett d'après une photographie, se trouve au Officers' Mess du Royal Military College of Canada (Kingston, Ontario) ; il est reproduit dans l'ouvrage de l'auteur, *Canada's RMC ; a history of the Royal Military College* (Toronto, 1969) et dans son article, « The British influence of RMC », *To preserve & defend : essays on Kingston in the nineteenth century*, G. [J. J.] Tulchinsky, édit. (Montréal et Londres, 1976), 119–137. On trouve des photographies dans le *Canadian Illustrated News* (Montréal), 17 juin 1876, l'*Illustrated London News* (Londres), 12 juin 1897, et *The Sapper ; Royal Engineers' Monthly Journal* (Chatham, Angl.), juill. 1897.

AN, MG 26, A, 318 : 32–37 ; MG 27, I, D3, 114, no 11915 ; RG 9, II, A1, 67, 9 avril 1885 ; RG 31, C1, 1881, Kingston : 76. — Hampshire Record Office (Winchester, Angl.), Bishop's transcripts of Portsea reg. of baptisms, 30 oct. 1835. — Royal Military College of Canada Library, Special Coll. Division, E. O. Hewett à sa mère, 3 déc. 1862. — R. A. Preston, « A letter from a British military observer of the American Civil War », *Military Affairs* (Washington), 16 (1952) : 49–60. — *Royal Engineers Journal* (Chatham), 1er févr. 1893, 1er mai 1895, 1er mars, 1er juill. 1897, juin 1916. — *Times* (Londres), 5 juin 1897. — *Burke's landed gentry* (1848–1849), 1 : 566 ; (1871) : 619. — *Cyclopædia of Canadian biog.* (Rose et Charlesworth), 1 : 638–639. — *Hart's army list,* 1891 : 7. — *Who was who* (Londres), 1 (1897–1916) : 336.

HICKS, WILLIAM HENRY, professeur et administrateur scolaire, baptisé le 12 février 1817 à Portsmouth, Angleterre, fils de William Hicks et d'une prénommée Ann ; en 1843, il épousa Isabella Barrow, et ils eurent 15 enfants dont 11 survécurent à l'enfance ; décédé le 7 août 1899 à Montréal.

William Henry Hicks reçut sa formation à l'école professionnelle de la National Society for Promoting the Education of the Poor in the Principles of the Established Church, à Londres, et il obtint son diplôme vers 1839. Après ses études, il enseigna à la Bowyer School, à Clapham (Londres), avant d'entrer dans la Colonial Church and School Society. L'un des objectifs de ce groupement évangélique fondé en 1851 était d'assurer le maintien des écoles paroissiales anglicanes en Amérique du Nord britannique. En 1853, devant l'impossibilité de surmonter une grave pénurie d'instituteurs compétents, la société envoya Hicks établir une école normale à Montréal, à l'invitation de son représentant dans cette ville, le révérend William Bennett Bond*, et du président du comité qu'elle y avait formé depuis peu, l'évêque Francis Fulford*.

Hicks ouvrit son école à l'église St George mais la réinstalla peu de temps après dans un immeuble de la rue Bonaventure. En l'espace de 14 mois, le nombre d'élèves passa de 11 à 250 ; après avoir atteint un maximum de 360 en 1854, ce nombre se maintint à 320, en moyenne, pendant les deux années suivantes. Hicks s'opposait à l'emploi de moniteurs et était partisan de l'école mixte ; néanmoins, il organisa son école modèle ou professionnelle en trois sections : celle des garçons, celle des filles et celle des petits.

Comme il avait déjà pu mesurer en Angleterre l'utilité des regroupements d'instituteurs comme la Church Schoolmasters' Association, Hicks réunit une trentaine de ses diplômés à son école en janvier 1856 pour leur permettre « de partager leurs expériences dans le monde de l'enseignement et de s'entretenir de sujets relatifs à l'éducation ». En juin, un groupe de 12 diplômés décida d'officialiser ces échanges sur « leur agréable mais difficile travail ». Le mois suivant, on fondait la Lower Canada Teachers' Association, qui se donna comme objectifs « le bien-être de l'instituteur et l'avancement de l'instruction » ; en octobre, l'association comptait déjà 22 membres, y compris plusieurs stagiaires. C'était probablement la deuxième association d'instituteurs anglophones à voir le jour ; il en existait déjà une à Québec, semble-t-il, depuis quelques années. Du côté français des associations d'instituteurs avaient vu le jour à Québec et à Montréal en 1845 [V. Félix-Emmanuel Juneau*].

Hicks connut suffisamment de succès avec son école pour qu'on l'invite à en faire le noyau de la McGill Normal School, fondée depuis peu. Il accepta, et la nouvelle école ouvrit ses portes le 3 mars 1857. C'est le directeur du McGill College, John William Dawson, qui en prit la direction ; Hicks, pour sa part, fut nommé titulaire de la chaire de littérature anglaise, avec un salaire de £300. Dans le discours qu'il prononça à la cérémonie d'inauguration, Hicks défendit l'association des instituteurs, qui prit le nom de Teachers' Association in Connection with the McGill Normal School. Il souhaitait qu'elle tienne des assemblées annuelles dans un avenir rapproché, et qu'à l'instar des associations anglaises elle se dote d'« un dépôt de matériel pédagogique [... et] d'une bibliothèque permanente d'ouvrages de référence », en plus d'une caisse de retraite. Le lendemain, le surintendant de l'Instruction publique du Bas-Canada, Pierre-Joseph-Olivier Chauveau*, souscrivait à ces projets, dont la plupart furent réalisés pendant son mandat. Hicks donnait non seulement des cours à la McGill Normal School, mais aussi des conférences sur l'éducation dans toute la province ; il fut également inspecteur des écoles modèles qui relevaient de la Colonial Church and School Society, et il écrivit dans le *Journal of Education for Lower Canada* (Montréal) de 1857 à 1879. En juin 1864, on l'élut vice-président de la Provincial Association of Protestant Teachers, qu'on venait de constituer en fédération d'associations locales.

En 1870, Dawson remit à Hicks le directorat de la McGill Normal School, à son avis « le poste le plus influent de la province en matière d'éducation ». Dès le début, l'école avait fait l'étonnement des observateurs par le nombre d'étudiantes qu'elle admettait. En 1882–1883, soit la dernière année du directorat de Hicks, 124 des 136 élèves étaient des filles. Comme toujours, Hicks suivait fidèlement la carrière de ses diplômés ; ainsi, en 1883, il déclara que, sur les 88 diplômés de l'année précédente, 47 œuvraient dans l'enseignement, 30 étaient retournés aux études en vue d'obtenir un diplôme supérieur et 11 n'avaient pas répondu à son questionnaire. Hicks prit sa retraite en 1883 et, lorsqu'il parut pour la dernière fois à la remise annuelle des diplômes, Dawson lui rendit hommage, déclarant qu'il avait été « un père pour tous les élèves de cette école [...] prenant [...] toujours un vif intérêt à leur bien-être ».

William Henry Hicks put jouir d'une retraite aisée grâce à « l'allocation [...] raisonnable » qu'on lui versa. Champion d'échecs à Montréal, il continua sans doute à jouer et s'occupa probablement des affaires de la congrégation St George, où il avait été marguillier. Ses beaux jours furent cependant assombris par la maladie et la mort de son fils aîné, Francis, dont il avait été très proche ; celui-ci, qui demeurait chez ses parents, avait été professeur d'histoire et de littérature anglaises à la McGill Normal School que dirigeait son père. Hicks passa les dernières années de sa vie à sa maison de campagne de Saint-Gabriel-de-Brandon. Il mourut au début du mois d'août 1899 et on l'inhuma au cimetière du Mont-Royal, à Montréal.

J. KEITH JOBLING

AN, RG 1, E1, 80 : 118, 186 ; RG 4, C1, 400, n° 2505. — Intercolonial Church Soc. (Londres), Colonial and Continental Church Soc., minute-books, 2–3 (mfm aux AN). — McGill Univ. Arch., RG 30. — Portsmouth City Record Office (Portsmouth, Angl.), St Thomas (Portsmouth), reg. of baptisms, 12 févr. 1817. — Colonial and Continental Church Soc., *Annual report* (Londres), 1851–1856. — *Journal of Education for Lower Canada* (Montréal), 1 (1857)–23 (1879). — *Gazette (Montréal), 29 juin 1883*. — *Canadian biog. dict.*, 2 : 275–276. — G. W. Parmelee, « English education », *Canada and its provinces ; a history of the Canadian people and their institutions* [...], Adam Shortt et A. G. Doughty, édit. (23 vol., Toronto, 1913–1917), 16 : 445–501. — W. P. Percival, *Across the years : a century of education in the province of Quebec* (Montréal, 1946), 100–106. — J. I. Cooper, « Some early teachers' associations in Quebec », *Educational Record of the Prov. of Quebec* (Québec), 80 (1964) : 81–87.

HICKSON, sir JOSEPH, administrateur de chemin de fer et juge de paix, né le 23 janvier 1830 à Otterburn, Northumberland, Angleterre, deuxième fils et quatrième enfant de Thomas Hixon, forgeron, et d'Ann Brodie ; le 17 juin 1869, il épousa à Montréal Catherine Dow, et ils eurent trois fils et trois filles ; décédé le 4 janvier 1897 à ce dernier endroit.

Joseph Hickson fit de bonnes mais courtes études et devint, à un âge précoce, commis de bureau à la York, Newcastle, and Berwick Railway. En 1851, après une brève période à la Maryport and Carlisle Railway, il passa à la Manchester, Sheffield, and Lincolnshire Railway, où il accéda au poste de directeur adjoint. C'était l'époque où les grandes compagnies consolidaient leur empire en se livrant une concurrence féroce et où les problèmes posés par les vastes organisations commerciales provoquaient l'émergence d'une profession nouvelle, celle d'administrateur de chemin de fer. À la Manchester, Sheffield, and Lincolnshire Railway, Hickson travailla avec deux des hommes les plus dynamiques et prospères à occuper cette fonction, James Joseph Allport, directeur de 1851 à 1853, et Edward William Watkin, son successeur. Ambitieux, énergique et visionnaire, Watkin devint en 1861 président, en poste à Londres, du Grand Tronc, chemin de fer de l'Amérique du Nord britannique dont les propriétaires étaient britanniques. En décembre, il engagea Hickson à titre chef comptable. Celui-ci entra en fonction à Montréal au début de 1862.

Conçu en 1851 par Francis Hincks* pour relier les colonies de l'Amérique du Nord britannique par une ligne principale, le Grand Tronc était né de la fusion des lignes existantes et de la construction, entre elles, de longs tronçons [V. sir Casimir Stanislaus GZOWSKI]. En 1859, il allait de Sarnia, dans le Haut-Canada, à l'Atlantique, plus précisément à Portland, au Maine ; en 1860, on y ajouta un tronçon dans le Bas-Canada, de Lévis à Fraserville (Rivière-du-Loup). Cependant, la compagnie ne tarda pas à connaître de graves difficultés financières en raison de l'inflation des coûts de construction, de la surestimation des recettes et de l'insuffisance des capitaux initiaux. Pour éviter la faillite, Watkin tenta de fusionner, sous sa propre autorité, le Grand Tronc et deux autres lignes, le Great Western Railway [V. Charles John Brydges*] et le Buffalo and Lake Huron Railway [V. Edmund Burke Wood*]. Il échoua, mais Hickson l'aida à négocier en 1864 une entente selon laquelle le Grand Tronc louait le Buffalo and Lake Huron, ce qui donnait à la compagnie un débouché américain (à Niagara Falls, dans l'état de New York) et lui permettait de concurrencer le Great Western pour le transit américain du Michigan à New York. Hickson comprit tôt l'importance du marché américain pour le Grand Tronc.

Hickson se rendait compte aussi que, pour le bien de sa carrière, il devait affermir sa position. En plus d'exercer ses fonctions comptables avec diligence, il veillait à ce que les fonds versés au Grand Tronc par le gouvernement pour le transport de troupes et de courrier aillent directement aux détenteurs d'obligations postales britanniques, service pour lequel ceux-ci lui versaient discrètement £200 par an. En 1865, il devint secrétaire-trésorier du chemin de fer, poste qui lui offrait de plus grandes possibilités dans l'administration. Cinq ans plus tard, il fut promu lieutenant-colonel du 1st Battalion (Garrison Artillery) de la Grand Trunk Railway Brigade, unité formée en février 1867 dans le but de défendre le chemin de fer contre d'éventuelles attaques des féniens ; on antidata sa commission à mars 1867 pour le grade et la préséance. Même s'il gravissait les échelons de la compagnie, Hickson travaillait dans l'ombre de Watkin et de Charles John Brydges, directeur général depuis 1862, qui tous deux monopolisaient le pouvoir. Pourtant, malgré leur dynamisme, ils n'arrivaient pas à faire réaliser de profits au Grand Tronc. Blâmé par les actionnaires, Watkin démissionna donc en 1868. Brydges fit de même en 1874 pour des raisons semblables et c'est Hickson qui lui succéda.

Entre-temps, à Londres, le successeur de Watkin, Richard Potter, avait commencé à déléguer son autorité, comme cela se faisait dans nombre de grandes compagnies ferroviaires des États-Unis.

D'ailleurs, il avait réclamé la démission de Brydges en partie parce que ce dernier refusait de suivre cette tendance. Pour éviter que Hickson ne régente tout, Potter donna beaucoup de latitude à Lewis James Seargeant*, directeur du trafic nommé peu de temps auparavant, et il autorisa quatre autres directeurs à assister aux réunions du comité de direction du chemin de fer en qualité de conseillers. Hickson présidait le comité et son vote l'emportait sur celui des autres membres mais, formé à l'école d'Allport, de Watkin et de Brydges, il s'irritait d'avoir à entendre des « subordonnés critiquer officiellement [...] leur supérieur immédiat et responsable ». Consulter le comité de direction était, affirmait-il, une perte de temps. Potter fut déçu de cette attitude ; en outre, il estimait que le directeur général ne donnait pas suffisamment de détails sur les activités au conseil d'administration de Londres. Hickson rongea son frein jusqu'à ce que l'autorité de Potter soit ébranlée, en 1876, par un conflit avec le premier ministre du Canada, Alexander MACKENZIE, qui avait l'appui des principaux obligataires du chemin de fer, soit les banques londoniennes Glyn, Mills and Company et Baring Brothers. Hickson soutint les banquiers et menaça de démissionner ; face à cette situation, le conseil d'administration refusa d'appuyer Potter, qui démissionna. C'est sir Henry Whatley Tyler, avec qui Hickson travailla bientôt en étroite collaboration, qui lui succéda.

À peine son autorité était-elle raffermie que Hickson connut son premier conflit de travail à la fin de 1876. Traditionnellement, les chemins de fer canadiens gardaient les ouvriers spécialisés même en périodes creuses afin de pouvoir compter sur une main-d'œuvre loyale en temps de prospérité. Puis, dans les années 1870, l'abondance des ouvriers qualifiés sembla permettre d'adopter une stratégie plus dure. Inquiet de voir diminuer les recettes en raison d'une grave dépression, de la forte concurrence et de la hausse des coûts d'entretien, Hickson décida de déroger à cette coutume paternaliste. Au printemps de 1875, il licencia 625 employés des services techniques et mécaniques, et il essaya d'abaisser le salaire des conducteurs de locomotive les plus anciens. Les mécaniciens, qui appartenaient à un syndicat américain, la Brotherhood of Locomotive Engineers, résistèrent. Hickson savait que ce syndicat était puissant, et il accepta donc de revenir au statu quo en signant une convention. L'une des premières conventions écrites de l'histoire des ouvriers des chemins de fer, elle marquait une autre étape dans le processus qui rendait le régime du travail moins paternaliste et plus collectif. Toutefois, comme les recettes continuaient de fléchir, Hickson fit une nouvelle tentative en novembre 1876. Il ordonna que l'on réduise de 10 % tous les salaires et que seuls les employés nécessaires à la compagnie demeurent à son service. La veille de Noël, on avait congédié 150 mécaniciens. Les autres se mirent en grève et, durant 108 heures, le Grand Tronc ne fit rouler aucun train direct. Hickson fit pression auprès des autorités fédérales, provinciales et municipales pour obtenir l'aide de l'armée ou de la police, mais les réponses, surtout en Ontario, furent négatives ou lentes à venir, en raison des conflits de juridiction et aussi parce que la compagnie, jugée arrogante et peu soucieuse des besoins locaux, était très impopulaire. Comme il ne pouvait se permettre une grève prolongée, Hickson accepta une nouvelle convention qui rétablissait, avec plusieurs modifications, celle de 1875. Dès lors, il recourut à un mélange de paternalisme d'entreprise et de réductions de salaire sélectives pour se concilier le syndicat et le dominer. Après deux ans de baisses de salaire, les mécaniciens organisèrent une forte résistance en 1886 ; Hickson remit alors les anciens taux en vigueur, versa des cotisations supplémentaires à la caisse d'assurance et de retraite de la compagnie, instituée en 1873, et permit à des employés de faire partie du conseil qui administrait ces fonds. En se montrant prêt à éviter les longs affrontements, Hickson se démarquait dans le milieu généralement sans pitié qu'était celui des relations de travail dans les chemins de fer nord-américains de la fin du XIXe siècle.

Hickson avait pris la direction administrative du Grand Tronc à une époque de grande concentration parmi les compagnies ferroviaires nord-américaines. Des consortiums composés de nombreuses entreprises indépendantes et relativement petites, qui s'entendaient sur les questions de tarif et de trafic, étaient supplantés par des groupes unifiés sous une même administration. Cette tendance permettait de réduire de beaucoup les frais d'entretien et de gestion, et d'améliorer dans l'ensemble le matériel roulant. En conséquence, le trafic devint plus rapide et plus efficace, et le tarif baissa. Conscient de ces orientations et du fait que le Grand Tronc était en position d'assurer la liaison entre Chicago et l'Atlantique, Hickson conseilla aux administrateurs de la compagnie, en juin 1876, d'acquérir un accès indépendant à Chicago en achetant le Chicago and Lake Huron Railroad, réseau composite qui traversait l'état du Michigan. Jusque-là, le Grand Tronc avait eu accès à Chicago par le Michigan Central Railroad, dont il avait tiré en 1875 le quart de ses revenus de fret. Toutefois, le Michigan Central Railroad opposa le Grand Tronc à deux concurrents, le Great Western et le Canada Southern Railway, si bien que Hickson estima imprudent de continuer à se fier à cette compagnie. Ce qu'il voulait faire nécessitait cependant des liquidités, et le Grand Tronc n'en avait pas. Durant les deux années suivantes, il surveilla de près les constituantes du Chicago and Lake Huron Railroad. Au moment où la famille Vanderbilt, propriétaire du New York Central and Hudson River Railroad, tenta de s'assurer un accès à Chicago en achetant le Canada Southern Railway, le Michigan Central Railroad et un élément mitoyen du Chicago and Lake Huron Railroad, Hickson, avec l'appui de Tyler, passa à l'action. Il vendit pour 1 500 000 $ à une société gouvernementale, la Compagnie du chemin de fer Intercolonial, le tronçon de Rivière-du-Loup du Grand Tronc, qui ne rapportait rien, et acheta des lignes à chaque extrémité du réseau des Vanderbilt qui menait à Chicago. Ensuite, il menaça de construire une ligne parallèle au milieu, ce qui força les Vanderbilt, en 1880, à vendre leurs intérêts dans ce réseau à la compagnie du Grand Tronc. Il fusionna ses nouvelles acquisitions sous le nom de Chicago and Grand Trunk Railway et réaffirma une alliance déjà conclue avec le Vermont Central Railroad, dans l'Est. Cette année-là, le Grand Tronc tira de Chicago environ 40 % de ses recettes. Pour remercier Hickson, les actionnaires du Grand Tronc lui offrirent une coutellerie en or et argent d'une valeur de £2 500.

Satisfaits d'avoir accès à Chicago, Hickson et Tyler n'avaient nul désir de construire, au nord du lac Supérieur, une ligne qui mènerait dans l'Ouest canadien. Au début, ils furent donc d'accord pour que le gouvernement subventionne la construction du chemin de fer canadien du Pacifique (qui obtint sa charte en 1881), car ils croyaient possible d'éviter une « collision d'intérêts » si ce chemin de fer n'allait pas au delà du lac Nipissing, en Ontario, ou si, à tout le moins à l'est de cet endroit, il se réduisait à une ligne simple. Dans l'un ou l'autre cas, le Grand Tronc assurerait toutes les liaisons à l'est du lac Nipissing. Cependant, l'énergique directeur général de la Compagnie du chemin de fer canadien du Pacifique, William Cornelius Van Horne*, savait qu'aucune ligne ne pourrait être rentable si elle devait empiéter sur des chemins de fer « qui avaient des intérêts adverses ». Sa compagnie chercha donc à construire dans l'Est. Furieux, Hickson fit remarquer au premier ministre, sir John Alexander MACDONALD, que le chemin de fer canadien du Pacifique utilisait des fonds publics pour concurrencer les capitaux privés britanniques investis dans le Grand Tronc. Le président de la Compagnie du chemin de fer canadien du Pacifique, George Stephen*, accusa alors Hickson de vouloir une « hégémonie absolue » dans l'Est. En faisant allusion aux pressions constantes de son rival, Van Horne inventa l'expression « hicksoniser le gouvernement ». En fait, Hickson était un ami personnel de Macdonald. Peut-être même avait-il une certaine influence en temps d'élections : le Grand Tronc avait toujours soutenu les conservateurs en ordonnant à ses employés de voter pour eux. Aux élections de 1882, Macdonald exhorta Hickson à « mettre l'épaule à la roue et à aider [le parti] ». Mécontent de l'appui que Macdonald apportait au chemin de fer canadien du Pacifique, Hickson hésita, mais finalement il fit sa part : le Grand Tronc prêta un train à Macdonald pour la campagne, dont les conservateurs sortirent vainqueurs. Le premier ministre n'en continua pas moins de soutenir la Compagnie du chemin de fer canadien du Pacifique et tenta de semer la zizanie entre Hickson et Tyler, qui montait les investisseurs britanniques contre elle. Mais le directeur général demeura d'une loyauté indéfectible envers son président. En avril 1883, à Londres, Tyler conclut avec Stephen une entente qui semblait devoir mettre fin au conflit, mais le président du chemin de fer canadien du Pacifique, à l'humeur changeante, se laissa bientôt convaincre par ses conseillers new-yorkais et canadiens de revenir sur sa parole. En février 1884, dans l'espoir d'influencer un débat crucial sur le financement du chemin de fer canadien du Pacifique, Hickson publia la correspondance qu'il avait échangée avec Macdonald sur le sujet. En octobre, lui-même et Van Horne ne s'étaient pas encore rencontrés et n'avaient pas encore discuté sérieusement de leur différend profond.

Dans les années 1880, Hickson et Van Horne appuyèrent leurs belles paroles par de promptes acquisitions et des travaux fébriles. Bien que forcé par le gouvernement de vendre la Compagnie du chemin de fer de la rive nord, et ainsi permettre au chemin de fer canadien du Pacifique d'avoir sa propre ligne de Montréal à Québec, Hickson acheta 250 milles de voie ferrée dans la province de Québec et l'état du Michigan et consolida son emprise sur le Vermont Central Railroad. Cependant, il déploya surtout son activité en Ontario. De 1881 à 1890, il y prit la direction des affaires de 15 compagnies – dont celle qui avait été jusque-là la plus puissante rivale du Grand Tronc, la Great Western Railway Company – et ajouta ainsi 1 900 milles de voie au réseau du Grand Tronc. Peut-être la plus fructueuse de ses transactions fut-elle celle qu'il conclut en 1888 quand, après avoir acheté discrètement des obligations durant une décennie, il prit officiellement possession du réseau du Northern Railway, qui s'étendait de Hamilton à Nipissing Junction. Grâce à cette manœuvre, le Grand Tronc rejoignait la ligne du chemin de fer canadien du Pacifique à Nipissing Junction, et Hickson devançait Van Horne, qui tentait d'acquérir une liaison indépendante entre Toronto et la ligne principale du chemin de fer canadien du Pacifique. En plus, cette transaction donnait au Grand Tronc une charte qui lui permettait de construire un tronçon de Callander à Sault Ste Marie, et d'être ainsi en meilleure position de disputer le marché de l'Ouest au chemin de fer canadien du Pacifique. Van Horne se plaignit en ces termes à Macdonald : « Plus de la moitié de notre trafic avec le Nord-Ouest va en Ontario ou en part, et maintenant le Grand Tronc nous en sépare. » En outre, Hickson fit construire le tunnel St Clair à Detroit, imposant ouvrage de génie achevé en 1890 grâce à une subvention fédérale de 375 000 $, et doubler les voies de la ligne Montréal–Toronto, ce qui fut terminé en 1892.

Malgré les efforts de Hickson, le chemin de fer canadien du Pacifique put se rendre jusqu'à Chicago et Montréal grâce au soutien du gouvernement fédéral et de capitalistes new-yorkais, dont les Vanderbilt, que Hickson appelait ses « pires ennemis ». Peut-être avec quelque raison, il se plaignit à Macdonald que la Compagnie du chemin de fer canadien du Pacifique avait été « créée dans un but » mais allait « servir à un autre ». Ses protestations ne donnèrent cependant aucun résultat : dès 1885, le chemin de fer canadien du Pacifique était solidement établi en Ontario, l'arrière-cour du Grand Tronc.

Selon les administrateurs du chemin de fer canadien du Pacifique, les visées expansionnistes de Hickson étaient « insensées » et témoignaient d'une « vanité et d'un amour-propre démesurés ». Ils avaient tort. Hickson agissait en fonction de la formation qu'il avait reçue et du milieu capitaliste dans lequel il évoluait, où régnait une concurrence souvent ruineuse. C'était un négociateur rusé (Stephen se plaignait qu'« il [voulait] toujours un peu plus que ce qui [était] vraiment équitable ») et un concurrent combatif. Les hommes d'affaires de Chicago faisaient son éloge parce qu'il avait brisé le monopole des Vanderbilt. À l'instar de Tyler et de l'ensemble des administrateurs du Grand Tronc, il avait aux États-Unis une excellente réputation de compétence et d'honnêteté. Tout en dépensant des sommes énormes afin de combattre l'intrusion du chemin de fer canadien du Pacifique, il gérait avec beaucoup de talent les finances du Grand Tronc. Il convainquit les détenteurs de titres ayant une grande valeur mais peu de stabilité de les échanger contre des débentures assorties d'un dividende de 4 % ; dès 1890, ces échanges permettaient à la compagnie d'épargner £80 000 par an. Il réalisait en outre des transactions immobilières habiles, tant du point de vue financier que politique, et les investissements qu'il faisait au nom de la compagnie, en grande partie dans d'autres chemins de fer, rapportaient à celle-ci £72 000 par an tout en assurant à Hickson un grand avantage au moment de négocier.

Bien qu'il ait été beaucoup moins populaire au Canada qu'aux États-Unis, Hickson y avait aussi des admirateurs. En 1886, l'homme d'affaires montréalais James Ferrier* pressa Watkin et Tyler de faire récompenser ses réalisations de manière tangible. Watkin demanda alors à Macdonald de recommander un titre de chevalier. Le premier ministre hésita, invoquant une opposition possible du cabinet. Il rappela aussi à Watkin que « Hickson [...] se consid[érait] comme une partie intégrante du G[rand] T[ronc] » et, faisant allusion au fait que le gouvernement avait soutenu la compagnie rivale, il précisait : « on a marché sur les orteils du G[rand] T[ronc] – et Hickson le ressent comme si c'était son pied goutteux qu'on a écrasé ». La rumeur voulait, ajoutait-il, que les employés du Grand Tronc reçoivent la consigne de voter pour les libéraux ; il invita donc Watkin à « s'occuper discrètement de cette affaire pour [les conservateurs] ». Dès janvier 1887, Macdonald était rassuré quant à la loyauté du Grand Tronc mais, lorsqu'il offrit à Hickson de le recommander pour un titre de chevalier, ce dernier refusa. Malgré les pressions de Ferrier et des autorités de la compagnie, Hickson s'entêta jusqu'en novembre 1888, moment où il se laissa convaincre d'accepter pour le bien du Grand Tronc. On lui conféra son titre le 20 janvier 1890.

La gestion de Hickson n'enchantait pas autant le conseil d'administration du Grand Tronc que Watkin et Ferrier. En fin de compte, il n'avait ni empêché le chemin de fer canadien du Pacifique de s'étendre dans l'Est, ni fait du Grand Tronc une entreprise rentable. Demeuré trésorier de la compagnie, il avait dressé les comptes de manière à empêcher toute évaluation précise de l'effet financier de ses coûteuses mesures expansionnistes. En outre, il ne s'était pas efforcé de trouver des fonds pour moderniser le matériel roulant ni pour améliorer l'entretien général, si bien que sur le plan technique le Grand Tronc était désavantagé par rapport à nombre de ses concurrents américains, qui eux s'étaient modernisés. En décembre 1890, donc moins de 12 mois après qu'on l'eut fait chevalier, le conseil d'administration obtint sa démission et le remplaça par Lewis James Seargeant. Estimant que celui-ci n'avait pas l'envergure de Hickson, Watkin offrit de racheter assez d'actions pour permettre à ce dernier de contre-attaquer. Cependant, Hickson avait 60 ans et il était peut-être fatigué de lutter ; il accepta, contre des honoraires de £1 000 par an (qui passèrent à £500 en 1896), d'agir sur demande à titre de consultant et de demeurer fidèle à la compagnie. Celle-ci ne fit jamais appel à ses services, mais il lui conserva sa loyauté.

Pendant qu'il travaillait au Grand Tronc, Hickson n'avait pris que de rares vacances ; d'ordinaire, il les passait paisiblement dans sa ferme de Cacouna, dans la province de Québec. Même s'il était juge de paix à Montréal depuis 1865, qu'il appartenait à la St George's Society et s'occupait activement des affaires de l'église presbytérienne St Andrew, il n'avait jamais eu – et n'avait toujours pas – le loisir, ou peut-être même le goût, de s'intéresser aux affaires publiques. Néanmoins, il aidait généreusement les immigrants anglais et, en 1892, il parraina une maison de refuge pour immigrants français démunis à Montréal. Cette année-là, Macdonald le nomma président d'une commission royale sur le commerce des boissons alcooliques ; en 1895, elle remit un rapport qui décrivait longuement ce commerce, recommandait des règlements et évaluait les conséquences sociales et autres de la prohibition. Selon un témoignage contemporain, lady Hickson participait à de nombreuses œuvres de bienfaisance et occupait « un rang élevé dans la société de la métropole commerciale ».

Sir Joseph Hickson mourut de « paralysie » au début de janvier 1897. Juste avant de quitter la direction générale du Grand Tronc, il avait écrit à Macdonald à propos du chemin de fer auquel il avait consacré sans compter une bonne partie de sa vie : « On a exigé des résultats qui sont impossibles. » Cette phrase aurait pu être gravée sur sa tombe.

PETER BASKERVILLE

La correspondance entre Joseph Hickson et sir John A. Macdonald au sujet de la subvention par le gouvernement de la Compagnie du chemin de fer canadien du Pacifique en 1884 fut publiée par la Compagnie du chemin de fer du Grand Tronc sous le titre de *Grand Trunk Railway : correspondence between the company and the dominion government respecting advances to the Canadian Pacific Railway Company* (s.l., [1884]).

Un portrait de Hickson a été publié avec l'article de George Stewart, « Sir Joseph Hickson », *les Hommes du jour : galerie de portraits contemporains,* L.-H. Taché, édit. (32 sér. en 16 vol., Montréal, 1890–[1894]), sér. 29 : 449–457. Un autre portrait parut dans le *Railway Journal* (Montréal), 11 nov. 1881.

AN, MG 26, A, 130 ; 139–140 ; 191 ; 220 ; 223 ; 228 ; 259 ; 267 ; 269 ; 272 ; 360 ; 524 ; 526 ; 529–530 ; MG 27, I, D8 ; MG 28, III 20, Van Horne letter-books, 1–36 ; MG 29, A29 ; RG 30, IA, 1, vol. 1028, 1039–1043 ; IA, 4, vol. 10201 ; RG 68, General index, 1841–1867. — ANQ-M, CE1-125, 17 juin 1869, 8 janv. 1896. — Northumberland County Record Office (Newcastle upon Tyne, Angl.), Birdhopecraig Presbyterian Church, reg. of births, 23 janv. 1830. — J. [A.] Macdonald, *Correspondence of Sir John Macdonald* [...], Joseph Pope, édit. (Toronto, 1921), 449–450. — *Proceedings of a conference between sir Joseph Hickson, Mr. W. C. Van Horne and a sub-committee of the joint committee re esplanada* (s.l., [1890]). — *Globe,* 5 janv. 1897. — *Montreal Daily Star,* 4 janv. 1897. — *Railway Times* (Boston), 1870–1890. — *Cyclopædia of Canadian biog.* (Rose et Charlesworth). — *Types of Canadian women* (Morgan), 157. — A. D. Chandler, *The visible hand : the managerial revolution in American business* (Cambridge, Mass., 1977). — Paul Craven et Tom Traves, « Dimensions of paternalism : discipline and culture in Canadian railway operations in the 1850s », *On the job : confronting the labour process in Canada,* Craig Heron et Robert Storey, édit. (Kingston, Ontario, et Montréal, 1986), 47–74. — A. W. Currie, *The Grand Trunk Railway of Canada* (Toronto, 1957). — C. H. Ellis, *British railway history : an outline from the accession of William IV to the nationalisation of railways* [...] (Londres, 1954). — T. R. Gourvish, *Mark Huish and the London & North Western Railway : a study of management* (Leicester, Angl., 1972). — H. J. Perkin, *The age of the railway* (Newton Abbot, Angl., 1971). — G. R. Stevens, *Canadian National Railways* (2 vol., Toronto et Vancouver, 1960–1962). — P. J. Stoddart, « The development of the southern Ontario steam railway network under competitive conditions : 1830–1914 » (thèse de M.A., Univ. of Guelph, Guelph, Ontario, 1976). — P. [A.] Baskerville, « Americans in Britain's backyard : the railway era in Upper Canada, 1850–1880 », *Business Hist. Rev.* (Cambridge, Mass.), 55 (1981) : 314–336. — Jacques Gouin, « Histoire d'une amitié : correspondance intime entre Chapleau et De Celles (1876–1898) », *RHAF,* 18 (1964–1965) : 364. — Desmond Morton, « Taking on the Grand Trunk : the locomotive engineers strike of 1876–7 », *le Travailleur* (Halifax), 2 (1977) : 5–34.

HILL, ANNE. V. FAIRBROTHER

HILL, PHILIP CARTERET, avocat, homme politique et auteur, né le 13 août 1821 à Halifax, fils du capitaine Nicholas Thomas Hill et de Hannah Harriet Binney ; le 24 juillet 1850, il épousa Margaretta Rhoda Collins ; décédé le 15 septembre 1894 à Tunbridge Wells (Royal Tunbridge Wells, Angleterre).

Philip Carteret Hill n'était peut-être pas tout à fait « destiné de naissance » aux honneurs, comme l'ont suggéré certains, mais sa famille, au fil du temps, ne cessa de se rapprocher de l'establishment de Halifax formé de marchands, de tories et d'anglicans. Son père était arrivé à Halifax avec le Royal Staff Corps en 1815 et avait épousé moins de trois ans plus tard Hannah Harriet Binney, dont les ancêtres avaient occupé des postes publics presque dès la fondation de la ville. Elle était la cousine de Stephen Binney*, qui allait être le premier maire élu de Halifax, et la petite-cousine de Hibbert Binney*, futur évêque de la Nouvelle-Écosse.

Le capitaine Hill avait quitté l'armée au début des années 1820 et s'était rendu à Boston pour apprendre à exploiter une banque. Il devint caissier (directeur) de la Halifax Banking Company, société privée fondée en 1825 et qui prospérait « comme une plante vivace ». En cette qualité, Hill entretenait des relations suivies avec les piliers de l'oligarchie marchande et fonctionnaire, soit Henry Hezekiah Cogswell*, Enos Collins*, Joseph Allison, Samuel Cunard* et James Tobin*, tous membres du conseil d'administration de la banque comme du Conseil de la Nouvelle-Écosse. Les six enfants de Hill, dont deux devinrent ministres anglicans, firent de bons mariages ; trois d'entre eux s'allièrent aux familles Allison, Almon et Woodgate. Cependant, Philip Carteret les surpassa tous : il épousa l'une des filles de Collins, qui avait déjà passé pour l'homme le plus riche d'Amérique du Nord.

Philip Carteret Hill fit de brillantes études au King's College de Windsor, où il s'intéressa particulièrement aux matières religieuses. Bien qu'admis comme attorney et barrister le 7 mai 1844, il ne pratiqua guère le droit car il n'avait nul besoin de gagner sa vie, et le *Morning Chronicle* de Halifax dirait un jour qu'il portait « le titre d'avocat sans l'être ». « Peut-être, poursuivait le journal, lui est-il arrivé de donner un avis juridique ou de s'adresser à un jury mais, si c'est le cas, cela doit remonter si loin que personne n'en a gardé le souvenir. » À la fin des années 1850, après un long séjour aux États-Unis, il prononçait devant la Young Men's Christian Association de Halifax un discours qui ne laissait aucun doute sur ses convictions conservatrices. Dénonçant les ambitions effrénées de la jeunesse américaine, il conseillait aux Néo-Écossais ordinaires d'imiter l'Anglais qui, assigné à une place de subordonné, faisait son devoir consciencieusement et sans se plaindre. Le respect des obligations, aussi mineures qu'elles soient, voilà à quoi, selon lui, on pouvait mesurer la valeur de chacun.

À cette époque, Hill devait surtout sa renommée à sa générosité envers les pauvres et à son appui à des causes communes. En 1862–1863, par exemple, il fut le premier président du Nova Scotian Institute of Natural Science. Son premier rôle actif sur la scène publique fut celui de maire de Halifax ; il exerça cette fonction de 1861 à 1864, avec compétence mais sans éclat. Aussi paraît-il surprenant qu'à l'occasion du mariage du prince de Galles et de la princesse Alexandra du Danemark, en 1863, le lieutenant-gouverneur de la Nouvelle-Écosse, lord Mulgrave [Phipps*], ait recommandé que Hill soit fait chevalier, honneur qu'en semblables occasions on conférait souvent à quelques lords-maires des villes britanniques. Cependant, il ne reçut pas cette distinction car le cabinet de Palmerston, brouillé avec le lord-maire de Londres, William Andrew Rose, décida qu'aucun maire ne l'obtiendrait. Plus tard dans les années 1860, après un changement de gouvernement en Grande-Bretagne, quelques lords-maires devinrent chevaliers ; Hill tenta alors de décrocher ce titre en passant par le lieutenant-gouverneur, puis par le gouverneur général et par sir John Alexander MACDONALD, mais chaque fois sans succès. Au moins peut-on signaler qu'en ces occasions il fit valoir non pas ses réalisations personnelles, mais le simple fait qu'il avait été maire d'une grande ville coloniale lors d'un événement important.

Hill fit une entrée assez inattendue dans la politique de parti le 4 juillet 1867, en prêtant serment à titre de secrétaire de la province, au sein de ce que l'on appelle parfois le gouvernement Blanchard-Hill. Le *Morning Chronicle,* rageur, déclara que Hill était « aussi apte aux fonctions de ce poste qu'il le serait au commandement d'un navire de guerre », mais un motif évident expliquait sa nomination : il fallait renforcer le caractère de coalition du gouvernement, partisan de la Confédération, en plaçant un homologue conservateur aux côtés du fédéraliste libéral Hiram Blanchard*. Comme les principaux fédéralistes conservateurs optaient pour un poste au gouvernement fédéral, on avait presque choisi Hill faute de candidats. Son mandat se termina dès le 18 septembre, jour où les fédéralistes essuyèrent une cuisante défaite et où il fut lui-même battu dans la circonscription de Halifax. En novembre 1870, à l'occasion d'une élection partielle, il refit campagne dans cette circonscription et remporta la victoire par 14 voix sur le brillant et éloquent William Garvie* grâce selon certains, aux tractations malhonnêtes de ses partisans. Il dirigea avec talent une opposition formée de trois députés pendant la session de 1871, après quoi un comité parlementaire des élections, composé exclusivement d'antifédéralistes libéraux, lui retira son siège. Il se présenta une dernière fois sous la bannière conservatrice aux élections générales de 1871, dans Halifax, mais sans succès.

Hill réapparut sur la scène politique en janvier 1874 dans des circonstances étranges. Les députés conservateurs de Halifax, sûrs de perdre les prochaines élections fédérales à cause du scandale du Pacifique [V. Lucius Seth Huntington*], décidèrent de ne pas entrer dans la course et, avec le concours de certains journaux conservateurs, appuyèrent le candidat ouvrier Donald Robb. Piqué au vif, Hill écrivit que ce n'était « pas une mince affaire que de monter une classe contre une autre et d'entretenir l'idée qu'une classe privilégiée vi[vait] aux dépens du travailleur ». Plusieurs journaux conservateurs l'accusèrent ensuite d'intervenir pour protéger son ami Alfred Gilpin Jones*, candidat libéral fédéral, et d'avoir conclu « une entente vénale [...] contraire au code de l'honneur ». D'après eux, il était mêlé à un complot qui lui permettrait de devenir secrétaire de la province une fois que le titulaire du poste, William Berrian Vail*, serait entré au cabinet d'Alexander MACKENZIE à Ottawa. « Nous l'avons revêtu d'une brillante couche d'argent, mais le vil étain transparaîtra toujours », déplora le *British Colonist* de Halifax.

L'affaire ne connut son dénouement que dix mois plus tard. Par suite de la dissolution de l'Assemblée, le 23 novembre 1874, Hill devint candidat libéral dans la circonscription de Halifax et, peu après, secrétaire de la province. Apparemment, ce n'était que la première étape de son ascension, car le premier ministre William Annand* fit savoir qu'il céderait bientôt sa place à un homme plus jeune. Pour justifier son changement de camp, Hill affirma que, comme la question de la Confédération n'était plus à l'ordre du jour, il ne trouvait rien dans la politique du gouvernement provincial qui ne suscitât son entière adhésion. Selon lui, ce gouvernement avait surtout besoin, à ce moment, d'« hommes industrieux, travailleurs et efficaces aux postes ministériels ». On peut trouver plusieurs explications à son entrée au parti libéral, mais peut-être trois motifs jouèrent-ils principalement : le scandale du Pacifique lui faisait horreur ; il était l'ami de Jones ; comme il n'était pas obligé de gagner sa vie, il désirait faire carrière en politique, et les libéraux étaient les seuls à lui offrir quelque chance de succès. Il gagna ses élections sans difficulté et, au début, 25 des 38 députés appuyèrent les libéraux.

Comme Annand siégeait au Conseil législatif, c'est Hill qui dirigea le cabinet à l'Assemblée pendant la session de 1875. Dans son premier discours, il déclara, en citant certaines paroles récentes de Benjamin Disraëli, que même lorsque « la passion politique [est] forte [...] les sentiments de courtoisie » doivent prévaloir. La réponse ne se fit pas attendre : on ne pouvait guère escompter que les tories néo-écossais imitent William Ewart Gladstone et Disraëli, qui se respectaient l'un l'autre parce qu'ils étaient restés fidèles aux traditions de leur parti respectif et n'avaient pas « troqué la cohérence et l'honneur politique contre un poste ». Tant en chambre qu'à l'extérieur, on le surnommait « *le* gendre » ou on le traitait d'« imbécile » et de « traître ». À l'Assemblée, il subit des attaques en règle de la part des conservateurs Simon Hugh Holmes*, Avard Longley* et Douglas Benjamin Woodworth, lequel était souvent fort turbulent. Pour un homme tempéré et raffiné comme Hill, c'était une expérience nouvelle et troublante que de se voir en butte à des demi-vérités et à des accusations sans fondement. Incapable d'égaler la rhétorique de ses adversaires, il répondait généralement par des discours brefs, factuels et raisonnés, qui auraient eu davantage leur place à Oxford, dans un cercle de débats, qu'à l'Assemblée néo-écossaise du milieu des années 1870.

Même si la plupart des huit députés du Cap-Breton étaient officiellement libéraux, ils semblaient tenir moins à respecter leur allégeance qu'à obtenir le prolongement des chemins de fer jusque dans leur île, si bien qu'au début de la session de 1875 les conservateurs nourrirent l'espoir de se servir d'eux pour évincer le gouvernement libéral. À cette fin, ils firent circuler une pétition *round robin* (à signatures disposées en rond, pour qu'on ne puisse identifier les premiers signataires) où ils s'engageaient formellement à promouvoir la construction d'une ligne jusqu'à Louisbourg. Toutefois, Hill fit une contre-offre, encore plus alléchante, et un seul député du Cap-Breton soutint les conservateurs. Ceux-ci connurent une nouvelle défaite quand ils tentèrent d'embarrasser le gouvernement en l'accusant d'avoir confié sans appel d'offres ses contrats d'imprimerie à trois journaux libéraux. Finalement, ils eurent leur revanche à l'occasion de ce qui, d'après l'*Acadian Recorder,* fut la « mesure la plus brutale et la plus inutile jamais prise dans une assemblée délibérante ». Pour s'assurer l'appui de John Barnhill Dickie*, de la circonscription de Colchester, les libéraux l'avaient nommé président de la chambre le 11 mars 1875, même s'il était député de fraîche date. De toute évidence, il s'acquitta mal de sa tâche car, lorsque Woodworth réclama sa démission, le 30 avril, 7 libéraux se joignirent aux 13 conservateurs pour battre les 12 autres libéraux, parmi lesquels figuraient tous les conseillers exécutifs. Cette session avait été une dure initiation pour Hill. Seule sa décision de confier aux tribunaux les cas d'élections controversées reçut un bon accueil, et à la fin de la session il semblait ne plus avoir d'autorité sur ses députés d'arrière-ban.

En mai 1875, une fois la session terminée, Annand transmit ses fonctions de premier ministre à Hill. Vu la faiblesse du cabinet et la nécessité de venir à bout d'une opposition intraitable, ce dernier dut se montrer opportuniste : il confia en novembre le poste de procureur général à Otto Schwartz WEEKS, qui était de taille à affronter la hargne de l'opposition. Hill prenait un risque en nommant cet homme doué et populaire mais peu fiable et qui buvait. Pendant la session de 1876, les débats donnèrent parfois l'impression que c'était Weeks le vrai chef. D'un ton méprisant, Woodworth suggéra que les deux hommes pourraient se partager le leadership à la manière d'un taïcoun et d'un mikado, l'un ayant l'air d'exercer le pouvoir, l'autre l'exerçant réellement. Après que Woodworth, qui avait été expulsé de la chambre en 1874, eut obtenu en cour un dédommagement de 500 $ de la part des députés libéraux en cause, le gouvernement de Hill veilla à ce que jamais ne se reproduise un incident de ce genre. En 1876, il adopta une loi par laquelle la chambre renonçait à s'appuyer sur ses pouvoirs intrinsèques d'auto-protection et obtenait en échange une complète garantie légale de ses privilèges, pouvoirs et immunités. Cette loi, tout à fait appropriée à son dessein, n'a presque pas été modifiée depuis.

En 1876, Hill reçut des félicitations lorsqu'il appliqua la procédure des appels d'offres aux contrats gouvernementaux d'imprimerie, mais il eut moins de succès avec l'un de ses vieux projets les plus chers : la fondation d'une université provinciale. Son plan prévoyait que les collèges confessionnels continueraient de toucher des subventions gouvernementales pendant cinq ans, le temps de préparer la création d'un établissement qu'il voulait baptiser University of Halifax. Les conservateurs, qui défendaient depuis longtemps ces collèges, lui firent vivement opposition, de sorte que son projet tomba à l'eau. Pour le reste, l'éternelle question des chemins de fer domina la session de 1876. Comme rien n'avançait dans la construction du tronçon de l'Eastern Extension Railway qui devait relier New Glasgow au détroit de Canso et au Cap-Breton, le député Ebenezer Tilton Moseley passa dans le camp des conservateurs. Hill présenta de nouvelles propositions pour faire commencer les travaux sur ces lignes et sur un autre tronçon qui irait de Nictaux et Middleton jusqu'à l'Atlantique, mais lui-même n'en espérait pas grand-chose.

Weeks avait grandement allégé la tâche de Hill durant cette session mais, peu après, son intempérance donna lieu à des absences prolongées. Vers la fin de l'année, après qu'il eut refusé de remettre sa démission, le gouvernement lui retira son poste par décret du conseil, unique cas de ce genre dans l'histoire de la Nouvelle-Écosse. Pendant les deux années suivantes, Weeks tint en chambre une position indépendante, ce qui ne cessa d'embarrasser Hill. Ce n'est là qu'une des nombreuses difficultés qui l'amenèrent sans doute à se demander s'il avait bien fait de changer de parti pour devenir premier ministre. En 1877, la question du grand sceau revint sans cesse sur le tapis. Pendant des semaines, Woodworth et ses collègues prétendirent que le sceau de la province n'était plus valide depuis 1869, que l'ensemble des nominations et cessions de terre faites sous ce cachet étaient illégales et que même la chambre et le gouvernement étaient illégalement constitués. En définitive, ce fut beaucoup de bruit pour rien ; la crise financière qui pointait à l'horizon se révéla, elle, grave.

En 1877, la province se trouvait dans une situation précaire, en partie à cause d'un fléchissement de l'économie qui, à compter de la fin de 1875, s'était transformé en une récession globale. Les choses allaient empirer le 1er juillet 1877, à l'échéance des versements que Joseph Howe* avait obtenus pour la province au moment de la renégociation de la participation néo-écossaise à la Confédération (82 968 $ par an pendant dix ans). Au début de 1877, Hill prévint le premier ministre Alexander Mackenzie et le ministre des Finances Richard John Cartwright* que la perte de ces fonds obligerait la Nouvelle-Écosse à recourir à l'imposition directe, mais le gouvernement d'Ottawa répondit qu'il ne pouvait être d'aucun secours. Pour épargner de l'argent, Hill tenta de ranimer le vieux débat sur l'union des Maritimes. « Il semblerait [...] tout aussi logique, déclara-t-il en chambre en mars 1877, d'employer un marteau-pilon à vapeur Narmyth pour écraser une coquille d'œuf que d'utiliser un si [énorme] appareil » administratif pour gouverner trois petites provinces. Cependant, les autres provinces firent la sourde oreille. Hill prit aussi des mesures pour faire passer de cinq à quatre le nombre de ministres en combinant les postes de procureur général et de commissaire des Terres de la couronne. Weeks railla cet « amalgame curieux et incongru », et les conservateurs se gaussèrent du fait qu'il entraînerait une économie annuelle d'à peine 2 000 $. Le seul motif de réjouissance pour Hill fut la conclusion tant attendue d'un contrat de construction pour l'Eastern Extension Railway. Mais au même moment Woodworth faisait valoir que le Western Counties Railway, entre Annapolis Royal et Yarmouth, avait été « largement construit avec des broussailles et des billes de bois », si bien que « le ciel [risquait bientôt de] s'emplir de fumée à cause de l'embrasement » de la voie ferrée.

Après la session de 1877, le gouvernement s'affaiblit davantage : il perdit une élection partielle aux mains de John Sparrow David THOMPSON dans la circonscription d'Antigonish, puis une autre dans Shelburne au profit de Nathaniel Whitworth White. Sa position à l'Assemblée, naguère si solide, était devenue plutôt précaire : il détenait une majorité de trois voix seulement, car le président était un libéral. En 1878, Hill rédigea le discours du trône du mieux qu'il put, mais sans parvenir à masquer la morosité qui régnait. Les problèmes ferroviaires étaient quasi insolubles : les ouvriers de l'Eastern Extension Railway réclamaient leur dû et on avait interrompu les travaux du Western Counties Railway, comme ceux du Nova Scotia, Nictaux and Atlantic Central Railway. Hill ne s'était pas montré assez ferme avec les comtés, qui consacraient trop d'argent à la voirie. La seule tentative de compression des dépenses qu'il fit au cours de cette session, soit de faire passer à trois le nombre de ministres à portefeuille (il confia les fonctions de trésorier au secrétaire de la province), ne permettrait que des économies minimes. Il n'avait pu empêcher Woodworth de bousculer les travaux de l'Assemblée. L'année précédente, celui-ci et Edward Farrell* avaient presque transformé la chambre en pétaudière ; en 1878, Hill tenta de mettre Woodworth sur la défensive en faisant instituer une enquête sur la façon dont il avait utilisé les crédits de voirie dans le comté de Kings, mais il réussit à s'en tirer et continua de semer le désordre jusqu'à la fin de la session.

Le dernier geste politique important de Hill fut de choisir la date des élections. Conscient de l'impopularité de son gouvernement, il crut illusoirement qu'il pourrait gagner en s'accrochant aux basques du gouvernement de Mackenzie. Mais il ignorait que ce gouvernement était aussi fragile que le sien. Quoi qu'il en soit, les élections fédérales et provinciales se tinrent le 17 septembre 1878. La principale intervention de Hill durant la campagne fut d'adresser à la population néo-écossaise une lettre dans laquelle il affirmait être un bon intendant et se vantait d'avoir réussi à prolonger les chemins de fer vers l'est et l'ouest. Cette lettre montrait qu'il avait pris quelque habitude de la politique car, même si elle rapportait des faits exacts, elle exagérait les réalisations plutôt maigres du gouvernement et glissait sur les problèmes irrésolus. Les élections furent un désastre pour les libéraux tant provinciaux que fédéraux. Hill perdit dans Halifax et son parti ne remporta que 8 des 38 sièges de l'Assemblée.

Cette défaite mit fin à la carrière politique de Hill, qui se retira sans mot dire. Quatre ans plus tard, en 1882, il s'installa à Tunbridge Wells, en Angleterre, où il se laissa aller à son penchant pour la littérature et collabora à des revues anglaises. Quand, en 1883, l'évangéliste écossais Henry Drummond publia *Natural law in the spiritual world,* Hill se tourna vers les questions religieuses, qui l'intéressaient déjà à l'époque de ses études au King's College. Il écrivit une brochure sur l'œuvre de Drummond qui connut trois éditions et fit l'objet de recensions élogieuses. Sans doute ses dernières années furent-elles plus heureuses que celles où il avait été premier ministre de la Nouvelle-Écosse.

En d'autres temps, Philip Carteret Hill aurait pu réussir en politique, mais sa personnalité cadrait mal avec le contexte où il se trouvait. Si la politique l'attirait, c'était moins par devoir de faire honneur à son nom que parce qu'il avait un grand besoin de reconnaissance sociale, besoin qui explique en partie son passage au parti qui lui offrait les meilleures chances de succès. Cependant, il paya très cher son ascension facile et rapide. En Nouvelle-Écosse, le renégat est souvent malmené, surtout quand son geste lui procure des avantages immédiats et importants. De plus, ce qui ne l'aida pas, Hill avait peu d'expérience lorsqu'il assuma le leadership d'une Assemblée indisciplinée. Chose peu surprenante, il n'en saisit jamais la mentalité. Son caractère ne lui aurait d'ailleurs pas permis d'agir de façon tellement différente. Rarement se résignait-il à employer certains des expédients courants en politique. Il demeurait fondamentalement un homme cultivé, courtois, digne, qui usait de raison plutôt que de grands mots et qui, même devant les pires provocations, refusait de recourir aux insinuations ou aux insultes. Même un homme comme Douglas Benjamin Woodworth ne put l'amener à modifier ses habitudes.

J. MURRAY BECK

L'allocution que Philip Carteret Hill a prononcé devant la Halifax Young Men's Christian Association a été publiée sous forme de brochure sous le titre de *The United States and British provinces, contrasted from personal observations* [...] (Halifax, 1859). Deux éditions de sa réponse au livre de Henry Drummond, intitulé *Drifting away : a few remarks on Professor Drummond's search for* Natural law in the spiritual world, sont parues à Londres en 1885.

On trouve des renseignements biographiques sur Hill dans quelques sources seulement. Outre la présente biographie, il est le sujet de deux ouvrages de J. M. Beck : « Philip Carteret Hill : political misfit », N.S. Hist. Soc., *Coll.*, 42 (1986) : 1–16 ; et *Politics of Nova Scotia* (2 vol. Tantallon, N.-É., 1985–1989). Pour rédiger ces portraits on s'est quelque peu inspiré de T. M. Punch qui dans « The Halifax connection, 1749–1848 : a century of oligarchy in Nova Scotia » (thèse de M.A., St Mary's Univ., Halifax, 1972) a contribué à montrer la relation qui existait entre la familile Hill et la bonne société de Halifax. La brochure de Hill, *The United States and British provinces,* a jeté un peu de lumière sur sa pensée conservatrice, et les papiers Macdonald (AN, MG 26, A) renferment des lettres qui révèlent son aspiration au titre de chevalier. Les autres principales sources sur la vie de Hill sont les journaux et les débats énumérés ci-dessous. [J. M. B.]

N.-É., House of Assembly, *Debates and proc.*, 1871 ; 1875–1878. — *Acadian Recorder,* 26 nov. 1874, 5 mai 1875. — *British Colonist* (Halifax), 5 févr. 1874. — *Evening Express* (Halifax), 2 févr. 1874. — *Halifax Evening Reporter and Daily and Tri-Weekly Times,* 3 févr. 1874. — *Halifax Herald,* 1875–1878, 19 sept. 1894. — *Morning Chronicle* (Halifax), 5 juill. 1867, 31 oct. 1870, 1875–1878.

HILL, sir STEPHEN JOHN, gouverneur, né le 10 juin 1809, fils du major William Hill et d'une prénommée Sarah ; le 30 novembre 1829, il épousa Sarah Ann Munnings, et ils eurent des enfants, puis le 3 août 1871 Louisa Gordon Sheil ; décédé le 20 octobre 1891 à Londres.

On sait peu de chose de la jeunesse de Stephen John Hill, si ce n'est qu'il suivit son père dans l'armée et devint lieutenant dans le 2nd West India Regiment en 1828. Ces quelques renseignements et le fait qu'il ait épousé en premières noces la fille du juge en chef des Bahamas nous permettent cependant de supposer qu'il est né dans les Antilles. Après avoir fait partie du régiment des Antilles en Afrique occidentale, Hill fut nommé gouverneur de la Côte-de-l'Or (Ghâna) en 1851. Fonctionnaire énergique, il chercha à promouvoir tant l'éducation que la participation des Africains au gouvernement local. Trois ans plus tard, on le nomma gouverneur de la Sierra Leone, le principal poste administratif britannique en Afrique occidentale. L'« embarrassante énergie » avec laquelle il tenta d'y imposer l'ordre l'amena à entreprendre deux expansions territoriales, que le ministère des Colonies approuva sans enthousiasme. Hill quitta l'Afrique occidentale en 1862, soi-disant pour des raisons de santé ; on le nomma alors gouverneur des îles Leeward et d'Antigua, en remplacement de Ker Baillie* Hamilton.

En juillet 1869, Hill devint gouverneur de Terre-Neuve. Il débarqua dans cette île juste avant une campagne électorale dont l'enjeu était l'entrée de Terre-Neuve dans la Confédération. Il prit parti pour les fédéralistes de Frederic Bowker Terrington CARTER et fit ce qu'il pouvait pour les aider, mais il croyait beaucoup moins en leurs chances de réussite que son prédécesseur Anthony Musgrave*. La victoire des adversaires de la Confédération en novembre le désola. Furieux, il écrivit au ministère des Colonies : « La masse des électeurs de cette colonie est ignorante, anarchique et pleine de préjugés ; la majorité d'entre eux, vivant comme ils le font dans de petits villages de pêcheurs où ils mènent une existence presque primitive, ne sont pas des sujets avec lesquels des hommes instruits et cultivés peuvent discuter des avantages de la Confédération. J'estime donc que ce fut une erreur capitale de s'en remettre à de telles gens pour décider d'une question aussi importante. » Il poursuivait en soutenant que, moins nombreux, les partisans de la Confédération étaient néanmoins « largement majoritaires au chapitre de l'intelligence, de la richesse, du rang social et de l'honnêteté des intentions » ; pour cette raison, croyait-il, le gouvernement impérial, qui souhaitait unifier toute l'Amérique du Nord britannique, devait envisager d'obliger Terre-Neuve, par décret, à se joindre aux provinces qui formaient déjà le Canada. Comme Londres avait rejeté cette proposition jugée irréaliste, sinon impossible, Hill alla jusqu'à prier instamment le gouvernement impérial de passer aux menaces : ou l'on céderait le Labrador au Canada, ou l'on ferait passer Terre-Neuve sous dépendance canadienne. L'une ou l'autre menace, pensait-il, réduirait vite le nombre des opposants à la Confédération. Le fait que Hill ait pu faire ce genre de proposition illustre non seulement son impatience de militaire devant le processus politique, mais aussi sa méconnaissance du principe de la responsabilité ministérielle et du rôle du gouverneur dans ce système. (Il avait acquis son expérience dans des colonies de la couronne.) Il semble toutefois que Hill se soit rapidement adapté tant à son nouveau poste qu'aux réalités politiques de Terre-Neuve. S'il ne cacha jamais ses sympathies, il accepta, tout comme Carter et ses alliés fédéralistes, que le vote de 1869 ait effectivement mis fin à toute possibilité d'association avec le Canada dans un avenir prévisible.

Bien qu'il ait profondément douté de la stabilité et du talent du gouvernement anticonfédéral de Charles James Fox Bennett*, qui prit le pouvoir au début de 1870, Hill se révéla diplomate et digne de confiance comme gouverneur. Il appuya fortement les arguments de Carter et de Bennett pour le maintien de la garnison impériale à St John's, mais sans résultat. Il ne parvint pas non plus à convaincre le gouvernement d'instituer une milice. En général, il réussit à ne pas s'empêtrer dans la politique locale, manœuvrant prudemment entre les écueils sur la question des droits de pêche étrangers [V. Carter]. Il le fit en agissant, comme il convenait, sur les recommandations de son Conseil exécutif, même si celles-ci pouvaient prêter à controverse. Ainsi sut-il se faire aimer et inspirer confiance. Le géologue Alexander Murray*, qui le connaissait bien, l'a décrit comme « un homme des plus charmants et des plus amusants ».

Compagnon de l'ordre du Bain depuis 1860, Stephen John Hill fut fait chevalier commandeur de l'ordre de Saint-Michel et Saint-Georges en 1874. Deux ans plus tard, après une longue maladie, il quitta son poste de gouverneur pour aller vivre à Londres. On l'avait probablement envoyé à Terre-Neuve pour qu'il préside à l'accession de la colonie au rang de province canadienne. Au lieu de cela, le sexagénaire affable y était resté pour surveiller et encourager les premières tentatives de Terre-Neuve en vue de jeter les bases économiques de la voie qu'elle avait choisie.

JAMES K. HILLER

AN, MG 29, B1, Alexander Murray à Sandford Fleming, 13 juin 1877. — Arch. of the Archdiocese of St John's, Edward Morris diary. — Centre for Newfoundland Studies, Memorial Univ. of Nfld. (St John's), « A biographical dictionary of the governors of Newfoundland », Gordon Duff, compil. (copie dactylographiée, [St John's], 1964). — PRO, CO 194/ 178–179, 183. — *Evening Herald* (St John's), 23 nov. 1891. — *Times* (Londres), 27 oct. 1891. — *DNB*. — *Encyclopedia of Nfld.* (Smallwood *et al.*). — William Lux, *Historical dictionary of the British Caribbean* (Metuchen, N.J., 1975), 175. — J. D. Hargreaves, *Prelude to the partition of West Africa* (Londres, 1963). — David Kimble, *A political history of Ghana : the rise of Gold Coast nationalism, 1850–1928* (Oxford, Angl., 1963). — W. D. MacWhirter, « A political history of Newfoundland, 1865–1874 » (thèse de M.A., Memorial Univ. of Nfld., 1963). — A. B. C. Sibthorpe, *The history of Sierra Leone* (4e éd., Londres, 1906 ; réimpr., 1970). — A. A. Parsons, « Governors I have known », *Newfoundland Quarterly* (St John's), 20 (1920–1921), nº 2 : 7.

HILLS, GEORGE, ministre de l'Église d'Angleterre et évêque, né le 26 juin 1816 à Eythorne, Angleterre, fils de George Hills et de Diana Hammersley ; le 4 janvier 1865, il épousa en Angleterre Maria Philadelphia Louisa King, fille du vice-amiral sir Richard King, et ils n'eurent pas d'enfants ; décédé le 10 décembre 1895 à Parham, Suffolk, Angleterre.

Issu d'une austère famille d'officiers de marine, George Hills fréquenta d'abord le King William's College de l'île de Man. À la University of Durham, où il obtint une licence ès arts en 1836 et une maîtrise ès arts en 1838, il subit l'influence de Hugh James Rose, tractarien et historien réputé. On l'ordonna prêtre le 6 décembre 1840 et, après avoir été un moment vicaire à North Shields, il alla servir à Leeds sous l'autorité d'un autre grand personnage du mouvement tractarien, le doyen Walter Farquhar Hook. L'église paroissiale, où Hills occupait un poste de prédicateur, était le foyer d'une vaste communauté ouvrière et un exemple de l'ascendant spirituel que les tractariens avaient acquis dans l'Église d'Angleterre. Quand vint le moment de subdiviser la paroisse de Leeds, on dut construire une nouvelle église, St Mary, et Hook offrit à Hills d'en être le bénéficier.

Hills mit en œuvre, de 1845 à 1848, à St Mary, quelques-uns des principes de vie paroissiale qui allaient le caractériser. Selon son vicaire J. H. Moore, c'était « un homme capital à fréquenter », qui communiquait aux sept ou huit pasteurs sous sa supervision et qui vivaient avec lui sa passion pour la religion, son enthousiasme pour la Society for the Propagation of the Gospel in Foreign Parts et pour le ministère paroissial, ainsi que son aversion pour les débordements d'émotion et le travail bâclé. Cette façon d'aborder les défis de la religion victorienne lui venait peut-être de conversations avec deux des leaders intellectuels du mouvement tractarien, William George Ward et John Keble. Hills écrivait d'un ton approbateur que ce dernier souhaitait voir « les institutions monastiques ravivées sous une forme modifiée ». Malheureusement pour lui, il n'allait pas connaître, en Colombie-Britannique, une expérience aussi intense que celle qu'il partageait alors avec son groupe de jeunes gens.

En 1850, à l'âge de 33 ans, Hills devint *vicar* de St Nicholas, à Great Yarmouth ; c'était une grande paroisse dotée d'une équipe de vicaires et de plusieurs écoles religieuses. Il construisit une église pour les graviers, instaura une formation régulière pour son clergé et veilla à ce que l'on visite systématiquement les malades et les non-baptisés. Son énergie, son sens de l'organisation et son zèle civilisateur chrétien, qualités si prisées au milieu de l'époque victorienne, le firent connaître au delà des limites du diocèse de Norwich. En 1858, la University of Durham lui conféra un doctorat honorifique en théologie.

La découverte de gisements aurifères et la création d'une colonie de la couronne appelée Colombie-Britannique amenèrent l'Église d'Angleterre à fonder en 1858 un diocèse qui engloberait cette colonie (alors réduite à sa partie continentale) et celle, plus ancienne, de l'île de Vancouver, grâce au soutien financier d'Angela Georgina Burdett-Coutts. L'année suivante, sur la recommandation de cette philanthrope anglaise, Hills fut désigné premier évêque de Columbia. Les éminents éducateurs et scientifiques victoriens qu'il rencontra par l'entremise de Mme Burdett-Coutts lui portèrent sans doute assistance pendant les mois qu'il passa en Angleterre à prêcher, à donner des conférences et à amasser des appuis pour sa mission colombienne. Dans l'un des discours qu'il prononça pour lever des fonds, à la Mansion House de Londres, il parlait ainsi de ses nouvelles responsabilités : « Que les institutions de l'Angleterre, sa liberté, ses lois et sa religion fleurissent en Colombie. Qu'il y ait union des esprits philanthropiques et religieux. Que ce territoire britannique soit un lieu où l'on tendra une main secourable à l'opprimé. » Déjà, avant de prendre connaissance de la situation particulière de son diocèse, il montrait donc ce mélange de christianisme et d'impérialisme qui allait caractériser son travail. Pourtant, son rôle serait à la fois celui d'un évangélisateur et d'un pasteur, d'un laïque et d'un évêque. Bien que d'aucuns aient pu penser que ce jeune *vicar* sacrifiait une carrière prometteuse en acceptant un simple évêché colonial, Hills partageait l'optimisme du ministère des Colonies : en moins de dix ans, prédisait-on, la Colombie-Britannique et l'île de Vancouver auraient un chemin de fer et un million de nouveaux colons.

À l'arrivée de Hills à Victoria, en janvier 1860, les deux colonies étaient peuplées en majorité d'Indiens. Les établissements européens, petits et dispersés, comprenaient les postes de traite de la Hudson's Bay Company et les villages de Victoria, Nanaimo et New Westminster, sans oublier le groupe nomade des mineurs de l'arrière-pays. Herbert Beaver, Robert John Staines* et Edward Cridge*, aumôniers de la compagnie, célébraient des offices anglicans au fort Victoria depuis 1836. On avait accompli un peu de travail missionnaire auprès de quelques groupes d'Indiens. Nommé gouverneur par Londres en 1851, James Douglas*, anciennement de la Hudson's Bay Company, n'était pas du calibre des hommes devant qui Hills avait l'habitude de s'incliner. « Il ne connaît pas le ton du gentleman intègre et noble de sentiments. Ceux [qu'il a] nommés lui ont été soumis et n'[étaient] pas des hommes d'une grande indépendance et d'une haute intelligence. Beaucoup de cela peut être dû à la rareté des gens de valeur et en partie [au fait] qu'il n'a jamais vécu en Angleterre ni dans aucune communauté civilisée. » Pareille attitude ne rendait pas le nouvel évêque sympathique à la vieille élite des trafiquants de fourrures. On trouvait qu'il manquait d'humour, qu'il était distant et que le chic de ses vêtements détonnait dans ce milieu de pionniers. En 1868, en se remémorant un bal qui avait eu lieu à la résidence du gouverneur, il notait : « les invités passaient leur temps à serrer la main des domestiques et un invité pointa du doigt au gouverneur un autre invité qui se bourrait les poches de sucreries ». Quant aux colons canadiens, à l'autre extrémité de l'échelle sociale, s'ils manquaient d'éclat en société, c'était, selon lui, parce qu'ils étaient méthodistes. Non seulement « le courage, l'initiative, le cœur et l'énergie » leur faisaient défaut mais, dans l'ensemble, ils étaient « prétentieux et manquaient de respect envers l'autorité ». Maintenir les symboles et la dignité qui, dans une société bien policée, entourent l'autorité dûment constituée devint une partie de la mission qu'il se donna dans la nouvelle colonie britannique.

L'existence de Hills à Victoria était adoucie par la présence de son « couple fidèle », William Bridgeman et sa femme, qui l'avaient servi à Great Yarmouth et qui s'occupaient de sa maison, de son jardin et de sa ferme. Pour lui, c'était un délice que d'être « gratifié, au déjeuner, d'un hareng salé par un homme de Yarmouth ». Du diocèse de Norwich vinrent aussi des ecclésiastiques. De même, les membres de la marine royale qui se trouvaient à Esquimalt l'aidaient à ne pas se sentir trop dépaysé. Fils aîné d'un amiral, il célébrait souvent le culte pour les officiers et les marins avant de dîner au carré des officiers. Impressionné par la beauté de la Colombie-Britannique, comme la plupart des nouveaux arrivants, il apprit à aimer les épreuves des voyages en forêt. « J'ai découvert, notait-il, que je puis parcourir à pied mes 20 milles par jour. J'ai appris à dormir aussi profondément sur le plancher d'une cabane en rondins ou sur le sol que dans un lit, et à me lever frais et plein de gratitude ; à nettoyer mes chaussures, à laver mes vêtements, à faire mon lit, à soigner les chevaux [et] à monter des tentes. »

Hills avait besoin de toute cette vigueur juvénile

pour affronter les problèmes de son immense diocèse. Les défis qu'il devait relever étaient ceux de la plupart des évêques coloniaux de sa génération : trouver des prêtres qui sauraient s'adapter, créer des établissements d'enseignement et d'assistance publique et, surtout, donner une base financière saine au diocèse et à ses postes missionnaires de l'intérieur. Afin de répondre aux besoins des localités éparpillées, des camps de mineurs et des missions indiennes, il recruta des prêtres d'Angleterre. Dès 1865, les agglomérations de Victoria, Nanaimo, Esquimalt et Saanich sur l'île de Vancouver, ainsi que celles de Lillooet, New Westminster, Hope et Sapperton, sur le continent, étaient desservies régulièrement. John Booth Good œuvrait auprès des Indiens à Nanaimo et Alexander Charles Garrett faisait de même à Victoria ; des missions s'ouvrirent dans le sud de la colonie de même qu'à Lillooet. Hills parcourait son diocèse, y compris l'arrière-pays, afin de mettre sur pied une organisation diocésaine rudimentaire et de célébrer des offices. Il promut la création d'écoles secondaires pour les enfants des colons – notamment la Boys' Collegiate School et l'Angela College pour filles, qui ouvrit ses portes à Victoria en 1866 – ainsi que de pensionnats pour les jeunes autochtones, dont la All Hallows' Indian Girls' School, fondée à Yale en 1884 par des religieuses anglicanes du Norfolk, en Angleterre.

Le financement de ces œuvres provenait de plusieurs sources. Des missionnaires comme William Duncan* et William Henry Collison, en poste dans la partie nord du diocèse, pouvaient compter sur l'aide de la Church Missionary Society ; la Society for the Propagation of the Gospel in Foreign Parts envoya plusieurs missionnaires dans le sud de la partie continentale. Hills avait courageusement créé sa propre source de financement, le Columbia Mission Fund, et il était reconnu comme un « remarquable collecteur de fonds ». Avec du recul, toutefois, on constate qu'il était un piètre administrateur financier. Il avait la haute main sur le Yarmouth Fund et le Church Estate Fund, mais il se laissait davantage guider par des besoins à court terme que par des considérations financières à long terme. Ainsi il laissa aller « en paiement des taxes » un beau morceau de ce qui allait devenir le centre de Vancouver. Comme il comptait beaucoup sur l'aide qui lui venait d'Angleterre et sur ses propres talents de collecteur de fonds, il était très angoissé si cela ne suffisait pas. Ce fut le cas en 1879 quand la Society for the Propagation of the Gospel in Foreign Parts réduisit sa subvention.

Pourtant, lorsque la Colombie-Britannique entra dans la Confédération, en 1871, Hills disposait d'environ 18 ministres et catéchistes, avait construit 2 écoles à Victoria ainsi que des presbytères et des classes ailleurs, et quelques-unes de ses paroisses subvenaient elles-mêmes à leurs besoins. Il avait cherché dès le début à assurer une place prépondérante à l'Église d'Angleterre, et il avait réussi. Certains croyaient qu'il avait tenté d'en faire une Église établie mais, lorsque le gouverneur lui offrit des concessions foncières, il les refusa, en partie parce que dans d'autres juridictions les privilèges de ce genre n'avaient pas été bénéfiques à son Église et que, dans la province du Canada, ils avaient même consolidé la position des méthodistes. Il avait compris que les liens « aristocratiques » de l'Église d'Angleterre n'étaient pas des atouts immédiats dans une contrée dont, comme le lui disait un mineur, « l'or, le jeu, le whisky et les femmes » étaient le ciment. Il était déterminé à ne pas donner d'« arguments » aux catholiques et aux méthodistes, avec qui il entra en conflit et qu'il considérait comme des inférieurs sur le plan social et des ennemis sur le plan théologique.

Hills était loin d'être tolérant en matière religieuse. Selon lui, ne pas avoir de parti pris confessionnel était une erreur, et une idée américaine : deux motifs qui à ses yeux justifiaient qu'on s'y oppose. Sympathisant du mouvement d'Oxford, il avait des raisons d'espérer la venue du moment où l'Église serait affranchie de la tutelle de l'État. L'impérialiste qu'il était estimait que le rôle de l'Église anglicane en Colombie-Britannique était de contribuer à la création d'une société ordonnée – une réplique de l'Angleterre – en ayant un clergé respecté, en arborant la bannière royale le 24 mai, en encourageant le cricket et autres activités « civilisées » et en exhortant « les mineurs britanniques à entretenir le bon esprit britannique partout où ils allaient ». Il se rendait compte qu'il fallait « s'accommoder d'une forte prédominance d'Américains d'origine californienne », mais il soutenait qu'en étant « un clergé sage, loyal et assez nombreux, peut-être verr[ait]-on la société devenir telle qu'elle [devait] être ».

Au lieu d'assister à l'avènement de la société dont il rêvait, Hills vit son propre diocèse divisé par les querelles, puis par un schisme : ce fut là son drame. Sa cathédrale, à Victoria, devint un foyer de dissensions, et le doyen Edward Cridge défia son autorité épiscopale. Le drame était d'autant plus déchirant que les querelles découlaient en partie de l'hostilité de ses diocésains à l'endroit de ce qui, dans l'Église d'Angleterre, lui tenait à cœur. Cridge, anglican de tradition évangélique de Cambridge qui jouissait de bonnes relations parmi la vieille élite de la traite des fourrures, peut-être blessé de ne pas devenir évêque, était probablement encore plus agacé de devoir se soumettre à l'autorité d'un homme qui penchait tant en faveur des tractariens. L'animosité entre les deux hommes se manifesta tôt, par exemple à propos de l'organisation financière centralisée qu'avait créée Hills ou encore des difficultés que connaissait la mission de Metlakatla auprès des Indiens tsimshians, et dont le directeur, William Duncan, était l'ami et le protégé de Cridge. En outre, ce dernier et ses alliés se méfiaient du synode que Hills projetait de former. Ils y voyaient un « instrument de centralisation hautement nuisible [...] à la vie de l'Église », qui donnerait à Hills une autorité indépendante « en un temps où il existait des différends fondamentaux sur la doctrine, l'ordre et la discipline ». Pour les tenants de la tradition évangélique, comme le soulignait Cridge, « l'autorité divine [était] dans le corps de l'Église elle-même ». Quant à Hills, il soutenait que l'évêque était déjà dépositaire de cette autorité et qu'en voulant créer un synode, il demandait en fait au clergé et aux laïques de la partager avec lui.

Le principal affrontement éclata en 1872, au moment de la consécration de la cathédrale Christ Church de Victoria. L'archidiacre de Vancouver, William Sheldon Reece, l'un des jeunes protégés de Hills, parla alors avec chaleur du renouveau liturgique. La cathédrale était aussi l'église de Cridge et, comme le nota le *Daily British Colonist,* le sermon de Reece était à la fois « déplacé et de mauvais goût ». Le doyen répliqua immédiatement au sermon, ce qui fit scandale à la cathédrale même, puis dans tout Victoria. Sa conduite lui valut une lettre de blâme de Hills. Les paroissiens anglicans se divisèrent, et les relations entre l'évêque et le doyen tournèrent à l'aigre. Pendant l'été de 1874, Cridge refusa à Hills le droit de visite à la cathédrale, et l'évêque s'empressa de le poursuivre, d'abord devant un tribunal ecclésiastique constitué spécialement pour l'occasion, puis devant le tribunal civil de la province [V. sir Matthew Baillie BEGBIE]. Dans les deux cas, Hills eut gain de cause. L'année suivante, Cridge passait à l'Église épiscopale réformée avec une grande partie de ses paroissiens et, en 1876, il devenait évêque.

Le conflit résultait de leurs divergences à la fois personnelles et théologiques. Hills n'était pourtant pas le ritualiste que ses ennemis voyaient en lui. Certes, il était tractarien, mais l'Église d'Angleterre comptait plus pour lui qu'aucune de ses factions, et elle acceptait un large éventail de croyances. Or, en Colombie-Britannique, c'étaient des conceptions divergentes du gouvernement ecclésiastique qui s'affrontaient. Dans l'Angleterre du milieu de l'époque victorienne, on discutait abondamment des divers aspects de l'autorité épiscopale mais, dans ce coin isolé de l'Empire, le défi de Cridge menaçait l'ordre naturel, l'ordre que lui-même avait choisi pour sa mission civilisatrice.

Toujours convaincu d'avoir raison et certain qu'il avait fait son devoir et qu'il fallait maintenir l'autorité, Hills faisait observer que « le temps des petites choses était venu » et que l'on pouvait enseigner clairement dans les petites congrégations les principes de l'Église. Comme l'affaire Cridge avait jeté le discrédit sur l'Église et provoqué le départ de bon nombre des paroissiens les plus riches, et ce au moment où le soutien de l'Angleterre commençait à fléchir, il se devait d'être optimiste.Depuis le début des années 1870, la population du sud augmentait et la mission du nord prenait une expansion désordonnée. Hills créa, en 1879, deux nouveaux diocèses : New Westminster, dans le sud du secteur continental, que l'on confia à l'évêque Acton Windeyer Sillitoe et Caledonia, dans la partie nord de la province, où l'on nomma l'évêque William Ridley*. Jusqu'en 1892, Hills conserva l'île de Vancouver, qui continua de porter le nom de diocèse de Columbia. Il n'était plus alors missionnaire ni pionnier du christianisme et passait le plus clair de son temps à administrer des terres et des biens, à collectionner des livres et à s'occuper, avec enthousiasme et compétence, de ses jardins. Auparavant, sa femme avait pris part à la vie éducationnelle et sociale du diocèse et avait été sa secrétaire. Puis sa santé avait décliné et, avant sa mort, en 1888 (elle avait alors 65 ans), elle avait été sujette à des crises d'épilepsie, à la dépression et peut-être à la démence. L'épitaphe qui figure sur sa tombe, « Elle a fait ce qu'elle a pu », en dit peut-être moins sur son sens du devoir que sur l'austérité de son mari.

George Hills continua de vivre au milieu de ses jardins de fleurs, à Bishop's Close, construction de style gothique vernaculaire à ornementation de fer forgé, comme il y en avait tant dans tous les coins isolés de l'Empire. On dit que, dans les dernières années qu'il y passa, la Colombie-Britannique devint son seul univers. L'entrée de la province dans la Confédération avait mis fin à l'époque où il pouvait facilement se faire entendre dans les cercles influents et tirer prestige et satisfaction de ses relations londoniennes. Le schisme qui déchira son Église lui avait fait perdre l'appui de beaucoup d'éminents citoyens de Victoria. Il demeurait essentiellement un évêque des colonies, qui trouvait quelque fierté à se déclarer le doyen des évêques encore en poste dans l'Église coloniale. À sa retraite, qu'il accepta finalement de prendre en 1892, il retourna en Angleterre et devint *rector* de Parham sous l'autorité de l'évêque de Norwich, John Sheepshanks, l'un de ses choix les plus heureux autrefois pour l'œuvre pionnière en Colombie-Britannique. Il organisa un système de visiteurs de district dans sa paroisse, célébra régulièrement des offices, continua de s'occuper de son jardin et de ses serres, et vota pour les tories à l'élection de 1895. Idéaliste, courageux et optimiste, cet homme, selon George H. Cockburn, était « l'un des extrémistes de Dieu, que seul son anglicanisme limitait ». C'était un homme aux fermes principes religieux pour qui l'expansion de l'Empire britannique et de l'Église d'Angleterre que connut le XIXe siècle constituait une preuve indéniable de la sagesse de la volonté divine. La Providence avait aussi permis à Hills de consacrer sa vie au service de trois maîtres : l'Église, Dieu et la patrie.

JEAN FRIESEN

Les publications de George Hills comprennent : *A sermon preached at the farewell service celebrated in St. James's Church, Piccadilly, on Wednesday, Nov. 16, 1859, the day previous to his departure for his diocese* [...] *with an account of the meeting held the same day at the Mansion House of the City of London, in aid of the Columbia mission* (Londres, 1859) ; *Pastoral address of George Hills, D.D., bishop of Columbia, to the clergy and laity of the diocese of Columbia, March 26, 1863* (Victoria, 1863) ; et *Synods : their constitution and objects ; a sermon preached in Christ Church and St. John's, Victoria, January 1874* ([Victoria], 1874). Ses papiers, incluant ses journaux couvrant les années 1838–1895, sont conservés à l'EEC, Provincial Diocese of New Westminster Arch. (Vancouver) ; une copie sur microfilm est disponible aux PABC.

Canterbury Cathedral, City and Diocesan Record Office (Canterbury, Angl.), Eythorne, reg. of baptisms, 6 août 1816. — EEC, Provincial Diocese of New Westminster Arch., H. J. K. Skipton, « The life of George Hills, first bishop of British Columbia » (1912). — PABC, G. H. Cockburn, « A tribute to George Hills ». — C.-B., Supreme Court, *Judgment : bishop of Columbia versus Rev. Mr. Cridge ; judgment rendered on Saturday, October 24th, 1874, at 11:20 o'clock, A.M.* ([Victoria, 1874]). — *Colonial Church Chronicle* (Londres), 1860. — O. R. Rowley *et al.*, *The Anglican episcopate of Canada and Newfoundland* (2 vol., Milwaukee, Wis., et Toronto, 1928–1961). — A. O. J. Cockshut, *Anglican attitudes : a study of Victorian religious controversies* (Londres, 1959). — Susan Dickinson, « Edward Cridge and George Hills : doctrinal conflict, 1872–74, and the founding of the Church of Our Lord in Victoria, British Columbia, 1875 » (thèse de M.A., Univ. of Victoria, 1964). — N. de B. Lugrin, *The pioneer women of Vancouver Island, 1843–1866*, John Hosie, édit. (Victoria, 1928), 288–289. — C. H. Mockridge, *The bishops of the Church of England in Canada and Newfoundland* [...] (Toronto, 1896).

HOLMAN, JAMES HENRY, peintre, né le 29 novembre 1824 à Londres, ou peut-être à Plymouth Dock (Plymouth, Angleterre), fils aîné de Samuel Holman et de Mary Ann Gover (Grover) ; décédé le 27 mars 1891 à Boston.

Incapable de subvenir à ses besoins et à ceux de sa famille, Samuel Holman avait décidé en 1827 de quitter l'Angleterre, qui subissait alors une récession économique. Il avait immigré à Saint-Jean, au Nouveau-Brunswick, où son frère James, marchand prospère de l'endroit, l'avait persuadé de venir s'installer et lui avait offert son soutien financier. C'est là que, l'année suivante, sa femme et ses enfants l'avaient rejoint. Il s'était établi comme peintre en bâtiments, peintre d'enseignes et ornemaniste. Son entreprise était vite devenue assez florissante : il avait alors construit une maison dans le district commercial de la ville, qui connaissait une expansion rapide, et avait enseigné son métier à ses fils. Parmi les premières pièces décoratives que l'on connaisse de James Henry, on compte une fresque qu'il peignit avec son père, au palais de justice, vers la fin des années 1840, ainsi que des bannières de cérémonie destinées à la fraternité franc-maçonnique de Saint-Jean, qui furent présentées en 1859 et malheureusement détruites dans l'incendie du 20 juin 1877.

Au début des années 1850, James Henry Holman, à l'encontre des souhaits de son père, décida d'apprendre l'art du portrait. On raconte dans la famille qu'il transforma en atelier la mansarde mal éclairée de la maison et chercha à perfectionner sa technique en captant les traits du modèle pendant que celui-ci tenait une lampe. Son premier portrait connu, celui du vice-amiral William Fitz William Owen*, fut présenté à l'Amateur Artists' Exhibition de Saint-Jean en 1856. Le portrait grandeur nature du prince de Galles, venu à Saint-Jean en 1860, lui valut beaucoup de succès. Certains des concitoyens de Holman apprécièrent tellement ce portrait qu'ils demandèrent à la province de l'acquérir pour la chambre d'Assemblée ; si la province n'en voulait pas, la ville devrait l'acheter pour la salle du conseil municipal. On ne sait pas ce qu'il advint par la suite de ce tableau, mais il est possible qu'il ait été détruit, avec d'autres, dans le grand incendie de 1877. L'œuvre la plus originale que Holman ait peinte est le résultat d'une commande terminée en 1866 : un portrait de l'ancien président du European and North American Railway, Robert Jardine*, peint sur une plaque de métal que l'on fixa ensuite sur une locomotive à laquelle on donna son nom.

Bon nombre de portraits de Holman, sinon la plupart, sont peints à l'huile par-dessus des images photographiées. Si l'on en juge par l'accueil qu'avait reçu le portrait du prince de Galles, ses contemporains n'avaient aucune objection à ce que l'artiste emploie un tel procédé dans le but de faire plus ressemblant. Entre 1865 et 1880, Holman peignit le portrait de divers parents et amis et de maints citoyens éminents de Saint-Jean. Il n'avait cependant pas tout à fait abandonné la peinture décorative et, au milieu des années 1870, il travailla à la production de bannières de cérémonie pour divers chapitres de la loge d'Orange, qui se livraient une concurrence cordiale afin de préparer les insignes les plus soignés et les plus coûteux.

Au cours de sa carrière, Holman fut au service de quelques-uns des photographes qui tenaient studio à Saint-Jean entre 1860 et 1877 : Bowron and Cox (George J. Bowron et Thomas W. Cox), James R. Woodburn, Woodburn and McClure (James R. Woodburn et James McClure), et James McClure and Company, pour qui il faisait de la peinture sur photographie. Sa réussite, il la devait au fait que le public souhaitait obtenir des portraits fidèles, dans des couleurs naturelles. Comme, à l'époque, la photographie ne permettait pas de le faire, on avait besoin d'artistes habiles pour colorier les portraits photographiés. Grâce à son talent, Holman put produire certains des meilleurs spécimens du genre.

Après l'incendie de 1877, qui détruisit la plupart des studios de photographie de Saint-Jean, Holman se désintéressa apparemment de la photographie et commença peut-être à peindre d'après nature. Il exposa aussi des œuvres qu'il avait copiées de gravures européennes. Cependant, incapable de prospérer dans la ville en pleine reconstruction, il quitta Saint-Jean en 1880 ou 1881. Comme toute sa famille s'était établie au Massachusetts dans les années 1860, il partit pour Boston, où son frère Horatio avait travaillé comme peintre de fresques jusqu'à sa mort, en 1874. Holman accompagna probablement son ancien employeur James McClure, qui quitta Saint-Jean en même temps que lui. Il est possible qu'à Boston il ait pu travailler comme peintre dans l'une des filiales de l'empire du photographe William NOTMAN, peut-être au studio que gérait le frère cadet de ce dernier, James Notman, qui avait déjà tenu un studio de photographie à Saint-Jean et qui connaissait vraisemblablement le talent de Holman.

C'est à peu près tout ce que l'on sait de la carrière de James Henry Holman. Alcoolique, souffrant d'un cancer de l'intestin, il mourut célibataire et sans enfants, à Boston, en 1891.

PETER J. LAROCQUE

Une grande partie de l'œuvre connue de James Henry Holman, y compris un autoportrait, se trouve dans la collection du Musée du N.-B., Dept. of Fine and Decorative Arts ; d'autres articles appartiennent à des particuliers.

La Church of Jesus Christ of Latter-Day Saints, Geneal. Soc., International geneal. index (Salt Lake City, Utah) indique que Holman a été baptisé le 18 déc. 1825 à Marylebone, Londres; son lieu de naissance n'est pas donné.

Musée du N.-B., Dept. of Fine and Decorative Arts, J. H. Holman, artist's file ; Holman Exhibition file, 1959. — Stewart, *Story of the great fire*. — *Daily Telegraph* (Saint-Jean, N.-B.), 16 sept. 1872, 11 sept., 5 oct. 1875, 10, 26 avril 1876, 18 sept. 1879, 30 janv. 1880. — *Morning News* (Saint-Jean), 15 oct. 1856, 14 août, 27, 30 sept., 9 oct. 1861. — *Canada directory*, 1871. — Harper, *Early painters and engravers*. — *N.B. directory*, 1865–1866. — *The St. John and Fredericton business directory, 1862* [...] (Saint-Jean, 1862). — *Saint John directory*, 1863–1864 ; 1869–1881. — W. F. Bunting, *History of St. John's Lodge, F. & A.M. of Saint John, New Brunswick* [...] (Saint-Jean, 1895). — D. E. Holman, *The Holmans in America* [...] (New York, 1909). — [G. B. MacBeath], *Exhibition of portraits by James Henry Holman, 1821–1891* (catalogue d'exposition, Musée du N.-B., Dept. of Fine and Decorative Arts, [Saint-Jean, 1959]).

HOPPER, JOHN ELISHA PECK, éducateur, administrateur scolaire, ministre baptiste, éditeur, rédacteur en chef et auteur, né le 18 décembre 1841 dans la paroisse de Coverdale, Nouveau-Brunswick, fils de Robert Hopper et de Sarah Peck ; le 22 août 1867, il épousa Emma Smith, et ils eurent au moins sept enfants ; décédé le 12 janvier 1895 à Saint-Jean, Nouveau-Brunswick.

Le grand-père de John Elisha Peck Hopper, originaire du Yorkshire, en Angleterre, fut parmi les premiers colons à s'installer au Nouveau-Brunswick. Sa mère, Sarah Peck, était une descendante des puritains de la Nouvelle-Angleterre. Hopper commença ses études au New Brunswick Baptist Seminary de Fredericton, et enseigna par la suite. En 1859, il s'inscrivit à l'Acadia College. Après avoir passé l'année 1860–1861 à la Madison University de Hamilton, dans l'état de New York, il obtint son diplôme de l'Acadia College en 1862. Il alla ensuite parfaire ses études théologiques au Regent's Park College de Londres.

En 1864–1865, Hopper fut prédicateur à Shédiac, à Petitcodiac et dans la paroisse de Sussex, au Nouveau-Brunswick. Il retourna au New Brunswick Baptist Seminary en 1865, cette fois à titre de directeur adjoint et de professeur. Ce séminaire, de caractère non confessionnel, avait été fondé en 1835 dans le but de promouvoir les valeurs chrétiennes et aussi de perpétuer la foi baptiste par la formation de dirigeants [V. Frederick William Miles*]. En 1866, Hopper devint directeur pour une période de trois ans, pendant laquelle il reçut l'ordination, soit en septembre 1868. La première charge qu'il accepta fut le pastorat de la nouvelle église baptiste Queen Street à Fredericton. Sous son influence, cette congrégation s'unit à celle du temple baptiste Brunswick Street en mai 1869.

Cet été-là, Hopper prêcha les baptistes de St Stephen (St Stephen-Milltown) puis, à leur demande, il accepta de devenir leur pasteur. Il organisa une école du dimanche et présida à la construction d'une église, inaugurées en janvier 1870. Hopper démissionna en 1872 pour des raisons de santé et il assuma le pastorat de la congrégation First Baptist de Burlington, en Iowa. Il remplit cette fonction jusqu'en 1878, puis devint copropriétaire et rédacteur en chef du *Christian Visitor*, journal publié à Saint-Jean, qu'il allait diriger jusqu'en 1884. Par ailleurs, en 1878, il fut également éditeur et rédacteur en chef du *Youth's Visitor*, journal destiné aux élèves de l'école du dimanche. L'année suivante, il devint l'unique propriétaire du *Christian Visitor* et donna de l'essor à l'entreprise. De 1879 à 1882, il dirigea le *Gem*, un journal du dimanche, et après 1881 il dirigea et publia le *Canadian Record*, revue qui traitait des affaires laïques, des missions et de la tempérance. Enfin, il publia les *International Sunday-school lessons*.

En août 1880, Hopper accepta la fonction de « surveillance » de l'église baptiste Brussels Street, à Saint-Jean. On lui donna cette charge et non celle de pasteur, car ses responsabilités étaient réduites, principalement en ce qui concerne la visite des membres de la congrégation et l'assistance aux réunions des groupes de fidèles. Son état de santé le força à démissionner à trois reprises durant son mandat, et il finit par abandonner son poste en mars 1887. Il avait réorganisé en 1882 le système de collecte des fonds pour l'église, et celui-ci est encore en vigueur aujourd'hui.

En 1887, Hopper fut nommé pasteur de l'église First Baptist de Sacramento, en Californie. Il demeura à ce poste jusqu'en juin 1889, après quoi il revint au Nouveau-Brunswick pour remplir les fonctions de directeur du Union Baptist Seminary de St Martins. Il travailla sans relâche pour le séminaire et parvint à rembourser une grande partie des dettes qui grevaient l'établissement, mais la tâche était trop rude pour lui. Il démissionna donc en mars 1892 et retourna à Saint-Jean pour refaire ses forces. Il mourut le 12 janvier 1895.

Au cours de sa vie, John Elisha Peck Hopper fut membre de nombreuses associations baptistes. Il exerça diverses fonctions mais travailla surtout au sein de comités qui s'occupaient d'éducation, des écoles du dimanche et des missions étrangères et locales. Ses activités de rédacteur et d'auteur visaient à promouvoir la foi baptiste et à donner de l'essor à la faculté de théologie de l'Acadia College. Il encouragea la publication d'ouvrages à l'intention des fidèles de l'école du dimanche et apporta une contribution directe à ces travaux parce qu'il savait que les baptistes s'approvisionnaient en documentation à des sources comme la Religious Tract Society plutôt qu'auprès des organisations baptistes. Hopper écrivit plusieurs ouvrages, qui portaient tous sur la religion, dont un manuel destiné aux congrégations baptistes.

ERIC L. SWANICK

John Elisha Peck Hopper est l'auteur de : *Ecce agnus dei : a reply to Ecce homo* (Saint-Jean, N.-B., 1879) ; *Life in the hereafter world : or, « Shall we know each other there ? »* (Saint-Jean, 1894), dont une seconde édition parut la même année sous le titre de *The hereafter life : and, « Shall we know each other there ? »* ; *1492 and 1892 ; the world's political, intellectual and religious struggle for 400 years* (Halifax, 1894) ; et *Recognition of friends in heaven* (Saint-Jean, 1894) ; et le compilateur de *Manual for Baptist churches : including polity, articles of faith, ecclesiastical forms, rules of order, formulae for marriages, funerals, laying corner stones and dedication of churches* (Saint-Jean, 1894).

Atlantic Baptist Hist. Coll., Acadia Univ. (Wolfville, N.-É.), Fredericton, Brunswick Street United Baptist Church, records of Fredericton Baptist Church, 1844–1880. — Baptist Convention of the Maritime Provinces of Canada, *Baptist year book* (Halifax), 1895 : 94–95. — New Brunswick Western Baptist Assoc., *Minutes* (Fredericton ; Saint-Jean), 1848–1892. — *Seminary Bema* (St Martins, N.-B.), 1 (1889–1890)–2 (1890–1891) (se trouve en partie à l'Atlantic Baptist Hist. Coll.). — *The Acadia record, 1838–1953*, Watson Kirkconnell, compil. (4e., Wolfville, 1953). — Union Baptist Seminary, *Calendar* (St Martins), 1889/1890–1892/1893. — *The Central United Baptist Church at Saint John, N.B. (1850–1950)* [...], P. H. Prebble, édit. (Saint-Jean, 1950). — H. G. Davis, *The history of the Brunswick Street United Baptist Church* [...] (Fredericton, 1964). — *1869–1969 : 100th anniversary, Union Street United Baptist Church, St. Stephen, N.B.* ([St Stephen (St Stephen-Milltown), 1969]). — Terry Hopper, « John Elias Hoipper » (essai présenté pour le cours de J. K. Zeman sur l'histoire religieuse, Acadia Divinity College, Acadia Univ., 1986. — *One hundred and twenty-fifth anniversary, Brunswick Street Baptist Church, Fredericton, N.B., 1814–1939* (Fredericton, 1939). — E. M. Saunders, *History of the Baptists of the Maritime provinces* (Halifax, 1902). — A. A. Trites, « The New Brunswick Baptist Seminary, 1833–1895 », *Repent and believe : the Baptist experience in Maritime Canada*, B. M. Moody, édit. (Hantsport, N.-É., 1980), 103–123. — R. B. Wallace, « Some historical data of the Brunswick Street Baptist Church in Fredericton », *Maritime Advocate and Busy East* (Sackville, N.-B.), 35 (1944–1945), n° 12 : 5–11, 28–29.

HORDEN, JOHN, ministre de l'Église d'Angleterre, évêque, traducteur et auteur, né le 20 janvier 1828 à Exeter, Angleterre, fils aîné de William Horden, imprimeur, et de Sarah Seward ; le 28 mai 1851, il épousa Elizabeth Oke, et ils eurent deux fils et quatre filles ; décédé le 12 janvier 1893 à Moose Factory (Ontario).

John Horden fit ses études à Exeter dans un établissement de charité appelé St John's Hospital. Apprenti forgeron dès son jeune âge, il enseigna à l'école du dimanche de l'église St Thomas the Apostle, où le révérend John MEDLEY exerça beaucoup d'influence sur lui. En 1851, il devint instituteur dans une école de garçons et offrit ses services à la Church Missionary Society dans l'espoir qu'on l'affecte en Inde. Cependant, en mai, il accepta plutôt d'aller occuper dans les plus brefs délais la charge d'instituteur et de catéchiste à Moose Factory, poste de la Hudson's Bay Company. C'est le révérend George Barnley de la Wesleyan Methodist Missionary Society qui avait établi en 1840 la première mission permanente de cet endroit. Barnley avait quitté les lieux en 1847 à la suite de conflits avec l'agent principal, Robert Seaborn Miles. Comme la société méthodiste s'avérait incapable de le remplacer, la compagnie, qui faisait la sourde oreille aux avances des oblats de Marie-Immaculée, avait offert la mission à la Church Missionary Society en 1851.

Horden et sa femme arrivèrent à Moose Factory le 26 août 1851 à bord du *Prince Albert,* navire ravitailleur de la Hudson's Bay Company. L'évêque de Rupert's Land, David Anderson*, projetait de laisser Horden à Moose Factory pendant un an avant de l'envoyer dans la colonie de la Rivière-Rouge (Manitoba) pour qu'il reçoive une formation en théologie. Cependant, la Church Missionary Society lui fit savoir que les lettres de Horden montraient « une grande maturité de jugement, des principes chrétiens et un esprit vif », et qu'elles étaient plus riches en renseignements que celles qu'elle recevait ordinairement des missions. En outre, au cours d'une visite à Moose Factory en 1852, Anderson put remarquer « la grande facilité » de Horden pour la langue crie et la qualité de ses rapports avec les Indiens. Il modifia donc ses projets et l'ordonna prêtre le 24 août.

La diplomatie dont Horden faisait preuve dans ses relations avec la Hudson's Bay Company avait aussi contribué à son avancement. Fermement convaincu que, « si on néglige[ait] le jour du Seigneur, on néglige[ait] aussi tout ce qui est saint et bon », il était pourtant prêt à ne pas interdire les déplacements et la chasse le dimanche car il reconnaissait que les conditions locales rendaient la stricte observance difficile. Il ne ménageait aucun effort pour communiquer avec les habitants de sa mission. Linguiste doué, Horden non seulement parlait couramment le cri mais acquit une connaissance pratique du sauteux, de l'inuktitut, du chipewyan et du norvégien (la compagnie eut plusieurs employés norvégiens à Moose Factory dans les années 1850). Avec ses collaborateurs autochtones, il traduisit de nombreux ouvrages religieux en employant l'écriture syllabique inventée par James Evans*, que les Cris de la baie James avaient appris à connaître au début des années 1840. De même, avec plusieurs jeunes apprentis autochtones, il exploita une petite imprimerie de 1853 à 1859, après quoi la Church Missionary Society prit en main le travail d'édition. Sa plus grande contribution à la linguistique allait être un ouvrage publié à Londres en 1881, *A grammar of the Cree language, as spoken by the Cree Indians of North America*.

Un an après son arrivée, Horden entreprit une série de visites dans les postes de la région de la baie James ; il se rendit d'abord à Martin Falls (Ontario), puis en 1853 à Rupert's House (Waskaganish, Québec). En 1852, on avait envoyé le révérend Edwin Arthur Watkins au fort George (Fort George) afin de commencer à évangéliser l'est de la baie James et, pendant la décennie suivante, on y affecta d'autres missionnaires. Pour la Church Missionary Society, ce n'était qu'une mesure temporaire, car elle avait l'intention d'établir une Église que desserviraient des ministres autochtones. Le premier assistant autochtone de Horden fut l'Indien John Smith, qui avait aidé Barnley pendant un moment. Cependant, on le congédia en 1854 pour ivrognerie et débauche. Un jeune homme d'ascendance autochtone et européenne, John Turner, assista Horden durant une courte période mais, en 1854, la Hudson's Bay Company le muta à la rivière Little Whale (Petite rivière de la Baleine, Québec). Un autre sang-mêlé, Thomas Vincent*, arriva à Moose Factory en 1855 afin d'occuper un poste d'instituteur tout en recevant une formation en théologie. Ordonné en 1860, il fut affecté la même année au fort Albany (Fort Albany) afin d'établir une mission permanente et de contrer l'influence des prêtres catholiques.

En 1872, comme l'évêque de Rupert's Land, Robert Machray*, en était arrivé à la conclusion que son diocèse était trop vaste pour être supervisé efficacement, on subdivisa son territoire en trois nouveaux diocèses. Le 15 décembre, à l'abbaye de Westminster, Horden fut sacré évêque du diocèse de Moosonee, qui englobait une bonne partie des bassins hydrographiques de la baie d'Hudson et de la baie James. Il continua de parcourir la région en long et en large : en 1875, il se rendit à Missanabie (Ontario), quatre ans plus tard à York Factory (Manitoba) et en 1889 au fort Churchill (près de Churchill). À la fin de son épiscopat, les missionnaires et agents de la Church Missionary Society allaient avoir converti ou reconverti à peu près tous les Cris de l'est de la baie James, de Moose Factory, du fort Churchill et de York Factory, ainsi qu'un bon nombre de Sauteux, de Chipewyans et d'Inuit. Toutefois, l'Église catholique allait établir une mission permanente au fort Albany en 1892, ce qui intensifierait de beaucoup la concurrence interconfessionnelle dans l'ouest de la baie James.

Même si, comme la Church Missionary Society, Horden souhaitait une Église dotée de ministres autochtones, il prônait une démarche progressive : en 1893, le diocèse comptait plus de missionnaires anglais qu'indiens ou inuit. Son attitude devant le choix de son successeur illustre bien ses sentiments. Le poste aurait dû revenir à Vincent, puisqu'il avait 38 ans d'expérience et parlait couramment l'anglais et le cri, mais Horden le jugeait inapte à l'occuper parce qu'il était sang-mêlé, ce qui limitait son influence auprès des Blancs du diocèse. De plus, Vincent n'avait pas d'amis importants en Angleterre, là où le diocèse devait constamment réclamer des fonds. À la mort de Horden, qui survint subitement en 1893, ce fut donc Jervois Arthur Newnham qui lui succéda. Horden est enterré au cimetière de la Hudson's Bay Company à Moose Factory, aux côtés de sa fille Ellen Hudson, morte bébé.

En 42 ans de vie missionnaire, John Horden abattit un travail impressionnant ; rares sont ceux qui prirent leur tâche plus à cœur ou qui ont eu une influence aussi durable. Cependant, on ne fait que commencer à réévaluer les répercussions de son ministère et de son épiscopat sur la vie des populations autochtones. On forma quelques ministres sang-mêlé, mais on leur refusa de hautes fonctions. Horden encouragea les Indiens à abandonner leurs croyances et leurs coutumes car il ne leur reconnaissait pas la moindre valeur spirituelle ou culturelle. La foi anglicane est devenue une tradition pour bon nombre de leurs descendants, mais l'Église de la région est beaucoup moins indépendante financièrement et beaucoup moins dirigée par des gens du lieu que ne le prévoyaient les plans de la Church Missionary Society. Certains autochtones, convaincus que les anglicans ne sont pas de « vrais » chrétiens, ont embrassé des principes fondamentalistes. D'autres, offensés par l'arrogance culturelle des Églises, cherchent à renouer avec les valeurs et les pratiques religieuses autochtones, soit en faisant revivre leurs traditions ancestrales, soit, plus souvent, en s'inspirant du mouvement panindien qui s'est manifesté ailleurs en Amérique du Nord. Enfin, quelques-uns espèrent, en redécouvrant leurs traditions, opérer une synthèse entre elles et leur foi anglicane.

JOHN S. LONG

EEC, General Synod Arch. (Toronto), M 61-3 (Moosonee coll.), Horden letter-books. — Univ. of Birmingham Library, Special Coll. (Birmingham, Angl.), Church Missionary Soc. Arch., records. — Beatrice Batty, *Forty-two years amongst the Indians and Eskimo ; pictures from the life of the Right Reverend John Horden, first bishop of Moosonee* (Londres, 1893). — T. C. B. Boon, *The Anglican Church from the Bay to the Rockies : a history of the ecclesiastical province of Rupert's Land and its dioceses from 1820 to 1950* (Toronto, 1962). — J. S. Long, « Shaganash » : early Protestant missionaries and the adoption of Christianity by western James Bay Cree, 1840–1893 » (thèse de ED.D., Univ. of Toronto, 1986). — J. M. Banks, « The Church Missionary Society press at Moose Factory : 1853–1859 », Canadian Church Hist. Soc., *Journal* (Toronto), 26 (1984), 69–80. — J. S. Long, « Archdeacon Thomas Vincent of Moosonee and the handicap of « Metis » racial status », *Canadian Journal of Native Studies* (Brandon, Manitoba), 3 (1983) : 95–116 ; « The Cree prophets : oral and documentary accounts », Canadian Church Hist. Soc., *Journal,* 31 (1989) : 3–13. — « Education in the James Bay region during the Horden years », *OH,* 70 (1978) : 75–89 ; « John Horden, first bishop of Moosonee : diplomat and man of compromise », Canadian Church Hist. Soc., *Journal,* 27 (1985) : 86–97 ; « *Manitu,* power, books and *wiihtikow* : some factors in the adoption of Christianity by nineteenth-century western James Bay Cree », *Native Studies Rev.* (Saskatoon), 3 (1987), nº 1 : 1–30.

HORETZKY, CHARLES GEORGE, trafiquant de fourrures, photographe, arpenteur, auteur, ingénieur et fonctionnaire, né le 20 juillet 1838 à Édimbourg, enfant unique du musicien ukrainien Felix Horetzky et de Sophia Robertson, du Roxburghshire, Écosse ; en 1865, il épousa Mary Julia Ryan, et ils eurent deux fils et une fille ; décédé le 30 avril 1900 à Toronto.

En 1854, après des études incomplètes au Blair's College d'Aberdeen et en Belgique, Charles George Horetzky quitta l'Europe pour les régions aurifères d'Australie ; il avait alors 16 ans. Venu ensuite au Canada, il signa un contrat avec la Hudson's Bay Company à la fin de 1858 et travailla à titre de commis au fort William (Fort William, Québec), sur la rivière des Outaouais. Promu comptable en 1864 au siège du département du Sud de la compagnie, Moose Factory, dans le Haut-Canada, il épousa Mary Julia Ryan, fille de l'un des magnats du bois de l'Outaouais, Roderick Ryan, dès le printemps suivant. C'est au cours de son séjour à Moose Factory que Horetzky développa de remarquables dons de photographe amateur.

Muté en août 1869 à Upper Fort Garry (Winnipeg) en qualité de comptable, Horetzky ne put assumer ses nouvelles fonctions car le soulèvement de la Rivière-Rouge [V. Louis Riel*] venait de commencer. Il eut donc l'autorisation de retourner temporairement au Canada. Pendant qu'il séjournait à Ottawa, cet hiver-là, il connut des difficultés avec la Hudson's Bay Company parce que son compte était à découvert. Il se montra si intransigeant que son employeur, agacé, mit fin à son engagement en avril 1870. Après avoir demandé en vain au comité de Londres de la compagnie de renverser cette décision, Horetzky, qui avait une femme et une petite fille, se tourna vers Charles Tupper*. Ami de la famille, probablement depuis l'époque où il avait fréquenté l'école de médecine d'Édimbourg, et ministre du gouvernement libéral-conservateur de sir John Alexander MACDONALD, Tupper recommanda Horetzky plusieurs fois à Sandford Fleming*, ingénieur en chef de la construction d'un chemin de fer qui irait jusqu'au Pacifique. En mai 1871, Horetzky apprit qu'il participerait, en qualité de photographe, aux levés qu'on allait faire dans les parties les moins connues de la Colombie-Britannique et des Territoires du Nord-Ouest.

Affecté en juin 1871 à une équipe que dirigeait l'ingénieur Frank Moberly, Horetzky passa l'automne et l'hiver dans la région comprise entre la rivière Rouge et le col de la Tête-Jaune, dans les Rocheuses, après quoi il rentra à Ottawa. Il rapportait plusieurs photographies exceptionnelles, dont *Camp at elbow of the North Saskatchewan,* probablement la plus célèbre. Enchanté de son travail, Fleming lui demanda de l'accompagner à titre de guide et fournisseur l'été suivant, quand on effectuerait les levés du trajet du col de la Tête-Jaune. Parti avant ses compagnons afin de prendre les dispositions nécessaires, Horetzky quitta Upper Fort Garry le 31 juillet avec Fleming et son fils Frank, George Monro Grant* et le botaniste John Macoun*. Le 27 août, le groupe parvint au fort Edmonton (Edmonton), où Fleming modifia ses plans : Horetzky et Macoun feraient les levés d'un trajet situé plus au nord, dans la région de la rivière de la Paix.

Horetzky prit sa mission à cœur. La saison était avancée, et il ne s'entendait guère avec Macoun ; pourtant, il explora minutieusement le col de la rivière de la Paix et apprit, par des Indiens de la région, l'existence d'un autre col, à la rivière Pine (Pine Pass, Colombie-Britannique). À partir du fort St John (près de Fort St John, Colombie-Britannique), qui appartenait à la Hudson's Bay Company, lui et Macoun franchirent le portage Rocky Mountain en octobre, se rendirent au fort McLeod (McLeod Lake, Colombie-

Britannique) puis, vers l'ouest, au fort St James (Fort St James, Colombie-Britannique). Macoun quitta alors Horetzky, qui continua seul les levés. Après un arrêt à Hazelton à la fin de décembre, Horetzky prit des photographies d'une partie de la région de la Skeena et des cours d'eau avoisinants, puis il suivit la rivière Nass jusqu'à la côte. Il s'embarqua ensuite pour San Francisco, d'où il retourna à Ottawa par le chemin de fer transcontinental des États-Unis.

Arrivé à Ottawa au début de mars 1873, Horetzky manifesta beaucoup d'enthousiasme pour la région de la rivière de la Paix, et surtout pour le col de la rivière Pine. Cependant, Fleming tenait fermement à ce que le chemin de fer canadien du Pacifique passe plus au sud, soit par le col de la Tête-Jaune, et il congédia Horetzky, qui avait fait connaître sa préférence au chef de l'opposition libérale, Alexander MACKENZIE. Horetzky publia en octobre dans *l'Ottawa Daily Citizen* une série d'articles en faveur du trajet nord, puis un opuscule, *The north-west of Canada* [...], qui racontait une partie de ses explorations. Au début de 1874, il fit paraître un compte rendu plus exhaustif, *Canada on the Pacific* [...], dédié à Mackenzie, devenu premier ministre. Celui-ci insista pour que Fleming le réembauche à titre d'ingénieur explorateur en mai suivant.

Chargé de faire des levés dans le centre de la Colombie-Britannique et le nord de l'Ontario, Horetzky était mécontent d'avoir à prendre des photographies, car il se considérait comme un ingénieur, et se querellait avec ses supérieurs et d'autres ingénieurs, dont Marcus Smith. Il prenait pour un affront toute remise en question de ses avis techniques, se conduisait souvent imprudemment et désobéissait aux instructions sur le terrain. Le gouvernement de Mackenzie opta en fin de compte pour le trajet du col de la Tête-Jaune, choix que les conservateurs confirmèrent quand ils reprirent le pouvoir en 1878. Finalement, en avril 1880, Horetzky quitta la Compagnie du chemin de fer canadien du Pacifique ; le mois suivant, il publiait *Some startling facts relating to the Canadian Pacific Railway* [...], dans lequel il critique vigoureusement le trajet adopté et reproche à Fleming de ne pas avoir reconnu les avantages du col de la rivière Pine. Il fit des déclarations semblables devant la Commission royale d'enquête sur la Compagnie du chemin de fer canadien du Pacifique en décembre 1880, mais ne réussit qu'à donner de lui-même l'image d'une personne vaine et quelque peu instable.

En 1883, Charles George Horetzky entreprit une nouvelle carrière d'ingénieur au département des Travaux publics de l'Ontario, à Toronto. Il supervisa la construction de divers ouvrages à la fin des années 1880 et durant la décennie suivante ; de plus, il conçut les plans des égouts de plusieurs établissements publics, dont l'Ontario Agricultural College de Guelph. C'est à titre d'ingénieur sanitaire qu'il acquit enfin la reconnaissance qu'il recherchait si avidement depuis tant d'années. Le *Daily Free Press* d'Ottawa nota même dans la notice nécrologique qu'il lui consacra qu'« en tant que spécialiste des questions sanitaires, il n'avait pas son égal au pays ». Aujourd'hui, cependant, Horetzky est surtout reconnu comme photographe, même s'il s'est toujours considéré avant tout comme un ingénieur. Artiste talentueux, il a laissé une collection de photographies qui dépeignent admirablement bien ce qu'étaient les Territoires du Nord-Ouest canadien et la Colombie-Britannique à la fin du XIXe siècle.

W. A. WAISER

Les Glenbow Arch. possèdent une série de 19 photographies originales de Charles George Horetzky (PB-239-(1-19) datées de 1871 et 1872. On trouve aussi deux albums reliés intitulés « Homathko River » (46 photographies) et « Peace River » (47 photographies) à la Vancouver Public Library. Enfin, les AN, Division de l'art documentaire et de la photographie, possèdent aussi d'autres photographies.

Horetzky est l'auteur de : *The north-west of Canada : being a brief sketch of the north-western regions, and a treatise on the future resources of the country* (Ottawa, 1873) ; *Canada on the Pacific : being an account of a journey from Edmonton to the Pacific by the Peace River valley* [...] (Montréal, 1874) : *Views in the Cascade Mountains, British Columbia : on coast exploration of 1874* (s.l., [1874]) ; et *Some startling facts relating to the Canadian Pacific Railway and the north-west lands* [...] (Ottawa, 1880). Son rapport sur l'expédition de 1872–1873 fut imprimé en annexe de *Report of progress on the exploration and surveys up to January 1874* (Ottawa, 1874) préparé par Sandford Fleming.

AN, MG 29, B1. — PAM, HBCA, B.134/g/33–39, 45–46 ; B.135/g/48–51 ; B.239/g/46. — G. M. Grant, *Ocean to ocean ; Sandford Fleming's expedition through Canada in 1872* (Londres et Toronto, 1873). — John Macoun, *Autobiography of John Macoun, M.A.* [...], introd. d'E. T. Seton (Ottawa, 1922). — *Daily Free Press* (Ottawa), 4 mai 1900. — *Globe*, 1[er] mai 1900. — *Ottawa Daily Citizen*, 9–10, 13–15, 17–18, 24 oct. 1873. — Ralph Greenhill et Andrew Birrell, *Canadian photography, 1839–1920* (Toronto 1979). — Reid, *« Our own country Canada »*. — A. Royick, « Horetzky's contribution to Canadian history » (communication faite devant la Second National Conference on Canadian Slavs, 1967). — Andrew Birrell, « Fortunes of a misfit : Charles Horetzky », *Alta. Hist. Rev.*, 19 (1971), n° 1 : 9–25.

HORN, KATE M. (Buckland), comédienne et directrice de théâtre, née vers 1826 en Irlande ; en 1852, elle épousa dans l'état de New York John Wellington Buckland, financier et administrateur de théâtre, et ils n'eurent pas d'enfants ; décédée le 10 septembre 1896 à Montréal.

Devenue orpheline avant l'âge de 16 ans, Kate Horn débute à la scène à Charleston, en Caroline du Sud, grâce à la protection de la comédienne Sarah H.

Timm. Elle accompagne cette dernière à New York en 1841. Cependant, ce n'est que le 24 mars 1845 qu'elle obtient son premier engagement important et régulier, au célèbre Park Theatre de New York, où elle joue Seraphina dans *Fashion.* Qualifiée de « l'une des plus belles femmes de la scène » new-yorkaise, elle ne tarde pas à devenir l'une des favorites du public américain. Ses partenaires comptent parmi les comédiens les plus célèbres de l'époque, notamment George Clifford Jordan et sa femme Annie Walters, Charlotte Saunders Cushman, Edward Loomis Davenport et William Pleater Davidge.

En 1852, le mari de Kate et son associé W. Corbyn, qui gèrent le Lyceum Theatre de New York, acceptent la direction du nouveau Theatre Royal de Montréal, le quatrième du nom. Leur principale tâche consiste à engager une troupe résidante dans le but d'offrir une saison de théâtre en anglais à Montréal. Kate fait partie de cette compagnie qui doit donner son premier spectacle le 15 juillet 1852. La veille de ses débuts officiels, la troupe offre une soirée au profit des sinistrés du grand incendie du 8 juillet. Dans l'une des pièces à l'affiche, intitulée *The serious family,* Kate, qui à la scène porte le nom de son mari, tient le rôle de la veuve Delmaine. Le public et la critique, notamment la *Montreal Gazette,* l'accueillent avec enthousiasme : « En premier lieu, Mme Buckland s'est presque introduite au plus profond de nos cœurs. Si nous devions épouser une veuve, nous pensons bien que ce serait la veuve Delmaine. » Le lendemain, elle incarne Lydia Languish dans *The rivals* de Sheridan.

Comme la saison montréalaise ne dure que quelques semaines, Kate Buckland partage son temps entre Montréal et New York où elle fait partie, entre autres, de la compagnie de Lester Wallack. En 1864, les époux Buckland s'établissent définitivement à Montréal. Au théâtre de la rue Côté, Kate maîtrise un répertoire varié qui comprend aussi bien Shakespeare et Sheridan que des auteurs aujourd'hui oubliés, tels Edward Bulwer-Lytton, Tom Taylor et James Robinson Planché. Entre 1863 et 1866, au Theatre Royal, elle prête son concours à pas moins de 26 soirées théâtrales d'amateurs organisées par les officiers de la garnison de Montréal. Dans ce cadre, elle participe à la création de *Dolorsolatio,* « extravaganza » canadienne de Sam Scribble. Dans cette longue allégorie, dont les personnages portent le nom des principales villes du Canada, Kate interprète le rôle de Montréal, « jeune demoiselle élégante ». Vers la même époque, en 1864–1865, la troupe résidante accueille dans ses rangs, pour un court engagement, un acteur américain que Kate honore de son amitié, John Wilkes Booth, le futur assassin d'Abraham Lincoln.

Les Buckland s'intègrent rapidement à la bonne société de Montréal et du Bas-Canada. Le couple est fréquemment invité à des réceptions offertes tant par l'état-major de la garnison que par le gouvernement de la colonie. À part une brève interruption en 1868 et 1869, John Buckland conserve la gestion du Theatre Royal jusqu'à ce qu'il soit frappé par la maladie qui l'emporte le 20 novembre 1872. Au milieu de la saison de 1873–1874, c'est Kate qui accède aux commandes du théâtre dont elle ne garde bientôt que la direction générale pour confier le volet artistique à divers imprésarios. À la saison de 1879–1880, elle cède la place à John B. Sparrow*.

La retraite de Kate Buckland ne l'empêche pas pour autant de s'intéresser à la vie théâtrale montréalaise et de prodiguer encouragements et conseils aux groupes amateurs de la ville. Elle meurt en 1896, après une maladie de quatre mois. Ses obsèques se déroulent le 12 septembre dans l'église catholique St Patrick de Montréal, en présence de neveux venus des États-Unis, d'hommes politiques et de gens de théâtre. Son testament prévoit des legs qui totalisant 20 000 $ et dont la majeure partie est accordée à ses trois parents survivants, sauf 5 000 $ qui vont à des œuvres de charité. Le reste de sa fortune consiste principalement en actions d'établissements bancaires et de compagnies de distribution du gaz, ainsi qu'en obligations et en prêts hypothécaires.

Kate Horn Buckland laisse à ses contemporains le souvenir non seulement d'une femme vive et généreuse mais d'une comédienne accomplie, ce que résume bien l'une des premières critiques qu'elle reçut au pays, en juillet 1852, dans la *Montreal Gazette* : « c'est l'évidence même qu'elle a été éduquée dans une bonne école, et [qu']elle ne saurait être affectée même par les usages d'outre-atlantique. »

MIREILLE BARRIÈRE

ANQ-M, CE1-63, 23 nov. 1872 ; CM1, 2/14, 22 sept. 1896. — McGill Univ. Libraries, Dept. of Rare Books and Special Coll., MS coll., CH88.S106 ; programmes du Theatre Royal (1863–1869). — *Gazette* (Montréal), 16 juill. 1852, 26 juin 1860, 5 mai 1873, 11, 14 sept. 1896. — *Montreal Daily Star*, 11–12 sept. 1896. — *New York Daily Times,* 14 oct. 1851, 24 avril 1852, 19 févr. 1856. — R. L. Sherman, *Actors and authors, with composers and managers who helped make them famous ; a chronological record and brief biography of theatrical celebrities from1750 to 1950* (Chicago, [1951]), 88. — *Types of Canadian women* (Morgan), 37. — J. P. Wearing, *American and British theatrical biography : a directory* (Metuchen, N.J., et Londres, 1979), 157, 914. — Sylvie Dufresne, « le Theatre Royal de la rue Côté : 1851–1913 », Groupe de recherche en art populaire, *Travaux et Conférences, 1975–1979* (Montréal, 1979), 67–171. — Franklin Graham, *Histrionic Montreal ; annals of the Montreal stage with biographical and critical notices of the plays and players of a century* (2e éd., Montréal, 1902 ; réimpr., New York et Londres, 1969), 106, 113, 115, 142, 154.

HOUGHTON, CHARLES FREDERICK, éleveur de bétail, juge de paix, homme politique et officier de milice, né le 26 avril 1839 à Glashare Castle, comté de Kilkenny (république d'Irlande) ; le 27 mars 1879, il épousa à Nanaimo, Colombie-Britannique, Marion Dunsmuir, et ils n'eurent pas d'enfants ; décédé le 13 août 1898 à Victoria.

Charles Frederick Houghton entra dans l'armée britannique en 1855. Il servit dans le 57th Foot durant trois ans, puis dans le 20th Foot. En 1861, il accéda au grade de capitaine. Le 4 mars 1863, de Clontarf Castle, à Dublin, son ami le lieutenant Forbes George Vernon* écrivit au ministère des Colonies pour s'informer des règlements fonciers de la Colombie-Britannique. On peut probablement en déduire que Houghton avait lu une circulaire de colonisation qui offrait des concessions gratuites de terrains de 1 440 acres aux colons militaires qui avaient le grade de capitaine. Dans le courant de l'année, il immigra en Colombie-Britannique avec Vernon et le frère de celui-ci, le lieutenant Charles Albert Vernon.

Débarqué à Victoria en septembre 1863, Houghton et ses compagnons découvrirent qu'on venait de réduire la superficie des concessions réservées aux militaires. Le capitaine Henry Maynard Ball, juge de paix à Lytton, lui conseilla, ainsi qu'aux Vernon, de s'établir dans la vallée de l'Okanagan : les terres ne coûtaient pas cher et l'élevage s'y pratiquait déjà dans des ranchs. Chacun des trois compagnons prit un droit de préemption sur une terre de 160 acres près de l'extrémité du lac Okanagan. Bientôt cependant, après avoir borné sa terre et commencé à y exploiter un ranch, Houghton découvrit qu'elle empiétait sur la réserve gouvernementale de dix milles carrés constituée en 1862 par le gouverneur James Douglas*. Le 10 novembre 1863, il s'en plaignit au gouverneur. En mars suivant, il porta sa cause devant le Conseil législatif et, en juin, en appela au duc de Cambridge, commandant en chef de l'armée britannique. Peu après l'intervention du duc, le gouverneur Frederick Seymour*, qui succéda à Douglas en 1864, ramena la concession militaire aux dimensions initiales et autorisa Houghton à conserver en plus une portion de la réserve gouvernementale. Toutefois, en raison de questions soulevées par le fait que Houghton n'avait eu le grade de capitaine que pendant une brève période, il ne devint propriétaire de Coldstream qu'en juin 1872. Quelques mois plus tard, il revendait cette terre de 1 450 acres aux Vernon. Elle allait former le noyau du fameux Coldstream Ranch, qui s'étendait sur 13 000 acres et que Forbes George Vernon vendit à lord Aberdeen [Hamilton-Gordon*] en 1891.

Grâce, en partie, à son tempérament agréable, Houghton devint populaire parmi le petit groupe d'« exilés de pure race » qui habitaient l'intérieur de la Colombie-Britannique. De plus, il avait le don d'obtenir des faveurs politiques. Malgré son expérience militaire limitée (pendant la guerre de Crimée, Houghton s'était rendu seulement jusqu'à Malte) et même s'il était un immigrant de fraîche date, il fut autorisé par Seymour, en 1864, puis par le secrétaire de la colonie de la Colombie-Britannique, Arthur Nonus Birch*, en 1865, à mener des équipes d'exploration jusqu'aux mines du Columbia en passant par la Gold Range. En outre, on le nomma juge de paix le 16 octobre 1866.

Le 19 décembre 1871, Houghton devint député de la circonscription de Yale-Kootenay à la chambre des Communes à la suite de l'élection spéciale tenue après l'entrée de la colonie dans la Confédération en juillet de cette année-là. Au cours de ses deux sessions à Ottawa, il convainquit les députés et sénateurs de la Colombie-Britannique de l'aider à obtenir la nomination militaire qu'il désirait. Après avoir amélioré son dossier en passant par l'école de tir de Québec, il fut promu lieutenant-colonel ; le 21 mars 1873, il devint adjudant général adjoint de milice du district militaire n° 11 (Colombie-Britannique).

Au printemps de 1877, le gouvernement provincial fit appel à Houghton pour qu'il participe à la répression de la grève des mineurs à la mine de charbon de Robert Dunsmuir* à Wellington. Outre 60 soldats d'infanterie transportés à Nanaimo à partir de Victoria, Houghton avait une canonnière, le *Grappler,* ainsi que de l'artillerie d'infanterie et de campagne envoyée de New Westminster. Il se plaça sous le commandement du juge de paix de Nanaimo et partit pour la mine avec sa troupe, le shérif, le surintendant de police et des constables spéciaux. Un groupe de 150 à 200 mineurs les attaqua, mais seulement 4 employés furent expulsés de la propriété de la compagnie.

Dunsmuir se montra satisfait de l'intervention des militaires, et quand Houghton, alors âgé de 39 ans, lui demanda la main de sa fille Marion, qui en avait 22, il ne souleva aucune objection. Après le mariage, Houghton passa six mois en Europe en compagnie de sa femme ; à son retour, il apprit qu'on le muterait probablement au district militaire n° 10 (Manitoba et Territoires du Nord-Ouest).

Arrivé à Winnipeg en avril 1881, Houghton dut bientôt faire face à un mécontentement de plus en plus sérieux de la part des Métis et des fermiers du Nord-Ouest. Il commença donc à organiser le 90th (Winnipeg) Battalion of Rifles. En 1884, la situation s'aggrava ; le premier ministre sir John Alexander MACDONALD demanda alors à son fils, avocat à Winnipeg, ce que Houghton valait comme officier de milice. Hugh John Macdonald* répondit qu'il n'avait « pas beaucoup de cervelle et encore moins de jugement », et qu'il « [buvait] du matin au soir, plus que de raison ». À la veille de la rébellion de mars 1885 dans le Nord-Ouest [V. Louis Riel*], le gouvernement confia la répression au major général Frederick Dobson MIDDLETON. Houghton fut indigné d'avoir été laissé pour compte. Même si Middleton trouvait qu'il était « absolument inutile » au sein de son état-major, il ne le renvoya à Winnipeg que le 19 mai, après qu'il eut combattu à Fish Creek et à Batoche (Saskatchewan).

Muté à Montréal le 1er mars 1888, Houghton put y exercer son commandement en toute tranquillité, mais la santé délicate de sa femme limitait sa vie mondaine. Au début de 1892, il la ramena à Victoria, où elle mourut peu de temps après à Craigdarroch Castle, la résidence de sa mère. Houghton vécut ensuite à Montréal avec sa fille Marie, née d'une Indienne okanagane, Sophie N'Kwala. Marie, qui avait fait de bonnes études, allait acquérir une grande célébrité dans le nord de la vallée de l'Okanagan et écrire plusieurs articles historiques. À l'occasion, en raison de leurs liens avec le ranch de Coldstream, Houghton et sa fille étaient invités par les Aberdeen à Rideau Hall, à Ottawa.

Irlandais accommodant, amateur de chasse et de pêche, Charles Frederick Houghton n'avait pas l'esprit d'entreprise des Vernon et d'autres Anglo-Irlandais qui s'établirent dans la vallée de l'Okanagan. Il prit sa retraite en 1897, et sa santé se mit à décliner. Son vieil ami, Charles Albert Vernon, l'accueillit dans sa maison de Victoria et s'occupa de lui jusqu'à sa mort, en 1898.

MARGARET A. ORMSBY

AN, RG 9, II, A1, 41, docket nos 6521, 6653 ; 51, docket no 7994. — PABC, Add. MSS 523 ; Add. MSS 759, C. F. Cornwall, « The story of the coyote hounds » (1868–1888) ; GR 1372, F 799, F 937. — PRO, CO 60/15–17 (mfm aux PABC). — *Telegrams of the North-West campaign, 1885,* Desmond Morton et R. H. Roy, édit. (Toronto, 1972). — *Daily Colonist* (Victoria), 7 mai 1864, 16 oct. 1866, 24 oct. 1871, 4 mars 1872, 24 févr., 24 mars 1877, 8, 30 mars 1879, 14 févr. 1892, 14, 15 août 1898. — *Montreal Daily Star,* 16 août 1898. — *Canada, an encyclopædia* (Hopkins), 4 : 512–513. — *Canadian directory of parl.* (Johnson). — *Canadian men and women of the time* (Morgan ; 1898). — Edna Oram, *The history of Vernon, 1867–1937* (Vernon, C.-B., 1985). — Anne Pearson, *An early history of Coldstream and Lavington* (Vernon, 1986). — A. J. Splawn, *Ka-mi-akin, the last hero of the Yakimas* (Portland, Oreg., 1917). — Marie Houghton Brent, « Indian lore », Mme Harold Cochrane, compil., Okanagan Hist. Soc., *Report* (Vernon), 30 (1966) : 105–113. — J. [K.] Nesbitt, « Old homes and families », *Daily Colonist* (Victoria), 3 mai 1953. — Leonard Norris, « The explorations of Captain Houghton », Okanagan Hist. and Natural Hist. Soc., *Report* (Vernon), 5 (1931) : 30–32. — M. A. Ormsby, « Captain Houghton's exploratory trip, 1864 », Okanagan Hist. Soc., *Report,* 13 (1949) : 38–44 ; « Some Irish figures in colonial days », *BCHQ,* 14 (1950) : 61–82. — R. H. Roy, « The early militia and defence of British Columbia », *BCHQ,* 18 (1954) : 1–28. — P. G. Silverman, « Military aid to civil power in British Columbia », *Pacific Northwest Quarterly* (Seattle, Wash.), 61 (1970) : 156–161. — E. G. Turnbull, « Recollections of Marie Houghton Brent », *British Columbia Hist. News* (Vancouver), 18 (1984), no 2 : 21–22.

HOULISTON, GEORGE BAILLIE, homme d'affaires, avocat et homme politique, né vers 1834, probablement à Trois-Rivières, Bas-Canada, fils de John Houliston et d'Agnes Mercer ; il épousa Isabella Baptist, fille de George Baptist*, et ils eurent six enfants ; décédé le 23 janvier 1891 à Édimbourg.

La carrière de George Baillie Houliston ne fut pas bien différente de celle de beaucoup d'hommes qui vécurent dans les petites villes canadiennes dans la seconde moitié du XIXe siècle. Même s'il n'eut jamais d'intérêts commerciaux hors de la région trifluvienne, son influence sur le développement local fut considérable. Il entra dans les affaires au début des années 1850. Tout en travaillant au magasin général de son père, il représentait la Banque de Montréal à Trois-Rivières. On l'admit au barreau le 6 avril 1857. Dès cette époque, il avait pris la tête de l'entreprise familiale avec son frère Thomas et représentait plusieurs compagnies d'assurances. Cette même année, il dirigea une campagne infructueuse dont le but était de recueillir 100 000 $ pour établir une banque locale qui serait en mesure de favoriser l'exploitation régionale.

Dans les années 1860, Houliston continua de montrer qu'il était capable de mener plusieurs activités de front. Il pratiquait le droit avec un associé du nom de William McDougall, représentait toujours plusieurs sociétés d'assurances et fit partie du conseil municipal en 1863–1864. Membre du conseil d'administration de la Three Rivers Gas Company, il fut l'un des promoteurs de la Compagnie de coton des Trois-Rivières, qui devait contribuer à fortifier l'économie locale. La société ne devait toutefois jamais atteindre le stade de la production.

Houliston fonda en 1871 une banque privée, la G. B. Houliston and Company. Ce genre d'établissement était assez répandu au Canada dans le dernier quart du XIXe siècle. Contrairement aux banques privilégiées, elles n'étaient pas autorisées à émettre des billets. Assez peu réglementées par le gouvernement, elles pouvaient recueillir des dépôts, consentir des prêts et faire des opérations – des prêts sur hypothèque par exemple – que l'Acte concernant les banques et le commerce des banques interdisait aux banques privilégiées. Trois-Rivières, où il n'y avait en 1871 que des succursales de la Banque de Québec et de la Banque nationale, avait désespérément besoin des services qu'offrait Houliston. C'est justement le manque d'établissements financiers qui avait été à l'origine de la tentative de fonder une banque locale en 1857 et qui devait mener un groupe d'hommes d'affaires de la ville, dont le beau-père et le beau-frère de Houliston, George et Alexander Baptist, à constituer juridiquement la Banque de Trois-Rivières en 1873. Houliston, manifestement intéressé à ne pas affaiblir sa propre banque, ne figurait pas parmi les promoteurs de la Banque de Trois-Rivières qui, faute de capital nécessaire, n'ouvrit jamais ses portes.

Dans les 20 dernières années de sa vie, Houliston s'occupa principalement de sa banque, mais à la fin des années 1870 et dans les années 1880, par attachement au parti libéral, il investit dans la presse locale. Avec Alexander Baptist, Joseph Rayncer, Ezekiel Moses Hart, Louis-Joseph-Onésime Brunelle et Henry Hart, il mit sur pied la Compagnie d'imprimerie de Trois-Rivières, qui édita *la Concorde* de 1879 à 1884 [V. Ernest Pacaud* ; Henri-René-Arthur Turcotte*] et sa contrepartie de langue anglaise, le *Loop Line,* de 1882 à 1884. Les deux journaux furent incapables de résister au climat politique défavorable dominé par les conservateurs de sir John Alexander MACDONALD à Ottawa et, à Québec, de Joseph-Adolphe CHAPLEAU entre 1879 et 1882, de Joseph-Alfred Mousseau* entre 1882 et 1884 et de John Jones Ross* entre 1884 et 1887. Ils cessèrent de paraître en 1884 à cause de difficultés financières. Deux mois plus tard, Houliston s'associa à Georges-Isidore BARTHE et à René Barthe pour relancer un journal libéral, l'*Ère nouvelle*. La parution cessa en décembre 1885, encore une fois à cause de problèmes financiers.

À la fin de janvier 1891, au cours de la première étape d'un voyage autour du monde, George Baillie Houliston mourut subitement d'un arrêt du cœur à Édimbourg. Il avait joué un rôle important dans le développement de Trois-Rivières, à la fois à titre de marchand, promoteur, avocat, homme politique local et éditeur de journaux.

RONALD E. RUDIN

AN, RG 31, C1, 1851, 1861, 1871, Trois-Rivières, Québec. — ANQ-MBF, CE1-50, 1837. — Arch. du séminaire de Trois-Rivières, 0125 (fonds G. B. Houliston). — Canada, *Statuts,* 1873, chap. 14. — *Gazette* (Montréal), 26 janv. 1891. — *Canada directory,* 1851 ; 1857–1858 ; 1864–1865 ; 1871. — *Guide de la cité des Trois-Rivières,* ([Trois-Rivières]), 1880–1881. — J. Hamelin *et al., la Presse québécoise,* 2 : 58, 104–105, 292–293. — Maréchal Nantel, « les Avocats admis au Barreau de 1849 à 1868 », *BRH,* 41 (1935) : 691.

HOWARD, docteur. V. BEACH, THOMAS BILLIS

HOWATT, CORNELIUS, fermier et homme politique, né en 1810 à la ferme familiale de Tryon, Île-du-Prince-Édouard, fils de James Howatt et d'Ellen Miller ; vers 1840, il épousa Jane Bell, et ils eurent sept fils et deux filles ; décédé le 7 mai 1895 à North St Eleanors, Île-du-Prince-Édouard.

Cornelius Howatt, cultivateur à bail de Tryon, fut élu pour la première fois à la chambre d'Assemblée de l'Île-du-Prince-Édouard en 1859 ; il y siégerait jusqu'à sa défaite aux élections de 1876. Durant trois des années qu'il passa à l'Assemblée, soit de 1874 à 1876, il en fut président, succédant à ce poste à Stanislaus Francis PERRY. Quoique sa carrière politique n'ait pas été particulièrement remarquable selon les critères généralement appliqués, on se souvient de lui pour son opposition passionnée à la Confédération.

À la fin des années 1860 et au début des années 1870, Howatt n'était qu'un des nombreux hommes politiques de l'île à s'opposer à la Confédération, mais il se distinguerait bientôt par la ténacité de son opposition. En effet, la situation confuse du début des années 1870 les inciterait presque tous à appuyer l'union avec le Canada, ou du moins à y consentir ; Howatt cependant ne changea pas d'avis. Le seul autre homme politique qui ait persisté aussi longtemps que lui dans cette opposition fut Augustus Edward Crevier Holland, son collègue député du 4e district du comté de Prince.

En s'opposant à la Confédération, l'Assemblée de l'Île-du-Prince-Édouard se faisait l'écho de la volonté populaire. En mars 1871, le lieutenant-gouverneur William Cleaver Francis ROBINSON avait estimé que les neuf dixièmes de la population de la colonie rejetaient l'union, quelles qu'en soient les conditions. L'enthousiasme des insulaires pour le chemin de fer allait toutefois décider de leur sort. En avril 1871, le gouvernement de James Colledge Pope* adopta une loi qui prévoyait la construction d'un chemin de fer, mais au début de l'année 1873, la construction de la ligne avait entraîné une dette si énorme que le gouvernement de Robert Poore HAYTHORNE dut rouvrir les négociations avec le gouvernement canadien. Quand il présenta aux électeurs de l'île, en avril, les conditions de l'union convenues à Ottawa, Haythorne essuya une défaite, mais la plupart des députés opposés à la Confédération avaient compris qu'il était vain de poursuivre la lutte. Néanmoins, Howatt insista pour faire la proposition suivante : « que la chambre est d'avis que les meilleurs intérêts et la prospérité future de l'Île-du-Prince-Édouard seraient assurés par le refus de conditions d'entrée dans l'union avec le Dominion du Canada ». Holland appuya la proposition, mais celle-ci fut rapidement rejetée par 24 voix contre 2. Bien des députés estimaient que les irréductibles du 4e district de Prince s'entêtaient inutilement. Howatt soutint cependant qu'un jour son geste serait justifié ; il souhaitait que sa proposition serve à « établir qui avait [raison] et qui n'avait pas raison ».

L'opposition de Howatt à l'union était dans une large mesure le fruit de la prospérité et de l'optimisme qu'avait connus l'île dans les années 1860. Une fois les temps les plus difficiles de la colonisation et de l'adaptation passés, beaucoup ressentaient avec fierté que la colonie était devenue une société économiquement autonome et politiquement « indépendante ». C'est d'ailleurs ce qui se dégage de l'important discours que Howatt prononça à l'Assemblée pendant la session de 1866. « Enlever à un pays sa constitution est une chose grave, disait-il. Nous avons maintenant la direction de nos propres affaires ; et si un parti ne nous plaît pas, nous pouvons [en élire] un autre ; mais dès que nous entrerions dans la Confédération nous cesserions d'avoir toute emprise même sur les questions qui nous concernent. Les autres colonies parlent maintenant de nous avec le plus grand mépris, alors, quelle chance aurions-nous. Tout ce que nous obtiendrions, ce serait en mendiant. » Jusqu'en 1873, Howatt répéta cette rengaine, insistant sur le fait que la Confédération signifiait l'« anéantissement politique » et qu'un jour viendrait où la population de l'île regretterait profondément sa décision de s'unir au Canada.

Il est intéressant de noter qu'un siècle plus tard, en 1973, un petit groupe d'insulaires formait la société des Brothers and Sisters of Cornelius Howatt, dans le but avoué d'étudier d'un point de vue critique le rôle de l'île dans le Canada. À cause de ce groupe, Howatt, qui avait presque été oublié, retrouva sa place dans la conscience historique et devint un personnage central dans une réinterprétation de l'époque de la Confédération selon laquelle la résistance de l'île à l'union n'était pas tant la manifestation d'une peur viscérale du changement, ou un stratagème pour obtenir de meilleures conditions du gouvernement canadien, que l'expression des sentiments très positifs de fierté et de patriotisme qui s'étaient développés dans la colonie.

Durant toute sa carrière politique, Howatt fut une sorte de populiste rural dont les positions traduisaient, comme il l'affirmait fréquemment, la sagesse naturelle des fermiers qu'il représentait. C'est ainsi qu'il formulait son opposition à la Confédération. En 1867 par exemple, il avait espéré que vienne le jour « où les hommes de « la campagne » feraient leur devoir » et empêcheraient que la Confédération ne soit imposée à la population. Comme la plupart des habitants de l'Île-du-Prince-Édouard, Howatt était né et avait grandi en milieu rural, et c'est là qu'il avait vécu et travaillé la plus grande partie de sa vie. Il était donc normal que la seule chose qui lui ait permis d'acquérir quelque notoriété – son rejet de la Confédération – n'ait été dans une large mesure que le reflet de ce que pensaient les simples citoyens de l'île. Howatt n'avait jamais eu beaucoup de pouvoir ou d'influence en qualité d'homme politique et, après l'entrée de l'Île-du-Prince-Édouard dans la Confédération, il disparut rapidement de la vie politique de l'île.

Cornelius Howatt avait perdu quatre enfants de son vivant. Parmi les fils qui lui restaient, seul Nelson, qui prendrait sa suite à la ferme, demeura dans l'île. Sa fille Helen épousa John Howatt Bell, qui fut premier ministre de l'île de 1919 à 1923.

DAVID E. WEALE

Les principales sources imprimées utilisées pour rédiger cette biographie sont les *Debates and proc.* de l'Î.-P.-É., House of Assembly, et différents journaux, dont le *Charlottetown Herald*, l'*Islander*, l'*Examiner* (Charlottetown), l'*Island Argus* (Charlottetown), le *Summerside Progress* (Summerside, Î.-P.-É.), et le *Broad-Axe* (Charlottetown). La notice nécrologique la plus complète est celle de l'*Island Farmer* (Summerside), 9 mai 1895. Une courte biographie, écrite par David Weale, *Cornelius Howatt, farmer and Island patriot*, a paru à Charlottetown en 1973.

HOWLAND, WILLIAM HOLMES, homme d'affaires, réformateur social, philanthrope et homme politique, né le 11 juin 1844 à Lambton Mills (Etobicoke, Ontario), fils aîné de William Pearce Howland* et de Mary Ann Blyth, veuve de David Webb ; le 18 octobre 1872, il épousa à Saint-Jean, Nouveau-Brunswick, Laura Edith Chipman, belle-sœur de Samuel Leonard TILLEY, et ils eurent six enfants ; décédé le 12 décembre 1893 à Toronto.

William Holmes Howland fréquenta l'Upper Canada College et la Model Grammar School de Toronto, mais il interrompit ses études à l'âge de 16 ans, après que son père se fut lancé dans la politique provinciale. Élu député réformiste d'York West au scrutin de 1857–1858, William Pearce Howland allait devenir l'un des Pères de la Confédération et accéder en 1868 à la fonction de lieutenant-gouverneur de l'Ontario. William Holmes prit alors la direction de l'entreprise paternelle (commerce de grains et minoterie) et ne tarda pas à être connu dans le monde des affaires. Alors qu'il était encore relativement jeune, il fut président, vice-président ou simple administrateur de plus d'une douzaine de compagnies d'assurances et de prêts, d'électricité ou de fabrication de peinture. Son élection à la présidence de la Queen City Fire Insurance Company, en 1871, en fit le plus jeune président de société d'assurances au Canada. Le nombre de fonctions administratives qu'il remplit montre combien ses collègues hommes d'affaires lui faisaient confiance.

Howland était devenu en 1870 un adepte convaincu du protectionnisme commercial et industriel, qu'il prôna en qualité de président de trois organisations influentes : le Board of Trade de Toronto, en 1874–1875, la Chambre de commerce de la Puissance, en 1874, et la Manufacturers' Association of Ontario, en 1877–1878. Sa position sur la question tarifaire l'amena à rompre avec le parti libéral fédéral en 1877, même si son père y avait longtemps milité et si lui-même demeurait très attaché à Edward Blake*. Dès lors, il affirma être indépendant et soutenir les conservateurs de sir John Alexander MACDONALD à Ottawa, mais il continua d'appuyer le gouvernement libéral d'Oliver Mowat* dans sa province. Nationaliste aussi bien que protectionniste, il fut choisi en 1874 pour occuper la présidence d'un tout nouveau regroupement, la Canadian National Association du mouvement *Canada First* [V. William Alexander Foster*]. Il en finançait l'hebdomadaire, appelé *Nation,* qui affichait une position protectionniste. D'un point de vue émotif, l'antiaméricanisme du mouvement lui convenait sans doute. Son leadership souffrit de ce que, dans un discours inaugural, il décria aussi toutes les formes de « flagornerie » envers la Grande-Bretagne. L'accusation de déloyauté qui en résulta permit à Goldwin Smith* et à d'autres de s'emparer de la tête du mouvement.

D'un naturel amical et enthousiaste, Howland fut pris, dans les années 1870, d'une ferveur de plus en plus grande pour les questions religieuses et sociales. Né dans la foi presbytérienne, il était passé à l'anglicanisme, qu'il pratiquait non seulement en montrant une piété conventionnelle, mais en militant dans le mouvement évangélique de Toronto. Au début de 1877, il contribua à la fondation de la Protestant Episcopal Divinity School [V. James Paterson Sheraton*], qui ouvrit ses portes dans les mois suivants ; c'était la contrepartie Basse Église du Trinity College, établissement anglican lui aussi, mais ritualiste. En février et mars, le révérend William Stephen Rainsford, évangéliste d'origine irlandaise qui habitait New York, avait tenu des assemblées à la cathédrale St James de Toronto, et il revint par la suite y occuper une charge de pasteur assistant. C'est sous son ministère, axé sur la mise en pratique des enseignements du Christ, que Howland devint un ardent chrétien de tendance évangélique. Lorsque les adversaires du commerce de l'alcool tentèrent de faire adopter la prohibition locale à Toronto en 1877, il fit vœu d'abstinence totale et se lança à corps perdu dans le mouvement de tempérance.

Dans les années suivantes, Howland fit de la philanthropie évangélique la grande affaire de sa vie, à tel point que ses intérêts commerciaux en souffrirent considérablement. Fondateur en 1877 et premier président du Toronto Willard Tract Depository, société d'édition évangélique, et de l'International Christian Workers Association, il participa à la formation de la Prisoners' Aid Association, groupe de défense des détenus et de réforme pénale, et fut surintendant de la Central Prison Mission School. Il présida la section ontarienne de la Dominion Alliance, association de tempérance, et travailla au Prison Gate Mission and Haven, refuge pour mères célibataires, à l'Andrew Mercer Reformatory, maison de correction pour femmes, au Hillcrest Convalescent Hospital et à la section torontoise de la Young Men's Christian Association. Renommé pour ses leçons à l'école du dimanche, il prenait souvent la parole à l'église. Toutes les fins de semaine et très souvent le soir, il allait porter réconfort spirituel et temporel aux habitants du quartier St John, qui depuis des années était le foyer de la misère et du vice à Toronto. Soucieux de prévention, il fut le président fondateur en 1887 d'une école de métiers pour jeunes délinquants, la Mimico Boys' Industrial School.

Howland prenait l'évangélisme trop à cœur pour ne pas soulever l'ire de ses coreligionnaires. En 1882–1883, il fut au centre d'un violent débat sur le ritualisme à l'église Grace, que lui-même et d'autres avaient fait construire à l'intention des pauvres du quartier St John et où il était marguillier. De toute évidence, le temple ne remplissait pas sa mission. Selon Howland et son principal allié, l'éminent avocat Samuel Hume Blake*, c'était en bonne partie la liturgie Haute Église du révérend John Pitt Lewis, le *rector,* qui éloignait les miséreux ; cette question souleva de vifs échanges entre les trois hommes.

En avril 1883, au terme d'une longue controverse, Howland perdit son siège de marguillier. Il s'éloigna de plus en plus de la foi anglicane et, avec Blake, Henry O'Brien, Casimir Stanislaus GZOWSKI et d'autres anglicans de tendance évangélique qui partageaient ses convictions, il fonda en 1884 la Toronto Mission Union. Cet organisme, urbain et non confessionnel, visait à rejoindre les pauvres au moyen de programmes d'assistance sociale, de santé, de secours et de travail missionnaire. Il prit tellement d'ampleur qu'il finit par devenir une Église. Howland unit alors ses efforts à ceux du ministre congrégationaliste John Salmon et d'un presbytérien d'origine canadienne qui vivait à New York, le révérend Albert Benjamin Simpson*, en vue de constituer le premier chapitre canadien de la Christian Alliance, dont il fut le président fondateur en 1889. Par la suite, l'alliance, devint une importante Église évangélique du Canada et adopta le nom de Christian and Missionary Alliance.

Sans abandonner son œuvre évangélique et philanthropique, Howland, qui était vraiment infatigable, se tourna vers l'administration municipale. Il n'avait jamais occupé de charge, mais n'en était pas un néophyte pour autant. En raison de ses antécédents familiaux, de ses relations dans le milieu des affaires, de ses prises de position en faveur du protectionnisme et du nationalisme, il connaissait fort bien la politique torontoise et ontarienne. À l'élection de 1886 à la mairie, il se porta candidat du groupe réformiste et l'emporta sur son adversaire, le conservateur Alexander Henderson Manning*, en réussissant à éveiller la ferveur morale des électeurs contre cet homme à l'éthique douteuse, et à s'assurer l'appui du mouvement ouvrier de Toronto, organisé depuis peu [V. Daniel John O'Donoghue*]. C'était la première fois que l'on autorisait des femmes – quelque 2 000 veuves et célibataires qui remplissaient les conditions de propriété requises – à voter aux élections municipales. Fait significatif, Howland avait fait campagne en défendant un programme précis : la réforme de la vie sociale et morale de la classe ouvrière de Toronto, mais il ne put adopter qu'un petit nombre de mesures concrètes en raison des controverses qui marquèrent son premier mandat. En février 1886, les Chevaliers du travail déclenchèrent une grève contre la Massey Manufacturing Company à Toronto. Howland, qui devait sa victoire aussi bien à l'appui de Hart Almerrin MASSEY et à d'autres manufacturiers qu'à celui des Chevaliers du travail, fut contraint d'essayer de trouver un compromis qui ne lui aliénerait ni les uns ni les autres. Finalement, Massey capitula, les deux parties semblèrent satisfaites, et Howland conserva le soutien de Massey. Plus tard en 1886 surgit un deuxième conflit de travail, probablement le plus dur qu'ait connu Toronto au XIXe siècle ; il opposait le mouvement ouvrier au sénateur tory Frank Smith*, propriétaire de la Toronto Street Railway Company. Cette société arrogante et monopolistique, réputée traiter durement ses employés, tenta de les empêcher de se syndiquer en décrétant un lock-out. Encore une fois, Howland intervint en faveur des travailleurs en publiant une lettre qui condamnait l'antisyndicalisme de la compagnie et attribuait à celle-ci la responsabilité des désordres qui avaient éclaté.

Malheureusement, pendant son premier mandat, seule une minorité de conseillers appuya les tentatives de réforme municipale de Howland. Le fait le plus notable de l'année fut la nomination, en mai, d'un nouvel inspecteur de police, David Archibald, qui apporta une dimension sociale au travail des forces de l'ordre en tentant de mettre un frein à la prostitution et de fermer les cabarets.

Le deuxième mandat de Howland s'amorça en 1887 sous le signe d'une pluralité accrue et par l'élection d'un nombre suffisant d'échevins favorables à son programme réformiste. La vieille garde avait fait front commun contre lui durant la campagne électorale, mais les ouvriers de Toronto, à cause du rôle qu'il avait joué dans les conflits de la Massey Manufacturing Company et de la Toronto Street Railway Company, de même que les partisans de la coalition pour la réforme et la tempérance, lui avaient apporté un soutien massif. Combinant son zèle pour la tempérance, l'évangélisme et la réforme municipale, Howland s'empressa de prendre une série de mesures qui visaient à mettre fin à la corruption municipale, à fermer les maisons de jeu et de prostitution, à tenir en respect les commerçants d'alcool, à améliorer les conditions sanitaires et à instaurer des campagnes pour faire cesser la profanation du dimanche. Cependant, loin d'être aussi fructueux que lui-même et ses tenants l'avaient espéré, son mandat fut une suite de revers. Après un vif débat, on adopta de justesse un règlement parrainé par son principal allié, Robert John Fleming*, par lequel on voulait réduire de près de la moitié les permis de taverne et de débits d'alcool. Non seulement Howland eut-il beaucoup de mal à maintenir l'unité parmi les échevins réformistes jusqu'à la fin de la discussion, mais une fois ce règlement adopté, il y eut peu de questions sur lesquelles ils s'entendaient, si bien qu'il était privé d'une base solide. En outre, on présenta au Parlement provincial un projet de réforme municipale, bourré de points faibles, puis on le retira à cause des intrigues tramées contre Howland par le conseiller juridique de la ville, William G. McWilliams. Pendant la visite du fougueux journaliste irlandais William O'Brien, on débattit publiquement de nationalisme irlandais, ce qui provoqua de graves affrontements entre orangistes et catholiques. Dans un rapport, le juge Joseph Easton MacDougall démontra l'existence, dans l'administration des services d'eau de la ville, d'une vaste conspiration de fraude et de vol. Dans toute cette affaire, le pire problème de Howland était peut-être de ne pas avoir les talents politiques nécessaires pour rassembler ses collègues et partisans réformistes en une coalition qui aurait poursuivi le travail de changement. Quand même, le surnom de « Toronto la pure » témoignait de l'existence des programmes réformistes qu'il avait été le premier à mettre de l'avant.

En 1888, Howland décida de ne pas solliciter un troisième mandat. Un de ses fidèles partisans, l'échevin Elias Rogers, quaker de tendance évangélique et marchand de charbon bien connu, fut celui qu'il choisit comme successeur. Cependant, à la dernière minute, on révéla son rôle prépondérant dans un monopole de fixation des prix du charbon. Comme le groupe réformiste avait fait campagne en prônant l'épuration des mœurs, il perdit la bataille au profit d'Edward Frederick Clarke*.

Howland avait quitté l'administration municipale pour aider son père malade à s'occuper de ses intérêts commerciaux, mais il continua de consacrer la plus grande partie de sa fortune à une multitude de bonnes causes : lutte contre la pauvreté, tempérance, propagation de l'Évangile. Il parvint notamment, avec Samuel Hume Blake, à convaincre le gouvernement ontarien de former, en 1890, une commission royale d'enquête sur les prisons et maisons de correction, et, l'année suivante il contribua à la fondation de la Children's Aid Society [V. John Joseph Kelso*]. Il mourut d'une pneumonie en 1893, à l'âge de 49 ans. Malgré sa célébrité, il ne laissait qu'une succession modeste, d'une valeur de 42 298 $. À l'instar de bon nombre de ses contemporains, il avait eu une vision profondément chrétienne de son milieu. Pourtant, la façon dont il associait religion, politique et affaires avait quelque chose de bien particulier. Les milieux anglicans reconnurent cette originalité dans une notice nécrologique du *Canadian Churchman* : « Comme la plupart des gens voudront sans doute le reconnaître, sa nature était un curieux alliage – une bonté anormale l'amenait à des extravagances apparentes ou réelles dans l'action [...] D'une générosité excessive au point d'être exceptionnelle, sa personnalité était à la fois un exemple et un avertissement. »

À la mairie, William Holmes Howland avait brisé la tradition de ploutocratie et d'esprit bourgeois qui avait caractérisé l'administration de Toronto. Il se souciait réellement des gens du commun et voulait améliorer la qualité de la vie à tous les échelons de la société. On comprend donc que cet homme d'affaires, maire, philanthrope chrétien et travailleur missionnaire ait exercé une telle influence sur l'une des plus grandes villes du Canada.

RONALD G. SAWATSKY

York County Surrogate Court (Toronto), n° 10144 (mfm aux AO). — *Canadian Manufacturer* (Toronto), 15 déc. 1893. — *Canadian Churchman,* 21 déc. 1893. — *Empire* (Toronto), 13 déc. 1893. — *Evangelical Churchman* (Toronto), 21 déc. 1893. — *Globe,* 14 déc. 1893. — *Toronto Daily Mail,* 13 déc. 1893. — *Cyclopædia of Canadian biog.* (Rose et Charlesworth), 1. — C. [C.] Berger, *The sense of power ; studies in the ideas of Canadian imperialism, 1867–1914* (Toronto et Buffalo, N.Y., 1970). — C. St G. Clark, *Of Toronto the Good : a social study ; the Queen City of Canada as it is* (Montréal, 1898). — Andrew Jones et Leonard Rutman, *In the children's aid : J. J. Kelso and child welfare in Ontario* (Toronto, 1981). — G. S. Kealey, *Toronto workers respond to industrial capitalism, 1867–1892* (Toronto, 1980). — G. S. Kealey et B. D. Palmer, *Dreaming of what might be : the Knights of Labor in Ontario, 1880–1900* (Cambridge, Angl., et New York, 1982). — Desmond Morton, *Mayor Howland : the citizens' candidate* (Toronto, 1973). — Lindsay Reynolds, *Footprints : the beginnings of the Christian & Missionary Alliance in Canada* (Toronto, 1982). — V. L. Russell, *Mayors of Toronto* (1 vol. paru, Erin, Ontario, 1982–). — R. G. Sawatsky, « Looking for that blessed hope » : the roots of fundamentalism in Canada, 1878–1914 » (thèse de PH.D., Univ. of Toronto, 1985). — Desmond Morton, « Mayor Howland : the man who made Toronto good », *York Pioneer* (Toronto), 75 (1980), n° 2 : 23–30.

HOYT, CAROLINE. V. SCALES

HUBBS, FLORA AMELIA. V. ROSS

HUDON, VICTOR, homme d'affaires, né le 31 août 1812 à Rivière-Ouelle, Bas-Canada, fils d'Alexandre Hudon et de Julie Chapais (Chapet) ; le 20 juillet 1835, il épousa à Montréal Marie Godard, et ils eurent trois filles et six fils, puis le 31 juillet 1866, dans la même ville, Philomène Godard ; décédé le 28 mars 1897 au même endroit.

Marchand, banquier et industriel réputé dont les manufactures employaient des centaines d'ouvriers, Victor Hudon était un membre distingué de la bourgeoisie régionale de la province de Québec. Pourtant, même si ses affaires étaient loin d'être négligeables, il n'appartenait pas au même monde que de puissants bourgeois canadiens, tels George Stephen* et Donald Alexander Smith*, eux aussi Montréalais. La concentration du pouvoir économique qui marqua les dernières décennies du XIXe siècle au Canada fit que les capitalistes de la stature de Hudon furent évincés par de mieux nantis. Ce dernier connut un sort semblable à celui d'autres représentants de la bourgeoisie régionale, dont bon nombre étaient francophones, et sa carrière illustre le rôle marginal que jouait la bourgeoisie d'expression française dans l'économie provinciale à l'aube du XXe siècle.

Hudon entra dans les affaires en 1830 en prenant un poste de commis dans une firme de Québec. En 1832, il s'installa à Montréal pour exercer la même fonction à la maison de commerce de Jean-Baptiste Casavant, rue Saint-Paul. Avant la fin de l'année, Casavant l'envoya diriger sa succursale de Saint-Césaire, petite localité au sud-est de Montréal. Par la suite, Hudon affirma avoir été présent à deux des grandes batailles de la rébellion de 1837, celles de Saint-Denis et de Saint-Charles-sur-Richelieu [V. Wolfred Nelson* ; Thomas Storrow Brown*], mais il ne précisa jamais le rôle qu'il y avait joué. L'année 1837 marqua aussi un jalon dans sa carrière : il quitta Casavant et s'associa à N. C. Chaffers, de Saint-Césaire, pour ouvrir un commerce. Apparemment, l'entreprise prospéra et ouvrit bientôt des succursales à Saint-Pie et à Saint-Dominique.

Prêt à étendre son champ d'action, Hudon retourna à Montréal en 1842 et y fonda une entreprise de marchandises sèches et d'épicerie avec son cousin Ephrem Hudon. Les associés se séparèrent en 1857, et Victor Hudon se lança dans l'importation et l'exportation d'un large éventail de marchandises. Même s'il se rendait souvent en Europe, sa spécialité semble avoir été le commerce avec Cuba, d'où il importait du sucre et de la mélasse contre du bois d'œuvre du Canada. Étant donné ses intérêts dans les échanges internationaux, la moindre rumeur d'augmentation des droits de douane le mettait en état d'alerte. Ces droits, écrivit-il en 1870 à sir George-Étienne Cartier*, n'étaient rien de plus qu'une incitation à la contrebande.

La réussite commerciale de Hudon à Montréal tenait sans doute en partie à ses liens avec la Banque Jacques-Cartier. Vu la difficulté qu'ils avaient à obtenir du crédit de la part des grandes sociétés financières montréalaises dirigées par des anglophones – la Banque de Montréal en particulier – bien des hommes d'affaires canadiens-français étaient tout disposés à contribuer à la fondation d'établissements qui leur seraient favorables. C'était le cas de Hudon, et il fut de ceux (des marchands surtout) qui, en 1861, fondèrent la Banque Jacques-Cartier et firent partie de son premier conseil d'administration. Cette banque, qui se proclamait au service du « commerce canadien-français », fut d'un grand secours aux marchands comme lui ; en desservant cette clientèle particulière, elle connut une expansion rapide dans les années 1860 et au début des années 1870. Cependant, en juin 1875, la crise économique qui sévissait et les révélations selon lesquelles son caissier (directeur général) se livrait à des pratiques peu orthodoxes, voire carrément malhonnêtes, la forcèrent à suspendre ses opérations. On murmura que les administrateurs avaient eu connaissance des manœuvres du caissier, et à la réouverture de la banque, plus tard dans l'année, Hudon fut de ceux que l'on évinça dans la purge du conseil.

Comme il était devenu un industriel très coté, Hudon conserva une solide réputation dans le milieu des affaires malgré le fiasco de la Banque Jacques-Cartier. En 1873, il avait fondé une société dont le capital autorisé s'élevait à 200 000 $, la Compagnie des moulins à coton de V. Hudon, Hochelaga. En février 1874, le capital autorisé passa à 600 000 $ et la manufacture fut inaugurée en grande pompe. Un banquet qui réunissait des personnalités montréalaises du monde des affaires, de l'Église et de la politique, dont Joseph-Adolphe CHAPLEAU, souligna l'événement. Hudon déclara son intention d'embaucher des Québécois qui avaient émigré aux États-Unis pour travailler dans les filatures ; on le proclama alors héros national. Dans la *Gazette,* on put lire que les ouvriers étaient des « Canadiens français qui [avaient] appris leur métier dans les manufactures américaines ». On voyait aussi en Hudon un exemple de la vitalité de l'esprit d'entreprise canadien-français. *L'Opinion publique* exprima ainsi cette fierté nationale : « Il nous sera permis de constater que cette entreprise est entièrement due à des Canadiens-français. On nous accuse si souvent d'apathie, même d'incapacité dans les questions industrielles, que nous avons bien le droit de montrer nos travaux et de dire : Voilà notre oeuvre ! » À l'ouverture, l'usine avait une capacité de production d'environ 12 000 verges de coton par jour et employait quelque 250 ouvriers ; au début des années 1880, ce nombre s'élevait à 800.

Sur le plan financier, l'entreprise fut une réussite incontestable dès le début. En 1878, elle versa un dividende de 10 %, en 1880, une prime de 33 % sous forme de bonification sur actions, puis, en 1881 et 1882, un dividende de 10 % sur le capital accru. En 1883, elle remit aux actionnaires une autre bonification sur actions, qui fit doubler son capital, mais à ce moment-là, Hudon n'avait plus aucun lien avec la manufacture qui portait son nom. En 1881–1882, il avait eu recours à des capitaux de l'extérieur pour financer une expansion qui fit passer la production de 4,5 millions de verges en 1877 à 15 millions de verges en 1882. Cette dépendance à l'égard d'intérêts financiers plus puissants que lui allait finalement le perdre. En février 1882, les actionnaires élurent un nouveau conseil d'administration sous la gouverne d'Andrew Frederick Gault* et David Morrice* ; Hudon perdit alors son poste de président.

Hudon ne rumina pas sa défaite longtemps. Un mois plus tard, on signalait qu'il était en train d'établir dans Hochelaga une « manufacture de coton concurrente », notamment grâce à une prime industrielle de cette municipalité. Sa nouvelle entreprise, la Compagnie de filature Sainte-Anne, dont le capital autorisé était de 300 000 $, eut une très brève existence. Hudon en perdit la mainmise en 1883, et lorsqu'elle fusionna avec la Compagnie des moulins à coton de V. Hudon, Hochelaga, pour former la Compagnie de filature de coton d'Hochelaga, en 1885, il ne faisait plus partie du conseil d'administration. Gault et Morrice, actionnaires majoritaires de la nouvelle société, fusionnèrent finalement 14 grandes filatures canadiennes en deux compagnies : la Dominion Cotton Mills Company (Limited), établie en 1890, et la Canadian Colored Cotton Mills Company, en 1892. Le textile fut l'un des premiers secteurs de l'économie canadienne à tomber sous l'emprise des cartels à la fin du XIXe siècle, et Victor Hudon fut l'une des premières victimes de ce bouleversement.

Durant les dix dernières années de sa vie, Hudon, déjà âgé de plus de 70 ans, s'occupa de commerce d'épicerie en gros en s'associant dans la Hudon, Hébert et Compagnie de Montréal. Il mena en outre une impressionnante campagne épistolaire auprès de conservateurs en vue dans l'espoir d'obtenir un siège au Sénat. Plusieurs motifs l'y poussaient. D'une part, il voyait là un moyen d'amasser des fonds pour un projet ferroviaire qu'il tentait de lancer. Comme il doutait de pouvoir obtenir des subventions du gouvernement fédéral, entrer au Sénat lui paraissait être un autre moyen d'en recevoir de l'aide : « Une place de sénateur [...], écrivit-il au ministre Mackenzie Bowell* en octobre 1891, me donnera l'influence nécessaire pour amener les gens à acquérir des actions de notre chemin de fer. »

D'autre part – et il invoquait plus souvent ce motif – Hudon voyait là une récompense pour services rendus. Il parlait de ses succès industriels, mais surtout de ses longues années de loyauté envers le parti conservateur. Dans sa lettre à Bowell, il disait : « J'ai toujours été conservateur et n'ai jamais changé d'opinion politique. J'ai déboursé de grosses sommes, surtout à l'intention de sir John A. [MACDONALD] pour la province d'Ontario sans compter que j'ai versé aussi pour plusieurs comtés de la province de Québec [...] plus de 40 000 $. Je n'ai jamais reçu un dollar du gouvernement en échange de tout cela. » Parlant de sa défaite aux élections fédérales de 1872, il ajoutait : « Je me suis présenté dans Hochelaga contre M. Beaubien [Louis Beaubien*], mais je n'avais que trois semaines devant moi pour organiser mes comités [...] Malgré tout cela à mon crédit, je n'ai pas été nommé sénateur. » Il revint à la charge dans une autre lettre à Bowell : « Je ne mendie pas mais réclame ce qui m'est parfaitement dû. » Pourtant il n'entra jamais au Sénat, et lorsque les libéraux de Wilfrid Laurier* prirent le pouvoir, en 1896, il perdit la seule fonction qui lui avait échu par favoritisme : un siège à la Commission du havre de Montréal, qu'il occupait depuis les années 1850.

Victor Hudon mourut en 1897. En définitive, ce fut un destin assez pathétique que celui de cet homme :

après avoir pris des risques considérables en affaires et, dans la seconde moitié du XIXe siècle, après avoir été l'un des pionniers du développement industriel de Montréal, il avait été évincé par de plus riches que lui.

RONALD E. RUDIN

AN, MG 26, A, Hudon à Macdonald, 25 mai 1883, 1er nov. 1887 ; C, Hudon à Abbott, 5, 20 oct., 20 déc. 1891 ; MG 27, I, D4, 2 : 680. — Canada, Commission royale d'enquête sur l'industrie textile, *Rapport* (Ottawa, 1938) ; *Statuts,* 1900, chap. 98. — Ontario, *Statutes,* 1894, chap. 63. — Québec, *Statuts,* 1875, chap. 66 ; 1885, chap. 62. — *Canadian Manufacturer* (Toronto), 31 mars 1882. — *Gazette* (Montréal), 16 févr. 1875, 29 mars 1897. — *Monetary Times,* 1er janv. 1875, 31 mars 1882, 2 avril 1897. — *Montreal Daily Star,* 29 mars 1897. — *L'Opinion publique,* 26 févr. 1874. — *La Presse,* 31 mars 1898. - *Canadian album* (Cochrane et Hopkins). — *Canadian biog. dict.*

HUNT, THOMAS STERRY, chimiste, géologue, professeur et auteur, né le 5 septembre 1826 à Norwich, Connecticut, fils de Peleg Hunt, marchand, et de Jane Elizabeth Sterry ; le 23 janvier 1878, il épousa à la cathédrale anglicane Christ Church à Montréal Anna Rebecca Gale, fille aînée du défunt juge Samuel Gale* ; le couple n'eut pas d'enfants et se sépara en 1884 ; décédé le 12 février 1892 à New York.

Par son père et sa mère, Thomas Sterry Hunt descendait de familles puritaines établies depuis longtemps en Nouvelle-Angleterre. L'aîné de six enfants, il avait 12 ans lorsque la mort de son père le força à travailler pour venir en aide à sa famille. Après avoir occupé quelques emplois modestes, mais qui lui laissaient un peu de temps pour étudier par lui-même, le jeune garçon eut la chance d'être remarqué par les deux Benjamin Silliman, père et fils, alors professeurs au Yale College. Chimiste assistant au laboratoire de Silliman fils de 1845 à 1847, il profita de cette occupation pour parfaire ses connaissances scientifiques.

Grâce à la recommandation de Silliman fils et de James Dwight Dana, Hunt fut nommé chimiste et minéralogiste de la Commission géologique du Canada en décembre 1846 ; il entra en fonction au début de l'année suivante. Sous l'autorité du géologue William Edmond Logan*, directeur de la commission, il entreprit d'étudier notamment les roches cristallines de l'est du Canada, les dépôts de sulfates et de phosphates, les gisements pétrolifères du sud du Haut-Canada et la composition des eaux minérales. Le premier à mettre en évidence l'accumulation de pétrole dans les structures anticlinales, il donna à la géologie canadienne les termes laurentien, norien, huronien, taconien et keweenien. Pour expliquer l'origine des roches cristallines, il développa vers 1867 son hypothèse crénitique : celle-ci faisait largement appel à des réactions chimiques pour rendre compte de la composition et de la disposition des roches métamorphiques. En plus d'effectuer des recherches scientifiques, Hunt fut nommé en 1856 professeur de chimie et de minéralogie à l'université Laval, à Québec ; en 1864 et 1865, il travailla plutôt à l'organisation des musées du séminaire et, en 1868, il démissionna à titre de « professeur ordinaire ». Il enseigna également au McGill College, de Montréal, de 1862 au moins jusqu'en 1868. Figure éminente de la communauté scientifique, il participa à l'organisation du congrès de l'American Association for the Advancement of Science à Montréal, en 1857, et représenta le Canada aux expositions universelles de Paris en 1855 et en 1867.

Hunt, dont la réputation scientifique atteignait son sommet en Amérique et en Europe, devint en 1872 professeur de géologie et de minéralogie au Massachusetts Institute of Technology de Cambridge. Cependant, fatigué de l'enseignement, il démissionna six ans plus tard afin de se consacrer à ses recherches scientifiques, à des conférences publiques et à des travaux pour le compte d'entreprises minières. Membre fondateur de l'American Association for the Advancement of Science en 1849, élu *membre* de la Royal Society de Londres dès 1859, il continua de se distinguer au sein de plusieurs organisations scientifiques au cours de la dernière partie de sa vie. Élu à la National Academy of Sciences en 1873, il collabora activement à la création du Premier Congrès international de géologie, qui eut lieu à Paris en 1878. Il fut deux fois président de l'American Chemical Society, en 1880 et en 1888.

Pionnier de la géochimie en Amérique du Nord, Hunt s'est intéressé à l'origine et à la composition d'une quantité de matières naturelles, gaz, eau, pétrole, minéraux et minerais, entre autres, et sa bibliographie scientifique compte plus de 350 titres. Dans le domaine des applications pratiques de la science, on lui doit la mise au point de l'encre verte adoptée par le département du Trésor américain pour l'impression de sa monnaie, et un procédé d'extraction du cuivre, élaboré en collaboration avec James Douglas* fils. Cependant, son approche essentiellement chimique des phénomènes géologiques et le caractère spéculatif de beaucoup de ses théories, influencées par la lecture de Kant, Hegel et du philosophe naturaliste Oken, ont limité son autorité sur les géologues de son temps. En chimie, son opposition à la théorie atomiste de la matière a également contribué à réduire son influence.

On ne peut sous-estimer le rôle de Thomas Sterry Hunt dans le développement de la communauté scientifique canadienne au XIXe siècle. Ses travaux scientifiques ont contribué à attirer sur le Canada l'attention des savants européens et américains. Parmi les établissements canadiens auxquels il a été associé, la Commission géologique, le McGill College et l'université Laval ont profité de son énergie et de son talent. Toujours présent dans les milieux canadiens après avoir quitté la Commission géologique, Hunt a contribué à la fondation de la Société royale du Canada, dont il fut le vice-président en 1883–1884 et le président en 1884–1885.

RAYMOND DUCHESNE

On trouvera une liste presque complète des œuvres scientifiques de Thomas Sterry Hunt dans la note biographique que lui a consacrée James Douglas, « A memoir of Thomas Sterry Hunt », American Philosophical Soc., *Proc.* (Philadelphie), *Memorial volume* (1900) : 63–121. Ses ouvrages les plus importants sont : *The geology of Canada* (Montréal, 1863), écrit en collaboration avec sir William Edmond Logan ; *Chemical and geological essays* (Boston, 1875) ; *Mineral physiology and physiography ; a second series of* Chemical and geological essays *with a general introduction* (Boston, 1886) ; *A new basis for chemistry ; a chemical philosophy* (Boston, 1887) ; *Systematic mineralogy based on a natural classification* (New York, 1891). À l'exception de *The geology of Canada,* tous ces ouvrages ont été réédités.

AN, MG 24, C19 ; MG 27, I, I32 ; MG 29, D40 ; MG 55/24, n° 266 ; RG 17, AII, 2315 ; RG 45, 15 ; 74–75 ; 77–79. — ANQ-M, CE1-63, 23 févr. 1878. — ASQ, Fonds C.-H. Laverdière ; Fonds Viger-Verreau ; Séminaire ; Univ. — Columbia Univ. Libraries, Dept. of Special Coll. (New York), F. A. P. Barnard papers ; C. F. Chandler papers ; Columbiana MS 118 ; M. C. Conway papers ; Mackintosh papers. — McGill Univ. Arch., MG 1022 ; MG 2045 ; MG 2046. — Royal Soc. Arch. (Londres), AP 39–40 ; MC 9–13 ; MM 18. — Smithsonian Institution Arch. (Washington), S. F. Baird papers ; W. P. Blake papers ; Joseph Henry papers. — Univ. of Edinburgh Library (Édimbourg), MS Gen. 112 ; 526/4. — *Montreal Daily Star,* 13 févr. 1892. — *Dictionary of scientific biography,* C. C. Gillispie *et al.*, édit. (14 vol., New York, 1970–1976), 6 : 564–566. — *Benjamin Silliman and his circle ; studies on the influence of Benjamin Silliman on science in America* [...], L. G. Wilson, édit. (New York, 1979). — W. H. Brock, « Chemical geology or geological chemistry ? », *Images of the earth : essays in the history of the environmental sciences,* L. J. Jordanova et R. [S.] Porter, édit. (Chalfont St Giles, Angl., 1979), 147–170. — W. H. Brock et D. M. Knight, « The atomic debates », *The atomic debates* [...], W. H. Brock, édit. (Leicester, Angl., 1967), 1–30. — R. H. Dott, « *The geosyncline* ; first major geological concept « made in America », *Two hundred years of geology in America* [...], C. J. Schneer, édit. (Hanover, N.H., 1979), 239–264. — G. P. Merrill, *The first one hundred years of American geology* (New Haven, Conn., 1924 ; réimpr., New York, 1969). — R. R. Shrock, *Geology at M.I.T., 1865–1965* [...] (Cambridge, Mass., 1977). — Morris Zaslow, *Reading the rocks : the story of the Geological Survey of Canada, 1842–1972* (Toronto et Ottawa, 1975). — F. D. Adams, « Thomas Sterry Hunt, 1826–1892 », National Academy of Sciences, *Biog. memoirs* (Washington), 15 (1934) : 207–238.

HUNTER-DUVAR, JOHN (John Hunter), journaliste, fermier, homme d'affaires, officier de milice, juge de paix, fonctionnaire et auteur, né le 29 août 1821 à Newburgh, Fifeshire, Écosse, fils aîné de John MacKenzie Hunter, receveur de l'accise, et d'Agnes Strickland ; le 22 août 1848, il épousa à Royal Leamington Spa, Angleterre, Anne Carter, et ils eurent trois fils et une fille ; décédé le 25 janvier 1899 dans son domaine, Hernewood, sur la rivière Mill, lot 5, Île-du-Prince-Édouard.

On sait peu de chose de la jeunesse de John Hunter. Même si ses frères furent de savants ministres de l'Église d'Écosse et si « un condisciple de la Sorbonne » a fait son portrait à l'huile, aucun document n'atteste qu'il ait fréquenté l'université en Écosse ou à Paris. Les antécédents de sa femme sont tout aussi énigmatiques. Les étranges restrictions qu'on lui avait imposées, les allusions à un exil, la rente annuelle que lui versait un cabinet d'avocat, l'interdiction de se faire photographier, la confusion de noms sur le certificat de mariage du couple et une note écrite au crayon à l'endos du testament de John Hunter-Duvar par l'une de ses petites-filles firent supposer que les parents d'Anne Carter n'étaient pas mariés, qu'elle était la cousine de la reine Victoria et qu'elle-même et son mari avaient subi une contrainte quelconque au début de leur mariage. Un journal intime découvert en 1975 confirme la présence de Hunter à Halifax et à Charlottetown en 1849, peut-être à titre de correspondant de presse. Un document daté de 1899 lui attribue la fondation de la première société de construction de Halifax. À l'époque de la guerre de Crimée, il était correspondant de la New York Associated Press.

Le 29 juin 1857, Hunter débarqua à Halifax avec sa famille avant de repartir pour l'Île-du-Prince-Édouard, où il entendait s'installer. Il se rendit dans l'est des États-Unis en 1858, peut-être à la suite des demandes d'emploi qu'il avait faites au *New York Daily Tribune,* puis retourna dans l'île. Dès 1860, il avait terminé la construction d'une grande maison dans son domaine de 700 acres, Hernewood, où il exploitait une ferme et une petite scierie, enrichissait sa célèbre bibliothèque personnelle et écrivait. C'est de là qu'il administrait toutes ses affaires, notamment des investissements dans les premières tentatives d'installation d'un câble transatlantique [V. Frederic Newton GISBORNE], et il paraissait aussi lointain, intimidant et fascinant que son domaine. Toujours en 1860, il s'engagea dans la milice, où il allait servir jusqu'à la fin de ses jours. Pour se distinguer d'une autre personne dont le courrier était souvent confondu avec le sien, il adopta légalement le nom de Hunter-Duvar le 9 avril 1861. Peut-être l'avait-il choisi à cause de ses ancêtres originaires du Var, en France, ou parce qu'il s'intéressait à la poésie provençale.

De 1863 à 1868, pour des raisons encore inconnues, Hunter-Duvar vécut à Halifax avec sa famille. Il passa à l'artillerie de Halifax et on le promut lieutenant-colonel en 1865. Comme la ville était menacée d'une attaque fénienne, il commanda la défense de la redoute York le 17 mars 1866, en l'absence de la garnison régulière. À son retour à l'Île-du-Prince-Édouard, en 1868, le colonel Hunter-Duvar, comme on l'appelait alors, devint juge de paix. De 1875 à 1879, il fut rédacteur en chef du *Summerside Progress,* qu'il quitta pour exercer la fonction d'inspecteur fédéral des pêcheries de l'Île-du-Prince-Édouard jusqu'en 1889. À ce titre, il apporta une précieuse contribution à un secteur qui prenait de plus en plus d'importance dans l'économie de l'île.

La nomination de Hunter-Duvar coïncida avec le moment où débuta l'essor de l'industrie de la conserverie du homard dans l'île : les réserves de la Nouvelle-Angleterre diminuaient, des investisseurs étaient prêts à risquer du capital dans cette industrie, et les techniques de mise en conserve se répandaient. Les entrepreneurs s'empressèrent tellement de profiter de ce nouveau débouché que les revenus de la pêche, jusque-là mineurs dans l'île, montèrent en flèche. De 218 000 $ en 1873, ils passèrent à 2 millions de dollars en 1883, somme qui ne serait atteinte de nouveau qu'après la Deuxième Guerre mondiale. La moyenne annuelle était d'un million de dollars, et le homard comptait environ pour la moitié. Comme la pêche au homard s'était intensifiée dans les années 1800, Hunter-Duvar fut l'un des premiers à préconiser, avec éloquence, la conservation de cette ressource grâce à une réglementation plus sévère. Il était convaincu que la surexploitation avait déjà ruiné l'industrie ou ne tarderait pas à le faire. Il recommandait notamment d'obliger les conserveries à avoir un permis, d'augmenter la taille minimale des prises autorisées, d'écourter la saison et d'imposer un moratoire de trois ans sur la pêche au homard. D'abord opposées à l'idée de prendre des mesures draconiennes, les autorités entreprirent de réglementer pour de bon l'industrie en 1889. Parmi les recommandations de Hunter-Duvar, seul le moratoire ne fut pas appliqué sous une forme ou une autre.

Toutefois, Hunter-Duvar était moins journaliste et fonctionnaire qu'écrivain. Dans les années 1870, il commença à publier des poèmes dans des journaux locaux, tels le *Maritime Monthly* de Saint-Jean, au Nouveau-Brunswick, et le *Dominion Illustrated* de Montréal. À sa mort, son œuvre était considérable. Ses ouvrages connus comprennent 75 publications – poèmes, pièces de théâtre, nouvelles, recensions et essais – plus 44 inédits, dont des romans et de longs ouvrages d'histoire, d'anthropologie et de critique littéraire.

La renommée d'écrivain de Hunter-Duvar repose principalement sur trois de ses ouvrages les plus longs : *The enamorado ; a drama,* paru à Summerside en 1879, *De Roberval ; a drama,* publié à Saint-Jean en 1888, qui contient un poème intitulé *The emigration of the fairies*, et *Annals of the court of Oberon* [...], édité à Londres en 1895. Bien que *The enamorado* n'ait pas été son premier ouvrage de quelque longueur (« John a'Var, gentilhomme et troubadour, his lais » était entre les mains d'un éditeur d'East Boston en 1874 et, s'il ne fut pas publié, au moins circula-t-il dans des cercles privés), c'est le premier qui lui assura un vaste public. Œuvre conçue pour la lecture plutôt que pour la scène, *The enamorado* raconte une histoire d'amour qui se situe dans la Castille médiévale. Le plan en est conventionnel et les vers, pseudo-shakespeariens. La pièce aurait connu plus de succès si l'intrigue, les personnages et les tournures de phrases avaient moins imité ceux des dramaturges élisabéthains. *De Roberval,* drame historique basé sur la vie de Jean-François de La Rocque* de Roberval, contient des passages d'une étonnante qualité poétique et des morceaux nerveux mais pleins de grâce. Cependant, l'auteur s'y montre trop soucieux d'être au goût du jour et de respecter les modèles européens, et l'ensemble manque de retenue. On compare souvent cette pièce au drame historique de Charles Mair*, *Tecumseh, a drama,* publié à Toronto en 1886. Dans *De Roberval,* les éléments historiques s'intègrent mieux à la personnalité du sujet ; c'est une pièce agréable, tant à cause de ses moments artistiques que par sa restitution érudite d'un épisode important de l'histoire du Canada. *The emigration of the fairies* est l'œuvre dans laquelle Hunter-Duvar montre son talent de la manière la plus soutenue. Ce poème, où des fées traversent l'Atlantique et s'installent à Hernewood, s'inspire peut-être d'expériences vécues par l'auteur et sa femme. Il y a équilibre entre le ton, l'intention et l'exécution, si bien que c'est peut-être l'œuvre dans laquelle Hunter-Duvar a assimilé le mieux ses influences, notamment celles de lord Byron et de Samuel Taylor Coleridge, et a su montrer quelque fraîcheur. Même si *Annals of the court of Oberon,* œuvre en prose poétique, n'a pas été conçu comme une suite à *The Emigration*, il vise tout de même à charmer le lecteur raffiné en décrivant de manière fantasque les activités des fées et révèle en même temps les vues satiriques de l'auteur sur diverses institutions sociales et politiques.

John Hunter-Duvar occupe encore une place modeste dans la littérature canadienne. On ne le retrouve que dans les premières pages rapidement parcourues des anthologies et dans les mentions honorables des cours d'introduction, ou l'on s'intéresse à lui si l'on est amateur d'archives. Contemporain de Charles George Douglas Roberts*, d'Archibald LAMPMAN et d'autres artisans incontestés de la renaissance littéraire des années 1880, il s'apparente davantage aux prédécesseurs de ce groupe, auteurs livresques et moins originaux, tels Charles Heavysege*, Charles SANGSTER et Charles Mair. En somme, cet homme cultivé, gentleman colonial et fonctionnaire, a laissé beaucoup plus d'œuvres qui illustrent son talent et sa compétence qu'on ne le croit d'ordinaire ; bien qu'imitatives pour la plupart, elles contiennent néanmoins des passages subtils et originaux.

STEPHEN C. CAMPBELL

Les principales publications de John Hunter-Duvar comprennent *The enamorado ; a drama* (Summerside, Î.-P.-É., 1879) ; *De Roberval ; a drama* [...] (Saint-Jean, N.-B., 1888), qui renferme les poèmes *The emigration of the fairies* et *The triumph of constancy, a romaunt* ; *The stone, bronze, and iron ages ; a popular treatise on early archæology* (Londres, 1892) ; et *Annals of the court of Oberon ; extracted from the records* [...] (Londres, [1895]). Même si les épreuves d'extraits de « John a'Var, gentilhomme et troubadour, his lais » furent découvertes dans ses papiers, on en n'a jamais trouvé de copie imprimée. Dans son autobiographie (voir ci-dessous), Hunter-Duvar mentionne que l'œuvre a été « publiée [...] pour diffusion privée ».

Une liste partielle du contenu de la bibliothèque de Hunter-Duvar ainsi que la bibliographie la plus complète de ses travaux publiés et inédits se trouvent dans S. [C.] Campbell, « John Hunter-Duvar : a biographical introduction, check-list of his works and selected bibliography » (thèse de M.A., Univ. of N.B., Fredericton, 1966). La thèse s'appuie sur une collection des manuscrits, des lettres et d'autres documents du poète, maintenant conservés aux PAPEI, Acc. 2920. La Hunter-Duvar coll. au Musée McCord, Canadian general files, est constituée de 10 articles liés au sujet, notamment d'une brève autobiographie rédigée en 1895, dans laquelle il déclare qu'il a « [fait] de la littérature plutôt par plaisir que par profession ».

[P. J.] M. Blagrave, dans « Playwriting in the Maritime provinces : 1845–1903 » (thèse de PH.D., Univ. of Toronto, 1983), situe l'œuvre de Hunter-Duvar dans le contexte de celles d'autres auteurs des Maritimes et analyse cinq de ses pièces. La thèse condamne « le traitement négligé jugé insatisfaisant pour un auteur de la stature de Hunter-Duvar » et cite dans ce contexte L. J. Burpee, *A little book of Canadian essays* (Toronto, 1909), et M. D. Edwards, *A stage in our past, English-language theatre in eastern Canada from the 1790s to 1914* ([Toronto], 1968). L'ouvrage *Hernewood ; the personal diary of Col. John Hunter Duvar, June 6 to September 17, 1857* [...], L. G. Dewar, édit. (O'Leary, Î.-P.-É., 1979), renferme un compte rendu utile des gens et des lieux cités dans le journal de Hunter-Duvar.

L'auteur est redevable à G. Edward MacDonald pour sa contribution à la discussion du travail de Hunter-Duvar comme inspecteur des pêcheries de l'Île-du-Prince-Édouard. Les rapports annuels qu'il rédigea à ce titre en 1879, et de 1882 à 1888, ont été publiés dans Canada, Parl., *Sessional papers,* 1880 ; 1883–1889. William Francis Ganong*, auteur contemporain sur l'industrie de la pêche, a loué la connaissance qu'avait Hunter-Duvar des problèmes de cette industrie dans son article « The economic mollusca of Acadia », N.-B., Natural Hist. Soc., *Bull.* (Saint-Jean), 8 (1889) : 58–59. [S. C. C.]

AN, MG 29, D30. — Musée McCord, M21411, file n° 5064. — P.E.I. Museum, File information concerning John Hunter-Duvar. — Univ. of P.E.I. Library (Charlottetown), File information concerning John Hunter-Duvar. — J. A. Payzant, « John Hunter-Duvar », *Dominion Illustrated* (Montréal), 23 août 1890. — *Daily Patriot* (Charlottetown), 26, 28 janv., 3 févr. 1899. — *Island Guardian,* 27 janv., 17 févr. 1899. — *Oxford companion to Canadian hist. and lit.* (Story). — *Oxford companion to Canadian lit.* (Toye). — *Standard dict. of Canadian biog.* (Roberts et Tunnell), 2. — *Lit. hist. of Canada* (Klinck), 1. — W. L. Cotton, *Chapters in our Island story* (Charlottetown, 1927). — Kennedy Wells, *The fishery of Prince Edward Island* (Charlottetown, 1986), 131–149. — J. M. Cameron, « Fenian times in Nova Scotia », N.S. Hist. Soc., *Coll.*, 37 (1970) : 103–152.

HUTTON, JAMES SCOTT, éducateur, administrateur scolaire et auteur, né en 1833 à Perth, Écosse, et baptisé à cet endroit le 26 mai, fils de George Hutton et d'Ann Scott ; le 21 septembre 1860, il épousa à Édimbourg Mary Burton, et ils n'eurent pas d'enfants ; décédé le 25 février 1891 à Halifax.

En 1847, James Scott Hutton commençait sa carrière comme enseignant à l'Edinburgh Institution for the Education of the Deaf and Dumb, où son père, spécialiste autodidacte, travaillait déjà. Au cours des dix années suivantes, il acquit sa formation pédagogique, suivit des cours à la University of Edinburgh, et parvint jusqu'au rang d'instituteur en second de l'établissement. En 1857, ses employeurs le recommandèrent pour le poste de directeur du Halifax Institution for the Deaf and Dumb, école privée et non confessionnelle ouverte depuis peu, administrée par un prestigieux conseil d'hommes protestants et financée en partie par le gouvernement de la Nouvelle-Écosse. Sauf durant une brève période où il dirigea un établissement semblable à Belfast (Irlande du Nord), de 1878 à 1882, Hutton allait demeurer à ce poste jusqu'à son décès en 1891.

Hutton entra en fonction à Halifax en août 1857 avec neuf élèves ; il avait à sa disposition des livres et du matériel d'une valeur de 200 $ donnés par des bienfaiteurs britanniques. Sous sa direction, l'école connut une croissance constante (70 élèves y seraient inscrits au moment de son décès). En 1860, il persuada ses parents et sa sœur de venir le rejoindre à Halifax ; durant dix ans, soit jusqu'à son décès, George Hutton allait enseigner bénévolement à temps plein à l'école dirigée par son fils. Scott, comme ses amis le désignaient, ne tarda pas à profiter du répit que lui accordait l'arrivée de son père pour retourner à Édimbourg et épouser Mary Burton. Elle aussi allait enseigner de temps à autre à titre de bénévole à l'école de Halifax.

Tout en exerçant ses dons de publicitaire talentueux et inventif, Hutton fit de l'école une œuvre de charité populaire et au goût du jour. Il faisait chaque année le tour de la Nouvelle-Écosse avec des élèves avancés, dans le but de recruter clientèle et appuis financiers. Pendant dix ans, il exerça des pressions en faveur de la gratuité de l'enseignement aux sourds, mesure que la province adopterait en 1884. Sur le plan professionnel, il surveillait de près les tendances et les débats à l'échelle internationale ; après 1870, il assista à un certain nombre de congrès des responsables et directeurs d'établissements pour les sourds et muets aux États-Unis et au Canada, et il écrivit des articles pour les *American Annals of the Deaf and Dumb,* publiées à Washington. Il rédigea un certain nombre de manuels pour les sourds et muets, dont quelques-uns furent adoptés par d'autres établissements.

Dès le début de sa carrière, Hutton était d'avis que le langage écrit et la communication par signes constituaient les seules bonnes méthodes d'enseignement aux sourds ; en 1869, son engagement pour cette cause lui valut l'obtention d'une maîtrise honorifique du National Deaf-Mute College, établissement qu'on venait de fonder à Washington. À cette époque, en fait, il s'était rangé en partie à la thèse de l'articulation (élocution) et de la lecture sur les lèvres, qu'il avait commencé à enseigner à quelques élèves. En 1875, il recommanda l'engagement d'un professeur d'articulation à temps plein à l'école de Halifax ; après son retour d'Irlande, il insista davantage sur l'articulation et la lecture sur les lèvres. Pendant les années où il dirigea l'école de Halifax, le programme scolaire mit l'accent sur la religion et la morale, ainsi que sur la formation pratique, conformément aux principes de la plupart des éducateurs de l'époque victorienne. En 1890, il avait ajouté des cours caractéristiques de la nouvelle orientation en matière d'enseignement, qui comprenaient des leçons de dessin, de gymnastique suédoise et de modelage de terre glaise.

Hutton appuya aussi la réforme dans les domaines de la religion et de l'enseignement en Nouvelle-Écosse. Au début des années 1860, il avait contribué à la fondation de la Halifax Teachers Association et de la United Teachers Association of Nova Scotia (qui devint plus tard la Provincial Education Association of Nova Scotia), organismes qui favorisaient la gratuité de l'enseignement public et l'acquisition d'un statut professionnel pour les enseignants. Il participa aux activités de ces deux associations durant 20 ans. Devenu conseiller presbytéral de l'église presbytérienne Poplar Grove (appelée plus tard Park Street) en 1870, il y assurait régulièrement des services de traduction simultanée pour les sourds. Il prit part aux délibérations du consistoire de Halifax et du synode des Maritimes de l'Église presbytérienne, et collabora à la rédaction du *Presbyterian Witness, and Evangelical Advocate* qui paraissait à Halifax. Il fut aussi membre de la division Chebucto des Fils de la tempérance.

Sur les plans personnel et professionnel, James Scott Hutton fut un réformateur protestant de tendance évangélique exemplaire. Il bénéficia de l'appui chaleureux du conseil d'administration du Halifax Institution for the Deaf and Dumb ; il fit l'admiration des membres des différents comités qui se succédèrent et fut aimé par un grand nombre de ses élèves.

JANET GUILDFORD

Halifax County Court of Probate (Halifax), Testament de J. S. Hutton, 1891. — PANS, RG 14, 69, n° 1. — Halifax, Institution for the Deaf and Dumb, *Report,* 1857–1882. — N.-É., House of Assembly, *Journal and proc.,* 1880–1891 (reports of the committee on humane institutions and of the Institution for the Deaf and Dumb) ; *Statutes,* 1884, chap. 15. — *Morning Chronicle* (Halifax), 28 févr. 1891. — *Presbyterian Witness, and Evangelical Advocate,* 28 févr. 1891.

HUTTON, SAMUEL, pêcheur, constructeur de bateaux, rameur, fonctionnaire et yachtman, né le 10 juillet 1845 à Coleraine (Irlande du Nord) ; il épousa une dénommée Belyea, et ils n'eurent pas d'enfants ; décédé le 21 août 1894 près de l'île Manawagonish, Nouveau-Brunswick.

Samuel Hutton était encore petit quand ses parents immigrèrent à Saint-Jean, au Nouveau-Brunswick, pour fuir la famine qui sévissait en Irlande. Il devint pêcheur et constructeur de bateaux dans sa jeunesse, et son amour de l'eau l'amena à faire de l'aviron. C'est dans le port de Saint-Jean qu'il livra sa première course et, avec trois amis, remporta sa première victoire contre quatre jeunes hommes de l'endroit pour un enjeu de « 25 cents par rameur ». Au début des années 1860, on le vit bien des fois dans des équipes de quatre rameurs aux alentours de Saint-Jean.

En 1867, des régates devaient avoir lieu dans le cadre de l'Exposition universelle de Paris. Le Nouveau-Brunswick avait décidé de ne présenter à l'exposition même « ni œuvre d'art bien léchée, ni pièce d'artisanat ingénieux », et avait plutôt opté pour « faire montre de l'énergie, de la hardiesse et du courage » des habitants de la province en envoyant aux régates trois pêcheurs et un gardien de phare (Hutton, George Price, Robert Fulton et Elijah Ross) ; pour ce faire, le gouvernement provincial avait versé 2 000 $ et les citoyens de Saint-Jean avaient recueilli 4 000 $. Hutton et Ross étaient placés entre le vigoureux Fulton, le chef de nage, et Price, qu'on avait choisi comme rameur d'avant en raison de son expérience. Pendant l'entraînement en France, l'équipe nord-américaine fut regardée comme une curiosité. Ramant sans barreur, dans un style saccadé dépourvu d'élégance, les « quatre robustes Nouveaux-Brunswickois », qui portaient « tricot couleur chair, pantalon de drap sombre, bretelles de cuir et bonnet rose vif », remontaient et descendaient la Seine dans deux lourds canots de fabrication artisanale. À la fin de la course le 8 juillet, ils avaient néanmoins défait les meilleures équipes anglaise, française et allemande et remporté tant le quatre avec gréement intérieur que le quatre avec portants. La nouvelle de la victoire se répandit rapidement dans tout le nouveau dominion du Canada, jusqu'à la côte du Pacifique. À leur retour à Saint-Jean le 6 août, une foule nombreuse et enthousiaste accueillit les désormais célèbres « Quatre de

Paris ». On n'avait rien oublié : rues pavoisées, salves d'artillerie, fanfare, parade et, après les acclamations au théâtre le soir même, feux de joie et tir de fusées.

Tout de suite après la victoire de Paris, les célèbres frères Ward, de Cornwall dans l'état de New York, allaient mettre Hutton et ses coéquipiers au défi de leur disputer le championnat du monde. L'épreuve, dont l'enjeu était de 1 500 $ par camp, eut finalement lieu le 21 octobre 1868 à Springfield, au Massachusetts. Après que les parieurs de Saint-Jean eurent accepté les mises de tous les partisans de l'équipe américaine, les héros de Paris servirent aux Ward « une cuisante défaite ». Une fois de plus, les quatre jeunes hommes furent fêtés en grande pompe à leur retour à Saint-Jean. L'année suivante, une tournée les amena à Montréal, à Toronto et à Niagara (Niagara-on-the Lake), où non seulement ils firent la démonstration de leurs talents mais entrecoupèrent leurs succès de dîners copieusement arrosés. À un moment donné en 1869, Hutton livra la seule course à un rameur à laquelle il ait apparemment participé et défit Fulton et Price pour 50 $ par camp dans le port de Saint-Jean.

Son défi suivant, l'équipe de Paris allait le relever le 15 septembre 1870 à Lachine, au Québec, contre l'équipe de la Tyne, équipe d'Angleterre dirigée par le grand James Renforth, qui n'avait jamais perdu une course. On avait fixé à 2 500 $ par camp l'enjeu de cette épreuve de six milles, et de gros parieurs avaient misé sur les « hommes en rose ». Le jour prévu, malgré le mauvais temps, la course eut finalement lieu après plusieurs ajournements. L'embarcation de l'équipe anglaise était beaucoup mieux construite pour les eaux agitées et l'équipe de Paris essuya sa première défaite. Un citoyen de Saint-Jean affirma : « Saint-Jean est mort. La course fera sortir près de 100 000 $ de la ville. Beaucoup de gens ont tout perdu. À l'exception des Fils de la tempérance, tout le monde ici semble ivre. » Penauds, les quatre hommes rentrèrent le 20 septembre à Saint-Jean, où, à leur grande surprise, on leur fit de nouveau un accueil des plus spectaculaires.

Les circonstances de la défaite exigeaient une revanche, que l'on fixa au 23 août 1871, sur la rivière Kennebecasis, au Nouveau-Brunswick, avec un enjeu de £500 par camp. Le matin de la course, quelque 20 000 spectateurs s'entassaient le long du parcours de six milles, dans l'attente d'une formidable bataille. Mais avant d'avoir franchi un mille, Renforth laissa tomber son aviron et s'écroula à la renverse dans son embarcation, visiblement en détresse. Pendant que les partisans de l'équipe de la Tyne criaient à l'escroquerie, les quatre de Saint-Jean couraient vers une victoire facile, que vint gâcher l'annonce de la mort de Renforth, environ une heure plus tard. Après ce tragique événement, l'équipe de Paris prit une semi-retraite. Au moment de leur dernière apparition en public, à l'Exposition universelle de Philadelphie en 1876, une équipe de Halifax leur infligea une écrasante défaite dans « une course très lente ».

Hutton continua à travailler comme pêcheur jusqu'à sa nomination au poste de passeur pour le département des Douanes, à Saint-Jean, en 1881. Il se désintéressa de l'aviron et consacra son énergie à la navigation de plaisance. Le 21 août 1894, il prenait part à la course de la Corporation Cup quand un grain coula son yacht, le *Primrose*, juste à la sortie du port de Saint-Jean. Hutton et sept membres de son équipage furent tués. On ordonna la tenue d'une enquête et, bien que l'un de ses concurrents — Elijah Ross, qui avait fait partie de l'équipe de Paris avec lui – eût déclaré que Hutton avait « dépassé la mesure et pris des risques qu'il n'aurait pas dû prendre », le jury conclut à un accident.

Au moment de sa mort, Samuel Hutton, homme sympathique et populaire, était décrit comme « le même grand homme qu'il y a 25 ans, que rien n'a[vait] corrompu ». Vigoureux et robuste, il était néanmoins un piètre nageur, et il aurait dit à son équipage du *Primrose* qu'il « ne ferait jamais d'autre course, car il avait toujours de la malchance ». Il mourut deux jours seulement avant le vingt-troisième anniversaire de la dernière grande victoire des « Quatre de Paris », où Renforth avait trouvé la mort.

CHARLES DOUGALL

New Brunswick Sports Hall of Fame (Fredericton), File information concerning Samuel Hutton and the Paris crew. — *British Columbian,* 20 juill. 1867. — *Colonial Farmer* (Fredericton), 10 août 1867. — *Daily Telegraph* (Saint-Jean, N.-B.), 19 août 1876. — *Evening Times* (Saint-Jean), 3 mars 1906. — *Morning Freeman* (Saint-Jean), 30 juill., 6, 8 août 1867. — *Morning News* (Saint-Jean), 19, 29, 31 juill., 7, 9 août 1867. — *Ottawa Citizen,* 26 juill. 1867. — *St. John Daily Sun,* 22 août–1er sept. 1894. — S. F. Wise et Douglas Fisher, *Canada's sporting heroes* (Don Mills [Toronto], 1974). — Brian Flood, *Saint John : a sporting tradition, 1785–1985* ([Saint-Jean], 1985). — R. S. Hunter, *Rowing in Canada since 1848* [...] (Hamilton, Ontario, 1933). — Mac Trueman, « The great race of 1871 : thousands thronged to watch epic rowing contest », *Telegraph-Journal* (Saint-Jean), 11 août 1984 : 13.

HUYGHUE, SAMUEL DOUGLASS SMITH, écrivain, fonctionnaire et artiste, né le 23 avril 1816 à Charlottetown, fils de Samuel Huyghue, officier de l'armée britannique, et d'Isabella Clarke Totten ; décédé le 24 juillet 1891 à Melbourne (Australie).

Au moment où naquit son fils aîné, le lieutenant Samuel Huyghue était en garnison à Charlottetown avec son régiment, et l'enfant fut baptisé Samuel Douglass Smith Huyghue en l'honneur du lieutenant-gouverneur de l'Île-du-Prince-Édouard, Charles Douglass Smith*. Le 25 octobre 1817, le lieutenant Huyghue était officier à la demi-solde et vivait à Saint-Jean, au Nouveau-Brunswick ; il se peut donc que Samuel Douglass Smith ait fait ses études à la Saint John Grammar School. Il commença à se faire connaître à titre d'écrivain en envoyant, de novembre 1840 à mai 1841, des poèmes au *Halifax Morning Post & Parliamentary Reporter* ; il habitait alors Halifax et signait ses œuvres du pseudonyme de Eugene. En octobre 1841, de retour à Saint-Jean, c'est dans un périodique de cette ville, l'*Amaranth,* qu'il publia, entre cette date et janvier 1843, un essai sur la vie des insectes, des nouvelles, de la poésie et un roman intitulé *Argimou : a legend of the Micmac*. Si ses textes révèlent souvent de l'intérêt pour les peuples autochtones, c'est ce roman qui illustre le mieux combien il s'inquiétait du déracinement culturel dont les nations micmaques et malécites, poussées par les Blancs à l'assimilation économique et sociale, étaient victimes. « Nous sommes la seule et unique cause de leur épouvantable misère, de leur extinction graduelle », note-t-il dans le premier chapitre. Dans ce récit d'aventures qui se passe dans le Nouveau-Brunswick du XVIIIe siècle, il compare les vertus de l'homme primitif, « que ne refrènent ni codes pénaux, ni chaînes, ni dongeons aux murs épais », à l'hypocrisie et au luxe de la civilisation occidentale. Premier roman canadien à décrire la déportation des Acadiens survenue en 1755 et l'un des premiers à témoigner d'une conscience sociale tout en explorant le sort des peuples autochtones, *Argimou* eut assez de succès pour qu'on le réédite sous forme de livre à Halifax en 1847 et de feuilleton dans l'*Albion* de Saint-Jean en 1859–1860.

Au début des années 1840, toujours à Saint-Jean, Huyghue aida le commissaire provincial aux Affaires indiennes, Moses Henry Perley*, à organiser une exposition d'artefacts indiens en vue du grand bazar qui se tint au Mechanics' Institute en mai 1843. En outre, il eut l'occasion d'approfondir son intérêt pour les populations autochtones et sa connaissance de la région de la rivière Saint-Jean à titre de délégué à la commission qui commença en 1843 à arpenter la frontière du Nouveau-Brunswick, du Bas-Canada et du Maine [V. James Bucknall Bucknall Estcourt*]. Il était à Fredericton en août 1846, puisqu'un résident de l'endroit écrivit dans son journal que le 28 du mois Huyghue y avait parlé avec des amis « jusque vers 11 [...] de poètes et de poésie », mais apparemment, à la fin des années 1840, il quitta le Nouveau-Brunswick pour Londres. C'est là qu'en 1849 et 1850 le *Bentley's Miscellany* publia le vivant compte rendu de son séjour dans le nord du Nouveau-Brunswick en 1843–1844, ainsi que ses croquis intitulés « Recollections of Canada : the scenery of the Ottawa » et « Forest incidents : recollections of Canada ».

Selon un recensement de Londres, le 30 mars 1851 Huyghue occupait un logement rue Great Russell et se définissait comme romancier. En 1850, il avait d'ailleurs publié un autre roman, *Nomades of the west ; or, Ellen Clayton,* que le *Morning Post* de Londres avait qualifié de « livre très agréable, contenant quelques tableaux pittoresques de la vie des Indiens, bon nombre d'aventures intéressantes et une très belle description du paysage canadien [tel qu'il était] en 1690 ». Dans sa préface, Huyghue répétait que les Indiens disparaissaient rapidement sous la poussée de la civilisation occidentale. « Ainsi, écrivait-il, j'ai vécu dans le wigwam de l'Homme rouge ; j'ai fumé, parlé et chassé avec lui, [et ...] il m'est toujours apparu moins comme un *sauvage* que comme une grande âme, un être religieux. » Probablement était-ce en raison de ce mélange de primitivisme et de conscience sociale que le roman avait plu à l'éditeur Richard Bentley. En vertu du contrat, Huyghue avait droit à la moitié du bénéfice net, mais les ventes se soldèrent par un déficit de £34 3s. Dès lors, il semble qu'il renonça à vivre de sa plume à Londres.

Samuel Douglass Smith Huyghue s'embarqua pour l'Australie et arriva à Melbourne, dans la colonie de Victoria, le 4 février 1852. Il devint employé permanent du gouvernement et, le 27 août 1853, on le nomma commis au Bureau des mines à Ballarat. Témoin du soulèvement qui eut lieu en décembre 1854 à Eureka, situé dans cette région aurifère, il en écrivit l'un des premiers comptes rendus, sous le pseudonyme de Pax. Il demeura à Ballarat jusqu'en 1872, occupa des postes de commis ailleurs dans la colonie puis prit sa retraite le 9 janvier 1878. Durant toutes ses années en Australie, Huyghue manifesta quelque talent d'artiste et d'illustrateur. Des dessins de lui parurent dans une histoire de Ballarat, et une aquarelle qui représente le soulèvement d'Eureka (*The Eureka stockade*) se trouve à la Ballarat Art Gallery. En outre, il continua de s'intéresser à des sujets scientifiques, dont l'anthropologie, et à la littérature. Même s'il qualifiait sa carrière de « bigarrée », le goût qu'il manifesta toujours pour ces questions donne à celle-ci un caractère de continuité. En 1988, un costume de chef micmac dont Huyghue avait fait l'acquisition au Nouveau-Brunswick en 1840 fut renvoyé d'Australie et présenté dans tout le Canada dans le cadre d'une exposition intitulée « le Souffle de l'esprit : traditions artistiques des premiers habitants du Canada ».

GWENDOLYN DAVIES

Des poèmes écrits par Samuel Douglass Smith Huyghue sous le pseudonyme de Eugene ont été publiés dans le *Halifax Morning Post & Parliamentary Reporter,* 19, 27 nov., 5, 26 déc. 1840, 16 janv. et 25 mai 1841. Des récits, articles et poèmes présentés sous le même pseudonyme ont paru dans l'*Amaranth* (Saint-Jean, N.-B.), oct.–nov. 1841, janv.–mai 1842, et janv. 1843. Son roman *Argimou : a legend of the Micmac* a paru en feuilleton dans ce périodique entre mai et sept. 1842 ; il a été réédité avec une introduction de Gwendolyn Davies (Sackville, N.-B., 1977 ; 2e éd., [1979]). Une seule copie de l'édition de Halifax de 1847 a été retrouvée ; elle est conservée dans la bibliothèque des PANS. Comme la plupart des articles qui ont paru dans *Bentley's Miscellany* (Londres), *Nomades of the west ; or, Ellen Clayton* (3 vol., Londres, 1850), a été publié sous son vrai nom.

APNB, MC 300, MS16, n° 8, 28 août 1846. — British Library (Londres), Add. MSS 46560–46652. — Musée du N.-B., C11 : 35. — PRO, HO 107/1509 : 37 (mfm au Greater London Record Office). — St Paul's Anglican Church (Charlottetown), Reg. of baptisms, 12 mai 1816 (mfm aux PAPEI). — State Library of Victoria (Melbourne), Australian MS Coll., File information concerning S. D. S. Huyghue ; R. E. Jones papers, S. D. S. Huyghue, notes, corr., and diaries ; « Political dismissals of 1878 ». — Victoria, Legislative Assembly, *Votes and proc., with copies of various docs.* (Melbourne), 1856–1857, paper C43 ; 1864, papers 3, 43. — *Morning News* (Saint-Jean), 23 mars 1850. — *New-Brunswick Courier*, 20 mai, 25 nov. 1843.

I

IDINSAW. V. EDA'NSA

IRVINE, GEORGE, avocat, professeur, homme politique et juge, né le 16 novembre 1826 à Québec, fils de John George Irvine, marchand, et d'Ann Bell ; le 19 août 1856, il épousa au même endroit Annie Routh LeMesurier, fille du marchand Henry LeMesurier*, et ils eurent au moins huit enfants ; décédé le 24 février 1897 dans sa ville natale.

Petit-fils de Mathew Bell* et de James Irvine*, George Irvine appartient à de grandes familles influentes dans la vie politique et économique du Bas-Canada au début du XIXe siècle. On ne sait rien de son enfance ni de sa jeunesse, si ce n'est qu'il fait des études classiques à Québec avec le révérend Francis James Lundy. Il reçoit une commission d'avocat le 7 janvier 1848 et pratique d'abord le droit en société avec Charles Gates Holt, puis avec Edward H. Pemberton. Il se spécialise ensuite en droit commercial, qu'il enseigne d'ailleurs au Morrin College, inauguré en 1862. Ses contacts familiaux et professionnels sont un atout qu'il exploite. Devenu rapidement une sommité dans sa profession, il est l'un des avocats préférés des commerçants de bois et des financiers. Fait conseiller de la reine le 28 mars 1868, il sera bâtonnier du barreau de Québec en 1872–1873 et en 1884–1885. Le Bishop's College le nommera chancelier le 23 juin 1875 – Irvine quittera ce poste le 11 avril 1878 – et lui conférera le lendemain un doctorat honoris causa en droit civil.

Au printemps de 1863, Irvine brigue avec succès les suffrages dans Mégantic sous la bannière libérale-conservatrice. Il est difficile de comprendre ce qui l'a poussé à faire de la politique, d'autant plus qu'à l'Assemblée législative de la province du Canada il parle peu et s'absente souvent. En 1865, il n'intervient pas notamment dans les débats sur la Confédération et ne vote qu'une seule fois sur les amendements. C'est d'ailleurs sa renommée de juriste et son appartenance à la minorité anglophone – plus que ses états de service en politique – qui lui valent d'être nommé par le premier ministre Pierre-Joseph-Olivier Chauveau* au poste de solliciteur général dans le premier cabinet de la province de Québec, en juillet 1867.

Irvine se révèle très averti en droit constitutionnel. Au sein du cabinet et à l'Assemblée, il suit de près les négociations qui entourent le partage de la dette de la province du Canada entre le Québec et l'Ontario. Il veille à l'application intégrale de la constitution, aux intérêts de la région de Québec et à ceux de sa circonscription, ainsi qu'à l'organisation de la justice. Il s'intéresse aussi aux questions ferroviaires à titre de membre du comité des chemins de fer entre 1867 et 1876. Esprit cultivé, froid et méthodique, Irvine est un débatteur redoutable dont l'éloquence repose sur la cohérence, la précision et la clarté de l'argumentation. De religion anglicane, en sympathie avec la largeur d'esprit du clergé catholique de Québec, il ne prise guère la montée de l'aile ultramontaine au sein du parti conservateur. Après les élections provinciales de 1871, il s'oppose à la fondation d'une université jésuite à Montréal et à la modification de la tenue des registres d'état civil, deux projets que patronnait Mgr Louis-François LAFLÈCHE. Très engagé dans la politique provinciale – la minorité anglophone le reconnaît comme son porte-parole au sein du gouvernement depuis le départ de Christopher Dunkin* le 25 octobre 1871 –, il ne brigue pas les suffrages aux élections fédérales de 1872.

La démission de Chauveau en 1873 engendre un remaniement ministériel. Gédéon Ouimet* devient alors premier ministre et Irvine procureur général. À ce titre, il favorise l'entrepreneur Thomas MCGREEVY au moment de l'octroi, en janvier 1874, du contrat de construction du chemin de fer de la rive nord. À l'été de 1874, le scandale des Tanneries [V. Louis Archambeault*] le place au centre de l'actualité politique. La vente d'un terrain à un spéculateur, effectuée avec le consentement du cabinet à qui, cependant, on a caché des informations, choque profondément Irvine. Sa démission le 30 juillet, suivie de celles de deux autres ministres, Joseph Gibb ROBERTSON et John Jones Ross*, occasionne la chute du cabinet Ouimet et amorce une inimitié durable entre Irvine et Joseph-Adolphe CHAPLEAU, solliciteur général. Irvine siège dès lors à titre de conservateur indépendant jusqu'aux élections provinciales de 1875 où il est élu sous la bannière libérale dans Mégantic.

En décembre 1875, au cours du débat sur la construction du Québec, Montréal, Ottawa et Occidental, Irvine plaide la cause des chemins de fer de la rive sud. Plutôt que de le voir passer dans le camp libéral, le premier ministre Charles-Eugène Boucher* de Boucherville le nomme commissaire du Québec, Montréal, Ottawa et Occidental, avec mandat d'examiner les états de compte et les réclamations des entrepreneurs qui reçoivent des subventions du gouvernement. Irvine abandonne donc son siège le 28 janvier 1876, mais il consacre plus de temps à la pratique de sa profession qu'à la surveillance des entrepreneurs. À titre de procureur des actionnaires du chemin à lisses de Lévis à Kennebec, alors en faillite, il entreprend en 1877 une série de procès contre l'entrepreneur Louis-Adélard Senécal*, ce qui accroît son inimitié avec Chapleau, devenu secrétaire de la province. Au moment du coup d'État du lieutenant-gouverneur Luc Letellier* de Saint-Just, Irvine se range du côté des libéraux. Réélu dans Mégantic le 1er mai 1878, il poursuit à l'Assemblée législative sa lutte contre le tandem Senécal-Chapleau. En 1880, il attaque Clément-Arthur Dansereau*, publiciste du parti conservateur – qui avait manigancé l'affaire des Tanneries – et Senécal devant le comité des comptes publics. En mai 1881, le parti ministériel tente d'impliquer Irvine dans une manœuvre frauduleuse reliée à la vente du chemin à lisses de Lévis à Kennebec, mais l'Assemblée exonère le député de Mégantic. En octobre et novembre suivants, avec Honoré MERCIER, Irvine défend *l'Électeur* et Wilfrid Laurier* que Senécal poursuit à la suite de la publication, le 20 avril 1881, d'un article intitulé « la Caverne des 40 voleurs ». Au printemps de 1882, Irvine s'oppose vainement à la vente du Québec, Montréal, Ottawa et Occidental au syndicat mis sur pied par Senécal, en arguant que sir Hugh Allan* avait fait une offre plus élevée.

Quand le premier ministre Chapleau quitte la scène provinciale à l'été de 1882, Irvine favorise une coalition entre Mercier et Joseph-Alfred Mousseau*, c'est-à-dire entre les modérés des deux partis, mais l'entente échoue. Conservateurs modérés et ultramontains acceptent alors une trêve et se rallient autour de John Jones Ross qui forme un gouvernement de transition. Mercier, le chef de l'opposition, fait flèche de tout bois et donne libre cours à ses sentiments autonomistes au printemps de 1884. Irvine, pour qui le Parlement fédéral est l'autorité suprême et pour qui les provinces ne possèdent que des pouvoirs délégués, se trouve dans une situation inconfortable au sein du parti libéral. Il ne saurait s'entendre ni avec les mercieristes ni avec les libéraux radicaux de *la Patrie*. Il use donc de son influence politique pour accéder à la magistrature. Le 7 juin 1884, on le nomme juge à la Cour de vice-amirauté pour le district de Québec puis, le 2 octobre 1891, juge de l'amirauté à la Cour de l'échiquier pour le même district. Il poursuit sa brillante carrière d'avocat devant d'autres tribunaux, et plaide même devant le Conseil privé.

Au moment de résigner ses fonctions de député de Mégantic le 6 juin 1884, George Irvine s'était vu accorder un « avantage assez rare, celui d'être nommé juge par ses adversaires politiques ». Ses collègues de l'Assemblée reconnaissent en lui le spécialiste des « questions de droit constitutionnel » et lui portent « le témoignage qu'on rend aux hommes loyaux, aux esprits droits ». À l'occasion de ce départ, Mercier résume toute la carrière de l'homme public : « la Chambre perd une de ses lumières ; l'opposition, une de ses forces ; la politique[,] un de ses ornements », mais « la judicature du pays va en bénéficier ». Irvine se montre à la hauteur de ce témoignage jusqu'à sa mort, le 24 février 1897.

JEAN HAMELIN ET MICHEL PAQUIN

Bishop's Univ., Arch. and Special Coll. (Lennoxville, Québec), Minutes of the business meeting of convocation, 212, 216–217, 232. — Cathedral of the Holy Trinity (Québec), Reg. des baptêmes, mariages et sépultures, 31 janv. 1827, 19 août 1856. — St Matthew's Anglican Church (Québec), Reg. des baptêmes, mariages et sépultures, 26 févr. 1897. — Québec, Assemblée législative, *Journaux*, 1867–1884. — *Le Journal de Québec*, 9, 23 juin 1863. — *Quebec Daily Mercury*, 24 févr. 1897. — F.-J. Audet, « Commissions d'avocats de la province de Québec, 1765 à 1849 », *BRH*, 39 (1933) : 594. — « Bâtonniers du barreau de Québec », *BRH*, 12 (1906) : 342. — *Cyclopædia of Canadian biog.* (Rose et Charlesworth). — J. Desjardins, *Guide parl.*, 40, 174, 193. — A. R. Kelly, « The Quebec Diocesan Archives : a description of the collection of historical records of the Church of England in the diocese of Quebec », ANQ *Rapport*, 1946–1947 : 199, 202, 277, 280. — Lucien Lemieux, « Juges de la Cour de vice-amirauté de Québec », *BRH*, 12 : 308. — P.-G. Roy, *les Avocats de la région de Québec*, 225 ; *les Juges de la prov. de Québec*, 272. — *RPQ*. — L.-P. Audet, *le Système scolaire de la province de Québec* (6 vol., Québec, 1950–1956), 4 : 179–180. — Réal Bélanger, *Wilfrid Laurier ; quand la politique devient passion* (Québec et Montréal, 1986). — Cornell, *Alignment of political groups*. — M. Hamelin, *Premières années du parlementarisme québécois*. — Rumilly, *Hist. de la prov. de Québec*, 1–4 ; *Mercier et son temps*, 1 : 163–164, 177, 218, 224.

ISADORE, chef koutani, né probablement dans la région de Kootenay, Colombie-Britannique ; décédé en 1894 dans la réserve de St Mary, près de Cranbrook, Colombie-Britannique.

Comme bien des chefs indiens de la fin du XIXe siècle, c'est au cours de la période de changements et de tensions engendrés par l'avance des Européens dans l'ouest du Canada qu'Isadore dirigea son peuple. Sa bande, appelée la bande du fort Steele et, plus tard, de St Mary, était l'une des bandes de Koutanis d'en Haut qui vivaient le long des passages supérieurs du fleuve Columbia et de la rivière Kootenay, dans le sud-est de la Colombie-Britannique. Plus que tous les autres Indiens de l'ouest des Rocheuses, les Koutanis subissaient fortement l'influence culturelle des peuples autochtones des Plaines, où ils avaient autrefois habité. Ils possédaient des chevaux en grand nombre et franchissaient chaque année les montagnes pour aller chasser le bison. Vers la fin des années 1870 cependant, comme les troupeaux diminuaient, Isadore et ses compagnons revenaient de ces expéditions les mains vides. Les Koutanis durent donc se tourner de plus en plus vers l'élevage et l'agriculture, et ce, au moment où les colons et les chercheurs d'or commençaient à s'installer sur leur territoire. C'est dans ce contexte qu'Isadore atteignit un rang éminent.

Au dire de tous, Isadore était un homme impressionnant et digne qui, en raison de sa richesse et de son énergie, avait beaucoup d'emprise sur son peuple. Le surintendant de la Police à cheval du Nord-Ouest, Samuel Benfield Steele*, le décrivit, plus tard, comme le chef indien le plus influent qu'il ait rencontré et raconta que même Pied de Corbeau [Isapo-muxika*] et Red Crow [MÉKAISTO] « n'avaient pas osé, au sommet de leur puissance, exercer autant d'influence qu'Isadore ». Cette autorité, Isadore la devait à sa personnalité même, au respect que l'on accordait traditionnellement au chef et, dans les années 1880, à ses relations avec les Oblats de Marie-Immaculée de la mission Saint-Eugène, sur la rivière St Mary (il était presque certainement baptisé et demandait parfois conseil aux missionnaires). Isadore ne parvint cependant pas à maîtriser les forces extérieures que subissait son peuple, malgré l'ascendant indiscutable qu'il exerçait sur lui.

À l'instar de bien des Indiens de la Colombie-Britannique, Isadore entra en conflit avec les colons et le gouvernement, qui défendait leurs intérêts, sur deux questions non sans rapport l'une avec l'autre : le territoire et l'ordre public. Le commissaire des réserves indiennes Peter O'Reilly* délimita en 1884 les réserves destinées à la bande d'Isadore et, fidèle à son habitude, il fit peu de cas des exigences ou des besoins des autochtones. Les Koutanis comprirent, aussi âprement que les autres groupes indiens, le contraste entre la politique des terres indiennes appliquée en Colombie-Britannique et celle des Prairies. On ne leur avait jamais offert de signer un traité et ils avaient reçu des territoires plus petits que ceux que leurs voisins pieds-noirs avaient obtenu de l'autre côté des montagnes grâce au traité n° 7 conclu en 1877. Isadore refusa les offres d'O'Reilly parce qu'elles excluaient plusieurs des camps préférés des Koutanis, en particulier une parcelle de terre fertile appelée la prairie de Joseph (Cranbrook) qu'il avait lui-même cultivée durant des années. Son prestige diminua encore trois ans plus tard quand on arrêta un des membres de sa bande, Kapula, soupçonné à tort d'avoir participé au meurtre de deux mineurs. Comme il estimait que l'application de la discipline dans sa tribu lui incombait, Isadore attaqua la prison de Wild Horse Creek et libéra Kapula en mai 1887. Les colons, qui craignaient un « soulèvement indien », demandèrent alors l'intervention du gouvernement de la Colombie-Britannique.

Plus soucieux d'assurer la sécurité que de faire des concessions territoriales aux Indiens, le gouvernement provincial forma une commission qui persuada Isadore de lui rendre Kapula. On fit venir de Lethbridge (Alberta) un détachement de la Police à cheval du Nord-Ouest, commandé par Steele. Ce dernier constata que les Koutanis étaient généralement disciplinés et respectueux de la loi et il relâcha Kapula en août après une brève enquête. Le 22 septembre 1887, on envoya chez les Koutanis trois commissaires provinciaux, dont O'Reilly, pour discuter de la question des terres. Après avoir examiné les réserves en l'absence d'Isadore et de sa bande, ils confirmèrent la décision d'O'Reilly selon laquelle la prairie de Joseph devait être rendue à son propriétaire, le colonel James Baker, éleveur et député à l'Assemblée législative. Steele avertit Isadore que s'il ne se pliait pas aux décisions de la commission, on nommerait un autre chef à sa place. Quoi que Steele ait pu penser de la justice de ces décisions, il avait le devoir de les faire respecter. Apparemment impressionné par la démonstration de force de Steele, Isadore reconnut, semble-t-il, la futilité de la lutte armée ; il ne pouvait qu'acquiescer.

Isadore se retira à la rivière Kootenay, sur une parcelle de terre que les autorités provinciales lui avaient accordée et, durant les dernières années de sa vie, s'occupa de mettre sa ferme en valeur. Au cours de l'hiver de 1893–1894, les Koutanis furent assaillis par la grippe, et un grand nombre de vieillards, dont Isadore, en moururent. L'agent des Affaires indiennes Robert Leslie Thomas Galbraith enregistra la mort du chef avec la remarque qu'il était « l'un des hommes les plus remarquables de la tribu, un Indien très volontaire qui, que ce soit un bien ou un mal, avait eu beaucoup d'influence sur son peuple ».

ROBIN FISHER

Canada, Parl., *Doc. de la session,* 1885–1895, particulièrement 1895, n° 14 : 162 (rapports annuels du dép. des Affaires indiennes). — S. B. Steele, *Forty years in Canada : reminiscences of the great north-west* [...], M. G. Niblett, édit. (Toronto et Londres, 1918 ; réimpr., 1972). — R. E. Cail, *Land, man, and the law : the disposal of crown lands in British Columbia, 1871–1913* (Vancouver, 1974).

— R. [A.] Fisher, *Contact and conflict : Indian-European relations in British Columbia, 1774–1890* (Vancouver, 1977). — H. H. Turney-High, *Ethnography of the Kutenai* (Menasha, Wis., 1941). — J. C. Yerbury, « Nineteenth century Kootenay settlement patterns », *Western Canadian Journal of Anthropology* (Edmonton), 4 (1975), n° 4 : 23–35.

IVES, WILLIAM BULLOCK, avocat, homme d'affaires et homme politique, né le 17 novembre 1841 dans le canton de Compton, Bas-Canada, fils d'Eli Ives et d'Artemissa Bullock, des loyalistes venus du Connecticut ; décédé le 15 juillet 1899 à Ottawa.

Après des études à l'école du village de Compton, le jeune William Bullock Ives fréquenta l'académie de Compton pendant quatre ans, puis il poursuivit sa formation par ses propres moyens avant de s'engager dans l'apprentissage du droit à Sherbrooke. Reçu avocat le 18 juin 1867, il exerça sa profession principalement à Sherbrooke, entre autres au bureau de Henry B. Brown et de C. A. French. On le nommerait conseiller de la reine en 1880.

Le 20 novembre 1869, Ives épousa à Cookshire Elizabeth Emma Pope, fille unique de John Henry Pope*. et le couple n'eut pas d'enfants. Ce mariage avec la fille d'un des piliers du parti conservateur dans les Cantons-de-l'Est, qui allait devenir ministre dans le gouvernement de sir John Alexander MACDONALD et qui était par surcroît l'un des hommes d'affaires les plus riches et les plus influents de la région, serait déterminant pour l'évolution de la carrière et de la fortune d'Ives. Son itinéraire politique commença au niveau municipal quand il se fit élire conseiller pour le quartier Est de la ville de Sherbrooke en janvier 1875. Il conserva ce poste pendant quatre ans et fut choisi maire pour l'année 1878, année où les électeurs de la circonscription de Richmond et Wolfe le désignèrent comme député à la chambre des Communes. Il continua de représenter cette circonscription jusqu'en 1891, en se faisant réélire aux élections de 1882 et de 1887. À partir de 1891, il se présenta dans Sherbrooke où il remporta la victoire en 1891 et 1896 ainsi qu'à une élection partielle en 1892.

Ardent conservateur, Ives apporta en chambre une compétence respectée dans les questions qui touchaient le droit des affaires et le commerce extérieur. Son premier discours, en faveur d'un tarif protecteur pour les produits manufacturés, révèle une connaissance avisée des phénomènes économiques ainsi qu'une ardente adhésion à la Politique nationale de son parti. Il fut, à l'instar de son beau-père qui était devenu en 1885 ministre des Chemins de fer et Canaux, un défenseur opiniâtre de l'aide gouvernementale à la construction du chemin de fer canadien du Pacifique. Sans doute, ces qualités lui doivent d'avoir été élevé au Conseil privé et nommé président de cet organisme, le 7 décembre 1892, ce qui lui conférait le rang de ministre dans le nouveau cabinet conservateur de sir John Sparrow David THOMPSON. Il devint ministre du Commerce dans le gouvernement de Mackenzie Bowell* le 21 décembre 1894 et à ce titre participa aux laborieuses discussions qui déchirèrent le gouvernement fédéral sur la pertinence de proposer un projet de loi réparatrice dans la question des écoles séparées du Manitoba. Il fut l'un des sept ministres protestants qui démissionnèrent le 5 janvier 1896 dans une tentative de forcer Bowell à se retirer. Réintégré au cabinet quelques jours plus tard, il resta ministre jusqu'à la défaite du cabinet de sir Charles Tupper* en juillet suivant.

Parallèlement à sa carrière politique, Ives fit une ascension marquée dans le monde des affaires. Son mariage lui permit de se faire une réputation dans les secteurs où son beau-père était solidement implanté, à savoir l'industrie du sciage, l'élevage de bétail et la construction ferroviaire, particulièrement dans la région qui s'étend à l'est de Sherbrooke.

Ainsi, en 1882, Ives racheta-t-il avec trois associés une scierie à Cookshire pour former la Cookshire Mill Company. La nouvelle firme s'assura rapidement des réserves de bois de 46 000 acres et agrandit la scierie pour en faire une entreprise d'importance, dont la production était presque entièrement dirigée vers le marché sud-américain. Ives et son beau-frère Rufus Henry Pope* en deviendraient bientôt les seuls actionnaires. Peu après, Ives fonda la Scotstown Lumber Company, firme dont il devint président et dont la scierie principale, à Scotstown, traitait le bois de la région du mont Mégantic. Il avait de ce fait la haute main sur la plus grande partie du bois de sciage produit dans le secteur est de la région des Cantons-de-l'Est. Cherchant à diversifier ses marchés, il s'intéressa bientôt au bois à pâte que ses deux firmes de sciage commencèrent à exporter aux États-Unis. L'étape suivante était logiquement celle de la fabrication sur place de pâte à papier. Ives, appuyé par des associés locaux et montréalais, mit ainsi sur pied en 1884 une usine de pâte à papier à Scotstown (avec la Salmon River Pulp Company) puis racheta en 1891 l'usine de pâte d'East Angus. Il devint président de la Royal Pulp and Paper Company qui établit dans cette même ville une usine de papier. En 1893, une restructuration de la compagnie, connue dès lors sous la raison sociale de Royal Paper Mills Company, fit passer Ives au rang d'actionnaire minoritaire. Après la défaite du gouvernement conservateur en 1897, il devint directeur des usines d'East Angus et prit une part active à la préparation d'une nouvelle usine de pâte au bisulfite.

Ces activités dans les secteurs du bois de sciage et du papier rendirent Ives sensible à l'amélioration des transports entre la région de Cookshire et les États-Unis. Aussi devait-il promouvoir en 1887 la construction du chemin de fer de Hereford, destiné à relier le nord du New Hampshire à Cookshire. Devenu l'âme dirigeante du projet, il réussit à y intéresser un syndicat d'hommes d'affaires des États-Unis. Construite en moins de deux ans, la ligne fut louée en 1890 au chemin de fer Maine Central. Ives demeura administrateur du chemin de fer de Hereford, voie ferrée par laquelle il exportait du bois et de la pâte à papier mais également de la chaux et du ciment. Avec ses associés américains, il avait en effet prolongé la ligne ferroviaire de Cookshire à Lime Ridge, où se trouvaient les fours à chaux de la Dominion Lime Company, dont il était vice-président.

Le portefeuille d'Ives reflète des intérêts fort divers pour des activités parfois éloignées sectoriellement ou géographiquement de ses entreprises industrielles ou ferroviaires. Il était en effet actionnaire d'une compagnie de textile, la Compagnie manufacturière Paton de Sherbrooke [V. Andrew PATON], d'une entreprise de services, la Sherbrooke Gas and Water, de la Saskatchewan and Peace River Railway Company, et d'une affaire d'élevage de bétail, la Dominion Cattle, qui possédait des ranchs au Texas. Vers 1895, il commença à prendre une part active au développement minier de la région de Rossland, en Colombie-Britannique. Il revenait justement par le chemin de fer canadien du Pacifique d'une tournée là-bas quand il fut frappé d'une paralysie qui devait être fatale. On ramena son corps d'Ottawa à Sherbrooke où il fut enterré au cimetière Elmwood.

Homme entreprenant, affable et estimé, William Bullock Ives était un juriste respecté et un homme d'affaires avisé. Membre de la bourgeoisie anglophone des Cantons-de-l'Est, il est un parfait exemple à la fois des relations convergentes entre la famille, les affaires et la politique, typiques de sa classe sociale au XIXe siècle, et du passage d'une bourgeoisie régionale à la bourgeoisie nationale canadienne.

JEAN-PIERRE KESTEMAN

ANQ-E, CE1-39, 20 nov. 1869. — Canada, chambre des Communes, *Débats*, 1879 : 707 ; 1880–1881 : 190 ; 1885 : 2711 ; 1890 : 1439 ; 1891 : 2413 ; 1892 : 1262. — *Le Pionnier*, 21 juill. 1899. — *Le Progrès de l'Est* (Sherbrooke, Québec), 14, 18 juill. 1899. — *Sherbrooke Daily Record*, 13, 15, 17, 19 juill., 1er août 1899. — *Canadian directory of parl.* (Johnson). — *Eastern Townships directory*, 1867 : 69.— *Répertoire des ministères canadiens*. — L. S. Channell, *History of Compton County and sketches of the Eastern Townships, district of St. Francis, and Sherbrooke County* (Cookshire, Québec, 1896 ; réimpr., Belleville, Ontario, 1975), 45–46, 62–64, 131–133, 230.)l

J

JAMES PETER. V. PEMINUIT PAUL, JACQUES-PIERRE

JAMESON, RICHARD WILLIS, avocat, professeur, spéculateur foncier, fonctionnaire et homme politique, né le 12 juillet 1851 au Cap (Afrique du Sud), fils de George Inglis Jameson ; décédé le 21 février 1899 à Winnipeg.

Richard Willis Jameson commença ses études en 1857 à la Blackheath Proprietary School de Londres. Il fréquenta ensuite le King's College de Londres puis, au début des années 1870, le Trinity College de Cambridge, où il obtint sa licence ès arts. En 1876, il fut admis au barreau d'Angleterre, mais il choisit plutôt de pratiquer le droit au Canada et se fit engager comme clerc dans le cabinet de Rose, Macdonald, and Merritt, à Toronto. Admis au barreau ontarien en 1877, il entra au bureau de Morrison, Wells, and Gordon, pour ensuite s'associer à Frank Staynor Nugent, avec qui il ouvrirait plus tard un cabinet au Manitoba.

Au début des années 1880, la construction de chemins de fer, la colonisation et les transactions immobilières connurent un grand essor dans l'Ouest et y attirèrent beaucoup de spéculateurs fonciers. Jameson arriva à Winnipeg en février 1881 et, le 1er mai, épousa Ann Elizabeth Thurman, originaire de cette ville. Tout en s'adonnant à la spéculation, il enseigna les mathématiques au collège de Manitoba. Après l'effondrement du marché au printemps de 1882, il entra comme stagiaire au cabinet de Monkman and Dingman et fut admis au barreau du Manitoba en juin. Plus tard, il devint un associé du bureau de Monkman, Jameson, and Morrow. Jusqu'à la fin des années 1880, la dépression qui suivit la vague de prospérité permit d'acheter pour une fraction de leur valeur des terres qui pourraient se vendre au prix fort. Tout en agissant à titre de courtier pour le compte d'investisseurs anglais, Jameson acquit pour lui-même un nombre considérable de propriétés immobilières. Mais il était de tempérament nerveux et s'inquiétait constamment de ses propriétés et de sa clientèle d'avocat. En 1890, il renonça donc au droit pour concentrer son attention sur ses placements et accepter des charges publiques.

Cette année-là, Jameson devint un des commissaires provinciaux chargés de délivrer des permis de vente d'alcool et présida l'un des bureaux qui regroupaient ces commissaires ; il occupa ce poste jusqu'en 1896. Élu conseiller municipal en 1892, il présida le comité législatif du conseil municipal la même année puis la caisse d'amortissement en 1895, avant de devenir maire de Winnipeg en 1896–1897. Il se porta candidat dans Winnipeg à l'élection partielle du 27 avril 1897 et siégea comme député libéral à la chambre des Communes jusqu'à sa mort soudaine deux ans plus tard.

En décembre 1898, Jameson avait dû faire un voyage à Hot Springs, en Arkansas, à cause de sa santé. Il revint chez lui rétabli. Le 21 février suivant, il se prépara pour la session parlementaire, prononça un discours devant la Chambre de commerce de Winnipeg et rentra à la maison. Après avoir dîné avec sa famille, il se tua d'un coup de fusil. On croit qu'il a pu se suicider mais, d'après l'enquête, sa mort fut accidentelle. Sa femme s'occupa de l'administration de ses affaires ; leurs deux fils, qui devinrent avocats à Winnipeg, allaient perdre la vie au cours de la Première Guerre mondiale.

L'un des citoyens les plus riches de Winnipeg, Richard Willis Jameson était le type même du spéculateur foncier qui avait réussi à bâtir sa fortune sur les ruines de la prospérité de 1881–1882. D'après les documents de l'époque, sa courtoisie et sa vive intelligence l'avaient fait apprécier du public, tant dans sa pratique d'avocat que sur la scène politique. C'était un orateur accompli, et on le considérait comme un homme cultivé. En témoignage de leur respect, les gens de Winnipeg assistèrent en grand nombre à ses funérailles.

RANDY R. ROSTECKI

Manitoba Free Press, 22–23 févr. 1899, 25 août 1916. — *Winnipeg Daily Sun*, 24 déc. 1883. — *Winnipeg Daily Tribune*, 22 févr. 1899. — *Winnipeg Telegram*, 22 févr. 1899. — *Canadian directory of parl.* (Johnson).— *CPC*, 1898. — Schofield, *Story of Manitoba*.

JEAN BAPTISTE. V. KITCHI-MANITO-WAYA

JEFFERS, WELLINGTON, instituteur, ministre méthodiste et rédacteur en chef, né le 22 juin 1814 à Cork (république d'Irlande), fils de Robert Jeffers et de Nancy Maurice ; le 6 juillet 1841, il épousa Jane Frith, et ils eurent deux fils et une fille, puis le 21 juin 1854, à Belleville, Haut-Canada, Jane Eleanor Dougall, et ils eurent une fille ; décédé le 10 février 1896 à cet endroit.

La guerre de 1812 était terminée depuis peu lorsque le père de Wellington Jeffers quitta l'Irlande pour le Haut-Canada avec sa famille. Il s'installa d'abord à Kingston, puis dans le canton de Fredericksburgh. Homme instruit aux idées bien arrêtées, Robert Jeffers enseignait et publiait des lettres et des articles dans la presse kingstonienne. En 1818, il devint prédicateur itinérant de l'Église méthodiste épiscopale. Quatre ans plus tard, froissé, il la quitta et se fit prédicateur indépendant.

Septième et dernier enfant de la famille, Wellington reçut sa formation de base de son père. En 1837, après avoir enseigné durant plusieurs années, il déclina l'offre d'emploi intéressante que lui faisait une banque de Kingston pour devenir ministre itinérant au sein de l'Église méthodiste wesleyenne. Son ordination eut lieu en 1841. Il desservit des circonscriptions ecclésiastiques où se trouvaient certains des plus grands temples du Haut-Canada, mais ses affectations ne durèrent jamais plus de trois ans, conformément à la coutume de l'époque. Vers 1855, il exerça son ministère avec compétence à l'église méthodiste St James Street de Montréal ; son petit-fils John Wellington Graham, aussi nomade que lui, allait occuper cette charge un demi-siècle plus tard.

Tombé malade à Montréal, Jeffers fut muté à un poste moins épuisant, auprès des Sauteux de la rive nord du lac Rice, dans le Haut-Canada. Une fois remis, il revint à Toronto où on lui avait offert de succéder à James Spencer* au poste de rédacteur en chef de l'influent *Christian Guardian*. De juin 1860 à juin 1869, il publia des éditoriaux qui, à son avis, contenaient « de judicieuses interprétations des événements » tout en donnant libre cours à son goût pour la « controverse [...] soutenue dans un esprit de bienveillance ». Jeffers était abolitionniste et portait un intérêt particulier aux questions éducationnelles et aux nouveaux courants théologiques. Ses talents d'administrateur assurèrent de solides assises financières au journal ; comme il le signala fièrement dans son dernier éditorial, le *Guardian* avait « plus d'abonnements vendus que jamais, tous réglés d'avance ». En outre, Jeffers exerça de nombreuses fonctions au sein de son Église, dont celles de président de district, de secrétaire et de codélégué (vice-président) de Conférence méthodiste wesleyenne ; en 1876, il présida la Conférence de Toronto. Le Victoria College lui conféra un doctorat honorifique en théologie en 1863.

Grâce à la puissance de son esprit et à son éloquence lucide, Jeffers était remarquable dans les débats. S'il prenait la parole, tous tendaient l'oreille. Au cours des assemblées des Conférences méthodistes, à peine avait-on dit « Jeffers va parler » qu'une foule d'auditeurs quittaient les couloirs et regagnaient leur siège. À la conférence générale de 1854, on débattit de l'épineuse question de savoir si les fidèles devaient assister aux réunions de groupe hebdomadaires pour demeurer au sein de l'Église. Affirmant vigoureusement que c'était là une condition essentielle, Jeffers croisa le fer avec Egerton Ryerson* et sortit vainqueur de la discussion. Ryerson offrit ensuite sa démission à la conférence, mais la retira par la suite.

Que ce soit en chaire, aux assemblées en plein air ou dans les salles de conférences, Jeffers était un orateur inoubliable et persuasif. Sa largeur de vues enthousiasmait les jeunes étudiants et dégourdissait l'esprit des auditeurs attentifs. De toute évidence cependant, certaines gens ne pouvaient tirer aucun profit de ses paroles. Faisant allusion à ce qui se passait après les discours de Jeffers, un critique bienveillant a dit : « les brebis grasses ont eu tout leur content, mais les maigres agneaux sont repartis le ventre vide ». Parfaitement lucide jusqu'à la fin, Jeffers fit sa dernière apparition publique en 1894 pour prononcer l'oraison funèbre de son vieil ami le sénateur Billa FLINT.

Wellington Jeffers passa ses 15 dernières années à Belleville, où il desservit deux congrégations, avant de prendre sa retraite en 1884. Il prêcha ensuite quelquefois dans la région, et occupa même la chaire de l'église presbytérienne John Street durant plusieurs mois, en attendant l'arrivée du nouveau pasteur, ce qui témoigne de son œcuménisme comme de celui des fidèles de cette congrégation.

J. WILLIAM LAMB

J. S. Carroll, *Past and present, or a description of persons and events connected with Canadian Methodism for the last forty years ; by a spectator of the scenes* (Toronto, 1860). — Methodist Church (Canada, Newfoundland, Bermuda), Bay of Quinte Conference, *Minutes* (Toronto), 1896. — *Methodist Magazine and Rev.* (Toronto et Halifax), 43 (janv.–juin 1896) : 268–270. — *Christian Guardian*, juin 1860–juin 1869. — *Daily Intelligencer* (Belleville, Ontario), 13 févr. 1896. — Cornish, *Cyclopædia of Methodism*. — Carroll, *Case and his cotemporaries*, 4–5. — *The chronicle of a century, 1829–1929 : the record of one hundred years of progress in the publishing concerns of the Methodist, Presbyterian, and Congregational churches in Canada*, L. [A.] Pierce, édit. (Toronto, 1929). — Emma Jeffers Graham, « Three years among the Ojibways, 1857–1860 », Women's Canadian Hist. Soc. of Toronto, *Trans.*, n° 16 (1916–1917) : 35–40, et un portrait du sujet face à la page 35.

JEFFERY, JOSEPH, ébéniste, homme d'affaires et homme politique, né le 28 septembre 1829 à Ipswich, Angleterre, fils de Joseph Jeffery et de Mary Ann Godbold ; le 27 décembre 1853, il épousa Augusta Ann Haley, et ils eurent quatre fils et quatre filles ; décédé le 28 mai 1894 à London, Ontario.

Joseph Jeffery reçut « une éducation très soignée dans les écoles privées » d'Ipswich avant que sa famille immigre dans le Haut-Canada en 1845. Les Jeffery s'établirent d'abord à Port Stanley mais, comme le père n'y connut pas « autant de succès dans ses affaires qu'il s'attendait d'en avoir », au début de 1848 ils étaient installés à London. Fort de son expérience d'ébéniste en Angleterre durant 20 ans, il monta une affaire de fabrication et d'importation de meubles avec l'aide de plusieurs de ses fils, dont Joseph. Apparemment, l'entreprise ferma ses portes vers 1857, et Jeffery père subit d'autres revers au cours de la dépression qui assombrit la fin des années 1850. En 1860, il « quitta la ville sans payer ses dettes » pour rejoindre au moins deux de ses fils à Victoria (Colombie-Britannique). Joseph n'était pas de ceux-là. Il avait vécu environ un an dans le canton de London puis, en 1858, il était retourné dans la ville même, où il travailla quelque quelque temps pour l'éminent ébéniste et tapissier Henry Coombs.

Peu à peu, Joseph Jeffery délaissa l'ébénisterie. En 1864, il ouvrit un comptoir de crédit dans les salles d'encan de William Y. Brunton, rue Richmond, et en mars 1865, non loin de là, un comptoir de change où il négociait « principalement de l'argent, des obligations américaines et divers titres ». Sous le gouvernement d'Abraham Lincoln, il fut (selon une histoire du comté parue en 1889) représentant consulaire des États-Unis. En 1866, par suite du boom pétrolier que la péninsule ouest du Haut-Canada connut au début des années 1860, il était actionnaire de la City of London Oil Company, formée peu de temps auparavant.

La Banque Molson ouvrit une succursale à London à l'automne de 1870, et Jeffery accepta de la diriger. On dit que sa femme, Augusta Ann Haley, « extrêmement intelligente et capable », s'occupa « pendant quelques années » du comptoir de change étranger. Jeffery dirigea la succursale de la Banque Molson jusqu'en 1887 ; ses « multiples devoirs » l'obligèrent alors à quitter ce poste, mais il demeura au conseil d'administration local de la banque. En 1890, un avocat de la région, Maxwell D. Fraser, laissa entendre que Jeffery, du temps où il était directeur, avait profité délibérément de John Labatt*, propriétaire de la London Brewery, en lui conseillant d'investir beaucoup d'argent dans la North American Manufacturing Company de London et dans « certains titres » de la Banque Molson. La banque en tira apparemment bénéfice, mais Labatt perdit « au moins 250 000 $ » parce que les investissements se révélèrent « presque sans valeur ». Jeffery, semble-t-il, fut exonéré de tout blâme, si toutefois l'avocat de Labatt déposa une plainte en bonne et due forme.

Fort de son expérience de financier et d'agent foncier, Jeffery s'était associé en octobre 1870 à plusieurs autres notables de London pour former l'Ontario Savings and Investment Society. (Rebaptisée par la suite Ontario Loan and Debenture Company, elle fusionna avec le Trust royal en 1968.) Cette société, dont le siège social se trouvait en 1881 dans l'édifice de la Banque Molson, ne prêtait que pour l'achat d'immobilier et on la considérait en 1889 comme « l'une des sociétés de crédit les plus riches du Canada ». Jeffery en fut vice-président de 1878 à sa mort.

À partir de 1868, la réglementation fédérale du secteur des assurances poussa plusieurs sociétés britanniques et américaines à quitter le Canada au lieu d'y conserver assez d'actif pour garantir leur passif. Parmi les compagnies canadiennes formées pour combler ce vide, il y eut la London Life Insurance

Company, fondée au printemps de 1874. Jeffery fut l'un de ses 5 administrateurs temporaires et des 15 membres du premier conseil d'administration. Sa « présence quasi infaillible aux réunions du conseil et de l'exécutif », selon une histoire de la firme, témoigne du vif intérêt qu'il portait à la London Life. D'ailleurs, il en fut président de la fondation jusqu'à sa mort, sauf pendant environ six semaines en 1887. Tout comme l'Ontario Savings and Investment Society, la London Life logeait dans l'édifice de la Banque Molson ; les trois sociétés étaient donc étroitement liées, d'autant plus que Jeffery appartenait à chacune d'elles. Pendant qu'il était président de la London Life, il visita des succursales dans d'autres villes et fit au moins deux voyages en Europe pour le compte de la compagnie. Devant le personnel du siège social, il exhibait « immanquablement un air d'optimisme et de bonne humeur ». Dans ses dernières années, il avait l'« allure d'un patriarche » et arborait « une barbe bien garnie » ; il se présentait régulièrement au bureau « tiré à quatre épingles, portant redingote et haut de forme, accompagné de son chien », et il « inspirait la loyauté et l'estime à son personnel ». On le décrivit plus tard comme « un homme doté d'un remarquable sens des affaires, large d'esprit, déterminé et progressiste ».

En novembre 1875, soit presque deux ans après la fondation de la London Life, Jeffery fut élu vice-président de la Chamber of Commerce de London nouvellement formée ; il devint président en 1881, l'année de sa disparition. Bien que les affaires et les finances aient été à peu près ses seuls domaines d'intérêt, il fut échevin du quartier n° 2 en 1871 et participa à divers comités, tels ceux des marchés et expositions gratuites, des chemins de fer, et il présida celui des hôpitaux et de l'assistance publique. Cependant, selon une notice nécrologique, le travail du conseil municipal « ne convenait pas à ses goûts », et il ne remplit qu'un autre mandat, en 1892. En 1888, il fut membre du comité consultatif du Protestant Home for Orphans, Aged and Friendless (aujourd'hui le Merrymount Children's Centre) ; sa femme faisait partie du comité permanent. Par attachement pour son héritage anglais, il adhérait à la St George's Society. Contrairement à son père, qui avait été diacre de l'église baptiste Regular de London, il ne joua aucun rôle manifeste dans cette congrégation.

En assistant à l'Exposition universelle de Chicago en novembre 1893, Jeffery attrapa un rhume grave qui dégénéra en congestion et, finalement, en problèmes cardiaques. Il passa les derniers mois de sa vie confiné dans sa chambre à Evergreen Place, où il habitait depuis la fin des années 1860. Il mourut en mai 1894. Riche, il légua une rente viagère de 200 $ à sa sœur en Californie, de 1 000 $ à 12 000 $ à chacun de ses sept enfants survivants et le reste de sa succession à sa veuve.

Les enfants de Joseph Jeffery avaient fait de bonnes études, et ses fils continuèrent de s'occuper de ses entreprises financières et commerciales. Albert Oscar et James Edgar, tous deux avocats, finirent par accéder à la présidence de la London Life, tout comme trois de ses petits-fils : Joseph Jeffery, son frère Alexander Haley et leur cousin Robert Haley Reid. James Edgar et son frère Charles Llewellyn firent partie du conseil d'administration de l'Ontario Loan and Debenture Company, et le second fut aussi comptable à la Banque Molson.

DANIEL J. BROCK

UWOL, Regional Coll., Middlesex County, Ontario, Surrogate Court records, copy-book 14 (1893–1895). — *London Advertiser,* 28 mai 1894. — *London Free Press,* 28 mai 1894. — Michael Bliss, *Northern enterprise : five centuries of Canadian business* (Toronto, 1987). — J. A. Campbell, *The story of the London Life Insurance Company* (1 vol. paru, [London, Ontario], 1965–). — *Hist. of Middlesex.* — J. E. Middleton et Fred Landon, *The province of Ontario : a history, 1615–1927* (5 vol., Toronto, [1927–1928]), 3 : 28.

JEHIN-PRUME, FRANTZ (François-Henri Jehin), musicien et professeur de musique, né le 18 avril 1839 à Spa, Belgique, fils de Jules-Antoine Jehin, peintre, et de Marie-Joséphine-Pétronille Prume ; décédé le 29 mai 1899 à Montréal.

Le grand-père paternel de François-Henri Jehin était organiste à Spa, et son grand-père maternel l'était à Stavelot. Son père lui enseigna la musique dès l'âge de trois ans et un musicien de la ville lui donna des leçons de violon dès qu'il eut quatre ans. À l'âge de six ans, le jeune Frantz, comme on l'appelait déjà, donna son premier concert de violon. Accepté ensuite au Conservatoire royal de Liège par l'un de ses oncles, François-Hubert Prume, distingué violoniste, compositeur et professeur de musique, il y obtint de brillants résultats à l'âge de neuf ans. Son oncle mourut peu après, et Frantz ajouta Prume à son nom de famille. Il poursuivit ses études au Conservatoire royal de Bruxelles, surtout auprès d'Hubert Léonard, et y remporta plusieurs prix. On dit que les compositeurs Gaspare Spontini et Giacomo Meyerbeer, qui passaient tous deux leurs vacances à Spa, encouragèrent le jeune prodige. Il se peut que par la suite il ait bénéficié des conseils d'Henri Vieuxtemps et de Henryk Wieniawski.

À la fin de 1855, après avoir joué à Spa, Liège et Bruxelles, Jehin-Prume entreprit sa première tournée de récitals. Jusqu'en 1863, il donna de nombreuses représentations dans le centre, le nord et l'ouest de l'Europe, et se tailla une réputation enviable grâce à sa sensibilité et à l'éclat de sa technique. Dès 1863, il avait à son actif le titre de violoniste de la grande-duchesse Catherine de Russie et de Léopold Ier, roi des Belges. Il fit une tournée au Mexique à la fin de 1864 sur l'invitation de l'empereur Maximilien, gendre de Léopold. Parti ensuite pour Cuba (et peut-être pour le Brésil), il arriva à New York en mai 1865.

Invité ce mois-là par Jules Hone*, ancien condisciple qui habitait alors Montréal, à passer des vacances au Bas-Canada, Jehin-Prume donna bientôt des concerts et des récitals dans cette ville. Doué, « d'un physique captivant à l'extrême et précédé par l'éclat d'une réputation consacrée », écrivait Louis-Honoré Fréchette*, il y fit un malheur. En juin et juillet, une tournée le mena à Québec, Ottawa, Kingston, Toronto, Hamilton, London et Detroit puis, comme il remportait un grand succès, il en entreprit une autre qui le conduisit notamment à Québec, Rimouski, Halifax et Saint-Jean, au Nouveau-Brunswick. À Québec, en septembre, son hôte Joseph-Édouard Cauchon* convainquit les députés de suspendre leurs travaux pour l'entendre en concert à l'Assemblée législative. Pendant l'hiver de 1865–1866, Jehin-Prume donna des concerts dans l'est des États-Unis ; en décembre, il joua avec le New York Philharmonic Orchestra.

Rentré à Montréal en mars 1866, Jehin-Prume contracta le 10 juillet, selon Fréchette, « un brillant mariage avec une des étoiles les plus recherchées de la société de Montréal », Rosita (Rosa) Del Vecchio, qui avait 19 ans. La cérémonie attira tant de monde que l'immense église Notre-Dame était presque remplie. Tout de suite après, Jehin-Prume entreprit une longue tournée américaine au cours de laquelle, en janvier 1867, il joua devant le président Andrew Jackson à la Maison-Blanche. Rosita, qu'un contemporain a décrite comme « moitié Française et moitié Italienne », avait manifesté dès son enfance des dons exceptionnels pour la musique. En novembre 1868, après avoir parfait sa formation en suivant des leçons de son mari et d'un maître à Bruxelles, elle commença à donner des récitals en compagnie de Jehin-Prume (elle était mezzo-soprano). Elle continua ses études en Europe après la naissance, en 1870, de leur unique enfant, prénommé Jules. Même si Montréal devint le foyer des activités de Jehin-Prume, il passait beaucoup de temps en tournées dans l'est de l'Amérique du Nord, à Cuba et en Europe, souvent avec Rosita. Dans la province de Québec, on acclamait le couple non seulement à Montréal et à Québec, mais dans des villes comme Joliette, Trois-Rivières, Saint-Hyacinthe, Sherbrooke, Lachute et Aylmer. Les programmes de Jehin-Prume, comme ceux de la plupart de ses contemporains, contenaient à la fois des morceaux de bravoure et des arrangements d'airs d'opéra connus ou des pièces plus graves de Bach, de Beethoven et de Mendelssohn. En outre, il présentait bon nombre de ses propres compositions. De janvier à mars 1871, pour relever le goût musical des Montréalais, il organisa six concerts de musique de chambre au cours desquels il interpréta des concertos, dirigea un grand orchestre de chambre et joua dans un quatuor à cordes. Fréchette décrit ainsi un concert donné par Jehin-Prume à Québec en cette époque où il était à l'apogée de son talent : « Son violon avait tour à tour soupiré, ri, chanté, pleuré, jeté des cris délirants au milieu de sanglots éperdus. L'auditoire avait été subjugué, remué jusqu'aux moëlles par ce lyrisme débordant, fait de tendresse et de fougue, enlevant jusqu'à l'extase, attendrissant jusqu'aux larmes. » L'écrivain Arthur Buies* affirmait que Jehin-Prume était venu en un pays « où il y a[vait] partout des piédestaux, mais que lui seul [était] digne d'[y] monter ».

L'amitié de Jehin-Prume pour Calixa LAVALLÉE resserra ses liens avec le Canada, surtout après que celui-ci fut rentré, en 1875, de ses études à Paris. Les deux hommes apparurent ensemble dans de nombreux concerts avec Rosita et, pendant un temps, tous trois partagèrent un studio d'enseignement. Le musicien et critique Guillaume Couture* proclamait qu'« une nouvelle ère musicale s'annon[çait] ». En 1877, Jehin-Prume et Lavallée dirigèrent la *Jeanne d'Arc* de Jules Barbier, sur une musique de Charles Gounod ; Rosita y tenait le rôle principal, et l'œuvre connut un immense succès. À compter de 1877, Jehin-Prume fut à l'occasion premier violon dans l'orchestre de la Société philharmonique de Montréal, fondée par Couture. En 1877–1878, il présida l'Académie de musique de Québec.

Rosita, qui à titre de cantatrice remportait presque autant de succès que son mari, fut acclamée par les critiques pour son jeu d'actrice dans deux pièces de Fréchette, *Papineau* [...] et *le Retour de l'exilé* [...], produites à Montréal en juin 1880. Cependant, elle mourut d'une pneumonie le 11 février 1881. Sa mort inspira à Fréchette un poème intitulé *Laissez-moi dormir*, dont Jehin-Prume mit des extraits en musique (*opus* 40). *Le National* de Montréal écrivit dans sa notice nécrologique que ses obsèques étaient « les plus importantes qu'aucune femme n'[eût] encore eues au Canada » et qu'on avait dû faire venir la police pour disperser la foule qui s'élevait à 10 000 personnes.

La disparition de Rosita mit prématurément fin à la « nouvelle ère » qu'avait annoncée Couture. Lavallée s'exila pour de bon. Jehin-Prume continua de faire de la musique mais, selon Fréchette, devenu un ami intime, c'était un homme brisé. Il perdit ses ambitions et son inspiration. Le 24 mars 1882, à l'âge de 42 ans, il épousa à Montréal une cantatrice adolescente, Hortense Leduc, belle-fille du violoniste Oscar Martel*. Toutefois, après plusieurs liaisons, elle le quitta pour un homme d'affaires. Jehin-Prume fit une tournée du Nouveau-Brunswick au Manitoba en 1881, puis il joua en Europe de 1882 à 1885. Il se fixa par la suite à Montréal, où il continua de donner des représentations de temps en temps. Comme auparavant, il enseignait, composait et stimulait l'activité artistique dans la ville. Il avait déjà formé des musiciens remarquables, tels François Boucher et Alfred De Sève ; Émile Taranto et Béatrice La Palme* continuaient de bénéficier de son enseignement. Il composa presque le tiers de son œuvre durant cette période. En outre, en 1891 ou 1892, il fonda un orchestre de chambre, l'Association artistique de Montréal. En mai 1896, après avoir donné 31 concerts, ce groupe donna sa dernière représentation en compagnie de Jehin-Prume ; il terminait ainsi sa carrière après avoir souffert d'une grave maladie.

Jehin-Prume passa paisiblement ses dernières années dans la confortable résidence de son frère Érasme, violoniste lui aussi. Bien que, selon Fréchette, il ait sombré dans la mélancolie, il combattit la mort jusqu'au bout. Il s'éteignit le 29 mai 1899. Il était alors tombé dans un oubli relatif mais, toujours selon Fréchette, la nouvelle de ses funérailles attira « toute une population [... qui souhaitait] donner un dernier coup d'œil et faire un dernier adieu à celui qu'elle avait tant de fois applaudi ».

Frantz Jehin-Prume fut le premier musicien de renommée internationale à s'établir au Canada et, selon Henri Têtu*, c'était le plus aimé. En fait, ajoutait Têtu, « il était devenu presque Canadien ». On ne saurait trop souligner combien, dans son jeune pays d'adoption, il contribua à élever la vie musicale et à faire apprécier les arts en général. Non seulement des musiciens comme Lavallée, Couture, Romain-Octave* et Frédéric Pelletier, Arthur Letondal et Jean-Baptiste Dubois bénéficièrent-ils de sa présence, mais des artistes œuvrant dans d'autres domaines, et surtout des poètes, furent inspirés par son jeu. Sans doute Fréchette parlait-il aussi en leur nom quand il se proclama frère de Jehin-Prume – « frère par l'art et frère par l'âme ».

HELMUT KALLMANN

Frantz Jehin-Prume est l'auteur d'au moins 88 compositions, numérotées dans [Jules] Jehin-Prume, *Une vie d'artiste*, préface de L.-H. Fréchette (Montréal, [1900]), dont deux concertos pour violon et un oratorio. Quelques-unes de ces œuvres ont été publiées. Des portraits de Jehin-Prume se trouvent dans cet ouvrage, ainsi que dans *Encyclopédie de la musique au Canada* (Kallmann *et al.*), et dans *le Passe-Temps* (Montréal), 10 juin 1899.

Arch. de l'État (Liège, Belgique), Spa, Reg. des baptêmes, mariages et sépultures, 19 avril 1839. — Bibliothèque nationale du Canada, Division de la musique (Ottawa), MS coll., 1974-18 ; 1985-8. — *Dwight's Journal of Music* (Boston), 23 déc. 1865. — *Gazette* (Montréal), 1er mars 1871, 12 févr. 1881. — *Globe*, 15 juill. 1865. — *La Minerve*, 15 févr. 1871, 22 mai 1877. — *Le Monde illustré*, 9 mars 1901. — *Montreal Daily Star*, 29 mai 1899. — *Montreal Herald*, 30 mars 1871. — *L'Opinion publique*, 18 nov. 1875. — *La Presse*, 29 mai 1899. — Alberto Bachmann, *An encyclopedia of the violin*, introd. d'Eugène Ysaye, F. H. Martens, trad., A. E. Weir, édit. (New York, 1925 ; réimpr., 1966). — *Catalogue of Canadian composers*, Helmut Kallmann, édit. (2e éd., Toronto, 1952 ; réimpr., St Clair Shores, Mich., 1972). — *Dictionnaire biographique des musiciens canadiens* (2e éd., Lachine, Québec, 1935). — *The musical red book of Montreal*, B. K. Sandwell, édit. (Montréal, 1907). — *The new Grove dictionary of music and musicians*, Stanley Sadie, édit. (6e éd., 20 vol., Londres, 1980), 9. — *Riemann Musik Lexikon*, Wilibald Gurlitt, édit. (12e éd., 3 vol., Mayence, République fédérale d'Allemagne, 1959), 1. — Helmut Kallmann, *A history of music in Canada, 1534–1914* (Toronto et Londres, 1960). — [J.]-E. Lapierre, *Calixa Lavallée, musicien national du Canada* (3e éd., Montréal, 1966). — E. S. J. van der Straeten, *The history of the violin (Londres, 1933)*. — « *M. F. Jehin Prume* », *le Canada musical* (Montréal), 2 (1875–1876) : 77 ; 3 (1876–1877) : 44–45. — Frédéric Pelletier, « les Musiciens du passé : Frantz Jehin-Prume », *Entre-nous* (Montréal), 1 (avril 1930) : [45]. — « Premier concert Prume et Lavallée à Québec », *le Canada musical*, 3 : 26. — « Premier concert Prume-Lavallée à Montréal », *le Canada musical*, 2 : 134–135. — J.-B. Rongé, « Correspondance, Spa, le 16 septembre 1873 », *Rev. et Gazette musicale de Paris*, 40 (1873) : 301. — D.-H. Sénécal, « M. F. Jehin-Prume », *Rev. canadienne*, 2 (1865) : 616–622 ; « Quelques mots sur l'album de F. Jehin-Prume, violoniste de sa majesté le roi des Belges » : 547–554. — Henri Têtu, « Impressions musicales », *l'Action sociale* (Québec), 22, 29 mars, 3 avril, 25 mai 1915. — Léon Trépanier, « Oscar Martel, violoniste et professeur (1848–1924) », *Qui ?* (Montréal) 4 (1952–1953) : 47–56.

JENKINS, JOHN, ministre méthodiste et presbytérien et auteur, né probablement le 5 décembre 1813 à Exeter, Angleterre, fils de John Jenkins et de Mary Evans ; décédé le 12 avril 1898 à Dulwich (Londres).

John Jenkins fit ses études au Redford College d'Exeter et au King's College de Londres. De 1835 à 1837, il fréquenta la Wesleyan Theological Institution de Richmond (Londres), où il fut l'élève de l'influent John Hannah. Après son ordination en 1837, la Wesleyan Methodist Missionary Society de Londres l'envoya à Mysore, en Inde, mais la maladie le força à séjourner en Angleterre en 1841–1842. Il exerça son ministère auprès d'une assemblée de fidèles anglais à Malte de 1842 à 1844, puis dans l'ouest du comté de Cornouailles jusqu'en 1847.

Cette année-là, Jenkins vint à Montréal occuper la prestigieuse fonction de ministre à l'église méthodiste Great St James Street. Prédicateur et conférencier éloquent, il ne tarda pas à se faire connaître. Cependant, la situation de sa congrégation n'était pas aussi bonne que la sienne. C'est dans un élan d'optimisme en 1844–1845 que l'on avait construit l'immense église. Mais en raison de la crise économique et des conflits politiques qu'engendraient les mesures réformistes du gouvernement de Louis-Hippolyte La Fontaine* et de Robert Baldwin*, les commerçants anglophones de Montréal n'éprouvaient plus que pessimisme et colère. La frustration populaire culmina en 1849 : mécontents du projet de loi pour l'indemnisation des pertes subies pendant la rébellion, des émeutiers incendièrent les édifices du Parlement, et l'on publia le Manifeste annexionniste [V. James Bruce*], que signèrent plusieurs des principaux membres de la congrégation de Jenkins. Dans l'espoir de régler les difficultés financières de sa congrégation, Jenkins se rendit en Grande-Bretagne et aux États-Unis pour lever des fonds, mais il ne réussit qu'à différer la crise. En 1852, la séparation des méthodistes wesleyens britanniques du Bas-Canada en trois circonscriptions ecclésiastiques fit perdre d'autres appuis à sa congrégation, car beaucoup de fidèles mécontents se joignirent à la petite congrégation méthodiste New Connexion. Une fois cette division consommée, la Conférence britannique proposa à la Conférence canadienne de lui transférer l'administration de son district de l'est (Bas-Canada). Jenkins amena les trois délégués du clergé britannique envoyés au Canada à négocier le transfert (réalisé en 1854), mais l'issue des pourparlers peut lui avoir déplu.

Au début de 1853, soit au plus fort du débat sur l'« agression papale », c'est-à-dire le rétablissement de la hiérarchie catholique en Angleterre en 1850, Jenkins prononça contre les doctrines catholiques une série de conférences auxquelles assistèrent des auditoires « très nombreux et profondément attentifs ». Réunies sous le titre de *A Protestant's appeal to the Douay Bible, and other Roman Catholic standards, in support of the doctrines of the Reformation,* ces conférences connurent quatre éditions en 1853. En juin de la même année, à cause de celles-ci, on demanda à Jenkins de présenter le violent ex-barnabite et révolutionnaire italien, Alessandro Gavazzi, dont le discours, prononcé devant une foule immense en l'église Zion, fut suivi d'une émeute. La lutte de Jenkins contre le « romanisme » lui valut des félicitations de la part de l'assemblée du district du Canada-Est de l'Église méthodiste wesleyenne britannique en Canada. Quant aux membres de sa congrégation, ils lui offrirent 1 000 $ et un service d'argenterie.

À l'automne de 1853, Jenkins accepta l'invitation d'une congrégation presbytérienne de Philadelphie. En novembre, le consistoire de l'endroit l'admit « à ses propres conditions » – c'est-à-dire qu'il pourrait continuer d'enseigner la doctrine arminienne du libre arbitre au lieu de la doctrine calviniste de la prédestination. Outre ses fonctions de pasteur, il assuma durant dix ans celles de corédacteur en chef de la *Presbyterian Quarterly Review* de Philadelphie. Toutefois, étant anglais, il trouva difficile d'exercer son sacerdoce dans cette ville au moment où le déclenchement de la guerre de Sécession fit monter le ressentiment contre la Grande-Bretagne. Il rentra donc en Angleterre en 1863 et se joignit à l'Église presbytérienne de son pays. Il n'y resta que peu de temps, puis regagna Montréal avant la fin de l'année.

Le 27 juin 1865 eut lieu l'installation de Jenkins en l'église St Paul, affiliée à l'Église d'Écosse et l'une des congrégations protestantes de Montréal les plus importantes. L'église St Paul fut vendue aux enchères à titre de propriété commerciale en 1866, et l'on érigea un immense édifice rue Dorchester (boulevard René-Lévesque). Élu modérateur du synode de Montréal et d'Ottawa en 1869 et 1878, Jenkins fut aussi élu, en 1878, modérateur de l'Assemblée générale de l'Église presbytérienne au Canada. De 1876 à 1881, il fut convocateur du comité de l'Assemblée générale au sujet du *Presbyterian Record*, organe officiel de l'Église. En outre, de 1853 à 1885, il publia nombre de sermons, conférences et notices biographiques sur des membres du clergé.

Comme tous les presbytériens, Jenkins s'intéressait à l'éducation. Président du Bureau des commissaires des écoles protestantes de Montréal de 1866 à 1878, il fit partie du conseil du McGill College de Montréal et fut l'un des administrateurs du Queen's College de Kingston, en Ontario. En 1859, le College of the City of New York lui avait conféré un doctorat honorifique en théologie ; pour sa contribution à l'éducation, le McGill College lui octroya en 1879 un doctorat en droit et le fit *governor's fellow*. De plus, il fut pendant un temps président du Literary Club de Montréal.

Régulièrement empêché de travailler en hiver à cause de crises de bronchite, John Jenkins quitta l'église St Paul à l'automne de 1881 avec une allocation de 2 000 $ par an. Cependant, il continua de prêcher occasionnellement jusqu'en 1887, et demeura membre du consistoire de Montréal jusqu'en 1891. Selon un contemporain, « il était plutôt petit [...] mais extrêmement beau et présentable – blond et au teint coloré ». En 1837, il avait épousé Harriet Shepstone, de Mysore (décédée en 1875), avec qui il avait eu sept enfants. L'un d'eux, John Edward, devint un auteur et un homme politique en vue en Angleterre. En 1877, Jenkins épousa Louisa Mary MacLennan, fille d'un ministre presbytérien écossais. Il passa ses dernières années en Angleterre, où il mourut en avril 1898 ; il repose au Norwood Cemetery de Londres.

JOHN S. MOIR

John Jenkins est l'auteur de : *A Protestant's appeal to the Douay Bible, and other Roman Catholic standards, in support of the doctrines of the Reformation* (Montréal, 1853) ; *The faithful minister : a memorial of the late Rev. William Squire* [...] *comprising the funeral sermon* [...] *and a brief sketch of his life and labours* (Montréal, 1853) ; *Thoughts on the crisis* (Philadelphie, 1860) ; *Two fast day discourses preached in Philadelphia in relation to the Civil War* (Philadelphie, 1862–1863) ; *Canada's thanksgiving for national blessings in the year of Our Lord, 1865* [...]

(Montréal, 1865) ; *To the kirk-sessions and congregations of the Presbyterian Church of Canada in connection with the Church of Scotland* ([Montréal, 1869]) ; « [Funeral sermon] », [James Croil], *Life of the Rev. Alex. Mathieson* [...] *and three discourses preached by Dr. Mathieson* [...] (Montréal, 1870) ; *Sermons delivered at the opening of St. Andrew's Church, Ottawa, 25th January, 1874* (Ottawa, 1874) ; *Address at the opening of the new high school, Montreal, on May 21st, 1878* ([Montréal, 1878]) ; *An address suggested by the death of H.R.H. the Princess Alice* [...] (s.l., [1878]) ; *Christian giving illustrated and enforced by ancient tithing* [...] (Montréal, 1881) ; *An address suggested by the death of H.R.H. the Duke of Albany* (s.l., [1884]) ; et « Atheism or theism ; which ? », *Questions of the day : lectures delivered in David Morrice Hall, Montreal, in 1883–84* (Montréal, 1885), 71–86.

PCC *Acts and proc.* — *Presbyterian* (Montréal), 28 (1875) : 226. — Presbyterian Church of Canada in connection with the Church of Scotland, *A historical and statistical report for the year 1866* (2e éd., Montréal, 1868). — *Presbyterian Record* (Toronto), 23 (1898) : 125. — Wesleyan Methodist Church in Canada, *Minutes of twelve annual conferences, from 1846 to 1857 inclusive* [...] (Toronto, 1863). — *Westminster* (Toronto), [2e] sér., 4 (janv.–juin 1898) : 395, 418–419. — *Christian Guardian*, 1er, 15 juin, 23 nov. 1853. — *Montreal Daily Star*, 12 avril 1898. — *Canadian biog. dict.* — Cornish, *Cyclopædia of Methodism.* — *Handbook of the Presbyterian Church in Canada, 1883*, A. F. Kemp *et al.*, édit. (Ottawa, 1883). — Morgan, *Bibliotheca canadensis.* — Hew Scott *et al.*, *Fasti ecclesiæ scoticanæ : the succession of ministers in the Church of Scotland from the Reformation* (nouv. éd., 9 vol. parus, Édimbourg, 1915–), 7. — Campbell, *Hist. of Scotch Presbyterian Church.* — Carroll, *Case and his cotemporaries*, 5 : 42. — N. H. Mair, *The people of St James, Montreal, 1803–1984* ([Montréal, 1984]). — Robert [Philippe] Sylvain, *Clerc, garibaldien, prédicant des deux mondes : Alessandro Gavazzi (1809–1889)* (2 vol., Québec, 1962).

JENNINGS, AMELIA CLOTILDA, poète et romancière, née à Halifax, fille de Joseph Jennings et d'Ann Leighton ; décédée célibataire en 1895, probablement en septembre, à Montréal.

Fille d'un marchand anglais de tissus et d'articles de mercerie qui fut conseiller municipal et maire de Halifax pendant un mandat, Amelia Clotilda Jennings grandit à Linden Hall ; cette maison, près du fort Needham, à Halifax, lui inspira le titre de *Linden rhymes* pour son recueil de poésies publié dans cette ville en 1854, et celui de *Letters from « Linden Hill »* pour une série de lettres qui parurent en 1852–1853 dans le *Provincial : or Halifax Monthly Magazine*, revue dirigée par Mary Jane Katzmann*. Écrites sur un ton alerte et anecdotique, ces lettres fictives qui traitent de fantaisies galantes, de la vie sociale de Halifax et de l'ironie du destin témoignent d'une bonne maîtrise du tour de phrase et d'un penchant pour la satire légère : « Certains, que vous avez connus, sont morts et d'autres sont mariés, et votre ami – monsieur Parktons – belle Lily, n'est encore ni l'un ni l'autre [...] On croit qu'il y a des gens dans le monde – mais ce n'est pas le cas du gentilhomme précédemment mentionné – qui ne prendraient pas toute une gerbe de lis en échange de vous. »

Les poèmes sur les fleurs sauvages de la Nouvelle-Écosse, que Mlle Jennings publia aussi dans le *Provincial*, sont conventionnels tant par le sentiment que par le style, tout comme les poèmes de *Lynden rhymes*, dédiés « avec son consentement » à lady Seymour, épouse du commandant en chef des forces navales sir George Francis Seymour, et vendus 5s l'exemplaire. L'auteure s'occupa de très près de la publication du recueil ; ainsi en juillet 1854 envoya-t-elle à son imprimeur de Bridgewater, Robert Dawson, « quelques lignes » d'une annonce décrivant l'ouvrage à paraître, en lui précisant qu'elle souhaitait « voir [son] livre publié dans deux ou trois semaines ». La même année, elle remporta des prix à la Nova Scotia Industrial Exhibition pour son conte moral *The white rose in Acadia* et son poème *Autumn in Nova Scotia*, qu'elle publia dans le même livre en 1855 sous le pseudonyme de Maude. Le conte profita certainement de la popularité d'*Évangéline* que le poète américain Henry Wadsworth Longfellow avait fait paraître à Boston en 1847. C'est une histoire d'« orgueil irrationnel » dans laquelle une jeune Anglaise vivant dans la vallée de la rivière Gaspereau, en Nouvelle-Écosse, cause la mort de son amoureux acadien à l'époque de la déportation de 1755. Un poème qu'elle avait écrit en l'honneur du poète écossais Robert Burns parut, semble-t-il, dans un volume publié en 1859, et les strophes signées « From Nova Scotia ; by a lady », qui se trouvent dans *The Burns centenary poems* [...], publié cette année-là à Glasgow, en Écosse, seraient de sa main.

D'après des documents de l'époque, Amelia Clotilda Jennings aurait également publié dans le *Saturday Reader* de Montréal au cours des deux années d'existence de cette revue, de 1865 à 1867. On peut lire dans la chronique « To correspondents » des notes adressées à « Alma » et à « Maude » dans lesquelles le rédacteur en chef rejette certains textes proposés. Or ces noms rappellent un pseudonyme que Mlle Jennings a utilisé, Maude Alma, et laissent à entendre qu'elle pourrait être l'auteure de certains poèmes et nouvelles venant de Halifax et portant des pseudonymes inconnus.

À la mort de leur père et de leur mère à leur maison de Poplar Grove, à Halifax, en 1868 et 1870 respectivement, Amelia Clotilda Jennings et sa sœur Harriet touchèrent un héritage. Elles avaient peut-être déjà quitté Halifax en 1874 quand la romancière publia *Isabel Leicester, a romance* dans le *Hamilton Spectator*, car il n'y a rien de vraiment néo-écossais dans cette histoire d'une jeune fille riche contrainte par la mort de son père à devenir une gouvernante pauvre. Constamment forcée de ravaler sa fierté, Isabel

Leicester trouve finalement le bonheur et une place dans la société grâce au mariage. Sans être à la hauteur de ce que *Letters from « Linden Hill »* avaient fait espérer, ce roman n'en est pas moins d'une lecture agréable grâce à la relation de l'héroïne avec ses élèves, la révélation de la véritable amitié et un sauvetage dramatique sur les rochers menacés par la marée.

Amelia Clotilda Jennings serait allée s'établir à Montréal vers 1875, et son nom figure dans le *Montreal directory* de 1884–1885. D'après le titre d'un recueil de vers publié en 1883 sous le pseudonyme de Mileta, *North Mountain, near Grand-Pré,* et qu'on lui a attribué, elle s'intéressait toujours à sa province natale, et c'est comme écrivaine néo-écossaise que le *Dominion Illustrated* de Montréal la présenta, le 15 juin 1889, en publiant son poème *Sable Island.* Elle continua à écrire pour la chronique « Red and blue pencil » du *Dominion Illustrated* quelques années encore avant sa mort en 1895, à Montréal. Sa sœur Harriet mourut le 6 septembre, soit trois semaines avant la parution d'une notice nécrologique annonçant la mort récente d'Amelia Clotilda, sous la rubrique « Old and new » de la *Gazette* de Montréal. Même si ses écrits n'ont pas eu beaucoup d'incidence sur l'évolution de la littérature canadienne, Amelia Clotilda Jennings représente bien une foule d'auteurs qui, publiant dans des périodiques, maîtrisaient bien le court récit sans toutefois ne jamais dépasser les conventions de la fiction et de la poésie populaires.

GWENDOLYN DAVIES

L'édition en livre de *The white rose in Acadia, and Autumn in Nova Scotia* parut à Halifax en 1855, sous le pseudonyme de Maude. Le poème en hommage à Robert Burns qu'Amelia Clotilda Jennings est censée avoir écrit a été publié dans *The Burns centenary poems ; a collection of fifty of the best out of many hundreds written on occasion of the centenary celebration* [...], George Anderson et John Finlay, édit. (Glasgow, Écosse, 1859).

ANQ-M, CE1-48, 6 sept. 1895. — DUA, MS 4-77, Jennings à Robert Dawson, juill. 1854. — Halifax County Court of Probate (Halifax), Acts, 3 : 344 ; Wills, 1861–1877 : 538–544 (mfm aux PANS). — PANS, MG 12, misc., 6, n° 35 : 9–10, 48–49 ; RG 3, 1, n° 86 ; RG 32, WB, 38, n° 599. — « To correspondents », *Saturday Reader* (Montréal), 19 mai 1866 : 176 ; 30 mars 1867 : 60. — *Evening Reporter and Daily and Tri-Weekly Times* (Halifax), 8, 10 sept. 1868. — *Gazette* (Montréal), 28 sept. 1895. — *Morning Chronicle* (Halifax), 7 sept. 1868. — C. C. James, *A bibliography of Canadian poetry (English)* (Toronto, 1899). — Gwendolyn Davies, « A literary study of selected periodicals from Maritime Canada, 1789–1872 » (thèse de PH.D., York Univ., Toronto, 1980), 242–247.

JERVOIS, sir WILLIAM FRANCIS DRUMMOND, officier et ingénieur militaire, né le 10 septembre 1821 à Cowes, île de Wight, Angleterre, fils de William Jervois (Jervoise) et d'Elizabeth Maitland ; le 19 mars 1850, il épousa à Paddington (Londres) Lucy Norsworthy, et ils eurent trois fils (dont l'un mourut en bas âge) et trois filles ; décédé le 17 août 1897 à Woolston (Southampton) et inhumé à Virginia Water, Angleterre.

William Francis Drummond Jervois (se prononce en anglais Jer-vus) appartenait à une famille de militaires d'ascendance huguenote. Il fit ses études à la Dr Burney's Academy de Gosport et à la Royal Military Academy de Woolwich (Londres), puis devint lieutenant en second dans le génie royal en 1839. Après avoir fréquenté deux ans le Royal Engineers Establishment de Chatham, il obtint en août 1841 sa première affectation, la colonie du Cap (Afrique du Sud). Il exécuta les premiers levés de la Cafrerie britannique, participa à la construction d'ouvrages de défense et se mit à l'aquarelle, qu'il allait pratiquer toute sa vie avec un certain talent. De retour en Grande-Bretagne en 1848, il devint commandant du génie royal dans le district de Londres en 1855 puis, l'année suivante, inspecteur général adjoint des fortifications. Déjà, il avait rédigé plusieurs rapports techniques de bonne tenue sur la modernisation des défenses londoniennes.

En septembre 1863, donc pendant la guerre de Sécession, Jervois, alors lieutenant-colonel, se vit confier par sir John Fox Burgoyne, inspecteur général des fortifications impériales, la mission d'inspecter les fortifications des Bermudes et du Canada. Cette année-là, il se rendit deux fois aux États-Unis : sous un déguisement d'artiste, il pénétra dans les ports de Boston et de Portland en chaloupe afin d'exécuter des croquis de leurs ouvrages de défense. Il conclut à l'assez forte probabilité d'une guerre en territoire colonial entre la Grande-Bretagne et les armées nordistes, et, dans son rapport qu'il déposa officiellement en février 1864 (les grandes lignes en furent connues plus tôt), il recommanda d'améliorer les fortifications de Halifax, Québec et Montréal, et de concentrer les soldats de l'armée britannique régulière dans ces deux dernières villes. Il ne croyait pas en la possibilité de tenir les Grands Lacs et jugeait impossible d'assurer la défense à l'ouest de Montréal.

Peu après avoir soumis son rapport, Jervois se trouva sous les feux croisés des politiques coloniale et impériale. Londres était prêt à financer les travaux à Québec mais espérait convaincre la province du Canada de prendre en charge ceux de Montréal. Pendant l'été de 1864, Jervois revint en Amérique du Nord afin d'en informer le gouvernement du Canada. Les ministres le rencontrèrent en octobre, au moment de la conférence de Québec sur la Confédération et, le mois suivant, ils reçurent un autre rapport, plus optimiste, dans lequel Jervois parlait aussi du Nouveau-Brunswick et des Bermudes. Conçu en vue d'emporter l'adhésion du Canada, ce document affirmait que, si l'on construisait des fortifications temporaires à l'ouest, jusqu'à Hamilton, et postait sur le lac Ontario une force navale soutenue à partir de Kingston, le repli stratégique serait possible. L'arrivée de la neige – Jervois espérait immobiliser l'adversaire grâce à l'intervention du « Général Hiver » – et la puissance de la flotte atlantique de la Grande-Bretagne permettraient de vaincre les Américains.

Malheureusement pour le copremier ministre, John Alexander MACDONALD, et pour Jervois lui-même, le rapport parut à Londres avant la date prévue. Macdonald s'en irrita : il craignait que la panique ne s'empare du Haut-Canada. D'autres Canadiens estimaient avec raison que Jervois n'avait pas envisagé ce qu'il adviendrait du Canada, ni de l'engagement de la Grande-Bretagne, si une invasion américaine réussissait. Le rapport, qui s'appuyait largement sur l'hypothèse de la supériorité navale des Britanniques, reçut bon accueil en Grande-Bretagne, mais les Canadiens, entourés de terre de toutes parts, se sentirent abandonnés. Rappelé à Londres en 1865, Jervois était convaincu que le Canada n'avait pas jugé ses rapports en fonction de leurs qualités techniques et que c'était Macdonald qui avait exigé son renvoi. Le Parlement britannique libéra bien des crédits de £50 000 pour les ouvrages de Québec au début de 1865, mais le gouvernement du Canada n'appliqua pas intégralement les recommandations de son premier rapport, en partie parce que la population faisait pression pour que les troupes britanniques restent dans le Haut-Canada [V. sir Casimir Stanislaus GZOWSKI]. Par contre, les deux gouvernements convinrent d'appliquer les grandes lignes de son deuxième rapport. En 1868, le gouvernement du dominion autorisa un emprunt dans le but d'élever des fortifications, mais les travaux ne furent jamais entrepris et, en 1871, la garantie des autorités britanniques sur cet emprunt servit plutôt à assurer le financement de la construction du chemin de fer Intercolonial.

De 1865 à 1874, Jervois donna des conférences sur les fortifications en fer et alla inspecter des fortifications impériales, surtout en Inde, en Méditerranée et aux Bermudes. Fait chevalier en 1874, il accepta le poste de gouverneur des Établissements des détroits (fédération de Malaysia) l'année suivante. À cause de sa façon d'agir, la Grande-Bretagne dut intervenir plus avant dans l'archipel. L'incapacité de Jervois à coopérer avec les leaders malais et les groupes rebelles intensifia à tel point un soulèvement local qu'il dut faire venir des renforts de l'Inde et de Hong-Kong. Plus que tout autre gouverneur, il fut à l'origine des décisions qui amenèrent finalement la Grande-Bretagne à acquérir ce territoire. Comme, à l'époque, le ministère des Colonies ne cessait d'émettre des réserves sur l'expansion, Jervois fut rappelé de Singapour en 1877 et envoyé inspecter les ouvrages de défense de l'Australie et de la Nouvelle-Zélande. Sir William Cleaver Francis ROBINSON lui succéda au poste de gouverneur.

À Melbourne, Jervois apprit qu'il avait été nommé gouverneur de l'Australie-Méridionale. À son arrivée à Adelaide, en octobre 1877, il trouva la colonie en pleine crise politique, mais quand le gouvernement démissionna, il sut faire face à la situation avec doigté, ce qui lui valut des éloges de la part des colons. Une fois la crise passée, et à la faveur d'une période de croissance économique et d'excellente pluviosité, il devint un gouverneur efficace et populaire. Il continua de faire rapport sur les fortifications côtières, supervisa la construction de nouveaux édifices parlementaires et prit plaisir à faire connaître les bains turcs et les courses hippiques à la population coloniale.

Jervois fut nommé gouverneur de Nouvelle-Zélande en 1882 et le resta jusqu'en 1889. Même si cette colonie ne lui plaisait pas, il fut un gouverneur aimé et courageux, dont le mandat ne fut terni que par un affrontement avec le leader politique sir Julius Vogel en 1884. Il acquit du respect pour la culture des Maoris et prôna l'égalité pour les immigrants chinois. Pendant la crise anglo-russe de l'Afghânistân, en 1885, une canonnière russe entra dans le port de Wellington. On demanda à Jervois ce qu'il allait faire. « Faire ? répondit-il. Mais les inviter à prendre le thé », ce qu'il fit.

En 1893, après sa mise à la retraite, sir William Francis Drummond Jervois devint colonel commandant du génie royal. Dans ses dernières années, il publia plusieurs articles et prononça de nombreuses conférences sur les affaires malaises au Royal Colonial Institute. Quand il mourut, dans un accident de voiture en 1897, il avait acquis la plupart des insignes du mérite que les gouverneurs coloniaux de l'époque victorienne pouvaient espérer : il était devenu compagnon de l'ordre du Bain en 1863, chevalier commandeur de l'ordre de Saint-Michel et Saint-Georges en 1874 et grand-croix de l'ordre de Saint-Michel et Saint-Georges en 1888.

ROBIN W. WINKS

Les rapports canadiens de sir William Francis Drummond Jervois ont été publiés par G.-B., War Office, sous le titre de *Report on the defence of Canada, and of the British naval stations in the Atlantic, by Lieut.-Colonel Jervois ; part I : defence of Canada* (Londres, 1864 ; copie aux AN) et *Report on the defence of Canada, made to the provincial government on the 10th November 1864, and of the British naval stations in the north Atlantic ; together with observations on the defence of New Brunswick* [...] (Londres, 1865).

Arch. privées, R. W. Winks (New Haven, Conn.), Jervois papers. — GRO (Londres), Death certificate, W. F. D. Jervois, 19 août 1897 ; Reg. of marriages in the registration district of Kensington, Paddington, and Fulham ([Londres]), n° 115 (19 mars 1850). — Isle of Wight County and Diocesan Record Office (Newport, Angl.), St Mary's Church (Cowes), reg. of baptisms, 16 oct. 1821. — RHL,

Jervois papers. — *Corps Archaeological* (Chatham, Angl.), 2 (1898). — *ADB*. — *DNB*. — Brian Jenkins, *Britain & the war for the union* (2 vol., Montréal, 1974–1980), 2. — R. A. Preston, *The defence of the undefended border : planning for war in North America, 1867–1939* (Montréal, 1977). — R. W. Winks, *Canada and the United States : the Civil War years* (Baltimore, Md., 1960).

JIMMY JOCK. V. BIRD, JAMES

JOHNSON, sir FRANCIS GODSCHALL, avocat, juge, fonctionnaire et homme politique, né le 1er janvier 1817 à Oakley House, Bedfordshire, Angleterre, cinquième fils de Godschall Johnson, capitaine du 10th Hussars, et de Lucy Bisshopp, sœur de Cecil Bisshopp* ; le 10 septembre 1840, il épousa à Montréal Mary Gates Jones, et ils eurent trois enfants, puis le 4 mars 1856, à la colonie de la Rivière-Rouge (Manitoba), Mary Louisa Mills, et de ce second mariage naquirent aussi trois enfants ; décédé le 27 mai 1894 à Montréal.

Après avoir fréquenté la célèbre école privée de Harrow, Francis Godschall Johnson alla poursuivre ses études à Saint-Omer, en France, puis à Bruges, en Belgique. Grâce au bon sens de ses parents, il acquit à la fois une solide formation classique et une excellente connaissance de l'anglais et du français. De novembre 1834 à mai 1836, après avoir immigré à Montréal, il fit un stage chez l'avocat Henry Peard Driscoll. Il termina son droit au cabinet de Charles Dewey Day*, dont il devint l'associé après son admission au barreau, le 22 novembre 1839. Il s'associa ensuite à Alexander Buchanan* jusqu'en décembre 1845. Ces allées et venues lui furent probablement profitables. Day fut juge-avocat adjoint aux procès des patriotes en 1838 et il fit partie, avec Buchanan, de la commission qui révisa et refondit les lois du Bas-Canada en 1842. Sans doute est-ce en partie parce qu'il collaborait avec ces deux hommes que Johnson fut nommé, alors qu'il était stagiaire, traducteur au tribunal militaire puis, au début de sa carrière d'avocat, secrétaire de la commission sur les lois. Sa compétence et sa maîtrise des deux langues durent jouer aussi. Dans les années 1840, il acquit, parmi les hommes de loi montréalais, la réputation d'être un excellent avocat plaideur spécialisé en droit criminel. On faisait souvent appel à lui pour d'importants procès devant jury.

En reconnaissance de ce qu'il avait fait, Johnson reçut le titre de conseiller de la reine le 11 février 1848. Élu vice-président de la British American League [V. George Moffatt*] au printemps de l'année suivante, il joua un rôle important dans la campagne menée par les tories pour entraver l'adoption du projet de loi pour l'indemnisation des pertes subies pendant la rébellion, puis dans les démarches infructueuses qui visèrent à en empêcher la sanction. Il était donc logique qu'il signe le Manifeste annexionniste. Ces actes lui firent perdre son titre de conseiller de la reine, qu'on ne lui restitua que le 5 juillet 1853.

La Hudson's Bay Company nomma Johnson *recorder* de Rupert's Land le 3 février 1854. Les Métis de ce territoire réclamaient depuis longtemps qu'un juge bilingue remplace Adam Thom*, et le gouverneur de la compagnie, sir George Simpson*, estimait que Johnson était le meilleur candidat disponible. Son travail consistait à présider la Cour générale des sessions trimestrielles ; en outre, il agissait à titre d'assesseur et de conseiller juridique auprès du gouverneur et de la compagnie. Le 19 juillet 1855, il devint gouverneur adjoint d'Assiniboia, et quatre mois plus tard, le 26 novembre, il succéda au gouverneur, William Bletterman Caldwell*. Durant les quatre années où il fut *recorder*, le rôle des causes ne fut jamais surchargé ; quatre fois, il fallut annuler les audiences parce qu'il n'y avait pas assez d'affaires à juger. Selon Roy St George Stubbs, peut-être aurait-on pu mieux utiliser ailleurs qu'à la colonie de la Rivière-Rouge les talents d'homme de loi de Johnson, mais le fait que c'était lui qui y représentait l'autorité judiciaire fut probablement salutaire. Durant son mandat de gouverneur, le calme régna dans la colonie. Apparemment, on l'estimait dans toutes les couches de la société.

De retour à Montréal en 1858, Johnson reprit une clientèle privée. L'année suivante, il devint avocat de la couronne dans le district de Montréal. À ce titre, l'un de ses procès les plus connus fut celui qui eut lieu en novembre et décembre 1864 contre les hommes qui avaient attaqué St Albans, au Vermont [V. Charles-Joseph Coursol*]. Ce fut John Joseph Caldwell ABBOTT qui défendit les accusés. Nommé juge de la Cour supérieure du district de Bedford le 1er juin 1865, Johnson présida le procès des personnes impliquées dans le raid fénien de 1866.

Johnson retourna dans l'Ouest en 1870, cette fois pour prêter son assistance aux autorités fédérales à la Rivière-Rouge après les troubles de 1869–1870 [V. Louis Riel*]. Sir George-Étienne Cartier* le considérait comme la personne la plus qualifiée pour agir en qualité de *recorder* en attendant que la nouvelle province ait des tribunaux, et il convainquit la province de Québec de lui accorder un congé d'un an. Johnson fut donc assermenté *recorder* du Manitoba le 19 octobre 1870. Pendant qu'il présidait la Cour générale des sessions trimestrielles, il tentait, à l'occasion, d'instruire les Manitobains en matière de droit ou d'encourager les actions utiles à la société. Deux jours après son entrée en fonction, le lieutenant-gouverneur Adams George ARCHIBALD le nomma au Conseil exécutif et au Conseil législatif de la Terre de Rupert et des Territoires du Nord-Ouest. Peu après, on annula cette nomination, car en formant les conseils Archibald avait, sans le savoir, outrepassé ses pouvoirs. Néanmoins, il continua de pouvoir bénéficier des talents juridiques de Johnson. On prolongea d'ailleurs le congé de ce dernier, car il accepta des fonctions supplémentaires. En 1870, le gouvernement fédéral l'avait chargé, à titre de commissaire spécial, de rédiger un rapport sur l'état des lois en vigueur au Manitoba et, en 1871, il lui demanda d'examiner les réclamations pour pertes subies pendant la résistance et de faire des recommandations à ce sujet.

Au printemps de 1872, comme Archibald souhaitait démissionner, les autorités fédérales offrirent le poste de lieutenant-gouverneur à Johnson. Il n'y aspirait pas mais l'accepta tout de même. Cependant, on dut révoquer sa commission avant son entrée en fonction parce qu'une motion présentée au Parlement blâmait le gouvernement de l'avoir autorisé à occuper deux postes rémunérés par la couronne. Johnson apprit cette nouvelle pendant qu'il était à St Paul, au Minnesota, et malgré l'inconfort de sa position il accepta de rentrer au Manitoba et d'en présider le tribunal pendant la session suivante. Le *Manitoban* de Winnipeg signala l'ironie du geste : on avait révoqué la seule nomination du gouvernement fédéral à avoir satisfait tous les Manitobains.

À son retour dans l'Est, en 1872, Johnson fut nommé juge de la Cour supérieure du district de Montréal. Un de ses contemporains, Laurent-Olivier David*, déclara qu'en raison de ses talents on aurait mieux fait de l'affecter au criminel. Néanmoins, même au civil, Johnson pouvait rendre des jugements pénétrants et intéressants dans un français ou un anglais remarquables. Vers la fin de sa carrière, il présida la Cour de révision. Sa nomination au poste de juge en chef de la Cour supérieure, le 9 décembre 1889, puis son accession au titre de chevalier, le 30 juin 1890, vinrent le récompenser de ses services.

La mort de sir Francis Godschall Johnson, en 1894, mit fin à une carrière éminemment fructueuse. Il s'était admirablement acquitté de ses fonctions ; il avait toujours montré beaucoup de jugement, sauf dans l'affaire du Manifeste annexionniste de 1849, et tous ceux qui le connaissaient avaient de la considération pour lui. Dans sa jeunesse, il avait eu la réputation d'être un athlète ; par la suite, il fut connu comme un grand esprit.

CLINTON O. WHITE

AN, RG 4, B8 : 10313–10329. — ANQ-M, CE1-63, 10 sept. 1840. — L.-O. David, *Mes contemporains* (Montréal, 1894). — *Western Law Times* (Winnipeg), 5 (1894), n° 1 : 63–64. — *Montreal Daily Star*, 28 mai 1894. — P.-G. Roy, *les Juges de la prov. de Québec*. — F.-J. Audet, *les Juges en chef de la province de Québec, 1764–1924* (Québec, 1927). — A. W. P. Buchanan, *The bench and bar of Lower Canada down to 1850* (Montréal, 1925). — R. St G. Stubbs, *Four recorders of Rupert's Land ; a brief survey of the Hudson's Bay Company courts of Rupert's Land* (Winnipeg, 1967).

JOHNSON, THERESA MARY (Gowanlock), pionnière et auteure, née probablement le 29 juillet 1863 à Tintern (Lincoln, Ontario), fille de Henry Johnson et de Martha A. Upper ; le 1er octobre 1884, elle épousa dans sa ville natale John Alexander Gowanlock ; décédée le 12 septembre 1899 au même endroit.

Née de parents loyalistes qui habitaient la presqu'île du Niagara, Theresa Mary Johnson épousa en 1884 un jeune homme de 24 ans, John Alexander Gowanlock ; ce dernier avait obtenu un contrat du gouvernement pour la construction d'un moulin à farine, qui servirait aussi de scierie, au lac La Grenouille (Frog Lake, Alberta). Theresa Mary quitta donc la sécurité de la maison familiale et partit avec son époux pour les Territoires du Nord-Ouest. La jeune femme prit plaisir au voyage et manifesta un intérêt intelligent pour les gens de la région. Après une halte de six semaines à Battleford (Saskatchewan), où Gowanlock avait géré un magasin plus tôt dans l'année, le couple arriva à destination le 12 décembre. Il trouva au lac La Grenouille une réserve de Cris des Bois (réserve indienne d'Unipouheos, Alberta), et un petit établissement blanc qui comprenait un poste de la Hudson's Bay Company, la mission catholique du père Léon-Adélard Fafard* et un petit bureau des Affaires indiennes. La bande de Cris des Plaines de Gros Ours [Mistahimaskwa*] était venue rejoindre les trois bandes de Cris des Bois pour l'hiver de 1884–1885.

Les Gowanlock passèrent les deux premiers mois de 1885 à construire le moulin et, à la mi-mars, tous les travaux étaient terminés. Toutefois, cet hiver-là, les Indiens du voisinage avaient été en proie à une grande nervosité. Des agitateurs métis et des rumeurs de rébellion exacerbaient la situation, et l'annonce de la victoire métis sur un détachement de la Police à cheval du Nord-Ouest, au lac aux Canards (lac Duck, Saskatchewan), le 26 mars [V. Louis Riel*], précipita la crise. Le 2 avril, le chef de guerre des Cris des Plaines, Esprit Errant [Kapapamahchakwew*], et le fils de Gros Ours, Āyimisīs (Little Bad Man), firent pénétrer un groupe armé dans le petit village, rassemblèrent les Blancs et leur ordonnèrent de se rendre au camp de Gros Ours. Le fonctionnaire des Affaires indiennes, Thomas Trueman Quinn, résista, et Esprit Errant l'abattit sur-le-champ. Le coup déclencha la fusillade. Les Indiens firent feu sur les colons non armés, et en quelques minutes neuf des dix hommes blancs étaient morts. Seul le commis de la Hudson's Bay Company, William Bleasdell Cameron*, fut sauvé par les amis qu'il comptait parmi les Cris des Bois. Arrachées aux cadavres de leurs maris, les deux Blanches, Theresa Mary Gowanlock et Theresa Delaney, furent amenées au camp indien où, sous la protection des sang-mêlé qui vivaient avec les Cris, elles passèrent deux mois en captivité.

Pour les deux femmes, ces mois furent un cauchemar, car elles durent affronter des épreuves physiques et mentales dont elles n'avaient pas l'habitude. Nullement molestées, elles furent aussi bien nourries et logées que leurs ravisseurs, mais elles n'étaient pas préparées aux rigueurs de la vie indienne. Même une fois passé le choc du massacre, le spectacle des « assassins » qui portaient les vêtements de leurs maris leur rappelait continuellement leur deuil. Comme elles comprenaient mal la langue et encore moins les coutumes cries, les deux femmes vécurent dans la peur constante que quelque chose ne réanime les passions des guerriers de Gros Ours et les pousse à tuer de nouveau.

Theresa Mary Gowanlock et Theresa Delaney suivirent le camp indien jusqu'au 31 mai. Ce jour-là, la bande dut se disperser à la hâte devant l'avance de l'Alberta Field Force, sous le commandement du major général Thomas Bland Strange*, et les deux femmes parvinrent à s'échapper avec les familles sang-mêlé. Trois jours plus tard, des éclaireurs du détachement de Strange qui avaient retrouvé les sang-mêlé les délivrèrent. Mme Gowanlock retourna alors vivre dans la maison de ses parents à Tintern. Elle ne retrouva jamais la santé et l'enthousiasme juvénile avec lesquels elle était partie pour les Territoires du Nord-Ouest, et s'éteignit 14 ans plus tard.

Peu après le retour de Theresa Mary Gowanlock en Ontario, la famille de son mari publia le compte rendu qu'elle fit des événements du lac La Grenouille, de même qu'un autre, plus court, de Theresa Delaney. Le récit de la mort de son mari et de sa captivité est remarquable par son ton généralement calme et par sa perspicacité, malgré quelques passages où le chagrin éclate, ce qui est bien compréhensible. Dans un style clair et naturel, elle décrit la vie et le travail au camp indien et, même si elle peut ne pas avoir saisi les événements aussi bien que d'autres qui, comme Cameron, écriront plus tard sur l'incident, elle n'en fournit pas moins des observations intéressantes et de première main sur cet épisode de la rébellion du Nord-Ouest.

SHIRLEY A. MARTIN

Ontario, Office of the Registrar General (Toronto), deaths, registration n° 1899-05-015575. — St Catharines Public Library, Special Coll. (St Catharines, Ontario), Cemetery records, St Ann's United Churchyard, Gainsborough Township, Lincoln County, transcript of tombstone inscriptions. — Univ. of Saskatchewan Library (Saskatoon), Morton MS Coll., MSS C550/2/5.1, Edward Ahenakew, « The Frog Lake massacre ». — *The Frog Lake « massacre » : personal perspectives on ethnic conflict,* Stuart Hughes, édit. (Toronto, 1976). — T. [M. Johnson] Gowanlock et Theresa Delaney, *Two months in the camp of Big Bear : the life and adventures of Theresa Gowanlock and Theresa Delaney* (Parkdale, Ontario, 1885). — *Globe,* 10 avril, 8, 23, 29 juin 1885, 14 sept. 1899. — *Saskatchewan Herald,* 23 avril, 1er, 8 juin 1885, 27 sept. 1899. — R. C. Laurie, *Reminiscences of early days in Battleford and with Middleton's column* [...] (Battleford, 1935). — W. B. Cameron, *Blood red the sun* (éd. rév., Calgary, 1950).

JONES, OLIVER, homme d'affaires et propriétaire foncier, né le 15 décembre 1821 à Head of Petitcodiac (Petitcodiac, Nouveau-Brunswick), septième enfant de Jacob Jones et de Hannah Corey ; il épousa Elizabeth Steeves, puis le 2 juin 1852, à Fredericton, Catherine Garden Simpson et, enfin, le 21 juillet 1863, à Charlottetown, Elizabeth Jane Beer ; de ces trois mariages, il eut 21 enfants dont 12 moururent en bas âge ; décédé le 15 novembre 1899 à Moncton, Nouveau-Brunswick.

On sait peu de chose sur l'enfance d'Oliver Jones, sauf qu'à l'âge de huit ans il passa une année au lieudit Bend of Petitcodiac (Moncton) avec sa sœur aînée Charlotte. À sa mort, son père lui légua environ £200 ; en 1839, le jeune homme retourna au Bend et se lança dans l'immobilier. Il acheta un terrain de quatre acres qui s'étendait du chemin Westmorland (rue Main) à la rivière Petitcodiac et sur lequel se trouvait le Monckton Hotel, construit en 1830. Jones exploita l'hôtel avec un associé, James Trites Dunlap, jusqu'en 1841, puis il lui vendit sa part pour £80. La même année, il fit construire le premier quai de Moncton, au pied de ce qui est maintenant la rue Duke. Il était aussi commerçant de bétail et spéculateur foncier.

Jones acheta en 1848 de John Starr Trites, pour la somme de £2 250, un terrain de 800 acres situé à l'ouest de Moncton. En 1857, il en fit défricher et assécher une bonne partie, ce qui marqua le début de la mise en valeur de cette région. En 1853, la Central Bank of New Brunswick avait fermé sa succursale de Moncton, forçant ainsi les citoyens à se rendre à Saint-Jean pour avoir des services bancaires. Sous la direction de Jones, plusieurs hommes d'affaires de Moncton et du sud-est du Nouveau-Brunswick parrainèrent donc un projet de loi qui visait à constituer juridiquement une banque à Moncton, projet que l'on sanctionna le 20 mars 1854. L'établissement, la Westmorland Bank, avait un capital de 60 000 $ (cours de Halifax). Jones se rendit à Saint-Jean pour amasser 30 000 $, dont une bonne partie en or. Durant ses 13 années d'existence, la banque eut toujours Jones comme président.

Vers 1855, Jones était l'un des notables de Moncton, érigé en municipalité depuis le 12 avril de cette année-là. Peu après la fondation de la Westmorland Bank, il ouvrit une tannerie avec un associé nommé James McAllister. Dès 1861, cette entreprise était la plus grosse de Moncton : elle avait 14 employés et un actif de 30 000 $. Connue plus tard sous le nom de Moncton Leather Company, elle fut en exploitation pendant presque 20 ans. Aujourd'hui encore, on trouve une rue Tannery dans ce secteur qui s'appelait alors Tannery Town. Par ailleurs, Jones fut associé à William S. Torrie dans une fabrique de savon et de bougies fondée en 1860, mais dès 1870 il s'en était retiré.

Lorsque les baptistes du Bend of Petitcodiac avaient décidé de se construire un temple en 1853, Jones leur avait offert un terrain et soumis une proposition de construction. Certaines de ses conditions étaient inacceptables pour les autres membres de la congrégation, mais on finit par accepter la proposition, qui lui permettait de disposer des bancs de l'église. Les droits de Jones suscitèrent des conflits entre lui et les autorités ecclésiastiques bien longtemps avant sa mort, et nombreux furent les fidèles qui regrettèrent leur décision. Élu maire de Moncton en 1859, il ne brigua pas les suffrages en 1860, ne milita jamais dans un parti politique ni n'occupa d'autre charge publique.

Jones tenta en 1862 de relancer la construction navale à Moncton, et il engagea William Henry Tyler Sumner, Abner Jones et Archibald MacKay pour construire quatre navires et trois barques. Les bâtiments furent achevés entre 1863 et 1865. Jones affirmait avoir perdu de l'argent à cause de ces navires ; compte tenu de la conjoncture mondiale, la chose paraît certaine. Cependant, c'est la faillite de la Westmorland Bank, le 13 mars 1867, qui porta le plus dur coup à sa situation financière. Les déposants prétendirent qu'il avait « pillé l'actif » pour financer ses propres entreprises. C'est un fait qu'à compter de 1864 les états financiers de la banque révèlent une baisse des réserves, même si les créances mauvaises et douteuses étaient constantes depuis 1863. En outre, les deux caissiers (directeurs généraux) employés après 1863 étaient des parents de Jones, et jamais une vérification n'avait été faite dans les formes. Ces facteurs suscitèrent à l'égard « du tristement célèbre Oliver » une aversion qui allait lui survivre.

Jones participa en 1870 à la vente de terrains sur lesquels le gouvernement fédéral voulait construire les nouveaux ateliers de réparation du chemin de fer Intercolonial. Il lança ensuite une entreprise de courtage qui avait tout de l'affaire de prêt usuraire. En 1875, il dirigea, sans succès, la lutte contre la nouvelle érection de Moncton en municipalité. Fait significatif, il ne joua à peu près aucun rôle dans la croissance industrielle dont John Leonard HARRIS, Christopher Prince Harris et John Albert Humphrey furent les grands artisans. Son actif était constitué de terrains, d'hypothèques et de prêts en espèces, et il percevait ses comptes sans pitié. On raconte encore certaines des histoires qui circulaient alors au sujet du Shylock de Moncton.

Soit par besoin de sécurité, soit par orgueil, Oliver Jones se fit construire une villa en bois sur un terrain aménagé en parc, à l'extrémité ouest de la municipalité ; il en prit possession en 1877. On pouvait le voir se promener dans sa propriété, qui renfermait une patinoire intérieure et une fontaine. Une clôture à barrières ouvragées entourait le terrain, et deux lions de plomb coulé flanquaient l'entrée. Sa dernière initiative fut peut-être la plus bizarre. En 1883, il acheta un lot à flanc de colline au Rural (Elmwood) Cemetery et y construisit un caveau dont on a estimé le coût à 15 000 $. Frappé d'apoplexie le 28 octobre 1899, il mourut au matin du 15 novembre. Sa notice nécrologique fit une mention flatteuse des nombreuses entreprises auxquelles il avait participé, mais l'incident qui survint la nuit suivant son inhumation est beaucoup plus révélateur des sentiments de ses concitoyens. Un groupe d'hommes parvint presque à forcer la porte du caveau, et la famille dut y poster des gardes jusqu'à la fin de l'hiver.

C. ALEXANDER PINCOMBE

En plus des références citées plus bas, les informations contenues dans la présente biographie ont été obtenues lors de mon entrevue avec monsieur Stanley S. Jones de Moncton, N.-B., petit-fils du sujet, le 28 avril 1975. [C. A. P.]

N.-B., *The revised statutes of New Brunswick* [...] (3 vol., Fredericton, 1854–1855), 3 : 626–639. — *Moncton Times*, 15, 20 nov. 1899. — *Biographical review : this volume contains biographical sketches of leading citizens of the province of New Brunswick*, I. A. Jack, édit. (Boston, 1900), 126–128. — Emmerson Carroll et A. J. Tingley, *Years of pilgrimage : 150 years for Christ in First Moncton United Baptist Church, 1821–1978* (Hantsport, N.-É., 1978), 21–22.— Esther Clark Wright, *The Petitcodiac : a study of the New Brunswick river and of the people who settled along it* (Sackville, N.-B., 1945), 41–48. — E. W. Larracey, *The first hundred : a story of the first 100 years of Moncton's existence after the arrival in 1766 of the pioneer settlers from Philadelphia, Pa.* (Moncton, 1970), 116–120, 181–184.— L. A. Machum, *A history of Moncton, town and city, 1855–1965* (Moncton, 1965), 68, 74–75, 106, 118. — C. A. Pincombe, « The history of Monckton Township (ca. 1700–1875) » (thèse de M.A., Univ. of N.B., Fredericton, 1969), 69–76, 134, 178–180, 191–192, 210, app. R, app. W. — R. J. Graham et J. A. Haxby, « The history and notes of the Westmorland Bank of New Brunswick », *Canadian Paper Money Journal* (Toronto), 13 (1977) : 41–51. La partie technique de ce compte rendu est d'excellente qualité et d'un grand intérêt numismatique ; le récit est condensé et quelque peu confus. Cependant, il fait une critique des actes discutables accomplis par Jones au cours des années qui ont mené à l'échec en 1867 [C. A. P.]. — *Moncton Times*, 15 juin 1927.

K

KAKEE-MANITOU-WAYA (Kamantowiwew). V. KITCHI-MANITO-WAYA

KENNY, sir EDWARD, homme d'affaires, homme politique, officier de milice et fonctionnaire, né en juillet 1800 dans la paroisse de Kilmoyly, comté de Kerry (république d'Irlande), fils de Jeremiah Kenny, fermier, et de Johanna Crean ; le 16 octobre 1832, il épousa à Halifax Ann Forrestall, et ils eurent sept fils et cinq filles, dont dix vécurent au delà de l'enfance ; décédé dans cette ville le 16 mai 1891.

Edward Kenny incarne le type victorien de la réussite. Élevés dans le milieu pauvre du sud-ouest rural de l'Irlande, lui-même et son frère aîné, Thomas, s'installèrent dès leur jeune âge dans le port voisin, Cork. Ils y devinrent commis chez le marchand James Lyons, qui avait une succursale à Halifax. Chaque printemps, Lyons apportait une cargaison de marchandises sèches et de provisions en Nouvelle-Écosse pour la vendre sur le marché colonial. Dès le début des années 1820, il était un notable de la communauté irlandaise de Halifax, comme en témoigne son élection à la présidence de la Charitable Irish Society. Les frères Kenny bénéficièrent de l'ascension de Lyons. En raison de leur compétence, on les muta tous deux à Halifax vers 1824 et ils devinrent associés de l'entreprise quelques années plus tard. L'ambition, stimulée par l'expansion que connaissait l'économie néo-écossaise, décida Thomas à se lancer lui-même en affaires. En 1828, Edward s'associa à son frère pour former la T. and E. Kenny, dont il allait toujours être l'homme fort. En cinq ans, l'entreprise se développa au point d'importer annuellement £15 000 de marchandises de Grande-Bretagne.

Contrairement à Lyons, qui chaque automne vendait aux enchères le solde de son stock et rentrait en Irlande, les Kenny se fixèrent à Halifax. Grâce à des emprunts, ils achetèrent un terrain à quelques pâtés de maisons du bord de mer et construisirent un imposant complexe de granit qui abritait des bureaux et un entrepôt. L'immeuble finit par compter quatre étages et, dans les années 1860, on l'évaluait à 50 000 $. À mesure qu'elle prospérait, l'entreprise se spécialisa de plus en plus dans le commerce des marchandises sèches, vendues uniquement en gros. Bien qu'ils n'aient été nullement intéressés à investir dans le transport maritime, les Kenny diversifièrent leurs intérêts, surtout en faisant des placements dans les services publics et les banques. Edward, entrepreneur plus audacieux que son frère, contribua à doter Halifax de services comme l'eau, le gaz et le télégraphe. Dans les années 1850 et la décennie qui suivit, c'était un pilier du milieu des affaires de la ville : ainsi il participa à la fondation de la Union Bank et de la Merchants Bank de Halifax et fut président de cette dernière. Les Kenny se lancèrent aussi dans l'industrie manufacturière en transformant le dernier étage de leur entrepôt en un atelier où environ 25 ouvriers fabriquaient des vêtements. Pourtant, ils demeuraient des investisseurs si prudents qu'environ le tiers de leur capital était engagé dans des hypothèques sur le marché de Halifax. Malgré des récessions commerciales périodiques et des revers personnels – entre autres, un grave incendie en 1851 et la mort, en mer, de l'un des fils d'Edward (associé de l'entreprise) en 1870 – la T. and E. Kenny devint l'une des principales entreprises de gros de Halifax. À la fin des années 1860, Thomas Louis Connolly*, archevêque de Halifax, disait qu'Edward Kenny possédait « peut-être la deuxième fortune de Nouvelle-Écosse » (Enos Collins* était réputé détenir la première). À la mort de Kenny, on estimerait la valeur nette des biens familiaux à 1 100 000 $. Il laisserait une succession de plus de 200 000 $ qui se détaillait ainsi : 71 000 $ d'immobilier et de biens personnels, 87 000 $ d'actions bancaires, 9 000 $ de titres dans diverses autres entreprises et 33 000 $ d'hypothèques. Cette succession ne comprenait pas les propriétés commerciales et résidentielles que Kenny avait transférées auparavant à ses deux fils qui avaient pris la relève dans l'entreprise familiale.

Tout en progressant dans le monde des affaires, Edward Kenny devenait le patriarche de sa famille et un notable de la ville. Contrairement à son frère Thomas, qui mourut célibataire en 1868 en lui laissant toute sa fortune, il se maria et eut sept fils et cinq filles. Parmi les dix enfants qui vécurent jusqu'à l'âge adulte, trois garçons entrèrent dans l'entreprise familiale, et trois autres, après quelques hésitations, se firent jésuites. L'une des filles aussi devint religieuse. Les trois autres firent de beaux mariages, aidées sans doute par la dot de 40 000 $ que chacune reçut de son père. De son côté, Edward Kenny ne cessait de voir croître son prestige et son influence à Halifax. Officier dans la milice locale, élu deux fois à la présidence de la Charitable Irish Society, il fit également partie du comité exécutif de plusieurs sociétés philanthropiques et établissements d'enseignement. Dans les années 1860, il participa à la fondation du prestigieux Halifax Club. Grand, beau et jovial, amateur de sports et surtout de bons chevaux, réputé pour son hospitalité, « Papa » Kenny était, au milieu de l'époque victorienne, l'un des plus célèbres personnages de Halifax.

Dans toute sa carrière, Kenny ne souleva la controverse qu'en défendant les intérêts de ses compatriotes irlando-catholiques. Dans les années 1830 et la décennie qui suivit, il fut l'un de ceux qui contestèrent le plus vigoureusement la domination exercée par les Anglo-protestants en Nouvelle-Écosse. S'alliant à des hommes politiques réformistes, tel Joseph Howe*, il contribua à obtenir l'érection de Halifax en municipalité en 1841. Le même année, il entra dans l'arène de la politique municipale, et l'année suivante il devint maire. En 1843, malgré son soutien à la campagne en faveur de l'abrogation de l'union parlementaire de l'Irlande avec la Grande-Bretagne, il fut nommé au Conseil législatif, qui était encore puissant. On lui conféra cet honneur dans le cadre d'une stratégie par laquelle les conservateurs espéraient gagner l'appui des Irlandais catholiques à l'oligarchie existante. Kenny demeura fidèle à Howe tout au long de la tumultueuse bataille qui visait à instaurer la responsabilité ministérielle. Il ne l'abandonna qu'au moment du conflit ethnique et confessionnel déclenché par la guerre de Crimée [V. Joseph Howe] : en 1857, il retira son appui au parti libéral, tout comme la plupart des Irlandais catholiques, et démissionna de la présidence du Conseil législatif. Cependant, le nouveau gouvernement conservateur de James William Johnston* le réinstalla immédiatement dans cette fonction. Dès lors, reconnaissant que dans les faits il était le leader de l'élément irlando-catholique de la province, les deux partis se rangèrent respectueusement à ses avis.

Dans les années 1860, Kenny était très proche de l'archevêque Connolly, ce qui explique le soutien qu'il accorda à la Confédération. Politique astucieux, Connolly appuyait l'union des colonies dans l'espoir d'obtenir en échange la reconnaissance juridique des écoles paroissiales qui existaient alors à Halifax. Il n'atteignit pas cet objectif, mais il avait assez d'influence pour faire entrer Kenny au nouveau cabinet fédéral en 1867. Ce dernier fut en effet nommé au Sénat et se vit confier, pour la forme, des responsabilités administratives, d'abord à titre de receveur général puis de président du Conseil privé, mais en fait il était le porte-parole à Ottawa des catholiques anglophones du Canada. En outre, sir John Alexander MACDONALD comptait sur lui pour l'aider à vaincre la résistance des Néo-Écossais à la Confédération. Bien que Kenny ait été un piètre orateur (ses discours étaient par trop laconiques), sa fortune, sa personnalité et ses nombreuses relations le rendirent utile tant à l'Église qu'à l'État durant les premières années d'existence du Canada.

Figure de transition de la politique fédérale, Edward Kenny quitta le cabinet en 1870 pour exercer la fonction de représentant vice-royal en Nouvelle-Écosse pendant un bref moment, en l'absence du lieutenant-gouverneur sir Charles Hastings Doyle*. Fait chevalier la même année, titre qu'on lui conféra en grande partie pour rendre hommage aux Irlandais catholiques du Canada, il quitta ensuite la scène politique. Vers 1875, il était en Europe et faisait des pressions au Vatican sur des questions comme les nominations dans la hiérarchie ecclésiastique du Canada et les interventions ultramontaines dans la politique de parti. Retiré des affaires en 1880, il vécut la dernière décennie de sa longue existence dans la certitude que lui-même et ses enfants appartenaient à la couche supérieure de l'élite économique, sociale et politique de Halifax. « Presque tous les éminents citoyens » de la ville assistèrent aux obsèques de cet homme qui symbolisait non seulement la réussite personnelle, mais aussi l'ascension des Irlandais catholiques de la Nouvelle-Écosse.

DAVID A. SUTHERLAND

AN, MG 26, A : 46959, 46965, 47327, 47354, 47680, 129290, 157438. — Halifax County Court of Probate (Halifax), Estate papers, n°s 1585 (Thomas Kenny), 1800 (E. J. Kenny), 4121 (Edward Kenny). — Halifax County Registry of Deeds, Deeds, 62 : 238–239 ; 70 : 404 ; 143 : 260 ; 237 : 100 ; 257 : 563. — PANS, MG 9, 10 ; MG 100, 171, n° 19 ; RG 1, 117 : 147 ; 313, n° 115. — Canada, Sénat, *Débats*, 1867–1872. — « The Most Rev. Thomas J. Connolly, archbishop of Halifax », F. J. Wilson, édit., SCHEC *Report*, 11 (1943–1944) : 55–108. — N.-É., Legislative Council, *Journal and proc.*, 1844–1867 ; *Statutes*, 1856, chap. 74 ; 1862, chap. 79. — Charles Tupper, *Recollections of sixty years in Canada* (Toronto, 1914), 53–54. — *Acadian Recorder*, 12 mai 1827, 10 mai 1828, 21 mai 1842, 11 oct. 1856, 2 janv. 1858, 23 janv. 1863, 24 mai 1865, 20 mai, 2 juin, 27 sept. 1870, 18 févr., 24 sept. 1874, 18, 20 mai 1891. — *Evening Express and Commercial Record*, 3, 22 juill. 1867. — *Halifax Morning Post & Parliamentary Reporter*, 10 nov. 1843. — *Morning Chronicle* (Halifax), 18 juill., 1er août 1867, 16, 21 mai 1870, 18 mai 1891. — *Morning Herald* (Halifax), 18 mai 1891. — *Novascotian*, 25 oct. 1827, 18 oct. 1832, 17 oct. 1833, 29 oct., 26 nov. 1840, 22 avril, 10 juin 1841, 6 janv., 17 mars 1842, 13 nov., 4 déc. 1843, 22 févr. 1847, 21 avril 1851. — *Sun* (Halifax), 24 mars 1847. — *Times* (Halifax), 5 avril, 3–10 mai 1842. — *Belcher's farmer's almanack*, 1843–844 ; 1850 ; 1858 ; 1863 ; 1866 ; 1869. — *Halifax and its business : containing historical sketch, and description of the city and its institutions* [...] (Halifax, 1876), 130–131. — David Allison, *History of Nova Scotia* (3 vol., Halifax, 1916), 3 : 116. — T. M. Punch, *Some sons of Erin in Nova Scotia* (Halifax, 1980), 31–34. — Waite, *Canada, 1874–96*, 50.

KENT, ROBERT JOHN, avocat et homme politique, né en 1835 à Waterford (république d'Irlande), fils de James Kent et de Mary Carigan ; en 1866, il épousa Ellen F. Donnelly, de Harbour Grace, Terre-Neuve, et ils eurent quatre enfants ; décédé le 29 septembre 1893 à St John's.

Avec des membres des deux côtés de l'Atlantique, la famille de Robert John Kent participait depuis longtemps au commerce entre Waterford et Terre-Neuve. James Kent avait travaillé avec son oncle Patrick Morris* à St John's avant de retourner en Irlande. Robert fit presque certainement ses études au St John's College de Waterford, puis partit en 1856 pour Terre-Neuve où il fut commis dans l'entreprise de son oncle John Kent*. Peut-être avait-il reçu quelque formation juridique en Irlande ; quoi qu'il en soit, il étudia le droit auprès de Hugh William Hoyles* au début des années 1860 et on l'admit au barreau de Terre-Neuve en 1864. Il s'associa ensuite à l'avocat et homme politique Joseph Ignatius Little*, frère de l'ancien premier ministre de la province, Philip Francis LITTLE.

Étant donné ses antécédents et ses relations, il n'est pas étonnant que Robert Kent soit entré tôt en politique. À la fin des années 1860, il était partisan de la Confédération et conservateur, et la rumeur courut qu'il se présenterait en 1869 comme candidat fédéraliste dans St John's. En fait, il ne brigua les suffrages qu'en 1873, dans la circonscription de St John's East, et sous la bannière du parti antifédéraliste de Charles James Fox Bennett*. Son opinion sur la Confédération avait changé, déclara-t-il aux électeurs. Bennett dirigeait une coalition où se côtoyaient des libéraux catholiques (comme Kent) et ceux qui, parmi les conservateurs, n'avaient pu épouser les vues confédératrices de Frederic Bowker Terrington CARTER. Cette coalition resta dans l'opposition jusqu'à la fin des années 1870 et, à mesure que les anciens conservateurs la quittaient et que Bennett devenait de plus en plus âgé et isolé, le leadership de l'opposition passa à Joseph Ignatius Little et aux libéraux. En général, le parti appuya la politique de développement économique du gouvernement de Carter et de William Vallance Whiteway*. Kent lui-même se prononça avec enthousiasme pour la construction d'un chemin de fer. En 1880, il fit d'ailleurs partie d'un comité mixte spécial de l'Assemblée qui recommanda la construction d'un chemin de fer transinsulaire.

Au début des années 1880, comme ils n'avaient aucun différend profond et s'entendaient sur les grandes lignes de la politique économique, libéraux et conservateurs s'acheminaient vers une alliance électorale. Elle fut conclue à temps pour les élections de 1882, au cours desquelles ils firent face au *New Party*, regroupement mal organisé et constitué surtout de marchands opposés à la politique ferroviaire de Whiteway. Kent remporta alors sa quatrième victoire consécutive dans St John's East. Il y eut des bénéfices. La Newfoundland Railway Company le prit à titre de conseiller juridique, avec son associé Little, et la chambre d'Assemblée l'élut président. En 1883, Little accéda au poste de juge, et peu après Kent s'imposa comme chef du parti libéral. Puis la querelle interconfessionnelle qui éclata au milieu des années 1880 brisa ce qui s'annonçait comme une belle carrière politique. Une émeute qui opposa orangistes et catholiques, survenue en décembre 1883 à Harbour Grace et où cinq personnes furent tuées, précipita la crise. L'enquête puis l'arrestation de 19 catholiques inculpés de meurtre provoquèrent de fortes tensions confessionnelles qui mirent à rude épreuve le gouvernement de coalition libéral-conservateur dirigé par Whiteway. Les procès des 19 catholiques, où Whiteway représenta la couronne et Kent, la défense, montrèrent combien le gouvernement était divisé. Kent fut brillant et obtint des acquittements aux deux procès tenus en 1884–1885. L'indignation des protestants provoqua alors une polarisation des députés protestants et catholiques. L'Assemblée, malgré l'opposition de tous ses membres catholiques, adopta une motion dans laquelle elle critiquait les verdicts. Les libéraux quittèrent rapidement la coalition et Kent démissionna de la présidence de l'Assemblée en février 1885.

Même si dans les faits Kent était le chef des libéraux, sa position était loin d'être solide. En effet, le partisan catholique le plus puissant du premier ministre Whiteway, sir Ambrose Shea*, qui avait quitté le parti libéral en 1865, y revenait. Selon des articles de presse hautement partisans, Kent aurait fini par accepter que Shea dirige les libéraux aux élections qui allaient se tenir en octobre 1885. Réélu dans St John's East, Kent quitta son siège en juin suivant. Peut-être démissionna-t-il en partie parce que, Little étant devenu juge, il était désormais seul à s'occuper de leur cabinet d'avocats. Cependant, l'explication la plus probable est qu'il fut incapable de survivre aux négociations de coulisse qui, au milieu de 1886, conduisirent à l'éclatement du parti libéral. Certains libéraux se joignirent alors au gouvernement réformiste de Robert Thorburn*, et les autres, à l'opposition dirigée par Robert Bond*, héritier politique de Whiteway.

Robert John Kent ne refit jamais de politique. Président de la Benevolent Irish Society de 1883 à 1891 et de la Law Society of Newfoundland à compter de 1888, il s'occupa de son cabinet plutôt florissant. De toute évidence, c'était un citoyen en vue et respecté. Il mourut en 1893. L'année précédente, l'incendie qui avait ravagé une très grande partie de St John's avait détruit son cabinet. On croit que les soucis et le surcroît de travail engendrés par ce drame avaient précipité sa fin.

JAMES K. HILLER

Supreme Court of Newfoundland (St John's), Registry, 6 : 43–44 (testament de R. J. Kent) (mfm aux PANL). — *Courier* (St John's), nov. 1869. — *Evening Herald* (St John's), 30 sept. 1893. — *Evening Mercury* (St John's), 16 févr. 1883. — *Evening Telegram* (St John's), 11 avril 1882, 23 juill. 1884, 26 juin, 7 oct. 1885, 9 sept. 1886, 2 oct. 1893. — *Patriot and Terra-Nova Herald*, 11 nov. 1869, 4, 11 oct. 1873, 4 nov. 1878. — *Public Ledger*, 17 mai 1878, 6 avril 1880. — *Centenary volume, Benevolent Irish Society of St. John's, Newfoundland, 1806–1906* (Cork, république d'Irlande, [1906]). — Hiller, « Hist. Nfld. ». — Elinor [Kyte] Senior, « The origin and political activities of the Orange order in Newfoundland, 1863–1890 » (thèse de M.A., Memorial Univ. of Nfld., St John's, 1959). — W. D. MacWhirter, « A political history of Newfoundland, 1865–1874 » (thèse de M.A., Memorial Univ. of Nfld., 1963).

KERRY, JOHN, pharmacien, grossiste et fabricant de produits pharmaceutiques, né en 1825 à Londres, fils de William Kerry, marchand de vins et spiritueux, et de Mary Margaret Smyth ; il épousa à Montréal Laura Gilson Parmenter, de Lamarsh, Angleterre, et ils eurent trois garçons et deux filles ; décédé le 30 juin 1896 à Montréal.

John Kerry a 24 ans lorsqu'il débarque à Montréal en 1849. Il arrive de Londres où il a fait son apprentissage en pharmacie et appris les rudiments du commerce chez la Thos. Hodginson and Company. À Montréal, il trouve rapidement un emploi dans une maison d'importation, la John Carter and Company, située au coin des rues Saint-Paul et Saint-Sulpice. C'est là également qu'il habitera pendant quelques années, dans une pièce attenante au magasin. La firme qui l'emploie se spécialise depuis 40 ans dans le commerce de produits pharmaceutiques, de teintures et d'huiles. Elle appartient à John Carter qui l'a lui-même acquise de Joseph Bickett, le fondateur. En très peu de temps, le jeune Kerry parvient à s'associer à Carter pour former la Carter, Kerry and Company. Vers 1858, il est en mesure d'abandonner le célibat et de céder son logis à son frère cadet Anthony, pour aller fonder un foyer au pied du mont Royal, comme tant d'autres bourgeois de Montréal.

Mais c'est surtout à partir des années 1860 que Kerry sort de l'anonymat, autant par le biais de son entreprise que par le leadership qu'il exerce sur les membres de sa profession. Avec le décès de Carter vers 1860, il devient l'âme dirigeante de la firme ; il s'associe ensuite à son frère Anthony et à un certain Thomas Crathern pour fonder la Kerry Brothers and Crathern. Bien plus qu'un changement d'associés, c'est une métamorphose de la vieille maison d'importation qui va se réaliser. En effet, un investissement important est dès lors effectué en amont, par l'ajout de moulins et d'un laboratoire destinés à broyer et à transformer les matières dotées de propriétés curatives. La nouvelle firme, dont le capital fixe atteint 67 000 $ en 1870, produit alors presque le tiers de la fabrication montréalaise en marchandises chimiques et pharmaceutiques.

Vingt ans plus tard, Kerry, alors associé avec son fils aîné William Simons et un Écossais, David Watson, dispose de deux centres de fabrication au Canada, l'un dans la rue Saint-Jean-Baptiste, à deux pas du siège social de la Kerry, Watson and Company, l'autre, la London Drugs Company, à London, en Ontario. En outre, les trois associés possèdent un établissement qui fabrique du sirop à base de gomme de sapin, à Rouses Point, dans l'état de New York. En quelques décennies, l'ancienne maison d'importation est devenue une vaste entreprise d'envergure nationale dont une partie importante des marchandises est produite au Canada. Dans son domaine, l'entreprise de Kerry compte parmi les plus importantes au pays. En 1893, elle comprend 2 des 19 compagnies membres de la Canadian Wholesale Druggists' Association. Quelques années après le décès de Kerry, la Kerry, Watson and Company fusionnera avec les plus grands noms canadiens en produits pharmaceutiques pour devenir la National Drug and Chemical Company of Canada Limited.

Sur le plan professionnel, c'est au printemps de 1867 que Kerry est appelé à présider les deux premières réunions d'une association qui allait connaître un grand avenir sous le nom d'Association pharmaceutique de la province de Québec. Mais au moment où il prend la parole pour expliquer les objectifs de ces premières rencontres, et au cours des trois années suivantes où il sera président de la jeune organisation, celle-ci est connue sous le nom d'Association des chimistes de Montréal. Sa fonction première consiste à défendre les intérêts du corps des pharmaciens de Montréal, intérêts menacés depuis 1864 par le Collège des médecins et chirurgiens de la province de Québec qui a reçu du Parlement le pouvoir de fixer les normes pour l'octroi d'une licence en pharmacie et celui de refuser le droit de pratique à tous ceux qui ne l'ont pas obtenue.

L'une des réalisations les plus remarquables de cette association sous la présidence de Kerry est de favoriser, dès 1868, la tenue de cours parallèles à l'enseignement universitaire, spécialement adaptés aux besoins des élèves en pharmacie. Ainsi naît le collège de pharmacie de Montréal qui doit se maintenir sans statut légal pendant quelques années en raison de la forte opposition suscitée dans le monde universitaire. L'un des promoteurs de cette école dissidente, Kerry y apporte son soutien financier pendant les années les plus difficiles et il compte parmi ses présidents au lendemain de sa reconnaissance juridique en 1879. Il sert aussi pendant plusieurs années en qualité de trésorier de l'Association pharmaceutique de la province de Québec (reconnue juridiquement en 1870), au cours de la période décisive qui voit la promulgation de la « Grande Charte » des pharmaciens, l'Acte de pharmacie de Québec, sanctionné en février 1875.

Le prestigieux Bureau de commerce de Montréal reconnaît les grandes aptitudes de Kerry en affaires, puisqu'il lui confie pendant 12 ans la fonction de trésorier au sein du conseil d'administration. Après avoir occupé le poste de vice-président en 1880, Kerry obtient la présidence en 1884–1885, période où l'on discute avec grand intérêt de la cartellisation, voire de l'amalgame, des grandes entreprises commerciales. Au cours des dernières années de sa vie, Kerry a le privilège d'être membre du conseil d'arbitrage du Bureau de commerce de Montréal.

Sans qu'il ait fait partie de cette grande élite nationale dont on retrouve facilement la trace dans les livres d'histoire, John Kerry représente plus qu'un entrepreneur parmi tant d'autres. Que ce soit sur les plans économique, professionnel ou social, il a réussi à occuper des positions qui lui procuraient une influence très nette auprès de l'aile dominante de la société québécoise. Le cas de Kerry a ceci de particulier également qu'il offre à l'historien un point de départ pour l'analyse des rapports socio-économiques, parfois antagoniques, entre l'élite médicale à qui revenait la tâche de fixer les normes de l'enseignement et de la pratique de la médecine, et qui se faisait le porte-parole de la profession médicale, et cette petite fraction de la classe capitaliste, formée d'entrepreneurs en produits chimiques et pharmaceutiques, qui intervenait comme porte-parole de la profession de pharmacien.

JACQUES FERLAND

Un entretien nous a été accordé gracieusement en 1984 par Mlle Esther W. Kerry, petite-fille de John Kerry. Celle-ci a confirmé certaines informations en plus de nous fournir des notes personnelles fort instructives. [J. F.]

AN, RG 31, C1, 1861, 1871, Montréal. — ANQ-M, CE1-63, 2 juill. 1896. — *Canada Medical & Surgical Journal* (Montréal), 9 (1881)–10 (1882). — *Canada Medical Journal and Monthly Record of Medical and Surgical Science* (Montréal), 3 (1867)–8 (1872). — *Canada Medical Record* (Montréal), 1 (1872)–25 (1897). — Montreal Board of Trade, Council, *Annual report* (Montréal), 1884–1897. — *Montreal Pharmaceutical Journal*, 1890–1894. — *The commerce of Montreal and its manufactures, 1888* ([Montréal, 1888]). — *Montreal directory*, 1842–1843 ; 1849–1911. — *The Post-Office London directory* (Londres), 1829–1831 ; 1841–1842. — F. W. Terrill, *A chronology of Montreal and of Canada from A.D. 1752 to A.D. 1893* [...] (Montréal, 1893). — *Who's who in Canada* [...], B. M. Greene, édit. (Toronto), 1928–1929. — E. A. Collard, *The Montreal Board of Trade, 1822–1972 : a story* ([Montréal], 1972). — Montreal Board of Trade, *A souvenir of the opening of the new building, one thousand eight hundred and ninety three* (Montréal, 1893). — *Semi-centennial report of the Montreal Board of Trade, sketches of the growth of the city of Montreal from its foundation* [...] (Montréal, 1893). — « La Pharmacie dans la province de Québec, notes historiques et documentaires », A. J. Laurence, compil., *Recueil pharmaceutique ; exposé des développements les plus nouveaux et des plus récentes découvertes* [...] (Montréal), s.d.

KETCHUM, HENRY GEORGE CLOPPER, ingénieur, né le 26 février 1839 à Fredericton, fils de Richard Ketchum et d'une prénommée Mary Anne, tous deux d'ascendance loyaliste ; le 21 août 1866, il épousa à Sackville, Nouveau-Brunswick, Sarah E. Milner, et ils n'eurent pas d'enfants ; décédé le 8 septembre 1896 à Amherst, Nouvelle-Écosse.

Henry George Clopper Ketchum fit ses études secondaires à la Fredericton Collegiate School. En février 1854, il s'inscrivit à une série de cours de génie civil donnés par l'ingénieur anglais McMahon Cregan au King's College de Fredericton. Au début d'avril, on dispensa les élèves d'être présents en classe afin de leur permettre d'acquérir de l'expérience en construction ferroviaire, principale activité des ingénieurs à l'époque. De 1856 à 1860, Ketchum travailla durant l'été à la construction du chemin de fer de la European and North American Railway Company, qui devait relier Halifax à Bangor, dans le Maine [V. Edward Barron Chandler*]. D'abord télégraphiste, puis arpenteur, il accéda, en raison de sa compétence, au poste d'ingénieur adjoint à la construction du tronçon de Saint-Jean à Shédiac, sous la direction de l'ingénieur en chef Alexander Luders LIGHT. En vertu d'une charte royale, le King's College devint la University of New Brunswick en 1859, et institua un cours spécial de licence en génie civil et arpentage. Ketchum serait le premier à obtenir le diplôme de génie civil en juin 1862.

En 1860, à titre de représentant et ingénieur de district pour l'entrepreneur du chemin de fer de Santos et São Paulo, la James Fox and Sons, Ketchum fit connaissance avec la jungle brésilienne, infestée de serpents. Le terrain dont il se vit confier la responsabilité était particulièrement difficile. Sous sa surveillance, le viaduc de Megy, fait de 12 travées et soutenu par des colonnes de fer d'une hauteur de 180 pieds, fut achevé avant la date prévue. Une fois les travaux terminés, Ketchum se rendit à Londres où sir James Fox lui remit une prime de £500 « en reconnaissance de ses talents d'ingénieur comme de son intégrité et de son zèle de représentant ». Sa réputation était faite : il était un praticien habile et énergique. Pendant son séjour dans la capitale anglaise, on lui présenta les plus éminents ingénieurs du pays. Il allait être élu membre associé de la British Institution of Civil Engineers en 1866 et en deviendrait membre à part entière en 1878.

Engagé comme ingénieur en résidence par l'International Contracting Company, Ketchum rentra au Nouveau-Brunswick en 1865. La compagnie s'était vu confier la construction d'un chemin de fer entre Moncton et Truro, et Ketchum avait charge de construire la voie de l'Eastern Extension Railway de la European and North American Railway Company qui devait aller de Painsec Junction, à six milles de Moncton, jusqu'à la rivière Missaguash, sur la frontière néo-écossaise. Ce tronçon fit l'objet d'une longue querelle parce que Albert James Smith*, premier ministre du Nouveau-Brunswick, avait comploté pour qu'il emprunte un trajet sinueux et passe ainsi par Dorchester, la ville où il habitait.

À cause des retards, l'International Contracting Company fit faillite, et Ketchum en acquitta lui-même les dettes. La Clark, Punchard and Company termina la construction. Ketchum fut sous-traitant jusqu'en 1868, année où son contrat fut annulé. Ce geste de la compagnie déclencha à Saint-Jean « une poursuite remarquable » qu'il finit par gagner et à l'issue de laquelle il obtint 95 000 $ en espèces.

C'est en faisant des levés de chemin de fer dans l'isthme Chignecto que Ketchum conçut le projet qui allait le rendre célèbre. Carrefour historique des Maritimes, cette bande de terre relie la péninsule néo-écossaise au Nouveau-Brunswick, donc au continent, mais comme elle élève une barrière entre le bassin de Cumberland et la baie Verte, elle empêche les navires de passer de la baie de Fundy au golfe du

Saint-Laurent. Depuis que les premiers Européens se sont établis dans la région, on n'a cessé de concocter des plans pour creuser un canal qui faciliterait le transport.

Selon les plans de Ketchum, un « chemin de fer pour bateaux » soulèverait les navires hors de l'eau, leur ferait traverser l'isthme sur des rails, puis les déposerait sur l'eau de l'autre côté. En 1882, la Chignecto Marine Transport Railway Company fut constituée juridiquement, et Ketchum en devint le directeur général. Le Parlement du Canada accepta de verser une subvention annuelle de 150 000 $ durant 25 ans, à condition que la ligne soit terminée dans un délai de sept ans et reste bien entretenue. Cependant, en 1888, la compagnie dut demander de reporter l'échéance à 1892.

Les travaux commencèrent en octobre 1888 et se poursuivirent à bon rythme durant plusieurs années. En 1892, les quais de Fort Lawrence, dans le bassin de Cumberland, et de Tidnish Bridge, dans la baie Verte, étaient terminés, de même que 16 des 17 milles de l'infrastructure de la voie ferrée (de bonne largeur et d'inclinaison presque nulle, elle reposait sur des « marécages sans fond ») ; en outre, 13 milles de rail avaient été posés. Ketchum avait inspecté lui-même jusqu'au moindre pouce de trajet, et son énergie illimitée incitait même le plus humble terrassier à contribuer à la réalisation du « rêve de Ketchum ». D'une stature imposante – il pesait plus de 200 livres et mesurait plus de six pieds – il inspirait un respect mêlé de crainte à la plupart de ses employés.

Du côté financier, les difficultés furent constantes, surtout à compter de la faillite de la société londonienne qui finançait les travaux, la Baring Brothers and Company, en 1890. Deux ans plus tard, le gouvernement du Canada refusa un autre report d'échéance en alléguant que la compagnie n'avait pas assez de capital. À ce moment, les dépenses s'élevaient à 3 500 000 $ et, selon Ketchum, il fallait encore 1 500 000 $. En 1896, la somme était réunie, mais même sir Charles Tupper* ne put convaincre le Parlement d'apporter encore son concours. Sept ans plus tard, le gouvernement du dominion indemniserait les actionnaires de la compagnie, qui avaient perdu beaucoup d'argent dans la tentative de construire un chemin de fer.

En septembre 1896, Ketchum quitta sa villa de Tidnish, Gingerbread Cottage, pour aller dîner au Amherst Hotel. Tandis qu'il se reposait sur la véranda, il fut terrassé par une « affection du cœur ». D'aucuns disent que c'est le chagrin qui le tua : les vents qui balayaient les marais de Chignecto ne venaient-ils pas d'emporter son rêve ?

Il ne reste presque rien du chemin de fer pour les navires de Henry George Clopper Ketchum. Un certain nombre de bâtiments ont été démolis et les grandes maisons de bois construites pour « les patrons » au terminus du bassin de Cumberland ont été transportées à Fort Cumberland Ridge, où elles sont maintenant érigées dans des fermes prospères. Les rails et la machinerie que Ketchum avait installés ont été démontés durant la Première Guerre mondiale pour soutenir l'effort de guerre. Des fermiers de la région ont pris les pierres pour les fondations de leurs granges, et les plus grosses ont été amenées par camion jusqu'à Cape Tormentine, où on les a intégrées au brise-lames du débarcadère du traversier. Il reste donc peu de vestiges du rêve de Ketchum.

EDWARD CHAPMAN BOWES

Outre les sources mentionnées ci-dessous, cette biographie s'appuie sur des entrevues de l'auteur avec Mme Pearl MacD. Atkins de Tidnish Bridge, N.-É., qui habite à proximité du pittoresque pont de pierre voûté construit par Henry George Clopper Ketchum pour transporter les bateaux au-dessus de la rivière Tidnish.

Ketchum est l'auteur de : *The cost, feasibility and advantage of a ship railway across the Isthmus of Chignecto* (Fredericton, 1880) ; *The Chignecto Marine Transport Railway : the isthmian transit between the Bay of Fundy and the Gulf of St. Lawrence* (Londres, 1883) ; *The Chignecto ship railway, will it pay ?* (Saint-Jean, N.-B., 1887) ; *The Chignecto ship railway, the substitute for the Baie Verte canal* ([Fredericton, 1892]) ; *Ship transportation and the Chignecto ship railway : papers read before the Canadian Society of Engineers, at Montreal, Dec. 29th, 1891* ([Montréal], 1892) ; et *The Chignecto ship railway* (Boston, [1893]). Il a édité *Public opinion on the Chignecto ship railway, and the Baie Verte canal* ([Sackville, N.-B.], 1887).

AN, MG 30, D44. — Mount Allison Univ. Arch. (Sackville, N.-B.), Acc. 8370, St Ann's and St Paul's Anglican Church (Sackville), reg. of marriages, 21 août 1866 ; Parks Canada Webster Chignecto coll. — Musée du N.-B., New Brunswick Hist. Soc. papers, G. J. Dibblee papers and H. G. C. Ketchum papers ; Tilley family papers. — UNBL, MG H53. — Canada, chambre des Communes, *Débats*, 17 avril 1888 ; 2 mars 1896. — *St. John Weekly Sun*, 16 sept. 1896. — *Prominent people of New Brunswick* [...], C. H. McLean, compil. (s.l., 1937). — *The University of New Brunswick memorial volume* [...], A. G. Bailey, édit. (Fredericton, 1950). — D. E. Stephens, « The Chignecto ship railway », *Nova Scotia Hist. Quarterly* (Halifax), 8 (1978) : 135–145.

KING, EDWIN HENRY, banquier, né en décembre 1828 en Irlande ; le 22 mai 1856, il épousa à Montréal Agnes Elizabeth Budden ; décédé le 14 avril 1896 à Monte-Carlo, principauté de Monaco.

Le système financier du nouveau dominion du Canada fut façonné en bonne partie par une série d'événements qui se déroulèrent dans la seconde moitié des années 1860. L'un des principaux acteurs de ces événements fut Edwin Henry King, directeur général de la Banque de Montréal de 1863 à 1869, puis président de cette même banque de 1869 à 1873. Son pouvoir était tel en ces années décisives que l'historien Oscar Douglas Skelton* a dit de lui qu'il était « la figure la plus frappante de l'histoire bancaire du Canada ».

Arrivé au pays en 1850, King travailla au bureau montréalais de la Banque de l'Amérique septentrionale britannique, sous la supervision de deux directeurs successifs, David Davidson et Robert Cassels*. Quand il quitta ce bureau, en 1857, il en était le directeur adjoint. Il alla alors rejoindre Davidson, depuis deux ans caissier (directeur général) de la Banque de Montréal. Engagé d'abord à titre d'inspecteur des succursales, il passa au rang de directeur du bureau montréalais le 8 décembre 1857. En 1862, le président de la banque, Thomas Brown Anderson*, fit de Davidson le premier directeur général de l'établissement ; le 23 mars 1863, King succédait à Davidson, qui prenait sa retraite. Par suite de la démission d'Anderson, les actionnaires de la Banque de Montréal élurent King à la présidence le 5 novembre 1869, mais il démissionna trois ans et demi plus tard. De retour en Angleterre, il présida le comité londonien de la Banque de Montréal de 1879 à 1888. Une fois à la retraite, il mena « une vie oisive » et, à sa mort, il laissa une succession de £695 535 (environ 3,5 millions de dollars). Dans son testament, il léguait £20 000 au Montreal General Hospital, £10 000 à la McGill University et £5 000 à la Société bienveillante des dames de Montréal.

La période durant laquelle King joua un rôle de premier plan dans les finances canadiennes fut donc brève, mais il laissa indubitablement sa marque. Ainsi, il imposa un style que son collègue banquier George Hague* qualifiait de « tranchant ». Il était « tout à fait indifférent aux opinions et aux sentiments des agents et des directeurs » de la Banque de Montréal et ne se souciait pas davantage de ce que les dirigeants des autres banques pensaient de lui ou de sa gestion. En 1867, après une rencontre « notoire[ment] » orageuse avec des délégués de plusieurs autres banques, George Worts de la Banque de Toronto demanda : « Cet homme est-il un petit Dieu pour oser traiter les représentants de toutes les autres banques de cette façon ? » Même un des alliés de King, sir John Rose*, membre du conseil d'administration de la Banque de Montréal de 1859 à 1867 puis ministre des Finances de 1867 à 1869, concédait que c'était un « type très bizarre ».

L'agressivité de King contribua à raccourcir sa carrière à la Banque de Montréal. Néanmoins, tant qu'il y travailla, il exerça une influence considérable sur les affaires de l'établissement, qui étaient loin d'être saines quand il assuma la fonction de directeur général en mars 1863. À l'assemblée annuelle de la banque, plus tard cette année-là, les actionnaires apprirent qu'on avait réduit la réserve de 100 000 $ pour compenser les pertes. Sous la direction de King, rien ne vint s'ajouter à la réserve en 1864 ni en 1865 mais, de 1866 à 1869, elle reçut un apport de 1,3 million de dollars. Pour réussir ce renversement de situation, King donna un grand coup de balai dans les opérations de la banque au Haut-Canada, où les mauvaises créances étaient trop nombreuses, et améliora la position de la banque par rapport à ses concurrentes en resserrant les liens avec le gouvernement du Canada.

Au moment de son entrée en fonction, King avait la ferme conviction que, dans le Haut-Canada, la plupart des banques canadiennes, dont la sienne, avaient consenti trop de crédit commercial sans obtenir de garanties suffisantes. Il s'employa donc à réduire de façon assez radicale le crédit offert par sa banque dans cette province. Dès 1867, le conseil d'administration pouvait affirmer avoir « fait des virements de un million de dollars dont [il avait perdu] la presque totalité en se dépêtrant du régime commercial qui régnait depuis si longtemps dans le Haut-Canada ». Du point de vue de la Banque de Montréal, il était essentiel qu'il y ait « élimination des services bancaires dans les districts où les transactions commerciales ne présent[aient] pas d'avantages sous forme de garanties légitimes ».

En imposant ces restrictions, King ne se fit guère d'amis dans le Haut-Canada, même parmi les administrateurs torontois de la banque : l'un d'eux, William McMaster*, protesta en démissionnant et fonda la Banque canadienne de commerce. De plus, peu de gens crurent, comme l'affirmait King, que lui et la banque « s'occuper[aient] de [leurs] clients aussi longtemps qu'ils aur[aient] droit à leur appui ». En effet, tout le monde savait que la banque ne retirait son or du Haut-Canada que pour l'offrir sur le marché new-yorkais, où il valait cher à cause de la guerre de Sécession. Par la suite, George Hague expliqua en ces termes la stratégie dont King avait usé sur le marché de New York : « L'or pouvait être prêté à des taux d'intérêt très élevés. À titre de garantie pour l'or, on déposait généralement des fonds à court terme. Ces fonds servaient alors – c'est ce dont m'informa M. King lui-même – à escompter des effets de commerce. »

Tandis que la Banque de Montréal accumulait de gros bénéfices grâce à ces manœuvres, les banques qui étaient toujours enracinées dans le Haut-Canada subissaient la crise financière qu'elle ne faisait qu'aggraver. Incapable de faire face à ses engagements parce que son portefeuille était bourré de mauvaises créances, la Bank of Upper Canada, dont le directeur était l'ancien employeur de King, Robert Cassels, fit faillite en 1866, après que la Banque de Montréal eut exigé qu'elle rembourse ses billets en or. En 1867, ce fut au tour de la Commercial Bank of Canada de se trouver dans une situation précaire. Le 21 octobre, King et d'autres représentants des grandes banques canadiennes rencontrèrent des administrateurs de la Commercial Bank of Canada pour voir s'il y avait moyen d'éviter la suspension de ses opérations. King exigea, comme préalable à toute proposition de soutien, une évaluation indépendante de l'actif de la banque. Lorsque celle-ci fit faillite, bon nombre de contemporains de King estimèrent que, par son refus « brutal et inflexible » d'aider la banque en difficulté, il avait contribué à ce désastre. Bien que l'on puisse comprendre sa prudence, on voit mal pourquoi il exigea, le jour même de la réunion, que la Banque de Montréal retire tout l'argent qu'elle avait à la Commercial Bank of Canada. Sans doute ce geste ne fit-il qu'accroître la méfiance que la banque inspirait et mena-t-il à sa faillite, qui eut lieu avant la fin de l'année.

La façon dont King réagit à la crise financière du Haut-Canada eut, pour la Banque de Montréal, un double effet : elle réalisa des bénéfices et se fit des ennemis. On peut en dire autant des liens étroits qu'il établit entre la banque et le gouvernement, tant avant qu'après la Confédération. À compter de son accession au poste de directeur général, en mars 1863, King entretint régulièrement des rapports avec le gouvernement de la province du Canada, qui avait toujours besoin de plus de crédit pour s'acquitter de ses lourds engagements envers le Grand Tronc [V. sir Joseph HICKSON]. Devenue une créancière de toute première importance, la banque put, à la fin de 1863, exercer des pressions sur le cabinet de John Sandfield Macdonald* et d'Antoine-Aimé DORION afin de succéder à la vacillante Bank of Upper Canada comme dépositaire officiel du gouvernement [V. Luther Hamilton Holton*].

Vers 1865, les grandes quantités de débentures provinciales détenues par la banque à titre de garantie sur les gros prêts qu'elle avait consentis au gouvernement perdaient constamment de la valeur. Elle était donc réfractaire à l'idée de prêter encore, à moins que de nouvelles conditions ne soient définies. C'est précisément un arrangement de ce genre que conçurent King et son proche associé, le ministre des Finances Alexander Tilloch GALT, et qui fut intégré dans l'Acte pour pourvoir à l'émission de billets provinciaux de 1866. Tous deux préconisaient depuis longtemps une seule monnaie d'État, cautionnée par de solides réserves en numéraire ou sous forme de garanties. Au Canada, les banques étaient libres d'émettre des billets, sans avoir de réserves, jusqu'à concurrence de la valeur de leur capital inentamé. King et Galt étaient convaincus que la facilité avec laquelle les banques pouvaient imprimer des billets était l'un des facteurs qui les avait poussées à trop faire crédit dans le Haut-Canada, et ils cherchaient un moyen de résoudre à la fois deux problèmes : l'émission des billets et les besoins du gouvernement en matière de crédit.

Galt voulait que les banques renoncent au droit d'imprimer des billets. Le gouvernement émettrait alors ses propres billets, qui seraient garantis par des débentures provinciales ; ces débentures constituant la réserve de la monnaie, il espérait qu'il serait plus facile de les vendre. Toutefois, le plan de Galt se buta à une opposition tenace de la part de toutes les banques, sauf la Banque de Montréal qui, elle, détenait beaucoup de débentures provinciales. L'Acte pour pourvoir à l'émission de billets provinciaux n'obligeait pas les banques à renoncer au droit d'émettre des billets, et la Banque de Montréal fut le seul établissement financier à accepter les dispositions de la nouvelle loi. Elle reçut 5 % de la valeur de ses billets en circulation pour les retirer du marché et les remplacer par des billets gouvernementaux obtenus en déposant les garanties jusque-là inutiles du gouvernement. Comme si cela ne suffisait pas, elle touchait aussi une commission de 1 % sur la valeur totale des billets gouvernementaux en circulation, en qualité d'agent gouvernemental de remboursement des billets.

D'autres banquiers se hérissèrent en voyant le gouvernement et la Banque de Montréal resserrer leurs liens, et King était tout à fait conscient de l'hostilité que suscitait sa collaboration étroite avec Galt et le successeur de celui-ci, John Rose. Il n'arrangea pas les choses en dévoilant, en 1867, ses idées sur le système bancaire que le Canada devrait adopter quand les chartes des banques arriveraient à échéance trois ans plus tard. Selon son projet, les banques seraient habilitées à distribuer les billets d'une monnaie unique, celle de l'État, mais seulement s'ils étaient « entièrement [cautionnés] par des garanties gouvernementales ». Quant aux dépôts, « ils devraient toujours être protégés par une réserve suffisante ». Ce système était taillé sur mesure pour la Banque de Montréal, qui avait des ressources assez considérables pour garantir à la fois ses billets et ses dépôts. Quant aux banques plus petites, elles pourraient continuer d'exister mais devraient réduire de beaucoup leurs opérations. Le projet de King suscitait une autre objection, que lui-même avait prévue, à savoir la fixité de l'émission des billets. Les banquiers haut-canadiens, en particulier, s'opposaient à ce qu'on limite leur liberté d'augmenter le nombre de billets émis, car ils recouraient à ce moyen pour favoriser la circulation des produits agricoles.

Comme le projet, tant à cause de son contenu que de son concepteur, soulevait une vaste opposition, Rose en présenta un autre (pourtant très semblable) au Parlement en mai 1869. Les réactions furent si négatives que le premier ministre, sir John Alexander MACDONALD, le retira après une seule journée de débat et que Rose démissionna de son poste de ministre des Finances avant la fin de l'année. On avait souvent invoqué, au nombre des objections, le fait que

King était personnellement associé à ce projet. Ce reproche indiquait que le moment était venu pour lui de payer pour les années où il avait foulé aux pieds d'autres banquiers canadiens. On en eut un autre indice quand, à l'automne de 1869, il tenta de se porter acquéreur de la Gore Bank d'Ontario, qui était chancelante. Bien que son offre ait été supérieure à celle de la Banque canadienne de commerce, ce fut elle qui emporta le morceau ; au moins un des actionnaires de la Gore Bank trouvait que « M. King était beaucoup trop malin pour qu'on transige avec lui ». Dans ces deux cas, le fait que l'on considérait King comme un homme d'affaires impitoyable le rendait moins utile à la Banque de Montréal. Ce ne fut donc pas par hasard qu'en octobre 1869 il démissionna de la direction générale pour assumer la fonction, plus honorifique, de président.

En 1870, le successeur de Rose, sir Francis Hincks*, présenta un nouveau projet de loi sur les banques. King fit appel au premier ministre Macdonald pour que les dispositions de ce projet de loi garantissent « l'absolue sécurité de la monnaie », mais ce genre de requête avait peu d'effet sur Hincks, très proche des avides intérêts bancaires de l'Ontario [V. William McMaster]. Son projet prévoyait que le gouvernement conserverait le monopole de l'émission des coupures de moins de 4 $. Les banques auraient le monopole des coupures plus grosses et, ce qui importait davantage, pourraient émettre ces coupures jusqu'à concurrence de la valeur de leur capital inentamé, sans être tenues d'avoir une réserve. Quand le projet fut adopté, en 1870, la Banque de Montréal cessa d'être liée de manière privilégiée au gouvernement sur la question de l'émission des billets, comme elle l'était depuis 1866, mais elle en demeura le dépositaire officiel. L'adoption de la loi bancaire de Hincks constituait une victoire éclatante des intérêts haut-canadiens sur les intérêts montréalais, représentés surtout par la Banque de Montréal. Quand le gouvernement envisagea de fonder sa propre banque d'épargne, en 1871, King fut convaincu que ce n'était qu'une étape de la stratégie au terme de laquelle Hincks entendait dépouiller sa banque de son titre de dépositaire officiel.

Après son accession à la présidence de la banque, en 1869, King exerça peu d'influence sur les affaires de l'établissement et sur l'évolution du système financier du nouveau dominion. Son activité, intense comme dans les années où il avait été directeur général, visait plutôt à étendre les opérations étrangères de la Banque de Montréal et, en 1870, il ouvrit un bureau de la banque à Londres. Cependant, il n'était plus dans le feu de l'action, ce qui pourrait expliquer pourquoi il prit sa retraite si jeune.

Edwin Henry King quitta la banque en 1873. En recevant le cadeau des actionnaires – un service d'argenterie d'une valeur de 10 000 $ – il déclara qu'il avait « souvent été la cible de dures critiques ». Il y avait prêté flanc en se conduisant de façon impitoyable avec ceux qui devaient traiter avec lui. Pendant une période importante de son histoire, la Banque de Montréal bénéficia de cette agressivité, mais ce fut probablement en raison de ce trait de caractère que King demeura un temps relativement court dans les hautes sphères financières du Canada.

RONALD E. RUDIN

AN, MG 26, A ; MG 27, I, D8 ; MG 28, II 2. — ANQ-M, CE1-63, 22 mai 1856. — Canada, Sénat, Select committee upon the causes of the recent financial crisis in Ontario, *Rapport* (Ottawa, 1868). — Canada, prov. du, *Statuts,* 1866, chap. 10. — George Hague, « The late Mr. E. H. King, formerly president of the Bank of Montreal », Canadian Bankers' Assoc., *Journal* (Toronto), 4 (1896–1897) : 20–29. — *Gazette* (Montréal), 15 nov. 1867, 3 juin 1873. — *The centenary of the Bank of Montreal, 1817–1917* (Montréal, 1917). — Merrill Denison, *Canada's first bank ; a history of the Bank of Montreal* (2 vol., Toronto et Montréal, 1966–1967), 2. — Adam Shortt, « Currency and banking, 1840–1867 », *Money and banking in Canada ; historical documents and commentary,* E. P. Neufeld, édit. (Toronto, 1964), 132–148. — Skelton, *Life and times of Galt* (MacLean ; 1966). — D. C. Masters, « Toronto vs. Montreal : the struggle for financial hegemony, 1860–1875 », *CHR,* 22 (1941) : 133–146.

KING, JAMES, homme d'affaires et homme politique, né le 18 février 1848 à Saint-Antoine-de-Tilly, Bas-Canada, fils de Charles King et de Sarah Murray ; mort noyé le 21 juin 1900 dans le lac Matapédia, près de Saint-Pierre-du-Lac (Val-Brillant, Québec) – aussi appelé Cedar Hall –, et inhumé le 23 à Sainte-Anastasie-de-Nelson (Lyster, Québec).

Le père de James King, originaire d'Angleterre, s'installa dans les années 1830 à Saint-Antoine-de-Tilly et fit le commerce du bois dans Lotbinière où il exploita un moulin à scier qui produisait des madriers vendus à Québec. Il participa également avec Hans Denaston Breakey et le fils de celui-ci, John, à la mise en valeur d'un emplacement sur la rivière Chaudière, appelée communément rivière Bruyante, dans la concession Saint-Augustin (Sainte-Hélène-de-Breakeyville) ; ils y construisirent un moulin à scier qui desservait le bassin de la Chaudière au début des années 1850.

Comme la colonisation et la coupe du bois s'étendaient rapidement dans les cantons de l'arrière-pays, Charles King déplaça son champ d'activité dans le comté de Mégantic en remontant le bassin de la rivière Bécancour. Il passa de nombreux contrats d'approvisionnement avec des producteurs et acquit des blocs de terre dans les cantons de Nelson, d'Inverness, d'Ireland et de Thetford principalement, de même que des permis de coupe. Après avoir installé un moulin à scier à proximité de Sainte-Anastasie-de-Nelson et de la station du chemin de fer du Grand Tronc, que l'on avait aménagée en 1852, il s'y fixa à demeure vers 1861. L'année suivante, il fit l'acquisition de terrains et d'un moulin à scier à Saint-Pacôme, sur la rivière Ouelle, et se lança dans une importante exploitation forestière dans cette région.

Au début des années 1870, toutefois, les fils de Charles King commencent à prendre officiellement la relève. Déjà, John s'est vu confier les intérêts de son père dans l'entreprise de la rivière Chaudière, avant que ne vienne le tour de Henry. Puis le cadet, James, après ses études au Bishop's College de Lennoxville, où il obtient une licence ès arts en 1867 – et où il obtiendra une maîtrise ès arts en 1873 –, se joint lui aussi aux entreprises familiales. En 1870, avec ses frères John, Edmund Alexander, Frederic et Charles, il participe à la formation de la King Brothers, destinée à gérer l'ensemble des exploitations forestières de son père. Cependant les décès successifs de John et de Frederic amènent en 1875 des changements dans la composition de la firme qui ne comprend plus désormais qu'Edmund Alexander, installé à Saint-Pacôme, Charles, à Sainte-Anastasie-de-Nelson, et James, à Lévis. Presque au même moment, survient la mort de Henry, et c'est James qui veillera aux intérêts de ses jeunes enfants. En 1876, c'est le père qui décède. La King Brothers récupère les propriétés de ce dernier et continue son expansion sous la direction de plus en plus dominante de James. En 1871, elle a déjà acquis de la famille Saint-Ours, pour 37 266 $, la seigneurie Deschaillons où coule la rivière du Chêne et où se trouvent, entre autres, près de 90 000 arpents de terre non concédés. Elle achète en 1881 la seigneurie du Lac-Matapédia pour 35 000 $, soit environ 40 000 acres, et y exploite un moulin. Elle possède également des concessions forestières et un moulin à scier à Grand-Pabos, en Gaspésie.

À la fin des années 1870, la King Brothers s'engage dans l'exploitation minière par suite de la découverte en 1876 et 1877 de gisements d'amiante dans le canton de Thetford où Charles King père avait acquis, d'abord en 1860 de Thomas Allen Stayner*, de Toronto, un bloc de 5 000 acres dans les rangs 5 et 6 pour la somme de 2 500 $, puis, en 1866, du failli David Burnett, une bonne partie du rang 4. Voisines des lots où le minéral a été découvert, les propriétés de la King Brothers, notamment le lot 26 du rang 5, renferment aussi de l'amiante et se trouvent remarquablement bien placées pour profiter du développement qui s'annonce. De plus, en 1878, James King obtient de la couronne en propriété complète et entière, pour 274 $, soit 1 $ l'acre, le lot 26 du rang 6 où la mine King est ouverte la même année. La King Brothers tire parti en outre de la création du village minier de Kingsville – qui deviendra Thetford Mines en 1905 – érigé en grande partie sur ses terrains, subdivisés en lots. Toutefois, en 1890, le gouvernement d'Honoré Mercier fait adopter une loi sur les mines dont un article permet à la couronne de récupérer la propriété du sous-sol des terrains miniers vendus avant la loi de 1880. Opposé à cet article, James King prend une part active à la lutte engagée contre cette disposition par les propriétaires de mines d'amiante. Non seulement est-il l'un des dirigeants de la Quebec Mining Association, créée cette année-là, mais il se fait élire député conservateur de Mégantic le 8 mars 1892, en grande partie pour combattre cette mesure. Son objectif atteint, il ne sollicitera pas de renouvellement de mandat en 1897.

Même si l'activité de la King Brothers dans le secteur minier acquiert, surtout au cours des années 1890, une certaine importance, elle reste secondaire par rapport au secteur forestier. La complexité des règlements successoraux des frères et du père de James King donne une idée de la taille de toute l'entreprise. Évalué à 50 000 $ en 1877, l'ensemble des biens immobiliers se chiffre à 300 000 $ vingt ans plus tard, au moment où est constituée juridiquement la King Brothers Limited, dont l'activité et les propriétés s'étendent à presque toute la province et dont le crédit demeure solide. Il faut ajouter à ces montants l'actif mobilier. Malgré tout, ces estimations semblent inférieures à la valeur réelle, comme le démontre le prix de vente de la seigneurie du Lac-Matapédia, qui atteint 187 500 $ en 1902. À sa mort en juin 1900, James King, qui était célibataire, lègue une fortune considérable à ses frères, sœurs, neveux et nièces, ainsi qu'à une fille naturelle, à ses gérants, à ses hommes de confiance et, enfin, au Bishop's College et à l'Église d'Angleterre. La King Brothers Limited poursuivra son activité quelques années encore, puis se départira des principaux éléments de son actif forestier et minier.

MARC VALLIÈRES

BE, Lévis, déclarations de sociétés ; index aux immeubles ; index aux noms ; reg. B ; Mégantic (Inverness), déclarations de sociétés ; index aux immeubles ; index aux noms ; reg. B ; Lotbinière (Sainte-Croix), déclarations de sociétés ; index aux immeubles ; index aux noms ; reg. B. — *Cyclopædia of Canadian biog.* (Rose et Charlesworth), 2 : 562. — J. Desjardins, *Guide parl.* — Hormisdas Magnan, *Dictionnaire historique et géographique des paroisses, missions et municipalités de la province de Québec* (Arthabaska, Québec, 1925), 196, 202, 426, 645. — *RPQ*. — *Album souvenir ; 125ième anniversaire : St-Pacôme, 1851–1976* (s.l., [1976]). — *Centenaire, Ste-Anastasie, Lyster, 1875–1975* (s.l., 1975). — *La Cité de l'or blanc : Thetford Mines, 1876–1976,* J.-C. Poulin, édit. (s.l., 1975). — J. E. Defebaugh, *History of the lumber industry of America* (2 vol., Chicago, 1906–1907), 1 : 134–135. — [Clément Fortier], *Black Lake; lac d'amiante ; 1882–1982 ; amiante et chrome des Appalaches ; cent ans d'histoire* (s.l., 1983). — *Mon village a 150 ans : 1828–1978 ; cencinquantenaire, St-Jean-Chrysostome* (Saint-Jean-Chrysostome, Québec, 1978). — Gwen Rawlings, *The pioneers of Inverness*

Township, Quebec ; an historical and genealogical story, 1800–1978 (Cheltenham [Caledon], Ontario, 1979). — Rumilly, *Hist. de la prov. de Québec*, 6 : 186–187 ; 7 : 196, 215. — *St-Adrien d'Irlande, 1879–1979* (s.l., 1979). — *Sainte-Hélène-de-Breakeyville, d'hier à aujourd'hui* (s.l., 1984). — *Saint-Pierre du Lac, 1889–1949 ; programme-souvenir* [...] (s.l., 1949). — *Thetford Mines ; historique, notes et biographies*, Cléophas Adams, compil. (s.l., 1929). — J. W. M., « Notes sur les seigneuries du district de Rimouski », *BRH*, 17 (1911) : 365–366.

KING, JOHN MARK, ministre presbytérien, professeur, administrateur scolaire et auteur, né le 26 mai 1829 à Yetholm, Écosse, un des quatre enfants de Ralph King et de Mary Scott ; le 4 décembre 1873, il épousa à Toronto Janet Mcpherson Skinner, et ils eurent deux enfants ; décédé le 5 mars 1899 à Winnipeg.

John Mark King obtint une maîtrise ès arts de la University of Edinburgh en 1854. Il étudia la théologie au United Presbyterian Divinity Hall d'Édimbourg ainsi qu'à l'université de Halle (République démocratique allemande), où il subit l'influence de théologiens à la spiritualité intense, tels Friedrich August Gottreu Tholuck et Julius Müller. Leurs enseignements apportèrent un heureux complément à son héritage religieux écossais, où se combinaient une chaleureuse piété évangélique et une pensée théologique fortement structurée (qui remontait à Ebenezer Erskine et trouvait son achèvement en Thomas Chalmers). Cette tradition évangélique, dont les doctrines du péché, de la grâce et de la régénération formaient le noyau, eut un effet déterminant sur sa vie et sa pensée.

King arriva dans le Haut-Canada en 1856 à titre de missionnaire de l'Église presbytérienne unie. Il passa un an dans les villages de l'arrière-pays puis, ordonné le 27 octobre 1857, devint ministre de la congrégation rurale de Columbus (Oshawa) et Brooklin (Whitby). En 1863, on l'invita à occuper la chaire de l'église presbytérienne unie Gould Street de Toronto. En 1878, sa congrégation construisit un temple plus spacieux, l'église presbytérienne St James Square, et s'y installa. Durant 20 ans, King exercerait son influence sur cette prestigieuse assemblée de fidèles qui comptait des personnages publics comme Oliver Mowat*, William Caven*, directeur du Knox College, et George Brown* du *Globe*, et qui acquit une vaste renommée grâce à ses vigoureuses initiatives au bénéfice des missions canadiennes. King tenait des classes spéciales d'études bibliques qui attiraient un grand nombre d'étudiants du Knox College ; c'est pourquoi l'église St James Square était aussi connue sous le nom d'église du collège. D'ailleurs, il s'intéressait vivement à cette maison d'enseignement : membre du conseil d'administration et du « sénat », il présida le comité d'examinateurs durant de nombreuses années. La place qu'il en vint à occuper au sein de l'Église presbytérienne est mise en lumière par le fait qu'il est la première personne à qui le Knox College conféra un doctorat honorifique en théologie, en 1882, et que l'année suivante on l'élut modérateur de l'assemblée générale de l'Église presbytérienne au Canada.

En réponse à une requête du consistoire du Manitoba, l'assemblée générale de 1883 choisit King comme premier directeur du Manitoba College et l'y nomma professeur de théologie. Un grand défi l'attendait. Le collège, qui avait quitté Kildonan pour s'installer à Winnipeg en 1874, avait entrepris la construction de nouveaux édifices pendant une période d'inflation et contracté une dette de 40 000 $. Toutefois, en 1883, une grave dépression financière sévissait à Winnipeg. King prit la situation en main dès son arrivée et gagna vite la confiance de tous, celle du milieu des affaires surtout. Parlant de ses qualités d'administrateur, l'avocat Colin H. Campbell* écrivait : « En général, nous ne recherchons pas les financiers compétents parmi les théologiens profonds et les prédicateurs doués. » Mais, ajoutait-il, « n'importe quel pays aurait été honoré d'avoir [King] comme ministre des Finances, ou n'importe quelle grande institution financière [de l'avoir] comme directeur ». Il recueillit des fonds aussi bien dans la région que dans l'est du Canada et en Grande-Bretagne, et les géra avec soin, en supervisant attentivement tous les aspects des finances du collège, y compris les droits de pension et de scolarité des étudiants, et même les achats de charbon, de bois et de mobilier. Le collège eut bientôt fini de rembourser sa dette. King s'attaqua alors à la réfection et à l'agrandissement des édifices ; on régla intégralement au cours de son mandat le coût des travaux, qui s'élevait à 45 000 $. Par ailleurs, il fixa des normes d'enseignement élevées, se révéla un remarquable professeur et, par son leadership, sut amener le corps enseignant et les étudiants à donner le meilleur d'eux-mêmes. Grâce à lui, le collège entra dans ce que l'on a appelé son « âge d'or ». King fit venir d'Écosse des conférenciers distingués et il invita la population à les entendre ; en outre, il donna pour les femmes de Winnipeg trois séries de conférences publiques qui remportèrent un franc succès. Ces initiatives rehaussaient le rôle que le collège jouait dans la collectivité.

Sur le plan personnel, les années 1880 furent très éprouvantes pour King. Sa femme mourut en 1886 et, environ un an et demi plus tard, la scarlatine emporta son fils de neuf ans. Il créa une bourse de théologie en l'honneur de ce dernier, et pour perpétuer la mémoire de sa femme il donna au collège une rosace dont le sujet était la théologie. Conçue par l'artiste britannique Henry Holiday, elle se trouve maintenant à la University of Winnipeg. La sœur de King, veuve, prit la maison en charge et l'aida à élever sa fille, Helen Skinner, qui allait épouser Charles William Gordon*, mieux connu sous son pseudonyme d'écrivain, Ralph Connor.

À mesure que l'ouest du Canada s'ouvrait au peuplement, les besoins des congrégations y devenaient de plus en plus aigus. En 1893, pour permettre aux étudiants de célébrer des offices pendant l'hiver, le collège commença à tenir un trimestre d'été en théologie. Dès lors, King donna des cours 11 mois par an. Malgré sa lourde charge d'enseignement en arts et en théologie, il administrait toujours les affaires du collège. Il prêchait souvent à Winnipeg et dans toute la province, tout en assumant de hautes fonctions dans la structure administrative de l'Église presbytérienne. En plus, il suivait les débats théologiques, qui portaient alors sur la critique biblique, la théologie libérale, le message social de l'Évangile et la compréhension de la nature humaine et de l'histoire. Sans craindre de se jeter dans la mêlée, il prenait des positions claires et fermes.

Tant dans ses écrits sur des questions religieuses controversées que dans ses sermons, King montrait qu'il tenait à ce que l'on expose dans sa « relation avec les besoins permanents et universels de l'homme » la vérité de la foi chrétienne. Sa conviction la plus profonde, celle qui donnait unité à sa pensée, était que ces besoins correspondaient précisément aux grandes doctrines sur l'incarnation, le rachat et l'action du Saint Esprit. Aussi reprochait-il à la « nouvelle théologie » de minimiser ou de masquer ces doctrines qui seules, selon lui, pouvaient répondre « à l'ensemble des besoins humains ». Il pressait constamment les étudiants de théologie de porter une attention minutieuse à leur matière et de prêcher les grandes doctrines non pas comme si elles étaient les éléments d'un système abstrait, mais en faisant apparaître le lien intime qui les unissait à la soif universelle de signification, de consolation et de régénération.

Deux livres – *A critical study of* In memoriam, série de conférences publiques sur le poème de lord Tennyson, et *The theology of Christ's teaching*, recueil de cours publié à titre posthume – donnent une idée de la pensée de King, mais c'est dans les conférences publiques prononcées chaque année à l'ouverture des classes de théologie qu'il a exprimé ses vues avec le plus de force. Ces conférences, dont certaines ont été publiées, parlent aussi bien de ses propres préoccupations que des controverses de l'époque.

Parue sous le titre *Three great preachers* [...], la conférence de 1890, qui traite d'Alexandre-Rodolphe Vinet, Henry Parry Liddon et John Henry Newman, révèle quelles qualités intellectuelles et spirituelles King admirait le plus et tentait de développer chez ses étudiants. La puissance de Newman, disait-il, résidait dans sa « profonde intuition spirituelle », à laquelle s'alliaient « la clarté, la précision et la simplicité » de l'expression. Les prédications de Liddon se distinguaient par l'importance qu'elles accordaient aux grandes doctrines. En Vinet, il voyait un esprit « à la fois philosophique et pieux » ; ses sermons, disait-il, témoignaient d'une rare « union de l'excellence intellectuelle et morale » et faisaient le lien entre le message chrétien et les besoins permanents de l'homme. En 1893, dans une profonde conférence intitulée « The spirit in which theological enquiry should be prosecuted », King critiquait la polarisation de plus en plus marquée qui existait dans les cercles de théologiens. Dans *The atonement* [...], paru en 1895, il reconnaît que ce n'est pas sans raison valable que l'on a délaissé les doctrines pour insister davantage sur l'éthique et l'humanitarisme, mais il souligne que toute interprétation du christianisme qui n'a pas, en son centre, la doctrine de l'expiation va à l'encontre de « la tendance et de la portée » de l'enseignement des Écritures, échoue à « fournir quelque motif adéquat à l'Incarnation » et procède d'une vision « radicalement défectueuse » de la condition humaine. King s'attaqua à une question semblable en 1897 dans *The purely ethical Gospel, examined* [...]. Les préoccupations éthiques étaient importantes pour lui, et il souligne dans cet ouvrage que les dernières années avaient vu s'accomplir de réels progrès dans la reconnaissance des dimensions morales du christianisme. Néanmoins, il soutient que le christianisme purement éthique, devenu si populaire, est « gravement et douloureusement défectueux s'il [ne va] pas jusqu'à modifier le cœur même [de la doctrine], établissant ainsi des relations fausses entre les vérités qu'il retient ». Par ses prises de position dans certains des grands débats théologiques de l'heure, King se classait comme un homme attaché à la tradition, sans pour autant être étroit d'esprit. Bien au fait de la théologie libérale, il en reconnaissait les qualités, mais en discernait les faiblesses.

King discutait aussi de questions plus profanes, tant d'intérêt local que national. En 1889, il parla de la place de la religion dans les écoles manitobaines [V. Thomas Greenway*] dans une conférence intitulée *Education : not secular nor sectarian, but religious*. L'éducation purement laïque, affirmait-il, « procède d'une incompréhension radicale de la constitution de l'être humain, dans laquelle la nature intellectuelle et la nature morale sont inséparablement liées ». Cependant, il s'opposait au concept d'écoles « séparées » ou « confessionnelles » dans lesquelles on enseignait « les doctrines et rites distinctifs » d'une Église. Sans juger « petites ou négligeables les différences entre l'Église catholique et les Églises protestantes », il soutenait que l'enseignement religieux qu'il fallait donner dans les écoles publiques pourrait s'appuyer sur les « grandes croyances communes de la chrétienté ».

John Mark King influença profondément la vie

religieuse et éducationnelle du Manitoba dans les années 1880 et 1890. Homme aux convictions fortes et à la pensée claire, c'était aussi un être chaleureux et ouvert, qui inspirait à la fois confiance, amour et respect. Il avait le génie de l'amitié. Son savoir et son pragmatisme en faisaient un chef d'une efficacité exceptionnelle, dont les opinions et l'appui avaient beaucoup de poids. Sa mort provoqua bien sûr des épanchements de chagrin mais inspira aussi des témoignages qui montraient que sa disparition était une perte cruelle pour l'Église et le pays. Joseph Walter Sparling, directeur du Wesley College, exprima l'avis de bien des gens quand il dit : « Aucun décès survenu au Manitoba depuis mon arrivée, il y a dix ans, n'a créé, selon moi, un aussi grand vide. »

GORDON HARLAND

John Mark King est l'auteur de nombreux ouvrages, articles, adresses et sermons ; parmi les plus importants, notons : *The atonement* [...] (Winnipeg, 1895) ; *The characteristics of Scottish religious life and their causes* [...] (Toronto, 1882) ; *A critical study of* In memoriam (Toronto, 1898) ; *Education : not secular nor sectarian, but religious* (Winnipeg, 1889) ; *The purely ethical Gospel, examined* [...] (Winnipeg, 1897) ; « The spirit in which theological enquiry should be prosecuted », *Manitoba College Journal* (Winnipeg), 8 (1893) : 127–134 ; *The theology of Christ's teaching* (Toronto, 1903) ; *Three great preachers (Vinet, Liddon and Newman)* [...] (Winnipeg, 1890).

Arch. privées, Ruth Gordon (Winnipeg), J. M. King, lettres, sermons et cahiers, — GRO (Édimbourg), Yetholm, reg. of births and baptisms, 6 juill. 1831. — Ontario, Office of the Registrar General (Toronto), Marriages, registration n° 1873-05-014331. — UCC, Manitoba and Northwestern Ontario Conference Arch. (Winnipeg), J. M. King papers ; Manitoba College, Board, minutes, 6 janv. 1882–30 sept. 1924 ; Senate, minutes, 1897–1937 ; Presbyterian Church in Canada, Manitoba Presbytery, minutes, 1875–1884 ; Synod of Manitoba and the North-West Territories, records, 1884–1899 ; Winnipeg Presbytery, minutes, 1897–1913 ; records, 1884–1897. — UCC-C, J. M. King papers. — Univ. of Winnipeg Arch., J. M. King papers. — *Manitoba College Journal*, numéro souvenir, [1899]. — PCC *Acts and proc.*, 1883. — *Manitoba Morning Free Press*, 6, 7, 9, 13 mars 1899. — *Winnipeg Daily Tribune*, 7 mars 1899. — *A catalogue of the graduates in the faculties of art, divinity and law, of the University of Edinburgh, since its foundation* (Édimbourg, 1858). — Gordon Harland, « John Mark King : first principal of Manitoba College », *Prairie spirit : perspectives on the heritage of the United Church of Canada in the west*, D. L. Butcher *et al.*, édit. (Winnipeg, 1985), 171–183. — Schofield, *Story of Manitoba*, 2 : 612–619. — [T. W. Taylor], *Historical sketch of Saint James Square Presbyterian congregation, Toronto, 1853–1903* (Toronto, s.d.). — C. W. Gordon, « The Rev. J. M. King, D.D., first principal, Manitoba College », *Manitoba College Journal*, 23 (1907) : 1–6.

KING, WILLIAM, ministre presbytérien et colonisateur, né le 11 novembre 1812 près de Newtown-Limavady (Limavady, Irlande du Nord), fils de William King et d'Elizabeth Torrence ; le 10 janvier 1841, il épousa à East Feliciana, Louisiane, Mary Mourning Phares (décédée en 1846), et ils eurent deux enfants, puis le 15 septembre 1853 à Buxton, Haut-Canada, Jemima Nicolina Baxter (décédée en 1887) ; décédé le 5 janvier 1895 à Chatham, Ontario.

Fils de fermier, William King fut envoyé au début de son adolescence dans une école située près de Coleraine (Irlande du Nord) et tenue par le révérend James Bryce. Il y étudia les humanités et devint membre de l'Église presbytérienne. À 18 ans, on l'admit à la University of Glasgow. Quand il en sortit, en 1833, sa famille décida d'aller chercher fortune aux États-Unis. William renonça alors à des études de théologie et, pendant deux ans, se consacra à sa famille en l'aidant à émigrer puis à s'installer en Ohio. En 1835, il partit pour le Sud avec l'intention d'y enseigner. Il se fixa à Jackson, en Louisiane, où il se fit une réputation à titre de précepteur avant d'accepter la direction de la Mathews Academy. Il s'intégra avec aisance à la société louisianaise, épousa la fille d'un riche propriétaire d'esclaves et acheta lui-même des Noirs.

En 1843, déçu du Sud en général et de l'esclavage en particulier, King décida de rentrer en Écosse afin de suivre, à Édimbourg, les cours du célèbre théologien Thomas Chalmers. Après deux années d'études au cours desquelles il perdit sa jeune femme et son unique enfant survivant, le consistoire édimbourgeois de l'Église libre d'Écosse l'autorisa à prêcher. Le 17 juillet 1846, le comité colonial de l'Église résolut de l'envoyer au Canada comme missionnaire, avec James Fettes et William Gregg. King se rendit d'abord en Louisiane, où il tenta sans succès de régler ses affaires, puis arriva à Toronto le 16 novembre. Il commença son ministère en prêchant dans tout le sud-ouest de la province mais, décidé à rompre ses attaches avec l'esclavagisme, il démissionna en mars 1847 et retourna en Louisiane pour vendre son domaine. Son intention était de ramener ses esclaves au Canada et de les affranchir.

Dès son retour au Canada en juin 1848, King entreprit de fonder une communauté où les Noirs seraient libres, posséderaient des terres et auraient accès à l'instruction et à une formation chrétienne. Le synode de l'Église presbytérienne du Canada accueillit sa proposition avec un « vif intérêt » et forma, pour l'aider, un comité dont faisaient notamment partie les ministres Robert Burns* et Michael Willis*. Après s'être entretenu, à l'automne, avec le gouverneur lord Elgin [Bruce*], qui appuyait son projet, King étudia les emplacements possibles et opta finalement pour une terre de 9 000 acres dans le canton de Raleigh, près de Chatham. Pour l'achat de cette terre, on mit sur pied une société par actions, l'Elgin Association, et l'avocat réformiste George Skeffington Connor* en devint le président et King, l'administrateur-gérant. Bien des Blancs de la région, regroupés autour du virulent conservateur Edwin Larwill, de Chatham, s'opposaient au projet. King, qui allait vivre dans la communauté et participer de près à toutes ses activités, arriva néanmoins à Elgin le 28 novembre 1849. Les premiers colons noirs furent les 15 esclaves qu'il avait affranchis, ainsi qu'Isaac Riley et sa famille, déjà présents quand les autres arrivèrent.

Deux organismes distincts allaient administrer la communauté : l'Elgin Association s'occuperait des questions temporelles, tandis qu'une mission, soutenue financièrement par l'Église presbytérienne et baptisée plus tard Buxton, veillerait aux affaires religieuses et éducationnelles. On divisa la terre en lots de 50 acres qu'on vendit à un prix dérisoire. Chaque famille défrichait son propre lot, construisait sa cabane (selon des normes minimales) et exploitait sa ferme. On produisait et vendait de la potasse et de la perlasse ; l'agriculture et l'élevage connurent un essor rapide. Bientôt, deux anciens esclaves empruntèrent de l'argent à King pour ouvrir une briqueterie, qui connut un succès immédiat. En mars 1852 eut lieu la fondation de la Canada Mill and Mercantile Company (au conseil d'administration, seuls King et le réformiste George Brown* étaient blancs) ; moins de deux ans plus tard, la société exploitait une scierie, un moulin à farine et un magasin général à Elgin. Dès 1853, la colonie, connue aussi bien sous le nom de Buxton que d'Elgin, comptait 130 familles.

Elgin, qui dans sa période la plus florissante regroupa 300 familles, ne connut pas seulement un succès économique. En 1850, la communauté avait son bureau de poste et construisait un bâtiment pour abriter une église et une école, qui au printemps, accueillit ses premiers élèves et offrit des cours du soir aux adultes. L'enseignement y était exigeant, et on la tint bientôt pour supérieure à l'école du district. En 1854, la moitié des élèves étaient blancs ; trois ans plus tard, Elgin comptait deux autres écoles. Ordonné par l'Église presbytérienne du Canada en mai 1851, King parcourait inlassablement le Canada, les États-Unis et la Grande-Bretagne afin de recueillir des fonds pour la mission. Même s'il était un presbytérien fervent qui faisait un travail missionnaire hors d'Elgin, King aida tant les méthodistes que les baptistes à former des congrégations dans sa communauté.

Pourtant, la situation n'était pas tout à fait idyllique. Bien des grands journalistes noirs, dont Samuel Ringgold Ward* et Mary Ann Camberton SHADD, préconisaient alors l'intégration des Noirs à la société blanche plutôt que la création de communautés distinctes. Cependant, Mary Ann Shadd en avait moins contre King et Elgin que contre Josiah Henson* et John Scoble*, du village de Dawn, situé non loin de là, et contre la Refugee Home Society [V. Henry Walton Bibb*], formée selon le modèle de l'Elgin Association. Même si bien des gens considéraient la communauté noire d'Elgin comme la meilleure au Canada, King ne parvint guère à gagner la sympathie des Blancs de la région. Néanmoins, les habitants d'Elgin furent connus pour leur industrie, leur tempérance, leur santé et leur haute moralité. Nombre de colons noirs devinrent citoyens et, comme ils votaient généralement en bloc, ils eurent du poids dans plusieurs élections de la circonscription de Kent. Ainsi, au scrutin provincial de 1857–1858, leur vote joua un rôle déterminant dans la défaite de leur vieil ennemi, Larwill, battu par Archibald MCKELLAR, qui les soutenait sans relâche.

Le déclenchement de la guerre de Sécession, en 1861, provoqua un exode vers les États-Unis et sonna le glas de la communauté : plus de 70 Noirs d'Elgin s'enrôlèrent dans les troupes nordistes. Ensuite, la victoire de l'Union convainquit un grand nombre de Noirs de retourner dans le Sud. La communauté survécut tant bien que mal jusqu'à la fin des années 1860 puis, en 1873, l'Elgin Association se dispersa, après avoir atteint ses objectifs et remboursé ses actionnaires. De son côté, William King poursuivit ses diverses activités missionnaires. Le 28 décembre 1880, il fut « installé dans la charge pastorale de Maidstone », qui relevait du consistoire de Chatham ; le 10 juillet 1883, il prenait sa retraite. À l'été de 1888, il quitta Elgin pour s'installer à Chatham où, pendant les cinq années suivantes, il prêcha souvent à l'église First Presbyterian. Cloué au lit depuis l'été de 1893, il s'éteignit en janvier 1895.

JASON H. SILVERMAN

William King est l'auteur de : *History of the King family who settled in the woods near where the [vil]lage of Delta, Ohio, now stands in the year 1834*, publié à Delta en 1893.

AN, MG 24, J14. — UCC-C, Free Church of Scotland, Colonial Committee, minutes, 1846 (mfm). — Free Church of Scotland, *Home and Foreign Missionary Record* (Édimbourg), 3 (1847–1848) : 70–72 ; 4 (1849–1850) : 122–125. — [A. M. Harris], *A sketch of the Buxton mission and Elgin settlement, Raleigh, Canada West* (Birmingham, Angl., [1866]). — PCC *Acts and proc.*, 1881–1895 ; *Minutes of the synod* (Toronto), 1848–1853. — *Hand-book of the Presbyterian Church in Canada, 1883*, A. F. Kemp *et al.*, édit. (Ottawa, 1883), 207. — W. R. Gregg, *The African in North America ; their welfare after freedom as effected and influenced by the life of William King* [...] (Ashtabula, Ohio, [1933]). — A. S. Jamieson, *William King, friend and champion of slaves* (Toronto, 1925). — W. H. Pease et J. H. Pease, *Black Utopia : negro communal experiments in America* (Madison, Wis., 1963). — J. H. Silverman, *Unwelcome guests : Canada West's response to American fugitive slaves, 1800–1865* (Millwood, N.Y., 1985). — Victor Ullman, *Look to the North Star : a life of William King* (Boston et Toronto, 1969). — R. W. Winks, *The blacks in Canada : a history* (Londres et New Haven, Conn., 1971).

— Fred Landon, « The Buxton settlement in Canada », *Journal of Negro Hist.* (Washington), 3 (1918) : 360–367. — W. H. Pease et J. H. Pease, « Opposition to the founding of the Elgin settlement », *CHR*, 38 (1957) : 202–218.

KINGSFORD, WILLIAM, soldat, arpenteur, journaliste, éditeur, ingénieur civil, fonctionnaire et auteur, né le 23 décembre 1819 dans la paroisse de St Lawrence Jewry, Londres, fils de William Kingsford et d'une prénommée Elizabeth ; le 29 mars 1848, il épousa à Montréal Maria Margaret Lindsay, et ils eurent deux enfants ; décédé le 29 septembre 1898 à Ottawa.

William Kingsford était le fils d'un aubergiste qui était assez bien nanti pour l'envoyer à l'école du fameux Nicholas Wanostrocht à Londres. Ce dernier plaçait sa passion pour le cricket au-dessus des travaux de l'esprit, et cette discipline réussit à son élève. Toute sa vie, Kingsford – un gaillard de six pieds – allait préférer l'activité physique à l'étude et la connaissance acquise par l'expérience à celle que l'on puise dans les livres. Au sortir de l'école, il entreprit un stage chez un architecte mais, « trouvant le bureau peu agréable », il s'empressa de changer d'orientation. En mars 1838, il s'enrôla dans le 1st Dragoon Guards, qui était à la veille de partir pour le Bas-Canada, où les unités militaires, par suite de la rébellion de 1837, avaient besoin de renforts.

En octobre 1838, le 1st Dragoon Guards se trouvait à Chambly, soit au cœur même de la région où la seconde insurrection éclata le mois suivant [V. Robert Nelson*]. Sous les ordres du lieutenant-colonel George Cathcart, le régiment joua un rôle prépondérant dans la répression du soulèvement puis dans le pillage des maisons et des fermes des rebelles. Kingsford n'éprouvait aucune sympathie pour la cause des patriotes mais, « libre des passions » qui guidaient les gens restés fidèles à la couronne, il désapprouvait les représailles contre les personnes et les atteintes à la propriété. Une fois l'ordre rétabli dans la région, la vie dans la cavalerie perdit tout attrait pour lui, et en octobre 1841, parvenu au grade de caporal, il acheta sa libération.

Kingsford avait appris les rudiments de l'arpentage en travaillant à la route de planches de Chambly sous le commandement de Cathcart. Fort de cette expérience, il obtint à Montréal le poste d'arpenteur municipal adjoint au début de 1842. Le Bas-Canada lui délivra un certificat d'arpenteur le 5 novembre 1844 ; le Haut-Canada allait faire de même le 8 octobre 1855. En 1844, il commença aussi une obscure carrière de journaliste en fondant le *Montreal Times* avec Murdo McIver. Dans ce domaine, la réflexion ne fut jamais son fort : c'est en maniant la plume comme un gourdin qu'il défendait le parti constitutionnel et le gouverneur Charles Theophilus Metcalfe*. Pendant les désordres qui troublèrent les élections d'octobre 1844, il mania, dans les rues de Montréal, un gourdin qui n'avait rien d'imaginaire. Capitaine des vigiles de son parti – que l'on surnommait les « hussards noirs » ou les « cavaliers » – dans la circonscription de Saint-Laurent, il parvint à assurer son emprise sur le bureau de scrutin. Deux ans plus tard, ses ennemis réformistes prirent leur revanche : il faillit en mourir et en garda pour toujours deux cicatrices, bien visibles, à la tête.

Remuant par nature, Kingsford démissionna du poste d'arpenteur municipal adjoint en juillet 1845. Après la fermeture du *Montreal Times,* l'année suivante, il se remit à l'arpentage et accepta une série d'affectations qui le menèrent dans différentes régions du Bas-Canada. Il délimita les terres de la couronne le long du canal de Lachine, détermina la position astronomique des phares de Cap-de-la-Madeleine et supervisa la construction et l'entretien d'un tronçon du chemin à lisses de Champlain et du Saint-Laurent. Progressivement, il en vint à exercer les fonctions d'un ingénieur civil et à en assumer les responsabilités. C'était la belle époque où les ingénieurs, en construisant routes et chemins de fer, canaux et ports, petites et grandes villes, étaient à l'avant-garde du progrès. Leur métier n'était pas encore une profession ; la faculté d'adaptation était leur signe distinctif, le marché et leur conscience, leurs seuls guides. Énergique et ambitieux, Kingsford était fait pour cette vie de mobilité et de variété.

En 1849, Kingsford s'installa aux États-Unis. À Brooklyn, dans l'état de New York, il supervisa le tracé de certaines rues et la répartition de lots de construction, après avoir fait les travaux d'arpentage et dressé les estimations nécessaires. Puis il fit un levé du réseau de routes de planches pour le gouvernement new-yorkais. D'avril 1850 à octobre 1851, il occupa le poste d'ingénieur adjoint de la Hudson River Railroad. Ensuite, il alla en Amérique centrale où, durant les six premiers mois de 1852, il fut premier ingénieur adjoint de la section nord du chemin de fer de Panama, après quoi il inspecta le réseau d'approvisionnement en eau de la ville de Panama. En octobre, il était de retour au Canada. À titre d'ingénieur de la section est du chemin à rails de Montréal et Kingston (qui était encore à l'état de projet), il fit les levés et estimations préparatoires à la construction d'un tronçon de Montréal à Cornwall, dans le Haut-Canada, et remplaça souvent l'ingénieur en chef, Thomas Coltrin Keefer*, qui était malade. Vers la fin de l'année, le Grand Tronc absorba la Compagnie du chemin à rails de Montréal et Kingston, mais Kingsford conserva son poste et fit bon nombre de levés et d'estimations en prévision de la construction d'une ligne de Montréal à Bytown (Ottawa). En outre, avec beaucoup d'autres ingénieurs, il participa à l'édification de ce qui, dans la province du Canada, symbolisait le génie civil et l'ère du progrès : le pont Victoria sur le

Saint-Laurent, à Montréal, dont la construction commença en 1854 [V. James Hodges*].

Kingsford accepta le poste d'ingénieur municipal de Toronto en juin 1855, mais il démissionna quelques mois plus tard en apprenant qu'il devait rémunérer ses assistants à même son salaire. Il retourna au chemin de fer du Grand Tronc à titre de surintendant et ingénieur en chef du tronçon Belleville-Stratford. Au début de 1856, il passa du rang d'ingénieur salarié à celui d'entrepreneur sous contrat et, durant quatre ans, il dirigea l'exploitation et l'entretien de la ligne qui reliait Toronto à Stratford. Conscient de la nécessité de « traiter les ouvriers équitablement et de donner de bons salaires, sans quoi on risqu[ait] les interruptions et la catastrophe », il était un bon employeur et, en 1861, il déclara avec fierté que, sous sa supervision, « pas un seul accident ne s'[était] produit à cause d'une défectuosité des rails ou d'une négligence administrative ». Apparemment, son succès dans ce domaine et le fait qu'il parlait français, italien, allemand et espagnol impressionnèrent les entrepreneurs britanniques regroupés sous le nom de Peto, Brassey, Jackson, and Betts, qui étaient les maîtres d'œuvre du Grand Tronc. La même année, Thomas Brassey l'engagea afin qu'il aille inspecter d'« importants ouvrages » à l'est de Vienne et au nord de Naples.

De retour au Canada en 1862, Kingsford agit comme ingénieur-conseil auprès de plusieurs sociétés et de particuliers intéressés à des projets de construction. Ainsi, en 1863, il examina l'état des routes de Toronto et des environs pour le compte de la York Roads Company et, en 1865, un groupe d'hommes d'affaires le chargea d'étudier la possibilité de construire un chemin de fer jusqu'à Fort William (Thunder Bay, Ontario). La même année, il écrivit un livre dans lequel il recommandait d'approfondir les écluses du réseau de canaux du Saint-Laurent et des Grands Lacs. En 1866, il retourna en Europe pour Brassey afin d'étudier la possibilité d'établir une usine textile et de construire un chemin de fer en Sardaigne. Peu après la Confédération, il revint au Canada pour rédiger un rapport à l'intention de certains « capitalistes anglais » qui se demandaient s'ils devaient présenter des soumissions pour la construction du chemin de fer Intercolonial. Quand on décida d'en faire un ouvrage public, il redevint entrepreneur et ingénieur-conseil indépendant.

Au fil de ces voyages qui l'avaient mené sur trois continents et dans presque une douzaine de pays, Kingsford avait continué de faire du journalisme. De 1855 à 1858, il publia souvent des commentaires politiques dans le *Daily Colonist* de Toronto ; il reprochait par exemple à George Brown* d'attiser les flammes de l'anticatholicisme et de recommander la représentation basée sur la population. Au début des années 1860, il écrivit aussi des critiques de théâtre et de musique, surtout pour le *Montreal Herald*. Ses voyages eux-mêmes formèrent la matière de plusieurs articles et d'une petite brochure, et ils furent l'occasion, pour lui, d'élargir son travail journalistique. Par exemple, à son retour d'Europe en 1862, il devint correspondant d'un journal londonien ; à ce titre, il défendit les différents cabinets formés par John Alexander MACDONALD et George-Étienne Cartier*. Lorsqu'il retourna en Europe en 1866, il fut correspondant du *Leader* de Toronto, dans lequel il se prononça favorablement, en décembre, sur la conférence de Londres. Conservateur avoué et partisan de la Confédération, il attendait avec impatience la création d'un pays transcontinental dont l'épine dorsale serait un réseau de transport construit par des ingénieurs.

En 1870, les sympathies politiques et la carrière de Kingsford convergèrent. Les grands ouvrages de l'époque étaient sous la responsabilité du département fédéral des Travaux publics, qui relevait du cabinet libéral-conservateur. De 1870 à 1872, Kingsford travailla presque exclusivement pour ce département. Il fut notamment entrepreneur au canal de Lachine ainsi qu'au canal de Grenville et au canal Welland en Ontario ; il fit aussi de l'arpentage sur la rivière des Outaouais et la Gananoque, en Ontario, ainsi que sur la rivière Hudson dans la province de Québec. En juin 1873, grâce à ses positions politiques, il devint ingénieur en chef des ouvrages fédéraux des ports et des cours d'eau de l'Ontario et du Québec. Son professionnalisme lui permit de conserver son poste quand le parti libéral d'Alexander MACKENZIE prit le pouvoir en novembre.

Le bureau de Kingsford s'occupait des ports et des cours d'eau de compétence fédérale, déterminait, souvent de concert avec les notables et conseils locaux, les aménagements à faire, en estimait le coût, adjugeait les marchés et supervisait les travaux. Dans la plupart des cas, il s'agissait de travaux de petite envergure, mais politiquement ils avaient de l'importance : la construction d'un quai ou le dragage d'un canal créaient beaucoup d'emplois et étaient un signe d'influence. Pour s'acquitter de cette tâche délicate, Kingsford avait, en 1879, un personnel de dix membres : un ingénieur adjoint et neuf subalternes ou conducteurs de travaux. De mai à décembre de chaque année, l'adjoint et trois ou quatre subalternes faisaient de l'arpentage tandis que le reste de l'équipe surveillait la progression des travaux ; Kingsford se déplaçait constamment pour superviser, donner des directives, et agir à titre d'ingénieur-conseil. De janvier à avril, lui-même et son personnel restaient à Ottawa afin de rédiger le rapport annuel du département et d'organiser la prochaine série de travaux. Il adorait son rôle et le jouait à merveille.

À force de travailler « loyalement et sans maugréer » sous les ordres de Mackenzie, à la fois premier ministre et ministre des Travaux publics, Kingsford s'attira la méfiance des conservateurs, qui reprirent le pouvoir en octobre 1878. Le 31 décembre 1879, le ministre qui l'avait engagé, Hector-Louis Langevin*, le congédia en alléguant qu'une réorganisation du département avait rendu son poste inutile. Estimant que sa qualité de professionnel devait le mettre à l'abri des intrigues politiques, Kingsford mena une dure et longue bataille pour être réintégré dans ses fonctions. C'est en examinant son cas que les Communes tinrent un de leurs premiers grands débats sur l'incompatibilité du favoritisme traditionnel et du nouveau professionnalisme. Toutefois, comme Langevin estimait qu'il était de mauvaise foi, Kingsford ne se vit accorder rien de plus que six mois de salaire, et ses liens avec le département prirent fin le 29 février 1880.

Empêché de participer aux travaux publics qui allaient contribuer à l'édification du pays, trop fier et peut-être trop vieux (il avait 60 ans) pour se contenter d'exécuter des travaux plus modestes pour l'entreprise privée, Kingsford se remit à écrire. Cependant, au lieu de rédiger encore des commentaires politiques ou des manuels techniques, il choisit cette fois l'histoire du Canada. Ses motifs ne sont pas tout à fait clairs. Il était collectionneur de Canadiana depuis au moins 20 ans et, comme il vivait à Ottawa, les rayons de mieux en mieux garnis de la Direction fédérale des archives du département de l'Agriculture, que dirigeait Douglas Brymner*, l'attiraient. En outre, il établissait un parallèle entre l'ingénieur qui construisait l'armature du pays et l'historien qui édifiait l'esprit national. Quoi qu'il en soit, il consacra le reste de sa vie à une histoire des colonies de l'Amérique du Nord britannique, écrite à partir de documents de première main et se terminant à l'avènement du gouvernement responsable, qu'il situait en 1841. Sa méthode se confondait avec celle de l'ingénieur : il parcourait la documentation comme on arpente un terrain, en extrayait les données pertinentes et les façonnait comme au marteau. Grâce à un régime quotidien sévère, il put rédiger en 12 ans – de 1887 à 1898 – les dix volumes de *The history of Canada*. La production de chaque volume coûtait 1 200 $; il hypothéqua sa maison et ses meubles pour réunir l'argent nécessaire. En 1896, il était presque sans le sou ; seule l'intervention d'amis comme Sandford Fleming* le sauva de la ruine et lui permit de mener son travail à terme.

Kingsford écrivait comme il construisait : en vitesse, sans faire de nuances ni méditer, pressé qu'il était par le temps et les contraintes financières. Par conséquent, même s'il fut l'un des premiers historiens à fréquenter assidûment la Direction fédérale des archives, il n'y fit que des recherches superficielles, au hasard, pour étoffer des idées toutes faites et non pour les modifier. Sa prédilection pour l'histoire militaire, politique et constitutionnelle, bien qu'elle ait reflété les préoccupations de ses contemporains, provenait de ses prédécesseurs. Ses interprétations devaient beaucoup à des précurseurs comme Michel Bibaud*, Robert Christie* et surtout lord Durham [Lambton*]. Il tenait pour acquis que les Britanniques, en conquérant la Nouvelle-France, y avaient apporté la liberté constitutionnelle et le progrès matériel, que l'assimilation des Canadiens français était inéluctable, que le gouvernement responsable était l'héritage unificateur de toutes les colonies de l'Amérique du Nord britannique et qu'en fin de compte le Canada était une seule nation, composée d'un seul peuple habitant une terre commune. Bien que ses vues conventionnelles aient souvent été exprimées avec le zèle d'un révisionniste, ses écarts les plus frappants par rapport aux normes historiographiques étaient moins le produit d'un nouveau savoir que de son excentricité. Écrit dans un style plat et interminable, son ouvrage n'est qu'un tissu de lieux communs, généralement présentés sans ordre, où surgissent des digressions hors de propos.

La diligence et l'esprit de sacrifice de Kingsford suscitèrent les applaudissements du public. En 1889, le Queen's College de Kingston, en Ontario, lui conféra un doctorat honorifique en droit ; en 1896, la Dalhousie University de Halifax fit de même. La Société royale du Canada l'élut au nombre de ses membres en 1890. Pourtant, à son vif dépit, peu de gens – cela devenait de plus en plus évident – avaient la patience de lire ces ennuyeux volumes qu'ils avaient achetés par devoir. Ceux qui appartenaient à la première génération d'historiens professionnels du pays, eux, les lurent. À plusieurs reprises, dans les pages de leur nouveau périodique, la *Review of Historial Publications Relating to Canada*, ils l'accusèrent de ne pas avoir respecté deux de leurs critères : la consultation de toutes les sources et une argumentation cohérente. Certains notaient en passant qu'il avait négligé l'histoire économique et sociale. Toujours prompt à combattre ses adversaires, Kingsford leur répondait dans le *Queen's Quarterly* car, pour des raisons inconnues, le rédacteur en chef de la *Review*, George MacKinnon Wrong*, l'empêchait de le faire dans ses pages. Même si souvent il se défendait fort bien sur des questions de détail, on le prenait de plus en plus pour un amateur. Par bonheur, il ne vécut pas assez longtemps pour souffrir de son déclin. Mais il aurait apprécié le geste de sir William Christopher Macdonald*, magnat du tabac qui en 1898 dota la chaire d'histoire Dr William Kingsford à la McGill University. La dotation portait une rente de 500 $ pour sa veuve, et la reine Victoria y ajouta, en l'inscrivant sur la liste civile, une pension de £100 par an.

La double carrière de William Kingsford éclaire le processus de professionnalisation qui se déroula au Canada à la fin du XIXe siècle. Certes, il manifesta souvent l'insécurité combative de l'autodidacte, mais son ambition, sa volonté et son énergie lui permirent de se hisser aux premiers rangs de la profession encore toute neuve d'ingénieur civil. Peut-être en partie à cause de son irascibilité, il n'atteignit pas la renommée de Samuel Keefer* ou de sir Sandford Fleming ; il ne joua pas non plus un rôle clé dans le progrès technologique ni dans le développement des organisations. Cependant, il fut l'un des premiers praticiens du génie civil, écrivit des livres sur le sujet, occupa de hautes fonctions dans de grandes sociétés privées et dans l'administration fédérale, se battit pour la reconnaissance professionnelle de son métier et, en 1887, participa à la fondation de la Société canadienne des ingénieurs civils. Ce fut le favoritisme traditionnel qui mit fin à ce premier volet de sa carrière. Lorsqu'il se fit historien, les universitaires commençaient à revendiquer le droit de réglementer cette profession. Son but patriotique – contribuer à l'édification d'une nation – était devenu une rengaine et, si sa méthode était conforme aux tendances de l'époque, le produit fini, malgré l'énergie et la sincérité évidentes avec lesquelles il y avait travaillé, n'était pas à la hauteur des nouvelles normes de la profession. C'est pourquoi il fut évincé. Que l'un des grands pionniers du génie civil soit connu surtout, aujourd'hui, comme le type même de l'historien amateur est regrettable.

M. Brook Taylor

William Kingsford fut un correspondant prolifique pour des journaux de Montréal, d'Ottawa, de Toronto et de Londres. Beaucoup de ses articles se trouvent dans les cinq volumes de ses papiers aux AO, MU 1628–1633. Il n'existe aucune bibliographie complète de ses publications, mais on peut consulter : « Bibliography of the members of the Royal Society of Canada », J. G. Bourinot, compil., SRC *Mémoires*, 1er sér., 12 (1894), proc. : 47 ; et ICMH, *Reg*. Ses publications les plus importantes sont : *History, structure and statistics of plank roads in the United States and Canada* (Philadelphie, 1852) ; *Impressions of the west and south during a six weeks' holiday* (Toronto, 1858) ; *The Canadian canals : their history and cost, with an inquiry into the policy necessary to advance the well-being of the province* (Toronto, 1865) ; *A Canadian political coin : a monograph* (Ottawa, 1874) ; *Mr. Kingsford and Sir H. Langevin, C.B. : the case considered with the official correspondence ; a memoir for the historian of the future* (Toronto, 1882) ; *Canadian archaeology : an essay* (Montréal, 1886) ; *The history of Canada* (10 vol., Toronto et Londres, 1887–1898) ; *The early bibliography of the province of Ontario* [...] (Toronto et Montréal, 1892) ; « Sir Daniel Wilson, (died, 6th August, 1892) », SRC *Mémoires*, 1re sér., 11 (1893), sect. II : 55–65 ; « Reply of Doctor Kingsford to the strictures on volume VIII of *The history of Canada* in the *Review of Historical Publications Relating to Canada* », *Queen's Quarterly* (Kingston, Ontario), 5 (1897), n° 1 : 37–52.

La notice biographique de Kingsford dans le *DNB* devrait être consultée avec prudence. L'étude de son importante carrière d'ingénieur reste à faire. Enfin, on trouve un portrait le représentant dans « Decease of fellows – the historian Kingsford and the poet Lampman », SRC *Mémoires*, 2e sér., 5 (1899), proc. : XXIV–XXXI.

AN, MG 27, I, E17, general corr., Kingsford à J. R. Gowan, 8 avril 1889 ; MG 29, A10 ; B1, 26 ; D61 : 4603 ; D98, Kingsford à Charles Belford, 28 nov. 1864, 3 mai 1865 ; E15, 4, file Cosmic time, 1884–1885 ; E29 : 3300–3303 ; RG 5, B9, 73, n° 2346 ; RG 11, A1, 18 ; B1(a), 205–212 ; B1(b), 723–765. — ANQ-M, CE1-63, 29 mars 1848. — AO, MU 455, Kingsford à William Buckingham, 5 sept. 1892. — DUA, Dalhousie Univ., Senate minutes, 1895–1896. — Guildhall Library (Londres), MS 10422/A (St Lawrence Jewry, Londres, parish reg., 19 janv. 1820). — McGill Univ. Arch., RG 4, c.6, 13 déc. 1895. — McGill Univ. Libraries, Dept. of Rare Books and Special Coll., large MSS, William Kingsford. — Musée du Château Ramezay (Montréal), Alfred Sandham, « Montreal illustrated », 3 : 101. — UTFL, MS coll. 106. — Canada, Parl., *Doc. de la session*, 1890, n° 18, app. 19. — *Rev. of Hist. Pubs. Relating to Canada* (Toronto), 1 (1896) : 10–19 ; 2 (1897) : 18–23 ; 3 (1898) : 18–20. — *Globe*, 30 sept. 1898. — *Toronto Herald*, 17 avril 1848. — Queen's Univ. and College *Calendar* (Kingston), 1889–1890: 156. — C. [C.] Berger, *The writing of Canadian history : aspects of English-Canadian historical writing since 1900* (2e éd., Toronto et Londres, 1986). — M. B. Taylor, « The writing of English-Canadian history in the nineteenth century » (thèse de PH.D., 2 vol., Univ. of Toronto, 1984), 2 : 447–458. — J. K. McConica, « Kingsford and whiggery in Canadian history », *CHR*, 40 (1959) : 108–120.

KIRKPATRICK, sir GEORGE AIREY, avocat, homme politique, officier de milice, fonctionnaire et homme d'affaires, né le 13 septembre 1841 à Kingston, Haut-Canada, fils de Thomas Kirkpatrick* et de Helen Fisher ; le 25 octobre 1865, il épousa Frances Jane Macaulay (décédée en 1877), fille de John Macaulay*, et ils eurent quatre fils et une fille, puis le 26 septembre 1883, à Paris, Isabel Louise Macpherson, fille de David Lewis Macpherson, et de ce mariage naquit un fils ; décédé le 13 décembre 1899 à Toronto.

George Airey Kirkpatrick était issu de la branche irlandaise des barons de Closeburn, en Écosse. Son père, qui était le fils d'Alexander Kirkpatrick, shérif en chef de la ville et du comté de Dublin, s'était installé dans le Haut-Canada en 1823 et avait connu une carrière fructueuse à Kingston en qualité d'avocat, d'homme politique et d'homme d'affaires. George Airey passa son enfance d'abord à St Helen's, l'élégante maison de campagne de sa famille, puis après 1852 à Closeburn, dans les limites de la ville. Il fréquenta les meilleures écoles, dont la *grammar school* locale et l'école secondaire de Saint-Jean (Saint-Jean-sur-Richelieu), dans le Bas-Canada. Après une année d'études au Queen's College de Kingston, il s'inscrivit au Trinity College de Dublin, où il obtint sa licence ès arts et son baccalauréat en droit en 1861, après s'être distingué en se classant parmi les premiers et en recevant la médaille d'argent en droit, en littérature et en économie politique.

Kirkpatrick fit ensuite son stage au bureau de son père : trois années lui suffirent, car il possédait déjà un diplôme en droit. Inscrit au barreau en 1865, il devint, selon David Breakenridge Read*, « l'avocat le plus en vue de son temps à Kingston ». Son cabinet demeura en activité pendant toute sa vie et, après sa mort, ses collègues et associés Robert Vashon Rogers et William Folger Nickle* en prendraient la direction. Nommé conseiller de la reine en 1880, Kirkpatrick reçut des doctorats honorifiques en droit du Trinity College en 1884, de la Queen's University en 1893 et de la University of Toronto en 1894.

Au XIXe siècle, Kingston était le lieu de résidence d'un certain nombre d'hommes politiques puissants, dont sir John Alexander MACDONALD, sir Alexander CAMPBELL, sir Richard John Cartwright* et sir Oliver Mowat*. En 1870, malgré son peu d'expérience politique, Kirkpatrick battit le cousin de Cartwright et succéda à son père, Thomas Kirkpatrick, au poste de député conservateur de Frontenac, circonscription à prédominance rurale située aux alentours de Kingston et qu'il allait représenter pendant 22 ans. Au cours de cette période, il fut président du comité permanent des comptes publics (dont les travaux conduisirent à l'adoption, en 1879, de l'Acte à l'effet de modifier les droits de douane et d'accise), exerça les fonctions de président de la chambre des Communes de 1883 à 1887 et fut nommé au Conseil privé en 1891. Il passa néanmoins toute sa carrière politique dans l'ombre des politiciens éminents de Kingston. Personnage mineur au Parlement, il ne parvint jamais à obtenir un poste au cabinet et flirta même avec le parti libéral en 1873, au moment du scandale du Pacifique [V. sir Hugh Allan*]. Lorsque Macdonald refusa de le nommer ministre en 1888, il lui en donna les raisons sans ménagements : « Vous manquez de fermeté à la chambre ; quand vous étiez président, vous aviez peur d'[Edward Blake*] et avez tranché certaines questions parlementaires en donnant tort à vos amis conservateurs. »

Aux Communes, en fait, Kirkpatrick défendit énergiquement les intérêts de Kingston, des entreprises de la ville, de la Queen's University et du Royal Military College of Canada [V. Edward Osborne HEWETT]. Il plaida vigoureusement, aussi, en faveur de l'extension des canaux du Saint-Laurent et des Grands Lacs, réseau particulièrement important pour l'économie de Kingston et des autres ports de l'Ontario. En 1877, il s'intéressa vivement au projet de loi destiné à créer un tribunal de juridiction maritime en Ontario. Nommé lieutenant-gouverneur de sa province le 28 mai 1892, sous le gouvernement de Mowat, il occupa ce poste jusqu'au 18 novembre 1897 ; cette année-là, on le fit chevalier de l'ordre de Saint-Michel et Saint-Georges. Au cours des années 1894 et 1895, pendant qu'il était lieutenant-gouverneur, il joua un rôle majeur, avec le docteur George Ansel Sterling Ryerson*, dans la fondation, à Toronto, de la première section canadienne de l'Association ambulancière Saint-Jean.

Pour Kirkpatrick, les fonctions officielles ne constituaient pas une occupation à plein temps. Il entra dans la milice comme simple soldat à l'époque de l'affaire du *Trent*, en 1861 [V. sir Charles Hastings Doyle*]. Il servit à Cornwall au moment des incursions des féniens, en 1866, à titre d'adjudant dans le 14th Battalion of Rifles. L'année suivante, il passa, avec le grade de major, au 47th (Frontenac) Battalion of Infantry, nouvellement formé, s'éleva au rang de lieutenant-colonel en 1872 et prit sa retraite en 1890. Il commanda l'équipe de tir du Canada à Wimbledon (Londres) en 1876, et pendant les années 1880 fut président de la Dominion Rifle Association. Il transmit son goût pour la vie militaire à l'un de ses fils, George Macaulay Kirkpatrick, qui serait diplômé du Royal Military College of Canada et allait être commandant du génie royal de 1927 à 1930. Kirkpatrick eut aussi d'importants intérêts commerciaux, tout spécialement à titre de président de la Canadian Locomotive and Engine Company, à Kingston, de 1882 à sa mort, et comme membre du conseil d'administration de la Compagnie du chemin de fer canadien du Pacifique, à compter de 1886.

Sir George Airey Kirkpatrick, ce « patricien de la politique », selon l'expression de l'historien Donald Wayne Swainson, se sentait manifestement obligé de promouvoir le bien-être de la collectivité dont il était un chef de file. Cette attitude lui valut le respect général. Quelques années après sa mort survenue en 1899, le député provincial libéral Edward John Barker Pense* obtint des fonds du gouvernement de l'Ontario, du conseil municipal et de la population de Kingston pour faire ériger une immense fontaine à sa mémoire au palais de justice du comté de Frontenac. L'inauguration officielle de ce monument constitua l'événement principal du Homecomers' Festival de la ville, en 1903.

LESLIE H. MORLEY

Canada, chambre de Communes, *Débats*, 1870–1892. — D. B. Read, *The lieutenant-governors of Upper Canada and Ontario, 1792–1899* (Toronto, 1900). — *Daily British Whig*, 13 déc. 1899. — *Globe*, 13 déc. 1899. — *A catalogue of graduates who have proceeded to degrees in the University of Dublin* [...] *with supplements to December 16, 1868*, J. H. Todd, édit. (Dublin et Londres, 1869). — Chadwick, *Ontarian families*, 1 : 152–153. — *Cyclopædia of Canadian biog.* (Rose et Charlesworth), 1. — *Political appointments, 1841–1865* (J.-O. Coté ; 1866). — Carroll Ryan, « George Airey Kirkpatrick », *les Hommes du jour : galerie de portraits contemporains*, L.-H. Taché, édit. (32 sér. en 16 vol., Montréal, 1890–[1894]), sér. 17. — Donald Swainson, « Kingstonians in the second parliament : portrait of an élite group », *To preserve & defend : essays on Kingston in the nineteenth century*, G. [J. J.] Tulchinsky, édit. (Montréal et Londres, 1976), 261–277 ; « Personnel of politics. — P. B. Waite, « The political ideas of John A. Macdonald », *The political ideas of the prime ministers of Canada,* Marcel Hamelin, édit. (Ottawa, 1969), 58. — H. P. Gundy, « The Sir George Kirkpatrick memorial fountain », *Historic Kingston,* n° 7 (1957–1958) : 64–67. — Donald Swainson, « George Airey Kirkpatrick : political patrician », *Historic Kingston,* n° 19 (1970) : 28–40.

KITCHI-MANITO-WAYA (Kakee-manitou-waya, Kamantowiwew, Almighty Voice, connu aussi sous le nom de **Jean Baptiste),** chasseur indien et fugitif, né vers 1875, probablement près du lac aux Canards (lac Duck, Saskatchewan), fils de Sinnookeesick (Sounding Sky), de la tribu des Sauteux des Plaines, et de Natchookoneck (Spotted Calf, Calf of Many Colours), elle-même fille d'Une Flèche [Kāpeyakwāskonam*], chef des Cris des Saules ; il eut quatre femmes et un enfant ; décédé le 30 mai 1897 dans les collines Minichinas, près de Batoche (Saskatchewan).

Almighty Voice grandit dans la réserve indienne One Arrow (Saskatchewan), où il entendit raconter les exploits de son grand-père Une Flèche, qui avait résisté à l'installation dans la réserve jusqu'en 1879, de son père, qui avait participé à la rébellion du Nord-Ouest en 1885 [V. Pītikwahanapiwīyin*], et d'autres anciens de la bande. Ces récits de batailles, de raids et de chasses contrastaient vivement avec l'existence que les Cris des Plaines menaient vers 1895. En effet, leur territoire était alors régi par les Blancs, envahi par des tribus ennemies et grugé par les sang-mêlé. Humiliés, confinés dans leurs réserves, ils devaient porter un sauf-conduit pour se déplacer et obéir à des restrictions de chasse. Dans leur jeunesse, le grand-père et le père d'Almighty Voice avaient traqué de grands troupeaux de bison pour se procurer de la viande ; à présent, les Cris, réduits à la mendicité, devaient attendre que les fonctionnaires fédéraux viennent leur distribuer des bœufs du gouvernement.

D'innombrables victoires dans des compétitions de course tenues à Prince Albert (Saskatchewan) et une réputation bien méritée de tireur et de chasseur hors pair ne parvinrent pas à apaiser l'appétit de gloire d'Almighty Voice ni à le convaincre d'adopter le mode de vie des Blancs. Le 22 octobre 1895, un sergent de la Police à cheval du Nord-Ouest, Colin C. Colebrook, l'arrêta pour avoir tué un bœuf du gouvernement et l'escorta jusqu'à la prison de l'établissement du lac aux Canards. Peut-être parce que l'un de ses gardes lança, à la blague, que le châtiment d'un tel crime était la pendaison (la fin la plus ignoble aux yeux d'un Indien), Almighty Voice décida de réagir ; il s'évada la nuit même. Il se glissa par la fenêtre du poste de garde, parcourut à la course les 6 milles qui le séparaient de la rivière Saskatchewan-du-Sud, nagea dans les eaux glacées et courut encore 14 milles pour se réfugier temporairement dans la cabane de sa mère, dans la réserve. La police le chercha d'abord en vain, et ce n'est que quelques jours plus tard, une fois qu'il eut quitté la réserve, que Colebrook et un traqueur métis retrouvèrent sa trace. Le 29 octobre, ils l'aperçurent près de Kinistino (Saskatchewan). Quand Colebrook s'approcha pour l'arrêter, Almighty Voice le prévint qu'il allait tirer. Comme le sergent s'approchait toujours, Almighty Voice leva son arme à double canon et l'atteignit en plein cœur. Tout de suite après, les policiers intensifièrent leur chasse à l'homme mais, malgré tous leurs efforts, Almighty Voice demeura au large durant 19 mois.

Vers 1895, la Police à cheval du Nord-Ouest et les colons blancs des Territoires du Nord-Ouest avaient toutes les raisons de craindre un soulèvement semblable à celui de 1885. Depuis quelques années déjà, les Indiens se montraient réfractaires et, à plusieurs reprises, ils avaient défié l'autorité de la police. Après le meurtre du sergent Colebrook, d'autres Indiens tirèrent sur des policiers : ainsi le Pied-Noir Charcoal [SI'K-OKSKITSIS]tua un sergent de la Police à cheval du Nord-Ouest pour éviter d'être capturé. En février 1896, le *Prince Albert Advocate,* dans un commentaire sur l'affaire Almighty Voice, disait que les Indiens étaient impudents. « Ils clament maintenant qu'un Indien peut tirer sur un Blanc sans que le gouvernement fasse quoi que ce soit pour le traîner en justice. Ils n'attendent que l'arrivée du printemps et la fonte des neiges pour se venger de prétendus méfaits. » En mai 1897, le commissaire Lawrence William Herchmer*, à la tête de la Police à cheval du Nord-Ouest, demandait des renforts au département des Affaires indiennes et disait s'inquiéter que « l'affaire ALMIGHTY VOICE ne dégénère en un soulèvement général ».

Ces mois furent sûrement très enivrants pour Almighty Voice. Il était désormais un véritable Indien, un guerrier qui perpétuait la tradition de ses ancêtres ; parmi son peuple, certains le considéraient comme un héros. Tout de suite après le meurtre de Colebrook, la police mit Sinnookeesick sous les verrous afin de l'empêcher d'aider son fils. Le 20 avril 1896, le secrétaire d'État sir Charles Tupper* offrit une récompense de 500 $ à quiconque fournirait des renseignements qui permettraient d'appréhender et de condamner Almighty Voice. La proclamation le décrivait comme un jeune homme d'environ 22 ans, mesurant 5 pieds 10 pouces, au teint clair ; « délicat et bien droit », il avait les « mains et les pieds petits et bien conformés, [...] une chevelure sombre et ondulée descendant jusqu'aux épaules, de grands yeux sombres, le front large, les traits anguleux et un nez de perroquet au bout plat, une cicatrice sur la joue gauche allant de la bouche vers l'oreille, une allure féminine ». Pourtant, grâce à l'aide de son peuple et à l'abri que lui offraient le relief accidenté et les bois de la région, le fugitif continuait d'échapper à ses poursuivants. Des messages télégraphiques et des articles de journaux signalaient sa présence au même moment à des centaines de milles de distance. Le 19 juin 1896, l'*Edmonton Herald* reproduisit le reportage d'un journal américain qui annonçait, par erreur, qu'on l'avait capturé à plusieurs centaines de milles au sud-ouest de la réserve One Arrow, c'est-à-dire à Kalispell, au Montana.

Almighty Voice avait prétendu que le bœuf qu'il avait tué appartenait à son père, et non au gouvernement. En janvier 1896, cette affirmation reçut une certaine justification officielle. L'inspecteur John B. Allan, l'un des officiers de police qui le recherchaient, déclara : « on pense de plus en plus, parmi les Métis et d'autres, qu'« Almighty Voice » a d'abord été arrêté sur la foi du témoignage d'un enfant [...] et qu'il n'avait alors commis aucun crime ». Herchmer commenta que l'accusation initiale ne semblait s'appuyer sur aucune preuve et qu'il aurait fallu relâcher le prisonnier dès le lendemain de son arrestation s'il ne s'était pas enfui. Cependant, à cause de la tournure des événements, Almighty Voice n'était plus la victime d'une erreur, mais un « méchant Indien » qu'il fallait traquer.

Après un an et demi de rumeurs et de fausses pistes, la Police à cheval du Nord-Ouest obtint un rapport véridique : le 27 mai 1897, près de l'établissement du lac aux Canards, Almighty Voice et deux compagnons avaient blessé par balle un éclaireur métis de la région. Le lendemain, l'inspecteur Allan partit de l'endroit avec une patrouille de 12 hommes et trouva les trois Indiens dans les collines Minichinas, à quelques milles au sud-est de la réserve One Arrow. Ils avaient creusé un fossé profond dans la partie la plus touffue d'un bosquet de peupliers ; embusqués là, ils blessèrent gravement Allan et un sergent en tirant sur les policiers. La police fit appel à des civils des alentours pour servir de constables spéciaux ; plus tard dans la journée, un petit groupe tenta en vain de prendre d'assaut les Indiens. Le maître de poste de l'établissement du lac aux Canards et un constable furent tués, et un caporal mortellement blessé. Des renforts, parmi lesquels se trouvaient des volontaires civils de Prince Albert, arrivèrent peu après en transportant une pièce de campagne de sept livres, en laiton, et encerclèrent la position d'Almighty Voice.

Le lendemain, le commissaire adjoint John Henry McIllree fut dépêché de Regina sur les lieux avec l'inspecteur Archibald Cameron Macdonell, 24 hommes, une pièce de campagne de neuf livres et une équipe d'artilleurs. Ils arrivèrent le soir même ; dans la nuit, il n'y eut que des échanges de coups de feu sporadiques et quelques salves tirées à l'aide de la pièce de sept livres. Le lendemain matin, pendant que la mère d'Almighty Voice, assise sur une colline voisine, exécutait le chant guerrier de son fils et que des centaines de résidents de la région observaient la scène, la Police à cheval bombarda le bosquet. Puis, n'entendant plus les trois Indiens, les policiers se précipitèrent parmi les arbres, où ils trouvèrent les corps d'Almighty Voice, de son beau-frère Topean et de son cousin Little Saulteaux.

L'affaire Almighty Voice avait vivement inquiété le gouvernement du Canada et la Police à cheval du Nord-Ouest. En commentant le meurtre du sergent Colebrook dans son rapport annuel de 1895, le commissaire Herchmer nota que, « même si la plupart des Indiens [étaient] bien disposés envers la population blanche, l'agitation ou l'esprit de contradiction naturel de quelques jeunes Indiens [pouvaient] susciter des troubles graves à tout moment ». Outre ce que Herchmer appelait « l'esprit de contradiction naturel », la situation économique qui régnait alors dans les réserves était certainement à l'origine d'une partie des actes de rébellion. La chasse et la pêche étaient mauvaises. Les Indiens faisaient valoir que les rations quotidiennes fournies par le gouvernement conformément au traité étaient insuffisantes et qu'il était difficile de gagner de l'argent en travaillant pour les Blancs ou en leur vendant du bois. À cause de la rigueur de l'hiver de 1896–1897, beaucoup de bestiaux, et surtout des bœufs utilisés pour transporter des marchandises ou tirer du bois, étaient morts. Comme John Cotton, surintendant à Battleford (Saskatchewan), le disait dans son rapport de 1897, « un Indien affamé, tout comme un Blanc affamé, n'est pas aussi docile ou satisfait qu'il ne l'est dans des circonstances plus favorables ». Peut-être est-ce l'*Evening Telegram* qui résuma le mieux la tragédie d'Almighty Voice et des Indiens des Territoires du Nord-Ouest dans les années 1890 : « Almighty Voice était le champion d'une race que la civilisation met au pied du mur. Ce qui est extraordinaire, ce n'est pas que de temps à autre un brave secoue le joug, mais que tous les braves ne préfèrent pas la mort soudaine à la lente extinction de leur peuple. »

STANLEY D. HANSON

AN, MG 29, E69 ; RG 10, B3, 8618 ; RG 18, A1, 137–138 ; B1, 1347 ; 1398 ; B5, 2480. — Univ. of Saskatchewan Library (Saskatoon), Morton MS Coll., MSS C550/1/27.1 ; C550/1/31.4. — Canada, Parl., *Doc. de la session*, 1896, n° 15, app. 11 ; 1898, n°s 4, 15. — *Prince Albert Advocate* (Prince Albert, Saskatchewan), 15 févr. 1896. — *Saskatchewan Herald*, 4, 25 juin 1897. — H. A. Dempsey, *Charcoal's world* (Saskatoon, 1978). — John Hawkes, *The story of Saskatchewan and its people* (3 vol., Chicago, 1924), 1. — John Prebble, *My great-aunt Appearing Day, and other stories* (Londres, 1958). — Nan [Nancy Sommerville] Shipley, *Almighty Voice and the red coats* ([Toronto], 1967). — W. B. Cameron, « Almighty Voice, outlaw », *Scarlet and Gold* (Vancouver), 2 (1970) : 46–49. — Al Cooper, « The brave they fought with cannons », *Maclean's* (Toronto), 64 (1951), n° 13 : 16–17, 34, 36. —

H. S. M. Kemp, « Almighty Voice, public enemy n° 1 », *RCMP Quarterly* (Ottawa), 23 (1957), n° 1 : 4–10.

KRIBS, LOUIS P., journaliste, éditeur et auteur, né le 27 février 1857 à Hespeler (Cambridge, Ontario), fils de Ludwig (Lewis) Kribs, menuisier, et d'Elizabeth Pannebecker ; en 1880, il épousa Millie Cliff, et ils adoptèrent six enfants ; décédé le 24 mars 1898 à Ottawa.

Louis P. Kribs fit ses études à Hespeler et, dans sa jeunesse, il travailla dans les « camps de bûcherons au nord de Barrie ». À la fin des années 1870, il amorça sa carrière de journaliste en entrant comme reporter au *Globe* de Toronto mais, peu après, il s'installa à Barrie pour diriger le *Northern Advance*. Ensuite, il devint rédacteur en chef et propriétaire du *Bruce Herald* de Walkerton. Il vendit ce journal en 1884 et retourna à Toronto pour se joindre à l'équipe du *News,* dirigée par l'audacieux Edmund Ernest Sheppard*, d'abord à titre de chef des nouvelles puis, sous le pseudonyme de Henry Pica, d'auteur d'une série populaire d'articles commentant les événements du jour. Selon le critique américain Walter Blackburn Harte, c'est « en luttant pour faire un succès du *News* que [Kribs] accomplit le meilleur travail de sa vie ». Il quitta le *News* et devint, à Ottawa, correspondant parlementaire du *Toronto Daily Mail* durant une session. Cependant, une fois que ce journal eut retiré son appui au gouvernement conservateur [V. Christopher William BUNTING], il démissionna et devint rédacteur en chef du *Daily Standard* de Toronto, journal militant fondé par les conservateurs pendant la campagne fédérale de 1887. Il travailla ensuite pour le *Toronto World,* mais quand le journal conservateur *Empire* fut fondé, plus tard la même année, il en devint le rédacteur aux actualités, puis le correspondant à Ottawa. En 1891, on l'élut président de la tribune de la presse.

Immensément sympathique, Kribs était, selon le journaliste Hector Willoughby Charlesworth*, un « personnage massif et blond qui avait l'air d'un comédien allemand et que l'on surnommait « le Kronprinz ». Charlesworth se souvient aussi que, hautboïste talentueux, il se distrayait souvent, quand il devait rester tard à l'*Empire,* en jouant des « duos mélancoliques » avec le trombone James Watson Curran. Pour Sheppard, qui tentait de revitaliser le *News,* son goût de la plaisanterie, des canards et de la provocation avait été tantôt un atout, tantôt un poids. En 1885, il avait ébahi les lecteurs en annonçant – ce qui était faux – que sir John Alexander MACDONALD quittait la politique. Plus tard la même année, il rapportait que le 65e bataillon de Montréal avait manqué à son devoir dans la rébellion du Nord-Ouest, ce qui valut à Sheppard une poursuite en diffamation. Quatre ans plus tard (il avait alors quitté le *News*), il faillit déclencher une bagarre en déclarant, au cours d'une assemblée tenue en vue des élections municipales de Toronto, que l'*Evening Telegram* de John Ross Robertson* était une « feuille de tourne-casaque ». Même si dans les années 1880 il avait partagé le socialisme radical de William Wallace* et de ses collègues Thomas Phillips Thompson* et Alexander Whyte Wright*, il demeurait, en politique, résolument conservateur. John Stephen Willison* du *Globe,* qui endura ses sarcasmes à Ottawa pendant l'affaire Thomas MCGREEVY en 1891, se rappelait charitablement de lui comme d'un homme « dévoué au « parti », belliqueux quand on diffamait ses idoles, mais si plein d'humanité que sa férocité partisane avait une saveur comique ». On dit que ce fut Kribs qui imagina le slogan conservateur de la campagne électorale fédérale de 1891, la dernière de Macdonald : *Le même homme, la même politique et le même drapeau*.

Comme la plupart des journalistes du centre du Canada, Kribs ne faisait pas mystère de son opposition à la cause de la tempérance. Quand on forma, en 1892, la Commission royale d'enquête sur le commerce de l'alcool au Canada, il démissionna de l'*Empire* pour représenter les brasseries et les distilleries. Le mémoire qu'il soumit à la commission frappait dur : rempli de faits et de chiffres provenant de tous les coins du Canada et des États-Unis, il visait à montrer que « l'ivrognerie est plus fréquente, le crime plus fréquent, les infractions à la loi plus nombreuses tandis que la prospérité générale est moindre sous une loi qui prohibe [la vente d'alcool] que sous une loi qui [la] permet ». En 1894, il rédigea un résumé du rapport de la commission pour la Canadian Brewers' and Distillers' Association. De même, il fut rédacteur en chef de l'*Advocate* de Toronto, qui représenta les intérêts de ces industries durant ses deux années d'existence, soit en 1894 et 1895.

Bien qu'il ait été orangiste, Kribs prit la plume en 1895 pour appuyer la minorité catholique du Manitoba quand l'élimination de leurs droits scolaires devint une question brûlante dans tout le pays [V. D'Alton MCCARTHY]. Dans un opuscule vigoureux et intelligent, il fit valoir que la constitution du Canada comprenait des accords qui garantissaient les droits des minorités. En ne maintenant pas ces accords dans le cas des catholiques du Manitoba, disait-il, le Parlement assurerait le « triomphe de l'utilité sur la justice », « abandon[nerait] de façon méprisable les faibles aux mains des forts » et bafouerait « toutes les règles du fair-play britannique ». Il se plaçait donc sur un plan constitutionnel et moral élevé. L'archevêque de Saint-Boniface, Adélard Langevin*, mentionna son opuscule quand il reprocha au chef libéral Wilfrid Laurier*, qui s'opposait à une loi réparatrice fédérale, de ne pas se prononcer clairement en faveur de la minorité.

Les dernières années de Kribs furent pénibles (de

toute évidence, il souffrait des effets de la fièvre typhoïde), et il mena une existence paisible à Weston (Toronto). Cependant, il prit une part active à la campagne conservatrice de 1896. Il mourut deux ans plus tard au cours d'une visite à Ottawa et fut inhumé à Hespeler.

Journaliste renommé, particulièrement en Ontario, Louis P. Kribs était très populaire parmi ses collègues de toutes tendances, même si ses opinions politiques étaient tranchées. À sa mort, nombreux furent les hommages qui rappelèrent combien il était à la fois compétent, bienveillant et chaleureux. Le *Globe* disait : « La tristesse s'envolait à la vue de sa forte carrure comme au son de sa voix amicale et de son rire franc. C'était un auteur plein de force et d'humour joyeux mais, même s'il pouvait frapper durement un adversaire et le couvrir de moqueries, jamais il n'y avait la moindre goutte de venin dans ses invectives ni dans sa gaieté. La mort de cet être généreux, viril, à l'esprit clair et vigoureux, au cœur bon, laisse – et dans son cas, ce n'est pas simple formule – un vide dans la communauté. »

LOVELL C. CLARK

Louis P. Kribs est l'auteur de : *Report of Louis P. Kribs in connection with the investigation held by the Canadian royal commission on the liquor traffic* (Toronto, 1894) ; et *The Manitoba school question considered historically, legally and controversially* (Toronto, 1895).

AN, MG 26, G, 9, Langevin à Laurier, 11 mai 1895 ; RG 31, C1, 1861, 1871, Hespeler. — W. B. Harte, « Canadian journalists and journalism », *New England Magazine* (Boston), nouv. sér., 5 (1891–1892) : 437. — *Daily Mail and Empire*, 25 mars 1898. — *Evening News* (Toronto), 25 mars 1898. — *Globe*, 25 mars 1898. — *Montreal Daily Star*, 24 mars 1898. — *Toronto World*, 25 mars 1898. — *Canadian men and women of the time* (Morgan ; 1898). — E. E. Eby et J. B. Snyder, *A biographical history of early settlers and their descendants in Waterloo Township*, avec *Supplement*, E. D. Weber, édit. (Kitchener, Ontario, 1971), 254. — Christopher Armstrong et H. V. Nelles, *The revenge of the Methodist bicycle company : Sunday streetcars and municipal reform in Toronto, 1888–1897* (Toronto, 1977). — H. [W.] Charlesworth, *Candid chronicles : leaves from the note book of a Canadian journalist* (Toronto, 1925), 76–81. — Ramsay Cook, *The regenerators : social criticism in late Victorian English Canada* (Toronto, 1985). — J. S. Willison, *Reminiscences, political and personal* (Toronto, 1919), 120.

KY-YO-KOSI. V. POTTS, JERRY

L

LABELLE, FRANÇOIS-XAVIER-ANTOINE (baptisé **Antoine**), prêtre catholique, promoteur de la colonisation, auteur et fonctionnaire, né le 24 novembre 1833 à Sainte-Rose (Laval, Québec), fils d'Antoine Labelle, cordonnier, et d'Angélique Maher ; décédé le 4 janvier 1891 à Québec et inhumé quatre jours plus tard à Saint-Jérôme, Québec.

À l'instar de ses parents, dont le mariage avait été jusqu'alors stérile, Antoine Labelle attribuait sa naissance à l'intercession de saint François-Xavier. C'est pourquoi, à une date indéterminée, il ajouta ces prénoms à celui d'Antoine. Les 35 premières années de son existence sont relativement obscures. Au sortir d'une enfance dont on ignore presque tout, le jeune homme, probablement protégé par son curé, entre en 1844 au petit séminaire de Sainte-Thérèse pour y poursuivre ses études classiques jusqu'en 1852. Ses intérêts, dit-on, vont surtout à l'histoire et à la philosophie. Il lit le comte de Maistre, Balmes, le vicomte de Bonald, mais se passionne tout particulièrement pour l'œuvre de l'apologiste français Auguste Nicolas au point de la posséder presque par cœur. Si les motifs de cet engouement de jeunesse sont mal éclaircis, on sait du moins que cet auteur cherchait notamment à montrer l'accord des tout derniers progrès scientifiques avec les assertions du dogme. Labelle, pour sa part, sera toujours un homme tourné vers l'avenir, fasciné par le progrès et par les possibilités nouvelles offertes par les développements de la science et de la technique, qu'il ne trouvera nullement incompatibles avec la permanence d'une tradition religieuse et culturelle.

La formation proprement cléricale de Labelle est brève. Tout en assumant diverses fonctions au petit séminaire de Sainte-Thérèse, il étudie la théologie de 1852 à 1855. Après une dernière année passée au grand séminaire de Montréal, il est ordonné prêtre dans son village natal le 1er juin 1856, avant même d'avoir atteint l'âge canonique requis. Il fait trois années et demie de vicariat à Sault-au-Récollet (Montréal-Nord) et à Saint-Jacques-le-Mineur, puis Mgr Ignace Bourget* le nomme successivement curé à Saint-Antoine-Abbé, de 1859 à 1863, et à Saint-Bernard-de-Lacolle, de 1863 à 1868. Dans ces deux municipalités de paroisse limitrophes des États-Unis, relativement pauvres et marginales et encore en voie d'organisation, le jeune curé doit affronter à la fois de vives dissensions chez ses coreligionnaires et une forte présence protestante. S'il affirme déjà ses qualités de meneur d'hommes en surmontant ces obstacles, il n'en est pas moins à maintes reprises guetté par le découragement : tantôt il avoue secrètement à son évêque être tenté de regretter sa prêtrise, tantôt il souhaiterait pouvoir se cacher dans un monastère. Assailli de difficultés financières, il doit contracter des dettes. Écrasé sous leur poids, celui qui sera plus tard à juste titre considéré comme l'un des plus ardents champions de la lutte contre l'émigration de ses compatriotes aux États-Unis, est amené, la mort dans l'âme, le 12 novembre 1867, à demander à son évêque de le laisser partir pour un diocèse américain où un salaire plus élevé lui permettrait de solder ses dettes et de payer une pension à sa mère. Plutôt que d'accéder à cette demande, Bourget le nomme, le 15 mai suivant, curé de la paroisse prospère de Saint-Jérôme, poste qu'il occupera jusqu'à sa mort.

À la tête de la paroisse la plus populeuse du comté de Terrebonne, et donc la plus importante sur le plan électoral, Labelle, très tôt, milite activement pour le parti conservateur, alors au pouvoir aux deux niveaux de gouvernement, et pour le député provincial de ce parti, Joseph-Adolphe CHAPLEAU. Habiles et discrètes, ses interventions n'en sont probablement que plus efficaces. Du reste, son concours s'avère d'autant plus précieux au parti que, de l'intérieur même du clergé, il combat les ultramontains qui, à partir de la parution du Programme catholique en 1871 [V. François-Xavier-Anselme Trudel*], entrent publiquement en dissidence et menacent l'hégémonie du « grand parti national ». En retour de ses services, Labelle se trouve particulièrement bien placé pour demander et obtenir des faveurs du gouvernement, comme des subsides nécessaires à la confection de chemins dans les parties reculées de la région. Ses relations politiques l'habilitent également à jouer le rôle de négociateur officieux entre l'Église et l'État dans la préparation de plusieurs projets de loi qui intéressent les deux parties. Ce n'est cependant pas à ce titre, ni même par l'exercice de ses fonctions spécifiquement sacerdotales et curiales, que Labelle passera à l'histoire mais, faut-il le rappeler, comme apôtre de la colonisation et roi du Nord.

Déjà en 1872, on considère Labelle comme le continuateur de l'œuvre d'Augustin-Norbert Morin*, le fondateur de Sainte-Adèle. Il ne va pourtant pas de soi, à cette époque, de pousser la colonisation encore plus loin au nord-ouest de Saint-Jérôme. Même si un certain peuplement sporadique des rives des principaux affluents de la rivière des Outaouais s'est déjà produit, notamment dans le sillage de l'industrie forestière, la région reste largement réputée impropre à la colonisation, à telle enseigne que les projets de Labelle en la matière ne rencontreront souvent que scepticisme et indifférence. Mais le curé croit fermement que « la nation catholique française » est « le cœur du catholicisme dans l'Amérique Septentrionale » et qu'elle est appelée « à jouer le rôle du peuple juif au milieu des nations infidèles ». Dans cette optique, la colonisation constitue pour lui un moyen de reconquête, indissociablement catholique et francophone, par une stratégie formellement légale et pacifique d'expansion et d'occupation territoriales. La terre des Laurentides est la terre promise de son peuple. Convaincu, comme l'historien et sociologue français François-Edmé Rameau de Saint-Père, qu'il a rencontré une première fois en 1860 et qu'il a toujours reconnu comme son inspirateur, que la vallée de l'Outaouais « occupe une position stratégique pour le salut de [la] race [française] », il s'agit tout d'abord pour lui, comme il le confessera un jour à son évêque, d'« enlever aux protestants les comtés d'Argenteuil et d'Ottawa et [de] les assurer pour toujours en la possession des catholiques et tout cela sans le dire ouvertement ». Mais à longue échéance, grâce à une colonisation qui progresserait vers l'Ouest, c'est tout le territoire compris entre Montréal et Winnipeg, et jusqu'à la baie d'Hudson, dont il rêve de faire la conquête. Il espère ainsi concourir, comme il l'écrira à un correspondant français, à l'accomplissement de la « revenche de Montcalm [Louis-Joseph de Montcalm*] », à « la plus grande victoire que jamais nation ait accomplie : conquérir [ses] conquérants ! »

Cette reconquête n'en serait cependant pas une, aux yeux de Labelle, si elle n'était simultanément une reconquête économique. La prospérité de ce royaume du Nord, il l'attend à la fois de l'exploitation de ses ressources agricoles et minières, des manufactures qui s'établiront dans ses villes à venir, du commerce et du tourisme qui s'y développeront, et du réseau de chemins de fer qui le sillonnera. Son projet colonisateur n'est guère l'expression d'un quelconque credo agriculturiste. S'il préconise la mise en valeur agricole de la vallée de l'Outaouais, c'est sur la foi de rapports d'experts de l'époque qui y signalent des étendues considérables de bonnes terres. Mais il est également convaincu que « les richesses minérales sont abondantes dans les Laurentides, que l'or, l'argent et le cuivre s'y trouvent comme en Californie, au Névada et sur le Colorado », et il en presse l'exploitation. Il encourage sa propre paroisse à entrer dans la voie de l'urbanisation et de l'industrialisation, et il joue un rôle certain, par exemple, dans l'établissement à Saint-Jérôme, en 1881, de l'importante fabrique de papier de Jean-Baptiste Rolland*. Mais, en s'inspirant consciemment du modèle américain, c'est principalement sur la construction de chemins de fer qu'il compte pour le développement des nouveaux territoires. Aussi, lorsque quelques mois à peine après son arrivée à Saint-Jérôme se forme la Compagnie du chemin à lisses de colonisation du nord de Montréal, il s'intéresse immédiatement à la réalisation du projet. En 1873, sir Hugh Allan*, le président de la compagnie, et son avocat, John Joseph Caldwell ABBOTT, rendent hommage à ses efforts ; le 9 octobre 1876, lorsque le tronçon Montréal-Saint-Jérôme de la section ouest du Québec, Montréal, Ottawa et Occidental est officiellement inauguré, l'une des deux premières locomotives en service sur la ligne est significativement baptisée « Rév. A. Labelle ». Par la suite, Labelle ne cessera de réclamer le prolongement et la ramification de cette voie.

Labelle ne se contente cependant pas de discourir. Il

explore lui-même la forêt à pied ou en canot. En 1887, il portera à 45 le total de ces voyages dont certains durent de trois à quatre semaines. Il détermine ainsi, de proche en proche, de futurs centres de peuplement, contribuant, au cours des ans, à établir quelque 29 cantons qui forment une vingtaine de nouvelles paroisses. Après avoir pressé le gouvernement de procéder à l'arpentage du territoire et à la confection de chemins, il dirige vers ces lieux des colons, dont on peut estimer le nombre à quelque 5 000.

En marge de ces activités, vers 1879, Labelle gagne à sa cause Arthur Buies* qui, par ses multiples écrits, devient son propagandiste attitré et son premier collaborateur. Devant la croissance du mouvement colonisateur, liée à la grave récession de 1874–1879, le curé cherche à s'assurer des moyens de financement. Il fonde ainsi, en 1879, la Société de colonisation du diocèse de Montréal, et crée, en 1884, la Loterie nationale de colonisation, entreprises dont les résultats seront loin de répondre à ses attentes. De février à août 1885, en mission officielle pour le gouvernement canadien, il parcourt l'Europe dans le but d'attirer immigrants francophones et capitaux au Canada. Dans un autre domaine, ayant préconisé depuis au moins 1879 l'érection de l'évêché d'Ottawa en archevêché, afin d'« avoir toujours une hiérarchie française dans cette province », Labelle, pour en consolider le caractère francophone et éviter qu'un évêque irlandais n'occupe ce poste stratégique, milite à partir de 1887 pour la création d'un nouveau diocèse à Saint-Jérôme, dont l'évêque serait suffragant de celui d'Ottawa.

Le 16 mai 1888, le premier ministre de la province de Québec, Honoré MERCIER, sans doute en partie pour réparer le faux pas politique qu'il avait fait en mettant publiquement en doute l'honnêteté de l'apôtre de la colonisation, l'appelle à occuper le poste de sous-commissaire au département de l'Agriculture et de la Colonisation que vient de créer son gouvernement. Dans ses nouvelles fonctions, Labelle s'emploie tout d'abord, de concert avec le nouveau commissaire des Terres de la couronne, Georges DUHAMEL, à réformer la législation qui régit les concessions forestières : la nouvelle loi qui en résulte, sanctionnée le 12 juillet 1888, a notamment pour effet de supprimer les réserves forestières et d'abolir la réserve perpétuelle du bois de pin. Labelle s'illustre également en obtenant le fameux « bill des 100 acres » en vertu duquel toute famille qui compte 12 enfants vivants peut se faire octroyer gratuitement une terre de 100 acres du domaine public.

Les dernières années de Labelle sont cependant dramatiques. Les conservateurs voient en lui un transfuge et le combattent avec acharnement. Prêtres comme laïques, ils font pression sur son archevêque, Édouard-Charles FABRE, pour qu'il obtienne sa démission et le rappelle dans sa cure. Celui-ci procède à ce rappel mais seulement lorsque, contre sa volonté expresse, Mercier obtient directement de Rome pour son sous-ministre, le 3 juillet 1889, le titre de protonotaire apostolique *ad instar*. En dépit d'une requête unanime du conseil des ministres, il ne pourra conserver ses fonctions : il faudra encore que, sur les instances de Mercier, Léon XIII intervienne par deux fois auprès de Fabre, en novembre 1889 puis en mai 1890. Entre-temps, Labelle, à la demande du gouvernement provincial, effectue un second voyage en Europe, du 9 janvier au 15 septembre 1890, toujours dans le but officiel d'activer l'immigration française, mais aussi pour défendre à Rome et sa réputation et son projet de diocèse contre l'archevêque qu'il accuse de gêner « le mouvement ascensionnel du catholicisme ». Mais Fabre a finalement raison de lui : le 23 décembre 1890, un mot arrive de Rome qui signifie l'échec de son projet. Et cet échec, en lequel culminent de nombreux autres revers, le broie, car son rêve s'effondre par sa base religieuse même. Il estime avoir été « la victime que l'on a couverte de fleurs pour mieux l'immoler ». Son espérance bloquée, c'est à une mort morale qu'il se sent désormais condamné.

Labelle démissionne de son poste de sous-ministre le 26 décembre 1890. Si l'on en croit le correspondant du *Montreal Star* qui l'a interviewé ce jour-là, il désirait dès lors quitter sa cure, se retirer dans son pays de colonisation pour y vivre paisiblement jusqu'à la mort de sa mère, puis vendre ses biens, partir pour l'Europe et aller mourir à Rome. Ainsi, devant un royaume impossible à bâtir, le dernier rêve du curé patriote aurait-il été de quitter à jamais son pays. Après avoir vu Mercier refuser sa démission le 27 décembre, il meurt à Québec dans la nuit du 3 au 4 janvier 1891 à la suite d'une brève maladie.

François-Xavier-Antoine Labelle compte certainement parmi les figures les plus populaires et les plus légendaires de la seconde moitié du XIXe siècle québécois. Il a fasciné et étonné à plus d'un titre son époque : par sa stature physique colossale ; par la liberté de langage qu'il tenait de ses origines populaires ; par la fougue de son tempérament ; par le feu de ses harangues privées et publiques ; par sa fréquentation des grands et sa proximité des humbles ; par sa consécration absolue à la cause de la colonisation, comme par sa générosité proverbiale et peut-être surtout par la démesure même de ses rêves et de ses visions d'avenir qui le faisaient passer tantôt pour un fou et tantôt pour un sage qui sauve son pays. Plus profondément, il a incarné une dimension culturelle fondamentale de la société où il a vécu : né au cœur d'une des régions soulevées par les patriotes en 1837–1838, ayant grandi dans le climat de renouveau religieux des années 1840 où le catholicisme s'affirmait de plus en plus comme religion nationale, le curé Labelle a assumé de tout son être le nationalisme religieux messianisant qui, aux lendemains de l'échec de l'insurrection et du rapport de lord Durham [John George Lambton*], devait progressivement se substituer comme instrument de résistance et de lutte au nationalisme politique virulent et désormais impossible des décennies précédentes. De cette religion, des rêves et des attentes de libération et de salut collectifs qu'elle sous-tendait, il fut à la fois le héros et la victime : il en a vécu et il en est mort.

GABRIEL DUSSAULT

Les papiers d'Antoine Labelle sont aujourd'hui dispersés dans un nombre considérable de dépôts d'archives, dont les ANQ et les ACAM. Pour obtenir plus de renseignements à ce sujet, on consultera la bibliographie de l'ouvrage de Gabriel Dussault signalé ci-dessous.

Outre quelques discours et rapports, Labelle a laissé deux courtes brochures de propagande colonisatrice : *Société de colonisation du diocèse de Montréal* (Montréal, 1879) ; *Pamphlet sur la colonisation dans la vallée d'Ottawa, au nord de Montréal, et règlements et avantages de la Société de colonisation du diocèse de Montréal* (Montréal, 1880).

Sur Labelle enfin, il existe quatre ouvrages d'une certaine ampleur qui sont, dans l'ordre chronologique : É.-J.[-A.] Auclair, *le Curé Labelle, sa vie et son œuvre ; ce qu'il était devant ses contemporains, ce qu'il est devant la postérité* (Montréal, 1930) ; Hélène Tassé, « le Curé Labelle et la Région Labelle (1879–1891) » (thèse de M.A., univ. d'Ottawa, 1968) ; Robert Lévesque et Robert Migner, *le Curé Labelle : le colonisateur, le politicien, la légende* (Montréal, 1979) ; Gabriel Dussault, *le Curé Labelle ; messianisme, utopie et colonisation au Québec, 1850–1900* (Montréal, 1983).

AC, Terrebonne (Saint-Jérôme), État civil, Catholiques, Cathédrale (Saint-Jérôme), 8 janv. 1891. — ANQ-M, CE1-57, 24 nov. 1833.

LABELLE, JEAN-BAPTISTE, musicien, compositeur, professeur et marchand, né en septembre 1825 à Burlington, Vermont, et baptisé le 13 novembre 1825 à Montréal, fils de Jean-Baptiste Labelle, charron, et de Marie Alain ; le 9 juillet 1849, il épousa à Chambly, Bas-Canada, Sophie Porlier, chanteuse, puis le 23 octobre 1860 à Québec Marie-Eugénie-Henriette Morin ; quatre fils et cinq filles lui survécurent ; décédé le 9 septembre 1898 à Montréal.

Jean-Baptiste Labelle fut formé par des maîtres illustres : Joseph Bossu, dit Lyonnais, de Québec, Leopold von Meyer, pianiste autrichien qui effectua des tournées en Amérique du Nord entre 1845 et 1847, et Sigismund Thalberg, virtuose allemand ou autrichien qui lui donna des leçons de piano à Boston entre décembre 1856 et janvier 1857. Il réalisa peut-être également, entre décembre 1856 et juin 1857, le projet d'étudier en Europe. Les enseignements de Meyer et de Thalberg influencèrent sa carrière de pianiste et de compositeur. Labelle fut probablement le premier virtuose canadien à se faire entendre hors de son pays, dans une tournée de concerts, en octobre 1857, qui le conduisit dans différentes villes des États-Unis et d'Amérique du Sud. Par ailleurs, quelques programmes de concerts, à partir de 1856, comprennent une fantaisie pour piano qu'il composa et qui consistait vraisemblablement en arrangement d'airs d'opéras de Bellini et Donizetti, entre autres, dans laquelle le pianiste tente de créer des émotions généralement associées à l'art des chanteurs au théâtre.

Le goût de Labelle pour la musique dramatique se révèle encore dans les programmes de concerts au cours desquels il fut pianiste accompagnateur de son épouse Sophie Porlier et d'autres chanteurs, en particulier entre 1856 et 1860, mais aussi dans la composition d'au moins trois cantates : *la Confédération, la Conversion d'un pêcheur* [...] et *la Croisade canadienne*. Labelle s'imposa également au concert. En 1863, par exemple, il dirigea la Société philharmonique canadienne de Montréal, ensemble de 29 musiciens professionnels et amateurs, qui retint l'attention du moment par sa taille et sa formation toutes classiques. À un niveau plus modeste mais non moins important pour l'époque, il participa à nombre de manifestations musicales à caractère patriotique et à des concerts de charité.

Dans le domaine de la musique religieuse, Labelle occupa également une place importante, à titre d'organiste de l'église de Boucherville, dès l'âge de 15 ans, puis de celle de Chambly, de 1846 à 1849, et enfin de l'église Notre-Dame à Montréal, de septembre 1849 jusqu'en 1891. On ignore tout cependant de sa formation comme musicien d'église, si ce n'est qu'il fut un disciple de Vincent Novello, compositeur et éditeur anglais d'origine italienne, dont il contribua à répandre la musique religieuse au Canada et qu'il avoua avoir pris pour modèle dans ses propres compositions. Le *Répertoire de l'organiste,* que Labelle publia en 1851 et qui connut au moins dix éditions, ne présente donc guère d'originalité sous ce rapport. Mais l'intention de rendre uniforme l'accompagnement des messes, proses, hymnes, psaumes et motets demeure une entreprise louable et probablement en avance sur son temps. Le deuxième recueil de Labelle, *les Échos de Notre-Dame,* connut une fortune contraire. La première livraison de six « mottets [...] pour les saluts du Saint-Sacrement », qu'il offrit au public en 1887 avec la promesse d'une suite en cas de réception favorable, fut aussi la dernière.

Labelle n'a pas échappé à la pratique courante, au XIXe siècle, qui faisait d'un musicien professionnel un professeur de musique recherché. Il enseigna à divers moments de sa carrière au petit séminaire de Montréal, au collège Sainte-Marie, à l'école normale Jacques-Cartier, aux pensionnats Villa-Maria et du Mont-Sainte-Marie, au couvent de Sainte-Anne, à Lachine, et, vers la fin de sa vie, au collège du Mont-Saint-Louis. Une notice nécrologique le présente comme « un professeur profondément dévoué ».

Malgré le nombre et l'importance des fonctions que

Labelle exerça, ses revenus furent probablement insuffisants pour faire vivre sa nombreuse famille et lui permettre de se consacrer à la composition d'œuvres autres qu'utilitaires ou de commande. Voilà pourquoi, sans doute, Labelle s'engagea dans le commerce des pianos en 1855, puis fonda, en 1865, la société Labelle et Rodier, logée au 247 Notre-Dame et spécialisée dans le commerce des pianos et des partitions ; l'entreprise semble avoir disparu vers 1867.

La carrière de Jean-Baptiste Labelle reflète assez bien les exigences de la profession de musicien dans la deuxième moitié du XIXe siècle à Montréal, où compétence, polyvalence et service allaient de pair. Doté d'un talent que lui reconnurent d'emblée près de 30 musiciens professionnels et amateurs les plus en vue de Montréal en 1857, Labelle a apparemment été tenu en haute estime comme interprète, professeur, conseiller en matière d'orgue et de piano, et compositeur, durant plus de trois décennies. La relative abondance de sa production musicale atteste d'une maîtrise de l'art musical, mais elle reste circonscrite dans des cadres et des formes peu propices à son exploitation : la musique religieuse n'ouvre pas d'horizons nouveaux à l'univers de la musique liturgique catholique dont les lignes restent floues en ce XIXe siècle. Sa musique profane reflète certes son patriotisme ardent comme celui de nombreux intellectuels de l'époque, mais elle n'en demeure pas moins de circonstance dans ses sujets et conventionnelle dans son style. C'est peut-être dans ses fonctions pédagogiques que Labelle sut le mieux, avec les Charles-Gustave SMITH, Paul Letondal, Moïse Saucier, Romain-Octave Pelletier*, Guillaume Couture* et autres, apporter une contribution plus remarquable, en participant activement à un mouvement général au Canada en faveur d'un enseignement musical supérieur pour lequel ses dons et sa formation le qualifiaient pleinement.

LUCIEN POIRIER

Jean-Baptiste Labelle est l'auteur d'une soixantaine de compositions. Voici la liste de ses œuvres et ouvrages les mieux connus d'après l'ordre chronologique de composition ou de première publication : « *Marche canadienne* pour cornet et piano », *Album littéraire et musical de la Rev. canadienne* (Montréal), 1846 : 28 ; *Répertoire de l'organiste, ou Recueil de chant-grégorien à l'usage des églises du Canada* (Montréal, [1851]) ; « [Musique pour] *Souhaits du Nouvel An* » dont Joseph Lenoir*, dit Rolland, a écrit les paroles, *le Moniteur canadien* (Montréal), 3 janv. 1852 ; *Avant tout je suis Canadien,* dans *le Chansonnier des collèges mis en musique* (3e éd., Québec, 1860), 7–9 ; *O Canada, mon pays, mes amours,* chant patriotique écrit par sir George-Étienne Cartier* qui fait partie de la cantate *la Confédération* et qui connut de nombreuses éditions dont la première serait antérieure à 1868 ; [Musique pour] *la Confédération,* paroles d'Auguste Achintre* (s.l., [1868]) ; [Musique pour] *la Conversion d'un pêcheur ; opérette canadienne,* paroles d'Elzéar Labelle (Montréal, s.d.) ; « [Musique pour] *Chant des zouaves canadiens, 1870* », paroles d'Alphonse Bellemare, *l'Album musical* (Montréal), déc. 1881 ; « [Musique pour] *Ma fiancée* », romance écrite par Elzéar Labelle et publiée dans son livre *Mes rimes* (Québec, 1876), 95–96 ; « [Musique pour] *Chanson du Jour de l'An* », paroles de Benjamin Sulte*, *Album de la Minerve* (Montréal), 1 (1872) : 31–32 ; musique de deux chants patriotiques pour la fête du 24 juin 1874 : *la Saint-Jean Baptiste,* sur des paroles d'Elzéar Labelle et *O Canada, vois sur ces rives,* d'Eustache Prud'homme, publiés dans la *Rev. canadienne,* 11 (1874) : 455–457 ; « *Rien n'est si beau que mon couvent* », *le Canada musical* (Montréal), 1er avril 1878 ; *la Croisade canadienne* (s.l., [1886]) ; [Musique pour] *le Retour du zouave !,* paroles d'Alphonse Bellemare (s.l.n.d.) ; *les Échos de Notre-Dame* (Montréal, [1887]) ; « *Quadrille national canadien* extrait des chants canadiens les plus populaires », *le Passe-Temps* (Montréal), 17 juin 1916 : 230–234. On attribue aussi à Labelle la compilation de *les Chansons les plus populaires.* Le portrait de Labelle a été reproduit entre autres dans *le Passe-Temps,* 17 juin 1916.

ANQ-M, CE1-39, 9 juill. 1849 ; CE1-51, 13 nov. 1825, 13 sept. 1898. — ANQ-Q, CE1-1, 23 oct. 1860. — *L'Art musical* (Montréal), avril, sept. 1898. — *Les Beaux-Arts* (Montréal), 1er avril, 1er mai 1863, 25 avril 1864. — *Le Canada musical,* 1er mars, 1er mai, 1er oct. 1878, 1er févr., 1er août 1879. — *Journal de l'Instruction publique* (Québec et Montréal), 1 (1857) ; 3 (1860). — *La Minerve,* 25 oct., 3 déc. 1849, 31 déc. 1853, 2 févr., 26 mars, 20 déc. 1856, 31 janv., 11 févr., 18, 21, 25 nov. 1857, 19, 23 juin, 30 oct., 24 déc. 1858, 24 janv. 1860, 24 juin 1874. — *Le Passe-Temps,* 1er oct. 1898. — *La Presse,* 10 sept. 1898. — *Catalogue of Canadian composers,* Helmut Kallmann, édit. (2e éd., Toronto, 1952 ; réimpr., St Clair Shores, Mich., 1972). — *Chansons sur textes français II,* Lucien Poirier, édit. (Ottawa, 1987), xxxvi, xxxix, xlii, 26–27, 52–53, 110–111. — *Dictionnaire biographique des musiciens canadiens* (2e éd., Lachine, Québec, 1935), 139–140. — *DOLQ,* 1 : 492–493. — *Encyclopédie de la musique au Canada* (Kallmann *et al.*), 545–546. — A.-G. Lyonnais, *Généalogie de la famille Lyonnais en Canada* (Ottawa, 1901), 49. — *Montreal directory,* 1852–1898. — *Musiciens au Canada : index bio-bibliographique,* K. M. Toomey et S. C. Willis, édit. (Ottawa, 1981), 59. — Willy Amtmann, *la Musique au Québec, 1600–1875,* Michelle Pharand, trad. (Montréal, 1976), 385–386. — Maria Calderisi [Bryce], *l'Édition musicale au Canada, 1800–1867* (Ottawa, 1981), 15. — Adélard Desrosiers, *Histoire de la musique, de l'antiquité à nos jours* (Montréal, 1939), 70, 80. — Clifford Ford, *Canada's music : an historical survey* (Agincourt [Toronto], 1982), 41. — Helmut Kallmann, *A history of music in Canada, 1534–1914* (Toronto et Londres, 1960), 96–97, 104, 138, 238 ; « Historical background », *Music in Canada* ([Toronto], 1955), 23. — Labarrère-Paulé, *les Instituteurs laïques,* 207. — M. P. Lagacé, *les Chants d'église en usage dans la province ecclésiastique de Québec* [...] (Paris, [1860]). — Jeanne d'Arc Lortie, *la Poésie nationaliste au Canada français (1606–1867)* (Québec, 1975), 282, 287. — L.-P. Morin, *Papiers de musique* (Montréal, 1930), 74. — [C.] G. Smith, *Compte-rendu de la réception de l'orgue de la chapelle wesleyenne* [...] (Montréal, 1861), 13. — John Hare, « la Cantate de la

Confédération », Soc. bibliographique du Canada, *Cahiers* (Toronto), 5 (1966) : 95–103. — O.[-M.-H.] Lapalice, « les Organistes et Maîtres de musique à Notre-Dame de Montréal », *BRH*, 25 (1919) : 247. — Réal Vautour, « Trois quadrilles canadiens du 3e quart du XIXe siècle », Assoc. pour l'avancement de la recherche en musique du Québec, *Cahiers* (Montréal et Québec), 4 (1984) : 33–45.

LAFLAMME, TOUSSAINT-ANTOINE-RODOLPHE, avocat, professeur et homme politique, né le 15 mai 1827 à Montréal, fils de Toussaint Lebœuf, dit Laflamme, marchand, et de Marguerite-Suzanne Thibodeau ; décédé célibataire le 7 décembre 1893 au même endroit.

Après avoir fait ses études classiques au petit séminaire de Montréal de 1835 à 1845, puis son stage de clerc auprès de l'avocat Lewis Thomas Drummond*, Toussaint-Antoine-Rodolphe Laflamme est admis au barreau le 6 octobre 1849. Il devait avoir, comme avocat, la carrière la plus brillante : une clientèle considérable, des causes importantes, des fonctions de confiance au sein de sa profession et des honneurs. D'abord associé à Charles Laberge*, jeune avocat lié comme lui à l'Institut canadien de Montréal et au journal *l'Avenir* de cette ville, Laflamme pratique ensuite avec son frère Godefroy. Vingt-cinq ans environ après son admission au barreau, il se lance dans la politique active ; on le considère alors comme le personnage principal du bureau bien en vue de Laflamme, Huntington et Laflamme. Parmi ses causes célèbres, on remarque la défense des seigneurs en 1857 et 1858 à propos de l'indemnité relative à l'abolition des droits seigneuriaux, la défense des *raiders* de St Albans, au Vermont, en 1864 [V. Charles-Joseph Coursol*] et, en 1869–1870, la poursuite engagée au nom de la veuve de Joseph Guibord* contre le curé et les marguilliers de la paroisse Notre-Dame de Montréal [V. Alexis-Frédéric Truteau*]. Laflamme est le premier avocat de Mme Guibord devant la Cour supérieure en 1869, mais Joseph Doutre* se joint vite à lui ; aux autres instances, et jusqu'à l'appel au Conseil privé de Londres, qui rendra une décision favorable à la fin de 1874, c'est Doutre qui a la responsabilité du dossier.

Laflamme obtient en 1856 une licence en droit du McGill College. À plusieurs reprises, à compter de l'année suivante, il est membre du conseil du Barreau du Bas-Canada ; de 1864 à 1866, il est bâtonnier. En 1863, il reçoit le titre de conseiller de la reine. Pendant plusieurs années, il enseigne, à temps partiel comme les autres professeurs, le droit immobilier à la faculté de droit du McGill College, où on lui confère en 1873 un doctorat honorifique en droit civil. Laflamme refuse deux ans plus tard un poste à la Cour suprême du Canada, nouvellement créée.

Laflamme a été des premières années de l'Institut canadien de Montréal. La première historiographie de l'institut, qui a bien un demi-siècle, le lie étroitement aux Louis-Antoine DESSAULLES et Joseph Doutre, alors que son rôle fut beaucoup plus restreint. Après 1848, son nom ne figure ni dans les listes de membres des comités de direction ni comme conférencier. En novembre 1845, Laflamme, alors âgé de 18 ans, est élu pour six mois secrétaire archiviste de l'Institut canadien. Deux ans plus tard, il fait partie de la douzaine de jeunes gens qui forment le comité des collaborateurs du directeur-gérant Jean-Baptiste-Éric Dorion* à *l'Avenir,* réorganisé quelques mois après sa première parution, le 16 juillet 1847. Au mois de mai 1848, il est élu pour une demi-année président de l'institut avec, au comité de direction, les Jean-Baptiste-Éric Dorion, Joseph Papin* et Joseph Doutre, précisément au moment où se manifeste à l'institut le clivage, voire l'opposition, entre des partisans de *l'Avenir* et ceux de *la Minerve* [V. Joseph Papin].

Au mois d'octobre 1849, paraît dans les journaux anglophones de Montréal le Manifeste annexionniste, issu des milieux d'affaires, auquel *l'Avenir* va s'empresser de donner son appui. L'annexion aux États-Unis, écrit Laflamme dans le numéro du 13 octobre, conduirait à la prospérité, au progrès, et donnerait un sens à l'éducation. Le jeune avocat – nouvellement reçu – est élu, au début de novembre, au conseil de l'Association d'annexion de Montréal, tout comme Papin, alors que le notaire Denis-Emery Papineau fait partie des vice-présidents et Antoine-Aimé DORION des secrétaires. Au début de 1852, lorsque *le Pays* remplace *l'Avenir* qui a cessé momentanément de paraître, on songe à adjoindre à deux rédacteurs, Louis-Antoine Dessaulles et Louis Labrèche-Viger*, huit collaborateurs, dont Laflamme. Le projet de collaboration ne se réalise cependant pas.

Le nom de Laflamme figure sur les listes publiées des membres de l'Institut canadien en 1852, puis en 1855. Il compte parmi les personnes qui demandent en 1852 à l'Assemblée législative de la province du Canada la reconnaissance juridique de l'institut. C'est lui qui invite le jeune Wilfrid Laurier*, qui a été son étudiant au McGill College et clerc dans son bureau d'avocats, à joindre l'institut. En 1865, « *R. Laflamme* – Avocat ; Conseil de la Reine – Professeur de Droit – Bâtonnier du Barreau de Montréal » est l'un des 17 membres catholiques de l'Institut canadien qui en appellent à Rome des censures de l'évêque de Montréal, Mgr Ignace Bourget*, contre l'association [V. Joseph Doutre]. À l'inauguration du nouvel édifice de l'institut, en décembre 1866, on le présente comme un invité d'honneur et, l'année suivante, on le nomme membre du comité de souscription créé pour tirer l'institut de ses difficultés financières.

Contrairement à plusieurs des vedettes du journal *l'Avenir* qui tentent de se faire élire comme députés dès 1851 et surtout en 1854, Laflamme attend pour briguer les suffrages des électeurs, ce qui ne l'empêche pas d'être reconnu comme « rouge », démocrate, puis libéral, ou encore, de participer à compter de 1864 au mouvement d'opposition au projet de confédération. À la fin de 1871 et au début de 1872, dans les milieux influents du parti, il s'est prononcé contre la transformation du parti libéral en parti « national ». Candidat lui-même aux élections fédérales de 1872, dans la circonscription de Jacques-Cartier, il est élu député. En janvier 1874, à la suite du scandale du Pacifique [V. sir John Alexander MACDONALD ; sir Hugh Allan*] et de la formation du ministère libéral d'Alexander MACKENZIE, il est réélu sans opposition.

Déjà influent parmi les libéraux de la province de Québec, important aussi relativement au favoritisme dans la région montréalaise, Laflamme devient ministre du Revenu de l'intérieur le 9 novembre 1876 ; il remplace alors Félix GEOFFRION qui a démissionné. Soumis à la réélection, il l'emporte de justesse le 28 novembre contre Désiré Girouard* et les forces ultramontaines. À compter du 8 juin 1877 (le célèbre discours de Laurier sur le libéralisme politique, à Québec, date du 26 juin), il occupe plutôt le très important poste de ministre de la Justice, jusqu'à la chute du ministère Mackenzie, en octobre 1878. Défait aux élections générales de 1878 et de 1882, Laflamme retourne à la pratique du droit mais demeure un personnage en vue du parti libéral.

Un contemporain, Laurent-Olivier David*, dans un article de 1876, fait ressortir la compétence de Toussaint-Antoine-Rodolphe Laflamme comme avocat, son élégance, ses goûts un peu excentriques, et même sa générosité. Mais en 1894, après la mort de Laflamme, survenue le 7 décembre 1893 après quelques jours de maladie, il écrit : « mieux eût valu pour Laflamme qu'il ne fût jamais entré dans la politique [...] Il y a perdu sa fortune [...] et n'a rien ajouté à sa réputation. » Pour une part, ce jugement a quelque chose à voir avec les différences d'orientation et de relations, à l'intérieur du parti libéral, des deux hommes. David retient par ailleurs que, contrairement à Joseph Doutre, par exemple, Laflamme « resta et mourut catholique ».

JEAN-PAUL BERNARD

AN, MG 24, B50, 2, É.-R. Fabre à E. B. O'Callaghan, 11 janv. 1852; MG 30, D1, 17: 152–155. — ANQ-M, CE1-51, 16 mai 1827, 11 déc. 1893. — « The annexation movement, 1849–50 », A. G. Penny, édit., *CHR*, 5 (1924) : 237. — *Institut-canadien en 1852*, J.-B.-É. Dorion, édit. (Montréal, 1852). — *Institut-canadien en 1855*, J.-L. Lafontaine, édit. (Montréal, 1855). — *L'Événement*, 9 déc. 1893. — *Montreal Daily Star*, 8 déc. 1893. — *L'Opinion publique*, 14 déc. 1876. — J. D. Borthwick, *Montreal, its history, to which is added biographical sketches, with photographs, of many of its principal citizens* (Montréal, 1875). — J.-J. Lefebvre, *le Canada, l'Amérique : géographie, histoire* (éd. rév., Montréal, 1968). — « Les Sources imprimées de l'histoire du Canada français », P.-G. Roy, édit., *BRH*, 31 (1925) : 493. — *Standard dict. of Canadian biog.* (Roberts et Tunnell). — Wallace, *Macmillan dict.* — Réal Bélanger, *Wilfrid Laurier ; quand la politique devient passion* (Québec et Montréal, 1986). — Bernard, *les Rouges*. — Pierre Beullac et Édouard Fabre Surveyer, *le Centenaire du barreau de Montréal, 1849–1949* (Montréal, 1949), 64–68. — L. C. Clark, *The Guibord affair* (Montréal, 1971). — L.-O. David, *Mes contemporains* (Montréal, 1894). — Frost, *McGill Univ.*, 1. — Maurault, *le Collège de Montréal* (Dansereau ; 1967). — Léon Pouliot, *Mgr Bourget et son temps* (5 vol., Montréal, 1955–1977), 4. — Rumilly, *Hist. de la prov. de Québec*, 1–6. — D. C. Thomson, *Alexander Mackenzie, Clear Grit* (Toronto, 1960).

LAFLÈCHE, LOUIS-FRANÇOIS, prêtre catholique, homme politique, professeur, auteur, administrateur scolaire et évêque, né le 4 septembre 1818 à Sainte-Anne-de-la-Pérade (La Pérade, Québec), fils de Louis-Modeste Richer-Laflèche, cultivateur, et de Marie-Anne Joubin-Boisvert ; décédé le 14 juillet 1898 à Trois-Rivières, Québec.

Le grand-père de Louis-François Laflèche, Modeste Richer-Laflèche, que l'abbé Joseph Moll qualifie de « vieux grogneur qui n'est pas du tout d'accommodement », scandalise les autorités religieuses par son esprit d'indépendance et ses convictions nationalistes, mais il n'en demeure pas moins un maître chantre renommé de 1770 à 1834 et un éducateur hors pair pour le futur évêque. Plus effacé, le père de ce dernier, Louis-Modeste, gère habilement une terre, située à Sainte-Anne-de-la-Pérade, et neuf autres propriétés ainsi qu'une part du fief Sainte-Marie, reçue en copropriété de son beau-père Augustin Joubin-Boisvert, seigneur et bourgeois de la North West Company. Il tâte aussi du commerce (achat, vente ou échange d'animaux et de terres), du prêt hypothécaire et, pendant un temps, de l'industrie forestière (scierie sur la rivière à la Lime).

Du côté maternel, Laflèche descend d'une Indienne de l'Ouest dont la fille, Marie-Anne Gastineau, est une Métisse qui a mené au Bas-Canada une existence presque cachée, consacrée à la prière et à la lecture des vies de saints ; « tranquille, solitaire », cette dernière avait gardé la nostalgie des plaines lointaines et transmis à son petit-fils un peu de ce sang indien dont se gausseront certains de ses adversaires.

Les Richer-Laflèche ont sept enfants, dont cinq survivent : deux filles et trois garçons ; Louis-François devient le cadet par la mort en 1821 du dernier-né. Voisine de l'église et du marchand libéral Pierre-Antoine Dorion* – le ciel et l'enfer ! –, la famille est dirigée d'une main ferme par la mère qui préconise une éducation sévère, encore accentuée à partir de 1823 par l'arrivée de l'instituteur Craig Morris comme pensionnaire. L'un et l'autre initient aux connaissances usuelles le jeune Louis-François, qui est également invité à l'école latine de l'ancien curé Joseph-Marie Morin en vue de se préparer à des études classiques.

Laflèche devient pensionnaire au séminaire de Nicolet le 12 octobre 1831 : d'abord élève du cours classique, jusqu'en 1838, il y demeure jusqu'en 1844 comme étudiant en théologie et professeur. Il réussit bien dans ses études et prend goût à l'histoire, aux sciences et aux travaux pratiques (jardinage et bricolage). Quand arrive le moment du choix d'un état de vie, il décide de se faire prêtre séculier, guidé en cela par son directeur spirituel (et directeur des élèves), l'abbé Joseph-Onésime Leprohon*.

Retenu à titre de professeur à son alma mater, Laflèche est successivement chargé de la classe de troisième (versification), de belles-lettres et de rhétorique. Il s'avère bon pédagogue, ferme et autoritaire, mais sait aussi « se faire chérir des Écoliers ». On le nomme économe de la maison pour l'année 1840–1841 ; cependant cette surcharge le fatigue, et le procureur Charles Harper* note qu'il a besoin de repos, « plus pourtant du côté de l'esprit que du corps ». Il a peu de temps à consacrer à la théologie – il fera preuve plus tard de bonnes connaissances en morale et en Écriture sainte, acquises pendant son séjour dans l'Ouest canadien –, mais il profite à plein du nouveau climat intellectuel créé par le préfet des études, l'abbé Jean-Baptiste-Antoine Ferland*, et par l'amélioration de la bibliothèque.

Tonsuré le 3 septembre 1838, Laflèche reçoit les ordres mineurs le 28 mai 1840, le sous-diaconat et le diaconat les 27 et 29 mai 1843 ; il entreprend l'année scolaire 1843–1844 comme diacre. Il semble bien que les autorités nicolétaines, qui se plaignent de se voir enlever leurs meilleurs sujets au profit de Québec, veulent s'assurer le plus longtemps possible les services de cet ecclésiastique exceptionnel dont on vante « les connaissances variées et étendues » mais « cachées ». Cependant, le brillant professeur de rhétorique est bientôt appelé vers de nouveaux horizons.

En décembre 1843, à l'invitation de Mgr Joseph-Norbert Provencher*, auxiliaire de l'évêque de Québec pour le district du Nord-Ouest, Laflèche accepte de rejoindre la poignée de missionnaires de la colonie de la Rivière-Rouge (Manitoba). Ordonné prêtre le 4 janvier 1844, il passe l'hiver à Saint-Grégoire (Bécancour, Québec), près de Nicolet, à titre de vicaire auprès d'un ancien missionnaire, Jean Harper ; il s'embarque pour l'Ouest, à Lachine, le 27 avril suivant. Mal en point pendant presque tout le trajet pour avoir négligé de prendre « quelques remèdes avant de partir », il commence à souffrir des rhumatismes dont il ne réussira jamais à se libérer.

Laflèche arrive à Saint-Boniface (Manitoba) le 21 juin 1844 et il demeure dans l'Ouest jusqu'en 1856. Après quelques courses infructueuses dans les Prairies, il va fonder, avec l'oblat Alexandre-Antonin TACHÉ, la mission d'Île-à-la-Crosse (Saskatchewan) où, de 1846 à 1849, il assure l'intendance de la « maison-omnibus » et l'évangélisation des Indiens qui résident au fort ou dans les environs, pendant que son compagnon se consacre aux voyages lointains, notamment au lac du Caribou (lac Reindeer) et au lac Athabasca. Après trois ans, rappelé à Saint-Boniface par Mgr Provencher qui l'a fait nommer son coadjuteur *cum futura successione,* il refuse péremptoirement à cause de son état de santé pitoyable. Fort opportunément, son mal empire : « Il se complaît dans ses infirmités parce qu'elles l'empêchent d'être Évêque, charge qu'il aurait été difficile de lui faire accepter », note Mgr Provencher qui jette désormais son dévolu sur le jeune Taché.

Laflèche s'installe à Saint-Boniface jusqu'en 1856. Il y fait du ministère « à la façon des curés du Canada » ; quand sa santé le lui permet, il dessert les Métis de la prairie du Cheval-Blanc (Saint-François-Xavier) et les accompagne à la chasse au bison en 1850 et 1851. Il y frôle la mort de près lorsqu'une bande de Sioux attaque son groupe. Vicaire général du diocèse et administrateur pendant les absences et à l'occasion de la mort de Mgr Provencher, Laflèche participe également à l'administration temporelle de la colonie de la Rivière-Rouge. Nommé au Conseil d'Assiniboia en 1850, il intervient régulièrement en faveur des Métis et mérite des éloges du gouverneur sir George Simpson* pour ses qualités de bon sens, de modération et de dévouement. Pendant ses loisirs, il se documente sur plusieurs sujets, car il se dit obligé « d'être avocat, notaire, charpentier, & & », et il approfondit sa science théologique en lisant *Histoire universelle de l'Église catholique* (29 vol., Paris, 1842–1849) de l'abbé René-François Rohrbacher ; il n'y a pas que de l'humour dans ses paroles à Benjamin PÂQUET : « Quant à moi, j'ai appris toute ma théologie dans l'Histoire du père Rohrbacher et je suis convaincu que vous n'apprendrez rien de plus au collège romain. »

Cependant, la santé de Laflèche se détériore encore. En 1854, il revient une première fois dans l'Est pour se reposer et régler quelques problèmes familiaux ; il en profite pour rédiger un long texte sur la Rivière-Rouge, dans le *Rapport sur les missions du diocèse de Québec*. Revenu à Saint-Boniface en mai 1855, il doit toutefois en repartir définitivement en juin 1856, « alla[nt] redemander à sa terre natale une santé épuisée par douze années d'un généreux dévouement ». Jamais il n'oubliera ses amis de l'Ouest – il y retournera quatre fois (en 1880, 1887, 1892 et 1894) – ni ses compatriotes exilés qu'il a rencontrés à St Paul (Minnesota) et dans les environs au cours de ses voyages de 1854 et 1856.

Après quelques semaines de repos, Laflèche reprend sa place au sein du corps professoral du séminaire de Nicolet, d'abord en qualité de professeur de mathématiques et de philosophie puis, en octobre 1857, de préfet des études. Fidèle à l'esprit progressiste qui souffle depuis peu sur la maison d'éducation, il donne un nouvel essor aux études et aux bibliothèques. Il fait preuve d'une détermination semblable lorsqu'on le nomme supérieur en 1859 : il s'élève contre le transfert du collège dans la ville épiscopale, mais ne peut empêcher la fondation du collège de Trois-Rivières ; il intervient également dans la question de l'affiliation du séminaire de Nicolet à l'université Laval et, par son franc-parler, force les autorités universitaires à mieux expliquer leur position et à s'ouvrir aux suggestions des collèges.

Pendant son séjour au séminaire de Nicolet, Laflèche – et son équipe de 7 prêtres, 12 professeurs (en plus des prêtres), 11 régents qui supervisent 30 étudiants en théologie et 224 élèves du secondaire – privilégie l'ordre, la discipline et l'amour du travail ; le supérieur fait preuve d'une fermeté exemplaire en tuant dans l'œuf « quelques tentatives de révolte » des élèves contre les régents et en nettoyant l'Académie de sujets qui voulaient former un « parti d'opposition ». D'autre part, Laflèche ne manque aucune occasion de représenter la maison aux diverses manifestations diocésaines et d'y prendre la parole avec éloquence.

Les succès de Laflèche attirent l'attention de l'évêque de Trois-Rivières, Thomas Cooke*, qui, en 1861, malgré ses protestations véhémentes, l'appelle auprès de lui comme grand vicaire et, bientôt, procureur diocésain. Sa tâche est d'abord de sauver le diocèse d'une faillite presque certaine, conséquence de la construction de la cathédrale faite dans un contexte économique défavorable et mal appuyée par une partie du clergé. En quelques années, il met de l'ordre dans les comptes, fait patienter les créanciers, mobilise les prêtres et les diocésains et réussit à éteindre la dette. Dès 1863, il trouve encore le temps d'aider, dans l'administration ordinaire du diocèse, son évêque vieillissant ; il le remplace régulièrement dans les cérémonies publiques et il rédige ses pastorales et mandements qui n'en paraissent pas moins sous la signature de Mgr Cooke.

En 1865, Laflèche contribue à fonder *le Journal des Trois-Rivières* qui devient l'organe officieux de l'évêché et il y publie, du 20 juin 1865 au 21 mai 1866, une série de 34 articles intitulée « Quelques considérations sur les rapports de la société civile avec la religion et la famille ». Il y expose sa conception de la nation et des relations entre l'Église et l'État et prend ouvertement position sur des sujets controversés comme l'émigration aux États-Unis et la Confédération ; il y développe également sa pensée nationaliste. Vade-mecum des principales idées que Laflèche défendra jusqu'à sa mort et bible des ultramontains intransigeants jusqu'au XXe siècle, les articles sont repris sous forme de brochure par les bons soins de l'abbé Calixte Marquis* et connaissent un succès immédiat et constant : 3 497 exemplaires vendus avant même le lancement, multiplication des éditions du texte complet ou de chapitres particuliers.

Laflèche est nommé évêque d'Anthédon *in partibus infidelium* et coadjuteur de Mgr Cooke *cum futura successione* le 24 novembre 1866 ; une fois de plus, il fait des pieds et des mains pour éviter la promotion. Il tombe malade, terrassé par « des douleurs atroces » qui inspirent, un moment, des « craintes sérieuses » à son entourage. Il n'en reçoit pas moins l'ordination épiscopale à Trois-Rivières, le 25 février 1867.

Sa présence se fait immédiatement sentir partout. D'abord dans le diocèse, où il remplace l'évêque en titre aussi bien pour les visites pastorales que pour l'administration spirituelle et temporelle. Également au sein de l'assemblée des évêques où il prend l'initiative de proposer à ses collègues et de publier lui-même (mais sous le nom de Mgr Cooke) un mandement d'appui à l'Acte de l'Amérique du Nord britannique. Figure dominante du quatrième concile provincial de Québec en 1868, il participe aux chaudes discussions qui entourent l'adoption d'un décret sur les élections. Il se range alors du côté des évêques et des théologiens de Montréal et de Rimouski pour se démarquer des positions lénifiantes des abbés Elzéar-Alexandre TASCHEREAU et Pâquet de Québec et exiger une dénonciation plus ferme des « doctrines perverses ».

Laflèche devient administrateur du diocèse de Trois-Rivières le 11 avril 1869. C'est à ce titre qu'il assiste au Premier Concile du Vatican : sans y prendre la parole, il vote régulièrement du côté des ultramontains ; l'acceptation du décret sur l'infaillibilité pontificale, le 18 juillet 1870, demeure pour lui « le plus beau jour » de sa vie, assure-t-il à ses diocésains. Déjà, à cette date, il a remplacé Mgr Cooke, mort le 31 mars précédent, et il a rédigé un mandement pour la prise de possession du siège épiscopal de Trois-Rivières. À son arrivée dans sa ville le 9 août suivant, 2 000 à 3 000 fidèles l'attendent pour lui souhaiter la bienvenue et l'accompagner vers sa cathédrale « magnifiquement décorée ». C'est au milieu de la liesse populaire qu'il monte sur le trône qui l'attend depuis quelques mois.

Pendant les 27 années de son épiscopat, Laflèche s'attire, même au milieu des débats passionnés de l'époque, la ferveur de ses diocésains et de bien d'autres personnes. Princier quand il préside, avec tout le faste d'alors, les longues cérémonies liturgiques et imposant quand il déverse du haut de la chaire son éloquence à la fois doctrinaire et imagée, il est en privé d'une cordialité chaleureuse et d'une compréhension surprenante ; nul mieux que lui ne sait, par exemple, animer avec bonhomie les conversations de table ou de salon à l'évêché ou dans les presbytères. Sa porte s'ouvre à tous ceux qui se présentent, plus spécialement aux pauvres, et il distribue aux moins fortunés le peu d'argent qui lui passe par les mains. Il aime visiter les malades et se promener dans les rues de sa ville pour converser avec les gens et s'adresser tout particulièrement aux enfants. Familier des Trifluviens, il est tout autant connu de l'ensemble de ses diocésains que ses visites fréquentes lui permettent de rencontrer et dont il connaît et assume les problèmes.

Aussi le plus grand drame de son épiscopat est-il la division de son diocèse, débattue rageusement pendant une dizaine d'années et consommée en 1885. Après une première tentative infructueuse en 1875–1876 et quelques années de calme relatif, l'abbé Marquis prend la tête du mouvement de sécession de la rive sud et obtient l'appui de l'université Laval et de la majorité des évêques, dont l'archevêque Taschereau qui intervient régulièrement et fermement à Rome ; il est aussi soutenu par plusieurs membres du clergé de la rive sud, particulièrement le personnel du séminaire de Nicolet, et par des hommes politiques, libéraux et conservateurs modérés, qui voient en Laflèche l'inspirateur de leurs adversaires ultramontains intransigeants. Travaillés par Pâquet, certains fonctionnaires du Vatican – le minutante Zepherino Zitelli, entre autres – jouent la carte des partisans du diocèse de Nicolet.

Malgré le soutien de la majorité de son clergé (même celui de la rive sud) et des pétitions contraires à la division du diocèse de milliers de fidèles (qui ne sont pas tous manipulés, loin de là), Laflèche ne réussit pas à faire admettre son point de vue par la Propagande. Lui-même manque d'astuce diplomatique à l'occasion de ses voyages à Rome – ses mémoires sont trop longs et les attaques qu'il lance contre certains membres ou fonctionnaires de la Propagande ne lui attirent aucune sympathie – et il est encore plus desservi par son agent, Luc Desilets*, dont les diatribes antimaçonniques et les visions apocalyptiques affaiblissent une cause déjà difficile à défendre. Plus efficaces et décisifs s'avèrent un voyage de Mgr Taschereau à Rome en 1884 et ses interventions auprès des principaux cardinaux. Après de longs atermoiements – dont l'intervention de deux délégués apostoliques, dom Joseph-Gauthier-Henri Smeulders et Mgr John Cameron* – paraissent finalement, au début de juillet 1885, les décrets de la division du diocèse de Trois-Rivières, de la formation du diocèse de Nicolet et de la nomination du chanoine Elphège Gravel*, de Saint-Hyacinthe, à la tête de la nouvelle circonscription ecclésiastique.

Ces décisions sont l'aboutissement de la lutte ouverte que se livrent, au sein de l'épiscopat de la province de Québec, l'aile ultramontaine modérée et pragmatique, dirigée par l'archevêque Taschereau et accusée par ses adversaires d'être libérale, voire libérale catholique, et l'aile ultramontaine intransigeante incarnée par les évêques Ignace Bourget* et Laflèche. Cet antagonisme irréductible devient public avec le Programme catholique de 1871 [V. François-Xavier-Anselme Trudel*] et les déclarations contradictoires de l'archevêque de Québec et des « vétérans » de Montréal et de Trois-Rivières. Cette rivalité se nourrit de tout : de la campagne antilibérale lancée le 22 septembre 1875 par la *Lettre pastorale des évêques de la province ecclésiastique de Québec,* lettre rédigée par Mgr Taschereau qui la nuance unilatéralement dans un mandement du 25 mai 1876 ; des prises de position divergentes à propos de l'implication de prêtres dans les procès pour « influence spirituelle indue » et des suites à donner à la ferme *Déclaration de l'archevêque et des évêques de la province ecclésiastique de Québec [...] du 26 mars 1877* ; des discussions à propos de la réforme de la loi électorale et de la législation concernant le mariage (mariage entre un beau-frère et une belle-sœur) ; enfin, des débats sur les questions d'éducation, dont l'utilité des écoles normales de garçons. Dans tous ces cas et combien d'autres, l'archevêque de Québec et l'évêque de Trois-Rivières défendent des positions différentes.

Au centre de toutes ces discussions se trouve la question universitaire [V. Édouard-Charles Fabre ; Ignace Bourget ; Joseph Desautels*]. D'abord réservé quand il est subordonné à Mgr Cooke, ardent défenseur de l'université Laval, Laflèche se range dès 1871 du côté de Mgr Bourget et des partisans d'une université catholique à Montréal. Il appuie sans réserve le point de vue des Montréalais : urgence de soustraire la jeunesse catholique à l'influence des universités anglophones protestantes, danger de l'enseignement « libéral » des professeurs de Laval, illégalité de la succursale de l'université Laval fondée à Montréal en 1876. Il n'hésite pas d'ailleurs à se rendre plusieurs fois à Rome pour dénoncer l'établissement québécois et promouvoir la fondation d'une université foncièrement catholique, c'est-à-dire ultramontaine.

En prenant une telle position, l'évêque de Trois-Rivières irrite le puissant archevêque Taschereau, qui est lié à l'université depuis sa fondation et qui la défend comme la prunelle de ses yeux, mais il se met aussi à dos la très grande majorité de ses collègues qui, après une première décision romaine en 1876 (celle même qui crée la succursale de Montréal), se rangent régulièrement du côté de leur métropolitain. Marginalisé, inféodé au quarteron d'intransigeants qui exigent une enquête canonique sur la situation religieuse au Québec, Laflèche multiplie les écrits incendiaires, dont plusieurs sont inspirés sinon rédigés par l'abbé Desilets. Le plus important est *Mémoire de l'évêque des Trois-Rivières sur les difficultés religieuses en Canada,* publié à Rome en 1882, qui met expressément en cause l'orthodoxie de l'université Laval et même de l'archevêque et dénonce les intrigues romaines de Pâquet et du minutante Zitelli. Rapidement connu au Québec par l'entremise des amis romains de l'archevêque et par une édition trifluvienne largement diffusée dans les cercles ultramontains, le texte nourrit une longue polémique qu'entretiennent avec passion les journaux favorables à l'un ou l'autre des camps rivaux et qui se répercute à Rome sous la forme de mémoires et de contre-mémoires, de lettres venant de tous les horizons, de délégations de toutes sortes, de demandes de procès ou d'interventions.

De façon régulière, le Saint-Siège se range du côté de Québec, de telle sorte que, de 1883 à 1885, s'abat sur Laflèche et ses amis une volée de décisions ou de décrets que même l'intervention du délégué apostolique Smeulders en 1883–1884 ne peut conjurer. L'université Laval conserve son monopole et peut même puiser des fonds dans tous les diocèses. Mais c'est la division du diocèse de Trois-Rivières qui frappe davantage les esprits et terrasse Laflèche et ses partisans. La victoire totale de l'archevêque se confirme encore avec l'annonce de son élévation au rang de cardinal en 1886.

Laflèche ne peut que recevoir avec respect et soumission ces sentences que beaucoup avec lui trouvent étranges et il demande à ses diocésains de se montrer « pleinement soumis et obéissants en tout point à la décision pontificale ». Mais il ne se révèle pas moins un négociateur coriace quand vient le moment de partager les dettes et les revenus avec Nicolet. Rome tranche encore une fois en 1888 ; Laflèche se soumet de nouveau, mais déclare ne céder « en aucune façon aucun des droits que [son] diocèse peut encore avoir en cette affaire comme en celle de son territoire ». Aussi ne faut-il pas se surprendre de le voir, jusqu'à sa mort, essayer de récupérer la rive sud ou de la remplacer par des portions des diocèses de Québec et de Montréal. Mal appuyé par ses collègues, même ceux qui croient nécessaire d'améliorer la situation du diocèse de Trois-Rivières, Laflèche est chaque fois débouté à Rome.

Devenu titulaire d'un diocèse tronqué et déjà âgé de 67 ans en 1885, le vieux combattant se rapproche de ses diocésains ; il est toujours fidèle à la visite pastorale et, le plus souvent possible, il prêche dans sa cathédrale où son éloquence de « vieux prophète » attire une clientèle étrangère parmi laquelle on reconnaît plusieurs hommes politiques. En 1892, ses noces d'argent épiscopales donnent lieu à des fêtes fastueuses dont le seul aspect négatif est l'absence, pourtant motivée, du cardinal Taschereau.

Le doyen de l'épiscopat canadien n'en est pas moins sollicité par les questions nationales qui l'obligent à prendre une position publique. Tel est le cas du second soulèvement de Louis Riel* en 1885. Prévenu par son ami Taché d'être sur ses gardes, car le chef métis est « un misérable fou et un sectaire », Laflèche se montre prudent, même s'il est le premier avec son clergé à souscrire en faveur de la veuve de Riel. Le mouvement national d'Honoré MERCIER lui fait peur, car il y voit une influence libérale et il peut difficilement se séparer de ses amis de toujours, les conservateurs. Son attitude déteint sur *le Journal des Trois-Rivières* et les députés de son district qui refusent d'entrer dans l'alliance nationale. Elle aboutit surtout, au moment des élections fédérales de 1887, à la publication de lettres, largement diffusées, qui mettent en garde contre les merciéristes, et à la rupture de l'évêque avec le groupe d'intransigeants (Jules-Paul Tardivel*, le père Joseph Grenier, Trudel, entre autres) qui l'avait tellement soutenu dans ses luttes antérieures ; on peut attribuer à la même cause le départ des jésuites de Trois-Rivières en 1889.

Mais, dans les dernières années de sa vie, Laflèche est tout particulièrement sollicité par la lutte en faveur des écoles catholiques du Manitoba. En 1890, le gouvernement de Thomas Greenway* n'a pas sitôt attaqué le système d'enseignement public catholique et protestant que l'ancien missionnaire de l'Ouest écrit au ministre Joseph-Adolphe CHAPLEAU pour appuyer un mémoire de l'archevêque Taché de Saint-Boniface qui demande la non-reconnaissance de la loi provinciale par le gouvernement fédéral ; il dénonce cette « loi inique » qui attaque directement « les deux sentiments qui tiennent le plus au cœur de l'homme : la langue et la foi ».

Pendant tout le temps de la guérilla judiciaire qui marque les premières années de la question des écoles du Manitoba, Laflèche soutient, de toutes les façons, son vieil ami malade et affaibli par l'âge. Après l'avoir visité et réconforté en 1892, il reprend la route de Saint-Boniface pour aller prononcer sur sa tombe l'« une des plus belles pièces d'éloquence sacrée qu'il [...] ait été donné d'entendre dans ce pays », selon le témoignage du journal libéral *l'Électeur*.

Laflèche appuie avec la même force le successeur de Taché, l'oblat Adélard Langevin*. Deux points forts marquent ce soutien en mai 1896 : le mandement collectif des évêques du Québec qui, quoique d'un ton modéré, condamne les lois manitobaines et demande aux catholiques de ne donner leurs suffrages qu'aux candidats « qui s'engagent formellement et solennellement à voter au Parlement en faveur d'une législation rendant à la minorité catholique du Manitoba des droits scolaires qui lui sont reconnus par l'honorable Conseil Privé d'Angleterre » ; le sermon, annoncé d'avance, sur « l'application de la doctrine catholique à la question des écoles du Manitoba », dans lequel Laflèche condamne en termes non équivoques Wilfrid Laurier*, ce « libéral rationaliste » qui véhicule « une doctrine entièrement opposée à la doctrine catholique », et où il demande de ne pas appuyer ce chef de parti.

Attaqué furieusement par les libéraux, mais soutenu par la majorité des évêques, le « sermon politique » du vieux pasteur n'empêche pas la victoire des libéraux en juin 1896 et le règlement Laurier-Greenway qui s'ensuit en novembre. Laurier invoque cet incident pour demander un délégué apostolique qui puisse régler une fois pour toutes la question des rapports entre les partis politiques et le clergé. Le jeune diplomate Rafaelo Merry del Val exaspère plusieurs évêques, dont Laflèche et l'administrateur de l'archidiocèse de Québec, Mgr Louis-Nazaire Bégin*, qui affiche de plus en plus des idées proches de celles du doyen de l'épiscopat. À la parution de l'encyclique *Affari vos* du 8 décembre 1897, Mgr Bégin rédige, en collaboration avec le nouvel archevêque de Montréal, Mgr Paul Bruchési*, une lettre pastorale, plus longue que le document romain, qui présente le texte pontifical sous un jour favorable aux évêques (pourtant indirectement blâmés par le souverain pontife) et insiste sur la « loi rémédiatrice » et les « engagements sacrés » passés sous silence dans l'encyclique. Laflèche se contente, dans une circulaire à son clergé, de promulguer sans commentaire *Affari vos* et de l'accompagner de la lettre « magistrale » de Mgr Bégin qu'il loue pour sa clarté et sa précision et qu'il fait sienne avec « pour le diocèse des Trois-Rivières la même autorité que pour celui de Québec ». L'évêque, qui approche de ses 80 ans, cède avec confiance le bâton de commandement à celui qu'il a longtemps combattu comme un adversaire « libéral ».

À la fin de mai 1898, quelques semaines après avoir assisté aux funérailles du cardinal Taschereau, Laflèche part, comme chaque année, en tournée pastorale. Il tombe malade et doit revenir à Trois-Rivières. Il entre à l'hôpital le 6 juillet et y meurt le 14 juillet suivant.

Mais le deuxième évêque de Trois-Rivières survit à sa mort. Il demeure longtemps le modèle par excellence de l'évêque, père et pasteur de son peuple, qui parle sec à ses ouailles mais ne craint pas de pleurer avec elles. Plus de 25 ans après sa disparition, l'érection d'un monument à sa mémoire et les fêtes grandioses qui l'accompagnent attirent des foules considérables et donnent lieu à des éloges dithyrambiques rassemblés dans une publication bien nommée *Apothéose de Monseigneur Louis-François R.-Laflèche*. Il demeure aussi le symbole même de l'ultramontain intransigeant, « croisé », « héraut du bien, de la tradition », « homme fort et convaincu, croyant à sa mission et à ses idées jusqu'à l'entêtement ». On a vite oublié ses nombreux échecs personnels, qui forment comme la trame de sa longue vie de combattant, pour garder vivaces les tendances de sa pensée et tâcher de bâtir, au Canada français, une chrétienté telle qu'il l'imaginait. Aussi, longtemps adulé par les milieux clérico-nationalistes, est-il devenu, avec Bourget et ... Maurice L. Duplessis*, le bouc émissaire de ceux qui n'ont vu, avant la Révolution tranquille du Québec, qu'un temps de « grande noirceur » qui prenait ses racines dans les idées « rétrogrades » et l'autoritarisme entier de ce « vieux prophète » de l'absolu. Mais tous lui reconnaissent une bonne foi évidente et surtout un rôle essentiel qui en font l'une des figures les plus importantes de la seconde moitié du XIXe siècle au Canada français.

NIVE VOISINE

Louis-François Laflèche a écrit un peu et parlé beaucoup. Comme il discourait d'abondance, sans texte, nous sommes réduits à utiliser des reconstitutions faites par les journaux ou des brochures publiées à partir de notes sténographiées rarement revues par l'orateur. Signalons, entre autres, les brochures intitulées *Commentaires sur l'encyclique Humanum Genus* (Trois-Rivières, Québec, 1885) et *Des biens temporels de l'Église et de l'immunité de ces biens devant les pouvoirs civils* (Trois-Rvières, 1889), de même que le recueil publié par Arthur Savaète, *Œuvres oratoires de Mgr Louis-François Laflèche, évêque des Trois-Rivières* (Paris, s.d.). Des écrits publiés par Laflèche lui-même se détachent : « Mission de la Rivière-Rouge », *Rapport sur les missions du diocèse de Québec* [...], n° 11 (mars 1855) : 118–137 ; *Quelques considérations sur les rapports de la société civile avec la religion et la famille* [...] (Montréal, 1866), paru d'abord sous forme d'articles dans *le Journal des Trois-Rivières* ; *l'Influence spirituelle indue devant la liberté religieuse et civile* (Trois-Rivières, 1881), également publié d'abord dans le même journal. Parmi les nombreux mémoires et écrits polémiques, il faut noter : *Mémoire de l'évêque des Trois-Rivières au sujet du démembrement de son diocèse demandé par quelques prêtres de ce diocèse* (Trois-Rivières, 1877) ; *Mémoire appuyant la demande d'une école normale aux Trois-Rivières* (Trois-Rivières, 1881) ; *Mémoire de l'évêque des Trois-Rivières sur les difficultés religieuses en Canada* (Rome et Trois-Rivières, 1882). Ces mémoires et plusieurs autres se retrouvent presque in extenso, avec des commentaires partisans, dans la série d'Arthur Savaète, *Voix canadiennes : vers l'abîme* (12 vol., Paris, 1908–1922). Enfin, on trouvera la pensée pastorale de Laflèche dans les six volumes de *Lettres pastorales, mandements et circulaires* (Trois-Rivières, 1867–1898).

À cause de l'importance exceptionnelle du personnage, il y a peu de dépôts d'archives religieuses au Québec et même au Canada qui ne contiennent pas des dossiers éclairant l'action ou la pensée de Laflèche. Nous avons puisé la majorité de nos renseignements à trois endroits principaux. D'abord à Rome, à l'Archivio della Propaganda Fide, où nous avons dépouillé les Acta ; les Scritture originali riferite nelle congregazioni generali ; les Scritture riferite nei Congressi, America settentrionale, Canadà, Nuova Bretagna, Labrador, Terra Nuova ; les Udienze ; et les Lettere e decreti della Sacra Congregazione e biglietti di Monsignore Segretario ; pour les documents de 1893 à nos jours, nous avons utilisé les volumes disponibles de la Nuova Serie. (Pour se retrouver, voir : N. Kowalsky et J. Metzler, *Inventory of the historical archives of the Sacred Congregation for the evangelization of peoples or « De Propaganda Fide »* (nouv. éd., Rome, 1983, textes anglais et italiens.) À Trois-Rivières, les Arch. de l'évêché de Trois-Rivières se sont avérées d'une richesse inépuisable avec le richissime Fonds L.-F. Laflèche, rapatrié des Arch. du séminaire de Trois-Rivières, les Reg. des lettres, des dossiers sur chacune des paroisses du diocèse (v.g. Sainte-Anne-de-la-Pérade (La Pérade) et des communautés religieuses (v.g. ursulines de Trois-Rivières) et d'innombrables autres sur des sujets spéciaux (v.g. notamment Cathédrale, construction, 1853, dépenses, et Créanciers de la corporation épiscopale, 1862–1890). À Nicolet (Québec), les Arch. du séminaire de Nicolet dont nous avons consulté, entre autres, les grands dossiers : Division du diocèse ; Lettres des directeurs aux évêques ; Séminaire ; Succession Mgr Irénée Douville ; Succession Calixte Marquis ; et Transfert du séminaire.

Il existe peu de biographies complètes de Mgr Laflèche. La première étude a été publiée de son vivant, à l'occasion de son 50e anniversaire d'ordination sacerdotale : [L.-S. Rheault], *Autrefois et Aujourd'hui à Sainte-Anne-de-la-Pérade* (Trois-Rivières, 1895), 138–168 ; l'auteur y décrit la « vie intime » de l'évêque. Peu de temps après la mort de Laflèche, l'éditeur français Savaète lui consacre deux volumes de sa série *Voix canadiennes : vers l'abîme*, le tome 6 intitulé *Mgr L.-F. Laflèche et la Division du diocèse des Trois-Rivières* (1912) ; le tome 10 : *Monseigneur Ls-Fs Laflèche, 2e évêque des Trois-Rivières ; sa vie, ses contrariétés, ses œuvres* (s.d.) ; on y trouve un grand nombre de documents importants, commentés d'une façon sectaire, et un panégyrique de l'évêque. On retrouve le même style louangeur dans la brochure du jésuite Adélard Dugré, *Monseigneur Laflèche* (Montréal, [1929]) et dans *Apothéose de Monseigneur Louis-François R.-Laflèche* (Trois-Rivières, 1926). D'une tout autre qualité est l'ouvrage fondamental de Robert Rumilly, *Mgr Laflèche et son temps* (Montréal, [1938]), qui renouvelle notre connaissance de l'évêque, mais néglige malheureusement son travail proprement sacerdotal et épiscopal. La même remarque vaut pour l'esquisse biographique d'André Labarrère-Paulé, *Louis-François Laflèche* (Montréal, 1970), qui campe cependant avec justesse la physionomie de l'ultramontain. Enfin, nous avons nous-même repris l'ensemble du dossier et publié le premier volume de *Louis-François Laflèche*, qui porte le sous-titre de *Dans le sillage de Pie IX et de Mgr Bourget, 1818–1878* ; la seconde partie, « le « Vieux Prophète » (1878–1898) » est encore manuscrite. [N. V.]

Parmi les multiples études qui peuvent éclairer la vie et la pensée de Laflèche, signalons : F.-L. Desaulniers, *la Généalogie des familles Richer de La Flèche et Hamelin, avec notes historiques sur Sainte-Anne-de-la-Pérade, les Grondines, etc.* (Montréal, 1909). — [J.-P.-A.] Benoît, *Vie de Mgr Taché, archevêque de Saint-Boniface* (2 vol., Montréal, 1904). — Hervé Biron, *Grandeurs et Misères de l'Église trifluvienne (1615–1947)* (Trois-Rivières, 1947). — Paul Crunican, *Priests and politicians : Manitoba schools and the election of 1896* (Toronto et Buffalo, N.Y., 1974). — Labarrère-Paulé, *les Instituteurs laïques*. — Lavallée, *Québec contre Montréal*. — Pouliot, *Mgr Bourget et son temps*. — Gaston Carrière, « Mgr Provencher à la recherche d'un coadjuteur », SCHEC *Sessions d'études*, 37 (1970) : 71–93. — Philippe Sylvain, « Louis-François Laflèche ou Certaines Constantes de la pensée traditionaliste au Canada français », *Arch. des lettres canadiennes* (Montréal), 6 (1985) : 335–345. — Nive Voisine, « la Création du diocèse de Nicolet (1885) », *les Cahiers nicolétains* (Nicolet), 5 (1983) : 3–41 ; 6 (1984) : 146–214.

LAIRD, ALEXANDER, fermier et homme politique, né en 1830 à New Glasgow, Île-du-Prince-Édouard, fils d'Alexander Laird* et de Janet Orr ; en janvier 1864, il épousa Rebecca P. Read (décédée en 1882), du lot 25, Île-du-Prince-Édouard, et ils eurent huit filles et quatre fils, puis en 1884 Ann Carruthers, de North Bedeque, Île-du-Prince-Édouard, et de ce mariage naquirent une fille et trois fils ; décédé le 9 août 1896 à Wilmot Valley, Île-du-Prince-Édouard.

Durant sa jeunesse à la belle ferme familiale de New Glasgow, Alexander Laird acquit bien des traits qui avaient fait de son père un agriculteur prospère et un homme politique respecté. Fervent presbytérien, ce dernier avait été un libéral en politique et s'était montré parfois radical sur la question des terres de l'Île-du-Prince-Édouard ; après avoir quitté le parti libéral en raison de sa position sur la lecture obligatoire de la Bible dans tout le réseau scolaire, il avait terminé sa carrière politique comme conservateur en 1866. Deux de ses six fils allaient jouer comme lui un rôle important dans les affaires publiques : Alexander et David*, né en 1833.

Alexander Laird passa les 30 premières années de sa vie à New Glasgow, où il fit ses études, et à Wilmot Valley, où il acheta des terres et établit une florissante entreprise agricole. Les années 1860 allaient marquer un grand tournant dans sa vie. Il commença à se mêler d'affaires publiques en s'associant plutôt librement avec la ligue des locataires (*Tenant League*) et, en 1864, épousa Rebecca P. Read qui, avant sa mort prématurée en 1882, allait lui donner le bonheur et 12 enfants.

En 1867, Laird amorça sa carrière politique comme député du 4e district du comté de Prince et siégea jusqu'en 1870 dans les gouvernements libéraux de George Coles*, de Joseph HENSLEY et de Robert Poore HAYTHORNE. Élu au Conseil législatif en 1874 dans le 2e district de Prince, il fut membre du gouvernement de Louis Henry Davies* de 1876 à 1878. Défait aux élections de 1882 alors qu'il s'était porté candidat à l'Assemblée dans le 4e district de Prince, il fut réélu au Conseil législatif en 1886, puis réélu aux élections générales de 1890. L'année suivante, le premier ministre Frederick Peters le nomma à son cabinet ; Laird y resta jusqu'à sa mort en 1896.

Les positions politiques de Laird étaient aussi solides et constantes que l'homme lui-même. Son libéralisme réformiste, son intérêt pour le règlement de la question des terres, son opposition au soutien des écoles confessionnelles, son scepticisme à l'égard de la Confédération et ses attentes toutes presbytériennes quant à la moralité dont on devait faire preuve dans la vie publique ne changèrent jamais. Tant ses amis que ses adversaires politiques voyaient surtout en lui un homme sensé, loyal et déterminé. La campagne électorale de 1876 permit d'ailleurs de mesurer sa force politique. Dans le débat portant sur les subventions publiques aux écoles confessionnelles, débat qui était au cœur de la campagne, Laird se révéla l'allié le plus fidèle et le plus efficace de Davies en préconisant le financement public d'un système d'enseignement non confessionnel amélioré.

Tout en menant sa carrière politique, Laird joua un rôle important à titre de fermier et de représentant de la communauté agricole. L'une des plus belles de la province, sa propriété était « un modèle de ce que [pouvaient] devenir les fermes de l'île », selon ce que le *Patriot* écrivit dans la notice nécrologique qu'il lui consacra. Fondateur et président de l'Agricultural Mutual Fire Insurance Company, président de la Farmers and Dairymen's Association, il accomplit aussi beaucoup à la direction de l'exposition du comté de Prince et de la Government Stock Farm. Intéressé par le journalisme, comme son jeune frère David qui avait fondé le *Patriot,* Laird était au moment de sa mort président du *Pioneer*, journal de Summerside.

Fait non moins important, Laird était un homme profondément attaché à sa famille. En 1884, soit deux ans après la mort de sa femme Rebecca, il se remaria et ajouta, aux dix enfants vivants qui lui restaient de son premier mariage, quatre autres enfants qu'il eut avec sa seconde épouse, Ann Carruthers. Le dernier naquit en septembre 1895, soit moins d'un an avant la mort de Laird.

Les deux dernières années de la vie d'Alexander Laird furent cependant douloureuses et tragiques : attaqué par un taureau enragé, il resta handicapé mentalement et physiquement. Sa mort en août 1896, à l'âge de 66 ans, fut probablement un soulagement pour lui ; elle n'en constituait pas moins une perte pour son entourage, son parti, sa congrégation et sa famille.

ANDREW ROBB

Î.-P.-É., House of Assembly, *Debates and proc.*, 1867–1896 ; Legislative Council, *Debates and proc.*, 1867–1896. — *Daily Examiner* (Charlottetown), 1877–1896. — *Examiner* (Charlottetown), 1867–[1876]. — *Patriot* (Charlottetown), 1867–1896. — *Pioneer* (Summerside, Î.-P.-É), 1896. — *CPC,* 1879 ; 1891. — Bolger, *P.E.I. and confederation*. — *Canada's smallest prov.* (Bolger). — G. A. Leard, *Historic Bedeque ; the loyalists at work and worship in Prince Edward Island : a history of Bedeque United Church* (Bedeque, 1948). — I. R. Robertson, « Religion, politics, and education in P.E.I. ».

LAMPMAN, ARCHIBALD, poète et fonctionnaire, né le 17 novembre 1861 à Morpeth, Haut-Canada, premier enfant et fils unique d'Archibald Lampman et de Susannah Charlotte Gesner ; décédé le 10 février 1899 à Ottawa.

On a coutume de réunir Archibald Lampman, William Bliss Carman*, Charles George Douglas Roberts* et Duncan Campbell Scott* sous l'appellation de « poètes de la Confédération » ou « groupe des années soixante ». Il est vrai que ces quatre écrivains, tous nés entre 1860 et 1862, grandirent dans l'atmosphère d'espoir que fit naître la loi du Parlement de Grande-Bretagne qui, en 1867, fit un pays des colonies de l'Amérique du Nord britannique. Il est vrai aussi que la nature occupe une place de choix dans leur œuvre, dont se dégage un vague transcendantalisme. Pourtant, ce serait une erreur de croire qu'ils formaient un cercle. Lampman n'était intime qu'avec Scott ; cette amitié allait illuminer son existence dans la période qui s'écoulerait entre son arrivée à Ottawa, en 1883, et sa mort précoce à 37 ans.

Dans l'enfance de Lampman, Morpeth était une petite localité blottie dans l'onduleuse contrée agricole qui avoisine le lac Érié et qui constitue aujourd'hui l'ouest de l'Ontario. Aux confins est du village, chemin Talbot, s'élevait une petite église rouge dont son père avait la charge. Lampman était d'ascendance loyaliste par son père et sa mère. Ses ancêtres paternels étaient allemands et ses ancêtres maternels hollandais, mais ses deux grands-mères étaient écossaises.

Peter Lampman, son grand-père, appartenait à la troisième génération d'immigrants allemands qui s'étaient fixés au New Jersey en 1750. Après la Révolution américaine, la famille s'était installée dans le Haut-Canada et avait établi une ferme arboricole entre Thorold et St Catharines. Archibald, le père du poète, était le troisième fils de Peter Lampman et d'Agnes Ann McNeal, fille de colons écossais venus de Baltimore habiter dans le Haut-Canada. Diplômé du Trinity College de Toronto en 1857, il avait été ordonné prêtre de l'Église d'Angleterre et nommé *rector* de l'église Trinity à Morpeth. C'est là qu'il fit la connaissance de Susannah Charlotte Gesner et qu'il l'épousa en mai 1860.

Issus d'une famille suisse et hollandaise, les ancêtres paternels de Susannah Charlotte Gesner avaient immigré à Tappantown (Tappan, New York), où eux et leurs descendants avaient exploité une ferme et un moulin à farine. Comme dans le cas des Lampman, c'est la révolte des colonies américaines, en raison du choix d'allégeance qu'elle imposa à chacun en 1776, qui poussa les Gesner à entreprendre le voyage qui allait finalement les mener dans le Haut-Canada, et plus précisément à Morpeth. Le grand-père maternel du poète, David Henry Gesner, naquit et grandit en Nouvelle-Écosse. Parti vers l'ouest à l'âge de 27 ans, il obtint en 1825 une concession de 200 acres au bord du lac Érié. En 1827, il épousa Sarah Stewart, fille d'immigrants écossais de l'Ulster. Les Gesner devinrent des gens prospères, et c'est dans l'église de Morpeth, à laquelle ils versaient des dons depuis les tout premiers travaux de construction, que leur fille, Susannah Charlotte, épousa le révérend Archibald Lampman en 1860.

La lignée est honorable et constitue un bel exemple

de réussite pionnière, et si le jeune Archie, comme on le surnommait affectueusement, n'en parle guère dans ses écrits, c'est probablement parce que ses racines plongeaient trop profondément dans le sol nord-américain pour susciter en lui quelque interrogation. Les sujets de tourment n'allaient pas lui manquer, mais son identité ne serait pas du nombre. De la personnalité façonnée à partir d'un héritage aussi composite, on ne peut dire que ceci : les éléments intellectuel, contemplatif et actif étaient équilibrés. Archie était un premier-né ; il allait avoir, assez rapidement, trois sœurs.

Lampman eut une enfance heureuse. Sans doute ses parents étaient-ils sévères, conformément à l'esprit du temps, mais ils étaient aimants, et il en garda un souvenir affectueux jusqu'à la fin de ses jours. Point de démons ici. En 1866, les Lampman s'installèrent à Perrytown, près de Port Hope, où le révérend avait été nommé *rector*. Cependant, dès l'année suivante, ils vivaient à Gore's Landing, sur le lac Rice, à une dizaine de milles au nord, sur l'ancienne piste de Peterborough. C'est là, dans cette campagne idyllique, que Lampman vécut de l'âge de 7 à 13 ans – période si déterminante dans la vie d'un être. Il vaut d'ailleurs la peine de rappeler que les trois régions qu'il connut le mieux – le comté de Kent dans l'ouest de l'Ontario, le district du lac Rice dans le centre, l'Outaouais et les collines de la Gatineau sur la frontière québéco-ontarienne – étaient toutes, hiver comme été, d'une grande, parfois d'une spectaculaire beauté. Amorcée par son père, l'éducation du jeune Archie, largement fondée sur la Bible et les classiques, se poursuivit au lac Rice. Gore's Landing avait une école assez réputée ; il y entra en 1870. Elle était tenue par Frederick William Barron, que l'on a rangé plus tard parmi « les premiers éducateurs canadiens les plus fameux ». Barron était diplômé de Cambridge, et l'établissement dont il avait doté cette région pionnière du Haut-Canada ressemblait assez aux écoles préparatoires d'Angleterre. Lampman se débrouillait bien. Sans être d'une précocité remarquable, ce garçon aux cheveux châtains et aux yeux noisette, qui avait des manières tout à fait avenantes, était manifestement de ceux dont on peut dire qu'ils feront quelque chose de bien. Seule la maladie, semble-t-il, assombrit ces belles années. En novembre 1868, il contracta un rhumatisme articulaire aigu qui se compliqua au point qu'il boita durant quatre ans. Il en garda aussi une faiblesse cardiaque qui explique en partie sa mort précoce. Puis ce nuage se dissipa. La nature offrait constamment ses merveilles au jeune homme : le lac recelait des caches à poissons et de grandes étendues de riz sauvage ; les souches faisaient place aux cultures dans les champs ; les oiseaux et les fleurs sauvages abondaient dans la forêt vierge. L'esprit et l'âme, tout comme les sens, trouvaient à se nourrir. Les Barron vivaient dans le voisinage ainsi que les Atwood, soit la fille et le gendre d'une autre voisine, Catharine Parr Traill [STRICKLAND], qui venait à l'occasion au presbytère ; parfois Susanna Moodie [Strickland*] montait de Belleville faire une visite à sa sœur. En classe comme au grand air, au village comme à la maison, l'atmosphère était propice à la réflexion et aux arts.

Puis, en 1874, cette période bénie prit fin : Lampman et sa famille s'installèrent dans une ville affairée, Cobourg. C'était pour des raisons de santé, semble-t-il, que son père y avait accepté un poste subalterne, celui de vicaire à l'église St Peter. Ils habitaient en face de l'église, dans une maison étroite et haute, en brique rouge, dont l'arrière donnait sur le lac Ontario. Comme l'argent était rare, M. et Mme Lampman donnaient des leçons particulières pour suppléer le revenu du vicariat. Archie, alors âgé de 13 ans, s'inscrivit au Collegiate Institute de Cobourg. En 1876, il allait entrer à la Trinity College School, dans la ville voisine, Port Hope ; c'était le meilleur endroit où se préparer à des études supérieures, et il allait y rester jusqu'en 1879.

Le déménagement à Cobourg marqua donc, pour Lampman, l'entrée du chemin bien droit qui allait le mener cinq ans plus tard à l'université. Non pas, bien sûr, au Victoria College de Cobourg, qui était méthodiste, mais au Trinity College de Toronto, anglican et alma mater de son père. Peut-être est-il possible, à ce moment de son histoire, de discerner quelque chose de l'adulte dans le jeune homme. Comme les Lampman accordaient beaucoup de prix à l'instruction, ils devaient tenir pour acquis que, malgré leurs moyens modestes, leur fils décrocherait un diplôme universitaire. Mais en vue de quoi : le pastorat, le droit, la médecine, l'enseignement ? Chose étrange, il n'est question nulle part des projets que sa famille caressait pour lui, ni de ses propres aspirations. Entre-temps, il est sociable et actif, continue d'avoir de bonnes notes et remporte même des prix et des bourses. Toutefois, ses lectures se diversifient, débordent les matières scolaires. Les ouvrages d'histoire et les récits de voyage lui plaisent particulièrement. Comme certains romantiques anglais qu'il explore, il se laisse séduire par les contes qui parlent de temps reculés et de pays lointains. Le *Classical dictionary* [...] de John Lemprière deviendra un de ses livres de chevet. Duncan Campbell Scott, qui l'aimait comme un frère, dira plus tard que, au moment d'entrer à l'université, il n'était qu'un « étudiant touche-à-tout ». Bien sûr, Archie a peut-être déjà, en secret, l'ambition de devenir poète, mais il n'écrit pas encore de poèmes, et lorsqu'il fera ses premières armes en littérature, à l'université, ce sera vers la prose qu'il se tournera. Ainsi, il approche de la vingtaine sans savoir ce qu'il fera de son avenir. Bientôt, il se lancera en poésie, mais son malaise persistera.

Lampman remporta des distinctions en première

année d'université, mais il n'allait terminer ses études, en 1882, qu'avec la mention « assez bien ». Le grec et les classiques grecs lui inspiraient une passion tenace ; dans les dernières semaines de sa vie, il allait traduire Homère. Entré au Literary Institute peu après le début du premier trimestre, il en vint rapidement à connaître le comité de rédaction du *Rouge et Noir,* périodique du collège dans lequel il publia en 1880–1881 ses premiers textes : un essai sur Shelley et un traité intitulé « Friendship ». Le premier poème qu'il publia, *Verses,* parut dans le numéro de février 1882. Entre-temps, il continuait de lire un peu de tout, s'exerçait à écrire (il avait commencé un roman) et goûtait sa nouvelle liberté, dont l'élément le plus précieux était peut-être bien les conversations tenues avec ses condisciples dans la fumée des pipes et les odeurs de bière et de fromage. Oui, voilà ce qui primait : le sentiment d'appartenir à une communauté, de partager des affinités. John Almon Ritchie, futur dramaturge, devint un ami intime, tout comme Joseph Edmund COLLINS, qui serait bientôt un journaliste et un biographe réputé. Et puis, hors les murs de l'université, Toronto était en plein éveil littéraire. Goldwin Smith*, journaliste politique et homme de lettres arrivé depuis quelques années d'Angleterre, tenait sa cour à la Grange. À peu près au moment où Lampman était entré à l'université, Smith avait lancé le *Bystander,* dont il était rédacteur en chef et écrivait bon nombre des articles. En 1883, il allait fonder un périodique de littérature et de critique, le *Week,* auquel beaucoup d'auteurs canadiens allaient collaborer, dont Lampman à son heure. Le premier rédacteur en chef du *Week* fut Charles George Douglas Roberts ; c'est à Toronto, à cette époque, que Roberts et Lampman firent connaissance et nouèrent une amitié fondée sur la poésie. Lampman était fin prêt pour cette rencontre. En 1891, à Ottawa, dans une conférence intitulée « Two Canadian poets » (Roberts et George Frederick Cameron*), il rappelait (l'anecdote est restée célèbre) que dix ans plus tôt, il avait passé presque toute une nuit de mai dans l'« excitation la plus fébrile », à lire et relire *Orion, and other poems*, le premier et tout nouveau recueil de poèmes de Roberts. L'impossible était devenu réalité. « Ce me semblait une chose merveilleuse, disait-il, que pareille œuvre puisse être celle d'un Canadien, d'un jeune homme, de l'un de nous. On aurait dit une voix venue de quelque nouveau paradis de l'art, nous appelant à nous mettre au travail. »

Tout cela était emballant, mais Lampman ne pouvait échapper à ce fait : ses jours à l'université étaient comptés et il devrait bientôt trouver un emploi. La perspective d'enseigner l'enchantait si peu que, dans les offres de services qu'il envoyait aux conseils scolaires, il en allait presque jusqu'à se tourner en dérision. Accepté à Orangeville, il passa trois mois pénibles, ceux de l'automne de 1882, à enseigner dans une école secondaire. « Suis le conseil de quelqu'un dont les yeux sont très ouverts, écrivit-il à son ami John Ritchie : ne descends jamais dans les abîmes de la pédagogie si une autre voie, n'importe laquelle, s'offre à toi ici-bas. » En décembre, il quitta son emploi et retourna à Toronto. Presque tout de suite, grâce à l'influence de son ami Archibald Campbell, dont le père, sir ALEXANDER, venait d'être nommé maître général des Postes, on lui offrit une place de commis au département des Postes à Ottawa. Il entra en fonction en janvier 1883.

Dans un hommage écrit un an après la mort de Lampman, Scott allait qualifier de « sereines et sans histoires » les 16 dernières années de la vie du poète. Sans histoires elles le furent, au sens habituel du terme. Il demeura tout ce temps au département des Postes et n'eut qu'une promotion, plus ou moins automatique. Il refusa la perspective d'un emploi à Boston, où son ami Edward William Thomson* était rédacteur en chef du *Youth's Companion.* On parla d'un poste à la bibliothèque de la Cornell University, mais cela ne se matérialisa pas.

Bien que Lampman se soit rarement aventuré loin d'Ottawa, il allait à la campagne à la moindre occasion, car il n'aimait pas la ville. Ottawa n'était pas grand à l'époque – à peine plus de 20 000 habitants dans les années 1880 – et la campagne n'était pas loin. La région de Hogs Back, à l'ouest de la ville, lui était familière : ses parents y avaient un chalet au bord du canal Rideau. Souvent aussi, après avoir traversé le pont qui menait à Hull et suivi les sentiers du bord de la rivière, il allait dans les collines boisées de la Gatineau. Une fois que Scott lui eut enseigné à faire du canot, il put découvrir l'âpre beauté du Plateau laurentien, qui l'émerveilla. Avec Scott et d'autres, il explora le cours supérieur de la Gatineau et de la Lièvre, et poussa plus loin, jusqu'au lac Témiscamingue et au lac Temagami. Au moins une fois, il se rendit en cet endroit si accidenté de la rive nord du Saint-Laurent, les Éboulements, dans la province de Québec. Jamais il ne vit les Prairies ni l'Ouest, et même dans l'Est, il évitait les villes : à part quelques visites à Toronto et Montréal, il alla deux fois à Boston, une fois à Québec et une fois à Digby, en Nouvelle-Écosse, où il visita de la parenté.

Le 3 septembre 1887, à Ottawa, Lampman épousa Maud Emma Playter. Elle avait 20 ans et était la fille du docteur Edward Playter*, anciennement de Toronto. En 1892, ils eurent une fille, Natalie Charlotte, et en mai 1894, un garçon, Arnold Gesner, qui mourut en août. Un troisième enfant, Archibald Otto, vit le jour en 1898. À cause de leur situation financière, les Lampman vécurent quelque temps chez les Playter après le mariage.

Du 6 février 1892 au 1er juillet 1893, Lampman collabora, avec Scott et William Wilfred Campbell*, à une rubrique hebdomadaire du *Globe* de Toronto qui s'intitulait « At the Mermaid Inn » : il écrivit 87 petits textes à 3 $ la copie. En même temps, la poésie continuait, discrètement, d'occuper le centre de ses pensées. Il travailla dur pour faire son apprentissage et maîtrisa rapidement son art. Toujours à l'affût de sujets, il polissait inlassablement ses vers d'une étape à l'autre – brouillon, carnet de notes, manuscrit définitif – et précisait constamment ses images, changeant un mot ici, une tournure là, jusqu'à ce qu'elles aient cette netteté qui caractérise ses meilleures pièces.

Dans cette dernière partie de sa vie, Lampman composa plus de 300 poèmes dont à peine la moitié furent publiés avant sa mort. Des poèmes isolés ou des groupes de poèmes parurent dans les revues littéraires de l'époque : au Canada, dans le *Week* surtout, et aux États-Unis, dans le *Scribner's Magazine*, le *Youth's Companion*, l'*Independent*, l'*Atlantic Monthly* et le *Harper's Magazine*. En 1888, en partie grâce à un héritage touché par sa femme, il publia *Among the millet and other poems*. En 1895, après avoir connu bien des déboires avec plusieurs éditeurs, il soumit *Lyrics of earth* à la Copeland and Day de Boston, qui lança l'ouvrage au printemps suivant. Un troisième recueil, *Alcyone, and other poems*, était sous presse au moment de son décès, mais Scott en interrompit l'impression (12 exemplaires spécimens furent imprimés à titre posthume à Ottawa en 1899) car il escomptait faire paraître un recueil complet à la mémoire de Lampman l'année suivante.

Lampman était devenu membre de la Société royale du Canada en 1895. Dans sa nécrologie, le *Journal* d'Ottawa notait qu'il avait appartenu au Social Science Club et, chose quelque peu surprenante pour ceux qui n'en trouveraient qu'un faible écho dans sa poésie, qu'il avait été membre de la Fabian Society et l'« un des principaux socialistes de la ville ». En surface, sa vie avait bien été sans histoires.

Avait-elle pour autant été « sereine » ? Non. De plus en plus, à compter de la fin de ses études universitaires, Lampman était devenu le jouet d'une « sensibilité morbide », pour reprendre ses propres termes. Ironiquement, la poésie était à la fois l'une des grandes causes et le remède de son mal. Avant de quitter Toronto pour Ottawa, il avait écrit à un ami : « Un bien ou un mal – la poésie est, pour certains hommes, comme la montagne magnétique des Mille et une Nuits, qui démembrait les navires en leur arrachant jusqu'à leurs clous. La même illusion me mènera sans doute à la ruine, en me rendant inapte à quelque profession sûre sans pour autant combler, au bout du compte, aucun des fumeux espoirs que j'ai fondés sur elle. » Assurément, la poésie ne conduisit pas Lampman à la ruine, mais ce qu'il disait dans cette lettre allait se révéler assez prophétique. Dès la fin des années 1880, il maîtrisait à la perfection le genre sur lequel sa réputation reposerait en dernière analyse : le court poème sur la nature. Depuis toujours, pourtant, il voulait faire quelque chose de plus grandiose, des poèmes qui auraient contenu « davantage de vie humaine », comme il le disait, et, dès lors, encouragé par son ami Thomson, il travaillait à une série d'épopées, dont certaines existaient déjà à l'état embryonnaire, inspirées de vieilles légendes et de la tradition biblique. Mais il ne réussissait pas : il savait, comme ses critiques allaient le découvrir, que ces œuvres ne contenaient pas la moindre étincelle de vie. En 1893, il était littéralement abattu : « Je suis bon à une chose, écrivait-il à Thomson, dépeindre la nature, comme on dit, et je ferais mieux de m'y confiner. » Le temps qu'il lui fallut pour trouver un éditeur à *Lyrics of earth* accrut son sentiment d'échec. À la même époque, un « drame personnel » dont les détails n'ont été révélés que récemment troubla son existence : depuis quelque temps, il avait une liaison avec une collègue du département des Postes, Katherine Waddell. Il avait fait sa connaissance en 1889, et il devenait évident qu'ils devaient rompre. Devant toutes ces épreuves, on serait porté à dire « Pauvre Archie ! », comme Scott le fit à l'occasion. Un jour, des critiques établiraient un parallèle entre ses malheurs et ceux de Keats. Pourtant, s'il éprouva souvent des difficultés financières, il ne connut jamais la pauvreté et ne fut jamais, non plus, pourfendu par la critique. Il avait des amis assez haut placés. Scott et Thomson lui manifestaient une loyauté incomparable. Il avait beau mépriser – et railler dans ses lettres – le milieu intellectuel d'Ottawa (« Je suffoque. Eussé-je le génie de Milton, je n'arriverais à rien. »), il connaissait, outre Scott, John George Bourinot*, Campbell, William Dawson Le Sueur*, Ritchie, d'autres hommes instruits et cultivés. Néanmoins, à ses yeux, son angoisse était bien assez réelle. Son talent était à la hauteur de son zèle, et il est (peut-être avec Isabella Valancy Crawford*) le premier poète canadien pour qui rien ne comptait vraiment en dehors de l'imaginaire poétique. Aussi perçoit-on chez lui le problème qui surgit dans la dernière partie du XIXe siècle, quand la poésie cessa d'être simple passe-temps pour devenir obsession. Pour se défendre, il repoussait encore plus le monde, qu'il avait toujours tenu à distance. Son refuge, c'était la nature, et la poésie qu'elle engendrait. Par bonheur, il trouva la paix dans la dernière année de sa vie. À la veille de sa mort, il travaillait à l'un de ses plus beaux poèmes sur la nature, *Winter uplands*.

Lampman n'atteignit l'excellence que dans un nombre relativement restreint de poèmes – le tiers de sa production peut-être. Les deux autres tiers, dans lesquels il faudrait inclure les longs récits comme *The story of an affinity* et *David and Abigail*, de même que bon nombre de ses poèmes sentencieux quasi philosophiques tels *Strife and freedom* et *Good speech*, lui donneraient à peine droit à l'attention sérieuse d'un biographe. Ses premières influences littéraires furent celles que l'on s'attend à trouver chez l'enfant d'une famille cultivée et résolument anglophile de l'époque : Shelley, Wordsworth, Keats, Coleridge, Tennyson et Arnold, ainsi que, dans une moindre mesure, Byron, Browning et Swinburne. Keats et Arnold comptèrent plus que tous les autres : le premier pour la sobriété et l'intensité de ses images (« Keats, disait-il, a toujours exercé sur moi une telle fascination et a tellement imprégné tout mon esprit que j'ai l'impression d'en être une sorte de pâle réincarnation. »), le second pour son grand idéalisme et son ton moral. Mais au bout du compte, ce qui importait, c'étaient ses poèmes, ceux qu'il façonnait à sa propre manière. Tout comme Antée, Lampman reprenait force chaque fois que ses pieds touchaient le sol. Il faisait de la nature sa bonne compagne ; il observait, il ressentait, il notait. En le lisant, on a l'impression de voir, par une petite fenêtre, un morceau de paysage minutieusement ordonné, où aucun détail ne manque. Claude Thomas Bissell a parlé avec raison de « réalisme pittoresque », mais cette définition demeure trop simple. Certes, Lampman restitue, en faisant appel aussi bien à l'ouïe qu'à la vue, le détail de ce qu'il perçoit. Il écrit par exemple : quand le vent se lève, les « feuilles miroitantes » du peuplier « battent / À l'unisson comme d'innombrables petites mains » ; dans « la pâle profondeur du midi », par une journée torride, « Une grive errante module doucement / Sa délicate rengaine flûtée » ; la « sèche cigale » devient « ce violoneux fou du chaud mitan de l'année » ; évoquant une promenade d'hiver en forêt, il dit « Une branche craque ici et là, et son léger fardeau / Vole à mes côtés en une bruine prismatique » ; étendu dans un pré de fléole à l'époque des moissons, il entend « le craquètement du foin fané à la fourche » ; en canot sur une rivière, il regarde sept canards s'élever de l'eau et « Partir en lançant un sifflement tournoyant ». À eux seuls pourtant, que seraient ces détails bien ciselés (et ils sont légion), sinon « une ondée d'images scintillantes », comme Arnold le disait à propos des poètes spasmodiques, qui au milieu du XIXe siècle écrivaient des vers pleins de clinquant ? En fin de compte, c'est parce qu'ils s'élèvent à un niveau d'appréhension extraordinairement organisé, unifié, que ces poèmes sont du grand art. À la manière de Whitman, le poète flâne et convie son âme. L'atmosphère est onirique ; d'ailleurs, de tous les mots clés du code de Lampman, le mot « rêve », ou l'un quelconque de ses dérivés, est certainement celui qui ouvre le mieux sur son monde. Puis le rêve devient transe, et l'observateur, encore installé à un point de vue, à quadriller son champ, glisse par quelque processus mystique jusque dans les essences mêmes du tableau. La symbiose est étonnamment complète. Des rimes qui semblent couler de source, une métrique bien maîtrisée, des harmonies sûres renforcent l'unité du canevas. Quelle place semblables processus laissent-ils aux idées ? Pas beaucoup.

La vision que Lampman avait du monde était simple. Comme nombre de ses collègues, il avait perdu foi dans les dogmes chrétiens et la religion institutionnalisée ; l'ombre de la Croix ne s'étend pas sur sa poésie. Ce qui reste, c'est un idéalisme ardent, un humanisme laïque mais élevé qui s'attache moins à la gloire de Dieu qu'à la gloire de l'âme humaine cheminant vers la paix, la justice et la liberté au fil d'une relation transcendante avec la nature, appelée Terre Mère dans nombre de poèmes. De tous les courants de pensée du XIXe siècle qui ont influencé Lampman, le transcendantalisme était probablement le plus important. Cette philosophie était dans l'air ; on pouvait en être imprégné sans être disciple d'Emerson. D'une sensibilité extrême aux problèmes sociaux, Lampman en a parlé avec force dans un essai sur le socialisme (resté inédit de son vivant) et dans deux poèmes visionnaires, *The city of the end of things* et *The land of Pallas*. Cependant, quand il pénétrait dans le monde de la nature, il se dépouillait – tel une comète qui laisse ses débris derrière elle – de la plupart de ces préoccupations, tout comme de l'attirail d'aphorismes et d'impératifs moraux qu'il avait hérités d'une époque sentencieuse. Une fois dans cet univers qui était véritablement le sien, et à mesure qu'il passait de la perception sensorielle à l'identification mystique, la structure des attitudes et des valeurs devenait élémentaire et perdait tout dogmatisme. Sa lecture précoce de Shelley lui avait enseigné et avait nourri en lui l'idée du *contemptus mundi,* ou rejet du monde. Dans bon nombre de ses meilleurs poèmes, la ville est là, symbole du mal, antre du matérialisme, de la convoitise et de la cruauté entre les hommes. Mais, indice révélateur, elle est derrière lui. Il fait face à la nature, qui d'abord fortifie le corps et l'esprit, puis devient à la fin sacramentelle, le moyen par lequel l'Âme (d'ordinaire il écrit ce mot avec une majuscule) « Se sent enfin monter à quelque hauteur » tant elle aspire à s'unir à « l'Esprit Maître du monde ». Les idées ne sont donc pas absentes, mais ce sont plutôt des idées transcendantes. Dans la conclusion de *Heat,* un de ses poèmes les plus célèbres, le narrateur dit : « Dans la pleine fournaise de l'heure / Mes idées deviennent incisives et claires. » Quelles idées ? Cela n'est pas dit. Le court poème intitulé *The choice* commence par un rejet du « conflit » et de la « pompe » du monde puis se termine par ces lignes : « Je m'assieds dans l'herbe venteuse et grandis / Aussi sage que la vieillesse, aussi gai qu'un enfant. » Dans ce que Lampman a écrit de meilleur, c'est l'idée elle-même qui est poème.

En août 1895, Lampan écrivit une lettre morose et amère à Thomson. Après s'être qualifié de lâche et d'hypocondriaque, il concluait : « Je suis un poète mineur d'un genre supérieur, voilà tout. » Abstraction faite de la mélancolie dans laquelle il se trouvait à ce moment, il n'était probablement pas loin de la vérité. Le grand poète nous emmène dans un monde imaginaire dont les frontières lumineuses reculent sans cesse devant nos esprits et nos sensibilités déployés. Lampman ne fait pas cela. Et pourtant, depuis près d'un siècle, il suscite, chez les critiques et chercheurs (y compris, récemment, nombre d'auteurs de thèses et de mémoires), une attention plus amicale et plus persistante qu'aucun autre de ses contemporains poètes. Scott fait peut-être exception, mais non Carman et Roberts. Placés tôt à l'avant-scène, ils ont été couverts d'éloges à peu près jusqu'à la fin des années 1920, puis ont été éclipsés.

Plusieurs motifs expliquent pourquoi Archibald Lampman et son œuvre ont si bien résisté au temps. Premièrement, et cela n'a peut-être pas grand-chose à voir avec sa poésie, c'est un personnage extrêmement attachant. La publication récente de sa correspondance avec Thomson a confirmé l'image qu'en projetait Scott, à savoir qu'il était très intègre, plein d'esprit et de charme, et, il faut le préciser, d'un courage considérable. Il était surtout, peut-être pour son malheur, toujours honnête envers lui-même. Deuxièmement, durant près d'un demi-siècle, Scott s'est fait le gardien et le promoteur de son héritage. Il a été le grand initiateur de l'édition souvenir de 1900 qui rassemblait l'œuvre poétique de Lampman. C'est encore lui qui a fait paraître un beau choix de poèmes en 1925 et une autre édition fondée sur une sélection plus rigoureuse en 1947, l'année de sa mort. Enfin – et cela importe plus que tout – il s'est associé à Edward Killoran Brown* pour lancer en 1943 un recueil définitif (du moins le pensaient-ils) de textes jusque-là inédits, *At the Long Sault and other new poems* ; et en cette occasion, comme d'autres fois auparavant, il n'a pas hésité à apporter, aux versions manuscrites des poèmes, ce qu'il considérait comme des améliorations. Tels que nous les connaissons, Lampman l'homme et Lampman le poète sont donc, à proprement parler, des créations de Duncan Campbell Scott. Ni l'un ni l'autre n'auraient pu se trouver en de meilleures mains. Le troisième motif tient moins à des facteurs externes. À son meilleur, Lampman était un maître. Les nombreuses modifications qui distinguent ses versions définitives de ses premiers jets en témoignent. Une fois achevée, sa poésie dégage une imagerie précise mais évocatrice et, dans l'ensemble, une sorte d'effet immédiat dépouillé des ornements sentimentaux et didactiques qui encombrent une bonne partie de la poésie de son temps. Aussi n'a-t-il eu aucun mal à survivre à la transition qui s'est opérée au Canada entre la poésie traditionnelle et la poésie moderne, et qui a provoqué à la fin des années 1920 de vigoureuses attaques contre le caractère souvent brumeux de ce qu'on appelait l'école de la Feuille d'érable, soit les poètes des années de la Confédération. Lampman, lui, a passé l'épreuve haut la main. Dans les années 1940, avec quel plaisir Louis Dudek et Irving Peter Layton, tout absorbés par leur quête de la « conscience sociale », en ont-ils découvert au moins des lueurs dans deux poèmes de Lampman, *To a millionaire* et *Epitaph on a rich man* ! Dans un ouvrage intitulé *On Canadian poetry*, paru à Toronto en 1943, Brown n'a eu aucun mal à reclasser les « poètes de la Confédération » en fonction des honneurs qu'ils méritaient : Roberts et Carman ont été détrônés, et Lampman hissé au sommet à côté de Scott. C'était un jugement critique d'importance, et dans l'ensemble, il a tenu le coup. Enfin, il y a toutes les récompenses intangibles qui nous attendent quand on se trouve devant l'excellence, quels qu'en soient l'époque ou le lieu d'origine. Les sonnets de Lampman, et surtout ceux qui portent sur la nature, se rangent parmi les meilleurs qui aient été composés en langue anglaise. Peut-être les vers mémorables ne sont-ils pas un critère solide pour juger de la qualité de la poésie, mais ils nous parlent, et les poèmes de Lampman sont pleins de vers de ce genre. La ligne finale d'un poème sur l'automne est restée gravée dans l'esprit de Brown : « Octobre et sa pluie de feuilles ruinées ». C'est une petite flamme que celle de Lampman, mais elle est brillante, et elle brûlera longtemps.

ROBERT L. MCDOUGALL

L'œuvre publiée d'Archibald Lampman, tant la poésie que la prose, est devenue plus facile à trouver puisqu'elle a été réimprimée accompagnée d'introductions savantes. Des bibliographies complètes de ses œuvres et de celles dont il est le sujet sont celles de L. R. Early, « Archibald Lampman (1861–1899) », *Canadian writers and their works*, Robert Lecker *et al.*, édit., introd. de George Woodcock (9 vol. parus, Toronto, 1983–), *poetry ser.*, 2 : 135–185, et du même auteur, *Archibald Lampman* (Boston, 1986) ; un ouvrage antérieur à celui de George Wicken, « Archibald Lampman : an annotated bibliography », *The annotated bibliography of Canada's major authors*, Robert Lecker et Jack David, édit. (7 vol. parus, Toronto, 1979–), 2 : 97–146. Voici une sélection des sources et des études les plus importantes.

AN, MG 29, D59 ; MG 30, D61, 2 : 521. — Beechwood Cemetery (Ottawa), Burial records, 1894. — Bibliothèque du Parlement (Ottawa), Archibald Lampman papers. — City of Ottawa Arch., A. L. [Archibald Lampman], framed note to W. A. Code of the Post Office Dept. — EEC, Diocese of Ottawa Arch., St John the Evangelist (Ottawa), reg. of marriages, 3 sept. 1887 ; reg. of baptisms, 13 juill. 1894 ; St Barnabas (Ottawa), reg. of baptisms, 10 avril 1892 ; Christ Church Cathedral (Ottawa), reg. of baptisms, 9 juill. 1898. — Simon Fraser Univ. Library, Special Coll. (Burnaby, C.-B.), Archibald Lampman coll. — UTFL, MSS 5058 and general MSS, Archibald Lampman, poems. — *An annotated edition of the correspondence between Archibald Lampman and Edward William Thomson (1890–1898)*, introd. de Helen Lynn, édit. (Ottawa, 1980). — *At the Mermaid Inn*, *conducted by A. Lampman, W. W. Campbell, Duncan C. Scott ; being selections from essays on life and literature which appeared in the Toronto* Globe, *1892–1893,* A. S. Bourinot, édit. (Ottawa, 1958). — *At the Mermaid Inn : Wilfred Campbell, Archibald Lampman, Duncan Campbell Scott in the* Globe, *1892–3,* introd. de Barrie Davies (Toronto, 1978). — Archibald Lampman, *Archibald Lampman's letters to Edward William Thomson (1890–1898),* introd. d'A. S. Bourinot, édit. (Ottawa, 1956) ; « Two Canadian poets : a lecture », *Univ. of Toronto Quarterly*, 13 (1943–1944) : 406–423. — *Poets of the confederation : Charles G. D. Roberts, Bliss Carman, Archibald Lampman, Duncan Campbell Scott,* M. M. Ross, édit. (Toronto, 1960). — D. C. Scott, « Copy of a letter by Duncan Campbell Scott to Ralph Gustafson », *Fiddlehead* (Fredericton), 41 (1959) : 12–14. — *Some letters of Duncan Campbell Scott, Archibald Lampman & others,* A. S. Bourinot, édit. (Ottawa, 1959). — Susanna [Strickland] Moodie, *Susanna Moodie : letters of a lifetime,* C. [P. A.] Ballstadt *et al.*, édit. (Toronto, 1985). — *Globe,* 5 janv. 1867. — *Ottawa Evening Journal,* 10 févr. 1899. — *Oxford companion to Canadian hist. and lit.* (Story). — *Oxford companion to Canadian lit.* (Toye). — E. K. Brown, *On Canadian poetry* (Toronto, 1943). — C. Y. Connor, *Archibald Lampman : Canadian poet of nature* (New York et Montréal, 1929 ; réimpr., Ottawa, 1977). — Roy Daniells, « Lampman and Roberts », *Lit. hist. of Canada* (Klinck *et al.* ; 1976), 1 : 405–421. — *The Lampman symposium,* introd. de Lorraine McMullen, édit. (Ottawa, 1976). — Ernest Voorhis, « The ancestry of Archibald Lampman, poet », SRC *Mémoires,* 3e sér., 15 (1921), sect. II : 103–121.

LANGEVIN, JEAN (baptisé **Jean-Pierre-François-Laforce**), prêtre catholique, professeur, administrateur scolaire, auteur et évêque, né le 22 septembre 1821 à Québec, fils aîné de Jean Langevin et de Sophie Laforce ; décédé le 26 janvier 1892 à Rimouski, Québec.

Jean Langevin grandit dans le climat chaleureux d'un foyer uni et solidaire, où l'atmosphère intellectuelle favorisa l'éclosion précoce de son intelligence. Après des études sous la direction d'une gouvernante, il entra au petit séminaire de Québec en 1831 et y fit de brillantes études. Il prit la soutane au grand séminaire le 2 octobre 1838. Le même jour, on le nomma professeur de mathématiques au petit séminaire, fonction qu'il continua d'exercer après son ordination le 12 septembre 1844. Il passa cinq ans dans ce milieu éminemment favorable sur le plan intellectuel, en présence de personnages qui joueraient des rôles de premier plan dans l'Église canadienne, tels Elzéar-Alexandre TASCHEREAU, Edward John Horan* et Louis-Jacques Casault*. Langevin se livra aussi à diverses recherches en histoire, en arts et en archéologie, pour le plus grand profit des membres de l'Institut canadien de Québec, dont il fit partie.

En 1849, Langevin devint assistant du curé de la paroisse La Nativité-de-Notre-Dame, à Beauport, puis l'année suivante curé de Sainte-Claire. Il revint à Beauport au même titre en 1854. Dans ces paroisses, il se soucia de l'éducation de la jeunesse et il ouvrit son presbytère aux enfants pauvres. Les problèmes de l'école rurale le préoccupaient vivement : manque de maîtres qualifiés, pénurie de matériel scolaire, absentéisme des écoliers, désintéressement des ruraux. On lui confia la mission de corriger ces déficiences en avril 1858, quand on le nomma principal de l'école normale Laval, à Québec.

Langevin dressa alors un programme des matières de base à enseigner dans les écoles élémentaires et modèles, ainsi qu'un tableau de la distribution du temps. Des classes pratiques alternaient avec des classes dites didactiques que Langevin visitait souvent en stimulant l'ardeur des élèves au moyen de concours, d'examens privés et publics, oraux ou écrits. Ce mélange de théorie et de pratique fut baptisé méthode Langevin, du nom de son promoteur. Langevin conçut aussi des outils d'enseignement. Dès 1848, il avait publié à Québec *Traité élémentaire de calcul différentiel et de calcul intégral,* auquel vinrent s'ajouter d'autres publications dans les domaines de l'histoire, de l'agriculture et de la liturgie ; il se fit surtout connaître comme pédagogue et théoricien de l'éducation par son ouvrage *Cours de pédagogie ou Principes d'éducation,* paru à Rimouski en 1869.

La pédagogie de Langevin se base sur un fort esprit familial avec toutes les exigences et les vertus que cela suppose. S'y ajoute une foi solide dans les possibilités humaines et divines de tout baptisé qui, malgré ses inévitables limites, n'en est pas moins un candidat pour le ciel, donc un être perfectible. Dans le cœur de tout être divinisé sommeille un désir d'ascension sur lequel il faut tabler pour l'éduquer. Langevin insistait sur l'importance de la discipline et le souci du détail et il se montrait intraitable devant le manque d'ordre et la légèreté d'esprit. Il voulait donner la formation la plus complète possible aux futurs enseignants. Le programme comprenait même des exercices physiques à caractère militaire. La culture physique devait s'harmoniser avec celle des arts. Dans ce domaine, les arts manuels voisinaient les beaux-arts qui ne pouvaient, selon lui, se passer de culture scientifique.

La formation conçue par Langevin ne s'arrêtait pas à l'école normale. Il s'efforça d'épauler ses anciens étudiants dans leur labeur quotidien et de prolonger dans leur vie professionnelle l'esprit puisé à l'école normale. Il correspondait avec eux et leur fournissait du matériel pédagogique. Il fit figure de pionnier en donnant des cours par correspondance en mathématiques, en histoire, en géologie et en archéologie. De même il fut, semble-t-il, le premier à réclamer une échelle de salaires pour les professeurs.

En 1867, Langevin quitta à regret l'école normale Laval à la suite de sa nomination à titre d'évêque du nouveau diocèse de Rimouski ; il devrait administrer un immense territoire d'environ 150 000 milles carrés réparti sur les deux rives du Saint-Laurent. Éloignement, pauvreté, isolement, ignorance, telle se résumait la situation socio-économique des quelque 60 000 personnes disséminées dans ce diocèse qui comptait seulement 32 paroisses. Langevin entreprit d'y réaliser les plans d'apostolat qu'il avait esquissés : « entretien et vitalité du séminaire diocésain ; promotion de l'éducation et de l'instruction ; travail acharné en faveur de la colonisation et de l'agriculture ; lutte pour la stabilité des diocésains, pour la tempérance et la modestie ; soutien de la vie chrétienne par la prédication aux adultes, le catéchisme aux enfants, les confréries de toutes sortes ; organisation de la vie familiale et de la vie paroissiale ; appels incessants à la pratique des vertus sociales, au respect de l'autorité ».

Mgr Langevin déclara à ses ouailles qu'il considérait de son devoir de les « encourager à [se] livrer avec ardeur à l'agriculture et à coloniser les terres incultes ». C'est là le premier aspect de son travail apostolique. De fait, sa pensée socio-économique fut tout à fait conforme à celle des autres chefs ecclésiastiques de la seconde moitié du XIXe siècle. Son modèle idéologique, selon Gérald Garon, était manifestement « celui d'une société traditionnelle, de type rural et agricole, de type théocratique et sacral, à caractère providentialiste ». Cette pensée l'incita à convertir en agriculteurs les Amérindiens, les pêcheurs, les ouvriers et les travailleurs forestiers. Tout ce qui se rapportait à cet objectif retint son attention et ses efforts : les voies de communication, l'immigration, les associations professionnelles, les sociétés de colonisation et d'agriculture, l'aide matérielle, spirituelle et intellectuelle aux ruraux. Dans *Réponses aux programmes de pédagogie et d'agriculture* [...] ainsi que dans *Cours de pédagogie ou Principes d'éducation,* il insista particulièrement sur deux objectifs patriotiques de l'école, qui illustrent sa volonté de promouvoir l'agriculture et la colonisation : l'école doit donner le goût de la terre natale et celui du métier d'agriculteur.

Pour qu'un tel idéal puisse se concrétiser, il fallait multiplier les écoles et assurer un enseignement de qualité. À son arrivée dans le diocèse en 1867, Mgr Langevin avait trouvé trois communautés enseignantes : les Sœurs de la charité de Québec, chargées en plus du soin des malades et des indigents, la Congrégation de Notre-Dame et les Religieuses de Jésus-Marie. Le diocèse comptait à peine 175 écoles primaires. Pour en augmenter le nombre, il fallait trouver du personnel compétent. Devant la quasi-impossibilité de recruter de jeunes diplômés dans les écoles normales de Québec ou de Montréal, Langevin entreprit des démarches auprès du ministère de l'Instruction publique afin d'établir une école normale à Rimouski, mais en vain. Comme solution de rechange, il fonda un institut destiné à former des enseignantes issues du diocèse. Ce dernier devait demeurer une association de laïques bien formées chargées des écoles primaires. Après cinq années d'hésitations et d'observations méticuleuses, Langevin finit par se rendre aux requêtes d'Élisabeth Turgeon, qui n'entrevoyait la persistance de l'œuvre que par le biais d'une communauté religieuse. C'était aussi l'avis du vicaire général Edmond Langevin* qui, par son habileté et sa calme persévérance, sut infléchir les volontés de son frère. Les Sœurs des petites écoles furent fondées en 1875 et devinrent la Congrégation de Notre-Dame du Saint-Rosaire en 1891. Tout au long de son épiscopat, Langevin s'occupa de leur donner ses instructions puisées dans *Cours de pédagogie,* avant de les voir se répandre en milieu rural, « investies de la mission patriotique de promouvoir l'agriculture ».

Un souci ruraliste analogue animait Mgr Langevin à l'endroit du collège de Rimouski qu'il érigea en séminaire diocésain le 4 novembre 1870. Il en fut supérieur de 1867 à 1882 et de 1883 à 1885. Si les relations avec l'établissement ne furent pas toujours faciles, il faut néanmoins reconnaître l'inlassable dévouement de l'évêque à l'égard de cette maison qui s'installa dans un nouvel édifice en 1876, grâce à une souscription célèbre dite Œuvre du quinze sous. Après l'incendie du 5 avril 1881, Langevin reprit les pénibles démarches pour ressusciter l'établissement de ses cendres. Là comme ailleurs, le pédagogue alliait théorie et pratique ; il recommandait aux étudiants de s'approprier les techniques et le savoir agricoles en occupant leurs loisirs au travail dans la ferme du séminaire, un don de Langevin lui-même.

Bien appuyé par son frère Edmond, Mgr Langevin posa son diocèse sur des bases solides. L'un des facteurs de progrès avait été le développement du réseau routier et surtout la mise en place en 1876 du lien ferroviaire unissant Rivière-du-Loup au Nouveau-Brunswick et à la Nouvelle-Écosse. Toutefois, le travail missionnaire dans cet immense diocèse commençait à peser lourd sur les épaules de Langevin. Le 28 août 1882, il annonçait à ses fidèles la division du diocèse et l'érection de la préfecture apostolique du Golfe-Saint-Laurent. Mgr François-Xavier Bossé prit en charge ces quelque 5 000 personnes, Acadiens et Amérindiens pour la plupart, que l'évêque n'avait pu visiter qu'une seule fois, en 1875.

L'administration de Mgr Langevin a été parfois sévèrement jugée. Ainsi l'historienne Andrée Désilets l'a comparée à « une lutte de vingt-cinq ans pour la réalisation de ses propres volontés dans son diocèse et au sein de l'épiscopat ». Il est vrai que Langevin s'est souvent trouvé engagé dans des luttes et des épreuves de force. Mais celles-ci étaient-elles si exceptionnelles dans le dernier tiers du XIXe siècle, où religion et politique étaient si intimement liées ? Certes, il eût été bien difficile pour Langevin de dissimuler sa sympathie à l'égard du parti conservateur, auquel appartenait son frère Hector-Louis*. Dans l'un de ses premiers mandements, il appuya la Confédération qui venait d'être promulguée comme « l'expression de la volonté suprême du Législateur, de l'Autorité légitime, et par conséquent de celle de Dieu même ».

Les solidarités familiales et politiques de Mgr Langevin lui interdisaient d'adhérer au Programme catholique publié le 20 avril 1871 par des ultramontains intransigeants [V. François-Xavier-Anselme Trudel*], qui traduisait bien les préoccupations et les idées de l'évêque de Trois-Rivières, Mgr Louis-François LAFLÈCHE. L'amitié de Langevin pour ce dernier, née à l'occasion du Premier Concile du Vatican, en souffrit quelque peu surtout pendant la campagne électorale de 1872, alors qu'une presse soi-disant catholique menaçait de remettre à l'honneur le Programme catholique et les divergences des évêques à son sujet. Langevin dénonça ces journaux qui prétendaient dicter aux catholiques la conduite à tenir en temps d'élection, sans égard aux pasteurs chargés d'appliquer les règles de prudence dans leur diocèse. Cependant, entre les deux évêques qui furent, toutes nuances faites, des ultramontains disciples de Pie IX et des partisans du *Syllabus,* l'amitié allait renaître, surtout autour de la question de l'abus d'influence.

En 1874, une nouvelle loi électorale fédérale précisait : « Toute personne qui, directement ou indirectement, par elle-même ou par quelque autre, en son nom, emploie ou menace d'employer la force, la violence ou la contrainte, ou inflige ou menace d'ingliger par elle-même ou par l'entremise de tout autre personne quelque lésion, dommage, préjudice ou perte, ou de toute manière que ce soit a recours à l'intimidation contre quelque personne pour induire ou forcer cette personne à voter ou à s'abstenir de voter [...] sera réputée avoir commis l'offense appelée « influence indue ». L'élection provinciale de 1875 dans la circonscription de Bonaventure donna l'occasion à Langevin d'appliquer sa conception théocratique de la société en vertu de laquelle l'Église peut imposer ses candidats politiques, les « bien-pensants », allant jusqu'à s'opposer avec tout le poids de ses armes spirituelles à la volonté populaire. La lutte se préparait entre le conservateur Pierre-Clovis Beauchesne et le libéral John Robinson Hamilton. Mgr Langevin crut bon écrire : « J'apprends qu'un certain marchand protestant pose sa candidature à la Chambre locale pour le comté de Bonaventure. Il me semble que nos intérêts religieux surtout seraient mal placés entre ses mains. Je désire donc que le clergé use de son influence *prudemment* mais *activement,* pour engager nos catholiques à ne pas le supporter. » Plusieurs lettres de la même inspiration accompagnèrent la lettre pastorale du 28 mai 1875, dans laquelle l'évêque faisait ses recommandations au moment même où la campagne électorale battait son plein.

Le clergé participa ouvertement à la campagne électorale, de sorte que les journaux libéraux s'en plaignirent. Beauchesne l'emporta par une majorité de 70 voix, mais Hamilton et ses amis décidèrent de contester le résultat de l'élection devant les tribunaux en invoquant l'abus d'influence du clergé. Le juge Louis-Napoléon Casault*, professeur de droit à l'université Laval, rendit son jugement le 19 décembre 1876. Il déclara les deux candidats inaptes à siéger pendant sept ans : Hamilton parce qu'il avait payé à boire le jour de l'élection et Beauchesne pour défaut de satisfaire aux conditions de propriété requires et abus d'influence de la part du clergé.

L'affaire Casault-Langevin fut la longue suite des tractations entreprises par Mgr Langevin auprès de Mgr Taschereau, de ses autres collègues dans l'épiscopat, auprès de Rome même, en réaction contre le jugement Casault. Langevin voulait d'abord que Casault « soit privé de sa chaire dans l'intérêt de la jeunesse et pour l'honneur de l'Université ». Ensuite, dans un mandement publié le 15 janvier 1877, il condamnait cinq propositions contenues dans le jugement Casault et déclarait « indignes des sacrements ceux qui soutiendraient ces propositions ou aucune d'elles, jusqu'à ce qu'ils les aient désavouées ». Il aurait bien souhaité recevoir l'adhésion de tous ses collègues dans l'épiscopat ; ceux-ci se montrèrent plutôt tièdes et réticents devant le document, attitude qui fit naître de la déception, voire les soupçons les plus noirs, dans l'esprit de Mgr Langevin, en particulier à l'endroit d'un ancien sympathisant, l'évêque de Sherbrooke, Antoine RACINE.

Dans toute cette affaire, la solitude et la déception attendaient Langevin. Rome envoya un délégué, Mgr George Conroy*, qui le 13 octobre 1877 se fit le porte-parole de la Propagande : le juge Casault pouvait conserver sa chaire de droit à l'université. Mgr Conroy fut en outre à l'origine de la lettre pastorale des évêques de la province ecclésiastique de Québec en date du 11 octobre 1877, dans laquelle tout le clergé recevait des instructions précises sur la façon de se comporter en temps d'élections.

Le problème de l'abus d'influence fit, en cette année 1877, une autre victime au sein même de la famille Langevin. En effet, le 22 janvier 1876, Hector-Louis avait été élu dans Charlevoix au terme d'une lutte épique contre Pierre-Alexis Tremblay*. Celui-ci dut sa défaite au rôle du clergé qui n'hésita pas à brandir les menaces de sanctions spirituelles contre les sympathisants libéraux. Tremblay contesta cette élection jusqu'en Cour suprême du Canada, où il obtint gain de cause le 28 février 1877. Le juge Jean-Thomas TASCHEREAU invalida l'élection pour abus d'influence. Hector-Louis estimait que ses liens familiaux lui permettraient d'obtenir la bienveillance du clergé s'il se présentait dans la circonscription de Rimouski aux élections générales de septembre 1878. Mal lui en prit, car il fut vaincu par le libéral

Jean-Baptiste-Romuald Fiset. Pour expliquer cette défaite, on a évoqué « l'impopularité de Mgr Langevin qui soulevait les préjugés contre son frère Hector ».

Langevin avait un caractère difficile. Un ecclésiastique de son entourage l'a même désigné comme « le Dieu du tonnerre ». Selon Andrée Désilets, il était « le type de l'évêque autoritaire, d'une autorité absolue et sans appel, ambitieux, méticuleux, capable même d'agressivité, d'injustice et de tyrannie ». Nive Voisine a qualifié ce portrait de « cruel mais réaliste ». Pour compléter l'image de ce personnage, fait de contrastes, on peut ajouter l'appréciation de Gérald Garon : « Mgr Langevin a [...] laissé le souvenir d'un homme à la fois dur et tendre, violent et doux, fier et humble, aimé et redouté, comblé de louanges et dénigré, généreux et avare, généralement respectueux mais parfois impertinent, idéaliste et réaliste, artiste et scientifique. »

La spiritualité de Langevin s'alimentait à l'école de saint Ignace. Elle se caractérisait par un contenu volontariste, actif, énergique et intransigeant, tendu vers une action précise et efficace, « appuyée sur la conviction que l'éducateur tient en main la destinée du peuple ». Voilà, le tempérament mis à part, la profonde différence entre Langevin et son frère Edmond, ce tertiaire dont la spiritualité s'inspirait plutôt de celle d'un François d'Assise, volontiers souriant dans l'accueil et patient dans l'écoute. Peut-être peut-on se rallier autour du souvenir qu'a laissé Langevin dans la mémoire d'un ancien du séminaire de Rimouski : « il était un homme d'autorité. Il était évêque, et voulait que ceux qui traitaient avec lui le sachent. Mais s'il aimait à gourmander prêtres, séminaristes et élèves, s'il trouvait mal que l'on toussât, lorsque l'évêque parlait, il avait une bonté de cœur que rien ne put jamais surpasser. »

Langevin vécut les trois dernières années de sa vie dans l'affliction. Avec la mort de son frère Edmond, le 2 juin 1889, il perdit son vicaire général, mais peut-être davantage cet indispensable appui qui lui avait permis de traverser un règne souvent tumultueux, toujours difficile. À partir de ce moment, son mauvais état de santé physique et moral ne lui permit pas de faire face avec force et lucidité à la montagne de problèmes qui s'étaient accumulés tout au long de son administration. Selon les mots mêmes de son coadjuteur André-Albert Blais, c'est dans un « état de souffrance générale » que se trouvait alors le diocèse de Rimouski.

Concrètement, cela signifiait que, si le clergé du diocèse, dans son ensemble, comptait de bons et fidèles serviteurs de l'Église, on trouvait malheureusement trop de sujets sans vocation ou dont l'intelligence, la science et la valeur morale étaient bien faibles. Sur le plan administratif, Langevin avait accordé trop de liberté à des hommes sans expérience ou trop prodigues. Le séminaire, en particulier, se trouvait dans un « véritable état d'insolvabilité ». Mis en face de ces problèmes, Langevin répondait inlassablement : « Cela me regarde. Je suis évêque et je n'aime point qu'on empiète sur mes pouvoirs et sur mes droits. Vous me causez de l'ennui. »

Mis au courant de la situation, le préfet de la Propagande pria le cardinal Taschereau de conseiller à Mgr Jean Langevin d'abandonner ses fonctions épiscopales. Le 12 décembre 1890, ce dernier écrivait au cardinal : « Si le Saint-Père désire me voir donner ma démission de ma charge pastorale entre ses mains, je suis prêt à me conformer à ses intentions sans aucunement hésiter, moyennant une pension convenable. La volonté du Pape me sera toujours sacrée et je serai heureux de pouvoir déposer ce lourd fardeau à ses pieds, après vingt-quatre années d'administration diocésaine. » En février 1891, Mgr Blais succédait à Langevin, qui démissionna et reçut le titre honorifique d'archevêque de Leontopolis *in partibus infidelium*. Il mourut le 26 janvier 1892.

NOËL BÉLANGER

Jean Langevin est l'auteur de : *Traité élémentaire de calcul différentiel et de calcul intégral* (Québec, 1848) ; *l'Histoire du Canada en tableaux* [...] (Québec, 1860 ; 2e éd., 1865 ; 3e éd., 1869) ; *Notes sur les archives de Notre-Dame de Beauport* (Québec, 1860) ; *Réponses aux programmes de pédagogie et d'agriculture pour les diplômes d'école élémentaire et d'école modèle* (Québec, 1862 ; 2e éd., 1864), ouvrage qui parut aussi en anglais sous le titre de *Answers to the programmes on teaching & agriculture, for elementary school, model school and academy diplomas* (Québec, 1864) ; *Cours de pédagogie ou Principes d'éducation* (Rimouski, Québec, 1869) ; *Mandements, lettres pastorales, circulaires de Mgr Jean Langevin, et statuts synodaux du diocèse de Saint-Germain de Rimouski* (2 vol., Rimouski, 1878–1889).

Mgr Langevin a laissé plus de 10 000 lettres et documents divers répartis surtout entre les arch. de l'archevêché de Rimouski et les ANQ-Q. Les ASQ sont intéressantes aussi pour traiter du rôle de Langevin comme éducateur. Enfin les Archivio della Propaganda Fide (Rome), Scritturi riferite nei Congressi, America settentrionale, 32, demeurent l'unique source d'information concernant la démission de Mgr Langevin.

ANQ-Q, CE1-1, 23 sept. 1821. — *Le Messager de Sainte-Anne de la Pointe au Père* (Rimouski), 10 (1892), n° 10. — *Album des anciens du Séminaire de Rimouski* (Rimouski, 1940). — Jacqueline Alary, *Une congrégation se définit* (Rimouski, 1967). — Jules Bélanger *et al.*, *Histoire de la Gaspésie* (Montréal, 1981). — Noël Bélanger, « Une introduction au problème de l'influence indue, illustrée par la contestation de l'élection de 1876 dans le comté de Charlevoix » (thèse de licence, univ. Laval, 1960). — Béatrice Chassé, « l'Affaire Casault-Langevin » (thèse de M.A., univ. Laval, 1965). — Désilets, *Hector-Louis Langevin*. — Gérald Garon, « la Pensée socio-économique de Mgr Jean Langevin » (thèse de M.A., univ. de Sherbrooke, Sherbrooke, Québec, 1977). — *Mosaïque rimouskoise, une histoire de Rimouski* sous la dir. de M.-A. Caron *et al.* (Rimouski, 1979). — *Séminaire de Rimouski, fêtes de cinquantenaire les 22 et 23 juin 1920* (Rimouski, 1920). — Voisine, *Louis-François Laflèche*. — Nive Voisine *et al.*, *Histoire de l'Église catholique au Québec, 1608–1970* (Montréal, 1971). — Léo Bérubé, « Histoire religieuse du diocèse de Rimouski », SCHEC *Sessions d'études*, 34 (1967) : 67–74. — Nive Voisine, « la Correspondance Langevin–Laflèche », SCHEC *Sessions d'études*, 34 : 79–86 ; « Il y a cent ans... une bénédiction difficile », *Rev. d'hist. du Bas Saint-Laurent* (Rimouski), 3 (1976–1977) : 12–16.

LANGFORD, EDWARD EDWARDS, régisseur d'une ferme et magistrat stipendiaire, né le 23 novembre 1809 à Brighton, Angleterre ; il épousa Flora Phillips, et ils eurent cinq filles et un fils ; décédé le 23 mars 1895 à Wallington (Londres).

Capitaine dans le 73rd Foot, Edward Edwards Langford quitta l'armée britannique en 1834 et devint gentleman-farmer dans une propriété de 200 acres appelée Colwood, près de Slaugham, dans le Sussex. Ambitieux, instable et peut-être insatisfait des conditions qui régnaient en Angleterre, il décida d'émigrer. Un parent éloigné, Richard BLANSHARD, gouverneur de la nouvelle colonie de l'île de Vancouver, lui trouva un poste de régisseur de la ferme Esquimalt, domaine d'environ 600 acres. Le 10 mai 1851, Langford arrivait au fort Victoria (Victoria) à bord du Tory, avec sa femme et ses filles.

La ferme, que Langford rebaptisa Colwood, était la première des quatre que la Puget's Sound Agricultural Company, filiale de la Hudson's Bay Company, établit aux environs du fort. Le poste de régisseur était attrayant : la compagnie paya la traversée de Langford jusqu'à l'île, lui construisit une maison, des granges et des écuries, en plus de lui fournir du bétail et de la main-d'œuvre. Il touchait £60 par an, plus un tiers du bénéfice, et il pouvait compter sur un crédit illimité au fort Victoria. Pendant les quatre années au cours desquelles il mit la propriété en valeur, 190 acres furent défrichées et 11 cottages construits pour les ouvriers agricoles. Cependant, comme il n'avait ni jugement ni sens de la mesure, il imposa à la ferme un fardeau financier beaucoup trop lourd. Il vivait dans le luxe et traitait ses invités avec prodigalité ; il construisit une belle maison et des bâtiments coûteux qu'il agrandit par la suite sans consulter ses employeurs. Apparemment, quand il était à court d'argent, il se tournait vers la compagnie. Pour l'année 1853 seulement, son employeur lui avança une somme presque huit fois supérieure à son salaire. En 1855, comme la compagnie avait connu des problèmes semblables avec ses trois autres régisseurs, Kenneth McKenzie*, Thomas Skinner et Donald Macaulay, on lui signifia que son contrat prendrait fin cinq ans plus tard.

En 1853, le gouverneur James Douglas* avait nommé Langford, Skinner et McKenzie magistrats stipendiaires, mais ils se révélèrent incompétents presque tout de suite. Il limita donc leurs pouvoirs en fondant, le 2 décembre de la même année, la Cour suprême de justice civile de l'île de Vancouver, et il en nomma son beau-frère David Cameron* juge en chef, nomination qui souleva de nombreuses protestations dans la colonie. Selon un groupe de colons et d'hommes de la Hudson's Bay Company, que dirigeaient Langford, Skinner, James Cooper* et le révérend Robert John Staines*, il s'agissait là d'un cas flagrant de népotisme. L'année suivante, ils demandèrent aux autorités anglaises de faire enquête sur le nouveau tribunal et la nomination de Cameron. De plus, ils se plaignirent qu'en sa double qualité de gouverneur de l'île de Vancouver et d'agent principal de la Hudson's Bay Company, Douglas subordonnait les intérêts de la colonie à ceux de la compagnie.

Les adversaires de Douglas entrèrent bientôt dans l'arène politique. En août 1856, Langford, devenu chef des réformistes, fut élu député de la circonscription du district de Victoria à la première chambre d'Assemblée de l'île de Vancouver. Lorsque Cameron, confirmé peu de temps auparavant dans ses fonctions de juge en chef par le gouvernement britannique, fit prêter le serment d'allégeance aux députés, on découvrit que Langford ne possédait pas les £300 de biens immobiliers requis pour être éligible au Parlement. Langford eut beau faire valoir que cette règle était inconstitutionnelle tant que la chambre ne l'aurait pas approuvée, on déclara nulle et non avenue son élection ; c'est Joseph William MCKAY qui le remplaça. À la fin de 1859, Langford se présenta de nouveau, cette fois dans la circonscription de la ville de Victoria, et fit paraître un discours contre Douglas et son gouvernement. Un auteur anonyme en publia une parodie qui circula dans toute la ville, et dans laquelle on soulignait l'amour-propre injustifié et l'incompétence de Langford. Discrédité, celui-ci se retira de la course le 5 janvier 1860 en pressant ses partisans de voter pour Amor DE COSMOS, et il intenta une poursuite en diffamation à Edward Hammond King*, l'imprimeur du pamphlet.

Le juge en chef Cameron entendit la cause en avril. Langford refusa de répondre au contre-interrogatoire, et une ordonnance de non-lieu fut inscrite. Comme il s'entêtait dans son silence, Cameron le déclara coupable d'outrage au tribunal et le condamna à 24 heures de prison et à £10 d'amende. Cependant, des amis intercédèrent en sa faveur, et on annula la peine d'emprisonnement. Voyant qu'il ne payait pas l'amende et ne respectait pas l'ordre de se présenter devant le tribunal le lendemain, Cameron le fit arrêter, l'accusa de nouveau d'outrage au tribunal, mais suspendit son jugement par compassion. Les amis de Langford payèrent les frais du procès, et l'affaire en resta là. Environ trois mois plus tard, Langford intenta au solicitor de King, George Hunter Cary*, une poursuite tout aussi désastreuse. Le magistrat Augustus Frederick Pemberton débouta le demandeur de sa poursuite et le tança vertement. Par la suite, Langford déposa des plaintes contre le juge Matthew Baillie BEGBIE et Charles Good, commis principal au bureau du secrétaire de la colonie, qui, croyait-il, étaient à l'origine de la satire publiée contre lui.

En 1860, à cause de son incompétence et de sa sottise, Edward Edwards Langford n'avait à son actif que des échecs. Congédié, il se trouvait sans le sou et avait sans doute des dettes. Selon Begbie, ses amis comme ses ennemis s'arrangèrent pour que cet homme plein d'amertume puisse quitter la colonie. La Puget's Sound Agricultural Company les traita, lui et sa famille, avec ce que Begbie qualifia de « compassion imméritée ». Des amis lui remirent probablement l'argent nécessaire pour rentrer en Angleterre et, le 12 janvier 1861, les Langford s'embarquèrent pour Londres. À son arrivée, Langford reprit ses accusations de diffamation contre Begbie et Good, mais deux ans plus tard il accepta finalement la défaite. On ne sait rien de plus à son sujet ; selon son certificat de décès, il mourut « rentier ».

SYDNEY G. PETTIT

La parodie du discours électoral d'Edward Edwards Langford fut publiée sous le titre de « To the electors of Victoria » et signée « E. E. Longford » (placard, [Victoria, 1859] ; copie aux PABC) ; elle est reproduite dans l'article de l'auteur « The trials and tribulations of Edward Edwards Langford », *BCHQ*, 17 (1953) : 5–40, face à la page 17.

GRO (Londres), Death certificate, E. E. Langford, 23 mars 1895. — PABC, Add. MSS 2431 ; GR 1372, F 142, particulièrement Begbie à W. A. G. Young, 23 déc. 1862. — G.-B., Parl., House of Commons paper, 1863, 38, n° 507 : 487–540, *Miscellaneous papers relating to Vancouver Island, 1848–1863* [...]. — Helmcken, *Reminiscences* (Blakey Smith et Lamb). — Vancouver Island, House of Assembly, *Minutes* [...] *August 12th, 1856, to September 25th, 1858* (Victoria, 1918). — *British Colonist* (Victoria), 5 janv., 19 avril, 24 juill. 1860. — *Daily British Colonist* (Victoria), 6 nov. 1860. — G.-B., War Office, *A list of the general and field-officers, as they rank in the army* [...] (Londres), 1829–1834. — Walbran, *B.C. coast names*, 391. — A. S. Morton, *A history of the Canadian west to 1870–71* [...] (Londres et Toronto, [1939]). — W. N. Sage, *Sir James Douglas and British Columbia* (Toronto, 1930).

LANGTON, ANNE, pionnière, artiste, auteure et institutrice, née le 24 juin 1804 à Farfield Hall, Bolton Abbey, Angleterre, deuxième enfant et fille unique de Thomas Langton et d'Ellen Currer ; décédée le 10 mai 1893 à Toronto.

À la naissance d'Anne Langton, sa bonne fortune et son rang dans la société semblaient assurés. Son père, benjamin d'une famille de six, n'espérait pas hériter d'une grande fortune et s'était donc fait commerçant de lin et de chanvre. Avec l'argent ainsi amassé, il avait acheté Blythe Hall, près d'Ormskirk, quelques mois après la naissance de sa fille. Cependant, Anne était destinée à quitter la vie élégante d'Europe pour une existence primitive dans les forêts du Haut-Canada. Son éducation raffinée la prépara beaucoup mieux à l'émigration qu'on ne le croirait de prime abord. Ses parents supervisèrent la restauration de leur maison du Lancashire, qui faisait peine à voir, et en firent un idyllique domaine rural. C'est là qu'ils éduquèrent leurs enfants. Ellen Currer Langton, fille d'un pasteur du Yorkshire, était apparentée aux sœurs Brontë ; selon la petite-fille qui prépara sa correspondance pour la publication, Thomas Langton cachait, sous des allures conventionnelles, des « instincts de voyageur et d'explorateur ».

En 1815, peu après la défaite de Napoléon à Waterloo, Thomas Langton déracina sa famille afin d'élargir les horizons de ses enfants. Leur tournée européenne n'eut rien d'un voyage d'agrément. Durant six ans, ils menèrent une vie nomade, quoique civilisée, et parcoururent plusieurs pays. Leur première destination fut Yverdon, sur le lac de Neuchâtel, en Suisse. Le pédagogue avant-gardiste Johann Heinrich Pestalozzi y dirigeait un institut que le frère cadet d'Anne, JOHN, fréquenta. Quant à celle-ci et à son frère aîné, William, ils eurent pour précepteurs des maîtres de l'institut. Pestalozzi encourageait l'expression des talents individuels au lieu des apprentissages mécaniques compétitifs et favorisait l'expérience et la perception sensorielle comme sources de formation. C'étaient là des principes judicieux pour de futurs pionniers. Les Langton étudièrent les langues, la littérature, la musique, l'art et l'escrime. Les voyages qu'ils firent par la suite leur enseignèrent à supporter les vicissitudes avec philosophie et à mieux apprécier les cultures étrangères – autres atouts d'une valeur inestimable. En Suisse, en Autriche et en Italie, ils visitèrent des galeries d'art, assistèrent à des concerts, à des fêtes ainsi qu'à une audience du pape. Ils habitèrent Francfort-sur-le-Main, Montpellier, Florence, Rome, Venise, Naples et Paris. Anne copiait les grands maîtres, dessinait tantôt des paysages inspirés de la composition « idéale », tantôt des gens en costume du pays, ou alors des croquis de sa mère et de sa tante Alice, de dos, ce qui ne constituait pas un très grand défi. Parmi les voyageurs que les Langton en vinrent à bien connaître en Europe, il y avait Isaac Weld* et sa famille (l'ouvrage de celui-ci *Travels through* [...] *the provinces of Upper and Lower Canada* [...], paru à Londres en 1799, inciterait John Langton à immigrer dans le Haut-Canada) ainsi que Mariana Starke, renommée pour ses récits de voyage.

Puis les Langton durent abandonner subitement leur quête presque effrénée de culture et de savoir parce qu'à Liverpool le commerce familial, administré par un neveu, périclitait. En 1820, Thomas revint donc en Angleterre pour inscrire John dans une école et tenter de sauver l'entreprise. Tous deux rejoignirent leur famille sur le continent pour Noël. Au début de 1821, les Langton rentrèrent en toute hâte en Angleterre et s'installèrent dans une petite maison à Liverpool. Ils pensaient n'avoir quitté Blythe Hall que temporairement ; en fait, ils ne retourneraient jamais y vivre. Ils vendirent la maison à ceux qui l'avaient louée durant leur absence à l'étranger.

De 1821 à 1837, Anne Langton tint maison, visita des amis intimes et des parents, copia des œuvres d'art de collections particulières et fit de la miniature, qu'elle avait étudiée à Paris. À l'époque, les Langton recevaient peu, mais en 1825 ils accueillirent les membres de l'expédition de John Franklin* avant leur départ pour l'Arctique. La même année, ils s'installèrent non loin de Liverpool, à Bootle, paisible station thermale de la côte. William poursuivait depuis 1826 une belle carrière de banquier, et John étudiait à Cambridge, mais leur père était au bord de la faillite. En 1833, John partit pour le Haut-Canada et s'installa au lac Sturgeon, près d'autres familles de pionniers de bonne bourgeoisie comme celles de Thomas Alexander Stewart*, de Samuel Strickland*, de Thomas Traill et de John Wedderburn Dunbar Moodie*. Anne, ayant enfin convaincu son père de la laisser tirer un revenu de son art, peignait des portraits, mais seulement à la demande de parents et d'intimes. En 1837, les Langton avaient de si maigres ressources qu'ils décidèrent de mettre à exécution ce qu'ils appelaient leur « projet Canada » : aller vivre avec John. Le 24 mai, Thomas, Ellen, Alice et Anne se mirent en route, non sans qu'on les ait prévenus que c'était un « projet plutôt fou » pour trois vieillards souffrants et une célibataire qui, parvenue au milieu de la trentaine, devenait sourde.

À New York, Anne visita une exposition d'« artistes américains », puis elle dessina des scènes du Nouveau Monde, dont certaines rappelaient des paysagistes de l'école de l'Hudson. Devant les chutes du Niagara, qu'elle vit « avant de [s']enterrer au fond des bois », elle connut un conflit esthétique : incapable d'appréhender leur « magnificence » avec justesse, elle n'en fit, selon ses propres mots, qu'une « présomptueuse représentation ». Comme à la basilique Saint-Pierre de Rome, elle constata qu'il fallait « vagabonder et revenir bien des fois sur [ses] pas » afin de saisir des perspectives différentes ; « les vues elles-mêmes peuvent être partielles ou obscures, disait-elle, mais séparément et ensemble elles nourrissent et élargissent l'imagination ». Poursuivant leur route par Toronto, le lac Rice et Peterborough – « Comme c'est sauvage ! Une vaste étendue de bois » – les Langton atteignirent enfin Blythe, où ils s'entassèrent tous, avec leurs affaires, dans la petite cabane de rondins de John, en attendant que celui-ci ait terminé « la grande maison », c'est-à-dire la première habitation à étage, en rondins elle aussi, de la région. Là, le paysage, les constructions et « surtout les chemins » étaient d'« une grande rudesse » qui choqua la sensibilité raffinée d'Anne. Bientôt cependant, elle nota avec sagesse : « On s'émerveille plutôt que tant de choses aient été accomplies. » Thomas ne survécut que quelques mois à l'immigration. Courageusement, la famille accrut ses terres et son cheptel et aménagea la propriété en une oasis qui rappelait les plus beaux jardins anglais. La rébellion de William Lyon Mackenzie* perturba les fêtes de Noël ; John fut parmi les colons locaux alertés pour empêcher les rebelles de s'enfuir par un chemin détourné.

Préparée, par son éducation, à fleurir comme une « tendre plante exotique » dans l'atmosphère raréfiée des salons anglais, Anne Langton appliquait désormais son intelligence aux aspects pratiques de la vie de pionnier. Elle tenait les comptes, posait des vitres aux fenêtres, cousait d'épais capitonnages ; faire boucherie, préparer des conserves, cuire le pain, fabriquer des bougies et du savon, tout cela n'eut bientôt plus de secrets pour elle. Quelques jours après son arrivée, elle s'était aussi lancée, de sa propre initiative, dans un travail auquel elle consacrait ses temps libres et qu'elle mit des années à terminer : dessiner les alentours de sorte que la famille de William et ses autres parents aient « une petite idée du monde où [elle] vi[vait] ». Elle tenait son journal pour la même raison.

L'univers qu'Anne Langton avait laissé derrière elle connaissait d'énormes changements culturels ; on peut étudier ses dessins et son journal dans ce contexte. En Grande-Bretagne, Edmund Burke avait produit des écrits marquants sur l'idée du sublime, et William Gilpin avait influencé le pittoresque ; l'aquarelle avait supplanté en partie la peinture à l'huile, surtout pour les paysages ; la miniature était florissante. C'était aussi l'époque des premiers écrits féministes d'auteures comme Mme de Staël, Mary Wollstonecraft et Harriet Martineau. Cependant, Anne Langton n'embrassait les idées féministes que dans la mesure où les circonstances l'exigeaient. Plus elle apprenait à se débrouiller dans les bois, plus elle était fière d'elle-même mais, encore sous l'emprise des idéaux traditionnels de comportement « féminin » passif, elle minait le développement de son autonomie en se demandant constamment si elle manifestait assez les « vertus » passives féminines. Par la suite, elle admit qu'elle aurait bien pu gagner sa vie comme artiste si elle avait appartenu à une famille où les filles étaient nombreuses, comme c'était le cas d'Anna Brownell Jameson [Murphy*] et des sœurs pionnières Susanna Moodie [Strickland*] et Catharine Parr Traill [STRICKLAND]. Tout de même, son influence débordait la sphère domestique. À Blythe, elle fonda la première école de voisinage et la première bibliothèque de prêt de la région (la collection des Langton comptait au delà de 1 200 volumes). Dans les environs, on comptait beaucoup sur ses conseils médicaux, surtout pendant les épidémies de fièvre. En outre, elle était « ministre » subrogée quand John s'absentait pour affaires. (Comme un ministre ordonné ne fut nommé en permanence dans le district qu'en 1838, John, qui était le colon dont les qualités s'en rapprochaient le plus, célébrait des offices à la ferme.)

Le journal d'Anne Langton, édité après sa mort par son neveu Hugh Hornby Langton* et publié sous le titre *A gentlewoman in Upper Canada* [...], présente un intérêt indéniable. Vivant et personnel, il permet de suivre jour après jour, saison après saison, année après année, la vie domestique, agricole et communautaire. Il rapporte les épreuves et les triomphes des pionniers : comment, peu à peu, ils vainquirent la forêt et fondèrent une colonie nouvelle ; comment ils acquirent des techniques essentielles à leur survie ; combien les mauvaises récoltes les décevaient ; combien la sécheresse, le feu, la maladie causaient des ravages. Avec bon sens, l'artiste qu'était Anne Langton investissait ses impulsions « créatrices » dans le travail quotidien : « Faire bouillir du savon se rapproche plus de la création que tout ce que je connais. On met dans un chaudron les pires déchets qui soient et on en tire l'article le plus utile. »

Contrairement à Anna Jameson, Susanna Moodie ou Catharine Parr Traill, Anne Langton n'écrivit et ne dessina jamais en vue de la publication. Sans mener une existence luxueuse, elle avait de quoi vivre, et l'épithète désobligeante de « bas-bleu » que s'attiraient les femmes qui montraient leur savoir en public avait peut-être un effet inhibiteur sur son esprit. Le journal de Mary Sophia O'Brien, mère de l'artiste Lucius Richard O'BRIEN, qui ne devait pas non plus être publié, est banal à côté du sien. Il est aussi plus prosaïque, tout comme les lettres de Frances Stewart [Browne*]. Les réactions de Mary O'Brien et d'Anne Langton devant les chutes du Niagara permettent de saisir à quel point leur vision des choses différait. Des deux, Mary O'Brien se montre la plus conformiste : « Les eaux arrivaient gaiement, emportées dans le tumulte par le simple caprice de leur joie. » Par contre, Anne Langton étudie la perspective, l'échelle, les circonstances, et se place à divers points de vue avant de noter ses conclusions, qui sont pleines de discernement. Le récit d'accouchement que Mary O'Brien fait à partir de sa propre expérience fait écho à ce qu'Anne Langton écrit, à partir de témoignages, sur la résistance des pionnières. Le journal d'Anna Jameson est celui d'une voyageuse de passage, douée, il est vrai, d'un sens aigu de l'observation. Ceux d'Elizabeth Posthuma Simcoe [Gwillim*], de lady Durham et de lady Dufferin, visiteuses officielles et privilégiées, sont relativement superficiels.

Le journal d'Anne Langton est la chronique à la fois sobre et résolument enjouée de quelqu'un qui est venu au pays, s'y est établi et y a connu des épreuves. À propos du sort des pionnières, elle écrit : « Elles ont la part la plus difficile ; leurs tâches sont plus uniformément ternes, et aucune romance ne vient y ajouter un peu de brillant. » De la vie des pionniers en général, elle dit avec réalisme : « Il ne saurait y avoir d'existence aussi peu poétique et aussi peu romanesque que la nôtre. » On imagine sans peine cette vieille fille dure d'oreille, assise le soir au « petit salon », comme Jane Austen, consignant tranquillement ses impressions. Moins pratiques que ceux de Catharine Parr Traill, beaucoup moins négatifs que ceux de Susanna Moodie, ses commentaires parfois défavorables ne s'inspirent « nullement d'un désir de se plaindre » ; elle veut simplement permettre à ses lecteurs d'« imaginer plus précisément le type de civilisation [qu'elle et son entourage ont] atteint ». En femme de la bonne société, elle fait montre d'un esprit délicat, mais son humour est acéré et doucement ironique : « Je pense que les Dunsford nous éclipseront tout à fait car, dit-on, ils apportent une voiture avec eux. J'espère qu'ils n'oublieront pas d'apporter aussi un bon chemin. » Son contemporain Thomas NEED, qui a publié l'un des seuls comptes rendus de la vie pionnière écrits d'un point de vue masculin, a inspiré à Anne Langton, qui n'écrivait que pour ses proches, ce commentaire froid, assez exceptionnel de sa part : « C'est une bien petite chose pour avoir tant attiré l'attention [...] des périodiques [...] Je pense qu'il a été bien payé pour le mal qu'il s'est donné afin de rassembler cela – c'est assez vide. » Et ce l'était certainement, en comparaison de ses propres écrits, minutieux et réfléchis.

Les années 1845 à 1847 constituèrent une période critique dans la vie d'Anne Langton. En 1845, John se maria. Pendant l'épidémie de fièvre de 1846, Ellen Langton et Alice Currer moururent à quelques semaines d'intervalle. En 1847, Anne accompagna John et sa femme Lydia en Angleterre ; elle y resta trois ans. En 1849, elle se trouva encore à un tournant. Devait-elle rester dans la famille de William et « perdre [sa] vie » en faisant office d'ornement ? prendre un poste de gouvernante à l'école de jeunes filles qu'une amie tenait près de Londres ? ou retourner pour aider à élever la nouvelle génération « canadienne » de Langton ? Pas plus qu'auparavant, les circonstances ne la forcèrent à choisir l'indépendance. En décidant de retourner, en 1850, dans la famille de John, elle optait pour le soutien mutuel et la réalisation partielle de soi. Les Langton abandonnèrent la vie de pionniers en 1851, car John avait été élu cette année-là député de la circonscription de Peterborough. Après avoir habité cette ville, ils vécurent là où siégeait le gouvernement : à Toronto de 1855 à 1860, à Québec de 1860 à 1865 puis à Ottawa de 1865 à 1878. À Peterborough, Anne remplit les fonctions d'organiste et de directrice de la musique à l'église St John ; on présume que son problème auditif n'était pas assez grave pour l'empêcher de diriger les chants de la congrégation. Quand John prit sa retraite, en 1878, les Langton retournèrent vivre à Toronto. Anne avait fait d'autres séjours prolongés en Grande-Bretagne : de 1860 à 1862, de 1868 à 1870, et de 1873 à 1875. À sa dernière visite, en 1880, elle était encore assez en forme pour faire du tourisme.

Les œuvres picturales d'Anne Langton sont nombreuses et variées : essais de jeunesse réalisés en Europe ; croquis pris sur le vif pour des scènes forestières ; délicieuses miniatures captant des traits de personnalité et d'époque ; plus tardivement, aquarelles très réussies de paysages du Canada, d'Angleterre, d'Irlande, d'Écosse et du nord du pays de Galles. Ses voyages enrichirent son répertoire de sujets et sa connaissance des nouvelles tendances artistiques, mais des années 1820 aux années 1840 elle rata les grandes expositions qui se tinrent en Europe et dans le Haut-Canada. Bien qu'elle n'ait jamais consacré tout son temps à l'art, elle fut plus habile que la plupart des peintres amateurs, surtout les femmes. Après avoir immigré, elle abandonna la miniature : ni elle-même ni ses sujets n'avaient assez d'heures de loisir. Pragmatique, elle se concentrait sur les scènes forestières, tout en admettant : « Je souhaiterais que nos paysages soient plus beaux et l'artiste, plus habile. » Elle risquait sa réputation artistique en dessinant son univers quotidien : cabanes de rondins, souches, clôtures en treillis, forêts denses. Ses paysages ne sont pas académiques comme les premières études topographiques que peignirent au Canada des artistes comme sir Richard Henry Bonnycastle* et Charles Fothergill*. En voyant ses arbres, rendus à la manière de l'artiste anglais Thomas Girtin, on perçoit davantage la masse du feuillage que les détails. Jamais simplement pittoresques ni sentimentales, comme une si grande partie de l'art victorien au Canada ou en Grande-Bretagne, ses œuvres tardives comprennent certains éléments qui n'entrent pas dans la catégorie du beau, telles les cheminées industrielles du nord de l'Angleterre. Sans être à l'avant-garde, Anne Langton, pour une femme qui travaillait dans la sphère privée, et souvent dans l'isolement, était remarquablement de son époque par le choix de ses sujets et sa façon de les traiter. Pendant ses dernières visites en Angleterre, dans les années 1870 et en 1880, elle acquit un style beaucoup plus personnel, comme en témoignent ses représentations dramatiques de lieux aussi souvent dépeints que la grotte de Clapham ou la falaise appelée Gordale Scar.

En 1879, Anne Langton écrivit *The story of our family*. Tirée à un nombre restreint d'exemplaires en 1881, en Angleterre, cette rétrospective est plus personnelle que la chronique qui devait paraître sous le titre *A gentlewoman*. À propos des premiers temps qui avaient suivi son installation au Canada, elle écrivait : « Jamais je n'oublierai combien je me suis sentie désespérée à cette époque [...] Cela semblait en effet une transition brutale pour un groupe pareil que de venir en un lieu pareil, mais nous faisions bien attention, en écrivant au pays, d'en dire le moins possible sur nos difficultés. » Elle rédigea ce livre dans la première maison de retraite des Langton, au 23, avenue Prince Arthur, qui devint par la suite le siège social de la Women's Art Association of Canada.

Anne Langton mourut au 123, rue Beverley, dernier domicile des Langton, près de l'endroit où s'élève maintenant le Musée des beaux-arts de l'Ontario. Devenue trop vieille pour « vagabonder », elle s'adonna, dans ses dernières années, aux traditionnels ouvrages de dames – broderie et peinture sur porcelaine – et légua de délicats objets décoratifs à ses proches. Dans ses dessins, encore charmants, et ses chroniques vivantes, elle a laissé, au pinceau, au crayon et à la plume, un riche héritage pour les générations suivantes de ses descendants culturels des deux côtés de l'Atlantique. Pour faire écho à son propre commentaire lorsqu'elle vit les chutes Niagara pour la première fois, ses mots et ses images visuelles offrent des vues « partielles » mais jamais « obscures » qui, « séparément et ensemble, aident à l'expansion de l'imagination » du lecteur et du spectateur.

BARBARA WILLIAMS

Les publications d'Anne Langton comprennent : *The story of our family* (Manchester, Angl., 1881), seule œuvre éditée de son vivant ; et *A gentlewoman in Upper Canada ; the journals of Anne Langton,* H. H. Langton, édit. (Toronto, 1950 ; réimpr., 1967). Les journaux et la plupart des lettres qui paraissent dans *Langton records : journals and letters from Canada, 1837–1846,* [E. J. Philips, édit.] (Édimbourg, 1904), sont aussi de sa main. Un poème, *Dreams sleeping and waking,* est inclus dans William Langton, *Sonnets, original and translations from the Italian* (Manchester, 1897), 74–75. Un autoportrait en miniature ainsi qu'un paysage à l'aquarelle et plusieurs de ses dessins sont reproduits dans *A gentlewoman* ; *The valley of the Trent,* introd. D'E. C. Guillet, édit. (Toronto, 1957), est aussi illustré de ses œuvres.

Les établissements publics qui possèdent ses peintures et ses dessins sont : AO, MU 1692–1693 ; et Picture Coll. (cette dernière comprend un autoportrait et huit portraits à l'aquarelle de membres de la famille exposés dans le bureau de l'archiviste) ; MTRL, Hist. Picture Coll. ; AN, Division de l'art documentaire et de la photographie ; Univ. of Toronto Arch. (B65-0014 : 0001, 0003, 0006–0007) ; et le Village of Fenelon Falls, Ontario (Anne Langton articles).

AO, MU 1690–1691 ; MU 2186, sér. B. — Univ. of Toronto Arch., B65-0014. — M. [S. Gapper] O'Brien, *The journals of Mary O'Brien, 1828–1838,* Audrey Saunders Miller, édit. (Toronto, 1968). — [L. E. Grey Lambton, comtesse de] Durham, *Letters & diaries of Lady Durham,* Patricia Godsell, édit. (Ottawa, 1979). — [H. G. Hamilton

Blackwood, marquise de] Dufferin [et Ava], *My Canadian journal, 1872–1878,* Gladys Chantler Walker, édit. (Don Mills [Toronto], 1969). — Thomas Langton, *Letters of Thomas Langton to Mrs. Thomas Hornby, 1815 to 1818 ; with portraits, and a notice of his life,* [E. J. Philips, édit.] (Manchester, 1900 ; copies à la Bibliothèque nationale du Canada, Ottawa, et à la Univ. of Toronto Library). — *Pioneer and gentlewomen of British North America, 1713–1867,* Beth Light et Alison Prentice, édit. (Toronto, 1980). — *Globe,* 12–13 mai 1893. — Harper, *Early painters and engravers.* — Patricia Branca, « Image and reality : the myth of the idle Victorian woman », *Clio's consciousness raised : new perspectives on the history of women,* M. S. Hartman et L. [W.] Banner, édit. (New York, 1974), 179–191. — Judy Chicago, *The dinner party : a symbol of our heritage* (Garden City, N.Y., 1979). — Germaine Greer, *The obstacle race : the fortunes of women painters and their work* (Londres, 1979). — A. J. Hammerton, *Emigrant gentlewomen : genteel poverty and female emigration, 1830–1914* (Londres et Totowa, N.J., 1979). — Elsa Honig Fine, *Women and art : a history of women painters and sculptors from the Renaissance to the 20th century* (Montclair, N.J., 1978). — Barbara Williams [Wilson], *Anne Langton : pioneer woman and artist* (Peterborough, Ontario, 1986) ; « Strangers in a strange land » – literary use of Canadian landscape by five genteel settlers » (thèse de M.A., Univ. of Guelph, Ontario, 1973).

LANGTON, JOHN, colon, homme d'affaires, homme politique et fonctionnaire, né le 7 avril 1808 à Blythe Hall, près d'Ormskirk, Angleterre, benjamin des quatre enfants de Thomas Langton et d'Ellen Currer ; le 8 mai 1845, il épousa dans le canton de Verulam, Haut-Canada, Lydia Dunsford, et ils eurent six fils, dont Hugh Hornby*, et deux filles ; décédé le 19 mars 1894 à Toronto.

John Langton, disait son père en 1816, était « la petite chose la plus maigre qu'on eût jamais vue, aussi pleine de vivacité que possible, et qui ne bouge[ait] guère qu'en bondissant ou en sautillant ». Marchand à Liverpool, Thomas Langton s'était retiré des affaires pour devenir commanditaire d'une entreprise familiale. En 1815, il entama une longue tournée européenne avec sa famille. En Suisse, John fréquenta à temps partiel la fameuse école de Johann Heinrich Pestalozzi, un ami de son père. Les Langton étaient cependant trop férus de voyages, et sans doute trop conservateurs, pour ne jurer que par les méthodes de ce pédagogue avant-gardiste. Plus souvent, ils faisaient appel aux précepteurs traditionnels des colonies anglaises de Suisse et d'Italie.

Des difficultés commerciales forcèrent Thomas Langton à rentrer en Angleterre en 1820. John retourna donc dans un réseau scolaire qui, allait-il se rappeler, privilégiait l'étude du latin et du grec. En 1826, qui fut à la fois l'année où il entra à la University of Cambridge et une année de récession, son père dut conclure avec ses créanciers un arrangement qui, sans en porter le nom, était en fait une faillite. John, qui était apparemment l'un des enfants les plus choyés de la famille, put terminer ses études à Cambridge grâce à une tante et, en 1833, comme ses perspectives d'avenir étaient limitées, on lui trouva de l'argent pour émigrer. Une fois dans le Haut-Canada, il se lia au groupe de gentlemen britanniques qui s'établissaient comme colons dans les forêts de Peterborough et parmi lesquels se trouvaient Thomas Alexander Stewart*, Charles Rubidge* et James Wallis. Il acheta des terres dans les cantons de Fenelon et de Verulam et se fixa au lac Sturgeon.

La plupart des lettres qui subsistent de Langton datent des années où il vivait en célibataire dans les bois. Sa correspondance révèle un observateur perspicace et réfléchi, de même qu'un bon conteur ; d'ailleurs, il allait toujours avoir le sens de la formule humoristique. En 1837, ses parents, sa tante et sa sœur ANNE le rejoignirent sur sa propriété, qu'il avait baptisée Blythe, comme le domaine où il était né. À mesure que son existence s'enlisait dans la routine, il était déchiré entre son attachement pour sa ferme et son désir de satisfaire ses ambitions. Son mariage à Lydia Dunsford, en 1845, ajouta une dimension économique à ces problèmes. Une brève expérience dans le commerce du bois (il fut associé à Mossom Boyd à Bobcaygeon en 1849, puis, de 1851 à 1854, propriétaire des scieries de Blythe, qu'il avait achetées juste avant de s'installer à Peterborough en 1852 et qui ne furent pas rentables) lui confirma qu'une carrière d'entrepreneur forestier n'était pas pour lui. En fait, il avait du talent pour ce vers quoi il se sentait attiré. En qualité de membre de l'élite, il prenait part à toutes sortes d'activités et en était le teneur de livres : régates ou souscription en Angleterre pour l'église anglicane de Fenelon Falls, pour ne mentionner que cela. Quand on forma des conseils de district en 1841, il fut élu dans le canton de Fenelon et, dès 1848, occupait le poste de préfet du district de Colborne. De plus, durant toute cette période, il ne ménagea pas ses efforts pour les conservateurs. Dans les années 1840, il refusa de se présenter à l'Assemblée législative de la province du Canada, mais fut élu dans Peterborough en 1851 et réélu en 1854.

À l'Assemblée législative, comme au conseil de district, Langton s'occupait des finances. Il se fit connaître par ses critiques des comptes publics – ces comptes qui, dit-il en novembre 1854 dans un discours, étaient « plus curieusement compliqués » que ceux de tout autre pays de sa connaissance. Les vérifications superficielles de l'inspecteur général et du Conseil exécutif étaient dénoncées depuis des années, notamment par William Lyon Mackenzie*, et le procureur général John Alexander MACDONALD lui-même réclamait des contrôles plus serrés. Reconnaissant sans doute la vivacité d'esprit de Langton ou voyant dans ses propositions la promesse d'une intervention efficace, Macdonald le fit nommer président du nouveau Bureau d'audition créé en 1855.

Langton s'installa donc à Toronto, assuma ses fonctions en octobre 1855 et reçut sa nomination officielle le 27 décembre. À titre de fonctionnaire, il n'eut plus le droit de parler en public à partir du moment où il démissionna de son siège, le 15 février 1856. Cependant, on connaissait déjà son ordre de priorité, et il continuait d'en discuter dans sa correspondance personnelle avec son frère banquier, William. Son but était d'organiser les comptes de manière qu'ils reflètent les dépenses courantes le plus fidèlement possible et que le Parlement puisse adopter des prévisions budgétaires en se fondant sur une connaissance précise des recettes et dépenses de l'année précédente. C'est aussi pourquoi il tentait d'empêcher les départements de devancer le Parlement en dépensant des crédits dont l'affectation n'avait pas encore été autorisée.

Mécontents, des ministres puissants, tel celui des Terres de la couronne, Joseph-Édouard Cauchon*, résistaient aux efforts déployés par Langton pour soumettre les dépenses de leurs départements au contrôle du Parlement. Avec l'appui plutôt tiède de son supérieur, l'inspecteur général William Cayley*, il procéda lentement d'abord. Plusieurs années devaient s'écouler avant que son bureau n'ait un accès illimité aux comptes des départements et que l'on reconnaisse sa vérification comme une opération courante. Pendant ce temps, il profita de ses loisirs pour s'occuper d'enseignement supérieur, qui l'intéressait, et arrondir son revenu en exerçant des fonctions mineures, dont celle d'inspecteur des prisons.

Nommé au « sénat » de la University of Toronto dans les derniers mois de 1855, Langton fut vice-chancelier de 1856 à 1860 et supervisa la construction du University College de 1856 à 1859 [V. Frederic William Cumberland*]. En 1860, avec le professeur Daniel WILSON, il défendit, devant un comité parlementaire, la prétention de l'université à l'exclusivité des subventions gouvernementales, qu'Egerton Ryerson* et d'autres contestaient au nom des collèges confessionnels. Après s'être installé à Québec avec le gouvernement en 1859, il collabora à la Société littéraire et historique de cette ville et en fut président.

En 1866, Langton se trouvait à Ottawa afin de préparer la Confédération. La vérification était désormais bien acceptée, et il cherchait à établir la structure financière qui conviendrait le mieux au dominion. À titre d'arbitre de ce dernier, il négocia, avec les ministres des Finances des colonies, le transfert des comptes qui relevaient des secteurs de compétence fédérale. En outre, il consacra beaucoup de temps à l'énorme problème que posait la répartition de la dette de l'ancienne province du Canada entre le dominion, l'Ontario et le Québec. Une loi sur les revenus et la vérification, adoptée en décembre 1867, créa le Bureau d'audition fédéral, et il fut nommé officiellement vérificateur en mai.

Dès lors, les responsabilités de Langton s'accrurent : il fut membre d'une commission royale d'enquête sur la fonction publique et secrétaire du Conseil du Trésor en 1868, puis, surtout, sous-ministre des Finances à compter de 1870. Cette dernière fonction faisait de lui un proche collaborateur du gouvernement qu'il était censé surveiller à titre de vérificateur. C'était une erreur, comme l'État le reconnut implicitement en séparant les deux postes en 1878. Langton fut mis à la retraite par la même occasion. On lui accorda une généreuse pension, mais il partit dans un climat trouble, car un comité parlementaire lui reprochait de ne pas avoir signalé que son vieil ami sir John Alexander Macdonald avait mésusé du fonds des services secrets. En février 1879, peu après qu'il se fut réinstallé à Toronto, Daniel Wilson nota qu'il était « encore merveilleusement vigoureux mais que la flamme qui l'animait autrefois [était] éteinte ». De 1880 à 1882, il fut président du Canadian Institute.

John Langton sut mettre ses antécédents riches et diversifiés au service de son pays d'adoption. Dans le brouhaha des années qui précédèrent la Confédération, il s'intéressa à une foule de questions et prit le temps de réfléchir aux incidences lointaines de son travail, ce qui ne fut pas le moindre de ses mérites. Grâce à lui, le nouveau dominion adopta des méthodes comptables qui s'appuyaient sur une étude minutieuse des pratiques britanniques et sur des principes formulés avec soin.

WENDY CAMERON

Une grande partie de la correspondance de John Langton écrite alors qu'il se trouvait dans le Haut-Canada a été publiée à titre posthume en 1926 sous le titre de *Early days in Upper Canada : letters of John Langton from the backwoods of Upper Canada and the Audit Office of the Province of Canada*, W. A. Langton, édit. (Toronto).

Son rôle de président de la Société littéraire et historique de Québec est illustré dans les allocutions d'ouverture imprimées dans les *Trans.* de la société : nouv. sér., 1 (1862–1863) : 1–20, 2 (1863–1864) : 1–34, et 3 (1864–1865) : 1–26. La société a aussi publié plusieurs articles de Langton, y compris « Note on an incident of early Canadian history », 2 (1863–1864) : 67–74, et « Early French settlements in America », 11 (1873–1874) : 37–59 ; d'autres articles de lui sont énumérés dans Morgan, *Bibliotheca canadensis*.

Il est l'auteur de deux ouvrages qui se rapportent à la University of Toronto : *Statement made before the committee of the Legislative Assembly, on the University of Toronto, in reply to those of Rev'd Drs. Cook, Green, Stinson and Ryerson* (Toronto, 1860) ; et *University question : the statements of John Langton* [...] *and Professor Daniel Wilson* [...] *with notes and extracts from the evidence taken before the committee of the Legislative Assembly on the university* (Toronto, 1860), ce dernier écrit en collaboration avec Daniel Wilson.

Le Bureau d'audition a publié trois des travaux de Langton concernant les finances gouvernementales, auxquels manquent l'information relative à l'impression, mais qui datent d'environ 1867 : *Arbitration between Ontario and Quebec* ; *Arbitration between Ontario and Quebec [including notes on the statement of affairs]* ; et *Report of the Board of Audit upon the doubtful points which arise in the settlement of accounts between the dominion and the several provinces*. Un ouvrage connexe, publié sous son propore nom, est intitulé *Memorandum on the financial operations of the three years since confederation* (9 feuilles volantes, s.l., [1870] ; copie à la UTFL) ; le commentaire qu'en a fait Langton à son frère fait partie des Langton family papers (UTA, B65-0014/004 (12)).

Un portrait de John Langton a été publié dans le livre de Thomas Langton, *Letters of Thomas Langton to Mrs. Thomas Hornby, 1815 to 1818 ; with portraits, and a notice of his life*, [E. J. Philips, édit.] (Manchester, Angl., 1900). Un autre portrait se trouve dans les Langton family papers (B65-0014/004 (18)), et un troisième, peint par Edmund Wyly Grier, se trouve au University of Toronto's University College.

AN, RG 19 ; RG 58, B, 10, minutes for 1855–1858, 1866 ; RG 68, General index, 1841–1867. — AO, MU-1690–1691. — Lancashire Record Office (Preston, Angl.), PR 2886/8 (St Peter and St Paul's Church (Ormskirk), reg. of baptisms), 24 mai 1808. — UTA, A70-0005, 1857–1861 ; B65-0014/003–004. — York County Surrogate Court (Toronto), n[os] 9873, 10239 (mfm aux AO). — Canada, chambre des Communes, *Journaux*, 1877, app. 2 ; Parl., *Doc. de la session*, 1869, n° 19. — *Debates of the Legislative Assembly of United Canada* (Abbott Gibbs *et al.*), 11–12. — Anne Langton, *A gentlewoman in Upper Canada ; the journals of Anne Langton*, H. H. Langton, édit. (Toronto, 1950 ; réimpr., 1967) ; *The story of our family* (Manchester, 1881). — J. A. Macdonald, *The letters of Sir John A. Macdonald*, J. K. Johnson et C. B. Stelmack, édit. (2 vol., Ottawa, 1968–1969), 1 : 236–238. — [Egerton] Ryerson, *Dr. Ryerson's reply to the recent pamphlet of Mr. Langton & Dr. Wilson, on the university question, in five letters to the Hon. M. Cameron, M.L.C.* [...] (Toronto, 1861) ; *University question : the Rev. Dr. Ryerson's defence of the Wesleyan petitions* [...] *in reply to Dr. Wilson and Mr. Langton* [...] (Québec, 1860). — *The valley of the Trent*, introd. d'E. C. Guillet, édit. (Toronto, 1957). — J. E. Hodgetts, *Pioneer public service : an administrative history of the united Canadas, 1841–1867* (Toronto, 1955). — Peter Smith, *Short history of Lathom* (Lathom, Angl., 1982). — Norman Ward, *The public purse : a study in Canadian democracy* (Toronto, 1962). — H. R. Balls, « John Langton and the Canadian Audit Office », *CHR*, 21 (1940) : 150–176. — P. A. Baskerville, « The pet bank, the local state and the imperial centre, 1850–1864 », *Rev. d'études canadiennes*, 20 (1985–1986), n° 3 : 22–46.

LARKIN, PATRICK JOSEPH, capitaine de navire, homme d'affaires et homme politique, né le 1er mars 1829 dans le comté de Galway (république d'Irlande), l'un des trois fils de Thomas Larkin et de sa femme Ann ; le 21 janvier 1861, il épousa à Hamilton, Haut-Canada, Ellen Maguire, et ils eurent huit enfants ; décédé le 31 août 1900 à St Catharines, Ontario.

En 1837, à l'âge de huit ans, Patrick Joseph Larkin immigra à Québec avec ses parents. Son père mourut peu après sur un navire et, en juillet 1837, sa mère emmena les enfants à Toronto. Cinq ans plus tard, Larkin adopta le métier de marin ; il allait devenir capitaine par la suite. St Catharines devint son port d'attache à compter de 1847, et il s'y installa en 1853. Il investit pour la première fois dans des navires en 1858. Un bottin local de 1865 le désigne comme capitaine et probablement propriétaire du schooner *Jessie*, construit par Louis Shickluna. Larkin compta parmi les premiers actionnaires de la Lake and River Steamship Line de Hamilton, fondée en 1871. Il se peut qu'il ait participé de quelque façon à la construction de deux bâtiments pour la compagnie en 1872, l'un confié à Melancthon SIMPSON, à St Catharines, l'autre à la firme Andrews and Son de Port Dalhousie, non loin de là. Il supervisa la construction, par Simpson, d'un autre navire destiné à la Lake and River Steamship Line, soit le *Lake Erie*, lancé l'année suivante, qui jaugeait 375 tonneaux. Au moins deux navires furent construits expressément pour lui : le schooner *Emerald* par George Hardison à Port Colborne en 1872 et un trois-mâts barque de 400 tonneaux, le *Sampson*, par Simpson en 1874.

Larkin commença à participer à la vie municipale en 1874, à titre d'échevin du quartier St Andrew au conseil de St Catharines. L'année suivante, on forma une commission à l'instigation du docteur Lucius Sterne Oille, pour ouvrir une usine de distribution d'eau (la première de la municipalité), et Larkin fut nommé au conseil d'administration ; il en fit partie jusqu'en 1885 en tant que représentant du quartier St George. En outre, président adjoint du conseil du comté de Lincoln en 1875, président de la Reform Association de Lincoln de 1876 à 1882, il fut maire de St Catharines pendant deux ans, en 1882 et 1883.

En affaires, les intérêts de Larkin s'étaient beaucoup diversifiés. En 1875, étant donné son succès dans le transport maritime, il fonda la Larkin, Connolly, and Connolly, entreprise dont le premier contrat fut la construction de la section 1 du troisième canal Welland. Par la suite, la compagnie construisit un bassin de radoub et des installations portuaires à Québec, un bassin de radoub à Esquimalt, en Colombie-Britannique, des installations portuaires à Owen Sound, en Ontario, ainsi que des portions du chemin de fer d'Ontario et de Québec, de l'Esquimalt and Nanaimo Railway et du Shuswap and Okanagan Railway. En 1875, Larkin représentait à St Catharines la Compagnie d'assurance de l'Amérique britannique contre le feu et sur la vie et la Compagnie d'assurance royale canadienne ; en 1887, il avait cessé d'exercer ces fonctions. En 1884, il investit dans le commerce d'alimentation, où il fit affaire pendant plusieurs années, et vendit aussi du bois dans la province de Québec. Membre du conseil d'administration de la

Lincoln Paper Mill Company et de la St Catharines Electric Light Company, il était président de cette dernière au moment de sa mort en 1900. À l'époque, il procédait à l'exécution d'un contrat qu'il avait obtenu en 1897 avec Alexander Sangster, soit l'élargissement de la section Iroquois du canal Galops sur le Saint-Laurent.

Patrick Joseph Larkin était le dernier des « Big Four » de St Catharines ; les trois autres étaient James Murray, Sylvester NEELON et James Norris. Il laissait dans le deuil sa femme, cinq filles et un fils. Sa succession, évaluée à 245 655 $, comprenait des écuries de louage et un hôtel à St Catharines, des terres à Spallumcheen, en Colombie-Britannique, et sa part (57 359 $) du contrat de la section Iroquois.

PETER D. A. WARWICK

AO, RG 22, sér. 235, nº 2252. — St Catharines Public Library, Special Coll. (St Catharines, Ontario), Patrick Larkin file, copy of entry in St Mary's Cathedral (Hamilton, Ontario), reg. of marriages, 1861. — St Catharines Water Works Commission, *Report,* 1879 ; 1898. — *Globe,* 13 mai 1874. — *St. Catharines Evening Journal,* 26 avril, 19 juin, 2 juill. 1872, 22 mai 1873. — *Standard* (St Catharines), 1er sept. 1900. — *Cyclopædia of Canadian biog.* (Rose et Charlesworth), 1. — *Lincoln and Welland counties directory,* 1879. — *Prominent men of Canada* [...], G. M. Adam, édit. (Toronto, 1892), 372–374. — *St. Catharines directory,* 1865–1895.

LAROCQUE DE ROCHBRUNE, ALPHONSE-BARNABÉ (baptisé **Barnabé**), médecin et fonctionnaire, né le 21 juillet 1823 à Rigaud, Bas-Canada, fils de Charles Rochbrune, dit Larocque, marchand aubergiste, et de Marie Lefebvre ; il épousa Marie-Julie Beauchemin ; décédé le 14 janvier 1893 à Montréal.

Alphonse-Barnabé Larocque de Rochbrune fait ses études classiques à Baltimore, dans le Maryland, puis s'inscrit à la faculté de médecine du McGill College en 1844. Il obtient son diplôme trois ans plus tard. Il pratique d'abord à Sorel puis s'installe à Montréal. En 1867, il devient secrétaire de l'Association sanitaire de Montréal, qui vient d'être fondée. Présidée par William Workman* et composée d'hommes d'affaires, d'hommes politiques et de notables, cette société fonctionne comme un groupe de pression vis-à-vis des autorités municipales et leur rappelle leurs responsabilités en matière de santé publique.

En 1870, au moment où Workman occupe le poste de maire, Larocque est nommé officier de santé de la ville de Montréal. À ce titre, l'une de ses principales préoccupations est de mettre sur pied un organisme sanitaire qui adopterait les mesures recommandées par les officiers de santé. Par ailleurs, Larocque suggère différents moyens d'améliorer la santé publique. Ainsi, il propose l'adoption d'une loi pour réglementer la vente du lait, la création de bureaux de vaccination, la désinfection des éléments de contagion, la compilation de statistiques démographiques, la réglementation de l'inhumation, la déclaration obligatoire au bureau de santé de toutes les maladies contagieuses et la désinfection des corps des personnes décédées.

Le rôle d'un officier de santé est généralement de recommander aux membres du bureau de santé, qui a été créé à Montréal en 1870, les mesures d'hygiène les plus appropriées selon la situation. Le conseil municipal se réserve le droit d'agir à sa guise. Le plus souvent, les efforts de Larocque se heurtent aux résistances des conseillers. Ses rapports annuels sur l'état sanitaire de Montréal de 1876 à 1882 l'indiquent clairement. Il n'est pas rare en effet d'y lire une dénonciation à peine voilée de l'incurie et de l'inertie des autorités municipales. Même si son travail n'a pas toujours reçu l'écho qu'il méritait, certains de ses efforts ont porté fruit. En 1877, le bureau de santé devient un département distinct de l'administration municipale. Cette mesure est encore fragile, puisque le bureau est dissout le 20 octobre 1879 pour être rétabli sur des bases permanentes en 1881.

La même année, Larocque prépare et soumet à un comité de médecins et de membres du bureau de santé de Montréal un projet de loi concernant les besoins sanitaires de la province de Québec. Ainsi, ses activités d'hygiéniste et de réformateur débordent le champ municipal et s'étendent à l'ensemble de la province. Mais paradoxalement, cette activité para-municipale et sa lutte constante pour obtenir une meilleure représentation du corps médical au sein des bureaux de santé lui valent d'être démis de ses fonctions en 1884, soit presque au début du mandat du nouveau maire Honoré Beaugrand*. On peut s'étonner que ce soit l'officier de santé, identifié depuis le début des années 1870 au mouvement montréalais en faveur d'une administration de la santé publique, qui soit devenu le bouc émissaire des réformes de Beaugrand. Ce dernier tient à ce que les efforts soient surtout consacrés à la scène montréalaise. Larocque a été probablement victime de son zèle à convaincre les pouvoirs législatifs de la nécessité d'une réforme qui dépasse largement le contexte montréalais ; il négligeait ainsi ses tâches municipales. Toujours est-il qu'il retourne à la pratique privée à Montréal jusqu'à son décès.

Tout au long de sa carrière, Larocque s'est affiché comme un partisan convaincu de la vaccination, moyen essentiel à ses yeux pour lutter contre la variole. En 1868, la commission de santé de la ville le recommande comme vaccinateur. Quatre ans plus tard, on le nomme membre d'un comité chargé d'enquêter sur le système de santé publique de New York. À son retour, il propose de rendre obligatoire la déclaration par les médecins de tous les cas de maladies contagieuses aux officiers de santé, ce qui est considéré comme une ingérence dans la pratique privée. Larocque prend une part active aux débats suscités par les détracteurs de cette méthode prophylactique. Le 25 avril 1874, il fait adopter au conseil de l'Association sanitaire une motion de censure à l'égard de la conduite des médecins qui condamnent la vaccination dans la presse. Une polémique l'oppose au docteur Joseph Emery-Coderre*, antivaccinateur convaincu et fondateur de la revue montréalaise *l'Antivaccinateur canadien-français*. De 1875 à 1881, Larocque fait partie du comité d'inspection de l'hôpital des variolés dirigé par les Sœurs de la charité de la Providence (Sœurs de la Providence). En 1885, quatre ans après la fermeture de cet hôpital, il en ouvre un pour variolés. Toutefois, son appui à la vaccination aura des conséquences fâcheuses au moment de l'émeute du 4 août 1885 à Montréal alors que sévit une forte épidémie de petite vérole. Une foule déchaînée assiège le bureau de santé, y met le feu, pour ensuite s'attaquer aux maisons des vaccinateurs. La propriété de Larocque est alors saccagée.

Larocque s'est aussi préoccupé du taux très élevé de mortalité infantile. En 1874, il a publié dans *l'Union médicale du Canada* un article intitulé « le Massacre des innocents », où il met en évidence l'inertie du gouvernement face à un des taux de mortalité infantile les plus élevés en Occident qui est, selon lui, attribuable au manque de connaissances des pauvres en matière d'hygiène. Larocque effectue également de nombreux relevés statistiques concernant les décès dans la ville de Montréal pour les gouvernements fédéral, provincial et municipal, car il les considère comme un outil fondamental pour contrôler la maladie. Mais un tel outil n'est valable et efficace que dans la mesure où les statistiques sont enregistrées, ce qui ne sera fait qu'au début du XXe siècle.

Alphonse-Barnabé Larocque de Rochbrune a certes été l'un des principaux médecins qui ont contribué au développement des mesures d'hygiène publique au XIXe siècle dans la province de Québec. Il a été non seulement un important publiciste en matière de santé, mais aussi la cheville ouvrière et le principal officier de santé de la ville de Montréal pendant une quinzaine d'années.

DENIS GOULET ET OTHMAR KEEL

Alphonse-Barnabé Larocque de Rochbrune est l'auteur de nombreux articles qui parurent notamment dans *l'Abeille médicale* (Montréal) : « Bureau de santé, Montréal, juillet, 1879 », 1 (1879) : 326–329, 374–376 ; « Abattoir public » : 384–387 ; et dans *l'Union médicale du Canada* (Montréal) : « Bureau de santé », 2 (1873) : 42–44 ; « De l'hygiène et des statistiques vitales » : 246–253, 289–298 ; « Statistique des décès », 3 (1874) : 375– 378 ; « le Massacre des innocents » : 422–428 ; « Bulletin de la mortalité pour Montréal et les municipalités environnantes durant le mois d'août 1874 » : 474–476 ; « Bulletin de la mortalité pour Montréal et les municipalités environnantes durant le mois de septembre 1874 » : 522–525 ; « le Bureau de santé de Montréal », 5 (1876) : 331–334 ; « le Bureau de santé », 10 (1881) : 137–139.

ANQ-M, CE1-51, 18 janv. 1893 ; ZQ1-44, 21 juill. 1823. — Arch. de la ville de Montréal, Doc. administratifs, procès-verbaux du conseil municipal, 10 sept. 1864–10 juill. 1882 ; Dossier 800.A. — McGill Univ. Arch., RG 38, Student records, 1824–1848. — *Sciences & Médecine au Québec, perspectives sociohistoriques*, sous la dir. de Marcel Fourier *et al.* (Québec, 1987). — Michael Farley *et al.*, « les Commencements de l'administration montréalaise de la santé publique (1865–1885) », *HSTC Bull.* (Thornhill, Ontario), 6 (1982) : 24–46, 85–109.

LARUE, AUGUSTE (baptisé **Auguste-Édouard**), homme d'affaires et juge de paix, né le 16 octobre 1814 à Québec, fils d'Olivier Larue, maître maçon, et de Marie-Marguerite Robichaux ; le 24 février 1840, il épousa à Trois-Rivières, Bas-Canada, Maria Jane McClaren, et ils eurent trois fils et quatre filles ; décédé le 3 novembre 1900 dans sa ville natale et inhumé à Trois-Rivières.

Un peu avant 1840, Auguste Larue fait son entrée dans le monde des affaires trifluvien en ouvrant un commerce spécialisé dans les ornements d'église. Toutefois, cette activité semble lui avoir rapporté plus de dettes que de profits, puisqu'en 1850 il doit céder ses biens à ses créanciers. À la suite de cet échec, il abandonne le commerce pour se consacrer à l'industrie. Pendant deux décennies, son nom est associé à l'expansion de l'industrie sidérurgique mauricienne. En juin 1853, il forme l'entreprise A. Larue et Compagnie avec Joseph-Édouard Turcotte* et George Benson Hall*. Cette entreprise, dont il est le gérant, fait construire le complexe sidérurgique des forges Radnor, près de Trois-Rivières, investissement de plus de 100 000 $. Dès le début, l'établissement se spécialise dans la fabrication des roues de wagon, lesquelles sont vendues au Grand Tronc à Montréal. Les forges embauchent environ 120 travailleurs, tous logés dans un village d'une cinquantaine de maisons qui appartiennent à la compagnie. À ce nombre, il faut ajouter quelque 300 travailleurs saisonniers, des cultivateurs des environs en majorité, qui approvisionnent l'établissement en minerai de fer et en charbon de bois. Par le volume des capitaux immobilisés ainsi que par le nombre d'emplois créés, les forges Radnor sont les plus importantes du genre au Bas-Canada à cette époque.

Incapable de rembourser les dettes contractées par l'entreprise au cours des dernières années, Larue doit déclarer faillite en 1866 et les forges Radnor sont vendues à Edward Burstall, l'agent d'affaires de Hall. Cinq ans plus tard, ce dernier en reprend possession. Ruiné, Larue se propose quand même d'ériger un haut fourneau à Saint-Tite. Les travaux de construction débutent en 1869 et, à la fin de l'année suivante, on allume le haut fourneau. En 1872, au moment où de nombreuses poursuites judiciaires pèsent sur Larue pour dettes impayées, l'établissement est complètement rasé par un violent incendie. Attiré par les importantes réserves de bois et de minerai de fer que Larue avait constituées, Hall acquitte les dettes de celui-ci en échange des forges de Saint-Tite.

Bien qu'il ait mérité la triste réputation d'être mauvais gestionnaire, Larue s'est néanmoins révélé un homme d'affaires ambitieux et parfois même téméraire. De plus, en habile stratège, il bénéficie de l'appui et de la confiance de son entourage. Au moment de la mise sur pied des forges Radnor, il manœuvre de manière à soustraire à la colonisation plusieurs milliers d'arpents de terre dans la seigneurie du Cap-de-la-Madeleine, à proximité des forges. Quand les affaires de Hall sont mises sous tutelle en 1856, ce qui compromet sérieusement le financement des forges Radnor, Larue mène une habile négociation auprès des créanciers et des fournisseurs ; il évite ainsi la fermeture de l'établissement. Parallèlement à ces négociations, il met au point une stratégie de financement de l'entreprise axée sur la participation des milieux d'affaires mauriciens. Grâce à ces appuis, il fait construire un laminoir en 1861, ainsi qu'une fonderie de roues de wagon à Trois-Rivières quatre ans plus tard. Aux forges de Saint-Tite, Larue a recours à un stratagème astucieux pour obtenir des terres du gouvernement et trouver du financement. Il se fait d'abord concéder gratuitement par les cultivateurs de Saint-Tite et des environs le droit d'exploiter le minerai de fer qui pourrait se trouver sur leurs terres. Il obtient de la sorte des droits sur environ 40 000 arpents ainsi que l'appui de la population à son projet d'ériger un haut fourneau à Saint-Tite. Il peut alors se faire octroyer par le gouvernement plus de 7 000 arpents de terre riche en bois et en minerai de fer dans Saint-Tite, sans s'attirer les foudres des partisans de la colonisation. Il se donne par la même occasion des garanties financières suffisantes pour intéresser les financiers à son projet.

Auguste Larue s'est donc montré particulièrement habile à lancer des entreprises qui ont cependant toutes connu la faillite sous son administration. Après son échec aux forges de Saint-Tite, il se retire des affaires. Il conserve cependant jusqu'en 1886 son poste de juge de paix, qu'il avait obtenu en 1867. Comme plusieurs autres hommes d'affaires trifluviens, il a été très actif au sein de la Société Saint-Jean-Baptiste de Trois-Rivières, et il a occupé à quelques reprises le fauteuil de président. Au cours de sa carrière, Larue s'est acquis l'estime de ses concitoyens pour avoir été l'un des pionniers du démarrage industriel de la région.

BENOÎT GAUTHIER

AN, RG 31, C1, 1861, Saint-Maurice ; 1871, Saint-Tite. — ANQ-MBF, CE1-48, 24 févr. 1840 ; CN1-49, 27 nov. 1866 ; CN1-52, 23 févr. 1840. — ANQ-Q, CE1-1, 17 oct. 1814 ; CN1-49, 14 févr. 1856 ; CN1-67, 24 oct., 27 déc. 1872 ; CN1-232, 25 juin 1853. — Arch. du Centre de recherches en études québécoises (Trois-Rivières, Québec), Dossier Auguste Larue. — Arch. du monastère des ursulines (Trois-Rivières), Reg. des sépultures, 6 nov. 1900. — *L'Ère nouvelle* (Trois-Rivières), 12 mai 1862. — *L'Événement*, 10 nov. 1900. — *Le Journal des Trois-Rivières*, 1er déc. 1865. — C.-A. Fortin et Benoît Gauthier, « les Entreprises sidérurgiques mauriciennes au XIXe siècle : approvisionnement en matières premières, biographies d'entrepreneurs, organisation et financement des entreprises » (rapport de recherche, univ. du Québec, Trois-Rivières, 1986). — Benjamin Sulte, *Mélanges historiques* [...], Gérard Malchelosse, édit. (21 vol., Montréal, 1918–1934), 18 : 84.

LATELY GONE. V. MÉKAISTO

LAVALLÉE, CALIXA (baptisé **Callixte**), pianiste, compositeur de musique et professeur, né le 28 décembre 1842 à Verchères, Bas-Canada, fils d'Augustin Lavallée* et de Charlotte-Caroline Valentine ; décédé le 21 janvier 1891 à Boston.

Né de parents de souches poitevine et écossaise, Calixa Lavallée montre très tôt des dispositions pour la musique. Son père, un forgeron qui est aussi luthier, harmoniste et chef de musique, lui en enseigne les rudiments ainsi que le piano, l'orgue, le cornet et le violon. Vers 1850, la famille se fixe à Saint-Hyacinthe. Le père y travaille comme harmoniste auprès du facteur d'orgues Joseph Casavant* et, en 1852, le jeune Calixa est inscrit au séminaire de la ville. Au printemps de 1855, le prospère boucher montréalais Léon Derome l'accueille chez lui et le prend sous sa tutelle. Des leçons de piano auprès de Paul Letondal et de Charles Sabatier [Wugk*], tous deux venus de France quelques années auparavant, confirment le talent exceptionnel de Calixa.

Épris d'aventure, Lavallée part pour les États-Unis en 1857 et se distingue dans un concours à La Nouvelle-Orléans, ce qui lui vaut une tournée en Amérique du Sud, aux Antilles et au Mexique comme accompagnateur d'un violoniste espagnol du nom d'Olivera. En septembre 1861, il est à Providence, au Rhode Island, où il est accepté comme musicien par l'armée nordiste. Un an plus tard, il participe à la meurtrière bataille d'Antietam, au Maryland ; il y aurait été blessé à une jambe, ce qui a peut-être été le motif de son licenciement honorable en octobre 1862.

Lavallée regagne le Canada et, en janvier 1864, après une période de repos, il donne un concert de rentrée à Montréal. Il se lie d'amitié avec le grand violoniste belge Frantz JEHIN-PRUME et se produit avec lui. Mais la fièvre des voyages le reprend et il part de nouveau pour les États-Unis. On le retrouve à La Nouvelle-Orléans, à San Diego puis en Nouvelle-Angleterre, où il épouse en 1867 Josephine Gently

(Gentilly) à Lowell, au Massachusetts ; le couple aurait eu quatre fils. Lavallée s'établit à Boston comme professeur et virtuose. Son opéra *TIQ, the Indian question settled at last* aurait été créé à cette époque. Vers 1870, Lavallée est nommé directeur de la Grand Opera House de New York pour qui il compose une opérette, *Loulou,* devant être présentée en 1872. Mais l'assassinat en pleine rue du propriétaire du théâtre, le spéculateur James Fisk, met fin au projet et à l'engagement de Lavallée.

Découragé, le compositeur revient à Montréal. Afin de le tirer de son désœuvrement, Léon Derome décide de mettre à exécution une idée qu'il caressait depuis longtemps : envoyer son protégé parfaire sa formation en Europe. Grâce à la bourse reçue de Derome et de ses amis, Lavallée s'embarque pour Paris au printemps de 1873. Il étudie le piano avec le grand pédagogue Antoine-François Marmontel et suit également les cours d'écriture de François Bazin et d'Adrien Boieldieu. Son séjour dans la capitale française se prolonge jusqu'en juillet 1875, mais l'absence d'un journal ou de lettres ne permet de connaître que de façon fragmentaire son activité durant cette période. On sait qu'il composa une série d'études pour piano, dont une en *mi* mineur, *le Papillon,* qui fut jouée au Conservatoire de Paris. Il est certain que Marmontel estimait son élève dont il louangeait le « constant et courageux travail ». En juillet 1874, une *Suite d'orchestre* composée par Lavallée aurait été exécutée par un orchestre de 80 musiciens sous la direction du célèbre chef Adolphe Maton. Aucune trace de cette exécution n'a encore été retrouvée, ni sa partition.

À Montréal, Lavallée retrouve Jehin-Prume et sa jeune femme, la soprano Rosita (Rosa) Del Vecchio. Tous trois ouvrent un studio commun. Des récitals de Lavallée à Montréal et à Québec en décembre 1875 sont de véritables triomphes pour l'artiste. Mais il faut vivre, et Lavallée redevient professeur et est nommé maître de chapelle à l'église Saint-Jacques. En 1877, il prépare sa chorale pour des représentations du drame *Jeanne d'Arc* de Jules Barbier, musique de scène de Charles Gounod, dont le succès s'avère considérable au point que 18 représentations prennent place sous sa direction, avec Rosita Del Vecchio dans le rôle-titre. Lavallée projette de fonder un conservatoire d'État, mais le gouvernement de la province de Québec fait la sourde oreille. Le succès de *Jeanne d'Arc* se répète avec *la Dame blanche,* opéra comique de Boieldieu, que Lavallée dirige à Montréal et à Québec en avril et en mai 1878. Dans *la Minerve* de Montréal, le musicien et critique Guillaume Couture* déclare : « C'est un véritable chef d'orchestre. Le premier que nous possédions. »

Lavallée est alors établi à Québec où il est organiste à l'église Saint-Patrick. À la demande expresse du gouvernement, il compose en un mois une cantate pour la venue du nouveau gouverneur général du Canada, le marquis de Lorne [Campbell*], et de sa femme, la princesse Louise. Le 11 juin 1879, l'œuvre est exécutée par un chœur de 150 voix, des solistes et un grand orchestre sous la baguette de Lavallée, et elle obtient un immense succès. Se fiant aux promesses du gouvernement, Lavallée a assumé lui-même une grande partie des frais, mais on refuse de rembourser le compositeur endetté. Harcelé par ses créanciers, il reprend avec acharnement son labeur quotidien de professeur, d'organiste et de chef de musique.

Lavallée accepte cependant de faire partie d'un comité présidé par Ernest Gagnon* dont la tâche est de s'occuper de la musique à l'occasion de la convention nationale des Canadiens français, organisée par la Société Saint-Jean-Baptiste de la cité de Québec, à la fin de juin 1880. L'idée d'un chant national approprié à la circonstance fait surface, mais le temps ne permet pas l'organisation d'un concours à cet effet, et Gagnon propose à Lavallée d'écrire au plus tôt une musique à laquelle un poème patriotique pourrait s'adapter. *Ô Canada,* paroles du juge Adolphe-Basile Routhier*, est exécuté pour la première fois au soir du 24 juin 1880 par trois corps de musique sous la direction de Joseph Vézina, au cours d'un banquet au pavillon des Patineurs de Québec, et obtient un grand succès public. La popularité du nouveau chant s'étend bientôt à la province tout entière puis au Canada anglais où une version anglaise est chantée dès 1901. Sa vogue ira toujours grandissante jusqu'au moment de sa sanction officielle comme hymne national du Canada le 1er juillet 1980, un siècle après sa création.

Malgré le succès de son chant, la situation financière de Lavallée demeure précaire et une chronologie plutôt confuse porte à croire qu'il se fixe à Boston peu de temps après. Il continue d'enseigner tout en assumant la charge de maître de chapelle à la cathédrale catholique Holy Cross et ne tarde pas à s'imposer dans son nouveau milieu grâce à son talent. Il fait sienne la cause des compositeurs américains et, comme membre de la prestigieuse Music Teachers' National Association, il organise à Cleveland le 3 juillet 1884 un concert entièrement consacré aux compositeurs américains, considéré comme le premier du genre. Salué comme un héros par ses collègues, Lavallée joue un rôle de plus en plus important au sein de l'association dont les 700 membres réunis à Indianapolis l'élisent président national en 1887. À ce titre, il représente l'association à Londres l'année suivante, au moment du premier congrès intercontinental de musiciens. Malgré sa santé défaillante, il organise en 1890 le congrès de Detroit où il fait entendre une *Suite* pour violoncelle et piano de sa composition, qui fait sensation. Aux professeurs qui réclament la partition, il ne peut que montrer la partie de violoncelle. N'ayant pas eu le temps d'écrire celle du piano, il l'avait improvisée !

À l'automne de 1890, Lavallée est contraint d'abandonner toute activité, car les douleurs à la gorge qui le minent depuis 1880 sont de plus en plus intolérables. Averti de l'état de son protégé, Léon Derome accourt à son chevet en janvier 1891. Lavallée rend l'âme le 21 de ce mois, à l'âge de 48 ans. Trois jours plus tard, des funérailles solennelles sont célébrées à la cathédrale Holy Cross de Boston et sa dépouille est inhumée au cimetière Mount Benedict. Le 13 juillet 1933, ses restes seront rapatriés au Canada au cours d'une cérémonie solennelle et déposés au cimetière de Côte-des-Neiges à Montréal.

De toute évidence, Calixa Lavallée n'accordait que peu d'importance à sa musique, puisqu'il composait sur commande selon les goûts du public de son temps et de son milieu. Son talent, sous tous ses aspects, ainsi que son dévouement au progrès artistique de son pays n'ont pas manqué d'impressionner ses compatriotes qui voyaient en lui le « musicien national » du Canada bien avant qu'il ne compose le chant qui a rendu son nom célèbre, ainsi que l'a écrit Laurent-Olivier David* dans *l'Opinion publique* du 13 mars 1873 : « Aucun talent musical ne porte plus que celui de M. Calixa Lavallée, le cachet national, l'empreinte de cette nature grandiose et pittoresque. »

Gilles Potvin

À l'exception de *Ô Canada*, créé à Québec en 1880, qui assure l'immortalité à son nom, l'œuvre de Calixa Lavallée est demeurée largement inconnue pendant les quatre décennies qui ont suivi sa mort. À partir de 1930, des musiciens comme Jean-Josaphat Gagnier et Eugène Lapierre n'ont pas ménagé leurs efforts pour faire revivre cette grande figure de la musique canadienne. Des partitions manuscrites ou publiées de ses œuvres ont été mises à jour et exécutées. En juillet 1933, un comité montréalais s'est occupé de rapatrier ses restes qui reposent maintenant au cimetière de Côte-des-Neiges sous un monument des plus modestes. En 1936, Eugène Lapierre faisait paraître à Montréal *Calixa Lavallée, musicien national du Canada*, première biographie de ce pionnier qui serait rééditée en 1950 puis en 1966.

Des œuvres importantes de Lavallée dont on sait l'existence, un petit nombre seulement nous sont parvenues comme les opérettes *The widow* et *TIQ, the Indian question settled at last*, toutes deux publiées à Boston, en 1881 et 1883 respectivement, et l'offertoire *Tu es Petrus*, pour soprano, basse, chœur et orchestre, publié à New York en 1883. Des partitions comme la *Suite d'orchestre* présumément jouée à Paris en 1874, une symphonie pour chœur et orchestre dédiée à la ville de Boston, la cantate pour le marquis de Lorne et d'autres demeurent introuvables. Par contre, un bon nombre de ses œuvres pour piano et pour la voix ainsi que les ouvertures *King of diamonds*, *The bridal rose* et *The golden fleece*, toutes trois datées de 1888, témoignent de sa grande facilité, de son sens inné de la mélodie et du rythme, sinon de la profondeur de son inspiration.

Gilles Potvin dans *Encyclopédie de la musique au Canada* (Kallmann *et al.*) dresse une liste détaillée des compositions et des écrits de Lavallée en plus de présenter une bibliographie étoffée.

ANQ-M, CE1-26, 28 déc. 1842. — *L'Écho musical* (Montréal), 1er janv. 1888. — L.-J.-N. Blanchet, *Une vie illustrée de Calixa Lavallée* (Montréal, 1951). — Sumner Salter, « Early encouragements to American composers », *Musical Quarterly* (New York), 28 (1932).

LAVER, AUGUSTUS, architecte, né le 19 ou le 20 septembre 1834 à Folkestone, Angleterre, fils unique d'un solicitor bien en vue, George Laver, et d'une prénommée Mary Ann ; le 9 juin 1859, il épousa à Douvres, Angleterre, Elizabeth Fox, et ils eurent deux fils jumeaux et une fille ; décédé le 27 mars 1898 à Alameda, Californie.

Augustus Laver fit la plus grande partie de ses études élémentaires auprès d'un précepteur, puis fut apprenti pendant quatre ans chez l'architecte Thomas Hellyer, de Ryde, dans l'île de Wight. Il travailla ensuite dans divers cabinets d'architectes à Londres et, lorsqu'il fut autorisé à pratiquer sa profession, entra au département des Postes pour y rester environ deux ans à titre d'architecte. En 1856, un an avant de se rendre aux États-Unis, il devint membre du Royal Institute of British Architects ; il établit ainsi des liens qu'il entretiendrait toute sa vie.

Laver ne demeura pas longtemps aux États-Unis. En 1858, il s'installa à Ottawa, où il s'associa rapidement avec un architecte d'expérience, Thomas Stent*. Cette ville avait probablement attiré les deux hommes parce qu'on venait de la choisir comme capitale permanente du Canada-Uni et qu'on s'attendait à ce que la construction y soit bientôt en plein essor. Dans le but de promouvoir leur cabinet et la capitale, les deux associés publièrent une vue d'ensemble d'Ottawa. Ils produisirent également une lithographie d'un dessin en perspective pour leur première commande importante, une grande villa à Rockliffe (Ottawa) conçue pour le docteur Robert Hunter, qui ne fut cependant jamais construite.

En mai 1859, le gouvernement lança des appels d'offres pour la conception des plans de la résidence du gouverneur général ainsi que des édifices qui devaient loger le Parlement et les ministères. Comme Laver s'absenta pendant une grande partie de la période qui précéda la clôture du concours le 1er août – il était allé se marier en Angleterre –, c'est surtout Stent qui s'occupa de la préparation de l'offre. Leur dessin des immeubles ministériels, conçus dans le style néo-gothique alors en vogue dans l'architecture civile, remporta le premier prix. Leur proposition dans le même style pour l'édifice du Parlement se classa au deuxième rang ; on avait dans ce cas retenu les esquisses, également de style néo-gothique, présentées par les associés Thomas Fuller et Chilion Jones* de Toronto. Il reste aujourd'hui de cet ensemble les deux constructions de Laver et de Stent, connues sous les noms d'édifices de l'Est et de l'Ouest, de même que la bibliothèque de Fuller et de

Jones, qui échappa à l'incendie de l'édifice central en 1916.

On signa les contrats pour la construction des édifices ministériels à la fin de 1859 et, au printemps suivant, on commença à creuser les fondations. En 1861 toutefois, les travaux étaient déjà en retard, et l'on voyait bien que les coûts dépasseraient les prévisions initiales. On interrompit donc la construction à la fin de la saison pendant qu'une commission spéciale enquêtait sur la question. Stent se fit le porte-parole des deux associés aux audiences, ce qui souligne l'importance de son engagement dans le projet. La commission d'enquête déposa son rapport en mars 1863 ; elle critiqua la façon dont les architectes avaient rempli certaines de leurs fonctions, mais recommanda tout de même qu'on les réengage. Cependant, le gouvernement les congédia tous, à l'exception de Fuller qu'on nomma, avec Charles Baillairgé*, architecte associé pour l'achèvement des travaux, sous la supervision de Frederick Preston RUBIDGE, architecte du département des Travaux publics.

Avant de dissoudre leur association en janvier 1865, Stent et Laver produisirent, toujours dans le style néo-gothique, des plans et des dessins pour plusieurs autres édifices, dont l'asile Finlay et l'asile militaire du Canada à Québec, respectivement en 1860 et 1862. Ils soumirent également des esquisses pour les édifices du Parlement et des ministères de Nouvelles-Galles du Sud, à Sydney, en 1860, qui remportèrent le second prix. Pour les constructions commerciales et industrielles toutefois, Stent et Laver semblent avoir préféré le style à l'italienne, comme en témoignent deux immeubles érigés à Ottawa en 1864, le magasin à la robuste façade de Garland, Mutchmor and Company, rue Sparks, et l'édifice Desbarats, plus sobre, où logèrent les bureaux de l'imprimeur de la reine.

Laver travailla seul en 1865 et 1866 et fut l'architecte de nombreux réaménagements et agrandissements au populaire hôtel Russell d'Ottawa. Il participa aussi en 1866 au concours lancé pour la construction du capitole de l'état de New York, à Albany, et y reçut un prix. Au mois d'août suivant, avec Fuller, qui s'était installé à Albany, et Arthur Delavan Gilman, il prépara une version modifiée du plan soumis. À la fin de l'année, il alla rejoindre Fuller à Albany et s'associa avec lui. La construction du capitole fut ponctuée de controverses, et aucun des deux architectes ne resta jusqu'à la fin des travaux.

En 1871, on choisit par concours Fuller et Laver pour dresser les plans du nouvel hôtel de ville et du palais de justice de San Francisco ; Laver alla s'installer dans cette ville en octobre pour s'occuper du projet. Du début de la construction jusqu'à la destruction de l'édifice encore inachevé dans l'incendie qui suivit le tremblement de terre de 1906, jamais, comme à Albany, les difficultés ne cessèrent. Malgré les ennuis et l'embarras que lui causait la controverse au sujet de l'hôtel de ville, Laver continua à s'attirer une grosse clientèle dans la région de la baie de San Francisco et à y faire de bonnes affaires. Il mourut en mars 1898, de « complications de troubles cardiaques et pulmonaires ».

Il semble bien que c'est en exécutant des commandes pour des particuliers, en Californie surtout, qu'Augustus Laver connut le plus de succès. Son alliance avec des concepteurs aussi talentueux que Stent et Fuller lui valut néanmoins de participer à la réalisation de trois des plus célèbres édifices publics d'Amérique du Nord. Laver jouissait de la confiance de ses collègues comme de ses associés : membre du Royal Institute of British Architects, il fut aussi président de la Pacific Coast Association of Architects et membre de l'American Institute of Architects.

STEPHEN A. OTTO

Une liste complète des ouvrages architecturaux d'Augustus Laver, répertoriés par Stephen A. Otto, se trouve dans le fichier du *DBC*.

« Architecture in Ottawa », *Building News* (Londres), 5 (1859) : 453. — Canada, prov. du, Commission appointed to inquire into matters connected with the public buildings at Ottawa, *Report* (Québec, 1863). — *Argus* (Alameda, Calif.), 29 mars 1898. — *Brockville Recorder*, 25 nov. 1858, 13 janv. 1859. — *Encinal* (Alameda), 28 mars 1898. — *Examiner* (San Francisco), 28 mars 1898. — *Ottawa Citizen*, 25 juin 1861, 14 juin 1862, 2 oct. 1863. — *Ottawa Tribune*, 11 juin 1859, 4 oct. 1861. — *Times* (Londres), 15 juin 1859. — *Union* (Ottawa), 28 mars 1863, 13 janv. 1865. — Alonzo Phelps, *Contemporary biography of California's representative men, with contributions from distinguished scholars and scientists* (San Francisco, 1882).

LAVIOLETTE, GODEFROY (baptisé **Eustache-Pierre-Godefroy**), arpenteur, homme d'affaires, homme politique et fonctionnaire, né le 1er novembre 1826 à Saint-Eustache, Bas-Canada, fils de Pierre Laviolette* et d'Elmire Dumont, fille de Nicolas-Eustache Lambert* Dumont ; décédé le 26 mars 1895 à Montréal.

Après des études classiques au petit séminaire de Montréal (1837) et à celui de Sainte-Thérèse (1839–1847), Godefroy Laviolette obtint une commission d'arpenteur le 25 juillet 1848. Deux ans plus tard, le 10 septembre, il épousa, à Saint-Eustache, Octavie Globensky, fille du lieutenant-colonel Maximilien Globensky*. Ils eurent six enfants (trois filles et trois garçons), tous baptisés à Saint-Jérôme ; l'un d'eux, Sévère, deviendrait à l'instar de son père maire de cette localité.

En 1851, Laviolette s'établit à Saint-Jérôme. Il dirigeait l'exploitation du moulin banal de la seigneurie des Mille-Îles dont son père était devenu coseigneur en 1835, à la mort de Lambert Dumont. Il sut mettre en valeur l'entreprise et y ajouta une scierie, un moulin à carder et une fabrique de lainages.

Cinq ans après son arrivée, soit en 1856, Laviolette fut choisi pour prendre en main les destinées de Saint-Jérôme, nouvellement constitué en village. En plus de doter l'endroit des services municipaux nécessaires, il se préoccupa de son développement, car il ambitionnait d'en faire, aux portes des Laurentides, un grand centre manufacturier, voire une ville. En toutes choses, il fit preuve d'une grande probité. Après 18 années de loyaux services, il abandonna la fonction de maire « parce que, écrivit-il dans sa lettre de démission, la grande majorité des électeurs de la Municipalité a[vait], par sa requête, insisté pour que des licences de vente de boissons fortes fussent accordées aux magasins ». En conscience, il ne pouvait tolérer une politique semblable.

En 1879, le climat avait changé. Laviolette, de nouveau sollicité par ses concitoyens, fut reporté au pouvoir. Deux ans plus tard, il démissionna pour devenir directeur du pénitencier de Saint-Vincent-de-Paul (Montréal). À son départ, le conseil municipal lui rendit hommage en louant « son administration intègre » et « son dévouement à la classe ouvrière », en vantant aussi « cet esprit de progrès qui a[vait] si puissamment contribué à faire de Saint-Jérôme un centre manufacturier et commercial de grande importance ».

Le samedi 24 avril 1886, éclata au pénitencier une révolte ; à cette occasion Laviolette démontra de nouveau sa haute conscience et son sens du devoir. Dans *la Presse* du lundi, on rapporta que le directeur, capturé par les mutins, s'était écrié : « gardes, tirez quand même ! » Une blessure reçue au cours de l'échauffourée le laissa handicapé jusqu'à la fin de ses jours.

Revenu à Saint-Jérôme, Laviolette fut, à partir de 1887, directeur de la succursale de la Banque Ville-Marie durant trois ans et de nouveau maire en 1888. La maladie le rendit impotent et l'obligea à démissionner à la fin de 1889. Il alla demeurer à Montréal et y mourut le 26 mars 1895 ; deux jours plus tard, on l'inhuma dans le cimetière de Côte-des-Neiges.

Godefroy Laviolette fut l'un de ces hommes d'énergie et de progrès qui, selon le témoignage du journal *le Nord,* de Saint-Jérôme, en 1881, avaient « su faire de [cette] localité ce qu'elle [était...] et de cette région du Nord si intéressante ce qu'elle promet[tait] d'être dans l'avenir ».

PAUL LABELLE

ANQ-M, CE6-11, 2 nov. 1826, 10 sept. 1850. — AP, Saint-Eustache (Saint-Eustache), reg. des baptêmes, mariages et sépultures, 2 nov. 1826, 10 sept. 1850 ; Saint-Jérôme (Saint-Jérôme), reg. des baptêmes, mariages et sépultures, 1851–1895. — Arch. de la ville de Saint-Jérôme, 1856–1881. — *Montreal Daily Star*, 26 mars 1895. — *Le Nord* (Saint-Jérôme), 15 sept. 1881. — *La Presse*, 26 avril 1886, 27 mars 1895. — « Arpenteurs du Bas et Haut Canada, 1764–1867 », *BRH*, 39 (1933) : 731. — É.-J.[-A.] Auclair, *Saint-Jérôme de Terrebonne* (Saint-Jérôme, 1934). — Germaine Cornez, *Saint-Jérôme* (2 vol., Saint-Jérôme, 1973–1977). — Maurault, *le Collège de Montréal* (Dansereau ; 1967), 526. — J.-J. Lefebvre, « le Capitaine Jean-Pierre Anthoine-Guermier-Laviolette (1732–1797), De Boucherville et sa famille », *BRH*, 69 (1967) : 10–11. — « St Eustache et ses hommes de distinction d'autrefois », *la Presse*, 25 oct. 1904 : 11.

LAWRENCE, JOSEPH WILSON, fabricant de meubles, entrepreneur de pompes funèbres, homme politique, fonctionnaire et historien, né le 28 février 1818 à Saint-Jean, Nouveau-Brunswick, fils d'Alexander Lawrence* et de Mary Wilson ; le 10 juin 1846, il épousa à New York Anna C. Bloomfield, et ils eurent au moins trois fils et deux filles ; décédé le 6 novembre 1892 dans sa ville natale.

Rien dans les antécédents familiaux de Joseph Wilson Lawrence ne présageait qu'il ferait œuvre de pionnier dans l'historiographie néo-brunswickoise. Son père, parti d'Écosse, arriva à Saint-Jean en 1817 et devint un ébéniste renommé dans la colonie. À sa mort, en 1843, Joseph et son frère George Hunter prirent la relève ; ils se distinguèrent de leur père en augmentant la production et en fabriquant des meubles plus finement sculptés. Le nom de l'entreprise n'allait disparaître qu'en 1896. Les frères Lawrence exploitaient aussi une grosse entreprise de pompes funèbres à Saint-Jean.

La carrière publique de Lawrence fut liée à celle de son grand ami d'un moment, Samuel Leonard TILLEY. En 1835, tous deux participèrent à la fondation de la Young Men's Debating Society, qui allait se révéler une véritable pépinière d'hommes politiques. En 1839, Tilley résolut de vivre plus intensément sa foi, et Lawrence devint comme lui enseignant dans une école anglicane du dimanche. L'année suivante, ils firent ensemble le vœu d'abstinence totale. Tilley se rendit à New York en 1846 avec Lawrence pour assister au mariage de ce dernier, et le nomma exécuteur de son premier testament. Quand Tilley fit ses débuts en politique, en 1850, il demanda à Lawrence de parler en son nom aux travaux de la journée d'investiture, à laquelle il était dans l'impossibilité d'assister.

Pourtant, lorsque Lawrence entra à son tour en politique, en briguant l'un des deux sièges de la circonscription de la ville de Saint-Jean aux élections générales de 1854, c'est Tilley qu'il affronta. Dans le milieu politique de Saint-Jean, à la veille de l'instauration des gouvernements de parti, qu'un homme se présente à titre de candidat indépendant contre un ami libéral ne signifiait pas nécessairement qu'il y avait désaccord de principes entre eux. Toutefois, la situation n'était plus la même au scrutin de 1856, qui porta sur les prérogatives de la couronne. Cette fois, Lawrence se présenta dans la même circonscription en manifestant son appui au lieutenant-gouverneur John Henry Thomas Manners-Sutton*, qui avait décidé d'imposer des élections dans l'espoir de renverser la loi provinciale sur la prohibition. Ce faisant, Lawrence s'opposait de front à Tilley qui faisait partie du gouvernement évincé et qui, de surcroît, avait été le principal promoteur de ladite loi. Cette fois, Lawrence remporta la victoire et, en entrant à l'Assemblée, se rangea du côté de l'éphémère gouvernement conservateur de John Hamilton Gray*. C'est devant la menace d'une défaite, en mars 1857, qu'il connut son heure de gloire à la chambre. Pendant que le plus grand désordre régnait, Lawrence, qui était dur d'oreille, s'emporta et dénonça les détracteurs du gouvernement durant une heure ; il retarda ainsi les travaux jusqu'à ce que Manners-Sutton parvienne à proroger l'Assemblée, évitant de subir l'humiliation d'une motion de censure. Aux élections générales qui s'ensuivirent, il perdit son siège ; la même année, dans une élection partielle, il fit sans succès la lutte à Tilley, devenu ministre. Il regagna un siège au cours d'une autre élection partielle en 1858, mais il perdit aux élections générales de 1861 et 1870.

Comme la plupart des Néo-Brunswickois, Lawrence s'opposa au projet d'union coloniale qui résulta de la conférence de Québec en 1864. Il prononça plusieurs discours pendant la campagne électorale de 1865 qui porta sur la Confédération et aboutit à la défaite du gouvernement Tilley. Sous le malheureux gouvernement antifédéraliste d'Albert James Smith*, il fut commissaire en chef des chemins de fer. Le parti de Tilley exigea sa destitution en reprenant le pouvoir en 1866, même s'il n'avait pas fait de politique depuis sa nomination. Finalement, le lieutenant-gouverneur Arthur Hamilton Gordon* le sacrifia pour éviter une crise constitutionnelle. Par la suite, à la demande des libéraux fédéraux d'Alexander MACKENZIE, il accepta de faire partie d'une commission d'étude sur la construction d'un canal qui traverserait l'isthme Chignecto à Baie-Verte (son rapport minoritaire, publié en 1876, appuyait le projet), mais en 1885 il était encore convaincu que, du point de vue des Maritimes, la Confédération était une « erreur » et un « échec ».

Dans les années 1870, Lawrence entreprit les recherches historiques qui allaient l'occuper jusqu'à la fin de sa vie. Certes, ses objets d'étude étaient classiques – l'Église d'Angleterre à Saint-Jean et les professions médicale, juridique et journalistique – mais il fut le premier Néo-Brunswickois à faire de la recherche en archives sur une échelle assez vaste. Il s'était vu confier, à la mort du sénateur Robert Leonard Hazen*, une remarquable collection de documents de Ward Chipman* père et Ward Chipman* fils et, impatient de voir ses concitoyens prendre conscience de la valeur de leur passé, il prit l'habitude de présenter des documents de la collection à ceux qui, selon lui, pouvaient s'y intéresser. Président fondateur de la New Brunswick Historical Society, formée en 1874, il fut, même s'il n'était pas descendant de loyalistes, l'organisateur principal des fêtes du centenaire de l'arrivée des loyalistes, qui eurent lieu en 1883 et remportèrent un vif succès. Pour l'occasion, il publia un beau volume de courts portraits de loyalistes qui le fit reconnaître, aux yeux du public, comme la grande autorité sur l'histoire du Nouveau-Brunswick.

Lawrence doit sa réputation durable à la série d'études biographiques publiées après sa mort, *Judges of New Brunswick*. Commencée en 1874, cette série était, de par sa conception, le premier ouvrage d'envergure de la province. En résumant la carrière des 20 juges nommés à la Cour suprême depuis les débuts de la colonie jusqu'en 1867 – notamment George Duncan Ludlow*, Edward Winslow*, les Chipman et Lemuel Allan Wilmot* – Lawrence allait écrire une histoire politique (et non pas juridique) qui couvrirait près d'un siècle. Choisir de raconter des époques par le biais de la biographie lui permettait à la fois de satisfaire le public victorien, friand de ce genre d'études, et de ne pas trop taxer sa modeste aptitude à organiser sa documentation. Lawrence se servit dans une large mesure de sources de première main, principalement des documents des Chipman, de la correspondance officielle des lieutenants-gouverneurs et de la collection des anciens journaux de Saint-Jean, à laquelle il avait accès parce qu'il était depuis longtemps bibliothécaire du Mechanics' Institute.

Lawrence avait plus de talent pour rassembler les documents que pour narrer les faits. À sa mort en 1892, il laissa, à l'état de brouillons, une ahurissante quantité de biographies de juges, composées dans le style décousu qui lui était propre et rédigées « d'une écriture péniblement lisible », mais rien que son exécuteur littéraire, Alfred Augustus Stockton*, aurait pu faire imprimer tout de suite. Ce n'est qu'en 1904 que le journaliste David Russell Jack* convainquit Stockton de préparer les biographies pour les publier par tranches dans l'*Acadiensis*. Celui-ci décida de ne retoucher que légèrement les textes de Lawrence et d'y ajouter à la fin beaucoup de notes, souvent inspirées du travail de William Odber Raymond* sur les papiers d'Edward Winslow, que Lawrence n'avait pu consulter. Quand Stockton mourut, en 1907, il incomba à Raymond d'écrire les quatre dernières biographies et d'amener ainsi à une belle conclusion un ouvrage qui avait connu bien des péripéties depuis ses débuts, 30 ans plus tôt. *Judges* parut sous forme de livre à Saint-Jean en 1907.

Pendant les 20 dernières années de sa vie, Joseph Wilson Lawrence, affligé d'une grave surdité et obsédé par ses échecs politiques et ses revers financiers, devint tout à fait bizarre. On a l'impression que ses collègues d'autrefois, dont Tilley, le sénateur John BOYD et George Edward FENETY, louangèrent publiquement son œuvre d'historien afin de reconnaître indirectement que ses talents lui auraient donné droit à une renommée provinciale que les vicissitudes de la politique partisane lui avaient refusée. Même si ses contemporains en firent un historien plus grand qu'il n'était et même si son ambitieux projet – produire une histoire politique générale par le biais de la vie des juges – ne fut mené à terme que tardivement, et uniquement grâce au labeur d'autres personnes, c'est bien lui qui, le premier, intéressa les Néo-Brunswickois à leur histoire. Il ouvrit la voie à plusieurs historiens amateurs distingués, déjà à l'œuvre au moment de sa mort, dont William Odber Raymond et James Hannay*.

D. G. BELL

L'ouvrage de Joseph Wilson Lawrence, *Judges of N.B.*, a paru à l'origine sous forme d'une série d'annexes à l'*Acadiensis* (Saint-Jean, N.-B.), 5 (1905)–7 (1907) ; la monographie de 1907 a été réimprimée avec une introduction de D. G. Bell à Fredericton en 1985. En outre, Lawrence a rédigé quelques articles et trois autres monographies qui ont tous été publiés à Saint-Jean : *A letter on the Intercolonial Railway, to the Hon. William McDougal* [...] (1867) ; *A minority report on the proposed Baie Verte Canal, 1876* (1876) ; et *Foot-prints ; or, incidents in early history of New Brunswick, 1783–1883* (1883).

Cependant, la contribution la plus durable de Lawrence à l'historiographie du Nouveau-Brunswick a été de sauver les papiers Chipman, qui renferment un important éventail des documents de la famille Hazen. Se désespérant de leur sort, Lawrence écrivait à Samuel Leonard Tilley en 1890 « Quant à savoir qui aura mes vieilles reliques historiques, je n'en sais rien, car personne dans ma famille ne leur fait de place. » Une partie de ces papiers, ainsi que ceux qui ont été découverts par W. O. Raymond se trouvent maintenant aux AN dans la collection Lawrence (MG 23, D1, sér. 1) ; l'autre partie importante est au Musée du N.-B., surtout dans la H. T. Hazen coll. : Ward Chipman papers.

Les documents qui sont passés par les mains de Lawrence sont facilement identifiables grâce à son griffonnage caractéristique (des « marques de sabots » selon Raymond) au verso. On peut donc déduire qu'une partie importante des papiers Jonathan Sewell (AN, MG 23, GII, 10) ont été extraits par Lawrence des papiers Chipman et donnés à G. W. Sewell. De même, le principe unificateur, autrement obscur, qui sous-tend la collection des manuscrits de la fin du XVIIIe siècle désignés comme les PANS, MG 1, 164C, est qu'il s'agit d'un ensemble d'autographes néo-écossais que Lawrence a extrait de la correspondance de Chipman pour les offrir à Thomas Beamish AKINS.

Les propres papiers de Lawrence qui subsistent, bien que nombreux, sont de piètre qualité. La collection Lawrence des AN comprend plusieurs douzaines de carnets qui renferment des ébauches de chapitres pour *Judges of N.B.* et d'autres notes historiques, ainsi que de la documentation sur ses sujets favoris, les chemins de fer et les canaux. La partie la plus intéressante de cette collection est le dossier de sa correspondance personnelle (vol. 80) portant surtout sur l'évolution pénible de *Judges of N.B.* Les papiers Lawrence du Musée du N.-B. comprennent l'ébauche de ses mémoires de 1885 « Some reminiscences, Hon. Sir Leonard Tilley and J. W. Lawrence, 1835–1885 » (A313), des albums, des carnets historiques et des livres de compte. Il y a aussi un petit dossier de correspondance concernant *Foot-prints* dans la H. T. Hazen coll., et des lettres de Lawrence dans les Tilley family papers. [D. G. B.]

AN, MG 27, I, D15. — Musée du N.-B., Barnhill, Ewing & Sanford papers, box 9 ; Confederation, CB DOC. ; A. McL. Seely papers. — St Andrew and St David United Church (Saint-Jean), St Andrew's Presbyterian Church, reg. of baptisms and marriages. — New Brunswick Hist. Soc., *Loyalists' centennial souvenir* (Saint-Jean, 1887). — *Daily Telegraph* (Saint-Jean), 21 août 1885. — *St. John Daily Sun*, 5 mai 1882, 6, 9 janv. 1890. — *Saint John Globe*, 10 nov. 1886, 7 nov. 1892. — *Elections in N.B.* — C. H. Foss et Richard Vroom, *Cabinetmakers of the eastern seaboard : a study of early Canadian furniture* (Toronto, 1977). — H. G. Ryder, *Antique furniture by New Brunswick craftsmen* (Toronto, 1965).

LAWSON, ALEXANDER, imprimeur, éditeur, rédacteur en chef et fonctionnaire, né le 15 janvier 1815 près d'Inverness, Écosse, fils de Daniel Lawson et d'une prénommée Catherine ; le 20 septembre 1837, il épousa à Yarmouth, Nouvelle-Écosse, Frances Campbell Ring, et ils eurent cinq fils et quatre filles ; décédé le 3 mars 1895 au même endroit.

Alexander Lawson n'était qu'un bébé quand sa famille immigra à New Glasgow, en Nouvelle-Écosse. En 1828, il entra à titre d'apprenti au *Colonial Patriot* de Pictou, journal libéral fondé depuis environ six mois. Il termina son apprentissage le 1er juin 1833, puis partit pour Halifax. Peu après, il s'installa à Yarmouth, où âgé de 18 ans seulement il fonda un journal qui prenait la succession du premier journal de cette petite localité, le *Yarmouth Telegraph and Shelburne Advertiser*. Avec le premier numéro de son *Yarmouth Herald, and Western Advertiser*, Lawson entamait une remarquable carrière de rédacteur en chef et d'éditeur qui allait se poursuivre jusqu'à sa mort, 62 ans plus tard, si l'on excepte les années 1845 à 1851 où, pour des raisons de santé, il dut confier le journal à Angus Morrison Gidney*.

À l'époque où Lawson commença sa carrière, le journalisme se pratiquait encore de façon artisanale. Le rédacteur en chef (souvent un ancien apprenti) devait aussi imprimer lui-même le journal dans un petit atelier avec un ou deux apprentis. (Le premier apprenti du *Yarmouth Herald* fut Richard Huntington, qui devint un journaliste et un homme politique réputé dans le comté de Yarmouth.) Les méthodes de production imposaient un travail énorme. Le premier numéro du journal, monté sur quatre colonnes, fut imprimé sur une petite presse manuelle en acajou. Il fallait une heure à deux employés pour produire de

200 à 250 exemplaires de l'une des quatre pages du journal. Même si en 1836 le *Yarmouth Herald* fit l'acquisition d'une nouvelle presse et de nouveaux caractères qui lui permirent de passer à six colonnes, la publication nécessitait encore un travail prodigieux de la part de deux employés (l'un faisait fonctionner la machine, l'autre encrait le rouleau) et exigeait que l'on manipule l'étain en feuilles avec beaucoup d'adresse quand il était impossible d'obtenir des fournisseurs de Boston les filets correspondant aux colonnes et les interlignes. En dépit de problèmes de ce genre, qui expliquent la piètre allure des premiers numéros, et du fait qu'ils contenaient trop de nouvelles britanniques et américaines, le *Yarmouth Herald* devint, le 22 décembre 1843, le premier journal néo-écossais à paraître deux fois la semaine (il allait redevenir hebdomadaire en août 1850). Une entreprise dont la technologie était si rudimentaire avait tendance à déménager souvent : de 1835 à 1874, le *Yarmouth Herald* changea de locaux au moins huit fois. Peu à peu, il prit de l'expansion et se diversifia. En 1867, il fut le premier journal de Nouvelle-Écosse à doter son atelier d'imprimerie d'une machine à vapeur. (C'était l'une des premières à avoir été fabriquées par la Burrell, Johnson and Company de Milton, dans le comté de Yarmouth.) Grâce à l'acquisition d'une manufacture de boîtes, d'une régleuse et d'une folioteuse, d'un atelier complet de reliure et, en 1885, du *Yarmouth Telegraph,* un supplément hebdomadaire, le *Yarmouth Herald* était, dans les années 1890, un établissement stable et passablement prospère. Lawson travailla fidèlement jusqu'à une semaine ou deux avant sa mort. Décédé à l'âge de 80 ans après une crise d'asthme aiguë, il était alors, estimait-on, le rédacteur en chef de journal le plus âgé au Canada.

Lawson était bien intégré à la collectivité : il fut maître de poste pendant une courte période et directeur du premier bureau de télégraphe de 1852 à 1882. Son journal, bien qu'il ait été de plus en plus associé au parti libéral, défendit très souvent l'ensemble des intérêts commerciaux de l'ouest de la Nouvelle-Écosse, surtout en prônant ardemment le libre-échange. En lisant ses colonnes (surtout le registre des navires dont les propriétaires habitaient le comté de Yarmouth, qui paraissait régulièrement, et les reportages détaillés sur les catastrophes maritimes), on peut suivre la montée et le déclin du comté de Yarmouth, grand centre de transport maritime, et de la municipalité de Yarmouth, vigoureuse collectivité de propriétaires de navires et de manufacturiers. Les opinions progressistes du *Yarmouth Herald* – soutien au précoce mouvement de tempérance du comté, instruction gratuite des masses, suffrage féminin – allaient de pair avec l'optimisme qui régnait dans cette région au milieu du XIXe siècle.

Le journal reflétait aussi la mentalité réformatrice de l'ouvrier sérieux du milieu de l'époque victorienne qui avait adopté dès le début *Savoir, c'est pouvoir* comme devise de sa publication. Ainsi, en 1845, Lawson liait le principe de la responsabilité ministérielle au triomphe du progrès : « les pratiques de l'ancien régime colonial [étant] devenues d'une absurdité trop patente pour demeurer en vigueur ou être défendues plus longtemps, le gouvernement britannique, conformément à son rang à l'avant-garde des grandes nations de la terre, [avait] accepté les changements que les hommes libres des colonies revendiquaient de par leur naissance et déployé avec confiance sur ces terres lointaines l'inestimable manteau de la constitution. Tout colon [avait] raison d'en être non seulement satisfait, mais fier. »

Ce n'est qu'à la lecture de ces propos que l'on peut comprendre l'opposition tenace de Lawson à la Confédération, l'unique grande question sur laquelle ses opinions présentent de l'intérêt aujourd'hui. Il n'était pas animé par la peur instinctive qu'un journaliste de campagne peut éprouver devant le changement, et l'esprit de clocher qui faisait craindre, à Yarmouth, que la construction du chemin de fer Intercolonial ne se révèle une source de gaspillage et de corruption l'influençait peu. Son opposition s'enracinait plutôt dans la conception qu'il avait, à titre de petit propriétaire, de la liberté naturelle des sujets britanniques. Après que l'Assemblée néo-écossaise eut adopté la proposition sur la Confédération, en avril 1866, le *Yarmouth Herald* proclama : « Le peuple de la Nouvelle-Écosse a trop de foi en la justice du gouvernement britannique pour croire que 350 000 loyaux sujets britanniques seront traités par ce gouvernement comme des serfs – et non comme des hommes libres – forcés de retirer leur confiance à ce gouvernement auquel ils ont toujours été authentiquement fidèles. Dans un tel cas, ce ne serait que moquerie et sarcasme que de leur donner le titre encore respecté de libres sujets britanniques. » Peu avant le 1er juillet 1867, Lawson affirma que le « Jour de l'Humiliation » approchait et décrivit la Confédération comme un terrible échec par rapport au gouvernement responsable : « Il y a près de trente ans, après une longue lutte, la Nouvelle-Écosse s'est vu concéder le droit de se gouverner elle-même et, depuis, le peuple a eu le privilège d'administrer ses propres affaires, de faire ses propres lois, de réglementer son propre tarif et d'avoir plein pouvoir sur ses revenus, et a connu un degré de liberté, de prospérité, de contentement et de bonheur inégalé ailleurs sur terre [...] Ces privilèges lui ont été arrachés sans qu'il ait commis aucune faute. Il n'a ni demandé ni désiré un changement de ses institutions politiques [...] Mais, malgré tout, on lui a imposé la révolution. Est-ce là la liberté ? Est-ce là un peuple libre ? De quoi peut-il s'enorgueillir maintenant ? »

Le 1er juillet, les habitants du comté de Yarmouth mirent leurs drapeaux en berne, portèrent un crêpe noir à leur chapeau et pendirent une effigie du partisan de la Confédération Charles Tupper*, qu'ils brûlèrent dans la soirée avec un rat vivant. Alexander Lawson, qui allait se prononcer encore une fois contre la Confédération au cours de la campagne en faveur de l'« abrogation », dans les années 1880, avait parlé en 1867 au nom de la majorité antifédéraliste de l'ouest de la Nouvelle-Écosse et, en soulevant si éloquemment la question de la liberté des sujets britanniques, il avait lié ce puissant mouvement de protestation au grand courant de libéralisme du XIXe siècle.

IAN MCKAY

Yarmouth County Court of Probate (Yarmouth, N.-É.), Wills, 4 : 398–400 (mfm aux PANS). — Yarmouth County Museum and Hist. Research Library, Arch. files, YMS 1-140, A2 (lettres concernant Alexander Lawson) ; Scrapbook on the Lawson family. — *Yarmouth Herald,* 1833–1923. — *Yarmouth Light,* 7 mars 1895. — David Alexander et Gerry Panting, « The mercantile fleet and its owners : Yarmouth, Nova Scotia, 1840–1889 », *Atlantic Canada before confederation* [...], P. A. Buckner et David Frank, édit. (Fredericton, 1985), 309–334. — Waite, *Life and times of confederation.* — V. A. Bower, « A hundred years in the news », *Maclean's* (Toronto), 46 (1933), n° 23 : 29. — D. R. Jack, « The *Yarmouth Herald* », *Acadiensis* (Saint-Jean, N.-B.), 8 (1908) : 222–225. — Kenneth Winter, « The town of Yarmouth : 1867 and 1923 », *Nova Scotia Hist. Rev.* (Halifax), 1 (1981) : 39–49.

LAWSON, GEORGE, botaniste, auteur, professeur et fonctionnaire, né le 12 octobre 1827 en Écosse et baptisé le mois suivant dans la paroisse de Forgan, Fifeshire, fils d'Alexander Lawson et de Margaret McEwan ; il épousa à Édimbourg Lucy Stapley (décédée en 1871), et ils eurent deux filles, puis en 1876, à Halifax, Caroline Matilda Knox, née Jordan ; décédé le 10 novembre 1895 dans cette ville.

George Lawson grandit à Dundee, en Écosse, mais c'est dans la région de Kilmany, où il passait ses étés, que son amour de la nature trouva son origine. Il prit l'habitude de recueillir des spécimens végétaux qu'il transplantait chez lui pour les étudier. Après avoir eu des précepteurs, il entra comme stagiaire chez un solicitor de Dundee, ce qui ne l'empêcha pas de poursuivre sa formation scientifique, en autodidacte, à la Watt Institution Library. Déjà, il manifestait les talents d'organisateur et de communicateur qui le caractériseraient au Canada, en faisant circuler dans les années 1840 le « Dundee Natural History Magazine », mensuel manuscrit destiné aux naturalistes de la ville, et en participant à la fondation de la Dundee Naturalists' Association.

Non seulement Lawson ne se sentait pas à l'aise dans l'étude du droit, mais vers 1846 il se mit à éprouver une insatisfaction générale devant les perspectives d'avenir que lui offrait l'Écosse. C'est pourquoi il décida de s'adresser à sir William Jackson Hooker, directeur des Royal Botanic Gardens de Kew (Londres). Il voulait un conseil, disait-il, pour « un ami » qui songeait à aller faire « un tour en Amérique » et qui se demandait si quelqu'un de « prêt à supporter des épreuves, dangers ou difficultés *de toute nature* » et à « consacrer sa vie à la recherche des richesses des forêts d'outre-Atlantique » serait récompensé par « de brillantes découvertes ». Hooker ne dut pas lui prodiguer beaucoup d'encouragements, car en 1848 Lawson s'inscrivit à la University of Edinburgh pour devenir professeur de sciences.

Commença alors une décennie durant laquelle Lawson étudia les sciences naturelles et physiques et fut membre d'organismes scientifiques locaux. Secrétaire adjoint et conservateur de la Botanical Society of Edinburgh, il dressa en outre un catalogue type de la collection d'ouvrages de la Royal Society of Edinburgh, dont il était bibliothécaire adjoint. Ses activités au sein de la Caledonian Horticultural Society et de la Scottish Arboricultural Society le préparèrent aussi aux fonctions semblables qu'il allait exercer au Canada.

Lawson évoluait donc dans un milieu où se trouvaient de grands botanistes. Celui qui influença le plus sa vision des sciences fut le professeur de botanique John Hutton Balfour, doyen de la faculté de médecine de la University of Edinburgh et conservateur du Royal Botanic Garden de la ville. Balfour perfectionna la recherche en laboratoire à Édimbourg, notamment l'étude microscopique de la morphologie et de la physiologie végétales. Il emmenait régulièrement ses étudiants dans la campagne écossaise afin qu'ils recueillent des spécimens et puissent observer de près l'effet du milieu sur les formes des plantes. Le leadership que Balfour exerçait à la Botanical Society of Edinburgh et à l'Edinburgh Botanical Club allait inspirer à Lawson une action semblable une fois au Canada.

La conception que Balfour avait de la botanique déviait peu des idées alors en vogue sur la fixité des espèces, mais il encourageait l'observation indépendante. Il fut l'un des pionniers des études biogéographiques, qui s'intéressaient à la répartition et à la variation des plantes plutôt qu'aux formes fixes. Adepte d'une vision globale de la végétation terrestre, il soutenait que la connaissance de la flore demeurerait imparfaite tant qu'il resterait aux botanistes de vastes régions du monde à explorer. À elle seule, sa tendance globaliste aurait pu l'amener à s'intéresser à la flore de l'Amérique du Nord britannique, mais il avait surtout un faible pour les plantes alpines, dont la répartition géographique s'étudiait mieux dans les régions nordiques que partout ailleurs. En faisant valoir que les mousses et les lichens les plus minuscules avaient leur importance, car ils transformaient des rochers stériles en sol fertile et préparaient ainsi la voie au peuplement humain, et en montrant que l'Écosse, terre nordique, recélait une flore passionnante, Balfour justifiait par avance les études botaniques que Lawson réaliserait par la suite au Canada.

Lawson travaillait alors comme préparateur au laboratoire de Balfour, à l'université, où il enseigna peut-être à James Barnston*, futur professeur de botanique au McGill College. Cependant, occuper une place de subordonné pendant dix ans n'était pas de nature à combler ses ambitions sociales et professionnelles. Et quand James Hector, qu'il connaissait, partit en 1857 à titre de géologue avec la célèbre expédition que dirigeait John Palliser* dans le Nord-Ouest de l'Amérique du Nord britannique, il ressentit encore plus vivement qu'il n'avait pas d'avenir à Édimbourg.

En 1858, par le truchement de l'Église presbytérienne, Lawson apprit que le Queen's College de Kingston, dans le Haut-Canada, cherchait un professeur de chimie et d'histoire naturelle. À la suite d'une chaleureuse recommandation de Balfour, le conseil du collège s'empressa d'embaucher ce candidat qui avait obtenu l'année précédente un doctorat ès sciences à l'université de Giessen (République fédérale d'Allemagne) et qui avait déjà publié plus de 50 articles sur la botanique et la microscopie ; on le considérait comme un atout pour la réputation du collège. Les journaux de Kingston firent état de ses remarquables antécédents et signalèrent qu'il toucherait un salaire plus élevé que celui d'autres professeurs déjà en place. Le collège, qui comptait beaucoup de personnalités fortes mais était dirigé mollement, connaissait déjà de sérieux conflits ; l'arrivée de Lawson, à l'automne de 1858, risquait de mettre le feu aux poudres.

Lawson se vit confier une lourde charge d'enseignement en histoire naturelle et en chimie. De plus, il monta un laboratoire de chimie et de botanique, équipé de microscopes, afin de transmettre aux étudiants la formation moderne qu'il avait reçue en matière d'expérimentation et d'observation. Il espérait aussi stimuler le goût des sciences dans la population canadienne. Peu après son arrivée, il prononça un discours à l'exposition d'agriculture de Kingston, et en 1859 il donna au Mechanics' Institute une série de conférences sur la chimie appliquée.

Toutefois, sa principale contribution à l'organisation de la botanique canadienne fut la fondation de la Botanical Society of Canada, en décembre 1860. Comme plusieurs autres professeurs du Queen's College, il estimait que le Canada négligeait depuis trop longtemps les « obligations » que lui imposaient ses immenses richesses naturelles. La connaissance de la botanique, affirmait-il, permettrait une meilleure mise en valeur des ressources. Une société de botanique attirerait l'attention du public sur de nouvelles sources de prospérité industrielle. Selon lui, elle devrait aussi coordonner la recherche sur la répartition géographique des plantes, en comptant sur l'aide précieuse des botanistes amateurs. Toute l'Amérique du Nord britannique devait devenir un territoire d'herborisation, tel était son message, d'ailleurs fort différent de celui de William Hincks*, professeur d'histoire naturelle à la University of Toronto, qui ne s'intéressait qu'aux secteurs habités de la région. Lawson tenait pour acquis que le Canada abritait beaucoup de spécimens encore inconnus en Grande-Bretagne et aux États-Unis.

Lawson trouva, à la Botanical Society of Canada, des gens tout disposés à partager son enthousiasme et ses idées ambitieuses. L'assemblée de fondation attira 91 personnes, qui résolurent d'aménager un jardin botanique, d'herboriser à Kingston et dans les environs et de publier un catalogue de la flore canadienne qui rendrait compte aussi bien des collections locales que de celles des autres régions. Sous la direction de Mme Lawson, botaniste amateur accomplie, on admit les femmes à titre de membres à part entière. À sa deuxième assemblée, en janvier 1861, la société attira 140 membres cotisants, dont des hommes politiques de la ville comme John Alexander MACDONALD et Alexander CAMPBELL. Le directeur du Queen's College, William Leitch*, fut élu président, et Lawson, secrétaire. Dès la troisième réunion, l'assistance s'élevait à 200 personnes. Sir William Edmond Logan* fit beaucoup pour la reconnaissance officielle de la société en lui confiant, en 1861, les collections de plantes de la Commission géologique du Canada. Elle suscita aussi des commentaires favorables de la part de certains botanistes d'outre-mer, qui espéraient enfin connaître les limites septentrionales des espèces végétales. Dès la publication du premier volume de ses *Annals*, en 1861, la Botanical Society of Canada avait un tel prestige que ses membres avaient commencé d'ajouter à leur nom les initiales FBSC (fellow of the Botanical Society of Canada).

Dès sa fondation, la société remplit à la fois une mission théorique et pratique. Elle conseillait les fermiers sur l'élimination des maladies et des insectes nuisibles aux plantes, et distribuait de nouvelles semences, notamment celle du cerfeuil bulbeux, substitut de la pomme de terre. Les algues, faisait valoir Lawson, pourraient servir d'engrais pour les terres des côtes du Bas-Saint-Laurent et de l'Atlantique. Lui-même et son étudiant Andrew Thomas Drummond* proposaient des plantes à des manufacturiers de papier et des lichens à des fabricants de teintures. Par ailleurs, la société recevait de certains de ses membres, dont John Christian SCHULTZ, qui s'était inscrit pendant ses études au Queen's College, des indications sur la répartition géographique des plantes dans les régions depuis le Haut-Canada jusqu'à la colonie de la Rivière-Rouge (Manitoba).

Dans les années 1860, sir William Jackson Hooker manifesta l'intention de publier une nouvelle série de flores des colonies britanniques, ce qui encouragea fortement les botanistes canadiens à recueillir des spécimens. Comme il prévoyait diriger lui-même la composition du volume sur l'Amérique du Nord britannique, on crut qu'il viendrait bientôt au pays avec ses assistants. Les rumeurs à ce sujet persistèrent, et l'on fut d'autant plus déçu quand le gouvernement de la province du Canada refusa de financer la contribution de la colonie au projet impérial. En cette période de crise politique, il y avait des problèmes plus urgents à résoudre. Peut-être hésitait-on aussi en raison de l'aide financière octroyée à Léon PROVANCHER, dont l'ouvrage intitulé *Flore canadienne* avait paru à Québec en 1862. Dans l'espoir de convaincre les autorités, Lawson maintenait la liaison entre les botanistes impériaux et les milieux politiques au Canada, mais il ne parvint même pas à obtenir des fonds pour les expéditions que la Botanical Society of Canada projetait de faire dans les régions non peuplées du pays.

Lorsque Hooker décida de mettre quand même son projet à exécution, Lawson n'était plus à Kingston pour superviser la collaboration de la Botanical Society of Canada. En effet, les querelles entre le conseil d'administration du Queen's College et la faculté de médecine, où il enseignait aussi, s'étaient envenimées. À force de vouloir modifier la constitution du collège, Lawson épouvantait les administrateurs. En 1861, il s'attira l'inimitié du secrétaire démissionnaire de la faculté de médecine, John STEWART, en lui succédant à ce poste. Finalement, en janvier 1863, l'abcès creva : la faculté s'estimait trahie par les nouveaux statuts de l'université, qui définissaient l'autorité du conseil d'administration. « Il faut passer quelques années dans une colonie, confia Lawson à Balfour, pour constater combien il existe de mal dans le monde. » En octobre 1863, il démissionna du Queen's College, laissant derrière lui « tumulte et confusion ». Stewart était en prison et un autre professeur avait été renvoyé ; Leitch, le directeur, allait mourir quelques mois plus tard, vraisemblablement à cause de toutes ces tensions. Lawson fut vite remplacé au poste de professeur de chimie et d'histoire naturelle par un de ses anciens étudiants, Robert Bell*, mais la Botanical Society of Canada avait tellement besoin de son cercle de relations que son départ lui porta un coup fatal.

Engagé le 3 octobre en qualité de professeur de chimie et de minéralogie par le Dalhousie College, réorganisé depuis peu, Lawson quitta Kingston pour Halifax. Encore une fois, il avait trouvé un poste grâce à sa réputation d'homme de science et à ses antécédents presbytériens. Il intégra le travail en laboratoire aux principales matières qu'il enseignait, ainsi qu'à la botanique et à la chimie médicale. Son cours de botanique comprenait des excursions régulières sur le terrain. Il prononçait aussi des conférences au Halifax Medical College, et en 1877 il participa à la fondation du Technological Institute of Halifax, où il donnait, le soir, des cours de chimie aux ouvriers de l'industrie chimique.

Lawson s'intéressait depuis longtemps au progrès agricole et avait publié dans sa jeunesse un livre sur l'agriculture britannique. Il fut secrétaire du Central Board of Agriculture de la Nouvelle-Écosse de 1864 à 1885, année de l'abolition de cet organisme, puis accéda au nouveau poste de secrétaire de l'Agriculture. À Sackville, il exploitait une ferme d'élevage renommée pour son excellence. Il fallait, disait-il, importer de Grande-Bretagne du bétail de race et de nouvelles lignées de culture ; d'ailleurs, en 1875, en revenant d'un séjour en Écosse, il ramena sur le vapeur des vaches, des porcs et des moutons. Dans sa ferme, baptisée Lucyfield en l'honneur de sa première femme, il avait une résidence d'été où se trouvaient peut-être sa bibliothèque et son herbier. Lawson conseillait les responsables de l'école d'agriculture de Truro sur l'enseignement de l'agronomie et l'emploi du microscope en botanique. De 1865 à 1885, à titre de secrétaire du Central Board of Agriculture, il dirigea la publication du *Journal of Agriculture* (devenu plus tard le *Nova Scotian Journal of Agriculture*) où parurent nombre d'articles dans lesquels il examinait des problèmes agricoles dans une perspective scientifique.

Membre actif du Nova Scotian Institute of Natural Science (rebaptisé plus tard Nova Scotian Institute of Science), Lawson fit partie de la direction et présenta des communications qui parurent dans les actes de cet organisme. Ses études en botanique s'inspiraient toujours des travaux de ses maîtres britanniques, et particulièrement de ceux de Joseph Dalton Hooker sur la répartition des plantes. En 1862, dans une communication intitulée « Outlines of the distribution of Arctic plants », reproduite dans les *Transactions* de la Linnean Society de Londres, Hooker avait salué l'exploit que Charles Darwin avait accompli en expliquant le mode de relations phylogénétiques des espèces végétales et avait confirmé l'importance des indices nord-américains dans l'explication des structures mondiales de répartition des plantes. Lawson appliquait les théories de Hooker à ses propres travaux sur les espèces végétales d'Amérique du Nord britannique. Ainsi il découvrit que, par rapport aux régions intérieures, les plantes nordiques s'étendaient plus au sud le long de la côte atlantique et que les plantes de marécages trouvées dans la province du Canada poussaient aussi sur les versants des collines de la côte est. Par ailleurs, sur d'autres questions, il demeurait prudent. Il hésitait à se prononcer, par exemple, sur l'origine des espèces végétales car il estimait que l'argumentation de Darwin n'était pas assez convaincante. Il encourageait les botanistes amateurs à recueillir des échantillons de bruyère afin de déterminer si cette plante alpine poussait naturellement sur la côte est de l'Amérique du Nord britannique, comme Hooker le soutenait, ou si des colons l'avaient apportée, comme John William DAWSON et d'autres adversaires de Darwin l'affirmaient avec insistance. En 1864, Lawson confirma la théorie de Hooker sur la migration des végétaux, particulièrement en montrant que la bruyère était une plante indigène de la Nouvelle-Écosse et qu'elle avait jadis été fort répandue dans toute l'Amérique du Nord.

L'installation de Lawson à Halifax élargit les horizons des botanistes amateurs du Canada et accrut leurs responsabilités. À Kingston, Drummond maintenait en partie les fragiles relations que la Botanical Society of Canada avait nouées avec des particuliers et correspondait avec des collectionneurs comme Louis-Ovide Brunet* et John Macoun*, mais le dépôt central où devait se préparer le catalogue des plantes canadiennes se trouvait désormais à Montréal. Lawson continuait de recueillir des échantillons pour ce catalogue et d'espérer la relance des *Annals*. Toutefois, ces objectifs semblaient de plus en plus hors de portée. À cause de la Confédération et de l'expansion transcontinentale du nouveau dominion, le nombre de nouvelles espèces et de lieux dont le catalogue devrait rendre compte allait connaître une croissance exponentielle. Lawson croyait que la flore des territoires non encore colonisés se révélerait plus variée et plus développée que celle de l'est du pays. Il participa au financement des explorations que Macoun fit en 1868 à la source de la rivière Trent, en Ontario. Il caressait le projet de publier un ouvrage critique sur toutes les plantes du Canada, mais les échantillons accumulés étaient si nombreux qu'un tel travail lui semblait impossible. Il s'appliqua donc à préparer une série de monographies sur des aspects précis de la flore canadienne. Il en publia plusieurs dans les années 1870 (chacune soulignait la présence d'une famille de plantes dans tout le pays), mais jamais il ne produisit quelque chose qui s'approchait d'une flore complète.

Par ailleurs, Lawson s'intéressait toujours davantage, tant du point de vue théorique que pratique, aux explorations nordiques de la Commission géologique du Canada. Selon lui, les chercheurs en botanique devaient étudier les plantes sous divers climats et dans de vastes régions du globe afin de connaître leur variation, leur adaptation et leur survie. Il préconisait d'utiliser la botanique pour voir dans quelle mesure on pourrait peupler et cultiver avec profit les côtes de l'Arctique et de la baie d'Hudson. C'est pourquoi, dans les années 1880, il suivit attentivement les cartes et rapports d'exploration de Robert Bell sur la répartition des arbres dans l'Arctique.

Dans la décennie suivante, Lawson se mit à craindre un déclin de la systématique, qu'il jugeait toujours essentielle au progrès de la botanique canadienne. Dans une communication lue à la Société royale du Canada en 1891, il déplora l'absence d'une association qui aurait regroupé en « une armée d'explorateurs » les botanistes disséminés dans tout le pays. La même année, il fonda le Botanical Club of Canada, organisation souple qui se donnait pour mission de rassembler les renseignements envoyés par les amateurs des régions et de classer des richesses botaniques si abondantes que leur cueillette, leur identification et leur catalogage prendraient des décennies.

Membre fondateur de la Société royale du Canada, Lawson en fut le président en 1887–1888. Dès 1862, le McGill College lui avait conféré un doctorat honorifique en droit. Il était associé ou membre correspondant de plusieurs sociétés scientifiques de Grande-Bretagne et d'Europe, notamment la Royal Horticultural Society de Londres, et au moment de sa mort il était président du Nova Scotian Institute of Science.

Lawson ne parvint jamais à vaincre l'erreur populaire selon laquelle les botanistes n'avaient besoin que d'un territoire relativement petit pour évaluer un district donné. Il ne réussit jamais, non plus, à obtenir de subventions publiques pour une vaste étude botanique. Même si ses visions ne manquaient pas de grandeur, il croyait que les travaux d'inventaire botanique se feraient mieux à l'échelle locale. Cependant, sa méthode de recherche, plus caractéristique d'un secrétaire infatigable que d'un imaginatif directeur des études botaniques canadiennes, est peut-être plus révélatrice à cet égard. Il ne s'aventura jamais hors des étroites pistes de recherche que lui avaient indiquées Balfour et Joseph Dalton Hooker, contrairement à Asa Gray, de la Harvard University. De plus, travailler à la rationalisation de l'agriculture néo-écossaise l'épuisa, car il y avait conflit entre ses énormes responsabilités administratives et son obsession des études botaniques exhaustives. Il mourut d'une crise cardiaque dans sa soixante-neuvième année.

Même si George Lawson n'atteignit pas tous les objectifs qu'il s'était fixés en matière de botanique et d'organisation, il avait un tel enthousiasme pour sa matière et était si bon pédagogue que grâce à lui la botanique put compter sur l'apport d'une nouvelle génération de collaborateurs efficaces. Sa carrière se termina au moment même où cette discipline acquérait ses lettres de noblesse dans les universités canadiennes. Tout comme Brunet et Provancher au Québec, il avait beaucoup contribué à consolider ses bases au cours des premières années de transition.

SUZANNE ZELLER

George Lawson est l'auteur de plusieurs ouvrages traitant de botanique ; on trouve une importante bibliographie complète de ses œuvres dans SRC *Mémoires,* 1re sér., 12 (1894), proc. : 49–52, même si on doit la consulter avec prudence parce qu'elle renferme quelques erreurs. Un certain nombre d'entrées contenues dans cette bibliographie se trouvent également dans le *National union catalog*.

Les écrits de Lawson sur le Canada contiennent : « Address, delivered by Dr. Lawson, at the agricultural show at Kingston, on Thursday, 28th October, in the Crystal Palace », paru dans le *Canadian Agriculturist* (Toronto), 9 (1858) : 232–235 ; et les textes qui accompagnent les séries 3 et 4 des collections d'aquarelles de [Maria F. A. Morris*] Miller, *Wild flowers of Nova Scotia and New brunswick* [...] (Halifax et Londres, 1866) et *Wild flowers of North America* [...] (Londres, 1867). Le texte de son allocution devant la société intitulée « On the present state of botany in Canada, with suggestions as to the promising lines of investigation, and a proposal for united effort in systematic observation throughout the several provinces and territories », a été publié dans les *Mémoires*, 1re sér., 9 (1891), sect. IV : 17–20.

DUA, MS 2-159 ; MS 2-381, George Lawson à Bell, 11 oct. 1883, 18 déc. 1886, 12, 28 mars 1887. — GRO (Édimbourg), Forgan, reg. of births and baptisms, 18 nov. 1827. — Justus Liebig-Universität, Universitätsarchiv (Giessen, République fédérale d'Allemagne), George Lawson, record of D.PHIL. degree, Grossherzogliche Ludwigs-Universität Giessen, 6 août 1857. — McGill Univ. Arch., MG 2046, George Lawson à Logan, 2 janv. 1861. — Royal Botanic Garden Library (Édimbourg), J. H. Balfour corr., George Lawson à Balfour, 22 sept. 1857, 31 janv., 7 févr., 12–13 mars 1862, 2 janv., 2 juill., 4 déc. 1863. — Royal Botanic Gardens, Library (Londres), W. J. Hooker corr., Lawson à Hooker, 24 juin, 11, 22 août 1846, 18 janv. 1860, 24 oct. 1862, 31 mars 1864 ; lord Monck à Hooker, 13 nov. 1862 ; J. B. Hurlburt à Hooker, [1862]. — A. H. Mackay, « Memoir of the late Professor Lawson », SRC *Mémoires*, 2e sér., 2 (1896), proc. : B1–B6. — Nova Scotian Institute of Science, *Proc. and Trans.* (Halifax), 9 (1894–1898) : xxiv–xxx. — D. P. Penhallow, « A review of Canadian botany from 1800 to 1895 », SRC *Mémoires*, 2e sér., 3 (1897), sect. IV : 3–56. — *Cyclopædia of Canadian biog.* (Rose et Charlesworth), 2. — Morgan, *Sketches of celebrated Canadians*. — H. [M.] Neatby et F. W. Gibson, *Queen's University*, F. W. Gibson et Roger Graham, édit. (2 vol., Kingston, Ontario, et Montréal, 1978–1983), 1 : 69–71, 77, 90, 102–103. — Jacques Rousseau et W. G. Dore, « l'Oublié de l'histoire de la science canadienne – George Lawson, 1827–1895 », *Pioneers of Canadian science*, G. F. G. Stanley, édit. (Toronto, 1966) : 54–80. — Suzanne Zeller, *Inventing Canada : early Victorian science and the idea of a transcontinental nation* (Toronto, 1987).

LAZY YOUNG MAN. V. SI'K-OKSKITSIS

LEBLANC, ÉTIENNE, homme d'affaires et fonctionnaire, né le 25 novembre 1839 à Saint-Hyacinthe, Bas-Canada ; avant 1866, il épousa une prénommée Melina, puis en secondes noces une prénommée Émilie ; il eut un fils et quatre filles ; décédé le 30 septembre 1897 à Ottawa.

Étienne Leblanc ne laissa ni document personnel ni document de compagnie de sorte qu'on sait peu de chose de lui. Arrivé à Ottawa vers l'âge de 25 ans, il travailla à titre de commis chez un marchand. En 1873, il s'associa au marchand de tissus et d'articles de mercerie Tertullier Lemay pour ouvrir un magasin de vêtements pour homme portant le nom de Leblanc et Lemay. Ce commerce spécialisé dans les vêtements de confection, qu'ils installèrent d'abord à domicile, devint bientôt une véritable entreprise occupant un grand immeuble au 445-447, rue Sussex. À la mort de Leblanc en 1897, Lemay allait hériter de sa part de l'entreprise, devenue alors l'un des principaux magasins de vêtements de la ville. Tout en dirigeant son commerce, Leblanc travailla pour la municipalité en qualité de commissaire des permis de 1889 à 1897 et de commissaire des parcs de 1893 à 1897.

En dehors de son commerce, Leblanc était connu comme l'un des plus fervents partisans libéraux d'Ottawa. Pendant les dernières décennies du siècle, il fut vice-président de la Reform Association à Ottawa et longtemps membre et président de sa section française, l'Association libérale. Membre du National Club et de l'Independent Order of Foresters, il œuvra toute sa vie au sein de l'Union Saint-Joseph d'Ottawa [V. Jacques DUFRESNE], organisme dont il assura la présidence en 1877–1878.

Ses affiliations sociales et politiques, sa réputation d'homme d'affaires intègre et ses œuvres charitables valurent à Étienne Leblanc de compter parmi les citoyens les plus populaires et les plus en vue d'Ottawa. Quand il fut terrassé par une crise cardiaque, après un discours éloquent contre le favoritisme politique au cours d'une réunion de la Reform Association, toute la ville fut plongée dans le deuil. Selon *le Temps*, les quotidiens d'Ottawa cessèrent temporairement leurs querelles politiques par respect pour lui. Pour ses funérailles, on drapa les magasins et les rues de crêpe noir ; le cortège, apparemment le plus important qu'on ait vu à Ottawa à l'époque, fit le trajet de sa maison de la rue St Patrick à la basilique Notre-Dame. Plusieurs centaines de gens importants des milieux politiques et d'affaires s'entassèrent dans l'église pour rendre un dernier hommage à l'un des personnages les plus influents de l'histoire de l'Ontario français – pourtant aujourd'hui peu connu.

GAYLE M. COMEAU

AN, RG 31, C1, 1861, 1871, 1881, 1891, Ottawa. — AO, RG 22, sér. 224, reg. H (1892–1894), nº 3057. — City of Ottawa Arch., Council minutes, 16 janv. 1893. — CRCCF, C 20/V73. — *Globe*, 1er oct. 1897. — *Ottawa Citizen*, 1er oct. 1897. — *Ottawa Evening Journal*, 1er–2 oct. 1897. — *Le Temps* (Ottawa), 1er, 4 oct. 1897. — *Ottawa directory*, 1868–1897.

LE CARON, HENRI. V. BEACH, THOMAS BILLIS

LEDINGHAM, JOHN, mécanicien de marine et homme d'affaires, né le 14 octobre 1846 à Kintore,

Écosse, deuxième des sept enfants de John Ledingham et d'Agnes Allan ; le 19 juillet 1877, il épousa à Newton upon Ayr, Écosse, Anna Maria Brown Rogers, et ils eurent huit enfants ; décédé le 25 juillet 1897 à St John's.

John Ledingham vint pour la première fois à Terre-Neuve en février 1875, à titre de représentant et mécanicien d'un constructeur de navires d'Ayr, en Écosse. Celui-ci avait construit le vapeur *Leopard* pour la flotte terre-neuvienne de chasse au phoque, et Ledingham venait le livrer à son propriétaire, Walter Grieve*. Peu après son mariage, en 1877, il immigra à Terre-Neuve en compagnie de sa femme. D'après une photographie prise alors qu'il était dans la force de l'âge, c'était un homme vigoureux, aux traits anguleux, à la chevelure sombre, à l'air résolu et assuré.

Peu après son arrivée à St John's, Ledingham commença à travailler en tant que contremaître et mécanicien en chef à la fonderie et chaudronnerie de la McTaggart and Gemmel, qui avait été établie en 1875 à l'extrémité est de la ville, en bordure du port. (Auparavant, McTaggart et Hugh Gemmel avaient travaillé à la fonderie de Charles James Fox Bennett* à Riverhead.) Ledingham était aussi mécanicien en chef des vapeurs terre-neuviens qui servaient à la chasse au phoque. En 1878, McTaggart se retira et Gemmel continua d'exploiter seul la fonderie. On appelait généralement cette usine la fonderie et chaudronnerie Terra Nova. Après la mort de Gemmel, en 1888, Ledingham acheta les installations à la succession du défunt avec l'aide de plusieurs propriétaires de navires de St John's. La fonderie Terra Nova était la grande rivale de l'usine de moteurs et de chaudières Victoria, propriété de James Angel* et de son gendre Alexander D. Brown, qui étaient associés sous le nom de James Angel and Company. Ledingham et Angel se disputaient la remise en état des vapeurs qui entraient dans le port de St John's ; ils effectuaient ces travaux dans le port et dans le bassin de radoub ainsi que dans leurs propres ateliers. Apparemment, leurs deux entreprises jouissaient d'une excellente réputation en matière de réparations d'urgence sur les navires transatlantiques, et ce genre de travail constituait une part importante de leur activité. Ils fabriquaient aussi des chaudières et des pièces de moteur pour toutes sortes d'usines, d'immeubles et d'installations de Terre-Neuve.

Malgré la concurrence serrée qu'ils se livraient, Ledingham et Angel collaboraient dans certains secteurs, surtout lorsqu'il s'agissait de fixer les salaires et conditions de travail de leurs employés. En 1891, ils convinrent de réduire les salaires en annulant les clauses d'engagement qui, depuis 1875, assuraient aux hommes affectés à des travaux d'extérieur la journée de neuf heures au lieu des dix heures habituelles et une « prime de salissure » de 0,20 $ par jour. Les ouvriers se plaignaient d'abus dans le régime d'apprentissage et de ce que les employeurs payaient arbitrairement à l'heure ou à la pièce, selon leur convenance. En juillet 1891, les employés des deux fonderies firent une grève qui se solda probablement par un échec pour eux, mais cinq ans plus tard, ils réussirent à former un syndicat.

Dès la fin des années 1880, Ledingham était à la tête des gens de sa profession. Il n'avait que 41 ans lorsque, en janvier 1888, il reçut, en qualité de mécanicien en chef des vapeurs de chasse au phoque, une grosse montre en or avec chaîne de la part des « mécaniciens du port ». Le 21 mai 1892, le feu ravagea son atelier et son entrepôt ; on estime les pertes à 14 500 $. Ce malheur survint quelques semaines à peine avant l'incendie qui rasa des quartiers entiers de St John's. Malgré tout, l'entreprise reprit ses activités.

Vers 1895, Ledingham possédait des intérêts dans plusieurs concessions minières de l'île Bell, dans la baie Conception, de l'anse de Bryant à l'anse Ochre. Il s'occupa activement de les exploiter, mais elles ne figurent pas dans l'inventaire de sa succession ni sur la carte gouvernementale des concessions minières.

Anna Maria Ledingham mourut de « langueur » en juin 1895, et deux ans plus tard, à l'âge relativement précoce de 50 ans, son mari succomba à la consomption. Il laissait huit enfants de 4 à 16 ans. À des fins d'homologation, sa succession fut estimée à 60 552,65 $; l'actif de la fonderie Terra Nova représentait 40 % de cette somme, 37 % était constitué d'assurance-vie et le solde se composait de propriétés immobilières, d'effets personnels et d'épargnes bancaires. Trois ans après sa mort, un groupe d'hommes d'affaires terre-neuviens aurait acheté la fonderie au prix de 30 000 $, soit 4 000 $ de moins que ce que Ledingham avait payé. Cependant, l'acte notarié indique que le prix de vente ne fut que de 9 000 $, ce qui laisse croire que la fonderie n'était pas aussi prospère que le déclaraient les journaux et les documents de la succession ou que, avec l'accord des exécuteurs testamentaires, elle fut vendue à moins que sa valeur marchande. Une fois réalisée, la succession de Ledingham ne se chiffra qu'à 37 464,41 $. En 1908, la fonderie fusionna avec la firme de James Angel ; quatre ans plus tard, la Reid Newfoundland Company [V. sir Robert Gillespie Reid*] absorbait le tout. À l'époque, cette société était probablement l'entreprise industrielle la plus importante de l'île car elle possédait le chemin de fer de Terre-Neuve, le service de vapeurs, le bassin de radoub et de vastes terrains.

Bien qu'il soit mort relativement jeune, John Ledingham, mécanicien, propriétaire de fonderie et spéculateur minier, eut une vie professionnelle et familiale bien remplie. Ses collègues mécaniciens le tenaient en haute estime. Membre actif de l'église presbytérienne St Andrew et de la St Andrew's Society, il appartenait aussi au temple maçonnique.

Comme le disait la notice nécrologique du *Daily News,* il était « l'un des mieux connus et des plus populaires, à juste titre, des citoyens de St John's ».

JOHN L. JOY

L'auteur souhaite reconnaître l'aide reçue de Robert T. Templeton de St John's, un descendant du sujet, qui a consenti à une entrevue et lui a donné accès à divers documents et objets de famille en sa possession, notamment la montre offerte à John Ledingham en 1888 et des photographies de Ledingham et de son épouse. [J. L. J.]

St Andrew's Presbyterian Church (St John's), Reg. of deaths (mfm aux PANL). — Supreme Court of Newfoundland (St John's), Registry, letters of probate for the estates of Hugh Gemmel, 17 juill. 1888, et John Ledingham, 4 août 1897. — T.-N., Registry of Deeds, Companies and Securities (St John's), Deed of conveyance, Newfoundland District, 17 : fº 95. — *Daily News* (St John's), 26, 28 juill. 1897. — *Evening Mercury* (St John's), 1er févr. 1882. — *Evening Telegram* (St John's), 19 juin 1895, 26 juill. 1897. — G.-B., General Registry and Record Office of Shipping and Seamen, *The mercantile navy list and maritime directory* (Londres), 1876 ; 1880. — *Nfld. directory,* 1877 : 7. — *St. John's directory,* 1885–1886 : 83, 86, 117. — P. K. Devine, *Ye olde St. John's, 1750–1936* (St John's, 1936). — J. L. Joy, « The growth and development of trades and manufacturing in St. John's, 1870–1914 » (thèse de M.A., Memorial Univ. of Nfld., St John's, 1977), 150–156.

LEECH, PETER JOHN, soldat, astronome, arpenteur, explorateur, trafiquant de fourrures, fonctionnaire et juge de paix, né vers 1828 à Dublin, fils de Peter Leech et d'une prénommée Susan ; en 1873, il épousa à Victoria, Colombie-Britannique, Mary Macdonald, et ils eurent une fille ; décédé le 6 juin 1899 à ce dernier endroit.

On sait peu de chose sur Peter John Leech avant qu'il ne s'enrôle dans le génie royal, vers 1855. Après son entraînement dans l'Ordnance Survey, il s'engagea comme volontaire dans le British Columbia Detachment, sous les ordres du colonel Richard Clement Moody*. Arrivé à Victoria le 29 octobre 1858, il travailla pendant cinq ans comme « observateur et calculateur en astronomie » au service topographique, à New Westminster. Leech passa la plus grande partie de cette période à l'observatoire du British Columbia Detachment, et ne fit que des relevés occasionnels sur le terrain.

Lorsque son unité fut rappelée en novembre 1863, Leech, alors second caporal, demanda son congé et resta dans la colonie. Il travailla sous contrat pour le département des Terres et des Travaux publics à New Westminster, et participa à plusieurs levés d'exploration et expéditions privés. Commandant en second et astronome de l'expédition d'exploration de l'île de Vancouver qui, en 1864, recensa les ressources du sud de l'île [V. Robert BROWN], il prit part l'année suivante à l'expédition d'exploration au lieudit Big Bend, dont la mission était de tracer une route du fort Kamloops (Kamloops) aux gisements aurifères nouvellement découverts sur le fleuve Columbia. En 1866, la Western Union Telegraph Company fit appel à ses services pour la ligne qu'elle construisait vers l'Europe en passant par la Colombie-Britannique, l'Alaska et l'Asie. Craignant que le câble transatlantique dont on avait terminé l'installation en juillet ne devienne hors d'usage comme le précédent, la compagnie veilla à ce que l'on aménage la ligne terrestre de New Westminster jusqu'à Kispiox, en Colombie-Britannique, pour le mois d'octobre. Cet hiver-là, Leech explora la région désolée qui s'étend entre la rivière Nass et le fleuve Stikine. Cependant, le câble transatlantique tint le coup, et on abandonna le projet par voie de terre [V. Thomas Elwyn*].

Leech revint probablement à Victoria en juin 1867. Vers la fin de cette année-là ou au début de 1868, la Hudson's Bay Company lui demanda de déterminer si le poste de traite qu'elle exploitait à l'embouchure du Stikine se trouvait en territoire britannique. La vente de l'Alaska aux États-Unis par la Russie avait mis fin à l'entente de longue date selon laquelle la Hudson's Bay Company pouvait établir des postes sur le sol russe. Leech constata que l'emplacement se trouvait à une vingtaine de milles en aval de la frontière ; par conséquent, on le déplaça en juin 1868. Il revint encore une fois à Victoria et demeura au service de la Hudson's Bay Company durant environ 14 ans, d'abord comme chef d'avant-poste, puis à titre de commis et, enfin, de responsable du poste d'Esquimalt.

Après la fermeture de ce poste au printemps de 1883, Leech proposa ses services comme arpenteur municipal à Victoria et obtint sa nomination le 12 mars 1884. Il devint membre de l'Institution of Civil Engineers et construisit pour sa famille une grande maison avec vue sur Beacon Hill. Après la mort de sa femme en 1892, il retourna à une clientèle privée d'arpenteur. Il fut nommé juge de paix au moment où il se trouvait à Bella Coola pour faire les levés d'un village.

Peter John Leech ne vit pas son talent pour les mathématiques diminuer avec l'âge. Peu avant sa mort en 1899, il publia une série de tables astronomiques simplifiées. Son journal et ses rapports rendent compte de son importante contribution à l'exploration et au tracé des cartes de la Colombie-Britannique, mais ils révèlent malheureusement peu de chose sur sa personnalité. Si on se souvient de lui, c'est probablement surtout parce qu'il fut membre de l'expédition d'exploration de l'île de Vancouver, expédition qui avait permis de découvrir de l'or en quantités rentables dans un affluent de la rivière Sooke. L'affluent et la ville minière qui s'y développa portent tous deux son nom.

JOHN D. SPITTLE

Une recherche approfondie dans les documents du génie royal conservés au PRO n'a pas permis de mettre au jour les états de service de Peter John Leech. [J. D. S.]

Le compte rendu officiel de l'expédition à l'île de Vancouver, [Robert Brown], *Vancouver Island ; exploration, 1864* (Victoria, [1865]), renferme des travaux de Leech. La table astronomique simplifiée que Leech avait préparé peu de temps avant sa mort a paru sous le titre de *Table for finding the hour angle without logarithms* ([Victoria, 1898]). Ses souvenirs de l'époque où il travaillait pour la Western Union Telegraph Company parurent en édition posthume sous le titre de « The pioneer telegraph survey of British Columbia », *British Columbia Mining Record* (Victoria et Vancouver), 5 (1899), n° 8 : 17–26.

AN, RG 31, C1, 1881, Victoria. — C.-B., Ministry of Health (Victoria), Vital statistics, Victoria, 1875, 1899 ; Ministry of Lands, Parks and Housing (Victoria), Legal surveys vault, P. J. Leech, field-books and maps (non catalogués pour la plupart) ; RE FB n° 29 (Leech, field-book and map of Big Bend, 1865) ; Townsites, 16T3 (Leech, sketch of townsite, head of Bute Inlet, 1863). — EEC, Diocese of British Columbia Arch. (Victoria), Christ Church Cathedral (Victoria), reg. of marriages, 1873 (mfm aux PABC). — PABC, C/AB/30.7M2, P. J. Leech, 12 sept. 1865 ; E. Conway telegram, 4 juin 1866 ; GR 1372, F 1313, particulièrement Parsons à Moody, 1er janv. 1860 ; Parsons à Airy, 17 juill. 1860. — PAM, HBCA, A.1⅛3 : f° 435 ; B.226/b/34 : 213 ; B.226/b/35 : fos 828–829 ; B.226/b/46-2 : f° 451 ; B.226/g/16–30. — Victoria City Arch., City Council minutes, 1884–1893, particulièrement 12 mars 1884. — C.-B., Lands and Works Dept., *Report of the operations of the Lands and Works Department of British Columbia in the year 1865* (New Westminster, C.-B., 1866). — É.-U., Senate doc., 58th Congress, 2nd session, n° 162, 24 janv. 1903, *Proceedings of the Alaskan Boundary Tribunal, convened at London* [...], 4, part. II : 72–73. — Frederick Whymper, *Travel and adventure in the territory of Alaska, formerly Russian America – now ceded to the United States – and in various other parts of the north Pacific* (Londres, 1868). — *Daily Colonist* (Victoria), 4 août 1864, 8 août 1868, 23 oct. 1873, 17 juill. 1875, 7, 10 juin 1899. — *Professional land surveyors of British Columbia : cumulative nominal roll,* G. S. Andrews, compil. (4e éd., Victoria, 1978). — C.-B., Dept. of Mining and Petroleum Resources, *Notes on placer-mining in British Columbia* (Victoria, 1963). — Beth Hill, *Sappers : the Royal Engineers in British Columbia* (Ganges, C.-B., 1987). — Corday Mackay, « The Collins overland telegraph », *BCHQ,* 10 (1946) : 187–215. — J. K. Nesbitt, « Old homes and families », *Daily Colonist,* 24 avril 1949 ; « Crumbling Avalon Villa was built by gold-rusher », 9 juill. 1961 : 8. — J. D. Spittle, « Royal Engineer observatory, New Westminster ; determination of the longitude, 1859–1860 », *Link* (Victoria), 4 (1980), n° 1 : 30–35. — F. M. Woodward, « The influence of the Royal Engineers on the development of British Columbia », *BC Studies,* n° 24 (hiver 1974–1975) : 3–51.

LEFEBVRE, CAMILLE, instituteur, père de Sainte-Croix, vicaire général et administrateur scolaire, né le 14 février 1831 à Saint-Philippe-de-Laprairie, Bas-Canada, unique enfant de Louis Lefebvre, ouvrier, et de sa troisième femme, Véronique Bouthillier, veuve de Jean-Baptiste Moquin ; décédé le 28 janvier 1895 à Memramcook, Nouveau-Brunswick.

Lorsque Camille Lefebvre naquit, son père avait environ 63 ans et sa mère approchait de ses 45 ans. Il était le treizième enfant de son père, et sa mère en avait eu deux d'un mariage précédent. Il allait perdre ses parents au début de sa vie d'adulte : son père en 1846 et sa mère huit ans plus tard.

Son enfance et son adolescence préparèrent Lefebvre à se sentir solidaire de ceux pour qui il allait se dévouer plus tard : les Acadiens du Nouveau-Brunswick. Sa famille savait ce qu'était la pénurie mais ne vécut jamais dans la pauvreté. Son père possédait quelques biens et, à sa mort, Camille et sa mère trouvèrent de l'aide auprès de parents attentionnés. Appartenir à une famille nombreuse qui vivait de la terre, devoir chaque jour se débrouiller et mettre des provisions de côté pour l'hiver, voilà qui n'était pas bien différent de ce que connaissaient les Acadiens. Selon son biographe Pascal Poirier*, la maison familiale – qui abritait, en 1831, les parents, huit enfants âgés de 10 à 27 ans et le petit Camille – ressemblait à celle d'un Acadien de Memramcook qui pouvait s'offrir un minimum de confort. Faite de bois et de pierre, elle se composait d'une cuisine, d'un salon et de deux chambres.

Les restrictions économiques que Lefebvre connaissait à la maison se manifestaient aussi en matière d'éducation. On pouvait faire ses études primaires et même aller au delà, mais le chemin était hérissé d'obstacles financiers, les stimulants intellectuels étaient, au mieux, occasionnels, les livres rares, et souvent la formation des enseignants se résumait à peu de chose. Lefebvre apprit à lire de sa mère et entra à l'âge de dix ans dans une école des environs, à Saint-Jacques-le-Mineur. Il passa ensuite deux ans dans un petit « collège » fondé depuis peu dans son village natal, et qui subsistait tant bien que mal. À 17 ans, il devint lui-même instituteur, en partie parce qu'il n'avait pas assez d'argent pour poursuivre ses études, en partie parce qu'il savait désormais tout ce qu'on pouvait lui enseigner dans sa région. Durant quelques années, il exerça le métier de maître d'école itinérant, travaillant là où on avait besoin de ses services et où on était en mesure de le payer. Il se tailla une grande réputation de conteur et de lecteur en réunissant les villageois, les soirs d'hiver, pour leur faire découvrir les *Contes* de Charles Perrault et *Geneviève de Brabant,* vieille légende qui connaissait alors un regain de popularité. En outre, il lisait les prières de la messe du dimanche quand il n'y avait pas de prêtre.

En août 1852, à l'âge de 21 ans, Lefebvre entra à la Congrégation de Sainte-Croix, à Saint-Laurent, près de Montréal. Selon les annales de la communauté, il était le premier postulant canadien dont la vocation religieuse présentait « un caractère sérieux et bien défini ». Durant trois ans, il fit son scolasticat et se plia à la discipline imposée à tous les novices. Les documents de l'époque montrent qu'il n'avait guère de mal à respecter ses vœux de chasteté et de pauvreté, et que le travail intellectuel ne lui causait aucune difficulté, mais que le vœu d'obéissance l'irritait. Esprit indépendant, il contestait certaines règles qui lui semblaient davantage conçues pour extirper les caprices de la personnalité individuelle que pour produire des modèles de vertus théologales. Ses supérieurs en étaient exaspérés mais ne s'en inquiétaient pas outre mesure. Jusqu'à la fin de sa vie, ceux qui exerçaient une autorité sur lui allaient être déconcertés par son obéissance non pas aveugle, mais intelligente.

Ordonné prêtre le 29 juillet 1855, Lefebvre fut d'abord vicaire de la paroisse rurale de Saint-Eustache durant cinq ans. Il était parvenu au milieu de la vingtaine, et ce fut une période très difficile pour lui. La question de sa vocation – de religieux, non de prêtre – était devenue une source d'angoisse. Le 13 octobre 1857, dans une lettre à l'évêque de Montréal, Mgr Ignace Bourget*, il avoua être entré dans la Congrégation de Sainte-Croix uniquement pour fréquenter un collège et y être resté parce qu'agir autrement aurait été d'une ingratitude terrible. Les lettres envoyées à Bourget par le supérieur de Lefebvre à Saint-Eustache, le père Julien-Pierre Gastineau, révèlent dans une certaine mesure d'où venaient les difficultés du jeune homme. Il avait encore du mal à se soumettre à l'autorité, le règlement bureaucratique de la paroisse l'irritait, et on ne pouvait lui offrir le moindre conseil sans qu'il fasse une scène. En plus, l'accusation d'« amitié particulière » fut évoquée. Heureusement pour lui, son évêque eut la sagesse de n'y voir que les effets de l'enthousiasme et de la sincérité, et non de la turpitude morale ou de la rébellion devant la discipline ecclésiastique. Lefebvre allait toujours manifester beaucoup d'affection à ses compagnons de vie et de travail.

Ce différend avec un supérieur immédiat se régla sans qu'aucune mesure ne soit prise. Lefebvre resta à Saint-Eustache jusqu'en octobre 1860, puis devint vicaire dans une paroisse voisine, Sainte-Rose (à Laval). Après y avoir passé huit mois, il fut nommé catéchiste du collège de la Congrégation de Sainte-Croix à Saint-Laurent. Ses leçons étaient si intéressantes que des collègues et des paroissiens venaient y assister aux côtés des étudiants. C'est pourquoi la communauté l'affecta en 1861 au collège commercial qu'elle tenait avec plus ou moins de succès à Saint-Aimé (Massueville), dans le diocèse de Saint-Hyacinthe. Cependant, elle lui confia un poste d'économe au lieu de l'intégrer au corps professoral. Ses talents suscitaient des réactions ambivalentes, et sa rhétorique enflammée, si prisée dans son ancienne fonction, semblait un handicap trop sérieux pour qu'on lui permette d'y donner libre cours en enseignant. En même temps, comme le voulait la coutume, il exerçait son ministère à la paroisse Saint-Aimé.

Au cours des trois années qu'il passa au collège commercial, Lefebvre acquit une réputation de prédicateur extraordinaire. Il prononça un jour un sermon si vigoureux qu'une bonne partie de la population de Sorel jura de renoncer à l'alcool. Parvenu à l'âge de 32 ans, il était, pour ses supérieurs, un homme à la fois doué et gênant. C'était un meneur, un prédicateur et un pédagogue compétent, mais aussi une forte tête. À l'automne de 1863, une solution se présenta à l'occasion d'une rencontre à New York entre John Sweeney*, évêque de Saint-Jean au Nouveau-Brunswick, et le père Charles Moreau, visiteur général de la Congrégation de Sainte-Croix.

Le problème que Mgr Sweeney exposa au père Moreau était le suivant : les catholiques du Nouveau-Brunswick n'avaient pas accès aux études supérieures. Parmi les évêques des Maritimes, Sweeney était de loin le plus francophile, et il tenait à ce que les Acadiens puissent s'instruire dans leur langue. Lui-même devait sa formation intellectuelle en partie à l'influence du père François-Xavier-Stanislas Lafrance*, qui avait déjà tenté d'offrir une forme d'enseignement collégial aux Acadiens du Nouveau-Brunswick. Toutefois, les Acadiens étaient loin d'être les seuls en cause. Vers 1865, la province comptait environ 252 000 habitants ; plus de 85 000 étaient catholiques, et de ce nombre, environ la moitié étaient Acadiens. Ce qu'il fallait, selon Sweeney, c'était un établissement qui répondrait aussi aux besoins des autres catholiques des Maritimes, d'ascendance irlandaise ou écossaise. Comme le collège de Saint-Laurent présentait l'originalité d'offrir à la fois le cours commercial et le cours classique, et qu'il pouvait prêter du personnel, l'évêque était convaincu d'avoir résolu son problème. Le 27 mai 1864, Camille Lefebvre se mit en route pour le Nouveau-Brunswick avec Sweeney. Il devait fonder un établissement d'enseignement postsecondaire à Memramcook et y exercer les fonctions de curé de la paroisse. Il parvint au village le 7 juin. Durant 31 ans, soit jusqu'à sa mort, il allait se consacrer à l'expansion des études supérieures pour les catholiques des Maritimes, surtout pour les Acadiens.

Lorsque Lefebvre arriva au Nouveau-Brunswick, ce que la romancière Antonine Maillet a appelé « le siècle de silence » des Acadiens tirait à sa fin. Lui-même allait participer au mouvement de renaissance des communautés acadiennes qui ferait apparaître une élite. Pendant les trois décennies qu'il passa dans la province, les Acadiens firent de grands pas en avant : fondation de maisons d'enseignement, lancement de journaux, mais aussi mise en place d'instruments d'affirmation de l'identité nationale, tels les congrès nationaux. Le fait que d'autres groupes, dans la province, déployaient leurs énergies en parallèle donnait un tour particulier à ce processus. Lefebvre se montra extraordinairement capable de travailler à l'amélioration de la situation des Acadiens sans provoquer d'hostilité définitive chez les chefs des loyalistes et des autres protestants anglophones, ni chez ceux des catholiques d'ascendance irlandaise.

Lefebvre inaugura son collège le 10 octobre 1864. Le père Lafrance lui avait dans une certaine mesure ouvert la voie en fondant près de Memramcook, en 1854, le séminaire Saint-Thomas, qui avait subsisté jusqu'en 1862. Il y avait deux différences très importantes entre ce séminaire et le nouveau collège : Lefebvre avait des appuis parmi l'épiscopat et, dès le début, son établissement desservit les catholiques anglophones aussi bien que francophones. De 1864 à 1878, 260 anglophones et 240 Acadiens y reçurent un diplôme. En outre, moins de quatre ans après sa fondation, le gouvernement provincial lui octroya une charte, sous le nom de collège Saint-Joseph, et une subvention annuelle de 400 $. Ces fonds furent d'autant plus les bienvenus en 1868 que les bâtiments du collège furent rasés par un incendie ; encore une fois, Lefebvre dut repartir à zéro.

Après l'adoption du *Common Schools Act* par le Parlement du Nouveau-Brunswick, le 17 mai 1871, le collège perdit sa subvention annuelle. En fait, cette loi n'interdisait pas de subventionner les établissements catholiques en tant que tels, mais elle subordonnait l'octroi des subventions à trois conditions : n'afficher aucun symbole religieux, se soumettre à l'inspection gouvernementale et obéir aux règles du gouvernement en matière de pédagogie et de programme. Lefebvre jugea ces exigences inacceptables, et le collège Saint-Joseph dut renoncer à l'aide de l'État. De graves difficultés financières le guettaient constamment. En 1872, Lefebvre nota qu'en réunissant les 107 élèves dans la petite salle de récréation, on économisait du bois de chauffage. En 1865–1866, le collège comptait 69 étudiants ; en 1875–1876, il en avait 200.

Le succès du collège provenait en partie de ce que Lefebvre savait manœuvrer dans les méandres de la politique diocésaine. Depuis 1829, l'Église catholique des Maritimes ne relevait plus de l'archidiocèse de Québec, si bien que pendant une génération, presque aucun prêtre francophone n'avait occupé de poste de responsabilité dans les établissements catholiques de ces régions. La fondation des diocèses catholiques de la Nouvelle-Écosse, du Nouveau-Brunswick et de l'Île-du-Prince-Édouard avait commencé dans les années 1820, à un moment où l'on tenait pour acquis que les catholiques anglophones, d'origine irlandaise ou écossaise, avaient plus besoin d'assistance spirituelle que les catholiques d'ascendance acadienne ou amérindienne. En 1829, il y avait deux évêques catholiques dans les Maritimes, et tous deux étaient Écossais : William Fraser* en Nouvelle-Écosse et Angus Bernard MacEachern* à l'Île-du-Prince-Édouard et au Nouveau-Brunswick. À la fin des années 1860, il y en avait cinq : l'archevêque de Halifax, Thomas Louis Connolly*, né en Irlande ; Colin Francis MacKinnon*, Écossais de la Nouvelle-Écosse, évêque d'Arichat ; Bernard Donald Macdonald*, Écossais né à l'Île-du-Prince-Édouard, évêque de Charlottetown ; John Sweeney et James Rogers*, tous deux nés en Irlande et respectivement évêques de Saint-Jean et de Chatham, au Nouveau-Brunswick. Même si les Acadiens représentaient toujours environ 60 % de la population catholique des Maritimes, ils étaient loin d'avoir une influence proportionnelle sur la hiérarchie. Ce n'est qu'en 1912 qu'un Acadien accéda à l'épiscopat ; il s'agissait d'Édouard-Alfred Leblanc*, évêque de Saint-Jean.

Quand l'archevêque Connolly partit pour Rome, en 1869, il nomma Lefebvre vicaire général des Acadiens pour la durée de son absence. Cette mesure autorisa ce dernier à s'intéresser aux Acadiens des comtés de Digby et Yarmouth, en Nouvelle-Écosse, et rehaussa le prestige du collège Saint-Joseph aux yeux de la hiérarchie. Grâce à la bonne entente que Lefebvre sut établir et préserver avec Connolly et Sweeney, Saint-Joseph ne fut jamais en butte à une hostilité semblable à celle qui amena l'évêque Rogers à fermer, en 1882, le collège acadien Saint-Louis, fondé en 1874 à Saint-Louis-de-Kent par Marcel-François Richard*, et que l'enseignement du français avait rendu trop populaire. Mgr Sweeney n'abandonna jamais Lefebvre et, le 17 juin 1885, le vingt-cinquième anniversaire de son accession à l'épiscopat fut célébré au collège Saint-Joseph. Ce fut d'ailleurs en raison de cet appui fidèle que le gouvernement provincial conféra au collège le statut d'université en 1898.

Lefebvre put également compter sur le fait que sa propre communauté et Rome reconnaissaient de plus en plus ses talents. En 1871, sa candidature au poste de provincial de la Congrégation de Sainte-Croix au Canada fut proposée. Il n'accepta cette fonction que sous de fortes pressions, et il put contraindre le comité, qui avait son siège dans la province de Québec, à accepter qu'il reste à Memramcook et continue à diriger le collège. Nommé officiellement en août 1872, il demeura provincial jusqu'au 24 avril 1880. Entre-temps, en février 1876, Rome l'avait honoré du titre de missionnaire apostolique en raison de ce qu'il avait fait pour sa communauté et pour les catholiques des Maritimes.

Un fois devenu provincial, Lefebvre eut d'importants atouts en main pour promouvoir l'enseignement supérieur catholique. D'abord, il dut voyager ; en 1873, il se rendit en France, au chapitre général des provinciaux de l'ordre. Ces voyages lui permirent d'entendre exprimer de nouvelles idées sur l'enseignement collégial et d'élargir ses horizons intellectuels. Ensuite, sa fonction l'aidait dans une certaine mesure à trouver les professeurs dont son collège avait constamment besoin. Enfin – et cela suscitait plus de controverse – elle resserra certainement ses liens avec le Québec.

Récemment, des auteurs acadiens tel Michel Roy ont déprécié la contribution de Lefebvre au progrès de leurs compatriotes. Il n'aurait été qu'un agent à la solde du clergé québécois, un représentant de son colonialisme sous l'emprise duquel les Acadiens se seraient vu imposer une identité « nationale » postiche. Cette façon de voir s'appuie sur une interprétation idéaliste des événements et sur une conception particulière de la nature du nationalisme acadien. De ce point de vue, les Acadiens deviennent le type même des victimes, et leur identité apparaît comme une simple fabrication imposée par les puissants pour les maintenir à un échelon bien précis de la structure du pouvoir. La vie de Lefebvre dément ces idées.

Voir en Lefebvre une marionnette des idéologues, et non un individu à la poursuite de ses propres ambitions et de ses propres rêves, c'est ne pas tenir compte de la force évidente de son caractère. La connaissance de soi peut n'être qu'illusion sur soi mais, si l'on suppose que Lefebvre avait une juste perception de lui-même, on doit reconnaître du même coup qu'il entreprit son œuvre dans les Maritimes parce qu'il voyait là un moyen d'aider un peuple aux prises avec des difficultés dont il avait entendu parler dans son enfance, et qu'il la poursuivit par sens du devoir accompli de bon cœur. Impressions d'enfance, ambitions de jeunesse, engagement d'adulte : son travail en Acadie s'appuyait sur tout cela. Il racontait aux étudiants du collège Saint-Joseph que, dans ses jeunes années, il avait souvent entendu parler des Acadiens et que le récit de la Déportation le faisait « quelquefois pleurer ». « J'ai commencé dès ce moment, disait-il, à les aimer et à leur vouloir du bien. Mon parrain est un Acadien. » En apprenant qu'il était affecté à Memramcook, il avait réagi comme si on le chargeait d'une mission. Le 20 septembre 1865, il écrivait à François-Edmé Rameau de Saint-Père que Sweeney lui avait demandé de contribuer par l'éducation à la régénération du peuple acadien. C'était, notait-il, un appel qui avait beaucoup d'attrait pour lui. Ses dons d'instituteur, d'administrateur et de prêtre allaient être pleinement mis à profit. Même quand on lui offrit d'agir sur une scène plus vaste, en qualité de provincial de sa communauté, il préféra rester à Memramcook. En 1884, il écarta la possibilité de faire de l'action politique en dehors du Nouveau-Brunswick en refusant la présidence de la Ligue française, organisme de promotion du français fondé peu de temps auparavant. À cette occasion, il écrivit à son ami et ancien élève Pascal Poirier qu'il avait le sentiment de devoir rester là où il était afin d'accomplir la tâche qui, selon lui, était la sienne. Ne voir en lui que l'agent d'un quelconque impérialisme clérical, c'est simplifier son univers psychologique.

Les idées de Lefebvre sur la situation politique des Acadiens s'appuyaient sur deux grandes convictions. La première était que tous les Nord-Américains d'ascendance française étaient unis malgré leurs différences. La deuxième, que les Acadiens – tant à cause de leur passé de vaincus, qui exigeait dédommagement et restitution, que de leur présent de minoritaires – n'auraient un avenir que s'ils se liaient à une collectivité francophone plus nombreuse. Sa vision de leur avenir était, inévitablement, celle de quelqu'un qui venait de l'extérieur. Sa famille, tout en reconnaissant la puissance politique du Canada anglais, avait foi en la culture française et en était fière. Lefebvre voyait une unité entre le Québécois et l'Acadien, mais il était conscient que le patrimoine acadien était unique. Poirier raconte comment on enseignait l'*Évangéline* de Henry Wadsworth Longfellow au collège Saint-Joseph et avec quelle constance Lefebvre s'employait à insuffler de la fierté aux élèves.

Néanmoins, malgré sa sympathie et son respect pour les Acadiens, Lefebvre estimait qu'ils devaient lier leur avenir à celui de la province de Québec. En 1877, il organisa au collège Saint-Joseph une cérémonie au cours de laquelle, comme il l'écrivit à Poirier, le fleurdelysé flotta en Acadie pour la première fois depuis la Conquête : « Puisse-t-il nous apporter (dans ses plis), paix, bonheur et prospérité. » Pour lui, les Acadiens ne pouvaient être fortifiés qu'en épousant totalement le sentiment national des Québécois. Il fut amèrement déçu de les voir rejeter la fête de saint Jean-Baptiste et les autres symboles québécois à leurs congrès nationaux de 1881, 1884 et 1890. La majorité d'entre eux n'acceptaient pas sa vision d'un nationalisme qui prenait sa source au Québec et englobait tous les Canadiens français.

Que les Acadiens aient déçu Lefebvre précisément de cette manière contredit ceux qui voient en eux un peuple dont les désirs et les ambitions auraient été façonnés par un étranger. Ceux qui bénéficiaient de son œuvre éducative l'honoraient et le vénéraient. Même en 1881, personne ne contestait qu'il avait donné aux Acadiens une élite instruite et, 14 ans plus tard, à ses funérailles, plus d'un orateur évoqua cette réalisation. Cependant, malgré leur respect et leur amour pour lui, les Acadiens affirmaient leur propre conception d'eux-mêmes au lieu de suivre la voie qu'il leur indiquait.

Les membres de la hiérarchie qui soutenaient en général ses efforts manquaient rarement de lui souligner qu'il était un immigrant du Québec. On lui rappelait bien assez souvent qu'il appartenait à une communauté religieuse dont le siège était dans cette province. Quand il tentait d'étendre son influence en renforçant la présence des religieux francophones au

Nouveau-Brunswick, il se faisait fréquemment couper l'herbe sous le pied par des organismes catholiques rivaux qui venaient des États-Unis. Afin d'offrir aux Acadiennes la possibilité d'entrer dans la vie religieuse, il fonda en 1874, avec sœur Marie-Léonie [Élodie Paradis*], la congrégation des Petites Sœurs de la Sainte-Famille. Il doutait que les Sisters of Charity of Saint John, qui étaient arrivées à Memramcook en 1873 et qui avaient surtout des attaches à New York [V. Honoria CONWAY], soient vraiment en mesure de desservir l'Acadie.

Pourtant, au delà des obstacles que Lefebvre affrontait, au delà de ses différends avec ses supérieurs ou avec les gens parmi lesquels il vivait, la valeur de son œuvre pour les Acadiens est indubitable. On le reconnut aussi bien de son vivant qu'à sa mort. En 1880, ses 25 ans de sacerdoce furent célébrés en grande pompe au collège Saint-Joseph. À l'occasion du vingt-cinquième anniversaire du collège, en 1889, des télégrammes de félicitations vinrent de tout le Canada, dont un dans lequel John Costigan*, alors ministre fédéral du Revenu de l'intérieur, saluait personnellement Lefebvre et reconnaissait l'importance du collège pour tous les habitants du Nouveau-Brunswick. En juin 1894, on présenta à Lefebvre une statue de lui-même par Louis-Philippe Hébert*. En la voyant, il conclut, comme il l'écrivit à son ami le père Alfred-Valère Roy*, qu'elle lui ressemblait moins qu'à Marc Marquis, le chef des Micmacs de l'endroit. La même année, l'université Laval lui conféra un doctorat honorifique « en raison des services rendus à la cause Acadienne Française dans le Nouveau-Brunswick et comme ayant été professeur de théologie pendant douze ans ». Cet événement rappelle que, malgré ses nombreuses activités, Lefebvre joua, pendant les premières années du collège, un important rôle d'enseignant. On peut d'ailleurs dire qu'il enseigna toujours, étant donné les multiples sermons et conférences qu'il prononça non seulement devant des étudiants mais aussi devant bien d'autres assemblées. Les comptes rendus de ses discours dans les congrès nationaux montrent qu'il ne perdit jamais l'éloquence enflammée dont il avait d'abord fait montre à Sorel. Quant au fait que son doctorat lui fut octroyé notamment pour son enseignement de la théologie, il témoigne de l'orthodoxie de ses idées religieuses.

Lefebvre mourut le 28 janvier 1895. Huit jours plus tard, Poirier écrivit à Rameau de Saint-Père : « Nous venons de faire une perte nationale et toute l'Acadie est dans un grand deuil [...] Cet homme plus que tout autre a été notre bienfaiteur. Il est le Moïse qui nous a délivrés du servage de l'ignorance. » Aux funérailles, il y eut des éloges plus fleuris, mais ces mots de l'un de ses meilleurs étudiants sont le plus juste des hommages qu'on lui ait rendus.

Par-dessus tout, Camille Lefebvre fut un pédagogue dévoué et plein de charisme. À la suite du père Lafrance, dont il reconnut toujours sans réserve le travail, il mit sur pied le premier établissement où les Acadiens purent faire des études postsecondaires. Non seulement de son vivant, mais durant plus de trois quarts de siècle après sa mort, la plupart des Acadiens qui allaient exercer la profession de médecin, d'avocat ou d'instituteur parmi les leurs reçurent leur formation au collège Saint-Joseph. Lefebvre était un Québécois pour qui l'avenir de tous les Canadiens français devait se préparer à partir de sa province natale. C'était un prêtre et un catholique profondément pieux. Il exposa ses croyances à ses élèves aussi bien qu'il leur apprit ce qui ressortait aux matières scolaires. Il leur communiqua ses idées sur l'action politique et sa conception de l'avenir des peuples francophones d'Amérique du Nord, sa conviction qu'il fallait poursuivre le progrès pacifiquement, dans le cadre de la Confédération. L'ampleur de la reconnaissance qui entourait son travail et sa capacité d'amener l'épiscopat, largement irlandais, à soutenir ses efforts, donnaient du crédit à sa conviction que, dans une société où la structure du pouvoir favorise ceux qui parlent une autre langue et pratiquent une autre religion, ce n'est pas en vain qu'une minorité recourt à l'action politique. Sa volumineuse correspondance avec ses anciens élèves, et surtout ses lettres à Pascal Poirier, témoignent de ses convictions et montrent ses triomphes et ses limites. Non, Lefebvre ne déforma pas l'identité des Acadiens. Il leur donna plutôt, comme l'a écrit Poirier, espoir en un avenir bien à eux.

NAOMI E. S. GRIFFITHS

Les principales sources pour cette biographie, toutes conservées au CEA, sont les papiers de Camille Lefebvre lui-même et ceux de Pascal Poirier, ainsi que les registres de la Congrégation de Sainte-Croix et, dans les papiers de l'univ. de Moncton, ceux du Collège de Saint-Joseph. Les principales études sont : Pascal Poirier, *le Père Lefebvre et l'Acadie* (Montréal, 1898) ; et Étienne Catta, *le Révérend Père Camille Lefebvre (1831–1895) et la Renaissance acadienne*, ouvrage en trois volumes imprimé par l'université de Moncton en 1974. Le père Clément Cormier était en train de réviser le travail de Catta au moment du décès de ce dernier. Enfin l'étude la plus récente est celle de Maurice Chamard *et al.*, *le Père Camille Lefebvre, c.s.c.* (Montréal, 1988).

ANQ-M, CE1-54, 15 févr. 1831. — André Chapeau *et al.*, *Évêques catholiques du Canada, 1658–1979* (Ottawa, 1980). — Michel Roy, *l'Acadie, des origines à nos jours : essai de synthèse historique* (Montréal, 1981). — Terrence Murphy, « The emergence of Maritime Catholicism, 1781–1830 », *Acadiensis* (Fredericton), 13 (1983–1984), nº 2 : 29–49. — Mason Wade, « Relations between the French, Irish and Scottish clergy in the Maritime provinces, 1774–1836 », SCHEC *Study sessions*, 39 (1972) : 9–33.

LEGACÉ, JOSETTE (Work), née vers 1809 près des chutes Kettle (état de Washington), fille de Pierre

Legacé et d'une Indienne spokane ; en 1825, elle épousa à la façon du pays John Work*, et de cette union qui fut bénie le 6 novembre 1849 naquirent 11 enfants ; décédée le 30 janvier 1896 à Victoria.

Josette Legacé passa vraisemblablement son enfance dans les environs des postes de traite du cours supérieur du fleuve Columbia. En 1825, à l'âge de 16 ans environ, elle devint l'épouse à la façon du pays de John Work, un fonctionnaire de la Hudson's Bay Company qui venait de prendre la direction du fort Colvile (Colville, Washington). Comme bien d'autres épouses indiennes, elle s'avéra rapidement une compagne utile et courageuse. Elle accompagna son mari dans la plupart de ses expéditions de traite, y compris celles qu'il fit dans la difficile région de la rivière Snake au début des années 1830. En juin 1831, au moment où le groupe traversait ce qui est maintenant l'Idaho, elle donna naissance à une troisième fille ; les deux premières étaient nées au fort Colvile en 1827 et 1829. Plus tard, Josette et ses enfants survécurent aux périls d'un voyage vers le sud qui les avait amenés aussi loin que la Californie, mais ne purent échapper à la fièvre qui frappa le groupe sur le chemin du retour. Work se sentit soulagé quand sa famille fut installée bien à l'abri au fort Vancouver (Vancouver, Washington). C'est là que Josette et ses enfants continuèrent à vivre après que Work eut accepté la direction de la traite côtière au fort Simpson (Port Simpson, Colombie-Britannique) en 1834.

Josette Work put enfin rejoindre son mari à leur nouveau foyer du fort Simpson en décembre 1836. Elle cultiva de bonnes relations avec les femmes tsimshianes de la région – à qui elle aurait d'ailleurs enseigné à tenir maison à la manière des Blanches – et, avec Work, elle chercha à adoucir les conditions de l'esclavage dans les tribus côtières du nord. Les Work allaient demeurer à cet endroit durant 12 ans, période pendant laquelle ils eurent encore trois filles et trois fils. À l'été de 1841, Josette Work retourna dans la région du Columbia voir ses deux filles aînées, qui étaient restées là pour fréquenter l'école. La correspondance personnelle de son mari révèle son attachement à sa famille et contient une foule d'hommages à Josette. Ainsi écrivait-il à son ami Edward Ermatinger* : « [Ma] petite femme et moi nous nous entendons très bien. Simple et sans instruction, elle est néanmoins une partenaire affectueuse et prend bien soin des enfants et de moi-même. »

Au cours des années 1840, Work avait entrepris de faire lui-même l'éducation des enfants mais, en 1849, la famille voulut profiter des avantages que laissait entrevoir en matière d'enseignement l'arrivée de missionnaires anglicans dans la colonie. Elle alla donc s'installer au fort Victoria (Victoria). Le 6 novembre 1849, John Work et Josette Legacé régularisèrent leur union devant le révérend Robert John Staines*. Peu après août 1852, Work acheta une grande propriété aux abords du fort Victoria et y construisit une belle résidence, Hillside, où leur dernier enfant naquit en 1854. Femme de l'un des premiers et des plus importants propriétaires terriens de la colonie, Josette Work apprit à diriger sa maison comme une mère de famille de l'ère victorienne et fit preuve d'une grande hospitalité. Un visiteur dit d'ailleurs des Work qu'ils étaient « à peu près les gens les plus aimables [qu'il ait] rencontrés ».

Josette Work vécut encore 35 ans après la mort de son mari en 1861 et devint chef d'un large clan. Six de ses filles épousèrent des fonctionnaires de la Hudson's Bay Company ou d'autres personnalités de Victoria. Elle qui voyait cette ville se développer rapidement savait aider avec bienveillance les pionnières qui y arrivaient. Quand elle mourut en 1896, à l'âge de 87 ans, elle était la plus ancienne résidente connue de la province ; l'Assemblée législative de la Colombie-Britannique lui rendit un hommage spécial pour son « utilité dans le travail de pionnière et [pour ses] nombreuses bonnes actions ».

SYLVIA M. VAN KIRK

PABC, A B 40 Er 62.4, particulièrement John Work à Ermatinger, 15 févr. 1841 ; Vert. file, Josette Work. — C. [W.] Wilson, *Mapping the frontier : Charles Wilson's diary of the survey of the 49th parallel, 1858–1862, while secretary of the British boundary commission*, G. F. G. Stanley, édit. (Toronto, 1970). — *Daily Colonist* (Victoria), 31 janv. 1896. — N. de B. Lugrin, *The pioneer women of Vancouver Island, 1843–1866*, John Hosie, édit. (Victoria, 1928). — Helen Meilleur, *A pour of rain : stories from a west coast fort* (Victoria, 1980). — Sylvia Van Kirk, *« Many tender ties » : women in fur-trade society in western Canada, 1670–1870* (Winnipeg, [1980]).

LEGAIC (Legaik, Legex), PAUL, chef tsimshian, né à Metlakatla (Colombie-Britannique) ; il épousa Lydia, et ils eurent au moins deux filles ; décédé le 2 janvier 1894 à Port Simpson, Colombie-Britannique.

Legaic, qui prit le prénom de Paul à son baptême, appartenait à une lignée de puissants chefs tsimshians du littoral qui portaient le titre de legaic, mot d'origine bella bella signifiant « chef des montagnes ». Ce titre fut porté par au moins quatre chefs du clan tsimshian de l'Aigle, dont les territoires traditionnels se trouvaient sur la partie la plus septentrionale de la côte de la Colombie-Britannique continentale, entre l'embouchure des rivières Nass et Skeena. Le premier legaic connu, probablement grand-oncle de Paul, était le fils d'une Tsimshiane du clan de l'Aigle originaire de Metlakatla et d'un chef bella bella. Quand il atteignit l'âge requis, le jeune homme quitta son lieu de naissance, Kitimat (Colombie-Britannique), et se rendit au village de sa mère, où il fut élevé en vue de succéder à son oncle maternel, le chef Neyeswamak. C'est ce legaic qui, dans la seconde moitié du XVIIIe siècle, édifia l'empire de traite qui allait tellement enrichir le clan de l'Aigle. Les legaics domineraient presque tous les échanges qui se faisaient avec la Hudson's Bay Company au fort Simpson (Port Simpson, Colombie-Britannique) à partir de leur base, Metlakatla, située à 18 milles au sud. C'est le mariage, en 1832, de la fille du deuxième legaic du clan à John Frederick Kennedy, médecin de la compagnie, qui rendit la chose possible. Peu après le transfert du poste de traite, en 1834, tout le village, sous l'autorité du legaic, oncle de Paul, s'installa à la pointe Wild Rose, à proximité du nouveau fort.

On ne sait pas exactement à quel moment Paul, le troisième legaic, succéda à son oncle à titre de chef des Tsimshians du fort Simpson, mais des documents indiquent qu'il était grand chef lorsque William Duncan*, de la Church Missionary Society, arriva à cet endroit à l'automne de 1857. Paul Legaic et Duncan nouèrent des relations officielles presque tout de suite. Du point de vue du missionnaire, le chef était un converti, tandis que du point de vue de celui-ci, Duncan représentait une addition importante au clan de l'Aigle.

En 1862, Duncan réinstalla sa mission à l'ancien village de Metlakatla et commença à construire une église et des maisons dans un lieu qui appartenait aux Aigles et qui finit par être désigné sous le nom de pointe Mission. Le chef Legaic ne partit pas tout de suite avec Duncan, mais il le rejoignit quelques mois plus tard avec environ 200 personnes, en partie dans l'espoir que le missionnaire le soutiendrait dans la lutte qu'il devait constamment mener pour maintenir son rang, et peut-être aussi pour échapper à la variole (on sait qu'une épidémie se déclara au fort Simpson peu après son départ).

La lutte pour la suprématie comptait certainement beaucoup pour Legaic. En 1862, neuf clans tsimhians vivaient dans le voisinage du fort Simpson et, même s'il était reconnu comme le doyen des chefs, une vieille rivalité opposait son clan de l'Aigle aux autres. Legaic parvenait à conserver son autorité au moyen du potlatch, institution qui, chez les Tsimshians comme chez les autres populations autochtones du littoral nord-ouest, fournissait le mécanisme d'intégration grâce auquel les individus se situaient dans la collectivité. Les Tsimshians et leurs voisins avaient édifié une structure sociale hiérarchique fondée sur le potlatch, mais la plupart des limites internes du système avaient disparu chez les groupes qui s'étaient installés au fort Simpson. Comme plusieurs chefs de différents clans vivaient là dans une proximité plus grande qu'auparavant, ils devaient se livrer une concurrence intense pour affirmer leur rang. Les potlatchs du fort Simpson devinrent ruineux parce que, pour soutenir cette rivalité, les chefs s'échangeaient des biens de plus en plus précieux.

En qualité de chef principal au fort, Legaic monopolisait l'attention de Duncan, mais en retour il dut abandonner la tradition du potlatch en 1857 parce que le missionnaire la condamnait. En s'installant à Metlakatla, Legaic échappa à la rivalité qui l'opposait aux autres chefs et devint le grand chef incontesté du village de ses ancêtres. Grâce à Duncan et à ses relations, il put conserver sa position d'intermédiaire entre les Indiens et la Hudson's Bay Company, puis concurrencer la compagnie et défier son hégémonie sur la traite du littoral nord-ouest. Il eut le monopole de la traite avec les tribus de l'intérieur et de la côte nord, à partir des terres des Gitksans et des Porteurs jusqu'à celles des Haïdas, territoire qui correspondait à l'empire commercial établi par ses prédécesseurs. Cette situation changea seulement lorsque la Hudson's Bay Company put mettre en service, sur la Skeena, un vapeur capable de naviguer jusqu'à l'embranchement de la rivière et d'atteindre le poste de Hazelton.

Toutefois, les relations entre Legaic et Duncan n'étaient pas toujours harmonieuses. Tous deux étaient des personnages puissants, influents, qui partageaient certains objectifs, mais dont les mobiles étaient opposés, et ils entrèrent en conflit sur des questions culturelles. Legaic se trouvait souvent forcé de défier Duncan ouvertement pour préserver son rang et son autorité. Une fois, comme le missionnaire tentait d'orienter les affaires de la collectivité, il le défia à l'intérieur même de l'église, menaçant de le tuer. Un converti tsimshian, partisan de Duncan, intervint avec un pistolet et le força à se calmer. Ce n'était pas le seul combat dont il allait sortir vaincu. Avec le temps, Duncan en vint à diriger Metlakatla d'une main de fer, et l'influence de Legaic déclina. Le village deviendrait le siège du nouveau diocèse anglican de Caledonia en 1879, et l'arrivée de l'évêque William Ridley* allait encore diviser les allégeances.

Même après avoir été baptisé, le 21 avril 1863, par George HILLS, évêque du diocèse de Columbia, Legaic maintint bon nombre de traditions autochtones. Il demeurait chef de la société secrète Nuhlim ; son installation du totem de l'Aigle à Metlakatla en 1866 donna lieu à de grandes célébrations sur la côte. Les chefs des Haïdas, des Niskas, des Gitksans et des Porteurs se rendirent au village pour assister à la cérémonie et participer au potlatch. On dit que, pour montrer sa richesse et sa générosité, Legaic donna des esclaves à ses invités de marque. Même s'il résidait à Metlakatla, il continuait d'entretenir, au fort Simpson, une maison dont le linteau était surmonté d'une plaque de cuivre portant l'inscription suivante : « Legaic, mon emblème est l'Aigle, Roi des Oiseaux, 27 février 1858 ».

Une certaine confusion entoure la mort de Paul Legaic. Les journaux de John Work*, fonctionnaire de la Hudson's Bay Company, et d'Emil Teichmann, voyageur américain, ainsi que les dossiers de l'ethnologue du XXe siècle Marius Barbeau* contiennent à son sujet plusieurs mentions antérieures à 1868, mais on perd ensuite sa trace. Les registres paroissiaux du diocèse de Caledonia indiquent qu'il mourut à Port Simpson le 6 mai 1869, à l'âge de 55 ans. Duncan fixe aussi sa mort à ce jour et l'attribue à la grippe. Cependant, William John O'Neill, écrivain et historien de la Colombie-Britannique, dit dans ses mémoires que Paul Legaic mourut à Port Simpson le 2 janvier 1894 à l'âge de 94 ans. Il semble déraisonnable de supposer que deux Paul Legaic ait vécu à la même époque ; si c'est le cas, on ignore quel lien existait entre eux. O'Neill signale que la tombe de Legaic portait l'inscription suivante : « À la mémoire du chef Legaik, décédé le 2 janvier 1894 à Port Simpson à l'âge de 95 ans. Avant de mourir, il lève les yeux vers le ciel et dit : S'il te plaît mon Dieu accorde-moi encore deux heures. Quatre heures plus tard, il meurt. Dieu lui a donné plus qu'il n'en demandait ».

Les hommes qui portèrent le titre de legaic par la suite cessèrent peu à peu de jouer un rôle dominant sur le littoral nord-ouest. Finalement, le nom disparut de la nation tsimshiane et la dynastie s'éteignit. Le dernier individu dont on sait qu'il porta ce titre le prit en 1938. Bien que l'on ne dispose pas de beaucoup de renseignements à ce sujet, il semble que, sous l'influence du christianisme, Legaic soit devenu le nom de famille des descendants de Paul Legaic. Quant au titre, la filiation matrilinéaire le fit passer à une autre nation autochtone de la côte.

IAN V. B. JOHNSON

ECC, Diocese of Caledonia Arch. (Prince Rupert, C.-B.), Port Simpson-Northern Cross file, 1863–1951. — Metlakatla Christian Mission (Annette Island, Alaska), William Duncan papers, journals and notebooks (mfm aux AN). — Musée canadien de la civilisation (Ottawa), Marius Barbeau, ethnographic files. — PABC, Add. MSS 757. — Emil Teichmann, *A journey to Alaska in the year 1868 : being a diary of the late Emil Teichmann*, Oskar [Teichmann], édit. (New York, 1963). — John Work, *The journal of John Work, a chief-trader of the Hudson's Bay Co., during his expedition from Vancouver to the Flatheads and Blackfeet of the Pacific northwest*, W. S. Lewis et P. C. Phillips, édit. (Cleveland, Ohio, 1923). — J. W. Arctander, *The apostle of Alaska : the story of William Duncan of Metlakahtla* (New York, 1909). — I. V. B. Johnson, « The Gitksan : culture conflict on the northwest coast », *Proceedings of the second Wilfrid Laurier University ethnohistory conference*, B. M. Gough, édit. (Musée canadien de la civilisation, *Mercury ser.*, Canadian Ethnology Service paper, Ottawa, 1989) ; « The Reverend Robert Tomlinson and the Victorian missionary enterprise among the Tsimshian Indians of northern British Comumbia » (thèse de M.A., Univ. of Waterloo, Ontario, 1977). — George MacDonald, « The epic of Nekt : the archaeology of metaphor », *The Tsimshian : images of the past, views for the present*, Margaret Seguin, édit. (Vancouver, 1984), 65–81. — Peter Murray, *The devil and Mr. Duncan* (Victoria, 1985). — E. P. Patterson, *Mission on the Nass : the evangelization of the Nishga (1860–1890)* (Waterloo, 1982). — M. P. Robinson, *The sea otter chiefs* (Vancouver, 1978). — H. S. Wellcome, *The story of Metlakahtla* (Londres, 1887). — I. [V. B.] Johnson, « Kitwancool Jim », *Ontario Indian* (Toronto), 5 (1982), n° 7 : 26–33.

LEJEUNE. V. YOUNG

LEONARD, ELIJAH, fondeur, homme d'affaires et homme politique, né le 10 septembre 1814 près de Syracuse, New York, deuxième enfant d'Elijah Leonard* et de Mary (Polly) Stone ; le 15 juin 1847, il épousa Emeline Woodman, fille d'Elijah Crocker Woodman*, et ils eurent trois fils et trois filles ; décédé le 14 mai 1891 à London, Ontario.

Elijah Leonard naquit dans une ferme près de Syracuse. Peu après, son père fit l'acquisition d'une fonderie à Taberg, dans l'état de New York, et s'installa à cet endroit avec sa famille. Quelque temps plus tard, il en achetait une autre à Constantia, mais vers 1824 lui-même et sa famille exploitaient de nouveau une ferme près de Syracuse. En 1830, sa famille le rejoignit à Normandale, dans le Haut-Canada, où il travaillait à l'usine sidérurgique et à la fonderie de Joseph Van Norman*. C'est là qu'Elijah fils apprit le métier de mouleur.

L'usine prospérait, mais les Leonard, ayant compris qu'elle leur offrait peu de chances d'avancement, se mirent à la recherche d'un endroit où établir leur propre fonderie. Après une visite d'inspection à Hamilton en 1834, Elijah fils conclut que St Thomas semblait intéressant. Il y ouvrit en mai une fonderie avec son père et un autre associé, Philip Cady Van Brocklin. La société fut dissoute en septembre ; à cette époque, les Leonard avaient déjà racheté la part de Van Brocklin et Leonard père avait pris sa retraite. Dès lors, le fils exploita l'usine sous le nom de E. Leonard Jr and Company.

La crise financière de 1837 [V. sir Francis Bond Head*] s'avéra pénible pour l'entreprise. Cette année-là, Leonard, qu'on accuserait d'espionnage durant la rébellion parce qu'il était américain, se rendit à Monroe et à Ann Arbor, dans le Michigan, pour étudier les possibilités de relocalisation, mais le potentiel de ces endroits ne le satisfit pas plus que celui de St Thomas. London par contre, sans être plus grand que St Thomas, présentait l'avantage d'être une ville de garnison, avec toute l'activité commerciale qui s'y rattache. C'est donc là qu'en 1840, Leonard ouvrit un atelier de construction mécanique et une fonderie, à l'angle des rues Fullarton et Ridout. Toutefois, il n'abandonna pas complètement sa base de St Thomas, que deux de ses frères, Lyman et Delos, dirigèrent jusqu'en 1842. Leonard l'exploita ensuite avec un associé, John Sells, qui racheta sa part en avril 1851. Vers 1842, Leonard avait assemblé sa première machine à vapeur à partir de pièces achetées à Cleveland.

À London, Leonard créa un vaste marché pour la machinerie agricole. Il produisit sa première batteuse vers 1846 et sa première chaudière en 1848. Toutefois, c'est l'essor des chemins de fer du début des années 1850 qui semble lui avoir donné la chance de faire fortune. La fonderie construisit des wagons basculants, des grattes et des pièces de voie ferrée pour le Great Western Railway. En 1853, grâce aux relations de son père, Leonard décrocha une commande de 200 wagons couverts pour la même compagnie. Comme ce contrat excédait la capacité de son usine, il fit construire une deuxième fonderie, à l'intersection des rues York et Waterloo. Le coulage des roues s'avéra cependant trop difficile, de sorte qu'il livra les wagons sans roues et sans essieux, entre février 1855 et septembre 1856. Au début de cette année-là, la London and Port Stanley Railway Company lui avait commandé tous les wagons dont elle avait besoin, ainsi qu'une plaque tournante. Comme la qualité technique de son usine s'était accrue, il put livrer ces wagons avec des roues.

Les commandes des chemins de fer prenaient tellement de temps que Leonard perdit ses clients réguliers dans la région. Le Great Western Railway était lent à payer, ce qui lui causait quelque embarras. Il subit également des pertes personnelles quand on le tint responsable d'une part de la caution de son beau-frère, Henry Black, trésorier du comté d'Elgin, qui s'était soustrait à la justice. Puis, lorsque la crise de 1857 interrompit la construction des chemins de fer, Leonard eut peu de travaux de remplacement. Il lui fallut plusieurs années pour se relancer dans la machinerie agricole. Même dans ce secteur, il connut des revers ; ainsi il conçut un plan de moissonneuse mais, constatant qu'il n'était pas au point, renonça à ce projet. La prospérité ne revint qu'à la guerre de Sécession. Durant les quelques années suivantes, il concentra toutes ses activités à la fonderie de la rue York.

Au cours des années 1870, Leonard modifia en profondeur sa stratégie industrielle. Dès 1875, l'expansion du commerce lui permit de prendre comme associés ses deux fils survivants, Frank Elton et Charles Weston ; l'entreprise prit alors le nom de E. Leonard and Sons. La même année, l'usine de distribution d'eau de Sarnia lui offrit sa première commande importante de chaudières et de machines à vapeur. En 1879, il fabriqua son premier tracteur de ferme à vapeur. Cependant, les chaudières et machines à vapeur fixes devinrent le principal produit de la fonderie. Grâce à cette spécialisation, la compagnie trouva des débouchés hors du sud-ouest de l'Ontario. En 1882, elle ouvrit un bureau à Montréal et, cinq ans plus tard, un autre à Saint-Jean, au Nouveau-Brunswick. Un journal de cette ville, le *Sun,* écrivait en 1909 : « il y a peu de noms mieux connus aujourd'hui dans les Maritimes que celui de la E. Leonard and Sons », ce qui témoigne bien du succès de l'entreprise dans cette région.

En fin de compte, Leonard dut sa prospérité à sa spécialisation dans la machinerie à vapeur, mais il n'avait pas cessé d'avoir d'autres intérêts commerciaux. Au début des années 1850, soit à l'époque où il fabriquait des wagons, il construisit avec un associé une rotonde pour le Great Western Railway. En 1852, il s'associa de nouveau pour vendre 200 acres de terre à London. En 1854, signe de son aisance croissante, il se fit bâtir une imposante maison de style Regency sur des lots venant de cette société immobilière. De 1869 jusque vers 1879, il exploita un moulin à farine dans sa fonderie agrandie depuis peu, et pendant quelques années il y fabriqua des douves. Par ailleurs, actionnaire de la London and Port Stanley Railway Company, fondée en 1853, Leonard fut, en 1857, l'un des fondateurs de la London and Lake Huron Railway Company. Assez tôt dans sa carrière, il organisa, avec d'autres, la London Savings Bank. Plus tard, il fut l'un des promoteurs initiaux de la Société d'épargne et de prêt de Huron et Érié, créée en 1864; il fit partie de son conseil d'administration jusqu'en 1890.

Leonard appartint à plusieurs organismes publics à London. Il fut le premier président du Mechanics' Institute, fondé en 1841 ; au début des années 1850, il participa à la formation de la brigade municipale de pompiers bénévoles, où il servit trois ans. En 1852, il fut l'un des membres fondateurs de la Horticultural and Mechanical Association ; la même année, il fut élu au premier comité de la société d'agriculture du comté, ancêtre de la Western Fair Association, qui organisait l'une des principales foires agricoles du sud de l'Ontario. Élu conseiller municipal en 1854, année où London fut érigé en municipalité, il devint le troisième maire de la ville en 1857. Cette année-là, sous la bannière réformiste, il fit la lutte à John Carling* pour un siège à l'Assemblée législative mais fut battu. Élu en 1862 au Conseil législatif dans la division de Malahide, il fut nommé sénateur cinq ans plus tard, au moment de la Confédération ; il le resterait jusqu'à sa mort, en 1891. Selon une notice biographique qui date de 1889, Leonard se mêlait « peu de politique partisane, mais ses sympathies [allaient] au parti réformiste, dont il [était] un membre influent au Sénat ».

Après la mort d'Elijah Leonard, ses deux fils continuèrent d'exploiter son entreprise, dont la direction demeura dans la famille jusqu'en 1945. Elle avait abandonné les machines à vapeur au début du siècle pour se spécialiser dans la fabrication de chaudières électriques et autres réservoirs sous pression.

CHRISTOPHER ANDREAE

Un ouvrage sur les mémoires d'Elijah Leonard a été édité par son fils Frank Elton Leonard sous le titre de *The honorable Elijah Leonard : a memoir* (London, Ontario, [1894]).

AN, RG 1, L3, 298 : L3/49. — Baker Library, R. G. Dun & Co. credit ledger, Canada, 19 : 43 (mfm aux AN). — London Public Library and Art Museum, London Room, E. Leonard and Sons, scrapbooks. — UWOL, Regional Coll., Leonard family papers, particulièrement 1840 ; 1891 ; [R.] A. Trumper, « The business policy evolution of E. Leonard and Sons » ([1935]). — *Canada Inquirer* (London), 24 sept. 1841. — *Canadian biog. dict.* — *Hist. of Middlesex.* — *London heritage,* T. W. Honey, édit. (London, 1972). — R. A. Trumper, « The history of E. Leonard & Sons, boiler-makers and ironfounders, London, Ont. » (thèse présentée au Dept. of Business Administration, Univ. of Western Ontario, London, 1937). — *Sun* (Saint-Jean, N.-B.), 23 sept. 1909.

LÉPINE, MAXIME (Maxime-Pierre-Théodore), entrepreneur, homme politique et « rebelle » métis, né vers 1837 à Saint-Boniface (Manitoba), fils de Jean-Baptiste Bérard, dit Lépine, et de Julia Henry ; vers 1857, il épousa au même endroit Josephte Lavallée, et six de leurs enfants atteignirent l'âge adulte ; décédé le 20 septembre 1897 à St Louis (Saskatchewan).

Selon la tradition orale, Maxime Lépine étudie quelques années chez les Frères des écoles chrétiennes à Saint-Boniface. En 1870, on le retrouve à Saint-François-Xavier et, au cours de la décennie qui suit, il gère une entreprise qui effectue le « frétage » ou transport de marchandises au moyen de trains de charrettes tirées par des bœufs, de Winnipeg jusqu'à la région du fort Carlton (Fort Carlton, Saskatchewan) et celle d'Île-à-la-Crosse, à l'ouest, et jusqu'à Pembina (Dakota du Nord) et St Paul, Minnesota, au sud.

Ami intime – et plus tard beau-frère par alliance – de Louis Riel*, Lépine fait partie, avec son frère Ambroise-Dydime*, du gouvernement provisoire de la colonie de la Rivière-Rouge (Manitoba) mis sur pied en décembre 1869 principalement dans le but de garantir les droits des Métis face à l'annexionnisme canadien. Après l'entrée du Manitoba dans la Confédération en 1870, Maxime, contrairement à son frère, évite les représailles des orangistes ontariens. Fier de son ascendance autochtone, il participe à la fondation en 1871 de l'Union Saint-Alexandre, qui a pour objectif de regrouper les Métis d'origine canadienne et catholique. De 1874 à 1878, cet homme de 5 pieds 11 pouces, aux yeux gris, qui possède une physionomie imposante et un regard perçant, est député de la circonscription de Saint-François-Xavier-Est à l'Assemblée législative du Manitoba.

Lépine quitte la province en 1882, déçu du nouvel ordre qui règne au Manitoba où la majorité des nouveaux venus est anglophone et protestante, et où les droits fonciers, politiques et linguistiques des Métis sont méprisés. Il s'établit en Saskatchewan, la « Terre promise » des Métis. Le long de la rivière Saskatchewan-du-Sud, près du village de St Louis, il possède un lot riverain, qu'il cultive, ainsi qu'un bac, et il s'occupe de diverses petites entreprises. Il s'engage également dans la défense des droits des Métis aux côtés des Louis Schmidt, Charles Nolin* et Gabriel Dumont*. Le mouvement de résistance prend un nouvel essor après le retour de Riel en juillet 1884. Lépine devient son bras droit. « J'ai plus confiance en lui, déclare-t-il au père Alexis ANDRÉ, qu'en tous les prêtres, tous les évêques et le Pape. » À la demande de Riel, il renonce, avec son associé Nolin, à un important contrat gouvernemental pour l'installation de poteaux télégraphiques. Lépine agit aussi à titre d'intermédiaire auprès des autorités fédérales pour aider Riel à obtenir la compensation financière qu'on lui avait promise au moment de son exil.

Élu conseiller de l'« Exovidat », gouvernement provisoire créé en mars par Riel durant le soulèvement de 1885, Lépine s'établit au camp mis sur pied à Batoche. À contrecœur, car il « n'[est] pas fort pour la guerre », Lépine combat avec deux de ses fils d'abord à la coulée des Tourond (ruisseau Fish) en avril, portant, selon l'abbé Gabriel Cloutier, le Christ d'une main et le fusil de l'autre, puis à Batoche en mai. Après la défaite, il se rend au major général Frederick Dobson MIDDLETON. À la suite de son procès à Regina en août 1885, il est condamné à sept ans de prison pour attentat à la sûreté de l'État. Il arrive au pénitencier de Stony Mountain, près de Winnipeg, le 21 août 1885 ; le 16 mars de l'année suivante, on le libère.

Lépine n'est plus le même homme. Humilié, il cherche à se réhabiliter aux yeux des autorités et, dans ce but, il écrit à son ancien évêque et bienfaiteur Mgr Alexandre-Antonin TACHÉ. Par contre, il entretient encore des rapports avec Dumont en exil aux États-Unis. Son activité politique est contradictoire, sinon opportuniste. D'une part, il reçoit de l'argent d'Honoré MERCIER et s'occupe, avec Dumont et Alexandre-Pierre Fisher, à rédiger et à faire circuler une pétition que les libéraux de Batoche adressent à Wilfrid Laurier* en 1888 ; d'autre part, il s'associe à Nolin et aux conservateurs de la région, qui préparent eux aussi un mémoire au sujet des Métis. À une époque où le favoritisme politique gouverne l'octroi de contrats et les nominations, Lépine joue toutes ses cartes. De plus, il ne veut pas déplaire au clergé opposé aux libéraux.

Après 1888, Maxime Lépine se tient à l'écart de la lutte politique et vit paisiblement dans sa ferme à St Louis. En 1896, il appuie cependant les libéraux, et la victoire de Laurier lui vaut un poste à l'agence indienne de Battleford. Mais le Métis « rebelle » ne peut conserver ce poste dans un district à majorité anglophone et « loyale ». Triste et déçu, il meurt peu après à St Louis.

DIANE PAULETTE PAYMENT

AN, MG 26, G, 2 : 669–696 ; RG 15, DII, 1, vol. 335, dossier 83805 ; vol. 589, dossier 198086. — Arch. de l'archevêché de Saint-Boniface (Saint-Boniface, Manitoba), Fonds Taché, 1886–1892 ; Journal de l'abbé G. Cloutier, 5046, 5066, 5164–5165, 5263 ; Louis Schmidt, « Mouvement des Métis à St Laurent, Saskatchewan, Territoires du Nord-Ouest en 1884 », 29793. — Arch. de la Soc. hist. de Saint-Boniface, Fonds Picton, notes généal. — Arch. paroissiales, St-Louis (St Louis, Saskatchewan), Reg. des baptêmes, mariages et sépultures, 17 juin 1887, 20 sept. 1897, 18 oct. 1925. — Canada, Service canadien des Parcs, Région des Prairies et du Nord (Winnipeg), projet d'histoire orale, entretien avec Mme Béatrice Boucher (née Lépine), petite-fille de Maxime Lépine, à St Louis, 1977. — Glenbow Arch., Fonds Dewdney, 6, corr., Gabriel Dumont à Maxime Lépine, 1887–1888. — PAM, MG 14, B26, 20 août 1885 ; RG 18, dossier Stony Mountain, liste des prisonniers, 1885. — Saskatchewan Arch. Board (Saskatoon), Homestead file 4-564-908. — *Preliminary investigation and trial of Ambroise D. Lepine for the murder of Thomas Scott* [...], G. B. Elliott et E. F. T. Brokovski, compil. (Montréal, 1874). — Louis Riel, *les Écrits complets de Louis Riel,* G. F. G. Stanley, édit. (5 vol., Edmonton, 1985), 3 : 17–19, 90–91 ; 5 : 292. — *Weekly Herald* (Calgary), 30 sept. 1897. — Walter Hildebrandt, *la Bataille de Batoche : une petite guerre britannique contre des Métis retranchés* (Ottawa, 1985). — Diane Payment, *Batoche (1870–1910)* (Saint-Boniface, 1983). — George Woodcock, *Gabriel Dumont : the Métis chief and his lost world* (Edmonton, 1975). — H. J. Daigneault, « Souvenirs », *les Cloches de Saint-Boniface,* 44 (1945) : 15. — R. J. A. Huel, « Louis Schmidt, patriarch of St. Louis », *Saskatchewan Hist.* (Saskatoon), 40 (1987) : 1–21.)

LEPROHON, JEAN-LUKIN (baptisé **Jean-Baptiste-Lucain**), médecin, rédacteur en chef, professeur, homme politique et fonctionnaire, né le 7 avril 1822 à Chambly, Bas-Canada, fils d'Édouard-Martial Leprohon, inspecteur de potasse, et de Marie-Louise Lukin ; décédé le 23 mai 1900 à Montréal et inhumé dans le cimetière de Côte-des-Neiges.

Après des études classiques au séminaire de Nicolet, dirigé par son oncle, l'abbé Joseph-Onésime Leprohon*, Jean-Lukin Leprohon entre à la faculté de médecine du McGill College de Montréal. Ses études médicales terminées en mai 1843, il séjourne à Paris jusqu'en 1845. De retour au Canada, il obtient sa licence *ad practicandum* le 15 novembre 1845, puis s'installe à Saint-Charles-sur-Richelieu pour exercer la médecine. Le 17 juin 1851, il épouse dans la paroisse Notre-Dame, à Montréal, l'écrivaine Rosanna Eleanora Mullins*. Ils auront 13 enfants dont 8 survivront à leur père.

Leprohon est un homme actif, doté de grandes qualités intellectuelles et humanitaires. On lui doit le premier journal médical entièrement de langue française au Canada, *la Lancette canadienne,* qui paraît en janvier 1847. Par cette publication, il veut rompre l'isolement des médecins francophones dispersés à travers le Bas-Canada et il propose à ses confrères de se regrouper en association afin de resserrer les liens « entre hommes ayant la même mission auprès de l'humanité ». Il sensibilise les lecteurs au problème de l'hygiène publique et insiste sur la nécessité d'une bonne formation morale et scientifique pour les médecins. Quoique bien accueilli par la presse, le journal doit suspendre sa publication au bout de six mois, faute de collaborateurs et de soutien financier.

À partir de 1855, Leprohon poursuit sa carrière médicale à Montréal, d'abord à titre de médecin militaire. En 1870, il fonde avec les docteurs William Hales Hingston* et John Summerfield Chapman le Women's Hospital of Montreal. À la création de la faculté de médecine du Bishop's College de Lennoxville, l'année suivante, il accepte le poste de professeur d'hygiène. Pendant cette période, il assume aussi les fonctions de médecin consultant au dispensaire de Montréal.

Parallèlement à ses occupations professionnelles, Leprohon porte un intérêt particulier aux conditions sanitaires de la ville de Montréal en qualité d'échevin du quartier Saint-Antoine de 1858 à 1861. Par ailleurs, en 1872, on le nomme vice-consul d'Espagne à Montréal, fonction plus honorifique que lucrative, mais qui témoigne de la considération dont il jouit ; en 1881, le gouvernement espagnol le décore de l'ordre royal et distingué de Charles III en reconnaissance des services rendus.

Leprohon fait partie de nombreuses associations médicales et civiques. La Pathological Society et la Montreal Medico-Chirurgical Society comptent parmi les organismes qui bénéficient de son dévouement. Il est, en outre, vice-président du Collège des médecins et chirurgiens de la province de Québec. En 1866, il est membre d'un comité chargé d'examiner la situation sanitaire à Montréal et de formuler des recommandations en vue d'améliorer les conditions d'hygiène. Leprohon signe également, en 1874, un rapport sur la petite vérole au Canada. On le nomme en 1890 au comité catholique du conseil de l'Instruction publique dont il fera partie jusqu'à sa mort. Il est également vice-président honoraire de la Canadian National League fondée en 1892.

Dans l'exercice de ses multiples fonctions, Jean-Lukin Leprohon sait gagner l'estime et l'admiration de ses concitoyens tant francophones qu'anglophones. Cet homme « cultivé et énergique », conscient de ses responsabilités humanitaires et sociales, et particulièrement préoccupé d'hygiène publique, se révèle l'un des promoteurs de la médecine sociale et préventive au Canada français. Le titre « d'homme de bien », qu'il propose à ses lecteurs comme idéal à atteindre, lui revient de droit.

MONIQUE LECLERC-LAROCHELLE

AC, Montréal, État civil, Catholiques, Notre-Dame de

Montréal, 26 mai 1900. — AN, RG 68, General index, 1841–1867. — ANQ-M, CE1-39, 12 avril 1822 ; CE1-51, 17 juin 1851. — ANQ-Q, E13/74–76 ; E18/52. — Arch. de la ville de Montréal, Dossier 016.510. — *Lettres à Pierre Margry de 1844 à 1886 (Papineau, Lafontaine, Faillon, Leprohon et autres)*, L.-P. Cormier, édit. (Québec, 1968). — Québec, *Statuts*, 1870, chap. 57. — *Montreal Daily Star*, 25 mai 1900. — *La Presse*, 25 mai 1900. — Borthwick, *Hist. and biog. gazetteer*, 206. — *Canadian men and women of the time* (Morgan ; 1898), 577–578. — Abbott, *Hist. of medicine*, 65–70. — Henri Deneau, dit frère Adrian, « Life and works of Mrs. Leprohon, née R. E. Mullins » (thèse de M.A., univ. de Montréal, 1948). — Édouard Desjardins, « Biographies de médecins du Québec », *l'Union médicale du Canada* (Montréal), 107 (1978) : 612 ; « l'Origine de la profession médicale au Québec, III », 103 (1974) : 1114–1115 ; « la Petite Histoire du journalisme médical au Canada », 101 (1972) : 122. — « La Famille Leprohon », *BRH*, 39 (1933) : 513-514. — « Jean Lukin Leprohon, M.D. », *Canada Medical Record* (Montréal), 28 (1900) : 278.

LESIEUR-DÉSAULNIERS, LOUIS-LÉON, médecin, homme politique, fonctionnaire, juge de paix et officier de milice, né le 20 février 1823 à Yamachiche, Bas-Canada, huitième enfant de François Lesieur-Désaulniers et de Charlotte Rivard-Dufresne ; le 16 novembre 1850, il épousa à Montréal Marie Flora Josephine Merrill, et ils eurent dix enfants ; décédé le 31 octobre 1896 à Montréal et inhumé le 3 novembre suivant à Yamachiche.

Le grand-père maternel de Louis-Léon Lesieur-Désaulniers, Augustin Rivard (Rivard-Dufresne), avait été le premier codéputé de Saint-Maurice en 1792, et son père représenta de cette circonscription avant et après l'Union. Louis-Léon était le frère des abbés Isaac-Stanislas* et François, tous deux professeurs de philosophie et de sciences, le premier au séminaire de Saint-Hyacinthe et le second au séminaire de Nicolet. Désaulniers fit ses études secondaires au séminaire de Nicolet entre 1834 et 1841. Il étudia ensuite la médecine pendant un an à Trois-Rivières, puis à la Harvard University de Cambridge, au Massachusetts, où il obtint son diplôme en 1846. C'est dans son village natal, Yamachiche, qu'il choisit d'exercer sa profession.

En 1851, Désaulniers fit son entrée sur la scène politique en se présentant comme candidat conservateur dans la circonscription de Saint-Maurice, mais il ne fut pas élu. Il tenta de nouveau sa chance en 1854 et, cette fois on le choisit pour représenter les électeurs de cette circonscription. Il siégea à l'Assemblée législative de la province du Canada du 20 juillet 1854 jusqu'au 16 mai 1863, année de sa défaite au profit de son cousin germain Charles Gérin-Lajoie. Les années qui suivirent semblent avoir été difficiles à certains moments. Comme Yamachiche comptait déjà deux autres médecins, Désaulniers eut du mal à refaire sa pratique. D'où les lettres qu'il adressa à Hector-Louis Langevin* et à Jean-Charles Chapais*, entre 1863 et 1867, pour solliciter un poste rémunéré et qui « soit digne ».

En 1867, Désaulniers fut élu sans opposition à la chambre des Communes, mais il démissionna le 29 septembre 1868 pour devenir inspecteur au Bureau des inspecteurs des prisons et asiles de la province de Québec. À sa mort, il en sera le président. En 1875, le gouvernement provincial l'envoya en France, en Angleterre et en Belgique afin d'y étudier le fonctionnement des établissements pénitentiaires. Il devint, à la suite de cette visite, un partisan convaincu du système d'emprisonnement cellulaire. En 1878, il écrivait dans son rapport : « La vie commune des prisons est, sans contredit, une école de vice et d'immoralité » ; pour améliorer la situation, il proposait d'isoler le plus possible les détenus. Il devait toutefois mourir avant d'avoir vu s'élever le type de prisons dont il avait tant de fois recommandé la construction.

À la demande des leaders conservateurs, Désaulniers brigua de nouveau les suffrages dans Saint-Maurice aux élections fédérales de 1878 et de 1882, et il défit son opposant libéral Simon-J. Remington. Il ne fut pas candidat en 1887, mais il se représenta dans la même circonscription, en 1891, comme conservateur indépendant, contre son frère François-Sévère, le candidat conservateur sortant. Celui-ci l'emporta par 75 voix.

Cette dernière défaite mit fin à la carrière politique de Louis-Léon Lesieur-Désaulniers qui, toute sa vie, resta fidèle à la cause du parti conservateur. Ce fut un homme de terrain qui avait l'estime des électeurs de Saint-Maurice et sur lequel le parti pouvait compter. Son rôle principal en chambre fut, semble-t-il, la préparation, en 1854, d'une nouvelle loi des municipalités et chemins du Bas-Canada. Désaulniers occupa aussi les fonctions de juge de paix, de lieutenant-colonel du 6e bataillon de la milice de Saint-Maurice et de membre du conseil de l'Instruction publique de 1862 à 1876.

JACQUES BERNIER

Il nous a été impossible de retrouver l'acte de baptême de Louis-Léon Lesieur-Désaulniers. [J. B.]

AC, Trois-Rivières, État civil, Catholiques, Sainte-Anne (Yamachiche), 3 nov. 1896. — AN, RG 31, C1, 1861, comté de Saint-Maurice. — ANQ-M, CE1-51, 16 nov. 1850. — Arch. du séminaire de Nicolet (Nicolet, Québec), Fichiers des étudiants. — Canada, Parl., *Doc. de la session*, 1877–1878, n° 23 : 10–11 ; 1897, n° 31. — *Le Monde illustré*, 14 nov. 1896. — *Le Trifluvien* (Trois-Rivières), 3 nov. 1896. — *Canadian biog. dict.* — *Canadian directory of parl.* (Johnson). — F.-J. Audet, *les Députés de la région des Trois-Rivières, 1841–1867* (Trois-Rivières, 1934). — L.-P. Audet, *Histoire du conseil de l'Instruction publique de la province de Québec, 1856–1964* (Montréal, 1964), 63, 69, 97, 169–175. — F. Lesieur-Désaulniers, *les Vieilles*

Familles d'Yamachiche [...] (4 vol., Montréal, 1898–1908), 2 : 12–13.

LESPERANCE (Lespérance), JOHN (en 1888 il ajouta **Talon** à son nom, qui devint **John Talon-Lesperance**), écrivain, journaliste, rédacteur en chef et fonctionnaire, né le 3 octobre 1835 à St Louis, Missouri, fils de Jean-Baptiste Lespérance et de Rita-Élizabeth Duchanquette ; le 20 septembre 1866, il épousa à Saint-Jean (Saint-Jean-sur-Richelieu, Québec) Lucie-Parmélie Lacasse, et ils eurent trois enfants ; décédé le 10 mars 1891 à Montréal.

Issu d'une famille d'« origine créole », pour reprendre ses propres termes, John Lesperance, « âgé de 23 mois », reçut le baptême à St Louis le 3 septembre 1837. Entré en février 1845 à la « section préparatoire » de la Saint Louis University, il étudia dans cet établissement jusqu'en 1851, puis au noviciat jésuite de St Stanislaus à Florissant, dans le Missouri. En 1856, il étudia la philosophie à la Saint Louis University puis, en 1857 et 1858, au collège jésuite de Namur, en Belgique. Il enseigna à la Saint Louis University en 1859, 1862 et 1863, et au St Joseph's College de Bardstown, dans le Kentucky, en 1860 et 1861. Déjà, il écrivait de la poésie et du théâtre. Par la suite, un de ses poèmes de jeunesse parut dans un manuel de rhétorique à l'usage des « premières années de collège » de la Saint Louis University et des collèges jésuites avoisinants. Les élèves des établissements tenus par les jésuites dans la région de St Louis jouaient souvent une de ses pièces, *Elma, the Druid martyr*. En 1864, il s'inscrivit en première année de théologie au St John's College de New York, mais des problèmes de santé (probablement un accès de la maladie mentale qui allait l'affliger périodiquement toute sa vie) l'obligèrent à regagner St Louis. C'est là qu'en 1865 il demanda à être délié de ses vœux et autorisé à « retourner dans le monde », ce qui lui fut accordé.

Par la suite, Lesperance allait apparemment inventer différentes histoires pour expliquer ce qu'il avait fait dans les années 1850 et la décennie qui suivit. Il prétendrait notamment avoir étudié dans une université européenne et avoir servi dans l'armée des confédérés pendant la guerre de Sécession, et ce sont ces vies fictives que racontent la plupart des notices biographiques parues sur lui depuis sa mort.

Au moment de son mariage avec sa cousine germaine, en septembre 1866, Lesperance habitait Montréal. Peu après, il s'installa à Saint-Jean où il vécut quelque temps avant de revenir à Montréal avec sa famille. Au cours de cette période, il fut journaliste au *News and Frontier Advocate* de Saint-Jean, à la *Gazette* et au *Canadian Illustrated News* de Montréal, à la direction duquel il collabora plusieurs années. D'autres périodiques publièrent aussi des articles de lui : ainsi, « The dumb speak », où il faisait état de nouvelles méthodes d'enseignement employées auprès des muets, parut en décembre 1872 dans le *Canadian Monthly and National Review* de Toronto.

Pour Lesperance, les années 1870 furent les plus productives sur le plan de l'écriture. Il composa des poèmes pour divers périodiques dont *Abbandonata*, qui figura dans le *Canadian Monthly* de janvier 1876. *My Creoles* [...], une histoire semi-autobiographique qui se déroule dans la vallée du Mississippi, parut par tranches dans le *Republican* de St Louis en 1878, puis dans le *Canadian Illustrated News* de juillet à novembre 1879. Le *Republican* du 13 septembre 1879 publia un article écrit en l'honneur du cinquantenaire de la Saint Louis University, « Alma Mater ». Cependant, c'est dans son pays d'adoption qu'il situa la plus grande partie de son œuvre créatrice. Au début des années 1870, il écrivit trois nouvelles sur des sujets canadiens pour le *Canadian Illustrated News* ; la plus longue, *Rosalba* [...], signée Arthur Faverel (un de ses pseudonymes), avait pour cadre la rébellion de 1837–1838 et parut en feuilleton en mars et avril 1870. Pour célébrer le centenaire de la Révolution américaine, il composa en 1876 une pièce, *One hundred years ago* [...], qui parut à Montréal la même année. Elle porte sur les dernières années du conflit et illustre combien les mobiles et allégeances des citoyens des Treize Colonies étaient complexes. Probablement pour le même centenaire, il écrivit ce qui devint son ouvrage le plus connu, *The Bastonnais* [...]. Paru en feuilleton dans le *Canadian Illustrated News* de janvier à septembre 1876 et publié sous forme de livre en 1877, ce roman se déroule à Québec pendant le siège des troupes américaines en 1775–1776. Traduits en français et publiés dans cette langue au moins une fois, *Rosalba, One hundred years ago* et *The Bastonnais* sont caractéristiques de son œuvre. Tous traitent d'un événement de l'histoire nord-américaine. Tous s'attardent sur les crises que ces événements provoquent chez des personnages de nationalité différente, qu'ils soient du même camp ou de camp opposé, et analysent ces tensions par le biais d'au moins une histoire d'amour. Tous, surtout *Rosalba* et *The Bastonnais,* rapportent des coutumes et légendes locales. De plus, ces deux œuvres appartiennent au genre de l'histoire romancée, que l'auteur considérait comme « l'un des moyens les plus efficaces d'instruire la population tout en la divertissant ».

Au milieu des années 1870, faire connaître l'histoire et la littérature du Canada devint pour Lesperance une mission de plus en plus importante. En février 1877, devant le Kuklos Club de Montréal (cercle de journalistes anglophones qu'il avait contribué à fonder deux ans plus tôt), il présenta une communication intitulée « The literary standing of the Dominion ». Grand liseur, il commençait par cet énoncé : « Chacun a sa façon de mesurer le progrès d'un pays. La mienne consiste à mesurer le progrès de sa littérature. » Il évoquait ensuite plusieurs auteurs et livres canadiens. Du côté francophone, il cita François-Xavier Garneau* et son ouvrage *Histoire du Canada* [...], Philippe-Joseph Aubert* de Gaspé, auteur de *les Anciens Canadiens,* et James MacPherson Le Moine*, « gentleman qui mani[ait] aussi bien la langue anglaise ». *Roughing it in the bush* [...] et *Life in the clearings* [...] de Susanna Moodie [Strickland*], disait-il, « dégagent un puissant réalisme qui explique leur renommée tant en Angleterre qu'aux États-Unis ». Charles Heavysege*, Charles Mair* et Charles SANGSTER étaient d'« authentiques poètes canadiens ».

Désireux d'encourager les talents canadiens, Lesperance publia le 10 mai 1879, dans le *Canadian Illustrated News,* un poète en particulier. Il a rappelé, dans une causerie prononcée en 1884, comment les choses s'étaient passées : « J'ai reçu un petit cahier d'exercices qui contenait un certain nombre de courts poèmes qu'on aurait dit écrits d'une main d'écolier [...] J'ai choisi tout de suite [...] un sonnet [*At Pozzuoli*] et l'ai publié [...] J'étais certain que bientôt nous entendrions parler encore de ce garçon du Nouveau-Brunswick. Et c'est ce qui arriva. En 1880 paraissait à Philadelphie un petit recueil plein de subtilité, intitulé *Orion, and other poems.* » L'auteur en était Charles George Douglas Roberts*.

À la fin des années 1870, Lesperance fit probablement une autre dépression nerveuse. Du moins sait-on que, « épuisé par trop de travail », il démissionna du *Canadian Illustrated News* en 1880. Il prit du mieux et collabora en 1881 à la *Gazette* et au *Star* de Montréal. Pendant une bonne partie de la décennie, il tint dans la *Gazette* du samedi une chronique intitulée « Ephemerides ». Son ami William Douw Lighthall*, lui aussi homme de lettres, en a laissé la description suivante : « de courts paragraphes contenant des allusions à l'histoire ou aux choses anciennes, des citations, des méditations, parfois des poèmes de lui ou d'autres, des références aux classiques, parfois l'annonce d'un nouveau livre et même une ou deux recettes de cuisine, le tout signé Laclède en l'honneur de [Pierre de] Laclède Liguest, fondateur de sa ville natale, St Louis ». L'« attrait » de cette chronique, poursuivait Lighthall, « tenait presque tout entier en ceci qu'elle dévoilait la personnalité d'un des hommes les plus attachants [et] les plus idéalistes qui aient jamais vécu ou écrit ».

De 1882 à 1886, Lesperance exerça la fonction d'agent provincial d'immigration à Montréal. Tout au long des années 1880, il continua d'encourager l'étude et le développement de l'histoire du Canada et de la littérature canadienne. Membre fondateur de la Société royale du Canada en 1882, il prononça aux assemblées annuelles des conférences sur des sujets comme « The literature of French Canada » en 1883, « The poets of Canada » en 1884, « The analytical study of Canadian history » en 1887 et « The romance of the history of Canada » en 1888. Dans cette dernière communication, il déclarait que Jean Talon* – à qui il avait acquis la conviction d'être apparenté – était « peut-être l'homme le plus utile qui eût jamais œuvré au Canada ». Dès lors, il porta le nom de Talon-Lesperance. C'est ainsi qu'il signa les biographies de Joseph-Adolphe CHAPLEAU et de Pierre-Joseph-Olivier Chauveau* qu'il fit paraître dans le *Week* de Toronto sous la rubrique « Prominent Canadians ».

En juillet 1888, Talon-Lesperance, « bien connu dans tout le Canada comme un auteur érudit et intéressant », se joignit à l'équipe du nouvel hebdomadaire de George-Édouard DESBARATS, le *Dominion Illustrated,* à titre de directeur de la « section littéraire ». De juillet à décembre, il y signa des nouvelles, des poèmes, des articles et une colonne de variétés. Il fut président de la Society for Historical Studies et devint en 1889 vice-président fondateur de la Society of Canadian Literature. Toujours actif à la Société royale du Canada, il vota pour l'admission de Charles Mair, comme il le rapporta à son ami George Taylor Denison* le 27 janvier 1889. Dans la même lettre, il disait avoir publié dans le *Dominion Illustrated* deux morceaux jusque-là inédits de Mair : *The last bison* et *Kanata*. Lui-même vit son poème intitulé *Empire first* paraître en 1889 dans *Songs of the great dominion* [...], l'importante anthologie de poésie canadienne rassemblée et éditée par Lighthall.

Le 17 juillet 1888, Talon-Lesperance perdit sa fille Rita, celle de ses enfants qu'il chérissait le plus. Ce choc mina sa santé déjà fragile. En février 1889, il fut pris de ce que Lighthall appela une « paralysie insidieuse accompagnée d'hallucinations bénignes ». Il mourut le 10 mars 1891 et fut inhumé le 13 au cimetière de Côte-des-Neiges après des funérailles à l'église Notre-Dame.

John Lesperance est assez peu connu aujourd'hui. Pourtant, il publia beaucoup et explora les coutumes, les légendes et l'histoire du Canada dans son œuvre littéraire. Dans les années 1870 et 1880 surtout, soit au moment où le nouveau dominion se donnait une identité, il déploya beaucoup de zèle pour encourager les gens de lettres à privilégier les personnages, les événements et les thèmes qui constituaient – et constituent toujours – le « romanesque » et la « philosophie » de la culture canadienne.

MARY JANE EDWARDS

Parmi les écrits de John Lesperance, citons le roman *Rosalba ; or faithful to two loves : an episode of the rebellion of 1837–38,* qu'il a fait paraître sous le pseudonyme d'Arthur Faverel dans le *Canadian Illustrated News* (Montréal) du 19 mars au 16 avril 1870. Traduit en français par Emmanuel-Marie Blain* de Saint-Aubin sous le titre de *Rosalba ou les Deux Amours : épisode de la rébellion de 1837,* il a été publié dans *l'Opinion publique* du 27 avril au 8 juin 1876, puis repris dans *le Monde illustré* de Montréal en 1898–1899. Lesperance est également l'auteur de : *One hundred years ago ; an historical drama of the War of Independence in 4 acts and 20 tableaux,* paru à Montréal en 1876. Cette pièce de théâtre est connue en français sous le titre de *Il y a cent ans ; drame historique de la guerre de l'Indépendance, en 4 actes et 20 tableaux.* À cela s'ajoutent : *The Bastonnais : a tale of the American invasion of Canada in 1775–76,* publié à Toronto en 1877. Ce texte avait d'abord été inséré dans le *Canadian Illustrated News* de janvier à septembre 1876, puis traduit en français par Aristide Piché qui l'a publié dans la *République* de Boston en 1876. *Les Bastonnais* parut ensuite dans la *Rev. canadienne* en 1893–1894 et a été réédité à Montréal en 1896 et 1925 ; *My Creoles ; a story of St Louis and the southwest twenty-five years ago* a été publié dans le *Republican,* journal de St Louis, Mo., en 1878, et repris dans le *Canadian Illustrated News,* de juillet à novembre 1879.

AN, MG 29, E29, 3–4, 27 janv. 1889. — ANQ-M, CE1-51, 20 juill. 1888, 13 mars 1891 ; CE4-10, 20 sept. 1866. — *Dominion Illustrated* (Montréal), 7, 28 juill. 1888, 21 mars 1891. — *Gazette* (Montréal), 11 mars 1891. — *DOLQ.* — *Oxford companion to Canadian lit.* (Toye), 451–452. — *The evolution of Canadian literature in English* [...], M. J. Edwards *et al.*, édit. (4 vol., Toronto et Minneapolis, Minn., 1973), 2 : 16–24. — *Songs of the great dominion : voices from the forests and waters, the settlements and cities of Canada,* W. D. Lighthall, édit. (Londres, 1889). — Léon Trépanier, *On veut savoir* (4 vol., Montréal, 1960–1962), 4 : 83. — C. M. Whyte-Edgar, *A wreath of Canadian song, containing biographical sketches and numerous selections from deceased Canadian poets* (Toronto, 1910), 147–152. — M. J. Edwards, « Essentially Canadian », *Littérature canadienne* (Vancouver), n° 52 (printemps 1972) : 8–23. — « John Lesperance, '52 », *Fleur de Lis* (St Louis), 3 (1902) : 174–183.

LESSEL, ARTHUR C., charpentier et chef syndical, né en 1840 ou 1841, probablement à Halifax, fils de James Lessel, teneur de livres, et d'une prénommée Catherine ; le 1er juin 1887, il épousa en secondes noces, à la baie St Margarets, Nouvelle-Écosse, Caroline Smith, née Dauphine, et de ces deux mariages naquirent quatre enfants ; décédé le 29 octobre 1895 à Halifax.

En 1888, dans son témoignage devant la Commission royale sur les relations entre le capital et le travail au Canada, Arthur C. Lessel déclara qu'il avait travaillé 30 ans comme charpentier et avait fait son apprentissage dans ce métier. Comme beaucoup de leaders du mouvement syndical de Halifax à la fin du XIXe siècle, il était à la fois artisan propriétaire d'un petit atelier de charpenterie et ouvrier. De son vivant, il se tailla une réputation d'intellectuel en matière de relations de travail. Après sa mort, un « vieil artisan » qui l'avait connu allait le décrire, dans l'*Acadian Recorder,* comme un « penseur profond au raisonnement serré » ; il ajoutait qu'il avait été un « théoricien de ce genre dès son enfance ».

Toutefois, c'est à titre d'organisateur et de militant que Lessel contribua le plus au mouvement syndical. Principal fondateur de la section locale 83 de la Brotherhood of Carpenters and Joiners of America, qui s'établit à Halifax en 1885, il compta dans la décennie suivante parmi ceux qui défendirent les artisans (ouvriers qualifiés) de la ville avec le plus de talent et de cohérence. Ceux-ci tentaient de protéger le statut de leurs métiers, menacé non seulement par les longues heures et les bas salaires souvent imposés par les employeurs, mais aussi par l'intrusion des travailleurs non syndiqués et non qualifiés. Lessel s'employa à consolider la position des charpentiers de Halifax en améliorant leur organisation et en excluant du syndicat ceux qui ne satisfaisaient pas aux normes du métier. « Nous sommes vraiment très pointilleux quant aux hommes que nous admettons, dit-il à la commission royale en 1888. Nous désirons ne prendre que des ouvriers qualifiés mais, dans un milieu comme celui-ci, il est impossible de n'avoir que des ouvriers qualifiés, néanmoins, nous faisons de notre mieux. »

Ce que Lessel visait, et il allait l'atteindre partiellement à titre de président de la section locale 83 à la fin des années 1880, c'était d'avoir un syndicat discipliné et efficace, avec atelier fermé, application stricte des règlements du travail et exclusion des ouvriers non qualifiés, et de soumettre l'apprentissage à des contrôle gouvernementaux. La section locale contribua aux progrès suivants : assistance aux syndiqués malades et prestations de décès pour les veuves et les orphelins, augmentations de salaire et amélioration des conditions de travail, régularisation de nombreux aspects des relations de travail par l'emploi de délégués d'atelier et l'application stricte des règlements syndicaux. Sous la présidence de Lessel, la plus grande victoire fut sans doute l'obtention, après une courte grève en 1889, de la journée de neuf heures sans réduction de salaire.

Partisan du syndicalisme de métier tel que le pratiquait l'American Federation of Labor, Lessel et l'influente section locale des charpentiers prirent leurs distances par rapport à l'Amalgamated Trades Union, organisation haligonienne de travailleurs qui tentait de coordonner les activités de ses syndicats membres. Lessel soutenait plutôt un regroupement d'un modèle plus traditionnel, qui prônait le syndicalisme de métier : le Trades and Labour Council de Halifax, fondé en 1889. La grève qui avait eu lieu cette année-là avait accentué le fossé entre maîtres et compagnons, si bien que le traditionnel syndicalisme de métier défendu par Lessel fut forcé de s'adapter. La concentration et la consolidation du capital dans l'industrie de la construction, qui se caractérisaient par l'émergence d'entrepreneurs généraux, la mécanisation et l'emploi croissant d'ouvriers non qualifiés firent échouer nombre de ses idéaux, mais la section locale qu'il avait fondée subsiste toujours. En lisant les procès-verbaux des réunions qu'elle tint au XIXe siècle, on voit revivre des artisans dont le sens des convenances était si développé qu'ils pouvaient discuter durant des heures avant de décider s'ils porteraient des gants de couleur claire ou foncée aux défilés annuels de la fête du Travail. Le 17 septembre 1895, le syndicat condamna sévèrement ceux qui n'avaient pas participé aux festivités ; parmi eux se trouvait le « frère A C Lessel », qui s'était déclaré malade pour s'excuser. Il mourut le mois suivant.

En février 1896, un article de l'*Acadian Recorder* reconnut ainsi la contribution d'Arthur C. Lessel au mouvement syndical de Halifax : « C'est à lui que revient le mérite d'avoir formé le noyau des organisations ouvrières qui sont nées et ont fleuri dans notre collectivité et qui, sauf dans quelques cas, ont été bénéfiques, reconnaissent les travailleurs en général. »

IAN MCKAY

Camp Hill Cemetery (Halifax), Reg. of burials, 1er nov. 1895. — PANS, MG 20, 1634–1637. — Canada, Commission royale sur le travail et le capital, *Rapport, Nouvelle-Écosse,* 38. — *Carpenter* (Washington), 1885–1893. — *Acadian Recorder,* 1889, 30 oct. 1895, 8 févr. 1896. — *Evening Mail* (Halifax), 30 oct. 1895. — Eugene Forsey, *Trade unions in Canada, 1812–1902* (Toronto, 1982). — Ian McKay, *The craft transformed : an essay on the carpenters of Halifax, 1885–1985* (Halifax, 1985).

LEWIN, JAMES DAVIES, fonctionnaire, homme d'affaires et homme politique, né le 1er avril 1812 à Womaston, pays de Galles, fils de Samuel Lewin et de Mary Furmage ; le 17 décembre 1831, il épousa à Chatham, Nouveau-Brunswick, Sarah Ann Clarke, et ils eurent au moins sept enfants ; décédé le 11 mars 1900 à Lancaster (Saint-Jean-Ouest, Nouveau-Brunswick).

James Davies Lewin descendait d'une famille de gentilshommes fortunés du pays de Galles ; la famille de sa mère, qui habitait le Middlesex, en Angleterre, était représentée depuis des générations dans l'armée et la marine britanniques. Après ses études dans une *grammar school* anglaise, Lewin entra au service du gouvernement britannique en 1830 et on l'affecta au service des douanes à la rivière Miramichi, au Nouveau-Brunswick. En 1838, il fut promu inspecteur à Saint-Jean et, huit ans plus tard, on lui confia des fonctions semblables à St Andrews, important poste frontalier. En 1848, on supprima le service des douanes britannique au Nouveau-Brunswick et Lewin s'installa alors à Terre-Neuve pour occuper un poste d'inspecteur à St John's. L'année suivante, ce service disparut également et Lewin dut se mettre à la recherche d'un emploi.

Depuis son arrivée en Amérique du Nord britannique, Lewin avait commencé à prendre racine au Nouveau-Brunswick. En poste à la rivière Miramichi, il avait épousé la fille de Richard Samuel Clarke, shérif en chef du comté de Northumberland. Puis, comme il avait acquis beaucoup de biens durant son séjour à Saint-Jean, il était presque à prévoir qu'il décide d'y revenir après la dissolution du service des douanes de Terre-Neuve. Une fois de retour, il se lança dans la vente d'assurances. Il obtint également de la ville qu'elle lui loue une terre d'environ 200 acres dans la paroisse de Lancaster, à l'ouest de Saint-Jean.

Lewin, actionnaire de la Bank of New Brunswick depuis plusieurs années, fut élu président et directeur de l'établissement en 1857, après la démission de Thomas Edward Millidge. Pendant plus de 40 ans, la banque allait être associée à Lewin. Il abandonnerait les fonctions de directeur vers la fin des années 1880 mais conserverait la présidence jusqu'à sa mort. Les gens avaient bonne opinion de lui et le considéraient comme un investisseur prudent et quelque peu conservateur. Toutefois, il est permis de croire que son maintien au poste de directeur fut tout autant attribuable à l'émigration de successeurs éventuels talentueux qu'aux évaluations élogieuses dont il fut l'objet.

Par ses intérêts commerciaux, Lewin fut associé à certains des principaux projets qui retenaient l'attention du milieu des affaires de son temps. Il fut l'un des administrateurs de la Joggins Coal Mines Association et, en 1853, devint membre du premier conseil d'administration de la Saint John Suspension Bridge Company. Cette société était propriétaire d'un pont situé aux abords de la ville, qui reliait les populations installées de part et d'autre de l'embouchure de la rivière Saint-Jean. En 1855, Lewin devint président de la société et le demeura jusqu'en 1875, date à laquelle le gouvernement provincial prit possession du pont. Tout au long des années 1860 et 1870, il poussa le gouvernement provincial à améliorer les voies donnant accès au pont par le côté ouest.

Pendant les années 1860, Lewin, partisan du libre-échange, lutta activement contre la Confédération, en affirmant qu'« il serait préférable, et de loin », d'établir une union des Maritimes et de négocier un traité de réciprocité avec les États-Unis. Il reprit intérêt à la politique à la suite du scandale du Pacifique en 1873 [V. sir John Alexander MACDONALD]. Avec d'autres libéraux, il lutta contre le gouvernement de Macdonald et se réjouit de la victoire d'Alexander MACKENZIE en 1874. Deux ans plus tard, on nomma Lewin au Sénat, au poste laissé vacant par la mort de John Robertson*. Son « caractère tranquille et réservé » l'empêcha peut-être de s'engager dans les débats mais, en revanche, au comité de la banque et du commerce, on mit à profit ses connaissances financières.

James Davies Lewin passa les dernières années de sa vie dans sa spacieuse résidence de Lancaster, où demeuraient également sa bru et ses petits-enfants. À sa mort, un journal catholique fit observer qu'il avait gagné l'estime de la collectivité par « son bon jugement et sa réputation irréprochable », illustrés peut-être par sa fortune estimée à 320 000 $ et les généreuses dispositions de son testament à l'égard de ses enfants, de ses petits-enfants et de l'Église méthodiste.

ELIZABETH W. MCGAHAN

APNB, RG 7, RS71, 1900, J. D. Lewin. — Musée du N.-B., Saint-Jean, real estate schedule, CB DOC. — *Daily Telegraph* (Saint-Jean, N.-B.), 12, 14 mars 1900. — *Freeman* (Saint-Jean), 17 mars 1900. — *Saint John Globe*, 12 mars 1900. — *DBC*, 10 (bio. de John Robertson). — *N.B. vital statistics, 1857–59* (Johnson). — E. W. McGahan, *The port of Saint John* [...] (1 vol. paru, Saint-Jean, 1982–), 21–35. — W. S. MacNutt, *The Atlantic provinces : the emergence of colonial society, 1712–1857* (Toronto, 1965). — William Murdoch, « The Saint John suspension bridge », New Brunswick Hist. Soc., *Coll.* (Saint-Jean), 4 (1919–1928), n° 10 : 123.

LEWIS, MARTHA HAMM (Peters), institutrice, née le 4 octobre 1831 à Lewisville (Moncton, Nouveau-Brunswick), fille de Felix Lewis et de Martha Maria Shaw ; le 15 mai 1856, fort probablement à Saint-Jean, Nouveau-Brunswick, elle épousa Alexander Nevers Peters ; décédée le 20 novembre 1892 dans cette ville.

Martha Hamm Lewis perdit son père quand elle était encore bébé. On sait peu de chose sur son enfance, mais on croit qu'elle-même, sa mère et ses cinq frères et sœurs furent recueillis par son grand-père, Ichabod Lewis, loyaliste venu de l'état de New York. Elle eut des précepteurs et fréquenta, dit-on, un pensionnat, peut-être à Saint-Jean. On dit aussi qu'elle donna des leçons particulières à des jeunes gens qui étudiaient à la Normal School de cette ville. En 1849, elle demanda de s'y inscrire.

À l'époque, il y avait des *grammar schools* à Saint-Jean et à Fredericton, de même que des écoles élémentaires un peu partout dans la province. Dans la plupart des cas, c'étaient des hommes qui enseignaient même si, dans les endroits où il n'y avait pas d'écoles pour filles, les enfants des deux sexes suivaient parfois leurs cours ensemble. Il y avait une école normale à Fredericton et une autre à Saint-Jean, mais aucune femme n'y avait encore été admise. La Normal School de Saint-Jean rejeta la demande d'admission de Martha Lewis en invoquant, paraît-il, la coutume et les convenances. Obstinée, elle écrivit à sir Edmund Walker Head*. Premier civil à occuper le poste de lieutenant-gouverneur de la province, Head était progressiste et cultivé. Il déclara qu'elle était admissible. Un décret ordonna à la Normal School d'admettre Mlle Lewis, mais on la prévint que le Conseil exécutif ne pourrait être tenu responsable des conséquences néfastes de sa décision.

La Normal School avait été fondée à l'automne de 1848 à la demande d'Edmund Hillyer Duval*, directeur d'école à Saint-Jean, et c'était lui qui la dirigeait. Parce qu'il craignait que la présence d'une femme ne trouble le décorum, il imposa un certain nombre de conditions à Mlle Lewis. Elle devait entrer dans la classe dix minutes avant ses condisciples, s'asseoir seule au fond de la pièce, toujours porter un voile, faire une révérence au professeur et sortir cinq minutes avant la fin des cours, puis quitter les lieux sans adresser la parole à aucun étudiant. Elle se plia à ces règles pendant le premier semestre. Au second, on lui permit d'avoir une compagne, ce qui diminua peut-être son sentiment d'isolement.

En 1850, après avoir réussi son année d'études, Martha Lewis put enseigner dans la paroisse d'Upham, non loin de Saint-Jean. Trois ans plus tard, elle reçut une licence qui l'autorisait à enseigner à Saint-Jean même. On ignore où elle travailla et ce qu'elle enseigna. On peut supposer qu'à Saint-Jean elle suivait le programme de Duval : lecture, composition, orthographe, arithmétique, géographie, grammaire, histoire de l'Angleterre, histoire naturelle, dessin et chant. En 1856, elle quitta l'enseignement par suite de son mariage avec un cousin de Samuel Leonard TILLEY, Alexander Nevers Peters, qui était alors épicier détaillant et allait devenir propriétaire d'un hôtel bien connu de Saint-Jean, Clifton House. Peut-être se réjouit-elle jusqu'à la fin de sa vie à la pensée que son année à la Normal School avait contribué à dissiper les préjugés de Duval contre les institutrices. En 1852, 49 des 92 élèves étaient des femmes. Dès le début des années 1860, la Normal School avait une division féminine, et une demoiselle Duval faisait partie du personnel.

Les notices nécrologiques de Martha Hamm Lewis Peters, parues une génération après son exploit, ne faisaient nulle mention du fait qu'elle avait été la première femme à étudier dans une école normale de la province mais, apparemment, elle transmit son esprit de pionnière à au moins une de ses quatre filles, Mabel P. Peters*, qui fonda la Canadian Playgrounds Association et s'engagea à fond dans le mouvement en faveur du suffrage féminin.

ELIZABETH W. MCGAHAN

Fernhill Cemetery (Saint-Jean, N.-B.), Burial records. — Saint John Regional Library (Saint-Jean), Misc. files, Lewis family file. — *St. John Daily Sun*, 21 nov. 1892. — *Saint John Globe*, 1er avril 1901. — *The St. John and Fredericton business directory, 1862* [...] (Saint-Jean, 1862), 66. — M. E. Clarke, « The Saint John Women's Enfranchisement Association, 1894–1919 » (thèse de M.A., Univ. of N.B., Fredericton, 1980), 96. — K. F. C. MacNaughton, *The development of the theory and practice of education in New Brunswick, 1784–1900 : a study in historical background*, A. G. Bailey, édit. (Fredericton, 1947), 139–140. —

MacNutt, *New Brunswick*. — *Daily Telegraph and the Sun* (Saint-Jean), 1er sept. 1914. — M. L. Hanington, « Martha Hamm Lewis goes to normal school [...] », *Educational Rev.* (Saint-Jean), oct. 1931 : 7 ; réimpr. dans le *Telegraph-Journal* (Saint-Jean), 6 janv. 1962.

LIGHT, ALEXANDER LUDERS, ingénieur et fonctionnaire, né probablement le 17 avril 1822 à Durham, Angleterre, fils d'Alexander Whalley Light, officier, et de Jane Smart ; le 12 mai 1866, il épousa à Londres Mary Jane Torrens ; décédé le 2 juillet 1894 au lac La Croix (lac Garry, Québec).

Alexander Luders Light arriva dans le Haut-Canada avec sa famille au début des années 1830 et fréquenta la Royal Grammar School de Kingston. À compter de 1842 environ, il devint ingénieur adjoint au bureau des Travaux publics de la province du Canada, formé depuis peu et que dirigeaient Hamilton Hartley Killaly* et Samuel Keefer*. En 1847, on l'affecta, à titre d'ingénieur adjoint, à la construction du Great Western Rail-Road de Niagara Falls à Windsor. Deux ans plus tard, on le nomma ingénieur des travaux du prolongement du canal Érié à Rochester, dans l'état de New York ; il travailla aussi au Brooklyn Dry Dock et au New York Central Railroad.

En 1852, Light devint ingénieur adjoint au Saint Andrews and Quebec Rail Road, au Nouveau-Brunswick, et, peu après, il en fut promu ingénieur en chef. La construction de la voie avait commencé en 1847 mais, en 1851, seulement dix milles étaient terminés. Pendant son mandat, on acheva 24 autres milles, plus un embranchement de 17 milles dans le Maine. Light supervisa aussi la construction de plusieurs ponts de bois pour le bureau des Travaux publics du Nouveau-Brunswick. Nommé ingénieur en chef des chemins de fer gouvernementaux de cette province en 1856, il supervisa la construction du European and North American Railway de Saint-Jean à Shédiac. Les travaux avaient commencé en 1853 mais, deux ans plus tard, après n'avoir construit que 27 milles de voie, les entrepreneurs avaient déclaré forfait et le gouvernement avait pris le chemin de fer en charge l'année suivante. Sous la supervision de Light, l'ouvrage fut relativement bien construit pour l'époque.

Apparemment, c'est en raison de la qualité de son travail pour le European and North American Railway que le gouvernement néo-écossais de Joseph Howe* demanda à Light, en 1860, d'étudier le réseau ferroviaire de cette colonie. On avait commencé les travaux en 1854 et, quatre ans plus tard, les trains roulaient sur 60 milles de voie, mais la construction était médiocre et les lignes, mal entretenues et mal exploitées. En 1860, à ses propres frais, Light étudia trois trajets possibles pour un chemin de fer intercolonial qui relierait les Maritimes au Bas-Canada. Il croyait qu'il serait nommé ingénieur en chef des travaux et, en 1861–1862, il fit partie d'une délégation qui présenta le projet de chemin de fer au gouvernement impérial, ainsi que ses propres observations sur les trajets possibles, celles-ci étant appuyées par le célèbre ingénieur anglais James Brunlees. Avec le soutien de ce dernier, Light fut admis à l'Institution of Civil Engineers en janvier 1862.

Par suite des tensions créées entre la Grande-Bretagne et les États-Unis par l'affaire du *Trent* en 1861 [V. sir Charles Hastings Doyle*], le ministère britannique de la Guerre confia à Light la mission d'accompagner des soldats d'Angleterre à Halifax, puis à Québec. Le voyage entre ces deux villes se fit par voie de terre en février 1862. Apparemment, si la guerre avait éclaté, Light devait ouvrir une route militaire de Halifax au Saint-Laurent. On abandonna cependant le projet dès qu'un conflit cessa de paraître imminent.

À l'automne de 1862, Light était de nouveau en Angleterre où il faisait pression pour être affecté au projet de chemin de fer intercolonial. La coopération entre les Maritimes et le Canada semblait assurée, tout comme le financement des travaux. En outre, la réalisation du projet était d'autant plus urgente que la menace d'une intervention militaire des Américains planait toujours. Finalement, on nomma Light ingénieur en chef mais, presque au même moment, l'entente conclue entre le Canada et les Maritimes fut rompue et le projet, suspendu. Comme rien n'annonçait sa reprise immédiate, Light accepta, à la fin de 1862 ou au début de 1863, le poste d'ingénieur en chef du chemin de fer de Santos à São Paulo, au Brésil, qu'il avait obtenu grâce à Brunlees. Congédié (pour des raisons politiques semble-t-il) en 1863 ou 1864, il retourna en Angleterre. Entre-temps, il avait appris avec un vif dépit que le Canada et les Maritimes avaient conclu une nouvelle entente plus tôt que prévu. De plus, en 1863, Sandford Fleming* avait reçu le mandat de faire un levé pour le chemin de fer intercolonial.

En Angleterre, Light travailla à divers ouvrages de génie civil, notamment avec Brunlees. La construction du chemin de fer Intercolonial débuta enfin en 1869 et Light revint au Nouveau-Brunswick travailler sous les ordres de Fleming, ingénieur en chef des travaux, en qualité d'ingénieur de district pour le tronçon de Miramichi. Le trajet, qui devait relier la rivière Nepisiguit à Moncton (une distance de 117 milles), présentait peu de difficultés techniques, le principal travail étant la construction de deux ponts sur la Miramichi.

Light quitta l'Intercolonial en 1874 pour occuper durant 18 ans le poste d'ingénieur en chef des chemins de fer du gouvernement de la province de Québec. Il supervisa la construction de la section est (Québec–Montréal) du Québec, Montréal, Ottawa et Occidental. Le réseau ferroviaire du Québec prit beaucoup d'ampleur durant les années 1870 et la décennie qui suivit, et Light affirma avoir participé à la construction de la plupart des chemins de fer de colonisation de la province. Parmi ceux-ci, il y avait le chemin de fer de Québec et du lac Saint-Jean, sur l'avenir duquel il remit un rapport favorable au gouvernement fédéral en 1882. Il en fut aussi ingénieur consultant à partir de 1884, année où les travaux se poursuivirent de Saint-Raymond au lac Saint-Jean.

Entre-temps, vers 1875, le gouvernement de Terre-Neuve avait pris des mesures en vue de construire un chemin de fer. Il avait pressenti Fleming pour le levé d'un trajet, mais celui-ci était occupé et s'arrangea pour que Light fasse ce travail. En mai 1875, après avoir obtenu un congé temporaire du gouvernement de la province de Québec, Light organisa une équipe d'arpenteurs en collaboration avec le géologue Alexander Murray*. Il rentra ensuite au Canada en laissant à ce dernier la supervision de la logistique des travaux. Le trajet s'étendait sur 360 milles, de St John's à St George's, mais le chemin de fer construit par la suite ne l'empruntait pas.

En 1884, Alexander Luders Light fut l'un des trois arbitres d'un litige entre la Compagnie du chemin de fer canadien du Pacifique et le gouvernement fédéral à propos des coûts de construction d'un tronçon entre Fort William (Thunder Bay, Ontario) et Kenora. Les arbitres remirent leur rapport au début de 1885. L'année précédente, en collaboration avec Brunlees et T. Claxton Fidler, Light avait présenté des plans pour la construction d'un pont cantilever sur le Saint-Laurent à Québec, mais le projet ne se réalisa pas. En 1885, le gouvernement fédéral l'engagea comme ingénieur responsable des levés de la « Short Line », tronçon qui devait faire partie du chemin de fer canadien du Pacifique et relier Montréal à Saint-Jean au Nouveau-Brunswick. Devenu en 1886 ingénieur en chef du chemin de fer de la baie des Chaleurs, en Gaspésie, il y travailla durant trois ans. Vers 1888, il entreprit une autre tâche dans le secteur ferroviaire, soit une évaluation du potentiel économique de l'île d'Anticosti, à la demande des propriétaires de celle-ci, mais son étude n'eut pas de suites. Light mourut en 1894 au lac La Croix, au nord de Montréal.

CHRISTOPHER ANDREAE

Alexander Luders Light est l'auteur de : *Devis descriptif de la maçonnerie : chemin de fer de Québec, Montréal, Ottawa et Occidental, section est* (s.l.n.d.) ; *Halifax and Quebec Railway : report upon the surveys, routes, and estimates* (s.l., 1861) ; *Remarks by the government engineer of the eastern division of the Q.M.O. & O. Railway on the contractor's « statement of facts »* (Montréal, 1877) ; *Short Line Railway : Mr. Light's reports upon the survey of the northern or Quebec route for the shortest and most advantageous railway line from Montreal to Halifax and St. John, N.B., recommending a combination line* (Québec, 1885).

Un portrait de Light se trouve dans *Canadian biog. dict.*

AN, MG 29, B35 ; D61 : 4946–4956. — Canada, Parl., *Doc. de la session*, 1880–1881, n° 70 ; 1884, n° 31q ; 1885 : n°s 25g, 25s. — Sandford Fleming, *The Intercolonial : a historical sketch of the inception, location, construction and completion of the line of railway uniting the inland and Atlantic provinces of the dominion* (Montréal et Londres, 1876). — S. P. Bell, *A biographical index of British engineers in the 19th century* (New York, 1975). — *Cyclopædia of Canadian biog.* (Rose et Charlesworth). — Rodolphe Gagnon, « le Chemin de fer de Québec au lac Saint-Jean (1854–1900) » (thèse de D.E.S., univ. Laval, 1967). — Gervais, « l'Expansion du réseau ferroviaire québécois ». — W. K. Lamb, *History of the Canadian Pacific Railway* (New York et Londres, 1977). — A. R. Penney, « The Newfoundland Railway : Newfoundland epic », *The book of Newfoundland*, J. R. Smallwood *et al.*, édit. (6 vol., St John's, 1937–1975), 3 : 473–502. — *The Quebec Bridge over the St. Lawrence River near the city of Quebec on the line of the Canadian National Railways : report of the government board of engineers* (2 vol., Ottawa, 1919). — G. R. Stevens, *Canadian National Railways* (2 vol., Toronto et Vancouver, 1960–1962). — J. M. et Edward Trout, *The railways of Canada for 1870–1* [...] (Toronto, 1871 ; réimp., 1970). — W. J. Wilgus, *The railway interrelations of the United States and Canada* (New Haven, Conn., 1937). — B. J. Young, *Promoters and politicians*. — J. H. Valiquette et T. B. Fraser, « The development of Anticosti Island », *Engineering Journal* (Montréal), 11 (1928) : 585–595.

LITTLE, PHILIP FRANCIS, avocat, homme politique, juge et fermier, né en 1824 à Charlottetown, fils de Cornelius Little et de Brigid Costin ; le 4 mai 1864, il épousa à Kingston (Dun Loaghaire, république d'Irlande) Mary Jane Holdright, et ils eurent huit fils et deux filles ; décédé le 21 octobre 1897 à Monkstown (république d'Irlande).

Les parents de Philip Francis Little, tous deux originaires d'Irlande, arrivèrent à l'Île-du-Prince-Édouard par les États-Unis. Cornelius Little, marchand et petit propriétaire de navires, se tailla une assez bonne situation financière dans l'île et milita dans le mouvement réformiste. Philip, le cadet de ses trois fils, fit ses études à Charlottetown et son stage de droit au cabinet de Charles Young, partisan bien connu de la responsabilité ministérielle. Il devint solicitor en 1843 et barrister l'année suivante.

Au lieu de pratiquer dans sa ville natale, Philip Little s'installa en 1844 à St John's, à Terre-Neuve. Comme il n'a jamais expliqué pourquoi il avait déménagé, on en est réduit aux conjectures. On sait que sa mère était proche parente de la famille O'Mara de St John's et que les bateaux de son père avaient livré des cargaisons à cet endroit de temps à autre. Il se peut bien que Little ait conclu que St John's lui offrait de belles perspectives d'avenir. Aucun avocat catholique ne pratiquait alors dans cette ville à majorité catholique, et manifestement un jeune homme compétent et ambitieux y trouverait du travail. Une lettre d'introduction de Young lui permit de se présenter au plus grand homme politique réformiste de Terre-Neuve, John Kent*, après quoi il ouvrit un cabinet.

Little s'inscrivit au barreau sans difficulté, mais une disposition irrégulière du *Lawyers' Incorporation Act,* qui semblait viser à renforcer le monopole de ceux qui résidaient déjà dans la colonie, l'empêchait d'exercer les fonctions, beaucoup plus lucratives, de solicitor. Kent présenta une requête en son nom à l'Assemblée, qui abrogea la disposition en question. En 1848, John, le frère aîné de Little, avocat lui aussi, le rejoignit ; ensemble, ils se constituèrent une bonne clientèle.

Philip Little ne tarda pas à se faire connaître dans les milieux catholiques de St John's. Son succès venait sans doute de ce qu'il connaissait des personnalités comme Kent et qu'il était, chose rare, un avocat catholique. En outre, c'était un homme énergique et capable qui, en raison de ses fortes convictions politiques, constituait un allié naturel des réformistes de St John's (en majorité des Irlando-catholiques) dont la campagne pour l'obtention d'un gouvernement responsable avait commencé. Les membres de la Benevolent Irish Society l'élurent à leur conseil d'administration en 1846 ; deux ans plus tard, les libéraux proposèrent, mais sans succès, sa candidature au poste de conseiller juridique de l'Assemblée. Qu'il ait été nommé exécuteur testamentaire de Mgr Michael Anthony Fleming*, décédé en 1850, témoigne aussi de l'estime dont on l'entourait.

Le successeur de Fleming à l'épiscopat fut John Thomas Mullock*, avec qui Little se lia d'amitié. En 1850, au cours d'une élection partielle dans St John's, Little défendit les couleurs du parti libéral contre James Douglas*, marchand protestant à tendance réformiste. Il avait le soutien non équivoque de Mullock, et ce sont deux membres importants du parti, Kent et Robert John Parsons*, qui l'avaient mis en nomination. De toute évidence, certains catholiques appuyaient Douglas, car Little n'était pour eux qu'un jeune parvenu. La lutte fut chaude. Dans ses discours, Little promit de faire campagne pour l'instauration d'un gouvernement responsable et pour le libre-échange avec les États-Unis, orientations qui dans les cinq années suivantes allaient former la base du programme libéral. Il s'engagea aussi à favoriser l'agriculture, la construction routière et l'amélioration des établissements d'enseignement. En bon natif de l'Île-du-Prince-Édouard, il attaqua les propriétaires absentéistes de St John's ; en bon catholique, il critiqua l'emprise des protestants sur le gouvernement de la colonie. Il remporta la victoire par 269 voix.

Little n'allait devenir le chef incontesté du parti libéral qu'en 1852, mais on voyait déjà que son heure de gloire allait bientôt sonner. Kent, qui avait participé à la fondation du parti dans les années 1830, avait accepté en 1849 les postes de président de l'Assemblée et de receveur des douanes, ce qui montre bien que selon lui il y avait plus à gagner en collaborant avec le gouvernement colonial qu'en le combattant. En outre, il s'était mis à tergiverser sur la question de la responsabilité ministérielle. Parsons, même s'il était aussi radical que Little à cet égard, ne pouvait espérer devenir chef : protestant et Terre-Neuvien d'origine, il s'était parfois montré agacé par l'influence du clergé dans le parti. Ambrose Shea*, autre aspirant possible, avait toujours fait preuve d'une grande indépendance, et de toute façon il préférait un pouvoir exercé en sous-main aux responsabilités de la direction. Il n'y avait pas d'autres candidats. De plus, le fait que le parti libéral se divisait, en gros, en deux groupes favorisa l'ascension de Little. L'un était formé par les immigrants catholiques, qui venaient ordinairement d'Irlande et vivaient en général à St John's, jouissaient de l'appui de l'Église catholique et collaboraient avec elle ; l'autre était composé de Terre-Neuviens d'origine, qui avaient tendance à moins se laisser influencer par le clergé. Little, un Irlandais catholique de l'Île-du-Prince-Édouard, dont les états de service à titre de réformiste étaient impeccables, savait travailler avec Mgr Mullock, et était prêt à le faire. C'était donc un candidat acceptable pour la plupart des partisans libéraux, même s'il ne plaisait pas à tous. Ensemble, l'évêque irlandais et l'avocat de Charlottetown entreprirent d'insuffler une nouvelle vie à la cause libérale et de doter leur terre d'adoption d'un gouvernement responsable.

Dès le début, Little s'activa à l'Assemblée. Il défendit un projet de loi controversé sur la députation pendant la session de 1851, joua un rôle majeur dans l'adoption par l'Assemblée d'une requête à la couronne en vue de l'établissement du gouvernement responsable, et présida des comités sur les télégraphes, l'hôpital de St John's et l'empiétement des Français sur les zones de pêche. La confirmation de son leadership survint pendant la session de 1852, soit au moment où l'Assemblée reçut du ministère des Colonies une réponse prudente, mais négative, à sa demande d'un gouvernement responsable. Little ouvrit le débat sur la dépêche, en pressant les partisans de faire de l'agitation : « la réussite est certaine », disait-il. Au cours d'une grande assemblée publique, on lut une lettre dans laquelle Mgr Mullock, en s'adressant à son « Cher M. Little », qualifiait la dépêche d'« insulte à [sa] personne et à [son] peuple » et critiquait le système existant en termes non équivoques. On n'avait plus à se demander qui était le chef et quelle était la question la plus importante. Le gouverneur John Gaspard Le Marchant* saisit sûrement l'importance de l'incident, car il dit au ministère des Colonies que Little était devenu le jouet de Mullock à l'Assemblée.

Aux élections générales de l'automne de 1852, le parti libéral, bien organisé, remporta 9 des 15 sièges de l'Assemblée. Le Parlement se trouvait dans une impasse : les conservateurs, opposés au principe de la responsabilité ministérielle, étaient majoritaires au conseil. En 1853, Little et Parsons se rendirent à Londres, avec des lettres d'introduction de Joseph Howe*, afin de défendre leur cause devant les autorités britanniques. Leur mission avait deux objectifs : recommander la concession du gouvernement responsable et faire comprendre au ministère des Colonies que, aux yeux des libéraux, les objections du gouvernement terre-neuvien à la participation de la colonie au projet de réciprocité avec les États-Unis étaient non fondées. Assez bien accueillis, les délégués avaient bon espoir, à leur retour, de voir les choses se régler. En fait, dès la fin de janvier 1854, le ministère des Colonies concluait à l'impossibilité de refuser à Terre-Neuve son gouvernement responsable. Les libéraux avaient réussi à démontrer que ce changement jouissait de vastes appuis dans la colonie, et pas seulement de la part des catholiques. En outre, ils avaient mis le gouvernement impérial sur la défensive en lui imposant de justifier pourquoi Terre-Neuve serait la seule de toutes les colonies nord-américaines à se voir refuser un gouvernement responsable.

La réponse positive du ministère des Colonies n'arriva à Terre-Neuve qu'en mars 1854. À l'Assemblée, Little avait amené les libéraux à refuser de légiférer tant que l'on ne modifierait pas la constitution. Ensuite, il affronta le conseil au sujet des dispositions d'un projet de loi qui augmenterait le nombre de sièges à l'Assemblée, préalable essentiel à l'instauration du gouvernement responsable ; cette querelle, amère, n'aboutit pas. Pendant l'été, Little repartit pour Londres, cette fois en compagnie de George Henry Emerson, afin de pouvoir se passer du projet de loi sur la députation. Le ministère des Colonies rejeta cette proposition mais donna l'ordre au gouverneur Ker Baillie* Hamilton (qui avait appuyé le conseil) de réconcilier les parties et de trouver une solution. Après maintes difficultés, on en arriva à un compromis à l'automne.

La date des élections du nouveau gouvernement responsable souleva un dernier conflit, et Little se rendit à Londres une troisième fois. S'il ne parvint pas à convaincre les fonctionnaires du ministère des Colonies, de plus en plus exaspérés, d'ordonner que les élections aient lieu au moment jugé le plus opportun par les libéraux, il persuada toutefois les autorités de muter le gouverneur Baillie Hamilton. Ce dernier fut « promu » à Antigua et remplacé par Charles Henry Darling*.

Little rentra dans la colonie à la veille des élections générales de mai 1855. En son absence, son frère John et Mgr Mullock avaient mené la campagne libérale en veillant à éliminer les rivalités entre libéraux et à rallier les électeurs méthodistes, dont le soutien était essentiel au maintien d'une majorité. Étant donné le découragement et la désorganisation des troupes conservatrices, la victoire des libéraux ne surprit personne. Little devint premier ministre et procureur général et d'autres libéraux comblèrent les postes convoités depuis si longtemps.

Dans son discours d'investiture, Little avait promis de légiférer pour intégrer Terre-Neuve au traité de réciprocité de 1854 et, dans l'ensemble, d'adopter des mesures progressistes tout en limitant les dépenses. Son gouvernement fit certainement des efforts pour atteindre ces objectifs. La colonie devint partie au traité en 1855. On réduisit les salaires des fonctionnaires et l'on réorganisa la fonction publique. Le gouvernement institua une enquête sur les causes du paupérisme et augmenta les crédits destinés à l'éducation, à la santé et à la voirie. On adopta des lois utiles sur l'insolvabilité, la responsabilité limitée et la réforme judiciaire. La colonie était relativement prospère et, du moins en apparence, les choses se déroulaient normalement.

Cependant, tout n'allait pas pour le mieux au parti libéral. Chef acceptable durant la campagne du gouvernement responsable, Little était maintenant éclipsé de plus en plus par des personnages chevronnés, tels Kent et Parsons, et il n'arrivait pas à cimenter le parti. Dès l'automne de 1856, les vieux libéraux et les Terre-Neuviens d'origine se plaignirent d'être laissés pour compte dans la distribution des faveurs, et le gouvernement fut accusé, par ses propres partisans, d'extravagance et d'arrogance. Au début de 1857, Little parvint quand même, temporairement, à réaffirmer son autorité et à unifier le parti au moment où l'Angleterre et la France se proposaient de définir, dans une convention, les droits de pêche des Français sur la côte française de Terre-Neuve. Le gouvernement éprouva quelque difficulté à répondre aux arguments de l'opposition, qui lui reprochait d'avoir complètement échoué quant à la protection des intérêts de la colonie ; cependant, la chambre appuya à l'unanimité l'attaque dirigée par Little contre l'accord qui, tous s'entendaient là-dessus, faisait beaucoup trop de concessions aux Français. Dans un débordement d'indignation patriotique, l'Assemblée condamna la convention et nomma des délégués qui iraient présenter le point de vue de Terre-Neuve aux autres colonies britanniques d'Amérique du Nord et au gouvernement impérial. Little était parmi ces délégués. Cependant, avant son départ, le gouvernement reçut une dépêche dans laquelle le ministère des Colonies concédait que le consentement de la colonie était un préalable essentiel à toute entente. C'était toute une victoire. La chasse au phoque allait bien, la pêche à la morue à peine moins, et les prix étaient bons ; le gouvernement débordait de confiance en lui-même.

Little, pour sa part, avait traversé suffisamment

d'épreuves. Il ne joua qu'un rôle mineur à la session de 1858 et, à la fin, démissionna du gouvernement et de l'Assemblée en invoquant des raisons de santé, pour prendre un siège à la Cour suprême. Apparemment, il n'allait pas bien, mais rétrospectivement on voit qu'il partit au bon moment. En 1858, la pêche fut mauvaise, les prix baissèrent et une longue dépression s'abattit sur la colonie. Quant au gouvernement libéral, alors dirigé par John Kent, il entra dans une période de dissensions qui allait se terminer par sa défaite en 1861. Cependant, pour Little, l'important était surtout que, s'il n'acceptait pas une charge de juge en 1858, il devrait l'attendre longtemps. Inquiet de l'état de la magistrature, le gouverneur sir Alexander Bannerman* voulait procéder à des nominations pour remplacer deux juges âgés et malades. Espérant des réformes et de l'efficacité, il choisit Little et Bryan Robinson*, tandem équilibré, puisque l'un était un libéral catholique et l'autre, un conservateur protestant. Après quelques controverses, on accepta rapidement ces nominations.

Avant de disparaître de la scène (sauf à titre de juge), Little joua un rôle mineur dans la crise politique de 1861, qui se termina par la chute des libéraux. En 1860 à New York, avec Mgr Mullock, il fréta un navire à vapeur, au nom du gouvernement, pour le service de cabotage dont on venait d'approuver l'organisation. Comme on exigeait de lui une aide financière, Kent refusa de reconnaître le contrat ; Mullock répudia les libéraux, ce qui affaiblit beaucoup leur position. Quelques mois plus tard, avec son collègue le juge Robinson, Little contesta un projet de loi sur la monnaie qui aurait réduit leur revenu réel. Cette requête amena Kent à accuser les juges et le gouverneur de complot contre lui. Comme il refusait d'expliquer ses allégations, Bannerman procéda à la dissolution du ministère. Les élections suivantes, en mai 1861, donnèrent lieu à des manifestations de violence dans plusieurs districts, qui culminèrent en une émeute à St John's. Little, de l'avis de tous, fit de son mieux pour la réprimer.

Peu après son mariage, en 1864, avec Mary Jane Holdright, qui venait d'une riche famille anglo-irlandaise, Little commença, semble-t-il, à étudier la possibilité de se fixer en Irlande. Absent plusieurs mois en 1867, il fut remplacé au tribunal l'année suivante. Il passa le reste de ses jours en Irlande, près des fermes qui appartenaient à des parents, à gérer les propriétés de sa belle-famille et celles qu'il avait acquises lui-même. Bien connu comme avocat, il milita pour l'autonomie politique de l'Irlande. À St John's, son frère benjamin, Joseph Ignatius*, qui était arrivé à Terre-Neuve vers 1851, reprit le cabinet d'avocat familial et devint, comme lui, chef du parti libéral et juge à la Cour suprême.

La carrière politique de Philip Francis Little fut brève (huit ans à peine) mais importante : avec le concours indispensable de Mullock, il parvint à unifier et à galvaniser le parti libéral sous la bannière du gouvernement responsable. Une fois la bataille terminée, il se révéla incapable, à cause de sa jeunesse et de son inexpérience, de conserver son ascendant. Toutefois, il avait fait sa part, et c'est apparemment de bon gré qu'il se retira dans une obscurité prospère et confortable.

JAMES K. HILLER

National Library of Ireland (Dublin), P. F. Little papers (mfm aux PANL). — P.E.I. Museum, File information concerning P. F. Little. — PRO, CO 194/133–178. — T.-N., House of Assembly, *Journal,* 24 mars 1846, 14 déc. 1848, 1850–1858. — *Colonial Herald, and Prince Edward Island Advertiser* (Charlottetown), 16 mai 1838. — *Daily News* (St John's), 26 oct. 1897. — *Examiner* (Charlottetown), 6 juin 1864. — *Morning Courier* (St John's), 16 nov. 1850. — *Newfoundlander,* 26 mars 1846, 12 févr. 1852, 26 avril 1855, 12 juill. 1858. — *Patriot and Terra-Nova Herald,* 14 sept. 1850. — *Prince Edward Island Register* (Charlottetown), 25 sept., 18 déc. 1824, 22 avril 1825. — *Royal Gazette* (Charlottetown), 12 avril 1836. — J. P. Greene, « The influence of religion in the politics of Newfoundland, 1850–1861 » (thèse de M.A., Memorial Univ. of Nfld., St John's, 1970). — Gunn, *Political hist. of Nfld.* — E. A. Wells, « The struggle for responsible government in Newfoundland, 1846–1855 » (thèse de M.A., Memorial Univ. of Nfld., 1966). — E. C. Moulton, « Constitutional crisis and civil strife in Newfoundland, February to November 1861 », *CHR,* 48 (1967) : 251–272.

LIVINGSTON, JOHN, journaliste et éditeur de journaux, né le 1er février 1837 à Richibucto, Nouveau-Brunswick, fils de Henry Livingston, fonctionnaire local, et d'Isabella Wheten ; le 17 mai 1866, il épousa à Saint-Jean, Nouveau-Brunswick, Anna Maria B. Armstrong, et ils eurent quatre fils et quatre filles ; décédé le 10 février 1894 à Montréal.

La famille de John Livingston s'installa à Shédiac quand il était encore jeune, et c'est là qu'il apprit la télégraphie. Muté à Saint-Jean par la New Brunswick Telegraph Company, il amorça bientôt sa carrière de journaliste au *Colonial Presbyterian and Protestant Journal* de William Elder*. En octobre 1859, il demanda au secrétaire de la province, Samuel Leonard TILLEY, d'appuyer sa candidature au poste de « messager de la chambre d'Assemblée » en lui faisant valoir qu'ils avaient « les mêmes opinions politiques ». Pas plus en cette occasion que par la suite, il ne décrocha de poste dans l'administration.

En juillet 1860, Livingston informa Tilley de son intention de fonder « un journal du matin pour [servir] les intérêts du gouv[ernement] ». La parution ne commença qu'en 1862 mais, entre-temps, il fut rédacteur en chef de l'éphémère *Temperance Banner* durant environ un an et travailla aussi pour le *Morning News* de George Edward FENETY. Des indices laissent voir que sa dépendance financière à l'égard de Tilley s'accentuait ; ainsi, en 1862, il lui demanda de cosigner un billet à ordre de 150 $. En septembre 1862, grâce à ses propres économies et à l'aide de son père, il put lancer le premier numéro du trihebdomadaire *Morning Telegraph,* dont il était à la fois propriétaire et rédacteur en chef.

Sa compétence et son esprit imaginatif allaient valoir à Livingston le titre de père du journalisme moderne à Saint-Jean. Délaissant les nouvelles britanniques et américaines qui formaient la substance des journaux néo-brunswickois, il privilégiait les nouvelles locales, recueillies à Saint-Jean même ou communiquées par le télégraphe et par un reporter itinérant. Il augmenta la diffusion de son journal en menant des campagnes de promotion dans les trois colonies de l'Atlantique et en offrant, aux personnes qui organisaient « un club » de 20 abonnés, un abonnement gratuit d'un an à un magazine. Livingston ne tarda pas à se faire une réputation de commentateur bien informé et direct. Son journal allait prendre position notamment sur le Western Extension Railway, la Confédération, le chemin de fer Intercolonial, le canal de Baie-Verte et, surtout, l'avenir de Saint-Jean en tant que centre manufacturier et métropole du Nouveau-Brunswick.

Au milieu des années 1860, aucune question n'occupait davantage les esprits que la Confédération, et la controverse qu'elle suscitait faillit bien provoquer une rupture entre Livingston et Tilley. Le *Morning Telegraph* devint un quotidien à l'été de 1864 et, en général, on le range parmi les journaux entièrement favorables à la Confédération. Pourtant, Livingston se méfiait des propositions du Canada, et après la conférence de Charlottetown, il dit à Tilley : « J'espère seulement que, dans cette question canadienne, vous-même et les autres délégués des Maritimes ne finirez pas par être bernés. Pour ma part, je ne crois nullement aux « bonnes intentions » du Canada envers nous. » Son journal appuya prudemment la position des anticonfédéraux sur certaines questions et alla jusqu'à accuser les délégués des Maritimes d'« avoir vendu [leurs concitoyens] aux Canadiens ». La situation de Livingston n'était pas aisée : passer à la publication quotidienne avait coûté cher, et ses principaux bailleurs de fonds étaient partisans de la Confédération. Au début de 1865, soit au moment où Tilley fit – et perdit – sa première campagne électorale sur l'union avec la province du Canada, le journal le soutint résolument. Il fit de même durant la seconde campagne, celle de 1866, qui s'acheva par une victoire. Entre-temps, les problèmes financiers de Livingston s'étaient aggravés, en partie, écrivait-il à Tilley, à cause de son excès de zèle en faveur de la Confédération ; en effet, il avait emprunté de l'argent à John Boyd, l'agent de Tilley, pour promouvoir la cause dans son journal. La R. G. Dun and Company avait évalué ses difficultés avec plus de précision en juin 1865 : « [il] se débrouille assez bien, disait-elle, mais ne comprend rien aux finances et néglige son cr[édit] ». Après avoir été un quotidien durant un an, le *Morning Telegraph* redevint trihebdomadaire et, en juillet 1869, il fusionna avec le *Morning Journal* de William Elder pour former le *St. John Daily Telegraph and Morning Journal.* Livingston demeura propriétaire et Elder devint rédacteur en chef. Cependant, il dut vendre le journal à Elder pour 30 000 $ en 1871. Cette somme lui permit de lancer le *Daily Tribune,* mais il en abandonna la direction, et déclara faillite le 18 septembre 1872.

Pour échapper à sa disgrâce, Livingston se réfugia à Moncton, où il refit surface en 1873 à la direction du *Times*. Dès 1875, il était de retour à Saint-Jean et avait fondé un hebdomadaire, le *Watchman*. Le *Telegraph* d'Elder avait adopté une position éditoriale franchement libérale. De son côté, Livingston entreprit, avec sir John Alexander Macdonald, une correspondance où il était souvent question de la nécessité de doter Saint-Jean d'un quotidien conservateur. Toutefois, en juin 1877, l'incendie qui ravagea la ville détruisit les bureaux du *Watchman* et tous les biens de Livingston. Encore une fois, il trouva temporairement refuge à Moncton, où il partagea la direction du *Times* avec Henry Thaddeus Stevens*. Tout en reconnaissant que ce journal portait « assez bien « la bannière » [des conservateurs] », il ne pouvait s'empêcher, étant donné la pauvreté dans laquelle il se — trouvait, de souligner : « bien sûr, nous ne pouvons avoir ici l'influence qu'un quotidien aurait à Saint-Jean ». Redonner un journal conservateur à cette ville et en confier la rédaction à Livingston serait un moyen de dédommager ce dernier des énormes pertes qu'il avait subies en défendant le parti. Le moment était propice : les élections approchaient, et Tilley avait besoin de tous les appuis possibles. Le *Daily Sun* fut lancé en 1878 ; dès septembre, Livingston en était le rédacteur en chef.

Livingston applaudit au triomphe des conservateurs cette année-là puis à l'adoption de la Politique nationale en 1879. Après tant de déboires, allait-il enfin connaître la prospérité ? On aurait pu le penser. Pourtant, les difficultés financières continuaient de l'assaillir et sa santé se détériorait. Il mendia donc un poste au gouvernement. Le parti ne put rien lui offrir de mieux, en 1883, que la direction du *Montreal Herald and Daily Commercial Gazette*. Au cours des quatre années où il exerça cette fonction, il perdit sa femme et se retrouva seul avec ses huit enfants. Sa situation devenant de plus en plus « ingrate », il laissa clairement entendre à Macdonald qu'il voulait quitter le journal dès que possible.

Livingston demeurait un journaliste réputé, comme en témoigne le fait que, dans les derniers mois de 1887, on le nomma rédacteur en chef de l'*Empire* de Toronto, journal qui devait devenir le principal organe national du parti conservateur. Il se mit au travail avec enthousiasme mais fut congédié un peu plus d'un an après, soi-disant pour raisons de santé. En mars 1889, après être allé se faire soigner à Boston, il refit appel à Macdonald pour obtenir un poste dans la fonction publique. Le même mois, il écrivit à Tilley, le suppliant d'intervenir. Finalement, ses démarches portèrent fruit : en décembre 1889, on le nomma administrateur du *Calgary Herald*. Mais sa santé et sa situation financière laissaient encore à désirer et, en janvier 1892, il sollicita à nouveau, mais sans succès, un poste de fonctionnaire de l'immigration à Calgary. Tout en reconnaissant que son salaire était modeste, il ne craignait pas d'avouer : « la charge de travail est légère en hiver, et je peux m'organiser de manière à poursuivre un certain travail littéraire que j'ai en tête ». À la fin d'août, son nom disparut du cartouche administratif du *Calgary Herald*. Vers la fin de 1893, Livingstone réapparut à Montréal avec un projet d'hebdomadaire financier – idée plutôt amusante étant donné ses antécédents dans ce domaine. Il obtint une certaine aide de la part du fidèle Tilley, mais le journal ne parut jamais ; Livingston mourut le 10 février 1894, peu de temps après avoir contracté une pneumonie.

L'historien Paul Rutherford, en classant par catégories les journalistes de l'époque, a placé tout en bas « une troupe d'éditeurs marginaux et d'auteurs besogneux que le destin [...] a traité durement ». On pourrait aisément ranger John Livingston parmi eux. Lui-même a écrit au sujet de la triste « situation des collaborateurs des journaux de parti au Canada. Les hommes de lettres qui consacrent le meilleur de leur existence aux partis canadiens ont un avenir sombre devant eux. Ils n'ont que de rares occasions de gagner ou d'économiser de l'argent. Les salaires sont modestes, les à-côtés inexistants. Ils doivent soit demeurer dans le monde de la presse, avec ses hauts et ses bas, soit finir par accepter du gouv[ernement] quelque petite fonction qui peut bien ne pas leur convenir. » Livingston connut bien plus de « bas » que de « hauts », et ses faiblesses en matière financière étaient plus qu'évidentes. Néanmoins, en raison de ses talents de journaliste – surtout tels qu'ils se manifestèrent à l'époque du *Morning Telegraph* de Saint-Jean – il acquit une réputation provinciale, voire nationale. En outre, sa carrière montre combien, dans le Canada de la fin du XIXe siècle, la pratique du journalisme de parti était précaire et ingrate pour certains.

WILLIAM G. GODFREY ET CONNIE L. HOLLAND

AN, MG 26, A, 265 ; 276 ; 347 ; 349 ; 360 ; 381 ; 441 ; 444 ; 446 ; 448 ; 459 ; 471 ; 474 ; 477–478 ; 528 ; MG 27, I, D15, 7–9 ; 11–13 ; 15 ; 17–20 ; RG 31, C1, 1861, Richibucto (mfm aux APNB). — APNB, RG3, RS551, bond 5314. — Baker Library, R. G. Dun & Co. credit ledger, Canada, 9 : 295 (mfm aux AN). — Musée du N.-B., Tilley family papers, boxes 4, 7, 9, 12. — Saint John Regional Library (Saint-Jean, N.-B.), « O » scrapbook, vol. 6 ; W. O. Raymond scrapbook, vol. 5 ; 11. — *Calgary Herald*, 1889–1892. — *Daily Sun* (Saint-Jean), 1878–1883. — *Daily Telegraph* (Saint-Jean), 1864–1865. — *Daily Tribune* — (Saint-Jean), 1871–1872. — *Empire* (Toronto), 1887–1888. — *Moncton Times* (Moncton, N.-B.), 1877–1878. — *Montreal Daily Star*, 12 févr. 1894. — *Morning Telegraph* (Saint-Jean), 1862–1869, plus tard le *St. John Daily Telegraph and Morning Journal*, 1869. — *Watchman* (Saint-Jean), 1875–1877. — Baker, *Timothy Warren Anglin*. — C. L. Holland, « John Livingston : a biography of a journalist » (thèse de B.A., Mount Allison Univ., Sackville, N.-B., 1988). — Paul Rutherford, *The making of the Canadian media* (Toronto, 1978) ; *Victorian authority*. — C. M. Wallace, « Sir Leonard Tilley, a political biography » (thèse de PH.D., Univ. of Alta., Edmonton, 1972). — B. P. N. Beaven, « Partisanship, patronage, and the press in Ontario, 1880–1914 : myths and realities », *CHR*, 64 (1983) : 317–351. — C. M. Wallace, « Saint John boosters and the railroads in mid-nineteenth century », *Acadiensis* (Fredericton), 6 (1976–1977), n° 1 : 71–91.

LIVINGSTON, SAMUEL HENRY HARKWOOD, prospecteur, trafiquant et fermier, né le 4 février 1831 à Avoca (Ovoca, république d'Irlande), fils de Hugh Leviston et de Mary Ann Fitzsimmins ; en 1865, il épousa à Victoria (Pakan, Alberta) Jane Mary Howse, petite-fille de Joseph Howse*, et ils eurent huit fils et six filles ; décédé le 4 octobre 1897 à Calgary.

Dans sa jeunesse, probablement en 1848, Samuel Henry Harkwood Livingston quitta l'Irlande pour immigrer aux États-Unis avec son cousin Hugh Livingston. En 1850, il atteignit les régions aurifères de Californie. Au début des années 1860, il parcourut et prospecta diverses parties du territoire de Washington (qui se trouvent aujourd'hui dans l'Idaho et le Montana) et du sud de la Colombie-Britannique. Vers 1865, il cherchait de l'or à la batée le long de la Saskatchewan-du-Nord, près du fort Edmonton (Edmonton).

Marié en 1865 à Jane Mary Howse, Livingston adopta un mode de vie un peu plus sédentaire et se lança dans la traite des peaux de bison. En 1874, il avait déménagé son comptoir plus au sud, afin de faciliter la traite avec les Indiens des Prairies ; il faisait aussi du commerce près de la mission catholique de Notre-Dame-de-la-Paix, sur la rivière Elbow. Pendant l'été de 1876, avec sa famille, il se rapprocha du fort Calgary (Calgary), toujours sur la rivière Elbow, où la Police à cheval du Nord-Ouest venait d'installer un poste. La même année, il commença à cultiver la terre, devenant ainsi, avec John Glenn*, l'un des premiers fermiers de la région.

La ferme des Livingston prospéra et devint un exemple du potentiel agricole de l'endroit. On la faisait visiter à des notables de passage, par exemple le marquis de Lorne [Campbell*] ou Alexander MACKENZIE, et il en était question dans la publicité destinée à attirer de nouveaux colons. Dès la fin des années 1860, Livingston avait fait œuvre de pionnier dans le développement agricole de l'Ouest en introduisant les premiers porcs dans la région de la Saskatchewan. En 1882, il fut le premier à se servir d'une batteuse, l'année suivante, d'une moissonneuse-lieuse ; en 1886, il importa 350 arbres fruitiers du Minnesota. On lui attribue aussi le mérite d'avoir lançé l'élevage du bétail et la culture de divers types de fourrage.

Cofondateur et membre du conseil d'administration de la Calgary District Agricultural Society en 1884, Livingston présenta l'étalage des céréales et légumes de cette société à l'exposition industrielle de Toronto. C'était un homme imposant, qui ne manqua sûrement pas d'attirer l'attention par sa barbe en bataille, sa longue chevelure grisonnante, sa veste de daim à franges, son chapeau à larges bords et son mouchoir multicolore. Squatter comme la plupart des premiers colons, il était impatient d'obtenir un titre de propriété légal pour sa terre. La reconnaissance du droit de propriété fut l'une des revendications qui le poussa à fonder l'Alberta Settlers Rights Association avec Glenn en 1885. Il reçut finalement le titre de concession attendu pour sa terre en février 1891.

Malgré qu'il s'était tourné vers l'agriculture, Livingston n'avait pas renoncé à sa passion pour la prospection et, en 1894, il découvrit de l'or sur la Saskatchewan-du-Sud près de Medicine Hat (Alberta). Il participa en outre de diverses façons à la vie régionale : administrateur-fondateur de la division de Calgary de la Canadian North-West Territories Stock Association en 1886, il fit aussi partie du premier conseil d'administration de la Glenmore School en 1888 et fut délégué à un congrès du parti conservateur en 1896.

Samuel Henry Harkwood Livingston mourut subitement à Calgary le 4 octobre 1897. L'année suivante, les francs-maçons érigèrent un monument sur sa tombe. Personnalité énergique et originale, il entra dans la légende de son vivant, et on le tient pour l'un des pionniers les plus remarquables de Calgary.

SHEILAGH S. JAMESON

Glenbow Arch., M680–682 ; M3036 ; M3658 ; M4046 ; M4821 ; M5782 ; R19e ; S. S. J. file. — Land Titles Office (Calgary), 1891, 1898, 1900. — Calgary District Agricultural Soc., *District of Alberta : information for intending settlers* (Ottawa, 1884). — James Gibbons, « The narrative of James Gibbons (part 1) », W. A. Griesbach, édit., *Alta. Hist. Rev.*, 6 (1958), n° 3 : 1–6. — *Calgary Herald*, 1883–1898. — *Calgary Tribune*, avril 1886, 1er avril 1887. — « Chronology of farming in the Okotoks–High River area, 1879–1910 », R. L. Fowler, compil., *Leaves from the medicine tree* [...] (Lethbridge, Alberta, 1960), 294–298. — Katherine Hughes, *Father Lacombe, the black-robe voyageur* (Toronto, 1911), 128–130. — J. [C.] McDougall, *On western trails in the early seventies : frontier pioneer life in the Canadian north-west* (Toronto, 1911). — Grant MacEwan, *Calgary cavalcade from fort to fortune* (Saskatoon, 1975) ; *Fifty mighty men* (5e éd., Saskatoon, 1975). — « Round table of old timers », *Edmonton Bulletin*, 25 déc. 1907 : 2, 4.

LOGAN, ALEXANDER, homme d'affaires, spéculateur foncier et homme politique, né le 5 novembre 1841 au fort Douglas (Winnipeg), fils de Robert Logan* et de Sarah Ingham, veuve ; en 1864, il épousa Maria Lane, et ils eurent huit enfants ; décédé le 23 juin 1894 à Winnipeg.

Tant en raison de sa naissance que de son mariage, Alexander Logan occupait une place privilégiée dans l'élite commerciale et sociale de Winnipeg. C'est sur des terrains qui appartenaient à son père, marchand et fonctionnaire en vue, que s'érigea le quartier des affaires de la ville naissante. Par son mariage, en 1864, Logan se lia avec les riches familles Bannatyne et McDermot [V. Andrew Graham Ballenden Bannatyne* ; Andrew McDermot*]. Alex ou « Sandy », comme on l'appelait aussi, avait fait ses études à la St John's Collegiate School de Winnipeg. Il avait commencé à travailler à 16 ans sur la propriété et au magasin de son père ; à 24 ans, il héritait du domaine « princier » de son père, situé sur la pointe Douglas. Pendant le boom économique des années 1870 et 1880, il subdivisa le domaine et devint millionnaire grâce à la spéculation foncière.

La fortune et les intérêts immobiliers de Logan contribuèrent fortement à sa carrière dans la politique municipale. Il fit partie du conseil municipal de Winnipeg en qualité d'échevin de 1874 à 1878, puis de maire en 1879, 1880, 1882 et 1884. Ce fut l'une des périodes où la croissance de la ville fut le plus rapide, et parmi les projets qui allaient favoriser l'essor et la prospérité de Winnipeg, il n'y en eut guère auquel il ne participa point directement.

La question ferroviaire domina les six premières années de la carrière politique de Logan. Au début des années 1870, les Winnipegois s'inquiétaient de savoir quel trajet le chemin de fer transcontinental allait emprunter. Finalement, en avril 1879, le ministre fédéral des Travaux publics, Charles Tupper*, leur fit clairement comprendre que la ligne principale ne passerait pas par leur ville. Sans attendre, Logan passa à l'action. Dans le but d'éviter au gouvernement fédéral d'avoir à débourser pour la construction du pont Louise, sur la rivière Rouge, il fit adopter un règlement qui prévoyait la levée des fonds nécessaires. En outre, la municipalité s'engagea à verser une généreuse prime en espèces, à « exempt[er] pour toujours de la taxation » toutes les propriétés que le chemin de fer « posséd[ait] déjà ou posséd[erait] désormais » dans la ville et à donner un terrain pour la construction d'une gare de voyageurs. La décision finale, à savoir que la ligne principale du chemin de fer canadien du Pacifique passerait par Winnipeg, semblait garantir que la ville deviendrait la plaque tournante de l'activité commerciale du Nord-Ouest. À de rares exceptions près, les actes de Logan en 1879 et 1880 ne suscitèrent que des louanges de la part des citoyens. Il était au faîte de sa popularité.

Logan remporta sa troisième élection à la mairie en décembre 1881 sur la foi d'un programme de réforme municipale. Sa réputation d'« insurpassable promoteur » s'accrut beaucoup durant son mandat de 1882. Avec ses conseillers, il travailla à attirer des immigrants afin de faire de Winnipeg le « port du Nord-Ouest ». En partie grâce à la campagne municipale de publicité, et à celles des gouvernements fédéral et provincial, la ville connut une expansion spectaculaire : en 1882 seulement, la population passa de 9 000 à 14 000 habitants. Logan n'était pas à la mairie en 1883. S'il s'était retiré de la politique municipale à ce moment, sa réputation serait demeurée intacte. De 1881 au printemps de 1883, l'immobilier à Winnipeg connut une prospérité soudaine : de 1880 à 1882, l'évaluation municipale des terrains et immeubles passa de 4 millions de dollars à 30 millions. Puis, à la fin de cette période faste, un grand nombre des transactions immobilières de Logan tournèrent mal. Les citoyens comprirent que les dépenses engagées pour le chemin de fer du Pacifique et pour les « améliorations permanentes de la ville » échappaient à tout contrôle et, en mai 1883, un groupe appelé Property Owners' Association se forma en vue de « protéger les citoyens contre les débours inutiles ou somptuaires en matières municipales ». En prévision des élections de 1884, l'association désigna une liste de candidats au conseil municipal et appuya la candidature de Logan à la mairie.

Logan remporta la victoire haut la main. Son premier geste, en janvier 1884, fut de nommer des « vérificateurs spéciaux » qui examineraient la situation financière de la ville. Prêt en juin, leur rapport critiquait les conseils antérieurs, dont celui de Logan, et le conseil de 1884. Logan offrit de se présenter à la mairie en 1885 mais la Property Owners' Association refusa d'en faire son candidat. Son honnêteté n'était pas en cause, mais bien des membres de l'organisme doutaient de son jugement et de sa fermeté, remettaient en question ses talents d'administrateur et la confiance aveugle qu'il accordait aux autres ; tout ce qui, en somme, l'avait empêché de mettre un frein à la dette municipale.

Alexander Logan termina son quatrième mandat à la mairie en décembre 1884. Dès lors, il se contenta de gérer son domaine et de s'occuper de ses placements immobiliers. Il n'avait été ni un homme remarquable ni un maire exceptionnel. Son principal titre de gloire était sa popularité personnelle. Son ardeur de publiciste avait amené ses concitoyens à tirer une grande fierté du progrès de Winnipeg. C'est cet aspect de sa carrière qui mérite d'être retenu.

ALAN F. J. ARTIBISE ET HENRY HUBER

PAM, MG 2, C23. — Begg et Nursey, *Ten years in Winnipeg*. — Winnipeg City Council, *By-laws of the city of Winnipeg from the date of its incorporation in 1874 to the 8th May, 1899* [...] (Winnipeg, 1900). — *Daily Free Press* (Winnipeg), 1872–1894. — *Winnipeg Daily Times*, 1879–1885. — A. F. J. Artibise, *Winnipeg : a social history of urban growth, 1874–1914* (Montréal et Londres, 1975). — R. R. Rostecki, « The growth of Winnipeg, 1870–1886 » (thèse de M.A., Univ. of Manitoba, Winnipeg, 1980). — W. T. Thompson, *The city of Winnipeg, the capital of Manitoba and the commercial, railway & financial metropolis of the northwest : past and present development and future prospects* (Winnipeg, 1886). — C. R. Tuttle, *A history of the corporation of Winnipeg giving an account of the present civic crisis with some suggestions as to what course should now be adopted* (Winnipeg, 1883). — A. F. [J.] Artibise, « Mayor Alexander Logan of Winnipeg », *Beaver*, outfit 304 (printemps 1974), : 4–12.

LOVELL, JOHN, imprimeur et éditeur, né le 4 août 1810 à Bandon (république d'Irlande), fils de Robert Lovell, fermier, et de Jane Beasly ; le 20 septembre 1849, il épousa à Montréal Sarah Kurczyn, fille d'un riche marchand, et ils eurent six fils et six filles dont deux moururent en bas âge ; décédé le 1er juillet 1893 à Montréal.

En 1820, la famille de John Lovell quitta sa ferme des environs de Bandon pour immigrer dans le Bas-Canada et s'établir dans une ferme près de Montréal. L'un des aînés des dix enfants, John détestait les travaux agricoles. En 1823, il devint donc apprenti chez l'imprimeur Edward Vernon Sparhawk, propriétaire et rédacteur en chef du *Canadian Times and Weekly Literary and Political Recorder* de Montréal. Embauché par la *Montreal Gazette* en 1824, il alla ensuite travailler à Québec. L'épidémie de choléra qui se déclara en 1832 le poussa à retourner à Montréal, où il devint prote à l'atelier d'imprimerie de l'*Ami du peuple, de l'ordre et des lois*. En 1836, il était associé à Donald McDonald, avec qui il fonda la même année un journal conservateur, le *Montreal Daily Transcript* : c'était le premier journal à deux sous du Bas-Canada. La Lovell and McDonald imprimait des travaux de ville, des livres et des journaux, parmi lesquels *le Populaire* de Léon Gosselin*, boycotté par le parti patriote en ces années où l'atmosphère politique était particulièrement tendue. Lorsque la rébellion éclata, dans les derniers mois de 1837, Lovell ferma son atelier et s'enrôla dans la Royal Montreal Cavalry. Avant la bataille de Saint-Charles-sur-Richelieu, il se porta volontaire, avec Sydney Robert BELLINGHAM, pour traverser le territoire ennemi, à la faveur de l'obscurité, et aller chercher des renforts britanniques au fort Chambly. Leur mission fut couronnée de succès.

En avril 1838, Lovell et McDonald se séparèrent. McDonald conserva le *Montreal Daily Transcript* et Lovell continua à faire des travaux de ville. En 1844, il s'associa à son beau-frère John Gibson. L'entreprise, située rue Saint-Nicolas, prit de l'expansion. En 1843, Lovell avait fait l'acquisition d'une presse fabriquée dans la colonie. Quatre ans plus tard, il importa au Bas-Canada la première presse à vapeur, qu'il dut placer sous bonne garde pour la protéger contre les pressiers en colère. La même année, il publia l'un des premiers catalogues de caractères et d'ornements typographiques à paraître dans la colonie.

Cependant, une grande partie des livres et revues qu'on lisait en Amérique du Nord britannique provenaient de Grande-Bretagne ou, en moins grand nombre, de France, ou encore – et surtout – des États-Unis, grands producteurs d'éditions contrefaites vendues à prix modique. À l'occasion, des auteurs coloniaux faisaient paraître des livres, mais Lovell et Gibson avaient compris que la diffusion de la littérature canadienne devait passer par les périodiques. C'est pourquoi, en 1838, ils avaient lancé le *Literary Garland*. Ce fut non seulement la première revue littéraire d'Amérique du Nord britannique à remporter du succès, mais aussi la première à payer ses collaborateurs. Gibson, qui en était le rédacteur en chef, publia en feuilleton *War of 1812* [...] de John Richardson* et les premiers textes de *Roughing it in the bush* [...] par Susanna Moodie [Strickland*]. Bon nombre de poèmes, morceaux de fiction et essais publiés dans la revue étaient l'œuvre d'auteurs canadiens, tels Charles SANGSTER, Adam Hood Burwell*, Rosanna Eleanora Leprohon [Mullins*], Eliza Lanesford Cushing [Foster*] et sa sœur Harriet Vaughan Cheney. Le compositeur Charles Sauvageau*, entre autres, y publiait des morceaux de musique, et même les illustrations étaient faites par des artistes locaux. Dans les recensions, on parlait des écrivains britanniques et américains alors en vogue : Charles Dickens, Charlotte Brontë, Charles Kingsley, Nathaniel Hawthorne et William Makepeace Thackeray. En 1850, Gibson, qui était souffrant, confia la rédaction à Harriet Vaughan Cheney et à Eliza Lanesford Cushing. Sa mort, survenue en octobre, porta un dur coup à l'activité littéraire des anglophones de la province. Incapable de rivaliser avec le très populaire magazine américain *Harper's New Monthly Magazine*, le *Literary Garland* cessa de paraître peu après. Auparavant, soit en 1847, la Lovell and Gibson avait encore fait œuvre de pionnière en offrant à la colonie son premier magazine pour enfants, *Snow Drop ; or, Juvenile Magazine*. Publié à la fois à Montréal et à Toronto, sous la direction d'Eliza Lanesford Cushing, il avait des collaborateurs canadiens et étrangers, et il parut jusqu'en 1853.

Éditrice de périodiques littéraires, la Lovell and Gibson imprimait ou éditait aussi un nombre croissant d'ouvrages sur une variété de plus en plus grande de sujets. Les titres suivants donnent une idée de cette diversité : *The emigrant, a poem, in four cantos* par Standish O'Grady*, paru en 1841, *Fundamental principles of the laws of Canada* [...] par Nicolas-Benjamin Doucet* en 1841–1843, les trois derniers volumes de *A history of the late province of Lower Canada* [...] par Robert Christie* de 1848 à 1855, et *Répertoire de l'organiste* [...] par Jean-Baptiste LABELLE en 1851. Comme on l'a vu, la Lovell and Gibson avait d'abord présenté des œuvres musicales dans le *Literary Garland*. Privilégiant les compositeurs canadiens, Lovell allait publier des livres de musique et des partitions, ainsi que quelques « airs simples » dans des périodiques. Dans les années 1850 et la décennie qui suivit, il tenta d'étendre le marché des livres de fabrication canadienne. En 1858, il commanda à Ebenezer Clemo* un ouvrage intitulé *Canadian homes ; or the mystery solved, a Christmas tale*, dont 30 000 exemplaires en anglais et 20 000 exemplaires en français furent tirés la même année, mais la campagne de publicité ne porta pas fruit. La plupart des livres canadiens étaient imprimés et reliés selon des procédés médiocres, et ils ne pouvaient pas concurrencer les romans populaires de Grande-Bretagne ou des États-Unis. En 1864, Lovell apporta une contribution notable à la poésie canadienne en publiant une première anthologie, *Selections from Canadian poets* [...]. Éditée par Edward Hartley Dewart*, elle regroupait des vers d'auteurs connus, tels Alexander MCLACHLAN, Susanna Moodie et Charles Sangster, aussi bien que des poètes de la relève, comme Pamelia Sarah VINING. Toujours dans les années 1850 et 1860, à cause du renouveau que connaissaient plusieurs confessions, les Canadiens furent de plus en plus nombreux à écrire des ouvrages originaux à caractère religieux. Dans ce domaine, Lovell publia notamment des écrits du rabbin Abraham De Sola* et des missionnaires catholiques Joseph Marcoux* et Jean-André CUOQ.

De même, Lovell encouragea la floraison de la littérature canadienne-française, dans les années 1840 et au début des années 1850, en imprimant par exemple *l'Encyclopédie canadienne* de Michel Bibaud* en 1842–1843, *le Répertoire national* [...] de James Huston* en 1848–1850 et la deuxième édition de *Histoire du Canada* [...] de François-Xavier Garneau* en 1852. Il publia une traduction de l'ouvrage de Garneau par Andrew Bell* en 1859 et, bien qu'elle fût mauvaise, en fit paraître en 1862 une version à peine retouchée. Ces initiatives littéraires n'étaient nullement des cas d'exception : depuis 1840, les écrivains des deux langues s'employaient à créer une littérature nationale. Certains, dont Richardson, Moodie, Garneau, Catharine Parr Traill [STRICKLAND] et Thomas Chandler Haliburton*, se taillèrent une réputation internationale. L'importance croissante que la société accordait à l'éducation, aussi bien que l'apparition de sociétés littéraires et scientifiques ou d'instituts des artisans, expliquait cette évolution. Le taux d'alphabétisation et le niveau de conscience politique s'élevaient, formant la base d'un commerce florissant pour les librairies et les maisons d'édition.

Néanmoins, publier des œuvres littéraires était hasardeux, et c'est pourquoi Lovell se protégeait de plusieurs façons. Le risque financier était en général assumé par d'autres, et les travaux d'imprimerie devaient compenser les pertes que l'édition faisait subir à l'entreprise. Celle-ci imprimait des journaux, des magazines, des bottins et des publications gouvernementales en français et en anglais. En 1849, un marché d'imprimerie de l'Assemblée législative lui rapporta £6 226. Lorsqu'en 1850 la province du Canada modifia sa façon de distribuer ses travaux d'imprimerie, Lovell décrocha un contrat de dix ans. Comme le gouvernement siégeait tantôt à Montréal, tantôt à Toronto ou à Québec, il dut ouvrir des succursales dans ces villes. Ainsi, en 1851, la Lovell and Gibson (elle s'appelait toujours ainsi malgré la mort de Gibson) en avait une à Toronto, où Lovell avait temporairement élu domicile pour superviser le contrat du gouvernement. Cette année-là, 41 employés y travaillaient, sans compter les apprentis, et 30 à Montréal. En 1853, Lovell tenait à Québec, avec un associé du nom de Pierre Lamoureux, une succursale appelée Lovell and Lamoureux.

Lovell escomptait aussi un certain secours des mesures tarifaires. En 1858, le gouvernement provincial institua le premier tarif protecteur, à la fois pour augmenter ses revenus et pour aider les manufactures de la province. Lovell appuya ce geste dans une lettre à la *Montreal Gazette* qui fut reprise par la suite dans un opuscule publié à Montréal sans indication de date, *Canadian manufactures*. Il y écrivait par exemple : « Nous disons simplement ceci : Mettez-nous en position d'égalité avec les États-Unis. Ils ne modifieront pas leur politique. Nous devons changer la nôtre, sans quoi jamais le Canada ne pourra s'enorgueillir [d'avoir] de grandes maisons d'édition, ni faire fleurir le talent qui existe en germe dans le pays. » Cependant, l'instauration du tarif provoqua un tel tollé, aussi bien dans la province qu'en Grande-Bretagne et aux États-Unis, que dès 1859 le gouvernement dut annuler ou réviser à la baisse bon nombre des droits sur les livres.

Se spécialiser dans la production de bottins et de répertoires était un autre moyen, pour Lovell, d'assurer ses arrières. Il faisait ainsi preuve de sagacité car, dans ce secteur, la concurrence étrangère était inexistante. Dans les années 1840 et la décennie qui suivit, il imprima le *Montreal directory* pour Robert Walter Stuart Mackay* puis pour la veuve de celui-ci, Christina Mackay. En 1863–1864, il prit en main la compilation de l'ouvrage et, en 1868–1869, il en devint propriétaire et éditeur. En 1851, il avait édité et imprimé le *Canada directory* de Mackay. Six ans plus tard, il lança son propre *Canada directory*, qui comptait 1 152 pages et, en 1871, il publia un ouvrage monumental, *Lovell's Canadian dominion directory* (2 562 pages), satisfaisant ainsi ce qui, selon Sydney Robert Bellingham, avait été son « ambition dévorante ». Toutefois, compiler ces bottins coûtait très cher : ses pertes sur le premier s'élevèrent à 12 000 $, et sur le deuxième – si l'on en croit Bellingham – à 80 000 $. Pour produire le bottin de 1871, il reçut diverses formes d'aide, dont un crédit de 15 000 $ d'Alexander BUNTIN pour le papier, 8 000 $ pour les caractères et le matériel d'imprimerie de Charles Theodore Palsgrave, et des laissez-passer de chemins de fer pour les 50 représentants qui recueillaient les renseignements. En outre, des départements gouvernementaux lui prêtèrent leurs services, des journaux publièrent des annonces sans frais, et la Canadian Express Company livra cette brique gratuitement aux journaux et à des conditions avantageuses aux souscripteurs. En dépit de ce soutien, Lovell dut emprunter de fortes sommes à Hugh Allan*, qui profita de la situation pour exiger 9 % d'intérêt et des services d'imprimerie gratuits pour ses compagnies.

À compter de la fin des années 1850, Lovell se spécialisa aussi dans le manuel scolaire. De 1842 à 1853, toutes les colonies de l'Amérique du Nord britannique avaient réorganisé leur système d'enseignement afin d'établir des écoles publiques, d'encourager la formation des instituteurs et d'uniformiser les manuels. Dès 1860, Lovell remplaça les divers manuels qu'il avait publiés jusque-là par la « Lovell's Series of School Books », première collection de manuels destinés aux écoles canadiennes. Ils visaient à remplacer les titres de l'« Irish National Series » alors en usage, et surtout les manuels américains, qui vantaient la culture des États-Unis aux dépens des institutions de l'Amérique du Nord britannique. Le premier titre de la collection fut *The geography and history of British America, and of other colonies of the empire* [...], qui avait été publié en 1857 par la Maclear and Company [V. Thomas MACLEAR] et imprimé par la Lovell and Gibson. L'auteur en était John George Hodgins*, protégé d'Egerton Ryerson* et surintendant adjoint de l'Éducation du Haut-Canada, qui devint l'un des conseillers de Lovell en matière de manuels scolaires. John William DAWSON, John Douglas Borthwick* et John Herbert Sangster collaborèrent aussi à cette collection, qui était très variée : grammaire, histoire, arithmétique, philosophie naturelle, agriculture, cartes géographiques. Tout le monde louangea Lovell pour cette initiative, et ces manuels servirent jusqu'à la Première Guerre mondiale. Au début, Lovell bénéficia du fait qu'il était le seul éditeur canadien inscrit au catalogue des manuels autorisés dans les écoles haut-canadiennes. À compter de 1859, les écoles qui ne commandaient pas de livres inscrits au catalogue ne touchaient pas de subventions. Cependant, après la Confédération, il dut partager le marché du manuel scolaire avec, entre autres, James Campbell, William James Gage* et la Copp, Clark and Company [V. William Walter Copp].

Toujours pour éponger les pertes de ses publications canadiennes, Lovell cherchait à produire des éditions canadiennes de succès étrangers. D'abord, dans les années 1850, il demanda une licence pour réimprimer un manuel de Robert Sullivan, *The spelling-book superseded* [...]. Comme Sullivan refusait les £50 de redevances qu'il lui offrait, il importa la contrefaçon américaine (qu'il aurait pu imprimer à un coût inférieur du tiers) et se plia aux conventions de l'édition en versant un droit de 12,5 % au titulaire du droit d'auteur, qui était britannique. Ensuite, il réfléchit à cette anomalie durant quelques années avant de prendre une nouvelle initiative. Jusqu'à la fin de sa vie, il allait consacrer une bonne partie de son temps et de ses énergies à tenter d'obtenir l'autorisation de faire des réimpressions au pays. Les imprimeurs-éditeurs canadiens soutenaient qu'ils devaient approvisionner leur marché et même, éventuellement, exporter aux États-Unis, tout comme les éditeurs américains exportaient au Canada depuis des décennies. À compter de 1867, Lovell et ses collègues invoquèrent aussi le fait que l'autonomie du Canada renforçait ce droit. Lovell persuada son ami sir John Rose*, représentant quasi officiel du Canada à Londres, de faire pression auprès du gouvernement britannnique soit pour qu'il modifie le *Foreign Reprints Act* de 1847, soit pour qu'il autorise les imprimeurs canadiens à obtenir des licences spéciales qui leur permettraient de reproduire des ouvrages dont les droits étaient détenus en Grande-Bretagne. Les Américains réduisirent ces efforts à néant et opposèrent une résistance farouche chaque fois que des éditeurs canadiens essayaient d'exporter chez eux des livres produits au Canada. La plupart des auteurs britanniques soutenaient les Américains parce qu'ils ne voulaient pas que les licences spéciales d'impression ou la protection du droit d'auteur dépendent du lieu de fabrication d'un livre. En outre, des éditeurs comme Thomas Longman refusaient que des coloniaux réimpriment leurs livres. C'est ainsi que, surmontant leurs rivalités, les éditeurs et auteurs britanniques et les éditeurs américains firent front commun pour empêcher les éditeurs canadiens de soutenir la concurrence au Canada et à l'étranger. Inévitablement, les efforts déployés par Lovell et ses collègues en vue de faire modifier en leur faveur la législation sur le droit d'auteur qui s'appliquait au Canada et en Grande-Bretagne échouaient pour l'une des deux raisons suivantes. D'abord, après 1867, le Canada était encore à moitié une colonie, si bien que la Grande-Bretagne refusait de sanctionner les lois canadiennes qu'elle jugeait incompatibles avec sa législation sur le droit d'auteur. Ensuite, le Board of Trade de Grande-Bretagne estimait que « la question canadienne [devait] être étudiée dans le cadre des différentes négociations avec le gouvernement des États-Unis ». Or, les Américains tenaient au statu quo.

En 1869, convaincu que les contrefaçons américaines d'ouvrages britanniques envahissaient toujours davantage le marché canadien, Lovell décida de frapper un grand coup. Imitant les Américains, il publia une contrefaçon d'une pièce de théâtre de Dion Boucicault et de Charles Reade, *Foul play*. Toutefois, réimprimer sans permission, à l'intérieur de l'Empire, un ouvrage dont le droit était détenu en Grande-Bretagne était illégal. Il fut donc dûment menacé de poursuites judiciaires et, en plus, il acquit la réputation de faussaire. L'année suivante, le romancier anglais William Wilkie Collins autorisa le *Globe de Toronto* à publier son roman *Man and wife* en feuilleton et la Hunter, Rose and Company à en faire une édition canadienne [V. George Maclean Rose]. En 1872, Lovell se rendit en Angleterre pour tenter de conclure une entente semblable avec Longman. Comme le Canada avait adopté, cette année-là, une loi protectionniste sur le droit d'auteur, il en profita pour tenter d'exercer des pressions sur le gouvernement et les auteurs britanniques, avec Graeme Mercer Adam*, dans l'espoir de les amener à changer d'attitude envers les éditeurs canadiens. Dans *A letter to Sir John Rose, bart., K.C.M.G., on the Canadian copyright question,* ils affirmèrent que les Britanniques avaient cédé le marché canadien aux Américains. Lovell échoua sur les deux fronts, peut-être à cause de sa réputation de « pirate », peut-être à cause de sa personnalité, et il attribua l'arrogance et l'inflexibilité des Britanniques aux manœuvres de Longman. En 1873, le gouvernement britannique déclara que la loi canadienne sur le droit d'auteur était inconstitutionnelle. Déjà, cependant, Lovell avait décidé de stéréotyper et d'imprimer des ouvrages britanniques aux États-Unis et de les importer au Canada comme contrefaçons américaines, en acquittant le droit de 12 % exigé par le *Foreign Reprints Act* (qui allait demeurer en vigueur au Canada jusqu'en 1894). En 1872–1873, donc, il avait construit une imprimerie moderne près de la frontière canado-américaine, à Rouses Point, dans l'état de New York, et y avait installé sa famille. Ils vécurent là deux ans et demi. Tant les Britanniques que les Américains furent troublés par ce « procédé malhonnête » mais, contre toute attente, l'imprimerie de Lovell eut bientôt plus de commandes légitimes aux États-Unis qu'elle ne pouvait en remplir.

En 1866, Lovell avait, au Canada, 150 employés et

12 presses à vapeur. À partir de 1872, l'entreprise montréalaise continua d'imprimer ses publications et celles d'autres éditeurs, mais l'impression des livres à grand tirage se fit de plus en plus à la Lake Champlain Press de Rouses Point. C'est là que son fils aîné, John Wurtele, fit ses débuts. En 1876, avec son père et Adam, il fonda à New York la Lovell, Adam and Company afin de réimprimer, en éditions à prix modiques, des ouvrages dont le droit d'auteur était déposé en Grande-Bretagne. La compagnie eut bientôt un autre associé, Francis L. Wesson, gendre de Lovell et fils d'un armurier du Massachusetts ; elle prit alors le nom de Lovell, Adam, Wesson and Company. En 1877, elle publia *The golden dog* de William Kirby*, mais comme ce roman n'était pas enregistré au Canada, Kirby n'y avait aucune protection et ne toucha pas de redevances canadiennes. La même année, John Wurtele quitta la compagnie pour fonder sa propre maison et se lancer dans une carrière qui allait atteindre des sommets spectaculaires puis s'achever par une faillite. Entre-temps, soit en 1874, Lovell avait formé la Lovell Printing and Publishing Company, dont le capital était de 300 000 $; les immeubles de Montréal et de Rouses Point, l'équipement et les copyrights constituaient le tiers de cette somme. Lovell était le directeur provisoire de cette société ; parmi les administrateurs provisoires figuraient Bellingham, qui devint par la suite président, ainsi que John Wurtele et son frère Robert Kurczyn.

Même après avoir construit son imprimerie à Rouses Point, Lovell continua de s'employer à faire modifier la législation canadienne et britannique sur le droit d'auteur. Avec d'autres imprimeurs, il tentait de convaincre le gouvernement d'adopter des lois protectionnistes qui feraient de la production au Canada une condition du copyright et garantiraient aux auteurs étrangers la protection que leur gouvernement assurait aux auteurs canadiens. La loi de 1872 sur le droit d'auteur avait fait long feu. Une autre, à la conception de laquelle Lovell participa apparemment peu, sinon pas du tout, fut adoptée en 1875. Solution de compromis, elle exigeait que, pour être protégé, un livre soit imprimé, publié et enregistré au Canada, mais par ses échappatoires elle protégeait les nombreux copyrights américains et britanniques qui ne satisfaisaient pas ces conditions. Ainsi (et c'était le plus grave), elle n'avait pas préséance sur la loi impériale de 1842, qui protégeait les livres publiés dans les autres territoires de l'Empire. Vers la fin des années 1870, des éditeurs comme la Belford Brothers [V. Charles Belford*] et John Ross Robertson* profitèrent de l'incertitude qui entourait la protection des copyrights britanniques pour en contrefaire un grand nombre, et ce pendant plusieurs années. Lovell, lui, restait un fabricant protectionniste, pour qui l'expansion du marché du livre et le développement de la littérature nationale reposaient sur le principe de la fabrication canadienne. Cependant, en 1885, la convention de Berne élimina le lieu de production du nombre des critères de protection, puis en 1891 une loi américaine sur le droit d'auteur mit fin à la contrefaçon et rendit inopérant le *Foreign Reprints Act* de 1847.

La Lovell Printing and Publishing Company était devenue en 1884 la John Lovell and Son. L'année suivante, un incendie rasa l'immeuble d'origine, en bois, construit en 1842 ; on le remplaça par un édifice en pierre. De 1888 à 1890, l'entreprise mit sur le marché une collection d'ouvrages canadiens de fiction qui finit par comprendre 60 titres publiés sous forme de fascicules mensuels. Dès 1893 cependant, elle imprimait surtout des manuels scolaires, des répertoires, des bottins, des plans de rues, des guides et des livres aux pages vierges – produits qui, à l'exception d'une partie des manuels scolaires, échappaient à la concurrence étrangère.

Lovell et sa femme, Sarah Kurzcyn, connurent une longue et heureuse vie conjugale. Durant 34 ans, Mme Lovell eut la charge d'une grande résidence richement décorée, rue Sainte-Catherine. Selon Bellingham, ami intime de la famille, c'était « une femme d'un port imposant dont les talents intellectuels [en faisaient] une grande éducatrice ». En 1877, elle ouvrit une école pour jeunes demoiselles de 15 à 20 ans ; Borthwick et William Osler*, entre autres, y donnèrent des conférences. Les Lovell comptaient, dans leur cercle d'amis, Thomas D'Arcy McGee*, sir John Alexander MACDONALD, les évêques George Jehoshaphat Mountain*, Francis Fulford*, William Bennett Bond*, Ignace Bourget* et Édouard-Charles FABRE, ainsi que Susanna et John Wedderburn Dunbar Moodie*, Charles Sangster et Rosanna Eleanora Leprohon, ancienne compagne de classe de Mme Lovell. À la grande table de leur salle à manger, on discutait politique, on fêtait les employés à chaque jour de l'An, et Mme Lovell donnait des cours. La famille aimait la lecture et la musique ; Sarah Lovell et certains des enfants firent partie de la chorale de l'église St George, puis de la cathédrale Christ Church, qui était en face de chez eux. Fervent anglican, Lovell avait été marguillier et fidèle de la chapelle Trinity au moment où le révérend Mark Willoughby* en était titulaire. Par la suite, il fréquenta l'église St George et contribua généreusement à la construction de la cathédrale Christ Church, où il loua un banc durant de nombreuses années. Pilier de l'Irish Protestant Benevolent Society, il s'intéressait aussi aux œuvres des sœurs grises, à qui il donna même une petite presse à bras et un jeu de caractères pour qu'elles puissent faire leurs propres travaux d'imprimerie.

John Lovell mourut le 1er juillet 1893. Bon nombre de ses contemporains évoquèrent sa détermination et sa générosité. Pendant la plus grande partie de sa carrière, éducateurs et auteurs avaient reconnu en lui un protecteur de la littérature. Dans le monde du livre, plusieurs hommes d'affaires, par exemple John Creighton* et Charles-Odilon Beauchemin*, avaient fait leurs débuts chez lui. Surtout, il avait lutté – pas toujours avec succès – pour la protection et le développement de l'édition canadienne. Du début à la fin de sa carrière, tout en veillant aux intérêts d'autrui, il avait su défendre habilement et faire avancer les siens propres, si bien qu'il laissa à son fils Robert Kurczyn une entreprise florissante. Un contemporain, Frederick William Terrill, a bien résumé le personnage en disant qu'en lui « s'alliaient avec bonheur un esprit lucide et un cœur généreux ».

GEORGE L. PARKER

John Lovell est l'auteur de : « Preface », *Canada directory*, 1871 ; *Statement of the tenders for the printing and stationery required by the corporation of the city of Montreal, for six years* (Montréal, 1881) ; *John Lovell and the Bank of Montreal* ([Montréal, 1892]) ; en collaboration avec G. M. Adam, *A letter to Sir John Rose, bart., K.C.M.G., on the Canadian copyright question* (Londres, s.d.) ; et il a écrit un article dans Jacob DeWitt *et al.*, *Canadian manufactures, to the people of Canada* (Montréal, 1858).

AN, MG 24, D16 : 32276–32378, 73491–73494. — ANQ-M, CE1-63, 4 juill. 1893 ; CR1-1/102, nº 9 : 438–450 ; Index des sépultures non-catholiques, 1836–1875. — AO, MS 542 ; MU 469–487. — Arch. privées, R. W. Lovell (Montréal), papiers de la famille Lovell. — CRCCF, P 144, F.-X. Garneau à John Lovell, 13, 26 mai 1862. — McGill Univ. Arch., MG 1022. — MTRL, Canadian booksellers' catalogues, nºs 52–56, 84 (John Lovell, catalogues, Montréal, 1859–1873). — Canada, Parl., *Doc. de la session*, 1869, nº 11. — Canada, prov. du, Assemblée législative, *App. des journaux*, 1851, app. DD. — « The copyright movement in Canada, » *Publishers' Weekly* (New York), 16 févr. 1889. — « The copyright question », *Books and Notions* (Toronto), 8 (oct. 1892) : 6. — « John Lovell's printing office », *Publishers' Weekly*, 30 janv. 1873. — Sarah Lovell, *Reminiscences of seventy years* (Montréal, 1908). — « The printers' dinner », *Books and Notions*, 6 (juill. 1890). — Susanna [Strickland] Moodie, *Susanna Moodie : letters of a lifetime*, C.[P. A.] Ballstadt *et al.*, édit. (Toronto, 1985), 77–81. — *Canada Bookseller* (Toronto), févr. 1872. — *Evening Telegram* (Toronto), 23 janv. 1889. — *Gazette* (Montréal), 3 sept. 1858, 3 juill. 1893, 5 janv. 1872, 23 oct. 1863. — *Globe*, 14 mai 1874, 4 oct. 1884. — *Mackenzie's Weekly Message* (Toronto), 20 nov. 1857. — *Montreal Daily Star*, 3 juill. 1893. — *Montreal Transcript*, 24 avril 1838, 1er mai 1865. — *Encyclopedia Canadiana*. — *Encyclopédie du Canada*. — J. Hamelin *et al.*, *la Presse québécoise*, 1–2. — *Montreal directory*, 1842–1843 ; 1862–1863 ; 1866–1867. — Wallace, *Macmillan dict.* — Atherton, *Montreal*, 3 : 59. — J. D. Borthwick, *History of the diocese of Montreal, 1850–1910* (Montréal, 1910). — Maria Calderisi Bryce, « John Lovell (1810–93) : Montreal music printer and publisher », *Musical Canada : words and music honouring Helmut Kallmann*, John Beckwith et F. A. Hall, édit. (Toronto, 1988), 79–96. — E. A. Collard, *Montreal yesterdays* (Toronto, 1962), 179–180. — Davin, *Irishman in Canada*, 592–593. — G. L. Parker, *The beginnings of the book trade in Canada* (Toronto, 1985). — Andrew Spedon, *Rambles among the Blue-Noses* (Montréal, 1862), 541. — M. B. Stern, *Imprints on history : book publishers and American frontiers* (Bloomington, Ind., 1956), 259–289 ; *Publishers for mass entertainment in nineteenth century America* (Boston, 1980), 201. — Cyrus Thomas, *History of the counties of Argenteuil, Que., and Prescott, Ont., from the earliest settlement to the present* (Montréal, 1896 ; réimpr., Belleville, Ontario, 1981), 599. — E. A. Collard, « When Morgan's came to St. Catherine Street », *Gazette*, 7 mai 1955 : 6. — M. J. Edwards, « The case of *Canadian Homes* », *Littérature canadienne* (Vancouver), nº 81 (été 1979) : 147–154. — « John Lovell & Son, Limited », *Industrial Canada* (Toronto), 38 (mai 1967) : 187–188. — « Mrs. John Lovell dead, was born in Montreal eighty-eight years ago », *Gazette*, 25 juin 1917 : 4. — « Prominent Montreal lady passes away », *Montreal Daily Star*, 25 juin 1917 : 2.

LOVINGHEART, Dr. V. CAMPBELL, ANDREW

LOWELL, ROBERT TRAILL SPENCE, ministre de l'Église d'Angleterre, fonctionnaire et auteur, né le 8 octobre 1816 à Boston, fils du ministre unitarien Charles Lowell et de Harriet Brackett Spence, frère aîné du poète et critique littéraire James Russell Lowell et arrière-grand-père de Robert Traill Spence Lowell, célèbre poète du XXe ; le 28 octobre 1845, il épousa Mary Ann Duane, et ils eurent quatre fils et trois filles, dont l'une mourut à l'âge de 17 ans ; décédé le 12 septembre 1891 à Schenectady, état de New York.

Issu d'une famille distinguée du Massachusetts, Robert Traill Spence Lowell fréquenta d'abord la Round Hill School de Northampton, au Massachusetts, puis la Harvard University, où il obtint un diplôme en 1833. Il fit des études de médecine pendant plusieurs années mais ne les mena jamais à terme, puis il se lança en affaires avec son frère aîné, Charles Russell. Trois ans plus tard, résolu à devenir ministre de l'Église épiscopale protestante (au sein de laquelle sa mère avait grandi), il alla étudier sous la direction du révérend Alonzo Potter, à Schenectady. Professeur d'éthique et de politique, futur évêque de Pennsylvanie, Potter était un ami de la famille Lowell et occupait à l'époque le poste de directeur adjoint au Union College.

Après avoir réussi ses examens de théologie et obtenu une maîtrise ès arts de Harvard, Lowell fut accepté en 1842 à titre de candidat à l'ordination dans le diocèse de l'Est (qui regroupait les églises épiscopales du Massachusetts, du Maine, du Rhode Island, du Vermont et du New Hampshire) par l'évêque de Boston, Alexander Viets Griswold. À Harvard, à l'automne de 1842, il fit la connaissance d'Aubrey George Spencer*, évêque anglican de Terre-Neuve et des Bermudes. Nanti d'excellentes recommandations,

Lowell souhaitait être employé « comme missionnaire de l'Église d'Angleterre » ; on le placa sous l'autorité de l'évêque Spencer qu'il suivit aux Bermudes. Ordonné diacre le 5 décembre 1842 à l'église St Peter, à St George, puis prêtre en mars suivant, il fut aumônier personnel de l'évêque pendant son séjour aux Bermudes et inspecteur des écoles de la colonie. Lowell, Griswold et Spencer partageaient les mêmes vues en matière religieuse. Tenants de la Basse Église, ils prônaient une théologie et une piété évangéliques, appuyaient énergiquement le missionnariat et craignaient que le mouvement tractarien, de création récente, ne se propage en Amérique du Nord. En 1842, l'évêque Spencer recommanda son ordinand à la Society for the Propagation of the Gospel in Foreign Parts de Londres en disant que c'était un vigoureux « célibataire » de 26 ans, « [...] doté d'une certaine fortune personnelle, [...] doué pour l'étude, d'une piété et d'un zèle évidents, ayant un excellent caractère, un jugement clair et un fort attachement pour l'Église mère ».

Peu après son ordination, Lowell fut affecté, à sa demande, à la mission terre-neuvienne de Bay Roberts, vacante depuis la mort de William Henry Grant. Situé dans la baie Conception, Bay Roberts était un important village de pêcheurs qui comptait environ 1 500 habitants à l'arrivée de Lowell et avait vu sa population croître considérablement dans les années 1830 et au début des années 1840. En mai 1843, Lowell devint donc le troisième pasteur résidant de l'église St Matthew, construite 16 ans auparavant pour les anglicans pratiquants du village, qui étaient plus de 500. Il desservait aussi les communautés anglicanes de Spaniard's Bay et de New Harbour dans la baie Trinity. Deux ans plus tard, il retourna aux États-Unis pour épouser Mary Ann Duane, et leur premier enfant naquit à Bay Roberts au début de 1847.

À cause du piètre rendement de la pêche côtière et d'une épidémie de rouille de la pomme de terre, une grave famine s'abattit sur Terre-Neuve en 1846–1847. La situation était d'autant plus critique que le départ du gouverneur, sir John Harvey*, avait créé un vide politique à St John's et que la colonie n'avait ni loi sur les pauvres ni programme qui aurait permis de distribuer efficacement de l'aide dans les petits villages de pêcheurs. Nommé commissaire de l'assistance publique dans la région de Bay Roberts, Lowell tenta de distribuer l'aide équitablement malgré des marchands locaux qui cherchaient à profiter de la situation et des hommes politiques qui faisaient preuve de partialité. Épuisé « d'avoir servi [ses] paroissiens et partagé leur sort », comme il le nota plus tard, il rentra aux États-Unis à l'été de 1847. Il n'allait jamais retourner à Terre-Neuve. Le mécontentement qu'il avait engendré parmi les marchands locaux de même que ses divergences d'opinions avec Edward Feild*, antiaméricain déclaré et tractarien qui avait succédé à Spencer, de tradition évangélique, à l'épiscopat en 1844, avaient aussi contribué à son départ. Une fois aux États-Unis, Lowell recueillit des fonds pour les victimes de la famine de Terre-Neuve. Dans son éthique évangélique, les actes individuels de charité étaient les moyens par lesquels se manifestaient la bienveillance divine et la Providence. *Rector* à Newark au New Jersey puis à Duanesburg dans l'état de New York, il dirigea ensuite la St Mark's School de Southboro, au Massachusetts, pendant quelques années. En 1873, il devint professeur de langue et de littérature latines au Union College de Schenectady. Six ans plus tard, il prit sa retraite. Décédé dans cette ville en 1891, il repose au Vale Cemetery.

En 1858, donc 11 ans après avoir quitté Terre-Neuve, Lowell publiait à Boston un roman en deux volumes qui s'inspirait de son missionnariat à Bay Roberts : *The new priest in Conception Bay*. Bien que l'ouvrage raconte avec un certain talent les épreuves et les passe-temps des habitants d'un village terre-neuvien de pêcheurs au milieu du XIXe siècle, l'auteur est trop enclin à afficher son anticatholicisme et ses personnages ne sont pas vraisemblables. Lowell niait avoir écrit un roman religieux, mais l'intrigue et les personnages le démentent. Lucy Barbury, l'héroïne anglicane amoureuse d'un jeune candidat à la prêtrise, a disparu mystérieusement. Les catholiques, et surtout un jésuite diabolique, jouent les rôles de traîtres dans l'histoire, tandis que les protestants incarnent les grandes valeurs prônées par l'auteur. Lowell exploite avec succès la composition ethnique de la société terre-neuvienne en recourant au dialecte local. Cependant, il détruit l'authenticité de son tableau de la vie dans les petits ports de pêche par ses digressions didactiques, et il ramène la nature humaine à des stéréotypes conformes aux canons de la morale évangélique. Le critique américain Harold William Blodgett a dit de lui : « Il dépeignait les paysages comme un poète, interprétait les caractères avec perspicacité, se montrait prédicateur et philosophe en mettant de l'avant des valeurs morales, mais il ne savait pas nouer une intrigue. »

Parmi les œuvres littéraires de Robert Traill Spence Lowell, c'est ce roman que la critique de l'époque acclama le plus. Une nouvelle édition parut en 1864 et une édition révisée en 1889. Son séjour à Terre-Neuve lui inspira aussi une nouvelle, *A raft that no man made*, qui parut pour la première fois dans l'*Atlantic Monthly* de Boston en mars 1862, ainsi que plusieurs poèmes, la plupart écrits alors qu'il était dans l'île (quoiqu'il ait acquis la notoriété auprès de ses contemporains surtout par ses poèmes patriotiques sur les États-Unis). Beaucoup plus fidèle à l'expérience missionnaire de Lowell que *The new priest in Conception Bay*, le poème rimé qui s'intitule *To my old parishioners*, comme une gravure de David Blackwood, évoque la désolation et le tragique qui faisaient partie de l'existence dans les villages de pêcheurs au XIXe siècle.

HANS ROLLMANN

Les sources de documentation sur les premières années et le début de la carrière de Robert Traill Spence Lowell comprennent : *Memorials of the class of 1833 of Harvard College, prepared for the fiftieth anniversary of their graduation*, Waldo Higginson, édit. (Cambridge, Mass., 1883), et New York Public Library, MSS and Arch. Division, J. R. Lowell papers, Lowell à Robert Carter, 13 janv. 1848. En ce qui concerne la famille Lowell du Massachusetts, voir l'ouvrage de Ferris Greenslet, *The Lowells and their seven worlds* (Boston, 1946). Son séjour aux Bermudes et à Terre-Neuve a été reconstitué à partir des sources suivantes : la *Royal Gazette, and Bermuda Commercial and General Advertiser and Recorder* (Hamilton), 13 déc. 1842 ; les lettres de l'évêque Spencer à la SPG, dans les archives de la USPG disponibles sur microfilms aux AN (MG 17, B1, C/Nfl., box II/23, folder 279, et G.1 : 22, 27–28, 34) ; les lettres de l'évêque Feild, (C/Nfl., box II/25, folders 295, 306, et G.1) ; les rapports de Lowell à la SPG (C/Nfl., box II/26, folder 309) ; et la lettre de Lowell datée du 16 nov. 1859 adressée à la réformatrice sociale américaine Dorothea Lynde Dix, qui se trouve dans les papiers de celle-ci à la Harvard College Library, Houghton Library (Cambridge). La description de la paroisse de Bay Roberts, faite par Lowell et datée du 15 août 1846, se trouve dans AN, MG 17, B1, E/Nfl., 1845–1846.

Pour ce qui est du rôle de commissaire de l'assistance publique de Lowell durant la famine de 1846–1847, voir son article daté du 28 nov. 1847 qui parut dans la *Times and General Commercial Gazette* (St John's), le 8 janv. 1848 ; et PANL, GN 2/1, 46 : 141, 153–154, 174 ; GN 2/2, 31 déc. 1847.

La bibliographie la plus complète des œuvres littéraires de Lowell se trouve dans Jacob Blanck, *Bibliography of American literature* (7 vol. parus, New Haven, Conn., et Londres, 1955–), 6 : 106–111. Son poème, *To my old parishioners* a paru dans *Fresh hearts that failed three thousand years ago ; with other things, by the author of* The new priest in Conception Bay (Boston, 1860), 96–100, et dans *The poems of Robert Lowell* (nouv. éd., Boston, 1864), 151–156. En plus des travaux cités dans la biographie, son ouvrage *Five letters, occasioned by published assertions of a Roman Catholic priest* (Newark, N.J., 1853) donne une idée intéressante de l'image qu'il se faisait de Terre-Neuve.

Des études bibliographiques et des critiques comprennent : *DAB* ; Philip Hiscock, « Dialect representation in R. T. S. Lowell's novel *The new priest in Conception Bay* », *Languages in Newfoundland and Labrador*, H. J. Paddock, édit. (St John's, 1982), 14–23 ; l'introduction de Patrick O'Flaherty à l'édition de la New Canadian Library de *The new priest in Conception Bay* (Toronto, 1974), 1–5, et son ouvrage *The Rock observed : studies in the literature of Newfoundland* (Toronto, 1979) (ce dernier renferme un portrait de Lowell jeune homme) ; et H. [W.] Blodgett, « Robert Traill Spence Lowell », *New England Magazine* ([Portland, Maine]), 16 (1943) : 578–591.

LUARD, RICHARD GEORGE AMHERST, officier, né le 29 juillet 1827 en Angleterre, fils de John Luard et d'Elizabeth Scott ; le 8 octobre 1863, il épousa à Hale, Surrey, Hannah Chamberlin, et ils eurent six fils et une fille ; décédé le 24 juillet 1891 à Eastbourne, Sussex, Angleterre.

Aîné des enfants d'un officier, Richard George Amherst Luard fit ses études au Royal Military College de Sandhurst et devint enseigne dans le 51st Foot le 6 juillet 1845. La même année, il passa au 3rd Foot, où il accéda au grade de capitaine et fut durant trois ans adjudant. En 1854, une nouvelle mutation l'amena au 77th Foot, avec lequel il servit en Crimée jusqu'en 1855, année où il devint sous-adjoint à l'adjudant général. Cité dans des dépêches pour sa participation au siège de Sébastopol (URSS), il reçut le grade honoraire de major en novembre 1855. De retour au Royaume-Uni, il fut en 1856–1857 major de brigade du district de Dublin. En 1857–1858, il refit du service actif à titre de major de brigade au cours d'une expédition en Chine et fut de nouveau cité dans des dépêches. Promu au grade effectif de major en 1857, il reçut l'année suivante le grade honoraire de lieutenant-colonel.

De retour en Angleterre, Luard fut aide de camp de l'officier général commandant du district du Sud-Ouest en 1859–1860, puis inspecteur adjoint des volontaires jusqu'en 1865 ; il obtint une promotion au grade honoraire de colonel en 1864. Après une période de demi-solde et une promotion au grade de major général, il fut, de mai 1873 à septembre 1875, secrétaire militaire adjoint, à Halifax, du lieutenant général William O'Grady Haly*, officier général commandant de l'Amérique du Nord britannique. Ensuite, jusqu'en 1877, il servit dans le district Nord, en Grande-Bretagne, en qualité d'adjudant adjoint et de quartier-maître général.

Le 5 août 1880, Luard fut nommé officier général commandant de la milice canadienne. Comme son prédécesseur, le lieutenant général sir Edward Selby Smyth, il avait été choisi par le duc de Cambridge, commandant en chef de l'armée britannique, et non par le gouvernement du Canada. Authentiquement qualifié, il avait déjà l'expérience d'une troupe de volontaires à temps partiel et avait servi au Canada. Malheureusement, il manquait de tact et avait un caractère redoutable. On a même laissé entendre qu'il était censé devenir colonel d'un régiment britannique, mais que le duc de Cambridge voulait donner cette place à un candidat plus sympathique.

Luard ne mit pas de temps à évaluer la tâche qui l'attendait. Dès janvier 1881, dans son premier rapport au nouveau ministre de la Milice et de la Défense, Adolphe-Philippe Caron*, il préconisait la création d'écoles permanentes d'infanterie (depuis 1871, deux unités de ce genre entraînaient l'artillerie de la milice) et l'intensification de l'entraînement de toutes les troupes. Afin de financer son plan sans excéder les crédits adoptés par le Parlement, il proposait de réduire presque de moitié le nombre de miliciens pour le faire passer à 20 000. Parallèlement, il voulait améliorer la milice. Bien qu'il ait reçu des louanges pour les unités de certaines villes – par exemple les Queen's Own Rifles de Toronto, dont le commandant était William Dillon Otter* – il soulignait la nécessité de resserrer la discipline dans l'ensemble et était prêt à châtier, pour l'exemple, les hommes dont la conduite était indigne d'un soldat. Il déplorait que certaines des unités les plus riches portent des « habits extraordinaires », et plaidait en faveur d'un uniforme adapté à la fonction. Après avoir constaté que les officiers d'état-major des districts manquaient de vigueur et subissaient des influences politiques, il instaura un régime de rotation et la retraite obligatoire à 63 ans.

Ni les officiers de la milice, ni les officiers d'état-major des troupes permanentes ne prisèrent les décisions de Luard ; elles menacaient également le rôle d'instrument local de favoritisme politique que jouait la milice, engendrant ainsi un conflit entre Luard et Caron. Celui-ci, de son côté, se mêlait de questions qui, selon Luard, étaient strictement militaires. Dès le début de 1882, la tension était telle que le gouverneur général, lord Lorne [Campbell*], écrivit au duc de Cambridge pour lui demander de muter Luard, qui ne pouvait guère se permettre de démissionner. Exaspéré, le premier ministre, sir John Alexander MACDONALD, souhaitait, quant à lui, que Luard conserve le commandement. « Il est à espérer, écrivit-il à Lorne, que grâce aux bons conseils de Votre Excellence, le général touchera sa rémunération et la méritera en faisant le moins possible. De mon côté, je veillerai à réprimer le zèle intempestif de Caron. » Lorne et Cambridge savaient bien que, si Luard était démis de ses fonctions, les Canadiens proposeraient peut-être leur propre candidat, qui ne serait pas nécessairement un officier de l'armée britannique régulière.

Entre-temps, par ses éclats, Luard s'aliénait les miliciens, de même que la population canadienne. La première fois qu'il passa en revue la milice de London, en Ontario, pendant l'été de 1881, il réprimanda publiquement le lieutenant-colonel Robert Campbell, du 27th (Lambton) Battalion of Infantry, qui portait un uniforme non réglementaire confectionné par un tailleur de Sarnia. Le gouverneur général dut intervenir pour faire oublier l'incident. En 1882, tandis qu'il assistait aux concours de la Dominion Rifle Association au parc de Rockcliffe (Ottawa), Luard mit lui-même aux arrêts, soi-disant pour tricherie, le major Erskine Scott, commandant intérimaire du 8th Battalion of Rifles, éminent citoyen de Québec, bon conservateur et ami du ministre. Caron décréta par la suite que Scott n'était pas soumis au code militaire à ce moment-là, mais Luard écrivit une lettre aux journaux à propos de l'incident et tenta ensuite, en usant de tous ses pouvoirs, d'empêcher que Scott soit promu commandant du bataillon.

L'irréparable survint au cours d'une inspection au camp de milice de Cobourg, en Ontario, en septembre 1883. Luard était extrêmement sévère à l'endroit des soldats amateurs. « Pendant les manœuvres de campagne, rapporta le Globe de Toronto, si la plus légère irrégularité se produisait, le général semblait sortir de ses gonds. » Après l'inspection, au cours d'un goûter offert aux officiers, le lieutenant-colonel Arthur Trefusis Heneage Williams*, commandant du 46th (East Durham) Battalion of Infantry et député conservateur, prit la mouche parce qu'il avait cru entendre un invité, le colonel Casimir Stanislaus GZOWSKY, parrain de la Dominion Rifle Association, insulter les parlementaires. Luard se mit à engueuler Williams, qui usa par la suite de son influence pour le faire démettre de ses fonctions. Le nouveau gouverneur général, lord Lansdowne [Petty-Fitzmaurice*], persuada Luard de prendre un congé puis de démissionner, Cambridge de lui offrir un nouveau poste et Williams de retirer la plainte qu'il avait déposée aux Communes.

Les affrontements de ce genre et la controverse qui entoura la destitution de Luard ont eu tendance à faire oublier les mesures progressistes adoptées durant son mandat. Comme il l'avait proposé, on ouvrit des écoles permanentes pour la milice (en fait, une petite armée régulière), mais le mérite de les avoir créées ne peut pas lui revenir. Depuis que l'armée britannique avait quitté les provinces centrales du Canada, en 1871, on avait périodiquement fait des propositions dans ce sens. En 1883, Macdonald et Caron jugèrent opportun de mettre en œuvre celle du colonel Walker Powell*, adjudant général et homme populaire, puis, en avril, Caron fit adopter par la chambre des Communes un projet de loi sur la milice qui autorisait le gouvernement à former une troupe de cavalerie, trois compagnies d'infanterie et trois batteries d'artillerie, toutes pour le service régulier. Luard ne fut pour ainsi dire pas consulté sur la création de ces écoles et sur le choix des candidats.

Le 5 mars 1884, Luard quitta Ottawa pour aller prendre le commandement d'une brigade à Aldershot, en Angleterre ; le 1er décembre, il fut promu lieutenant général. En outre, depuis 1881, il était colonel honoraire du 2nd Gloucester Engineer Volunteers. Dans les dernières années de sa vie, il devint compagnon de l'ordre du Bain et juge de paix dans le Sussex. En 1885, deux de ses fils, qui avaient étudié au Royal Military College of Canada, devinrent officiers de l'armée britannique.

Bien que Richard George Amherst Luard ait su discerner les faiblesses de la milice canadienne et ait proposé des moyens réalistes pour les corriger, son influence au Canada fut presque entièrement négative. Il irrita les soldats amateurs, dont la bonne volonté était essentielle à l'existence de la milice, et il ne comprit pas la dimension politique de celle-ci. Fait plus grave encore du point de vue des Britanniques, il avait miné le respect, édifié aux prix de grandes difficultés par son prédécesseur, que se devait d'inspirer tout officier britannique en qualité d'officier général commandant. C'est pourquoi le gouvernement du Canada envisagea sérieusement de nommer, après lui, un officier à la retraite qui habitait au pays, le major général John Wimburn Laurie, même si finalement ce fut le colonel Frederick Dobson MIDDLETON qu'il choisit.

O. A. COOKE

AN, MG 26, A : 32065–32068 ; MG 27, I, B4, 1 : 769–771, 773–774, 779–781, 792–793, 1427–1430, 1499–1502, 1509–1510, 1551–1552, 1563–1566, 1637–1642, 1787–1792 ; D3, files 3082, 6246 ; MG 29, E72 (mfm). — Canada, Défense nationale, Directorate of History (Ottawa), Desmond Morton, « The Canadian militia, 1867–1900 ; a political institution » (2 vol., copie dactylographiée, 1964) ; chambre des Cummunes, *Débats*, 1881–1884 ; Dép. de la Milice, *Militia orders* (Ottawa), 5 août, 8, 15 oct. 1880 ; *Report on the state of the militia* (Ottawa), 1883 ; Parl., *Doc. de la session*, 1880–1881, nº 9 ; 1882, nº 9. — *Gentleman's Magazine* (Londres), juill.–déc. 1863 : 638. — *Globe*, 24, 26 sept. 1883. — *Burke's landed gentry* (1871 ; 1921 ; 1952). — *DNB*. — *Dominion annual reg.*, 1882 : 59–60, 200–201 ; 1884 : 321 ; 1885 : 230, 232. — *Hart's army list*, 1883. — O. A. Cooke, « Organization and training in the central Canadian militia, 1866–1885 » (thèse de M.A., Queen's Univ., Kingston, Ontario, 1974). — Desmond Morton, *Ministers and generals : politics and the Canadian militia, 1868–1904* (Toronto et Buffalo, N.Y., 1970). — R. A. Preston, *Canada and « Imperial Defense » ; a study of the origins of the British Commonwealth's defense organization, 1867–1919* (Durham, N.C., 1967) ; *Canada's RMC ; a history of the Royal Military College* (Toronto, 1969).

M

McARTHUR, ALEXANDER, marchand de bois, né le 11 avril 1839 à Williamstown, Haut-Canada, fils de John McArthur et de Margaret McMartin ; il épousa une prénommée Mary Jane et ils eurent trois filles et deux fils, dont l'un mourut en bas âge ; décédé le 23 février 1895 à Asheville, Caroline du Nord, et inhumé à Toronto.

Alexander McArthur partit du comté de Glengarry vers 1863 pour aller travailler à Toronto, peut-être comme caissier dans une banque. En 1872, dans cette même ville, il s'était joint à l'entreprise forestière de son frère John, dont faisait également partie son autre frère Peter ; à eux trois, ils formaient la société McArthur Brothers. Cette année-là eut lieu la vente aux enchères des droits de coupe sur une concession forestière de plus de 5 000 milles carrés située sur la rive nord du lac Huron. La McArthur Brothers et la Cook and Brothers [V. James William Cook*] obtinrent une superficie totale de 911 milles carrés : cette concession forestière, comparativement à celles que d'autres avaient achetées, fut de loin la transaction la plus importante. Durant les dix années qui suivirent les enchères de 1872, on abattit peu de bois sur la rive nord du lac Huron. Au milieu des années 1880, comme le pin se faisait rare près des grandes scieries du Michigan et du sud de la baie Géorgienne, les frères McArthur ainsi que d'autres capitalistes, y compris John Charlton*, John Waldie de la Victoria Harbour Lumber Company et la Beck Manufacturing Company, commencèrent à exploiter davantage cette région facile d'accès.

Comme bien d'autres grandes entreprises forestières au XIXe siècle, la McArthur Brothers acquit les droits de coupe sur de vastes concessions un peu partout au Canada et aux États-Unis, soit dans la vallée de l'Outaouais, autour du lac Huron, dans la région de la baie Géorgienne et dans l'ouest du Canada. La société avait son siège social à Toronto, où était posté Alexander McArthur, à titre de président, mais elle avait également des exploitations au Michigan, dirigées de Cheboygan d'abord, et d'East Saginaw par la suite, par Peter McArthur à partir de 1875 environ. Constituée juridiquement en 1886, la McArthur Brothers Company Limited expédiait des douves et du bois de charpente au Royaume-Uni et, pour cette raison, elle y maintenait des succursales ainsi qu'un bureau permanent à Londres. C'est la McArthur Export Company, à Québec, qui s'occupait du commerce d'exportation avec la Grande-Bretagne. D'après la notice nécrologique publiée dans le *Globe* au décès d'Alexander, la McArthur Brothers fut « l'une des plus grandes exportatrices de bois de charpente vers les marchés extérieurs ». Il semble aussi qu'à l'instar d'autres entreprises elle ait utilisé des concessions forestières à des fins spéculatives. En 1877, par exemple, elle aurait versé 75 000 $ pour obtenir les droits de coupe sur un territoire de 72 milles carrés en bordure de la rivière Wahnapitae (Wanapitei), sur les bords de la baie Géorgienne ; 15 ans plus tard, elle aurait cédé ces droits à une société américaine pour la somme de 550 000 $.

D'autres membres de la famille McArthur se livrèrent également au commerce du bois. L'aîné, Archibald, qui vivait à la ferme familiale dans le comté de Glengarry, participa avec son fils à la fabrication de bois d'œuvre dans le canton de Lancaster, mais « dans une moindre mesure que ses frères ». Walter James McArthur, dont les liens de parenté avec les précédents sont indéterminés, s'occupa quant à lui du transport du bois par bateau sur les Grands Lacs pour la McArthur Brothers.

On ne sait pratiquement rien des activités ou des

intérêts personnels d'Alexander McArthur, mise à part l'exploitation forestière. Le *Canada Lumberman* fit son éloge dans une notice nécrologique en disant de lui qu'il était un « travailleur infatigable », d'une « volonté indomptable ». Le journal rappelait aussi qu'il s'était grandement intéressé à l'exploitation minière au Canada. McArthur mourut en 1895 à Asheville, en Caroline du Nord, où il s'était rendu dans l'espoir d'y recouvrer la santé. Le révérend Daniel James MACDONNELL célébra le service funèbre à la résidence familiale du 119, rue St George, à Toronto, et McArthur fut inhumé au Mont Pleasant Cemetery. Il laissa en héritage une fortune estimée à 188 000 $ et son frère Peter lui succéda à la présidence de la McArthur Brothers Company Limited.

GWENDA HALLSWORTH

York County Surrogate Court (Toronto), n° 10954 (mfm aux AO). — *Canada Lumberman* (Peterborough, Ontario ; Toronto), 6 (1886), n° 13 ; 7 (1887), n° 7 ; 11 (1890), n° 8 ; 13 (1892), n° 9 ; 15 (1894), n° 1 ; 16 (1895), n° 4. — Ontario, Legislature, *Sessional papers,* 1873, n° 11. — *Globe,* 26–27 févr., 1er mars 1895. — *Monetary Times,* 8 oct. 1886. — *Toronto directory,* 1862–1894. — J. E. Defebaugh, *History of the lumber industry of America* (2 vol., Chicago, 1906–1907). — Toronto, Board of Trade, « *Souvenir* ».

McCARTHY, D'ALTON, avocat, fermier, homme politique et homme d'affaires, né le 10 octobre 1836 à Oakley Park, Blackrock (république d'Irlande), fils de D'Alton McCarthy et de Charlesina Hope Manners ; le 23 octobre 1867, il épousa à Barrie, Ontario, Emma Catherine Lally (décédée en 1870), et ils eurent un fils et une fille, puis le 15 juillet 1873 Agnes Elizabeth Lally, veuve de Richard Barrett Bernard, et de ce second mariage ne naquirent pas d'enfants ; décédé le 11 mai 1898 à Toronto.

D'Alton McCarthy fréquenta d'abord des écoles dirigées par des ecclésiastiques à Blackrock et près de Dublin. Sa famille immigra dans le Haut-Canada en 1847 et s'établit près de Barrie, où il termina ses études à la *grammar school.* Son père, avocat et membre d'une famille de juristes réputée en Irlande, s'essaya à l'agriculture mais reprit l'exercice de sa profession en 1855 à Barrie en s'associant à D'Arcy Boulton*. Bien qu'il ait été orangiste convaincu et grand maître de l'ordre, il allait déplorer en 1870, après que Thomas Scott* eut trouvé la mort pendant le soulèvement de la Rivière-Rouge, que certains orangistes tentent d'attiser les passions de leurs confrères, et il plaidait pour que l'ordre d'Orange resserre les rangs derrière le parti conservateur.

Entré au cabinet de son père en 1858, le jeune D'Alton McCarthy fut reçu au barreau l'année suivante. Il savait captiver les jurés et acquit la réputation de placer les affaires de ses clients au-dessus de toute autre considération. En 1869, les McCarthy, père et fils, mirent fin à leur association avec Boulton et ouvrirent leur propre cabinet. Élu membre du conseil de la Law Society of Upper Canada deux ans plus tard, McCarthy fils fut nommé conseiller juridique du comté de Simcoe en 1873.

Comme sa carrière d'avocat était bien lancée, McCarthy pouvait vaquer à d'autres occupations. De constitution athlétique, il adorait monter à cheval et participait avec enthousiasme aux sports à la mode. Il était décidé à devenir gentleman-farmer. En qualité d'homme de loi et de membre de l'aristocratie locale, il s'intéressait tout naturellement à la politique. Aux élections fédérales de 1872, l'entrepreneur forestier et millionnaire Hermon Henry Cook, qui avait, dit-on, dépensé 15 000 $ au cours de sa campagne, le défit dans Simcoe North. Suivant l'avis de sir John Alexander MACDONALD, il se fit un devoir de contester l'élection, mais ne parvint pas à étayer ses accusations. Le premier ministre veilla cependant à ce qu'il reçoive, en guise de dédommagement, le titre de conseiller de la reine. Puis, en 1873, McCarthy devint président de l'association conservatrice de Simcoe, ce qui scella leurs liens. La même année, il épousa Agnes Elizabeth Lally, sœur de sa première femme et veuve du beau-frère de Macdonald, et devint ainsi un parent et non seulement un allié politique du chef conservateur.

Ces liens étroits survécurent à la débâcle que causèrent le scandale du Pacifique et la défaite conservatrice aux élections de janvier 1874, où McCarthy perdit de nouveau au profit de Cook. Cette fois, il contesta le scrutin avec succès mais ne remporta pas l'élection partielle de décembre. Refusant de se laisser abattre, il se lança dans l'arène provinciale l'année suivante en assumant la présidence de l'association locale et eut la satisfaction de voir les conservateurs remporter haut la main tous les sièges de Simcoe. Il avait beau avoir été défait à trois reprises, ses talents d'organisateur étaient confirmés, et John Hillyard Cameron*, député de Cardwell, prédit qu'« avant longtemps la bannière conservatrice flotterait au-dessus de sa tête [, car il serait] député de la circonscription de [Simcoe] North ».

McCarthy encouragea Macdonald à réaffirmer son leadership en 1875 et contribua à la renaissance du parti conservateur. De son côté, Macdonald le pressa de conquérir sa circonscription et de venir lui prêter main forte à Ottawa : « Nous de l'opposition, lui dit-il, avons besoin d'un juriste habile dans les débats, et vous auriez une occasion de vous assurer sans délai, au Parlement, un statut qui ne vous sera peut-être plus jamais offert. » En 1876, après la mort de Cameron et le déclenchement d'une élection partielle, Macdonald prit les choses en main et offrit à McCarthy le siège, tout à fait sûr, de Cardwell. Après quelques hésitations, McCarthy se rendit à l'avis de son chef.

Macdonald dépêcha alors sur place son meilleur tribun, Charles Tupper*, et McCarthy parcourut la circonscription en tout sens. En décembre, il remportait la victoire et pouvait enfin aller rejoindre Macdonald aux Communes.

Les deux années que McCarthy passa dans l'opposition furent essentiellement des sessions de campagne où, comme le dit en avril 1877 le gouverneur général lord Dufferin [Blackwood*], « les deux partis se [couvrirent] mutuellement de boue ». McCarthy se distingua par son infatigable critique des déclarations d'honnêteté et d'économie du gouvernement libéral. Ses interventions, préparées avec soin et agrémentées de traits d'esprit et de sarcasmes, amenèrent Tupper à le qualifier de « terreur » pour ses adversaires. Comme il avait l'intention de jouer son avenir politique en se présentant dans Simcoe North aux élections suivantes, il eut, au Parlement, une série d'affrontements avec Cook qui, disait-il, l'avait battu « en deux ou trois occasions – par les moyens que la chambre savait ». À l'extérieur des Communes, il bénéficiait du fait que Macdonald était convaincu que le parti avait avantage à confier toutes les affaires électorales d'une province à un seul conseiller juridique, et il parvint à accaparer la plupart des faveurs judiciaires dispensées par les conservateurs en Ontario. Les contestations d'élections permettaient aux partis de continuer à se battre au moyen de pétitions, de contre-pétitions, d'appels, d'annulations et d'élections partielles. McCarthy manifesta une aptitude remarquable pour ce genre de guerre. Il offrait parfois ses services « pour le plaisir de la chose » et devint bientôt le principal conseiller juridique du parti en matière électorale.

À l'instar de Macdonald, McCarthy estimait que l'indécision avec laquelle Alexander MACKENZIE dirigeait le parti libéral et son entêtement à prôner des théories libre-échangistes inapplicables en période de récession économique s'avéreraient son talon d'Achille. La Politique nationale, protectionniste, permettrait au parti conservateur de se relancer, et il l'adopta tout comme son chef. En protégeant ses industries, proclama-t-il pendant la campagne électorale de 1878, le Canada placerait ses relations commerciales avec les États-Unis sur une « base juste et équitable », ce qui était essentiel à sa grandeur en tant que nation.

Les conservateurs remportèrent une victoire glorieuse, et McCarthy triompha enfin dans Simcoe North. À titre de protégé de Macdonald, il était considéré comme l'étoile montante du parti, le successeur éventuel du vieux chef. Sa vie privée aussi était une réussite. En 1876, il avait ouvert une succursale de son cabinet à Toronto ; l'année suivante, il fonda un cabinet d'avocats appelé McCarthy, Hoskin, Plumb, and Creelman, qui devint l'un des plus prestigieux du Canada. En 1879, il s'installa définitivement à Toronto, sans pour autant rompre ses liens avec sa circonscription. Il était toujours conseiller juridique du comté, avait un cabinet à Barrie et plaidait des causes dont on parlait beaucoup. Il possédait une maison à Barrie, une résidence d'été dans la baie Kempenfelt et une grande ferme appelée Oakley Park où, « tel Cincinnatus », écrivit plus tard le *Montreal Herald,* il élevait « du bétail de race, des steppeurs et des porcs prodigieusement dodus ».

Comme McCarthy n'avait remporté la victoire en 1878 que par une faible majorité, il s'employait à consolider ses appuis. Attentif aux intérêts de ses électeurs, il obtint des fonds fédéraux pour l'aménagement portuaire, l'aide à la navigation et l'ouverture de nouveaux bureaux de poste. À titre de conseiller juridique du comté, il fut l'un de ceux qui décidèrent que le comté accorderait des primes au Hamilton and North Western Railway pour qu'il concurrence le Northern Railway. Cependant, une fois que ces deux compagnies eurent conclu une entente d'exploitation commune, en 1879, il se plaignit que la baisse de la concurrence nuisait à l'économie de Simcoe. C'est notamment pour cette raison qu'à compter de 1882 il prôna, aux Communes, la formation d'un tribunal fédéral de commissaires des chemins de fer qui réglementerait le tarif, les fusions et les pratiques des sociétés ferroviaires. Au Parlement au début des années 1880 et en qualité de président de la Northern and Pacific Junction Railway Company à compter de 1884 jusqu'à la prise en main de cette compagnie par Joseph HICKSON en 1887–1888, il défendit les intérêts de l'arrière-pays situé au nord de Toronto contre les visées régionales de la Compagnie du chemin de fer canadien du Pacifique (dont le siège social était à Montréal), même s'il l'appuyait en tant que projet national. Le redécoupage de la carte électorale, en 1882, retrancha de sa circonscription plusieurs cantons où il était devenu impopulaire. Jusqu'à la fin de la carrière politique de McCarthy, Simcoe North continua d'appuyer vigoureusement le « gars de Simcoe » et ce, « d'où que vînt le vent ».

Une fois le gouvernement conservateur formé en 1878, McCarthy en devint le porte-parole sur la loi électorale, le système juridique et les relations fédérales-provinciales. Alter ego de Macdonald, il prônait la prédominance du gouvernement fédéral dans la Confédération. Selon lui, le parti conservateur avait pour tâche de créer un État-nation fortement centralisé, ce qui se ferait plus vite si toutes les provinces adoptaient les mêmes lois. Cette homogénéité pouvait se réaliser par le truchement de la Cour suprême du Canada [V. Télesphore FOURNIER ; sir William Johnston RITCHIE] et des pouvoirs fédéraux de réserve et d'annulation. En appliquant le droit français et le Code civil, la province de Québec nuisait aux tentatives fédérales d'uniformisation législative, mais c'est plutôt l'Ontario qui se révéla faire obstacle à l'application du concept de fédération centralisée de Macdonald. Le premier ministre libéral de l'Ontario, Oliver Mowat*, refusait le rôle subalterne que Macdonald entendait faire jouer aux provinces, défendait les droits provinciaux et luttait pour un régime vraiment fédéral. Dans les années 1880, McCarthy l'affronta dans trois batailles constitutionnelles : la définition des limites de l'Ontario, qui avait fait de cette province un véritable empire doté d'un immense arrière-pays ; l'affaire des cours d'eau, dont l'élément central était le droit, pour la province, de légiférer sans ingérence dans sa sphère constitutionnelle ; et l'affaire des permis d'alcool, qui donna lieu à un appel contre la loi par laquelle McCarthy tentait d'étendre la procuration générale du fédéral à un domaine de compétence provinciale. On porta ces trois causes devant le comité judiciaire du Conseil privé, à Londres, qui donna chaque fois raison à la province. Macdonald accepta le verdict des tribunaux et l'opinion publique telle qu'elle fut représentée à une conférence interprovinciale en 1887 : il battit en retraite.

Macdonald continuait de valoriser la compétence de McCarthy en matière de droit. En 1884, il lui offrit deux fois le portefeuille de la Justice, mais McCarthy le refusa, alléguant que ses dettes l'obligeaient à conserver une clientèle privée. Cependant, malgré l'estime que lui portait son chef, ses idées sur la Confédération divergeaient de celles de bon nombre de conservateurs dans les années 1880. Les députés fédéraux canadiens-français, qui continuaient d'exiger un statut particulier pour la province de Québec et ses lois, s'opposaient à la création d'un État-nation très centralisé, à l'uniformisation du droit de toutes les provinces et à l'adoption de « lois progressistes » (pour la formation d'un tribunal de commissaires des chemins de fer par exemple).

Après le procès et l'exécution de Louis Riel*, en 1885, l'idéal d'un Canada uni, que caressait McCarthy, se trouva plus menacé que jamais auparavant. Lui-même se trouvait en Angleterre pendant le procès, mais Britton Bath Osler*, membre de son cabinet d'avocats depuis 1882, était l'un des procureurs de la couronne. En qualité d'avocat, McCarthy estimait que « les plaidoyers de folie [étaient] dénués de fondements ». « Laissez la justice suivre son cours », disait-il à Macdonald. Pour lui, la sympathie que Riel inspirait et l'agitation qu'elle suscitait chez les Canadiens français étaient non pas un problème religieux mais une manifestation de nationalisme, un signe de « leur désir de voir créer une autre province dans le dominion ». Un Québec, c'était « plus qu'assez ». En 1870, Riel avait réussi à jeter, au Manitoba, les bases d'une autre province française, et McCarthy était bien résolu à l'empêcher de faire de même dans les Territoires du Nord-Ouest, terre d'avenir pour le Canada. Les protestations déclenchées par la mort de Riel culminèrent en une assemblée de masse en novembre 1885 à Montréal [V. Edmond Lareau*]. On présenta Riel comme la victime du fanatisme anglo-protestant, et on invoqua la race et la religion pour venger son exécution. Honoré MERCIER, chef charismatique du parti libéral provincial, était prêt à prendre la tête d'un mouvement, et il pressait les libéraux et les conservateurs de s'unir en un seul parti – un parti national – afin de punir le gouvernement fédéral et de protéger les droits des Canadiens français.

À Creemore, en décembre, réagissant pour la première fois (mais non la dernière) à ce que l'on considérait comme des provocations de la part de Mercier, McCarthy servit l'avertissement suivant à ses électeurs : « si le renversement du cabinet actuel doit être suivi par l'instauration de la prédominance française – et tel est, en fait, le programme de M. Mercier – alors, en tant que Britanniques, nous croyons qu'il faudra refaire la bataille de la Conquête ». Le parti national ne vit pas le jour sur la scène fédérale, mais Mercier parvint à battre le gouvernement conservateur à Québec à la fin de 1886 et à transformer la session législative de 1887 en un référendum sur l'exécution de Riel. Cette fièvre nationaliste provoqua une vive réaction en Ontario, où le *Toronto Daily Mail* lança une croisade afin de créer un parti anglo-protestant [V. Christopher William BUNTING]. Toutefois, on perçut la campagne du journal comme une attaque contre l'ensemble des catholiques ; elle menaçait de faire perdre au parti conservateur l'appui des électeurs catholiques des deux provinces.

À titre de président de la Liberal-Conservative Union of Ontario, qu'il avait aidé à fonder en 1884, McCarthy prit vigoureusement position sur l'affaire Riel pendant les campagnes électorales de 1886 et 1887. Il lança le « coup d'envoi » en septembre 1886 dans Haldimand, au cours d'une élection partielle où l'on voyait une occasion de mesurer la popularité des forces anti-Riel en Ontario : « Notre pays est jeune et prospère, et a besoin des efforts concertés de tous. Si, au lieu de cela, [...] les Anglais se liguaient contre les Français, toute législation progressiste serait bloquée. » Son appel ne fut pas entendu. La circonscription de Haldimand demeura libérale, le parti national de Mercier continua d'agiter la menace d'une guerre raciale, le *Mail* maintint son cap et les libéraux courtisèrent l'électorat francophone. Selon McCarthy, si l'on ne donnait pas un coup de barre, ce serait le désastre. Quand Macdonald rentra de l'Ouest, où il était allé pendant l'été, McCarthy exigea l'adoption d'une « politique précise » dont le but serait de « tâcher de garder les c[atholiques] et de forcer des anti-catholiques à quitter les rangs des *grits* ». Malheureusement, le nombre de réformistes protestants qui passèrent au parti conservateur ne suffit pas à modifier le sort de ce dernier aux élections provinciales de décembre 1886. D'un air sombre, William Ralph Meredith*, chef conservateur de l'Ontario, laissa entendre que, si la campagne avait porté essentiellement sur Riel plutôt que sur les positions anti-catholiques du *Mail,* ses adversaires auraient été sur la défensive.

En prévision des élections fédérales de mars 1887, Macdonald redoubla d'intérêt pour l'Ontario. Constatant que le *Mail* ne reviendrait pas sur ses positions, il renonça à entretenir tout lien avec lui et fit pression sur les évêques catholiques. De son côté, McCarthy veilla à ce que le *Daily Standard,* dont le rédacteur en chef était Louis P. KRIBS, diffuse entre-temps le programme du parti conservateur, et il joua un rôle majeur dans la fondation de l'*Empire*. Il s'efforça de ramener l'affaire Riel à l'avant-scène et demanda aux réformistes anglophones de l'Ontario de se joindre au gouvernement conservateur sur la scène fédérale pour contenir l'agression des nationalistes canadiens-français. Cette stratégie semblait raisonnable. Bien des réformistes n'aimaient pas voir les libéraux « courtiser les [Canadiens] Français » et d'autres ne pouvaient pas se résoudre à condamner le gouvernement d'avoir pendu Riel, puisqu'ils estimaient que le geste était justifié. À Barrie, au début de février, soit au plus fort de la campagne fédérale, McCarthy pressa l'Ontario de soutenir le gouvernement. Encore une fois, il affirma : « ce n'est pas la religion qui est au fond de cette affaire mais [...] un sentiment de race [...] Ne voyons-nous pas qu'aujourd'hui les [Canadiens] Français sont plus français qu'au moment où Wolfe [James Wolfe*] les a conquis sur les plaines d'Abraham ? Se mêlent-ils à nous, s'assimilent-ils [...] Non, ils font tout selon le modèle français ; [...] je dis que ce sont eux qui menacent le plus la Confédération. » Les conservateurs remportèrent la victoire dans la province de Québec et en Ontario, quoique avec des majorités réduites. Macdonald se détendit. McCarthy, frustré par la défaite de Meredith l'année précédente et inquiet de l'avenir, rappela aux Ontariens qu'une vigilance constante était le prix de la liberté.

En adoptant, en 1888, l'Acte relatif au règlement de la question des biens des jésuites, qui portait un accord pécuniaire arbitré en partie par Léon XIII [V. Antoine-Nicolas Braun*], le gouvernement Mercier déclencha en Ontario un mouvement anticatholique qui menaça un moment de balayer la province. Pour McCarthy, cette loi était le « point culminant d'une série d'actes qui le persuadèrent qu'il fallait freiner le nationalisme français ». Les protestations qu'elle soulevait exprimaient, selon lui, « un sentiment profond qui n'[était] pas sans rappeler celui qui a[vait] provoqué l'incendie des édifices du Parlement à Montréal » en 1849. Ceux qui s'y opposaient réclamèrent que le gouvernement fédéral refuse de reconnaître la loi. Quand le gouvernement annonça en janvier 1889 qu'il n'interviendrait pas, McCarthy, convaincu du bien-fondé de sa position nationaliste anglaise et fédéraliste, fut l'un de ceux qui décidèrent de soumettre la question à la chambre. Malgré les appels de Macdonald et les blâmes du parti, lui-même et William Edward O'Brien*, député de Muskoka, annoncèrent qu'à la session suivante ils proposeraient l'exercice du droit d'intervention.

Le projet de loi qu'O'Brien déposa en mars 1889 avait été rédigé en étroite collaboration avec McCarthy. Après avoir présenté ce qui était peut-être l'argumentation la plus éloquente et la plus serrée qu'un membre du Parlement eut jamais opposée à la crainte du recours au droit d'intervention, McCarthy admit que l'on pût honnêtement diverger d'opinion quant à la constitutionnalité de la loi, mais affirma qu'il ne pouvait y avoir divergence sur le principe, « que l'on croyait défini une fois pour toutes au moment de la sécularisation des réserves du clergé ». À ceux qui parlaient de droits provinciaux, il répondait en se plaçant sur le plan, plus élevé, des droits nationaux : « Le seul moyen de créer un Canada uni, et d'édifier une vie nationale et un sentiment national [...] est de veiller à ce que les lois d'une province ne soient pas injurieuses pour les lois et institutions [...] d'une autre. » Cependant, il trouva peu d'appuis.

Tôt dans la matinée du 29 mars, seuls 13 députés (8 conservateurs et 5 libéraux) accordèrent leur suffrage à la motion d'O'Brien. Ce faible soutien au refus de reconnaissance, au lieu de mettre fin à l'agitation, envenima le débat. McCarthy démissionna de la présidence de la Liberal-Conservative Union of Ontario, comme il avait menacé de le faire, et se montra discret une fois la session terminée. Cependant, il se sentait tenu d'assister à une réception qui devait avoir lieu à Toronto le 22 avril en l'honneur des « nobles treize », pour reprendre l'expression de Macdonald. En tentant de le raisonner, le premier ministre découvrit qu'ils partageaient de moins en moins la même vision de l'avenir de leur parti. Le 17, McCarthy avait écrit à son vieux chef : « Le devoir du parti conservateur est de rester attaché aux provinces anglaises et de s'appuyer sur elles, alors que, si j'ai bien compris, le vôtre est plutôt de compter sur Québec. » Les conséquences probables de sa présence à la réception le préoccupaient de manière plus immédiate : « Comme j'ai semé le vent, je dois, en toute honnêteté, être prêt à résister à l'éventuelle tempête. » Son but était « d'empêcher l'agitation [...] d'être menée par les *grits* – et de [l']orienter vers la cause conservatrice ou de [la] lui réserver ». Peut-être McCarthy voyait-il dans le mécontentement suscité par la loi sur les biens des jésuites une solution au dilemme qu'il avait posé pour la première fois en 1886 : comment attirer des réformistes protestants pour combler la perte des votes catholiques ? Pourtant, comme David Creighton*, rédacteur en chef de l'*Empire,* le fit remarquer à Macdonald, il était dangereux d'exciter les esprits et d'espérer quand même amener l'Ontario dans le camp des conservateurs.

Le 22 avril, McCarthy parla durant plus de deux heures devant une foule de 5 000 personnes. Son discours porta principalement sur l'offensive des nationalistes canadiens-français et la nécessité de l'unilinguisme. Sans trop de subtilité, il tenta de détourner de la religion la colère antijésuite et de la diriger contre l'agression canadienne-française, et de la détourner aussi de Macdonald et des conservateurs pour la diriger contre les libéraux, qui défendaient les principes des droits provinciaux.

McCarthy n'assista pas, les 11 et 12 juin 1889, au congrès d'organisation de l'Equal Rights Association, mais il fut élu au bureau et reconnu par la suite comme l'un des principaux porte-parole de ce groupe. La fondation de l'association, dont le but était, en théorie, de promouvoir l'égalité absolue de toutes les confessions religieuses devant la loi, provoqua une vive réaction au Canada français. Plus tard dans le mois, au cours des célébrations de la Saint-Jean-Baptiste, Mercier appela ses compatriotes à s'unir sous le drapeau de la France, symbole de la défense de la nation. Il jura que la province de Québec resterait française et catholique, et l'un de ses collègues nationaux-conservateurs, le député fédéral Guillaume AMYOT, prévint la milice de se tenir prête à défendre les institutions et les droits des Canadiens français contre l'agression anglo-saxonne.

Le défi lancé par Mercier poussa McCarthy à rompre le silence qu'il gardait depuis la réception de Toronto. Le révérend William Caven* du Knox College, président de l'Equal Rights Association, eut beau l'avertir qu'il était dangereux de transformer l'agitation en une croisade antifrançaise, McCarthy était plus convaincu que jamais que le véritable danger qui menaçait le Canada était non pas la religion mais les aspirations nationalistes du Canada français. Prenant la parole le 12 juillet (jour anniversaire de la bataille de la Boyne) à un pique-nique orangiste à Stayner, dans sa circonscription, il livra le fond de sa pensée. Comme il estimait qu'il ne fallait pas perpétuer, au Canada, les querelles du Vieux Monde, il n'était pas orangiste, mais son père l'avait été, et lui-même n'avait pas honte d'affirmer les principes de l'ordre d'Orange : égalité des droits pour tous et loyauté à la couronne. Même s'il demeurait conservateur, il n'était pas d'accord avec Macdonald sur la question des biens des jésuites et n'abandonnerait pas la lutte pour les « droits égaux », quelles qu'en soient les conséquences pour le parti. Aux questions qu'il avait déjà définies comme fondamentales, il ajouta celle de la langue. « Tant que les Français apprendront leurs lois et leur histoire en français, déclara-t-il, ils resteront Français de cœur. » En Ontario, les écoles des districts francophones devaient devenir publiques et anglophones ; dans le Nord-Ouest, il fallait abolir le bilinguisme. « Le temps est venu, lança-t-il dans un style à la fois incendiaire et flamboyant, où le peuple tranchera cette grande question en votant et, si cela n'apporte pas le remède au cours de la génération actuelle, les baïonnettes le feront à la prochaine. »

Cet emportement provoqua de sévères condamnations de la part de nombreux conservateurs ontariens, qui pressèrent Macdonald de laisser tomber McCarthy, mais le premier ministre garda son calme. Il était convaincu que l'agitation s'éteindrait après le 8 août, car au delà de cette date le gouvernement ne pourrait plus refuser de reconnaître la loi. Et puis, comme il le dit à John Fisher WOOD le 29 juillet : « McCarthy a derrière lui un fort groupe du parti conservateur, dont les orangistes et les protestants extrémistes, et si je le dénonçais, il emmènerait un grand nombre de scissionnistes que nous pourrions avoir bien du mal à récupérer. » Macdonald aurait peut-être été moins confiant s'il avait su que McCarthy s'apprêtait à poursuivre sa campagne pour les « droits égaux » dans l'Ouest, puis aux Communes.

Au cours d'un voyage d'agrément dans l'Ouest, McCarthy prononça deux allocutions, l'une à Portage-la-Prairie, au Manitoba, l'autre à Calgary. Il attaqua le nationalisme canadien-français mais parla peu des écoles catholiques. Pourtant, on a souvent dit que la législation scolaire et linguistique adoptée par la suite au Manitoba devait quelque chose à ces discours. On ne peut guère considérer McCarty comme l'instigateur de ces lois – la situation, les chefs et la population de la province en expliquent suffisamment l'adoption –, mais il est vrai que lui-même et l'Equal Rights Association leur apportèrent une espèce de légitimation. Une fois revenu de l'Ouest, il prononça plusieurs allocutions sur les « droits égaux », dont la plus importante à la fin de l'année, à Ottawa, où il proclama avec audace que, grâce à l'appui populaire, l'Equal Rights Association pourrait décider du résultat des élections dans toutes les circonscriptions.

Déterminé à défendre les « droits égaux » aux Communes, McCarthy présenta en janvier 1890 un projet de loi réclamant l'abolition des garanties sur le français que contenait l'Acte des Territoires du Nord-Ouest de 1875. Le préambule du projet – « dans l'intérêt de l'unité nationale au sein du Dominion [...] il doit y avoir communauté de langue entre les habitants du Canada » – était aussi provocateur pour les francophones que le préambule de Mercier à la loi sur les biens des jésuites pouvait l'être pour les protestants anglophones. Dans le débat qui suivit, et que l'historien Peter Busby Waite a rangé parmi les « grands débats de l'histoire du Parlement canadien », les députés discutèrent de « ce qu'était le Canada et de ce qu'il devrait être ». McCarthy prônait l'unilinguisme parce qu'il tenait pour acquis que l'unité nationale exigeait l'uniformité culturelle. Ce présupposé, il le justifiait en citant à la fois une source passée, lord Durham [Lambton*], qui avait une expérience « pratique », et des sources contemporaines, à savoir des penseurs nationalistes, tels Edward Augustus Freeman et Max Müller, professeurs à Oxford, qui s'appuyaient sur la nouvelle « science de la langue ». Sir John Stephen Willison* rappela plus tard qu'il parla « trois ou quatre heures, avec une superbe maîtrise de soi, une remarquable précision de l'énoncé et une concentration totale sur les faits et principes fondamentaux ». « L'homme était dans sa cause », ajoutait-il. Si, après la Conquête, on avait incité les francophones à parler anglais, affirmait McCarthy, le Canada serait uni, anglais dans les faits et anglais de cœur, et personne n'aurait tenté de créer une nation française et catholique séparée de la nation canadienne. Il essuya des attaques féroces et se retrouva presque seul contre tous (le ministre de la Justice sir John Sparrow David THOMPSON, qui était catholique, fut son adversaire le plus efficace), mais il ne dévia pas de la logique par laquelle il entendait démontrer comment réaliser l'unité nationale.

Les Communes paraissaient condamnées à la division raciale jusqu'à ce qu'un compromis trouvé par Thompson désamorce le débat. Le Parlement continuerait de garantir l'usage du français dans les tribunaux et les affaires instruites dans les Territoires du Nord-Ouest ; cependant, l'Assemblée législative pourrait choisir la langue des débats et de leurs comptes rendus. La modification proposée par Thompson recueillit une majorité écrasante, mais McCarthy jura de continuer la lutte jusqu'à ce que le moindre vestige de dualisme ait disparu de l'Ouest. Son succès mitigé aux Communes fut plus que compensé par les gains que fit ailleurs le mouvement pour les « droits égaux ». Au Manitoba, Joseph Martin*, procureur général du gouvernement libéral de Thomas Greenway*, fit adopter par l'Assemblée, pendant la session de 1890, un projet de loi qui abolissait l'usage officiel du français et les écoles séparées. En Ontario, William Ralph Meredith, s'inspirant de l'Equal Rights Association, réclama des restrictions à l'usage du français et aux écoles séparées, ce qui força le gouvernement libéral d'Oliver Mowat à modifier le système d'enseignement.

L'Equal Rights Association s'était présentée comme un regroupement non partisan et, même si l'esprit de parti n'en fut jamais tout à fait absent, William Caven et d'autres chefs avaient réussi à masquer ses conflits internes. Cependant, sous la pression occasionnée par la campagne électorale provinciale d'Ontario, au printemps de 1890, la politique partisane refit surface. John Charlton*, libéral fédéral et fervent partisan de l'Equal Rights Association, appuya Mowat. McCarthy se montra plus circonspect mais, croyant que Meredith pouvait gagner, il tenta de pousser l'Equal Rights Association du côté des conservateurs. En mai, les membres de l'exécutif de l'association ne parvinrent pas à s'entendre sur la question de savoir si les libéraux avaient fait assez de changements. Selon Charlton, McCarthy essayait de faire de l'association une « machine auxiliaire du torysme ». Furieux, McCarthy répliqua que c'étaient Charlton et les réformistes qui sacrifiaient les principes de l'association à des fins partisanes. Charlton fit alors ouvertement campagne pour les libéraux. McCarthy, de plus en plus critique à l'endroit de Mowat, appuya une revendication extrémiste de l'Equal Rights Association : modifier la constitution pour abolir les garanties relatives aux écoles séparées en Ontario.

En juin, Mowat remporta une victoire retentissante et, quoique plusieurs candidats conservateurs et libéraux victorieux aient été acquis aux principes des « droits égaux », un seul candidat de l'Equal Rights Association fut élu (George Campbell dans Durham East). Heureux de ce piètre résultat, Macdonald s'attela à la tâche de regagner avant les élections fédérales de 1891 l'allégeance des catholiques désenchantés et des protestants militants. McCarthy, sans abandonner la cause des « droits égaux », retourna alors dans le giron du parti et remporta une autre victoire sous la bannière conservatrice. L'Equal Rights Association n'exerça aucune influence sur le résultat des élections, mais elle avait déjà fait suffisamment de mal en favorisant les controverses scolaires et linguistiques. Le 10 juillet 1890, Macdonald avait d'ailleurs fait part de son inquiétude à James Robert Gowan* de Barrie : « Le démon de l'animosité religieuse, qui, je l'espérais, avait été enterré dans la tombe de George Brown [*], est ressuscité [...] McCarthy a semé les dents du Dragon – Je crains qu'elles ne sortent de terre sous forme d'hommes armés. »

Macdonald mourut en 1891, après les élections. À ce moment, McCarthy semblait réconcilié avec le parti. Il fit valoir ses prétentions à la succession en affirmant que Macdonald avait laissé en héritage la mission de construire une grande nation au sein de l'Empire britannique, mais peu de conservateurs l'appuyèrent. Même s'il conservait sa place sur les premières banquettes, il refusa de faire partie des cabinets de John Joseph Caldwell ABBOTT et de son successeur Thompson parce que le gouvernement ne voulait pas appuyer les « droits égaux ». Cependant, ce n'est ni la langue ni la question scolaire, mais ses idées sur la fédération impériale et la réforme tarifaire qui l'amèneraient à rompre définitivement avec son parti.

McCarthy était devenu président de la section canadienne de l'Imperial Federation League en 1885, mais il n'avait pas cherché à convaincre Macdonald d'en adopter les visées. Il comptait sur le développement naturel du lien impérial et savait que l'aile canadienne-française du parti conservateur se méfiait de tout resserrement des liens avec la Grande-Bretagne. Quand une section du parti libéral plaida en faveur d'une union commerciale avec les États-Unis en 1887–1888, il répliqua en proposant des tarifs préférentiels au sein de l'Empire. Il prit bien soin de présenter sa proposition comme un objectif qui n'entrait pas en contradiction avec la Politique nationale. Puis la controverse sur les biens des jésuites retint son attention et, comme il y jouait un rôle prépondérant, il quitta la présidence de la ligue et ne parla guère de réforme tarifaire jusqu'à ce que la conjoncture du début des années 1890 l'amène à s'y intéresser de nouveau.

Les conservateurs remportèrent les élections de 1891, mais en Ontario les libéraux accrurent leur pourcentage du vote populaire. McCarthy accusa alors l'*Empire* de ne pas avoir su contrer la propagande annexionniste de sir Richard John Cartwright*, tout en reconnaissant que les gains des libéraux avaient un motif plus profond : les fermiers ontariens étaient de plus en plus nombreux à souhaiter une réforme tarifaire. Sentant que son parti devait tenir compte de ce sentiment réformiste, il reprit position en faveur d'une fédération impériale et alla même jusqu'à critiquer la Politique nationale. Désormais, affirma-t-il, les industries canadiennes devaient être prêtes à se débrouiller seules ou à ne compter que sur une protection raisonnable. La réciprocité absolue que prônaient les libéraux n'était pas une solution : les Canadiens n'avaient pas à aller mendier à Washington des faveurs tarifaires qui leur seraient refusées s'ils n'étaient pas disposés à accepter l'annexion. Convaincu que le gouvernement conservateur avait l'intention de s'en tenir à la Politique nationale pour défendre les intérêts des manufacturiers, il retourna dans Simcoe North à la fin de décembre 1892 afin d'obtenir le mandat de le défier sur la réforme tarifaire. Le 30 décembre, ayant découvert ses intentions, David Creighton de l'*Empire* lança contre lui une offensive éditoriale qui amena McCarthy à rompre ouvertement avec son parti en janvier 1893.

Creighton rejetait McCarthy du parti en raison de ses « tergiversations » sur la politique tarifaire, mais en fait, c'est depuis la controverse sur les biens des jésuites qu'il réclamait son expulsion. McCarthy, que l'on avait empêché d'influer de manière notable sur la ligne de pensée de l'*Empire,* avait d'ailleurs critiqué la direction de Creighton. En 1891, celui-ci s'était attaché à Thompson et l'avait pressé de faire fi de l'opposition de McCarthy et de prendre la tête du parti conservateur. L'année suivante, l'accession de Thompson au poste de premier ministre du Canada exacerba sa rivalité avec McCarthy. Ce dernier se méfiait des prises de position de Thompson sur les relations entre l'Église et l'État et il le tenait responsable du « faux compromis » que la chambre avait été contrainte d'adopter dans l'Acte des Territoires du Nord-Ouest. De plus, en 1893, il allait reprocher à Thompson et à son gouvernement de contester la loi des écoles du Manitoba devant la Cour suprême. Quant à Thompson, il estimait avoir eu bien assez d'égards pour cet homme qui lui apportait un « appui insuffisant » et, une fois devenu premier ministre, il refusa de faire le moindre geste pour le rapprocher du parti.

Une fois qu'il eut compris que le parti ne réfuterait pas les accusations lancées contre lui par l'*Empire,* McCarthy décida d'expliquer sa position à ses commettants en les convoquant à une assemblée le 25 janvier 1893 à Stayner. Il affirma être un aussi bon conservateur que tous les membres du gouvernement et laissa entendre qu'il était le véritable héritier de Macdonald. *Le même homme, la même politique et le même drapeau* avaient constitué les atouts du parti dans le passé. À présent, dit-il, le « même homme » était mort, mais le parti pouvait garder la « même politique » ; dans un geste qui frôlait la démagogie, il agita le Union Jack au-dessus de sa tête en proclamant : « je prendrai le même drapeau ».

McCarthy jura de tenir une position indépendante, et pendant la session de 1893 ses interventions sur les deux principales questions qu'étudiait la chambre, à savoir les écoles et la réforme tarifaire, allèrent à l'encontre des positions du gouvernement. Encouragé par les appuis nombreux qu'il recevait, il fondait dès la fin de la session, au printemps, un tiers parti qui défendait ses thèmes habituels, l'Equal Rights League. Elle appuyait la réforme tarifaire et s'opposait à l'exercice de toute coercition sur les provinces en matière de langue ou d'éducation. C'étaient ses moyens à lui d'empêcher les Canadiens français de freiner l'avènement d'une véritable nation canadienne, et le programme de la ligue niait expressément que la Confédération promettait l'égalité aux francophones et aux anglophones dans le nouveau domaine de l'Ouest.

À la fin de 1893, ce tiers parti avait un seul allié au Parlement, William Edward O'Brien. Certains partisans de McCarthy étaient optimistes, mais la ligue devait encore démontrer qu'elle était viable en tant que parti politique. Elle avait recueilli peu de fonds et n'avait mené aucune lutte électorale ; de plus, le congrès prévu pour novembre avait été retardé. Cependant, après avoir parcouru l'ouest de l'Ontario au début de 1894, l'organisateur de la ligue, William G. Fee, signala que le programme avait été diffusé dans plusieurs circonscriptions et que l'avenir s'annonçait fort bien. McCarthy s'engagea alors à prononcer autant d'allocutions que le lui permettait son horaire chargé d'avocat, préférant des endroits où il pouvait se rendre par train et prendre la parole le soir afin d'être de retour à Toronto le lendemain matin avant l'ouverture des tribunaux.

La ligue semblait pouvoir nouer une alliance avec deux mouvements américains qui avaient fondé des sections au Canada au début des années 1890, soit la Protestant Protective Association [V. Oscar Ernest Fleming*] et les Patrons of Industry [V. George Wesley Wrigley*]. Si McCarthy, qui avait cependant tendance à surestimer la force des sentiments et mouvements populaires, pouvait établir une relation étroite avec l'un de ces groupes ou les deux, peut-être pourrait-il commander l'équilibre des partis dans le prochain Parlement du dominion.

La Protestant Protective Association, organisation secrète dont les membres étaient liés par serment, était considérée par le *Mail* comme une alliée naturelle de McCarthy, car elle s'appuyait largement sur les orangistes elle aussi. McCarthy mit fin à ces rumeurs d'alliance dans une série de discours prononcés d'octobre 1893 à janvier 1894. Il refusa d'assister à un congrès de l'association et nia avoir jamais prétendu être le champion des protestants. Il ne pouvait accepter un programme qui visait à transformer les catholiques en citoyens de seconde zone et n'avait jamais rien dit contre la religion de qui que ce soit. Toutefois, comme l'association piétinait, elle chercha à s'approprier la prééminence et la respectabilité de McCarthy en prétendant avoir conclu une alliance avec lui. Il écarta toute idée de fusion avec elle, car elle symbolisait le fanatisme, mais il invita ses membres à voter pour l'Equal Rights League à condition que cela ne le lie en aucune manière.

De toute évidence, les Patrons of Industry comptaient davantage pour McCarthy, qui était venu en contact avec ce mouvement de fermiers en 1893, lorsqu'il avait parlé en chambre de la réforme tarifaire et du mécontentement des agriculteurs à l'endroit de la Politique nationale. Après les élections ontariennes de juin 1894, où les Patrons of Industry firent très bonne figure, il les invita ouvertement à sauter dans l'arène fédérale. Populaire auprès des simples membres de l'organisme, il avait cependant du mal à s'entendre avec le grand président, Caleb Alvord Mallory*, et avec le conseil. Populistes, les Patrons of Industry se méfiaient des gens des professions libérales, donc des avocats, en qui ils voyaient des exploiteurs de la société. De son côté, McCarthy ne pouvait pas accepter les réformes radicales que contenait leur programme, mais il les flattait en disant qu'ils pourraient former la majorité dans la prochaine Assemblée ontarienne. Les élections fédérales suivantes allaient porter surtout sur le commerce, question sur laquelle les partisans de McCarthy et les Patrons of Industry, bien qu'indépendants les uns des autres, partageaient une position commune : les fermiers voulaient des marchandises moins chères, et McCarthy travaillait infatigablement dans ce sens. Même si le conseil des Patrons répugnait à conclure une alliance, les membres étaient de plus en plus nombreux à soutenir McCarthy.

Dès l'automne de 1894, des signes montraient que McCarthy approchait à grands pas de son but, soit réunir un grand parti d'hommes indépendants et patriotes qui commanderait l'équilibre des partis. La Protestant Protective Association, affaiblie et découragée certes, se rapprochait de lui par principe. Dans bien des secteurs, les Patrons of Industry, défiant leur conseil, promettaient de le soutenir et lui laissaient entrevoir la possibilité d'une alliance étroite. En outre, il réalisait encore des gains dans l'ordre d'Orange, où la base en avait assez du leadership de Nathaniel Clarke Wallace*. Membre des « nobles treize » devenu contrôleur des douanes, celui-ci avait tenté aux Communes, en 1893, de discréditer l'opposition de McCarthy aux écoles séparées parce que sa belle-fille, Mary Agnes Fitzgibbon [Bernard*], dont il assurait la subsistance, était catholique. Enfin, McCarthy avait des relations beaucoup plus amicales qu'auparavant avec les libéraux, car ses idées sur la réforme tarifaire avaient gagné un large appui dans leur parti et sa rupture avec les conservateurs en faisait un allié probable.

La mort de Thompson, en décembre 1894, porta un coup terrible au parti conservateur. Le cabinet comptait peu d'hommes remarquables, mais toute possibilité pour McCarthy de réintégrer les rangs du gouvernement pour diriger le parti s'évanouit quand, le même mois, un sénateur et membre du cabinet, sir Frank Smith*, déclara à la presse : « Il y a un gentleman qui a raté sa chance, et c'est Dalton McCarthy. Il aurait peut-être succédé à sir John Thompson si les choses s'étaient passées autrement. » Les conservateurs s'entendirent pour choisir Mackenzie Bowell*. On se mit à se demander si McCarthy ne servirait pas sous les ordres de ce vieil orangiste, ce qu'il nia en faisant l'une des sèches mises au point dont il avait le secret. Les mêmes différends l'opposeraient au nouveau gouvernement, expliqua-t-il, car Bowell était résolu à poursuivre la politique de coercition et de protection tarifaire. Bowell souffrait d'ailleurs de la faiblesse commune aux chefs orangistes – il ne votait jamais pour le protestantisme sauf si ce geste convenait à son parti. Il est vrai qu'à Ottawa personne n'avait le courage de se mettre à dos le vote francophone. McCarthy était l'unique exemple de ce qui attendait celui qui s'y risquait : « J'ose dire que j'aurais été premier ministre du Canada si j'étais demeuré au parti conservateur – mais je suppose que je ne le serai jamais [...] et n'aurai peut-être jamais de poste », déclara-t-il en décembre 1894 au cours d'une allocution à Picton, en Ontario.

À compter de 1895, ce furent les décisions judiciaires sur la loi scolaire du Manitoba qui déterminèrent la trajectoire politique de McCarthy. En février 1894, la Cour suprême avait rejeté un appel de la minorité catholique contre cette loi. Puis le rejet avait été porté devant le Conseil privé ; c'était l'affaire Brophy, dont l'audition avait commencé la veille de la mort de Thompson. En février 1895, le Conseil privé déclarait que le gouvernement du Canada avait le droit d'entendre un appel et d'adopter une loi correctrice. Le cabinet convoqua donc des représentants de la minorité catholique et du gouvernement du Manitoba. En mars, McCarthy comparut au nom du Manitoba ; de son côté, John Skirving Ewart* présenta l'appel de la minorité. Convaincu que le cabinet avait déjà tranché en faveur de l'appel, McCarthy mit en doute l'impartialité de cette procédure quasi judiciaire. Puis, pendant que le cabinet délibérait, il présenta ses arguments à la population. Au cours d'une « assemblée monstre » qu'il avait organisée avec d'autres à Toronto, il protesta contre la coercition exercée sur le Manitoba. Une semaine plus tard, à Orangeville, il mit les leaders orangistes au défi de s'opposer à cette coercition. Tout en admettant le droit d'appel, il soutenait qu'il s'agissait là d'« un pouvoir si contraire au principe directeur qui régissait la répartition de l'autorité législative entre le dominion et les provinces [...] que c'[était] une juridiction qui ne [devait] jamais être exercée sauf dans les cas d'abus le plus flagrant du pouvoir provincial ». La question, disait-il, était de savoir si le Manitoba serait gouverné par sa propre Assemblée ou par l'élite francophone de Québec. Il reprocha vertement à Bowell de sacrifier ses principes orangistes pour conserver le pouvoir et prévint Wallace, qui avait l'occasion de diriger la résistance des orangistes aux volontés de la province de Québec, que ceux-ci ne lui pardonneraient jamais s'il était encore au cabinet cinq minutes après l'adoption d'un décret visant à corriger la loi.

Le 21 mars, le cabinet rendit un décret dans lequel il demandait au Manitoba de restaurer les droits et privilèges de la minorité dans le domaine de l'éducation. McCarthy ne s'attendait pas à autre chose de la part du gouvernement, et il savait aussi ce que ferait le Manitoba. Le procureur général Clifford Sifton* lui avait écrit le 11 mars que son gouvernement, après avoir étudié le décret pendant un « temps raisonnable », refuserait de le mettre à exécution, ce qui renverrait le problème au gouvernement fédéral.

Cette querelle fut au centre de nombreux débats au cours de deux élections partielles fédérales auxquelles le tiers parti de McCarthy participa en Ontario en 1895. On considérait celle de Haldimand, la première à laquelle le parti prenait part depuis sa formation, comme une épreuve déterminante de sa viabilité. Dans l'espoir de gagner des appuis parmi les libéraux, McCarthy invita Sifton à se joindre à lui en avril, et tous deux exposèrent clairement à l'électorat deux droits chers aux Ontariens, l'autonomie et l'autodétermination provinciales. Le décret, affirmaient-ils, n'était pas une demande rationnelle de réparation, mais plutôt une intervention vengeresse qui visait la restauration de tout un système d'écoles séparées à la fois coûteuses et inefficaces. Cependant, la « horde des travailleurs d'élection » était trop puissante, et les coffres de guerre du gouvernement trop bien garnis, si bien que le député conservateur Walter Humphries Montague* remporta la victoire sur Jeffery A. McCarthy, membre du cabinet d'avocats de D'Alton McCarthy à Barrie.

La seconde élection partielle, qui se tint la veille de Noël dans Cardwell, montra combien les forces de l'opposition pouvaient être puissantes quand elles s'unissaient. Au cours d'une réunion secrète tenue plus tôt dans le mois, McCarthy, le grand secrétaire-trésorier des Patrons of Industry, L. A. Welch, et le libéral Edward Farrer* du *Globe* s'étaient partagé les circonscriptions ontariennes en fonction de la force présumée de chacun de leurs groupes et avaient promis d'appuyer le candidat qui avait le plus de chances de gagner. Dans Cardwell, le candidat du tiers parti, William Stubbs, remporta une victoire écrasante grâce à un fort soutien de la part des Patrons of Industry et des libéraux, et malgré l'énergie que le gouvernement avait déployée pendant la campagne. McCarthy gagna donc, en la personne de l'orangiste Stubbs, un deuxième allié au Parlement.

Afin de combattre le gouvernement, alors dirigé par Tupper, et le projet de loi correctrice rédigé en réponse au refus du Manitoba d'obtempérer au décret de 1895, McCarthy s'employa, en chambre, à réunir autour de lui les forces anticoercitives. Quand Tupper, pour empêcher le projet de loi de s'enliser, ordonna que le Parlement siège le jour et la nuit, McCarthy organisa l'opposition et ses alliés en « petites bandes » de 15 à 20 hommes qui se relayaient toutes les 8 heures – sa stratégie était de « prolonger les débats » afin que le projet de loi ne puisse être adopté avant la clôture des travaux. Exaspéré, Tupper laissa tomber son projet le 16 avril 1896 et déclencha des élections. McCarthy avait atteint son but – obliger le gouvernement à faire appel au peuple – et il était certain du verdict. Même si, depuis le début de l'année, il avait encore prononcé des discours où il niait être libéral, il était ouvertement l'allié des libéraux au moment des élections.

McCarthy se présenta dans Simcoe North et dans Brandon, au Manitoba, où il tenta d'obtenir l'appui des Patrons of Industry et de contrer la forte poussée de Tupper dans l'Ouest. Le scrutin eut lieu le 12 juin et, grâce à une majorité écrasante au Québec, Wilfrid Laurier* et le parti libéral furent élus. En Ontario, le tiers parti obtint des résultats décevants, que compensa cependant le succès personnel de McCarthy (dans Simcoe North et Brandon) et de Stubbs (dans Cardwell). Comme McCarthy n'avait pu se réconcilier avec Wallace, les orangistes n'avaient pas voté en bloc. Cependant, le fait que Tupper ait accepté des candidats conservateurs opposés à la coercition avait peut-être joué davantage. Bien qu'elle n'eût pas remporté le succès souhaité, l'alliance des partisans de McCarthy, des Patrons of Industry et des libéraux allait contribuer à la défaite de la solution coercitive. Si le but de McCarthy était la chute du parti conservateur, il avait réussi. Certes, il n'était pas parvenu à convaincre les électeurs conservateurs de l'appuyer, mais un grand nombre de conservateurs opposés à la coercition avaient été élus, et le fait de se trouver dans l'opposition ne fit que renforcer leur détermination.

Malgré l'échec de son tiers parti, McCarthy voyait ses principes triompher. Le parti libéral abandonnait le continentalisme économique de Cartwright pour une libéralisation des échanges avec la Grande-Bretagne et les États-Unis. Le premier tarif libéral, adopté en 1897, prévoyait un régime de faveur pour les pays de l'Empire et était, sous bien des aspects, conforme à ses désirs. Le règlement que Laurier apporta à la question des écoles du Manitoba correspondait essentiellement à ce que la province avait offert au gouvernement conservateur en 1896 (sécularisation du réseau scolaire public et période d'instruction religieuse à la fin de chaque journée d'école), et la proposition manitobaine portait la marque de l'influence de McCarthy.

McCarthy pouvait donc éprouver quelque satisfaction en songeant à sa vie politique. Certes, il aurait pu être premier ministre du pays, mais il avait le sentiment de s'être taillé une place plus honorable en adoptant une position indépendante. Il était convaincu qu'en combattant l'idée d'un Canada bilingue et biculturel il avait empêché la croissance d'une « nationalité bâtarde » qui aurait freiné le développement d'une véritable identité canadienne. Le Canada serait une nation britannique, il en avait l'assurance. Laurier, qu'il avait félicité publiquement d'avoir eu, sur la question scolaire, une « attitude audacieuse, digne d'un véritable homme d'État », pouvait manifester assez d'autorité pour résister aux interventions de la hiérarchie catholique et même pour risquer « l'anathème des classes fanatiques parmi ses propres partisans ». L'Ouest aussi était entre bonnes mains. Son ami Clifford Sifton, ministre fédéral de l'Intérieur, favoriserait l'immigration qui assurerait l'avenir d'une nation britannique distincte en Amérique du Nord.

Après 1896, McCarthy se consacra de plus en plus à son travail d'avocat et participa rarement aux débats parlementaires. Pourtant, il se rapprochait toujours davantage des libéraux. Après avoir été éprouvés par la stratégie d'obstruction menée en 1896 contre la coercition, ses liens avec John Charlton, *grit* et membre des « nobles treize » en 1889, se raffermissaient. Par ailleurs, McCarthy fréquentait déjà le gouverneur général, lord Aberdeen [Hamilton-Gordon*], quand il eut l'honneur en 1897 d'accueillir le couple vice-royal au Toronto Hunt Club où, en qualité de président, « vêtu de son manteau rose, montant une adorable jument », il impressionna jusqu'à lady Aberdeen [Majoribanks*], qui le trouva « charmant et capable ». Même si leurs opinions politiques divergeaient, McCarthy avait souvent été invité par le gouverneur à dîner à sa résidence. Peut-être même lady Aberdeen contribua-t-elle à rapprocher Laurier et McCarthy ? Elle conçut un attachement particulier pour ce dernier après qu'il eut accepté de défendre son mari au Parlement contre les accusations d'ingérence inconstitutionnelle portées par Tupper à la suite de la défaite conservatrice de 1896.

En 1898, au terme de longues négociations, McCarthy consentit à entrer au cabinet de Laurier, fort probablement à titre de ministre de la Justice. Le 8 mai, comme il s'apprêtait à retourner à Ottawa pour régler les derniers détails de sa nomination, il fut blessé dans un accident de voiture. Il mourut le 11 sans avoir repris conscience. Selon le *Globe,* ses obsèques furent « parmi les plus imposantes jamais vues à Toronto ». La liste des porteurs du drap mortuaire révèle combien l'éventail de ses relations était large : sir Frank Smith, sénateur irlando-catholique ; Goldwin Smith*, continentaliste et anti-impérialiste ; George Robert Parkin*, partisan d'une fédération impériale ; enfin Britton Bath Osler, Christopher Robinson*, John Hoskin et Adam Rutherford Creelman*, tous membres de son cabinet d'avocats.

Le service funèbre de McCarthy se tint chez lui, rue Beverley, en face de l'endroit où avait eu lieu celui de George Brown. Or on l'avait accusé – pas tout à fait à tort – de reprendre la politique protestante prônée par Brown en 1857. Il sentait que la province de Québec était perdue pour le parti conservateur et que celui-ci devait renforcer sa base en Ontario en gagnant l'adhésion de réformistes loyaux à la couronne et autres éléments anglophones. « Aucun homme n'a aussi bien exprimé le sentiment de la population torontoise », notait le *Globe,* qui soulignait aussi ses qualités personnelles. Les Canadiens se souviendraient de lui comme d'un « homme courageux, un fonctionnaire incorruptible et, dans la sphère plus douce de la vie mondaine, un compagnon exceptionnel et intéressant ».

Au fil des ans, l'histoire n'a pas toujours été tendre envers D'Alton McCarthy. En fait, l'analyse critique de sa carrière a commencé de son vivant. Presque sans exception, les observateurs de son temps le tenaient pour le grand instigateur de l'agitation qui avait entouré l'adoption du projet de loi sur les biens des jésuites, comme des débats sur la question linguistique du Nord-Ouest et sur les écoles du Manitoba. Accusé par certains de fanatisme racial et religieux, il vit ses adversaires et ses anciens alliés mettre ses motivations en doute et attaquer ses positions. Les journaux de l'époque, qu'ils aient été ou non sympathiques à ses vues, convenaient que sa carrière ne pourrait être évaluée correctement que dans l'avenir. Lui-même estimait qu'on le comprendrait peut-être mieux un jour. « Si jamais j'acquiers la renommée, dit-il dans un discours prononcé à Owen Sound en 1896, ce sera à titre posthume. »

McCarthy a tout de même eu ses défenseurs, quoiqu'ils aient tenté de comprendre ses idées et ses actes plutôt que de les légitimer. Un jugement nuancé est apparu dans les années 1930 sous la plume de Fred Landon qui, dans un ouvrage spécialisé, servait l'avertissement suivant : « le considérer uniquement comme un agitateur [...] c'est négliger complètement les éléments de grandeur intellectuelle et morale qui furent manifestes dans sa carrière ».

Dans les années 1960, d'autres opinions se sont fait jour. La bonne entente qui entourait le centenaire de la Confédération et l'optimisme engendré par le *Rapport* de la Commission royale d'enquête sur le bilinguisme et le biculturalisme laissaient présager que la dualité culturelle de l'État-nation canadien pourrait enfin s'exprimer pleinement. C'est dans cette atmosphère que des chercheurs comme Lovell Crosby Clark et Ramsay Cook ont repris les jugements négatifs sur McCarthy. « La controverse des écoles du Manitoba en 1889 ne naquit d'aucune nécessité inhérente à la situation locale, écrivait Clark, mais des interventions d'un démagogue et d'un fanatique qui réussit à attiser les préjugés des protestants anglo-saxons du Manitoba. » Pour sa part, Cook concluait que le nationalisme de McCarthy s'inspirait de la soif du pouvoir et du désir de couler la nation dans un moule tout fait d'avance, et qu'il était condamné à l'échec parce qu'il divisait au lieu d'unifier. Les événements des années 1970 allaient amener certains Canadiens anglais à éprouver, devant le nationalisme canadien-français, des craintes qui n'étaient pas sans rappeler celles que McCarthy ressentait dans les années 1880 et 1890, et conduire Donald Grant Creighton* à répéter, avec amertume, que le progrès et l'unité du Canada étaient menacés.

À présent, l'héritage de McCarthy se trouve entre les mains de Peter Busby Waite et de James Rodger Miller, qui le gèrent fort bien. Tout en rejetant ses présupposés, Waite voit en lui un personnage tragique, animé de convictions sincères, « une des figures les plus nobles du Canada anglais ». « Il était impossible, dit-il, de ne pas respecter et même peut-être de ne pas admirer McCarthy. Il était tout aussi impossible d'être d'accord avec lui. Sa cause [...] ne menait qu'à l'éclatement. » Quant à Miller, personne n'a fait plus que lui pour situer McCarthy dans le contexte de son époque. Dans son étude sur l'agitation pour les « droits égaux », il constate que les attaques contre l'enseignement catholique et la langue française étaient nées d'un malaise en Ontario, où la loi sur les biens des jésuites avait semblé une provocation à ceux qui croyaient en une nation britannico-canadienne et qui s'inquiétaient de plus en plus du catholicisme ultramontain, du nationalisme canadien-français et des conséquences néfastes de l'industrialisation et de l'urbanisation. Loin d'être l'« œuvre d'un groupuscule d'excentriques », et abstraction faite de son échec, le mouvement en faveur des « droits égaux » était un authentique mais déplorable « rejeton du grand courant de la vie intellectuelle et politique du Canada ».

Dans l'étude qu'il a consacrée à la pensée anticatholique du Canada victorien, Miller note que la tradition de défense du protestantisme, héritée de la Grande-Bretagne, était devenue synonyme de lutte pour la « survivance nationale » aux yeux de bien des Canadiens anglais. À compter des années 1870, ils s'inquiétèrent de plus en plus de ce que l'Église catholique faisait dans la province de Québec et de « son rôle dans la préservation, voire dans l'expansion, de la présence canadienne-française dans la Confédération. Selon certains critiques, poursuit Miller, cette inquiétude [...] était déclenchée par la conviction croissante que c'était le manque d'unité ou d'uniformité qui expliquait l'incapacité de réaliser rapidement les rêves des Pères de la Confédération. »

Miller conclut son portrait de l'énigmatique D'Alton McCarthy en retournant aux méditations de Landon. On n'a pas affaire à un fanatique isolé ni à un homme politique égoïste, mais à un nationaliste canadien-anglais habité par une vision particulière de l'avenir du pays. En outre, suggère Miller, on ne saurait le réduire à ses célèbres idées nationalistes et fédéralistes. Il s'intéressait vivement aux questions sociales et économiques, comme en témoigne sa position sur la réforme tarifaire et le tribunal des commissaires des chemins de fer. Réformiste tory, il devança son époque en prônant des lois progressistes et en se préoccupant des conséquences sociales des tensions créées par l'industrialisation et l'urbanisation. Pour Miller, McCarthy reflète les craintes et les aspirations de son temps mieux que tout autre homme politique canadien-anglais.

LARRY L. KULISEK

AN, MG 26, A ; D ; G ; MG 27, I, E7 ; E17 ; II, D15. — AO, MU 3088–3100. — UTFL, MS coll. 110. — Canada, chambre des Communes, *Débats*, 1877–1898 ; Parl., *Doc. de la session*, 1877–1898, particulièrement 1895. — *Sentinel* (Toronto), 1875–1898. — *Empire* (Toronto), 1887–1895. — *Globe*, 1877–1898. — *Northern Advance and County of Simcoe General Advertiser* (Barrie, Ontario), 1877–1898. — *Toronto Daily Mail*, 1877–1895. — L. C. Clark, *The Manitoba school question : majority rule or minority rights ?* (Toronto, 1968). — Ramsay Cook, *Canada and the French-Canadian question* (Toronto, 1966) ; *The maple leaf forever ; essays on nationalism and politics in Canada* (Toronto, 1971). — Creighton, *Macdonald, old chieftain*. — D. A. Guthrie, « The imperial federation movement in Canada » (thèse de PH.D., Northwestern Univ., Evanston, Ill., 1940). — A. F. Hunter, *A history of Simcoe County* (2 vol., Barrie, 1909 ; réimpr., 2 vol. en 1, 1948). — L. L. Kulisek, « D'Alton McCarthy and the true nationalization of Canada » (thèse de PH.D., Wayne State

Univ., Detroit, 1973). — G. R. MacLean, « The imperial federation movement in Canada, 1884–1902 » (thèse de PH.D., Duke Univ., Durham, N.C., 1958). — J. R. Miller, *Equal rights : the Jesuits' Estates Act controversy* (Montréal, 1979). — H. B. Neatby, *Laurier and Liberal Quebec ; a study in political management,* R. T. G. Clippingdale, édit. (Toronto, 1973). — E. J. Noble, « D'Alton McCarthy and the election of 1896 » (thèse de M.A., Univ. of Guelph, Ontario, 1969). — J. F. O'Sullivan, « Dalton McCarthy and the Conservative party, 1876–1896 » (thèse de M.A., Univ. of Toronto, 1949). — Goldwin Smith, *Canada and the Canadian question* (Toronto, 1891 ; réimpr., 1971). — Waite, *Canada, 1874–96* ; *Man from Halifax.* — J. S. Willison, *Reminiscences, political and personal* (Toronto, 1919), 174–175. — L. C. Clark, « The Conservative party in the 1890's », SHC *Rapport,* 1961 : 58–74. — Ramsay Cook, « Tillers and toilers : the rise and fall of populism in Canada in the 1890s », SHC *Communications hist.,* 1984 : 1–20. — Fred Landon, « D'Alton McCarthy – crusader », *Willisons Monthly* (Toronto), 4 (1928–1929) : 360–361 ; « D'Alton McCarthy and the politics of the later eighties », SHC *Report,* 1932 : 43–50. — J. R. Miller, « Anti-Catholic thought in Victorian Canada », *CHR,* 66 (1985) : 474–494 ; « As a politician he is a great enigma » : the social and political ideas of D'Alton McCarthy », *CHR,* 58 (1977) : 399–422 ; « D'Alton McCarthy, equal rights, and the origins of the Manitoba school question », *CHR,* 54 (1973) : 369–392 ; « Equal rights for all » : the E.R.A. and the Ontario election of 1890 », *OH,* 65 (1973) : 211–230. — W. L. Morton, « Confederation, 1870–1896 : the end of the Macdonaldian constitution and the return to duality », *Rev. d'études canadiennes,* 1 (1966), n° 1 : 11–18. — E. J. Noble, « D'Alton who ? » *Canadian Lawyer* (Toronto), 6 (1982), n° [3] : 10–13. — J. T. Watt, « Anti-Catholic nativism in Canada : the Protestant Protective Association », *CHR,* 48 (1967) : 45–58.

MacCOLL, EVAN, fonctionnaire et poète, né le 21 septembre 1808 à Kenmore (Strathclyde, Écosse), fils de Dugald MacColl et de Mary Cameron ; il épousa d'abord à Liverpool, Angleterre, Frances Lewthwaite, puis à Kingston, Haut-Canada, une dénommée MacArthur, et ils eurent neuf enfants ; décédé le 24 juillet 1898 à Toronto et inhumé à Kingston.

Le père d'Evan MacColl était un cultivateur à bail des Highlands renommé pour sa connaissance des chants celtiques. Pour cette raison, il avait des relations avec des personnes d'un niveau social plus élevé que le sien et, par leur entremise, il pouvait se procurer des livres pour ses enfants. La piètre qualité de l'enseignement donné à l'école du village l'amena à engager un précepteur pour son fils qui était précoce ; le maître aida Evan à lire et à comprendre l'anglais et éveilla chez lui un intérêt pour la littérature anglaise. Malgré son goût pour la poésie et les lettres, le jeune Evan savait manier la pelle, la charrue et la faucille et pêcher le hareng. Son père cultivait son petit domaine et faisait la réfection de chemins pour les ducs d'Argyll ; Evan l'aidait souvent dans ce travail d'hiver.

Les MacColl immigrèrent en Amérique du Nord britannique en 1831, mais Evan resta derrière. Cinq ans plus tard, il publia à compte d'auteur *The mountain minstrel* [...], poèmes et chants en anglais et en gaélique qui, au dire même de l'auteur, étaient une « couronne rustique de fleurs de montagne », « la production anglaise d'un paysan des Highlands ». Selon une notice biographique, lorsque le livre reparut dans une édition gaélique à part en 1838, on salua MacColl comme « une acquisition précieuse pour la littérature gaélique, et son droit de siéger au premier rang des poètes celtiques modernes fut établi et reconnu immédiatement ».

L'année suivante, on nomma MacColl au poste de commis des douanes à Liverpool grâce à l'influence d'un député d'Argyll. En 1850, après une période de maladie, il obtint un congé de six mois pour rendre visite à sa famille au Canada. À cette occasion, Malcolm Cameron*, député réformiste et ami de la famille de son père, invita MacColl à venir exercer ses fonctions de commis à Kingston. Selon la notice biographique, ce dernier avait obtenu son poste grâce au parti réformiste et il ne pouvait espérer de l'avancement que par influence politique. Toutefois, comme on le soupçonna d'envoyer, sous le couvert de l'anonymat, des poèmes à caractère politique à la presse réformiste et comme « il se faisait un point d'honneur de ne pas solliciter les faveurs » de sir John Alexander MACDONALD, chef des conservateurs, il ne reçut aucune promotion. Quand Alexander MACKENZIE devint premier ministre en 1873, MacColl espéra en avoir une, mais il n'avait toujours rien obtenu lorsque Macdonald revint au pouvoir en 1878. Il quitta le service des douanes en 1880.

MacColl était depuis longtemps l'âme dirigeante de la St Andrew's Society de Kingston et il se fit connaître comme le barde gaélique du Canada. Deux ans après qu'il eut pris sa retraite, on lui rendit hommage en le nommant membre fondateur de la Société royale du Canada sur la recommandation du marquis de Lorne [Campbell*], son fondateur, qui devint plus tard duc d'Argyll. En 1883, MacColl publia *The English poetical works of Evan MacColl* [...], ouvrage dont il avait écrit un certain nombre de passages au Canada. Son fils aîné devint ministre congrégationaliste ; une de ses filles se fit institutrice et une autre, Mary Jemima, perpétua la tradition familiale et devint poète. Quelque temps après sa retraite, il se fixa à Toronto.

La poésie d'Evan MacColl fut fortement influencée par celle de Robert Burns dont il proclame souvent les mérites. Il écrit sur le paysage écossais, sur l'amour et sur l'actualité politique. Son transfert d'allégeance n'était donc que partiel. En effet, même s'il écrivit sur le Canada, c'est à l'Écosse qu'il demeura le plus profondément attaché. Personnage mineur, bien qu'offrant un intérêt historique, il est représentatif de l'expérience de l'immigrant dans la poésie canadienne du XIXe siècle.

JOHN FERNS

Evan MacColl est l'auteur de : *The mountain minstrel ; or Clàrsach nam Beann : consisting of original poems and songs in English and Gaelic* (Glasgow, Écosse, 1836) ; *Clàrsach nam Beann, no Dàin agus orain* [...] (Édimbourg et Glasgow, 1838) ; et *The English poetical works of Evan MacColl* [...] *with a biographical sketch of the author by A. MacKenzie* [...] (Toronto, 1883), qui connurent tous plusieurs éditions. La notice biographique dont il est question, basée sur une rencontre entre Alexander Mackenzie et MacColl à Kingston (rencontre décrite dans l'article de Mackenzie, « The editor in Canada, V », *Celtic Magazine* (Inverness, Écosse), 5 (1879–1880) : 189–191), a d'abord paru dans un autre article de Mackenzie, « Evan Maccoll – the « Bard of Lochfyne », *Celtic Magazine*, 6 (1880–1881) : 54–58, 95–103. La série d'article que le *Celtic Magazine* a publié sur MacColl se termine avec une partie du journal du barde, « Extracts from notes of a tour in the north of Scotland on 1838–39 », 6 : 139–145. Quatre des poèmes anglais de MacColl sont inclus ainsi qu'une courte notice biographique dans *Selections from Canadian poets* [...], E. H. Dewart, édit. (Montréal, 1864 ; réimpr. avec introd. de Douglas Lochhead, Toronto et Buffalo, N.Y., 1973). Une biographie de MacColl en gaélique écrite par Alexander Fraser*, intitulée « Am Bard Mac Colla », a paru dans l'ouvrage de Fraser, *Leabhar nan Sonn ; gearr-aithris air curaidhean na craoibhe ruaidhe is air diulanaich iomraiteach la an diugh, le Alasdair Friseal* (Toronto, 1897), 35–65.

John Mackenzie, *Sar-obair nam bard gaelach : or, the beauties of Gaelic poetry, and lives of the highland bards* [...], introd. de James Logan (Glasgow, 1841). — *Daily Mail and Empire*, 25 juill. 1898. — *Globe*, 25 juill. 1898. — *Canadian men and women* (Morgan ; 1898). — *Cyclopædia of Canadian biog.* (Rose et Charlesworth), 2. — Morgan, *Bibliotheca canadensis*. — SRC, *Fifty years retrospect, anniversary volume, 1882–1932* ([Ottawa, 1932]).

McCREA, ROBERT BARLOW, officier et auteur, né en 1823 au Royaume-Uni ; décédé le 11 février 1897 à Ewell, Angleterre.

Robert Barlow McCrea fit des études classiques, condition habituelle d'admission à la Royal Military Academy de Woolwich (Londres), où il entra en février 1838, à l'âge de 15 ans. Le 18 juin 1842, il obtint un brevet de lieutenant en second dans le Royal Regiment of Artillery. Sa première affectation à l'étranger, cinq ans plus tard, fut Ceylan (Sri Lankâ). Il y resta jusqu'en 1849, puis passa quatre années délicieuses à Corfou (Kerkyra, Grèce).

McCrea fut affecté en 1854 à Port-Royal, en Jamaïque, en qualité de capitaine et commandant de la 1re compagnie du 8e bataillon. Dans toute sa carrière militaire, ce fut l'endroit qu'il aima le moins : « ce trou merveilleux [...] sans nourriture à se mettre sous la dent, livres à lire ni gens à qui parler ». La terrible fièvre jaune emporta plusieurs de ses amis, mais par chance il y échappa. C'est probablement au cours de son séjour en Jamaïque qu'il exécuta en Haïti les services spéciaux qui allaient lui valoir une citation dans son livret matricule et une promotion au grade honoraire de major.

Au printemps de 1859, McCrea regagna l'Angleterre et Woolwich où, durant deux ans, il savoura les joies du train-train quotidien. Puis, en décembre 1861, il subit un nouveau déracinement : comme l'affaire du *Trent* [V. sir Charles Hastings Doyle*] avait provoqué des tensions entre l'Angleterre et les États-Unis, on l'envoyait à St John's, à Terre-Neuve, dans le cadre d'un renforcement général des garnisons de l'Amérique du Nord britannique. Il laissait une épouse en Angleterre.

Depuis l'éclatement de la guerre de Crimée, en 1854, on avait laissé les défenses de St John's s'affaiblir. L'effectif de la garnison était si réduit que le gouverneur, sir Alexander Bannerman*, avait craint de manquer d'hommes pour maintenir l'ordre public après l'émeute électorale de mai 1861. Au moment où la batterie H de la 4e brigade du Royal Regiment of Artillery arriva dans la ville, en janvier 1862, on avait réglé à l'amiable l'affaire du *Trent*, mais le gouvernement impérial reconnaissait que, pour l'heure, des raisons aussi bien politiques que militaires justifiaient le renforcement de la garnison.

Au début des années 1860, Terre-Neuve n'était pas du tout la « contrée de poisson et de brouillard » que McCrea pensait trouver à son arrivée. Certes, la vie terre-neuvienne présentait à ses yeux bien des aspects singuliers, voire quasi primitifs, mais – surprise agréable – la colonie était accueillante et offrait tout un éventail d'activités (McCrea s'intéressait à beaucoup de choses et allait avoir énormément d'heures de loisir). Terre-Neuve, il ne tarda pas à le comprendre, traversait une période extrêmement dure. À cause d'une longue série de mauvaises saisons de pêche, l'économie était en chute libre ; les conflits interconfessionnels se répercutaient sur les affaires intérieures et politiques. Qu'à cela ne tienne, son séjour n'en était que plus agréable, plus excitant.

Durant les dernières années de la présence militaire des Britanniques à Terre-Neuve la vie de garnison comportait peu de rigueurs, et McCrea put donc consacrer beaucoup de temps à ce qu'il aimait – chasser, pêcher, faire des excursions à pied et rencontre des gens – toutes choses qu'il pratiquait avec beaucoup d'entrain. À titre de commandant de batterie puis de la garnison, il pouvait évoluer aisément dans la bonne société de St John's. Le récit qu'il publia à Londres en 1869, *Lost amid the fogs : sketches of life in Newfoundland, England's ancient colony*, montre qu'il avait observé attentivement la vie terre-neuvienne.

Il est intéressant de constater que, parmi toutes ses

affectations, c'est de Terre-Neuve que McCrea a décidé de parler. L'agrément de son séjour peut expliquer en partie ce choix. De plus, il était convaincu que son récit ferait découvrir un territoire négligé par la littérature de voyage de son époque. Apparemment, il ne connaissait pas les nombreux commentaires sur Terre-Neuve qui avaient précédé les siens (par exemple, ceux de John Reeves*, Edward Chappell*, Lewis Amadeus Anspach*, Joseph Beete Jukes* et Charles Pedley*) et qui, parce qu'ils figurent en meilleure place dans l'histoire littéraire de l'île, ont quelque peu réduit l'importance de son livre. Néanmoins, c'est à titre d'auteur de *Lost amid the fogs* qu'il est le plus connu. Une autorité en matière de littérature terre-neuvienne a d'ailleurs reconnu des qualités à son récit et en a parlé comme d'un « compte rendu intéressant, parfois pénétrant, de Terre-Neuve ».

Lost amid the fogs débute à la manière d'un journal de voyage mais se transforme vite en un commentaire sur ce qu'étaient l'île et ses habitants dans les années 1860. McCrea connaissait bien son sujet et était très sensible à la situation terre-neuvienne. Bien que le caractère « démodé » du commerce à St John's lui ait paru plaisant, il déplorait le fait que l'économie y soit soumise aux aléas de la pêche : le marchand, obligé d'engager de fortes mises, devenait une espèce de « grand joueur » et, par rapport à lui, le pêcheur pauvre se trouvait constamment dans une inextricable relation de débiteur à créancier. Détail intéressant, McCrea attribuait les problèmes de la pêche à l'exploitation abusive des bancs et à l'utilisation de techniques nouvelles. Il condamnait ceux qui avaient exploité Terre-Neuve et ses habitants au fil des générations, tels les marchands absentéistes et les gens instruits, qu'il accusait de faire « peu ou rien du tout pour le bien public et de s'isoler dès que possible comme [s'ils se trouvaient en présence] d'une collectivité contaminée ». Les habitants, déplorait-il, ne montraient aucune fierté civique, faille qu'il attribuait au manque de lieux propices aux échanges de courtoisie. Les institutions religieuses de l'île suscitaient en lui des sentiments partagés. Il louait le dévouement des ministres qui œuvraient dans les petits ports de pêche et admirait l'ascétisme du clergé catholique. Cependant, l'Église d'Angleterre lui semblait « inadaptée dans une large mesure aux besoins de la génération présente, et surtout à ceux des pauvres » ; elle n'avait « plus sur les gens l'ascendant [qu'il fallait] pour leur faire sentir la nécessité et la valeur de son ministère ». Il était très sévère à l'endroit de l'Église catholique qui, selon lui, avait un « caractère médiéval », exploitait ses fidèles et s'immisçait de manière scandaleuse dans la politique locale. Comme l'historien Francis PARKMAN, il était d'avis que « manifestement [l'Église] est terrestre, non pas céleste ». Néanmoins, il reconnaissait la popularité de l'évêque anglican, Edward Feild*, et trouvait que l'évêque catholique, John Thomas Mullock*, avait quelques qualités admirables.

Consterné par la politique coloniale, McCrea estimait que c'était « folie » d'avoir concédé le gouvernement responsable à une « collectivité de cent mille âmes [...] dont les trois quarts [étaient] des pêcheurs ignorants et superstitieux ». D'après lui, la Confédération canadienne ne donnerait que de piètres résultats ; il la comparait à un « cordage de sable » qui lierait des régions désespérément disparates dans une union « illogique » et « contraire à la bonne politique », et il félicitait Terre-Neuve de ne pas s'associer à ce projet. En fait, McCrea était un impérialiste irréductible avant même que ce ne soit à la mode. Il ne voulait rien de moins que le maintien du lien impérial et blâmait la Grande-Bretagne d'avoir la lâcheté de le rompre en toute hâte et sans raison. Manifestant une rare prescience, il proclamait : « Les véritables intérêts de Terre-Neuve et de l'Angleterre sont liés ; puissent-ils le demeurer longtemps ! »

Dans l'ensemble, les impressions de McCrea sur Terre-Neuve au milieu du siècle sont favorables, quoique passablement romantiques : « Nulle part ailleurs, écrit-il, l'homme ne peut serrer la main d'un autre homme avec une plus grande confiance, ni manger le pain de son voisin avec une plus grande certitude d'être bien accueilli. » La colonie fut le lieu d'affectation où il fut le plus heureux, et c'est avec un profond regret qu'il en partit, pour ne plus revenir.

Promu lieutenant-colonel en février 1863, McCrea s'en alla en mai 1864 pour prendre le commandement du Royal Regiment of Artillery à Québec. Il y arriva en décembre, après avoir passé l'été et l'automne en Angleterre. Commandant du district de Québec, il administrait l'artillerie en garnison dans la ville, ce qui comprenait la supervision de tout le personnel subalterne. Bien qu'il ait été à Québec pendant la période de tensions qui suivit la guerre de Sécession et fut marquée par les raids féniens, il semble qu'il s'occupa surtout de questions administratives ; aucun incident majeur ne troubla son séjour.

Robert Barlow McCrea fut affecté à Malte de 1867 à 1871 ; ce fut son dernier poste outre-mer. À la fin de son séjour là-bas, il accéda au grade de colonel, puis trois ans plus tard à celui de major général. Il se retira ensuite dans le Surrey, où il mourut en 1897 à l'âge de 74 ans.

DAVID R. FACEY-CROWTHER

AN, RG 8, I (C sér.), 755–765. — PRO, CO 194/155 ; 194/166–168 ; WO 17/1569 ; 17/2292 (mfm aux AN). — *Battery records of the Royal Artillery, 1716–1859*, M. E. S. Laws, compil. (Woolwich, Angl., 1952). — *Times* (Londres), 13 févr. 1897. — *List of officers of the Royal Regiment of Artillery from the year 1716 to the year 1899* [...], John Kane et W. H. Askwith, compil. (4e éd., Londres, 1900). — J. [K.] Hiller, « Confederation defeated : the

Newfoundland election of 1869 », *Newfoundland in the nineteenth and twentieth centuries : essays in interpretation*, J. [K.] Hiller et P. [F.] Neary, édit. (Toronto, 1980), 67, 75. — Patrick O'Flaherty, *The Rock observed : studies in the literature of Newfoundland* (Toronto, 1979). — Christian Rioux, « The Royal Regiment of Artillery in Quebec City, 1759–1871 », Parcs Canada, Direction des parcs et lieux hist. nationaux, *Hist. and archaeology* (Ottawa), n° 57 (1982) : 3–146.

McDONALD, FRANCIS JOHN, prêtre catholique, né le 11 août 1815 à East Point, Île-du-Prince-Édouard, fils de John McDonald et de Mary McDonald de l'île de South Uist, Écosse ; décédé le 9 juillet 1900 à St Georges, Île-du-Prince-Édouard.

Fils d'immigrants catholiques des Highlands, Francis John McDonald entra au St Andrew's College en 1832, à l'âge de 16 ans. Situé à St Andrews, ce collège avait été ouvert au mois de novembre précédent par Angus Bernard MacEachern*, premier évêque de Charlottetown, afin de préparer des catholiques de la région à la prêtrise et à des professions laïques. McDonald fréquenta le petit établissement pendant quatre ans avant de s'inscrire au collège de Saint-Hyacinthe, au Bas-Canada, où il fit un an de philosophie ; il entra ensuite au grand séminaire de Québec afin de poursuivre ses études en théologie. Mgr Pierre-Flavien Turgeon* l'ordonna le 28 juin 1840 et il devint ainsi le premier étudiant du St Andrew's College à accéder à la prêtrise. Après son ordination, il travailla durant trois mois dans la paroisse de Saint-Roch avant de retourner à l'Île-du-Prince-Édouard.

Dès le retour de l'abbé Francis dans l'île, Mgr Bernard Donald Macdonald* lui confia la charge pastorale de Launching et de missions qui allaient de la baie Rollo au havre Murray, le long de la côte est. Sa nomination permit d'alléger la tâche de l'abbé John McDonald*, qui s'était occupé jusqu'alors de presque toutes les missions du comté de Kings.

L'abbé Francis fut plongé dans une controverse dès le début de sa carrière. En 1843, une grave querelle éclata en effet entre l'abbé John et un groupe de paroissiens à propos de la question litigieuse des terres de l'île. Lorsque Mgr Macdonald, consterné, essaya d'éloigner de la paroisse le prêtre bien campé dans sa position, ce dernier défia son supérieur. L'évêque fut forcé de suspendre ses pouvoirs pour l'obliger à quitter la paroisse. Au cœur de la dispute, l'évêque accrut temporairement les responsabilités missionnaires de l'abbé Francis afin qu'il puisse continuer à desservir la mission en difficulté de l'abbé John. Avant de quitter la paroisse en novembre 1844, ce dernier accusa amèrement l'évêque et plusieurs membres de son clergé, y compris l'abbé Francis, de fomenter des dissensions parmi ses ouailles dans le but de favoriser sa révocation.

Après ce début difficile, l'abbé Francis s'installa tranquillement dans la routine pénible du travail missionnaire, parcourant son territoire à demi colonisé pour accomplir ses tâches pastorales. McDonald était, semble-t-il, un homme doux et modeste, contrairement à l'impression qu'il avait pu donner au départ. Malgré son ancienneté, aucun de ses supérieurs épiscopaux ne le nomma vicaire général ni ne le pressentit pour une promotion. Pourtant, c'était un pasteur efficace, digne de confiance et très aimé de ses paroissiens.

Certaines preuves indiquent que McDonald s'établit d'abord à Launching, mais il semble qu'en 1852 il avait élu domicile à Georgetown, chef-lieu du comté. Au cours de cette année-là, il surveilla les travaux d'agrandissement de l'église de l'endroit. En 1860, malgré les objections de certains paroissiens, il remplaça la chapelle des pionniers à Launching par une église plus vaste située en un point plus central sur les rives de la rivière Grand (Boughton), à St Georges. Les limites du territoire de sa mission rétrécissaient graduellement, à mesure que l'effectif du clergé catholique de la colonie augmentait, si bien qu'en 1864 il ne s'occupait plus que de Georgetown, Sturgeon et St Georges. En 1875, il s'établit de façon permanente à St Georges ; comme il prenait de l'âge, il reçut l'aide de vicaires successifs durant les années 1880.

McDonald célébra le jubilé d'or de son ordination en 1890, et deux ans plus tard Joseph C. McLean, l'un de ses anciens protégés, lui succédait. McDonald vécut sa retraite à St Georges et s'affaiblit graduellement ; il célébra son jubilé de diamant moins de deux semaines avant son décès. « La vie et les travaux de l'abbé Francis ont été intimement liés à l'expansion et au progrès de la religion dans la partie est de l'île durant les soixante dernières années », faisait remarquer son panégyriste. Dans une société catholique rurale qui dépendait largement de ses leaders religieux, il laissait le souvenir d'un défenseur de nombreuses réformes locales.

Ayant vécu sa longue carrière pastorale dans la même région, l'abbé Francis John McDonald devint une véritable image folklorique pour ses ouailles, surtout pour les paroissiens de St Georges. On parle encore de nos jours de ses pouvoirs miraculeux de guérison ; pendant de nombreuses années, la croyance populaire attribua un effet curatif à l'argile recueillie sur sa tombe. La tradition la plus importante à laquelle on le rattache à St Georges demeure la célébration spéciale de la fête de saint Joseph, en reconnaissance d'une faveur obtenue par l'intercession du prêtre. Sa mémoire est restée si vivante qu'on retrouve encore sa photographie encadrée dans beaucoup de foyers de son ancienne paroisse.

G. EDWARD MACDONALD

L'auteur souhaite exprimer sa gratitude à Marguerite Mac-

Donald de Newport, Î.-P.-É., et à Liz Morrison de Launching Place, Î.-P.-É., qui lui ont accordé des entrevues à l'été de 1988. [G. E. MACD.]

Arch. of the Diocese of Charlottetown, B. D. Macdonald papers ; St George's (St George's, Île-du-Prince-Édouard), reg. of burials, 1900 (mfm aux PAPEI). — *Charlottetown Herald,* 18 juill. 1900. — *Examiner* (Charlottetown), 13 juill. 1900. — *P.E.I. directory,* 1864 : 124. — J. C. Macmillan, *The history of the Catholic Church in Prince Edward Island from 1835 till 1891* (Québec, 1913), 34.

MACDONALD, sir JOHN ALEXANDER, avocat, homme d'affaires et homme politique, né le 10 janvier 1815 (date du registre) ou le 11 janvier (date que lui-même et sa famille célébraient) à Glasgow, Écosse, fils de Hugh Macdonald et de Helen Shaw ; le 1er septembre 1843, il épousa à Kingston, Haut-Canada, Isabella Clark (décédée en 1857), et ils eurent deux fils, puis le 16 février 1867 à Londres Susan Agnes Bernard*, et de ce mariage naquit une fille ; décédé le 6 juin 1891 à Ottawa.

John Alexander Macdonald arriva à Kingston à l'âge de cinq ans avec son père et sa mère, qui avaient dans les environs de cette ville un parent par alliance, Donald Macpherson*, officier à la retraite. Hugh Macdonald, qui avait exercé sans succès le métier de marchand à Glasgow, exploita une série d'entreprises dans le Haut-Canada : des magasins à Kingston et dans le canton d'Adolphustown, et durant dix ans les imposants moulins de pierre de Glenora dans le comté de Prince Edward. Sans jamais faire fortune, il acquit suffisamment de notoriété dans la région pour être nommé juge de paix du district de Midland en 1829. Avec sa femme, il veilla à ce que son fils fasse les meilleures études possibles à l'époque. John fréquenta la Midland District Grammar School en 1827–1828 et une école mixte privée à Kingston, où il reçut une formation « classique et générale » : latin et grec, arithmétique, géographie, lecture et grammaire anglaises, rhétorique. Ses études le préparèrent adéquatement à la profession qu'il choisit, le droit. En 1830, à l'âge de 15 ans, il entra à titre de stagiaire au cabinet d'un avocat de Kingston, George Mackenzie, où il ne tarda pas à se distinguer. Deux ans plus tard, celui-ci lui confiait l'administration d'une succursale à Napanee, puis entre 1833 et 1835 Macdonald remplaça son cousin Lowther Pennington Macpherson à la tête du bureau qui appartenait à ce dernier à Hallowell (Picton). En août 1835, il ouvrit son propre cabinet à Kingston et six mois plus tard, le 6 février 1836, fut officiellement reçu au barreau. À compter de 1843, il travailla généralement avec un ou plusieurs associés : d'abord avec Alexander CAMPBELL, puis dès les années 1850 avec Archibald John Macdonell et Robert Mortimer Wilkinson.

Macdonald attira rapidement l'attention du public comme avocat, surtout parce qu'il acceptait des affaires difficiles, à sensation même. Ainsi il défendit William Brass* qui appartenait à une éminente famille de la ville et fut condamné pour viol en 1837. L'année suivante, il plaida dans une série de procès qui impliquaient, entre autres, Nils von Schoultz*, accusé d'avoir participé à la rébellion de 1837–1838 et aux raids frontaliers qui suivirent. (En décembre 1837, Macdonald lui-même avait servi dans la milice en tant que simple soldat.) Même s'il en perdit autant qu'il en gagna, ces procès lui permirent de se faire une réputation de défenseur habile et vif d'esprit. D'ailleurs, les causes désespérées ne constituèrent pas longtemps le gros de ses dossiers. En 1839, nommé solicitor, il fut élu membre du conseil d'administration de la Commercial Bank of the Midland District. Dès lors, il se consacra essentiellement au droit des sociétés, surtout après avoir décroché la clientèle de l'autre grand établissement financier de Kingston, la Trust and Loan Company of Upper Canada, fondée en 1843. Même s'il lui arrivait de représenter des entreprises et des hommes d'affaires très divers (dont la compagnie de Casimir Stanislaus GZOWSKI), la Trust and Loan Company of Upper Canada constitua la principale source de ses honoraires pendant de nombreuses années.

Macdonald lui-même était un homme d'affaires dynamique, la spéculation foncière et la mise en valeur des terres constituèrent ses domaines privilégiés. De 1840 à 1870, il acheta et mit en valeur des propriétés urbaines, d'abord à Kingston puis à Guelph et à Toronto ; de même il acheta et vendit, souvent grâce à des intermédiaires, des terres agricoles ou en friche situées dans de nombreux secteurs de la province, en parcelles aussi vastes que 9 700 acres à la fois. En outre, il représentait des Britanniques qui investissaient dans l'immobilier au Canada. C'est d'ailleurs à ses relations avec les hommes d'affaires britanniques qui faisaient partie du conseil d'administration de la Trust and Loan Company of Upper Canada qu'il dut sa nomination, en 1864, au poste de président d'une société sise à Québec et financée par des Britanniques, la Compagnie d'entrepôt, de bassins et de quais du Saint-Laurent. Il appartint au conseil d'administration d'au moins dix sociétés canadiennes, outre la Commercial Bank of the Midland District et la Trust and Loan Company of Upper Canada, ainsi qu'à celui de deux sociétés britanniques. De plus, il investit dans des actions bancaires, des sociétés routières et des compagnies de transport maritime des Grands Lacs. Cependant, sa carrière d'homme d'affaires ne fut pas toujours couronnée de succès. La dépression de 1857 le surprit au moment où il possédait beaucoup de terres qu'il n'arrivait pas à vendre et qu'il devait quand même continuer de payer. Dans les années 1860, l'effondrement de la Commercial Bank of the Midland District, qui lui avait consenti des prêts, ainsi que l'imprudence puis la mort subite de son associé Archibald John Macdonell allaient lui porter de durs coups. Néanmoins, les revenus qu'il retirait de son cabinet d'avocats et de la vente ou de la location de propriétés immobilières lui permirent d'éviter la faillite.

Macdonald ne connaissait pas des difficultés qu'en affaires ; il avait aussi beaucoup de problèmes personnels. En 1843, il avait épousé sa cousine Isabella Clark qui, moins de deux ans après leur mariage, devint une malade chronique. Elle avait des accès de faiblesse et de douleur dont on ne connaissait pas l'origine. Un examen moderne de ses symptômes conclut qu'« elle souffrait d'un problème de somatisation, peut-être à composante migraineuse, de dépendance secondaire à l'opium et de tuberculose pulmonaire ». Isabella mit au monde deux enfants ; dans les deux cas, la grossesse et l'accouchement furent extrêmement pénibles. L'aîné, John Alexander, mourut à l'âge de 13 mois. Le cadet, Hugh John*, allait survivre. Isabella mourut en 1857.

Dès son jeune âge, Macdonald avait manifesté un vif intérêt pour les affaires publiques. Ambitieux, il cherchait la moindre occasion d'y participer. En 1834, à l'âge de 19 ans, il devint secrétaire du bureau d'Éducation du district de Prince Edward et de la Young Men's Society de Hallowell. À Kingston, il fut secrétaire-archiviste de la Celtic Society en 1836, président de la Young Men's Society de Kingston en 1837 et vice-président de la St Andrew's Society en 1839. C'était un membre en vue de la communauté presbytérienne. En mars 1843, comme sa réputation d'avocat, d'homme d'affaires et de citoyen au sens civique aigu était alors bien établie, il fut élu sans difficulté échevin au conseil municipal de Kingston.

Macdonald allait s'occuper d'administration municipale durant trois ans, mais son entrée en politique provinciale, aux élections générales d'octobre 1844, éclipsa vite ses fonctions d'échevin. Il se présenta dans Kingston sous la bannière conservatrice en faisant valoir sa foi dans le lien britannique, son souci de la mise en valeur des ressources canadiennes et son attachement aux intérêts de Kingston et de la région. Comme aux élections municipales, il obtint une confortable majorité ; à l'échelle de la province, les conservateurs remportèrent plus du double des sièges des réformistes.

On a dit que la pensée politique de Macdonald avait été influencée par son maître en droit, George Mackenzie. À l'époque où Macdonald était stagiaire dans son cabinet, celui-ci prônait un conservatisme modéré, dont l'expansion du commerce était un élément clé, mais il adhérait aussi à certains des principes traditionnels des tories, comme le soutien des institutions religieuses par l'État et le gouvernement par une élite. Quoi qu'il en soit, dans ses premières années à l'Assemblée législative, Macdonald se révéla un authentique conservateur en s'opposant à la responsabilité ministérielle, à la sécularisation des réserves du clergé, à l'abolition de la règle de primogéniture et à l'extension du droit de vote. Il estimait que toutes ces mesures étaient contraires à la mentalité britannique et risquaient d'affaiblir le lien impérial ou l'autorité du gouverneur, ainsi que la classe possédante, indispensable au sein du gouvernement et de la société. Jamais, cependant, il ne fut totalement ultraconservateur. Du début à la fin de sa carrière, il envisagea la politique de façon essentiellement pragmatique. En fait, certaines positions étaient devenues trop désuètes pour que lui-même ou quelque autre conservateur ne s'entête à les défendre. Le transfert du pouvoir des mains d'un gouverneur et de conseillers désignés à celles d'hommes politiques coloniaux élus et l'acceptation progressive de la politique des partis rendaient impossible, du moins en public, le maintien d'opinions exclusivistes. Macdonald privilégiait les options conservatrices mais, comme il le déclara en 1844, il ne souhaitait pas « faire perdre du temps au Parlement ni de l'argent à la population en vaines discussions de questions de gouvernement abstraites et théoriques ».

Pendant six des dix premières années de sa carrière politique, soit de 1848 à 1854, son parti n'était pas au pouvoir. Le plus souvent, il mit donc son esprit pratique au service de sa circonscription. Il présenta régulièrement des requêtes et des projets de loi sur des questions telles que l'érection de Kingston en municipalité, la dette de la ville, le financement de ses organismes de bienfaisance et de ses associations religieuses ou éducatives, et surtout la promotion de diverses entreprises de la région : sociétés routières ou ferroviaires, compagnies d'assurances, établissements financiers, compagnies de gaz, d'éclairage ou d'eau. (Lui-même avait des intérêts financiers dans toutes ces entreprises.) Député consciencieux et adroit, il remporta la victoire dix fois dans Kingston – soit, de 1844 à 1867, à sept élections provinciales consécutives et, de 1867 à 1874, à trois élections fédérales.

Macdonald siégea pour la première fois au cabinet en 1847–1848, au sein des gouvernements de William Henry Draper* et de Henry Sherwood* : durant sept mois, il fut receveur général puis, durant trois autres, commissaire des Terres de la couronne. Il se révéla un administrateur éclairé, voire animé d'un souci de réforme, mais se distingua surtout en concevant et en défendant le *University Endowment Bill* du Haut-Canada en 1847. Ce projet de loi, qui ne fut pas adopté, reflète aussi bien son conservatisme que son pragmatisme. Désireux de trouver un compromis entre la position des réformistes, à savoir la constitution d'une seule université non confessionnelle et financée par l'État, et celle des tories, soit la relance et le renforcement du King's College, établissement anglican de Toronto, Macdonald proposait de répartir la dotation universitaire entre les collèges confessionnels existants, mais d'en verser la part du lion au King's College. En 1848, il démissionna avec le gouvernement pour faire place au cabinet réformiste de Robert Baldwin* et de Louis-Hippolyte La Fontaine*.

Macdonald ne réintégra le cabinet qu'en septembre 1854, à titre de procureur général du Haut-Canada au sein du nouveau gouvernement de coalition de sir Allan Napier MacNab* et d'Augustin-Norbert Morin*. On ne sait pas exactement quel rôle il joua dans la formation de cette coalition où certains historiens ont vu l'émergence du parti conservateur moderne. Selon la version traditionnelle, dont l'origine semble remonter au récit de John Charles Dent* dans *The last forty years [...]*, paru en 1881, « ce fut sa main qui traça la voie » des négociations. Plus récemment, Donald Robert Beer a affirmé dans un exposé bien documenté qu'« aucune preuve directe » ne démontre « une contribution spéciale [de Macdonald] à ces événements ». On ne connaîtra sans doute jamais la portée exacte de son rôle, mais il est certain que le parti élargi créé en 1854 correspondait tout à fait au plan qu'il exprimait dans une lettre à James McGill Strachan* en février de cette année-là. Il s'agissait, selon lui, d'« étendre les limites [du] parti », et aller dans le sens des « relations amicales avec les [Canadiens] Français » qu'il avait déjà établies. En 1861, Macdonald estimait qu'une solide coalition libérale-conservatrice était née « au moment où, en 1854 », il avait « pris [le parti conservateur] en main ».

En qualité de procureur général, poste qu'il occupa jusqu'en 1867, sauf pendant quelque temps en 1858 et entre 1862 et 1864, Macdonald portait un lourd fardeau administratif. Non seulement son bureau supervisait-il les systèmes judiciaire et pénal du Haut-Canada, mais il recevait, des autres départements, un flot ininterrompu de renvois sur des questions de droit. Là encore, Macdonald se montra compétent, quoique assez irrégulier, et il choisit des adjoints de première force : Robert Alexander Harrison*, qui exerça cette fonction de 1854 à 1859, et Hewitt BERNARD, de 1858 à 1867. À l'Assemblée, il assumait une part de plus en plus grande des travaux législatifs. Sa première mission d'importance fut de faire adopter la loi de sécularisation des réserves du clergé, mesure qui témoignait de son conservatisme et de son esprit pratique puisqu'elle réservait une part des revenus aux titulaires de bénéfices ecclésiastiques (surtout anglicans) tout en réglant un vieux litige. Comme Macdonald le disait en novembre 1854 : « Il faut vivre avec son temps. » Pendant la même session, soit au début de 1855, il assura, à la Chambre basse, la défense d'un projet de loi controversé sur les écoles séparées du Haut-Canada pour lequel l'Église catholique, en la personne de Mgr Armand-François-Marie de CHARBONNEL, avait fait pression auprès du gouvernement. Ce projet de loi fut présenté d'abord au Conseil législatif par Étienne-Paschal Taché*, puis à l'Assemblée seulement en mai, presque à la fin de la session, soit au moment où bon nombre de députés haut-canadiens avaient déjà quitté Québec (la capitale). Même si dès 1841 l'on avait pris des dispositions au sujet des écoles séparées du Haut-Canada [V. Egerton Ryerson*], la loi de 1855 jeta les véritables bases du système qui allait persister dans le Haut-Canada puis en Ontario. Macdonald la défendit à l'aide d'un argument religieux : le droit des catholiques, selon le compte rendu paru dans le *Globe* en juin, de « donner à leurs enfants une éducation conforme à leurs principes ». Le projet de loi lui-même ainsi que son mode de présentation avaient suscité des critiques sévères, notamment de la part de Joseph Hartman*. Finalement, la majorité des députés haut-canadiens s'y opposèrent, mais on l'avait adopté grâce à l'appui des députés canadiens-français catholiques. On accusa Macdonald, probablement avec raison, d'avoir manipulé le Parlement ; en outre, il exposait le gouvernement à se voir reprocher de subir « la domination des [Canadiens] Français ». L'affaire donna aussi des arguments aux Haut-Canadiens qui depuis 1853, sous la direction de George Brown* du *Globe*, préconisaient l'instauration au Parlement provincial d'une représentation basée sur la population, système qui aurait donné au Haut-Canada plus de sièges qu'au Bas-Canada.

En 1856, Macdonald devint pour la première fois chef de la section haut-canadienne du gouvernement, à la place de MacNab. La façon dont il prit les commandes a également suscité des débats. Au sein de la coalition, on reprochait de plus en plus à MacNab sa réputation tenace de tory du *family compact* et son inefficacité croissante attribuable à une mauvaise santé. À l'encontre de toute raison, il refusait de démissionner, si bien qu'il fallut l'évincer pour reformer un cabinet. Macdonald ne semble pas avoir agi par pure ambition personnelle ; lui aussi avait acquis la conviction que MacNab devait partir. Sa participation à l'éviction se fit en deux temps : d'abord, il envoya un ultimatum à MacNab, qui le rejeta, puis le 21 mai il démissionna du cabinet avec les réformistes Joseph Curran Morrison* et Robert Spence* (l'autre conservateur du Haut-Canada, William Cayley*, fit de même peu après) en invoquant le fait que seule une minorité de députés haut-canadiens avait soutenu le gouvernement à l'occasion d'un vote de confiance. MacNab n'eut alors pas d'autre choix que de remettre son portefeuille au gouverneur général, sir Edmund Walker Head*. On réorganisa le cabinet le 24 : Taché devenait premier ministre et Macdonald, copremier ministre. Il allait conserver ce rôle de leader jusqu'à la fin de sa vie.

Comme le montrent les faits, Macdonald avait une façon bien personnelle de concevoir le pouvoir et les responsabilités politiques. Avant la Confédération, et surtout à partir du moment où l'énergique George-Étienne Cartier* remplaça Taché, c'est-à-dire en novembre 1857, Macdonald partagea toujours la direction du gouvernement et du parti avec un Canadien français. Toutefois, dans sa section de la province du Canada, il tenait les affaires du parti bien en main. Il en était le stratège, le collecteur de fonds et, en période électorale, l'organisateur principal. Il intervenait personnellement dans les circonscriptions afin que l'on choisisse de bons candidats, ce qui l'obligeait souvent à trancher entre les prétentions rivales de plusieurs aspirants libéraux-conservateurs, parfois six, et, si nécessaire, à « acheter » (d'ordinaire en promettant un poste de fonctionnaire) ceux qui risquaient de provoquer une « scission » au sein du parti. Il conseillait les candidats en matière de politique et de tactique, et il veillait au financement des campagnes. Pour obtenir l'appui de groupes nombreux, dont l'ordre d'Orange, les méthodistes et les catholiques, il demanda aux chefs de ces groupes, parmi lesquels Ogle Robert Gowan*, Ryerson et les évêques Rémi Gaulin* et Edward John Horan*, d'user de leur influence auprès des membres. Malgré ses efforts, le Haut-Canada ne lui apporta pas un soutien notable aux différentes élections qui précédèrent la Confédération. En 1861, après sa première grande tournée de conférences et une campagne au cours de laquelle il avait prôné une fédération des colonies d'Amérique du Nord britannique et lancé le traditionnel cri de loyauté : « Pas question de compter sur Washington ! », ses candidats ne remportèrent qu'une faible majorité des sièges dans le Haut-Canada. Aux autres élections menées sous sa conduite, en 1857–1858 et en 1863, les conservateurs haut-canadiens furent défaits.

Macdonald était néanmoins un fin politique et un candidat populaire en temps de campagne électorale. Il arrivait à combiner l'astuce, la sociabilité et la bonne humeur pour convaincre ses collègues de suivre son exemple. Sur les tribunes, il était direct et savait ridiculiser les travers de ses opposants. Manifestement, dès 1855, certains de ses collègues reconnaissaient que sa force tenait en bonne partie à son endurance à l'alcool et à son talent pour la flatterie. D'autres sous-estimaient ses qualités pour ces mêmes raisons. D'ailleurs, à l'occasion, il buvait trop. Il semble que son comportement posa un problème public grave pour la première fois au printemps de 1862 : le gouvernement était alors instable, et le Parlement débattait un projet de loi sur l'expansion de la milice, présenté et défendu par Macdonald. Le *Globe* rapporta qu'il traversait « une de ses crises ». Comme Macdonald assumait une très grande partie du leadership, son parti ne savait plus vers qui se tourner lorsqu'il faisait la bombe. Le 21 mai 1862, après la défaite du projet de loi, le gouvernement démissionna.

En fait, si les conservateurs haut-canadiens avaient gardé le pouvoir jusque-là, c'était en général grâce à leur alliance avec Cartier et le bloc des « bleus », qui détenait la majorité au Bas-Canada. Cette association, qui reflétait la foi de Macdonald en la coopération entre francophones et anglophones et en la nécessité économique de l'union du Haut et du Bas-Canada, présentait des avantages évidents sur le plan politique. Cependant, elle réduisait progressivement la popularité de son type de conservatisme dans sa section de la province et exposait le cabinet à des accusations de plus en plus fréquentes d'être « dominé par les [Canadiens] Français ». Par conviction ou par nécessité, Macdonald avait dû défendre le système des écoles séparées contre l'hostilité de la majorité protestante du Haut-Canada. Il s'opposait personnellement à ce que l'on instaure à l'Assemblée la représentation basée sur la population, même si la plupart des habitants du Haut-Canada approuvaient ouvertement cette idée, à laquelle finirent par se rallier un grand nombre de ses partisans conservateurs haut-canadiens, dont John Hillyard Cameron*. À compter de 1851, la population de la partie ouest de la province dépassa celle de l'est ; adopter ce mode de représentation aurait réduit le poids politique des Canadiens français. En outre, tout comme Cartier, Macdonald montrait peu d'enthousiasme pour un autre mouvement populaire dans le Haut-Canada, soit l'annexion du vaste territoire situé à l'ouest du Canada. Même si en 1857 le gouvernement Taché-Macdonald invoqua quelque droit sur ce territoire, alors gouverné par la Hudson's Bay Company, Macdonald ne s'en inquiétait pas et était « assez disposé quant à lui à laisser tout ce pays en friche pendant les cinquante prochaines années ». C'est ce qu'il déclarait en 1865 dans une lettre adressée à Edward William Watkin, l'ancien président du Grand Tronc, qui avait étudié la question pour le ministère des Colonies. De 1854 à 1864, il se trouvait donc, par sa propre faute, dans une sorte de piège politique. Pour rester au pouvoir, il avait besoin du soutien des Canadiens français, mais pour l'obtenir il devait appuyer des mesures susceptibles de lui nuire dans sa section de la province.

Cette faiblesse du conservatisme dans le Haut-Canada, Macdonald tenta de la racheter de plusieurs façons. Il insista pour que le parti demeure officiellement une coalition de réformistes et de conservateurs modérés et, dans l'espoir de plaire à une variété plus grande d'électeurs, il s'entoura toujours, au cabinet, de réformistes de la tendance de Francis Hincks* (tels Morrison, Spence et John Ross*) ou qui avaient fait défection (par exemple Michael Hamilton Foley* ou Thomas D'Arcy McGee*). En outre, il centralisa la distribution des faveurs gouvernementales. Macdonald était loin d'être le premier homme politique à faire preuve de favoritisme mais, contrairement à ses prédécesseurs conservateurs, il maintenait une forte emprise personnelle sur la distribution des places quand il était au pouvoir, et il utilisait délibérément des postes, ou des promesses de poste, pour tenter de renforcer le parti au niveau local – son principe était de ne récompenser que des services réels. En veillant à ce que les recommandations de faveurs « ressortissent au bureau du procureur général », comme il le souligna en janvier 1855, et en travaillant dur pour ceux envers qui il s'était engagé, il put accroître, dans toute la province, la loyauté à l'égard du parti et de sa personne.

Pendant la période où il exerça le plus d'influence à titre de procureur général, de chef du parti ou de copremier ministre, c'est-à-dire de 1854 à 1862, Macdonald ne fut associé à aucune loi qui entraîna une réforme radicale. Cependant, en ces temps d'expansion et de bouleversements rapides, et surtout à la fin des années 1850, il supervisa l'application de mesures et de réaménagements administratifs qui rendirent la gestion des affaires de la province plus efficace qu'auparavant. Dans les années 1850, au Canada, l'État commençait à peine à s'occuper d'assistance et de protection sociales ; les seuls établissements provinciaux du Haut-Canada étaient le pénitencier de Kingston et l'asile d'aliénés de Toronto [V. Joseph WORKMAN]. De 1856 à 1861, l'asile eut des succursales à Toronto, Amherstburg et Orillia. Un établissement pour aliénés criminels ouvrit ses portes à Kingston en 1858. La première maison de correction pour jeunes délinquants s'installa dans des locaux temporaires à Penetanguishene l'année suivante. La loi de 1857 qui créait l'asile pour aliénés criminels et la maison de correction instaurait un bureau d'inspection permanent dont le mandat était de superviser tous les établissements gouvernementaux d'assistance et de correction, y compris 52 prisons locales, et de leur fixer des normes. C'est donc sous le leadership de Macdonald que l'on instaura, puis élargit peu à peu, le régime public d'assistance et de protection sociales. En 1866, l'Acte concernant les institutions municipales du Haut-Canada (abrogé après la Confédération) exigea que tout comté populeux se dote dans un délai de deux ans d'une maison d'industrie ou d'un refuge pour les pauvres.

À la même époque, la bureaucratie prit beaucoup d'expansion et connut une réorganisation importante. Afin de résoudre la question du siège permanent du gouvernement, qui exacerbait depuis des années les rivalités urbaines, Macdonald et d'autres eurent l'ingéniosité d'en référer à la reine en 1857 [V. Edmund Walker Head]. En juillet 1858, l'annonce de son choix, Ottawa, provoqua la défaite du gouvernement Cartier-Macdonald, mais celui-ci retourna au pouvoir moins de 48 heures plus tard, grâce à la manœuvre controversée du *double shuffle* [V. George-Étienne Cartier], parce que les réformistes de George Brown n'étaient pas parvenus à réunir une majorité au Parlement. Finalement, en 1859, avec une majorité de cinq voix, le Parlement se prononça pour Ottawa.

L'Acte pour améliorer l'organisation du Service civil en Canada et le rendre plus effectif, adopté en 1857, établit la règle selon laquelle chacun des grands organismes gouvernementaux aurait à sa tête un chef permanent et apolitique, appelé sous-ministre. L'Acte pour assurer l'audition plus efficace des comptes publics, adopté en 1855, et la nomination de John LANGTON, ami et ancien collègue conservateur de Macdonald, au poste de vérificateur des comptes publics constituèrent une première tentative en vue d'introduire la responsabilité financière au gouvernement. Un autre changement se produisit dans le secteur financier en 1859 : le bureau de l'inspecteur général devint un département à part entière, celui des Finances. Ainsi s'achevait un long processus à la suite duquel le receveur général, qui était au départ le principal fonctionnaire financier de la province, n'occupait plus qu'un poste mineur. On créa aussi deux nouveaux départements. Le bureau de l'Agriculture et des Statistiques, établi en 1857, devint un département en 1862 [V. Joseph-Charles TACHÉ]. L'année précédente, Macdonald avait imposé un supérieur politique, le ministre de la Milice, à l'adjudant général de la milice, qui appartenait à la bureaucratie. De décembre 1861 à mai 1862, soit pendant la première année de la guerre de Sécession, Macdonald fut le premier à exercer cette fonction ; il la reprit de 1865 à 1867, à l'époque des raids féniens. De plus, en 1857, on créa au sein du département des Terres de la couronne une direction des pêches, dont le mandat était d'assurer la conservation et la protection des pêcheries d'eau douce [V. Richard Nettle*], puis en 1860, fait plus important, les Affaires indiennes, qui jusque-là étaient du ressort de l'Empire, passèrent à la province [V. Richard Theodore Pennefather*].

Par ailleurs, pour compenser la diminution rapide des terres agricoles faciles d'accès, le gouvernement tenta d'aménager d'autres parties de la province. En 1858, il resserra sa mainmise sur les régions nordiques, peu peuplées, en y créant temporairement deux districts judiciaires (Algoma et Nipissing). Puis le département des Terres de la couronne planifia un réseau de routes de colonisation pour encourager les colons à s'établir dans la section sud du Bouclier canadien, au delà des aires déjà cultivées. Ces routes ne remplirent jamais la fonction prévue (même si elles servirent à l'industrie forestière), mais le fait que plusieurs d'entre elles furent construites pendant que Macdonald était au pouvoir montre bien qu'il croyait, comme il se plaisait à le répéter, en l'existence d'un « arrière-pays fertile » dont l'exploitation n'exigeait que l'aménagement d'un meilleur réseau de transport.

À la fin des années 1850, et particulièrement en 1857, année record de la période de l'Union sous le rapport du nombre de projets de loi adoptés, le gouvernement Cartier-Macdonald prit de nombreuses initiatives en matière législative, dont la loi de l'indépendance du Parlement en 1857, des modifications à la loi sur les corps municipaux en 1857 et 1858, et toujours en 1858 une loi sur l'enregistrement des électeurs ainsi que des modifications qui touchaient la procédure des cours de *surrogate*, la loi sur le prêt usuraire, la composition des jurys et l'emprisonnement pour dettes (aboli dans la plupart des cas). À titre de procureur général, Macdonald lança plusieurs réformes importantes du système judiciaire lui-même, notamment par l'Acte de procédure du droit commun en 1856, l'Acte pour la nomination d'avocats de comté, et pour d'autres fins, relativement à l'administration locale de la justice dans le Haut-Canada en 1857 et, la même année, une loi qui autorisait l'appel dans les causes criminelles. En outre, le gouvernement Cartier-Macdonald manifesta son souci des affaires en adoptant tout un éventail de mesures destinées à stimuler la croissance économique. Parmi celles-ci, il faut signaler non seulement son appui constant au chemin de fer du Grand Tronc, mais aussi, dans le budget présenté par l'inspecteur général William Cayley en 1857 et qu'Alexander Tilloch GALT fit adopter l'année suivante, le premier régime tarifaire qui autorisait la « protection accessoire » pour l'industrie canadienne. En 1861, Macdonald déclara que ce régime (qui préfigurait la Politique nationale des années 1870) était à l'origine « des nombreuses manufactures de toutes sortes qui [avaient] surgi dans les deux sections de la province ». En 1859, le maître général des Postes, Sidney Smith*, l'un des amis politiques les plus proches de Macdonald, conclut avec les États-Unis, la Grande-Bretagne, la France, la Belgique et la Prusse des ententes sur l'envoi du courrier au Canada et aux États-Unis. En outre, un grand nombre de projets de loi qui constituaient en sociétés de nouvelles entreprises ou élargissaient l'éventail des activités d'entreprises existantes, notamment dans le secteur des routes et des chemins de fer, des assurances, des banques, des mines, du pétrole et des forêts, furent présentés et adoptés avec l'appui de Macdonald et de ses collègues parlementaires ; ceux-ci, comme Macdonald, avaient des intérêts dans certaines d'entre elles.

Passé dans l'opposition en 1862, à la défaite du projet de loi sur la milice, Macdonald revint au pouvoir deux ans plus tard, dans un tout autre contexte politique. Les élections de 1863 avaient donné presque deux fois plus de sièges aux réformistes qu'aux conservateurs dans le Haut-Canada mais, à cause de la force des bleus de Cartier et des conservateurs anglophones du Bas-Canada, les deux partis étaient à peu près à égalité dans l'ensemble de la province. Ni le gouvernement des réformistes John Sandfield Macdonald* et Louis-Victor Sicotte* ni le gouvernement formé par Étienne-Paschal Taché et Macdonald en mars 1864 ne réussirent à conserver l'appui d'une majorité. Sous la présidence de Brown, un comité parlementaire sur la constitution, auquel participait Macdonald, se prononça le 14 juin pour la fédération des deux sections du Canada ou de toutes les provinces de l'Amérique du Nord britannique. Cette idée suscita une forte adhésion dans la province du Canada. L'union fédérale offrait une solution à l'impasse créée par la polarisation qui existait sur la scène politique. De plus, comme le Haut et le Bas-Canada auraient chacun leur gouvernement, ils auraient plus de marge de manœuvre, et les tensions entre régions et groupes ethniques diminueraient. Cependant, tout comme 2 autres membres du comité de Brown, qui en comptait 20, Macdonald refusa de sanctionner le rapport, qui obtint l'appui de presque tous les grands personnages politiques du Canada. Même s'il avait fait partie d'un gouvernement qui avait préconisé une fédération dès 1858, cette idée ne l'avait jamais beaucoup enthousiasmé car, comme il l'avait déclaré dans un discours en 1861, il craignait qu'une union fédérale n'ait « les défauts de la Constitution des États-Unis » : un gouvernement central faible. Macdonald avait toujours privilégié une direction très centralisée, de préférence unitaire, car il craignait les conflits de compétences que, selon lui, la guerre de Sécession avait « rendus si douloureusement manifestes ».

Malgré la forte appréhension qu'il éprouvait au sujet de la fédération, Macdonald changea son fusil d'épaule quand Brown proposa une action conjointe pour amener un changement constitutionnel. Ce revirement survint après moins de deux jours d'hésitations, soit le 16 juin 1864. Il en résulta la formation, le 30 juin, de la Grande Coalition, par laquelle la majorité des réformistes haut-canadiens s'associèrent aux conservateurs de Macdonald et aux bleus de Cartier dans le but de créer une fédération des colonies de l'Amérique du Nord britannique. Macdonald avait fait volte-face par prévoyance et pour des raisons tout à fait pratiques. L'union fédérale « préviendra[it] l'anarchie [...], réglerait la grande question constitutionnelle de la réforme parlementaire du Canada [et] redorera[it] le blason de la province à l'étranger ». Autrement dit, les provinces, une fois unies, formeraient une collectivité plus nombreuse, plus forte et plus harmonieuse qui pourrait peut-être rivaliser avec les États-Unis. En outre, dans l'immédiat, la coalition permettait à Macdonald d'échapper à de graves difficultés politiques dans sa section du Canada, où le parti réformiste semblait prendre une avance insurmontable. « J'étais alors devant l'alternative [suivante], confia-t-il en 1866, soit de former un gouvernement de coalition, soit de céder l'administration des affaires [publiques] au parti des *grits* pour les dix prochaines années. »

De 1864 à 1867, Macdonald eut deux grands sujets

de préoccupation : la guerre de Sécession – ses suites et ses conséquences pour le Canada – et, ce qui n'était pas très éloigné, la Confédération de l'Amérique du Nord britannique. Un raid lancé en octobre 1864 contre St Albans, dans le Vermont, par des soldats confédérés partis du Canada, puis leur libération par le juge de paix montréalais Charles-Joseph Coursol*, à cause d'une formalité, causèrent une forte réaction anticanadienne aux États-Unis. En décembre, le gouvernement américain exigea que toutes les personnes qui entraient aux États-Unis par l'Amérique du Nord britannique soient titulaires d'un passeport, et le Congrès commença à prendre des mesures pour l'abrogation du traité de réciprocité, en vigueur depuis 1854. Le gouvernement du Canada réagit en appelant 2 000 volontaires de la milice pour tenter de prévenir d'autres incidents frontaliers. En qualité de procureur général, Macdonald autorisa la création d'une petite « force de détection et de prévention » qui recueillerait des renseignements par l'intermédiaire d'agents canadiens et d'informateurs américains en poste dans plusieurs villes des États-Unis. À la tête de cette première unité canadienne de services secrets (qui devint la Police du dominion après la Confédération), Macdonald plaça en décembre un « homme perspicace, calme et résolu », immigrant écossais et ancien député à l'Assemblée législative, Gilbert McMICKEN. Celui-ci faisait rapport directement et secrètement à Macdonald, qui en août 1865 reprit les fonctions de ministre de la Milice tout en restant procureur général.

En 1864, les féniens, groupe paramilitaire irlando-américain voué à la libération de l'Irlande, donnèrent aussi des inquiétudes à Macdonald et à McMicken. On craignait que le fénianisme ne se répande au Canada ; des rumeurs circulèrent, et des incidents laissèrent supposer que la Hibernian Benevolent Society of Canada était armée [V. Michael Murphy* ; John O'Neill*]. Mais il s'avéra que la menace venait de l'extérieur. En 1866, les féniens lancèrent des raids sur l'île Campobello, au Nouveau-Brunswick, et, avec plus de succès, contre Fort Erie, de l'autre côté du Niagara. Par la suite, le fénianisme cessa peu à peu de représenter un danger pour la sécurité de l'Amérique du Nord britannique. Toutefois, les événements de 1864–1866 avaient sans aucun doute contribué à créer un « climat de crise » qui fut pour beaucoup dans la réalisation rapide de l'union fédérale et la forme qu'elle prit. Taché était le chef en titre du gouvernement de coalition formé en 1864, mais Macdonald devint vite la cheville ouvrière des négociations subséquentes sur la Confédération. Brown avait voulu que la coalition réalise d'abord l'union fédérale du Haut et du Bas-Canada. Macdonald insista pour que l'on donne priorité à l'union de toutes les provinces, et il gagna. L'occasion de se rapprocher davantage de cet objectif s'offrait puisque les Maritimes avaient déjà commencé à préparer une conférence régionale afin de discuter de la possibilité d'une union législative de la Nouvelle-Écosse, du Nouveau-Brunswick et de l'Île-du-Prince-Édouard [V. Arthur Hamilton Gordon* ; sir Charles Tupper*]. Charles Stanley MONCK, gouverneur général de l'Amérique du Nord britannique, convint avec les lieutenants-gouverneurs de ces provinces qu'une délégation canadienne assisterait à la conférence qui devait se tenir à Charlottetown, afin de présenter officieusement un projet de fédération. Le cabinet du Canada prépara ses propositions pendant l'été de 1864. Dès son arrivée à la conférence, en septembre, soit avant toute discussion sur l'union des Maritimes, la délégation canadienne fut invitée à présenter son projet. Macdonald prit la parole le premier, enclenchant ainsi le processus qui allait déboucher trois ans plus tard sur l'adoption de l'Acte de l'Amérique du Nord britannique. La conférence de Charlottetown fut suivie en octobre 1864 par la conférence de Québec, qui regroupa des représentants du Canada, de la Nouvelle-Écosse, du Nouveau-Brunswick, de l'Île-du-Prince-Édouard et de Terre-Neuve, puis par les pourparlers finals, qui réunirent à Londres, de décembre 1866 à février 1867, des délégués du Canada, de la Nouvelle-Écosse, du Nouveau-Brunswick et de la Grande-Bretagne.

L'ampleur de la contribution personnelle de Macdonald à la forme et au fond de l'entente sur la Confédération a suscité des débats, mais il ne fait aucun doute que de 1864 à 1867 c'est lui qui domina la scène. À la conférence de Québec, il fut le principal porte-parole pour le plan du Canada, qui était assez bien défini. En 1866–1867, il présida les réunions à Londres (où il se maria en février 1867). Le *British North America Bill,* en vue de l'union fédérale du Canada, de la Nouvelle-Écosse et du Nouveau-Brunswick, reçut la sanction royale le 29 mars 1867 ; sa proclamation devait avoir lieu le 1er juillet. Le rôle de Macdonald fut largement reconnu en Grande-Bretagne. Il fut le seul dirigeant colonial à recevoir un diplôme honorifique, décerné par la University of Oxford en 1865, ou un titre de chevalier (conféré le 29 juin 1867, annoncé le 1er juillet), et c'est lui, bien sûr, que l'on choisit comme premier des premiers ministres du dominion du Canada. (Monck lui avait demandé, en mai, de former le premier gouvernement.)

Assurément, une bonne partie de l'appareil constitutionnel du dominion était son œuvre. Il ne pouvait pas le crier sur les toits mais, en privé, il affirmait l'avoir conçu presque en entier : il faisait valoir que lui seul avait reçu la formation nécessaire en théorie et en droit constitutionnels. En novembre 1864, en parlant de la « préparation de [la] constitution », il avait confié à son bon ami James Robert Gowan*, juge d'un tribunal de comté : « Je dois le faire seul parce qu'il n'y en a pas un au gouvernement qui ait la moindre idée de la nature du travail. » Son collègue Thomas D'Arcy McGee déclara en 1866 que Macdonald avait rédigé 50 des 72 résolutions adoptées à Québec.

Même à l'époque, certains minimisèrent le rôle de Macdonald. George Brown contesta la déclaration de McGee dans le *Globe* et attribua le projet de confédération aux efforts collectifs du cabinet canadien. Il y avait sûrement des aspects qui ne venaient pas de Macdonald et d'autres qu'il n'approuvait pas particulièrement. Les arrangements financiers, il l'admettait, étaient l'œuvre d'Alexander Tilloch Galt. La représentation basée sur la population, qui régissait la formation de la Chambre basse, était prônée depuis longtemps par Brown, et c'est sur son insistance qu'elle devint un aspect fondamental de la Confédération. De toute évidence, les dispositions qui assuraient à la langue française un statut officiel au Parlement et dans les tribunaux fédéraux ainsi que dans les tribunaux et à la législature de la province de Québec, de même que les mesures sur le maintien du Code civil dans cette province, venaient de Cartier. Celles qui préservaient les écoles séparées déjà existantes et qui garantissaient la création d'écoles du même genre dans les nouvelles provinces furent largement inspirées par Galt. Contrairement à Brown, Macdonald n'avait jamais tellement tenu, avant la Confédération, à ce que le Nord-Ouest devienne territoire canadien. Il n'avait pas été non plus un chaud partisan du chemin de fer Intercolonial, dont la construction fut garantie par un article inhabituel dans une constitution et adopté à Londres sur l'insistance des délégués des Maritimes, parmi lesquels se trouvaient Jonathan McCully*, William Alexander Henry* et Samuel Leonard TILLEY. Devant toutes ces affirmations, dans quelle mesure peut-on dire que l'Acte de l'Amérique du Nord britannique était « la constitution de Macdonald » ?

Sans être exactement tel que Macdonald l'aurait rédigé s'il avait eu toute latitude, le document correspondait néanmoins à ses objectifs principaux. Il avait toujours voulu, avant tout, un régime qui, bien que fédéral (condition essentielle pour avoir l'assentiment de la province de Québec et des Maritimes), serait aussi centralisé que possible, c'est-à-dire un régime doté d'un gouvernement central dirigé par un exécutif puissant. Or, la répartition des pouvoirs entre les gouvernements central et provinciaux correspondait à ses visées. Le fédéral avait des pouvoirs plus nombreux, notamment celui d'agir en vue de garantir « la paix, l'ordre et le bon gouvernement ». Cette expression était la concession de pouvoir la plus vaste que connaissaient les rédacteurs du ministère des Colonies, favorables à la position centralisatrice de Macdonald, et elle satisfaisait ce dernier, qui entendait bien avoir les coudées franches. Les domaines qui, selon lui, donnaient le pouvoir réel – la défense nationale, les finances, le commerce, l'imposition, la monnaie et les banques – ressortissaient au gouvernement central. De surcroît, ce dernier avait le pouvoir (exercé par le gouvernement impérial avant 1848) de refuser la reconnaissance d'une loi provinciale. (En juin 1868, un mémorandum du département de la Justice, approuvé par le cabinet pour transmission aux provinces, allait présenter un usage nouveau et plus astreignant du pouvoir d'annulation, si bien que l'on soumettrait au contrôle du gouvernement central même le plus fort des droits des provinces.) Le cabinet fédéral nommait ses chiens de garde dans les provinces, les lieutenants-gouverneurs, de même que les membres du Sénat, organisme qu'avait conçu Macdonald pour représenter l'élément des bien-nantis et des propriétaires, même si la propriété demeurait une condition d'éligibilité à la chambre des Communes. Macdonald croyait ainsi avoir évité les principaux écueils de la fédération américaine : le suffrage universel et la faiblesse de l'exécutif. Le Canada serait gouverné à partir du centre, par des personnes qui avaient des intérêts réels dans la collectivité. Si Macdonald n'intégra pas à l'Acte de l'Amérique du Nord britannique une formule d'amendement des structures et pouvoirs du gouvernement central, ce n'est probablement pas, comme on le dit souvent, parce qu'il oublia de le faire. Ayant veillé à ce que les Parlements provinciaux puissent amender, dans le cadre étroit de l'article 92, les dispositions constitutionnelles qui les concernaient, il n'aurait pas négligé d'inscrire, s'il l'avait jugé nécessaire, quelque chose de semblable dans l'article 91, qui définit les pouvoirs du Parlement fédéral.

L'Acte de l'Amérique du Nord britannique était loin de rendre entièrement compte des intentions personnelles de Macdonald sur l'avenir de la nouvelle fédération. Dire que les gouvernements provinciaux étaient des « législature[s] subordonnée[s] » est un euphémisme. On les avait voulus faibles, soutenait-il, et ils devaient cesser un jour d'exister. Il entrevoyait un Canada doté d'un seul gouvernement, habité par une population aussi homogène que possible et qui partageait des institutions et des traits communs. En décembre 1864, il dit à Matthew Crooks Cameron* : « si la Confédération dure, vous verrez, si vous vivez aussi vieux que la moyenne, le pouvoir général absorber les Parlements et gouvernements locaux. Pour moi, c'est aussi évident que si je le voyais accompli mais, bien sûr, on ne peut pas adopter ce point de vue en discutant du sujet dans le Bas-Canada. » Il fut certainement sage de ne pas révéler ce genre de sentiments en public, car parmi les Canadiens français, pour qui les gouvernements provinciaux étaient déjà les dépositaires de ce qu'on appellerait les « droits des provinces », certains soupçonnaient ses intentions dès 1864. *Le Canada* d'Ottawa, dont le rédacteur en chef était Elzéar Gérin*, déclara en 1866 : « Plus on simplifiera la législature locale plus on amoindrira son importance et plus on courra risque de la voir absorber par la législature fédérale. » Macdonald pensait avoir mis en branle un processus constitutionnel qui modifierait peu à peu l'importance relative des deux paliers de gouvernement. Son collègue Hewitt Bernard, à titre de secrétaire de toutes les conférences de la Confédération, avait acquis une expérience de première main sur la façon de mettre en pratique les idées constitutionnelles de Macdonald. Lorsque le gouverneur général lord Dufferin [Blackwood*] lui demanderait, en 1874, de faire le bilan des sept années d'application de l'Acte de l'Amérique du Nord britannique, Bernard préconiserait d'expliciter et de restreindre davantage les pouvoirs provinciaux énoncés à l'article 92.

Par bien des aspects concrets, la structure administrative du gouvernement du nouveau dominion était celle de la province du Canada, mais adaptée à une nouvelle réalité. Bien sûr, Ottawa demeurait la capitale, et nombre de sous-ministres et hauts fonctionnaires de l'ancienne province occupaient des postes clés dans la fonction publique fédérale – par exemple Bernard, Joseph-Charles Taché, William Henry GRIFFIN, Toussaint TRUDEAU, Edmund Allen MEREDITH et John Langton. Plus que ses collègues, Macdonald avait l'ambition de donner au pouvoir central non seulement de la latitude constitutionnelle, mais de l'espace physique. Il voulait occuper, dans le centre d'Ottawa, plus de terrains que ne le lui permettraient ses collègues. Ainsi il souhaitait faire construire la résidence du gouverneur général sur la pointe Nepean – ce dont ils ne voulaient pas entendre parler. Des années plus tard, il révéla à Joseph Pope* que la réfection de Rideau Hall avait coûté plus cher que la construction d'une nouvelle résidence sur la pointe Nepean. De plus, il voulait acquérir, pour de futurs bureaux ministériels, tout le pâté de maisons situé entre les rues Wellington et Sparks, à l'est de Metcalfe. Ses collègues le lui refusèrent aussi.

Le département de la Justice était le portefeuille que Macdonald avait choisi en 1867, et il le conserva jusqu'à la démission de son gouvernement en novembre 1873. Il supervisa la division des fonctions en 1867 et transféra celles de son ancien poste, celui de procureur général du Haut-Canada, au gouvernement provincial de Toronto. Le personnel supérieur de son ancien bureau demeura au nouveau département ; il n'y eut même pas de coupure dans ses registres ministériels de correspondance.

De même, les fonctions de Macdonald ressemblaient assez à celles qu'il avait exercées à titre de procureur général. Le droit de grâce, qui appartenait au gouverneur général, obligeait Macdonald à réexaminer les condamnations à mort, et le système pénitentiaire était de compétence fédérale. Le ministère des Colonies avait insisté pour que les deux relèvent du fédéral ; on peut se demander si Macdonald en voulait. Il laissa le système pénitentiaire à Bernard, et dans ses mesures continua de se montrer ferme plutôt que charitable. Le but essentiel des pénitenciers, disait-il en 1871 à John Creighton*, directeur de celui de Kingston, est « le châtiment, [le but] accessoire, la réforme ». On pouvait rendre les prisons trop confortables, les prisonniers trop heureux. (Lisez *David Copperfield,* disait-il, et surtout ce passage où Uriah Heep, interné dans une prison modèle, est tellement mieux que les pauvres gens qui vivent à l'extérieur.) Le pouvoir de libérer devait être utilisé parcimonieusement. La certitude du châtiment avait plus d'importance que la sévérité de la sentence. Selon Macdonald, le fort taux de criminalité des États-Unis était dû à la facilité avec laquelle on pouvait obtenir une grâce par des pressions politiques sur les gouverneurs des États.

À la mort de Thomas D'Arcy McGee, tué par balle le 7 avril 1868, le gouvernement du dominion mit tout son pouvoir à la disposition du procureur général de l'Ontario, à qui incombait l'accusation. Le dominion assuma une partie des frais du procès contre Patrick James Whelan*, et Hewitt Bernard, alors sous-ministre de la Justice, joua un rôle prépondérant dans la constitution de la preuve à Ottawa. Même si John Sandfield Macdonald était à la fois premier ministre et procureur général de l'Ontario, sir John prit en main toute l'affaire, ou presque. Il fut implacable. Il y eut des pressions pour obtenir un sursis ; même l'avocat de l'accusation, James O'Reilly*, semblait mal à l'aise. John Hillyard Cameron, l'avocat de la défense, estima qu'un nouveau procès s'imposait, ou à tout le moins un appel au Conseil privé. Pourtant, Macdonald était d'ordinaire plus clément, surtout dans les cas où la preuve était ambiguë. Ainsi la sentence de mort de Baptiste Renard, condamné pour viol en 1864, avait été, comme d'habitude, commuée en emprisonnement à vie. Trois ans plus tard, après que l'évêque de Kingston, Edward John Horan, eut porté à l'attention de Macdonald de nouveaux éléments de l'affaire, on libéra Renard.

Les fortes visées centralisatrices de Macdonald à l'égard de la Nouvelle-Écosse, du Nouveau-Brunswick et du territoire de la Hudson's Bay Company apparurent dès les premières sessions du Parlement du Canada. De son propre aveu, les Territoires du Nord-Ouest, que l'on allait soustraire de Rupert's Land, deviendraient des colonies canadiennes de la couronne et seraient gouvernés comme telles. Il lui en restait beaucoup à apprendre, et la première année (ou à peu près) de la Confédération montra à quel point sa perspective était celle d'un Canadien du centre et révéla son optimisme quant au règlement de questions et difficultés qui ne lui étaient pas familières. Étant donné la persistance de sentiments anticonfédéraux en Nouvelle-Écosse, le ministre des Douanes, Samuel Leonard Tilley, éprouva en juillet 1868 la nécessité de lui écrire de Windsor, dans cette province, pour lui adresser cet avertissement : « Rien ne sert de crier *paix* quand il n'y a *aucune paix*. En ce moment, nous devons agir avec sagesse et prudence. » Macdonald était un réaliste mais, chez lui, le réalisme prenait la forme de perceptions imposées à son tempérament optimiste. Cette étrange combinaison, ajoutée à sa ruse, lui donnait l'élan nécessaire pour s'adapter, changer d'avis, recourir à des expédients. Refusant de s'avouer vaincu, il s'acharnait à trouver moyen de sortir des difficultés. Dans le cas de la Nouvelle-Écosse, il se trouvait dans une situation délicate à cause de la témérité avec laquelle le premier ministre de cette province, Charles Tupper, avait poussé ses concitoyens à adhérer à la Confédération, et en raison de ses propres visées de Canadien du centre du pays. Il réagit tardivement, mais avec compétence, courage et débrouillardise. En août 1868, il se rendit à Halifax afin de trouver, avec Joseph Howe*, des moyens d'apaiser le conflit entre la province et le dominion.

Imposer la « rigueur impériale », comme on l'avait fait à la Nouvelle-Écosse [V. sir William Fenwick Williams*], n'était pas une expérience que Macdonald allait répéter de bon gré. Dès 1869, il était conscient des effets pernicieux de ce mode d'union politique. À la fin de cette année-là, le gouverneur de Terre-Neuve, Stephen John HILL, proposa l'intégration de la colonie au Canada par décret impérial. Macdonald refusa carrément. Même si une délégation dirigée par le premier ministre de l'île, Frederic Bowker Terrington CARTER, avait négocié avec le Canada les conditions de l'union, les Terre-Neuviens, aux élections générales de l'automne, s'étaient prononcés sans équivoque contre la Confédération. Pour Macdonald, le débat était clos. Il n'imposerait pas le régime canadien à une autre colonie sans avoir sondé l'opinion de la population et l'avoir jugée favorable. Cette attitude explique sa promptitude à négocier dès les premiers signes des troubles de la Rivière-Rouge (Manitoba) en 1869 [V. Louis Riel*]. Pour la même raison, il allait insister pour que des élections aient lieu en Colombie-Britannique avant l'entrée de cette province dans la Confédération en 1871. Il montrerait une patience remarquable devant les exigences (et les élections) des habitants de l'Île-du-Prince-Édouard. « Je vois que votre chemin de fer cause pas mal d'agitation politique », écrivait-il en octobre 1871 à son médecin à Charlottetown, William Hamilton Hobkirk. « J'espère que l'accroissement de votre fardeau financier vous amènera à vous joindre au dominion ; mais cette union [...] ne saurait être hâtée par aucune action de notre part, votre population doit la réclamer. »

L'acquisition de Rupert's Land occupa une part importante de son temps en 1869. C'était Cartier, en grande partie, qui avait négocié les conditions à Londres, au nom du Canada. Arrivé là-bas en octobre 1868, en compagnie du ministre des Travaux publics, William McDougall*, qui était tombé gravement malade presque tout de suite, Cartier avait dû négocier avec deux cabinets, celui de Disraeli puis celui de Gladstone. McDougall était convaincu que le gouvernement de Gladstone serait plus favorable à la cause du Canada, mais Cartier estimait le contraire, et il avait raison. Il s'embarqua pour le Canada seulement le 1er avril 1869, après six mois de négociations ininterrompues. En vertu de la loi sur le gouvernement temporaire, sanctionnée en juin, un lieutenant-gouverneur et un conseil allaient administrer les territoires, qui seraient officiellement transférés au Canada le 1er décembre.

Une fois que McDougall eut accepté la charge de lieutenant-gouverneur des Territoires du Nord-Ouest, Macdonald, qui en privé qualifiait cette charge de « morne souveraineté », lui écrivit, à la suite d'un long entretien, des lettres remplies de bon sens. « Il faut que vous n'oubliiez jamais, lui dit-il sévèrement le 20 novembre, que vous vous rendez dans une contrée étrangère, gouvernée par la Hudson's Bay Company [...] Vous ne pouvez pas y entrer de force. » Il l'encouragea à garder Riel (un « type intelligent ») pour sa « police future », et à donner ainsi « une preuve des plus convaincantes qu['il] n['allait] pas laisser les Métis en dehors de la *loi* ».

La venue des arpenteurs du gouvernement fédéral et le transfert du Nord-Ouest avaient déjà causé des désordres à la Rivière-Rouge, et Macdonald, dans la mesure où il savait de quoi il retournait, attribuait une part de la responsabilité aux prêtres de la région. En privé, il blâmait aussi Cartier d'avoir « quelque peu rabroué » l'évêque de Saint-Boniface, Alexandre-Antonin TACHÉ, qui était passé par Ottawa cet été-là en se rendant à Rome. On pensait que le secrétaire d'État Hector-Louis Langevin* avait arrangé les choses mais, à la fin de novembre, Macdonald était convaincu que l'irritation de Taché avait eu des échos à la Rivière-Rouge. Cependant, les plus grands coupables, selon lui, étaient les fonctionnaires de la Hudson's Bay Company. Les membres du conseil local étaient parfaitement au courant du mécontentement des Métis. Le transfert était décidé et connu depuis des mois. Un fonctionnaire de la compagnie, John H. McTavish, venu à Ottawa en avril, avait rencontré Macdonald et d'autres ; on l'avait alors informé du transfert du Nord-Ouest au Canada et du fait que les habitants auraient les mêmes droits qu'auparavant. Pourtant, les fonctionnaires de la compagnie ne donnèrent aucune explication aux habitants de la Rivière-Rouge sur ce qui allait se passer. « Tout ce que ces pauvres gens savent, dit Macdonald à Cartier le 27 novembre, c'est que le Canada a acheté le pays [...] et qu'on nous les refile comme un troupeau de moutons ; et on leur dit qu'ils perdent leurs terres [...] Dans ce contexte, il ne faut pas s'étonner qu'ils soient insatisfaits et qu'ils montrent leur mécontentement. »

Le conseil que Macdonald donna à McDougall ce même jour, à la lumière de ce que l'on connaissait alors de la situation, prouve son bon sens et sa connaissance du droit. Il lui écrivit de ne pas franchir le 49e parallèle et de ne pas prêter le serment de lieutenant-gouverneur. Toute la responsabilité de l'agitation devait retomber sur la Hudson's Bay Company et le gouvernement impérial. Une proclamation dans laquelle McDougall en appellerait à la loyauté des habitants de la Rivière-Rouge serait appropriée si l'on était assuré de leur obéissance. Dans le cas contraire, calculait Macdonald, la faiblesse de McDougall serait « douloureusement mise en évidence » aux yeux de la population et des Américains. Si McDougall n'était pas admis sur le territoire, une proclamation déclencherait l'anarchie ; les habitants de la Rivière-Rouge auraient alors beau jeu de « former un gouvernement pour des raisons de nécessité, afin de protéger la vie et la propriété, et un tel gouvernement [aurait] certains droits souverains en vertu du droit international ». Les Américains pourraient même être tentés de le reconnaître. Ce conseil, McDougall le reçut trop tard pour ne pas commettre un impair : le 1er décembre, il proclama précipitamment que le Nord-Ouest faisait partie du Canada. Une semaine après, Riel établissait un gouvernement provisoire. De son côté, Macdonald dépêcha deux émissaires, Charles-René-Léonidas d'Irumberry* de Salaberry et l'abbé Jean-Baptiste Thibault*, lorsqu'il estima qu'il fallait donner de nouvelles garanties, et un commissaire, Donald Alexander Smith*, dès qu'il vit qu'une médiation réelle serait nécessaire. Il tenait à éviter que le gouvernement britannique n'envoie un commissaire impérial. Comme tout le cabinet canadien, il estimait que « ce serait une erreur d'envoyer là-bas un Anglais trop savonné, tout à fait ignorant du pays et plein de lubies, comme le sont tous les Anglais ».

Lorsque Mgr Taché repassa par Ottawa en février 1870, Cartier présenta autant d'excuses que cela semblait nécessaire. Mais l'exécution de Thomas Scott*, en mars, rendit la question du Nord-Ouest si délicate que deux des délégués envoyés dans l'Est en mars par Riel, Alfred Henry Scott* et l'abbé Joseph-Noël Ritchot*, furent arrêtés pour complicité de meurtre. Macdonald engagea John Hillyard Cameron pour les faire libérer et versa lui-même les 500 $ nécessaires afin que rien n'apparaisse dans les comptes publics.

Le 6 mai, pendant que la chambre des Communes étudiait le projet de loi qui créait la nouvelle province du Manitoba, Macdonald souffrit d'une crise causée par un calcul biliaire. Comme il était trop faible pour qu'on le ramène chez lui, on transforma son bureau, à l'angle de l'édifice de l'Est, en chambre de malade. Au début de juillet, en compagnie de sa femme, de sa fillette, de sa belle-mère, de Hewitt Bernard, du docteur James Alexander Grant*, d'une infirmière et d'un secrétaire, il se rendit à Charlottetown sur un vapeur du gouvernement parti de Québec. Le groupe arriva le 8 juillet et s'installa en banlieue, dans une vaste maison pleine de coins et recoins. Macdonald avait encore les jambes si faibles qu'il ne pouvait marcher. On a prétendu que c'est là, tout en suivant la guerre franco-prussienne, qu'il élabora le projet d'acheter l'adhésion de l'Île-du-Prince-Édouard à la Confédération en convainquant le gouvernement provincial de construire un chemin de fer. Des soupçons ne constituent cependant pas des preuves. Par contre, ce qui est certain, c'est que Macdonald n'allait pas faire entrer l'île dans le dominion sans y avoir des appuis manifestes. À son retour à Ottawa, le 22 septembre, il impressionna tout le monde par son air de santé.

Peu après, c'est le cas de la Colombie-Britannique qu'il prit en main. Cartier avait dirigé des négociations en juin 1870. Le 29 septembre, Macdonald dit au gouverneur de la colonie, Anthony Musgrave*, que même si les conditions négociées par Cartier, y compris la construction d'un chemin de fer transcontinental, étaient justifiables quant au fond, on pouvait s'attendre à une « opposition considérable » au sein du Parlement, car elles seraient probablement jugées trop lourdes pour le Canada et trop généreuses pour la Colombie-Britannique. Il conseilla donc à Musgrave de procéder comme au moment où le Parlement étudiait les résolutions de Terre-Neuve en 1869 : veiller à ce que des membres du gouvernement colonial viennent à Ottawa discuter des points litigieux avec les députés, et surtout avec le caucus conservateur. En avril et mai 1871, Joseph William Trutch* vint à Ottawa dans ce but et aida Cartier à convaincre le Parlement d'accepter les conditions d'adhésion de la Colombie-Britannique.

Cette fois encore, Macdonald était absent de la chambre des Communes. Il avait dû jouer le double rôle, ingrat, de Canadien et d'Anglais, car il comptait parmi les commissaires de Grande-Bretagne aux négociations qui se tenaient à Washington en vue de régler les litiges anglo-américains, dont un bon nombre touchaient le Canada. On avait aussi proposé, comme représentant du Canada, sir John Rose*, ancien ministre des Finances, qui s'était déjà entretenu sur le même sujet avec le secrétaire d'État des États-Unis, Hamilton Fish. Cependant, l'intérêt de Rose se trouvait alors du côté de Londres et de New York et, malgré la grande confiance que lui portait Macdonald, sa nomination était politiquement inacceptable. Personne, sauf lui, ne semblait pouvoir assumer cette tâche ardue. Il partit donc pour Washington le 27 février afin d'accomplir ce qu'il décrirait plus tard comme le « travail le plus difficile et le plus désagréable qu['il eût] jamais entrepris depuis [son] entrée dans la vie publique ».

Macdonald avait peu vu les États-Unis depuis 20 ans, et c'était la première fois qu'il avait des relations suivies avec des hommes d'État de ce pays. Leur urbanité le surprit, mais ils demeuraient des diplomates redoutables. Bien que les réclamations au sujet de l'*Alabama* aient été la plus grave de toutes les questions urgentes à l'ordre du jour, les commissaires, pour l'heure, ne purent que constater leur incapacité de s'entendre sur ce sujet. Les négociations portèrent ensuite sur les pêches côtières du Canada. Le libre accès à ces pêcheries avait pris fin à la suspension du traité de réciprocité, en 1866, et le règlement relatif à l'obtention d'un permis par les navires américains était rigoureusement appliqué [V. Peter MITCHELL]. Résoudre cette question prenait une importance vitale pour la Grande-Bretagne, qui espérait faire face aux conséquences militaires et politiques de la guerre franco-prussienne sans devoir s'inquiéter de la colère et de l'hostilité des États-Unis. Ceux-ci, dit Macdonald à Tupper, voulaient tout avoir sans rien donner ; ses collègues britanniques, et surtout le commissaire principal, lord de Grey, étaient prêts à faire porter l'odieux d'un échec à Macdonald et au Canada. Ils voulaient un traité, « quel qu'en [fût] le prix pour le Canada ». Macdonald envisagea sérieusement de quitter la commission. De Grey le pressa de n'en rien faire, car la démission d'un plénipotentiaire, et surtout de celui du Canada, risquait de mettre en danger la signature du traité par le Sénat américain. De son propre aveu, Macdonald était pris entre deux feux : son rôle de commissaire de Grande-Bretagne et sa fonction de premier ministre du Canada. La Grande-Bretagne tenait tant à un traité que, pour amener le Canada à le ratifier, elle accepta, comme le proposait Macdonald, de dédommager le pays pour les raids féniens puisque les Américains avaient refusé d'envisager même la possibilité d'intégrer une réparation au traité.

Les Américains avaient accepté la ratification du traité par le Canada uniquement parce qu'ils n'y voyaient qu'une formalité. Si le Parlement britannique ratifiait le traité, l'affaire serait réglée. Macdonald confia d'ailleurs à Tupper en avril : « Quand lord de Grey leur dit que l'Angleterre n'est pas une puissance despotique et ne peut régenter le Parlement du Canada lorsque celui-ci exerce ses compétences légitimes, ils s'en moquent complètement. » Le 8 mai, non sans appréhension, Macdonald signa le traité de Washington.

Au Canada, il allait devoir affronter une forte opposition de la part des deux partis politiques. Quelques jours après la signature, il écrivit à Rose : « Je pense que j'aurais été indigne de [ma] fonction et infidèle à moi-même si, par timidité égoïste, j'avais refusé de faire face à la tempête. Notre Parlement ne se réunira pas avant février prochain ; d'ici là, je dois essayer d'orienter l'opinion canadienne dans la bonne direction. Vous avez de la chance de ne pas être dans ce pétrin. » Il fut plus tranchant avec de Grey : en juin et juillet, l'indignation était à son comble dans toutes les classes de la société canadienne – assurément, le Parlement allait rejeter le traité. Le cas échéant, laissa-t-il entendre en juillet au gouverneur général, le baron Lisgar [Young*], il quitterait le gouvernement. Ses collègues pourraient continuer ou non sans lui. S'ils démissionnaient, un gouvernement libéral s'opposerait catégoriquement au traité.

La chute du gouvernement ontarien de Sandfield Macdonald, en décembre 1871, était de mauvais augure pour le traité et pour la victoire des conservateurs de l'Ontario aux élections fédérales suivantes. Le nouveau premier ministre de la province, Edward Blake*, et son lieutenant, Alexander MACKENZIE, s'opposaient tous deux au traité. Le document n'offrait rien à l'Ontario ni à la province de Québec : aucune compensation des États-Unis pour les raids lancés par les féniens sur les frontières ontarienne et québécoise ; la navigation libre sur le Saint-Laurent pour les Américains, en échange du privilège douteux pour les Canadiens de naviguer sur trois cours d'eau de l'Alaska. L'entente sur la pêche allait à l'encontre des intérêts de la plupart des régions : le poisson du Canada serait admis sur le marché américain sans barrière tarifaire, mais le droit d'accès aux pêches côtières serait vendu aux Américains pour dix ans, à un prix fixé par des arbitres. Macdonald avait dû se battre pour que cette période ne soit pas de 25 ans. Dans les années 1940, les érudits pourraient bien dire que le traité avait admirablement bien réglé le contentieux entre la Grande-Bretagne et les États-Unis ; c'était une tout autre affaire pour le premier ministre d'un pays qui devait en avaler des articles cruciaux. Finalement, en attendant jusqu'en mai 1872, soit le moment où l'opinion canadienne fut calmée et où les Britanniques eurent offert une garantie sur les chemins de fer canadiens à titre de dédommagement pour les raids féniens, Macdonald put faire adopter le traité aux Communes par 121 voix contre 55. Toutefois, les orateurs politiques n'avaient pas pour autant oublié ce document.

Les ennuis de Macdonald ne s'arrêtèrent pas là. Riel n'allait pas se volatiliser : il n'était plus au Canada, mais on sentait qu'il reviendrait. En octobre 1871, un groupe d'assaillants pénétra du côté canadien de la frontière manitobaine, et l'on parla d'un raid fénien. Macdonald soupçonna alors Riel de jouer un double jeu : il aurait d'abord encouragé le leader, William Bernard O'Donoghue*, puis aurait tourné casaque en voyant que les Américains réprimeraient le raid. C'est pourquoi, entre autres, Macdonald ne put pardonner au lieutenant-gouverneur Adams George ARCHIBALD d'avoir, dans une apparente réconciliation, serré la main à Riel. Il aurait souhaité que la réaction des Ontariens à la mort de Thomas Scott ait affiné la sensibilité politique d'Archibald.

Pour Macdonald, cette combinaison d'éléments rendit les élections générales d'août 1872 difficiles, voire dangereuses. Tenir les rênes du pouvoir jusqu'à la fin d'un mandat ne lui plaisait pas, mais c'aurait été une folie de tenir des élections en 1871, après les négociations de Washington. Même en ce moment la conjoncture n'était pas tellement plus favorable. Les fermiers ontariens, confia-t-il au secrétaire d'État aux Colonies lord Carnavon en septembre 1872, ne pouvaient comprendre pourquoi les Maritimes se voyaient accorder le droit de vendre librement leur poisson aux États-Unis alors que l'Ontario n'obtenait rien. Or, d'un point de vue politique, l'Ontario avait encore plus de poids qu'auparavant ; après le recensement de 1871, la refonte de la carte électorale lui donna 88 sièges, soit 6 de plus qu'en 1867. Macdonald y mena une campagne intensive et n'alla nulle part ailleurs (c'était encore la coutume, pour les ministres, de s'occuper de leur province), laissant le Québec à Cartier et Langevin, le Nouveau-Brunswick à Tilley, la Nouvelle-Écosse à Tupper et le Manitoba à Adams George Archibald et Gilbert McMicken, alors agent des terres du dominion dans cette province. En outre, Macdonald y dépensa sans compter. Des amis conservateurs lui donnèrent 6 500 $, et il reçut environ 35 000 $ de sir Hugh Allan*, plus une traite d'urgence de 10 000 $ le 26 août. Le lendemain, à Toronto, il emprunta de son propre chef 10 000$ à Charles James Campbell et à John Shedden* ; cet emprunt, fait pour six mois à un taux de 6 %, alarma le directeur de la campagne conservatrice, Alexander Campbell.

Le moral de Macdonald était alors très bas, même s'il continuait de se battre le mieux possible, en mobilisant ses réserves d'optimisme, comme il le faisait toujours quand les choses allaient mal. Ses rapport avec le député sortant de Prince Edward, James Simeon McCuaig, donnent une idée de la manière dont il procédait en Ontario : « Laissez-moi vous dire que si [Walter] Ross se lance avec de l'argent, il aura bien des chances de vous battre. Vous devez employer la même arme contre lui. Nos amis d'ici ont été généreux dans leurs contributions, et je peux vous envoyer 1 000 $ sans problème. Vous faites mieux de les dépenser entre l'investiture et le scrutin. » McCuaig perdit, et Macdonald récolta tout au plus 42 des 88 sièges de l'Ontario. En septembre, il estimait sa majorité globale à 56. C'était beaucoup, mais en réalité cette majorité allait fluctuer selon les débats. Lorsque Lucius Seth Huntington* leva le voile sur le scandale du Pacifique [V. sir Hugh Allan] en avril 1873, elle serait de 31.

En 1872, au moins trois groupes canadiens, peut-être quatre, s'intéressaient au chemin de fer du Pacifique, sans parler des Américains. Les principaux étaient ceux de sir Hugh Allan à Montréal et de David Lewis Macpherson à Toronto. En 1871, sous les pressions de l'opposition et pendant la maladie de Macdonald, Cartier avait accepté que le maître d'œuvre du chemin de fer soit une compagnie privée et non le gouvernement. Avant, pendant et après les élections, Macdonald tenta d'amener les principaux groupes à se réunir ; la méfiance réciproque des leaders, comme la rivalité entre Toronto et Montréal, rendirent la chose impossible. À la fin de l'automne de 1872, on chargea Allan de former une société pour construire le chemin de fer. Macdonald ne lui avait fait qu'une promesse : la présidence de la compagnie fusionnée du chemin de fer du Pacifique, dès qu'elle serait constituée. Mais il existait d'autres engagements dont Macdonald ne savait encore rien. À l'été de 1872, Cartier avait promis à Allan que son groupe aurait la charte et la majorité des actions moyennant le versement de contributions supplémentaires, au total plus de 350 000 $, à la caisse électorale. Quand Allan se décida à révéler la somme à Macdonald, celui-ci ne le crut pas tant elle lui paraissait fantastique. À l'automne, il écrivit à Cartier pour en avoir confirmation. Ce dernier confirma, plus ou moins ; il était alors à Londres, aux prises avec le mal de Bright qui allait l'emporter en mai 1873. De plus, Allan avait pris des engagements envers des bailleurs de fonds américains, ce que Macpherson soupçonnait depuis le début.

Ce qu'on a appelé le scandale du Pacifique n'en était un que partiellement. Tous les partis utilisaient de l'argent en période électorale. En septembre 1873, Macdonald allait expliquer au gouverneur général, lord Dufferin, comment se déroulaient les élections canadiennes. Il y avait d'abord des dépenses légitimes ; étant donné le nombre de circonscriptions rurales où la population était clairsemée, ces dépenses étaient élevées. D'autres dépenses, jugées nécessaires depuis longtemps, se faisaient plus ou moins au grand jour : sanctionnées par la tradition, elles étaient interdites par la loi, et louer des voitures pour emmener les électeurs au bureau de scrutin entrait dans cette catégorie. Jamais, au cours de son expérience parlementaire, Macdonald n'avait vu dénoncer des dépenses de ce genre devant un comité des élections. Nul doute que le millier de dollars que McCuaig devait dépenser entre l'investiture et le scrutin était censé servir à louer des voitures. Il devait aussi l'utiliser à des fins dont Macdonald ne parla pas : on pouvait arroser les électeurs autrement qu'en leur offrant des voitures ou un coup de whisky.

Le scandale du Pacifique éclata aux Communes le 2 avril 1873. Huntington présenta une motion qui réclamait la création d'un comité d'enquête et affirmait que des capitaux américains avaient financé l'entreprise initiale d'Allan, la Compagnie du chemin de fer du Pacifique, et que ce dernier avait avancé de fortes sommes à des personnages importants du gouvernement pendant la campagne électorale. Macdonald afficha de l'indifférence devant ces accusations. Il convoqua les députés, repoussa la motion et réclama lui-même la formation d'un comité d'enquête. Cependant, les conservateurs étaient déjà inquiets. Dès lors, avec obstination, parfois avec désespoir mais souvent avec habileté, Macdonald mena un combat d'arrière-garde dans l'espoir de rallier ses partisans et d'apaiser le gouverneur général, qui était embarrassé et parfois désapprobateur. Mais les télégrammes qui parurent dans les journaux libéraux du 18 juillet étaient accablants : Macdonald et, surtout, Cartier et Langevin avaient accepté de grosses sommes. Ces gestes tombaient bien mal à propos puisque les fonds venaient d'un financier avec lequel le gouvernement était alors en train de négocier un important contrat ferroviaire.

Quand le Parlement se réunit vers la fin d'octobre, les collègues de Macdonald étaient certains de pouvoir traverser la crise. Pourtant, il y eut des défections presque tout de suite, dont celle de Donald Alexander Smith. On pressa Macdonald de rencontrer l'opposition afin de faire cesser l'hémorragie pendant qu'il en était encore temps. Selon Dufferin et d'autres, si le premier ministre avait eu l'audace de demander un vote de confiance assez tôt, sa majorité aurait pu atteindre un nombre de deux chiffres. Au lieu de cela, il sombra dans le gin et le désespoir, en attendant, l'œil vitreux, que l'opposition sorte de sa manche une carte qu'elle y aurait cachée. Finalement, il prononça un grand discours de ralliement le soir du 3 novembre. Trop tard : la peur avait déjà accompli son œuvre. Macdonald et son gouvernement démissionnèrent 36 heures plus tard, soit le 5.

En un sens, Macdonald était content d'être sorti du guêpier. Le lendemain de sa démission, il se présenta au caucus et offrit de quitter la direction, espérant que les membres accepteraient tout en craignant un retour abrupt à la vie privée. Le caucus refusa carrément. Peut-être n'était-il pas dans le tempérament de Macdonald de se retirer. Lorsqu'il avait été malade, en 1870, Joseph Howe lui avait proposé de prendre le poste de juge en chef de la Cour suprême du Canada, alors sur le point d'être formée [V. sir William Buell Richards*]. Mécontent, Macdonald s'était exclamé, comme le sous-secrétaire d'État Edmund Allen Meredith l'a noté dans son journal : « J'aimerais autant aller au diable ! »

Peu après le jour de l'An 1874, le nouveau gouvernement d'Alexander Mackenzie annonça des élections et se mit en frais d'évincer les tories de la chambre. Les libéraux remportèrent 138 des 206 sièges. Macdonald gagna dans la circonscription de Kingston par une majorité de 38 voix seulement. Accusé de corruption et d'autres malversations électorales, il perdit son siège en novembre. Pourtant, même à ce scrutin désastreux, les conservateurs avaient obtenu 45,4 % de la faveur populaire. Une fois dans l'opposition (on le réélut à une élection partielle dans Kingston), il eut besoin d'un revenu. Les sommes acquises en 1872 n'étaient pas restées longtemps dans ses goussets ; il avait dépensé son propre argent sans compter, tout comme les fonds d'Allan, de Charles James Campbell, de sir Francis Hincks et d'autres. À peine cinq ans auparavant, il était sans le sou.

Dans les années 1850 et la décennie qui suivit, il avait dû mobiliser toutes ses réserves de patience, d'optimisme, d'espoir et de résistance pour faire face à ses problèmes personnels. Le printemps et l'été de 1869 avaient été particulièrement éprouvants. Le 8 février 1869, Agnes avait donné naissance à une fille, Margaret Mary Theodora, une enfant hydrocéphale, ce qui avait sans doute contribué à rendre le travail long et difficile. Une photographie prise en juin, triste à voir, montre Agnes et Mary. Une autre photo d'elles, prise en 1893 – Mary avait alors 24 ans – est plus triste encore. On ne saura jamais quelle angoisse connurent sir John et lady Macdonald, mais on ne saurait les juger sans tenir compte de Mary. Au milieu de l'été de 1869, Macdonald commençait à se dire – ce qu'il n'admettait qu'avec une réticence infinie – que son enfant ne serait peut-être jamais normale. Par la suite, il ne cessa d'espérer quelque nouveau traitement médical qui permettrait à Mary de vivre comme tout le monde. Ses espoirs furent toujours déçus.

De plus, en 1869, Macdonald connut la période financière la plus pénible de sa vie. Il essayait d'éviter ce dénouement depuis cinq ans. Le contrat de mariage très complexe qu'il avait conclu en 1867 visait notamment à protéger Agnes contre ses créanciers. Les difficultés avaient commencé en mars 1864, à la mort d'Archibald John Macdonell, associé dans son cabinet d'avocats. Selon une estimation faite en mai 1867, Macdonald et la succession de Macdonell étaient endettés pour 64 000 $ (à peu près 800 000 $ en dollars de 1988), surtout envers la Commercial Bank of Canada. Tant que la banque lui ferait crédit, à des taux d'intérêt qui pouvaient aller jusqu'à 7 %, Macdonald pourrait se tenir à flot. Mais en septembre elle fit faillite ; c'est la Banque des marchands du Canada qui reprit l'actif et le passif. Dans l'actif figurait la dette de Macdonald qui atteignait presque 80 000 $ en avril 1869. Hugh Allan, président de la Banque des marchands, n'exerça pas de pressions mais, lorsque Macdonald souleva la question, il lui signala qu'un règlement de la dette serait le bienvenu. Les arrangements que Macdonald dut prendre en 1869 sont loin d'être clairs. Il emprunta 3 000 $ à David Lewis Macpherson pour tenir le coup et, avec Agnes, prit une hypothèque de 12 000 $, remboursable à la banque, sur une propriété de Kingston. Une bonne partie de ce que la succession de Macdonell lui devait était impossible à recouvrer. (À la mort de la veuve de Macdonell, en 1881, Macdonald apprit de son factotum à Kingston, James Shannon, que la succession lui devait encore 42 000 $.) En 1869, des poursuites étaient en cours contre Macdonald et Macdonell à Toronto. L'affaire aurait pu être réglée à l'amiable pour 1 000 $ en 1865, mais Macdonald n'aimait pas l'avocat des plaignants, Richard Snelling, qu'il considérait comme un requin. Finalement, Hewitt Bernard vint encore une fois à son secours et dut négocier en 1872 un règlement de 6 100 $.

Au moment de la Confédération, Macdonald avait peu de revenus. À titre de premier ministre et de ministre de la Justice, il gagnait 5 000 $ par année. Le cabinet d'avocats qu'il avait ouvert en 1864 avec James Patton père, de Toronto, lui rapporta 2 700 $ entre le 1er mai 1867 et le 30 avril 1868, puis 1 760 $ l'année suivante. S'il se tira d'affaire, c'est grâce à sa fierté et à ses amis. Macpherson prit conscience de la situation précaire de Macdonald après que ce dernier eut souffert d'un calcul biliaire en mai 1870 ; il entreprit alors d'organiser une souscription privée. Selon lui, il était injuste qu'un premier ministre ne puisse subvenir aux besoins de sa famille et faire instruire ses enfants à même sa rémunération. Macdonald s'était appauvri au service de son pays. Au printemps de 1872, la somme recueillie par Macpherson s'élevait à environ 67 000 $; Macdonald pourrait utiliser le produit de cette somme, investie sous le nom de Testimonial Fund, pour régler ses dépenses courantes. Peu à peu, il allait aussi, présumait-on, acquitter sa dette à la Banque des marchands. Toujours optimiste, il disait en 1876 à Thomas Charles Patteson, du *Mail* de Toronto, de ne pas se tourmenter pour des dettes. Traitez-les, disait-il, comme Fakredeen, dans le *Tancred* de Disraeli, traitait les siennes : il « les caressait, jouait avec elles. Que serais-je sans ces chères dettes ? » disait Macdonald.

Après la session parlementaire de 1874, Macdonald commença à sentir que ses années de combat tiraient peut-être à leur fin. Il vendit sa maison d'Ottawa pour 10 000 $ en septembre et commença à préparer son départ pour Toronto, où se trouvaient alors son cabinet d'avocats et son principal client, la Trust and Loan Company. Il tenait à ce que la contestation de l'élection de Kingston soit réglée avant son départ ; il ne voulait pas qu'on sache qu'il ne retournerait pas vivre dans cette ville. À la fin de décembre, il remporta l'élection partielle par 17 voix. Ensuite, il emménagea rue Sherbourne, à Toronto, dans une maison qu'il louait de Patteson ; un an plus tard, il s'installa dans une maison plus cossue, en brique, rue St George.

En 1875, Macdonald résolut de prendre les choses moins à cœur, d'éviter les querelles et de lâcher la bride à son parti. Mais il se laissa trop aller. Un vendredi de février, pendant qu'Agnes était à Niagara, il s'enivra dès trois heures de l'après-midi en buvant du brandy au bar du Sénat. George Airey KIRKPATRICK le conduisit à la chambre des Communes, où il devait prononcer un discours. Il parla avec suffisamment de clarté, mais toutes les personnes présentes savaient qu'il était « gris ». Alexander Mackenzie prit ensuite la parole. Macdonald, devenu querelleur, l'interrompait constamment ; les conservateurs tentèrent en vain de le faire sortir. Quand il avait bu, il était sujet à des sautes d'humeur. Agnes aurait su le maîtriser mais, laissé à lui-même, comme le notait Charles Belford* du *Mail,* « il [était] aussi démuni qu'un bébé ». Le même soir, Agnes fut brusquement rappelée chez elle par la mort de sa mère. Macdonald avait sans doute de bonnes raisons d'essayer de tourner la page : il le fit le 2 mars, en se joignant à l'Église d'Angleterre.

Macdonald était-il un alcoolique chronique, comme le dit la légende ? Non. Il buvait plutôt par à-coups, quand les contradictions de la vie et de la politique se tournaient trop sauvagement contre lui et que les campagnes électorales se faisaient trop dures ou quand une compulsion intérieure, maintenant impossible à analyser, se faisait sentir. Les nombreuses histoires qui circulent à ce sujet sont peut-être exagérées, mais on ne peut les nier à coup sûr. Quelques exemples suffiront à faire ressortir le problème. Pendant cette période de travail intensif et de festivités que fut la conférence de Québec, en 1864, un ami trouva Macdonald debout dans sa chambre, devant un miroir, en chemise de nuit, une couverture de voyage sur l'épaule : ivre, il répétait des vers de *Hamlet.* Les incidents de ce genre n'avaient pas toujours des conséquences aussi bénignes. En avril 1870, durant les dernières étapes des négociations avec les délégués du Manitoba, Macdonald, au régime sec depuis plusieurs mois, se mit hors de combat un vendredi et ne put reprendre le travail que le lundi. Il était surmené, inquiet et, en plus, démoralisé par la mort soudaine d'un ami. C'est ce genre de combinaison qui le portait généralement à s'enivrer, sans oublier qu'il souffrait d'un calcul biliaire. C'est peut-être en 1872–1873, à l'époque des élections et du scandale du Pacifique, qu'il but le plus. Faisant un bilan des causes de la chute du gouvernement, Alexander Campbell dit au lieutenant-gouverneur du Manitoba et des Territoires du Nord-Ouest, Alexander Morris* : « à compter du moment où il a quitté Kingston, après sa propre élection, [... Macdonald] s'est tenu plus ou moins sous l'effet du vin, et [...] vraiment n'a aucun souvenir précis de ce qu'il a fait en bien des occasions à Toronto ou ailleurs après cette période ».

À l'époque où Macdonald avait dit à Hewitt Bernard qu'il songeait à épouser sa sœur Agnes, il avait déjà un problème d'alcool assez grave pour que celui-ci lui réponde qu'il n'avait qu'une seule objection à ce mariage. Macdonald avait alors promis de s'amender. Selon une autre source, Bernard aurait invoqué ce problème pour tenter de dissuader sa sœur de se marier. De toute façon, lorsqu'elle épousa Macdonald en 1867, Agnes avait sûrement une idée de ce qui l'attendait. C'était plus facile pour Macdonald de faire des promesses que de les tenir. Ses périodes de sobriété aussi venaient par à-coups. Ainsi son adhésion à l'Église d'Angleterre, en mars 1875, n'empêcha pas un incident désagréable de se produire quelques mois plus tard, au cours d'un dîner chez Patteson à Toronto. Macdonald se soûla, insulta Tupper et monta finalement à sa chambre en titubant. Agnes sortit par la porte d'entrée principale ; quand Patteson regarda dehors le lendemain matin à six heures, elle était encore assise sur la barrière. Les collègues politiques de Macdonald prenaient la chose avec philosophie ; ils tentaient simplement de l'emmener dans un endroit où il pourrait cuver son vin. D'ordinaire, Agnes savait s'y prendre, mais pas toujours, comme cet incident le montre. Bien sûr, les gens faisaient la part des choses. Son goût pour la bouteille ne lui nuisait peut-être pas tant dans un monde qui tolérait qu'on boive sec, et souvent. Peut-être même était-ce avantageux en une époque où seuls les hommes votaient. Le véritable tort que la boisson lui causait moralement et physiquement est en fait difficile à déterminer. Quant au mal fait à Agnes, on ne peut que l'imaginer à la lecture de son journal.

Tout comme c'est le cas pour la plupart des ménages, la qualité du lien qui unissait Macdonald à sa deuxième femme demeure un mystère. Le principal problème réside dans l'absence de la correspondance qu'ils ont pu échanger. On soupçonne qu'Agnes elle-même l'a fait disparaître, car elle a vécu jusqu'en 1920 et a amplement eu le temps de détruire les lettres qu'elle avait reçues de Macdonald tout comme celles qu'elle lui avait envoyées. Elle n'était pas très populaire à Ottawa. Très consciente de manquer des qualités nécessaires à la vie mondaine, de n'avoir ni doigté ni souplesse, elle se réfugia, semble-t-il, dans des allures de mégère au sein de la bonne société outaouaise. Mais on ne doit jamais oublier que sa fille était handicapée.

En 1875, les affaires du cabinet d'avocats de Macdonald étaient passablement enchevêtrées. L'entente conclue en 1864 avec Patton devait durer huit ans. À l'été de 1871, ils rédigèrent une nouvelle entente de 20 ans. Le fils de Macdonald, Hugh John, alors âgé de 21 ans et étudiant en droit, se joindrait à eux le 1er novembre 1873. Macdonald retirerait un tiers du bénéfice des contrats de la Trust and Loan Company, Patton, deux tiers ; du produit des autres affaires, Macdonald et son fils recevraient un tiers, Patton, un tiers, et un nouvel associé (Robert M. Fleming), un tiers. L'entente définissait ainsi la participation de Macdonald : « protéger et promouvoir les intérêts de l'association en usant de son influence pour le compte [de celle-ci] et en [la] conseillant sur des questions importantes ». À la fin de 1875, Hugh John quitta le cabinet pour en ouvrir un à Kingston, en partie parce qu'il s'était disputé avec son père au sujet de ses fiançailles avec une jeune veuve torontoise. Dans sa correspondance avec lui, Macdonald n'apparaît pas sous son meilleur jour. Plus doux et moins énergique que son père, Hugh John était, du moins dans ses lettres, raisonnable et gentil ; Macdonald, lui, parle plutôt en père autoritaire, revêche et rancunier. Peu à peu, cependant il changea d'attitude. À la fin de 1877, Patton manifesta son intention de quitter le cabinet. On ne sait pas trop dans quelle mesure les deux hommes s'en voulaient mais, le 18 janvier 1878, Macdonald annonça à Thomas Clark Patteson qu'ils se séparaient, et non à l'amiable. Le lendemain, il dit à Hugh John qu'ils avaient passé l'éponge. Néanmoins, la rupture fut consommée le 15 avril. Un contrat daté du 15 octobre 1880 rendit officielle une situation qui existait depuis deux ans.

En janvier 1877, Macdonald avait informé Langevin qu'il abandonnerait la direction du parti conservateur lorsque le caucus se réunirait à Ottawa pour la session suivante. Sa santé semblait précaire et il n'aimait pas être un chef inefficace. Toutefois, le caucus ne voulut pas entendre parler de sa démission ; Macdonald serra les dents et continua. Déjà, il avait commencé à soupçonner que le gouvernement Mackenzie pourrait être défait. Pendant la session de février à avril 1877, il opta clairement pour une politique protectionniste, ce vers quoi il s'orientait depuis quelques années. Il avait déjà été libre-échangiste ; plusieurs de ses collègues conservateurs, dont Macpherson, l'étaient encore. Mais les libéraux avaient fait du libre-échange leur cheval de bataille. Dès 1872, il dut admettre, comme l'écrivait Patteson du *Mail,* que le parti conservateur n'avait pas d'autre choix que de « faire des avances aux protectionnistes ». Évidemment, il ne fallait pas employer le vilain mot « protection », confia Macdonald à Macpherson en février 1872, mais « nous pouvons, disait-il, varier sur le thème d'une Politique nationale en rendant aux États-Unis la monnaie de leur pièce ». Pendant les étés de 1876 à 1878, il fit donc des pique-niques politiques ; « ces choses infernales » l'occupaient bien trop à son goût, mais c'était un moyen efficace de populariser le protectionnisme et de redonner vigueur à son parti.

En septembre 1878, les conservateurs remportèrent une victoire si éclatante qu'eux-mêmes en furent ébahis. La défaite de Macdonald dans Kingston ne parvint pas à altérer leur joie. En Nouvelle-Écosse, à l'Île-du-Prince-Édouard, en Ontario et dans la province de Québec, les électeurs avaient fait un choix contraire à celui de 1874. Le changement le plus remarquable s'était produit en Ontario, où Mackenzie avait remporté 66 des 88 sièges en 1874 et où Macdonald venait d'en gagner 63. Il est vrai que la dépression du milieu des années 1870 avait joué contre les libéraux de cette province, mais selon Macdonald la question de la tempérance leur avait aussi beaucoup nui. Au fédéral, Mackenzie avait fait adopter en avril 1878 l'Acte de tempérance du Canada ; au niveau provincial, le gouvernement libéral d'Oliver Mowat* avait fait approuver en 1876 le *Crooks Act,* qui enlevait aux municipalités le droit de délivrer les permis de vente d'alcool et le confiait à un conseil provincial. Ces lois avaient aliéné aux libéraux les 6 000 hôteliers et taverniers de l'Ontario.

Élu par la suite dans Marquette, au Manitoba, et dans Victoria, en Colombie-Britannique, Macdonald fit un choix judicieux et décida de représenter la seconde de ces deux circonscriptions. À l'automne, il choisit ses ministres, selon les règles habituelles : son cabinet reflétait la composition ethnique et religieuse du Canada et comprenait des représentants des six provinces. Macdonald n'arrivait à faire travailler ensemble des gens d'horizons si différents que grâce à son propre tempérament. D'abord, il croyait en la courtoisie. En demandant à Langevin, en 1879, de commenter une lettre jointe à la sienne, il notait : « Que vais-je répondre ? Que ce soit *aimable.* » Rien ne servait de se mettre quelqu'un à dos seulement pour obéir à un principe qui, d'ordinaire, ne s'appliquait même pas à la situation. Il y avait cependant des moments où il fallait se montrer dur et exigeant, mais ils étaient beaucoup moins fréquents qu'on ne le pensait. Si Macdonald fut rarement intraitable, il ne fit pas souvent non plus de promesses formelles. Agnes eut un échange franc avec Patteson à ce sujet. Celui-ci s'intéressait à un poste quelconque, peut-être pour un ami. Agnes lui déclara alors que Macdonald n'était pas plus généreux avec elle qu'avec les autres. Il était peu vraisemblable, selon elle, que le poste ait déjà été promis. Macdonald n'agissait pas ainsi. Elle n'avait aucune influence directe. « Je ne sais rien des projets et desseins de sir John, même si le monde [...] persiste à croire que je les connais [...] Mon seigneur et maître qui, dans la vie privée, ne cherche qu'à m'être agréable [...] est *absolument* tyrannique avec moi [quand il s'agit de] sa vie publique. Si j'interviens de quelque façon, il sera ennuyé [...] Sir John connaît parfaitement mon opinion et mes souhaits sur le sujet [...] L'autre jour [...] je lui en ai reparlé avec plus de détermination – et sir John, comme d'habitude [...], a pris un air très doux, très aimable, très charmant – mais *n'a rien répondu* ! » En 1890, Joseph Pope dit à peu près la même chose : Macdonald détestait être acculé par des promesses, explicites ou non.

Sous la direction de Macdonald, la distribution des faveurs prit un tour particulier. Tout le monde pouvait proposer des candidatures, mais les ministres étudiaient celles qui venaient de membres en vue du parti, et surtout de députés conservateurs ou de candidats conservateurs défaits aux élections. Jamais Macdonald n'aurait concédé (et il tentait d'empêcher ses collègues de le faire) qu'un député avait le *droit* d'être consulté à propos d'une nomination. Fondamentalement, c'était au ministre de décider, et Macdonald intervenait rarement. Dans son propre département, à titre de ministre de la Justice de 1867 à 1873, de ministre de l'Intérieur de 1878 à 1883, puis de surintendant général des Affaires indiennes de 1878 à 1887 ou de ministre des Chemins de fer et Canaux de 1889 à 1891, il était prudent dans ses nominations, et il n'acceptait pas que les membres du cabinet ou les députés fassent pression sur son sous-ministre afin d'obtenir des faveurs pour leurs électeurs.

Durant son mandat de ministre de la Justice, Macdonald accorda une attention spéciale à la nomination des juges ; dans une certaine mesure, il allait toujours s'y intéresser. On a dit, à tort, qu'il ne nomma jamais quelqu'un qui n'avait pas des états de service solides dans le parti. Joseph Pope avait raison : Macdonald recherchait des hommes de qualité – intelligents, versés en droit, intègres, en bonne santé, habiles même. En 1882, il poussa Alexander Campbell, alors ministre de la Justice, à confier le poste de juge en chef du Manitoba à Lewis Wallbridge*, de Belleville. C'était l'un de ses vieux amis, bien connu des avocats manitobains, mais sa famille avait des liens avec les *grits.* Le raisonnement de Macdonald était le suivant : « Il fera un bon juge [...] C'est si rare que l'on puisse obéir à ses sentiments personnels tout en pesant l'intérêt public à sa juste valeur. » Ce qui le préoccupait surtout, c'étaient les dents de Wallbridge. Il ne pouvait envisager qu'un digne juge en chef rende ses jugements en ouvrant une bouche remplie de chicots noirs. Il demanda donc à Mackenzie Bowell*, ministre originaire de Belleville, de convaincre Wallbridge de se faire faire de nouvelles dents. L'issue était douteuse mais, comme Bowell le dit irrévérencieusement, l'affaire était d'une « importance *grinçante* ».

Plus le siège de juge était important, moins Macdonald était prêt à laisser prévaloir les critères ordinaires du favoritisme. Ce qu'il affirmait en 1870, à un Néo-Écossais : « J'ai pour règle de considérer l'aptitude comme l'exigence première en matière de nominations judiciaires, et [...] les considérations politiques doivent peu, ou pas du tout, entrer en ligne de compte. » La nomination de Samuel Hume Blake* au poste de vice-chancelier de l'Ontario illustre sans doute mieux combien il tenait à cette règle. En 1869, il trouvait que les juges de la Cour de la chancellerie de l'Ontario, John Godfrey Spragge* et Oliver Mowat, n'avaient pas assez d'autorité; comme il le dit à J. H. Cameron, la justice ontarienne avait besoin de métaux mieux trempés. Son choix s'était d'abord porté sur Edward Blake ; pressenti en privé, Blake refusa, surtout parce que son cabinet d'avocats était trop lucratif. Macdonald fit la même offre à d'autres libéraux et finalement, en 1872, il convainquit le frère de Blake d'accepter. « Absolument aucun conservateur apte pour ce poste n'était libre », expliqua-t-il à Patteson. Cette règle de compétence, il l'appliquait généralement aux nominations judiciaires. Bliss Botsford* fut nommé juge d'un tribunal de comté au Nouveau-Brunswick en 1870 même s'il s'était opposé à la Confédération en 1865–1866. Timothy Warren ANGLIN, un libéral néo-brunswickois, prit bonne note de cette nomination et demanda s'il pouvait espérer semblable chance. Macdonald lui répondit, sans délai, qu'il avait choisi Botsford sur « recommandation spéciale » et lui expliqua comment il voyait les choses : « Je crois que dans la distribution des faveurs gouvernementales nous respectons le vrai principe constitutionnel. Chaque fois qu'un poste est vacant, il revient au parti qui appuie le gouvernement si, à l'intérieur de ce parti, il se trouve une personne apte à effectuer la tâche. La responsabilité ministérielle ne saurait fonctionner à partir d'un autre principe. Toutefois, je ne me soucie pas des antécédents politiques d'un homme si je suis convaincu qu'au moment de sa nomination, il est vraiment et sincèrement du gouvernement. Mon principe est : récompense tes amis et n'achète pas tes ennemis. »

En 1878, comme l'Ouest était la région du pays qui se développait le plus, Macdonald dirigea le département de l'Intérieur. Cependant, dès 1881, il consacrait tellement de temps et d'énergie au chemin de fer canadien du Pacifique que David Mills*, un membre de l'opposition libérale avec qui il eut toujours des relations amicales, lui reprocha d'avoir presque abandonné le département « à lui-même ». Comme il allait l'admettre en 1883, Macdonald arrivait mal préparé aux débats et devait « compter sur sa mémoire et sur l'inspiration du moment ». Pareille attitude ne pouvait convenir devant une opposition vigilante. Macdonald avait 66 ans en 1881, et il commençait à les paraître. Il avait été malade en 1880, puis pendant l'hiver de 1880–1881, soit au moment où le Parlement étudiait le contrat de la Compagnie du chemin de fer canadien du Pacifique. Il parvint à défendre brillamment ce contrat en chambre le 17 janvier, mais après la prorogation du Parlement, le 21 mars, il fut pris de douleurs hépatiques et abdominales ; son pouls était à 49, et il s'effondra. Sa sœur Louisa le vit dans les premiers jours de mai : « Avant ce moment, dit-elle, John ne m'a jamais paru vieux. » Néanmoins, il n'envisageait pas d'abandonner son poste. Pour garantir le succès du chemin de fer canadien du Pacifique et de la Politique nationale, il fallait le renfort d'une autre victoire électorale. Il se reposa du mieux qu'il put chez lui. Charles John Brydges*, commissaire des terres à la Hudson's Bay Company, lui rendit visite le 3 mai. Il le trouva « vraiment très malade » mais déterminé à résoudre la vilaine confusion qu'avait engendrée un contrat conclu entre cette compagnie et le gouvernement pour l'approvisionnement des Indiens. Macdonald estimait que le responsable était l'agent principal John H. McTavish. En 1881, il n'avait pas encore oublié que la Hudson's Bay Company avait été pour quelque chose dans la rébellion de la Rivière-Rouge. Mais son vieil ami Brydges proposa un compromis raisonnable, qu'il accepta.

À ce moment, Macdonald avait besoin d'aide au département de l'Intérieur. David Lewis Macpherson était devenu ministre sans portefeuille et leader du gouvernement au Sénat en 1880. L'année suivante, Macdonald, qui se soignait outre-mer, lui confia une partie des affaires de l'Intérieur. Macpherson aimait ce travail et croyait bien l'exécuter. De Londres, en 1881, Macdonald suivit les progrès de Macpherson tout en tentant de se refaire une santé. Le travail était maintenant son unique plaisir. Quand il rentra à Ottawa, à la mi-septembre, il était bien plus en forme qu'à son départ. Dans le *Grip* de Toronto, le caricaturiste John Wilson Bengough* le montra en train de passer devant la borne de son soixante-septième anniversaire, où était gravée l'inscription suivante : « M.DCCC.L.XXX.II.JNO.A. O.K. » Aux élections générales de juin 1882, son triomphe fut à la mesure du bien-être qu'il ressentait. La campagne se déroula sans débat majeur, et les Canadiens donnèrent à Macdonald, élu dans la circonscription de Carleton, dans l'est de l'Ontario, une majorité presque aussi forte qu'en 1878.

Pourtant, durant les neuf années suivantes, Macdonald n'allait pas cesser de se battre pour conserver ses propres forces et celles de son cabinet, minées par le vieillissement, la maladie, l'incompétence ou simplement l'usure. Macpherson voyait, comme certains de ses collègues, que Macdonald en avait trop sur les épaules ; il prit donc officiellement le portefeuille de l'Intérieur en 1883. Cependant, il ne tarda pas à flancher à son tour et dès 1883, puis en 1884, il alla se soigner à l'étranger. Cette année-là, un problème foncier se posa en Colombie-Britannique ; c'est évidemment Macdonald qui dut s'en occuper. Il avait meilleure mine que la plupart des membres du cabinet, mais il affirmait se sentir plus mal qu'eux tous, à l'exception peut-être de John Henry Pope*. Même si sa faiblesse ne transparaissait ni sur son visage ni dans sa voix, il pensait déjà à ralentir son rythme, surtout durant les sessions parlementaires. Malheureusement, en 1884, Tupper partit occuper un poste de haut-commissaire en Angleterre, créant ainsi un vide important au cabinet. Il fallait de toute urgence un homme solide et compétent pour le remplacer. Ce fut long. « Nous avons désespérément besoin de sang neuf », dit Macdonald à Tupper en février 1885.

Campbell et Archibald Woodbury McLelan* voulaient se retirer ; Tilley, aux Finances, n'allait pas bien et s'absentait très souvent ; Macpherson et Joseph-Adolphe CHAPLEAU, malades, n'étaient pas à leur poste ; John Henry Pope était malade lui aussi, et John Costigan* était souvent ivre. Le travail retombait sur les épaules de Macdonald, qui en assumait volontiers toujours plus que sa part ; comme il l'admettait devant Campbell, « bien des choses, inévitablement, étaient mal faites [...] Si nous n'obtenons pas Thompson [John Sparrow David THOMPSON], ajoutait-il, je ne sais que faire. » À la fin de mars 1885, donc bien avant que Thompson n'entre au cabinet, le gouvernement fut aux prises avec la crise de la Saskatchewan.

Cette crise résultait d'une série de déceptions et, du côté gouvernemental, d'une surcharge de travail. En 1882, la Compagnie du chemin de fer canadien du Pacifique étendit son tronçon principal bien avant dans le Sud ; en 1883 et 1884, la vallée de la Saskatchewan connut de mauvaises récoltes. Il aurait fallu que quelqu'un, à Ottawa, s'occupe de ce territoire ; personne ne pouvait le faire. Langevin se rendit dans l'Ouest en 1884, mais refusa de franchir 200 milles à cheval dans les Prairies pour aller entendre les griefs des Métis de Batoche (Saskatchewan) ou des Blancs de Prince Albert. À Regina, Edgar Dewdney*, lieutenant-gouverneur des Territoires du Nord-Ouest, faisait de son mieux avec des budgets insuffisants, et tentait d'épargner des problèmes à Macdonald.

L'arrivée de Riel dans la vallée de la Saskatchewan, en juillet 1884, créa un remous parmi les Métis et les Blancs. En décembre, Riel, William Henry Jackson* et Andrew Spence présentèrent une longue liste de doléances à Ottawa. Macpherson, revenu au travail, l'examina. Le 28 janvier 1885, le cabinet conclut qu'il devrait évaluer la situation des Métis de la Saskatchewan, en ayant en vue un recensement complet et probablement les certificats de concession de terres. Cette décision ne plut pas tellement à Macdonald, qui n'avait jamais privilégié les certificats comme solution. Tout de même, il allait former une commission de trois membres afin d'étudier les droits fonciers des Métis qui étaient encore admissibles mais n'avaient pas participé à la répartition des terres faite en vertu de l'Acte du Manitoba. On télégraphia la nouvelle à Dewdney le 4 février ; Riel l'apprit quatre jours plus tard de son cousin Charles Nolin*. La nomination d'une commission n'était pas simplement un faux-fuyant. Le gouvernement souhaitait former un organisme solide ; au début de mars, Macdonald et Macpherson soupesaient les candidats possibles. Une fois que les membres seraient nommés et se seraient mis au travail, une insurrection deviendrait sans objet, et tout règlement des droits fonciers personnels de Riel, improbable.

À la fin de mars 1885, par un extraordinaire concours de circonstances, Macdonald dut faire face à deux problèmes majeurs. Le 26, au lac aux Canards (lac Duck), une bataille éclata entre les Métis de Gabriel Dumont* et un groupe de la Police à cheval du Nord-Ouest placé sous le commandement de Leif Newry Fitzroy Crozier*. Le même jour, Macdonald apprit finalement à George Stephen*, président de la Compagnie du chemin de fer canadien du Pacifique, que le cabinet ne pouvait approuver aucun autre prêt pour l'achèvement de la ligne ferroviaire. Dès le lendemain, Macdonald entrevoyait qu'en réglant l'un des deux problèmes, il pourrait résoudre l'autre. En effet, on pouvait envisager d'accorder de nouveaux crédits au chemin de fer canadien du Pacifique parce qu'il servirait à transporter des troupes pour réprimer l'insurrection [V. sir Frederick Dobson MIDDLETON]. Sur le plan tactique, c'était une solution brillante ; sur le plan politique, une solution de désespoir.

Dans ce contexte, la présentation en avril, non pas de crédits pour le chemin de fer, mais d'un projet de loi sur le cens électoral, aurait pu sembler donquichottesque, pour ne pas dire casse-cou. Cependant, que la compagnie de chemin de fer survive ou non, il était évident, à cause de la rébellion de l'Ouest, que Macdonald ne pourrait pas remporter les élections générales qu'il devait tenir dans un délai de deux ans. Le droit de vote dans les provinces relevait de celles-ci, et les élections fédérales se faisaient à l'aide des listes d'électeurs dressées par les provinces. Comme la Nouvelle-Écosse, le Nouveau-Brunswick et l'Ontario étaient alors gouvernés par les libéraux, il était opportun d'envisager de définir le droit de vote fédéral et de dresser des listes d'électeurs qui seraient administrées par les juges des tribunaux de comté ou, le cas échéant, par des barristers locaux. Macdonald voulait au moins l'impartialité ; il voulait certainement faire échec à la partialité des libéraux. Vigoureusement défendu par Macdonald contre un déluge d'attaques de l'opposition, le projet de loi sur le cens électoral fut adopté en juillet, presque à la fin de la session.

Comme la Compagnie du chemin de fer canadien du Pacifique était une société privée, qui dépendait du bon vouloir du gouvernement, Macdonald pouvait la traiter cavalièrement. Elle était, comme il l'avait fait observer en 1884, « l'associé commanditaire (à responsabilité limitée) » du gouvernement. En février de cette année-là, il fit voir à Stephen que, dans le conflit qui s'annonçait entre le Grand Tronc et la Compagnie du chemin de fer canadien du Pacifique, ce serait une bonne chose de renforcer la position de celle-ci dans certaines régions du pays. « La Compagnie du chemin de fer canadien du Pacifique, disait-il, *doit* s'engager dans la politique et obtenir du Parlement un appui aussi solide que possible. » Les nominations à la Compagnie du chemin de fer d'Ontario et Québec (loué par la Compagnie du chemin de fer canadien du Pacifique à compter de janvier 1884) devaient « toutes être politiques. On peut, précisait-il, trouver quantité d'hommes compétents dans nos rangs. » En mars, Macdonald présenta l'affaire de manière plus facétieuse à Henry Hall Smith, l'organisateur des conservateurs ontariens. Il reprit la formule de William Cornelius Van Horne*, et affirma que seuls les conservateurs « circoncis » devaient travailler à la compagnie.

Stephen n'était pas un collaborateur accommodant. Il se plaignait de problèmes innombrables mais ne saisissait pas toujours ceux de Macdonald. Par exemple, en 1885, la compagnie voulut instituer un programme de revente de terres ; riche en biens fonciers et pauvre en liquidités, elle revendrait une partie de ses terres au gouvernement. Le cabinet s'y opposa et, le 26 mai, Macdonald rappela à Stephen que ce n'était qu'« avec *beaucoup* de difficulté » qu'il avait réussi à faire accepter le plan de crédit conçu pendant la rébellion. « La majorité de nos amis du Parl[ement], comme *tous* nos ennemis et les vôtres, voulaient que le gouv[ernement] prenne possession du chemin de fer, et seules mon influence personnelle sur nos partisans et une indication claire de ma démission les ont remis dans le droit chemin. Ceci a été fait par communication personnelle avec chacun d'eux [...] Vous parlez d'avoir à revenir à la prochaine session. J'espère que vous n'en avez parlé à personne d'autre. Une rumeur de ce genre vous serait néfaste. » Le plan d'aide à la Compagnie du chemin de fer canadien du Pacifique, qu'avait annoncé le premier ministre le 1er mai, fut présenté aux Communes le 16 juin et adopté en juillet. On peut se demander ce qui serait arrivé à la compagnie si Macdonald n'avait pas été au pouvoir, ou si lui et Stephen n'avaient pas travaillé ensemble le plus franchement du monde. On acheva plus tard en 1885 la ligne qui menait à la côte du Pacifique. À l'été de 1886, Macdonald se rendit en train en Colombie-Britannique ; c'était son premier voyage dans l'Ouest. Ironiquement, pendant la session parlementaire de ce printemps-là, la compagnie avait revendu au gouvernement 6,8 millions d'acres, d'une valeur de 10,2 millions de dollars, pour rembourser une partie de son emprunt.

Un aperçu de l'opinion personnelle de Macdonald sur l'un des épisodes les plus dramatiques de la rébellion du Nord-Ouest, à savoir le procès et l'exécution de Riel, transparaît dans sa correspondance avec son grand ami l'ancien juge James Robert Gowan, qu'il avait nommé au Sénat en janvier 1885. Le 4 juin de cette même année, deux semaines après l'arrestation, il lui écrivait que, si Riel était jugé coupable, « il sera[it] certainement exécuté mais [que], dans l'excitation bien compréhensible du moment, les gens maugré[aient] parce qu'on ne le pendait pas sur-le-champ ». Lorsqu'il fut question de clémence après la condamnation de Riel en août, Gowan émit des avis politiques et juridiques assez semblables à ceux de Macdonald. Ce serait, lui dit-il en septembre, « une erreur funeste d'empêcher la justice de suivre son cours dans son cas. La seule défense [que Riel] pouvait faire valoir a été présentée pour lui au procès et elle a été rejetée. » On possède peu de lettres dans lesquelles Macdonald aborda cette question délicate, mais celle que lui écrivit Gowan le 18 novembre, soit le surlendemain de la pendaison de Riel, révèle assez bien sa pensée : « Étant donné ce que vous m'écriviez, je ne doutais pas de l'issue [de cette affaire,] mais j'ai été très mal à l'aise jusqu'à la fin, sachant combien les hommes publics sont souvent forcés d'adopter une position qu'ils n'approuvent pas personnellement. L'affaire vous nuira peut-être au Bas-Canada mais, en examinant [...] la question sous tous ses angles pour voir quel était le plus sage parti à prendre, j'ai pensé que cela aurait été fou, du point de vue politique, de céder tout simplement parce que cet homme était de sang français. » Affirmer, comme on le fait parfois, que Macdonald sacrifia Riel à l'opinion ontarienne, c'est donc lui imputer le raisonnement inverse de celui qu'il suivit. Riel fut victime de la loi. S'incliner devant l'opinion québécoise aurait pu être une façon de sortir de la crise. La *Furia francese* finit par s'épuiser, mais non sans dommages politiques. Même s'il récolta une majorité confortable aux élections fédérales de février 1887, Macdonald perdit du terrain dans la province de Québec ; au scrutin provincial, les libéraux d'Honoré MERCIER arrachèrent le pouvoir aux conservateurs.

Après la rébellion, l'Ouest marcha vers la prospérité et devint une terre de ranchs, de chemins de fer, d'immigration et de blé. Par contre, l'Ontario se laissa gagner par la peur du catholicisme et des Français, tandis que la province de Québec se laissait envahir par la peur du protestantisme et des Anglais. L'anticatholicisme venait en partie des États-Unis, où un fort mouvement « nativiste » fit son apparition à la fin des années 1880. Cependant, l'Ontario comptait assez d'amadou protestant tout prêt à donner un brasier chaud et satisfaisant. Les journaux protestants de Toronto lancèrent l'offensive après que l'Acte relatif au règlement de la question des biens des jésuites eut reçu la sanction royale en juillet 1888 [V. Christopher William BUNTING]. Les protestants ontariens en exigeaient l'annulation sous prétexte que le pape s'était immiscé dans une entente entre les jésuites et la province de Québec (propriétaire des biens depuis la Confédération). De leur côté, Macdonald et le ministre de la Justice, sir John Thompson, estimaient que l'on devait maintenir la loi. Le tumulte protestant pour obtenir des « droits égaux » se déclencha en mars 1889 [V. Daniel James MACDONNELL]. William Edward O'Brien*, député de Muskoka, prévint Macdonald qu'il présenterait une motion aux Communes dans le but de faire annuler la loi. Macdonald répondit qu'il le déplorait et ajouta, ce qui était bien de lui, qu'il serait désolé si un conservateur se sentait obligé de quitter le parti simplement parce qu'il avait voté pour la motion d'O'Brien. Il avertit le député de Winnipeg, William Bain Scarth*, son bras droit au Manitoba, de ne pas se mêler du tout de la question des « droits égaux ». Bien des conservateurs y militeraient peut-être, mais Macdonald estimait qu'ils seraient « hors de danger au moment des élections ». « Rien ne sert, ajoutait-il, de leur rappeler leur erreur. Telle est la perversité de la nature humaine que cela pourrait les amener à s'entêter. » Macdonald n'était guère enclin aux récriminations.

Aux Communes, pendant le débat de 1889 sur l'annulation, Thompson s'opposa au partisan déclaré d'O'Brien, D'Alton McCarthy, avec une logique froide, polie mais exaspérante. Selon Thompson, présenter pareille motion dans un pays comme le Canada, qui comptait 40 % de catholiques, c'était faire preuve d'un manque consternant de sens politique. Macdonald trouva son intervention brillante – trop brillante à vrai dire. Elle avait mis McCarthy en colère. Il rêvait du jour où O'Brien et McCarthy, tous deux conservateurs, se calmeraient et reviendraient au parti, mais Thompson avait peut-être compromis cette possibilité. Le gouvernement rejeta l'annulation par une majorité écrasante (188 voix contre 13), et ce non seulement parce que l'argumentation de McCarthy répugnait au Parlement, mais parce qu'on avait dit aux conservateurs canadiens-français de se tenir cois et de laisser prévaloir le bon sens des députés anglophones. Néanmoins, Macdonald n'aimait pas la tournure des événements. Le Canada, dit-il à Gowan en juillet 1890, était justement puni de son ingratitude pour tous les bienfaits qu'il avait reçus et s'acheminait vers une période difficile : « Le démon de l'animosité religieuse, qui, je l'espérais, avait été enterré dans la tombe de George Brown, est ressuscité [...] McCarthy a semé les dents du Dragon. Je crains qu'elles ne sortent de terre sous forme d'hommes armés. »

En ce qui concerne la question des écoles du Manitoba, qui naquit de la bataille des « droits égaux », Macdonald était d'accord, en 1890, avec Thompson et Edward Blake : mieux valait laisser aux tribunaux, et non à la chambre des Communes, le soin de décider de la constitutionnalité de la loi manitobaine qui abolissait le financement public des écoles catholiques. Lui qui avait si facilement refusé de reconnaître des lois manitobaines afin de protéger la Compagnie du chemin de fer canadien du Pacifique [V. John Norquay*] et une loi ontarienne, le *Rivers and Streams Act* [V. John Godfrey Spragge], capitulait à présent devant le simple bon sens. Si la loi des écoles du Manitoba était inconstitutionnelle, les tribunaux le déclareraient. Si elle était conforme à la constitution, pourquoi refuser de la reconnaître ?

En 1890, bien des collègues de Macdonald étaient morts ou avaient pris leur retraite, certains bien jeunes encore. Thomas White* mourut en 1888 à l'âge de 58 ans, après avoir mérité des louanges à titre de ministre de l'Intérieur ; Macdonald l'aimait comme un fils. L'année suivante, il perdit en John Henry Pope un compagnon enjoué, en qui il avait confiance. D'autres s'étaient vu offrir des sinécures : Tilley devint lieutenant-gouverneur à Fredericton en 1885, sir Alexander Campbell, lieutenant-gouverneur à Toronto en 1887. Les faiblesses de sir Adolphe-Philippe Caron*, ministre de la Milice et de la Défense, semblaient devenir plus évidentes, tout comme se manifestait le goût du secrétaire d'État Chapleau pour un portefeuille plus intéressant. Macdonald avait recruté des hommes plus jeunes, enthousiastes et travailleurs, mais qui manquaient d'expérience : John Graham Haggart*, Charles Carroll Colby, George Eulas Foster* et Charles Hibbert Tupper*. Ils étaient parfois difficiles à manœuvrer, surtout le jeune Tupper, député de Pictou, en Nouvelle-Écosse, et ministre de la Marine et des Pêches de 1888 à 1894. Il avait hérité une bonne partie du talent et toute l'outrecuidance de son père. Macdonald répondit ainsi à l'une de ses requêtes importunes : « Cher Charlie, Plumez vos propres pigeons. JAMD. » En 1889, Tupper s'offusqua du fait que des amis conservateurs de Pictou n'aient eu aucune part d'un contrat de charbon pour l'Intercolonial. Macdonald, alors titulaire des Chemins de fer et Canaux, lui rappela que c'était l'ingénieur en chef Collingwood Schreiber* qui s'occupait du contrat, et que celui-ci ne faisait que son devoir. Vous pouvez, dit-il à Tupper, « m'imputer tout le blâme si vous voulez ». Pourtant, il commença sa lettre avec une touche de bonne humeur : « Je vois qu'il faut vous trouver une circonscription où il n'y a pas de mines de charbon, sans quoi nous aurons des problèmes chaque année. »

Foster aussi avait des difficultés, même si ce n'était pas à titre de ministre des Finances. Son mariage avec Adeline Chisholm [Davies*], en 1889, désola Macdonald. Abandonnée par son mari, elle avait fini par obtenir un divorce dans l'Illinois. Macdonald exposa franchement la situation dans une lettre à l'ancien gouverneur général lord Lansdowne [Petty-Fitzmaurice*], alors en Inde. Mme Foster, disait-il, serait rejetée par les milieux mondains d'Ottawa, et Rideau Hall lui serait fermé. À la prochaine session parlementaire, Foster serait la cible de reproches cuisants. « Mais, ajoutait-il, comme sir Matthew Hale l'a dit il y a longtemps : Il n'y a pas de sagesse sous la ceinture. » En fait, Macdonald se trompait. Lady Macdonald refusait de voir Mme Foster, mais ce n'était pas le cas de lady Thompson, et en 1893 sir John Thompson convainquit le gouverneur général lord Aberdeen [Hamilton-Gordon*] et lady Aberdeen [Marjoribanks*] que cette absurdité avait assez duré.

Après la nomination de sir Charles Tupper à Londres en 1884 et le refus de McCarthy d'entrer au cabinet, c'est sir Hector-Louis Langevin qui était devenu le dauphin de Macdonald. On l'avait préparé à remplacer sir George-Étienne Cartier, sur qui Macdonald s'était tant appuyé. Homme écouté, respecté, doté d'une autorité réelle, Cartier avait été son lieutenant québécois. En outre, il avait été son bras droit aux Communes, où il avait assumé le leadership en son absence. Ces deux rôles auraient pu revenir à Langevin, mais il ne se montra jamais vraiment à la hauteur ni de l'un ni de l'autre. Il dut, à contrecœur, partager la direction politique de la province de Québec avec d'autres. Il travaillait d'arrache-pied dans son département (les Travaux publics) et c'était le doyen des ministres. Cependant, malgré des pressions de Macdonald, maîtriser les affaires courantes de la chambre sembla toujours hors de sa portée. Il conserva son autorité au cabinet mais, en 1890, Thompson était devenu le véritable lieutenant de Macdonald, avec qui il s'entendait bien. Il rédigeait de remarquables documents officiels et accomplissait beaucoup de travail. Néanmoins, Macdonald restait attaché à Langevin, qui l'avait soutenu à travers bien des épreuves. Et puis il avait toujours laissé les ministres chevronnés diriger eux-mêmes leur département. Malheureusement, la confiance pouvait l'aveugler. À Joseph-Israël Tarte*, Caron et d'autres, qui dès 1890 lui rapportaient des allégations selon lesquelles des irrégularités se commettaient au département de Langevin, il ne faisait que répondre : que puis-je faire ? Mais c'est peut-être parce qu'il soupçonnait un scandale impliquant Langevin et le député Thomas McGreevy, et qu'il en connaissait peut-être même les détails, qu'il chercha, au début de 1891, des raisons de dissoudre le Parlement. Selon Gowan, la crainte que des regards inquisiteurs ne se portent sur le département de Langevin ne le quittait pas. Il doutait fort que son gouvernement y survive.

Aux élections de mars 1891, les conservateurs allaient user d'arguments patriotiques pour combattre les libéraux, qui prônaient une réciprocité totale avec les États-Unis. Pour Macdonald, il était évident que le secrétaire d'État des États-Unis, James Gillespie Blaine, du Maine, était un expansionniste qui voulait que son pays prenne possession du Canada. Macdonald pouvait être un éloquent patriote. Quand il demanda au gouverneur général lord Stanley* de dissoudre le Parlement, celui-ci jugea plus que douteux d'user, comme arme politique, des épreuves d'un opuscule dans lequel le journaliste Edward Farrer* expliquait comment les États-Unis pouvaient manœuvrer pour annexer le Canada. Toutefois, comme les libéraux se disposaient à faire éclater le scandale Langevin, Macdonald voulait des élections avant d'entreprendre une autre session. Le 17 février, au cours d'une allocution enthousiaste à Toronto, il n'hésita pas à qualifier de foncièrement annexionnistes les projets libéraux de réciprocité totale. La célèbre phrase qu'il avait prononcée dans son discours électoral le 7 de ce mois, « Je suis sujet britannique et né britannique et j'espère mourir sujet britannique », doit être comprise plus comme une expression de nationalisme canadien que comme une envolée lyrique en faveur de l'Empire. En fait, dès 1884, il entrevoyait le jour où la Grande-Bretagne (« vieille Mère » [plutôt] chancelante », disait-il) serait prise en charge par ses grands enfants. Cette année-là, il déplora que la Nouvelle-Galles du Sud repousse l'occasion de créer une fédération australienne ; avant peu, écrivit-il à Gowan, le Canada et l'Australie devraient aider la mère patrie. Cependant, quand il proposa, en 1889, de tenir une conférence avec les « colonies d'Australasie » et, peut-être pour suivre l'exemple des milieux d'affaires, d'envisager des relations commerciales avec elles, le cabinet ne manifesta qu'un intérêt mitigé.

L'ouverture du Parlement eut lieu à la fin d'avril 1891 et, le 11 mai, Tarte présenta une motion qui visait à instituer une enquête sur Langevin et McGreevy. Le lendemain, au cours d'un entretien avec le gouverneur général, Macdonald eut une attaque d'apoplexie. Thompson et lord Stanley étaient inquiets ; les élections, qui avaient porté au pouvoir un gouvernement conservateur à majorité réduite, avaient beaucoup fatigué Macdonald. Néanmoins, il se remit et, dix jours plus tard, reprit les fonctions, épuisantes et par trop familières, de ministre des Chemins de fer et Canaux. Le 22 mai, il répondit encore une fois à une demande importune de Charles Hibbert Tupper ; ce fut presque la dernière affaire dont il s'occupa. Tupper voulait un agent de police pour tenir la foule en respect à la gare de Pictou quand les trains arrivaient. Patient, Macdonald transmit la lettre à Schreiber, qui répondit ne pas pouvoir croire que les bonnes gens de Pictou étaient soudain devenus si difficiles à maîtriser ! On ne soupçonnait guère à quel point les journées de travail de Macdonald pouvaient être pénibles. Derrière les succès et les projets grandioses dont sa vie semblait faite se cachaient une montagne de détails, des piles de paperasse et une longue succession de tâches harassantes. Les dernières semaines, il travailla à son département et au cabinet, et tenta de conserver ses forces en évitant les séances de fin de soirée à la chambre. Le 21 mai, il eut la tristesse de voir une motion d'ajournement rejetée, par 65 voix contre 74, parce que des députés conservateurs étaient à des dîners offerts par Chapleau et Dewdney. Durant les 13 années où il avait été en poste, jamais il n'avait connu un échec de ce genre. Il dut se rendre lui-même en chambre. Cette défaite et le scandale Langevin redonnèrent de la vigueur à l'opposition.

Pour Macdonald, ce fut le contraire. Dans l'après-midi du 29 mai, tandis qu'il se remettait d'un rhume, au lit, il eut une attaque foudroyante. Il perdit l'usage de la parole et mourut une semaine plus tard, dans la soirée du 6 juin 1891. Après des funérailles nationales à Ottawa, il fut inhumé au Cataraqui Cemetery, aux côtés de ses parents, de sa première femme, de ses sœurs et de son enfant mort bien des années auparavant.

Dans son testament, daté du 4 septembre 1890, Macdonald confiait l'administration de sa succession à Edgar Dewdney, Frederick White (l'un de ses anciens secrétaires) et Joseph Pope, son secrétaire depuis 1882. Tous trois, avec Agnes, étaient les tuteurs officiels de Mary, qui vécut jusqu'en 1933. Tous les biens immobiliers de Macdonald à Ottawa (principalement Earnscliffe, la maison familiale depuis 1883) allèrent à Agnes, sans loyer. Elle était assurée d'un revenu grâce à son contrat de mariage et au fonds de reconnaissance de 67 000 $ que l'on avait remis aux Macdonald en 1872. Les deux polices d'assurance de Macdonald, chacune d'une valeur de £2 000, devaient être investies au profit de Hugh John, qui reçut aussi une partie de la succession et des actions léguées à sir John par sa sœur Louisa. Sans compter Earnscliffe et le produit du Testimonial Fund, Macdonald laissait environ 80 000 $.

Macdonald avait une souplesse d'esprit et un éventail de connaissances que l'on trouvait chez peu de Canadiens et qui n'étaient pas courants non plus à l'étranger. En outre, il avait un humour formidable et irrévérencieux. Il savait exercer ses fonctions avec dignité ; il avait du style, des manières et du vocabulaire, mais tout cela n'était souvent qu'un masque derrière lequel on pouvait deviner le vrai Macdonald, surtout si l'on était l'un de ses vieux amis et que l'on croisait son regard. Avec ses amis, il s'inquiétait rarement de montrer ce que les victoriens de la dernière époque auraient appelé de la respectabilité ; de toute façon, il ne fut jamais comme eux. Quand la confusion régnait dans ses affaires, quand il était déprimé, quand la solution d'un problème ne pouvait pas souffrir de retard, il lui arrivait de s'enivrer. Plus souvent pourtant, il parlait à cœur ouvert, ce qui, constatait-il, suggérait parfois à son esprit fertile un moyen quelconque de s'en sortir. Sa patience était remarquable ; sir Alexander Campbell, qui avait partagé son cabinet d'avocats et avait longtemps été un collègue, s'en émerveillait. Même en 1889 Archibald Woodbury McLelan, de la Nouvelle-Écosse, avait l'impression qu'il n'avait pas encore utilisé toutes ses réserves de puissance.

Selon James Robert Gowan, Macdonald avait indubitablement de grandes aspirations et de nobles buts. Cependant, s'il pensait aux fins, il se préoccupait trop peu des moyens. La fonction publique en pâtissait. Lord Lansdowne, en Inde, ne fut pas surpris par les révélations concernant Langevin, malgré toute l'affection qu'il portait à Macdonald. Dans les départements qu'il dirigeait, Macdonald ne tolérait aucun sous-ministre négligent ou désobéissant ; les fonctionnaires équitables et judicieux, comme Schreiber aux Chemins de fer, ou les ministres du calibre de Thompson étaient assurés de son appui. Mais souvent il devait collaborer avec des hommes de moindre envergure, dont l'intégrité ou l'intelligence étaient douteuses. Peut-être leur faisait-il trop confiance ou surestimait-il sa capacité de se servir d'eux ? « Un bon charpentier, dit-il en 1874 à Thomas Charles Patteson, peut travailler avec n'importe quel outil. » Le 19 juin 1891, le *Montreal Star* fit observer que, tant qu'il était là, la composition du cabinet avait peu d'importance : « Il arrivait tellement à se sortir des embarras dans lesquels ses amis l'avaient mis [...] qu'on aurait fait confiance à un gouvernement composé d'échevins montréalais s'il l'avait dirigé. » Son esprit d'adaptation, son ingéniosité, ses réserves de ténacité dans les situations vraiment difficiles – tout lui donnait une profondeur et un ressort incroyables. L'aphorisme de Talleyrand pourrait s'appliquer à lui : « La stabilité des natures complexes vient de leur infinie souplesse. » Cette qualité pouvait prendre des allures de timidité, comme dans le cas de George Eulas Foster. Cependant, il ne fut jamais poseur ; son humour pouvait être acéré, et il aimait les amitiés anciennes, rancies même. Il pouvait aussi faire preuve d'une tendresse à la fois charmante et touchante. En avril 1891, Tilley, son ancien ministre des Finances, lui écrivit du Nouveau-Brunswick pour lui demander s'il pouvait rester lieutenant-gouverneur encore un moment ; s'il quittait son poste, son propre revenu et celui de sa femme ne seraient pas suffisants. Il lui faudrait gruger son capital, et cela, même s'il ne le disait pas, après avoir servi le Nouveau-Brunswick durant 12 ans et le Canada durant 24 ans. Macdonald transmit la lettre à Foster, représentant du Nouveau-Brunswick au cabinet, en l'appuyant de cette recommandation : « Mon cher Foster, voici une triste lettre [...] Nous devons le laisser à la résidence du gouverneur aussi longtemps que possible. » Foster acquiesça ; Tilley resta jusqu'en 1893.

En fait, malgré toutes les vicissitudes qu'il avait connues, sir John Alexander Macdonald aimait son métier. Il avait la mémoire des visages, des noms, des lieux, qui demeuraient vivants dans son esprit, et il entretenait des liens par une énorme correspondance où il y avait souvent des touches personnelles. Attentif à tous, il donnait toujours l'impression que ce qu'on lui disait était fort important. Ses lettres sont un véritable trésor : incisives, fantasques, pleines de vigueur et de substance, de sel et de saveur – tout comme lui. « Il a été le père et le fondateur de son pays, dit sir John Thompson en 1891 au cours d'un rare entretien ; il n'est aucun de nous qui [...] n'ait été entiché de lui. » Même les libéraux ne pouvaient s'empêcher de l'admirer. Quant aux conservateurs, au

Parlement et dans tout le pays, ils pleurèrent le vieux routier comme s'ils avaient perdu un membre de leur famille.

J. K. JOHNSON ET P. B. WAITE

Les papiers Macdonald conservés aux AN, MG 26, A, constituent la principale source manuscrite de cette étude. Les carnets de correspondance, nombreux pour la fin des années 1860 et le début des années 1870, sont particulièrement utiles. Il existe d'autres collections importantes aux AN, ce sont les papiers de sir James Robert Gowan (MG 27, I, E17), de Henry Hall Smith (MG 27, I, I19), de sir George Stephen (MG 29, A30), de sir John Thompson (MG 26, D), et de sir Charles Tupper (MG 26, F). On trouve aux AO ceux de sir Alexander Campbell (MU 469–87), d'Alexander Morris (MS 535), de T. C. Patteson (MS 22), et de W. B. Scarth (MS 77). Les papiers Langevin aux ANQ-Q (P-134) et les papiers Williamson aux QUA (2259) sont également utiles.

Les principales sources imprimées sont l'édition de sir Joseph Pope de *Correspondence of Sir John Macdonald* [...] (Toronto, 1921), toujours précieuse après près de 70 ans, et la version plus détaillée et moderne de *The letters of Sir John A. Macdonald* [...], en deux volumes couvrant la période de 1836 à 1861, éditée par J. K. Johnson et C. B. Stelmack (Ottawa, 1968–1969). Une collection de la correspondance de la famille Macdonald, aussi éditée par Johnson, a été publiée sous le titre de *Affectionately yours ; the letters of Sir John A. Macdonald and his family* (Toronto, 1969). D'autres sources imprimées importantes comprennent Canada, prov. du, Parl., *Débats parl. sur la confédération*, et l'ouvrage de Pope, *Memoirs of the Right Honourable Sir John A. Macdonald, G.C.B., first prime minister of the Dominion of Canada* (2 vol., Ottawa, [1894]).

Il existe plusieurs biographies de Macdonald, mais il faut mentionner l'étude en deux volumes de Donald Grant Creighton*, *Macdonald, young politician* et *Macdonald, old chieftain*. Elle est inoubliable, mais elle contient des erreurs. Creighton y fait des suppositions hardies non seulement dans sa description de Macdonald mais aussi dans sa lecture des personnages qui l'ont côtoyé. Néanmoins, c'est probablement la meilleure biographie canadienne jamais publiée en anglais. Signalons d'autres travaux utiles : P. B. Waite, *Macdonald : his life and world* (Toronto et New York, 1975) et *Life and times of confederation* ; J. K. Johnson, « John A. Macdonald », *The pre-confederation premiers : Ontario government leaders, 1841–1867*, J. M. S. Careless, édit. (Toronto, 1980), 197–245 ; « John A. Macdonald, the young non-politician », SHC *Communications hist.*, 1971 : 138–153, et « John A. Macdonald and the Kingston business community », *To preserve & defend : essays on Kingston in the nineteenth century*, G. [J. J.] Tulchinsky, édit. (Montréal et Londres, 1976), 141–155 ; et W. R. Teatero, « John A. Macdonald learns – articling with George Mackenzie », *Historic Kingston*, n° 27 (1979) : 92–112. [J. K. J. et P. B. W.]

MACDONALD, RANALD, homme d'affaires et explorateur, né le 3 février 1824 à Fort George (Astoria, Oregon), fils aîné d'Archibald McDonald*, trafiquant de fourrures pour la Hudson's Bay Company, et de la princesse chinook Raven (Sunday), fille du chef Comcomly ; décédé célibataire le 24 août 1894 à Toroda, Washington.

Ranald Macdonald perdit sa mère alors qu'il était en très bas âge et c'est sa belle-mère, Jane Klyne, qui l'éleva. Il passa les premières années de sa vie dans divers postes de la Hudson's Bay Company situés dans le district de la Colombie puis, en 1834, on l'envoya étudier à la Red River Academy du fort Garry (Winnipeg) [V. David Thomas Jones*]. Quatre ans plus tard, il se rendit à St Thomas, dans le Haut-Canada, pour s'initier aux opérations bancaires dans un établissement dirigé par l'un des amis de son père, Edward Ermatinger*. Il se lassa rapidement de ce travail et, dès le début de 1841, le quitta subrepticement pour prendre la mer. Déterminé à visiter ce pays fermé qu'était le Japon, il partit de Lahaina (Hawaï) en 1848 à bord du baleinier *Plymouth* et s'arrangea pour qu'on le débarque près de la côte ouest de l'île d'Ezo (Hokkaidô) ; il s'y fit passer pour un marin naufragé.

Amené à Nagasaki par les autorités japonaises, Macdonald s'accommoda du mieux qu'il put de sa confortable réclusion dans une pièce d'un temple en devenant le premier professeur d'anglais du Japon. C'est d'ailleurs surtout à ce titre que l'on se souvient de lui, là-bas. L'un de ses élèves, Enosuke Moriyama, devint plus tard un interprète célèbre pour les missions du commodore Matthew Calbraith Perry entre 1853 et 1854 et de lord Elgin [Bruce*] en 1858–1859.

À la fin d'avril 1849, on rembarqua Macdonald sur le sloop de guerre américain *Preble*, en visite à Nagasaki à la recherche des marins américains qui avaient déserté le baleinier *Lagoda*. Il voyagea beaucoup en Asie, en Australie et en Europe avant de revenir, peu après le décès de son père en 1853, dans sa famille alors installée à St Andrews (Saint-André-Est), dans le Bas-Canada. Il vécut là environ cinq ans et c'est à cette époque qu'il devint franc-maçon.

En 1858, Ranald et son demi-frère Allan retournèrent sur la côte du Pacifique, dans la nouvelle colonie de la Colombie-Britannique. Ils montèrent une entreprise de transport de marchandises entre Port Douglas (Douglas), à la tête du petit lac Harrison, et les mines d'or du Fraser et exploitèrent un service de traversier sur ce fleuve, à Lillooet. Leur frère cadet, Benjamin, se joignit à eux par la suite. En 1861–1862, Ranald Macdonald et Johnston George Hillbride Barnston, dont les familles étaient liées par le mariage, créèrent la Bentinck Arm and Fraser River Road Company dans le but de desservir les nouvelles mines de la région de Cariboo. La route qu'ils empruntaient suivait un sentier muletier depuis l'emplacement de l'actuel Bella Coola jusqu'au Fraser, près du fort Alexandria (Alexandria, Colombie-Britannique). Mais l'entreprise avorta en raison de difficultés financières. Macdonald se joignit en 1864 en compagnie du jeune frère de Barnston, Alexander, à une expédition qui allait explorer l'île de Vancouver [V. Robert BROWN]. Avec cette expédition, il traversa quatre fois l'intérieur en grande partie inexploré de l'île et participa à la découverte de vastes réserves de bois de première qualité, des champs aurifères de Sooke et d'un important gisement de charbon sur la Browns, près de Comox. L'année suivante, il conduisit une expédition d'exploration minière commanditée par le gouvernement dans le secteur de Horsefly, à l'intérieur de la région de Cariboo.

Macdonald passa la décennie suivante dans la région de Cariboo, y partageant son temps entre l'exploration et son ranch de Hat Creek. Il travailla aussi pour la Barnard's Express and Stage Line [V. Francis Jones Barnard*] et, plus tard, au Bonaparte House, l'hôtel que dirigeaient Charles Augustus Semlin* et Philip Parke à Cache Creek. En 1875, il seconda sa cousine Christina MacDonald à son commerce de Kamloops. Finalement, il se retira dans une cabane en rondins construite à proximité de la résidence de Donald MacDonald, le frère de Christina, non loin du fort Colvile (près de Colville, Washington), là où son père avait exploité une grande ferme pour le compte de la Hudson's Bay Company au cours des années 1830.

Une fois à la retraite, Ranald Macdonald essaya de trouver un éditeur qui publierait le récit de son séjour au Japon. Malcolm McLeod, qui en 1872 avait publié le journal dans lequel Archibald McDonald racontait un voyage en canot sur la rivière de la Paix, édita son manuscrit à Ottawa. Par la suite on soumit plusieurs ébauches à des éditeurs canadiens, américains et britanniques. Un projet de publication à Montréal sous le titre « A Canadian in Japan » échoua en 1892 par manque de souscriptions, mais une version remaniée que McLeod prépara l'année suivante parut finalement en 1923.

DAVID H. WALLACE

Une partie du compte rendu original de la visite de Ranald Macdonald au Japon est conservée dans les papiers de Malcolm McLeod aux PABC, Add. MSS 1249, avec une des trois copies manuscrites de l'édition finale de 1893 de McLeod, « Japan : story of adventure of Ranald MacDonald, first teacher of English in Japan, A.D. 1848–49 ». Une autre copie (celle que McLeod retourna à Macdonald) se trouve à l'Eastern Wash. State Hist. Soc. (Spokane), qui la publia en 1923 sous le titre de *Ranald MacDonald : the narrative of his early life on the Columbia under the Hudson's Bay Company's regime ; of his experiences in the Pacific whale fishery ; and of his great adventure to Japan ; with a sketch of his later life on the western frontier, 1824–1894*, W. S. Lewis et Naojiro Murakami, édit. Une traduction japonaise de *Narrative* préparée par Toruo Tomita, *Makudonarudo « Nihon Kaisoki »*, parut à Tokyo en 1979.

Macdonald est aussi l'auteur de *Bentinck Arm and Fraser River Road Company, Limited, prospectus* (Victoria, 1862), préparé en collaboration avec son associé, Johnston George Hillbride Barnston.

Japon, Ministry of Foreign Affairs Repository (Tokyo), Zoku Tsushin Zenran Ruishu (coll. de documents datant de l'époque du gouvernement de Tokugawa) ; « Beikoku Hyomin no Geisen Nagasaki-ko ni Torai Ikken » (compte rendu de la visite à Nagasaki du *Preble*, 1849) ; « Kita Kaigan Hyochaku no Beikokujin Nagasaki Goso e Ikken, 1848–1849 » (compte rendu de Ranald Macdonald et des marins du *Lagoda*). — PABC, Add. MSS 794, particulièrement Vancouver Island Exploring Expedition journals of Robert Brown and of Ranald Macdonald. — [Robert Brown], *Vancouver Island ; exploration, 1864* (Victoria, [1865]). — « An interesting visitor », *Ottawa Daily Citizen*, 1er sept. 1888 ; réimpr. dans le *Daily News-Advertiser* (Vancouver), 15 sept. 1888. — Frederick Whymper, *Travel and adventure in the territory of Alaska, formerly Russian American – now ceded to the United States – and in various other parts of the north Pacific* (Londres, 1868). — *British Colonist* (Victoria), 1858–1860. — *Daily British Colonist*, 1860–1864. — *Daily Colonist*, sept. 1894. — *Cariboo Sentinel* (Barkerville, C.-B.), 12 juin 1865. — *China Mail* (Hong Kong), 1er mai 1849. — *Morning Oregonian* (Portland), 12 févr. 1891. — *Spokesman-Review* (Spokane), 31 août 1894. — *DAB*. — J. E. Ferris, « Ranald MacDonald, the sailor boy who visited Japan », *Pacific Northwest Quarterly* (Seattle, Wash.), 48 (1957) : 13–16 ; « Ranald MacDonald's monument, Toroda Creek, state of Washington », *BCHQ*, 15 (1951) : 223–227. — *Province* (Vancouver), 18 nov. 1963. — Shunzo Sakamaki, « Japan and the United States, 1790–1853 », Asiatic Soc. of Japan, *Trans.*, 2e sér., 18 (1939) : 44–49. — *Vancouver Daily Province*, 20 mai 1928.

MACDONALD (Sandfield), DONALD ALEXANDER, homme d'affaires, homme politique et fonctionnaire, né le 17 février 1817 à St Raphaels, Haut-Canada, quatrième fils d'Alexander Macdonald (Sandfield) et de Nancy Macdonald ; il épousa en 1843 Margaret Josephine MacDonell (décédée en 1844), puis Catherine Fraser, fille d'Alexander Fraser*, et ils eurent au moins neuf enfants ; décédé le 10 juin 1896 à Montréal.

Le père de Donald Alexander Macdonald était un Écossais catholique des Highlands ; il faisait partie du groupe qui avait immigré dans le haut Saint-Laurent en 1786 sous la direction du révérend Alexander MacDonell* of Scothouse. Après avoir terminé ses études à l'Iona College de St Raphaels, Donald s'installa aux États-Unis, où il participa en 1840 à la construction du canal Illinois. De retour dans le Haut-Canada, il obtint un contrat dans le cadre des travaux du canal de Beauharnois, qui débutèrent en 1841. Quand les ouvriers irlandais du canal se rebellèrent contre leurs conditions de travail, ils s'en prirent à Macdonald, même s'il n'était pas responsable. Pour échapper à la mort, il sauta « dans un canot et descendit les rapides des Cèdres, un exploit très périlleux ». Il se chargea aussi de la construction d'un aqueduc pour l'usine montréalaise de distribution d'eau ; en 1855, 500 employés travaillaient sur ce chantier.

À l'âge de 26 ans, en 1844, Macdonald s'était installé avec sa première femme, Margaret Josephine MacDonell, à Alexandria, village situé à l'arrière du comté de Glengarry. Il y établit un domaine, Gary Fenn, et y construisit un moulin à farine, une scierie, un magasin général, un moulin à carder et à foulon ainsi qu'une fabrique de potasse. Grâce à ces entreprises diverses, il jouissait dès 1850 d'une fortune considérable.

Macdonald bénéficiait en outre de bonnes relations parmi l'élite montréalaise des affaires et il était lié au milieu politique par son frère John Sandfield Macdonald*, célèbre député de la circonscription de Glengarry à l'Assemblée législative. Tous deux réformistes indépendants, ils nourrissaient une franche hostilité envers le copremier ministre Francis Hincks*. Au début des années 1850, le gouvernement de Hincks et d'Augustin-Norbert Morin* présenta plusieurs projets de loi sur l'éducation, auxquels s'opposa Donald Alexander Macdonald. L'un d'eux, adopté en avril 1853, réformait la University of Toronto, jusqu'alors laïque [V. Robert Baldwin*], et créait le University College pour l'enseignement, ne laissant à l'université que le soin de faire passer les examens et de conférer les diplômes. Il prévoyait aussi que des collèges confessionnels pourraient s'affilier à l'université en tant qu'unités d'enseignement et recevoir de l'aide financière. Toujours en 1853, sous les pressions des Irlandais et des catholiques francophones, une loi étendit au Haut-Canada les dispositions sur les écoles séparées. Même s'il était écossais catholique, Macdonald s'opposait à l'instauration de systèmes scolaires confessionnels distincts. Dans Glengarry, il n'était pas le seul à maintenir cette position : bien des colons écossais se montraient très satisfaits de ne pas avoir d'écoles séparées. Par contre, Patrick Phelan*, évêque du diocèse de Kingston, qui englobait le comté de Glengarry, et les administrateurs du diocèse, surtout des Irlandais, bataillaient ferme pour les obtenir. Leur détermination ne fit que raidir l'opposition des catholiques écossais de Glengarry. À titre de président du conseil du canton de Kenyon, Macdonald, qui n'était pas homme à éviter les questions litigieuses, prit la tête de la lutte contre Phelan. En 1853, il convainquit les membres du conseil des comtés de Stormont, Dundas et Glengarry d'adopter à l'unanimité une résolution qui condamnait la loi sur l'université, et il dénonça publiquement Phelan et les Irlandais parce qu'ils tentaient de promouvoir l'instruction confessionnelle.

En 1854, pour miner l'influence des frères Macdonald, Phelan affecta à Alexandria le père « Spanish » John McLachlan qui, même s'il était écossais, s'était rangé de son côté dans le débat sur les écoles séparées. Glengarry comptait alors 61 écoles publiques et aucune école séparée, et l'instituteur d'Alexandria était protestant. Le dimanche de Pâques 1854, McLachlan lut en chaire un mandement pastoral qui exhortait les catholiques à créer leurs propres écoles et il prononça un sermon sur le sujet. À la fin de la messe, furieux, Donald Alexander Macdonald, s'arrêta sur le parvis pour haranguer les villageois sur l'absurdité de l'instruction séparée. Le dimanche suivant, en son absence, McLachlan stigmatisa ce « petit meunier », ce médiocre « suppôt de Satan » qui avait « surgi du néant [...] comme des champignons sur un tas de fumier ». Macdonald répliqua en accusant le prêtre de diffamation, mais il perdit son procès.

Macdonald devint préfet de Stormont, Dundas et Glengarry en 1856. L'année suivante, comme son frère John Sandfield avait décidé de se présenter dans la circonscription de Cornwall, il brigua les suffrages dans celle de Glengarry, sous la bannière réformiste, et remporta la victoire. On allait le réélire en 1861 et 1863. Au congrès des réformistes *grits*, à Toronto [V. George Brown*] en 1859, il prononça un discours qui donna le ton à la réunion ; les comtés de l'est du Haut-Canada, disait-il, dépendaient trop de Montréal pour accepter la dissolution de l'Union. Cinq ans plus tard, il s'opposa avec son frère aux Résolutions de Québec sur la Confédération, car il avait la certitude que la dissolution de l'union du Haut et du Bas-Canada ruinerait la région du Saint-Laurent. La Confédération ne l'empêcha pas de se présenter à la chambre des Communes, où on l'élut en 1867, 1872 et 1874. L'alliance politique que John Sandfield conclut en 1867 avec sir John Alexander MACDONALD et qui lui permit de devenir le premier des premiers ministres de l'Ontario jeta un froid entre les deux frères. Donald Alexander préféra occuper une place de premier plan parmi les *grits* à Ottawa. Toutefois, certains de ses collègues se méfiaient de lui en raison de l'alliance de son frère avec John Alexander Macdonald. La mort de John Sandfield, en 1872, élimina ce problème. L'année suivante, Donald Alexander devint maître général des Postes dans le cabinet d'Alexander MACKENZIE, qui ne croyait guère en ses qualités de ministre mais ne pouvait l'écarter vu qu'il était le doyen des libéraux de l'est de l'Ontario. Il quitta le cabinet en 1875 pour devenir lieutenant-gouverneur de l'Ontario, nomination obtenue en partie parce qu'il fallait libérer un siège de ministre pour Edward Blake*. Il exerça la fonction vice-royale jusqu'en 1880.

Les trois comtés auxquels il s'intéressait depuis longtemps, Macdonald voulait aussi les doter de chemins de fer. Ayant compris combien il serait avantageux d'en construire un qui traverserait le nord de Glengarry, l'homme d'affaires d'Alexandria déploya des efforts dans ce sens dès les années 1850. Il fit pression, sans succès, pour que le Grand Tronc desserve cette région. Cependant, en 1854, la compagnie lui adjugea ainsi qu'à ses frères Ranald Sandfield et John Sandfield le marché de construction du tronçon de Farran Point, situé dans Stormont, jusqu'à Montréal.

Ce contrat, la compagnie le leur donna probablement pour apaiser l'hostilité de la famille à son égard ; c'est du moins ce que suggèrent les détracteurs de Macdonald. Cependant, il n'en demeura pas moins sévère envers le Grand Tronc, tout comme envers Hincks. Le fait que l'on ait confié une si grande partie des travaux à des entrepreneurs britanniques l'irritait plus que tout. Dans un discours prononcé en avril 1855, il souligna que les fonds de la compagnie étaient mal gérés et que le chemin de fer était de piètre qualité, sauf la portion « laissée [... aux] pauvres sous-traitants canadiens ».

Aucun chemin de fer ne desservait encore Alexandria en 1871 ; Macdonald décida donc d'en construire un. Il dirigea un groupe de 14 investisseurs, dont 7 de la région de Glengarry, qui obtint du Parlement l'autorisation de former la Compagnie du chemin de fer de jonction entre Montréal et la cité d'Ottawa. La ligne partirait des environs de Coteau-Landing, où passait le Grand Tronc, et se rendrait jusqu'à Ottawa par Alexandria. Puis, en 1872, avec un groupe de six investisseurs, Macdonald fonda la Coteau and Province Line Railway and Bridge Company afin de prolonger cette ligne vers le sud, jusque dans l'état de New York, et ouvrir ainsi les marchés américains au bois et autres produits de la vallée de l'Outaouais.

La dépression de 1873 obligea Macdonald à renoncer temporairement à ses projets ferroviaires. En 1879, les deux compagnies fusionnèrent sous le nom de Compagnie du chemin de fer Atlantique canadien. John Rudolphus Booth*, magnat du bois de l'Outaouais, la soutint financièrement. Macdonald devint président, mais ses liens avec la nouvelle compagnie ne durèrent pas. Il quitta la présidence en 1881 et ne faisait même plus partie du conseil d'administration l'année suivante.

En 1882, comme il n'exerçait plus de charge publique, Macdonald se présenta dans son ancienne circonscription, mais il fut défait. Il avait eu une longue carrière politique – en bonne partie, a-t-on dit, parce qu'il était le frère de John Sandfield. Aux élections générales de 1872, un analyste de la région, Donald McMillan, avança une explication plus convaincante dans une lettre à Alexander CAMPBELL, administrateur de l'aile ontarienne du parti conservateur. La famille Sandfield, disait-il, avait dominé politiquement la région durant 32 ans. Ensuite, Donald Macdonald avait une « grosse fortune, possédant, comme il le disait [lui-même], 1 600 billets en circulation dans [le comté de Glengarry], levier sans doute utilisé sans retenue cette fois ». En outre, selon McMillan, les emplois dans la construction du chemin de fer que Macdonald pouvait distribuer étaient une forme de favoritisme en temps d'élections. Sa défaite électorale de 1882 semble reliée au fait que le chemin de fer était encore inachevé. Les fermiers et hommes d'affaires de la région avaient espéré sa construction. Pour la faciliter, ils avaient appuyé le projet des cantons de Kenyon et de Lochiel, qui consistait à verser une subvention de 50 000 $ au chemin de fer. Même si les travaux ne furent pas terminés, l'argent fut dépensé ; les citoyens durent donc assumer la subvention avec leurs taxes. Avant et après la fusion de 1879, on accusa les compagnies de chemin de fer de malhonnêteté. La colère était si forte qu'en décembre 1881 l'auditoire hua Macdonald au cours d'une assemblée à l'hôtel de ville de Kenyon.

Un petit scandale survenu pendant le mandat de lieutenant-gouverneur de Macdonald pouvait aussi avoir influencé le résultat des élections de 1882. Il avait dirigé une tournée officielle de Toronto à Kingston dont le Parlement provincial avait beaucoup critiqué les frais (au delà de 5 500 $). On créa une commission pour enquêter sur la tournée (baptisée « brigade des tire-bouchons » à cause de la somme versée pour ces objets), et Macdonald offrit de rembourser 350 $ pour ses dépenses personnelles.

Donald Alexander Macdonald ne retourna jamais en politique après 1882. Il se retira dans son domaine d'Alexandria pour veiller à ses nombreux intérêts commerciaux. Il mourut à Montréal en 1896. En 15 mois, aux alentours des années 1863–1865, la diphtérie avait emporté sa femme et quatre de leurs enfants. Une fille survivante, Margaret Josephine, épousa le célèbre chirurgien et maire de Montréal William Hales Hingston*.

BRUCE W. HODGINS ET PAUL W. WHITE

Paul W. White souhaite exprimer sa gratitude à Eugene Macdonald d'Alexandria, Ontario, petit-fils du sujet, qui lui a accordé une entrevue en mai 1987.

AN, MG 24, B30 ; B40 ; MG 26, A. — AO, RG 22, sér. 194, reg. K (1894–1897) : 348–355. — MTRL, Robert Baldwin papers. — Canada, prov. du, Assemblée législative, *Journaux* ; Parl., *Débats parl. sur la Confédération*. — Ontario, Legislature, *Journals*, 1867–1872. — D. B. Read, *The lieutenant-governors of Upper Canada and Ontario, 1792–1899* (Toronto, 1900). — *Globe*, 1844–1872, 11 juin 1896. — *True Witness and Catholic Chronicle* (Montréal), 27 oct., 10 nov., 8 déc. 1854. — *Witness and Canadian Homestead* (Montréal), 10 juin 1896. — *Canadian biog. dict.* — J. M. S. Careless, *Brown of* The Globe (2 vol., Toronto, 1959–1963 ; réimpr., 1972), 1. — Charles Clarke, *Sixty years in Upper Canada, with autobiographical recollections* (Toronto, 1908). — J. G. Harkness, *Stormont, Dundas and Glengarry ; a history, 1784–1945* (Oshawa, Ontario, 1946). — B. W. Hodgins, « John Sandfield Macdonald », *The pre-confederation premiers : Ontario government leaders, 1841–1867, J. M. S. Careless, édit. (Toronto, 1980), 246–314 ; John Sandfield Macdonald, 1812–1872* (Toronto, 1971) ; « The political career of John

Sandfield Macdonald to the fall of his administration in Marh, 1864 : a study in Canadian politics » (thèse de PH.D., Duke Univ., Durham, N.C., 1964). — R. [C.] MacGillivray et Ewan Ross, *A history of Glengarry* (Belleville, Ontario, 1979). — Swainson, « Personnel of politics ».

MACDONNELL, DANIEL JAMES, administrateur scolaire, instituteur et ministre presbytérien, né le 15 janvier 1843 à Bathurst, Nouveau-Brunswick, fils aîné du révérend George Macdonnell, ministre de l'Église d'Écosse, et d'Eleanor Milnes ; le 2 juillet 1868, il épousa à Fergus, Ontario, Elizabeth Logie Smellie, et ils eurent cinq fils et deux filles ; décédé le 19 février 1896 à cet endroit.

Daniel James Macdonnell entra à la *grammar school* de Bathurst à un âge précoce ; déjà, à la maison, il avait commencé à apprendre le français, le latin et la littérature anglaise. En 1851, sa famille s'installa en Écosse pour les études des enfants, mais un an plus tard son père décida d'immigrer dans le Haut-Canada, où il devint à Nelson et à Waterdown, près de Hamilton, ministre de l'Église presbytérienne du Canada, affiliée à l'Église d'Écosse. Daniel James fréquenta quelque temps, à Hamilton, la Gore District Grammar School de William Tassie*, puis entra en 1854 à la nouvelle école de Tassie à Galt (Cambridge), afin de se préparer aux examens d'entrée de l'université. En octobre 1855, à l'âge de 12 ans, il fut admis au Queen's College de Kingston et reçut une bourse d'entrée. Il termina son cours en 1858, avec distinction, et on lui offrit tout de suite le poste de directeur de la *grammar school* de Vankleek Hill. Il n'avait alors que 15 ans.

Un an plus tard, Macdonnell accepta une charge de professeur à la Queen's College School, où il enseigna tout en faisant ses études de théologie. De janvier 1862 à l'été de 1863, il dirigea une école à Wardsville, près de London. Il quitta cet emploi pour aller poursuivre sa formation en théologie à la University of Glasgow. Il y subit l'influence de la théologie spéculative de John Caird et se fit connaître comme un étudiant remarquable. Il passa l'été de 1864 à parcourir la France et la Suisse, l'hiver suivant à étudier à Édimbourg et, en 1865 et 1866, environ neuf mois aux universités de Berlin et de Heidelberg. Cette dernière année, la University of Edinburgh lui décerna une licence en théologie.

À cause de son esprit investigateur et de ses études, Macdonnell n'acceptait pas d'adhérer sans réserve à la Confession de Westminster, qui rassemblait les articles de foi de l'Église d'Écosse. Il avait du mal à admettre certains énoncés doctrinaux qui, dans la Confession, semblaient présenter Dieu comme un être dur et froid ; pour cette raison, à plusieurs reprises il envisagea de refuser l'ordination. Aidé par son père et des amis, il surmonta temporairement son « tourment » spirituel et le consistoire d'Édimbourg l'ordonna à titre de missionnaire le 14 juin 1866. Il avait décliné l'offre d'une assistance de paroisse en Écosse, car il préférait rentrer dans le Haut-Canada. Le 20 novembre, il fut installé en l'église St Andrew de Peterborough.

Macdonnell manifesta, à cet endroit, « courage, franchise, humilité, spiritualité » et sens pratique. Il participait à la structure administrative, et l'on reconnut bien vite en lui un jeune homme plein de talent et un précieux collaborateur. L'autorité des Écritures le préoccupait toujours, mais il consacrait son temps à sa paroisse et, en juillet 1868, il épousa une amie d'enfance, Elizabeth Logie Smellie, fille aînée du révérend George Smellie, ministre de l'Église libre à Fergus.

En 1870, après avoir refusé de quitter Peterborough pour des églises plus importantes et plus riches d'Ottawa et de Montréal, Macdonnell accepta l'invitation de St Andrew, à Toronto. Unique congrégation de l'Église d'Écosse dans cette ville, elle représentait un défi pour lui, car durant les 28 années de pastorat du ministre précédent, le révérend John Barclay, ses revenus et le nombre de ses membres n'avaient pas augmenté au rythme où Toronto s'était développé. En décembre, avant d'accepter l'invitation, Macdonnell avait informé le consistoire de Toronto qu'il ne pourrait répondre sans réserve à certaines des questions prescrites, étant donné ses doutes sur la Confession de Westminster. Il songeait même à abandonner le ministère et à retourner à l'enseignement si l'on rejetait ses conditions. Cependant, sa « crise » intérieure passa quand le consistoire approuva son installation à St Andrew, qui eut lieu le 22 décembre.

Macdonnell savait toucher ses paroissiens par des sermons plus intenses qu'éloquents. Aussi se fit-il connaître comme le meilleur prédicateur presbytérien du Canada et l'un des plus remarquables de toutes les Églises canadiennes, ce qui donna à St Andrew une réputation égale à celle des autres communautés protestantes du pays. En trois ans, la congrégation doubla presque le nombre de ses membres. Elle soutenait activement les nouvelles congrégations de l'Ouest (convocateur du Manitoba Mission Committee, Macdonell visita le Nord-Ouest en canot en 1873). En 1874–1875, elle construisit un nouveau presbytère ainsi qu'une vaste et coûteuse église de pierre à l'angle des rues King et Simcoe [V. William George STORM).

Au moment de la construction de ce temple, on mettait la dernière main aux arrangements qui devaient mener à la fusion des Églises presbytériennes du Canada. Macdonnell ne participa nullement aux négociations qui aboutirent à cette union en 1875 mais, comme la plupart des diplômés du Queen's College, il l'approuvait, et il convainquit la plus grande partie de sa congrégation de l'accepter. L'union, qui créa l'Église presbytérienne au Canada, n'élimina pas tout de suite les différences dans la pratique du culte ni dans la conception de la mission sociale et de la doctrine des parties. L'Église d'Écosse privilégiait les offices religieux formalistes et préconisait une vision libérale de l'existence et des questions doctrinales. La tradition de l'Église libre, qui en vint à dominer le presbytérianisme canadien, réclamait l'observance d'une stricte discipline de vie et prônait un évangélisme résolument militant qui exigeait une orthodoxie totale.

Le 27 septembre 1875, soit exactement trois mois après l'union, le *Montreal Daily Witness* publia le résumé d'un sermon que Macdonnell avait prononcé à Toronto la veille. Il doutait, disait-il, que l'énoncé de la Confession de Westminster sur le châtiment éternel ait été conforme aux Saintes Écritures. Plus précisément, il opposait la doctrine controversée et complexe de la double prédestination (salut ou damnation), exposée dans la Confession, à l'enseignement du Nouveau Testament sur l'amour divin. Deux jours plus tard, deux membres du consistoire de Toronto lui reprochèrent d'avoir fait au Knox College des observations semblables, « de nature à troubler » les esprits. Comme son ami George Monro Grant* le lui soulignait, Macdonnell avait manqué, il l'admettait, de patience et de discrétion, car les sermons ne devaient pas être basés sur des spéculations théologiques. Le 12 octobre, à la suite d'objections soulevées par des amis de Montréal, le *Witness* publia un compte rendu plus exhaustif de son sermon, ce qui ne fit qu'attirer davantage l'attention du public sur sa position. Ses remarques semblaient corroborer les soupçons de l'Église libre, selon laquelle l'Église d'Écosse et son collège de théologiens commettaient des erreurs de doctrine.

Le long procès pour « hérésie » que subit ensuite Macdonnell divisa davantage le clergé que les laïques, à cause des subtilités théologiques du débat sur la damnation. L'affaire, basée sur une déclaration de Macdonnell, fut instruite pour la première fois à la fin de 1875 par le consistoire de Toronto et son modérateur, Alexander Topp*, anciennement de l'Église libre. Fondamentalement, le débat portait sur l'interprétation de certaines expressions des textes grecs de la Bible. Les sympathisants de Macdonnell ne venaient pas tous de l'Église d'Écosse. Ainsi William Caven*, directeur du Knox College, et John Mark KING, autrefois de l'Église libre, contribuèrent à obtenir de lui une déclaration de compromis que le consistoire accepta et fit parvenir à l'assemblée générale de l'Église en 1876 dans l'espoir d'apaiser les critiques. Après que Topp eut été élu modérateur de cette assemblée, un vieil ami de Macdonnell à Québec, John COOK, loua « l'honnêteté intellectuelle » de l'accusé, et Caven fit état de sa « conscience délicate ». Cependant, Macdonnell fit observer que ses amis avaient présenté sa position au consistoire sous un jour « trop favorable », ce qui les plongea dans l'embarras et retarda le règlement du litige. Sa piété ne faisait aucun doute, mais son honnêteté obstinée divisait l'assemblée générale sur la question du droit au jugement personnel. Ses défenseurs, tels Alexander MCKNIGHT et John Bower MOWAT, soulignaient que douter n'était pas nier ; ses adversaires, dont Donald Harvey MacVicar*, faisaient montre d'une rigueur doctrinale traditionnelle.

L'assemblée donna un an à Macdonnell pour expliquer son attitude au sujet des enseignements de l'Église. Cependant, malgré les conseils de ses amis et les attaques de ses ennemis, la situation était toujours la même quand il soumit à l'assemblée générale de 1877 une nouvelle déclaration que ses opposants jugèrent insatisfaisante. L'assemblée adopta donc une motion présentée par Topp, qui exigeait une « réponse catégorique » en moins de 48 heures. Mais, finalement, c'est William COCHRANE, ancien ministre de l'Église libre, qui résolut le litige par l'intermédiaire d'un autre comité qui offrit à Macdonnell de choisir entre trois énoncés de compromis qu'il pouvait tous, en conscience, accepter. On n'avait pas réglé la question doctrinale ; seul le droit de Macdonnell de douter avait été reconnu. Même si l'union survécut à cette première crise, le « procès pour hérésie » avait mis au jour les profonds différends théologiques qui séparaient ses membres. De plus, il avait montré que Macdonnell n'était pas le seul à donner priorité aux enseignements de la Bible sur les articles de foi humains. Si on ne l'avait pas exonéré, une minorité amère et assez nombreuse aurait pu quitter la nouvelle Église. En relativisant l'importance de la doctrine, le procès de Macdonnell permit aux presbytériens du Canada de se placer à l'avant-garde des études bibliques et de la théologie libérale. En avril 1889, Macdonnell proposerait au consistoire de Toronto de remplacer la Confession de Westminster par « quelque énoncé plus bref des vérités qui [étaient] jugées essentielles », mais sa résolution serait battue car la majorité des membres refuseraient de se prononcer sur une question de théologie.

Même au cours de son procès, Macdonnell fut appelé à faire partie de comités de l'assemblée générale. En 1875, il entra au sénat, au conseil d'administration et au bureau des examinateurs du Knox College. La même année, il devint membre du Home Mission Committee (section de l'Ouest), responsable de l'établissement des nouvelles paroisses, et en fit partie jusqu'en 1893. Convocateur, en 1883, d'un sous-comité du Home Mission Committee chargé de constituer une caisse de réserve en vue de verser un revenu supplémentaire aux ministres de ces nouvelles paroisses jusqu'à ce que celles-ci atteignent l'autonomie financière, il fit inlassablement des tournées et des conférences pour soutenir cette cause. Avant sa mort, le nombre de paroisses qui seraient devenues financièrement autonomes se serait accru de 250. En décembre 1889, une tournée d'inspection d'un mois des nouvelles paroisses le mena jusqu'à la côte du Pacifique.

À la fin des années 1880, Macdonnell milita au sein du mouvement pour les « droits égaux », qui naquit après l'adoption, en juillet 1888, par l'Assemblée législative de la province de Québec [V. Honoré MERCIER], de l'Acte relatif au règlement de la question des biens des jésuites. Quand l'opinion ontarienne s'intéressa à cette question [V. Christopher William BUNTING], il rédigea des résolutions de condamnation que la Toronto Ministerial Association adopta en mars 1889. Le même mois, à une assemblée populaire tenue dans cette ville pour protester contre la constitution en société civile des jésuites, qui avait eu lieu en 1887, il présenta la première proposition en prononçant un « discours fervent et éloquent [qui] donna le ton de la campagne ». Après avoir passé en revue l'histoire des jésuites, il affirmait qu'ils étaient « hostiles à la liberté, autant civile que religieuse » et que leur constitution civile était « une première atteinte [...] à la Confédération ». Selon lui, le mouvement des « droits égaux » avait pour mission de protéger « les droits des Britanniques » et de leur « garantir, ainsi qu'à [leurs] enfants, ce qu'il y [avait] de mieux ».

À la fin de mars 1889, la chambre des Communes repoussa la motion visant à refuser de reconnaître la loi sur les biens des jésuites (seuls les « nobles treize », dirigés par D'Alton MCCARTHY et William Edward O'Brien*, l'appuyèrent). Au début de mai, le Toronto Citizens' Committee publia donc « une allocution au peuple de l'Ontario », dont Macdonnell était l'auteur. En faisant valoir que la controverse touchait à la fois le droit constitutionnel et les libertés civiles et religieuses, le texte réclamait la tenue d'un congrès pour la préparation de pétitions à l'intention du gouverneur général. Ce congrès eut lieu le mois suivant et donna lieu à la fondation de l'Equal Rights Association ; Macdonnell travailla à son comité des résolutions. Réunie en l'église de Macdonnell tout de suite après le congrès, l'assemblée générale de l'Église presbytérienne au Canada le nomma, avec Donald Harvey MacVicar, convocateur d'un comité de défense des droits civils et religieux, qui dura trois ans. En 1889, Macdonnell prononça des discours sur les « droits égaux » dans des villes et villages ontariens et passa une partie de ses vacances d'été à faire une tournée de conférences en Nouvelle-Écosse et au Nouveau-Brunswick. Il fit également partie du conseil de l'Equal Rights Association, qui recommanda, avec son appui, l'abolition des écoles séparées de l'Ontario.

Par ailleurs, Macdonnell participa longtemps aux travaux du comité des hymnes de son Église. En 1878, l'assemblée générale fut saisie de requêtes en vue de la composition d'un recueil d'hymnes qui remplacerait ceux qu'employaient les Églises avant l'union. La même année, aux fins d'uniformisation du culte, on forma un comité pour composer un seul recueil. Macdonnell y participa de 1878 à sa mort et fut convocateur de plusieurs sous-comités. En 1880, une fois défini le contenu du recueil, il fut l'un des deux membres d'un sous-comité qui allait préparer les index et le convocateur d'un sous-comité qui devait produire une édition avec musique. Durant un séjour en Angleterre pendant l'été de 1881, il participa aux dernières révisions du recueil avec musique, qui parut à l'automne. En 1883, le comité prépara un recueil pour enfants ; de nouveau convocateur du sous-comité de musique Macdonnell supervisa par la suite la préparation d'une édition harmonisée de l'ouvrage. En mars 1894, il démissionna du comité pour des raisons de santé, mais il accepta tout de même de se rendre à Édimbourg en avril, en compagnie du révérend Alexander MacMillan, pour représenter l'Église canadienne à des discussions sur un recueil d'hymnes commun pour les presbytériens d'Écosse, d'Angleterre, d'Australie et du Canada. En juin 1894, même si sa santé ne s'était pas améliorée, on le nomma encore une fois au comité ; en septembre 1895, il accepta de reprendre les fonctions de convocateur du sous-comité de musique, qu'il exerça jusqu'à sa mort, cinq mois plus tard.

Tout au long de son ministère, Macdonnell entretint des liens étroits avec son alma mater, le Queen's College. En 1869–1870, il fit partie du comité de financement du directeur William Snodgrass* qui, avec George Monro Grant et Daniel Miner Gordon*, l'avait soutenu (et avait défendu, par le fait même, la fiabilité de l'enseignement de la théologie au Queen's College) pendant le « procès pour hérésie ». En 1877, après la démission surprise de Snodgrass, Macdonnell, qui était membre du conseil d'administration du Queen's College depuis 1869, recommanda immédiatement de confier la succession à son ami Grant. Dans les années suivantes, et particulièrement au cours de la campagne de financement de 1878, il collabora étroitement avec lui afin de promouvoir les intérêts de l'établissement. En 1896, dans l'éloge funèbre de Macdonnell qu'il prononça devant les étudiants, Grant déclara que le collège lui devait davantage qu'à tout autre homme. Même si plus de 33 000 $ furent versés en contributions pour la dotation d'une chaire de philosophie morale dédiée à sa mémoire, il semble qu'elle ne fut jamais créée.

Dès 1888, la santé de Daniel James Macdonnell avait présenté des signes évidents de dégradation. En 1891, on lui accorda un congé pour aller visiter l'Italie, l'Égypte et Ceylan (Sri Lankâ) et pour se rendre de nouveau en Grande-Bretagne avec sa femme. La même année, bien qu'il n'eût pas tout à fait recouvré ses forces, il accepta la charge d'aumônier d'un nouveau bataillon de milice, le 48th Highlanders. Quand, en 1892, l'Alliance of Reformed Churches holding the Presbyterian System se réunit à Toronto, il n'hésita pas à défendre la tempérance, une position impopulaire, contre les partisans de la prohibition. Mais ses nombreux sermons (souvent trois par jour), ses conférences publiques, ses responsabilités paroissiales et sa participation à des comités ecclésiastiques et civils l'épuisaient, tout comme la supervision de l'ambitieux programme de missions urbaines de Toronto qu'il parraina à St Andrew et qui aboutit notamment, en 1890, à la construction d'un centre social d'un genre tout nouveau, le St Andrew's Institute. Sa femme mourut en 1894 après une longue maladie ; pour lui, ce fut un choc émotif et une source d'épuisement physique, car trois de leurs sept enfants avaient moins de neuf ans. Après une visite en Écosse au début de 1895, il apprit qu'il souffrait de la tuberculose. Bientôt trop faible pour travailler, il demeura chez sa belle-famille à Fergus. Il mourut là le 19 février 1896, à l'âge de 53 ans.

JOHN S. MOIR

Daniel James Macdonnell est l'auteur de : *Death abolished : a sermon preached in St. Andrew's Church, Toronto, on Sunday, 3rd March, 1889, in connection with the death of George Paxton Young* [...] (Toronto, 1889) ; *The minister's New Year's wish* (s.l., 1891 ; copie aux Presbyterian Church in Canada Arch., Toronto) ; et *Who may be communicants in the Presbyterian Church ? : being the substance of a sermon preached in St. Andrew's Church, Toronto, on Sunday, October 23rd, 1887* (Toronto, 1887). Ce dernier ouvrage fut aussi tiré à part du *Weekly Globe* (Toronto), 2 déc. 1887, en format réduit et avec la mention « A notable sermon » figurant au début du titre.

Même si l'on ne connaît actuellement aucune source manuscrite, James Frederick McCurdy a eu accès à beaucoup des papiers Macdonnel quand il a édité *Life and work of D. J. Macdonnell, minister of St. Andrew's Church, Toronto ; with a selection of sermons and prayers* (Toronto, 1897).

UCC-C, D. J. Macdonnell papers (renferment des copies d'articles de journaux de l'époque ayant trait à son procès pour hérésie). — *Knox College Monthly and Presbyterian Magazine* (Toronto), 19 (1895–1896) : 533–541. — PCC *Acts and proc.*, 1875–1895. — Presbyterian Church of Canada in connection with the Church of Scotland, *Minutes of the synod* (Toronto), 1867. — *Presbyterian Record* (Montréal), 21 (1896) : 75. — *Westminster* (Toronto), [2e] sér., 1 (juill.–déc. 1896) : 15, 69–73 ; 3 (juill.–déc. 1897) : 15. — *Queen's University Journal* (Kingston, Ontario), 7 mars 1896. — Mme Robert Campbell, « A champion of augmentation : Rev. D. J. Macdonnell, B.D. », *Missionary pathfinders : Presbyterian laborers at home and abroad*, W. S. MacTavish, édit. (Toronto, 1907), 94–103. — W. L. Grant et Frederick Hamilton, *George Monro Grant* (Édimbourg et Toronto, 1905). — W. B. McMurrich, *Historical sketch of the hymnal committee of the Presbyterian Church in Canada* (Londres et Toronto, [1905]). — J. R. Miller, *Equal rights : the Jesuits' Estates Act controversy* (Montréal, 1979). — J. C. McLelland, « The Macdonnell heresy trial », *Canadian Journal of Theology* (Toronto), 4 (1958) : 273–284.

MACDOUGALL, ALAN, ingénieur, né le 22 mai 1842 en Inde, troisième fils du lieutenant-colonel John Macdougall, d'Édimbourg ; en 1872, il épousa Emily Augusta McCaul, fille de John McCaul*, président du University College à Toronto, et ils eurent une fille et trois fils ; décédé le 23 avril 1897 à Exmouth, Angleterre.

Alan Macdougall fit ses études dans une école privée et à l'Edinburgh Academy, et il effectua en 1859 un stage auprès de l'ingénieur-conseil Charles Jopp. Une fois sa formation terminée en 1863, la North British Railway Company, en Écosse, l'engagea et en fit l'un de ses ingénieurs en résidence deux ans plus tard.

Macdougall vint au Canada en 1868, et il s'occupa des études préliminaires et des emplacements pour la construction du Toronto, Grey and Bruce Railway, avant qu'on le nomme responsable adjoint des travaux. De 1871 à 1873, il surveilla la construction de la ligne secondaire North Grey de la Northern Railway Company of Canada ; adjoint de William KINGSFORD à partir de 1873, il fut chargé de la surveillance d'importants travaux d'amélioration portuaire et riveraine aux lacs Huron, Michigan et Supérieur et dans le Bas-Saint-Laurent pour le gouvernement du dominion. En 1877, il retourna à la North British Railway Company.

Macdougall revint au Canada en 1882 et fut nommé par la Compagnie du chemin de fer canadien du Pacifique ingénieur divisionnaire pour la construction de la ligne secondaire sud-ouest, au Manitoba. L'année suivante, il s'établit à titre d'ingénieur sanitaire à Toronto et se constitua une vaste clientèle ; il offrit ses services de conception et de consultation pour l'aménagement de réseaux d'égouts et d'aqueduc de nombreuses municipalités, dont St Catharines, Stratford, Goderich, Peterborough, Belleville, Port Arthur (Thunder Bay), Brandon, Calgary et Vancouver. On lui offrit le poste de responsable des services techniques de la ville de St John's en reconnaissance de son aide lorsqu'une épidémie se déclara à cet endroit, mais il refusa.

En décembre 1883, Macdougall exécuta des travaux pour la ville de Toronto, puis il rédigea un rapport sur les conditions sanitaires de la baie d'Ashbridges. Nommé adjoint à l'ingénieur de la ville en mars 1887, il fit des études sur le réseau d'approvisionnement en eau, et procéda à des expériences concluantes pour la détermination de la direction et de la vélocité des courants dans le lac Ontario. Il retourna cependant à une clientèle privée en novembre 1888.

Macdougall était membre d'associations britanniques comme la British Institution of Civil Engineers, la Royal Society of Edinburgh et la Royal Scottish

Society of Arts. Il suivit aussi de près les activités de la St Andrew's Society de Toronto, et fut secrétaire du Canadian Institute durant dix ans. Principal organisateur et promoteur de la première association d'ingénieurs professionnels fondée au Canada en 1887, la Société canadienne des ingénieurs civils, Macdougall fut membre de son conseil durant plusieurs années. En 1894, on l'élut vice-président.

Macdougall travailla sans répit pour que l'on reconnaisse aux ingénieurs un statut légal et social similaire à celui que l'on accordait aux praticiens du droit et de la médecine. Examinateur externe en génie civil à la University of Toronto de 1870 à 1872, et de 1885 à 1887, il prôna l'adoption d'un code d'éthique professionnelle au sein de la société pour réglementer la concurrence entre les ingénieurs. En 1887, il tenta de constituer la société en organisme autonome d'accréditation et de réglementation (société fermée), initiative à laquelle s'opposèrent Thomas Coltrin Keefer*, John Kennedy* et d'autres ingénieurs de renom, qui voyaient plutôt cette association comme une société savante. Estimant qu'il était naturel et nécessaire d'en faire une société fermée pour arriver à faire reconnaître le génie comme une profession, Macdougall mena une campagne vigoureuse, malgré sa santé chancelante, en faveur de l'adoption de lois restrictives en matière d'accréditation professionnelle. Nommé président d'un comité spécial de la société en 1893, il persuada les membres de son organisme d'exercer des pressions auprès des gouvernements provinciaux pour faire adopter des projets de loi en ce sens, afin de contrôler et de réglementer tous les aspects de la pratique professionnelle et de hausser les normes par la délivrance d'autorisations d'exercer.

Le gouvernement manitobain se dota en 1896 de la première loi nord-américaine d'accréditation en génie. Un an plus tard, la province de Québec faisait de même. Même si elles n'eurent pas les résultats voulus, ces lois donnèrent lieu à l'adoption, dès la fin de la Première Guerre mondiale, de la législation qui reconnaissait le génie comme une profession. À cet égard, on peut considérer Alan Macdougall comme l'un des pères du professionnalisme dans le domaine du génie canadien et, en conséquence, comme une figure importante dans l'avancement des professions au Canada.

J. RODNEY MILLARD

Entre autres, Alan Macdougall est l'auteur de : « The professional status : a plea for a close corporation », Canadian Soc. of Civil Engineers, *Trans.* (Montréal), 6 (1892) : 98–113.

AN, MG 28, I 277, council minutes, 4 mars 1886 (pièce jointe, s.d.) ; 24 févr. 1887 : 3–4, 10 ; 8 oct. 1895 : 236–237 ; membership files ; scrapbook n° 1. — UTFL, MS coll. 41. — *Canadian Engineer* (Toronto), 5 (1897–1898) : 51. — Canadian Institute, *Proc.* (Toronto), nouv. sér., 1 ([1895–1898]) : 94. — Canadian Soc. of Civil Engineers, *Trans.*, 2 (1888)–11 (1897). — *Engineering News and American Railway Journal* (New York), 36 (1896) : 123–124. — Institution of Civil Engineers, *Minutes of Proc.* (Londres), 129 (1897) : 375–376. — School of Practical Science, Engineering Soc., *Papers* (Toronto), n° 7 (1893–1894) : 10. — J. R. Millard, *The master spirit of the age : Canadian engineers and the politics of professionalism, 1887–1922* (Toronto, 1988). — C. R. Young, *Early engineering education at Toronto, 1851–1919* (Toronto, 1958), 19.

McDOUGALL, JOHN, industriel et financier, né vers 1825 dans le Berwickshire, Écosse ; il épousa en secondes noces Mary Cowans ; décédé le 29 août 1892 à Montréal.

John McDougall arrive au Canada avec ses parents en 1832. Tout jeune encore, il commence son cheminement dans le monde industriel par l'apprentissage des métiers de mécanicien et de fondeur de fer chez William Burry, dont l'usine est située à Montréal, le long du canal de Lachine. Devenu l'associé de ce dernier en 1854, il a droit au tiers des profits de la William Burry and Company. Cette nouvelle société jouit, dès le départ, de l'appui financier d'Alexander Walker Ogilvie*, qui lui procure aussi de nombreux contrats de fabrication et d'entretien de la machinerie de ses moulins à farine. À la mort de Burry en mars 1858, McDougall acquiert la part de ce dernier au prix de 10 878,29 $. À titre d'unique propriétaire de l'établissement, il décide de concentrer ses activités dans la production d'objets de précision en fer et en acier, domaine dans lequel ses ouvriers et lui-même ont acquis une compétence certaine. Dans un élan d'enthousiasme, afin de signifier avec fierté ses origines, il rebaptise aussitôt l'entreprise du nom de Caledonia Iron Works.

Sous la direction de McDougall, on y fabrique surtout des meules de moulin, mais on y produit également, sur commande, de nombreux articles en fer, diverses pièces d'équipement de scierie, des machines lourdes, des chaudières à vapeur, des machines fixes et des tuyaux de toutes sortes. De plus, pendant les années 1860, l'établissement est vendeur attitré de certains instruments, dont une roue de turbine hydraulique de marque Leppel. En 1871, la production annuelle des ateliers de McDougall se chiffre à 140 000 $, ce qui représente le quart de toute la production de la région montréalaise en équipement de transport ; 60 hommes, soit 12 % de la main-d'œuvre employée dans ce secteur, y travaillent et reçoivent à eux seuls 20 % de la masse salariale. En 1881, le nombre de ses hommes de métier atteint 300. À la même époque, McDougall obtient des contrats importants de la ville de Montréal et de municipalités voisines pour la fourniture et l'installation de tuyauterie et de pompes à incendie. La prospérité de l'entreprise augmente donc sans cesse.

Dès 1864, au moment où sa dette envers la succession Burry est éteinte, McDougall décide de profiter des retombées qu'apporte à l'industrie du fer et de l'acier la construction ferroviaire en plein essor au début des années 1860, et il tente l'expérience de la fabrication de roues de wagons de chemin de fer. Pour s'assurer une bonne clientèle, il s'associe en décembre 1864 à Alfred Brown, vendeur de fer réputé de Montréal, et forme la John McDougall and Company dont on construira la fonderie en arrière des bâtisses de la Caledonia, Iron Works, rue William. Les deux établissements seront dirigés d'un bureau unique, situé au centre de la ville, au 22 de la rue du Saint-Sacrement. McDougall ne se réserve que le tiers des bénéfices de la compagnie mais, en 1873, il met fin à cette association en achetant la part de Brown.

Grand ami de Louis-Adélard Senécal*, le constructeur de chemins de fer le plus important au Québec, McDougall n'a plus besoin d'un vendeur, mais d'un bon comptable. Aussi invite-t-il Robert Cowans, son beau-frère, à devenir son associé ; il lui offre en échange de ses services le tiers des profits de l'entreprise. Prévue pour une durée de trois ans à compter du 25 avril 1876, leur association ne sera jamais renouvelée, mais non plus révoquée. Cowans s'engage dans tous les projets financiers de McDougall et obtient même, en 1890, une procuration générale qui lui permet d'agir seul au nom de la John McDougall and Company. Et, tandis que l'économie canadienne subit les contrecoups de la grande crise de 1873–1879, les usines de fer et d'acier, qui approvisionnent les compagnies ferroviaires, deviennent d'année en année plus florissantes.

La fonte qu'utilise McDougall provient en grande partie de forges américaines mais, dès 1863, il s'intéresse aux forges du Saint-Maurice, parce qu'elles produisent un fer reconnu pour ses propriétés exceptionnelles de cristallisation au moment de la refonte en coquille, ce qui est essentiel pour produire la bande d'acier qui entoure une roue de wagon de chemin de fer. Il conclut avec le propriétaire John McDougall*, de Trois-Rivières – son homonyme mais sans aucune parenté connue –, des ententes en vue d'acheter toute sa production de fer. Après la mort de ce dernier en 1870, il tente de s'emparer de ses forges, mais il échoue. Déçu, il se tourne vers les forges de Saint-Pie-de-Guire, sur la rive sud du Saint-Laurent, qu'il acquiert en 1874 et exploite jusqu'en 1881. L'année précédente, il a entrepris la mise en valeur à Drummondville d'un complexe industriel plus important, qui comprend deux hauts fourneaux d'une capacité de production de sept à huit tonnes par jour. La compagnie profite de la Politique nationale du gouvernement de sir John Alexander MACDONALD pour l'obtention de primes accordées à la production canadienne du fer, à partir de 1884 jusqu'en 1910. Considérées comme un département des fonderies montréalaises, les forges de Drummondville leur fournissent, au moins jusqu'en 1890, environ le tiers des 45 tonnes de fonte qu'elles utilisent quotidiennement. Puis l'intérêt de McDougall pour ces forges diminue grandement, et la production se poursuit au ralenti jusqu'à leur vente à la Canada Iron Corporation (aujourd'hui Canron) en 1908.

Ce changement d'attitude de McDougall fait suite à l'échec de sa tentative, en collaboration avec Senécal en 1883, de dominer l'exploitation de tout le minerai des marais de la province en s'appropriant les forges Radnor, sur la rivière Saint-Maurice. Propriétés de la succession de George Benson Hall*, l'un des barons du bois les plus riches au Québec, ces forges et leur immense domaine forestier et minier, qui s'étend sur les deux rives du fleuve, lui auraient donné cette maîtrise depuis longtemps recherchée. Mais c'est George Edward et Thomas Joseph Drummond, de la Drummond, McCall and Company de Montréal, sa principale rivale, qui s'en sont emparés avec l'aide américaine et, depuis lors, la concurrence se fait plus difficile.

Dorénavant, McDougall s'oriente vers des transactions purement financières, toujours dans le sillage de Senécal, grand argentier du parti conservateur provincial. Il est engagé financièrement dans un grand nombre d'entreprises, plus particulièrement dans la Compagnie de navigation du Richelieu et d'Ontario, dont il est administrateur de 1882 à 1887, durant tout le règne de Senécal à la présidence du conseil d'administration. Il est également lié au syndicat financier du chemin de fer de la rive nord, dont Senécal est l'âme dirigeante, qui fait l'achat en 1882 de cette ligne pour la revendre au Grand Tronc, en réalisant un bénéfice de près d'un million de dollars. La même année, avec son ex-associé Brown, entre autres, McDougall forme un syndicat qu'appuie la Banque de Montréal, et à qui le gouvernement provincial adjuge une émission d'obligations d'un million et demi de dollars. De plus, il demeure toute sa vie le principal bailleur de fonds de la Cumberland Railway and Coal Company de Springhill, en Nouvelle-Écosse, dont il fut, avec Senécal, l'un des fondateurs au début des années 1860. Avec ce dernier et Cowans, il fait aussi partie, durant plusieurs années, des conseils d'administration de la Compagnie du chemin de fer union Jacques-Cartier et de la Compagnie du chemin de fer de Lachine et d'Hochelaga.

Malgré son peu d'audace, sa crainte du risque et cette extrême prudence en affaires proverbiale chez les Écossais, John McDougall s'est élevé au rang de l'élite bourgeoise industrielle et financière de Montréal, grâce à ses relations avec Senécal. À sa mort, survenue en 1892 à sa résidence d'été de Maisonneuve, dans l'île de Montréal, il laisse à ses cinq enfants une fortune constituée, en plus de biens meubles et immeubles, d'un grand nombre d'actions et d'obligations de plusieurs compagnies canadiennes. Son fils, Edgar Mill, a pris la relève en collaboration avec Robert Cowans, avant d'être à la tête de la Canada Iron Corporation, à laquelle il transférera en 1908 les intérêts de sa famille dans les forges de Drummondville.

MAURICE MILOT

AN, RG 31, C1, 1871, Montréal. — ANQ-M, CE1-125, 31 août 1892 ; CN1-208, 15 déc. 1864, 19 mars 1873 ; CN1-373, 10 mars, 28 juin 1858, 4 juill. 1859 ; CN1-438, 25 avril 1876. — BE, Drummond (Drummondville), reg. B, 36, nº 26075, 15 août 1890 ; Montréal, reg. B, 54, nº 41879, 17 nov. 1908. — QUA, Richelieu and Ontario Navigation Company, minutes, 1882–1887. — Commission géologique du Canada, *Rapport des opérations de 1866 à 1869* [...] ([Montréal], 1871), 323, 327. — Québec, *Statuts*, 1902, chap. 114. — *La Minerve*, 1865–1870, 2 avril 1874, 1er févr. 1875, 5 juill. 1876, 2 mai 1877, 12 mars, 17 avril, 11, 15 juin, 17 juill., 17 déc. 1883. — Borthwick, *Hist. and biog. gazetteer*, 443–444. — *Canadian biog. dict.*, 2 : 319. — *Montreal directory*, 1865–1866 : 54, 92, 210. — E. [R.] Arthur et Thomas Ritchie, *Iron : cast and wrought iron in Canada from the seventeenth century to the present* (Toronto, [1982]), 12–13. — W. J. A. Donald, *The Canadian iron and steel industry ; a study in the economic history of a protected industry* (Boston et New York, 1915), 58–62, 77, 111, 254, 291. — Ève Martel, « l'Industrie à Montréal en 1871 » (thèse de M.A., univ. du Québec, Montréal, 1976), 84. — Maurice Milot, « les Forges de Drummondville, 1880–1911 : fin d'une industrie artisanale au Québec » (mémoire de M.A., univ. du Québec, Trois-Rivières, 1984). — J. M. et Edward Trout, *The railways of Canada for 1870–1* [...] (Toronto, 1871 ; réimpr., 1970). — Marc Vallières, « la Gestion des opérations financières du gouvernement québécois, 1867–1920 » (thèse de PH.D., univ. Laval, 1980), 123–124, 212. — Maurice Milot, « les Forges de Saint-Pie-de-Guire, 1868–1881 », *les Cahiers nicolétains* (Nicolet, Québec), 5 (1983) : 81–139.

MACDOUGALL, sir PATRICK LEONARD, officier, auteur et fonctionnaire, né le 10 août 1819 à Boulogne-sur-Mer, France, fils unique de Duncan MacDougall et d'Anne Smelt ; le 15 juillet 1844, il épousa à Guernesey Louisa Augusta Napier, puis le 21 juin 1860, à Pimlico (Londres), Marianne Adelaide Miles, et aucun enfant ne naquit de ces mariages ; décédé le 28 novembre 1894 à Kingston Hill (Londres).

Patrick Leonard MacDougall fit ses études dans une académie militaire d'Édimbourg et au Royal Military College de Sandhurst, dans le Berkshire, en Angleterre. En 1836, il obtint un brevet de sous-lieutenant. Après avoir servi successivement dans le Ceylon Rifle Regiment, le 79th Foot (l'ancien régiment de son père) et le 36th Foot, il passa en 1844 à une unité de l'armée britannique affectée en permanence au Canada-Uni, le Royal Canadian Rifle Regiment. Durant les dix années qu'il passa à Kingston et à Toronto, il s'émerveilla des possibilités qu'offraient les colonies nord-américaines et, en 1848, il publia un écrit qui vantait les avantages de l'immigration.

Nommé directeur des études au Royal Military College de Sandhurst en mars 1854, le major MacDougall fit l'année suivante du service d'état-major en Crimée avant de retourner à Sandhurst, où il se remit à écrire. *The theory of war*, précis publié à Londres en 1856, notamment sur des textes de Napoléon et d'Antoine-Henri Jomini, et qui remporta un vif succès, favoriserait, espérait-il, une réforme professionnelle et intellectuelle dans l'armée britannique. Dans un opuscule paru en 1857, *The senior department of the Royal Military College*, il prônait la création d'un collège d'état-major qui institutionnaliserait cette réforme. La même année, on autorisa la fondation de ce collège à Camberley, et il en devint le premier commandant. En 1858, il publia *The campaigns of Hannibal* [...].

En septembre 1861, MacDougall, devenu colonel, quitta le Staff College et se mit à la demi-solde. Cependant, avant même la fin de l'année survint l'affaire du *Trent* [V. sir Charles Hastings Doyle*], qui envenima les relations de la Grande-Bretagne avec les États-Unis ; le ministère de la Guerre lui demanda alors de proposer un plan de défense pour l'Amérique du Nord britannique dans l'éventualité d'un conflit. MacDougall semblait un choix logique pour ce travail. Il avait étudié la question en 1856 à Sandhurst, était reconnu pour sa compétence en organisation et connaissait très bien le Canada. Dans son rapport, il fit valoir combien il était important que la Grande-Bretagne s'assure la maîtrise des Grands Lacs, tienne la vallée du Saint-Laurent et menace le flanc américain en envahissant le Maine. Il affirmait aussi que, pour assurer l'efficacité des milices coloniales, il fallait les embrigader avec les régiments de l'armée britannique régulière au Canada.

Toujours à la demi-solde, MacDougall vint au Canada en 1862 et précisa son plan de défense de l'Amérique du Nord britannique. Il étudia aussi la guerre de Sécession, mais on ignore s'il assista à des combats. Il rassembla ses conclusions dans *Modern warfare as influenced by modern artillery*, qui parut en 1864. C'était son premier ouvrage vraiment original de théorie militaire, et il y concluait que les canons rayés conféraient un avantage extraordinaire en matière de défense. Cette affirmation avait beaucoup d'importance pour le Canada, car il semblait probable que, si la milice canadienne occupait des retranchements sûrs, pouvait compter sur une forte artillerie moderne et était renforcée par des soldats de l'armée britannique régulière, elle pourrait faire bonne figure devant une armée d'invasion américaine.

MacDougall reprit du service actif en mai 1865 en qualité d'adjudant général de la milice canadienne. À ce titre, il entreprit l'application de certaines des mesures et réformes qu'il avait conçues. Il dressa des plans de mobilisation et de défense, et il pressa le gouvernement d'acheter des réserves d'armes, de munitions et d'équipement. Après la débâcle de Ridgeway (Fort Erie, Ontario) en juin 1866 [V. Alfred Booker*], il ordonna à la garnison britannique et à la milice de s'entraîner ensemble. MacDougall avait grand espoir que le Canada renforcerait ses défenses et que, après la Confédération, il irait jusqu'à constituer une petite armée régulière, mais ce ne fut pas le cas. Après la guerre de Sécession et la démobilisation de l'armée de l'Union, on cessa de percevoir les États-Unis comme une menace. De plus, les hommes politiques canadiens soutenaient que, puisque la Grande-Bretagne dirigeait les relations extérieures du Canada, le gouvernement impérial devait assumer la part du lion des coûts de sa défense. Déçu de l'indifférence du gouvernement, il estimait ne plus pouvoir être d'aucune utilité et demanda qu'on le relève de ses fonctions d'adjudant général. Il rentra en Angleterre en avril 1869 et c'est le lieutenant-colonel Patrick Robertson-Ross* qui lui succéda.

La réforme de l'armée britannique continua d'être la grande préoccupation de MacDougall. De retour en Angleterre, il joua un rôle prépondérant dans la mise en œuvre du plan de réorganisation de l'armée qu'avait conçu le secrétaire d'État à la Guerre, Edward Cardwell. Il commanda les forces de réserve de 1871 à 1873 et veilla à ce que leur entraînement soit amélioré. De 1873 à 1878, il fut le premier à diriger la section des renseignements militaires au ministère de la Guerre. Il continua aussi à écrire. *The army and its reserves,* paru en 1869, préfigurait les réformes de Cardwell en prônant la renaissance de la milice ; *Modern infantry tactics,* paru en 1873, analysait les opérations menées par les Prussiens contre les Français pendant la guerre de 1870–1871. MacDougall publia aussi, dans des périodiques, des articles sur l'entraînement de l'infanterie, la sélection et l'instruction des officiers, et la tactique. Aucun de ces textes n'avançait d'idées radicales, mais tous visaient à ce que l'armée britannique soit guidée par des règles de conduite fondées sur l'étude sérieuse de la guerre.

Fait chevalier commandeur de l'ordre de Saint-Michel et Saint-Georges le 30 mai 1877 et promu lieutenant général le 1er octobre, sir Patrick Leonard MacDougall revint au Canada en 1878, soit au plus fort de la menace d'une guerre anglo-russe, afin d'occuper le commandement en chef des troupes britanniques en Amérique du Nord. Après une période mouvementée au cours de laquelle il ne parvint pas à convaincre le gouvernement du Canada d'autoriser la constitution d'une réserve canadienne de 10 000 hommes pour l'armée britannique, son séjour au quartier général de Halifax fut sans histoires. À trois reprises (en 1878, 1881–1882 et 1882–1883), il administra le gouvernement du Canada en l'absence du gouverneur général. Rentré en Angleterre en 1883, il quitta le service actif en juillet 1885 (il était alors général) et coula des jours paisibles jusqu'à sa mort en 1894.

STEPHEN J. HARRIS

Outre les ouvrages mentionnés dans le texte, Patrick Leonard MacDougall est l'auteur de : *Emigration, its advantages to Great Britain and her colonies, together with a detailed plan for the formation of the proposed railway between Halifax and Quebec, by means of colonization* (Londres, 1848).

AN, RG 9, I. — *Hart's army list,* 1836–1885. — Jay Luvaas, *The education of an army ; British military thought, 1815–1940* (Chicago, [1964]), 101–129.

McDOWELL, EUGENE ADDISON, acteur et directeur de théâtre, né en 1845 à South River, New Jersey ; décédé le 21 février 1893 à Bloomingdale, New York.

Eugene Addison McDowell fit ses débuts sur scène vers 1865 à St Louis, au Missouri. De 1872 à 1875, à New York, il donna la réplique à des vedettes comme Helena Modjeska, Edwin Thomas Booth, James O'Neill et la Canadienne Clara Morris. En outre, il se fit d'autres relations dans le monde du théâtre et étudia plusieurs pièces populaires. En 1874, il profita de la relâche estivale pour aller aider William Nannary à l'administration de l'Academy of Music de Saint-Jean, au Nouveau-Brunswick, et pour jouer un mois à Halifax.

Encouragé par ce fructueux séjour au Canada, McDowell – au mépris du droit d'auteur, comme c'était courant à l'époque – présenta à Toronto, au printemps de 1875, une pièce bien connue de Dion Boucicault, *The shaughraun.* Bel homme, il avait énormément de présence sur scène, et le magazine *Grip* trouva qu'il interprétait avec « beaucoup d'humour et d'entrain » le rôle titre, celui de l'Irlandais Conn the Shaughraun. Toujours d'après le *Grip,* la production remporta un « succès éclatant », mais elle connut de graves difficultés financières pendant sa tournée au pays jusqu'à ce que, contre toute attente, les spectateurs de Québec lui réservent un accueil enthousiaste. McDowell avait fait une telle impression dans le rôle de Conn que, dès lors, on le désigna sous le nom de directeur de la « Shaughraun Company ».

Influencé par les acclamations de la critique, l'homme d'affaires montréalais sir Hugh Allan* embaucha McDowell à la fin de 1875 pour qu'il ouvre et administre l'Académie de musique de Montréal. À peine 18 mois plus tard, en mai 1877, l'établissement connaissait un désastre financier et devait fermer ses portes. « Nos concitoyens, disait l'*Evening Star* de Montréal, ne sont pas vraiment portés sur le théâtre. » Pour les attirer, McDowell s'était lancé dans un programme bien trop ambitieux – 80 pièces et 15 levers de rideau – et avait manifestement sacrifié la qualité. Même si en principe il soutenait l'académie, l'*Evening Star* dut souvent se montrer sévère à l'endroit des productions. Et puis, malgré la diversité des rôles, les spectateurs se lassèrent de voir toujours les mêmes têtes et se mirent à préférer les troupes de tournée. Selon Felix Morris, un acteur mal payé, McDowell « avait le tour de disparaître derrière les portes et de s'éclipser dans les tournants ». Néanmoins Morris finit par lui mettre la main dessus, et McDowell lui prouva, à l'aide de « calculs abstrus et étonnants », et en lui exhibant « de nombreux petits bouts de papier auxquels il n'y avait rien à comprendre », qu'il ne lui devait à peu près rien. Puis, raconte Morris, il lui déclara « qu['il] avai[t] un bel avenir [...] et disparut tranquillement de [sa] vue après une chaleureuse poignée de main et un sourire tout à fait angélique ». Les comédiens prirent la direction de la troupe mais, après avoir d'abord réussi à se tirer d'affaire, ils échouèrent eux aussi.

Avant de quitter Montréal, McDowell avait épousé le 30 janvier 1877 une soubrette extrêmement populaire de sa troupe, la jolie Fanny Reeves. L'événement, dont « on parlait beaucoup », eut lieu à l'église St James the Apostle, en présence d'« une foule monstre » où dominaient les « jeunes filles, les jeunes dames et les matrones ». Leur excitation devint telle que le *rector*, par crainte qu'on n'abîme son église, menaça d'appeler la police. Sir Hugh Allan, qui devait conduire la mariée à l'autel, arriva en retard à l'église. En 1878, les McDowell eurent leur unique enfant, Claire ; quelques mois plus tard, ils lui firent commencer ce qui allait être une longue carrière de comédienne.

Lorsque McDowell avait pris la direction de l'Académie de musique de Montréal, en 1875, les troupes à demeure perdaient déjà la faveur du public au profit des troupes de tournée, venues surtout de New York pour jouer dans les théâtres canadiens un soir ou une semaine, selon les circonstances. De 1875 à 1900, plus de 135 troupes itinérantes se produisirent dans les provinces centrales du Canada [V. Margaret FINLAYSON]. Après son échec montréalais, McDowell fit 14 saisons au pays au cours desquelles il mit sur pied quelques-unes de ces troupes. Contrairement aux troupes à demeure, les troupes de tournée n'ennuyaient pas l'auditoire en présentant toujours les mêmes acteurs, mais elles avaient leurs propres problèmes : obligés de s'adapter constamment, les comédiens et les directeurs s'épuisaient. Toujours sur la route, celles de McDowell visitaient non seulement les grandes villes du circuit habituel – Toronto, Montréal, Québec, Halifax – mais des douzaines de petites localités dont la population, grâce à lui, fut initiée au théâtre professionnel. Ainsi il fut le premier à emmener des comédiens de métier dans l'Ouest : il se rendit à Winnipeg et dans les villages environnants en 1879, puis y retourna à trois reprises. À Emerson, il arriva que sa troupe joue deux pièces le même soir dans un entrepôt désaffecté. On utilisait des caisses de savon et de bougies pour les places les moins chères, des caisses de champagne et de brandy pour les plus chères ; un orgue d'église tenait lieu d'orchestre.

Comme la diversité était l'une des clés du succès, les compagnies de tournée devaient avoir un vaste répertoire. De 1877 à 1890, McDowell produisit plus de 200 pièces, mais il reprit souvent bon nombre d'entre elles, si bien qu'à la fin elles atteignirent une qualité exceptionnelle. Son répertoire reflétait ce que les spectateurs d'un peu partout dans le monde préféraient en matière de comédie, de mélodrame et de comédie musicale. Il monta trois pièces canadiennes dont l'une, *H.M.S. Parliament or the lady who loved a government clerk* de William Henry Fuller, parue à Ottawa en 1880, fit fureur un petit moment cette année-là. Inspirée de la pièce alors en vogue de Gilbert et Sullivan, *H.M.S. Pinafore or the lass that loved a sailor*, elle tournait en dérision des hommes politiques fédéraux (notamment sir John Alexander MACDONALD et sir Samuel Leonard TILLEY) et la politique fédérale (la Politique nationale surtout). La tournée au cours de laquelle McDowell la présenta fut l'un des moments forts de sa carrière.

S'adapter aux goûts des habitants des localités où l'on passait n'était pas moins nécessaire. McDowell dressait son programme en fonction de son itinéraire, en y ajoutant des thèmes locaux. Ayant noté par exemple que plus on s'éloignait d'Ottawa, moins *H.M.S. Parliament* suscitait de réactions dans la salle, il n'en fit qu'une attraction parmi bien d'autres à Winnipeg, où il monta une pièce écrite par un auteur du lieu. Des critères moraux entraient aussi en ligne de compte. En juin 1880, le *Daily Free Press* de Winnipeg trouva que *The pink dominoes*, de James Albery, était « trop épicé – du moins pour cette ville ». À un ballet présenté sans incident à Montréal en 1876–1877, un journal de Halifax réagit en 1878 en parlant d'« atroce attentat à la pudeur féminine, [de] choquante exposition de corps féminins contorsionnés [... et de spectacle] vulgaire et indécent ». En général, le public ontarien et québécois était plus tolérant que celui de l'Ouest et des Maritimes.

Pour attirer davantage de spectateurs, McDowell adaptait ses productions de manière à engager des figurants sur place et donnait des spectacles au bénéfice de causes locales. De plus, il embauchait des Canadiens parmi ses comédiens réguliers – Julia Arthur [Ida Lewis*] par exemple –, leur donnant ainsi la chance d'acquérir de l'expérience. Malgré le talent et la polyvalence de ses acteurs, il se devait, comme tous les producteurs de son époque, de présenter d'imposants décors, de beaux costumes et de spectaculaires effets spéciaux pour impressionner l'assistance et les critiques. Quand *H.M.S. Parliament* était au programme, c'était toute une affaire que de trimbaler de Winnipeg à Halifax la reconstitution de l'extérieur et de l'intérieur des édifices du Parlement !

McDowell fit régulièrement des tournées au Canada de 1877 à 1890, mais New York demeurait son point d'attache. Les impresarios canadiens allaient chaque année y négocier des productions, et McDowell pouvait s'y tenir au courant des derniers succès théâtraux, qu'il présentait ensuite au Canada. En outre, il jouait sur les scènes new-yorkaises, se faisait des relations et engageait des comédiens. En effet, sa troupe se dispersait à la fin de chaque tournée, quoique bon nombre d'acteurs lui soient demeurés fidèles et aient renouvelé d'année en année leur engagement avec lui. Cependant, il ne remportait pas de succès financier à New York ni dans l'ensemble des États-Unis ; à son grand désespoir, ses tournées américaines dévoraient les bénéfices réalisés au Canada.

En 1890, McDowell s'imposa un programme trop chargé. Après une longue tournée canadienne, il emmena sa troupe aux Antilles et en Amérique du Sud, où il s'effondra sous le coup d'un « épuisement nerveux ». Néanmoins, il se remit et demeura actif jusqu'à quelques mois avant sa mort, survenue en 1893, et attribuable à une parésie (une forme de paralysie). « C'était un acteur très consciencieux, talentueux, qui se donnait du mal, nota le *Montreal Daily Star* dans sa notice nécrologique. Jamais il ne maugréait à cause de ce qu'il en coûtait de bien monter une pièce. Tout le monde l'adorait parce qu'il était aimable, accueillant, et qu'il était un ami loyal. »

En explorant des territoires neufs et en enrichissant son répertoire, en faisant preuve d'une grande faculté d'adaptation et de capacités à surmonter les revers financiers et artistiques, Eugene Addison McDowell manifesta des qualités souvent admirables et toujours essentielles sur le plan professionnel. Non seulement encouragea-t-il des comédiens et des dramaturges canadiens, mais il contribua à l'essor du théâtre au Canada en présentant des productions de qualité, adaptées au contexte local ; il fit ainsi du théâtre un divertissement de bon aloi pour des milliers de citoyens attachés aux traditions qui habitaient de petites ou grandes localités du Manitoba à la Nouvelle-Écosse.

KATHLEEN D. J. FRASER

Des portraits d'Eugene Addison McDowell se trouvent à la MTRL, Arts Dept., E. A. McDowell and Company coll., et au Musée McCord, Notman Photographic Arch., 43062-BII–43064-BII, 43110-BII, 44781-BII. Certains de ces portraits ont été reproduits dans K. D. J. Fraser, « Theatre management in the nineteenth century : Eugene A. McDowell in Canada, 1874–1891 », *Hist. du théâtre au Canada* (Toronto et Kingston, Ontario), 1 (1980) : 39–54, et dans R. G. Lawrence, « Dramatic history : *H.M.S. Parliament* », *Canadian Theatre Rev.* (Toronto), n° 19 (été 1978) : 38–45.

Le texte de la pièce de W. H. Fuller, *H.M.S. Parliament or the lady who loved a government clerk*, est reproduit dans *Canada's lost plays*, Anton Wagner et Richard Plant, édit. (4 vol., Toronto, 1978–1982), 1 : 158–193.

Felix Morris, *Reminiscences* (New York, [1892]), 68–73, 76–79, 84–87. — *Canadian Illustrated News* (Montréal), 28 févr. 1880. — *Dramatic Mirror* (New York), 4 mars 1893. — *Grip* (Toronto), 24 avril 1875. — *Montreal Daily Star*, 30 janv. 1877, 22 févr. 1893. — M. D. Edwards, *A stage in our past, English-language theatre in eastern Canada from the 1790s to 1914* ([Toronto], 1968). — K. D. J. Fraser, « A history of the McDowell Theatre Company, 1872–1893 » (thèse de M.A., Univ. of Western Ontario, London, 1978). — G. C. D. Odell, *Annals of the New York stage* (15 vol., New York, 1927–1949), 7 ; 9 ; 11–12. — R. G. Lawrence, « Eugene A. McDowell and his contributions to the Canadian theatre, 1875–1890 », *Dalhousie Rev.*, 58 (1978–1979) : 249–259.

McGARVEY, OWEN, fabricant et marchand de meubles, né vers 1821 à Keady (Irlande du Nord), fils de Francis McGarvey et de Bridget Murray ; le 8 mai 1848, il épousa Margaret Cooper de Montréal, et ils eurent des filles et un fils ; décédé le 7 juillet 1897 au même endroit.

Owen McGarvey immigra à Montréal vers l'âge de 17 ans. Déjà peintre de son métier, il ouvrit en 1843 un commerce de peinture, de pétrole et de vitre où il vendait aussi de simples chaises de cuisine prêtes à peindre. Ce faisant, il suivait une pratique répandue parmi les marchands de peinture de l'époque mais, dans son cas, le commerce des meubles prit peu à peu le dessus. Dans les bottins de la ville, il passa de la rubrique des peintres à celle des fabricants de meubles, et en 1856 il effectua l'un des nombreux déménagements qui allaient lui permettre de disposer de salles de montre et d'ateliers toujours plus grands. Son dernier déplacement, dans les années 1880, le mena à l'angle des rues Notre-Dame et McGill, où son commerce, surmonté durant de nombreuses années d'une gigantesque berceuse, finit par occuper six étages ; ses vitrines, prétendait-il, avaient les « plus grandes vitres au monde ».

Comme d'autres ébénistes montréalais, McGarvey offrait aussi des meubles qui n'étaient pas de sa fabrication. Au début de sa carrière, la plupart des chaises qu'il vendait étaient assemblées sommairement pour lui à L'Assomption et finies à sa manufacture de Montréal. Dans les années 1860, il vendait chaque année jusqu'à 15 000 de ces chaises. Au fil des ans, il devint à la fois importateur et fabricant « de mobilier simple ou raffiné de tous les styles ». Aux expositions provinciales et nationales, où il se distinguait régulièrement (il remporta huit premiers prix et sept deuxièmes prix à l'Exposition du dominion en 1882), il présentait souvent des assortiments de meubles de provenances très diverses. Aux grandes expositions étrangères toutefois, celles de Paris en 1855 et 1867, d'Anvers en 1885 et de Londres en

1886, il n'envoyait que des meubles de sa manufacture ; là encore, il recevait diplômes et médailles, et son carnet de commandes se remplissait.

Le stock de McGarvey, importé, comme les marchandises de Philadelphie qu'il annonçait en 1878, acheté à d'autres manufacturiers canadiens ou fabriqué dans son propre atelier, représentait ce qui se faisait de « nouveau, [de] chic et [de] pratique en fait de mobilier moderne ». Sans jamais abandonner les chaises de cuisine (en 1878, il en avait 50 000 en réserve) ni les berceuses en bois qui étaient sa marque de commerce (et qui lui valurent une mention honorable à Paris en 1855), il se spécialisa de plus en plus dans le mobilier en bois de rose, acajou ou noyer noir, richement sculpté et orné d'élégants pieds-de-biche. Il fit connaître à sa clientèle les styles qui évoquaient le passé : le néo-gothique, le néo-élisabéthain et le pseudo-Queen Anne. Dès que l'ouvrage publié à Londres en 1868 par Charles Locke Eastlake, *Hints on household taste in furniture, upholstery, and other details,* commença de faire sentir son influence dans l'industrie, il annonça des meubles de « style Eastlake ». Le plus souvent, ce que l'on en vint à regrouper sous cette appellation n'évoquait que de loin les meubles massifs assemblés, comme au Moyen Âge, par les chevilles de bois dont Eastlake prônait l'utilisation, mais le nom d'Eastlake faisait grande impression. Il en allait de même dans le cas du « mobilier d'art » ; McGarvey en annonçait de grandes quantités, mais d'ordinaire, à Montréal, il ne s'agissait de rien de plus que de meubles dorés ou finis ébène.

Pour satisfaire la soif de nouveauté des Victoriens, McGarvey offrait des meubles faits de cornes de bouvillon – des « sièges de fantaisie » par exemple, comme il en présenta à la Colonial and Indian Exhibition de Londres en 1886. Il détenait un brevet pour la fabrication d'un divan combiné à une étagère à bibelots. Pour la nursery, il vendait un berceau à mécanisme d'horlogerie qui pouvait bercer un bébé durant deux heures, et une chaise haute qui se transformait en cheval à bascule. Quand commença la vogue des meubles en rotin, dans le dernier quart du siècle, il en offrit non seulement dans les tons habituels – blanc et vert – mais dans des tons plus exotiques – or, argent ou bronze. Il avait aussi, en réserve, des ensembles de petit salon en bois courbé, des meubles laqués pour la chambre à coucher et du mobilier de bureau.

Avant-gardiste dans ses techniques de vente, McGarvey évitait de mettre ses meubles aux enchères, sauf à l'occasion du déménagement de son commerce. D'ailleurs, il mettait les clients en garde contre cette pratique, courante à l'époque, car souvent on y vendait des meubles fabriqués expressément pour ces occasions sans offrir aucun recours s'ils ne donnaient pas satisfaction. Il préférait recréer, dans ses salles d'exposition, des petits salons, des bibliothèques ou des chambres afin que les clients puissent voir de quoi des meubles bien faits et coûteux avaient l'air dans une maison. Vendre beaucoup, récolter de petits bénéfices, satisfaire sa clientèle, tels furent ses objectifs durant plus d'un demi-siècle.

McGarvey n'était pas moins actif dans la collectivité en général que dans les affaires. Fidèle de l'église St Patrick, il se préoccupa toujours du bien-être des catholiques irlandais de la ville. Il fut vice-président de la St Patrick's Total Abstinence Society et membre du conseil d'administration de l'asile des orphelins de Saint-Patrice de Montréal et de la Maison de refuge de Sainte-Brigitte de Montréal. De plus, il fut membre à vie du conseil d'administration du Montreal General Hospital, vice-président de l'Hôpital Notre-Dame, vice-président de la Compagnie d'assurance mutuelle contre le feu de la cité de Montréal et bienfaiteur de l'Association des beaux-arts de Montréal. Lorsque le Bureau de commerce de Montréal construisit son premier immeuble, en 1892, McGarvey, membre de l'organisme depuis déjà plusieurs années, était porteur d'obligations hypothécaires.

Owen McGarvey avait pris son fils John comme associé le 6 juin 1876. Sans doute espérait-il qu'il lui succéderait à la Owen McGarvey and Son mais il mourut avant lui, le 18 juin 1888. L'entreprise s'éteignit donc en même temps que son fondateur. À sa mort, McGarvey était, de tous les fabricants de meubles montréalais, celui qui était en affaires depuis le plus longtemps. Parti de presque rien, disait la *Gazette,* il s'était taillé « une place de choix parmi les grands marchands et manufacturiers » de la ville. Sa parfaite intégrité, sa connaissance approfondie du métier et son esprit d'initiative expliquaient sa « prospérité ininterrompue ».

ELIZABETH COLLARD

AC, Montréal, État civil, Catholiques, Notre-Dame de Montréal, 10 juill. 1897. — ANQ-M, CE1-51, 8 mai 1848. — BE, Montréal, déclarations de sociétés, 6 : 533. — H.-C., Board of Arts and Manufactures, *Journal* (Toronto), 7 (1867) : 202. — *Argus* (Montréal), 17 sept., 9 déc. 1857. — *Eastern Townships Gazette and District of Bedford Advertiser* (Granby, Québec), 27 janv., 7 avril 1865. — *Gazette* (Montréal), 8 mai, 6 déc. 1878, 9 mai 1879, 1er mai, 20 sept., 2 oct. 1880, 5 mai 1881, 20 sept. 1882, 8 oct. 1885, 6 nov., 4 déc. 1886, 19 janv., 22 sept. 1888, 31 déc. 1890, 8, 12 juill. 1897. — *La Minerve,* 13 mars 1878. — *Montreal Daily Star,* 19 mai 1892. — *Montreal Daily Witness,* 22 déc. 1888. — *Montreal Herald,* 17 sept. 1863, 1er, 30 déc. 1865, 22 déc. 1873. — *Montreal Transcript,* 13, 17 sept., 4 oct., 18 déc. 1862, 3 oct. 1864. — *Pilot* (Montréal), 30 sept. 1858. — *Antwerp Universal Exhibition, 1885, official catalogue of the Canadian section* (Londres, 1885). — *Canada at the Universal Exhibition of 1855* (Toronto, 1856). — *Canada directory,* 1853, 1857–1858. — *Canadian album* (Cochrane et Hopkins), 2 : 383. — *The Colonial and Indian Exhibition, London, 1886 ; official catalogue of the Canadian section* (Londres, 1886). — *Mercantile agency reference book,* 1866 ; 1881 ; 1887. — *Montreal directory,* 1852–1853. — F. W. Terrill, *A chronology of Montreal and of Canada from A.D. 1752 to A.D. 1893* [...] (Montréal, 1893). — *Golden jubilee of St. Patrick's Orphan Asylum : the work of fathers Dowd, O'Brien and Quinlivan, with biographies and illustrations,* J. J. Curran, édit. (Montréal, 1902). — *Industries of Canada, city of Montreal, historical and descriptive review, leading firms and moneyed institutions* (Montréal, 1886). — Montreal Board of Trade, *A souvenir of the opening of the new building, one thousand eight hundred and ninety three* (Montréal, 1893). — *Montreal business sketches* [...] (Montréal, 1864). — *Montreal illustrated, 1894* [...] (Montréal, [1894]). — *Special number of the* Dominion Illustrated *devoted to Montreal, the commercial metropolis of Canada* (Montréal, 1891).

McGILLIVRAY, DONALD (Dan), ingénieur et entrepreneur, né en 1857 à Strathroy, Haut-Canada, fils de Neil McGillivray et de Christina McRae ; le 21 novembre 1888, il épousa à Victoria, Sarah Douglas Parker, et ils eurent un fils et trois filles ; décédé le 22 mai 1900 à Sault Ste Marie, Ontario.

Donald McGillivray, qui appartenait à une famille de huit enfants, fit ses études au village de Ripley, en Ontario. Son père travaillait à la construction de chemins de fer dans la province, et lui-même décida de faire carrière dans ce domaine. Il semble qu'il ait acquis ses connaissances techniques sur le tas plutôt que dans les écoles. Il se rendit en Colombie-Britannique, apparemment au début des années 1880, et y travailla pour Andrew Onderdonk*, principal entrepreneur du gouvernement, à la construction de la ligne principale de la Compagnie du chemin de fer canadien du Pacifique qui relierait Port Moody au col Eagle. Sous l'autorité d'Onderdonk, McGillivray devint surintendant des ponts ; il fit preuve d'imagination et de compétence dans les travaux de construction particulièrement difficiles qu'il dirigea au cañon du Fraser.

Quand fut terminée la ligne principale, en 1885, McGillivray fonda sa propre entreprise à Vancouver et participa, parfois avec des associés, aux travaux de prolongement du réseau de la Compagnie du chemin de fer canadien du Pacifique en Colombie-Britannique, la plupart du temps pour la réalisation des tronçons qui comportaient des ponts d'assez grande envergure. On ne dispose toutefois que de renseignements fragmentaires sur McGillivray et il est souvent difficile de déterminer dans quelle mesure il contribua aux divers projets. Le premier contrat d'importance qu'il exécuta se rapporte à la construction de la ligne secondaire de la Compagnie du chemin de fer canadien du Pacifique en direction de New Westminster, en 1886. Il travailla aussi à l'installation de paravalanches aux monts Selkirk : sans ces abris de bois inclinés qui recouvraient la voie ferrée sur de grandes distances, le chemin de fer aurait été pratiquement inutilisable l'hiver. Parmi les autres travaux attribués à McGillivray, on peut citer les ponts des rues Cambie et Granville, à Vancouver, des conduites d'aqueduc de la ville, le pont du chemin de fer canadien du Pacifique sur le Fraser, à Mission City, le pont du Colombia and Kootenay Railway sur la Kootenay (1890–1891), le chemin de fer électrique interurbain de la Westminster and Vancouver Tramway Company (1891), la ligne de tramway Fairview de la Vancouver Electric Railway and Light Company (1891), le Nakusp and Slocan Railway (1894–1895), un projet qu'il mena à bonne fin à titre de président de l'Inland Construction Company, et enfin la ligne secondaire du chemin de fer canadien du Pacifique qui reliait Revelstoke à Arrowhead (1896). McGillivray aurait également construit un quai à Nelson et un autre à Vancouver pour la même compagnie, ainsi que celui de Chemainus, dans l'île de Vancouver. Sa dernière grande réalisation en Colombie-Britannique fut la difficile construction en 1898, encore pour le chemin de fer canadien du Pacifique, d'un tronçon de 40 milles qui traversait la passe du Nid-du-Corbeau, dans les montagnes Rocheuses, où une gare porte maintenant son nom. L'année suivante, McGillivray se rendit en Ontario travailler pour William Mackenzie* et Donald Mann* à la construction de l'Ontario and Rainy River Railway.

On connaît peu de chose de la vie de Donald McGillivray. C'était un homme imposant, qui mesurait plus de six pieds. Après son mariage, en 1888, avec la fille de Samuel Parker qui exploitait un comptoir commercial au fort Douglas (Winnipeg), il s'installa avec son épouse à Vancouver. Libéral et franc-maçon, il fut apparemment très respecté et heureux en affaires. Son beau-frère Richard McBride* devint plus tard premier ministre de la Colombie-Britannique. En 1900, McGillivray contracta la petite vérole et il mourut à Sault Ste Marie. Homme influent, talentueux et de condition élevée, il aurait pu devenir un grand personnage s'il avait vécu pendant la période d'expansion rapide des chemins de fer canadiens qui précéda la Première Guerre mondiale.

ROBERT D. TURNER

Canadian Pacific Railway Company, *Report* ([Montréal]), 1885–1900. — *Daily Colonist* (Victoria), 22 nov. 1888. — *Daily News-Advertiser* (Vancouver), 23 mai 1900. — *Kootenay Mail* (Revelstoke, C.-B.), 21 sept. 1895. — *Miner* (Nelson, C.-B.), 21 juin, 12 juill., 4 oct., 29 nov. 1890. — *Vancouver Daily World,* 22–23 mai 1900. — Pierre Berton, *The last spike : the great railway, 1881–1885* (Toronto et Montréal, 1971). — J. F. Due, *The intercity electric railway industry in Canada* (Toronto, 1966). — O.[-S.-A.] Lavallée, *Van Horne's road : an illustrated account of the construction and first years of the operation of the Canadian Pacific transcontinental railway* (Montréal,

1974). — T. D. Regher, *The Canadian Northern Railway* (Toronto, 1976), 102–106. — E. O. S. Scholefield et F. W. Howay, *British Columbia from the earliest times to the present* (4 vol., Vancouver, 1914), 4.

McGREEVY, THOMAS, homme d'affaires et homme politique, né le 29 juillet 1825 à Québec, fils de Robert McGreevy, forgeron, et de Rose Smith ; le 13 juillet 1857, il épousa à Québec Mary Ann Rourke, puis le 4 février 1861, dans la même ville, Bridget Caroline Nowlan, et finalement, le 30 janvier 1867, au même endroit, Mary Georgina Woolsey, et de ce dernier mariage naquirent deux fils et deux filles ; décédé le 2 janvier 1897 dans sa ville natale.

Thomas McGreevy est le fils d'un artisan irlandais immigré à Québec. En 1842, il devient apprenti chez Joseph Archer père, menuisier et entrepreneur général. Par l'entremise de ce dernier, il hérite des traditions artisanales du Devon, en Angleterre, qui ont si profondément influencé les métiers de la construction au Canada. Son apprentissage terminé, c'est à titre de menuisier qu'il fait ses débuts dans l'industrie de la construction où il ne tarde pas à s'imposer par son dynamisme. En 1850, il se dit entrepreneur et constructeur. Tantôt seul, tantôt en société, il effectue des réparations et bâtit des villas et divers immeubles. En 1854, il construit le presbytère de l'église St Patrick, rue Saint-Stanislas, d'après les plans de l'architecte Goodlatte Richardson Browne. La construction de cet édifice imposant accrédite l'image d'un McGreevy entrepreneur compétent et efficace. Le 15 décembre 1856, il signe avec le département des Travaux publics un contrat pour la construction de la maison de la douane. Conçu par l'architecte torontois William Thomas*, ce vaste bâtiment comprend un sous-sol, un rez-de-chaussée et un étage. Son portique d'ordre dorique et son dôme d'une trentaine de pieds, ajouté en 1910 après un incendie, en font longtemps l'un des plus beaux édifices de Québec. L'ouverture a lieu le 1er août 1860 et les coûts de construction ont atteint 227 000 $.

Ce contrat hisse McGreevy au rang de gros entrepreneur, établit sa notoriété et l'amène à s'intéresser à la vie publique. Il quitte alors le faubourg Saint-Roch pour s'établir dans la haute ville. À l'automne de 1857, il brigue les suffrages pour un poste de conseiller municipal dans le quartier Montcalm, où sont regroupés la plupart des Irlandais de la ville. Son élection est contestée, puis validée par un jugement de la Cour supérieure. Il prête serment le 12 octobre 1858. Après deux mandats consécutifs, il se retirera en 1864. Sa nomination au comité des finances en 1862 et au comité spécial des amendements à la charte de la ville de Québec l'année suivante témoigne de son influence grandissante à l'hôtel de ville, même s'il est peu assidu aux séances du conseil et des comités. Son poste de conseiller lui fournit l'occasion de s'intégrer à la population québécoise et d'établir une relation étroite avec Hector-Louis Langevin*, député de Dorchester à l'Assemblée législative de la province du Canada depuis 1858 et maire de Québec de 1858 à 1861.

Dès cette époque, McGreevy a ses entrées auprès des éminences du parti libéral-conservateur : le contrat de la maison de la douane en était un indice, celui des édifices du Parlement en fournit la preuve. Le 7 mai 1859, le département des Travaux publics lance un concours pour les plans des édifices qui abriteront le Parlement et les différents départements à Ottawa [V. Chilion Jones* ; Thomas FULLER]. Il limite les coûts de construction du bâtiment principal à 300 000 $ et celui des bâtiments secondaires à 240 000 $. Quelques mois plus tard, le gouvernement adjuge le contrat à McGreevy, même si sa soumission ne comprend, contrairement à celle d'un concurrent qui a soumissionné pour le même montant, aucun bordereau qui permettrait l'évaluation et le suivi des travaux. McGreevy manœuvre alors pour qu'un nouveau contrat alloue la construction des bâtiments secondaires à la Jones, Haycock and Company, se réservant toutefois la construction de l'édifice principal. Cette entreprise si mal engagée débute le 20 décembre 1859. Les travaux d'excavation sont ralentis par des affleurements rocheux. Les plans qui ne prévoient ni système de chauffage ni système d'aération se révèlent défectueux. Les dépenses montent alors en flèche. Tout cela donne lieu à des rumeurs que le rapport d'une commission royale d'enquête confirme en 1863 : les fonctionnaires du département ont eux-mêmes préparé le bordereau que McGreevy avait omis de présenter, en utilisant les estimés qu'avaient soumis ses concurrents ; ils ont négligé d'inclure, au moment de la rédaction du second contrat, certaines listes de prix, de même que des clauses qui délimitaient les extra et déniaient à l'entrepreneur tout droit à une compensation s'il dépassait les crédits. La commission royale d'enquête met en lumière le gaspillage des fonds gouvernementaux et les lacunes administratives du département des Travaux publics. Elle évite cependant de clarifier les relations entre les éminences du parti libéral-conservateur, les entrepreneurs et la caisse électorale. Elle se limite à proposer de nouveaux contrats aux entrepreneurs. À distance, une analyse de la documentation démontre que McGreevy et d'autres entrepreneurs de la ville de Québec jouissent de la protection des députés Joseph-Édouard Cauchon* et Langevin, et qu'ils n'hésitent pas à faire écarter ceux qui s'opposent à leurs desseins, comme en témoigne le congédiement de l'architecte Charles Baillairgé* du département des Travaux publics en 1865. Cette année-là le gouvernement peut commencer à s'installer dans les nouveaux locaux qui, une fois terminés en 1878, lui auront coûté quelque 4 millions de dollars.

L'affaire des édifices du Parlement a amené le commissaire en chef des Travaux publics, John Rose*, à remettre sa démission en juin 1861. En plus de provoquer le congédiement du commissaire adjoint, Samuel Keefer*, elle a terni la réputation du parti libéral-conservateur et accrédité les rumeurs selon lesquelles le département des Travaux publics est l'instrument du financement et du favoritisme du parti politique au pouvoir. Par contre, McGreevy en a tiré des avantages : il est devenu riche et puissant au sein du parti libéral-conservateur. En 1866, il vit au 7, rue d'Auteuil. L'annuaire de la ville le désigne comme entrepreneur, vice-président de la Banque d'Union du Bas-Canada (1862–1894), commissaire pour la rive nord des chemins à barrières de Québec (1863–1881), et vice-président de l'asile de Sainte-Brigitte, hospice qui accueille les Irlandais démunis. Il choisit ce moment pour réorienter sa carrière – fort de certaines promesses des chefs du parti libéral-conservateur. Il devient financier et homme politique. Par un acte notarié devant Philippe Huot, le 29 novembre 1866, il transfère son équipement et la partie non exécutée de son contrat de 1863 relatif aux édifices du Parlement à son frère Robert, son associé depuis au moins 1857, pour un montant d'environ 25 000 $. Ce contrat est peut-être accompagné d'une entente verbale qui prévoit un partage à l'amiable des bénéfices. On peut croire qu'il s'agit là d'une répartition des tâches entre les deux frères, moyennant un partage des bénéfices : Thomas sera le courtier politique qui négocie les contrats et le financier qui trouve les fonds ; Robert, l'entrepreneur qui les effectue. De fait, cette entente s'inspire de la situation qui régnait au début de la construction des édifices du Parlement. Robert était alors le gérant de l'entreprise et Thomas, l'entremetteur politique.

En 1867, McGreevy se fait bâtir, au 69 de la rue d'Auteuil, une somptueuse résidence de style italien qui comprend un hall orné de sculptures, un escalier à balustres couverts de feuilles et une salle de bal au premier étage. L'architecte Thomas Fuller en dessine les plans, et du grès jaune, identique à celui qui a été utilisé dans la construction des édifices du Parlement, constitue la façade. En 1895, on évaluera la résidence à 20 000 $. L'installation de McGreevy dans cette maison marque le début de sa nouvelle carrière.

Durant l'année 1867, McGreevy participe avec Langevin et Cauchon, deux des leaders conservateurs les plus influents de la région de Québec, aux négociations de toutes sortes qui, dans cette région, entourent les premières élections à la chambre des Communes et la mise en place des institutions fédérales et provinciales. Il s'occupe du financement des élections et du recrutement des candidats. Le 24 août, élu sans opposition dans Québec-Ouest, il est l'un des 52 députés de la province de Québec qui appuient le premier ministre sir John Alexander Macdonald. En novembre, on le nomme conseiller législatif de la province de Québec pour la division de Stadacona et il occupe cette fonction jusqu'en 1874. McGreevy n'a pas la parole facile : c'est seulement en mars 1880 qu'il fait sa première intervention aux Communes. Il est et entend demeurer une éminence grise. La couleur des hommes et des partis importe peu à cet esprit pragmatique, si elle sert ses ambitions personnelles. Son activité porte à penser qu'il veut se bâtir un empire à partir d'un secteur hautement concurrentiel mais prometteur : le transport ferroviaire et maritime. Il dispose de deux atouts : la Banque d'Union du Bas-Canada qui peut lui fournir les liquidités dont il a besoin et sa position au sein du parti libéral-conservateur.

Les fonctions politiques que McGreevy remplit lui donnent accès à l'information nécessaire et il en fait bon usage. Au Conseil législatif, il fait partie du comité des comptes contingents et du comité chargé de s'enquérir de la nature des lois qui ont trait à la reconnaissance juridique de sociétés privées et d'en faire rapport. Aux Communes, il est membre du comité des chemins de fer, des canaux et du télégraphe, ainsi que de celui des banques et du commerce. Le 5 juillet 1870, son frère Robert obtient le contrat de construction de la section 18 de l'Intercolonial. Tout se déroule selon l'entente de 1866 : Thomas a concocté le contrat, trouvé les fonds et il tient les livres ; Robert est l'exécutant. Au dire des deux, ce contrat se solde par une perte sèche de 170 430,35 $ qui donnera lieu à un procès devant la Cour de l'échiquier du Canada en 1888. Les McGreevy obtiendront alors une compensation de 65 000 $.

Par ailleurs, il n'y a guère d'entreprise de transport régionale qui échappe à McGreevy. Il est membre du conseil d'administration de la Compagnie d'assurance maritime de Québec en 1867, de la Compagnie des remorqueurs du Saint-Laurent en 1867–1868, puis de 1870 à 1874, et de la Commission du havre de Québec de 1871 à 1874 ; président de la Compagnie de navigation à vapeur du Saint-Laurent de 1874 à 1891 ; l'un des administrateurs de la Compagnie du chemin de fer de la rive nord de 1871 à 1876. Ce dernier projet surtout, si plein de promesses, lui tient à cœur, ce qui ne l'empêche pas, en homme d'affaires averti, de spéculer sur la propriété foncière et de diversifier ses investissements. Il obtient 4 951 acres de terre dans le canton de Watford en mars 1867, et détient des hypothèques sur des lots dans Nicolet et des propriétés à Québec. Il investit dans l'industrie minière et manufacturière : il possède 1 530 actions, évaluées à 22 000 $, de la Compagnie anglo-canadienne pour l'exploitation des mines, dont il est l'un des membres du conseil d'administration de 1869 à 1871 ; il risque 7 500 $ en 1869 dans une manufacture d'acide sulfurique bâtie sur les terrains de la Compagnie des remorqueurs du Saint-Laurent à Lauzon ; la même année, il vend au marchand Valentine Cooke 30 000 billots de pin évalués à 20 000 $ et, en 1870, il en achète 80 000 de William Gerrard Ross, propriétaire d'un moulin à scier à Saint-Nicolas.

Le scandale de la Compagnie du chemin de fer du Pacifique du Canada, dévoilé par Lucius Seth Huntington* au printemps de 1873, annonce des années difficiles. McGreevy figure parmi les personnalités que sir Hugh Allan*, président de la compagnie, aurait attachées à sa cause par des pots-de-vin ou des paquets d'actions. L'affaire éclabousse le parti libéral-conservateur, qui essuie une défaite aux élections fédérales de 1874. McGreevy est élu mais, à la suite de l'abolition du double mandat, il renonce à son poste de conseiller législatif le 21 janvier 1874 pour poursuivre sa carrière aux Communes. Choix logique : Langevin, au cœur du réseau d'influence politique de McGreevy, opère sur la scène fédérale. La grave dépression des années 1873–1878, dont le début coïncide avec le scandale du Pacifique, cause davantage de soucis à McGreevy. Ayant obtenu grâce à Langevin et à George IRVINE, alors procureur général de la province de Québec, le contrat de construction du chemin de fer de la rive nord juste avant de remettre sa démission à titre de conseiller législatif, il se rend en Angleterre chercher des capitaux. Il en revient bredouille et s'efforce vainement de remplir les conditions de son contrat avec des capitaux privés et des subsides de la ville de Québec et du gouvernement provincial. Ce dernier n'a d'autre choix que d'intervenir. À l'automne de 1875, il fusionne donc le chemin à lisses de colonisation du nord de Montréal et le chemin de fer de la rive nord, sous le nom de chemin de fer de Québec, Montréal, Ottawa et Occidental, et en assume la construction par l'intermédiaire d'un ingénieur en chef et d'un bureau des commissaires. À McGreevy échoit, selon des clauses sévères mais non étanches, le contrat de construction de la section est pour la somme de 4 732 387 $. Les travaux progressent difficilement, ponctués par des grèves, la rivalité Québec-Montréal au sujet du tracé, le grenouillage des hommes politiques, des conflits entre les entrepreneurs et l'ingénieur en chef sur la qualité des matériaux et les extra. Le 15 juin 1880, le gouvernement prend possession de la section est qui a coûté beaucoup plus cher que prévu. L'affaire s'apparente à celle des édifice du Parlement : le parti conservateur aurait utilisé à son profit, par l'entremise des entrepreneurs qui ont financé les activités du parti et soutenu ses journaux, des montants d'argent destinés à la construction ferroviaire. Deux gros problèmes demeurent en suspens : une facture non payée à McGreevy d'au moins un million de dollars, pour des extra, qu'on soumet à un comité d'arbitrage et l'utilisation future du chemin de fer de Québec, Montréal, Ottawa et Occidental.

Au moment où la construction de ce chemin de fer touche à sa fin, les conservateurs reprennent le pouvoir à Ottawa en octobre 1878 ; Macdonald confie de nouveau les Travaux publics à Langevin l'année suivante et, du même coup, la succession politique de sir George-Étienne Cartier*. Langevin sent le besoin d'avoir à ses côtés un homme dévoué, discret et efficace, pour distribuer les nominations, les faveurs, les fonds électoraux, de façon à renforcer son autorité et à maintenir l'unité du parti. À cette époque, les partis politiques canadiens sont des partis de cadres, c'est-à-dire des formations dont la continuité et la vitalité sont assurées par des sénateurs, des députés et des directeurs de journaux. À défaut de membres qui paient une cotisation, ils recourent aux ristournes sur les contrats publics et à diverses formes de favoritisme pour raffermir la loyauté de leurs partisans et financer leurs activités. Dans ce système, le trésorier du parti, chargé de collecter des fonds auprès des gens à l'aise et de les distribuer selon les directives des chefs politiques, occupe un poste clé ; Langevin décide de le confier à McGreevy. La fonction convient bien à son profil d'éminence grise et à ses ambitions personnelles : elle lui ouvre les portes des arcanes du pouvoir, là où les hommes politiques et les gens d'affaires harmonisent leurs intérêts. Durant ses séjours à Ottawa, McGreevy s'installe tout naturellement dans la résidence de Langevin.

La vente du chemin de fer de Québec, Montréal, Ottawa et Occidental en 1882 est la première transaction importante à laquelle McGreevy est mêlé à titre de trésorier et d'homme d'affaires. En qualité de trésorier du parti, il joue le jeu de Langevin et du premier ministre de la province de Québec, Joseph-Adolphe CHAPLEAU, comme homme d'affaires, celui de Louis-Adélard Senécal*. La Compagnie du chemin de fer canadien du Pacifique achète la section ouest du chemin de fer. Le syndicat financier du chemin de fer de la rive nord, mis sur pied par McGreevy, de connivence avec Senécal qui, comme surintendant du Québec, Montréal, Ottawa et Occidental, est à la fois vendeur et acheteur, acquiert la section est au début de mars 1882. Le syndicat détient un actif de un million de dollars ; McGreevy souscrit des actions pour un montant de 100 000 $ et Senécal pour 160 000 $. L'affaire se déroule dans un grenouillage politique caractérisé par une vive rivalité entre la Compagnie du chemin de fer canadien du Pacifique, le Grand Tronc et Allan, déjà propriétaire de la Dominion Line. Le syndicat financier du chemin de fer de la rive nord revend son acquisition au Grand Tronc, puis ce dernier la cède à la Compagnie du chemin de fer canadien du Pacifique.

Jamais à court d'imagination, McGreevy fabrique de toutes pièces une autre mamelle pour alimenter Langevin en fonds électoraux. De nouveau membre du conseil d'administration de la Commission du havre de Québec depuis 1880, il s'entend en 1882 avec un groupe d'entrepreneurs de Québec – Michael et Nicholas Knight (Karrol) Connolly, Owen Eugene Murphy, Patrick Joseph LARKIN – pour frauder le trésor public. Il met son influence, ses appuis et ses renseignements privilégiés au service de la Larkin, Connolly and Company dans les adjudications, par le gouvernement fédéral, de travaux publics de dragage ; en retour, les propriétaires intègrent dans leur société son frère Robert à qui ils doivent verser une commission allant jusqu'à 30 % sur certains contrats. De 1882 à 1890, la mamelle est féconde : la firme reçoit des contrats à Québec et à Esquimalt, en Colombie-Britannique, évalués à plus de 3 millions de dollars ; Robert aurait reçu en commission 188 000 $, et Thomas 114 000 $ à des fins politiques et 58 000 $ à des fins personnelles. Senécal meurt en 1887 et McGreevy accède trois ans plus tard à la présidence de la Compagnie de navigation du Richelieu et d'Ontario (Senécal en avait déjà été le président). McGreevy est alors au faîte de sa puissance.

La force de McGreevy repose sur un minimum d'unité au sein du parti conservateur canadien et sur l'hégémonie de ce parti tant sur la scène canadienne que québécoise. L'affaire Riel en 1885 [V. Louis Riel*], qui occasionne la prise du pouvoir à Québec en 1887 par le libéral Honoré MERCIER, la montée fulgurante de Chapleau au sein du parti conservateur canadien au détriment de Langevin et une lutte à finir au Québec entre ultramontains et conservateurs modérés modifient radicalement la situation politique. Incapable désormais de concilier ses intérêts et ceux du parti, McGreevy commet une série de fausses manœuvres. Désireux d'empocher 1,5 million de dollars en extra sur la construction du chemin de fer de Québec, Montréal, Ottawa et Occidental, il se rapproche du premier ministre Mercier et finance de plus en plus les activités des libéraux québécois sur la scène provinciale. Par contre, au fédéral, il soutient Langevin dans la lutte qui l'oppose à Chapleau et aux Montréalais, au grand dam de l'intrigant Joseph-Israël Tarte*. Déçu du fait que son frère Robert, qui retire des sommes substantielles du contrat d'Esquimalt, refuse d'acquitter un ensemble de dettes envers lui qu'il évalue à quelque 400 000 $, McGreevy lui intente une action en Cour supérieure le 27 juin 1889. Est-ce là un indice que la zizanie s'installe au sein de la coalition qui écume le ministère des Travaux publics ? Au dire de McGreevy, son opposition à l'immixtion de certains de ses membres dans la direction de la Compagnie de navigation du Richelieu et d'Ontario, qu'il préside et dont Murphy fait partie, serait à l'origine d'une brouille avec son frère et ce dernier. Au début de 1890, McGreevy est un homme marqué. Les rivalités politiques sont trop vives et les intérêts en jeu s'avèrent trop considérables pour qu'un arbitrage entre les parties soit possible, comme en témoignent les vaines pressions faites sur Macdonald pour qu'il élimine, sinon le tandem Langevin-McGreevy, à tout le moins McGreevy.

Dès lors, les événements se précipitent. Tarte prend sur lui d'abattre le colosse. Le 18 avril 1890, dans son journal *le Canadien,* il répand la rumeur que Mercier s'apprête à verser à McGreevy 800 000 $ en règlement de ses réclamations pour le chemin de fer de Québec, Montréal, Ottawa et Occidental, dont 300 000 $ iraient garnir la caisse électorale libérale. Le 30 avril, Tarte dévoile le scandale de la Commission du havre de Québec à l'aide des témoignages de Murphy et de Robert McGreevy. L'affaire McGreevy fait la une des journaux. En vain, « l'oncle Thomas » – on dirait aujourd'hui le Parrain – fait arrêter Tarte pour diffamation le 5 mai et lui intente le 14 une action en dommages de 50 000 $. L'incendie allumé par Tarte prend de l'ampleur et atteint le tandem Langevin-McGreevy, puis le parti conservateur. Diverses tractations afin d'étouffer l'affaire en retardent l'issue, juste le temps de permettre à Mercier d'être réélu à Québec le 17 juin 1890 et à Macdonald de conduire une dernière fois ses troupes à la victoire au printemps de 1891. Lorsque les Communes se réunissent en mai 1891, l'affaire McGreevy est à l'ordre du jour. Le 11 mai, Tarte formule 63 chefs d'accusation. Le 26 mai, la chambre forme un comité dont l'enquête, interrompue momentanément par la mort de Macdonald le 6 juin, amène la révélation au Sénat du scandale du chemin de fer de la baie des Chaleurs le 4 août, la démission de Langevin le 11 et l'expulsion de McGreevy des Communes le 29 septembre.

Cette expulsion consomme la déchéance de McGreevy. Débouté devant la Cour du banc de la reine dans le procès qui l'oppose à son frère et n'ayant plus d'espoir d'obtenir des compensations pour ses activités ferroviaires, il est financièrement ruiné. Il loue à l'évêque anglican de Québec, Andrew Hunter Dunn, sa propriété de la rue d'Auteuil et transporte le loyer au nom de l'un de ses créanciers. Son frère Robert est condamné, puis emprisonné en mai 1892. Nicholas Knight Connolly et lui, tous deux accusés de conspiration pour frauder le trésor public d'une somme de plus de 3 millions de dollars et condamnés à un an de prison, sont incarcérés à la prison du district d'Ottawa le 22 novembre 1893. Le gouverneur général lord Aberdeen [Hamilton-Gordon*] commue leur peine le 1er mars 1894 sur l'avis favorable du cabinet qui a consulté deux médecins et pris les dispositions afin qu'on détruise les documents susceptibles de compromettre des membres du parti conservateur. Après sa sortie de prison, McGreevy livre un baroud d'honneur : il se fait réélire dans Québec-Ouest à une élection partielle en 1895 mais, comme la plupart de ses collègues conservateurs, il perd son siège aux élections générales de 1896. Il meurt intestat peu de temps après, le 2 janvier 1897, d'une défaillance cardiaque. Sa veuve et ses trois enfants encore vivants renoncent à la succession qui est lourdement hypothéquée.

Les historiens ont signalé les diverses conséquences politiques du scandale McGreevy : il a évincé Langevin de la course à la succession de Macdonald ; il a pavé la voie à l'avènement de sir Wilfrid Laurier* ; il a forcé les Communes à légiférer sur les relations entre les entrepreneurs et l'État ; enfin, il a contribué à accréditer la légende selon laquelle plus qu'ailleurs au Canada la corruption était au cœur de la vie politique québécoise. Peu d'historiens, cependant, ont considéré cette affaire – et toutes les autres du même genre – comme un révélateur des transformations qui ont affecté la vie politique canadienne au mitan du XIXe siècle et des facteurs qui les ont conditionnées. La démocratie libérale canadienne prend forme quand le Canada effectue le passage d'une société de type féodal à une autre de type capitaliste, et quand il passe du colonialisme à l'autonomie. Avec l'industrialisation et le chemin de fer apparaissent les classes modernes, et avec celles-ci, le gouvernement responsable et le système des partis politiques, rigides et bien nantis, instrument des groupes dominants. La boutade de sir Allan Napier MacNab* en 1851 – « Ma politique se résume dans les chemins de fer » – annonce une ère nouvelle où les rapports entre les classes et le pouvoir, entre les capitalistes et les hommes politiques, entre l'éthique et le politique se posent en termes nouveaux. Ces questions n'ont pas au XIXe siècle fait l'objet d'un grand débat public : relevées à l'occasion par des journalistes, elles ont été effleurées aux Communes mais jamais examinées à fond. Ainsi a pu s'établir un système de spoliation des fonds publics au service des groupes dominants dont Thomas McGreevy, « de loin le plus honnête homme de tous » au dire de sir Richard John Cartwright*, a été l'instrument et le bouc émissaire.

MICHÈLE BRASSARD ET JEAN HAMELIN

AC, Québec, État civil, Catholiques, St Patrick's Church, 4 janv. 1897 ; Minutiers, Philippe Huot, 29 nov. 1866 ; William Bignell, 30 janv., 27 août, 26 oct. 1869, 27 janv. 1870. — AN, MG 26, D, 193 ; 201 ; MG 29, D36 ; RG 13, A3, 656. — ANQ-Q, CE1-1, 31 juill. 1825, 30 janv. 1867 ; CE1-58, 4 févr. 1861 ; E17/23, n° 1593 ; P-134 ; P1000-67-1348 ; T10-1/29 ; 56 ; 76 ; T11-1/1030. — ASQ, Séminaire, 230, n° 159. — AVQ, Conseil, conseil de ville, procès-verbaux, 1861–1863. — Canada, chambre des Communes, *Débats,* 1870 ; 6–7, 16 mai 1890 ; 11, 13, 27 mai 1891. — *Canadian Architect and Builder* (Toronto), 6 (1893) : 122. — Québec, Conseil législatif, *Journaux,* 1868–1873. — *Le Canadien,* 1er févr., 30 avril, 18, 20, 25 sept., 1er–2, 7–8 oct., 1er nov.–4 déc. 1890. — *L'Électeur,* 11, 17 nov. 1893, 2 mars 1894. — *Gazette* (Montréal), 4 janv. 1897. — *Montreal Daily Star,* 4 janv. 1897. — *Quebec Daily Mercury,* 2, 5 janv. 1897. — *Canadian biog. dict.,* 2 : 341–342. — *Canadian directory of parl.* (Johnson), 411. — *CPC,* 1867–1896. — Geneviève Guimont Bastien *et al., Inventaire des marchés de construction des archives civiles de Québec, 1800–1870* (3 vol., Ottawa, 1975). — Langelier, *Liste des terrains concédés,* 1664. — *Quebec directory,* 1847–1897. — A. J. H. Richardson *et al., Quebec City : architects, artisans and builders* (Ottawa, 1984). — Wallace, *Macmillan dict.* — Lucien Brault, *Ottawa old & new* (Ottawa, 1946). — Christina Cameron, *l'Architecture domestique du Vieux-Québec* ([Ottawa], 1980) ; « Charles Baillairgé, architect (1826–1906) » (thèse de PH.D., univ. Laval, 1982). — R. [J.] Cartwright, *Reminiscences* (Toronto, 1912). — Davin, *Irishman in Canada.* — Désilets, *Hector-Louis Langevin.* — Gervais, « l'Expansion du réseau ferroviaire québecois ». — L. L. LaPierre, « Politics, race and religion in French Canada : Joseph Israël Tarte » (thèse de PH.D., Univ. of Toronto, 1962). — Michel Stewart, « le Québec, Montréal, Ottawa et Occidental, une entreprise d'État, 1875–1882 » (thèse de PH.D., univ. Laval, 1983). — Waite, *Canada, 1874–96* ; *Man from Halifax.* — S. E. Woods, *Ottawa, the capital of Canada* (Toronto et Garden City, N.Y., 1980). — B. J. Young, *Promoters and politicians.* — « Les Disparus », *BRH,* 39 (1933) : 511. — L. L. LaPierre, « Joseph Israël Tarte and the McGreevy-Langevin scandal », SHC *Rapport,* 1961 : 47–57.

McINNES (MacInnes), DONALD, homme d'affaires et homme politique, né le 26 mai ou le 15 octobre 1824 ou 1826 à Oban, Écosse, fils de Duncan McInnes, éleveur, et de Johanna Stuart ; le 30 avril 1863, il épousa Mary Amelia Robinson, et ils eurent cinq fils et une fille ; décédé le 1er décembre 1900 à Clifton Springs, état de New York, et inhumé à Hamilton, Ontario.

La famille de Donald McInnes immigra dans le Haut-Canada en 1840 et s'établit dans le canton de Beverly, à la source du lac Ontario, dans une ferme de 200 acres que le père exploita jusqu'à sa mort en 1852. Donald, qui avait commencé sa carrière d'homme d'affaires à Dundas, était déjà bien établi à Hamilton sous la raison sociale de D. McInnes and Company, concessionnaire et marchand de tissus en gros. Il avait peut-être lancé son entreprise en s'associant à Guy R. Prentiss, capitaliste de New York, mais il en était devenu propriétaire avec ses frères Hugh et Alexander. À diverses reprises, il s'associa aussi à John Calder de Hamilton. Au début, McInnes importait beaucoup de New York, où il faisait la plupart des achats lui-même, parfois selon les instructions précises des détaillants, parfois même, dans les premières années, pour des particuliers. De plus en plus cependant, il importa ses tissus d'Angleterre, en passant par Montréal. Il put ainsi se procurer des cotonnades imprimées de qualité supérieure et établir des contacts importants dans le milieu des affaires montréalais. Dans la mesure du possible, il aimait s'approvisionner au Canada, comme le démontrent ses achats dans une filature de coton de la région de Niagara pendant les années 1860. On sait aussi qu'il a tenté sans succès d'exporter des vêtements de confection canadienne en Grande-Bretagne.

Avec Isaac Buchanan*, McInnes représenta le Board of Trade de Hamilton au congrès des bureaux de commerce qui eut lieu à Detroit en 1865, ce qui indique bien le prestige dont il jouissait parmi les gens d'affaires de sa ville. Au début des années 1870, la D. McInnes and Company avait la réputation d'être le plus important grossiste de tissus à l'ouest de Toronto. C'était indéniablement une très grande entreprise : même en juillet 1879, en pleine dépression, elle avait dans son entrepôt de Hamilton un stock que le *Monetary Times* évaluait à 250 000 $.

Homme ambitieux, McInnes rechercha une certaine intégration verticale de ses activités. Ainsi il fournit de l'argent à son frère Alexander qui s'associa à William Eli SANFORD pour ouvrir une manufacture de vêtements à Hamilton en 1861. Malgré la prospérité de l'établissement, l'association fut dissoute en 1871. Donald McInnes avait alors déjà commencé à diversifier ses placements dans la fabrication de textiles. En 1867, avec des hommes d'affaires comme George Stephen* et Warwick M. Hopkins, de Montréal, John Proctor, de Hamilton, et John Warwick, de Speedsville, petite localité lainière du comté de Wellington, il avait fondé la Cornwall Manufacturing Company, dont il fit reconstruire la filature en 1871. Au début de l'année suivante, avec Stephen, Bennett Rosamond*, Donald Alexander Smith* et d'autres, il s'assura une part importante des actions de la Canada Cotton Manufacturing Company de Cornwall, société lancée pour concurrencer la Stormont Cotton Manufacturing Company des Montréalais Andrew Frederick Gault* et Robert Leslie Gault. Comme ils ne payaient aucun droit sur le coton brut et que les importations de coton apprêté étaient soumises à un droit de 15 % depuis 1867, McInnes et d'autres manufacturiers pouvaient espérer réaliser un profit substantiel sur le marché intérieur protégé. Durant plusieurs années, McInnes fut président et administrateur délégué du conseil de cette compagnie dont la filature allait être, pour un temps et même durant la dépression du milieu des années 1870, la plus grande au Canada, avec 20 000 fuseaux et 350 employés. La société prit de l'expansion en 1882 et embaucha plus de 200 nouveaux ouvriers. Pour grossir sa clientèle, McInnes essaya au cours des années 1880 de faire imprimer en Angleterre certaines cotonnades fabriquées à Cornwall.

Comme la distribution des marchandises était d'une importance vitale pour la prospérité de son commerce de gros, McInnes engagea des capitaux dans l'expansion du réseau de transport du sud-ouest de l'Ontario. Ainsi, après avoir investi dans la Great Western Railway, l'une des entreprises par lesquelles Hamilton souhaitait affirmer son hégémonie commerciale dans la région, il en devint administrateur et vice-président. En 1872, son intérêt croissant pour les chemins de fer ainsi que sa position dans la société l'incitèrent à acheter Dundurn Park, l'ancienne résidence du premier grand homme politique des chemins de fer de Hamilton, sir Allan Napier MacNab*. McInnes allait d'ailleurs beaucoup s'occuper de la politique concernant les chemins de fer. La même année, il fut l'un des administrateurs temporaires de la Compagnie du chemin de fer du Pacifique du Canada. Puis, après s'être porté candidat à la direction d'un consortium qui se chargerait de construire le chemin de fer canadien du Pacifique en 1880, il fut membre du conseil d'administration de la compagnie à compter de 1888. Il chercha également à obtenir un soutien politique pour la South Saskatchewan Valley Railway Company, société constituée juridiquement en 1880.

Comme bien d'autres hommes d'affaires, McInnes avait compris le rôle important que pouvaient jouer les banques locales pour accélérer le commerce. Hamilton, entrepôt du commerce de gros du sud-ouest ontarien, était en pleine croissance ; la faiblesse de la Gore Bank puis sa fusion avec la Banque canadienne de commerce en 1870 rendaient donc urgente la création d'une autre banque locale, la Bank of Hamilton. McInnes joua un rôle clé dans la formation de cette dernière et en fut le premier président, de 1872 à 1881. Il s'assura ainsi des facilités de crédit suffisantes pour ses diverses entreprises. De plus, il plaça des capitaux dans la Compagnie d'assurance du Canada sur la vie, qui avait son siège social à Hamilton et dont il fut l'un des administrateurs.

Après avoir connu autant de richesse, de prestige et de pouvoir, McInnes laisserait à sa mort une succession relativement modeste, évaluée à environ 82 000 $. Il avait bien sûr essuyé d'importants revers durant la dépression de 1874 à 1879, et aussi par la suite. Le Great Western Railway, pourtant nécessaire à son commerce de gros, n'était pas particulièrement rentable. La dépression avait aussi ralenti l'intégration des filatures que McInnes avait recherchée en investissant massivement dans la compagnie de coton de Cornwall. Celle-ci, inondée en 1887, ne fut pas non plus épargnée par les conflits de travail. Après une grève mineure en 1883, elle en connut d'autres plus importantes. Quoique de courte durée, celle de 1888 fut particulièrement pénible. Regroupés sous la bannière des Chevaliers du travail [V. Daniel John O'Donoghue*], les ouvriers protestaient contre les réductions salariales que la compagnie menaçait d'appliquer pour soutenir la concurrence. Avec une prudence rare chez un homme aussi déterminé, McInnes opta pour un compromis sur la question salariale et n'entama pas de poursuites contre les grévistes appréhendés. Un autre conflit éclata néanmoins l'année suivante. La compagnie avait profité de la prospérité du début des années 1880 mais, depuis 1883, elle devait affronter une rivalité impitoyable sur le marché intérieur. McInnes, qui défendait les cartels dans l'industrie textile avec une ardeur qui n'avait rien de surprenant, était devenu en 1883 président de la

Cotton Manufacturers' Association, qui s'était donné pour objectif de réglementer les prix et la production.

Les sommes considérables que McInnes investit dans la Canada Iron and Steel Company de Londonderry, en Nouvelle-Écosse – société dans laquelle il était associé à des capitalistes écossais et à des investisseurs montréalais comme Hugh Allan* (jusqu'en 1874), Alexander Thomas Paterson, George Stephen et J. Greenshields – ne lui rapportèrent pas beaucoup non plus ; il y perdit même de l'argent. L'entreprise ne jouissait pas d'un bon accès aux matières premières ni aux débouchés, ses relations ouvrières étaient mauvaises et ses techniques de production peut-être trop expérimentales. Elle s'écroula en 1883 non sans avoir englouti énormément d'argent. La South Saskatchewan Valley Railway Company ne s'avéra pas très rentable non plus pour McInnes.

Les sociétés d'importation et de distribution en gros, qui formaient la base commerciale des entreprises de McInnes, furent également déficitaires. Les réseaux de distribution changèrent et Hamilton cessa progressivement d'être l'entrepôt du sud-ouest ontarien. À deux reprises dans les années 1870, la rumeur voulut que McInnes transporte ses activités à Toronto. Il dut donc diversifier ses placements. À la géographie mouvante des affaires s'ajouta la gravité de la dépression des années 1870. Obligé, par son commerce de gros, d'accorder d'importantes marges de crédit à ceux qui le suivaient dans la chaîne de distribution, McInnes était mal placé pour faire face à la crise. En 1894 d'ailleurs, il affirmerait que l'Acte concernant la faillite, adopté par le Parlement d'Ottawa en 1875, avait permis à certains de ses débiteurs de se soustraire facilement à leurs obligations, et qu'il « en [avait] très gravement souffert ». Les catastrophes naturelles ne l'épargnèrent pas non plus. En 1870, un incendie à la McInnes and Calder, l'une des entreprises dans lesquelles il était associé, lui fit perdre de grosses sommes. Une vente aux enchères d'une durée de trois jours et précédée d'un battage publicitaire lui permit toutefois d'en récupérer une bonne partie grâce à des innovations comme l'interdiction de réserver la marchandise, les mesures de crédit pour les particuliers, des repas gratuits et une tournée générale pour les quelque 300 acheteurs présents. L'incendie qui rasa ses bureaux et son immense entrepôt de Hamilton le 1er août 1879 allait cependant l'atteindre beaucoup plus durement. Le magnifique bâtiment, assuré pour 86 000 $, et le stock qu'il contenait, assuré pour 159 000 $ mais qui valait, dit-on, 100 000 $ de plus, furent complètement détruits. La McInnes and Company, que la dépression avait forcée à outrepasser son crédit, aboutit à un compromis avec ses créanciers au terme d'une réunion tenue à Montréal et accepta de payer comptant 0,45 $ pour chaque dollar de dette. McInnes abandonna le commerce de gros en 1882.

Sur le plan personnel, McInnes était un homme cultivé, charmant et qui savait s'exprimer. Il aimait s'entourer d'élégance, comme en témoignent les rénovations importantes qu'il apporta à sa résidence ainsi que les clubs sélects qu'il fréquenta : le Hamilton Club, le Toronto Club, le Manitoba Club de Winnipeg, le Rideau Club d'Ottawa, le Club St James de Montréal, le United Empire Club du parti conservateur, à Toronto, et le Hamilton Golf Club, dont il assura la présidence en 1897. L'achat de Dundurn Park et les réceptions qu'il offrait aux notables, dont le gouverneur général lord Lorne [Campbell*], montrent qu'il savait jouer la carte du rang social quand il le fallait. Dans sa jeunesse, il avait été capitaine dans la milice et, bien qu'il ait démissionné en 1863, il avait toujours un sens poussé de l'importance de la place que chacun se taille dans la société. Profondément attaché à la Grande-Bretagne, McInnes se rendit en Angleterre et en Écosse pour affaires, s'abonna au *Blackwood's Edinburgh Magazine* et tint à ce que tous ses fils fassent une partie de leurs études en Grande-Bretagne. Il avait attendu d'être bien établi pour épouser, à la cathédrale anglicane St James de Toronto en 1863, Mary Amelia Robinson, quatrième fille de feu sir John Beverley Robinson*, ancien juge en chef. Quoiqu'il ait pu être presbytérien dans sa jeunesse, McInnes devint anglican pratiquant. Sa femme mourut en 1879. En 1883, pour des raisons inconnues, il avait commencé à écrire son nom MacInnes.

McInnes avait un sens aigu de son intérêt personnel et de celui de son groupe et de sa classe, et il l'exprima dans ses activités politiques. Il avait aussi une conception étonnamment claire de la Confédération, qu'il voyait comme un moyen d'agrandir le marché intérieur, et même avant 1867 il tenta quelques percées vers les Maritimes. En 1866, il était déjà convaincu de la nécessité d'instaurer une protection tarifaire énergique pour ce marché élargi. Son attachement à sir John Alexander MACDONALD et au parti conservateur devint des plus manifestes après 1867. Aux élections de 1872, sir John lui demanda de se porter candidat dans Hamilton en lui faisant remarquer que la réduction des recettes fédérales, attribuable à la suppression des droits sur le thé et le café, de même que les dépenses que laissait entrevoir la construction du chemin de fer transcontinental rendraient inévitable l'augmentation des droits de douane. McInnes refusa mais il usa de son prestige et de son autorité pour apporter votes et argent aux conservateurs. Déjà en 1873, Macdonald le considérait comme un excellent choix pour le Sénat.

McInnes fut de ceux qui, au milieu des années 1870, persuadèrent Macdonald de la nécessité de la protection douanière, et le rôle important qu'il joua à cet égard consolida les relations entre les deux hommes. Voulant illustrer par un exemple lourd de sens les dommages que la concurrence internationale était en train d'infliger au Canada durant la dépression, McInnes écrivit avec fougue au chef conservateur en 1877 pour lui dire que l'industrie du coton « cr[evait] de faim... et n'arriv[ait] pas à joindre les deux bouts » et qu'elle réclamait un marché à grands cris. Or, soutenait-il, le dumping des cotons américains détruisait ce marché. Certes, le déclin rapide et imprévisible des prix du tissu dans le contexte d'une concurrence serrée tant sur le marché intérieur qu'extérieur faisait en sorte que même les droits imposés en 1874 par le gouvernement d'Alexander MACKENZIE, soit 10 % sur le fil de coton et 17,5 % sur le coton apprêté, constituaient une protection insuffisante pour les manufacturiers canadiens qui produisaient du coton non teint et non imprimé. Au cours de la campagne électorale de 1878, qui allait mettre fin au pouvoir des libéraux, McInnes travailla sans relâche dans Cornwall et dans Hamilton pour assurer la victoire conservatrice. Il joua un rôle d'organisateur pour la Dominion National League, groupe protectionniste dont le parti conservateur et l'Ontario Manufacturers' Association reconnaissaient la paternité, fournit de l'argent à diverses associations locales du parti, et s'abaissa jusqu'à appliquer des méthodes que l'on peut presque qualifier de coercitives pour influencer les électeurs. D'ailleurs, l'année suivante, on contesterait l'élection de Darby BERGIN dans Cornwall à cause des « méthodes corrompues » que l'on avait appliquées en son nom. McInnes usa aussi de son influence auprès des gens d'affaires. À titre de vice-président de la très protectionniste Ontario Manufacturers' Association, il prononça de nombreux discours pour les persuader de la nécessité de la protection douanière. Partiellement récompensé en 1879 par un tarif qui imposait des droits élevés sur les produits de coton, il s'inquiétait néanmoins du manque de fermeté du ministre des Finances, Samuel Leonard TILLEY. D'autres récompenses suivirent : en 1880, McInnes obtint la présidence d'une commission royale d'enquête sur l'organisation du service civil puis, le 24 décembre 1881, la charge de sénateur qu'il avait convoitée.

Dans une lettre à Macdonald en 1879, McInnes avait affirmé que les manufacturiers ne devaient pas « agir dans un esprit purement égoïste, pour leur intérêt personnel ». Et il ajoutait : « Pour ma part du moins, je méprise complètement cette attitude. » Ses activités commerciales de 1879 et son rôle dans la South Saskatchewan Valley Railway Company durant les années 1880 montrent que ce qu'il prenait chez les autres pour un « esprit égoïste » devenait chez lui du patriotisme industriel. Satisfait des droits protecteurs imposés sur le coton en 1879, il s'attaqua aux droits sur le fer en gueuses. D'après lui, le montant de 2 $ la tonne était insuffisant pour que l'usine sidérurgique de Londonderry soit rentable, et il signala sans détour à Macdonald les lourdes pertes que l'usine subissait. Quand il comprit que les droits ne seraient pas majorés, à cause des pressions exercées par les fondeurs et les fabricants de sous-produits du fer, il rechercha l'appui du gouvernement par d'autres moyens. Ainsi il s'adressa au ministre des Travaux publics, Charles Tupper*, pour que l'Intercolonial, régi par le gouvernement, subventionne le transport du fer de la Nouvelle-Écosse vers les marchés du centre du pays. Au cours des années suivantes, il continua à demander une augmentation des droits sur le fer tandis que les grands consommateurs industriels demandaient l'inverse ; parmi ceux-ci se trouvait Hart Almerrin MASSEY, qui cherchait en même temps à obtenir une hausse des tarifs pour protéger ses instruments aratoires, tout comme McInnes le faisait pour son coton.

En qualité de président de la South Saskatchewan Valley Railway Company, McInnes se permit aussi d'adresser à Macdonald comme à d'autres d'innombrables requêtes spéciales. Les demandes pour l'application, sur la ligne de chemin de fer proposée, de tarifs de transport de marchandises supérieurs à la normale s'ajoutaient à celles pour que le gouvernement concède des terrains à la compagnie. Ces requêtes faisaient suite à la conclusion d'ententes selon lesquelles une entreprise de construction dans laquelle McInnes était associé ferait des travaux sur un chemin de fer financé par l'État. En cela, McInnes est bien représentatif des hommes d'affaires de la fin du XIXe siècle, qui se servaient de leurs relations personnelles pour favoriser leurs propres intérêts ou ceux de leur groupe.

La South Saskatchewan Valley Railway Company était à la fois un symbole et un instrument de la fascination croissante que l'Ouest canadien exerçait sur le sénateur McInnes. Séduit par les profits énormes que George Stephen et ses collègues avaient réalisés grâce aux premiers tronçons du chemin de fer canadien du Pacifique dans les Prairies durant le boom du début des années 1880, il avait conçu son chemin de fer comme un tributaire de celui de Stephen. Il en aurait probablement tiré des profits tout aussi énormes s'il était parvenu à le faire construire mais, vers 1883, une autre compagnie ferroviaire dirigée par le groupe d'Allan de Montréal, la Manitoba and North Western, avait réussi à le déjouer. Ses voyages dans le sud de la Saskatchewan amenèrent McInnes à vanter la splendeur de cette région et à plaider la cause des colons devant Macdonald en lui faisant part de leur inquiétude face au monopole ferroviaire et de la nécessité de construire de nouvelles voies ferrées, d'améliorer le service postal et de nommer des agents des terres qui comprennent vraiment les règlements fonciers. Malheureusement, rares sont les lettres dans lesquelles il aurait pu exprimer la déception qu'il devait ressentir devant le nombre réduit de colons installés dans la région dans les années 1880. Toutefois, la véritable dynamique sociale et politique de l'Ouest lui échappait. McInnes ne comprit pas, par exemple, que la rébellion du Nord-Ouest de 1885 [V. Louis Riel*] avait ses racines dans l'Ouest même ; il ne voyait là qu'une manifestation du nationalisme français du Québec, qu'il fallait juguler selon lui.

Si elle n'eut rien de remarquable, la carrière de McInnes au Sénat n'en fut pas moins assez occupée. Jusqu'à la mort de Macdonald en 1891, il œuvra en qualité de collecteur de fonds et d'organisateur conservateur. Durant les premières années qui suivirent sa nomination en 1881, il ne se mêla pas beaucoup aux débats et aux activités législatives du Sénat mais, par la suite, il consacra presque tout son temps à faire progresser les projets de loi de constitution de sociétés, surtout ferroviaires. Il réserva sa fougue d'orateur pour préconiser une réforme de la fonction publique, quoiqu'il ait à l'occasion parlé aussi de commerce et de tarifs douaniers, de développement de l'Ouest et de projet de loi sur la faillite. En 1881, la commission royale d'enquête dont il était président avait souligné la nécessité de réorganiser la fonction publique et de lui donner un caractère professionnel inspiré du modèle britannique, en appliquant les concours d'entrée et la promotion au mérite et en créant une commission de la fonction publique dotée d'un rôle de surveillance. Comme il l'expliquerait longuement en 1891 et en 1895, même si l'Acte concernant le service civil de 1882 n'avait pas été aussi sévère que sa commission l'avait recommandé, il était prêt à s'attribuer le mérite de ce que cette loi avait de bon. Son dernier long discours de sénateur, prononcé en 1895, portait sur la nécessité d'une autre réforme de la fonction publique. Par la suite, il fit assez peu de discours et cessa de participer aux débats après 1898.

Donald McInnes prit une part moins active aux affaires et à la vie politique au cours des années 1890, car les hommes influents qu'il avait bien connus étaient ou à la retraite ou décédés. Après une attaque d'apoplexie qui le laissa partiellement paralysé, il alla s'établir à Toronto, probablement pour être près de l'un de ses fils. De santé délicate, il consolida sa fortune, vendit Dundurn Park à la municipalité de Hamilton en 1899, apparemment pour 50 000 $, et rechercha les cures de repos. C'est au cours de l'une d'elles qu'il mourut, le 1er décembre 1900, à Clifton Springs. Son service funèbre eut lieu à l'église anglicane All Saints de Hamilton.

BEN FORSTER

AN, MG 24, D16 : 23183 ; MG 26, A ; RG 16, A1. — AO, RG 22, sér. 205, n° 5112 ; RG 55, partnership records, Wentworth County, copy-book, n° 12 ; declarations, nos 222, 625, 864, 875–876. — Baker Library, R. G. Dun & Co. credit ledger, Canada, 25 : 225 (mfm aux AN). — HPL, Arch. file, Brown–Hendrie papers, reminiscences of Adam Brown, 10–11 ; Scrapbooks, H. F. Gardiner, 218 : 58–59. — Canada, chambre des Communes, *Journaux*, 1876, app. 3 : 142 ; Sénat, *Débats*, 7 mars 1889, 5 mars, 18 avril 1890, 20 août 1891, 17 avril 1894, 29 mai, 15 juill. 1895. — *HBRS*, 31 (Bowsfield). — Ontario Manufacturers' Assoc., *Report of proc. of annual meeting* (Toronto), 1877 : 3. — *Hamilton Spectator*, 1er déc. 1900. — *Monetary Times*, 8–22 août 1879, 31 août–14 sept., 12 oct. 1883. — *CPC*, 1883–1885 ; 1887. — *Cyclopædia of Canadian biog.* (Rose et Charlesworth), 1. — *DHB*. — [J. J.] B. Forster, *A conjunction of interests : business, politics, and tariffs, 1825–1879* (Toronto, 1986) ; « Finding the right size : markets and competition in mid- and late nineteenth-century Ontario », *Patterns of the past : interpreting Ontario's history* [...], Roger Hall *et al.*, édit. (Toronto et Oxford, Angl., 1988), 150–173. — Elinor Kyte Senior, *From royal township to industrial city : Cornwall, 1784–1984* (Belleville, Ontario, 1983), 228.

McINTYRE, ALEXANDER, soldat et homme d'affaires, né le 10 mars 1841 dans le canton de Lobo, Haut-Canada, fils de Joseph McIntyre, fermier ; en 1872, il épousa Margaret Malissa Falconer, et ils eurent trois enfants ; décédé le 7 juin 1892 à Winnipeg.

Alexander McIntyre constitue un exemple typique des Ontariens qui vinrent s'établir au Manitoba et qui refirent la province à l'image de la leur au cours des années 1870 et 1880. En qualité de membre de l'expédition militaire menée par le colonel Garnet Joseph Wolseley*, qui atteignit la colonie de la Rivière-Rouge en août 1870, il fut l'un des premiers parmi ces aventuriers, sans toutefois être le plus jeune. Âgé de près de 30 ans à cette époque, il avait travaillé à la ferme de son père après de brèves études à l'école publique. Il était devenu tireur d'élite dans la milice ontarienne, et la prime d'engagement obtenue pour sa participation à l'expédition de la Rivière-Rouge fut probablement sa première entrée de capital.

Le certificat de prime d'engagement accordé aux militaires leur donnait droit à 160 acres du territoire apparemment inoccupé de la nouvelle province. C'est peut-être la vente de biens fonciers comme celui-là qui permit à McIntyre de s'associer à un certain McIvor et d'ouvrir le White Saloon, rue Main à Winnipeg, en 1871. À partir de là, McIntyre continua à faire de la spéculation foncière, surtout avec les certificats de concession de terres aux sang-mêlé qui inondèrent le marché foncier en 1876. Tout comme ceux des primes d'engagement, ces certificats étaient échangeables seulement contre des terres ; cependant, à la différence des primes, on les émettait sous forme de billets imprimés en coupures de 20 $ et 160 $. Considérés comme de la monnaie et non comme des titres de propriété foncière, ils attiraient les spéculateurs, surtout parce qu'ils pouvaient servir, à leur pleine valeur nominale, à l'obtention de crédit bancaire. Persuadés que les certificats ne leur permettraient d'acheter que des terres sans valeur (des prairies dénudées, loin des abords de la rivière qu'ils préféraient), la plupart des Métis les échangèrent contre 4 $ ou 5 $ en argent comptant par certificat de 20 $. Les acheteurs de certificats pouvaient alors s'en servir comme nantissement de crédit supplémentaire ou pour acheter des biens fonciers. D'une façon ou d'une autre, ils réalisaient facilement un rendement de cinq pour un. McIntyre les utilisa des deux façons et put ainsi donner de l'expansion à ses affaires.

McIntyre s'était joint à un autre associé en 1879 pour former la McIntyre and McCulloch, « Grossistes en vins, spiritueux et cigares ». L'entreprise continua d'occuper les locaux de la rue Main. Après la montée en flèche du marché des lots de ville de Winnipeg en 1880–1881, McIntyre se lança seul dans l'activité qui allait faire son renom. En 1882, il fit démolir plusieurs petits immeubles près de l'endroit où était situé son ancien commerce, et il finança la construction d'un immeuble à bureaux de quatre étages. Comme les travaux s'effectuèrent en trois étapes distinctes, à mesure qu'il put acheter du terrain et organiser le financement de la construction, les détails architecturaux de l'immeuble varièrent selon les dates de réalisation des travaux, soit 1884, 1886 et 1890. Néanmoins, dans les années 1890, les journaux décriraient l'immeuble McIntyre, surtout construit de brique rouge, comme « la plus imposante et jolie construction commerciale de la ville ».

Cet immeuble représentait certainement l'avoir le plus important de McIntyre. Préoccupé de sa construction, il refusa une invitation à poser sa candidature aux élections municipales de Winnipeg en 1886. Ses activités dans la milice furent les seules en dehors du monde des affaires ; on le nomma officier payeur du 91st Battalion of Infantry (Manitoba Light Infantry) en 1889, et il maintint sa réputation de tireur d'élite. S'il resta loin de la politique municipale, c'est aussi à cause d'une maladie chronique et débilitante pour laquelle il se rendit jusqu'à Los Angeles dans l'espoir d'obtenir une guérison. De retour à Winnipeg après une amélioration sensible de son état, il entreprit la construction d'une magnifique résidence, mais ne vécut pas jusqu'à la fin des travaux. Il laissa une succession évaluée à 280 000 $; de ce montant, le McIntyre Block représentait une valeur de 178 000 $.

L'immeuble témoin de la carrière d'Alexander McIntyre ne survécut pas longtemps à son constructeur ; un incendie le détruisit en 1898. William Litchfield, gérant de l'immeuble et principal administrateur de la succession de McIntyre, en supervisa la reconstruction selon un plan plus vaste et plus symétrique. C'est cet immeuble que l'on connut durant près de 75 ans sous le nom de McIntyre Block.

D. N. SPRAGUE

AN, RG 15, DII, 1, vol. 1479–1482. — Office nationale du Film (Winnipeg), *The McIntyre Block*, Bob Lower, réalisateur (Winnipeg, 1977). — PAM, MG 14, C92. — Begg et Nursey, *Ten years in Winnipeg*. — *Manitoba Morning Free Press*, 8 juin 1892, 3 févr. 1898. — *Winnipeg Daily Tribune*, 2 févr. 1898. — I. J. Saunders *et al.*, *Early buildings in Winnipeg* (Canada, Direction des parcs et lieux hist. nationaux, *Travail inédit*, n° 389 (7 vol., Ottawa, 1974–1977). — Schofield, *Story of Manitoba*, 2 : 206–209. — D. N. Sprague, « Government lawlessness in the administration of Manitoba land claims, 1870–1887 », *Manitoba Law Journal* (Winnipeg), 10 (1980) : 415–441.

McINTYRE, DUNCAN, homme d'affaires, né le 23 décembre 1834 à Callander, Écosse ; le 6 juin 1861, il épousa à Montréal Jane Allan Cassils, et ils eurent deux fils ; décédé le 13 juin 1894 à ce dernier endroit.

Duncan McIntyre immigra dans le Haut-Canada avec sa famille en 1849. Apprenti au magasin que son père tenait à Renfrew, en région rurale, il rejoignit ensuite à Montréal son oncle Robert McIntyre à la Stuart, McIntyre and Company, qui vendait des marchandises sèches et faisait de l'importation en gros. C'était l'une des meilleures maisons de commerce de la ville, et le jeune Duncan y fit son chemin : d'abord commis et teneur de livres, il devint associé en second. La dépression qui frappa les affaires vers le milieu des années 1850 l'amena à acquérir la dureté, l'obstination et le pragmatisme qui caractérisaient alors les marchands écossais de Montréal. En 1864, il prit la succession de son oncle à la présidence de la compagnie, qui porta tour à tour le nom de McIntyre, Denoon, and Henderson, de McIntyre, Denoon, and French et de McIntyre, French and Company, puis devint la McIntyre, Son and Company en 1884. Deux ans plus tôt, elle avait emménagé dans un édifice neuf, au carré Victoria : le McIntyre Block.

L'entreprise étendit ses activités jusque dans la haute vallée du Saint-Laurent et dans celle de l'Outaouais, ainsi que dans les Cantons-de-l'Est. Au début des années 1860, McIntyre se mit donc à investir dans deux compagnies dont les chemins de fer desservaient bon nombre de ses meilleurs clients, le Brockville and Ottawa Railway et la Compagnie du chemin de fer du Canada central. C'est ainsi qu'il fit la connaissance de l'entrepreneur en chef de ces chemins de fer, Asa Belknap Foster*. Né au Vermont et installé dans les Cantons-de-l'Est, celui-ci voulait intéresser les propriétaires bostoniens de chemins de fer à la vallée de l'Outaouais. La Compagnie du chemin de fer du Canada central, que des promoteurs de la vallée de l'Outaouais avaient constituée juridiquement en 1861 en vue d'intégrer cette ligne à celle qui relierait Québec au lac Huron, exploitait une locomotive à partir de sa gare principale, à Carleton Place, dans le Haut-Canada, où sa ligne rejoignait celle du Brockville and Ottawa Railway. Comme le chemin de fer du Canada central occupait une position stratégique et avait une activité soutenue (approvisionnement des colons et transport du bois de la riche vallée de l'Outaouais), il semblait appelé à devenir un maillon du futur chemin de fer transcontinental. Dès 1870, Hugh Allan* y avait investi de fortes sommes, car il espérait le fusionner au chemin à lisses de colonisation du nord de Montréal, qui longeait l'Outaouais du côté québécois. En 1871–1872, Allan réunit un syndicat financier et obtint du gouvernement conservateur de sir John Alexander MACDONALD le marché de construction d'une ligne transcontinentale. Cependant, le scandale du Pacifique, provoqué en partie par des révélations de Foster, réduisit ses efforts à néant.

Tandis qu'on révélait les dessous du scandale, McIntyre se faisait discret et s'employait à accroître son commerce de gros dans la vallée de l'Outaouais. Toutefois, après la défaite du gouvernement Macdonald, il appuya les libéraux d'Alexander MACKENZIE. Ceux-ci remportèrent la victoire à cause du scandale du Pacifique mais, après enquête, le candidat de McIntyre dans la circonscription ontarienne de Renfrew South fut déclaré défait. Ami du nouveau premier ministre et l'un des principaux actionnaires de la Compagnie du chemin de fer du Canada central, McIntyre fut invité en 1874 à entrer au conseil d'administration de cette compagnie. Il aida Foster à évincer Allan et l'avocat de celui-ci, John Joseph Caldwell ABBOTT, et il accéda bientôt à la présidence. Cela aurait pu lui arriver à un meilleur moment. Les effets d'un effondrement survenu sur le marché financier américain ne tardèrent pas à se faire sentir au Canada, et la dépression fit chuter les affaires de la compagnie. Peu de temps après, elle avait plus de 2 millions de dollars de dettes. La crise refroidit l'enthousiasme que suscitait le chemin de fer transcontinental. Le gouvernement Mackenzie résolut de le construire étape par étape et confia à Foster et à McIntyre le contrat de construction du tronçon du Canada central de Douglas au terminus de la baie Géorgienne et leur accorda une subvention de 12 000 $ le mille, ce qui représentait entre la moitié et les deux tiers du coût.

McIntyre savait comment survivre à une dépression et avait assez de capital pour attendre que la tourmente passe, mais Foster, lui, se trouva à court. En 1877, il fit faillite et mourut après avoir purgé une courte peine pour dettes dans une prison du Vermont. McIntyre, grâce à des subventions de l'Ontario, termina le chemin de fer. À la fin de 1877, il réussit à avoir la haute main sur la Compagnie du chemin de fer du Canada central en faisant preuve d'astuce : il offrit aux créanciers anglais de la compagnie un million, soit 50 cents par dollar. Dès 1878, les affaires reprenaient. La Compagnie du chemin de fer du Canada central et le Brockville and Ottawa Railway connaissaient un regain de vie au moment où Macdonald était de nouveau au pouvoir, bien décidé à réaliser son projet de transcontinental. McIntyre se tenait sur sa route avec, en main, la clé de l'Ouest. Macdonald et sir Charles Tupper* convainquirent son ancien adversaire, Abbott, de régler ce problème en servant de catalyseur ; dès juin 1880, on formait un consortium réunissant McIntyre et un groupe d'investisseurs de la Banque de Montréal et de la Hudson's Bay Company dirigé par les cousins George Stephen* et Donald Alexander Smith*. McIntyre s'entendit avec ses garants britanniques et s'engagea par contrat à vendre la Compagnie du chemin de fer du Canada central au consortium pour 3 millions de dollars. À titre de président de la compagnie, il entama officiellement les négociations du consortium avec le gouvernement. Il proposait de construire une ligne transcontinentale en échange d'une concession foncière de 35 millions d'acres et d'une subvention de 26,5 millions de dollars. En juillet, Macdonald et deux de ses ministres se mirent en route pour l'Angleterre afin de rechercher d'autres offres. McIntyre était sur le même navire. Quand il n'y eut plus que le groupe de McIntyre à manifester de l'intérêt pour le projet, Macdonald et lui passèrent deux semaines à s'entretenir avec sir John Rose*, financier et ancien ministre du cabinet canadien. Le 4 septembre, après avoir obtenu l'assentiment de Stephen, à Montréal, ils convinrent que le gouvernement remettrait 25 millions d'acres de terre et 25 millions de dollars au consortium. Le 21 octobre, après le retour de Macdonald et de McIntyre au Canada, le contrat qui créait le consortium du chemin de fer canadien du Pacifique fut signé. McIntyre et Stephen remirent une garantie de un million de dollars au ministre des Finances, sir Samuel Leonard TILLEY, le 16 février 1881.

Le lendemain – jour d'inauguration des affaires à la Compagnie du chemin de fer canadien du Pacifique – McIntyre assuma la vice-présidence. Son travail consistait à prolonger le Canada central jusqu'à Sault-Sainte-Marie, en Ontario, et à assurer la liaison avec la baie Thunder en organisant un service de bateaux à vapeur. Dès l'automne de 1882, le chemin de fer se rendait à North Bay. Cependant, McIntyre passait la plus grande partie de son temps à New York et à Londres, car la situation financière de la compagnie était de plus en plus précaire. En mai 1884, lassé du travail et du caractère de Stephen, et fatigué de risquer sa fortune personnelle et la McIntyre, Son and Company pour appuyer les efforts désespérés de financement de Stephen, il vendit ses 20 000 actions à ce dernier et à Smith. La vice-présidence passa à un professionnel des chemins de fer, William Cornelius Van Horne*. Heureux de le voir partir, Stephen écrivit par la suite à Macdonald que McIntyre avait été « affreusement mesquin et lâche tout au long de ces 5 années [et] impitoyable pour les intérêts des autres quand il pouvait promouvoir les siens ». « Quand McIntyre a déserté la compagnie, ajoutait-il, il a décidé de la faire « *éclater* » et de nous faire perdre à

Smith et à moi jusqu'à notre dernier dollar dans l'effondrement. » Effectivement, quelques mois après son départ, McIntyre força la main à Stephen en menaçant la Compagnie du chemin de fer canadien du Pacifique de la poursuivre si elle ne remboursait pas ses dettes à la McIntyre, Son and Company. Après avoir payé, Stephen refusa tout rapport avec McIntyre, déclarant à la ronde qu'il ne pouvait pas supporter de se trouver dans la même pièce que lui. Quant à McIntyre, il affichait, selon les mots d'un contemporain, « le tranquille mépris qu'ont tous les bons hommes d'affaires pour les projets des visionnaires ». Il avait foi en ce qui était systématique ; or, à ses yeux, les méthodes de financement de Stephen ne l'étaient sûrement pas.

McIntyre vécut un certain temps dans une maison de la rue Dorchester (boulevard René-Lévesque). Ensuite, il la vendit à son voisin, Donald Alexander Smith, pour s'installer plus loin, sur le flanc du mont Royal, dans une résidence romantique de style gothique franco-écossais. En 1891, il se mit à acheter de gros paquets d'actions du chemin de fer du Grand Tronc, à Londres, dans l'espoir de mettre la main sur cette compagnie et d'en réinstaller le siège social à Montréal. Il fut élu au conseil d'administration la même année, mais ne réussit pas à convaincre celui-ci de s'établir au Canada. Cependant, il contribua à empêcher le Grand Tronc et la Compagnie du chemin de fer canadien du Pacifique de se livrer une guerre de tarif et de trajets. Son intervention ennuya le public mais augmenta la cote de solvabilité des deux compagnies auprès des détenteurs britanniques d'obligations.

Dans le courant de sa carrière, McIntyre avait investi temps et argent dans d'autres secteurs que les chemins de fer. Il participa à la fondation de la Compagnie d'assurance royale canadienne en 1873 et de la Compagnie canadienne de téléphone Bell en 1880. Il investit dans la Canada North-West Land Company, l'Allis Chalmers, la Dominion Bridge Company Limited [V. Job Abbott], l'Amalgamated Asbestos, la Canadian Light and Power Company et le Windsor Hotel, dont il fut président jusqu'à sa mort en 1894. Ses fils, William Cassils et John Malcolm, lui succédèrent à la direction de la McIntyre, Son and Company.

Duncan McIntyre était l'un des grands barons écossais de Montréal. Il contribua en 1857 à la fondation de la Société calédonienne, aux compétitions de laquelle il participait. Deux fois président de la Société Saint-André, il se faisait une fierté de porter le kilt aux bals qu'elle donnait. On a dit que « sa façon d'être, par sa brusquerie, [ressemblait] beaucoup à celle de [Thomas] Carlyle » et que pour lui le monde se séparait en deux camps : ceux « qui étaient disposés à l'admirer » – c'étaient là ses amis personnels – et ceux qui « lui résistaient » – « et qu'il considérait comme ses ennemis mortels ». Perspicace et dissimulé, instruit par l'expérience de la crise économique, il avait toujours une bonne réserve de capital et se trouvait toujours au bon endroit au bon moment. On le surnommait le « Napoléon canadien de la finance ». Un an avant sa mort, on estimait que sa fortune se situait entre 2 et 5 millions, ce qui, selon une évaluation de l'époque, faisait de lui l'un des cinq hommes les plus riches du Canada.

Alastair Sweeny

AN, MG 26, A. — ANQ-M, CE1-121, 15 juin 1894 ; CE1-130, 6 juin 1861. — *Monetary Times*, 15 juin 1894. — *Montreal Daily Star*, 13 juin 1894. — *Saskatchewan Herald*, 22 juin 1894. — *Canadian men and women of the time* (Morgan ; 1912). — A. W. Currie, *The Grand Trunk Railway of Canada* (Toronto, 1957). — H. A. Innis, *A history of the Canadian Pacific Railway* (2e éd., Toronto, 1971).

McINTYRE, PETER, prêtre catholique et évêque, né le 29 juin 1818 à Cable Head, Île-du-Prince-Édouard, fils d'Angus McIntyre et de Sarah MacKinnon, tous deux de l'île de North Uist ou de South Uist, Écosse ; décédé le 30 avril 1891 à Antigonish, Nouvelle-Écosse.

Benjamin d'une famille de huit enfants, Peter McIntyre se destina tôt au service de l'Église. Ses parents avaient débarqué à l'île Saint-Jean (Île-du-Prince-Édouard) en 1790 avec un fort contingent d'immigrants des Highlands d'Écosse, dont l'abbé Angus Bernard MacEachern*, futur évêque. Ce dernier prit l'habitude de célébrer des offices chez les McIntyre, une fois qu'ils furent installés à Cable Head, sur la rive nord de l'île. Selon Peter McIntyre, son père vécut toujours dans « l'aisance » ; d'après la tradition locale, il possédait un petit navire marchand.

Sur les instances de Mgr MacEachern, qui l'avait pris sous son aile, le jeune Peter se prépara au séminaire, en fréquentant d'abord une modeste école de campagne, à McAskill River, puis le collège diocésain St Andrew, fondé en 1831. Après la mort de l'évêque, en 1835, McIntyre entra au séminaire de Saint-Hyacinthe, dans le Bas-Canada. De là, il passa au collège de Chambly, puis entreprit des études sacerdotales au grand séminaire de Québec en septembre 1840. L'évêque Pierre-Flavien Turgeon* l'ordonna prêtre à cet endroit le 26 février 1843.

Cet été-là, McIntyre retourna dans le diocèse de Charlottetown, qui comptait bien peu de prêtres. Mgr Bernard Donald Macdonald* le nomma assistant du père Sylvain-Éphrem Perrey* à Miscouche pour desservir l'ouest du comté de Prince. À l'automne de 1844, on l'affecta à la mission de Tignish, à la pointe nord-ouest de l'île. Il allait y demeurer 16 ans et s'y tailler la réputation de pasteur le plus en vue du diocèse.

La partie ouest de l'Île-du-Prince-Édouard avait été peuplée bien après les autres ; aussi la population, composée surtout d'Acadiens et d'Irlandais catholiques, était-elle pauvre. McIntyre semble avoir eu un énorme ascendant sur ses ouailles. Il parlait couramment le français et l'anglais, était imposant et entêté, débordait d'énergie et manifestait des talents d'organisateur et d'administrateur. En 1859–1860, il supervisa de près la construction d'une nouvelle église paroissiale à Tignish ; ce fut le couronnement de son pastorat. De façon tout à fait caractéristique, il avait choisi la brique pour l'église St Simon and St Jude, alors que dans la colonie on utilisait surtout le bois.

En 1857, au nom de Mgr Macdonald, dont la santé fléchissait, McIntyre avait mené à Montréal, avec les religieuses de la Congrégation de Notre-Dame, des négociations qui aboutirent en septembre à la fondation d'un couvent à Charlottetown par quatre d'entre elles. À la mort de Macdonald, le 30 décembre 1859, McIntyre était son successeur logique. Nommé évêque de Charlottetown le 8 mai 1860, il fut sacré le 15 août par l'archevêque Thomas Louis Connolly* en la cathédrale St Dunstan, à Charlottetown, avec James Rogers*, évêque du nouveau diocèse de Chatham, au Nouveau-Brunswick.

McIntyre héritait d'un diocèse en pleine expansion et cruellement dépourvu de prêtres. Au sein d'une société coloniale où la polarisation des groupes religieux s'accentuait, le diocèse devait fonctionner dans un environnement où la promotion du fanatisme des électeurs était devenue un moyen de se faire élire. Selon le recensement de 1861, l'île comptait 35 852 catholiques, ce qui représentait environ 45 % de la population. Pour les desservir, il n'y avait que 14 prêtres. À mesure qu'ils devenaient mieux établis, les catholiques revendiquaient de plus en plus vigoureusement l'égalité de droits et de statut. Cette attitude, jointe aux échos du mouvement d'Oxford qui leur parvenaient de Grande-Bretagne, faisait craindre aux protestants de l'île une offensive catholique. En 1856, une controverse autour de la lecture de textes bibliques dans les écoles du réseau public de la colonie, qui était multiconfessionnel, avait annoncé une ère de querelles politiques et religieuses. Mgr Macdonald craignait que l'on soumette les petits catholiques à une coercition morale, et il s'était donc opposé à l'imposition de ces lectures. Profitant des passions que soulevait ce débat, l'opposition conservatrice, dirigée par Edward Palmer*, présenta un programme antipapiste et détrôna le gouvernement libéral de George Coles* aux élections de 1859. Certes, les conservateurs firent un compromis en 1860 (ils autorisèrent les lectures bibliques sans commentaire durant les heures de classe seulement pour les enfants dont les parents le demandaient), mais la situation était telle que la controverse ne pouvait s'arrêter là. Elle allait durer pendant presque tout l'épiscopat de McIntyre.

Le nouvel évêque était tout le contraire de son timide prédécesseur. Par bien des côtés, il incarnait les aspirations de ses diocésains, car l'égalité sociale, politique et économique des catholiques de l'île était un objectif qui lui tenait à cœur. En tant qu'homme, il était peut-être humble, mais le prélat lui, se révéla volontaire, parfois même opiniâtre. Il dirigeait le diocèse d'une main de fer et ne tolérait aucune opposition. Dans un sermon prononcé à sa mort, l'un de ses anciens protégés, Cornelius O'Brien*, archevêque de Halifax, allait le comparer au sévère patriarche biblique Néhémie. Assurément, McIntyre, à cheval sur le protocole, tenait à ses prérogatives et aimait les cérémonies. De plus, il avait l'habitude de voir les choses se dérouler comme il l'entendait. En février 1890, vers la fin de sa vie, il écrivit à Mgr Rogers : « J'ai foi dans le sage principe qui veut que l'homme doive être, en un sens, sa propre providence, et doive pourvoir à toutes les éventualités sous la main infaillible du Tout-Puissant. »

Dans les affaires ecclésiastiques, McIntyre était un ultramontain convaincu. Il fit cinq voyages à Rome : en 1862, 1869–1870, 1876–1877, 1880 et 1889. Au premier concile du Vatican, en 1869–1870, il rompit avec son archevêque, Connolly, pour appuyer la promulgation immédiate du dogme fort controversé de l'infaillibilité du pape. De toute évidence, son ultramontanisme colora tous les aspects de son épiscopat.

Le diocèse de Charlottetown prospéra sous le vigoureux leadership de McIntyre. Ce fier Écossais semblait bien s'entendre avec ses diocésains irlandais et acadiens. À l'instar de ses prédécesseurs, c'est à l'archevêque de Québec qu'il demandait des missionnaires pour les Acadiens de l'Île-du-Prince-Édouard et des îles de la Madeleine, et c'est aussi à Québec qu'il envoyait les Écossais, Irlandais et Acadiens candidats à la prêtrise afin qu'ils y complètent leur formation. Pendant son épiscopat, 58 prêtres furent ordonnés pour servir dans le diocèse ou y œuvrèrent ; en 1891, plus de 30 prêtres y travaillaient. Sur ses instances, une union diocésaine de sociétés catholiques d'abstinence totale s'organisa en 1877, et en 1888 il fonda une autre société de ce genre, la League of the Cross.

Il revint à McIntyre de superviser la construction de bâtiments ecclésiastiques adaptés à une communauté catholique plus nombreuse, mieux installée et plus prospère que celle qu'avaient connue ses prédécesseurs. Cette tâche lui convenait tout à fait. Outre 25 nouvelles églises, il fit construire 21 presbytères et 8 couvents ; un certain nombre d'entre eux furent dessinés par un résident de l'île, William Critchlow Harris*. En 1862, il entama la réfection en brique des murs décrépits du St Dunstan' College, établissement diocésain. En 1875, il érigea un « palais » épiscopal en pierre à Charlottetown. En 1879, il transforma son ancienne résidence en un hôpital de 14 lits, le premier de Charlottetown ; on l'agrandit en 1882, huit ans avant que ne commence la construction d'un nouvel immeuble. À sa mort, il s'occupait des plans d'une nouvelle cathédrale de pierre.

McIntyre était un négociateur habile et déterminé lorsqu'il s'agissait de trouver du personnel pour ces établissements. Outre la Congrégation de Notre-Dame, qui était surtout un ordre enseignant, il convainquit les Frères des écoles chrétiennes et les Sœurs de la charité de l'Hôpital Général de Montréal de s'installer dans le diocèse : les premiers vinrent en 1870 tenir une école catholique de garçons à Charlottetown, les secondes assumèrent la charge du nouvel hôpital en 1879. Cependant, McIntyre ne réussit pas toujours à retenir ceux qui venaient. En 1880, après bien des pourparlers, il persuada la Compagnie de Jésus de diriger le St Dunstan's College pendant cinq ans. Déçus de la situation et des perspectives d'avenir du collège, les jésuites partirent après un an seulement, malgré ses véhémentes protestations.

L'œuvre de la Propagation de la foi, sise à Lyon, finançait, à la demande de McIntyre, une partie des ses ambitieux projets, mais les ressources du diocèse ne suffisaient pas. Cette pénurie chronique de fonds de même que ses idées sur l'éducation l'amenèrent à réclamer l'assistance de l'État, ce que la majorité protestante de l'île voyait d'un fort mauvais œil.

L'éducation fut en effet l'un des soucis constants de McIntyre. Il ouvrit une demi-douzaine d'écoles, et il présidait les cérémonies de fin d'année avec enthousiasme. Il s'intéressait tellement au St Dunstan's College qu'on en vint presque à l'associer davantage à l'établissement que le fondateur lui-même, Mgr Macdonald. Lorsque des difficultés financières et administratives faillirent en provoquer la fermeture en 1884, c'est McIntyre qui insista pour qu'il reste ouvert. Selon lui, non seulement la religion et l'éducation pouvaient-elles aller de pair, mais elles le devaient. Pendant les 17 premières années de son épiscopat, il demanda maintes fois aux gouvernements successifs de l'île de subventionner le réseau scolaire catholique qu'il édifia peu à peu, selon les besoins, dans les années 1860 et 1870.

McIntyre s'était embarqué dans le carrousel politique en 1861, lorsqu'il s'engagea dans des entretiens privés avec le gouvernement conservateur d'Edward Palmer. Ce dernier avait remporté le scrutin de 1859 en jouant sur les sentiments anticatholiques des électeurs protestants et tentait depuis de se concilier les catholiques de l'île. McIntyre souhaitait obtenir du gouvernement une subvention annuelle pour le St Dunstan's College. Non seulement ses négociations avec le secrétaire de la colonie, William Henry Pope*, échouèrent, mais elles déclenchèrent des récriminations dans les journaux locaux. McIntyre s'abstint de participer à la polémique, mais il prit comme porte-parole le père Angus McDonald*, recteur du St Dunstan's College, qui défendit ses coreligionnaires dans une série de virulents échanges épistolaires avec divers protestants, dont Pope et David Laird*. En octobre 1862, pour mieux faire valoir le point de vue des catholiques, McIntyre fonda à Charlottetown un journal militant, le *Vindicator* ; l'imprimeur était Edward Reilly* et le rédacteur en chef McDonald, présume-t-on. Au moment où une poursuite judiciaire obligea le journal à cesser de paraître, en octobre 1864, le débat sur l'éducation ne suscitait plus tant d'intérêt. Comme la réconciliation n'avait pas eu lieu, Palmer et les conservateurs avaient tablé de nouveau sur la crainte qu'une éventuelle offensive des catholiques inspirait aux protestants pour se faire réélire en janvier 1863.

Les libéraux, avec le soutien traditionnel des électeurs catholiques, reprirent le pouvoir en 1867 sous George Coles. Le 3 mars 1868, McIntyre demanda officiellement au gouvernement de subventionner le St Dunstan's College et trois couvents en faisant simplement valoir que ces établissements faisaient le travail du système d'enseignement public (près de 500 élèves fréquentaient « ses » écoles, dont les trois quarts sans frais).

Menacé de perdre ses appuis protestants, le cabinet libéral refusa de présenter la requête de l'évêque à la chambre d'Assemblée. Les libéraux, dirigés par Robert Poore HAYTHORNE, furent réélus en juillet 1870. Toutefois, agacés par les tergiversations incessantes du parti sur la question scolaire, plusieurs libéraux catholiques, sous l'impulsion de George William Howlan* et d'Andrew Archibald Macdonald*, passèrent en août au parti conservateur de James Colledge Pope*, ce qui fit tomber le nouveau gouvernement.

Pendant trois ans, le débat sur le financement public des « écoles de l'évêque », de même que la question de la Confédération et celle des chemins de fer compliqua une situation politique déjà instable. Pendant cette période, le pouvoir politique de McIntyre atteint son apogée. Après la mort du fidèle libéral catholique Edward Whelan*, en 1867, il en vint à dominer les députés catholiques. À un rythme quasi étourdissant, il tentait de les convaincre de soutenir le chef politique qui, selon le moment, semblait le plus favorable à ses revendications en matière scolaire (elles comprenaient désormais un réseau complet d'écoles séparées financé à même les deniers publics).

McIntyre tenait farouchement à ce que la colonie entre dans la Confédération et espérait qu'elle ratifie avec le Canada une entente qui reconnaîtrait le droit aux écoles confessionnelles. Prise dans un chaos financier, l'Île-du-Prince-Édouard entama finalement des négociations sérieuses avec le dominion en 1873. McIntyre pressa les députés catholiques de la colonie de soutenir le chef conservateur, James Colledge Pope, aux élections précipitées qui devaient se tenir en avril sur l'entrée dans la Confédération. Toujours sur son avis, les députés catholiques aidèrent Pope, victorieux, à former un gouvernement, mais quand McIntyre constata que le premier ministre ne légiférait pas sur les écoles confessionnelles et ne les inscrivait pas dans ses négociations avec le Canada, il exigea, furieux, que les députés catholiques se prononcent contre la Confédération. Convaincus que la colonie devait y entrer et estimant que leur honneur d'hommes politiques était en jeu, ils refusèrent. Par dépit, semble-t-il, McIntyre fit campagne pour les libéraux aux premières élections fédérales qui se tinrent dans l'île, en septembre 1873. Devenus entre-temps de farouches partisans d'un système d'enseignement non confessionnel, ceux-ci acceptèrent froidement son appui sans lui faire aucune concession. Par la suite, son influence politique décrut.

Après une autre période d'accalmie, la question scolaire devint le principal enjeu des élections provinciales en 1876. Une coalition formée surtout de libéraux et dirigée avec compétence par Louis Henry Davies* préconisait l'« école libre », c'est-à-dire un système public non confessionnel. À défaut d'un meilleur défenseur, McIntyre soutint Pope, qui promettait une sorte de plan de « paiements sur résultats » sans aller toutefois jusqu'à accepter le principe de la séparation. Les libéraux remportèrent la victoire haut la main, et le *Public Schools Act* de 1877 vint officialiser le système non confessionnel.

McIntyre organisa des pétitions contre cette loi et fit lui-même pression sur Ottawa pour qu'on refuse de la reconnaître. Il ne réussit pas, mais parvint tout de même à un accommodement avec le premier ministre de la province, Davies. Comme la survie du réseau scolaire catholique qui existait dans les faits dans le diocèse était ainsi assurée, McIntyre s'occupa beaucoup moins de politique et consacra dorénavant ses énergies considérables à l'administration du diocèse. À mesure que les partisans d'un système confessionnel cessèrent de se manifester politiquement, les conflits ouverts entre groupes religieux s'apaisèrent.

En août 1885, McIntyre célébra en grande pompe le jubilé d'argent de son épiscopat. Peu après cependant, des problèmes cardiaques de plus en plus graves l'assaillirent. Dès 1889, il avait lui-même choisi son successeur, le père James Charles MacDonald, recteur du St Dunstan's College. Il fit pression en faveur de la nomination de ce dernier, malgré l'opposition d'autres évêques des Maritimes, et poursuivit même ses efforts en ce sens au cours de sa dernière visite *ad limina* à Rome en 1889. Une dernière fois, il obtint ce qu'il voulait. Le 28 août 1890, MacDonald fut sacré évêque titulaire de Hirena et coadjuteur de l'évêque de Charlottetown, avec droit de succession.

Une dernière incursion en politique, en faveur du conservateur Howlan, au début de 1891, aggrava l'état de McIntyre. Mais il n'était pas homme à se reposer. La mort le surprit à Antigonish, chez l'évêque John Cameron* ; il était alors en route pour le monastère trappiste de Tracadie [V. Jacques Merle*].

Selon l'historiographie religieuse, l'Île-du-Prince-Édouard n'a guère eu de plus grands évêques que McIntyre. Tant sur le plan spirituel que temporel, le diocèse connut de si grands progrès pendant son épiscopat qu'au moment de sa mort c'était encore un territoire missionnaire en principe, mais non dans les faits. Il faut cependant reconnaître que même si ce progrès était lié en partie à la durée de l'épiscopat de McIntyre et au fait que l'île quittait son époque pionnière, le vigoureux leadership de l'évêque fut sans aucun doute un facteur déterminant. Les historiens séculiers ont été moins tendres avec lui. Par exemple, Ian Ross Robertson signale avec raison que, même si « l'évêque accumula beaucoup de pouvoir politique au fil des ans, il n'apprit pas à bien l'utiliser ». On aurait cependant tort de croire que pour McIntyre les hommes politiques devaient se soumettre à son autorité comme des prêtres ou des paroissiens. Courtois mais non affable, digne mais sans diplomatie, intelligent mais dépourvu de subtilité, McIntyre n'était en fait tout simplement pas doué pour le jeu de la politique. La conciliation et le compromis n'étaient pas son fort. Quand on le provoquait, il exprimait sa colère et sa frustration en fanfaronnades, intimidation et récriminations futiles. Étant donné le climat politique et religieux, toute négociation avec lui semblait déboucher sur un affrontement et, dans le contexte politique, jamais il n'apprit à réconcilier une pluralité de catholiques avec une majorité protestante militante.

En définitive, comme représentant d'un groupe d'intérêt particulier, les catholiques, Peter McIntyre échoua. Néanmoins, aucun évêque de Charlottetown n'a laissé une impression aussi profonde dans le diocèse. Il ne dirigeait pas, il régnait. Des générations plus tard, dans les foyers catholiques de l'île, on parlerait encore de lui en disant simplement « l'évêque ».

G. EDWARD MACDONALD

AAQ, 12 A, N : f° 42r° ; 310 CN, I–II (mfm à la Charlottetown Public Library). — Arch. de la Compagnie de Jésus, prov. du Canada français (Saint-Jérôme, Québec), E. I. Purbeck, corr. avec le supérieur de la Mission canadienne, 1879–1889. — Arch. de la Propagation de la Foi (Paris), Assoc. de la Propagation de la Foi, Charlottetown, rapport sur des missions (mfm aux AN). — Arch. de l'évêché de Bathurst (Bathurst, N.-B.), Group II/2 (Rogers papers) (mfm aux APNB). — Arch. of the Diocese of Charlottetown, Pastorals, corr., and other materials relating to the episcopal tenure of Peter McIntyre, particulièrement boxes 3/6, 4, 5/3. — Arch. privées, Reginald Porter (Charlottetown), McIntyre memorabilia, including photographs and personal corr. ; related materials on Tignish, Î.-P.-É., and its church. — ASQ, Reg. du grand séminaire, n° 432 ; Séminaire, 74 ; 142 ;

148 ; 159 ; Univ., 27, 45, 47, 49, 54, 80–81, 89. — Diocese of Charlottetown Chancery Office, Records of St Dunstan's Univ. (Charlottetown). — Soc. of Jesus, English Prov., Dept. of Historiography and Arch. (Londres), AB/5 (Canada), E. I. Purbeck au père provincial, [automne 1879]. — Supreme Court of Prince Edward Island (Charlottetown), Estates Division, liber 12 : f° 556 (mfm aux PAPEI). — Univ. of P.E.I. Arch. (Charlottetown), Materials relating to the history of the Univ. of P.E.I. and its predecessors, particulièrement St Dunstan's Univ. — Î.-P.-É., House of Assembly, *Debates and proc.*, 1856–1877 ; *Journal*, 1831, warrant book ; 1862, app. A ; 1868, app. FF ; Legislative Council, *Debates and proc.*, 1856–1877. — *Silver jubilee celebrations of their lordships bishops McIntyre and Rogers, Charlottetown, August 12, 1885* ([Charlottetown, 1885]). — *Charlottetown Herald*, 1864–1868, 1870–1871, 1881–1892, particulièrement 12 août 1885, 6 mai, 10 juin 1891. — *Daily Examiner* (Charlottetown), 17, 29 mars 1880, 11 août 1885, 26 juill., 18 sept. 1889, 1er–2, 4 mai 1891. — *Daily Patriot* (Charlottetown), 2 mai 1891. — *Examiner* (Charlottetown), 12 oct. 1857 ; 1861–1869, particulièrement 15, 28 août 1861 ; 1er juill. 1870. — *Islander*, 7 déc. 1860, 8, 22 févr., 8, 22 mars, 19, 26 juill., 2, 9 août 1861, 28 nov. 1873. — *Island Guardian*, 8 mai 1891. — *Vindicator* (Charlottetown), oct. 1862–oct. 1864. — Georges Arsenault, *Religion et les Acadiens à l'Île-du-Prince-Édouard, 1720–1980* (Summerside, Î.-P.-É., 1983). — *Canada's smallest prov.* (Bolger). — F. C. Kelley, *The bishop jots it down : an autobiographical strain on memories* (3e éd., New York, 1939). — G. E. MacDonald, « And Christ dwelt in the heart of his house » : a history of St. Dunstan's University, 1855–1955 » (thèse de PH.D., Queen's Univ., Kingston, Ontario, 1984). — W. P. H. MacIntyre, « The longest reign », *The Catholic Church in Prince Edward Island, 1720–1979*, M. F. Hennessey, édit. (Charlottetown, 1979), 71–102. — J. C. Macmillan, *The history of the Catholic Church in Prince Edward Island from 1835 till 1891* (Québec, 1913). — I. R. Robertson, « Religion, politics, and education in P.E.I. ». — I. L. Rogers, *Charlottetown : the life in its buildings* (Charlottetown, 1983). — Lawrence Landrigan, « Peter MacIntyre, bishop of Charlottetown, P.E.I. », SCHEC *Report*, 20 (1953) : 81–92.

McKAY, ANGUS (baptisé **Auguste**), il signait **MacKay** dans les années 1890, homme politique et fonctionnaire, né le 1er novembre 1836 à Edmonton House (Edmonton, Alberta), fils de James McKay et de Marguerite Gladu ; il épousa Virginie Rolette, et ils eurent sept enfants ; décédé en 1897 ou après.

Le père d'Angus McKay, trafiquant de fourrures, était natif du Sutherlandshire, en Écosse, et sa mère était de descendance crie et canadienne-française. De religion catholique, McKay semble s'être identifié davantage à la collectivité francophone à laquelle appartenait sa mère qu'à la communauté presbytérienne anglophone dont était issu son père. Comme son frère James*, il parlait couramment le français, l'anglais et différentes langues indiennes de l'ouest du Canada.

McKay s'établit à la colonie de la Rivière-Rouge, dans la paroisse Saint-Charles, puis dans celle de Saint-François-Xavier, où sa maison, détruite par un incendie en 1874, passait « indubitablement [pour] la plus belle dans la province ». Pendant les troubles de 1869–1870, il se distingua parmi le groupe de Métis opposés à Louis Riel* qu'on nomma plus tard le parti de Donald Alexander Smith*. Ces gens n'approuvaient pas certaines des tactiques que Riel utilisait pour obtenir des concessions du Canada. Smith, envoyé à la Rivière-Rouge en décembre 1869 à titre de commissaire spécial du gouvernement du Canada auprès du gouvernement provisoire formé par Riel, avait laissé ses documents officiels à Pembina (Dakota du Nord) pour éviter leur saisie. McKay et deux autres Métis escortèrent Richard Charles Hardisty* qui revenait avec les papiers, afin de s'assurer qu'ils arrivent jusqu'à leur destinataire. Quand Smith lut les documents en public le 19 janvier 1870, Riel fut forcé de reconnaître la fonction officielle du commissaire. Le 10 mars, Riel arrêta McKay et un autre Métis, apparemment pour les empêcher de communiquer avec l'évêque Alexandre-Antonin TACHÉ qui, croyait-il, avait l'intention de miner son autorité. Désigné par Smith comme l'un des 11 « francophones loyaux », McKay allait recevoir du gouvernement fédéral, en 1875, un dédommagement de 250 $.

En décembre 1870, McKay, qui s'affichait comme « conservateur » depuis la Confédération, fut élu sans opposition député de la circonscription de Lac-Manitoba à l'Assemblée législative de la nouvelle province du Manitoba. L'année suivante, il assista à plusieurs assemblées des Métis, dont celle que Riel tint à sa maison de Saint-Vital le 6 octobre. À cette réunion, il était de ceux qui partageaient l'avis que les Métis devaient réagir positivement à la proclamation du lieutenant-gouverneur Adams George ARCHIBALD qui appelait tous les hommes à se joindre au gouvernement pour contrer une invasion possible des féniens [V. William Bernard O'Donoghue*]. En mars 1871, il s'était présenté dans Marquette aux élections spéciales tenues pour désigner les premiers représentants du Manitoba à la chambre des Communes. McKay et le docteur James Spencer Lynch, partisan bien connu de John Christian SCHULTZ, obtinrent le même nombre de voix. Même si, en avril 1872, les Communes déclarèrent les deux hommes « élus » dans la même circonscription, qui ne devait être représentée que par un seul député, et qu'ils prirent leur siège à des jours différents, ils se retirèrent aussitôt après, tandis que le comité des élections analysait le problème. Le Parlement fut dissous avant la présentation du rapport du comité. McKay ne se présenta pas aux élections générales fédérales qui eurent lieu plus tard la même année mais, aux élections provinciales de décembre 1874, il obtint de nouveau son siège, sans opposition.

Probablement à la demande du lieutenant-gouverneur Alexander Morris*, successeur d'Archibald, McKay démissionna de son poste de député en décembre 1876 pour céder sa place à son frère James, qui remporta sans opposition le siège de Lac-Manitoba le mois suivant. Comme il avait été convenu qu'Angus serait nommé à un poste au gouvernement, il accepta vers la fin de 1876 le poste d'agent des Affaires indiennes pour des régions du sud des Prairies et de la vallée de la Qu'Appelle régies par le traité n° 4.

La carrière d'Angus McKay au sein du département des Affaires indiennes fut mouvementée. Dans ses rapports, il critiquait, souvent vertement, le non-respect des promesses du gouvernement énoncées dans le traité et transmettait les plaintes des Indiens. Des responsables du département croyaient qu'il incitait les Indiens à exprimer leur insatisfaction ; ils l'envoyèrent donc dans le nord du Manitoba, d'abord à la réserve des rapides Grand en 1879 puis, en 1883, à celle de la rivière Berens où, espérait-on, il causerait « peu ou pas d'ennui ». Malgré ses nombreuses demandes de mutation, il demeura jusqu'en 1897 agent des Affaires indiennes dans le secteur régi par le traité n° 5.

SARAH A. CARTER

AN, RG 10, B3, 3632, file 6379 ; 3642, file 7581 ; 3648, files 8162-1-2 ; 3742, file 29196 ; 3784, file 41161 ; 3806, files 52, 201 ; 3946, file 123454 ; 3985, files 172, 596. — Arch. de la Soc. hist. de Saint-Boniface (Saint-Boniface, Manitoba), Fonds Picton, dossiers McKay, Rolette. — PAM, MG 3, D1, n°s 4, 74, 82, 149, 159, 168, 550, 588, 620 ; MG 12, B1, corr., n°s 57, 993, 1235, 1237, 1395, 1697 ; B2, corr., n°s 42, 51. — Begg, *Red River journal* (Morton). — Canada, chambre des Communes, *Débats*, 1871–1872. — *Canadian directory of parl.* (Johnson). — *CPC*, 1872–1876. — *Pioneers of Manitoba* (Morley *et al.*). — *The Honourable James McKay* ([Winnipeg], 1982). — J. L. Holmes, « Factors affecting politics in Manitoba : a study of the provincial elections, 1870–99 » (thèse de M.A., Univ. of Manitoba, Winnipeg, 1936). — A.-H. de Trémaudan, *Hold high your heads : (history of the Métis nation in western Canada)*, [Elizabeth Maguet, trad.] (Winnipeg, 1982). —

McKAY (Mackay), JOSEPH WILLIAM, trafiquant de fourrures, explorateur, homme d'affaires, homme politique, juge de paix et fonctionnaire, né le 31 janvier 1829 à Rupert's House (Waskaganish, Québec), fils de William McKay et de Mary Bunn, tous deux sang-mêlé ; le 16 juin 1860, il épousa à Victoria Helen Holmes, et ils eurent quatre filles et deux fils ; décédé le 21 décembre 1900 à cet endroit.

Joseph William McKay avait des racines profondes dans le Nord-Ouest : son grand-père John McKay*, ses oncles John Bunn et John Richards McKay* et son père étaient tous au service de la Hudson's Bay Company. À l'âge de neuf ou dix ans, il entra à la Red River Academy où il étudia durant cinq ans ; il logeait chez son grand-père maternel, Thomas Bunn*. Selon la tradition familiale, ses parents voulaient l'envoyer étudier en Écosse, mais il manqua le bateau, littéralement. La Hudson's Bay Company l'embaucha le 1er juin 1844, à l'âge de 15 ans, et on l'envoya au fort Vancouver (Vancouver, Washington) en même temps que William Charles* et James Allan Grahame*. En septembre suivant, il accompagna deux officiers de la marine britannique, le capitaine Henry W. Parke et le lieutenant William Peel [V. John Gordon*], chargés d'une mission de reconnaissance dans le territoire de l'Oregon. Muté en novembre 1846 au fort Victoria (Victoria) – qui, raconta-t-il plus tard, était « en plein remue-ménage » à la suite de la signature du traité qui fixait la frontière de l'Oregon –, il participa cet hiver-là à un levé des environs de Victoria et d'Esquimalt. Promu au rang de chef d'avant-poste en 1848, il devint l'année suivante le second du commandant Roderick FINLAYSON au fort Victoria.

Même si à titre officiel McKay était trafiquant de fourrures, il participa aussi à l'exploration, au développement économique et à la colonisation de l'île de Vancouver. En 1850, à titre d'apprenti commis, il aida l'agent principal James Douglas* à négocier les traités du fort Victoria avec les Indiens de la région. Celui-ci nota qu'il montrait « une habileté et un tact exceptionnels dans ses relations avec les Indiens ». Au début des années 1850, il l'envoya explorer la vallée de la rivière Cowichan et celle de Comox ; il lui confia aussi la mission d'établir la pêcherie de saumon et l'élevage de moutons de la Hudson's Bay Company à l'île San Juan. En août 1852, McKay prit officiellement possession, au nom de la compagnie, de la région houillère de Nanaimo, explorée peu de temps auparavant par Joseph Despard PEMBERTON. Pendant qu'il dirigeait l'établissement, il ouvrit une mine de charbon, une scierie, une saunerie et une école, si bien qu'à l'occasion de sa visite, un an plus tard, Douglas écrivit : « L'endroit ressemble assez à un petit village. »

À l'été de 1854, McKay demanda un congé de trois mois pour gérer les affaires de la Vancouver's Island Steam Saw Mill Company, formée trois ans plus tôt par un groupe de fonctionnaires et de commis de la Hudson's Bay Company, mais dont les activités commerciales n'étaient pas encore commencées. Comme Douglas avait rejeté sa demande, McKay démissionna de la Hudson's Bay Company et ouvrit la scierie peu de temps après. Même s'il avait quitté officiellement la compagnie, on l'envoya au fort Simpson (Port Simpson, Colombie-Britannique) pendant la guerre de Crimée, pour voir à ce que la Hudson's Bay Company et la Compagnie russo-américaine demeurent neutres. À la fin de novembre 1855, il rejoignit la compagnie au fort Victoria et acheta une ferme à la baie Cadboro, ce qui lui donna la franche propriété dont il avait besoin pour se présenter l'année suivante aux élections de la première chambre d'Assemblée de l'île de Vancouver. Défait, McKay contesta l'élection de son adversaire, Edward Edwards LANGFORD, en faisant valoir qu'il ne remplissait pas la condition d'éligibilité relative à la propriété. Sa plainte fut jugée recevable et on annula l'élection de Langford ; McKay remporta donc la victoire dans la circonscription du district de Victoria. Pendant cette période, il prit part aussi à la vie culturelle de la colonie. En juillet 1857, il joua le rôle de sir Anthony Absolute dans une pièce de Sheridan, *The rivals,* montée par un groupe de la Hudson's Bay Company. Le médecin du fort et président de la chambre, John Sebastian Helmcken*, allait se rappeler qu'il était alors « un jeune homme très actif, plein de vigueur et d'intelligence », qui « savait tout et connaissait tout le monde ».

Peu après le début de la ruée vers l'or dans la région du Fraser, à l'été de 1858, Douglas envoya McKay chercher une route qui permettrait de se rendre aux régions aurifères en passant entre la baie Howe et le lac Lillooet. Devenu chef de poste en juin 1860, McKay fut placé à la tête du district du fleuve Thompson, où il y avait de l'or ; le même mois, il se maria à Victoria. Deux mois plus tard, il quitta sa femme et se rendit au poste de la rivière Thompson (Kamloops). Pendant six ans, il y développa le commerce de détail de la Hudson's Bay Company : il fournissait de la nourriture et de l'équipement minier aux Européens, aux Chinois et aux Indiens qui, en échange, lui remettaient de la poussière d'or, des dollars et des fourrures. McKay accueillit les *Overlanders* de Thomas McMicking* à Kamloops en 1862 puis, l'année suivante, le vicomte Milton [Wentworth-Fitzwilliam*] et Walter Butler Cheadle, des voyageurs anglais. Ce dernier a laissé de lui la description suivante : « [un] homme de petite taille, portant veste et culotte de peau, bottes de cavalier et casquette à grande visière ; comme un jockey trop grand ». En 1865, avec John RAE, McKay fit le levé de la région située entre le ruisseau Williams et la cache de la Tête-Jaune pour le compte de la Hudson's Bay Company, qui projetait d'installer une ligne télégraphique entre Fort Garry (Winnipeg) et New Westminster (Colombie-Britannique). De 1866 à 1878, il dirigea les affaires de la compagnie au fort Yale (Yale), dans le district de Kootenay, et dans les districts miniers de Cassiar et du fleuve Stikine ; de plus, il supervisa le commerce côtier de la compagnie au fort Simpson et fut promu agent en 1872. Quatre ans plus tard, on le nomma juge de paix, charge qu'il occuperait jusqu'en 1885. La Hudson's Bay Company le congédia à l'été de 1878, en partie à cause des affaires considérables qu'il menait à l'extérieur de la compagnie. Depuis le début de la ruée vers l'or dans la région du Fraser, il avait investi dans des mines d'argent, des conserveries de saumon et des concessions forestières ; à peine six mois avant son congédiement, il avait fait de la prospection pour son propre compte près de Bella Coola. Le 28 septembre 1878, il s'engagea à diriger pendant deux ans la conserverie de saumon située sur le cours inférieur de la rivière Skeena et propriété de la North Western Commercial Company de San Francisco.

Durant les 20 années suivantes, McKay travailla pour le gouvernement du dominion. On le nomma commissaire du recensement en Colombie-Britannique en 1881 et fonctionnaire des Affaires indiennes deux ans plus tard, d'abord sur le littoral nord-ouest puis dans les territoires de Kamloops et de l'Okanagan. Pendant qu'il occupait ce poste, il pressa les Indiens de se mettre à l'élevage du bétail et à la culture des céréales, tenta d'empêcher les équipes de la Compagnie du chemin de fer canadien du Pacifique et les colons européens de passer sur les terres indiennes, et fonda une école professionnelle pour les Indiens près de Kamloops. Entre 1886 et 1888, il inocula lui-même la vaccine à plus de 1 300 Indiens pour les immuniser contre la variole. En 1893, on le nomma adjoint d'Arthur Wellesley Vowell, surintendant des Affaires indiennes en Colombie-Britannique. Tout au long de cette période, McKay conserva ses intérêts commerciaux. L'année qui précéda sa mort, il demanda une concession de 40 000 acres au détroit de la Reine-Charlotte. Il avait l'intention d'y ouvrir une usine de pâte à papier, mais il mourut avant qu'elle n'entre en exploitation. De plus, pendant ses dernières années à Victoria, il donna des conférences et écrivit plusieurs articles sur la traite des fourrures et les Indiens de la Colombie-Britannique.

La carrière diversifiée de Joseph William McKay, qui couvrit les périodes où la Colombie-Britannique fut territoire de traite, colonie, puis devint province, rend bien compte de la diversité des intérêts que la Hudson's Bay Company avait en ce lieu. En 1872, dans une demande de promotion, il avait fait valoir à la compagnie qu'il avait rempli, à son service, les fonctions de « marin, fermier, mineur de charbon, emballeur, vendeur, arpenteur, explorateur, trafiquant de fourrures et comptable ». Comme plusieurs de ses collègues, il passa sans heurt de l'état de trafiquant de fourrures à celui de fonctionnaire des Affaires indiennes, et comme la plupart de ses contemporains il manifesta toujours un intérêt soutenu pour la mise en valeur des richesses naturelles.

RICHARD MACKIE

Joseph William McKay est l'auteur de : « The fur trading system », *The year book of British Columbia* [...], R. E. Gosnell, compil. (Victoria), 1897 : 21–23 ; et « The Indians of British Columbia : a brief review of their probable origin, history, and customs », *British Columbia Mining Record* (Victoria et Vancouver), 5 (1899), n° 12 : 71–83.

AN, RG 10, B3, 3606–3607 file 2959, part. IV ; 3707, file 19279 ; 3711, file 19581. — Bancroft Library, Univ. of California (Berkeley), J. W. McKay, « Recollections of a chief trader in the Hudson's Bay Company » (photocopie aux PABC. — Nanaimo Centennial Museum Arch. (Nanaimo, C.-B.), Nanaimo letter-book, 24 août 1852–27 sept. 1853 (copie dactylographiée aux PABC). — PABC, Add. MSS 1917 ; J. W. McKay papers, particulièrement son journal, 1881 ; McKay à William Armit, 28 mai 1872 (mfm) ; GR 1304, file 1901/2333. — PAM, HBCA, « Joseph William McKay » (copie dactylographiée, [vers 1958]). — S. [L.] Allison, *A pioneer gentlewoman in British Columbia : the recollections of Susan Allison,* M. A. Ormsby, édit. (Vancouver, 1976). — Canada, Parl., *Doc. de la session,* 1885–1893 (rapports annuels du dép. des Affaires indiennes). — [W. B.] Cheadle, *Cheadle's journal of trip across Canada, 1862–1863,* A. G. Doughty et Gustave Lanctot, édit. (Ottawa, 1931), 228. — G. M. Dawson, « Notes on the Shuswap people of British Columbia », SRC *Mémoires,* 1re sér., 9 (1891), sect. II : 3–44 ; *Report on an exploration in the Yukon District, N.W.T., and adjacent northern portion of British Columbia, 1887* (Montréal, 1887). — *HBRS,* 32 (Bowsfield). — Helmcken, *Reminiscences* (Blakey Smith et Lamb). — *Journals of the colonial legislatures of the colonies of Vancouver Island and British Columbia, 1851–1871,* J. E. Hendrickson, édit. (5 vol., Victoria, 1980). — *Daily British Colonist and Victoria Chronicle,* 18 févr., 18 juill. 1865, 16 déc. 1871. — *Daily Colonist* (Victoria), 22 déc. 1900. — Walbran, *B.C. coast names.* — Mary Balf, *The mighty company : Kamloops and the H.B.C.* (Kamloops, C.-B., 1973). — Denis Bayley, *A Londoner in Rupert's Land : Thomas Bunn of the Hudson's Bay Company* (Chichester, Angl., et Winnipeg, 1969), 75–76. — H. K. Ralston, « Miners and managers : the organization of coal production on Vancouver Island by the Hudson's Bay Company, 1848–1862 », *The company on the coast,* E. B. Norcross, édit. ([Nanaimo], 1983), 42–55. — Sylvia Van Kirk, *« Many tender ties » : women in fur-trade society in western Canada, 1670–1870* (Winnipeg, [1980]). — M. S. Wade, *The Overlanders of '62,* John Hosie, édit. (Victoria, 1931). — W. W. Walkem, *Stories of early British Columbia* (Vancouver, 1914), 75–86. — B. A. McKelvie, « The founding of Nanaimo », *BCHQ,* 8 (1944) : 169–188.

McKELLAR, ARCHIBALD, fermier, homme d'affaires, officier de milice, homme politique, fonctionnaire et auteur, né le 3 février 1816 près d'Inveraray, Écosse, fils de Peter McKellar et de Flora McNab ; le 11 août 1836, il épousa Lucy McNab (décédée en 1857), et ils eurent quatre fils et cinq filles, puis le 27 mai 1874 Mary Catherine Powell, fille de Grant Powell* et veuve de Lawrence William Mercer, et de ce mariage ne naquit aucun enfant ; décédé le 11 février 1894 à Hamilton, Ontario, et inhumé à Chatham, Ontario.

Désireux d'avoir une terre bien à eux, les parents d'Archibald McKellar immigrèrent dans le Haut-Canada en 1817. Thomas Talbot* leur concéda 50 acres dans le canton d'Aldborough. En 1837, les McKellar s'installèrent dans une propriété de 500 acres près de Chatham, dans le canton de Raleigh, l'une des plus belles régions agricoles de la province. Archibald avait fréquenté l'école publique dans le canton d'Aldborough jusqu'en 1834 et il fit une année d'études secondaires à Geneva, dans l'état de New York, puis une autre à Niagara (Niagara-on-the-Lake). En quittant l'école, il épousa sa petite-cousine Lucy McNab, qui avait 16 ans ; comme il était fils unique, il participa à l'exploitation de la ferme familiale. En 1844, il fut président de la Kent Agricultural Society, qui venait d'être fondée ; un deuxième prix obtenu au concours de labour de cet organisme fut toujours pour lui un sujet de fierté. Cependant, l'agriculture ne suffisait pas à ce jeune homme énergique. De 1848 à 1863, avec John Dolsen, il fut propriétaire à Chatham d'une grande scierie à vapeur équipée d'une machinerie moderne de planage.

McKellar s'intéressa tôt aux affaires publiques. Il fit du service de garde à Chatham et à Sandwich (Windsor) pendant la rébellion de 1837–1838 ; resté dans la milice, il devint major du 24th (Kent) Battalion of Infantry. À mesure que les institutions municipales se développaient dans le Haut-Canada, il occupa une série de postes : représentant du canton de Raleigh au conseil du district de Western, de 1842 à 1848, préfet de canton, de 1846 à 1849, membre du conseil provisoire de Kent en 1848 et membre du conseil du comté de Kent, de 1849 à 1857. Une fois installé à Chatham, il y fut président du conseil municipal en 1853–1854 et en 1856–1857, et échevin en 1855.

Entre-temps, son goût pour la politique provinciale s'accentuait. En 1841, il travailla dur pour les tories de la région, avec lesquels il avait été lié, mais il finit par acquérir la conviction que les réformistes avaient raison de viser un gouvernement plus démocratique. Parce qu'il partageait leur opinion antiesclavagiste, il rencontra Peter* et George* Brown du *Globe,* journal réformiste de Toronto. En 1849, il participa à la fondation de l'Elgin Association, qui allait promouvoir l'établissement d'une communauté noire dans le canton de Raleigh [V. William KING]. En 1851, il présida l'assemblée au cours de laquelle on désigna George Brown pour être candidat réformiste de la circonscription de Kent et il organisa, avec Alexander MACKENZIE, de Port Sarnia (Sarnia), la campagne qui devait mener Brown à la victoire. Ainsi naquit une chaleureuse amitié personnelle et politique entre ces trois hommes que l'on appelait quelquefois le « triumvirat réformiste ».

McKellar connut la défaite dans la circonscription de Kent aux élections générales de 1854, mais trois ans plus tard il battit le député sortant, Edwin Larwill, principal adversaire de l'Elgin Association. « Le suffrage nègre, déclara le *Planet* de Chatham, avait eu sa revanche. » Par ailleurs, et cela avait peu à voir avec sa sympathie pour les esclaves fugitifs, McKellar était bien connu dans les cercles commerciaux et municipaux du comté. Ses talents politiques étaient remarquables : orateur vivant et plein de ressources, doué à la fois de bon sens, de vigueur et d'humour, il parlait parfois le gaélique pour courtiser les électeurs des Highlands. On le réélut en 1861 et 1863.

Tout au long de cette phase assez instable de l'histoire politique de la province unie où George Brown tenta d'édifier un parti *grit*-réformiste pour contrer les conservateurs de John Alexander MACDONALD, McKellar demeura l'un des éléments « sûrs ». Au caucus, à l'Assemblée législative et aux congrès du parti, il soutenait Brown sur les grandes causes réformistes : représentation basée sur la population, enseignement non confessionnel et expansion du Nord-Ouest. Sur les tribunes, où il apparaissait souvent aux côtés de Mackenzie, il était l'un des lieutenants les plus déterminés de Brown. Aussi strict que Mackenzie dans ses habitudes (aucun ne fumait ni ne buvait d'alcool), il était sympathique et enjoué, tandis que Mackenzie était plutôt sévère ; les deux hommes se complétaient donc bien. James Young*, rédacteur en chef du *Dumfries Reformer*, de Galt (Cambridge), dirait plus tard qu'ils étaient les « orateurs politiques les mieux informés, les plus accomplis et les plus populaires » de l'époque. Ils gagnèrent beaucoup d'électeurs, notamment aux dépens du maître général des Postes, Michael Hamilton Foley*, dans la circonscription de Waterloo North en 1864, et ils établirent dans le sud-ouest agricole de la province une solide base réformiste qui persista jusqu'au début du XXe siècle.

En 1864, McKellar fit partie du comité constitutionnel qui recommanda l'union fédérale comme solution à l'impasse politique dans laquelle se trouvait la province. En 1865, au cours des débats de l'Assemblée législative sur les propositions de fédération issues de la conférence de Québec, il n'intervint que pour se déclarer « tout à fait d'accord » et dire qu'il « [s]'opposerai[t] à tout amendement ». Aux premières élections de la chambre des Communes, en 1867, il connut la défaite dans la circonscription de Kent, où les électeurs catholiques, de toute évidence, n'avaient pas oublié ses prises de position contre leurs écoles. Cependant, il fut élu député à l'Assemblée législative de l'Ontario en 1867, 1871 et 1875, les deux premières fois dans la circonscription de Bothwell, qui comprenait des parties des comtés de Kent et de Lambton, et la troisième fois dans celle de Kent East.

Les Pères de la Confédération avaient cru que les gouvernements provinciaux ne seraient pas axés sur des partis et, de fait, l'Ontario fut d'abord gouverné par une coalition que dirigeait John Sandfield Macdonald*. McKellar joua un rôle important à l'Assemblée. Il avait accepté la Grande Coalition de 1864 parce que la situation était critique, mais il demeurait fondamentalement un homme de parti, opposé par principe aux coalitions. Sous son leadership, une opposition libérale émergea peu à peu : le plus chevronné des réformistes, il assurait la transition avec l'époque de Brown et avait encore de l'influence dans les circonscriptions du Sud-Ouest. Cependant, il reconnaissait la supériorité du jeune avocat torontois Edward Blake* et approuva que le parti en fasse son chef officiel en 1870.

Blake devint premier ministre l'année suivante, et McKellar fut assermenté à titre de commissaire de l'Agriculture et des Travaux publics le 20 décembre. Il conserva ces portefeuilles sous Oliver Mowat*, qui succéda à Blake en 1872. Au remaniement de son cabinet, le 4 avril 1874, Mowat confia à McKellar à la fois les fonctions de secrétaire de la province et de commissaire à l'Agriculture et aux Arts. Ses principales réalisations ministérielles reflétaient ses antécédents. Il aida les compagnies ferroviaires Canada Southern et Erie and Huron à obtenir des chartes et des primes, ce qui améliora le transport dans les comtés situés en bordure du lac Érié. Il parraina des lois qui finançaient l'assèchement de zones marécageuses à des fins agricoles. Il fit faire des études sur le terrain que le gouvernement provincial de Macdonald avait acquis en 1871 à Mimico (Toronto) pour y établir une école d'agriculture. Comme cet emplacement ne fut pas jugé convenable, il fit adopter à l'Assemblée, en 1873, une mesure qui autorisait l'achat d'une propriété de F. W. Stone, une ferme de 550 acres près de Guelph. C'est là que s'installa l'Ontario School of Agriculture and Experimental Farm, qui ouvrit ses portes le 1er mai 1874 [V. William Johnston*].

À cette époque, l'opposition provinciale avait commencé à diriger ses attaques contre McKellar. En 1873, elle lui reprocha d'abuser de son influence pour nuire à Abram William Lauder*, conservateur élu au dernier scrutin. Elle l'accusa en 1874 de favoritisme dans l'octroi des contrats de travaux publics à des amis, de mauvaise gestion de l'école d'agriculture et de visites clandestines à l'intendante de cet établissement (Mary Catherine Powell, devenue sa femme) quand il s'y rendait à titre officiel. Peu après, les comités bipartites de la chambre formés pour examiner ces accusations ne trouvèrent presque rien à retenir contre lui. Cependant, sa carrière politique fut interrompue. Mackenzie, alors premier ministre, conclut qu'il ne pourrait pas occuper le poste de lieutenant-gouverneur en 1875. Mowat profita de l'occasion pour le nommer shérif du comté de Wentworth.

McKellar quitta ses fonctions provinciales le 23 juillet 1875 et assuma celle de shérif le 1er août. Devenu résident de Hamilton, il ne tarda pas à participer à la vie communautaire, à titre de membre de la congrégation presbytérienne MacNab Street et de la St Andrew's Society, de président de la Gaelic Society et d'administrateur de la Wentworth Historical Society. Il céda à son penchant pour les réformes en tentant, jusqu'à la fin de sa vie, d'améliorer la rémunération et les privilèges des shérifs de l'Ontario, qui touchaient traditionnellement des honoraires pour signifier des ordonnances et exercer d'autres fonctions reliées à la procédure des tribunaux locaux. Il écrivit des lettres aux journaux et des opuscules. Il pressa l'Assemblée législative de l'Ontario d'adopter un projet de loi (qu'il avait lui-même rédigé) qui rendrait illégale la délivrance de certains documents juridiques sans le sceau d'un shérif. En 1880, ses interventions soulevèrent le mécontentement de certains avocats de la province, qui voyaient là une menace pour leur profession. Les efforts de McKellar n'aboutirent pas. Il lui fut d'ailleurs pénible de constater que le gouvernement Mowat finit même par renforcer la position des avocats qui jouaient le rôle d'huissiers, ce qui réduisait le revenu des shérifs.

Archibald McKellar mourut en 1894 après une brève maladie. Même si, selon le Hamilton Herald, il s'était passionné « pour la politique comme un écolier pour les romans d'aventures », il n'avait été ni un grand parlementaire, ni un artisan de la constitution, ni un chef puissant comme Brown. Néanmoins, il fut un lieutenant de parti éprouvé, un orateur populaire et un organisateur efficace qui, à une époque de constants réalignements politiques et où il était courant de ne pas avoir d'allégeance particulière, se démarquait par ses fermes convictions réformistes. Il contribua à la fois à la montée du parti libéral et à l'établissement permanent d'un gouvernement de parti en Ontario.

A. MARGARET EVANS

Le projet de loi soumis par Archibald McKellar en vue d'augmenter la rémunération et les privilèges des shériffs de l'Ontario a été publié sous le titre de *The sheriff's petition, with statements of grievances and proofs ; also, draft of an act, to redress these grievances, and to provide for the execution of all papers in legal proceedings as cheaply as possible* ([Hamilton, Ontario, 1879]) ; une autre édition parut à Toronto en 1880. Des exemplaires de ses nombreuses autres brochures sur le sujet sont éparpillés dans plusieurs bibliothèques et dépôts d'archives ; on en trouve une recension dans *Canadiana, 1867–1900,* n°s 23012–23018, 30207. Un certain nombre de travaux additionnels, tous publiés à Hamilton, sont conservés dans la Pamphlet Coll. aux AO : *Reasons why all papers issued out of the Superior, Surrogate and County courts* [...] *should be made by the sheriff or by his officers* ([1885]) ; *To the members of the government and legislature of Ontario* [...] *the good and valid reasons* [...] *all papers issued out of the Superior, Surrogate and County courts* [...] *should be served by the sheriff* [...] ([1885]) ; *Letter to the members of the government and legislature of the province of Ontario ; on process serving* ([1886]) ; *Letter to the electors of Ontario, on the subject of sheriffs' fees* ([1890]) ; et *Letter to the members of the Ontario Legislature and the public, on the subject of sheriff's fees* ([1892]). Une collection de lettres de McKellar au *Toronto Daily Mail,* 1889–1891, et une pétition présentée au gouvernement en 1893 se trouvent dans la Misc. coll. aux AO, MU 2121, 1889, n° 5, et MU 2122, 1893, n° 1, respectivement.

McKellar est aussi l'auteur de : *Emigration to the province of Ontario, Canada* ([Toronto, 1872]), une publication officielle du département du commissaire de l'Agriculture et des Travaux publics ; et de quelques souvenirs familiaux préparés en mai 1886 et publiés après sa mort sous le titre de « The old « Bragh », or hand mill », [David Boyle, édit.], *OH,* 3 (1901) : 170–179.

Ontario, Legislative Library (Toronto), Newspaper Hansard, 1867–1874 (1re session) (mfm aux AO). — QUA, 2112, Alexander Mackenzie à George Brown, 13 mai 1875. — Canada, prov. du, Parl., *Débats parl. sur la Confédération.* — Ontario, Inspector of Legal Offices, *Report on a certain pamphlet of Sheriff McKellar, of Hamilton, on the subject of sheriffs' fees* ([Toronto, 1890]) ; Legislative Assembly, Select committee to which was referred certain charges preferred by the Honourable Archibald McKellar, M.P.P., against John Charles Rykert, esq., M.P.P., *Report* ([Toronto, 1875]). — *Globe,* 13 sept. 1849, 4 oct. 1851, 21 mai 1864, 4 mars 1868, 12–13 févr. 1894. — *Planet* (Chatham, Ontario), 31 déc. 1857, 11 janv. 1858, 27 nov. 1891. — *Spectator* (Hamilton), 1er, 10 nov. 1880. — *Times* (Hamilton), 12 févr., 2 mars 1894. — *Canadian biog. dict.* — *CPC,* 1875. — *Cyclopædia of Canadian biog.* (Rose et Charlesworth), 1. — *Illustrated historical atlas of the counties of Essex and Kent* (Toronto, 1880 ; réimpr., 1973). — *Legislators and legislatures of Ont.* (Forman), 1 : xxix–xxx, 154, 167, 173 ; 2 : 4, 20, 34. — Charles Clarke, *Sixty years in Upper Canada, with autobiographical recollections* (Toronto, 1908). — A. M. Evans, « Oliver Mowat and Ontario, 1872–1896 : a study in political success » (thèse de PH.D., 2 vol., Univ. of Toronto, 1967). — Victor Lauriston, *Romantic Kent ; more than three centuries of history, 1626–1952* (Chatham, 1952). — A. L. Murray, « Canada and the Anglo-American anti-slavery movement : a study in international philanthropy » (thèse de PH.D., Univ. of Pa., Philadelphie, 1960). — James Young, *Public men and public life in Canada* [...] (Toronto, 1902 ; réimpr. en 2 vol., 1912) (comprend un portrait, page 205).

McKELLAR, JOHN, prospecteur, homme d'affaires et homme politique, né le 10 juin 1833 dans le canton de Mosa, district de London, Haut-Canada, fils aîné de Duncan McKellar et de Margaret Brodie ; décédé célibataire le 3 février 1900 à Fort William (Thunder Bay, Ontario).

John McKellar passa son enfance dans le canton de Mosa, une région presque sauvage avant la construction du Great Western Railway. Comme il n'y avait pas d'école, John reçut toute sa formation de ses parents ; ceux-ci, immigrants de l'Argyllshire, en Écosse, lui transmirent également un sens profond de la famille. En écoutant le récit des voyages de son père au lac Supérieur en 1839–1840, John s'enthousiasma pour l'exploration minière. À 20 ans, il partit pour le Nord avec son père et son frère Peter. Puis, en 1855, toute la famille alla s'établir à Ontonagon, dans la région du nord du Michigan où l'on trouvait des gisements de cuivre. La guerre de Sécession devait toutefois poser quelques problèmes à cette famille canadienne dont quatre fils étaient d'âge militaire, et la recherche de cuivre sur la rive nord du lac Supérieur prit soudain un attrait irrésistible. Une fois encore, en

1863, John, Peter et leur père partirent pour de nouvelles contrées. En moins de cinq ans, tous les autres membres de la famille les avaient rejoints. En 1866, les concessions minières des McKellar s'étendaient sur 6 000 acres. De plus, malgré l'opposition de la Hudson's Bay Company, John réussit, avec l'appui de son cousin Archibald McKELLAR, député de la circonscription de Kent, à obtenir une ferme de 175 acres sur la rivière Kaministikwia. C'est là que fut construite en 1868 la maison dans laquelle John McKellar allait passer le reste de sa vie ; c'est également là que devait s'ériger, pendant cette période, ce qui allait devenir le centre-ville de Fort William.

Les frères McKellar (John, Peter et Donald) avaient formé la McKellar Brothers presque dès leur arrivée au nord du lac Supérieur, et le nombre de gisements de cuivre, d'argent, d'or et de plomb qu'ils découvrirent et exploitèrent est impressionnant. On y compte les mines Caribou et Arctic, près de la baie Black, la mine du cap Victoria dans la baie Jackfish, et la mine de cuivre de Little Pic, ouvertes respectivement en 1872, 1873 et 1875. Lorsque ces propriétés offraient un bon rendement, ils les vendaient, le plus souvent à des Américains. Tous les frères McKellar étaient sérieusement engagés dans l'exploration et la promotion minières ; c'est à John, ainsi qu'à Donald, qu'on attribue la découverte de barytine dans l'île McKellar (près de Cloud Bay), de gisements de zinc près de McKay's Harbour (Rossport) et de minerai de fer à Atikokan.

Dans les années 1870, John McKellar était surtout connu dans la région comme explorateur minier, mais après la mort de son père, en 1875, il devint le principal représentant des intérêts de la famille et, relativement sédentaire, s'identifia de plus en plus au milieu dans lequel il vivait. Fidèle presbytérien de l'église St Andrew, il manifesta aussi un soutien loyal au parti libéral. De 1873 jusqu'à sa démission pour raison de santé à la fin de 1898, il représenta ses concitoyens à des postes électifs dans divers organismes municipaux. Il fit d'abord partie du conseil de la municipalité de Shuniah, érigée en 1873 et qui regroupait tous les cantons dont on avait fait le levé dans le voisinage de la baie Thunder, de même que le seul village, Prince Arthur's Landing, devenu plus tard Port Arthur, avant de faire partie de Thunder Bay. Comme les habitants de la Kaministikwia n'avaient pas du tout les mêmes intérêts que ceux du village, McKellar se fit le porte-parole assidu des riverains. On disait même que Thomas MARKS et lui faisaient chacun leur pèlerinage annuel à Ottawa pour s'assurer que l'autre n'obtienne pas de faveurs. En 1881, le canton de Neebing, où se trouvait ce qu'on appelait le quartier McKellar, se retira de Shuniah. Port Arthur fit de même trois ans plus tard, au moment de son érection en municipalité, et Marks en devint le premier maire.

Les relations difficiles entre les collectivités voisines ne cessèrent pas pour autant. C'est McKellar qui, à titre de chef d'une puissante famille de la région, négocia dans les années 1880 la vente d'une partie de sa ferme à la Compagnie du chemin de fer canadien du Pacifique, préparant ainsi la voie aux investissements de la compagnie dans des élévateurs, des entrepôts et des quais à charbon qui donnaient sur la rivière. Finalement, en 1891, la compagnie décida de faire de Fort William le centre d'une division et d'y construire ses ateliers. McKellar, alors président du conseil de Neebing, vit donc la valeur des propriétés locales monter rapidement. Furieux, le conseil municipal de Port Arthur mit tous ses espoirs dans un projet de tramway électrique qui assurerait la survie du centre-ville en fournissant un moyen de transport vers les nouveaux emplois créés dans le quartier McKellar. Pour combattre ce projet, ou pour le tourner à l'avantage de ses concitoyens, McKellar mena campagne pour l'érection de Fort William en municipalité. Élu premier maire de cette ville en 1892, il conserva ce poste pendant plus de six ans.

À sa mort en 1900, John McKellar léguait tous ses biens à ses deux frères survivants. Deux ans plus tard, sa sœur Mary posa la première pierre du John McKellar Memorial Hospital, construit sur un terrain donné par la famille. Pour certains des habitants de la localité pionnière, McKellar symbolisait déjà une victoire dans l'éternel conflit avec Port Arthur. Peter McKellar, cependant, voyait les réalisations de son frère d'un œil un peu différent ; capable de s'élever au-dessus des soucis financiers de sa jeunesse, il avait, disait-il, contribué au développement et à la prospérité de l'ensemble du district, puis à l'établissement de la ville de Fort William. La famille et la collectivité – et John McKellar avait tendance à confondre les deux – le voyaient comme un personnage imposant qui avait défié les éléments et, à ses débuts, le pouvoir des magnats de la fourrure. Comme le rappela Harry Sellers, un collègue du premier conseil municipal de Fort William, McKellar remplissait alors, outre ses fonctions électives, un rôle non officiel de magistrat. C'est lui qui, disait-il lui-même, réglait les différends locaux avant que « les pasteurs et les avocats [ne viennent] vivre parmi [eux] ».

ELIZABETH ARTHUR

Les sources concernant John McKellar sont fragmentaires et se trouvent pour la plupart chez des particuliers. Des articles choisis qui sont en la possession des descendants de deux de ses sœurs, notamment divers papiers d'affaires, des entrevues avec des membres de la famille et des copies des journaux de Peter McKellar, ont été photocopiés et constituent une partie de la collection de la Thunder Bay Hist. Museum Soc. (Thunder Bay, Ontario). Les lettres de Peter McKellar, déposées aux Lakehead Univ. Library Arch. (Thunder Bay), 271, concernent surtout ses expériences à la Commission géologique du Canada, dont John ne fait pas partie. Sauf la correspondance officielle et stérile de John McKellar à titre de maire, aucune de ses lettres n'a été retrouvée. Les journaux locaux consultés (cités ci-dessous) sont extrêmement partiaux et doivent êtres utilisés avec prudence. [E. A.]

AN, MG 28, III 20. — City of Thunder Bay Records Centre and Arch. (Thunder Bay), Towns of Port Arthur and Fort William [Thunder Bay], council minutes. — Ontario, Dept. of Crown Lands, *Report* (Toronto). — *Thunder Bay district, 1821–1892 : a collection of documents,* introd. de [M.] E. Arthur, éd. (Toronto, 1973). — *Daily Sentinel* (Prince Arthur's Landing, plus tard Port Arthur [Thunder Bay]), 22 févr. 1882–29 avril 1893. — *Daily Times-Journal* (Fort William), 1899–1902. — *Fort William Journal,* 1887–1899. — *Weekly Herald and Algoma Miner* (Port Arthur), 1882–1899. — *Weekly Sentinel* (Port Arthur), 29 juill. 1875–27 déc. 1895. — E. M. Henderson, *The McKellar story ; McKellar pioneers in Lake Superior's mineral country, 1839 to 1929* (Thunder Bay, 1981). — Harry Sellers, « Some reminiscences of early days in Fort William », Thunder Bay Hist. Soc., *Papers* (Fort William), 1917 : 19–20.

MACKENZIE, ALEXANDER, maçon, homme d'affaires, officier de milice, journaliste et homme politique, né le 28 janvier 1822 à Logierait, Perthshire, Écosse, fils d'Alexander Mackenzie et de Mary Stewart Fleming ; le 28 mars 1845, il épousa à Kingston, Haut-Canada, Helen Neil (décédée en 1852), et ils eurent deux filles, dont l'une mourut dans sa prime enfance, et un fils, qui mourut aussi en bas âge, puis le 17 juin 1853 Jane Sym, et de ce mariage ne naquit aucun enfant ; décédé le 17 avril 1892 à Toronto et inhumé à Sarnia.

Alexander Mackenzie était le troisième de dix garçons ; trois de ses frères moururent dans leur petite enfance. Les Mackenzie étaient loin d'être riches, comme l'attestent leurs fréquents déménagements : de Logierait, ils passèrent à Édimbourg, puis vécurent successivement à Perth, Pitlochry et Dunkeld. D'un endroit à l'autre, Alexander Mackenzie père espérait trouver une meilleure situation. Menuisier, il avait profité du fort taux d'emploi qui avait marqué les guerres napoléoniennes, et sa réussite l'avait peut-être incité à se marier plus tôt que prévu, en 1817. Toutefois, par la suite, le chômage n'avait cessé de progresser et les salaires de baisser. Dans les années 1830, sa santé devint précaire. Sa mort, survenue en 1836, à l'âge de 52 ans, mit la famille dans une situation difficile. Néanmoins, grâce à leur travail soutenu, les trois aînés, Robert, Hope Fleming et Alexander, assurèrent à leur famille une position relativement stable et purent même apprendre de bons métiers. Alexander occupa son premier emploi à temps plein dès l'âge de 13 ans, quelques mois avant la mort de son père. Il devint apprenti maçon à 16 ans et compagnon moins de quatre ans plus tard.

Mackenzie, assurément, avait l'esprit de famille. À peine sorti de l'enfance, il travaillait pour aider les siens, et après être parti de chez lui en quête d'un emploi, à l'âge de 19 ans, il ne tarda pas à adopter une seconde famille à Irvine, les Neil. Son attachement pour ces gens était d'autant plus fort que l'une des filles, Helen, lui inspirait une affection particulière ; il allait d'ailleurs l'épouser en 1845. La perspective d'immigrer au Canada avec eux en 1842 lui sembla donc alléchante. Il arriva en mai « avec à peine 16 shillings en poche ».

Dans une certaine mesure, Mackenzie, tout comme les Neil, s'était laissé berner par ceux qui racontaient que, dans le Nouveau Monde, les maçons trouvaient facilement du travail bien payé. On lui offrit un emploi à Montréal, mais il décida, avec sa famille d'adoption, d'aller jusqu'à Kingston où les salaires, disait-on, étaient meilleurs. C'était faux, et de plus Mackenzie découvrit que le roc de la région était trop dur pour ses outils. Tels furent les aléas qui l'amenèrent à devenir constructeur et entrepreneur de construction. Comme il acquérait vite de nouvelles compétences et savait traiter fermement et sans détour avec les ouvriers, sa renommée ne tarda pas à s'étendre. Pendant quelques années, soit à titre de contremaître ou d'entrepreneur, il participa à de grands travaux de canalisation et de construction immobilière à Kingston, St Catharines et Montréal. En 1844, une grave blessure le mit en chômage durant près de deux mois, mais son frère aîné Hope Fleming, menuisier et ébéniste venu au Canada sur son invitation l'année précédente, l'aida à garder le moral. En 1846, Hope Fleming proposa que tous les siens déménagent leurs pénates à Port Sarnia (Sarnia) ; Mary Mackenzie et ses autres fils immigrèrent l'année suivante. La famille, élément si primordial pour Alexander Mackenzie, était réunie de nouveau.

Mackenzie s'engagea alors à plein dans une carrière fructueuse. Il construisait des édifices publics et des maisons dans le sud-ouest de la province ; accessoirement, il était aussi promoteur immobilier et fournisseur de matériaux. C'est lui qui construisit l'église épiscopale et la Bank of Upper Canada de Port Sarnia, de même que les palais de justice et prisons de Sandwich (Windsor) et de Chatham. Le fait que plusieurs de ses frères travaillaient avec lui constituait un gage de prospérité. En 1859, avec son frère Hope Fleming, l'entrepreneur James Stewart et Neil McNeil, plombier de Kingston, il présenta des soumissions pour les édifices du Parlement d'Ottawa [V. Thomas FULLER], mais on les rejeta.

Solidarité familiale, bonnes perspectives d'avenir : c'est de là que Mackenzie tirait son assurance, mais aussi de sa grande piété, toute victorienne. Bien que ses parents aient été fervents presbytériens, il avait été attiré par la foi baptiste à l'âge de 19 ou 20 ans, peu après avoir quitté son foyer. Pour lui, la croyance religieuse n'était pas simplement attachement à une institution, rhétorique édifiante ou code moral. L'au-delà était une réalité toujours présente, comme en témoignent ses lettres à sa deuxième femme et à sa fille. Selon bien des gens, son honnêteté et sa franchise s'avéraient excessives. En période difficile, il trouvait dans la religion un réconfort.

À cause de son entrée précoce dans le monde du travail, de son constant souci du bien-être de sa famille, de ses convictions et antécédents religieux – de sa mentalité d'Écossais à vrai dire – Mackenzie était un utilitariste. Même parvenu à l'âge mûr, il n'allait guère s'intéresser aux frivolités. En 1879 par exemple, sur le ton de quelqu'un qui est las du monde, il se plaindrait à sa femme que l'on fasse tant de cas de la dernière victoire remportée par Edward Hanlan* dans une course d'aviron – « épreuve de force tout à fait inutile » selon lui. Si l'épreuve avait consisté à « couper et à fendre du bois, à sarcler le maïs, à labourer, ou en une autre occupation utile qui [aurait été] d'un bénéfice général pour l'humanité, [il] aurai[t] pu avoir quelque sympathie [pour cette] excitation ». Aucun de ses contemporains ne contesta jamais qu'il était homme à accomplir fidèlement ce qui lui paraissait être son devoir. Sur les photographies, il présente un visage austère, au regard perçant et aux lèvres serrées. Trapu, il avait la figure basanée et les cheveux tirant sur le roux. Il s'habillait sans goût, ce que l'on remarqua surtout au début de sa carrière en politique fédérale. Cette absence de souci vestimentaire ne reflétait pas uniquement son sens pratique, mais aussi son souci constant de limiter ses dépenses personnelles. En 1876 (il était alors premier ministre), il se plaignit que des considérations politiques l'obligent à dépenser 128 $ pour un banquet et fit remarquer qu'il évitait de recevoir à cause du coût que cela représentait. En somme, un objectif politique de ce réformiste – réduire les dépenses au minimum – déteignait sur le plan individuel.

Lorsqu'il intervenait au Parlement (ce qui lui arrivait souvent) ou prenait la parole en public, Mackenzie improvisait à partir de quelques notes griffonnées à la hâte. Lecteur vorace, il appuyait ses discours sur des faits glanés dans des journaux, des documents gouvernementaux, des biographies ou des ouvrages d'histoire. En bon Écossais, il parlait en roulant distinctement le *r*. Quelquefois, il faisait une envolée littéraire, mais fondamentalement son style demeurait vigoureux et acerbe. William Buckingham, son secrétaire pendant qu'il était premier ministre et aussi son biographe, notait rétrospectivement que son humour blessait au lieu d'apaiser.

Mackenzie partageait, avec un large éventail de réformistes et de libéraux, une pensée cohérente et assez bien définie : le libéralisme du XIXe siècle. L'égalitarisme était très ancré en lui. Il avait acquis certaines de ses idées sur l'égalité aux réunions de chartistes modérés auxquelles il avait assisté à 19 ou 20 ans. Son installation au Canada les confirma et l'amena à les renforcer. Peu après son arrivée en 1842, il se lança dans de vives discussions politiques où il attaqua le statut officiel de l'Église d'Angleterre dans le Haut-Canada. À ses yeux, les Églises établies étaient des symboles de l'institutionnalisation des privilèges et, comme le montrait le cas de l'Église catholique au Canada français, elles privaient les individus de la liberté de choisir. Son idéal était la séparation de l'Église et de l'État. En 1875, assistant aux célébrations qui marquaient en Écosse son accession au poste de premier ministre, il ne put s'empêcher d'évoquer l'Église officielle de Grande-Bretagne et la rigide structure de classes de ce pays, même si, pour des raisons politiques évidentes, il exprima en termes voilés l'aversion que lui inspiraient l'une et l'autre.

La possibilité de mobilité économique et sociale qu'offraient le Haut et le Bas-Canada convenait bien au libéralisme économique de Mackenzie et devint un élément de son paysage conceptuel. Tout comme aux autres réformistes, le Canada d'après la Confédération ne lui semblait pas présenter d'énormes disparités de richesse et de position sociale. La société agricole de l'Ontario ressemblait à son idéal et à celui de ses alliés politiques parce qu'elle se composait d'un grand nombre de travailleurs acharnés, indépendants, présumés ne devoir leur réussite qu'à eux-mêmes et qui ne subissaient pas les restrictions imposées aux classes salariées. Le rôle du réformiste, au pays, était de tenter d'assurer la mobilité des marchandises, de la main-d'œuvre et du capital, sur le plan national et international, et d'empêcher la création des distinctions institutionnalisées qui limitaient la liberté des individus, retardaient leur enrichissement et engendraient des conflits entre les groupes sociaux. Dans ce contexte, on comprend l'horreur qu'inspirèrent aux réformistes le scandale du Pacifique et les privilèges de classe qui, selon eux, étaient liés au tarif protecteur imposé par les conservateurs en 1879. Les projets de loi présentés par le gouvernement de Mackenzie témoignaient fréquemment de cet élan idéologique.

Mackenzie participa à la vie politique du Canada presque dès son arrivée et, à la fin de 1851, il occupait, à Port Sarnia, une position stratégique dans le mouvement réformiste, celle de secrétaire de la Reform Association du comté de Lambton. En septembre de cette année-là, les réformistes de Lambton et de Kent demandèrent à George Brown*, propriétaire et rédacteur en chef du *Globe* de Toronto et déjà engagé politiquement, de se présenter dans la circonscription de Kent aux élections provinciales prochaines. Son adversaire serait Arthur RANKIN, candidat appuyé par Malcolm Cameron*, réformiste de tendance progouvernementale. Mackenzie fit vigoureusement campagne, notamment avec Archibald MCKELLAR, pour la mise en candidature de Brown, puis il l'aida à remporter la victoire en décembre 1851. Ce faisant, il enrichit sa propre expérience politique et prépara son entrée dans l'arène.

Aux élections générales de 1857–1858, Brown choisit de se présenter dans Toronto ; dans Lambton, c'est Hope Fleming Mackenzie, et non Alexander, qui porta les couleurs des réformistes. Peut-être ce dernier croyait-il que la poursuite en diffamation intentée contre lui par Cameron en 1854 avait définitivement entaché sa réputation. Rédacteur en chef et bailleur de fonds du *Lambton Shield* depuis 1852, Mackenzie avait publié un éditorial qui laissait entendre que Cameron avait trempé dans une affaire de corruption. Il perdit le procès, fut condamné à payer les frais et une amende de £20, et en raison de la pression financière, le journal dut cesser de paraître. Cette affaire lui donna certainement un avant-goût de ce qu'était la solitude d'un homme politique.

Cameron infligea une défaite à Hope Fleming Mackenzie, mais celui-ci remporta l'élection partielle dans Lambton quand Cameron accéda au Conseil législatif en 1860. Il refusa cependant de se présenter aux élections générales de 1861. En effet, un fort courant se dessinait en faveur d'Alexander, qui avait appris à mieux connaître la région et raffermi sa réputation en remplissant la fonction d'agent recenseur et en collaborant à divers organismes de Port Sarnia : brigade des pompiers, société de tempérance, Dialectic Society, conseil scolaire. Sa victoire ne causa aucune surprise ; il allait représenter Lambton à l'Assemblée provinciale jusqu'à la Confédération.

Mackenzie se fit remarquer par son franc-parler et la fermeté de ses opinions. Il apprit à maîtriser la tactique parlementaire, ce qui lui serait très utile par la suite. Compagnon d'armes du chef des réformistes, George Brown, il défendait, sur plusieurs questions (représentation basée sur la population, réduction des dépenses et responsabilité financière, suprématie du Parlement, relations entre l'Église et l'État), des positions qui n'avaient pas de quoi surprendre, dans la mesure où elles s'enracinaient dans son égalitarisme, son libéralisme économique et sa méfiance à l'endroit de l'autorité aveugle des institutions. Cependant, il pouvait faire abstraction de ses idées si les intérêts de sa circonscription ou de sa région étaient en jeu. Ainsi, dans les années 1860, il exerça en coulisse des pressions en faveur des producteurs de pétrole du sud-ouest de l'Ontario, et réussit à obtenir pour eux une réduction de l'accise, ce qui augmenta en fait la protection tarifaire dont ils jouissaient déjà.

L'approche de la Confédération amena le mouvement réformiste à s'interroger sur son avenir en tant que parti politique. Selon une opinion fort répandue, la confédération des provinces réglerait l'ensemble des questions qui, jusque-là, avaient déterminé les affiliations partisanes. Les vieux partis perdraient donc leur raison d'être. Ce qu'il fallait maintenant, c'était un gouvernement d'unité nationale qui s'attaquerait à de grands objectifs, nouveaux et urgents. La Grande Coalition de 1864 (Brown avait persuadé la plupart des réformistes de se joindre aux conservateurs pour réaliser la Confédération) semblait démontrer que cette voie était la bonne. Pourtant, bien des réformistes ne se laissaient pas convaincre par cet argument puissant. Mackenzie comptait parmi ceux-là. Même s'il était l'un des partisans les plus loyaux de Brown et souhaitait l'avènement de la Confédération, il exprima publiquement de sérieuses réserves sur la formation de la Grande Coalition. Nouer une coalition, c'était compromettre les principes réformistes. Elle affaiblissait et divisait le parti, fit-il valoir. Il s'opposait à l'élimination des partis parce qu'ils étaient, selon lui, des composantes essentielles du régime politique et que certaines questions, surtout la suprématie du Parlement et la responsabilité financière, demeuraient en suspens.

Tel que l'avait façonné Brown, entre autres, le parti réformiste, ou libéral, était ouvertement régional. Nouer des alliances d'envergure nationale ne serait donc pas facile une fois la Confédération en vigueur. Après avoir démissionné du cabinet de coalition, en décembre 1865, Brown tenta durant plus d'un an de constituer une opposition libérale qui serait animée d'aspirations nationales, mais en 1867 il décida d'abandonner la politique élective. Les libéraux n'avaient donc plus de chef déclaré, tout au plus un groupe de leaders ontariens et québécois : Edward Blake*, Luther Hamilton Holton*, Antoine-Aimé DORION et Mackenzie.

Pour un parti enraciné dans le régionalisme et les rivalités religieuses et ethniques, le courant d'opposition aux partis et le départ de Brown représentaient des épreuves difficiles à surmonter. Ce n'étaient toutefois pas les seuls obstacles à l'édification d'un parti national. Les députés réformistes avaient l'individualisme pour règle ; leurs liens de solidarité étaient ténus. Par conséquent, même si Mackenzie, élu dans Lambton en 1867, dirigeait ouvertement le parti à la chambre des Communes, il n'en avait pas l'autorité. Son rôle de direction était sans doute la conséquence de sa réputation de réformiste puriste et loyal, qu'il devait à son activité d'organisateur, à sa diligence, à son engagement idéologique et à son identification à Brown. Seul un homme sûr comme Mackenzie pouvait se voir confier la responsabilité d'un parti national tout en maîtrisant non seulement les aspirations au leadership d'hommes peu doués, comme Holton, mais aussi les siennes. Au mieux, Mackenzie pouvait agir de concert avec un noyau de libéraux influents, aux idées semblables aux siennes, en espérant que le groupe hétéroclite de députés qui se disaient réformistes ou libéraux suivrait.

Compte tenu de ces difficultés, les libéraux se tirèrent remarquablement bien du scrutin général de l'été de 1872 : ils firent élire un bon nombre de représentants dans la province de Québec et obtinrent la majorité des sièges dans les Maritimes et en

Ontario. Mackenzie fit campagne dans une vingtaine de circonscriptions ontariennes, outre la sienne, ce qui illustre l'accroissement de son pouvoir personnel et montre à quel point on le voyait déjà en chef de parti. Les conservateurs avaient un triste bilan à présenter : le traité de Washington, conclu en 1871 ; les conditions de l'entrée de la Colombie-Britannique dans la Confédération, à grands frais pour le pays ; les troubles causés par Louis Riel* au Manitoba. Pourtant, ils reprirent le pouvoir. Mackenzie avait tout de même montré qu'il était un homme de valeur, à la fois dans cette campagne et sur la scène provinciale. Député de Middlesex West à l'Assemblée législative de l'Ontario depuis 1871, il fut trésorier du gouvernement d'Edward Blake du 20 décembre 1871 au 15 octobre 1872, année où l'on abolit le double mandat en Ontario. On accepta sa démission de la politique provinciale en octobre, à peine quelques jours après qu'il eut réussi par un coup de maître, avec Blake et Brown, à convaincre Oliver Mowat* de prendre la tête des libéraux en Ontario.

Lorsque, finalement, le parti fédéral l'élut chef, en mars 1873, Mackenzie fut ravi. Il avait eu beau dire que d'autres – Dorion, Holton et surtout Blake – étaient plus dignes d'occuper ce poste et affirmer ne songer qu'au bien du parti, ses déploiements de modestie furent inutiles. Il fut choisi par un groupe de pairs qui, en l'investissant d'une autorité nouvelle, précisèrent la définition du parti. On nomma des whips [V. sir James David EDGAR] et on prépara la formation d'un comité politique national – formes d'organisation auxquelles Mackenzie avait résisté auparavant parce qu'il y voyait des instruments pour les ambitions de Holton.

Moins d'un mois après l'accession de Mackenzie à la tête du parti, les libéraux dévoilèrent le scandale du Pacifique. Pendant la campagne électorale de 1872, sir Hugh Allan*, capitaliste montréalais, avait versé des sommes énormes au parti conservateur, vraisemblablement en échange de la charte de la Compagnie du chemin de fer du Pacifique du Canada [V. Henry STARNES]. Dès février 1873, Mackenzie avait entendu des rumeurs qui l'avaient scandalisé. Le 2 avril, Lucius Seth Huntington*, libéral du Québec, accusa publiquement les conservateurs. Le 5 novembre, après une épuisante bataille d'arrière-garde, le premier ministre, sir John Alexander MACDONALD, démissionnait. Mackenzie et les libéraux se retrouvaient donc au pouvoir.

Le scandale du Pacifique provoqua et cristallisa la méfiance des libéraux à l'endroit des fortes concentrations de richesse et de l'influence qu'elles pouvaient avoir sur l'État. Déjà portés à privilégier le libre-échange et l'initiative individuelle, ils soulignèrent, naturellement, que le scandale supposait un rejet des règles de la concurrence et une affirmation de la puissance des monopoles. À compter de 1874, leur hostilité aux monopoles et à la concurrence inéquitable transparut régulièrement dans leurs lois. Mackenzie lui-même exprima ouvertement sa crainte des monopoles, par exemple en parlant de l'Acte concernant la construction et l'entretien des lignes de télégraphe sous-marin de 1875. Dans le même ordre d'idées, les libéraux s'opposaient aux tarifs protecteurs et craignaient que les leaders conservateurs ne se livrent à des manœuvres de collusion, au mépris des règles parlementaires.

Tout comme ses collègues libéraux, Mackenzie était un champion de la suprématie du Parlement. Ce principe avait été, en Ontario, au cœur de deux événements auxquels il avait pris part : la défaite du gouvernement de John Sandfield Macdonald*, le 18 décembre 1871, et son remplacement par le gouvernement Blake, où lui-même avait siégé. Dans sa motion, qui avait provoqué la chute du gouvernement Sandfield Macdonald, Mackenzie avait accusé celui-ci d'être un gouvernement de coalition corrompu qui voulait distribuer des sommes par favoritisme, sans obtenir l'assentiment de l'Assemblée : un « système [...] mis en place délibérément [...] était en train de détruire notre régime parlementaire », avait-il dit. Dans le cas du scandale du Pacifique, c'était la même chose. Les pouvoirs accordés en 1872 dans la charte de la Compagnie du chemin de fer du Pacifique du Canada empiétaient sur le droit qu'avait le Parlement de légiférer sur les subventions, le trajet, les concessions foncières et les conflits d'intérêts. Une fois le scandale mis au jour, la lutte intense qui se déroula, au Parlement, sur la façon dont on ferait toute la lumière sur l'affaire, montra d'ailleurs que les libéraux mettaient leur foi en une enquête parlementaire, et non judiciaire.

Le 5 novembre, même s'il régnait quelque doute quant à la capacité de Mackenzie d'être premier ministre, le gouverneur général, lord Dufferin [Blackwood*], lui demanda de former son premier gouvernement. Sa première décision, autre que les choix difficiles qu'impliquait la formation d'un cabinet, fut de déclencher des élections tout de suite. Le scrutin de janvier 1874 porta surtout sur le scandale du Pacifique. Démoralisés, les conservateurs furent mis en déroute, et Mackenzie remporta une majorité écrasante.

Pourtant, même à ce moment-là, il manquait aux libéraux le genre d'idéaux qui cimentent un parti, et ils ne parvinrent pas à s'en donner durant tout le temps où ils furent au pouvoir. Cette situation venait en partie de ce que le leadership de Mackenzie ne faisait pas l'unanimité. Bien des libéraux voyaient en Blake un chef naturel, en dépit du fait qu'il s'était retiré de la course dès le début de 1873. Blake posait pourtant un problème, et pas seulement à cause de sa compétence, de ses difficultés personnelles, de ses ambitions fluctuantes et de sa vanité qui confinait parfois à l'outrecuidance. Bien que fondamentalement ses positions aient été les mêmes que celles de Mackenzie, son programme de réforme était plus radical. Ce fait et le nombre de ses partisans, où l'on retrouvait le mouvement nationaliste *Canada First* [V. William Alexander Foster*], éléments protectionnistes compris, divisaient le parti. De fortes pressions s'exerçaient pour qu'il entre au cabinet, et même pour qu'il soit premier ministre. À contrecœur, il siégea à titre de ministre sans portefeuille à compter de la formation du premier cabinet de Mackenzie, en novembre 1873, puis il démissionna en février 1874. Cependant, dès l'automne, à cause des dissensions que soulevait l'attitude du gouvernement envers la Colombie-Britannique [V. Andrew Charles Elliott*], il eut l'audace de suggérer que Mackenzie lui cède sa place. L'échange qui suivit entre les deux hommes fit tourner leur relation à l'aigre : en désaccord sur la solution que le secrétaire d'État aux Colonies, lord Carnarvon, proposait au problème de la Colombie-Britannique, ils s'affrontèrent aussi sur le souvenir différent qu'ils gardaient des événements qui avaient entouré la nomination de Mackenzie au poste de premier ministre en 1873. Blake pensait que Mackenzie lui avait demandé s'il voulait le poste *après* qu'il eut accepté la demande de Dufferin de former un gouvernement. Un refus constituait alors la seule réponse honorable. Cependant, Mackenzie prétendait que l'entretien, y compris le refus de Blake, avait eu lieu *avant* son acceptation. En outre, quand Mackenzie donna sa version des faits à Blake en septembre 1874, ce dernier, maître en interprétation des nuances, fut amené à penser que c'était Dufferin qui avait incité Mackenzie à lui demander de prendre le poste en considération. Ce n'est que le 15 octobre que Mackenzie expliqua qu'il avait agi de son propre chef, malgré les objections de Dufferin. Il n'est pas certain que ce compte rendu ait apaisé Blake, puisqu'un important malentendu avait été créé. Dans l'intervalle, la dissidence d'un groupe de partisans et d'alliés de Blake trouva son point culminant dans la sensation qu'il créa le 3 octobre en exposant son programme radical à Aurora, en Ontario. Peut-être n'entendait-il pas à mal et peut-être son discours ne contenait-il pas grand-chose de nouveau (Mackenzie croyait l'une et l'autre choses) mais, pour le simple observateur, Blake, par ses déclarations, se posait en successeur potentiel de Mackenzie. Le faire entrer au cabinet devenait impératif de nouveau, ce qui fut fait le 19 mai 1875, au terme de pourparlers délicats qui exigèrent l'intervention de tierces parties. Blake fut ministre de la Justice jusqu'au 7 juin 1877 et démissionna en invoquant des raisons de santé. Ensuite, il fut président du Conseil privé du 8 juin au début de 1878.

Blake n'était pas l'unique libéral hautement compétent à se faire tirer l'oreille pour entrer au cabinet. Luther Holton, homme politique et homme d'affaires installé à Montréal et que Mackenzie voyait bien dans le rôle de ministre des Finances, déclina souvent des offres. Selon les moments, Mackenzie attribuait son refus au fait qu'il ne se sentait pas à la hauteur, qu'il ambitionnait d'être premier ministre, qu'il était censé comploter avec Blake ou les amis de ce dernier, ou qu'il ne se consolait pas de la mort lente de sa fille. Ironie du sort, lorsque Holton exprima le désir d'entrer au cabinet, aucun siège n'était vacant.

Les plaintes que Mackenzie exprimait à propos de son cabinet reflétaient les faiblesses dont le parti libéral souffrait sous son leadership. Selon lui, peu de ministres participaient autant aux débats parlementaires qu'ils l'auraient dû, mais c'était en bonne partie parce que lui-même était infatigable. Son secrétaire, William Buckingham, notait qu'il ne manquait jamais d'entrer en scène dès que ses ministres demeuraient silencieux : il n'était pas assez exigeant envers eux. Pendant qu'il fut au pouvoir, seulement quatre de ses ministres restèrent au même poste (outre lui-même, qui dirigeait les Travaux publics) : Albert James Smith* aux Pêcheries, Richard John Cartwright* aux Finances, Isaac Burpee* aux Douanes et Thomas Coffin* au bureau du receveur général. De ce groupe, seul Cartwright était un orateur puissant et régulier aux Communes. L'absence d'hommes compétents au cabinet se faisait aussi sentir d'une autre manière. Mackenzie prenait ses décisions par consensus, explicitement lorsqu'il était de facto chef de l'opposition, de 1867 à 1873, puis implicitement lorsqu'il était premier ministre. Souvent, en écrivant à d'autres libéraux influents – Holton, Alfred Gilpin Jones* de Halifax, Cartwright, Dorion et surtout George Brown –, il les consultait sur des questions de stratégie ou de tactique. Cette façon d'agir, qu'il jugeait toute naturelle étant donné le caractère de son parti, ne révélait aucune faiblesse de sa part, même si parfois on l'accusait d'être encore aux ordres de Brown. Il rejetait cette accusation, et sa correspondance avec Brown la dément. Il consultait Brown en matière de tactique parce que celui-ci avait un jugement solide, quoique toujours teinté d'optimisme. En contrepartie, il se servait de lui et du *Globe* comme instruments politiques. Brown, d'ailleurs, n'avait pas la prétention d'être autre chose qu'un vaillant et influent partisan du premier ministre.

Pour consolider le parti, il fallait que les régions et les groupes ethniques aient une juste représentation au cabinet. Appliquer ce principe, cependant, c'était limiter les candidatures possibles. Dans la province de Québec, la sélection s'avérait d'autant plus difficile que Mackenzie avait besoin d'un lieutenant canadien-français fort. Dorion, le premier de ses ministres de la Justice, était l'homme idéal, mais comme il avait derrière lui une longue carrière en droit et en politique et qu'il aspirait à une existence plus prévisible, Mackenzie le nomma juge en chef de la province en

1874. Par la suite, le leadership canadien-français au sein du parti piétina. Télesphore FOURNIER n'avait pas assez d'appuis, et en 1875 il entra à la Cour suprême du Canada, nouvellement instituée. Comme Luc Letellier* de Saint-Just était sénateur, le rôle de leader canadien-français ne lui convenait pas, et de toute façon Mackenzie le nomma lieutenant-gouverneur du Québec en 1876. Félix GEOFFRION, que Mackenzie fit entrer au cabinet dans l'intention expresse d'en faire son lieutenant canadien-français, s'avéra de moins en moins capable de s'occuper même de son département, celui du Revenu de l'intérieur. Joseph-Édouard Cauchon* pouvait dans une certaine mesure prétendre au titre, mais sa réputation était déjà ternie quand il entra la première fois au cabinet. Il cessa complètement d'être utile une fois qu'il eut aidé les libéraux à résoudre leurs problèmes avec la hiérarchie catholique de la province, en 1876, après que Lucius Seth Huntington eut critiqué, dans Argenteuil, l'intervention du clergé en politique. Mackenzie le nomma donc lieutenant-gouverneur du Manitoba. En 1876, le besoin qu'il avait d'un personnage fort, venant de préférence de la région montréalaise, était tel qu'il choisit Toussaint-Antoine-Rodolphe LAFLAMME, d'abord comme ministre du Revenu de l'intérieur. Certes, Laflamme était un bon avocat, mais il avait été très lié à l'Institut canadien, que les autorités catholiques considéraient comme un repaire de libres-penseurs et d'anticléricaux. Seul le jeune Wilfrid Laurier*, entré aux Communes en 1874, semblait pouvoir être utile à long terme. Malheureusement, il n'avait pas l'expérience nécessaire et refusa d'entrer au cabinet jusqu'à ce que Cauchon en sorte.

Assurer une bonne représentation des Maritimes n'était pas facile non plus. Mackenzie avait l'impression qu'Isaac Burpee ne voulait s'occuper que de questions directement liées à son département des Douanes. Son ministre de l'Intérieur, David Laird*, de l'Île-du-Prince-Édouard, était si compétent qu'il le nomma lieutenant-gouverneur des Territoires du Nord-Ouest en 1876. Albert James Smith, William Berrian Vail* et Thomas Coffin ne se révélèrent pas d'aussi bonnes recrues qu'il l'avait peut-être espéré, et ce n'est qu'après la nomination d'Alfred Gilpin Jones au poste de ministre de la Milice et de la Défense au début de 1878 (il avait occupé auparavant un modeste poste de direction au gouvernement) que les Maritimes furent représentées de façon plus qu'acceptable.

Que Mackenzie soit parvenu à forger un parti libéral national en dépit de toutes ces difficultés ne fait qu'accroître son mérite. La formation initiale de son cabinet et les modifications ultérieures qu'il y apporta cimentèrent au parti libéral non seulement les personnalités mais aussi les coalitions régionales. Dans les Maritimes, Smith, Vail, Coffin et Jones s'étaient opposés à la Confédération. Coffin et Burpee dérivèrent un peu vers le parti conservateur, en espérant des faveurs, jusqu'à ce que le scandale du Pacifique les ramène vers Mackenzie. L'intégration de Coffin au cabinet était un prix que Mackenzie acceptait de payer pour s'assurer le soutien d'une coterie de députés néo-écossais. Burpee représentait le Nouveau-Brunswick commercial et urbain ; Jones allait plus tard remplir ce rôle pour la Nouvelle-Écosse. Cependant, au Nouveau-Brunswick, Burpee fut éclipsé par Smith, qui siégea aux Communes en qualité de chef politique indépendant jusqu'en 1873, l'année où Mackenzie le récupéra. Malgré qu'il soit devenu gras et paresseux (opinion désespérée de Mackenzie), Smith apporta aux libéraux 12 des 16 sièges du Nouveau-Brunswick aux élections de 1874 et, dans la défaite désastreuse de 1878, il en apporta 11. Le processus selon lequel Mackenzie établit les libéraux en parti national dans les Maritimes fut symboliquement achevé par la tournée qu'il y effectua durant la campagne de 1878, accompagné de Cartwright.

Au Québec, un processus similaire de consolidation et de croissance s'opéra. Par l'intermédiaire de Cauchon, et surtout de Laurier, Mackenzie entreprit d'apaiser l'hostilité de l'Église catholique canadienne-française envers les libéraux. Déjà, il avait fait des efforts considérables pour attirer des Irlando-catholiques au sein du parti. En Laurier, il avait trouvé l'homme qui allait se distinguer parmi la prochaine génération de chefs libéraux.

Néanmoins, quand il s'agissait d'énoncer des politiques et de résoudre des problèmes, Mackenzie et ses divers cabinets n'avaient pas une bien grande marge de manœuvre. Les élections générales de 1874 donnèrent aux libéraux une majorité au Québec et en Ontario ; leur prépondérance au Parlement était même écrasante. En 1875, Cartwright signala à ses collègues du cabinet : « aucun gouv[ernement] stable n'est possible sauf de l'une de [ces] deux manières, c'est-à-dire en s'assurant une majorité décisive [avec] l'Ontario et la province de Québec pris ensemble, ou en achetant délibérément les petites provinces de temps à autre ». Mackenzie partageait ce point de vue, au moins en partie. Bien enracinés en Ontario, les libéraux risquaient de provoquer des tensions en cherchant à maintenir leur position au Québec ou à conserver leur autorité sur leurs représentants des Maritimes. On pouvait toujours acheter ces derniers avec des faveurs administratives et des alliances circonstancielles, mais cela n'avait pas de fin. Parfois, en unissant leurs forces, ils pouvaient provoquer une nette réorientation de la politique du parti ; en 1876 par exemple, ils forcèrent le gouvernement à renoncer à son projet de hausser le tarif.

Le Québec posait un problème plus difficile encore. L'influence des libéraux dans la province fut mise à l'épreuve en plusieurs occasions, la première fois à propos de l'amnistie de Louis Riel. Sir John Alexander Macdonald, par l'entremise de Mgr Alexandre-

Antonin TACHÉ, avait promis de passer l'éponge sur les actes de Riel à la Rivière-Rouge en 1870. On s'attendait généralement, au Québec, que le gouvernement libéral remplirait cette promesse, même si elle datait d'avant le moment où le gouvernement provisoire des Métis avait mis à mort l'orangiste ontarien Thomas Scott*. L'élection de Riel dans la circonscription fédérale de Provencher, en janvier 1874, et l'arrestation, la condamnation et le prononcé de la sentence de son lieutenant Ambroise-Dydime Lépine*, impliqué dans l'affaire Scott, ramenèrent la question de l'amnistie à l'avant-plan. Naturellement, Mackenzie tergiversa : même si l'amnistie apaisait la population du Québec, elle provoquerait une réaction en Ontario. En fait, c'est l'affaire Lépine qui apporta la solution à ce dilemme, car le gouverneur général, lord Dufferin, commua sa sentence de mort. Les libéraux purent donc s'abriter derrière le représentant de l'autorité impériale. En février 1875, le gouvernement Mackenzie amnistia tous ceux qui avaient été mêlés à la crise manitobaine et accorda un pardon conditionnel à Riel. Toute cette affaire n'en avait pas moins fait sentir aux libéraux à quel point leur position était fragile au Québec.

Outre la question de Riel, un autre problème, plus grave encore, se posait. L'ultramontanisme avait pris de l'ampleur au Québec à la fin des années 1860 et au début des années 1870 [V. Louis-François LAFLÈCHE ; Ignace Bourget*] ; l'hostilité du clergé envers les « rouges » ou les libéraux de la province, et envers les libéraux de l'Ontario, était devenue chose courante. Cette tendance semblait en outre menacer la position des Anglo-protestants du Québec. Le 30 décembre 1875, à l'occasion d'une élection partielle dans Argenteuil, Lucius Seth Huntington se vida le cœur. L'intervention du clergé dans les élections, déclara-t-il, était un mal imputable aux tories. Les protestants de la province devaient s'allier aux libéraux pour se défendre contre l'ultramontanisme. Son discours inquiéta les élites canadiennes-françaises : elles craignaient qu'il ait parlé au nom de tout le gouvernement libéral. Mackenzie opta pour la prudence et déclara que Huntington n'avait exprimé que ses propres opinions, non pas celles du gouvernement ni du parti libéral. Cette affirmation ne l'empêcha toutefois pas d'écrire, dans une lettre personnelle à George Brown, que Huntington avait dit la pure vérité, même si son intervention était inopportune. Au début de 1876, les libéraux attribuèrent leur défaite dans trois élections partielles, dont l'une dans Charlevoix [V. Pierre-Alexis Tremblay*], au discours de Huntington. Leur moral était en train de chuter. Ils résolurent donc de contre-attaquer sur plusieurs fronts. D'abord, ils contestèrent devant les tribunaux l'intervention du clergé dans le processus électoral [V. Édouard-Charles FABRE ; sir William Johnston RITCHIE]. Puis, comme ces poursuites n'entraînaient pas de changement profond dans l'attitude du clergé, Mackenzie, par l'entremise de Cauchon, demanda à Rome d'envoyer un délégué apostolique (George Conroy*) qui enquêterait sur la situation canadienne. Laurier, impatient de faire ses preuves, s'efforça de convaincre le clergé de limiter sa participation aux élections et de tempérer son hostilité envers les libéraux.

Sur le plan économique, récession et crise marquèrent le mandat du gouvernement libéral. L'effondrement financier survenu aux États-Unis en septembre 1873 avait annoncé un ralentissement de l'économie ; dès le milieu de 1874, l'effet s'en faisait sentir au Canada. Compte tenu de variantes sectorielles et régionales, la situation demeura mauvaise jusqu'à la fin de 1878. Le secteur agricole de l'Ontario – sur lequel, Mackenzie croyait-il à tort, son parti pouvait compter aux élections générales de 1878 – se tira assez bien d'affaire. Par contre, les petites et grandes villes qui avaient connu une forte expansion industrielle avant 1874 pâtirent et se montrèrent hostiles aux libéraux au moment de voter. Non seulement ces mauvaises conditions économiques firent-elles perdre des sièges au gouvernement dans des élections partielles, mais elles l'amenèrent à durcir d'importants éléments de sa politique économique. La conjoncture le rendait très près de ses sous. Les chemins de fer en sont un exemple patent.

Désireux de réduire les dépenses parce qu'ils privilégiaient une intervention minimale de l'État, les libéraux, dont Mackenzie, étaient devenus méfiants à l'endroit des accords conclus par le gouvernement Macdonald avec la Colombie-Britannique (l'entrée dans la Confédération et le chemin de fer). La publication des conditions de l'entente, en 1871, les avait horrifiés. Avoir promis de construire en moins de dix ans, à grands frais, un chemin de fer qui ne desservirait qu'une maigre population, c'était presque de la folie, dirait Mackenzie en 1874. Bien sûr, il voulait un chemin de fer et tenait au développement de l'Ouest. Cependant, lui comme d'autres libéraux en avaient contre la planification des travaux, qu'ils jugeaient mauvaise, et contre l'engagement onéreux de construire le chemin de fer à toute vitesse. On ne devait pas hausser les impôts pour payer le chemin de fer : du point de vue des libéraux, cette garantie, inscrite en 1872 dans la charte de la Compagnie du chemin de fer du Pacifique du Canada, était primordiale. Mackenzie n'allait cesser de l'invoquer dans les discussions tendues qui opposeraient bientôt son gouvernement à celui de la Colombie-Britannique.

En devenant premier ministre, Mackenzie hérita d'une situation difficile. Le chemin de fer devait avancer et, par conséquent, être financé adéquatement. Les conservateurs n'avaient pas encore commencé les travaux et le gouvernement de la Colombie-Britannique avait déjà formulé des plaintes. Étant donné les contraintes financières et l'insistance des libéraux à ne pas augmenter les impôts, Mackenzie aurait aimé trouver des capitaux privés. Le projet de loi sur le chemin de fer canadien du Pacifique, adopté au printemps de 1874, rendait possible ce type de financement. Des discussions préliminaires eurent effectivement lieu avec George Stephen* qui, cependant, déclara à Lucius Seth Huntington en décembre 1874 qu'il ne voulait pas risquer son propre argent. Vu la conjoncture économique, pareille réaction n'avait rien de surprenant. La dépression avait vu se produire bien des faillites retentissantes de compagnies ferroviaires américaines. Les libéraux se tournèrent vers les fonds publics par pure nécessité. Mackenzie exprima ses bonnes intentions à l'égard de la Colombie-Britannique, mais il précisa que le délai prévu pour la construction était trop court. En effet, les pressions qui s'exercèrent dans les rangs des libéraux pour repousser l'échéance des travaux furent énormes. Blake s'opposait de toutes ses forces à ce qu'on étende, à un coût exorbitant, un service à la minuscule population de la Colombie-Britannique.

En conséquence, l'on appliqua une politique prudente de planification, d'arpentage et de travaux préliminaires sur les routes, les voies d'eau et les lignes télégraphiques, et la construction de la voie ne devança pas de beaucoup l'avant-garde des établissements. Mackenzie voulut naturellement utiliser les voies américaines existantes au sud des Grands Lacs au lieu d'en construire de nouvelles dans le territoire inhabité qui se trouvait au nord du lac Supérieur. On put satisfaire les demandes de voies du Manitoba et la nécessité d'alimenter le moulin des faveurs administratives dans la région de Port Arthur (Thunder Bay) et au Manitoba par des contrats de travaux préliminaires pour le chemin de fer, les routes secondaires et les lignes du télégraphe. La stratégie de Mackenzie, soit une déviation en territoire américain, n'était pas sans rappeler celle que préconisait Macdonald avant que Riel n'instaure un gouvernement provisoire au Manitoba, et le projet retint l'attention de capitalistes.

Vu les circonstances, Mackenzie demanda de refaire le calendrier des travaux, avec l'autorisation de la Colombie-Britannique. En février 1874, au nom du gouvernement, il chargea un pilier du parti, James David Edgar, d'aller négocier ces nouvelles dispositions avec la Colombie-Britannique. Le premier ministre de la province, George Anthony Walkem*, les trouva inacceptables. À l'aide d'un raisonnement spécieux, il déclara en mai qu'Edgar n'était pas habilité à représenter le gouvernement fédéral et envoya en Grande-Bretagne une protestation bien sentie.

C'est ainsi que ce conflit fédéral-provincial (le plus grave qui marqua le passage de Mackenzie au pouvoir) entra dans le champ de la politique impériale. Le secrétaire d'État aux Colonies, lord Carnarvon, proposa d'agir à titre d'arbitre entre les deux paliers du gouvernement. Même si cette ingérence évidente dans les affaires intérieures du Canada ne plaisait pas du tout à Mackenzie, Carnarvon alla de l'avant et présenta un projet d'entente en août. Moins généreux que ne le souhaitait la Colombie-Britannique, le projet lui faisait quand même beaucoup plus de concessions que le gouvernement Mackenzie n'était prêt à en envisager.

Le gouvernement de Mackenzie accepta à contre-cœur les conditions de Carnarvon, mais la responsabilité financière et des problèmes constitutionnels empêchèrent leur pleine mise en œuvre. Le Sénat, dominé par les conservateurs, refusa d'adopter un projet de loi de la chambre des Communes qui prévoyait le financement d'un élément clé des conditions imposées par Carnarvon : la construction de la ligne entre Esquimalt et Nanaimo en Colombie-Britannique. Carnarvon s'opposa alors à ce que l'on augmente le nombre des sénateurs comme Mackenzie l'avait demandé. Des querelles au sujet des mesures que devait prendre le gouvernement firent rage durant des mois : le gouverneur général lord Dufferin, le gouvernement impérial et la Colombie-Britannique cherchaient à obtenir d'autres engagements de la part du gouvernement Mackenzie. C'est seulement après des récriminations si directes et furieuses que Dufferin, pourtant plein de tact, ressentit l'envie de frapper son premier ministre, que l'on arriva finalement à un compromis en 1876, par lequel Mackenzie acceptait de commencer les travaux en Colombie-Britannique deux ans plus tard.

La longue querelle suscitée par les conditions que Carnarvon avait imposées et la prudence manifestée par les libéraux en raison des perspectives économiques et de la dépression ont éclipsé ce qui était en fait un énergique programme d'entreprise ferroviaire. La longueur totale des voies canadiennes passa de 4 331 milles en 1874 à 6 858 milles en 1879. Cette expansion fut largement attribuable à l'achèvement du chemin de fer Intercolonial, financé par le gouvernement et dont l'ingénieur Sandford Fleming* supervisa les travaux, ainsi qu'à la construction, sous contrat gouvernemental, de voies au Manitoba et entre cette province et le lac Supérieur [V. Hugh RYAN]. La tâche essentielle d'arpenter l'Ouest progressa sans relâche. On traça quelque 46 000 milles de voies possibles entre 1871 et 1877, et on en construisit environ 12 000 milles. On entreprit la pose de lignes télégraphiques de Port Arthur jusqu'à Edmonton. Dans leur essence, les conditions imposées par Carnarvon étaient satisfaites, à l'exception de l'épineuse question de la ligne ferroviaire entre Esquimalt et Nanaimo [V. Robert Dunsmuir*]. Il s'agissait de réalisations impressionnantes vu les circonstances.

Le contexte influait aussi sur d'autres aspects de la politique économique du gouvernement Mackenzie.

Au sujet de la réciprocité par exemple, les libéraux estimaient que le gouvernement précédent n'avait pas suffisamment cherché à améliorer les relations canado-américaines en matière de commerce. Ils avaient l'intention de subordonner la question commerciale à celle, toujours actuelle, et dont parlait le traité de Washington, du dédommagement versé par les États-Unis pour avoir accès aux pêches côtières de Terre-Neuve et du Canada [V. sir John Alexander Macdonald ; Peter MITCHELL]. Le Canada serait dans une position d'autant plus forte si son délégué était en même temps négociateur principal. George Brown se vit confier ces deux responsabilités en janvier 1874. Éternel optimiste, il négocia ferme avec le secrétaire d'État américain, Hamilton Fish, mais quand ils s'entendirent sur un traité de réciprocité, en juin, le Sénat des États-Unis était sur le point d'ajourner ses travaux. L'entente, beaucoup plus complète que celle de 1854, sombra dans l'oubli.

La situation politique et économique qui existait alors aux États-Unis aurait probablement empêché l'application de cette entente, mais la fureur qu'elle déclencha au Canada contribua à mettre en lumière les grandes convictions, forces et faiblesses des libéraux. Mackenzie tenta de gagner à la cause de son parti les fermiers ontariens, les marchands exportateurs, les pêcheurs et les transporteurs maritimes des provinces de l'Atlantique. Le fait que l'entente contenait une longue liste de produits manufacturés et qu'elle portait une réduction des droits de douane montrait que les libéraux croyaient fermement au libre-échange. Par son contenu et la façon dont on l'avait négociée, elle indiquait qu'ils souhaitaient soustraire en partie le commerce canadien à l'emprise de la Grande-Bretagne. Cependant, déjà échaudés par la récession, les manufacturiers canadiens, et dans une moindre mesure l'ensemble des milieux d'affaires, réagirent à ces propositions commerciales en prônant un protectionnisme plus cohérent qu'ils ne l'avaient fait jusque-là.

Les tarifs de 1874, 1876 et 1877 témoignaient aussi, et de façon explicite, du libéralisme économique du gouvernement Mackenzie. Pragmatique à l'extrême, le premier ministre se dit prêt en 1874 à maintenir les droits protecteurs et à les augmenter quand le gouvernement aurait besoin de revenus, mais il ne cacha pas son aversion pour ce procédé. Néanmoins, l'héritage financier du gouvernement précédent et la chute des revenus issus des droits de douane engendraient des déficits de plus en plus lourds, si bien que les libéraux durent imposer des hausses. Les protectionnistes, conscients des besoins du gouvernement, organisèrent des campagnes pour parvenir à leurs fins. De leur point de vue, le tarif instauré en 1874 par le ministre des Finances Richard John Cartwright était insuffisant : destiné à augmenter les recettes, il ne dénotait à peu près aucune volonté protectionniste.

Les tendances libre-échangistes des libéraux furent mises à plus rude épreuve en 1876, car cette année-là l'insuffisance des revenus exigea d'autres révisions du tarif. Le gouvernement fit face à une forte agitation protectionniste alimentée par les travaux d'un comité parlementaire sur les causes de la dépression. Il nuança sa position sur le libre-échange : Mackenzie entendit même certains de ses collègues prôner une augmentation des droits qui allait jusqu'à 5 %. Le gouvernement projeta d'ailleurs une hausse, mais les luttes interrégionales qui divisaient le parti l'empêchèrent de la décréter. Certains des libéraux les plus influents des Maritimes menacèrent même de s'opposer ouvertement à toute augmentation du tarif, ce qui renforça Mackenzie dans ses convictions. Le tarif de 1876 n'apporta donc que des changements mineurs. Ensuite, les protectionnistes tentèrent d'influencer le gouvernement en tablant sur sa vulnérabilité évidente devant les pressions des Maritimes. Agissant de concert, les exploitants des houillères de la Nouvelle-Écosse exigèrent une protection tarifaire ; les protectionnistes usèrent de cette réclamation comme d'un cheval de Troie et tentèrent de faire augmenter de façon générale les droits de douane. Cependant, le tarif de 1877 ne visait qu'à augmenter les recettes. Tous ces événements de 1876 et 1877 marquent par ailleurs un jalon : dès lors, et presque jusqu'à la fin du siècle, les protectionnistes ne seraient plus alliés au parti libéral.

Les libéraux justifiaient en partie le libre-échange en disant qu'il ne fallait pas rompre les liens économiques du Canada avec la Grande-Bretagne en imposant des restrictions artificielles au commerce. Mackenzie, très loyal à l'Empire britannique avant d'accéder au pouvoir, l'était encore à titre de premier ministre. C'est pourquoi il acceptait que l'on considère le chemin de fer transcontinental comme l'une des voies de communication de l'Empire et était fidèle aux pratiques constitutionnelles de la Grande-Bretagne. En même temps, cependant, il souhaitait vivement que le Canada soit plus autonome. Au lendemain de la Confédération, il avait été réticent à l'idée que le Canada détienne le pouvoir de conclure des traités de son propre chef, comme le voulaient alors ceux qui soutenaient que le dominion devait aller seul son chemin, indépendamment de la Grande-Bretagne, dont sir Alexander Tilloch GALT, Lucius Seth Huntington et Albert James Smith. Par contre, en 1882, il était prêt à défendre cette position.

Le traité conclu à Washington en 1871 avait eu une importance capitale dans son cheminement. Selon Mackenzie, le chef conservateur, Macdonald, avait mal défendu le Canada à titre de commissaire de la Grande-Bretagne, et l'équipe des négociateurs britanniques, trop préoccupée d'éviter toute friction entre la Grande-Bretagne et les États-Unis, n'avait pas fait le moindre cas des intérêts du Canada. La nomination de George Brown au titre de plénipotentiaire *canadien* dans les négociations de 1874 sur la réciprocité avec les États-Unis lui paraissait une étape nécessaire pour obtenir des résultats optimaux. C'est pour le même motif qu'il veilla à ce qu'un Canadien, sir Alexander Tilloch Galt, soit commissaire de la Grande-Bretagne dans l'arbitrage du litige des pêches avec les États-Unis, de 1875 à 1877 [V. sir Albert James Smith].

Des attitudes analogues se manifestaient dans des domaines autres que le commerce. Du point de vue des libéraux, l'institution de la Cour suprême du Canada, en 1875, allait améliorer le processus de prise de décision au pays. Le gouvernement Macdonald avait fait des démarches préliminaires en vue d'instaurer ce tribunal, mais c'est le ministre libéral de la Justice, Télesphore Fournier, qui présenta le projet de loi sur la Cour suprême. Avec le vigoureux appui de Mackenzie, des libéraux nationalistes l'amendèrent afin de limiter radicalement les cas d'appel au comité judiciaire du Conseil privé de Grande-Bretagne. À leur grande déception, on déclara nul l'amendement.

Mackenzie, et Blake encore plus, s'inquiétait de l'effet des actes de lord Dufferin sur la liberté d'action et la démocratie parlementaire du Canada. Leurs doutes se fondaient sur le soutien excessif que le gouverneur général avait apporté à Macdonald à l'occasion du scandale du Pacifique – attitude qui, selon Mackenzie, constituait une ingérence des Britanniques dans les affaires intérieures canadiennes. Ce fut pour les mêmes raisons que le projet d'entente de lord Carnarvon provoqua des tensions et que Blake se montra hostile à Dufferin lorsque celui-ci décida en 1875, et sans consultation, de commuer la peine de mort de Lépine.

Mackenzie était attaché à l'Empire en même temps qu'il était farouchement nationaliste. La manière dont il envisageait la défense le montre très clairement. Il avait été major de la milice à Sarnia pendant les troubles féniens qui avaient précédé la Confédération [V. Michael Murphy* ; John O'Neill*] – épisode déterminant dans la naissance d'un sentiment national chez les milliers de Canadiens qui avaient participé à leur répression. Lorsque le ministre conservateur et auparavant réformiste William McDougall* accusa presque Mackenzie de déloyauté envers la couronne durant la campagne électorale de 1867, celui-ci réfuta l'accusation en évoquant son service dans la milice. En 1868, il avait affirmé que, loin d'être simplement une affaire intérieure, l'organisation de la défense du Canada devait faire l'objet d'une coopération entière avec les Britanniques. Cependant, la faiblesse qu'il constatait dans la milice canadienne était le commandement, qui ne pouvait tout simplement pas être assuré par une poignée d'officiers britanniques. À titre de premier ministre, il appuya donc sans réserve la réorganisation du département de la Milice et de la Défense, dont le ministre était William Berrian Vail, et la fondation, en 1874, d'un collège militaire au Canada [V. Edward Osborne HEWETT].

En même temps que les libéraux de Mackenzie cherchaient à doter le Canada de pouvoirs plus grands vis-à-vis de la Grande-Bretagne, ils se posaient, par réflexe, en défenseurs des droits provinciaux. Le puissant régionalisme que les réformistes avaient manifesté sous le leadership de Brown se transforma facilement, chez les libéraux d'après la Confédération [V. sir Oliver Mowat], en un parti pris en faveur des provinces. Dans le cas du litige sur les droits des catholiques du Nouveau-Brunswick en matière d'éducation [V. Timothy Warren ANGLIN], la position de Mackenzie était claire, quoique entachée d'opportunisme. Bien sûr, politiquement parlant, dire que cette question ne regardait que le Nouveau-Brunswick faisait son affaire. Mackenzie défendit les droits provinciaux d'une manière qui, encore une fois, pourrait sembler intéressée dans le cas de Luc Letellier de Saint-Just, lieutenant-gouverneur du Québec en 1876. Saint-Just destitua le gouvernement conservateur de Charles-Eugène Boucher* de Boucherville en 1878 parce que, en proclamant des édits et en signant des documents en son nom sans le consulter, il n'avait pas respecté les attributions attachées par la constitution au poste de lieutenant-gouverneur. Ce faisant, Saint-Just lui-même n'allait pas à l'encontre de la constitution, mais il outrepassait les pouvoirs d'un lieutenant-gouverneur tels qu'on les concevait communément. Irrités, les conservateurs fédéraux réclamèrent une enquête et sa démission. Mackenzie déclara, comme il convenait, que l'électorat de la province était tout à fait en mesure de juger et que l'affaire était d'intérêt provincial. Même avant de prendre le pouvoir, les libéraux de Mackenzie avaient invoqué l'empiétement sur les dispositions financières que les autres provinces avaient obtenues à la Confédération pour s'élever contre l'entente qui avait permis à la Nouvelle-Écosse d'améliorer les conditions de sa participation à la Confédération. De même, lorsque Macdonald autorisa la Colombie-Britannique et le Manitoba à élire, aux Communes, un plus grand nombre de députés que celui auquel leur population leur donnait droit, les libéraux protestèrent en disant qu'une telle mesure violait les droits provinciaux et le principe sacré de la représentation basée sur la population. Le respect qu'éprouvait Mackenzie pour les droits des provinces ne signifiait pas qu'il leur cédait sur les questions litigieuses. Il évitait cependant les affrontements. Au lieu de saisir le comité judiciaire du Conseil privé du cas de la frontière ontarienne avec le Manitoba et les Territoires du Nord-Ouest, comme Macdonald avait prévu de le faire, il opta en 1875 pour un règlement par arbitrage. C'est davantage grâce à un processus de négociation entre les gouvernements fédéral et provincial que l'on résolut la question en 1878, même si Macdonald refusa d'honorer la sentence arbitrale.

Les lois réformistes que le gouvernement Mackenzie adopta, surtout dans ses deux premières années de pouvoir, forment un beau palmarès. La plus importante de toutes fut, en 1874, la loi de réforme électorale. Poussés par leur libéralisme, Mackenzie et son parti s'efforcèrent de créer un contexte politique qui favoriserait l'expression de la volonté populaire (c'est-à-dire la volonté de ceux qui avaient le droit de vote). Ce principe modestement démocratique sous-tendait non seulement leur conception des relations canado-britanniques, mais aussi leur position sur la réforme électorale. Tout au long des années 1850 et 1860, Mackenzie avait eu la conviction que, si les libéraux avaient du mal à prendre le pouvoir, c'était en partie parce que leurs adversaires faisaient campagne en distribuant des pots-de-vin, en nouant des ententes secrètes et en se faisant passer pour ce qu'ils n'étaient pas. Les méfaits dont les conservateurs se rendirent coupables aux élections de 1872 semblaient confirmer cette interprétation de leur conduite. En 1873, les libéraux parvinrent à arracher au gouvernement Macdonald, sorti affaibli de ces élections, quelques timides concessions en matière de réforme électorale. Puis, dès après leur victoire de 1874, ils firent adopter l'Acte concernant l'élection des membres de la chambre des Communes. Cette loi instituait le vote secret, exigeait que le scrutin se tienne le même jour dans toutes les circonscriptions, pour empêcher les machinations qui visaient à entraîner l'électorat dans le courant dominant, et éliminait l'obligation d'être propriétaire, jusque-là imposée aux candidats aux Communes. Pour renforcer cette nouvelle loi, le ministre de la Justice Antoine-Aimé Dorion en présenta une autre qui plaçait la contestation des élections sous la juridiction de l'appareil judiciaire et non d'un comité du Parlement. De forts principes égalitaires étaient évidents dans ces deux lois.

Les lois adoptées sous Mackenzie portaient la marque de son libéralisme. Une bonne partie d'entre elles rationalisaient des structures et des règlements. L'Acte pour amender et refondre les statuts relatifs au service postal de 1875, qui modifiait et refondait les lois antérieures sur le système postal, instaura plusieurs changements importants, dont l'affranchissement obligatoire par l'envoyeur et la réduction du tarif sur certaines catégories d'envois. Cette loi était associée à la convention postale conclue cette année-là avec les États-Unis en vue d'accélérer la livraison du courrier en Amérique du Nord. C'est aussi à cette époque que l'on étendit le service de livraison du courrier à domicile, en vigueur à Montréal depuis 1867, à toutes les grandes villes canadiennes. L'Acte des Territoires du Nord-Ouest, adopté en 1875, rassemblait les lois qui portaient déjà sur ces territoires et les dotait, en fait, d'une constitution. (Mackenzie, à qui l'on devait l'ébauche du projet de loi, ajouta après coup des dispositions au chapitre de la taxation qui permettaient l'établissement d'écoles catholiques sur le modèle de l'Ontario. Le débat cinglant qui eut lieu au Sénat donna un avant-goût de la controverse que ces dispositions allaient susciter par la suite [V. D'Alton McCarthy].) L'Acte pour pourvoir à la meilleure audition des comptes publics de 1878 renforçait et, dans une certaine mesure, rationalisait la filière des responsabilités en matière de gestion des finances gouvernementales [V. John Lorn McDougall*]. En outre, les modifications du tarif en 1877 s'accompagnèrent d'une révision complète de la structure des règlements de l'administration des douanes. L'Acte pour établir des dispositions pour la collection et l'enregistrement de la statistique criminelle du Canada de 1876 et l'Acte pour amender l'Acte concernant les poids et mesures de 1877 (produits de l'esprit précis d'Edward Blake) visaient aussi une mise en ordre.

Ces lois, et d'autres, constituaient de la part du gouvernement Mackenzie une importante contribution. Certaines d'entre elles, la loi sur les poids et mesures par exemple, instituaient un cadre de réglementation dont le but était de rendre la concurrence plus équitable et de protéger le consommateur. L'Acte d'inspection générale de 1874, l'Acte pour pourvoir à l'inspection du pétrole de 1877, l'Acte concernant la faillite de 1875, l'Acte pour amender la loi concernant les compagnies par actions constituées par lettres patentes de 1877 et les lois de 1875 et 1877 sur les assurances reflétaient une volonté de définir le contexte législatif à l'intérieur duquel les forces du marché pourraient s'exercer librement. Ainsi les lois sur les assurances exigeaient des sociétés d'assurances qu'elles obtiennent un permis du gouvernement fédéral, qu'elles garantissent une certaine partie de leurs obligations par des dépôts et qu'elles publient des données financières de base. Le bureau du surintendant des assurances, créé pour s'occuper des sociétés d'assurance-vie et dirigé d'abord par John Bradford Cherriman*, avait des pouvoirs d'inspection considérables. Quant à l'Acte concernant les pénitenciers et leur inspection de 1875, il visait à réformer l'administration de ces établissements au moyen d'un contrôle financier plus serré et d'un corps d'inspection plus efficace.

Ces lois, qui montrent à quel point, sous Mackenzie, le champ du réformisme libéral était vaste, ne créèrent pas autant de remous que l'Acte de tempérance du Canada, adopté en 1878. À la fois au nom de la santé et de la morale, Mackenzie désapprouvait personnellement tout usage de l'alcool. Que l'on puisse se présenter légèrement ivre aux Communes le consternait. Cependant, il se méfiait des lois sur la tempérance, en grande partie parce que l'abstinence forcée était un facteur de dissensions politiques. S'il put défendre celle de 1878 (appelée loi Scott, du nom du secrétaire d'État Richard William Scott*), c'est parce qu'elle instituait une forme de prohibition locale. Mais même cette loi se révéla un mauvais calcul, car elle irrita des électeurs de toutes tendances et amena les fabricants et vendeurs d'alcool à faire campagne contre les libéraux aux élections de 1878.

La même année, des scandales assombrirent le mandat de Mackenzie. Bien que, dans le contexte politique de la fin du XIXe siècle, il ait été un homme probe, il reconnaissait la nécessité et l'utilité du favoritisme depuis les débuts de sa participation à la vie politique. Une fois devenu premier ministre, il attendait compétence aussi bien que dévouement au parti de la part de ceux qui avaient reçu des faveurs. Il n'avait par ailleurs pas l'intention d'évincer des conservateurs de leur poste simplement pour avantager des libéraux. En outre, lord Dufferin croyait très fermement en une fonction publique permanente. Quand même, le premier ministre aimait récompenser ses amis et s'offrir quelques gratifications, tout en restant dans le cadre de ce qui était politiquement légitime. Quelquefois pourtant, il dépassait les limites de l'acceptable : pendant son mandat de trésorier de l'Ontario, en 1871–1872, il fit assurer plusieurs édifices publics par l'Isolated Risk Fire Insurance Company of Canada, qu'il avait contribué à fonder en juin 1871 et dont il était président. Ses frères, en particulier, avaient l'art de le mettre dans de mauvais draps. À la fin de 1874, croyant à tort que le prix des rails d'acier était plus bas que jamais, il autorisa l'achat de 50 000 tonnes de rails par l'entremise d'une compagnie dans laquelle son frère Charles avait de gros intérêts. Il était alors convaincu d'avoir fait réaliser une économie importante au dominion. Tel n'était pourtant pas le cas. Lorsque la chose fut connue, en 1875, on l'accusa non seulement de népotisme, mais de népotisme aux dépens du pays. Il nia les deux accusations : on avait accepté la soumission la plus basse.

Dès son accession au poste de premier ministre, Mackenzie s'était efforcé d'assainir le département des Travaux publics, qu'il n'avait pu s'empêcher d'assumer, mais ses efforts furent plus ou moins fructueux. Ce ministère présentait un triple intérêt pour lui : il s'occupait de construction, il fallait en restreindre les dépenses et, à son avis, il y régnait une corruption politique qu'il fallait extirper. Même si la corruption se perpétuait, on ne pouvait guère le blâmer de cet état de fait, quoique ses stratégies administratives aient peut-être pu en être responsables. Ainsi il jurait d'accepter les soumissions les plus basses pour les contrats de travaux publics. Toutefois, comme elles n'arrivaient pas toutes le même jour et qu'on les ouvrait au fur et à mesure de leur entrée, les entrepreneurs pouvaient tricher en soudoyant le personnel. Il fut plus directement impliqué, en 1877, dans le scandale du Neebing Hotel, qui découlait de ce que le gouvernement avait choisi de construire un terminus du chemin de fer canadien du Pacifique à Fort William (Thunder Bay) [V. Thomas MARKS ; Adam Oliver*]. Un entrepreneur libéral avait à cette occasion vendu des terrains au gouvernement à des prix excessifs. L'associé de cet entrepreneur était l'évaluateur qui avait approuvé les prix. Mackenzie plaida l'ignorance, même si c'était lui qui avait choisi l'évaluateur.

La session parlementaire de 1878 et le mandat des libéraux se terminèrent le 10 mai. Mackenzie fixa les élections au 17 septembre. D'instinct, il les aurait tenues au printemps, car son parti aurait alors encore pu profiter du courant qui, en mai, avait porté au pouvoir, à Québec, les libéraux d'Henri-Gustave Joly*. Cependant, certains libéraux fédéraux ne voulaient pas d'élections au printemps : leur organisation n'était pas au point. Le fait que Mackenzie avait cumulé les fonctions de premier ministre et de ministre des Travaux publics expliquait partiellement pourquoi le parti n'était pas prêt dans toutes les régions. Prendre la direction de ce département avait été la grande erreur de sa carrière politique. Les finances départementales attiraient trop ce fouineur, si bien que le fardeau des détails qu'il portait comme ministre était énorme ; en outre, il n'utilisait pas le département d'une manière efficace pour garnir les coffres du parti et lui gagner des adeptes.

Les talents d'organisateur de Mackenzie, qui lui avaient tant servi au début de sa carrière politique, étaient donc sous-utilisés sous son gouvernement. Certes, il avait fait des efforts pour structurer l'aile parlementaire après être devenu officiellement chef du parti, mais vers 1875 l'état de l'appareil libéral inquiétait sérieusement certains libéraux ontariens influents. Au prix de certaines difficultés, James David Edgar et d'autres formèrent en 1876 l'Ontario Reform Association, dont George Robson Pattullo était secrétaire et organisateur à temps plein, mais Mackenzie ne les soutenait pas assez. Une organisation nationale n'était pas pour bientôt. Après les élections de 1878, Mackenzie allait montrer que la question lui tenait à cœur en appuyant fermement la formation d'un cercle libéral central, semblable au United Empire Club des conservateurs. Ce cercle ne serait toutefois établi qu'en 1885, à Toronto.

Non seulement Mackenzie négligea-t-il l'organisation, mais il avait mal saisi les courants de l'opinion. Il fit d'ailleurs observer non sans perplexité à William Buckingham en septembre 1878, à la veille des élections : « Mes assemblées ont toutes été couronnées de succès, on pourrait difficilement demander mieux, pourtant je constate que les tories débordent de confiance partout. Pourquoi, je me le demande. » Il ne mesurait pas toute l'influence que le protectionnisme et, dans une moindre mesure, des questions comme l'affaire Letellier, la loi Scott, le programme de construction ferroviaire (cause de rivalités régionales) et les scandales qui avaient terni sa propre réputation avaient eue sur les intentions de vote. En fait, même s'il s'était résigné à ce que la position de son parti sur le protectionnisme lui fasse perdre de nombreux appuis en milieu urbain, il avait sous-estimé les passions que cette question soulevait dans les milieux ruraux. Mackenzie ne sentait pas non plus à quel point les libéraux avaient perdu l'estime de la population, quoique les réactions suscitées par certaines expressions maladroites de Cartwright aient pu lui servir d'avertissement. Ardent défenseur des principes du libéralisme économique, Cartwright avait déclaré aux Communes en 1877 que le gouvernement ne pouvait pas plus influencer le cycle des affaires qu'un « quelconque groupe de mouches sur une roue ». Les conservateurs ne manquèrent pas ensuite de se moquer des libéraux en les qualifiant de mouches incapables et insensibles. Mackenzie ne fit d'ailleurs pas grand-chose pour améliorer l'image de plus en plus ternie du parti. Des affrontements mineurs à propos de la nourriture et du travail survenus à Montréal en 1877 – symptômes de l'intensité de la crise – incitèrent les édiles municipaux à demander que l'on débloque les fonds promis pour des travaux dans la ville. Mackenzie refusa, invoquant des restrictions budgétaires. Même ses origines modestes étaient utilisées contre lui. Des années après sa mort, Goldwin Smith* ne pourrait résister à l'envie de répéter une critique diversement formulée du premier ministre à propos de son obsession du détail, de ses manières frustes et de son manque de souplesse : « un détracteur malicieux aurait pu dire que, si son point fort était d'avoir été maçon, son point faible était d'être encore maçon ». C'est une caricature cruelle mais éloquente.

À l'issue des élections de 1878, les deux partis se trouvèrent, quant au nombre de sièges, dans une position à peu près inverse de celle de 1874. Mackenzie lui-même passa à un cheveu de perdre dans Lambton. Après le scrutin, un sourd débat eut lieu parmi les autorités du parti : le gouvernement devait-il attendre d'être défait en chambre ou démissionner avant ? La dernière solution l'emporta. Le premier ministre se permit de dresser une maigre liste de nominations de dernière minute, puis il remit sa lettre de démission à lord Dufferin : son parti abandonnerait le pouvoir le 9 octobre 1878.

Plus d'une fois, Mackenzie s'était plaint de crouler sous le fardeau et avait dit combien ce serait agréable de le déposer. Pourtant, quitter son poste lui fut extrêmement pénible. Selon certains de ses contemporains, il se réfugia en lui-même. Assurément, il dirigeait mal le parti : sur la question du leadership, le caucus ne fut pas convoqué avant la fin de la session de 1880, et encore ce fut, croit-on, par son président, Joseph RYMAL. Au début de 1880, les aspirations d'Edward Blake à la direction étaient évidentes (défait aux élections de 1878, il avait remporté un siège l'année suivante), et le mécontentement se cristallisa parmi les députés libéraux. Mackenzie était conscient de la situation et, soit de sa propre initiative, soit sous des pressions directes, il annonça aux Communes sa démission à titre de leader du parti dans les premières heures du 29 avril. Blake le remplaça.

À compter de 1880, la vie politique de Mackenzie se rétrécit considérablement. La mort, cette année-là, de ceux avec qui il s'était senti le plus d'affinités, Luther Holton et George Brown, l'atteignit profondément ; plus que jamais, il se sentait isolé politiquement. Au fil de la décennie, sa santé déclina, ce qui l'obligea à limiter ses activités. Il commença à perdre la voix en 1882 et, dans ses dernières années au Parlement, il intervint rarement. Néanmoins, il demeurait très attaché à son parti et conservait toute sa passion politique. Installé à Toronto après la défaite libérale de 1878, il fut élu en 1882 dans York East, qu'il représenterait jusqu'à sa mort.

Mackenzie avait amorcé une réorientation de sa carrière d'homme d'affaires dès 1871 en cessant d'être entrepreneur et en fondant une compagnie d'assurances contre les incendies. Il s'employa à la promouvoir à l'échelle du pays, et elle prospéra. C'est peut-être pourquoi il décida de se lancer dans l'assurance-vie. En 1881, il devint le premier président de la Compagnie d'assurance de l'Amérique du Nord, sur la vie (qui avait obtenu sa charte en 1879) ; à peu près tous les membres fondateurs étaient des vedettes libérales – sir Richard John Cartwright, John Norquay*, Oliver Mowat. Presque dès le début, elle fut d'envergure nationale : en 1882, elle avait des représentants dans toutes les provinces. Elle prospéra, avec Mackenzie à la présidence, jusqu'en 1892, quoiqu'il ait été inactif durant les dernières années.

Mackenzie se tourna également vers l'écriture : en 1882, on publia à Toronto son ouvrage intitulé *Life and speeches of Hon. George Brown*. Il voulait ériger un monument littéraire à Brown et, en même temps, réaffirmer clairement la tradition réformiste. Ses écrits précédents – ses premiers articles de journaux et quelques discours peaufinés en vue de leur publication dans les années 1870 – étaient dirigés contre un adversaire. Il en allait de même de l'invective et du sarcasme qui émaillaient ses lettres personnelles où, par exemple, Samuel Leonard TILLEY était rapidement classé comme un « homme [qui n'était] pas au-dessus de la médiocrité », et sir John Alexander Macdonald, comme un « corrupteur ivrogne ». Ce style ne convenait toutefois pas pour parler d'un ami intime. La démarcation nette qui existait entre la vie publique et la vie privée de Mackenzie s'étendit naturellement à la biographie qu'il rédigea de Brown, et c'est sans doute ce qui explique le portrait sans vie qu'on y trouve du vibrant rédacteur en chef du *Globe*.

Tout au long de son épuisante vie publique, Mackenzie tira son réconfort de son cercle familial. Les efforts et le temps qu'exigeait son travail de premier ministre et de ministre des Travaux publics avaient miné sa santé, écrivait-il à ses frères, à qui il restait très lié. Sa fille, Mary, était aussi sa confidente épistolaire, même s'il évitait avec elle les austères discussions politiques auxquelles il soumettait ses frères. Sinon de manière continue, du moins à divers moments de son mandat, il perdit beaucoup de poids, sujet sérieux sur lequel il plaisantait néanmoins avec sa seconde femme, Jane. Elle fut son principal soutien après leur mariage en 1853. Il avait fait sa connaissance au temple baptiste où il se rendait souvent, dans la campagne qui environnait Sarnia, et il prenait plaisir à partager ses dévotions. Réservée de nature, elle n'avait pas très bien joué le rôle d'épouse d'homme politique ; d'origine rurale, habituée aux durs travaux, elle n'était pas préparée, on s'en doute, aux exigences de la vie sociale dans les hautes sphères du milieu canadien de la politique. Mackenzie lui épargnait autant que possible les obligations de ce genre. Les lettres qu'il lui écrivit expriment une affection sans réserve et un humour doux et généreux, rarement discernable chez lui en d'autres circonstances. Une fois qu'il eut quitté la direction du parti libéral, ils firent ensemble plusieurs voyages en Europe, dont l'un grâce aux dons de libéraux influents.

Alexander Mackenzie mourut le 17 avril 1892. Après avoir fait une chute près de chez lui au début de février, il était resté alité. Il n'eut pas de funérailles nationales, mais très nombreux furent ceux qui assistèrent aux services célébrés à Toronto et à Sarnia, et sa mort donna lieu à un grand nombre de témoignages publics de respect.

Ben Forster

En fait de sources manuscrites, la présente biographie s'appuie principalement sur les papiers Mackenzie, MG 26, B, les papiers George Brown, MG 24, B40 et les papiers lord Dufferin, MG 27, 1, B3, tous conservés aux AN. Le fonds Buckingham (AN, MG 24, A60), ainsi que le fonds Edward Blake (AO, MU 136–273) et le fonds Richard John Carwright (AO, MU 500–515) ont aussi apporté des renseignements précieux. De même, les lettres de Mackenzie qui se trouvent aux PANS (MG 100, 183, n°s 6–8) se sont révélées utiles. Toutefois, comme les sources manuscrites sont moins nombreuses dans le cas de Mackenzie que dans le cas de sir John Alexander Macdonald, les sources imprimées de l'époque prennent une importance considérable. Pour comprendre Mackenzie, son parti et son milieu politique, il est essentiel de consulter les *Débats de la chambre des Communes*. Le *Sarnia Observer, and Lambton Advertiser* (Sarnia, Ontario) contient beaucoup d'indications sur les débuts de sa carrière, tout comme le *Lambton Shield* de Sarnia, où ont paru quelques-uns de ses écrits les plus énergiques. L'*Ottawa Daily Citizen* et le *Times* d'Ottawa constituent une bonne introduction au contexte des partis. Enfin, on ne peut comprendre le parti libéral de Mackenzie sans consulter le *Globe*.

Plusieurs discours de Mackenzie ont été publiés. Citons : *Speeches of the Hon. Alexander Mackenzie during his recent visit to Scotland, with his principal speeches in Canada since the session of 1875 ; accompanied by portrait and sketch of his life and public services* (Toronto, 1876) ; *Address to the Toronto workingmen on the « National Policy »* (Toronto, 1878) ; et, avec d'autres auteurs, *Reform government in the dominion ; the pic-nic speeches delivered in the province of Ontario durint the summer of 1877* (Toronto, 1878).

Il existe deux grandes biographies de Mackenzie : William Buckingham et G. W. Ross, *The Hon. Alexander Mackenzie ; his life and times* (Toronto, 1892) et D. C. Thomson, *Alexander Mackenzie, Clear Grit* (Toronto, 1960). L'ouvrage de Buckingham et de George William Ross* est minutieux et empreint de sympathie, mais la personnalité et les tactiques de Mackenzie n'y sont tout de même pas envisagées sans esprit critique. Remarquablement complet, le récit de Thomson montre bien, et sans imposer de cadre interprétatif rigide, comment Mackenzie se comporta devant les difficultés, que ce soit au cabinet ou lorsqu'il s'agissait de nationalisme et de réforme.

L'ouvrage de R. C. Brown, *Upper Canadian politics in the 1850s* Ramsay Cook *et al.*, édit. (Toronto, 1967), présente brièvement quelques-uns des éléments du débat qui entoure la nature et la genèse du libéralisme canadien. J. M. S. Careless, dans une biographie nuancée qui s'intitule *Brown of* The Globe (2 vol., Toronto, 1959–1963 ; réimpr., 1972), montre à quel point le réformisme des provinces centrales du Canada a été influencé par la Grande-Bretagne et en fait remonter l'origine au libéralisme britannique du milieu de l'époque victorienne, point de vue accepté implicitement par Thomson. Careless et Thomson rejettent dans une large mesure l'interprétation de Frank Hawkins Underhill*, selon qui ce réformisme aurait été populiste et tourné vers l'expansion territoriale. On lira avec profit « Political ideas of the Upper Canadian Reformers, 1867–78 », SHC *Report*, 1942 : 104–105, dans lequel Underhill explore une partie des idées politiques défendues par les réformistes canadiens et se montre réticent à reconnaître le moindre mérite à Mackenzie. Robert L. Kelley, dans *The transatlantic persuasion ; the liberal-democratic mind in the age of Gladstone* (New York, 1969), range Mackenzie et Brown parmi les tenants d'une idéologie libérale commune à la Grande-Bretagne, au Canada et aux États-Unis. Ce faisant, il dilue la définition du libéralisme du milieu et de la fin du XIXe siècle au point de la rendre quasi inopérante. Quant à la thèse selon laquelle l'idéologie libérale aurait été dominante et aurait fait l'objet d'un consensus dans les provinces centrales du Canada, elle ne saurait, bien sûr, être évoquée ici.

Dans l'ensemble, on s'est peu intéressé aux changements structurels que le parti libéral a connus entre la Confédération et l'année 1878 ainsi qu'au rôle de Mackenzie dans ce processus. La tendance, en historiographie, a été déterminée par la fascination qu'Underhill éprouvait pour l'histoire intellectuelle des questions politiques et des typologies de parti, fascination qui se manifeste dans son recueil d'essais intitulé *In search of Canadian liberalism* (Toronto, 1960). Dans « The Alexander Mackenzie administration, 1873–78 : a study of Liberal tenets and tactics » (thèse de M.A., Univ. of Toronto, 1944), William R. Graham a éludé la question de la structure et de l'organisation du parti libéral, mais il a examiné les sujets de débats et les convictions des libéraux. On trouve aussi quelques indications utiles dans E. V. Jackson, « The organization of the Canadian Liberal party, 1867–1896, with particular reference to Ontario » (thèse de M.A., Univ. of Toronto, 1962).

T. A. Burke a passé en revue les difficultés que Mackenzie a éprouvées à former son conseil des ministres dans « Mackenzie and his cabinet, 1873–1878 », *CHR*, 41 (1960) : 128–148. Donald Wayne Swainson a parlé du recrutement de transfuges conservateurs par le parti libéral dans « Richard Cartwright joins the Liberal party », *Queen's Quarterly* (Kingston, Ontario), 75 (1968) : 124–134. Bon nombre des sources imprimées qui portent sur Mackenzie, Blake et le parti libéral abordent le conflit qui opposait les deux leaders. À ce sujet, on peut aussi consulter G. E. Briggs, « Edward Blake – Alexander Mackenzie : rivals for power ? » (thèse de M.A., McMaster Univ., Hamilton, Ontario, 1965).

Les grands débats politiques qui ont marqué le régime de Mackenzie ont été étudiés à fond. Peter B. Waite en a recréé le contexte d'une manière merveilleusement étoffée dans *Canada, 1874–1896*. W. H. Heick a brossé un bon tableau des luttes politiques dans « Mackenzie and Macdonald : federal politics and politicians in Canada, 1873–1878 » (thèse de PH.D., Duke Univ., Durham, N.C., 1966). L'auteur de la présente biographie a étudié le débat sur le tarif dans *A conjunction of interests ; business, politics, and tariffs, 1825–1879* (Toronto, 1986). Pour en savoir davantage sur le litige ferroviaire qui a opposé le gouvernement du Canada et la Colombie-Britannique, on peut consulter : Margaret A. Ormsby, *British Columbia* et « Prime Minister Mackenzie, the Liberal party, and the bargain with British Columbia », *CHR*, 26 (1945) : 148–173 ; Pierre Berton, *The national dream : the great railway, 1871–1881* (Toronto et Montréal, 1970) ; et G. F. Henderson, « Alexander Mackenzie and the Canadian Pacific Railway, 1871–1878 » (thèse de M.A., Queen's Univ., Kingston, 1964). En raison de sa hargne contre Mackenzie, Berton accepte d'emblée les témoignages hostiles reproduits dans Canada, *Report of the Canadian Pacific Railway royal commission* (3 vol., Ottawa, 1882). La réputation de Mackenzie n'en ressort pas tout à fait indemne. [B. F.]

McKNIGHT, ALEXANDER, ministre presbytérien, professeur et administrateur scolaire, né le 1er septembre 1826 à Dalmellington, Écosse, fils aîné de Samuel McKnight, fermier, et de Mary Murdoch ; le 14 avril 1857, il épousa dans le comté de Halifax, Nouvelle-Écosse, Catherine Glen Kidston, et ils eurent un fils et une fille ; décédé le 27 avril 1894 à Dartmouth, Nouvelle-Écosse.

Alexander McKnight fréquenta la University of Glasgow de 1841 à 1845 et y récolta des prix en logique, en mathématiques et en philosophie naturelle. Puis, de 1845 à 1849, il étudia la théologie dans un établissement fondé pendant la grande scission de 1843, le New College d'Édimbourg, qui comptait des professeurs de tendance évangélique éminents et des fondateurs de l'Église libre, tels Thomas Chalmers, William Cunningham et David Welsh. McKnight fut l'un des premiers membres honoraires de la société de théologie du collège. En 1852, le consistoire de l'Église libre d'Ayr l'admit à titre de suffragant.

En janvier 1855, sur la recommandation de John Duncan, professeur d'hébreu au New College, le comité colonial de l'Église libre d'Écosse nomma McKnight maître des conférences d'hébreu au Free Church College de Halifax. (Il devait plus tard enseigner aussi le syriaque.) Le collège offrait des cours de théologie depuis 1848 et partageait un immeuble avec la Free Church Academy. McKnight, avec son collègue Andrew King, fit également partie du conseil d'administration de ce dernier établissement. Admis à titre de suffragant au consistoire de Halifax le 28 février 1855, il fut ordonné deux ans plus tard et installé à l'église St James, à Dartmouth. Après qu'on eut ajouté la théologie exégétique et la littérature biblique à sa tâche de professeur en 1868, il abandonna son ministère à St James, mais demeurerait toute sa vie membre de la congrégation.

Malgré ses attributions de plus en plus nombreuses en qualité de professeur, McKnight continua à jouer un rôle actif, tant au consistoire qu'au synode, dans l'Église presbytérienne des provinces Maritimes de l'Amérique du Nord britannique (à laquelle l'Église libre de la Nouvelle-Écosse avait adhéré en 1860) et, après l'union de 1875, dans l'Église presbytérienne au Canada. Il participa aux discussions théologiques qui établirent la *Basis of Union* en 1875 et reçut des éloges pour la manière dont il s'était inspiré des Saintes Écritures pour régler une question qui suscita la controverse avant et après l'union, soit celle du « mariage avec la sœur de l'épouse décédée, ce fléau annuel » comme Gilbert et Sullivan allaient l'appeler dans *Iolanthe*. Il avait participé à la constitution du Fonds des ministres âgés et infirmes en 1869, fait partie de comités religieux sur l'éducation, les statistiques et les missions de la région et, en 1885, on le proclama modérateur de l'assemblée générale de l'Église presbytérienne.

L'élection de McKnight à ce poste constituait une marque de reconnaissance de sa carrière d'enseignant durant la décennie précédente. McKnight avait été muté à la chaire d'apologétique et de théologie systématique en 1871 et, pendant plusieurs années, il avait enseigné aussi l'histoire de l'Église. Les étudiants n'avaient jamais été nombreux au collège (sept à son cours d'hébreu en 1857) et, au début des années 1870, McKnight travailla avec John Currie pour garder l'établissement ouvert malgré le peu d'inscriptions et les menaces de fermeture. L'union de 1875 assurait l'avenir du collège et, en 1878, on nomma McKnight directeur. Cette année-là, l'établissement, rebaptisé Presbyterian College, emménagea dans ses nouveaux locaux de Pine Hill qui donnaient sur le bras Northwest, avec un groupe un peu plus nombreux de 19 étudiants.

Il est difficile d'évaluer la place et la réputation que McKnight se tailla parmi les penseurs religieux de son époque car, de ses écrits savants, seuls subsistent quatre articles parus dans le *Theologue* (le journal du Presbyterian College de Halifax) ainsi qu'une plaquette, *An outline of the historical evidence of the truth of the Christian religion*, publiée à Halifax en 1876. C'est probablement à son enseignement et à cette plaquette qu'il doit le doctorat honorifique en théologie que la University of Glasgow lui décerna en 1877. Les notices nécrologiques le présentent comme un érudit, particulièrement versé en théologie biblique et patristique, en langues sémitiques et en grec hellénistique.

Alexander McKnight mourut avant que les nouvelles théories théologiques européennes du XIXe siècle ne parviennent vraiment jusqu'aux Églises canadiennes, mais on peut supposer de quelle manière il y aurait réagi. Il était reconnu tant pour son orthodoxie évangélique que pour son enseignement hautement critique. Les arguments pleins de tact et dénués de toute malveillance qu'il présenta à propos de l'évolution dans *An outline of the historical evidence* montrent bien sa position modérée. Dans les années 1880, les étudiants du Presbyterian College de Halifax lisaient à la fois Charles Hodge, le critique conservateur de Darwin, et des spécialistes libéraux du Nouveau Testament comme Fenton John Anthony Hort et Brooke Foss Westcott. Au cours des premières années de l'Église presbytérienne unie, McKnight joua un rôle pacificateur en prenant la défense de Daniel James MACDONNELL, de Toronto, qui avait publiquement mis en doute l'énoncé de la Confession de Westminster sur le châtiment éternel. Le commentaire le plus approprié qu'on ait fait à son sujet vient peut-être d'une notice nécrologique parue en avril 1894 dans le *St. John Daily Sun* : l'on y exprime le regret que McKnight n'ait pas vécu assez longtemps pour jouer un rôle semblable dans le procès pour hérésie du Montréalais John Campbell* qui devait avoir lieu le mois suivant.

HANNAH MARGUERITE LANE

PANS, Churches, St James Presbyterian Church (Dartmouth, N.-É.), reg. of baptisms, 1857–1887 ; communion roll, 1857–1887 (mfm) ; MG 1, 1621, n°s 10550, 11093 ; MG 17, 17, n°s 39–47. — Free Church of Nova Scotia, *Ecclesiastical and Missionary Record* (Halifax), 3 (1854–1855) : 115 ; 5 (1857) : 19. — Free Church of Scotland, *Home and Foreign Record* (Édimbourg), 1 (1850–1851)–6 (1855–1856). — PCC *Acts and proc.*, 1875–1878, 1885, 1894 ; Synod of the Maritime Provinces, *Minutes (Halifax), 1886–1894*. — *Presbyterian Church of the Lower Provinces of British North America, Minutes of the synod* (Halifax), 1869, 1871. — Presbyterian College, *Calendar* (Halifax), 1879–1880, 1892–1893, 1893–1894 ; *Minutes of the senate* (Halifax), 1889–1894. — *Presbyterian Record* (Montréal), 1 (1876) : 182 ; 2 (1877) : 146–148 ; 3 (1878) : 148, 189 ; 10 (1885) : 172–173, 177 ; 19 (1894) : 156. — *Theologue* (Halifax), 1 (1889–1890)–8 (1896–1897). — *Atlantic Weekly* (Dartmouth), 12 mai 1894. — *Christian Messenger* (Halifax), 22 avril 1857. — *Evening Mail* (Halifax), 28 avril 1894. — *Halifax Herald*, 28 avril 1894. — *Presbyterian Witness, and Evangelical Advocate*, 9 mai 1875, 27 nov. 1875–24 juin 1876, 19 mai–23 juin 1877, 30 mai–13 juin 1885, 16 mars 1889, 28 avril–12 mai 1894, 5 mai 1896. — *St. John Daily Sun*, 30 avril 1894. — E. A. Betts, *Pine Hill Divinity Hall, 1820–1970 : a history* (Halifax, 1970). — William Gregg, *Short history of the Presbyterian Church in the Dominion of Canada from the earliest to the present time* (Toronto, 1892). — *History, Church of St. James, Dartmouth, Nova Scotia* ([Dartmouth, 1971]). — J. T. McNeill, *The Presbyterian Church in Canada, 1875–1925* (Toronto, 1925).

McLACHLAN, ALEXANDER, fermier, poète, tailleur et fonctionnaire, né le 11 octobre 1817 à Johnstone (Strathclyde, Écosse), fils de Charles McLachlan et de Jean Sutherland ; vers 1841, il épousa dans le Haut-Canada Clamina McLachlan, et ils eurent six fils et cinq filles ; décédé le 20 mars 1896 à Orangeville, Ontario.

Charles McLachlan, « artisan dans une filature de coton », s'embarqua en avril 1820 à Greenock pour le Haut-Canada. Plusieurs autres immigrants l'accompagnaient, dont son frère Daniel. La plupart d'entre eux étaient des tisserands de la région de Paisley, dans le Renfrewshire, habitués à travailler sur des métiers à bras et qui fuyaient une industrie en difficulté. La femme et les enfants de Daniel l'accompagnaient, mais Charles avait laissé sa femme qui était enceinte (leur dernière enfant, Elizabeth, naîtrait en octobre suivant), ses filles Jean et Ann et son jeune fils chez son beau-père, Alexander Sutherland, à Johnstone. Le groupe atteignit York (Toronto) en juin 1820 et se vit concéder des terres en friche dans le canton de Caledon. Charles McLachlan reçut la moitié ouest d'un lot de 200 acres, et Daniel l'autre moitié. Ce dernier s'établit pour de bon. Charles, quant à lui, retourna en Écosse au moins deux fois avant le début des années 1830. Il payait sa traversée en travaillant l'hiver comme machiniste à Paterson, dans le New Jersey. Il mourut pendant l'un de ces séjours, mais sa famille n'apprit son décès que beaucoup plus tard.

Alexander McLachlan a attribué à deux hommes un rôle prépondérant dans sa formation. Le premier était son grand-père, « patriarche » et lecteur assidu de la Bible, « d'une sincérité simple mais impressionnante ». Le second était son instituteur, John Fraser, dont il a aussi célébré la mémoire dans plusieurs poèmes. Maître d'école novateur qui intégrait « la physiologie, l'élocution et la musique » à son programme, Fraser lui instilla l'amour de la connaissance. « Pour nous, déclara McLachlan bien des années plus tard, les livres sont une nécessité quotidienne. » Plus important encore, Fraser devint « le type achevé d'homme » auquel McLachlan aspirait à ressembler : « Il m'a inspiré, disait-il, le désir de faire quelque chose pour l'humanité et de laisser le monde un peu meilleur que je ne l'ai trouvé. »

Vers l'âge de 13 ans, McLachlan entra dans une filature, probablement à Paisley, mais comme il trouvait ce travail « ingrat », il devint apprenti chez un tailleur de Glasgow. Dans cette ville, il se lia à des jeunes gens qui partageaient sa passion pour l'histoire et les traditions écossaises et qui composaient des poèmes à la manière de Robert Burns, notamment dans l'espoir de préserver les légendes de « sorcières, [de] magiciens, [de] farfadets et [de] fées » contre les assauts de la « vapeur, [des] roues et [de] l'électricité ». Sans doute influencé par John Fraser, qui s'installa à Édimbourg en 1836, devint journaliste et prit ouvertement parti pour les chartistes, McLachlan commença aussi à s'occuper de politique. Si ce qu'il a raconté dans *The Glasgow chap's story* comporte des éléments autobiographiques, son désir d'échapper au malaise que lui causaient ses propres activités au nom de « la charte » et de la « liberté » en Écosse, tout autant que la nécessité de régler la succession paternelle, peut avoir été à l'origine de sa décision d'immigrer dans le Haut-Canada en 1840.

McLachlan reçut les 100 acres de terre de son père en qualité de fils aîné et d'héritier. Sa première intention fut de s'y installer. Au début des années 1840, il fit venir ses sœurs Jean et Elizabeth, et il épousa sa cousine Clamina, fille de son oncle Daniel. Cependant, le 16 janvier 1843, le couple convint de vendre 50 acres, puis le 22 août Alexander loua, de la Canada Company, un lot de 100 acres dans le canton de Downie. Avec sa femme et sa fillette, il s'établit sur cette terre en friche, située non loin de Stratford. Dès 1845, il cultivait six acres et possédait deux bœufs et une vache. Toutefois, comme la ferme ne semblait devoir donner qu'un rendement médiocre et qu'il venait d'avoir un fils, il dut chercher autre chose. En mars 1846, on lui délivra un titre de concession foncière pour le lot que son père avait eu dans le canton de Caledon et, en juin, la vente des 50 acres décidée en 1843 fut conclue. Cet argent encouragea sans doute le couple McLachlan à quitter sa ferme et à retourner dans le canton de Caledon, vraisemblablement sur les 50 acres dont il était toujours propriétaire.

McLachlan fit imprimer à Toronto en 1846 son premier recueil de poésie, *The spirit of love ; and other poems*. Dans le poème qui donne son titre à ce livret de 36 pages, « Wordsworth, Channing, Colridge, Scott, dit-il, hâtent la venue du moment » où « la charité, et non plus la richesse / [...] Élèvera son temple et embrassera / La race régénérée d'Adam ». Tous les morceaux du recueil présentent les caractéristiques habituelles de la poésie romantique.

Dès la fin de 1847, Alexander et Clamina se préparaient de nouveau à quitter le canton de Caledon. En 1848, le frère de Clamina, Charles, acheta les 50 acres qui leur restaient. La même année, au moment du recensement du district de Huron, Alexander, « tailleur », Clamina et leurs deux enfants étaient locataires d'une maison dans le canton de North Easthope ; la famille n'appartenait à « aucune Église ni confession ». Il est donc possible que la période de scepticisme de McLachlan, ces années durant lesquelles la poésie fut « la seule chose » qui le consolait, ait commencé vers le milieu des années 1840. Le 6 janvier 1850, un autre frère de Clamina, Malcolm, qui habitait le canton d'Erin, servit de témoin à la ratification de la vente des 50 acres du canton de Caledon. Sa présence fut sans doute l'un des facteurs qui convainquirent les McLachlan de s'établir dans le même canton que lui. Le 18 décembre 1852, Malcolm vendit une acre à McLachlan, et c'est dans une « maison de gravier » qu'Alexander, Clamina et leurs quatre enfants entamèrent leur long séjour dans le comté de Wellington. Au cours de cette période, le couple allait avoir sept autres enfants. En 1859, Ann, la sœur de McLachlan, arriva d'Écosse avec sa mère pour s'installer sur un huitième d'acre qu'Alexander et Clamina prirent sur leur propriété pour le lui vendre. Toutefois, après la mort de sa mère, en 1860, Ann alla vivre dans le comté de Brant, auprès de ses sœurs mariées. Après son propre mariage, elle vécut comme elles dans une ferme du comté.

Pendant les dix premières années qu'il passa dans le canton d'Erin, McLachlan exerça son métier de tailleur tout en continuant à faire de la poésie. Il publia des poèmes dans l'*Anglo-American Magazine* de Toronto ; le premier qu'il présenta, *The early blue bird,* parut dans le numéro de juillet 1854. Vers 1857, son « chant à la patrie », *The halls of Holyrood,* remporta un concours international organisé par le *Workman de Glasgow*, qui nota avoir reçu de nombreuses contributions « d'Écossais des colonies » et dit que « le patriotisme et l'intelligence » de McLachlan étaient à la fois « un honneur pour son pays natal et [...] un enrichissement pour son pays d'adoption ». *The Scottish emigrant's song* lui valut un deuxième prix à un rassemblement d'Écossais tenu à Toronto le 14 septembre 1859. Par ailleurs, McLachlan publia à Toronto, probablement à compte d'auteur, trois recueils : *Poems* en 1856, *Lyrics* en 1858 et *The emigrant, and other poems* en 1861.

Les 130 poèmes de ces recueils donnent une bonne idée des sujets, des thèmes et du style qui caractérisent l'œuvre de maturité de McLachlan. Certains sont des pièces de circonstance, sur la guerre de Crimée par exemple. Bon nombre, dont quelques-uns dans un dialecte des Lowlands, parlent des gens, des lieux et de l'histoire de son pays natal. Ces poèmes écossais expriment souvent la mélancolie d'un immigrant solitaire qui regrette les jours passés. D'autres portent sur des sujets canadiens. Le plus important d'entre eux est *The emigrant,* « tableau » qui retrace en partie « l'histoire d'un établissement isolé », mais dans des poèmes plus courts McLachlan dit son amour de la forêt canadienne et son admiration pour les valeurs et les qualités spirituelles des colons, surtout les pauvres « fils de l'ancienne Calédonie » venus chercher « la liberté dans les régions sauvages ».

Quand il publia *Lyrics,* en 1858, McLachlan avait déjà mis au point une stratégie de promotion. Des journaux et des particuliers reçurent des extraits du recueil avant la parution, et l'on imprima leurs commentaires – publiés ou inédits – à la fin du volume sous le titre de « Opinions of the press ». Charles SANGSTER, par exemple, rendit un vibrant hommage à la muse « essentiellement lyrique » de l'auteur. Dans *The emigrant,* McLachlan reproduisit des commentaires élogieux de Susanna Moodie [Strickland*] et de Thomas D'Arcy McGee*. Le 25 janvier 1859, avec McGee, il avait pris la parole à une fête tenue au St Lawrence Hall de Toronto en l'honneur du centenaire de la naissance de Robert Burns. Héritier des « vieux bérets bleus, apôtres de l'intégrité », qui avaient construit « un édifice social qui s'appuyait sur la droiture et une indépendance résolue », où l'éducation passait par « la Bible et la ballade », Burns, avait-il proclamé, était « à la tête de la littérature des classes laborieuses ». Puis, en conclusion, il avait récité l'un de ses propres poèmes, *To the memory of Robert Burns*. Jamais il ne fit fortune avec sa poésie, mais dans les années 1860 il commençait à être connu. De 1859 à 1861, il prit la parole « dans la plupart des principales localités du Canada et dans l'état de New York ». En 1862, grâce à un député provincial, McGee, on le nomma agent d'immigration de la province du Canada en Écosse.

McLachlan s'établit à Johnstone et, de là, visita Glasgow, Paisley et probablement d'autres régions du pays. Parler de l'émigration au Canada était l'une de ses principales activités, et il s'adressait particulièrement aux tisserands que la disparition progressive du métier à bras condamnait à la pauvreté et au chômage. Dans une allocution prononcée en 1862 devant la Paisley Emigration Society, il déclara, selon un journal local, que c'était pure « illusion » de croire que l'on pouvait arriver à vivre dans les forêts canadiennes sans livrer un dur combat. Cependant, ajoutait-il, il y avait des hommes, y compris bien des tisserands écossais, qui, « grâce à une persévérance de tous les instants », obtenaient « une terre bien à eux » et avaient « toutes les nécessités, un bon nombre des agréments et parfois une quantité non négligeable des luxes de la vie ». « Ces hommes, disait-il, étaient de vrais héros. » Il s'attaquait en particulier à « l'idée fausse » que l'on se faisait, en Écosse, des hivers canadiens : « Le froid est parfois très vif, mais l'air est toujours pur et revigorant ; et l'hiver [...] est accueilli par les habitants comme la saison de l'année la plus propice de toutes aux jeux de plein air, aux visites, aux réunions et aux festivités de tous genres. »

Entre-temps, McLachlan était honoré dans son pays d'adoption. S'il était devenu écrivain et conférencier, concluait Henry James Morgan* dans un ouvrage paru en 1862, *Sketches of celebrated Canadians,* c'était avant tout pour « être un interprète de la pensée des travailleurs du Canada [...] pour être au Canada [...] ce que Burns était à l'Écosse ». Edward Hartley Dewart*, qui plaça dix poèmes de McLachlan dans *Selections from Canadian poets* [...], paru en 1864, le comparait lui aussi à Burns. Ce n'était pas, disait-il, « vaine louange que de le surnommer le « Burns du Canada ». En fait, de « l'avis de bien des gens », il était « le plus suave et le plus intensément humain de tous [les] bardes canadiens ». Une fois revenu d'Écosse, McLachlan publia plusieurs poèmes dans un hebdomadaire new-yorkais, le *Scottish American,* et figura dans plusieurs périodiques canadiens, dont le *Canadian Literary Journal* et le *Canadian Monthly and National Review*, tous deux de Toronto, le *New Dominion Monthly* de Montréal et le *Stewart's Literary Quarterly Magazine,* de Saint-Jean, au Nouveau-Brunswick. En 1872, la Caledonian Society de Toronto résolut d'acheter une ferme pour « Alex. McLachlan, le poète canadien », et forma un comité à cette fin. Cependant, selon Archibald MacMurchy, qui le rencontra dans le canton d'Erin à peu près à cette époque et le décrivit comme « un homme de taille moyenne, fluet, aux yeux bleus et à l'abondante chevelure sombre », l'argent recueilli servit plutôt à payer l'impression de ses poèmes.

La Hunter, Rose and Company de Toronto publia en 1874 *Poems and songs,* qui reçut un accueil enthousiaste. Ce livre contenait 96 des poèmes les plus intéressants de McLachlan, dont bon nombre avaient paru précédemment. Par exemple, dans *We live in a rickety house,* il se moque des « dévots » et des pasteurs qui critiquent les pauvres et prient au-dessus de leurs têtes mais ne se demandent jamais s'ils « ont du charbon ». Dans *A backwoods' hero,* il range le beau-frère de sa femme, Daniel McMillan du canton d'Erin, parmi ceux qui « s'aventurent en terre vierge [...] et frayent le chemin de l'indépendance ». Ce poème représente bien plusieurs de ceux qui se trouvent dans la section « Idyls of the Dominion ». Une autre section, intitulée « Miscellaneous Scottish pieces », contient un hymne vibrant, qui se termine par les strophes suivantes : « À l'Écosse, liberté, amour et chants ! / Car ils ne font qu'un. »

Au moment où *Poems and songs* arriva en librairie, McLachlan était en Écosse, notamment pour vendre des exemplaires de son livre. Il fit aussi parler de lui d'autres façons. Le 2 novembre 1874, « le célèbre poète canado-écossais » prononça une conférence sur Shakespeare à Johnstone ; John Fraser, retraité et résident de la ville, présidait la réunion. Le 8 décembre, il fit une deuxième conférence, cette fois sur le spiritualisme. Partisan de cette doctrine depuis

1871, il exprima « des vues sur la question avec beaucoup de talent et de courage », selon le journal de Johnstone, et déclara qu'« elle commandait l'étude des plus grands penseurs du temps ». Le 21 décembre, à la veille de son départ, on tint une assemblée publique en son honneur à Johnstone. John Fraser y lut un discours, et on offrit à McLachlan un volume de Shakespeare et 24 volumes de Scott que l'on avait achetés grâce à une souscription locale. « Très ému », il parla de sa foi dans le spiritualisme et brossa un vivant portrait de son « humble demeure » à Johnstone et de sa mère.

La renommée de McLachlan se propageait aussi en Amérique du Nord. Le 20 janvier 1876, on parla de lui dans un article du *Scottish American* qui s'intitulait « The Scottish-American poets ». En octobre 1877, une longue critique signée William Proudfoot Begg parut dans le *Canadian Monthly* ; notant que seul *Poems and songs* était facile à trouver, Begg disait espérer une « édition complète [...] qui serait aussi bien un hommage [au poète] qu'un sujet de joie et de fierté pour son pays d'adoption ».

En octobre 1877, l'édition complète de ses œuvres n'était cependant pas la priorité de McLachlan. Avec Clamina, il était en train de négocier l'achat d'un demi-lot dans le canton d'Amaranth. Ils prirent une hypothèque de 2 500 $ en décembre et s'installèrent sur leur terre de 100 acres probablement au début de 1878. Durant quelques années, McLachlan exploita la ferme avec ses fils Malcolm et Alexander. Puis, en 1882, Malcolm alla rejoindre ses frères Daniel et John, médecin, à Pembina (Dakota du Nord). En septembre de la même année, John mourut. Son père en éprouva un vif chagrin, car John « était certainement le plus intellectuel de la famille et, à tout prendre, celui qui avait le tempérament le plus riche ». Seule sa foi profonde en la « vie spirituelle » l'aida à supporter cette perte. Malgré l'insistance de leurs fils, les McLachlan ne se rendirent pas dans le Centre-Ouest américain. En 1889, Clamina et le poète, alors âgé de plus de 70 ans, s'engagèrent formellement à vendre la ferme du canton d'Amaranth à leur fils Alexander ; ils continuèrent cependant à vivre avec lui.

Dans les 20 dernières années de sa vie, McLachlan publia régulièrement des poèmes dans le *Scottish American* et collabora au *Canadian Monthly,* au *Saturday Night,* au *Week* et au *Grip*. Le 8 mai 1886, le *Grip* annonçait que l'écrivain, dont le nom était « familier depuis longtemps au Canada », était sur le point de devenir l'un de ses collaborateurs réguliers : il parlerait « de la grande question du travail [et plaiderait] pour la cause de la justice comme seul un authentique poète [pouvait] le faire ». De mai 1886 à décembre 1888, McLachlan publia au delà d'une cinquantaine de poèmes dans ce magazine. La plupart tournaient en dérision les mesures de l'Église et de l'État qui nuisaient à l'« ouvrier » et à l'« artisan ». Entre autres, McLachlan attaquait sir John Alexander MACDONALD, qu'il qualifiait de « vieux débauché », et louangeait l'homme politique britannique William Ewart Gladstone pour sa « Foi en la paternité de Dieu/ Et en la fraternité de l'homme ». En raison de leur nombre et de leur caractère, ces poèmes du *Grip* apportèrent à McLachlan la compensation financière qu'il attendait depuis longtemps, tout comme d'autres genres de bénéfices. Le 19 mars 1887, le Toronto Press Club le fêta, et dans un poème composé en son honneur l'Écossais David Boyle* le qualifia de « narquois, vif, fin ». À Guelph la même année, selon le *Scottish American,* on dit que McLachlan « par ses poèmes et ses chants [...] avait atteint [...] une renommée nationale ».

En juin 1887, on annonça le projet de créer un fonds de reconnaissance pour McLachlan afin d'acheter la ferme du canton d'Amaranth et d'y construire une maison pour lui. Les participants écrivirent des lettres à plusieurs périodiques, et on envoya au Canada et aux États-Unis une circulaire demandant une aide matérielle pour « un poète dont les écrits regorge[aient] de chaleureuse sympathie pour ses frères ». Les principaux administrateurs « de toute les sociétés écossaises » figuraient parmi les 69 membres du comité organisateur ; James Bain*, bibliothécaire principal de la Toronto Public Library, et George Monro Grant*, directeur du Queen's College, faisaient partie du comité de direction. En 1888, l'éditeur torontois George Maclean ROSE, membre du comité, publia une deuxième édition de *Poems and songs*. Dans la notice qu'il consacra au poète dans *Cyclopædia of Canadian biography,* qui parut aussi en 1888, Rose insistait pour que McLachlan « soit considéré comme un bienfaiteur de son pays, car il a[vait] jeté un halo sur la plus humble demeure ». Pourtant, malgré l'appui de groupes comme « les Calédoniens de Minneapolis », il fallut presque trois ans pour constituer le fonds. Le 28 avril 1890, au cours d'« un grand banquet » à l'hôtel Walker House de Toronto, McLachlan reçut la somme de 2 100 $, et on lui lut une adresse témoignant de l'estime qu'il inspirait « en tant que poète, homme loyal et ami fidèle ».

Le 31 mars 1895, Alexander McLachlan fils mourut subitement. L'année suivante, ses parents, administrateurs de sa succession, vendirent la ferme et s'installèrent à Orangeville. McLachlan lui-même mourut en 1896 ; son décès fut annoncé dans les journaux du Canada, des États-Unis et d'Écosse. On trouve maintenant à l'Orangeville Public Library une plaque commémorative en l'honneur de celui que l'on considère comme « le Robbie Burns du Canada ».

Mary McLachlan, avant de mourir en 1899, avait commencé à « rassembler et à classer [les] nombreuses compositions poétiques [de son père] en vue de publier une sélection de ce qui pourrait sembler le plus digne d'être présenté sous une forme durable ». Ce fut un groupe composé notamment de William Proudfoot Begg, David Boyle et Edward Hartley Dewart qui acheva son travail. Ils choisirent les poèmes, en révisèrent la ponctuation « pour le sens » et y firent des « retouches », dont beaucoup avaient été indiquées par McLachlan avant sa mort. Dewart rédigea une introduction et l'on ajouta une notice biographique à l'ensemble. *The poetical works of Alexander McLachlan* parut chez William Briggs* à Toronto en 1900.

De temps à autre, des critiques ont déploré que l'on néglige Alexander McLachlan et sa poésie. Or, de son vivant, il reçut beaucoup d'honneurs et, malgré ses difficultés, ses vers lui rapportèrent de bonnes sommes d'argent. Depuis sa mort, des poèmes de lui ont paru dans bon nombre d'anthologies de littérature canadienne. *The poetical works* a été publié de nouveau en 1974. McLachlan figure dans tous les grands dictionnaires biographiques récents du Canada – quoique les notices qui lui sont consacrées reprennent des renseignements erronés sur sa vie et ses œuvres. Plusieurs critiques ont consacré des articles à ses poèmes. Bon nombre d'entre eux ont surtout vu en lui « le fondateur » de la « poésie démocratique » au Canada. Toutefois, on aurait tort de confondre son radicalisme avec le matérialisme historique. Par sa loyauté à la reine et à la patrie, sa foi en la supériorité des Anglo-Saxons, et particulièrement des Écossais, ses louanges aux travailleurs et ses efforts en vue d'améliorer leur condition, son attachement à l'éthique du travail, sa célébration de la liberté et de l'indépendance, et même sa foi dans le spiritualisme, il est plutôt un représentant typique des réformistes canadiens-anglais du XIXe siècle. En fait, son « génie » fut de parvenir à exprimer, dans sa poésie, les aspirations de bon nombre de ses contemporains, qu'ils aient vécu au Canada ou à l'étranger. Aujourd'hui, son importance provient de ce qu'il rend compte des croyances religieuses et des valeurs sociales qui ont contribué à façonner le Canada victorien et de ce que son œuvre, au delà du temps, réaffirme ces idéaux nationaux.

MARY JANE EDWARDS

En plus des volumes de poésie cités dans le texte, Alexander McLachlan a écrit des poèmes individuels largement dispersés dans la presse périodique du Canada, de l'Écosse et des États-Unis. Les textes manuscrits liés à la préparation de *The poetical works* sont conservés dans les Alexander McLachlan papers à la MTRL.

W. P. Begg, « Alexander McLachlan's poems and songs », *Canadian Monthly and National Rev.* (Toronto), 12 (juill.-déc. 1877) : 362. — W. W. Buchanan et W. F. Kean, « Alexander McLachlan (1818–1896) : the Robert Burns of Canada », Royal College of Physicians and Surgeons of Canada, *Annals* (Ottawa), 17 (1984) : 155–161. — Jean Burton, « Alexander McLachlan – the Burns of Canada », *Willisons Monthly* (Toronto), 3 (1927–1928) : 268–269. — James Duff, « Alexander McLachlan », *Queen's Quarterly* (Kingston, Ontario), 8 (1900–1901) : 132–144. — V. G. Hopwood, « A Burns of the backwoods », *New Frontiers* (Toronto), 1 (1952–1953), n° 3 : 31–38. — K. J. Hughes, « The completeness of McLachlan's *The emigrant* », *English Studies in Canada* (Fredericton, N.-B.), 1 (1975) : 172–187 ; « McLachlan's style », *Journal of Canadian Poetry* (Ottawa), 1 (1978), n° 2 : 1–4 ; « Poet laureate of labour », *Canadian Dimension* (Winnipeg), 11 (1975–1976), n° 4 : 33–40. — Donald McCaig, « Alexander McLachlan », *Canadian Magazine,* 8 (nov. 1896–mai 1897) : 520–523.

MACLAREN, JAMES, homme d'affaires, né le 19 mars 1818 à Glasgow, Écosse, fils de David Maclaren et d'Elizabeth Barnet ; le 13 janvier 1847, il épousa Ann Sully, et ils eurent 13 enfants ; décédé le 10 février 1892 à Buckingham, Québec.

James Maclaren arriva dans le Haut-Canada en 1822, au moment où son père se fixa à Richmond après avoir cessé de pratiquer le métier de quincaillier à Glasgow. La famille s'installa ensuite dans le canton de Torbolton, sur l'Outaouais, où David Maclaren défricha une petite terre et s'occupa des affaires cantonales. Dans les années 1840, les Maclaren s'établirent à Wakefield, au Bas-Canada, et à la fin de la décennie James s'associa à son frère David pour former la James Maclaren and Company. Avec de l'argent emprunté à son père, il mit sur pied une entreprise diversifiée – un magasin général, un moulin à farine, une fabrique de lainages et une briqueterie – qui prospéra suffisamment pour lui permettre de rembourser sa dette. De plus en plus, il acheta sur la Gatineau du pin blanc en rondins ou en grumes dont il revendait une partie aux scieries de New Edinburgh (Ottawa).

Sa participation au commerce du bois amena Maclaren à former en 1853 une autre société qui orienta ses activités futures. En compagnie de Joseph Merrill Currier*, Richard William Scott* et Moss Kent DICKINSON, il loua, de Thomas McKay*, une grande scierie à New Edinburgh. En quelques années, avec l'aide de son frère John, qui remplaça David à la James Maclaren and Company vers 1861, il put racheter les parts de Dickinson, Scott et Currier. En 1866, la compagnie acheta la New Edinburgh Mills à la succession de McKay pour la somme de 82 000 $; elle se tira assez bien d'affaire pour rembourser son hypothèque de 61 500 $ en un peu plus de trois ans. En 1871, la scierie employait 53 ouvriers et produisait chaque année 150 000 $ de bois de charpente ; une fabrique de châssis, plus petite, comptait 20 employés et avait un chiffre d'affaires de 20 000 $. En 1894, soit deux ans après la mort de James Maclaren, la scierie et quelques lots situés à Ottawa, acquis grâce à l'aide de sir John Alexander MACDONALD, seraient revendus 340 000 $.

En 1857, un représentant de la R. G. Dun and Company décrivit James Maclaren comme un homme d'affaires énergique et habile, doué d'un « excellent car[actère] », qui suivait de près toutes ses transactions et avait une « bonne réputation » à Wakefield. Grâce à ces qualités, non seulement ses exploitations de bois survécurent-elles à la chute des marchés du bois et des marchés financiers qui se produisit au début de la guerre de Sécession, mais elles prirent de l'expansion. En 1864, Maclaren forma une société dans le but d'acheter à la succession de Baxter Bowman les scieries et le complexe industriel de Buckingham, sur la rivière du Lièvre. Ses associés étaient son frère John, Joseph Merrill Currier, William McNaughton, transitaire et négociant montréalais, et Jacques-Félix Sincennes* de Sorel. En 1871, il fit entrer dans l'entreprise son fils aîné, David, et trois ans plus tard il lui confia la direction des exploitations de la Gatineau et de l'Outaouais. En 1872, il acheta les intérêts de tous ses associés des scieries de Buckingham, excepté ceux de John ; après la mort de celui-ci en 1875, il racheta aussi sa part. En outre, il se porta acquéreur des intérêts que son frère possédait, à Wakefield et à Ottawa, dans la James Maclaren and Company et, à New Edinburgh, dans la W. McClymont and Company, entreprise de vente de bois, ainsi que dans la Blackburn and Company, manufacture de lainages et de drap.

Malgré cette diversification croissante, Buckingham demeurait le foyer des activités de Maclaren. Tant parce qu'il était l'employeur d'une bonne partie de ses concitoyens que parce qu'il faisait œuvre de philanthrope, il joua un rôle majeur dans la mise en valeur de cette localité. Dans les années 1880, on exerça des pressions sur lui pour qu'il s'installe à Ottawa, mais il préféra demeurer dans la maison familiale, Pinehurst, qu'il avait fait construire au-dessus de la Lièvre, à la chute Dufferin. À sa mort, en 1892, environ 500 hommes de ce village de 3 500 habitants travaillaient dans le commerce du bois, et aucun conflit de travail n'avait encore surgi. Selon l'historien Arthur Reginald Marsden Lower*, la James Maclaren and Company et la J. R. Booth and Company furent les deux entreprises « qui survécurent le plus longtemps grâce à des contrats d'abattage pour le marché anglais » mais, à la fin des années 1870, la compagnie de Maclaren expédiait régulièrement, par barge, de grosses cargaisons de bois à Montréal et dans l'agglomération urbaine de New York.

Pour favoriser davantage le commerce, James Maclaren fut le principal promoteur, en 1874, de la Banque d'Ottawa, qui devait desservir surtout les entrepreneurs forestiers. Il souscrivit 100 000 $ d'actions, ce qui représentait à la fin de 1875 près du tiers du capital versé et permit à la banque de rassembler facilement le solde du capital-actions. Bien qu'il ait été président de la banque jusqu'à sa mort, il continua à investir ailleurs dans les années 1870 et 1880. Dans la province de Québec, en 1880, il participa à la fondation et au conseil d'administration de la Hull Iron Company Limited. Il acquit aussi des intérêts dans des mines de fer du comté de Hastings, en Ontario, ainsi que dans des mines de sel et d'argent du sud-ouest de cette province. De plus, vice-président et administrateur de l'Ontario Central Railway, qui devait construire une ligne de Whitby à Collingwood mais ne put réaliser son projet, il appartint à un groupe qui présenta sans succès, au début de 1881, une soumission pour construire une ligne transcontinentale. Il réussit mieux dans son propre secteur : après avoir investi dans des entreprises forestières du Vermont et du Massachusetts, il fut le vice-président fondateur de la Sheppard and Morse Lumber Company de Boston. Comme d'autres magnats du bois de l'Outaouais, il étendit son emprise jusque dans le Témiscamingue et la région de la baie Géorgienne. En effet, il devint président de deux sociétés de Saginaw, dans le Michigan : la Saginaw Lumber and Salt Company et l'Emery Lumber Company, qui exploitait une scierie à Midland, en Ontario. En 1885, il était membre de la Buckingham Pulp Company Limited, constituée juridiquement depuis peu.

À la fin des années 1880, Maclaren était l'un des hommes les plus riches du Canada et il s'apprêtait à donner à ses affaires une expansion vers l'Ouest, désormais accessible par chemin de fer. En 1887, avec un capitaliste de Québec, James Gibb Ross*, il visita la Colombie-Britannique pour y évaluer les possibilités d'investissement. Convaincu du potentiel de la côte ouest, il mit sur pied deux entreprises. À l'origine, la Ross-Maclaren Lumber Company devait détenir des permis sur des concessions forestières de la vallée du Fraser et de la rive est de l'île de Vancouver (ces concessions avaient une superficie totale d'environ 100 000 acres) et vendre ou fournir du bois à la seconde entreprise, la North Pacific Lumber Company, qui fut constituée juridiquement en 1889 et dotée d'un capital de 100 000 $. Le conseil d'administration de la North Pacific Lumber Company était formé de Maclaren, de John Theodore Ross* (neveu de James Gibb Ross, décédé en 1886), d'un dénommé Little (peut-être William Little, marchand de bois de Montréal) et de deux des fils de Maclaren, David et James Barnet. La compagnie bâtit ses installations à côté des rails du chemin de fer canadien du Pacifique à Barnet, à neuf milles à l'est de Vancouver. La Ross-Maclaren Lumber Company, pour satisfaire les exigences de la province, construisit une scierie à Millside, dans l'agglomération de Fraser Mills, à l'est de New Westminster. En exploitation dès 1891, elle produisait chaque jour 200 000 pieds de bois de charpente. On projetait d'approvisionner la scierie en reliant par chemin de fer le Fraser et les concessions de

Maclaren au lac Cultus, et l'on avait même commencé à faire un levé à cette fin, lorsque Maclaren mourut en février 1892. Cet événement, auquel s'ajouta une récession du marché du bois, mit un terme au projet.

Selon une notice nécrologique, la succession de James Maclaren valait 5 millions de dollars. Fervent presbytérien, il léguait 20 000 $ au Manitoba College [V. John Mark KING] et une somme semblable, destinée à l'achat de livres, au Knox College, où son frère William enseignait la théologie. Il laissait dans le deuil sa femme, deux filles et cinq fils, Albert, Alexander, David, John et James B., qui étaient tous dans le commerce du bois.

RICHARD M. REID

AN, MG 24, D39 (photocopies) ; MG 26, A, Macdonald à Maclaren, 30 nov. 1888. — AO, RG 22, sér. 224, reg. G (1890–1892) : 395–406 ; sér. 354, probate 2087. — Baker Library, R. G. Dun & Co. credit ledger, Canada, 3 : 106 ; 13 : 220. — *Canada Lumberman* (Toronto), 12 (1891), n° 11 (mfm aux AO). — *Montreal Daily Star*, 11 févr. 1892. — *Ottawa Citizen*, 11 oct. 1893. — *Canada, an encyclopædia* (Hopkins), 1 : 445. — *Canadian men and women of the time* (Morgan ; 1898) ; (Morgan ; 1912). — *Cyclopædia of Canadian biog.* (Rose et Charlesworth), 2. — *Dominion annual reg.*, 1880–1881 : 133, 169 ; 1885 : 305. — *Standard dict. of Canadian biog.* (Roberts et Tunnell), 1. — A. R. M. Lower, *Great Britain's woodyard : British America and the timber trade, 1763–1867* (Montréal et Londres, 1973). — Donald MacKay, *Empire of wood : the MacMillan Bloedel story* (Vancouver, 1982), 17. — G. W. Taylor, *Timber : history of the forest industry in B.C.* (Vancouver, 1975), 38. — J. W. Thomson, *Lumbering on the Rivière du Lièvre* (Ottawa, 1973), 38–41.

MacLEAN, MALCOLM ALEXANDER, instituteur, homme d'affaires, homme politique, juge de paix, fonctionnaire et auteur, né le 14 juillet 1844 à Tiree, Écosse, fils d'Allan McLean et d'une prénommée Jane ; le 5 janvier 1869, il épousa Margaret Anne Cattanach du comté de Glengarry, Ontario, et ils eurent trois filles et deux fils ; décédé le 4 avril 1895 à Vancouver.

Originaire de l'Argyllshire, Malcolm Alexander MacLean naquit dans la petite ferme de son père, à l'île de Tiree. Il avait environ quatre ans quand sa famille immigra dans le Haut-Canada pour s'installer dans le canton d'Ops. Il fit ses études dans la région puis enseigna pendant trois ans dans le comté de Victoria, en espérant gagner suffisamment d'argent pour étudier la médecine. Il dut toutefois renoncer à ce projet quand le commerce de bois de son frère fit faillite. Après avoir aidé ce dernier à rembourser ses créanciers, MacLean s'inscrivit à l'Eastman's National Business College de Poughkeepsie, dans l'état de New York.

Ses études terminées, MacLean entra à la Cunard Steamship Company, à New York. De retour en Ontario vers la fin des années 1860, il exploita un magasin général à Oshawa. Peu après son mariage, il alla s'établir avec son épouse à Dundas, où il exploita un autre magasin général avant d'être nommé syndic d'office dans les causes d'insolvabilité, à Toronto, au début des années 1870. Sa belle-sœur épousa en 1873 l'inspecteur d'écoles Arthur Wellington Ross*, et durant 20 ans les deux familles furent très liées.

En 1878, MacLean alla s'installer à Winnipeg, où Ross vivait déjà depuis un an. Il y monta une florissante entreprise de marchand commissionnaire. Avec Ross, il se lança dans l'immobilier, et le boom foncier de 1881–1882 lui permit d'amasser une fortune considérable. La dépression qui suivit le plaça toutefois dans une situation difficile, et il abandonna ses entreprises de Winnipeg pour aller s'établir avec sa famille dans la ferme d'élevage Laggan, dans la vallée de la Qu'Appelle, près de ce qui est aujourd'hui Wolseley, en Saskatchewan. Il a peut-être combattu pendant la rébellion du Nord-Ouest au printemps de 1885 [V. Louis Riel*].

Au milieu de l'année 1885, MacLean partit pour Honolulu avec l'intention de se lancer dans l'industrie de la betterave sucrière. Arrivé à San Francisco, il décida toutefois de passer par Granville (Vancouver), localité que Ross, devenu conseiller de William Cornelius Van Horne*, avait recommandée comme terminus du Pacifique pour la Compagnie du chemin de fer canadien du Pacifique. MacLean arriva à Granville en janvier 1886 et, le mois suivant, il se voyait confier la direction de la nouvelle agence immobilière de Ross, que ses fonctions de député de Lisgar, au Manitoba, appelaient à Ottawa. Le 1er juin, MacLean avait formé sa propre firme.

Presque dès son arrivée à Granville, MacLean s'était lancé en politique locale. En janvier et février, il se joignit à un groupe de citoyens pour demander à l'Assemblée législative de la province de changer le nom de la ville et de l'ériger en municipalité ; c'est ainsi que le 6 avril naquit la municipalité de Vancouver. Le 3 mai, MacLean fut élu premier maire de Vancouver, en battant Richard Henry Alexander, directeur du vénérable Hastings Saw Mill, par 242 voix contre 227. Ce dernier, arrivé dans la province à l'époque coloniale, jouissait de l'appui du vieil establishment de Granville. MacLean, par contre, comptait parmi ses alliés les nouveaux arrivants du Manitoba et de l'Ontario (qu'Alexander, comme les premiers colons, avait qualifiés de « Chinois d'Amérique du Nord »), les Chevaliers du Travail de la ville [V. Samuel H. Myers*] et les ouvriers du Hastings Saw Mill, alors en conflit de travail avec Alexander. Le 28 mai toutefois, dix des principaux partisans d'Alexander, dont David OPPENHEIMER, firent parvenir une pétition à Victoria, où ils soutenaient qu'au moins une centaine de bulletins de vote avaient été remplis par des gens non autorisés à voter.

James Skitt Matthews, qui interrogea trois des anciens partisans de MacLean, confirma cette accusation 50 ans plus tard ; ceux-ci se rappelaient qu'on avait fait voter à peu près tout le monde, des locataires de péniches aux clients de passage dans les hôtels.

Le grand incendie du 13 juin 1886 devait toutefois faire oublier les accusations ; il fallait bien, en effet, que le maire et son conseil s'occupent de la reconstruction de la ville. Vers la fin de juin, MacLean adressa une requête au gouverneur général, lord Lansdowne [Petty-Fitzmaurice*], afin qu'il transfère les droits de propriété du terrain militaire de l'inlet Burrard à la municipalité, pour en faire un parc, qui devint plus tard le parc Stanley. En décembre, MacLean fut réélu grâce à un programme qui prônait la libéralisation du droit de vote et la restriction des droits de propriété des Chinois. MacLean considérait l'achèvement du chemin de fer canadien du Pacifique comme « la clef de voûte de l'arche de la Confédération » et, en mai 1887, il accueillit le premier train de la compagnie à Vancouver. En septembre, il présida la réunion inaugurale du Vancouver Board of Trade. À la fin de l'année, il pouvait faire remarquer avec fierté que, depuis les deux ans qu'il était maire, les rues avaient été débarrassées des souches géantes et nivelées, qu'on avait construit des ponts et des trottoirs, et mis en place un service de pompiers, des réseaux d'aqueduc et d'égouts ainsi qu'un service d'électricité et de gaz.

Le 25 mai 1886, on avait nommé MacLean juge de paix à Vancouver et, à la fin de son mandat comme maire, il devint magistrat de police de la ville, poste qu'il occupa jusqu'en 1890. En janvier 1893, il fut nommé commissaire spécial de l'immigration, aux États-Unis. Dans ses conférences devant les expatriés du Canada et d'autres, il vanta les « splendides possibilités [que leur] offraient la Colombie-Britannique, les Territoires du Nord-Ouest et le Manitoba ». Il signa également, dans des périodiques britanniques et dans le *Scottish American* de New York, des articles où il faisait l'éloge de l'Ouest canadien et de la Colombie-Britannique. Comme il parlait couramment le gaélique, il avait constitué la St Andrew's and Caledonian Society of Vancouver en 1886.

Malcolm Alexander MacLean, qu'on appelait « squire MacLean » à cause de son air « sage et souriant » et de ses cheveux prématurément blancs, mourut en 1895 à l'âge de 50 ans, quelques semaines seulement après sa nomination comme magistrat stipendiaire du district de Vancouver. D'après une notice nécrologique du *Vancouver Daily World,* le premier maire de cette ville était « un gentleman chaleureux, d'esprit libéral, qui possédait un magnétisme et forçait l'affection ».

RICHARD MACKIE

City of Vancouver Arch., Add. MSS 54 (J. S. Matthews coll.), 13, files G-116, H-142, MAC-46, O-54, S-41, -143 ; City Council minute-book, 10 mai 1886–4 juill. 1887 ; M5797 (J. S. Matthews newsclipping), « Vancouver welcomes Hon. Thomas White » (unidentified clipping, 16 juill. 1886) ; J. S. Matthews, « Early Vancouver – narratives of pioneers of Vancouver, B.C. » (copie dactylographiée, 7 vol., 1932–1956). — *Daily British Colonist* (Victoria), 11 févr. 1886. — *Sun* (Winnipeg), 6 janv. 1888. — *Vancouver Daily World,* 6 janv. 1893, 5 avril 1895. — *Vancouver News,* 1er juin 1886. — *Vancouver Weekly Herald and North Pacific News,* 15 janv., 19 févr., 28 mai 1886. — Kerr, *Biog. dict. of British Columbians*. — Pierre Berton, *The last spike : the great railway, 1881–1885* (Toronto et Montréal, 1971). — Derek Pethick, *Vancouver : the pioneer years, 1774–1886* (Langley, C.-B., 1984). — P. E. Roy, *Vancouver : an illustrated history* (Toronto, 1980). — E. O. S. Scholefield et F. W. Howay, *British Columbia from the earliest times to the present* (4 vol., Vancouver, 1914). — H. R. Boutilier, « Vancouver's earliest days », *BCHQ,* 10 (1946) : 151–170. — *Oban Times* (Oban, Écosse), 29 déc. 1934, 5 janv. 1935.

MACLEAR, THOMAS, libraire et éditeur, né le 12 août 1815 à Strabane (Irlande du Nord) ; en 1839, il épousa Isabel Arbuckle de Coleraine (Irlande du Nord), et ils eurent trois fils et quatre filles ; décédé le 2 janvier 1898 à Montréal.

Thomas Maclear ouvrit une librairie à Toronto pendant l'été de 1848. Il annonçait qu'il était représentant d'une maison d'édition de Glasgow, la Blackie and Son, et peut-être y avait-il été employé en Écosse et au Canada avant d'ouvrir son propre commerce. Vers novembre 1850, il entreprit la publication de *Canada : past, present and future* de William Henry Smith* en une série de dix fascicules brochés. L'ouvrage était « livré aux abonnés par des voyageurs », méthode que Maclear allait privilégier tout au long de sa carrière. Deux ans plus tard, il lança une autre publication ambitieuse, le mensuel *Anglo-American Magazine,* dirigé par Robert Jackson Macgeorge* et illustré de gravures sur bois de John Allanson*, Frederick C. Lowe et d'autres artistes (une série de vues de villes canadiennes parues dans ce magazine servit plus tard à « rehausser » des exemplaires de *Canada : past, present and future*). Entre autres contributions à la culture canadienne, l'*Anglo-American Magazine* fit connaître à ses lecteurs le poète Charles SANGSTER. Au début des années 1850, Maclear publia aussi la première édition canadienne du célèbre roman de Harriet Elizabeth Beecher Stowe sur l'esclavage aux États-Unis, *Uncle Tom's cabin,* paru initialement en 1852, de même que plusieurs ouvrages qui reflétaient ses propres antécédents irlando-protestants, dont une histoire du siège de Londonderry.

Associé à William Walter COPP et William Cameron CHEWETT, Maclear acheta en janvier 1854 la plus grande partie du fonds de commerce du libraire et éditeur Hugh Scobie* à la veuve de ce dernier. Leur nouvelle société, la Maclear and Company, continua à publier l'*Anglo-American Magazine* (qui disparut en 1855) et à distribuer les publications de la Blackie and Son, et elle poursuivit le travail d'imprimerie, d'édition et de vente amorcé par Scobie. Elle publia notamment, par tranches, en 1854 et 1855, *The female emigrant's guide* [...] de Catharine Parr Traill [STRICKLAND] ainsi que, en 1855, l'essai écrit par Adam Lillie* à l'occasion de l'Exposition universelle de Paris, *Canada : physical, economic, and social*. Les associés avaient acheté le fonds de Scobie pour £6 500, en versant £1 000 d'arrhes et en s'engageant à acquitter le solde en 11 ans. Le père de Chewett, le riche James Grant Chewett*, avait endossé la dette et reçut en garantie toute l'entreprise ; il avait donc un mot à dire sur ses orientations. De toute évidence, Maclear n'aimait pas voir cet homme exercer autant de pouvoir et, en 1857, il quitta ses associés pour se faire grossiste en livres et en papeterie. (Copp et Chewett allaient conserver le nom de Maclear and Company jusqu'en 1861.)

Au début, Maclear sembla bien se débrouiller. En 1858, il profita même d'une mode pour annoncer le « Toronto Stereoscope Depot, où [ses clients] trouvaient les MEILLEURS INSTRUMENTS et les IMAGES LES PLUS RÉCENTES ». Dès 1860 cependant, il connaissait des difficultés financières. Un représentant de la R. G. Dun and Company rapportait qu'en août il avait dû demander à ses créanciers « un report de versements de 8, 16 & 24 m[ois] ». L'année suivante, il vendit son stock à son ancien commis voyageur, William Manson. Dès juillet 1862, il le lui avait cependant racheté et avait ouvert une entreprise appelée Maclear and Company, mais ses affaires continuaient d'aller plutôt mal. Plus tard la même année, il dut conclure avec ses créanciers une convention qui leur garantissait 10s par livre. Même s'il désespérait de son « aptitude » pour les affaires et de son « succès éventuel », le représentant de chez Dun notait que Maclear « conserv[ait] toujours son bon car[actère] par sens de l'honneur ». En décembre 1865, deux de ses fils, William H. et Thomas A. Maclear, achetèrent son fonds de commerce, et il annonça qu'il quittait la compagnie. Ce geste s'explique difficilement, vu qu'il continua d'exploiter l'entreprise.

Durant la plus grande partie des années 1860, la Maclear and Company figura dans les bottins de Toronto comme librairie et papeterie, mais à la fin de la décennie Maclear faisait de nouveau de l'édition. Sa production des années 1870 et 1880 reflète les goûts de l'époque : des ouvrages sur la sexualité et l'hygiène par l'auteur américain George Henry Napheys, plusieurs livres sur le missionnaire et explorateur David Livingstone, et plusieurs publications résolument protestantes, dont une anthologie de 400 pages signée William Shannon et parue en 1876, *The dominion Orange harmonist*. Ces livres étaient vendus par l'intermédiaire de représentants qui se voyaient promettre des « avantages [...] de loin supérieurs à tous ceux jamais offerts par aucune maison d'édition au Canada ». Cependant, les ouvrages les plus importants que Maclear publia dans ses dernières années furent *Irishman in Canada* de Nicholas Flood Davin*, paru en 1877, et *The Scot in British North America* de William Jordan Rattray*, publié en quatre volumes de 1880 à 1884. Offerts sous une variété de reliures à des prix différents, tous deux faisaient partie, selon la réclame, d'une « collection nationale ».

Si Thomas Maclear avait l'intention d'enrichir cette collection en publiant l'histoire d'autres groupes ethniques, son projet ne se concrétisa pas. En 1887, il se retira des affaires, et deux ans plus tard il alla vivre chez l'une de ses filles à Montréal. À sa mort – en 1898, à l'âge de 82 ans – ses beaux jours étaient passés depuis longtemps, mais le *Globe* de Toronto rappela qu'il avait jadis été « le principal éditeur et libraire » de la ville.

ELIZABETH HULSE

Des renseignements utiles sur les activités d'éditeur de Thomas Maclear figurent dans les annonces incluses dans nombre de ses publications. [E. H.]

Baker Library, R. G. Dun & Co. credit ledger, Canada, 26. — *Bookseller and Stationer* (Toronto), 14 (1898), n° 1 : 2. — *Canada Gazette*, 27 janv. 1866. — *Gazette* (Montréal), 3 janv. 1898. — *Globe*, 19 janv. 1854, 8 juin 1861, 4 janv. 1898. — *Canada directory*, 1851. — *Dict. of Toronto printers* (Hulse). — Alfred Sylvester, *Sketches of Toronto, comprising a complete and accurate description of the principal points of interest in the city* [...] (Toronto, 1858), 118. — *Toronto directory*, 1850–1889. — Elizabeth Hulse, « The life and times of William Walter Copp : the book trades in nineteenth-century Toronto », *Sticks and stones ; some aspects of Canadian printing history*, John Gibson et Laurie Lewis, compil. et édit. (Toronto, 1980), 69–92. — Patricia Stone, « The publishing history of W. H. Smith's *Canada : past, present and future* : a preliminary investigation », Biblio. Soc. of Canada, *Papers* (Toronto), 19 (1980) : 38–68.

McLEAY, JAMES FRANKLIN (Franklyn), professeur et acteur, né le 28 juin 1864 à Watford, Haut-Canada, fils de Murdo McLeay, marchand, et de Janet Glendenning ; le 18 décembre 1898, il épousa Grace Warner ; décédé le 6 juillet 1900 à Londres.

James Franklin McLeay fut ainsi appelé en souvenir de sir John Franklin*, l'explorateur de l'Arctique que son grand-père écossais John McLeay, ancien fonctionnaire de la Hudson's Bay Company, avait accompagné dans deux expéditions. Élevé à Watford, il fréquenta le Canadian Literary Institute de Woodstock, où il obtint son diplôme de même qu'une bourse d'études en langues modernes. Entré à la University of Toronto à l'automne de 1884, il se spécialisa en littérature anglaise, en français, en allemand et en latin et devint président du Modern Languages Club. Brillant athlète, il remporta des médailles à la course de fond et fut capitaine des équipes de base-ball et de football de l'université.

McLeay dirait dans une entrevue avec le *Massey's Magazine,* en 1896, qu'à l'université il s'était « pris d'un grand enthousiasme » pour Shakespeare et qu'il avait réagi aux cours de David Reid Keys avec des impressions d'« âmes agissant et réagissant l'une sur l'autre ». À Toronto, McLeay suivit des cours de diction dramatique avec le spécialiste des récitals poétiques, Jessie Alexander, mais rien n'indique qu'il ait fait du théâtre amateur. Avant d'obtenir son diplôme en 1888, il accepta le poste de professeur de langues modernes au Woodstock Collegiate Institute. Deux ans plus tard, en vacances à Grimsby, il rencontra un vétéran du théâtre, l'acteur et professeur américain James Edward Murdoch, qui le persuada d'accepter un emploi lucratif dans son établissement, la School of Oratory, à Boston. McLeay enseigna et étudia donc avec Murdoch. En 1890 également, celui-ci lui présenta le réputé directeur britannique Wilson Barrett, en visite à Boston, qui l'invita à se joindre à sa troupe. McLeay refusa mais, quand Barrett réitéra son offre six mois plus tard, il accepta. C'est ainsi qu'en 1890 il fit ses débuts à Liverpool, en Angleterre, dans un petit rôle de *Claudian*. En tournée en Amérique de 1892 à 1895, la troupe de Barrett joua fréquemment à Montréal et à Toronto, notamment des pièces de Shakespeare et des mélodrames.

Sans être égotiste, McLeay était néanmoins ambitieux et, doué d'une voix sonore et d'une remarquable présence, il obtint très vite de grands rôles. Passé maître dans l'art du maquillage, l'acteur blond aux yeux bleus, intelligent et aux talents variés, se distingua par l'originalité et les nuances émotionnelles de ses interprétations. Le rôle d'un bouffon de cour boiteux appelé Bat dans *Pharaoh,* spectacle historique adapté par Barrett, le rendit célèbre. Hector Willoughby Charlesworth* écrit à ce propos dans *Candid chronicles* [...] qu'autrefois « les rois égyptiens avaient coutume de briser délibérément les os des enfants pour les rendre difformes [...] Seul un ex-athlète aurait pu supporter la douleur de jouer le dos voûté durant toute une soirée [...] McLeay avait un tel génie qu'il avait fait de ce personnage grotesque un être si digne et pathétique que ceux qui le virent ne l'oublieraient jamais. » Parmi les meilleures interprétations de McLeay en Amérique du Nord, on trouve le fantôme de *Hamlet* et, comme le souligna le *Toronto World* en 1895, un Iago « remarquablement original », dont Charlesworth dit qu'il était un « chenapan rieur, plausible, non le scélérat sinistre, manifeste, de l'ancienne convention ». McLeay fit encore sensation dans le rôle de l'infâme Néron du drame romain de Barrett, *The sign of the cross,* créé à St Louis, au Missouri, en 1895. Présentée en première britannique au Lyric Theatre de Londres le 5 janvier 1896, la pièce fut un triomphe en Angleterre, et l'on ne parla plus que de l'interprétation extrêmement fouillée de McLeay, comparable à celle de sir Henry Irving par sa justesse et son étude magistrale de la folie. Grace Warner, fille de l'acteur anglais Charles Warner et beauté élégante « aux merveilleux cheveux blonds », lui donnait la réplique dans le rôle de l'impératrice Poppée. En 1899, soit l'année qui suivit leur mariage, *Saturday Night* évoqua la possibilité qu'ils forment leur propre troupe. Au départ de Barrett pour une tournée australienne en 1898, McLeay était resté à Londres pour entrer dans la fameuse troupe classique de Herbert Beerbohm Tree au Her Majesty's Theatre. Au cours des deux années suivantes, il incarna de manière mémorable le Cassius du *Jules César* de Shakespeare, le bon bourreau Hubert du *Roi Jean* de même que le cardinal Richelieu dans une adaptation de l'œuvre d'Alexandre Dumas, *les Trois Mousquetaires*.

Soudainement, la brève et fulgurante carrière de McLeay prit fin ; il n'avait alors que 36 ans. Le 26 avril 1900, le feu dévastait les villes d'Ottawa et de Hull. McLeay organisa une gigantesque représentation au bénéfice des milliers de familles sans abri. Cette « matinée canadienne » commença à midi trente le mardi du 19 juin au Drury Lane Theatre de Londres, sous les auspices de la reine Victoria. Pour l'occasion, le prince de Galles avait réservé une loge. La matinée dura environ six heures, durant lesquelles les vedettes de la scène londonienne présentèrent un pot-pourri d'extraits musicaux et dramatiques. Tree joua pour la première fois de sa carrière quelques scènes d'*Othello,* avec McLeay dans le rôle de Iago. Les deux acteurs projetaient de monter toute la pièce à l'automne, mais ce fut la seule fois que Londres put admirer le Iago de McLeay. On leur reprocha d'avoir forcé leur jeu, mais le critique anonyme du *Times* écrivit aussi à leur défense : « Comment quiconque peut-il juger de leur interprétation quand le refrain d'une chanson comique résonne encore dans le théâtre [?] ». De toute évidence, les tensions et les responsabilités de l'entreprise étaient énormes. De plus, certains protestèrent avec raison car, en juin, il y avait surabondance de souscriptions au fonds d'Ottawa, situation que McLeay n'avait cependant pu prévoir en organisant le spectacle. On inséra donc une note dans le programme pour expliquer qu'il n'était « pas question de charité » et que « la matinée était projetée comme une expression de la solidarité des gens de théâtre avec leurs frères du Dominion », et on laissa au gouverneur général lord Minto [Elliot*] et au premier ministre sir Wilfrid Laurier* le soin de distribuer les 15 000 $ amassés. Quelqu'un proposa dans le *Globe* de Toronto que l'argent serve aux victimes de la famine en Inde. En outre, McLeay,

« toujours tendu », jouait tous les soirs depuis des semaines, et joua même le lendemain de la matinée. Le *Times* expliqua que « les labeurs et les inquiétudes de sa tâche [avaient] trop exigé de son cerveau ». On put lire dans le *Globe* qu'il était décédé le 6 juillet 1900 « d'une fièvre cérébrale, après quelques semaines de maladie ». Charlesworth expliquerait en 1925 qu'il « avait pris froid et, déjà épuisé par le surmenage [...] était mort de pneumonie en moins de trois jours ». McLeay avait interprété en tout plus de 40 rôles.

Le 11 août 1900, au Her Majesty's Theatre, Tree prononça un émouvant éloge du jeune Canadien. Six jours plus tard, en Ontario, le *Hamilton Spectator* annonçait que James Franklin McLeay avait laissé £94 17s 2d – « pas beaucoup pour un travailleur aussi sincère ». Étonné de la célébrité que McLeay connaissait encore en Angleterre en 1925, Charlesworth écrirait : « Beaucoup de comédiens de Londres croient qu'il aurait été reconnu comme le plus grand acteur du XXe siècle. »

DAVID GARDNER

AN, RG 31, C1, 1871, Warwick, division 4 : 39–40 (mfm aux AO). — UTA, A73-0026/286 (25). — *Saturday Night* (Toronto), 1er avril 1899 : 7. — W. J. Thorold, « Canadian successes on the stage », *Massey's Magazine* (Toronto), 2 (juill.–déc. 1896) : 189–192. — *Globe*, 20 juin, 7 juill. 1900. — *Guide-Advocate* (Watford, Ontario), 13 juill. 1900. — *Times* (Londres), 11, 20 juin, 7 juill. 1900. — *Toronto World*, 20 févr. 1895, 7 juill. 1900. — H. [W.] Charlesworth, *Candid chronicles : leaves from the note book of a Canadian journalist* (Toronto, 1925). — Franklin Graham, *Histrionic Montreal ; annals of the Montreal stage with biographical and critical notices of the plays and players of a century* (2e éd., Montréal, 1902 ; réimpr., New York et Londres, 1969). — Victor Lauriston, *Lambton's hundred years, 1849–1949* (Sarnia, Ontario, 1949), 123. — *Globe and Mail*, 27 janv. 1982 : 16.

McLELLAN, CATHARINE. V. MORTON

McLENNAN, HUGH, homme d'affaires, né en 1825 à Lancaster, Haut-Canada, fils de John McLennan ; il épousa Isabella Stewart, et ils eurent deux filles et cinq fils ; décédé le 21 novembre 1899 à Montréal.

Hugh McLennan était le fils d'un Écossais qui, arrivé dans le Haut-Canada en 1802, s'était établi dans le comté de Glengarry, avait été officier dans la milice durant la guerre de 1812 puis instituteur jusqu'à sa retraite en 1823. Après avoir fréquenté une école publique du comté de Glengarry, le jeune Hugh partit en 1842 pour Montréal travailler à titre de commissaire de bord sur les vapeurs qui assuraient la liaison entre cette ville et Kingston, dans le Haut-Canada. Cet emploi marquait le début de sa longue et fructueuse carrière dans le commerce maritime.

McLennan obtint une promotion en 1850 et passa un an à Kingston en qualité d'agent maritime avant de revenir à Montréal. Pour un jeune homme désireux de faire fortune dans le domaine des transports, cette ville était l'endroit par excellence dans les années 1850. Depuis la fin des années 1830, Montréal avait joué un rôle considérable dans la « révolution nord-américaine des transports ». Le système de canaux du Saint-Laurent était construit, et un réseau ferroviaire en pleine croissance reliait la ville au centre du Canada, où les fermiers faisaient eux aussi leur révolution agricole. En dix ans, Montréal était devenu le « cœur économique » du Canada, l'endroit d'où l'on exportait vers l'étranger le blé et la farine en provenance de l'Ouest. La demande étrangère de grain canadien augmenterait encore en 1854 au moment où la guerre de Crimée couperait la Grande-Bretagne de ses sources d'approvisionnement en Russie.

McLennan sut profiter pleinement des chances qui s'offraient de faire fortune. En 1853, avec son frère John, il fonda la J. and H. McLennan, compagnie de céréales et de transport qui prendrait de l'expansion en 1869 et serait constituée juridiquement le 21 mai de cette année-là sous le nom de Montreal Transportation Company. Cette firme disposait d'un capital social de 120 000 $ et devint rapidement l'une des plus grandes entreprises de transport de la ville. Outre les frères McLennan, elle comptait parmi ses principaux actionnaires Thomas Rimmer, de Montréal, et Murdoch Laing, marchand de Kingston. Hugh McLennan en fut président jusqu'à sa mort en 1899. Quatre ans plus tard, on évaluerait les actions de la Montreal Transportation Company à 500 000 $.

La situation importante de sa société dans le milieu des affaires montréalais faisait de McLennan un candidat très en demande pour les postes d'administration. Ainsi il fut l'un des administrateurs de la Banque de Montréal, de la Compagnie de fabrication de papier du Canada, de la Compagnie d'assurance de l'Amérique britannique contre le feu et sur la vie et de la Compagnie d'assurance de Montréal, dite du Soleil. Il demanda également la constitution en société de diverses autres compagnies d'assurances. Président de la Compagnie internationale de houille (à responsabilité limitée) et de la Black Diamond Steamship Company, vice-président de la Compagnie manufacturière Williams, il investit dans la Compagnie de chemin de fer urbain de Montréal, dans la Compagnie de gaz de Montréal et dans la Montreal Rolling Mills Company.

Comme d'autres marchands montréalais de son époque, McLennan travailla avec diligence afin d'améliorer la position commerciale de sa ville. Président du Bureau de commerce de Montréal de 1872 à 1874, il représenta ce groupe à la Commission du havre de Montréal de 1873 à 1897. À ce dernier titre, il fit des pressions énergiques sur le gouvernement fédéral afin d'obtenir des fonds pour l'amélioration des installations portuaires de Montréal et, pendant quelques années, s'intéressa particulièrement à un ouvrage essentiel, l'approfondissement du chenal du Saint-Laurent entre Montréal et Québec.

Homme d'affaires prospère, McLennan faisait tout naturellement partie, avec sa famille, de l'establishment anglophone montréalais. Membre bienfaiteur de l'Association des beaux-arts de Montréal, il était, au moment de sa mort, l'un des administrateurs de la McGill University. Membre de la St Andrew's Society, organisme qu'il présida en 1885–1886, il fut également actif dans de nombreuses sociétés de bienfaisance protestantes, dont l'Institut maritime de Montréal et la Montreal Auxiliary Bible Society. Il aimait également voyager en Europe, par affaires et par plaisir.

Aimé et respecté de tous ceux qui le connaissaient, Hugh McLennan était, comme le Bureau de commerce de Montréal le soulignerait au moment de sa mort, « un homme de la plus noble trempe, tant par ses dons intellectuels [...] que par son intégrité sans tache et son sens poussé de l'honneur ». Deux de ses fils, en particulier, maintinrent la tradition de réussite qu'il avait établie : John Stewart*, industriel de la Nouvelle-Écosse, éditeur et auteur d'une histoire de Louisbourg, nommé au Sénat en 1916, et William*, éminent écrivain lui aussi et membre de la Société royale du Canada.

ALLAN LEVINE

AN, MG 26, A : 56364–56365, 234307–234308, 241525, 242127 ; MG 27, I, E8, H. McLennan à J. McLennan, 16 mars, 3, 14 avril 1886. — ANQ-M, CE1-115, 23 nov. 1899 ; CM1, 2/15, août 1898–oct. 1900. — Canada, Ministère de la consommation et des corporations, Division des corporations (Hull, Québec), Records, liber G : f° 145, letters patent of the Montreal Transportation Company, 21 mai 1869 ; liber 160 : f° 447, letters patent of the Montreal Transportation Company, 21 déc. 1903. — Montreal Board of Trade Arch., Minute-books, general minute book, 13 mai 1897 : 310 ; 25 janv. 1898 : 318–319 ; 30 janv. 1900 : 384. — Montreal Board of Trade, *Centennial report* (Montréal, 1893). — *Gazette* (Montréal), 22 nov. 1899. — *Monetary Times*, 24 nov. 1899. — *Montreal Daily Star*, 22 nov. 1899. — *La Presse*, 22 nov. 1899. — *Canadian directory of parl.* (Johnson). — Wallace, *Macmillan dict.* — Atherton, *Montreal*, 2 : 380–381, 480, 510, 546, 595. — J. M. S. Careless, *The union of the Canadas : the growth of Canadian institutions, 1841–1857* (Toronto, 1967). — Tulchinsky, *River barons*.

McLEOD, ANGUS JONAS, ministre presbytérien et administrateur scolaire, né en 1861 à Kincardine, Haut-Canada ; décédé le 20 novembre 1900 à Regina.

Après avoir fait une partie de ses études à Kincardine, Angus Jonas McLeod s'inscrivit, en 1881–1882, à la University of Toronto. Il dut cependant interrompre sa formation en 1883–1884, vraisemblablement pour des raisons financières, mais il obtint sa licence ès arts en 1885. Durant les trois années suivantes, il se prépara au ministère au Knox College de la même université, où il remporta plusieurs distinctions avant de terminer ses études.

Ordonné ministre de l'Église presbytérienne au Canada par le consistoire de Calgary le 30 mai 1888, McLeod servit ensuite durant près de deux ans en qualité de missionnaire dans la région de Banff (Alberta). En mai 1890, les fidèles de l'église presbytérienne St John de Medicine Hat lui demandèrent de remplacer leur pasteur, le révérend James Herald, décédé subitement deux mois plus tôt. McLeod occupa cette charge jusqu'en mars 1891, tout en célébrant le culte à l'occasion dans la communauté minière de Stair (au nord-ouest de Redcliff) et à Dunmore, puis il devint directeur de la Regina Industrial School.

Cette école destinée aux jeunes Indiens logeait dans un édifice à deux étages en brique construit en 1890 par le département des Affaires indiennes dans une ferme de 320 acres, au bord du ruisseau Wascana, à quatre milles au nord-ouest de Regina. McLeod en était le premier directeur et avait, pour l'assister, un personnel composé de neuf membres, dont un directeur adjoint, un professeur de menuiserie et un autre pour l'agriculture. Au début, sa femme servit d'intendante pour les élèves féminines. La première année, il y eut 32 inscriptions (17 garçons et 15 filles). La plupart des élèves étaient des Cris venus des réserves de Piapot, Muscowpetung et Pasqua, au nord de Regina, mais il y avait aussi 12 Assiniboines, dont 7 de la réserve située près d'Indian Head. Le nombre d'élèves tripla en 1892 et, dès 1900, il s'élevait en moyenne à 120 par an. Dans la deuxième année d'existence de l'établissement, McLeod signala que, sous la supervision de du professeur d'agriculture, les élèves avaient installé un demi-mille de clôture de fil de fer et planté ou ensemencé 4 acres de pommes de terre et autres légumes, 9 acres de blé, 19 acres d'avoine, 27 acres de fourrages divers ainsi que d'orge, de seigle et de millet. L'instituteur de menuiserie et les huit garçons à qui il enseignait avaient construit un pont à trois poutres sur le ruisseau Wascana, une glacière, un caveau à légumes, une buanderie et un bâtiment qui logeait des ateliers de menuiserie, de peinture et de cordonnerie ainsi que des chambres pour les employés. Un atelier d'imprimerie s'y ajouta en 1895 ; les élèves y apprenaient la typographie et publiaient un mensuel, le *Progress*.

La Regina Industrial School visait avant tout à transmettre un exemple chrétien aux élèves autochtones tout en les préparant, par l'enseignement de l'anglais et d'un métier, à s'adapter et à se conformer au mode de vie des Blancs. De l'avis unanime, elle était, dans l'Ouest canadien, l'une des écoles qui atteignait le mieux ses objectifs, ce qui témoigne abondamment des compétences administratives de son directeur, bien connu aussi pour son soutien aux missions étrangères.

En novembre 1900, à l'âge de 39 ans, Angus Jonas McLeod fut pris d'une crise extraordinairement violente de hoquet. Tout traitement se révéla inefficace et il mourut une semaine plus tard de cette singulière affection. Après le service funèbre, qui se tint à Regina, on transporta sa dépouille à Kincardine pour l'inhumer.

ANDRÉ N. LALONDE

Knox College (Toronto), Bursar's Office, registration cards. — UTA, B65-1061 ; P78-0158, 1881–1885. — Canada, Parl., *Doc. de la session*, 1890, nº 18 ; 1892, nº 14 ; 1893, nº 14 ; 1911, nº 27. — PCC *Acts and proc.*, 1892–1894 ; 1899 ; 1901. — *Leader* (Regina), 22 nov. 1900. — *Saskatchewan Herald*, 28 nov. 1900. — *History of St. John's Presbyterian Church, Medicine Hat, Alberta, 1883–1973*, Margaret Dowkes, compil., Michael Hope, édit. ([Medicine Hat], 1973). — Eleanor Brass, « Indian school's fine record », *Leader-Post* (Regina), 8 juill. 1955 : 15.)1

McLEOD, DONALD, trafiquant de fourrures et homme d'affaires, né en 1846 à Shawbost, dans l'île Lewis, Écosse ; décédé célibataire le 27 novembre 1894 à Edmonton.

Donald McLeod entra dans la réserve navale britannique vers 1857 et y passa environ quatre ans. Embauché par la Hudson's Bay Company, il s'embarqua au port écossais de Stromness, probablement à l'été de 1861, et arriva au fort Carlton (Fort Carlton, Saskatchewan) au début de l'année suivante. Il y serait affecté jusqu'en 1869, sauf pour deux années, de 1865 à 1867, qu'il passa au fort Edmonton (Edmonton) et à Rocky Mountain House, poste d'été de l'intérieur. Il semble avoir été particulièrement habile pour s'occuper des convois de marchandises et s'est manifestement gagné l'amitié de Richard Charles Hardisty*, alors chef de poste responsable du district de Saskatchewan, de même que celle d'autres fonctionnaires de la Hudson's Bay Company qui travaillaient sur la rivière Saskatchewan-du-Nord, où lui-même faisait la traite des fourrures.

Devenu trafiquant indépendant en 1869, McLeod arrondit ses revenus grâce à divers contrats de coupe de bois et de transport. Il continua à entretenir des relations amicales avec les fonctionnaires de la Hudson's Bay Company. En 1871, il s'installa sur un lot de grève situé sur la rive nord, près de la réserve que la compagnie destinait aux colons qui venaient s'établir au fort Edmonton ; il y construisit une maison, qu'il n'habita cependant pas avant le printemps suivant. En 1871 également, il mit sur pied des services de transport entre Edmonton et la Rivière-Rouge, de même qu'entre Edmonton et le fort Benton (Fort Benton, Montana). Le transport des marchandises s'avéra une affaire lucrative, et il continuerait à s'en occuper jusqu'à sa mort.

McLeod mit à profit ce qu'il avait appris dans le secteur du transport pour lancer d'autres entreprises. Devant le succès que remportait John Norris dans l'importation de bœufs de boucherie des États-Unis, il exploita son propre ranch. Puis il souhaita profiter de la colonisation qui gagnait tout le Nord-Ouest et forma en 1878 une compagnie de sciage de bois avec Hardisty, Norris et un inspecteur de la Police à cheval du Nord-Ouest, Percy Belcher. Comme ils étaient en concurrence directe avec la Hudson's Bay Company, les trois associés firent passer le directeur de la scierie, Daniel R. Fraser, pour l'un des propriétaires afin de camoufler le conflit d'intérêts dans lequel se trouvait Hardisty. Des contretemps dans le transport des machines par bateau retardèrent la mise en exploitation, mais dès que le matériel arriva en 1881 la scierie prospéra. Elle liquiderait ses affaires au milieu des années 1950.

Probablement au cours de l'été de 1880, McLeod s'associa à l'Alexander Macdonald and Company de Winnipeg, qui misait sur l'augmentation de la spéculation foncière à Edmonton. Il vendit la moitié de sa concession à cette société, qui prit en main la plupart des questions relatives à l'aménagement de la ville projetée, et il se consacra à l'exploitation d'une mine de charbon dans la vallée du ruisseau Whitemud. Cette mine allait être durant quelques années la source de charbon domestique la moins chère à Edmonton. L'expédition de charbon à Calgary s'avéra également une réussite pour McLeod.

Mis à part les contrats qu'il obtint pour la construction du chemin de fer de Calgary à Edmonton entre 1889 et 1891, McLeod n'étendit pas davantage ses entreprises. Le boom de 1880–1882 lui avait apporté la prospérité, et il s'était bien adapté à la période de croissance lente qui avait suivi. Il avait fait ses placements au bon moment, et la plupart devaient être rentables quand la construction du chemin de fer serait certaine. En s'opposant aux propriétaires de la compagnie ferroviaire qui préconisaient un nouvel emplacement pour la future ville, il s'assura que sa propriété conserverait sa valeur.

Les activités de William Humberstone, qui exploitait une mine de charbon sur le lot de grève de McLeod, l'inquiétèrent beaucoup au cours des années 1880. Humberstone tentait de justifier sa position en faisant valoir un titre de propriété revendiqué quelques années auparavant par Edward McGillivray. Après que ce dernier eut refusé d'occuper la concession en 1872, on l'avait partagée entre McLeod et Hardisty. Le surintendant des mines du Manitoba et des Territoires du Nord-Ouest, William Pearce*, régla l'affaire en

1889 en accordant les droits de propriété superficiaires à McLeod et les droits miniers à Humberstone. Cette décision selon laquelle les droits miniers étaient distincts des droits de superficie et réservés à la couronne devait par la suite s'appliquer à tous les titres de propriété reconnus par le Bureau des terres de la Puissance du département de l'Intérieur.

En 1894, Donald McLeod souffrit durant plusieurs semaines d'un abcès intestinal non traité qui devait finalement entraîner la rupture d'une artère, mais il fut néanmoins actif jusqu'à environ cinq jours avant sa mort. Ses obsèques furent celles qui jusque-là avaient attiré le plus de monde à Edmonton, et une notice nécrologique en vers écrite par James Reilly est encore connue de nos jours. Presbytérien modéré, McLeod était considéré par tous comme un homme bon et généreux. Il avait une grande connaissance de la tradition gaélique écossaise et de la littérature anglo-écossaise. Il illustre bien le talent et la ténacité des premiers entrepreneurs d'Edmonton.

JOHN PATRICK DAY

AN, RG 15, B3, 1757–1758 ; DII, 1, 251, file 31140 ; 273, file 42767, part. I–II ; 293, file 58998 ; 315, file 70440, part. V ; 336, file 84659 ; 640, file 250498 ; 717, file 377772. — City of Edmonton Arch., Assessment rolls, Public School District n° 7, 1886–1891 ; town of Edmonton, 1891–1895 ; Donald McLeod information files. — Glenbow Arch., M477, 1861–1894. — PAM, MG 1, D7 ; HBCA, B.60/a/29–42 ; B.60/f/1 ; B.60/z/1 ; D.20 ; E.23/1–2. — Canada, Conseil privé, *Ordres en conseil, 1889*. — *Edmonton Bulletin*, 1880–1895.

MACLEOD, JAMES FARQUHARSON (désigné aussi peut-être sous les prénoms de **James Alexander Farquharson**), officier de milice, avocat, fonctionnaire, magistrat stipendiaire, juge et homme politique, né vers 1836 à Drynoch, île de Skye, Écosse, fils de Martin Donald Macleod et de Jane Fry ; le 28 juillet 1876, il épousa Mary Isabella Drever, et ils eurent quatre filles et un fils ; décédé le 5 septembre 1894 à Calgary.

James Farquharson Macleod quitta l'Écosse avec sa famille à l'été de 1845. Son père acheta une ferme à Richmond Hill, au nord de Toronto, près des terres de John Beverley Robinson* et de feu William Warren Baldwin*. La même année, il envoya James Farquharson, qui jusque-là avait étudié à la maison, à l'Upper Canada College. Des difficultés financières obligèrent le jeune homme à quitter cet établissement en 1848, mais il y retourna trois ans plus tard et réussit avec distinction les examens finals ainsi que l'examen d'entrée du Queen's College, à Kingston. Durant ces années, la vie à la ferme exerça sur lui une influence au moins aussi puissante que ses études. Ses excursions de chasse avec son père et ses frères lui donnèrent le goût du grand air, et l'amitié des Macleod pour une famille d'Indiens sauteux des environs lui instilla pour toujours de l'admiration et du respect pour les peuples autochtones du Canada.

Le père de Macleod, dont sept des frères étaient morts de maladies tropicales en servant dans les armées britannique et indienne, et qui avait lui-même été gravement malade pendant son service militaire à Demerara (Guyana), avait quitté l'Écosse pour épargner un sort semblable à ses fils. Dans le grand projet qu'il caressait pour sa famille, Martin Donald Macleod entrevoyait une carrière d'avocat pour son fils James, et c'est pourquoi il l'envoya faire une licence ès arts au Queen's College en 1851. Au bout d'un an, le jeune Macleod lui annonça qu'il avait plutôt l'intention de devenir ingénieur civil. Seul le plaidoyer passionné de son père le fit rester en arts, domaine qui l'ennuyait, et en 1854 il obtint un diplôme spécialisé en humanités et en philosophie. Qu'il ait échoué deux fois cette année-là à l'examen d'entrée d'Osgoode Hall, l'école de droit, et ne l'ait réussi qu'en novembre 1856, montre que la profession d'avocat ne l'attirait guère. Il entra ensuite comme stagiaire au cabinet d'Alexander CAMPBELL à Kingston, mais déjà il avait trouvé une activité qui l'intéressait bien plus que le droit. Au cours de l'été de 1856, il s'était enrôlé dans la Volunteer Militia Field Battery of Kingston à titre de lieutenant, et son enthousiasme était tel que son beau-frère William Augustus Baldwin (l'un des fils de William Warren) convainquit le gouverneur général, sir Edmund Walker Head*, de lui offrir une commission dans l'armée britannique. Naturellement, son père, horrifié, insista pour qu'il décline cette offre.

James réussit les examens du barreau à Osgoode Hall en 1860. Pendant la décennie suivante, il pratiqua le droit à Bowmanville tout en continuant de s'intéresser à la milice. Muté en 1862 à la Bowmanville Volunteer Militia Rifle Company (qui devint une partie du 45th (West Durham) Battalion of Infantry quatre ans plus tard), il fut promu capitaine en 1863 et major en 1866. En service actif pendant l'affaire du *Trent* en 1861 [V. sir Charles Hastings Doyle*] et les raids féniens de 1866 [V. Alfred Booker*], il n'eut alors plus aucun doute sur son attirance pour la vie militaire. Par l'entremise de son ancien employeur Campbell et de John Alexander MACDONALD, respectivement ministre et premier ministre dans le gouvernement du dominion, Macleod obtint en 1870 une commission de major de brigade au sein de l'expédition qui, sous le commandement du colonel Garnet Joseph Wolseley*, allait réprimer le soulèvement dans la colonie de la Rivière-Rouge (Manitoba) [V. Louis Riel*]. Le difficile voyage vers l'Ouest, dans une nature sauvage, était taillé sur mesure pour lui ; le leadership qu'il manifesta durant l'expédition lui valut les éloges de son commandant ainsi que le degré de compagnon dans l'ordre de Saint-Michel et Saint-

Georges. Jusqu'au printemps de 1871, il demeura avec la force de milice canadienne à Lower Fort Garry, où il fit la connaissance de Mary Isabella Drever, fille d'un trafiquant de l'endroit. Ils durent renoncer à leur projet de mariage quand Macleod, faute d'avoir été nommé commandant de la garnison, repartit pour l'Ontario.

Macleod fut promu lieutenant-colonel du 45th Battalion of Infantry en décembre 1871, mais la pratique du droit et la vie militaire à temps partiel ne l'intéressaient plus guère. À la fin de 1872, il s'embarqua pour l'Angleterre et l'Écosse, où il avait l'intention de s'installer s'il trouvait un emploi convenable. Au printemps de 1873, le premier ministre Macdonald lui offrit une commission de surintendant et inspecteur dans la Police à cheval du Nord-Ouest nouvellement formée [V. Patrick Robertson-Ross*]. Macleod accepta et rentra sans tarder au Canada. En octobre, il quitta Collingwood, en Ontario, et partit pour Upper Fort Garry (Winnipeg) en compagnie de plusieurs autres officiers et de 150 hommes.

Durant l'hiver de 1873–1874, Macleod et ses collègues officiers entreprirent l'entraînement et l'organisation de la Police à cheval du Nord-Ouest au fort Stone, à Lower Fort Garry, sous le commandement du commissaire George Arthur French*. En décembre, Macleod dirigea la première patrouille de la police, qui fit enquête à la suite d'une plainte selon laquelle des bûcherons du lac Winnipeg faisaient la traite de l'alcool avec les Indiens. Le 1er juin 1874, il devint le premier commissaire adjoint de la Police à cheval.

Au printemps de 1874, la police reçut l'ordre de se rendre plus à l'ouest, près du confluent des rivières Bow et Belly (rivière Saskatchewan-du-Sud, Alberta), car il y avait là des trafiquants américains de whisky. Le 8 juillet, sous le commandement de French, Macleod partit de Dufferin, au Manitoba, avec une troupe de 318 hommes. Le voyage se révéla beaucoup plus long et pénible que prévu. À la fin du mois, on dut renvoyer une partie de la troupe au fort Edmonton (Edmonton) avec les chevaux les plus faibles. Les autres continuèrent d'avancer et arrivèrent finalement à destination le 11 septembre, en haillons et affamés. Macleod, à la tête de la moitié des hommes qui restaient, reçut l'ordre d'établir un poste près de la frontière afin de bloquer le trafic de whisky. French, de son côté, retourna au Manitoba. Dès la fin d'octobre, le fort Macleod (Alberta) s'élevait sur un emplacement choisi par l'éclaireur sang-mêlé Jerry POTTS, sur la rivière Oldman, et Macleod s'employait à anéantir le trafic de whisky et à nouer des relations avec les diverses tribus d'Indiens pieds-noirs de la région. Le 1er décembre, il tint la première d'une série de rencontres avec les chefs autochtones. Le grand chef pied-noir, Pied de Corbeau [Isapo-muxika*], et le grand chef des Gens-du-Sang, Red Crow [MÉKAISTO], lui firent confiance dès le début et acceptèrent de collaborer à l'élimination du trafic. Macleod fut pour beaucoup dans la création du climat de patience, de raison et de diplomatie qui caractérisa les rapports de la Police à cheval du Nord-Ouest et de la population autochtone jusque dans les années 1890.

Pendant l'hiver de 1874–1875, les pires problèmes auxquels Macleod eut à faire face découlaient de l'isolement et de l'ennui. La pénurie de chevaux limitait les activités, les hommes n'avaient pas reçu de solde depuis leur départ du Manitoba et leurs uniformes étaient en loques. Il y eut des murmures de mutinerie et 18 hommes désertèrent. En mars, avec un petit groupe, Macleod affronta un blizzard tardif pour aller chercher la solde de ses hommes à Helena (Montana) et prendre les premières instructions venues d'Ottawa depuis le départ de French. Pendant qu'il était à Helena, il entama la procédure d'extradition contre plusieurs des Américains accusés d'avoir participé en 1873 au massacre d'une bande d'Indiens assiniboines dans les monts Cypress, près du ruisseau Battle (Saskatchewan) [V. Hunkajuka*].

En mai 1875, Macleod confia à l'inspecteur James Morrow Walsh* la mission d'aller, avec une troupe, établir un poste dans les monts Cypress, le fort Walsh (Saskatchewan). Cet été-là, l'inspecteur Éphrem-A. Brisebois* se rendit à la rivière Bow, pour construire un deuxième avant-poste important. Il s'agissait du fort Brisebois, que Macleod rebaptisa par la suite fort Calgary (Calgary) en l'honneur d'un des lieux qu'il préférait dans l'île de Mull en Écosse. Cet été-là, Macleod s'occupa surtout de l'extradition des accusés du massacre des monts Cypress. Avec l'inspecteur Acheson Gosford Irvine*, il se rendit au fort Benton (Montana) en juin et veilla à l'arrestation de sept hommes soupçonnés d'avoir participé à la tuerie. Les efforts que déploya la Police à cheval du Nord-Ouest pour traduire ces hommes en justice soulevèrent une grande hostilité dans la population, et l'issue de l'audience d'extradition tenue à Helena en juillet était sans doute prévisible. On libéra les prisonniers à la fin du mois et, sous une accusation d'arrestation illégale, on incarcéra Macleod pour quelques jours.

La bonne entente avait d'abord régné entre Macleod et le commissaire French mais, à la fin de 1875, leurs relations s'étaient aigries. French était resté confiné à la caserne de la rivière Swan (Livingstone, Saskatchewan), quartier général de la Police à cheval du Nord-Ouest, à des centaines de milles du théâtre de la plupart des opérations, tandis que Macleod, à la tête de la plus grande partie de la troupe pendant plus d'un an, traitait directement avec Ottawa de toutes les questions importantes. Comme French devenait de plus en plus critique à son endroit, Macleod fut fort heureux d'être nommé, le 1er janvier 1876, au poste de magistrat stipendiaire des Territoires du Nord-Ouest, et il quitta la police. Outre l'intérêt qu'elle présentait sur le plan professionnel, cette nomination permit son retour à Winnipeg et la réalisation de son projet de mariage, sans cesse reporté, avec Mary Isabella Drever.

Cependant, Macleod ne quitta pas la police pour longtemps. French, en désaccord avec le gouvernement libéral d'Alexander MACKENZIE sur la politique de cet organisme, démissionna en juin 1876. On offrit la succession à Macleod, qui l'accepta sans hésiter et assuma les fonctions de commissaire le 22 juillet 1876. En une époque de favoritisme sans contrainte, il était remarquable qu'un gouvernement libéral nomme quelqu'un dont les attaches conservatrices étaient bien connues.

Dès qu'il fut commissaire, Macleod se lança dans un épuisant tourbillon d'activités. Après son mariage, célébré à Winnipeg le 28 juillet, il se rendit au fort Carlton (Saskatchewan) pour la signature du traité n° 6 avec les Cris des plaines [V. Pītikwahanapiwīyin*]. Il alla ensuite à la caserne de la rivière Swan pour superviser le transfert du quartier général de la police au fort Macleod. On renforça les forts Macleod et Walsh en prévision des désordres qui risquaient de venir du sud de la frontière. Le 25 juin, l'armée des États-Unis avait subi une cuisante défaite face au chef sioux Sitting Bull [Ta-tanka I-yotank*]. Macleod savait fort bien que les Américains poursuivraient sans relâche le vainqueur et que les Indiens chercheraient probablement refuge au Canada. En décembre, ils commencèrent d'arriver dans la région des monts Cypress.

Macleod était toujours magistrat stipendiaire et, en vertu de l'Acte des Territoires du Nord-Ouest, adopté en 1875, il siégeait au Conseil des Territoires du Nord-Ouest avec les deux autres magistrats, Hugh Richardson* et Matthew Ryan. Au début de 1877, il assista pour la première fois à une assemblée du conseil, à la caserne de la rivière Swan. Il se rendit ensuite à Ottawa à des fins de consultation sur le problème des Sioux, puis retourna au fort Macleod.

En septembre 1877, quelque 5 000 Pieds-Noirs, Gens-du-Sang, Peigans, Sarcis et Stonies se réunirent à Blackfoot Crossing (Alberta) pour signer le traité n° 7. Pied de Corbeau, Red Crow et plusieurs autres chefs firent bien valoir que si leur peuple acceptait de signer ce traité c'était surtout à cause de Macleod et de la Police à cheval du Nord-Ouest. Macleod se rendit ensuite au fort Walsh pour les rencontres entre les autorités américaines et Sitting Bull, dont le but était de convaincre les Sioux de revenir aux États-Unis. Il persuada le chef sioux de participer aux négociations, mais elles n'aboutirent pas. Il exposa alors la position du gouvernement canadien à Sitting Bull : les Sioux pourraient demeurer en territoire canadien tant qu'ils respecteraient la loi, mais il n'y aurait ni traités, ni réserves, ni rations gouvernementales pour eux.

Dès 1878, Macleod s'inquiétait sérieusement de la disparition rapide du bison dans les Prairies. La présence des Sioux intensifiait la concurrence pour une source de nourriture qui se faisait de plus en plus rare et menaçait de déclencher une guerre entre les tribus des Prairies. Lorsque le Conseil des Territoires du Nord-Ouest tint son assemblée de 1878, Macleod présenta un projet de loi sur la chasse qui visait à ralentir le massacre du bison. Malgré son but honorable, cette loi eut peu d'effet : dès la fin de l'année, le bison était dangereusement rare. Inquiet des répercussions que la disette pourrait avoir sur les Indiens du Canada, et pressé par Ottawa de résoudre le problème, Macleod voyait avec mécontentement les efforts apparemment dilatoires que déployait l'inspecteur Walsh pour convaincre les Sioux de quitter les Territoires du Nord-Ouest.

La crise que Macleod craignait survint au début de 1879 : toutes les tribus des Prairies étaient au bord de la famine. Au printemps, il fit une longue visite à Ottawa pour discuter de la situation avec le gouvernement Macdonald, récemment réélu. En juillet, il retourna dans l'Ouest avec 80 nouvelles recrues et des vivres pour les Indiens. Edgar Dewdney*, nouveau commissaire aux Affaires indiennes, accompagnait le détachement. Avec Macleod, il passa une grande partie de la dernière moitié de 1879 à visiter les bureaux des Affaires indiennes dans l'ensemble des Territoires du Nord-Ouest.

Au printemps de 1880, la Police à cheval fut accusée de négligence administrative au Parlement. Ces accusations n'étaient pas tout à fait dénuées de fondement : Macleod détestait la comptabilité et n'avait aucun talent pour la gestion financière. On peut d'ailleurs se demander si quelqu'un d'autre, aussi doué fût-il, aurait pu s'en tirer beaucoup mieux dans le contexte. Outre son voyage à Ottawa, Macleod, dont la santé commençait à décliner sous l'effet de la tension, parcourut plus de 2 300 milles à cheval en 1879 pour faire son travail de policier et s'acquitter de ses responsabilités judiciaires. De plus, le fossé s'élargissait entre la manière dont il concevait les obligations que l'État avait contractées envers les autochtones dans les traités et la façon de voir du gouvernement Macdonald. Dans ses lettres à sa femme, il exprimait son insatisfaction devant les maigres efforts déployés par le gouvernement pour fournir des vivres aux Indiens démunis. « Ils [le gouvernement] semblent encore croire, disait-il, que ces pauvres créatures peuvent assurer leur subsistance en chassant, comme si tout le monde ne savait pas qu'il n'y a plus rien à chasser. » La rupture semblait quasi inévitable.

À la fin de septembre 1880, Macleod démissionna de son poste de commissaire de la Police à cheval du Nord-Ouest pour consacrer tout son temps à ses fonctions judiciaires. Installé avec sa famille dans un petit ranch au ruisseau Pincher (Alberta), il tenta, sans grand succès, d'élever des chevaux pour les vendre à la police. Deux autres (puis plus tard trois autres) magistrats stipendiaires œuvraient avec lui dans les Territoires du Nord-Ouest, et Macleod avait surtout la charge du district judiciaire de la rivière Bow. La tenue d'audiences semestrielles dans les grandes localités obligeait les magistrats à voyager constamment.

Aucun procès célèbre ne marqua la carrière judiciaire de Macleod. Cependant, sans être un brillant avocat, il s'acquittait apparemment de ses fonctions avec compétence et honnêteté. Ses jugements n'étaient pas révoqués en appel plus souvent que ceux de ses collègues, et il ne commit pas les irrégularités de conduite et les abus d'autorité qui menèrent ses contemporains Matthew Ryan et Jeremiah Travis* à la destitution, respectivement en 1881 et en 1884. En septembre 1885, on envoya Macleod en Colombie-Britannique pour arbitrer un conflit entre les deux paliers de gouvernement : tous deux prétendaient avoir le droit de faire régner l'ordre dans les campements de la Compagnie du chemin de fer canadien du Pacifique. Grâce à ses immenses talents de diplomate, il convainquit les magistrats fédéraux et provinciaux d'unir leurs efforts pour faire respecter la loi.

Le 18 février 1887, Macleod entra à la première Cour suprême des Territoires du Nord-Ouest en tant que juge puîné du district judiciaire du Sud de l'Alberta. Il siégea au Conseil des Territoires du Nord-Ouest jusqu'en 1888, année où une Assemblée législative fut constituée. Il devint alors l'un des trois conseillers juridiques qui appartenaient à cette Assemblée sans y avoir le droit de vote. Dans les années 1890, comme Calgary prenait de l'expansion, les citoyens firent pression pour que le siège judiciaire de Macleod ne soit plus le fort qui portait son nom, mais bien leur ville. En mai 1894, on le nomma juge des districts judiciaires du Nord et du Sud, avec résidence à Calgary où il s'installa avec sa famille. Déjà gravement atteint du mal de Bright, il n'exerça ces fonctions que peu de temps ; il mourut le 5 septembre à la suite d'une rapide détérioration de son état.

James Farquharson Macleod exerça une influence déterminante sur la mise en valeur initiale de l'Ouest canadien. Plus que quiconque, il donna le ton aux relations que la Police à cheval des Territoires du Nord-Ouest noua avec les Indiens de cette région et à la politique que le gouvernement fédéral adopta envers eux. Il considérait la région comme un lieu où nouveaux arrivants et autochtones pouvaient cohabiter en paix et résoudre leurs différends par la discussion.

Roderick Charles Macleod

AN, RG 18, A1, 4, n° 150 ; 9, n° 30 ; 10, n° 118 ; B3, Macleod à Carswell Co., 5 août 1878 ; G, 3436, n°s 0–4. — MTRL, M. D. Macleod letter-books. — S. B. Steele, *Forty years in Canada : reminiscences of the great North-West* [...], M. G. Niblett, édit. (Toronto et Londres, 1918 ; réimpr., 1972). — *Roll of U.C.College* (A. H. Young). — H. A. Dempsey, *Crowfoot, chief of the Blackfeet* (Edmonton, 1972). — Sherrill [Maxwell] MacLaren, *Braehead : three founding families in nineteenth century Canada* (Toronto, 1986). — Patricia Roy, « Law and order in British Columbia in the 1880s : images and realities » (communication faite devant la Western Canadian Studies Conference, 1985). — L. H. Thomas, *The struggle for responsible government in the North-West Territories, 1870–97* (Toronto, 1956). — C. F. Turner, *Across the medicine line* (Toronto, 1973). — Turner, *NWMP*. — W. P. Ward, « The administration of justice in the North-West Territories, 1870–1887 » (thèse de M.A., Univ. of Alberta, Edmonton, 1966). — *College Times* (Toronto), 24 avril 1950. — Philip Goldring, « The first contingent: the North-West Mounted Police, 1873–74 », *Lieux hist. canadiens : cahiers d'archéologie et d'hist.* (Ottawa), 21 (1979) : 5–40 ; « Whisky, horses and death : the Cypress Hills massacre and its sequel » : 41–70.

McMICKEN, GILBERT, homme d'affaires, fonctionnaire, notaire, homme politique, magistrat stipendiaire et juge de paix, né le 13 octobre 1813 à Londres ou à Glenluce, Écosse ; le 19 février 1835, il épousa à Chippawa, Haut-Canada, Ann Theresa Duff, et ils eurent six enfants et en adoptèrent un septième ; décédé le 7 mars 1891 à Winnipeg.

Gilbert McMicken n'a laissé aucun témoignage sur son enfance et sa jeunesse à Glenluce, ni aucun indice sur les raisons pour lesquelles, en immigrant dans le Haut-Canada en 1832, il s'installa à Chippawa. Peut-être sollicita-t-il des conseils au cours des quelques semaines qu'il passa d'abord à Montréal et à York (Toronto). Intéressé par le commerce et la finance, il devint, à Chippawa, consignataire de marchandises transitant par la presqu'île du Niagara en provenance ou à destination du Saint-Laurent. C'est ainsi qu'il fit la connaissance de marchands en vue et d'importants promoteurs fonciers de la région. Son mariage avec Ann Theresa Duff le liait à la famille du grand-père de celle-ci, Alexander Grant*, qui avait dominé la traite des fourrures à ses débuts, le transport maritime et la marine provinciale dans la région de Detroit et qui avait même occupé un siège au Conseil exécutif, ce qui dénote l'importance qu'il avait acquise sur les plans social et politique. La carrière de McMicken n'allait être qu'un pâle reflet de celle de Grant : affaires sans véritable prospérité, fonctions sans grande influence, mais loyauté constante aux institutions qu'il servait.

Les McMicken se fixèrent à Queenston en 1837 au plus tard. À l'été de 1838, Gilbert obtint son premier poste de fonctionnaire, celui de receveur des douanes, et il devint notaire avant la fin de l'année. En 1839, il annonçait qu'il tenait, avec James Hamilton, une maison de « transitaires et de commissionnaires », la McMicken and Hamilton. Il exploita quelque temps la Niagara Suspension Bridge Bank en 1840–1841 ; au milieu de la décennie, il loua et administra un chemin de fer hippomobile de neuf milles, l'Erie and Ontario Railroad. En 1846–1847, il participa à l'extension de la première ligne télégraphique du Canada ; construite à partir de Toronto, elle fut prolongée jusqu'à Lewiston, dans l'état de New York, de l'autre côté de la rivière Niagara, puis en aval jusqu'à Niagara (Niagara-on-the-Lake) [V. Thomas Dennie Harris*]. Il fit aussi breveter deux instruments télégraphiques. À ce moment, il avait déjà fait des transactions immobilières et construit ou acheté une grande maison dans sa propriété.

La carrière politique de McMicken commença en 1848 : élu au conseil municipal du district de Niagara, il y obtint un deuxième mandat en 1849. Après son élection, l'année suivante, au conseil du nouveau canton de Niagara, ses collègues conseillers le choisirent comme président. Ensuite, au moins en 1851, il fut préfet des comtés unis de Lincoln et Welland. Le 19 mars 1851, il participa à l'inauguration du pont suspendu de Queenston aux côtés de dignitaires canadiens et américains, tant en qualité de préfet que de secrétaire-trésorier de la compagnie qui avait construit l'ouvrage. À la fin de l'année, il s'installa à Clifton (Niagara Falls), mais auparavant, pendant la campagne provinciale, il prit la parole en faveur de Francis Hincks*, candidat réformiste dans la circonscription de Niagara. On le considérait même comme un remplaçant possible de Hincks si celui-ci représentait l'autre circonscription dans laquelle il briguait les suffrages.

Dans les années 1850, aucune localité de la presqu'île du Niagara ne connaissait une croissance plus rapide que Clifton. McMicken s'y occupait surtout de spéculation et de promotion foncières, de prêts et d'assurances, mais il était aussi fonctionnaire. Ainsi, il devint receveur des douanes d'une localité voisine, Stamford (Niagara Falls), et en 1854, au moment où il était maître de poste de Clifton (il exercerait de nouveau cette fonction en 1857), il transforma en bureau de poste un immeuble qu'il avait acheté. De 1850 à 1855 au moins, il fit partie du conseil d'administration de la Niagara District Building Society ; de 1853 à 1857, et peut-être plus longtemps, il fut membre de celui de l'Erie and Ontario Insurance Company. De 1854 à 1857, il fut représentant du promoteur foncier Samuel Zimmerman* et caissier (directeur) de la Zimmerman Bank. En 1856, avec ce dernier, il participa à l'organisation de la congrégation presbytérienne de Clifton, aida à trouver un terrain et contribua à la construction de l'église St Andrew. À la même époque, il fit construire une imposante maison pour sa famille dans une très belle propriété.

En 1856, au plus fort de sa croissance, on érigea Clifton en municipalité, et McMicken en devint le premier maire. L'année suivante, il occupa en outre la présidence du conseil scolaire. Peut-être fut-il aussi juge de paix quelque temps. Ironie du sort, quand on l'élut à l'Assemblée législative, en décembre 1857, la prospérité de Clifton et la sienne déclinaient déjà ; en 1861, il ne posséderait plus grand-chose en fait de biens fonciers. Reconnu comme un réformiste modéré par ceux qui l'appuyaient, il remporta la victoire contre un partisan *clear grit* de George Brown* et représenta la circonscription de Welland de février 1858 à mai 1861. De toute évidence, la sixième législature, querelleuse, lui laissa surtout le souvenir de l'incapacité dans laquelle elle était d'accomplir quoi que ce soit d'important. Entre 1860 et 1864, il installa sa famille à Windsor. Il fut président de la Bank of Western Canada de 1862 à 1864, mais même cela, semble-t-il, fut singulièrement peu gratifiant. Les années 1858 à 1864 ne lui apportèrent que découragement, bien que ses sombres réflexions de la fin de cette période soient à peu près les seuls indices qui en témoignent encore.

Malgré tous ses revers, McMicken retira, de son séjour à l'Assemblée, un atout solide qu'il sut mettre à profit : il se lia avec John Alexander MACDONALD, le chef des libéraux-conservateurs. De Windsor, il le convainquit de lui trouver un poste lucratif. En novembre 1864, Macdonald usait de son influence pour le faire nommer agent d'accise dans cette ville ; « [c'est] pour nous un ami particulier », disait-il. Étant donné cette remarque, et le fait que, quelques jours plus tard, McMicken lui rappela d'un ton tranchant avoir « supporté la honte et l'opprobre, [...] même la prison et les fers pour [lui] », on se demande quel service, dont aucun d'eux n'allait jamais révéler la nature sur la place publique, était tel que Macdonald allait pouvoir décrire McMicken comme un « homme astucieux, calme et résolu qui ne perdrait pas facilement la tête et ferait courageusement son devoir ».

Deux crises dans les relations canado-américaines – non sans rapport l'une avec l'autre – transformèrent la vie de McMicken. Le 19 octobre 1864, une vingtaine de soldats de l'armée des confédérés, partis du Bas-Canada, firent un raid à St Albans, au Vermont, au cours duquel ils cambriolèrent des banques, endommagèrent des propriétés, tuèrent une personne et en blessèrent une autre [V. Charles-Joseph Coursol*]. Durant les deux mois qui suivirent, l'appréhension monta au Canada tandis que l'animosité s'intensifiait dans le nord des États-Unis. Pour empêcher un autre incident embarrassant de survenir, le Canada posta 2 000 volontaires de la milice le long de la frontière. Quant à Macdonald, procureur général du Haut-Canada, il s'employa à organiser le premier service secret du pays et chargea McMicken de mettre son plan à exécution. Les 16 et 17 décembre, on nomma celui-ci magistrat stipendiaire et juge de paix. Son pouvoir s'étendait à tout le Haut-Canada, et il était habilité à nommer des constables de police et à demander des salaires et des frais de déplacement au gouvernement. Frederick William Ermatinger* se vit confier des fonctions semblables au Bas-Canada. Dans la semaine qui suivit sa nomination, McMicken visita des villes frontalières des États-Unis afin d'assurer les représentants des autorités municipales et nationales que le Canada veillait sérieusement à prévenir d'autres raids. Il enrôla, dans sa « Western Frontier Constabulary », des recrues qui devaient travailler clandestinement dans la région limitrophe, soit sur les trains ou dans les localités haut-canadiennes. Ses hommes devaient déceler « l'existence de tout complot, conspiration ou organisation qui pourrait menacer la paix, insulter Sa Majesté la Reine ou aller à l'encontre de sa proclamation de neutralité », et signaler tout attroupement séditieux, tout exercice militaire et toute tentative clandestine de la part d'agents de l'armée des Nordistes pour recruter des sujets britanniques dans le Haut-Canada. Avec la collaboration des autorités américaines, il recruta aussi des agents à Detroit et à Buffalo.

Le travail de McMicken n'allait pas prendre fin en même temps que la guerre de Sécession. En effet, des rumeurs voulaient que la Fenian Brotherhood – aile nord-américaine de l'Irish Revolutionary Brotherhood qui avait pour mission de fournir des fonds, des armes et des renforts en prévision d'un soulèvement en Irlande – menace l'Amérique du Nord britannique et la Grande-Bretagne. Il y avait bien quelques féniens parmi les immigrants irlandais du Canada [V. Michael Murphy*], mais la plupart se trouvaient aux États-Unis, où leur nombre s'était accru à la faveur de la guerre de Sécession. Certains féniens caressaient le projet d'envahir les colonies d'Amérique du Nord britannique afin d'avoir une base à partir de laquelle libérer l'Irlande. Les premiers rapports qui faisaient état de ce danger parvinrent du consul britannique à New York dès octobre 1864. À la fin de décembre, McMicken reçut un message du même genre. Comme ces avertissements persistaient, il était tout à fait normal qu'il continue à exercer ses nouvelles fonctions à plein temps jusqu'en 1871.

Au début de 1865, McMicken en était à essayer de tisser et de diriger un véritable service de renseignements et, dans sa correspondance avec Macdonald, on trouve certains passages comiques à ce propos. Quand les premiers comptes rendus laissèrent entendre que la menace fénienne n'était pas grave, il ne tarda pas à congédier bon nombre de ses 15 premiers agents. Puis, quand on arrêta des conjurés féniens en Irlande à la fin de l'été, il demanda à ses agents, sur le conseil de Macdonald, de tenter de s'infiltrer dans les cellules féniennes de Chicago, de Cincinnati et de Detroit. Ceux qui y parvinrent communiquèrent des informations alarmantes, ce qui obligea McMicken et Macdonald à les analyser pour distinguer les plans sérieux de ce qui était de l'ordre de la chimère. Sous le couvert de l'anonymat, McMicken lui-même se présenta à un important congrès fénien à Philadelphie. Ayant découvert qu'un « sénat » de 15 membres allait mettre au point, en secret, les détails d'une invasion prévue pour novembre, il suggéra de trouver (et se mit à chercher) « une ou deux de ces *femmes rusées* dont les bonnes gens mettent la vertu en doute » et qui, en attirant « dans leurs filets des membres du « sénat » qui [étaient] sensibles [aux charmes féminins], leur arracheraient leurs secrets, comme Dalila [le fit] avec Samson ». Qu'il ait ou non mis ce projet à exécution, la sérénité avec laquelle il proposait ce genre de procédé et le fait qu'il comprenait que les activités comme l'espionnage et le passage au crible des officiers de milice devaient avoir pour but de faire avorter les plans d'invasion démontrent qu'il était fait pour ce genre de travail.

Le problème des agents de McMicken et d'autres informateurs, moins nombreux et moins organisés, à la solde de Macdonald, ne tarda pas à être évident : un informateur bien placé valait mieux que 20 agents inefficaces. Aussi ne fut-ce qu'une fois que le meilleur agent de McMicken eut été réaffecté temporairement à Toronto que lui-même et Macdonald eurent un tableau un tant soit peu clair de ce qu'était l'organisation fénienne dans le Haut-Canada. Au début de 1866, McMicken s'employa donc surtout à améliorer son réseau d'informateurs dans des villes américaines d'importance stratégique, comme Chicago et Buffalo. Cela lui permit d'annoncer par avance deux coups des féniens : la tentative d'invasion de l'île Campobello, au Nouveau-Brunswick, en avril, et l'offensive plus vaste lancée le 1er juin contre Fort Erie, dans le Haut-Canada [V. John O'Neill*]. Ces événements causèrent un tel émoi qu'on approuva la constitution d'un fonds régulier pour un service secret et que McMicken eut l'autorisation de placer des agents non seulement à Chicago, à Buffalo et dans quelques autres des principaux points de la frontière canadienne, mais aussi à Lockport, Rochester, New York et Brooklyn.

Ensuite, pendant quelques années, le service secret s'attacha surtout aux plans d'O'Neill, le plus résolu des chefs féniens, qui présida l'organisation à compter de la fin de décembre 1867. Peu avant cette date, O'Neill avait recruté le docteur Henri Le Caron – de son vrai nom Thomas Billis BEACH – pour en faire l'organisateur itinérant des féniens. Cependant, Le Caron révéla certains plans secrets de l'organisation au ministère britannique de l'Intérieur et on le mit en contact avec McMicken en juin 1868. Les nouveaux agents de celui-ci vérifiaient, sans en omettre aucun, les nombreux renseignements que Le Caron fournissait rapidement.

Entre-temps, le meurtre du lieutenant irlandais de Macdonald à Montréal, Thomas D'Arcy McGee*, perpétré en avril 1868 à Ottawa, justifia la création de la Police du dominion, qui compta au début moins d'une douzaine d'hommes et avait pour mission de protéger les édifices du gouvernement dans la capitale fédérale et de voir à ce que certaines lois fédérales soient respectées. McMicken ne fut nommé officiellement commissaire de cette police qu'à la fin de décembre 1869, mais c'est tout de suite qu'il commença à la diriger et s'y intégra avec son réseau d'agents. La création de la Police du dominion légitima les services déjà en place et détermina la façon dont on s'y prit pour assurer la sécurité au pays jusqu'à la fusion de ce groupement et de la Gendarmerie royale à cheval du Nord-Ouest sous le nom de Gendarmerie royale à cheval du Canada, en novembre 1919.

Les nouvelles fonctions de McMicken étaient plus diversifiées que les précédentes. En collaboration avec l'agence américaine de détectives Pinkerton, il veilla en 1868 à ce que les frères Reno, célèbre duo de voleurs de banques et de trains, soient extradés du Canada. En outre, comme il le souligna fièrement par la suite, il participa à la solution d'autres crimes (vols, enlèvements, actes de piraterie), aida à préciser le tracé de la frontière canado-américaine dans certaines parties de la rivière Saint-Clair en prévision du traité conclu à Washington en 1871, et contribua à l'organisation des mesures de sécurité prises en 1870 pour l'entourage du prince Arthur* et pour les délégués de la colonie de la Rivière-Rouge (Manitoba) qui vinrent à Ottawa négocier l'union avec le Canada [V. John Black*].

Dès octobre 1868, grâce à Le Caron et à d'autres agents, les autorités canadiennes connaissaient parfaitement l'organisation fénienne. McMicken apprenait rapidement, par Le Caron, tous les détails de la stratégie d'O'Neill ; ainsi, il sut que celui-ci avait l'intention de tenter une invasion le 15 avril 1870. Déconcerté par les préparatifs qui se déroulaient sans le moindre mystère sur la frontière canadienne, et certain qu'il y avait un traître parmi ses officiers, O'Neill dénonça un innocent et réorganisa ses troupes, qui étaient démoralisées et de moins en moins nombreuses. Le 25 mai, des volontaires canadiens et des officiers américains qui agissaient sur la foi de renseignements canadiens stoppèrent O'Neill, qui venait du Vermont avec seulement 200 féniens. L'efficacité du travail clandestin n'avait plus à être démontrée.

En septembre 1871, le plus gros de la menace fénienne étant passé, on envoya McMicken à Winnipeg, nouvelle capitale provinciale, pour y ouvrir une série de bureaux du gouvernement fédéral. Tout en demeurant commissaire de la Police du dominion, il allait exercer les fonctions d'agent du Bureau des terres de la Puissance et de sous-receveur général du Manitoba (celle-ci incluant les postes de vérificateur du dominion pour la province et de directeur de la Banque d'épargne du gouvernement au Manitoba). En outre, on le nomma agent d'immigration et membre de la commission de l'Intercolonial. Mais, avant de quitter l'Ontario, il apprit qu'O'Neill préparait une autre invasion, sous la pression de l'Irlandais William Bernard O'Donoghue*, qui avait participé au soulèvement de 1869–1870 avec Louis Riel*. Cette fois, O'Neill avait l'intention de monter vers la Rivière-Rouge et escomptait que les Métis, mécontents, l'aideraient. McMicken se fit accompagner par quelques agents de la Police du dominion. Par la suite, il donna un compte rendu très mélodramatique de son voyage au Manitoba : il était passé par St Paul, au Minnesota, et sous le couvert d'un déguisement il avait doublé, sur la route, le groupe d'O'Neill, qui se composait de 40 à 50 hommes.

O'Neill et ses compagnons furent capturés le 5 octobre 1871 par des soldats américains au poste de la Hudson's Bay Company à Pembina (Dakota du Nord), et O'Donoghue fut reconduit aux États-Unis sous l'escorte de deux Métis. O'Neill n'avait eu que très peu d'appui de la part des Métis durant cette campagne. Dès lors, McMicken n'allait plus guère avoir d'activités policières. (Cependant, dix ans plus tard, après avoir reçu des rapports selon lesquels des forces féniennes et des réserves d'armes se concentraient à New York, à Buffalo, à Chicago et peut-être même en Colombie-Britannique, Macdonald allait lui demander de recourir de nouveau aux services de Le Caron.) En affectant McMicken au Manitoba, Macdonald avait placé un agent gouvernemental au cœur même d'une autre crise, conséquence de la résistance de 1869–1870 et de la création de la province du Manitoba : il s'agissait cette fois des Métis qui réclamaient la satisfaction de leurs revendications foncières.

McMicken aborda ses nouvelles fonctions avec la méfiance que les Ontariens éprouvaient envers Riel et ses partisans. On en voit même un signe dans sa manière d'envisager la menace des féniens. Pour empêcher ceux-ci de trouver quelque secours parmi les Métis, il avait recommandé le 2 octobre au lieutenant-gouverneur, Adams George ARCHIBALD, d'appeler aux armes tous les hommes bons pour le service afin de défendre le pays. Quand Riel et ses compagnons finirent par réagir favorablement à la proclamation, McMicken, tout comme les Canadiens qui avaient d'eux une opinion semblable, conclurent qu'ils agissaient par opportunisme parce qu'ils avaient été prévenus de l'échec d'O'Donoghue. Pourtant, Archibald et l'archevêque catholique Alexandre-Antonin TACHÉ étaient tout à fait convaincus du contraire. En fait, semble-t-il, McMicken avait une autre mission au Manitoba : surveiller Archibald, au cas où sa sympathie pour les anciens colons de la Rivière-Rouge risquerait d'irriter les nouveaux colons canadiens, et par conséquent l'électorat ontarien.

Le plus urgent, au Manitoba, était de trancher le dilemme suivant. D'une part, l'Acte du Manitoba promettait de répartir 1,4 million d'acres de terres entre les Métis et les sang-mêlé anglophones ; d'autre part, les Canadiens anglophones qui arrivaient dans la nouvelle province s'attendaient à avoir accès sans difficulté aux meilleures terres. Archibald, avec l'appui de Taché et de sir George-Étienne Cartier*, recommandait de laisser aux Métis qui avaient droit à des terres la possibilité de choisir les cantons et les lots qu'ils préféraient. Macdonald, lui, craignait que les Ontariens ne s'élèvent contre cette solution parce que, à leurs yeux, elle priverait les Canadiens anglais des terres les plus fertiles. Quant aux recommandations que McMicken, impatient, faisait à titre d'agent du Bureau des terres de la Puissance, elles auraient provoqué d'autres réactions. D'abord, il réclamait (et il obtint) des renforts militaires parce qu'au Manitoba les troupes avaient été réduites. Ensuite, il conseillait de procéder à un nouveau recensement afin de diminuer le nombre de requérants et de permettre à chacun de ceux qui resteraient d'obtenir, par tirage au sort, un quart de lot dans l'un des 408 cantons de la province. Comme cette solution ne conviendrait pas aux Métis (conformément à leurs traditions, leur préférence allait à des lots rectangulaires et perpendiculaires à un cours d'eau, et ils voulaient être regroupés par blocs de cantons), ils recevraient plutôt un certificat de concession de terre qu'ils pourraient facilement vendre pour s'installer ailleurs, peut-être au delà de la frontière ouest du Manitoba.

Taché et d'autres s'élevèrent avec tant de vigueur contre cette proposition, qui revenait à déposséder les Métis de leurs droits traditionnels, que le gouvernement dut immédiatement temporiser. En avril 1872, un arrêté en conseil autorisa la sélection préliminaire des cantons qui iraient aux colons de longue date. Cependant, Archibald retarda la répartition des lots, ce qui plaça McMicken dans une situation embarrassante car tous les colons, anciens et nouveaux, exigeaient que la question soit réglée. Des conflits surgirent à court terme parce que des Canadiens revendiquaient des terres que les colons de longue date souhaitaient voir désigner sous le nom de cantons pour « sang-mêlé ». Il y eut aussi des conflits à long terme, car il s'avéra que de nouvelles revendications empiétaient sur des fourragères qui, selon les vieux colons, leur appartenaient parce qu'elles étaient situées derrière leurs lots riverains, et parce que d'autres attendaient toujours le règlement de revendications antérieures à la répartition des cantons.

L'embrouillamini qui en résulta embêta McMicken durant des années. En outre, on tenta de l'accuser de s'être mêlé indûment de transactions foncières auxquelles son fils et des amis étaient partie. Longtemps après son départ du Bureau des terres de la Puissance, à une assemblée tenue au cours de la campagne électorale fédérale de 1878 – où il appuya la candidature d'Alexander Morris* contre Donald Alexander Smith* – on lui rappela avec véhémence une série de griefs fonciers. Smith l'accusa même d'avoir revendiqué, par un intermédiaire, plusieurs lots réservés à des « sang-mêlé », et affirma que Morris avait fait la même chose directement.

McMicken quitta temporairement son poste d'agent du Bureau des terres de la Puissance à la fin de 1872 et définitivement après un bref retour en 1873. Il se remit alors à la spéculation foncière et redevint entrepreneur, comme il l'avait été des années auparavant dans la presqu'île du Niagara. Quand, à la fin de 1873, les libéraux remplacèrent le gouvernement conservateur de Macdonald, il cessa d'être agent d'immigration et commissaire de la Police du dominion. Il demeura sous-receveur général jusqu'à sa retraite, en janvier 1878, et fut inspecteur du pénitentier fédéral [V. Samuel Lawrence Bedson] de juillet 1874 à juillet 1877. C'étaient deux emplois à temps partiel, rémunérés en conséquence.

Presque tout de suite après avoir quitté le Bureau des terres de la Puissance, McMicken se lança à fond dans la campagne qui visait à faire ériger Winnipeg en municipalité. Les travaux publics rendus possibles par les emprunts municipaux, faisait-il valoir, accroîtraient la valeur des propriétés « plus qu'assez pour compenser les taxes [qu'il faudrait] instituer ». Il fit partie du comité de dix membres qui rédigea le projet de loi qui constituait la municipalité ; à l'adoption de la loi, à la fin de 1873, plusieurs émirent l'hypothèse qu'il serait candidat à la mairie, mais il ne se présenta pas. Il fit des pressions constantes pour qu'un chemin de fer passe par Winnipeg et quand, en 1879, le gouvernement de sir John Alexander Macdonald, revenu depuis peu au pouvoir, envisagea de faire passer le transcontinental plus au nord, par Selkirk, il fit une guerre énergique à ce projet qui menaçait l'avenir de Winnipeg [V. Alexander Logan].

Il semble que dans les années 1870 l'expérience et la compétence de McMicken furent mises à contribution de diverses manières. Ainsi, en novembre 1876, on le nomma au Conseil de Keewatin, organisme temporaire créé pour contenir une épidémie de variole qui s'était déclarée parmi les Indiens et les colons islandais à Gimli. Il fut aussi membre du comité qui prépara la visite du gouverneur général, lord Dufferin [Blackwood*], au Manitoba et dans la ville de Winnipeg en août 1877. Grâce à des tactiques qui en disent long sur les coutumes de l'époque et sur sa propre façon de voir la politique, il fut élu à l'Assemblée législative du Manitoba en décembre 1879 par une majorité confortable. Le *Winnipeg Daily Times*, conservateur, annonça les éléments importants de sa stratégie avant le scrutin et rendit compte de son succès par la suite : afin d'amener voter ses partisans dans la circonscription éloignée de Cartier, où il se présentait, il en fit cueillir plus de la moitié à son « bureau d'omnibus de chemin de fer » à Winnipeg, et « d'autres s'y [rendirent] par des moyens de transport privés ». Son expérience législative et sa loyauté à son parti en faisaient un bon candidat à la présidence de la chambre, qu'il occupa du 21 janvier 1880 à décembre 1882. Il ne brigua pas les suffrages en 1883, mais apparemment, en 1888, il tenta résolument d'endiguer la montée des libéraux [V. Thomas Greenway*], sans succès toutefois.

La North-West Omnibus and Transfer Company, dont McMicken s'était servi durant la campagne électorale de 1879, n'était que l'une des nombreuses entreprises éphémères qu'il lança lui-même ou proposa de fonder à Winnipeg dans les années 1870 et la décennie qui suivit. La rente de retraite qu'il commença à recevoir du gouvernement en 1878 lui paraissant insuffisante, il demanda plusieurs fois, de 1880 à 1890, une augmentation, une rétroactivité de salaire et des rajustements de frais, mais en vain. Pour arrondir son revenu, il se remit aux assurances et aux prêts ; par exemple, il fut agent au Manitoba et dans les Territoires du Nord-Ouest de la Commercial Union Assurance Company de Londres.

Durant tout le temps où il vécut à Winnipeg, Gilbert McMicken fut un citoyen bien en vue. Invité de marque au dîner de fin d'année donné par le premier maire, Francis Evans Cornish*, en novembre 1874, il fut aussi l'un des premiers membres de la Chambre de commerce de Winnipeg et conseiller presbytéral de la congrégation presbytérienne Knox. Il siégea au conseil de l'université de Manitoba peu après sa fondation, accéda à un rang élevé dans la Northern Light Masonic Lodge et participa aux réunions de la Société historique et scientifique de Manitoba, où sa version du raid tenté par les féniens contre la province souleva une certaine controverse. Tout cela fait ressortir la composante essentielle de sa carrière, à savoir la constance avec laquelle il s'engagea dans son milieu. À la fin comme au début, McMicken se consacra au développement d'une communauté de la frange pionnière et, durant une décennie, il lui arriva de jouer un rôle dans deux affaires d'intérêt national.

CARL BETKE

Les historiens Dale et Lee Gibson préparent actuellement une monographie sur Gilbert McMicken. Ils ont présenté une communication devant la Canadian Hist. in Law Conference à la Carlton Univ., Ottawa, en 1987, intitulée « Who was Gilbert McMicken, and why should legal historians care ? » qui est basée sur leurs recherches préliminaires et qui contient de nombreuses références détaillées. De plus courtes esquisses biographiques ont été publiées dans *Canadian album* (Cochrane et Hopkins), 3 ; *Cyclopædia of Canadian biog*. (Rose et Charlesworth) ; et J. P. Robertson, *A political manual of the province of Manitoba and the North-West Territories* (Winnipeg, 1887).

Le milieu politique et économique de la région de Niagara ainsi que les activités de McMicken avant 1864 sont décrits dans : R. C. Bond, *Peninsula village : the story of Chippawa* ([Chippawa (Niagara Falls), Ontario, 1967]) ; Cornell, *Alignment of political groups* ; J. A. Haxby et R. J. Graham, « The history and notes of the Zimmerman Bank », *Canadian Paper Money Journal* (Toronto), 13 (1977) : 81–97 ; *The history of the county of Welland, Ontario* [...] ([Welland], 1889 ; réimpr. avec introd. de John Burtniak, Belleville, Ontario, 1972) ; J. K. Johnson, « One bold operator » : Samuel Zimmerman, Niagara entrepreneur, 1843–1857 », *OH*, 74 (1982) : 26–44 ; *Niagara Falls, Canada : a history of the city and the world famous beauty spot ; an anthology* (Niagara Falls, 1967) ; A. J. Rennie, *Township of Niagara* ([Virgil (Niagara-on-the-Lake), Ontario, 1968]) ; et B. G. Wilson, *The enterprises of Robert Hamilton : a study of wealth and influence in early Upper Canada, 1776–1812* (Ottawa, 1983). Le *Niagara Chronicle* (Niagara [Niagara-on-the-Lake]), 19 sept. 1839, et quelques numéros du *Niagara Mail*, dans les années 1850–1851, 1853–1858, fournissent également des renseignements sur ce sujet.

Pour des renseignements généraux sur les féniens ainsi que des détails spécifiques à McMicken, voir : Creighton, *Macdonald, young politician* ; William D'Arcy, *The Fenian movement in the United States : 1858–1886* (New York, 1971) ; Brian Jenkins, *Fenians and Anglo-American relations during reconstruction* (Ithaca, N.Y., [1969]) ; Leon Ó Broin, *Fenian fever : an Anglo-American dilemma* (Londres, 1971) ; Hereward Senior, *The Fenians and Canada* (Toronto, 1978) ; C. P. Stacey, « A Fenian interlude : the story of Michael Murphy », *CHR*, 15 (1934) : 133–154 ; P. M. Toner, « The rise of Irish nationalism in Canada, 1858–1884 » (thèse de PH.D., National Univ. of Ireland, Dublin, 1974) ; et R. W. Winks, *Canada and the United States : the Civil War years* (Baltimore, Md., 1960).

Outre les ouvrages déjà mentionnés, on trouve de l'information sur le rôle de McMicken dans le service secret dans : J. A. Cole, *Prince of spies : Henri Le Caron* (Londres et Boston, 1984) ; W. A. Crockett, « The uses and abuses of the secret service fund : the political dimension of police work in Canada, 1864–1877 » (thèse de M.A., Queen's Univ., Kingston, Ontario, 1982) ; C. P. Stacey, « Cloak and dagger in the sixties » (CBC Radio script, 1954) ; et dans les sources telles que les documents de la Dominion Police (AN, RG 18, B6, 3315) ; le rapport du comité spécial permanent des comptes publics dans Canada, chambre des Communes, *Journaux*, 1877, app. 2 ; et Henri Le Caron [T. B. Beach], *Twenty-five years in the secret service : the recollections of a spy* (Londres, 1982). Les papiers Macdonald, AN, MG 26, A, 13 ; 60 ; 61A ; 234–237 ; 241–242 ; 244–246 ; 248 ; 506–509 ; 516, s'avèrent une source très riche mais qui peut porter à confusion. On peut trouver une évaluation légèrement différente du rôle que joua McMicken dans Jeff Keshen, « Cloak and dagger : Canada West's secret police, 1864–1867 », *OH*, 79 (1987) : 353–381.

Les événements qui amenèrent McMicken au Manitoba sont décrits par J. P. Pritchett, dans « The origin of the so-called Fenian raid on Manitoba in 1871 », *CHR*, 10 (1929) : 23–42, et par McMicken lui-même dnas une communication intitulée « The abortive Fenian raid on Manitoba : account by one who knew its secret history », Manitoba, Hist. and Scientific Soc., *Trans*. (Winnipeg), n° 32 (1887–1888) : 1–11. Cette communication très controversée provoqua une vive réplique de la part d'Alexandre-Antonin Taché, intitulée *Fenian raid : an open letter from*

Archbishop Taché to the Hon. Gilbert McMicken (s.l., 1888).

Parmi les autres écrits qui traitent de la carrière de McMicken au Manitoba, citons : Begg et Nursey, *Ten years in Winnipeg* ; D. N. Sprague, *Canada and the Métis, 1869–1885* (Waterloo, Ontario, 1988) ; le *Daily Free Press* (Winnipeg), 1877–1878 ; le *Manitoba Weekly Free Press* (Winnipeg), 1873, 1877–1878 ; et le *Winnipeg Daily Times*, 1879. [C. B.]

McMURRAY, WILLIAM, ministre de l'Église d'Angleterre et fonctionnaire, né le 19 septembre 1810 à Portadown (Irlande du Nord), fils de Bradshaw McMurray et d'une prénommée Mary ; le 26 septembre 1833, il épousa à Sault-Sainte-Marie (Sault Ste Marie, Ontario) Charlotte Johnston (Oge-Buno-Quay), et ils eurent trois fils et une fille, puis le 4 novembre 1879 Amelia Baxter ; décédé le 19 mai 1894 à Niagara-on-the-Lake, Ontario.

Arrivé à York (Toronto) en 1811 avec ses parents, William McMurray entra à l'âge de huit ans à l'école de John Strachan*. Une fois ses études terminées, il donna des leçons particulières, notamment à George William Allan, fils de William Allan*, et à des membres de la famille Jarvis. Il entreprit des études en théologie auprès de Strachan en 1830, et se dévoua comme catéchiste à Mimico, Weston, Thornhill et York Mills.

Au début des années 1830, on souhaitait vivement amener la population indienne du Haut-Canada à s'établir dans des villages permanents et à recevoir une instruction religieuse. C'est dans ce contexte que l'on fonda à York, en 1830, la Society for Converting and Civilizing the Indians and Propagating the Gospel among the Destitute Settlers in Upper Canada. À la fin de 1832, cette société envoya McMurray, qui n'avait pas encore l'âge requis pour être ordonné prêtre, travailler à titre de catéchiste et de prédicateur laïque à Sault-Sainte-Marie. George Simpson*, gouverneur de la Hudson's Bay Company, avait désigné cet endroit comme le seul propice au travail missionnaire, étant donné que la traite des fourrures y avait décliné et que les Indiens pourraient se laisser convaincre de se sédentariser. Le lieutenant-gouverneur sir John Colborne* nomma aussi McMurray agent des Affaires indiennes, mais il ne fut rémunéré qu'en 1838.

À Frelighsburg, au Bas-Canada, l'évêque anglican de Québec, Charles James Stewart*, ordonna McMurray diacre en août 1833. À son retour à Sault-Sainte-Marie, il épousa Charlotte Johnston, fille du trafiquant John Johnston* et petite-fille d'un chef sauteux. Elle lui servait d'interprète et enseignait aux Indiennes les chants sacrés qui impressionnaient tant les visiteurs de Sault-Sainte-Marie, dont Anna Brownell Jameson [Murphy*]. McMurray put traduire le catéchisme en sauteux – Robert Stanton* imprima sa version en 1834 – mais il continuait à recourir à des interprètes pour ses sermons.

En partie à cause des prières de McMurray pour son fils malade, le chef sauteux Shingwauk embrassa la foi anglicane ; ce fils fut d'ailleurs l'un des convertis qui allaient prêcher l'Évangile à Michipicoten (Michipicoten River). Un autre Indien qui adopta cette religion disait qu'il se sentait comme s'il avait quitté une forêt dense pour entrer dans une clairière où il pouvait voir le ciel. Ces nouveaux chrétiens étaient moins attirés qu'auparavant par le rhum des trafiquants de fourrures mais, lorsque McMurray fonda une société de tempérance, son publiciste anglais estima qu'il allait trop loin.

En 1834, McMurray faillit déclencher une querelle avec l'agent principal de la Hudson's Bay Company à Michipicoten, Angus Bethune*, en conseillant aux Indiens de ne pas s'engager sur les bateaux de la compagnie. S'ils le faisaient, affirmait-il, ils devraient interrompre leur formation religieuse, ne pourraient pas préparer leurs terres pour les récoltes, seraient obligés de travailler le dimanche et gagneraient moins qu'en pêchant. Même s'il n'acceptait pas cette position, le gouverneur Simpson tenta de réconcilier les deux adversaires.

Le successeur de Colborne, sir Francis Bond Head*, qui était d'avis de laisser les Indiens à eux-mêmes, fit cesser en 1837 la construction d'un village à Sault-Sainte-Marie et annula les livraisons de vivres que le département des Affaires indiennes avait l'habitude de faire. Voyant le succès de sa mission compromis par ce revirement, et devant le mauvais état de santé de sa famille, McMurray démissionna l'année suivante et devint vicaire à Ancaster et Dundas, auprès de John Miller, qui était malade. Jusqu'en 1855, il soumit des projets qui visaient à sédentariser les Indiens. Son séjour à Sault-Sainte-Marie avait porté fruit car, en l'absence de missionnaire, Shingwauk lui-même rassemblait régulièrement ses gens pour leur donner des leçons et leur faire chanter des hymnes.

McMurray ne tarda pas à gagner l'affection de ses nouveaux paroissiens, mais il n'était pas censé succéder à Miller, peut-être parce qu'il n'était que diacre. Cependant, la congrégation adressa une requête en sa faveur au lieutenant-gouverneur sir George Arthur* ; de leur côté, ses marguilliers et le ministre de Hamilton, John Gamble Geddes, plaidèrent auprès de l'évêque de Québec, George Jehoshaphat Mountain*, afin qu'on l'autorise à rester, comme il le souhaitait d'ailleurs. Sur ces entrefaites, Strachan devint évêque du nouveau diocèse de Toronto, et il ordonna McMurray prêtre le 12 avril 1840. Le mois suivant, Arthur se déclara prêt à recommander McMurray, qui fut finalement installé dans la fonction de *rector* en mai 1841. Strachan choisit Dundas comme lieu de résidence de McMurray et l'encouragea à y construire un temple. L'argent qui allait servir en 1843 à la construction de l'église St James provint « principalement de quelques individus, à cause de l'indigence de la majorité », et de sociétés religieuses d'Angleterre.

Le Trinity College ouvrit ses portes à Toronto en 1852, et McMurray se vit confier la mission de faire une tournée aux États-Unis afin de recueillir des fonds pour ce nouvel établissement anglican. Strachan lui conseilla d'« intéresser des dames à [la] cause, [celles-ci étant] en général plus zélées et ardentes à promouvoir une bonne œuvre ». Les donateurs aussi bien que le collège apprécièrent les efforts de McMurray : le Columbia College de New York lui décerna un doctorat honorifique en théologie, et plusieurs éminents ecclésiastiques américains se cotisèrent pour offrir un vitrail commémoratif à son église. Comme il avait réussi à recueillir près de 2 000 $, il fit d'autres voyages ; en tout, il amassa 10 000 $ pour le Trinity College.

Devant la menace de sécularisation des réserves du clergé, Strachan confia en 1854 une autre mission à McMurray, celle d'aller suivre les travaux du Parlement à Québec et de défendre les intérêts de l'Église d'Angleterre. Les réserves furent sécularisées, mais on attribua à ses démarches la constitution d'une caisse de fiducie qui assurerait un revenu au clergé et, selon sir Allan Napier MacNab*, son intervention auprès du gouvernement avait grandement contribué au règlement définitif de la question. En 1857, le Trinity College lui décerna un doctorat honorifique en droit.

En raison du succès des missions que McMurray avait accomplies pour l'Église et son université, les membres du conseil du Trinity College l'envoyèrent en Angleterre en 1864 solliciter des fonds afin d'achever les édifices de leur établissement. À la cathédrale St Paul de Londres, devant une foule de 7 000 personnes, il prononça un éloquent sermon sur la nécessité de recevoir une instruction religieuse précoce. Même s'il hésitait à minimiser les objections de l'évêque de Huron, Benjamin Cronyn*, aux enseignements de George Whitaker*, directeur du Trinity College, enseignements inspirés de la Haute Église, il rendit visite à certains dirigeants de ce mouvement en Angleterre, dont John Keble et Edward Bouverie Pusey. Son voyage rapporta un montant net de près de £4 000 en donations.

En 1857, McMurray était devenu, de mauvais gré, *rector* à Niagara-on-the-Lake. Cinq ans plus tard, comme il venait à peine de terminer la construction d'un impressionnant presbytère du style des villas toscanes, on installa le siège du comté à St Catharines. Le nombre de familles qui constituaient sa congrégation passa de 264 à 120. Les contributions baissèrent et, en 1867, la paroisse dut émettre 15 débentures afin d'éponger la dette engagée pour construire le presbytère. McMurray en prit 12, non sans solliciter l'aide d'amis qu'il s'était faits en Angleterre.

La participation de McMurray à la politique interne de l'Église fut moins fructueuse que ses levées de fonds. En 1853, il écrivit à 40 membres du clergé pour leur demander d'user de leur influence et de voter pour la nomination d'Alexander Neil Bethune* à l'évêché qu'on allait peut-être créer à Kingston, mais la subdivision du diocèse n'eut pas lieu. Ami de Thomas Brock Fuller* depuis longtemps, McMurray soutint sa candidature à l'élection qui, en 1866, devait désigner le coadjuteur de l'évêque de Toronto, et il chercha à faire nommer des délégués laïques susceptibles d'appuyer son choix. Puisque Bethune fut élu, Fuller le remplaça au poste d'archidiacre de Niagara, et McMurray succéda à ce dernier dans la fonction de doyen rural de Lincoln et Welland. Fuller accéda au nouveau siège épiscopal de Niagara en 1875 et prit McMurray comme archidiacre, en lui confiant les finances du diocèse. Situé dans « une contrée plus neuve » que le diocèse de Toronto, celui de Niagara comptait une plus forte proportion de missionnaires, et McMurray fit appel à la Society for the Propagation of the Gospel in Foreign Parts pour qu'elle les aide à poursuivre leur travail.

Dans le sermon qu'il prononça au sacre de Fuller, William McMurray pressa ses auditeurs d'éviter l'esprit partisan et les prévint contre « les innovations illicites et dangereuses qui [avaient] tant troublé [la] paix ces dernières années ». Pour lui, l'Église d'Angleterre était plus qu'un moyen terme entre « les pratiques superstitieuses et corrompues de l'Église de Rome » et les « expériences présomptueuses » des non-conformistes, car « le Christ a[vait] fondé une Église et non des Églises ». En servant cette Église et ses institutions, il avait gagné l'affection de tous ceux pour qui il avait travaillé avec tant de diligence. Au moment de sa mort, il était le ministre anglican le plus âgé du Canada.

RICHARD E. RUGGLE

William McMurray est l'auteur de : *An appeal to the members of the Protestant Episcopal Church in the United States, in behalf of Trinity College, Toronto, Canada West* (New York, 1852) ; et *Journal of a mission to England, in the year 1864, on behalf of the University of Trinity College, Toronto* (Toronto, 1869) ; les souvenirs de ses expériences ont paru dans le *Canadian Church Magazine and Mission News* (Hamilton, Ontario), juill. et août 1888, et janv. 1890. Des comptes rendus de la mission de McMurray à Sault Ste Marie figurent dans Soc. for Converting and Civilizing the Indians and Propagating the Gospel among the Destitute Settlers in Upper Canada, *Annual report* (Toronto), 1832–1838.

Il est aussi l'auteur de : *Ojibway muzzeniegun ; the catechism of the Church of England ; written in the Ojibwa (or Chippewa) language* (Toronto, 1834). La seule source pour ce titre est le livre de J. C. Pilling, *Bibliography of the Algonquian languages* (Washington, 1891) ; réimpr. dans la série *Bibliographies of the languages of the North American Indians* (9 part. en 3 vol., New York, 1973), 2 : 379, qui le donne comme anonyme. Ce livre doit toutefois être le volume auquel McMurray fait allusion dans *The Stewart missions ; a series of letters and journals, calculated to exhibit to British Christians, the spiritual destitution of the emigrants settled in remote parts of Upper Canada* [...], W. J. D. Waddilove, édit. (Londres, 1838), 98, et dans sa correspondance de l'été de 1834 avec George Simpson à qui il a envoyé un exemplaire [V. PAM cités plus bas]. [R. E. R.]

AN, MG 17, B1, C/Tor., box V/45, folder 534 (mfm) ; D.14/Tor. : 89–91, 388–391 ; D/Tor., 1860–1867 (transcriptions) ; D.40/Tor. & Alg. (mfm) ; D.44/Tor. & Nia. : 71–74 ; D.46/Nia. : 119–122 (transcriptions) ; MG 19, F6, 1 : 174–178 ; MG 24, A40, 9 : 2300–2302 (mfm) ; RG 1, E3, 54 : 42–48. — AO, MS 35. — McMaster Univ., Division of Arch. and Research Coll. (Hamilton), EEC, Diocese of Niagara Arch., P. L. Spencer, « History of the Diocese of Niagara » (1925), sermon de William McMurray lors de la consécration de l'évêque Fuller. — MTRL, Henry Scadding coll., Lord Bury à McMurray, 19 mai 1855. — PAM, HBCA, D.4/21 : f° 27 ; D.4/127 : f°s 19d–21d, 24–24d. — Trinity College Arch. (Toronto), 986-0019/002–003 ; MS 194 ; A. H. Young, « William McMurray at Sault Ste. Marie, 1832–1838 » (copie dactylographiée). — James Beaven, *Recreations of a long vacation ; or a visit to Indian missions in Upper Canada* (Londres et Toronto, 1846), 123–131. — [Alexander] Dixon, *Useful lives* [...] *a sermon* [...] *preached in Christ Church Cathedral, Hamilton, September 7th, 1883* [...] (Toronto, 1884). — [A. B. Murphy] Jameson, *Winter studies and summer rambles in Canada* (3 vol., Londres, 1838 ; réimpr., Toronto, 1972). — *Canadian Churchman* (Toronto), 31 mai 1894. — *Church* (Cobourg, Ontario ; Toronto), 30 mars, 19 oct. 1839, 25 avril, sept., 2 oct. 1840, 12 janv. 1844, 19 janv. 1854. — *Express* (Buffalo, N.Y.), mai 1894. — *Montreal Gazette*, 27 août 1833. — *Times* (Londres), 25 avril 1864. — Chadwick, *Ontarian families*. — [F. W. Colloton et C. W. Balfour], *A historical record of the planting of the church in Sault Ste. Marie, Ont. (diocese of Algoma) and the history of the mother-parish of St. Luke's* (s.l., [1932]). — T. D. J. Farmer, *A history of the parish of St. John's Church, Ancaster* [...] (Guelph, Ontario, 1924), 64–70. — T. R. Millman, *The life of the Right Reverend, the Honourable Charles James Stewart, D.D., Oxon., second Anglican bishop of Quebec* (London, Ontario, 1953). — H. D. Maclean, « An Irish apostle and archdeacon in Canada », Canadian Church Hist. Soc., *Journal* (Toronto), 15 (1973) : 50–67.

MACPHERSON, sir DAVID LEWIS, homme d'affaires et homme politique, né le 12 septembre 1818 à Castle Leathers dans la paroisse d'Inverness, Écosse, fils benjamin de David Macpherson et de Naomi Grant ; le 18 juin 1844, il épousa à Montréal Elizabeth Sarah Badgley Molson (décédée en 1894), et ils eurent deux fils et cinq filles ; décédé en mer le 16 août 1896, au cours d'un voyage de retour au Canada, et inhumé à Toronto.

David Lewis Macpherson avait quitté la Royal Academy d'Inverness avant la fin de ses études. Sa mère s'en inquiétait, à tort : à leur arrivée au Canada au début de l'été de 1835, peu d'immigrants avaient en main le genre d'atouts que ce jeune homme de 16 ans possédait. Son frère aîné et ses sœurs faisaient déjà partie de la bonne société canadienne. Frances Pasia avait épousé John Hamilton*, marchand montréalais et fondateur de Queenston ; une autre de ses sœurs, Helen, était devenue la femme de John Macaulay*, marchand de Kingston et homme politique tory. Cependant, même si Frances, Helen et Christina, célibataire, s'intéressaient toutes à la situation de David Lewis, c'était son frère John qui était le mieux placé pour l'aider.

Depuis 1822, John Macpherson transportait des passagers et des marchandises entre Montréal et les ports du haut Saint-Laurent ; à l'arrivée de son frère, il était associé à un autre transitaire chevronné, Samuel Crane*. Rétrospectivement, on constate que 1835 était un moment opportun pour l'entrée de David Lewis au bureau montréalais de la Macpherson and Crane à titre de commis et d'assistant. L'année suivante, cette société se dotait d'un avantage précieux sur ses concurrents : en s'associant à la Ottawa and Rideau Forwarding Company, qui possédait une écluse à Sainte-Anne-de-Bellevue, elle obtenait le droit de régir l'accès à la nouvelle voie intérieure vers les lacs, dont le canal Rideau était un élément. Dès 1839, la Macpherson and Crane possédait 10 navires à vapeur, 26 grandes barges et 24 bateaux à fond plat ainsi que 4 imposantes rangées d'entrepôts à Montréal, Kingston, Prescott et Bytown (Ottawa). Sa valeur était estimée à £50 000. David Lewis Macpherson s'était joint à la plus grosse entreprise de transit du Canada-Uni ; en 1842, il en devint l'un des associés principaux.

Macpherson profita pleinement des occasions de réussite économique et sociale que lui offraient ses relations familiales. En 1844, il raffermit sa position en épousant Elizabeth Sarah Badgley Molson, fille du grand homme d'affaires montréalais William Molson*. Dans les années 1840, il devint lui-même un homme d'affaires important dans son milieu ; vice-président du Board of Trade, il signa en 1849, avec bon nombre de ses collègues, le Manifeste annexionniste [V. John Torrance*]. Habitué à administrer le vaste réseau de transport par eau et par route de la Macpherson and Crane, il s'intéressait évidemment, comme tout le milieu des affaires montréalais, à l'innovation technique de l'époque : le chemin de fer. Il était membre du conseil d'administration et actionnaire de la Compagnie du chemin à rails de Montréal et de Lachine en 1846, ainsi que de la Compagnie du grand chemin de fer de jonction du Saint-Laurent et de l'Outaouais, constituée juridiquement en 1850. Avec l'ancien agent transitaire Luther Hamilton Holton*, le marchand sherbrookois Alexander Tilloch GALT et l'ingénieur Casimir Stanislaus GZOWSKI, il réalisa au début des années 1850 plusieurs transactions lucratives dans le secteur ferroviaire.

En 1850, la municipalité de Montréal nomma Galt et Holton à un comité qui planifierait la construction du chemin à rails de Montréal et Kingston ; Gzowski, de son côté, fut engagé pour faire des levés préliminaires au cours de l'hiver de 1850–1851. La compagnie ferroviaire se vit octroyer une charte en 1851, mais une clause en retardait l'entrée en vigueur jusqu'à sa proclamation. En effet, il fallait attendre l'issue des négociations que Francis Hincks*, délégué du Canada, Edward Barron Chandler*, du Nouveau-Brunswick, Joseph Howe*, de la Nouvelle-Écosse, et le gouvernement britannique menaient en vue de construire une ligne de Halifax à Hamilton, dont le financement serait garanti par l'Empire. Quand il devint évident que ce projet était voué à l'échec, Hincks négocia une entente avec un entrepreneur britannique, la Peto, Brassey, Jackson, and Betts, pour la construction d'un tronçon qui relierait Montréal et Hamilton et intégrerait le chemin à rails de Montréal et Kingston. À l'été de 1852, une fois l'entente conclue, la proclamation de la charte eut lieu ; il était prévu que la compagnie britannique deviendrait actionnaire majoritaire de la Compagnie du chemin à rails de Montréal et Kingston.

C'est alors que Macpherson entra en scène. Lui-même, Galt et Holton empêchèrent la Peto, Brassey, Jackson, and Betts d'acheter une part quelconque des actions en souscrivant eux-mêmes £596 500 du capital-actions autorisé, qui était de £600 000, et en persuadant sept associés, dont le beau-père de Macpherson, le frère de Galt, Thomas, et John Torrance, d'acheter le reste. Condamnés par un comité législatif, Galt et Holton justifièrent leur manœuvre en disant qu'ils avaient sincèrement l'intention de construire le chemin de fer, et à un coût moindre que ne pourrait le faire l'entrepreneur britannique. Pourtant, malgré leurs belles paroles, les actionnaires principaux du chemin à rails de Montréal et Kingston semblaient plus que disposés à obliger la Peto, Brassey, Jackson, and Betts en lui abandonnant leur projet contre une somme raisonnable. En 1853, au moment où Hincks tenta de passer outre à la charte de la Compagnie du chemin à rails de Montréal et Kingston, Galt eut l'ingéniosité de renforcer ses appuis politiques dans le milieu des affaires montréalais en proposant de fusionner la Compagnie du chemin à rails de Montréal et Kingston à celle du chemin à lisses du Saint-Laurent et de l'Atlantique, qui était populaire à Montréal. Mécontent, Hincks se résigna à dédommager les actionnaires du Montréal–Kingston en 1853 et à faire en sorte que le Grand Tronc achète la Compagnie du chemin à lisses du Saint-Laurent et de l'Atlantique l'année suivante. Macpherson, qui avait réussi depuis 1851 à acquérir une petite quantité d'actions dans cette dernière, profita des deux transactions.

Au cours des négociations, Galt tira parti de l'hostilité qui régnait entre les administrateurs du Grand Tronc et ceux du Great Western Railway pour convaincre les premiers de concurrencer les seconds en faisant l'acquisition de la compagnie du Toronto and Guelph Railway, qui projetait de construire un chemin de fer à l'ouest de Toronto et dans laquelle lui-même, Macpherson, Holton et Gzowski avaient des intérêts. En 1852, les quatre hommes avaient fondé une entreprise, la C. S. Gzowski and Company, pour entreprendre les travaux. L'année suivante, comme il devenait manifeste qu'ils parviendraient à intéresser le Grand Tronc dans l'acquisition du Toronto and Guelph, la C. S. Gzowski and Company décida de prolonger le trajet jusqu'à Sarnia et renégocia son contrat initial. Le Grand Tronc hérita de ce nouveau contrat et accepta de verser à la compagnie £8 000 le mille, au cours d'Angleterre, pour la construction de la ligne de Toronto à Sarnia, plutôt que £7 350 en argent comptant et obligations, comme le prévoyait le contrat initial. On consacra en partie cette augmentation à la construction d'un chemin de fer de meilleure qualité pour dédommager les associés des autres responsabilités qu'ils avaient acceptées. Néanmoins, en 1857, l'ingénieur Walter SHANLY estima que, après avoir reçu des compensations additionnelles, cette fois pour une série de retards de construction imputables aux difficultés financières du Grand Tronc, la C. S. Gzowski and Company allait réaliser un bénéfice net d'environ 12 %.

Les contrats de construction et la manipulation des actions n'étaient pas la seule source de revenu des quatre promoteurs. En vertu de son contrat avec le Grand Tronc, la C. S. Gzowski and Company était habilitée à acheter toutes les terres nécessaires à l'emprise du chemin de fer et aux gares que l'on construirait entre Toronto et Sarnia. Les terres acquises mais non nécessaires au chemin de fer demeuraient propriété des entrepreneurs. James Webster, chargé de l'acquisition des terres entre Toronto et Stratford, achetait à l'occasion des fermes entières le long de l'emprise, et généralement plus de terres qu'il n'en fallait pour les gares. La spéculation foncière fut à l'origine de la décision de la C. S. Gzowski and Company, au début de 1853, de prolonger le Toronto and Guelph jusqu'à Sarnia. Cette année-là, elle acheta à des particuliers, pour £5 050, 2 000 acres dans la région de Sarnia, et elle put obtenir 644 acres de terre de la couronne pour seulement £322 parce que le Board of Ordnance croyait que le Grand Tronc en avait besoin. En 1859, on vendit la totalité de ces 2 644 acres à la Baring Brothers et à la Glyn, Mills and Company pour la somme de £30 000. Même si Galt et Holton avaient quitté la C. S. Gzowski and Company en 1857, une entente conclue à ce moment permit à chacun des quatre associés initiaux de retirer plus de £6 000 de cette seule transaction. Dans l'acquisition des terres de la couronne, Macpherson estimait qu'il y avait eu « ce qu'un Yankee qualifierait de confusion considérable entre [eux] et la Cie du GT », mais la spéculation n'avait, à ses yeux, rien de répréhensible : « si nous n'avions pas obtenu les terres, elles n'auraient aucune valeur, comme en 1853, parce que nous n'aurions pas placé le terminus à cet endroit ».

À mesure que sa participation aux chemins de fer s'intensifiait, Macpherson abandonnait ses autres intérêts dans le domaine des transports. Le 22 juillet 1853, il se dissocia de la Macpherson, Crane and Company, ce qui lui permit d'investir le capital récupéré dans le secteur, plus prometteur, de la promotion des chemins de fer. La même année, afin de s'adonner à sa nouvelle passion, il quitta Montréal et s'installa à Toronto. Il acheta Chestnut Park, un domaine rural au nord de la rue Bloor, et à compter de 1855 il travailla au bureau de ses associés du rail, à l'angle des rues King et Bay, dans le quartier financier de Toronto. Pendant les deux décennies suivantes, ses intérêts commerciaux se diversifièrent. La C. S. Gzowski and Company continua de conclure des marchés de construction : elle construisit le Port Huron and Lake Michigan Railway (essentiellement un prolongement américain du Toronto and Guelph), participa à l'aménagement de l'esplanade du port de Toronto et, en 1870, releva le défi de construire le pont international qui enjambe le Niagara à Fort Erie. Gzowski et Macpherson investirent une partie du bénéfice de leurs premiers marchés dans le secteur manufacturier. Vers 1859, ils firent équipe avec deux hommes d'affaires de Pittsfield, au Massachusetts, Theodore et Robert Pomeroy, pour former la Toronto Rolling Mills Company. Si cette société fut rentable jusque vers 1875, c'est grâce à un important contrat de dix ans avec le Grand Tronc, selon lequel elle repassait au laminoir des rails usés et défectueux. En outre, Macpherson et Gzowski possédaient en 1859 des intérêts dans une scierie de la rivière White Fish, dans le nord du Haut-Canada ; lancée en 1861, une autre société manufacturière, la Toronto Cotton Mills Company, ne commença apparemment jamais ses activités. En raison de sa compétence en gestion financière, Macpherson faisait partie du conseil d'administration de nouvelles entreprises comme la British American Investment Company et d'établissements solidement implantés comme la Bank of Upper Canada.

Plus Macpherson était un homme d'affaires en vue dans le Haut-Canada, plus il devenait un candidat politique intéressant. D'ailleurs, les démarches qu'il faisait afin d'obtenir des marchés de construction du chemin de fer Intercolonial l'amenaient peu à peu à s'intéresser à la politique et à la question de la Confédération. Encouragé et guidé par John Alexander MACDONALD et par des organisateurs politiques de Toronto et de la région de Saugeen, il passa le début de l'été de 1864 à soupeser ses chances de déloger le réformiste John McMurrich* du siège de conseiller législatif de la division de Saugeen. Finalement, il surmonta ses hésitations et se présenta à titre de partisan du gouvernement de coalition de sir Étienne-Paschal Taché*. Faire campagne lui plut, même s'il écrivit au vieux routier de la politique qu'était Macdonald : « je n'arrive pas à comprendre comment j'ai pu survivre à la chaleur et au whisky. Le whisky en grandes quantités doit être sain, sinon j'aurais déjà donné du travail à un coroner. » Sa première tentative fut un succès : il battit par plus de 1 200 voix George Snider, qui avait remplacé McMurrich au cours de la campagne.

Nommé en 1867 au Sénat du Canada, où il siégerait jusqu'à sa mort, Macpherson n'allait plus se présenter à des élections. Cependant, à cause de ses dons d'administrateur, de ses moyens financiers et de ses relations dans les milieux d'affaires, il devint un organisateur politique fort utile au parti conservateur en Ontario. C'était un rôle taillé à sa mesure : il aimait les élections – moments d'« excitation » et occasions de « tirer les ficelles » – mais sur les tribunes, à cause de son attitude « majestueuse », il intéressait fort peu d'auditoires. Outre son rôle stratégique durant les élections, il rendit un grand service à Macdonald et aux conservateurs en dirigeant, pendant l'hiver de 1871–1872, une collecte destinée à amasser des fonds que l'on remettrait au premier ministre, en témoignage d'estime, et qui serviraient notamment à éponger les pertes qu'il avait subies. Cette collecte permit d'amasser plus de 67 000$.

Macpherson était un intermédiaire important entre les ailes fédérale et ontarienne du parti conservateur ; c'est en grande partie grâce à lui que John Sandfield Macdonald* fut, le premier, nommé à la tête du gouvernement de l'Ontario. Sa qualité de sénateur de cette province et ses compétences financières en faisaient un candidat idéal au comité d'arbitrage formé en vertu de l'article 142 de l'Acte de l'Amérique du Nord britannique pour diviser les « dettes, crédits, obligations, propriétés et actif du Haut-Canada et du Bas-Canada » lorsque la Confédération en fit deux provinces distinctes. Nommé par l'Ontario en 1868, il défendit bien les intérêts de la province puisqu'il convainquit le représentant du gouvernement du dominion, John Hamilton Gray*, d'adopter une position favorable à l'Ontario. Lui et Macpherson rejetèrent les revendications de Charles Dewey Day*, représentant de la province de Québec, et refusèrent de prendre en compte l'endettement relatif des deux provinces au moment de leur union, en 1841, et de diviser également les dettes et l'actif. Day démissionna et le gouvernement de Québec protesta, mais Gray et Macpherson n'en poursuivirent pas moins l'arbitrage. Même si Gray refusait de diviser les dettes et l'actif en fonction de la population (position défendue par l'Ontario), la décision que Macpherson et lui-même rendirent jouait en faveur de cette province. Comme ils n'avaient pas tenu compte des préoccupations de

Québec, on contesta leur décision en justice. Ce n'est cependant qu'en 1878 que le comité judiciaire du Conseil privé confirma le jugement d'arbitrage ; l'Ontario et le Québec continuèrent de se quereller sur ses modalités jusque pendant une bonne partie des années 1890. Ce n'était pas la première fois que le manque de finesse avec lequel Macpherson abordait des questions délicates créait des problèmes, et ce ne serait pas la dernière.

Bien que sa loyauté envers l'Ontario, le parti conservateur et Macdonald ait été forte, Macpherson était relativement indépendant de la politique partisane en raison de sa position de sénateur. Au début de sa carrière politique, ses principes économiques influencèrent fortement ses interventions. Fervent partisan du libre-échange, il s'opposa en 1870 au gouvernement conservateur, qui voulait imposer un tarif douanier sur le riz, le charbon, les céréales panifiables et autres produits naturels alors francs de droit. Malgré un appel de Macdonald, il présenta au Sénat un amendement qui, avec quatre voix de plus, aurait battu le projet de loi gouvernemental.

L'opposition de Macpherson à la politique bancaire qu'avait proposée le ministre des Finances John Rose* en 1869 fut encore plus énergique et efficace. La faillite de la Commercial Bank of Canada en 1867 avait engendré un climat de crise qui obligeait le gouvernement à examiner le système bancaire du nouveau dominion. Macpherson, qui avait de gros investissements dans plusieurs banques, avait conféré avec plusieurs membres du conseil d'administration de la Commercial Bank dans l'espoir de la sauver. Estimant qu'il fallait modifier dans une certaine mesure les règlements bancaires et que le Sénat comptait plus de compétences dans ce domaine que la chambre des Communes, où Rose proposait de tenir une enquête, Macpherson décida d'en mener une lui-même pour le compte du Sénat sur la faillite de la banque et la crise monétaire qu'elle avait déclenchée en Ontario. Il en résulta un rapport prudent, simple transcription des témoignages et faits recueillis, mais les conclusions que Macpherson formula en le présentant, en 1868, montraient qu'il s'opposait à tout bouleversement du régime bancaire. Il prit note de l'opposition des banquiers au remplacement des billets qu'ils émettaient par des billets du dominion contrôlés par le gouvernement, la proposition même, et il devait le savoir, que Rose pressait le gouvernement d'adopter. Ayant fermement établi sa compétence en matière bancaire, Macpherson dirigea ensuite l'opposition contre Rose quand celui-ci annonça officiellement son programme en 1869, et il prévint Macdonald que peu de représentants du gouvernement au Sénat appuieraient ce projet de loi. Sa résistance porta fruits : le régime des billets émis par les banques survécut jusqu'en 1945. On intégra en 1871 à l'Acte concernant les banques et le commerce des banques plusieurs de ses propositions de réglementation, qui supposaient un degré limité d'intervention gouvernementale tout en donnant une certaine protection aux actionnaires.

Les différends que Macpherson entretenait avec les conservateurs sur la politique commerciale et bancaire jetaient à peine un froid sur leurs relations. C'est plutôt un affrontement sur la politique ferroviaire qui le coupa de ses collègues du parti conservateur, temporairement il est vrai. Comme Macpherson était à la fois un grand ami du pouvoir et un promoteur, un financier et un entrepreneur ferroviaire, sir Hugh Allan* souhaitait le faire participer à son projet de chemin de fer transcontinental. Après avoir rencontré Allan au début de 1872 et avoir discuté avec Charles John Brydges*, du Grand Tronc, Macpherson s'inquiéta des liens qui existaient entre Allan et des promoteurs américains du rail. Par crainte que l'on investisse des capitaux canadiens dans une entreprise qui serait ensuite dirigée par les rivaux naturels de tout chemin de fer canadien, il forma lui-même une société en vue de construire une ligne transcontinentale, le chemin de fer Interocéanique du Canada, et obtint une charte en juin 1872. Sa compagnie, entièrement canadienne, et dont le siège social était en Ontario, put compter sur l'appui des grands hommes d'affaires de Toronto et du sud de la province.

Macdonald appuyait le projet de son ami et avait, semble-t-il, l'intention de réduire la domination des Américains et des Montréalais sur le chemin de fer du Pacifique du Canada d'Allan en persuadant les deux compagnies concurrentes de fusionner. Toutefois, le premier ministre ne tint pas compte de l'entêtement des présidents rivaux ni du fait que Macpherson était fermement convaincu qu'Allan était mêlé à un complot yankee. Apparemment, les pourparlers de fusion, organisés en juillet, suscitèrent bien peu d'enthousiasme chez Macpherson. Quand John Joseph Caldwell ABBOTT, représentant du chemin de fer du Pacifique du Canada, réclama que toute entente de fusion donne la présidence à Allan et protège les intérêts de la province de Québec, toute chance de succès s'évanouit. Macpherson persistait à voir en Allan un agent à la solde du Northern Pacific Railroad de Jay Cooke, aux États-Unis, et craignait que sa présidence n'assure l'emprise des Américains. Il convainquit le conseil d'administration de la Compagnie du chemin de fer Interocéanique du Canada de refuser la fusion et déclara à Macdonald en septembre que, si Allan était placé à la tête du chemin de fer transcontinental, le premier ministre deviendrait « la victime d'une escroquerie audacieuse, insolente, gigantesque et contraire au bien du pays – la plus grande qui ait été tramée dans le Dominion ».

L'obstination avec laquelle Macpherson refusait d'écouter les avis de ses collègues politiques sur le chemin de fer et son hésitation à poursuivre son assistance financière à Macdonald à un moment crucial, les élections de l'été de 1872, lui aliénèrent temporairement le premier ministre et le parti conservateur. Il fallut presque trois ans pour que leurs relations s'améliorent. Dans une lettre adressée à Macdonald en avril 1875, Thomas Charles Patteson, rédacteur en chef du *Mail* de Toronto, révéla que Macpherson « souhaitait ardemment l'absolution » et recommençait à dispenser des faveurs à des conservateurs. Peu après, Macdonald et Macpherson se réconcilièrent et trouvèrent le moyen de tirer parti de leur querelle. Macpherson, qui prétendait n'être affilié à aucun parti et avoir d'abord accueilli avec joie l'élection du gouvernement libéral d'Alexander MACKENZIE en 1874, dirigea au Sénat, à compter de 1876, une vigoureuse attaque contre les réalisations de ce gouvernement. Aux élections suivantes, en 1878, il s'arrangea pour présider une enquête du Sénat sur la décision du gouvernement de construire, à Fort Frances, en Ontario, ce qui semblait à l'époque une série d'écluses inutiles. Au même moment, en vue des élections, les critiques détaillées et souvent très techniques qu'il faisait au Sénat sur le déficit croissant du gouvernement paraissaient sous forme d'opuscules. Bien que l'on puisse douter que ces textes aient pu attirer beaucoup de lecteurs, ils eurent pour effet de répandre dans la population l'impression que le gouvernement dilapidait les fonds publics. Les attaques de Macpherson étaient d'autant plus crédibles qu'il était reconnu comme un bon administrateur financier.

Pendant la campagne électorale de 1878, les positions de Macpherson sur la Politique nationale parurent aussi sous forme de brochure. Comme il avait déjà prôné ouvertement le libre-échange, le parti conservateur s'empressa de diffuser sa conversion dans tout l'Ontario. Cependant, Macpherson n'appuyait pas la Politique nationale uniquement pour des raisons partisanes. Comme d'autres leaders du milieu des affaires et du monde politique de l'époque, les circonstances le poussèrent à changer d'avis. En effet, l'augmentation des tarifs douaniers américains le convainquit qu'une entente de libre-échange n'était plus possible avec les États-Unis : « Aurons-nous, demandait-il, la folie de persister à nous laisser mourir de faim parce que nos voisins refusent de manger avec nous ? » Cependant, il ne rejetait pas entièrement le principe du libre-échange : pour remplacer la réciprocité canado-américaine, il réclamait une politique de commerce libre au sein de l'Empire britannique.

Les positions bien pesées de Macpherson sur la Politique nationale et ses critiques financières détaillées contre le gouvernement Mackenzie reflétaient son souci personnel des questions économiques. Toutefois, au moins un organisateur politique estima que c'était une autre de ses brochures, et d'un genre bien différent, qui avait remporté le plus de succès au cours du scrutin de 1878. Pendant la campagne, le libéral Richard John Cartwright* fit observer que les Écossais des Highlands, dont Macdonald et Macpherson, avaient hérité d'« instincts prédateurs » qui les poussaient à être des voleurs et des hors-la-loi. Macpherson, ce colosse des Highlands qui avait été membre actif et trois fois président de la St Andrew's Society de Toronto, dénonça immédiatement Cartwright. Des organisateurs politiques de l'Ontario publièrent cette dénonciation, avec les remerciements adressés à l'auteur par les Highlanders du comté de Glengarry pour avoir défendu leur race.

Les élections reportèrent les conservateurs au pouvoir. À une étape critique de l'histoire du parti, Macpherson avait été d'un grand secours au Sénat et avait usé de ses talents d'auteur et de financier pour « pourchasser les *grits* », rôle que le député conservateur George Airey KIRKPATRICK allait plus tard décrire. Macdonald envisagea donc de le récompenser en lui donnant une position plus en vue au gouvernement. En 1880, il le fit entrer au cabinet et le nomma président du Sénat. Apparemment, il ne voulait pas simplement que son ami représente les intérêts du gouvernement au Sénat et ceux de l'Ontario au cabinet. Pendant l'été de 1881, Macdonald, malade, se trouvait en Angleterre et confia alors à Macpherson le département de l'Intérieur, dont lui-même était le titulaire. À son retour en septembre, Macdonald conserva la direction des Affaires indiennes et de la Police à cheval du Nord-ouest, et Macpherson continua d'administrer la politique des terres du dominion. La nomination de ce dernier au poste de ministre de l'Intérieur, le 17 octobre 1883, vint sanctionner cette répartition des compétences.

De concert avec le premier ministre, Macpherson appliqua, de 1881 à 1883, une série de mesures foncières qui visaient à favoriser la réalisation de l'objectif global du gouvernement, soit le développement d'une économie canadienne transcontinentale. Ils tentèrent d'encourager le peuplement en libéralisant divers règlements sur l'exploitation rurale et en ouvrant à la colonisation les terres voisines du tracé que devait suivre le chemin de fer canadien du Pacifique. En outre, Macpherson espérait déléguer à l'entreprise privée une partie de la promotion du peuplement. Le gouvernement encouragea donc la formation de compagnies privées de colonisation en leur offrant des terres à 2 $ l'acre, avec promesse d'une remise de 160 $ pour chaque colon sérieux qui s'installerait. Les compagnies devaient payer, en acompte, un cinquième du prix total, et placer dans un délai de cinq ans deux colons sur chacune des sections de leurs terres. Enfin, comme il entrevoyait que le chemin de fer canadien du Pacifique serait une réussite, le département de l'Intérieur se servit de la politique des terres pour encourager la construction d'embranchements qui lui seraient reliés. À compter de

1883, le département offrit de vendre à ces chemins de fer de colonisation 6 400 acres à un dollar l'acre pour chaque mille de voie construite. Économe, Macpherson tentait de contenir les dépenses et d'utiliser la ressource la plus abondante du gouvernement, les terres, pour accélérer le développement du Nord-Ouest.

Ces mesures n'eurent cependant pas tout l'effet souhaité, en raison de l'attrait que l'Ouest américain continuait d'exercer sur les colons, ainsi que du boom puis de l'effondrement du marché foncier du Nord-Ouest canadien dans les années 1880. Le gouvernement tenta bien d'adapter les règlements aux changements rapides de la conjoncture économique, mais c'était difficile car, en même temps, il se servait des terres de l'Ouest pour favoriser le développement et générer des revenus. Par exemple, au plus fort de la spéculation foncière, dans les années 1881–1882, Macpherson, à titre de ministre suppléant, avait exercé son droit de fermer à l'exploitation rurale les terres situées en bordure et au sud du futur chemin de fer canadien du Pacifique. Le gouvernement devait ensuite les vendre aux enchères, sans aucune obligation de culture, dans l'espoir d'en maximiser les recettes et de compenser ainsi les dépenses engagées par lui dans le chemin de fer canadien du Pacifique. Des spéculateurs comme Charles John Brydges (alors commissaire des terres à la Hudson's Bay Company), des membres du gouvernement et des fonctionnaires du département qui connaissaient mieux que Macpherson les fluctuations du marché foncier prédirent avec raison que les enchères ne feraient que diminuer des prix déjà en baisse. Après avoir constaté qu'effectivement les enchères ne rapportaient pas beaucoup, Macpherson céda aux pressions des colons désireux de s'établir près du chemin de fer et des spéculateurs inquiets de l'effet de ces ventes sur les terres qu'ils avaient acquises. En avril 1884, on rouvrit à l'exploitation rurale les terres voisines du tracé du chemin de fer canadien du Pacifique.

L'effondrement du marché foncier se répercuta sur les autres mesures de développement préconisées par Macpherson. Dès 1884, son programme de colonisation par l'entreprise privée battait de l'aile, et nombre de compagnies demandaient qu'on les libère de leurs engagements. Seules 27 des 106 compagnies participantes versèrent leur paiement initial, et même elles n'avaient pas réussi à attirer le nombre souhaité de colons. Il incomba au ministre qui succéda à Macpherson, Thomas White*, de les relever de leurs obligations, à des conditions favorables pour elles et leurs actionnaires. Néanmoins, Macpherson défendit son programme et en définit ainsi le mérite réel : « pendant la course aux terres, [il] a donné à nos amis le droit d'acquérir autant de terres que l'exigeait leur ambition sans les appauvrir par des paiements comptants et à des conditions qui leur ont permis d'abandonner leurs spéculations dès que la réflexion les a amenés à plus de prudence ». Ce plaidoyer ne parvint cependant pas à masquer l'échec réel de la politique foncière. On a estimé que, de 1881 à 1891, année où le gouvernement résilia le dernier contrat, les compagnies de colonisation installèrent seulement de 6 à 8 % des colons qui se rendirent dans le Nord-Ouest, et que chaque exploitation rurale coûta 305 $ au gouvernement.

La chute de la valeur des terres nuisit aussi à la politique de Macpherson sur les chemins de fer de colonisation. Prévenant Macdonald que les retards de construction des embranchements auraient des conséquences politiques et économiques néfastes, il proposa que le gouvernement cède gratuitement 6 400 acres par mille de voie ferrée, puis achète la moitié de la concession à la compagnie pour un dollar l'acre. Ainsi les chemins de fer auraient une entrée de fonds immédiate, et le gouvernement pourrait par la suite récupérer sa subvention au comptant en revendant les terres qu'il avait achetées. Le gouvernement adopta partiellement cette proposition, soit les concessions gratuites aux chemins de fer de colonisation. Toutefois, même cette mesure n'eut pas le résultat escompté ; Macpherson préconisa alors la construction, par le gouvernement, d'un réseau de chemins de fer peu coûteux, à voie étroite.

En 1885, le plus grand désordre régnait dans les programmes que Macpherson avait conçus pour la mise en valeur du Nord-Ouest. Cette situation était due en partie au fait qu'il était ministre à un moment où les prix mondiaux des céréales chutaient et où, grâce au progrès des méthodes d'agriculture, les terres de l'Ouest américain étaient beaucoup plus attrayantes que celles de l'Ouest canadien. En outre, il avait aussi eu la malchance de détenir un important portefeuille au moment où sa santé déclinait. Conscient de ses limites, il avait demandé en 1883 la permission de quitter le cabinet. Au lieu de cela, suivant sa déplorable habitude d'insister pour s'entourer d'amis vieillissants, Macdonald l'avait nommé ministre. Même après sa nomination officielle, Macpherson continua de passer plusieurs mois, chaque été et chaque automne, dans des stations thermales d'Allemagne, afin d'atténuer les effets de son diabète. Ses problèmes de santé engendraient des retards et de la confusion dans l'administration de la politique foncière et, à la fin de l'été de 1884, ils l'empêchèrent de faire ce qui aurait été son premier voyage dans le Nord-Ouest.

La maladie n'était cependant pas le seul handicap de Macpherson. Il y avait une bonne part de vérité dans la boutade que sir Charles Tupper* lança en octobre 1883 : « ce serait une chose formidable que la nomination de Macpherson [au poste de ministre] si seulement on pouvait lui faire comprendre que le Nord-Ouest n'est pas une partie de Chestnut Park ». Contrairement à nombre de ses collègues, dont Charles John Brydges, sir Hector-Louis Langevin* et Galt, et à certains de ses conseillers du département, Macpherson ne connaissait pas l'Ouest canadien, et on peut se demander s'il vit jamais au delà des limites du domaine de huit acres et trois quarts qu'il habitait dans le nord de Toronto. La seule fois où Macpherson projeta de se rendre dans l'Ouest, en 1884, on lui recommanda de se faire accompagner par un député de la région, car il n'avait « pas le don de traiter avec les hommes, surtout avec le genre d'hommes qu'il y [avait] dans le Nord-Ouest ». Le secrétaire de Macdonald, Joseph Pope*, se souvenait de Macpherson comme d'« un administrateur judicieux, capable et consciencieux », mais aussi comme d'un homme « plutôt pompeux dans ses manières et trop circonspect dans ses méthodes ». Macpherson se préoccupait surtout de réduire les déficits gouvernementaux et de concevoir des règlements qui, vus de l'Ontario, paraissaient sensés et efficaces. En poursuivant ses objectifs, il était peut-être trop enclin à négliger les avis de ses subordonnés, trop sensible à la critique et inconscient de l'effet de ses décisions dans le Nord-Ouest.

Ces limites se manifestèrent au cours de la crise qui permit à Macpherson de quitter la vie publique – d'une manière différente de ce qu'il avait souhaité cependant. Que la rébellion du Nord-Ouest, en 1885 [V. Louis Riel*], ait été ou non une réaction justifiable à la détérioration de la situation économique et aux problèmes que l'administration de la politique foncière causait aux colons de cette région, il est clair que le gouvernement, et Macpherson à titre de ministre de l'Intérieur, en étaient partiellement responsables. Le plus grave problème des colons était la confusion de la politique des terres ; de 1879 à 1883, les règlements changèrent fréquemment. En outre, le département était parfois mal équipé pour administrer sa politique au niveau local. On craignait que des modifications aux règlements aient un effet rétroactif et touchent les colons déjà installés ; on se demandait si les compagnies de colonisation empêcheraient les colons indépendants d'exploiter de grandes terres ; on tardait à délivrer les titres de propriété ; il y avait conflit sur les méthodes d'arpentage à appliquer dans les régions déjà peuplées. Craignant que « ceux qui [avaient] des doléances passent dans le camp des *grits* », Macpherson décida en 1882 que le sous-ministre, Lindsay Alexander Russell*, irait dans le Nord-Ouest pour régler les problèmes fonciers. Ce fut plutôt William Pearce*, l'inspecteur des agences des terres du dominion, qui fit le voyage (Russell s'était cassé une jambe). Sa mission fut relativement fructueuse et permit de satisfaire les revendications les plus pressantes des résidents anglophones de Prince Albert (Saskatchewan) qui s'estimaient lésés.

Cependant, Pearce ne parlait ni le français ni le cri et fut donc incapable de résoudre les problèmes des Métis. Ces problèmes étaient particulièrement aigus dans le district qui entourait Saint-Laurent (Saint-Laurent-Grandin), car le levé standard entrepris à cet endroit entrait en conflit avec les lots riverains existants. Pour une raison quelconque, on n'avait pas observé la règle départementale qui disait de faire des levés spéciaux, adaptés aux lots riverains, là où les colons le demandaient. Les fonctionnaires du département étaient peu enthousiastes à l'idée de procéder à un nouveau levé. L'agent local George Duck, chargé de recevoir les plaintes à ce sujet et les autres revendications des Métis, entreprit une enquête en mai 1884. Cependant, ce n'est qu'à l'automne que Pearce approuva ses recommandations et les transmit à Ottawa. À cause de la maladie de Macpherson et des autres problèmes qui régnaient au bureau d'Ottawa, ce n'est que le 26 février 1885 que les plaignants commencèrent à entendre dire que le gouvernement avait décidé de se rendre à leurs revendications.

Un autre problème important tardait à trouver une solution : les Métis du Nord-Ouest réclamaient des concessions de terre, comme on l'avait fait au Manitoba. Macpherson déclara que le gouvernement ne souhaitait pas répéter l'expérience, car les Métis du Manitoba s'étaient empressés de vendre leurs certificats de concession à des spéculateurs. En cela, le gouvernement avait l'appui du Conseil des Territoires du Nord-Ouest, qui recommandait des concessions non transférables, assorties de strictes conditions de culture, pour encourager les Métis à se sédentariser et à devenir fermiers. De leur côté, ceux-ci voulaient pouvoir choisir entre les certificats de concession et la terre elle-même. Devant ces vues opposées, le gouvernement remit simplement sa décision à plus tard. Resté sourd aux requêtes que les Métis lui présentèrent à ce sujet de 1879 à 1884, il ne prit des mesures qu'après le retour de Riel dans le Nord-Ouest. En janvier 1885, Macpherson recommanda que le gouvernement adopte la solution qui convenait le mieux aux Métis, c'est-à-dire donner aux occupants des terres la possibilité de recevoir des certificats de concession plutôt que des titres de propriété. Toutefois, au lieu de prendre une décision ferme, le gouvernement forma un comité pour étudier les revendications des Métis. Le 21 février, Macpherson ordonna à Edgar Dewdney*, lieutenant-gouverneur des Territoires du Nord-Ouest, d'informer les Métis de la formation de ce comité et prédit avec confiance que la nouvelle les apaiserait. Quand des rumeurs de violence atteignirent Ottawa, Macpherson se défendit, comme d'habitude, et déclara ne pas voir ce que le département aurait pu faire de plus. Malheureusement pour lui, on avait tant tardé à régler les problèmes des Métis qu'une insurrection armée s'était déclarée contre le gouvernement ce printemps-là.

Déjà, avant la rébellion, Macpherson avait annoncé à Macdonald qu'il démissionnerait à la fin de la session parlementaire, en juillet. La nouvelle de l'insurrection aggrava cependant son état de santé et le plongea dans le découragement. En mai, il était pressé de retourner à la station thermale de Hambourg (République fédérale d'Allemagne), car son diabète s'était compliqué d'une congestion pulmonaire. Le 28 mai, il parut pour la dernière fois au Sénat à titre de membre du gouvernement de Macdonald et déclara dans un bref discours que toute enquête sur son département révélerait que les Métis n'avaient aucune doléance sur les terres ou sur quelque autre question. Il maintint cette position jusqu'à la fin de sa vie. « C'était, disait-il à Goldwin Smith*, une rébellion politique, non provoquée par des torts non redressés ; [...] Riel a fait croire aux sang-mêlé que le Nord-Ouest leur appartenait et qu'ils extorqueraient de généreuses concessions en échange de la paix. » Au début de juin, Macpherson laissa le gouvernement affronter la tempête sans lui et s'embarqua pour l'Europe. Macdonald userait à son gré de sa démission ; elle fut acceptée officiellement le 5 août.

Macpherson vécut une grande partie du reste de sa vie dans une « oisiveté forcée », suivant les affaires canadiennes de sa villa de San Remo, sur la Riviera. Même s'il avait quitté la scène publique dans des circonstances désagréables, au moins avait-il la satisfaction d'avoir reçu le titre de chevalier en 1884, avant la crise du Nord-Ouest, en récompense des services rendus au Canada. Lorsqu'il revenait au pays, il continuait de mettre ses talents d'organisateur politique au service de Macdonald. Cependant, il n'exerçait que sporadiquement ses fonctions de sénateur.

Seule une affaire familiale empêchait Macpherson d'avoir l'esprit tout à fait en paix. Ses filles avaient fait de beaux mariages : l'une d'elles avait épousé George Airey Kirkpatrick, futur lieutenant-gouverneur de l'Ontario. Son fils aîné, William Molson, avait du succès en affaires. Par contre, son autre fils, David Hamilton, n'avait jamais cessé de lui causer du souci. Heureusement, à la fin des années 1880, il semble qu'il ne buvait plus et occupait un poste à la Police à cheval du Nord-Ouest. Cependant, son rang inférieur n'était pas assez bien pour la famille, et Macpherson ne cessait de harceler Macdonald pour que son fils devienne officier. Malgré la décision contraire d'un officier supérieur et l'échec de David Hamilton à un concours d'admission, Macpherson réussit à lui obtenir un grade d'officier en 1888, ce qui n'a rien d'étonnant. Comme la situation sociale et économique de sa famille était assurée, il se mit alors à couler des jours tranquilles et songea même à écrire ses mémoires.

Installé dans sa villa de la Riviera, Macpherson assista à l'effondrement du parti conservateur. En février 1896, il écrivit à l'un de ses correspondants canadiens, Thomas Charles Patteson, qu'il craignait que des élections générales n'évincent le parti du pouvoir. Il vit sa prédiction se réaliser en juin, mais n'entendit pas le discours du trône du premier gouvernement libéral élu [V. sir Wilfrid Laurier*] après celui qu'il avait travaillé si fort à battre en 1878. En route vers le Canada, il mourut paisiblement à bord du *Labrador* le 16 août 1896.

Les élections de 1896 et la mort de sir David Lewis Macpherson marquaient la fin d'un chapitre de l'histoire du Canada. Sans jamais avoir été un leader de premier plan, il avait été un personnage représentatif des derniers contemporains de Macdonald – ce groupe d'hommes dont la vision du Canada avait été façonnée par le boom ferroviaire des années 1850. À titre de promoteur du rail, de financier et d'homme politique, Macpherson préférait mettre de côté principes théoriques et questions de religion ou de nationalité pour s'employer à améliorer le crédit, à accroître le capital et à mettre en valeur les ressources du pays. Il ne douta jamais que le genre de prospérité qui avait permis aux hommes de sa génération de faire fortune était ce qui convenait le mieux au Canada.

KEN CRUIKSHANK

Sir David Lewis Macpherson est l'auteur de nombreuses brochures à caractère politique, dont : *Speeches on the public expenditure of the dominion delivered in the Senate, Ottawa, during the session of 1877* [...] (Toronto, 1877) ; *Speeches on the public expenditure and National Policy, delivered in June, 1878, during his visit to the county of Bruce (part of the former Saugeen Division)* (Toronto, 1878) ; et *Mr. Cartwrigt's insult to the Highlanders* ([Toronto, 1878] ; photocopie aux AO, Pamphlet Coll.) ; d'autres publications sont recensées dans ICMH *Répertoire* et *Canadiana, 1867–1900*.

AN, MG 24, B40 ; D16, 47 ; MG 26, A ; F ; MG 27, I, D8 ; D12 ; E17, general corr., D. L. Macpherson (mfm) ; RG 15, DII, i, vol. 277, 309, 325, 329, 353 ; RG 30, 2882. — AO, MS 22 ; MS 78 ; MU 1095. — York County Surrogate Court (Toronto), n° 11740 (mfm aux AO). — Canada, Parl., *Doc. de la session*, 1886, n°s 45a–b ; Sénat, *Débats*, 1867–1896 ; *Journaux*, 1867–1896 ; Select committee upon the causes of the recent financial crisis in the province of Ontario, *Report* (Ottawa, 1868 ; copie aux AO). — Canada, prov. du, Assemblée législative, *App. des journaux*, 1852–1853, app. XX ; 1857, app. 6 ; Commission appointed to inquire into the affairs of the Grand Trunk Railway, *Report* (Québec, 1861), app. XX. — *Debate in the Senate on the public expenditure of the dominion, March, 1878 : speeches of the Hon. Messrs. Macpherson, McLelan and Campbell* (Ottawa, 1878). — *HBRS*, 33 (Bowsfield). — Joseph Pope, *Public servant : the memoirs of Sir Joseph Pope*, Maurice Pope, édit. (Toronto, 1960). — *Gazette* (Montréal), 6 avril 1841, 27 juill., 11 oct. 1853, 30 oct. 1883. — *Globe*, 24 mars 1894. — *Mail* (Toronto), 23 oct. 1879. — *Montreal Courier*, 27 oct. 1849. — *Montreal Transcript*, 10 oct. 1839. — *Weekly Globe* (Toronto), 4 août 1876. — Dent, *Canadian portrait gallery*. — *Types of Canadian women* (Morgan). — Pierre Berton, *The national dream : the great railway, 1871–1881* (Toronto et Montréal, 1970). — Creighton, *Macdonald, old chieftain* . — T. E.

Flanagan, *Riel and the rebellion : 1885 reconsidered* (Saskatoon, Saskatchewan, 1983). — H. C. Klassen, « L. H. Holton : Montreal business man and politician, 1817–1867 » (thèse de PH.D., Univ. of Toronto, 1970). — Ludwik Kos-Rabcewicz-Zubkowski et W. E. Greening, *Sir Casimir Stanislaus Gzowski : a biography* (Toronto, 1959). — C. B. Martin, *« Dominion lands » policy*, introd. de L. H. Thomas, édit. (2e éd., Toronto, 1973). — *The pre-confederation premiers : Ontario government leaders, 1841–1867*, J. M. S. Careless, édit. (Toronto, 1980). — Skelton, *Life and times of Galt* (MacLean ; 1966). — Stanley, *Birth of western Canada*. — Tulchinsky, *River barons*. — P. A. Baskerville, « The pet bank, the local state and the imperial centre, 1850–1864 », *Rev. d'études canadiennes*, 20 (1985–1986), no 3 : 22–46. — A. N. Lalonde, « Colonization companies in the 1880's », *Saskatchewan Hist.* (Saskatoon), 24 (1971–1972) : 101–114.

McSPIRITT, FRANCIS, prêtre catholique, né en mars 1836 dans la paroisse de Templeport, comté de Cavan (république d'Irlande) ; décédé le 14 août 1895 à Wildfield, Ontario.

L'un des quatre enfants d'un cultivateur à bail, Francis McSpiritt reçut sa première instruction au St Augustine's Seminary, à Cavan. Après avoir séjourné quelque temps à New York, il arriva à Toronto en 1861 et s'inscrivit le 1er novembre au St Michael's College, où il étudia jusqu'en 1863. Par la suite, il poursuivit ses études au grand séminaire de Montréal jusqu'au 27 janvier 1865. Deux jours plus tard, Mgr John Joseph Lynch* l'ordonna en la cathédrale St Michael de Toronto.

L'abbé McSpiritt passa le reste de sa vie au service du diocèse de Toronto. Nommé d'abord à Wildfield, dans la paroisse de Toronto Gore, il exerça ensuite son ministère successivement dans les paroisses de Caledon, de Niagara Falls et d'Adjala. En 1887, il revint à Wildfield pour y rester jusqu'à sa mort. Tout au long de sa vie sacerdotale, il acquit une réputation de piété et de charité. Confident de l'archevêque Lynch, il fut souvent appelé à réhabiliter des confrères aux prises avec des problèmes de discipline ou d'alcoolisme. McSpiritt se fit également un nom comme « prêtre bâtisseur », car il prit en charge la construction du presbytère de Caledon en 1868 et l'érection de l'église St Patrick à Wildfield, en 1894. Toutefois, sa renommée lui vint surtout de ses dons de guérisseur ; il en avait d'ailleurs l'apparence avec son regard perçant et, sur la tête, un haut-de-forme qui s'ajoutait à ses 5 pieds 8 pouces. Il portait aussi un fouet de boghei qu'il n'hésitait pas à utiliser, lorsqu'il le jugeait à propos, avec les maris qui battaient leur femme ou les jeunes gens insolents.

McSpiritt commença à faire des guérisons presque immédiatement après sa première nomination et, dans chacun des cas, il avait exigé des miraculés un engagement particulier. Les catholiques devaient accomplir quelque devoir religieux, et pour les protestants la contrepartie était habituellement leur conversion au catholicisme. On a raconté à son sujet certaines histoires plutôt macabres. Il aurait, dit-on, guéri de l'épilepsie le fils d'un couple de fermiers contre leur promesse de s'abstenir de viande le vendredi. D'après le folklore local, le couple manqua à sa parole et l'enfant, victime d'une crise en se baignant, périt noyé. La plupart des récits sont cependant beaucoup plus agréables : McSpiritt guérissait aussi bien des gens souffrant de migraines ou de cataractes que des victimes d'accident ou des enfants infirmes.

L'Église ne fit tout d'abord aucun cas des dons de McSpiritt. Vers 1885, cependant, l'archevêque Lynch lui demanda personnellement de mettre fin à ses « démonstrations thaumaturgiques » de crainte d'exposer le catholicisme au ridicule. McSpiritt soutint qu'il était simplement l'instrument de Dieu et qu'il ne maîtrisait pas ses pouvoirs. Malgré l'embarras de la hiérarchie, le peuple, lui, était convaincu ; au début des années 1890, les pèlerinages à Wildfield pour rencontrer McSpiritt étaient chose courante.

On dit que peu de temps avant sa mort Francis McSpiritt fit deux prédictions. Il déclara tout d'abord qu'il ne vivrait pas assez longtemps pour entendre sonner les cloches de la nouvelle église paroissiale, et il annonça qu'après sa mort la terre provenant de l'emplacement de sa tombe, appliquée sur des membres malades, aurait un effet curatif. Malgré les efforts acharnés des ouvriers, ce n'est qu'aux obsèques du prêtre que les cloches retentirent pour la première fois. Après sa mort, les pèlerinages se poursuivirent et, à l'été de 1936, on signalait encore des guérisons obtenues selon la méthode qu'il avait indiquée. Toutefois, on remplaça la pierre sculptée qui avait été érigée sur sa tombe en 1895 par une dalle qui repose discrètement parmi plusieurs autres, sous une rangée de pins.

GERALD J. STORTZ

ARCAT, E. J. Kelly, « Biographical notes on clergy » ; L. — UCC-C, Perkins Bull coll. — *Catholic Record* (London, Ontario), juill.–août 1895. — *Catholic Register* (Toronto), 14 mars 1894–22 août 1895. — W. P. Bull, *From Macdonell to McGuigan : the history of the growth of the Roman Catholic Church in Upper Canada* (Toronto, 1939). — G. J. Stortz, « The Catholic priest in rural Ontario, 1850–1900 », *Religion and rural Ontario's past : proceedings of the fifth annual Agricultural History of Ontario Seminar*, A. A. Brookes, édit. (Guelph, Ontario, 1980), 32–51. — G. S. Tavender, *From this year hence, a history of the township of Toronto Gore, 1818–1967* (Brampton, Ontario, 1967). — *Toronto Daily Star*, 5 juill. 1936.

McVICAR, VICTORIA, fonctionnaire, enseignante et femme d'affaires, née vers la fin des années 1830 dans la région de Montréal, fille cadette de Robert

McVicar* et de Christina McBeath ; décédée célibataire le 29 septembre 1899 à Port Arthur (Thunder Bay, Ontario).

Les premières années de la vie de Victoria McVicar furent marquées par de nombreux déplacements, car son père chercha un emploi permanent après avoir quitté la Hudson's Bay Company en 1830. Une grande partie de son enfance se passa dans de petits établissements en bordure de la Huron Tract, dans le Haut-Canada. Puis, en 1860, sa famille alla s'installer au nord-ouest de la baie Thunder, à l'endroit appelé Prince Arthur's Landing (qui devint plus tard Port Arthur), près du ruisseau McVicar. Au cours de ces années de constants déplacements, Victoria McVicar n'eut comme attaches permanentes que sa parenté vivant dans la colonie de la Rivière-Rouge (Manitoba). Elle passa quelques mois chez ces parents en 1869 et 1870 et joua alors un rôle secondaire dans les négociations menées avec le chef métis Louis Riel* en vue de la libération des prisonniers qu'il détenait. Pour cet événement comme pour d'autres épisodes de sa vie, sa propre version des faits, plutôt théâtrale, est plus ou moins digne de foi. Le comportement de cette femme vive et un peu frustre n'impressionna guère Alexander BEGG, l'un des témoins de son intervention du 20 février 1870 : « Quand elle entra dans la pièce où se trouvait Riel, Mlle McVicar, qui voulait de toute évidence se donner en spectacle, se jeta à genoux en criant : Pitié ! Pitié ! Pitié ! Tout le monde, sauf la demoiselle elle-même, fut choqué. »

À cette époque, Victoria McVicar, sa sœur Christina et leur mère, devenue veuve, habitaient à Fort William (Thunder Bay, Ontario) car on avait transféré leur principale source de revenus, le bureau de poste, du ruisseau McVicar à cet endroit au milieu des années 1860. Pendant plusieurs années, Victoria seconda sa sœur, qui fut maîtresse de poste de 1864 à 1895 ; elle lui succéda ensuite dans cette fonction. Au cours des années 1860, elle fut aussi préceptrice des enfants de certains employés de la Hudson's Bay Company ; c'est pourquoi l'on a dit qu'elle fut la première enseignante de Fort William.

Toutefois, la renommée que Victoria McVicar acquit dans sa région est surtout attribuable à son habileté à négocier avec les ministères et les acheteurs éventuels de biens fonciers. En 1867, les sœurs McVicar réclamèrent 600 acres à proximité de leur première résidence de Prince Arthur's Landing sous prétexte qu'on avait promis ce terrain à leur père. Peu de temps après, elles présentèrent une requête au nom de leur mère pour obtenir, à Fort William, un terrain de 50 acres afin que la famille continue à tenir le bureau de poste. Elles eurent gain de cause dans les deux cas. Plus tard, la part de Victoria dans les biens de la famille s'accrut grâce aux legs que lui firent sa mère, en 1878, et sa sœur, en 1895. Son frère George A., ancien associé de Duncan McKellar dans l'exploitation de la mine Shuniah, possédait aussi dans la région des biens immobiliers importants.

En 1882, les deux sœurs retournèrent à Prince Arthur's Landing, impatientes de voir leurs vastes propriétés prendre de la valeur avec la construction des installations de la Compagnie du chemin de fer canadien du Pacifique. Il semble que Victoria ait été la porte-parole de sa famille en négociant avec la compagnie en 1883 un contrat très avantageux pour les McVicar. On sait qu'elle mena une longue bataille juridique au terme de laquelle on détermina la valeur des terrains en cause ainsi que les droits de captation de l'eau. Le bruit courut qu'après le règlement de l'affaire, dans les dernières années de sa vie, Victoria reçut un paiement comptant de 90 000 $. Mais, peu importe le montant qu'on lui versa, il est sûr que le développement de Port Arthur et de Fort William à l'avènement du chemin de fer accrut énormément la valeur des terres des McVicar. Victoria mourut en 1899, semble-t-il d'une « faiblesse cardiaque aggravée par un asthme aigu dont elle souffrait depuis longtemps ».

Les renseignements que laissa Victoria McVicar à son propre sujet sont très douteux mais il faut dire, en toute justice, qu'elle fit ses récits les plus extravagants pour amuser les enfants de son cousin de Toronto. Résolue, dure et âpre au gain, elle était également très émotive et se réfugiait parfois dans la fantaisie. Royaliste farouche, elle nourrissait aussi un attachement sentimental à l'Imperial Federation League. Elle était également dévouée aux membres de sa famille, surtout à ceux qui vivaient au loin. Attirée par le spiritisme, elle chercha à capter des messages de l'au-delà, mais Riel refusa obstinément de communiquer avec elle. Selon un homme de sa parenté, son comportement était celui des vieilles filles, surtout celles qui vivent dans des endroits isolés. Il devait être réconfortant pour les fonctionnaires du gouvernement et les négociateurs de la Compagnie du chemin de fer canadien du Pacifique de s'arrêter sur cet aspect de sa personnalité, et d'oublier ainsi l'habile femme d'affaires qui avait triomphé d'eux à maintes reprises.

ELIZABETH ARTHUR

City of Thunder Bay Records Centre and Arch. (Thunder Bay, Ontario), Contract of the CPR with the McVicar family, 9 août 1883. — Lakehead Univ. Library Arch. (Thunder Bay), 101, McVicar family papers. — Thunder Bay Hist. Museum Soc., McVicar papers. — Begg, *Red River journal* (Morton). — *Daily Sentinel* (Prince Arthur's Landing, plus tard Port Arthur [Thunder Bay]), 22 févr. 1882–29 avril 1893. — *Fort William Journal* (Fort William [Thunder Bay]), 1887–1899. — *Weekly Herald and Algoma Miner* (Port Arthur), 1882–1899. — *Weekly Sentinel* (Port Arthur), 29 juill. 1875–27 déc. 1895. — J. P. Bertrand, *Highway of destiny ; an epic story of Canadian development* (New York, 1959). — H. [W.] Charlesworth, *Candid chronicles : leaves from the note book of a Canadian journalist* (Toronto, 1925).

MANISTO'KOS. V. ONISTA'POKA

MANN, JOHN, ouvrier, auteur et fermier, né en juin 1798 à Kenmore (Tayside, Écosse), fils de John Mann, petit fermier, et de sa troisième femme, Margaret McGregor ; le 10 mars 1828, il épousa Margaret MacVane, et ils eurent sept enfants ; décédé le 19 février 1891 à Breadalbane, Nouveau-Brunswick.

Préoccupés par la lenteur de la croissance démographique du Nouveau-Brunswick et par le fait que les immigrants semblaient contourner la province, les membres de la chambre d'Assemblée votèrent en 1816 un montant de £1 000 pour venir en aide aux futurs colons. Pour cette somme, James Taylor, marchand à Fredericton, accepta de faire venir 134 immigrants d'Écosse. Comme le Nouveau-Brunswick avait besoin d'ouvriers et de domestiques, la majorité devait être des adultes de moins de 40 ans, de préférence non mariés. Taylor affréta le *Favorite* à Saint-Jean et, au début d'octobre 1816, les journaux écossais annonçaient qu'il était amarré dans la Clyde et que les gens disposés à s'établir au Nouveau-Brunswick pouvaient faire la demande d'un passage gratuit.

Le *Favorite* accosta à Saint-Jean en novembre 1816 avec 136 Écossais à son bord. Parmi eux se trouvait John Mann, un ouvrier de 18 ans. Il allait rejoindre des parents qui étaient installés dans le comté de Charlotte. « L'aspect lugubre et misérable du pays » ne l'impressionna guère ; pendant l'été de 1817, il travailla au chargement de navires et à la coupe de bois. Après un deuxième hiver dans le comté, il persuada un capitaine de l'employer sur son navire en échange de son passage vers l'Écosse. Cependant, le départ du navire fut remis plusieurs fois et Mann l'abandonna dans le port de Letang pour passer un autre hiver dans « ce détestable et froid pays ». Le navire partit sans lui et ne fut jamais revu.

En juin 1819, Mann se trouvait à Saint-Jean ; le 17 du même mois, il quitta la ville avec une équipe d'arpentage sous la direction de William Franklin Odell*, qui travaillait avec les membres d'une commission chargée d'établir la frontière entre le Nouveau-Brunswick et le Maine. Vers la fin de l'année, quand on n'eut plus besoin de ses services, Mann retourna dans le comté de Charlotte, où il demeura jusqu'à l'été de 1822. Puis, comme lui était parvenue « la renommée du Canada », il décida d'aller y faire une visite. Il passa par les États-Unis, traversa la rivière Niagara pour se rendre dans le Haut-Canada et visita quelques établissements de pionniers au nord-ouest du lac Ontario. Les colons établis à cet endroit lui semblèrent aussi pauvres et isolés que ceux du Nouveau-Brunswick. De retour dans l'Est, il prit un bateau à vapeur de Montréal à Québec ; de là, malgré son ignorance du français et de son itinéraire précis, il partit à pied pour la vallée de la Saint-Jean. L'année suivante, il retourna en Écosse.

Mann ne trouva pas dans son pays natal le bonheur qu'il cherchait. « À ma grande déception, écrivait-il, j'ai découvert que, s'il avait déjà été là, il s'était évaporé « comme le nuage du matin et comme la première rosée ». Peu de temps après son mariage en mars 1828, il décida de retourner au Nouveau-Brunswick. Il s'embarqua en août et vint s'établir avec sa femme à Breadalbane, dans le comté de Charlotte. Il travailla à la construction de bateaux durant un certain temps, puis devint fermier. Sa famille se trouva bientôt dans une meilleure situation qu'elle ne l'avait été en Écosse et, peu après son retour dans la province, il déclarait à son père : « Je ne veux pas me vanter de notre façon de vivre ici mais, si vous pouviez voir notre table, vous ne trouveriez pas que nous faisons pitié. »

On sait peu de chose sur ce que devint Mann au cours des années suivantes, si ce n'est qu'il participa aux activités de l'Église baptiste et fit un peu de prédication. À la fin de sa vie, on l'appelait le diacre Mann. On l'inhuma dans la ferme qu'il avait établie dans le comté où quelques-uns de ses descendants résident encore.

En 1824, pendant qu'il se trouvait en Écosse, John Mann avait publié deux livres intitulés *Travels in North America* [...] et *The emigrant's instructor*. Le premier raconte surtout ses expériences au Nouveau-Brunswick et son voyage dans le Haut-Canada. La plupart des écrits de ce genre furent rédigés par des gentilshommes voyageurs [V. Patrick Campbell*], des militaires de carrière [V. George Drought Warburton*] ou des ecclésiastiques [V. Joshua Marsden*] ; le livre de Mann possède une certaine originalité en ce sens qu'il est d'un travailleur intelligent mais pas très instruit. Sa description du voyage sur le *Favorite* constitue le premier compte rendu de la vie à bord d'un navire d'immigrants à destination du Nouveau-Brunswick. Il poursuit avec un récit animé de la vie des colons disséminés dans la province, à l'époque où le mode de transport le plus courant était le canot. Son récit est basé sur les faits, et son style est direct et simple. Mann ne tente pas de faire la morale ni de comparer constamment avec les conditions de vie au pays. Il évite aussi les généralisations très courantes dans les récits de voyageurs. Son autre livre, *The emigrant's instructor,* était un guide destiné à ceux qui voulaient immigrer au Nouveau-Brunswick, au Canada et à New York. Bien qu'il manque de données statistiques, il ressemble à d'autres ouvrages du genre écrits au début du XIXe siècle [V. Alexander Wedderburn*] ; il contient cependant des renseignements intéressants sur les lieux que Mann visita.

WILLIAM A. SPRAY

John Mann est l'auteur de : *The emigrant's instructor* (Glasgow, Écosse, 1824) ; et *Travels in North America : particularly in the provinces of Upper & Lower Canada, and New Brunswick, and in the states of Maine, Massachusets, and New-York* [...] *from 1816 to 1823* (Glasgow, 1824 ; réimpr. avec introd. de W. A. Spray, Fredericton, 1978).

APNB, RG 4, RS24, S25, « Number, names and descriptions of settlers brought into the province by Mr. James Taylor ». — Arch. privées, Horace Hanson (Fredericton), Letters and family papers. — Historicus, « The story of an emigrant », *New Brunswick Magazine* (Saint-Jean), 3 (juill.-déc. 1899) : 23–35, 70–80. — *New-Brunswick Royal Gazette*, 12 nov., 3 déc. 1816.

MARCHAND, FÉLIX-GABRIEL, cultivateur, notaire, homme politique, éditeur, journaliste, officier de milice et écrivain, né le 9 janvier 1832 à Dorchester (Saint-Jean-sur-Richelieu, Québec), fils de Gabriel Marchand* et de Mary Macnider ; le 12 septembre 1854, il épousa à Terrebonne, Québec, Hersélie Turgeon, et ils eurent 11 enfants ; décédé le 25 septembre 1900 à Québec et inhumé le 29 du même mois au cimetière Belmont à Sainte-Foy.

Félix-Gabriel Marchand passe son enfance dans le domaine de Beauchamps, près du village de Dorchester, où son père s'était établi après avoir fait fortune dans le commerce du bois. Mary l'éduque dans la langue anglaise. Gabriel lui inculque l'amour de la patrie, du catholicisme et de l'agriculture. Il fait dans sa famille, dont la maison est largement ouverte aux amis, l'apprentissage de la tolérance et de l'urbanité. Il entreprend ses études dans une école primaire anglaise, puis en 1843 son père l'inscrit au collège de Chambly pour qu'il apprenne le français. Il fréquente le séminaire de Saint-Hyacinthe de 1845 à 1849 et y reçoit une éducation influencée par le libéralisme catholique et largement ouverte sur l'actualité.

Marchand opte ensuite pour le notariat. Le 18 février 1850, il commence un stage de clerc à Saint-Jean (Saint-Jean-sur-Richelieu) auprès de Thomas-Robert Jobson. En mai, son père l'autorise à se rendre en Europe ; il visite Marseille, puis séjourne deux mois à Paris. À la mi-août, il est à Glasgow. De retour en septembre, il poursuit son stage chez Jobson. Son père meurt en 1852 et, durant l'été de 1853, il hérite de la terre paternelle. Il se marie l'année suivante et s'installe avec son épouse dans le domaine de Beauchamps. Reçu notaire le 20 février 1855, Marchand ouvre une étude à Saint-Jean et, le 1er mars il signe le premier des 6 324 actes notariés qu'il établira durant sa carrière.

Marchand partage son temps entre son étude et le domaine de Beauchamps qu'il veut convertir en une ferme modèle exploitée selon les méthodes culturales les plus modernes. Son écurie loge les meilleurs coursiers de la région. Son ascendant familial, sa pratique notariale et son activité dans les sociétés agricoles lui valent graduellement une notoriété qui favorise son insertion dans la vie publique. Il est élu conseiller municipal de Saint-Jean en janvier 1858, trésorier de la Chambre des notaires du district d'Iberville en 1860, président de la société d'agriculture locale l'année suivante, puis président de la commission scolaire de la paroisse Saint-Jean-l'Évangéliste en 1863. Par ailleurs, il suit de près la politique provinciale. Il fréquente les « rouges », notamment François BOURASSA, mais par tradition familiale et par éducation il est plus à l'aise avec les libéraux modérés, tels Louis-Amable Jetté* et Charles Laberge*, qui vouent un attachement profond à l'Église, à la démocratie et à la nation. Ceux-ci, en réponse à la condamnation de l'Institut canadien par Mgr Ignace Bourget* au printemps de 1858, se sont regroupés et ont fondé l'Institut canadien-français.

Cet institut est le lieu où les libéraux modérés affinent leurs thèses et cherchent leur voie entre les « bleus » et les rouges. C'est sans doute dans son giron que germe l'idée d'un journal. En 1860, avec son ami Laberge et Isaac Bourguignon, Marchand fonde *le Franco-Canadien*, bihebdomadaire qui se présente comme l'organe libéral de la région. Rédigé par Marchand, le prospectus promet une analyse des événements politiques dans une perspective catholique et canadienne-française.

En 1861, l'affaire du *Trent* [V. sir Charles Hastings Doyle*] met une sourdine aux luttes politiques. La crainte d'un conflit avec les États-Unis amène le gouvernement à renforcer la milice. L'effervescence est grande à Saint-Jean, localité située près de la frontière. Le 19 décembre 1862, Marchand et Laberge en appellent à l'honneur national pour lever une compagnie d'infanterie de milice volontaire. D'autres compagnies surgissent et, le 23 mai 1863, toutes sont fusionnées dans le 21e bataillon de milice volontaire. Nommé capitaine de la deuxième compagnie, Marchand gravit prestement tous les échelons et devient, le 22 juin 1866, lieutenant-colonel et commandant du bataillon. Le conflit ne se produit pas, mais le 21e bataillon n'en est pas moins appelé en juin 1866 et au printemps de 1870 à surveiller la frontière menacée par les féniens.

Les rumeurs de guerre dissipées, les jeux de la politique reprennent leurs droits. *Le Franco-Canadien* fait campagne contre le projet d'une confédération des colonies britanniques de l'Amérique du Nord, suivant en cette matière la politique d'Antoine-Aimé DORION. Au printemps de 1867, dans une série d'articles longuement mûris, Marchand réitère sa préférence pour une fédération qui déléguerait certains pouvoirs à un gouvernement central plutôt que l'inverse. Quand la Confédération devient réalité le 1er juillet 1867, Marchand se rallie au nouveau régime, mais se promet de « travailler à lui donner, par des réformes opérées d'une manière constitutionnelle, les véritables caractères du système fédéral ».

C'est dans cet état d'esprit qu'il brigue les suffrages dans la circonscription de Saint-Jean à l'Assemblée législative. La campagne électorale est terne. Son adversaire, Isaïe Bissonnette, de L'Acadie, partage ses vues politiques. La lutte dégénère en une rivalité entre Saint-Jean et certaines paroisses rurales. Les élections se déroulent les 19 et 20 septembre, et Marchand l'emporte.

À l'ouverture de la première session de la législature le 27 décembre 1867, Marchand se fond dans la cohue des députés anonymes. L'Assemblée est composée de représentants issus à 70 % des professions libérales, sans expérience parlementaire. Les liens de parti sont plutôt lâches, tout spécialement chez certains libéraux qui rêvent d'une union des bonnes volontés dans l'intérêt du bien public. Ils sont 14 à s'afficher libéraux et prêts à jouer le rôle de loyale opposition au gouvernement du premier ministre Pierre-Joseph-Olivier Chauveau*, qui peut compter sur l'appui ou la bienveillance d'une cinquantaine de députés. L'atmosphère est détendue : Chauveau est conciliant et Henri-Gustave Joly*, la tête d'affiche de l'opposition, est courtois.

Marchand, qui siège dans l'opposition, se définit davantage comme un homme d'idées et de principes que comme un politicien partisan. En mars, il avait énoncé son attitude fondamentale : « Pas d'intolérance, pas de persécution ; mais notre part légitime de pouvoir suivant notre nombre, et rien de moins. » Il n'a pas de programme politique, mais son rêve d'une union des bonnes volontés jaillit d'une préoccupation – l'amélioration des industries agricoles et manufacturières pour freiner l'émigration – et de deux idées bien arrêtées : réduction des dépenses publiques et indépendance de la chambre face aux menées des groupes de pression et aux ambitions centralisatrices du gouvernement fédéral. L'expérience du système parlementaire l'amène à réviser ses positions sur les luttes partisanes. Il se range à l'avis de Joly qui cherche à organiser l'opposition en un parti politique bien structuré. Il travaille donc en équipe avec lui, Pierre Bachand*, Édouard Laberge, Louis Molleur* et Victor Robert. En mars 1869, le caucus choisit officiellement Joly comme chef de l'opposition, et Marchand, devenu son intime, siège avec lui en face du premier ministre. On le reconnaît alors comme le lieutenant du chef. Aux élections de 1871, la victoire de libéraux radicaux, tels Luther Hamilton Holton*, Télesphore FOURNIER et Maurice Laframboise*, permet à l'opposition de se démarquer davantage ; en 1875, elle disposera d'une organisation politique solidement implantée dans Montréal, Québec et Saint-Hyacinthe. Mais Marchand supportera toujours mal les contraintes partisanes. Encore en décembre 1871, il appuie Honoré MERCIER qui, par la création d'un parti national sur la scène fédérale, s'efforce de briser les carcans bleus et rouges.

De 1867 à 1875, Marchand intervient régulièrement en chambre. « Grand, mince, élancé », au dire d'Auguste Achintre*, « [il] a l'envergure d'un officier de cuirassiers, les manières affables d'un notaire, l'impassibilité d'un juge et l'esprit d'un homme de lettres ». Il se révèle un député assidu, travailleur, pondéré, tenace, soucieux de l'intérêt général et respectueux d'autrui. Il s'impose graduellement comme orateur bien plus par sa connaissance des dossiers, par l'élévation de sa pensée et par ses saillies et ses calembours qui dérident l'Assemblée que par son éloquence. Il intervient sur des questions ponctuelles qui touchent sa circonscription, le notariat ou les finances publiques, mais deux problèmes lui tiennent particulièrement à cœur : le double mandat et la colonisation. Dès le 23 janvier 1868, il introduit un projet de loi qui vise à abolir le double mandat. Il invoque les pressions que le gouvernement fédéral exerce sur l'Assemblée par l'entremise des doubles mandataires, la fausse position de ces derniers qui votent au provincial des lois pour lesquelles ils disposent d'un droit de veto au fédéral, les retards qu'entraînent dans les travaux du Parlement les séjours prolongés à Ottawa des doubles mandataires. Le projet de loi est repoussé mais, chaque année, Marchand le ramène devant les députés jusqu'à son adoption en janvier 1874. La colonisation est un autre thème qu'il aborde tous les ans et qu'il envisage dans la perspective de l'émigration des Canadiens français aux États-Unis, dont il n'a cependant qu'une vue étriquée qui occulte le jeu des forces économiques nord-américaines. Selon lui, les émigrants ne sont ni des aventuriers ni des fainéants, mais des jeunes gens en quête de travail ou des pères de famille désireux de donner à leurs enfants les moyens de subsister. Il soutient que l'État pourrait par une intervention judicieuse faire cesser ce mouvement migratoire. Le 21 janvier 1869, il suggère de transformer les sociétés d'agriculture en sociétés de colonisation financées par le gouvernement et le public et dotées d'un territoire qu'elles quadrilleraient de routes et lotiraient en terrains concédés gratuitement aux colons. Même si le projet est rejeté, le gouvernement s'en inspirera par la suite dans sa politique de colonisation.

À l'époque, une session dure une quarantaine de jours, généralement de novembre à février. La chambre se réunit l'après-midi à trois heures et les députés siègent jusqu'à six heures – en cas de nécessité, les travaux se poursuivent le soir de sept heures trente à onze heures. Le rythme des sessions scandé par quatre temps forts – discours du trône, débat sur l'adresse, discours du budget et prorogation – est lent au début, mais prend l'allure d'un sprint final qui favorise le vote à la vapeur des projets de loi. Le cycle de la session laisse aux députés des loisirs qui sont parfois, chez Marchand, source de vague à l'âme, car il s'ennuie beaucoup de sa femme et de ses enfants. Pour meubler ses moments de solitude, il y a la compagnie de Bachand, la lecture et la création littéraire, la rédaction d'articles pour *le Franco-Canadien*.

À l'automne de 1869, Marchand a installé sa famille dans une magnifique maison en brique à deux étages qu'il a fait ériger rue Saint-Charles, à Saint-Jean, juste en face de celle de son ami Laberge. En décembre, il y a logé son étude. En février 1872, il a vendu sa ferme à son frère Charles-Jubilé. Entre les sessions, il a tout le loisir de se retremper dans le milieu familial, de renouer contact avec ses électeurs et de s'engager dans la vie locale. Il accepte en janvier 1868 la charge de marguillier de la paroisse Saint-Jean-l'Évangéliste et il participe en décembre, avec son ami Louis Molleur, à la mise sur pied de la Société permanente de construction du district d'Iberville. On l'élit en février 1870 représentant de ce district à la Chambre des notaires de la province de Québec et, en 1872, président de la commission scolaire de Saint-Jean. L'année suivante, toujours avec Molleur, il participe à la fondation de la Banque de Saint-Jean, dont il sera membre du conseil d'administration de 1873 à 1879, puis le 17 octobre 1874 à celle de la Compagnie manufacturière de Saint-Jean, dont il sera aussi membre du conseil d'administration jusqu'à sa disparition en 1877.

En 1874, en pleine crise économique, le gouvernement provincial adopte une politique de subventions aux chemins de fer. C'est le début des emprunts publics, qui grèvent les finances gouvernementales, et l'ère des manœuvres politiques émaillées de scandales. Même si Marchand reconnaît que les chemins de fer sont indispensables à l'essor de l'économie provinciale, fidèle à lui-même, il ne cesse, session après session, de faire des mises en garde contre certains aspects aventureux de la politique gouvernementale et le grenouillage qui entoure sa mise en application – tout spécialement en ce qui concerne la prise en charge par l'État du chemin de fer de Québec, Montréal, Ottawa et Occidental [V. Louis-Adélard Senécal*]. En 1876, avec Joly, il estime que ce chemin de fer coûtera 9 800 000 $ et qu'on s'achemine vers un désastre. La crise éclate en 1877 : mécontentes d'un changement dans le tracé, les municipalités refusent de verser les sommes promises. Acculé à la faillite, le gouvernement conservateur de Charles-Eugène Boucher* de Boucherville recourt à la taxation directe et tente de contraindre les municipalités récalcitrantes. Les libéraux accentuent leur opposition parlementaire. Marchand agite le « spectre de la Terreur » et qualifie « d'injuste et d'inutile » un projet de loi qui vise à mettre les municipalités au pas et qu'il dit rempli de « clauses iniques et vexatoires ».

La crise débouche sur le « coup d'État » de Luc Letellier* de Saint-Just qui appelle Joly à former le gouvernement le 2 mars 1878. Marchand est assermenté à titre de secrétaire de la province le 8 mars, puis de commissaire des Terres de la couronne le 19 mars 1879. Les libéraux, qui ne peuvent compter sur une majorité sûre en chambre, se contentent de poursuivre la construction ferroviaire et de pratiquer une politique de restrictions budgétaires, n'hésitant pas à retrancher des postes dans la fonction publique, voire à abolir la police provinciale. Le 4 juin 1878, Marchand propose sans succès la suppression du Conseil législatif. Il commet un impair l'année suivante en vendant 5 000 $ à Hamond Gowen, dont il ignore les liens de parenté avec le premier ministre, un terrain évalué à 17 000 $. Les conservateurs croient tenir un scandale, mais un comité parlementaire reconnaît la bonne foi de Marchand et conclut qu'il a pris une décision discutable, mais qui n'entache en rien sa réputation. Ce jugement ne prolonge guère la survie du gouvernement Joly qui s'effondre le 30 octobre 1879, lorsque cinq députés, habilement noyautés par Joseph-Adolphe CHAPLEAU, changent de camp.

Marchand n'est pas candidat à la succession de Joly car il n'a pas réussi à s'imposer comme une figure populaire. Il manque de charisme. Tout naturellement, les libéraux se regroupent plutôt derrière Mercier qu'ils choisissent comme chef en 1883. Marchand se cantonne alors dans le rôle de fidèle lieutenant. Cette position lui permet de prolonger ses séjours à Saint-Jean et lui laisse du temps pour écrire. Jusque-là, il avait surtout fait du journalisme et publié quelques œuvres mineures – *Fatenville* (1869), une comédie, et *Erreur n'est pas compte ou les Inconvénients d'une ressemblance* (1872), un vaudeville – qui lui avaient valu la nomination d'officier de l'Instruction publique en 1879, une décoration française, et de membre fondateur de la Société royale du Canada en 1882. Commencent alors des années d'intense création littéraire. En 1883, il publie une comédie en prose, *Un bonheur en attire un autre*, suivie d'une autre en 1884, *les Travers du siècle*. L'année 1885 est une année faste : il fait paraître *le Lauréat*, un opéra bouffe, *les Faux Brillants*, une comédie en vers, et *l'Aigle et la Marmotte*, une fable. Enfin, il publie en 1889 un texte en prose intitulé *Nos gros chagrins et nos petites misères*. Marchand met en scène des personnages à la psychologie un peu courte et souvent empêtrés dans des situations invraisemblables ou des intrigues rocambolesques. Son souci est de divertir et de montrer à l'œuvre dans le monde une justice immanente qui récompense la vertu et punit le vice – thème qui, au dire du critique littéraire Jean Du Berger, « est le schéma traditionnel dont toute littérature naissante hérite ». Non seulement le public apprécie son humour et son sens de la caricature, mais on reconnaît son œuvre : il est élu membre de l'Académie des muses santones (France) en 1883 ; l'université Laval lui décerne un doctorat ès lettres en 1891 et on l'élit président de la Société royale du Canada en 1897.

Marchand mène de front son activité littéraire et politique. En juillet 1883, pour contrer les radicaux de *la Patrie* qui n'acceptent pas le leadership de Mercier, il fonde *le Temps* avec ce dernier et Toussaint-Antoine-Rodolphe LAFLAMME, et en devient rédacteur en chef. *La Patrie* se range et *le Temps* cesse de paraître le 15 octobre. De 1882 à 1885, Marchand appuie Mercier en chambre et sur les estrades publiques. Il le suit dans la tourmente qu'engendre l'affaire Riel en 1885 [V. Louis Riel*] – il approuve le soulèvement des Métis qui, à son avis, « avaient épuisé tous les moyens constitutionnels » – et il triomphe avec Mercier aux élections du 14 octobre 1886. Marchand aurait droit à un poste de ministre, mais Mercier lui offre plutôt la présidence de l'Assemblée, signe évident qu'il n'est pas au sein du parti un homme fort, bien qu'on le respecte. La présidence le maintient au-dessus des lignes de partis et à l'écart de la vie trépidante des ministres. Marchand s'acquitte de sa fonction avec dignité, amabilité et impartialité. Au dire d'un courriériste parlementaire, sous sa présidence les membres du Parlement auraient vécu les cinq sessions « les plus mondaines » depuis 1867. En coulisse, cependant, Marchand fait sentir à Mercier son désaccord sur les dépenses somptuaires et la politique de grandeur de son régime. Il a la prémonition des poètes. À l'automne de 1891, le scandale de la baie des Chaleurs compromet le gouvernement et discrédite Mercier. Le lieutenant-gouverneur Auguste-Réal Angers* démet ce dernier le 21 décembre 1891. Bleus et rouges lavent leur linge sale en public au cours de la campagne électorale acharnée de l'hiver de 1892. À titre de président de l'Assemblée, Marchand se présente comme le « gardien obligé de la dignité et des prérogatives de l'Assemblée législative ». Il dénonce le comportement « arbitraire et inconstitutionnel » du lieutenant-gouverneur. Et il s'autorise de son titre de président pour se dissocier des agissements de certains libéraux. Le 8 mars, réélu avec une faible majorité de 167 voix, il traîne son adversaire, Jacques-Emery Molleur, devant les tribunaux pour diffamation. Marchand sauve sa tête et sa réputation, mais le parti libéral sort de ces élections éclaboussé, décimé et sans chef. L'heure est à la reconstruction et, tout naturellement, les naufragés se tournent vers Marchand, le doyen et la conscience du parti.

Marchand a 60 ans. Il est l'aîné parmi les députés, et on le surnomme affectueusement le « Père Marchand ». Il a laissé la plus grande partie de sa fortune dans la politique. D'un naturel placide et froid au premier abord, il se révèle dans l'intimité un homme bienveillant, simple et courtois. En public, il tient le langage de la raison. Au dire de son gendre, Raoul Dandurand*, il n'est pas un orateur et n'a pas de charisme, « il parl[e] très correctement sa langue, mais sans aucune chaleur ». On apprécie son allure sereine, remplie de bonhomie, mais on lui reproche de manquer de vigueur dans ses harangues. Caractère conciliant mais ferme, esprit élevé, politique entièrement dévoué à l'intérêt public et d'une conduite irréprochable, il projette l'image d'un honnête homme peu porté vers les aventures. Ce n'est ni un visionnaire ni un rassembleur d'hommes ni, à vrai dire, un homme de parti, mais un fier patriote et un libéral de la vieille école enclin à laisser le jeu du marché décider du sort des hommes et vigilant à faire respecter les règles de juste conduite individuelle et les droits de sa culture. Selon lui, les députés devraient être les gestionnaires de la chose publique. Il a plusieurs atouts en mains : une connaissance intime de la vie politique provinciale et des stratégies parlementaires, l'estime de Wilfrid Laurier*, chef du parti libéral canadien, le respect de ses adversaires ; s'y ajoute le désarroi de la jeune garde du parti, dont Charles Fitzpatrick*, François-Gilbert Miville Dechêne, Adélard Turgeon, Rodolphe Lemieux*, les frères Jules et Auguste Tessier, qui voient en Marchand un homme de transition. Il accepte donc la fonction de chef de l'opposition, dont l'objectif premier est de redonner une crédibilité au parti libéral et de miner celle des adversaires. À la politique conservatrice qui recourt à la taxation directe et aux emprunts pour restaurer les finances publiques, il en oppose une de restrictions budgétaires, caractérisée par l'abolition du Conseil législatif, des retranchements dans la fonction publique et des réductions importantes dans les dépenses des ministères. La vente de l'asile de Beauport (1893–1894), l'emprunt gouvernemental à Paris (1893), la démission du trésorier John Smythe Hall* (1894) donnent lieu à de grands débats au cours desquels Marchand dénonce l'absence d'une politique financière cohérente et efficace. Le 11 décembre 1895, dans un discours retentissant et bien documenté, il peint sous les jours les plus sombres les finances publiques et propose une trêve entre les partis pour sauver le patrimoine.

Très habilement, Marchand prépare le thème de la prochaine campagne électorale, qui stigmatisera la « politique d'expédients et d'opportunisme » des conservateurs. Ce thème prend d'autant plus auprès des électeurs que les conservateurs de la province, dirigés par Louis-Olivier Taillon* et toujours empêtrés dans le scandale McGreevy [V. Thomas MCGREEVY], projettent l'image d'un parti en voie de désagrégation. Les libéraux ont le vent dans les voiles. La popularité de Laurier est à son zénith et la victoire qu'il remporte aux élections fédérales du 23 juin 1896 est de bon augure pour Marchand. Désireux de profiter à plein de cette vague libérale, il effectue une tournée de la province à l'automne de 1896 et, le 28 novembre, à Montréal, il tient un grand ralliement des organisateurs libéraux. De fait, ce sont les hommes de Laurier qui tirent les ficelles et la jeune garde du parti qui se bat farouchement. Dandurand, responsable de la campagne, crée des clubs libéraux partout dans la province et assure le contact entre Laurier et Marchand. De sa retraite de Spencer Wood, Chapleau manœuvre vainement pour susciter une coalition des bleus et des rouges – bien sûr, sans les ultramontains – dirigée par son ami Guillaume-Alphonse Nantel*. La campagne électorale du printemps de 1897 dégénère en une lutte entre Laurier et « le ministère des taxeux », comme on se plaît à caricaturer le gouvernement conservateur, et Marchand a peu d'influence sur son résultat. Le 11 mai, les libéraux sont élus et, le 24, Marchand est assermenté à titre de premier ministre.

Porté au pouvoir par la popularité de Laurier, alors enclin à plaire à l'épiscopat catholique et à rassurer les électeurs, Marchand n'a pas les coudées franches dans la formation de son cabinet. À l'évidence, Laurier a la haute main sur ce cabinet provincial. Le premier ministre s'installe avec son épouse à Québec chez son gendre Arthur Simard, au 25 de la rue Sainte-Ursule ; il vendra à Dandurand sa propriété de Saint-Jean en janvier 1898. Il s'apprête à réaliser son programme électoral qui se résume en trois promesses : l'assainissement des finances publiques, la mise en valeur des ressources naturelles et la réforme de l'instruction publique.

L'absolue probité de Marchand, le retour d'une conjoncture économique à la hausse, les besoins des États-Unis en matières premières et une nouvelle vague d'industrialisation basée sur l'électricité, tout concourt à la réalisation des promesses électorales. Marchand en vient à boucler le budget provincial et même à déclarer de légers surplus. Insensible aux quémandeurs – sauf, bien sûr, s'ils sont recommandés par son ami Laurier – et les yeux rivés sur « les rentrées de chiffres », il administre la province comme un directeur de banque. La croissance économique marque aussi des points, comme en témoignent l'activité manufacturière, l'industrie laitière, les pâtes et papiers et l'émergence de nouvelles villes telles que Shawinigan et Grand-Mère.

Mais, sur le plan scolaire, Marchand connaît un échec retentissant. Au cours de la campagne électorale, il avait énoncé les grandes lignes d'une réforme qui laisserait au conseil de l'Instruction publique, selon ses propres termes, « le contrôle absolu de tout ce qui n'est pas de pure administration matérielle », mais confierait à un ministre responsable devant l'Assemblée « la gérance et l'administration matérielle de l'organisation scolaire », donc la responsabilité « du bon fonctionnement et de l'efficacité des écoles communes ». Marchand a en tête des objectifs bien précis : l'amélioration de l'enseignement par le perfectionnement des instituteurs et par un système d'inspectorat, l'uniformité des manuels, et la diminution des frais scolaires par des subsides accrus aux écoles communes. Ce projet modéré, reste bien en deçà des espérances des radicaux mais semble très dangereux aux yeux d'un épiscopat ultramontain et pointilleux sur les privilèges acquis. Marchand fait adopter son projet de loi par l'Assemblée le 5 janvier 1898 et l'envoie pour étude au Conseil législatif. L'archevêque de Montréal, Mgr Paul Bruchési*, qui s'opposait à ce projet et qui avait vainement tenté de rallier le pape Léon XIII à sa cause, ne se tient pas pour battu. Il enrôle les évêques et charge Thomas Chapais* de bloquer le projet au Conseil législatif ; le 10 janvier, les conseillers le rejettent. Deux jours plus tard, Marchand en présente un nouveau qui, de fait, est surtout une codification des lois scolaires existantes.

Cet échec – et la tourmente politique qui l'a accompagné – a miné la santé de Félix-Gabriel Marchand qui souffre d'artériosclérose. Il travaille au ralenti, mais prépare sa revanche. Le 9 mars 1900, il présente un projet de loi pour abolir le Conseil législatif qu'il justifie par le fait que les conseillers ne représentent ni une classe sociale ni l'opinion publique, mais des intérêts individuels et des créatures politiques. Se sentant indisposé, il ne peut terminer son discours et se retire de l'Assemblée. En mai, il doit cesser toute activité. Une rechute en septembre l'oblige à garder le lit. Il meurt chez son gendre, à Québec, le 25 septembre, ne laissant à sa femme qu'une maigre police d'assurance et quelques biens. « La Probité est en deuil, que le vieil Honneur porte le crêpe », commente le courriériste de *la Patrie*.

MICHÈLE BRASSARD ET JEAN HAMELIN

Félix-Gabriel Marchand a regroupé l'ensemble de son œuvre littéraire dans *Mélanges poétiques et littéraires* paru à Montréal en 1899. Certains de ses discours politiques ont été publiés de même que son ouvrage *Manuel et Formulaire général et complet du notariat de la province de Québec* (Montréal, 1891 ; 2e éd., 1892).

AC, Québec, État civil, Catholiques, Notre-Dame de Québec, 29 sept. 1900. — ANQ-M, CE6-24, 12 sept. 1854. — ANQ-Q, P-174. — Paul Bruchési, « Oraison funèbre de l'hon. M. F.-G. Marchand [...] », *la Semaine religieuse de Montréal* (Montréal), 36 (juill.–déc. 1900) : 211–214. — *Débats de la législature provinciale* (G.-A. Desjardins et al.). — Débats de *l'Assemblée législative (M. Hamelin).* — Le Canada français/le Franco-Canadien (Saint-Jean-sur-Richelieu, Québec), 1er juin 1860, 1er, 5, 8, 15, 26, 29 mars, 2, 5, 16 avril, 2 juill. 1867, 28 sept., 5, 12 oct. 1900. — *La Presse*, 26 sept. 1900. — *Le Soleil*, 26 sept. 1900. — Auguste Achintre, *Manuel électoral ; portraits et dossiers parlementaires du premier Parlement de Québec* (Montréal, 1871; réimpr., 1871). — F.-M. Bibaud, *le Panthéon canadien ; choix de biographies,* Adèle et Victoria Bibaud, édit. (nouv. éd., Montréal, 1891). — *Canadian album* (Cochrane et Hopkins), 2. — *Canadian biog. dict.*, 2. — *Cyclopædia of Canadian biog.* (Rose et Charlesworth). — J. Desjardins, *Guide parl.* — DOLQ, 1. — Louis Garon, « Inventaire analytique du fonds Félix-Gabriel Marchand », ANQ *Rapport*, 1974 : 127–210. — Réginald Hamel *et al.*, *Dictionnaire pratique des auteurs québécois* (Montréal, 1976), 478–479. — J. Hamelin *et al.*, la *Presse québécoise*, 1–4. — *Quebec directory*, 1896–1901. —

RPQ. — Wallace, *Macmillan dict*. — Lionel Fortin, *Félix-Gabriel Marchand* (Saint-Jean-sur-Richelieu, 1979). — Edmond Lareau, *Histoire de la littérature canadienne* (Montréal, 1874). — Rumilly, *Hist. de la prov. de Québec*, 1–9. — L.-P. Audet, « le Projet de ministère de l'instruction publique en 1897 », SRC *Mémoires*, 4e sér., 1 (1963), sect. I : 133–161. — Bernard Chevrier, « le Ministère de Félix-Gabriel Marchand (1897) », *RHAF*, 22 (1968–1969) : 35–46.

MARÉCHAL, LOUIS-DELPHIS-ADOLPHE (baptisé **Louis-Delphis**), prêtre catholique et vicaire général, né le 23 janvier 1824 à Montréal, fils de Louis Dière, dit Maréchal, et de Geneviève Saint-Denis ; décédé le 26 juillet 1892 au même endroit.

Fils d'un tanneur de Saint-Henri (Montréal), Louis-Delphis-Adolphe Maréchal commence ses études dans son village, puis le petit séminaire de Montréal le reçoit gratuitement à titre d'externe en 1837. Il fait ses deux années de philosophie et remplit en même temps la fonction de lecteur en résidence au séminaire. Après avoir revêtu la soutane en septembre 1845, il entreprend ses études théologiques au grand séminaire de Montréal sous la direction du sulpicien Dominique Granet, tout en s'initiant à l'enseignement des éléments latins et de la versification.

Les besoins pastoraux du diocèse de Montréal sont pressants. Aussi, quelques jours après que Mgr Ignace Bourget* l'eut ordonné le 5 novembre 1848, Maréchal est nommé pour assister le curé de la grosse paroisse Saint-Martin, dans l'île Jésus. Orienté par Granet dans les voies de la spiritualité française du XVIIe siècle, il trouve rapidement joie et fierté dans la nouvelle mission qui lui sera donnée de desservir les territoires de colonisation : Sainte-Julienne, Saint-Patrice, à Rawdon, et le canton de Kilkenny, entre autres. Installé à Saint-Esprit puis à Saint-Jacques-de-l'Achigan (Saint-Jacques), il visite avec des collègues l'arrière-pays où l'ignorance religieuse et l'immoralité des adolescents laissés à eux-mêmes le scandalisent. En revanche, lorsqu'il s'occupe des paroissiens de Saint-Jacques-de-l'Achigan, il a des soucis plus familiers : quelle attitude adopter à l'égard des sympathisants du journal *l'Avenir* (Montréal) ? Que faire de ceux qui ne s'estiment pas obligés d'assister à la messe le dimanche et les jours de fête ? Comment clarifier les règlements de certaines confréries ?

En novembre 1850, Mgr Bourget juge Maréchal suffisamment formé pour lui confier la responsabilité d'une paroisse de colonisation, Saint-Alphonse. Ce dernier y trouve une population très dispersée de 500 personnes en âge de communier et bien disposée à l'égard de la religion. Maréchal aspire à la conduire dans les voies de la vie spirituelle qui est la sienne en catéchisant les jeunes, en confessant et en faisant communier tout le monde et en organisant deux confréries féminines.

Dix mois plus tard, on nomme Maréchal desservant de Saint-Ambroise ; en février 1852, son évêque le rappelle pour lui confier sa première véritable cure, l'importante paroisse Saint-Cyprien, à Napierville, qui compte alors près de 5 000 âmes. Après la période pascale, Maréchal a la surprise de constater que près de 30 % de ses paroissiens n'ont pas accompli leur devoir pascal selon les règles. Il y a donc du travail de conversion en perspective et le jeune curé organise une grande mission de trois semaines que prêchent les Oblats de Marie-Immaculée. En même temps, il participe à des travaux de réfection aux galeries latérales des jubés de l'église.

Pourtant Maréchal se sent divisé entre ses actions, généralement réussies, et sa vie intérieure marquée d'ascétisme et d'aspirations à l'expérience intime de Dieu, sans résultats sensibles. Il est vraisemblable de penser que sa décision subite de se porter volontaire pour devenir aumônier des Sœurs de Sainte-Anne, le 15 août 1853, lui soit apparue comme la meilleure solution à son dilemme, une fuite en avant centrée sur la vie intérieure. Sanctionnée par Bourget comme une réponse du ciel, cette nomination allait affecter le destin de plusieurs femmes de la jeune communauté qui quittait alors Vaudreuil pour s'établir à Saint-Jacques-de-l'Achigan.

Dès le début de septembre, les premiers contacts de Maréchal avec la fondatrice et supérieure de la communauté, Esther Sureau*, dit Blondin, dite mère Marie-Anne, sont des plus froids. Bourget refuse la demande de celle-ci de changer d'aumônier et situe d'entrée de jeu le problème sur le plan de l'obéissance et de l'humilité face aux décisions des supérieurs ecclésiastiques. Maréchal n'interprétera jamais autrement la résistance tant de la supérieure que de son assistante et de la majorité des membres de la communauté à ses interventions destinées à former l'esprit religieux. La tension monte durant les premiers mois au point où Paul-Loup Archambault*, supérieur de la communauté à sa création, suggère à Bourget, en février 1854, de remplacer Maréchal. La crise éclate l'été suivant. Devant la résistance de la supérieure à suivre ses conseils, Maréchal la juge impropre à former des religieuses, convaincu qu'il est de son orgueil, de sa fourberie et de son esprit d'intrigue. Il faut l'éloigner. Bourget procède en ce sens et relève mère Marie-Anne de ses fonctions. Le choc de ce désaveu de la part des supérieurs ecclésiastiques la rend malade, à un point tel que le médecin la juge perdue. Maréchal estime devoir briser son obstination et refuse de la confesser à moins qu'elle ne reconnaisse sa résistance comme une faute spirituelle. À la fin d'octobre, la lutte, qui en est une de mainmise des clercs sur une jeune communauté féminine dont les responsables ne veulent pas abdiquer leur jugement et où tous les acteurs parlent le même langage religieux, commence à faiblir. Maréchal va au couvent presque chaque jour : le matin à dix heures pour expliquer une méthode d'oraison tirée de saint Ignace et l'après-midi à quatre heures pour la lecture spirituelle. Plus tard, il suggère des changements dans les règles, rédige un catéchisme abrégé sur les devoirs de la vie religieuse (1858) et un règlement des vacances d'été pour les sœurs.

À la mort du curé de Saint-Jacques-de-l'Achigan, Jean-Romuald Paré, en 1858, Maréchal obtient cette cure qu'il souhaitait. Il peut ainsi continuer à s'occuper des Sœurs de Sainte-Anne, non plus à titre d'aumônier mais de supérieur. Jusqu'en 1882, Maréchal ne semble avoir rencontré que des problèmes occasionnels : méfiance des paroissiens à l'égard du pouvoir temporel du pape (1860), cas d'un prêtre qui se livre à la vente de remèdes et à des consultations médicales même auprès des femmes, misère des cantons du Nord (1863), ivrognerie récurrente à l'occasion des fêtes de Noël. La paroisse est fervente, bien pourvue en confréries de toutes sortes et soucieuse du bon entretien de ses lieux de culte. C'est un pasteur mûri par l'expérience et moins intransigeant que l'évêque de Montréal Mgr Édouard-Charles FABRE, décide de nommer vicaire général en septembre 1882. Maréchal semble avoir œuvré dans l'ombre avec efficacité en aidant l'évêque, notamment dans la direction des communautés religieuses, et en s'intéressant au sort de leurs missions de l'Ouest.

Peu de temps après un voyage qui l'avait conduit jusqu'en Colombie-Britannique, Louis-Delphis-Adolphe Maréchal meurt terrassé par une crise cardiaque. Il avait administré deux fois le diocèse en l'absence de Mgr Fabre et présidé le chapitre en qualité de doyen. La présence de 6 évêques et de 200 prêtres à ses funérailles atteste à la fois de la force du corps ecclésiastique de l'époque et de l'estime acquise par ce prêtre dont l'action a marqué de façon si dramatique l'histoire des Sœurs de Sainte-Anne.

LOUIS ROUSSEAU

ACAM, 421.103 ; 990.029 ; RC, VI : f°s 231, 239v^{o} ; RLB, VI : 216–217, 512 ; VII : 158. — ANQ-M, CE1-51, 23 janv. 1824, 26 juill. 1892. — Arch. de la congrégation des Sœurs de Sainte-Anne (Lachine, Québec), Corr., Maréchal à Bourget, 1849–1854, 1856–1876 ; Maréchal et autres prêtres ; Papiers Maréchal. — Arch. de l'évêché de Joliette (Joliette, Québec), Dossiers-chemises, Saint-Jacques-de-l'Achigan, cure et chemin de croix ; Vie religieuse ; Reg. des lettres, Saint-Ambroise-Rodriguez ; Saint-Ambroise-de-Kildaire ; Saint-Esprit/Sainte-Julienne ; Saint-Jacques-de-Montcalm. — Allaire, *Dictionnaire*. — É.-J.[-A.] Auclair, *Histoire des Sœurs de Sainte-Anne ; les premiers cinquante ans, 1850–1900* (Montréal, 1922). — Henri Giroux, *la Communauté des Sœurs de Ste. Anne* (Montréal, 1886). — Frédéric Langevin, *Mère Marie-Anne, fondatrice de l'Institut des Sœurs de Sainte-Anne, 1809–1890 ; esquisse biographique* (2e éd., Montréal, 1937). — Sœur Marie-Jean de Pathmos [Laura Jean], *Congrégation pour la cause des saints, Montréal, canonisation de la servante de Dieu Marie-Esther Sureau, dit Blondin (en religion mère Marie-Anne)* [...] *dossier sur la vie et les vertus* (Rome, 1985) ; *les Sœurs de Sainte-Anne ; un siècle d'histoire* (1 vol. paru, Lachine, 1950–). — Eugène Nadeau, *Martyre du silence ; mère Marie-Anne, fondatrice des Sœurs de Sainte-Anne (1809–1890)* (Montréal et Lachine, [1956]). — Pouliot, *Mgr Bourget et son temps*, 3.

MARIE-ANGÈLE, MARIE-ANGÈLE GAUTHIER, dite **sœur.** V. GAUTHIER

MARIE DES SEPT-DOULEURS, LÉOCADIE GASCOIN, dite. V. GASCOIN

MARKS, THOMAS, homme d'affaires et homme politique, né le 21 juin 1834 à Kilfinnane (république d'Irlande), fils de Samuel Marks et d'une prénommée Mary ; le 28 juillet 1875, il épousa à Sault-Sainte-Marie (Sault Ste Marie, Ontario) Agnes Jane Buchanan, et ils eurent un fils et trois filles dont seule l'aînée, Mary Norah, vécut au delà de l'enfance ; décédé le 9 juillet 1900 à Toronto.

La famille de Thomas Marks immigra dans le Haut-Canada au cours des années 1840 et s'établit d'abord près de Bytown (Ottawa) puis dans le district d'Algoma. En 1857, le jeune Thomas possédait une expérience des affaires et des capitaux suffisants pour établir, à Bruce Mines, un magasin général avec son frère aîné, George. La Thomas Marks and Brother ouvrit en 1868 une succursale à Landing, qui devint peu de temps après Prince Arthur's Landing, puis Port Arthur (Thunder Bay) ; en 1871, elle en ouvrit une autre à Sault-Sainte-Marie. Dix ans plus tard, à la suite de la dissolution de cette société, naissait la Thomas Marks and Company. Entre-temps, Marks était devenu l'un de ceux qui s'employaient le plus énergiquement à faire de Prince Arthur's Landing un port et un centre de transbordement.

Marks avait élu domicile à cet endroit en 1872, convaincu que cet emplacement urbain, récemment arpenté, offrait de bonnes perspectives d'avenir à titre de terminus, sur le lac Supérieur, du tronçon ouest du futur chemin de fer transcontinental du Canada. Cependant, en 1875, le gouvernement libéral fédéral jugea préférable d'opter pour une nouvelle localité sise au bord d'une rivière voisine, la Kaministikwia, soit Fort William (Thunder Bay). La construction de la ligne qui devait se rendre jusqu'au Manitoba commença immédiatement. Auparavant, Marks, qui était conservateur, s'était allié à des groupes libéraux pour faire pression contre la localisation du terminus dans la baie Nipigon. Cette fois, il réunit ses associés, dont ses neveux George Thomas Marks* et les frères Wiley, en un groupe familial qui prendrait en main le développement de Prince Arthur's Landing. En 1875, il entama un mandat de neuf ans à titre de président du conseil de la municipalité de Shuniah, fonda le premier journal de la région composé à la linotype, le *Thunder Bay Sentinel,* sous la direction de Michael

HAGAN, et lança la construction d'un chemin de fer de six milles, le Prince Arthur's Landing and Kaministiquia Railway. La célèbre rivalité entre Port Arthur et Fort William commençait.

En 1877, la liaison des voies du chemin de fer local à celles du chemin de fer canadien du Pacifique permit à Marks d'assurer, par rail, l'approvisionnement des équipes de construction qui travaillaient le long de la ligne. Lorsque l'on adjugea d'autres marchés, au début de 1879, il s'associa à la Purcell and Company (Patrick Purcell, John Ginty et Hugh RYAN), qui construisait la « section A », d'une longueur de 118 milles, entre les rivières English et Eagle. Le gouvernement fédéral conservateur acheta en 1881 ce que le *Sentinel* appelait « notre petit chemin de fer à nous », c'est-à-dire le Prince Arthur's Landing and Kaministiquia Railway ; l'emplacement du terminus semblait donc assuré. Bientôt, la Thunder Bay Dock, Forwarding and Elevator Company, fondée par Marks l'année suivante, occupa les meilleures installations sur les quais.

En 1883, la Compagnie du chemin de fer canadien du Pacifique devint finalement propriétaire de la ligne gouvernementale vers le Manitoba. L'année suivante, Prince Arthur's Landing fut érigé en municipalité sous le nom de Port Arthur. Marks, membre influent de la congrégation anglicane et du milieu des affaires de l'endroit, en devint le premier maire. Il s'occupait d'entreprises nombreuses, dont la Northern Hotel Company, constituée juridiquement en 1885, l'*Algonquin*, vapeur de construction écossaise, et l'élévateur de conditionnement, propriété de la Compagnie du chemin de fer canadien du Pacifique, que la Marks, King and Company loua dans les années 1890 et qui, contrairement aux élévateurs plus rudimentaires (de simples silos), nettoyait et asséchait le grain. En outre, Marks était président de la compagnie Thunder Bay Colonization Railway, constituée juridiquement en 1883 et rebaptisée quatre ans plus tard Port Arthur, Duluth and Western Railway.

En 1890, à la stupéfaction du milieu des affaires de Port Arthur, la Compagnie du chemin de fer canadien du Pacifique choisit Fort William comme terminus et point d'embranchement [V. John McKELLAR]. Ne se tenant pas pour battu, Marks entreprit d'exploiter un bac, le vapeur *Mocking Bird*, en attendant une décision qui devait déterminer si on allait relier les deux centres par son vapeur et son chemin de fer, ou par tramway électrique. Cette dernière solution l'emporta.

En 1900, William Mackenzie* et Donald Mann* achetèrent le Port Arthur, Duluth and Western Railway, qui leur donnait accès au port de la baie Thunder. Port Arthur devint finalement un terminus au début de 1902 quand ils eurent terminé la construction du Canadian Northern Railway, qui menait à Winnipeg. Marks était mort 18 mois auparavant d'une insuffisance rénale dans un hôpital de Toronto.

Thomas Marks ne fit qu'une brève apparition sur la scène canadienne, à l'époque de l'aménagement du corridor de transport entre les Prairies et l'Est industriel. Sur le plan régional, cependant, il joua un rôle déterminant et compte parmi les fondateurs de Port Arthur et du port de la baie Thunder.

ELINOR BARR

AN, MG 26, A : 217529–217531 ; RG 31, C1, 1871, Bruce Mines : 23 ; RG 43, AI, 2, 330, file 4839. — AO, MU 2004 ; RG 22, sér. 380, n° 160. — Bibliothèque nationale du Canada (Ottawa), « Canadian Pacific Railway, returns, 1879–1884 ». — Bruce Mines Museum (Bruce Mines, Ontario), Customs port reg., 1856, 1858. — City of Thunder Bay Records Centre and Arch. (Thunder Bay, Ontario), Town of Port Arthur [Thunder Bay], council minutes. — Lakehead Univ. Library Arch. (Thunder Bay), MG 5, n° 51 (Flatt coll.), accord du 16 mars 1892. — St John the Evangelist Church (Thunder Bay), Reg. of baptisms, marriages, and burials, book 1 : 48, 58. — Shuniah Municipal Office (Thunder Bay), Shuniah Township, council minutes, 1873–1890. — Thunder Bay Hist. Museum Soc., File information on the Marks family ; Marks Store records, 1868–1896 ; portrait of Thomas Marks. — Canada, Parl., *Doc. de la session*, 1879, n° 186. — Ontario, *Statutes*, 1891, chap. 93. — Walpole Roland, *Algoma West, its mines, scenery, and industrial resources* (Toronto, 1887), 13. — *Thunder Bay district, 1821–1892 : a collection of documents*, introd. de [M.] E. Arthur, édit. (Toronto, 1973). — *Daily Sentinel* (Prince Arthur's Landing, plus tard Port Arthur), 1882–1893. — *Daily Times-Journal* (Fort William [Thunder Bay]), 1893–1900, particulièrement 10 juill. 1900. — *Fort William Journal*, 1887–1899. — *Weekly Herald and Algoma Miner* (Port Arthur), 1882–1899. — *Weekly Sentinel* (Port Arthur), 1875–1895. — J. P. Bertrand, *Highway of destiny ; an epic story of Canadian development* (New York, 1959). — G. B. Macgillivray, *A history of Fort William and Port Arthur newspapers from 1875* (Fort William, 1968).

MARTEL, PIERRE (baptisé **Pierre-Élisée**), menuisier, musicien, professeur de musique et luthier, né le 22 novembre 1801 à L'Assomption, Bas-Canada, fils de Lévi Martel, cultivateur, et de Marie-Anne Léonard, dit Mondor ; le 1er octobre 1822, il épousa au même endroit Marie-Darie Beaupré, et ils eurent au moins cinq enfants ; décédé le 27 décembre 1891 et inhumé le 31 dans son village natal.

Toute sa vie, Pierre Martel demeura à L'Assomption où il exerça le métier de menuisier. Bien que ne sachant pas écrire, mais fort doué en musique, il enseigna le violon au collège de L'Assomption de 1837 à 1842. Il forma et dirigea le premier corps de musique de cet établissement en 1837 et, pendant plusieurs années, il joua en compagnie de ses enfants aux grandes fêtes organisées par le collège.

Ses talents musicaux joints à son habileté manuelle amenèrent Martel à fabriquer des instruments de musique. Il ne tarda pas à acquérir quelque renommée dans le domaine de la lutherie. En 1878, il exposa deux violons sortis de son atelier à l'Exposition universelle de Paris ; leur sonorité particulière lui attira l'éloge des chroniqueurs de l'époque. Il expédia également 18 instruments de sa facture au Manitoba en 1884. À sa mort, survenue après une maladie de trois jours à l'âge de 90 ans, les journaux saluèrent « l'un des plus célèbres luthiers [du] pays » qui avait « fabriqué des centaines de violons et de violoncelles [...] répandus dans tout le Canada, aux États-Unis et en Europe ».

Les dispositions musicales de Pierre Martel se perpétuèrent chez ses descendants. L'un de ses fils, Zébédée, qui devint notaire et registrateur du comté de L'Assomption, enseigna lui aussi la musique au collège de l'endroit en 1867–1868 ; un autre, Élisée, peintre décorateur de son métier, fut violoniste et luthier ; parmi ses petits-enfants on trouve le célèbre violoniste montréalais Oscar Martel*, professeur et concertiste de carrière qui se produisit sur les scènes européennes et américaines. La famille Martel, qui de père en fils compta d'enthousiastes musiciens, fut l'une de ces familles québécoises qui ont marqué l'histoire musicale de leur région.

GUYLAINE PICARD

AN, RG 31, C1, 1861, 1871, L'Assomption. — ANQ-M, CE5-14, 23 nov. 1801, 1er oct. 1822. — *L'Événement,* 30 déc. 1891. — *La Presse,* 29 déc. 1891. — *Encyclopédie de la musique au Canada* (Kallmann *et al.*), 594, 618. — *Exposition universelle de 1878 à Paris : manuel et catalogue officiel de la section canadienne,* T. C. Keefer, édit. (Londres, 1878), 117. — Anastase Forget, *Histoire du collège de L'Assomption ; 1833 – un siècle – 1933* (Montréal, [1933]), 381–382, 507. — Gérard Morisset, *Coup d'œil sur les arts en Nouvelle-france* (Québec, 1941 ; réimpr., 1942), 123–124. — Christian Roy, *Histoire de L'Assomption* (L'Assomption, Québec, 1967), 374. — Léon Trépanier, « Oscar Martel, violoniste et professeur (1848–1924) », *Qui ?* (Montréal), 4 (1952–1953) : 47 ; « le Violoniste Oscar Martel, de L'Assomption, révélé par de vieux papiers de famille », *la Patrie,* 2 avril 1950 : 30, 37, 43.

MARY BENEDICTA, JOANNA HARRINGTON, dite **sœur.** V. HARRINGTON

MARY VINCENT, HONORIA CONWAY, dite **mère.** V. CONWAY

MASSEY, HART ALMERRIN, homme d'affaires, fonctionnaire, juge de paix et philanthrope, né le 29 avril 1823 dans le canton de Haldimand, Haut-Canada, fils aîné de Daniel Massey* et de Lucina Bradley ; le 10 juin 1847, il épousa à Gloversville, New York, Eliza Ann Phelps, et ils eurent une fille et cinq fils, dont l'un mourut en bas âge ; décédé le 20 février 1896 à Toronto.

Né dans la ferme paternelle, située dans le comté de Northumberland, Hart Almerrin Massey fit ses études à cet endroit et à Watertown, dans l'état de New York, où il avait de la famille. Entre 1842 et 1846, il passa trois trimestres au Victoria College de Cobourg, dans le Haut-Canada. Charretier et agriculteur chevronné, il devint propriétaire de la ferme en janvier 1847, soit l'année où son père ouvrit une fonderie près de Newcastle. Cinq mois plus tard, il épousa une jeune Américaine qui partageait sa foi ; Eliza Ann Phelps avait grandi au sein de l'Église méthodiste épiscopale, et lui, ardent méthodiste, avait fait l'expérience de la conversion à l'âge de 15 ans. Le couple s'établit dans le canton de Haldimand, où Massey se fit connaître comme administrateur scolaire, juge de paix et membre de l'association réformiste locale.

Massey s'installa à Newcastle en 1851 pour assumer la surintendance de l'usine de son père. Deux ans plus tard, le 17 janvier, ils fondèrent une société, la H. A. Massey and Company. Depuis la fin des années 1840, la mécanisation de l'agriculture, déjà populaire dans le nord-est des États-Unis, avait gagné le Haut-Canada, où des droits de douane et une législation sur les brevets allaient favoriser la production de machinerie. Très attentif aux rapides progrès techniques des Américains, Massey se rendit plusieurs fois dans l'état de New York, de 1851 à 1861, et en revint avec une série de licences de production – pour une faucheuse, une moissonneuse, une faucheuse-moissonneuse, puis une moissonneuse-râteleuse – qui allaient accroître la renommée de la fonderie. En octobre 1855, les instruments aratoires de la H. A. Massey and Company furent primés à l'exposition provinciale d'agriculture. En février 1856, neuf mois avant la mort de Daniel Massey, la société fut dissoute. Hart Almerrin devint l'unique propriétaire de l'entreprise, grâce à un solide appui financier de son père, qui prit la forme de billets non grevés d'intérêts dont la valeur totale s'élevait à £3 475. Grâce au dynamisme de Massey fils, la fonderie allait prospérer.

Comme sa réputation de solvabilité était excellente, Massey put agrandir l'usine de Newcastle dès 1857. Selon une annonce parue dans le *Newcastle Recorder,* la fonderie offrait une large gamme de produits, par exemple des machines à vapeur, des tours, des poêles, de la ferblanterie et une faucheuse-moissonneuse « améliorée par Massey ». Fait caractéristique, l'annonce affirmait que l'entreprise pouvait « concurrencer n'importe quel établissement du Canada ou des États-Unis d'un genre semblable ». Cependant, on était en pleine récession, et Massey, semble-t-il, s'inquiétait de voir que les producteurs américains de machinerie agricole en profitaient pour faire du dumping dans la province. Il exprima cette préoccupation à une assemblée tenue à Toronto pour encourager le développement de l'industrie canadienne. Les hausses tarifaires de 1857–1858 [V. William

Cayley*] éliminèrent à peu près complètement la concurrence américaine.

En 1861, dans le Haut-Canada, la production annuelle de machines agricoles se répartissait entre quelque 31 usines (surtout des fonderies) et sa valeur dépassait 454 000 $. Plusieurs facteurs expliquent cette situation encourageante : les fermiers (à commencer apparemment par ceux des comtés de Northumberland et de Durham) avaient adopté d'emblée ces machines qui accéléraient les moissons, la main-d'œuvre agricole manquait, la production de blé augmentait, les chemins de fer étaient terminés, et la guerre de Sécession diminuait encore davantage la concurrence américaine. Massey était conscient du potentiel qui s'offrait à lui mais, d'après le recensement de 1861, son usine ne fabriquait que pour 2 000 $ de machines agricoles qui, comme dans la plupart des autres entreprises, ne représentaient qu'une fraction encore modeste de la production. Toujours selon le recensement, ses principaux concurrents produisaient chaque année plus de machinerie agricole que lui. C'étaient Luther Demock Sawyer et P. T. Sawyer de Hamilton, Alanson Harris de Beamsville, Joseph Hall d'Oshawa, Peter Patterson du canton de Vaughan, William Henry Verity de Francistown (Exeter) ainsi que Ebenezer Frost et Alexander Wood de Smiths Falls. Toutefois, seul Hall avait investi plus que Massey dans son usine, et quelques-uns seulement de ces manufacturiers rapportaient une production un tant soit peu notable de faucheuses et de moissonneuses. L'avenir de Massey était là.

Dans les années 1850 et au début des années 1860, Massey raffermit son excellente renommée d'homme d'affaires en mettant sur pied de solides réseaux d'approvisionnement et de distribution et en dotant son entreprise des moyens nécessaires à l'expansion. En 1861, année déterminante dans sa carrière, il obtint les droits de fabrication d'une faucheuse et d'une moissonneuse-râteleuse inventées par Walter Abbott Wood de New York. Sans tarder, il se mit à produire ces machines qui faisaient déjà fureur et lança une audacieuse campagne de publicité auprès des agriculteurs de la province. Très tôt, il avait compris à quel point la réclame était nécessaire et, pendant l'hiver de 1861–1862, il prépara la parution de son premier catalogue, abondamment illustré de dessins américains. On pouvait y voir une reproduction de la médaille que la Chambre des arts et manufactures du Bas-Canada lui avait décernée en 1860 pour ses batteuses. Pour les besoins de la publicité de masse, Massey tenait beaucoup à remporter des prix et des épreuves et, à compter de ce moment, ces distinctions allaient figurer en bonne place dans ses publications à caractère publicitaire. L'incendie qui rasa l'usine de Newcastle en mars 1864 lui infligea des pertes de 13 500 $, mais il s'empressa de la reconstruire, car les commandes de machines agricoles affluaient. Il abandonna alors ses autres produits. En 1867, sa moissonneuse-faucheuse présentée par la Chambre d'agriculture du Haut-Canada à l'Exposition universelle de Paris remporta une médaille. Il était sur les lieux, prêt à commencer la promotion. Ses premières commandes européennes suivirent. La même année, il fit entrer dans l'entreprise son fils de 19 ans, Charles Albert, diplômé du British American Commercial College de Toronto et homme d'affaires aussi habile que lui.

Massey était de plus en plus en vue à Newcastle également. Surintendant de l'école du dimanche, il contribua à la construction d'une nouvelle église pour la congrégation méthodiste. Toujours juge de paix, il devint en 1861 coroner des comtés unis de Northumberland et Durham. En 1866, il entra à la Durham Lodge No. 66 pour accéder 11 ans plus tard au titre de maître maçon. De plus, il prit la direction de la Newcastle Woollen Manufacturing Company.

L'entreprise de Massey allait si bien qu'en septembre 1870 il entreprit des démarches en vue de la transformer en société par actions. Constituée juridiquement en janvier 1871, la Massey Manufacturing Company avait un capital de 50 000 $. Lui-même la présidait ; Charles Albert, qui de toute évidence était son dauphin, occupait la vice-présidence et la surintendance. En septembre, celui-ci se trouva seul à la barre, car le reste de la famille alla s'installer à Cleveland, en Ohio, apparemment à cause de l'état de santé de Massey. Tout absorbé dans les œuvres méthodistes, le second fils, Chester Daniel*, jeune homme maladif, vit dans ce déménagement « la main de Dieu guidant [son] père vers des influences plus bénéfiques [...] et [agissant] pour le bien spirituel de toute la famille ». Massey, lui, avait bien l'intention de profiter de sa demi-retraite : en 1874, il fit construire une « demeure princière » avenue Euclid, en bordure de la ville. D'abord scandalisé, Chester Daniel accepta bientôt la situation : « Père a dit qu'il n'habiterait aucune autre rue. »

Les Massey restèrent à Cleveland jusqu'en 1882. Massey lui-même s'adapta bien et prit la citoyenneté américaine en 1876. Ses sympathies réformistes le portèrent peut-être du côté des démocrates, mais on n'en est pas sûr, car la famille admirait les présidents républicains Ulysses S. Grant et Rutherford Birchard Hayes. Massey voyageait beaucoup ; en 1873, il fit l'une de ses tournées dans les États du Sud en compagnie du révérend William Morley Punshon*. Peu après le déménagement, lui-même, sa fille Lillian Frances* et Chester Daniel s'étaient joints à la communauté méthodiste de l'Ohio. Massey prenait une part particulièrement active à la construction d'églises, aux affaires des écoles du dimanche, aux réunions en plein air et aux conférences. À titre de président du conseil d'administration de la First Methodist Episcopal Church, il sanctionna une série de « Règlements généraux » d'inspiration typiquement méthodiste, rédigés par Chester Daniel. Les articles qui interdisaient d'« amasser des trésors sur terre » et d'emprunter de l'argent ou de « prendre des biens » s'il n'y avait « probabilité de paiement » montrent que la famille s'acheminait vers la philanthropie et avait réussi à concilier richesse et foi.

Pendant ces années, Massey s'imprégna de l'évangélisme de l'Église méthodiste épiscopale. Très vite, il embrassa les principes de la Chautauqua Assembly, fondée en 1874 au lac Chautauqua, dans l'état de New York, par Lewis Miller, autre manufacturier de machinerie agricole, et par le ministre méthodiste épiscopal John Heyl Vincent, dont la demi-sœur allait épouser Chester Daniel. Ce mouvement religieux et éducatif populaire avait installé son campement dans un cadre naturel qui devint aussi un lieu de villégiature estival pour bien des méthodistes riches. Massey, qui faisait partie du conseil d'administration, y avait une tente, et en 1880 il fit construire un « joli chalet de style suisse ».

Naturellement, à Cleveland, Massey se laissa tenter par les affaires, qui ne lui réussirent pas tellement. Président de l'Empire Coal Company en 1873–1874, puis de la Cleveland Coal Company en 1876–1877, il investit aussi dans l'immobilier résidentiel. À son retour en Ontario, il n'en rapporta qu'un maigre bagage : des mines épuisées, des problèmes de gestion immobilière et une tenace réputation de « *mesquinerie* », comme le dit plus tard un avocat de Cleveland. Néanmoins, il n'avait aucune raison de s'inquiéter. L'usine de Newcastle avait continué à prospérer sous la poigne de fer de Charles Albert et l'avalanche de publicité que celui-ci faisait paraître (il avait poursuivi la publication des catalogues et avait lancé en 1875 un tabloïd, le *Massey's Pictorial*). En 1874, les droits de douane sur la machinerie agricole étaient passés à 17,5 % ; en 1879, dans le cadre de la Politique nationale du gouvernement conservateur, ils allaient atteindre 25 %. En 1876, Charles Albert avait pu affirmer devant un comité parlementaire que le taux était satisfaisant. Pendant la dépression qui sévissait à ce moment-là, un représentant de la R. G. Dun and Company signala que l'entreprise « se montr[ait] très prudente et ne pouss[ait] pas les ventes ». En 1878, elle mit sur le marché la moissonneuse Massey. Le succès instantané de cette « première machine de conception entièrement canadienne » engendra une demande sans précédent qui, avec le produit de l'augmentation des droits de douane, permit à la compagnie de procéder à une grande expansion et de relocaliser son usine.

Apparemment, Massey avait eu la sagesse d'acquérir des terrains à Toronto dès 1872. Les négociations entreprises par Charles Albert en septembre 1878 en vue d'acheter une bonne partie du lot réservé à l'armée, rue King, près des voies ferrées, furent conclues facilement au printemps suivant. Massey père se rendit à Toronto pour superviser la construction de l'usine. La production reprit à l'automne. De 1879 à 1884, tant à Cleveland qu'à Toronto, Massey participa, à titre d'acteur ou de conseiller, à des événements qui eurent une incidence importante sur l'avenir de la compagnie. À l'automne de 1879, eut lieu la fondation de l'Ontario Agricultural Implement Manufacturers' Association, grâce à laquelle les Massey et d'autres producteurs, dont la firme A. Harris, Son and Company de Brantford [V. John Harris*], pouvaient fixer les prix et la production. Le perfectionnement du mécanisme qui servait à lier les céréales eut un énorme retentissement. En 1879, les Massey achetèrent un premier modèle de moissonneuse-lieuse de la société Aultman, Miller and Company de l'Ohio. En septembre 1881, ils se portèrent acquéreurs de la Toronto Reaper and Mower Company et de ses droits de propriété industrielle, ce qui les amena, en 1882–1883, à acheter d'autres prototypes américains, à participer à des essais et à produire une série de lieuses qui leur rapporteraient beaucoup. En août 1882, à Chautauqua, Massey et Lewis Miller convinrent de l'achat des droits de fabrication et de vente d'au moins une machine américaine.

Grâce à leurs lieuses, la compagnie des Massey et celle des Harris firent des ventes extraordinaires dans les années 1880. Pendant l'été de 1881, pressentant que le Manitoba serait un gros producteur de céréales, les Massey ouvrirent à Winnipeg une succursale dont ils confièrent la direction à Thomas James McBride. À Toronto, leur tout nouveau service de publicité se servait de la lithographie pour faire de la réclame pour les produits Massey en publiant des images idylliques du « fermier canadien modèle qui accord[ait] sa clientèle à la Massey M[anufacturing] Co[mpany] ». En 1881–1882, ils agrandirent leur usine. En janvier 1882, Chester Daniel s'installa à Toronto pour lancer une feuille publicitaire, le *Massey's Illustrated,* qui devint par la suite un périodique vendu par abonnement aux agriculteurs.

Pendant l'été de 1882, comme il prévoyait que l'expansion de l'entreprise nécessiterait de nouveau sa participation directe, Massey acheta rue Jarvis, à Toronto, une propriété où il s'installa et qu'il baptiserait par la suite Euclid Hall. À l'automne, il fut frappé d'une maladie que l'on diagnostiqua par erreur comme un cancer de l'estomac parvenu à la phase terminale. « Nous avons connu *une grande affliction* », confessa Chester Daniel dans son journal. En décembre, les Massey commencèrent à fréquenter l'église Metropolitan, cathédrale canadienne du méthodisme. Dès le début de janvier 1883, Massey put « consacrer toute son attention » à l'entreprise complexe que Charles Albert avait organisée avec tant d'efficacité. Par intérêt, Massey avait décidé d'appuyer le parti conservateur et sa politique protectionniste.

Massey et ses deux fils formaient un trio puissant dans le milieu manufacturier canadien, et la terrible concurrence qui régnait dans la production de machinerie agricole ne leur faisait pas peur. Une nouvelle hausse des droits de douane (35 % en 1883) consolida la position des producteurs canadiens, qui en furent ravis. En plus, elle intensifia, entre les Massey et les Harris, ce qu'on appelait la guerre des lieuses. En juin et juillet 1883, la Massey Manufacturing Company expédia au Manitoba, par les États-Unis, pas moins de 19 wagons remplis de machines, non sans avoir pris soin de les pavoiser. Jamais, affirma un journal, un aussi « gros train de fret massif [loué] par une seule manufacture » n'avait quitté le Canada. Mais, malheureusement, le 12 février 1884, Charles Albert mourait subitement de la typhoïde. Déchiré, Massey résolut de perpétuer le souvenir de sa famille dans la population et comprit que la direction de l'entreprise retombait de nouveau sur ses seules épaules. En décembre, il inaugura à l'usine, à la mémoire de Charles Albert, une salle où les ouvriers pourraient entendre des concerts, lire et se réunir ; par la suite, elle abriterait une école du dimanche. Soucieux de glorifier sa famille devant l'opinion publique, il fit paraître une esquisse biographique de son fils et un recueil de sermons et de condoléances. Loin d'être agacés par cette propension à l'apologie, les journaux de tout le dominion lui firent bonne presse durant le milieu des années 1880.

À compter du moment où il reprit la barre, à 61 ans, Massey dirigea son entreprise avec calme et fermeté, à la manière d'un patriarche, ne consultant que quelques rares employés et cadres en qui il avait confiance, dont ses fils. Avec méthode, il planifiait la croissance de la compagnie et le resserrement de son emprise sur elle. En 1884, à l'encontre des désirs d'autres actionnaires, puis de nouveau en 1885, il augmenta le capital–actions. C'était nécessaire, expliqua-t-il, pour que la compagnie puisse construire des entrepôts à Montréal et à Winnipeg, maintenir de gros stocks de ficelle à lier (indispensable aux machines) et attendre que les fermiers acquittent leurs comptes, ce qui prenait du temps. Elle pourrait ainsi « éviter d'emprunter », ce qu'il faisait rarement. Dans les coulisses, il manœuvrait sans pitié pour augmenter sa part : il força l'un des administrateurs à lui vendre un gros paquet d'actions et en préleva même quelques-unes sur la succession de Charles Albert. À l'occasion d'une nouvelle augmentation du capital–actions, en mars 1887, Chester Daniel nota que son père avait réussi à acheter « *toutes* les actions [...] n'appartenant pas à des membres de [la] famille ».

À ce moment, les Massey et les Harris dominaient largement le marché canadien des lieuses : en 1884, en Ontario seulement, Massey en vendit 2 500, Harris 1 700 et Patterson 500. En 1885, professant une grande confiance en l'avenir du Nord–Ouest malgré la rébellion qui faisait rage là-bas [V. Louis Riel*], Massey, encore une fois à grands renforts de publicité, envoya un autre train au Manitoba. Il transportait 240 « fameuses Toronto Light Binders ». « Riel ! Poundmaker ! Gros Ours ! proclamait une annonce du *Globe*. Écartez-vous du chemin : des machines de paix [viennent] remplacer [les machines] de guerre. » Cependant, Massey ne tarda pas à constater que la perception des comptes était particulièrement difficile dans l'Ouest. En juillet, avec d'autres représentants des bureaux de commerce de Toronto, Montréal, Winnipeg et Hamilton, il rencontra sir John Alexander MACDONALD pour lui demander de ne pas reconnaître la loi manitobaine qui abritait de la saisie les biens d'une valeur inférieure à une certaine limite. En 1886, une succursale de la Massey s'ouvrit à Montréal ; dès mai 1887, les Maritimes et la Colombie-Britannique en avaient une aussi. Massey avait beau appartenir à la Binder Manufacturer's Association de l'Ontario, cela ne camouflait guère les efforts qu'il déployait, avec d'autres, dans l'espoir de dominer le marché de la ficelle à lier. Profitant de la bonne volonté du ministre des Douanes, Mackenzie Bowell*, il faisait pression pour obtenir une baisse des droits sur l'acier d'importation en feuille, pour faire éliminer les droits sur certaines pièces et surtout, à partir du moment où sa compagnie exporta, pour faire augmenter le drawback (remboursement des droits perçus à l'entrée sur les pièces ou matériaux utilisés dans la fabrication des machines destinées à l'exportation).

L'autorité que Massey exerçait sur son entreprise fut mise à l'épreuve en 1886. Son usine de Toronto, qui employait quelque 700 ouvriers, était de loin la plus grosse de la ville. Jusque-là, il n'avait jamais eu à affronter de mouvement de revendication organisé. En récompensant discrètement les employés de longue date, en encourageant son personnel à faire des innovations techniques ou en posant pour des photographies de groupe sans sa redingote noire, il avait veillé à leur montrer qu'il était l'un des leurs. D'ailleurs, il s'intéressait sincèrement à ses ouvriers, parfois de manière progressiste, et il mettait en application ses notions d'éducation populaire, acquises à Cleveland et à Chautauqua. Ainsi il ouvrit une salle de lecture (en même temps qu'il fonda la Workman's Library Association), organisa une fanfare et une société de secours mutuels, et en 1885 il lança pour eux un journal interne, le *Trip Hammer*. Néanmoins, en 1883, la Maple Leaf Assembly 2622 des Chevaliers du travail avait exprimé des plaintes au sujet des réductions salariales. En février 1886, environ 400 ouvriers déclenchèrent une grève pacifique pour revendiquer une meilleure rémunération et protester contre le congédiement, par Massey, de 5 membres du syndicat. Massey avait agi ainsi par solidarité avec le surintendant de l'usine, William F. Johnston, qui s'était rendu quasi indispensable par ses longs états de service et sa contribution technique aux brevets de la compagnie. Selon le dirigeant des Chevaliers du travail, Daniel John O'Donoghue*, Massey était une « brute [...] sans âme ». Démonté par l'« ingérence injustifiée » des Chevaliers du travail, celui-ci fit distribuer en toute hâte une circulaire à laquelle les producteurs de machinerie agricole de toute la province répondirent par des promesses d'appui. Cependant, les ouvriers se tenaient les coudes. Le maire William Holmes HOWLAND intervint et, le troisième jour du conflit, les ouvriers hautement qualifiés de la salle des outils se joignirent aux grévistes. Pris au dépourvu, Massey déclara forfait le cinquième jour. Sauvant la face du mieux qu'il le pouvait, il prit des mesures pour restaurer l'harmonie (au printemps, il s'opposa au mouvement en faveur de la journée de huit heures en alléguant que les ouvriers ne pourraient pas joindre les deux bouts) et relancer la production, préalable essentiel à la réalisation des projets qu'il voulait mettre en œuvre en 1886.

Dans son rapport aux actionnaires, en avril 1886, Massey évoqua tristement la « question de la main-d'œuvre » et le « constant marasme financier » dans lequel était plongé le pays, et surtout les Prairies où l'agriculture s'avérait non rentable. D'après lui, pour résoudre ses problèmes (dont la guerre contre la firme Harris), la compagnie devait agrandir son marché, non pas en poussant plus avant dans l'ouest du Canada – « cette terre de désolation », disait-il – mais en allant à l'étranger. Vu sa capacité de production, l'entreprise pourrait « fabriquer presque deux fois plus de machines » qu'elle ne pourrait en écouler sur le marché canadien. Grâce à ce potentiel, grâce au fait que d'autres pays producteurs de céréales voulaient réduire leurs besoins en main-d'œuvre en important de la machinerie et comme il percevait toujours des drawbacks, Massey put partir à la conquête des marchés d'outre-mer. Il fut l'un des premiers producteurs nord-américains à le faire, ce qui lui permit de contourner trois des obstacles du marché canadien : la brièveté des saisons de culture, la cherté du transport et la réaction que les agriculteurs commençaient à opposer au prix élevé des machines protégées par le tarif.

Dès mars 1887, Massey avait choisi, pour diriger les affaires de l'entreprise en Grande-Bretagne et en Europe, son petit-cousin Frederick Isaiah Massey, vice-président de l'Iowa Iron Works et dirigeant d'une société de marchands commissionnaires de Chicago. Lui-même avait préparé le terrain en participant en août 1886 à la Colonial and Indian Exhibition de Londres afin d'évaluer les chances que sa Toronto Light Binder avait de s'imposer. Cette machine et d'autres remportèrent des médailles. Grâce à des ventes conclues d'avance, plusieurs personnes apportèrent des témoignages utiles, dont, entre autres, l'ancien gouverneur général lord Lorne [Campbell*], puis lord Lansdowne [Petty-Fitzmaurice*]. Au début de 1887, Massey prépara l'ouverture d'une succursale en Argentine. La même année, il envoya 24 lieuses en Australie à tout hasard. En mai 1888, Walter Edward Hart Massey*, entré dans l'entreprise après la mort de Charles Albert, reprochait à son père de ne pas envoyer plus vite des machines à Londres et en Australie, où des essais sur le terrain, en 1889, confirmèrent leur supériorité (du moins c'est ce qu'affirmèrent les Massey) sur celles de la McCormick Harvesting Machine Company des États-Unis et d'autres fabricants.

Au Canada, le succès international de Massey suscitait des réactions très positives. La presse y voyait un atout pour le pays, argument que lui-même ne manquait jamais de faire valoir. De plus, au retour de Londres, il fut acclamé par ses ouvriers, à qui il attribua le mérite du succès remporté par la compagnie à l'exposition et promit une juste récompense. « On est bien loin de ce qui se passait il y a 8 mois », fit observer le Canadian Labor Reformer.

Dans les années 1880, la réputation de Massey reposait indubitablement, en bonne partie, sur ses qualités d'entrepreneur et sur le noyau d'administrateurs qu'il avait formé après la mort de Charles Albert. Son intérêt pour l'expansion internationale et le drawback dénote une vision tout à fait pragmatique de la Politique nationale et des limites du marché canadien. En même temps, il ne ménageait aucun effort pour profiter de la protection qui s'étendait sur l'industrie canadienne et n'oubliait jamais qu'elle avait une origine politique. En septembre 1887, sir John Alexander Macdonald, qui subissait des pressions antiprotectionnistes, l'exhorta à acheter une part dans un « journal de premier ordre », pour faire connaître son opposition à la réciprocité totale et à l'union commerciale du Canada et des États-Unis. Quatre mois plus tard, dans un climat de « crise », le premier ministre l'invita, ainsi que d'autres partisans, à venir étudier avec lui d'« énergiques mesures » propres à assurer le maintien de la Politique nationale. Cependant, une entrevue fort révélatrice, parue dans le *Toronto Daily Mail* du 13 février 1888, montre que le protectionnisme n'éliminait pas toutes les doléances de Massey. Il se plaignait que les droits d'importation sur l'acier et le fer étaient trop élevés (les avantages économiques de l'approvisionnement britannique avaient disparu depuis longtemps, et il achetait en Ohio et en Pennsylvanie), qu'il n'y avait pas assez de lamineries au Canada, que la toute jeune industrie néo-écossaise de l'acier (qui était aussi l'un de ses fournisseurs) bénéficiait de faveurs politiques, et qu'obtenir des escomptes sur la machinerie d'exportation lui était difficile. D'un côté, il déclarait avec suffisance, en laissant planer un doute sur son allégeance politique, qu'il pourrait aisément concurrencer les producteurs américains sur le marché libre d'une union commerciale. De l'autre, il faisait pression pour la levée des droits sur les matériaux d'importation. Cette mesure, disait-il au *Mail* (en associant carrément son entreprise et la prospérité du pays), était essentielle, car les producteurs canadiens devaient avoir accès aux marchés étrangers. En 1888–1889, il continua de négocier la levée des droits sur les pièces avec Bowell ; en mars 1888, il discuta, avec le ministre des Finances, sir Charles Tupper*, de la réduction des droits sur le fer et de l'« énorme taxation des instruments aratoires ».

À Toronto, Massey avait pris des mesures pour accroître l'efficacité de l'exploitation. En 1886, l'imaginatif Walter Edward Hart, secrétaire-trésorier de la compagnie, prit la direction d'un nouveau service d'imprimerie. L'utilisation de la caricature, de la couleur et de l'humour populaire montre, encore une fois, que les Massey avaient le sens de la publicité et savaient rejoindre les masses. Les séries de produits mises en marché en 1887 reçurent le nom de Bee-Line Machines. Les jours de livraison, dans la campagne ontarienne, la compagnie poussait les ventes en tenant des réceptions où elle servait, par exemple, de la « terrine de roue motrice sur canapé » et du « pâté d'arbre à cames ». Toutefois, en 1888–1889, Massey ne parvint pas à mettre la main sur l'un de ses fournisseurs, la Hamilton Iron Forging Company, l'unique gros producteur ontarien de produits semi-finis, et à l'installer à Toronto. Il offrit alors à cette municipalité de construire une usine de fonte malléable en échange d'une exemption de taxes de dix ans, mais cette proposition déclencha une controverse au conseil : la stratégie qui consistait à consentir pareilles gratifications aux industriels était en train de devenir suspecte.

Il y avait d'autres ombres au tableau. La pingrerie personnelle de Massey – face mesquine de son personnage d'homme d'affaires – était en train de devenir aussi réputée que son usine de la rue King. En 1887, il adressa une plainte au directeur général de la Compagnie du chemin de fer canadien du Pacifique, William Cornelius Van Horne*, parce qu'il trouvait que les soins prodigués à sa fille malade au cours d'un voyage par train dans l'Ouest avaient coûté trop cher. Les accusations d'« effronterie » commencèrent à s'accumuler. Apparemment, malgré son appui à la Politique nationale et à des conservateurs locaux, tel Frederick Charles DENISON, il n'était pas vraiment estimé à Ottawa (une incompatibilité d'humeur existait sûrement entre lui et Macdonald). En 1888, on ne tint aucun compte de ses recommandations en vue d'une réforme municipale à Toronto (recommandations pourtant importantes étant donné ses futures œuvres philanthropiques), en partie parce qu'il s'inspirait de modèles américains et aussi parce qu'on jugeait irréalisable son projet, d'ailleurs sincère : réduire le paupérisme en allégeant le fardeau fiscal du « travailleur », en lui offrant des conférences subventionnées et en augmentant le nombre de parcs et de bibliothèques. Si Massey n'était pas content, rétorqua l'*Evening Telegram*, il n'avait qu'à briguer les suffrages. À ce moment où le bien-être de la société commençait d'être au centre de ses préoccupations, il comprit que, pour réaliser le moindre de ses objectifs, il devrait compter sur ses propres moyens. Toujours en 1888, comme il rêvait de doter Toronto d'une grande salle de concert, il demanda à Sidney Rose Badgley, architecte canadien établi à Cleveland, de lui envoyer les plans de la salle de cette ville.

La controverse qui entoura le déménagement du Victoria College de Cobourg et son annexion à la University of Toronto [V. Nathanael Burwash*] met en lumière deux aspects fondamentaux des dernières années de la vie de Massey : ses activités philanthropiques et les critiques qu'elles suscitaient. À l'automne de 1888, il offrit de verser 250 000 $ pour que le Victoria College reste indépendant et demeure à Cobourg. Cependant, en décembre, dans une série d'articles pleins de fiel, le rédacteur en chef du *Toronto World*, William Findlay Maclean*, allégua que Massey s'était déjà engagé à soutenir financièrement l'annexion et qu'il était revenu sur sa parole. Maclean prétendit aussi, au cours du retentissant procès en diffamation que lui intenta Massey, que celui-ci avait pris cet engagement envers des leaders méthodistes et partisans de l'annexion aussi éminents qu'Edward Hartley Dewart* et John Potts en échange de leur appui à l'« éviction » des actionnaires de la compagnie à laquelle il s'était livré des années auparavant. Le *Toronto World* révéla aussi que la congrégation de Cleveland dont Massey avait été membre lui avait intenté une poursuite pour refus de payer une cotisation. Manifestement, se moquait Maclean (et, toute blessante qu'elle ait été, sa tournure était juridiquement habile), Massey, en escroquant et en plaçant dans l'embarras les tenants de l'annexion, avait « remué » le « sénat » du collège avec une « fourche à foin ». En janvier 1889, les tribunaux acceptèrent, en prévision du procès qui se tiendrait aux prochaines assises, que la défense s'appuie sur la véracité des faits allégués par le défendeur.

Bien qu'il ait été sensible aux critiques de ce genre, surtout si elles semblaient dirigées contre ses chers antécédents de fermier, Massey se laissait rarement détourner bien longtemps de son souci premier : dominer la production canadienne de machinerie agricole. Soigneusement mis en scène par le surintendant de l'usine de Toronto, William F. Johnston, probablement le meilleur conducteur de Massey, les essais sur le terrain qui se déroulèrent en juillet 1889 à l'Exposition universelle de Paris rapportèrent des distinctions. Massey voulut en profiter pour se faire décerner la Légion d'honneur et amener le gouvernement du

Canada à reconnaître ses succès parisiens, mais en vain. La même année, par contre, il reçut une confirmation importante de la part d'un comité du Conseil privé : le taux élevé de drawback qu'il entendait réclamer était accepté. Au printemps de 1890, en prenant possession de la Hamilton Agricultural Works (propriété de la L. D. Sawyer and Company), il forma la Sawyer and Massey Company et ajouta ainsi à son entreprise une filiale qui occupait une bonne place sur le marché des batteuses. La même année, il acheta la Sarnia Agricultural Works, mais il laissa passer l'occasion de mettre la main sur la Hamilton Iron Forging Company, ce qui fut peut-être l'une de ses graves erreurs de calcul, fort rares par ailleurs.

L'homme d'affaires méthodiste qu'était Massey avait toujours du temps à consacrer aux œuvres religieuses et philanthropiques. Il contribuait à la Home Missionary Society de l'église Metropolitan (fondée en 1888 et vouée à l'évangélisation, aux écoles de mission et aux œuvres de bienfaisance) ainsi qu'à d'autres groupes torontois du même genre. En mai 1889, à Londres, il participa au congrès international sur les écoles du dimanche en qualité de membre de la délégation de la Sabbath School Association of Ontario. Au début de 1889, John Miles Wilkinson, audacieux ministre méthodiste du centre-ville, avait gagné sa confiance en lui présentant un projet grandiose, un temple pour le peuple. En juin, il osa sonder le distant personnage : « J'espère, M. Massey, que vous n'avez pas renoncé à construire un édifice qui immortalisera le nom de son bienfaiteur et apportera un bien incalculable aux générations présentes et futures. » Le projet allait prendre forme cet hiver-là, à cause de la maladie de Frederick Victor, benjamin bien-aimé de Massey et étudiant au Massachusetts Institute of Technology de Boston. En janvier 1890, on le ramena à la maison par train, dans le wagon particulier de Van Horne. Comme celle de Charles Albert, sa mort, survenue en avril, porta un dur coup à son père.

L'année 1890 apporta encore d'autres épreuves. En février, J. H. Hillerman, agent d'assurances de Cleveland et intimé dans un procès intenté par Massey (qui avait alors 66 ans), se plaignit non sans raison à Chester Daniel : « Votre père semble toujours croire que, lorsque l'on fait quelque allusion à ses pratiques commerciales, on le persécute. » En mars s'ouvrit le procès en diffamation contre le *Toronto World* qui allait se terminer en faveur de Maclean. Cependant, dès juin, laissant derrière lui une presse qui commentait de plus en plus négativement la prétendue diffamation et l'affaire de l'annexion du Victoria College, Massey était en route pour Londres, où il allait tenter une audacieuse transaction.

Condamnés à une coûteuse rivalité avec les Harris, Massey et ses fils avaient résolu à la fin de 1889 de « vendre leur entreprise à une compagnie anglaise ». Pour commencer, en décembre, ils avaient enregistré officiellement leur filiale britannique et avaient constitué son capital social. Frederick Isaiah Massey voyait dans ce projet de vente un « changement [...] radical » et inquiétant. En mai 1890, le conseil d'administration de la Massey Manufacturing Company convint de vendre la compagnie mère pour la doter d'un « nouveau capital sous une charte britannique » et confia les négociations à Massey lui-même. Elles achoppèrent lorsqu'une société comptable de Grande-Bretagne se trouva dans l'impossibilité de vérifier les bénéfices annuels déclarés par Massey, qui refusait avec mauvaise humeur de payer les frais de la société, ce qui réduisait à néant ses tentatives maladroites pour relancer l'offre. D'octobre 1890 à juillet 1891, après son retour à Toronto, il dut venir à bout d'une grève des mouleurs à ses usines de Hamilton et de Toronto. Fait plus important encore, les Harris avaient commencé à produire, pour le marché britannique, une lieuse d'un type radicalement nouveau, à deux ouvertures, qui pouvait faucher des céréales de n'importe quelle hauteur. Voilà qui leur donnait indubitablement une longueur d'avance, aussi bien dans le domaine technique qu'en matière de potentiel de ventes à l'étranger.

À cause de cette avance, du prix de leur interminable lutte, du fait que tous deux avaient perdu des membres de leur famille, et sans aucun doute à cause du revers que Massey venait de subir en Grande-Bretagne, Alanson Harris et Massey envisagèrent une fusion. Bien que l'histoire attribue cette initiative à Massey (il était passé maître dans l'art de prendre possession d'autres compagnies ou de les contraindre à la fusion), ses papiers ne disent rien sur le sujet. D'autres sources par contre, dont les procès-verbaux des deux compagnies, sont très révélatrices. En faisant allègrement fi de la législation contre les coalitions, qui d'ailleurs n'était pas bien terrible, les Massey et les Harris agirent vite. Dès la fin de janvier 1891, ils négociaient en vue d'une fusion avec la Consumers' Cordage Company de Montréal [V. John Fitzwilliam Stairs*]. En février, le conseil d'administration de la Harris, renonçant à la possibilité de vendre la compagnie à un « groupe d'investisseurs anglais », accepta la proposition des Massey (présentée par l'entremise de Thomas James McBride de Winnipeg), soit une fusion qui excluait la Consumers' Cordage Company. Créée le 6 mai 1891, la Massey-Harris Company fut constituée juridiquement le 22 juillet. L'entreprise ne reçut pas de nouvel apport de capital et les deux familles demeurèrent actionnaires majoritaires. La nomination de James Kerr Osborne à la vice-présidence et de Lyman Melvin Jones* à la direction générale témoignait de l'excellence de la société de Brantford en matière technique. Tout de même, Massey occupait la présidence, il possédait le plus gros paquet d'actions et c'est lui qui avait autorité sur les brevets, les méthodes de production et les installations. De 1891 à 1895, il organisa des fusions qui réduisirent encore plus la concurrence à laquelle faisait face la Massey-Harris Company et renforcèrent sa position dans certains secteurs spécialisés – par exemple les charrues, les tracteurs à vapeur et les batteuses [V. Jesse Oldfield WISNER]. La seule grande usine ontarienne qui resta à l'écart fut, selon un numéro du *Monetary Times* de novembre 1891, celle de la Frost and Wood à Smiths Falls. Bien que la Massey-Harris Company ait été considérée comme un monopole, elle dut faire face aux conséquences financières de plusieurs années de survente à crédit, car la fusion avait eu lieu pendant une dépression qui n'en finissait plus. De plus, dans l'année qui avait précédé cette fusion, les deux compagnies n'avaient réalisé, au Canada, qu'environ la moitié des ventes de grosse machinerie agricole (les petits manufacturiers et, dans une moindre mesure, les producteurs américains avaient encore une part du marché) et, dans la décennie suivante, la Massey-Harris Company n'allait jamais en vendre plus de 60 %. De 1892 à 1895, la valeur de ses ventes au pays chuta, mais il y eut des compensations en fait de ventes à l'étranger.

Massey voyait ces difficultés et savait que les problèmes de l'industrie étaient de plus en plus complexes mais, en raison de son âge, de son état de santé et de la place que la philanthropie prenait dans sa vie, il n'allait plus être en mesure de les affronter aussi efficacement qu'auparavant. Au Manitoba, où luimême et Harris avaient beaucoup vendu à crédit, le niveau de l'endettement était phénoménal. Les fermiers de l'Ouest réagissaient en invoquant l'emprise de la Compagnie du chemin de fer canadien du Pacifique et le monopole céréalier [V. William Watson OGILVIE], de même que la politique protectionniste et les industries qu'elle avait engendrées. Pour la perception des comptes, Massey pouvait s'appuyer sur les conseils pratiques de Thomas James McBride à Winnipeg, mais le mécontentement des agriculteurs demeura toujours quelque peu mystérieux pour lui : « Les gens prennent tous les moyens possibles de décharger leur bile sur la Massey-Harris Co[mpany] à cause de la fusion. Qu'ils agissent ainsi alors qu'en fait ils obtiennent leurs machines à un prix moindre qu'auparavant nous semble bizarre. Sans doute est-ce en grande partie la faute des Patrons of Industry. » De nouveaux courants de critique agraire et sociale, retentissants et radicaux, s'en prenaient à son attitude de manufacturier et de philanthrope ; du même coup, les journaux ruraux de tout l'Ontario se retournaient contre lui. À Ottawa, on ne le voyait plus du tout du même œil.

Massey fit pression en 1893 pour obtenir le siège de sénateur laissé vacant par la mort de l'homme d'affaires méthodiste John Macdonald*. Débordant de confiance, il estimait y avoir droit d'abord parce qu'il soutenait le parti conservateur « depuis 1878 », mais aussi pour d'autres raisons. Naïvement, il faisait valoir sa capacité de « bien tenir en main et [d']influencer plus d'électeurs que tout autre homme d'affaires », la nécessité de donner aux méthodistes un porte-parole puissant au gouvernement, sa contribution au bien-être des fermiers canadiens et son « apport au progrès de l'entreprise industrielle du Canada ». Comme si la réussite dans ce domaine habilitait à recevoir une récompense politique, il déclara fièrement au premier ministre, sir John Sparrow David THOMPSON : « Grâce à ma longue expérience, j'ai pu rationaliser et lancer sur la voie du succès une des plus grosses entreprises manufacturières au monde. » Il disait vrai, mais ni Thompson ni son ministre des Finances, George Eulas Foster*, n'avaient avec ce millionnaire vieillissant la patience que Macdonald avait eue. Mackenzie Bowell dut lui apprendre – et il le fit sans ménagement – que l'on avait promis le siège à James Cox Aikins*.

Sur le tarif aussi, la position d'Ottawa avait changé. Foster et Thompson ne prenaient pas à la légère l'agitation de ceux qui, dans l'Ouest, réclamaient l'élimination des droits de douane sur la machinerie agricole. En 1893–1894, Massey combattait avec une vigueur exceptionnelle la réduction de ces droits, mesure très populaire annoncée officiellement par Foster en mars 1894. Pourtant, l'année précédente, il avait vu d'un bon œil les démocrates des États-Unis tenter de réduire les droits de douane, car il y flairait une occasion d'expansion vers le sud. Les journaux le prirent à partie : « Comment peut-il prétendre pouvoir concurrencer les producteurs américains dans leur pays et non dans le sien ? » demanda le *Globe* en novembre. À la vérité, comme il n'escomptait pas de forte croissance au Canada, il avait mis tout son art à dresser des plans pour l'expansion de la Massey–Harris Company à l'étranger. En 1894, par l'intermédiaire de Bowell, il obtint sur les matériaux qui entraient dans la fabrication des machines destinées à l'exportation un drawback de 99 % (ce qui ne s'était jamais vu) et, de son propre conseil d'administration, le mandat d'ouvrir une usine aux États-Unis au plus tard en août 1895. Cette usine serait mieux à même de produire pour l'exportation, car elle aurait accès à de l'énergie électrique (si elle était située près des chutes du Niagara), obtiendrait du fer à un prix plus bas et pourrait acheminer plus facilement ses marchandises jusqu'à la côte est.

En 1894, Massey dirigea la Massey–Harris Company d'une main moins ferme, tant à cause de sa santé que de ses œuvres philanthropiques auxquelles il consacrait une grande partie de son temps. À la fin de 1895, il allait plus mal, à cause, lui dit-on, d'une « maladie cardiaque » ou d'une « affection de la muqueuse du côlon ». Par moments, il pouvait s'occuper de l'entreprise, mettre les demandes de drawback « en bonne voie » et exercer des pressions pour le tarif, mais de plus en plus sa vie était une succession pathétique de consultations médicales et de voyages de repos. Walter Edward Hart Massey nota par la suite qu'à compter de 1894 son père, alors âgé de 71 ans, consacra peu de temps aux détails de l'entreprise. Lui-même prit en charge une bonne partie de la direction, ce qui n'allait pas sans engendrer des tensions. En 1895, il fut agacé de voir son père mêlé à plusieurs procès sans envergure, dont l'un découlait d'une nouvelle tentative de constituer un consortium britannique pour lui faire acquérir des intérêts majoritaires dans la Massey-Harris Company (une affaire intéressante qui éclaire aussi la différence qui séparait l'Amérique du Nord et la Grande-Bretagne dans la manière dont on concevait les affaires). Massey s'était lancé dans la production de bicyclettes (ce moyen de locomotion suscitait alors un engouement qui confinait à la rage), et tant Walter Edward Hart que Frederick Isaiah Massey, à Londres, craignaient fort que cette décision ne soit pas sage. Par contre, ils le laissaient rêver de fabriquer des automobiles, y voyant une fascination qu'ils croyaient sans conséquence. Enfin, dans une lettre de juillet 1895, Walter Edward Hart laissa libre cours à sa frustration. Après avoir grondé son père parce que, malgré son état de santé, il avait tripatouillé le bateau à vapeur au chalet familial, dans la région des lacs Muskoka, il lui reprocha de trop tarder à ouvrir l'usine des États-Unis : « Toute l'affaire dépend de vous [...] M. McBride pourrait quitter Winnipeg à n'importe quel moment pour prendre la direction de l'usine américaine, et [il] ne demande rien de mieux. »

Massey avait peut-être perdu de sa sagacité d'homme d'affaires mais, en dépit de l'examen minutieux qu'en faisait le public, ses projets philanthropiques se dessinaient de plus en plus clairement. Au cours de son séjour aux États-Unis, il s'était laissé attirer par le nouveau credo du riche – élément du protestantisme évangélique (doctrine wesleyenne comprise) – selon lequel l'application en affaires était un devoir chrétien, et la fortune, un dépôt remis par Dieu entre les mains de l'homme. Cette croyance s'était raffermie à Chautauqua et sous l'influence de populaires animateurs évangéliques de revivals, tel Dwight Lyman Moody de Chicago. À Toronto, dans les années 1880, l'Église méthodiste s'adaptait à une laïcité riche pour qui la charité systématique prenait de plus en plus les allures d'un sacrement. Tant le clergé que les laïques l'avaient donc encouragé dans sa ferme résolution de remplir la mission dont il s'était investi, celle d'« intendant » de Dieu. D'autres hommes d'affaires méthodistes, dont John Macdonald, constituaient d'ailleurs des exemples puissants. Fervent partisan de la tempérance, Massey continuait d'appuyer le travail que la mission de la congrégation Metropolitan accomplissait dans les quartiers défavorisés. Dans une lettre à John Carling*, en février 1893, il s'identifia comme l'un de ses « principaux ouvriers » et énonça son but ultime : « Je me prépare à distribuer mes avoirs au mieux des intérêts du Canada et [je] désire, jusqu'à la fin de mes jours, accomplir ce que je peux pour promouvoir ces intérêts et consacrer la plus grande partie de mon temps au bien du public. »

De 1891 à sa mort en 1896, Massey appuya ou lança avec zèle un éventail impressionnant d'œuvres missionnaires ou de bienfaisance, dont la Methodist Social Union de Toronto en 1892, la Children's Aid Society, la Rescue Home de l'Armée du salut, à Parkdale, un campement méthodiste sur la propriété familiale de la région des lacs Muskoka en 1891, un projet de sanatorium avec William James Gage* et des programmes de formation industrielle dans les écoles de Toronto. Des évangélistes populaires comme Moody (que beaucoup de méthodistes fuyaient) et l'équipe formée de Hugh Thomas Crossley* et de John Edwin Hunter* reçurent un appui enthousiaste de sa part. En 1892, il donna 40 000 $ au Victoria College pour la dotation d'une chaire de théologie (il avait fini par accepter le déménagement et l'annexion) ; c'est là un bon exemple du genre de philanthropie auquel il s'adonna dans les dernières années de sa vie. À la fin de la même année, par voie d'annonces, il demanda qu'on lui propose des moyens d'utiliser sa fortune « pour le plus grand bien ». Patiemment, il passa les réponses au crible, en favorisant les établissements méthodistes. En retour, il reçut la reconnaissance qu'il désirait avoir en public comme en privé. En mai 1895, Albert Carman*, surintendant général de l'Église méthodiste, conclut ainsi les remerciements qu'il lui adressait pour son aide à l'Albert College de Belleville : « Je prie pour que vous soyez guidé et fortifié dans tous ces grands desseins et pour que vous trouviez satisfaction sur terre, ainsi que récompense et gloire dans le ciel. »

L'engagement philanthropique de Massey et les réactions publiques qu'il suscitait ne sauraient être mieux illustrés que par deux œuvres bien connues, édifiées sous son autorité intraitable. D'abord, l'immeuble de la mission. Trois facteurs étaient à l'origine de cette entreprise : vers 1885, des membres de la congrégation Metropolitan (notamment Mary T. Sheffield) avaient créé une mission urbaine ; la Central Lodging House Association of Toronto avait besoin de locaux plus vastes ; et enfin Massey voulait se consacrer à des œuvres évangéliques et les doter de sommes fort importantes. Dès décembre 1892, il prenait la direction du projet : il obtenait, du célèbre architecte torontois Edward James Lennox*, les plans d'un édifice qui serait à la fois une « mission et un refuge pour hommes » et recueillait des renseignements sur les programmes d'entraide auprès d'organismes comme l'Industrial Association of Detroit et le

Department of Charities and Corrections de Cleveland. En quelques mois, l'édifice devint un monument à la mémoire de Frederick Victor. Comme Massey avait la manie de se mêler de tout, il se querella avec Lennox et les constructeurs. Inaugurée en octobre 1894, la mission apportait un réconfort aux pauvres de la ville et logeait les sans-abri de sexe masculin. Elle était gérée par la Toronto City Missionnary Society, ni plus ni moins qu'un conseil d'administration formé par Massey. Grâce à son aide financière et à son souci du détail, c'était (selon les critères de l'époque) un établissement exceptionnel, dont les programmes se répartissaient entre cinq services : évangélisation (ce service comptait des diaconesses), travail, éducation, assistance et activité physique. Tout comme le St Andrew's Institute, établissement presbytérien fondé en 1890 par Daniel James MACDONNELL, c'était une ambitieuse innovation de l'Église, qui s'inspirait du travail réalisé par des avant-gardistes en Angleterre, en Écosse et aux États-Unis dans les années 1880. Selon l'historienne Margaret Prang, la mission de Massey témoignait d'une « nouvelle manière de faire face aux fléaux sociaux du milieu urbain », mais elle était « essentiellement conservatrice et ne s'appuyait sur aucune critique de fond ». Jésus-Christ demeurait l'unique remède à l'oisiveté. Massey rejetait d'emblée les réformes sociales radicales que prônait notamment l'économiste américain Henry George. À peine quelques mois après son inauguration, la Fred Victor Mission attirait plus d'hommes qu'elle ne pouvait en loger ; bon nombre d'entre eux, disait-on à Massey, venaient de la « classe la plus avilie de [la] collectivité ». Qu'à cela ne tienne : il faisait valoir la propreté des lieux et soulignait combien les vagabonds qui « traîn[aient] dans la rue, devant les portes », avaient l'air répugnant. Ironie du sort, il fut le premier à verser des sommes importantes au Wesley College de Winnipeg, l'un des foyers d'un tout nouveau mouvement, le *Social Gospel,* qui allait se former en réaction aux conditions de vie des fermiers mêmes qui s'étaient ligués contre lui.

L'histoire de la salle de concert ne fut pas bien différente. Même si Massey et sa famille ne firent jamais partie de l'élite mondaine de Toronto, ils participaient depuis longtemps à sa vie musicale – autre conséquence de leur expérience à Chautauqua. Massey achetait des orgues pour des chapelles méthodistes, Charles Albert et Frederick Victor avaient aimé la musique, et elle figurait dans les programmes pour ouvriers à l'usine de Massey. En 1891, à titre de vice-président de la Toronto Philharmonic Society (nouvellement réorganisée), Massey fit la connaissance de son chef, Frederick Herbert Torrington*, organiste et maître de chœur à l'église Metropolitan. Devant les succès de celui-ci, il décida de laisser libre cours à sa philanthropie en construisant enfin la grande salle de concert dont il rêvait comme d'un autre monument à la mémoire de Charles Albert. Conçu par Sidney Rose Badgley et construit sous la supervision de l'architecte torontois George Martell Miller en 1893–1894, le Massey Music Hall fut inauguré le 14 juin 1894 par l'exécution du *Messie* de Haendel. À l'encontre de l'avis de son médecin, Massey assista au concert. Là encore, à force de se mettre le nez partout, il se disputa avec les constructeurs et avec Torrington, même si la propriété et la gestion de l'édifice étaient passées le 5 juin à un conseil formé de ses fils Chester Daniel et Walter Edward Hart ainsi que de John Jacob WITHROW. En octobre, apparemment à l'occasion d'un différend sur les honoraires, Torrington menaça Massey de poursuites parce qu'il avait insinué que lui et les autres tentaient de l'« écraser ». Affirmant avoir été mal compris et en réaction sans doute à d'autres pressions, Massey lança à la face du maestro qu'il avait été bien généreux de construire cet édifice. Il s'intéressait à l'architecture et avait même quelques connaissances en la matière ; pourtant le *Canadian Architect and Builder* déclara que l'extérieur de l'édifice était « à peu près aussi esthétique que n'importe quel élévateur à grain ». Cependant, l'acoustique était exceptionnelle, et la salle devint immédiatement un haut lieu de la vie musicale et publique. À l'automne de 1894, Dwight Lyman Moody y tint une série d'« assemblées évangéliques » ; le prestige du pasteur avait diminué, et Massey dut se porter à la défense de l'événement.

L'opinion que l'on avait de Massey se polarisa énormément avant sa mort. Sa fortune lui attirait un déluge de diatribes anticapitalistes, surtout de la part des Patrons of Industry, qui exprimaient le mécontentement des agriculteurs de l'Ontario et de l'Ouest [V. Henry Clay Clay* ; George Wesley Wrigley*]. En 1892, leur journal, le *Canada Farmers' Sun*, tourna en ridicule les motifs qui inspiraient sa générosité et dit, à propos de sa salle de concert : « Le Canada n'a jamais connu le défunt Massey et ne veut pas de monuments publics érigés en son nom. » Deux ans plus tard, devant le Trades and Labor Council de Toronto, un membre des Patrons of Industry, John Miller, condamna les consortiums et dénonça le fait que Massey se servait de l'argent arraché aux fermiers et à ses propres ouvriers pour construire des « édifices comme le « repaire de fainéants » [situé] à l'angle de la rue Jarvis ». Massey servait aussi de paratonnerre aux attaques que les réformistes lançaient dans le cadre du débat religieux et social. Le *Grip*, par exemple, se moquait de ses « gestes ostentatoires de charité publique » qui, selon bien des gens, menaçaient de détruire le vrai christianisme. On assistait alors à l'émergence de définitions sociales du christianisme qui contestaient, sur le terrain intellectuel, les « injustices économiques » aussi bien que les narcotiques religieux du genre de celui que proposait Moody et qui séduisaient les riches évangéliques comme Massey.

Massey suivait résolument ce que la presse disait de lui. Ces propos affectaient sa famille, comme en témoignent l'amertume à peine voilée des fils et la mise à l'écart soignée des articles négatifs dans les albums où l'on collait des coupures de journaux. À l'occasion, lui-même se jetait dans la mêlée. À sa réaction à un article sur la salle de concert, le *Daily Free Press* d'Ottawa rétorqua, comme d'autres l'avaient fait : « Massey semble voir, dans ces remarques [...] des réflexions sur ses méthodes d'homme d'affaires, son honneur personnel et sa réputation de manufacturier, mais il a tort. » Dans l'ensemble cependant, les journaux le louangeaient (la philanthropie pouvait encore apporter des gratifications sur terre) et, bien sûr, les fermiers continuaient d'acheter les machines de la Massey-Harris Company. On a un exemple typique de la façon dont les maisons d'enseignement réagissaient à son aide en lisant dans le *Sunbeam*, périodique de l'Ontario Ladies' College, école méthodiste de Whitby où, malgré sa faiblesse, il prit la parole au milieu de 1895 : « En écoutant M. Massey, on est fortement impressionné par son attitude sincère et dévouée [...] Il est simplement l'intendant entre les mains duquel Dieu [a] placé les moyens de venir en aide aux bonnes œuvres, et [il] espère que son esprit le guidera en ces matières. » En même temps, goûtant ses rares apparitions publiques – à la Toronto Industrial Exhibition le « Jour des pionniers », à la Victoria Industrial School de Mimico (Toronto) et en d'autres lieux où on lui témoignait de la sympathie –, il éprouvait un plaisir de vieillard à rappeler ses origines rurales. On ne manquait d'ailleurs pas de les évoquer dans les poncifs qu'on écrivait de plus en plus sur lui ; c'est ce que fit Benjamin Fish Austin dans un ouvrage paru à St Thomas en 1895, *Prohibition leaders of America*.

À compter de janvier 1896, Massey ne quitta plus sa maison, et il mourut dans la soirée du 20 février. Au Massey Music Hall, on jouait alors la *Création* de Haydn, sous les auspices du Trades and Labor Council. À la fin du concert, le chef d'orchestre annonça le décès de Massey, puis les musiciens entamèrent avec respect la marche funèbre du *Saül* de Haendel. Sa disparition donna lieu à une pléthore de nécrologies et de témoignages sur ce qu'il avait été comme homme et comme industriel. On y trouvait de tout, depuis les remarques hostiles jusqu'aux éloges exagérés, par exemple ceux de James Allen, ministre de l'église Metropolitan. Cependant, il y avait unanimité sur un point : Massey avait été le principal artisan de la plus grosse manufacture de machines agricoles de l'Empire britannique (son fils Walter Edward Hart prit discrètement la succession à la présidence). Le *Toronto Evening Star*, qui ne pouvait pas être au courant des gestes de charité que Massey avait faits privément, brossa l'un des plus justes portraits contemporains de cet « homme austère » : « Il attendait et exigeait un même souci du détail de la part de ceux avec lesquels il faisait affaire. Bien des gens prenaient cela, à tort, pour de la dureté. Aussi splendide qu'elle fût, sa charité n'était pas de nature à le rendre populaire. Elle se manifestait toujours publiquement. Même dans sa générosité, M. Massey était un homme d'affaires [...] Sa richesse servait à soulager la collectivité, l'individu restant noyé dans la multitude [...] La charité de M. Massey, du fait qu'elle s'exerçait d'une manière aussi majestueusement distante, n'engendrait pas cet amour, cet enthousiasme intenses que suscitent les gestes individuels de commisération [...] Mais il ne s'agissait pas de cette charité impulsive qui provient d'un naturel exubérant. Il donnait parce qu'il estimait que c'était là son devoir, non parce qu'il aimait beaucoup. »

Le petit-fils de Massey, Charles Vincent*, se souvenait de son grand-père comme d'un homme « grand et décharné, vêtu d'une redingote, les traits adoucis par une barbe blanche, se rendant à l'église dans un landau surchargé [tiré par] une paire de chevaux d'attelage choisis avec soin, un vieux cocher de couleur en costume ancien sur le siège, tandis que lui, patriarche de la vieille école, était assis à l'arrière, tout réjoui, ses petits-enfants adorés s'agitant autour de ses genoux ». Tous ses petits-enfants ne reçurent pas autant d'affection et, comme Charles Vincent le confia à ses propres fils, Massey avait été « élevé dans une foi étroite », si bien que son caractère présentait des « points faibles ». Pourtant, comme l'a noté l'historien Merrill Denison*, étant donné l'ampleur de ses réalisations et la gamme des jugements que l'on a portés sur lui, on ne saurait « saisir aucune des contradictions intéressantes de cette personnalité riche et complexe » dans un portrait qui ne s'attarde que sur quelques détails.

Le *Star* disait, avec raison, que « la réputation de bienfaiteur public de [Hart Almerrin] Massey repos[ait] entre les mains de ses exécuteurs testamentaires ». Au moment de sa mort, il avait donné plus de 300 000 $ à la salle de musique, à la mission et à des établissements méthodistes (surtout des collèges) disséminés entre New Westminster, en Colombie-Britannique, et Sackville, au Nouveau-Brunswick. Sa famille reçut de sa succession (qui valait près de 2,2 millions de dollars, la plus grande partie en actif d'entreprise, dont quelque 150 000 $ en « papiers de fermiers » échus) des parts généreuses, mais non extravagantes. Conformément à la priorité que le mouvement de Chautauqua donnait à l'éducation, d'autres legs importants allèrent à des collèges méthodistes (le Victoria College, le Mount Allison College et l'American University de Washington, qui venait d'être fondée). Ses exécuteurs devaient répartir le solde, bien supérieur à un million, en respectant le même esprit. Chester Daniel, le solitaire, sa sœur, Lillian Frances, et par la suite le fils du premier,

Charles Vincent, s'acquittèrent de cette tâche longue et difficile. C'est maintenant la Massey Foundation qui a pris la relève.

DAVID ROBERTS

AN, MG 26, F : 5325–5326 ; MG 28, I 54 (mfm) ; MG 32, A1 ; RG 31, C1, 1861, 1871 (recensements industriels, pour les producteurs d'outillage identifiés dans le texte). — AO, Clarke Township, abstract index to deeds and deeds for concession 1, lot 28 (mfm) ; Haldimand Township, abstract index to deeds and deeds for concession 2, lots 30–32 (mfm) ; RG 22, sér. 155, inventaire des biens de Daniel Massey. — Arch. of Massey Hall/Roy Thomson Hall (Toronto), Board of Trustees of Massey Music Hall, minute-book, 1894–1933. — Baker Library, R. G. Dun & Co. credit ledger, Canada, 14 : 60, 141. — Canada, Ministère de la Consommation et des Corporations, Bureau des brevets (Hull, Québec), 52 brevets délivrés à C. A. Massey, Massey Manufacturing Co., et Massey-Harris, 1878–1896. — CTA, RG 1, A, 1878–1880 ; B, 1878–1880. — Ontario, Ministry of Consumer and Commercial Relations, Companies Branch, Corporate Search Office (Toronto), Corporation files, C-2821. — Ontario Agricultural Museum (Milton), Massey-Ferguson Arch. — QUA, 2056, box 42. — Toronto Land Registry Office, Ordnance Reserve titles, vol. 110–112 : 186–187, 190. — UCC-C, Toronto City and Fred Victor Mission Soc. records ; Methodist Social Union of Toronto ; Victoria College Arch., Upper Canada Academy and Victoria College voucher-book, 1839–1848 : 33. — Canada, chambre des Communes, *Journaux*, 1888, app. 3. — *Canadian Labor Reformer* (Toronto), 25 sept. 1886. — *Canadian Statesman* (Bowmanville, Ontario), 1879. — *Monetary Times*, 8 mai, 9 oct., 13 nov. 1891. — *Cleveland city directory* [...] (Cleveland, Ohio), 1871–1883. — *Commemorative biog. record, county York*. — *Cyclopædia of Canadian biog.* (Rose et Charlesworth), 1. — *The Massey family, 1591–1961*, M. [L.] Massey Nicholson, compil. (Saskatoon, 1961). — *Toronto directory*, 1880–1896. — C. [T.] Bissell, *The young Vincent Massey* (Toronto, 1981). — Paul Collins, *Hart Massey* (Toronto, 1977). — Merrill Denison, *Harvest triumphant : the story of Massey-Harris, a footnote to Canadian history* (Toronto, 1948). — J. F. Findlay, *Dwight L. Moody, American evangelist, 1837–1899* (Chicago et Londres, [1969]). — Mollie Gillen, *The Masseys : founding family* (Toronto, 1965). — G. S. Kealey, *Toronto workers respond to industrial capitalism, 1867–1892* (Toronto, 1980). — Theodore Morrison, *Chautauqua : a center for education, religion, and the arts in America* (Chicago et Londres, 1974). — E. P. Neufeld, *A global corporation ; a history of the international development of Massey-Ferguson Limited* (Toronto, 1969). — W. G. Phillips, *The agricultural implement industry in Canada ; a study of competition* (Toronto, 1956). — N. A. E. Semple, « The impact of urbanization on the Methodist Church in central Canada, 1854–84 » (thèse de PH.D., Univ. of Toronto, 1979). — A. E. Skeoch, « Technology and change in 19th century Ontario agriculture » (essai de 1er cycle, Univ. of Toronto, 1976 ; copie au Royal Ontario Museum, Sigmund Samuel Canadiana Building, Toronto). — Waite, *Man from Halifax*. — Gordon Winder, « Continental implement wars : the Canadian agricultural implement industry during the transition to corporate capitalism, 1860–1940 » (rapport de recherche pour une thèse de PH.D., Univ. of Toronto, 1987 ; copie à l'Ontario Agricultural Museum). — W. H. Becker, « American manufacturers and foreign markets, 1870–1900 : business historians and the « New Economic Determinists », *Business Hist. Rev.* (Boston), 47 (1973) : 466–481. — Ramsay Cook, « Tillers and toilers : the rise and fall of populism in Canada in the 1890s », SHC *Communications hist.*, 1984 : 1–20. — Gerald Friesen, « Imports and exports in the Manitoba economy, 1870–1890 », *Manitoba Hist.* (Winnipeg), n° 16 (automne 1988) : 31–41. — A. E. Skeoch, « Developments in plowing technology in nineteenth-century Canada », *Canadian Papers in Rural Hist.* (Gananoque, Ontario), 3 (1982) : 156–177.

MASSEY, SAMUEL, travailleur social, auteur et ministre de l'Église d'Angleterre, né le 30 décembre 1817 à Wincham, Angleterre, fils de Samuel Massey, charpentier de navires, et d'Ann Moreton ; décédé le 10 juin 1897 à Montréal.

Samuel Massey naquit dans une petite maison de campagne dont la façade était recouverte de lierre, de chèvrefeuille et de roses. Des primevères et des marguerites bordaient l'allée du jardin, un « rosidendron » ornait le toit de ses fleurs violettes et, à l'avant, un robuste chêne montait la garde sur cette scène idyllique. Le jeune Samuel grandit sous l'influence d'une mère calme et pieuse qui, écrivit-il plus tard, « considérait la religion comme l'affaire de tous les jours ». S'aventurant rarement hors de son Cheshire natal, il fit ses études dans une école secondaire de Lostock Gralam et enrichit ses connaissances par de nombreuses lectures et des leçons particulières. Il travailla d'abord dans une mine, puis enseigna durant environ huit ans dans des écoles villageoises à Helsby et à Poynton. Le 31 juillet 1840, à Chester, il épousa une jeune femme illettrée, Mary Fryer, la fille du représentant d'une raffinerie de sel. Le couple allait avoir huit enfants. Au début des années 1850, Massey quitta sa paisible existence campagnarde pour devenir missionnaire à la Manchester City Mission, que dirigeait la Young Men's Christian Association. En 1853, la YMCA de Montréal demanda à celle de Manchester de lui trouver un auxiliaire laïque, et c'est Massey que l'on choisit parmi 70 candidats.

La YMCA de Montréal, la première en Amérique du Nord, avait été formée en 1851. Au début, les membres se réunissaient surtout à des fins littéraires et pieuses mais, en 1852, ils avaient conclu qu'ils devaient multiplier leurs efforts de christianisation auprès des jeunes gens. Le nouveau programme prévoyait, entre autres, l'engagement d'un auxiliaire laïque, et Massey arriva en octobre 1853 pour exercer cette fonction. Au début, il œuvra surtout auprès des marins et des immigrants en été et auprès des jeunes gens et des pauvres en hiver. Il travaillait seul, avec une diligence soutenue, malgré les nombreuses rebuffades et expériences désagréables qu'il vivait. Comme le disait en 1856 le rapport de la YMCA, « peu d'hommes côto[yaient] plus de saleté, de maladie et de vice ». Avec le temps, son travail se diversifia et s'intensifia. Chaque année, il faisait des milliers de visites aux pauvres de Griffintown (Montréal), réconfortait les malades, trouvait des vêtements, de la nourriture et de l'emploi pour les nécessiteux et distribuait des brochures, dont il était souvent l'auteur, sur des sujets religieux ou autres. Il visitait hôpitaux, prisons et asiles, ouvrait des écoles du dimanche et des écoles de jour, et tenait régulièrement des réunions de tempérance. Ses tournées dans les magasins et autres lieux d'affaires, entreprises d'abord pour encourager les jeunes gens à délaisser les tavernes pour les locaux de la YMCA, lui permirent finalement d'offrir un service rudimentaire de placement pour les jeunes chômeurs. Les réunions de prières qu'il tenait dans le district le mirent en relation avec des esclaves américains réfugiés, et il aida bon nombre d'entre eux. De plus, en accueillant les navires aux quais, il allégeait la détresse de beaucoup de familles d'immigrants désorientées et pauvres. Les équipages des centaines de navires qui arrivaient chaque année en vinrent à l'appeler le « missionnaire des marins » et, en 1862, il participa à la fondation de l'Institut maritime de Montréal, qui offrait livres et brochures, loisirs, rafraîchissements, conférences et offices religieux.

Au début des années 1860, la YMCA de Montréal connut des difficultés financières. C'est probablement pour cette raison que Massey la quitta en 1864 pour travailler, avec un autre missionnaire, à la Montreal City Mission. Organisée depuis peu « selon des principes catholiques » par neuf congrégations évangéliques, cette mission visait surtout à offrir une assistance spirituelle et financière aux gens qui n'étaient membres d'aucune Église. Cependant, le soutien dont elle bénéficiait diminua rapidement et, dès 1866, une bonne partie de son œuvre dans Griffintown était accomplie par la congrégation Presbyterian Church qui, cette année-là, acheta une maison et engagea Massey pour continuer le travail missionnaire dans le district. Son succès fut tel que dès 1870 une nouvelle église de pierre, qui contenait 400 places assises et des classes d'enseignement général et biblique, s'élevait rue Inspecteur. Massey organisa aussi des écoles de jour gratuites, des soupes populaires en hiver, de l'aide pour les victimes des fréquentes inondations printanières (durant lesquelles il passait parfois des jours entiers, en bateau, à distribuer de la nourriture et autres biens de première nécessité) et, à l'intention des ouvriers, des réunions régulières de tempérance qui devinrent connues dans toute la ville. En 1866, inquiet des déplorables conditions d'hygiène qui sévissaient dans bien des quartiers de Montréal, il avait participé, sur le conseil du docteur Philip Pearsall Carpenter*, promoteur de réformes sociales, à la formation de l'Association sanitaire de Montréal, qui devait « recueillir et diffuser de l'information sur toutes les questions relatives à la santé publique, et prendre des mesures » dans ce domaine. Massey se lança dans ce travail avec son énergie coutumière : il forma des comités de district et prononça, devant eux et d'autres groupes, des conférences sur les mesures pratiques d'hygiène. L'association mena finalement à l'établissement d'un bureau de santé efficace.

En 1877, au grand regret de sa congrégation, Massey conclut que le temps était venu pour lui d'aller travailler dans l'est de Montréal. Il s'installa rue Panet, au temple méthodiste Salem, qui ne comptait même pas une douzaine de fidèles. En moins d'un an, il avait rénové l'édifice, fait passer le nombre de fidèles à plusieurs centaines, mis sur pied une école du dimanche qui accueillait plus de 150 élèves, effectué des visites dans tout l'est de la ville, lancé des réunions régulières de tempérance et commencé à travailler parmi les marins des navires qui accostaient aux quais voisins.

À cette époque, on l'appelait le révérend Samuel Massey, mais jamais il n'avait été ordonné ni nommé ministre. En 1881, quelqu'un le décrivit comme un « homme pratique, intensément dévoué », dont les positions théologiques, « libres de toute affiliation confessionnelle, [... pouvaient], jusqu'à un certain point, être qualifiées de libérales » et dont le « credo, s'il en a[vait] un, [était] « vivre sa foi par l'amour ». C'était un prédicateur « sérieux, clair et énergique » ; au moins un auditeur appréciait qu'« il s'en tien[ne] toujours à son texte et s'arrête quand il avait fini de le lire ». Vers 1884, Massey décida de régulariser sa situation et quitta le temple Salem en vue de se faire ordonner par l'Église d'Angleterre. Son respect de plus en plus grand pour l'évêque William Bennett Bond*, dont l'attitude pragmatique envers le clergé et les préoccupations pastorales étaient de nature à lui plaire, influença probablement son choix. Pendant quelques années, il exerça à l'église allemande St John, rue Saint-Dominique, tout en étudiant au Montreal Diocesan Theological College. Bond l'ordonna diacre en janvier 1888 et prêtre en décembre. À compter de ce moment et jusqu'à la fin de 1895, Massey continua d'œuvrer auprès des pauvres en qualité de titulaire de l'église St Simon, dans le district de Saint-Henri. En 1896–1897, il desservit la Richmond Square Mission, affiliée à l'église St James the Apostle ; pendant quelques années il avait été aumônier du Sixth Battalion of Infantry (Fusiliers), dont son fils était le colonel.

Samuel Massey fut peut-être le premier travailleur social urbain du Canada, au sens que l'on donne aujourd'hui à ce terme, même s'il venait d'un milieu rural traditionnel de l'Angleterre. En se remémorant son enfance idyllique, et sans doute ses pénibles missions urbaines, il fit observer en 1887 : « la condition sociale et morale de toute collectivité dépend beaucoup du caractère de ses foyers, qui à leur tour dépendent beaucoup du caractère des mères ». Inspirés par son engagement religieux et influencés par le mouvement de réforme sociale du XIXe siècle, ses efforts soutenus pour améliorer les conditions sociales furent un exemple dont les effets dépassèrent de beaucoup les milieux où il travailla.

JACK P. FRANCIS

Samuel Massey est l'auteur de nombreux livres et brochures traitant de religion et d'autres sujets. Parmi ses ouvrages, on trouve : *Historical sketches of the Protestant churches and ministers of Montreal* (Montréal, 1885) ; *« Home ; sweet home », a lecture on « our city homes, and how to make them healthy and sweet » delivered in St. John's Church, Montreal* (s.l.n.d.) ; *My mother and our old English home* (2e éd., Montréal, 1887) ; *« Surrey Chapel » : a lecture on Rowland Hill, his times and eccentricities* [...] ([Montréal, 1887]) ; *The Rev. Samuel Massey's farewell : his last sermon as rector of St. Simon's Church, St. Henry, Montreal ; reminiscences of a long and useful ministry* (Montréal, 1895). Il était un collaborateur assidu de la presse religieuse au Canada et en Angleterre.

Il existe six photographies de Massey au Musée McCord dans les Notman Photographic Arch. (79939-I–79944-I) et un portrait a été reproduit dans *My mother and our old English home* et dans *The Rev. Samuel Massey's farewell* [...].

ANQ-M, CE1-69, 10 juin 1897. — Arch. privées, Guy Suckling (Montréal), « Samuel Massey's book, 1810 » (bible de la famille Massey). — Cheshire Record Office (Chester, Angl.), Great Budworth, reg. of baptisms, 8 févr. 1818. — EEC, Diocese of Montreal Arch., clergy reg. — Erskine and American United Church (Montréal), American Presbyterian Church, Home Missions Committee, minutes, 1867–1877 ; Session minutes, 1877. — GRO (Londres), Reg. of marriages for the parish of St Peter's (Chester), 31 juill. 1840. — St James the Apostle (Anglican) Church (Montréal), Parish magazine, 1896. — Montreal Young Men's Christian Assoc., *Report,* 1856 ; 1859 ; 1863–1864. — *Canadian Churchman,* 28 janv. 1896. — *Gazette* (Montréal), 22 oct. 1878, 11 juin 1897. — *Montreal Daily Witness,* 21 juin 1862, 15 nov. 1865, 23–28 avril 1866, 22 janv., 30 mars, 8 mai, 27 juill., 31 oct. 1867, 16, 30 mai, 19 déc. 1868, 24 avril, 8 mai 1869, 10 mai, 27 déc. 1870, 2 mars 1871, 30 oct. 1873, 29 août 1877, 7 juin 1878, 1er avril 1887. — *Canadian biog. dict.* — *Crockford's clerical directory* [...] (Londres), 1895. — H. C. Cross, *One hundred years of service with youth : the story of the Montreal YMCA* (Montréal, 1951). — *History of the Montreal Young Men's Christian Association* [...] (Montréal, 1873). — C. H. Hopkins, *History of the Y.M.C.A. in North America* (New York, 1951). — Montreal Sailors' Institute, *Annual report,* 1941.

MATHER, JOHN B., homme d'affaires et homme politique, né vers 1845 dans le canton d'Etobicoke, Haut-Canada, sixième des huit enfants de William Mather, fermier, et d'une prénommée Margaret ; décédé célibataire le 31 janvier 1892 à Winnipeg.

Fils d'immigrants écossais, John B. Mather commença à travailler vers l'âge de 25 ans pour Frank Smith*, important épicier de Toronto. Il alla s'installer à Winnipeg en 1881, au moment où les marchands et fabricants de l'Est canadien commençaient à faire des incursions vers les marchés des Prairies, dominés jusqu'à la fin des années 1870 par des hommes d'affaires de St Paul, au Minnesota, et par la Hudson's Bay Company. Il devint l'un des plus prospères grossistes de Winnipeg parmi ceux qui vendaient principalement des produits en provenance de l'est du pays ; ses principaux fournisseurs étaient Hiram Walker and Sons [V. Hiram WALKER] et la Halifax Sugar Refining Company. Grâce à d'habiles stratégies commerciales et à des investissements judicieux dans l'immobilier, comme ce fut le cas pour beaucoup de fortunes qui se constituèrent au début de l'histoire de Winnipeg, Mather acquit une fortune substantielle – évaluée entre 50 000 $ et 75 000 $ à sa mort.

Une fois établi dans la principale ville de l'ouest du Canada, Mather fut, à bien des égards, l'image parfaite de l'homme d'affaires accompli. Il fit des dons généreux à un grand nombre de sociétés de charité et participa à l'établissement et au maintien d'une foule d'organismes et d'activités de nature commerciale, sociale et culturelle. Membre de la St Andrew's Society et de la Chambre de commerce de Winnipeg, il faisait aussi partie du conseil d'administration de l'Association des commis-voyageurs du Canada. Il joua un rôle particulièrement actif et influent au sein du conseil d'administration de la Winnipeg Industrial Exhibition Association, qui tint sa première exposition en 1891. Même s'il ne semble pas avoir été un athlète, il fut, vers la fin des années 1880 et le début des années 1890, membre de la direction de trois des plus prestigieux organismes athlétiques dans l'Ouest, soit le Granite Curling Club, le Winnipeg Rowing Club et le Winnipeg Cricket Club. Il fut aussi le premier président de la succursale manitobaine du Royal Caledonian Curling Club, qui devint plus tard la Manitoba Curling Association ; cette dernière regroupait les joueurs de curling de l'Ouest canadien et parrainait le *bonspiel* de Winnipeg, qui eut lieu pour la première fois en 1889 et devint rapidement le plus important festival annuel de curling au monde.

Mather était, sous un autre aspect, le portrait type de l'homme d'affaires de Winnipeg : il s'intéressait ardemment à la politique, surtout sur la scène municipale. Membre du conseil municipal de Winnipeg en 1890–1891, il ne mâcha pas ses mots en critiquant les propositions d'adoption de la « taxe unique » par la ville ; de toute évidence, il fit suffisamment bonne impression pour que certains voient d'un bon œil sa candidature à la mairie. En ce qui concerne la politique provinciale et fédérale, il était conservateur. Au cours des élections fédérales de 1891, il figura parmi le petit groupe d'organisateurs tories qui réussirent, malgré de nombreuses difficultés, à faire élire à Winnipeg Hugh John Macdonald*, fils de sir John Alexander MACDONALD.

À la fin de 1891, John B. Mather tomba malade ; il mourut au début de l'année suivante, à l'âge de 46 ans, de complications associées à la fièvre typhoïde. Un pasteur presbytérien et un ministre congrégationaliste célébrèrent un service funèbre à sa résidence de Winnipeg ; cependant, on l'inhuma à Toronto, où résidaient sa mère, trois sœurs et un frère. À Winnipeg, il laissa l'image d'un solide homme d'affaires et d'un citoyen décédé trop tôt pour exploiter tout le potentiel qu'il avait laissé entrevoir.

MORRIS MOTT

AN, RG 31, C1, 1851, Etobicoke. — Royal Caledonian Curling Club of Scotland, Manitoba Branch, *Annual* (Winnipeg), 1889–1893. — *Daily Free Press* (Winnipeg), 1886–1891, 1er févr. 1892. — *Globe*, 1er févr. 1892. — *Winnipeg Daily Tribune*, 1er, 3 févr. 1892. — *Pioneers of Manitoba* (Morley *et al.*). — *Toronto directory*, 1871–1872. — *Winnipeg directory*, 1881–1892. — A. F. J. Artibise, *Winnipeg : a social history of urban growth, 1874–1914* (Montréal et Londres, 1975). — Donald Kerr, « Wholesale trade on the Canadian plains in the late nineteenth century : Winnipeg and its competition », *The settlement of the west*, Howard Palmer, édit. (Calgary, 1977), 130–152. — Gerald Friesen, « Imports and exports in the Manitoba economy, 1870–1890 », *Manitoba Hist.* (Winnipeg), nº 16 (automne 1988) : 31–41.

MATHER, MARGARET. V. FINLAYSON, MARGARET

MATURIN, EDMUND, ministre de l'Église d'Angleterre et auteur, né en 1818 ou 1819 dans le comté de Donegal (république d'Irlande), fils de Henry Maturin, ministre de l'Église d'Angleterre ; décédé le 23 novembre 1891 à Newbliss (république d'Irlande).

Edmund Maturin, qui obtint une licence ès arts du Trinity College de Dublin en 1838, fut ordonné diacre de l'Église d'Angleterre en 1843 et prêtre deux ans plus tard. Il servit dans trois paroisses irlandaises avant d'accepter la charge de vicaire à l'église St Paul de Halifax, où il arriva le 27 novembre 1850. Huit ans plus tard, il était non seulement aimé et respecté de ses paroissiens, mais réputé pour son éloquence et son attachement au rôle missionnaire de l'Église. Depuis son arrivée à Halifax, il avait continué de s'intéresser au mouvement d'Oxford, ou tractarien, au sein du clergé de l'Église d'Angleterre, dont les sympathisants prônaient l'adoption de principes et rites de la Haute Église. L'évêque Hibbert Binney*, son supérieur à l'église St Paul, était l'un des plus éminents tractariens de la colonie.

Comme tous les membres du mouvement d'Oxford, Maturin manifestait un intérêt constant pour le catholicisme. Vers 1842, il avait subi l'influence des écrits de Nicholas Patrick Stephen Wiseman, futur archevêque de Westminster. Ensuite, l'étude de l'histoire ecclésiastique, puis de l'Église catholique elle-même, avait progressivement accru son attrait pour le catholicisme. Bien que des aspects de cette religion, inexistants dans l'Église primitive, n'aient cessé de le troubler, il avait conclu dès les années 1840 que « toute l'œuvre de la Réforme était un acte schismatique ». Son penchant pour le catholicisme se renforça encore à la lecture d'auteurs tractariens comme Henry Edward Manning et John Henry Newman, deux ministres anglicans qui, dans les années 1850, avaient opté pour la religion catholique. En octobre 1858, Maturin les imita : il annonça qu'il quittait St Paul et l'Église d'Angleterre « pour retourner dans la Communion de la Sainte Église catholique ». Au début de 1859, après son admission dans l'Église catholique au cours d'une visite en Angleterre, il publia à Halifax une brochure intitulée *The claims of the Catholic Church : a letter to the parishioners of Saint Paul's, Halifax, Nova Scotia,* dans laquelle il racontait sa conversion et défendait l'Église catholique d'une manière apte à provoquer des réactions.

Les querelles interconfessionnelles régnaient déjà dans la province. Joseph Howe*, en tentant en 1855 de recruter des Irlandais aux États-Unis pour l'armée britannique de Crimée, avait provoqué l'ire des catholiques irlandais de la Nouvelle-Écosse. L'affaire avait dégénéré en une sale petite guerre de religion entre ces derniers et les partisans protestants de Howe. La nouvelle de la conversion de Maturin déclencha une vigoureuse campagne : dans des journaux, des brochures et sur des tribunes, on critiqua ses agissements et les arguments qu'il invoquait pour défendre le catholicisme. Parmi les journaux religieux, le *Church Record* de Halifax menait le combat ; parmi les journaux laïques, c'était l'*Acadian Recorder*. De plus, la Protestant Alliance tint des conférences pour réfuter les arguments de Maturin. Ce dernier admettait avoir éprouvé une vive sympathie pour le catholicisme dès 1840, mais il n'en avait pas moins continué à œuvrer comme un vicaire réputé pour sa prise de position ferme contre cette religion, et c'est ce qui agaçait particulièrement ses détracteurs.

Pendant la querelle que déclencha son écrit, Maturin fut élu président du Halifax Catholic Institute, société organisée peu de temps auparavant pour promouvoir la formation de la jeunesse masculine catholique de Halifax. Il donna aussi plusieurs conférences publiques sur le christianisme et se rendit jusqu'à Saint-Jean, au Nouveau-Brunswick, pour tenter de faire des conversions. Cependant, dès l'automne de 1861, il avait quitté l'Église catholique, abjuré publiquement à St Paul et réintégré l'Église d'Angleterre ; toutefois, à ce moment, il n'eut pas le droit d'« exercer les fonctions de sa charge ». Dans une brochure intitulée *Thoughts on the infallibility of the church : with especial reference to the creed of Pope Pius IV*, publiée à Halifax en 1861, il critiqua ses convictions passées et expliqua ses conversions. Les séduisantes prétentions du catholicisme l'avaient trompé, déclarait-il ; la doctrine catholique de l'infaillibilité était « une illusion d'invention humaine » dont on était en train de faire « le fondement des corruptions les plus dangereuses de l'Évangile du Christ, en doctrine et en pratique ».

Cette publication mit fin à l'affaire Maturin. Le *Church Record* commenta en résumé : « Il n'emmena aucun *perverti,* il ne ramènera aucun *converti* – la perte et le gain sont siens, dans l'un et l'autre cas. » Pourtant, la conversion et la reconversion de cet homme d'Église dans une période de grande tension religieuse avaient provoqué un vaste débat public et envenimé le fanatisme religieux qui régnait en Nouvelle-Écosse.

En 1863, Edmund Maturin se trouvait de nouveau en sol irlandais. Après avoir desservi diverses paroisses d'Angleterre et d'Irlande, il devint *rector* de Newbliss en 1887, où il mourut quatre ans plus tard. En évoquant la controverse qui avait sévi plus de 30 ans auparavant, l'*Acadian Recorder* déclara dans une notice nécrologique : « Bien des citoyens de notre ville se souviendront de lui. »

NEIL MACKINNON

Outre les publications mentionnées dans le texte, Edmund Maturin est l'auteur de : *A defence of the claims of the Catholic Church, in reply to several recent publications* (Halifax, 1859).

St Paul's Anglican Church (Halifax), Parish records, Maturin à l'archevêque, 22 oct. 1858 ; parish meeting, 18 déc. 1858. — J. M. Cramp, *Scripture and tradition ; a reply to Mr. Maturin's letter on* The claims of the Catholic Church [...] (Halifax, 1859). — [J.] W. D. Gray, *A letter to members of the Church of England, by I. W. D. Gray, D.D., rector of the parish of St. John, N.B., in reply to a letter from Edmund Maturin* [...] (Saint-Jean, N.-B., 1859). — John Hunter, *Review of E. Maturin's letter ; sixth lecture, delivered before the Protestant Alliance, of Halifax, Nova Scotia* [...] (Halifax, 1859). — J. G. Marshall, *Errors reviewed and fallacies exposed ; being a Protestant's answer to E. Maturin's « Catholic claims »* (Halifax, 1859). — *Read and lend* (s.l.n.d. ; copie aux PANS). — SPG *Report* (Londres), 1840–1858. — *Acadian Recorder*, 5 févr. 1859, 8 déc. 1891. — *Church Record* (Halifax), 3 févr.–31 mars 1859. — *Church Times* (Halifax), 7 juin, 29 nov. 1850, 10, 24 janv. 1851. — *Halifax Morning Sun*, 12 janv., 11, 14, 18 févr., 24–25 juin, 25 juill., 10 août, 31 oct. 1859, 17 janv. 1862. — *Novascotian*, 21 mars 1859. — *Alumni dublinenses* [...], G. D. Burtchaell et T. U. Sadleir, édit. (nouv. éd., Dublin, 1935). — Morgan, *Bibliotheca canadensis*.

MEDICINE SNAKE WOMAN. V. NATAWISTA

MEDLEY, JOHN, ministre de l'Église d'Angleterre, évêque et auteur, né le 19 décembre 1804, fils de George Medley, de Londres, et d'une prénommée Henrietta ; le 10 juillet 1826, il épousa à Salcombe Regis, Angleterre, Christiana Bacon, et ils eurent cinq fils et deux filles, puis le 16 juin 1863, dans l'île Campobello, Nouveau-Brunswick, Margaret Hudson ; décédé le 9 septembre 1892 à Fredericton.

Dès son jeune âge, John Medley fut destiné au ministère anglican par sa mère, qui était veuve. Il fréquenta des écoles de Bristol, Bewdley, Hammersmith (Londres) et Chobham. Quand il entra au Wadham College d'Oxford, en 1822, il maîtrisait l'hébreu, le latin et le grec ; en 1826, il y reçut un diplôme avec la mention distinction. Ordonné diacre en 1828 et prêtre l'année suivante, il exerça de 1828 à 1845 dans le diocèse d'Exeter. En 1838, il devint curé de la paroisse St Thomas the Apostle, près d'Exeter, et en 1842 prébendier à la cathédrale d'Exeter. Nommé évêque de Fredericton le 25 avril 1845, il fut sacré au palais de Lambeth le 4 mai et intronisé à Fredericton le 11 juin.

Medley était le premier tractarien à devenir évêque de l'Église d'Angleterre. On croit que ce sont ses amis William Ewart Gladstone et John Taylor Coleridge, tous deux trésoriers du Colonial Bishoprics Fund, qui recommandèrent sa nomination. Pendant son séjour à Exeter, il avait collaboré à une collection de publications tractariennes appelée « Library of the Fathers » en traduisant, avec Hubert Kestell Cornish, les homélies de saint Jean Chrysostome sur la première épître aux Corinthiens. Militant du renouveau gothique amorcé par la Cambridge Camden Society, il publia en 1841 *Elementary remarks on church architecture*. Un essai paru en 1835, *The episcopal form of church government* [...], et son recueil de *Sermons* [...], publié en 1845, révèlent qu'à l'instar des tractariens et à l'encontre d'Éraste il voyait en l'Église une société sacrée, autonome et jalouse de son indépendance. Ces écrits rédigés à Exeter insistent sur la doctrine de la succession apostolique et manifestent une vénération toute catholique à l'endroit des deux grands sacrements du baptême et de l'Eucharistie.

Débarqué à Fredericton l'année où John Henry Newman se convertit au catholicisme, Medley y avait même avant son arrivée la réputation d'être partisan de la Haute Église et empreint de dispositions catholiques. Il ne tarda pas à susciter la méfiance chez ceux qui en étaient venus à craindre que l'Église d'Angleterre ne se rapproche trop de Rome. Les anglicans du Nouveau-Brunswick, éloignés de l'évêque de Nouvelle-Écosse dont ils relevèrent jusqu'en 1845, avaient hérité des traditions congrégationalistes de l'Église coloniale américaine dans laquelle il n'y avait pas d'épiscopat. En affirmant bien haut que la fonction épiscopale donnait « à une seule personne le pouvoir de diriger une compagnie de prêtres et de diacres ainsi que l'ensemble de l'Église », Medley faisait figure de papiste et exprimait une position qui détonnait dans son nouveau milieu. Sous la direction du révérend John William Dering Gray*, *rector* de l'église Trinity de Saint-Jean, les adeptes de la tendance évangélique s'opposèrent à l'autorité de Medley et à son influence en faisant appel aux sentiments protestants. Cependant, Medley avait l'appui de George Coster*, archidiacre de Fredericton et tenant de la Haute Église de l'école prétractarienne, ainsi que d'un nombre considérable de prêtres anglicans de la vieille tradition loyaliste qui, même privés d'évêques locaux, avaient conservé pour les sacrements le respect caractéristique des partisans de la Haute Église.

Ce fut l'une des principales tâches de Medley (et il y réussit largement) que d'apaiser les dissensions qui régnaient dans l'Église néo-brunswickoise et de prôner une compréhension assez vaste pour englober les adeptes de la Basse Église, ceux de la Haute Église ou les ritualistes. « Nous devons, disait-il, bannir ce terrible esprit partisan, cet exclusivisme tatillon qui fait refuser le nom de frères à ceux qui ont adhéré aux mêmes articles que nous, partagent les mêmes croyances et professent une foi édifiée sur la même fondation que la nôtre. Les cris odieux de *high churchman* et de *low churchman* ne doivent pas sortir de nos bouches, non plus que d'autres noms plus offensants, de peur que nos propres armes ne se retournent contre nous. » Medley cherchait à guérir les scissions en faisant régner un esprit de coexistence plutôt que de compromis, mais il ne tentait pas pour autant de masquer sa désapprobation envers certaines tendances de la Basse Église. Il reprochait à ses tenants de pratiquer un culte laxiste, d'avoir sur la doctrine sacramentelle une position « aussi erronée sur le plan des principes que d'un goût pervers » et, selon lui, contraire à l'anglicanisme, et de dévier de la théologie qui « pén[étrait] et transform[ait] la religion de masses entières de [fidèles anglicans] ».

Peu après son arrivée à Fredericton, Medley entreprit des visites annuelles au cours desquelles il rencontra des membres du clergé et des fidèles jusque dans les coins les plus reculés du Nouveau-Brunswick. Ces visites lui permirent de raffiner et de vivifier la pensée et la pratique des ministres, de fonder de nouvelles paroisses et d'évangéliser plus largement et plus vigoureusement qu'aucun membre du parti évangélique ne l'avait jamais fait. Le Nouveau-Brunswick était fait d'établissements et de villages disséminés, dont les deux tiers n'avaient pas de prêtre et dont un bon nombre ne tenaient pas compte du baptême et de l'inhumation chrétienne. Même dans les régions éloignées où l'Église assurait une certaine présence, la communion n'était pas célébrée plus de quatre fois l'an, les églises ressemblaient aux temples de la Nouvelle-Angleterre (des « granges », disait Medley) et la musique sacrée, dans les meilleurs cas, se réduisait au chant des hymnes. L'évêque s'employa sans délai à construire de nouvelles églises, à former des ordinands et à attirer de nouveau les chrétiens déchus ou tièdes, non seulement par la prédication mais par l'administration des sacrements avec toute la dignité et la beauté de la liturgie anglicane.

Medley était arrivé à Fredericton avec en main £20 000 de crédits votés par le Colonial Bishoprics Fund (auquel la Society for the Propagation of the Gospel in Foreign Parts contribuait généreusement) afin d'établir le nouveau diocèse. En outre, l'Exeter Diocesan Architectural Society lui avait fait don de £1 500 pour construire une cathédrale. Dans l'esprit de Medley, celle-ci était un élément essentiel de sa mission : elle serait le symbole de l'autorité épiscopale, et le culte que l'on y célébrerait servirait d'exemple à tout le diocèse. En 1846, il fit venir à Fredericton le jeune architecte Frank Wills* qui, sur son conseil, avait dessiné, pendant qu'il se trouvait encore en Angleterre, les plans de la cathédrale de Fredericton sur le modèle d'une église de la période du gothique rayonnant, St Mary de Snettisham, dans le Norfolk. William Butterfield, éminent architecte victorien du renouveau gothique, modifia les plans de Wills pour les adapter aux besoins spécifiques d'une cathédrale et au climat, et il en dessina le clocher, le sanctuaire et les éléments décoratifs. Le 15 octobre 1845, le lieutenant-gouverneur, sir William MacBean George Colebrooke*, avait posé la première pierre. Consacrées le 31 août 1853, la cathédrale Christ Church inaugura avec la chapelle annexe de l'évêque, St Anne (dessinée aussi par Wills), une ère de construction d'églises de style néo-gothique dans tout le diocèse. Ces travaux se firent sous la direction du révérend Edward Shuttleworth Medley, fils de l'évêque, que Butterfield avait formé en Angleterre. Comme la cathédrale, les nouvelles églises devaient retentir de musique adaptée à la liturgie. L'évêque composa des introïts, des motets et des hymnes. Directeur du chœur de la cathédrale, il fut le premier président de la Choral Society de Fredericton, qui comptait 100 chantres. Son influence sur la vie culturelle de Fredericton et de tout le diocèse est inestimable. L'évêque proclamait que la beauté était sainte : « En effet, demandons-nous pourquoi Dieu nous a confié la *forme*, la *couleur*, le *nombre* et l'*harmonie* [...] Si la langue Le loue, pourquoi pas le cœur, les pieds et les mains ? Quelle différence essentielle y a-t-il entre lire ou chanter les louanges de Dieu avec les lèvres, et graver ces louanges sur le bois, la pierre ou le verre ? »

George Robert Parkin*, qui enseigna à William Bliss Carman* et à Charles George Douglas Roberts* à la Fredericton Collegiate School, était un disciple de Medley. Encouragé par l'évêque à entrer à la University of Oxford en 1873, il assista aux conférences de John Ruskin, rencontra Edward Bouverie Pusey, ami de Medley, puis de retour à Fredericton communiqua à ses jeunes élèves son enthousiasme pour le renouveau gothique, le mouvement préraphaélite et l'esthétisme. Carman, qui des années plus tard parlerait de l'évêque Medley comme de son « meilleur ami », avait été servant à l'autel de la cathédrale. Roberts, fils du chanoine George Goodridge Roberts* qui fut *rector* de Fredericton à compter de 1873 sous Medley, enseigna à l'école du dimanche de son père. Il ne fait pas de doute que, sans la présence et l'influence de Medley, Fredericton n'aurait pas connu, dans le dernier quart du XIXe siècle, cet « étrange bouillonnement esthétique » auquel Charles George Douglas Roberts participa.

Malgré son « rêve gothique », son sens profond de la beauté de la nature, semblable à celui de Ruskin, et son amour de l'art, Medley ne concevait pas la beauté ou l'art comme une fin en soi. La construction de la cathédrale – tâche gigantesque interrompue plusieurs fois pour des raisons financières mais menée à bien surtout grâce au zèle et au talent de l'évêque pour recueillir des fonds dans la colonie et à l'étranger – ne le détourna jamais de ses fonctions pastorales et diocésaines. De 1845 à 1881, année de la nomination d'un coadjuteur de l'évêque, il accomplit ses épuisantes tournées annuelles dans la province, en traîneau, en canot ou en barque. En ces occasions, il ne se contentait pas de répandre les préceptes de la foi ni d'exiger que l'on célèbre le culte selon les règles, dans des églises de bonne tenue. Il insistait aussi, à l'encontre d'une opposition têtue, pour éliminer la pratique de vendre et de louer les bancs d'église et toute forme de discrimination sociale dans la vie paroissiale. La congrégation St Peter de Upham alla jusqu'à résister à la consécration de l'église durant cinq ans à cause de l'intransigeance de l'évêque sur la question de la location des bancs. Dans ses premières années à Fredericton, Medley rouvrit une école pour les filles de familles pauvres, grâce à l'aide d'institutrices bénévoles recrutées parmi les dames de la cathédrale.

En matière de doctrine, Medley défendait résolument le moyen terme. « Contrairement à Rome, disait-il, nous ne devons jamais sacrifier la vérité pour réaliser l'unité ; contrairement à Genève, nous ne devons jamais poursuivre la vérité aux dépens de l'unité, de peur que, comme elle, nous perdions les deux. » Selon lui, l'anglicanisme partageait avec Rome et l'Église d'Orient les doctrines de base qui avaient été celles de l'Église chrétienne des premiers grands conciles. Comme il l'expliqua dans un sermon sur la Réforme prononcé à la cathédrale en 1847, Rome avait erré en faisant des ajouts à la Révélation. La suprématie papale et les « prières [...] à la Sainte Vierge en tant que [...] grande médiatrice auprès du Christ » faisaient partie de ces ajouts injustifiés et contraires aux Écritures, tout comme la transsubstantiation, le purgatoire, la communauté des mérites et le célibat obligatoire pour les membres du clergé. Medley répudiait la théorie de Newman sur l'évolution de la doctrine ; pour lui, la foi avait été révélée une fois pour toutes aux saints et exposée de façon définitive dans les credos et déclarations des grands conciles. Chacune à leur manière, selon lui, Rome et Genève étaient coupables d'avoir innové.

Malgré le statisme de ses croyances, Medley concédait sur un point (dans un sermon sur l'épître de Paul aux Philippiens, II, 4) : « nos controverses et nos convictions ne doivent pas nous empêcher de voir qu'il existe d'autres chrétiens aussi sincères que nous-mêmes, dont un bon nombre [ont occupé] le terrain avant nous, et un bon nombre après nous, et [qui sont] tous désireux de réaliser le précepte de l'apôtre ». En déplorant le fanatisme de l'ordre d'Orange (qui était puissant au Nouveau-Brunswick à l'époque), il soulignait fréquemment qu'anglicans et catholiques s'entendaient sur les aspects fondamentaux de la doctrine. Il n'hésitait pas non plus à louer, voire à envier, le zèle des méthodistes et des baptistes.

Malgré son sermon sans équivoque sur la Réforme et la constance avec laquelle il défendait le moyen terme, on continua longtemps de soupçonner Medley d'être un « semi-papiste », sinon un « cryptojésuite ». N'avait-il pas refusé d'imposer des mesures disciplinaires au révérend James Hudson de la paroisse de Miramichi, qui distribuait des opuscules tractariens et prononçait des sermons puseyistes ? N'avait-il pas mis en application des « abominations » d'inspiration romaine comme le chant de cantiques et la communion fréquente ? N'avait-il pas approuvé les pratiques ritualistes de la chapelle Mission de Portland, située non loin de la ville de tendance évangélique de Saint-Jean ? Dans une allocution à son clergé, n'avait-il pas défendu ouvertement le ritualisme : « Je pense que nous avons bien plus à craindre du matérialisme pur et dur, qui ne manifeste aucun respect à l'Église et à ses sacrements, leur nie toute réalité et réduit l'office à un piètre spectacle donné par un pasteur, que nous avons à craindre de tout excès de ritualisme. » On n'ignorait pas non plus que l'évêque avait défendu éloquemment le ritualisme « avancé » de l'église Advent de Boston et demandé à William Ewart Gladstone de combattre puis de rescinder le *Public Worship Regulation Act* de 1874, qui avait mené à des poursuites contre les ritualistes de l'Église d'Angleterre dans ce pays même. En 1878, à la deuxième conférence de Lambeth, Medley réclamait encore l'abrogation de cette loi. Malgré l'appui des évêques américains et de la plupart des évêques coloniaux, on rejeta sa motion.

Les adeptes de la tendance évangélique qui critiquaient Medley ne voyaient pas qu'en défendant le ritualisme il plaidait pour la tolérance de toutes les formes du culte anglican, Basse Église comme Haute Église, pourvu qu'elles soient marquées de révérence et ne témoignent pas d'un laisser-aller. Tout en préconisant la communion fréquente et en affirmant la présence réelle du Christ dans l'Eucharistie, il rejetait la doctrine catholique de la transsubstantiation et adorait le Christ présent « non pas tant *dans* le sacrement qu'*au* sacrement ». Selon lui, les querelles doctrinales sur les modalités de cette présence, tout comme les définitions dogmatiques (celle de la transsubstantiation par exemple), faisaient violence à un mystère que l'on devait appréhender par la voie de la méditation plutôt que de l'argumentation. « L'Église d'Angleterre nous conseille de laisser de côté toutes ces curieuses questions, de recevoir le mystère [...] fidèlement, de l'enseigner simplement, mais de ne pas chercher à en expliquer la nature. » Pour Medley, la présence réelle ne se confinait pas au pain et au vin ; elle se manifestait dans tout le sacrement de l'Eucharistie et dans la réception pieuse des éléments consacrés. Qu'il soit parvenu peu à peu à dissiper les soupçons montre quel théologien cohérent il était, combien indomptable était son énergie, combien ses prédications et enseignements étaient marqués par la clarté et la charité, et surtout à quel point il entretenait des liens avec les paroisses.

Comme membre de la hiérarchie ecclésiastique qui prônait des vues diamétralement opposées à celles d'Éraste, Medley travaillait à renforcer l'organisation et l'indépendance de son diocèse. C'est pourquoi il jugeait impératif de créer un synode qui aurait le pouvoir de légiférer. La Church Society of the Archdeaconry of New-Brunswick, formée par George Coster en 1836, réunissait des membres du clergé et des laïques à des fins de consultation, mais Medley réclamait la formation d'un organisme qui serait habilité à rédiger un code de lois. En 1852 et en 1853, Gladstone tenta de faire approuver par le Parlement britannique un projet de loi qui aurait autorisé les Églises coloniales à constituer des synodes. Dès 1852, Medley, qui correspondait régulièrement avec lui, préconisa ouvertement la création d'un gouvernement synodal dans son diocèse. Les tenants de la tendance évangélique s'y opposèrent fermement : ils se méfiaient de l'Anglo-catholique Gladstone et craignaient que le synode ne renforce le pouvoir de l'évêque et ne donne le droit de vote aux paroisses les plus pauvres du diocèse. En 1856, dans son allocution au clergé, Medley présenta des arguments irrésistibles en faveur de la formation d'un synode diocésain, mais l'organisation de celui-ci n'eut lieu qu'en 1867. Il tint des assemblées annuelles à compter de l'année suivante et, en 1871, le Parlement provincial lui octroya une charte. En refusant d'adopter le projet de loi de Gladstone, le Parlement britannique avait concédé que les autorités coloniales avaient le droit d'agir. En 1874, le diocèse de Fredericton se joignit au synode de la province ecclésiastique du Canada et, en 1879, Medley succéda à Ashton OXENDEN au poste de métropolitain du Canada ; c'était alors la fonction la plus élevée dans l'Église canadienne.

Pour Medley, il s'agissait en effet d'une Église canadienne. En 1883, dans son adresse au synode provincial, il parla de l'Église du Canada, « n'oubliant pas un seul instant la chère Église d'Angleterre [...] mais surtout pour rappeler [à ses auditeurs] que l'amour de la mère patrie, l'union et la communion avec l'Église d'Angleterre dans la véritable foi » ne pouvaient les décharger de « l'obligation sacrée et solennelle à l'égard du Canada ». Dès ses premières années au Nouveau-Brunswick, Medley s'était employé à rendre son diocèse financièrement indépendant ; il ne fut donc pas consterné que la Society for the Propagation of the Gospel in Foreign Parts diminue considérablement ses subventions. Pour lui, il était absurde de songer à créer une Église établie au Canada, tout comme d'escompter que l'Église canadienne tire sa subsistance de la hiérarchie anglaise. Il n'occupa jamais le siège réservé à l'évêque au Conseil législatif de la province et résista chaque fois qu'un lieutenant-gouverneur voulut procéder à une nomination ecclésiastique avant qu'il ne l'ait fait lui-même. Medley souhaitait une communion anglicane universelle, unie dans la foi mais dont chaque constituante serait autonome. C'est par souci profond de la dignité et de l'intégrité des Églises constituantes qu'il avait refusé en 1867 d'assister à la première conférence de Lambeth. Dans une allocution à son clergé, il expliqua : « Il m'est apparu qu'en raison de la distance qui sépare bien des diocèses coloniaux de l'Angleterre et de l'importance de l'étape que l'on s'apprête à franchir, il aurait fallu accorder plus de temps pour étudier à fond les questions choisies pour délibération [...] Surtout, il m'a semblé contraire à la sagesse d'appeler des confins de la terre les évêques de la communion anglicane [...] sans énoncer précisément la raison pour laquelle nous étions convoqués et les questions qui seraient étudiées. » On tint compte des objections de Medley, et il assista à la deuxième conférence de Lambeth en 1878. C'est alors qu'il plaida en faveur de l'annulation du *Public Worship Regulation Act*. Même s'il ne gagna pas l'adhésion des évêques anglais, il vit son allocution bénéficier d'une grande publicité et finir par porter fruit.

En 1879, Medley demanda au synode diocésain de lui donner le droit de nommer un coadjuteur de son choix. Comme cette permission lui avait été accordée, il nomma le 12 janvier 1881 le révérend Hollingworth Tully Kingdon*, curé de Good Easter, dans l'Essex. Kingdon fut sacré en la cathédrale Christ Church de Fredericton le 10 juillet 1881.

Il allait y avoir une autre conférence à Lambeth en juillet 1888. Medley, alors dans sa quatre-vingt-quatrième année, y assista avec son coadjuteur. Au cours de cette dernière visite en Angleterre, il reçut un doctorat en droit de la University of Cambridge et un en théologie de la University of Durham. Peu après son retour à Fredericton, son fils, le révérend Charles Steinkopff Medley, mourut du cancer ; l'évêque vieillissant ne se consola jamais de cette perte. Il assista pour la dernière fois à un synode diocésain à Saint-Jean le 6 juillet 1892 et prononça son dernier sermon à l'église St Paul, dans la même ville, le 17 juillet. À cette époque, même s'il n'avait plus la santé et la lucidité nécessaires pour consacrer plus qu'une attention superficielle à ses devoirs, il hésitait à démissionner. Son coadjuteur se plaignit que Mme Medley dirigeait le diocèse. Vers la fin de ses jours, l'évêque manifesta l'intention de quitter son poste, mais il s'y attarda jusqu'à sa mort en septembre 1892.

John Medley était un homme de petite taille, à l'esprit puissant, à la volonté forte et d'un tempérament qu'il avait du mal à maîtriser dans ses premières années à Fredericton. Conscient de ses faiblesses, il les regrettait et faisait constamment pénitence. Il légua à son successeur un diocèse transformé, revigoré, largement unifié et intégré à l'Église canadienne. Gladstone a dit de lui : « Jamais tête plus sage que la sienne n'a porté la mitre. »

MALCOLM ROSS

Les sermons et allocutions triennales de John Medley sont dispersés dans nombre de bibliothèques et dépôts d'archives. Les collections les plus importantes se trouvent aux Diocese of Fredericton Arch. (maintenant APNB, MC 223) ; à la bibliothèque de l'EEC, General Synod (Toronto) ; à la New Brunswick Legislative Library (Fredericton) ; à l'UNBL ; aux bibliothèques des universités Acadia et Dalhousie à Wolfville, N.-É., et Halifax respectivement ; et dans les bibliothèques des PANS et du Musée du N.-B.

Un registre manuscrit de l'épiscopat de Medley intitulé « Bishop Medley's journal » se trouve aux APNB, MC 223, tout commme l'album de William Odber Raymond*, « Scrapbook on Bishop Medley and his sons ». Une collection des lettres de Medley à sir Edmund Walker Head* de 1851 à 1853 se trouve à la New Brunswick Legislative Library. Sa correspondance avec W. E. Gladstone est dans les Gladstone papers à la British Library (Londres), Add. MSS 44372 : f° 168 ; 44374 : f° 15 ; 44420 : f° 120 ; 44443 : f° 310 ; 44444 : f° 191 ; 44445 : f°s 206, 322 ; 44457 : f° 140 ; 44786 : f° 61. Sa correspondance personnelle a été détruite par sa veuve. Les dépêches du ministère des Colonies pour le Nouveau-Brunswick, au PRO, CO 188, sont disponibles sur microfilm à l'UNBL.

Les publications de Medley comprennent : *The episcopal form of church government ; its antiquity, its expediency, and its conformity to the word of God* (Londres, 1835 ; réimpr., Saint-Jean, N.-B., 1845) ; une traduction qu'il fit en collaboration avec H. K. Cornish de *The homilies of S. John Chrysostom on the First Epistle of St. Paul the Apostle to the Corinthians* (Oxford, Angl., 1839) ; *How the mighty are fallen ; a sermon preached at the visitation of the Archdeacon M. Stevens* [...] (Exeter, Angl., 1840) ; *Elementary remarks on church architecture* (Exeter, 1841) ; *Sermons, published at the request of many of his late parishioners* (Exeter et Londres, 1845) ; *The Reformation, its nature, its necessity, and its benefits, a sermon preached in the cathedral of Christ Church, Fredericton, on Sunday, February 14, 1847* (Fredericton, 1847) ; *The staff of beauty and the staff of bands : a sermon preached in St. Anne's Chapel, Fredericton, on the day of its consecration, March 18, 1847* (Saint-Jean, 1847) ; les préfaces de *The canticles, arranged for chanting* [...] ([Fredericton], 1851) et de *Hymns for public worship in the diocese of Fredericton* [...] (Saint-Jean, 1855) ; *A lecture* [...] *before the Church of England Young Men's Society, of the city of Saint John* [...] *23d January, 1857 ; subject, « Good taste »* (Saint-Jean, 1857) ; *The mission of the comforter : two sermons preached in the cathedral of Christ Church, Fredericton, New Brunswick, on Whitsunday and Trinity Sunday, 1867* (Fredericton, 1867) ; *A charge to the clergy of the diocese of Fredericton, delivered at his eighth triennial visitation, in the Church of St. Paul's, Portland, St. John, June 30th, 1868* (Fredericton, 1868) ; *« Other little ships » : a sermon, preached* [...] *in the Cathedral Church of S. Peter, Exeter, on Tuesday, August 13th, 1878* [...] ([Londres, 1878]) ; et *The Book of Job, translated from the Hebrew text* [...] (Saint-Jean, 1879).

La correspondance de Medley a été publiée dans les articles de E. R. Fairweather, « A Tractarian patriarch : John Medley of Fredericton », *Canadian Journal of Theology* (Toronto), 6 (1960) : 15–24 ; « John Medley as defender of « ritualism » : an unpublished correspondence », 8 (1962) : 208–211 ; « John Medley on Irish church disestablishment : an unpublished letter », E. R. Fairweather, édit., *Canadian Journal of Theology*, 7 (1961) : 198–200 ; et « An unpublished correspondence between John Medley and E. B. Pusey », C. [F.] Headon, édit., Canadian Church Hist. Soc., *Journal* (Sudbury, Ontario), 16 (1974) : 72–74.

Devon Record Office (Exeter), Salcombe Regis, reg. of marriages, 10 juill. 1827. — J. H. [Gatty] Ewing, *Canada home : Juliana Horatia Ewing's Fredericton letters, 1867–1869*, Margaret Howard Blom et T. E. Blom, édit. (Vancouver, 1983). — W. Q. Ketchum, *The life and work of the Most Reverend John Medley, D.D., first bishop of Fredericton and metropolitan of Canada* (Saint-Jean, 1893). — *Church Witness* (Saint-Jean), 1860–1863. — *New-Brunswick Courier*, 1842–1856. — *N.B. vital statistics, 1863–64* (Johnson). — W. O. Raymond, « John Medley », *Leaders of the Canadian church*, W. B. Heeney, édit. (3 sér., Toronto, 1918–1943), sér. 1 : 97–134. — O. R. Rowley *et al.*, *The Anglican episcopate of Canada and Newfoundland* (2 vol., Milwaukee, Wis., et Toronto, 1928–1961), 1 : 27. — T. E. Blom, « Bishop John Medley » (communication faite à la Christ Church Cathedral, Fredericton, 27 mai 1984 ; copie aux Diocese of Fredericton Arch.). — C. F. Headon, « The influence of the Oxford movement upon the Church of England in eastern and central Canada, 1840–1900 » (thèse de PH.D., McGill Univ., Montréal, 1974). L'auteur tient à exprimer sa reconnaissance envers M. Headon pour sa discussion de la théologie eucharistique de Medley [M. R.] — *History of the Mission Church of S. John Baptist, Saint John, N.B., 1882–1932* (Saint-Jean, 1932). — John Langtry, *History of the Church in eastern Canada and Newfoundland* (Londres, 1892). — T. R. Millman et A. R. Kelley, *Atlantic Canada to 1900 ; a history of the Anglican Church* (Toronto, 1983). — C. H. Mockridge, *The bishops of the Church of England in Canada and Newfoundland* [...] (Toronto, 1896). — J. L. Potter,

« The episcopate of Hollingworth Tully Kingdon, second lord bishop of Fredericton » (thèse de M.A., Univ. of N.B., Fredericton, 1970). — J. D. Purdy, « The Church of England in New Brunswick during the colonial era, 1783–1860 » (thèse de M.A., Univ. of N.B., 1954). — D. S. Richardson, « Christ Church Cathedral, Fredericton, New Brunswick » (thèse de M.A., Yale Univ., New Haven, Conn., 1966). — P. B. Stanton, *The Gothic Revival & American church architecture : an episode in taste, 1840–1856* (Baltimore, Md., 1968). — R. L. Watson, *Christ Church Cathedral, Fredericton : a history* (Fredericton, 1984). — L. N. Harding, « John, by divine permission », Canadian Church Hist. Soc., *Journal*, 8 (1966) : 76–87. — Malcolm Ross, « A strange aesthetic ferment », *Littérature canadienne* (Vancouver), nos 68–69 (printemps–été 1976) : 13–25.

MÉKAISTO (Red Crow, connu également sous les noms de **Captured the Gun Inside, Lately Gone, Sitting White Buffalo** et **John Mikahestow),** guerrier, chef de la tribu des Gens-du-Sang, cultivateur et juge de paix, né vers 1830 au confluent des rivières St Mary et Oldman (Alberta), fils de Kyiyo-siksinum (Black Bear) et de Handsome Woman ; décédé le 28 août 1900 dans la réserve des Gens-du-Sang (Alberta).

Red Crow était issu d'une longue lignée de chefs de la tribu des Gens-du-Sang, de la confédération des Pieds-Noirs, dont son grand-père, Stoó-kya-tosi (Two Suns), qui était chef des Mamyowis (bande des Mangeurs-de-Poisson) à sa naissance, son oncle, Seen From Afar [Peenaquim*], qui avait succédé à Two Suns, et son père, Black Bear. Red Crow s'initia à la guerre dès le début de son adolescence et établit durant sa vie un impressionnant record guerrier de 33 raids contre les Corbeaux, les Cris des Plaines, les Assiniboines, les Shoshones et les Nez Percés, au cours desquels il tua cinq ennemis. Il fut probablement de l'attaque organisée en avril 1865 par son beau-père, Calf Shirt [Onistah-sokaksin*], contre les colons américains établis le long du Missouri. Cette offensive marqua le début de la guerre des Pieds-Noirs qui dura jusqu'en 1870. Au soir de sa vie, Red Crow pouvait se vanter de n'avoir « jamais de sa vie été frappé d'une balle, d'une flèche, d'une hache, d'une lance ou d'un couteau ennemis ».

Le père de Red Crow devint chef de la bande des Mangeurs-de-Poisson quand Seen From Afar mourut de la petite vérole en 1869, au cours d'une épidémie qui décima les Gens-du-Sang et d'autres tribus de la confédération des Pieds-Noirs. Quelques semaines plus tard, il succomba à son tour, et la bande choisit alors Red Crow pour son nouveau chef. À cette époque, les trafiquants américains noyaient le territoire des Pieds-Noirs dans le whisky, et ce, des deux côtés de la frontière internationale. Les dissensions et les luttes sanglantes qui s'ensuivirent eurent des conséquences tragiques dans la vie de Red Crow. Il tua son frère Kit Fox au cours d'une beuverie, abattit deux Indiens ivres qui l'avaient assailli et vit mourir sa principale épouse, Ohkipiksew (Water Bird), tuée d'une balle perdue au cours de l'une de ces querelles. Le choc de ces événements fit du guerrier téméraire qu'il avait été un chef déterminé mais modéré.

Compte tenu des troubles qui régnaient, Red Crow se réjouit de l'arrivée de la Police à cheval du Nord-Ouest et, en novembre 1874, il fit la connaissance du commissaire adjoint James Farquharson MACLEOD. C'est en grande partie grâce aux liens d'amitié et de confiance qui unirent rapidement ces deux hommes que Red Crow accepta, trois ans plus tard, de signer le traité n° 7, en même temps que Pied de Corbeau [Isapo-muxika*] et d'autres chefs autochtones des territoires qui allaient devenir le sud de l'Alberta. Fin politique, Red Crow réunit plusieurs bandes sous sa tutelle et devint le grand chef principal des Gens-du-Sang.

À cette époque, des chasseurs américains accélérèrent l'extinction du troupeau de bisons du nord en tuant, pour les peaux, des dizaines de milliers de bêtes sur le territoire du Montana. Au cours de l'hiver de 1879–1880, Red Crow dut se rendre à l'évidence : le bison disparaissait et les Gens-du-Sang allaient devoir adopter un nouveau mode de vie. En septembre 1880, il choisit comme territoire de la réserve des Gens-du-Sang les rives de la rivière Belly, près de l'embouchure de la Waterton. Tandis que d'autres chefs, dont Natose-Onista (Medicine Calf ou Button Chief) et Pied de Corbeau, s'accrochaient désespérément à leurs coutumes anciennes malgré la rareté croissante du bison et la présence de voleurs de chevaux et de trafiquants de whisky, Red Crow comprit que le nomadisme traditionnel touchait à sa fin. Au mois de novembre, il s'était établi, avec les 62 familles dont il était le chef, dans les cabanes en rondins de la nouvelle réserve.

Red Crow et sa famille se mirent à cultiver légumes et céréales dans de petits jardins, et en 1884 leur ferme de 58½ acres était la plus grande de la réserve. Nina-kisoom (Chief Moon), fils aîné de Red Crow, acheta en 1890 une faucheuse d'occasion et fit dès lors concurrence aux Blancs pour l'obtention des contrats de récolte de foin qu'accordaient le département des Affaires indiennes, les éleveurs de la région et la Police à cheval du Nord-Ouest. En 1894, on introduisit la pratique de l'élevage des bovins. Red Crow et son fils adoptif Makoyi-Opistoki* échangèrent chacun quelques-uns de leurs précieux chevaux contre 15 têtes de bétail, et l'un de leurs parents en obtint 10. Six ans plus tard, le troupeau de Red Crow comptait plus de 100 têtes et celui de la réserve entière, 2 000.

La transition à la vie de réserve ne se fit pas sans difficulté pour les Gens-du-Sang. En 1883, la campagne de restrictions que menait Lawrence Vankoughnet, surintendant général adjoint des Affaires indiennes, entraîna la réduction des rations allouées à la réserve des Gens-du-Sang et du nombre de fonctionnaires chargés de s'en occuper. L'année suivante, le gouvernement substitua du bacon, mets inconnu des Gens-du-Sang, aux rations habituelles de bœuf fraîchement tué. Red Crow et d'autres chefs parmi les Gens-du-Sang, notamment White Calf [ONISTA'POKA], manifestèrent leur mécontentement et se rendirent à Regina pour s'entretenir avec le lieutenant-gouverneur Edgar Dewdney*, afin de faire annuler cette directive. Chef dynamique, Red Crow parvint à maintenir l'ordre parmi les Gens-du-Sang, à une époque où d'autres Indiens étaient fréquemment pris à tuer le bétail des éleveurs des environs dans le but d'améliorer les rations que leur allouait le gouvernement. Grâce à ses milices de guerriers et à ses propres activités de juge de paix, il résolvait les problèmes de la réserve, mais ce faisant il se trouva souvent au cœur de controverses avec les agents des Affaires indiennes qui cherchaient à conserver toute l'autorité au gouvernement.

Quand éclata la rébellion du Nord-Ouest, en 1885, le gouvernement craignit que les Gens-du-Sang ne se joignent aux insurgés métis et cris [V. Louis Riel* ; Pītikwahanapiwīyin*]. Toutefois, Red Crow avait toujours considéré les Métis et les Cris comme des ennemis, et il opposa un refus ferme à toute idée de participer à la révolte. En 1886, en compagnie de Pied de Corbeau, il fit partie d'une délégation de chefs pieds-noirs que le premier ministre John Alexander MACDONALD invita à faire une tournée dans l'est du pays, pour les remercier de leur loyauté. Red Crow put visiter le Mohawk Institute près de Brantford, en Ontario. Très impressionné par les progrès des élèves indiens, il retourna dans la réserve des Gens-du-Sang vanter à son peuple les mérites de l'instruction. Il soutint les efforts de scolarisation des missionnaires anglicans, méthodistes et catholiques, et plus tard envoya même Astokhomi (Shot Close, Frank Red Crow), son fils adoptif, à la St Joseph's Industrial School de Dunbow, au sud de Calgary.

Même s'il favorisait les catholiques, qui avaient établi leur mission dans son camp, Red Crow conserva ses croyances traditionnelles. Il consacra les dernières années de sa vie à lutter contre James Wilson, représentant du gouvernement, pour le maintien de la liberté religieuse dans la réserve. Il résista aux tentatives de ce dernier pour faire cesser la pratique des danses du calumet et réussit, en 1900, à remettre en vigueur la danse du Soleil, interdite par ce même Wilson depuis 1895. Fait intéressant, en 1896 Red Crow se fit baptiser selon les rites de l'Église catholique et épousa civilement et religieusement la plus jeune de ses compagnes, Singing Before (Frances Ikaenikiakew), bien que son ménage comptât déjà trois autres femmes. Selon Wilson, Red Crow accédait ainsi aux désirs de sa jeune épouse qui souhaitait une union légale afin que son fils Shot Close puisse hériter de la succession. Quelques semaines après la danse du Soleil de 1900, Red Crow mourut paisiblement en rassemblant ses chevaux sur le bord de la rivière Belly.

Guerrier de nature, Red Crow avait refusé de dépendre du gouvernement ; pour amener son peuple à l'autosuffisance, il avait encouragé la pratique de l'agriculture et de l'élevage, ainsi que le goût de l'instruction. Il insuffla aux Gens-du-Sang l'indépendance et la fierté qui les préservèrent de la sujétion à quiconque, y compris à l'homme blanc. Makoyi-Opistoki assuma le rôle de chef des Gens-du-Sang, rôle qui demeura dans la famille jusqu'en 1980.

HUGH A. DEMPSEY

Le lecteur pourra consulter une bibliographie détaillée dans H. A. Dempsey, *Red Crow, warrior chief* (Saskatoon, 1980).

MERCIER, HONORÉ, journaliste, avocat et homme politique, né le 15 octobre 1840 à Saint-Athanase (Iberville, Québec), fils de Jean-Baptiste Mercier, cultivateur, et de Marie-Catherine Timineur (Kemeneur) ; le 29 mai 1866, il épousa à Saint-Hyacinthe, Bas-Canada, Léopoldine Boivin puis le 9 mai 1871, au même endroit, Virginie Saint-Denis ; décédé le 30 octobre 1894 à Montréal.

Honoré Mercier descend d'une famille percheronne originaire de Tourouvre dont l'ancêtre, Julien Mercier, s'établit à Québec en 1647. De père en fils, les Mercier ont cultivé la terre. Jean-Baptiste Mercier, papineauiste inconditionnel, a été emprisonné pour avoir aidé deux patriotes à s'enfuir aux États-Unis. Les ans n'ont pas calmé son ardeur patriotique. Sa maison est un foyer libéral que fréquentent des « rouges » de toutes les teintes. Le jeune Honoré est élevé dans la mystique des événements de 1837–1838.

Le 23 septembre 1854, Mercier est inscrit au collège Sainte-Marie, à Montréal, où l'on dispense le cours d'études encore en vigueur dans les collèges jésuites européens. Tantôt externe, tantôt pensionnaire, Mercier travaille avec régularité et se maintient dans le peloton de tête des bons étudiants. On l'admet en mai 1857 dans la Congrégation de la Très Sainte Vierge et, l'année suivante, on le désigne « conservateur des jeux ». Il révèle d'étonnantes qualités d'organisateur qui lui valent, à l'automne de 1860, d'être le commandant d'un corps d'une trentaine de miliciens. Un camarade a dépeint sa physionomie dans le journal du collège : « une figure pâle », « des yeux gris perçants », « une démarche gracieuse » et des « manières engageantes ». Au dire de ses intimes, il rassemble par son verbe et sa rectitude morale ; il s'impose par sa logique, son énergie, sa vivacité d'esprit ; il réussit par son inclination naturelle à faire confiance à des amis sûrs. Le père Jean-Baptiste-Adolphe Larcher, son professeur de latin puis de rhétorique, avec qui il se lie d'une profonde amitié, s'efforce de mettre en valeur ses dons d'orateur dans l'Académie française du collège. Il lui inculque un attachement profond à l'Église, à la France et au Bas-Canada, cette province mère protectrice de tous les Canadiens français disséminés en Amérique du Nord. L'honneur, l'union, la loyauté sont des thèmes récurrents dans les discours du jeune orateur.

À l'été de 1861, Mercier tient son journal et s'interroge sur le choix d'une carrière. La vie lui semble une vallée « dont les douleurs [...] remplissent presque tout le cours ». Il compte sur Dieu pour le guider dans son choix qui consistera « à s'attacher à une des nécessités de la vie, travailler au bien de la patrie dans tel et tel état de vie, aider ses compatriotes dans tel ou tel emploi ». Il examine quatre professions : artiste, avocat, militaire, prêtre ; il semble plus attiré par le droit mais n'arrive pas à arrêter son choix. De retour au collège en septembre, il vit dans un état de tension nerveuse où les moments d'hyperactivité alternent avec les périodes d'affaissement. Ses maîtres jugent qu'il souffre de surmenage. Il s'alite le 15 décembre, va se reposer un temps dans sa famille, puis quitte définitivement le collège le 10 février 1862. Il porte en lui une foi profonde et des rêves de grandeur au service des autres. Il a acquis de bonnes habitudes de travail et pris en horreur la médiocrité. Il voue à la Compagnie de Jésus, et au père Larcher en particulier, un attachement filial.

À l'âge de 21 ans, Mercier entreprend un stage en droit dans le bureau de Maurice Laframboise* et d'Augustin-Cyrille Papineau, à Saint-Hyacinthe, petite ville de province où les prêtres du séminaire et le seigneur Louis-Antoine DESSAULLES polarisent la vie intellectuelle et politique. Il prend pension avec deux étudiants : Louis Tellier et Paul de Cazes*. Il se lie d'amitié avec un intellectuel nationaliste influent auprès de la jeunesse, l'abbé François Tétreau. Ses patrons l'introduisent dans les cercles libéraux. Il s'éprend aussi d'amour pour Léopoldine Boivin, dont le tuteur pose une condition pour qu'elle convole en justes noces : l'assurance d'un emploi stable pour Mercier. Pressé d'arriver, happé par l'effervescence politique qui agite les élites locales, dévoré d'ambition, Mercier néglige ses études et accepte en juillet 1862 de succéder à Raphaël-Ernest Fontaine à la rédaction du *Courrier de Saint-Hyacinthe,* journal de tendance libérale-conservatrice. Mercier, qui ne rate aucun débat, fait montre d'une grande indépendance d'esprit. À l'occasion de la discussion du projet de loi sur la milice, la même année, il subordonne le maintien du lien colonial à l'aide que la Grande-Bretagne voudra bien consentir dans la défense militaire du pays. Il dénonce le principe de la représentation proportionnelle à la population (« Rep. by Pop. »), qui « entraînerait la mort sociale du peuple canadien-français ». Il préconise un crédit agricole pour enrayer le mouvement migratoire vers les États-Unis. Dans la foulée du député de Saint-Hyacinthe, Louis-Victor Sicotte*, il s'efforce de concilier sentiment national et idées libérales. En mai 1863, le premier ministre de la province du Canada John Sandfield Macdonald* délaisse le principe de la double majorité comme système de gouvernement, abandonne Sicotte et choisit Antoine-Aimé DORION comme bras droit. Mercier refuse son appui aux rouges qu'il estime trop anticléricaux et pas assez nationaux, mais il promet d'évaluer le nouveau ministère à ses actes. En juin et en juillet, les électeurs reconduisent au pouvoir le ministère de Macdonald et de Dorion, donc George Brown* et les tenants de la « Rep. by Pop. ». Mercier en tire un constat : l'esprit de parti qui divise les Canadiens français fait le jeu des Canadiens anglais. Il en déduit une stratégie qui vise à regrouper libéraux et conservateurs dans une formation patriotique qui, par-delà « les ressentiments du passé et les jalousies du présent », fera front commun contre les rouges alliés aux *grits. Le Journal de Québec* reproduit et endosse la thèse de Mercier et celui-ci s'efforce de la populariser. Il pourfend les rouges dans *le Courrier* ; il affronte sur les tribunes électorales Maurice Laframboise qui brigue les suffrages durant l'été dans une élection partielle ; dans des conférences publiques, il oppose les thèses chrétiennes traditionnelles au darwinisme philosophique de Louis-Antoine Dessaulles ; enfin, il blâme son ancien chef Sicotte de délaisser l'arène politique pour une niche douillette à la Cour supérieure. À l'automne, il fait campagne pour Rémi Raymond, frère de Joseph-Sabin*, le grand vicaire du diocèse, et candidat du séminaire de Saint-Hyacinthe, contre Augustin-Cyrille Papineau, un disciple de Dorion.

Au moment où s'enclenche le débat sur la Confédération canadienne en 1864, Mercier est une vedette locale, mais il n'a aucune situation stable. Afin d'assurer son avenir et de mériter la main de Léopoldine, il se rend à Montréal, au printemps, poursuivre des études en droit qu'il compte financer par une collaboration irrégulière au *Courrier*. Sommé par les propriétaires de ce journal d'appuyer le projet confédératif que lui-même considère comme une machine à broyer les Canadiens français, il quitte *le Courrier* le 4 mai. Commencent alors des jours difficiles. Mercier travaille comme un forcené, s'ennuie de sa fiancée et vit d'expédients, tout spécialement de petits emprunts contractés à droite et à gauche. Il suit au collège Sainte-Marie le cours de droit de François-Maximilien Bibaud* et accepte, à l'occasion, de prononcer un discours contre le projet d'une confédération canadienne. Le 3 avril 1865, il est enfin reçu avocat.

Mercier s'installe à Saint-Hyacinthe. Il y retrouve sa fiancée, l'abbé Tétreau, ses amis Pierre Boucher* de La Bruère, Paul de Cazes et Michel-Esdras Bernier. Et la vie reprend comme autrefois, toujours aussi trépidante. Mercier mène de front ses amours, le droit, les luttes politiques et les joutes intellectuelles. À l'instar de l'épiscopat, il se rallie à la Confédération. Il préside l'Union catholique de Saint-Hyacinthe, cercle d'études doté d'une bibliothèque et d'une salle de lecture, où jeunes et vieux s'affrontent dans des débats publics. L'Union catholique est un calque de l'Institut canadien – sauf qu'elle a un aumônier, l'abbé Tétreau. En février 1866, Mercier et ses trois amis entrent au *Courrier de Saint-Hyacinthe* qui appuie le tandem George-Étienne Cartier*–John Alexander MACDONALD. Cependant, le désir de Cartier de recourir à l'arbitrage impérial pour régler le différend qui oppose les Maritimes et le Canada amène Mercier à laisser le journal le 23 mai. À ses yeux, le recours à Londres perpétue un état colonial désuet et constitue un précédent dangereux pour l'autonomie des futures provinces.

Décidément, le joug des partis pèse à Mercier. Il a plus de succès comme avocat, car il passe pour le meilleur criminaliste de la région. Cette notoriété, et sans doute les écus sonnants qui l'accompagnent, fléchit le tuteur de Léopoldine. Le 29 mai 1866, Mercier se marie dans la cathédrale de Saint-Hyacinthe. Un premier enfant, Élisa, naît en 1867. Bonheur familial de courte durée : Léopoldine, dont la santé a toujours été fragile, meurt le 16 septembre 1869. Mercier se réfugie alors dans le travail et s'active dans la vie publique. Il est de ceux qui donnent des conférences et des concerts au profit des blessés français et chantent *la Marseillaise* dans la rue à l'annonce de la victoire de la Prusse sur la France. Il trouve un certain réconfort dans le foyer de son ami de Cazes. Il y rencontre Virginie Saint-Denis, de 13 ans sa cadette, la belle-sœur de son ami. Une idylle se noue, et Mercier convole en secondes noces le 9 mai 1871. Il a graduellement retrouvé sa stabilité affective, sa joie de vivre et son goût pour une grande aventure politique.

À la fin de 1871, l'occasion se présente sous la forme du parti national que Louis-Amable Jetté* et Frédéric-Ligori Béique* sont en voie de mettre sur pied. En principe, le parti doit rassembler des conservateurs et des libéraux désireux de « placer l'intérêt national » au-dessus de celui du parti. C'est là une idée chère à Mercier qui collabore activement à l'élaboration du programme, accepte le poste de secrétaire et se fait élire, le 28 août 1872, dans Rouville, grâce à l'appui du curé de Saint-Césaire. Un Mercier tout feu tout flammes s'installe à Ottawa, peut-être trop peu conscient que le parti national, qui n'a recruté qu'un petit nombre de conservateurs, ne dispose d'aucune organisation et siège parmi les libéraux sous le leadership d'Alexander MACKENZIE et d'Antoine-Aimé Dorion, n'est au fond qu'une doublure électorale du parti libéral. Cette année-là, la motion présentée par John Costigan* qui réclame la non-reconnaissance de la loi scolaire votée au Nouveau-Brunswick en 1871 et la mise sur pied d'écoles catholiques financées par des fonds publics lui fournit l'occasion de prononcer son premier discours. C'est un plaidoyer pour la suprématie des droits des minorités sur les majorités parlementaires éphémères, un avertissement à la majorité protestante qu'elle pourrait bien un jour être minoritaire, une mercuriale contre la mollesse d'Hector-Louis Langevin* et un appel à l'union sacrée des Canadiens français et des catholiques. Ce fier discours, émaillé d'une allusion à l'indépendance du Canada, déplaît tout autant au premier ministre sir John Alexander Macdonald qu'aux leaders de l'opposition. Le premier se tire d'embarras en convainquant Mgr John Sweeney*, l'évêque catholique de Saint-Jean, que la question des écoles devrait être refilée au Conseil privé ; les seconds avertissent Mercier de s'en tenir à la pensée du parti et d'en respecter la discipline. Mercier prend l'avertissement de haut. Quand le gouvernement Macdonald trébuche sur le scandale du Pacifique [V. sir John Alexander Macdonald ; sir Hugh Allan*], Mackenzie forme un cabinet qui n'inclut aucun membre du parti national et, au moment des élections de 1874, les éminences du parti libéral font savoir à Mercier qu'il est persona non grata au sein de leur parti. Mercier n'insiste pas et ne brigue pas les suffrages.

Déçu et conscient qu'il n'y a guère de place en politique pour les esprits indépendants, Mercier se réfugie dans la pratique du droit et concentre son affection sur sa famille. Des enfants naissent : Iberville né en 1872 ne survit pas, Héva naît le 7 juin 1873 et Honoré le 20 mars 1875. Mercier s'intéresse aussi au développement de Saint-Hyacinthe. En 1872, il investit dans une manufacture de rubans et de galons et, deux ans plus tard, il participe à la fondation de la Compagnie d'aqueduc de Saint-Hyacinthe. Toutefois, Mercier ne peut oublier la politique et il attend son heure. Le départ de Dorion qui accepte en 1874 un poste de juge, l'évolution du parti libéral vers des positions plus conciliantes envers l'Église l'amènent à effectuer un retour à la politique au sein du parti libéral. Mais il doit, comme un jeune débutant, gagner ses épaulettes et faire montre de souplesse. En avril 1876, il amorce son retour par une conférence devant les membres du Club national, fondé en 1875 par Maurice Laframboise pour faire contrepoids au Club Cartier où brille Joseph-Adolphe CHAPLEAU. Puis il met son verbe au service du parti. Il soutient la candidature de Toussaint-Antoine-Rodolphe LAFLAMME, avocat de la veuve de Joseph Guibord*, dans l'élection partielle de Jacques-Cartier le 28 novembre

1876, celle de Wilfrid Laurier* dans Drummond et Arthabaska, puis dans Québec-Est en 1877, et la cause du parti pendant les élections générales du 1er mai 1878, à la suite du renvoi d'office du gouvernement de Charles-Eugène Boucher* de Boucherville par le lieutenant-gouverneur Luc Letellier* de Saint-Just. Au soir des élections, conservateurs et libéraux se retrouvent nez à nez. La majorité parlementaire du gouvernement que s'apprête à former le chef libéral, Henri-Gustave Joly*, tiendra à quelques voix, sinon à celle d'Henri-René-Arthur Turcotte*, député indépendant de Trois-Rivières. Mercier estime qu'il a droit à la reconnaissance du parti et, sans doute pistonné par Laurier et Laflamme, il se présente dans Saint-Hyacinthe aux élections générales fédérales du 17 septembre 1878. Battu de justesse, il a droit au charivari d'usage et à la suspension d'un crêpe au-dessus de sa porte. Ses adversaires du *Courrier* croient avoir eu sa peau. C'est oublier le destin !

Pierre Bachand*, député de Saint-Hyacinthe, trésorier dans le gouvernement Joly et clé de voûte du cabinet, meurt subitement le 3 novembre 1878. Le premier ministre est en quête d'un homme fort, d'un tribun capable de tenir tête en chambre et sur les estrades électorales à Chapleau, l'étoile montante du parti conservateur et l'un des grands orateurs de sa génération. Chapleau, souvent emphatique, est un rhéteur aux amples périodes bien cadencées. Quant à Mercier, plus proche des petites gens, plus sensible aux frustrations nationales, c'est un logicien qui enchaîne son argumentation en de courtes phrases lestées de chiffres et de faits. Le premier cherche à plaire et le second, à convaincre. Le choix de Mercier s'impose à Joly. Le 1er mai 1879, Mercier est nommé solliciteur général dans le gouvernement Joly. Le mois suivant, appuyé par tous les ténors du parti, il est élu dans Saint-Hyacinthe.

Mercier siège dans une chambre en pleine crise. En toile de fond : le coup d'État du lieutenant-gouverneur Letellier de Saint-Just qui a porté inopinément les libéraux au pouvoir. Les conservateurs, qui dominent le Conseil législatif, cherchent leur revanche. Ils procèdent en trois temps. Le premier ministre Macdonald, reporté au pouvoir en 1878, destitue Letellier de Saint-Just et le remplace, le 26 juillet 1879, par un conservateur de vieille souche, Théodore ROBITAILLE. En août, le Conseil législatif paralyse le gouvernement en refusant de voter le budget. Pendant que les libéraux orchestrent une campagne populaire contre le conseil, Chapleau négocie en coulisses la défection des libéraux mécontents ou ambitieux, afin de former un gouvernement fort. Chapleau en gagne cinq à sa cause et, du coup, Joly perd sa majorité parlementaire. Le lieutenant-gouverneur appelle Chapleau à former un gouvernement ; Mercier n'est plus que simple député et reprend à Saint-Hyacinthe la pratique du droit en société avec Odilon Desmarais.

À peine la crise suscitée par le coup d'État est-elle résorbée, qu'une autre, de plus vaste amplitude, fait surface. Conservateurs et libéraux sont débordés, les premiers sur leur droite et les seconds, sur leur gauche. Chapleau n'arrive pas à brider l'aile ultramontaine qui demande la tête de ses amis et conseillers Louis-Adélard Senécal* et Clément-Arthur Dansereau*. Chez les libéraux, Joly voit avec inquiétude Honoré Beaugrand* et le sénateur Joseph-Rosaire Thibaudeau lancer à Montréal en 1879 le journal *la Patrie,* nouveau foyer de rougisme. De fait, ultramontains et radicaux veulent tenir leur parti respectif en tutelle. Les centristes des deux partis, pour échapper à la domination des extrêmes, songent à une coalition. Ne sont-ils pas d'accord sur les questions fondamentales : le maintien des arrangements socio-politiques avec l'Église, la réforme de la loi électorale, l'ouverture du système scolaire à l'enseignement technique et professionnel, la réorganisation de la fonction publique ? Seules les séparent les questions de personnalité, les antipathies individuelles, la discipline des partis. En février 1880, Chapleau prend l'initiative par personne interposée de sonder Mercier, l'étoile montante du parti libéral. Mercier pose comme conditions l'abolition du Conseil législatif et une équitable répartition des portefeuilles ministériels. Une fuite provoque l'ire des radicaux et des ultramontains, ce qui met fin aux négociations. Chapleau se concentre sur l'administration de la province et, par un emprunt sur le marché français et la constitution en société du Crédit foncier franco-canadien en 1880, il consolide son emprise dans l'opinion publique. Mercier poursuit ses rêves de coalition. En passe de supplanter Joly en popularité au sein du parti et de l'opinion publique, il prépare l'avenir. Par deux fois, au printemps de 1881, à l'occasion d'une convention libérale puis au cours d'un banquet offert à Edward Blake*, il répudie « toutes les doctrines impies, révolutionnaires ou socialistes, qui bouleversent le monde ». Il ajoute : « Nos ennemis [...] nous ont prêté des principes que nous ne professons pas, et ils nous ont reproché des idées que nous n'avons jamais émises. » Et Mercier et Chapleau de poursuivre en secret, sous l'œil bienveillant du curé François-Xavier-Antoine LABELLE, des négociations que de nouvelles indiscrétions font achopper. De guerre lasse, sur l'avis de Macdonald, lui-même peu porté vers les coalitions, Chapleau change sa stratégie. Au faîte de sa popularité, il déclenche des élections générales à l'automne de 1881, au cours desquelles il balaie les libéraux, puis règle l'épineux problème du chemin de fer de Québec, Montréal, Ottawa et Occidental à la satisfaction de son ami Senécal, et met enfin toute son influence au service de Macdonald aux élections du 20 juin 1882. En juillet, il abat ses cartes : Joseph-Alfred Mousseau*, secrétaire d'État dans le gouvernement Macdonald, devient premier ministre de la province et lui-même s'en va occuper le poste de Mousseau à Ottawa, dans l'espoir d'y supplanter Langevin, d'administrer la province de Québec par personne interposée et de faire rentrer les ultramontains dans le rang. Ces grandes manœuvres décontenancent les libéraux. Au début de 1881, Mercier a installé sa famille à Montréal et s'est associé avec les avocats Cléophas Beausoleil* et Paul Martineau, bien résolu à laisser son siège de député aux prochaines élections et à ne vivre que de la basoche.

Mais les événements échappent encore à l'emprise des hommes. Les ultramontains ne sont pas dupes des manigances de Chapleau et ils continuent leur opposition à Mousseau. Amis et électeurs convainquent Mercier de rester dans la lutte. Le voilà à nouveau en négociation, avec Mousseau cette fois, à nouveau mis en échec par les extrêmes des deux partis. Blessé par ces tractations qui s'effectuent à son insu, un peu désabusé et sans doute fatigué, Joly remet sa démission comme chef du parti et désigne le 18 janvier 1883 son successeur : Honoré Mercier. Dès l'ouverture de la session, celui-ci annonce ses couleurs sur deux questions fondamentales, de façon à rassurer et l'Église et le peuple. Dans le domaine de l'éducation, le parti libéral entend « assurer [aux] enfants une instruction pratique et chrétienne [...] Et pour obtenir ce résultat, précise-t-il, ne craignons pas d'accepter avec déférence, mais sans abdication de nos droits, les avis sages et prudents [du] Conseil de l'Instruction publique. » Face au déficit budgétaire, il propose pour restaurer les finances publiques une hausse du subside annuel du gouvernement fédéral plutôt que la taxation directe, ce qui, à ses yeux, serait une juste compensation pour les droits d'accise et de douane que les provinces lui ont cédés au moment de l'entrée dans la Confédération. En dehors de la chambre, il mène une guerre ouverte à *la Patrie*. Ces gestes de bonne volonté rassurent les ultramontains, toujours refoulés hors du pouvoir par Mousseau. Mercier y voit des signes d'un temps nouveau. Son esprit pragmatique et son appétit du pouvoir l'inclinent maintenant à rechercher un terrain d'entente avec les ultramontains. En juillet 1883, il a fondé à Montréal un journal, *le Temps*, pour bien se démarquer des radicaux. Le même mois, à l'occasion d'un ralliement politique dans la circonscription de Saint-Laurent, il a fait avec François-Xavier-Anselme Trudel*, le leader ultramontain, le procès de l'ancien triumvirat Chapleau, Senécal, Dansereau. Ce rapprochement avec les ultramontains, tandis que les conservateurs modérés cherchent encore à s'entendre avec Mercier, risque de changer l'échiquier politique. À Ottawa, Langevin qui tire les ficelles prend les choses en main. Mousseau démissionne le 10 janvier 1884. John Jones Ross*, vieux routier en politique, ni chair, ni poisson, forme un ministère où l'ultramontain Louis-Olivier Taillon* s'avère le pivot de la combinaison. La stratégie de Mercier a tout simplement forcé les conservateurs à refaire l'unité de leur parti.

Mercier se doit maintenant de réussir le même exploit. Oliver Mowat*, premier ministre de l'Ontario, qui mène contre le gouvernement fédéral une lutte acharnée sur les prérogatives des provinces, lui suggère un thème propre à refaire l'unité de son parti. Mercier l'apprête à la sauce québécoise : la conspiration du gouvernement fédéral contre l'autonomie des provinces. Macdonald est un centralisateur ; ses ministres Chapleau et Langevin administrent le Québec par personnes interposées ; le gouvernement central prélève des revenus au Québec qu'il redistribue allègrement dans les autres provinces. La thèse du juge Thomas-Jean-Jacques Loranger* fournit à Mercier les assises juridiques pour fonder l'autonomie provinciale : la Confédération canadienne est un pacte entre les provinces qui demeurent titulaires de la véritable souveraineté. Ce thème rejoint la tradition des rouges qui avaient combattu en 1865 pour l'autonomie des provinces, que Mercier s'efforce maintenant de réhabiliter dans l'opinion publique. Le 10 décembre 1884, dans une conférence consacrée à Charles Laberge*, il affirme péremptoirement qu'« il n'y a pas d'impies ni d'athées dans les rangs du parti libéral ; il peut y avoir quelques hommes que les luttes injustes et les calomnies calculées de l'école politico-religieuse [lire : les ultramontains] ont poussés vers l'indifférence, mais ce sont de très rares exceptions ». Quelque temps plus tard, il appuie la candidature d'Honoré Beaugrand, rédacteur de *la Patrie*, à la mairie de Montréal. L'unité du parti libéral semble scellée.

Cette unité repose sur des bases circonstancielles. Son chef subit plus qu'il n'accepte les radicaux dont l'anticléricalisme heurte ses convictions intimes et, dans une province où l'Église exerce une grande influence sur les électeurs, lui barre la route du pouvoir. Le soulèvement des Métis au printemps de 1885 [V. Louis Riel*] vient montrer la fragilité des assises partisanes. L'opinion publique canadienne-française condamne ce soulèvement, mais les Canadiens français lui trouvent des raisons qui le rendent excusable. Riel, qui s'est aliéné la sympathie de l'épiscopat catholique par son rêve messianique, conserve par les liens du sang et de la culture celle de la masse des Canadiens français. Sa reddition en mai, son procès en juillet et sa condamnation à mort le 1er août suscitent une grande effervescence, d'autant plus que William Henry Jackson* et Thomas Scott, accusés d'attentat à la sûreté de l'État, ont été acquittés. On forme des comités, on tient des assemblées publiques, on expédie des pétitions aux ministres francophones du cabinet de Macdonald. Cette activité, dont le but est d'obtenir que le gouverneur général lord Lansdowne [Petty-Fitzmaurice*] sur l'avis du cabinet gracie Riel, ravive l'âpre lutte entre catholiques et protestants, entre Canadiens français et anglais. De crainte qu'une trop grande politisation du débat ne nuise à Riel, Mercier demeure officiellement en retrait de cette agitation politique. Confidentiellement, il supplie Chapleau de démissionner si Riel n'est pas gracié et de venir prendre la tête du mouvement favorable à ce dernier : « Je serai à tes côtés pour t'aider de mes faibles efforts et bénir ton nom avec notre frère Riel, sauvé de l'échafaud. » Plutôt que de risquer une guerre civile, Chapleau demeure à son poste. Riel est pendu le 16 novembre. Dans la province de Québec, les drapeaux sont en berne et les patriotes portent le crêpe. Spontanément, bleus et rouges fraternisent dans un mouvement politique pour abattre le gouvernement Macdonald. Le 22 novembre 1885, devant la foule massée sur le Champ-de-Mars, à Montréal, François-Xavier-Anselme Trudel clame : « le devoir national nous oblige à rompre des alliances de plus de vingt ans, à condamner des chefs sous qui nous avons été fiers de marcher ». Mercier plaide l'union de tous les vrais patriotes pour « punir les coupables » et cherche, à l'évidence, à muer ce mouvement en un parti national. Quand, à la mi-décembre, le mouvement s'affadit dans les rigueurs du froid, la désapprobation du clergé et les mises en garde du journaliste Joseph-Israël Tarte*, Mercier et Trudel continuent d'entretenir l'agitation. En janvier 1886, les conservateurs nationaux – en rupture de ban avec le parti conservateur à la suite de l'affaire Riel – fondent à Québec leur journal, *la Justice*. À l'Assemblée législative, Mercier évoque toujours la fraternité du sang, l'appel de la race, l'exemple des patriotes, l'obligation historique pour la province de Québec de fédérer et de protéger les minorités françaises à la grandeur de l'Amérique. En juin, il lance un manifeste–programme en prévision des prochaines élections. C'est un appel à l'union de tous les patriotes pour raffermir la position de la province de Québec au sein de la Confédération. Mercier y reprend les thèmes fondamentaux de l'idéologie élaborée par les élites rurales cléricales mais n'en demeure pas moins ouvert sur les réalités nouvelles issues du mouvement d'industrialisation et d'urbanisation. Ses principaux articles concernent : l'affirmation de l'autonomie des provinces ; la décentralisation de l'administration provinciale ; le maintien d'un système scolaire confessionnel qui, cependant, s'ouvrirait à l'enseignement technique et professionnel ; la garantie des droits des minorités ; le redressement des finances publiques ; des amendements à la législation sur les terres de la couronne dans un sens favorable aux colons ; une meilleure réglementation sur les heures de travail et une réforme du système judiciaire. Les libéraux, les conservateurs nationaux et les ultramontains, moins ceux du diocèse de Trois-Rivières, se rallient à Mercier. La campagne dure plus de trois mois. Mercier la mène tambour battant et tient une centaine d'assemblées. Libéraux et conservateurs finissent sur un pied d'égalité ; les cinq conservateurs nationaux ralliés à Mercier détiennent la balance du pouvoir. En vain, le premier ministre Ross, puis son remplaçant, Louis-Olivier Taillon, s'accrochent au pouvoir en nourrissant l'espoir de les rallier. Le 27 janvier 1887, Taillon est battu lorsqu'on choisit le président de l'Assemblée et, le 29, Mercier est assermenté premier ministre. La coalition gouvernementale comprend huit ministres, dont deux conservateurs nationaux : Pierre Garneau* et Georges DUHAMEL.

Mercier ouvre la session le 16 mars avec en tête deux priorités : consolider les assises du parti national qui n'est encore qu'une coalition dont les éléments disparates s'imbriquent mal les uns dans les autres, puis mettre en œuvre le programme déjà énoncé. Consolider le parti est une affaire à moyen terme. Dans l'immédiat, Mercier procède aux destitutions et nominations d'usage, poursuit des négociations en vue de renforcer sa majorité parlementaire et, se rappelant sans doute la mésaventure du parti national de 1872, confie à Ernest Pacaud* et à Cléophas Beausoleil l'organisation et le financement du parti. À moyen terme, il espère par son verbe et son charisme personnel rallier la masse des électeurs sous sa bannière, ce qui le rendrait indépendant des ultramontains, des radicaux et des conservateurs nationaux. D'où certains traits fondamentaux de son administration, caractérisée par un style de leadership personnel, autoritaire, ponctué de discours populaires, de coups d'éclat et de mises en garde contre des ennemis extérieurs pour cimenter la cohésion. Mercier a un sens inné de la publicité et il est le premier chef politique canadien à utiliser systématiquement la presse populaire en émergence pour rallier les masses. Née d'un sentiment patriotique, cette coalition vivra par l'expression de ce sentiment.

Un autre trait de l'administration de Mercier est l'élan qu'il imprime à l'appareil gouvernemental, et qui tient surtout au tempérament de l'homme, travailleur acharné et d'une rare efficacité d'exécution. Le 16 mars 1887, le discours du trône annonce un train de mesures, dont la révision entière des finances de la province et la tenue d'une conférence interprovinciale. Le premier projet de loi que soumet Mercier concerne la reconnaissance civile de la Compagnie de Jésus que George III, au lendemain du traité de Paris de 1763, avait mise sur la voie de l'extinction en lui interdisant de recruter de nouveaux sujets. À ses yeux, c'est à la fois un acte de justice, un geste de gratitude personnel et une manière de s'attacher les ultramontains montréalais qui souhaitent que les jésuites établissent une université à Montréal. Cette reconnaissance civile, qui permettrait aux jésuites d'ouvrir des maisons d'enseignement à la grandeur de la province, divise la hiérarchie catholique. Le cardinal Elzéar-Alexandre TASCHEREAU craint pour le monopole de l'université Laval. Devant le comité des bills privés, on s'entend sur un compromis : les jésuites pourront ouvrir des maisons d'éducation dans les diocèses de Montréal, d'Ottawa et de Trois-Rivières, mais ils devront obtenir l'assentiment de l'ordinaire du lieu pour s'établir ailleurs. Ce succès incite Mercier à examiner la question des biens des jésuites. En vertu du droit d'aubaine, le gouvernement avait mis la main sur les propriétés – seigneuries, lots urbains, édifices – de la Compagnie de Jésus en 1800, à la mort du dernier jésuite. En 1831, il les avait confiées à la chambre d'Assemblée pour financer l'instruction supérieure. Cependant, depuis les années 1850, les jésuites qui sont revenus au Canada en 1842 [V. Jean-Pierre Chazelle*] et qui se trouvent forts de l'appui des ultramontains réclament une indemnité à titre de propriétaires spoliés [V. Antoine-Nicolas Braun*]. Mgr Taschereau s'appuie sur le droit canonique pour revendiquer que l'on verse cette indemnité à l'Église catholique tout entière. De leur côté, les protestants affirment que la loi de 1831 leur a donné, à eux aussi, des droits sur ces biens. Mercier s'estime assez fort pour régler cette question qui empoisonne le climat politique, divise les catholiques et freine le développement urbain. Il prend sur lui de court-circuiter l'épiscopat, de négocier en coulisses directement avec les jésuites et le Vatican et de présenter un projet de loi qui prévoit une allocation de 60 000 $ aux écoles protestantes et une indemnité de 400 000 $ qu'il appartiendra au pape de redistribuer à sa guise au sein de l'Église catholique québécoise. Mercier exige que le pape ratifie l'arrangement afin d'éviter dans l'avenir toute dispute entre catholiques sur cette question. L'Acte relatif au règlement de la question des biens des jésuites sera sanctionné en juillet 1888. En janvier 1889, Léon XIII répartira l'indemnité gouvernementale de la façon suivante : 160 000 $ aux jésuites, 100 000 $ à l'université Laval, 40 000 $ à la succursale de l'université Laval à Montréal, 20 000 $ à la préfecture apostolique du Golfe-Saint-Laurent et 10 000 $ à chaque diocèse.

Que la question des biens des jésuites soit en voie de règlement plaît aux ultramontains, et la Conférence interprovinciale qui se tient à Québec du 20 au 28 octobre 1887 donne du lustre au régime. Toutes les provinces y sont représentées, à l'exception de la Colombie-Britannique et de l'Île-du-Prince-Édouard qui n'ont osé déplaire à sir John Alexander Macdonald, premier ministre du Canada. Au total, 20 ministres, dont 5 premiers ministres, participent aux discussions. Oliver Mowat, premier ministre de l'Ontario, préside les délibérations. Mercier a préparé l'ordre du jour : 22 sujets qui, directement ou indirectement, concernent l'autonomie des provinces. Les délégués s'entendent sur 26 propositions. Certaines s'opposent au droit d'intervention que détient le gouvernement fédéral à l'égard des lois provinciales, à la nomination à vie des sénateurs, au maintien du Conseil législatif dans les provinces de Québec et du Manitoba. D'autres réclament une augmentation des subsides versés aux provinces par le gouvernement fédéral, la reconnaissance de la juridiction des provinces dans des matières non énumérées dans la constitution, des pouvoirs accrus aux lieutenants-gouverneurs, un certain nombre de sénateurs nommés par les provinces et la réciprocité commerciale avec les États-Unis. Macdonald reçoit froidement Mowat qui se rend à Ottawa lui faire un compte rendu de cette rencontre mémorable, et il ne donne pas suite aux propositions. Cependant, Mercier a forgé, peut-être à son insu, un mécanisme qui à la longue fera participer les premiers ministres provinciaux à l'administration du pays. Mowat rend ce témoignage : « Mercier nous dépasse tous de la tête et des épaules. »

Mercier rencontre plus de difficultés dans l'emprunt des 3,5 millions de dollars que le Parlement l'a autorisé à négocier pour consolider les finances publiques. Il essuie un échec sur le marché de New York où des émissaires du gouvernement canadien ne lui font pas bonne presse. Il fait entamer secrètement des pourparlers, par des personnes sûres, avec le Crédit lyonnais, puis en janvier 1888 se rend à Paris conclure l'affaire et à Rome discuter des biens des jésuites.

De retour à Montréal depuis le 16 mars, Mercier fait le point, le 10 avril, sur sa première année d'administration au cours de laquelle on a terminé la construction du chemin de fer de Québec et du lac Saint-Jean, nommé une commission d'enquête sur l'agriculture, une autre sur les asiles d'aliénés, créé le Conseil d'hygiène et ouvert un bureau d'immigration à Montréal. Il en profite pour dénoncer le projet d'une fédération impériale « qui [...] condamnerait [la province] à l'impôt forcé du sang et de l'argent, et [lui] arracherait [ses] fils pour les jeter dans des guerres lointaines et sanglantes ». De retour à Québec, il remanie son cabinet. Il garde pour lui le département de l'Agriculture et de la Colonisation et charge le curé Labelle, qui aura rang de sous-commissaire, de l'organiser. Le 9 mai, par un arrêté en conseil, il nomme les trois premiers inspecteurs des manufactures, mais ce n'est que le 19 juin qu'il définit les règlements des manufactures, mettant ainsi en œuvre une loi sanctionnée en 1885 et relative au travail des enfants et à l'hygiène dans les manufactures.

Ouverte le 15 mai, cette deuxième session est axée sur le développement économique. Le gouvernement Mercier fonde des écoles du soir pour les ouvriers, continue de subventionner des chemins de fer, amorce la modernisation du réseau routier pour soutenir l'expansion de la colonisation et de l'industrie laitière. Il fait adopter une nouvelle loi sur les forêts qui supprime une réserve forestière créée en 1883, interdit l'octroi de concessions forestières dans les endroits habités et rend le colon usufruitier perpétuel de sa terre, avec droit de coupe et de vente du bois, moyennant une redevance à l'État. Il débloque des crédits pour des études préparatoires à la construction du pont de Québec. À la fin de juin 1888, Mercier délègue Laurent-Olivier David* et Narcisse-Henri-Édouard FAUCHER de Saint-Maurice au dix-septième congrès des Canadiens français qui se tient à Nashua, dans le New Hampshire, en arguant que la province de Québec a « les droits et les devoirs » d'une mère patrie. Cette session est marquée au coin du travail, mais aussi de la chance et de la grandeur. Deux échecs cependant : le veto de la Banque de Montréal sur le projet de la conversion de la dette et le refus du Conseil législatif d'adopter un projet de loi qui aurait fixé au quart la portion du salaire ouvrier qu'un créancier peut faire saisir.

La troisième session, ouverte le 9 janvier 1889, continue les réformes amorcées, mais Mercier reporte à plus tard le règlement de l'administration des asiles dont l'enjeu est le contrôle médical par l'État. Il doit par ailleurs subir la lenteur que met Macdonald à régler la frontière nord du Québec : Mercier la situe sur la rive sud de la rivière Eastmain, mais Macdonald préfère le 52° de latitude nord.

Mercier est en pleine possession de ses moyens. Il fascine le peuple. Ses partisans l'encensent et ses amis flattent sa vanité. Il vit à Montréal dans une magnifique résidence en pierre, rue Saint-Pierre, que fréquentent Louis-Honoré Fréchette*, Laurent-Olivier David, Félix-Gabriel MARCHAND, Lomer Gouin* et l'élite du parti libéral. À Sainte-Anne-de-la-Pérade (La Pérade), il a acquis le manoir reconstruit du seigneur Pierre-Thomas Tarieu de La Pérade. Il l'a rebaptisé Tourouvre et pourvu d'un haras. Il a réduit l'opposition parlementaire à moins de 15 voix et, par diverses manœuvres, renforcé ses positions au Conseil législatif et au Conseil de l'Instruction publique. Il devient autoritaire et cassant. En 1889, il fait destituer Pierre Boucher de La Bruère de son poste de président du Conseil législatif et brise Alphonse Desjardins*, l'éditeur des *Débats* de l'Assemblée législative de la province de Québec, qui refuse de modifier le texte d'un discours qu'il a prononcé. Toutefois, au sein de la coalition, les tensions demeurent. Les radicaux de *la Patrie* se gaussent de son conservatisme. Des jeunes libéraux de Québec, regroupés autour d'un journal, *l'Union libérale,* fondé en 1888, demandent de rompre avec les conservateurs nationaux. Les ultramontains s'indignent du trafic d'influence d'Ernest Pacaud et s'alarment des rumeurs de scandales qui s'intensifient.

Ces tensions sont normales et Mercier les maîtrise. Les relations avec le gouvernement fédéral et avec les groupes d'anglophones protestants s'annoncent plus difficiles. Macdonald n'a pas pardonné à Mercier la tenue d'une conférence interprovinciale. Le projet de conversion de la dette a mécontenté les financiers anglophones montréalais. Le trafic d'influence politique suscite le mépris des puritains. Les sociétés évangélistes, émues par la pénétration des Canadiens français dans les Cantons-de-l'Est, dans l'est et le nord de l'Ontario et par l'ambition d'un curé Labelle de rapatrier dans l'Ouest canadien les Franco-Américains, perçoivent l'arbitrage de Léon XIII comme une autre agression catholique romaine. Mercier ostensiblement catholique, ostensiblement français et ostensiblement canadien-français inquiète la minorité anglophone de la province de Québec. Dès l'été de 1888, la presse des Cantons-de-l'Est a montré des signes d'inquiétude et signifié son désaccord avec les modalités du règlement de la question des biens des jésuites. L'Evangelical Alliance et la Protestant Ministerial Association de Montréal ont réclamé durant l'automne la non-reconnaissance de cette loi. En mars 1889, le refus des Communes de voter une telle mesure déclenche une vive agitation en Ontario qui débouche sur la formation de l'Equal Rights Association [V. D'Alton MCCARTHY]. De nouveau, l'identité canadienne est au cœur des débats et Mercier, au centre d'une tempête politique. En public, il fait montre de fermeté. Le 24 juin 1889, en la fête de la Saint-Jean-Baptiste, il déploie ses couleurs : « Cette province de Québec est catholique et française, et elle restera catholique et française. Tout en protestant de notre respect et de notre amitié pour les représentants des autres races ou des autres religions, tout en nous déclarant prêts à leur donner leur part légitime en tout et partout [...] nous déclarons solennellement que nous ne renoncerons jamais aux droits qui nous sont garantis par les traités, par la loi et la constitution [...] Que notre cri de ralliement soit à l'avenir ces mots qui seront notre force : Cessons nos luttes fratricides ; unissons-nous ! » Dans les coulisses, Mercier tient parole. Il négocie avec le comité protestant du Conseil de l'Instruction publique et pratique une politique d'apaisement. Au début de 1890, il fait amender la loi sur les biens des jésuites et appuie le projet de loi, si cher aux protestants, qui reconnaît la licence ès arts suffisante pour être admis à l'étude des professions libérales (avocat, notaire, médecin). Au printemps, l'ouragan s'essouffle. L'Equal Rights Association est isolée. Mercier a reconquis la confiance des électeurs protestants et de la finance montréalaise. Il a l'appui du Grand Tronc. Les circonstances sont favorables à un recours au peuple.

Mercier, qui s'est présenté dans la circonscription de Bonaventure en Gaspésie, remporte une éclatante victoire électorale le 17 juin 1890. Cependant, à Ottawa, Joseph-Israël Tarte a commencé à dévoiler le scandale McGreevy [V. Thomas MCGREEVY], qui met Hector-Louis Langevin et le cabinet Macdonald en difficulté. Le 4 novembre 1890, le discours du trône annonce une session chargée. Mercier opte pour un contrôle médical des aliénés par des médecins employés et payés par l'État, ce qui déplaît aux ultramontains et sera, plus tard, un facteur non négligeable dans sa défaite électorale. Encore avec l'appui des autorités romaines, il fait adopter le projet de fusion de l'école de médecine et de chirurgie de Montréal avec la faculté de médecine de la succursale de l'université Laval à Montréal. En janvier 1891, il fait résilier la charte de la Compagnie du chemin de fer de la baie des Chaleurs, que préside le sénateur Théodore Robitaille et dont l'entrepreneur est Charles Newhouse Armstrong. Mercier prétend que la compagnie, en ne respectant pas ses engagements, retarde indûment le développement de la Gaspésie et gaspille les fonds publics. En février, il met son prestige et son organisation électorale au service de Laurier à l'occasion des élections fédérales. Macdonald l'emporte, mais la province de Québec pour la première fois donne 11 sièges de majorité aux libéraux. Mercier s'embarque ensuite pour la France et y demeurera plus de trois mois. Il fait en France, en Belgique ainsi qu'à Rome une tournée triomphale où il se présente comme le chef d'une province française et catholique. Mais le gouvernement canadien torpille son projet d'emprunter 10 millions de dollars; il devra se contenter de 4 millions.

À son retour le 18 juillet 1891, Mercier trouve un pays en pleine effervescence. Macdonald est mort. Tarte, qui a porté 63 chefs d'accusation contre Langevin, McGreevy et le ministère des Travaux publics, est en passe de culbuter le nouveau cabinet dirigé par John Joseph Caldwell ABBOTT. Des rumeurs de corruption dans l'entourage de Mercier s'intensifient. Le 21 août, le comité des chemins de fer du Sénat précise ces rumeurs. En l'absence de Mercier, Pacaud a fait verser 175 000 $ à l'entrepreneur Armstrong pour payer des travaux effectués pour la Compagnie du chemin de fer de la baie des Chaleurs. Armstrong a, de cette somme, remis 100 000 $ à Pacaud. « C'est le commencement de la fin », écrit *la Vérité* de Québec. Et, de fait, c'est la fin. Mercier se retrouve seul face à la puissante machine conservatrice, qui dispose de partisans bien en place dans l'appareil administratif et judiciaire du pays, et qui est avide d'occulter le scandale McGreevy et surtout d'abattre l'homme qui a sorti la province de Québec de son emprise. Face aussi à la hargne d'individus qu'il a bousculés, tel Philippe Landry*, propriétaire de l'asile de Beauport et gros fournisseur de la caisse conservatrice. Face encore à la méfiance d'un épiscopat catholique qui n'apprécie pas sa manière de négocier directement avec le Vatican et de le voir peupler de ses créatures le Conseil législatif et le Conseil de l'Instruction publique. Mercier, qui ignore ce qui se trame contre lui, tarde à se défendre et se défend mal devant le lieutenant-gouverneur Auguste-Réal Angers*. Ce dernier, le 7 septembre, abat ses cartes : il limite l'action gouvernementale à des actes d'administration urgente. Puis il impose à Mercier la mise sur pied d'une commission royale d'enquête le 18 septembre et, sans attendre le rapport final de cette commission, le révoque comme premier ministre le 16 décembre. Il confie alors à Charles-Eugène Boucher de Boucherville le soin de former un ministère, même si celui-ci ne jouit pas d'une majorité parlementaire. Dès lors, les dés sont jetés. Pendant que le président de la commission royale rédige son rapport, les conservateurs déclenchent des élections. Ils forment aussi une autre commission chargée d'enquêter sur le gouvernement Mercier et de publier, au jour le jour, des témoignages incriminants. Le 8 mars 1892, au terme d'une campagne de salissage d'une rare violence, les conservateurs remportent 52 sièges, et les merciéristes 18, auxquels s'ajoute celui d'un indépendant. Rendu public, le rapport du président précise « qu'il n'y a pas de preuve qu'aucun des ministres ait eu connaissance de [la] convention [Pacaud-Armstrong] ». Puis l'on s'acharne. Le 20 avril, le procureur Thomas Chase Casgrain* traîne Mercier en justice, sous l'accusation d'avoir fraudé de 60 000 $ le trésor public au moment de l'octroi d'un contrat au libraire Joseph-Alfred Langlais. En octobre, Mercier, commandeur de la Légion d'honneur, commandeur de l'ordre de Léopold, grand-croix de l'ordre de Saint-Grégoire-le-Grand, comte palatin, comparaît devant les assises criminelles, à Québec. Il est acquitté. Tant d'acharnement de la part de ses adversaires lui vaut un regain de sympathie. De retour à Montréal, on le porte en triomphe de la gare à sa résidence.

Mercier est de nouveau ovationné mais, financièrement et physiquement, il est ruiné. Le 7 juin, il fait cession de ses biens à deux fidéicommissaires. Avec deux jeunes avocats, Rodolphe Lemieux* et Lomer Gouin, il s'est remis à la pratique du droit ; de fait, ses associés pourvoient à sa subsistance. À la fin de septembre, il déclare faillite. La vente de ses biens rapporte 20 660 $, mais il devait 83 163 $! Le diabète qui le ronge éteint l'éclat de son regard et émacie ses traits. Il va passer l'hiver en Europe, sans doute pour soigner son diabète, puis le 3 février 1893 il reprend son siège à l'Assemblée. Félix-Gabriel Marchand dirige désormais le parti libéral. Mercier retrouve un regain d'énergie et semble songer à un retour au pouvoir. Il cherche une cause et, de nouveau, l'Ouest canadien, où la bataille des écoles du Manitoba fait rage, la lui fournit. Le Conseil privé, qui vient d'émettre un avis suggérant le rejet d'un jugement de la Cour suprême favorable aux catholiques, le remet en selle. Le 4 avril, au parc Sohmer, il prononce une conférence devant 6 000 personnes venues entendre divers exposés sur l'avenir du Canada. Il présente un plaidoyer pour l'émancipation coloniale, une évocation du devenir d'« un grand peuple, reconnu et respecté parmi les nations libres ». Le succès qu'il remporte et un concours de circonstances l'amènent à mûrir son idée et sa stratégie : susciter un mouvement populaire qui, avec le concours matériel et moral des États-Unis et de la France, ferait accéder le Canada au rang de république indépendante. Et Mercier de partir en croisade. En juillet, il effectue une tournée des centres franco-américains. À Providence, au Rhode Island, il préconise une vaste alliance, avec siège à Paris, pour la protection de tous les peuples de race française. En d'autres lieux, il prône l'idée d'une république canadienne qui, si le peuple le désire, pourrait bien s'annexer aux États-Unis.

Cette croisade entraîne Mercier dans de nouvelles polémiques – on le soupçonne non sans raison de rêver à une république canadienne-française indépendante. Et sa santé ne cesse de se détériorer. Au début d'août, il quitte son étude pour s'aliter. On le transporte une quinzaine de jours plus tard à l'hôpital Notre-Dame, où il meurt le 30 octobre 1894. Plus de 70 000 personnes le conduisent à son dernier repos.

La vie de Mercier, qui est perçu comme une victime et un martyr par les uns et comme un chef prodigue et concussionnaire par les autres, comporte les ingrédients dont on fait les héros. À peine ses cendres refroidies, la mémoire populaire alimentée par les idéologues, les hommes politiques et les historiens commence à tracer une image de lui qui donne sens au présent. Puis s'installe l'habitude d'un pèlerinage sur sa tombe à la Toussaint ; 25 000 personnes vont s'y recueillir en 1898. Au fur et à mesure que s'éteignent ses adversaires et s'apaisent les rancœurs, sa stature grandit. Les libéraux adeptes de l'instruction obligatoire évoquent les « écoles de Mercier » et les partisans d'un autre transcontinental rappellent sa vision patriotique et celle de Labelle. Joseph-Israël Tarte, à la Saint-Jean-Baptiste de 1901, élève Mercier au rang de personnage national. Henri Bourassa* évoque la coalition nationale pour combattre Lomer Gouin, premier ministre et gendre de Mercier. Le 25 juin 1912, jour du dévoilement du monument érigé à la mémoire de Mercier dans les jardins du Parlement à Québec, les traits de la légende sont fixés : « Et vous qui passez devant cette statue de bronze, saluez-la, c'est l'âme de la patrie, c'est Mercier. » Cette fête du patriotisme est tout à la fois la réhabilitation (geste de restitution des droits perdus à l'estime publique) et l'apothéose (la déification) de Mercier. Ayant passé le test de l'impartialité de l'histoire et de l'infaillibilité du peuple, Mercier devient digne d'incarner le patriotisme canadien-français dont il avait été l'exemple vivant. Les orateurs ne cherchent pas avant tout à décrire Mercier tel qu'il a été, mais plutôt à fixer une image du personnage en fonction d'une vérité présente : c'est le patriotisme qui permettra à la race canadienne-française de survivre et de grandir. Le mot d'ordre « Cessons nos luttes fratricides ; unissons-nous ! » est hissé au rang de valeur sacramentelle propre à exorciser les dangers de l'avenir.

Jusque dans les années 1940, la mémoire collective ne cesse d'exalter ce symbole. Le souvenir de Mercier est évoqué à toutes les fêtes patriotiques. Le quarantième anniversaire de sa mort est commémoré par une messe au Gesù, à Montréal, et un pèlerinage sur son tombeau. Le centenaire de sa naissance est souligné par une émission à Radio-Canada, la parution d'écrits qui relatent ses faits et gestes, des biographies dans la presse écrite. À la fondation de l'Union nationale en 1935, ou du Bloc populaire en 1942, et au moment de la crise conscriptionniste en 1944, ou de l'adoption du drapeau québécois en 1948, le « grand Mercier » est toujours là qui inspire, exhorte, exorcise, applaudit. Mais il s'est cléricalisé. On met en relief son respect de l'Église, son amour des hommes. Le règlement des biens des jésuites est sa plus importante mesure et sa politique d'agriculture et de colonisation, sa plus grande œuvre. C'est qu'avec l'acculturation des Franco-Américains, la déconfiture des minorités francophones dans l'Ouest canadien, la longue dépression des années 1930, l'imaginaire des Québécois francophones s'est ratatiné. Le Mercier des années 1910 était porteur d'une vision messianique qui projetait à l'avant-plan le Québec dans la Confédération canadienne et les Canadiens français dans l'Amérique du Nord. Il pointait du doigt l'avenir. Le Mercier de la Crise, d'ailleurs comme le Samuel de Champlain* et le Jos Montferrand [Joseph Montferrand*, dit Favre] des élites cléricales, est un agriculturiste qui pointe sa charrue vers le passé. Mercier invite désormais au repli sur soi pour sauvegarder les acquis catholiques et français. Le « Cessons nos luttes fratricides » veut « maintenir un devenu » et non plus « faire éclore un devenir ».

Le mythe d'Honoré Mercier éclate et se dissout dans les années 1960. Seuls de rares indépendantistes évoquent son souvenir à l'occasion et projettent leurs rêves à travers lui. « Mais son rêve d'un État français libre persiste », assure Marcel Chaput en 1977. À l'heure de la Révolution tranquille, les historiens esquissent trois portraits de Mercier : un Mercier patriote, qui incarne toujours l'âme de tout un peuple ; un Mercier nationaliste, tantôt conservateur ou libéral, tantôt fédéraliste ou indépendantiste, qui ne représente plus les aspirations que d'une fraction du peuple ; et un Mercier petit-bourgeois dont « la politique de grandeur » « occulte la lutte des classes et le développement sauvage du capitalisme ».

PIERRE DUFOUR ET JEAN HAMELIN

Les actes de baptême, de mariage et de sépulture d'Honoré Mercier sont conservés aux ANQ-M, sous les cotes CE4-3, 16 oct. 1840 ; CE2-1, 29 mai 1866, 9 mai 1871 ; CE1-51, 2 nov. 1894.

Pierre Dufour a relevé dans sa thèse de doctorat intitulée

« l'Administration Mercier, 1887–1891 : anatomie d'une légende » (univ. d'Ottawa, 1980) la bibliographie des études historiques sur Mercier. Par ailleurs, on trouve dans Francine Hudon, *Inventaire des fonds d'archives relatifs aux parlementaires québécois* (Québec, 1980), la description des fonds d'archives relatifs à Mercier. Nous avons consulté trois sources imprimées : *Biographie, discours, conférences, etc. de l'honorable Honoré Mercier* [...], J.-O. Pelland, édit. (Montréal, 1890) ; *Devant la statue de Mercier ; discours et récits de l'inauguration du monument*, Philippe Roy, compil. (Québec, 1912) ; et J.-I. Tarte, *1892, procès Mercier : les causes qui l'ont provoqué, quelques faits pour l'histoire* (Montréal, 1892). Nous avons utilisé d'une façon spéciale les études suivantes : Avila Bédard, *Honoré Mercier, patriote et homme d'action* (Montmagny, Québec, 1935). — C.-P. Choquette, *Histoire de la ville de Saint-Hyacinthe* (Saint-Hyacinthe, Québec, 1930) ; *Hist. du séminaire de Saint-Hyacinthe*. — R. C. Dalton, *The Jesuits' estates question, 1760–1888 : a study of the background for the agitation of 1889* (Toronto, 1968). — Paul Desjardins et L.-M. Gouin, *Deux aspects d'Honoré Mercier : le collégien, l'ancien élève* (Montréal, 1940). — L.-A. Rivet, *Honoré Mercier, patriote et homme d'État* (Montréal, 1922). — Rumilly, *Mercier et son temps*. — J. R. Miller, « Honoré Mercier, la minorité protestante du Québec et la loi relative au règlement de la question des biens des jésuites », *RHAF*, 27 (1973–1974) : 483–507.

MEREDITH, EDMUND ALLEN, fonctionnaire et auteur, né le 7 octobre 1817 à Ardtrea, comté de Tyrone (Irlande du Nord), fils du révérend Thomas Meredith ; le 17 juillet 1851, il épousa Anne Frances Jarvis, et ils eurent huit enfants ; décédé le 12 janvier 1899 à Toronto.

Issu d'une respectable famille anglo-irlandaise, Edmund Allen Meredith connut une enfance solitaire et instable qui le marqua peut-être pour la vie. Son père mourut quand il avait deux ans. Peu après, sa mère épousait un autre ecclésiastique et immigrait à Montréal en ne laissant derrière elle qu'Edmund (son benjamin) et son fils aîné, qui était déjà ordonné. Edmund vécut chez un vieil oncle célibataire qui le mit au pensionnat de Castleknock, près de Dublin, à l'âge de neuf ans. À 16 ans, il entra au Trinity College, où il obtint une bourse d'humanités et des prix en économie politique et en sciences. En 1837, il reçut sa licence ès arts. En 1842, il rejoignit au Canada le reste de sa famille, d'abord installée à Toronto, puis à Montréal. Bien qu'il ait été admis au barreau en 1844, il ne pratiqua pas le droit. D'abord, il aspira à un poste dans un collège torontois, mais au lieu de cela, peut-être grâce à l'influence de son frère William Collis, avocat au Bas-Canada et futur juge en chef à Québec, il fut nommé en 1846 au poste à temps partiel et non rémunéré de directeur du McGill College. Un an plus tard, la chance lui souriait : le 20 mai 1847, il entrait dans l'administration publique de la province du Canada, au salaire de 2 600 $.

Bien qu'il ait eu les qualités requises et se soit fort bien acquitté de son travail, Meredith touchait une rémunération qu'il jugeait insuffisante et il trouvait que l'on ne reconnaissait pas assez ses mérites, ce qui, par moments, l'irritait. À première vue, il aurait difficilement pu espérer mieux. Il avait un titre et du prestige ; les meilleurs cercles politiques et mondains de la province lui étaient ouverts. Pourtant, n'avoir ni pouvoir réel ni fortune le faisait manifestement souffrir. Sa carrière de fonctionnaire conservera bien des aspects obscurs tant que les départements où il travailla n'auront pas fait l'objet d'études plus poussées. Néanmoins, on en connaît les grandes lignes. Durant les 20 années où il fut adjoint au secrétaire de la province du Canada, il s'occupa avec diligence d'une foule de questions, dont bon nombre se rangeaient parmi les affaires courantes. Peut-être cette diversité même – qui faisait de son département le point à partir duquel se répartissaient les activités gouvernementales – lui procurait-elle quelque plaisir, mais on voit mal comment il aurait pu aimer ce qui, dans son travail, était souvent franchement ennuyeux : affaires locales et municipales, autorisations de routine. Ce qui le combla pendant cette période, ce fut son mariage merveilleusement heureux et ses fonctions au Bureau d'inspecteurs des asiles et prisons – simple à-côté qui fit pourtant de lui, jusqu'à la fin de ses jours, un passionné du travail correctionnel, des œuvres de bienfaisance et surtout de la réforme pénitentiaire.

Anne Frances Jarvis, connue sous le diminutif de Fanny, aînée des trois filles de William Botsford Jarvis*, shérif du district de Home, avait rencontré son futur mari pour la première fois quand elle avait 13 ans, à sa maison de Rosedale, où il s'était présenté en 1843 avec une lettre d'introduction pour son père. Cinq ans plus tard, les fréquentations devenaient sérieuses, et en 1851 ils se mariaient. Belle, délicieuse et enjouée, l'enfant chérie de la gentry torontoise avait mené une existence de rêve, toute remplie de fêtes et de promenades à cheval. Normalement, comme le dit l'historienne Sandra Gwyn dans sa captivante étude de la famille Meredith, elle aurait dû épouser quelque brillant officier d'un régiment de renom, et Edmund, un bas-bleu qui aurait été préparé à partager l'existence méditative d'un fonctionnaire assez peu sûr de lui. Mais Fanny succomba au charme de ce bel homme élégant, qui mesurait près de six pieds, de 13 ans son aîné et qui toute sa vie, comme son journal en témoigne abondamment et de manière poignante, lui porta un amour mêlé de dévotion. Ne notait-il pas en 1864, à l'occasion de leur treizième anniversaire de mariage : « Je l'aime plus que jamais, et toutes ses lettres débordent de l'amour et de l'élan le plus parfaits » ?

Fanny et Edmund passèrent les premières années de leur mariage à Québec. Capitale temporaire du Canada, elle offrait maintes réunions mondaines (dîners, bals, carnaval d'hiver), toutes animées par la présence des officiers de la garnison britannique ; par comparaison, la société torontoise paraissait bien terne. Puis, en 1865, Meredith et ses collègues entreprirent une migration forcée jusqu'à la « localité subarctique de bûcherons » dont la reine Victoria avait choisi de faire la nouvelle capitale du Canada. « Plus je connais Ottawa, écrivait-il dans son journal le 17 novembre 1865, plus je la déteste et l'abhorre. » Ce dégoût, alimenté par la boue, les rats, les problèmes de logement, les difficultés avec les serviteurs et bien d'autres misères d'ordre domestique ou climatique, allait persister durant des années.

Sur le plan professionnel, l'avènement de la Confédération, en 1867, fut une épreuve pour Meredith. Il dut quitter la fonction qu'il aimait tant au Bureau d'inspecteurs des asiles et prisons, et il trouvait que son nouveau poste de sous-secrétaire d'État aux provinces était ennuyeux et lui offrait peu de champ d'action. En 1868, il tenta sérieusement, mais en vain, de décrocher un poste rémunérateur à Toronto. Puis la rébellion du Nord-Ouest, en plaçant son département au centre des événements, dissipa quelque temps son ennui en 1869. Lorsque son ancien ministre à Québec, William McDougall*, subit un échec à cause des problèmes de Rupert's Land, il n'en fut pas mécontent. Il préférait de beaucoup travailler avec le supérieur de McDougall, le charmant Joseph Howe*, qu'il a qualifié de « vieillard éloquent » et d'« homme des plus aimables ». « Nous ne reverrons plus jamais son pareil », disait-il. Cependant, la routine ne tarda pas à se réinstaller, si bien que Meredith, assailli de problèmes financiers, se lança dans une deuxième campagne en vue d'obtenir un poste plus payant hors d'Ottawa, celui de secrétaire de la future compagnie du chemin de fer canadien du Pacifique. Cette fois, il compta sur son grand ami Sandford Fleming*, avec qui il partageait une fascination pour l'heure légale. De nouveau, peut-être par bonheur, ses espoirs s'évanouirent parce que sir John Alexander MACDONALD refusa de coopérer. Il y eut pire encore. En novembre 1873, il devint sous-ministre du département de l'Intérieur nouvellement créé, dont Alexander CAMPBELL était le premier titulaire. C'était un département vaste, qui comprenait notamment la direction des Affaires indiennes et le Bureau des terres de la Puissance, mais à ce stade de sa carrière Meredith n'avait pas du tout envie d'assumer de nouvelles et lourdes responsabilités. Néanmoins, lui-même et Campbell en vinrent rapidement à s'estimer pour leur compétence, et apparemment, en qualité de sous-ministre, il réalisa une imposante restructuration de l'administration des affaires indiennes et des terres. Quand les libéraux d'Alexander MACKENZIE prirent le pouvoir, en 1873, il les servit loyalement et bien, contribuant ainsi à l'idéal d'une fonction publique non partisane. Les libéraux avaient immensément besoin de l'expérience et de la compétence professionnelle de cet homme qui était reconnu pour maîtriser aussi bien les détails que l'essentiel des affaires gouvernementales et qui, de l'avis général, était le meilleur rédacteur législatif d'Ottawa.

Le journal de Meredith lève le voile sur ce qui se passait, pendant cette période, dans les coulisses de la haute et de la basse politique. On y lit par exemple qu'Alexander Campbell critiqua sévèrement la manière dont John Alexander Macdonald s'était conduit en 1873, juste avant de perdre le pouvoir : « Il a dit que, si seulement sir John A. était resté sobre pendant la dernière quinzaine, le ministère n'aurait pas été défait. » Meredith couvrait d'un mépris aristocratique certains membres du nouveau gouvernement, dont son propre ministre, David Laird*, de l'Île-du-Prince-Édouard, « longue créature sèche qui sembl[ait] un type très fruste ». Par contre, David Mills*, Ontarien au tempérament d'intellectuel qui succéda à Laird en 1876, lui plaisait beaucoup : « Le nouveau ministre travaille à merveille [...] très agréable et intelligent. »

Meredith quitta officiellement l'administration publique le 11 février 1879, soit près de 32 ans après sa nomination initiale. Au cours d'une brève cérémonie, son « cher vieil ami » Gustavus William Wicksteed, greffier en loi de la chambre des Communes, sut traduire l'essentiel de sa contribution : « Vous avez été pour nous un brillant exemple de la manière dont l'éducation, le savoir et la fréquentation des belles-lettres peuvent répandre charme et grâce sur l'accomplissement des devoirs publics et se faire agréablement sentir jusque dans les aspects arides et parfois ingrats de la vie de fonctionnaire. »

Pour le moment, on ne peut établir de façon définitive la contribution de Meredith aux affaires gouvernementales et ministérielles. Cependant, quelques détails captivants se font jour. En faisant de son beau-frère, Hewitt BERNARD, son secrétaire officiel, Macdonald donna un exemple qui fut suivi à des paliers inférieurs : Meredith eut pour commis principal le cousin de Fanny, Grant Powell. Président du Bureau du service civil, il prôna, avec plus ou moins de succès, l'amélioration des conditions de travail, le droit à la rente de retraite et la hausse des salaires. Dans un discours prononcé en 1872, il affirma que l'échelle des salaires dans la fonction publique du Canada était honteusement basse par rapport à celle d'autres pays. Que l'un des fonctionnaires les plus remarquables de sa génération ait exprimé pareille opinion en public donne une idée du moral qui régnait dans l'administration canadienne au milieu de l'époque victorienne. Tout de même, être fonctionnaire dans la seconde moitié du XIXe siècle présentait des agréments. La journée de travail commençait à neuf heures trente le matin et se terminait à quatre heures de l'après-midi ; on prenait tranquillement deux heures pour manger. On avait donc assez de loisirs pour s'adonner à toute une gamme d'activités créatrices à l'extérieur, surtout si l'on occupait un poste élevé. Meredith fut l'un des pionniers de cette tradition : il fut président de la Natural History Society, membre de l'Ottawa Literary and Scientific Society et cofondateur de l'Ottawa Art Association. Membre fondateur de la congrégation anglicane St Alban the Martyr, il joua un rôle majeur dans ses premières campagnes de souscription en organisant des séances de lecture auxquelles lui-même prenait une part importante.

En outre, Meredith écrivait sans relâche. Il signa une série d'opuscules ainsi que des articles dans des périodiques aussi prestigieux que la *Canadian Monthly and National Review* de Toronto. Parmi ses nombreuses publications, qui témoignent à la fois de desseins très sérieux et du goût des Victoriens pour les sciences appliquées, figurent un ouvrage sur les salaires, les prix et les revenus fixes, un autre intitulé *Earth sewage versus water sewage* [...], paru à Ottawa en 1868, qui prônait un « système [sanitaire] sans eau courante », un *Essay on the Oregon question,* paru à Montréal en 1846, et même un opuscule sur la formation des miliciens intitulé *Short school time, with military or naval drill* [...], publié à Québec en 1875. Toutefois, il s'enorgueillissait surtout des rapports et textes divers qu'il rédigeait à titre de secrétaire du Bureau d'inspecteurs des asiles et prisons, et il avait raison de croire qu'ils se comparaient avantageusement aux documents d'État du même genre produits ailleurs.

Cela dit, on sent, à la lecture de son journal, que ce qui soutenait Meredith, c'était la joie que lui procurait sa famille, et surtout Fanny. Le couple eut huit enfants, dont six parvinrent à l'âge adulte. Meredith fut présent à toutes les naissances, et il adorait son rôle de père et de chef de famille. Son fils Colborne Powell, qui devint architecte à Ottawa, a évoqué les délices de la vie familiale et la facilité avec laquelle son père, toujours digne en public, pouvait se détendre et, comme il le disait lui-même, « [s']amuser comme un fou avec [ses] petits ». Il prit volontiers sous son aile plusieurs des membres impécunieux de la famille Jarvis, dont la sœur de Fanny, mariée à un alcoolique. Il trouva une place dans la Police à cheval du Nord-Ouest pour le frère de Fanny, qui avait fait un mariage malheureux et menait une vie de fêtard.

C'est à titre d'inspecteur des prisons que Meredith donna la pleine mesure de ses compétences et manifesta le mieux son souci de réforme. On chercherait en vain, parmi ceux qui travaillèrent au XIXe siècle dans l'administration de l'aide sociale et les établissements correctionnels du Canada, un personnage doté d'aussi solides qualités administratives, d'une telle connaissance des innovations européennes et américaines et d'une perspective aussi critique des pratiques en cours.

En qualité d'adjoint au secrétaire de la province, Meredith en apprit beaucoup sur les établissements et pratiques d'assistance sociale, mais son engagement direct commença quand il entra au Bureau d'inspecteurs des asiles et prisons. Créé par une loi en 1857, l'organisme constituait un remarquable pas en avant mais, quand il fut dissous, à la Confédération, les espoirs qu'on avait mis en lui n'étaient pas entièrement réalisés. Lorsqu'ils se réunirent pour la première fois, le 27 décembre 1859, Meredith et ses collègues, dont le docteur Wolfred Nelson* et John LANGTON, autre haut fonctionnaire, croyaient que leur mandat, qui consistait à inspecter, administrer et énoncer des lignes directrices, déboucherait sur l'étude et le règlement scientifiques de nombreux problèmes sociaux. Le bureau supervisait les hôpitaux de marins et d'immigrants, 4 asiles d'aliénés, 2 maisons de correction pour jeunes, le pénitencier de Kingston et les 52 prisons communes réparties sur l'immense territoire de la province du Canada. Meredith fut secrétaire du bureau durant toute l'existence de celui-ci et en fut également président à compter de 1864. Sous sa direction, les inspecteurs lisaient une foule de documents parus dans d'autres pays et enquêtaient systématiquement sur les conditions qui régnaient au Canada. La quantité de données que le bureau amassa et analysa est impressionnante. À partir d'un questionnaire envoyé aux shérifs et à d'autres personnes dans les comtés, les inspecteurs brossèrent un tableau de la situation qui les consterna. De prime abord, les grands établissements, y compris les asiles et le pénitencier, semblaient progressistes et bien administrés, peut-être parce qu'ils se soumettaient assez bien au contrôle bureaucratique, mais Meredith était convaincu que les conditions qui régnaient dans les prisons sous administration locale étaient abominables. Il soutint toujours qu'en mêlant criminels endurcis et novices, détenus de tout âge et de toute condition, on faisait des prisons de véritables écoles du crime. Il était sidéré qu'il n'y ait aucune distinction entre les détenus et qu'on ne parvienne pas à leur inculquer de solides principes de religion, d'éducation ou de formation par le travail. En outre, les prisons choquaient ce bureaucrate passionné d'organisation, et il critiquait aussi bien leur coût, bien supérieur à celui du pénitencier, que leurs défauts notoires. Fortement influencé par ce qui se faisait alors en Angleterre, il tenta, avec plus ou moins de succès, de convaincre les comtés d'instaurer un système fondé sur la séparation. Le bureau put amener certains comtés à faire des réaménagements, mais la réforme était loin d'être satisfaisante.

C'est au pénitencier que Meredith obtint les meilleurs résultats. Il avait d'abord cru que Kingston était un établissement relativement progressiste, mais cette impression ne résista pas à un examen sérieux. Dans son rapport de 1861, il parla de « répression rigide », de « coercition absolue » ; le régime en vigueur, disait-il, « ne permet ni de modifier ni d'améliorer la condition du prisonnier qui se conduit bien ». Meredith était alors devenu le principal disciple canadien de sir Walter Crofton, réformateur irlandais des prisons qui avait rejeté les rigueurs de ce qu'on appelait le régime Auburn, appliqué au pénitencier de Kingston [V. Hugh Christopher Thomson*], en faveur du programme suivant. L'incarcération commençait par une phase strictement pénale, mais les prisonniers qui se comportaient bien étaient récompensés de diverses façons : pécules, remises de peine, sentences indéterminées par exemple. L'assistance postpénale était un autre aspect important du régime Crofton. Meredith réussit à convertir ses collègues inspecteurs aux principaux éléments de ce régime, mais il se buta à la résistance du directeur du pénitencier, Donald Aeneas Macdonell*, homme de la vieille école, et à l'indifférence, sinon à l'hostilité, de ses supérieurs politiques, surtout sir John Alexander Macdonald qui continuait de croire que le châtiment et la dissuasion devaient primer sur la réhabilitation.

Néanmoins, Meredith et ses collègues parvenaient à adoucir certains des pires aspects du régime appliqué par Macdonell. Dans son journal, Meredith fait état, parfois en termes cinglants, d'affrontements fréquents avec le directeur. Les conditions de détention s'améliorèrent au moins quelque peu, mais seules des réformes mineures furent réalisées. En 1868, le gouvernement conservateur s'inspira de l'expérience de Meredith pour rédiger la première loi pénitentiaire du dominion. Elle apporta certaines améliorations importantes, tels un programme de rémission de peine au mérite et le versement de petites sommes aux prisonniers qui s'en rendaient dignes par leur travail. Le programme eut quelque succès, mais dans l'ensemble le pénitencier demeura un lieu aussi triste qu'auparavant.

En matière de traitement des jeunes délinquants, Meredith était aussi avant-gardiste. Les maisons de correction mises en place par suite de la loi de 1857 faisaient du bon travail, mais selon lui il fallait en retirer les plus âgés parmi les jeunes car ils nuisaient à la discipline. Il recommandait de distinguer les enfants reconnus coupables de crime de ceux qui, simplement démunis ou négligés, pouvaient encore échapper à la délinquance. Macdonald, en tant que procureur général, n'acceptait pas que les enfants de cette seconde catégorie soient placés comme apprentis ou dans des fermes, car il estimait que c'était empiéter sur les droits parentaux. Il appartint au mouvement de sauvegarde de l'enfance des années 1880 et 1890 [V. John Joseph Kelso*] d'aller dans la direction prônée une génération plus tôt par Meredith et ses collègues.

Quand il prit sa retraite, Edmund Allen Meredith retourna vivre à Toronto et, grâce à un bel héritage, acheta une maison sise sur une propriété qui avait jadis fait partie du domaine des Jarvis. Avec Fanny, il y mena une vie heureuse et utile. Comme les affaires correctionnelles l'intéressaient toujours, il présenta en 1887 une communication sur la réforme des prisons aux réunions de la National Prison Association of the United States (qui se tinrent à Toronto) et, en 1896, à l'âge de 79 ans, il fut membre d'une commission d'enquête sur le pénitencier de Kingston. Il compta aussi parmi les fondateurs du Homewood Asylum de Guelph [V. Stephen Lett*]. Durant de nombreuses années, il fut membre de la Prisoners' Aid Association du Canada et prit souvent la parole à ses assemblées annuelles. Vice-président de la Toronto General Trusts Company, il parcourait chaque jour à pied, dit-on, les deux milles qui séparaient Rosedale de son bureau de la rue King. Il mourut le 12 janvier 1899 après une intervention chirurgicale à la prostate ; Fanny s'éteignit deux décennies plus tard, en septembre 1919.

PETER OLIVER

Parmi les ouvrages de références standard qui dressent la liste des nombreuses publications d'Edmund Allen Meredith, on trouve : *Canadian men and women of the time* (Morgan ; 1898) ; Morgan, *Bibliotheca canadensis* et *Canadiana, 1867–1900*.

Le présente biographie doit beaucoup à l'ouvrage de Gwyn, *Private capital*. Exposé sur Meredith le plus complet jusqu'à maintenant, cette étude traite surtout de l'individu. Son rôle de réformateur de l'assistance sociale est examiné dans l'ouvrage de R. B. Splane, *Social welfare in Ontario, 1791–1893 ; a study of public welfare administration* (Toronto, 1965), et celui de réformateur des prisons dans la thèse de W. A. Calder, « The federal penitentiary system in Canada, 1867–1899 : a social institutional history » (thèse de PH.D., Univ. of Toronto, 1979), particulièrement aux pages 204–206. J'ai étoffé ces comptes rendus en consultant le journal de Meredith et ses autres papiers aux AN, MG 29, E15, les papiers des secrétaires de la province (AN, RG 4 et RG 5), qui comprennent de longs documents rédigés par Meredith, et les rapports annuels du Bureau des inspecteurs des asiles et prisons dans Canada, prov. du, Parl., *Doc. de la session*, 1860–1866, et Canada, Parl., *Doc. de la session*, 1866–1867, n° 40. [P. O.]

MÉTHOT, MICHEL-ÉDOUARD, prêtre catholique, professeur, administrateur scolaire et prélat domestique, né le 28 juillet 1826 à Sainte-Croix, Bas-Canada, fils de Joseph Méthot, cultivateur, et de Marie-Xavier Desrochers ; décédé le 6 février 1892 à l'Hôpital Général de Québec et inhumé trois jours plus tard dans la crypte de la chapelle du séminaire de Québec.

Michel-Édouard Méthot fréquenta l'école paroissiale avec succès, puis entra en 1839 au petit séminaire de Québec en sixième et fut promu en quatrième l'année suivante. En première, il eut la bonne fortune d'étudier avec Pierre-Henri Bouchy, jeune ecclésiastique français invité au séminaire par le préfet des études, John Holmes*, et dont il resta le disciple et l'ami. Méthot se lia également d'amitié avec un autre prêtre français, Charles-Étienne Brasseur* de Bourbourg, qui passa quelques mois au séminaire en 1845–1846. Durant les vacances d'été, Méthot vivait d'agréables semaines chez son oncle Elzéar Méthot à Sainte-Anne-de-la-Pérade (La Pérade), où il eut l'occasion de rencontrer des membres de la famille de Louis-François LAFLÈCHE.

Après avoir terminé de brillantes études classiques, Méthot entra au grand séminaire à l'automne de 1846. Selon la coutume, le petit séminaire lui confia la classe de quatrième pendant deux ans et celle de troisième pendant sa dernière année de théologie. Comme il devait en plus surveiller à la salle d'étude et de récréation ainsi qu'au dortoir, il avouait à son oncle Benjamin Desrochers, alors curé de Sainte-Anne-de-Beaupré, qu'il lui restait bien peu de temps pour ses études de théologie : il ne pouvait suivre qu'une heure de cours par jour. L'archevêque de Québec, Mgr Joseph Signay*, ne semblait pas apprécier Méthot plus qu'il ne faut et tarda à lui conférer la tonsure sous prétexte qu'il avait la vue faible. Si bien qu'à l'été de 1847 le secrétaire de Mgr Ignace Bourget* lui aurait fait savoir combien on serait heureux de l'accueillir dans le diocèse de Montréal. Mais Méthot alla faire soigner sa vue à Montréal et se fit en plus assurer une pension par un oncle, ce qui arrangea les choses auprès de Mgr Signay.

Ordonné prêtre le 30 septembre 1849, Méthot demeura professeur au séminaire de Québec où il fut agrégé le 16 novembre 1852. Il enseigna en rhétorique jusqu'en 1865 et fut un excellent professeur de lettres, sans doute l'un des meilleurs que compta le séminaire dans la seconde moitié du XIXe siècle. En 1856, on lui confia le poste de préfet des études et il devint membre du conseil de l'établissement.

Plein de talent, Méthot était aussi un homme de jugement qui sut s'arrêter au moment opportun pour étudier et réfléchir. Ainsi, en 1860, il demanda une année de congé pour voyager en Europe. Il se promena en France et en Italie où il visita les musées, églises et autres monuments ; dans des collèges et des lycées, il s'informa des pratiques pédagogiques. Son tour de France le conduisit bien entendu chez son ami Bouchy.

De retour à Québec, Méthot reprit sa double tâche de préfet et de professeur de rhétorique. En 1865, il demanda de nouveau une année de congé pour aller parfaire à ses frais des études de théologie à Louvain, en Belgique. Il voulait aussi observer le fonctionnement d'une université catholique, car il savait qu'on l'appelerait l'année suivante à la direction de l'université Laval. À Louvain, selon son journal de voyage, il se montra attentif aux professeurs, aux cours qu'il reçut, à l'ensemble de la vie universitaire et aux aspects politiques qu'elle présentait en Belgique. À la fin de son séjour, il éprouva le désir de se joindre à un ordre religieux et se demanda si cela ne vaudrait pas mieux que d'être supérieur du séminaire. Mais il rentra à Québec en juin 1866 et, quelques jours plus tard, on le nomma supérieur du séminaire de Québec et recteur de l'université Laval.

Après Louis-Jacques Casault*, le scientifique, et Elzéar-Alexandre TASCHEREAU, le théologien, le troisième recteur de Laval était un humaniste. Pendant ses deux mandats de trois ans (1866–1869, 1880–1883) et l'année d'intérim qu'il accepta malgré lui en 1886–1887, tout comme durant ses deux années de vice-rectorat à Montréal (1878–1880), Méthot remplit ses fonctions avec autant d'efficacité que de modestie, sans faire de coup d'éclat, mais en travaillant avec un dévouement inlassable, en préparant des rapports précis et en sachant loyalement défendre ses collègues, fussent-ils francs-maçons [V. Jean-Étienne Landry*]. De plus, à partir de 1872, il enseigna la théologie et l'Écriture sainte au grand séminaire, dont il assuma aussi la direction de 1870 à 1873.

En 1886, le pape Léon XIII nomma Méthot prélat domestique, titre purement honorifique mais auquel il fut très sensible. L'année suivante, la maladie l'obligea à démissionner comme membre du conseil et supérieur du séminaire. Il consacra dès lors beaucoup de temps à la prédication et à la confession dans les couvents et les collèges, il présida à des prises d'habit et visita ses amis curés à Sainte-Croix ou à Montmagny. Il donna son dernier cours au grand séminaire le 13 juin 1890.

Le portrait que le séminaire de Québec conserve de Michel-Édouard Méthot correspond à la description qu'en a faite l'historien Joseph-Edmond Roy*. Il avait une tête originale que les élèves ne manquaient pas de caricaturer à la classe de dessin, mais dont les yeux noirs faisaient oublier la laideur du visage et permettaient de soupçonner la haute et belle intelligence. Ses confrères et ses élèves aimaient sa conversation toujours agréable et pleine d'esprit. Ce n'était pas un grand orateur, mais ses conférences étaient, selon Roy, « soignées, stylées [...] recherchées ». D'une grande modestie et de caractère timide, il avait bon cœur et main généreuse.

CLAUDE GALARNEAU

AAQ, 12 A, 0 : f° 51 ; 516 CD, I, 19 oct. 1860. — AC, Québec, État civil, Catholiques, Notre-Dame de Québec, 9 févr. 1892. — ANQ-Q, CE1-40, 29 juill. 1826. — ASQ, Fichier des anciens ; Journal du séminaire, I : 284, 286, 318 ; MSS, 16 ; 26 ; 299 ; 433 ; 436 ; 611–615 ; 626–627 ; 631 ; 676 ; MSS-M, 28 ; 146 ; 487 ; 648 ; Polygraphie, XXVI : 46, 123–124 ; Séminaire, 16 ; 21 ; 39, n° 80 ; 54, n°s 25, 31a, 36, 45–45a, 52–53 ; 71, n°s 125–126 ; 73, n°s 21, 21b ; SME, 16 nov. 1852, 8 juill., 27 sept. 1854 ; Univ., cartons 39, n° 105 ; 82, n° 8 ; 105, n°s 8, 12, 23, 60, 73 ; 107, n° 95 ; 108, n° 30 ; 180, n° 52 ; 214, n°s 59, 63, 78–79. — *Le Séminaire de*

Québec : documents et biographies, Honorius Provost, édit. (Québec, 1964). — Jean Hamelin *et al., Brochures québécoises, 1764–1972* (Québec, 1981). — Yvan Lamonde, *Je me souviens ; la littérature personnelle au Québec (1860–1980)* (Québec, 1983). — Lavallée, *Québec contre Montréal,* 53, 94–95, 110–111. — Camille Roy, *l'Université Laval et les Fêtes du cinquantenaire* (Québec, 1903). — J.-E. Roy, *Souvenirs d'une classe au séminaire de Québec, 1867–1877* (Lévis, Québec, 1905). — David Gosselin, « Papiers de famille », *BRH,* 28 (1922) : 108–110. — T.-E. Hamel, « Mgr M.-É. Méthot », Univ. Laval, *Annuaire,* 1892–1893 : 41–43. — « Les Méthot », *BRH,* 39 (1933) : 80–81.

MIDDLETON, sir FREDERICK DOBSON, officier dans l'armée et dans la milice, né le 4 novembre 1825 à Belfast (Irlande du Nord), troisième fils du major général Charles Middleton et de Fanny Wheatley ; décédé le 25 janvier 1898 à Londres.

Frederick Dobson Middleton fit ses études en Angleterre, à la Maidstone Grammar School et au Royal Military College de Sandhurst. Le 30 décembre 1842, il obtint, sans l'acheter, un brevet d'officier dans le 58th Foot. Deux ans plus tard, ce régiment fut envoyé en Nouvelle-Galles du Sud (Australie) et assura la surveillance sur des navires de convicts pendant le voyage. Posté à la célèbre colonie pénitentiaire de l'île Norfolk, Middleton fut détaché en 1845 en Nouvelle-Zélande avec son régiment pour mater la rébellion commandée par le chef maori Hone Henke. Pendant cette campagne difficile et dangereuse, on le cita dans des dépêches pour son courage à la prise de la place forte du chef maori Kawiti, puis pour son rôle dans la défaite d'une attaque maorie contre Wanganui.

Le 18 août 1848, Middleton combla une lieutenance vacante dans le 96th Foot, que l'on envoyait en Inde. Un officier jeune et impécunieux y avait des chances de combattre et d'avoir de l'avancement. Le 6 juillet 1852, après qu'il eut réussi un examen de topographie, on annonça sa promotion au grade de capitaine. En 1855, il commanda une troupe de cavalerie au moment de la répression de la rébellion des Santals et mérita des remerciements du gouvernement indien. Quand le 96th Foot rentra en Angleterre, en juin de la même année, il passa au 29th Foot, qui servait alors en Birmanie.

C'était une heureuse décision. À l'été de 1857, la révolte des cipayes éclata ; on muta alors Middleton à Calcutta, où il servit à titre d'officier d'ordonnance. En cette époque où les généraux donnaient leurs ordres sur le champ de bataille, les officiers d'état-major vivaient dangereusement. Deux actes de bravoure valurent à Middleton d'être recommandé pour la croix de Victoria, nouvellement instituée, mais lord Clyde, commandant en chef en Inde, décida que les officiers d'état-major n'auraient pas droit à cette décoration. Middleton reçut plutôt, le 20 juillet 1858, le grade de major. Pendant la mutinerie, il fut l'un de ceux qui eurent l'idée de faire monter à cheval les soldats d'infanterie pour accroître leur mobilité. Bien que cette innovation n'ait guère été révolutionnaire sur le plan tactique, elle parut suffisamment hérétique dans cette armée de conservateurs aux vues étriquées pour que Middleton, sir Henry Marshman Havelock-Allan et d'autres fassent figure de progressistes.

Middleton rentra en Angleterre en 1859 avec le 29th Foot. En 1861–1862, il servit à Gibraltar et à Malte. Sachant qu'il ne pourrait jamais se payer un grade plus élevé, il chercha à obtenir de l'avancement en acquérant une formation professionnelle. Il décrocha un certificat de première classe à la School of Musketry de Hythe, dans le Kent, et s'inscrivit au Staff College de Camberley en décembre 1866. Le 29th Foot fut muté au Canada en juillet 1867 mais, comme il n'avait pas terminé ses études, Middleton ne le rejoignit qu'en août 1868. Après avoir passé six mois à Hamilton, en Ontario, il se mit à la demi-solde et occupa une série de fonctions d'état-major : d'avril 1869 à 1870, il fut successivement major de garnison à London, adjoint intérimaire au quartier-maître général à Montréal ainsi que sous-adjudant et quartier-maître général à titre temporaire.

Il subsiste peu de détails sur le premier mariage de Middleton ; sa femme s'appelait Mary Emily Hassall et venait de Haverfordwest, au pays de Galles. Devenu veuf, il épousa le 17 février 1870, à l'âge de 44 ans, Eugénie Doucet, fille du notaire montréalais Théodore Doucet. La même année, il retourna en Angleterre avec elle pour occuper un poste d'officier surveillant de l'instruction de garnison. Le 8 septembre 1874, on l'affecta au Royal Military College de Sandhurst à titre d'officier suppléant et d'assistant du directeur. L'abolition de l'achat des brevets et l'instauration de concours avaient modifié le rôle et la clientèle du collège. Au lieu d'être des écoliers, les cadets étaient désormais des officiers à titre provisoire. Middleton avait pour mission de transformer ce collège bien établi mais souvent turbulent, et ce ne fut pas facile. Il reçut en récompense le grade de colonel en juillet 1875, le poste de commandant en 1879 et le titre de compagnon de l'ordre du Bain en 1881. À l'été de 1884, il pouvait entrevoir la fin d'une carrière honorable mais nullement brillante et envisager de passer sa retraite dans une digne pauvreté, car il n'aurait que sa demi-solde pour assurer la subsistance de sa femme et de leurs deux jeunes enfants.

Le Canada s'offrait alors comme solution de rechange. En 1875, le gouvernement d'Alexander MACKENZIE avait créé le poste d'officier général commandant de la milice, que l'on devait confier à un colonel britannique. Ainsi un homme d'expérience se trouverait à la tête des troupes, et le gouvernement britannique serait rassuré de voir le Canada assumer ses responsabilités en matière de défense. Cette fonction était surtout une façade. La milice ne servait pas, sauf à l'occasion d'émeutes et d'autres désordres mineurs. Les bataillons des villes faisaient l'exercice en salle et organisaient des rencontres mondaines et des activités athlétiques pour leurs membres, et l'autre moitié des 40 000 miliciens ne s'entraînaient que 12 jours tous les deux ans. La majeure partie du budget annuel de la défense, soit un million de dollars, était dépensée au bénéfice du parti au pouvoir ; ce fut particulièrement le cas à compter de 1880, l'année où Adolphe-Philippe Caron* devint ministre de la Milice et de la Défense. La situation se gâta pour le deuxième officier général commandant, le major général Richard George Amherst LUARD ; c'était un homme énergique et désireux d'appliquer des réformes, mais il était caustique et eut des démêlés avec son ministre et d'autres hommes politiques.

Comme Middleton était impatient de revenir au Canada, il exploita les relations qu'il y avait. En 1883, il félicita Caron d'avoir fait adopter une nouvelle loi sur la milice et d'avoir porté la troupe permanente à 750 hommes. La famille de sa femme fit mousser sa candidature au poste d'officier général commandant, tout comme l'avocat torontois Christopher Robinson*. « Je n'ai jamais rencontré, affirma celui-ci au premier ministre, un homme qui soit moins « soldat, et rien d'autre », ou qui soit davantage capable de s'adapter partout et à toutes les sortes de gens. » En 1884, le ministère britannique de la Guerre muta Luard à une autre fonction. Le gouverneur général lord Lorne [Campbell*] et son successeur, lord Lansdowne [Petty-Fitzmaurice*], avaient tous deux insisté pour que Middleton lui succède. Caron, qui le favorisait aussi, écarta les pressions des hommes politiques qui voulaient que le commandement passe à quelqu'un d'autre.

Les journalistes qui rencontrèrent Middleton à Québec le 13 juillet 1884 le décrivirent comme un homme rougeaud, très court et sympathique. Il comprit vite ce que l'on attendait de lui en échange de son grade temporaire de major général et de son salaire de 4 000 $. Il fit la tournée des camps de milice de l'est du Canada, rapporta que les nouvelles écoles de cavalerie et d'infanterie fondées par Caron avaient « fait des merveilles » et affirma, au sujet du Royal Military College of Canada à Kingston : « il y a en Europe très peu d'établissements d'un genre semblable qui l'égalent et aucun qui le surpasse ». Ses opinions plus sévères sur la situation canadienne, il les exprimait dans ses lettres au duc de Cambridge, commandant en chef de l'armée britannique. Cette année-là, Caron créa une commission sur les mesures de défense du Canada, mais Middleton y consacra peu de temps ; le secrétaire de la commission, Colin Campbell, grommela que Middleton était trop occupé à patiner.

Le 23 mars 1885, on apprenait à Ottawa que le chef métis Louis Riel* avait pris des otages près de Batoche (Saskatchewan) et formé un gouvernement provisoire. On dépêcha Middleton à Winnipeg le jour même, à quelques heures d'avis. Il arriva le 27 mars, soit le lendemain de la bataille du lac aux Canards (lac Duck, Saskatchewan), où le lieutenant de Riel, Gabriel Dumont*, avait défait les hommes de Leif Newry Fitzroy Crozier*, officier de la Police à cheval du Nord-Ouest. « Affaire devient sérieuse, télégraphia Middleton à Caron. Mieux vaut envoyer tous soldats armée régulière et bons régiments de ville. » Puis il partit pour Qu'Appelle afin d'improviser la première campagne militaire du dominion.

Middleton avait 59 ans et son service actif aurait dû être terminé. Pourtant, sous des dehors de baderne, il cachait un courage et une résistance remarquables, beaucoup de bon sens et plus d'expérience de la guerre d'embuscades que n'en avaient la plupart des officiers britanniques aux états de service équivalents. Les difficultés auxquelles il faisait face étaient sérieuses. Même les « bons régiments de ville » manquaient d'entraînement, et leurs officiers ne savaient rien du métier de soldat. Les villages des Prairies lui demandèrent d'éparpiller ses hommes pour assurer leur défense. Ottawa le pressait d'être prudent. La logistique posait un problème de taille. « Ces canailles ont justement choisi le moment où les chemins seront quasi impraticables, comme la rivière, et où toutes les équipes doivent se mettre aux semailles presque immédiatement. »

Résolu à frapper à Batoche avant que la rébellion ne s'étende, Middleton quitta Qu'Appelle le 6 avril. Des troupes venues de l'Est le rejoignirent en chemin ou se rendirent à Swift Current, d'où elles devaient descendre la Saskatchewan-du-Sud par vapeur. On dépêcha deux bataillons québécois à Calgary, où ils allaient affronter des Indiens et non des Métis (puisque ceux-ci étaient francophones). La nouvelle du massacre survenu au lac La Grenouille (lac Frog, Alberta) [V. Kapapamahchakwew*] et une directive ferme de Caron forcèrent Middleton à diriger la colonne parvenue à Swift Current vers le nord jusqu'à Battleford. Pour se préparer à encercler les Métis à Batoche, la moitié de ses 800 hommes durent traverser la rivière sur un bac.

Jusque-là Riel et Dumont avaient rendu la tâche facile à Middleton en restant sur la défensive. Cependant, le 24 avril, il tomba sur Dumont et ses hommes, qui occupaient une bonne position au ruisseau Fish. Ses éclaireurs évitèrent une embuscade, mais les miliciens inexpérimentés se laissèrent impressionner par les coups de feu et furent incapables de repousser les Métis et les Indiens. Pour leur donner du cran, Middleton s'exposa avec témérité ; ses deux aides de camp furent blessés. À la tombée de la nuit, les deux camps se replièrent. Les troupes canadiennes avaient alors perdu 6 hommes et comptaient 49 blessés.

Middleton avait presque perdu confiance en ses

hommes et sa foi en une victoire facile s'était affaiblie. Il dit à Caron que les troupes s'étaient bien conduites mais ajouta : « je dois confesser [...] qu'il a bien failli en être autrement ». La perte de jeunes gens « qui pensaient qu'on les envoyait en pique-nique », écrivit-il au duc de Cambridge, l'avait ébranlé. Le vapeur qu'on avait promis d'envoyer, le *Northcote,* n'était pas encore arrivé. Frustré et épuisé par les nuits passées à inspecter les avant-postes, Middleton trouvait à redire contre tout le monde, dont l'excentrique major général Thomas Bland Strange*, commandant du district de l'Alberta, le major général John Wimburn Laurie, qui supervisait les approvisionnements à Swift Current, et le lieutenant-colonel William Dillon Otter*, qui avait commis l'erreur d'attaquer le camp du chef cri Poundmaker [Pītikwahanapiwīyin*] au mont Cut Knife. « [Otter] est aussi inexpérimenté que ses hommes », se plaignit Middleton à Caron. Le *Northcote* arriva le 5 mai avec des provisions et l'hôpital de campagne. À ce moment, Middleton avait recouvré son moral et dressé de nouveaux plans, tandis que ses soldats, réunis du côté est de la rivière, s'impatientaient des retards. Deux jours plus tard, il quitta la rive à la tête de ses troupes, qui comptaient quelque 900 hommes. Tôt le 9 mai, ils avancèrent sur Batoche en venant du côté des terres, pendant que le *Northcote* ferait diversion sur la rivière. Le vapeur arriva une heure trop tôt, perdit ses cheminées et son mât lorsque les Métis retirèrent de l'eau un câble de touage, et s'enfuit en aval sous un feu nourri. L'escarmouche donna à Middleton le temps de s'approcher, mais il s'arrêta pour bombarder le village, ce qui permit aux Métis de regagner péniblement leurs positions. Comme au ruisseau Fish, ses hommes étaient nerveux et à découvert. S'il avançait, il risquait gros ; s'il battait en retraite, ce pourrait être la panique. Il recula donc pour étudier la situation.

Finalement, les Métis n'attaquèrent pas ; les 10 et 11 mai, les miliciens firent des sorties qui leur infligèrent peu de pertes, et Middleton put concevoir un plan en voyant que les Métis, à cause de leur faiblesse numérique, devaient courir du sud à l'est pour défendre les abords de Batoche. Au matin du 12 mai, il se mit en route avec sa cavalerie pour feindre une attaque à partir de l'ouest. Au moment où les Métis répliqueraient, le bruit de son canon annoncerait à son infanterie qu'il était temps d'attaquer à partir du sud-est. Cependant, l'infanterie n'entendit pas le canon et n'avança pas. Furieux, Middleton engueula vertement ses officiers, dont le lieutenant-colonel Arthur Trefusis Heneage Williams*, puis se retira pour déjeuner.

Dans l'après-midi, lorsque l'infanterie se mit en branle pour reprendre les positions occupées le 9 mai, les officiers et les hommes de troupe bouillonnaient d'indignation et de frustration. Les hommes de Williams, sur le flanc gauche, dégagèrent le terrain et continuèrent d'avancer. Les autres suivirent. Bientôt, plusieurs centaines de miliciens descendirent la colline en criant et en tirant. Middleton quitta sa tente en vitesse pour organiser les manœuvres d'appui. Épuisés, à court de munitions, les Métis ne pouvaient faire grand-chose. Dès la tombée de la nuit, ils s'étaient éparpillés, et la milice pillait Batoche. Tour à tour, Middleton se félicitait de la victoire et condamnait la folle entreprise qui, ce jour-là, avait fait 5 morts et 25 blessés.

La chute de Batoche et la reddition de Riel, le 15 mai, signifièrent la fin de la rébellion des Métis. Après avoir prêté sa capote à Riel, qui grelottait, Middleton l'envoya vers le sud pour qu'on le remette entre les mains de la justice. À la tête de ses troupes, il se rendit ensuite à Prince Albert, et bifurqua vers l'ouest pour aller à Battleford accepter la reddition de Poundmaker. Pendant quelques semaines, la milice tenta de rattraper Gros Ours [Mistahimaskwa*], mission dans laquelle le vieux général montra peu de génie. Le 22 juin, ayant récupéré les derniers prisonniers des Indiens, les troupes purent prendre le chemin du retour.

Le gouvernement avait confié à Middleton des hommes non entraînés et des officiers sans expérience. Il les avait conduits à travers des dangers et des difficultés dont ils ne concevaient pas toute l'ampleur. La victoire était venue bien plus tôt que les probabilités ne l'annonçaient. En lisant son rapport officiel sur la campagne, ainsi qu'une série d'articles qu'il publia en 1893–1894, on sent qu'il croyait posséder la sagesse et l'omniscience qui sont l'apanage des vieux généraux. Pas plus que la plupart des historiens, il ne reconnut à quel point Riel et Dumont avaient contribué à leur propre défaite. Tout de même, il avait écarté de mauvais conseils, surmonté les obstacles et gagné. Il reçut des remerciements du Parlement du Canada, un cadeau de 20 000 $ du gouvernement canadien, un titre de chevalier le 25 août 1885, la confirmation de son grade local de major général et, du gouvernement britannique, une rente annuelle de £100 pour ses remarquables états de service.

Parmi les subordonnés de Middleton, rares furent ceux qui se joignirent à ce concert de louanges. Ses hommes de troupe reconnaissaient son courage mais le trouvaient pompeux et irritable. Ses subordonnés canadiens avaient été exclus de son petit cercle d'officiers britanniques. Pour une foule de raisons – les événements de Batoche et la préférence de Middleton pour les éclaireurs de l'Ouest [V. Charles Arkoll BOULTON ; John French*] par rapport à la cavalerie de la milice de l'Est – les officiers canadiens se sentaient contrariés. Ils trouvèrent leur héros et martyr en la personne de Williams, qui mourut de la fièvre typhoïde sur le chemin du retour. Les rancunes s'intensifièrent quand on vit que seul le général était décoré. On l'en blâma mais, en fait, c'était la faute de

Caron. Comme les rares décorations que la Grande-Bretagne réserverait aux officiers de milice pour une expédition aussi mineure ne pourraient satisfaire toutes les ambitions, le ministre, perspicace, avait décidé de n'en décerner aucune.

Après avoir témoigné au procès de Riel, Middleton reprit ses fonctions habituelles. Le ministère britannique de la Guerre lui annonça qu'il ne toucherait pas sa demi-solde pendant qu'il servirait au Canada. C'était un dur coup sur le plan financier, contre lequel Caron, sir John Alexander MACDONALD et Lansdowne protestèrent, mais qu'Ottawa refusa manifestement d'amoindrir en ne haussant pas le salaire de 4 000 $ qui lui était alloué. En 1887, le ministère de la Guerre l'inscrivit sur la liste des retraités, en lui décernant le grade honoraire de lieutenant général, et présuma que la fonction d'officier général commandant irait à un homme plus jeune. Caron souligna que le travail de Middleton était tout à fait satisfaisant et que son départ pourrait nuire aux importantes réformes militaires auxquelles lui-même songeait. Il s'arrangea donc pour que le mandat de Middleton ne se termine qu'en 1892. « J'espère et crois sincèrement, écrivit celui-ci, que vous ne regretterez jamais d'être intervenu dans cette affaire. »

En réalité, Middleton n'éprouvait plus guère d'affection pour les Canadiens ni pour leurs hommes politiques. « Si seulement j'étais nommé ailleurs, écrivit-il à lord Melgund [Elliot*], secrétaire militaire de Landsdowne, je n'hésiterais pas à quitter ce pays d'hommes vaniteux, ivrognes, menteurs et corrompus, mais je ne peux pas me permettre de tout « envoyer promener. » À cause du régime de favoritisme, il n'eut pas grand-chose à dire sur les nouvelles écoles pour la milice à London et à Winnipeg ni sur la nouvelle garnison permanente d'Esquimalt en Colombie-Britannique. À son avis, il eut mieux valu organiser la défense à Vancouver, terminus du chemin de fer canadien du Pacifique, plutôt qu'à Esquimalt mais, tout comme sa proposition de faire de la Police à cheval du Nord-Ouest une infanterie à cheval, ses idées avaient peu de poids, et il les gardait pour lui-même et son ministre. En 1887, on créa une nouvelle commission sur la défense, mais il la convoqua une seule fois. Il trouvait quand même que le Canada demeurait un bon endroit pour un homme aux moyens modestes, amateur de sports de plein air et pénétré de sa propre importance. À mesure que l'heure de la pleine retraite approchait, il espérait devenir président d'une compagnie d'assurances.

Soudain, la carrière de Middleton fut ruinée. À Battleford, un Métis nommé Charles Bremner, arrêté en mai 1885, découvrit à sa libération que ses fourrures, entreposées par la Police à cheval du Nord-Ouest, avaient disparu. D'un indice à l'autre, on remonta jusqu'à Middleton et jusqu'aux membres de son état-major, dont Samuel Lawrence BEDSON. Voyant les preuves s'accumuler, Middleton exigea une enquête. À sa comparution devant un comité spécial de la chambre des Communes, le 1er avril 1890, il se révéla un témoin évasif et antipathique. S'il avait fait saisir les fourrures, quelqu'un les avait ensuite volées. « Je croyais que c'était moi l'autorité là-bas, dit-il aux membres du comité. Je pouvais faire à peu près tout ce que je voulais à condition que ce soit dans les limites du raisonnable. » Le comité ne fut pas d'accord avec lui : les saisies étaient « injustifiables et illégales », et sa conduite, « hautement inconvenante ».

Bien vite, les blâmes se mirent à pleuvoir sur Middleton. Il « a déprécié sa haute position, jeté la disgrâce sur l'uniforme d'officier britannique et altéré l'idéal du gentleman anglais », déclara le *Globe*. Le gouvernement le désavoua. En juillet, blessé et dépassé par les événements, il démissionna. Macdonald insista pour que Caron efface toute trace de sympathie de la lettre qui accusait réception de sa démission, de peur qu'elle ne suscite « des commentaires sévères au Parlement ». Pour se défendre, Middleton publia une lettre intitulée *Parting address to the people of Canada*. Il y rejetait les allégations de Bremner et, pour répondre à une autre accusation douloureuse, énumérait le nom des officiers qu'il avait recommandé de décorer en 1885. C'était une erreur. La fureur de ceux qu'il ne nommait pas n'eut d'égale que la colère de ceux qui s'estimaient dignes d'une plus haute distinction. « Ce pauvre Middleton, nota Caron, a fait un véritable gâchis. »

Sir Frederick Dobson Middleton, les autorités britanniques en étaient convaincues, avait été victime d'une conspiration politique. Rentré en Angleterre avec sa famille, il passa ses dernières années à écrire sur des sujets comme le sport et l'infanterie à cheval pour des publications aussi différentes que le *United Service Magazine* et le *Boy's Own Paper*. Son dernier compte rendu de la campagne de 1885, qui parut en 1893–1894, ranima l'indignation de ses détracteurs canadiens. En 1896, on le nomma gardien des joyaux de la couronne – belle revanche contre ceux qui l'avaient chassé du Canada comme un voleur. Jusqu'à la fin, il conserva la forme : il faisait de la marche tous les jours et allait patiner chaque fois qu'il le pouvait. Il mourut subitement dans ses quartiers de la Tour de Londres.

DESMOND MORTON

Nous remercions les Royal Arch., Windsor Castle (Windsor, Angl.) de nous avoir fourni des copies des rapports de Frederick Dobson Middleton à son commandant en chef, le duc de Cambridge.

Middleton est l'auteur de plusieurs articles et brochures, dont un des plus important pour sa carrière canadienne fut *Parting address to the people of Canada* (Toronto, 1890). Le compte rendu de la rébellion de 1885 qu'il publia en série dans le *United Service Magazine* (Londres) en 1893–1894 fut publié en volume sous le titre de *Suppression of the rebellion in the North West Territories of Canada, 1885*, G. H. Needler, édit. (Toronto, 1948).

AN, MG 26, A ; MG 27, I, D3 ; II, B1. — ANQ-M, CE1-33, 17 févr. 1870. — National Library of Scotland (Édimbourg), Dept. of MSS, 12446–12587. — [C. A.] Boulton, *Reminiscences of the North-West rebellions, with a record of the raising of Her Majesty's 100th Regiment in Canada, and a chapter on Canadian social & political life* (Toronto, 1886). — Canada, chambre des Communes, *Journaux*, 1890, app. 1 ; Parl., *Doc. de la session*, 1886, n° 6a. — *Globe*, 27 juin 1890. — *Times* (Londres), 26 janv. 1898. — *Canadian men and women of the time* (Morgan ; 1898). — *Cyclopædia of Canadian biog*. (Rose et Charlesworth), 1. — *Hart's army list*, 1842–1887. — Desmond Morton, *The last war drum : the North-West campaign of 1885* (Toronto, 1972) ; *Ministers and generals : politics and the Canadian militia, 1868–1904* (Toronto et Buffalo, N.Y., 1970).

MIKAHESTOW, JOHN. V. MÉKAISTO

MILES, HENRY HOPPER, administrateur scolaire, professeur, auteur et fonctionnaire, né le 18 octobre 1818 à Londres, fils de L. Richard Miles, officier de marine, et de Mary Hopper ; en 1847, il épousa Elizabeth Wilson, et ils eurent quatre enfants ; décédé le 4 août 1895 à Montréal.

Après avoir fréquenté une *grammar school* à Exeter, en Angleterre, Henry Hopper Miles fit des études de sciences et de médecine au King's College de la University of Edinburgh et à la University of Aberdeen, où il obtint une maîtrise ès arts. Cependant, il ne pratiqua jamais la médecine. En 1845, il immigra à Lennoxville, au Bas-Canada, où il devint directeur de l'école de garçons. L'année suivante, il accéda à la chaire de mathématiques et de philosophie naturelle du Bishop's College, que dirigeait alors Jasper Hume Nicolls*. Fervent anglican mais d'un naturel irascible, il reprocha bientôt au professeur d'hébreu du collège, Isaac Hellmuth*, d'avoir renoncé à la foi judaïque pour embrasser l'anglicanisme. Il s'ensuivit une longue et amère querelle qui ne prit fin qu'en 1853, avec la démission de Hellmuth. Par ailleurs, peut-être à cause de sa formation en sciences et en médecine, Miles travaillait à l'instauration de programmes d'hygiène publique. Il fut l'un des premiers à en faire valoir la nécessité et publia en 1858 *On the ventilation of dwelling-houses & schools* [...], texte d'une communication qu'il avait lue à l'Institut des artisans de Montréal. En 1862, à titre de délégué des Cantons-de-l'Est, il accompagna sir William Edmond Logan*, directeur de la Commission géologique du Canada, à l'Exposition universelle de Londres. La même année, il publiait dans cette ville *Canada East at the International Exposition* et *The Eastern Townships of Canada*. En 1863, la University of Aberdeen lui décerna un doctorat honorifique en droit ; trois ans plus tard, le McGill College fit de même, et le Bishop's College lui en décerna un en droit civil.

Peu après, Miles quitta le Bishop's College pour devenir, en 1867, secrétaire intérimaire du conseil de l'Instruction publique de la province de Québec. Nommé en 1869 secrétaire du comité protestant du conseil, créé cette année-là en même temps qu'un comité catholique, il était le porte-parole de la minorité protestante mais son rang était inférieur à celui de Louis Giard*, secrétaire du comité catholique. Bien que ses attributions se soient étendues à mesure que croissait l'influence du comité protestant, il ne parvint jamais à se tailler un rôle suffisamment indépendant au sein du conseil. En fait, il exerçait bon nombre de ses activités éducatives en dehors du champ gouvernemental. Bruyant défenseur des droits des protestants, il fut président de la Provincial Association of Protestant Teachers en 1878–1879. Pendant son mandat, il fit pression pour que l'on augmente le salaire des instituteurs et préconisa la mise en place d'un système d'écoles normales pour former tous les enseignants et créer parmi eux un esprit de corps. Au nom de ce même idéal, il se prononça en faveur de la loi provinciale qui, en 1880, créa une caisse de retraite qui favorisait les enseignants à temps plein. Toutefois, les instituteurs réagirent mal en voyant que l'on prélevait 6 % de leur salaire et ils protestèrent contre l'intrusion du gouvernement dans leur vie professionnelle. Les institutrices, main-d'œuvre mal payée et aux emplois temporaires, étaient les plus grandes adversaires de Miles et de la caisse de retraite.

Miles, qui ne considérait guère son poste de fonctionnaire comme autre chose qu'une sinécure, pouvait consacrer beaucoup de temps à d'autres occupations. Peut-être parce qu'il avait accompagné Logan à l'Exposition universelle de Londres, il s'était mis à s'intéresser aux cartes géographiques, aux spécimens naturels et aux artefacts. En 1871, il donna à la Société littéraire et historique de Québec une vaste collection de fibres naturelles et d'échantillons de bois en provenance du Canada et de pays exotiques (collection qui, disait-on, rivalisait avec celle de l'université Laval) afin de sensibiliser les magnats québécois du bois à la préservation des richesses naturelles. Deux ans plus tard, autant pour l'intérêt qu'il portait à la chorographie et à la topographie que parce qu'il souhaitait « populariser et répandre » la connaissance de la géographie au Canada, il fit valoir, à une réunion de la société, l'utilité de rendre accessibles au public toutes les cartes que possédait le département des Terres de la couronne. En 1877, il contribua à la fondation de la Société géographique de Québec où, en qualité de vice-président, puis de président, de 1879 à 1881, il s'efforça, comme bien des auteurs de la fin du siècle, de démontrer que la géographie du Canada pouvait servir au développement politique et social du pays.

L'histoire du Canada était un domaine qui passionnait encore plus Miles et auquel il souhaitait encore davantage voir le public s'intéresser. Il donna des artefacts à son avocat, David Ross McCord, qui les collectionnait. En 1870, à titre de membre de la Société littéraire et historique de Québec, il proposa la création d'un dépôt d'archives publiques. Selon lui, c'était une tâche particulièrement urgente dans un pays neuf comme le Canada, où pendant si longtemps les traditions orales (qu'il assimilait à de simples ouï-dire) avaient témoigné de la barbarie. Seuls les documents écrits, estimait-il, montraient qu'une société était parvenue à des « stades avancés ». Or, exception faite de ceux du Régime français, les documents relatifs à l'histoire du Canada étaient très difficiles à consulter pour les historiens parce qu'ils n'étaient pas classés, qu'on les conservait dans de mauvaises conditions, éparpillés dans une foule d'endroits et non inventoriés. Miles fit pression auprès de sir Alexander Tilloch GALT, sir George-Étienne Cartier*, Hector-Louis Langevin* et Richard John Cartwright* et, le 24 mars 1871, il présenta à la chambre des Communes une pétition qui déboucha sur la création d'une commission préliminaire des archives. L'année suivante, on nomma Douglas Brymner* archiviste du dominion.

Un souci exagéré de la « vérité historique » conduisit Miles à accuser en 1872 un autre membre de la Société littéraire et historique de Québec, James Anderson, de déformer certains faits de l'histoire du Canada, ce qui amena bientôt les deux hommes à s'affronter par l'intermédiaire des quotidiens de Québec. La même année, comme il sentait parmi les anglophones, depuis la Confédération, « une volonté croissante de connaître davantage et plus exactement » l'histoire des Canadiens français, il publia *The history of Canada under the French régime, 1535–1763* [...], destiné aux étudiants en histoire, aux juristes et aux hommes d'État désireux d'avoir « un exposé exact, complet et impartial des faits ». En parlant des historiens anglophones qui l'avaient précédé, Miles affirmait dans sa préface : « ils ont trop peu parlé du Régime français [...] et, [comme ils s'alimentaient à] des sources pleines de préjugés, nationales ou autres, le cours de l'histoire, en passant entre leurs mains, a pris un ton et une couleur contraires à la stricte impartialité historique ». D'après lui, cet état de choses avait eu des conséquences plus néfastes au Canada qu'il n'en aurait eu dans un pays plus homogène. Étant donné ses objectifs, il avait écrit, sur un ton passablement conciliant, un récit plein de vie, quoique conventionnel. Il s'était beaucoup servi des ouvrages de François-Xavier Garneau*, de Jean-Baptiste-Antoine Ferland* et de l'historien américano-catholique John Dawson Gilmary Shea, de même que des éditions savantes de documents originaux qui paraissaient en nombre toujours croissant, notamment grâce à la Société littéraire et historique de Québec. Son ouvrage, qui remporta un succès populaire, apporta un complément au maigre salaire annuel de 200 $ qu'il touchait du ministère de l'Instruction publique. En commentant le livre en 1885, James MacPherson Le Moine* fit les conjectures suivantes : « nul doute que si le savant historien protestant se fût trouvé dans un autre milieu, il aurait eu ses coudées franches, et ses appréciations de plusieurs incidents du passé, auraient eu un caractère plus tranché ». On annonça une suite, « Canada under British rule », mais elle ne parut jamais.

Les livres d'histoire que Miles écrivit par la suite visaient expressément le marché scolaire. *The child's history of Canada* [...], traduit pour les écoles de langue française, fut aussi un succès populaire, et *A school history of Canada* [...] connut au moins sept éditions de 1870 à 1888. Autorisé dans les écoles tant catholiques que protestantes, ce manuel contenait (dans l'édition de 1888) 320 pages, dont 189 étaient consacrées au Régime français. Miles terminait son exposé sur cette période en disant que l'on trouvait encore, sur les plaines d'Abraham, des vestiges de la sanglante bataille de Sainte-Foy, où s'étaient affrontés en 1760 « les ancêtres des deux plus puissantes nations du globe, aujourd'hui unies, heureusement, par les liens de la paix, de l'amitié et de l'intérêt mutuel ». En parlant des rébellions de 1837–1838, il concédait qu'« il y avait réellement [eu objets de] griefs et abus, comme tous l'admett[aient depuis] », mais il affirmait que les insurgés n'en étaient pas justifiés pour autant de « prendre les armes contre leur souveraine et les autorités légalement constituées ». Bien qu'ils aient porté surtout sur les aspects politiques et militaires de l'histoire, les ouvrages de Miles n'en négligeaient pas entièrement les dimensions culturelles, sociales et économiques.

Autant Henry Hopper Miles s'efforçait d'être conciliant dans ses livres, autant il avait tendance à soulever la controverse par ses déclarations publiques. En mars 1881, après avoir semblé pendant des années ne pas se préoccuper de sa fonction officielle, il explosa. Il écrivit à la *Gazette* de Montréal en sa qualité de fonctionnaire et fit allusion à la domination exercée par les catholiques sur le département de l'Instruction publique. Il eut beau se rétracter publiquement dix jours après, le surintendant de l'Éducation, Gédéon Ouimet*, interpréta sa lettre comme un geste de déloyauté et d'insubordination. Obligé de se retirer, Miles quitta la vie publique et, 14 ans plus tard, mourut dans une quasi-obscurité.

NANCY J. CHRISTIE

Henry Hopper Miles est l'auteur de : *A school history of Canada prepared for use in the elementary and model schools* (Montréal, 1870 ; 7e éd., 1888) ; *Canada East at the International Exposition* (Londres, 1862) ; *The child's history of Canada ; for the use of the elementary schools and of the young reader* (Montréal, 1870 ; 2e éd., 1876), dont la première édition a été traduite par J. Devisme sous le titre de *Histoire du Canada pour les enfants à l'usage des écoles élémentaires* (Montréal, 1872) ; *The Eastern Townships of Canada* (Londres, 1862) ; *The history of Canada under French régime, 1535–1763* [...] (Montréal, 1872) ; « Nelson at Quebec : an episode in the life of the great British admiral », *Rose-Belford's Canadian Monthly and National Rev.* (Toronto), 2 (janv.–juin 1879) : 257–275 ; « On Canadian archives », Literary and Hist. Soc. of Quebec, *Trans.*, nouv. sér., 8 (1870–1871) : 53–71 ; *On the ventilation of dwelling-houses & schools* [...] (Montréal, 1858) ; « Recent Arctic explorations and projects », Soc. de géographie de Québec, *Bull.* (Québec), 1 (1881), n° 2 : 82–90 ; et « Some observations on Canadian chorography and topography, and on the meritorious services of the late Jean-Baptiste Duberger, Senr. », Literary and Hist. Soc. of Quebec, *Trans.*, nouv. sér., 10 (1872–1873) : 95.

Un portrait de Miles a été publié dans le *Montreal Daily Star*, 7 août 1895, et un autre dans W. P. Percival, *Across the years : a century of education in the province of Quebec* (Montréal, 1946).

AN, MG 29, D62. — ANQ-M, CE1-84, 7 août 1895. — Musée McCord, H. H. Miles papers ; M21411. — *Educational Record of the Province of Quebec* (Montréal), 1 (1881) : 9, 29. — Provincial Assoc. of Protestant Teachers of Quebec, *Annual convention* (Montréal), 5 (1881) : 4, 29. — *Gazette* (Montréal), 9, 15 mars 1881. — *Montreal Daily Star*, 5 août 1895. — Borthwick, *Hist. and biog. gazetteer*. — L.-P. Audet, *Histoire du conseil de l'Instruction publique de la province de Québec, 1856–1964* (Montréal, 1964). — G. E. Flower, « A study of the contributions of Dr. E. I. Rexford to education in the province of Quebec » (thèse de M.A., McGill Univ., Montréal, 1949), 35. — K. D. Hunte, « The Ministry of Public Instruction in Quebec, 1867–1875 : a historical study » (thèse de PH.D., McGill Univ., Montréal, 1964), 48, 214, 347. — D. C. Masters, *Bishop's University, the first hundred years* (Toronto, 1950), 6, 39–40. — Christian Morissonneau, *la Société de géographie de Québec, 1877–1970* (Québec, 1971). — M. B. Taylor, « The writing of English-Canadian history in the nineteenth century » (thèse de PH.D., 2 vol., Univ. of Toronto, 1984). — I. E. Wilson, « A noble dream » : the origins of the Public Archives of Canada », *Archivaria* (Ottawa), n° 15 (hiver 1982–1983) : 16–35.

MILLER, HUGH, pharmacien, juge de paix et fonctionnaire, né le 2 juin 1818 à Inverness, Écosse ; le 8 juin 1847, il épousa à Whitby, Haut-Canada, Helen Dow, et ils eurent sept enfants ; décédé le 24 décembre 1898 à Toronto.

Hugh Miller immigra dans le Haut-Canada en 1841 et s'établit à Toronto. Il reçut une formation de pharmacien et travailla durant une brève période pour deux sociétés pharmaceutiques. Il ouvrit ensuite une pharmacie rue King est qu'il exploiterait avec un certain succès jusqu'à la fin de sa vie. Deux de ses fils furent ses associés un certain temps. C'est l'aîné, William, qui participa à cette entreprise le plus activement, mais il mourut en 1894 ; Kenneth A. avait quant à lui quitté la pharmacie au début des années 1880.

Outre l'exploitation de son commerce, Miller prit en charge l'établissement et l'administration de diverses associations de pharmaciens en Ontario. Pendant les années 1860, à l'instar de leurs collègues de Grande-Bretagne et des États-Unis, les pharmaciens canadiens avaient entrepris de se regrouper officiellement pour contrer les menaces de la profession médicale à l'égard des libertés dont ils avaient toujours joui. Miller fut membre fondateur et vice-président de la Canadian Pharmaceutical Society, établie en 1867 à Toronto afin de presser le nouveau gouvernement fédéral d'adopter un projet de loi qui créerait une association professionnelle chargée de la réglementation de l'activité des pharmaciens. À l'automne de 1868, devant la lente progression du dossier, la société se tourna vers le gouvernement provincial pour obtenir de l'aide. On choisit Miller et quelques-uns de ses collègues pour rédiger le projet de loi, que le Parlement de l'Ontario adopta en 1871 sous le nom d'*Ontario Pharmacy Act*.

La loi prévoyait la création d'un organisme de réglementation, l'Ontario College of Pharmacy, qui avait le pouvoir d'émettre des autorisations d'exercer aux personnes qui satisfaisaient aux nouvelles dispositions législatives, et elle autorisait les médecins et chirurgiens à exercer la profession de pharmacien sans avoir à subir d'examen. Elle déterminait en outre la structure du collège, lui reconnaissait le pouvoir de posséder des biens et contrôlait la vente de poisons, l'utilisation des titres de « droguiste » et de « pharmacien » ainsi que l'exploitation des pharmacies. Ce collège, qui occuperait une place importante à l'échelle nationale jusqu'au début du XXe siècle, était également responsable de la formation des pharmaciens. William ELLIOT en fut le premier président. Élu au conseil dès sa fondation, Miller fut réélu régulièrement jusqu'en 1888. Entre 1881 et 1883, il en occupa la présidence, et c'est au cours de cette période que le collège fonda une école de pharmacie, qui allait s'affilier à la University of Toronto en 1892 pour finalement devenir une faculté indépendante en 1953.

Hugh Miller ne se porta jamais candidat à une élection, mais il était fervent allié du parti libéral et l'un des confidents de George Brown* et d'Alexander MACKENZIE. Il n'oublia jamais sa terre natale et participa aux activités d'un certain nombre d'organismes écossais à Toronto, dont la St Andrew's Society, les Sons of Scotland, la Caledonian Society et la Gaelic Society. Il appartenait aussi à la York Pioneer and Historical Society. Une notice nécrologique le décrivit comme « l'un des plus estimés » francs-maçons de Toronto ; il avait adhéré à l'ordre en Grande-Bretagne puis s'était joint à la St Andrew's Lodge No. 16 à Toronto. Durant les 25 dernières années de sa vie, Miller remplit la fonction de juge de paix et, à partir de 1894 jusqu'à la veille de son décès, celle de magistrat de police adjoint, ce qui lui gagna le respect d'un grand nombre de gens.

ERNST W. STIEB

Canadian Druggist (Strathroy, Ontario, et Toronto), 11 (1899) : 9. — *Canadian Pharmaceutical Journal* (Toronto), 32 (1898–1899) : 282. — *Evening News* (Toronto), 27 déc. 1898. — *Globe*, 26 déc. 1898. — *Toronto World*, 26 déc. 1898. — *Toronto directory*, 1843–1899. — *A brief history of pharmacy in Canada*, A. V. Raison, édit. ([Toronto, 1969]), 70–75. — Elizabeth MacNab, *A legal history of health professions in Ontario* [...] (Toronto, [1970]), 216–243. — *One hundred years of pharmacy in Canada, 1867–1967*, [E. W. Stieb, édit.] (Toronto, 1969). — B. P. DesRoches, « The first 100 years of pharmacy in Ontario », *Canadian Pharmaceutical Journal*, 105 (1972) : 225-227. — E. W. Stieb, « A century of formal pharmaceutical education in Ontario », *Canadian Pharmaceutical Journal* (Ottawa), 116 (1983) : 104–107, 153–157 ; « A professional keeping shop : the nineteenth-century apothecary », *Material Hist. Bull.* (Ottawa), 22 (1985) : 1–10.

MISKEL (Miskel-Hoyt), CAROLINE. V. Scales, Caroline

MITCHELL, JAMES, avocat, fonctionnaire et homme politique, né le 16 mars 1843 à Scotch Settlement, comté d'York, Nouveau-Brunswick, fils de William Mitchell et d'Ann Dobie ; le 17 décembre 1873, il épousa à St Stephen (St Stephen-Milltown, Nouveau-Brunswick), Mary Anne Ryder, et ils eurent une fille ; décédé le 15 décembre 1897 au même endroit après avoir longuement souffert du cancer.

James Mitchell fréquenta d'abord des écoles du comté de Charlotte, puis la prestigieuse Fredericton Collegiate School et la University of New Brunswick. Licencié ès arts en 1867, il fut un moment instituteur avant d'entreprendre un stage de droit chez Gregory and Blair à Fredericton. Ce cabinet allait s'avérer un choix judicieux, car Andrew George Blair*, sur le point de devenir le personnage politique le plus puissant du Nouveau-Brunswick, ne tarda pas à remarquer son jeune stagiaire. Reçu au barreau de la province en 1870, Mitchell retourna pratiquer le droit chez lui, à St Stephen, où il s'associa à James Gray Stevens*.

En 1872, au milieu des controverses qui entourèrent l'entrée en vigueur du *Common Schools Act*, Mitchell accéda à la fonction d'inspecteur des écoles du comté de Charlotte, qu'il allait exercer jusqu'en 1875, puis de 1877 à 1879. À l'instar de ses homologues du reste de la province, il n'hésitait pas à faire des reproches ni des éloges, comme le montre son rapport annuel de 1873. La loi avait retiré aux catholiques les privilèges dont ils bénéficiaient en fait, mais non en droit, au moment de la Confédération. Il était heureux de noter que, dans les districts ruraux, ils « se préval[aient] volontiers des avantages conférés par la loi », mais il « regrett[ait] que les populations catholiques des municipalités de St Stephen et Milltown se tiennent à l'écart et appuient des écoles séparées ». En outre, il faisait observer que, même si « dans l'ensemble » le choix des commissaires « a[vait] été bon », il y avait « bien des cas où le rouage de la loi [était] tombé entre les mains de ses adversaires qui, au lieu de chercher à [lui] donner une chance équitable, [étaient] prêts à dresser tous les obstacles possibles devant lui ». Pourtant, concluait-il, « l'appui aux écoles gratuites augment[ait] partout chaque jour ».

Mitchell fit son entrée en politique provinciale en 1882, en se classant troisième des 14 candidats qui briguaient les 4 sièges de la circonscription de Charlotte. Il joignit rapidement les rangs du groupe libéral de Blair et reçut en récompense le poste d'arpenteur général quand son mentor forma son premier gouvernement le 3 mars 1883. Deux scrutins généraux allaient avoir lieu dans la province avant qu'il ne se voie retirer cette fonction. Dès qu'il l'exerça, il visita certains des établissements fondés en vertu du *Free Grants Act* de 1872. Bon nombre d'entre eux « se développaient », rapporta-t-il, mais « trop souvent les terres occupées étaient tout à fait impropres à la colonisation, la terre [était] dure et pauvre, et le colon se content[ait] de défricher à la hâte quelques acres, de construire une cabane rudimentaire, d'obtenir sa concession et de vendre son lot pour le bois [...] après quoi [il était] prêt à occuper un autre lot et à recommencer ». D'autres raisons incitaient aussi les gens à se déplacer constamment. Comme on était fort occupé à construire des lignes secondaires pour relier les villages côtiers au chemin de fer Intercolonial, la vente de traverses était une affaire rentable. En outre, la récolte de l'écorce de pruche rapportait soudain beaucoup : l'augmentation de la demande américaine de cette écorce utilisée pour le tannage rapporta 1 200 $ à la province en 1884. Comme le notait Mitchell, les recettes « étaient très supérieures à celles de l'année précédente », mais il y avait aussi des conséquences négatives : « Les vastes étendues de terres brûlées que l'on voit partout dans les comtés de Kent et Northumberland attestent en silence que l'écorçage augmente les risques d'incendie. » En 1885, les acheteurs américains ne se manifestèrent pas, et la pruche cessa d'être une mine d'or ; les colons, des Acadiens surtout, se trouvèrent dans une situation si précaire durant l'hiver de 1885–1886 qu'il fallut leur envoyer des vivres d'urgence.

Les rapports de Mitchell montrent combien la situation économique du Nouveau-Brunswick était incertaine. En 1886, il prédisait : « [la] longue dépression dans le commerce du bois sur le continent devrait se poursuivre, étant donné que sur les principaux marchés les stocks sont encore bien supérieurs à la demande et que le fer remplace rapidement le bois dans la construction des navires, ponts et autres ouvrages de mécanique ». Même si certains s'étaient remis à l'agriculture, il voyait encore « beaucoup de pauvreté due à l'abandon où l'on [avait] laissé les fermes pour s'adonner au commerce de l'écorce de pruche et des traverses » de chemin de fer.

Les rapports de Mitchell font état de deux préoccupations historiques connexes : comment augmenter les recettes que la province retirait des permis de coupe octroyés pour les terres de la couronne et comment étendre le réseau d'embranchements ferroviaires pour faciliter l'exportation du bois. Dans son rapport de 1888, il disait espérer que « l'achèvement rapide de certaines sections importantes [du] réseau ferroviaire [de la province] faciliterait l'accès aux marchés de la République voisine ». Un an plus tard, il estimait que « le relèvement général du marché britannique du bois a[vait] insufflé une vie nouvelle » au commerce de cette marchandise. Cependant, il notait un « fort mécontentement au sujet du taux des droits de coupe », remarque qui indique que les titulaires de permis pour des terres de la couronne n'appréciaient pas que le gouvernement tente d'accroître ses revenus à leurs dépens.

En raison du recul qu'il avait subi aux élections générales de 1890, le premier ministre Blair dut conclure une entente avec les députés de Northumberland pour conserver sa majorité en chambre. Le poste d'arpenteur général passa donc à Lemuel John Tweedie*. Quant à Mitchell, il devint secrétaire de la province et receveur général le 3 février 1890. Dans son rapport de 1892, où il défendait le budget courant, il attribua la piètre situation financière de la province aux subventions que l'État avait versées aux chemins de fer à compter de 1851. La première, disait-il, « n'a[vait] fait qu'amorcer un processus qui avait fait grossir la dette obligataire ». Tout en niant, comme le criait l'opposition, que la province était au bord de la faillite, il affirmait : « Aujourd'hui, nous nous trouvons devant le fait que nos recettes courantes ne suffisent plus à couvrir les dépenses ordinaires. » Deux semaines plus tard, il allait appuyer la proposition de Blair d'augmenter les impôts des sociétés et les taxes sur les boissons alcooliques. Toujours dans son rapport de 1892, comme s'il était condamné à annoncer les mauvaises nouvelles, il donnait les statistiques désolantes d'une épidémie de choléra, la première à frapper le Nouveau-Brunswick depuis 1854.

Outre la fonction de secrétaire de la province, Mitchell exerçait celle de commissaire de l'Agriculture. À ce titre, il contribua à établir une industrie laitière dans la province, surtout en faisant appel à des experts ontariens et québécois. En présentant les prévisions de 1895 sur l'agriculture, il nota que, en 3 ans, le Nouveau-Brunswick était devenu exportateur de fromage et que, dans les 15 comtés, on trouvait des fermes laitières en plein essor.

Lorsque Blair quitta le poste de premier ministre provincial pour entrer en politique fédérale en juillet 1896, ce fut, en bonne logique, son ancien étudiant en droit qui lui succéda. Cependant, parce que sa santé se détériorait rapidement, Mitchell dut démissionner l'année suivante ; il n'avait alors que 54 ans. La nouvelle de son départ, en novembre 1897, causa « peu de surprise ».

James Mitchell se fit, semble-t-il, peu d'ennemis en politique. Certes, il était un protégé de Blair, lui-même un homme de parti, mais il avait de solides compétences administratives et prenait la peine de sillonner et d'observer attentivement sa province pour la connaître. En un temps où la construction ferroviaire était un nid de favoritisme, il sut se tenir à l'écart de ces tractations et garda une réputation d'intégrité. Conservateur toute sa vie, il mit son influence au service de l'homme qui créa le parti libéral du Nouveau-Brunswick. Il fut l'un des derniers personnages politiques à résister au mouvement qui entraînait les partis vers une définition rigide de leur ligne.

RICHARD WILBUR

APNB, MC 1156 (copie à la New Brunswick Legislative Library, Fredericton). — N.-B., Legislative Assembly, *Journal*, app., 1893, report of the provincial secretary, submission of the secretary of the Board of Health, 15 ; 1894, report of the surveyor general, 17 ; Legislative Council, *Journal*, 1874, app. B : 5–8 ; 1887 : ix. — *Beacon* (St Andrews, N.-B.), 4 nov., 23 déc. 1897. — *St. John Daily Sun*, 16 déc. 1897. — *Elections in N.B.*

MITCHELL, PETER, avocat, homme d'affaires, homme politique, auteur et fonctionnaire, né le 4 janvier 1824 à Newcastle, Nouveau-Brunswick, fils de Peter Mitchell et de Barbara Grant ; le 9 mars 1853, il épousa à Saint-Jean, Nouveau-Brunswick, Isabella Carvell, veuve de James Gough et sœur de Jedediah Slason CARVELL, et ils eurent une fille ; décédé le 24 octobre 1899 à Montréal.

Après avoir étudié à la *grammar school* de Newcastle, Peter Mitchell entra au cabinet de l'avocat George Kerr, où il travailla quatre ans. Reçu attorney le 14 octobre 1847, il fut admis au barreau le 7 octobre 1849. En 1847, il s'était associé à John Mercer Johnson* ; ce dernier exerçait à Chatham, et Mitchell à Newcastle. Ils se séparèrent en 1852 mais restèrent amis et furent des alliés politiques durant de nombreuses années.

Au fil de sa carrière, Mitchell se lança dans diverses entreprises, notamment dans les secteurs de la construction navale et de l'exploitation forestière. En 1853, il s'associa au beau-frère de sa femme, John Haws, et entre 1853 et 1861 ils construisirent au moins 12 bâtiments, dont plusieurs de fort tonnage. Parmi ces derniers, le *Golden Light*, qui jaugeait 1 204 tonneaux, fut lancé si tard dans la saison en 1853 que Mitchell dut faire ouvrir un chenal de 11 milles dans les glaces de la Miramichi pour lui permettre de passer. Son association avec Haws prit fin en 1861, mais il continua de construire des navires jusqu'en 1868 ; à cette date, il en avait lancé 16 autres. En 1864, ses chantiers navals employaient 250 hommes, à qui il versait chaque semaine £300 en salaires ; il avait aussi 100 employés qui chargeaient du bois sur des navires pour l'expédier en Europe. Dans les années 1870, il était propriétaire de la Mitchell Steamship Company, qui faisait la liaison entre Montréal et les Maritimes en été et entre les Maritimes et Portland, dans le Maine, en hiver. Membre du conseil d'administration de la Compagnie d'assurance maritime des marchands du Canada et de la Compagnie du chemin de fer de la baie des Chaleurs, il était également directeur et trésorier de l'Anticosti Company, probablement une entreprise forestière. Par ailleurs, il ne s'occupait pas bien de ses intérêts et avait souvent du mal à payer ses comptes.

Mitchell tenta d'entrer en politique en 1852 se portant candidat réformiste et libéral à l'élection partielle qui devait combler le siège de Northumberland, vacant depuis le décès d'Alexander Rankin*. Affirmant être disciple de Joseph Howe* depuis dix ans, il fit campagne pour la responsabilité ministérielle, la réduction des salaires des fonctionnaires, la réciprocité avec les États-Unis et la construction de chemins de fer. C'est George Kerr qui remporta la victoire.

Aux élections de 1856, Mitchell, dont le père était hôtelier et tavernier, brigua les suffrages en s'opposant au *Prohibition Act* [V. sir Samuel Leonard TILLEY]. Cette loi était si controversée qu'elle avait entraîné la dissolution du gouvernement réformiste de Charles Fisher*. La campagne se déroula donc dans une atmosphère survoltée. Mitchell portait un pistolet pour se protéger et avait du rhum en quantité pour ses partisans. Il se classa deuxième des dix candidats qui sollicitaient les quatre sièges de Northumberland. Réélu en 1857, il demeurerait député jusqu'en 1860.

À l'Assemblée, Mitchell se montra favorable à ce que le Conseil exécutif ait seul le droit de présenter des projets de loi de finances, réforme mise en œuvre en 1858, et il appuya la création de gouvernements municipaux, qui ne commença qu'en 1877. De foi presbytérienne, il s'opposait aux écoles confessionnelles. En 1858, il présenta un projet de loi visant à mettre un terme à la pratique qui consistait à louer, par voie d'enchères, des terres de la couronne aux entrepreneurs forestiers. Cette mesure, destinée à aider les petits entrepreneurs, devint réalité en 1861. Quand Mitchell fut nommé au Conseil exécutif, en 1859, le rédacteur en chef du *Gleaner* de Chatham prédit qu'il mettrait de la vie dans les délibérations. À titre de conseiller, il contribua à l'adoption d'une loi de faillite qui allégeait le fardeau des débiteurs. Il s'opposa à l'augmentation des taxes sur le transport maritime et réussit à faire adopter un projet de loi qui obligeait les commissaires des bouées et balises de la Miramichi à affecter leurs surplus budgétaires au soutien des marins malades et invalides.

Mitchell ne se présenta pas aux élections de 1861, mais peu après on le nomma au Conseil législatif, où il siégerait jusqu'à la Confédération. De plus, en juin 1861, il réintégra le Conseil exécutif, dont le lieutenant-gouverneur Arthur Hamilton Gordon* le considérait comme l'un des membres les plus compétents. Porte-parole du Nouveau-Brunswick dans les négociations en faveur du chemin de fer intercolonial, il assista aux conférences tenues à Québec en 1861 et 1862 sur la construction de cet ouvrage.

Ardent partisan de la Confédération, Mitchell assista à la conférence de Québec en 1864. Il démissionna du Conseil exécutif avec les autres membres du gouvernement Tilley après la défaite électorale de 1865, puis continua de se battre pour l'union à titre de conseiller législatif. Tandis que Gordon tentait d'amener le nouveau chef du gouvernement, Albert James Smith*, à proposer des mesures qui convaincraient le Nouveau-Brunswick d'accepter le projet, lui-même, en coulisse, soutenait et conseillait le lieutenant-gouverneur. Gordon fit participer Mitchell aux efforts qu'il déployait en vue d'obtenir, de Smith, un plan qui aurait l'assentiment des adversaires aussi bien que des partisans de la Confédération. Même s'il se méfiait de Smith et s'inquiétait de la réaction de ses propres collègues, Mitchell prêta son concours à Gordon. Cependant, Smith refusa de coopérer et finalement, le 10 avril 1866, il démissionna avec son gouvernement. Mitchell conseilla alors à Gordon de demander à Tilley de former un nouveau cabinet, mais celui-ci, qui ne siégeait pas à la chambre, refusa. Gordon fit donc appel à la fois à Robert Duncan WILMOT et à Mitchell. Ce dernier devint premier ministre et dirigea les forces pro-Confédération aux élections de 1866, qu'elles remportèrent haut la main. Ensuite, il assista à la conférence de Londres, où fut rédigé l'Acte de l'Amérique du Nord britannique ; en mai 1867, on le nomma au Sénat du nouveau dominion.

Quand John Alexander MACDONALD forma son premier cabinet fédéral, il négocia avec Tilley et non avec Mitchell. Ce fut le premier des nombreux affronts que ce dernier affirma par la suite avoir subis de la part de Macdonald. Tilley fut invité à entrer au cabinet et à choisir un autre représentant du Nouveau-Brunswick. Apparemment, il aurait préféré quelqu'un de la vallée de la Saint-Jean, comme lui, mais Mitchell était trop populaire dans la province et avait apporté un appui trop vigoureux à la Confédération pour qu'on puisse le laisser de côté. Mitchell lui-même fit d'ailleurs bien sentir qu'il avait droit à un poste. Le 1er juin 1867, on lui offrit donc de choisir entre celui de secrétaire d'État aux provinces et celui de ministre de la Marine et des Pêcheries. Macdonald lui dit qu'aucune de ces deux fonctions n'était bien exigeante, mais au département de la Marine et des Pêcheries il allait trouver amplement de quoi occuper ses énergies et employer ses talents administratifs. Il fut assermenté le 1er juillet 1867. Sa connaissance de la pêche, de la construction navale et du transport maritime allait l'aider à organiser le département, qui devait unifier les diverses réglementations provinciales sur les pêches et le domaine maritime. Il s'agissait en fait d'un ministère de dimension internationale, appelé à prendre beaucoup d'expansion [V. William SMITH]. C'est d'ailleurs ce dernier argument que Mitchell opposa à ceux qui lui reprochaient les vastes pouvoirs qu'il s'arrogeait en tant que ministre dans la loi de 1868 qui créait le département. En 1872, un rapport sur la protection des côtes canadiennes et américaines rédigé pour la Trinity House de Londres le félicita d'avoir instauré un système « simple et économique ».

Dans le strict domaine de la pêche, le travail de Mitchell était encore plus important et supposait des relations diplomatiques, puisque la Grande-Bretagne et les États-Unis étaient en cause. Il encourageait la préservation des ressources, qui nécessitait l'aménagement de passes migratoires et des opérations d'ensemencement, mais son principal problème était la violation des eaux canadiennes par les pêcheurs étrangers. Les Américains, surtout, multipliaient les infractions. Le traité de réciprocité de 1854 leur avait donné certains droits de pêche côtière et, même s'il avait pris fin en 1866, ils continuaient d'agir comme s'il était toujours en vigueur. En 1865 et 1866, on avait tenté en vain de renégocier le traité. Depuis 1866, les pêcheurs américains devaient demander un permis pour pêcher en eaux canadiennes, mais la plupart refusaient de le faire. Des navires de guerre britanniques veillaient à l'observance de cette règle et servaient trois avertissements aux contrevenants. Mitchell voulait hausser les frais de permis et réduire le nombre d'avertissements à un seul. Le secrétaire britannique aux Affaires étrangères, lord Stanley, reçut cette proposition au printemps de 1868 mais refusa de l'étudier. Selon Mitchell, il y allait de la « dignité et [des] droits nationaux » du Canada. Macdonald tenta de donner un ton moins sévère à la nouvelle réglementation de son ministre, mais il le soutint au cours du différend et lord Stanley ne tarda pas à capituler.

Pourtant, Mitchell jugeait que les droits du Canada n'étaient pas encore suffisamment protégés. Estimant que les Britanniques ne feraient probablement rien qui puisse déplaire aux Américains, il décida d'aller de l'avant en créant sa propre marine en prévision de la saison de 1870. Aux deux navires que le Canada avait déjà, il en ajouta six, d'allure et de gréement semblables à ceux des bateaux de pêche américains, mais armés, et il envoya cette flotte aider les bâtiments de guerre britanniques à appliquer les règlements. Le gouvernement du Canada l'appuyait, et la Grande-Bretagne se résigna à cette initiative. Lorsque la marine de Mitchell se mit à saisir leurs bateaux, les Américains réagirent avec colère. Dès l'été, la tension était telle que les relations menaçaient d'être rompues. En décembre 1870, le président des États-Unis, Ulysses S. Grant, parla du Canada comme d'un « agent à demi indépendant mais irréfléchi ». Mitchell répliqua promptement par un opuscule anonyme où il exposait la position du Canada en des termes non équivoques. Sur ses instances, le cabinet canadien demanda à la Grande-Bretagne de former une commission mixte que l'on institua au début de 1871. Plus tard dans l'année, ses travaux débouchèrent sur la conclusion du traité de Washington. À l'époque, bien des gens estimèrent que la Grande-Bretagne avait trahi les intérêts du Canada ; Macdonald se sentit dupé et Mitchell, plein d'amertume. Néanmoins, c'était la première fois que le Canada tentait de protéger sa souveraineté et réussissait à le faire. Sans la vigoureuse réaction de Mitchell aux infractions des Américains, ce document aurait bien pu ne jamais voir le jour. Les Américains auraient accès aux zones de pêche durant 12 ans, contre paiement, mais on reconnaissait les droits du Canada.

Mitchell avait atteint le sommet de son pouvoir. Jamais plus il n'allait jouer un rôle prépondérant au gouvernement. En 1872, il quitta le Sénat pour briguer le siège de Northumberland aux Communes, mais les motifs de sa décision ne sont pas clairs. On sait qu'il avait l'impression que le Sénat avait peu d'utilité réelle, mais par la suite il affirma que Macdonald lui avait dit être de son devoir de gagner cette circonscription pour le gouvernement. Quoi qu'il en soit, on l'élut sans opposition. Un an plus tard, à cause du scandale du Pacifique, le gouvernement tomba. Mitchell, qui n'avait pas été impliqué dans l'affaire, choisit de siéger comme indépendant. Contrairement à tous les autres ex-membres du gouvernement, il ne souhaitait pas que Macdonald demeure à la tête du parti libéral-conservateur et, même s'il s'était toujours dit libéral, il déclara qu'il ne suivrait pas non plus Alexander MACKENZIE. C'était probablement une erreur, car dès lors les deux partis se méfièrent de lui. Élu aux Communes au scrutin général de 1874, il prétendit par la suite avoir « virtuellement dirigé l'opposition durant les cinq années de gouvernement de Mackenzie », mais peu d'indices existent qu'il ait joué un rôle quelconque. En janvier 1878, il démissionna de son siège. On l'avait accusé d'avoir contrevenu à la loi de l'indépendance du Parlement en louant un immeuble au gouvernement au moment où il était sénateur. Même si l'on avait modifié la loi en 1877 pour lui assurer l'immunité, ainsi qu'à d'autres contrevenants, il se présenta devant ses électeurs et remporta la victoire sans opposition le 5 février. De retour aux Communes, il montra à nouveau son énergie et son entêtement. Durant plusieurs jours, il empêcha l'étude des projets de loi en exigeant une indemnité pour une veuve de sa circonscription dont la vache avait été tuée par un train. Le gouvernement, clamait-il, se moquait des pauvres et des faibles. De guerre lasse, Mackenzie accepta de rembourser le prix de la bête pour que la chambre puisse reprendre ses travaux.

Aux élections générales de 1878, Mitchell se présenta comme libéral indépendant et fit campagne en faveur de la Politique nationale de Macdonald, car on lui avait laissé entendre qu'elle n'entraînerait pas de hausse des taxes sur les aliments. Son adversaire, l'indépendant Jabez Bunting Snowball*, affirmait le contraire. Puis, à sa consternation, Macdonald admit, dans un discours prononcé en Ontario, que les taxes augmenteraient, notamment sur les comestibles, telle la farine. Se sentant trahi, Mitchell accusa Macdonald, dont il se méfiait maintenant plus que jamais, de l'avoir fait passer pour un menteur. En fait, il garda toujours rancune au chef conservateur. Pendant la campagne, lui-même et Snowball distribuèrent généreusement de l'argent et des provisions aux électeurs. Un commerçant dit même à ses clients que, s'ils n'accordaient pas leur suffrage à Snowball, il ne leur ferait pas crédit de tout l'hiver, vendrait son magasin et leurs créances puis s'en irait – menace qui, déclara-t-il, « eut de l'effet ». Mitchell subit alors sa première défaite électorale en plus de 20 ans. Après avoir passé plusieurs mois à Newcastle, il fit un voyage dans l'Ouest canadien en 1879. Ses lettres et ses notes, qui contenaient des critiques sur la politique ferroviaire de Macdonald, parurent l'année suivante.

Apparemment, en 1882, Mitchell habitait Montréal. Aux élections générales de cette année-là, il aurait pu se présenter dans Montréal-Est, mais il préféra essayer de reconquérir la circonscription de Northumberland. Candidat indépendant, il s'éleva contre Macdonald et son programme, car il lui en voulait toujours, notamment à cause de l'affaire de la Politique nationale. En outre, il était offensé parce que son vieil ennemi Albert James Smith, qui lui avait succédé au département de la Marine et des Pêcheries, avait été fait chevalier en 1878. On lui avait accordé cet honneur en récompense des 5,5 millions de dollars que le Canada et Terre-Neuve avaient obtenus contre l'admission des Américains dans les zones de pêche côtière en vertu du traité de Washington. Selon Mitchell, c'est lui qu'on aurait dû récompenser, et non Smith. Que cet ancien adversaire de la Confédération soit devenu un héros national devait en effet être particulièrement dur à avaler. Peut-être aussi Mitchell ruminait-il en songeant que Tilley avait aussi été fait chevalier en 1879 ; après tout, estimait-il, les efforts qu'il avait déployés pour faire entrer le Nouveau-Brunswick dans la Confédération lui donnaient bien droit au même honneur. Amer et dépourvu de tact, il porta ses critiques à la connaissance du public, dévoilant ainsi la mesquinerie qui se fit jour dans son caractère durant ses dernières années. Il fut tout de même élu sans opposition dans Northumberland en 1882, et cinq ans plus tard il y remporta encore la victoire à titre de libéral indépendant.

En 1885, Mitchell avait acheté le *Montreal Herald and Daily Commercial Gazette*, où il attaquait les mesures libérales et conservatrices qui ne lui convenaient pas. Le journal « n'exprime pas d'autres sentiments que ceux du propriétaire lui-même », dit-il à la chambre des Communes. Dans ses pages, il réclama la grâce pour Louis Riel* en faisant valoir que, si la trahison avait été punie légèrement dans le passé, elle devait l'être aussi dans ce cas. Selon lui, juger Riel pour ce crime était « une bévue inexcusable ». Macdonald était coupable de ne pas avoir tenu compte des revendications métisses qui avaient abouti à la rébellion, et l'exécution de Riel était le « meurtre politique le plus lâche qui [eût] jamais terni les annales du Canada ancien et nouveau ». Il stigmatisa aussi le Sénat, qui pour lui ne représentait « rien ni personne » mais était « un hôpital de partis dans lequel les éclopés et les aveugles [étaient] réunis, une sorte de musée politique où l'on [pouvait] voir des fossiles ». Devenu partisan du libre-échange, il reprochait au parti conservateur d'être le parti du protectionnisme. Wilfrid Laurier*, le nouveau chef libéral, trouvait grâce à ses yeux ; d'après lui, il avait quelque souci des classes laborieuses. Insatisfait du traité conclu à Washington en 1888, qui visait à régler la question de la pêche par suite de l'expiration du traité de 1871, il fut heureux quand le Sénat américain le rejeta. Cependant, c'est à contrecœur qu'il admit, avec Macdonald, que le gouvernement fédéral ne devait pas user de son pouvoir d'annulation au sujet de la loi par laquelle Québec réglait la question des biens des jésuites. En 1890, une longue grève plongea le *Herald* dans une situation financière difficile. Les revendications salariales des employés étaient déraisonnables, affirma Mitchell. Un an plus tard, un incendie qui détruisit les bureaux du journal lui causa des pertes considérables, et il le vendit peu après.

Aux élections de 1891, Mitchell se porta de nouveau candidat libéral indépendant dans Northumberland mais il perdit. Dès lors, il vécut au Windsor Hotel de Montréal. Sa femme était morte en 1889, sa fille séjournait la plupart du temps dans un asile pour malades mentaux, et bon nombre de ses amis étaient décédés. Il devint un personnage bien connu à l'hôtel, un homme esseulé, empressé de discuter politique avec quiconque voulait bien l'écouter.

Mitchell devenait de plus en plus amer à cause des nombreuses injustices qu'il estimait avoir subies de la part de Macdonald. En 1894, personne ne se souvenait de lui, et il pensait que sa contribution à la vie politique n'avait jamais vraiment été reconnue. Toujours plus agacé d'entendre des louanges à la mémoire de Macdonald, il décida de tirer les choses au clair en publiant en 1894, dans l'*Evening News* de Toronto, un texte intitulé « The secret history of Canadian politics ». On peut déplorer que personne ne l'en ait empêché, car cette publication nuisit davantage à sa réputation qu'à celle de Macdonald et lui fit perdre la plupart des amis conservateurs qu'il lui restait. Il se tourna donc vers les libéraux dans l'espoir de se faire reconnaître. En 1896, il se présenta dans Northumberland sous la bannière libérale et perdit. Les requêtes qui visaient à lui faire obtenir, par l'entremise de Laurier, un titre de chevalier et la fonction de lieutenant-gouverneur du Nouveau-Brunswick n'aboutirent pas. Cependant, Laurier créa pour lui le poste d'inspecteur général des pêches du Québec et des Maritimes, qu'il occuperait jusqu'à sa mort en 1899.

Durant sa carrière parlementaire, Peter Mitchell avait été reconnu comme un argumentateur habile, éloquent et puissant qui ne mâchait pas ses mots. Selon l'écrivain Melvin Ormond Hammond, qui avait interrogé des contemporains, il consultait rarement des notes, « se tenait debout, les mains dans les poches, et retombait vigoureusement sur ses talons pour appuyer ses dires. Il dégageait [une] impression de puissance intellectuelle aussi bien que physique et, bien qu'attachant, était hardi comme un lion. » À l'occasion, il pouvait être vindicatif et impitoyable. Sa conduite pendant les bouleversements politiques de 1865–1866 lui valut le surnom de « Bismarck » Mitchell, qui suggère l'intrigue et la tromperie. Considéré par certains comme un homme plus compétent que l'aimable et courtois Tilley, il était obstiné et parfois querelleur, mais en général il s'acquittait de ses missions. Travailleur infatigable et excellent administrateur, il était meilleur quand il s'agissait de planifier que de veiller aux affaires courantes, qui l'ennuyaient. Dans sa grande époque, c'était un allié précieux et un ennemi politique redoutable. Il n'hésitait pas à s'associer à d'anciens adversaires pour atteindre des objectifs communs. Bien qu'en général ils aient respecté ses talents, les chefs de parti, Macdonald et Laurier par exemple, ne l'aimaient pas. Il reste que sa mémoire mérite d'être cultivée, car il contribua énormément à l'entrée du Nouveau-Brunswick dans la Confédération et donna une structure efficace au premier département fédéral de la Marine et des Pêcheries.

WILLIAM A. SPRAY

Les publications de Peter Mitchell comprennent : *Notes of a holiday trip by the Hon. P. Mitchell, late minister of Marine and Fisheries : the west and north-west ; reliable information for immigrants, with maps, &c.* (Montréal, 1880) ; et « The secret history of Canadian politics », *Evening News* (Toronto), 15–17 mai 1894, dont un exemplaire est conservé parmi ses papiers à l'UNBL (MG H6, box 3, folder 5). Il est l'auteur de l'œuvre anonyme intitulée *Review of President Grant's recent message to the United States' Congress, relative to the Canadian fisheries and the navigation of the St. Lawrence River* ([Ottawa, 1870]), et peut aussi avoir écrit *The route of the Intercolonial Railway in a national, commercial and economic point of view* ([Ottawa, 1867]).

AN, MG 26, A, 513 ; G : 9222–9225, 14395. — APNB, MC 1156, XI : 59–60. — Musée du N.-B., Reg. of marriages for the city and county of Saint John, book E (1853–1859), 1853 (mfm aux APNB). — UNBL, MG H6 ; MG H82, T. H. Flieger à James Brown, 2 août 1878. — Canada, chambre des Communes, *Débats*, 1877–1885. — J. E. Collins, *Life and times of the Right Honourable Sir John A. Macdonald* [...] *premier of the Dominion of Canada* (Toronto, 1883 ; éd. rév. avec des additions de G. M. Adam et parue sous le titre de *Canada's patriot statesman : the life and career of the Right Honourable Sir John A. Macdonald*, Toronto, 1891). — J. [A.] Macdonald, *Correspondence of Sir John Macdonald* [...], Joseph Pope, édit. (Toronto, 1921). — *Daily Gleaner*, 25 oct. 1899. — *Gleaner* (Chatham, N.-B.), 5 juill. 1852, 7 juin, 11 oct. 1856, 22 févr. 1860. — *Globe*, 1885. — *Montreal Daily Star*, 28 oct. 1895. — *New-Brunswick Courier*, 27 déc. 1862. — *Saint John Globe*, 1885. — *CPC*, 1873 ; 1876 ; 1883 ; 1892. — D. [G.] Creighton, *The road to confederation ; the emergence of Canada : 1863–1867* (Toronto, 1964). — E. H. Greaves, « Peter Mitchell ; a father of confederation » (thèse de M.A., Univ. of N.B., Fredericton, 1958). — M. O. Hammond, *Confederation and its leaders* (Toronto, 1917). — Hannay, *Hist. of N.B.*, 2. — MacNutt, *New Brunswick*. — Louise Manny, *Ships of Miramichi : a history of shipbuilding on the Miramichi River, New Brunswick, Canada, 1773–1919* (Saint-Jean, N.-B., 1960). — Lois Martin, *Historical sketches of the Miramichi* (Chatham, 1985). — George Stewart, *Canada under the administration of the Earl of Dufferin* (2e éd., Toronto, 1879). — Waite, *Life and times of confederation*. — W. M. Whitelaw, *The Maritimes and Canada before confederation* (Toronto, 1934 ; réimpr., 1966). — R. S. Longley, « Peter Mitchell, guardian of the North Atlantic fisheries, 1867–1871 », *CHR*, 22 (1941) : 389–402. — R. D. Tallman, « Peter Mitchell and the genesis of a national fisheries policy », *Acadiensis* (Fredericton), 4 (1974–1975), no 2 : 66–78.

MOFFATT, LEWIS, homme d'affaires et homme politique, né en 1809 ou 1810, probablement dans Rupert's Land, fils de George Moffatt* ; le 17 janvier 1842, il épousa à Cobourg, Haut-Canada, Caroline Covert, fille de John Covert*, et ils eurent au moins deux fils et trois filles ; décédé le 7 octobre 1892 à Toronto.

Selon un document de 1885, Lewis Moffatt est « né à Montréal en 1810, de parents anglais », mais le fait que son père, associé hivernant dans la traite des fourrures, se soit marié à la façon du pays en 1809 permet de supposer qu'il naquit dans le Nord-Ouest. Après avoir vécu quelques années à Cobourg, le jeune Moffatt entra en 1837 dans l'entreprise paternelle, la Gillespie, Moffatt and Company, alors chef de file du milieu des affaires montréalais [V. Robert Gillespie*]. La compagnie avait eu une filiale à Toronto et approvisionnait une société de cette ville, la Murray, Newbigging and Company. En mai 1842, avec Alexander Murray, qui avait continué d'exploiter cette société après la mort de James Newbigging* en 1838, Lewis Moffatt ouvrit une nouvelle filiale de la

Gillespie, Moffatt and Company à Toronto. Cette entreprise de gros, d'abord appelée Moffatts, Murray and Company, puis Moffatt, Murray, and Company, vendait divers articles d'importation, soit des marchandises sèches, de la quincaillerie et des produits d'épicerie. C'était l'une des trois ou quatre principales maisons de gros de Toronto, et elle y représentait la Phoenix Assurance Company de Londres, dont la maison montréalaise était l'agent au Canada.

Moffatt accéda tout de suite à une position de premier plan à Toronto, et ce, non seulement dans les cercles d'affaires. Par l'intermédiaire des Gillespie, il devint l'un des deux administrateurs locaux de la succursale torontoise de la Banque de l'Amérique septentrionale britannique. En 1844, il participa à la fondation du Board of Trade de Toronto ; de 1846 à 1852, il fit partie du conseil d'administration de la première société de construction de la ville, la Toronto Building Society, et en 1855–1856 de celui de la Toronto Exchange. Actionnaire des principales compagnies de chemin de fer de la ville, soit la Toronto and Guelph Railway Company et l'Ontario, Simcoe and Huron Union Rail-Road (plus tard appelée la Northern Railway Company of Canada), il fut membre du conseil d'administration de la première jusqu'à ce qu'elle soit absorbée par le Grand Tronc en 1853 [V. sir Casimir Stanislaus GZOWSKI), puis du conseil de la seconde pendant la plus grande partie des années 1860 [V. Frederic William Cumberland*]. En outre, de 1871 à 1876, il fut l'un des administrateurs de la Compagnie de télégraphe de la Puissance.

Tout comme son père, Moffatt tenta, à la fin des années 1840, de convaincre les conservateurs canadiens d'abandonner leur torysme rigide pour un gouvernement responsable de tendance modérée. En 1849, il fonda la British Constitutional Society de Toronto, dont il devint président du conseil. Toute son action politique semble indiquer qu'il était sincère lorsqu'il déclarait, en 1855, être « fier de se sentir britannique, sujet de l'Empire sur lequel le soleil ne se couch[ait] jamais ». Bien sûr, pareil sentiment était courant à Toronto, mais qu'il ait été l'une des rares personnes à l'exprimer à l'occasion de la grande fête locale qui marqua la victoire des Britanniques à Sébastopol (U.R.S.S.) est un indice de la position qu'il occupait. Il posa une seule fois sa candidature à une charge publique, celle d'échevin du quartier St George, qu'il occupa en 1871 et 1872. Parmi toutes ses activités, c'est son affiliation à l'Église d'Angleterre qui dura le plus longtemps. Il fut vérificateur puis trésorier de la Church Society du diocèse de Toronto, marguillier de la cathédrale St James et, durant les 41 dernières années de sa vie, membre du conseil du Trinity College.

La fin des années 1850 amena une grave dépression : à Toronto et dans les environs, le crédit se fit rare et les faillites, nombreuses. Moffatt joua un rôle de premier plan parmi les citoyens qui s'employèrent à faire sortir la ville du marasme. Président fondateur d'une société d'hypothèques, la Canada Landed Credit Company, formée en 1858 « pour attirer des capitaux vers le sol de la province », il exerça cette fonction pendant plus de dix ans ; durant cette période, l'entreprise se tailla peu à peu une place sur le marché des capitaux, du placement et du prêt. En 1858, Moffatt devint le vice-président fondateur de la Compagnie de transport, de navigation et de chemin de fer du Nord-Ouest, qui visait à faciliter l'accès au Nord-Ouest [V. Allan Macdonell*]. Il la présiderait quelque temps en 1860 avant qu'un nouveau groupe, officiellement dirigé par sir Allan Napier MacNab*, ne la prenne en main. En 1858, il entra au conseil d'administration de la Provincial Mutual Insurance Company, qui se trouvait alors dans une situation financière difficile et que l'on envisageait de liquider ; il en serait vice-président au milieu et à la fin des années 1860. En 1859, il devint vice-président du conseil d'une société apparemment éphémère, la Canada Trade Protection Society, spécialisée dans l'établissement de rapports de solvabilité et la perception des comptes.

Après 1857, tous les importants grossistes ontariens à vocation générale se trouvèrent gênés par les lourdes créances qu'ils devaient soutenir et durent se retirer des affaires ou se spécialiser davantage. L'entreprise de Lewis Moffatt abandonna d'abord la quincaillerie puis, vers 1865, l'épicerie. En 1868, un marchand de London, John Beattie, investit des capitaux dans l'entreprise, qui devint la Moffatt, Murray, and Beattie. Murray mourut en 1870 et, après le départ de Beattie en janvier 1871, la firme prit le nom de Moffatt Brothers and Company. En fait, le nouvel associé était le demi-frère de Moffatt, Kenneth Mackenzie Moffatt, ancien officier de l'armée, qui représenta d'abord la compagnie à Montréal puis s'installa à Toronto. Finalement, en 1875, l'entreprise fit faillite. Lewis Moffatt demeura, avec son fils Lewis Henry, agent torontois de la Phoenix Assurance Company. Malgré le revenu confortable que ce travail lui assurait, il fut loin, dans les 15 dernières années de sa vie, de jouir d'une fortune et d'une notoriété aussi considérables que celles qu'il avait connues antérieurement. Sous certains aspects importants, sa carrière apparaît comme le prolongement de celle de son père, quoiqu'elle se soit déroulée sur la scène torontoise plutôt que montréalaise.

DOUGLAS MCCALLA

AN, MG 24, I8, 40 : 202–277. — Baker Library, R. G. Dun & Co. credit ledger, Canada, 26 : 338 ; 27 : 235 (mfm aux AN). — CTA, RG 5, F, 1851, 1855, 1859, 1880. — Toronto City Council, *Minutes of proc.*, 1871–1872. — *The town of York, 1815–1834 : a further collection of documents of early Toronto,* E. G. Firth, édit. (Toronto, 1966), 70, 75.

— *Globe,* 1850–1860. — *Toronto Daily Mail,* 10 oct. 1892. — *Marriage notices of Ont.* (Reid), 256. — *Mercantile agency reference book,* 1864 : 384. — *Toronto directory,* 1833–1890. — B. D. Dyster, « Toronto, 1840–1860 : making it in a British Protestant town » (thèse de PH.D., 1 vol. en 2, Univ. of Toronto, 1970), 223, 315. — *Hist. of Toronto,* 1 : 344–345. — Clive Trebilcock, *Phoenix Assurance and the development of British insurance* [...] (1 vol. paru, Cambridge, Angl., et New York, 1985–), 1 : 245–247, 254–255, 264–267, 292–307. — Tulchinsky, *River barons,* 76–77, 108, 133–134, 140–141, 149–150.

MOHR, SIGISMUND, ingénieur, né le 21 octobre 1827 en Prusse, à Breslau (Wroclaw, Pologne), fils de Herman Mohr ; vers 1856, il épousa Blume Levi, fille de Philip Levi, de New York, et ils eurent au moins cinq filles (Philippine, Amelia, Lenorah, Fanny, Clara) et deux fils (Eugene Phillip, Henry Ralph) ; décédé le 15 décembre 1893 à Québec.

Tout ce que l'on sait de l'enfance de Sigismund Mohr, c'est qu'il aurait obtenu du collège de Breslau, en 1849, un diplôme d'ingénieur en électricité. Par la suite, il aurait passé quelques années à Londres avant d'immigrer au Canada et de s'installer à Québec vers 1871. À partir de 1873, on retrouve dans le *Quebec directory* le nom de Mme « Sighmond » Mohr, spécialisée dans la vente de « sous-vêtements féminins », puis ceux d'Amelia et de E. P. Mohr, sans doute Eugene Phillip.

Les débuts de Mohr à Québec semblent difficiles. En septembre 1875, le tribunal le condamne à payer la somme de 100,40 $ pour des achats effectués en août et en septembre 1874 auprès des associés John KERRY, David Watson et Walter B. King de Montréal, grossistes en produits pharmaceutiques. Le 13 septembre 1877, il est condamné à payer 412,44 $ à Antoine Carrier, marchand de Lévis. Enfin, le 18 décembre 1879, une bonne partie de ses meubles font l'objet d'une saisie parce qu'il a négligé de payer le loyer de sa maison de la rue Saint-Jean. Le 25 février 1880, les procureurs de Mohr, maîtres Gauthier et Chouinard, plaident l'insalubrité des lieux décrétée d'ailleurs par « l'Inspecteur de la Cité, lequel après avoir examiné la dite maison l'a condamnée comme inhabitable, et a ordonné au défendeur et à sa famille de déloger sans délai ». La famille Mohr avait quand même habité à cet endroit durant une année complète, soit jusqu'au 1er mai 1879. Le bail signé le 26 avril 1878 prévoyait un loyer annuel de « 120 piastres ».

Au moment du procès de 1877, Mohr est qualifié d'« agent du télégraphe ». C'est d'ailleurs à ce titre qu'il a obtenu, le 5 octobre 1876, que le conseil de ville de Québec lui octroie, pour sept ans, le « privilège [...] d'installer dans la ville et d'exploiter le télégraphe projeté, à condition qu'il ne nuise aucunement au télégraphe avertisseur d'incendie ». Le 9 octobre, les autorités du séminaire de Québec décident « de louer un des appareils Mohr pour télégraphie privée ». Le lendemain, Mohr fait enregistrer la City District Telegraph Company qu'il a formée avec deux associés, William B. Chapman et Henry Harris qui épousera l'une de ses filles.

Les débuts du téléphone, dont Mohr se fait le promoteur à Québec, sont marqués d'une vive concurrence. La Canadian District Telegraph Company de Montréal obtient pour l'ensemble de la province de Québec la distribution du téléphone mis au point par Alexander Graham Bell* tandis que la Compagnie du télégraphe de Montréal connaît de beaux succès avec l'invention de Thomas Alva Edison, en particulier avec une ligne Montréal-Québec expérimentée à Québec en 1877. En date du 2 octobre de cette année-là, le journal du séminaire de Québec mentionne que Mohr « doit donner dans quelques jours une séance de téléphonie (parler à distance, par fil télégraphique) entre le magasin de M. [Arthur] Lavigne et [la] salle de récréation des prêtres ». L'expérience, fort bien réussie, aura lieu le 9 octobre. Pour sa part, l'orfèvre-bijoutier-inventeur Cyrille Duquet* commence vers la même époque à installer ses propres appareils. Le 14 mai 1879, les autorités de la ville de Québec l'autorisent « à ériger une ligne téléphonique pour relier son magasin de la rue de la Fabrique au couvent Jésus-Marie de Sillery ».

Après avoir tenté de vendre son invention à des intérêts canadiens pour 100 000 $, Bell accepte en mars 1880 une offre du National Bell Telephone de Boston qui s'empresse de créer une compagnie canadienne. En juillet de la même année, la Compagnie canadienne de téléphone Bell achète la Compagnie de télégraphe de la Puissance, son usine et ses droits. Sans délai, on envoie une lettre aux 35 agents canadiens, dont 28 se trouvent en Ontario, 3 en Nouvelle-Écosse, 2 au Nouveau-Brunswick et 2 au Québec. C'est ainsi que Mohr qui a dissous la City District Telegraph Company en janvier 1878 et qui travaille déjà pour la Compagnie de télégraphe de la Puissance à Québec devient l'agent de la Compagnie canadienne de téléphone Bell.

Depuis le 21 février 1880, dans la ville de Québec, une première centrale téléphonique dessert les 36 abonnés de la Compagnie de télégraphe de la Puissance. À l'automne de 1880, la Compagnie canadienne de téléphone Bell acquiert la Compagnie du télégraphe de Montréal et ses filiales qui avaient commencé à installer leurs propres centrales téléphoniques. Elle entreprend d'une part de bien distinguer téléphone et télégraphe et, d'autre part, d'intégrer, là où ils existent, les deux réseaux téléphoniques. À Québec, ce sera la tâche de Mohr qui l'exécute avec succès : le nombre d'abonnés passera de 79 à 240 en 6 mois.

Mohr rencontre cependant plus de difficultés avec l'installation de ses poteaux. Cette question le ramène plusieurs fois au conseil municipal et finalement devant la cour où l'entraîne James Carrell, le propriétaire du *Quebec Daily Telegraph*. Une bataille juridique complexe s'engage qui amènera les divers gouvernements à intervenir selon qu'il y a connexions interprovinciales ou internationales. Mohr, constamment au cœur de controverses à cause de ses poteaux qui irritent bien des contribuables, gagne toutefois en prestige auprès de ses employeurs qui accèdent volontiers à sa demande d'augmentation de salaire en 1882.

La même année, Mohr se retrouve à nouveau en cour, à titre de témoin cette fois, dans une cause qui oppose la Canadian Telephone Company (Bell) et Cyrille Duquet. Se disant « âgé de 55 ans », il prête serment sur les saints Évangiles le 11 mai 1882 et déclare être l'agent de la compagnie depuis ses débuts à Québec. Il atteste que des appareils manufacturés par Duquet sont installés dans Québec et font l'objet d'une location sur une base annuelle et à un prix qui varie en fonction de la distance. En conclusion de cet important procès, Duquet est condamné à une légère amende pour avoir utilisé une technique brevetée par Bell, mais il vend à la même compagnie un récepteur qu'il a perfectionné et pour lequel il détient un brevet d'invention enregistré le 1er février 1878.

Ce procès à peine terminé, Mohr obtient l'autorisation d'installer un câble téléphonique entre Québec et Lévis dès qu'il aura trouvé dix entreprises prêtes à souscrire 100 $ par année ; en août 1882, il a atteint ce résultat. En décembre 1883, W. Duchesneau succède à Mohr qui reste tout de même en contact avec la compagnie à titre de consultant, au moins à deux reprises. Son intérêt est cependant tourné vers l'électricité et, dans l'annuaire de 1883, il figure en qualité d'électricien.

Mohr devient un véritable héros le soir du 29 septembre 1885. « La grande exposition de lumière électrique, écrit *le Canadien* du 30 septembre 1885, si impatiemment attendue, a eu lieu hier soir sur la terrasse Dufferin, avec un succès qu'ont applaudi 20 000 personnes. » Le journaliste ne cache pas son enthousiasme pour « M. Mohr, l'actif et intelligent gérant [... de la] compagnie de lumière électrique de Québec et Lévis [, laquelle] a réussi au-delà de toute attente » à transporter le « fluide » produit par la chute Montmorency jusqu'aux « 34 foyers lumineux » installés sur la terrasse. Au signal donné par le lieutenant-gouverneur Louis-François-Rodrigue Masson* « au moyen d'une sonnerie électrique [... l']aspect de la terrasse a été transformé comme par une baguette magique ».

Une semaine durant, Mohr répétera sa prouesse de transporter le « fluide » sur une distance de 34 milles. Après deux jours de succès, il complique sa démonstration en s'employant à couper le courant pour le rétablir l'instant d'après. C'est le délire. La population réclame l'électricité. Des pétitions circulent. Seule ombre au tableau : la compagnie de gaz avait un peu prévu le coup et conclu avec la ville un contrat de sept ans. Qu'à cela ne tienne, on commence par installer les lumières électriques « dans les districts éclairés à l'huile de charbon ».

Là encore, Mohr trouve Duquet sur son chemin. Ce dernier a préparé pour les autorités municipales une rigoureuse évaluation des besoins et des coûts. Année après année, de 1886 à 1889, Mohr étend un réseau d'éclairage électrique à titre de gérant de la Compagnie de la lumière électrique. En 1889, on trouve dans les procès-verbaux du comité des chemins de la ville, interlocuteur habituel de Mohr, une proposition d'éclairage pour l'hôtel de ville même.

En novembre 1893, un orage endommage la ligne électrique qui relie Québec à la chute Montmorency. Mohr s'emploie à réparer les dégâts malgré le mauvais temps. Il attrape une vilaine grippe qui s'aggrave rapidement et l'emporte le vendredi 15 décembre, à quatre heures du matin. Tous les journaux de Québec soulignent son décès, particulièrement le *Quebec Daily Telegraph* qui précise que les restes du défunt seront transportés à New York, dès le lundi suivant, pour y reposer parmi les siens. Il laisse derrière lui une veuve et six enfants. Ses deux fils occupent, écrit-on, d'importants postes aux États-Unis. Eugene Phillip serait à la tête de la compagnie qui exploite le téléphone et l'électricité à Brooklyn.

Sigismund Mohr savait allier des connaissances techniques à un enthousiasme indéfectible. À l'instar de Cyrille Duquet et des esprits inventifs de son temps, il a su passer du télégraphe au téléphone puis à l'électricité. Nul doute que sa persévérance et son acharnement ont vite fait oublier ses modestes débuts tout comme les controverses qui entourèrent l'installation de poteaux dans les rues étroites de Québec. Pionnier méconnu, personnage ignoré de la grande histoire, ce modeste immigrant juif a contribué à transformer complètement le visage de Québec en cette fin du XIXe siècle.

DENIS VAUGEOIS

Les ouvrages de synthèse parlent peu des débuts du téléphone et de l'électricité. Même les monographies spécialisées mentionnent à peine des ouvriers de la première heure comme Sigismund Mohr.

Dans « le Téléphone à Québec », *BRH*, 45 (1939) : 157–158, il faudrait lire Sigismund au lieu de E.-P. Mohr. [D. V.]

ANQ-Q, E25/425 ; M80 ; M87 ; T11-1/28, n°s 1903, 2010, 2125 ; T11-1/184, n° 124 ; 882, n° 1411 ; 946, n° 1544 ; 1064, n° 1823 ; 1085, n° 1947. — ASQ, Journal du séminaire, II : 665 ; Plumitif du conseil, 9 oct. 1876. — AVQ, Travaux publics, Comité des chemins, procès-verbaux, n°s 8–10. — Centre d'arch., Hydro-Québec (Montréal), Compagnie de lumière électrique impériale (F0074) ; Quebec and Levis Electric Light Company (F0259). — Service hist. de Bell Canada, Coll. hist. du téléphone de Bell Canada (Montréal), lettres à Sigismund Mohr ; « Sigismund Mohr and the telephone in Quebec City » (20 nov. 1959) ; « Sigismund Mohr and the Bell Telephone Company » (s.d.). — R. *v.* Mohr, *Rapports judiciaires de Québec* (Québec), 7 (1881) : 183–192. — *Le Canadien,* 16 oct. 1877, 29 sept–2 oct. 1885. — *Le Courrier du Canada,* 16 déc. 1893. — *L'Électeur,* 15 déc. 1893. — *Morning Chronicle* (Québec), 10 oct. 1877, 9 févr. 1878, 3 nov. 1879, 28 févr. 1880, 16 déc. 1893. — *Quebec Daily Mercury,* 15 déc. 1893. — *Quebec Daily Telegraph,* 28 sept. 1877, 9 févr. 1878, 29 janv. 1880, 15 déc. 1893. — *Quebec directory,* 1873–1894. — *The Jew in Canada : a complete record of Canadian Jewry from the days of the French régime to the present time,* A. D. Hart, édit. (Toronto et Montréal, 1926), 427. — *Brantford Expositor* (Brantford, Ontario), 28 nov. 1959. — *Jewish Standard* (Toronto), 1er sept. 1959. — « Les 60 ans du téléphone », *l'Événement-Journal* (Québec), 27 avril 1940 : 4. — *Telephone Gazette* (Montréal), 1 (1909), n° 4 : 1–4.

MOIR, WILLIAM CHURCH, homme d'affaires, né le 2 mai 1822 à Halifax, fils de Benjamin Moir et de Mary Isabella Church ; le 7 février 1852, il épousa à Sackville (Bedford, Nouvelle-Écosse) Maria Ward, et ils eurent quatre fils et deux filles ; décédé le 5 juillet 1886 dans sa ville natale.

À la mort de son père en 1845, William Church Moir hérita d'une boulangerie prospère située dans le centre de la ville ; il en fit une véritable usine et révolutionna ainsi un métier traditionnel de Halifax. D'importants contrats de vente de pain à la garnison militaire de Halifax et le déplacement de la boulangerie à un endroit plus approprié, rue Argyle, en 1862 contribuèrent à l'expansion de ses affaires. En 1863 et 1864, il adopta la technologie américaine et britannique de cuisson à la vapeur et, selon ses propres termes, « aménagea ses vastes installations en boulangerie à la vapeur, non seulement pour la fabrication du pain dur, des craquelins et autres produits, mais pour le mélange de la pâte de pain de mie à la machine ». En 1865, un représentant de la R. G. Dun and Company disait que Moir « gagnait de l'argent rapidement en agrandissant ses installations et en utilisant la vapeur ». L'année suivante, Moir s'associa à E. C. Twining pour former la Moir and Company, qui fut dissoute en 1871. Il continua cependant d'utiliser cette raison sociale jusqu'en 1891, année où la société devint officiellement la Moir, Son and Company.

L'industrialisation profita à Moir ; au cours des années 1870, il investit dans un audacieux programme de diversification industrielle pour la région de la rivière Nine Mile, à Bedford, qui comprenait des moulins à farine et à bois, une fabrique de boîtes de carton, ainsi que de vastes territoires forestiers et de nombreux biens fonciers. Vers 1873, avec son fils aîné, James William, il se tourna vers la production de bonbons ; vers la fin des années 1870, ce secteur d'activité avait acquis une place importante dans son entreprise. William Church Moir devait plus tard déclarer à une commission gouvernementale que la Politique nationale de 1879 favorisait davantage le secteur de la confiserie que ceux de la meunerie ou de la boulangerie. Comme ils avaient connu une expansion trop rapide, les Moir furent forcés, en 1881, de suspendre le paiement de leurs dettes. On céda l'entreprise à James R. Graham, conseiller municipal de Halifax et ancien directeur de l'installation de Bedford. La société survécut toutefois à ce revers et à de nombreux incendies, dont celui qui détruisit son usine de Halifax dix ans plus tard.

L'industrialisation donna aussi lieu à des conflits entre Moir et les compagnons boulangers de Halifax. En 1868, ces derniers firent la grève pour obtenir des augmentations de salaire et réduire le travail de nuit ; ils ne purent cependant influencer Moir, qui employa des briseurs de grève et tenta de s'assurer les services de soldats britanniques. En 1884, l'Amalgated Trades Union eut recours, en vain, à la manœuvre inusitée du boycottage à l'échelle de la province des produits de Moir, afin de protester contre la longueur des heures de travail dans l'usine de ce dernier. Même si le syndicat des boulangers réussit à obtenir une journée de travail de neuf heures en 1890, ce gain fut réduit à néant l'année suivante lorsque Moir congédia les employés syndiqués et les remplaça par des travailleurs plus dociles. Les conditions de travail dans l'usine furent portées à la connaissance du public grâce aux témoignages d'enfants et d'hommes estropiés ou surmenés devant la Commission royale d'enquête sur les relations du travail avec le capital au Canada, au moment de ses audiences à Halifax en 1888.

À son décès, William Church Moir était largement considéré comme l'un des hommes d'affaires les plus énergiques et entreprenants de Halifax. Les 265 employés de son usine produisaient 11 280 pains par jour et plus de 500 sortes d'articles de confiserie, vendus dans tout le pays. L'entreprise avait survécu à des conflits de travail, à des incendies et avait frôlé la faillite ; elle était devenue l'une des quelques industries des Maritimes capables de résister aux pressions qui amenèrent progressivement l'économie régionale sous la gouverne de capitaux en provenance du centre du Canada. La Moir, Son and Company avait tiré profit de l'incapacité des travailleurs de venir à bout de la surcharge chronique de travail dans l'industrie, de l'avantage naturel que constituaient les marchés locaux et celui de l'armée pour l'écoulement de ses produits périssables, et des généreuses réductions de taxes accordées par la ville de Halifax. Cependant, le dynamisme et la ténacité de son fondateur ne sont pas les moindres des causes de la survie de l'entreprise.

Ses efforts obstinés en vue de se constituer un capital et de réaliser des profits évoquent à la fois les réalisations et les coûts du capitalisme industriel au Canada au XIXe siècle.

IAN MCKAY

AN, RG 8, I (C sér.), 1777 : 186 (mfm à Canada, Parcs Canada, Halifax Defence Complex). — Baker Library, R. G. Dun & Co. credit ledger, Canada, 12 : 694. — PANS, MG 3, 1864(A)–1872 ; RG 5, P, 126, 1865 ; RG 35-102, sér. 39, 1880–1909. — Canada, Commission royale sur le travail et le capital, *Rapport, Nouvelle-Écosse,* 12–14, 176–177, 180. — N.-É., *Statutes,* 1877, chap. 81 ; 1880, chap. 52. — *Acadian Recorder,* 1867–1902, particulièrement 13 août, 23 sept. 1884, 28 janv. 1891, 6 juill., 22 déc. 1896. — *Halifax Daily Echo,* 1896. — *Halifax Evening Reporter,* 1864. — *Halifax Herald,* 6 juill. 1896. — *Morning Chronicle* (Halifax), 31 déc. 1877. — *Morning Herald* (Halifax), 1881. — *Morning Journal and Commercial Advertiser* (Halifax), 1859. — *Novascotian and Weekly Chronicle,* 11 juill. 1896. — *Presbyterian Witness, and Evangelical Advocate,* 1867. — *Halifax and its business : containing historical sketch, and description of the city and its institutions* [...] (Halifax, 1876), 79–80. — L. D. McCann, « Staples and the new industrialism in the growth of post-confederation Halifax », *Acadiensis* (Fredericton), 8 (1978–1879), n° 2 : 47–79. — Ian McKay, « Capital and labour in the Halifax baking and confectionery industry during the last half of the nineteenth century », *le Travailleur* (Halifax), 3 (1978) : 63–108.

MOLSON, ANNE (Molson), philanthrope, née le 8 avril 1824 à Québec, troisième enfant de William Molson* et d'Elizabeth Badgley ; décédée le 3 janvier 1899 à Atlantic City, New Jersey, et inhumée à Montréal.

Anne Molson naquit dans une famille mêlée de près à de nombreux et importants changements économiques et technologiques au Bas-Canada et présente dans les milieux industriels, bancaires, philanthropiques, éducationnels et politiques. Déterminé à faire instruire ses enfants de façon aussi « poussée et convenable que le pays pou[vait] le permettre », son père était disposé à envoyer son fils en Grande-Bretagne pour qu'il termine ses études, mais il n'était pas question de consentir à un effort semblable pour ses filles, Anne et Elizabeth Sarah Badgley. Le 9 juin 1845, Anne, qui avait 21 ans, épousa John Molson, son cousin germain âgé de 25 ans, fils de John Molson* l'aîné. On ne sait pas très bien si les deux pères avaient arrangé ce mariage, mais il présentait l'avantage certain de garder l'argent dans la famille. William Molson devait fournir plus de £300 par année pour l'entretien du couple ; de cette somme, Anne devait en gérer plus de £50. En outre, comme on devait considérer ses biens comme séparés de ceux de son mari, elle avait, en principe, plus de droits sur son argent que la vaste majorité des femmes mariées en communauté de biens. Son mari lui accorda explicitement « tout le pouvoir et l'autorité nécessaires pour l'administration libre et absolue » de ses biens. En l'espace de huit ans, Anne donna naissance à cinq enfants, dont trois parvinrent à l'âge adulte. En 1860, son beau-père mourut, et son mari hérita de la résidence de la rue Sherbrooke, à Montréal, Belmont Hall. Anne devint alors la maîtresse de ce manoir d'allure campagnarde, flanqué de vastes écuries en brique et en pierre, de grands jardins et d'une impressionnante entrée circulaire.

Une fois ses enfants parvenus à l'âge scolaire, Anne eut le temps de s'intéresser à autre chose. En 1864, disant agir au nom d'un homme qu'elle connaissait, elle proposa à son bon ami John William DAWSON, directeur du McGill College, de faire le don d'une médaille. Ce dernier recommanda qu'elle soit offerte au meilleur étudiant en physique, en mathématiques et en sciences de la nature, ce qu'elle accepta avec plaisir. Elle choisit le modèle de la médaille, et son père insista pour qu'on lui donne le nom de la médaille d'or Anne-Molson. L'ironie d'avoir à honorer le meilleur étudiant dans une université qui n'admettait pas de femmes ne lui avait peut-être pas échappé. On commençait à exercer davantage de pressions à Montréal pour que le McGill College ouvre ses portes aux femmes. À l'été de 1870, Dawson et sa femme, en visite en Grande-Bretagne, recueillirent de l'information sur les programmes d'études supérieures pour les femmes. À leur retour, ils rédigèrent une proposition détaillée qui visait à établir un organisme modelé sur la Ladies' Educational Association of Edinburgh. Par la suite, le 10 mai 1871, de nombreuses femmes de la haute bourgeoisie anglophone se réunirent à Belmont Hall pour former la Montreal Ladies' Educational Association. Les responsables et les membres de cet organisme devaient tous être des femmes (à l'exception du trésorier et des membres honoraires masculins) ; on élut Anne présidente et son mari, trésorier.

L'association, qui déplorait le manque d'établissements scolaires publics qui pouvaient offrir aux filles une formation préparatoire à des études supérieures, organisa des cours (donnés par des professeurs du McGill College) qui ouvriraient la voie à l'obtention d'un diplôme. Elle projeta aussi l'établissement d'un collège pour femmes au McGill College. Les cours que l'association organisa commencèrent en 1871. On offrit d'abord des leçons de littérature française, de langue et de littérature anglaises, et de philosophie naturelle ; puis on ajouta l'astronomie, la logique, la chimie, la physiologie et de nombreux autres sujets. Au point de départ, les responsables voulaient éviter que les cours ne deviennent « purement populaires », mais l'addition, par la suite, de cours en nutrition, en cuisine, en consultation domestique et en soins infirmiers laisse supposer qu'on se réorienta, dans une certaine mesure, vers des domaines que l'on considérait particulièrement intéressants pour les femmes.

En participant à la fondation de l'association, Anne avait peut-être été inspirée par une croyance abstraite aux droits des femmes, mais sa véritable motivation était plus élémentaire : comme d'autres membres du conseil, elle inscrivit sa fille Edith aux cours et en suivit elle-même quelques-uns. Les femmes de l'association estimaient que, même si elles ne suivaient pas de cours, le fait que leurs filles y assistent leur permettait « de maintenir leur intérêt au travail et de ne pas être complètement à la remorque dans la course vers la connaissance ». L'intérêt d'Anne pour cette cause fut cruellement détourné par la mort d'Edith en septembre 1872, à l'âge de 19 ans. La peine et les problèmes de santé qu'elle éprouva par la suite l'éloignèrent des activités de l'association et, en décembre 1873, elle démissionnait de son poste de présidente. Les membres du comité rappelèrent à cette occasion que « l'existence même et la plupart des progrès de l'association » étaient attribuables à son énergie et à sa discrétion. Nommée membre honoraire à vie et « vice-protectrice », elle continua à assister aux réunions de façon sporadique.

Les membres de l'association se réunirent pour la dernière fois, sous la présidence d'Anne, en 1885 ; l'année précédente, on avait commencé à admettre des femmes au McGill College. Anne fit adopter une motion de remerciement à l'égard de Dawson, pour sa série de conférences, ses conseils et son « intérêt soutenu ». D'ailleurs, la série de conférences ne fut probablement pas la seule activité issue de la collaboration de ces deux personnes. Dès 1881, Dawson avait parlé à Anne du financement de cours pour les femmes au McGill College. En juin, elle répondit : « [Si c'était] en mon pouvoir, je le ferais avec grand plaisir [...] mais [...] je ne suis pas seule maître d'utiliser l'argent comme je le voudrais et ne peux donc pour le moment que vous assurer de mes prières les plus ferventes. » Cependant, il se peut fort bien qu'elle ait fait davantage car, en 1884, un ami de la famille, Donald Alexander Smith*, donna, à l'improviste, l'argent qui permit l'admission des femmes.

Anne s'occupa aussi de divers organismes de charité de Montréal, dont la Société bienveillante des dames de Montréal et la « Maternité », et elle fut présidente honoraire de la Société d'art décoratif de Montréal. Avec le concours de trois autres personnes, elle et son mari, tous deux anglicans, contribuèrent à l'établissement de la congrégation St Martin.

Anne Molson mourut « plutôt soudainement » au début de janvier 1899, quelques jours après avoir quitté Montréal pour des vacances à Atlantic City. Membre d'une famille bien établie, elle partageait certains intérêts et soucis communs, en même temps que les avantages matériels et sociaux que pouvaient offrir la richesse et un rang élevé. Toutefois, comme elle évoluait dans un milieu familial et social qui considérait son rôle comme secondaire, elle ne put œuvrer que dans les champs d'activité auxquels étaient confinées les femmes. Même si elle fit d'importantes tentatives pour élargir les horizons des femmes de la classe moyenne, elle se heurta à des contraintes dues à son sexe, qu'elle subit avec discrétion.

BETTINA BRADBURY

Anne Molson n'a pas laissé de journal intime et elle n'est presque pas mentionnée dans les volumineuses archives de la famille Molson. Des fragments de sa vie privée doivent être reconstruits à partir de registres paroissiaux, d'archives notariales et de recensements de la ville de Montréal. [B. B.]

AN, MG 28, III 57, 22 : file 28 ; RG 31, C1, 1861, 1871, 1881, Montréal. — ANQ-M, CE1-63, 27 avril 1846, 2 août, 17 nov. 1847, 25 août 1851 ; CN1-175, 7 juin 1845. — ANQ-Q, CE1-61, 28 avril 1824. — McGill Univ. Arch., MG 1022 ; MG 1053. — *Handbook for the city of Montreal and its environs* [...] (Montréal, 1882). — Margaret Gillett, *We walked very warily : a history of women at McGill* (Montréal, 1981). — S. E. Woods, *The Molson saga, 1763–1983* (Scarborough, Ontario, 1983).

MONCK, CHARLES STANLEY, 4e vicomte MONCK, gouverneur général, né le 10 octobre 1819 à Templemore (république d'Irlande), fils aîné de Charles Joseph Kelly Monck, 3e vicomte Monck, et de Bridget Willington ; le 22 juillet 1844, il épousa sa cousine lady Elizabeth Louise Mary Monck, fille de Henry Stanley Monck, 1er comte de Rathdowne, et ils eurent au moins deux fils et deux filles ; décédé le 29 novembre 1894 dans son manoir, Charleville, comté de Wicklow (république d'Irlande).

Charles Stanley Monck succéda à sir Edmund Walker Head* au poste de gouverneur général de l'Amérique du Nord britannique le 2 novembre 1861 ; on écrivit alors dans la presse canadienne-française que sa famille était liée à celle du célèbre Charles Le Moyne* de Longueuil. Monck descendait en effet du gentilhomme normand Guillaume Le Moyne, qui s'était établi dans le Devon après la conquête de l'Angleterre en 1066. Le vicomté de Monck datait de 1801 et Charles Stanley avait hérité des titres et des propriétés à la mort de son père, le 20 avril 1849.

Monck avait étudié au Trinity College de Dublin, puis aux Inns of Court jusqu'à son admission au barreau en juin 1841. Déjà, à l'époque, il faisait de la politique en Irlande, dans les rangs libéraux, et il avait commencé une carrière qui, après sa défaite à titre de candidat dans Wicklow en 1848, l'amena à représenter Portsmouth à la chambre des Communes en juillet 1852. Nommé lord de la Trésorerie dans le gouvernement de lord Palmerston en mars 1855, il conserva ce poste jusqu'au renversement du gouvernement en 1858. Défait aux élections générales suivantes, il décida de quitter la politique active.

En héritant de ses propriétés, Monck avait également reçu d'énormes dettes qui lui causaient un besoin chronique de revenus assurés. Aussi, quand lord Palmerston lui offrit de devenir gouverneur général en 1861, accepta-t-il – comme il l'admettrait plus tard franchement et simplement – « pour l'argent ». Personnage peu connu, qui n'avait guère impressionné sur la scène politique et avait même perdu sa petite charge à la Trésorerie après seulement trois ans, il allait exercer la direction des affaires de l'Amérique du Nord britannique durant l'une des périodes les plus difficiles et les plus turbulentes de son histoire. Il réussit – peut-être en fut-il le premier surpris – à se rendre indispensable en guidant paisiblement les colonies dans leurs relations pénibles et troublées avec la république voisine du Sud, et en maîtrisant fermement les querelles par ailleurs sauvages, chaotiques et passionnées qui marquaient chacun de leurs gouvernements. Monck arriva à Québec à l'automne de 1861 et entra en fonction le 28 novembre, tout juste au moment où l'affaire du *Trent* [V. sir Charles Hastings Doyle*] semblait rendre inévitable une guerre avec les États-Unis. Durant tout son mandat, il verrait les relations entre les deux pays s'envenimer au fur et à mesure des crises, notamment celles que suscitèrent le raid de St Albans, au Vermont, en 1864 [V. Charles-Joseph Coursol*], et les menaces d'invasion des féniens en 1866 [V. John O'Neill*]. Son amitié avec lord Lyons, ministre britannique à Washington, et sa sympathie personnelle pour les Nordistes l'aidèrent beaucoup à apaiser les esprits du côté américain et à atténuer la fureur des hommes politiques de l'Union devant l'utilisation du territoire canadien par les confédérés. Ses bonnes relations avec les commandants militaires successifs de l'Amérique du Nord britannique, sir William Fenwick Williams* et sir John Michel*, l'amenèrent aussi à presser le gouvernement de créer pour toutes les colonies une seule administration militaire qui pourrait fonctionner même en l'absence d'union politique. D'un autre côté, Monck était grandement influencé par son secrétaire et confident Dennis Godley, réformateur colonial britannique et fonctionnaire consciencieux, que les Canadiens surnommaient « le Tout-Puissant » et dont les vues sur l'Union et l'indépendance en Amérique du Nord britannique l'encouragèrent dans bien des initiatives politiques.

La Confédération devint bientôt pour Monck le but à atteindre. En juin 1864, quand sir Étienne-Paschal Taché* – dont les partisans venaient d'être défaits à la chambre d'Assemblée – lui conseilla de dissoudre le Parlement de la province du Canada, Monck recommanda avec insistance la formation de ce qui deviendrait la « Grande Coalition » et il intervint personnellement pour persuader George Brown* de faire partie du gouvernement. Dès lors, il joua un rôle de premier plan dans la préparation de l'union fédérale : il écrivit des dépêches, assista aux conférences de Charlottetown en septembre 1864 et de Québec le mois suivant, et resta en étroites et constantes relations avec les lieutenants-gouverneurs sir William Fenwick Williams, de la Nouvelle-Écosse, et Arthur Hamilton Gordon*, du Nouveau-Brunswick. Il était à Londres pour la conférence du Westminster Palace Hotel, à l'automne de 1866, et en février 1867 il participait, à la chambre des Lords, au débat sur le futur Acte de l'Amérique du Nord britannique ; on venait de l'admettre dans cette chambre en qualité de pair du Royaume-Uni, peut-être justement pour lui permettre cette intervention.

Quoique Monck n'ait jamais voulu être un propriétaire absentéiste et que dès 1866 il ait souhaité retourner chez lui pour administrer ses propriétés, il accepta consciencieusement de demeurer à Ottawa pour devenir le premier gouverneur général du nouveau dominion. Comme d'autres, il avait espéré que l'on fasse du Canada un royaume et que sa charge soit celle d'un vice-roi, qui serait en même temps chancelier d'un nouvel ordre canadien de chevalerie. Il resta néanmoins pour nommer premier ministre John Alexander MACDONALD, qui avait été le président élu de la conférence de Westminster, et pour recommander les noms des membres du premier cabinet fédéral. Puis, avec sa discrétion habituelle, il simplifia les cérémonies du 1er juillet 1867 et prononça son serment d'office, assermenta le premier ministre et les lieutenants-gouverneurs et passa les troupes en revue sans aucun apparat et en tenue de ville.

Monck s'embarqua à Québec le 14 novembre 1868 ; il quittait le Canada après s'être occupé de l'achat de Rideau Hall et de son terrain de 80 acres et en avoir fait la résidence officielle des gouverneurs généraux qui le suivraient. Il avait choisi cette villa, construite en 1838 par l'architecte Thomas McKay*, au cours d'une visite à Ottawa, la nouvelle capitale, en 1864, s'y était installé avec sa famille en août 1866 et avait surveillé les travaux de construction, de rénovation et de décoration qui la transformèrent bientôt en une résidence à la fois digne et confortable.

Décoré grand-croix de l'ordre de Saint-Michel et Saint-Georges en juin 1869, en reconnaissance de ce qu'il avait fait au Canada, Monck entra aussi au Conseil privé le 7 août. Puis, après son retour en Irlande, il devint en 1871 membre des commissions sur les possessions ecclésiastiques et sur l'éducation nationale ; il continuerait à administrer la première commission jusqu'en 1881. L'un des commissaires chargés de 1882 à 1884 de l'application du nouvel *Irish Lands Act*, il fut aussi, de 1874 à 1892, lord-lieutenant et *custos rotulorum* du comté de Dublin. Ses difficultés financières n'étaient pas pour autant terminées ; aussi s'occupa-t-il de commerce à Londres vers la fin de sa vie. Mais il était perclus d'arthrite et, après la mort de sa femme en 1892, il se retira dans ses terres.

Inconnu, sans expérience, discret et ne connaissant pas le pays, tel était lord Monck lorsqu'il arriva au

Canada. Il ne faisait partie ni de l'establishment ni des milieux gouvernementaux, et il manquait de style et d'imagination. Durant les sept années de son mandat, il semble n'avoir jamais cherché, ni trouvé d'ailleurs, la popularité. Les hommes politiques ne l'aimaient pas, et la population le trouvait plutôt terne. Néanmoins, ceux qui le connurent bien et travaillèrent étroitement avec lui en vinrent à le respecter et à admirer sa grande patience, son obligeance et son authentique impartialité. « Je l'aime vraiment beaucoup, écrivait Macdonald à Charles Tupper* le 25 mai 1868, et serai très déçu quand il partira, car il a été un administrateur des affaires publiques très prudent et très efficace. » Homme réservé, dévoué à sa famille et à ses amis, il était, en petits groupes, spirituel, chaleureux, attentif, bon, courtois et toujours prêt à écouter. Avec lady Monck, femme joyeuse et pleine d'entrain, il créa une atmosphère affectueuse et sans prétention partout où ils vécurent, tant à Rideau Hall qu'à Charleville et, en particulier, à Québec où, après le feu de 1863, on reconstruisit la résidence officielle de Spencer Wood selon leurs directives.

Quoi qu'il en ait été de ses grandes qualités personnelles ou de ses défauts sur la scène publique, Charles Stanley Monck, en Amérique du Nord britannique durant l'une des périodes les plus difficiles de son histoire, fit preuve comme bien peu d'autres de cette perspicacité et de ce sens pratique grâce auxquels un gouverneur général du XIXe siècle pouvait utiliser au mieux le pouvoir et l'influence de sa charge pour resserrer les liens entre les gens des colonies et s'assurer de la loyauté de leurs élus envers la politique impériale.

JACQUES MONET

F. E. O. Monck, *My Canadian leaves : an account of a visit to Canada in 1864–1865* (Londres, 1891). — *Burke's peerage* (1890). — *DNB*. — Elisabeth Batt, *Monck, governor general, 1861–1868* (Toronto, 1976). — Creighton, *Macdonald, old chieftain* ; *The road to confederation ; the emergence of Canada : 1863–1867* (Toronto, 1964). — R. H. Hubbard, *Rideau Hall : an illustrated history of Government House, Ottawa ; Victorian and Edwardian times* (Ottawa, 1967). — W. L. Morton, *The critical years : the union of British North America, 1857–1873* (Toronto, 1964). — C. P. Stacey, « Lord Monck and the Canadian nation », *Dalhousie Rev.*, 14 (1934–1935) : 179–191. — R. G. Trotter, « Lord Monck and the Great Coalition of 1864 », *CHR*, 3 (1922) : 181–186.

MONK, HENRY WENTWORTH, fermier, réformateur social, auteur et journaliste, né le 6 avril 1827 dans le canton de March, Haut-Canada, fils cadet du capitaine John Benning Monk et d'Eliza Ann Fitzgerald ; décédé célibataire le 24 août 1896 à Ottawa.

Henry Wentworth Monk était le fils d'une catholique et d'un protestant. Natif de la Nouvelle-Écosse, le capitaine Monk s'était établi en 1819 dans le canton de March, sur l'Outaouais, en même temps que d'autres officiers à la demi-solde. En 1834, il envoya Henry, alors âgé de sept ans, dans une école privée de Londres, Christ's Hospital. Henry revint en 1842 pour aider sa famille à la ferme, mais la piété qui régnait à l'école lui avait instillé un goût pour la religion qui n'allait jamais faiblir. La Society for the Propagation of the Gospel in Foreign Parts lui décerna en 1846 une bourse afin qu'il se prépare au ministère anglican. Toutefois, au bout d'un an, il abandonna ses études (qu'il fit probablement à Cobourg, auprès d'Alexander Neil Bethune*) et rompit pour toujours avec la théologie orthodoxe du christianisme. Il retourna alors à l'agriculture et se mit à exploiter sa propre ferme à South March, mais en 1853, gagné par l'enthousiasme des millénaristes américains pour un retour imminent des Juifs en Palestine, il paya son voyage jusqu'à Jaffa (Tel-Aviv, Israël) en travaillant comme marin.

Monk était ouvrier agricole à la colonie d'Ourtass, près de Jérusalem (l'une des premières colonies agricoles juives de Palestine), lorsqu'il fit la connaissance du jeune peintre préraphaélite William Holman Hunt. Venu acquérir à Jérusalem une expérience directe pour peindre des sujets religieux, ce dernier fit le portrait de Monk en prophète contemporain, le prit comme modèle du Christ dans des ébauches et adopta au moins quelques-unes de ses idées religieuses. Selon l'auteur Richard Stanton Lambert, les deux hommes projetaient de lancer un appel pour l'instauration d'un nouvel ordre moral en faisant de la peinture et de la littérature prophétiques. On peut considérer *The scapegoat,* de Hunt, comme le pendant du principal ouvrage de Monk, *A simple interpretation of the Revelation* [...], opuscule utopiste rédigé durant les deux années qui suivirent son retour dans le Haut-Canada en 1855. À la fin de 1857, Monk se rendit en Angleterre pour le faire publier. Le livre parut en 1859 grâce à des fonds versés sous le couvert de l'anonymat par le célèbre critique d'art John Ruskin.

Dans ce livre, Monk, qualifié communément de sioniste chrétien (protestant de tendance millénariste qui pressait les Juifs de retourner en Terre Sainte pour faciliter le second avènement du Christ), disait clairement que pour lui « la restauration de Juda et Israël » ne touchait ni tous les Juifs ni uniquement les Juifs. En associant « Juda » aux Juifs, et « les dix tribus perdues d'Israël » aux « nations européennes ou chrétiennes de nom », il souhaitait seulement que « les meilleurs éléments de l'humanité » s'installent en Israël. Malgré sa sympathie pour les Juifs, il n'échappait pas à l'ethnocentrisme anglo-américain : en 1871, dans un autre opuscule, il allait user d'un argument phrénologique pour expliquer pourquoi « les races européennes, ou caucasiennes, surpassent toutes les autres ». Sans doute l'attrait qu'il présentait pour des hommes tels Ruskin et Hunt venait-il en partie de sa conviction que l'on pouvait relier tous les progrès mécaniques du XIXe siècle à des prophéties bibliques. Monk soutenait que le chemin de fer, le navire à vapeur et le télégraphe rendaient possible la formation d'un gouvernement mondial qui aurait son siège à Jérusalem et dont le premier acte de justice serait l'émancipation pleine et entière des Juifs.

Malgré l'appui qu'il témoignait à Monk, Ruskin maintenait une distance critique et exigeait que ce dernier démontre ses prétentions de prophète. En 1862, il paya son retour dans le Haut-Canada en lui imposant, comme « épreuve », de mettre fin à la guerre de Sécession. Dans son plan de paix, Monk proposait que le Nord laisse le Sud se séparer à condition d'abolir l'esclavage. En mars 1863, il rendit visite au président Abraham Lincoln, stupéfié, mais il ne parvint pas à pénétrer en territoire confédéré. Après cet échec, Monk retourna à Londres, puis à Jérusalem, où il découvrit que la colonie d'Ourtass n'existait plus. Après avoir fait appel à des Juifs fortunés et à des leaders chrétiens, il reprit la route du Haut-Canada. Son navire coula au large du Massachusetts le 24 mars 1864. Unique survivant de la catastrophe, il traversa une période très dure et souffrit vraisemblablement d'amnésie partielle. Il regagna finalement Ottawa et recouvra la santé grâce aux soins de sa famille. Le travail agricole lui redonna sa vigueur, mais il avait « diverses manies » : il refusait toujours de se couper les cheveux et la barbe, craignait énormément d'être contaminé par des microbes, voulait vivre dehors autant que possible (y manger et y dormir) et soulageait ses violents maux de tête en « se plongeant toute la tête dans l'eau glacée ».

En méditant l'échec de sa prophétie, Monk se remit à l'étude de la Bible et tenta de moderniser sa vision en recourant à des expériences scientifiques et à la cosmologie. En 1868, il entreprit, en subvenant lui-même à ses besoins, une tournée dans diverses communautés utopistes ou millénaristes des États-Unis. En août 1872, il retrouva Hunt à Londres, et proposa de grandioses projets de colonisation de la Palestine qu'auraient financés les gouvernements ou de grands hommes d'affaires. Il tenta de diffuser son nouveau message dans un livre qui devait paraître en fascicules, *Our future* [...]. Après la parution du premier numéro en décembre 1872, Ruskin, de plus en plus agacé par l'échec des prophéties de Monk, lui retira son aide, et il n'y eut jamais de deuxième numéro. Découragé, Monk retourna à Ottawa où il se lança dans le journalisme. Après que la *Free Press* eut publié une série de lettres dans lesquelles il exposait ses idées, l'*Ottawa Daily Citizen* lui commanda une série d'articles sur l'actualité. En 1875, Monk était devenu un personnage bien connu dans la ville, et il commença à s'occuper principalement du Palestine Restoration Fund, qu'il avait organisé afin de lever des fonds pour acheter la Palestine à la Turquie. Enthousiasmé par son prestige croissant et par les perspectives de réussite de ses projets, il retourna à Londres en 1880, encore une fois avec l'espoir d'intéresser les puissants à sa vision millénariste de la colonisation de la Palestine et de la paix mondiale. Il fut quelque temps correspondant du *Jewish World* ; comme il n'avait pas réussi à influencer les riches, il tenta de couler son millénarisme dans un moule scientifique. En janvier 1883, il publia une petite brochure intitulée *World-life* [...], dans laquelle il reprenait ses théories cosmologiques. Toutefois, dès 1884, il avait à nouveau perdu son auditoire ; sans le sou, il retourna à Ottawa.

Jusqu'à sa mort, Henry Wentworth Monk exposa inlassablement ses idées dans des articles de journaux, des opuscules et des lettres aux grands de ce monde. Son sujet favori était la création d'un tribunal international qui assurerait la paix mondiale. En mars 1889, le premier ministre sir John Alexander MACDONALD lui accorda un entretien. À la fin de la même année, à la chambre des Communes, le conservateur George Moffat annonça la présentation d'une motion en vertu de laquelle Monk, à titre de représentant du Canada, chercherait à convaincre la Grande-Bretagne et les États-Unis d'appuyer la création de ce tribunal. Cette motion ne fut jamais présentée. En mars 1896, peu avant la mort de Monk, Charles Arkoll BOULTON présenta sans succès au Sénat une proposition d'approuver la création d'un tribunal international. Même si ses plans ne s'étaient jamais réalisés, Monk avait exercé une influence dans différents cercles, apparemment en raison de sa formation de gentleman anglais, de la force de sa personnalité et de son attachement à une idée unique.

PETER ANGUS RUSSELL

L'ouvrage de R. S. Lambert, *For the time is at hand : an account of the prophesies of Henry Wentworth Monk of Ottawa, friend of the Jews, and pioneer of world peace* (Londres, 1947), est la seule étude complète sur Henry Wentworth Monk ; il contient une liste exhaustive de ses publications. D'autres renseignements sur Monk se trouvent également dans W. H. Hunt, *Pre-Raphaelitism and the Pre-Raphaelite Brotherhood* (2 vol., Londres, 1905–1906), 1 : 432–435, et H. F. Wood, *Forgotten Canadians* (Toronto, 1963), 112–119.

MONRO, ALEXANDER, arpenteur, fonctionnaire, juge de paix, auteur, journaliste et éditeur, né le 17 mars 1813 à Banff, Écosse, fils de John Monro ; décédé le 26 décembre 1896 à Baie-Verte, Nouveau-Brunswick.

En 1815, la famille d'Alexander Monro quitta l'Écosse et s'établit sur la rivière Miramichi, au Nouveau-Brunswick. Les Monro habitèrent la région jusqu'en 1818, puis s'installèrent à Mount Whatley, près de Sackville. Peu de temps après, ils se fixèrent à Baie-Verte.

Très tôt, le jeune Alexander s'intéressa à l'arpentage, encouragé d'ailleurs par son professeur de Baie-Verte, Robert King, qui possédait une boussole d'arpenteur. En 1837, à l'âge de 24 ans, il partit pour Fredericton demander un poste dans l'administration à l'arpenteur général Thomas Baillie*, qu'il se vit refuser. Il acheta donc la Gibson's Land Surveying de Saint-Jean et s'occupa de cette entreprise durant un an tout en faisant divers menus travaux. Il retourna ensuite à Fredericton et obtint un poste d'arpenteur adjoint des terres de la couronne. Il alla s'établir à Gaspereaux (Port Elgin) en 1845 et, trois ans plus tard, on le nomma juge de paix pour le comté de Westmorland. À titre d'arpenteur, il s'occupa en 1858 de déterminer la frontière entre le Nouveau-Brunswick et la Nouvelle-Écosse et, dans les années 1870, il prit part aux travaux d'arpentage en vue de la construction du canal de Baie-Verte. D'après les dossiers qui subsistent, ses travaux ont surtout porté sur le comté de Westmorland.

Monro compila et écrivit lui-même plusieurs livres. Son premier, *A treatise on theoretical and practical land surveying adapted particularly to the purpose of wood-land surveys* [...], fut publié en 1844 à Pictou, en Nouvelle-Écosse, en partie grâce à une contribution de £50 versée par le Parlement du Nouveau-Brunswick. Monro avait soutenu que les arpenteurs d'ici avaient grandement besoin d'un tel livre, car les ouvrages britanniques qui étaient jusqu'alors leur seule ressource ne traitaient en rien de l'arpentage des forêts. Par la même occasion, il avait souligné l'importance de l'arpentage en général, car il croyait que les propriétaires fonciers ainsi que tous ceux qui pratiquaient une profession juridique devaient connaître cette science.

Le principal livre de Monro, *New Brunswick ; with a brief outline of Nova Scotia, and Prince Edward Island* [...], fut imprimé en 1855 à Halifax par Richard Nugent*. À maints égards, il s'agit d'un ouvrage encyclopédique qui traite en détail de sujets comme la géographie, la population, les ressources minières, les institutions judiciaires et les routes des colonies, en particulier du Nouveau-Brunswick. En l'écrivant, Monro souhaitait corriger certains renseignements erronés que l'on trouvait dans d'autres publications. D'une manière souvent détournée, il y défend la thèse selon laquelle, grâce à ses matières premières et à son énergie hydraulique, le Nouveau-Brunswick a ce qu'il faut pour devenir un important centre manufacturier. Comme le soulignerait plus tard le géographe John Warkentin, c'est essentiellement le message qu'on entend aujourd'hui dans les Maritimes : « les gens devraient acheter chez eux, les gouvernements appuyer l'industrie, les hommes d'affaires être plus dynamiques, on devrait moins critiquer les initiatives locales et enseigner un métier aux jeunes ».

New Brunswick avait donné le ton des trois publications suivantes de Monro. Ce fut d'abord *Statistics of British North America, including a description of its gold fields,* qui parut à Halifax en 1862, et dont le succès engendra la publication d'une version augmentée, soit *History, geography, and statistics of British North America,* imprimée à Montréal en 1864 par John Lovell. Les deux ouvrages sont de solides recueils de nombreuses données statistiques. En même temps, Monro avait rédigé les sections sur le Nouveau-Brunswick et la Nouvelle-Écosse du *British North American almanac and annual record for the year 1864 : hand-book of statistical and general information* de Lovell.

Jusque là, Monro avait donné une image positive et favorable du Canada mais, avec la parution d'*Annexation, or union with the United States, is the manifest destiny of British North America* à Saint-Jean en 1868, son changement d'attitude devint évident : il avait perdu beaucoup de son enthousiasme quant aux perspectives d'avenir du pays. *The United States and the Dominion of Canada : their future,* publié à Saint-Jean 11 ans plus tard, lui permit de développer son point de vue. Une grande partie du dominion était inhabitable, soutenait-il, et les conditions climatiques extrêmes « ne convenaient pas aux Anglo-Saxons et autres races progressistes de la famille humaine ». Complémentaires sur le plan géographique, le Canada et les États-Unis étaient étroitement liés, et le premier devait renoncer à sa loyauté envers la Grande-Bretagne pour envisager de s'unir à son voisin du Sud. Un commentateur du *St. John Daily Sun* écrirait plus tard que, après Goldwin Smith*, Monro était l'auteur canadien qui avait « la vision la plus sombre » de l'avenir du pays.

Monro avait également fait une brève carrière dans le journalisme. Au cours des années 1858–1860, il avait publié chaque mois, à Baie-Verte et à Saint-Jean, le *Parish School Advocate and Family Instructor for N.S., N.B., and P.E.I.* Ce périodique préconisait l'enseignement gratuit, financé dans une certaine mesure par une contribution directe, de même que la lecture de la Bible dans les écoles, et promettait de ne prendre position en matière politique qu'en ce qui toucherait l'éducation. On pouvait également y lire des leçons et des questions utiles à la maison et à l'école, des analyses des projets de loi relatifs aux écoles, des commentaires sur la lecture et la langue et des articles qui prônaient le développement des bibliothèques scolaires. De mai à août 1883, Monro fit paraître dans le *Chignecto Post and Borderer* neuf lettres regroupées sous le titre général « The Isthmus of Chignecto ». Trois ans plus tard, l'isthme de Chignecto fit l'objet d'une communication dans le *Bulletin* de la Natural History Society of New Brunswick.

On sait peu de chose sur la vie privée d'Alexander Monro. Il avait épousé en 1844 Mary Chappell, de la paroisse de Botsford, et ils avaient eu trois enfants. Mme Monro mourut en 1872 et, trois ans plus tard, il épousa Mme Caroline I. Innis.

ERIC L. SWANICK

Le titre complet du principal ouvrage d'Alexander Monro est *New Brunswick ; with a brief outline of Nova Scotia, and Prince Edward Island : their history, civil divisions, geography, and productions ; with statistics of the several counties ; affording views of the resources and capabilities of the provinces, and intended to convey useful information, as well as to their inhabitants, as to emigrants, strangers, and travellers, and for the use of schools* ; il a été réimprimé à Belleville, Ontario, en 1972. Son article paru dans le N.-B., Natural Hist. Soc., *Bull.* (Saint-Jean), nº 5 (1886) : 20–24, s'intitule « On the physical features and geology of Chignecto Isthmus ».

APNB, RG 7, RS74, 1899, Alexander Monro. — Mount Allison Univ. Arch. (Sackville, N.-B.), Alexander Monro, notebooks and survey plans. — « Alexander Monro, esq. », *Chignecto Post and Borderer* (Sackville), numéro anniversaire, sept. 1895 : 7–9. — *St. John Daily Sun*, 1er janv. 1897. — J. R. Marsh, « Nova Scotia–New Brunswick boundary », *Canadian Surveyor* (Ottawa), 12 (1954–1955) : 8–12. — John Warkentin, « Early geographical writing in English on British North America », Soc. biblio. du Canada, *Cahiers* (Toronto), 12 (1973) : 38–71.

MONROE, MOSES, homme d'affaires et homme politique, né en 1842 à Moira (Irlande du Nord), fils de John Monroe ; le 16 mai 1871, il épousa à St John's Jessie Gordon McMurdo ; décédé le 19 mai 1895 au même endroit.

Après avoir fréquenté l'école à Armagh et à Galway, en Irlande, Moses Monroe travailla pour un manufacturier de vêtements installé près de chez lui. En 1860, sur l'insistance de son oncle, le ministre presbytérien Moses Harvey*, il immigra à St John's et devint commis aux marchandises sèches à la McBride and Kerr, dont James GOODFELLOW prit la direction en 1864. Goodfellow acheta la compagnie en 1869 et prit Monroe comme associé en second l'année suivante. À la suite d'un différend, Goodfellow mit fin à leur association le 31 décembre 1872 en alléguant que Monroe avait falsifié le prix de certaines marchandises vendues par la compagnie. Il refusa les offres de médiation de Harvey, mais à long terme l'incident ne ternit pas son amitié pour Monroe, dont la réputation dans le milieu des affaires demeura intacte. En 1873, Monroe lança sa propre entreprise de marchandises sèches et d'approvisionnement des pêcheurs. Le capital nécessaire provenait peut-être de son beau-père, Thomas McMurdo, un prospère propriétaire de pharmacie.

La société M. Monroe, qui approvisionnait des marchands et des pêcheurs dans toute l'île de Terre-Neuve et au Labrador, se révéla un succès. Toutefois, en 1890, Monroe n'aurait presque plus aucun lien avec la pêche labradorienne, car le poisson salé serait devenu de trop piètre qualité pour être rentable [V. Robert Stewart MUNN]. Vers 1875, il s'engagea dans les opérations de pêche hauturière, qui se faisaient surtout à partir de la presqu'île de Burin, en louant des bateaux et en embauchant leur équipage. En 1885 par exemple, il arma 12 bâtiments et engagea 120 hommes ; quatre ans plus tard, ces chiffres atteignaient 40 bâtiments et 500 hommes, qui prirent 30 000 quintaux de poisson dont la valeur s'élevait à 126 000 $. Jamais il n'essaya vraiment de se tailler une place dans l'exportation du poisson, mais il investit avec d'autres marchands dans les conserveries de homard du littoral ouest.

À la fin des années 1870 et dans les années 1880, Monroe avait aussi des intérêts dans les industries de St John's qui étaient liées au domaine maritime. Il était, dit-on, actionnaire de nombreuses sociétés par actions, mais il investit surtout dans la Newfoundland Boot and Shoe Manufacturing Company (1875), la Newfoundland Pioneer Woolen Company (1881), la Colonial Cordage Company (1882), la St John's Electric Light Company (1885) et l'Atlantic Building Company (1885). Toutefois, c'est en raison de sa participation à la Colonial Cordage Company, appelée simplement « Ropewalk », c'est-à-dire la corderie, que ses adversaires politiques le surnommèrent « Monroe le Monopolisateur ».

Avant 1882, l'industrie terre-neuvienne de la pêche devait importer ses lignes, lignettes, filets, cordages et câbles. Les marchands avaient beaucoup de mal à maintenir leurs stocks au début des années 1880, et James Johnstone Rogerson* et Ambrose Shea* demandèrent à Monroe d'ouvrir à Terre-Neuve même une fabrique de lignettes et filets. Comme ce domaine ne lui était pas familier, il offrit à la firme anglaise Joseph Grundy and Company de former avec elle une société en nom collectif. Après que Grundy eut refusé, Monroe et son frère James H., venu d'Irlande pour gérer l'entreprise, investirent 80 000 $ en 1882 pour construire l'usine. De 1883 à 1885, la corderie donna du travail à environ 180 personnes, ce qui en faisait l'un des plus gros employeurs locaux de main-d'œuvre salariée. Vers la fin des années 1880, Monroe, sur le conseil de Shea, qui était devenu gouverneur de l'endroit, fonda la Monroe Fibre Company dans les Bahamas.

La corderie dut en bonne partie sa réussite immédiate aux mesures protectionnistes du gouvernement conservateur de sir William Valance Whiteway*, qui en 1882 l'exempta pour cinq ans des droits d'importation et lui alloua une prime de 5 % sur les matières premières qu'elle importait. Elle bénéficia aussi du droit de douane de 8 % qui, depuis 1871, frappait les lignettes, câbles et cordages d'importation. La Colonial Cordage Company fut constituée en 1883 en société par actions ; elle avait alors un capital-actions d'une valeur nominale de 120 000 $, et dès la fin de l'année elle en avait émis pour 96 000 $. Bon nombre des grands hommes politiques et hommes d'affaires de l'île, dont Charles R. Bowring*, Robert Thorburn* et le premier ministre Whiteway, figuraient parmi les actionnaires. La part des frères Monroe était la plus importante : elle s'élevait à 60 000 $.

Le 23 décembre 1885, un incendie rasa l'usine en bois de la Colonial Cordage Company, qui était peu assurée. Grâce à l'aide du gouvernement, elle fut reconstruite l'année suivante, en pierre et en brique. Monroe persuada le gouvernement Thorburn, récemment élu, de porter à 7,5 % la prime allouée à la corderie et d'en reporter l'échéance à la fin de 1895. Le droit de douane sur les cordages et produits connexes passa à 10 % en 1886. Le 23 février de cette année-là, la Colonial Cordage Company se donna une nouvelle constitution ; cette fois, son capital-actions avait une valeur nominale de 160 000 $, dont 120 000 $ furent versés dès la première année. La corderie était un investissement sûr pour les actionnaires de la ville et, comme elle employait une main-d'œuvre nombreuse, Monroe avait une énorme influence politique dans l'ouest de la ville, où habitait une bonne partie de son personnel.

Monroe avait du poids en affaires et en politique, ce que Whiteway avait reconnu le 19 février 1884 en le nommant au Conseil législatif, où il n'hésita pas à prendre quelques positions impopulaires. Par exemple, il se prononça pour la création d'un système d'enseignement non confessionnel et s'opposa à une loi qui permettait la prohibition locale. En 1885, il servit d'intermédiaire à Whiteway, qui souhaitait former une coalition soit avec le parti libéral catholique de Shea, soit avec un groupe de marchands protestants dirigé par Thorburn. Contrairement à Whiteway et à Monroe, le parti des marchands ne rêvait pas de construire un chemin de fer transinsulaire en vue d'exploiter les richesses qui étaient censées se trouver dans l'arrière-pays et sur le littoral ouest, régions où Monroe spéculait sur le bois et les mines. De plus, au début de 1885, les partisans de Thorburn avaient soigneusement exploité les antagonismes religieux – conséquences d'un affrontement survenu peu de temps auparavant entre protestants et catholiques à Harbour Grace [V. Robert John KENT] – de manière à forcer le gouvernement Whiteway à apporter, au discours du trône, des changements qui lui donnaient un ton si manifestement anticatholique que les libéraux avaient dû se retirer du gouvernement.

En prévision des élections générales de l'automne, Whiteway, avec le concours de Monroe, tenta en vain de se réconcilier d'abord avec les libéraux, puis avec le parti protestant. Finalement, en octobre, il conclut un marché avec Thorburn : il démissionnerait du poste de premier ministre en faveur de celui-ci, qui se présenterait aux élections générales du 31 octobre à la tête d'un parti entièrement protestant. En retour, Whiteway pourrait occuper le siège de juge en chef dès qu'il deviendrait vacant, promesse qui ne fut jamais tenue. Thorburn n'eut aucun mal à remporter le scrutin. Il fit campagne en clamant « pas de fusion avec les catholiques », tout en laissant entendre aux libéraux les plus influents qu'une coalition de ce genre serait souhaitable après les élections. Monroe resta fidèle à Whiteway et appuya le candidat indépendant Alfred Bishop Morine*, l'un de ses proches amis et partisan de Whiteway, qui se présenta sans succès dans le district protestant de Bonavista.

Pendant une bonne partie du mandat du gouvernement Thorburn, qui dura de 1885 à 1889, Monroe maintint une position indépendante, sans se dissocier publiquement de Whiteway. En 1887, il reprocha à Thorburn, qui avait pourtant promis pendant la campagne électorale de mettre fin à la construction ferroviaire, de vouloir à présent construire une ligne secondaire vers Placentia. En fait, Thorburn avait pris cet engagement dans le cadre d'une entente de coalition en vertu de laquelle certains catholiques importants l'avaient appuyé en échange de la nomination, en juillet 1886, de Maurice FENELON et de William J. S. Donnelly au Conseil exécutif. Les autres libéraux de la chambre d'Assemblée, sous la direction de Patrick J. SCOTT, député de St John's West, demeuraient dans l'opposition mais soutenaient la politique de Thorburn. En 1887, l'opposition comptait aussi deux partisans de Whiteway et un indépendant, Edward Patrick Morris*, jeune avocat catholique et populiste élu en 1885 à l'un des trois sièges de St John's West. À compter de 1889, Morris allait disputer à Monroe le soutien des électeurs de la partie ouest de la ville.

Monroe rompit officiellement avec Whiteway aux élections générales de 1889 en tentant, sans succès, de battre les candidats de ce dernier qui, sous la direction de Morris, se définissaient à présent comme libéraux. Cependant, la véritable rupture avait peut-être eu lieu un an auparavant, le 30 août, soit le jour où Monroe avait été élu conseiller du quartier n° 3 au conseil municipal formé depuis peu. Scott l'avait aidé à organiser sa campagne. Le conseil, constitué de sept membres, comprenait deux personnes nommées par le gouvernement, dont le président, James Goodfellow. Monroe sut vite y établir son hégémonie. Moins de deux mois après l'entrée en fonction du conseil naissait un mouvement de réforme municipale inspiré par Whiteway ; il critiquait le favoritisme qui présidait à la dotation des postes municipaux et le contrat d'éclairage que le conseil avait conclu pour la ville. Comme Monroe était le secrétaire de la St John's Electric Light Company, il fut une cible de choix pour les condamnations publiques. Au cours de son mandat au conseil municipal, de 1888 à 1892, il eut souvent des démêlés publics avec Morris ; tous deux cherchaient à s'attribuer le mérite des ouvrages municipaux et tentaient d'utiliser le conseil à leurs propres fins politiques. En conséquence, la presse gouvernementale reprochait constamment à Monroe, « bourré de primes », de s'être enrichi aux « dépens des classes laborieuses de toute la communauté » alors que ses employés, femmes et enfants surtout, travaillaient à la corderie pour des « salaires de famine ». Au lieu de se présenter aux élections municipales du 23 janvier 1892, il s'éclipsa pour permettre à Goodfellow de briguer son ancien siège. Ce dernier remporta la victoire contre un candidat de Morris.

Une fois les libéraux de Whiteway reportés au pouvoir, en 1890, Monroe continua de les critiquer au Conseil législatif, tout en se dissociant de la politique de l'ancien gouvernement Thorburn. Bien qu'il n'y ait pas eu de véritable parti d'opposition, Monroe était généralement reconnu comme l'un des principaux adversaires du gouvernement, et on savait qu'il finançait généreusement l'*Evening Herald,* journal d'opposition dirigé par Morine, qui était un partisan convaincu de la Confédération. Monroe lui-même n'était pas connu pour ses tendances confédératrices, mais il était favorable aux relations avec les États-Unis et le Canada.

En 1890, Morine et Monroe contribuèrent à l'émergence partout à Terre-Neuve d'un vaste mouvement de protestation contre l'entente que le gouvernement britannique avait conclue plus tôt dans l'année avec la France au sujet des droits de pêche de celle-ci sur le littoral ouest de l'île. La Grande-Bretagne avait consenti à interdire aux Terre-Neuviens d'établir de nouvelles conserveries de homard sur ce qu'on appelait « la côte française ». Le premier ministre Whiteway était prêt à accepter cet accord en échange d'une aide financière pour terminer la construction du chemin de fer transinsulaire. Les tories, qui se faisaient maintenant appeler la Patriotic Association, dénoncèrent l'entente, et Whiteway se rendit à leurs arguments. Entre-temps, le gouvernement britannique avait découvert qu'il n'avait pas le pouvoir légal de faire valoir les droits de pêche des Français et il avait présenté un projet de loi d'habilitation à cette fin.

En avril 1890, le Parlement de Terre-Neuve envoya une délégation bipartite à Londres afin d'empêcher l'adoption de ce projet de loi et de défendre la position de la colonie. Le mandat des délégués était tel que, si la majorité d'entre eux acceptaient un règlement, les autres seraient tenus de l'appuyer lorsque la sanction en serait recommandée au Parlement. On désigna Monroe et Morine pour représenter l'opposition ; les délégués libéraux étaient Whiteway lui-même, Augustus W. Harvey* et George Henry Emerson. Une fois à Londres, ils constatèrent que les Britanniques refusaient de retirer leur projet de loi tant qu'eux-mêmes n'auraient pas accepté que Terre-Neuve adopte une loi permanente. Ils recommandèrent donc au Parlement terre-neuvien un compromis selon lequel une loi temporaire viendrait garantir les droits de pêche jusqu'à la fin de 1893, en échange du retrait du projet de loi britannique. À la suite d'une telle entente, le Parlement terre-neuvien serait obligé d'adopter une loi permanente qui confierait aux tribunaux coloniaux le soin de veiller au respect des droits de pêche. Whiteway resta à Londres pour négocier les termes de cette loi permanente, tandis que les autres délégués rentraient à Terre-Neuve. Morine et Monroe contribuèrent fortement à convaincre leurs collègues législateurs d'adopter le projet de loi temporaire. Cependant, le projet de loi sur lequel Whiteway s'entendit avec le ministère des Colonies plaçait les droits français de pêche sous la juridiction de l'Empire et de ses tribunaux. Lorsque le premier ministre le présenta à l'Assemblée, en 1892, Morine et Monroe le condamnèrent violemment en faisant valoir – et Emerson appuya cette position – qu'il était contraire au projet de loi auquel les délégués avaient consenti à Londres l'année précédente. Cet argument amena la majorité des partisans de Whiteway à rejeter le projet. Tout comme Monroe, ils estimaient qu'en fait une loi permanente n'était pas nécessaire et que la colonie ne devait rien faire tant que la France n'aurait pas reconnu que Terre-Neuve avait le droit d'établir des conserveries de homard sur le littoral ouest. En fin de compte, il y aurait des lois temporaires jusqu'à ce que la France, dans le cadre d'une entente conclue en 1904 avec l'Angleterre au sujet des colonies, accepte de renoncer à ses droits de pêche dans l'île.

L'incendie des 8 et 9 juillet 1892, qui détruisit l'est et le centre de St John's, sema aussi la discorde sur la scène politique locale. Le débat sur la reconstruction prit un tour nettement partisan quand le Parlement examina la délicate question du régime foncier en vigueur dans les zones sinistrées. Le problème était le suivant : après l'incendie de 1846, qui avait détruit une bonne partie de St John's, les propriétaires absentéistes, qui vivaient surtout en Grande-Bretagne et possédaient une bonne partie des meilleurs terrains commerciaux et résidentiels de la ville, avaient profité de la situation pour imposer des loyers exorbitants et des baux à court terme (40 ans). Les locataires étaient désavantagés car, à la fin du bail, le terrain revenait au propriétaire, qui dictait les conditions de renouvellement. Monroe ne fut pas touché par l'incendie de 1892 mais, comme il devait renégocier l'année suivante le bail de sa propriété de la rue Water, il espérait tourner à son avantage la situation engendrée par le désastre. Douze jours après l'incendie, d'influents locataires se réunirent dans son établissement et décidèrent de former la ligue des locataires (*Tenants' League*), qui ferait pression sur le gouvernement Whiteway afin d'obtenir la création d'un tribunal des terres auquel les locataires pourraient demander de fixer des loyers justes et équitables. Il serait constitué selon le modèle du tribunal irlandais des terres dont le président était John Monroe, le frère de Moses. Ce dernier voulait que le droit d'appel au tribunal local s'étende non seulement aux baux auxquels l'incendie avait mis fin, mais aussi à ceux qui viendraient à échéance dans un proche avenir. Cependant, Whiteway, mandaté par des propriétaires absentéistes, rejeta la proposition, car il estimait que les propriétaires et les locataires étaient mieux placés que quiconque pour régler leurs propres affaires. Monroe dut donc se contenter d'une loi qui incitait les propriétaires à signer des baux de 99 ans, ce qui les dispensait d'indemniser les locataires pour toute amélioration apportée à la propriété durant cette période.

L'incendie de 1892 occasionna un autre débat important. À cause de l'augmentation soudaine de l'importation de matériaux de construction, la colonie avait perçu en droits de douane un fort excédent de revenus. Le 30 septembre, Monroe convoqua une assemblée publique en vue de promouvoir la position du conseil municipal, où dominaient les tories : cet excédent devait aller au conseil, qui était dans une mauvaise situation financière. Évidemment, le gouvernement fit la sourde oreille, même si Monroe et ses collègues tories continuèrent d'en faire une question politique.

La raison en était que 1893 était une année d'élections. Le gouvernement s'empressa d'ailleurs de mettre Monroe et la corderie en évidence. Comme il était officieusement le chef des tories, il fut blâmé d'avoir profité de la vente des biens et vivres qui avaient servi aux victimes de l'incendie, accusation que les libéraux au pouvoir ne parvinrent pas à étayer. Le 16 juin, à St John's, après de nombreuses spéculations sur l'identité de celui qui dirigerait l'opposition en prévision des élections du 6 novembre, les conservateurs tinrent une assemblée publique afin d'annoncer la formation du parti Grieve-Monroe, ainsi baptisé en l'honneur de ses deux chefs, Walter Baine Grieve*, un marchand de St John's, et Monroe. Tous deux reprochaient au gouvernement d'avoir négligé les pêches et de ne pas avoir défendu énergiquement contre la France les intérêts de la colonie sur le littoral ouest. Ils avaient aussi à redire contre le contrat signé plus tôt en 1893 par Whiteway avec l'entrepreneur canadien Robert Gillespie Reid*, à qui la colonie avait confié le soin d'exploiter le chemin de fer de Placentia et de terminer la ligne principale qui devait mener au littoral ouest. Monroe s'opposait non pas à la construction du chemin de fer mais aux conditions de l'entente qui cédait une trop grande part des ressources coloniales en échange d'un contrat d'exploitation de dix ans. En tête de la liste des candidats tories, où étaient inscrits avec lui Patrick J. Scott et un autre candidat, il fit la lutte à Morris et à ses collègues dans St John's West. Comme l'a noté à l'époque l'historien Daniel Woodley Prowse*, tenant de Whiteway, Morris et Monroe ne ménagèrent pas leurs efforts : « [Monroe,] un des plus habiles hommes politiques de l'île, a mené sa propre campagne dans l'extrémité ouest de St John's avec une énergie considérable, remuant ciel et terre pour se faire élire. » Les deux partis appâtèrent les électeurs en leur donnant du travail et de l'alcool ; les partisans de Monroe allèrent jusqu'à comparer une manifestation du groupe de Morris à un spectacle de rodéo, la leur s'apparentant à une « parade du peuple ».

C'était la première fois que Monroe tentait sa chance en politique, et il perdit ; les libéraux, quant à eux, l'emportèrent haut la main. L'opposition ne prit pas sa défaite à la légère : le 6 janvier 1894, elle déposa en Cour suprême, en vertu du *Corrupt Practices Act* de 1889, des requêtes dans lesquelles elle accusait 17 membres du gouvernement d'avoir utilisé illégalement des fonds publics au cours de leur campagne. Une fois que le tribunal eut rendu ses verdicts, Whiteway, Morris et d'autres députés perdirent leur siège, ce qui entraîna la démission des libéraux et la formation d'un nouveau gouvernement dirigé par le marchand conservateur Augustus Frederick Goodridge*. Sa majorité au Parlement dépendait de la victoire des candidats tories aux élections partielles qui se tiendraient plus tard dans l'année dans les districts devenus vacants par suite du départ des libéraux déchus de leur mandat.

Monroe, qui avait été nommé de nouveau au Conseil législatif en août, connut la défaite le 16 octobre dans Trinity, l'ancien siège de Whiteway. Morris avait été surpris d'apprendre qu'il s'y portait candidat. Néanmoins, il tenta de l'atteindre en faisant paraître, dans l'édition hebdomadaire que l'*Evening Telegram* publiait à l'intention des petits ports de pêche, les détails de « l'un des plus sordides complots jamais ourdis par le politicien le plus dénué de scrupules ». Morris affirmait que, en mars, Monroe lui avait envoyé un employé dans l'espoir de le convaincre d'user de son influence au gouvernement pour faire prolonger au delà de 1895 la prime dont bénéficiait la corderie. Il n'avait pas révélé la chose auparavant, disait-il, parce qu'il « attend[ait] patiemment que Mr. Monroe brigue les suffrages dans St John's pour le mettre publiquement en face de l'instrument de sa perfidie ». James Monroe défendit son frère contre cette accusation et nia avoir lui-même usé de coercition, comme le prétendait Morris, pour obtenir de l'employé une rétractation publique. Il nia aussi que l'employé ait été ivre au moment de sa rétractation.

Le 10 décembre 1894 – « lundi noir » –, la faillite des deux banques privées de l'île [V. James Goodfellow] relégua au second plan le chaos politique des derniers mois. Par la suite, une enquête publique allait révéler que les administrateurs de ces banques avaient outrepassé leur crédit en se prêtant à eux-mêmes ainsi qu'à d'autres marchands exportateurs des sommes importantes. Deux jours après la faillite, Monroe, qui ne faisait pas partie des marchands qui avaient recouru à ces emprunts, écrivit à la presse qu'il s'était organisé pour que la Banque de la Nouvelle-Écosse ouvre une succursale à St John's. Il prévenait aussi la population que ce n'était « pas le moment des récriminations ni des condamnations », car « on aurait amplement le temps, plus tard, de faire enquête et de punir le cas échéant ». Avec l'aide immédiate des banques de l'extérieur, croyait-il, beaucoup d'entreprises marchandes pourraient se tenir à flot si leurs créanciers leur donnaient le temps de réaliser leur actif. L'ensemble des marchands ne suivirent pas son conseil, et bon nombre de sociétés furent mises en faillite. Monroe parvint à l'éviter en convenant avec ses créanciers de les rembourser en totalité s'ils lui en donnaient le temps. Il tint sa promesse, mais se retrouva presque à sec et vit sa santé se détériorer rapidement. Quand son testament fut homologué, trois mois après sa mort (survenue en mai 1895), on évalua sa succession à seulement 10 500 $; ses actions de la Colonial Cordage Company représentaient sans doute une bonne partie de cette somme. Le 8 février, il était parti prendre du repos dans son Irlande natale. Son état s'était beaucoup amélioré et il était revenu à Terre-Neuve le 19 avril. Cependant, même s'il semblait parfaitement remis, il succomba à une attaque d'apoplexie le 19 mai.

La mort de Moses Monroe prit toute la colonie par surprise. Quand la chambre d'Assemblée se réunit, le lendemain, ses ennemis comme ses amis prononcèrent des éloges puis ajournèrent leurs travaux en son honneur. Morine, son vieil ami et solicitor, fut « si anéanti qu'il dut se rasseoir ». « [Ses] opposants politiques, déclara Morris, trouvaient en lui un adversaire digne de leur épée ; on constatait rapidement que pour gagner une bataille, il fallait recourir à toutes les tactiques et manœuvres les plus habiles. » Cependant, « une fois que le [sort en était jeté] et que la lutte prenait fin, on voyait briller la noblesse de cet homme et, vainqueur ou vaincu, son grand cœur aspirait à la réconciliation ». Deux ans plus tard, des résidents de St John's lui élevèrent un monument commémoratif au Victoria Park, à l'aménagement duquel il avait contribué quand il était conseiller municipal. On peut notamment y lire : « Érigé grâce aux souscriptions volontaires de citoyens appartenant à toutes les classes et à toutes les confessions, en témoignage du respect et de l'estime qu'ils portent à sa mémoire ».

MELVIN BAKER

PANL, GN 2/1/A, 1883–1893 ; GN 9/1, 1860–1895 ; P5/4 ; P8/A/25, reg. of marriages, 16 mai 1871 (mfm). — PRO, CO 199/80–90 (copie aux PANL). — Supreme Court of Newfoundland (St John's), Registry, 4 : 74 (testament de Thomas McMurdo) ; 6 : 224 (testament de Moses Munro) (mfm aux PANL). — [T. R.] Bennett, *Report of judge Bennett, together with evidence respecting bait protection service, 1890* (St John's, 1891). — *Decisions of the Supreme Court of Newfoundland*, E. P. Morris *et al.*, édit. (14 vol., St John's, 1897–1954). — T.-N., House of Assembly, *Journal*, 1860–1895 ; Legislative Council, *Journal*, 1860–1895. — *Colonist* (St John's), 1886–1892. — *Daily News* (St John's), 1894–1895, particulièrement 20 mai 1895. — *Evening Herald* (St John's), 1890–1895. — *Evening Mercury* (St John's), 1885–1889. — *Evening Telegram* (St John's), 1883–1895. — *Times and General Commercial Gazette* (St John's), 1882–1887. — *Nfld. men* (Mott), 55. — Melvin Baker, « The government of St. John's, Newfoundland, 1800–1921 » (thèse de PH.D., Univ. of Western Ontario, London, 1981). — Hiller, « Hist. of Nfld. ». — J. L. Joy, « The growth and development of trades and manufacturing in St. John's, 1870–1914 » (thèse de M.A., Memorial Univ. of Nfld., St John's, 1977). — Keith Matthews, *Profiles of Water Street merchants* (miméographie, [St John's], 1980). — D. W. Prowse, *A history of Newfoundland from the English, colonial, and foreign records* (Londres et New York, 1895 ; réimpr., Belleville, Ontario, 1972). — F. F. Thompson, *The French Shore problem in Newfoundland : an imperial study* (Toronto, 1961). — Melvin Baker, « The influence of absentee landlordism on the development of municipal government in 19th century St. John's », *Newfoundland Quarterly* (St John's), 81 (1985–1986), n° 2 : 19–25.

MONTMINY, THÉOPHILE, prêtre catholique et promoteur des cercles agricoles et de l'industrie laitière, né le 4 février 1842 à Saint-Jean-Chrysostome, Bas-Canada, fils de Joseph Montminy, ferblantier, et de Marguerite Lambert ; décédé le 17 décembre 1899 à Québec et inhumé le 20 dans sa paroisse natale.

Après des études commerciales au collège de Lévis, de 1855 à 1858, et des études classiques et théologiques au collège de Sainte-Anne-de-la-Pocatière, de 1858 à 1870, Théophile Montminy est ordonné prêtre le 18 septembre 1870. Vicaire à Beauport de 1870 à 1877, il est chargé de la desserte de la chapelle Notre-Dame-de-Miséricorde, établie au bas de la chute Montmorency et fréquentée par les travailleurs de la scierie de George Benson Hall*. En 1875–1876, il effectue un voyage outre-atlantique en compagnie, entre autres, du prêtre-colonisateur Nicolas-Tolentin Hébert*. Nommé curé de Saint-Antonin, près de Fraserville (Rivière-du-Loup), en mars 1877, il obtient ensuite la cure de Saint-Agapit en juillet 1879, puis celle de Saint-Georges en mars 1890.

Bon musicien, Montminy a enseigné le piano et l'harmonium pendant ses études puis, dans les paroisses où il sert, il fonde ou encourage chorales et fanfares dont la musique rehausse les cérémonies liturgiques et les grands déploiements populaires qu'il excelle à organiser.

L'intérêt de Montminy pour les questions agricoles est d'abord stimulé au cours de son vicariat à Beauport par les conférences d'Édouard-André BARNARD. Puis, devant la pauvreté des cultivateurs de Saint-Agapit et leur tentation permanente d'émigrer aux États-Unis, il fonde en 1880 le club Saint-Isidore, cercle agricole dont l'un des buts est d'améliorer les méthodes de culture. En 1882, il inaugure une exposition agricole paroissiale, événement qui s'est perpétué jusqu'à nos jours, et l'année suivante il organise la première fête des Arbres, au cours de laquelle sont plantés des milliers d'arbres fruitiers ou utiles à l'agriculture.

Les succès agricoles des paroissiens de Montminy ne se font pas attendre. Déjà, en 1881, Narcisse-Eutrope Dionne* en parle dans son opuscule intitulé *les Cercles agricoles dans la province de Québec*. Par ses conférences et ses interventions publiques, Montminy se fait partout « l'apôtre des cercles agricoles ». Le 12 novembre 1884, à Saint-Hyacinthe, il présente une causerie sur ce sujet au troisième congrès annuel de la Société d'industrie laitière de la province de Québec dont il devient, dès cette époque, membre et directeur. Au cours des années suivantes, il se fait également le champion du développement de l'industrie laitière par sa recherche des conditions de rendement optimal des installations et par son souci de la qualité des produits, spécialement ceux qui sont destinés à l'exportation. On l'élut vice-président de la société en novembre 1890, président de 1892 à 1896, et président honoraire en 1897 et 1898.

À la tête de cet organisme dynamique, Montminy participe aux principales initiatives proagricoles de son temps : la présentation en avril 1887 d'un mémoire à la commission Bernatchez chargée d'enquêter sur les écoles d'agriculture, la création du Syndicat des cultivateurs de la province de Québec en janvier 1892 avec Barnard, Jean-Charles Chapais*, Philippe Landry* et Joseph-Alphonse Couture, l'inauguration en janvier 1893 de l'école de laiterie de Saint-Hyacinthe et, enfin, le premier congrès des cultivateurs, tenu à Québec sous sa présidence du 24 au 26 janvier 1893. En outre, il fait partie du Conseil d'agriculture de la province de Québec du 17 novembre 1892 jusqu'en 1897. Il est aussi l'un des premiers prêtres de l'archidiocèse de Québec que le cardinal Elzéar-Alexandre TASCHEREAU nomme missionnaire agricole en 1894 [V. Édouard-André Barnard], au moment de la mise sur pied de cette œuvre – création à laquelle il n'est pas étranger.

De novembre 1897 à juin 1898, Montminy, à cause de sa santé défaillante, séjourne aux Antilles où il a déjà effectué en 1887, pour la même raison, un premier voyage de 33 jours. En septembre 1899, toujours malade, il quitte la cure de Saint-Georges et se retire à Québec, à l'hospice Saint-Louis-de-Gonzague des Sœurs de la charité de Québec. C'est là qu'il meurt subitement, au cours d'une séance musicale, le 17 décembre 1899.

Au moment de sa mort, toujours préoccupé du progrès de l'agriculture, Théophile Montminy se passionnait pour la question agricole de l'heure, la création d'abattoirs publics.

REMI GILBERT

Théophile Montminy est l'auteur d'un récit de voyage, *De Québec aux Antilles* [...] (Québec, 1888), dans lequel il se révèle un esprit curieux et critique du mode de vie dans les îles, un démarcheur soucieux de trouver de nouveaux débouchés pour les produits agricoles et industriels canadiens, et même un bon publiciste pour les services maritimes de la Quebec Steamship Company, Bermuda and West Indies Lines. On peut également lire des résumés ou des extraits de plusieurs de ses conférences, discours et autres interventions publiques aux congrès annuels de la Société d'industrie laitière de la province de Québec, publiés dans les journaux, principalement *la Gazette des campagnes* (La Pocatière, Québec) et *le Journal d'agriculture illustré* (Montréal). [R. G.]

Noces d'argent de M. l'abbé T. Montminy, curé de Saint-Georges (Beauce), fêtées les 17 et 18 septembre 1895 (Québec, 1895). — *Catalogue des anciens élèves du collège de Sainte-Anne-de-la-Pocatière, 1827–1927,* [François Têtu, compil.] (Québec, 1927). — *Album souvenir des noces d'or du couvent, 1931* (Saint-Georges, Québec, 1931). — Bruno Jean, *les Idéologies éducatives agricoles (1860–1890) et l'Origine de l'agronomie québécoise* (Québec, 1977). — Firmin Létourneau, *Histoire de l'agriculture (Canada français)* (nouv. éd., Oka, Québec, 1968). — Marcel Lortie, *Beauport et son curé, 1858–1884* (Sainte-Anne-de-Beaupré, Québec, 1983). — *Nous avons cent ans : St-Agapit, 1867–1967* ([Saint-Agapit-de-Beaurivage, Québec, 1967]). — M.-A. Perron, *Un grand éducateur agricole : Édouard-A. Barnard, 1835–1898 ; essai historique sur l'agriculture de 1760 à 1900* ([Montréal], 1955). — *La Question des abattoirs : son importance capitale pour les cultivateurs de la province de Québec, ce qu'elle signifie et ce qu'elle leur promet* (s.l., [1899]). — Robert Vézina et Philippe Angers, *Histoire de Saint-Georges de Beauce* (Beauceville, Québec, 1935).

MOORE, JOHN WARREN, ébéniste, né le 12 septembre 1812 à Moores Mills, Nouveau-Brunswick, sixième enfant de Tristram Moore et de Thankful Foster, et petit-fils de William Moore, chef de la Cape Ann Association du New Hampshire, qui s'établit dans le comté de Charlotte, Nouveau-Brunswick, en 1785 ; le 7 mai 1833, il épousa à Saint-David, Nouveau-Brunswick, Mary Louisa DeWolfe, et ils eurent deux fils et cinq filles ; décédé le 13 novembre 1893 à St Stephen (St Stephen-Milltown, Nouveau-Brunswick).

On ne sait ni où ni avec qui John Warren Moore fit son apprentissage, mais il devait être en train d'apprendre son métier quand, en 1829, il offrit à sa future femme une boîte de bois courbé, en bouleau, sur laquelle il avait gravé ses initiales. À peu près à la même époque, deux ébénistes, Nathaniel Sweet et Thomas J. Caswell, travaillaient dans la région de St Stephen-Milltown, et Moore fit peut-être son apprentissage avec l'un d'eux.

Moore ouvrit son propre atelier à St Stephen en 1833. Après quelques années, il emménagea dans d'autres locaux rue Water, où il fabriqua une grande quantité de meubles jusque vers la fin des années 1870. Au plus fort de son activité, outre les compagnons ébénistes qu'il employait, son atelier comptait jusqu'à huit apprentis. En 1855, Moore avait étendu son marché à la Nouvelle-Angleterre, où il avait ouvert un atelier et un entrepôt sur l'autre rive de la rivière Sainte-Croix, à Calais, dans le Maine. Il continua à exploiter ces installations au moins jusqu'au début des années 1870.

Un incendie détruisit l'atelier de la rue Water en juillet 1852, mais la plupart des meubles et autres objets furent sauvés. Moore se réinstalla rapidement dans la même rue, mais il vendit sa maison pour en racheter une beaucoup moins chère afin de ne pas trop s'endetter en démarrant son affaire. Vers le début des années 1850, il s'associa à George Moore pour ouvrir une manufacture de meubles à Moores Mills, mais l'association fut dissoute en septembre 1856.

À un moment donné, Moore ajouta des meubles de bateau et d'école à sa gamme complète de meubles pour la maison. Tout au long de sa carrière, il vendit des cercueils, mais contrairement à de nombreux ébénistes du Nouveau-Brunswick de l'époque il ne fut jamais entrepreneur des pompes funèbres. Il importait aussi des articles d'ameublement, des chromolithographies et des gravures sur acier, qu'il vendait dans ses salles de montre.

Le deuxième fils de John Warren Moore, Harris, fit son apprentissage auprès de lui ; en 1870, il se joignit à l'entreprise, qui devint alors la J. W. Moore and Son. Edward, son fils aîné, qui demeurait à Calais, possédait des intérêts dans l'affaire au cours des années 1870. Après le décès de Harris en 1883, on vendit la firme à H. E. Purington. Devenu à moitié invalide durant les dernières années qui précédèrent sa mort, Moore s'occupa en réparant des meubles. Membre actif de la franc-maçonnerie, il fut inhumé avec les honneurs de cet ordre.

T. G. Dilworth

AN, RG 31, C1, 1851, St Stephen, N.-B. — APNB, MC 71 ; RG 18, RS148, I1. — Charlotte Land Registry Office (St Andrews, N.-B.), Registry books, K : 123. — *Calais Advertiser* (Calais, Maine), 1er janv. 1851, 18 avril 1883, 15 nov. 1893. — *New-Brunswick Courier*, 25 juill. 1852. — *St. Croix Courier* (St Stephen [St Stephen-Milltown]), 14 oct. 1865, 11 févr., 11 oct. 1867, 14 avril 1870, 18 janv. 1871, 23 nov. 1893, 16 nov. 1895. — *McAlpine's Charlotte County directory* [...] (Saint-Jean), 1886–1887. — *N.B. directory*, 1865–1866. — C. [H.] Foss, « John Warren Moore – 1812–1893, cabinet-maker », Musée du N.-B., *Journal* (Saint-Jean), 1977 : 5–15.

MORETON, JULIAN, ministre de l'Église d'Angleterre et auteur, né le 29 août 1825 à Chelsea (Londres) ; il se maria et eut des enfants ; décédé le 16 décembre 1900 à Londres.

On ne sait rien des jeunes années de Julian Moreton, si ce n'est qu'il fut stagiaire chez un barrister, qu'il était attiré par le mouvement d'Oxford et qu'il décida d'être prêtre anglican. Son rang social l'empêchait d'embrasser cette carrière en Angleterre, et c'est probablement pour cette raison qu'il demanda, vers 1847, de devenir missionnaire. La même année, l'évêque Edward Feild*, de Terre-Neuve, fit part de son intention d'engager, « à défaut de ministres et de personnes entièrement formées », des jeunes hommes à qui « il ne manquait rien, sauf l'instruction poussée que seules [les] universités peuvent offrir ». Il accepta donc avec plaisir la candidature de Moreton en 1848 sur la recommandation de William Scott, de Hoxton (Londres), prêtre anglo-catholique en vue.

Après avoir suivi des cours privés, Moreton arriva à Terre-Neuve pour passer un an au Theological Institute de St John's, que l'on venait d'agrandir. Ordonné diacre en 1849, il devint prêtre un an plus tard. Missionnaire à Greenspond dans la baie de Bonavista de 1849 à 1860, il desservit cinq églises situées dans des îles différentes et jusqu'à 18 établissements accessibles seulement par voie d'eau. Pour subvenir à ses besoins, il dut arrondir le petit montant que lui versait la Society for the Propagation of the Gospel in Foreign Parts au moyen de collectes auprès des gens de sa mission, tâche que Feild décrivit comme « ingrate et laborieuse ».

Moreton ne tarda pas à connaître des difficultés financières et, en 1855, il tentait de remettre sa démission. Il se plaignait de la « cupidité » de ses ouailles qui, bien que plus à l'aise que lui, venaient mendier, et il se lamentait de devoir vivre de refus et de fausses promesses. Cependant, en 1858, il avait fait tellement de progrès qu'il était prêt à renoncer au soutien financier de la société et à vivre uniquement du fruit de ses collectes. Feild fut impressionné. L'année suivante, il écrivit dans le rapport de la société au sujet de cette mission à Terre-Neuve que, « nulle part probablement, des services semblables [n'étaient] rendus au prix d'autant d'efforts et de dévouement ». Il décrivit comment Moreton visitait Deadmans Bay à 30 milles de chez lui : il parcourait 16 milles à pied le long de la côte, ne se nourrissait que de pain, de beurre et de poisson salé et ne comptait que sur deux bons repas en neuf jours. Toutefois, ce genre de vie s'avéra trop difficile pour Moreton et sa santé se détériora complètement. Il s'installa donc à Bishop's Cove en 1860, puis à Romford, en Angleterre, l'année suivante, où il demeura jusqu'à ce qu'il obtienne un poste d'aumônier dans l'île de Labuan (Malaysia) en 1862.

En Angleterre, Moreton donna plusieurs conférences, que l'on publia à Londres en 1863 sous le titre de *Life and work in Newfoundland ; reminiscences of thirteen years spent there*. Ce livre présente un compte rendu détaillé de sa vie de missionnaire et renferme de bonnes descriptions de la population qui vivait dans les petits villages de pêcheurs de Terre-Neuve. Les missionnaires à cet endroit ne devaient s'attendre à aucun des égards auxquels avaient droit les membres du clergé en Angleterre, puisque les gens de l'île croyaient que c'était le salaire qui les attirait là. Les habitants de Greenspond avaient construit un temple en se gardant toutefois le loisir de décider par la suite s'il serait méthodiste ou anglican. Moreton était sans cesse en mouvement. Il décrit dans son livre ses visites dans les petits villages pendant l'hiver, à l'époque où les pêcheurs vivaient dans des cabanes en forêt ; il devait souvent dormir sur des billes de bois près du feu. Il recueillit des fonds pour construire une nouvelle église dans l'île Pinchards et pour payer des prédicateurs laïques dans la mission. Il écrivait souvent des lettres à la demande des illettrés, qui formaient la majorité de ses paroissiens : selon ses mémoires, « sur les 334 personnes qui se sont mariées dans les 7 années précédant septembre 1856, seulement 49 pouvaient écrire leur nom ». À part les agents des marchands, le receveur des douanes, le médecin et l'instituteur, les habitants de la région de Greenspond étaient pêcheurs. La plupart étaient d'origine anglaise, des colons ou des descendants de colons du Hampshire ou du comté de Dorset. Moreton consigna fidèlement dans son livre de nombreux mots et expressions typiques de Terre-Neuve.

Même à Labuan, Moreton pensait à Terre-Neuve en écrivant au *Colonial Church Chronicle* de Londres pour déplorer le sort des missionnaires, qui ne pouvaient espérer occuper un poste en Angleterre. Il se disait désolé à l'idée que, comme dans son cas, « un homme sans revenu parvenu à un certain âge ne puisse obtenir de vicariat » ; il faisait aussi remarquer que « les jeunes hommes formés dans des bureaux ou des maisons de comptable constituaient la majorité des missionnaires sans diplôme, à cause des perspectives peu encourageantes à leur retour des missions ». Moreton lui-même paya un tribut pour ses humbles origines. Après avoir quitté Labuan en 1868, il dut passer six ans à Penang (Pinang), avant de devenir simple vicaire à Londres. Ce n'est qu'en 1878 qu'il devint pasteur d'une nouvelle paroisse à Saltash.

Julian Moreton prit sa retraite en 1890, mais il continua à prononcer des allocutions et à rédiger des brochures à forte position anglo-catholique. Il faisait souvent allusion à la situation qui régnait à Terre-Neuve et à son héros, Edward Feild. En parlant des couples non mariés qui vivaient ensemble, il écrivit en 1891 : « Je me rappelle les propos très prudents de l'évêque Feild à ce sujet. Il ne recommandait même pas le rite du mariage pour les personnes qu'il savait vivre ensemble loin d'un temple et d'un ministre du culte, de crainte que l'on imagine que des unions contractées si officieusement ne soient invalides et susceptibles d'être rompues. » Moreton était un idéaliste inspiré par le mouvement d'Oxford qui, sous l'influence de Feild, l'étendit à Terre-Neuve et contribua par la suite à faire connaître davantage cette région en Angleterre.

FREDERICK JONES

En plus de *Life and work in Newfoundland,* Julian Moreton est l'auteur de : *A letter to the Rev. H. Bailey, in reply to recent strictures upon missionary societies and the missionaries* (Oxford, Angl., 1864) ; *Ritual in worship : now and hereafter* (Londres, 1888) et *Some thoughts on marriage* (Londres, 1891), qui sont tous deux disponibles dans la collection de brochures de la Univ. of Oxford, Faculty of Theology Library ; et *What is the characteristic grace of confirmation ? A treatise on the operation of the Holy Ghost in confirmation, with a scheme of instruction* (Londres, 1890).

RHL, USPG Arch., C/CAN/Nfl., 7 ; D.9A ; D.9B ; D.27/Nfl. — *Colonial Church Chronicle* (Londres), 1863 ; 1865. — *Mission Field* (Londres), 1 (1856)–6 (1861). — *Monthly Record of Church Missions* (Londres), 1 (1852)–4 (1855). — SPG *Report* (Londres), 1848–1861. — *Guardian* (Londres), 19 déc. 1900. — *The clergy list* [...] (Londres), 1845–1867. — *Crockford's clerical directory* [...] (Londres), 1858–1900.

MORGAN, HENRY, marchand, né le 14 novembre 1819 à Saline, Écosse, fils de Colin Morgan et de Mary Kidd ; décédé célibataire le 12 décembre 1893 à Montréal.

Troisième garçon d'une famille de condition modeste, Henry Morgan, après avoir fait des études, entre en 1837 à Glasgow dans une maison spécialisée dans le commerce en gros de marchandises sèches pour y faire son apprentissage. Attiré par les possibilités qu'offre l'Amérique du Nord, il décide en 1844 d'immigrer à Montréal. Dès le 14 janvier 1845, il y forme avec son compatriote David Smith une association dans le but de faire la vente au détail de marchandises sèches, sous la raison sociale de Smith and Morgan. Selon l'entente conclue pour cinq ans, Morgan est responsable des achats et des ventes tandis que Smith s'occupe des comptes et des paiements. En mai de la même année, les associés ouvrent un magasin rue Notre-Dame, où se trouvent déjà plusieurs autres commerces du même genre.

Spécialisée dans la vente de lainages, de tissus, d'articles de mercerie et de linge de maison, la Smith and Morgan connaît de bons débuts. En juin 1846, Morgan est fier d'annoncer à son frère James, chargé d'acheter les marchandises pour la Smith and Morgan à Glasgow et à Londres, qu'il a réalisé un profit de £800 après une première année en affaires. L'entreprise compte alors neuf commis et apprentis ; Henry ne ménage pas son temps, puisqu'il précise qu'il arrive au magasin à 5 heures du matin et n'en sort pas avant 2 heures de la nuit. Il suit de très près les achats et fait à son frère maintes recommandations et remarques qui touchent la qualité des marchandises ; il va même jusqu'à lui spécifier d'éviter les articles avec beaucoup de vert, car les clients n'aiment pas cette couleur qui fait trop irlandais !

En septembre 1849, Morgan, qui prévoit la fin de son association avec Smith en mai suivant, invite son frère James à se joindre à lui. En 1850, tous les deux forment la Henry Morgan and Company, et George W. Penney accepte de s'occuper des achats et de l'expédition des marchandises à Londres en retour d'une commission de 5 %. Les années qui suivent marquent une expansion continuelle des affaires et amènent les Morgan à s'installer dans un édifice plus vaste, rue McGill, en 1853, auquel ils grefferont un autre immeuble en 1858. La Henry Morgan and Company offre alors une grande variété d'articles de mercerie et des nouveautés importés d'Europe ; l'entreprise est d'ailleurs reconnue comme « le plus grand magasin de marchandises sèches, de robes et d'articles de mode » de Montréal. Elle emploie en 1853 au moins 20 commis.

Le caractère familial de l'entreprise est accentué avec l'entrée en fonction en 1863 de James Morgan, fils de James, qui commence au bas de l'échelle, puis en 1869 de Colin Daniel Morgan, fils de William, l'un des frères de Henry. Entre-temps, en 1866, la Henry Morgan and Company s'est une fois de plus installée dans des locaux plus spacieux, au 255 rue Saint-Jacques, dans un édifice de quatre étages construit par Harrison Stephens*. Selon le recensement de 1871, elle compte 37 employés, 12 hommes et 25 femmes, et l'inventaire de ses stocks totalise quelque 640 000$. Henry, toujours soucieux de maintenir son magasin à la fine pointe, se rend chaque été en Europe pour y suivre l'apparition des nouveautés et les sélectionner. Vraisemblablement en 1872, le magasin de Morgan innove en mettant des articles en vitrine. Jusque-là, les vitrines des magasins étaient teintées afin d'empêcher les concurrents de connaître les nouveautés qu'on offrait et c'est par le biais d'annonces dans les journaux qu'on faisait savoir de façon assez générale quelles marchandises venaient d'arriver par le dernier bateau. Cette initiative allait bientôt être suivie d'une autre qui confirmerait l'esprit novateur de Morgan : vers 1874, la Henry Morgan and Company devient la première maison de vente au détail au Canada à se doter de rayons. Inspirée du modèle français mis sur pied par le négociant Aristide Boucicaut à Paris en 1852 et adopté ensuite par les États-Unis, cette forme d'exploitation laisse au gérant la responsabilité des achats, des ventes et de la gestion de son rayon.

Après 32 ans à la tête de la Henry Morgan and Company, Morgan prend ses deux neveux comme associés en 1877. À compter de ce moment, Henry et James laissent aux deux plus jeunes associés la responsabilité des achats, de la supervision des rayons et de la modernisation. Les Morgan font une fois de plus preuve d'audace en décidant en 1891 de quitter la basse ville pour s'installer dans un nouveau magasin, construit au coût de 325 000 $, rue Sainte-Catherine, en haut de la côte du Beaver Hall, dans un secteur résidentiel. La justesse de leurs vues, c'est-à-dire que le développement de Montréal se ferait vers le nord, ne devait pas tarder à être confirmée.

Neuf mois après la mort de son frère James, Henry Morgan décède à son tour, le 12 décembre 1893, laissant une entreprise prospère aux mains de ses neveux. La Henry Morgan and Company va continuer son expansion au XXe siècle et demeurer une firme familiale jusqu'à sa vente à la Hudson's Bay Company en 1960.

HUGUETTE FILTEAU

AN, RG 31, C1, 1871, Montréal-Centre. — McGill Univ. Arch., MG 1002, Acc. 2443. — *Gazette* (Montréal), 13 nov. 1923. — *Montreal Daily Star,* 12 déc. 1893. — *Montreal directory,* 1842–1890. — *Architecture commerciale : les magasins et les cinémas* (Montréal, 1985). — Atherton, *Montreal,* 3 : 629–631. — J. W. Ferry, *A history of the department store* (New York, 1960). — *The storied province of Quebec ; past and present,* William Wood *et al.*, édit. (5 vol., Toronto, 1931–1932), 4. — *Montreal Daily Star,* 10 nov. 1923, 21 mai 1945. — *Women's Wear News* (Montréal), 25 juin 1936.

MORIN, ACHILLE (baptisé **Achille-Gabriel**), patriote et marchand, né le 17 juillet 1815 à Montréal, fils de Pierre-Hector Morin, marchand, et de Victoire Côté ; décédé le 30 août 1898 à Amherstburg, Ontario.

Au début de 1838, Achille Morin s'installa avec ses parents à Napierville, au Bas-Canada, dans une maison qui appartenait à son oncle Cyrille-Hector-Octave Côté*, exilé aux États-Unis par suite de l'échec de la rébellion de 1837. D'une taille légèrement supérieure à la moyenne (il mesurait 5 pieds 7 pouces), il avait les cheveux bruns et les yeux noisette foncé. Peut-être avait-il déjà, du côté gauche de la bouche, la grande brûlure que les autorités britanniques allaient soigneusement noter, plus tard, comme signe distinctif. Son installation à Napierville allait avoir des conséquences désastreuses pour lui car, le 3 novembre 1838, l'insurrection éclata de nouveau au sud de Montréal. Ce jour-là, Napierville était en pleine effervescence et, dès le début de l'après-midi, plus de 150 patriotes étaient rassemblés. Équipés d'armes de toutes sortes, ils arrêtèrent des loyalistes et quelques personnes neutres. Dans la nuit, Côté, Robert Nelson* et Charles Hindenlang* arrivèrent des États-Unis. Mobilisées sans délai, les troupes britanniques marchèrent sur Napierville, et Nelson, à la tête d'un groupe de plus d'un millier d'hommes, parmi lesquels se trouvaient Achille Morin et son père, se replièrent en toute hâte sur Odelltown. Blessé à la jambe au cours de la bataille qui eut lieu à cet endroit le 9 novembre, Achille ne put s'enfuir. Il fut arrêté par nul autre que le commandant en chef, sir John Colborne*, et dut regagner Napierville à marche forcée.

Le 14 novembre, Morin rejoignit son père en prison à Montréal. Accusés de trahison, ils passèrent tous deux devant le troisième conseil de guerre chargé de juger les patriotes. D'autres habitants de Napierville, dont Guillaume Lévesque* et Pierre-Théophile Decoigne*, comparurent aussi au cours de ce procès spectaculaire, qui s'ouvrit le 24 décembre. La couronne ne produisit qu'une maigre preuve contre le jeune Morin. Aucun témoin ne l'avait vu porter une arme à Napierville ni participer à la bataille d'Odelltown ; personne ne put prouver qu'il appartenait à l'Association des frères-chasseurs, la société secrète des patriotes. Cependant, un marchand, également juge de paix, jura l'avoir entendu dire qu'« il a[vait] été blessé à Lacol[l]e ou à Odelltown », ce que l'intéressé ne contesta pas. Comme tous les autres accusés, Morin dut se défendre lui-même. Il minimisa l'importance de sa blessure en affirmant que la couronne n'avait pas établi si c'était « un patriote ou un loyaliste » qui la lui avait infligée. Indifférent aux subtilités juridiques et même à la nécessité d'avoir une preuve satisfaisante, le tribunal militaire s'empressa de le juger coupable et, le 2 janvier 1839, le condamna à la pendaison.

Le père de Morin avait été condamné à la même peine ; comme aucun d'eux ne bénéficiait d'une demande de grâce, ils connurent tous deux des mois d'incertitude terrible. Le *Montreal Transcript* réclama une sentence exemplaire, la pendaison, pour Morin père, homme « instruit et cultivé » ; quant au *Montreal Herald*, journal ultra-conservateur, il trouvait que la preuve de la couronne n'était pas convaincante et demanda que l'on fasse grâce à ce citoyen respecté. À la fin de janvier, *la Gazette de Québec* rapporta que Colborne avait commandé des cercueils pour les Morin mais, en mars, ils savaient qu'ils échapperaient à l'échafaud. De multiples rumeurs sur leur sort parcoururent la prison jusqu'à ce que, le 25 septembre, ils apprennent officiellement qu'on les exilerait dans une colonie pénitentiaire avec 56 autres prisonniers.

Le 27 septembre 1839, le bâtiment de transport *Buffalo* quittait Québec avec à son bord les 58 patriotes, dont les Morin. Les prisonniers bas-canadiens débarquèrent le 25 février 1840 à Sydney, en Nouvelle-Galles du Sud. Le gouverneur, sir George Gipps, projetait d'envoyer les patriotes au bagne de l'île Norfolk, mais le vicaire apostolique catholique d'Australie, John Bede Polding, se porta personnellement garant de leur bonne conduite, et Gipps les plaça plutôt au camp de travail de Longbottom, à huit milles de Sydney. Contrairement aux criminels, les patriotes n'étaient pas enchaînés pour travailler, mais ils trimaient dur ; leur labeur consistait surtout à concasser des pierres et à fabriquer des briques pour les routes de Sydney. À mesure qu'ils s'accoutumaient à la captivité, ils se mirent à capturer du poisson pour agrémenter leur ordinaire, à inventer des jeux pour passer le temps et à exploiter, illégalement, des petits commerces, la vente de charbon de bois par exemple. En juillet 1840, Achille Morin faillit être abattu d'un coup de feu en tentant de jouer un tour à des camarades qui gardaient du charbon de bois.

Respectés dans leurs paroisses avant la rébellion, les prisonniers canadiens ne pouvaient accepter qu'on les traite comme des criminels de droit commun. Cette humiliation, ajoutée au mal du pays et à la malnutrition, comme à la cupidité et à l'ambition de quelques-uns d'entre eux, éroda leur camaraderie. En décembre 1840, au cours d'un incident provoqué par Jérémie Rochon, Morin en vint aux mains avec Jean Laberge. En mai 1841, François-Maurice Lepailleur, toujours prêt à critiquer, l'accusa de paresse et d'insubordination parce qu'« il partait, comme un patron », pour Longbottom avant d'avoir terminé les heures où il devait décharger des pierres au quai.

L'horizon de Morin s'élargit en août 1841 : il devint messager du camp, si bien qu'il accompagnait le commandant quand celui-ci se rendait à Sydney ou à Parramatta. Grâce à cette fonction, il entendait toutes les rumeurs qui portaient sur le sort des Canadiens. Avant la fin de l'année, quelques prisonniers, assignés à un maître, commencèrent à quitter Longbottom grâce à des permis de mise en liberté conditionnelle. En janvier 1842, Morin devint aide-imprimeur chez Patrick Grant, l'éditeur de la *Sydney Gazette and New South Wales Advertiser*. Une fois son contrat terminé, il quitta Grant pour ouvrir, avec son père, une entreprise de bière de gingembre. Cependant, Sydney connaissait une grave crise économique au début des années 1840 et, comme ses compatriotes, Morin cherchait surtout à demeurer solvable. En février 1843, il avait des dettes parce que Grant lui devait encore des gages. En juin, il était ouvrier dans un vignoble, mais son père, souvent malade et en chômage, grignotait tout son revenu.

Entre-temps, même s'il avait refusé d'amnistier les exilés, le gouvernement britannique avait promis d'accueillir positivement les requêtes individuelles. Le frère de Morin, capitaine de port à Sandwich (Windsor, Ontario) et premier lieutenant dans l'artillerie provinciale, en présenta immédiatement une pour la libération de ses deux parents. Les Morin apprirent le 10 avril 1844 qu'ils étaient graciés mais, en raison de l'état de santé de Pierre-Hector et d'une pénurie de fonds, ils durent rester sur place quand, en juillet, leurs camarades mieux pourvus achetèrent des places pour Londres. Les Morin ne purent partir qu'en février 1847 et arrivèrent à Montréal en août.

Amer, Achille Morin avait quitté le Bas-Canada sans regret en 1839, en proclamant qu'il ne pouvait pas imaginer pire endroit au monde. Une fois de retour, il trouva difficile de s'établir dans sa province natale. Au début de 1850, il partit pour la Californie, présumément pour participer à la ruée vers l'or. N'ayant pas eu de succès, il revint et ouvrit un commerce à Montréal. Le 4 novembre 1851, il épousa Marie-Esther Routier. Pendant les dix années suivantes, ils vécurent à Sandwich, eurent une terre dans le Missouri et s'installèrent finalement à Amherstburg, où Morin trouva un emploi stable dans une compagnie de transport maritime. Marie-Esther mourut le 11 juin 1860 ; aucun de leurs enfants ne survécut. Le 19 novembre 1861, Morin épousa Antoinette Caldwell, avec qui il eut quatre enfants, dont un mourut en bas âge. De constitution forte, il demeura en bonne santé presque jusqu'à sa mort, en 1898 ; il avait alors 83 ans. Ses funérailles eurent lieu sous les auspices de la section locale de la Société Saint-Jean-Baptiste, et on l'inhuma dans le cimetière catholique.

Jeune homme, Achille Morin avait été entraîné dans des événements qui le dépassaient. Contrairement à la plupart des insurgés de 1838, il fut sévèrement puni mais, comme bon nombre de ceux que l'on déporta, il passa le reste de sa vie dans une obscurité relative. Peut-être est-il juste que la plus belle épitaphe consacrée aux exilés ait paru à Sydney 40 ans après leur départ. Elle disait : « Leurs bonnes actions, leur bienveillance envers les pauvres, leur courtoisie et leur ardeur au travail ont laissé un souvenir durable ».

BEVERLEY D. GREENWOOD

AN, MG 24, A19, 6 ; 21–22. — ANQ-Q, E17/32, n°s 2510, 2544, 2548 ; E17/33 : 2692 ; P-148. — Arch. Office of New South Wales (Sydney, Australie), 4/4159, n° 42/408 ; 4/4287, n° 29/1 ; 4/4495, P159 ; X624A : 48–53. — Bibliothèque de la ville de Montréal, Salle Gagnon, fonds Ægidius Fauteux. — Mitchell Library (Sydney), MS coll., A1296 : 197–203, Dispatches to the governor of New South Wales, Lord Stanley's dispatch private, 31 janv. 1845. — PRO, CO 42/509 : 6 ; CO 201/306 ; CO 537/141–143 (mfm aux AN). — St John the Baptist (Roman Catholic) Church (Amherstburg, Ontario), Reg. of baptisms, marriages, and burials, 12 juin 1860, 19 nov. 1861, 1er sept. 1898. — [L.-]L. Ducharme, *Journal d'un exilé politique aux terres australes* (Montréal, 1845 ; réimpr., 1974). — F.-M. Lepailleur, *Journal d'exil : la vie d'un patriote de 1838 déporté en Australie*, introd. de R.-L. Séguin (Montréal, 1972) ; *Land of a thousand sorrows : the Australian prison journal, 1840–1842, of the exiled Canadian Patriote, François-Maurice Lepailleur*, F. M. Greenwood, trad. et édit. (Vancouver, 1980). — F.-X. Prieur, *Notes d'un condamné politique de 1838* (Montréal, 1884 ; réimpr., 1974). — *Report of the state trials, before a general court martial held at Montreal in 1838–9 : exhibiting a complete history of the late rebellion in Lower Canada* (2 vol., Montréal, 1839), 149–226. — *Quebec Gazette*, 16 nov. 1838, 28, 30 janv., 1er févr. 1839. — *La Minerve*, 3 janv. 1850. — *Montreal Transcript*, 24 janv. 1839. — *North American* (Swanton, Vt.), 28 août, 17 sept. 1839. — *Sydney Colonist*, 29 févr. 1840. — *Sydney Gazette and New South Wales Advertiser*, 10 mars 1840. — B. D. Boissery, « The Patriote convicts : a study of the 1838 rebellion in Lower Canada and the transportation of some participants to New South Wales » (thèse de PH.D., Australian National Univ., Sydney, 1977). — F. M. Greenwood, « The general court martial of 1838–39 in Lower Canada : an abuse of justice », *Canadian perspectives on law & society : issues in legal history*, W. W. Pue et Barry Wright, édit. (Ottawa, 1988), 249–290.

MORTON, CATHARINE (McLellan), militante de la tempérance et laïque engagée, née en 1837 à Penobsquis, Nouveau-Brunswick, fille de George Augustus Morton et de Mary Sipperal ; elle épousa Alexander James McLellan, de l'Île-du-Prince-Édouard, et ils n'eurent pas d'enfants ; décédée le 18 août 1892 à Victoria.

Catharine Morton était issue par son père d'une famille de *planters* de la Nouvelle-Angleterre qui s'était fixée vers 1760 à Cornwallis, en Nouvelle-Écosse. Son grand-père paternel avait quitté cet endroit dans les années 1790 pour s'installer au Nouveau-Brunswick, et son père fut juge de paix dans le comté de Kings. C'est en 1865 qu'elle partit pour Victoria, dans l'île de Vancouver, en compagnie de son mari.

Comme bon nombre des premiers immigrants de la colonie, Alexander James McLellan avait été attiré dans l'île de Vancouver par la perspective de nouveaux débouchés économiques. À titre d'entrepreneur, il participa à divers travaux, tant dans l'île même que sur le continent. Il fut de l'équipe qui exécuta les levés du chemin de fer canadien du Pacifique en 1871 et, durant les années 1870 et 1880, il fut surintendant de l'aménagement des pistes et de la construction des voies ferrées et des ponts. En 1885, il obtint le marché de construction des sections sud de l'Esquimalt and Nanaimo Railway [V. Robert Dunsmuir*]. De plus, dans les années 1880, il ouvrit, entre autres, la McLellan Salmon Cannery, dans la vallée de la rivière Nass.

Il n'existe guère de précisions sur l'activité de Catharine McLellan dans les années 1870, à l'époque où son mari travaillait et voyageait. Peut-être demeura-t-elle à leur maison de Victoria, mais quelques articles de journaux laissent entendre qu'elle accompagnait son mari dans ses déplacements. Selon le *Victoria Daily Standard* du 3 décembre 1877, « le surintendant de la voirie et sa famille [avaient] demandé des chevaux de selle », et l'on avait transporté « un coffre pesant 130 livres et appartenant à la famille du surintendant ». Le journal reprochait aussi à McLellan de faire « construire un châlit permanent à chaque étape ». Vers 1885 environ, Catharine McLellan n'était sûrement pas une voyageuse inexpérimentée, car elle avait visité l'est du Canada, l'intérieur de la Colombie-Britannique et la Californie méridionale, d'abord avec son mari, puis pour vaquer à ses propres occupations. Sa mobilité indique que les mœurs ne la confinaient pas à la maison et au temple.

Dans la dernière décennie de sa vie, Catharine McLellan fit partie du bureau de la Woman's Christian Temperance Union [V. Letitia CREIGHTON] et de la Woman's Missionary Society, la principale organisation féminine de l'Église méthodiste du Canada. En juillet 1883, une section provinciale et une section locale de la Woman's Christian Temperance Union étaient nées à Victoria, après la visite cet été-là de Frances Elizabeth Caroline Willard, présidente du mouvement aux États-Unis. Catharine McLellan était membre du comité du groupe de la Colombie-Britannique sur la déclaration de principes et le plan de travail, et elle fit partie du premier bureau de l'union à Victoria à titre de secrétaire-correspondante. Élue présidente locale le 18 novembre 1883, elle devint, en 1886–1887, surintendante provinciale du service qui s'occupait du travail auprès des jeunes femmes. Bien qu'elle ait sans doute signé les pétitions pour le suffrage féminin que la Woman's Christian Temperance Union envoyait chaque année au gouvernement provincial, elle s'intéressait avant tout à l'éducation morale, thème dominant de l'organisme dans les années 1880. Au troisième congrès annuel de la Woman's Christian Temperance Union de la Colombie-Britannique, qui se tint à New Westminster du 23 au 25 août 1886, elle fit une communication intitulée « Social purity », dans laquelle elle prônait la prohibition des boissons alcooliques et l'adoption d'une norme de comportement sexuel unique pour les hommes et les femmes : la fidélité conjugale.

Catharine McLellan fut aussi présidente de la Woman's Missionary Society de l'église méthodiste Gorge Road (appelée Centennial à compter de 1891). Même si elle avait grandi dans la foi baptiste, elle-même et son mari, méthodiste, avaient figuré parmi les membres fondateurs de cette congrégation en 1885, et ils contribuèrent à son essor tant financièrement qu'en y exerçant des fonctions administratives. Pendant le mandat de Mme McLellan, cette section de la Woman's Missionary Society soutint des missions et des services au Canada et à l'étranger, et elle apporta une aide financière à des établissements tels que la Crosby Girls' Home de Port Simpson, l'Oriental Rescue Home de Victoria et plusieurs hôpitaux. Sa présidence aurait pu être marquante n'eût été la grave maladie qui l'affectait déjà et qui devait l'emporter en août 1892.

Le *Daily Colonist* de Victoria célébra, dans sa notice nécrologique, la piété toute chrétienne de Catharine McLellan et son caractère exemplaire. Quant à l'hommage que lui rendirent Maria Grant [Pollard*] et Emma Spencer [Lazenby*] à ses obsèques, il indique qu'elle avait été l'alliée et l'amie des femmes de l'époque victorienne qui allaient dominer le mouvement de réforme politique provincial des années 1890 et du début du XXe siècle.

EILEEN DAOUST ET BARBARA K. LATHAM

Kings County Hist. Soc. Museum & Arch. (Hampton, N.-B.), Notes on the Morton family. — PABC, Add. MSS 2227 ; GR 1052, box 3, n° 71 — UCC, British Columbia Conference Arch. (Vancouver), Centennial Methodist/United Church (Victoria) records, particulièrement Woman's Missionary Soc., minutes, 1891–1892. — Woman's Christian Temperance Union of British Columbia, *Yearbook and proc. of the annual convention* (New Westminster), 1886–1891 ; 1893–1894 ; 1896–1897. — *Daily Colonist* (Victoria), 19–21 août 1892. — *Victoria Daily Standard*, 3–4 déc. 1877. — *New Brunswick loyalists : a bicentennial tribute*, Sharon Dubeau, compil. (Agincourt [Toronto], 1983). — H. T. Allen, *Forty years' journey : the temperance movement in British Columbia to 1900* (Victoria, 1981). — M. H. Cramer, « Public and political : documents of the woman's suffrage campaign in British Columbia, 1871–1917 : the view from Victoria », *In her own right : selected essays on women's history in B.C.*, Barbara Latham et Cathy Kess, édit. (Victoria, 1980), 79–100. — Eaton, *Hist. of Kings County*. — [M. L. Gordon *et al.*], *1887–1947 ; diamond jubilee of the Woman's Missionary Society in British Columbia* (Vancouver, [1947]). — Lyn Gough, *As wise as serpents ; 1883–1939 : five women & an organization that changed British Columbia* (Victoria, 1988), 1–7. — [L. E. Macpherson], *Historical sketch of the Woman's Christian Temperance Union of British Columbia, commemorating [seventy] years of service, 1883–1953* ([Vancouver, 1953]). — R. D. Turner, *Vancouver Island railroads* (San Marino, Calif., 1973). — *Kings County Record* (Sussex, N.-B.), 8 janv. 1926.

MORTON, GEORGE ELKANA, pharmacien, libraire, éditeur et auteur, né le 25 mars 1811 à Upper Dyke, Nouvelle-Écosse, fils aîné de John Morton et d'Ann Cogswell, sœur de Henry Hezekiah Cogswell* ; le 26 mai 1849, il épousa à Preston, Nouvelle-Écosse, Martha Elizabeth Katzmann, et ils eurent deux enfants ; décédé le 12 mars 1892 à Halifax.

George Elkana Morton, dont le père était « l'un des fils les plus distingués du comté de King », eut pour instituteur le ministre presbytérien William Forsyth. À l'âge de 17 ans, il s'installa à Halifax et commença à travailler dans la première « vraie » pharmacie de la ville, que le docteur William Macara avait ouverte rue

Granville en 1822. Il finit par succéder à Macara et, en 1837, s'établit rue Hollis, où il vendait, selon sa réclame, « toute une gamme de REMÈDES, AUTHENTIQUES MÉDICAMENTS BREVETÉS, épices, parfums, graines de potager et de fleurs ». Cinq ans plus tard s'ouvrait, rue Granville, le Morton's Medical Warehouse, grossiste et détaillant de produits pharmaceutiques, la plus grande entreprise du genre dans la province au cours des années 1850, signalait-on par la suite, et peut-être la première à employer des commis voyageurs. À différents moments, Morton fut associé à son frère Lemuel James Morton (association dissoute en 1854), à Alexander Forsyth, et probablement à Leander Cogswell.

En 1856, la G. E. Morton and Company était en outre « mandataire des Illustrated London Newspapers, de l'Illustrated Times et d'autres publications illustrées ». C'est vers cette époque que Morton semble avoir éprouvé des difficultés financières qui l'obligèrent à hypothéquer sa propriété. En 1865, en vertu d'une saisie de l'hypothèque, on avait vendu ses locaux ; par la suite, il semble avoir poursuivi ses activités commerciales dans des locaux loués. Au fil des ans, sa compagnie se consacra surtout à la vente de livres et de papeterie, et à compter de 1873 on la désignait simplement comme « agence de livres et d'informations », ce qu'elle demeura jusque vers 1890.

Morton participait depuis longtemps à la vie littéraire de Halifax. Dans les années 1850, il avait contribué à la publication du *Provincial : or Halifax Monthly Magazine*, dont la rédactrice en chef était sa belle-sœur Mary Jane Katzmann*, et l'on dit qu'il publia des articles dans le *Guardian*, le *British Colonist* et d'autres journaux. Le *Banter*, magazine satirique lancé en 1874, était imprimé à son agence d'information. Son ouvrage, *Halifax guide book* [...], l'un des premiers guides touristiques de la ville, parut en 1878, et Morton écrivit peut-être un guide du Cap-Breton quelques années plus tard. Deux journaux intimes, rédigés en 1878 et 1880, mais restés inédits, renferment ses commentaires sur les événements politiques et sociaux.

Morton était membre à vie de la St George's Society, dont il fut trésorier de 1848 à 1851 et vice-président adjoint de 1852 à 1854. Également trésorier de la Micmac Missionary Society, de 1850 à 1861, il fut membre du comité de gestion en 1863 et 1864 [V. Silas Tertius Rand*]. À Halifax, le 2 janvier 1878, Morton assista à l'assemblée de fondation de la Nova Scotia Historical Society à Province House. Il fut membre du comité organisateur de l'assemblée inaugurale de cet organisme, qui eut lieu le 21 juin, jour anniversaire de Halifax (en souvenir de l'arrivée d'Edward Cornwallis* en 1749), et fut couronnée de succès. Membre du conseil durant les premières années, décisives, de cette société, il lui demeura fidèle jusqu'à sa mort.

Morton s'était toujours intéressé à la télégraphie et il faisait partie, avec Samuel Cunard* notamment, du conseil d'administration de la Nova Scotia Electric Telegraph Company. Constituée juridiquement en 1851, cette société avait pour objectif d'étendre le réseau télégraphique de la province jusqu'à Sydney, Liverpool et Yarmouth. Morton fut membre du conseil d'administration jusqu'au 11 janvier 1860 ; ce jour-là, à l'occasion de l'assemblée annuelle, actionnaires et représentants se dirent très mécontents de la gestion de la compagnie et « tous les anciens reçurent leur congé ». Morton participa aussi à d'autres entreprises commerciales. En 1854, il fut l'un de ceux qui aidèrent William Henry Pope* à financer l'achat de la propriété de Charles Worrell* à l'Île-du-Prince-Édouard. Après que l'on eut découvert de l'or en Nouvelle-Écosse, dans les années 1860, il détint plusieurs concessions minières dans les comtés de Halifax et de Hants, et fut du premier groupe d'actionnaires de la Nova Scotia Sugar Refinery Limited, constituée juridiquement en 1880.

Pendant une génération, George Elkana Morton participa activement à la vie publique de Halifax et de la Nouvelle-Écosse. Farouche partisan de la Confédération, il était l'ami personnel de nombreux chefs de file conservateurs, dont James William Johnston*, sir Charles Tupper* et Simon Hugh Holmes*. Il mourut deux semaines avant son quatre-vingt-unième anniversaire de naissance, des suites d'un accident au cours duquel ses vêtements avaient pris feu. Une notice nécrologique parue dans le *Halifax Herald* reconnaissait en lui « un grand liseur et un homme aux goûts littéraires raffinés » ; « comme son esprit était bien meublé de connaissances littéraires et [qu'il avait] une provision intarissable d'anecdotes, sa librairie [avait] longtemps [été] l'un des lieux de rendez-vous favoris de ceux qui partageaient ses goûts ».

PHYLLIS R. BLAKELEY

PANS, MG 1, 315, n° 2 ; MG 4, 18 : 37 ; MG 20, 337–339 ; 642, n° 1 ; 704, n° 16 ; RG 5, P, 122, 1836, n° 37. — Micmac Missionary Soc., *Annual report of the committee* (Halifax), 1850–1861 ; 1863–1867. — *Provincial : or Halifax Monthly Magazine*, 1 (1852)–2 (1853). — *Halifax Herald*, 14 mars 1892. — *Halifax Morning Sun*, 18, 22 janv. 1860. — *Morning Journal and Commercial Advertiser* (Halifax), 13, 20 janv. 1860. — *Novascotian*, 23 mars 1837, 4 juin 1849. — *Belcher's farmer's almanack*, 1850–1877. — *Halifax and its business : containing historical sketch, and description of the city and its institutions* [...] (Halifax, 1876). — Eaton, *Hist. of Kings County*.

MOTTON, ROBERT, avocat, magistrat stipendiaire, juge et homme politique, baptisé le 28 octobre 1832 à Halifax, fils de Robert Motton, métallurgiste du Devon, Angleterre, et d'Eleanor Moore ; le 22 juillet 1856, il épousa à Halifax Rachel Flemming, et ils eurent une fille qui mourut en bas âge, puis le 29 août 1861, au même endroit, Maggie Coleman, et de ce mariage naquirent deux fils ; décédé le 24 août 1898 à Providence, Rhode Island, et enterré au Camp Hill Cemetery dans sa ville natale.

Après avoir étudié à la Halifax Grammar School, Robert Motton fit son droit avec Peter Lynch et fut reçu au barreau de la Nouvelle-Écosse à titre d'attorney en 1853 et de barrister en décembre de l'année suivante. Pendant son stage en droit, il se mêla un peu de journalisme. Les « détails croustillants de scandales et de ragots » qu'il publia en 1854 dans le *Morning Journal* de William Archibald Penney l'entraînèrent dans une dispute mesquine et hargneuse avec John Henry Crosskill*, rédacteur en chef du *British North American* pour lequel il avait déjà écrit.

Motton ouvrit son premier cabinet rue Hollis à Halifax, peu de temps après être devenu barrister. En 1861, il se vit interdire de plaider devant la Cour suprême pour négligence professionnelle dans une cause civile. Forcé de limiter ses activités aux tribunaux inférieurs et de se mettre au service d'une agence de recouvrement, il devint un personnage familier du tribunal de police et de droit criminel, et des tribunaux municipaux de droit civil et criminel de plus haute instance à Halifax. Après avoir réussi à se réinscrire au barreau en 1864, il parvint à se constituer une impressionnante clientèle, surtout à titre d'avocat de la défense. Le gouvernement lui confia également de fréquents mandats pour la couronne, et il devint conseiller de la reine en 1876. Un peu plus tard, on le nomma magistrat stipendiaire et officier de l'état civil de la municipalité de Dartmouth, où il résida jusqu'à ce qu'il retourne à sa clientèle privée en 1879.

Les années 1880 furent très chargées pour Motton. Il assuma notamment la plus grande partie de la défense de Joseph Nick Thibault, accusé de meurtre en 1880. Dans cette cause particulièrement désespérée où le procureur général John Sparrow David THOMPSON plaidait pour la couronne, Motton fonda son plaidoyer infructueux sur le caractère irrationnel du prétendu crime. En 1882, il devint l'un des deux conseillers juridiques de la Society for the Prevention of Cruelty, le principal organisme chargé de poursuivre devant le tribunal d'instance les personnes accusées de mauvais traitements à l'endroit des femmes, des enfants, des marins et des animaux. L'année suivante, il s'acquitta seul de cette charge. Il remplit d'autres fonctions juridiques, dont celles de remplacer le premier magistrat stipendiaire de Halifax, Henry PRYOR, d'assister le coroner dans l'enquête sur l'incendie survenu à l'hospice de Halifax en 1882, d'agir en qualité de procureur pour la poursuite au nom de la commission établie en vertu de la loi fédérale sur les boissons alcooliques de 1883 (le *McCarthy Act*), avant qu'on ne la déclare inconstitutionnelle en 1885, et finalement d'être avocat-conseil dans l'enquête législative instituée en 1886 relativement à la gestion du City and Provincial Hospital. La carrière juridique de Motton connut son apogée lorsqu'il remplaça Pryor à titre de magistrat stipendiaire pour Halifax, en 1886. Il s'agissait d'un poste à vie et de la seule charge de juge attribuée à la discrétion du gouvernement provincial mais rémunérée par la municipalité.

Les activités politiques de Motton durant les années 1870 et 1880 indiquent qu'il chercha également à se faire élire député. D'abord partisan, semble-t-il, de la Confédération, il changea d'idée par la suite et se joignit à ses adversaires. Il soutint le gouvernement anti-confédérateur dirigé par le libéral William Annand* jusqu'en 1873, année où une élection partielle dans la circonscription de Halifax, rendue nécessaire par la mort de William Garvie*, entraîna la formation d'un groupe dissident. Opposé à la manière dont on avait nommé le candidat du parti libéral, parce que, selon ses rivaux, il aurait voulu être lui-même choisi, Motton prit la tête de l'éphémère formation appelée Young Nova Scotia Party. Il brigua les suffrages contre le libéral John Taylor en proposant l'abolition du Conseil législatif, la réduction du nombre de députés, la réforme du système de subventions pour la construction de routes et l'utilisation des économies réalisées grâce à ces mesures pour améliorer la qualité de l'éducation. Ces questions disparurent cependant vite sous l'avalanche d'invectives personnelles qui caractérisa la brève campagne. La lutte semblait opposer vieux et jeunes, hommes politiques de la classe aisée des marchands et nouveaux éléments, Annand, le chef du gouvernement, et Motton, le néophyte. N'ayant récolté que 30 % du vote, ce dernier essaya en vain de faire exclure Taylor de ses fonctions. Quoi qu'il en soit, il allait bientôt réintégrer définitivement les rangs des libéraux.

Motton s'intéressa également à la politique municipale à Halifax. Toujours à l'avant-garde des questions concernant le progrès local, il fut élu échevin en 1880 pour un mandat de trois ans dans le quartier n° 3, lequel comprenait le centre commercial et administratif de la ville ainsi que son quartier mal famé. Il échoua toutefois dans sa tentative de se faire élire commissaire d'écoles en 1880, ou maire l'année suivante. Tandis qu'il était échevin, il présida le comité des lois et privilèges pendant trois ans ainsi que le comité de police durant deux ans. Partisan de l'économie et de l'efficacité dans les affaires municipales, Motton adopta une attitude stricte relativement aux questions financières, sauf lorsqu'il s'agissait d'appuyer de nouvelles industries comme une cale sèche ou une filature de coton, entreprises qu'il soutint sans réserve.

Ainsi, lorsque Motton assuma sa charge de juge en 1886, il était à la fois un habile plaideur et un homme politique frustré. Ses huit années de magistrature allaient coïncider avec une période où des réformateurs sociaux étaient en train de livrer la guerre à l'alcool, à la prostitution et à la violence familiale. Toutes ces préoccupations étaient donc à l'ordre du jour du tribunal de police qu'il présidait. (Il siégeait également au tribunal de droit civil de la municipalité.) Méthodiste actif dans les mouvements de tempérance, de moralité publique et d'observance du dimanche, le juge Motton ne se gênait pas pour manifester ses partis pris en cour. Lorsque cinq femmes accusées d'être « pensionnaires d'une maison de prostitution » comparurent devant lui en 1887 à la suite d'une descente de police à la taverne Stone Jug, située rue Brunswick Sud dans le quartier des maisons de passe de Halifax, Motton leur imposa une sentence de quatre mois de prison sans leur accorder, comme c'était l'habitude, la possibilité de ne payer qu'une amende. Il démontrait ainsi, selon le *Morning Herald,* qu'il « faisait de la loi une terreur pour les malfaiteurs » et qu'il ne permettrait pas « aux criminels notoires de s'en tirer avec une peine insignifiante ». Ceux qui ne respectaient pas le dimanche, des adventistes du septième jour aux conducteurs de tramways en passant par les commerçants, étaient également l'objet de son châtiment. Cependant, il traitait les ivrognes, qui constituaient la majorité des contrevenants à comparaître devant lui, avec moins de rigueur car Motton, prohibitionniste déclaré, blâmait le vendeur plutôt que le buveur. Toutefois, lorsque la mauvaise habitude de l'ivrogne avait des conséquences néfastes pour sa famille, il se montrait plus sévère. Devant une commission fédérale d'enquête sur le trafic d'alcool tenue en 1892, il déplora particulièrement « les cas de femmes battues ; les cas de négligence envers l'épouse et la famille ; les cas de personnes qui agiss[aient] inconsidérément en consacrant à l'alcool l'argent et le temps qui [devaient] revenir à leur famille ». Il était toutefois convaincu que les lois devaient refléter les normes de la collectivité. « Une loi sur les permis, comme n'importe quelle loi, n'a pas grand valeur tant que l'opinion publique ne lui insuffle pas la vie », disait-il.

Au cours des années 1880 et au début des années 1890, Robert Motton fut un homme bien en vue et sollicité dans toute la province comme orateur public. Il prononça des conférences sur des questions d'actualité, des problèmes moraux ainsi que sur ses propres expériences juridiques devant une grande variété d'auditoires. En 1894, Motton se rendit compte qu'il perdait sa poigne en raison de sa mauvaise santé, et il décida de prendre sa retraite et de s'installer aux États-Unis dans l'espoir de se rétablir. À sa mort survenue en 1898 tout comme de son vivant, de nombreuses personnes de Halifax lui rendirent hommage. Les journaux écrivirent qu'« à titre d'avocat plaideur, il n'avait pas son égal », qu'en qualité de conférencier, il se classait « bon premier » et qu'en tant que magistrat il accordait une « attention inlassable » à ses devoirs.

JUDITH FINGARD

PANS, Churches, St Andrew's Presbyterian Church (Halifax), records of Grafton Street Wesleyan Methodist Church (Halifax), reg. of marriages, 22 juill. 1856 (mfm) ; St George's Anglican Church (Halifax), reg. of baptisms, 28 oct. 1832 (mfm) ; Places, Halifax, council minutes, 1880–1883 (mfm) ; MG 20, 516, n°s 3, 6 ; 519, n° 1 : 98, 120 ; RG 1, 203A, 9 sept. 1882 ; 203H, 12 mai 1886 ; RG 32, M, sér. 190, n° 38 ; RG 35-102, sér. 33, n° C.1 ; RG 39, HX, J, 76 ; M, 2, bar applications, n° 25 ; RG 42, HX, D, 26–36. — Canada, Parl., *Doc. de la session,* 1894, n° 21, minutes of evidence taken in Nova Scotia, 61–70 ; Commission royale sur le travail et le capital, *Rapport, Nouvelle-Écosse,* 186–188. — N.-É., House of Assembly, *Journal and proc.,* 1873. — *Acadian Recorder,* 2, 9, 23 mai, 13 juin, 31 oct., 7 nov. 1868, 15 mai 1869, 22 juin 1880, 25 août 1898. — *British North American* (Halifax), 31 juill., 4 août 1854. — *Halifax Daily Echo,* 27, 29 août 1898. — *Halifax Evening Reporter and Daily and Tri-Weekly Times,* 8–20 févr. 1873. — *Halifax Herald,* 21 févr., 2, 6–7 juin, 11, 20, 25 sept., 2 oct. 1894, 25 août 1898. — *Morning Chronicle* (Halifax), 8–20 févr. 1873, 1er, 4 mars 1879, 2–9 déc. 1880, 7 juill., 3, 12 oct., 3, 13 nov., 19 déc. 1882, 28 avril, 3, 21 juill., 8, 22 août 1883, 15 févr., 22 mai, 26 juin, 5 août, 10 oct., 1er nov., 16 déc. 1884, 11 févr., 18 mai, 28 nov., 16 déc. 1885, 1er janv., 8 févr., 31 mars, 15, 19, 29 avril, 6, 14, 27 mai, 20 sept., 21 déc. 1886, 23 juill., 5 août, 4, 9–10 nov. 1887, 2, 7 janv., 8 févr., 9–10 mars 1888, 25 août 1898. — *Morning Herald* (Halifax), 19 nov., 4–10 déc. 1880, 8, 27 janv., 9 mars, 10, 20, 29 juin 1887, 6 févr., 17 mai 1888, 22, 31 janv., 27 févr. 1889, 30 janv., 7 avril, 10 juin 1891. — *Morning Journal* (Halifax), 2 août 1854, 7 mars 1855. — *Novascotian,* 24 nov. 1856, 28 juin, 6 sept. 1858, 2 sept. 1861. — *Presbyterian Witness, and Evangelical Advocate,* 23 févr. 1895. — *Belcher's farmer's almanack,* 1854–1870. — *Cyclopædia of Canadian biog.* (Rose et Charlesworth), 2 : 783–784. — *Halifax directory,* 1869–1895. — Waite, *Man from Halifax.*

MOWAT, JOHN BOWER, ministre presbytérien et professeur, né le 8 juin 1825 à Kingston, Haut-Canada, fils de John Mowat* et de Helen Levack ; le 24 septembre 1855, il épousa à Montréal Janet McGill, et ils eurent un fils, puis le 26 juin 1861 Emma McDonald, et de ce mariage naquirent deux fils et deux filles ; décédé le 15 juillet 1900 dans sa ville natale.

John Bower Mowat était le troisième des cinq enfants d'un citoyen de Kingston prospère et respecté. Son frère aîné, Oliver*, avec qui il maintint d'affectueuses et étroites relations toute sa vie, allait devenir premier ministre de l'Ontario. John grandit à Kingston et fréquenta une école de Brockville pendant quelque temps. Quand le Queen's College ouvrit ses portes le 7 mars 1842, il était l'un des trois étudiants inscrits en première année. Même avant d'obtenir sa licence ès arts, en 1845, il avait décidé de devenir ministre presbytérien. En août 1846, tout en poursuivant ses études au Queen's College, il accepta donc un poste de catéchiste dans le district de Victoria. En 1846–1847, il fréquenta la University of Edinburgh et, en 1847, il obtint une maîtrise ès arts du Queen's College.

À l'automne de 1848, Mowat fut nommé catéchiste auprès de John Machar*, ministre de la congrégation St Andrew à Kingston et directeur du Queen's College. Il n'occupa cette charge que pendant 21 mois, mais elle lui permit d'acquérir une formation très utile. Pendant l'été de 1849, il accepta l'invitation de la congrégation St Andrew, à Niagara (Niagara-on-the-Lake) ; le 2 mai 1850, une fois son engagement terminé à Kingston, on l'ordonna à Niagara.

Mowat exerçait son ministère avec compétence et savait se faire aimer des fidèles. Il organisait des activités pour attirer les jeunes, et les documents révèlent que pendant son ministère à l'église St Andrew quatre de ses jeunes paroissiens entrèrent dans le sacerdoce. Le dimanche après-midi, il allait souvent prêcher les Noirs de la ville, dans leur propre église. Les membres de sa famille se rendaient fréquemment à Niagara, parfois pour faire baptiser un de leurs enfants. Pendant son mandat, la congrégation fit l'achat d'une cloche, enrichit la bibliothèque et répara l'église endommagée par des tempêtes en 1854 et 1855. Cette année-là, Mowat épousa Janet McGill, fille du révérend Robert McGill*, qui mourut en décembre 1856, quelques jours après avoir donné naissance à un fils (père d'Angus McGill Mowat* et grand-père de l'écrivain Farley McGill Mowat).

À l'automne de 1857, on nomma Mowat, alors âgé de 32 ans, professeur de langues orientales, d'exégèse biblique et d'histoire ecclésiastique au Queen's College. Sa nomination suscita des commentaires : son père était l'un des administrateurs de l'établissement et on avait refusé cinq candidats écossais. Dans des lettres de recommandation, Thomas Liddell*, Peter Colin Campbell et George Romanes (qui lui avaient tous enseigné) avaient fait valoir son caractère, sa diligence et son penchant pour l'érudition plutôt que sa puissance intellectuelle.

Pendant ses années au Queen's College, Mowat se distingua par un enthousiasme tranquille et généreux, son goût de la précision et son énergie. Comme les pasteurs manquaient, il était souvent appelé à faire aussi du travail sacerdotal ou missionnaire. En 1861, il épousa Emma McDonald, fille d'un homme d'affaires de Gananoque, John McDonald*. En 1863–1864, pendant la maladie du directeur du Queen's College, William Leitch*, il prit la charge de classes supplémentaires ; il exerça en outre les fonctions de secrétaire-archiviste pendant quelque temps avant que George Bell ne les assume en 1881. En 1883, année où il reçut un doctorat honorifique en théologie de la University of Glasgow, on scinda la chaire qu'il occupait. Il conserva l'enseignement de l'hébreu, du chaldéen et de l'exégèse de l'Ancien Testament, et Donald Ross accéda à la nouvelle chaire d'apologétique et d'exégèse du Nouveau Testament. En 1899, le directeur George Monro Grant* lui adjoignit un assistant, William George Jordan*.

Bien que Mowat n'ait pas joué « un rôle actif ou notoire dans la structure administrative », la controverse que souleva Daniel James MACDONNELL vers 1875 en exprimant publiquement des doutes à propos de l'assertion de la Confession de Westminster sur le châtiment éternel le poussa à intervenir. Comme le signala plus tard un ancien étudiant qui avait assisté à l'assemblée générale de 1876, le discours que prononça Mowat en faveur de Macdonnell était « inattaquable » en raison de « sa perspective historique, de sa franchise et de sa sincérité ».

En mai 1900, pour marquer le cinquantenaire de son ordination, le consistoire de John Bower Mowat prononça un compliment à son intention dans sa classe du Queen's College. Moins de trois mois plus tard, après avoir consacré son existence à son Église et à son université, « le vénérable professeur Mowat » rendait l'âme.

JOHN L. FIELD

QUA, 1241, Mowat appointment, 1857 ; 3032 (photocopies). — St Andrew's Presbyterian Church (Niagara-on-the-Lake, Ontario), Reg. of baptisms, marriages, and burials ; Session books, 1849–1857. — Aleph [ ], « Jubilee of Rev. Dr. Mowat's ordination », *Westminster* (Toronto), [2e] sér., 8 (janv.–juin 1900) : 511–512. — Janet Carnochan, *Centennial, St. Andrew's, Niagara, 1794–1894* (Toronto, 1895), 35–36. — Oliver Mowat, « Neither Radical Nor Tory Nor Whig » : letters by Oliver Mowat to John Mowat, 1843–1846 », Peter Neary, édit., *OH*, 71 (1979) : 84–131. — *Queen's University Journal* (Kingston, Ontario), 26 oct. 1900. — C. R. W. Biggar, *Sir Oliver Mowat* [...] *a biographical sketch* (2 vol., Toronto, 1905). — Janet Carnochan, *History of Niagara* [...] (Toronto, 1914 ; réimpr., Belleville, Ontario, 1973), 91. — *History of St. Andrew's Presbyterian Church, 1791–1975* ([Niagara-on-the-Lake, 1975]), 13–14. — J. T. McNeill, *The Presbyterian Church in Canada, 1875–1925* (Toronto, 1925). — H. [M.] Neatby et F. W. Gibson, *Queen's University*, F. W. Gibson et Roger Graham, édit. (2 vol., Kingston et Montréal, 1978–1983), 1.

MOWAT, THOMAS, homme d'affaires, fonctionnaire, juge de paix et officier de milice, né le 15 mai 1859 à Dee Side, comté de Bonaventure, Bas-Canada, troisième fils de John Mowat et d'Elizabeth Moores ; le 16 octobre 1888, il épousa à Petitcodiac, Nouveau-Brunswick, Bertha C. Herrett, et ils eurent une fille, Blanche ; décédé le 4 mars 1891 à New Westminster, Colombie-Britannique.

Après avoir suivi des cours particuliers, Thomas Mowat fréquenta l'école publique de Campbellton, au Nouveau-Brunswick, où il « reçut une solide formation dans les affaires ». Il commença ensuite à travailler dans le commerce du bois, comme son père, et en vint à s'intéresser au transport maritime. Il acquit aussi de l'expérience dans la pisciculture à l'établissement piscicole de la rivière Restigouche. Dans les années 1870 et 1880, cette rivière, à l'instar d'autres réseaux fluviaux de l'est du Canada, faisait l'objet d'importantes mesures de conservation. Le gouvernement fédéral, alarmé par la décroissance des remontes du saumon de l'Atlantique, cherchait à préserver et à grossir les réserves de poisson en construisant des établissements piscicoles.

Alexander Caulfield Anderson*, inspecteur fédéral des pêches pour la Colombie-Britannique, engagea Mowat en septembre 1883 à titre de responsable de la première piscifacture de saumon de cette province. Comme le saumon du Pacifique se faisait plus rare dans le fleuve Fraser au début des années 1880, en même temps que diminuaient les remontes du saumon chinook dans le fleuve Columbia, on commençait à craindre que l'industrie des conserves de la côte du Pacifique ne fasse une exploitation exagérée des ressources. Les exploitants de conserveries du fleuve Fraser [V. Alexander Ewen*] avaient persuadé les autorités fédérales de construire un établissement piscicole plutôt que de renforcer les règlements sur les pêcheries. Celui que l'on construisit sur le fleuve Fraser, en face de New Westminster, fut mis en service pour la saison de pêche de 1884. Deux ans plus tard, Mowat, dont la compétence était désormais largement reconnue, devint inspecteur des pêches et chef de la minuscule administration fédérale des pêcheries en Colombie-Britannique lorsque George Pittendrigh, successeur d'Anderson, fut destitué.

La période pendant laquelle Mowat exerça ses fonctions fut marquée par des tensions entre les autorités fédérales et les établissements de conserves de la Colombie-Britannique. La réglementation qu'Ottawa imposait aux pêcheries irritait les exploitants de conserveries. En 1888, sur la recommandation de Mowat, le département de la Marine et des Pêcheries proposa de limiter le nombre de permis pour la pêche sur le fleuve Fraser. Cette nouvelle politique contestée, mise en application au cours de la saison de pêche de 1889, favorisait les petits pêcheurs au détriment des conserveries. Une tempête de protestations s'ensuivit, au cours de laquelle on accusa Mowat et le surintendant fédéral de la pisciculture, Samuel Wilmot, également spécialiste des établissements piscicoles, d'ignorer les conditions locales : tous deux croyaient à tort que le saumon du Pacifique (genre *Oncorhynchus*) frayait plus d'une fois, comme le saumon de l'Atlantique (*Salmo salar*). Après la mort de Mowat, on devait renoncer à limiter le nombre de permis individuels, sur la recommandation d'une commission royale que le gouvernement fédéral avait créée en 1891 sous la présidence de Wilmot, sans toutefois abandonner la restriction des permis accordés aux conserveries. Cette décision allait modifier la situation des pêcheurs : la plupart d'entre eux, au lieu de rester à l'emploi des conserveries moyennant un salaire quotidien, allaient obtenir leur propre permis et chaque poisson leur serait payé. À partir de ce moment, les conditions étaient réunies pour que s'engage un conflit permanent entre pêcheurs et conserveries au sujet du prix du poisson.

Bien que de courte durée, la carrière professionnelle de Thomas Mowat marqua une intégration plus étroite de la côte du Pacifique à l'administration fédérale des pêcheries après l'achèvement du chemin de fer transcontinental. Il fut le premier titulaire du poste à venir de l'extérieur de la province : on l'avait choisi surtout pour ses connaissances spécialisées. Comme bien d'autres habitants des Maritimes à l'époque, Mowat était parti pour la Colombie-Britannique afin d'y trouver de meilleures chances d'avancement mais, dans son cas, ce déplacement fut favorisé par sa formation et son milieu social. Une fois installé à New Westminster, il s'intégra rapidement à l'élite de l'endroit. De religion presbytérienne, il occupa des charges au sein de la St Andrew's and Caledonian Society et de la loge maçonnique locale. Il devint également juge de paix et lieutenant dans la milice. Il s'était marié avec la fille d'un juge de paix de Petitcodiac, et le couple se fit construire une maison dans l'élégante rue Park Row. Peu de temps avant sa mort subite et prématurée causée par l'influenza, on le considérait, selon John Blaine Kerr, comme « l'un des hommes d'avenir de la province ».

H. Keith Ralston

En plus des sources citées ci-dessous, l'auteur a consulté, en 1972, la bible de la famille Herrett, qui se trouvait alors en possession de la fille du sujet, Mme Blanche Mowat Simpson, décédée en 1981. D'autres informations généalogiques nous ont été fournies en 1989 par Graham Mowat de Portland, Ontario, et Glen Mowat de Fredericton. [h. k. r.]

Canada, Dép. de la Marine et des Pêcheries, *Annual report* (Ottawa), 1880–1885 ; Dép. des pêcheries, *Annual report* (Ottawa), 1886–1890 ; Parl., *Doc. de la session,* 1893, nº 10c. — *Daily Columbian* (New Westminster, C.-B.), 1885–1891. — *Mainland Guardian* (New Westminster), 1885–1889. — Kerr, *Biog. dict. of British Columbians.*

MOYEN, JEAN, prêtre, sulpicien, professeur, botaniste et auteur, né le 11 août 1828 dans la commune de Valiergues, canton et arrondissement d'Ussel, France, fils de Denis Moyen, cultivateur, et de Marguerite Bachelerie ; décédé le 8 janvier 1899 au séminaire d'Alix, Lyon, France.

Entré au grand séminaire de Tulle en 1848, Jean Moyen est ordonné prêtre le 5 juin 1852. Vicaire à Allassac, professeur de sciences au petit séminaire de

Servières de 1853 à 1855, puis vicaire à la cathédrale Saint-Martin de Tulle jusqu'en 1857, il fait un séjour à la Solitude, noviciat sulpicien à Issy-les-Moulineaux, près de Paris, avant d'être envoyé à Montréal en 1858.

Membre de la Compagnie de Saint-Sulpice, Moyen est d'abord professeur de prédication au grand séminaire de Montréal. Il succède ensuite, en 1859, à l'abbé Louis-Léon Billion dans l'enseignement des sciences aux classes de philosophie du petit séminaire de Montréal (aussi appelé collège de Montréal) où, à l'époque, on avait séparé et confié à des professeurs différents l'enseignement de la philosophie et celui des sciences. Moyen ajoute à l'enseignement des mathématiques, de la physique, de la chimie et de la zoologie, celui de la botanique (à partir de 1863) et de la géologie (à partir de 1865). Pour compléter ses cours, il réorganise le cabinet de physique et le musée d'histoire naturelle ; il rassemble également un herbier.

Collaborateur assidu de *l'Écho du cabinet de lecture paroissial,* publié à Montréal par les sulpiciens, Moyen y fait paraître régulièrement, de 1864 à 1872, de courts articles sur les découvertes scientifiques de l'époque et des notes de vulgarisation. Le 29 janvier 1867, dans le cadre des conférences publiques organisées par le Cabinet de lecture paroissial [V. Ignace Bourget*], il présente une étude sur les météores.

En 1871, Moyen publie *Cours élémentaire de botanique et Flore du Canada* [...], qui forme un manuel destiné aux botanistes amateurs, aux étudiants en médecine, ainsi qu'à l'enseignement dans les collèges classiques. Le livre comprend trois parties : d'abord un bref exposé des principes généraux de la botanique et de la taxinomie ; suit une description de la flore de l'est du Canada, où figurent, selon l'auteur, « toutes les plantes qui croissent spontanément en ce pays » (des clefs analytiques des familles, des genres et parfois même des espèces accompagnent les descriptions sommaires ; l'ouvrage signale en outre les espèces que l'auteur a lui-même récoltées dans la région de Montréal) ; enfin, un appendice qui présente, à l'aide de tableaux, les principales plantes cultivées.

Le rédacteur en chef du *Naturaliste canadien*, de Québec, l'abbé Léon PROVANCHER, juge sévèrement l'ouvrage de Moyen, à qui il reproche la brièveté de ses descriptions des genres et des espèces, et la rareté de ses notes critiques. Toutefois, l'abbé Alexis-Jules Orban réédite l'ouvrage en 1885, avec des ajouts. Plusieurs collèges et séminaires adopteront cette version, même si le petit séminaire de Québec et l'université Laval continuent de préférer *Éléments de botanique et de physiologie végétale* [...] de l'abbé Louis-Ovide Brunet* paru à Québec en 1870. Le frère Marie-Victorin [Conrad Kirouac*] notera en 1935, dans l'introduction de son célèbre ouvrage, *Flore laurentienne*, que le manuel de Moyen est encore en usage dans plusieurs maisons d'enseignement secondaire et supérieur du Québec.

Rarement présent sur la scène publique et assez effacé dans la vie même du collège de Montréal, Jean Moyen semble avoir été entièrement absorbé par son enseignement et ses travaux d'histoire naturelle. Un ancien élève a dit de lui « qu'il [était] tellement plongé dans [ses] sciences, qu'il [était] continuellement distrait ». Rentré en France en 1874, Moyen poursuit sa carrière de professeur de philosophie et de sciences ; il continue également de s'intéresser à l'histoire naturelle et, en 1889, il fait paraître à Paris un ouvrage sur les champignons, résultat de ses recherches et des nombreuses conférences qu'il a données aux élèves du séminaire d'Alix.

RAYMOND DUCHESNE

L'abbé Jean Moyen est l'auteur de nombreux articles et notes de vulgarisation scientifique parus dans *l'Écho du cabinet de lecture paroissial* (Montréal), notamment : « Lecture sur les météores cosmiques [: aérolithes, bolides ou globes de feu, étoiles filantes] », 9 (1867) : 132–140, 198–203, 336–344 ; de *Cours élémentaire de botanique et Flore du Canada : à l'usage des maisons d'éducation* (Montréal, 1871 ; 2e éd., A.-J. Orban, édit. Montréal, 1885). Enfin, on lui doit *les Champignons : traité élémentaire et pratique de mycologie, suivi de la description des espèces utiles, dangereuses et remarquables,* précédé d'une introduction par Jules de Seynes, président de la Société botanique de France (Paris, 1889). Le petit séminaire de Montréal conservait encore en 1974 un herbier de 500 spécimens rassemblé par Moyen.

AD, Corrèze (Tulle), État civil, Valiergues, 12 août 1828. — Arch. du séminaire de Chicoutimi (Chicoutimi, Québec), Fonds Léon Provancher, lettre de J.-B. Meilleur à Léon Provancher, 16 mars 1869 ; lettre de Prosper Dufresne à Léon Provancher, 16 oct. 1876. — ASQ, Univ., sér. U, U-73, 70. — Léon Provancher, « [Compte rendu], *Cours élémentaire de botanique* [...] », *le Naturaliste canadien* (Québec), 3 (1871) : 379 ; 4 (1872) : 229–232. — « Bibliographie des ouvrages sur la flore canadienne », *BRH*, 6 (1900) : 330. — Louis Bertrand, *Bibliothèque sulpicienne ou Histoire littéraire de la Compagnie de Saint-Sulpice* (3 vol., Paris, 1900). — Bernard Boivin, *Survey of Canadian herbaria* (Québec, 1980). — Marcel Lajeunesse, *les Sulpiciens et la Vie culturelle à Montréal au XIXe siècle* (Montréal, 1982). — Maurault, *le Collège de Montréal* (Dansereau ; 1967) ; *Nos messieurs* (Montréal, [1936]). — Antonio Dansereau, « l'Abbé Jean Moyen, p.s.s. », *le Naturaliste canadien* (Québec), 59 (1932) : 194–196. — « Les Disparus », *BRH*, 36 (1930) : 369. — Yvan Lamonde, « l'Enseignement de la philosophie au collège de Montréal, 1790–1876 », *Culture* (Québec), 31 (1970) : 213–224. — Damase Potvin, « Nombreux les naturalistes, étrangers et indigènes, qui ont laissé des œuvres remarquables dans notre province [...] », *l'Information médicale et paramédicale* (Montréal), 3 févr. 1959 : 11–14.

MUNN, ROBERT STEWART, marchand et homme politique, né le 23 août 1829 à Bute, Écosse, fils de

Dugald Munn et d'Elizabeth Stewart ; le 27 mai 1862, il épousa à Harbour Grace, Terre-Neuve, Elizabeth Munden, et ils eurent cinq fils et quatre filles ; décédé le 17 décembre 1894 au même endroit.

L'aîné des trois fils d'un banquier de Rothesay, en Écosse, Robert Stewart Munn débarqua à Terre-Neuve en 1851 pour travailler à la Punton and Munn de Harbour Grace, l'une des entreprises d'approvisionnement et de distribution les plus importantes de l'île. Il fit son apprentissage auprès de son oncle John Munn*, alors l'unique propriétaire de la firme.

La Punton and Munn connaissait à ce moment-là une expansion importante : elle approvisionnait les bateaux qui faisaient la chasse au phoque et la pêche côtière à partir de la baie Conception et fournissait les matériaux nécessaire à leur construction. Cependant, dans les années 1860, la pêche côtière fut mauvaise dans cette région durant plusieurs saisons de suite, ce qui, avec le piètre rapport de la chasse au phoque, engendra de l'agitation à Harbour Grace. Après que deux marchands en vue, John Paterson et Thomas Ridley*, eurent été victimes d'attaques nocturnes, Robert Stewart Munn participa à l'organisation d'un régiment de fusiliers volontaires appelés à réprimer plusieurs émeutes provoquées par l'irrégularité de l'approvisionnement en pain.

En 1862, Munn devint directeur des installations de la Punton and Munn à Harbour Grace. Le fait qu'il participa à la construction d'un temple de la Free Kirk (rebaptisé par la suite église presbytérienne St Andrew), qui ouvrit officiellement ses portes en 1857, puis à la fondation de la loge maçonnique de Harbour Grace dix ans plus tard, montre qu'il était l'un des citoyens les plus en vue de la localité. En 1880, il était le principal conseiller presbytéral de l'église et grand maître de la loge. Quatorze ans plus tard, l'écrivain et homme politique Henry Youmans Mott allait reconnaître en lui l'« inspirateur de toutes les œuvres de philanthropie et de bienfaisance de la ville ».

John Munn, dont la santé déclinait, avait décidé en 1872 de prendre comme associés son fils, William Punton Munn, et son neveu Robert Stewart. Lui-même se retira de l'entreprise, que l'on réorganisa sous un nouveau nom : la John Munn and Company. Une nouvelle période de croissance s'amorça alors ; ainsi la compagnie arracha l'approvisionnement de nombreux négociants du Labrador à Ridley, qui dut déclarer faillite en 1873. Robert Stewart Munn concentra ses énergies sur les pêcheries du Labrador, qui étaient en pleine expansion, et fut le premier à en faire traiter le produit sur place. Le poisson traité au Labrador, à la fois moins sec et plus salé que celui de Terre-Neuve, gagna la préférence sur certains marchés méditerranéens. Dans les années 1870, la compagnie devint le principal fournisseur indépendant de la pêche saisonnière du Labrador. Ses bateaux partaient des ports de la baie Conception, si bien qu'une dizaine d'années plus tard, selon un pêcheur chevronné, Nicholas Smith, « les deux tiers de la côte du Labrador » lui appartenaient.

En 1881, Robert Stewart Munn se retrouva seul à la tête de la compagnie, pendant que son cousin était allé en Angleterre pour des raisons de santé. Cette situation l'obligea à s'occuper de plus en plus de la chasse au phoque, qui jusqu'alors avait été la principale attribution de William Punton. Cette année-là, l'entreprise grossit sa flotte de vapeurs affectés à la chasse au phoque (qui comprenait déjà le *Mastiff,* le *Vanguard* et le *Commodore*) en achetant le *Greenland* et l'*Iceland,* mais il s'avéra que le moment était mal choisi pour faire ces acquisitions. En effet, au printemps de 1882, la plupart des bateaux de la baie Conception furent pris dans les glaces, ce qui entraîna de lourdes pertes pour la compagnie.

Dans les dix années suivantes, Munn récupéra une partie de ces pertes, mais l'entreprise continua de connaître des difficultés au Labrador. L'expédition de 1885, notamment, fut un désastre : au moment où les bateaux s'apprêtaient à quitter la côte du Labrador pour regagner leurs ports d'attache, une tempête éclata, qui entraîna la disparition d'un grand nombre d'hommes et de cargaisons. Par contre, les prises de 1886 furent parmi les meilleures que l'on ait enregistrées. Cette année-là, Munn entreprit de faire charger au Labrador le poisson destiné aux ports européens ; il envoya à cette fin trois vapeurs qui feraient la traversée directement. Peu après, deux entreprises de St John's qui avaient des intérêts sur la côte suivirent son exemple. Par la suite, on attribua à cette pratique la baisse généralisée du prix du poisson en provenance de la région. En effet, pour livrer leur produit le plus vite possible en Europe, les marchands se mirent à acheter du poisson sans le soumettre à aucun contrôle, ce qui diminua la qualité du poisson salé du Labrador. La compagnie de Munn connut donc plusieurs mauvaises années : la demande pour le poisson salé du Labrador avait diminué et bon nombre des négociants qu'elle approvisionnait à cet endroit et dans la baie Conception n'arrivaient plus à rembourser leurs créances. Lui-même dut s'endetter pour couvrir les déficits annuels de l'entreprise. En 1894, il devait 400 000 $ à la Union Bank de St John's, dont il était l'un des administrateurs, et les dettes de la compagnie s'élevaient à environ 875 000 $.

En qualité de marchands importants de la baie Conception, les Munn faisaient depuis longtemps de la politique [V. John Munn]. Comme son oncle, Robert Stewart était favorable à la Confédération, et même après que Terre-Neuve eut refusé d'y entrer, en 1869, il continua de soutenir le chef de ses partisans, Frederic Bowker Terrington CARTER, et son successeur William Vallance Whiteway*. Aux élections de 1882, il prit la tête d'un groupe de marchands établis dans les petits villages de pêcheurs. L'appui de ce groupe à Whiteway fut déterminant, car il permit au premier ministre de vaincre l'opposition des marchands de St John's, qui désapprouvaient la politique de développement ferroviaire de son gouvernement. Quand le dernier tronçon du chemin de fer qui menait à Harbour Grace fut terminé en 1884, Munn représenta la localité à l'inauguration officielle de la ligne.

Par suite des désordres survenus à Harbour Grace en 1883 [V. Robert John KENT], qui avaient poussé les partis politiques de Terre-Neuve à se regrouper en fonction des allégeances religieuses, Munn appuya le nouveau parti réformiste, alliance de marchands et de protestants formée par Robert Thorburn*. En 1887, il devint d'autant plus attaché au gouvernement Thorburn que celui-ci adopta le *Bait Act,* qui niait aux pêcheurs français le droit d'accès au poisson servant d'appât et réduisait par le fait même la concurrence qu'il fallait soutenir pour vendre le poisson salé du Labrador sur les marchés européens. Au scrutin général de 1889, Munn fut élu sous la bannière réformiste dans la circonscription de Harbour Grace ; il remporta de nouveau la victoire quatre ans plus tard.

En 1894, les difficultés commerciales ressenties dans le secteur de l'exportation du poisson et dans l'ensemble de Terre-Neuve prirent des proportions critiques. Au printemps de cette année-là, des rumeurs commencèrent à circuler au sujet de l'instabilité financière de plusieurs entreprises bien en vue, dont la John Munn and Company. Le 10 décembre, la Commercial Bank of Newfoundland se vit refuser du crédit à Londres et ferma ses portes [V. James GOODFELLOW]. Presque tout de suite après, la Union Bank fit faillite à son tour. Munn, déjà en mauvaise santé, mourut de pleurésie moins d'une semaine plus tard.

On peut dire que la mort de Robert Stewart Munn marqua la fin d'une époque dans l'histoire de la pêche terre-neuvienne. On déclara sa succession insolvable et la John Munn and Company fit faillite sur-le-champ. Au printemps de 1895, on dut mettre en vente la flottille de chasse au phoque de la compagnie pour payer les créanciers ; désormais, on ne chasserait plus le phoque à partir de la baie Conception. En même temps, la pêche saisonnière du Labrador sombra dans le marasme. À compter des années 1880, la compagnie avait connu les mêmes problèmes que bon nombre de fournisseurs terre-neuviens, soit l'inconstance de la qualité du poisson salé du Labrador et l'incertitude de ses marchés. Conscient de l'ampleur de ces problèmes, Munn tenta dans une certaine mesure de les résoudre, ce qui ne l'empêcha pas de continuer à emprunter pour financer ses activités colossales : l'approvisionnement des pêcheries du Labrador, des flottilles de pêche côtière et de chasse au phoque de la baie Conception. Sous ce rapport, sa situation reflète très bien le dilemme devant lequel se trouvaient les marchands de poisson établis dans les ports de pêche au cours des années qui ont précédé la faillite bancaire. La compagnie de Munn était donc déjà en mauvaise posture depuis quelque temps lorsque survint l'effondrement final. Cependant, sa présence à Harbour Grace avait permis à la baie Conception de demeurer l'un des grands foyers commerciaux de Terre-Neuve. Sa faillite signifia la disparition du dernier des marchands indépendants établis dans les petits ports de pêche.

ROBERT H. CUFF ET PAUL F. KENNEY

Baker Library, R. G. Dun & Co. credit ledger, Canada, 10. — GRO (Édimbourg), Rothesay, reg. of births and baptisms, 27 sept. 1829. — [T. R.] Bennett, *Report of Judge Bennett, together with evidence respecting bait protection service, 1890* (St John's, 1891). — T.-N., Dept. of Fisheries, *Report* (St John's), 1893–1894. — *Daily News* (St John's), 17, 19, 21 déc. 1894. — *Evening Herald* (St John's), sept.–oct. 1897. — *Evening Mercury* (St John's), 1886–1887. — *Evening Telegram* (St John's), sept.–oct. 1897. — *Harbor Grace Standard* (Harbour Grace, T.-N.), 1883–1893. — L. G. Chafe, *Chafe's sealing book ; a history of the Newfoundland sealfishery from the earliest available records down to and including the voyage of 1923,* H. M. Mosdell, édit. (3e éd., St John's, 1923). — *Nfld. men* (Mott), 69. — Hiller, « Hist. of Nfld. ». — D. K. Regular, « The commercial history of Munn and Company, Harbour Grace » (essai, Memorial Univ. of Nfld., St John's, s.d. ; copie aux MHA). — Nicholas Smith, *Fifty-two years at the Labrador fishery* (Londres, 1936). — W. A. Munn, « Harbour Grace history », chap. 14–17, 19, dans *Newfoundland Quarterly* (St John's), 37 (1937–1938), nos 1–4 ; 38 (1938–1939), no 2.

MUNRO, GEORGE, professeur, administrateur scolaire, éditeur et philanthrope, né le 12 novembre 1825 à Millbrook, près de Pictou, Nouvelle-Écosse, fils de John Munro et de Mary Mathieson ; le 12 juillet 1855, il épousa à Halifax Rachael (Rachel) Warren, et ils eurent un fils, puis le 14 septembre 1864, au même endroit, Catherine Forrest, et de ce mariage naquirent un fils et deux filles ; décédé le 23 avril 1896 à sa résidence d'été des monts Catskill, New York.

L'un des dix enfants d'un cultivateur, George Munro fit l'apprentissage du métier d'imprimeur à l'âge de 12 ans, probablement à Pictou. Deux ans plus tard, il alla parfaire son éducation d'abord à New Glasgow puis, après avoir subvenu à ses besoins quelques années grâce à des postes d'enseignant, à la Pictou Academy où il étudia de 1844 à 1847. Une fois son diplôme obtenu, il enseigna de nouveau à New Glasgow avant de devenir professeur de mathématiques et de philosophie naturelle à la Free Church Academy de Halifax, en 1850. Deux ans plus tard, il en était le directeur. Bien qu'il se soit préparé à devenir ministre de l'Église presbytérienne et ait été hautement apprécié comme enseignant, il démissionna de son poste en 1856. Il renonça à ses ambitions cléricales, quitta la Nouvelle-Écosse, pour des raisons de santé, d'après ses dires, et s'établit à New York.

Cet Horatio Alger de la Nouvelle-Écosse passa alors de l'état d'enseignant à celui d'homme d'affaires millionnaire en reprenant le métier d'imprimeur et d'éditeur. Il travailla d'abord pour la D. Appleton and Company où, selon une publicité parue dans les journaux de Halifax en 1861, il s'occupa de distribution et de vente par correspondance de revues et de livres britanniques. En 1862, il alla chez Ross and Tousey, puis un an plus tard chez Beadle and Company, pionnier de l'édition de livres à bon marché. Il quitta cette firme en 1866 et, après une brève association avec Irwin Beadle, se lança à son propre compte en publiant le *Fireside Companion* (plus tard appelé le *New York Fireside Companion*), journal hebdomadaire destiné à toute la famille, lequel devait absorber son énergie durant les dix années suivantes. Le *Fireside Companion* comptait aussi bien des lecteurs que des collaborateurs en Nouvelle-Écosse, où Munro retourna fréquemment après son second mariage en 1864. Il entreprit en 1877 de rééditer des ouvrages britanniques contemporains en une série intitulée la « Seaside Library », imitant ainsi la « Lakeside Library » publiée par la Donnelley, Lloyd and Company. La série n'allait pas tarder à inclure des ouvrages de fiction ou d'histoire, des biographies, des récits de voyage et des œuvres religieuses, et compter finalement plus de 1 000 titres. Vu l'absence de lois internationales pour protéger les droits d'auteur, Munro, comme ses contemporains, ne versait de redevances ni aux auteurs ni aux éditeurs originaux. C'est ainsi qu'il réussit à offrir aux lecteurs nord-américains des ouvrages littéraires de grande qualité à peu de frais. Il amassa un capital considérable, qu'il investit dans l'exploitation d'une grosse imprimerie ainsi que dans l'acquisition et la mise en valeur de propriétés foncières à New York.

Vers 1870, Munro était un homme riche et aurait pu envoyer ses enfants dans les meilleures écoles. On peut donc supposer que c'est son attachement à la Nouvelle-Écosse qui le poussa, en 1874, à envoyer son fils âgé de 14 ans, George William, étudier au Dalhousie College à Halifax. Établissement d'enseignement postsecondaire non confessionnel, bien que fortement influencé par les presbytériens, le Dalhousie College ne dispensait des cours à plein temps que depuis 1863. L'année où George William Munro reçut son diplôme, soit en 1878, le collège comptait 93 étudiants et 10 professeurs. Une subvention gouvernementale de cinq ans tirait à sa fin, ainsi que la participation du collège à l'éphémère University of Halifax, ce corps des examinateurs pour tous les collèges financés par la province de la Nouvelle-Écosse que l'on avait établi selon le modèle de la University of London. Face à la réduction imminente de la subvention gouvernementale, qui représentait presque la moitié de ses revenus, et incapable de payer des salaires concurrentiels qui permettraient d'attirer un personnel de qualité, le collège était sur le bord du gouffre. C'est au cours de vacances en Nouvelle-Écosse en 1879 que Munro fut averti de la situation précaire du collège par le frère de son épouse, John Forrest*, ministre de l'église St John à Halifax, nouvellement nommé au conseil d'administration de l'établissement par le synode presbytérien.

Les difficultés du collège touchèrent une corde sensible chez Munro. Durant les six années suivantes, soit jusqu'à ce que son plus jeune fils, John, soit inscrit au Dalhousie College en 1885, l'éditeur fit don d'une somme supérieure à 300 000 $ afin d'établir des chaires et de financer un programme à court terme de conseillers d'élèves et de bourses d'études. C'est ainsi que John Munro étudia dans un établissement où 7 des 20 professeurs et 50 des 163 étudiants bénéficiaient des largesses de son père. Munro dota la chaire de physique en 1879, celles d'histoire et d'économie politique en 1880, de littérature anglaise et de philosophie en 1882, de droit constitutionnel et international en 1883, et une autre chaire d'anglais en 1884. Les salaires qui y étaient rattachés variaient de 2 000 $ à 2 500 $ et représentaient le double de ce que les professeurs recevaient auparavant, ce qui haussa leur niveau de vie, peut-être imprudemment, à un niveau comparable à celui de l'élite. À court terme toutefois, ces chaires attirèrent plusieurs des jeunes universitaires les plus compétents de la région, des hommes tels James Gordon MacGregor* en physique ou Jacob Gould Schurman en philosophie. La dotation de la chaire de droit conduisit à la fondation de la faculté de droit du Dalhousie College, premier établissement universitaire au Canada dont l'enseignement se basait sur la *common law* [V. sir John Sparrow David THOMPSON].

Les charges de conseillers d'élèves illustrent bien l'écart qui existait entre les attentes de Munro au sujet du Dalhousie College et la réalité. Il s'agissait essentiellement de postes destinés à combler les lacunes de la formation des élèves issus des écoles secondaires pour rapprocher ceux-ci du niveau élevé de leurs confrères formés à la Pictou Academy, à la Halifax Academy ou au Prince of Wales College de Charlottetown. Le programme de bourses, au total presque 85 000 $ accordés à la suite d'examens, visait également « à stimuler l'esprit de compétition en suscitant plus d'activité et d'efficacité dans les écoles secondaires et les collèges de la Nouvelle-Écosse et des provinces voisines ». Si l'on se fie aux nombreuses occasions où aucune bourse ne fut accordée, il semble que les inquiétudes de Munro au sujet de la qualité de l'enseignement secondaire aient été amplement fondées. Il reste que ces bourses permirent aux deux premières femmes de s'inscrire au programme de premier cycle en 1881 et soutinrent plus de la moitié des 25 premières diplômées du Dalhousie

College. Munro fit également don de livres et d'abonnements à des revues, non seulement à la bibliothèque du collège mais à la Citizens' Free Library de Halifax et à la salle de lecture de l'Amalgamated Trades Union.

Munro se garda d'abuser de l'influence que ses dons lui procuraient. Il est vrai qu'il nomma son beau-frère John Forrest à la chaire la mieux rémunérée, celle d'histoire et d'économie politique, et qu'il désigna certaines personnes au conseil d'administration, droit que ses dons lui conféraient. Il refusa de devenir lui-même membre du conseil, car il préférait exercer ce genre d'activité plus près de chez lui, à la University of the City of New York. Toutefois, comme Forrest avait été nommé directeur du Dalhousie College dès 1885, les souhaits de Munro ne risquaient guère d'être négligés. Quoi qu'il en soit, il avait cessé vers le milieu des années 1880 d'ajouter à ses dons, tout en continuant de s'acquitter de ses obligations antérieures par des versements trimestriels échelonnés jusqu'en 1893, année où fut constitué un fonds en fiducie. Il ne fit pas de legs au collège dans son testament ; toutefois, le conseil d'administration réussit à obtenir de la succession une somme additionnelle de 82 000 $ que l'on versa dans le George Munro Trust Fund.

La contribution de George Munro, qui s'avéra vitale pour le Dalhousie College, fut officiellement reconnue en 1881 par l'institution d'un congé scolaire en son honneur, encore respecté de nos jours. Munro fut le premier grand bienfaiteur de l'établissement et la personne la plus généreuse à l'égard d'une université canadienne au XIXe siècle. On peut en outre soutenir que les dons de Munro au Dalhousie College eurent une influence déterminante sur tout l'enseignement universitaire en Nouvelle-Écosse. Si l'on avait laissé le collège fermer ses portes, ce qui semblait probable à la fin des années 1870, les hommes politiques et les administrateurs scolaires auraient sans doute enfin été forcés de consolider les différents collèges de la province en une seule université. Les dons de Munro procurèrent toutefois au collège une indépendance qui l'aida non seulement à augmenter son effectif et à améliorer la qualité de ses professeurs, mais à se transformer peu à peu en une véritable université par l'établissement d'écoles destinées à former les membres des professions libérales. Ainsi, dans un sens, la fondation Munro n'eut pas que des bons côtés. De plus, la générosité de Munro fit bien peu pour endiguer la vague d'émigration de personnes douées des Maritimes. Celles qui partaient n'en étaient que plus instruites, et parmi elles se trouvaient certains des étudiants les plus prometteurs et des professeurs les plus brillants du Dalhousie College. Le propre gendre de Munro, J. G. Schurman, quitta Halifax en 1886 pour aller à la Cornell University, où il devint recteur. Munro lui-même avait été le précurseur de cet exode, et son succès illustre pourquoi les ressources humaines étaient devenues le principal produit d'exportation des provinces Maritimes à la fin du XIXe siècle. Cependant, comme Izaak Walton Killam* et sir James Hamet Dunn* au XXe siècle, Munro sut rembourser avec de généreux intérêts l'investissement que sa province natale avait fait en lui.

JUDITH FINGARD

Les registres de la Dalhousie Univ. (Halifax) qui se trouvent dans les archives de l'université sont très décevants comme source d'information sur George Munro. Selon l'archiviste, une grande partie de la correspondance et des papiers concernant le bureau du recteur avant 1911 ont été détruits dans les années 1930. [J. F.]

DUA, MS 1-1, A, 1879–1901 ; B, George Munro letters, 27 janv. 1881, 11 oct., 1er nov. 1884, 30 mars 1889 ; MS 1-6, cash-books and ledgers, 1879–1900 ; George Munro letters, 26 mars, 27 déc. 1887 ; MS 1-7, matriculation and registration books, 1874–1898. — PANS, RG 32, M, 189, n° 26 ; WB, 65, n° 150. — *Memorial of George Munro, born November 12, 1825, died April 25, 1896* (New York, 1896). — *Dalhousie Gazette* (Halifax), 15 nov. 1879, 18 nov. 1880, 11, 25 nov. 1881, 3 mai 1882, 13 janv., 23 nov., 24 déc. 1883, 14 févr., 30 avril, 10 nov. 1884, 23 janv., 6 févr., 4 mai, 14 nov. 1885, 16 janv., 15 déc. 1886, 23 avril 1887, 31 janv. 1889, 20 déc. 1893, 11 mai 1896. — *Halifax Herald*, 8 sept. 1894, 24, 29 avril, 5–6 mai 1896. — *Morning Chronicle* (Halifax), 22 août 1879, 3 nov. 1880, 26 oct. 1881, 10 juin 1882, 25 janv., 14 févr., 10 août 1883, 24 janv., 9, 12 févr., 5 avril, 31 juill. 1884, 30 juin 1885, 5–6 févr. 1886, 29 avril 1896. — *Morning Herald* (Halifax), 27 avril 1887, 2 févr. 1889, 14 janv. 1891. — *New-York Times*, 25 avril, 5 mai 1896. — *Novascotian*, 11 oct. 1851, 19 juill. 1852, 24 janv. 1853, 8 avril 1854. — *Presbyterian Witness, and Evangelical Advocate*, 11 oct. 1851, 8 avril 1854, 23 oct. 1856, 5 oct. 1861. — *Belcher's farmer's almanack*, 1853–1857. — *DAB*. — Dalhousie College and Univ., *Calendar* (Halifax), 1874/1875–1899/1900. — A. E. Marble, *Nova Scotians at home and abroad, including brief biographical sketches of over six hundred native born Nova Scotians* (Windsor, N.-É., 1977). — P. R. Blakeley, *Glimpses of Halifax, 1867–1900* (Halifax, 1949 ; réimpr., Belleville, Ontario, 1973). — J. G. Reid, *Mount Allison University : a history, to 1963* (2 vol., Toronto, 1984), 1. — Waite, *Man from Halifax*. — John Willis, *A history of Dalhousie Law School* (Toronto, 1979). — A. J. Crockett, « George Munro, « The Publisher », *Dalhousie Rev.*, 35 (1955–1956) : 328–338 ; 36 (1956–1957) : 69–83, 163–173, 279–285 ; publié aussi en volume dans une édition limitée (Halifax, 1957). — D. C. Harvey, « The Dalhousie idea », *Dalhousie Rev.*, 17 (1937–1938) : 131–143 ; « The early struggles of Dalhousie » : 311–326 ; « From college to university » : 411–431 ; « Dalhousie University established », 18 (1938–1939) : 50–66 ; articles réunis et publiés sous le titre de *An introduction to the history of Dalhousie University* (Halifax, 1938).

MURCHIE, JAMES, fermier, homme d'affaires, juge de paix, officier de milice et homme politique, né le 16 août 1813 à St Stephen (St Stephen-Milltown,

Nouveau-Brunswick), fils de Daniel Murchie et de Janet Campbell ; le 1er novembre 1836, il épousa Mary Ann Grimmer, et ils eurent six fils et cinq filles, puis en janvier 1860 Margaret Jane Thorpe, et de ce mariage naquirent deux fils et une fille ; décédé le 27 mai 1900 à Milltown (St Stephen-Milltown).

À la veille de la guerre d'Indépendance américaine, le grand-père de James Murchie, Andrew Murchie, quitta Paisley, en Écosse, pour s'établir dans les Treize Colonies avec sa femme et ses fils. Une fois le conflit terminé, ils passèrent au Nouveau-Brunswick ; en 1789, ils occupaient une terre dans la paroisse St Stephen. Daniel, fils d'Andrew, épousa Janet Campbell, elle aussi d'origine écossaise, et ils eurent neuf enfants. Leur quatrième fils, James, grandit dans la ferme paternelle, fréquenta l'école publique à Old Ridge, puis travailla avec son père à cultiver la terre durant l'été et à abattre des arbres l'hiver. En 1836, il épousa Mary Ann Grimmer, fille d'un homme d'affaires de St Stephen, et s'installa avec elle dans la ferme dont il avait fait l'acquisition.

Durant 17 ans, Murchie allait travailler selon le cycle qu'il avait connu avec son père. Issu d'un milieu modeste, donc peu en mesure d'obtenir des capitaux, il n'avait d'autre choix que de tirer le meilleur parti possible des forêts et de la campagne. Comme la plupart des fermiers-bûcherons de l'époque, il possédait un boisé qui lui rapportait un peu, mais en général il faisait de l'abattage sur les terres de la couronne ou celles des marchands de bois de la rivière Sainte-Croix. Dans les deux cas, le bois allait aux marchands, soit qu'ils l'aient commandé d'avance par contrat, soit qu'ils l'achètent par la suite.

Murchie se rendait compte que, pour détenir du pouvoir et mener ses affaires à sa guise, il fallait posséder des terres à bois. Traditionnellement, au Nouveau-Brunswick, seuls ceux qui louaient de vastes étendues de terres de la couronne avaient accès à cette ressource. Après que la chambre d'Assemblée eut obtenu l'administration de ces terres, en 1837, elle accorda généralement des baux de cinq ans en échange d'un versement de dix shillings le mille carré et d'un modeste droit de coupe sur chaque tonne de bois. Selon son propre témoignage, Murchie amassa son capital initial dans les années 1840 en louant d'abord de petites concessions, puis progressivement sa situation s'améliora au point qu'il louait plusieurs milliers d'acres et employait des équipes de bûcherons.

Murchie édifia sa fortune lentement. Durant 17 ans, il demeura un fermier et un petit bûcheron : il travaillait dans la forêt avec ses hommes et vendait son bois aux propriétaires de scieries de la région de St Stephen. Puis, en 1853, avec les 20 000 $ qu'il avait amassés, il décida de se faire marchand de bois et fit l'acquisition d'une scierie dans la partie de la paroisse St Stephen appelée Milltown. Il y ouvrit également un magasin général grâce auquel il pouvait faire du troc. Par la même occasion, il quitta sa ferme et s'installa à Milltown, où il fit construire une jolie maison de bois à trois étages pour loger sa famille de plus en plus nombreuse.

Divisions économiques et dissensions religieuses régnaient alors à Milltown. Plusieurs années auparavant, les propriétaires des scieries avaient provoqué la colère de leurs ouvriers en exigeant qu'ils prolongent leurs journées et travaillent sept jours par semaine durant les mois de production. Les ouvriers avaient résisté, et la situation s'était compliquée davantage quand l'Église méthodiste wesleyenne, confession dominante dans la localité, les avait appuyés. Les ouvriers méthodistes, estimait-elle, étaient privés du droit de remplir leurs devoirs religieux. Dans l'affrontement qui suivit, le temple méthodiste fut incendié, et la plupart des propriétaires de scierie, après avoir dénoncé l'autoritarisme et l'arbitraire de l'Église, prirent l'initiative d'organiser dans Milltown une assemblée congrégationaliste. C'était une secte pour gens à l'aise : elle se finançait au moyen d'un impôt sur la valeur de la propriété de ses membres. Murchie et sa famille étaient méthodistes mais, une fois à Milltown, ils s'intégrèrent à l'assemblée congrégationaliste. C'était symptomatique du changement qui s'opérait dans sa situation sociale : le lieutenant-gouverneur venait tout juste de le nommer juge de paix du comté de Charlotte, et il allait bientôt devenir capitaine de milice.

De 1857 à 1871, la population de la paroisse St Stephen passa de 2 868 à 6 515 habitants, en bonne partie à cause de l'essor de l'industrie forestière. Murchie bénéficia de cette prospérité plus que quiconque. Bientôt, son usine de Milltown compta trois séries de scies ; il en installa une autre à Rankins Mills (Benton), sur la rivière Saint-Jean, où il construisit aussi une usine à scies rotatives. Il acheta des lots riverains et érigea des quais et des scieries sur les deux rives de la Sainte-Croix, soit à St Stephen et à Calais, dans le Maine. En 1859, il se lança dans le transport maritime en achetant un bateau. Au cours des dix années suivantes, il fit construire plusieurs autres bâtiments, et sa flotte transporta des cargaisons en Australie, aux îles Canaries et en Amérique du Sud. Surtout, il continua d'accumuler des concessions forestières, tant pour approvisionner ses scieries que pour faire fructifier son capital. Ses achats les plus importants avant 1861 furent 20 536 acres de terres de la couronne. Il réalisa la plupart de ces transactions en étroite collaboration avec son beau-père, « Honest » John McAdam, alors arpenteur général du Nouveau-Brunswick. Murchie et McAdam obtinrent frauduleusement la plus grande partie de ces terres en faisant déposer des demandes de concessions de terres de la couronne par des employés de Murchie. Une fois que ceux-ci avaient obtenu les terres, ils les revendaient à McAdam et à Murchie. Ces transactions et d'autres du même genre furent mises à jour en 1861, et McAdam fut congédié à la suite d'une enquête officielle.

Tout en exploitant son entreprise, Murchie se trouvait au cœur des principales activités des marchands de bois en vue de la Sainte-Croix. Une douzaine de familles, issues en bonne partie des clans élargis des Todd, Eaton, Porter, McAllister, Mark et Chipman, dominaient la vie économique de la région. Ce groupe avait la haute main sur la St Stephen's Bank, dont les billets étaient la monnaie la plus répandue dans l'ouest du Nouveau-Brunswick et l'est du Maine. Murchie fit partie du conseil d'administration de cette banque durant plus de 20 ans. Promoteur de lignes de chemin de fer au Nouveau-Brunswick et au Maine, il fut vice-président de la New Brunswick and Canada Railroad Company et administrateur de la St Croix and Penobscot Railroad Company. En outre, il fut président de la St Croix Lloyds Insurance Company.

Dès 1860, les 20 000 $ de capital accumulé de Murchie étaient passés à plus de 85 000 $. En outre, la production des scieries qu'il possédait du côté de Calais lui rapportait annuellement plus de 70 000 $. En 1871, aux fins de l'impôt, ses propriétés de la paroisse St Stephen furent évaluées à 50 000 $, ce qui était très en deçà de leur valeur. La même année figuraient, au nombre de ses biens, une fabrique de haches dont la production annuelle représentait 25 000 $, des voiliers et des vapeurs qui jaugeaient respectivement 1 800 et 500 tonneaux.

Dans la même période, la famille de Murchie s'accrut et se modifia aussi rapidement que sa prospérité matérielle. En 1857, quelques mois après avoir accouché de son treizième enfant, Mary Ann Murchie mourait. Trois ans plus tard, Murchie épousa une femme de 29 ans, Margaret Jane Thorpe, avec qui il eut trois enfants. En 1871, la maison de Milltown abritait Murchie, sa femme, ses huit fils, trois de ses filles, deux brus et deux domestiques irlandaises.

Murchie s'enorgueillissait de savoir estimer un peuplement forestier, abattre des arbres, mesurer des billes et mettre le bois au flottage. Formés au même métier, ses fils firent aussi l'apprentissage d'un aspect de l'administration et, le moment venu, s'intégrèrent à l'entreprise. Les quatre aînés devinrent associés de la compagnie, qui prit le nom de James Murchie and Sons, et trois des plus jeunes devinrent marchands commissionnaires à St Stephen. Les filles épousèrent des membres du milieu des affaires de la Sainte-Croix ; dans les années 1880, deux d'entre elles épousèrent des fils du puissant clan Eaton, principaux rivaux de Murchie dans la lutte pour la suprématie économique dans la région.

La vie de Murchie connut encore des bouleversements après 1871. Après la mort de Margaret Jane en 1872, Murchie ne se remaria jamais. Au fur et à mesure qu'il fut libéré par ses quatre aînés d'une bonne part de l'administration de l'entreprise, il se consacra davantage à d'autres occupations. Aux élections provinciales de 1874, il brigua donc les suffrages dans la circonscription de Charlotte sous la bannière libérale-conservatrice. Une seule question suscita d'importants débats pendant la campagne : le *Common Schools Act*, qui avait imposé en 1871 les écoles non confessionnelles et obligé tous les propriétaires de la province à les financer par un impôt. Vivement contestée par les catholiques, cette loi était à la source d'une crise constitutionnelle qui ne se terminerait qu'en 1875, au moment où le comité judiciaire du Conseil privé conclurait qu'elle n'allait pas à l'encontre de la constitution. Murchie se présenta comme partisan des écoles publiques et remporta la victoire haut la main.

Le mandat de Murchie à l'Assemblée se déroula sans incident. À titre de membre du gouvernement de George Edwin King*, il appuya la proposition qui entérinait l'interprétation du Conseil privé sur la loi des écoles publiques, vota pour le projet de loi qui constituait juridiquement l'ordre d'Orange et contre celui qui autorisait les confessions religieuses à ouvrir des écoles de réforme dans chaque comté. Il se dissocia cependant de son parti en votant pour une proposition qui prévoyait, à l'intention des fermiers acadiens, l'impression en français des rapports sur l'agriculture. L'intervention la plus notable de Murchie fut de faire adopter en 1875 un projet de loi qui ramenait à un demi-cent l'acre la taxe sur les concessions non défrichées. Comme il était, dans la province, l'un des plus gros propriétaires de terres en friche, son intervention était effrontément intéressée. Le projet de loi avait pour effet de transférer aux petits fermiers propriétaires de terres mises en valeur le fardeau de la taxation locale dans les régions rurales. Il suscita de vives controverses et ne fut adopté que par 18 voix contre 16. Murchie ne se présenta pas aux élections de 1878. Les motifs de sa décision et de son appui au *Wildlands Tax Act* ne sont pas difficiles à établir. Le marché du bois néo-brunswickois s'était effondré à la fin de 1874 et demeurerait stagnant jusqu'à la fin de la décennie. Parmi les grandes entreprises forestières de la Sainte-Croix en 1874, deux seulement, celles des Murchie et des Eaton, avaient encore une production importante dix ans plus tard.

Cette crise et le droit protecteur que le gouvernement fédéral de sir John Alexander MACDONALD décida d'imposer sur une variété de produits manufacturés convainquirent bon nombre des principaux hommes d'affaires de St Stephen du fait que, s'ils voulaient relancer l'économie régionale et se refaire une situation, ils devaient jeter les bases d'une industrie manufacturière. Au début de 1880, un groupe de marchands de bois lança donc le projet d'une grande filature de coton. Avec l'aide de capitalistes du Rhode Island, ils réussirent à former la St Croix Cotton Manufacturing Company et à ouvrir en 1881, sur la Sainte-Croix, une filature qui était la deuxième en importance au Canada. Promoteur et actionnaire de la compagnie, Murchie en fut par la suite président. Son fils aîné, John G., fit partie du conseil d'administration de l'entreprise avant qu'elle ne s'intègre au cartel de la Canadian Colored Cotton Mills Company en 1892.

Néanmoins, les intérêts que Murchie possédait dans le coton, comme dans les chemins de fer, demeuraient secondaires par rapport à ses intérêts forestiers. Malgré de graves revers financiers, dont l'incendie de trois scieries et la perte de plusieurs navires en mer, son entreprise survécut et prospéra même dans les années 1870 et 1880, en partie parce qu'elle possédait d'immenses concessions forestières. Murchie continuait d'en acquérir chaque fois qu'il le pouvait, même en période de ralentissement des affaires. En 1890, l'entreprise possédait probablement près de 200 000 acres, dont le quart environ dans le Maine et le reste au Nouveau-Brunswick et dans la province de Québec. Elle avait alors des scieries dans la vallée de la Saint-Jean, soit à Edmundston et à Deer Lake. À Princeton, dans le Maine, elle fabriquait des caisses d'oranges pour la Floride et la Sicile. En 1883, selon une étude fédérale sur l'industrie, les investissements personnels de Murchie à St Stephen et à Milltown seulement atteignaient les 220 000 $; seule la compagnie de coton, dont le capital s'élevait à un million de dollars, le précédait sur la liste. En 1891, l'entreprise chiffrait ses exportations de l'année à 25 millions de pieds de bois long, 30 millions de lattes et 65 millions de bardeaux.

Murchie mourut à Milltown dans sa quatre-vingt-septième année ; son entreprise était alors l'unique grande industrie forestière qui subsistait sur la Sainte-Croix. Veuf depuis 28 ans, il laissait dans le deuil sept fils et cinq filles. On évalua sa succession personnelle, soit le sixième de la James Murchie and Sons, à 144 000 $. En outre, il possédait près de 11 000 acres de terres à bois, des actions de deux scieries et dix lots de ville acquis à titre personnel. Fait peut-être surprenant, il mourut intestat.

Sous bien des aspects, James Murchie était un personnage héroïque ; les hommes avec qui il travailla pendant la plus grande partie de sa vie lui témoignaient beaucoup de respect. À l'instar d'Alexander Gibson*, qui grandit dans le même milieu vers la même époque, il était issu d'une famille modeste et avait travaillé de nombreuses années en forêt. « Doué d'une constitution de fer, d'une volonté forte et d'une [grande] capacité de travail », c'était aussi un homme d'affaires rusé, attaché à ses propres intérêts, qui savait très bien ce qu'il voulait et ne reculait devant rien pour l'obtenir. Parmi les magnats du bois qui dominèrent l'économie du Nouveau-Brunswick durant la plus grande partie du XIXe siècle, il fut l'un de ceux qui se taillèrent la situation la plus enviable et la conservèrent le plus longtemps.

THOMAS WILLIAM ACHESON

Des arbres généalogiques de la famille Murchie se trouvent à la résidence construite par James Murchie à Milltown (St Stephen-Milltown), N.-B., qui est maintenant le Charlotte County Museum.

AN, RG 31, C1, 1871, Charlotte County, schedules 6, 8. — APNB, MC 1156 ; RG 7, RS63, 1900, James Murchie ; RG 18, RS148, C14/1871. — Canada, Parl., *Doc. de la session,* 1885, n° 37 : 184–185. — I. C. Knowlton, *Annals of Calais, Maine, and St. Stephen, New Brunswick* [...] (Calais, 1875 ; réimpr., St Stephen[-Milltown], [1977]), 205. — N.-B., House of Assembly, *Journal,* 1861, app., crown land evidence, particulièrement page 132 ; 1875 : 21, 69, 90, 178–179 ; 1878 : 146, 157. — *St. Croix Courier* (St Stephen), 21 avril 1892. — T. W. Acheson, « Denominationalism in a loyalist county ; a social history of Charlotte, 1783–1940 » (thèse de M.A., Univ. of N.B., Fredericton, 1964), 137–139. — H. A. Davis, *An international community on the St. Croix, 1604–1930* (Orono, Maine, 1950), 270, 272. — Peter DeLottinville, « The St. Croix Cotton Manufacturing Company and its effect on the St. Croix community, 1880–1892 » (thèse de M.A., Dalhousie Univ., Halifax, 1980), 71–72. — T. W. Acheson, « The National Policy and the industrialization of the Maritimes, 1880–1910 », *Acadiensis* (Fredericton), 1 (1971–1972), n° 2 : 1–28.

MURRAY, LOUISA ANNIE, institutrice et écrivaine, née le 23 mai 1818 à Carisbrooke, Angleterre, aînée des enfants d'Edward Murray, officier de l'armée, et de Louisa Rose Lyons ; décédée célibataire le 27 juillet 1894 dans le canton de Stamford, Ontario.

Lorsque Louisa Annie Murray était encore enfant, sa famille s'installa près du grand-père paternel qui demeurait à Ballina Park, dans le comté de Wicklow (république d'Irlande). Essentiellement autodidacte, Louisa Annie faisait partie d'un joyeux cercle d'amis et de parents. Mais dans cette Irlande frappée par la famine les jeunes n'avaient pas beaucoup d'avenir sur le plan économique et le salaire d'un officier à la demi-solde était limité. Aussi la famille émigra-t-elle au début des années 1840, et les Murray furent parmi les premiers colons à s'installer dans l'île Wolfe, près de Kingston, dans le Haut-Canada. Louisa Annie travailla comme institutrice tout en commençant à écrire, encouragée par son voisin, le révérend Joseph Antisell Allen, poète et père du romancier Charles Grant Blairfindie Allen. Susanna Moodie [Strickland*] lui apporta une aide concrète en recommandant la « belle histoire » de Mlle Murray à Eliza Lanesford Cushing [Foster*], directrice du *Literary Garland* de Montréal. C'est ainsi que *Fauna, or the red flower of Leafy Hollow* fut publié en feuilleton dans cette revue en 1851. Mais à l'époque le *Literary Garland* était déjà sur son déclin et, par la suite, des difficultés de publication continuèrent à nuire à la carrière de l'auteure. L'un de ses manuscrits fut égaré à la suite de l'échec d'un projet de magazine ; un autre brûla accidentellement. Plusieurs tentatives de publication de livre avortèrent également. Le roman *The cited curate,* qui devait être publié en vertu d'un contrat, ne put paraître en raison de la fermeture de la maison d'édition ; cette histoire marquée d'un romantisme sombre, dont le héros sans grand courage vivait dans le comté de Wicklow, fut publiée en 1863 dans le *British American Magazine de Toronto*. On a dit plus tard de cet ouvrage qu'il était « le plus soigné de tous [ses] romans ».

Pendant que dans le milieu littéraire on déplorait le fait que Louisa Annie Murray ne puisse atteindre un plus vaste public, celle-ci persistait dans son ambition de devenir la plus grande prosatrice canadienne des années 1870. Pour parvenir à cet idéal, elle pouvait s'appuyer sur l'amitié de nombreux artistes, en particulier le peintre Daniel FOWLER, dont elle fit la connaissance à l'occasion des visites qu'elle rendait à son frère dans l'île Amherst. Elle écrivit à Fowler depuis les divers lieux où elle résida : en 1872, elle suivit sa sœur Clemena Going à Tillsonburg ; par la suite, elle vécut dans le comté de Welland, d'abord à Montrose puis, à compter de 1877, dans le canton de Stamford, où elle rejoignit sa mère ainsi que sa sœur et ses frères célibataires à Glen Farm. Elle correspondit également avec les jeunes auteures Susie Frances Harrison [Riley*], Agnes Ethelwyn Wetherald* et Agnes Maule Machar* qui lui rendirent hommage en la décrivant comme « l'une des meilleures prosatrices que le Canada ait jamais connues ».

Louisa Annie Murray publia plusieurs poèmes à la manière romantique de l'époque victorienne, dont *Merlin's cave,* mais elle était surtout connue pour ses romans. Cette « conteuse-née », selon l'expression de Mme Wetherald, écrivait des romans d'amour dont l'intrigue menée à vive allure aboutissait à un heureux dénouement grâce à des coïncidences et au deus ex machina. Dans le débat de la fin du siècle sur les mérites du réalisme littéraire, l'auteure se rangea du côté des idéalistes. Ses personnages étaient plus grands que nature, les hommes, chevaleresques et forts, les femmes, belles et douces, car elle cherchait, à l'instar de George Eliot, à présenter les êtres sous un jour favorable. Elle imita aussi Eliot en créant des héroïnes indépendantes et aventureuses. Ses personnages féminins jouissaient d'une liberté d'action considérable, en particulier dans les forêts canadiennes, comme dans *Fauna,* son premier roman, où une jeune Indienne aide une jeune Anglaise à profiter de sa nouvelle liberté et, finalement, à épouser l'homme dont elles sont toutes deux amoureuses. Mlle Murray manifesta son talent pour le récit descriptif dans la peinture détaillée qu'elle fit de la toile de fond romantique offerte par la forêt. Dans les divers cadres où elle situait ses romans, qu'il s'agisse du Canada comme dans *Fauna* et *The settlers of Long Arrow,* de l'Irlande comme dans *The cited curate* et *Little Dorinn : a Fenian story,* ou de l'Italie comme dans *Carmina,* elle utilisait des descriptions de paysages pour donner à son récit une note de réalisme, ou pour y apporter une certaine couleur locale, ou encore pour suggérer une ambiance.

Dans *Fauna,* Louisa Annie Murray aborda pour la première fois l'un de ses grands thèmes : la question de l'égalité des femmes. « L'érudition et le génie chez une femme ! Oh ! comble de l'iniquité – horreur pour l'un des sexes, chose redoutée pour l'autre et indice infaillible de la future vieille fille ! » Elle décrivit encore ce dilemme de manière plus complète et plus tragique dans son roman intitulé *Marguerite Kneller : artist and woman* où elle démontre l'impossibilité de réussir son mariage tout en poursuivant une brillante carrière artistique. Ce thème, puisé dans le roman *Corinne, ou l'Italie* (1807) de madame de Staël, lui inspira de nombreux essais qu'elle signa dans le *Christian Guardian,* la *Canadian Monthly and National Review,* le *Nation* et le *Week,* toutes des publications torontoises, sous divers titres comme « Old maids, ancient and modern », « A few words about some literary women », « Suppression of genius in women [...] », « Carlyle's first loves » et « The story of L. E. L. [Letitia Elizabeth Landon] ». Dans ce dernier cas, le dilemme était résolu sur une note plus positive. Tous ces essais lui permirent d'explorer les œuvres littéraires des femmes et d'observer les frustrations de celles qui, telles Dorothy Wordsworth et Jane Baillie Carlyle, furent éclipsées ou empêchées d'écrire par les auteurs masculins de leur famille. Même si ces essais et d'autres sur différents sujets littéraires lui valurent de flatteuses comparaisons avec George Eliot en raison de leur valeur intellectuelle, le projet d'en faire un livre ne se concrétisa jamais.

Louisa Annie Murray est presque oubliée aujourd'hui malgré la renommée dont elle a joui de son vivant. Elle fit le lien entre deux époques : celle du début du gothique et des récits de voyage, illustrée par des pionnières comme Susanna Moodie, et celle des romancières et journalistes professionnelles du tournant du siècle, qui commencèrent à s'intéresser à la « femme nouvelle ».

BARBARA GODARD

Arch. privées, Louisa Murray King (North Andover, Mass.), L. A. Murray papers, lettres à Murray ; Murray, list of MSS submitted for publication. — *British American Magazine* (Toronto), 1 (1863)–2 (1863–1864). — *Canadian Monthly and National Rev.* (Toronto), 1 (janv.–juin 1872) : 28–33, 107–117, 239–247, 334–343, 432–438, 519–526 ; 2 (juill.–déc. 1872) : 385–408, 481–505 ; 3 (janv.–juin 1873) : 275–288, 379–394, 471–486 ; 4 (juill.–

déc. 1873) : 21–28, 229–238, 280–299, 376–387, 501–515 ; 6 (juill.-déc. 1874) : 130–146. — *Literary Garland* (Montréal), nouv. sér., 9 (1851) : 145–159, 209–221, 241–256, 289–307, 337–347, 385–395, 433–443. — *Nation* (Toronto), 6 août 1875 : 368–369 ; 24 sept. 1875 : 451–453. — *Once a Week* (Londres), 5 (1861) : 421–429, 449–455, 477–485, 505–512, 533–539, 561–569, 589–597, 617–623, 645–651, 673–679, 701–705. — *Week*, 26 juin 1884 : 474–475 ; 3 juill. 1884 : 489–491 ; 19 avril 1888 : 335–336 ; 5 avril 1889 : 280 ; 12 avril 1889 : 295–296 ; 2 déc. 1892 : 9–11 ; 5 oct. 1894 : 1063–1064. — *Canada, an encyclopædia* (Hopkins), 5 : 170–176. — *The encyclopedia of Canada*, W. S. Wallace, édit. (6 vol., Toronto, [1948]), 4 : 359–360. — *An index to the* Canadian Monthly and National Review *and to* Rose-Belford's Canadian Monthly and National Review, *1872–1882*, introd. de M. G. Flitton, compil. ([Toronto], 1976). — Morgan, *Sketches of celebrated Canadians*. — *Types of Canadian women* (Morgan). — Wallace, *Macmillan dict.* — Judith Zelmanovits, « Louisa Murray, writing woman », *Canadian Woman Studies* (Downsview [Toronto]), 7 (1986), n° 3 : 39–42.

N

NAIRN, STEPHEN, meunier et marchand, né le 14 août 1838 à Kelvinside, Glasgow, Écosse, fils de John Nairn et de Margaret Kirkland ; le 9 novembre 1881, il épousa Elizabeth Watt, et ils eurent deux enfants ; décédé le 14 octobre 1900 à Winnipeg.

Stephen Nairn commença sa carrière dans les affaires en s'associant à son frère James pour exploiter un moulin près de Glasgow. En 1863, il immigra dans le Haut-Canada et se joignit à son frère aîné, Alexander, dans une entreprise de meunerie et de commerce de grain à Rockwood. Vers 1875, les deux frères établirent la A. and S. Nairn à Toronto et menèrent diverses activités à titre de propriétaires d'un quai et de marchands de charbon. En 1884, l'association fut dissoute et Stephen s'installa à Winnipeg, où il construisit le premier moulin à farine d'avoine de la ville. Ce moulin était situé dans la région historique de Point Douglas, à côté de l'imposant moulin à farine de l'Ogilvie Milling Company [V. William Watson OGILVIE], établi seulement quelques années auparavant. En plus de la farine d'avoine, nourriture de base des nombreux habitants d'origine écossaise du Manitoba, le moulin de Nairn produisait des flocons d'avoine, de l'orge perlé et mondé, ainsi que divers aliments pour le déjeuner.

Au moment où Nairn arriva à Winnipeg, on venait d'expédier à Fort William (Thunder Bay, Ontario) la première cargaison de blé de l'Ouest par le chemin de fer canadien du Pacifique, dont la construction venait de prendre fin ; à cette époque, on commençait à peine à découvrir l'immense potentiel du Manitoba et des Territoires du Nord-Ouest pour la production de céréales. Nairn ne tarda pas à se mêler de près aux activités de cette industrie en pleine expansion. Élu membre du premier conseil de la Winnipeg Grain and Produce Exchange, créée en 1887 [V. Joseph HARRIS], il en devint président en 1896. Il fut aussi membre de la Chambre de commerce de Winnipeg ; il y occupa les postes de président en 1891, de président du bureau des inspecteurs de céréales en 1888–1889 puis, de 1889 jusqu'à son décès en 1900, de président du bureau des inspecteurs des farines et de membre du comité sur les céréales.

Les normes qui régissaient le blé dur de l'Ouest étaient, avant 1889, fixées en grande partie dans l'Est, ce qui ennuyait beaucoup les marchands de céréales de Winnipeg. C'est en 1888, pendant que Nairn occupait la présidence du bureau des inspecteurs de céréales, établi deux ans auparavant, que les efforts qu'il déploya avec ses collègues en vue de faire redresser ce qui était perçu comme une injustice commencèrent à porter fruits. En octobre de cette année-là, le ministre du Revenu de l'intérieur donna à la Chambre de commerce de Winnipeg le pouvoir de prélever des échantillons et de fixer des normes pour le blé du Manitoba puis, en mai de l'année suivante, on modifia l'Acte d'inspection générale de 1874 afin de créer le Western Standards Board, qui allait s'occuper des céréales de l'Ouest.

Durant toutes les années qu'il passa à Winnipeg, Nairn manifesta un vif intérêt pour l'immigration et la mise en valeur de l'Ouest. En 1896, lorsqu'il assista au troisième congrès des chambres de commerce de l'Empire, à Londres, il se prononça (comme sir Donald Alexander Smith* et d'autres) pour que l'on incite davantage les habitants des îles Britanniques à émigrer vers les colonies.

En 1898, en dépit des efforts concertés de la Winnipeg Grain and Produce Exchange et de la Chambre de commerce de Winnipeg, l'industrie de la farine d'avoine au Manitoba et dans les Territoires du Nord-Ouest fut affectée par la politique douanière du gouvernement canadien, selon laquelle les droits prélevés sur l'avoine importé étaient 100 % plus élevés que ceux que l'on exigeait pour la farine importée. À cause de cet écart non équitable, on importait de la farine d'avoine produite dans le nord des États-Unis, que l'on vendait à des prix que les meuniers de l'Ouest étaient incapables de concurrencer. Cette situation incita sans aucun doute Nairn à accepter, en mai de la même année, l'offre d'achat de son moulin que lui présenta l'Ogilvie Milling Company. Après cette vente, il poursuivit ses activités de marchand de grain et de membre de la Winnipeg Grain and Produce Exchange jusqu'à son décès, qui survint deux ans plus tard.

Malgré sa nature simple et discrète, Stephen Nairn manifesta un intérêt louable envers les affaires publiques. Membre de la congrégation presbytérienne Knox, il fut président de son conseil d'administration de 1890 à 1892. Il fut aussi membre du conseil d'administration de l'Hôpital Général de Winnipeg de 1889 jusqu'à sa mort, commissaire du Winnipeg Parks Board, administrateur de la Winnipeg Industrial Exhibition Association et membre de la Société historique et scientifique de Manitoba.

CHARLES W. ANDERSON

PAM, MG 10, A2, Winnipeg Board of Trade, Annual reports, 1880–1900 ; B11. — Winnipeg Grain and Produce Exchange, *Annual report* (Winnipeg), 1889–1899. — *Commercial* (Winnipeg), 16 avril 1898. — *Manitoba Morning Free Press,* 18 avril, 26 mai 1898, 18 oct. 1900. — *Pioneers of Manitoba* (Morley *et al.*). — *Winnipeg directory,* 1884–1900.

NATAWISTA (Natoyist-siksina, Natawista Iksana, connue sous le nom de **Medicine Snake Woman),** Indienne de la tribu des Gens-du-Sang et conciliatrice, née vers 1824, probablement dans ce qui est maintenant le sud de l'Alberta, fille de Stoó-kyatosi (Two Suns, parfois appelé Sun Old Man et Father of Many Children) ; décédée en mars 1893 à Stand Off (Alberta).

Fille d'un chef bien en vue de la tribu des Gens-du-Sang de la nation des Pieds-Noirs, Natawista fut mariée selon la tradition indienne à Alexander Culbertson, chef de poste de l'Upper Missouri Outfit pour l'American Fur Company, au début des années 1840. Comme les Américains et les Britanniques se livraient une forte concurrence pour faire commerce avec les Pieds-Noirs, il était courant que les fonctionnaires des compagnies de traite épousent les filles des chefs pour cimenter les relations commerciales. En 1843, le naturaliste John James Audubon, qui rencontra Natawista au fort Union (Fort Union Trading Post, Dakota du Nord), la décrivit comme une « princesse indienne [...] d'une force et d'une grâce remarquables ». Huit ans plus tard, l'artiste suisse Rudolf Friedrich Kurz dirait qu'elle était « l'une des plus belles femmes indiennes » et ajoutait : « Elle [aurait fait] un excellent modèle pour une Vénus. »

Au cours des années, le frère de Natawista, Peenaquim*, devint chef principal des Gens-du-Sang et acquit une influence considérable chez les Pieds-Noirs grâce à ses relations avec Culbertson. Natawista se rendait fréquemment aux campements de sa tribu et cultivait l'amitié entre Indiens et commerçants américains. En 1854, elle insista pour accompagner aux camps pieds-noirs un groupe de négociateurs du gouvernement américain que dirigeait son mari. « Je crains qu'eux et les Blancs ne se comprennent pas, avait-elle dit, mais si j'y vais je pourrai peut-être leur expliquer des choses et les calmer s'ils se mettent en colère. Je sais que c'est très dangereux. » C'est en partie à cause de son intervention qu'un traité fut signé l'année suivante. Les Pieds-Noirs acceptèrent de vivre en paix avec les autres tribus, de demeurer dans les territoires de chasse désignés et de permettre aux colons et aux militaires de s'établir dans leur région, en échange de quoi le gouvernement américain leur promettait de l'aide et le versement de rentes.

Culbertson, après avoir amassé une fortune considérable grâce au commerce des fourrures dans le haut Missouri, acheta en 1858 un domaine et une ferme modèle appelés Locust Grove, près de Peoria, dans l'Illinois. C'est là que le 9 septembre 1859 les Culbertson légalisèrent leur mariage par une cérémonie catholique. Pendant les années qu'ils passèrent ensemble, les Culbertson eurent cinq enfants. Dans l'Illinois, Natawista mena à certains moments une vie peu conventionnelle. Un parent racontait qu'« au début de l'automne elle faisait monter une tente sur le gazon, enlevait ses vêtements de femme blanche, revêtait la couverture de la squaw et passait l'été des Indiens dans sa tente ». Elle voyageait souvent avec son mari dans le haut Missouri mais s'intégrait tout aussi bien à la vie de Locust Grove.

En 1868, Culbertson avait perdu sa fortune. Le couple alla s'installer au fort Benton (Montana) pour reprendre la traite mais, peu après 1870, Natawista se rendit aux campements des Gens-du-Sang et ne revint jamais auprès de son mari. Elle vécut avec son neveu Red Crow [MÉKAISTO], puis devint l'une des femmes indiennes de Henry Alfred Kanouse, Américain de Peoria qui faisait le trafic du whisky sur la rivière Bow (Alberta). En 1874, Natawista et Kanouse se trouvaient à la rivière Oldman lorsque la Police à cheval du Nord-Ouest construisit dans les environs le fort Macleod (Alberta). Le médecin de la police, Richard Barrington Nevitt, qui la vit en 1875, exprima son étonnement devant une Indienne portant une robe à la Dolly Varden et un jupon balmoral avec des jambières et des mocassins brodés de perles.

En 1877, Natawista accepta au Canada le statut d'Indienne de la tribu des Gens-du-Sang, sous le nom de « Natoas-Kix-in, Mrs. H. A. Kanouse », mais en 1880 elle avait quitté son mari et vivait avec Red Crow dans la nouvelle réserve des Gens-du-Sang (Alberta). Le journaliste de Winnipeg George Henry Ham la décrivit en 1885 comme « une squaw habillée avec soin, parée selon la coutume de certaines dames blanches, [qui préférait néanmoins] la liberté sauvage des plaines aux conventions de la société ». Au moment de sa mort en 1893, Natawista vivait dans la réserve des Gens-du-Sang avec le fils de Red Crow, Nina-Kisoom (Chief Moon).

HUGH A. DEMPSEY

AN, RG 10, B8, 9412, Treaty paylists, Blood bands of Treaty 7, 1877, entry 37. — Arch. of the diocese of Peoria (Peoria, Ill.), St Mary's Church, reg. of marriages, 9 sept. 1859. — Mont. Hist. Soc. (Helena), L. H. Morgan, « Journal of Lewis H. Morgan, 1862 ». — [J. J.] Audubon, *Audubon and his journals,* M. R. Audubon, édit. (2 vol., Londres, 1897 ; réimpr., New York, 1960), 2. — R. F. Kurz, « Journal of Rudolph Friederich Kurz [...] 1846–1852 », J. N. B. Hewitt, édit., Myrtis Jarrell, trad., Smithsonian Institution, Bureau of American Ethnology, *Bull.* (Washington), 115 (1937) : 224. — R. B. Nevitt, *A winter at Fort Macleod,* H. A. Dempsey, édit. ([Calgary], 1974). — *Daily Manitoban* (Winnipeg), 30 sept. 1885. — H. M. Chittenden, *The American fur trade of the far west* [...] (2 vol., New York, 1902 ; réimpr., Santa Fe, N. Mex., 1954), 1. — Myrtle Clifford, « Three women of frontier Montana » (thèse de M.A., State Univ. of Mont., Bozeman, 1932). — J. W. Schultz, *Signposts of adventure : Glacier National Park as the Indians know it* (Boston et New York, 1926). — « Mrs Alexander Culbertson », Mont., Hist. Soc., *Contributions* (Helena), 10 (1940) : 243–246. — M. W. Schemm, « The major's lady : Natawista », *Montana* (Helena), 2 (1952), n° 1 : 5–15.

NATOS-API (Old Sun ou **Sun Old Man,** aussi connu sous le nom de **White Shell Old Man),** chef pied-noir et sorcier guérisseur, né vers 1819, probablement dans ce qui est maintenant le centre de l'Alberta, fils de Natos-api (Old Sun, appelé aussi Crockery Old Man) ; décédé le 26 janvier 1897 dans les plaines de North Camp, dans la réserve des Pieds-Noirs, au sud de Gleichen (Alberta).

Old Sun est né à une époque où les Pieds-Noirs régnaient en maîtres dans une grande partie de ce qui est maintenant le centre de l'Alberta, au sud de la rivière Battle. Son père était à la fois l'un des chefs principaux de la tribu des Pieds-Noirs et le chef de la bande des All Medicine Men, qui chassaient dans la partie nord du territoire pied-noir. Old Sun – appelé White Shell Old Man jusqu'à la mort de son père en 1860 – se tailla dans sa jeunesse une enviable réputation de guerrier. Contrairement à la plupart des membres de sa tribu, il n'abandonna pas le sentier de la guerre en vieillissant et continua, même adulte, à diriger des raids de vols de chevaux contre d'autres tribus. Dans les années 1850, Red Crow [MÉKAISTO], qui devint chef de la tribu des Gens-du-Sang, fit partie de l'une de ces expéditions guerrières, où trois Cris des Plaines furent tués à l'extérieur de leur campement, sur la Saskatchewan-du-Nord. Old Sun porta plus tard sur lui la chevelure blonde d'une jeune Allemande qui, disait-on, avait été scalpée au cours de l'attaque d'un convoi de chariots dans les collines Porcupine. Calf Old Woman, la principale épouse d'Old Sun, connue elle aussi pour son sang-froid et sa férocité au combat, fut l'une des rares femmes à faire partie à titre de guerrière des conseils des Pieds-Noirs.

Tout comme son père, Old Sun fut un célèbre sorcier guérisseur. Dans sa jeunesse, il avait campé sur une colline isolée en quête d'une vision et il croyait avoir reçu du cerf des pouvoirs surnaturels. Il portait sur lui un tibia de cerf dont il se servait pour soigner les malades et chasser les mauvais esprits. Il avait également une amulette qui était censée guérir la cécité. Les Pieds-Noirs racontent encore que, à l'occasion d'une confrontation avec un sorcier cri, Old Sun avait triomphé, malgré toutes les incantations de son ennemi, grâce aux pouvoirs du cerf. Après la mort de son père, tué par les Cris près du fort Edmonton (Edmonton), Old Sun devint chef de la bande des All Medicine Men et, avec Akamih-kayi (Big Swan) et No-okskatos (Three Suns), l'un des trois chefs principaux de la tribu. Juste avant l'épidémie de variole de 1869–1870, les autorités américaines estimaient que sa bande comptait 312 personnes, dont 78 guerriers, qui vivaient dans 26 cabanes. L'épidémie de variole et d'autres maladies allaient emporter un certain nombre de chefs et, en 1872, Old Sun et Pied de Corbeau [Isapo-muxika*] étaient devenus les deux chefs principaux de la tribu. Moins intéressé par l'aspect politique de sa fonction que ne l'était son jeune homologue, Old Sun laissa à ce dernier les discussions avec les autorités canadiennes après l'arrivée de la Police à cheval du Nord-Ouest en 1874 [V. James Farquharson MACLEOD]. Quand les leaders autochtones des Prairies de l'ouest se réunirent en 1877 pour négocier le traité n° 7, Old Sun signa pour sa bande mais laissa les négociations à Pied de Corbeau.

Les Pieds-Noirs s'établirent dans leur réserve en 1881, et Old Sun emmena son peuple en amont du camp de Pied de Corbeau, à Blackfoot Crossing (Alberta), pour se fixer à North Camp Flats. Le manque total d'intérêt qu'il avait pour l'agriculture lui valut les critiques du fonctionnaire du département des Affaires indiennes, Magnus Begg, qui le décrivit en 1884 comme « piètre travailleur dans sa bande, et [...] trop vieux pour faire beaucoup [...] lui-même ». En 1883, Old Sun avait accepté que le missionnaire anglican John William Tims demeure dans son camp mais, craignant que celui-ci n'essaie de lui voler sa terre, il l'avait confiné à un espace de huit pieds carrés. La même année toutefois, il agrandit cet espace afin que l'on y construise une maison et une mission. Le missionnaire anglican Harry William Gibbon Stocken, qui rencontra Old Sun deux ans plus tard, le décrivit comme « un vieillard remarquable ; jamais las de raconter les prouesses de sa jeunesse.

Son physique splendide en était la preuve [...] Il s'assoyait là, l'air important, le corps entièrement barbouillé de peinture rouge brique. » Quoiqu'il ne se convertît jamais à la foi chrétienne, Old Sun appuya les anglicans, et deux de ses petits-enfants furent les tout premiers élèves de l'école de la mission.

Old Sun se retira presque entièrement de la politique tribale dans les années 1890, mais il demeura un personnage religieux et un patriarche respecté jusqu'à sa mort, en 1897.

HUGH A. DEMPSEY

AN, RG 10, CII, 1136, 30 juin 1884. — Arch. privées, H. A. Dempsey (Calgary), entrevue avec Ayoungman, Indien pied-noir, 10 juill. 1954 ; avec Heavy Shield, Indien pied-noir, 8 mars 1957. — Morris, *Treaties of Canada with the Indians*. — *Saskatchewan Herald*, 12 févr. 1897. — H. A. Dempsey, *Crowfoot, chief of the Blackfeet* (Edmonton, 1972) ; *Red Crow, warrior chief* (Saskatoon, 1980). — S. H. Middleton, *Kainai chieftainship ; history, evolution, and culture of the Blood Indians ; origin of the sun-dance* ([Lethbridge, Alberta, 1953]). — Julian Ralph, *On Canada's frontier : sketches of history, sport and adventure and of the Indians, missionaries, fur-traders, and newer settlers of western Canada* (Londres, 1892). — C. H. W. G. Stocken, *Among the Blackfoot and Sarcee* (Calgary, 1976). — *Calgary Herald*, 29 avril 1933.

NE-CAN-NETE (Ne-kah-nea, Ne-kah-new, connu sous les noms de **Foremost Man** et de **Front Man),** chef des Cris des Plaines ; décédé à un âge avancé le 16 mai 1897 près de Maple Creek (Saskatchewan).

Ne-can-nete passa probablement une partie de sa jeunesse dans la région des forts Qu'Appelle (Fort Qu'Appelle, Saskatchewan) et Pelly (Fort Pelly), mais à un moment quelconque il conçut un solide attachement pour les monts Cypress, situés plus à l'ouest. En vertu du traité n° 4, conclu en 1874 [V. David Laird*], il commença à toucher une rente en qualité de membre de la bande de Kahkewistahaw*. En 1880, son chef consentit à abandonner le mode de vie traditionnel des Cris, fondé sur la chasse au bison, et à s'installer dans une réserve gouvernementale sur le cours inférieur de la rivière Qu'Appelle. Cependant, la plupart des membres de la bande, sous l'autorité de Ne-can-nete, décidèrent de ne pas quitter les plaines, et des Indiens d'autres bandes ne tardèrent pas à les rejoindre. Reconnaissant Ne-can-nete comme le chef de plus de 400 Cris, le département des Affaires indiennes lui promit en 1881 une réserve dans la région des monts Cypress. En juillet de cette année-là, dans le but d'en choisir l'emplacement, des fonctionnaires du département et Acheson Gosford Irvine*, commissaire de la Police à cheval du Nord-Ouest, visitèrent cette région avec lui et d'autres Indiens. Puis, l'année suivante, le département décida que toutes les réserves devaient se trouver plus au nord, loin de la frontière américaine.

À l'époque, le bison avait presque disparu des Prairies canadiennes, et les monts Cypress, riches en gibier, en eau et en bois d'œuvre, devenaient un lieu de rendez-vous pour plusieurs milliers d'Indiens démunis qui, même s'ils n'étaient plus en mesure de tirer leur subsistance de la chasse, refusaient de se sédentariser. Pour les pousser à s'installer dans les réserves où, espérait-on, ils apprendraient à vivre de l'agriculture, le département des Affaires indiennes annonça qu'à compter de 1882 les rentes et autres indemnités garanties par traité n'iraient qu'à ceux qui se fixeraient sur ces terres. En moins de deux ans, toutes les bandes se virent donc contraintes de monter vers le nord, sauf celle de Ne-can-nete, mais à peu près la moitié de ses gens, constatant qu'ils ne pouvaient subsister sans ces indemnités, partirent aussi. Le chef cri affirmait être tout à fait disposé à habiter dans une réserve à condition qu'elle soit près de ses chers monts Cypress, et les 200 Indiens restés avec lui le soutenaient dans cette position. Même si d'autres chefs cris plus éminents, tels Piapot [Payipwat*], Little Pine [Minahikosis*] et Big Bear [Mistahimaskwa*] avaient été obligés de quitter ces collines, le gouvernement ne jugeait pas Ne-can-nete dangereux et, comme sa bande ne causait pas de problèmes, on les laissa demeurer à l'écart.

Ne-can-nete n'était pas l'un de ces chefs dynamiques et portés à l'exhortation comme on en trouve tant dans la tradition crie. Son autorité s'enracinait dans son attachement aux monts Cypress, et ses partisans tiraient leur courage de son exemple. Se faisant leur porte-parole, il tenta, dans les années 1880, de convaincre le département des Affaires indiennes de créer la réserve promise mais, comme il constatait son insuccès, il choisit de ne plus faire appel aux représentants du gouvernement.

Ne-can-nete resta neutre pendant la rébellion du Nord-Ouest [V. Mistahimaskwa] et, après 1885, la petite bande qu'il dirigeait était le seul groupe de Cris des Plaines à ne pas vivre dans une réserve. Considérés comme des « traînards » issus d'autres bandes et classés injustement, par les fonctionnaires des Affaires indiennes, parmi les Indiens qui n'étaient pas visés par les traités, les compagnons et compagnes de Ne-can-nete parvinrent néanmoins à survivre dans les monts Cypress sans l'aide de l'État. Ils étaient souvent disséminés dans une vaste région qui embrassait les deux côtés de la frontière canado-américaine et subsistaient en chassant du petit gibier, en coupant du bois de chauffage dans les monts Cypress, en ramassant, dans les plaines, des os de bison qu'ils vendaient comme engrais, en faisant le commerce des chevaux et en travaillant à la journée pour des éleveurs de bétail. Ils ne demandaient jamais d'assistance publique ni de soins médicaux, n'envoyaient pas leurs enfants à l'école et faisaient rarement appel aux tribunaux canadiens. Ils survivaient plutôt en perpétuant l'organisation sociale et le partage communautaire qui appartenaient à la tradition crie.

Ne-can-nete mourut au printemps de 1897 sans avoir obtenu la réserve dans les monts Cypress qu'il réclamait depuis 1880. En 1913, avec l'aide d'un avocat blanc, son successeur, Crooked Legs, recevrait finalement une concession foncière située près de Maple Creek, où serait aménagée la réserve indienne Nekaneet. Toutefois, les indemnités garanties par traité ne seraient restituées à la bande qu'en 1975.

DAVID LEE

AN, RG 10, B3, 3744–3745 ; 3757 ; 3863 ; 3964 ; 7779 ; B8, 9412–9415A ; RG 18, A1, 62 ; 91 ; 1042 ; B1, 1038 ; 1063 ; 1140 ; 1382. — Canada, Parl., *Doc. de la session*, 1880–1906 (rapports annuels du ministère des Affaires des Sauvages et de la Police à cheval du Nord-Ouest). — D. G. Mandelbaum, *The Plains Cree : an ethnographic, historical, and comparative study* (Regina, 1979). — David Lee, « Foremost Man, and his band », *Saskatchewan Hist.* (Saskatoon), 36 (1983) : 94–101.

NÉDÉLEC, JEAN-MARIE, prêtre, oblat de Marie-Immaculée et missionnaire, né le 8 mai 1834 à Berrien, France, fils de Louis Nédélec et de Marie Le Porz ; décédé le 23 février 1896 à Mattawa, Ontario.

Jean-Marie Nédélec étudia au grand séminaire de Quimper, en France, et fut ordonné dans cette ville le 24 juillet 1859. Il se dévoua d'abord dans son diocèse en qualité de prêtre instituteur, avant d'entrer au noviciat des oblats à Notre-Dame de l'Osier, en 1861. Dans son rapport, le maître des novices écrivait : « Très bon prêtre, religieux modèle ; ne désire que le bien mais ne réussit pas toujours à le faire ; caractère bon, affable, très ouvert, extérieur peu favorisé [...] Désire les missions [...] prêt à tout. Admis à l'oblation à l'unanimité. » Il prononça ses vœux le 5 octobre 1862.

Dès l'année suivante, on affecta le père Nédélec à la résidence des oblats à Betsiamites, au Bas-Canada. Il travailla avec zèle dans cette mission indienne et apprit même le montagnais. Il desservit aussi presque tous les petits villages de la Côte-Nord. À l'été de 1867, il entreprit un long et pénible voyage jusqu'au lac Mistassini, où les oblats espéraient fonder une mission à laquelle ils durent finalement renoncer. Au cours de l'hiver suivant, il accompagna le père Louis-Étienne-Delille Reboul* dans les chantiers de bûcherons de la région de Maniwaki. Au printemps de 1868, il commença son travail missionnaire en Abitibi, au Témiscamingue et à la baie James, vaste territoire qu'il parcourut inlassablement.

En 1869, le père Nédélec devint prêtre résidant à Mattawa, la capitale des chantiers de bûcherons, qui comptait alors une population fixe de 50 familles catholiques et 25 protestantes, ainsi qu'une population flottante d'environ 2 000 âmes. Il se chargea de l'école, où l'enseignement se donnait en français, en anglais et en algonquin, jusqu'à l'arrivée, en 1878, des Sœurs de la charité d'Ottawa, qui prirent en main l'éducation et fondèrent un hôpital.

À la desserte de Mattawa s'ajoutaient, durant les premiers mois du printemps et de l'été, les missions dans les chantiers de bûcherons et dans les camps d'ouvriers employés à la construction des chemins de fer. Il s'agissait d'un ministère difficile, fait dans des conditions matérielles toujours précaires, auprès d'une population de races et de religions différentes, peu intéressée à la religion ou qui manquait d'habitudes chrétiennes. Le père Nédélec travailla aussi auprès des Indiens. Il regretta souvent de ne pouvoir s'établir de façon permanente au milieu de ce « peuple de crève-faim, mais [...] de saints », comme il le qualifiait lui-même.

Le père Nédélec alla terminer sa vie apostolique dans le Témiscamingue, à Ville-Marie, où on l'affecta en 1892. Là encore, il desservit presque toutes les missions qui dépendaient de ce centre oblat et, durant l'été, il travaillait à l'évangélisation des Indiens de la région. Il aimait sa vie de missionnaire : « Ici je suis mon cook, mon show-boy, mon bedeau et je suis plus heureux que de grands curés », écrivait-il à son supérieur en 1893.

Le père Jean-Marie Nédélec était un prêtre zélé et un voyageur infatigable. Il se plaisait d'ailleurs lui-même à dire : « En cas de besoin le Rév. Père Nédélec bouchait les trous vides. » Dans son milieu et parmi ses ouailles, c'était un homme aimé et respecté. On le surnommait « le bon petit Père brûlé » à cause de sa taille inférieure à la moyenne et de son visage marqué de larges et profondes brûlures. Il mourut le 23 février 1896, victime d'une hernie mal soignée. Son supérieur déplora sa perte en ces termes : « Il a été vraiment la *bête de somme* de nos missions. »

GASTON CARRIÈRE

Cette biographie est tirée du livre de Gaston Carrière, *le Voyageur du bon Dieu ; le père Jean-Marie Nédélec, o.m.i. (1834–1896)* (Montréal, [1961]).

AD, Finistère (Quimper), État civil, Berrien, 8 mai 1834.

NEED, THOMAS, homme d'affaires, fonctionnaire, magistrat stipendiaire, officier de milice, journaliste et auteur, né le 14 mars 1808 à Mansfield Woodhouse, Angleterre, troisième fils de John Need et de Mary Welfitt ; le 23 mai 1850, il épousa à Balderton, Nottinghamshire, Angleterre, Elizabeth Anne Godfrey, et ils eurent une fille ; décédé le 8 mars 1895 à Nottingham, Angleterre.

Thomas Need connut une enfance aisée dans une région où sa famille pouvait retracer ses origines jusqu'au début du XVIe siècle. Son père, propriétaire campagnard, faisait partie de la magistrature locale.

L'éducation de Thomas suivit la tradition familiale : à 11 ans, il entra à la Rugby School et, en 1830, il avait obtenu sa licence ès arts du University College d'Oxford. Nullement attiré par les professions militaires et commerciales qui étaient de tradition chez les Need, il ne voulait pas non plus œuvrer dans l'Église d'Angleterre comme on le faisait chez les Welfitt ; il choisit donc d'immigrer dans le Haut-Canada, comme d'autres gentilshommes de sa condition. C'est ainsi qu'il arriva à York (Toronto) à la fin de mai 1832 et s'établit dans le canton de Verulam, près de Peterborough, au mois d'avril suivant.

La modeste fortune et le talent de Need allaient lui garantir un rôle important dans cette région de colonisation. Il s'associa à George Strange Boulton*, avocat et homme politique de Cobourg, pour acheter des terrains. En 1833–1834, il fut un membre important de la commission gouvernementale chargée de surveiller la construction de la première écluse du canal Trent, à l'endroit qui allait devenir Bobcaygeon. En 1834, il fonda le village et fit ériger à côté de l'écluse les bâtiments distinctifs de tout établissement de pionniers : une scierie, un moulin à farine et un magasin général. Nommé magistrat stipendiaire de la Cour des requêtes en 1835, il verra son mandat renouvelé deux ans plus tard. En janvier 1836, il devint le premier greffier de Verulam. En 1841, il représenta cette région dans le district récemment formé de Colborne, mais la surdité qui le gagnait l'obligea à abandonner ce poste. Il se porta aussi volontaire à titre de lieutenant dans la milice et, entre 1838 et 1842, il fut parfois correspondant du *Cobourg Star* pour les affaires de la région.

Lorsqu'on détourna l'eau de sa scierie pour réparer le canal en 1837, Need en profita pour retourner en Angleterre. Poussé par l'intérêt que suscitaient son expérience canadienne et les récits de voyage exotiques, il prépara, avec l'aide d'un ami d'Oxford, un livre inspiré de son journal. Comme il souhaitait incorporer certaines touches fantaisistes à son récit autobiographique, il décida de ne pas lui donner le titre de son journal entièrement factuel, « Woodhouse » — du nom de la maison de son enfance en Angleterre et de sa cabane de rondins au Canada –, et de le publier sans nom d'auteur. *Six years in the bush* [...], qui parut en 1838, est un coup d'œil rapide et enthousiaste sur l'histoire d'un homme instruit qui s'est bien adapté à la vie dans les régions sauvages. Avec une grande économie de mots, Need parvient à équilibrer les observations fréquentes de ses premières années dans le Haut-Canada et les notes plus rares des dernières années, pendant lesquelles ses obligations augmentaient. Son livre, d'abord annoncé comme une suite de celui de Catharine Parr Traill [STRICKLAND], *The backwoods of Canada* [...], paru en 1836, obtint une assez bonne presse dans les périodiques britanniques, malgré le grand nombre d'ouvrages publiés sur la vie de pionnier. Un critique fit observer que ce « livre tout simple [était] l'un des plus précieux du genre que l'on ait vus », un autre estimait que « le récit quotidien de ses occupations et de ses divertissements [... était] très intéressant, tant en soi qu'à cause du caractère de l'auteur ». Le livre piqua évidemment la curiosité des voisins cultivés que Need avait dans le Haut-Canada, notamment JOHN et ANNE Langton. Celle-ci ne se formalisait pas des « écarts par rapport à l'indéniable » mais n'en considérait pas moins que ce livre était « une bien petite chose pour avoir tant attiré l'attention, d'après ce que l'on peut voir dans les périodiques ». Quoiqu'il ait été parmi les premières œuvres du groupe du lac Sturgeon, le petit livre de Need fut éclipsé par les récits plus longs de la vie dans les bois qu'écriraient d'autres immigrants, dont Frances Stewart [Browne*], Susanna Moodie [Strickland*] et Samuel Strickland*.

Need revint dans le Haut-Canada à l'automne de 1838 et rapporta des exemplaires de son livre à ses amis, auxquels il n'avait rien caché de son aventure littéraire. Stimulé peut-être par l'accueil reçu, il entreprit une série d'essais sur la vie et les gens de son village, qui ne furent cependant jamais publiés. Un héritage de sa tante maternelle en 1843 et la lenteur avec laquelle la région du lac Sturgeon se développait le persuadèrent de retourner en Angleterre, ce qu'il fit de manière définitive en 1847. Il vendit ses biens dans le Haut-Canada ou en confia l'administration à d'autres gentlemen pionniers : Mossom Boyd, John Langton ainsi que Robert et James Frederick Dennistoun. Après son mariage, Need mena une vie élégante et urbaine à Nottingham, tout en trouvant plaisir à débusquer le renard et à se rendre tous les ans en Écosse pour des expéditions de chasse. Intellectuel de nature, il se tourna, avec le temps et la surdité, vers la littérature et la poésie. Il fit un dernier voyage en Ontario au cours de l'été de 1884, sans raison apparente.

La décision que Thomas Need avait pris de publier *Six years* sous le couvert de l'anonymat, la dispersion de son cercle d'amis du Haut-Canada et son propre retour en Angleterre ont contribué à lui nier sa place dans l'histoire littéraire canadienne durant près d'un siècle. D'ailleurs une bibliographie publiée en 1895 attribuait son livre à Susanna Moodie. William Renwick Riddell*, qui fit des recherches une vingtaine d'années plus tard, découvrit l'identité de Need mais choisit de respecter l'anonymat que l'auteur avait souhaité. Ce n'est qu'après la publication des lettres de John Langton, en 1926, qu'on connut la contribution de Need à la littérature canadienne.

DAWN LOGAN

Thomas Need est l'auteur de : *Six years in the bush ; or, extracts from the journal of a settler in Upper Canada,*

1832–1838 (Londres, 1838 ; réimpr., Bobcaygeon, Ontario, [1981]).

AN, RG 43, CII, 1, 2434 : 216–217 ; RG 68, General index, 1651–1841 : 490, 503. — AO, MU 2186 ; RG 22, sér. 387, box 1, file 1836(1), Verulam Township minutes, 8 janv. 1836. — *Gentleman's Magazine* (Londres), juill.–déc. 1850 : 201. — Anne Langton, *A gentlewoman in Upper Canada ; the journals of Anne Langton*, H. H. Langton, édit. (Toronto, 1950 ; réimpr., 1967). — John Langton, *Early days in Upper Canada : letters of John Langton from the backwoods of Upper Canada and the Audit Office of the Province of Canada*, W. A. Langton, édit. (Toronto, 1926). — T. W. Poole, *A sketch of the early settlement and subsequent progress of the town of Peterborough* [...] (Peterborough, Ontario, 1867 ; réimpr., 1967). — *Spectator* (Londres), 16 juin 1838 : 572 ; 30 juin 1838 : 614. — *Tait's Edinburgh Magazine*, nouv. sér., 5 (1838) : 535–538. — *The valley of the Trent*, introd. d'E. C. Guillet, édit. (Toronto, 1957). — *Cobourg Star* (Cobourg, Ontario), 26 sept. 1838, 23 févr., 20 juill. 1842. — *Mansfield and North Notts Advertiser* (Mansfield, Angl.), 15 mars 1895. — *Alumni oxonienses ; the members of the University of Oxford, 1715–1886* [...], Joseph Foster, compil. (4 vol., Oxford, Angl., et Londres, 1888). — *Burke's landed gentry* (1900) ; (1937). — Philéas Gagnon, *Essai de bibliographie canadienne* [...] (2 vol., Québec et Montréal, 1895–1913 ; réimpr., Dubuque, Iowa, [1962]), 1 : 465. — M. L. Walker, *A history of the family of Need of Arnold, Nottinghamshire* (Londres, 1963). — M. L. Evans, « Preliminary history of Bobcaygeon Lock Station » (miméographie, Parcs Canada, Ontario Region, Trent-Severn Waterway Interpretive Program, *Pub.*, 006, [Cornwall, Ontario, 1983]). — G. H. Needler, *Otonabee pioneers : the story of the Stewarts, the Stricklands, the Traills and the Moodies* (Toronto, 1953). — W. R. Riddell, « How Englishmen once came to Toronto », *Canadian Magazine*, 59 (mai–oct. 1922) : 274–276.

NEELON, SYLVESTER, homme d'affaires et homme politique, né le 7 janvier 1825 dans l'état de New York ; il épousa Cinderella Read (décédée en 1882), et ils eurent trois filles et deux fils, puis le 31 décembre 1884, à St Catharines, Ontario, Louisa Latham Chisholm, avec qui il n'eut pas d'enfants ; décédé le 31 décembre 1897 à Toronto.

Originaires de l'état de New York, les parents de Sylvester Neelon arrivèrent dans le Haut-Canada en 1832 et furent sans doute parmi les milliers d'immigrants qui choisirent la région de Niagara en raison de la forte croissance économique amorcée par l'achèvement, en 1829, du premier canal Welland. Les Neelon se fixèrent à St Catharines, qui grâce au canal devint rapidement un port, un centre de construction navale et un grand centre industriel puisque l'excédent d'eau du canal servait à produire de l'énergie.

On ignore si Sylvester Neelon navigua à un moment quelconque de sa vie. Il allait pourtant se donner le titre de capitaine, mais d'autres riches propriétaires et constructeurs de navires faisaient de même sans jamais avoir commandé un bâtiment. Ce que l'on sait, c'est qu'en avril 1852, donc à l'âge de 27 ans, il figure pour la première fois dans les registres commerciaux de la région à titre de copropriétaire d'une société de commerce et d'expédition maritime, la Norris and Neelon. James Norris, né en Écosse et arrivé à St Catharines vers 1840 en qualité de marin, était une autre étoile montante du milieu des affaires de la région. Avec Patrick Joseph LARKIN et James Murray, Norris et Neelon allaient former le groupe d'entrepreneurs connu généralement sous le nom de « Big Four ».

Le trois-mâts barque *E. S. Adams*, lancé en 1857 à Port Robinson par la société Abbey Brothers, est le premier bateau dont on sait qu'il fut construit expressément pour la Norris and Neelon, bien qu'à l'époque elle ait déjà été propriétaire d'au moins quatre autres voiliers. Dans les années 1860, Louis Shickluna construisit au moins six autres bâtiments pour elle, à St Catharines. Selon un article paru en 1868, la flotte de la Norris and Neelon comptait cette année-là 14 ou 15 navires à voiles et à vapeur dont on estimait la valeur totale à 300 000 $. Parmi les vapeurs (dont plusieurs avaient des moteurs fabriqués par George Nicholas Oille*), il y avait les navires à hélice *America* et *Dominion* ainsi que le remorqueur *Samson*.

Dans la région de Niagara, la minoterie fut l'une des industries qui bénéficia le plus de la conjugaison du transport par canal, de l'énergie hydraulique et, à compter du milieu du siècle, des chemins de fer. Le traité de réciprocité conclu avec les États-Unis en 1854 puis la guerre de Sécession accrurent la demande de farine. St Catharines était dans une position avantageuse pour y répondre. Vers 1863, la Norris and Neelon acheta, des constructeurs de canaux Oliver Phelps et William Hamilton Merritt*, un moulin situé au pied de la rue Geneva. Après la dissolution de la société, vers 1868, Neelon conserva le Phoenix Mill, comme on appelait alors cette installation, et peu après il se porta acquéreur de l'Ontario Flour Mill, qui se trouvait dans la localité voisine, Port Dalhousie. En 1882, il fit construire un immeuble de quatre étages en pierre pour abriter le moulin de la rue Geneva. On ne se surprendra pas qu'il ait exploité aussi, dans les environs, une tonnellerie qui fabriquait des barils pour l'expédition de la farine et de la plupart des autres produits alors sur le marché. En 1871, elle comptait un personnel de 25 hommes et garçons et sa production annuelle atteignait 75 000 tonneaux.

L'ascension de Neelon se manifestait de plusieurs façons. En 1865, il construisit, à l'angle des rues King et Academy, une jolie maison à l'italienne qui existe encore. L'année suivante, il se vit offrir un siège temporaire au conseil d'administration de l'Intercolonial Steamship Company, formée pour relier les Grands Lacs aux Maritimes. Vers la même époque, il devint l'un des administrateurs fondateurs du St

Catharines General and Marine Hospital [V. Theophilus Mack*].

Après s'être dissocié de Norris, Neelon avait continué de jouer un rôle prépondérant dans l'industrie du transport maritime des Grands Lacs. En 1870, le navire à hélice *Europe* était lancé à St Catharines ; c'était le premier bâtiment dont on sait qu'il fut construit expressément pour lui. Shickluna et son fils Joseph, ainsi que la firme Andrews and Son de Port Dalhousie, construisirent des bateaux pour sa flotte. On peut signaler, parmi les plus connus, le schooner *G. M. Neelon,* que Neelon avait baptisé en l'honneur de son fils George Mortimer, et le vapeur *Leonard S. Tilley,* qui présentait cette nouveauté que sa structure combinait le bois et le fer. Une source rapporte qu'en 1877 Neelon, George Campbell et J. C. Graham, à titre de copropriétaires des vapeurs *Asia* et *Sovereign,* s'associèrent à une société de transport maritime des Grands Lacs, la J. and H. Beatty and Company, qui fut alors réorganisée sous la raison sociale de North West Transportation Company.

Afin d'étendre la sphère des activités de transport maritime et de minoterie dans lesquelles il avait réussi, Neelon entra dans les années 1870 au conseil d'administration de l'un des établissements voués à l'investissement de capitaux locaux dans de nouveaux projets de développement, la Security Permanent Building and Savings Society. Il fit aussi partie du Board of Trade de St Catharines, formé en 1867. Par ailleurs, l'un des administrateurs fondateurs et des actionnaires de la St Catharines Street Railway Company, constituée juridiquement en 1874, il contribua à la construction du St Catharines and Niagara Central Railway. Vers 1877, il participa à la fondation de la Lincoln Paper Mill avec Samuel Woodruff, Patrick Joseph Larkin, Noah Phelps et John Conlon. En outre, il avait, rue St Paul, un magasin de marchandises sèches et de vêtements ainsi qu'une taverne, et grâce à des intérêts dans les forêts de l'Ohio son influence débordait la scène nationale.

Le succès dans ses affaires et le rang éminent qu'il avait atteint dans son milieu amenèrent Neelon à entrer dans l'arène politique, qui se révéla plus dangereuse pour lui que le commerce. En 1871, il était conseiller municipal de St Catharines, ce qui ne satisfaisait pas ses ambitions. Élu sous la bannière libérale dans la circonscription provinciale de Lincoln en 1875, il fut accusé de s'être livré à des manœuvres de corruption pendant sa campagne. Des témoins affirmèrent à son procès qu'il leur avait versé jusqu'à 20 $ chacun pour leur vote. Il perdit son siège et subit la défaite à l'élection partielle suivante. Aux élections générales de 1879, il devint enfin député provincial de Lincoln, qu'il représenterait jusqu'en 1886.

Même parvenu à la soixantaine, Neelon se lançait dans de nouvelles aventures. Il forma une entreprise de construction avec John Elliot dans le but évident de présenter une soumission pour l'obtention du marché de maçonnerie du nouvel hôtel de ville de Toronto. On leur adjugea le contrat en 1889. Elliot mourut deux ans plus tard, et Neelon poursuivit les travaux jusqu'en 1893, après quoi l'architecte Edward James Lennox* les prit en main.

On possède peu de détails sur la vie privée de Sylvester Neelon. Un de ses fils, James William, était mort en 1871 à l'âge de 19 ans ; une tragédie familiale était peut-être liée à cet événement. Deux de ses filles épousèrent des membres de familles en vue de St Catharines, les Helliwell et les Benson. Neelon mourut subitement à Toronto le 31 décembre 1897, à l'âge de 72 ans. Son fils George et son ami le capitaine James Murray furent ses exécuteurs testamentaires. Sa seconde femme, Louisa, toucha une rente viagère de 800 $, et l'on divisa le solde de la succession ainsi : la moitié à son fils et un quart à chacune de ses deux filles, Louisa Helliwell et Augusta Benson. On l'inhuma à St Catharines, et les cloches de l'église anglicane St George, qui auraient dû sonner pour le Nouvel An, restèrent silencieuses.

ROBERT J. SHIPLEY

AN, RG 31, C1, 1871, St Catharines, Ontario. — AO, MS 490. — Marine Museum of the Great Lakes at Kingston (Kingston, Ontario), Reg. of lake vessels, 1860. — St Catharines Hist. Museum, File material on Norris & Neelon. — St Catharines Public Library, Special Coll., Neelon family notes. — York County Surrogate Court (Toronto), n° 1973 (mfm aux AO). — *Constitutional* (St Catharines), 24 sept. 1868. — *Globe,* 18 mai 1874, 17 sept. 1883, 6 mai 1884. — *St. Catharines Evening Journal,* 16, 25 avril 1872, 28 avril, 22 sept. 1873. — *Standard* (St Catharines), 3 janv. 1898. — *Weekly News* (St Catharines), 1er mai, 25 sept. 1873. — *Brant County directory,* 1890. — *Canada directory,* 1857–1858. — *CPC,* 1883. — *Illustrated historical atlas of the counties of Lincoln & Welland, Ont.* (Toronto, 1876 ; réimpr., Port Elgin, Ontario, 1971), 83. — *Ont. directory,* 1869 ; 1871 ; 1882. — *St. Catharines directory,* 1863–1882. — E. [R.] Arthur, *Toronto, no mean city,* S. A. Otto, édit. (3e éd., Toronto, 1986), 266. — *Standard,* 15 août 1986, 24 janv. 1987.

NE-KAH-NEA (Ne-kah-new). V. NE-CAN-NETE

NELSON, HUGH, homme d'affaires, homme politique et fonctionnaire, né le 25 mai 1830 à Larne (Irlande du Nord), fils de Robert Nelson, propriétaire d'une fabrique de toile, et de Frances Quinn ; le 17 septembre 1885, il épousa à Ottawa Emily Stanton ; décédé le 3 mars 1893 à Londres.

Hugh Nelson fit ses études dans des écoles de sa région et quitta Larne en 1854 pour la Californie, où il travailla peut-être à titre de comptable. Le 15 juin 1858, il débarquait dans l'île de Vancouver avec l'intention de participer à la ruée vers l'or dans la région du Fraser. Secrétaire de la Yale Steam Navigation Company en 1861, il construisit à Yale, le printemps suivant, un entrepôt qui pouvait contenir 500 tonnes de marchandises. À l'automne, avec George Dietz, il acheta le Pioneer Fraser River Express de William T. Ballou. Le British Columbia and Victoria Express de Dietz et de Nelson reliait la Californie à la région de Cariboo en faisant la correspondance à Yale et à Lillooet avec le Cariboo Express de Francis Jones Barnard*, et à Victoria avec la Wells, Fargo and Company, qui exploitait une ligne entre la Californie et Victoria. Le 22 juin 1864, Barnard, Dietz et Nelson obtinrent du gouvernement le contrat de livraison du courrier dans la région de Cariboo ; à l'origine, ce marché devait leur rapporter £5 000 par an, mais ils ne cessèrent de négocier avec le gouvernement pour obtenir davantage.

En décembre 1867, Dietz et Nelson vendirent leur compagnie à Barnard, sans doute parce que l'année précédente ils s'étaient associés à Sewell Prescott Moody*, propriétaire d'une scierie dans l'inlet Burrard. C'est probablement leur capital qui permit à Moody de construire en 1868 une nouvelle scierie à vapeur équipée des machines les plus modernes. La compagnie, appelée la Moody, Dietz and Nelson en 1870, continua de prospérer jusqu'à l'incendie qui détruisit la scierie à l'automne de 1873. L'exploitation reprit en mai 1874, et après la mort de Moody, en novembre 1875, c'est Nelson qui en prit la direction jusqu'au moment où il se retira des affaires, en 1882.

Tout en poursuivant sa carrière commerciale, Nelson s'intéressait à la politique. Il joignit les rangs de la Confederation League, que fondèrent Amor DE COSMOS et ses alliés en mai 1868, et à l'automne, comme son ancien associé Barnard, il fut délégué au congrès tenu par la ligue à Yale, qui préconisa l'union avec le Canada et un gouvernement responsable. Élu représentant de la division de New Westminster au Conseil législatif de la Colombie-Britannique en 1870, Nelson fut député de la circonscription du même nom à la chambre des Communes après l'entrée de la colonie dans la Confédération, en 1871. Après la dissolution du Parlement en juillet 1872, on le réélut sans opposition au scrutin suivant.

Fidèle partisan de sir John Alexander MACDONALD, Nelson décida de quitter la politique après que le scandale du Pacifique, en 1873, eut obligé le premier ministre à démissionner. Quand Macdonald reprit le pouvoir, en 1878, il n'oublia pas l'appui que Nelson lui avait manifesté : le 12 décembre 1879, il le nomma au Sénat.

À Ottawa, Nelson fit la connaissance d'Emily Stanton, fille du haut fonctionnaire Isaac Brock Stanton, et l'épousa. Toujours dans les bonnes grâces de Macdonald, il devint lieutenant-gouverneur de la Colombie-Britannique le 8 février 1887. C'était un bon choix, car les Nelson adoraient recevoir : garden-parties, dîners officiels et bals se succédèrent à Cary Castle pendant leur séjour à Victoria. À l'automne de 1892, Nelson démissionna et partit pour l'Angleterre, où il mourut du mal de Bright en mars suivant.

Il est difficile de porter un jugement sur la vie de Hugh Nelson. À titre d'homme d'affaires, il eut toujours un ou des associés, de sorte qu'on ne peut déterminer aisément son rôle dans les diverses compagnies auxquelles il appartint. Sa carrière d'homme politique élu fut brève ; il appuya l'entrée de la Colombie-Britannique dans la Confédération et le prolongement du chemin de fer canadien du Pacifique jusqu'à la côte ouest, mais on ne peut prétendre qu'il joua un rôle majeur dans la réalisation de ces objectifs. À titre de fonctionnaire nommé, c'est-à-dire de sénateur et de lieutenant-gouverneur, il exerça ses fonctions de manière satisfaisante ; cependant, elles excluaient, par définition, toute initiative politique. Aussi ne peut-on qu'affirmer de lui qu'il était un homme d'affaires et un homme politique compétent et honnête.

ZANE H. LEWIS

PABC, E/C/N331.2 ; GR 443, 29, 32 ; GR 1372, F 245, 14 nov. 1870 ; F 332, 6 juin 1864 ; F 334, 13 mai 1865 ; F 472 ; F 1233. — *Daily Colonist* (Victoria), 10 mai 1862, 11–12 nov. 1870, 5, 22 déc. 1871, 24 août 1872, 24 févr. 1887, 16 oct. 1892, 7, 30 mars 1893. — *Daily News-Advertiser* (Vancouver), 2 déc. 1887. — *Examiner* (Yale, C.-B.), 11 déc. 1866. — *Mainland Guardian* (New Westminster, C.-B.), 2 juill., 2, 16 nov. 1870, 24 août 1872, 25 déc. 1873. — *Vancouver Daily World*, 7 mars 1893. — Kerr, *Biog. dict. of British Columbians*. — Wallace, *Macmillan dict.* — A. S. Deaville, *The colonial postal systems and postage stamps of Vancouver Island and British Columbia, 1849–1871* [...] (Victoria, 1928). — J. E. Flynn, « Early lumbering on Burrard Inlet, 1862–1891 » (thèse de BASC, Univ. of B.C., Vancouver, 1942). — R. E. Gosnell, *A history of British Columbia* (s.l., 1906). — S. W. Jackman, *The men at Cary Castle ; a series of portrait sketches of the lieutenant-governors of British Columbia from 1871 to 1971* (Victoria, 1972). — J. [W.] Morton, *The enterprising Mr. Moody, the bumptious Captain Stamp : the lives and colourful times of Vancouver's lumber pioneers* (North Vancouver, 1977). — F. W. Howay, « Early settlement on Burrard Inlet », *BCHQ*, 1 (1937) : 101–114. — G. E. Wellburn, « Dietz & Nelson's British Columbia & Victoria Express », *Popular Stamps* (Cobden, Ontario), 8 (1945), nº 10 : 5–6.

NEVINS, JAMES, homme d'affaires, né en 1821 à Saint-Jean, Nouveau-Brunswick ; le 17 septembre 1849, il épousa à Halifax Susannah Richardson, fille de Robert Richardson, et ils eurent cinq enfants ; décédé le 15 décembre 1893 à Liverpool, Angleterre.

James Nevins a habité Saint-Jean durant un peu plus d'un demi-siècle, mais on sait très peu de chose sur sa vie et sa carrière. Il fréquentait avec sa famille l'église anglicane St Paul, où l'on baptisa ses cinq enfants. D'après le recensement de 1871, sa famille était originaire d'Angleterre, mais même le nom de ses parents demeure inconnu.

Nevins, dont la fille portait le nom de Jane Wright Nevins, était peut-être le beau-frère du constructeur de navires Richard Wright, qui avait épousé une certaine Jane Nevins en 1837. On croit, sans pouvoir l'affirmer, que c'est au chantier naval de William* et Richard Wright, dans la baie de Courtenay, à Saint-Jean, que Nevins apprit la construction navale. On sait toutefois avec certitude qu'il a fait plusieurs transactions avec les Wright au cours des années 1850.

Après avoir terminé son apprentissage, Nevins s'engagea dans une carrière où il allait s'associer avec beaucoup de constructeurs de navires et d'armateurs bien connus. Entre 1850 et 1878, son nom figure dans les registres maritimes de Saint-Jean à titre de propriétaire d'au moins 25 voiliers, avec ceux de notables comme Thomas Edward Millidge, William Thomson, Robert Greer Moran, James F. Cruickshank, Issac Burpee* et Zebedee Ring. Dans bien des cas, on n'avait formé ces associations que pour une ou deux entreprises, mais plusieurs ont duré quelques années.

Le premier associé connu de Nevins fut John Magures (Majurs), avec qui il construisit plusieurs navires. En 1850, les deux hommes étaient inscrits comme constructeurs et propriétaires de l'*Ariel*, trois-mâts barque de 200 tonneaux. En 1855, Nevins était associé à Thomas Irving (Irvine) dans un chantier naval de la baie de Courtenay, association qui semble avoir pris fin en 1859 après le lancement de cinq bâtiments. Il s'associa ensuite à John Fraser, contremaître à son chantier de la baie de Courtenay, dans une entreprise établie dès 1862 et qui était devenue en 1871 la Nevins, Fraser and Company. Cette société poursuivit ses activités jusqu'en 1874 et a dû être rentable, car durant cette période Nevins fit l'acquisition de plusieurs navires et augmenta sa flottille.

Vers 1873, Nevins avait quelque peu abandonné la construction navale pour aller s'établir à Liverpool à titre d'agent maritime et marchand commissionnaire sous la raison sociale de Nevins and Welsh. La firme subsisterait jusqu'en 1887, année où il décida apparemment de prendre sa retraite. Selon les notices nécrologiques de l'*Acadian Recorder* de Halifax et du *Daily Sun* de Saint-Jean, Nevins laissait 900 000 $ à sa femme et à sa fille, mais la vérification de ses biens en fixa la valeur à £71 987.

La carrière de James Nevins suivit le même cours que celle de bien d'autres constructeurs de navires de Saint-Jean. Comme les Wright, qui avaient été constructeurs avant de devenir armateurs, Nevins amassa des fonds en construisant des bâtiments pour d'autres, et en en gardant certains durant une brève période avant de les vendre. Au fur et à mesure que sa situation financière s'améliorait, il en vint à conserver les navires plus longtemps. Il est fort probable qu'il ait financé certains de ses premiers navires grâce aux avances que lui versaient, pendant la construction, les acheteurs éventuels. L'association avec Thomas Millidge, mentionnée dans la notice nécrologique de Nevins, peut avoir été de ce type.

ROBERT S. ELLIOT

Comme l'indique la liste des sources, il semble qu'il ne subsiste pas de papiers de famille ni de documents de compagnie qui donnent un aperçu de la carrière de James Nevins. Il est étonnant que l'on n'ait pu localiser non plus des références secondaires plus détaillées, surtout en regard du fait que Nevins a connu une certaine réussite durant sa vie. Greystoke, la résidence de Nevins à Liverpool, Angleterre, offre certains indices de la prospérité de ce dernier. Servant maintenant de foyer pour les personnes âgées, la vaste demeure de brique et de pierre, qui donne sur Sefton Park, se trouvait dans un quartier très chic à l'époque où Nevins y habitait. [R. S. E.]

AN, RG 31, C1, 1871, Portland (mfm aux APNB) ; RG 42, E1, 1299, 1317–1341, 1347–1478, 1481, 1484–1492, 1606–1608, 1617–1618. — Liverpool Record Office, Probate records, James Nevins estate ; Toxteth Park Cemetery (Liverpool) records, Church of England sect., plot n^os K961-41570 (Robert Nevins), K961-74318 (James Nevins), K962-100905 (Susannah Nevins), K962-126074 (Jane Wright Nevins), K962-128057 (William Nevins). — Musée du N.-B., Hazen family papers, box 10, F9, n° 6. — PRO, RG 11/3651, enumeration district 24 (mfm au Liverpool Record Office). — St Paul's Anglican Church (Saint-Jean, N.-B.), Reg. of baptisms (mfm aux APNB). — Toxteth Park Cemetery, Church of England sect., Nevins family tombstones. — *St. John Daily Sun*, 18 déc. 1893. — *Early marriage records of New Brunswick : Saint John City and County from the British conquest to 1839*, B. Wood-Holt, édit. (Saint-Jean, 1986). — *N.S. vital statistics, 1848–51* (Holder). — Esther Clark Wright, *Saint John ships and their builders* (Wolfville, N.-É., [1975]). — Richard Rice, « Shipbuilding in British America, 1787–1890 : an introductory study » (thèse de PH.D., Univ. of Liverpool, 1978), 93, 104 ; « The Wrights of Saint John : a study of shipbuilding and shipowning in the Maritimes, 1839–1855 », *Canadian business history ; selected studies, 1497–1971*, D. S. Macmillan, édit. (Toronto, 1972), 330–331. — M. K. Stammers, *The passage makers* (Brighton, Angl., 1978), 461.

NEWMAN, WILLIAM HERMAN, bijoutier, orfèvre et homme d'affaires, né en 1829 à Königsberg, Prusse orientale (Kaliningrad, URSS), fils de J. W. Newman et d'une prénommée Catherine ; il épousa une prénommée Amelia, puis le 5 septembre 1865, à Halifax, Charlotte Louisa Cromartie (décédée en 1868), et ils eurent un fils ; décédé le 18 décembre 1894 à Dartmouth, Nouvelle-Écosse.

Comme plusieurs autres bijoutiers et orfèvres de Halifax, dont Peter Nordbeck*, William Herman Newman naquit en Allemagne et y fit probablement son apprentissage. On ignore quelles furent ses activités jusqu'en 1854 ; cette année-là, il était graveur à Boston chez le fabricant de bijoux H. D. Morse.

Un autre jeune Prussien, Julius Cornelius, travaillait aussi avec Morse. En 1855, Newman et Cornelius arrivaient à Halifax, ensemble croit-on, et tinrent bientôt une boutique commune rue Hollis. Ils se séparèrent le 28 février 1857 ; Cornelius ouvrit alors un commerce de l'autre côté de la rue tandis que Newman conservait leur ancien local. En 1859, il était marié et pouvait acheter un terrain en vue d'établir un commerce rue Granville, où les orfèvres s'installaient au moins depuis les années 1830.

Tout au long de sa carrière, Newman importa et fabriqua des bijoux (quoique vers la fin ses réclames aient moins insisté sur la fabrication). Il importait toute une gamme de bijoux, pièces d'argenterie, pendules, montres et instruments d'optique. À sa mort, 70 % de son stock allait être constitué de bijoux et de montres, 12,5 % de pendules et d'instruments d'optique, et le reste, 17,5 %, d'argent sterling et de ruolz. Il réparait et fabriquait sur commande des bijoux en or et en argent, des chaînettes, des « ornements pour cheveux » et des emblèmes maçonniques. Depuis 1858, on avait découvert plusieurs terrains aurifères en Nouvelle-Écosse, et les bijoutiers de la province utilisaient souvent de l'or natif. Un médaillon et une broche dont la fabrication a pu être attribuée à Newman sont faits d'or et de pierres de la Nouvelle-Écosse. Malheureusement, comme les bijoux n'étaient pas signés, il est rare qu'on puisse en identifier le fabricant et donc difficile de juger le travail de Newman dans ce domaine.

Vers 1859, un nouveau débouché s'ouvrit aux pièces d'orfèvrerie et d'argenterie. La multiplication rapide et soudaine des miliciens volontaires avait rendu les compétitions de tir à la mode. On offrait en prix des médailles d'or ou d'argent, souvent fabriquées dans la province. Newman en fit au moins deux ; John McCulloch et Cornelius de Halifax, William Neilson Mills de Pictou et probablement d'autres artisans en fabriquèrent aussi. C'est pour ce marché que Newman réalisa sa plus remarquable pièce d'argenterie, qui est aussi l'une des plus dignes de mention parmi la production néo-écossaise. En 1861, le Nouveau-Brunswick avait décerné une coupe dans le cadre d'un concours intercolonial de tir. L'Île-du-Prince-Édouard et la Nouvelle-Écosse firent de même en 1862. La coupe de la Nouvelle-Écosse constitua le grand prix d'une épreuve tenue à Truro du 10 au 12 septembre 1862. On sait par des témoignages de l'époque que c'est Newman qui conçut cette coupe, même s'il ne la signa pas. En la remettant au gagnant, le major général Charles Hastings Doyle* la décrivit comme un « beau spécimen du talent et de l'art [néo-écossais], dessiné et exécuté par M. Newman de Halifax ». En faisant remarquer que l'artiste avait exposé la coupe dans la vitrine de sa boutique, l'*Evening Express and Commercial Record* de Halifax déclarait : « À M. Newman seul revient le mérite d'avoir conçu et exécuté cette superbe pièce d'argenterie. »

Il s'agit d'une coupe de 17 pouces de hauteur, richement décorée. La base, ouvragée, soutient un pied en trois sections. Sur la coupe elle-même figurent, en or, les armes provinciales de la Nouvelle-Écosse ; elles sont entourées de fleurs sauvages de la province. Le couvercle est surmonté des statuettes d'un sonneur de clairon et d'un fusilier. Sans être un motif traditionnel, les fleurs étaient populaires auprès des artistes locaux du temps. Les Néo-Écossaises Elizabeth Bessonett et Maria Frances Ann Miller [Morris*] envoyèrent des aquarelles et des lithographies qui représentaient des fleurs sauvages à l'Exposition universelle de Londres en 1862, et la McEwan and Reid de Halifax y présenta un fauteuil orné de fleurs sculptées. Il se peut fort bien que Newman ait eu l'idée d'employer ce motif en lisant des articles sur les œuvres de ces artistes dans la presse.

On possède encore de nombreuses pièces, surtout des cuillers, qui portent le poinçon de Newman. En Grande-Bretagne, la loi exigeait l'emploi d'un poinçon de contrôle, soit une série de symboles qui indiquaient le nom de l'artisan, la teneur en argent, le bureau de garantie et l'année de fabrication. Là où il n'y avait pas de loi de ce genre, bien des orfèvres utilisaient divers ensembles de symboles pour attester la qualité de leurs pièces. À compter de 1840 et peut-être même avant, presque tous les orfèvres néo-écossais se servirent de pseudo-poinçons de contrôle qui comprenaient les éléments suivants, toujours dans le même ordre : les initiales ou parfois le nom au long du fabricant ou du détaillant, la tête du souverain, la première lettre du nom de la ville et un lion léopardé. Cette convention montre que les orfèvres néo-écossais se considéraient comme une communauté d'artisans. Newman en faisait partie puisqu'on trouve ce poinçon sur environ les deux tiers des pièces ou ensembles qui lui sont attribués dans trois collections publiques. Étant donné que cette pratique cessa dans les années 1870, la plupart des pièces d'argenterie qui portent le poinçon de Newman datent probablement de ses premières années à Halifax.

Cependant, le fait que l'on trouve le nom ou les initiales d'un orfèvre sur une pièce d'argenterie ne prouve pas nécessairement qu'il l'a fabriquée. La tradition qui voulait que les orfèvres dessinent, fabriquent et vendent leurs propres pièces disparut progressivement dans la seconde moitié du siècle. Les artisans qu'ils étaient furent remplacés par quelques « exécutants » et marchands au détail. Les pièces d'argenterie portaient de plus en plus souvent le cachet du détaillant, et non celui du fabricant, et peu à peu ce furent des ouvriers d'industrie et non plus des artisans qui les fabriquèrent. D'ailleurs, après 1860, on ne trouve plus la rubrique des orfèvres dans les bottins de Halifax. Newman sut s'adapter à ce réaménagement du marché de l'argenterie et il se fit marchand. Deux pièces sur lesquelles se trouvent ses initiales portent aussi un cachet qui semble être celui de David Hudson Whiston, l'un des exécutants les plus importants de Halifax dans les années 1870 et 1880. À la mort de Newman, la M. S. Brown and Company de Halifax [V. Michael Septimus Brown*], la S. and A. Saunders de Toronto et James Eastwood de New Glasgow, en Nouvelle-Écosse, figuraient dans sa comptabilité ; ils fabriquaient tous de l'argenterie ou des bijoux. En 1890, Newman importait d'Angleterre, des États-Unis et d'Allemagne des articles de ruolz et peut-être aussi d'argent sterling.

Une fois sa situation de marchand bien établie, William Herman Newman diversifia ses intérêts. En janvier 1874, un mois avant de devenir sujet britannique, il commença à acheter de l'immobilier rue Hollis. Pendant les 16 années suivantes, il participa à 10 transactions à Halifax ou à Dartmouth. En 1885, il construisit un vaste édifice de quatre étages, en pierre, qui logeait son commerce et lui laissait de vastes locaux à louer. Trois ans auparavant, il avait acheté à Dartmouth un terrain qui donnait sur le port de Halifax. C'est là qu'il vivait, dans une attrayante maison entourée de beaux jardins et dotée d'un quai privé. Contrairement à bien des orfèvres de la Nouvelle-Écosse et d'autres parties du Canada, Newman s'était non seulement adapté à la concentration de plus en plus forte du marché de l'argenterie, mais il avait réussi et était devenu prospère.

BRIAN DUNSTONE MURPHY

L'œuvre de William Herman Newman survit dans plusieurs collections publiques et privées. Les PANS possèdent deux spécimens et le Nova Scotia Museum de Halifax six ou sept ; dans la Henry Birks Coll. of Canadian Silver du Musée des beaux-arts du Canada (Ottawa) se trouvent quatre ensembles qui regroupent 25 cuillères à thé ainsi que deux pièces, dont la Nova Scotia Provincial Prize Cup (Birks 24230).

Halifax County Court of Probate (Halifax), Estate papers, n° 4615 (mfm aux PANS). — Halifax County Registry of Deeds (Halifax), Deeds, 125, n°s 568–569 ; 192, n° 71 ; 210, n°s 1443–1444 ; 211, n° 477 ; 223, n° 173 ; 227, n° 1324 ; 252, n°s 500, 752 ; 253, n° 575 ; 269, n° 1475 ; 270, n° 632 (mfm aux PANS). — PANS, Misc. « A », architecture : Dumaresq (mfm) ; Photo Coll., Notman Studio proof print, n° 35-183 (W. H. Newman et un enfant) ; RG 18, A, 1, n° 144 ; RG 32, M, 191 (A), n° 19 ; WB, 37, n° 380 ; 105, n° 19. — R. G. Haliburton *et al.*, *Report of the commissioners of the International Exhibition of Nova Scotia* (Halifax, 1863). — N.-B., Militia, *Report* (Fredericton), 1863 : 7. — *British Colonist* (Halifax), 5 mars 1857, 1er avril 1858. — *Colonial Standard* (Pictou, N.-É.), 19, 26 août, 2, 16, 23 sept., 21 oct. 1862. — *Evening Express and Commercial Record*, 8, 10 sept. 1862. — *Halifax Herald*, 19 déc. 1894. — *Morning Chronicle* (Halifax), 16 sept. 1862, 19 déc. 1894. — *Novascotian*, 11 sept. 1865, 2 mars 1868. — *Boston directory* [...] (Boston), 1853–1855. — *DBC*, 10 (bio. de M. F. A. Morris (Miller)). — R. [A. C.] Fox, *Presentation pieces and trophies from the Henry Birks Collection of Canadian Silver* (catalogue d'exposition, Ottawa, 1985). — *Halifax directory*, 1858–1859 ; 1863 ; 1869–1870 ; 1890–1894. — D. C. Mackay, *Silversmiths and related craftsmen of the Atlantic provinces* (Halifax, 1973). — *N.S. directory*, 1864–1865 ; 1890–1897. — Harry Piers et D. C. Mackay, *Master goldsmiths and silversmiths of Nova Scotia and their marks*, U. B. Thomson et A. M. Strachan, édit. (Halifax, 1948). — Jim Burant, « The development of the visual arts in Halifax, Nova Scotia, from 1815 to 1867 as an expression of cultural awakening » (essai de recherche de M.A., Carleton Univ., Ottawa, 1979). — J. E. Langdon, *Canadian silversmiths, 1700–1900* (Toronto, 1966). — J. P. Martin, *The story of Dartmouth* (Dartmouth, N.-É., 1957). — J. M. et L. J. Payzant, *Like a weaver's shuttle : a history of the Halifax–Dartmouth ferries* (Halifax, 1979). — J. P. Edwards, « The militia of Nova Scotia, 1749–1867 », N.S. Hist. Soc., *Coll.*, 17 (1913) : 65–108. — *Mail-Star* (Halifax), 25 juin 1975 : 12.)

NIJ-KWENATC-ANIBIC. V. CUOQ, JEAN-ANDRÉ

NOTMAN, WILLIAM, photographe et homme d'affaires, né le 8 mars 1826 à Paisley, Écosse, premier enfant de William Notman et de Janet Sloan ; décédé le 25 novembre 1891 à Montréal.

William Notman naquit dans une famille instruite, travailleuse et pleine d'ambition qui, à la faveur d'une ascension généralisée dans les classes rurales d'Écosse, était passée en deux générations de la ferme, de la mine et de la filature à la bourgeoisie urbaine des commerçants et des professions libérales. Son grand-père avait exploité une ferme laitière ; son père, dessinateur et fabricant de châles de Paisley, quitta cette grande localité en 1840 pour s'installer à Glasgow et travailler comme représentant à la commission avant d'ouvrir une entreprise de drap en gros. William, qui était en mesure de faire de bonnes études, s'orienta vers les arts dans le but d'y faire carrière, puis se laissa convaincre d'entrer plutôt dans l'entreprise familiale qui, croyait-on, lui offrirait plus de sécurité. D'abord vendeur itinérant, il devint associé en second vers 1851. Le 15 juin 1853, il épousa Alice Merry Woodwark à l'église anglicane de King's Stanley, en Angleterre. Le couple s'installa à Glasgow et eut bientôt une fille ; l'avenir s'annonçait bien. Cependant, la William Notman and Company ne survécut pas à la dépression qui frappa l'Écosse au milieu des années 1850 et, comme certains aspects de cette faillite ne lui faisaient pas honneur, Notman fils jugea opportun de s'établir au Bas-Canada.

Peu après son arrivée à Montréal, Notman trouva une place chez Ogilvy and Lewis, grossiste de tissus et d'articles de mercerie. En novembre 1856, sa femme et son enfant le rejoignirent. Comme l'hiver était une période creuse, il put prendre congé pour ouvrir un studio de photographie. Son enfance et son adolescence avaient coïncidé avec la découverte et la mise au point des premières techniques photographiques (l'année de sa naissance, Nicéphore Niepce avait produit la première image photographique permanente) et, en Écosse, il avait fait de la photographie en amateur. Dès la fin de décembre 1856, son affaire était lancée ; peu après, il dut embaucher des assistants. Moins de trois ans plus tard, ses parents, une de ses sœurs et ses trois frères l'avaient rejoint à Montréal.

Notman eut sa première grosse commande en 1858 : la Compagnie de chemin de fer du Grand Tronc construisait à Montréal le pont Victoria, considéré comme une merveille du génie civil [V. James Hodges*], et elle demanda à Notman de prendre des photos durant les travaux. Pendant deux ans, il suivit la construction étape par étape et produisit des photographies et des stéréogrammes dont la qualité, alliée à l'importance du pont, le fit connaître dans le monde entier. Quand le prince de Galles visita Montréal, en août 1860, c'est Notman qui confectionna le cadeau du gouvernement du Canada : une série de photographies disposées dans deux albums à reliure de cuir ornée d'or, rangés dans un coffret d'érable à broussin monté en argent. Selon la tradition familiale, la reine Victoria fut si enchantée du présent qu'elle proclama Notman « photographe de la reine ». Il arbora ce titre pour la première fois dans une annonce publiée le 14 décembre 1860 par le *Pilot* de Montréal et exposa une réplique du coffret dans son studio afin que les clients puissent en admirer le raffinement.

Notman avait donc le sens des affaires, et ce fut l'un des facteurs clés de sa réussite. À l'époque, les photographes vivaient surtout du portrait. En pratiquant des prix concurrentiels et en offrant un large éventail de poses et de services, il attirait des clients de toute condition. Les Canadiens français de classe moyenne ou inférieure avaient cependant tendance à préférer les studios canadiens-français, même si plusieurs photographes de Notman étaient francophones. Ses clients les plus distingués trouvaient aussi chez lui des produits de haute qualité : dès 1857 par exemple, son studio faisait, par agrandissement, des portraits grandeur nature, coloriés à l'huile ou à l'aquarelle puis montés dans des cadres dorés très ornementés. Sa réputation de portraitiste devint telle qu'au fil des ans presque toutes les personnalités du Canada, francophones et anglophones, recoururent à ses services, de même que des visiteurs d'outre-mer ou des États-Unis. Parmi ses sujets, on peut signaler sir John Alexander MACDONALD et Louis-Joseph Papineau*, les évêques Francis Fulford* et Ignace Bourget*, le prince Arthur* et sir Donald Alexander Smith*, Henry Wadsworth Longfellow et Harriet Elizabeth Beecher Stowe, Sitting Bull [Ta-tanka I-yotank*] et Buffalo Bill [William Frederick Cody].

Notman faisait également des portraits de groupe : clubs athlétiques, événements mondains, familles de notables. Il s'agissait en fait de montages réalisés sous sa direction par une équipe de photographes et de peintres. Chacun des membres du groupe était photographié en studio ; on découpait ensuite les personnages, puis on les collait sur un fond peint qui représentait un décor approprié. Des copies en divers formats standards étaient tirées pour la vente. Comme le montage faisait très bien ressortir jusqu'aux plus petits figurants, Notman pouvait compter vendre au moins une copie à chaque membre du groupe ; quand les photographies représentaient de grands événements sportifs ou mondains, le public en achetait souvent pour les garder en souvenir. Comme certains montages étaient immenses et comptaient une foule de personnages (souvent jusqu'à 300), ils suscitaient beaucoup d'intérêt.

Notman se fit aussi connaître comme chroniqueur de la vie canadienne. Dès le début, avec ses photographes, il constitua un fonds imposant de négatifs où entraient des « scènes » en tout genre. Infatigables chasseurs d'images, ils finirent par sillonner le nouveau pays d'un océan à l'autre. Tout les intéressait : le sol et les activités qu'il générait – coupe du bois, exploitation minière, chasse, agriculture ; les rivières et les mers ainsi que les bateaux qui y pêchaient ou y naviguaient ; les métropoles de l'Est et les villes champignons de l'Ouest, leurs industries, leurs commerces et tout ce qui contribuait à les animer ; les stations et hôtels des grands centres de villégiature ; le chemin de fer canadien du Pacifique qui, avec d'autres voies ferrées, était sur le point d'unir en un tout ces environnements diversifiés ; les habitants du pays, depuis les Indiens des Prairies jusqu'aux magnats montréalais. Par exemple, à Montréal, Notman prit pour sujets les humbles membres de la confrérie des rues : colporteurs, crieurs de journaux, fendeurs de bois. Il réalisait des clichés en studio, devant des accessoires et des toiles peintes, si bien qu'ils semblent avoir été pris en extérieur. Les mêmes techniques servirent à la réalisation de séries sur la chasse au caribou et à l'orignal, où figurent le colonel James Rhodes et ses guides indiens.

En offrant, à cette époque où la photographie était encore loin d'être accessible aux amateurs, des « scènes » très variées, à des prix raisonnables, Notman se mettait en position d'intéresser quiconque souhaitait emporter un souvenir de voyage ou montrer à d'autres les beautés de son patelin. De plus, on pouvait acheter ces images sous diverses formes, en album ou en stéréogrammes, et dans un grand nombre d'endroits : son studio, des papeteries et des librairies, les trains transcontinentaux ainsi que tous les grands hôtels et grandes gares de chemin de fer du pays.

L'esprit d'initiative, la ressource, la détermination de l'homme d'affaires qu'était Notman n'expliquent cependant qu'en partie sa réussite. C'était un artiste qui offrait une production de qualité supérieure et, comme il était toujours prêt à expérimenter et à adopter des techniques et des idées nouvelles, il demeurait aux premiers rangs, malgré la forte concurrence qui régnait dans son domaine. Ainsi, en 1860 et 1869, il photographia des éclipses solaires pour le professeur Charles Smallwood*, du McGill Observatory ; les clichés de 1869 servirent à illustrer un article de celui-ci dans le *Canadian Naturalist* de Montréal. Pendant l'hiver de 1864–1865, il adopta une source de lumière artificielle que l'Angleterre venait à peine de découvrir : l'éclair de magnésium. Il fut aussi l'un des pionniers nord-américains de la photographie format album.

Le succès de Notman reposait aussi sur le talent de ses peintres, car leur travail faisait souvent partie intégrante du produit fini. Il confia d'abord des commandes à William Raphael*, mais en 1860, insatisfait des résultats, il créa un service artistique qui colorierait les photographies, retoucherait les négatifs et peindrait les arrière-plans en studio, et il embaucha John Arthur FRASER pour le diriger. Henry Sandham*, qui n'avait alors que 18 ans, vint assister Fraser, et le service artistique finit par atteindre des proportions impressionnantes.

Autant par goût que par nécessité professionnelle, Notman fréquentait les peintres montréalais les plus importants. Des œuvres de plusieurs d'entre eux – Fraser, Sandham, Otto Reinhold Jacobi*, Charles Jones Way* et Robert Stuart Duncanson*, de même que Cornelius Krieghoff* – figurèrent dans le premier livre de Notman, *Photographic selections*. Paru en 1863, cet ouvrage destiné à « stimuler le goût croissant pour les œuvres d'art au Canada » contenait 44 photographies de tableaux, la plupart de grands maîtres, et 2 paysages. Deux ans plus tard, Notman y ajouta un second volume qui contenait 11 photographies de paysages et un plus grand nombre de reproductions de toiles canadiennes contemporaines. En 1864, il avait publié *North American scenery* [...], qui se composait uniquement de reproductions photographiques de paysages signés Way. Par ailleurs, tandis qu'il reproduisait des œuvres de peintres, au moins deux d'entre eux, Jacobi et Krieghoff, lui rendaient la pareille en s'inspirant de certaines de ses photographies.

Notman aida aussi les peintres et autres artistes de la ville en soutenant l'Association des beaux-arts de Montréal. Non seulement en fut-il l'un des membres fondateurs, mais l'assemblée de fondation eut lieu dans son studio, en janvier 1860. Il exposait, aux réunions tenues par l'association, des toiles de sa collection particulière, qui s'enrichissait sans cesse, et il donnait des photographies en prix. Impatient de voir l'organisme avoir sa galerie permanente, il offrit une photographie peinte de Mgr Francis Fulford, grandeur nature, à la condition que, dans un délai de cinq ans, l'association ait un immeuble où elle pourrait la suspendre. En attendant, son studio demeurait le foyer du milieu artistique de Montréal, et les artistes de l'extérieur s'y donnaient rendez-vous. Très souvent, des expositions de peinture et de sculpture avaient lieu dans son immense salle de réception, que fréquentaient les artistes les plus connus du temps, Napoléon Bourassa* et Robert Harris* par exemple. C'est là que naquit, en 1867, la Société des artistes canadiens ; trois peintres de chez Notman (Fraser, son frère William Lewis Fraser et Sandham) figuraient parmi les membres fondateurs. Toutefois, ce n'est qu'en 1878 qu'une véritable galerie permanente fut édifiée, notamment grâce à Notman, qui avait présidé le comité de construction. De plus, de 1878 à 1882, il fut conseiller auprès de l'Association des beaux-arts de Montréal.

Outre des livres d'art, Notman publia de 1865 à 1868 le très populaire *Portraits of British Americans, with biographical sketches,* en collaboration avec John Fennings Taylor*. En 1866, pour répondre à l'intérêt croissant que suscitaient les sports comme activité de loisir [V. William George BEERS], il fit paraître trois cartons de photographies : *Cariboo hunting, Moose hunting* et *Sports pastimes and pursuits in Canada*. Même s'il ne publia pas de livres après 1868, des photographies de son studio servirent à illustrer d'autres publications dont, en 1876, *Our birds of prey* [...] de Henry George Vennor*. En 1869, le *Canadian Illustrated News* de George-Édouard DESBARATS publia une similigravure du prince Arthur par Notman ; c'était la première fois que l'on utilisait cette technique à des fins commerciales, nouvelle preuve que Notman était à l'avant-garde de son domaine.

Au milieu des années 1860, le studio montréalais de Notman comptait 35 employés : photographes et peintres avec leurs apprentis et assistants, teneurs de livres et commis, réceptionnistes et secrétaires, préposés à l'habillage, personnel de tirage, de chambre noire et de finition. Avant la fin de cette décennie, ses œuvres étaient tellement en demande qu'il opta pour l'expansion. Au printemps de 1868, il inaugura une succursale à Ottawa, capitale du nouveau dominion, et en confia la direction au jeune William James Topley*, son apprenti depuis trois ans. Plus tard dans l'année, s'ouvrit à Toronto un studio appelé Notman and Fraser ; Notman avait pris John Arthur Fraser comme associé et lui avait confié ce studio pour l'empêcher de partir. Fraser perpétua la tradition d'excellence de son ancien employeur et eut quelque temps à son service de jeunes peintres comme Horatio Walker*, Homer Ransford Watson* et Frederick Arthur Verner*. Cependant, il quitterait Notman en 1880 pour entreprendre une fructueuse carrière de peintre. Notman ouvrit aussi un studio à Halifax en 1870 et un autre à Saint-Jean, au Nouveau-Brunswick, deux ans plus tard ; dans les années 1880, il en avait au moins 20, dont 7 au Canada. Pour répondre à la demande des étudiants, il exploitait des studios saisonniers au Yale

College à New Haven, au Connecticut, et à la Harvard University, à Cambridge, dans le Massachusetts.

Depuis qu'il avait été appelé à photographier les professeurs et étudiantes du Vassar College, à Poughkeepsie, dans l'état de New York, en 1869, Notman avait fait des percées sur le marché américain. Il collaborait régulièrement à l'influent *Philadelphia Photographer* ; le rédacteur en chef, Edward Wilson, l'un de ses admirateurs, accordait une large place à son art, à ses méthodes innovatrices et à son studio montréalais. En 1876, Notman eut la bonne idée de former, avec lui, la Centennial Photographic Company afin d'avoir le monopole de la photographie à l'Exposition universelle de Philadelphie, qui se tenait cette année-là. La compagnie, dont Fraser était le directeur artistique, avait une équipe de 100 personnes qui logeait dans un imposant immeuble sur le terrain même de l'exposition. Notman participa aussi à l'exposition en présentant des photographies de ses studios, et les juges britanniques lui décernèrent une médaille d'or. Il avait déjà reçu des médailles aux expositions de Montréal en 1860, de Londres en 1862 et de Paris en 1867 ; il allait en recevoir d'autres en Australie en 1877, à Paris en 1878 et à Londres en 1886.

Entre-temps, le studio de Montréal avait continué de prospérer : 55 personnes y travaillaient en 1874. Au milieu des années 1870, il produisait à lui seul quelque 14 000 négatifs par an. En 1877, pour ne pas perdre Sandham, Notman l'associa à ce studio, qui prit le nom de Notman and Sandham. Toutefois, en 1882, le peintre avait quitté l'entreprise et était allé poursuivre sa carrière aux États-Unis. Une baisse des affaires, peut-être provoquée tardivement par des conditions économiques difficiles dans les années 1870, se traduisit à la fin de cette décennie et au début des années 1880 par une réduction de personnel. La pire année fut 1886 : les employés n'étaient alors qu'au nombre de 25. Cependant, ils étaient 38 en 1892.

En plus de faire de la photo et d'en vendre, Notman était aussi pédagogue. On ignore jusqu'où allait son enseignement, mais son influence apparaît clairement quand on se rend compte que tous les directeurs et photographes de ses studios firent leur apprentissage auprès de lui. Pendant les 35 ans de carrière de Notman, le studio de Montréal, à lui seul, employa jusqu'à 40 photographes, dont bon nombre eurent par la suite un studio prospère.

Diriger une entreprise comme celle de Notman représentait un travail colossal. Aussi dynamique qu'ait été cet homme, superviser un personnel nombreux, nourrir de jeunes talents, se tenir au fait des progrès techniques et des courants artistiques, préparer des voyages transcontinentaux, concevoir de nouveaux projets, signer des contrats et parvenir quand même à exercer brillamment ses propres dons de photographe devaient éprouver son ingéniosité, sa résistance et son humeur. Pourtant, il avait d'autres occupations, rattachées surtout au développement de son milieu d'adoption. Il faisait de l'immobilier et était copropriétaire d'environ 295 lots à Longueuil ; la plupart furent vendus aux enchères en juin 1873. Il appartenait au groupe qui construisit le luxueux Windsor Hotel, inauguré en février 1878. Membre du Longueuil Yacht Club durant de nombreuses années, il en fut président dans les années 1870. Passionné de yachting, il contribua à la popularité de ce sport en offrant un prix pour les compétitions locales, la « Notman Cup ». Il promut aussi l'aviron en faisant venir des équipes renommées pour relever le niveau des compétitions. D'abord fidèles de l'église congrégationaliste Zion, Notman et sa famille passèrent en 1868 à l'église anglicane St Martin de Montréal puis fréquentèrent l'église St Mark de Longueuil quand ils résidèrent dans cette ville, dans les années 1870. Notman y fut plusieurs années marguillier et versa des dons généreux à la congrégation. Il fut membre du conseil d'administration du Montreal General Hospital au moins dans les années 1880 et appartint à la Young Men's Christian Association.

Les Notman eurent sept enfants ; leurs trois garçons travaillèrent dans l'entreprise paternelle, où ils avaient reçu une formation de photographe. En 1882, l'un d'eux, William McFarlane*, devint associé en second dans la William Notman and Son après le départ de Sandham. À un moment ou à un autre, les frères de Notman et certains de ses neveux et nièces firent partie de son personnel. Lui-même continua de faire de la photographie jusqu'à sa mort, le 25 novembre 1891. Travailleur acharné, il s'occupait de très près de son entreprise et avait refusé de prendre du repos même après qu'un rhume eut commencé à dégénérer en pneumonie. Peu après son décès, un contemporain en parla comme d'un homme « singulièrement modeste et discret », réfléchi et avisé, « bien informé de l'actualité et prompt à en saisir les tendances », résolu et « même tenace » dans ses opinions. Deux de ses fils continuèrent d'exploiter l'entreprise : William McFarlane, de 1891 à sa mort en 1913, et Charles Frederick, de 1894 à 1935, année où il la vendit à l'Associated Screen News.

Parmi les photographies produites chez Notman, rares sont celles que l'on peut lui attribuer avec documents à l'appui. Cependant, lorsque c'est le cas, un même style s'en dégage, caractérisé par la simplicité et la sobriété, certaines tendant même au dépouillement et d'autres à l'abstraction. Il arrivait, par le choix du point de vue, de la lumière et des lignes, à capter l'essence de son sujet et, en même temps, il savait le rendre de manière précise et émouvante. À cause de l'attrait qu'exerçait sur lui la majesté des formes, et en raison de sa maîtrise des lignes, de la lumière et de la composition, il donnait, aux grands personnages dont il faisait le portrait, des qualités héroïques – pour ne pas dire mythiques – qui correspondaient bien à la ferveur nationaliste dont le nouveau dominion était imprégné. D'autre part, le réalisme de ses photographies et l'authenticité des vêtements ou des outils qui y figurent en font de riches documents sociaux.

La valeur historique de la production issue des studios de Notman tient cependant à des raisons plus fondamentales que la vérité des détails. Lui-même avait un insatiable appétit d'apprendre, de mettre en images, de montrer. Ses photographies rendent compte d'à peu près tout ce qui se faisait au Canada dans la dernière partie de l'époque victorienne, et il s'entoura des meilleurs photographes et peintres qu'il pouvait trouver afin de réaliser ce travail beaucoup plus efficacement qu'il n'y serait parvenu seul. De plus, comme il donnait à ceux-ci des directives générales tout en leur laissant la liberté d'exprimer leur réaction à ce qu'ils voyaient, leur production porte sa marque tout en reflétant leur propre style. Étant donné que bon nombre d'entre eux acquirent la notoriété, on peut dire qu'il ne fit pas que capter et rendre l'esprit de l'époque ; il joua aussi un rôle important en enseignant à d'autres artistes à en faire autant.

Pour William Notman, le Canada tout entier était digne d'être photographié. En établissant des studios régionaux relativement autonomes, il évita dans une large mesure d'imposer au reste du Canada une vision montréalaise des choses. Néanmoins, pour lui, Montréal demeurait le grand point d'attraction. Il est vrai que cette ville était le cœur du pays. Même Vancouver, le « bout de la voie ferrée », était lié directement à la métropole par les constructeurs du chemin de fer canadien du Pacifique, et entre ces deux extrêmes il n'y avait guère de lieux qui ne lui étaient pas rattachés au moins indirectement. Le Montréal de Notman était le reflet d'un pays et d'un peuple en transition entre le XIXe et le XXe siècle, d'un pays et d'un peuple qui, croyait affectueusement sir Wilfrid Laurier*, étaient sur le point de passer au rang des grandes puissances. Notman immortalisa le Montréal impérial en en photographiant les citoyens illustres (alors renommés dans le monde entier) et les édifices imposants. Il dépeignit le Montréal des gens du commun dans des portraits où on les voit souvent en train de vaquer à leurs occupations quotidiennes. Dans le port, il prit des images où l'on voit côte à côte de robustes vapeurs en train d'être chargés et de majestueux voiliers de bois. Et, bien loin des limites de la ville, là où les Rocheuses faisaient ressembler les ouvriers à des nains, ses photographes captèrent des scènes qui symbolisaient l'immense tâche que le Canada – Montréal en tête – s'était fixée : faire tourner une économie industrielle et commerciale en exploitant les richesses naturelles de la moitié d'un continent.

STANLEY G. TRIGGS

William Notman est l'auteur, entre autres, de : *Photographic selections* (Montréal, 1863) ; *North American scenery* [...] *1863–64* (Montréal, [1864]) ; et, en collaboration avec John Fennings Taylor, *Portraits of British Americans, with biographical sketches* (3 vol., Montréal, 1865–1868). Le Musée McCord, Notman Photographic Arch., conserve une importante collection de photographies de Notman ; certaines ont été reproduites dans S. G. Triggs, *William Notman : the stamp of a studio* (Toronto, 1985).

ANQ-Q, P-530. — Gloucestershire Record Office (Gloucester, Angl.), King's Stanley, Reg. of baptisms, 15 juin 1853. — *Portrait of a period : a collection of Notman photographs, 1856–1915,* introd. d'E. A. Collard, J. R. Harper et S. G. Triggs, édit. (Montréal, 1967). — Reid, *« Our own country Canada ».*

O

O'BRIEN, JOHN DANIEL O'CONNELL, peintre, né le 30 novembre 1831 à Saint-Jean, Nouveau-Brunswick, fils unique de Daniel O'Brien et de Jane Smith (Smyth) ; décédé célibataire le 7 septembre 1891 à Halifax.

John Daniel O'Connell O'Brien, dont les grands-parents avaient émigré d'Irlande, fut baptisé en l'honneur du « libérateur » irlandais Daniel O'Connell. Peu après sa naissance, sa famille s'établit à Halifax, où son père continua d'exercer le métier de « coiffeur et fabricant de chevelures d'ornement ».

À l'âge de 21 ans, John O'Brien s'annonçait comme « peintre de marines » dans le *Morning Chronicle,* mais il peignait déjà depuis trois ans des toiles qui représentaient des escadres, des yachts et autres navires. On peut considérer O'Brien comme le successeur du portraitiste haligonien William Valentine*, mort en 1849. Ses thèmes maritimes reflètent à la fois sa position dans la collectivité et le sentiment que les gens de Halifax avaient de l'importance de leur ville comme port stratégique. Quasi autodidacte, il apprit son art en copiant des gravures et des illustrations. Les gravures américaines et anglaises abondaient dans les librairies de Halifax, et la plus ancienne œuvre existante d'O'Brien, *Yacht race,* qui date de 1850, s'inspirait peut-être d'une lithographie produite en 1843 par l'artiste anglais J. Rogers. Il ne fait pas de doute qu'au début des années 1850 il imita l'œuvre d'Edwin Weedon, dont les illustrations de régates et de navires paraissaient dans l'*Illustrated London News* de Londres.

En 1857, des groupes d'Haligoniens rivalisèrent

pour recueillir les fonds qui permettraient au talentueux artiste d'aller étudier outre-mer. Peu de temps auparavant, O'Brien avait présenté un portrait à James William Johnston*, qui devint premier ministre de la province le 24 février, et réalisé *Halifax Yacht Club regatta* pour le 20e anniversaire du club. Henry PRYOR, avocat très en vue, prit bien soin de se faire remarquer au cours de la campagne dans l'espoir, semble-t-il, d'augmenter ses chances d'être élu à la mairie plus tard dans l'année.

O'Brien séjourna en Angleterre de juillet 1857 à mars 1858 ; ces neuf mois furent ses seules études à l'étranger. Avant son départ, il avait dit vouloir modeler sa carrière artistique sur celle de son contemporain John Wilson Carmichael, peintre britannique de marines, dont il avait pu admirer les œuvres dans l'*Illustrated London News*. Il devint son élève à Londres et, sous cette influence, le sens naturel de la clarté et la vision poétique des éléments du jeune peintre s'affaiblirent au profit d'un style tourmenté qui n'est pas sans rappeler Turner. De Londres, il écrivit à son père qu'il s'était aussi « inscrit à des leçons de coloriage de photographies dans l'un des meilleurs établissements » et qu'il assistait le soir à des conférences à la Royal Academy of Arts.

De retour à Halifax en avril 1858, O'Brien annonçait à la devanture de son atelier du front de mer qu'il enseignait la peinture de paysages et de marines, mais à la mi-novembre il coloriait des photographies pour Wellington Chase. Au début de 1860, le *Morning Chronicle* rapporta qu'il s'était rendu à Boston « pour consulter [des médecins] parce que peindre les bannières de la Catholic Temperance Society [avait] endommagé sa vue ». Ce malheur survenait à un moment où, dans le port de Halifax, les navires à vapeur remplaçaient les voiliers qu'O'Brien avait peints et où la construction du chemin de fer Intercolonial témoignait de l'inauguration de l'ère de la technologie. En outre, l'arrivée à Halifax de l'artiste et dessinateur naval anglais Forshaw Day en 1862 devait représenter une menace pour lui. O'Brien se résigna à appartenir à un « demi-monde » d'artisans, se désignant lui-même dans le bottin municipal de 1866–1867 comme « artiste et peintre d'ornements ». On ne lui connaît que deux toiles des années 1860.

Le père de John Daniel O'Connell O'Brien, qui avait dès le début soutenu énergiquement la carrière de son fils, mourut en 1878. Ayant probablement le sentiment de son propre échec, l'artiste reprit vers cette époque la peinture de chevalet. Il peignit plusieurs toiles à Yarmouth, dont *Argyle, barque : departure and capsize,* en 1880, diptyque dont le thème victorien est rendu en empâtements lisses. Sensible à l'étonnante renaissance culturelle des années 1880 à Halifax – moment où, comme l'a écrit le romancier et historien Thomas Head Raddall, « l'art, la musique et la littérature furent remis à l'honneur » – il peignit alors près de la moitié des 53 œuvres qu'on lui connaît. Elles comprennent des panoramas de la ville, des navires et la série historique de trois toiles sur le navire britannique *Galatea,* qui évoque un événement des années 1860. Toutefois, pendant ses dernières années, période qui vit la tenue, à Halifax, de l'exposition inaugurale de l'Académie royale canadienne des arts en 1881 et la constitution juridique de la Victoria School of Art and Design en 1888, O'Brien fut à peu près oublié par la ville et la province ; il avait pourtant été le premier Canadien à vivre de la peinture de marines. Au moment de sa mort, en 1891, il résidait au Poor's Asylum de Halifax ; le registre d'inhumations le dit « barbier ».

PATRICK CONDON LAURETTE

Une liste complète des peintures de John Daniel O'Connell O'Brien donnant le nom des galeries et des particuliers qui les détiennent ainsi qu'une documentation exhaustive sur sa carrière se trouvent dans l'ouvrage de P. C. Laurette, *John O'Brien, 1831–1891* (Halifax, 1984). Un certain nombre de ses peintures sont reproduites dans cette publication.

J. W. Carmichael, *The art of marine painting in oil colours* (Londres, 1864). — *Acadian Recorder,* 27 août 1857. — *Illustrated London News* (Londres), 1851–1852, 1855. — *Morning Chronicle* (Halifax), 28 juill. 1853, 22 févr. 1860. — *Novascotian,* 19 mai 1831, 3 juill. 1854, 18 janv. 1858. — D. A. Sutherland, « The merchants of Halifax, 1815–1850 : a commercial class in pursuit of metropolitan status » (thèse de PH.D., Univ. of Toronto, 1975). — P. C. Laurette, « John O'Brien, artist : Maritime talent in the imperial context », *Canadian Collector,* 19 (1984), nº 4 : 20–23. — Harry Piers, « Artists in Nova Scotia », N.S. Hist. Soc., *Coll.,* 18 (1914) : 150–151.

O'BRIEN, LUCIUS RICHARD, artiste, professeur de dessin et d'aquarelle, homme d'affaires et homme politique, né le 15 août 1832 au domaine The Woods, dans la baie Kempenfelt, près de Barrie, Haut-Canada, deuxième des six enfants d'Edward George O'Brien* et de Mary Sophia Gapper ; en 1860, il épousa à Orillia, Haut-Canada, Margaret St John (décédée le 10 novembre 1886), puis le 17 novembre 1888, à Toronto, Katherine Jane Parker, née Brough ; décédé sans enfants le 13 décembre 1899 au même endroit.

Élevé dans les forêts de l'intérieur à un endroit qui allait devenir Shanty Bay, Lucius Richard O'Brien acquit néanmoins auprès de ses parents un sens de la culture et de la responsabilité sociale conforme à la place que ceux-ci estimaient tenir dans la société. Sa mère était en effet de petite noblesse terrienne et son père, officier dans l'armée à la retraite, bien connu dans le comté de Simcoe, était un cousin issu de germain de sir Lucius O'Brien, futur baron Inchiquin. D'après l'un des premiers documents que l'on ait sur lui, le jeune Dick, comme on l'appelait dans sa famille, s'intéressa très tôt au dessin ; il put vraisemblablement donner libre cours à ce penchant à l'Upper Canada College de Toronto, qu'il fréquenta de 1844 à 1846 et où il étudia le dessin, peut-être sous la direction de John George Howard*, architecte et ingénieur. Selon certaines sources, O'Brien serait entré dans un bureau d'architectes en 1847 et aurait par la suite étudié puis exercé le génie civil.

La première œuvre connue d'O'Brien est une gravure publiée en 1849 dans The *emigrant churchman in Canada* [...]. En décembre de l'année suivante, l'artiste s'annonçait à Toronto comme maître de dessin et, en octobre 1851, il présentait un dessin de paysage à l'exposition annuelle du Toronto Mechanics' Institute. Pendant les quelques années suivantes, il prépara des dessins, habituellement à caractère architectural, pour un certain nombre de graveurs et de lithographes torontois ; il continua aussi à exposer, comme en témoignent les deux prix de dessin qu'il remporta dans la catégorie professionnelle à la Upper Canada Provincial Exhibition de Hamilton en 1853. Durant toute l'année 1854, il fut maître de dessin dans une école de filles, à Toronto. On connaît un carnet de croquis qui contient des dessins datés réalisés près de Shanty Bay entre 1852 et 1859. Inscrit comme artiste dans l'annuaire de Toronto de 1856, O'Brien s'établit à Orillia, probablement l'année suivante, pour administrer une carrière qui appartenait à sa famille. Membre du conseil de ce village de 1858 à 1861, il en fut président en 1859 et en 1861. Il fut également marguillier à l'église St James de 1859 à 1861 et en 1863–1864. Il exploitait un magasin général en 1866.

Après son mariage en 1860 avec une femme de la région, O'Brien rangea son carnet d'esquisses. Il ne le reprit qu'en octobre 1868, pour croquer sur le vif des coins qu'il connaissait bien, près d'Orillia. Au mois de janvier suivant toutefois, il dessinait près de Montpellier, en France, et au début d'avril à Bulford, dans le Wiltshire, en Angleterre, où la famille de sa mère avait son domaine. De retour au Canada la même année, il s'établit à Toronto. On sait, d'après l'annuaire de 1870, qu'il était alors lié à la firme Quetton St George and Company, marchands généraux et importateurs de produits méditerranéens qui avaient de nombreux intérêts à Montpellier. Malgré ce que pourraient laisser croire les croquis de son séjour dans cette ville, il s'y serait occupé de commerce plutôt que d'art. Redevenu actif dans les cercles artistiques de Toronto, O'Brien entra en janvier 1873 dans la nouvelle Ontario Society of Artists et, en avril, il participa à son exposition inaugurale. L'année suivante, on le choisit pour remplacer le vice-président de la société, John Arthur FRASER, qui avait la réputation d'être querelleur. À ce poste, qu'il occupa avec distinction jusqu'à ce que Robert Harris* lui succède en 1880, sa plus grande réalisation demeure la fondation, sous les auspices de la société, de l'Ontario School of Art en 1876. Tout en y enseignant l'aquarelle, O'Brien fut membre du conseil de cette école jusqu'en 1879, puis il s'occupa essentiellement, avec deux autres personnes, de son administration.

On peut avancer plusieurs explications à la popularité soudaine qu'O'Brien connut, à l'âge de 42 ans, dans le milieu artistique torontois. Il est certain, d'une part, que ses manières d'aristocrate et son allure décidée, de même que les relations sociales qu'il avait pu nouer grâce à sa famille et à ses associés en affaires, lui donnaient l'air d'un chef de file. D'autre part, quoique rien ne prouve qu'il ait jamais fait d'études en peinture, les œuvres habiles et raffinées qu'il exposa presque tout de suite après son retour au Canada en 1869 montrent bien qu'il connaissait les préoccupations des aquarellistes paysagistes britanniques et les règles qu'ils venaient de se donner.

O'Brien travailla à l'aquarelle pendant les premières années et exposa de grandes images, pleines d'espace et de lumière, qui montrent le fourmillement des petits bateaux sur les voies navigables de l'Ontario. Comme *Under the cliffs, Port Stanley*, peinte en 1873 et aujourd'hui dans une collection particulière, toutes ses œuvres, harmonieusement équilibrées et délicates, sont pourtant extrêmement denses et d'une grande sensibilité. À petites touches de couleur, légères en certains endroits, plus intenses dans d'autres, l'artiste y modèle remarquablement la forme par une lumière subtile et changeante. Il s'agit d'une technique qu'utilisaient certains préraphaélites et leurs disciples en Angleterre depuis le milieu du siècle, dont William Holman Hunt, John Frederick Lewis et Myles Birket Foster. Cependant, par l'ordre et les formes mesurées qu'on y retrouve, les œuvres d'O'Brien rappellent davantage les vues topographiques bien connues des artistes de la génération précédente, quoique l'Anglais John Mogford, qui était presque son contemporain, fasse preuve d'un souci semblable des proportions et de la disposition des éléments dans ses tableaux, et d'une même prédilection pour les scènes de rivage. Henry Sandham* peignait à l'époque à Montréal des aquarelles du même genre, dont certaines sont d'une exécution parfaite, et Allan Aaron Edson*, qui travaillait aussi à l'aquarelle à Montréal, quoique dans une manière plus libre et moins linéaire, a laissé des œuvres mémorables, mais personne à Toronto ne pouvait rivaliser avec O'Brien, ce qui fut d'ailleurs souligné dans toutes les critiques d'expositions de l'époque.

Suivant un goût qui subsistait depuis Paul Kane*, O'Brien mettait souvent en scène des Indiens dans ses tableaux des années 1870. Ceux-ci ne sont toutefois pas les personnages romantiques de Kane, et O'Brien les rend à la manière naturaliste comme des familiers des rivières et des lacs, partie intégrante de la vie de la province à l'époque. Se vouant presque exclusivement à la peinture de paysages, toujours intéressé par l'eau – il aimait la voile et les bateaux en général –,

O’Brien se sentit manifestement appelé à dépeindre la beauté majestueuse de sa terre natale et, pour le faire, il passa la plupart de ses étés à voyager et à remplir ses carnets d’esquisses. Après avoir parcouru la région d’Ottawa, d’Owen Sound et du lac Érié en 1873, il retourna apparemment l’année suivante aux lacs Érié et Huron, puis revint en 1875 et en 1876 dans la vallée de l’Outaouais. En 1876 également, il se rendit à l’Exposition universelle de Philadelphie, où six de ses grandes aquarelles figuraient parmi les œuvres canadiennes présentées dans le cadre de l’exposition internationale des beaux-arts. Sans doute inspiré par les œuvres européennes et américaines qu’il y avait vues, il commença à exposer des huiles au printemps suivant.

En 1877, l’Intercolonial rendit facilement accessible la région de la baie des Chaleurs, au Nouveau-Brunswick ; O’Brien fut parmi les premiers artistes torontois à s’y rendre pour dessiner. Cette année-là, il passa également un certain temps à Gloucester, au Massachusetts, et peut-être aussi à New York. Cet horizon qui reculait sans cesse devant lui – fidèle reflet des ambitions grandissantes des Canadiens – l’amena en 1878 à l’île Grand Manan, dans la baie de Fundy. La même année, il exposa pour la première fois avec la National Academy of Design, à New York. En février 1879, il alla se renseigner sur les écoles d’art de Boston pour le compte du département de l’Éducation de l’Ontario, puis il se rendit à Ottawa pour demander au nouveau gouverneur général, le marquis de Lorne [Campbell*], de se faire le protecteur de l’Ontario Society of Artists. Il irait ensuite dessiner pendant la plus grande partie de l’été suivant à Québec, et se rendrait aussi loin que la rivière Saguenay.

Comme dans ses aquarelles, O’Brien pouvait, dans ses huiles, rendre la lumière et l’atmosphère avec une précision et une beauté remarquables. Ses premières huiles – *Natural Arches, near Dalhousie, N.B.*, par exemple, peinte en 1877 et aujourd’hui au Musée des beaux-arts de l’Ontario –, exécutées d’après les mêmes petits croquis à la mine de plomb et à l’aquarelle qui servaient aux grandes aquarelles qu’il peignait dans son studio, ressemblent d’ailleurs à celles-ci presque en tous points : par le thème, la composition, le sens de la forme et de la lumière, et même la façon d’appliquer la couleur par petites touches. Cependant, O’Brien commença bientôt à exploiter les caractéristiques propres au médium, et *Northern Head of Grand Manan*, une œuvre de 1879 dont George Brown* fut le premier propriétaire et qui est aussi au Musée des beaux-arts de l’Ontario, est déjà plus grandiose et témoigne d’un emploi plus spectaculaire des contrastes de lumière et d’ombre ainsi que d’une superbe virtuosité dans le rendu d’une gamme complexe d’atmosphères. Ce tableau, qui frôle le sublime, reflète une conception du paysage inspirée, en dernière analyse, du grand maître anglais du début du siècle, Joseph Mallord William Turner, ce Turner dont le critique anglais John Ruskin s’était fait le défenseur et l’interprète dans son important *Modern Painters*, publié de 1843 à 1860. Jamais on n’avait vu à Toronto une œuvre d’une telle envergure et d’une telle intensité dramatique, exécutée avec autant de brio.

Lorne fonda l’Académie royale canadienne des arts en 1880 et O’Brien en devint le premier président, charge qu’il assumerait durant dix ans. L’artiste, qui avait fait de nombreuses démarches auprès du prédécesseur de Lorne, lord Dufferin [Blackwood*], en vue de donner un caractère national à l’Ontario Society of Artists, n’eut aucune difficulté à l’obtenir pour la nouvelle académie dont Lorne était le protecteur. Celui-ci, pour sa part, avait beaucoup d’estime pour O’Brien, artiste canadien de premier plan dont il admirait les qualités de chef. La fondation de l’académie supposait également la création d’un musée national – la Galerie nationale du Canada, aujourd’hui appelée le Musée des beaux-arts du Canada – où chaque académicien déposerait son « morceau de réception ». Celui d’O’Brien, *Sunrise on the Saguenay*, peint en 1880, domina la première exposition de l’académie, dont le vernissage eut lieu à Ottawa en mars de la même année ; ce tableau est toujours demeuré par la suite une pièce importante de la collection du musée. Dans cette œuvre, sa plus grande toile, O’Brien employait pour la première fois et de manière saisissante des couleurs diaphanes et pastel qui rappelaient Albert Bierstadt, peintre américain populaire qu’il avait connu par l’intermédiaire de Dufferin et de Lorne. Ce dernier, qui avait acheté pour la collection royale quelques-unes des peintures présentées à cette exposition, n’hésita pas à prendre le risque de commander deux autres tableaux à O’Brien, des vues spectaculaires de la ville de Québec qu’on peut voir encore aujourd’hui au palais de Buckingham.

En 1880 également, on nomma O’Brien directeur artistique du projet de publication le plus ambitieux de l’époque, *Picturesque Canada* [V. George Monro Grant*], et cette nomination destinée à la fois à inspirer confiance au public et à obtenir l’appui d’autres artistes canadiens ne surprit personne. En effet, comme *Picturesque Canada* était en quelque sorte la suite d’un livre à succès américain et que, par surcroît, il était l’initiative des frères Belden, Howard Raymond et Reuben Booth, de Chicago, il fallait mettre l’accent sur la participation canadienne. On annonça d’abord que l’ouvrage, publié à Toronto, était entièrement réalisé par des écrivains et des artistes canadiens, quoique, des quelque 540 illustrations que contenaient les deux volumes terminés en 1884, moins du quart avaient été exécutées par des Canadiens, presque toutes par O’Brien ; les autres étaient des œuvres d'Américains qui avaient travaillé au livre précédent. Cette situation, que les commanditaires justifiaient par l'inexpérience des artistes canadiens dans la préparation d'œuvres destinées à être gravées, provoqua une violente querelle publique, et John Arthur Fraser, en particulier, s'offusqua de la manière dont on l'avait pratiquement exclu du projet.

Le revenu qu'O'Brien retira de l'entreprise lui permit en 1881 d'entreprendre la construction d'une imposante maison-studio, conçue par Frank Darling*, et lui donna le courage de quitter son poste à la Quetton St George and Company pour enfin se consacrer entièrement à sa peinture. L'année suivante, en grande partie grâce à lui, l'Ontario School of Art fut intégrée au système provincial d'enseignement ; il fut membre de son nouveau conseil durant deux autres années.

Ses nombreuses occupations n'empêchèrent pas O'Brien de continuer à voyager ; après s'être rendu à Ottawa en mars 1880 pour la première exposition de l'académie, il alla en Angleterre en juin, probablement pour s'occuper de *Picturesque Canada,* puis revint au Canada en août pour faire, à Québec, des croquis préparatoires aux deux peintures que Lorne lui avait commandées et qu'il souhaitait offrir à la reine. En 1881, comme *Picturesque Canada* accaparait la plus grande part de son énergie, il croqua ses scènes dans les alentours des Grands Lacs. L'année suivante, il présenta une grande toile, *Kakabeka Falls, Kamanistiquia River,* qui se trouve aujourd'hui au Musée des beaux-arts du Canada. Il n'exposerait pas d'autres huiles avant 12 ans. On ne sait d'ailleurs pas pourquoi O'Brien cessa de peindre à l'huile en 1882 après s'y être adonné seulement cinq ans, car les grands paysages héroïques, magnifiquement composés, qu'il exécutait sur toile avec beaucoup d'habileté et de sensibilité au médium étaient alors fort populaires. En mars 1882, il termina une troisième commande de Lorne, puis alla dessiner presque tout l'été à Québec, au Saguenay et dans le bas du Saint-Laurent, jusqu'à Gaspé.

Encouragé par l'appui de Lorne et enhardi peut-être par le succès de *Picturesque Canada* qu'on publiait en fascicules depuis environ un an et demi, O'Brien partit en juin 1883 pour l'Angleterre, où il demeurerait jusqu'en novembre ; il laissa quelques œuvres à un marchand de tableaux puis, après s'être arrêté à Windsor pour voir l'une de ses peintures dans la collection royale, il alla faire des croquis dans le Devon, dont certains lui serviraient à illustrer un article pour un périodique londonien. Son importante participation à une exposition de paysagistes canadiens et américains organisée par un marchand qui se spécialisait dans ce domaine fut le point culminant de son séjour. Les derniers fascicules de *Picturesque Canada,* pour lesquels O'Brien avait dessiné certains paysages de la Colombie-Britannique à l'aide de photographies, parurent au début de l'automne de 1884. Toute cette expérience lui avait permis d'améliorer sa technique du dessin et lui avait aussi été fort profitable sur le plan financier. La querelle publique avec Fraser, au début du projet, à propos de la faible représentation d'artistes canadiens autres que lui avait pris une tournure personnelle regrettable mais, grâce à son attitude aristocratique et à sa remarquable maîtrise de lui-même, O'Brien s'en était sorti indemne. Il semble être retourné dans la région du Saguenay pour dessiner durant une partie de l'été de 1884, puis avoir passé l'été suivant dans ses repaires familiers des environs des lacs Huron, Michigan et Supérieur.

Au milieu des années 1880, les critiques remarquèrent un changement dans le style de l'aquarelliste O'Brien. L'un d'entre eux qualifia ses œuvres récentes de « rêveuses, poétiques, harmonieuses et tendres », soulignant qu'elles avaient toutefois perdu la « netteté » qu'il aimait. De plus, il semble que l'artiste produisait moins qu'au début de la décennie. O'Brien ne s'était pas pour autant retiré de la scène publique et il annonçait que son studio demeurait ouvert à tous chaque samedi après-midi.

Pour attirer des touristes dans les Rocheuses, les responsables de la Compagnie du chemin de fer canadien du Pacifique, en particulier William Cornelius Van Horne*, décidèrent en 1886 d'envoyer des artistes dans l'Ouest par la ligne ferroviaire qu'ils venaient de terminer. O'Brien, qui dès 1883 avait préparé des illustrations pour la compagnie, fut naturellement le premier invité. Il quitta Toronto le 19 juin avec un autre artiste torontois, son ami John Colin Forbes, et se rendit directement aux monts Selkirk pour passer l'été dans la région. O'Brien voyagea dans l'Ouest à bord des trains de la compagnie en deux autres occasions. En 1887, il alla dessiner dans la région de Banff, du lac Louise et du col du Cheval-qui-rue, dans les Rocheuses, de la fin de juin jusqu'à la mi-août puis, après avoir atteint Victoria en septembre, il était de retour chez lui à la fin d'octobre. Au mois de juin de l'année suivante, il se rendit directement à Vancouver et passa tout l'été dans la région de Howe Sound, visitant les alentours en canot à voile en compagnie de deux guides chinooks.

Les aquarelles qu'O'Brien réalisa dans les Rocheuses et sur la côte ouest démontrent que l'artiste maniait toujours le pinceau avec une superbe maîtrise. Bien que certaines aient été de très grand format, toutes sont exécutées avec un soin du détail qui n'enlève rien au geste large de la composition par lequel le peintre donne toute leur majesté aux paysages qu'il traite. Ces vues stupéfiantes des cols, par exemple *Through the Rocky Mountains, a pass on the Canadian highway,* peinte en 1887 et aujourd'hui dans une collection particulière, et des forêts luxuriantes de la côte, comme *A British Columbian forest* peinte l'année suivante et aujourd'hui au Musée des beaux-arts du

Canada, allaient s'imposer à l'imagination des Canadiens et faire écho à cette vision qu'ils avaient de leur pays : un territoire désormais accessible et d'une richesse naturelle sans borne. Après avoir occupé une place de premier plan parmi les participants canadiens à la Colonial and Indian Exhibition de Londres en 1886, O'Brien présenta à la Royal Academy of Arts de cette ville un paysage de montagnes, qui fut accepté en 1887, et au cours des deux années suivantes on put voir ses aquarelles dans diverses expositions londoniennes. Au Canada, il présenta ses paysages de montagnes avec ceux de Frederic Marlett Bell-Smith* à une exposition jumelée tenue par l'Association des beaux-arts de Montréal en mars 1888 ; au mois de février suivant, cette même association exposait les aquarelles qu'O'Brien avait peintes à Howe Sound. Encouragé par ce regain d'intérêt pour son œuvre, O'Brien fit un autre long séjour à Londres, principalement pour assister à sa première exposition solo inaugurée le 22 juin et dans laquelle il montrait ses scènes des Rocheuses et de la côte du Pacifique.

Ses aquarelles de cette période, pour la plupart de grands formats très travaillés qui, par leur échelle et l'ampleur du geste, s'imposent néanmoins à distance, révèlent qu'O'Brien souhaitait alors concurrencer directement les huiles dans les expositions, comme le voulurent durant quelque temps certains maîtres aquarellistes britanniques. Il vendit quelques œuvres pendant cette exposition mais, malgré les brèves critiques positives qu'il reçut dans les journaux de Londres, il ne fit pas de percée sur la scène londonienne ; la plupart des noms qui figurent sur une liste d'invités de l'époque sont d'ailleurs ceux de gens qu'il avait connus : lord Inchiquin, lord Dufferin, le marquis de Lorne et des dirigeants de la Compagnie du chemin de fer canadien du Pacifique.

O'Brien quitta la présidence de l'Académie royale canadienne des arts en 1890 et ouvrit sa propre école d'art, le Studio Drawing Club. Au cours de l'été, il retourna dessiner à Québec et dans le bas du fleuve, où il n'était pas allé depuis huit ans. En décembre, il tint une exposition solo à Toronto, événement qu'il répéterait tous les ans jusqu'en 1894. En janvier 1892, il démissionna de l'Ontario Society of Artists pour protester contre ce qu'il estimait être une baisse de la qualité des œuvres présentées aux expositions annuelles. Au mois de mars suivant, il tint une exposition solo à Montréal et engagea un marchand de New York, à qui il rendit visite en septembre. En 1893, il donna un caractère plus structuré aux cours qu'il dispensait dans son studio et forma le Palette Club ; pour faire valoir les critères de qualité qui selon lui manquaient à l'Ontario Society of Artists, cette association sélecte organisa deux expositions en 1893 et deux autres en 1894. Cette même année, O'Brien recommença à exposer des huiles de dimensions modestes, des toiles d'atmosphère remplies de lumière. Ses aquarelles devenaient de plus en plus mouillées, mais les larges traits de lavis témoignaient de la même maîtrise que les détails minutieux de ses œuvres antérieures. Il retourna dessiner à l'île Grand Manan au cours de l'été puis se rendit à New York au mois d'avril suivant. Quoique rien n'indique qu'il ait jamais fait de sculpture ou de modelage, O'Brien fut élu, en novembre 1895, à Toronto, président de l'éphémère Guild of Sculpture of Ontario.

Le même mois, également à Toronto, avait lieu une rétrospective des œuvres à l'aquarelle d'O'Brien, qui allait marquer essentiellement la fin de la carrière de l'artiste. Il continua à donner des cours privés et à dessiner sur la rivière Severn et ailleurs dans la région de Barrie-Orillia durant l'été, mais ses derniers travaux d'illustration parurent en février 1896. En mai, il se laissa réélire à l'Ontario Society of Artists. La maladie allait cependant l'empêcher de peindre à compter de février 1899, et O'Brien ne fit jamais le voyage dans le Sud et sur la côte ouest pour lequel on avait amassé de l'argent, grâce à une vente aux enchères tenue en mai 1899.

La peinture de Lucius Richard O'Brien cessa totalement d'être à la mode après sa mort, mais la charge de premier président de l'Académie royale canadienne des arts qu'il occupa si longtemps garantissait que son nom ne serait pas oublié. Son dévouement envers l'académie et envers l'Ontario Society of Artists avait permis à ces deux groupes de s'affirmer en tant qu'institutions culturelles indispensables dans leur communauté respective. L'héritage le plus tangible qu'O'Brien ait laissé, cependant, c'est sa peinture, un ensemble d'œuvres qui a pris de l'importance avec le temps. Grâce à elle, et elle seule, nous pouvons vraiment comprendre comment O'Brien a dominé le monde de l'art canadien durant deux décennies, et offert une vision du Canada qui a précisé ce qu'évoquait le pays pour toute une génération et qui se répercute encore aujourd'hui dans la conscience canadienne.

DENNIS REID

Lucius Richard O'Brien est l'auteur de « Art education – a plea for the artizan », *Rose-Belford's Canadian Monthly and National Rev.* (Toronto), 2 (janv.–juin 1879) : 584–591. Un cetain nombre des lettres qu'il a écrites des Montagnes Rocheuses et de la Colombie-Britannique ont été publiées dans le *Globe*, 15 juill., 27 août 1887, et dans le *Toronto Daily Mail*, 29 juill., 4 sept. 1886, 16 août 1888 ; certaines ont été réimprimées dans le *Daily Colonist* (Victoria), 11 sept. 1887, et dans le *News Advertiser* (Vancouver), 1er janv. 1889. Une gravure publiée dans [A. W. H. Rose], *The emigrant churchman in Canada, by a pioneer of the wilderness*, Henry Christmas, édit. (2 vol., Londres, 1849), est l'œuvre la plus ancienne qui atteste son activité artistique. Les établissements publics qui possèdent ses peintures comprennent les PABC, Visual records Division ; le Glenbow Museum (Calgary) ; le Musée du N.-B., Dept. of Fine and Decorative Arts ; l'Agnes Etherington Art Centre, Queen's Univ. (Kingston, Ontario) ; le Musée des beaux-arts du Canada (Ottawa) ; la Division de l'art documentaire des AN ; et, à Toronto, le Musée des beaux-arts de l'Ontario, la Government of Ontario Art Coll. qui se trouve à l'Hôtel du Gouvernement de l'Ontario et la Hist. Picture coll. de la MTRL.

AN, MG 28, I 126. — AO, MS 199, M. S. [Gapper] O'Brien, journals ; MU 2254. — Arch. du Canadien Pacific (Montréal), Van Horne corr. — Arch. privées, Isabel Grant (Shanty Bay, Ontario), L. R. O'Brien, sketch-book (prêté à long terme au Musée des beaux-arts de l'Ontario). — Musée des beaux-arts de l'Ontario, Curatorial files, L. R. O'Brien, scrapbook (photocopie) ; Library, L. R. O'Brien, studio journal. — Museum of Fine Arts (Boston), corr. of the director, C. G. Loring, L. R. O'Brien à Loring, 4 mars 1879 (mfm aux Arch. of American Art, Smithsonian Institution (Washington). — PABC, Visual records Division, pdp 2821. — Simcoe County Arch. (Minesing, Ontario), Orillia municipal council minutes, 18 janv. 1858, 17 janv. 1859, 21 janv. 1860, 21 janv. 1861. — *American Art Annual* (Boston), 3 (1900–1901) : 59. — *A selection of twenty-seven water colour drawings* [...] *by L. R. O'Brien* [...] (Londres, [1889]). — *Canadian Agriculturist* (Toronto), 5 (1853) : 336. — M. [S. Gapper] O'Brien, *The journals of Mary O'Brien, 1828–1838*, Audrey Saunders Miller, édit. (Toronto, 1968). — « Guild of Sculpture of Ontario », *Canadian Architect and Builder* (Toronto), 9 (1896) : 77. — [A. W. H. Rose], *The emigrant churchman in Canada, by a pioneer of the wilderness*, Henry Christmas, édit. (2 vol., Londres, 1849). — *British Colonist* (Toronto), 14 oct. 1851. — *Daily Witness* (Montréal), 13 août 1889. — *Vancouver Daily World*, 27 août 1889. — *Globe*, 1854, 8, 15 oct. 1881, 6 mai 1899. — *Toronto Daily Mail*, 11 nov. 1886. — *Toronto Patriot*, 20 déc. 1850. — *Week*, 5 mars 1885, 8 mars 1888, 6 juill., 14 déc. 1894, 22 nov. 1895. — *Académie royale des arts du Canada ; exhibitions and members, 1880–1979*, E. de R. McMann, compil. (Toronto, 1981). — *Appletons' cyclopædia* (Wilson *et al.*). — Art Assoc. of Montreal, [*Exhibition catalogue*], 1889. — *Canada, an encyclopædia* (Hopkins), 4 : 400. — *Canadian men and women of the time* (Morgan ; 1898). — *Cyclopædia of Canadian biog.* (Rose et Charlesworth), 1. — Algernon Graves, *A dictionary of artists who have exhibited works in the principal London exhibitions from 1760 to 1893* (Londres, 1901) ; *The Royal Academy of Arts* [...] (8 vol., Londres, 1905–1906 ; réimpr. en 4 vol., East Ardsley, Angl., 1970), 6 : 4. — Harper, *Early painters and engravers*. — Maria Naylor, *The National Academy of Design exhibition record, 1861–1900* (2 vol., New York, 1973). — *Simcoe County directory*, 1866–1867. — *Toronto directory*, 1856 ; 1859 ; 1870–1872 ; 1882. — S. M. Briant, « The work of Lucius R. O'Brien in *Picturesque Canada* » (thèse de M.MUSEOLOGY, Univ. of Toronto, 1977). — C. T. Currelly, *I brought the ages home* (Toronto, 1956). — *The first hundred years : the story of St. James's parish, Orillia* (Orillia, Ontario, 1941), 35. — N. [McF.] MacTavish, *Ars longa* (Toronto, 1938). — Edmund Morris, *Art in Canada : the early painters* ([Toronto, 1911]). — D. A. Pringle, « Artists of the Canadian Pacific Railroad, 1881–1900 » (thèse de M.A., Concordia Univ., Montréal, 1983). — D. [R.] Reid, *Lucius R. O'Brien, P.R.C.A.* (à paraître, Toronto, 1990) ; *« Our own country Canada »*. — *Robertson's landmarks of Toronto*, 3 : 593. — Rebecca Sisler, *Passionate spirits ; a history of the Royal Canadian Academy of Arts, 1880–1980* (Toronto, 1980). — [D.] A. Pringle, « William Cornelius Van Horne, art director, Canadian Pacific Railway », *Annales d'hist. de l'art canadien* (Montréal), 8 (1984–1985) : 50–78. — D. E. Walker, « Some early British Columbia views and their photographic sources », *Beaver*, outfit 314 (été 1983) : 44–51.

O'CONNOR, WILLIAM JOSEPH, rameur et tavernier, né le 4 mai 1862 à Toronto, fils de Michael O'Connor et d'une prénommée Ellen ; décédé célibataire le 23 novembre 1892 au même endroit.

Inspiré par Edward Hanlan*, célèbre champion mondial originaire de Toronto, William Joseph O'Connor commença à faire de l'aviron avec l'Irish-Catholic Don Rowing Club. En 1882, deux ans après la formation de la Canadian Association of Amateur Oarsmen, il participa à sa première épreuve, en compagnie de Cornelius T. Enright : il s'agissait du championnat de la course d'aviron avec gréement intérieur pour deux rameurs en couple, organisé par l'association à Lachine, dans la province de Québec. L'année suivante, les deux hommes gagnèrent la course à deux rameurs et O'Connor sortit vainqueur de la course à un rameur, au niveau junior. O'Connor et Enright devinrent en 1884 membres du Toronto Rowing Club, organisme plus connu, et remportèrent le championnat de la course à deux rameurs en pointe de la Canadian Association of Amateur Oarsmen, puis ceux de la National Association of Amateur Oarsmen et de la North Western Amateur Rowing Association, deux associations américaines. En 1885, ils décrochèrent à nouveau le championnat de la Canadian Association of Amateur Oarsmen et O'Connor gagna la course à un rameur grâce à la tactique qui devint son trait distinctif : le coup d'aviron rapide, explosif dès le départ. Toutefois, leurs succès et des rumeurs selon lesquelles ils étaient l'enjeu de forts paris entraînèrent des accusations de professionnalisme contre les deux rameurs. La Canadian Association of Amateur Oarsmen les disculpa, mais la National Association of Amateur Oarsmen les déclara non admissibles. Ils devinrent alors professionnels, avec l'appui financier de l'homme d'affaires torontois Joseph Rogers.

En 1887, après une décevante saison de course à deux rameurs, O'Connor décida de se concentrer sur la compétition à un seul rameur. En peu de temps, il avait gagné tellement de régates et à des vitesses telles (on considéra comme un record mondial le temps de 19 minutes et 43 secondes qu'il réalisa en août 1888 pour un parcours de trois milles, avec virage) qu'à peu près personne n'acceptait de se mesurer à lui dans les courses à un contre un, pourtant dotées des meilleurs prix et entourées du plus grand prestige. À sa deuxième compétition seulement, il termina le parcours seul car son adversaire, le fameux professionnel

Wallace Ross de Saint-Jean, au Nouveau-Brunswick, abandonna la partie au dernier instant plutôt que de subir la défaite contre un « rameur fraîchement sorti des rangs amateurs ». O'Connor, de son côté, avait comme règle de « se mesurer aux meilleurs ». Le 18 mars 1888, il battit (pour un enjeu de 2 000 $) le champion de la côte du Pacifique, Henry Peterson, puis le 24 novembre de la même année, sur la rivière Potomac, à Washington, il vainquit (pour 1 000 $) le champion américain John Teemer, qui avait enlevé le titre à Hanlan en deux occasions. Dans les deux cas, il s'agissait d'une course de trois milles. Pour le récompenser, les Torontois lui organisèrent une grande fête et lui remirent un chèque de 1 000 $ en plus de 300 $ en or. Par la suite, il continua à gagner des régates avec une telle aisance que personne n'osait le défier, à l'exception de son compatriote Jacob Gill Gaudaur*, avec qui il se mesura le 2 mars 1889, à San Francisco. Il demeura champion américain jusqu'à sa mort.

O'Connor ne parvint cependant pas à ramener à Toronto le titre de champion du monde que Hanlan avait perdu en 1884. Le 9 septembre 1889, sur le trajet historique entre Putney et Mortlake, sur la Tamise, à Londres, il échoua dans sa tentative de battre le champion mondial Henry Ernest Searle, d'Australie. Peu de temps après, celui-ci mourut de la fièvre typhoïde et O'Connor se rendit en Australie dans l'espoir de décrocher le titre. Incapable d'obtenir un match de championnat, il perdit deux fois contre James Stanbury, qui devint ensuite champion.

En 1890, O'Connor succéda à son frère John J., décédé subitement en octobre, à titre de propriétaire de la taverne Sherman House, à Toronto. Cette nouvelle responsabilité le força à réduire ses activités sportives mais ne diminua en rien la qualité de ses performances. En 1891, Hanlan et lui remportèrent le championnat mondial de la course à deux rameurs, devant 30 000 spectateurs, à Burlington Beach. De plus, comme la marche sur de longues distances faisait partie de son entraînement, il établit en décembre 1891 un nouveau record dans ce domaine en faisant à pied le trajet de Hamilton à Toronto en 9 heures 26 minutes. Même si l'équipe Hanlan–O'Connor perdit le championnat de la course à deux rameurs contre Gaudaur et l'Américain George Hosmer en 1892, O'Connor demeura imbattable à titre individuel.

William Joseph O'Connor n'avait que 30 ans lorsqu'il mourut de la fièvre typhoïde à la fin de la saison de 1892, à un moment où il avait sûrement encore plusieurs bonnes saisons devant lui (Gaudaur devint champion du monde à 38 ans). Son style élégant, son honnêteté et son attitude amicale lui avaient acquis une grande popularité, et il fut regretté par un grand nombre.

BRUCE KIDD

Arch. of the Roman Catholic Archdiocese of Toronto, St Paul's Church (Toronto), reg. of baptisms, marriages, and burials, 4 mai 1862 (mfm aux AO). — Canada's Sports Hall of Fame (Toronto), W. J. O'Connor file. — York County Surrogate Court (Toronto), n° 9408 (mfm aux AO). — *Globe*, 26 nov. 1888, 7 déc. 1891, 24 nov. 1892. — *Toronto Daily Mail*, 10 mars, 4 déc. 1888, 24 nov. 1892. — Frank Cosentino, *Ned Hanlan* (Don Mills [Toronto], 1978). — R. S. Hunter, *Rowing in Canada since 1848* [...] (Hamilton, Ontario, 1933).

ODELL, WILLIAM HUNTER, avocat, fonctionnaire et juge, né le 26 novembre 1811 à Fredericton, fils de William Franklin Odell* et d'Elizabeth Newell ; le 18 septembre 1849, il épousa à Halifax Elizabeth Ann Bliss, et ils eurent quatre filles et un fils ; décédé le 26 juillet 1891 au même endroit.

William Hunter Odell, ainsi nommé en l'honneur du major général Martin Hunter* et dernier notable de la lignée des Odell, se trouve quelque peu éclipsé au centre d'un éblouissant réseau de relations. Son grand-père paternel était le révérend Jonathan Odell*, poète loyaliste et secrétaire de la province du Nouveau-Brunswick. L'une de ses sœurs épousa le puissant arpenteur général Thomas Baillie*. Son épouse était la fille d'un juge de la Cour suprême de la Nouvelle-Écosse, William Blowers Bliss*, qui était le fils de Jonathan Bliss*, juge en chef du Nouveau-Brunswick, mais que Sampson Salter Blowers*, juge en chef de la Nouvelle-Écosse, avait presque adopté. Deux autres de ses sœurs épousèrent les évêques Hibbert Binney*, de la Nouvelle-Écosse, et James Butler Knill Kelly*, de Terre-Neuve.

Élevé à Fredericton, Odell fit ses études au King's College, après quoi il fut reçu attorney, le 18 juillet 1835, et barrister, le 8 février 1838. Chez les loyalistes du Nouveau-Brunswick qui occupaient des charges publiques, il existait une coutume bien établie selon laquelle on tentait de transmettre un poste de père en fils : Jonathan et William Franklin Odell fournissent l'exemple le plus marquant de cette pratique puisqu'à eux deux ils totalisèrent 60 ans de service à titre de secrétaire de la province et greffier du conseil. Lorsque vint le moment de lancer le troisième Odell dans la carrière, on n'admettait plus sans discussion un népotisme aussi flagrant. Ainsi, quand le lieutenant-gouverneur sir Archibald Campbell*, avant de quitter ses fonctions en 1837, désigna le jeune Odell au poste lucratif de greffier de la couronne à la Cour suprême même s'il était absent de la province et s'il n'avait pas encore été reçu barrister, l'indignation fut telle que le nouveau lieutenant-gouverneur, sir John Harvey*, dut bientôt se résoudre à le remplacer par George Frederick Street Berton*. Malgré l'inimitié de Harvey envers les Odell et le fait que le jeune Odell eût été impliqué dans un affrontement peu honorable avec des soldats ivres dans les rues de Fredericton, on l'autorisa à servir d'adjoint à son père, alors secrétaire de la province, de 1838 à 1844. Il remplit également les fonctions de greffier du Conseil exécutif à partir de 1839. En 1847, on le nomma juge de la Cour des plaids communs du comté d'York.

Nommé au Conseil législatif en 1850, Odell hérita en 1867, comme il se devait, d'un poste au Sénat canadien, où il fut très assidu mais prit rarement la parole. C'était un conservateur inoffensif, et la seule responsabilité politique qu'il assuma fut celle de maître général des Postes dans l'éphémère gouvernement anti-confédérateur d'Albert James Smith*, au pouvoir de 1865 à 1866. Sa principale contribution à la cause des adversaires de la Confédération consista à rédiger sous un pseudonyme un poème satirique intitulé *The federation spider's web* [...]. Ces vers de mirliton, qui pouvaient étonner de la part d'un petit-fils de Jonathan Odell, atteignirent de manière cocasse les cibles visées, la plupart du côté du Haut-Canada.

Le seul souvenir qui reste de William Hunter Odell est qu'il fut le dernier habitant du Nouveau-Brunswick à se battre en duel, ce pourquoi l'évêque John MEDLEY l'excommunia en 1848. À sa mort, ses collègues du Sénat déplorèrent sa perte en mentionnant simplement qu'il était un digne gentilhomme d'ascendance irréprochable, épitaphe que le dernier des Odell du Nouveau-Brunswick n'aurait pas dédaignée. Le sénateur Odell avait vécu quelques années à Halifax avant sa mort. La dernière de ses quatre filles célibataires (que Charles Stewart Almon Ritchie décrit dans ses mémoires comme « d'innocentes dames étourdies et laides [...] aux [vêtements de] soie qui crissent et aux bracelets en or qui tintent ») y mourut en 1937, mettant fin à la lignée des Odell dans les Maritimes.

D. G. BELL

Il semble y avoir peu de doute que William Hunter Odell soit l'auteur de *The federation spider's web ; a serio-comic, politic ode, suited to the times ; by Dorothea Doggerel, spinster, edited by herself, cum privilegio of her sex* (s.l., 1865). Il n'y a aucune preuve interne qu'il en soit l'auteur, quoique l'expression *cum privilegio* suggère fortement qu'il s'agit d'un avocat. Tous les exemplaires que l'on peut encore trouver proviennent de la succession Odell (le Musée du N.-B. en a trois) et l'un porte l'inscription « écrit par William Hunter Odell » de la main d'une femme adulte du siècle dernier, probablement l'une de ses filles.

À l'exception des commissions de fonction et des titres légaux, les papiers de la famille Odell, au Musée du N.-B., ne contiennent rien sur William Hunter. La bibliothèque Odell du musée possède toutefois une vaste sélection de ses livres, ainsi que ceux de son père et de son grand-père. [D. G. B.]

APNB, MC 223, John Medley, act-book ; RG 3, RS307, A2 ; RG 5, RS32, C. — National Library of Wales (Aberystwyth), G. C. Lewis papers, Head–Lewis corr. (mfm aux AN). — Musée du N.-B., W. F. Ganong papers, box 42 (John Harvey, letter-book, 1837–1838) ; Sir John Harvey papers, letter-books (transcriptions aux AN) ; Merritt family papers. — Canada, Sénat, *Débats*, 1867–1871 ; 1873–1874 ; 1876–1891. — J. H. [Gatty] Ewing, *Canada home : Juliana Horatia Ewing's Fredericton letters, 1867–1869*, Margaret Howard Blom et T. E. Blom, édit. (Vancouver, 1983). — Rufus King, « Memoir of Hon. William Hunter Odell », *New-England Hist. and Geneal. Reg.* (Boston), 46 (1892) : 20–22. — MacNutt, *New Brunswick*. — C. [S. A.] Ritchie, *The siren years : a Canadian diplomat abroad, 1937–1945* (Toronto, 1974).

ODET D'ORSONNENS, THOMAS-EDMOND D', médecin, professeur, administrateur scolaire et rédacteur, né le 30 octobre 1818 à Saint-Roch-de-l'Achigan, Bas-Canada, fils de Protais d'Odet d'Orsonnens et de Louise-Sophie Rocher ; le 22 février 1841, il épousa à L'Assomption Marie-Louise-Adeline Dorval, et ils eurent sept enfants, puis le 20 juillet 1886, à la cathédrale Saint-Jacques de Montréal, Marie-Salomée Poirier ; décédé le 7 octobre 1892 à Joliette et inhumé le 11 dans le cimetière de Côte-des-Neiges à Montréal.

Thomas-Edmond d'Odet d'Orsonnens était le fils aîné d'un officier suisse arrivé au Canada en 1813 avec le régiment de De Meuron et devenu par la suite agriculteur. Après avoir fait des études dans son village natal, Thomas-Edmond, attiré par la médecine, s'inscrivit à titre de clerc auprès d'un médecin licencié, comme c'était la coutume à l'époque. Il obtint sa licence *ad practicandum* le 24 septembre 1841.

Odet d'Orsonnens exerça d'abord la médecine à Joliette où il excella comme accoucheur, avant de poursuivre sa carrière à Montréal à partir de 1845. Quatre ans plus tard, il devint professeur d'obstétrique à l'école de médecine et de chirurgie de Montréal, où il enseigna aussi la chimie, la toxicologie, la matière médicale (l'art de soigner avec des médicaments) ainsi que les maladies des femmes et des enfants. En 1850, on l'admit au conseil de cet établissement, au nom duquel il négocia, en 1872, l'achat d'un terrain situé en face de l'Hôtel-Dieu en vue d'y construire le siège social de l'école. On le retrouve également au nombre des fondateurs de l'Union médicale du Canada en 1872.

Grâce à ses qualités d'administrateur, Odet d'Orsonnens occupa successivement les postes de secrétaire (1878–1880) et de président (1880–1887) de l'école de médecine. Ces fonctions l'amenèrent à s'imposer comme l'un des protagonistes du conflit qui opposa, de 1876 à 1891, l'école de Montréal à l'université Laval de Québec dans le cadre de la querelle universitaire [V. Ignace Bourget* ; Joseph Desautels*].

Par suite du décret pontifical du 1er février 1876, l'université Laval établit à Montréal une succursale, inaugurée le 6 janvier 1878. Au moment de mettre sur pied la faculté de médecine, Laval ne pouvait ignorer l'existence de l'école de médecine et de chirurgie qui dispensait l'enseignement médical depuis 30 ans et répondait aux exigences du Collège des médecins et chirurgiens de la province de Québec : l'affiliation à une université (le Victoria College de Cobourg, Haut-Canada, depuis 1866) [V. Hector Peltier*] et l'accès à un hôpital général (l'Hôtel-Dieu de Montréal depuis 1850). Les professeurs de l'école demandèrent qu'on respecte leur autonomie ainsi que leur statut dans le nouvel établissement ; l'un des leurs, Odet d'Orsonnens, fit partie du conseil d'administration à titre de secrétaire. Cependant, l'entente fut de courte durée et, en juin 1879, la rupture était un fait accompli : les deux établissements se mirent à fonctionner parallèlement.

Odet d'Orsonnens de même que la plupart de ses confrères restèrent fidèles à leur école. Désireux de préserver l'autonomie de celle-ci et incapables de se faire entendre des évêques, les professeurs décidèrent de présenter leur requête au Saint-Siège. Chargé de cette mission, Odet d'Orsonnens se rendit à Rome au début de l'année 1880. Il fut reçu en audience par Pie IX qui le fit chevalier de l'ordre de Saint-Grégoire-le-Grand. En juillet, il alla à Londres consulter le solliciteur général, sir Farrer Herschell, sur la légalité de la succursale de Laval. Selon ce juriste, l'université Laval n'était pas autorisée par sa charte à établir une succursale, et le seul type d'union qui pouvait exister avec les établissements montréalais était celui de l'affiliation. Les professeurs décidèrent donc de porter leur cause devant les tribunaux. Toutefois, le recteur Michel-Édouard MÉTHOT répliqua en demandant au premier ministre Joseph-Adolphe CHAPLEAU d'amender la charte, afin de permettre à l'université de multiplier ses chaires d'enseignement dans la province. L'Assemblée législative adopta le projet de loi en 1881, non sans que des évêques aient exercé des pressions sur des députés.

En 1883, la position de l'école devint précaire, car Rome exigea non seulement que cesse toute attaque contre Laval et sa succursale, mais encore qu'on favorise l'installation de cette dernière. Pour faciliter l'exécution du décret pontifical, l'archevêque de Québec, Mgr Elzéar-Alexandre TASCHEREAU, ordonna aux professeurs de l'école de rompre leur affiliation avec le Victoria College sous peine d'excommunication, en alléguant que le lien avec une université méthodiste constituait un danger pour les catholiques. Il donna aussi l'ordre aux religieuses de l'Hôtel-Dieu d'interdire leur hôpital aux médecins de l'école. Les docteurs d'Odet d'Orsonnens et Joseph Emery-Coderre* obtinrent alors de Mgr Édouard-Charles FABRE l'assurance que la rupture avec Victoria permettrait de conserver l'accès à l'Hôtel-Dieu. Mais l'évêque de Montréal se ravisa aussitôt. Devant cette volte-face, les médecins, qui refusaient de laisser mourir l'école pour laquelle ils avaient contracté des engagements moraux et financiers, décidèrent de continuer la résistance. Ils dépêchèrent le docteur Louis-Édouard Desjardins* à Rome pour plaider leur cause.

Le 25 août 1883, Odet d'Orsonnens reçut du cardinal Giovanni Simeoni le câblogramme qui sauvait l'école. Quelques jours plus tard, il annonça conjointement avec Mgr Fabre et Emery-Coderre l'ouverture des cours à l'école. Une seule ombre restait au tableau : le refus des évêques de reconnaître l'école comme catholique, ce qui contribuait à entretenir les doutes à son sujet. Pendant plusieurs années encore, démarches, tentatives de rapprochement et escarmouches se poursuivirent entre les deux écoles de médecine.

La publication en février 1889 de la bulle *Jamdudum* de Léon XIII suscita de nouveaux espoirs en accordant une relative autonomie à la succursale dès lors placée sous la juridiction des évêques de la province ecclésiastique de Montréal, à qui revenait la nomination du vice-recteur. L'abbé Jean-Baptiste Proulx*, dit Clément, celui qu'on désigna, voulut d'abord réaliser la fusion des deux établissements. Reconnu pour son sens de la modération, Odet d'Orsonnens fut l'un des trois représentants de l'école aux discussions avec l'université. Des deux côtés, il fallut vaincre l'opposition des irréductibles. Finalement, le 29 novembre 1890, on adopta à l'unanimité un projet de loi, parrainé par le premier ministre Honoré MERCIER, dans le but d'amender la charte de l'école, qui servait de base à la constitution de la nouvelle faculté. L'union universitaire se réalisa le 1er juillet 1891.

L'école de médecine et de chirurgie, qui conservait son autonomie, ses droits et ses privilèges, devint donc la faculté de médecine de l'université Laval à Montréal, et tous ses professeurs ainsi que ceux de la succursale firent partie de la nouvelle corporation. Le 5 octobre 1891, Thomas-Edmond d'Odet d'Orsonnens, doyen de la profession médicale, figure dominante de l'école de médecine et artisan courageux, digne et courtois de l'entente, prononça le discours d'inauguration officielle de la faculté. Puis, après avoir reçu l'hommage de ses collègues à l'occasion de son cinquantième anniversaire de pratique médicale, il se retira à Joliette où il mourut l'année suivante.

MONIQUE LECLERC-LAROCHELLE

Thomas-Edmond d'Odet d'Orsonnens fut fondateur et rédacteur de *l'Abeille médicale*, le journal de l'école de médecine et de chirurgie de Montréal publié mensuellement de 1879 à 1882. Il signa plusieurs articles scientifiques et il défendit dans ces pages la position de l'école dans la querelle universitaire.

ANQ-M, CE1-33, 20 juill. 1886 ; CE1-51, 11 oct. 1892 ;

CE5-12, 31 oct. 1818 ; CE5-14, 22 févr. 1841 ; P1000-2-146. — *Gazette* (Montréal), 10 oct. 1892. — *La Presse,* 10 oct. 1892. — Abbott, *Hist. of medicine,* 65. — E. H. Bovay, *le Canada et les Suisses, 1604–1974* (Fribourg, Suisse, 1876). — J. J. Heagerty, *Four centuries of medical history in Canada and a sketch of the medical history of Newfoundland* (2 vol., Toronto, 1928), 2 : 97–98. — Lavallée, *Québec contre Montréal.* — Rumilly, *Hist. de la prov. de Québec,* 6 : 296–299. — F.-J. Audet, « Odet d'Orsonnens », *BRH,* 36 (1930) : 394–395. — Édouard Desjardins, « L'Évolution de la médecine au Québec », *l'Union médicale du Canada* (Montréal), 106 (1977) : 585–586 ; « l'Histoire de la profession médicale au Québec », 103 (1974) : 1891–1905, 2040–2049 ; 104 (1975) : 138–151, 448–470 ; « l'Incorporation de l'université de Montréal », 104 : 280–288 ; « la Petite Histoire du journalisme médical au Canada », 101 (1972) : 123–125. — Docteur Frank, « Médecins d'autrefois : Dr Thomas-Edmond d'Odet d'Orsonnens », *le Docteur* (Montréal), 1 (1922–1923), n° 10 : 14–18. — Germain Lavallée, « Monseigneur Antoine Racine et la Question universitaire canadienne, 1875–1892 », *RHAF,* 12 (1958–1959) : 80–107, 247–261, 372–386, 485–516. — [J.-L.-]O. Maurault, « l'Université de Montréal », *Cahiers des Dix,* 17 (1952) : 13–23. — L.-D. Mignault, « Histoire de l'école de médecine et de chirurgie de Montréal », *l'Union médicale du Canada,* 55 (1926) : 597–674. — « Ordre de Saint-Grégoire-le-Grand », *BRH,* 12 (1906) : 29. — « Un chapitre de l'histoire de la médecine au Canada : la grande querelle de Laval et de Victoria », *l'Hôpital* (Montréal) (févr.–déc. 1937).

OGILVIE, WILLIAM WATSON, officier de milice et homme d'affaires, né le 15 février 1835 à Côte-Saint-Michel (Montréal), fils d'Alexander Ogilvie et de Helen Watson ; le 15 juin 1871, il épousa Helen Johnston, fille de Joseph Johnston, de Paisley, Écosse ; décédé le 12 janvier 1900 à Montréal.

William Watson Ogilvie était le dixième d'une famille de 11 enfants. Son père avait émigré d'Écosse avec sa famille en 1800 et s'était établi dans une ferme près de la rivière Châteauguay, au sud de Montréal. En 1801, les Ogilvie construisirent un moulin à blé à Jacques-Cartier, près de Québec. Cette entreprise marqua le début de la longue et remarquable association de la famille à l'industrie de la meunerie au Canada. Dix ans plus tard, Alexander se joignit à son oncle et futur beau-père, John Watson, pour bâtir un moulin à Montréal, entreprise qu'il devait plus tard léguer à trois de ses fils, Alexander Walker*, John et William Watson.

Ogilvie fut confié dès son jeune âge aux soins de son oncle William Watson*, inspecteur de la farine à Montréal. Il fréquenta le High School of Montreal et fit son apprentissage d'inspecteur sous la surveillance de Watson. Tout comme l'avaient fait ses deux frères aînés, Alexander Walker et John, il entra dans la Montreal Cavalry en 1857. Il en assuma le commandement en 1866 et s'apprêta à défendre le Canada contre une invasion éventuelle d'une faction du mouvement fénien qui s'était rassemblée dans l'état de New York [V. John O'Neill*]. Le département de la Milice et de la Défense lui décerna d'ailleurs la médaille du Service pour sa contribution à la mise en échec des efforts féniens.

Dans les années 1850 et 1860, un marchand de Montréal qui possédait un capital suffisant et était disposé à prendre un risque pouvait s'enrichir considérablement. La ville s'imposait rapidement comme centre du commerce au Canada et point d'exportation du blé et de la farine. En Europe, les changements politiques, économiques et technologiques s'avéraient à l'avantage du commerce canadien des céréales. En 1854, pendant la guerre de Crimée, comme la Grande-Bretagne était coupée du marché russe, la demande de céréales s'accrut énormément au Canada. La mise au point du procédé de mouture par cylindres en Hongrie à la fin des années 1830, qui avait grandement amélioré la mouture du blé riche en protéines et en gluten, finit par entraîner des changements importants dans l'industrie meunière nord-américaine. En 1852, le moulin Ogilvie (réinstallé au canal de Lachine en 1837) était dirigé par James Goudie, beau-frère d'Alexander Ogilvie. La même année, Alexander Walker Ogilvie s'associa à l'entreprise et agrandit les installations. Goudie et Alexander père se retirèrent vers 1855 pour laisser les affaires aux mains d'Alexander Walker et de son frère John. On renomma alors l'entreprise A. W. Ogilvie and Company. C'est en mai 1860 que William Watson se joignit à ses frères à titre d'associé. Ce fut une initiative astucieuse. En 1871, peu après son mariage, Ogilvie acheta un manoir rue Simpson, dans le chic quartier Mont-Royal. Cette demeure, nommée Rosemount, était l'« une des plus belles résidences en ville ».

Au cours de la période qui suivit la Confédération, les Ogilvie prirent deux décisions importantes qui assurèrent le succès continu de leurs affaires. Ils commencèrent par tirer profit des innovations technologiques dans l'industrie meunière en Europe. En 1868, William Watson se rendit en Hongrie en compagnie de son frère Alexander Walker pour étudier le plus récent procédé de mouture du grain, dans lequel on utilisait des broyeurs à cylindres en acier au lieu de meules. À leur retour, ils adoptèrent la technique hongroise dans leur moulin afin de produire une farine de qualité supérieure.

La seconde bonne décision des Ogilvie fut celle d'étendre leurs activités vers l'Ouest, à mesure que de nouvelles régions de l'Ontario et des Prairies étaient colonisées. En 1872, ils construisirent leur premier moulin en Ontario, à Seaforth, et deux ans plus tard un deuxième, d'une capacité de production quotidienne de 500 barils, à Goderich. À cette époque, Alexander Walker avait fait le saut en politique et s'intéressait à d'autres activités commerciales. Lorsqu'en 1874 celui-ci cessa de diriger de façon active l'entreprise meunière, William Watson fut nommé chef du bureau de Montréal et John assuma la direction des moulins de l'Ontario.

En 1877, les Ogilvie expédièrent leur première cargaison de blé cultivé au Manitoba et, au cours de la décennie suivante, ils dominèrent le commerce des céréales de l'Ouest, où l'agriculture connaissait un essor considérable. Suivant la politique qu'ils avaient appliquée en Ontario et selon laquelle ils devaient produire la farine à l'endroit où le grain était cultivé, ils construisirent un moulin à Winnipeg en 1882. Peu de temps après, les expéditions régulières de farine du Manitoba débutaient. Leur décision de construire des silos à céréales sema cependant la controverse.

Afin d'assurer l'efficacité et la rentabilité de la livraison du grain vers l'Est, la Compagnie du chemin de fer canadien du Pacifique favorisa la construction de silos à céréales. En 1883, son directeur général, William Cornelius Van Horne*, offrit gratuitement l'usage du terrain le long de la ligne principale de la compagnie à toute entreprise céréalière disposée à construire un silo à élévateur alimenté à la vapeur d'une capacité minimum de 25 000 boisseaux. La compagnie promit aussi qu'elle ne permettrait pas le chargement de céréales dans ses wagons à partir des voitures des fermiers ou des entrepôts plats (trémies d'entreposage couvertes, sans équipement de manutention mécanique) aux endroits où l'on construirait les silos.

John et William Watson, qui avaient déjà bâti à Gretna, en 1881, l'un des premiers silos à céréales de la province du Manitoba, se hâtèrent de profiter de cette généreuse offre. Dans le cadre d'un arrangement spécial conclu avec Van Horne en 1883, l'entreprise meunière s'engagea à expédier 25 000 sacs de farine de Port Arthur (Thunder Bay, Ontario) par les vapeurs de la compagnie ferroviaire qui naviguaient sur les Grands Lacs ; en retour, elle avait droit à un rabais sur ses frais de transport. On estime qu'à la fin de 1884 cette prime représentait environ 50 000 $. L'année suivante, les Ogilvie exploitaient huit silos au Manitoba et avaient des projets de construction en cours.

Les producteurs du Manitoba ne tardèrent pas à protester contre le monopole qu'avaient constitué, selon eux, la compagnie de chemin de fer et l'Ogilvie Milling Company. En effet, certaines indications (dans les lettres de Van Horne) laissent entendre qu'en 1884–1885 les acheteurs qui sillonnaient la campagne pour le compte des Ogilvie ne versaient pas toujours aux fermiers un prix équitable pour leur grain. Cependant, à mesure que le commerce des céréales prit de l'expansion dans l'Ouest canadien, on soumit le système à un plus grand nombre de mesures de contrôle. En 1900, la première commission royale d'enquête fédérale sur le commerce des céréales fit état des problèmes que posait la surveillance des acheteurs de grain dans les campagnes, mais elle conclut qu'aucune preuve ne révélait « qu'un propriétaire quelconque de silo [avait] participé sciemment à un acte d'extorsion ». La même année, on recensait 45 silos exploités par l'Ogilvie Milling Company dans la campagne manitobaine (environ 10 % de leur nombre total dans la province).

Le succès remporté dans l'Ouest donna lieu à une expansion dans l'Est. L'entreprise ouvrit le Royal Mill à Montréal en 1886. Cette meunerie avait une capacité de production quotidienne de 2 100 barils, et un silo contigu au bâtiment pouvait contenir 200 000 boisseaux de blé. Un travailleur de cette nouvelle meunerie fit le portrait suivant de William Watson : « C'était un homme de belle taille, grand, avec une figure brillante encadrée d'imposants favoris, le vrai type d'officier de cavalerie. Il faisait à ses meuniers une vie joyeuse : il les employait, les mettait à la porte et les réengageait sans cesse. » Ogilvie assuma l'entière direction de l'entreprise après le décès de son frère John en 1888. Au tournant du siècle, il avait fait de sa firme la plus grande entreprise meunière du dominion et lui avait assuré une renommée mondiale pour la qualité de sa farine.

Un des hommes d'affaires les plus en vue de Montréal, Ogilvie prenait part aux activités du monde des affaires de la ville. Président du Bureau de commerce de Montréal en 1893 et 1894, il fut membre de son conseil pendant six ans. Il compta aussi parmi les administrateurs de la Banque de Montréal, de la Montreal Transportation Company et de la North British and Mercantile Insurance Company. Philanthrope généreux, il appuya de nombreuses œuvres de charité et des établissements dans tout le Canada, dont la McGill University et l'Hôpital Général de Winnipeg. Membre du parti conservateur, il fit campagne pour la nomination de son frère Alexander Walker au Sénat en 1881, et souligna dans une lettre adressée au premier ministre sir John Alexander MACDONALD la loyauté de la famille Ogilvie envers le parti. Il versa des contributions importantes au moment des élections et appuya la Politique nationale de Macdonald.

À son décès en 1900, Ogilvie était un homme très riche ; il légua à sa femme, à ses trois fils et à une fille une fortune substantielle. Ses biens meubles, constitués d'articles de maison, de bétail, d'argent comptant et d'autres possessions, représentaient au total 1 431 401 $, ce qui comprenait aussi l'ameublement de sa résidence et sa collection de 118 aquarelles, dont l'évaluation globale atteignait 24 000 $; il avait des créances pour un montant de 284 832 $. Il faut cependant se rappeler que lui et ses frères se distinguèrent surtout par la voie qu'ils ouvrirent au commerce des céréales et par leur disposition à assumer des risques dans l'Ouest canadien.

En 1902, les exécuteurs testamentaires de William Watson Ogilvie vendirent l'entreprise et ses 70 silos disséminés en campagne à un consortium canadien que dirigeaient Charles Rudolph Hosmer*, financier montréalais, et Frederick William Thompson, directeur général des activités de la compagnie dans l'Ouest canadien. Renommée l'Ogilvie Flour Mills Company Limited, la firme continua à croître et à prospérer pendant les années d'intense colonisation de l'Ouest et au cours des décennies subséquentes. On construisit un nouveau Royal Mill à Montréal en 1941 ; bâtiment ultramoderne pour l'époque, il avait une capacité de production quotidienne de 15 000 sacs de farine et de céréales fourragères. En 1949, on créa la Gerber-Ogilvie Baby Foods Limited, pour le traitement des céréales et la nourriture en purée.

ALLAN LEVINE

AN, MG 26, A, 16, W. W. Ogilvie à J. A. Macdonald, 29 oct. 1881 ; 136, Ogilvie à Macdonald, 5 nov. 1890 ; 324, Ogilvie à Macdonald, 25 oct. 1887 ; 354, Ogilvie à Macdonald, 23 janv. 1879 ; MG 28, III 20, Van Horne letter-books, 3, Van Horne à Harder, 12, 16 nov. 1883 ; 4, Van Horne à Ogilvie, 31 janv. 1884 ; 5, Van Horne à Ogilvie, 2 avril 1884 ; 9, Van Horne à Ogilvie, 10 déc. 1884 ; 11, Van Horne à Egan, 29 mars 1885, Van Horne à Ogilvie, 27 mai 1885, Van Horne à Kerr, 8 déc. 1885. — ANQ-M, CN1-125, 27 avril 1835, 15 janv. 1900 ; CN1-501, 15 juin 1900. — Montreal Board of Trade Arch., Minute-books, general minute-book, 30 janv. 1900 : 384. — Canada, Parl., *Doc. de la session*, 1900, n°s 81–81a (rapport de la Commission royale sur l'expédition et le transport du grain). — *Commercial* (Winnipeg), 11 févr. 1889. — *L'Événement*, 13 janv. 1900. — *Gazette* (Montréal), 13 janv. 1900. — *Monetary Times*, 19 janv., 16 févr. 13 avril 1900. — *Nor'West Farmer and Manitoba Miller* (Winnipeg), déc. 1883. — *Canadian biog. dict.*, 285–286. — *Canadian men and women of the time* (Morgan ; 1898). — *Encyclopedia Canadiana*, 8 : 6. — *Standard dict. of Canadian biog.* (Roberts et Tunnell). — Wallace, *Macmillan dict.* — Atherton, *Montreal*, 3 : 106–111. — [J. A. Gemmill], *The Ogilvies of Montreal, with a genealogical account of the descendants of their grandfather, Archibald Ogilvie* (Montréal, 1904). — D. R. McQ. Jackson, « The national fallacy and the wheat economy : nineteenth century origins of the western Canadian grain trade » (thèse de M.A., Univ. of Manitoba, Winnipeg, 1982). — A. [G.] Levine, *The exchange : 100 years of trading grain in Winnipeg* (Winnipeg, 1987). — G. R. Stevens, *Ogilvie in Canada, pioneer millers, 1801–1951* ([Montréal, 1952]). — Tulchinsky, *River barons*. — B. R. McCutcheon, « The birth of agrarianism in the Prairie west », *Prairie Forum* (Regina), 1 (1976) : 79–94.

OLD SUN. V. NATOS-API

O'LEARY, HENRY, homme d'affaires et homme politique, né le 13 mai 1832 à Castledown (république d'Irlande), fils de Theophilus O'Leary et d'Ellen Power ; il épousa Mary Ann Brittain (décédée en 1873), et ils eurent quatre fils et une fille, puis en 1875 Mary O'Leary, de Saint-Jean, Nouveau-Brunswick, et de ce mariage naquirent quatre fils dont Henry Joseph*, qui devint archevêque du diocèse catholique d'Edmonton, et Louis James, évêque du diocèse catholique de Charlottetown ; décédé le 7 novembre 1897 à Dorchester, Nouveau-Brunswick.

On ne connaît rien de la jeunesse de Henry O'Leary. Il vint en Amérique du Nord britannique en 1852 et s'établit en 1855 à Richibouctou, au Nouveau-Brunswick. Le 27 octobre 1859, il y acquit une propriété sur laquelle se trouvaient un magasin et un quai. Ce fut le début de son entreprise commerciale. Le 19 novembre 1864, il acheta une parcelle de terrain sur la dune au nord de Richibouctou pour y construire une conserverie de homard et de saumon qui commença ses activités dès 1865. Il s'agissait du premier établissement sur la côte est du Nouveau-Brunswick à mettre du homard en boîte ; il n'y avait eu jusqu'alors que des conserveries de saumon.

L'entreprise d'O'Leary prospéra rapidement. Dans les six premiers mois de 1877, il mit plus de 500 000 livres de saumon en conserve, qu'il expédia en France et en Angleterre. En 1884, ses expéditions de homard se chiffraient à près de 750 000 livres. Deux ans plus tard, il avait la haute main sur une quinzaine de conserveries dans le comté de Kent et quatre à l'Île-du-Prince-Édouard. En 1895, il en possédait un peu plus de 30 au Nouveau-Brunswick seulement. Il écoulait son homard principalement en Angleterre et aux États-Unis.

L'entreprise commerciale d'O'Leary s'étendit également à l'exploitation du bois et à la construction navale. Il avait une grosse scierie à Campbellton et une autre à Richibouctou. Il construisit quatre navires de fort tonnage et en possédait plusieurs autres pour transporter les produits de ses scieries et de ses conserveries.

O'Leary fut également actif en politique. À l'élection partielle de décembre 1873, il fut élu l'un des députés de la circonscription de Kent à la chambre d'Assemblée du Nouveau-Brunswick. Réélu aux élections générales du 20 juin 1874, il siégea jusqu'à la dissolution du Parlement en 1878 et ne se représenta pas. Il essaya de se faire élire à la chambre des Communes, mais fut défait aux élections du 17 septembre 1878 par le conservateur Gilbert-Anselme Girouard*.

Pendant qu'il siégeait à l'Assemblée, O'Leary s'opposa au Common Schools Act de 1871 qui avait pour effet d'enlever aux catholiques les droits dont ils avaient joui jusque-là dans le domaine de l'éducation [V. George Edwin King*]. Il présenta des requêtes qui provenaient de sa circonscription pour abroger la loi et il appuya la proposition qui aurait permis de le faire. De plus, il vota pour la traduction en français des documents en provenance du bureau des Travaux publics et du bureau provincial de l'Agriculture.

Henry O'Leary marqua la vie politique, économique et sociale du comté de Kent pendant près de 50 ans. L'industrie de la pêche au homard et celle du bois firent sa fortune. Lorsqu'il mourut, il était associé à son fils Richard, qu'il désigna, avec son fils Frederick, cohéritier de sa part dans l'entreprise. La succession d'O'Leary fut évaluée à 48 110 $; sa seconde femme, décédée sept mois plus tôt, avait laissé des biens d'une valeur de 41 500 $. Aujourd'hui, la compagnie qu'avait fondée O'Leary n'existe plus, et ce patronyme a disparu de la région.

ÉLOI DEGRÂCE

APNB, MC 1156, IX, part. III : 33. — Kent Land Registry Office (Richibucto, N.-B.), Registry books, N : 643–644 ; Q : 360. — Canada, Parl., *Doc. de la session,* 1910, n° 22a : 151. — N.-B., House of Assembly, *Journal,* 1873–1878, particulièrement 1874 : 65, 71, 151, 201–203 ; 1878 : 115, 157. — *Miramichi Advance* (Chatham, N.-B.), 11 sept. 1884. — *Le Moniteur acadien* (Shédiac, N.-B.), 19 juill. 1877, 12 oct. 1886. — *St. John Daily Sun,* 8 nov. 1897. — *CPC,* 1875. — L.-C. Daigle, *Histoire de Saint-Louis-de-Kent : cent cinquante ans de vie paroissiale française en Acadie nouvelle* (Moncton, N.-B., 1948). — J. I. Lawson et J. MacC. Sweet, *This is New Brunswick* (Toronto, 1951 ; réimpr., 1953). — A. E. O'Leary, *Rambles thro' memory lane with characters I knew* ([Richibucto], 1937).

ONISTA'POKA (White Calf, aussi connu sous les noms de **Father of Many Children (Manisto'kos)** et de **Running Crane (Siki'muka),** chef de guerre des Gens-du-Sang, né vers 1838, probablement dans ce qui est maintenant le sud de l'Alberta ; il eut deux femmes et plusieurs enfants ; décédé le 19 août 1897 dans la réserve des Gens-du-Sang (Alberta).

Né chez les Buffalo Followers, bande de la tribu des Gens-du-Sang, White Calf accomplit plusieurs exploits guerriers et, à l'arrivée dans l'Ouest de la Police à cheval du Nord-Ouest en 1874, il était déjà reconnu comme chef de guerre et avait formé sa propre bande, celle des Marrows. En 1877, il compta parmi les signataires du traité n° 7 [V. Isapo-muxika*], avec 107 partisans. Avant que les Gens-du-Sang ne s'établissent dans leur réserve en 1880, Red Crow [MÉKAISTO] était le principal chef politique de la tribu, et Natose-Onistors (Medicine Calf), le principal chef de guerre. En 1881 toutefois, ce dernier fut destitué et remplacé par White Calf, qui devint ainsi le plus grand adversaire politique de Red Crow. Un an plus tard, avec plus de 200 Indiens gens-du-sang, White Calf attaqua le camp des Cris des Plaines de Piapot [Payipwat*] dans les monts Cypress (Saskatchewan) et, avant que la Police à cheval du Nord-Ouest ne puisse intervenir, un Cri avait été tué et scalpé.

White Calf entra en conflit avec les autorités gouvernementales à plusieurs reprises au cours des années 1880 et, de l'avis de nombreux agents des Affaires indiennes, ce « grand parleur, petit faiseur », était « le roi des rouspéteurs », comme le disait l'un d'entre eux, William Pocklington. Au sommet de sa popularité, il tenta en 1883 de se faire nommer parmi les chefs principaux de la tribu, ce qui en aurait fait l'égal de Red Crow. L'agent des Affaires indiennes Cecil Edward Denny fit toutefois en sorte que l'on choisisse plutôt son beau-frère Calf Tail. En 1884, White Calf, Red Crow et d'autres chefs parmi les Gens-du-Sang s'opposèrent vigoureusement à ce que l'on remplace le bœuf par du bacon dans les rations qu'allouait le gouvernement. Plus tard, White Calf protesta contre la délimitation des frontières de la réserve et contre le traité de paix avec les Gros-Ventres et les Assiniboines.

En mars 1885, comme la Police à cheval du Nord-Ouest refusait de libérer son fils Never Ties His Shoes (aussi connu sous le nom d'Oral Talker), arrêté pour vol de chevaux, White Calf menaça de « lâcher » les jeunes hommes de sa bande. Red Crow intervint pour rétablir le calme, et Never Ties His Shoes fut acquitté peu de temps après. Lorsque la rébellion du Nord-Ouest éclata plus tard le même mois [V. Louis Riel*], les autorités gouvernementales dirent craindre que White Calf ne se joigne aux insurgés. Comme la plupart des Gens-du-Sang toutefois, White Calf exécrait les Cris rebelles [V. Mistahimaska* ; Pītikwahanapiwīyin*] encore plus qu'il ne détestait les Blancs. Il assura l'interprète Jerry POTTS que sa bande n'aurait rien à voir avec les Cris. Après la rébellion, le gouverneur général lord Lansdowne [Petty-Fitzmaurice*] se rendit dans la réserve des Gens-du-Sang, à l'automne de 1885, et White Calf tint des propos positifs, ce qui n'empêcha toutefois pas qu'une grave confrontation avec Pocklington ne survienne. Cet été-là, après la mort de Father of Many Children, chef de la bande des Buffalo Followers, White Calf avait pris son nom et tenté de réorganiser ceux-ci en les intégrant à sa propre bande, celle des Marrows. Pocklington rejeta cette manœuvre en novembre, car il craignait l'autorité de White Calf et croyait que lui donner plus d'importance « serait la pire chose qui puisse se produire car, étant très doué pour les discours, il se servirait de son influence pour donner de mauvaises idées aux jeunes hommes de la réserve ». Bien entendu, White Calf se brouilla de nouveau avec Pocklington : il les traita, lui « et tous les Blancs du pays, de chiens, de menteurs, de voleurs et de Dieu sait quoi encore ».

Chef factieux mais toujours dynamique et influent dans la réserve, White Calf y resta jusqu'au début de l'année 1891, puis partit avec sa bande aux États-Unis rejoindre les Piegans du Sud. Quelques mois plus tard, cependant, en apprenant la mutation de Pocklington, il décida de revenir chez les Gens-du-Sang. Il eut des difficultés avec les nouveaux agents des Affaires indiennes, d'abord avec Acheson Gosford Irvine* puis, à compter de novembre 1892, avec James

Wilson, et il continua à s'opposer à Red Crow. Il demeura néanmoins dans la réserve, appuyant la religion autochtone et les pratiques guerrières traditionnelles, jusqu'à sa mort en 1897.

À une époque où son peuple souffrait de la famine et de la maladie, White Calf entreprit d'améliorer son sort, mais dans ses démarches il se heurta aux fonctionnaires trop zélés des Affaires indiennes. Comme chef de guerre, il favorisa l'affrontement plutôt que la diplomatie, et le dossier de ses rencontres avec les représentants de l'État regorge de menaces et de manifestations.

HUGH A. DEMPSEY

AN, RG 10, CII, 1552–1553, 1558. — [C. E. Denny], *The riders of the plains : a reminiscence of the early and exciting days in the north west* (Calgary, 1905). — Morris, *Treaties of Canada with the Indians*. — H. A. Dempsey, *Red Crow, warrior chief* (Saskatoon, 1980).

OPEE-O'WUN. V. SI'K-OKSKITSIS

OPPENHEIMER, DAVID, homme d'affaires, homme politique et auteur, né le 1er janvier 1834 à Blieskastel (République fédérale d'Allemagne), quatrième fils de Salomon Oppenheimer, marchand, et de Johanetta Kahn ; vers 1857, il épousa une prénommée Christine (Sarah) (décédée en 1880), puis le 3 janvier 1883, à San Francisco, Julia Walters de New York, et ils eurent une fille ; décédé le 31 décembre 1897 à Vancouver.

David Oppenheimer naquit de parents juifs à Blieskastel, ville où se tenait un marché. Même si certaines professions leur étaient interdites et s'ils subissaient une ségrégation religieuse, scolaire et dans une certaine mesure résidentielle, les Juifs de la ville jouaient, en tant que commerçants et financiers, un rôle important dans l'économie locale. D'un point de vue culturel, ils étaient pleinement acceptés dans cette région hétérogène. En 1848, l'agitation politique et de mauvaises récoltes provoquèrent un vaste exode. David Oppenheimer immigra alors aux États-Unis, tout comme la plupart de ses dix frères et sœurs. Le fait qu'ils aient laissé derrière eux des biens imposables suggère qu'ils avaient peut-être l'intention de revenir au pays. La famille se rendit d'abord à La Nouvelle-Orléans, où il se peut que David ait étudié la tenue de livres et travaillé dans un magasin général. Le 27 février 1851, avec l'un de ses frères aînés, Charles, il arriva à San Francisco par la route de Panama. Dès 1852, il se trouvait dans le comté de Placer, au cœur des régions aurifères de Californie ; il y travaillait comme marchand avec Charles et un de leurs frères cadets, Isaac. Cinq ans plus tard, il était à Columbia, toujours en Californie, où il se lança dans l'immobilier et la restauration avec sa femme, Christine, et ses frères. On croit que peu avant le déclin de la région, en 1860, il commença à rompre les attaches qui le retenaient à Columbia et se mit à travailler dans l'entreprise d'approvisionnement que Charles avait fondée en 1858–1859 à Victoria, dans l'île de Vancouver.

En 1860–1861, les chercheurs d'or remontaient le cañon du Fraser et gagnaient la région de Cariboo, en Colombie-Britannique [V. William BARKER]. David et Isaac les suivaient et les approvisionnaient à partir du magasin de la Charles Oppenheimer and Company à Yale. Ils se lancèrent aussi dans le commerce de gros et ouvrirent des magasins et des entrepôts à Hope, Lytton, Barkerville et Fisherville. Dès l'été de 1866, ils exploitaient leur propre convoi de mulets et ils achetaient des terres près de Lytton et dans la région de Cariboo. De plus, ils acquéraient, mettaient en valeur et vendaient des lots à Barkerville.

Pareil déploiement d'activités n'allait pas sans risques financiers et légaux. En octobre 1866, soit en un temps de récession économique généralisée, la Charles Oppenheimer and Company fut confiée à des syndics pour une courte période. En septembre 1867, on nomma de nouveau des syndics, et David et Isaac se virent interdire de s'occuper d'une quelconque manière de l'administration de la compagnie, qui passa par la suite à un rival, Carl Strouss. Dès mars 1868, David se retrouvait cependant dans une assez bonne situation financière pour se mettre à rebâtir l'entreprise à partir de Yale tandis que de son côté Isaac prenait la direction à Barkerville. Un désastreux incendie survenu à Barkerville cette année-là poussa David à faire l'une de ses premières contributions d'intérêt public, la donation d'une pompe à incendie. En 1871, peu après avoir racheté les intérêts de Strouss, Charles fit de David et Isaac ses associés au sein de l'entreprise familiale, rebaptisée la Oppenheimer Brothers. À peu près à ce moment, l'importance de Barkerville se mit à décroître ; en septembre 1872, les frères Oppenheimer vendirent le magasin qu'ils possédaient dans cette ville.

Pendant dix ans, Yale serait le foyer de la compagnie, et David, qui était un homme d'affaires habile, assumerait le rôle de principal administrateur. Reconnu comme un hôte généreux, il devint un énergique défenseur des intérêts locaux. Ainsi, en mars 1877, il contesta vigoureusement les tarifs « monopolistiques » de fret que le capitaine John Irving* imposait sur le Fraser et il menaça de réunir des hommes d'affaires de Yale en un consortium qui affréterait lui-même des navires. En janvier 1880, avec Andrew Onderdonk*, il se joignit à un syndicat financier qui entendait réunir des fonds pour construire, près de Yale, trois sections du chemin de fer canadien du Pacifique qui posaient des problèmes. En novembre de cette année-là, malgré le fait que sa femme était morte peu de temps auparavant après une longue maladie, Oppenheimer rallia prestement ses concitoyens afin de protester contre toute réaffectation dans l'île de Vancouver de fonds fédéraux de chemin de fer prévus pour le sud de la Colombie-Britannique.

Même si le volume des affaires qu'elle traitait avec la Compagnie du chemin de fer canadien du Pacifique dépassait le million de dollars, la Oppenheimer Brothers avait des problèmes d'encaisse, peut-être parce qu'elle accordait des conditions de crédit généreuses aux entrepreneurs ferroviaires. C'est pourquoi elle adopta le « système de paiement comptant » en mars 1881. Le mois suivant, ses créanciers, dont la Hudson's Bay Company, après avoir déterminé qu'elle avait des dettes de plus de 80 000 $ pour un actif de 187 000 $, la menacèrent d'une mise sous séquestre. Néanmoins, grâce à sa faculté de persuasion et à d'habiles transactions financières, David reprenait les rênes de la compagnie dès la mi-août, avec Isaac. Deux semaines plus tard, un incendie détruisit le quartier des affaires de Yale, y compris le magasin d'un étage et demi ainsi que les stocks, malgré une cloison pare-feu en brique. Le tout valait 170 000 $ mais n'aurait été assuré que pour 49 000 $. Leur vaste maison subit d'importants dégâts, mais la plus grande partie du contenu fut sauvée.

Même avant de commencer à superviser la construction d'un nouveau magasin en brique, que les frères Oppenheimer n'occupèrent jamais, David prenait discrètement ses distances par rapport à Yale. À la mi-août, il mit un ranch en vente et, faisant la navette entre Yale et Victoria, vendit des lots que la compagnie possédait au premier endroit. Columbia et Barkerville avaient périclité à cause de l'épuisement des réserves d'or ; Yale connut le même sort en février–mars 1882, au moment même où les constructeurs de chemin de fer atteignaient la basse vallée du Fraser. En janvier, la Oppenheimer Brothers avait ouvert une grande entreprise d'importation et de vente en gros rue Wharf à Victoria. Pendant quelques années, cette ville, devenue le centre d'approvisionnement de toute la province, allait prospérer. Cependant, avec leur perspicacité coutumière, David et Isaac comprirent bientôt que le terminus continental du chemin de fer canadien du Pacifique recélait un plus gros potentiel.

Les frères Oppenheimer ne s'installèrent dans la petite localité de Granville (Vancouver) qu'à la fin de 1885 ou au début de 1886, mais dès 1878 David avait commencé à y acquérir des terrains de premier choix lorsqu'il avait convaincu plusieurs personnes de s'associer à lui pour acheter 300 acres dans l'inlet Burrard. Pendant l'été de 1884, lui-même et d'autres capitalistes de Victoria achetèrent des terres à Coal Harbour et à la baie English, firent pression sur le gouvernement provincial pour qu'il aide la Compagnie du chemin de fer canadien du Pacifique à prolonger sa ligne vers l'ouest, au delà de Port Moody, et encouragèrent d'autres propriétaires terriens à céder gratuitement, avec eux, un total d'environ 175 acres à la compagnie ferroviaire. Après que celle-ci eut officiellement annoncé qu'elle prolongerait sa ligne jusqu'à Granville, Oppenheimer continua au moins jusqu'en 1886 d'acheter des terres à des enchères gouvernementales. Au début de 1887, on estimait que la Oppenheimer Brothers détenait par l'entremise de la Vancouver Improvement Company des terres d'une valeur de 125 000 $; seules les propriétés de la Compagnie du chemin de fer canadien du Pacifique (1 000 000 $) et de la Hastings Saw Mill (250 000 $) valaient davantage.

La Oppenheimer Brothers ouvrit la première épicerie de gros à Vancouver en juillet 1887. De son côté, David faisait la promotion du développement de la ville. Il pressait le conseil municipal d'aider les nouvelles entreprises, annonçait quels investissements pouvaient être faits à Vancouver et dans le reste de la province, participait à la politique municipale et investissait lui-même dans plusieurs projets de développement, soit à Vancouver ou dans la vallée du Fraser. Ces activités, qui augmentaient la valeur de ses propriétés immobilières, s'entremêlaient tellement qu'il est souvent impossible de distinguer ses intérêts de conseiller municipal de ceux de l'investisseur et de l'entrepreneur.

Une fois installé à Vancouver, Oppenheimer s'occupa en effet des affaires publiques. Il compta parmi les « habitants de Granville » qui présentèrent à l'Assemblée de la province une requête en vue de l'érection de la ville en municipalité [V. Malcolm Alexander MacLean]. La municipalité fut constituée le 6 avril 1886 ; le conseil municipal se réunit au bureau d'Oppenheimer jusqu'à ce que l'hôtel de ville, construit sur un terrain qu'il avait donné, soit achevé. Aux deuxièmes élections municipales, en décembre 1886, David et Isaac furent élus sans opposition échevins du quartier n° 4 ; c'était une région à population clairsemée, située du côté est de Vancouver, où la plupart de leurs terrains se trouvaient. À titre de président du comité des finances, David se tailla une excellente réputation en mettant de l'ordre dans les finances de la ville. En décembre 1887, il fut élu maire sans opposition.

Conformément à son programme, qui consistait à favoriser le commmerce, à améliorer les services municipaux, à exploiter les ressources de la province et à encourager la naissance d'industries appropriées, Oppenheimer s'était joint au groupe d'hommes d'affaires qui mettait sur pied le Vancouver Board of Trade, et en novembre 1887 il en devint le premier président. De plus, il s'employait, de son propre chef, à faire connaître les possibilités que Vancouver présentait pour les industries. Cette tâche consistait souvent à mettre la municipalité en valeur par des activités comme une fête pour marquer l'arrivée de l'*Empress of India,* le premier transpacifique de la Compagnie du chemin de fer canadien du Pacifique, ou à envoyer des échantillons de produits de la province à des expositions qui se tenaient dans l'est du Canada. En 1889, il rédigea une brochure que l'on distribua à Londres et aux États-Unis : *The mineral resources of British Columbia : practical hints for capitalists and intending settlers* [...]. Il se rendit en Europe afin de trouver des investisseurs pour un haut fourneau, une laminerie et une raffinerie de sucre de betterave. Il encouragea la municipalité à offrir (sous la forme de primes en argent comptant ou de dégrèvements fiscaux) des subventions à diverses entreprises, dont un bassin de radoub, une fonderie et une raffinerie de sucre de canne. Les deux premières entreprises firent faillite, surtout parce qu'elles ne bénéficièrent pas d'autres formes d'aide financière, mais la British Columbia Sugar Refinery prospéra.

Oppenheimer et le conseil municipal consacraient beaucoup de temps à la mise en œuvre de services essentiels (lutte contre l'incendie, approvisionnement d'eau) et à la construction de rues, de trottoirs et d'égouts. Oppenheimer réussissait à vendre bon nombre d'obligations municipales à Londres pour financer ces travaux, et il en était fier. Cependant, ses détracteurs disaient que ses projets de travaux publics étaient « tout à fait utopiques » et qu'ils avaient tendance à disperser la population, ce qui n'était pas tout à fait faux.

Oppenheimer prenait très à cœur la promotion des services publics. En qualité de maire, il convainquit la municipalité de se porter acquéreur d'entreprises comme la Vancouver Water Works Company. Souvent, à titre personnel, il consacra énergies et capitaux à des ouvrages, un quai public par exemple, qu'il comptait bien vendre un jour à la municipalité. Sa participation à des compagnies d'électricité fut plus importante encore. Il compta parmi les premiers actionnaires de la Vancouver Electric Illuminating Company, fondée en 1886, qui obtint le contrat d'éclairage des rues de la ville. En outre, les frères Oppenheimer investirent dans la société qui lui succéda, la Vancouver Electric Railway and Light Company, formée en 1890, dont les tramways passaient près de leurs propriétés des sections est et ouest de la ville. Même s'il déploya toujours son activité au sein de cette société, David n'en devint actionnaire majoritaire qu'après avoir quitté la mairie en 1891. Même pendant son mandat de maire, il fut l'un des principaux promoteurs du Westminster and Vancouver Tramway, tramway électrique dont les 13 milles de voies traversaient une région de Vancouver est où lui-même et ses frères possédaient de grands terrains susceptibles d'être divisés en lots résidentiels. Par la suite, les intérêts qu'il possédait dans cette compagnie rapportèrent 50 000 $ à sa succession, mais il perdit probablement ses investissements directs dans les autres sociétés d'électricité, sans en tirer tellement de bénéfice immédiat en raison de l'inactivité du marché de l'immobilier.

La participation de David Oppenheimer à ces entreprises, et surtout à celle du tramway, qui obligeait la municipalité à ouvrir et à niveler de nouvelles rues, amena ses adversaires politiques à se plaindre de « traficotage ». Personne ne lui fit la lutte quand il sollicita un deuxième mandat à la mairie en 1888, mais dès l'automne de 1889 sa popularité déclinait. L'épicier William Templeton l'accusa d'être en conflit d'intérêts et lui reprocha de passer trop de temps à construire des « châteaux en Espagne », et pas assez à s'occuper de l'administration municipale et de l'application de la loi. Templeton recueillit 434 voix, et Oppenheimer 585. L'année suivante, un candidat faible, Gilbert S. McConnell, se présenta à la mairie ; il ne remporta que 184 voix sur 960. Fait significatif, plus de 300 de ceux qui votèrent pour les échevins ne se prononcèrent pour aucun candidat à la mairie. Cela amena le *Daily News-Advertiser* de Vancouver, porte-parole des adversaires d'Oppenheimer, à laisser entendre qu'un candidat fort l'aurait aisément battu. Mais le pire était que la majorité des échevins étaient contre Oppenheimer, qui représentait les intérêts de la section est de Vancouver.

Le maire comprenait sans aucun doute à quel point il était vulnérable. En 1891, le conseil avait été dans une impasse pendant plusieurs mois à cause du congédiement de l'ingénieur municipal et de la nomination d'un successeur. Une fois qu'Oppenheimer et tous les échevins, sauf un, eurent proposé de démissionner, le conseil accepta de nommer le candidat de compromis favorisé par le maire. À court terme, c'était une « brillante victoire », mais cet incident ne fit que convaincre davantage une partie de la population que, comme le disait le *Daily News-Advertiser,* Oppenheimer était « aveuglé par la vanité et par un sentiment envahissant de suffisance ». En décembre, malgré une requête publique de quelque 400 résidents, dont beaucoup d'hommes d'affaires en vue, Oppenheimer, confiné par la maladie dans sa chambre d'hôtel, invoqua sa santé et ses affaires pour refuser de solliciter un cinquième mandat.

Après s'être retiré de la politique active, Oppenheimer se consacra à la gestion de ses investissements. Il tenta, en particulier, de vendre à la municipalité la Vancouver Electric Railway and Light Company, qui avait des difficultés financières, et de refinancer le tramway. Cependant, en juin 1893, les fidéicommissaires des détenteurs de débentures prirent possession du chemin de fer, et en août 1894 la compagnie de tramway fut mise sous séquestre.

Quand Oppenheimer mourut, en 1897, sa situation financière était si mauvaise et sa succession si compliquée que le ministre provincial des Finances, John Herbert Turner*, jugea que les administrateurs, en évaluant sa succession à 20 000 $, en avaient estimé équitablement la valeur. À court terme, cette estimation modeste ne se révéla pas déraisonnable. La

Vancouver Improvement Company était évaluée à 303 058 $, mais une hypothèque en souffrance pesait sur elle. De même, la Oppenheimer Brothers détenait 44,8 % des actions de la British Columbia Drainage and Dyking Company, mais une inondation survenue en 1894 avait rendu inintéressantes les terres que cette dernière possédait sur la rivière Pitt. Même l'épicerie avait subi une érosion de capital ; les neveux de David la réorganisèrent par la suite, et elle existe toujours à Vancouver.

Oppenheimer avait eu des problèmes de santé pendant des années, et sa mort, sans doute hâtée par la fin tragique de sa seconde femme, Julia Walters, qui était tombée d'un train, n'était pas tout à fait inattendue. Il fut exposé au temple maçonnique de Vancouver, où un service funèbre eut lieu, puis inhumé aux côtés de sa femme dans un cimetière juif de Brooklyn, dans l'état de New York.

Quand il était maire, David Oppenheimer avait eu beaucoup d'ennemis, mais ce fut de l'amitié qui s'exprima dans toutes ses notices nécrologiques. On loua son amour de Vancouver, tout comme la générosité avec laquelle il recevait les visiteurs au nom de la ville ou contribuait à des œuvres de charité comme la Young Men's Christian Association et l'Alexandra Orphanage. Ces hommages n'étaient pas seulement inspirés par l'émotion du moment. En 1911, grâce à une souscription publique, ses amis érigèrent un monument en son honneur à l'endroit où le parc Stanley donne sur l'avenue Beach. Au moment du dévoilement, son ancien adversaire, le *Daily News-Advertiser*, reprenant la formule imprimée à son sujet en 1898, le désignait comme « le meilleur ami que Vancouver ait jamais eu ».

PETER LIDDELL ET PATRICIA E. ROY

Les City of Vancouver Arch. possèdent une collection réduite des papiers de la famille Oppenheimer (Add. MSS 108) ; les documents les plus intéressants qui s'y trouvent, les registres de vérification de la succession d'Oppenheimer, sont conservés en grande partie dans PABC, GR 1415, P216. Beaucoup des pièces qui restent dans les papiers Oppenheimer ont été reproduites dans un recueil dactylographié intitulé, « His Worship Mayor David Oppenheimer ; mayor of Vancouver, 1888, 1889, 1890, 1891 », J. S. Matthews, compil. (Vancouver, 1934), disponible aux City of Vancouver Arch. Il renferme des articles de journaux de l'époque qui font l'éloge d'Oppenheimer ainsi que des télégrammes et des invitations, surtout de nature mondaine. Les archives de la ville conservent plusieurs registres des premiers gouvernements municipaux, surtout dans la correspondance du City Clerk's Dept.

Il subsiste aussi certains dossiers des premières entreprises de distribution d'électricité dans lesquelles Oppenheimer a investi et on peut les trouver dans les British Columbia Electric Railway Company Ltd., records, à la Univ. of B.C. Library, Special Coll. (Vancouver), MS 75. L'information concernant les achats de terre d'Oppenheimer à Vancouver peut être recueillie dans divers documents aux PABC, notamment dans B.C., Dept. of Lands and Works, vol. 138 ; GR 824, 5 ; dans les journaux d'Edgar Crow Baker (Add. MSS 707) ; et dans la correspondance d'I. W. Powell (GR 1372, F 1445). En outre, les trois publications compilées ou rédigées par Oppenheimer lui-même laissent deviner certaines de ses activités de promoteur : *Vancouver City, its progress and industries, with practical hints for capitalists and intending settlers* (1884) ; *Vancouver, its progress and industries* [...] (1888) ; et *The mineral resources of British Columbia : practical hints for capitalists and intending settlers* [...] (1889), toutes publiés à Vancouver.

L'information contemporaine sur ses années à Yale, Barkerville et Victoria se trouve dans les journaux suivants : *British Columbia Tribune* (Yale), 10 avril 1865–8 oct. 1866 ; *British Columbia Examiner* (New Westminster ; Yale), 9 nov. 1866–28 déc. 1868 ; *Inland Sentinel* (Emory, C.-B. ; Yale), 1880–1884 ; *Cariboo Sentinel* (Barkerville), 6 juin 1865–30 oct. 1875 ; *British Colonist* (Victoria), 1858–1860, et *Daily British Colonist* (Victoria), juill. 1860–oct. 1880. On trouve aussi beaucoup de documentation sur la carrière d'Oppenheimer à Vancouver dans deux journaux qui lui étaient sympathiques, le *Vancouver Daily World*, 1888–1898, particulièrement 31 janv. 1892, et le *Daily Herald*, juill. 1887–juin 1888, et dans le *Daily News-Advertiser*, 1866–1898, particulièrement 1er janv., 2 juin 1891, 5 janv. 1892, 14 déc. 1911, qui le critique souvent.

On trouve peu d'études sur Oppenheimer. Par exemple, l'ouvrage d'Harry Gutkin, *Journey into our heritage : the story of the Jewish people in the Canadian west* (Toronto, 1980), n'est pas entièrement fiable. Cependant, deux articles sur les débuts de Vancouver contiennent une information valable sur Oppenheimer et le milieu dans lequel il agissait comme homme d'affaires et homme politique : Norbert Macdonald, « The Canadian Pacific Railway and Vancouver's development to 1900 », *BC Studies*, nº 35 (automne 1977) : 3–35 ; et R. A. J. McDonald, « The business elite and municipal politics in Vancouver, 1886–1914 », *Urban Hist. Rev.* (Ottawa), 11 (1982–1983), nº 3 : 1–14. [P. L. et P. E. R.]

American Jewish Arch. (Cincinnati, Ohio), Oppenheimer family tree, W. S. Hilborn, compil. (Los Angeles, 1974). — Landesarchiv Saarbrücken (Saarbrücken, République fédérale d'Allemagne), Index zum Inventar der Quellen der jüdischen Bevölkerung in Rheinland-Pfalz und Saarland von 1800/1815–1945, Bd.20, Akten 2035–2038, 2045, 2053, 2055 ; Archives municipales de Blieskastel. — PABC, GR 216, 195 ; GR 833. — Stadtamt Blieskastel (Blieskastel, République fédérale d'Allemagne), Documents sur les premiers Juifs (années 1690) et sur la première apparition du nom Oppenheimer (années 1720) à Blieskastel ; premier registre des Juifs, 1808 ; David Oppenheimer, acte de naissance, 1834 ; documents sur la famille Oppenheimer. — *Colonial farm settlers on the mainland of British Columbia, 1858–1871* [...], F. W. Laing, compil. (Victoria, 1939).

ORAKWANEN-TAKON. V. CUOQ, JEAN-ANDRÉ

ORR, WESLEY FLETCHER, homme d'affaires, fonctionnaire, officier de milice, journaliste et homme politique, né le 3 mars 1831 à Lachute, Bas-Canada, deuxième fils de Samuel G. P. Orr, cordonnier, et de

Jane Hicks ; vers 1863, il épousa Priscilla Victoria Miller, et ils eurent deux filles et un fils ; décédé le 16 février 1898 à Calgary.

Après une enfance dans un milieu aisé, Wesley Fletcher Orr fit de bonnes études puis se joignit pendant une courte période à l'entreprise de vente en gros que possédait son père, avant de quitter la maison en 1854 pour chercher fortune. Il s'établit d'abord à Hamilton, dans le Haut-Canada, où il avait des parents, et s'essaya à divers métiers tant dans le Haut-Canada qu'aux États-Unis ; il fut, entre autres, commerçant de bestiaux, vendeur, manufacturier, enseignant, marchand de bois et agent. En 1875, la North of Scotland Mortgage Company l'engagea à titre d'inspecteur pour l'Ontario. Pendant les années 1870, il occupa aussi la fonction de coroner pour le comté de Wentworth, et il servit au rang de capitaine dans la milice. Orr rédigeait souvent des articles pour des journaux de l'Ontario, notamment la *Northern Gazette* de Barrie et le *Hamilton Spectator,* sur divers sujets liés habituellement aux perspectives intéressantes sur le plan économique.

Orr était actif au sein du parti conservateur et bien connu dans les milieux politiques ontariens ; en 1883, D'Alton McCarthy lui conseilla d'acheter du terrain au fort Calgary (Calgary) avant la venue du chemin de fer canadien du Pacifique. À la fin de la même année, il s'associa à Mary S. Schreiber pour acquérir un quart de lot situé au sud de la rivière Bow et à l'est de la rivière Elbow pour la somme de 10 000 $. Certain que la spéculation donnerait lieu à un profit net de 100 000 $, Orr engloutit presque toutes ses économies dans cette entreprise. Cependant, on situa la gare du chemin de fer canadien du Pacifique et la ville plus à l'ouest, et Orr ne put obtenir son titre de concession foncière avant deux ans, ce qui l'empêcha de subdiviser son lot et d'en vendre des parcelles. En 1886, il s'établit à Calgary avec son fils de sept ans en vue d'essayer de sauver son investissement menacé ; toutefois, sa femme refusa de le suivre dans l'Ouest.

Orr entreprit de collaborer au *Calgary Herald* et, en 1888, il en devint rédacteur en chef. La même année, il commença à s'occuper de politique municipale, et il assuma la fonction de conseiller de 1888 à 1890 ainsi qu'en 1892–1893. Président du comité des travaux publics, Orr joua un rôle actif dans l'établissement rapide des services d'éclairage électrique, d'aqueduc et d'égout, la construction du General Hospital, l'acquisition des îles de la rivière Bow pour en faire un parc et l'érection en municipalité de Calgary en 1893. Élu premier maire de la ville en 1894, il fut réélu en 1895 et, après une mince défaite en 1896, reconduit sans opposition pour un troisième mandat en 1897.

Au cours des dix ans qu'il consacra aux affaires municipales, Orr aida à élargir le champ d'action du gouvernement local, pour qu'il dépasse son rôle traditionnel d'administrateur de services essentiels et devienne un promoteur dynamique du développement urbain. Il donna aux citoyens de Calgary le goût de s'affirmer sur la scène municipale, et il fut l'instigateur de toutes les mesures du conseil qui visaient à améliorer la position de Calgary comme centre d'activité commerciale. En 1892, on affecta des fonds de la municipalité à des travaux de forage pour l'exploitation du gaz naturel à l'intérieur des limites de la ville ; on fit de même en 1893 pour soutenir la Calgary Irrigation Company et pour imprimer, en 1895, une brochure intitulée *Calgary, the Denver of Canada,* dans le cadre de la soumission de la ville en vue d'obtenir un sanatorium fédéral. D'un enthousiasme débordant, Orr œuvra aussi pour l'établissement d'une université non confessionnelle, d'une ferme expérimentale fédérale et d'un haras britannique pour la cavalerie. Cependant, aucun de ces efforts ne porta fruits de son vivant.

Orr était entré en politique municipale en 1888 afin de protéger les intérêts commerciaux qu'il avait dans la section est de la ville de Calgary. L'expansion résidentielle et commerciale se faisait alors à l'ouest. Orr mit en œuvre un programme municipal de primes pour attirer les industries dans l'est de la ville. En 1890, il participa aux négociations avec la Calgary and Edmonton Railway Company qui aboutirent à la jonction des installations de cette entreprise avec celles que la Compagnie du chemin de fer canadien du Pacifique possédait à cet endroit. Pendant les années 1890, les efforts qu'Orr déploya pour promouvoir ses intérêts personnels et ceux de l'est de la ville se concentrèrent surtout sur le développement du réseau ferroviaire. Il fut associé à l'échec de l'Alberta Southern Railway Company en 1894, aux activités de la Rocky Mountain Railway and Coal Company en 1891, à une tentative de sauver la Great North-West Central Railway Company et à un projet de ligne ferroviaire entre Calgary et la baie d'Hudson. Agent immobilier, commerçant d'os de bison et agent financier, il exploita aussi une carrière de pierre. Cependant, son rêve de faire fortune, tout comme la plupart de ses projets, ne se matérialisa jamais, et il mourut dans des conditions modestes le 16 février 1898.

Armé d'une confiance à toute épreuve en l'avenir prospère de Calgary, Wesley Fletcher Orr défendit sans relâche les intérêts de la ville. Le seul parmi les représentants municipaux de la fin du XIXe siècle, Orr avait été prêt à utiliser les pouvoirs municipaux de façon inventive et dynamique pour favoriser l'expansion de la ville. Sa mort survint seulement quelques années avant la réalisation d'un grand nombre de ses espoirs.

Max L. Foran

ANQ-M, CE6-34, 6 août 1828. — City of Calgary Arch., RG 1 (City Council), minutes, 1884–1897 ; RG 26 (City clerk), 1891–1897. — Glenbow Arch., M927 ; M928 ; M1883. — *Calgary, the Denver of Canada* (Calgary, 1895). — *Calgary Herald,* 25 janv. 1894, 17 févr. 1898. — *Calgary Tribune,* 1890. — M. L. Foran, « The civic corporation and urban growth : Calgary, 1884–1930 » (thèse de PH.D., Univ. of Calgary, 1981) ; « Land speculation and urban development : Calgary, 1884–1912 », *Frontier Calgary : town, city and region, 1875–1914,* A. W. Rasporich et H. C. Klassen, édit. (Calgary, 1975), 203–220 ; « The making of a booster : Wesley Fletcher Orr and nineteenth century Calgary », *Town and city : aspects of western Canadian urban development,* A. F. J. Artibise, édit. (Regina, 1981), 289–307. — D. E. Watson, « Wesley Orr, mayor, 1894–1895 & 1897 », *Past and present : people, places and events in Calgary* (Calgary, 1975), 106–108. — *Calgary Herald,* 12 août 1908, 18 sept. 1953, 27 mai 1961. — William Pearce, « Reservation of land at Calgary », *Alta. Hist. Rev.,* 27 (1979), nº 2 : 22–28.

ORSONNENS, THOMAS-EDMOND D'ODET D'. V. ODET

OSLER, FEATHERSTONE LAKE, ministre de l'Église d'Angleterre, né le 14 décembre 1805 à Falmouth, Angleterre, fils d'Edward Osler et de Mary Paddy ; le 6 février 1837, il épousa à Budock Water, Angleterre, Ellen Free Pickton, et ils eurent six fils, dont Britton Bath*, Edmund Boyd* et William*, ainsi que trois filles ; décédé le 16 février 1895 à Toronto.

Featherstone Lake Osler, qui appartenait à une famille d'armateurs, passa la majeure partie de son temps en mer entre 1821 et 1832, tout d'abord sur des navires marchands, puis avec la marine royale. Dans les lettres qu'il écrivit au cours de cette période, il est peu question de religion ; on y trouve, par contre, de nombreux passages concernant l'étiquette de la marine et les beautés latino-américaines. En 1832, les amis sur qui il avait compté pour obtenir de l'avancement dans la marine ne jouissaient plus de la faveur officielle. Ils avaient toutefois conservé leur influence dans les milieux évangéliques de l'Église d'Angleterre et persuadèrent Osler de faire des études à Cambridge afin d'entrer dans les ordres. Il obtint donc une licence ès arts en 1837 puis une maîtrise en 1843.

En 1834, quelques amis influents d'Osler avaient fait les premières démarches en vue de mettre sur pied la Upper Canada Clergy Society, et l'expérience d'Osler semblait le désigner pour assumer la responsabilité d'une nouvelle mission dans cette province. Comme il avait d'abord rêvé d'un bénéfice agréable en Angleterre, c'est un peu à contrecœur qu'il accepta sa nomination dans les cantons de Tecumseth et de West Gwillimbury. En 1837, après avoir été ordonné successivement diacre puis prêtre, il rejoignit son poste, où il dépassa les attentes de la société. Osler voyait à ce que sa paroisse ait toutes les installations nécessaires, et il voyageait beaucoup dans la région environnante pour y célébrer le culte et encourager la construction de temples. Lorsque, 20 ans plus tard, il devait quitter sa fonction, il put revendiquer l'honneur d'avoir organisé 28 congrégations et autant d'écoles du dimanche. Il mit également sur pied une bibliothèque de prêt, distribua des petites brochures de piété chaque fois que l'occasion se présentait et exerça la fonction d'inspecteur des écoles. Son entreprise la plus ambitieuse fut la création, à Bond Head, d'une école non officielle pour la formation de « ministres de brousse » chargés de le remplacer dans ses missions éloignées.

Au milieu des années 1840, Osler, dont les réalisations faisaient pourtant l'admiration de tous, était découragé par ce qu'il considérait comme un manque d'appui de la part de l'évêque John Strachan* de Toronto. Il se plaignait du fait que celui-ci détournait certains de ses diplômés vers d'autres parties du diocèse. De plus, il acceptait mal la préférence que manifestait l'évêque à l'égard du collège théologique fondé par Alexander Neil Bethune* à Cobourg, en 1842, d'autant plus qu'il considérait l'enseignement de Bethune comme entaché par « les erreurs de l'hérésie d'Oxford » et qu'il voyait en Strachan un « austère moralisateur ». En plusieurs occasions, il laissa entendre qu'il songeait à retourner en Angleterre, mais il abandonna cette idée lorsqu'on le releva de ses fonctions dans le canton de West Gwillimbury en 1851. Soucieux de son état de santé et de l'éducation de ses enfants, cependant, Osler demanda qu'on l'affecte à un poste moins difficile et, en 1857, il devint *rector* à Ancaster et à Dundas, où il succédait à William McMURRAY. Il continua d'y pratiquer sa vigoureuse politique de remboursement des dettes et d'organisation d'installations destinées au culte et à l'enseignement. Malheureusement, son style de commandement, acquis dans la marine, provoqua du ressentiment, surtout à Ancaster où un conflit au sujet de la construction d'une nouvelle église entraîna pratiquement une rupture des relations entre lui et une partie de ses paroissiens. En 1882, il se retira à Toronto. Devenu doyen rural de Simcoe en 1849, il avait acquis le même titre pour Wellington (comprenant Halton) en 1867, et pour North Wentworth et Halton, en 1875. On le nomma chanoine de la cathédrale Christ Church à Hamilton en 1883.

Chez Featherstone Lake Osler la confiance en soi frisait parfois l'arrogance, mais elle était tempérée par une sincère bienveillance envers son prochain. Si ses convictions de tendance évangélique le forçaient parfois à refuser les sacrements même à des paroissiens mourants incapables de faire une authentique profession de foi envers le Christ, il était, par contre, un hôte accueillant et un compagnon agréable. Pasteur et administrateur efficace tout au long de sa carrière, il laisse surtout le souvenir d'un missionnaire héroïque et inventif de l'ère des pionniers qui, avec son épouse Ellen, fonda une famille très en vue.

JOHN WEBSTER GRANT

AO, MS 35, letter-books, 1839–1843, 1839–1866, 1844–1849 ; MU 2291–2305. — AN, MG 17, B1, C/Que. and U.C., box IVA/41, folder 492 ; C/Tor., box IV/42, folder 508 ; X.7, particulièrement les rapports de 1839–1840 ; X.8 ; X.156 (mfm). — EEC, Diocese of Toronto Arch., R. W. Allen papers, 34, R. W. Allen, « Notes on the county of Simcoe » (copie dactylographiée, 1945) ; F. L. Osler file ; « Parish of Tecumseth, 150th anniversary, 1833–1983 » ; St John's Church (Tecumseth Township), docs. concerning transfers of property ; vestry minutes and accounts ; Trinity Church (Tecumseth Township), vestry minutes and accounts ; General Synod Arch. (Toronto), M 69-1 (F. L. Osler papers) ; H. B. Osler, « Early history, Lloydtown parish » (brochure imprimée, [Toronto], 1900). — *Records of the lives of Ellen Free Pickton and Featherstone Lake Osler* ([Oxford, Angl.], 1915). — *Church of England Magazine* (Londres), 27 juill. 1839. — *Globe*, 18 févr. 1895. — *Prominent men of Canada* [...], G. M. Adam, édit. (Toronto, 1892), 393–394. — A. C. [Boyd] Wilkinson, *Lions in the way : a discursive history of the Oslers* (Toronto, 1956). — *Anglican* (Toronto), 26 (1983), n° 6 : 5. — W. P. Bull, *From Strachan to Owen : how the Church of England was planted and tended in British North America* (Toronto, 1937). — W. A. Craick, *A short sketch of the Osler family, 1837–1913* (Toronto, 1938 ; réimpression à partir du *Maclean's* (Toronto), mars 1913). Cet ouvrage est mentionné surtout à cause du fait qu'on ne peut s'y fier. [J. W. G.]. — T. D. J. Farmer, *A history of the parish of St. John's Church, Ancaster, with many biographical sketches* [...] (Guelph, Ontario, 1924). — J. L. H. Henderson, « John Strachan as bishop, 1839–1867 » (thèse de D.D., EEC, General Synod of Canada, Toronto, 1955). — Adelaide Leitch, *Into the high country : the story of Dufferin, the last 12,000 years to 1974* ([Orangeville, Ontario], 1975). — [L. G. Best] Mme W. T. Hallam, « Notes on the life of Canon Featherstone Lake Osler, and his wife, Ellen Free Pickton », Women's Canadian Hist. Soc. of Toronto, *Trans.*, n° 21 (1920–1921) : 26–33.

OSTELL, JOHN, arpenteur, fonctionnaire, architecte et homme d'affaires, né le 7 août 1813 à Londres, fils d'Isaac Ostell, sellier, et d'une prénommée Charlotte ; décédé le 6 avril 1892 à Montréal.

John Ostell avait déjà reçu en Angleterre une formation d'architecte et d'arpenteur lorsqu'il immigra à Montréal. Le 17 juillet 1834, il entreprit un an d'apprentissage auprès de l'arpenteur André Trudeau, qui lui enseigna sans doute la topographie française. Dès janvier 1835, il faisait du travail professionnel. Au début des années 1840, il occupait le poste d'arpenteur municipal et, en 1840–1841, il dressa le premier plan complet de la ville de Montréal. Arpenteur de la province en 1848, il entrait trois ans plus tard au Bureau d'examinateurs des candidats arpenteurs pour le Bas-Canada.

Entre-temps, la pratique privée d'Ostell avait prospéré. En 1842, par exemple, il subdivisa la vaste propriété sur laquelle se trouvait la villa de l'homme d'affaires John Redpath*. À compter du début des années 1840, il fut l'arpenteur auquel l'influent séminaire de Saint-Sulpice faisait le plus souvent appel, pour des services de diverse nature. Ainsi il le représentait dans des litiges relatifs à la commutation du régime foncier et, de 1842 à 1845, il subdivisa en plus de 500 lots de ville les terrains que le séminaire possédait en bordure du canal de Lachine. En 1854, c'est lui qui dressa le plan du cimetière de Côte-des-Neiges.

Parallèlement à son travail d'arpenteur, Ostell menait une fructueuse carrière d'architecte. Son talent se prêtait à tout, ouvrages civils ou édifices religieux, commandes pour le secteur privé, et l'on ne tarda pas à le savoir. De 1836 à 1856, dans le seul domaine de l'architecture civile, il exécuta les plans des ouvrages suivants : le bureau des douanes de la place Royale, construit en 1836, l'immeuble de la faculté des arts du McGill College de 1839 à 1843, la McGill Normal School en 1845, l'asile des orphelins protestants de la cité de Montréal en 1848–1849, une aile de la prison de Montréal en 1851 (il y fit aussi des travaux de réfection), le bureau du percepteur au canal de Lachine la même année, et le palais de justice de Montréal de 1850 à 1856. Pour les commandes de ce genre, il puisait généralement dans le vocabulaire « classicisant » de James Gibbs, le concepteur de l'église St Martin-in-the-Fields de Londres, où Ostell avait reçu le baptême. Le palais de justice, dernier gros ouvrage civil auquel il travailla, révèle l'influence d'un autre architecte anglais, sir Robert Smirke.

Bien qu'Ostell ait été anglican, il exécuta une bonne partie de ses ouvrages religieux pour les sulpiciens et pour l'évêque catholique Ignace Bourget*. Dans la plupart des cas, il s'agissait de constructions érigées à Montréal ou dans les environs : les clochers de l'église Notre-Dame (d'après les élévations de James O'Donnell*), construits en 1841 et 1843, l'asile de la Providence en 1842, le palais épiscopal de 1849 à 1851 (rasé par un incendie huit mois après la fin des travaux), l'aile est du vieux séminaire de Saint-Sulpice sur la place d'Armes en 1849, l'église de la Visitation-de-la-Bienheureuse-Vierge-Marie à Sault-au-Récollet en 1850–1851, l'église Notre-Dame-de-Grâce en 1850–1851, l'église St Ann dans Griffintown de 1851 à 1854, le grand séminaire de Montréal de 1855 à 1864, et la cathédrale anglicane Saint-Jacques en 1857 (détruite par le feu six mois après sa consécration). En 1849, il soumit des plans pour la construction de la cathédrale anglicane St James de Toronto, mais il se classa deuxième au concours, derrière Frederic William Cumberland*. En architecture religieuse, il employait soit le style néo-baroque, soit le néo-gothique. La façade de l'église de la

Visitation-de-la-Bienheureuse-Vierge-Marie et celle de Notre-Dame-de-Grâce présentent des éléments qui rappellent le style italien du XVIIe siècle. Son plan de la cathédrale St James était de style gothique anglais primitif, choix que les juges qualifièrent de « très bon ».

Ostell fit aussi les plans de résidences privées à Montréal, notamment celle de James Millar*, construite en 1836, et celle de Mary Anne Merry, en 1856 ; il veilla en outre à l'agrandissement de la résidence de John Torrance* en 1839. Il construisit un petit magasin pour Harrison Stephens* en 1836, mais ses grosses commandes industrielles et commerciales – la quincaillerie de la Frothingham and Workman [V. Thomas Workman*] et la raffinerie de sucre de John Redpath – vinrent beaucoup plus tard, soit en 1854, au moment où lui-même s'était taillé une place solide dans les affaires.

Au total, de 1836 à 1856, Ostell dessina les plans de plus de deux douzaines d'édifices, ce qui faisait de lui l'architecte anglophone le plus en vue à Montréal. Sa réputation n'était pas surfaite. Avant de se lancer dans un projet d'envergure, il examinait les immeubles de type semblable, la plupart du temps aux États-Unis. Ainsi il s'y rendit en 1851 afin d'étudier la prison d'état de Charlestown (Boston) et, écrivit-il, « bien d'autres établissements du même genre ». Parlant d'un projet d'asile d'aliénés, il notait avoir en main « beaucoup de renseignements et de détails, recueillis à très grands frais au cours d'inspections personnelles aux États-Unis ». Ses contemporains ne tarissaient pas d'éloges sur cet architecte consciencieux. John Gardner Dillman Engleheart, qui accompagnait le duc de Newcastle à titre de secrétaire particulier au cours de sa visite au Canada, déclara que plusieurs de ses édifices étaient « de bon goût ». Un touriste allemand, Johann Georg Kohl, compara le palais de justice à « un temple grec, [à cette différence près qu'il était] plus vaste et plus massif ». Certains critiques trouvaient le palais de justice « insalubre », mais Frederick Preston RUBIDGE, qui représentait le client d'Ostell, le département des Travaux publics, déclara en 1856 : « [il n'existe] actuellement aucun édifice provincial qui lui soit comparable ».

Dès le moment où Ostell avait commencé à faire des travaux d'arpentage et d'architecture, il avait été amené à fréquenter des hommes d'affaires et à participer, à Montréal, à des initiatives commerciales ou industrielles. De 1836 à 1838, avec Albert Furniss, il avait construit une première usine à gaz dans la ville. En novembre 1837, elle alimentait des lampes dans certains magasins et, dès 1838, ses propriétaires procédaient à des essais en vue d'éclairer quelques rues. Peu après, Ostell quitta la société qui exploitait l'usine, mais en 1850 il entra au conseil d'administration de la Nouvelle Compagnie du gaz de la cité de Montréal, dont il fut président de 1860 à 1865. Entre-temps, soit en 1845, le séminaire de Saint-Sulpice avait mis aux enchères ses lots cadastrés du canal de Lachine. Devant l'inertie du marché, Ostell avait investi £3 650 pour en acquérir, ce qui le classait parmi les plus gros acheteurs. De 1851 à 1857, lui-même, John Young*, Jacob De Witt* et le minotier Ira Gould, regroupés au sein de la St Gabriel Hydraulic Company, obtinrent à prix réduit des lots qui faisaient partie des terrains cadastrés du séminaire et se trouvaient près de l'écluse Saint-Gabriel. Leur intention était d'y faire de la spéculation et de l'aménagement à des fins industrielles.

Ostell faisait aussi le commerce du bois. Il avait ouvert une cour à bois en 1848, et sans doute était-il l'un des associés de la McArthur and Ostell, qui présenta des meubles et des produits forestiers à l'exposition provinciale de 1853. L'année précédente, il avait établi, à l'écluse Saint-Gabriel, une scierie et une usine qui produisait des châssis, des portes, des fenêtres et des garnitures de menuiserie. Le traité de réciprocité de 1854 interrompit l'essor de l'usine en la privant d'un vaste marché américain ; par contre, il fut profitable à la scierie, qui exportait des produits non manufacturés. Dans l'espoir de trouver de nouveaux débouchés à l'usine, Ostell envoya ses produits à l'Exposition universelle de Paris en 1856. Cette année-là, l'entreprise possédait plusieurs immeubles et cinq acres de terrain ; elle employait 75 ouvriers et la valeur de sa production s'élevait à £18 750. Cependant, ses clients se trouvaient surtout dans le Bas et le Haut-Canada ; seule une petite quantité de ses produits allait aux États-Unis, en Australie et en Grande-Bretagne. Ostell vendit la scierie en 1862, probablement parce qu'il se trouvait dans une situation de plus en plus difficile. Il semble qu'il déclara faillite l'année suivante ; en 1864, les propriétés qu'il avait près de l'écluse furent vendues à William Molson*, mais il put se remettre à exploiter l'usine à titre de locataire. Bien que le pire ait été passé pour lui, sa production stagna durant 20 ans. Toutefois, en 1886, son usine se classait « parmi les grosses entreprises manufacturières et commerciales de Montréal ».

Dans les années 1850, Ostell avait commencé à participer au boom ferroviaire. Avec William Molson, entre autres, il avait des intérêts dans la Compagnie du chemin de fer de Montréal et Champlain, fondée au début des années 1850 et dont il fut président de 1859 à 1865, dans la Compagnie du chemin de fer de Montréal et New York, établie en 1857, et dans la Compagnie du chemin de fer de Carillon et Grenville, constituée juridiquement pour la deuxième fois en 1859. Deux ans plus tard, avec Molson et d'autres, il fonda la Compagnie du terminus du chemin de fer de Montréal, qui exploitait un service d'omnibus dont le succès fut immédiat. En outre, il fit partie du conseil d'administration de la Royal Insurance Company.

Étant donné sa réputation professionnelle, Ostell participait dans une certaine mesure à la vie municipale. En 1845, il contribua à la reconnaissance juridique de l'Institut des artisans et devint membre du conseil de la Société d'histoire naturelle de Montréal. Le fait d'entretenir des liens de plus en plus étroits avec le milieu des affaires explique sans doute pourquoi, quelques années plus tard, il milita dans le mouvement en faveur de l'annexion aux États-Unis, à titre de trésorier de l'Association d'annexion de Montréal [V. James Bruce*]. Il appartint au Club St James de Montréal, probablement dès sa fondation en 1857, ce qui confirme qu'à cette époque il faisait partie de l'élite des hommes d'affaires de la ville.

Ostell avait épousé le 8 janvier 1837 Élisabeth-Éléonore Gauvin, sœur du docteur Henri-Alphonse Gauvin, l'un des chefs de la rébellion de 1837. De religion anglicane, il s'était toutefois marié dans une église catholique, et sous le régime de la communauté de biens, pratique courante au Canada français. Cependant, chacun des époux demeurait responsable de ses dettes, comme le voulait la règle dans les mariages britanniques ou contractés par des gens d'affaires. Le couple eut au moins huit enfants. En 1850, Ostell prit pour associé l'un de ses neveux, Henri-Maurice Perrault, architecte. À la fin des années 1880, il était veuf et habitait seul. Converti au catholicisme le 24 novembre 1891, il mourut le 6 avril 1892, à l'âge de 78 ans. On l'inhuma aux côtés de sa femme, dans un lot de 300 pieds acquis en 1854 au cimetière de Côte-des-Neiges. Des notices nécrologiques parurent dans les grands journaux de la ville, dont *la Patrie* qui disait : « Son décès est la disparition d'une grande figure dans notre monde social et politique. »

La carrière de John Ostell, l'un des premiers et principaux architectes anglophones de Montréal, rejoint celle de tous ces pionniers qui firent d'une ville coloniale à l'avenir incertain dans les années 1830 la métropole d'un pays neuf. Les majestueux édifices qu'il conçut témoignent de cette évolution.

ELLEN S. JAMES

AN, RG 11, A1, 16, nº 14689 ; 17, nº 16177 ; 18–19 ; 20, nºs 20628, 21939 ; 21–24 ; 25, nº 29477a ; 26, nº 30023 ; 65, nº 15399 ; RG 68, General index, 1841–1867 : 21. — ANQ-M, CE1-51, 9 avril 1892 ; CN1-7, 14 juin 1836 ; CN1-32, 28 nov. 1850, 7 mars 1851 ; CN1-56, 6 janv. 1837 ; CN1-135, 30 oct. 1839 ; CN1-175, 13 nov. 1835, 22 mars 1836 ; CN1-187, 17 déc. 1829, 26 févr. 1836, 8 mars 1839 ; CN1-227, 2 déc. 1891 ; CN1-385, 17 juill. 1834 ; P1000-44-884. — ASQ, Polygraphie, VI : 82. — ASSM, Gestion, Arpenteurs, Ostell, 1840–1848 ; Perrault, 1862–1879 ; Notaires, Le Maire (Oka), 1849–1879 ; Parent (Québec), 1826–1847. — McGill Univ. Arch., Acc. 221, nº 5 ; RG 4, c.1–c.18 ; c.437. — Redpath Sugar Museum (Toronto), Mason's specifications, Redpath House, 14 janv. 1854. — Westminster City Libraries, Victoria Library, Arch. Dept. (Londres), Reg. of baptisms, St Martin-in-the-Fields, 5 sept. 1813. — « The annexation movement, 1849–50 », A. G. Penny, édit., *CHR*, 5 (1924) : 236–261. — B.-C., chambre d'Assemblée, *Journaux*, 1835–1836 : 244, 246, 436–437. — Canada, prov. du, *Statuts*, 1859, chap. 96 ; 1861, chap. 84. — J. G. D. Engleheart, *Journal of the progress of H.R.H. the Prince of Wales through British North America ; and his visit to the United States, 10th July to 15th November 1860* ([Londres, 1860]). — J. G. Kohl, *Travels in Canada, and through the states of New York and Pennsylvania*, Mme Percy Sinnett, trad. (2 vol., Londres, 1861). — *Gazette* (Montréal), 12 nov. 1835, 17 sept. 1839, 14 juill. 1845, 7 avril 1892. — *Globe*, 13 oct. 1849. — *La Minerve*, 28 févr. 1848. — *Montreal Daily Star*, 7 avril 1892. — *La Patrie*, 7 avril 1892. — *Montreal almanack*, 1845 : 87 ; 1850 : 30 ; 1860 : 92. — Atherton, *Montreal*, 2 : 630. — Frost, *McGill Univ.* — *Industries of Canada, city of Montreal, historical and descriptive review, leading firms and moneyed institutions* (Montréal, 1886). — J.-C. Marsan, *Montréal en évolution : historique du développement de l'architecture et de l'environnement montréalais* (Montréal, 1974). — [J.-L.-]O. Maurault, *Marges d'histoire ; l'art au Canada* ([Montréal], 1929), 213–216 ; *la Paroisse : histoire de l'église Notre-Dame de Montréal* (Montréal et New York, 1929) ; *Saint-Jacques de Montréal : l'église, la paroisse* (Montréal, 1923). — *Montreal in 1856 : a sketch prepared for the celebration of the opening of the Grand Trunk Railway of Canada* (Montréal, 1856). — Luc Noppen, *les Églises du Québec (1600–1850)* (Québec, 1977). — P.-G. Roy, *les Petites Choses de notre histoire* (7 sér., Lévis, Québec, 1919–1944), 5 : 283. — F. K. B. S. Toker, *l'Église Notre-Dame de Montréal : son architecture, son passé*, J.-P. Partensky, trad. (Montréal, 1981). — Ramsay Traquair, *The Church of the Visitation* (Montréal, 1927). — Tulchinsky, *River barons*. — B. [J.] Young, *In its corporate capacity ; the Seminary of Montreal as a business institution, 1816–1876* (Kingston, Ontario, et Montréal, 1986). — John Bland, « Deux architectes du XIXe siècle », *Architecture, Bâtiment, Construction* (Montréal), 8 (juill. 1953) : 8, 20. — Alan Gowans, « The baroque revival in Quebec », Soc. of Architectural Historians, *Journal* (Charlottesville, Va.), 14 (oct. 1955) : 8–14. — Maréchal Nantel, « le Palais de Justice de Montréal et ses abords », *Cahiers des Dix*, 12 (1947), 197–230.

O'SULLIVAN, DENNIS AMBROSE, avocat et auteur, né le 21 février 1848 dans le canton de Seymour, Haut-Canada, cadet des fils de Michael O'Sullivan et de Mary Henessey ; le 24 mai 1881, il épousa à Oshawa, Ontario, Emma Mary Philamena Higgins, et ils eurent six enfants ; décédé le 13 septembre 1892 à Penetanguishene, Ontario, et inhumé à Toronto.

Dennis Ambrose O'Sullivan fréquenta le St Michael's College de Toronto de 1868 à 1870 et obtint une licence ès arts de la University of Toronto en 1872. Admis au barreau en 1875, après avoir étudié le droit au cabinet de Blake, Kerr, and Bethune, il reçut de l'université, l'année suivante, une licence en droit. Toute sa vie, il allait demeurer associé à cet établissement, qui lui conférerait une maîtrise ès arts et au « sénat » duquel il siégerait.

En 1875, O'Sullivan ouvrit son propre cabinet d'avocat à Toronto. Conseiller juridique et porte-parole de l'archidiocèse catholique de Toronto durant les archiépiscopats de John Joseph Lynch* et de John Walsh, il s'occupait surtout de questions temporelles, dont la conformité des actes notariés des paroisses. Quelquefois, un cas litigieux se présentait, comme celui qui opposa Bernard L. Murphy à James Farrelly en 1887. La famille d'un prêtre décédé du diocèse de Kingston contestait le testament du défunt. James Murphy, père du prêtre et ancien catholique, avait menacé de dévoiler un scandale qui impliquait deux anciens évêques de Kingston, et les autorités ecclésiastiques de cette ville et de Toronto craignaient qu'il ne le fasse au moment de l'audience. O'Sullivan conclut donc un compromis qui limita, pour les évêques, les conséquences les plus graves du litige.

À titre de porte-parole de l'archidiocèse, O'Sullivan était souvent appelé à intervenir quand il n'aurait pas convenu que l'archevêque le fasse lui-même. Un cas typique se présenta en 1887 : des nationalistes irlandais invitèrent leur compatriote radical William O'Brien à Toronto pour affronter le gouverneur général, lord Lansdowne [Petty-Fitzmaurice*], propriétaire absentéiste irlandais. Dans une lettre à la *Catholic Weekly Review,* O'Sullivan contribua à désamorcer l'affrontement en laissant entendre qu'O'Brien était « secrètement à la solde » de Lansdowne et lui avait « rendu d'immenses services ». De même, c'est O'Sullivan, plutôt que les prêtres ou l'archevêque, qui avait écrit des commentaires et des réfutations à l'occasion de campagnes « antipapistes » lancées contre les écoles séparées par le *Toronto Daily Mail,* ultraprotestant, au moment des élections provinciales de 1886 [V. Christopher William Bunting], et de scrutins subséquents aux niveaux fédéral et provincial.

En tant qu'homme de confiance des archevêques, O'Sullivan avait souvent à faire des préparatifs qui nécessitaient une connaissance approfondie du protocole ecclésiastique. C'est lui qui organisa, en 1887, le banquet que donna l'archevêque Lynch en l'honneur de l'accession de l'archevêque de Québec, Elzéar-Alexandre Taschereau à la dignité de cardinal. Une célébration semblable, organisée pour le jubilé d'argent de l'archevêque Walsh, donna lieu en 1892 à la publication d'une histoire de l'archidiocèse. Le père John Read Teefy* dirigea la préparation de l'ouvrage, mais c'est O'Sullivan qui régla les détails de la production et de la diffusion.

O'Sullivan lui-même était un auteur prolifique. Il écrivit des brochures de droit, des textes sur le gouvernement et des ouvrages philosophiques plutôt conventionnels. Par exemple, son opuscule sur la charité systématique n'a rien de l'œuvre d'un réformateur social éclairé. Passablement faible quant à l'analyse, il reflète l'opinion courante de l'époque sur la pauvreté. Ainsi quand l'auteur préconise la création d'un organisme qui s'occuperait des pauvres, ce serait « le pauvre méritant », terme mal défini, qui recevrait de l'aide. Pourtant, le *Peterborough Examiner* tenait O'Sullivan pour l'un des « plus grands littérateurs catholiques du dominion ». Son œuvre la plus connue, *Essays on the church in Canada,* composée de textes déjà publiés séparément, parut en 1890 et fut largement distribuée par la division torontoise de la Catholic Truth Society. Selon les notices nécrologiques, O'Sullivan travaillait au moment de sa mort à une histoire de l'Église catholique du Canada.

Dennis Ambrose O'Sullivan avait toujours conservé son cabinet d'avocat ; quand il mourut de la fièvre typhoïde, en 1892, il avait pour associé Francis Alexander Anglin*. Il avait été administrateur des écoles séparées et président du conseil du Toronto Public Library Board. L'université Laval lui avait décerné un doctorat honorifique en 1887 et le collège d'Ottawa avait fait de même en 1891.

Gerald J. Stortz

La série d'articles qui constituent l'ouvrage de Dennis Ambrose O'Sullivan, *Essays on the church in Canada* (Toronto, 1890), a d'abord été éditée dans l'*American Catholic Quarterly Rev.* (Philadelphie) entre 1883 et 1888, et réimprimée dans la *Catholic Weekly Rev.* (Toronto) dès sa première édition le 19 févr. 1887.

Les autres publications d'O'Sullivan comprennent : *A manual of government in Canada : or, the principles and institutions of our federal and provincial constitutions* (Toronto, 1879), qui connut une seconde édition en 1887 sous le titre de *Government in Canada : the principles and institutions of our federal and provincial constitutions* [...] ; *A manual of practical conveyancing : real and personal property, including wills, with precedents, forms and references* (Toronto, 1882) ; *How to draw a simple will : with special information for clergymen and doctors, and instructions for executors in ordinary cases* (Toronto, 1883) ; *Systematic charity : paper read before the Canadian Institute, January 1885* ([Toronto, 1885]), paru également dans *Pamphlets : letters of an Irish Catholic layman,* W. R. Harris, édit. (Dublin, 1896) ; et *Canada : an address delivered on the 1st of July, 1889, in aid of the House of Providence, Dundas* (Toronto, 1889).

ARCAT, L ; W. — Law Soc. of Upper Canada Arch. (Toronto), Rolls, 2 : 4. — St Gregory the Great Roman Catholic Church (Oshawa, Ontario), Reg. of marriages, 1859–1921 : 11 (mfm aux ARCAT). — UTA, P87-0046.(18). — *Jubilee volume, 1842–1892 : the archdiocese of Toronto and Archbishop Walsh,* [J. R. Teefy, édit.] (Toronto, 1892), 364–365. — *Catholic Weekly Rev.*, 1887–1892, particulièrement 19 févr., 13, 24 mars, 19 mai 1887, 17 sept. 1892. — *Irish Canadian* (Toronto), 15, 22 sept. 1892. — *Toronto World,* 14 sept. 1892. — *Cyclopædia of Canadian biog.* (Rose et Charlesworth), 2. — Univ.

Laval, *Annuaire* (Québec), 1886–1887 : 78 ; 1887–1888 : 58. — Univ. of Toronto, *Calendar*, 1891–1892 : 21, 23.

OXENDEN, ASHTON, ministre de l'Église d'Angleterre, évêque et auteur, né le 28 septembre 1808 dans la paroisse de Barham, comté de Kent, Angleterre, fils de sir Henry Oxenden et de Mary Graham ; le 14 juin 1864, il épousa à Bournemouth, Angleterre, Sarah Bradshaw, et ils eurent un enfant ; décédé le 22 février 1892 à Biarritz, France.

Fils d'un propriétaire terrien, Ashton Oxenden connut une enfance heureuse à Broome Park, le domaine de son père à Barham, même si sa mère mourut quand il n'avait que six ans. Il jouait au cricket avec ses six frères (il avait aussi cinq sœurs), allait à la chasse et filait à toute allure sur les dunes de Barham à bord de la « machine à voiles » de la famille, un bateau terrestre de 35 pieds, gréé en cotre et doté de quatre roues, qu'avait inventé son père. À compter de 1824, il étudia à Harrow où il subit la « tyrannie des grands » jusqu'à ce que, dans sa troisième et dernière année, il grimpe en tête de sa classe. « À titre de capitaine, se remémora-t-il plus tard, j'étais une espèce d'autocrate. Il est certain que depuis jamais je n'ai été un aussi grand homme ni n'ai exercé un pouvoir aussi incontesté sur mes compagnons. » Parmi ses condisciples se trouvaient Christopher Wordsworth, futur évêque de Lincoln, et Henry Edward Manning, futur cardinal, avec qui il fréquenta la University of Oxford à compter de 1827. Au University College d'Oxford, il ne se débrouilla pas aussi bien. À l'exception des cours obligatoires, il laissait tout tomber pour chasser et jouer au cricket. À un moment donné, le doyen le prévint « de chasser moins et de lire davantage ». En 1829–1830, il passa six mois dans le midi de la France, avec l'une de ses sœurs malade. Il y apprit « un peu de français [... et] se débarrass[a] de bien des [...] préjugés », mais contracta une maladie qui allait lui laisser une santé délicate. De retour à Oxford, il ne se distingua pas particulièrement aux examens mais obtint tout de même une licence ès arts en 1831.

À l'époque, l'Église d'Angleterre et la religion en général étaient, selon les propres termes d'Oxenden, « dans un déplorable état d'inanition », et son père souhaitait qu'il opte pour le droit ou la diplomatie, mais il choisit la prêtrise. Consacré diacre en 1832, il fut ordonné prêtre le 22 décembre 1833 par l'archevêque de Cantorbéry, dans la chapelle du palais de Lambeth à Londres. L'année précédente, on l'avait nommé vicaire à Barham, dont il connaissait tous les recoins depuis son enfance. Les paroissiens, pour la plupart de simples ouvriers agricoles, éprouvaient pour leur jeune ministre au tempérament distant une « espèce d'attachement féodal » qui le toucha et le transforma. Ils n'hésitaient pas pour autant à lui livrer le fond de leur pensée. Ainsi, après son premier sermon, un marguillier lui dit : « Laissez-moi vous donner mon avis : soyez bref. » Pour raviver leur foi, il innova dans la célébration du culte et restaura l'église. De plus, il se mit à donner des « Cottage Lectures » dans les coins retirés de la paroisse. En ces temps où l'orthodoxie pesait de tout son poids, ces méthodes, il l'admettait, avaient « un petit quelque chose d'irrégulier », et il ne prenait pas toujours la peine d'informer l'archevêque de ses initiatives.

Toutefois, à force de se dépenser pour sa paroisse, Oxenden ruina sa santé et, pour se remettre, il dut abandonner l'exercice de son ministère durant près de dix ans. Il passait ses hivers en Italie, à Madère ou dans le midi de la France ; à d'autres moments de l'année, il allait en Suisse, en Allemagne et en Espagne. Il suivait la controverse qui opposait les anglicans de tendance évangélique aux anglicans se désignant comme anglo-catholiques et qui menaçait de diviser l'Église d'Angleterre, mais il refusait de se joindre à l'un ou l'autre parti. Néanmoins, aux seconds, qui mettaient l'accent sur la succession apostolique et les sacrements, il préférait les premiers, qui prônaient une foi simple dans le Christ et l'inspiration divine de la Bible, même s'il leur reprochait d'accorder trop peu d'importance au « régime de l'Église ».

Après avoir été six mois vicaire de Silsoe, Oxenden devint en 1848 *rector* d'une autre paroisse agricole, Pluckley. Là encore, il s'efforça « de revivifier et d'adapter les offices, de favoriser l'expression d'un plus grand respect parmi les fidèles et de leur insuffler un esprit plus ardent ». Il y parvint durant 21 ans. En outre, de 1852 à 1857, il publia 49 de ses « Cottage Lectures », que l'on surnomma « Barham Tracts ». Leur popularité le poussa à écrire 67 autres opuscules, connus sous le nom de « Pluckley Tracts », ainsi qu'environ 25 livres, dont un certain nombre se vendirent à plusieurs centaines de milliers d'exemplaires. Élu procureur diocésain (ou représentant du clergé au synode) vers 1858, il obtint l'année suivante une maîtrise ès arts d'Oxford et, en 1864, accéda au titre de chanoine honoraire de la cathédrale de Cantorbéry. De plus en plus grande, sa renommée – celle d'écrivain surtout – parvint jusqu'au Canada, et un matin, au printemps de 1869, il eut la stupéfaction de trouver sur la table de son déjeuner une dépêche de l'évêque de Québec, James William WILLIAMS, qui le pressait d'accepter, s'il était élu, les fonctions d'évêque de Montréal et de métropolitain de la province ecclésiastique du Canada.

Le premier titulaire de ces postes, Francis Fulford*, était décédé en 1868, et les membres du synode du diocèse de Montréal, après avoir tenu deux sessions et procédé à 14 tours de scrutin en 1868–1869, n'avaient pas réussi à s'entendre sur un successeur. En 1860, une patente royale avait fusionné les deux postes, si bien que l'élection de l'évêque dépendait des candidatures présentées par la chambre provinciale des évêques en vue du choix du métropolitain. Les différends entre évangéliques et anglo-catholiques avaient empêché la conclusion d'une entente jusqu'à ce que, le 14 mai 1869, les évêques proposent Oxenden, que le synode avait élu immédiatement. Comme il avait 60 ans et était de santé fragile, il commença par refuser, mais sous les pressions de l'évêque Williams et du synode de Montréal, et après avoir consulté l'archevêque de Cantorbéry et des amis intimes, il revint sur sa décision. Sa consécration eut lieu le 1er août 1869 en l'abbaye de Westminster. La même année, Oxford lui décerna un doctorat honorifique en théologie.

Oxenden arriva à Montréal à la fin de l'été de 1869. Il avait d'importants atouts en main. Sa haute spiritualité, son expérience des synodes d'évêques et de prêtres qui avaient repris dans la province de Cantorbéry, ses liens d'amitié avec Christopher Wordsworth, qui estimait que les laïques devaient jouer un rôle dans le gouvernement de l'Église, la popularité de ses textes de dévotion – tout cela en faisait un homme assez puissant, assez chevronné et assez respecté pour gouverner une Église quelque peu divisée. De plus, ses nombreux voyages, en France particulièrement, l'aidèrent à s'adapter à Montréal et à la province de Québec. Son diocèse était « assez bien organisé », trouva-t-il, même s'il n'y avait pas encore de résidence épiscopale. En 1871–1872, selon des plans de John James Browne, il en fit construire une à côté de la cathédrale Christ Church.

La piètre situation financière du diocèse, et surtout des congrégations de mission (celles qui ne subvenaient pas à leurs besoins), requit immédiatement l'attention d'Oxenden. Afin de combler la baisse de la subvention annuelle que la Society for the Propagation of the Gospel in Foreign Parts versait au diocèse, il créa en 1871 un fonds de secours pour le clergé pauvre et pressa les fidèles de contribuer plus généreusement au fonds des missions. Cependant, en partie à cause de la dépression qui toucha l'Amérique du Nord à compter des années 1870, ces contributions n'augmentèrent que modestement, si bien qu'à son grand déplaisir il dut limiter le nombre des dessertes et les appointements, déjà maigres, de leurs ministres. Pour susciter des donations en Angleterre, il publia à Londres, en 1871, *My first year in Canada,* où il décrivait de manière intéressante Montréal et son diocèse, qu'il avait alors eu le temps de parcourir en long et en large. Même s'il avait fait marche arrière pour ce qui est du financement local des missions, il affirmait : « notre Église au Canada, malgré l'étendue de ses besoins, serait plus bénie encore si elle faisait davantage pour nos frères des contrées lointaines ».

Au cours de ses premières visites pastorales, qui étaient aussi des inspections de reconnaissance, Oxenden avait acquis la conviction que son clergé (environ 70 pasteurs à son arrivée) n'était pas assez nombreux. Dans son livre, il avait encouragé les ministres à quitter l'Angleterre pour immigrer à Montréal, mais il comprenait la nécessité d'en former au pays. En décembre 1869, il avait visité le Bishop's College, dont la mission était de former un clergé pour les diocèses de Québec et de Montréal, pour constater qu'il avait besoin d'un « renouveau ». Non seulement cet établissement avait-il « acquis la réputation (peut-être assez injuste) d'inculquer des opinions extrêmes à ses étudiants », mais il présentait l'inconvénient de se trouver à « six longues heures de chemin de fer » de Montréal. Oxenden était d'office vice-président du conseil du collège, et il trouvait les réunions « rien moins qu'agréables, car il y existait un fort penchant en faveur de Québec et parfois un antagonisme direct envers Montréal ». Ses relations avec le directeur du collège, l'anglo-catholique Jasper Hume Nicolls*, étaient tendues. Espérant réunir ses candidats à la prêtrise à Montréal, où il pourrait les suivre de plus près, il proposa d'y fonder un collège de théologie. La ferme opposition d'« une forte majorité du clergé, et aussi de bon nombre de [...] laïques », l'empêcha cependant d'agir avant juin 1873. Comme la pénurie de pasteurs était alors de plus en plus critique, il décida de fonder le Montreal Diocesan Theological College, qui ouvrit ses portes en septembre. Le directeur en était le révérend Joseph Albert Lobley*, anglo-catholique modéré et diplômé de la University of Cambridge. Dès 1877, Oxenden pouvait rapporter au synode qu'il avait « assez d'hommes [...] pour combler [les] besoins immédiats » du diocèse.

Sans doute Oxenden espérait-il aussi que le collège lui permettrait d'uniformiser sans heurts le rituel employé dans tout le diocèse. Par exemple, il voulait faire adopter un recueil d'hymnes commun. Au début de son épiscopat, il avait eu publiquement des démêlés avec le révérend Edmund Wood*, qui avait construit, dans un district pauvre de Montréal, une église où il encourageait des pratiques ritualistes anglo-catholiques qui scandalisaient les évangéliques. Les relations entre les deux hommes allaient être tendues tant qu'Oxenden resterait à Montréal.

Malgré les conflits qui opposaient régulièrement évangéliques et anglo-catholiques, ou peut-être à cause d'eux, les anglicans de Montréal étaient, selon Oxenden, « résolus [...], peut-être même plus qu'en Angleterre ». Il découvrit qu'ils avaient une « rivalité amicale » avec les confessions protestantes et que leurs relations avec les catholiques étaient « cordiales », « chacun suivant son propre chemin sans nuire à l'autre ». Toute sa vie cependant, il demeura profondément méfiant à l'endroit des catholiques, et il considérait leur « fort ascendant » comme « un grand obstacle à la réussite de son travail ». Malgré ses séjours en France, il ne parlait pas couramment le français et, apparemment, il n'employait cette langue que pour s'adresser aux Abénakis anglicans francophones de Saint-François-de-Sales (Odanak). Sans doute stimula-t-il le zèle de ses diocésaines car, en 1873, elles formèrent la Ladies' Association, in aid of Church Missions pour s'attaquer au plus pressant de ses problèmes. Des femmes avaient formé des associations paroissiales dès les années 1840, mais c'était leur première association diocésaine. Elle aidait en outre les élèves anglicans de la McGill Normal School, dont la grande majorité était des femmes.

Comme la plupart des évêques, Oxenden faisait ses visites pastorales pendant l'été et l'automne. D'après les comptes rendus qu'il en a laissés, il est évident qu'une bonne partie de son diocèse n'était pas encore sortie de l'époque pionnière. « Parfois, écrivait-il en 1891, je prêchais dans des cabanes en rondins, parfois dans des classes, parfois dans les églises les plus rustiques. Parfois je passais sur des sentiers à moitié carbonisés, parfois sur des chemins où l'on était secoué au point d'[être] presque [réduit] en bouillie [...] En général, quand je rentrais à Montréal ou à Lachine après ces tournées officielles, j'étais passablement éreinté. » En hiver, il expédiait les affaires diocésaines qui s'étaient accumulées pendant les mois précédents, recevait à sa résidence, Bishopscourt (quelquefois de 300 à 400 invités à la fois), et participait à la joyeuse vie mondaine de la ville. Cependant, s'il goûtait le calme ouaté des hivers montréalais, il fuyait le vacarme et la chaleur suffocante des étés pour se réfugier à Lachine, dans une villa située au bord de l'eau.

À titre de métropolitain, Oxenden présida cinq sessions du synode de la province ecclésiastique du Canada. Ce synode était bien résolu à éviter la répétition des problèmes de 1868–1869 en faisant abroger la règle qui exigeait que le métropolitain soit évêque de Montréal. Le synode de Montréal, que présidait aussi Oxenden, s'opposait fermement à ce changement, et les relations entre les deux organismes s'en trouvèrent aigries. La question n'allait être réglée définitivement qu'au début des années 1880, même si en 1879 la chambre des évêques élut métropolitain John MEDLEY, évêque de Fredericton. Ces tensions ajoutèrent sans doute aux problèmes qui, entre-temps, avaient miné la santé d'Oxenden.

En 1878, Oxenden, parvenu à sa soixante-dixième année, constata qu'il n'était plus en mesure de s'acquitter de ses fonctions. Au printemps, il annonça qu'il avait l'intention d'abandonner son poste immédiatement après la conférence de Lambeth, qui devait se tenir à Londres pendant l'été. Il quitta Montréal le 10 mai, prit la parole deux fois à la conférence puis, peu après la fin des travaux, s'installa dans le midi de la France. Le révérend William Bennett Bond* lui succéda à l'évêché de Montréal. Après avoir été aumônier à Cannes pendant l'hiver de 1878–1879, Oxenden fut nommé *rector* de l'église St Stephen, près de Cantorbéry. Sa santé l'obligea de nouveau à démissionner en 1885. L'année précédente, il avait passé sept ou huit mois à Biarritz ; il continua de le faire, tout en prêchant ou en célébrant des offices à l'église anglaise de cet endroit. En 1891, il écrivit *The history of my life* [...] ; son œuvre comprenait alors quelque 32 livres, dont l'un s'était vendu à plus de 700 000 exemplaires. On avait traduit certains de ses ouvrages de dévotion dans la langue des Takudhs et des Cris de l'Amérique du Nord. Il mourut en février 1892 à l'âge de 83 ans.

Par nécessité, Ashton Oxenden avait passé une bonne partie de sa vie à l'extérieur de l'Angleterre et, même si jusqu'à la fin il préféra son pays natal, ses voyages l'avaient préparé à bien s'adapter au contexte social du diocèse de Montréal. De plus, il chercha toujours à instaurer la paix et l'harmonie au sein de l'Église, tâche souvent difficile dans son diocèse en cette époque de dissensions théologiques. Oxenden était de tout cœur avec les évangéliques, selon qui une foi simple dans le Christ et l'acceptation des Écritures étaient les véritables voies du salut. Sa vie et ses écrits reflétaient cette conviction.

JACK P. FRANCIS

Ashton Oxenden est l'auteur de : *My first year in Canada* (Londres, 1871) et *The history of my life : an autobiography* (Londres, 1891) et de nombreuses brochures à caractère religieux dont on trouvera des listes à la fin de ce dernier volume.

Un portrait d'Oxenden se trouve dans O. R. Rowley *et al.*, *The Anglican episcopate of Canada and Newfoundland* (2 vol., Milwaukee, Wis., et Toronto, 1928–1961) : 1 : 50, et un autre, une peinture à l'huile qui se trouve à l'EEC, Diocese of Montreal Arch., est reproduit dans F. D. Adams, *A history of Christ Church Cathedral, Montreal* (Montréal, 1941).

Arch. municipales, Biarritz, France, Service des arch. municipales, concession de terrain dans le cimetière de Biarritz, 22 févr. 1892. — Dorset Register Office (Bournemouth, Angl.), Parish of Holdenhurst, reg. of marriages, 14 juin 1864. — Lambeth Palace Library (Londres), Lambeth Conference papers, 1878, LC 7 ; LC 8. — Church of England, Diocese of Montreal, Journal *of the synod* (Montréal), 1868–1881. — Ecclesiastical Prov. of Canada, *Journal of the proc. of the provincial synod* (Québec et Montréal), 1871 ; 1873–1874 ; 1877 ; 1880 ; 1883. — Edmund Wood, *The catholic and tolerant character of the Church of England* [...] (Montréal, 1871). — *DNB*. — J. I. Cooper, *The blessed communion ; the origins and history of the Diocese of Montreal, 1760–1960* ([Montréal], 1960). — Oswald Howard, *The Montreal Diocesan Theological College : a history from 1873 to 1963* (Montréal, 1963).

P

PABST, MARGARET. V. FINLAYSON

PAHTAHQUAHONG. V. CHASE, HENRY PAHTAHQUAHONG

PAKA'PANIKAPI. V. SI'K-OKSKITSIS

PALATE, THE. V. SI'K-OKSKITSIS

PALMER, HENRY SPENCER, officier, ingénieur militaire, arpenteur et auteur, né le 30 avril 1838 à Bangalore (Inde), cadet des fils de John Freke Palmer, colonel dans l'armée de Madras, et de Jane James, sœur de sir Henry James, du génie royal ; le 7 octobre 1863, il épousa à New Westminster, Colombie-Britannique, Mary Jane Pearson Wright (décédée en 1934), fille du révérend Henry Press Wright, premier archidiacre de la Colombie-Britannique, et ils eurent neuf enfants dont trois moururent en bas âge ; décédé le 10 février 1893 à Tokyo.

Henry Spencer Palmer reçut sa première éducation en Angleterre, dans des écoles de Bath et avec des précepteurs, puis fut admis en classe pratique à la Royal Military Academy de Woolwich (Londres) en janvier 1856. Sa nomination au grade de lieutenant dans le génie royal fut publiée en décembre, et il étudia un an au Royal Engineer Establishment de Chatham. En octobre 1858, on l'affecta au British Columbia Detachment sous le commandement du colonel Richard Clement Moody*.

Arrivé à Victoria en avril suivant, Palmer fut attaché au service topographique du capitaine Robert Mann Parsons. Il faisait non seulement des levés d'exploration, mais traçait des pistes, supervisait la construction de routes et inspectait des chantiers de voirie. L'une de ses premières missions consista à faire un rapport sur la piste qui devait mener à la région aurifère de Cariboo par les lacs Harrison et Lillooet, et à la fin de 1859 il traversa la région comprise entre le fort Hope et le fort Colvile (près de Colville, Washington). Les rapports de ces deux expéditions parurent en 1860. Le 5 octobre, pendant son second voyage, il rencontra le capitaine John Palliser*, qui recherchait un trajet permettant de se rendre du sud des Prairies à la côte du Pacifique en passant en territoire britannique. Palmer fut en mesure de lui garantir que la piste tracée par la Hudson's Bay Company entre le fort Langley et le lac Osoyoos se trouvait au nord du 49e parallèle.

Au cours des deux années suivantes, Palmer continua à faire de l'arpentage pour la route Harrison–Lillooet, effectua des travaux routiers et de la reconnaissance dans la basse vallée du Fraser et arpenta une partie de la route du Cariboo, de Yale à la barre Boston. En 1862, il explora un autre trajet qui permettrait peut-être cette fois d'atteindre la région de Cariboo à partir du bras North Bentinck jusqu'à Alexandria, en passant par la rivière Bella Coola. Deux rapports sur cette dernière expédition parurent en 1863 à New Westminster.

Les succès de Palmer ne manquèrent pas d'attirer l'attention du gouverneur sir James Douglas* et du ministère des Colonies. Malgré le peu d'amitié qu'il portait au génie royal, le gouverneur écrivit le 13 novembre 1863 dans une dépêche au secrétaire d'État aux Colonies, le duc de Newcastle : « Le lieutenant Palmer était le subalterne de l'unité, mais il s'est distingué en une ou deux occasions par des voyages d'exploration dans la colonie et s'est révélé fort utile en déterminant des points et des distances dans la région nord. » En outre, Douglas envoya une copie des rapports de Palmer sur le bras North Bentinck et la région de Cariboo au ministère des Colonies. Après en avoir pris connaissance, Arthur Johnstone Blackwood, premier commis du Département des affaires nord-américaines, nota : « Le lieutenant Palmer est un jeune officier extrêmement intelligent qui, étant sur place et faute de mieux, pourrait assumer avec compétence la succession du colonel Moody au poste de commissaire principal des Terres. » Cependant, comme on licencia son unité en juillet 1863, Palmer ne put poursuivre sa carrière en Colombie-Britannique. Pendant son séjour, il avait participé aux représentations théâtrales de l'unité, fait partie en 1862 du comité formé à New Westminster en prévision de l'Exposition universelle de Londres et fait paraître des articles sur la Colombie-Britannique dans les publications de la Royal Geographical Society de Londres. En novembre 1863, un mois après leur mariage, lui et sa femme, Mary Jane Pearson Wright, âgée de 15 ans, s'embarquèrent pour l'Angleterre.

De 1864 à 1874, Henry Spencer Palmer appartint à l'Ordnance Survey de Grande-Bretagne. Pendant la plus grande partie des deux décennies suivantes, il occupa des postes d'arpenteur, d'ingénieur et d'astronome en Nouvelle-Zélande, à la Barbade, à Hong Kong et au Japon, où il se fixa. Il quitta le génie royal en 1887 et il se tourna avec succès vers une clientèle privée à Yokohama. Il fit, entre autres, les plans d'aménagement du port et d'un réseau de distribution d'eau pour la ville de Yokohama. (En 1987, les Yokohama Water Works dévoilèrent un buste de Palmer à l'occasion de leur centenaire, en présence d'une petite-fille et d'une arrière-petite-fille de Palmer installées en Amérique du Nord.) L'année qui précéda sa mort, il avait eu une fille avec Uta Saito, qu'il avait peut-être épousée vers 1890. Au moment de son décès, en 1893, il était bien connu au Japon ; le *Japan Weekly Mail* le qualifia d'« homme aux dons exceptionnels » et de « charmant compagnon dont un large cercle d'amis et d'admirateurs chérir[aient] longtemps la mémoire ».

FRANCES MARY WOODWARD

Les rapports de Henry Spencer Palmer sur les levés qu'il a effectués en Colombie-Britannique figurent dans G.-B., Parl., Command papers, 1859 (1re session), 17, n° 2476 : 15–108, *Papers relative to the affairs of British Columbia, part I* [...] ; (2e session), 22, n° 2578 : 297–408, [...] *part II* [...] ; 1860, 44, n° 2724 : 279–396, *Further papers relative to the affairs of British Columbia, April 1859 to April 1860* [...] ; et 1862, 36, n° 2952 : 469–562, *Further papers* [...] *February 1860 to November 1861* [...]. Ses comptes rendus de l'expédition de 1862 ont été publiés en 1863 à New Westminster, C.-B., sous les titres de *Report on portions of the Williams Lake and Cariboo districts, and on the Fraser River, from Fort Alexander to Fort George* et *Report of a journey of survey, from Victoria to Fort Alexander, via North Bentinck Arm.*

Des rapports de Palmer ont aussi paru dans le *British Columbian* entre 1861 et 1863, et dans les contributions suivantes au *Journal* de la Royal Geographical Soc. de Londres : « Report on the Harrison and Lillooet Route, from the junction of the Fraser and Harrison rivers to the junction of the Fraser and Kayosch rivers, with notes on the country beyond, as far as Fountain », 31 (1861) : 224–236, et « Remarks upon the geography and natural capabilities of British Columbia, and the condition of its principal goldfields », 34 (1864) : 171–195 ; et aux *Proc.* : « British Columbia ; journeys in the districts bordering on the Fraser, Thompson, and Harrison rivers », 4 (1859–1860) : 33–37, et « The geography of British Columbia and the condition of the Cariboo gold district », 8 (1863–1864) : 87–94.

Une collection des dernières lettres de Palmer adressées au *Times* de Londres quand il était au Japon a été publiée peu de temps après sa mort sous le titre de *Letters from the Land of the Rising Sun* [...] *between the years 1886 and 1892* [...] (Yokohama, 1894) ; une version japonaise, *Reimeiki no Nihon kara no tegami,* préparée et publiée par son petit-fils Jiro Higuchi a paru au Japon en 1982.

En 1987, les Yokohama Arch. of Hist. ont monté une exposition sur Palmer d'après une recherche de M. Higuchi, à partir de documents extraits de divers dépôts d'archives du monde entier. Le beau catalogue publié par les archives, *Henry Spencer Palmer – a special exhibition of his work and designs for the water works and harbour works of Yokohama* (Yokohama, 1987), en japonais et en anglais, est abondamment illustré. [F. M. W.]

PABC, C/AB/30.6, .6J/1 ; GR 1372, F 1302. — PRO, CO 60/1–16 ; WO 25/3913–3915. — *Japan Weekly Mail* (Yokohama), 31 mai 1890, 11–18 févr. 1893. — *Royal Engineers Journal* (Chatham, Angl.), 1er mai 1893. — *DNB*. — F. M. Woodward, « The influence of the Royal Engineers on the development of British Columbia », *BC Studies*, n° 24 (hiver 1974–1975) : 3–51.

PAMPALON, ALFRED, prêtre et rédemptoriste, né le 24 novembre 1867 à Lévis, Québec, fils d'Antoine Pampalon, entrepreneur-maçon, et de Joséphine Dorion ; décédé le 30 septembre 1896 à Sainte-Anne-de-Beaupré, Québec.

N'eût été de la réputation de sainteté qui se répandit après la mort d'Alfred Pampalon et des différents procès en vue de reconnaître l'héroïcité de ses vertus, l'histoire n'aurait sûrement pas retenu son nom.

Après avoir fréquenté l'école primaire pendant deux ans, Pampalon entra au collège de Lévis en 1876 pour y poursuivre des études commerciales. Cinq ans plus tard, après une maladie, il entreprit le cours classique en vue de devenir prêtre. Un peu avant sa rhétorique, il fut atteint d'une pneumonie et, comme l'on craignit pour sa vie, on lui administra l'extrême-onction. À la suite de sa guérison, attribuée à sainte Anne, il entreprit un pèlerinage à pied au sanctuaire de Sainte-Anne-de-Beaupré en juin 1886. À cette occasion, il demanda au recteur des rédemptoristes, Jean TIELEN, la permission d'entrer dans la Congrégation du Très-Saint-Rédempteur, dont faisait déjà partie son frère Pierre.

Le mois suivant, Pampalon s'embarquait pour la Belgique avec quelques compagnons et entrait au noviciat des rédemptoristes à Saint-Trond. Le 8 septembre 1887, il prononçait les vœux perpétuels de pauvreté, de chasteté et d'obéissance. Vu sa santé chancelante, les supérieurs avaient hésité à l'admettre mais sa piété exemplaire eut raison de toutes les objections. Puis ce furent les études philosophiques et théologiques au studendat rédemptoriste de Beau Plateau. Le travail acharné de Pampalon suppléait à ses talents plutôt médiocres. Ordonné prêtre le 4 octobre 1892, il demeura quelque temps à cet endroit. Le 31 août de l'année suivante, on le nomma au monastère de Mons, où il rendit quelques services : il remplaçait les pères absents ou accompagnait de temps à autre ceux qui prêchaient dans les paroisses voisines. D'avril à septembre 1894, il fit son second noviciat à Beau Plateau, ce qui dans la congrégation constituait une préparation en vue de prêcher des missions et des retraites paroissiales.

Entre-temps, la santé de Pampalon déclinait de plus en plus, et le climat de la Belgique ne contribuait pas à la rétablir. Il passa quelques mois à Mons et à Beau Plateau puis ses supérieurs décidèrent de le renvoyer au Canada, en comptant sur l'air du pays natal pour refaire sa santé. Il rentra donc en septembre 1895 et on l'assigna au monastère de Sainte-Anne-de-Beaupré, où il put rendre de menus services : il prêchait à la basilique et confessait les fidèles. Le 5 février 1896, il entra à l'infirmerie pour n'en plus sortir. Sa piété, sa patience et sa résignation émerveillèrent son entourage. Il mourut le 30 septembre à l'âge de 28 ans, vaincu par la tuberculose compliquée d'hydropisie. Quelques heures avant sa mort, à la stupéfaction générale, il avait chanté à haute voix le *Magnificat* en entier.

Un an après la mort de Pampalon mourait de la même maladie, à Lisieux, en France, celle qui allait devenir sainte Thérèse de l'Enfant-Jésus et dont la vie rappelle quelque peu la sienne. Pampalon s'est comporté de façon tellement effacée que beaucoup s'étonnèrent de l'introduction de sa cause de béatification en 1922, ce qui rejoint le sentiment de plusieurs compagnes de Thérèse de l'Enfant-Jésus.

Ceux qui ont connu et côtoyé Alfred Pampalon ont été frappés par la façon extraordinaire dont il a accompli des choses ordinaires. Il a donné l'exemple d'une fidélité sans faille aux règles, d'une patience admirable dans les épreuves et d'une grande piété envers Dieu et la Vierge Marie. Il reste à l'Église catholique, par la voix du pape, à se prononcer sur l'héroïcité de ses vertus, étape qui précède la béatification. Les fidèles pour leur part n'ont pas attendu ce jugement pour manifester leur dévotion envers Pampalon. Presque sans interruption depuis sa mort, on attribue des faveurs à son intercession.

JEAN-PIERRE ASSELIN

AC, Québec, État civil, Catholiques, Sainte-Anne-de-Beaupré, 2 oct. 1896. — ANQ-Q, CE1-100, 24 nov. 1867. — Arch. des Pères rédemptoristes (Sainte-Anne-de-Beaupré), M13, PA(Al). — *L'Événement*, 30 sept. 1896. — Allaire, *Dictionnaire*. — Le Jeune, *Dictionnaire*, 2. — *Beatificationis et canonizationis servi dei Alfredi Pampalon* [...] *positio super virtutibus* (Rome, 1981). — J.-P. Asselin, *les Rédemptoristes au Canada ; implantation à Sainte-Anne-de-Beaupré, 1878–1911* (Montréal, 1981). — Pierre Pampalon, *Une fleur canadienne dans l'institut de Saint-Alphonse, ou Notice biographique du R.P. Alfred Pampalon* (Montréal, 1902).

PANDOSY, CHARLES (baptisé sous le nom de **Jean-Charles-Jean-Baptiste-Félix,** aussi appelé **Charles-John-Adolph-Felix-Marie**), prêtre, oblat de Marie-Immaculée et missionnaire, né le 22 novembre 1824 à Marseille, France, fils d'Esprit-Étienne-Charles-Henri Pandosy, capitaine de la marine marchande, et de Marguerite-Joséphine-Marie Dallest ; décédé le 6 février 1891 à Penticton, Colombie-Britannique.

Charles Pandosy fréquenta le collège Bourbon situé à Arles, en France, puis le juniorat des oblats à Notre-Dame de Lumières. Il entra au noviciat de Notre-Dame de l'Osier le 14 août 1844 et prononça ses vœux le 15 août 1845. Affecté aux missions du territoire de l'Oregon, il s'embarqua au Havre le 4 février 1847, à l'âge de 22 ans, en compagnie d'un petit groupe d'oblats que dirigeait le père Pascal Ricard. Ils débarquèrent à New York et continuèrent leur route par voie de terre jusqu'au fort Walla Walla (Walla Walla, Washington), où ils arrivèrent le 3 octobre.

Le même mois, le groupe s'établit auprès des Indiens yakimas en construisant la mission Sainte-Rose à la jonction de la rivière Yakima et du fleuve Columbia. Pandosy célébra le 30 novembre 1847 (le lendemain de l'éclatement de la guerre des Cayuses [V. Peter Skene Ogden*]) le premier baptême d'un Indien enregistré dans la région où se trouve maintenant Ellensburg. Après son ordination, le 2 janvier 1848, il résida à la mission Sainte-Marie, qu'on venait d'ouvrir auprès des Yakimas au ruisseau Mnassatas. Au printemps de 1852, il établit avec un autre oblat, Louis-Joseph d'Herbomez*, la mission Saint-Joseph sur le cours supérieur du ruisseau Ahtanum. Au cours des années suivantes, il passa l'hiver seul à Moxee (Moxee City) et à Aberski. Il apprit à s'exprimer couramment dans la langue des Yakimas et rédigea un dictionnaire.

Pandosy ne tarda pas à déceler les signes avant-coureurs d'un conflit entre les Indiens yakimas et les colons. À la demande du gouverneur Isaac Ingalls Stevens, il servit d'interprète à un conseil qui eut lieu en mai 1855 à Walla Walla, et à l'occasion duquel les Yakimas et d'autres bandes signèrent des traités avec le gouvernement américain. Cependant, les combats éclatèrent le 6 octobre, lorsque l'armée américaine alla faire enquête sur le meurtre d'un agent des Affaires indiennes, Andrew J. Bolon. Le 10 novembre, le major Gabriel James Rains dirigea une offensive en territoire yakima près de la mission Saint-Joseph, mais les Indiens s'étaient dispersés ; quant à Pandosy et à son compagnon oblat Paul DURIEU, ils étaient rendus à la mission jésuite près du fort Colvile (près de Colville, Washington). Les troupes pillèrent et brûlèrent la mission Saint-Joseph après avoir trouvé un baril de poudre à canon enfoui dans le jardin des prêtres.

Pandosy retourna dans le territoire des Yakimas, mais le gouverneur Stevens lui ordonna de fermer la mission et de quitter la région. Même si les journaux l'avaient accusé de conspiration avec Kamiakin, le chef des Yakimas, on lui demanda peu de temps après de servir d'interprète et de négociateur avec les Indiens, ainsi que d'aumônier auprès de l'armée américaine. Il continua aussi à travailler avec les jésuites parmi les tribus des Colvilles et des Cœurs-d'Alênes. Le lieutenant Charles William Wilson, membre du génie royal, qui faisait partie de la commission britannique de délimitation des frontières, décrivit Pandosy comme « un homme très plaisant, bien informé », qui avait « une belle voix » et ne « dédaignait pas un petit remontant ». Il transportait « une couverture et un morceau de lard derrière sa selle » et était « prêt à voyager partout ». En mai 1858, la guerre éclata encore une fois entre l'armée américaine et les Indiens yakimas et spokans. Les autorités oblates, convaincues que « ni la prudence ni le bien de la religion ne justifiait le rétablissement des missions parmi les Yakimas et les Cayuses », mutèrent Pandosy à leur nouvel établissement d'Esquimalt, dans l'île de Vancouver, et lui demandèrent de fonder une mission dans le sud de la Colombie-Britannique.

Au cours de l'été de 1859, Pandosy se rendit avec un petit groupe d'assistants dans la vallée de l'Okanagan en vue d'y établir la première colonie permanente de Blancs, la mission de l'Immaculée-Conception, à laquelle on l'identifierait par la suite. Le groupe construisit une maison et une chapelle. Tout au long de sa carrière, Pandosy fut muté fréquemment : à Esquimalt en 1861, au fort Rupert (près de ce qui est aujourd'hui Port Hardy), dans l'île de Vancouver, en 1863, à la mission Sainte-Marie, située en aval du Fraser, en 1872, et encore une fois dans la vallée de l'Okanagan en 1874. Il se rendit en France en 1880 pour saisir ses supérieurs de l'affaire concernant une fausse réclamation que Durieu et lui avaient faite au gouvernement américain à l'égard de pertes subies pendant la guerre avec les Yakimas. Il travailla par la suite à la mission Sainte-Marie (1880), puis fut supérieur au poste du lac Stuart (1882), avant de retourner finalement dans la vallée de l'Okanagan, probablement en 1887.

Pendant ses séjours dans l'Okanagan, Pandosy passa beaucoup de temps à Penticton, à titre de responsable de la région située au sud de la mission de l'Immaculée-Conception. C'est au cours de cette période que l'on planta les premiers arbres fruitiers dans la vallée. Pandosy encouragea les colons à se hâter d'occuper des terres dans cette zone fertile et initia les Indiens de la région à l'agriculture. Des lettres de ses collègues et des anecdotes bien connues font foi de sa popularité auprès de ses paroissiens. Pourtant, ses relations avec beaucoup de collègues, spécialement avec Pierre Richard, Julien Baudre et Durieu, étaient extrêmement âpres, et leurs lettres débordent de dénonciations mutuelles. Les sujets de discorde ne manquaient pas : la profondeur de la conversion des Indiens, le caractère mesquin et rigide de l'administration, les accusations de « duperies » portées par Pandosy contre ses collègues, et une foule de petites irritations personnelles.

Pandosy mourut à Penticton en 1891 et on l'enterra à la mission Okanagan. Le lieu exact de sa tombe et même du cimetière demeura incertain jusqu'en 1983, année où deux étudiants sous la direction de James Baker de l'Okanagan College découvrirent un cimetière et déterrèrent plusieurs cercueils, dont l'un contenait les restes d'un prêtre oblat. On ne put cependant établir avec certitude s'il s'agissait bien de Pandosy.

Depuis sa mort, Charles Pandosy est entré dans l'histoire de la vallée de l'Okanagan. On a tourné des films et monté des pièces de théâtre sur sa vie, donné son nom à une rue de Kelowna et à un établissement vinicole. On désigne aussi généralement l'ancienne mission de l'Immaculée-Conception sous le nom de mission du père Pandosy.

DUANE THOMSON

C. [W.] Wilson, *Mapping the frontier : Charles Wilson's diary of the survey of the 49th parallel, 1858–1862, while secretary of the British boundary commission*, G. F. G. Stanley, édit. (Toronto, 1970). — Gaston Carrière, *Dictionnaire biographique des oblats de Marie-Immaculée au Canada* (3 vol., Ottawa, 1976–1979). — Kay Cronin, *Cross in the wilderness* (Vancouver, 1960). — R. A. Fowler, *The New Caledonia mission : an historical sketch of the Oblates of Mary Immaculate in north central British Columbia* (Burnaby, C.-B., 1985). — T. W. Paterson, *The Okanagan-Similkameen* (Langley, C.-B., 1983), 156–167. — Derek Pethick, *Men of British Columbia* (Saanichton, C.-B., 1975). — *The Yakima valley Catholic centennial, 1847–1947 : a commemoration of the first one hundred years of Catholicity in the Yakima valley* ([Moxee City, Wash., 1947]).

PÂQUET, ANSELME-HOMÈRE (baptisé **Michel-Anselme,** il a signé son acte de mariage **A. H. Pâquet**), médecin, homme politique et professeur, né le 29 septembre 1830 à Saint-Cuthbert, Bas-Canada, fils de Timothée Pâquet et de Françoise Robillard ; le 25 septembre 1854, il épousa à L'Assomption, Bas-Canada, Henriette Gariépy ; décédé le 22 décembre 1891 dans son village natal.

Anselme-Homère Pâquet est issu d'une famille de cultivateurs. En 1842, il entre au collège de L'Assomption. Ses études classiques terminées, il s'inscrit en 1849 à l'école de médecine et de chirurgie de Montréal. Admis au Collège des médecins et chirurgiens du Bas-Canada le 12 mai 1853, il ouvre un cabinet et pratique la médecine dans son village natal.

En 1863, Pâquet se laisse tenter par la politique. Il se porte d'abord candidat à l'élection complémentaire tenue le 6 avril pour doter la division de Lanaudière d'un représentant au Conseil législatif, mais il est défait par Louis-Auguste Olivier. Dès l'été, il se représente, cette fois aux élections générales de l'Assemblée législative de la province du Canada, dans la circonscription de Berthier, et le 23 juin il remporte la victoire sur son adversaire Pierre-Eustache Dostaler par 378 voix. Pâquet siège en chambre à titre d'indépendant, mais il est un fervent opposant au projet de Confédération. En 1865, par suite de la pétition de huit municipalités de sa circonscription, il prononce un discours à l'Assemblée, qui démontre la non-rentabilité du pacte confédératif projeté par le gouvernement de coalition de sir Étienne-Paschal Taché* et de John Alexander MACDONALD.

Son opposition à l'union des provinces canadiennes n'empêche toutefois pas Pâquet de briguer les suffrages dans Berthier en 1867, aux premières élections générales tenues sous le nouveau régime constitutionnel. Élu avec 36 voix de majorité seulement, il se range dès lors du côté du parti libéral. En 1872, il bat son adversaire conservateur Édouard-Octavien Cuthbert, maire de Berthier (Berthierville), par 742 voix et, en 1874, il est réélu sans opposition député de Berthier à la chambre des Communes.

Au début de 1875, Pâquet démissionne de son siège de député pour accéder au Sénat, le 9 février, à titre de représentant de la division de La Vallière, vacante depuis le décès de Charles-Christophe Malhiot*. Il remplira cette fonction jusqu'à sa mort en décembre 1891.

Au cours de sa vie, Pâquet fut également président de la Société permanente de construction du comté de Berthier, administrateur-fondateur de la Banque Ville-Marie en 1872, membre de l'American Public Health Association et membre du Conseil d'hygiène de la province de Québec. En 1884 et 1885, il fut professeur de clinique médicale à l'Hôtel-Dieu de Montréal et, parallèlement, il enseigna l'hygiène et la santé publique à l'école de médecine de Montréal.

Médecin et homme politique apprécié dans son milieu, Anselme-Homère Pâquet marqua la vie publique pendant près de 30 ans. À ses funérailles, plusieurs amis et adversaires vinrent lui rendre un dernier hommage.

MARCEL FOURNIER

ANQ-M, CE5-14, 25 sept. 1854 ; CE5-19, 1er oct. 1830. — « A.-H. Paquet », *Journal d'hygiène populaire* (Montréal), 8 (1891), n° 8 : 255. — *L'Événement*, 21 déc. 1891. — *Canadian directory of parl.* (Johnson). — *CPC*, 1870 ; 1875 ; 1891. — *Cyclopædia of Canadian biog.* (Rose et Charlesworth), 1 : 535. — J. Desjardins, *Guide parl.*, 169, 252, 279. — Florian Aubin, *la Paroisse de Saint-Cuthbert : histoire et album-souvenir, 1765–1980* (2 vol., s.l., 1981–1982), 1 : 493, 780–781. — Anastase Forget, *Histoire du collège de L'Assomption ; 1833 – un siècle – 1933* (Montréal, [1933]), 542. — Marcel Fournier, *la Représentation parlementaire de la région de Joliette, 1791–1976* (Joliette, Québec, 1977), 191–192. — Édouard Desjardins, « l'Évolution de la médecine interne à Montréal : le premier centenaire (1820–1920) », *l'Union médicale du Canada* (Montréal), 106 (1977) : 242. — Jacques Rainville, « Vers notre tricentenaire ; nos députés fédéraux », *le Courrier de Berthier* (Berthierville, Québec), 21 mars 1968 : 15.

PÂQUET, BENJAMIN, prêtre catholique, théologien, professeur et administrateur scolaire, né le 27 mars 1832 à Saint-Nicolas, Bas-Canada, neuvième des 14 enfants d'Étienne Pâquet, cultivateur, et d'Ursule Lambert ; décédé le 25 février 1900 à Québec.

Issu d'une famille catholique qui fournit plusieurs sujets à l'Église, Benjamin Pâquet est élevé dans un milieu de piété. Il entreprend ses études à Saint-Nicolas où ses succès le font remarquer par le curé Étienne Baillargeon, frère de Charles-François*, futur archevêque de Québec. Grâce à la contribution financière de son oncle Benjamin Pâquet, riche négociant et cultivateur qui encourageait les vocations religieuses dans sa famille, il se retrouve sur les bancs du petit séminaire de Québec à l'automne de 1845. Au retour d'un pèlerinage à Sainte-Anne-de-Beaupré en 1849, sa mère lui rend visite et lui fait part d'un vœu cher : elle désire le voir prêtre. Ainsi, son cours classique terminé, à l'âge de 22 ans, il entre au grand séminaire. Pendant trois ans, il reçoit sa formation théologique sous l'égide d'Elzéar-Alexandre TASCHEREAU. Selon la coutume, il enseigne en même temps au petit séminaire. Il est aussi l'un des trois rédacteurs fondateurs du journal *l'Abeille* en 1853.

Ordonné prêtre dans sa paroisse natale le 20 septembre 1857 par Mgr Modeste Demers*, Pâquet se retrouve ensuite vicaire à la cathédrale Notre-Dame de Québec, signe qu'on attend beaucoup de lui. Il y est chargé spécialement de la desserte de l'église Notre-Dame-des-Victoires. Toutefois, son alma mater semble l'attirer davantage et, en 1862, il offre ses services au séminaire, qui les accepte. Il enseigne donc au petit séminaire en 1862–1863. Cette dernière année, le séminaire le désigne, avec son frère Louis-Honoré et le jeune Louis-Nazaire Bégin*, comme futur professeur de la faculté de théologie de l'université Laval. En septembre, les trois hommes se retrouvent à Rome. Pâquet est inscrit au Collège romain (ou université grégorienne) pour y étudier la théologie morale. Il est particulièrement influencé par le jésuite Girolamo Pietro Ballerini, professeur de morale, et, selon l'ultramontain Alexis Pelletier*, par l'abbé Maynard, agent des libéraux catholiques Mgr Félix Dupanloup, Frédéric Falloux, comte de Falloux, et Charles Forbes, comte de Montalembert. En août 1864, Pâquet prononce un discours au deuxième congrès international catholique de Malines, en Belgique, où Montalembert avait fait, l'année précédente, son célèbre discours sur l'Église libre dans l'État libre.

Toutefois, si Pâquet s'intéresse à la théologie, il se passionne aussi pour les faits et les hommes. Il est attiré en particulier par la controverse entre le séminaire de Québec et l'évêque de Montréal, Ignace Bourget*, autour d'un projet d'établissement d'une université à Montréal. Bourget considère la fondation essentielle ; le séminaire craint qu'elle ne nuise au développement de l'université Laval. Pâquet intervient à l'occasion pour défendre les arguments de ses confrères de Québec. En fin observateur, il apprend alors les rouages de la curie romaine et se lie avec des personnalités religieuses qui occupent des postes décisionnels. Quoiqu'on reconnaisse les avantages de cette situation, ses supérieurs québécois émettent des réserves sur son jugement ; Taschereau, par exemple, le dit « joliment alarmiste ». Ce séjour dans la Ville éternelle lui permet également de découvrir le faste des manifestations religieuses. Il ne cache d'ailleurs pas son admiration pour les cérémonies grandioses et les démonstrations de piété.

Les études de Pâquet prennent fin au printemps de 1866 avec l'obtention d'un doctorat en théologie et son rappel à Québec. On lui réserve une chaire à la faculté de théologie de l'université Laval et il est agrégé au séminaire. Aussitôt, il se retrouve dans une controverse avec l'abbé Pelletier qui, depuis plusieurs années, veut purger l'enseignement des classiques dans les collèges de toute référence aux auteurs païens, tel que le prônait en France Mgr Jean-Joseph Gaume. Comme à Rome Pâquet avait appuyé les positions de Taschereau et de Baillargeon contre le gaumisme, il s'attire les attaques de Pelletier, qui le traite de cabaleur. Mgr Baillargeon sent alors le besoin de prendre sa défense dans un mandement contre le gaumisme, le 12 août 1868. À l'université, Pâquet donne, entre autres en 1871–1872, un cours public de droit naturel et des gens. Les cinq dernières conférences (qui seront d'ailleurs publiées en 1872 puis rééditées en 1877) portent sur le sujet controversé du libéralisme. En s'appuyant sur les documents pontificaux et sur l'enseignement de ses professeurs au Collège romain, il se montre ultramontain, mais modéré dans ses propos. Ainsi, quand il s'attarde à l'examen et à la réfutation du libéralisme condamné par le pape Pie IX dans le *Syllabus* et l'encyclique *Quanta cura,* il ne circonscrit que le libéralisme dans sa forme la plus radicale et la plus condamnable, « sans faire d'application aux questions locales et irritantes ». D'ailleurs, il n'est pas de ceux qui croient la province de Québec menacée par le libéralisme ; pour lui, les mots libéral et libéralisme n'ont pas la même signification au pays et en Europe.

À la publication des conférences de Pâquet en 1872, tous les évêques de la province de Québec y reconnaissent une doctrine sûre et pure. Le journal romain des jésuites, *Civiltà cattolica,* en fait l'éloge en les déclarant le plus fidèle écho des doctrines romaines. Seul Pelletier, qui n'a pas oublié la controverse sur le gaumisme, les dénonce dans *le Nouveau Monde* et *le Franc-Parleur* ainsi que dans une brochure publiée en 1872. Il accuse Pâquet d'avoir négligé à dessein de parler du libéralisme catholique qui, selon lui, menace le pays, et il le traite de libéral en religion et en politique. À la suite des attaques de Pelletier, les ultramontains intransigeants s'opposent avec succès à la candidature de Pâquet au poste d'évêque de Kingston en 1873. On lui attribue des amitiés politiques libérales. D'ailleurs, en 1875, Pâquet critique une lettre pastorale collective des évêques de la province de Québec, datée du 22 septembre et qui porte sur le libéralisme catholique, car la majorité du clergé et de l'épiscopat y voit aussi une condamnation du parti libéral. Il trouve cette situation « souverainement injuste envers les catholiques de tout un parti ». En fait, Pâquet croit que la religion a tout intérêt à se tenir au-dessus des enjeux électoraux et des partis politiques. L'un des premiers à condamner l'ingérence du clergé dans les élections, il dénonce, comme tout l'entourage de l'archevêque Taschereau, les excès des ultramontains intransigeants, tel le Programme catholique de 1871 [V. François-Xavier-Anselme Trudel*].

En plus d'être professeur à la faculté de théologie jusqu'en 1879, Pâquet en est le doyen à partir de 1871. Toutefois, en 1873, il offre sa démission au recteur Thomas-Étienne Hamel* pour raison de santé. Il ne supporte plus, notamment, la vie sédentaire que lui offre le séminaire. Ses supérieurs lui permettent alors d'aller passer une année en Europe pour se remettre. Il part à l'automne, accompagné de l'abbé Pierre Roussel ; le séminaire leur accorde une somme d'argent, en partie en raison des services qu'ils pourraient rendre à l'université. Le voyage paisible de détente se change ainsi en mission. Pâquet devient l'un des principaux défenseurs de l'université face à de multiples problèmes : demandes répétées de Bourget d'avoir une université dans sa ville et contre-proposition de Laval d'y établir une succursale, difficultés au sujet de l'affiliation des collèges, réclamations de l'université dans la question du partage des biens des jésuites et critiques nombreuses sur la doctrine enseignée à l'université, notamment accusations de libéralisme, de gallicanisme et de franc-maçonnerie.

C'est avec zèle que Pâquet s'attelle à la tâche. En fin stratège, il transmet pièces et documents, rédige mémoires et lettres, informe et s'informe. Il dirige comme un chef d'orchestre les interventions à effectuer à Québec. Par l'intermédiaire de quelques collègues et amis de confiance, principalement son frère Louis-Honoré et l'abbé Jean-Baptiste-Zacharie Bolduc, de l'archevêché, il alimente Hamel et Taschereau. Les nouvelles, potins et ragots qu'il reçoit lui permettent de devancer les initiatives de l'adversaire. À Montréal, il peut compter sur la collaboration souvent clandestine de l'abbé Hospice-Anthelme-Jean-Baptiste Verreau*, et il a des antennes dans les régions de Nicolet (Calixte Marquis*), de Saint-Hyacinthe (Joseph-Sabin Raymond*) et de Sainte-Thérèse. D'un côté comme de l'autre, on le reconnaît comme « un habile avocat et un redoutable adversaire ». Il compare lui-même ses interventions au déroulement d'un combat militaire : « Si Napoléon III avait pris les mêmes précautions, il n'aurait pas été battu d'une manière si humiliante, écrit-il à Bolduc en janvier 1875. Comprenez-moi bien, je ne réponds pas absolument de la victoire, mais je réponds qu'au moins la lutte sera honorable, et que l'ennemi ne se vantera pas beaucoup même s'il remportait la victoire. »

Homme cultivé et de conversation agréable, Pâquet occupe une bonne partie de ses journées aux relations publiques. Il rend visite à plusieurs cardinaux et autres personnes influentes avec qui il partage promenades et dîners. Ses adversaires l'accusent même d'acheter les cardinaux avec des repas qui lui auraient coûté plus de 22 000 francs ! Chose certaine, il distribue de façon stratégique des intentions de messe par milliers, des souliers indiens, des produits de l'érable et autres cadeaux. Des nominations de prestige ajoutent à son influence : protonotaire apostolique en 1876, camérier secret l'année suivante et consulteur de la Congrégation de l'Index en 1878. Grâce à ses amis romains bien placés, notamment le minutante de la Propagande, Zepherino Zitelli, et le cardinal Alessandro Franchi, il reçoit communication clandestine de presque tout document et toute stratégie en provenance des évêques ultramontains intransigeants ainsi que de bons conseils sur les actions à entreprendre pour les contrer.

Pâquet réussit à faire repousser le projet de Mgr Bourget d'avoir une université montréalaise indépendante et il obtient un soutien presque indéfectible des autorités romaines à la cause de Laval, entre autres par l'établissement d'un cardinal protecteur. En 1876, Rome érige canoniquement l'université : la victoire est alors consacrée. De plus, Pâquet travaille contre les ultramontains radicaux dans plusieurs autres causes controversées, en particulier contre Bourget, qui veut obtenir la division de la paroisse Notre-Dame de Montréal, et contre Mgr Louis-François LAFLÈCHE opposé à la division du diocèse de Trois-Rivières et à l'établissement de celui de Nicolet. Enfin, il est le postulateur de la béatification de Marie de l'Incarnation [Guyart*]. Les ultramontains accusent donc Pâquet de tous les maux qui frappent l'Église canadienne. Laflèche affirme que, par le truchement de ses amis romains, c'est Pâquet « qui gouverne ecclésiastiquement et d'une manière effective quoique clandestine, la province de Québec ». À Rome, les vrais catholiques ne peuvent se faire entendre, selon Laflèche, à cause de l'obstruction de Pâquet et à Québec, Mgr Taschereau, trompé par le même homme et l'université, contribue à l'écrasement des forces catholiques et à l'expansion des forces antireligieuses et maçonniques. De plus, les délégués apostoliques, tel Mgr George Conroy* en 1877, arrivent « les mains liées et les questions déjà décidées par Mgr Benj. », selon l'évêque Jean LANGEVIN. Bégin écrit à son ami Pâquet sur un ton moqueur que « s'il pleut, s'il grèle, s'il tonne surtout, c'est l'abbé Pâquet qui en est la cause. De là, des flots de colère, de rage écumante. »

Bon nombre d'évêques demandent donc en 1878 le rappel de Pâquet comme mesure essentielle au rétablissement de la paix religieuse dans la province. Il revient en effet au printemps, mais moins à cause de l'exigence de ses adversaires que de la maladie. On le dit en effet à l'article de la mort, et l'abbé Luc Desilets* voit dans son décès probable un signe de la miséricorde de Dieu pour le pays. À la grande déception des ultramontains, Pâquet récupère. Toutefois, il joue désormais un rôle plus effacé. Professeur à l'université jusqu'en 1879, il devient procureur du séminaire de 1879 à 1885 et directeur du grand séminaire en 1885–1886. L'année suivante, on le nomme supérieur du séminaire et recteur de l'université. Deux ans plus tôt, son nom circulait comme premier évêque de Nicolet, mais Rome lui avait préféré un candidat plus neutre, Elphège Gravel*. Pâquet retourne à Rome en 1886 et en 1888, toujours pour défendre l'université Laval. Le juge François-Louis-Georges Baby*, qui a eu l'occasion de partager certains moments avec lui, témoigne de la « déférence que l'on avait à son égard dans les Bureaux pontificaux et de l'influence réelle [dont] il y jouissait ». Et d'ajouter Baby : « À la propagande il semblait chez lui. » D'ailleurs, le pape le nomme prélat domestique en 1887. Cependant, si Pâquet réussit à sauver le principe d'une succursale de l'université Laval à Montréal, l'archevêque Édouard-Charles FABRE, le successeur de Mgr Bourget, en obtient la direction réelle et presque autonome pour son archidiocèse.

De retour à Québec en 1889, Pâquet reprend les responsabilités de recteur de l'université et de supérieur du séminaire jusqu'en 1893, où il redevient directeur du grand séminaire. L'année précédente, le projet de le faire nommer évêque de Chicoutimi avait tourné court en raison d'une opposition féroce de la part de ses adversaires. On se charge de rappeler son impopularité. Laflèche écrit en 1892 qu'il « a été l'une des principales causes des difficultés religieuses qui ont surgi depuis 30 ans, dans la Province de Québec, à cause de son caractère tenace et tranchant, et de la grande influence qu'il a toujours exercée sur Mgr Taschereau [... et] que cette nomination sera[it] très mal vue par un très grand nombre, et réveillera[it] des souvenirs qu'il est certainement mieux de ne point se rappeler ». Rome préfère alors oublier définitivement cette candidature.

Pâquet réagit dignement aux accusations, en disant qu'il vaut mieux être calomnié que calomniateur. Cependant, les luttes le découragent à l'occasion. Plusieurs fois, il démissionne du séminaire. Il demande même qu'on lui réserve la cure de L'Ancienne-Lorette mais, une fois qu'on la lui offre, il se récuse et préfère continuer au séminaire. Plus tard, il songe même à se faire jésuite à Rome, malgré les nombreux combats qu'il avait livrés contre cette communauté dans le passé.

De santé chancelante, Pâquet vit ses dernières années dans la maladie et la semi-retraite. Il partage son temps entre le séminaire et son manoir, l'Ermitage, qu'il s'était fait construire à Saint-Nicolas en 1890. Il aime beaucoup y recevoir des écoliers, séminaristes ou ecclésiastiques. Ce manoir est situé près de la chapelle Notre-Dame-de-Grâce, qu'il avait fait ériger à son retour de Rome en 1866 ; voyant son frère Louis-Honoré sérieusement malade, il s'était engagé à offrir un monument à la gloire de la Vierge s'il était guéri. L'héritage de son oncle et bienfaiteur Benjamin Pâquet lui permet de réaliser ce genre d'entreprise. Lui-même est d'ailleurs particulièrement intéressé par les affaires. Ainsi il avait investi dans une compagnie d'assurances de Québec, ce qui lui cause de graves inquiétudes au moment des fréquents sinistres qui frappent la ville. Membre du conseil d'administration de la Caisse d'économie de Notre-Dame de Québec, il s'occupe souvent de placer au Canada les fonds de la Société des Missions étrangères de Paris, montants qui totalisent de 200 000 $ à 300 000 $. Financier habile, il laisse à sa mort un héritage intéressant à son frère Louis-Honoré et à son neveu, le philosophe et théologien Louis-Adolphe Paquet*.

Personnage très controversé, Benjamin Pâquet était reconnu pour son respect des obligations religieuses. Selon son vieil ami Louis-Nazaire Bégin, sa grande connaissance des affaires et « la part active qu'il avait prise au mouvement intellectuel et à la question universitaire en faisaient un homme à consulter, un homme précieux [...] Il avait de belles qualités, de la piété, un grand sens pratique, des aperçus lumineux qui entraînaient la conviction. » Inévitablement, tous lui reconnaissaient également des défauts. Doué d'un caractère fort, voire même directif, il supportait mal la contradiction. Il a vécu, souvent orageusement, des divergences d'opinions assez sérieuses avec à peu près tous ses collaborateurs. Il donnait des conseils, mais il aimait surtout qu'on les suive. Plus un homme pratique qu'un idéologue, il s'est consacré totalement au succès de sa mission, sans s'embarrasser des débats d'écoles. C'est sans doute à cause de cette qualité d'homme d'action que Pâquet n'a laissé personne indifférent.

SONIA CHASSÉ

Benjamin Pâquet est l'auteur de : *Discours prononcé à la cathédrale de Québec, le 10 avril 1869 : cinquantième anniversaire de la prêtrise de Pie IX* (Québec, 1869) ; « Notice biographique sur Mgr F. Baillargeon, archevêque de Québec », *Rev. canadienne*, 7 (1870) : 788–815 ; *le Libéralisme ; leçons données à l'université Laval* (Québec, 1872) ; « Discours », *Spoliation des biens de la Propagande ; protestation solennelle faite à l'université laval* (Québec, 1884), 33–41 ; et *Quelques lettres suivies de quelques remarques par l'abbé J. B. Proulx, vice-recteur de l'université Laval, à Montréal* (Montréal, 1891).

AAQ, 20 A, IX : 47 ; 516 CD, II : 90 ; 54 CD, II : 80 ; 10 CP, 1871–1872 ; 33 CR, I : 219, 221A. — ACAM, 901.147, 876-29. — ANQ-Q, CE1-21, 28 mars 1832. — Arch. de l'archevêché de Rimouski (Rimouski, Québec), Corr. spéciale, II : 114–115. — Arch. de l'évêché de Trois-Rivières (Trois-Rivières, Québec), Fonds L.-F. Laflèche ; Reg. des lettres, VI : 150. — Archivio della Propaganda Fide (Rome), Acta, 1876, 14 : f°s 455r°–468v° ; 1877, 17 : f°s 26–27, 362r°–363v° ; 18 : f°s 630r°–635v°, 915r°–918r° ; Scritture originali riferite nelle congregazioni generali, 1000 : f° 713r° ; 1092 : f°s 267–268. — ASQ, Fonds E.-G. Plante, 36 ; Fonds Viger-Verreau, carton 25, n°s 323, 331 ; Lettres, B, n°s 4, 9 ; MSS, 26 ; 33 ; 612 ; 669 ; 674–675 ; 678 ; MSS-M, 18 ; 22 ; 25 ; 39 ; 502 ; Séminaire, 13, n° 56 ; 72, n°s 18, 42 ; Univ., 11, n° 29 ; 28, n° 48 ; 35, n°s 2, 6–8, 10, 14–15, 17–18, 31, 34–35, 40, 64, 70 ; 36, n° 8, 81–83, 86, 89 ; 102ag ; 102d ; 103, n°s 31c, 73, 81, 90 ; 104, n°s 56, 58, 63 ; 107, n° 82 ; 108, n° 113 ; 110, n°s 12, 19, 47 ; 111, n°s 8, 16–17, 89 ; 112, n°s 77, 89 ; 113, n°s 2, 54, 69, 73b ; 114, n°s 27, 43–44, 54, 71, 74 ; 115ag ; 115az ; 115bb ; 116ac ; 116ba ; 117ap ; 117bi ; 117bq ; 117c ; 117q ; 119d ; 119y ; 121bk ; 121q ; 122aj ; 123bv. — M. A. de F. [Alexis Pelletier], *Quelques observations critiques sur l'ouvrage de M. l'abbé B. Pâquet, intitulé* le Libéralisme (Montréal, 1872). — [L.-F. Laflèche], *Lettre à son éminence le cardinal établissant la nécessité d'une enquête sur les affaires religieuses du Canada* ([Trois-Rivières, 1882]) ; *Mémoire de l'évêque des Trois-Rivières sur les difficultés religieuses en Canada* (Rome et Trois-Rivières, 1882). — *Mandements, lettres pastorales et circulaires des évêques de Québec*, [Henri Têtu et C.-O. Gagnon, édit.] (18 vol. parus, Québec, 1887–), 4 : 646–648. — J.-B. Proulx, *Réponse à Mgr B. Pâquet, recteur de l'université Laval* [...] (Montréal, 1891). — George Saint-Aimé [Alexis Pelletier], *Lettre à Monseigneur Baillargeon, évêque de Tloa, sur la question des classiques et Commentaires sur la lettre du cardinal Patrizi* (s.l., [1867]) ; *Réponse aux dernières attaques dirigées par M. l'abbé Chandonnet contre les partisans de la méthode chrétienne* [...] (s.l., 1868). — *Le Franc-Parleur* (Montréal), 15 févr. 1873. — *Le Nouveau Monde* (Montréal), 12–22, juill. 1872. — Marc Chabot, « Un libéral catholique : Benjamin Pâquet (1832–1900) », *Figures de la philosophie québécoise après les troubles de 1837* (Montréal, 1988), 198–240. — Michèle Dumas-Rousseau, « l'Université de Montréal de 1852 à 1865 : tentatives de fondation » (thèse de M.A., univ. Laval, 1973). — Lavallée, *Québec contre Montréal*. — Luigi [Alexis Pelletier], *Il y a du libéralisme et du gallicanisme en Canada* (Montréal, 1873). — Hormisdas Magnan, *la Paroisse de Saint-Nicolas : la famille Pâquet et les familles alliées* (Québec, 1918). — Arthur Savaète, *Voix canadiennes : vers l'abîme* (12 vol., Paris, 1908–1922), 3–5. — Un catholique [Alexis Pelletier], *la Source du mal de l'époque au Canada* ([Montréal, 1881]). — J.-C.-K. Laflamme, « Monseigneur Benjamin Pâquet », Univ. Laval, *Annuaire* (Québec), 1900–1901 : 153–163. — Pierre Savard, « le Journal de l'abbé Benjamin Pâquet, étudiant à Rome, 1863–1866 », *Culture* (Québec), 26 (1965) : 64–83.

PARKE, EPHRAIM JONES, avocat, homme d'affaires, fonctionnaire et juge, né le 1er novembre 1823 à York (Toronto), fils aîné de Thomas Parke* et d'une prénommée Sarah ; le 4 février 1869, il épousa à St Thomas, Ontario, Mary Helen Southwick, et ils eurent un fils et deux filles ; décédé le 13 novembre 1899 à London, Ontario.

Ephraim Jones Parke arriva à London avec sa famille en 1832, et il fit ses études à la London District Grammar School sous la direction de Francis H. Wright, titulaire d'une maîtrise ès arts du Trinity

College de Dublin. En 1842, à l'époque où son père, un réformiste, était arpenteur général de la province, Parke réussit à obtenir un poste de stagiaire en droit au cabinet de John Alexander MACDONALD à Kingston. Il y demeura jusqu'en 1845 puis termina son stage de clerc de cinq ans sous la direction de John Wilson* à London. En 1846, il commença à exercer à titre de solicitor à Woodstock, dans le Haut-Canada. Admis au barreau l'année suivante, il s'associa à Thomas Scatcherd* en 1848. Ce dernier demeura à London et Parke s'occupa du bureau de la firme à Woodstock. En 1852, ils mirent fin à leur association et Parke retourna à London, où il pratiquerait le droit jusqu'à son décès en 1899. Il eut comme associés, entre autres, son frère Edward Deane Parke, David Mills*, Thomas Hunter Purdom et le fils de ce dernier, Alexander.

Au cours de sa carrière, Parke représenta les intérêts d'un certain nombre d'entreprises de London et du sud-ouest de l'Ontario, dont la London and Port Stanley Railway Company (de 1856 à 1872), la Commercial Bank of Canada et la Banque des marchands du Canada. Il remplit la fonction de solicitor pour le comté de Middlesex de 1869 à 1899 et, à l'occasion, agit à titre de conseiller de la couronne et de juge adjoint du tribunal de comté. Il fut également magistrat de police pour la ville de London de 1882 à 1899. Comme de nombreux avocats ontariens qui connurent le succès à la fin du XIXe siècle, il se servit de son cabinet comme tremplin pour s'engager dans le milieu des affaires et du commerce. Il lança la London and Port Stanley Railway Company et lui obtint une charte en 1853 ; avec ses associés Mills et Thomas Hunter Purdom, il fonda la Northern Life Assurance Company, dont il était vice-président au moment de son décès.

Membre bien en vue du barreau de London (il devint conseiller de la reine en 1885), Parke participa aux activités de la Middlesex Law Association. À titre de vice-président puis de président de cet organisme, il fit valoir les intérêts des représentants locaux de sa profession. Ces intérêts entraient souvent en conflit avec ceux du barreau de Toronto, qui dominait les activités juridiques et judiciaires de la province. Au nom de l'association, il exerça des pressions auprès du gouvernement provincial afin que les avocats des régions aient davantage l'occasion de plaider, grâce à la décentralisation de l'administration judiciaire. À cette fin, il préconisait la hausse des montants qui relevaient de la compétence des tribunaux de comté, ou encore l'augmentation du nombre de sessions locales des tribunaux supérieurs. En 1894, il contribua par ses efforts à persuader le gouvernement de sir Oliver Mowat* d'adopter un règlement qui prévoyait des sessions hebdomadaires de la High Court of Justice à London et à Ottawa, malgré les objections vigoureuses lancées dans deux périodiques torontois spécialisés en droit, le *Canada Law Journal* et le *Canadian Law Times*.

En politique, Ephraim Jones Parke était libéral. Le *London Advertiser*, journal du parti libéral, dit de lui dans une notice nécrologique qu'il avait été « formé à la meilleure école politique, car son père avait fait partie du groupe énergique qui, au sein du corps législatif du Haut-Canada, lutta pour les libertés populaires ». Contrairement à son père, cependant, et malgré sa situation bien en vue, Parke ne fut jamais candidat à un poste politique. Sur le plan religieux, il appartenait à l'Église d'Angleterre ; il semble qu'il y ait adhéré à l'âge adulte, après avoir été élevé dans la foi méthodiste wesleyenne. Il se maria dans une église anglicane de St Thomas en 1869 ; c'est George Mignon Innes, doyen du diocèse anglican de Huron, qui célébra ses obsèques.

CURTIS COLE

Une photographie d'Ephraim Jones Parke a paru dans *London and its men of affairs* (London, Ontario, s.d.), 152.

Middlesex Law Assoc., Library (London), Minute-book, 1 : 44–47. — UWOL, Regional Coll., Middlesex County, Ontario, Solicitor, public records, box 34, Parke à T. E. Robson, 29 janv. 1891 ; Middlesex County, Ontario, Surrogate Court, administration bonds, 1870–1902, box 60 : 154, n° 6563. — *Daily Times* (St Thomas, Ontario), 14 nov. 1899. — *London Advertiser*, 4 févr. 1869, 14 nov. 1899. — *London Free Press*, 14–16 nov. 1899. — *Canadian men and women of the time* (Morgan ; 1898). — *Cyclopædia of Canadian biog.* (Rose et Charlesworth), 1. — *Ontario law directory* (Toronto), 1880 : 135. — *Hist. of Middlesex*, 957–958. — D. J. Hughes et T. H. Purdom, *History of the bar of the county of Middlesex* [...] ([London, 1912]), 7, 49.

PARKMAN, FRANCIS, historien, né le 16 septembre 1823 à Boston, fils de Francis Parkman et de Caroline Hall ; le 13 mai 1850, il épousa Catherine Scollay Bigelow, et ils eurent un fils et deux filles ; décédé le 8 novembre 1893 dans sa ville natale.

Francis Parkman était le descendant d'Elias Parkman, qui s'était établi au Massachusetts au XVIIe siècle, et la famille de sa mère était apparentée aux Cotton, notamment au théologien puritain Cotton Mather. Son grand-père, Samuel Parkman, était un riche marchand et propriétaire de navires, et son père, un ministre unitarien reconnu. En 1840, après avoir fréquenté des écoles de Medford et de Boston, Francis entra à la Harvard University, qui comptait alors moins de 500 étudiants. Deux ans plus tard survint la première attaque du mal qui allait l'affliger toute sa vie. Surestimant ses capacités, il avait fait, au cours de ses vacances d'été, des excursions en canot et de longues marches dans les montagnes et les forêts de la Nouvelle-Angleterre, qui le laissèrent sans forces ni énergie. Depuis, des médecins spécialistes ont posé divers diagnostics sur son problème de santé : hypocondrie, névrose, grave fatigue des yeux, astigmatisme.

Pendant ses années de formation, Parkman ne cessa jamais de se passionner pour les forêts. Ce goût l'amena, dès avant la fin de ses études, à prendre la décision de consacrer son existence au récit des combats que s'y étaient livrés la France et l'Angleterre pour la domination de l'Amérique du Nord. Le premier professeur d'histoire de Harvard, Jared Sparks, exerça une influence sur lui, mais la lecture des romans de sir Walter Scott et de James Fenimore Cooper, comme celle des vers de lord Byron, le marqua aussi fortement. Néanmoins, il entra à la faculté de droit de Harvard en 1844, sur l'insistance de son père, mais bien qu'il obtint un diplôme deux ans plus tard il n'exerça jamais.

En 1845–1846, Parkman se rendit à Michilimackinac (Mackinac Island, Michigan), où il amassa de la documentation en vue d'un ouvrage sur la guerre de Pondiac*. En 1846, il visita aussi la vallée de l'Ohio et les anciens établissements français du Mississippi. La même année, dans l'espoir de recouvrer la santé, il fit un voyage épique dans les Prairies, jusqu'aux contreforts des Rocheuses, à l'époque où des milliers d'Américains envahissaient l'Ouest pour se bâtir une vie meilleure en Oregon ou en Californie.

Parkman passa environ trois semaines chez les Sioux oglalas, qui étaient encore redoutables, mais il fut davantage impressionné à la vue des survivants de tribus autrefois fières regroupés autour des postes de traite et avilis par une exploitation impitoyable, la maladie et l'alcool. Ce spectacle renforça sa conviction de la supériorité raciale des Anglo-Américains. Dans tous ses écrits, il allait dépeindre les Indiens comme des sauvages irréductibles, imperméables à la civilisation, donc condamnés à disparaître pour faire place à ceux qui étaient mieux à même d'exploiter les richesses du continent. Il notera d'ailleurs plus tard dans *History of the conspiracy of Pontiac* [...] : « Il refuse d'apprendre les arts de la civilisation, et lui et sa forêt doivent périr ensemble. » Parkman était un homme de son temps ; la plupart des Américains partageaient son point de vue. Son pays était en pleine évolution, sa « destinée manifeste » s'accomplissait sous ses yeux. De toute évidence, rien ne pourrait ni ne devait l'arrêter, sûrement pas ces sauvages, pas plus qu'un siècle plus tôt la providence n'avait permis que les Français résistent à la détermination des Anglo-Américains.

Malheureusement, ce voyage fut trop dur pour Parkman. Il souffrit presque constamment de dysenterie. À son retour à Boston, en octobre 1846, il fit une dépression nerveuse. Pourtant, on doit se demander si sa santé était aussi précaire qu'il le prétendait. Dès cet automne-là, il put terminer la dictée de son ouvrage *The California and Oregon trail* [...], qui parut en 1849 et racontait son voyage dans l'Ouest. Au printemps de 1848, au plus fort de sa dépression, il avait commencé à travailler à *Pontiac*. Il était alors incapable de supporter la lumière du soleil et devait demeurer dans une pièce sombre jusqu'à la nuit tombée. Il se plaignait que la tête lui tournait sans arrêt et qu'elle semblait prise dans un étau chaque fois qu'il essayait de lire, de converser ou de se concentrer. La plupart des documents qu'il avait fait transcrire étaient en français, et il devait se les faire lire, parfois par des femmes qui ne maîtrisaient pas cette langue. Ces sessions de lecture ne duraient pas plus d'une demi-heure. Ensuite, il prenait des notes, les yeux fermés, à raison de trois ou quatre mots par ligne, sur une feuille recouverte d'un cadre de bois traversé de fils de fer qui guidaient son crayon. Ces notes étaient déchiffrées et on les lui relisait, puis il dictait son récit. Il affirmait ne composer qu'environ six lignes par jour et devoir interrompre son travail pendant des jours ou des semaines quand il ne pouvait poser son crayon sur le papier. Malgré tout, son livre parut en 1851.

Pendant cette période, la santé de Parkman pouvait difficilement être aussi mauvaise qu'il le disait car, au printemps de 1850, il épousa Catherine Scollay Bigelow. Cependant, trois ans plus tard, l'état de Parkman suscita de vives inquiétudes. Il mit l'histoire de côté pour écrire un roman, *Vassall Morton*. Cette œuvre, jugée mineure, parut en 1856. L'année suivante, il perdit son fils de trois ans ; en 1858, sa femme mourut en couches. Ces événements le bouleversèrent tellement que sa famille craignit pour sa raison.

Même s'il l'avait écrit avant, Parkman considéra plus tard *Pontiac* comme la suite de sa série intitulée *France and England in North America*. Quatorze ans s'écoulèrent entre la publication de *Pontiac* et celle du volume suivant, *Pioneers of France in the New World*, en 1865. Ensuite, il publia à un rythme accéléré, car il travaillait sur trois volumes à la fois : il préparait le premier jet de l'un, rédigeait l'autre et polissait le troisième, même si la maladie, « l'ennemi », disait-il, le reprenait périodiquement. Sa vision s'améliora, mais il ne pouvait lire plus de cinq minutes d'affilée : il lisait une minute et se reposait une minute, ou du moins le prétend-on. Quelques-uns des volumes de la série, particulièrement *The Jesuits in North America in the seventeenth century*, qui parut en 1867, et les deux volumes de l'œuvre improprement intitulée *A half-century of conflict*, publiés en 1892, furent composés en bonne partie avec des ciseaux et de la colle, et n'étaient guère qu'un assemblage de longs extraits de documents. Pendant ces années, il consulta des médecins de Boston, de New York et de Paris ; il en retira divers pronostics et degrés de soulagement et, à compter de 1862, il put mener une vie normale. Le dernier volume de son cycle épique, *A half-century of conflict*, parut avant sa mort.

Parkman avait la chance de retirer un important revenu de la succession de son grand-père. Il pouvait donc vivre confortablement, soit dans sa maison de Beacon Hill, soit dans sa résidence d'été de Jamaica Pond, avec des domestiques et sa famille pour veiller loyalement à ses besoins. Il consacrait son temps libre à la culture des roses et il publia *The book of roses* en 1866. Cinq ans plus tard, il accepta la sinécure de professeur d'horticulture au Bussey Institute de Harvard, mais il démissionna dans le courant de l'année.

Étant donné la fortune dont il disposait, Parkman pouvait aisément se permettre de faire transcrire, pour son usage personnel, des milliers de documents qui provenaient des archives de Paris et de Québec ou de collections particulières. On peut se demander combien il en étudia. Assurément, il était très sélectif dans l'utilisation qu'il en faisait. De plus, il est douteux que sa maîtrise du français ait été suffisante pour lui permettre de saisir toute la teneur et les moindres nuances de ces sources de première main. Sa correspondance, en anglais, avec l'abbé Henri-Raymond Casgrain*, historien de Québec qui devint un de ses amis intimes, et avec l'archiviste parisien Pierre Margry, révèle sa faiblesse linguistique. Il lui arrivait de mal interpréter des mots ou des expressions, délibérément, on peut le soupçonner, ce qui l'amenait à donner une version erronée des événements.

Parkman aborda son étude des empires français et britannique d'Amérique du Nord avec certaines idées préconçues et des présupposés qui donnaient de la cohérence à ses écrits, mais l'amenaient à faire de la société et des événements de l'époque coloniale une description qui a peu de rapport avec les faits. Le plus proche équivalent de son œuvre est peut-être celle de son contemporain George Alfred Henty, auteur britannique de romans historiques destinés à la jeunesse et empreints de chauvinisme. Les Britanniques ont abandonné Henty depuis longtemps, mais les Américains et beaucoup d'Anglo-Canadiens s'accrochent à la version que Parkman a donnée de leur histoire. Il jugeait le passé selon les valeurs d'un Bostonien de vieille souche du milieu du XIXe siècle – ce qu'il était, bien sûr. Il croyait ardemment en la notion de progrès et en la destinée manifeste des États-Unis ; pour lui, la conquête de la Nouvelle-France par la Grande-Bretagne était inévitable parce qu'elle avait été essentielle à l'indépendance des États-Unis. Il commettait donc l'erreur suprême pour l'historien, qui est de dire : puisque cela s'est produit, il fallait que cela se produise.

Parkman donnait une interprétation manichéenne des guerres coloniales entre la Grande-Bretagne et la France. Elles avaient opposé les puissances de la lumière à celles des ténèbres, la nation américaine naissante, incarnation du progrès et de la liberté des protestants anglo-saxons, à la Nouvelle-France, symbole de l'absolutisme catholique. Comme il l'écrivait dans *Montcalm and Wolfe,* paru en 1884 : « C'était, aussi, le combat du passé contre l'avenir [...] de l'absolutisme stérile contre une liberté rude, incohérente, chaotique, mais pleine d'une vitalité prometteuse. » Ainsi les habitants de la Nouvelle-Angleterre possédaient une « vigueur peu commune, de même que les robustes vertus d'une race virile ». Les Canadiens, de leur côté, se conduisaient comme des serfs soumis à leurs seigneurs ; certes, c'étaient des soldats et des explorateurs courageux, mais ils étaient condamnés à s'effacer devant les disciples du progrès. Ce concept de base donnait à ses ouvrages l'intensité dramatique d'une tragédie grecque.

Pourtant, Parkman ne croyait pas en la démocratie et il le clamait bien haut. Il considérait l'octroi du droit de vote aux classes inférieures, noires ou blanches, comme « le pire ennemi du gouvernement libéral ». En outre, il s'opposait avec acharnement au suffrage féminin, au mouvement de tempérance, et le mouvement antiesclavagiste n'éveillait en lui aucune sympathie. C'était un ardent défenseur de ce qu'on allait appeler le darwinisme social : rien ne réussit mieux que la réussite, et elle justifie en soi les moyens utilisés pour l'atteindre.

Parkman fait partie des historiens qui souscrivent à la théorie selon laquelle l'histoire est faite par les hommes illustres ; cinq de ses huit ouvrages d'histoire portent en effet sur des grands hommes de l'époque coloniale. Le premier parlait de Pondiac ; le second, *The discovery of the great west,* paru en 1869, de René-Robert Cavelier* de La Salle. Si celui-ci semblait grand, c'est parce que Parkman donnait une interprétation absurde d'une bonne partie des faits et laissait de côté les éléments qui ne lui convenaient pas. En 1962, l'historien américain William Robert Taylor a noté, dans un brillant article, « la propension de Parkman, dans son portrait de La Salle, à fouler aux pieds ses propres preuves ». Il choisissait ses personnages principaux parmi les hommes auxquels il pouvait s'identifier, exception faite, bien sûr, de Pondiac. En La Salle, il voyait son semblable : un homme mentalement torturé qui, malgré les coups de l'adversité, persistait dans sa quête. Le portrait n'était pas celui de La Salle, mais un autoportrait. Frontenac [Buade*], vieux courtisan grandiloquent et gouverneur de la Nouvelle-France, frappait son imagination par son arrogance, car lui-même était le plus arrogant des hommes. Et puis Frontenac était digne d'admiration parce qu'il avait eu des démêlés avec les jésuites, dont Parkman pouvait reconnaître le courage, mais qu'il abhorrait à cause de ce qu'ils représentaient. Le fait d'avoir négligé de plus grands hommes que ceux qu'il choisit est aussi révélateur : par exemple Charles Le Moyne* de Longueuil et de Châteauguay et deux de ses fils, Pierre Le Moyne* d'Iberville et d'Ardillières et Jean-Baptiste Le Moyne* de Bienville, qui furent, entre autres choses, les fondateurs de la Louisiane. Mais ils n'étayaient pas sa thèse : la supériorité des objectifs et valeurs des protestants anglo-américains, alors il n'en tenait aucun compte.

L'historien britannique Esmond Wright écrivait en

1964, dans sa préface à une édition de *Montcalm and Wolfe* : « de l'avis général, [ce livre] demeure, après quatre-vingts ans, non seulement sa plus grande œuvre, mais le plus grand ouvrage d'histoire jamais publié aux États-Unis ». Il faut tout ignorer de l'histoire de la Nouvelle-France pour faire une affirmation pareille. De même, Samuel Eliot Morison, de Harvard, est tout aussi mal informé quand il dit que les œuvres de Parkman « se distinguent par leur scrupuleuse exactitude ». Même avant de commencer *Montcalm and Wolfe,* Parkman déclarait avoir l'intention de faire du marquis de Montcalm* « le personnage central du livre » et de raconter les événements en fonction de lui. Sa sœur Eliza W. S., qui fut sa fidèle secrétaire, signala peu de temps après sa mort qu'il était très conscient de sa ressemblance avec son héros invalide, le major général James Wolfe*.

Dans ce long ouvrage, Parkman considérait que les dés étaient jetés avant même la bataille ; aussi ne lui paraissait-il pas tellement nécessaire de mettre en question la stratégie et la tactique des deux commandants. Les personnages principaux sont soit des bons, soit des méchants. Wolfe appartient à la première catégorie ; Montcalm aussi. En effet, Parkman a beaucoup de sympathie pour lui, même s'il était dans le mauvais camp, car il a eu la bonne grâce de perdre la bataille décisive de Québec, en 1759. Pour faire contraste avec le noble Montcalm, le gouverneur général Vaudreuil [Rigaud*] et l'intendant François Bigot* sont dépeints sous les couleurs les plus sombres. Parkman affirmait, sans la moindre preuve, que l'arrivée tardive de Vaudreuil à la bataille des plaines d'Abraham « était bien calculée pour que le blâme retombe sur Montcalm en cas de défaite, ou pour revendiquer pour lui-même une partie des honneurs en cas de victoire ». Parkman visait toujours l'effet dramatique et non des conclusions appuyées sur un examen rigoureux et critique des documents. Ayant prédit les réponses, il n'avait nul besoin de poser des questions ; il lui suffisait de choisir les éléments qui soutenaient son propos, en laissant les autres de côté. Beaucoup trop souvent, il trafiquait les sources, en omettant des passages sans l'indiquer quand il citait directement, et modifiait ainsi délibérément le sens. À l'occasion, il arrangeait les faits ou les contredisait pour prouver une assertion. *Montcalm and Wolfe* n'est d'ailleurs pas le seul de ses ouvrages où ces tendances sont manifestes.

Sans tenter le moins du monde de comprendre les problèmes logistiques des Français ou des Britanniques, Parkman accusait Vaudreuil et Bigot d'avoir, par leur corruption systématique, miné la résistance de leurs compatriotes. Cette supposée corruption lui servait à souligner encore une fois la turpitude des Français, qu'il opposait à la droiture des Anglo-Américains. Il prenait pour argent comptant les féroces accusations de Montcalm contre les deux hommes, mais négligeait de dire que Montcalm avait, lui aussi, réussi à amasser une petite fortune dans la colonie. De même, il ne parlait pas du défaitisme flagrant de ce dernier, qui sapa le moral des Français. Il condamnait vigoureusement et imputait à Vaudreuil les prétendues atrocités commises par les alliés indiens des Français, et passait sous silence ou justifiait facilement celles des Anglo-Américains. Le compte rendu qu'il fit de la déportation des Acadiens dans *Montcalm and Wolfe* fut responsable d'une brouille avec son vieil ami Casgrain, qui ne put tout simplement pas l'accepter. Celui-ci contesta la prétention de Parkman voulant que la Déportation ait été nécessaire et il critiqua la sélection de documents qu'avait publiée en 1869 Thomas Beamish AKINS, commissaire des Archives publiques de la Nouvelle-Écosse, et sur laquelle le Bostonien s'était appuyé. Casgrain et Parkman finirent par se réconcilier, mais uniquement parce que l'abbé fit preuve de la plus grande charité chrétienne.

L'université Laval avait envisagé en 1878 de décerner un diplôme honorifique à Parkman. Le moment n'aurait pu être plus mal choisi. *The Jesuits in North America,* paru en 1867, et *The old régime in Canada,* en 1874, avaient dépeint les jésuites et les Canadiens sous le plus mauvais jour possible. D'une manière ou d'une autre, la proposition fut rendue publique et provoqua une levée de boucliers. Les ultramontains, sous la gouverne du journaliste Jules-Paul Tardivel*, accusèrent Casgrain et l'université de ramper devant un diffamateur du Canada français et de l'Église catholique. Les protestants anglophones et la presse canadienne-française anticléricale ne tardèrent pas à se jeter dans la mêlée. Bientôt, le climat intellectuel de la province devint si empoisonné que le recteur de l'université Laval se sentit obligé d'informer Parkman que, pour lui éviter une situation embarrassante et pour le bien de l'université, il était préférable, vu les circonstances, de retarder la remise du diplôme. Parkman, en véritable gentleman, accepta la situation sans rancune et déclara avoir été touché que l'on ait songé à honorer ses travaux. Peu après, le McGill College de Montréal, bastion de la suprématie anglo-protestante au Canada français, offrit un diplôme à Parkman, qui l'accepta avec plaisir en 1879.

Depuis 1945, les historiens du Canada ont récrit l'histoire de la Nouvelle-France, et dans les milieux universitaires canadiens la version de Parkman a été écartée et assignée seulement à la formation des étudiants en historiographie. Aux États-Unis, cependant, encore en 1983, on a salué comme un événement une nouvelle édition de *France and England in North America*. Pour reprendre les termes de William Robert Taylor, « l'extraordinaire pouvoir que ces ouvrages d'histoire continuent d'exercer est difficile à expliquer ». Quelques historiens américains ont protesté, mais en vain, semble-t-il.

Pourquoi alors ? Principalement pour deux raisons. Parkman avait un style remarquable. Romantique jusqu'à la moelle, il pouvait faire revivre, dans l'imagination du lecteur, la forêt et ses habitants. À l'aube, des guerriers indiens semblables à des ombres et de rudes miliciens canadiens placés sous le commandement d'officiers français aux noms exotiques, vêtus de redingotes blanches à parements bleus, se faufilent dans les bois pour surprendre un établissement de robustes fermiers de la Nouvelle-Angleterre. Puis c'est l'attaque surprise, le massacre ; les guerriers incendient les maisons à la torche et retournent au Canada avec quelques prisonniers terrifiés... Le lecteur peu instruit se laisse emporter et souscrit toujours à la bonne cause. *The Jesuits in North America* se termine sur l'une de ces généralisations suivantes : « La Liberté peut remercier les Iroquois car, par leur furie insensée, ils ont réduit à néant les desseins de son adversaire, empêché son avenir d'être assombri par le péril et l'affliction. Ils ont ruiné le commerce qui était le sang même de la Nouvelle-France et l'ont empêché de couler dans ses artères ; ils ont rempli toutes ses premières années de misère et de terreur. Certes, ils n'ont pas changé sa destinée. Jamais l'issue de la lutte que se livraient sur ce continent la Liberté et l'Absolutisme n'a fait le moindre doute ; mais le triomphe de l'une aurait été chèrement acquis, et la chute de l'autre incomplète. Des populations formées aux idées et aux coutumes d'une monarchie féodale, et dirigées par une hiérarchie profondément hostile à la liberté de pensée, seraient demeurées comme un obstacle sur le chemin de la majestueuse expérience dont l'Amérique est le territoire. Les jésuites ont vu leurs espoirs s'anéantir, et leur foi, si elle n'a pas été ébranlée, a subi une dure épreuve. À leurs yeux, la Providence divine semblait sombre et inexplicable ; mais, du point de vue de la Liberté, cette Providence est aussi claire que le soleil de midi. À présent, que les vainqueurs rendent aux vaincus les honneurs qu'ils méritent. Leurs vertus scintillent au milieu des déchets de l'erreur, tels les diamants et l'or dans le gravier du torrent. » Tant en Amérique du Nord qu'en Europe, ce style puissant a captivé les contemporains de Parkman et leurs descendants. Au Canada, plusieurs auteurs ont tenté, avec un maigre succès, de l'imiter, notamment les historiens William Dawson Le Sueur*, George MacKinnon Wrong* et Charles William Colby*.

Le second motif qui explique l'attrait persistant qu'exerce la version de l'histoire de Parkman est plus sinistre. Encore aujourd'hui, l'écrasante majorité des Américains partagent son préjugé inné en faveur des valeurs, des institutions, des mythes et des aspirations anglo-américains. Bref, Parkman plaît parce qu'il fait appel au chauvinisme. Dans une mesure assez considérable, bien des Canadiens anglophones acceptent cette idée et considèrent les Canadiens français comme une race inférieure dont la conquête par les Britanniques était non seulement inévitable mais ce qui pouvait leur arriver de mieux. Ils partagent le point de vue de Parkman dans *The old régime in Canada :* « la conquête du Canada par les armes britanniques est la plus heureuse calamité qui soit jamais tombée sur un peuple ». Quant au sort des Indiens, Parkman n'en avait cure.

Que conclure alors sur le phénomène Francis Parkman ? Pendant près d'un siècle, on a accepté comme parole d'évangile son interprétation de l'expérience coloniale des Français et des Britanniques. D'éminents historiens du Canada et des États-Unis ont déclaré que l'histoire de la Nouvelle-France n'était plus à faire, qu'il n'y avait rien à ajouter : Parkman avait tout dit. Aujourd'hui, aucun historien ne pourrait avancer cette thèse impunément. En fonction des critères actuels de l'historiographie, la version de Parkman constitue, sans aucun doute, de la mauvaise histoire. À l'instar de son proche contemporain Jules Michelet, il cherchait à faire vivre le passé dans le présent, et il y parvint. Malheureusement, ce passé n'existait que dans son imagination.

W. J. ECCLES

L'œuvre en sept parties de Francis Parkman intitulée *France and England in North America,* publiée à l'origine à Boston entre 1865 et 1892, a connu une multitude de rééditions, dont la dernière, préparée par David Levin, a été publiée en deux volumes sous le titre initial de la série à New York, en 1983. Une anthologie en un volume comprenant des chapitres choisis de la série a été publiée sous le titre de *The Parkman reader* [...], S. E. Morison, édit. (Boston et Toronto, 1955) ; le nombre d'exemplaires vendus de *France and England* jusqu'en 1953 apparaît aux pages 523 et 524 de l'anthologie.

Deux versions révisées de *History of the conspiracy of Pontiac* [...] (Boston, 1851) ont été publiées par Parkman durant la préparation de *France and England* : la 6e édition, parue en 1870, a été augmentée et comprend deux volumes sous le nouveau titre de *The conspiracy of Pontiac and the Indian war after the conquest of Canada* ; la 10e éditions qui comprend d'autres additions a paru en 1891.

Parkman est aussi l'auteur de : *The California and Oregon trail : being sketches of prairie and Rocky Mountain life* [...] (New York, 1849) ; *Vassall Morton ; a novel* (Boston, 1856) ; et *The book of roses* (Boston, 1866). On trouve d'autres renseignements sur ses œuvres et les diverses éditions qu'elles ont connues dans le *National union catalog* et dans les biographies écrites par Charles Haight Farnham et Mason Wade (citées ci-après). Ont aussi été publiés : *The journals of Francis Parkman,* Mason Wade, édit. (2 vol., New York et Londres, 1947) ; et *Letters of Francis Parkman,* introd. de W. R. Jacobs, édit. (2 vol., Norman, Okla., 1960).

W. D. Howells, « Mr. Parkman's histories », *Atlantic Monthly* (Boston), 34 (juill.–déc. 1874) : 602–610. — *DAB*. — H.-R. Casgrain, *F. X. Garneau et Francis Parkman* (Montréal, 1912). — Howard Doughty, *Francis Parkman* (New York, 1962). — C. H. Farnham, *A life of Francis Parkman* (Toronto, 1900). — David Levin, *History as romantic art : Bancroft, Prescott, Motley and Parkman*

(Stanford, Calif., 1959). — O. A. Pease, *Parkman's history : the historian as literary artist* (New Haven, Conn., 1953). — Mason Wade, *Francis Parkman, heroic historian* (New York, 1942). — W. J. Eccles, « The history of New France according to Francis Parkman », *William and Mary Quarterly* (Williamsburg, Va.), 3e sér., 18 (1961) : 163–175. — W. R. Jacobs, « Some of Parkman's literary devices », *New England Quarterly* (Brunswick et Portland, Maine), 31 (1958) : 244–252. — F. P. Jennings, « A vanishing Indian : Francis Parkman versus his sources », *Pa. Magazine of Hist. and Biog.* (Philadelphie), 87 (1963) : 306–323 ; « The Delaware interregnum », 89 (1965) : 174–198 ; « Francis Parkman : a Brahmin among untouchables », *William and Mary Quarterly*, 3e sér., 42 (1985) : 305–328. — W. R. Taylor, « A journey into the human mind : motivation in Francis Parkman's *La Salle* », *William and Mary Quarterly*, 3e sér., 19 (1962) : 220–237.

PATON, ANDREW, manufacturier et homme politique, né le 5 avril 1833 à Torbrex (Stirling, Écosse), fils de James Paton et de Mary Harvey ; en 1859, il épousa Isabella Moir, et ils eurent six enfants ; décédé le 23 octobre 1892 à Sherbrooke, Québec.

Andrew Paton commença sa carrière dans la fabrication de lainages comme jeune apprenti à la J. and D. Paton à Tillicoultry, près de Torbrex ; après son apprentissage, il continua à travailler dans cette manufacture jusqu'à son départ pour le Canada en 1855. Il mit sur pied une petite entreprise à Galt (Cambridge, Ontario) puis, en 1861, il s'installa tout près, à Waterloo, où il devint associé dans l'usine de lainages Paton and Brickes.

Cinq ans plus tard, Paton s'établit à Sherbrooke, et c'est à partir de ce moment que sa carrière prit vraiment de l'ampleur. En 1866, cette petite ville des Cantons-de-l'Est comptait environ 3 000 habitants, et il n'y existait aucune entreprise de plus de 50 travailleurs. La direction de la British American Land Company [V. sir Alexander Tilloch GALT], principal propriétaire foncier de la région, estima que l'établissement d'une grande industrie contribuerait à faire augmenter la valeur des terres, et elle offrit gratuitement à Paton des terrains et de l'énergie hydraulique. La présence d'investisseurs locaux disposés à aider à la mise sur pied d'une usine de lainages incita sans doute fortement Paton à venir s'établir à Sherbrooke. La A. Paton and Company fut créée en juin 1866 ; Paton et les cinq autres associés de l'entreprise devaient fournir 50 000 $ de capital pour démarrer les activités. Parmi ces associés, il y avait Richard William Heneker*, Benjamin Pomroy et John Henry Pope*, trois capitalistes bien connus qui avaient mis leurs ressources en commun pour fonder la Banque des Townships de l'Est, laquelle avait reçu une charte en 1855 et ouvert ses portes en 1859. Ils faisaient partie d'un petit groupe d'hommes d'affaires anglophones de la région, à l'esprit bien déterminé, auxquels Paton ne tarda pas à se lier. Les deux autres associés de l'entreprise de fabrication de lainages étaient les Montréalais George Stephen* et Alexander Mitchell.

En moins de quatre ans, la compagnie comptait près de 200 travailleurs et donnait l'impulsion majeure à l'augmentation de la population de Sherbrooke, passée à 4 500 en 1871. Elle contribua aussi de façon importante au changement radical du caractère de la ville sur les plans ethnique et linguistique : en raison du grand nombre de francophones qui travaillaient à l'usine, la population d'expression française de la ville passa de 24 % en 1861 à 51 % en 1871.

En dépit du succès apparent de l'exploitation de l'usine, la position de Paton au sein de l'entreprise s'était détériorée dès le début des années 1870. Selon l'entente originale, on lui avait confié l'entière direction de l'entreprise, dans laquelle il n'avait investi que 5 000 $, et on l'avait nommé « associé général ». Les autres, des « associés spéciaux », qui avaient investi chacun 10 000 $ (sauf Heneker et Mitchell, qui n'avaient fourni que 5 000 $) ne s'occupaient pas des activités quotidiennes de l'usine. En juillet 1868, Paton avait accumulé plus de 2 000 $ de dettes envers l'entreprise, et il cherchait à obtenir un rajustement des modalités d'association. On transféra alors l'actif de la A. Paton and Company à la Compagnie manufacturière Paton de Sherbrooke, une compagnie par actions qui détenait un capital social de 100 000 $ et dont Paton n'était qu'un actionnaire minoritaire. Il remplit les fonctions de directeur de l'usine et fut membre du conseil d'administration jusqu'à son décès en 1892, mais il abandonna la haute main sur l'entreprise en retour de la suppression de sa dette personnelle.

La compagnie reconstituée continua à prospérer et, comme auparavant, Paton contribua de près à ce succès. Le représentant de la R. G. Dun and Company avait signalé en septembre 1868 que la firme allait « vraisemblablement faire de bonnes affaires » et que Paton « avait de l'expérience, [était] un bon homme d'affaires et dirige[ait] les activités ». Trois ans plus tard, on pouvait apprendre de la même source que la compagnie était assurée pour une valeur de 150 000 $, que « Paton, le directeur, [était] un homme pratique et [que] l'entreprise réuss[issait] ». La dépression du milieu des années 1870 ne sembla pas affecter l'usine, car on ne ferma aucune de ses installations et on ne procéda à aucune réduction de personnel. Elle comptait 483 travailleurs en 1877, 540 en 1882, et en 1892, année où on reconnut l'entreprise comme la plus importante usine de lainages au Canada, ce nombre était passé à 725.

Il semble que Paton, comparativement à d'autres, favorisait le maintien de relations cordiales entre la direction et la main-d'œuvre de l'usine. Son témoignage devant la Commission royale d'enquête sur les relations entre le capital et le travail au Canada

[V. James Sherrard Armstrong*] révéla qu'il pratiquait un mode de gestion plus humain que beaucoup d'autres exploitants, qui admettaient l'existence de piètres conditions de travail dans leur usine. Paton put déclarer devant la commission qu'on imposait rarement d'amendes dans son établissement et qu'on prenait la peine d'expliquer tous les règlements aux employés.

L'usine que Paton établit à Sherbrooke contribua grandement à l'expansion de la ville dans la dernière décennie du XIXe siècle. Lui-même participa à cette croissance au delà du cadre de son activité commerciale. À titre de membre du conseil municipal pendant huit ans, il appuya fortement l'octroi de primes par la ville de Sherbrooke aux industriels qui pensaient s'y établir. Membre influent de la Chambre de commerce de Sherbrooke, dont il était le président au moment de son décès, il s'occupait surtout des activités destinées à attirer l'industrie dans la ville. Cette expansion, cependant, donna lieu à l'émergence d'une majorité de citoyens francophones qui mina la position de l'élite anglophone. D'autres notables de ce groupe, comme Heneker, s'engagèrent dans de violents conflits avec la population francophone, mais il semble que Paton se tint à distance de ce genre de controverse.

La croissance que connut la région s'accompagna aussi d'un déclin du pouvoir des dirigeants du milieu des affaires au bénéfice de monopoles capitalistes de Montréal. Depuis les années 1860, le petit groupe d'hommes d'affaires anglophones de Sherbrooke, auxquels s'était joint Paton dès son arrivée en 1866, avait orienté le développement économique des Cantons-de-l'Est. Dans les années 1890 toutefois, des entreprises plus puissantes et dont le siège social était à Montréal exerçaient une influence dominante. On eut une bonne illustration de ce changement après la mort de Paton en 1892, quand le conseil d'administration de la Compagnie manufacturière Paton de Sherbrooke, dominé par le Montréalais George Stephen, choisit un autre Montréalais, John Turnbull, pour assumer la direction de l'usine de lainages. On peut considérer le mariage de la fille aînée de Paton en 1890 à Herbert Samuel Holt*, capitaliste montréalais bien connu, comme un autre indice des rapports de plus en plus étroits qui s'établissaient entre l'élite de Montréal et celle des Cantons-de-l'Est.

La carrière d'Andrew Paton marqua une étape particulière de l'histoire économique des Cantons-de-l'Est et son décès peut être vu comme un symbole de la perte de pouvoir sur l'économie locale que connurent les hommes d'affaires bien enracinés dans la région. Les éloges que lui firent ses employés dans différentes notices nécrologiques laissent supposer qu'il y eut plus qu'une simple coïncidence entre la détérioration des relations de travail dans l'usine au début du XXe siècle et le changement de direction. À sa mort, Paton fut l'un des rares membres de l'élite anglophone de Sherbrooke à recevoir les louanges de la presse tant francophone qu'anglophone pour sa contribution à la croissance de la région, à une époque où l'équilibre changeant entre les deux groupes ethniques était source de tensions considérables.

RONALD E. RUDIN

ANQ-E, CN1-27, 23 juin 1866. — Baker Library, R. G. Dun & Co. credit ledger, Canada, 4 : 535 (mfm aux AN). — Cleyn and Tinker Company Arch. (Huntingdon, Québec), Paton Manufacturing Company papers. — Canada, Commission royale sur le travail et le capital, *Rapport*. — Canada, prov. du, *Statuts*, 1855, chap. 206. — Québec, *Statuts*, 1875, chap. 67. — *Gazette* (Montréal), 24 oct. 1892. — *Monetary Times*, 28 oct. 1892. — *Montreal Daily Star*, 24 oct. 1892. — *Le Pionnier*, 28 oct. 1892. — *Le Progrès de l'Est* (Sherbrooke, Québec), 15, 28 oct. 1892. — *Cyclopædia of Canadian biog*. (Rose et Charlesworth), 2 : 448. — L.-P. Demers, *Sherbrooke : découvertes, légendes, documents* [...] (Sherbrooke, 1969).

PATTERSON, GEORGE, journaliste, ministre presbytérien, auteur et amateur d'archéologie, né le 30 avril 1824 à Pictou, Nouvelle-Écosse, fils d'Abraham Patterson et de Christiana Ann MacGregor ; le 20 mars 1851, il épousa dans le comté de Sydney, Nouvelle-Écosse, Margaret McDonald, et ils eurent huit enfants ; décédé le 26 octobre 1897 à New Glasgow, Nouvelle-Écosse.

Du côté paternel, George Patterson était le petit-fils de John Patterson, l'un des immigrants écossais arrivés sur l'*Hector*, en 1773, et reconnu comme le « père de Pictou ». Sa grand-mère paternelle, Ann Harris, était la fille de Matthew Harris, membre de la Philadelphia Company, qui avait colonisé la région de Pictou en 1767. Son père était un marchand en vue et sa mère, la fille du pasteur James Drummond MacGregor*, pionnier de l'Église presbytérienne. Patterson étudia à la Pictou Academy de Thomas McCulloch*, et plus tard, avec ce dernier, au Dalhousie College. Il interrompit ses études de 1843 à 1846 pour devenir le premier rédacteur en chef de l'*Eastern Chronicle*, publié à Pictou à cette époque. En 1846, il partit pour Édimbourg où, après avoir étudié à l'université, il reçut l'autorisation de prêcher, le 1er février 1848. À son retour d'Écosse, on le nomma pasteur de la congrégation Salem Presbyterian de Greenhill, dans le comté de Pictou. Il conserverait cette charge du 31 octobre 1849, date de son installation, jusqu'à ce qu'il démissionne le 30 octobre 1876, peut-être à cause d'un scandale dans lequel son frère et le département des Douanes étaient impliqués. Son travail pour cette congrégation, dont le nombre d'adhérents se maintint à peu près à 600 tout au long de son ministère, lui valut un salaire annuel qui passa de £125 à plus de £700 au moment de sa démission.

La contribution de Patterson à l'Église presbytérienne de la Nouvelle-Écosse (qui fusionna en 1860 avec l'Église libre pour former l'Église presbytérienne des provinces Maritimes de l'Amérique du Nord britannique) et l'activité qu'il y déploya furent considérables et variées. Entre les années 1850 et 1867, il fut rédacteur ou corédacteur de trois publications religieuses régionales majeures. Il servit dans les rangs d'organismes qu'il avait contribué à fonder, comme le Fonds des veuves et orphelins des ministres, le Fonds des ministres âgés et infirmes, ainsi que des comités qui visaient à établir un fonds d'assurance coopératif pour les biens de l'Église et à recueillir et conserver les documents historiques. Dans les années 1870, il fut le principal rédacteur des règles et formalités de la procédure ecclésiastique. Après avoir démissionné de son poste à la tête de la congrégation Salem Presbyterian en 1876, il alla s'installer à New Glasgow, mais continua de s'occuper des affaires de l'Église. En 1878, il s'embarqua pour la Grande-Bretagne afin de recueillir, au nom de l'Église presbytérienne au Canada, des dons pour le tout nouveau collège de Manitoba [V. George Bryce*], mais son voyage s'avéra infructueux.

Malgré l'importance du travail de Patterson au sein des comités, ce sont ses écrits sur une grande variété de sujets qui ont laissé le souvenir le plus profond. Publiées entre 1859 et 1889, ses biographies de James MacGregor, John Keir* et John Campbell, premiers pasteurs des Maritimes, et de John Geddie*, Samuel Fulton Johnston, John William Matheson et de sa femme, Mary Geddie Johnston, premiers missionnaires aux Nouvelles-Hébrides (république de Vanuatu), contribuèrent grandement à renforcer le programme des missions de l'Église presbytérienne. Patterson s'y révèle un propagandiste au meilleur sens du terme, qui cherche à inculquer à la jeunesse des Maritimes non seulement l'idée, mais le désir ardent de servir l'Église. Dans les années qui suivirent son départ de l'église Salem Presbyterian, il publia des articles sur des sujets aussi érudits et historiques que les débuts de l'exploration et de l'établissement des Européens en Amérique du Nord, les sites funéraires indiens et les dialectes terre-neuviens. Ses écrits lui valurent honneurs et renommée. Il appartint à plusieurs organismes, tels le Nova Scotian Institute of Natural Science, la Nova Scotia Historical Society, l'American Folk Lore Society et l'American Institute of Christian Philosophy. En 1874, le College of New Jersey, à Princeton, lui remit un doctorat honorifique en théologie pour sa monographie intitulée *The doctrine of the Trinity underlying the revelation of redemption*, publiée à Édimbourg en 1870. Sa collection archéologique était d'une telle importance que la Dalhousie University l'accepta avec reconnaissance en 1889. Il reçut l'Akins Historical Prize [V. Thomas Beamish Akins] à trois reprises : en 1874, pour son histoire du comté de Pictou ; en 1893, pour un essai sur l'immigration des protestants français en Nouvelle-Écosse ; et en 1894, pour une histoire de l'île de Sable. La Dalhousie University lui décerna un doctorat honorifique en droit le 28 avril 1896 « en reconnaissance de l'éminent service qu'il a[vait] rendu à l'enrichissement de l'histoire locale ».

L'œuvre la plus connue de Patterson est *A History of the county of Pictou, Nova Scotia*. Publiée à Montréal en 1877, elle constitue une révision de l'essai qui lui avait valu un prix. Dans la préface, il raconte comment « il n'a ménagé aucun effort pour obtenir de l'information. Il a fouillé à fond les archives du comté et de la province et importuné les fonctionnaires avec ses questions ; il s'est péniblement frayé un chemin dans les dossiers des journaux et les ouvrages sur l'histoire coloniale ; il a interrogé des Micmacs et, comme le disaient les Écossais, il a « pressé de questions » (« expiscated ») toutes les vieilles gens qu'il a rencontrés dans le comté durant des années ; il a également entretenu une vaste correspondance et visité diverses parties du pays à la recherche de faits. » Jusqu'à nos jours, cet ouvrage a servi de référence pour évaluer les autres histoires de comté de la Nouvelle-Écosse. Il s'en trouve peu qui aient surpassé les normes élevées de l'œuvre de Patterson. L'historien moderne M. Brook Taylor la considère comme « un récit cohérent et soutenu qui touche tous les points de la vie coloniale », et il souligne que « Patterson avait même introduit comme thème d'interprétation l'antagonisme entre la force morale et le progrès matériel. Il fut donc l'un des rares historiens canadiens du dix-neuvième siècle à s'arrêter pour évaluer le coût du progrès. »

La carrière de George Patterson laisse deviner des rêves non réalisés. Il aspirait à imiter les missionnaires au sujet desquels il écrivait avec tant de conviction, mais l'occasion ne lui en fut jamais donnée. En parlant des premières tentatives de Patterson comme journaliste, George Renny Young* lui avait déclaré : « Vous avez une plume qui devrait vous donner un grand destin. » Même s'il voyagea beaucoup, l'œuvre de sa vie se limita à Greenhill et, plus tard, à New Glasgow. Sa connaissance évidente et sa compétence en matière religieuse auraient dû lui procurer des offres de nombreuses autres congrégations après son départ du temple Salem Presbyterian, à 52 ans, mais il n'en reçut aucune. Patterson dut être blessé de ce manque de considération, car qui comprenait mieux que lui les mécanismes complexes de l'Église presbytérienne de Pictou ? Son dernier ouvrage important fut une étude inédite sur les premiers pasteurs presbytériens des Maritimes, qu'il s'était proposé de diffuser sous forme d'abonnements. Même si les écrits de Patterson lui valurent le respect de la communauté savante, il dut solliciter l'appui de sir John William Dawson pour être admis à la Société royale du Canada en 1889. Ce gentleman réservé et digne ne laissa cependant jamais les épreuves altérer son attitude ou son travail. Au début de sa carrière, il avait déclaré qu'il écrirait « avec l'œil d'un patriote » et, jusqu'à la fin, il fut fidèle à ce credo. Il repose aujourd'hui au cimetière Riverside, à New Glasgow, mais ses écrits assurent survie et respect à son nom.

ALLAN C. DUNLOP

Les manuscrits des trois essais de George Patterson qui ont remporté le prix Akins : « A history of the county of Pictou » (1874) ; « A sketch of the French Protestant emigrations to Nova Scotia » (1893) ; et « An historical account of Sable Island » (1894), sont conservés dans la collection des Akins Hist. Prize Essays à la Univ. of King's College Library (Halifax). Le texte de 1894 a été publié sous le titre « Sable Island, its history and phenomena », SRC *Mémoires,* 1re sér., 12 (1894), sect. II : 1–49.

Une bibliographie des écrits de Patterson figure dans les SRC *Mémoires,* 1re sér., 12, proc. : 62–63. Le *National union catalog* énumère plusieurs autres articles et monographies, mais il lui attribue aussi à tort des travaux de son fils, George Geddie Patterson. Le rapport de Patterson intitulé « Report of agent for Manitoba College » figure dans les PCC *Acts and proc.,* 1879 : cxxi–cxxiv. Son œuvre la plus importante, *A history of the county of Pictou, Nova Scotia,* publiée pour la première fois en 1877, a fait l'objet d'une réimpression (Belleville, Ontario, 1972).

Patterson a aussi dirigé l'édition d'une collection des écrits de son grand-père sous le titre de *A few remains of the Rev. James MacGregor, D.D.* (Philadelphie, 1859). Il a été éditeur ou co-éditeur du Presbyterian Church of Nova Scotia, *Missionary Reg.* (Pictou, N.-É.), 1 (1850)–6 (1855) et de son successeur, le *Christian Instructor, and Missionary Reg.* (Halifax ; Pictou), 1 (1856)–5 (1860) ; ainsi que du Presbyterian Church of the Lower Provinces of British North America, *Home and Foreign Record* (Halifax), 1 (1861)–7 (1867).

McGill Univ. Arch., MG 1022, George Patterson à J. W. Dawson, 17 juin 1887. — PANS, Churches, Salem Presbyterian Church (Greenhill), minutes, 1848–1889 (mfm) ; MG 1, 742–744 ; 3088, n° 3 ; MG 2, 722, F/2, n° 671. — Presbyterian Church in Canada, Synod of the Maritime Provinces, *Minutes* (Halifax), 1875–1879. — Presbyterian Church of Nova Scotia, *Minutes of the synod* (Halifax), 1859–1860. — Presbyterian Church of the Lower Provinces of British North America, *Minutes of the synod* (Halifax), 1860–1875. — *Eastern Chronicle* (Pictou ; New Glasgow, N.-É.), 27 mars 1851, 1er nov. 1877, 28 oct., 4 nov. 1897. — Robert Stewart, *Colonel George Steuart and his wife Margaret Harris : their ancestors and descendants* [...] (Lahore, Inde, 1907). — Frederick Pauley, *History of Salem Presbyterian Church, Green Hill, Pictou County, Nova Scotia* ([s.l.], 1966). — A. C. Dunlop, « George Patterson : a Pictou historian », N.S. Hist. Soc., *Coll.*, 42 (1986) : 81–92 ; « Salem Church and Dr. George Patterson », *Presbyterian Hist.* (Hamilton, Ontario), 29 (1985), n° 2. — Eric Ross, « A Canadian abroad in Edinburgh University, 1847/48 », *Univ. of Edinburgh Bull.* (Édimbourg), janv. 1986 : 11–14. — M. B. Taylor, « Nova Scotia's nineteenth-century county histories », *Acadiensis* (Fredericton), 10 (1980–1981), n° 2 : 159–167.

PAUL, JACQUES-PIERRE PEMINUIT. V. PEMINUIT

PEEL, PAUL, peintre, né le 7 novembre 1860 à London, Haut-Canada, fils de John Robert Peel et d'Amelia Margaret Hall ; le 16 janvier 1886, il épousa à Willesden (Londres) Isaure Fanchette Verdier, et ils eurent un fils et une fille ; décédé le 3 octobre 1892 à Paris.

Au début des années 1850, les parents de Paul Peel, tous deux originaires d'Angleterre, s'établirent à London, dans le Haut-Canada, où son père se fit vite connaître comme sculpteur sur pierre et professeur de dessin. Les huit enfants des Peel s'épanouirent dans un milieu familial attentif et artistique ; Paul et sa sœur Mildred se montrèrent particulièrement réceptifs aux enseignements de leur père. En 1875, Paul devint l'élève de William Lees Judson, paysagiste et portraitiste d'origine anglaise qui lui enseigna les rudiments du style alors en vogue, l'académisme, et l'encouragea à peindre en extérieur. La Western Fair de London couronna en septembre 1876 l'une des œuvres que réalisa Paul au cours de ses deux années d'apprentissage auprès de Judson.

Admis l'été suivant à la Pennsylvania Academy of Fine Arts, à Philadelphie, Peel eut pour maîtres Christian Schussele et Thomas Eakins, plus progressiste. Outre le dessin d'après gravures, plâtres et modèles vivants, la formation comprenait des cours de portrait, de nature morte, de perspective et d'anatomie. Eakins donna au jeune Peel le goût d'explorer le monde visuel jusque dans ses moindres détails et de le rendre avec précision en employant une technique nouvelle, directe : le « dessin » sans ébauche à l'aide d'un pinceau et de pigments de couleur. En avril 1880, Peel était de retour chez lui, grandement enrichi.

Peel remporta trois prix à la Western Fair de 1880 et réalisa plusieurs ventes : sa réputation locale grandissait, même si ses toiles – surtout des scènes de genre et des paysages – étaient encore guindées et hésitantes. Élu membre de l'Ontario Society of Artists [V. John Arthur FRASER] au début d'octobre, il était en route pour l'Europe dès la fin du mois ; peut-être s'arrêta-t-il à Londres pour suivre des cours à la Royal Academy of Arts. Pendant la douzaine d'années qui suivirent, il séjourna souvent à Paris, foyer de grandes écoles d'art et de multiples expositions, ce qui le classe, avec William Brymner*, George Agnew Reid* et Robert Harris*, parmi la deuxième vague d'artistes canadiens qui étudièrent et travaillèrent en France.

Peel passa le printemps et l'été de 1881 au village breton de Pont-Aven, particulièrement goûté des Américains en raison de son décor pittoresque et du mode de vie traditionnel de ses habitants. Dès juin, il avait déjà envoyé quatre toiles d'inspiration bretonne à son père, qui les présenta à la deuxième exposition annuelle de l'Académie royale canadienne des arts [V.

Lucius Richard O'BRIEN ; John Douglas Sutherland Campbell*], tenue à Halifax, et à l'Exposition industrielle de Toronto. À l'automne, installé à Paris, près du quartier bohème de Montparnasse, Peel se mit à travailler à la première de ses nombreuses grandes scènes de genre, *The spinner*. Le réalisme de cette toile, composée avec soin mais exécutée d'une main sûre, marque une étape importante dans sa démarche. En avril 1882, l'Académie royale canadienne des arts l'exposa à Montréal ; non seulement accrut-elle la renommée du jeune peintre au pays, mais elle contribua à le faire élire, ce même mois, membre associé de l'académie. Toujours en avril, à Paris, Peel commença à étudier auprès de Léon Gérôme, l'un des principaux représentants du style académique, à son atelier de l'École des beaux-arts. Ce n'était d'ailleurs pas une coïncidence, car Gérôme avait enseigné à Eakins, que Peel avait eu comme professeur à Philadelphie. Cependant, contrairement à la tradition, il ne fut jamais officiellement inscrit à cette école. Fait remarquable pour un peintre de 22 ans, on accepta au Salon de la Société des artistes français en 1883 *la Première Notion,* grande toile sur le thème de la mère et l'enfant.

Peel passa l'été et l'automne de cette année-là à London, où il acheva plusieurs portraits et paysages, dont le très réussi *Covent Garden Market, London, Ontario*. Il participa à l'Exposition industrielle, ainsi qu'à la Western Fair, où il remporta sept premiers prix. Le 13 décembre, Mildred et lui s'embarquèrent pour Paris. Ils passèrent l'été suivant à Pont-Aven où, sous l'influence de Jules Bastien-Lepage, partisan du « juste milieu », compromis entre l'académisme et l'impressionnisme, il commença à élargir sa manière et à aviver sa palette. À Pont-Aven, Peel fit aussi la connaissance d'Isaure Fanchette Verdier, peintre d'origine danoise qu'il épousa le 16 janvier 1886. Au printemps, ils rendirent visite à la famille d'Isaure à Copenhague où, l'année suivante, la belle-mère de Peel vendit une toile peinte en 1886, *Two friends*, à la princesse de Galles, Alexandra, alors en visite dans sa ville natale. Après s'être rendu à Londres en mai 1886 pour la Colonial and Indian Exhibition, où sept des œuvres de Peel étaient exposées, le couple rentra à Paris. Leur premier enfant, Robert André, naquit dans cette ville le 22 octobre. Émilie Marguerite allait voir le jour le 15 novembre 1888.

Peel exposa un pastel aux Salons de 1887 et de 1888 (ces deux œuvres sont perdues) et poursuivit son apprentissage. En 1887, il entama quatre années d'études auprès de Benjamin Constant, qui influença son intérêt naissant pour les sujets exotiques. Constant devint professeur à l'Académie Julian à l'automne de 1888, et Peel l'y suivit avec un nouvel ami canadien, fraîchement débarqué, George Agnew Reid. Ils y trouvèrent un large cercle amical de jeunes artistes qui comprenait plusieurs autres Canadiens. Les œuvres que Peel réalisa en 1888 et 1889, surtout ses nus, sujet nouveau pour lui, montrent une assurance et un raffinement qui jusque-là ne s'étaient pas encore faits jour. Ses pièces du Salon de 1889, *The Venetian bather* et *The modest model* (qui remporta une mention honorable), sont conçues de façon attrayante et exécutées avec talent ; le modelé du corps humain y est particulièrement réussi.

Des œuvres de Peel figurèrent aussi dans des expositions canadiennes tenues en 1889 : celles de l'Académie royale canadienne des arts à Ottawa, de l'Association des beaux-arts de Montréal, de l'Ontario Society of Artists à Toronto, et l'Exposition industrielle. Qu'il ait été élu membre à part entière de l'Académie royale canadienne des arts le 26 avril 1890 atteste de sa renommée croissante au pays. Cependant, son plus grand titre de gloire fut la médaille de troisième classe qu'il reçut cette année-là au Salon des artistes français pour une toile remarquable, *After the bath*. Comme plusieurs de ses œuvres, elle était inspirée d'une photographie composée avec soin, technique recommandée par Gérôme mais dont on n'a pas encore mesuré tout l'effet dans l'œuvre de Peel. En partie à cause de critiques favorables, qui ne se firent pas attendre, plusieurs collectionneurs, dont l'actrice Sarah Bernhardt, s'intéressèrent à cette grande toile. Finalement, c'est le gouvernement de la Hongrie qui l'acquit en 1891 ; elle se trouve aujourd'hui au Musée des beaux-arts de l'Ontario.

En juillet 1890, Peel vint au Canada pour voir sa mère, mourante. Il fit dans le sud de l'Ontario et à Québec quelques lumineux croquis à l'huile à la manière des impressionnistes et organisa lui-même, vers la fin de septembre, une exposition de 32 de ses œuvres au Tecumseh House Hotel de London. Fait plus important, à la mi-octobre, il vendit aux enchères à Toronto 57 œuvres qui lui rapportèrent au total 2 746 $. Même si, dans l'ensemble, ses contemporains ont jugé que ses toiles s'étaient vendues à moins que leur valeur réelle, les experts se demandent encore aujourd'hui si cette somme constituait une rémunération convenable pour son travail. Aucun commentaire de l'artiste ne subsiste à ce propos. En novembre, il s'embarqua pour la France.

Durant les deux années suivantes, Peel perfectionna son art et vit sa réputation s'affermir. Il passa ses étés au Danemark avec sa famille et continua d'exposer au Salon (*la Jeunesse* en 1891 et *les Jumelles* en 1892) ainsi qu'à Toronto. À la fin de septembre 1892, à Paris, il tomba brusquement malade et mourut le 3 octobre, peut-être de l'influenza.

Paul Peel a laissé une œuvre abondante, mais il mourut au moment même où son talent était sur le point d'atteindre sa pleine maturité. Parfois un peu inégal, chose courante chez les jeunes peintres, il était peut-être, à cause de sa créativité, le peintre canadien le mieux connu en Europe à l'époque. Ses fréquentes démonstrations de virtuosité technique, surtout dans la représentation du corps humain, de même que son adhésion aux principes conservateurs du « juste milieu » et sa fascination pour les scènes domestiques de femmes et d'enfants – toujours touchantes, quelquefois érotiques – reflètent parfaitement les valeurs bourgeoises européennes du XIXe siècle et les préoccupations artistiques de la plupart de ses contemporains. La grande popularité dont Peel jouit aujourd'hui au Canada repose sur quelques toiles de ce genre. Malgré leur sentimentalité, elles émeuvent toujours.

DAVID WISTOW

On trouve des œuvres de Paul Peel dans de nombreuses collections publiques, notamment au Musée des beaux-arts du Canada (Ottawa), au Musée des beaux-arts de l'Ontario (Toronto), et à la London Regional Art Gallery (London, Ontario).

L'auteur rend hommage à Victoria Baker pour son catalogue d'exposition, *Paul Peel : a retrospective, 1860–1892* (London, 1986), la publication la plus complète sur Peel jusqu'à maintenant. Malgré le détail de l'information factuelle et les illustrations qu'il contient, le catalogue ne parvient pas à définir adéquatement les contextes artistiques et sociaux nord-américains et européens où s'inscrit la carrière de Peel, et donc, à interpréter pleinement son œuvre. Les ouvrages d'Aleksa Čelebonović, *The heyday of Salon painting : masterpieces of bourgeois realism* (Londres, 1974), de H. B. Weinberg, *The American pupils of Jean-Léon Gérôme* (Fort Worth, Tex., 1984), et de Bram Dijkstra, *Idols of perversity : fantasies of feminine evil in fin-de-siècle culture* (New York, 1986), sont trois publications qui ajoutent de l'information dans ce domaine. [D. W.]

A.-P.-M. Dayot, *le Salon de 1890* (Paris, 1890), 38. — *Le Figaro* (Paris), 30 avril 1890. — *Globe*, 3 nov. 1892. — *London Free Press*, 12 oct. 1892. — *Times* (Londres), 28 oct. 1892. — Albert Boime, *The academy and French painting in the nineteenth century* (Londres, 1971). — David Sellin, *Americans in Brittany and Normandy, 1860–1910* (Phoenix, Ariz., 1982). — David Wistow, « 19th century Paris and the Canadian artist », *Canadians in Paris, 1867–1914* ([Toronto], 1979), 4–11.

PEEMEECHEEKAG (Pemecka, Pemicheka, Porcupine), qui signifie « porc-épic qui se tient de côté », chef des Sauteux du clan du Goujon ; décédé à l'automne de 1891.

Au cours du XIXe siècle, Peemeecheekag fut le principal chef et shaman du district de la haute rivière Severn, région qui se situe au nord-ouest de ce qui est aujourd'hui l'Ontario. Ses origines sont inconnues, mais ses descendants disent qu'elles étaient de nature mystique, car on raconte qu'il vint au monde à l'état adulte. Lorsqu'il fut aperçu pour la première fois, debout sur le toit d'une cabane, il aurait déclaré : « On m'appelle le Porc-épic qui se tient de côté ; j'ai vécu auparavant dans ce monde, je suis maintenant de retour. »

Peemeecheekag vécut dans le district de la haute Severn à une dure époque, celle où l'on connut la rareté du castor et du caribou après un siècle de chasse et de trappage intensifs. À titre de chef du clan du Goujon, qui comptait moins de 100 personnes, il commerçait presque exclusivement avec William McKay, chef d'avant-poste de la Hudson's Bay Company. Au poste du lac Windy, McKay écrivait dans son journal en 1833 : « Pas moins de trois familles complètes, hommes, femmes et enfants, sont mortes de faim. » La région autour des lacs Windy, Deer et Sandy était le territoire de chasse du clan de Peemeecheekag. On ferma le poste du lac Windy cette année-là pour le déplacer au lac Island (Manitoba), où McKay écrivit en 1839 : « Les Indiens du lac Sandy ont apporté quelques fourrures, mais ce sont surtout des peaux de rat musqué ; ils sont très affamés. » Quand la Hudson's Bay Company ferma le poste situé au lac Island en 1844, Peemeecheekag et ses chasseurs firent leur commerce à celui du lac Big Trout (Ontario), à environ 150 milles à l'est ; son nom figure d'ailleurs dans le livre de comptes des chasseurs gardé à cet endroit. Le poste du lac Island rouvrit en 1864 et le clan y retourna. En juillet 1868, Peemeecheekag reçut un crédit correspondant à la valeur de $63\frac{1}{4}$ peaux de castor en marchandises diverses : couvertures, ficelle, limes, poudre et balles, sucre et sel. Lui-même et les membres de son clan trouvaient souvent très difficile de rembourser des dettes de ce genre.

Comme on pratiquait la polygamie dans le clan de Peemeecheekag, ce dernier eut pendant sa vie plusieurs femmes, avec qui il eut au moins trois filles et trois fils, ces derniers connus sous les noms de Jack Fiddler [Maisaninnine*], Joseph Fiddler (Pesequan) et Peter Flett. Les deux premiers furent populaires à cause de leur habileté à sculpter des violons dans du bois de bouleau et à en jouer aux célébrations du clan. Peemeecheekag fut l'un des rares chefs indigènes du XIXe siècle de ce qui constitue aujourd'hui le nord de l'Ontario à ne pas signer de traité et à pouvoir suivre les traditions sans ingérence. Sa mort fut signalée en 1891 par William Campbell, chef de l'avant-poste de la Hudson's Bay Company situé au lac Island. Ce dernier avait appris la nouvelle de chasseurs des lac Sandy et Favourable en ces termes : « Les bandes chassent très peu à cause de la maladie. Elles signalent 6 morts, dont celle de Pemicheka (120 ans), le père des chefs. » Les petits-enfants de Peemeecheekag racontent encore des légendes sur les dons de shaman de leur ancêtre. Dans l'une d'elles, on dit que Peemeecheekag vit un jour un windigo (esprit cannibale lié aux êtres humains dangereux) en se rendant à son village. Il attaqua la créature mauvaise avec un fouet : « Les cheveux du windigo se dressèrent sur sa tête et de la fourrure de lapin lui poussa dans le dos », et il s'enfuit. Par la suite, on entendit des « bruits de tonnerre » à l'endroit où avait eu lieu le combat parce que des « gouttes de sang du windigo y étaient tombées ». Les descendants de Peemeecheekag, qui portent maintenant le nom de Fiddler, résident à Sandy Lake et à Bearskin Lake, en Ontario, ainsi qu'à Red Sucker Lake et sur les rives du lac Island, au Manitoba.

JAMES RICHARD STEVENS

Les sources documentaires et orales utilisées dans la préparation de cette biographie sont détaillées dans l'étude complète faite par le chef Thomas Fiddler et J. R. Stevens, *Killing the shamen* (Moonbeam, Ontario, 1985). [J. R. S.]

PEMBERTON, JOSEPH DESPARD, ingénieur, arpenteur, fermier, homme politique, juge de paix et homme d'affaires, né le 23 juillet 1821 près de Dublin, fils de Joseph Pemberton et de Margaret Stephens ; en 1864, il épousa à Londres Theresa Jane Despard Grautoff, et ils eurent trois fils et trois filles, dont l'artiste Sophia Theresa ; décédé le 11 novembre 1893 à Oak Bay, Colombie-Britannique.

Petit-fils d'un lord-maire de Dublin, Joseph Despard Pemberton appartenait à une famille nombreuse anglo-irlandaise. En 1837, il entra au Trinity College de cette ville mais, à peine un an plus tard, après avoir étudié notamment les sciences et les mathématiques, il prit un emploi d'ingénieur au Midland Railway of Ireland. Pendant le boom du rail, il travailla à titre d'ingénieur sur quatre lignes en Irlande et en Angleterre. En 1849, il devint professeur de topographie pratique et de génie au Royal Agricultural College de Cirencester. L'année suivante, il remporta une médaille de bronze pour son plan des édifices principaux de l'Exposition universelle de Londres de 1851. Le 9 décembre 1850, il offrit ses services à la Hudson's Bay Company, qui l'embaucha pour trois ans à titre d'ingénieur colonial et d'arpenteur de l'île de Vancouver. La colonie avait absolument besoin d'un arpenteur de profession, car le capitaine Walter Colquhoun Grant*, le premier à exercer cette fonction, avait offert sa démission le 25 mars 1850, au moment même où plusieurs centaines de colons arrivaient de Grande-Bretagne. Pemberton atteignit le fort Victoria (Victoria) le 25 juin 1851 et se mit au travail dès le lendemain.

La première tâche de Pemberton fut de délimiter l'emplacement d'une ville et d'arpenter des terres agricoles à la pointe sud de l'île de Vancouver. On coloniserait ces terres selon les principes systématiques et sélectifs du théoricien Edward Gibbon Wakefield*, ainsi en avaient décidé la Hudson's Bay Company et le gouvernement britannique. Dès janvier 1852, Pemberton et son assistant, Benjamin William Pearse*, avaient divisé le district de Victoria en terres urbaines, suburbaines et rurales. Après avoir examiné les systèmes d'arpentage de 11 colonies, dont l'Australie du Sud, la Nouvelle-Zélande et le Haut-Canada, Pemberton fixa le prix des lots de ville à £10 chacun, celui des lots de banlieue à £15 et celui des terres rurales, dont la superficie minimale était de 20 acres, à £1 l'acre. En outre, il avait réservé des terres au gouverneur et au clergé ainsi que pour une école, une église et un parc public. En décembre 1853, on avait arpenté six autres districts du sud de l'île de Vancouver.

Pemberton se consacra ensuite au reste de l'île, dont une bonne partie n'avait encore fait l'objet d'aucune exploration et d'aucun levé, et dont les meilleures cartes étaient celles que le capitaine George Vancouver* avait dressées entre 1792 et 1794. En août 1852, il explora la portion de littoral située au nord de Victoria jusqu'aux terrains houillers de l'inlet Wintuhuysen, où la Hudson's Bay Company établit le poste de Nanaimo [V. Joseph William MCKAY], ainsi nommé par Pemberton en l'honneur des Indiens de l'endroit. De 1853 à 1855, il fit des levés de toute la côte sud-est de l'île de Vancouver, travail particulièrement difficile puisque dans cette région aux forêts denses il fallait ériger des stations topographiques à la cime des arbres. Il dirigeait aussi la construction de routes et de ponts, et c'est lui qui dressa les plans de la première église-école de la colonie. En 1854, le gouverneur James Douglas* le qualifia de « bonne recrue » qui avait accompli son travail avec un « zèle infatigable ».

Au printemps de 1854, Pemberton rentra en Angleterre où, même s'il reçut ce que Douglas appela « une offre très attrayante, liée aux projets ferroviaires de l'Inde », il négocia un deuxième contrat de trois ans avec la Hudson's Bay Company. À Londres, il fit publier une carte qui illustrait ses levés de l'île de Vancouver. Il convainquit son oncle Augustus Frederick Pemberton, futur commissaire de police de Victoria, de l'accompagner dans la colonie et de gérer sa ferme. En décembre 1855, il retourna à l'île de Vancouver en compagnie de sa sœur Susan Frances Pemberton (future directrice de la Girls' Collegiate School) ; il fit ensuite deux expéditions jusqu'à la côte ouest de l'île.

Les levés de Pemberton et les lois foncières déterminèrent pour longtemps le caractère des premiers établissements de la colonie. Même si bon nombre de colons la quittèrent pour les mines de la Californie et les terres agricoles des territoires de l'Oregon et de Washington, quelque 180 colons avaient acquis plus de 17 000 acres de terres rurales et environ 150 lots de ville et de banlieue dans l'île de Vancouver quand la ruée vers l'or débuta dans la vallée du Fraser. Beaucoup d'entre eux étaient ou avaient été au service de la Hudson's Bay Company, et la hiérarchie sociale de la compagnie survécut dans la colonie : les ouvriers achetaient les lots de ville, qui étaient moins chers, tandis que les fonctionnaires et les commis faisaient l'acquisition de terres rurales, plus coûteuses. Pemberton lui-même était propriétaire d'une grande ferme près de Victoria, le domaine de Gonzales, et on l'associait à l'élite terrienne de la Hudson's Bay Company, qualifiée par la suite de « family-company compact » par le réformiste Amor DE COSMOS. En janvier 1857, Pemberton joua le rôle de sir Lucius O'Trigger dans *The rivals,* de Sheridan, l'une des premières productions théâtrales de la colonie.

Lorsque la ruée vers l'or commença, au printemps de 1858, des mineurs, des fermiers, des spéculateurs et des marchands assoiffés de terres, en route pour le continent, envahirent le bureau de Pemberton. D'avril 1858 à février 1859, il délimita les emplacements de futures villes de la nouvelle colonie de Colombie-Britannique, au fort Yale (Yale), au fort Hope (Hope), à Port Douglas (Douglas) et à Derby (près du fort Langley), à laquelle on songeait comme capitale. Il proposa aussi d'utiliser le 49ᵉ parallèle comme base d'un plan rectangulaire en treillis, idée que reprit ultérieurement le colonel Richard Clement Moody*. En 1859, il quitta la Hudson's Bay Company pour devenir arpenteur général de l'île de Vancouver ; il allait exercer cette fonction jusqu'en octobre 1864. Pendant cette période, il supervisa la colonisation des districts agricoles situés entre l'île Salt Spring, au sud, et Comox, au nord. Abandonnant les principes de Wakefield, il conçut la généreuse loi de préemption de 1860, qui permettait à tout colon d'occuper une terre non arpentée de moins de 160 acres à la condition de payer 10 shillings l'acre une fois l'arpentage terminé. Durant un congé en Angleterre, à la fin de 1859, il écrivit *Facts and figures relating to Vancouver Island and British Columbia,* publié à Londres en 1860 et dédié à John RAE. Ce manuel destiné aux « futurs émigrants, marchands ou capitalistes » est remarquable en ceci qu'il proposait de relier le Canada, la colonie de la Rivière-Rouge (Manitoba) et les colonies du Pacifique par un chemin de fer transcontinental. Il investit d'ailleurs dans un projet qui s'avéra infructueux, la Bute Inlet Railway Company.

Peu après son arrivée à l'île de Vancouver, Pemberton s'était mêlé de la politique très polarisée de la colonie. Qualifié plus tard par John Blaine Kerr de « conservateur convaincu », il appuya en 1853–1854 la nomination controversée du beau-frère de Douglas, David Cameron*, à la Cour suprême de justice civile, et il réclama qu'on renvoie du poste d'aumônier et d'instituteur colonial le radical Robert John Staines*. En août 1856, à titre de député de la première chambre d'Assemblée à siéger en sol britannique à l'ouest des Grands Lacs, Pemberton aida Joseph William McKay, commis à la Hudson's Bay Company, à faire expulser Edward Edwards LANGFORD de la chambre parce qu'il ne répondait pas aux exigences d'éligibilité relatives à la propriété. Pemberton siégea à l'Assemblée jusqu'en décembre 1859, puis on le nomma au Conseil exécutif et au Conseil législatif de l'île de Vancouver au printemps de 1864. Peu après son mariage, célébré à Londres plus tard dans l'année, il démissionna de son poste d'arpenteur général, de conseiller exécutif et de conseiller législatif. Toutefois, après l'union de l'île de Vancouver et de la Colombie-Britannique en 1866, il retourna à la politique et siégea deux fois au Conseil législatif, pendant les deux années suivantes, à titre de représentant du district de Victoria. En 1867, il rédigea l'importante résolution qui réclamait « l'admission de la Colombie-Britannique dans la Confédération à des conditions justes et équitables », si la colonie décidait de s'y joindre.

Joseph Despard Pemberton quitta la politique en 1868 et, durant la vingtaine d'années qui suivirent, se consacra à sa famille, à sa ferme, à son travail de juge de paix et à ses investissements commerciaux et immobiliers. En 1887, avec son fils Frederick Bernard, il fonda à Victoria un bureau d'arpenteurs, ingénieurs civils, agents immobiliers et financiers, la J. D. Pemberton and Son, qui est à l'origine d'une agence immobilière de Victoria et d'une société de placement dont le centre des activités est à Vancouver. En plus d'être un importateur et un éleveur de chevaux, Pemberton était, selon son ancien assistant Pearse, un « cavalier audacieux et prudent ». Il mourut d'une défaillance cardiaque en participant à un rallie-papier à Oak Bay.

RICHARD MACKIE

La carte de Joseph Despard Pemberton, *The southeastern districts of Vancouver Island, from a trigonometrical survey made by order of the Honble. Hudson's Bay Company,* a été publiée à Londres en 1855. Un journal d'arpentage intitulé « Trigonometl. Memda. » (Add. MSS 1978), et plusieurs cahiers de correspondance datant des années où il était ingénieur colonial et arpenteur de l'île de Vancouver pour la Compagnie de la Baie d'Hudson, et à son poste ultérieur comme arpenteur général de l'île Vancouver, se trouvent aux PABC.

PABC, A/C/15/H86P; A/C/15/P36; C/AA/30.7/5; C/AA/30.71/C42.1; C/AA30.71/W55; C/AA/30.71J/P36; E/B/P36.9; K/LS/P31; B. W. Pearse, « The early settlement of Vancouver Island » (transcription, 1900). — PAM, HBCA, A.5/ 17 : fᵒˢ 65, 73 ; A.11/73 : fᵒ 307d ; 75 : fᵒ 18. — PRO, CO 60/3 : fᵒ 314 ; CO 305/15 : fᵒ 640 (copie de J. D. Pemberton, *Extracts from professional certificates of J. Despard Pemberton* (Londres, [vers 1860]) (mfm aux PABC). — A. T. Bushby, « The journal of Arthur Thomas Bushby, 1858–1859 », Dorothy Blakey Smith, édit., *BCHQ,* 21 (1957–1958) : 83–198. — James Douglas, « Report of a canoe expedition along the coast of Vancouver Island », Royal Geographical Soc. of London, *Journal* (Londres), 24 (1854) : 245–249. — *HBRS,* 32 (Bowsfield). — Helmcken, *Reminiscences* (Blakey Smith et Lamb). — *Journals of the colonial legislatures of the colonies of Vancouver Island and British Columbia, 1851–1871,* J. E. Hendrickson, édit. (5 vol., Victoria, 1980). — PABC *Report* (Victoria), 1913. — *British Colonist* (Victoria), 12, 26 févr., 29 juill., 19 août 1859. — *Daily British Colonist* (Victoria), 6 oct. 1864. —

Daily Colonist (Victoria), 12, 14 nov. 1893. — Walbran, *B.C. coast names,* particulièrement 24, 378. — Ormsby, *British Columbia*. — E. O. S. Scholefield et F. W. Howay, *British Columbia from the earliest times to the present* (4 vol., Vancouver, 1914). — W. E. Ireland, « Pioneer surveyors of Vancouver Island », Corporation of British Columbia Land Surveyors, *Report of proc.* (Victoria), 1951 : 47–51. — H. S. [Pemberton] Sampson, « My father, Joseph Despard Pemberton : 1821– 93 », *BCHQ,* 8 (1944) : 111–125. — J. P. Regan, « Hudson's Bay Company lands and colonial surveyors on Vancouver Island, 1842–1858 », *British Columbia Hist. News* (Vancouver), 19 (1986), n° 2 : 11–16.

PEMINUIT PAUL, JACQUES-PIERRE (James Peter ; les formes **Sa'kej Piel** et **Sah Biel** reflètent la prononciation micmaque de ses prénoms), grand chef et chaman micmac, né le 5 janvier 1800 au lac Rocky (près de l'endroit où se trouve aujourd'hui Bedford, Nouvelle-Écosse), fils de Louis-Benjamin Peminuit* Paul et d'une prénommée Madeleine ; il épousa une prénommée Sally, et ils eurent au moins trois fils et une fille, puis une prénommée Mary, veuve de Louis Noel ; décédé le 10 janvier 1895 dans la réserve indienne de Shubenacadie (n° 14), Nouvelle-Écosse.

Jacques-Pierre Peminuit Paul appartenait à la famille des chefs héréditaires de Shubenacadie. Son grand-père, Paul Peminuit, était probablement le « Paul Pemminwick » à qui on avait concédé des terres de cette réserve en 1783. Il mourut en 1814, et la dignité de chef passa d'abord à son fils Louis-Benjamin, puis en 1843 à un autre de ses fils, François. Jacques-Pierre devint grand chef quand François abandonna sa fonction, en 1856. C'est l'archevêque William Walsh* qui confirma son titre en la cathédrale St Mary de Halifax le 15 septembre. À cette occasion, il reçut une médaille de Pie IX et une lettre du lieutenant-gouverneur, sir John Gaspard Le Marchant*.

En 1847, on avait rapporté que Jacques-Pierre Peminuit Paul et sa famille, à « Maitland Chapel » (peut-être South Maitland), étaient très atteints par la « fièvre indienne », épidémie non diagnostiquée qui fit de nombreuses victimes cette année-là. Un rapport qui date de l'année suivante dit seulement : « James Paul, Shubenacadie, famille de 2. » On sait que sa première femme et tous ses enfants moururent avant lui et qu'il se remaria à peu près à cette époque ; des indices laissent croire que ces décès eurent lieu pendant l'épidémie de 1847. Après son second mariage, Peminuit Paul adopta le fils de sa femme, John Noel, qui lui succéda plus tard comme chef.

Le grand chef Peminuit Paul ne se distingua pas par ses talents politiques. En revanche, son peuple le tenait pour un *kinap,* c'est-à-dire un chaman doué d'une force surhumaine. On raconte encore qu'il pouvait enrouler une pipe de terre autour de son chapeau, puis la redresser pour en tirer une bouffée, ou encore « rapetisser un grand bol de porcelaine ou d'argile, puis lui redonner sa forme originale ». On relate aussi qu'il détruisit une digue à Windsor pour laisser passer les poissons, qu'il fendit en deux un pommier vivant et qu'il arrêta une roue de moulin en tenant l'arbre de transmission. Devant le meunier qui doutait de son exploit, Peminuit Paul s'exclama : « J'ai fait simplement *ceci* », et il arrêta de nouveau le moulin. Max Basque a rapporté, dans une entrevue, que le petit-fils de Peminuit Paul, Isaac Sack, avait affirmé : « Non, je [n']ai pas été le seul à voir ça, tout le monde l'a vu ; personne [n']était surpris de le voir faire autant de choses bizarres. *Moi* ça [ne] me surprenait pas du tout. »

Le grand chef Jacques-Pierre Peminuit Paul mourut de vieillesse en 1895 et on l'inhuma dans la réserve de Shubenacadie. Sa renommée de *kinap* est encore très vivace. Des Micmacs âgés à qui l'on montrait sa photographie dans les années 1970 parurent mal à l'aise et refusèrent de parler de cet aspect de sa vie.

RUTH HOLMES WHITEHEAD

La plus grande partie de l'information que l'on possède sur la réputation de Jacques-Pierre Peminuit Paul comme chaman est basée sur des entrevues faites par l'auteur avec ses arrières-arrières-petits-fils, Max et Isaac Basque. (Des enregistrements de nombre de récits faits par Max Basque se trouvent au Nova Scotia Museum (Halifax), Hist. sect., tapes, Basque 1984 : 1–6.) Le seul compte rendu publié est celui d'E. C. Parsons, « Micmac folklore », *Journal of American Folk-lore* (New York), 38 (1925) : 92–93. [R. H. W.]

Peminuit Paul apparaît sur deux portraits de groupe qui se trouvent dans des collections publiques. Le premier, pris à Halifax vers 1856, se trouve aux PANS, Photo Coll. ; l'autre, montrant plusieurs membres de la réserve indienne de Subenacadie (n° 14, N.-É) durant la célébration de la fête de Sainte-Anne (26 juillet), vers 1890, se trouve au Nova Scotia Museum.

Newberry Library (Chicago), E. E. Ayer coll., [Pierre de] La Chasse, recensement des sauvages de l'Acadie, 1708. — Nova Scotia Museum, Acc. 31.24 ; Accession books, I, n° 3287 ; MSS, Piers papers, X (archaeology & ethnology), « Micmac genealogies and biographical material, uncatalogued notes », particulièrement J. G. LeMarchant à James Paul, 15 sept. 1856 ; Jerry Bartlett Luxey Lone Cloud à Harry Piers, 17 sept. 1917. — PANS, MG 15, B, 4, n°s 25, 90. — N.-É., House of Assembly, *Journal and proc.*, 1844, app. 50 : 127. — *Halifax Herald,* 12 janv. 1895. — *Novascotian and Weekly Chronicle,* 19 janv. 1895. — L. F. S. Upton, « Indian policy in colonial Nova Scotia, 1783–1871 », *Acadiensis* (Fredericton), 5 (1975–1976), n° 1 : 3–31.

PENNY, WILLIAM, capitaine de baleinier et explorateur de l'Arctique, né le 12 juillet 1809 à Peterhead, Écosse, fils de William Penny et de Helen Robertson ; il épousa Margaret Irvine, et ils eurent deux fils et trois filles ; décédé le 1er février 1892 à Aberdeen, Écosse.

William Penny fit sa première expédition de pêche à la baleine à l'âge de 12 ans sur le navire de son père, l'*Alert*. Dès 1829, il avait atteint le rang de second et se rendait chaque année dans le détroit de Davis. Il obtint son premier commandement, le *Neptune,* en 1835 ; rarement les pêcheurs de baleine avaient-ils eu à affronter des glaces aussi terribles que cette année-là. Les conditions ne furent guère meilleures les deux années suivantes, si bien que Penny, tout comme le capitaine James Clark Ross*, pressa les pêcheurs de baleine d'abandonner la dangereuse coutume de partir de Grande-Bretagne durant l'été pour établir plutôt des stations littorales sur la terre de Baffin (Territoires du Nord-Ouest). Penny privilégiait un emplacement situé dans l'une des vastes baies du sud-est de l'île, mais il fallait d'abord explorer quelque peu la région, qui n'avait guère eu de visiteurs depuis sir Martin Frobisher* et John Davis*, au XVIe siècle. En 1839, à bord du *Neptune,* Penny fit une première tentative d'exploration, qui échoua. Cependant, il rencontra l'Inuk Eenoolooapik*, qui connaissait une grande crique dans la région, appelée Tenudiakbeek par les Inuit, et qui en dressa une carte. Penny ramena l'Inuk en Écosse dans l'espoir que son témoignage l'aiderait à gagner des appuis pour une mission d'exploration, mais son projet avorta. Cependant, il convainquit le propriétaire de son nouveau navire, le *Bon Accord,* de lui laisser du temps, en 1840, pour faire de l'exploration en plus de la pêche à la baleine. À la fin de juillet, en compagnie d'Eenoolooapik, Penny localisa la baie qui pénétrait dans la terre de Baffin et s'ouvrait sur le détroit de Davis. Il l'explora avec soin et, convaincu d'avoir fait une découverte, lui donna le nom de Hogarth. En fait, il s'agissait de la baie de Cumberland, découverte par Davis.

Au cours des trois années suivantes, Penny n'eut pas de navire, à cause du déclin de la pêche à la baleine dans l'Arctique, mais il retourna à la baie de Cumberland en 1844 à bord du *St Andrew*. Jusqu'à la fin des années 1840, il eut la satisfaction de voir la baie prendre progressivement de l'importance auprès des pêcheurs de baleine, qui se rendaient compte que les glaces ne s'y formaient que très tard dans l'année. Toutefois, au cours de la même période, il se laissa captiver par les recherches entreprises pour retrouver l'expédition de sir John Franklin*, disparue depuis 1845. Au cours des saisons de pêche de 1847 et de 1849, il tenta, sans succès, de franchir le détroit de Lancaster, dans l'espoir de rejoindre Franklin. Il écrivit ensuite à l'influente lady Franklin [Griffin*] et, avec son soutien, obtint le commandement d'une expédition de recherche appuyée par l'Amirauté. Le *Lady Franklin* et le *Sophia* partirent en avril 1850. Après avoir contribué à localiser et à fouiller l'emplacement des premiers quartiers d'hiver de Franklin, dans l'île Beechey, Penny hiverna dans le havre Assistance (baie Assistance), à l'île Cornwallis, tout près de l'importante expédition navale que dirigeait le capitaine Horatio Thomas Austin* et de la petite équipe privée de sir John Ross*. Les trois hommes convinrent d'explorer trois régions différentes au printemps ; Penny choisit le détroit de Wellington. En traîneau et en bateau, de mai à juillet, il découvrit et explora le détroit Queens et aperçut le détroit situé au nord qui porte maintenant son nom. Sans avoir trouvé aucune trace de Franklin, il regagna pourtant ses navires avec la conviction que sir John était passé par le détroit de Wellington (ce qu'il avait fait, mais sur une petite distance seulement) et qu'il fallait fouiller davantage la région. Il signala la chose à Austin le 11 août ; l'entretien se termina toutefois par une querelle incongrue. Curieusement, les deux expéditions abandonnèrent immédiatement leurs recherches et rentrèrent au pays. Penny arriva le 21 septembre 1851. Le mois suivant, l'Amirauté forma un comité spécial de l'Arctique pour examiner la conduite des deux hommes, et surtout leur retour inopiné. Le rapport approuva leurs actes, et lady Franklin soutint fermement son ami Penny, mais le mouvement d'humeur qu'on prêtait à celui-ci à l'égard d'Austin ternit sa réputation auprès de l'Amirauté ; on ne l'autorisa plus à participer aux recherches.

Frustré et ennuyé, Penny retrouva son intérêt pour la pêche à la baleine. Il apprit avec mécontentement qu'un navire américain avait laissé une équipe de pêcheurs dans la baie de Cumberland pour qu'elle y passe l'hiver de 1851–1852. Inquiet de cet empiétement étranger sur le territoire britannique, il dirigea en 1852 la formation de l'Aberdeen Arctic Company, dont les objectifs étaient de promouvoir les activités britanniques dans la région et de faire des pressions en vue d'obtenir, du gouvernement, une concession exclusive de terre dans la baie afin de tenir les Américains à l'écart. Ce plan fut rejeté, mais l'ambassadeur de Grande-Bretagne aux États-Unis reçut l'ordre d'informer le gouvernement américain du mécontentement des Britanniques.

En 1853–1854, Penny franchit une nouvelle étape vers la réalisation de ses projets des années 1830 : il commanda la première expédition de pêche à la baleine qui hivernerait délibérément, avec des navires, dans le secteur de la baie de Baffin et du détroit de Davis. Au printemps de 1854, à partir du *Lady Franklin* et du *Sophia,* qui lui servait de quartier général dans la baie de Cumberland, il inaugura la pratique de la pêche sur la banquise. Cette technique consistait à pêcher la baleine à partir du pourtour des glaces attachées à la terre ferme pendant que les navires hivernants étaient encore immobilisés dans le havre par la glace. Par comparaison avec l'époque où les pêcheurs, conformément à la tradition, restaient à bord, elle leur permettait de commencer leur travail plus tôt dans la saison. Ces innovations contribuèrent grandement à prolonger la durée d'une industrie baleinière sur le déclin dans le détroit de Davis ; pendant le demi-siècle qui précéderait la fin de leurs activités dans cette région, bien d'autres pêcheurs allaient hiverner à la manière de Penny. Lui-même allait passer trois autres hivers dans le secteur. Il savait aussi que la présence des pêcheurs de baleine bouleversait le mode de vie des Inuit de la terre de Baffin. Pour en minimiser les effets corrupteurs, il tenta donc pendant quelques années de faire venir un missionnaire dans la baie de Cumberland. Au cours de son voyage de 1857–1858, il était accompagné non seulement de sa femme et de son fils, mais aussi du missionnaire morave Mathias Warmow, qui prêcha et observa les conditions de vie des autochtones tout l'hiver. Warmow et Penny trouvèrent l'expérience réussie, mais l'Église morave refusa par la suite d'y établir une mission permanente.

Penny apporta une dernière contribution à l'industrie baleinière en se faisant, à compter de 1859, l'un des premiers promoteurs de la construction de baleiniers à vapeur. En 1861, il commanda un navire de ce genre, le *Polynia* de Dundee. Il retourna dans sa ville natale, Peterhead, pour entreprendre son dernier voyage de pêche en 1863–1864, sur le *Queen*. Le dernier tiers de sa vie s'écoula dans une retraite tranquille, à Aberdeen, où il mourut en 1892.

En général, le nom de William Penny évoque sa brève et malheureuse contribution aux recherches effectuées pour retrouver l'expédition de Franklin. Peut-être faudrait-il rappeler qu'il fut l'une des figures les plus influentes et les plus innovatrices de l'histoire britannique de la pêche à la baleine dans l'Arctique. C'était un homme d'humeur instable, emporté, qui se donnait avec passion à chacune des causes qu'il embrassait ; cependant, son impétuosité, voire son mauvais caractère, nuisait parfois à l'objectif qu'il poursuivait. Les pêcheurs de baleine le respectaient mais ne l'aimaient pas tous. Quant à lady Franklin, qui lui inspirait une profonde loyauté, elle lui vouait une affection sincère et durable, comme en témoignent ces mots : « Malgré ses erreurs et ses défauts – et j'avais quelques raisons de le blâmer – je n'aurais jamais pu l'abandonner. »

CLIVE HOLLAND

Scott Polar Research Institute (Cambridge, Angl.), MS 116 (William Penny, personal arch.) ; MS 248, Jane Franklin and Sophia Cracroft, journals, letter-books, and corr. relating to the Franklin search, *circa* 1847–1859 ; MS 1424 (William and Margaret Penny, journal, 1857–1858). — *Arctic whalers, icy seas : narratives of the Davis Strait whale fishery,* W. G. Ross, édit. (Toronto, 1985). — G.-B., Parl., Command paper, 1852, 50, n° 1435 : 1–261, *Arctic expeditions : report of the committee appointed by the lords commissioners of the Admiralty to inquire into and report on the recent Arctic expeditions in search of Sir John Franklin* [...] ; n° 1436 : 269–670, *Additional papers relative to the Arctic expedition under the orders of Captain Austin and Mr. William Penny.* — R. A. Goodsir, *An Arctic voyage to Baffin's Bay and Lancaster Sound in search of friends with Sir John Franklin* (Londres, 1850). — Sherard Osborn, *Stray leaves from an Arctic journal ; or, eighteen months in the polar regions, in search of Sir John Franklin's expedition, in the years 1850–51* (Londres, 1852). — P. C. Sutherland, *Journal of a voyage in Baffin's Bay and Barrow Straits, in the years 1850–1851, performed by H.M. ships* Lady Franklin *and* Sophia, *under the command of Mr. William Penny, in search of the missing crews of H.M. ships* Erebus *and* Terror [...] (2 vol., Londres, 1852). — Philip Goldring, « Inuit economic responses to Euro-American contacts : southeast Baffin Island, 1824–1940 », SHC *Communications hist.,* 1986 : 146–172. — Clive Holland, « The Arctic Committee of 1851 : a background study », *Polar Record* (Cambridge), 20 (1980) : 3–17, 105–118 ; « William Penny, 1809–92 : Arctic whaling master », 15 (1970) : 25–43. — W. G. Ross, « William Penny (1809–1892) », *Arctic* (Calgary), 36 (1983) : 380–381. — F. J. Woodward, « William Penny, 1809–92 », *Polar Record,* 6 (1953) : 809–811.

PERRY, STANISLAUS FRANCIS (né **Stanislas-François Poirier**), instituteur, juge de paix, agriculteur et homme politique, né le 7 mai 1823 à Tignish, Île-du-Prince-Édouard, fils de Pierre Poirier et de Marie-Blanche Gaudet ; le 11 avril 1847, il y épousa Margaret Carroll, et ils eurent dix enfants ; décédé le 24 février 1898 à Ottawa et inhumé dans son village natal.

Stanislas-François Poirier fréquenta d'abord l'école élémentaire de son village puis poursuivit durant trois ans des études en anglais au St Andrew's College, établissement du diocèse catholique de Charlottetown. Il y acquit la maîtrise de l'anglais et, en 1843, il commença à enseigner à Tignish. L'année suivante, le bureau d'Éducation le reconnut comme instituteur de première classe et il devint ainsi l'un des premiers Acadiens de l'île à obtenir un tel certificat. Vers cette époque, afin de mieux s'intégrer à la société insulaire majoritairement anglophone et d'« éviter les attaques qu'on [...] destinait » aux Acadiens, il anglicisa son nom comme l'avait d'ailleurs fait son oncle, l'abbé Sylvain-Éphrem Perrey*. En 1851, on le nomma juge de paix.

Perry quitta l'enseignement en 1854 pour se lancer en politique. Pourvu de moyens financiers très modestes (d'ailleurs, ses adversaires politiques lui rappelaient sa « pauvreté » à l'occasion des campagnes électorales), il devint peu après agriculteur à Tignish afin de mieux soutenir sa grande famille. Au cours des 43 années qui suivirent, il brigua les suffrages à 13 élections provinciales et 8 fédérales, toutes dans la circonscription de Prince, et fut défait trois fois dans le premier cas et quatre fois dans l'autre. Il fut ainsi le premier Acadien à siéger à la chambre d'Assemblée de l'Île-du-Prince-Édouard et à la chambre des Communes.

Perry se fit d'abord élire en 1854 dans le deuxième

district de la circonscription de Prince sous la bannière du parti libéral, dirigé par George Coles*. L'objectif du parti était de libérer l'île des grands propriétaires fonciers afin que les milliers de locataires puissent acquérir les terres qu'ils exploitaient et s'affranchir du joug économique des propriétaires et de leurs agents. Il allait de soi que Perry embrasse cette cause et le parti qui la soutenait, car de nombreux Acadiens étaient aux prises avec ce problème. Cependant, en août 1870, à l'instar de la plupart des députés libéraux de religion catholique et de Peter McIntyre, l'évêque catholique de Charlottetown, Perry quitta les rangs du parti libéral, alors au pouvoir sous Robert Poore Haythorne, pour aider à former un gouvernement de coalition avec les conservateurs dirigés par James Colledge Pope*. Les dissidents étaient frustrés du fait que leur gouvernement, à prédominance protestante, refusait d'accorder des subventions aux établissements d'enseignement catholiques. Les conservateurs, de leur côté, se disaient favorables à cette forme d'aide. Au printemps de 1873, sous le gouvernement de coalition, Perry fut nommé président de l'Assemblée ; il occuperait ce poste jusqu'en 1874. Cette nomination peut s'expliquer en partie par le fait que le gouvernement voulait plaire à la communauté acadienne qui se plaignait d'être écartée de toute nomination politique, même si elle avait joué un rôle important dans la formation du gouvernement de coalition grâce à la participation de ses deux députés, Perry et Joseph-Octave Arsenault.

Quand il fut question de l'entrée de l'île dans la Confédération, Perry se montra d'abord opposé à ce projet. En février 1867, au cours de la campagne électorale, il proclama du haut de la tribune qu'il ne donnerait pas à des étrangers le pouvoir de taxer les insulaires et menaça même de quitter l'île si elle était annexée au Canada ! Son attitude fort hostile ne dura pas longtemps une fois que l'île eut joint la Confédération, en juillet 1873. Aux premières élections fédérales tenues dans la province en septembre, Perry se présenta sous la bannière libérale dans la circonscription de Prince, mais il ne réussit pas à se faire élire. Cependant, il connut le succès aux élections générales de 1874 qui furent remportées par les libéraux d'Alexander Mackenzie. Défait aux élections de 1878, il siégea à l'Assemblée de la province de 1879 à 1887, puis aux Communes de 1887 à 1896 et de 1897 jusqu'à sa mort.

La carrière politique de Perry fut plutôt longue, mais peu remarquable. À l'échelon provincial, il occupa le poste de président de l'Assemblée ; aucun document ne permet cependant de confirmer qu'il fit partie du Conseil exécutif, comme on l'a parfois affirmé. À la chambre des Communes, il plaida durant plusieurs années pour la construction d'un tunnel qui relierait l'île à la terre ferme, question d'ailleurs maintes fois soulevée par les députés de l'île à Ottawa, notamment par le sénateur George William Howlan*. Un journaliste jugeait que Perry avait la parole facile et entraînante et qu'il « ne se [trouvait] peut-être pas dans toute la chambre un député mieux instruit des besoins de son comté », mais il ajoutait : « Pour un fervent libéral en politique, il est très conservateur [quant aux] intérêts de ses commettants. »

Les succès de Perry aux nombreuses élections étaient dus, en grande partie, au vote acadien. Toutefois, il ne se fit presque jamais le champion de la cause acadienne, notamment de l'éducation française. Les nationalistes acadiens – dont la plupart étaient des conservateurs – lui firent souvent la vie dure à cause de son attitude. On lui reprochait de jouer la corde patriotique seulement en temps d'élections, et ce pour gagner la faveur de ses compatriotes. On lui pardonna difficilement, par exemple, d'avoir boudé l'importante convention nationale des Acadiens tenue en 1884, à Miscouche, dans l'Île-du-Prince-Édouard, et surtout d'avoir incité les gens de sa circonscription à boycotter complètement la grande rencontre. Perry, qui faisait partie du comité organisateur du congrès, était offusqué parce qu'on ne l'avait pas consulté sur le choix du lieu de l'événement qu'il aurait bien souhaité chez lui à Tignish. Il y avait sans doute aussi un côté politique à cette affaire, car les principaux membres du comité, tels Pierre-Amand Landry*, Pascal Poirier* et Arsenault, étaient des adversaires de Perry en politique.

Aux élections fédérales de juin 1896, Perry fut l'objet de virulentes attaques de la part de la presse acadienne et catholique, ce qui contribua à sa défaite. On lui reprochait d'être antipatriotique en n'appuyant pas la cause des écoles françaises et catholiques du Manitoba, car il avait voté, avec son parti, contre le projet d'une loi réparatrice présenté par les conservateurs de sir Mackenzie Bowell* en mars. Mais l'ostracisme fut de courte durée. En avril 1897, à l'occasion d'une élection complémentaire, Perry se fit réélire au Parlement où il rejoignit les libéraux de Wilfrid Laurier*, revenus au pouvoir en 1896.

Stanislaus Francis Perry mourut dans la capitale nationale en 1898, à la suite d'une brève maladie ; premier Acadien de l'Île-du-Prince-Édouard à œuvrer sur la scène politique, tant provinciale que fédérale, il n'eut droit qu'à quelques courts éloges dans la presse au moment de sa mort. La chambre des Communes se montra elle aussi réservée ; on souligna, entre autres, sa fidélité au parti libéral et son dévouement dans l'exercice de ses tâches publiques.

Georges Arsenault

CEA, Fonds Placide Gaudet, 1.64-19 (Perry à Gaudet, 22 déc. 1887). — Î.-P.-É., House of Assembly, *Journal*, 1840–1886. — *Acadian Recorder*, 26 févr. 1898. — *Daily Examiner* (Charlottetown), 23 mars 1878, 15 août 1882, 1er avril 1892, 1er mars 1898. — *L'Événement*, 25 févr. 1898.

— *Examiner* (Charlottetown), 9 févr. 1863, 20 mars, 10 avril, mai-juill. 1871, 18 mars 1872, 9 mars 1874. — *L'Impartial* (Tignish, Î.-P.-É.), 23 mai 1895, 2, 16 avril, 6, 21, 28 mai 1896, 3 mars 1898. — *Le Moniteur acadien* (Shédiac, N.-B.), 16 mars 1876, 10 janv., 14 mars, 11 avril, 18 juill., 23 août, 12 sept. 1878, 22 mars, 1er, 5, 22 avril 1887, 3 mai 1888, 20 mai 1890, 1er, 8, 28 mars 1898. — *Star* (Montréal), 24 févr. 1898. — *Summerside Journal* (Summerside, Î.-P.-É.), 21 févr. 1867, 7, 14 juill. 1870, 30 oct. 1873. — *Weekly Examiner and Island Argus* (Charlottetown), 12 juill, 23 août, 6 sept., 8 nov. 1878, 4 août 1882, 23 mars 1883. — *Canadian directory of parl.* (Johnson). — *CPC*, 1874 ; 1877 ; 1887 ; 1891. — J.-H. Blanchard, *The Acadians of Prince Edward Island, 1720–1964* (Charlottetown, 1964) ; *Acadiens de l'Île-du-Prince-Édouard* ([Charlottetown], 1956). — Conventions nationales des Acadiens, *Recueil des travaux et délibérations des six premières conventions*, F.-J. Robidoux, compil. (Shédiac, 1907). — Georges Arsenault, « le Dilemme des Acadiens de l'Île-du-Prince-Édouard au 19e siècle », *Acadiensis* (Fredericton), 14 (1984–1985), no 2 : 29–45.

PETERS, JAMES HORSFIELD, avocat, fonctionnaire, homme politique, agent foncier, juge, promoteur de l'agriculture, auteur et inventeur, baptisé le 29 mars 1811 à Gagetown, Nouveau-Brunswick, fils de Thomas Horsfield Peters, avocat et conseiller législatif, et de Mary Ann Sharmen ; décédé le 20 juin 1891 à Charlottetown.

Petit-fils d'un loyaliste de l'île Long, dans l'état de New York, et fils aîné d'une famille bien en vue dans la région de Chatham, au Nouveau-Brunswick, James Horsfield Peters fit ses études au King's College de Fredericton. Il étudia le droit auprès de John Ambrose Sharman Street*, de Newcastle, et devint membre du barreau du Nouveau-Brunswick le 13 juillet 1833. L'année suivante, il s'embarqua pour Londres où il passa presque trois ans, « durant une partie desquels [il fut] élève d'un avocat consultant au Temple et le reste du temps, d'un barrister de la Chancellerie ». Le 2 septembre 1837, à Halifax, il épousa Mary Cunard, fille aînée de Samuel Cunard* (quatre ans plus tôt, sa sœur Mary avait épousé Joseph Cunard*, frère cadet de Samuel). On admit Peters au barreau de la Nouvelle-Écosse le 1er mai 1838, et à celui de l'Île-du-Prince-Édouard le 30 juin suivant. La même année, son beau-père et quelques associés achetèrent une grande quantité de terres dans l'Île-du-Prince-Édouard et le choisirent comme solicitor. Le 8 septembre, il accéda au poste, non rémunéré, de solliciteur général de l'île et, le 23 juin 1840, il entra au Conseil législatif. Homme brillant, il se distinguait dans les délibérations de la Chambre haute, quand il ne les dominait pas. Cependant, ses obligations commerciales et professionnelles semblaient primer ; il assistait de façon irrégulière aux débats et, aux sessions de 1842, 1845 et 1847, il brilla plutôt par son absence.

C'est en qualité d'agent foncier des Cunard que Peters se fit rapidement connaître dans l'Île-du-Prince-Édouard, dont il est même devenu une figure légendaire. En 1846, il estimait régir, au nom de son beau-père et de son beau-frère Edward Cunard, « environ un sixième de l'île ». Vingt ans plus tard, au moment où le gouvernement acheta les propriétés des Cunard, celles-ci totalisaient 212 885 acres distribuées dans 20 cantons, c'est-à-dire sur à peu près toute la superficie de la colonie. Peters ne manquait pas de qualités pour assumer sa fonction : formation et compétence exceptionnelles en droit, sens aigu des affaires, minutie extrême, bonne connaissance des régions sauvages et du commerce du bois (il avait passé sa jeunesse dans la région de la Miramichi) et goût certain pour l'agronomie. Ses principales responsabilités consistaient à percevoir les loyers et à veiller à ce que tous les occupants des terres que revendiquaient les Cunard les reconnaissent comme propriétaires ou officialisent leur statut de locataires en signant un bail ou une convention de bail. En général, le loyer était fixé à un shilling (cours d'Angleterre) l'acre par an, pendant 999 ans, ce qui équivalait à une jouissance perpétuelle si le locataire respectait les conditions du bail. Peters acceptait parfois des produits agricoles ou du bétail en guise de paiement, mais la valeur qu'il leur concédait pouvait être sujet de controverse. Ainsi, en 1843, un autre agent foncier, James Yeo*, déclara à la chambre d'Assemblée que Peters avait « annoncé qu'il acceptait des produits agricoles en paiement des loyers, à un prix qui ne se faisait pas [...] au marché ». Témoignant devant un comité de l'Assemblée en 1840, Peters affirma qu'il était disposé à vendre des terres aux fermiers, mais ils furent probablement peu nombreux à se prévaloir de cette possibilité en raison du prix minimum de 20 shillings (cours d'Angleterre) l'acre.

Au fil des ans, Peters acquit la redoutable réputation d'un régisseur exigeant, parfois sans pitié et même vindicatif. Même si cette réputation était fondée, il disait faire aussi preuve d'une équité qui comportait une dose de générosité. En 1840, il témoigna qu'il laissait souvent tomber une grosse partie des arriérés d'un loyer, mais « jamais la totalité », et qu'il exigeait « des reconnaissances de dette » sur le solde, « en fonction de ce que, selon [lui, les locataires] étaient en mesure de payer ». Il déclara aussi qu'en percevant des loyers fixés au cours d'Angleterre il suivait la coutume selon laquelle on ajoutait une prime d'un neuvième à la somme payée en monnaie de l'île au lieu d'exiger la prime de 50 % généralement perçue dans les autres types de transactions, ce qui était avantageux pour les locataires.

Pourtant, en 1848, Peters défendit vigoureusement, au Conseil législatif, le droit des propriétaires terriens de réclamer le paiement des loyers fixés au cours d'Angleterre en monnaie britannique, difficile à obtenir dans l'île. Les circonstances qui avaient amené un locataire des Cunard, John Gordon, à présenter une requête à l'Assemblée l'année précédente ne sont pas loin de prouver que Peters était prêt à user de ce droit, pratique très inhabituelle, pour punir un locataire avec qui il avait eu un différend [V. George Nicol Gordon* ; James Douglas Gordon*]. Par ailleurs, les déclarations des locataires et d'autres témoins faites en 1843 devant un comité de l'Assemblée indiquent que Peters n'hésitait pas à exiger le respect absolu des clauses des baux et que souvent, pour accroître la pression, il engageait des poursuites de saisie ou menaçait de le faire. Selon les occupants d'une maison sise sur le lot 21, où il était allé régler des comptes avec les locataires, il voyageait avec deux pistolets de poche et deux autres plus gros ; un témoin rapporta avoir vu une arme sur la table au cours de ces entretiens. Un barde gaélique du district du havre Murray, dans le sud du comté de Kings, concluait sa *Complaint about America* en ces termes :

> Quelle pitié que Peters refuse de changer
> Et de penser à la mort un instant ;
> Si Dieu n'a pas pitié de lui
> Il paiera cher ce qu'il a fait.
> ....
> Il finira par recevoir son dû.

Son dû, il arrivait que Peters le touche en ce bas monde. Un dimanche d'octobre 1844, il se trouvait à Cascumpec, dans l'ouest du comté de Prince, chez un locataire des Cunard qui était peut-être aussi l'un de ses adjoints. Une fois tout le monde couché, le feu détruisit une grange, où périrent les chevaux de Peters et du locataire. Il s'agissait apparemment d'un incendie criminel et, selon la *Royal Gazette,* « le vent soufflait exactement dans la direction de la maison de ferme, qui aurait inévitablement connu le même sort que la grange si, providentiellement, il n'avait tourné ».

Peters imposait l'autorité des Cunard à une époque où bien des locataires de l'île appuyaient le mouvement de l'*escheat,* qui réclamait que l'on confisque les terres des propriétaires ne respectant pas les conditions de concession de 1767 [V. William Cooper*]. Ce mouvement était particulièrement puissant dans le comté de Kings, et Peters témoigna en 1840 que, lorsqu'il devait engager des poursuites pour toucher un loyer dans l'un des trois comtés de la colonie, il s'adressait au tribunal du comté de Queens, car il « dout[ait] que l'on puisse trouver un jury impartial dans les deux autres comtés ». L'opinion publique était si hostile à la perception des loyers que les activités de Peters suscitèrent de graves manifestations de résistance, tant dans le comté de Kings que dans celui de Prince. Au début de 1843, une série d'événements survenus dans l'est de Kings donna lieu à des actes de défi. Peters avait ordonné d'arpenter des terres que revendiquait Samuel Cunard dans les lots 44 et 45. Des squatters et des gens qui coupaient du bois sans autorisation firent souvent obstacle à ce genre de travail, nécessaire à l'établissement de la propriété effective. Le bail type que délivrait Peters réservait au propriétaire tout le bois, présent ou à venir, qui pourrait servir à la construction de navires ou à d'autres fins commerciales. L'application systématique de cette clause inhabituelle et radicale déplaisait beaucoup aux locataires et aux constructeurs de navires qui, tel Joseph Pope, avaient l'habitude de se servir. À peu près au moment où les arpenteurs faisaient leur travail pour Peters dans l'est du comté de Kings, on amena un forgeron nommé Martin Heaney, occupant illégal expulsé d'une maison qui appartenait aux Cunard, à quitter les lieux avec sa nombreuse famille « sans faire d'histoire ». La population locale explosa de colère. En mars 1843, on arracha les jalons et « une bande nombreuse » partit à la recherche d'un arpenteur et de ses instruments ; le 17, quelque 200 personnes se rassemblèrent et firent rentrer Heaney dans la maison. Une semaine plus tard, un incendie apparemment criminel rasa la maison d'un adjoint de Peters. Appuyé par le Conseil exécutif, le lieutenant-gouverneur, sir Henry Vere Huntley*, dépêcha 50 soldats et 30 constables dans l'est du comté de Kings pour y rétablir l'ordre. Selon Huntley, en apprenant l'approche des soldats, « une grande partie des gens » firent demi-tour avec leurs traîneaux et renoncèrent à se rendre à Charlottetown pour « intimider » la majorité tory de l'Assemblée. La rancœur que souleva le recours aux soldats eut de graves répercussions ; ainsi un prêtre catholique né dans la colonie, John McDonald*, lui-même propriétaire et agent foncier, dut quitter définitivement l'île pour avoir hébergé les militaires.

En 1844, Peters connut de graves problèmes dans l'ouest du comté de Prince, à l'autre bout de l'île. La propriété du lot 1 avait fait l'objet d'un litige durant des années, mais en 1841 Edward Cunard et la famille Palmer avaient convenu de le séparer en parts égales. Étant donné la propriété incertaine et l'isolement du lot situé à l'extrémité nord-ouest de la colonie, les fermiers, dont bon nombre d'Acadiens, s'étaient habitués à ne pas payer de loyer. Selon les témoignages recueillis en 1860 par la commission des terres, Peters et Edward Palmer*, avocat et important député conservateur, persuadèrent la plupart des occupants du lot, au début de 1843, de reconduire leur contrat de location et d'accepter les conditions offertes habituellement par les Cunard ; les arriérés seraient calculés à compter de 1841. Moins d'un an après, il devint manifeste que bien des locataires de la région, l'une des plus pauvres de l'île, ne pourraient honorer leurs engagements. Dans la première moitié de 1844, selon des sources contemporaines, la résistance organisée à la perception des loyers et aux saisies prit presque l'ampleur d'une insurrection. Toutefois, peut-être parce qu'il songeait à la controverse qui sévissait toujours dans l'est du comté de Kings, le gouvernement eut la sagesse de ne pas envoyer de militaires. La résistance finit par s'éteindre, et la perception des loyers reprit apparemment au cours des années suivantes. Sans doute est-ce en raison d'incidents comme ceux de 1843 et de 1844, tout comme de l'emprise de la famille Cunard et du climat politique qui régnait dans les premières années que Peters passa dans la colonie, que son nom devint un symbole des exactions du régime des propriétaires. Cependant, les reproches qu'on lui adressait lui semblaient injustes. En 1843, il estimait avoir abandonné £5 000 d'arriérés sur les terres de Samuel Cunard et, même s'il concédait qu'« il y [avait] nombre de gens dont tout le bien [n'aurait pas suffi] à payer les arriérés », « la plus grande partie [...] était à son avis le fait non pas de gens incapables de payer mais qui avaient écouté ceux qui leur disaient de ne pas payer, et ils se feraient confisquer leurs terres ».

Les critiques dont Peters fit l'objet visaient souvent le fait qu'il occupait une charge publique tout en défendant les intérêts du plus grand propriétaire de l'île. En 1846, la majorité des députés demanda à la couronne de lui retirer son poste de solliciteur général en alléguant que son rôle d'agent foncier était « incompatible avec le bon exercice de son devoir de légiste de la couronne » ; « les intérêts de ses employeurs, disait la requête, en faisaient l'adversaire des droits de la couronne et des intérêts du peuple ». Dans une lettre que sollicita Huntley, d'ailleurs critiqué lui aussi, Peters répondit qu'il se conduisait exactement comme les propriétaires le feraient s'ils résidaient dans la colonie, et qu'il gérait leurs terres « comme si elles étaient les [siennes] ». Il tenait donc « beaucoup à la prospérité de l'île » et ne pouvait comprendre pourquoi ce point de vue le rendait inapte à être solliciteur général. En définitive, d'après lui, la question était de savoir s'il avait négligé ses fonctions de légiste ; or, soulignait-il pour se défendre, aucun cas précis de négligence n'avait été cité. Il ne disait pas qu'il lui était arrivé au moins une fois de demander à Huntley, qui la lui avait accordée, la permission de « mettre de côté, pour un temps, ses obligations à l'égard des procès intentés par le gouvernement afin de pouvoir défendre les clients pour lesquels [...] il agissait à titre d'agent foncier ». Peters conserva donc son poste, qu'il estimait n'avoir aucune raison de quitter. Néanmoins, à la Chambre haute, il se fit l'ardent défenseur des prérogatives des propriétaires et prôna prudence et remise à plus tard quand il s'agissait des droits populaires. En 1848, sous sa présidence, un comité qui examinait une loi d'indemnisation des locataires adoptée par l'Assemblée l'année précédente présenta un rapport plein de digressions qui soulignait la complexité de la question, niait le conflit inhérent aux intérêts des propriétaires et à ceux des locataires, et recommandait de ne prendre aucune mesure avant que le Parlement impérial ne se soit prononcé. Les locataires de l'île devraient attendre le début des années 1870 pour être protégés par la loi.

Peters cessa d'être agent foncier des Cunard, solliciteur général et conseiller législatif le 29 septembre 1848. Ce jour-là, il prêta serment à titre de juge suppléant de la Cour suprême, que présidait alors le juge en chef Edward James Jarvis*, et de maître des rôles de la Cour de la chancellerie. Il exerça ces fonctions, auxquelles sa formation en *common law* et en *equity* le rendait particulièrement apte, jusqu'au moment de sa retraite, le 15 avril 1891. Il fut le juge qui siégea le plus longtemps dans toute l'histoire de l'île, et fit preuve en outre d'une compétence exceptionnelle. Très nombreux sont les documents qui témoignent de la qualité de ses jugements et du grand respect qu'ils inspiraient aux avocats de la colonie. En 1872, à une époque où il était très rare que l'on publie un recueil des décisions d'un seul juge, Thomas Heath HAVILAND fit paraître en un volume 70 causes jugées par Peters depuis 1850. Deux autres avocats publièrent une nombreuse collection de jugements rendus dans l'île, en 1885–1886, et ils en choisirent un grand nombre de Peters. Dans les causes où d'importants points de droit étaient en jeu, ses jugements reposaient sur une argumentation complète et lucide ; l'usage intelligent qu'il faisait de la jurisprudence anglaise montrait qu'il maniait bien les principes de la *common law*. Dans son interprétation des textes de loi, il faisait des efforts considérables pour ne pas déboucher sur une « injustice » que, selon lui, la *common law* permettait d'éviter. Toutefois, aussi soucieux qu'il ait été de se tenir à l'intérieur des garanties de la *common law*, il rejetait les argumentations fondées sur une interprétation littérale, mécanique ou capricieuse des lois ou des situations si elles allaient à l'encontre de sa compréhension des principes de la *common law* ou de son désir évident de « réaliser les desseins de la justice inhérente ».

Les décisions les plus intéressantes de Peters sont peut-être celles qui ont un contenu politique, car il y montre une remarquable sensibilité aux « libertés civiles ». Dans la cause qui opposait la reine à James Gorveatt et autres (1866), il cassa une accusation de conspiration, d'attentat à l'ordre public et d'attroupement déposée à la suite des désordres fomentés par la ligue des locataires (*Tenant League*) parce que l'agent foncier qui avait ordonné l'émission des ordonnances ayant mené à l'affrontement avait fait partie du jury d'accusation. Son jugement contient une déclaration forte et émouvante sur la nécessité, pour tous les membres d'un jury d'accusation, d'être d'une impartialité indubitable. Par ailleurs, dans un cas où l'on alléguait qu'il y avait eu partialité dans la confection d'une liste de 48 membres éventuels d'un jury spécial pour une poursuite en diffamation intentée par le rédacteur en chef Duncan Maclean* contre son rival, Edward Whelan* (1856), Peters commença par écarter la réponse facile, admise à l'époque, qu'offrait la jurisprudence. Il reconnut avoir affaire à « une cause politique » – ce qui était fort audacieux de la part d'un juriste du XIXe siècle – et donna des directives précises pour la constitution d'une nouvelle liste. Sa conclusion donnait raison au tory Maclean, mais dans le procès au criminel pour diffamation qui opposa la reine à Whelan (1863), Peters se prononça en faveur du libéral Whelan contre William Henry Pope*, successeur de Maclean à la direction du journal conservateur *Islander*.

Peters se souciait donc des droits de l'accusé mais, apparemment, ce n'est pas cet aspect de sa carrière de juriste qui laissa l'impression la plus profonde dans la population en général. Il avait la réputation de donner des sentences sévères, comme en témoigne une anecdote qui figure dans *The master's wife*, livre où sir Andrew Macphail* raconte ce que c'était que de grandir dans l'Île-du-Prince-Édouard à la fin du XIXe siècle. « Le juge Peters », y lit-on, aurait condamné à mort deux « mauvais garçons » pour avoir volé par effraction trois ballots de fil à voile, peine qu'une autorité supérieure plus clémente commua en 25 années de prison. La façon dont Peters jugea certaines causes qui découlèrent des émeutes de la ligue des locataires en 1865 renforça sa réputation de dureté. Il condamna trois membres de la ligue, trouvés coupables de voies de fait simples et, dans un cas, de voies de fait contre des constables, à des peines de un à deux ans de prison et à des amendes de £20 à £50, ce que l'on considéra largement comme excessif, sinon contraire à la justice ; cette décision fit d'ailleurs l'objet de débats publics pendant des années. Sa réputation de sévérité, sans doute alimentée par les souvenirs de l'époque où il était agent foncier, pourrait expliquer pourquoi, à trois reprises (en 1852, 1874 et 1889), le poste de juge en chef lui échappa au profit d'un candidat ayant peu ou pas d'expérience de la magistrature. Dès 1852, il était pourtant absolument convaincu qu'en raison de sa supériorité d'homme de loi, c'était lui, et non le candidat rival Robert Hodgson*, qui devait accéder au « plus grand honneur de [sa] profession ».

Peters était un vigoureux défenseur du progrès agricole, ce qui s'explique peut-être en partie par le fait qu'il avait été agent foncier. Il exploitait une ferme de culture et d'élevage que Benjamin Davies, ancien membre du mouvement de l'*escheat* et radical impénitent, présenta comme un modèle à l'Assemblée en 1871. Il participait à des organismes agricoles sis à Charlottetown ou dans divers districts ruraux, soit à titre de parrain, de président, de conférencier, de concurrent ou de donateur de prix. Au moins une fois, à la Cour suprême, il aborda des thèmes agricoles. En 1851, il publia un manuel qui connut une large diffusion dans la colonie, *Hints to the farmers of Prince Edward Island* [...] ; il y prônait l'adaptation de la rotation des cultures aux conditions locales et la culture du rutabaga. Ces activités en font, parmi les habitants de l'Île-du-Prince-Édouard, le plus proche homologue du célèbre réformateur néo-écossais Agricola [John Young*], dont les travaux l'influencèrent.

Peters fit œuvre utile dans un autre domaine : les communications hivernales avec la terre ferme, perpétuel sujet d'inquiétude pour les insulaires. Il était hors de question d'employer des bateaux ordinaires pour traverser le détroit de Northumberland en raison de l'épaisseur de la glace, ni d'aller à pied parce qu'elle était souvent trop fragmentée et instable. La solution était le bateau à patins, embarcation de bois qui pouvait servir de traîneau sur la neige ou la glace et de bateau dans les eaux libres. Peters, qui faisait souvent la traversée en hiver pendant ses premières années dans l'île, faillit trouver la mort vers 1845 en essayant de passer en Nouvelle-Écosse. Comme le temps était à la tempête et que le bateau ne lui semblait pas sûr, il rebroussa chemin ; l'équipage, qui poursuivit sa route, périt. Il se peut que ce drame ait incité Peters à concevoir un nouveau bateau à patins et à en superviser la construction : plus léger, sa coque était renforcée d'étain et il avait deux patins à semelle de fer parallèlement à la quille. Un harnais de courroies et de cordes permettait à l'équipage de tirer le bateau dans les glaces ou de repêcher plus aisément ceux qui, soudainement tombés dans les eaux glacées, risquaient d'être emportés par le courant. On utilisa le bateau de Peters sans modifications importantes jusqu'en 1917.

D'une extraordinaire compétence dans la profession qu'il avait choisie, le droit, James Horsfield Peters avait à son actif un remarquable éventail de réalisations. Pourtant, même si peu de gens mirent jamais ses aptitudes en question, on le considéra avec méfiance durant toute sa longue carrière, qui toucha intimement les insulaires, et de bien des façons. Impopulaire comme presque tous les agents fonciers, il ne dissipa jamais, semble-t-il, l'impression qu'il avait faite au moment où, armé de deux paires de pistolets et entouré de l'aura que lui conférait son poste de solliciteur général, il s'était établi comme l'agent le plus important de son époque et peut-être de toute l'histoire de la question foncière. C'était un personnage presque plus grand que nature, qui respirait la compétence, la détermination, la volonté de donner à autrui des exemples d'encouragement, quelqu'un dont le travail pour les Cunard provoqua des incendies criminels, des protestations, des désordres publics et fit l'objet d'enquêtes de comités de l'Assemblée. Comme il s'était d'abord fait connaître à titre d'agent foncier « dur », la population fut probablement portée à croire les pires racontars à son sujet pendant les quelque 43 ans où il siégea au tribunal. Sa sévérité d'agent foncier et de juge entra donc dans le folklore de l'île. D'autres aspects de sa vie qui auraient pu susciter l'approbation populaire, tels son souci de juriste pour les droits des accusés, ses contributions au progrès agricole et sa conception d'un bateau à patins plus sûr, s'imprimèrent moins profondément dans les mémoires. À sa mort, il laissait dans le deuil deux filles et trois fils, qui héritèrent la plus grande partie de sa considérable succession, faite de numéraire, de biens immobiliers et d'investissements. Deux de ses fils, avocats, bénéficièrent d'une part de la popularité qu'on lui refusa : ils devinrent premiers ministres libéraux de l'île, Frederick de 1891 à 1897, Arthur* de 1901 à 1908.

IAN ROSS ROBERTSON

L'auteur remercie J. A. H. (Pete) Paton, de Charlottetown, de lui avoir permis l'accès à une collection des papiers de la famille Peters se trouvant en sa possession, et à Michael J. W. Finley pour son commentaire sur la qualité des jugements écrits de James Horsfield Peters. [I. R. R.]

Peters est l'auteur de : *Hints to the farmers of Prince Edward Island ; printed for the Royal Agriculture Society* (2e éd., Charlottetown, 1851).

APNB, MC 223, St John's Church (Gagetown, N.-B.), reg. of baptisms, 29 mars 1811. — Musée du N.-B., Jarvis family papers, E. J. Jarvis à R. F. Hazen, 2 août 1843 ; Tilley family papers, box 6, packet 2, nos 18, 20 (photocopies aux PAPEI). — PANS, MG 2, 724, particulièrement nos 87, 95–97, 98a, 101, 107a, 109, 115. — PAPEI, RG 5, minutes, 3 nov. 1863 ; RG 6, Supreme Court, barristers' roll ; minutes, 12–24 janv. 1866 ; RG 15, land title docs., Lot 1, lease 139 ; Lot 4, lease 121 ; Lot 64, leases 99, 107 ; RG 16, land registry records, conveyance reg., liber 46 : fo 476 ; liber 49 : fo 370 ; liber 54 : fo 176 ; RG 17, J. H. Peters to the boundary commissioners, 17 août 1839 ; boundary commissioners' minute-book, 1835–1849, entries for 18, 29, 31 janv. 1840. — PRO, CO 226/55 : 503 ; 226/58 : 203 ; 226/65 : 86–91, 93, 131–150, 215–222, 236–243 ; 226/66 : 84–88, 121–122, 135–138, 279–290 ; 226/69 : 152–182, 205, 218–221 ; 226/71 : 76 ; 226/73 : 278–281 ; 226/74 : 317–408 ; 226/75 : 334 ; 226/80 : 179–186, 623–628 (mfm aux PAPEI). — Supreme Court of Prince Edward Island (Charlottetown), Estates Division, liber 13 : fos 3–13. — Warwickshire County Record Office (Warwick, Angl.), CR 114A/565 (Seymour of Ragley papers), memorandum, [J. H.] Peters *et al.*, 12–13 sept. 1840. — West Sussex Record Office (Chichester, Angl.), Goodwood Arch., MS 377 : fo 583. — *Abstract of the proceedings before the Land Commissioners' Court, held during the summer of 1860, to inquire into the differences relative to the rights of landowners and tenants in Prince Edward Island,* J. D. Gordon et David Laird, rapporteurs (Charlottetown, 1862), 39–41, 45, 49–52, 63, 66, 72, 75, 126, 150, 152, 154, 207. — *Complaint about America,* dans *The emigrant experience : songs of Highland emigrants in North America,* Margaret MacDonell, trad. et édit. (Toronto, 1982), 118–125. — Î.-P.-É., House of Assembly, *Debates and proc.*, 1871 : 248 ; 1874 : 270–271, 394 ; 1875 : 145 ; 1876 : 64–65 ; *Journal,* 1840 : 127–128, app. P ; 1841, app. S ; 1843 : 77, 101, 126, 129–130, app. O : 110, 117, app. P ; 1844 : 63–64, app. Q ; 1846 : 114–116 ; 1847 : 58 ; 1875, app. E ; Legislative Council, *Debates and proc.*, 1865 : 67 ; 1871 : 36 ; *Journal,* 1840 : 51 ; 1841–1848, particulièrement 1848 : 47–49. — *Reports of cases determined in the Supreme Court, Court of Chancery, and Vice Admiralty Court of Prince Edward Island* [...] [1850–1882], F. L. Haszard et A. B. Warburton, compil. (2 vol., Charlottetown, 1885–1886). — *Reports of cases determined in the Supreme Court, Court of Chancery, and Court of Vice Admiralty of Prince Edward Island, from* [...] *1850 to* [...] *1872, by James Horsfield Peters* [...], T. H. Haviland, compil. (Charlottetown, 1872). — *Charlottetown Herald,* 24, 31 janv., 8 août 1866, 24 juin 1891. — *Daily Examiner* (Charlottetown), 9 févr. 1885, 10 avril, 20 juin 1891. — *Daily Patriot* (Charlottetown), 19 [20] juin 1891. — *Examiner* (Charlottetown), 17 avril 1854, 19 janv. 1857, 22, 29 janv. 1866, 3, 10 août 1874. — *Haszard's Gazette* (Charlottetown), 3 févr. 1852. — *Island Argus* (Charlottetown), 28 juill. 1874. — *Islander*, 21 juin, 18 oct., 1er nov. 1844, 18 oct. 1845, 7 mars 1846, 29 sept., 4, 10 nov. 1848, 3, 17 janv., 4 avril 1851, 5 mars, 11 juin 1852, 1er avril, 23 déc. 1853, 23 févr., 2 mars 1855, 16, 30 janv., 6, 13 févr. 1857, 28 janv., 4 févr. 1859, 11 mai 1860, 2, 16 févr., 2, 16 mars, 6 juill., 17, 31 août 1866. — *Journal* (Summerside, Î.-P.-É.), 8 févr. 1866, 25 juin 1891. — *Morning Journal* (Charlottetown), 11 janv. 1845. — *Palladium* (Charlottetown), 20 juin, 19, 24 oct. 1844. — *Patriot* (Charlottetown), 24 juin 1880. — *Pearl* (Halifax), 9 sept. 1837. — *Pioneer* (Summerside), 17 juin 1884. — *Royal Gazette* (Charlottetown), 7 avril 1840, 2 févr., 4 mai, 3 août 1841, 17 janv., 7, 21, 28 mars, 11, 25 avril (suppl.), 2 mai, 13 juin 1843, 26 mars, 15 oct. 1844, 1er avril 1845, 19 mai, 1er sept. 1846, 17 août 1847, 4, 11, 25, 27 avril (extra), 9 mai, 10 oct. 1848, 20 mars, 15, 25 mai (extra), 12 juin 1849, 12, 19 févr., 12, 19 mars 1850, 17 juin, 15 déc. 1851, 29 janv. 1852 (extra), 7, 9 mars (suppl.) 1853. — *Semi-Weekly Patriot* (Charlottetown), 6 août 1874. — *Vindicator* (Charlottetown), 27 juill. 1864. — *Weekly Examiner and Island Argus* (Charlottetown), 26 juin 1891. — *A Peters lineage : five generations of the descendants of Dr. Charles Peters, of Hempstead,* M. B. Flint, compil. ([Poughkeepsie, N.Y., 1896]), 30–31, 45–46. — *Canadian men and women of the time* (Morgan ; 1912), entrée à Frederick Peters. — *Dominion annual reg.*, 1885. — *Political appointments and judicial bench* (N.-O. Coté). Une étude approfondie des sources n'a pas permis de découvrir des preuves qui confirmeraient la date que Coté donne pour la nomination de Peters au poste de juge [I. R. R.]. — W. L. Cotton, *Chapters in our Island story* (Charlottetown, 1927), 101–108. — Alice Green, *Footprints on the sands of time : a history of Alberton* (Summerside, 1980), 144. — Andrew Macphail, *The master's wife* (Montréal, 1939 ; réimpr., Toronto, 1977), 51.

PETERS, MARTHA HAMM. V. LEWIS

PHILLIPS, ALFRED MOORE, dirigeant du mouvement de tempérance, ministre méthodiste et rédacteur en chef, né en 1847 dans le canton de Hillier, Haut-Canada, fils aîné de John Smith Phillips et de Sarah Bacon ; le 21 juin 1882, il épousa à St Thomas,

Ontario, Margaret Jane Coyne, et ils eurent un fils, puis à St Marys, Ontario, Susan Hunt, et de ce mariage naquirent un fils et une fille ; décédé le 10 décembre 1896 à Montréal.

Par ses antécédents ruraux et les débuts de sa carrière, Alfred Moore Phillips ressemble à beaucoup de ministres protestants de la dernière partie du XIXe siècle. Élevé dans le canton de Murray, comté de Northumberland, il quitta la ferme familiale à l'âge de 16 ans pour enseigner dans une école voisine. Les activités dans lesquelles il investit alors son surcroît d'énergie devaient plaire à ses pieux parents méthodistes : il suivit des cours d'anglais et de mathématiques, devint un orangiste accompli et commença à militer dans un groupe local de tempérance. À l'âge de 20 ans, après avoir connu l'expérience de la conversion dans un revival tenu près de Trenton, il joignit le groupe de fidèles auquel appartenaient ses parents. Il se sentit bientôt appelé à prêcher la bonne parole et, après avoir été six mois organisateur du mouvement de tempérance, il devint prédicateur méthodiste en 1870. Trois ans plus tard, à la fin de sa période de probation, il alla étudier la théologie au Victoria College de Cobourg. En 1878, il obtenait sa licence en théologie et fut ordonné. Au cours des 18 années suivantes, il œuvra successivement dans des congrégations du sud-ouest de l'Ontario, de Toronto et de Montréal.

La façon dont Phillips avait accédé au ministère était peut-être caractéristique de la fin du XIXe siècle, mais il n'était nullement un pasteur ordinaire. Doué d'un esprit, d'une énergie et de talents d'organisateur bien supérieurs à la normale, il s'était d'abord fait remarquer dans la lutte contre l'alcool. En 1864, il contribua à la fondation d'une division des Fils de la tempérance, dont il transféra peu après l'affiliation au British Order of Good Templars parce que cet organisme était canadien et non américain. Durant 20 ans, il allait continuer de montrer quel bâtisseur il était et combien il préférait que les Canadiens dirigent les organisations où ils militaient. Après avoir gravi rapidement les échelons de l'ordre, il fut élu très vénérable chef templier en 1872 et, durant son mandat d'un an, il introduisit l'ordre en Australie. À titre de très vénérable secrétaire de 1874 à 1878, il parvint à réunir les Templars du Canada, le United Order of Templars of Great Britain and Ireland et les Templars australiens au sein de la United Temperance Association, dont la loge canadienne fut créée en 1876. En 1884, il fit entrer l'association dans le regroupement appelé Royal Templars of Temperance, non sans avoir préalablement négocié pour elle une direction autonome et un fonds de secours indépendant. Comme l'a noté un observateur, il fut « le père des Royal Templars du Canada ».

Aussi importante qu'ait été sa contribution au mouvement de tempérance, Phillips exerça une influence encore plus vaste et plus durable par son œuvre sacerdotale. Théologien libéral et réformateur social, il contribua à l'essor de plusieurs courants progressistes au sein du méthodisme. En cette époque où bon nombre de ses coreligionnaires contestaient l'efficacité de la formation donnée aux ministres, la persévérance avec laquelle il étudia en vue d'obtenir un diplôme, malgré les objections de certains collègues plus âgés, demeura un symbole de courage pour ses pairs. Au collège, il participa à la création d'un cercle littéraire pour étudiants en théologie, la Jackson Society ; de plus, il fonda la Theological Union, qui allait devenir un important foyer de débats pour les méthodistes et essaimer dans d'autres collèges et conférences. En s'inspirant de ce qui se faisait au célèbre American Institute of Sacred Literature, il mit sur pied, dans le cadre de la Theological Union, un cours d'études bibliques. De 1889 à 1895, il travailla aussi pour cette association à titre de rédacteur en chef et directeur commercial du *Canadian Methodist Quarterly*, et de son successeur le *Canadian Methodist Review*, dans lequel il tentait d'« aviver un intérêt profond pour les grandes questions du jour et d'aider les méthodistes à suivre les débats de [l']époque ». À ces fins, il faisait aussi valoir la nécessité, pour le clergé, de s'instruire et de bien se préparer à sa mission. Avec l'appui de la famille de Hart Almerrin MASSEY, il joua d'ailleurs un rôle important dans la fondation, en 1893, de la Deaconess Society, organisme méthodiste d'avant-garde qui préparait les femmes au travail d'évangélisation et d'assistance sociale. D'ailleurs, il ne faisait pas qu'indiquer le chemin à autrui : reconnu « parmi les meilleurs prédicateurs de son temps », il l'emporta haut la main, dit-on, dans des débats contre Edward Kings Dodds, renommé pour son opposition à la tempérance, et contre le célèbre matérialiste Charles Watts.

Bien qu'il n'ait pas vécu le tournant du siècle, Alfred Moore Phillips fut l'un des artisans du méthodisme canadien du XXe siècle. Profondément attaché à l'un des préceptes méthodistes les plus anciens, à savoir que Dieu dirige toute la vie de l'homme, il chercha néanmoins à éloigner l'Église des anciennes absolutions, car il avait la conviction que le point final « de la vérité théologique n'a[vait] pas été atteint, pas plus que celui de la [vérité] scientifique ». À ce libéralisme intellectuel s'alliait un souci éthique qui en fit l'un des premiers représentants du christianisme appliqué, terme qui englobait les programmes de réforme sociale sans cesse plus nombreux que les Églises allaient parrainer. À maints égards, ce « régénérateur », pour reprendre le terme fort juste de l'historien Ramsay Cook, contribua à jeter les bases d'une théologie libérale qui cherchait à réconcilier christianisme et société moderne.

JOHN D. THOMAS

Une sélection d'extraits des sermons et discours d'Alfred Moore Phillips a été préparée par sa sœur Nettie Phillips Walt et publiée en édition posthume sous le titre de *My message : being extracts from the pulpit and platform addresses of the late Rev. A. M. Phillips* (Toronto, 1897). Un volume de coupures de ses sermons (avec une notice nécrologique de Phillips et plusieurs sermons de William Galbraith), de revues savantes et de journaux contemporains non identifiés, collées sur les pages du livre de William Cochrane, *Future punishment : or does death end probation ?* [...] (Brantford, Ontario, et Saint-Jean, N.-B., 1886), est conservé au UCC-C.

UCC-C, Biog. files ; Methodist Church (Canada, Newfoundland, Bermuda), Deaconess Soc. papers, boxes 1–2. — Methodist Church (Canada, Newfoundland, Bermuda), Montreal Conference, *Minutes* (Toronto), 1897. — *Christian Guardian,* 1885–1896. — Cornish, *Cyclopædia of Methodism.* — *Cyclopædia of Canadian biog.* (Rose et Charlesworth), 1. — Cook, *Regenerators.* — *The first fifty years, 1895–1945 ; the training and work of women employed in the service of the United Church of Canada* ([Toronto, 1945]). — J. D. Thomas, « Servants of the church : Canadian Methodist deaconess work, 1890–1926 », *CHR*, 65 (1984) : 371–395.

PINSENT, sir ROBERT JOHN, avocat, homme politique et juge, né le 27 juillet 1834 à Port de Grave, Terre-Neuve, fils de Robert John Pinsent* et de Louisa Broom ; vers 1856, il épousa Anna Brown Cooke, et ils eurent six enfants, puis vers 1873 Emily Hettie Sabine Homfray, et de ce mariage naquirent trois enfants ; décédé le 28 avril 1893 en Angleterre.

Quand Robert John Pinsent naquit, sa famille vivait depuis quatre générations dans la région de la baie Conception, à Terre-Neuve, et son père y était magistrat stipendiaire. Il fit ses études à la *grammar school* de Harbour Grace sous la direction du père de sir Thomas George Roddick*, John Irvine Roddick. Après un stage de droit chez Bryan Robinson* à St John's, on l'admit comme solicitor en 1855 et barrister un an plus tard (il reçut le titre de conseiller de la reine en 1865). Sa carrière d'avocat plaidant progressa rapidement dès sa première année de pratique, et surtout à compter de 1858, l'année où Robinson accéda à la Cour suprême. À partir de ce moment, Pinsent fut l'avocat plaidant le plus réputé de Terre-Neuve jusqu'à ce qu'il devienne lui-même juge en 1880.

Pinsent accepta un siège au Conseil législatif en 1859. La politique l'occupa davantage à partir de janvier 1867 : au cours d'une élection partielle, il se porta candidat indépendant dans le district de Port de Grave et fut élu sans opposition à la chambre d'Assemblée. Dans une lettre aux électeurs, il n'avait pas pris position sur la Confédération, mais le *Standard, and Conception Bay Advertiser* de Harbour Grace avait indiqué qu'il s'opposait aux Résolutions de Québec. Sa brève carrière politique arriva à son point culminant deux ans plus tard, soit au moment où il se joignit aux partisans de la Confédération, que dirigeaient Frederic Bowker Terrington CARTER et Ambrose Shea*. À cette occasion, il se présenta encore dans son district mais, cette fois, le fait qu'il ait été natif de la région ne compta guère. Comme la circonscription était majoritairement opposée au projet confédératif, il essuya une cuisante défaite. Malgré l'extrême prudence dont il avait fait preuve en exposant les avantages de la Confédération, le courant de l'opinion était contre lui. En outre, l'électorat se rappelait peut-être qu'il avait défendu une position contraire en 1867. Une note dans laquelle il protestait auprès du directeur du scrutin contre l'intimidation dont les électeurs en faveur de l'union avaient été victimes à Bay Roberts, la plus grosse agglomération du district, donne une idée du climat qui régnait au cours de la campagne.

Pinsent fut quand même nommé de nouveau au Conseil législatif par le gouvernement de Carter et de Shea, qui allait démissionner l'année suivante. Il continua d'y défendre la Confédération, à l'encontre de l'écrasante majorité des conseillers. Aux élections de 1873, il commit l'imprudence de changer de camp et de briguer les suffrages aux côtés des anti-confédérateurs de Charles James Fox Bennett*. Ce parti remporta la victoire, mais Pinsent fut défait dans le district de Trinity Bay. Il souffrit aussi du fait que l'ordre d'Orange était puissant dans ce district et que lui-même, en qualité de membre de l'establishment anglican, ne semblait pas assez protestant aux yeux des électeurs. Après 1873, il reprit position en faveur de la Confédération et continua de lutter pour l'union bien longtemps après que les autres hommes politiques terre-neuviens eurent abandonné. En 1878, il se présenta dans la circonscription de Burin, où il connut une autre défaite. À l'automne de 1879, il était sur le point de se présenter dans St John's West lorsqu'on lui offrit de combler une vacance à la Cour suprême. Il eut la sagesse d'accepter ce poste, et sa nomination eut lieu au printemps suivant.

Pinsent connut particulièrement peu de succès en politique parce que dans les années 1860 et 1870 il était quasi impossible de se faire élire en appuyant la Confédération. De plus, ses changements d'allégeance, sa difficulté d'accepter la défaite (plus d'une fois, il demanda au gouverneur d'annuler les résultats d'un scrutin) et son fervent anglicanisme étaient tous des facteurs qui, à l'époque, nuisaient à une carrière politique. Il remporta cependant quelques succès personnels durant la courte période où il siégea à la chambre d'Assemblée, soit de 1867 à 1869. Il fut en effet procureur général intérimaire en l'absence de Carter en 1869 et, la même année, il présida un comité spécial sur la Geological Survey of Newfoundland. Ses succès n'allèrent guère plus loin. Il était trop inflexible pour s'adapter à un système politique amoral et pour en accepter les règles, et c'est ce qui ruina sa carrière.

En qualité de juge, Pinsent avait tendance à rendre des jugements simples, sans s'appuyer outre mesure sur la jurisprudence. C'était une bonne façon de faire étant donné la grande diversité des causes dont le tribunal terre-neuvien était saisi en cette fin du XIXe siècle. En fait, à Terre-Neuve, bon nombre de précédents provenaient des coutumes de la colonie – par exemple, les relations dans la pêche à la morue, qui s'étaient façonnées au cours du siècle précédent.

Deux des causes entendues par Pinsent étaient particulièrement importantes et furent portées en appel devant le comité judiciaire du Conseil privé à Londres : *Nfld. Railway Co. and Evans and Adamson* c. *the Government of Nfld.* (1887) et *Baird et al* c. *Walker* [V. James Baird*] (1891). Le premier de ces procès portait sur la faillite d'une société de construction ferroviaire. Le gouvernement terre-neuvien en revendiquait l'actif parce que les constructeurs n'avaient pas respecté le contrat. La question avait une grande importance, et Pinsent jugea que ce serait nuire au « bon renom » de Terre-Neuve que d'autoriser le gouvernement à saisir l'actif de la compagnie. Le comité judiciaire, en invoquant la jurisprudence et les principes du droit, prit la position contraire, à savoir que le gouvernement avait un droit de saisie. Dans l'affaire qui opposait Baird à Walker, le tribunal de Terre-Neuve, où Pinsent siégeait aux côtés du juge en chef Carter, nia qu'un officier de la marine britannique eût le droit de passer sur une propriété privée pour faire respecter les privilèges de pêche des Français. Les juges déclarèrent que, même si en temps de guerre on pouvait confier des pouvoirs étendus aux officiers de marine, ce n'était pas le cas en temps de paix, et que les droits concédés par des traités ne devaient pas empiéter sur ceux des particuliers. Le comité judiciaire leur donna tout à fait raison. Cette affaire eut de nombreuses incidences sur l'exercice des droits reconnus par traité.

Par ailleurs, Pinsent était, tout comme son père, un membre éminent et actif de l'Église d'Angleterre de Terre-Neuve. Membre du synode et de son conseil de direction durant de nombreuses années, il fut aussi vice-président de la Colonial and Continental Society. En 1880, l'archevêque de Cantorbéry lui décerna un doctorat en droit civil pour les services qu'il avait rendus à l'Église. Comme on peut s'y attendre, il consacrait aussi des énergies à la Law Society of Newfoundland et au Royal Colonial Institute, dont il était membre. Il fut fait chevalier en 1880.

Sir Robert John Pinsent demeura un juge hautement compétent et respecté de la Cour suprême jusqu'à ce que son état de santé l'oblige à quitter ses fonctions. Il mourut subitement en 1893 en Angleterre, où il était allé se faire soigner et rendre visite à des parents.

DAVID J. DAVIS

Les publications de Robert John Pinsent comprennent : *Confederation and amendment of the local constitution considered* (St John's, 1867), et T.-N., House of Assembly, Select Committee upon the Geological Survey of Newfoundland, *Report* (St John's, 1869).

Cathedral of St John the Baptist (Anglican) (St John's), Reg. of baptisms, 1834–1879 (mfm aux PANL). — PANL, GN 1/3, 1864–1884. — Port de Grave, T.-N., Anglican Church, reg. of baptisms, 1827–1869 (photocopies aux PANL). — PRO, CO 199/63, 65, 70 (mfm aux PANL). — St Paul's Anglican Church (Harbour Grace, T.-N.), Reg. of baptisms, 1834–1879 (copies aux PANL). — *The book of Newfoundland,* J. R. Smallwood *et al.*, édit. (6 vol., St John's, 1937–1975), 6 : 60–65. — *Decisions of the Supreme Court of Newfoundland,* E. P. Morris *et al.*, édit. (St John's), 7 (1884–1896). — *Nfld. men* (Mott), 7. — *Evening Telegram* (St John's), 28 avril 1893. — *Morning Chronicle* (St John's), 21–22 nov. 1873. — *Royal Gazette and Newfoundland Advertiser,* 31 janv. 1879. — *Times and General Commercial Gazette* (St John's), 4 févr. 1874, 29 avril 1893.

PLAMONDON, ANTOINE, peintre, professeur, agriculteur et homme politique, né le 29 février 1804 à L'Ancienne-Lorette, Bas-Canada, fils de Pierre Plamondon et de Marie Hamel ; décédé célibataire le 4 septembre 1895 à Pointe-aux-Trembles (Neuville, Québec).

Fils de cultivateur, Antoine Plamondon aurait bénéficié dans sa jeunesse de la protection du curé de sa paroisse, Charles-Joseph Brassard* Deschenaux, qui lui aurait permis de faire des études primaires avant de l'encourager à devenir peintre. Lorsqu'il signa son contrat d'apprentissage avec le maître peintre Joseph Légaré* le 1er mars 1819, Antoine demeurait à Québec, où son père était depuis peu aubergiste dans le faubourg Saint-Roch ; son engagement devait durer jusqu'à sa majorité. Son maître, peintre et vitrier de formation, était à l'époque un jeune artiste peu expérimenté.

Durant les six années de son engagement, Plamondon apprit en quelque sorte à peindre et à dessiner sur le tas, et collabora aussi bien à l'exécution de copies d'inspiration religieuse qu'à la restauration de tableaux de la collection Desjardins [V. Philippe-Jean-Louis Desjardins*] ou même à l'exécution de certaines tâches qui relevaient du premier métier de son maître. Au mois de mars 1825, il quitta Légaré pour s'établir à son compte dans un atelier situé rue Sainte-Hélène (rue McMahon), à Québec. Sans doute conscient des limites de sa formation, il manifesta un an plus tard l'intention d'aller se perfectionner en Europe, cette Europe dont il avait pu entrevoir les richesses artistiques grâce à la collection Desjardins.

Plamondon quitta Québec en juillet 1826, sans doute avec son cousin Ignace Plamondon. Recommandés par l'abbé Louis-Joseph Desjardins*, dit Desplantes, à son frère l'abbé Philippe-Jean-Louis

Desjardins, vicaire général de Paris, ils bénéficièrent de la protection de ce dernier tout au long de leurs études dans l'atelier de Jean-Baptiste Guérin, dit Paulin-Guérin, peintre officiel du roi Charles X. Peu débrouillards, ils furent un poids pour leur protecteur qui alla jusqu'à les qualifier de « nourrissons ». Néanmoins, Antoine aurait profité de son voyage pour effectuer un séjour à Rome, Florence et Venise. Terrorisé par les trois Glorieuses de juillet 1830, il s'empressa de regagner Québec à l'automne, encore plus ancré dans ses convictions monarchistes.

Plamondon informa sa clientèle de son retour en publiant une annonce en français et en anglais dans *la Gazette de Québec* du 8 novembre 1830. Fort d'un talent naturel nourri de solides études européennes, il tira bientôt parti du prestige que lui conférait sa qualité de disciple du « peintre du Roi de France », et multiplia les copies d'inspiration religieuse ainsi que les portraits. Ambitieux, il entreprit en 1832 de réaliser une grande copie de *la Transfiguration* de Raphaël, « travail immense » qui l'amena à restreindre l'accès à son atelier de la rue Sainte-Famille. Suffisant, il considéra bientôt la ville de Québec comme sa chasse gardée. Dès 1833, il donnait la pleine mesure de son tempérament jaloux et de son intolérance en empruntant la voie des journaux pour ridiculiser le diorama que venait de peindre James Bowman*, concurrent d'origine américaine. La même année, il s'érigeait en grand connaisseur et faisait la leçon aux rédacteurs de journaux de Montréal et de Québec qui avaient eu le malheur de vanter les mérites d'un ensemble de tableaux de maîtres des écoles italienne et flamande.

L'outrecuidance de Plamondon lui valut de cinglantes rebuffades, mais n'entama pas l'admiration dont son œuvre était déjà l'objet. Devant la Société littéraire et historique de Québec, en décembre 1833, le révérend Daniel Wilkie* souligna son habileté comme copiste et sa virtuosité comme portraitiste ; il qualifia même de purs chefs-d'œuvre ses portraits de militaires, et suggéra que le gouvernement mette à sa disposition un local décent. En avril 1834, Plamondon annonça avec une joie évidente qu'il aurait à compter du mois suivant « un appartement dans le superbe édifice du Parlement Provincial pour y faire ses tableaux ». Toutefois une nouvelle vint tempérer sa satisfaction : le portraitiste d'origine britannique Henry Daniel Thielcke profiterait d'un avantage équivalent et, par surcroît, il occuperait un local voisin du sien. Au cours de l'année suivante, Thielcke fit quelques essais de compositions religieuses et exposa même dans son atelier une toile qui représentait le baptême du Christ et à laquelle les rédacteurs du *Canadien* et du *Quebec Mercury* réservèrent un bon accueil. Pour Plamondon, c'en était trop. Sous un pseudonyme, Des Amateurs, il se porta sans plus tarder à l'attaque de l'œuvre de son concurrent, la pourfendant tant du point de vue du dessin que du coloris. Ses propos méprisants eurent un effet désastreux sur la carrière québécoise de Thielcke qui n'osa plus s'aventurer du côté de la peinture religieuse.

À l'époque, Plamondon était d'ores et déjà l'artiste le plus en demande au Bas-Canada, et les commandes affluaient de toutes parts. En 1835, il peignit le portrait de Mgr Pierre-Flavien Turgeon*, coadjuteur de l'évêque de Québec, Mgr Joseph Signay*. L'année suivante, ce dernier fit à son tour appel au pinceau de Plamondon ; l'article accepta également de quitter Québec pendant tout l'été afin de répondre « à la prière réitérée de plusieurs des premiers citoyens de Montréal ». Se réjouissant de sa venue, le rédacteur de *la Minerve* le désigna derechef comme le « premier talent du pays en fait de peinture ». Au cours de son séjour dans cette ville, Plamondon connut un succès tel qu'il ne parvint pas à satisfaire à toutes les demandes. En plus de décrocher l'important contrat des 14 grands tableaux du chemin de croix de l'église Notre-Dame, il exécuta nombre de « portraits de famille », entre autres ceux de John Redpath* et de sa seconde femme, Jane Drummond, ainsi que celui de Louis-Joseph Papineau*, alors au sommet de sa carrière politique, auquel faisait pendant celui de sa femme, Julie Bruneau, et de sa fille Ezilda. Papineau lui commanda aussi une copie de *Jeune Femme à sa toilette* de Titien, œuvre que l'artiste classait sans doute dans la catégorie des « tableaux de genre et de fantaisie », tout comme d'ailleurs *Perdus dans les bois* qu'il brossa la même année pour un avocat de Québec.

De l'automne de 1836 à celui de 1839, Plamondon consacra l'essentiel de ses énergies à l'exécution des 14 grandes toiles du chemin de croix que lui avait commandées le sulpicien Joseph-Vincent Quiblier*. Pour mener à bien une telle entreprise, il profita sans doute du concours des deux apprentis qu'il avait engagés en 1834, François Matte et Théophile Hamel*. En 1838, il trouva néanmoins le temps de peindre une nature morte aux raisins, *la Vigne,* ainsi qu'un remarquable portrait, *le Dernier des Hurons,* qui eut beaucoup d'impact [V. Zacharie Vincent*]. Cette même année, l'abbé Jérôme Demers* autorisa Plamondon à s'installer dans un atelier plus spacieux, situé à l'Hôtel-Dieu de Québec, rue du Palais, où le rédacteur en chef du *Fantasque,* Napoléon Aubin*, s'empressa de lui rendre visite. Enthousiasmé, celui-ci publia un long compte rendu pour souligner l'excellence des copies religieuses et des portraits exécutés par l'artiste. À l'automne de 1839, Plamondon mit la dernière main aux tableaux de son chemin de croix et les exposa au Parlement à compter du 27 novembre. La réponse du public et de la critique fut unanimement favorable : il fallut même prolonger l'exposition d'une semaine, soit jusqu'au 17 décembre. Malgré ce succès et les qualités de l'œuvre, le client dut la refuser, car huit des sujets retenus par l'artiste ne concordaient avec aucune des stations du chemin de croix acceptées par l'Église.

À la fin de décembre 1840, Plamondon se mit en quête d'un apprenti, puisque Matte et Hamel l'avaient quitté au terme de leur engagement. Son choix se porta sur Vital Durocher. À l'époque, il y avait déjà une dizaine d'années que, grâce à l'appui de l'abbé Demers, Plamondon donnait des cours de dessin au petit séminaire de Québec, enseignement qui lui mérita périodiquement des félicitations et qui devait se prolonger jusqu'en 1845. Il accepta en outre, en 1841, de donner des leçons de dessin aux novices de l'Hôpital Général de Québec, et c'est ainsi qu'on l'autorisa à peindre ses fameux portraits *Sœur Saint-Alphonse, Sœur Sainte-Anne* et *Sœur Saint-Joseph.* Ces œuvres remarquables lui valurent une critique très favorable, parue dans *le Canadien,* dans laquelle on allait jusqu'à le qualifier de « premier coloriste du nouveau monde ». Choqué par le caractère dithyrambique de l'article, un lecteur du *Fantasque* s'empressa de lui donner la réplique et laissa entendre que le texte du *Canadien* avait été concocté par le peintre lui-même et par l'un de ses plus chauds admirateurs, le jeune Joseph-Édouard Cauchon*.

À compter de 1841, Cauchon devint à toutes fins utiles le confident, le promoteur et le mentor de Plamondon. En plus d'acquérir nombre de ses tableaux, il profita régulièrement du poste de rédacteur qu'il occupait au *Canadien,* puis au *Journal de Québec,* pour faire valoir l'œuvre de son ami – par exemple, en mars 1842 au sujet du portrait à l'huile de l'abbé Charles CHINIQUY et en mai 1843 à propos d'un tableau qui représentait sainte Lucie, la première composition originale de Plamondon à titre de peintre d'histoire – ainsi que pour attaquer ses rivaux, tel le Français Victor Ernette qui connaissait un succès certain depuis son arrivée à Québec.

À l'époque, Cauchon n'était évidemment pas le seul admirateur des ouvrages de Plamondon. De passage à Québec pour 24 heures, en août 1843, le rédacteur de *l'Aurore des Canadas* de Montréal choisit de consacrer tout son après-midi à une visite de l'atelier de l'artiste situé, depuis 1841, dans « la maison de M. [Roger] Lelièvre, (ancien théâtre) vis-à-vis de la cathédrale anglaise et le marché ». Joseph-Guillaume BARTHE fut « enchanté » par tout ce qu'il vit dans le cabinet de peinture de Plamondon. Après s'être délecté de sa collection d'œuvres européennes, il vanta tour à tour les qualités picturales des *Petits Savoyards,* « morceau de fantaisie » inspiré d'une scène de genre gravée, de la *Vigne,* qui reproduisait une toile européenne appartenant à Joseph Légaré, de *Sainte Philomène,* la plus récente composition originale de l'artiste, de *Sainte Catherine de Sienne,* copie inspirée d'une gravure de Nicolas Bazin d'après l'œuvre de Domenico Feti, et du *Pape Grégoire XVI,* portrait exécuté en 1842 d'après un tableau européen appartenant à l'évêque de Montréal, qui avait déjà valu à Plamondon bien des félicitations.

Plamondon ne manqua aucune occasion d'affirmer sa présence à Québec au cours de la première moitié des années 1840, en s'engageant aussi dans diverses activités d'ordre social ou culturel. Ainsi il assura la direction musicale d'un groupe d'amateurs de musique sacrée à l'occasion de la messe solennelle célébrée pour l'anniversaire du sacre de l'évêque de Québec, le 20 mai 1840. Faisant écho à l'événement, un correspondant du *Canadien* affirma sans ambages que le mérite d'avoir introduit la musique vocale en partition dans les églises du Bas-Canada revenait à Plamondon. En février de l'année suivante, ce dernier fit partie du comité général mis sur pied pour travailler à la création d'un institut Vattemare à Québec [V. Nicolas-Marie-Alexandre Vattemare*]. En avril 1843, il accepta de participer à l'exposition annuelle de l'Institut des artisans. En 1845, il prononça devant la Société de discussion de Québec, dont il était membre, une conférence en trois parties sur l'origine et l'art de la peinture.

Pour Plamondon, l'année 1845 avait toutefois commencé sous de mauvais auspices. Le 25 janvier, quelques-unes de ses toiles furent endommagées au cours de l'incendie de la maison voisine de son atelier, et les pertes subies excédèrent la valeur de ses assurances. Puis le mauvais sort s'acharna. Le 28 juin, une conflagration détruisit le quartier Saint-Jean ; Plamondon, qui habitait rue Richelieu, perdit donc tous ses biens personnels, à l'exception bien sûr du contenu de l'atelier qu'il occupait depuis avril dans l'ancien château Saint-Louis. En août, des journaux firent savoir que le peintre « ruiné » était « dans la nécessité de se défaire » de sa précieuse collection de tableaux de maîtres européens. Toutefois, la mise aux enchères de ces six tableaux ne put avoir lieu comme prévu le 12 septembre, car le nombre d'amateurs présents n'était pas à la mesure de l'importance des efforts publicitaires déployés. Enfin, le 3 décembre, son atelier faillit être incendié par suite de la négligence de certains membres de la société des Oddfellows.

L'année 1846 fut marquée par le retour d'Europe du très talentueux Théophile Hamel qui, à titre de portraitiste, n'allait pas tarder à drainer vers lui une bonne part du marché jusque-là acquis à son ancien maître. Soucieux de se maintenir en selle, Plamondon fut dès lors enclin à mettre l'accent sur sa production d'inspiration religieuse. Le 15 octobre, Cauchon se fit un devoir de mettre en lumière l'admirable coloris d'un *Saint Charles Borromée* exécuté pour le maître-autel de l'église d'Industrie (Joliette) à partir « d'une chétive gravure ». Peu après, l'artiste entreprenait de peindre une toile commandée par le mécène et collectionneur Denis-Benjamin Viger* pour ses censitaires de l'Île-Bizard. Cette œuvre, composée et esquissée d'après les conseils de l'abbé Demers qui, au dire du peintre, se montra « très difficile », fut finalement achevée en octobre 1847. Pressé par ses créanciers, Plamondon en demanda aussitôt le paiement, en soulignant que l'exécution du tableau lui avait pris plus de cinq mois et avait « achevé de [le] ruiner ». Touché, Viger se montra très généreux : non content de payer « très libéralement » la grande toile religieuse, il fit l'acquisition des *Petits Savoyards*. Selon Cauchon, *Tobie et l'Ange Raphaël* constituait la cinquième ou la sixième composition originale de Plamondon. Par la suite, on ne fit plus expressément mention d'une composition religieuse personnelle de l'artiste. Il semble bien qu'après ses quelques coups d'éclat comme « compositeur » le peintre ait jugé plus prudent de revenir à ses vieilles habitudes de copiste.

En 1849, en réponse à un article du *Fantasque* de l'automne précédent qui avait ridiculisé son ambition démesurée, son mauvais caractère et son conservatisme politique, Plamondon profita du concours qu'Aubin accordait au mouvement annexionniste pour publier dans le *Journal de Québec* une attaque contre les républicains et les radicaux. Puis, le 23 février 1850, il livra aux lecteurs du même journal un article aussi long que sentencieux, dans lequel il expliquait la nature des bons tableaux d'église et leurs effets positifs, en soulignant même au passage le bel effet d'une de ses propres œuvres. Au moment de conclure, il ne put s'empêcher de décocher une flèche en direction des sculpteurs qui travaillaient dans les églises. Ce passage malheureux suscita une vigoureuse réplique de la part d'un de ses anciens élèves au petit séminaire, le jeune sculpteur ornemaniste Thomas Fournier. En avril, comme s'achevait à peine la polémique entre les deux hommes, Plamondon prit à nouveau la plume pour dénoncer la médiocrité d'un chemin de croix importé de France que l'église Saint-Jean-Baptiste de Québec venait d'acquérir.

Parallèlement à son activité de polémiste, Plamondon continua de peindre nombre de copies d'inspiration religieuse, tout en ponctuant sa production de quelques portraits remarqués, dont ceux de Mgr Modeste Demers*, évêque de l'île de Vancouver, et de l'abbé Charles-François Baillargeon*, vicaire général de la province ecclésiastique de Québec à Rome. En août 1850, Légaré et lui expérimentèrent avec succès divers échantillons de terre propres à la peinture, découverts par l'arpenteur Georges Duberger non loin de l'embouchure du Saguenay. Deux mois plus tard, Plamondon participa à l'exposition artistique, agricole et industrielle de Québec où il présenta un tableau de genre intitulé *la Chasse aux tourtes*. Bien qu'inachevée, cette toile de belle facture lui valut l'admiration unanime du public et un premier prix dans la catégorie peinture.

Au printemps de 1851, Plamondon apprit que le gouvernement avait besoin de tous ses locaux et qu'il allait perdre la jouissance de son atelier du château Saint-Louis. Loin d'être pris au dépourvu, il avisa aussitôt sa clientèle du transfert de son atelier dans sa propriété de Pointe-aux-Trembles, en signalant que le prix de ses tableaux s'en trouverait considérablement réduit. En 1842, l'artiste avait fait l'acquisition d'une terre dans ce village situé à une vingtaine de milles en amont de Québec. Quatre ans plus tard, il y avait fait ériger une maison de bois à deux niveaux dans laquelle se trouvait un atelier fort bien éclairé, haut de 16 pieds et mesurant pas moins de 18 pieds sur 30. En 1851, sa propriété s'étendait sur 134 arpents, dont 59 en bois debout ou en friche, 74 autres réservés au pâturage d'une vingtaine d'animaux de ferme et à la culture de céréales, et un dernier occupé par un jardin et un verger. Plamondon avait alors à son service trois jeunes journaliers qui demeuraient avec lui. Soucieux d'asseoir la gestion de son exploitation agricole sur des bases plus stables, il s'assura le 25 octobre de l'année suivante les services de Pierre Plamondon, cultivateur de l'endroit dont on ne sait s'il était parent avec lui. La conclusion de cet accord coïncida avec la signature de son testament, par lequel il faisait de Pierre Plamondon son exécuteur testamentaire et son légataire universel à la condition expresse qu'advenant son décès ce dernier s'occuperait de sa mère, Marie Hamel, et de son frère célibataire Étienne, lesquels demeuraient avec lui.

À n'en pas douter, Plamondon devint rapidement un agriculteur prospère. En 1861, on évaluait sa terre à 4 800 $ et ses instruments aratoires à 300 $. En outre, il possédait une serre de 230 pieds de longueur, dans laquelle il cultivait la vigne avec beaucoup de succès, ce qui lui valut d'être cité en exemple par l'abbé Léon PROVANCHER dans son ouvrage *le Verger canadien* [...] paru en 1862. Par la suite, son exploitation agricole gagna même en superficie puisqu'elle comptait 180 arpents en 1871.

À compter de son installation définitive à Pointe-aux-Trembles en 1851, Plamondon fut l'objet d'une haute considération de la part de ses nouveaux coparoissiens, impressionnés par son autorité morale, sa générosité ostensible et sa carrière artistique. Dès le début de l'année 1852, il donna un avant-goût du rôle qu'il entendait jouer au sein de son village d'adoption. Après avoir vertement critiqué les méthodes déloyales utilisées par le candidat réformiste Ulric-Joseph TESSIER pour arracher la victoire aux élections générales dans la circonscription de Portneuf, il s'associa au curé de Pointe-aux-Trembles pour dénoncer l'immoralité d'une brochure en anglais diffusée dans la paroisse et qui prônait l'usage de méthodes contraceptives. À la suite de la mise sur pied d'une structure municipale dans la paroisse en 1855, ses concitoyens le désignèrent pour occuper le poste de maire. Au cours de la même année, il fit notamment adopter par le conseil un règlement qui interdisait la vente de boissons enivrantes dans toute l'étendue de la municipalité.

Les responsabilités civiques de Plamondon ainsi que les tâches inhérentes à son exploitation agricole ne constituèrent apparemment pas une entrave importante à son activité artistique. Au cours des années 1850, une bonne trentaine de copies d'inspiration religieuse, pour la plupart de grand format, sortirent de son vaste atelier de Pointe-aux-Trembles à destination de paroisses distribuées un peu partout sur le territoire de la province. Comme par le passé les journaux faisaient périodiquement mention de ses réalisations picturales. Ce fut notamment le cas en 1857. D'abord, le 3 avril, Joseph-Charles TACHÉ fit paraître dans *le Courrier du Canada* un article qui vantait le coloris d'une *Assomption* de grandes dimensions, installée dans l'église Saint-Jean-Baptiste de Québec et exécutée d'après une gravure qui reproduisait la célèbre composition de Nicolas Poussin, artiste français pour lequel Plamondon avait beaucoup d'admiration. Le critique émettait toutefois certaines réserves quant à l'addition dans la partie supérieure du tableau d'un chœur de six anges emprunté à la *Sainte Cécile* de Raphaël. Mais, six mois plus tard, il n'eut que des éloges à formuler à l'occasion de l'accrochage dans la chapelle nord de la même église d'une immense toile de 15 pieds sur 11 qui reproduisait, « d'après une excellente gravure », la fameuse *Transfiguration* de Raphaël au Vatican, copie que l'artiste avait entreprise dès 1832 mais avait dû laisser de côté jusqu'en 1855. En décembre, Plamondon fut de nouveau l'objet de commentaires très flatteurs à propos du grand tableau qu'il venait d'installer au-dessus du maître-autel de l'église du Bic, une *Sainte Cécile* exécutée à partir d'une copie de l'œuvre de Raphaël, rapportée d'Europe en 1830.

Au début des années 1860, Plamondon manifesta son mécontentement devant la diminution très sensible de son marché, résultante directe de la concurrence aussi variée que grandissante à laquelle il devait faire face. En mars 1860, il s'en prit vertement aux autorités gouvernementales et les blâma de leur négligence à commander ne serait-ce qu'une seule toile consacrée à l'histoire « sublime » des pionniers canadiens alors qu'elles avaient accepté d'allouer d'importantes sommes d'argent pour l'exécution d'une trentaine de portraits qui représentaient des présidents de l'Assemblée législative et du Conseil législatif, portraits qu'il jugeait dénués d'intérêt. Il s'agissait là d'une attaque voilée contre son ancien disciple Théophile Hamel qui, à l'époque, achevait de remplir le contrat que le gouvernement lui avait confié sept ans plus tôt. Le 3 septembre 1861, il prit prétexte de l'acquisition récente par les Sœurs de la charité de Québec d'une impressionnante toile de quelque 27 pieds de hauteur exécutée par le peintre parisien Alexandre Legrand pour exprimer son vif ressentiment à l'égard de l'importation au pays de tableaux religieux européens. Il alla jusqu'à affirmer que ce *Sacré-Cœur* manquait d'inspiration puisque, « pour bien peindre un sujet sacré, il faut de toute nécessité que le peintre ait été élevé dans la religion romaine » ! En août 1862, enfin, Plamondon ne put s'empêcher de réagir au récent succès remporté par son compatriote Antoine-Sébastien Falardeau*. Jaloux de l'accueil que plusieurs amateurs de peinture avaient réservé au fameux copiste pendant son séjour d'un mois au Canada – le premier depuis son départ pour l'Italie en 1846 –, il publia une critique méprisante de ses œuvres sans même daigner le nommer, ce qui lui valut une cinglante réplique de la part d'un admirateur de Falardeau.

Bien que les années 1860 aient constitué pour Plamondon une période creuse au point de vue des commandes d'œuvres religieuses, elles furent néanmoins ponctuées de quelques œuvres profanes de belle tenue, notamment en 1868 le portrait officiel de son ami Cauchon, que l'on venait de nommer président du Sénat canadien, et *le Flûtiste* dont l'artiste signa trois versions en 1866, 1867 et 1868. Ce dernier sujet, qui traduisait de belle façon son goût prononcé pour la musique, fut traité suivant une mise en page apparentée à celle que l'on privilégiait dans certains studios de photographie à l'époque. Le protagoniste de ces trois tableaux est Siméon Alary, jeune homme dont la présence chez Plamondon est confirmée par le recensement de 1871 ; il avait alors 21 ans et on le disait « étudiant en peinture ».

Il est probable que l'aide d'un disciple ait constitué un stimulant appréciable pour Plamondon dont la production connut un nouvel élan à compter de 1869. Cette année-là, en plus de faire don aux sœurs du Bon-Pasteur de Québec d'une copie de *l'Immaculée Conception* de Bartolomé Esteban Murillo destinée au maître-autel de leur chapelle, il exécuta deux tableaux pour l'église de Saint-Joachim, près de Québec, ainsi qu'une *Sainte Cécile* et une *Vierge Sixtine,* inspirée de Raphaël, pour l'église Saint-Jean-Baptiste de Québec. L'inauguration solennelle de ces dernières toiles valut à l'artiste un tribut d'estime et donna lieu à la publication d'une épigramme en son honneur dans *le Courrier du Canada*.

Au cours de l'été de 1870, Plamondon se réjouit de la publication dans ce même journal d'une lettre du journaliste français Louis Veuillot, qui déplorait la médiocrité de la production récente des artistes italiens. S'appuyant sur cette opinion, il s'en prit à certains « messieurs de Québec qui depuis quelques années [faisaient] des efforts inouïs pour *détourner* les vénérables curés des campagnes de faire faire leurs tableaux d'église par des peintres canadiens pour les faire faire à Rome par les italiens ». Du même souffle, il qualifia ni plus ni moins de croûte le portrait de Mgr Elzéar-Alexandre TASCHEREAU que venait de brosser à Rome Vincenzo Pasqualoni. Animé d'une énergie créatrice étonnante, Plamondon peignit au delà d'une quarantaine de tableaux d'inspiration religieuse entre 1870 et 1874. En outre, en 1871, il exposa deux natures mortes aux fruits et, trois ans plus tard, un tableau inspiré du fameux procès d'Achille Bazaine, maréchal de France. Toujours en 1874, il fit une appréciation favorable d'un paysage peint par le jeune artiste de Québec Charles Huot*, ce qui, compte tenu de son habituelle sévérité à l'égard de la production de ses confrères, suscita de l'étonnement chez certains chroniqueurs. Le tempérament belliqueux de Plamondon refit toutefois surface en novembre, lorsqu'il lança une charge furieuse contre un ensemble de transparents réalisés deux mois plus tôt par un artiste d'origine européenne, dénommé Martino, à l'occasion des fêtes pour souligner le bicentenaire du diocèse de Québec. Une autre polémique s'engagea donc, au cours de laquelle les critiques de Plamondon à l'endroit de Martino se révélèrent aussi vitrioliques que xénophobes.

Malgré le poids des ans, Plamondon demeura très actif pendant encore une bonne dizaine d'années. D'après un articulet paru dans *le Courrier du Canada* le 9 août 1877, il travaillait encore quatre heures par jour à l'époque. En mars 1880, l'artiste exposa 15 tableaux à l'huile dans l'une des chambres du Parlement de Québec. Au cours de la même année, il fut nommé vice-président fondateur de l'Académie canadienne des arts (devenue le 19 août 1880 l'Académie royale canadienne des arts) et présenta comme morceau de réception une *Nature morte aux pommes et raisins* dont il avait déjà exécuté quatre versions analogues entre 1869 et 1871.

En 1881, Plamondon offrit gracieusement aux religieuses de l'hôpital du Sacré-Cœur de Jésus deux portraits de membres du clergé exécutés d'après des photographies. Pour lui, il s'agissait d'une pratique courante depuis qu'il avait fait paraître en mars 1871 une annonce dans laquelle il offrait de peindre des portraits de différents formats à partir de bonnes photographies et d'indications relatives à la couleur du visage, des yeux, des cheveux et éventuellement de la barbe. Bien qu'il ait été ouvert à des commandes émanant « de n'importe quelle partie du pays », il fut en réalité confiné à une clientèle où ses coparoissiens comptaient pour une bonne part. De moins en moins confiant en ses moyens, il eut même recours à une photographie pour peindre son autoportrait en 1882. Quatre ans plus tôt, il avait fait preuve de témérité en s'aventurant en dehors des sentiers de la copie pour brosser l'une de ses rares œuvres d'imagination, une *Rêverie à Venise* franchement médiocre.

De 1875 à sa retraite définitive, Plamondon ne parvint donc pas à se résoudre à abandonner ses pinceaux, préférant s'acharner à peindre malgré la perte de ses moyens, le déclin de son art et l'absence quasi totale de débouchés pour sa production. Dans ces circonstances, il n'eut d'autre choix que de donner ou de vendre à bas prix ses tableaux, ce qui lui permit de retirer, grâce à sa générosité, les seuls lauriers auxquels il pouvait encore prétendre. C'est ainsi, entre autres, que l'église de sa paroisse, en plus d'être pourvue à de bonnes conditions de 18 grands tableaux religieux qu'il avait exécutés en 1881 et 1882, bénéficia de son importante contribution pour l'achat d'un orgue Déry en 1884.

Désireux de finir ses jours en paix, Plamondon signa en juillet 1883 un contrat de donation entre vifs au profit d'un cultivateur de Pointe-aux-Trembles, Eugène Soulard, à qui il cédait ses cinq terres ainsi que tous ses biens, à l'exception de ses tableaux, du contenu de son atelier et de ses instruments et cahiers de musique. En retour, Soulard s'engageait à prendre soin de son bienfaiteur ainsi que du frère de celui-ci, Étienne, jusqu'à la fin de leurs jours. Les dernières œuvres connues du vieil artiste – deux portraits qui représentent des notables de Pointe-aux-Trembles – datent de 1885. En février de cette année-là, le peintre octogénaire publia dans *le Courrier du Canada* une annonce afin d'informer le public que le grand âge l'obligeait à « déposer le crayon et le pinceau » et à mettre en vente son fonds d'atelier, lequel se composait d'une trentaine de tableaux de salon, de quatre gros portefeuilles remplis de dessins et de gravures des grands maîtres, ainsi que de plusieurs volumes traitant des beaux-arts. Grâce à une résistance physique peu commune, il vécut encore une dizaine d'années avant de mourir en 1895 à l'âge de 91 ans. En raison de la grande considération dont il avait été l'objet depuis son installation définitive à Pointe-aux-Trembles en 1851, il eut le privilège d'être inhumé dans la crypte de l'église paroissiale.

Au physique, Antoine Plamondon avait la tête un peu grosse par rapport à la gracilité de son corps, ce qui ne l'empêchait pas de se distinguer par l'expressivité de ses traits, la particularité de ses manières et la bizarrerie de son caractère. D'un appétit frugal et d'une ponctualité à toute épreuve, il mangeait à heure fixe et ne dérogeait jamais à ses habitudes de travail. D'un naturel sévère, il ne supportait pas la plaisanterie. Économe, il détestait aussi bien le luxe que les femmes. Conservateur à l'extrême sur le plan des valeurs morales et religieuses aussi bien qu'en matière politique, il avait une peur maladive du changement et des idéologies nouvelles. Malgré des études sommaires, il passait pour un homme instruit. S'il arrivait souvent à en imposer à ses interlocuteurs par des connaissances livresques plus ou moins bien assimilées, il ne possédait au fond qu'une culture générale assez superficielle, ce dont témoignent les divers textes qu'il publia dans les journaux. Outre leur ton prétentieux, ceux-là se distinguent en effet par de nombreux truismes, de fréquentes contradictions et de singulières déficiences de vocabulaire et de style.

Imbu de lui-même et envieux à l'extrême, Plamondon ne supportait pas la contradiction et il prenait toujours ombrage des succès d'autrui. Son apprenti Alary garda d'ailleurs un très mauvais souvenir des 10 ou 12 années qu'il passa auprès de lui à Pointe-aux-Trembles, ainsi qu'il l'écrivit en septembre 1917 : « Que voulez-vous [...] que je dise de [...] Mr Plamondon [...], qui m'a fait perdre les plus belles années de ma vie (ma jeunesse) par des promesses qu'il n'a jamais remplies. Jaloux des prix que je remportais aux expositions, jaloux dis-je jusqu'à me maltraiter pour de beaux succès remportés sur un grand nombre de concurrents. »

Par-delà ses travers et défauts, Plamondon fut un peintre prolifique et talentueux, qui possédait une sensibilité artistique certaine, un peintre dont la longue carrière et les nombreux écrits jettent un éclairage essentiel sur quelques aspects névralgiques de l'évolution de la peinture canadienne au XIXe siècle. Si l'on excepte quelques natures mortes, paysages et scènes de genre, cet artiste se consacra essentiellement au portrait et au tableau religieux. Au cours de la première moitié de sa carrière, il fut sans contredit le portraitiste par excellence de la haute société bas-canadienne. Qu'ils fussent ecclésiastiques, seigneurs, hommes politiques, commerçants ou membres de professions libérales, ses clients appréciaient tout autant la grande ressemblance de ses portraits que leur facture classique. Habile à saisir les traits distinctifs et le caractère particulier de ses modèles, l'artiste pouvait aussi bien peindre des œuvres sévères ou empreintes de spiritualité que des toiles gracieuses ou attachantes. Tout en obéissant fidèlement à un certain nombre de conventions, il savait se distinguer par une maîtrise technique éprouvée, une mise en page soignée, un choix harmonieux de coloris et un réalisme parfois teinté de fantaisie dans le rendu des carnations et des textures. Après 1850, il ne put que battre en retraite devant des concurrents comme Théophile Hamel tout en subissant les contrecoups de la vogue croissante de la photographie. À compter de 1871, il en vint même à peindre des portraits à partir de clichés, mais il continua d'insister sur la nécessité d'aller au delà de la ressemblance, ajoutant que les portraits « exécutés sans art ne sont bons qu'à placer dans une cuisine ».

Quoi qu'on en ait dit, Plamondon accordait beaucoup plus d'importance à ses toiles d'inspiration religieuse qu'à ses portraits, celles-là comptant pour plus de la moitié de son œuvre. Comme peintre d'histoire, il se réclamait de la tradition classique des Raphaël, Poussin, Louis David et Paulin-Guérin. Nourries de sa formation académique et de quelques lectures, ses conceptions picturales s'inspiraient du conservatisme le plus pur. À son avis, le bon tableau d'église était celui qui savait instruire et édifier le fidèle, tout en ornant dignement la maison du Seigneur.

L'ensemble de la production de Plamondon comme copiste d'œuvres religieuses révèle que l'artiste avait une nette prédilection pour certains grands artistes français et italiens des XVIe et XVIIe siècles. Cela dit, il n'en reste pas moins que ses copies intégrales et ses variations à partir de toiles et de gravures européennes contribuèrent à élargir le domaine visuel des Canadiens et leur connaissance relative du grand art des siècles passés. À ses yeux, la copie était indissociable du modèle dont elle découlait, et celui-ci était le plus souvent l'objet d'une admiration sans borne. Chaque fois qu'il réalisait une bonne copie, Plamondon considérait avoir atteint un idéal et ses contemporains associaient spontanément sa virtuosité à celle de son modèle. Dans l'interprétation de ce dernier, l'artiste pouvait bien sûr faire montre d'une certaine originalité, notamment au chapitre du coloris lorsqu'il s'agissait d'une gravure monochrome. En d'autres occasions, il se singularisait en ne retenant qu'une partie de son prototype ou encore en incorporant dans un nouvel ensemble des éléments empruntés à des sources iconographiques diverses.

Hormis quelques rares essais de composition, Antoine Plamondon se cantonna dans la copie tout au long de sa carrière. À compter des années 1860, ses tableaux religieux trouvèrent de moins en moins preneurs, bien qu'il ait encore parfois connu de bons moments. En butte à une concurrence étrangère grandissante, il fut bientôt dépassé par les événements et cessa de contribuer à l'évolution de la peinture québécoise comme il l'avait fait par le passé. Accusé par la perte progressive de ses moyens, son conservatisme foncier prit désormais le pas sur sa volonté d'exploiter de nouvelles avenues picturales. Il devint dès lors un îlot de résistance au changement, un curieux phénomène de persistance ancré dans ses souvenirs. Il est tout à fait symptomatique qu'en 1871 il ait encore tenu à se présenter comme l'« élève de Paulin Guérin, peintre de Charles X à Paris ».

JOHN R. PORTER

À défaut d'une monographie traitant de l'ensemble de la longue carrière d'Antoine Plamondon, il existe de nombreux ouvrages, catalogues d'exposition et articles abordant différents aspects de la vie et de l'œuvre de l'artiste. Nous en avons retenu l'essentiel, mais nous avons délibérément laissé de côté les catalogues des maisons de vente à l'encan, la plupart des monographies paroissiales ainsi que les deux tiers des textes de Gérard Morisset* où le nom du peintre ne faisait l'objet que d'une brève mention. Nous avons préféré insister sur les extraits d'une vingtaine de journaux du XIXe siècle, extraits qui constituent une source documentaire essentielle pour la connaissance de Plamondon. À cet égard, nous tenons à souligner la précieuse collaboration d'Yves Lacasse qui a consenti à mettre ses dossiers personnels à notre disposition. [J. R. P.]

AC, Québec, Minutiers, L.-P. Bernard, 5 juill. 1883. — ACAM, 450.904, 830-1, 830-5. — AN, RG 31, C1, 1851,

1861, 1871, Pointe-aux-Trembles (Neuville, Québec). — ANQ-Q, CN1-100, 29–30 juill. 1842, 16 févr., 10 avril 1843, 25 oct. 1852 ; CN1-157, 11 juill. 1842 ; CN1-212, 1er mars 1819, 28 mars, 5 juill. 1834 ; CN1-219, 16 déc. 1845, 13 janv., 31 mars 1846 ; Livernois, J.-E., photographie d'Antoine Plamondon ; P-417, Corr. entre John Burroughs et Amédée Papineau, août 1891. — AP, Notre-Dame de l'Annonciation (L'Ancienne-Lorette), Reg. des baptêmes, mariages et sépultures, 2 mars 1804 ; Notre-Dame de Montréal, Corr., Antoine Plamondon à [J.-V.] Quiblier, 18 juin, 16 déc. 1839, 1er mai 1841 ; Livre des délibérations des marguilliers, 14 juin 1847 ; Saint-François-de-Sales (Neuville), Corr., Siméon Alary à Charles Darveau, 11 sept. 1917 ; Corr., à Hormisdas Magnan, 15 nov. 1922 (copie) ; « Notice biogr. sur Antoine Plamondon par un contemporain » ; Reg. des baptêmes, mariages et sépultures, 7 sept. 1895. — Arch. de l'Hôpital Général de Québec, Journal du noviciat, 1 (1837–1857), 19 juill. 1841. — Arch. de l'Hôtel-Dieu-du-Sacré-Cœur (Québec), Annales, 8 févr., 15 mai, 16 juill., 26 sept. 1881, 30 oct. 1882. — Arch. du monastère de l'Hôtel-Dieu de Québec, Inv. après décès et évaluation des tableaux et gravures de l'abbé L.-J. Desjardins, tiroir 2, carton 99, n° 17 ; Notes et mémoires des anciennes mères, ar. 5, n° 11 : 8, 1838 ; Recettes et dépenses [monastère], 1825–1857 : 233. — Arch. du monastère des ursulines (Québec), Fonds L.-J. Desjardins, Corr., 22 oct., 25 déc. 1827, 10 mai, 25 août, 23 oct. 1830, 14 mars 1831, 6 juill. 1833, 17 nov. 1836, 12 avril, 26 oct. 1838, Pâques 1841, hiver 1841–1842, mai 1842. — Arch. privées, D. G. Anderson (Montréal), Corr., Antoine Plamondon à D.-B. Viger, 27 nov. 1846. — AVQ, Finances, bureau des cotiseurs, rôles d'évaluation et d'imposition, 1845. — Bibliothèque du Musée du Québec, Dossier Antoine Plamondon, Corr., Plamondon à D.-B. Viger, 10 juin 1843. — Musée des beaux-arts du Canada (Ottawa), Photographie d'Antoine Plamondon, vers 1860. — Musée McCord, Dossier Antoine Plamondon, Corr., Plamondon à D.-B. Viger, 28 oct. 1847. — Québec, ministère des Affaires culturelles, centre de documentation, fonds Morisset, 2, dossier Antoine Plamondon. — F.-X. Garneau, *Voyage en Angleterre et en France dans les années 1831, 1832 et 1833* (Québec, 1855 ; réimpr., 1881), 107–108. — *Journal de l'Instruction publique* (Québec et Montréal), 1 (1857)–2 1858 ; 5 (1861)–6 (1862) ; 9 (1865) ; 14 (1870)–15 (1871). — *Journal of Education for Lower Canada* (Montréal), 1 (1857) : 50, 111–112. — « Sciences et Arts », *la Bibliothèque canadienne* (Montréal), 3 (1826–1827) : 36. — *L'Abeille* (Québec), 29 mai, 28 juin 1850, 25 oct. 1860, 28 nov. 1878, 11 mars 1880. — *L'Ami de la religion et de la patrie* (Québec), 10 nov., 13 déc. 1848, 27 févr. 1850. — *L'Ami du peuple, de l'ordre et des lois* (Montréal), 5 mai 1838. — *L'Aurore des Canadas* (Montréal), 6 déc. 1839, 24 nov., 22, 24 déc. 1842, 24 août 1843, 3 avril, 28 août, 11 oct. 1845, 14 août, 1er déc. 1846, 2 févr., 23 nov., 3 déc. 1847. — *Le Canadien*, 17 oct. 1832, 24 juill., 7 août, 27 sept., 27 nov. 1833, 21 avril 1834, 19 juin, 2 sept. 1835, 10, 17 juin, 1er juill., 10 oct. 1836, 27 oct. 1837, 30 avril, 9 mai, 16 juill., 26, 28 sept., 1er oct. 1838, 27 nov., 4, 6, 11 déc. 1839, 15 janv., 24 juin, 12 août, 23 oct., 30 déc. 1840, 26 févr., 12 mars, 2 juin, 20 août 1841, 23, 30 mars 1842, 2 janv., 8 mars, 24 avril, 24 mai, 11 oct. 1843, 27 janv., 21 févr., 21 avril, 18 août, 10, 15 sept., 6 oct. 1845, 25 févr. 1846, 12 févr., 11, 15 oct., 19 nov. 1847, 13 oct. 1848, 27 juin 1849, 27 mai, 19 août, 18 oct., 18 nov. 1850, 2 juin 1851, 14 janv., 25 févr., 14 avril 1852, 11 juin 1855, 13 août 1862, 1er sept. 1865. — *Le Castor* (Québec), 17 avril 1845. — *Le Courrier du Canada*, 3 avril, 2 oct., 11 déc. 1857, 21 mars 1860, 6 sept. 1861, 22 août, 8 sept. 1862, 10 nov., 15 déc. 1869, 3 janv., 1er juill. 1870, 17 mars 1871, 16 sept. 1874, 9 août, 21 sept. 1877, 11 mars 1880, 8 janv. 1881, 18 févr., 22 juin 1885, 2 déc. 1886. — *L'Électeur*, 29 mars 1881, 12 janv. 1883, 12 déc. 1884, 20 févr. 1894, 16 sept. 1895. — *L'Encyclopédie canadienne* (Montréal), oct., déc. 1842. — *L'Événement*, 13 sept. 1871, 25 mai 1875, 29 janv. 1898. — *Le Fantasque* (Québec), 21, 28 juill. 1838, 19 juin, 23 août 1841, 7 avril 1842, 22 avril 1843, 14 oct. 1848. — *Le Journal de Québec*, 24 déc. 1842, 3 janv., 7 mars, 16, 20 mai, 1er juin, 12, 27 sept., 3, 7, 19 oct. 1843, 21 mars, 2, 25 mai, 3 août, 12, 26 sept. 1844, 7, 16, 28 janv., 6, 20 févr., 17 avril, 19, 23 août, 16 sept., 4 déc. 1845, 4, 11 août, 15 oct., 18 nov. 1846, 28 janv., 22 juin, 1er juill., 12, 14 oct., 16 nov., 9 déc. 1847, 20 avril 1848, 23 juin, 3 nov. 1849, 7, 23 févr., 7, 12, 26 mars, 4, 11, 13 avril, 25 mai, 6, 10, 20 août, 8, 12 oct., 19 nov. 1850, 29 mars, 1er mai, 3, 5 juin 1851, 7, 18 juin, 6 oct. 1853, 9 juin, 4, 22 déc. 1855, 3 sept. 1861, 2 août 1862, 18 oct. 1864, 4 oct. 1865, 19 janv. 1866, 19 mars, 18 nov. 1869, 23 mars, 16 mai 1871, 21, 26 nov., 16 déc. 1874, 11 avril 1883, 1er avril, 18 sept., 26 déc. 1884, 2 déc. 1886, 8 sept. 1887. — *Mélanges religieux* (Montréal), 1841 : 141 ; 1842 : 316 ; 30 mai, 3 oct. 1843, 14 août 1846, 19, 26 nov. 1847. — *La Minerve*, 8 nov. 1830, 10 juin, 26 août 1833, 27 juin, 29 sept. 1836, 22 déc. 1842, 14 août 1845, 14, 18 oct. 1847, 13 nov. 1848, 28 févr., 14 oct. 1850, 25 août 1857, 18 juin 1869, 6 juin 1874, 13 mars 1880, 17 sept. 1895. — *Le Monde illustré*, 14 janv., 14 juill. 1888, 19 oct. 1895. — *Montreal Gazette*, 31 déc. 1833, 24 mai 1834. — *Le Populaire* (Montréal), 14 mai, 17 août 1838. — *La Presse*, 16 sept. 1895. — *Quebec Gazette*, 31 mars 1825, 12 juin 1826, 8 nov. 1830, 12 oct. 1832, 13 déc. 1833, 5 déc. 1845. — *Quebec Mercury*, 27 juill., 19 déc. 1833, 24 juill. 1838, 26 nov., 5 déc. 1839, 28 mars 1840, 10 janv. 1843, 6 mai 1845, 9 juin 1853. — *La Ruche littéraire et politique* (Montréal), 1853. — *Académie royale des arts du Canada ; exhibitions and members, 1880–1979*, E. de R. McMann, compil. (Toronto, 1981), 331. — M.-N. Boisclair, *Catalogue des œuvres peintes conservées au monastère des Augustines de l'Hôtel-Dieu de Québec* ([Québec]), 1977). — *Canada, an encyclopædia* (Hopkins), 4 : 355–356.

Les catalogues d'exposition suivants : *L'Art au Canada*, Gilberte Martin-Méry, compil. (Bordeaux, France, 1962), 19–20 ; *L'Art du paysage au Québec (1800–1940)*, Claude Thibault, compil. (Musée du Québec, Québec, 1978), 15, 60–61 ; *Les Arts au Canada français*, Gérard Morisset, compil. (Vancouver Art Gallery, Vancouver, 1959), 49 ; *Deux peintres de Québec : Antoine Plamondon/1802–1895, Théophile Hamel/1817–1870*, R. H. Hubbard, compil. (Musée des beaux-arts du Canada, Ottawa, 1970) ; *Le Diocèse de Québec, 1674–1974*, Claude Thibault, compil. (Musée du Québec, Québec, 1974), 17, 31, 43, 58 ; *Exposition rétrospective de l'art au Canada français*, Gérard Morisset, compil. (Musée du Québec, Québec, 1952), 8, 16, 37 ; *Le Grand Héritage ; l'Église catholique et les arts au Québec*, J. R. Porter *et al.*, compil. (Musée du Québec, Québec, 1984), 35–52, 120–123, 312 ; *Joseph Légaré, 1795–1855 : l'œuvre : catalogue raisonné*, J. R. Porter *et al.*, compil. (Musée des beaux-arts du Canada, Ottawa, 1978), 10, 15–16, 119, 133 ; *Le Musée du Québec : 500 œuvres choisies* (Musée du Québec, Québec, 1983) ; *Painting in Canada ; a selective historical survey* (Albany Institute of Hist. and Art, Albany, N.Y., 1946), 25–26 ; *Le Peintre et le Nouveau Monde*, D. G. Carter, compil. (Musée des beaux-arts de Montréal, Montréal, 1967) ; *Peintres du Québec : collection Maurice et Andrée Corbeil*, R. H. Hubbard, compil. (Musée des beaux-arts du Canada et Musée des beaux-arts de Montréal, Ottawa, 1973), 72–87 ; *Peinture traditionnelle du Québec*, Jean Trudel, compil. (Musée du Québec, Québec, 1967), 8, 82–91 ; *Portraits canadiens du 18e et 19e siècles*, Gérard Morisset et Claude Picher, compil. (Musée des beaux-arts du Canada et Musée du Québec, Ottawa, 1959) ; *Trésors de Québec*, J. R. Harper, compil, (Musée des beaux-arts du Canada et Musée du Québec, Ottawa et Québec, 1965), 41–42, 51, 62 ; *Trésors des communautés religieuses de la ville de Québec*, Claude Thibault, compil. (Musée du Québec, Québec, 1973) ; *Trois cents ans d'art canadien*, R. H. Hubbard et J.-R. Ostiguy, compil. (Musée des beaux-arts du Canada, Ottawa, 1967), 24, 52–53, 58–59, 70–71, 90–91, 247.

Dictionnaire critique et documentaire des peintres, sculpteurs, dessinateurs et graveurs de tous les temps et de tous les pays (nouv. éd., 10 vol., Paris, 1976), 8 : 373. — *Encyclopédie du Canada*, 3 : 1511. — Harper, *Early painters and engravers*, 252–253. — Yves Laframboise *et al.*, *Neuville, architecture traditionnelle* ([Québec], 1976), 211–217. — Le Jeune, *Dictionnaire*, 2 : 447. — G.-A. Roy et Andrée Ruel, *le Patrimoine religieux de l'île d'Orléans* (Québec, 1982), 14, 136, 189–191. — *À la découverte du patrimoine avec Gérard Morisset* [...], sous la dir. de Claude Galarneau (Québec, 1981). — Georges Bellerive, *Artistes-peintres canadiens-français : les anciens* (2 sér., Québec, 1925–1926), 1 : 25–37. — J. S. Boggs, *The National Gallery of Canada* (Toronto, 1971), 108–109. — P.-V. Charland, *la Grande Artiste ou le Zèle artistique de l'Église* [...] (Québec, 1923), 386. — H.-J.-J.-B. Chouinard, *Fête nationale des Canadiens français célébrée à Québec en 1880 : histoire, discours, rapport* [...] (4 vol., Québec, 1881–1903), 1 : 492–493. — W. [G.] Colgate, *Canadian art : its origin & development* (Toronto, 1943 ; réimpr., 1967), 108–111. — *L'Église de L'Islet, 1768–1968*, sous la dir. de Léon Bélanger (s.l.n.d.), 53–59, 61, 68. — Émile Falardeau, *Un maître de la peinture : Antoine-Sébastien Falardeau* (Montréal, 1936), 113–120. — Kenneth Garlick, *Great art and artists of the world ; British and North American art to 1900* (New York, 1965), 60, 158. — Patricia Godsell, *Enjoying Canadian painting* (Don Mills [Toronto], 1976), 48–49. — J. R. Harper, *la Peinture au Canada des origines à nos jours* (Québec, 1966). — R. H. Hubbard, *l'Évolution de l'art au Canada* (Ottawa, 1963), 57–58 ; « Growth in Canadian art », *The culture of contemporary Canada*, Julian Park, édit. (Ithaca, N.Y., 1957), 117. — Yves Lacasse, *Antoine Plamondon (1804–1895) ; le chemin de croix de l'église Notre-Dame de Montréal* (Montréal, 1984). — Laurier Lacroix, « Essai de définition des rapports entre la peinture française et la peinture canadienne au XIXe siècle », *les Relations entre la France et le Canada au XIXe siècle ; colloque* (Paris, 1974), 39. — J. M. LeMoine, *l'Album du touriste* [...] (2e éd., Québec, 1872), 19–20, 22. — Barry Lord, *The history of painting in Canada : toward a people's art* (Toronto, 1974), 35–38. — N. McF. MacTavish, *The fine arts in Canada* (Toronto, 1925 ; réimpr. [avec introd. de Robert McMichael], 1973), 176. — Hormisdas Magnan, *la Paroisse de Saint-Nicolas : la famille Pâquet et les familles alliées* (Québec, 1918), 11. — [J.-L.-]O. Maurault, *Marges d'histoire ; l'art au Canada* (3 vol., Montréal, 1929–1930), 1 : 298 ; *la Paroisse : histoire de l'église Notre-Dame de Montréal* (Montréal et New York, 1929), 163–166. — Peter Mellen, *les Grandes Étapes de l'art au Canada de la préhistoire à l'art moderne*, Jacques de Roussan, trad. (La Prairie, Québec, 1981), 28–29, 112–113, 115. — Gérard Morisset, « les Arts au temps de Garneau (essai) », *Centenaire de l'*Histoire du Canada *de François-Xavier Garneau* [...] (Montréal, 1945), 417 ; *le Cap-Santé, ses églises et son trésor*, C. Beauregard *et al.*, édit. (2e éd., Montréal, 1980), 38, 47–53, 135–143 ; *Coup d'œil sur les arts en Nouvelle-France* (Québec, 1941 ; réimpr., 1942), 52, 62–64, 70, 72–73, 81, 145 ; *Peintres et Tableaux* (2 vol., Québec, 1936–1937), 1 : 12–15, 44–45, 141–157 ; 2 : 76–77, 99–109, 117–154 ; *la Peinture traditionnelle au Canada français* (Ottawa, 1960), 103–111. — Edmund Morris, *Art in Canada : the early painters* ([Toronto, 1911]). — J. R. Porter, *Antoine Plamondon : sœur Saint-Alphonse* (Ottawa, 1975) ; « Un peintre collectionneur québécois engagé dans son milieu : Joseph Légaré (1795–1855) » (thèse de PH.D., univ. de Montréal, 1981), 36–37, 39, 43, 118, 228, 230, 233–234, 253, 263–265, 379, 384. — J. R. Porter et Jean Bélisle, *la Sculpture ancienne au Québec ; trois siècles d'art religieux et profane* (Montréal, 1986). — J. R. Porter et Jean Trudel, *le Calvaire d'Oka* (Ottawa, 1974), 91–92. — D. [R.] Reid, *A concise history of Canadian painting* (Toronto, 1973), 48–52. — Guy Robert, *la Peinture au Québec depuis ses origines* (Sainte-Adèle, Québec, 1978), 26–27. — *Saint-Jean-Baptiste de Québec ; album publié à l'occasion du 50e anniversaire de l'érection canonique de la paroisse et du jubilé d'or de Mgr J.-E. Laberge, curé* (Québec, 1936), 57–59, 136–138. — A. E. Samuel *et al.*, *Treasures of Canada* (Toronto, 1980), 185. — F. [K. B. S.] Toker, *The Church of Notre-Dame in Montreal ; an architectural history* (Montréal et London, Ontario, 1970), 91–92. — Raymond Vézina, *Théophile Hamel : peintre national (1817–1870)* (2 vol., Montréal, 1975–1976), 1. — John Alford, « The development of painting in Canada », *Canadian Art* (Ottawa), 2 (1945) : 95. — P.-V. Charland, « les Ruines de Notre-Dame ; l'ancien intérieur », *le Terroir* (Québec), 5 (1924–1925) : 157. — Paul Dumas, « l'Histoire de la peinture », *Canadian Collector*, 9 (1974), nº 3 : 38, 41, 43. — Charles East, « Saint-Augustin de Portneuf », *l'Action catholique* (Québec), 8 sept. 1934 : 5. — J. R. Harper, « Three centuries of Canadian painting », *Canadian Art*, 19 (1962) : 415 ; « Tour d'horizon de l'art canadien », *Vie des arts* (Montréal), nº 26 (printemps 1962) : 33–34. — R. H. Hubbard, « Ninety-year perspective », *Vie des arts*, nº 58 (printemps 1970) : 25 ; « Primitive with character : a Quebec school of the early nineteenth century », *Art Quarterly* (Detroit), 20 (1957) : 21–29. — M.-D. Labelle et Sylvie Thivierge, « Un peintre huron du XIXe siècle : Zacharie Vincent », *Recherches amérindiennes au Québec* (Montréal), 11 (1981) : 326. — Yves Lacasse, « la Contribution du peintre américain James Bowman (1793–1842) au premier décor intérieur de l'église Notre-Dame de Montréal », *Annales d'hist. de l'art canadien* (Montréal), 7 (1983–1984), nº 1 : 74–90. — Laurier Lacroix, « la Collection Maurice et Andrée Corbeil », *Vie des arts,* n° 72 (automne 1973) : 26, 28. — Napoléon Legendre, « l'Art et les Artistes au Canada », *Rev. de Montréal,* 2 (1878) : 656. — Hormisdas Magnan, « Peintres et Sculpteurs du terroir », *le Terroir,* 3 (1922–1923) : 350–351 ; « Perte nationale ; liste des tableaux incendiés avec la basilique de Québec le 22 décembre 1922 » : 376–377. — Gérard Morisset, « À l'église du Cap-Santé », *le Canada* (Montréal), 23 juin 1936 : 2 ; 24 juin 1936 : 2 ; « Antoine Plamondon (1804–1895) », *Vie des arts,* n° 3 (mai–juin 1956) : 7–13 ; « À propos d'une illusion de perspective », *l'Action catholique,* 28 avril 1945 : 4 ; « la Chasse aux tourtes », *Almanach de l'Action sociale catholique* (Québec), 20 (1936) : 46–48 ; « Deux chefs-d'œuvre de Plamondon », *la Renaissance* (Montréal), 24 août 1935 : 5 ; 31 août 1935 : 5 ; « l'Influence française sur le goût au Canada », *le Monde français* (Montréal et Paris), 5 (1947) : 236–237 ; « les Miracles de Sainte-Anne », *le Droit* (Ottawa), 9 juill. 1936 : 2 ; 20 juill. 1936 : 3 ; « les Peintures de Plamondon à l'Hôtel-Dieu de Québec », *le Canada,* 28 mai 1935 : 2 ; « Plamondon à Neuville », *Almanach de l'Action sociale catholique,* 19 (1935) : 53–55 ; « les Prouesses picturales de Antoine Plamondon », *l'Événement,* 15 janv. 1935 : 4 ; 16 janv. 1935 : 4 ; 17 janv. 1935 : 4 ; « Quelques toiles de Plamondon chez les dames ursulines de Québec », *la Renaissance,* 29 juin 1935 : 5 ; « Un grand portraitiste : Antoine Plamondon », *Concorde* (Québec), 11 (1960), n°s 5–6 : 14–15 ; « Un peintre monarchiste », *le Canada,* 30 mars 1936 : 2. — « Le Musée de Montréal », *Rev. de Montréal,* 4 (1880) : 492–493. — J.-T. Nadeau, « la Pointe-aux-Trembles », *Almanach de l'Action sociale catholique,* 5 (1921) : 71. — J. R. Porter, « Antoine Plamondon (1804–1895) et le Tableau religieux : perception et valorisation de la copie et de la composition », *Annales d'hist. de l'art canadien,* 8 (1984–1985), n° 1 : 1–25 ; « la Société québécoise et l'Encouragement aux artistes de 1825 à 1850 », 4 (1977), n° 1 : 14, 17–18, 22–23 ; « Un projet de musée national à Québec à l'époque du peintre Joseph Légaré (1833–1853) », *RHAF,* 31 (1977–1978) : 78. — Pierre Rosenberg, « Six tableaux de Plamondon d'après Stella, Cigoli, Mignard et Jouvenet », *M* (Montréal), 2 (1970–1971), n° 4 : 10–13. — « Sensationnelle découverte, dans une cave de Montréal, de dix-sept grands tableaux du peintre canadien Antoine Plamondon (1802–1895) », *Photo-journal* (Montréal), 16 oct. 1947.

PLAMONDON, MARC-AURÈLE, avocat, journaliste, éditeur et juge, né le 16 octobre 1823 dans le quartier Saint-Roch, à Québec, fils de François-Pierre Plamondon et de Scholastique-Aimée Mondion ; le 27 novembre 1849, il épousa à Québec Mathilde L'Écuyer, et ils eurent six enfants ; décédé le 4 août 1900 à Arthabaskaville (Arthabaska, Québec).

L'ancêtre de la famille Plamondon, Philippe Plamondon, est originaire de l'évêché de Clermont, en Auvergne. Né en 1641, il épouse à Laprairie (La Prairie, Québec), le 23 avril 1680, Marguerite Clément, et il fait souche dans la région de Québec.

Marc-Aurèle Plamondon étudie au petit séminaire de Québec de 1833 à 1842. Il devient avocat le 21 octobre 1846, après avoir partagé son temps d'études entre le droit, la littérature et le journalisme. Dans les périodiques du temps, il publie des odes et des chansons, qui sont des chants patriotiques et romantiques. D'une valeur littéraire relative, ils véhiculent cependant les préoccupations de la génération qui vit les événements de 1837 et la répression qui les suit, avec l'union des deux Canadas. Ils témoignent aussi de la présence persistante de la France dans la vie intellectuelle du Canada français, par l'influence évidente de ses poètes romantiques.

Plamondon touche aussi au journalisme pendant ses études. En 1843, il est au *Canadien* de Québec, d'abord à titre de correcteur d'épreuves, puis de rédacteur de la page religieuse. Propriétaire, à Montréal, d'un journal politique radical *l'Artisan,* qui disparaît à la suite d'une condamnation de l'Église, il devient en 1844 rédacteur du *Ménestrel,* périodique littéraire, qui comporte aussi une partie musicale, et du quotidien *Courier and Quebec Shipping Gazette.* Rebaptisé *le Courrier commercial/Commercial Courier* en janvier 1845, ce journal s'adresse aux encanteurs et aux commerçants [V. Stanislas DRAPEAU]. Dans ses écrits, le jeune homme montre ses intérêts pour la littérature et la musique en plus de manifester des tendances libérales et démocratiques, qui s'affermiront avec le temps. Plamondon figure au nombre des fondateurs de l'Institut canadien de Montréal, en 1844, dont il devient le correspondant à Québec. Il est de plus le premier président de l'Institut canadien de Québec, qu'il fonde avec quelques amis quatre ans plus tard. Comme les Joseph Papin*, les deux frères ANTOINE-AIMÉ et Jean-Baptiste-Éric* Dorion, Joseph Doutre* et autres, avec qui il entretient une correspondance assidue, il dénonce certaines servitudes qui pèsent sur la société canadienne-française. Bref, Plamondon est de l'école de Louis-Joseph Papineau* et il a déjà gagné les rangs des « rouges » au moment de s'engager dans sa vie publique.

D'après les témoignages de ses contemporains, Plamondon excellera au prétoire. En fait, il a l'éloquence naturelle, la passion et l'éclat spirituel qui en feront un grand criminaliste. Son nom sera associé à plusieurs causes célèbres. « En a-t-il rendu des chenapans à la société ! », écrira le journaliste Louis-Honoré Fréchette*. Jugement lapidaire vite nuancé : « En revanche, il a sauvé bien des innocents [...] J'en sais qu'il a arraché au bourreau pour ainsi dire par les cheveux, malgré la preuve, malgré les juges et j'oserais dire – dans une circonstance au moins – malgré le jury. » Mais les débuts de Plamondon dans la profession sont lents. Comme la plupart des jeunes avocats, il doit penser à la politique, d'autant plus qu'il a des principes libéraux à défendre et à diffuser.

Entre 1855 et 1859, Plamondon est copropriétaire et corédacteur du *National* de Québec, avec Télesphore FOURNIER et Pierre-Gabriel Huot*. Ce journal d'éducation politique se veut l'organe des idées libérales et le porte-voix des intérêts démocratiques. C'était « l'arsenal où l'on fournissait les armes pour la lutte », écrira le libéral Charles Langelier*. Le célèbre trio prend un malin plaisir à affronter tout ce qui est de droite. « C'est le « National » qui a fait libéral St-Roch et tout le district de Québec », écrira encore Langelier.

À deux reprises, en 1857, Plamondon tente de se faire une place en politique active, pour le siège de la cité de Québec. Ses batailles sont virulentes, mais il est défait. Il doit donc renoncer à la ligne de feu, mais non à la lutte politique. Il se glorifiera toujours d'être resté fidèle au drapeau en dépit de ses revers, déplorant que l'infidélité soit si fréquente dans les rangs libéraux.

Cette allégeance ferme au parti libéral vaut à Plamondon une fin de carrière honorable. En 1874, le premier ministre Alexander MACKENZIE le nomme juge de la Cour supérieure, pour le district d'Arthabaska. La correspondance de Plamondon laisse croire que l'homme ne change guère en « montant sur le banc », même si sa position officielle le condamne à plus de discrétion. Dans sa « Cabane », nom pittoresque de son imposante maison d'Arthabaskaville, il est le voisin immédiat de Wilfrid Laurier*. La politique le rejoint avec le chef libéral et les Joseph Lavergne, Lawrence John Cannon, Jules-Adolphe Poisson, Médéric Poisson et autres qu'il convoque « aux causeries sans souci, dans la paix joyeuse ». La société d'Arthabaskaville est réputée pour sa passion politique autant que pour son goût des lettres et des arts. Plamondon s'y trouve donc à l'aise.

En 1897, Plamondon cède aux pressions de Laurier et résigne ses fonctions de juge en faveur de son gendre François-Xavier Lemieux*, qui vient d'être évincé du cabinet provincial. Plamondon règle ainsi les problèmes des deux premiers ministres libéraux nouvellement élus, Wilfrid Laurier à Ottawa et Félix-Gabriel MARCHAND à Québec. La présence au cabinet d'anciens libéraux radicaux comme Lemieux pourrait compromettre la paix politique que le parti libéral a mis à son programme et qui est à l'origine de ses récentes victoires électorales.

Marc-Aurèle Plamondon meurt trois ans plus tard, le 4 août 1900, à Arthabaskaville. Avec lui s'éteint l'un des tout derniers « Vieux Rouges » qui ont marqué l'histoire politique et sociale du Canada français au XIXe siècle et qui ont résisté à l'avance du conservatisme, même en milieu libéral.

ANDRÉE DÉSILETS

AC, Arthabaska, État civil, Catholiques, Saint-Christophe (Arthabaska), 7 août 1900. — ANQ-Q, CE1-1, 27 nov. 1849. — Arch. privées, Andrée Désilets (Sherbrooke, Québec), Fonds M.-A. Plamondon et F.-X. Lemieux, corr., discours et coupures de journaux. — L.-M. Darveau, *Nos hommes de lettres* (Montréal, 1873). — J. Hamelin *et al., la Presse québécoise*, 1. — Le Jeune, *Dictionnaire*. — *Le Répertoire national, ou Recueil de littérature canadienne*, James Huston, compil. (4 vol., Montréal, 1848–1850). — P.-G. Roy, *les Juges de la prov. de Québec*. — L.-O. David, *Au soir de la vie* (Montréal, [1924]). — Andrée Désilets, « Une figure politique du 19e siècle, François-Xavier Lemieux » (thèse de D.E.S., univ. Laval, 1964). — « Feu l'hon. juge M. A. Plamondon », *le Soleil*, 6 août 1900 : 1, 3.

POIRIER, STANISLAS-FRANÇOIS. V. PERRY, STANISLAUS FRANCIS

PONEKEOSH (Bonekeosh), chef mississagué de la tribu des Sauteux, né vers 1810–1820, probablement à la rivière Mississagi, Haut-Canada, ou dans les environs ; décédé en 1891.

On ne sait rien des antécédents ni de la jeunesse de Ponekeosh. Il était l'un des chefs ou « Hommes principaux » des groupes de familles indiennes qui chassaient, pêchaient et trappaient sur la rive nord et dans l'arrière-pays des lacs Huron et Supérieur. En raison de leur connaissance du français et de l'anglais, beaucoup de chefs sauteux jouaient le rôle de médiateurs, d'interprètes, de capitaines de traite et d'entrepreneurs, et le gouvernement les considérait souvent comme des leaders « naturels ». Homme capable, semble-t-il, Ponekeosh ne comprenait peut-être pas les langues européennes ni l'univers de l'homme blanc. Toutefois, en 1850, il avait une renommée assez grande pour être reconnu comme chef dans les négociations qui menèrent à la conclusion du traité entre William Benjamin Robinson*, représentant de la province du Canada, et les Indiens qui vivaient sur la rive nord du lac Huron.

À la fin des années 1840, les gisements de cuivre du pourtour des lacs Huron et Supérieur faisaient l'objet d'une exploitation intensive, car les Blancs avaient pris conscience du potentiel économique de la région. Entre les mineurs et les Indiens, l'arpentage et l'utilisation des terres étaient cause de tensions de plus en plus vives. En novembre 1848, elles débouchèrent sur un affrontement à la mine de la Compagnie de Montréal pour l'exploitation minière à la baie Mica. L'année suivante, le gouvernement institua une commission d'enquête sur les revendications territoriales des Indiens, dont le rapport servit de base au traité de 1850. Ponekeosh prit part aux négociations du début de septembre 1850 à Sault-Sainte-Marie et signa le traité au nom de la bande de la rivière Mississagi, mais il ne figurait pas parmi les principaux porte-parole des Indiens. En vertu de la section du traité qui s'intitulait « Nomenclature des réserves », la bande de la rivière Mississagi se voyait attribuer les terres situées en bordure du lac Huron, entre les rivières Mississagi et Blind, et dont la limite nord était les « premiers rapides ».

Les bandes indiennes touchèrent bientôt la plus grande partie des paiements en nature promis par le traité, mais l'arpentage des réserves fut plus long à se faire. Les 11 et 12 septembre 1852, l'arpenteur John Stoughton Dennis*, son équipe et John William Keating du département des Affaires indiennes arrivèrent à la rivière Mississagi pour déterminer la limite nord de la réserve. Comme Ponekeosh était absent, Dennis et Keating attendirent son retour avant de prendre une décision. Entre-temps, ils reconnurent le terrain et commirent une grave erreur. Dennis constata que les premiers grands rapides de la Mississagi se trouvaient à 16 ou 18 milles du lac Huron, mais il se trompa sur l'emplacement de la Blind et conclut que la réserve serait beaucoup plus vaste que ne le prévoyait le traité. À son retour, Ponekeosh décrivit correctement, semble-t-il, le secteur prévu par le traité, mais Dennis n'en conclut pas moins qu'il n'était pas certain « des points entre lesquels il avait voulu inclure sa réserve » et le convainquit d'accepter un territoire plus petit. Dans son rapport, il déclara que Ponekeosh avait dit qu'il était « contenté ». Cependant, si Ponekeosh avait compris qu'il acceptait un territoire nettement plus petit, il est peu probable qu'il aurait été satisfait. On marqua ensuite la limite nord de la réserve ainsi réduite. Ponekeosh, dit-on, céda tout le territoire à la couronne en 1865. Une bonne partie des terres furent arpentées, subdivisées et vendues à la fin du XIXe siècle.

Peu après la mort de Ponekeosh, en 1891, son successeur soumit aux autorités, au nom des Mississagués, une carte indienne exacte qui illustrait la région qu'avait réclamée Ponekeosh en 1850 et 1852, et il demanda une étude des limites de la réserve. Il y eut bien une enquête, mais les bureaucrates conclurent, presque uniquement sur la foi des documents de Dennis, que la bande avait tort. Rien d'autre ne fut fait. La bande souleva de nouveau la question dans les années 1970. Une enquête approfondie et indépendante a eu lieu dans les années 1980, et en 1989 des négociations sont en cours dans le but de satisfaire à la requête initiale de Ponekeosh, comme la couronne s'y était engagée dans le traité.

Bien que Ponekeosh n'ait pas eu le prestige de Tecumseh* ou de Gros Ours [Mistahimaskwa*] aux yeux des Blancs, son expérience des promesses de la couronne aussi bien que du progrès de l'exploitation industrielle et de la colonisation a valeur d'exemple en ceci qu'elle ressemble à celle d'autres chefs indiens. La lutte que la bande a menée par la suite pour conserver la maîtrise de ses terres, maintenir sa cohésion et perpétuer ses coutumes témoigne de la ténacité des autochtones.

DAVID T. McNAB

AN, RG 10, A5, 189, R. Bruce à George Ironside, 22 juill. 1851 ; B3, 7751, file 27013-6, part. 1 ; D10, vol. 1844, treaty 61. — AO, MS 4, W. B. Robinson, diary, 19 avril–24 sept. 1850 ; MU 1464, report of commissioners, A. Vidal and T. G. Anderson, 1849 : 11 ; RG 1, A-I-1, 66, J. W. Keating à R. Bruce, 2 déc. 1852, with attachment. — Ontario, Ministry of Natural Resources, Survey Records Office (Toronto), J. S. Dennis, report diaries and field notes, vol. 1 (1851)–2 (1853) ; Instructions for crown surveys, book 5 (1844–1861) : 101, 140–142, 204–208. — *Canada, Indian treaties and surrenders* [...] [1680–1906] (3 vol., Ottawa, 1891–1912 ; réimpr., Toronto, 1971), 1. — E. S. Rogers, « Southeastern Ojibwa », *Handbook of North American Indians* (Sturtevant *et al.*), 15 : 760–771. — [J.] D. Leighton, « The compact tory as bureaucrat : Samuel Peters Jarvis and the Indian Department, 1837–1845 », *OH,* 73 (1981) : 41–43 ; « The development of federal Indian policy in Canada, 1840–1890 » (thèse de PH.D., Univ. of Western Ont., London, 1975), 163. — L. C. Hansen, « Chiefs and principal men : a question of leadership in treaty negotiations », *Anthropologica* (Sudbury, Ontario), à paraître.

POPE, JOSEPH, homme d'affaires, fonctionnaire, officier de milice et homme politique, né le 20 juin 1803 à Turnchapel, Angleterre, fils de Thomas Pope et d'Ann Hase ; le 19 août 1824, il épousa, probablement à Charlottetown, Lucy Colledge (décédée en 1828), et ils eurent deux fils, William Henry* et James Colledge*, puis le 18 février 1830, probablement à Bedeque, comté de Prince, Eliza Campbell, et enfin le 21 novembre 1848, à Liverpool, Angleterre, Eliza M. Cooke ; décédé le 3 septembre 1895 à Charlottetown.

Le père de Joseph Pope était marchand et constructeur de navires à Plymouth. Son frère et ses demi-frères devinrent marchands ou ministres méthodistes. Lui-même fit ses études à West Hore, Plymstock, et en 1819 il rejoignit son frère William et son demi-frère John Pope à l'Île-du-Prince-Édouard, où ils exploitaient une entreprise dès 1817. Les Pope faisaient partie des marchands du sud-ouest de l'Angleterre qui faisaient le commerce du bois de l'île afin de profiter des débouchés qu'avait créés le blocus des ports de la Baltique par Napoléon. Le centre de la plupart de leurs activités se trouvait à Bedeque, sur la côte sud, et les Pope devinrent des notables de ce petit village à prédominance méthodiste en combinant l'abattage et l'expédition du bois à l'approvisionnement de la population agricole de plus en plus nombreuse qui vivait sur les rives de la baie Bedeque. John rentra en Angleterre en 1823, puis William fit de même en 1828 ; Joseph avait alors pris en main les affaires familiales dans la colonie et était même en passe d'être le plus gros marchand à l'ouest de Charlottetown. Devenu en 1828 agent de Horatio Mann, qui possédait des terres près de Bedeque, il le resterait jusqu'à son départ de l'île, en 1853. Son fils James prendrait sa succession et achèterait la propriété de Mann trois ans plus tard. De plus, Joseph construisait des navires ; les registres le désignent comme propriétaire et constructeur de quatre bâtiments lancés entre 1838 et 1850.

Même avant d'entrer en politique, Joseph Pope accumula des commissions et des charges qui reflètent l'influence qu'il avait dans son milieu. Une liste dressée en 1838 énumère 18 postes qu'il avait occupés au fil des ans, dont celui de major de la milice du comté de Prince, receveur des taxes foncières et percepteur de l'impôt et de l'accise. Les honoraires que rapportaient bon nombre de ces fonctions s'ajoutaient à sa fortune, qui ne cessait de croître.

Pope avait amorcé sa carrière politique à l'automne de 1830 en remportant l'un des sièges de la circonscription de Prince à la chambre d'Assemblée. Il succédait à son beau-père, Alexander Campbell, et fut constamment réélu jusqu'à son départ de l'île en 1853. À la chambre, il se passionnait pour les questions d'intérêt local, telle la nécessité de nommer des sous-receveurs des douanes dans les petits ports de pêche (on créa un poste de ce genre à Bedeque en 1832 qu'il fut d'ailleurs le premier à occuper). C'est en s'opposant au groupe de l'*escheat*, porté au pouvoir en 1834, qu'il commença à se distinguer comme l'un des porte-parole des propriétaires. L'un de ses premiers grands discours suivit, en 1836, la présentation à la chambre d'une requête dans laquelle des cultivateurs à bail de la circonscription de Prince réclamaient la confiscation des terres dont les propriétaires n'avaient pas rempli leurs engagements. Présent à la réunion au cours de laquelle on avait rédigé la pétition, il prétendait, dans ce discours, que les participants s'étaient laissés berner par quelques orateurs habiles venus de l'extérieur du comté. Il rejeta la requête car, disait-il, elle ne reflétait pas du tout la volonté des résidents de Prince. L'année suivante, il dirigea un groupe de députés dans leur tentative de se dissocier des propositions incendiaires adoptées le 20 décembre 1836 à la réunion de Hay River, où William Cooper* avait joué un rôle important. Les partisans de l'*escheat*, déclara-t-il, n'étaient qu'« une poignée d'individus mécontents, intrigants et ignorants ». On ne saurait douter que ses commentaires envenimèrent un débat déjà passionné (à un moment donné, Cooper, John Windsor LeLacheur et John MacKintosh* furent expulsés de la chambre).

Pope fit partie de la délégation choisie par l'Île-du-Prince-Édouard pour aller rencontrer lord Durham [Lambton*] à Québec en 1838. Dans une note d'introduction, le lieutenant-gouverneur, sir Charles Augustus FitzRoy*, le qualifiait d'« homme réaliste très astucieux ». Comme Pope et les autres délégués, dont George R. Dalrymple*, Robert Hodgson* et George Wright*, présentèrent à Durham des opinions conformes à celles qu'avait déjà exprimées FitzRoy, ils eurent peu d'influence sur les conclusions auxquelles Durham en arriva au sujet de la colonie.

FitzRoy éleva Pope au Conseil exécutif en 1839. Tout en étant un honneur, cette nomination l'exposait davantage à des critiques de la part de l'Assemblée, qui était populiste. La constante opposition du conseil aux propositions du parti de l'*escheat* en vue d'une réforme du régime foncier accrut les conflits entre les deux groupes. En 1841, l'Assemblée adopta une proposition où l'on énumérait les liens de parenté qui existaient entre les conseillers législatifs et exécutifs. Certains avaient des liens serrés, mais Pope n'était, par alliance, que le parent éloigné d'un conseiller, Wright. Pourtant, la proposition le qualifiait de « partisan du gouvernement » et d'« agent des propriétaires ». Comme il était l'un des principaux porte-parole des propriétaires fonciers, la seconde épithète lui fit peut-être plaisir. En 1836, il avait défendu sa position sur la question foncière en sommant les députés de dire si l'un d'entre eux « refuserait un poste d'agent foncier » si on le lui offrait. En sa qualité d'agent foncier, Pope appartenait effectivement à un groupe d'intérêts bien déterminé dans la vie politique de l'île. Rarement propriétaires eux-mêmes de biens-fonds de quelque valeur, les agents avaient beaucoup à perdre d'un bouleversement du régime foncier. Après la débâcle du parti de l'*escheat* au scrutin de 1842, Pope vit son leadership du groupe conservateur de l'Assemblée confirmé par son élection à la présidence de la chambre en 1843.

L'arrivée de sir Henry Vere Huntley* en 1841 avait inauguré une période au cours de laquelle Pope, jouant le double rôle de conseiller exécutif et, de 1843 à 1849, de président de l'Assemblée, entra directement en conflit avec le lieutenant-gouverneur. De son fauteuil de président, il appuya l'Assemblée lorsqu'elle tenta d'obtenir la haute main sur les revenus de la couronne et bloqua une proposition qui visait à augmenter le salaire de Huntley, geste pour le moins inattendu de la part d'un conseiller du lieutenant-gouverneur. Selon l'historien Walter Ross Livingston, le conflit entre Pope et Huntley s'inscrivait dans la lutte pour obtenir un gouvernement responsable dans la colonie, et l'on a communément accepté de voir en Pope un homme qui tentait d'arracher la direction des affaires publiques au lieutenant-gouverneur. Pourtant, la correspondance qu'ils adressèrent au ministère des Colonies révèle aussi bien une animosité personnelle qu'un désaccord constitutionnel. En 1845, étant donné que la précarité des finances de la colonie et que sa dépendance à l'égard des bons du Trésor soulevaient des inquiétudes, l'Assemblée et le Conseil législatif adoptèrent un projet de loi en vue d'augmenter le nombre de ces bons. Pope crut que Huntley avait consenti à en recommander l'acceptation à Londres. Or, l'année suivante, on apprit que Huntley avait plutôt déconseillé la sanction royale et commenté favorablement une requête contre le projet de loi qu'il avait transmise au ministère des Colonies. Pope condamna sévèrement ces gestes au cours d'un débat à l'Assemblée, et après avoir lu, dans l'*Islander*, le compte rendu de ces violents commentaires, Huntley le suspendit du Conseil exécutif. En agissant sans consulter les autres conseillers comme il était tenu de le faire, Huntley allait s'aliéner totalement Pope et le ministère des Colonies. L'Assemblée appuya Pope et déclara qu'en le suspendant, Huntley brimait la liberté des débats à la chambre. Le mécontentement que suscitait le lieutenant-gouverneur, et qui avait amené conservateurs et réformistes à s'entendre pour demander son rappel, se cristallisa autour du conflit de Pope et Huntley.

Le secrétaire d'État aux Colonies, William Ewart Gladstone, refusa de sanctionner un changement dans la composition du conseil sans que les membres en aient discuté. Après avoir lu la volumineuse correspondance sur le sujet, son successeur, lord Grey, accepta l'opinion du ministère des Colonies, à savoir que toute cette affaire était « futile et insensée », et en septembre 1846 il ordonna à Huntley de réintégrer Pope dans ses fonctions. À peine Huntley l'avait-il fait que Pope démissionna. Sa lettre de démission, qui s'étalait sur 19 pages, était si haineuse (il accusait Huntley d'avoir « l'esprit dérangé ou [d'être dans] une disposition des plus méchantes ou injustes ») que le ministère des Colonies accepta son départ sans hésiter. À l'été de 1847, Pope, Andrew Duncan et Edward Palmer*, tous des conservateurs en vue, traversèrent l'Atlantique pour réclamer le rappel à Londres de Huntley. En décembre, ils revenaient en compagnie du nouveau lieutenant-gouverneur, sir Donald Campbell* ; ils s'attribuèrent le mérite de sa nomination mais, en fait, elle était décidée avant leur arrivée en Angleterre. Puis, pendant la session de 1849, à mesure que le mouvement en faveur du gouvernement responsable prenait de l'ampleur, Pope, par instinct de survie politique, abandonna les conservateurs et appuya les réformistes sur plusieurs questions. Aux élections de février 1850, ce n'était plus lui mais Palmer qui dirigeait les tories. Même s'il ne figurait pas au Conseil exécutif – ou cabinet (le premier à être formé sous le gouvernement responsable) – dont George Coles* annonça la formation en avril 1851, il fut invité à s'y joindre ce mois-là à titre de trésorier de la colonie.

De toute évidence, Pope avait envisagé dès 1850 de procéder à un grand changement dans sa vie, car il avait alors mis toutes ses propriétés en vente. À ce moment-là, il possédait, à Bedeque, une vaste ferme où étaient situés le chantier naval et le commerce qui lui avaient assuré la plus grande partie de ses revenus. Bien qu'il n'ait pas été un grand propriétaire terrien, il avait d'autres propriétés, dont un millier d'acres de terre en friche et au moins six autres fermes. Cependant, il ne s'illusionnait guère sur le sort d'un fermier sans ressources et, en 1842, il avait conseillé à son fils William d'éviter une « vie de pénible labeur » en choisissant l'étude du droit. À la fin de juillet 1853, il quitta le Conseil exécutif, refusa de se présenter aux élections générales qui devaient se tenir cet été-là et abandonna les nombreuses petites fonctions qu'il exerçait. À la mi-août, il quitta l'île avec sa femme à bord d'un schooner qu'il avait aménagé « dans un style élégant » afin d'aller s'installer en Australie. Le mal de mer dont souffrit Mme Pope imposa toutefois une fin prématurée au voyage à Liverpool, où Pope allait demeurer 15 ans. Son frère William y exerçait alors la fonction d'inspecteur pour la Lloyd's de Londres, et peut-être avait-il d'autres parents dans la ville. Dans les bottins municipaux, il figure comme constructeur de navires et marchand. Il dirigea la section anglaise d'une entreprise transatlantique de courtage et de commerce maritime dont son fils James était le principal représentant à l'Île-du-Prince-Édouard. Il vendit d'ailleurs sur le marché de Liverpool des navires construits dans l'île, dont un bon nombre provenaient des chantiers de James.

Quand Pope retourna à l'Île-du-Prince-Édouard, en 1868, la question de l'heure était la Confédération. Ses deux fils appuyaient ce projet et jouaient un rôle important dans le débat, et apparemment il ne tarda pas à leur apporter son soutien. Au début de 1870 eut lieu la fondation de la Union Association of Prince Edward Island, dont il devint l'un des vice-présidents. En septembre, James devint premier ministre de l'île et nomma son père trésorier de la colonie et directeur de la Savings Bank de Charlottetown. Dès lors, Joseph Pope fut rarement loin des cercles d'administration financière. Après l'entrée de l'île dans la Confédération, en juillet 1873, son poste à la banque passa sous la compétence du dominion, et il devint vérificateur et directeur. Sa nomination devint officielle au début de novembre, mais le nouveau gouvernement d'Alexander MACKENZIE l'annula seulement une semaine plus tard. Après ce revers, il devint trésorier de la province puis, deux ans plus tard, commissaire des terres de la couronne et des terres publiques. Les conservateurs, qui avaient repris le pouvoir à Ottawa en 1878, le réintégrèrent dans ses fonctions fédérales en 1880. En 1879, son fils James, alors ministre du cabinet fédéral, avait tenté de le faire nommer lieutenant-gouverneur de l'île, mais le poste était allé à Thomas Heath HAVILAND. En 1883, à l'âge de 80 ans, Joseph Pope prit enfin sa retraite ; il coula des jours paisibles jusqu'à sa mort, 12 ans plus tard. Ses deux enfants étaient décédés avant lui.

Contrairement à son fils William Henry, qui anima les rubriques des journaux à la fois à titre de rédacteur en chef et de collaborateur, Pope figura rarement dans la presse, sinon lorsque l'on rapportait les débats de l'Assemblée. En fait, il avait protesté en 1836 qu'« il n'avait pas de don pour scribouiller ». Par contre, il était redoutable dans les débats. Lorsqu'il démissionna de l'Assemblée, la *Royal Gazette* déclara qu'on avait rarement vu, à la chambre, un meilleur président et un homme d'État plus chevronné. Pourtant, ses interventions n'avaient pas toujours été élégantes, surtout dans les premiers temps de sa carrière. Par exemple, en 1836, on l'avait sommé de s'excuser de sa conduite envers le président et, comme il refusait les termes de l'excuse dictée par la chambre, il passa plus d'une semaine sous la garde du sergent d'armes avant de se soumettre. Bien que les élans de passion et les insultes n'aient pas été rares à l'Assemblée coloniale, il apparaît que Pope avait un tempérament particulièrement vif et qu'il était enclin aux fortes aversions. Dans ses dernières années, la notoriété politique de ses fils éclipsa la sienne. Il survécut à presque tous ses collègues politiques et, à la fin de sa vie, il semble qu'il se soit isolé des querelles de l'Assemblée provinciale. Ses notices nécrologiques furent assez brèves et signalèrent qu'il avait été lié à d'importants événements politiques survenus près d'un demi-siècle auparavant.

La renommée de Joseph Pope tient en partie à sa longévité et à ses acrobaties politiques. La facilité avec laquelle il abandonna les conservateurs et entra au premier cabinet réformiste formé sous le gouvernement responsable laisse penser qu'il pourrait bien mériter le qualificatif que James Murray Beck a donné au Néo-Écossais Joseph Howe*, celui de « réformiste conservateur ». Toutefois, elle pourrait aussi être un indice du pragmatisme avec lequel l'homme d'affaires qu'était Pope envisageait la politique. Après avoir vécu près de 15 ans loin de la mesquinerie de la politique coloniale, il put revenir sous les traits d'un grand homme d'État et bénéficier du parrainage de son fils.

H. T. Holman

AN, MG 24, A27, 19 : 624 ; MG 26, A : 15600. — Devon Record Office (Exeter, Angl.), 694/5 (Turnchapel, reg. of births, marriages, and burials, 1789–1812). — PAPEI, Acc. 2574 ; RG 9, 2 ; RG 16, land registry records. — P.E.I. Museum, File information concerning Joseph Pope and his family. — PRO, CO 226/70 : 171, 208, 296. — Î.-P.-É., House of Assembly, *Journal,* 17–23 févr. 1836, 3 févr. 1837, 23 avril 1841 ; app., 1840–1841. — *Charlottetown Herald,* 4 sept. 1895. — *Daily Examiner* (Charlottetown), 3 sept. 1895. — *Daily Patriot* (Charlottetown), 3 sept. 1895. — *Examiner* (Charlottetown), 18 déc. 1848. — *Haszard's Gazette* (Charlottetown), 2 sept. 1851, 27 janv. 1852. — *Islander,* 28 janv. 1870. — *P.E. Island Agriculturist* (Summerside), 7 sept. 1895. — *Prince Edward Island Register* (Charlottetown), 23 févr. 1830. — *Royal Gazette* (Charlottetown), 29 mars 1836. — *Canadian biog. dict.* — *Gore's directory of Liverpool and its environs* [...] (Liverpool, Angl.), 1855 ; 1857 ; 1862. — Bolger, *P.E.I. and confederation,* 205. — G. A. Leard, *Historic Bedeque ; the loyalists at work and worship in Prince Edward Island : a history of Bedeque United Church* (Bedeque, 1948). — W. R. Livingston, *Responsible government in Prince Edward Island : a triumph of self-government under the crown* (Iowa City, 1931).

PORCUPINE. V. Peemeecheekag

POTTS, JERRY (aussi connu sous le nom de **Ky-yo-kosi,** qui signifie « enfant de l'ours »), chasseur, interprète et éclaireur, né au plus tard en 1840 au fort McKenzie, sur le Missouri (Montana), enfant unique d'Andrew R. Potts et de Namo-pisi (Crooked Back), de la tribu des Gens-du-Sang ; il eut quatre femmes et plusieurs enfants ; décédé le 14 juillet 1896 au fort Macleod (Alberta).

Jerry Potts fut le produit d'une époque brutale et farouche de l'histoire du Nord-Ouest canadien et américain, caractérisée par le meurtre, le vol, l'ivrognerie et l'exploitation. Pour survivre, il fallait se battre, et Potts apprit tôt à le faire. À la mort de son père, en 1840, Namo-pisi, sa mère, le donna à un trafiquant de l'American Fur Company, Alexander Harvey, et retourna dans sa tribu. Harvey était un homme violent, vindicatif ; il négligea et maltraita l'enfant, puis l'abandonna en 1845. Un autre trafiquant de la compagnie, Andrew Dawson, du fort Benton (Montana), homme doux que l'on appelait « le dernier roi du Missouri », adopta alors le jeune Potts. Il lui apprit à lire et à écrire et le laissa se mêler aux Indiens qui visitaient le poste de traite afin qu'il apprenne leurs coutumes et leurs langues. À la fin de son adolescence, Potts, qui avait adopté les mœurs insouciantes de la frange pionnière, rejoignit le peuple de sa mère ; il vécut tantôt avec les Gens-du-Sang, tantôt avec Dawson. En qualité de sang-mêlé, il devait prouver à la fois aux Indiens et aux Blancs qu'il pouvait se débrouiller dans chacune des deux cultures ; sa présence d'esprit, sa bravoure et la précision mortelle de son tir, tant au revolver qu'au fusil, l'aidèrent beaucoup à y arriver.

Employé de l'American Fur Company pendant une partie des années 1860, Potts fut chasseur pour divers trafiquants de whisky de 1869 à 1874. La violence assombrit largement cette époque de sa vie. Il acquit une renommée comme guerrier indien ; on ne compte plus les récits quasi légendaires de ses batailles avec les Sioux, les Corbeaux et les Cris des Plaines. George Allan Kennedy, chirurgien de la Police à cheval du Nord-Ouest, a noté par la suite l'un de ces récits, celui de la dernière et sans doute la plus grande bataille indienne du Nord-Ouest canadien. À la fin d'octobre 1870, des Cris des Plaines et des Assiniboines, parmi lesquels se trouvaient Gros Ours [Mistahimaskwa*] et Piapot [Payipwat*], attaquèrent un campement de Gens-du-Sang sur la rivière Belly (près de Lethbridge). Potts, en compagnie d'un groupe de Peigans, membres comme les Gens-du-Sang de la confédération des Pieds-Noirs, se porta à leur secours. Au terme d'une journée de combat, les Cris et les Assiniboines, qui avaient perdu près de 300 hommes, furent mis en déroute. Le massacre avait été tel, disait Potts, qu'« on pouvait tirer les yeux fermés et être sûr d'abattre un Cri ». À cette époque, les effets du trafic du whisky contribuèrent à rendre encore plus brutale la vie parmi les Indiens des Prairies. En 1872, Namo-pisi fut tuée par un homme ivre de sa tribu tandis qu'elle rapportait le corps d'un autre de ses fils ; peu après, Potts la vengea en abattant son meurtrier.

Les violences de ce genre et les abus du trafic du whisky poussèrent le gouvernement du Canada à former la Police à cheval du Nord-Ouest en 1873 [V. Patrick Robertson-Ross*]. Le premier contingent de policiers se rendit dans l'Ouest en 1874 sous les ordres du commissaire George Arthur French*, qui rencontra Potts au fort Benton et l'embaucha comme guide, éclaireur et interprète. Comme les policiers ne connaissaient ni le territoire qu'ils devaient surveiller, ni les Indiens et Métis qui y habitaient, Potts se révéla d'emblée un collaborateur très précieux. Cet homme de la plaine, laconique, ne tarda pas à leur inspirer respect et admiration pour son expérience de la vie en région sauvage, son courage, son remarquable sens de l'orientation et sa connaissance approfondie de la topographie de la région.

À l'automne de 1874, Potts organisa les premières rencontres qui eurent lieu entre le commissaire adjoint James Farquharson MACLEOD et des chefs indiens, dont Pied de Corbeau [Isapo-muxika*] et Red Crow [MÉKAISTO]. En partie grâce à lui, la Police à cheval du Nord-Ouest et les Pieds-Noirs entretinrent très vite des relations amicales : il expliquait à chacune des parties les coutumes, l'étiquette et les préoccupations de l'autre, et se faisait leur interprète.

Potts allait travailler 22 ans pour la Police à cheval du Nord-Ouest. Au début, il dirigeait presque toutes les patrouilles importantes. Par la suite, les éclaireurs qu'il avait formés prirent la relève dans une certaine mesure, mais son rôle dans le maintien de bonnes relations avec les Pieds-Noirs demeura important. En 1877, il contribua au succès des négociations du traité n° 7 [V. Isapo-muxika], et au moment de la rébellion du Nord-Ouest, en 1885 [V. Louis Riel*], il usa de son influence pour obtenir la neutralité des Pieds-Noirs. Sa consommation excessive d'alcool et la tuberculose dont il souffrit à compter des années 1890 finirent par le rendre moins utile à la police ; à mesure que les colons s'installaient, sa connaissance de la vie en région sauvage fut moins précieuse. Il demeura cependant avec la police jusqu'à sa mort en 1896.

Selon Samuel Benfield Steele*, officier de la Police à cheval du Nord-Ouest, Jerry Potts était « un homme de petite taille, aux jambes arquées, au regard noir et perçant et au long nez droit ». Il laissa sa marque dans l'histoire du Nord-Ouest à titre d'intermédiaire culturel, de guide et d'interprète. Le lendemain de sa mort, le *Macleod Gazette and Alberta Livestock Record* déplora la disparition de l'homme qui « avait permis à une police peu nombreuse et tout à fait insuffisante d'occuper puis de maîtriser peu à peu ce qui aurait pu si facilement, en d'autres circonstances, être un territoire hostile et difficile [...] Eût-il été différent de ce qu'il était [...], ajoutait le journal, l'histoire du Nord-Ouest, il n'est pas exagéré de le dire, aurait été tout autre.»

D. BRUCE SEALEY

Charles Larpenteur, *Forty years a fur trader on the Upper Missouri ; the personal narrative of Charles Larpenteur, 1833–1872,* Elliott Coues, édit., introd. de M. M. Quaife (Chicago, 1933). — *The new west ; being the official reports to parliament of the activities of the Royal North-West Mounted Police Force from 1888–1889* (Toronto, 1973). — S. B. Steele, *Forty years in Canada : reminiscences of the great north-west* [...], M. G. Niblett, édit. (Toronto et Londres, 1918 ; réimpr., 1972). — *Lethbridge News* (Lethbridge, Alberta), 30 avril 1890. — *Macleod Gazette and Alberta Livestock Record* (Fort Macleod, Alberta), 17 juill. 1896. — H. M. Chittenden, *The American fur trade of the far west* [...] (2 vol., New York, 1902 ; réimpr., Santa Fe, N. Mex., 1954). — H. A. Dempsey, *Jerry Potts, plainsman* (Calgary, 1966). — P. S. Long, *Jerry Potts : scout, frontiersman, and hero* (Calgary, 1974). — D. B. Sealey, *Jerry Potts* (Don Mills [Toronto], 1980). — Turner, *NWMP*. — *Lethbridge Herald,* 28 oct. 1921.

POWER, MICHAEL JOSEPH, homme d'affaires, officier de milice et homme politique, né le 23 février 1834 à Halifax, fils de Michael Power et d'Anne Lonergan ; le 20 novembre 1860, il épousa dans cette ville Ann Sophia Kent, et ils eurent trois fils et trois filles ; décédé le 11 janvier 1895 au même endroit.

Michael Joseph Power, fils d'immigrants irlandais catholiques, fit ses études à la Union Academy de Halifax, puis apprit le métier d'imprimeur auprès de John English et de Hugh William Blackadar*, de l'*Acadian Recorder*. Par la suite, il habita Boston, où il travailla peut-être dans l'imprimerie ou le commerce d'alimentation. En 1858, il vivait de nouveau à Halifax et tenait un débit de boissons alcooliques ; plus tard, il est inscrit comme épicier, métier qu'il exerça durant un certain nombre d'années. Dans les années 1860 et 1870, il milita dans plusieurs associations irlandaises et catholiques, notamment la Charitable Irish Society, dont il fut président en 1875, et la Société Saint-Vincent-de-Paul. Il s'enrôla dans la milice le 4 juillet 1865 et devint capitaine de la compagnie E du 63rd (Halifax Volunteer) Battalion of Rifles le 20 juillet 1877. En 1891, il remplissait le contrat de transport par terre qu'il avait conclu avec la garnison britannique et exploitait des écuries de louage dans sa propriété de la rue Buckingham.

On se souvient surtout de Power à cause de sa participation à la politique municipale et provinciale. Le 1er octobre 1872, il fut élu échevin du quartier 4, habité par une forte majorité d'ouvriers irlandais, et réélu sans opposition trois ans plus tard pour un second mandat. Durant ses six années au conseil municipal, il participa à plusieurs réformes. En 1874–1875, il fut président du bureau des travaux publics, qui exécuta notamment, sous sa direction, des travaux de voirie et d'égout. Il fut aussi président du bureau de protection contre l'incendie, du bureau des commissaires d'écoles, de la commission des biens publics, du comité de police, du comité du télégraphe d'alarme d'incendie et du comité des chariots et chevaux de louage. En 1879, dans son rapport à titre de président du bureau de protection contre l'incendie, il souligna avec fierté l'acquisition de dispositifs nouveaux et plus efficaces, la diminution du nombre de sinistres et le très bon état du système télégraphique d'alarme.

En 1878, Power tenta une première fois, sans succès, d'entrer en politique provinciale ; il était l'un des trois candidats libéraux de la circonscription de Halifax. Cependant, il remporta un siège au moment de la victoire décisive des libéraux en 1882. Réélu en 1886 et 1890, il fut battu aux élections de 1894 et ne se représenta plus par la suite. Bien qu'il n'ait pas brillé à l'Assemblée, c'était un homme populaire et on l'élut président de la chambre en 1887 et 1891. Dans l'ensemble, il appuyait les projets de loi gouvernementaux, surtout s'ils étaient avantageux pour la ville ou la circonscription de Halifax. Ses années d'échevinat avaient fait de lui un promoteur de l'efficacité de la gestion financière municipale et de l'amélioration des services municipaux. En 1884, il présenta une proposition en faveur de l'installation d'escaliers de secours en cas d'incendie à Halifax. Dans le débat le plus controversé de l'époque, Power se joignit au groupe dont faisaient partie notamment William Stevens Fielding* et Otto Schwartz WEEKS et qui souhaitait faire sortir la Nouvelle-Écosse de la Confédération. Une fois élu président de la chambre, il adopta une position plus neutre et se prononça rarement sur les questions controversées.

Michael Joseph Power mourut le 11 janvier 1895, après avoir longtemps souffert du mal de Bright. Son décès donna lieu à un concert d'éloges. La Catholic Mutual Benefit Association, par exemple, déclara qu'il avait été « un défenseur intègre et infatigable des intérêts des catholiques ». Sa carrière est celle d'un Irlandais industrieux de la deuxième génération qui s'était intégré facilement à la société haligonienne. À l'instar de ses coreligionnaires sir John Sparrow David THOMPSON et Lawrence Geoffrey Power*, il exerça en politique une influence qui fut à la fois bénéfique au catholicisme néo-écossais et source de réformes dans l'administration municipale et le gouvernement provincial.

WENDY L. THORPE

PANS, Cemeteries, Holy Cross Cemetery (Halifax), burials, 1895 (mfm) ; Churches, St Mary's Roman Catholic Church (Halifax), baptisms, 1830–1870 (mfm) ; Halifax City Council, minutes, 1870–1878 (mfm). — Halifax, *Annual reports of the several departments of the city government* [...] (Halifax), 1872–1879. — A. G. Jones *et al.*, *Reasons why electors should vote against the candidates of the dominion government* (tiré à part, Halifax, 1882 ; copie aux PANS). — N.-É., House of Assembly, *Debates and proc.*, 1883–1895. — *Acadian Recorder*, 24 nov. 1860, 6 sept. 1871, 2 oct. 1875, 1er–25 sept. 1878, 22 oct. 1879, 1er–30 juin 1886, 11–17 janv. 1895. — *Halifax Evening Reporter and Daily and Tri-weekly Times*, 1er oct. 1872. — *Halifax Herald*, 1er–25 sept. 1878, 1er–30 juin 1882, 1er–30 mai 1890, 1er–30 mars 1894, 12 janv. 1895. — *Morning Chronicle* (Halifax), 1er–30 juin 1882, 12 janv. 1895. — *CPC*, 1891. — *Halifax directory*, 1871–1895. — J. M. Beck, *Politics of Nova Scotia* (2 vol., Tantallon, N.-É., 1985–1989). — C. D. Howell, « Repeal, reciprocity and commercial union in Nova Scotia politics, 1886–1887 » (thèse de M.A., Dalhousie Univ., Halifax, 1968). — T. M. Punch, « The Irish in Halifax, 1836–1871 : a study in ethnic assimilation » (thèse de M.A., Dalhousie Univ., 1977). — P. R. Blakeley, « The repeal election of 1886 », N.S. Hist. Soc., *Coll.*, 26 (1945) : 131–152. — « Hon. M. J. Power », *Nova Scotia Pictorial* (Halifax), mars 1936 : 29 (copie aux PANS, Vertical file, 183, no 16). — C. D. Howell, « W. S. Fielding and the repeal elections of 1886 and 1887 in Nova Scotia », *Acadiensis* (Fredericton), 8 (1978–1979), no 2 : 28–46.

POWER, THOMAS JOSEPH, prêtre catholique et évêque, né le 10 décembre 1830 près de New Ross (république d'Irlande), fils de Martin Power, aubergiste, et de Catherine Sutton ; décédé le 4 décembre 1893 à St John's.

Thomas Joseph Power naquit dans une famille à l'aise de Rosbercon, près de New Ross, dans le comté de Wexford. Il fit ses études à l'école du monastère de St Patrick à Tullow, au Carlow College de 1843 à 1853, à la University of London (où il obtint une licence ès arts en 1850) et au Collège irlandais, à Rome, de 1853 à 1855. Il fut ordonné diacre dans cette ville le 4 juin 1854, et prêtre six jours plus tard. Le jeune ecclésiastique assista à la proclamation du dogme de l'Immaculée-Conception le 8 décembre de la même année. Il remplit pendant quelques mois à Rome les fonctions de chapelain auprès de l'évêque de Clogher, Charles McNally, puis revint en Irlande en juin 1855, en compagnie de Paul Cullen, archevêque de Dublin. Le 10 août, Power devint aumônier à la prison de Dublin et, le 5 février de l'année suivante, on le nomma vicaire à l'église qui tenait lieu de cathédrale, rue Marlborough. Il succéda au chanoine Thomas Pope, mort en juillet 1856, et on le chargea de célébrer les mariages et les baptêmes dans cette grande paroisse urbaine qu'il desservait. Le 9 août 1859, il fut nommé directeur du nouveau séminaire Holy Cross à Clonliffe (Dublin), poste qu'il occupa jusqu'au moment de sa consécration épiscopale en 1870.

À Terre-Neuve, depuis plus d'un an, c'est-à-dire depuis le décès de l'évêque John Thomas Mullock* survenu en mars 1869, le siège épiscopal de St John's était vacant. Les franciscains irlandais exerçaient de fortes pressions pour qu'un des leurs soit nommé ; depuis 1784, ils avaient d'ailleurs toujours assumé les postes de vicaires apostoliques et d'évêques dans l'île. Toutefois, c'est Power, prêtre séculier et protégé du cardinal Cullen, que l'on nomma au siège épiscopal le 8 mai 1870. Ce dernier le sacra troisième évêque de St John's le 12 juin à Rome. Le jour suivant, le nouvel évêque siégeait au Premier Concile du Vatican et, le 18 juillet, votait pour le dogme de l'infaillibilité du pape. Cullen pria Power de partir sans délai pour Terre-Neuve afin de corriger chez les membres du clergé certaines situations que le cardinal jugeait intolérables mais attribuables à l'absence de direction épiscopale à St John's. Après une brève visite à Dublin, Power arrivait à Terre-Neuve le 9 septembre.

Tout au long de son épiscopat, Power ne se mêla pas à la politique d'aussi près que ses prédécesseurs, Michael Anthony Fleming* et Mullock, car l'île avait été dotée d'un gouvernement responsable en 1855, ce que les premiers évêques avaient souhaité pour leurs ouailles irlandaises ; désormais assurés d'être représentés, les Irlandais pouvaient accéder plus facilement à des postes d'élus et, par le fait même, au pouvoir. D'un caractère pacifique, Power était également peu porté à se lancer dans des controverses. Tandis que les trois premiers vicaires apostoliques et évêques titulaires de Terre-Neuve, James Louis O'Donel*, Patrick Lambert* et Thomas Scallan*, avaient cherché à apaiser l'administration coloniale britannique à tout prix, et que leurs successeurs, Fleming et Mullock, animés par une ferveur nationaliste, avaient obtenu un gouvernement responsable par l'intermédiaire du parti libéral, l'épiscopat de Power se caractérisa davantage par un ultramontanisme bienveillant qui visait à assurer la présence de l'Église catholique dans l'île grâce à une consolidation interne. Power lui-même, comme l'indique son journal, vota en 1873 pour le gouvernement du protestant Charles James Fox Bennett*. Il ne participa à des débats publics qu'en deux occasions seulement. La première fois, en 1873–1874, il essaya, mais sans succès, de faire nommer un avocat de nationalité irlandaise, James Gervé Conroy*, magistrat stipendiaire de St John's. Il fit une autre intervention publique, en 1878, pour exonérer des catholiques après une dispute qui les avait opposés à des orangistes, incident qu'on appela « soirée Kelligrews » ; Power protesta auprès du gouverneur, sir John Hawley Glover*, contre l'inactivité de la police pendant l'échauffourée. Il s'intéressa certes au développement économique de l'île, mais sans mener de campagnes dans les milieux politiques.

Power fit sa réputation presque exclusivement dans le milieu ecclésiastique. En 1875, il fit venir à Terre-Neuve des Frères chrétiens d'Irlande et leur confia la direction du St Bonaventure's College [V. John Luke Slattery*] et des écoles de la Benevolent Irish Society. Pendant son épiscopat, les congrégations des Sisters of Mercy et des Sisters of the Presentation of the Blessed Virgin Mary augmentèrent leurs effectifs et étendirent leurs activités à des paroisses à l'extérieur de St John's. Sur le plan religieux, tout en demeurant dans les limites de la piété détachée des contingences du monde, telle que prônée au XIXe siècle, Power manifesta une grande vénération pour saint François de Sales. Ce fut moins l'antiprotestantisme radical de ce saint que sa vision de l'union de la vie contemplative et de la vie active qui façonna la piété de l'évêque. Depuis l'époque de ses études en Irlande, on lui reconnaissait des qualités oratoires et un goût raffiné pour tout ce qui touchait la liturgie. Au cours de son épiscopat, on rénova la cathédrale de St John's (aujourd'hui une basilique), monument témoin de la présence du catholicisme dans l'île ; on construisit aussi un monastère, Mount St Francis, pour les Frères chrétiens d'Irlande, deux orphelinats, le Belvedere pour les filles et la Villa Nova pour les garçons, ainsi que de nombreuses écoles et églises.

Même si la bulle émise à l'occasion de la consécration de Power en 1870 exprimait l'intention du Saint-Siège de faire sous peu de Terre-Neuve une province ecclésiastique distincte, cette promesse ne se réalisa pas du vivant de l'évêque. St John's et Harbour Grace ne demeurèrent que des évêchés sous la surveillance immédiate de Rome. Les titulaires de ces deux sièges épiscopaux, sans être des suffragants de Québec ou de Halifax, devaient cependant assister aux synodes de l'archidiocèse de Halifax, obligation dont ils tenaient peu compte. En 1870, pendant que Power était en fonction, on établit deux préfectures apostoliques : celles de St George's et de Placentia. Cette dernière, confiée à l'évêque de St John's, fut abolie en 1891, tandis que la préfecture de St George's se vit élever au rang de vicariat apostolique l'année suivante, lorsqu'on nomma évêque titulaire le préfet en poste à cet endroit, Michael Francis Howley*.

En 1893, l'année de son décès, Thomas Joseph Power accueillit Thomas Brennan à titre d'évêque auxiliaire. Premier évêque du diocèse de Dallas, au Texas, cet homme courtois avait été renvoyé à cause de sa mauvaise administration financière. Les membres du clergé local, au courant des raisons du renvoi de Brennan de Dallas, s'assurèrent qu'il ne succéderait pas à Power en envoyant une note de protestation à Rome. Après la mort de Power, survenue à la suite de complications reliées à une grave bronchite, le siège épiscopal de St John's demeura vacant pendant un an. On nomma son successeur immédiatement après la désastreuse faillite bancaire et le quasi-effondrement de l'économie de Terre-Neuve en 1894 ; c'est Howley, ancien secrétaire de Power pendant un certain temps, que l'on désigna à ce poste ; il devenait ainsi le premier évêque natif de l'île. Sous sa direction, le diocèse deviendrait finalement en 1904 un siège archiépiscopal, et Terre-Neuve une province ecclésiastique indépendante.

HANS ROLLMANN

Les sources qui nous renseignent sur la vie et la pensée de homas Joseph Power comprennent son journal de 1877–1878 (surtout le « Memoranda » autobiographique qu'il rédigea le 22 nov. et le 1er déc. 1877), sa lettre pastorale du 10 juill. 1871, et ses épîtres du Carême de 1881 et 1893, qui se trouvent dans ses papiers aux Arch. of the Archdiocese of St John's. Parmi sa correspondance, les lettres suivantes et autres documents méritent une mention spéciale : Cyrus Field à Power, 30 mai 1873 ; Power à Glover, 22, 24 janv., 16 févr. 1878 ; Glover à Power, 23 janv. 1878 ; S. J. Hill à Power, 7 mai 1883 ; Frank Evans à Power, 10 août 1887, tous dans les papiers de Power aux archives de l'archevêché ; et, aux PANL, GN 1/3/A, Power à Glover, 10 janv. 1874 ; Glover, notes d'entrevue avec Power, 26 janv. 1878 ; et GN 1/3/A, 1878, file 19, 15 févr. 1878. Les relations de Power et du cardinal Paul Cullen sont traitées dans *Paul Cullen and his contemporaries : with their letters from 1820–1902,* Peadar MacSuibhne, édit. (5 vol., Naas, république d'Irlande, 1961–1977), 3 : 160–161 ; 4 : 160 ; 5 : 100, 111–112, 116.

Une compilation publiée par la Congregatione de Propaganda Fide de documents concernant l'Église catholique de Terre-Neuve, *Nota di archivio : sul reggime ecclesiastico dell'isola di Terra Nova* (Rome, 1870 ; copie disponible aux Arch. of the Archdiocese of St John's), présente le contexte administratif de l'épiscopat de Power. Parmi les articles de journaux contemporains le concernant, notons : *Newfoundland Colonist* (St John's), déc. 1887 ; et *Newfoundlander,* 9 sept. 1870, 31 mars 1871, 9 déc. 1873, 2 avril 1876 ; des notices nécrologiques figurent dans l'*Evening Telegram* (St John's), 4–6, 8 déc. 1893, et dans le *Times and General Commercial Gazette* (St John's), 6, 9 déc. 1893.

Il existe peu d'études sur Power. La seule appréciation générale digne de mention est celle de J. G. Higgins, « Right Reverend T. J. Power, D.D., bishop of St. John's, 1870–1893 », dans *The Basilica-Cathedral of St. John the Baptist, St. John's, Newfoundland, 1855–1980,* J. F. Wallis *et al.,* édit. (St John's, 1980), 125–132. On trouve une courte entrée dans *Canadian R.C. bishops, 1658–1979,* André Chapeau *et al.,* compil. (Ottawa, 1980). L'influence des Frères chrétiens d'Irlande, des Sisters of the Presentation of the Blessed Virgin Mary et des Sisters of Mercy sur l'enseignement à Terre-Neuve fait l'objet d'une étude de M. P. Penney, « A study of the contributions of three religious congregations to the growth of education in the province of Newfoundland » (thèse de PH.D., Boston College, 1980). Le lien de Power avec la Benevolent Irish Society est traité dans *Centenary volume, Benevolent Irish Society of St. John's, Newfoundland, 1806–1906* (Cork, république d'Irlande, [1906]), 127–166. [H. R.]

PRENDERGAST, JAMES LUKE, marchand, homme politique, fonctionnaire et juge de paix, né le 7 avril 1800 à Harbour Grace, Terre-Neuve, fils de James Prendergast ; le 1er février 1825, il épousa Margaret Bransfield, et ils eurent plusieurs enfants ; décédé au même endroit le 13 mai 1895.

Malgré ses origines modestes, James Luke Prendergast exploitait en 1840 un commerce dans sa localité et participait aux activités d'organismes religieux et philanthropiques. Cette année-là commença sa carrière politique, lorsqu'il disputa une élection partielle organisée à la suite du décès de l'un des députés de sa circonscription, Conception Bay.

À cette époque, la vie politique à Terre-Neuve était dominée par d'âpres tensions religieuses et ethniques engendrées par les tentatives du parti libéral, qui représentait surtout les catholiques irlandais et les partisans de réformes, pour arracher le pouvoir à l'indélogeable parti conservateur, principalement formé de protestants. Prendergast, de religion catholique, se porta candidat libéral indépendant contre le candidat libéral officiel, Edmund Hanrahan*. Étant donné que les conservateurs soutenaient Prendergast, et que le clergé catholique et la direction du parti libéral faisaient de même pour Hanrahan, la campagne prit un tour violent. Pour mettre fin aux rapports d'incendies criminels, de coups de feu et d'intimidation systématique des électeurs, le gouverneur Henry Prescott* envoya un détachement de soldats dans le district et annula l'élection. Cette débâcle contribua dans une large mesure à l'abolition, l'année suivante, du gouvernement représentatif [V. sir John Harvey*].

Dès 1842, cependant, Prendergast était réconcilié avec les libéraux orthodoxes. Aux élections générales de décembre, il acquit pour le parti l'un des sièges de Conception Bay et fut réélu six ans plus tard. Se dissociant peu à peu du vote de ses collègues de la chambre d'Assemblée, il se présenta encore une fois en 1852 à titre de libéral indépendant, mais fut défait.

Des brouilles périodiques avec les libéraux et des campagnes électorales tumultueuses continuèrent de marquer la carrière politique de Prendergast. Il siégea encore une fois, de 1855 à 1859, en qualité de député libéral de Harbour Grace. Durant ce mandat, il fut surintendant des pêches par intérim et, avec Michael John Kelly*, présenta des rapports à la chambre d'Assemblée. Prendergast fut réélu en novembre 1859, après que son adversaire, Robert Walsh, eut retiré sa candidature le jour des élections. Cependant, une commission d'enquête de l'Assemblée découvrit qu'on avait harcelé et menacé Walsh pour qu'il se retire. En réponse à ces conclusions, l'Assemblée déclara le siège vacant et annonça la tenue d'une élection partielle en novembre 1860. Prendergast l'emporta alors sans opposition, mais ses ennemis l'accusèrent encore une fois d'utiliser des « tactiques de voyou » pour intimider les électeurs et les candidats du parti opposé. Les élections générales de mai 1861 furent ternies dans plusieurs circonscriptions par de violents affrontements entre partisans libéraux et conservateurs. Dans Harbour Grace, les tensions furent telles que les magistrats stipendiaires refusèrent d'ouvrir les bureaux de scrutin. Au moment de l'élection partielle de novembre destinée à combler ce siège, le gouverneur, sir Alexander Bannerman*, avait dû déployer un effectif militaire imposant dans la circonscription pour assurer un vote paisible. Prendergast fut cette fois battu à plate couture et connut le même sort quatre ans plus tard. Sa carrière politique prit fin lorsqu'il se présenta comme candidat opposé à la Confédération aux élections générales de 1869 et qu'il subit un autre échec [V. sir Frederic Bowker Terrington CARTER].

Nommé shérif de Harbour Grace peu après sa dernière défaite, James Luke Prendergast remplirait plus tard la fonction de juge de paix pour cette collectivité, poste qu'il occuperait encore devenu octogénaire.

GEOFFREY E. BUDDEN

Cathedral of the Immaculate Conception (Harbour Grace, T.-N.), Reg. of baptisms, marriages, and burials, 1825 (mfm aux PANL). — MHA, Prendergast name file. — *DBC*, 11 (biog. de M. J. Kelly). — *Encyclopedia of Nfld.* (Smallwood *et al.*), 1 : 683–690. — *When was that ? A chronological dictionary of important events in Newfoundland down to and including the year 1922* [...], H. M. Mosdell, compil. (St John's, 1923 ; réimpr., 1974). — Gunn, *Political hist. of Nfld.*, 70–71, 163.

PRÉVOST, OSCAR (baptisé **Amable-Oscar-Alexandre**), avocat et officier de milice, né le 9 mai 1845 à Montréal, fils d'Amable Prévost et de Rosalie-Victoire Bernard ; le 25 mai 1874, il épousa à Québec Louise-Élizabeth Juchereau Duchesnay, fille majeure d'Édouard-Louis-Antoine-Charles Juchereau Duchesnay, adjudant général adjoint de la milice du Bas-Canada et homme politique, et ils eurent six enfants ; décédé le 16 septembre 1895 au même endroit.

Fils d'un marchand à l'aise, peut-être riche, Oscar Prévost fit ses études classiques chez les jésuites, au collège Sainte-Marie, à Montréal, puis il entreprit l'étude du droit. Après son stage de clerc dans le cabinet de George-Étienne Cartier*, on l'admit au barreau le 30 octobre 1866. Il pratiqua ensuite sa profession en société avec Joseph-Adolphe CHAPLEAU mais, en 1870, son intérêt pour la vie militaire l'amena à réorienter sa carrière. Déjà, en 1866, il avait joint le 4e bataillon (Chasseurs canadiens) avec le grade de lieutenant et servi le long de la frontière, à cause de l'agitation fénienne [V. John O'Neill*]. Promu capitaine en 1869, il joignit l'année suivante le 8th Battalion of Rifles (Stadacona Rifles) et participa à l'expédition chargée de ramener la paix dans la colonie de la Rivière-Rouge (Manitoba) [V. Garnet Joseph Wolseley*]. Il demeura en poste à cet endroit jusqu'en 1872. Affecté ensuite à la batterie d'artillerie stationnée à Québec, il en fut l'adjudant du mois d'août 1873 au mois de février 1880. Promu major le 10 juillet 1879, il obtint le grade de lieutenant-colonel le 26 novembre 1894.

En décembre 1879, le gouvernement fédéral avait pris la décision d'implanter une cartoucherie à Québec, parce que la milice dépendait de l'Angleterre pour son approvisionnement en cartouches pour la carabine Snider-Enfield et que la compagnie de poudre de Hamilton, en Ontario, avait refusé d'en entreprendre la fabrication. On choisit d'établir l'usine à Québec même : elle y serait bien protégée, cette ville jouissait de très bonnes facilités de communication, elle était plus éloignée de la frontière américaine que Kingston, en Ontario, et le parc de l'Artillerie, où logeaient les troupes britanniques avant leur retrait d'Amérique du Nord en 1871, pourrait l'accueillir, sans qu'il soit nécessaire de construire de toutes pièces de nouveaux bâtiments.

Chargé d'ouvrir la cartoucherie, le major Prévost reçut mission de se rendre au Royal Arsenal de Woolwich (Londres), au printemps de 1880, afin de s'initier à la fabrication des cartouches. Il en profita pour acheter la machinerie nécessaire chez Greenwood and Batley, de Leeds. De retour à Québec le 21 avril 1881, il eut, à titre de surintendant de la cartoucherie, à résoudre toutes sortes de difficultés techniques avant même que l'équipement ne soit prêt à fonctionner. Finalement, la production put commencer à l'automne de 1882. Cette année-là, Prévost entreprit aussi la rénovation des bâtiments destinés à accueillir le laboratoire aux Cove Fields (aujourd'hui les plaines d'Abraham). C'est à cet endroit que l'on devait effectuer les opérations de remplissage et d'assemblage des cartouches en raison des dangers d'explosion qu'elles présentaient. Il fallut aussi choisir un endroit propice aux essais de tir destinés à vérifier la qualité des cartouches.

Durant les 14 années qu'il passa à la tête de la cartoucherie de Québec, Prévost dut s'occuper de toutes les facettes de l'entreprise. Ainsi il veilla à l'administration avec un personnel réduit à sa plus simple expression. Il dut se soucier aussi de la conservation de bâtiments construits pour d'autres fins, bien des années auparavant. L'approvisionnement de la cartoucherie en équipement et en matières premières, en poudre surtout, lui causa des difficultés sérieuses à certains moments. En 1884, par exemple, il s'écoula huit mois avant qu'il ne reçoive livraison de la commande passée à Woolwich. À cause des dangers d'explosion, les transporteurs maritimes se montrèrent aussi très réticents à acheminer au Canada et à décharger dans le port de Québec les fulminates nécessaires à la fabrication des cartouches. Prévost dut même en faire produire au Canada.

La fabrication des cartouches constituait évidemment la responsabilité fondamentale de Prévost. Or, il s'agissait d'un travail « difficile et compliqué », qui comportait plus de 50 opérations diverses, surtout de nature mécanique, et qui, en plus d'être délicat, exigeait une poudre de qualité, exempte d'humidité. Pas étonnant qu'il y ait eu parfois des critiques, notamment pendant les troubles du Nord-Ouest en 1885 [V. Louis Riel*], au moment où la production dut augmenter : plus de 1,5 million de cartouches en deux mois, soit 450 000 de plus que pour toute l'année précédente, avec 150 travailleurs, soit une centaine de plus qu'aux temps forts antérieurs. Une commission d'enquête, instituée à la demande de Prévost, mit en cause la qualité de la poudre utilisée et non celle du travail exécuté à la cartoucherie. Un autre comité était déjà arrivé à la même conclusion quelques années auparavant. Prévost eut d'ailleurs toujours le souci d'améliorer et de perfectionner l'équipement dont il se servait, comme en témoignent ses rapports annuels ainsi que ses propres inventions, tels la machine à clavette et le chargeur à cartouches. Son labeur lui valut en définitive plus d'éloges que de reproches.

Sous la direction de Prévost, la production de la cartoucherie évolua au fil des années. Un développement important eut lieu en 1887 avec l'addition d'une fonderie qui permit d'entreprendre la fabrication de quatre différents obus : le projectile plein et le projectile à billes, soit de 9 livres ou de 64 livres. En 1891, trois ans après que Prévost eut voulu qu'on s'y prépare, on entreprit la fabrication de la cartouche destinée au fusil Martini-Metford. L'année suivante, on commença à faire les changements nécessaires pour la fabrication de la cartouche .303 pouce, laquelle devint en 1895 – la dernière année où Prévost serait à la tête de la cartoucherie – le principal objet de fabrication de l'usine, puisque l'on avait abandonné la production de la cartouche Snider l'année précédente.

C'est à Oscar Prévost que revient le mérite d'avoir mis sur pied la cartoucherie de Québec et d'avoir assuré la poursuite de son exploitation pendant près de 15 ans. L'établissement lui survécut et fournit du travail à des milliers de citoyens de la ville et de la banlieue de Québec jusqu'à sa fermeture, en 1964. L'arsenal de Valcartier, terminé en 1939, prit dès lors en charge toute la fabrication des munitions dans la région de Québec.

JEAN-PIERRE GAGNON

AN, RG 9, II, A1. — Canada, chambre des Communes, *Débats,* 1882–1895 ; Parl., *Doc. de la session,* 1880–1895 (rapports annuels du dép. de la Milice et de la Défense). — *Cyclopædia of Canadian biog.* (Rose et Charlesworth), 2 : 612. — P.-G. Roy, *la Famille Juchereau Duchesnay* (Lévis, Québec, 1903), 309–314. — *L'Arsenal de Québec, 1880–1945* (Québec, 1947). — *Les Travailleurs de l'Arsenal de Québec, 1879–1964* (Ottawa, 1980).

PRICE, EVAN JOHN, homme d'affaires et homme politique, né le 8 mai 1840 à Québec, quatrième fils de William Price* et de Jane Stewart ; décédé célibataire le 31 août 1899 au même endroit.

À l'époque où Evan John Price naquit, sa famille était confortablement établie dans son domaine de Wolfesfield, situé à l'endroit même où James Wolfe* et ses soldats s'étaient présentés pour la bataille des plaines d'Abraham le matin du 13 septembre 1759. William Price, toujours rattaché à son pays d'origine par des liens familiaux très étroits, envoya ses fils parfaire leur éducation en Angleterre. En 1853, après un court séjour chez Kenneth Dowie, ancien associé de William Price et de Peter McGill*, on inscrivit le jeune Evan John dans une école privée de Brighton, en Angleterre. En novembre 1855, le directeur de cette école, C. J. Langtry, faisait état du « manque d'application et [des] habitudes déplorables de Johnny », qui semble avoir quitté cet établissement dès Noël de cette année-là. Encore en Angleterre trois ans plus tard, il écrivit à sa sœur Mary qu'il ne désirait pas aller à Oxford poursuivre ses études. Ne connaissant ni les classiques ni le grec, il préférait orienter sa carrière vers l'agriculture ou le commerce.

Néanmoins Evan John ne semble pas s'être intéressé au commerce du bois aussi précocement que l'aîné de ses frères, David Edward. Celui-ci entra dès décembre 1844, à l'âge de 18 ans, chez James Dowie et Nathaniel Gould, associés de son père à Londres, pour ensuite revenir au Canada en 1847 et prendre place dans l'entreprise paternelle. Cependant, la compagnie, qui s'était beaucoup développée surtout depuis 1838 et notamment le long du Saguenay [V. Peter McLeod* ; William Price ; Alexis Tremblay*, dit Picoté], faisait face à de sérieux ennuis financiers. Acharné, William surmonta les difficultés et, en 1855, il fondait la William Price and Son. William Evan Price*, qui résidait à Chicoutimi, au cœur de l'empire de Price au Saguenay, assuma avec son père la direction de la société, tandis que David Edward se fit élire député. Deux autres frères, Henry Ferrier et Lewis Albert, firent affaire dans l'élevage au Chili avec leur oncle Richard Price. Le troisième en âge des frères, Richard, fit carrière dans l'armée britannique et mourut, jeune encore, à Gibraltar. Edward George Price resta en Angleterre après ses études et ouvrit en 1866 la maison commerciale Price and Pierce, engagée dans le commerce du bois à Londres.

Evan John, dès son retour d'Angleterre vers 1861, prit lui aussi place à la tête de l'entreprise familiale et s'installa à Québec. Toutefois, il ne semble pas s'être beaucoup occupé de la compagnie au début, mais il consacra plutôt son énergie à des explorations minières. Seul ou en association avec William Rhodes, Thomas Sheppard Barwis et Robert Lomas, il possédait des terres utilisées à cette fin dans les comtés de Wolfe et de Mégantic. En 1864, ils exploitèrent ensemble une mine, probablement de cuivre, dans le canton d'Inverness, près de l'endroit appelé Saint-Ferdinand-d'Halifax.

En janvier 1867, deux mois avant le décès de son fondateur, la William Price and Son fut dissoute. Tout l'actif de la compagnie fut vendu pour la somme de 5s à la Price Brothers and Company, composée des frères David Edward, William Evan et Evan John Price. William Evan continua de s'occuper des affaires de la compagnie jusqu'à ce qu'il meure en 1880, puis David Edward prit la relève. À la mort de ce dernier trois ans plus tard, Evan John hérita de la compagnie et en assuma la direction. Un proche de la famille, Walter John Ray, nota dans ses mémoires que « D. E. P. mourut en août 1883 laissant E. J. P. seul associé survivant des trois frères – tous célibataires – qui formaient la firme Price Brothers & Co. à poursuivre de droit divin une entreprise dont il ignorait presque tout ». En 1885, William Price* – qui allait devenir sir William –, le neveu d'Evan John, entra au service de la compagnie et, 14 ans plus tard, il héritait de la direction.

De sa résidence de Québec, Evan John participa à l'administration de la Compagnie des steamers de Québec et de la Compagnie du chemin de fer de Québec, Montmorency et Charlevoix. Il fut aussi vice-président de la Banque Union du Canada et président de la A. Gravel Lumber Company. Au début des années 1880, avec un autre capitaliste de Québec, Timothy Hibbard DUNN, il investit des sommes importantes dans des prêts hypothécaires consentis au lieutenant-gouverneur du Manitoba Joseph-Édouard Cauchon*. Par suite de la faillite de ce dernier, Price devint avec Dunn l'un des plus importants propriétaires immobiliers de Winnipeg. D'allégeance conservatrice comme ses frères David Edward et William Evan, il fut nommé au Sénat le 1er décembre 1888 pour la division des Laurentides, la même qu'avait représentée David Edward de 1867 à 1883. Sénateur plutôt inactif, il n'occupa son siège « qu'à de rares intervalles » d'après *l'Événement* de Québec.

Evan John Price mourut le 31 août 1899 dans le domaine familial. La Price Brothers and Company passa aux mains de son neveu, avant de devenir une société ouverte en 1904, avec un capital de 2 millions de dollars, et d'être réorientée vers le secteur des pâtes et papiers pendant les premières années du XXe siècle.

JOHN KEYES

AC, Québec, État civil, Anglicans, Metropolitan Church, 9 juill. 1840 ; St Michael's Chapel (Sillery), 2 sept. 1899. — ANQ-Q, P-666. — Arch. de l'univ. Laval, 220. — *L'Événement,* 31 août 1899. — *Gazette* (Montréal), 1er sept. 1899. — *Montreal Daily Star,* 31 août 1899. — *Quebec Mercury,* 31 août 1899. — *Le Soleil,* 31 août 1899. — *Canadian directory of parl.* (Johnson). — *Canadian men and women of the time* (Morgan ; 1898), 833–834. — J. Desjardins, *Guide parl.*, 71, 170, 251. — *Political appointments and judicial bench* (N.-O. Côté), 171. — *Répertoire des ministères canadiens.* — Louise Dechêne, « William Price, 1810–1850 » (thèse de licence, univ. Laval, 1964). — John Keyes, « The Dunn family business, 1850–1914 : the trade in square timber at Quebec » (thèse de PH.D., univ. Laval, 1987). — *The storied province of Quebec ; past and present,* William Wood *et al.*, édit. (5 vol., Toronto, 1931–1932), 4. — Victor Tremblay, *Histoire du Saguenay depuis les origines jusqu'à 1870* (Chicoutimi, Québec, 1968). — Louise Dechêne, « les Entreprises de William Price, 1810–1850 », *Histoire sociale* (Ottawa), n° 1 (avril 1968) : 16–52.

PRINGLE, WILLIAM ALLEN, instituteur, fermier, apiculteur, libre penseur et pamphlétaire, né le 1er avril 1841 dans le canton de Richmond, Haut-Canada, second fils de Lockwood Pringle et de Sarah McNeill (McNeal) ; en 1869, il épousa Grace Agnes Pratt (décédée en 1872), puis le 2 juillet 1873 Emma Grace McLeod, et ils eurent une fille, Grace ; décédé le 22 juillet 1896 à Selby, Ontario.

William Allen Pringle (qui ne porta jamais que son second prénom) venait d'une famille réputée ; ses ancêtres, loyalistes, avaient servi dans les King's Rangers avant de s'établir dans le Haut-Canada, près de Cataraqui (Kingston). Lockwood Pringle, comme bon nombre de ses aïeux, était fermier mais travaillait aussi pour l'Église ; autorisé à prêcher, il exerça cette fonction durant les années 1860 dans la région de Selby à titre de laïque méthodiste. Les Pringle s'intéressaient vivement à l'éducation, et Allen fréquenta l'école publique jusqu'à ce qu'il se qualifie comme instituteur à l'âge de 15 ans ; il exerça ce métier durant cinq ans. La tradition familiale rapporte que vers 1865 il se rendit à Hamilton où il entreprit des études de médecine, mais il ne les termina jamais. C'est dans cette ville qu'il fit la connaissance de celle qui allait devenir sa première femme, Grace Agnes Pratt, et qu'il se maria. Peut-être est-ce là aussi qu'il entra en contact avec les idées et les convictions qui allaient l'éloigner du méthodisme de son père et l'amener à entrer dans le mouvement de la libre pensée, auquel il allait consacrer une bonne partie de sa vie d'adulte.

En 1868, pendant qu'il vivait encore à Hamilton, Pringle acheta un bout de terre sur la bordure est de Selby, mais trois ans plus tard il était à la tête de la ferme paternelle, dans le canton de Richmond, du côté ouest du village. Il cultiverait cette propriété durant 25 ans. Quoique son exploitation ait été diversifiée, il était connu surtout en qualité d'apiculteur. Dès 1871, il militait au Richmond Farmers' Club, dont il était secrétaire, et il participa par la suite à la fondation de la Bee-Keepers' Association of Ontario. En 1893, il dirigea la section d'apiculture de l'Ontario à l'Exposition universelle de Chicago.

Quand, en 1885, David Allanson Jones* lança le *Canadian Bee Journal* à Beeton, en Ontario, Pringle en devint un correspondant assidu. Dans ce journal agricole, comme dans d'autres, il fit la démonstration de ses vastes connaissances pratiques en matière d'apiculture ; il y abordait différents sujets, tels les ruches, les essaims, les hausses, les reines, les ouvrières, les faux bourdons ainsi que les marchés. Il se servait à l'occasion de la tribune que lui offraient ces journaux pour propager sa foi en la théorie évolutionniste de Charles Darwin, « le plus grand de tous les naturalistes morts ou vivants que le monde ait jamais produit ». Tant dans ses écrits qu'à titre de président de la Bee-Keepers' Association of Ontario, où il remplit deux mandats successifs (1890 et 1891), il fit, avec succès, une vigoureuse campagne pour faire adopter une loi afin d'enrayer la propagation de la loque qui menaçait les ruchers de l'Ontario. Pringle avait un tempérament de polémiste, et ses écrits lui valurent souvent des répliques cinglantes. Quand il émit l'opinion, fort répandue au XIXe siècle, que « l'homme a ses aptitudes ; la femme a les siennes », une certaine Maud Morris rétorqua que c'étaient là les vues d'un « phrénologue de troisième ordre ». Pour Pringle, l'apiculture et la controverse allaient de pair, et il écrivait : « On dit proverbialement que les apiculteurs sont pour la plupart des enthousiastes, et l'enthousiasme pour presque n'importe quel sujet mène à l'extrémisme de la pensée et de la spéculation comme un canard se dirige tout naturellement vers l'étang. »

La participation de Pringle aux associations et aux politiques agricoles s'intensifia dans les années 1890, soit au moment où, sous l'impulsion des Patrons of Industry [V. Caleb Alvord Mallory*], bon nombre de fermiers entraient en politique active. Dans la controverse à propos du rôle qu'ils devaient jouer en politique, Pringle penchait plutôt en faveur de ceux qui en étaient venus à douter que les libéraux et les conservateurs veuillent représenter fidèlement leurs intérêts. Les fermiers, affirmait-il, devaient voter pour des fermiers et, sans être membre des Patrons of Industry, il défendait ce regroupement contre ceux qui prétendaient que les agriculteurs n'avaient pas besoin d'une représentation directe. « Quelles que soient les erreurs que les Patrons ont pu commettre, écrivait-il le 1er mars 1895 dans le *Napanee Express,* et quelles que soient les erreurs de certains de leurs publicistes et porte-parole [...] leur programme est, dans l'ensemble, très bon, tout comme leurs objectifs, [qui sont de] combattre l'oppression et la corruption du gouvernement. » Sa rhétorique était celle du radicalisme agrarien et urbain de la fin du XIXe siècle, car l'ennemi, pour lui, c'étaient « les monopoles, les cartels, les trafiqueurs, les protectionnistes ». Ces vues l'amenèrent, pendant la campagne électorale fédérale de 1896, à presser les électeurs de Lennox de rejeter sir Charles Tupper* et les conservateurs en faveur du candidat des libéraux et des Patrons of Industry, Edmund Switzer. « Vous savez, insistait-il, que je ne suis pas un politicailleur ni un manipulateur. Vous savez que je n'ai jamais cherché à me placer les pieds – que je ne prêche pas pour ma paroisse – que je n'ai aucun intérêt personnel particulier à vous tromper – que mon intérêt de producteur, de travailleur, de citoyen est [identique à] vos intérêts. » Comme il mourut avant le dépouillement du scrutin, il n'assista pas à la débâcle politique des Patrons et ne put, non plus, célébrer la victoire des libéraux de Wilfrid Laurier*.

Que Pringle ait terminé sa carrière en appuyant le mouvement politique des Patrons of Industry était passablement logique car, toute sa vie, il avait soutenu des idées non conventionnelles, voire radicales. Cependant, son anticonformisme se manifestait bien plus en matière de religion que de politique. C'était une espèce de philosophe de village qui, à compter des années 1870, et durant près de 20 ans, contribua de manière décisive à répandre les idées du mouvement de la libre pensée. Il joua son rôle avec entrain, pugnacité et une acuité intellectuelle remarquable. En 1875, Thomas Phillips Thompson*, journaliste radical de Toronto, écrivait que Pringle était « fermier de son métier [mais qu'il avait] plutôt l'allure d'un membre des professions libérales ou d'un homme d'affaires ». Il le décrivait ainsi : « C'est un homme grand, droit, beau [...] de belle prestance [qui] a l'air d'un intellectuel. Il a des manières franches et ouvertes. »

Il est difficile de retracer dans le détail les origines et les activités du mouvement canadien de la libre pensée. On sait cependant que les Canadiens anglais, comme leurs contemporains britanniques et américains, furent influencés et perturbés par les nouvelles thèses scientifiques de Darwin et par la réévaluation de l'autorité de la Bible que la critique des sources entraînait. « Pour répondre à l'épineuse question de l'origine de l'homme sur la terre, écrivait Pringle dans le *Napanee Express* en 1877, il y a la solution scientifique et l'explication théologique, deux théories aussi éloignées l'une de l'autre que possible. » Cet énoncé définissait la controverse, et nombre de ceux qui penchaient pour « la solution scientifique » adoptèrent une forme ou une autre d'hétérodoxie religieuse – par exemple, le spiritualisme, la théosophie, le christianisme libéral ou l'humanisme laïque. La libre pensée (ou rationalisme) fut l'une des réactions importantes à ce que l'on appelle communément la « crise victorienne de la foi ».

Fondée en 1873, la Toronto Free Thought Association fut l'un des premiers regroupements de rationalistes, et le noyau de la Canadian Secular Union, formée quatre ans plus tard pour réunir les rationalistes des diverses régions du pays. Parmi les premiers membres de l'organisme, on trouvait des réformateurs du travail, tels Alfred F. Jury* et Thomas Phillips Thompson, à Toronto, ainsi que Robert Chamblet Adams, leader du Pioneer Free Thought Club de Montréal. En 1888, parut pour la première fois, à Toronto, le magazine *Secular Thought,* dont le rédacteur en chef était Charles Watts. Fraîchement arrivé au pays, il avait été associé au célèbre agnostique anglais Charles Bradlaugh. Quand il retourna en Angleterre, en 1891, l'imprimeur et éditeur torontois James Spencer Ellis lui succéda ; il occuperait le poste de rédacteur en chef jusqu'à ce que la publication disparaisse, à la veille de la Première Guerre mondiale. Comme beaucoup d'autres organisations canadiennes-anglaises de la fin du XIXe siècle – instituts d'artisans, sociétés de tempérance, clubs en faveur de l'impôt unique ou clubs inspirés par Edward Bellamy – les sociétés rationalistes faisaient à la fois de l'éducation et de l'agitation. Leurs réunions régulières apportaient une nourriture intellectuelle et sociale aux gens du peuple qui cherchaient à se perfectionner et, peut-être, à se faire connaître. Les membres de ces groupes étaient rarement des représentants identifiables des élites cultivées. C'étaient même ces élites, celles des Églises et des universités, ou celles de mouvements comme l'Imperial Federation League, qui étaient la cible du radicalisme (religieux et politique) de bon nombre de ces organisations.

Comme son nom l'indique, le mouvement de la libre pensée se composait de gens qui estimaient que la science avait réduit à néant les prétentions de la religion et que seule la raison pouvait expliquer la vie et fournir les moyens de faire progresser la société. La plus immédiate des conséquences pratiques de cette conviction était la séparation entre l'Église et l'État, et le fait que des principes laïques devaient guider la vie civile. Ces principes pouvaient se résumer en un humanisme selon lequel toutes les religions, de par leurs prétentions surnaturelles, étaient égales – voire également fausses. On devait maintenir les codes d'éthique communs à la plupart des religions, mais sur la base de justifications scientifiques plutôt que surnaturelles. On réalisait son salut ici-bas, non après la mort, et par des œuvres, non par la foi. *The pithy creed of rationalism,* composé par Adams, résume fort bien cette pensée :

> Jehovah est au même rang que Jupiter
> La Bible est de la littérature hébraïque
> Confucius, Jésus, tous deux étaient des hommes
> Il y a un avenir au delà de notre vue.
> N'attendez pas de miracle
> Cherchez de chaque effet la cause naturelle.
> De l'homme sont issus tous les dieux et les credos
> N'attendez le salut que de vos actes.

Sous bien des rapports, Pringle était le représentant typique des autodidactes qui formaient le cœur du mouvement rationaliste. Le fait que son champ d'action ait été une petite localité n'était pas non plus tellement inhabituel. Disséminés dans le sud de l'Ontario et du Québec, les groupes de libres penseurs comptaient des partisans dans les petites villes comme dans les grandes. Comme d'autres groupes, ils diffusaient leurs doctrines par des journaux, des débats publics, des assemblées en plein air et autres manifestations qui, tels les congrès éducatifs de Chautauqua, dans l'état de New York, instruisaient tout en délassant. Le débat public au cours duquel Pringle se fit connaître donne une idée de la nature de la doctrine rationaliste et de son mode de diffusion.

À l'automne de 1874, Pringle et quelques-uns de ses associés invitèrent le célèbre conférencier libre penseur américain Benjamin Franklin Underwood à prononcer une série d'allocutions à l'hôtel de ville de Napanee. Underwood accepta, mais à l'annonce des thèmes de ses conférences – « Évolution versus création », entre autres – des gens exercèrent de fortes pressions sur le conseil municipal pour faire annuler l'autorisation de se servir de l'hôtel de ville. Ils eurent gain de cause, et Pringle dut trouver une autre salle, où un auditoire nombreux et enthousiaste, semble-t-il, alla entendre Underwood.

Pringle n'était pas disposé pour autant à laisser les choses ainsi, car selon lui (ce qui n'est guère surprenant) le conseil de Napanee, en revenant sur sa décision, avait rompu son contrat et porté atteinte aux libertés civiles. Il lui intenta donc une poursuite pour rupture de contrat qui se révéla à la fois coûteuse et décevante. En effet, le jugement que rendit finalement la Cour du banc de la reine de l'Ontario, en 1878, confirma les pires craintes des rationalistes. Le jugement affirmait qu'il n'y avait pas eu rupture de contrat puisque le groupe de Pringle avait eu l'intention de se servir de la salle à des fins illicites, soit attaquer le christianisme, qui faisait partie des lois du Canada. Comme Underwood avait pu prendre la parole ailleurs, faisait valoir le juge, la liberté d'expression n'avait pas été brimée. Cette décision ne fit que convaincre Pringle qu'il fallait intensifier la lutte en faveur d'une société laïque.

Pringle n'avait d'ailleurs pas attendu le jugement pour continuer sa campagne. En juillet 1875, Underwood retourna à Napanee pour quatre soirées consécutives de débat avec le révérend John Marples, ministre presbytérien de Bracebridge. Encore une fois, l'événement, où l'on discuta du darwinisme et de la création, de la raison et de la révélation, de l'humanité et de la divinité de Jésus, attira une foule de partisans des deux camps. Ce fut la cause du révérend qui fut le plus acclamée, mais les rationalistes ne se tirèrent sûrement pas mal d'affaire.

La joute se poursuivit à Toronto où, en octobre, Underwood et Marples s'affrontèrent de nouveau. Encore une fois, les auditoires furent nombreux et expressifs ; cette fois, les débats étaient présidés par un éventail de pasteurs de tendance libérale parmi lesquels se trouvait le révérend Daniel James MACDONNELL, qu'on allait bientôt accuser d'hérésie à cause de ses positions sur la Confession de Westminster. D'autres événements suivirent la fructueuse visite d'Underwood. Celui dont on parla le plus fut, en

1880, la tournée du colonel Robert Green Ingersoll qui, en raison de son éloquence et de son sens du théâtre, était sûrement la vedette du mouvement américain de la libre pensée au XIXe siècle. Son passage à Toronto, où il donna des conférences devant des salles combles sur ses sujets habituels – « les Dieux », « Erreurs de Moïse » et « Pourquoi je suis agnostique », suscita un mouvement d'opposition. Selon Pringle, « de pieux évangélistes » se mirent en bordure des rues qui menaient à la Grand Opera House, où Ingersoll devait prendre la parole, afin de distribuer un « manifeste de propagande sur les Évangiles » intitulé « A warning against the fallacies of Ingersoll ». L'archevêque catholique John Joseph Lynch* interdit à ses diocésains d'assister aux réunions des libres penseurs et fit même appel à la force policière de Toronto pour tenter de retrouver les indociles. « La position du clergé est des plus inconfortables en ce moment », nota Goldwin Smith* dans son journal, le *Bystander*. En quittant Toronto, le colonel Ingersoll se rendit à Montréal, à Ottawa, à Belleville et à Napanee, où l'apiculteur le plus en vue de l'endroit, Pringle, dut sans doute l'accueillir chaleureusement.

Furieux, et probablement enchanté aussi, de l'offensive du clergé contre Ingersoll, Pringle se mit à rédiger une longue réplique, qui parut sous le titre de *Ingersoll in Canada* [...] et qui révélait tant ses talents de polémiste que sa vaste connaissance des écrits rationalistes, de l'argumentation théologique et de la science populaire. Son message était simple et direct : la science darwinienne avait miné les enseignements traditionnels de la théologie, ce qui privait le christianisme de toute prétention convaincante à la vérité. « Retirez-en cette théologie désuète, soulignait-il, et il ne reste plus, dans le christianisme, rien dont il vaille la peine de parler, car la moralité que contient le christianisme ne lui appartient pas de droit. Elle est païenne [...] Il n'y a dans la Bible aucun précepte moral qui n'ait été enseigné avant que ce livre ne soit écrit. » Pringle croyait non seulement avoir écrasé les chrétiens qui s'appuyaient sur la tradition biblique, mais avoir circonvenu les modernistes qui avaient commencé d'affirmer que l'éthique, et non la théologie, était l'essence du christianisme.

Comme le journal méthodiste *Christian Guardian* avait dénoncé *Ingersoll in Canada* et refusé de publier une réplique de Pringle, celui-ci poursuivit la lutte en écrivant *« Design » in nature* [...]. Cette fois, il s'attaquait à l'argument du théologien anglais William Paley selon lequel on pouvait déduire l'existence de Dieu de l'évidence d'un dessein dans la nature. Non pas, affirmait le darwinien de Selby : « À partir des organismes inférieurs – les monères, qui sont de simples grains protoplasmiques de mucus ou de limon – jusqu'à l'homme, l'ascension est si graduelle qu'elle est quasi imperceptible, ce qui exclut une fois pour toutes l'idée de *création spéciale* ou de *dessein.* » Selon lui, le naturalisme scientifique avait balayé toutes les formes de surnaturalisme.

Ces écrits démontrent avec quel zèle Pringle était prêt à défendre la cause rationaliste et combien il aimait les joutes intellectuelles, auxquelles il préférait se livrer par écrit, car il y était plus convaincant que sur les tribunes. En outre, ses brochures firent de lui l'un des chefs de file du mouvement canadien de la libre pensée. En 1882, il manifesta une connaissance étonnante de la controverse politique et religieuse qui régnait en Grande-Bretagne en publiant *The* Mail'*s theology* [...], où il défendait Bradlaugh contre l'attaque d'un journal torontois. Neuf ans plus tard, dans *Bibles and religions out versus in the public schools,* il argumenta avec force pour qu'on élimine l'enseignement religieux des écoles publiques. Enfin, en 1894, dans *True religion versus creeds and dogmas* [...], il démontra avec arguments à l'appui que le monde s'acheminait vers l'acceptation d'un credo humaniste supérieur à tous les dogmes religieux. Comme il l'écrivait (après avoir assisté en 1893 à l'Exposition universelle de Chicago, où il avait sans doute vu le Parlement des religions et son concurrent, le Congrès de l'évolution), les hommes pratiqueraient bientôt une « religion fondée sur des actes au lieu de souscrire à des credos ». En 1896, la Canadian Secular Union reconnut sa contribution à la cause de la libre pensée en l'élisant président. Il n'exerça cette fonction que peu de temps, car il mourut de pneumonie en juillet.

Jusque dans la mort, William Allen Pringle suscita la controverse. Le *Napanee Beaver* rapporta qu'après l'oraison funèbre, prononcée par James Spencer Ellis du *Secular Thought,* la chorale de l'église anglicane avait chanté *Nearer My God to Thee.* Cette déclaration amena le révérend Arthur Jarvis, *rector* de St Margaret, à nier publiquement, et avec force, que la chorale de son église avait chanté aux obsèques de cet « agnostique déclaré ». Qu'il fût redevenu limon ou monté en quelque paradis rationaliste, Pringle aurait sûrement été heureux de constater que sa mort, comme sa vie, avait causé un scandale dans la chrétienté canadienne.

RAMSAY COOK

William Allen Pringle est l'auteur de : *Ingersoll in Canada : a reply to Wendling, Archbishop Lynch,* Bystander, *and others* (Toronto, 1880 ; 2e éd., 1880) ; *« Design » in nature : replies to the* Christian Guardian *and* Christian Advocate (Toronto, 1881) ; *The* Mail'*s theology : being a reply to the Saturday sermons of the Toronto* Mail, *including a vindication of Chas. Bradlaugh, M.P., against the* Mail'*s aspersions* (Napanee, Ontario, 1882) ; et *Bibles and religions out versus in the public schools* (Toronto, 1891). Un débat auquel il a participé a été publié sous le titre de *True religion versus creeds and dogmas ; a discussion between two clergymen, a layman and Allen Pringle* (Toronto, 1894).

Enfin « The inauguration of Free Thought lectures in Canada in 1874 » a paru à titre posthume dans *Secular Thought* (Toronto), 34 (1908) : 33–36.

AN, MG 29, D61. — *Pringle* v. *Town of Napanee, Upper Canada Queen's Bench Reports* (Toronto), 43 (1878) : 285–306. — *Canadian Bee Journal* (Beeton, Ontario, etc.), 3 févr. 1886, 8 févr. 1888, 1er, 15 juin 1892. — *Christian Guardian,* 14 avril 1880, 16 mars 1881. — *Evening Telegram* (Toronto), 16 avril 1880. — *Napanee Beaver,* 22 mars 1895, 31 juill., 14 août 1896. — *Napanee Express,* 9 nov. 1877, 1er mars 1895, 22 mai, 19 juin 1896. — *National* (Toronto), 19 nov. 1874, 15, 22, 25, 29 juill., 7 oct. 1875. — *Toronto Daily Mail,* 18 mars 1881. — *Week,* 18, 25 déc. 1884. — R. C. Adams, *Pioneer pith ; the gist of lectures on rationalism* (New York, 1889). — Cook, *Regenerators.* — S. P. Putnam, *400 years of freethought* (New York, 1894).

PROVANCHER, LÉON, prêtre catholique, naturaliste, auteur, éditeur et rédacteur, né le 10 mars 1820 à Bécancour, Bas-Canada, fils de Joseph-Étienne Provancher et de Geneviève Hébert ; décédé le 23 mars 1892 à Cap-Rouge, Québec.

Le goût de Léon Provancher pour les sciences naturelles remonte à son enfance. Il est alors fortement impressionné par un mollusque fossilisé que découvrent des ouvriers en creusant un puits. Cet événement en apparence anodin éveille sa curiosité et son intérêt pour la nature. Très jeune, il apprend le nom d'un grand nombre de plantes et d'arbres. En 1834, grâce à une bourse d'études, il entre au séminaire de Nicolet, où il obtient presque chaque année le prix d'horticulture. À 20 ans, sa philosophie terminée, il commence sa théologie. En même temps, il enseigne la syntaxe, la méthode, les belles-lettres et la rhétorique. On l'ordonne prêtre le 12 septembre 1844 à Québec avec Jean LANGEVIN, Antoine RACINE et deux autres confrères.

Provancher est nommé vicaire dans son village natal, puis dans les paroisses Saint-Roch, à Québec, Saint-François (à Beauceville), Sainte-Marie, Saint-Gervais et Saint-Henri-de-Lauzon (Saint-Henri). En 1847, il va exercer son ministère à Grosse Île, auprès des malheureux Irlandais décimés par le typhus. L'année suivante, devenu curé de Saint-Victor, dans la Beauce, il reprend ses travaux en horticulture et tente de maîtriser l'art de la greffe des arbres et des arbustes. Nommé curé de Saint-Jean-Baptiste, à L'Isle-Verte, en 1852, il s'intéresse à la faune et à la flore du littoral et, plus particulièrement, aux mollusques.

En septembre 1854, Provancher devient curé de Saint-Joachim, où son esprit d'initiative l'amène à refaire les dépendances de la fabrique, à réparer le presbytère, à agrandir l'église et à y installer le chauffage, à construire le clocher, à renouveler les vêtements du culte et à mettre sur pied l'assurance des édifices paroissiaux. En quête de nouveaux revenus, il décide de vendre annuellement les bancs de l'église, y compris celui du seigneur, que détenait le séminaire de Québec ; ce dernier lui intente un procès, et Provancher se verra obligé de respecter les droits seigneuriaux.

Provancher n'en délaisse pas pour autant les sciences naturelles. En 1857, sous le pseudonyme d'Émilien Dupont, il publie *Essai sur les insectes et les maladies qui affectent le blé*. Il s'agit d'un texte présenté à un concours qu'avait lancé le gouvernement en 1856 dans le but de remédier aux problèmes que connaissait la culture des céréales dans le pays depuis l'arrivée de la mouche de Hesse au cours des années 1830. Provancher obtient le troisième prix. L'année suivante, il fait paraître *Traité élémentaire de botanique* [...], le premier ouvrage du genre au Canada ; longtemps utilisé dans les maisons d'enseignement, il cessera de l'être avec la parution à Québec en 1870 d'*Éléments de botanique et de physiologie végétale* [...] de Louis-Ovide Brunet* et, à Montréal en 1871, de *Cours élémentaire de botanique* [...] de Jean MOYEN. D'ailleurs, en 1861, Provancher fait la connaissance de Brunet, professeur de botanique à l'université Laval, et il herborise avec lui dans différentes régions du Bas et du Haut-Canada. Intrigué par les nombreux insectes qui parasitent les plantes de son jardin, Provancher s'initie à l'entomologie sous la direction de William Couper*. Il demande à Spencer Fullerton Baird, de la Smithsonian Institution à Washington, de lui faire connaître les ouvrages américains qui pourraient lui être les plus utiles dans cette science, et à l'entomologiste William Henry Edwards, de New York, de lui faire parvenir des épingles entomologiques.

La vivacité de Provancher, son fort caractère et son franc-parler en viennent à déplaire sérieusement aux prêtres du séminaire et aux paroissiens de Saint-Joachim. Après plusieurs réprimandes, l'archevêque de Québec l'affecte à la paroisse Notre-Dame-de-Portneuf en 1862. Provancher participe à l'érection civile de la paroisse, contribue à assainir les finances et à faire plusieurs réparations et améliorations à l'église. Il organise une fraternité du Tiers ordre franciscain et essaie vainement d'obtenir de l'archevêque la permission de fonder un couvent et un pensionnat pour jeunes filles. Dans le but de combattre l'alcoolisme, il crée une compagnie de navigation afin d'empêcher les caboteurs de livrer de l'alcool à Portneuf ; il fait construire par les paroissiens le *Portneuf,* qui sera désormais le seul bateau à vapeur à faire du cabotage entre Québec et la côte. Enfin, avec l'aide d'un neveu, il établit une pépinière d'arbres fruitiers qui sert de modèle aux cultivateurs.

Provancher consacre ses heures de loisir à l'entomologie. Il noue de solides contacts avec quelques Canadiens et plusieurs Américains renommés en ce domaine et engage même une correspondance fructueuse avec beaucoup d'entre eux. Souvent, il leur expédie des boîtes de spécimens d'insectes et leur demande de vérifier ses identifications et de résoudre pour lui les cas embarrassants. Lorsqu'il deviendra plus familier avec les groupes d'insectes qu'il affectionne le plus et que ses correspondants le considéreront comme un expert dans le domaine, il fera des échanges plus soutenus avec certains.

Au cours de l'été de 1862, Provancher fait paraître *le Verger canadien* [...] où transparaît sa grande maîtrise de l'horticulture. Édité à trois reprises, cet ouvrage contient toutes les informations utiles pour réussir la culture des fruits, des légumes et des fleurs dans le Bas-Canada. La même année, il obtient une aide financière du gouvernement, qui lui permet de publier *Flore canadienne* [...] en deux volumes. Provancher emprunte beaucoup aux auteurs américains. Le botaniste américain Asa Gray, qui reconnaît ses propres illustrations dans l'ouvrage, le critique sévèrement et va même jusqu'à ne pas le mentionner dans ses travaux. La plupart des botanistes professionnels feront de même, et *Flore canadienne* tombera dans l'oubli. Pendant plus de 70 ans toutefois, l'ouvrage de Provancher restera le vade-mecum des amateurs canadiens-français jusqu'à la parution à Montréal en 1931 de *Flore-manuel de la province de Québec* du père Louis-Marie [Louis Lalonde] et de *Flore laurentienne* du frère Marie-Victorin [Conrad Kirouac*] en 1935.

En 1868, Provancher estime que le temps est venu de publier en français une revue spécialement vouée à l'histoire naturelle. Il offre au public *le Naturaliste canadien,* où les savants vont pouvoir exposer leurs observations et leurs découvertes, et les amateurs s'initier à l'étude de la nature. Environ 400 personnes reçoivent le premier numéro du *Naturaliste canadien* en décembre 1868. Dès le début, Provancher exprime son intention de consacrer beaucoup d'espace à l'entomologie, mais sa revue lui sert aussi de tribune où exposer ses idées sur une foule d'autres sujets.

Entre-temps, le tempérament vif et tranchant de Provancher, ses procédés non conciliants et son impatience ont une fois de plus provoqué de sérieux différends avec ses paroissiens. À partir de 1866, fatigué du ministère paroissial, il essaie vainement de changer d'occupation. Il présente sa démission le 17 septembre 1869, suivant en cela les conseils de l'archevêque de Québec, et s'établit à Saint-Roch afin de se rapprocher des grandes bibliothèques et des naturalistes.

Vite ennuyé par la vie citadine, Provancher choisit de s'installer à Cap-Rouge en 1872. De mai 1875 à décembre 1876, il rédige la *Gazette des familles acadiennes et canadiennes,* fondée par l'abbé Nazaire Leclerc* en 1869. En 1888, il fonde *la Semaine religieuse de Québec,* destinée avant tout au clergé. Il fait de nombreux voyages au Canada, aux États-Unis, en Europe et en Terre sainte ; il organise même des pèlerinages à ce dernier endroit. Mais à Cap-Rouge c'est aux sciences naturelles qu'il va consacrer la presque totalité de son temps. Il troque définitivement la boîte à herboriser pour le filet de l'entomologiste. Sa maison devient très vite l'acropole du haut savoir en ce domaine et on vient chercher auprès de lui réponses et encouragements.

À partir de 1874, Provancher publie *Petite faune entomologique du Canada* [...], travail gigantesque qui démontre son courage, son enthousiasme et sa hardiesse incomparables. Il fait d'abord paraître le texte dans *le Naturaliste canadien* pour ensuite le corriger et l'augmenter. L'ouvrage comprend trois tomes et contient la description de toutes les espèces canadiennes d'insectes alors connues ainsi que des clés analytiques, très faciles à utiliser. *Petite faune* restera longtemps un ouvrage d'une valeur inestimable, sans égal au pays et qui se compare facilement à ceux des auteurs américains.

C'est surtout par ses études sur les hyménoptères que Provancher innove, excelle et fait avancer la science. En effet, il découvre et décrit plus de 1 000 espèces d'insectes de cet ordre, jusque-là inconnues, qu'il nomme bien souvent d'après les localités où elles ont été découvertes ou pour honorer ses amis. Sa contribution à l'étude de ce groupe d'insectes va lui assurer l'immortalité scientifique, puisque encore aujourd'hui le dixième des espèces d'hyménoptères connues au Canada ont été découvertes et décrites par lui.

Quelques-uns des contemporains de Provancher et plusieurs de ceux qui ont traité de son œuvre ont parfois mis en doute sa pensée scientifique. Les uns voient en lui un rival, d'autres une personne isolée, dépourvue de ressources et incapable de discuter des idées nouvelles qui surgissaient à cette époque. Sa volumineuse correspondance et la richesse de sa bibliothèque scientifique démontrent au contraire que Provancher suivait la pensée scientifique de son temps et, comme tous ses collègues, savait évoluer. Il devait bien connaître la nature du genre et de l'espèce des insectes qu'il a décrits, puisque l'ensemble des publications scientifiques récentes a retenu la validité de ses taxons dans une proportion aussi grande qu'elle ne l'a fait pour ses contemporains américains. La description qu'il faisait de ces nouvelles espèces est d'une qualité souvent supérieure à celle que l'on retrouve dans les ouvrages américains. Précises, suffisamment détaillées et longues, ses descriptions tiennent déjà compte de normes de nomenclature qui seront définies beaucoup plus tard.

Toutefois, Provancher n'a pu accepter les théories de Darwin sur l'origine des espèces et l'évolution des êtres vivants. À quelques reprises dans sa revue et dans ses conférences, il ne manque pas de démontrer l'absurdité des évolutionnistes et de louanger les merveilles de la création de Dieu. À cette époque, il n'est d'ailleurs pas le seul à réfuter ces théories nouvelles, puisque plusieurs de ses concitoyens, tel John William DAWSON, ainsi que de grands naturalistes allemands et français s'y opposent. On doit toutefois reconnaître à Provancher le mérite d'avoir lu sur le sujet et d'en avoir discuté publiquement par la suite, ce que très peu de ses contemporains canadiens ont fait.

Pendant son ministère, Provancher a l'occasion de constater les lacunes et les faiblesses culturelles de ses concitoyens. Ces observations s'ajoutent à celles qu'il avait faites au séminaire de Nicolet où la bibliothèque et l'enseignement étaient complètement dépourvus de contenu scientifique. Plus tard, ses contacts fructueux avec les grands naturalistes américains et européens lui permettent de mieux saisir les progrès dans le domaine des sciences et les moyens que l'on prend pour vulgariser les connaissances. Il constate l'insouciance des gouvernants à ce sujet et, voyant les retards de plus en plus grands de ses concitoyens, il se donne comme mission de sensibiliser le public à la nécessité d'étudier les sciences. À de nombreuses occasions, il réclame la mise sur pied d'un programme d'éducation des adultes, et surtout la diffusion de l'enseignement des sciences en général et des sciences de la nature en particulier dans les écoles et collèges classiques, pratique déjà courante dans les collèges et universités du Haut-Canada. Il déplore le peu de possibilités qu'offrent aux jeunes les établissements d'enseignement, si ce n'est la théologie, la médecine et le droit. Selon lui, si le jeune prêtre, le jeune médecin et le jeune avocat recevaient une meilleure formation en sciences naturelles, ils seraient plus en mesure de comprendre et d'aider les paysans, puisque la très grande majorité exerceront leur profession dans les milieux ruraux.

Prenant part au débat qui avait cours sur les problèmes que vivait l'agriculture, Provancher indique souvent aux législateurs les moyens d'y remédier. Selon lui, on devait mettre sur pied un bon journal d'agriculture pratique, du type de ceux qui existaient à Toronto ou en Nouvelle-Angleterre, ainsi qu'un musée agricole. Il prône aussi la création d'un jardin botanique à Québec et d'un musée d'histoire naturelle à l'université Laval.

L'œuvre de Provancher occupe une place importante dans le patrimoine québécois. Le nombre de pages qu'il a publiées au cours de sa carrière scientifique est considérable si l'on tient compte des faibles ressources qu'il avait, de l'aide financière gouvernementale minime qu'il recevait et de l'apathie du public francophone vis-à-vis des sciences. Il a marqué la littérature scientifique non seulement canadienne mais aussi nord-américaine. Les analyses récentes de ses travaux en botanique, en entomologie et en malacologie montrent qu'ils se comparent par leur qualité scientifique à ceux des grands auteurs américains ; à certains égards, ils les dépassent même par la précision des exposés. *Le Naturaliste canadien,* la revue scientifique de langue française la plus ancienne au Canada, n'a cessé de paraître même s'il a fallu mener des luttes vigoureuses pour assurer sa survie. Maintenant distribuée dans 41 pays, cette revue offre aux chercheurs du monde entier la possibilité de publier leurs travaux originaux.

Les collections de Léon Provancher, tout comme sa correspondance, sa bibliothèque, sa revue et ses ouvrages, ont une valeur historique et scientifique inestimable. Elles représentent par leur variété une remarquable illustration de la façon dont les savants classifiaient les organismes vivants au XIXe siècle. Elles sont également, pour plusieurs chercheurs, l'un des principaux points de références par le nombre de spécimens types qu'elles contiennent. À ce que l'on sache, aucune autre collection de spécimens d'histoire naturelle réunis par un naturaliste nord-américain du siècle dernier n'a été conservée dans son ensemble, et avec cette variété. L'œuvre de ce simple curé de campagne, dépourvu de moyens, coupé des ressources de l'État et victime de l'apathie des siens, relève du prodige.

JEAN-MARIE PERRON

La correspondance de Léon Provancher, conservée aux archives du séminaire de Chicoutimi (Chicoutimi, Québec) avec ses manuscrits, se compose de plus de 4 500 lettres. Sa bibliothèque a été reconstituée. Elle comprend environ 500 volumes et se retrouve à l'université Laval. La plupart des collections de Provancher sont maintenant conservées au département de biologie de l'université Laval : un herbier de 800 plantes, quelques dizaines de milliers de mollusques et environ 30 000 insectes. Par ailleurs, on trouvera dans J. B. Léveillé, « Bio-bibliographie de M. l'abbé Léon Provancher, docteur ès-sciences » (thèse de bibliothéconomie, univ. de Montréal, 1949), une liste de ses ouvrages.

ANQ-MBF, CE1-4, 10 mars 1820. — ANQ-Q, CE1-23, 26 mars 1892. — V.-A. Huard, *la Vie et l'Œuvre de l'abbé Provancher* (Québec, 1926). — René Béique, « l'Œuvre et l'Héritage de l'abbé Léon Provancher », *le Naturaliste canadien* (Québec), 95 (1968) : 609–626. — Raymond Duchesne, « la Bibliothèque scientifique de l'abbé Léon Provancher », *RHAF,* 34 (1980–1981) : 535–556 ; « Science et Société coloniale : les naturalistes du Canada français et leurs correspondants scientifiques (1860–1900) », *HSTC Bull.* (Thornhill, Ontario), 5 (1981) : 99–139. — Jacques Rousseau et Bernard Boivin, « la Contribution à la science de la *Flore canadienne* de Provancher », *le Naturaliste canadien,* 95 : 1499–1530.

PRUME. V. JEHIN-PRUME

PRYOR, HENRY, avocat, officier de milice, homme politique et juge, né le 3 juillet 1808 à Halifax, fils de John Pryor et de Sarah Stevens ; le 8 mars 1831, il épousa à cet endroit Eliza Phoebe Pyke (décédée en 1858), puis le 3 février 1863 Charlotte McKie, et il n'eut pas d'enfants ; décédé le 10 octobre 1892 dans sa ville natale.

Henry Pryor devint orphelin à l'âge de 12 ans, mais hérita d'une somme de £6 000 de son père, marchand de Halifax et membre de la chambre d'Assemblée. Il descendait d'une famille de loyalistes arrivée à Halifax en 1783 et qui avait acquis une certaine notoriété grâce à ses succès en affaires et à sa participation à l'administration publique. John PRYOR, le frère aîné de Henry, devait plus tard participer à la fondation de l'Acadia College et en devenir le premier directeur ; quant à sa sœur Louisa, elle épouserait le futur premier ministre James William Johnston*. Henry fit ses études à la Halifax Grammar School, puis au King's College, à Windsor, où il obtint une licence ès arts en 1828, une maîtrise ès arts deux ans plus tard et un doctorat en droit civil en 1858. Il étudia le droit sous la direction de William Blowers Bliss* et fut admis au barreau en 1831. Son mariage, la même année, avec Eliza Phoebe Pyke, fille du juge George Pyke* et petite-fille du magistrat de police John George Pyke*, traça la voie de sa propre carrière dans le domaine judiciaire. Contrairement à son frère John, il demeura fidèle à l'Église d'Angleterre et prit part aux activités de sa congrégation et à l'administration du King's College.

Les contemporains de Pryor jugeaient que ses compétences dans le domaine juridique laissaient à désirer ; il semble d'ailleurs qu'il ait pratiqué le droit de façon plutôt sporadique. Joseph Howe* le décrivit en 1842 comme « un petit homme rusé, avec des lunettes », et qui aurait pu être assuré « pour une demie de un pour cent contre [le risque] de jamais tourner le monde à l'envers ». Son titre de conseiller de la reine, qu'il ne reçut qu'en 1873, lui fut décerné par le dominion, probablement pour le soutien qu'il accorda à la Confédération. Comme ce fut le cas pour un grand nombre de ses collègues ambitieux, la politique allait être le tremplin de sa carrière. Après s'être opposé à l'érection en municipalité de Halifax en 1841, Pryor occupa le poste d'échevin de 1843 à 1845. Mais sa décision de tenter de se faire élire à la mairie après sa réélection quatre ans plus tard souleva la controverse. Comme il était alors l'avocat d'un ancien fonctionnaire municipal poursuivi par le conseil pour détournement de fonds, le conflit d'intérêts flagrant choqua les observateurs. Il ne se retira de cette cause qu'une semaine après qu'on lui eut fait prêter serment à la mairie. Cette histoire, ajoutée aux allégations selon lesquelles il aurait acheté des votes au moment de se représenter aux élections à la mairie, laisse croire que le manque de confiance manifesté par Howe était justifié. Pryor remporta la victoire en 1853 et 1854, mais il fut battu de justesse en 1855. Assagi, il se retira l'année suivante, mais l'emporta avec aisance en 1857 et fut élu sans opposition en 1858. Quoiqu'il n'ait jamais été un maire populaire, il semble que ses concitoyens aient fini par lui accorder à contrecœur un certain respect.

Pryor passa ensuite à la politique provinciale. Élu à la chambre d'Assemblée pour le parti conservateur dans la division ouest de la circonscription de Halifax County en mai 1859, il remporta la victoire pour un second mandat, qui se termina en 1867. Sa contribution aux affaires législatives demeura modeste, mais certains estimèrent qu'il fut victime d'une injustice en 1864 lorsqu'on préféra nommer John William Ritchie* au poste de solliciteur général.

Pryor était entré avec le grade de lieutenant dans le 2nd Regiment of Halifax militia en 1827 et s'éleva jusqu'à celui de lieutenant-colonel. Il entraîna son régiment dans les Halifax Commons en prévision de l'invasion des féniens de 1866. Au cours des années subséquentes, il commanda la milice de réserve de Halifax.

Vers 1867, les perspectives qui s'offraient à Pryor étaient plutôt sombres. Il approchait de la soixantaine, et il semble qu'il avait perdu la majeure partie de son capital dans des spéculations peu judicieuses. Il chercha donc à s'assurer la sécurité financière grâce à un poste dans le domaine judiciaire. Un projet de loi qui prévoyait la création d'un poste de magistrat stipendiaire à Halifax avait été rejeté en 1864 et dénoncé dans le *Presbyterian Witness* comme « un arrangement qui permettrait à Henry Pryor de toucher confortablement £500 par année ». Trois ans plus tard, on adopta le projet de loi, et Pryor fut nommé le 15 mai 1867.

La responsabilité des causes civiles et pénales, autrefois dévolue aux échevins et au maire par la charte de Halifax, revint au nouveau juge. Les causes civiles qui concernaient le plus souvent le recouvrement de petites créances, n'occupaient Pryor que quelques jours par mois. Il devait par contre consacrer six jours par semaine pendant toute l'année aux causes pénales. L'exercice de ses fonctions le mit donc, durant presque 20 ans, en contact direct avec la face cachée – et la classe défavorisée – du Halifax de l'époque victorienne. Pryor vit défiler quotidiennement devant lui des ivrognes, des prostituées et des vagabonds, dont un grand nombre de récidivistes. Il devait souvent régler des disputes familiales et des poursuites pour infraction aux lois sur les permis d'alcool. À la suite d'une condamnation dans une poursuite de ce genre en 1884, il reçut une menace de mort.

L'attitude de Pryor à l'égard de ces délinquants était imprévisible : il manifestait tantôt de la sévérité, tantôt de la clémence. Nullement préoccupé par les subtilités de la jurisprudence, de la procédure ou des règlements, il adaptait sa sentence à la personne en cause, et non au délit. Il fut donc de plus en plus fustigé dans les journaux, qui le décrivaient comme une personne irascible, portée à l'arbitraire et manquant de professionnalisme. Ses clients, cependant, voyaient probablement une certaine morale en action dans sa façon de rendre ses jugements. Ils ne cessèrent d'avoir recours à lui pour le règlement de leurs différends personnels et familiaux, ce qui démontre qu'à leurs yeux il avait le sens de l'équité.

En 1886, Henry Pryor décida de prendre sa retraite en contrepartie d'une rente annuelle de 1 200 $. (Robert MOTTON lui succéda.) Son salaire, établi à 2 000 $ en 1867, n'avait jamais été augmenté. On lui rendit hommage seulement pour la forme. Pryor était en quelque sorte un embarras : faisant preuve d'ultraconservatisme, il naviguait à contre-courant dans une ère de réforme, et administrait la justice comme un cadi à une époque où l'on mettait en valeur l'aspect professionnel de l'exercice du droit. Sa parenté et, au début du moins, l'aisance matérielle lui assurèrent au sein de la société de la province une bien meilleure place que celle que ses talents seuls lui auraient value.

PHILIP GIRARD

Halifax County Court of Probate (Halifax), Estate papers, n°s 4326, 5133 ; P92. — PANS, RG 42, HX, D, 26–29, 31. — N.-É., *Statutes*, 1841, chap. 55 ; 1865, chap. 87 ; 1867, chap. 82 ; 1870, chap. 7 ; 1886, chap. 63. — *Acadian Recorder*, 8, 21 juill., 18, 20 déc. 1879, 14–15, 19 mai 1886, 11 oct. 1892. — *Halifax Herald*, 11 oct. 1892. — *Morning Herald* (Halifax), 9 juin 1884. — *Novascotian*, 8 juill. 1842, 15, 22 oct. 1849, 17 oct. 1853, 6 oct. 1857. — *Presbyterian Witness, and Evangelical Advocate*, 23 avril 1864. — *Canadian biog. dict.* — Judith Fingard, « Jailbirds in mid-Victorian Halifax », *Law in a colonial society : the Nova Scotia experience*, P. [B.] Waite *et al.*, édit. (Toronto, 1984), 81–102. — F. W. Vroom, *King's College : a chronicle, 1789–1939 ; collections and recollections* (Halifax, 1941).

PRYOR, JOHN, enseignant, ministre baptiste et administrateur scolaire, né le 4 juillet 1805 à Halifax, fils de John Pryor et de Sarah Stevens, et frère aîné de Henry PRYOR ; le 9 octobre 1826, il épousa, probablement à Halifax, Elizabeth Mary Boggs, et ils eurent quatre enfants ; décédé le 17 août 1892 dans cette ville.

Le père de John Pryor était un marchand prospère de Halifax et un membre influent de la congrégation anglicane St Paul. Grâce à leurs relations familiales et commerciales, les Pryor étaient liés à l'élite politique, sociale et économique de la Nouvelle-Écosse. John fréquenta le King's College, à Windsor, et obtint une licence ès arts en 1824 puis une maîtrise ès arts en 1831. C'est au collège qu'il subit, semble-t-il, l'influence du mouvement évangélique qui allait changer le cours de sa vie.

En Nouvelle-Écosse, au sein de l'Église d'Angleterre, des forces opposées, qu'avivaient des hommes comme le révérend Hibbert Binney, déchirèrent la congrégation St Paul au milieu des années 1820. Dans une querelle profonde et acrimonieuse avec l'évêque John Inglish* au sujet de la nomination de Robert Willis* comme *rector*, la famille Pryor se rangea du côté du vicaire à tendance évangélique John Thomas Twining*. Finalement vaincus en 1825, les dissidents furent forcés de quitter la congrégation St Paul ; certains, dont John Pryor, James William Johnston*, John Ferguson et Edmund Albern Crawley*, abandonnèrent complètement l'Église d'Angleterre. Après une certaine hésitation, ils optèrent pour la confession baptiste. Cependant, la présence de ces avocats et hommes d'affaires de la haute bourgeoisie parmi les ouvriers, surtout des Noirs, que comptait la congrégation baptiste dirigée par le révérend John Burton* fut à l'origine de sérieuses tensions, puis de l'insatisfaction des deux groupes. Le 30 septembre 1827, les dissidents formèrent une congrégation distincte, connue sous le nom de Granville Street Baptist. Baptisé par immersion deux semaines plus tard, Pryor se joignit à la congrégation. Moins d'un mois après, on le nommait clerc et, le 12 septembre 1828, il obtenait la permission de prêcher.

Après avoir reçu son diplôme du King's College en 1824, Pryor avait enseigné quelque temps à Sydney et à Halifax. Mais une fois qu'il eut obtenu l'autorisation de prêcher, il abandonna l'enseignement pour entreprendre des études au Newton Theological Institute, à Newton, au Massachusetts, en vue de devenir ministre du culte ; on l'ordonna à Providence, au Rhode Island, en 1830. Il n'aimait pas l'esprit profane, comme il l'appelait, des Américains ; il retourna donc avec plaisir en Nouvelle-Écosse en 1830 pour prendre la direction de la Horton Academy, à Wolfville, école qu'avait ouverte l'année précédente la Nova Scotia Baptist Education Society. Pendant les huit années qui suivirent, Pryor s'employa à établir l'école sur des bases solides, tant sur le plan matériel que scolaire ; cet établissement continua à rayonner jusqu'au milieu du XXe siècle.

En 1838, Pryor appuya la demande de Crawley qui posait sa candidature à un poste de professeur au Dalhousie College, récemment reconstitué [V. Thomas McCulloch*]. Quand on rejeta la demande de Crawley à l'automne sous prétexte qu'il était baptiste, Pryor se sentit lui aussi outragé. Les deux hommes rencontrèrent alors le révérend Ingraham Ebenezer BILL à Nictaux et décidèrent de donner suite au projet original de la Horton Academy en la dotant d'un cours de niveau collégial. Leur proposition fut présentée à une réunion de la Nova Scotia Baptist Education Society le 15 novembre ; on décida alors de fonder le Queen's College (renommé Acadia en 1841). Les cours débutèrent en janvier 1839 ; Pryor et Crawley se partageaient l'enseignement et l'administration. L'établissement comptait alors 19 étudiants.

Pryor travailla à l'Acadia College pendant presque 12 ans. Au cours des trois dernières années, il occupa le poste de premier directeur de l'établissement. Il enseigna de nombreuses disciplines, voyagea beaucoup, même jusqu'en Angleterre, pour recueillir des fonds, et assura la surveillance des activités quotidiennes des étudiants. Il se préoccupait particulièrement de leur bien-être spirituel, car il considérait qu'il lui incombait avant tout de faire d'eux des jeunes hommes instruits et à l'esprit chrétien. Les périodes successives de renouveau spirituel que connurent l'académie, le collège et les collectivités avoisinantes pendant qu'il était en fonction contribuèrent largement à calmer les appréhensions de nombreux baptistes qui craignaient que l'instruction et la ferveur religieuse soient incompatibles. En 1848, le collège lui décerna, en reconnaissance de ses services, un doctorat honorifique en théologie.

Estimant probablement que ni l'Acadia College ni lui-même, à titre de directeur, ne bénéficiaient de tout le soutien voulu de la part de la communauté baptiste, et fatigué par 20 années d'efforts constants, Pryor remit sa démission en 1850. (Il devait effectuer un bref retour au collège en 1862–1863 en tant que premier titulaire d'une chaire parrainée par les anciens étudiants.) Il passa les années 1850 à remplir les fonctions de ministre du culte à l'église baptiste de Cambridge, au Massachusetts ; en 1863, il retourna à sa congrégation Granville Street Baptist, à Halifax. À partir de ce moment, sa vie tourna au désastre. Pryor fut mêlé à un scandale qui ternit à jamais sa réputation. En 1867, à la suite de rumeurs qui couraient depuis plusieurs années, des membres de sa congrégation l'accusèrent de détourner des fonds placés en fiducie et de se comporter de façon inconvenante avec une femme aux mœurs douteuses. La controverse qui s'ensuivit déchira la congrégation, et toute la communauté baptiste s'en mêla. Même si un conseil formé de dix pasteurs et laïques jugea qu'il avait seulement été « incompétent » dans la gestion des fonds et « imprudent » dans ses relations personnelles, la congrégation baptiste n'accepta pas la recommandation de le réintégrer dans ses fonctions, ce qui mit fin à sa carrière à Halifax. Il retourna alors aux États-Unis, où il desservit plusieurs congrégations avant de prendre sa retraite, en 1881.

Peut-être à cause de ce scandale, on ne reconnut pas à John Pryor tout le mérite qui lui revenait pour son rôle dans la fondation et le développement de l'Acadia University. En outre, il fut éclipsé par la personnalité plus ostentatoire et tapageuse de Crawley, homme déterminé à saisir tous les honneurs qui pouvaient se présenter. Son éloignement de cet établissement, la perte financière qu'il subit à cause de l'effondrement de la West Columbia Mining and Manufacturing Company [V. Edmund Albern Crawley), le scandale de la congrégation Granville Street Baptist et la mort de trois de ses enfants firent de la vie de Pryor une histoire assez tragique et jetèrent de l'ombre sur sa véritable contribution au secteur de l'éducation en Nouvelle-Écosse.

BARRY M. MOODY

John Pryor est l'auteur de : *Letter to the Nova Scotia Central Baptist Association* (Cambridge, Mass., 1868). On trouve un portrait de lui dans le hall de l'Acadia Univ. (Wolfville, N.-É.).

Acadia Univ. Arch., Associated Alumni of Acadia Univ., minutes of executive and annual meetings, 1859–1927 ; Board of Governors, minutes, 1850–1883 ; West Columbia Mining and Manufacturing Company, letter-book, 1856–1857. — Atlantic Baptist Hist. Coll., Acadia Univ., Edward Manning, corr. and journals ; Nova Scotia Baptist Education Soc., minutes and papers. — PANS, MG 4, 41. — Baptist Convention of the Maritime Provinces of Canada, *Baptist year book* (Halifax), 1892. — I. E. Bill, *Fifty years with the Baptist ministers and churches of the Maritime provinces of Canada* (Saint-Jean, N.-B., 1880). — « History of St. Paul's Church, Halifax, Nova Scotia, n° IV », G. W. Hill, édit., N.S. Hist. Soc., *Coll.*, 3 (1882–1883) : 13–70. — J. W. Johnston, *Letter to the Granville Street Church, Halifax, N.S.* (Halifax, 1867) ; *Memorial addressed to the Central Baptist Association of Nova Scotia* (Halifax, 1868). — Nova Scotia Baptist Education Soc., *Report* (Halifax), 1833 ; 1835–1837. — J. Y. Payzant, *Church government : a letter to Rev. E. M. Saunders, pastor of Granville Street Baptist Church, Halifax* (Halifax, 1868). — *Reply of the Granville Street Baptist Church, Halifax, to the letter addressed to them by the Hon. J. W. Johnston, judge in equity* (Halifax, 1868). — *Christian Messenger* (Halifax), 1838, 1844–1850, 1867–1868. — *Christian Visitor* (Saint-Jean), 1867–1868. — W. E. Boggs, *The genealogical record of the Boggs family, the descendants of Ezekiel Boggs* (Halifax, 1916). — *DBC*, 8. — P. G. A. Allwood, « First Baptist Church, Halifax : its origin and early years » (thèse de M. DIV., Acadia Divinity College, Acadia Univ., 1978) ; « Joseph Howe is their Devil » ; controversies among Regular Baptists in Halifax, 1827–1868 », *Repent and believe : the Baptist experience in Maritime Canada*, B. M. Moody, édit. (Hantsport, N.-É., 1980), 75–87. — Eaton, *Hist. of Kings County*. — E. D. King et J. G. Quigley, *One hundred and fifty years of the First Baptist Church, Halifax, N.S.* ([Halifax, 1977]). — G. E. Levy, *The Baptists of the Maritime provinces, 1753–1946* (Saint-Jean, 1946). — R. S. Longley, *Acadia University, 1838–1938* (Wolfville, 1939). — B. [M.] Moody, « The founding of Acadia College : the Halifax connection » (communication faite devant l'Atlantic Hist. Conference, Halifax, 1980). — E. M. Saunders, *History of the Baptists of the Maritime provinces* (Halifax, 1902).

PURVIS, GEORGE, fermier et syndicaliste agricole, né en 1842 en Écosse ; décédé après 1894.

On ne sait rien de George Purvis avant son arrivée en Amérique du Nord britannique en 1867. Peu après cette date, une société anglaise l'engagea pour surveiller ses entreprises forestières et agricoles dans la vallée de l'Outaouais. Les gens de Portage-du-Fort, au Québec, puis d'Arnprior, en Ontario, où Purvis s'occupa de questions communautaires, le considéraient comme un homme d'affaires important et un fermier progressiste.

En 1881, attiré par les perspectives qui s'ouvraient dans les Prairies, Purvis alla s'établir près de Brandon, au Manitoba, avec son épouse Hannah et leurs deux fils. Il n'arrivait cependant pas au bon moment pour commencer à y cultiver la terre, car le coût élevé des instruments aratoires et des fournitures, combiné à l'éloignement des marchés, rendait la vie difficile au Manitoba. Quand la perte des récoltes de 1883 et l'effondrement des prix déjà faibles des produits agricoles créa une situation intolérable pour les fermiers de la province, Purvis se joignit à d'autres pour fonder une association qui protesterait contre la politique fédérale sur les chemins de fer, les terres et les tarifs douaniers, politique qui, selon la plupart des gens, était à la source des problèmes des colons.

Élu secrétaire provincial de la Manitoba and North West Farmers' Union en décembre 1883, Purvis s'y fit remarquer par sa modération et son bon sens – qualités qui manquaient particulièrement aux autres chefs syndicaux. L'association, qui était devenue à peu de chose près un prolongement extra-parlementaire du parti libéral provincial, s'écroula cependant quatre mois plus tard, et Purvis, qui était conservateur, fut l'un de ses rares dirigeants à survivre à la débâcle. Peu après, il adhéra à la Manitoba and North-West Farmers' Co-operative and Protective Union, coopérative de mise en marché des céréales fondée à Manitou en décembre 1883. Élu secrétaire provincial de cet organisme en juin 1884, il en devint en peu de temps la figure la plus en vue.

Sous la direction de Purvis, le syndicat agricole vendit le blé produit par ses membres et acheta directement des fabricants de la ficelle d'engerbage en vrac. Purvis négocia également avec la Compagnie du chemin de fer canadien du Pacifique afin de fixer des normes sur le grain qui soient acceptables pour les fermiers de l'Ouest. Sur la scène politique, il pressa le gouvernement fédéral de modifier son programme de développement national afin que celui-ci profite à l'Ouest.

Sa vigoureuse défense des agriculteurs valut à Purvis des attaques. On l'accusa d'être favorable à l'annexion du Canada aux États-Unis, mais cette accusation, qui s'avéra sans fondement, eut peu d'effet à l'époque. Les critiques que l'on fit sur son administration du programme de commercialisation des céréales furent cependant plus sérieuses. En juin 1884, Purvis s'était entendu avec la firme Mitchell and Mitchell pour qu'elle achète le blé des fermiers, tout en ne sachant apparemment pas que les capitaux de la Mitchell and Mitchell provenaient de la Compagnie du chemin de fer canadien du Pacifique. L'année suivante, la compagnie ferroviaire retira son appui, et la Mitchell and Mitchell mit fin à son entente avec le syndicat. N'ayant plus d'argent, le syndicat décida que Purvis devait lui-même s'occuper de la mise en marché du blé et constituer un capital à même les profits de l'entreprise. En décembre 1885, on l'accusa d'avoir conclu avec la Compagnie du chemin de fer canadien du Pacifique une entente secrète dont il profiterait aux dépens des fermiers. Bien que le syndicat l'ait appuyé et que la vérification des livres comptables ait prouvé plus tard que tout était en ordre, Purvis démissionna du conseil exécutif du syndicat en janvier 1886.

La presse provinciale interpréta la démission de George Purvis comme un aveu de culpabilité et le calomnia. En juillet 1886, son humiliation était complète. Depuis deux ans, il avait négligé sa propre ferme pour se dévouer à la cause des agriculteurs, et il éprouvait maintenant des difficultés financières personnelles. Il voulut prendre un nouveau départ et alla s'installer avec sa famille à Minto (Dakota du Nord). En 1894, il y vendit sa ferme. On ne sait pas ce qu'il advint de lui ensuite.

BRIAN R. MCCUTCHEON

AN, MG 26, A : 46150, 191785. — PAM, MG 10, E14. — *Statement of the claims of the province of Manitoba and the North-West Territories ; to the constitutional right of a province under the British North America Act, 1867* ([Winnipeg, 1885]). — *Commercial* (Winnipeg), 17 juin, 7 oct. 1884. — *Daily Free Press* (Winnipeg), 27 nov., 6, 28 déc. 1883, 6 juin, 9, 25 juill., 28 août, 1er sept., 13 oct. 1884, 19 mars, 18, 21 déc. 1885, 5, 8, 20 janv. 1886. — *Manitou Mercury* (Manitou, Manitoba), 9 juill. 1886. — *Stonewall News and Rockwood County Advertiser* (Stonewall, Manitoba), 16 janv. 1886. — Morton, *Manitoba* (1957). — J. A. D. Stuart, *The Prairie W.A.S.P. ; a history of the rural municipality of Oakland, Manitoba* (Winnipeg, 1969). — D. F. Warner, *The idea of continental union ; agitation for the annexation of Canada to the United States, 1849–1893* ([Lexington, Ky.], 1960) ; « The Farmers' Alliance and the Farmers' Union : an American-Canadian parallelism », *Agricultural Hist.* ([Baltimore, Md.]), 23 (janv. 1949) : 9–19.

R

RACINE, ANTOINE, prêtre catholique, évêque, administrateur scolaire et professeur, né le 26 janvier 1822 à Saint-Ambroise (Loretteville, Québec), fils de Michel Racine, forgeron, et de Louise Pepin ; décédé le 17 juillet 1893 à Sherbrooke, Québec.

Fils d'une famille pauvre, élevé par une mère

devenue très tôt veuve, Antoine Racine connut les privations d'une vie plutôt modeste. Au cours de l'hiver de 1833, il entreprit l'étude du latin au presbytère de son grand-oncle, Antoine Bédard, curé de la paroisse Saint-Charles-Borromée, à Charlesbourg. Admis au petit séminaire de Québec en 1834, il étudia ensuite la théologie au grand séminaire. Ordonné prêtre le 12 septembre 1844, il fut successivement vicaire de Saint-Étienne, à La Malbaie (1844–1848), premier curé de Saint-Eusèbe, à Princeville (1848–1851), curé à Saint-Joseph, dans la Beauce (1851–1853), puis desservant de l'église Saint-Jean-Baptiste, à Québec (1853–1874).

Le 1er septembre 1874, Racine fut élu évêque du nouveau diocèse de Sherbrooke, érigé le 28 août précédent. Sacré le 18 octobre suivant par l'archevêque de Québec, Mgr Elzéar-Alexandre TASCHEREAU, il prit possession de son siège deux jours plus tard. Le diocèse comptait environ 30 000 catholiques auprès desquels 29 prêtres assuraient le ministère dans 29 paroisses et 5 missions. La ville de Sherbrooke devenait progressivement un petit centre industriel, mais une large part du territoire restait ouverte à la colonisation.

Tout en mettant sur pied les divers organes de sa curie diocésaine, en érigeant des paroisses, en fondant de nouvelles missions, en pourvoyant au soutien matériel des paroisses et du clergé, en uniformisant la discipline ecclésiastique, Mgr Racine œuvra, dès le début de son épiscopat, à diverses fondations nécessaires au développement de son jeune diocèse. La première et la plus importante d'entre elles était incontestablement, aux yeux de l'évêque, celle du séminaire Saint-Charles-Borromée, qui ouvrit ses portes en septembre 1875. Il en assuma personnellement le supériorat jusqu'en 1878 et se fit un devoir d'y enseigner la théologie jusqu'en 1885.

Mgr Racine devait aussi veiller à l'éducation populaire. Si, depuis 1857, les jeunes filles bénéficiaient de l'enseignement des religieuses de la Congrégation de Notre-Dame, au Mont-Notre-Dame, l'éducation catholique et française des garçons faisait problème. Les commissaires catholiques et protestants étaient, en effet, unis en un seul comité qui veillait à l'éducation de tous. Au printemps de 1876, on recommandait à l'évêque la séparation, comme cela s'était fait à Québec et à Montréal. Après avoir obtenu les autorisations nécessaires du gouvernement, on partagea les propriétés et l'argent au prorata du nombre d'élèves dans chaque groupe religieux. Les quartiers est et nord eurent alors leurs écoles. Le quartier sud, où la population était plus dense, n'obtint son école qu'en 1882 et les Frères du Sacré-Cœur, sous l'influence de Mgr Racine, en acceptèrent la direction.

En décembre 1881, Mgr Racine demandait aux ursulines de Québec de venir s'établir dans son diocèse comme elles l'avaient déjà fait dans celui de Chicoutimi où son frère, Mgr Dominique Racine*, était évêque. Il revint à la charge auprès de ces mêmes religieuses en janvier 1882, et leur demanda de s'établir à Stanstead, près de la frontière américaine ; elles arrivèrent à l'automne de 1884 et y établirent un monastère et une école. Enfin, à la demande de l'évêque, quatre religieuses de l'Hôtel-Dieu de Saint-Hyacinthe vinrent s'établir à Sherbrooke, le 21 avril 1875, dans une maison que l'évêque mettait à leur disposition. Elles devaient s'occuper des pauvres, des malades et des infirmes à l'hôpital du Sacré-Cœur.

La colonisation était aussi l'une des grandes préoccupations de Mgr Racine. À La Malbaie, il avait été l'âme de la Société des défricheurs de la Rivière-au-Sable, formée dans le but d'exploiter les terres du futur canton de Jonquière ; en 1851, sous sa direction, on avait publié *le Canadien émigrant,* sorte de manifeste de la colonisation qui avait eu un retentissement considérable. Pour lui, la colonisation incluait aussi bien le progrès de l'agriculture et l'exploitation des terres nouvelles que le rapatriement. Dans une lettre circulaire au clergé de son diocèse en date du 29 mars 1875, il la décrivait comme « une œuvre nationale » et « une œuvre digne de [leur] sainte mission et de toutes les bénédictions de Dieu ». Afin d'en assurer le succès, il incitait ses curés à former, conformément à la loi provinciale nouvellement adoptée, de petites sociétés de colonisation dans chaque paroisse. Il exigeait qu'ils lui fournissent toutes les informations sur les terres disponibles ou mises en vente. En 1880, il informa son clergé que l'on avait fondé des sociétés de colonisations à Montréal et à Québec, et que Sherbrooke avait la sienne depuis le 14 avril. Cette dernière devait coloniser le canton de Woburn qu'un bon chemin relierait bientôt aux nouveaux établissements de La Patrie, Notre-Dame-des-Bois et Piopolis. Comme il l'avait déjà fait, il institua une quête annuelle en faveur de la colonisation, mais les résultats furent bien au-dessous de ses espérances.

D'autres grandes questions de l'époque, beaucoup plus épineuses celles-là, retinrent l'attention de Mgr Racine. En 1874, le conflit qui opposait Mgr Taschereau et l'université Laval aux tenants d'une université catholique indépendante à Montréal, Mgr Ignace Bourget* en tête, n'était toujours pas réglé. Mgr Racine se rangea d'abord du côté de Québec, avec modération toutefois. En 1881, il était à Rome, à titre de représentant de l'archevêque de Québec, pour y défendre les intérêts de l'université Laval. Il entendait alors obtenir une décision ferme qui réglerait définitivement le litige, par l'intermédiaire d'un délégué apostolique si nécessaire. À la suite de l'érection de la province ecclésiastique de Montréal en 1886 et surtout de la publication de la bulle *Jamdudum* en février 1889, la situation changea [V. Thomas-Edmond d'ODET d'Orsonnens]. En 1891, Mgr Racine, qui était devenu suffragant de Montréal, se retrouvait à Rome pour soutenir la cause de Montréal. La nouvelle conjoncture et les intérêts de son propre diocèse expliquaient cette apparente volte-face.

Les évêques étaient aussi divisés en matière politique et cette division était bien antérieure à l'élection de Mgr Racine au siège de Sherbrooke. Mgr Bourget et, par la suite, Mgr Louis-François LAFLÈCHE, évêque de Trois-Rivières, étaient à la tête du courant ultramontain et opposé aux libéraux. Mgr Jean LANGEVIN, du diocèse de Rimouski, favorisait les conservateurs et Mgr Taschereau était de tendance libérale. Mgr Racine, pour sa part, tout en soutenant, comme la plupart de ses confrères, la juridiction exclusive des évêques sur leurs prêtres prescrivit à son clergé la stricte neutralité en matière politique dès 1875. Trois ans plus tard, il écrivait : « le clergé doit, dans sa vie publique et privée, dans les questions qui ne touchent en rien aux principes religieux, respecter fidèlement les prescriptions de nos conciles concernant les élections politiques ». Il interdisait clairement toute intervention en cette matière. En 1881, il déclarait « frappé de suspense *ipso facto* tout prêtre qui, *inconsulto episcopo,* enseignera en chaire ou ailleurs, qu'il y a péché à voter pour tel candidat, ou pour tel parti politique, ou qui annoncera qu'il refusera les sacrements pour cette cause ». Le 2 août 1886, à la veille des élections provinciales, il rappelait à ses prêtres la nécessité de suivre « la ligne de conduite tracée par le Saint-Siège » et ajoutait : « du haut de la chaire, ne donnez jamais votre opinion » et « n'assistez à aucune assemblée politique ».

Usé à la tâche, Mgr Racine mourait le 17 juillet 1893, dans les murs de son évêché, après seulement quelques jours de maladie. Bien établi à ce moment, le diocèse comptait environ 60 000 catholiques, 45 paroisses presque toutes érigées canoniquement et civilement, et 17 missions dans lesquelles œuvraient 64 prêtres sur les 80 qui y étaient incardinés. Huit prêtres étaient rattachés au séminaire auprès des 225 élèves qui y poursuivaient leurs études. Onze candidats se préparaient au sacerdoce dont deux diacres et un sous-diacre.

Profondément marqué par son époque, Mgr Antoine Racine en porta les soucis et, à son tour, en influença de façon sensible les événements. Sa carrière illustre bien le clérico-nationalisme québécois de la fin du siècle dernier. Il était de ces hommes chez qui l'amour de la patrie et celui de l'Église ne font qu'un. Entreprenant, déterminé et courageux, il implanta solidement un diocèse catholique et la culture française dans une région où la présence anglo-protestante était plus qu'importante, tout en maintenant avec ce dernier groupe religieux et culturel d'excellentes relations. Il influença de façon durable la colonisation par ses réalisations mais aussi et surtout par la conception même qu'il s'en faisait et qu'il a répandue par ses discours et ses écrits. Homme de paix et de conciliation, sans toutefois sacrifier la justice et l'efficacité, il a toujours cherché et souvent réussi à faire prédominer, non sans difficulté, des solutions harmonieuses et rentables.

JEAN-GUY LAVALLÉE

ANQ-Q, CE1-28, 27 janv. 1822. — Arch. de la chancellerie de l'archevêché de Sherbrooke (Sherbrooke, Québec), Fonds Antoine Racine, VII, B, B1 ; Insinuations, 1 ; Reg. des lettres, 1. — Arch. du séminaire de Sherbrooke, P47 (Antoine Racine) ; R1 (évêques de Sherbrooke). — *Mandements, lettres pastorales, circulaires et autres documents publiés dans le diocèse de Sherbrooke* (24 vol., Sherbrooke, 1874–1967), 1–3. — *Principaux discours de Mgr Antoine Racine* [...], C.-J. Roy, édit. ([Lévis, Québec], 1928). — Séminaire Saint-Charles-Borromée, *Annuaire* (Sherbrooke), 1885–1886 ; 1892–1893. — [É.-J.-A. Auclair], *Consécration et Intronisation de sa grandeur Mgr Ant. Racine, premier évêque de Sherbrooke* [...] (Sherbrooke, 1874). — Jacques Desgrandchamps, *Monseigneur Antoine Racine et les Religieuses enseignantes, 1874–1893* (Sherbrooke, 1980). — Germain Lavallée, « Monseigneur Antoine Racine et la Question universitaire canadienne (1875–1892) » (thèse de M.A., univ. de Sherbrooke, 1954). — [J.-A. Lefebvre], *Monseigneur Antoine Racine, premier évêque de Sherbrooke* [...] (Sherbrooke, 1894). — J.-G. Lavallée, « Monseigneur Antoine Racine, premier évêque de Sherbrooke (1874–1893) », SCHEC *Sessions d'études,* 33 (1966) : 31–39.

RAE, JOHN, chirurgien, trafiquant de fourrures, explorateur et auteur, né le 30 septembre 1813 au Hall of Clestrain, dans la paroisse d'Orphir, Orcades, Écosse, sixième enfant et quatrième fils de John Rae et de Margaret Glen Campbell ; en 1860, probablement le 25 janvier, il épousa à Toronto Catherine Jane Alicia Thompson, fille du major irlandais George Ash Thompson, et ils n'eurent pas d'enfants ; décédé le 22 juillet 1893 à Londres et inhumé en la cathédrale St Magnus, Kirkwall, Écosse.

John Rae était le fils du représentant de la Hudson's Bay Company aux Orcades. Il passa son enfance dans ces îles ; un précepteur lui enseignait à la maison. Tout jeune, il apprit à manœuvrer de petites embarcations et à se servir d'une arme à feu ; il faisait souvent des excursions dans les collines et les landes ou escaladait les falaises qui surplombaient la mer. Ces activités, « souvent considérées comme inutiles », le préparèrent fort bien à sa vie future. En 1829, il alla étudier la médecine à Édimbourg, et il obtint en avril 1833 une licence du Royal College of Surgeons of Edinburgh.

Cet été-là, la Hudson's Bay Company (pour laquelle travaillaient déjà deux de ses frères aînés) engagea Rae à titre de chirurgien sur le *Prince of Wales,* qui partait d'Angleterre pour se rendre à Moose Factory (Ontario). Sur le chemin du retour, les glaces empêchèrent le navire de pénétrer dans le détroit d'Hudson

(Territoires du Nord-Ouest) ; il passa donc l'hiver à l'île Charlton, dans la baie James. Le scorbut se déclara parmi les passagers et les membres d'équipage, et deux des matelots en moururent. Rae parvint à guérir les autres après avoir trouvé par hasard, au début du printemps, des canneberges conservées sous la neige.

En juillet, le *Prince of Wales* mit le cap sur Moose Factory. Le mois suivant, le navire repartait pour l'Angleterre, mais Rae demeura sur place comme chirurgien du poste de traite. Il avait « déduit, à partir de ce qu'[il avait] vu, que la vie aventureuse des gens de la Hudson's Bay Company [lui] plaira[it] », et il passa les dix années suivantes à Moose Factory. Au début, il refusa d'être à la fois chirurgien et commis, comme le lui proposait le gouverneur de la compagnie, George Simpson*, mais il ne tarda pas à constater que son travail de médecin ne suffisait pas à l'occuper et il participa de plus en plus à l'ensemble des activités de traite. En outre, il continua de faire des excursions et apprit à voyager et à chasser comme les Cris. La marche en raquettes était son point fort, si bien qu'un commis de la compagnie, Robert Michael BALLANTYNE, racontait qu'« à l'époque, même au delà du territoire de la baie d'Hudson », il n'y avait pas « meilleur raquetteur que lui ».

En 1844, sir George Simpson se souvint de Rae et lui confia la mission de diriger une expédition qui ferait un levé de la partie du littoral nord du Canada que Peter Warren Dease* et Thomas Simpson n'avaient pas explorée dans les années 1837 à 1839. Parti de Moose Factory dans le courant de l'année, Rae descendit en canot à Upper Fort Garry (Winnipeg) afin d'acquérir des notions d'arpentage, mais George Taylor, qui devait les lui inculquer, mourut peu après son arrivée au fort. En janvier 1845, Rae partit donc à pied pour Sault-Sainte-Marie, dans le Haut-Canada, où il arriva deux mois plus tard, après avoir parcouru 1 200 milles. De là, il continua sa route jusqu'à Toronto, où il reçut la formation nécessaire du directeur de l'observatoire, le lieutenant John Henry Lefroy*.

De 1846 à 1854, au cours de quatre expéditions dans l'Arctique, Rae parcourut plus de 10 000 milles, à pied ou dans des bateaux de petites dimensions, et leva la carte d'environ 1 800 milles de côte. Pour sa première expédition, qui débuta en juin 1846, il quitta York Factory (Manitoba) avec dix hommes de la Hudson's Bay Company et deux petits navires. Au fort Churchill (près de Churchill), deux interprètes inuit, Ooligbuck* et son fils William, se joignirent au groupe. Après avoir longé la côte ouest de la baie d'Hudson et atteint la baie Repulse (Territoires du Nord-Ouest) par le détroit de Roes Welcome, Rae traversa l'isthme qui porte maintenant son nom et qui se trouve à la base de la presqu'île de Melville, ce qu'aucun explorateur n'avait fait avant lui. Comme la saison était trop avancée pour aller plus loin, il retourna en août à la baie Repulse, où il construisit une maison de pierre, baptisée fort Hope, et se prépara à hiverner. Lui et ses hommes passèrent les dernières semaines de l'automne à chasser, à pêcher et à ramasser de l'*Andromeda tetragona,* plante des marécages qui servait de combustible, afin d'assurer leur autosuffisance. Ils furent d'ailleurs les premiers explorateurs à passer tout un hiver sur le littoral arctique. Au printemps de 1847, ils partirent vers l'ouest et relevèrent le tracé des côtes de lieux que Rae baptisa baie Committee, presqu'île Simpson et baie Pelly. Il atteignit ensuite la baie Lord Mayor, qu'avait découverte John Ross* en 1830, et vit que Boothia était une presqu'île reliée au continent par un isthme étroit. Le 13 mai, après un bref arrêt au fort Hope, il repartit vers le nord en longeant la côte ouest de la presqu'île de Melville jusqu'au cap Ellice (cap Parry), à environ 19 milles du détroit de Fury and Hecla. En septembre, tous les membres de son groupe rentrèrent sains et saufs à York Factory, où on lui apprit sa promotion au rang de chef de poste. Avant de partir pour l'Angleterre, il relata ses voyages dans trois lettres au gouverneur Simpson et dans un rapport au comité londonien de la Hudson's Bay Company.

À Londres, Rae fit la connaissance de sir John Richardson* qui, impressionné par ses récits, lui offrit de participer en qualité de commandant en second aux recherches qu'il allait entreprendre dans l'espoir de retrouver l'expédition arctique de sir John Franklin*, dont on était sans nouvelles depuis l'été de 1845. Au printemps de 1848, Richardson et Rae se rendirent à New York puis, en vapeur, à Sault-Sainte-Marie. Partie de là en canot, le 4 mai, leur expédition atteignit l'embouchure du fleuve Mackenzie 96 jours plus tard. Après avoir longé la côte vers l'est jusqu'au cap Kendall (dans le golfe Coronation), les hommes abandonnèrent leurs embarcations et marchèrent jusqu'au fort Confidence, dans la baie Dease (Dease Arm), où les mois précédents l'avant-garde de John Bell* leur avait construit des quartiers d'hiver. À l'été de 1849, tandis que Richardson repartait pour l'Angleterre, Rae et un groupe de six hommes retournèrent sur le littoral arctique et tentèrent d'atteindre la terre de Wollaston (presqu'île Wollaston) en traversant le détroit de Dolphin and Union, ce qui s'avéra impossible à cause des glaces. Ils regagnèrent donc le fort Confidence puis descendirent au fort Simpson, sur le Mackenzie.

Rae se remit alors sans enthousiasme à la traite des fourrures. Il écrivait d'ailleurs à James Hargrave* à York Factory en novembre 1849 : « Il est certain que je n'ai jamais été fait pour les affaires, et mes occupations des 4 ou 5 dernières années m'ont fait oublier le peu que je savais de la comptabilité et de ce genre de choses. » Néanmoins, à l'automne de 1849, il prit, à partir du fort Simpson, la direction du district du Mackenzie. Le lieutenant William John Samuel

Pullen*, dont le groupe avait renoncé à retrouver Franklin, l'y rejoignit pour l'hiver de 1849–1850.

Rae et Pullen quittèrent ensemble le fort Simpson au mois de juin suivant. Le premier allait porter la récolte de fourrures de la saison au portage Methy (Portage La Loche, Saskatchewan), le second rentrait en Grande-Bretagne. Cependant, sir George Simpson et l'Amirauté leur ordonnèrent de continuer à chercher Franklin. Pullen et ses hommes regagnèrent donc tout de suite la côte arctique. Rae continua jusqu'au portage Methy, où il apprit qu'il était promu agent principal, puis il retourna au fort Confidence. Il y passa l'hiver de 1850–1851 à préparer sa troisième expédition dans l'Arctique.

Rae quitta le fort Confidence à pied le 25 avril 1851 et, avec des traîneaux à chiens, atteignit le littoral arctique au début de mai. En attendant l'arrivée de deux bateaux construits d'après ses plans, il se rendit jusqu'à la terre de Wollaston en traversant, sur les glaces, le détroit de Dolphin and Union, puis dans les trois semaines suivantes termina le levé de la côte sud de la terre de Victoria (île Victoria), entrepris par Dease et Simpson. Après s'être assuré qu'à cet endroit aucun détroit ne séparait la terre de Wollaston et la terre de Victoria, il retourna au fleuve Kendall, où le rejoignit un groupe parti du fort Confidence avec ses deux bateaux. Il repartit à la mi-juin, descendit le fleuve Coppermine jusqu'à la côte et vogua vers l'est en longeant la côte sud de la terre de Victoria jusqu'à la presqu'île Collinson. Il tenta de franchir le détroit de Victoria pour se rendre à la terre du Roi-Guillaume (île du Roi-Guillaume), mais la banquise l'en empêcha. Sur le chemin du retour, il trouva dans la baie Parker deux pièces de bois provenant probablement des navires de Franklin, qui avaient été pris dans les glaces du détroit de Victoria, mais il ne put obtenir aucune indication certaine sur leur sort ni sur celui de leurs équipages. En septembre, à son retour au fort Confidence, il obtint un autre congé pour aller en Grande-Bretagne.

Ce fut Rae qui proposa à la Hudson's Bay Company de financer sa quatrième expédition, dont l'objectif était de terminer le levé de la côte du continent nord-américain. Une petite partie seulement restait inexplorée, soit celle qui allait de l'extrémité ouest du détroit de Bellot, découvert en 1852, jusqu'à la rivière Castor and Pollux, le point le plus à l'est atteint par Dease et Simpson. Rae espérait prouver que Boothia était une presqu'île, ce qu'il avait découvert en 1847 et que l'Amirauté n'avait pas encore admis. Il quitta York Factory en juin 1853 avec 2 bateaux et 12 hommes, dans le but de remonter l'inlet Chesterfield jusqu'à sa source puis de se rendre par terre jusqu'à la Grande rivière des Poissons (rivière Back), qu'il descendrait jusqu'à la côte. En remontant l'inlet Chesterfield, il entra dans une rivière qu'il baptisa Quoich et passa dix jours à l'explorer. Quand il découvrit qu'elle ne menait pas dans la bonne direction, il renvoya six hommes et un bateau au fort Churchill et se rendit à son ancienne base de la baie Repulse pour y passer l'hiver. Encore une fois, lui et ses hommes chassèrent et pêchèrent afin d'amasser des provisions. Cette fois, ils hivernèrent dans des igloos, que Rae avait appris à construire et qu'ils trouvèrent plus confortables que la maison de pierre, encore debout.

Le 31 mars 1854, Rae fit route vers l'ouest afin de se rendre à l'isthme de la presqu'île de Boothia. Le 21 avril, à la baie Pelly, il rencontra un Inuk qui lui parla d'un groupe d'hommes blancs morts de faim quatre ans auparavant près de l'embouchure d'un grand cours d'eau à bonne distance de là, à l'ouest. Rae ne renonça pas pour autant au but de son voyage. Il continua vers l'ouest jusqu'au cairn élevé par Simpson et Dease à la rivière Castor and Pollux, puis passa neuf jours à remonter vers le nord en longeant la côte ouest de Boothia ; il y découvrit le détroit qui porte son nom et constata que la terre du Roi-Guillaume était une île. De retour à la baie Repulse, il reçut la visite d'autres Inuit. Ceux-ci lui racontèrent en détail la tragédie qui avait anéanti le groupe d'hommes blancs et donnèrent des indications qui lui permirent de situer l'endroit où cela s'était passé, soit à proximité des îles Montreal, à l'embouchure de la Grande rivière des Poissons. En outre, les Inuit lui vendirent des objets qu'il put associer à des membres de l'expédition disparue : de l'argenterie gravée et une décoration de Franklin, l'ordre des Guelfes. Rae retourna à York Factory le 31 août 1854 avec ses hommes et s'embarqua pour l'Angleterre le 20 septembre.

Dès qu'il diffusa en Angleterre ce qu'il avait appris au sujet de l'expédition de Franklin, Rae se trouva au centre d'une désagréable controverse. Dans son rapport, publié sans délai par l'Amirauté, il cita les déclarations des Inuit selon lesquelles les derniers survivants des malheureux équipages avaient eu recours au cannibalisme avant de périr. Accuser de pareil crime des officiers et des hommes de la marine royale était impensable dans l'Angleterre victorienne. On reprocha à Rae de ne pas s'être rendu sur le lieu de la tragédie pour vérifier ces dires et on l'accusa d'être rentré en toute hâte en Angleterre afin de toucher les £10 000 que le gouvernement britannique offrait à quiconque établirait le sort de Franklin et de ses compagnons. Rae défendit la crédibilité des comptes rendus des Inuit et fit valoir qu'au moment où il avait obtenu des renseignements assez précis pour localiser l'endroit, la saison était trop avancée pour qu'il poursuive ses recherches. Il écrivit à l'Amirauté pour réclamer la récompense, mais plusieurs personnes, dont lady Franklin [Griffin*], protestèrent : il n'avait pas tout à fait éclairci le sort des hommes, et remettre tout de suite la somme découragerait les efforts dans ce sens. D'autres réclamaient d'ailleurs la récompense, dont le docteur Richard King* et William PENNY, si bien que la controverse dura jusqu'en juillet 1856. Rae toucha alors £8 000 et le solde fut réparti entre ses hommes. Les découvertes que firent Francis Leopold McClintock* en 1859 et d'autres expéditions ultérieures confirmèrent, pour l'essentiel, l'histoire que Rae avait rapportée en 1854.

Rae quitta la Hudson's Bay Company en 1856, mais dès le début de l'année suivante il témoigna au nom de celle-ci devant le comité spécial de la chambre des Communes qui enquêtait sur les activités de la compagnie [V. sir George Simpson]. Installé ensuite dans le Haut-Canada, il résida, de 1857 à 1859, à Hamilton, où ses frères Richard Bempede Johnstone Honeyman et Thomas étaient commerçants. Il fut l'un des membres fondateurs et le deuxième président de la Hamilton Association for the Advancement of Literature, Science, and Art. En 1858, il fit une tournée des États-Unis en compagnie d'Edward Ellice* et, l'année suivante, il partit de St Paul, au Minnesota, avec le comte de Southesk [Carnegie], pour faire une expédition de chasse à Upper Fort Garry.

Après son mariage, célébré en 1860, Rae retourna en Angleterre. Plus tard cette année-là, à la demande de la Hudson's Bay Company, il fit les levés terrestres nécessaires à l'installation d'une ligne télégraphique qui relierait la Grande-Bretagne à l'Amérique par l'Écosse, les îles Féroé, l'Islande et le Groenland. L'année suivante, il se rendit encore une fois dans Rupert's Land. Il s'agissait avant tout d'une expédition de chasse, mais Rae arpenta tout de même de nouvelles portions de territoire dans la partie sud de ce qui est maintenant la Saskatchewan et l'Alberta. En 1865, toujours pour la Hudson's Bay Company, il fit des levés en vue de la pose d'une ligne télégraphique entre St Paul et l'île de Vancouver. En passant par Upper Fort Garry, il suivit la piste Carlton jusqu'au fort Edmonton (Edmonton, Alberta), puis franchit les Rocheuses par le col de la Tête-Jaune. Ensuite, il descendit le Fraser en canot jusqu'au fort Alexandria (Alexandria, Colombie-Britannique), visita les champs aurifères de la région de Cariboo puis se rendit à Victoria.

Ce voyage terminé, Rae s'installa à Londres, mais il se rendait souvent dans ses Orcades natales. L'Amérique du Nord britannique et l'Arctique le passionnaient toujours. Ainsi il critiqua durement les plans et l'équipement de l'expédition britannique qui, en 1875–1876, voulait atteindre le pôle Nord sous le commandement du capitaine George Strong Nares*. Après le retour de l'expédition, il témoigna devant le comité formé par l'Amirauté pour enquêter sur le scorbut qui s'était déclaré parmi les équipes de traîneaux. À compter de 1879, Rae participa aux débats sur les avantages respectifs de l'exportation des céréales des Prairies par la baie d'Hudson ou par les Grands Lacs et le Saint-Laurent. Fort de son expérience, il préconisait vigoureusement la route des Grands Lacs. Dans ses dernières années, il continua de livrer bataille au Hydrographic Office de l'Amirauté et à sir Clements Robert Markham, secrétaire de la Royal Geographical Society, qui refusaient toujours de reconnaître les découvertes que lui et d'autres explorateurs trafiquants de fourrures, dont Dease et Simpson, avaient faites dans l'Arctique. Rae visita le Canada pour la dernière fois en 1882, probablement pour le compte de la Canada North-West Land Company, dont il était l'un des administrateurs. Après son retour en Grande-Bretagne, il fit partie du conseil du Royal Colonial Institute. Tireur d'élite, il représentait le London Scottish Regiment, où il fut longtemps volontaire, au concours annuel de tir qui se tenait à Wimbledon (Londres) puis à Bisley, dans le Surrey.

Rae reçut plusieurs distinctions. En 1852, la Royal Geographical Society lui octroya la Founder's Gold Medal pour ses découvertes de 1846–1847 et de 1851. Le McGill College de Montréal lui décerna à titre honorifique un doctorat en médecine en 1853 et, trois ans plus tard, la University of Edinburgh lui en remit un en droit. Il fut élu membre de la Royal Society de Londres en 1880. Son ouvrage intitulé *Narrative of an expedition to the shores of the Arctic Sea, in 1846 and 1847* parut en 1850 ; il publia aussi de nombreux articles sur ses voyages, sur les Indiens et les Inuit qu'il avait rencontrés ou sur l'histoire naturelle de l'Arctique. Son autobiographie, inachevée, demeure inédite.

De son vivant, John Rae fut un personnage controversé. La marine royale désapprouvait qu'il voyage dans l'Arctique à la manière des autochtones, et son insistance à faire valoir son point de vue en toute occasion n'était pas pour plaire à l'establishment. Par contre, les Inuit, pour lesquels il avait beaucoup d'admiration, l'accueillaient en ami. Il défendait la manière dont la Hudson's Bay Company traitait les autochtones, et adressait des reproches cuisants aux officiers de la marine et à ceux qui prononçaient des jugements hâtifs après n'avoir passé qu'un peu de temps dans les territoires de la compagnie : « Ces ânes prétentieux viennent ici, voient parfois des Indiens misérablement vêtus et à demi morts de faim et, au lieu de s'enquérir des raisons de cette situation, en imputent la responsabilité à la compagnie. » On en vint, au XXe siècle, à reconnaître que Rae innova en matière de techniques de survie dans les régimes nordiques et qu'il fut un précurseur des grands explorateurs arctiques Roald Amundsen et Vilhjalmur Stefansson*, qui reconnaissaient tous deux leur dette envers lui.

R. L. RICHARDS

Les publications de John Rae comprennent : *Narrative of an expedition to the shores of the Arctic Sea, in 1846 and 1847* (Londres, 1850). Une liste complète de ce qui a été écrit sur lui ou par lui se trouve aux pages 221 à 227 de l'étude en profondeur faite par l'auteur : *Dr John Rae* (Whitby, Angl., 1985). La correspondance de Rae avec la Hudson's Bay Company a été publiée, il s'agit de *HBRS*, 16 (Rich et Johnson). Le Scott Polar Research Institute (Cambridge, Angl.) a fait l'acquisition de son autobiographie manuscrite en 1967 (MS 787/1) ; elle est décrite dans l'article d'Alan Cooke, « The autobiography of Dr John Rae (1813–1893) : a preliminary note », *Polar Record* (Cambridge), 14 (1968) : 173–177.

Un portrait à l'huile de Rae par Stephen Pearce se trouve à la National Portrait Gallery (Londres) ; une gravure faite d'après ce portrait est conservée aux PAM, HBCA, et figure sur le frontispice de *HBRS*, 16. Un buste de Rae réalisé en 1866 par George MacCallum se trouve à l'Univ. of Edinburgh. Quelques vestiges de la dernière expédition de Franklin que Rae a achetés des Inuit en 1854 sont restés en sa possession et certains de ses effets personnels ainsi qu'une collection réduite d'artéfacts inuit et indiens se trouvent dans la John Rae coll. au Royal Scottish Museum (Édimbourg).

RAND, THEODORE HARDING, professeur, fonctionnaire, administrateur scolaire et poète, né le 8 février 1835 à Canard, Nouvelle-Écosse, fils de Thomas Woodworth Rand, diacre de l'église baptiste First Cornwallis, et d'Eliza Irene Barnaby ; le 5 novembre 1861, il épousa à Canard Emeline Augusta Eaton, et ils n'eurent pas d'enfants ; décédé le 29 mai 1900 à Fredericton.

Theodore Harding Rand, dont les ancêtres étaient des *planters* de la Nouvelle-Angleterre, grandit à Canard et fit ses études à l'école laïque et à l'école du dimanche du canton de Cornwallis. La beauté de la campagne environnante, qu'il immortalisa par la suite dans des poèmes, et l'Église baptiste, à laquelle adhérait près de la moitié de la population du canton, marquèrent profondément sa jeunesse. Adolescent, Rand se rendit à Boston, où il trouva du travail dans une pharmacie. Bientôt gagné par l'atmosphère de réforme qui régnait au Massachusetts au milieu du XIXe siècle, il embrassa avec enthousiasme les idées nouvelles des abolitionnistes, des théologiens libéraux et des adeptes du transcendantalisme.

Rand rentra ensuite en Nouvelle-Écosse pour acquérir la formation supérieure qui correspondait à ses nouveaux penchants intellectuels. À l'automne de 1854, il s'inscrivit à la Horton Academy de Wolfville. Là, il échappa à ce que l'éducateur baptiste Thomas Trotter* allait appeler plus tard « la zone glaciale du rationalisme » en faisant l'expérience d'une « seconde naissance » à l'époque du renouveau religieux qui gagna l'établissement dans les premiers mois de 1855. Malgré son retour aux principes religieux de ses ancêtres, Rand demeurait ouvert aux idées nouvelles et continuait de lire beaucoup. D'un naturel poétique et imaginatif, il réagit avec enthousiasme à l'esprit du mouvement romantique qui balayait alors l'Occident. Une fois diplômé de la Horton Academy, il demeura à Wolfville et fréquenta l'Acadia College, où il obtint une licence ès arts en 1860. Il confia alors à un condisciple qu'il aspirait à une carrière littéraire, peut-être comme rédacteur en chef d'une revue ou d'un magazine de « haute classe ». Pourtant, dans son discours de finissant, il parla surtout de l'éducation et de la foi, les deux thèmes qui allaient le préoccuper durant la plus grande partie de sa vie d'adulte. Aucun document ne fait état du contenu de ce texte, mais le sujet était bien dans le goût du jour. *L'Origine des espèces*, l'ouvrage de Charles Darwin publié l'année précédente, défiait les croyances du fondamentalisme. En outre, l'expansion et la transformation du système scolaire de la Nouvelle-Écosse dans les années 1860 allaient exiger des éducateurs une définition de ce qu'était l'instruction chrétienne à une époque de plus en plus profane et scientifique.

En janvier 1861, après avoir enseigné quelque temps à la Horton Academy, Rand accéda à la chaire d'anglais et d'humanités de la Normal School de Truro, inaugurée en 1855 et dirigée par Alexander Forrester*, également surintendant provincial de l'Éducation. Ce dernier jetait les bases d'un réseau d'écoles publiques, et il influença sans doute les vues de Rand sur l'éducation. Comme la plupart des baptistes instruits de la province, Rand approuvait la création d'écoles non confessionnelles, financées par l'État. En mai 1863, l'élection du parti conservateur dirigé par deux éminents baptistes, James William Johnston* et Charles Tupper*, fit progresser rapidement la cause de l'instruction publique en Nouvelle-Écosse. De 1864 à 1866, le Parlement néo-écossais adopta une série de lois scolaires qui créaient un système public financé par cotisation générale. Tupper consulta Forrester et Rand sur les détails de la loi de 1864 et, en mai de cette année-là, il confia à ce dernier la surintendance de l'Éducation, charge désormais distincte de la direction de la Normal School.

La révolution dans l'enseignement, amorcée par la mise en place en Nouvelle-Écosse d'« écoles où l'enseignement était gratuit », suscitait à peine moins de controverse que le mouvement proconfédératif, qui naquit à la même époque. Le principe de la cotisation générale irritait les contribuables parcimonieux, tandis que les catholiques, opposés à l'influence laïcisante des écoles publiques, s'en prenaient à cette tyrannie qu'imposait la majorité protestante de la province. Quand Tupper nomma l'un de ses coreligionnaires à la surintendance de l'Éducation, même les partisans de la réforme de l'enseignement protestèrent ouvertement. Les objections les plus violentes vinrent d'amis de Forrester (presbytérien) qui, prétendait-on, avait été évincé sans ménagement au profit d'un jeune subordonné. Forrester lui-même s'estimait suffisamment lésé pour envisager de quitter la direction de la Normal School. Rand avait en fait demandé à Tupper le poste de surintendant, requête fort audacieuse de la part d'un professeur de 29 ans, et faite à l'insu de Forrester, qui s'attendait à conserver ce poste.

Malgré son impopularité dans certains milieux, la nomination de Rand montrait toute l'astuce dont Tupper pouvait faire preuve dans les situations difficiles. Elle plut aux baptistes, qui étaient nombreux dans les rangs du parti conservateur et qui trouvaient les presbytériens trop puissants à leur goût dans certains établissements financés par la province, dont la Normal School et le Dalhousie College, rouvert quelque temps auparavant. Comme Rand avait une conception progressiste de l'éducation, les partisans des écoles publiques ne pouvaient guère se plaindre, et même Forrester accepta vite la situation, reconnaissant que son rival était « complètement gagné » à ses propres idées. Les deux hommes continuèrent de collaborer étroitement ; plus tard, Forrester alla jusqu'à choisir Rand comme exécuteur testamentaire.

Rand était bien préparé pour le poste élevé qui l'attendait. Il avait reçu une maîtrise ès arts de l'Acadia College au printemps de 1863 et avait passé l'été suivant à visiter les écoles du sud-ouest de la Nouvelle-Écosse. Bien au fait des tendances qui avaient cours en Amérique du Nord et en Europe en matière d'éducation, il organisa le système public de la province en s'inspirant de l'expérience de pionniers comme Horace Mann, du Massachusetts, et Egerton Ryerson*, surintendant en chef de l'Éducation du Haut-Canada. Une fois en poste, il déploya l'énergie qui allait le rendre légendaire. Tout en pressant le gouvernement de bonifier les lois sur les écoles publiques, il lança, en 1866, le *Journal of Education,* afin d'éveiller l'ardeur des enseignants, encouragea la Provincial Education Association of Nova Scotia à réunir les éducateurs au sein d'un organisme professionnel et mena l'assaut contre les adversaires du nouveau système. Ils étaient si nombreux, selon un observateur, qu'il arrivait que Rand « ne se dévêtît pas » durant toute une semaine. « Il se jetait sur un divan, dans son bureau, pour [prendre] quelques heures de sommeil, puis se remettait au travail. » Dans bien des parties de la province, on défiait carrément la loi qui exigeait l'imposition locale ; les assemblées où l'on devait choisir les administrateurs et l'emplacement des nouvelles écoles se terminaient souvent dans un désordre indescriptible. La question religieuse soulevait aussi des passions. Bien que Rand ait tenu à l'éducation chrétienne, il s'opposait à toute reconnaissance officielle, quelle qu'elle soit, du droit à des écoles séparées pour les catholiques de la province, qui se sentaient lésés. Les commentaires publics qu'il fit sur la question amenèrent l'archevêque Thomas Louis Connolly* et le vicaire général Michael Hannan* à tenter d'obtenir sa destitution. Sur l'insistance de Tupper, on parvint, à Halifax, à un compromis qui rendait les écoles dirigées par les catholiques admissibles à une subvention d'école publique.

Rand passait presque tout son temps à organiser le nouveau système, jusque dans ses moindres détails. Il fit rédiger une série de manuels dans la province, supervisa la préparation des plans des écoles et se donna beaucoup de mal pour trouver des inspecteurs qui appliqueraient des normes sévères et uniformes dans toute la province. En outre, il introduisit dans les grandes écoles le système de division par classe et tenta d'uniformiser la délivrance des permis d'enseignement. Ses rapports d'étape, qui soulignaient le progrès accompli dans le domaine de l'enseignement sous le nouveau régime, étaient des modèles du genre, avec divers tableaux statistiques à l'appui de ses affirmations. Par son souci des détails administratifs et sa conviction que le progrès individuel et social passait par l'éducation, il appartenait bien à la nouvelle race des promoteurs professionnels de l'instruction. Sans réaliser tout ce qu'il avait escompté faire – ce que sa devise résumait clairement : « Des écoles pour tous, et tous pour les écoles » –, il parvint tout de même à jeter les bases d'un réseau scolaire public en Nouvelle-Écosse qui ne connut aucun changement de fond pendant près d'un siècle.

Conscient de sa situation délicate à titre de fonctionnaire, Rand refusait de voter aux élections publiques ou d'adhérer à un parti. Néanmoins, sa position devint inconfortable après que le gouvernement Tupper eut perdu le pouvoir en septembre 1867. Pour le nouveau gouvernement antifédéraliste de William Annand*, le système d'éducation était un refuge de sympathisants tories et un nid de favoritisme. D'abord réfractaires à l'idée de destituer Rand, les membres du conseil de l'Instruction publique n'hésitèrent cependant pas à congédier des inspecteurs d'écoles. Ils tentèrent aussi de réduire les dépenses croissantes de l'éducation, qui représentaient plus du quart du budget provincial en 1868. Consterné, Rand tenta de démontrer à ses nouveaux maîtres la nécessité de maintenir une bureaucratie permanente et non partisane pour s'occuper de ce secteur. En 1868, le député libéral de la circonscription de Richmond, Edmund Power Flynn, présenta un projet de loi en faveur des écoles séparées, et Rand s'y opposa. L'année suivante, il entra en conflit ouvert avec Flynn, qui faisait partie du conseil de l'Instruction publique, à propos d'une enquête qu'il avait lui-même ordonnée sur le fonctionnement d'une école dirigée par l'Église catholique à Arichat.

Rand perdit son poste de surintendant de l'Éducation au début de février 1870. Comme il n'était pas de tempérament docile, il protesta publiquement. On l'avait congédié, disait-il, parce qu'il s'opposait aux écoles séparées, et particulièrement à Flynn ; les « amis de l'Éducation », dans la province, devaient veiller à ce que le surintendant puisse exercer ses fonctions sans subir d'ingérence politique. Bientôt des pétitions qui réclamaient sa réintégration se mirent à circuler et la Provincial Education Association of Nova Scotia proclama sa « crainte et [son] indignation » devant l'interventionnisme du gouvernement. Certes, la position de Rand sur les écoles séparées était impopulaire dans les milieux catholiques de la province, mais son congédiement était davantage le résultat de l'esprit partisan qui empoisonnait la politique provinciale et de son attitude autoritaire à l'égard du nouveau gouvernement. Le cabinet Annand avait été particulièrement agacé par sa conduite à l'occasion de ce que l'on a appelé l'« affaire George », en 1868. Contre l'avis de Rand, on avait congédié F. W. George, inspecteur du comté de Cumberland, et ce dernier avait porté sa cause devant le tribunal en s'appuyant sur une lettre signée par le surintendant. Le fait que l'on remplaça Rand par un autre baptiste, nul autre que son ancien pasteur à l'église Cornwallis, Abram Spurr Hunt, laisse entendre que le gouvernement souhaitait moins établir des écoles séparées que se débarrasser d'un bureaucrate peu commode qui plaçait les intérêts administratifs au-dessus des intérêts politiques.

Malgré ses amis qui le pressaient d'entreprendre une carrière politique, Rand profita de sa retraite forcée pour aller étudier de près le système d'enseignement de la Grande-Bretagne. De retour au Canada à l'automne de 1870, il s'intéressa au Nouveau-Brunswick où, au début de l'année suivante, le gouvernement de coalition de George Edwin King* et de George Luther Hatheway* tentait de créer un réseau scolaire public semblable à celui de la Nouvelle-Écosse. Le *Common Schools Act* du Nouveau-Brunswick fut adopté en mai 1871 et, en septembre, Rand accepta le poste de surintendant de l'Éducation que créait cette nouvelle loi. Comme il l'avait fait en Nouvelle-Écosse, il se dévoua à la cause des écoles publiques en faisant fi de la controverse que soulevaient, autour de lui, les écoles séparées, la cotisation générale et les exigences du système rigide établi en vertu de la loi.

Les catholiques du Nouveau-Brunswick, dont les écoles avaient été reconnues de fait avant 1871, contestèrent devant les tribunaux la constitutionnalité de la nouvelle loi et refusèrent par principe de participer aux élections d'administrateurs ou de payer leurs impôts scolaires. Ils trouvèrent des appuis au Parlement fédéral, où le député de la circonscription de Victoria, John Costigan*, réclama soit un refus de reconnaître la loi scolaire, soit une loi réparatrice qui garantirait leur droit à des écoles séparées. Les tribunaux déclarèrent valide la loi de 1871, et le gouvernement de sir John Alexander MACDONALD puis celui d'Alexander MACKENZIE refusèrent d'intervenir au Nouveau-Brunswick, mais l'opposition aux écoles publiques continua, aussi forte. En 1874, on vendit aux enchères une voiture et un attelage de chevaux, propriété de John Sweeney*, évêque de Saint-Jean, parce qu'il avait refusé de payer ses impôts scolaires ; François-Xavier-Joseph Michaud*, prêtre à la cathédrale de la ville, fut emprisonné pour avoir résisté à ceux qui étaient venus saisir ses biens. En janvier 1875, dans le village majoritairement acadien de Caraquet, la résistance mena à la violence et provoqua deux morts. On en arriva à un compromis très semblable à celui que Tupper avait conçu à Halifax [V. John James FRASER]. Les petits catholiques pourraient fréquenter leurs propres écoles et avoir comme instituteurs des religieux catholiques ; ils apprendraient cependant le catéchisme en dehors des heures de classe.

Rand travaillait avec diligence, en coulisse, pour empêcher la reconnaissance officielle du principe des écoles séparées et, en même temps, il faisait de son mieux pour apaiser la minorité mécontente. Apparemment, il était plus sympathique aux Acadiens, pour qui la langue était un problème, qu'aux catholiques anglophones, qui menaient la bataille confessionnelle. Rand emprunta au système ontarien des textes français appropriés et supervisa la production d'un livre de lecture bilingue, qui serait utilisé par la suite dans l'état du Maine. Il recommanda en outre de créer, à la Normal School de Fredericton, une classe préparatoire pour les élèves francophones incapables de suivre les classes régulières qui se donnaient en anglais. Néanmoins, il continuait d'envisager l'instruction en français de manière ethnocentrique, car il la considérait comme une préparation à des études supérieures en anglais.

Durant les 12 années qu'il passa au Nouveau-Brunswick, Rand s'employa à organiser un réseau scolaire efficace. Il publia un périodique pédagogique semestriel, l'*Educational Circular,* fit la promotion d'instituts de comté ou provinciaux et pressa le gouvernement de construire une nouvelle école normale, qui ouvrit ses portes en 1877. En outre, à compter de 1879, il exigea que l'on cote chaque école en fonction du travail accompli à chacun des niveaux à l'aide de manuels uniformes. Cette décision entacha sa popularité auprès des instituteurs et des inspecteurs qui devaient l'appliquer. De même, ils se plaignaient que la diversité des matières nuisait à la formation « de base ». Au Nouveau-Brunswick, tout comme en Nouvelle-Écosse, le coût de l'instruction publique et les constantes revendications dans le but d'améliorer le système irritaient les contribuables. En 1880, le Conseil législatif qualifia le système d'onéreux et de lourd ; les plaintes portées périodiquement devant l'Assemblée faisaient que Rand avait du mal à appliquer les réformes préconisées par les éducateurs britanniques et américains. Même ceux qui l'avaient soutenu au début commencèrent à lui reprocher son attitude « autocratique » et, en 1883, le *Maritime Farmer* de Fredericton conclut que ses activités visaient moins le bien des écoles publiques que la « glorification exclusive de T. H. Rand ».

Au Nouveau-Brunswick, Rand s'intéressa de plus en plus à la théorie de l'éducation et au développement des études supérieures. À titre de surintendant de l'Éducation, il devint en 1878 membre d'office du « sénat » de la University of New Brunswick, fonction qu'il exerça avec sa vigueur habituelle. L'Acadia College lui décerna un doctorat en droit civil en 1874 et le nomma à son conseil d'administration. On le choisit à deux reprises, soit en 1875 et en 1881, à titre de président de la Baptist Convention of Nova Scotia, New Brunswick and Prince Edward Island. Il présida un comité, dont faisaient aussi partie James William Manning et James William Johnston fils, qui recommanda en 1883 au conseil d'administration de l'Acadia College de collaborer avec les baptistes de l'Ontario afin de faire du Toronto Baptist College une école de théologie qui desservirait tout le Canada. La même année, après le départ pour Toronto de Daniel Morse Welton*, professeur d'hébreu et de théologie systématique à l'Acadia College, cet établissement offrit à Rand (offre confirmée le 11 septembre à une réunion du conseil) la nouvelle chaire de théorie et pratique de l'enseignement.

Encore une fois, Rand se trouva au cœur d'une controverse. Une opposition s'organisa contre la chaire, contre sa personne et contre l'orientation générale que les administrateurs de l'Acadia College imprimaient aux études supérieures baptistes. Bien des baptistes déploraient que leur collège n'enseigne plus la théologie et attribuaient peu de valeur à une chaire de pédagogie, la première du genre au Canada. De plus, on estimait que le salaire de Rand, 1 600 $ par an, grevait les ressources de l'établissement et constituait une insulte pour le directeur Artemas Wyman Sawyer*, qui touchait 400 $ de moins. Finalement, le problème se régla en décembre : Rand accepta une réduction de salaire de 600 $ et ses amis s'engagèrent à financer durant cinq ans la chaire controversée, rebaptisée éducation et histoire. Les étudiants qui suivaient les cours de psychologie, de physiologie et de pédagogie de Rand, ainsi que des cours spéciaux de méthodologie et d'administration, recevaient un diplôme d'instituteur en plus de leur licence.

Rand s'avéra un professeur populaire, et c'est à regret que les étudiants le virent partir deux ans plus tard pour aller enseigner l'apologétique, l'éthique chrétienne et la didactique au Toronto Baptist College. Sa nouvelle nomination souleva moins de controverse que la précédente, mais il arrivait tout de même dans une atmosphère chargée de conflits. En 1885, les baptistes ontariens se demandaient s'ils devaient rattacher leur collège à la University of Toronto ou créer un établissement distinct. Ils étaient également divisés sur la question de savoir si le foyer des études baptistes devait être dans la capitale provinciale ou se greffer à leur collège, à Woodstock. John Harvard Castle*, directeur du Toronto Baptist College, et une autre de ses nouvelles recrues, Malcolm MacVicar, projetaient déjà d'agrandir la section des arts de leur école de théologie, et ils avaient quelque appréhension au sujet d'une fédération avec la University of Toronto. Rand se rangea du côté de Castle et l'aida grandement à faire progresser les études baptistes en Ontario. Moins d'un an après son arrivée à Toronto, il accepta la direction du Woodstock College, à la condition que « l'établissement ait toute liberté de se développer pleinement comme maison d'enseignement chrétienne – dans la mesure où ses ressources futures le permettr[aient] ». Apparemment, il entendait faire de Woodstock un centre éducatif très semblable à celui de Wolfville, avec des écoles préparatoires pour hommes et femmes, et tôt ou tard un collège mixte. À cette fin, il lança un ambitieux programme de construction et, pendant l'été de 1886, mena avec succès une campagne de financement pour soutenir ses activités.

Par ailleurs, Rand présidait le comité de fondation de la nouvelle université baptiste, qui allait porter le nom du sénateur William McMaster*, principal promoteur de l'instruction baptiste en Ontario. En mars 1887, avec Castle, il comparut devant le comité des projets de loi privés du Parlement ontarien pour défendre celui qui unirait le Toronto Baptist College au Woodstock College et les constituerait en société civile sous le nom de McMaster University. Le projet de loi fut sanctionné le 23 avril. Lorsqu'il devint évident, au début de 1888, que la nouvelle division des arts de l'université et la section féminine, rebaptisée Moulton College, seraient à Toronto, Rand démissionna de Woodstock et retourna dans la capitale provinciale pour participer à l'élaboration des programmes du Woodstock College, du Moulton College et de la McMaster University. En juillet de l'année suivante, on le nomma à la chaire des sciences de l'éducation, éthique et organisation politique civile du nouveau département des arts de l'université, qui devait accueillir ses premiers étudiants à l'automne de 1890.

Pour se préparer à son nouveau poste, Rand prit congé et passa l'année scolaire 1889–1890 en Grande-Bretagne. Pendant son absence, MacVicar quitta le poste de chancelier de McMaster, et on rappela Rand au pays pour aider à trouver un remplaçant. Curieusement, on ne lui offrit pas la place, qui demeura vacante quelque temps. Il accéda plutôt à la direction du nouveau département des arts. En 1892, en reconnaissance des fonctions que Rand assumait sans en avoir le titre, on le nomma chancelier de la McMaster University et, deux ans plus tard, il eut la satisfaction de présider la remise des diplômes de la première promotion d'étudiants. On ne s'étonnera guère d'apprendre qu'il appuyait l'engagement de professeurs canadiens et qu'il était ouvert à l'addition de nouveaux cours – littérature anglaise, histoire politique et Bible anglaise – au programme. Quand sa santé l'obligea à démissionner de la chancellerie, en mai 1895, la McMaster University était un établissement d'enseignement supérieur solidement installé, ce dont Rand se réjouissait beaucoup ; il s'en attribuait d'ailleurs quelque crédit. Il demeura membre du personnel à titre de professeur émérite de pédagogie et de littérature anglaise.

Dans les cinq dernières années de sa vie, Rand refit de la poésie, comme dans sa jeunesse. Pendant ses années à McMaster, il avait passé presque tous ses étés dans les Maritimes et avait publié plusieurs poèmes dans le *McMaster University Monthly,* revue fondée en 1891 et dont il avait apparemment été l'inspirateur. En 1897, il publia à Toronto *At Minas Basin and other poems,* qui obtint tant de succès qu'une deuxième édition, augmentée, parut l'année suivante. La poésie de Rand tendait à être trop intellectuelle et complexe pour plaire aux foules. Néanmoins, plusieurs de ses poèmes acquirent un vaste auditoire ; par exemple, *The dragonfly,* qui a souvent paru dans des anthologies. Il dirigea aussi la préparation d'une vaste anthologie, *A treasury of Canadian verse,* parue à Toronto et à Londres en 1900. Bien accueillie par les contemporains de Rand, elle reflète sa fierté de Canadien et l'amour que lui inspira toujours la nature. Un deuxième recueil de ses poèmes, *Song-waves,* édité à Toronto en 1900, en était aux dernières étapes de la publication en mai 1900, lorsque Rand se rendit à Fredericton afin de recevoir un baccalauréat honorifique en droit de la University of New Brunswick, qui fêtait son centenaire. Il mourut subitement le 29 mai, quelques heures avant la cérémonie. Même dans la mort, Rand semblait ne pouvoir éviter d'être théâtral.

Homme d'action plutôt que penseur original, Theodore Harding Rand était en tous points quelqu'un avec qui il était difficile de travailler. Toujours tendu vers l'objectif à atteindre, il n'était pas disposé à faire des compromis sur les épineuses questions d'intérêt public dont il avait à s'occuper. Infatigable, il épuisait souvent ses collègues. Admiré par ses amis, vilipendé par ses ennemis, il suscitait la critique partout où il passait. Il laissa derrière lui deux réseaux scolaires provinciaux et une grande université canadienne. Il imprima aussi sa marque dans des périodiques éducationnels, des ouvrages de poésie et d'innombrables discours reproduits dans le *Christian Messenger* de Halifax et le *Canadian Baptist* de Toronto. Toujours sensible aux nouveaux courants d'idées, il adhéra aux tendances laïques et scientifiques de la fin du XIXe siècle au lieu de les rejeter car, selon lui, elles s'inscrivaient dans le grand plan divin. Il voulait acquérir, et communiquer à ses collègues et étudiants, une vision large du christianisme, afin qu'elle éclaire le sens de toutes choses, sacrées et profanes. Réceptif au message social de l'évangile, qui devenait populaire dans les années 1890, il était sensible aux idées socialistes, au syndicalisme et aux efforts missionnaires. Pour lui, l'éducation était un moyen de libérer l'énergie physique et la force d'âme qui permettraient aux jeunes gens et aux jeunes femmes de donner, au delà du matérialisme égoïste, un sens à leur vie. « L'éducation chrétienne en tant que processus conscient, déclara-t-il dans son premier discours de chancelier à la McMaster University, est l'affaire de toute une vie ; elle est transformation de possibilités en pouvoirs, et effort en vue de maîtriser ces pouvoirs à l'aide d'une conscience éclairée par le Verbe et l'Esprit du Divin Maître. Elle [est] culture de goûts authentiques et purs, choix et poursuite de grands idéaux, effort en vue d'unifier et d'équilibrer toutes les forces individuelles. Elle signifie se discipliner, se former, s'organiser, se rendre utile. » Durant les longues années où il s'employa à faire progresser l'éducation chrétienne dans trois provinces canadiennes, Rand fut toujours discipliné, formé, organisé et utile, conformément à son idéal.

MARGARET CONRAD

Les publications de Theodore Harding Rand comprennent : « Dr. Rand's address », McMaster Univ., *Educational addresses* (Toronto, 1890), 5–17 ; « Susan Moulton McMaster », *McMaster Univ. Monthly* (Toronto), 2 (1892–1893) : 153–160 ; « The chancellor's address ; graduation – May 1st, 1895 », 4 (1894–1895) : 349–354 ; « Thomas Trotter » : 5 (1895–1896) : 289–294 ; « Our educational principles and ideals », 7 (1897–1898) : 51–57, 110–115. Ses rapports à titre de surintendant de l'Éducation de la Nouvelle-Écosse et du Nouveau-Brunswick se trouvent dans N.-É., Council of Public Instruction, *Annual report of the superintendent of education* (Halifax), 1864–1869 ; et dans N.-B., *Annual report of the common, superior, grammar, and training and model schools* (Fredericton), 1872–1879, et *Annual report of the schools,* 1880–1884.

Acadia Univ. Arch. (Wolfville, N.-É.), Board of Governors, minutes, 1860–1885 : T. H. Rand–I. B. Oakes corr. — Canadian Baptist Arch., McMaster Divinity College (Hamilton, Ontario), Toronto Baptist College, corr., 1885–1890 ; Woodstock College, T. H. Rand–Principal Bates corr., 1892–1893. — PANS, MG 1, 1538B ; RG 14, 69, n° 1 ; 81. — UNBL, UA, Minutes of the Senate, 3 (1860–1904), 13 déc. 1871. — *Acadian Athenæum* (Wolfville), 1883–1885, 1900. — *Correspondence : anonymous and otherwise, concerning the new chair at Acadia College* [...] (Halifax, 1883). — *Educational Circular for the Prov. of New Brunswick* (Fredericton), n° 1 (1875)–n° 14 (1882). — *Journal of Education (Halifax), sept. 1866–avril 1870.* — *McMaster Univ. Monthly,* 1 (1891–1892)–10 (1900–1901), particulièrement E. M. Saunders, « Theodore Harding Rand », 2 : 2–9 [bio. écrite du vivant de Rand], et du même auteur, « Theodore Harding Rand », 10 : 2–9 [un hommage posthume]. — N.-B., House of Assembly, *Journal,* 1872–1883. — N.-É., House of Assembly, *Journal and proc.*, 1864–1870, particulièrement 1870, app. 21–22. — *Canadian Baptist* (Toronto), 1885–1900. — *Christian Messenger* (Halifax), 1855–1884. — Margaret Conrad,

« An abiding conviction of the paramount importance of Christian education » : Theodore Harding Rand as educator, 1860–1900 », *An abiding conviction : Maritime Baptists and their world,* R. S. Wilson, édit. (Hantsport, N.-É., 1988), 155–195. — C. M. Johnston, *McMaster University* (2 vol., Toronto et Buffalo, N.Y., 1976–1981), 1. — G. E. Levy, *The Baptists of the Maritime provinces, 1753–1946* (Saint-Jean, N.-B., 1946). — R. S. Longley, *Acadia University, 1838–1938* (Wolfville, 1939). — A. B. McKillop, *A disciplined intelligence : critical inquiry and Canadian thought in the Victorian era* (Montréal, 1979). — K. F. C. MacNaughton, *The development of the theory and practice of education in New Brunswick, 1784–1900 : a study in historical background,* A. G. Bailey, édit. (Fredericton, 1947). — Alison Prentice, *The school promoters ; education and social class in mid-nineteenth century Upper Canada* (Toronto, 1977). — G. H. Clarke, « Chancellor Theodore Harding Rand », *Canadian Baptist,* 1er oct. 1944. — A. F. Laidlaw, « Theodore Harding Rand », *Journal of Education,* [4e sér.], 15 (1944) : 207–218, 325–334.

RANKIN, ARTHUR, arpenteur, officier de milice, forain, entrepreneur minier et homme politique, né en 1816 à Montréal, fils de George Rankin, instituteur, et de Mary Stuart ; en 1840, il épousa Mary McKee, et ils eurent deux fils ; décédé le 13 mars 1893 à Windsor, Ontario.

Les parents d'Arthur Rankin quittèrent l'Irlande pour le Canada après la guerre de 1812. D'une nature imprévisible, Arthur fuit sa famille et le petit séminaire de Montréal à l'âge de 15 ans pour se faire mousse. Il rentra au Canada en 1835, obtint un permis d'arpenteur en avril 1837 et commença à exercer son métier dans la région de Windsor. Toujours en 1837, après s'être battu en duel près de Windsor, il partit pour Toronto et devint enseigne dans la milice. La même année, il put satisfaire son goût de l'aventure et ses penchants humanitaires en secourant un esclave fugitif en Ohio et en l'incitant à gagner le Haut-Canada. Impatient de participer aux combats des rébellions de 1837–1838, il passa à la milice du comté d'Essex. Lorsque les patriotes assaillirent Windsor, en décembre 1838, il mena la contre-attaque et enleva leur étendard. Démobilisé en 1843, il organisa un spectacle qui évoquait le « Wild West » et regroupait neuf Indiens de la tribu des Sauteux, qu'il emmena en tournée dans les îles Britanniques. Ce spectacle remporta un tel succès qu'en décembre on le présenta au château de Windsor devant la reine Victoria. En 1844, Rankin le vendit et rentra au Canada. Sa réputation de forain allait le précéder sur la scène publique.

Avec son beau-frère Alexander McKee, Rankin obtint en 1846 une concession minière dans la région de Michipicoten, au nord du lac Supérieur. Vers la même époque, il rejoignit au nord du lac Huron son frère Charles Stuart, arpenteur lui aussi, et découvrit à Bruce Mines des dépôts de cuivre qu'il exploita. À l'été de 1847, il vendit ses intérêts à la Compagnie de Montréal pour l'exploitation des mines contre la somme considérable de £30 000. Rankin était avant tout un découvreur : il préférait faire reconnaître ses droits sur une concession puis en laisser l'exploitation aux gros entrepreneurs miniers de Montréal. Ses profits en poche, il retourna dans le comté d'Essex en 1849, décidé à faire de la politique.

Rankin ne tarda pas à entrer en conflit avec la figure dominante du comté, le colonel John Prince*, qui avait récolté les lauriers de la prétendue bataille de Windsor en 1838, même si Rankin avait combattu plus que lui. Prince était si puissant dans Essex qu'aux élections législatives de 1851 Rankin dut poser sa candidature dans la circonscription de Kent. Il abandonna alors ses opinions tories pour se présenter comme réformiste. Toutefois, la plupart des réformistes ne crurent pas en sa conversion et lui préférèrent George Brown*. En 1854, Rankin se sentit prêt à défier Prince dans Essex mais, au dernier moment, celui-ci se désista en faveur de son fils. L'appui que Rankin avait manifesté aux écoles séparées lui assura peut-être le suffrage des catholiques, car il remporta la victoire. Il affronta enfin Prince en 1856, à l'élection qui devait pourvoir le siège de la division de Western au Conseil législatif. Pendant la campagne, il ne fit pas beaucoup de cas des questions de l'heure et, selon le *Windsor Herald,* il lança à son adversaire « des insultes de la pire espèce ». Loin de servir Rankin, ces violentes attaques permirent à Prince de récolter une majorité tout à fait humiliante pour son adversaire.

Cette rivalité confirmait qu'aux yeux de Rankin la politique était plus une affaire personnelle qu'une question de parti. À l'Assemblée, il demeurait à l'écart du pouvoir et de l'opposition. En 1856, à la suite d'une querelle où Rankin le traita de tous les noms, le procureur général John Alexander MACDONALD demanda s'il n'y avait pas là matière à duel. L'incident trouva une solution pacifique, mais la réputation de Rankin était faite : c'était un franc-tireur, réputation que son rôle dans le scandale du « chemin de fer du sud » confirma. En 1857, il se trouva en effet mêlé au conflit entre Isaac Buchanan* et Samuel Zimmerman*, qui cherchaient tous deux à avoir la haute main sur une ligne qui traverserait le sud-ouest de la province, parallèlement au Great Western Railway, mais plus au sud. Rankin fit pression en coulisses pour l'obtention d'une charte, chercha, croit-on, à obtenir un pot-de-vin de Buchanan et conclut même une entente secrète avec Zimmerman. Cette entente stipulait que Zimmerman s'engageait à verser à Rankin un quart du bénéfice s'il obtenait une charte et construisait le chemin de fer. Appelé à témoigner devant un comité d'enquête de l'Assemblée, Rankin parla de cet arrangement ; ce faisant, non seulement révélait-il les dessous du milieu des chemins de fer, mais il s'exposait lui-même à des accusations de corruption. Le *Globe* de Toronto, en mai, donna à l'incident le nom d'« intrigue Rankin » et l'Assemblée reçut des pétitions qui réclamaient son expulsion. Aux élections générales de 1857–1858, Rankin, éclaboussé par le scandale, perdit le siège de la circonscription d'Essex au profit de John McLeod, homme d'affaires d'Amherstburg et allié de Buchanan dans le conflit du chemin de fer.

Après cette humiliation, Rankin retourna à la seule activité qui lui réussissait toujours : il exploita avec profit des mines de cuivre sur le pourtour des lacs Supérieur et Huron. Puis, en 1863 et 1864, avec moins de succès semble-t-il, il chercha de l'or dans la région de la Chaudière, au Bas-Canada. En 1865, dans un rapport provincial sur la mise en valeur des régions aurifères du Canada, il exposait sa méthode de prospection : « [J'étudie attentivement] le caractère de la contrée et du roc qui se trouve sous les strates, et la nature de l'argile ou de la terre en général, jusqu'à ce que l'allure de tout cela me devienne familière et que je sois convaincu que je reconnaîtrai ces indices partout où je les verrai. »

Plus riche qu'auparavant, Rankin se présenta dans Essex aux élections de 1861 et défit l'un de ses anciens partisans, John O'Connor*. Cependant, avant l'ouverture du Parlement, il se lança dans la plus bizarre de ses aventures. En juillet 1861, donc au début de la guerre de Sécession, il offrit de lever un régiment de lanciers qui servirait dans l'armée de l'Union. Il s'entretint à ce sujet avec Abraham Lincoln ; en septembre, un mandat autorisa la levée du régiment et Rankin obtint son brevet d'officier. Il était convenu qu'une bonne partie des hommes seraient canadiens et que les officiers auraient acquis de l'expérience dans l'armée britannique. Au Canada, on fut consterné d'apprendre qu'un colonel de milice (Rankin était commandant du district militaire n° 9 depuis 1856) et député de l'Assemblée servirait dans l'armée américaine et recruterait de surcroît de ses compatriotes pour une puissance étrangère. Appréhendé à Toronto en octobre pour avoir violé la loi sur l'enrôlement à l'étranger, Rankin ne fut jamais trouvé coupable mais dut renoncer à son brevet d'officier américain. Le régiment de lanciers fut dispersé en 1862, sans avoir participé à aucun engagement. La *Montreal Gazette* résuma ainsi cet incident international : « Il n'y a guère d'hommes au Canada qui soient mieux connus qu'Arthur Rankin pour ses excentricités plutôt donquichottesques. »

À force de chercher en vain la gloire (il s'était aussi porté volontaire en 1854 pour lever un régiment qui aurait participé à la guerre de Crimée), Rankin avait fini par convaincre tous ceux qui en doutaient encore que son goût du spectacle était tel qu'on ne pouvait lui faire tout à fait confiance. On déclara en 1863 nulle et non avenue son élection de 1861. John O'Connor remporta l'élection partielle tenue dans Essex par la suite, mais Rankin avait encore d'énormes appuis dans la population, si bien qu'il gagna celle de 1863, quoique par deux voix seulement. O'Connor reprit le siège aux élections fédérales de 1867. Comme il comprenait la valeur d'une affiliation partisane et pouvait apporter beaucoup de votes catholiques au parti conservateur, O'Connor reçut en récompense un siège au cabinet de Macdonald et remporta en 1872 une victoire écrasante sur Rankin. Néanmoins, ce dernier demeurait une célébrité dans Essex ; la dignité de son maintien et son auréole de cheveux et de favoris blancs lui donnaient, selon les journaux de Detroit, l'allure d'un « maréchal de France de l'Ancien Régime ». À l'occasion, il se mêlait des élections locales, mais on le rejetait invariablement comme une relique de l'époque préconfédérale. Il mourut à Windsor en 1893.

Quoiqu'il ne fût pas parvenu à jouer un rôle important en politique, Arthur Rankin avait fait partie de la Grande Coalition de 1864–1865 [V. George Brown]. En 1865, au cours des débats sur la Confédération, il avait éloquemment parlé en faveur de la constitution d'une nation canadienne. Le temps était venu pour les Canadiens, déclarait-il, de « poser les fondements de [leur] identité nationale », sans quoi ils seraient assimilés par les Américains. Peut-être avait-il espéré se trouver au nombre des délégués qui négocieraient la Confédération, mais on l'avait écarté au profit d'hommes plus sûrs. Ses trop nombreuses incartades l'avaient privé du grand rôle qui aurait pu couronner sa carrière, celui de Père de la Confédération.

PATRICK BRODE

AN, MG 26, A, Macdonald à Henry Smith, 1er juill. 1856. — Canada, prov. du, Assemblée législative, *Journaux,* 14 mai 1857 ; Parl., *Débats parl. sur la Confédération,* 916 ; *Doc. de la session,* 1865, 1re session, n° 17 : 87–93. — *John Prince : a collection of documents,* introd. de R. A. Douglas, édit. (Toronto, 1980). — *A short history and description of the Ojibbeway Indians now on a visit to England* (Londres, 1844). — *Thunder Bay district, 1821–1892 : a collection of documents,* introd. de [M.] E. Arthur, édit. (Toronto, 1973). — *Essex Record* (Windsor, Ontario), 15 août 1872. — *Evening News* (Detroit), 13 mars 1893 (coupures provenant de la Detroit Public Library, Burton Hist. Coll., C. M. Burton scrapbooks, 3 : 151). — *Globe,* 7 oct. 1851, 3 août 1854, 14 mai 1857, 18 juill., 7 oct. 1861, 24 juin 1863. — *Montreal Gazette,* 7 oct. 1861. — *Windsor Herald,* 13 janv. 1855, 12 sept., 10, 24 oct. 1856. — J. E. Buja, « Arthur Rankin : a political biography » (thèse de M.A., Univ. of Windsor, 1982). — Assoc. of Ontario Land Surveyors, *Annual report* (Toronto), 1921 : 120 ; 1924 : 138–143. — Patrick Brode, « Colonel Rankin's Canadian Lancers in the American Civil War », *Detroit in Perspective* (Detroit), 4 (1980) : 170–177. — James Dougall, « That Windsor battle : the account of it from a Canadian standpoint », *Mich. Pioneer Coll.* (Lansing), 7 (1884) : 82–88. — R. A. Douglas, « The battle of Windsor », *OH,* 61 (1969), 137–152.

RASTRICK, FREDERICK JAMES, architecte, ingénieur civil et agent foncier, baptisé le 29 août

1819 à West Bromwich, Angleterre, troisième fils de John Urpeth Rastrick et d'une prénommée Sarah ; le 21 juillet 1857, il épousa à Hamilton, Haut-Canada, Anna Mary Stephens, et ils eurent six fils et une fille ; décédé le 12 septembre 1897 dans cette ville.

La formation professionnelle que reçut Frederick James Rastrick est absolument impressionnante. Vers l'âge de 17 ans, après avoir fréquenté des écoles du Yorkshire et de Londres, il travailla pour son père, important ingénieur des chemins de fer. Puis, en 1839, il entama un apprentissage de cinq ans auprès de l'éminent architecte Charles Barry. Après l'avoir terminé, il s'inscrivit à la Royal Academy of Arts, puis quitta l'Angleterre pendant quatre ans afin d'aller étudier et dessiner en Europe, en Asie mineure et en Égypte.

De retour en 1848, Rastrick exerça à Londres où, quelques années plus tard, il forma avec Charles Ainslie une association qui s'avéra éphémère. En 1852, il abandonna une carrière prometteuse en Angleterre pour immigrer à Brantford, dans le Haut-Canada. Quelques mois plus tard, il ouvrit un deuxième bureau non loin de là, à Hamilton, où il s'installa à la fin de 1853. Les marchands de la ville, qui se connaissaient tous, lui confièrent bientôt une bonne partie de leurs commandes. Mieux formé que d'autres architectes de la région, il avait l'avantage d'être sur place, contrairement aux Torontois William Thomas* et Frederic William Cumberland*, qui jusque-là avaient raflé la plupart des contrats importants à Hamilton.

Un des premiers ouvrages de Rastrick fut un bel entrepôt de pierre, de style classique, construit en 1854 à l'angle des rues MacNab et Merrick pour la Young, Law and Company en 1854. Deux ans plus tard, le beau-frère de John Young*, James McIntyre, lui commanda un immeuble semblable, et la Bank of Upper Canada lui demanda de s'inspirer d'un *palazzo* italien pour dessiner les plans d'une banque qui s'élèverait à l'intersection des rues James et Vine. L'édifice à bureaux construit rue James en 1855–1856 par la Compagnie d'assurance du Canada sur la vie d'après des plans de Rastrick, qui utilisa abondamment le fer forgé dans la façade, était d'un style à l'italienne moins retenu. C'est peut-être lui qui fut l'architecte du vaste entrepôt de pierre de Richard Juson, rue James, dont la construction débuta en 1853, qui transforma le Dundurn Castle de sir Allan Napier MacNab* en 1854–1855 et qui dessina Sandyford Place, que Donald Nicholson construisit en 1856–1857. En outre, il fut ingénieur du comté de Wentworth de 1854 à 1858.

Les années 1850 furent, pour Hamilton, une période d'expansion, comme en témoigne la décision que l'on prit en 1855 d'y construire un bureau de la douane. MacNab, alors copremier ministre de la province, commanda les plans de la structure à Rastrick, mais démissionna avant qu'ils soient terminés et que l'on ait évalué le coût des travaux. Par la suite, on jugea trop coûteux le projet de Rastrick et, en juillet 1857, on lui demanda de dresser les plans d'un édifice plus petit. Les appels d'offres furent lancés en avril 1858, mais sur l'insistance d'Isaac Buchanan*, député de Hamilton à l'Assemblée, on abandonna les plans presque immédiatement parce qu'ils étaient trop modestes. Cinq semaines plus tard, on approuva une proposition plus ambitieuse, celle de Frederick Preston RUBIDGE, du département des Travaux publics, qui s'était probablement beaucoup inspiré des plans initiaux de Rastrick.

La perte de cette commande suivait deux autres revers dans la carrière de Rastrick, qui ne retrouva jamais le même élan. D'abord, il n'avait pas obtenu le poste d'architecte du département des Travaux publics. Le commissaire adjoint du département, Hamilton Hartley Killaly*, l'avait pourtant encouragé à croire que cette nomination viendrait ; au début de 1857, Rastrick s'était donc installé à Toronto, où il avait attendu en vain pendant cinq mois. Puis, en septembre 1857, l'économie s'était mise à ralentir. Dans les derniers mois de l'année précédente, soit au moment où il comptait à la fois sur le poste des Travaux publics et la commande du bureau de la douane, Rastrick s'était associé à William Hall et à Daniel Berkely Wily. Toutefois, plus la dépression s'installait, moins ils trouvaient de travail. Parmi leurs rares commandes figuraient une maison pour John Brown (Highfield, rue Bay) en 1858 et, l'année suivante, l'agrandissement d'Oakbank, rue James, pour William Paterson McLaren*. En juillet 1860, l'association était dissoute.

Pendant une bonne partie de la décennie suivante, Rastrick gagna surtout sa vie comme « agent foncier, agent immobilier et commissionnaire ». À l'occasion, on lui demandait d'inspecter des édifices publics en vue de réfections, mais il se vit refuser plusieurs fois un poste au département des Travaux publics et, en mai 1865, on rejeta la soumission qu'il présenta pour être architecte surveillant des travaux d'achèvement des édifices du Parlement à Ottawa. En 1867, une « grave pénurie de travail » le força à mettre en vente une bonne partie de son exceptionnelle bibliothèque d'architecture. L'année suivante, il dut passer une partie de son temps à exercer à Montréal.

En 1870, Rastrick fut obligé de retourner à Hamilton à cause de sa santé ; il allait y rester jusqu'à la fin de sa vie. Plusieurs longues périodes de maladie l'obligèrent à interrompre son travail – le plus souvent des commandes résidentielles tout à fait banales. En 1879, il forma la F. J. Rastrick and Sons avec ses fils Edward Lewellyn et John Urpeth. Deux ans plus tard, celui-ci se noya dans un accident de bateau. Rastrick continua d'exercer avec Edward Lewellyn jusqu'à sa mort, en 1897, sauf pendant trois ans, vers la fin des années 1880. L'année qui suivit sa mort, un troisième de ses fils, Francis Reginald, s'intégra à la compagnie, qui resta en activité jusqu'à ce que, vers 1923, un incendie détruise le bureau et probablement la plus grande partie de ce qui restait des dessins et des dossiers de Rastrick.

Rastrick s'était distingué par sa ténacité, que ce soit en tentant, durant 15 ans, de percevoir le solde des honoraires qu'on lui devait, affirmait-il, pour les plans du bureau de la douane ou en essayant de fonder un regroupement professionnel d'architectes. Au moins trois associations précédèrent les organismes permanents qui virent le jour en Ontario et dans la province de Québec à la fin des années 1880. Rastrick fut vice-président de l'Association of Architects, Civil Engineers and Provincial Land Surveyors of the Province of Canada en 1860–1861 et de l'organisme qui la remplaça en 1862, soit l'éphémère Association of Surveyors, Civil Engineers and Architects. Quatorze ans plus tard, il devint le premier président du Canadian Institute of Architects, qui ne dura guère non plus. Enfin, le lieutenant-gouverneur, sir Alexander CAMPBELL, le nomma au premier conseil de l'Ontario Association of Architects, qui avait été fondée en 1889 et constituée juridiquement l'année suivante.

Homme sociable, Frederick James Rastrick fut aussi un membre actif du Hamilton Mechanics' Institute, de la loge maçonnique, des Sons of England et de la St George's Society. On l'élut membre de l'Académie royale canadienne des arts en 1880–1881.

STEPHEN A. OTTO

Une liste complète des immeubles dessinés par Frederick James Rastrick, répertoriés par Stephen A. Otto, se trouve dans les fichiers du *DCB*.

AN, RG 11, A1, 25, n° 29098 ; 29, n°s 33898, 34225, 34270, 34884 ; 32, n° 37319 ; A3, 139, n° 1765 ; B1(a), 372 : 373–375 ; 374 : 339–341 ; B1(b), 639, n°s 55350, 63617, 75097, 84154. — Canada Life Assurance Company Arch. (Toronto), Corporate records. — HPL, United Counties of Wentworth and Halton, council minutes, 13 déc. 1854. — West Bromwich Central Library (West Bromwich, Angl.), All Saints' Church (West Bromwich), reg. of baptisms, marriages, and burials. — « Association of Architects, Civil Engineers and P.L. Surveyors of the Province of Canada », H.-C., Board of Arts and Manufactures, *Journal* (Toronto), 1 (1861) : 14. — *Builder* (Londres), 20 (1862) : 573. — *British Colonist* (Toronto), 20 juill. 1852, 7 avril 1858. — *Gazette* (Montréal), 7 déc. 1868. — *Globe*, 29 sept. 1858. — *Hamilton Spectator*, 5 nov. 1852, 2 janv., 16 févr. 1854, 1er avril, 9 juill., 13 déc. 1856, 22 juill. 1857, 5, 26 avril, 27 mai 1858, 23 mai 1859, 3 août 1866, 1er janv. 1870, 3 mars 1879. — *Mail* (Toronto), 29 déc. 1876. — *Montreal Herald*, 2 mars 1870. — *Canadian album* (Cochrane et Hopkins), 1 : 253. — *DHB*.

RED CROW. V. MÉKAISTO

REEVE, WILLIAM ALBERT, avocat, juge de paix, professeur et administrateur scolaire, né le 4 janvier 1842 à Toronto, fils de William Reeve et de Sarah Bielby ; en juin 1866, il épousa à Little Falls, état de New York, sa cousine germaine Sarah Theresa Bielby, et ils eurent neuf enfants ; décédé le 2 mai 1894 dans sa ville natale.

Les parents de William Albert Reeve se rencontrèrent et se marièrent en 1832, dans le comté d'York, au Haut-Canada, peu après avoir émigré d'Angleterre. Son père s'établit d'abord dans une ferme mais se lança bientôt dans la fabrication d'outillage agricole à Toronto. C'était une famille non conformiste sur le plan religieux et ouverte aux réformes dans le domaine politique. William Reeve mourut en 1846, laissant sa femme avec une famille nombreuse et une maigre succession.

Comme ses frères, Richard Andrews et John, qui devinrent des médecins et professeurs de médecine renommés, William Albert fréquenta le Victoria College, à Cobourg. Il y étudia de 1856 à 1858, obtint un diplôme de la University of Toronto en 1861 puis s'inscrivit comme étudiant à la Law Society du Haut-Canada. Il commença son stage de clerc chez Stephen Richards de Toronto, mais passa ensuite chez Byron Moffatt Britton de Kingston. Autorisé à exercer comme solicitor le 24 novembre 1864, il fut reçu au barreau au trimestre d'automne de 1865. Reeve commença à travailler la même année à Napanee, en s'associant à William Henry Wilkison, procureur de la couronne dans Lennox and Addington et juge de paix. En 1869, il lui succéda à ces postes mais remit sa démission en 1882 pour retourner à Toronto.

Peu de temps avant son retour, Reeve était devenu avocat-conseil au prestigieux cabinet de Beatty, Chadwick, Thomson and Blackstock, mais cette association ne dura guère. Vers le milieu des années 1880, il pratiqua le droit criminel à son compte et à titre d'associé de James A. Mills ; à l'occasion, il agit en qualité d'avocat-conseil auprès de la Law Society pour des questions disciplinaires. Ses fonctions les plus importantes furent sans doute celles de maître de conférences et d'examinateur à temps partiel en droit criminel, maritime et civil au Trinity College et à Osgoode Hall en 1882 ; les six années suivantes, il figura sur la liste des chargés de cours de la Law Society. On le nomma conseiller de la reine en octobre 1885.

En février 1889, la décision des conseillers de la Law Society de rétablir à Osgoode Hall un programme de cours obligatoires pour compléter la formation pratique en droit mit temporairement fin à la controverse au sujet de la place des cours théoriques dans la formation juridique en Ontario. La direction de l'école, confiée au moins pour la quatrième fois à l'extérieur d'Osgoode Hall depuis son ouverture en 1832, fut d'abord proposée à Samuel Henry Strong*, de la Cour suprême du Canada, qui déclina l'offre. On l'offrit ensuite à Reeve, relativement peu connu, qui accepta. Les raisons de cette nomination, le 3 juillet, demeurent obscures. Son ancien associé à Kingston, Byron Moffatt Britton, ainsi que Britton Bath Osler* et D'Alton McCarthy, avocats au criminel et membres comme lui du cercle étroit que constituait cette section du barreau de Toronto, figurent parmi les conseillers qui l'engagèrent. Sa première tâche consista à passer deux mois de l'été à visiter les universités Columbia, Harvard, Yale et Boston avec les conseillers Edward Martin et Charles Moss*. Les observations favorables de Reeve sur le renouveau de la formation juridique aux États-Unis, ajoutées à sa connaissance des *Commentaries on the laws of England* de William Blackstone, constituèrent le fond de l'allocution inaugurale qu'il prononça le 7 octobre 1889.

Contrairement à ses successeurs, Newman Wright Hoyles, John Delatre Falconbridge* et Cecil Augustus Wright*, Reeve reçut un accueil favorable dans la plupart des constituantes pendant ses quatre années à la direction. On s'accorde à dire que le retard qui, selon certains, caractérisa la formation juridique sous les auspices de la Law Society au XXe siècle aurait pu être évité si le décès de Reeve, survenu en 1894 à la suite d'un arrêt du cœur à l'âge de 52 ans, n'avait pas mis brusquement fin à sa carrière de directeur. Cette opinion repose, entre autres, sur la nature du contenu du programme de la première année, élaboré dans la foulée des efforts déployés par Christopher Columbus Langdell à Harvard dans les années 1870, qui mettait l'accent sur certains aspects du droit privé, comme les contrats et les biens immobiliers. On introduisit aussi à titre expérimental l'enseignement socratique pratiqué aux États-Unis et l'étude de cas, le nombre d'enseignants à temps partiel fut graduellement multiplié par deux, et l'on offrit chaque année trois fois plus de cours. Finalement, la création d'une bonne bibliothèque et des rénovations importantes permirent de mieux répondre aux besoins d'une population étudiante en expansion.

Reeve orchestra la mise sur pied du programme de formation, sous la vigilance du comité de formation juridique de la Law Society, que présidait Charles Moss. La mainmise du comité sur l'engagement du personnel, les programmes, les questions d'examen, les manuels, les admissions, la discipline, ainsi que l'organisation de l'horaire en fonction des exigences de la formation pratique, limitait cependant la liberté de Reeve. Il donnait davantage l'impression d'être un commis salarié qu'un doyen d'études. Son école, cependant, fut le premier établissement permanent de la Law Society, et il y occupa le premier poste de professeur à temps plein. Au Canada nouvellement confédéré, il fut le deuxième, semble-t-il, après Richard Chapman Weldon* de l'école de droit de la Dalhousie University. Cependant, à la différence d'éminents professeurs à temps partiel de droit criminel au Canada au XIXe siècle, tels John King*, sir Henri-Elzéar Taschereau*, William Badgley* ou Jacques Crémazie*, Reeve ne participa à aucun projet de réforme du droit, ni ne publia dans son domaine. À l'exception de son allocution inaugurale et de quelques plaidoiries, il ne semble pas avoir écrit, ne serait-ce qu'une lettre dans le courrier des lecteurs d'un journal. Toutefois, son adresse inaugurale constitue un éloquent, fascinant et savant exposé de 12 pages, qui se démarque du cadre routinier de la pratique du droit en Ontario à la fin du XIXe siècle par sa perspicacité et son absence de sectarisme.

La réputation de William Albert Reeve est donc fondée sur l'exposé de sa doctrine et sur sa mise en œuvre d'un régime hybride et monopolistique d'apprentissage et de formation théorique extra-universitaire, qui devança et concurrença l'enseignement du droit dans les universités ontariennes et demeura intact jusqu'en 1957. Reeve apparaît aussi comme une figure dominante de sa famille qui, d'abord non conformiste et orientée vers l'industrie artisanale locale, comptait, trois générations plus tard, des médecins, des professeurs et des membres du clergé anglican de réputation internationale.

G. Blaine Baker

Aucun papier de William Albert Reeve ne semble subsister, mais une importante collection privée qui renferme des documents et des souvenirs de famille se trouve en la possession de William Frederick Reeve de Port Hardy, C.-B.

Law Soc. of Upper Canada Arch. (Toronto), Barristers' roll ; Common roll ; Legal Education Committee, records ; Minutes of the Convocation of Benchers, 1882–1894. — *Canada Law Journal* (Toronto), nouv. sér., 30 (1894) : 292. — *Canadian Law Times* (Toronto), 9 (1889) : 162, 241–255. — Law Soc. of Upper Canada, Convocation of Benchers, *Journal of proc.* [...] [1879–1904] (3 vol., Toronto, 1885–1904), 1–2. — *Globe*, 3 mai 1894. — *Toronto Daily Mail*, 3 mai 1894. — *The Ontario law list and solicitors agency book* [...], J. L. Rordans, compil. ([6e–9e éd.], Toronto, 1870–1882). — *The Upper Canada law list* [...], J. L. Rordans, compil. ([5e éd.], Toronto, 1866). — G. B. Baker, « Legal education in Upper Canada, 1785–1889 : the law society as educator », *Essays in the history of Canadian law*, D. H. Flaherty, édit. (2 vol., Toronto, 1981–1983), 2 : 49, 107–112. — C. J. Cole, « A learned and honorable body : the professionalization of the Ontario bar, 1867–1929 » (thèse de PH.D., Univ. of Western Ontario, London, 1987), particulièrement 166–226. — C. I. Kyer et J. E. Bickenbach, *The fiercest debate : Cecil A. Wright, the benchers, and legal education in Ontario, 1923–1957* (Toronto et Buffalo, N.Y., 1987), particulièrement 28–34. — B. D. Bucknall *et al.*, « Pedants, practitioners and prophets : legal education at Osgoode Hall to 1957 », *Osgoode Hall Law Journal* (Toronto), 6 (1968) : 137, 157–172. — W. F. Reeve, « William Albert Reeve, Q.C. : the first principal, 1889–1894 », *Continuum* (North York [Toronto]), 15 (1987), n° 1 : 3–4.

RENDELL, STEPHEN, marchand et homme politique, né le 24 mai 1819 à Coffinswell, Angleterre, fils de John Rendell ; le 30 septembre 1852, il épousa à Blackhead, baie Conception, Terre-Neuve, Catharine Norris, et ils eurent six fils, dont l'un mourut en bas âge, et deux filles ; décédé le 4 avril 1893 dans son village natal.

Stephen Rendell était le cadet des deux fils d'un commerçant du Devon, John Rendell, qui avait des intérêts à Terre-Neuve depuis 1793. En novembre 1834, ce dernier fut témoin à la signature du contrat qui faisait de son fils de 15 ans un apprenti à la Bulley, Job and Company de St John's, dont les associés principaux étaient Thomas Bulley, John Job, Robert Job et Thomas Bulley Job*. Cette importante société, fondée par Samuel Bulley* et John Job vers la fin du siècle précédent, était en train de devenir l'une des plus grosses de ces maisons de commerce de Terre-Neuve qui, selon une tradition déjà implantée à l'époque, avaient leur bureau principal dans le sud-ouest de l'Angleterre. (Elle allait réinstaller son siège social à Liverpool par la suite.) En 1895, l'historien Daniel Woodley Prowse* nota les souvenirs que Rendell avait gardés de ce temps. « Feu l'honorable Stephen Rendell m'a souvent dit que, même à son arrivée dans la colonie en 1834, des centaines de jeunes gaillards du Devonshire venaient chaque printemps chez Rowell, Boden, Bulley, Job et bien d'autres [employeurs] du côté sud [du port de St John's] et à Hoyle's Town (Maggotty Cove), ou alors à Torbay, Bay Bulls, Petty Harbour, etc. Tous ces jeunes étaient envoyés pour deux étés et un hiver [...] L'arrivée et le départ des hommes de Terre-Neuve étaient un événement dans le Devonshire. Les campagnards estimaient le moment à l'aide du vieux lectionnaire de l'Église d'Angleterre : « Jan ! le pasteur est rendu aux Proverbes, les gars de Terre-Neuve vont revenir dans pas grand temps. »

Stephen Rendell, cependant, ne rentra pas avec eux. Il avait signé pour cinq ans, en échange « de nourriture et de logement convenables », et d'un salaire de £20 en espèces pour chacune des deux premières années, £25 la troisième, £35 la quatrième et £50 la dernière. La Bulley, Job and Company s'engageait à lui enseigner « l'art et les secrets d'un marchand à commission ». Il ne tarda pas à montrer sa compétence et, son apprentissage terminé, il représenta la compagnie à divers titres dans plusieurs petits ports éloignés de Terre-Neuve, surtout à la baie Trinity. Il administra d'importantes affaires pour elle à Hant's Harbour et, à un certain moment, probablement dans les années 1850, il semble qu'il exploita, seul ou en société avec d'autres marchands, des entreprises à Carbonear et Old Perlican. À Blackhead, dans la baie Conception, il fit la connaissance de Catharine Norris, fille d'un ministre wesleyen, et l'épousa. En citant peut-être une source contemporaine, le *Newfoundland Bulletin* notait : « comme marchand, il était respectable, entreprenant mais aussi prudent et très perspicace [...] à la baie Trinity, tout le monde – hommes, femmes et enfants – le connaissait et l'aimait ».

Au milieu des années 1850, comme la vieille garde de la compagnie (alors connue sous le nom de Job Brothers and Company) était à la retraite, ses associés et son administration changèrent. En décembre 1859, Rendell se joignit à Samuel Job, Thomas Bulley Job et Thomas Raffles Job en qualité d'associé et de directeur général de toutes les activités terre-neuviennes. Domicilié à St John's, il veillait à l'approvisionnement des pêcheries de morue et de phoque et dirigeait, toujours pour le compte de la compagnie, un important commerce d'exportation vers l'Europe et le Brésil. L'année 1859 marqua aussi le début de sa carrière politique : sous la bannière conservatrice, on l'élut député de la circonscription de Trinity Bay à la chambre d'Assemblée, siège qu'il conserverait jusqu'en 1873. En 1869, il fut l'un des rares partisans de la Confédération à être élu [V. sir Frederic Bowker Terrington CARTER]. En 1874, il entra au Conseil législatif, et dans les années 1870, sous les gouvernements de Carter et de William Vallance Whiteway*, il siégea au Conseil exécutif.

Rendell participait à la vie de la colonie de plusieurs autres manières. Il eut des intérêts dans l'industrie minière et celle du sciage. En 1841–1842, il fut membre fondateur et président de l'Agricultural Society de St John's. Grand amateur de chasse depuis son enfance dans le Devon, c'est lui qui, au cours de sa présidence, apporta à Terre-Neuve le lièvre à raquettes pour suppléer le lièvre polaire, indigène, dont le nombre allait décroissant. Il fit venir ces animaux de Nouvelle-Écosse et les relâcha à divers endroits dans toute l'île, où ils devinrent bientôt une importante source d'alimentation locale. Tout au long de sa carrière, Rendell se dévoua à des établissements publics : la St John's Wesleyan Academy, dont il fut secrétaire de 1866 à 1869 ; l'église wesleyenne George Street, ouverte en 1873, et pour la construction de laquelle il fournit de la pierre extraite dans la colonie ; enfin l'institut littéraire de l'académie, qu'il contribua à fonder en 1866 et où des générations de personnages publics de Terre-Neuve ont pu, jusqu'à récemment, s'initier à la pratique du débat.

L'asthme dont Stephen Rendell souffrait depuis longtemps l'obligea à abandonner les affaires en 1881 et à quitter la colonie où il vivait depuis près d'un demi-siècle. Il retourna dans son village natal, Coffinswell, où il mourut 12 ans plus tard, à l'âge de 73 ans. Ses enfants adultes, restés à Terre-Neuve, allaient à leur tour se tailler une place importante dans les cercles professionnels, le milieu des affaires et la vie sociale de l'île.

G. M. STORY

Une copie dactylographiée d'une notice sur la famille Rendell rédigée en 1916 a été fournie à l'auteur par Norma Mainwaring de St John's, descendante du sujet. [G. M. S.]

Courier (St John's), 27 févr. 1867. — *When was that ? A chronological dictionary of important events in Newfoundland down to and including the year 1922* [...], H. M. Mosdell, compil. (St John's, 1923 ; réimpr., 1974), 108. — Gunn, *Political hist. of Nfld.*, 201–202. — R. B. Job, *John Job's family ; a story of his ancestors and successors and their business connections with Newfoundland and Liverpool, 1730 to 1953* (2e éd., St John's, 1954), 31–32, 41–42, 94, 127–129. — D. W. Prowse, *A history of Newfoundland from the English, colonial, and foreign records* (Londres et New York, 1895 ; réimpr., Belleville, Ontario, 1972), 297–298. — G. M. Story, *George Street Church, 1873–1973* (St John's, 1973), 18. — *Collegian* ([St John's]), 1960 : 69, 76. — *Daily News* (St John's), 4 sept. 1954 : 21. — *Newfoundland Bull.* (St John's), sept. 1968.

RENFREW, GEORGE RICHARD, homme d'affaires, né le 9 février 1831 à Québec, fils de Thomas Renfrew, épicier, et de Mary Ann Jane Henderson ; le 27 mars 1855, il épousa au même endroit Eliza Jane Tweddle, et ils eurent trois garçons et trois filles ; décédé le 4 septembre 1897 à Shipley, Angleterre.

George Richard Renfrew devient en 1852 l'associé de John Henderson, homme d'affaires de Montréal qui avait entrepris ses activités de chapelier et de fourreur à Québec vers 1843 ; il s'était alors joint à son frère William Simpson, sous la raison sociale de W. S. Henderson and Company, pour exploiter un commerce rue Buade. Lorsque William Simpson se retire des affaires en 1852, John, alors le seul bailleur de fonds de l'entreprise, s'associe à Renfrew et à V. H. Marcou. Dix ans plus tard, en mars, la firme devient la Henderson, Renfrew and Company. En prévision de sa retraite, Henderson cède progressivement ses intérêts à Renfrew et à Marcou. Entre 1864 et 1867, ses associés deviennent les principaux actionnaires sous une nouvelle raison sociale, la Renfrew and Marcou. En 1871, avec un capital fixe évalué à 100 000 $ et une production de 300 000 $, l'entreprise emploie 65 personnes ; elle déclasse ainsi ses plus proches concurrents, tel Jean-Baptiste Laliberté*. Entre 1875 et 1878, Marcou se retire des affaires et l'entreprise prend le nom de George Richard Renfrew and Company. Le principal associé de Renfrew est alors son cousin, John Henderson Holt, que l'on avait engagé à titre de commis en 1867.

En juillet 1876, la fortune personnelle de Renfrew est estimée à 184 000 $ et il a investi 80 000 $ dans son commerce. Son portefeuille financier est très diversifié. Il possède 22 000 $ en actions de la Banque de Montréal et 11 500 $ de la Banque de Stadacona. Il détient également 5 000 $ d'actions dans la fabrique de meubles de William Drum. Il a aussi investi dans le secteur des transports, notamment dans la Compagnie des steamers de Québec et des ports du golfe et dans la Quebec and Levis Ferry Company, puis dans le secteur des services publics par le biais, entre autres, de la Compagnie de télégraphe de Montréal, et enfin dans l'industrie, comme en témoignent ses 18 000 $ d'actions de la Pullman Palace Car Company.

Durant les années 1880 et la décennie qui suit, Renfrew effectue de nouveaux placements. Il s'intéresse particulièrement au secteur du textile et en 1881 il participe à la formation de la Canada Worsted Company, filature de coton et de laine. En 1883, il contribue au capital souscrit d'une filature de laine, la Riverside Worsted Company, et devient membre du conseil d'administration en 1886, année où la manufacture prend le nom de Quebec Worsted Company ; elle sera détruite par le feu en 1891. Enfin, il détient à son décès 15 actions de la Compagnie des filatures de coton de Montmorency, usine de textile construite sur l'emplacement de l'ancien moulin à scier de George Benson Hall* à Beauport.

Les placements de Renfrew dans le secteur des services publics constituent une partie importante de son portefeuille d'actions. En effet, à son décès il possède 400 actions de la Compagnie de gaz de Montréal, 155 de la Sherbrooke Gas and Water Company, 131 de la Compagnie de pouvoir électrique de Montmorency, 82 de la Quebec and Levis Ferry Company, 44 de la Compagnie des steamers de Québec (l'ancienne Compagnie des steamers de Québec et des ports du golfe) et 21 de la Compagnie de gaz de Québec. D'autres valeurs acquises dans le secteur bancaire et celui des assurances complètent son portefeuille : 346 actions de la Banque de Québec, 25 de la Caisse d'économie de Notre-Dame de Québec et 150 de la Compagnie d'assurance de Québec contre les accidents du feu.

Renfrew spécule également sur les prêts personnels. Par exemple, entre 1879 et 1888, il prête 11 900 $ à des particuliers. Cette activité s'accroît au cours des dernières années de sa vie : de 1890 à 1897, il avance 62 300 $ à différentes personnes dont Ernest Pacaud* et Charles-Antoine-Ernest Gagnon*.

Quant à la George Richard Renfrew and Company, elle amorce une croissance fulgurante au début des années 1880. Évaluées entre 75 000 $ et 100 000 $ en 1878, les ressources financières de la compagnie atteignent 400 000 $ à 500 000 $ en 1893. Plusieurs éléments expliquent cette croissance. L'entreprise a intégré ses activités de production et de distribution, et elle a la maîtrise tant des sources d'approvisionnement en peaux que de la vente en gros et au détail de ses produits. Ainsi Renfrew se procure des fourrures dans plusieurs pays, dont la Russie, mais il en achète aussi directement des trappeurs et des chasseurs du Labrador et de la Côte-Nord. La réussite de Renfrew tient surtout aux supports promotionnels qu'il a mis au point ainsi qu'aux débouchés dont il s'est assuré. Il a présenté ses collections de fourrures à différentes expositions, en particulier celle de 1886 à Londres, et il est devenu cette année-là le fournisseur attitré de la famille royale. En même temps, il a trouvé un marché beaucoup plus vaste pour ses produits qu'il peut écouler non seulement dans la métropole et au Canada mais aux États-Unis. Cette croissance entraîne l'agrandissement de sa boutique et l'ouverture, en 1889, d'un magasin à Toronto, sans doute pour consolider la position de l'entreprise sur les marchés canadien et américain. Bien que la conjoncture des années 1890 soit difficile, l'entreprise demeure en excellente santé financière ; en 1896, ses ressources financières sont évaluées entre 400 000 $ et 500 000 $. Ce n'est qu'après le décès de Renfrew que la firme enregistrera une diminution de son actif qui, en 1899, ne se situera plus qu'entre 250 000 $ et 300 000 $.

À sa mort, Renfrew laisse une véritable fortune, si l'on en croit un entrefilet de *la Semaine commerciale* qui l'évalue à 1,25 million de dollars. Cependant, tous les journaux ne souscrivent pas à cette estimation : selon l'*Événement,* la valeur de la succession se situe à près de 600 000 $, tandis que le *Monetary Times* l'établit à seulement 300 000 $. Outre les valeurs mobilières déjà décrites, Renfrew laisse à sa famille quelque 30 700 $ dans des comptes à la Banque de Québec et à la Caisse d'économie de Notre-Dame de Québec. Il cède également différentes propriétés dont sa boutique, une résidence rue Sainte-Anne acquise en 1895, une ferme dans le canton de Markham, en Ontario, et quelques terrains au Manitoba. Il lègue aussi 30 000 $ à chacun de ses six enfants ainsi que des sommes importantes à des œuvres et des établissements de bienfaisance anglo-québécois.

Le fils de George Richard Renfrew, Allan Edmund, et John Henderson Holt prennent la direction de la George Richard Renfrew and Company peu après le décès du fondateur. Ils investissent 300 000 $. Holt est directeur général et Allan Edmund Renfrew, directeur de la succursale torontoise. En 1900, la firme devient la Holt, Renfrew and Company. Durant les années 1900, elle compte quatre ateliers de confection situés à Québec, Montréal, Toronto et Winnipeg. À lui seul, le siège social occupe une surface de 65 000 pieds carrés et emploie 200 personnes. La main-d'œuvre totale est estimée à plus de 500 travailleurs. L'entreprise continue d'importer directement de Russie et d'Allemagne une certaine quantité de fourrures, mais elle privilégie l'approvisionnement local que lui assurent sa ferme d'élevage de renards argentés aux environs de Québec ainsi que les trappeurs et les chasseurs de la Côte-Nord. Son marché est international : de prestigieuses boutiques représentent la compagnie à Londres. Elle est également très populaire à Québec où elle a aménagé, pour le bénéfice du public, un zoo au parc de la chute Montmorency. En 1908, au moment de sa reconnaissance juridique par le gouvernement fédéral, son capital autorisé est porté à un million de dollars. À cette occasion, John Henderson Holt devient président et Allan Edmund Renfrew, vice-président.

JEAN BENOIT

AC, Québec, Minutiers, William Bignell, 27 sept. 1843, 23 sept. 1868, 10 janv. 1876, 14 févr. 1878, 21 mai 1879, 27 oct. 1880, 31 janv., 27 déc. 1884, 12 févr. 1886 ; E. G. Meredith, 26 janv. 1888, 17 févr. 1892, 7 févr. 1895, 24, 29 sept. 1897, 28 févr. 1898, 21 mars 1899 ; L.-P. Sirois, 7 oct. 1890, 2 oct. 1891, 9 mars, 18 août 1892, 5 janv., 17 août 1893, 10 janv., 6 mars, 17 déc. 1894, 24 janv., 8–9 mai, 1er août 1895, 5 juin, 3 juill. 1896, 11 févr. 1897. — AN, RG 31, C1, 1871, Québec. — ANQ-Q, CE1-68, 27 mars 1831, 27 mars 1855. — Baker Library, R. G. Dun & Co. credit ledger, Canada, 8 : 3, 262. — Holt, Renfrew and Co. Arch. (Québec), « Holt Renfrew milestones ». — Holt, Renfrew and Co. Arch. (Toronto), « Register of events (1886–1901) ». — *Bradstreet Commercial Report,* John Bradstreet, édit. (New York), 1864 ; 1867 ; 1875 ; 1878 ; 1883 ; 1885 ; 1887 ; 1889 ; 1891 ; 1893 ; 1896 ; 1899. — *L'Électeur,* 13–14 févr. 1891. — *L'Événement,* 21 oct. 1897. — *Monetary Times,* 10 sept. 1897, 26 août 1898, 9 mars 1900. — *La Semaine commerciale* (Québec), 10 sept., 22 oct. 1897. — Jean Benoit, « le Développement des mécanismes de crédit et la Croissance économique d'une communauté d'affaires ; les marchands et les industriels de la ville de Québec au XIXe siècle » (thèse de PH.D., univ. Laval, 1986). — *The book of Montreal, a souvenir of Canada's commercial metropolis* (Montréal, 1903). — *Québec, Canada* (Québec, [1911]). — *The storied province of Quebec ; past and present,* William Wood *et al.*, édit. (5 vol., Toronto, 1931–1932), 3 : 6. — Al Palmer, « Holt Renfrew encompasses old and new with Place Ville Marie branch », *Gazette* (Montréal), 26 oct. 1962 : 22.

RÉZÉ, JOSEPH-PIERRE, prêtre et père de Sainte-Croix, né le 23 février 1814 à Sablé-sur-Sarthe, France, troisième des sept enfants de Michel Rézé, commerçant, et de Louise Chevalier ; décédé le 28 septembre 1899 à Côte-des-Neiges (Montréal).

En 1826, Joseph-Pierre Rézé entre au collège de Château-Gontier, en France. Il opte ensuite pour le sacerdoce ; il fait sa philosophie et sa théologie au grand séminaire du Mans, puis il est ordonné prêtre le 9 juin 1838. Après deux ans de ministère paroissial, il demande à être admis dans la Congrégation de Sainte-Croix. Il prononce ses vœux le 15 août 1842 et décide de se consacrer à l'éducation des jeunes. Au printemps de 1849, il devient supérieur des religieux de Sainte-Croix au Bas-Canada. Ces derniers étaient arrivés à Saint-Laurent, dans l'île de Montréal, en 1847, à la demande de l'évêque, Mgr Ignace Bourget*, et du curé de l'endroit, Jean-Baptiste Saint-Germain*.

Le père Rézé assume ses fonctions dès le jour de son arrivée au pays, le 17 juillet 1849. Son mandat consiste à consolider la situation financière de la congrégation et, si cela s'avérait impossible, à rapatrier la communauté. Sans tarder, il entre en pourparlers avec Bourget et Saint-Germain, qui avaient promis de payer tous les frais de voyage et d'installation de la congrégation. Or là se trouve la source principale de son embarras financier. De l'évêque, il obtient un appui moral et sa caution ; du curé, des ressources limitées mais réelles. En même temps, il presse les commissaires des écoles, où travaillent les frères de Sainte-Croix, de respecter les conventions signées avec son prédécesseur en acquittant au plus tôt les arrérages sur les salaires des professeurs. Incapable d'en arriver à un règlement à Terrebonne, il en retire les frères le 31 décembre 1849 et, sur-le-champ, ouvre une école à Côte-des-Neiges. Grâce à son activité incessante et à son sens des affaires, il réussit à sauver la Congrégation de Sainte-Croix au Bas-Canada, mais il lui reste à la consolider.

Le père Rézé reçoit en 1851 le titre honorifique de « provincial du Canada » qui témoigne de l'estime de son supérieur général et contribue à accroître son prestige, précisément au moment où il s'apprête à bâtir. La petite école des frères à Saint-Laurent, constituée juridiquement en 1849 sous le nom d'Académie industrielle de Saint-Laurent, logeait encore dans une maison qui appartenait à la fabrique. Rézé érige donc un beau corps de bâtiment sur un terrain cédé par le curé Saint-Germain. En 1854, il offre les cours d'arts et de métiers, souhaités par l'évêque et le curé, qui n'obtiennent toutefois pas la faveur des élèves et des parents. Rézé se sent alors libre de réaliser son plan pour que la communauté réussisse à survivre : Saint-Laurent doit joindre les études classiques à ses cours primaire et commercial. En 1861, on amende la charte en ce sens et l'académie devient le collège de Saint-Laurent.

Au chapitre général de 1866, la Congrégation de Sainte-Croix crée la province du Canada et le père Rézé en est élu supérieur. Il a sous son autorité quelque 70 religieux répartis dans quatre cures, trois écoles paroissiales et trois collèges. Ces derniers sont situés à Saint-Laurent, à Saint-Aimé (Massueville) et à Memramcook, au Nouveau-Brunswick, où le fondateur fut Camille LEFEBVRE, premier père canadien de Sainte-Croix.

Le 7 février 1869, on appelle Rézé à Paris pour remplir la fonction d'assistant du supérieur général. Pendant la guerre franco-prussienne, il visite les maisons d'Amérique au nom de ce dernier. Il réside alors à Saint-Laurent, où il enseigne la théologie aux maîtres auxiliaires. À l'automne de 1871, on lui demande d'assumer la charge de supérieur provincial du Canada. Toutefois, les membres du chapitre général de 1872 s'inquiètent de la situation précaire de la province de France et décident de la confier au père Rézé.

Rézé redevient l'assistant du supérieur général en 1880. On l'envoie au Canada sept ans plus tard pour y remplacer le provincial qui vient de démissionner. Usé par les ans et les travaux, Rézé laisse sa charge à l'automne de 1890 et demande pour toute faveur de pouvoir finir ses jours dans son pays d'adoption. Deux ans auparavant, la province canadienne avait célébré son jubilé d'or de prêtrise par des fêtes grandioses.

Le père Joseph-Pierre Rézé, d'un abord plutôt froid et réservé, cachait, sous cette apparence, une nature riche en qualités de cœur et d'esprit. Ses intimes attestent qu'il était doué d'une rare sensibilité et qu'il possédait une vaste érudition. Son point de vue sur tout sujet faisait toujours poids. Cependant, il gardait une simplicité avenante. Homme de foi profonde, il a su mettre sa vie religieuse à la première place, même dans les occupations les plus accaparantes.

ROGER BESSETTE

AD, Sarthe (Le Mans), État civil, Sablé, 23 févr. 1814. — ANQ-M, CE1-44, 2 oct. 1899. — Arch. des Pères de Sainte-Croix (Montréal), Sér. B2 (Corr. de J.-P. Rézé). — *Noces d'or du rév. père Joseph Rézé, c.s.c. (Montréal, 1888).* — *Sainte-Croix au Canada* (s.l., 1947). — « Le Rév. père Joseph Rézé, c.s.c. », *la Semaine religieuse de Montréal* (Montréal), 34 (juill.–déc. 1899) : 224–226.

RICHARDS, sir GEORGE HENRY, officier de marine, topographe, explorateur et hydrographe, baptisé le 27 février 1819 à Antony, Cornouailles, Angleterre, fils de George Spencer Richards, de la marine royale, et d'une prénommée Emma Jane ; le 1er mars 1847, il épousa Mary Young (morte en 1881), et ils eurent quatre fils et une fille, puis en 1882 Alice Mary Tabor ; décédé le 14 novembre 1896 à Bath, Angleterre.

George Henry Richards entra dans la marine royale en 1832 et servit d'abord dans les Antilles puis, sous le commandement du capitaine Edward Belcher*, dans le Pacifique. Loué pour sa bravoure pendant la guerre de l'Opium (1839–1842) contre la Chine, il fut promu lieutenant le 12 juillet 1842 et affecté aux levés hydrographiques des îles Falkland. Au cours des hostilités contre la république de Buenos Aires (Argentine), il obtint le grade de commandant et, de 1847 à 1851, il participa aux levés hydrographiques de la Nouvelle-Zélande. De 1852 à 1854, il fut commandant en second de Belcher sur le navire *Assistance* que l'on envoya à la recherche de sir John Franklin*, porté disparu depuis 1845 avec les membres de son expédition dans l'Arctique. À l'été de 1853, Richards se distingua de nouveau en effectuant cette fois plusieurs voyages en traîneau, parcourant environ 2 000 milles en sept mois. Au cours d'une tournée qui le mena du détroit de Northumberland (Territoires du Nord-Ouest) à l'île Dealy, il visita le *Resolute,* navire du capitaine Henry Kellett*. À son retour en Angleterre en 1854, on le promut capitaine.

En 1856, Richards reçut le commandement du *Plumper,* bâtiment hydrographique à hélice, que l'on envoya dans le nord-ouest du Pacifique pour aider la commission anglo-américaine de délimitation des frontières [V. Samuel Anderson*] et assurer une présence militaire britannique dans l'île de Vancouver [V. sir Robert Lambert Baynes*]. Le bateau parvint à Esquimalt le 10 novembre 1857, cinq mois après l'arrivée du commissaire britannique principal, le capitaine James Charles Prevost. À titre de commissaire britannique en second pour l'établissement de la frontière maritime, Richards devait exécuter un levé détaillé des eaux qui séparent l'île de Vancouver du territoire continental des États-Unis, afin d'établir l'emplacement de la frontière internationale dans l'archipel de San Juan. Les levés furent terminés en juin 1858 et, au cours des mois suivants, Richards rencontra les autres commissaires afin de tenter, sans succès, de déterminer la frontière. L'impasse allait persister jusqu'en 1872. La principale difficulté résidait dans la position inflexible du commissaire américain Archibald Campbell, que Richards décrivit à l'hydrographe de la marine en octobre comme « intraitable, à moins qu'on ne lui donne tout ce qu'il demande ». Richards avait déjà fait remarquer dans ses notes d'arpentage qu'il en avait « assez de toutes les commissions [qui n'étaient] rien que duperie et bêtise ».

Une autre tâche attendait Richards, car à la fin de juin 1858 plus de 14 000 chercheurs d'or californiens avaient débarqué à Victoria, impatients d'atteindre les terrains aurifères du Fraser. Il devenait urgent que les experts du *Plumper* étudient et balisent le cours inférieur du fleuve. Les autorités coloniales réclamèrent aussi l'aide de Richards et de son navire pour fournir le transport et la main-d'œuvre et même, à l'occasion, pour maintenir l'ordre parmi les mineurs. Dans une lettre datée du 21 décembre 1859, Richards notait qu'à cause de ces demandes imprévues « [le bateau] n'avait guère assumé jusque-là son rôle de navire hydrographique ». De plus, le *Plumper,* dont la vitesse n'excédait pas six nœuds et demi, se révélait inefficace dans une région où la marée, elle, pouvait atteindre huit nœuds. En attendant l'arrivée d'un bâtiment plus gros, Richards termina les levés du Fraser jusqu'au lac Harrison, de la côte de l'île de Vancouver, depuis Nanaimo jusqu'au cap Lazo plus au nord, et des ports de Victoria, de Nanaimo et de Cowichan.

Le 23 décembre 1860, le *Hecate,* un sloop à aubes, arriva à Esquimalt pour remplacer le *Plumper* qui retourna en Angleterre. La plupart des officiers de Richards choisirent de rester avec lui. Grâce à ce nouveau navire et à une flotte de sept petits bateaux qui pouvaient travailler indépendamment du *Hecate* durant des périodes allant jusqu'à deux semaines, l'équipe expérimentée de Richards put faire progresser de façon satisfaisante les levés des côtes escarpées de l'île de Vancouver et de la côte continentale de la Colombie-Britannique entre 1860 et 1862. Richards dut interrompre son travail à quelques reprises pour aller, à la demande du gouverneur James Douglas*, régler les conflits qui éclataient entre les Blancs et les Indiens de la côte. Des détachements de la marine devaient ainsi se rendre souvent dans les villages indiens éloignés pour enquêter sur des plaintes ou arrêter les suspects impliqués dans des incidents que Richards et d'autres imputaient surtout aux Blancs.

Richards expédiait sans relâche cartes, instructions de navigation et une vaste gamme d'observations en Angleterre, pressant l'Amirauté de publier sans délai les directives qu'il avait émises concernant la navigation dans les détroits de Juan de Fuca et de Géorgie, car de nombreux capitaines s'y engageaient « sans rien connaître de la navigation et cour[aient] des risques considérables ». Le Hydrographic Office de l'Amirauté publia donc, en 1861 et 1864, le *Vancouver Island pilot*, ouvrage en deux éditions compilé principalement d'après les levés de Richards. Lorsqu'en décembre 1862 ce dernier partit pour l'Angleterre à bord du *Hecate* par la route du cap de Bonne-Espérance, il laissa son principal adjoint, Daniel Pender, poursuivre le relevé du littoral de la Colombie-Britannique.

De retour en Angleterre en janvier 1864, Richards apprit qu'on l'avait nommé hydrographe de la marine. Il accomplit là aussi un travail remarquable. Topographe chevronné et administrateur doué, il s'employa également à promouvoir la recherche océanographique. Quand il prit sa retraite en 1874, il devint directeur général de la Telegraph Construction and Maintenance Company, qui installa sous sa direction des milliers de milles de câbles télégraphiques sous-marins. Membre de la Royal Society et de la Royal Geographical Society, Richards reçut le titre de chevalier en 1877 et parvint au grade d'amiral en 1884.

Il est heureux que l'on ait confié à un homme de la trempe de George Henry Richards la topographie de la côte de la Colombie-Britannique. Ses travaux hydrographiques sont de la plus haute qualité et font de lui un digne successeur de George Vancouver*, à qui il portait beaucoup d'admiration puisqu'il nomma l'un de ses fils en son honneur. La notice nécrologique des *Proceedings* de la Royal Society décrit Richards comme « un homme d'une grande compétence, d'un solide bon sens et d'une activité incessante, à qui sa bonne humeur intarissable, sa perspicacité et sa bienveillance envers les jeunes membres de la profession valurent l'affection et le respect de tous ».

HELEN B. AKRIGG

Les levés de l'île de Vancouver faits par sir George Henry Richards constituent la base des rapports du G.-B., Hydrographic Office, *Vancouver Island pilot ; part I : sailing directions for the coasts of Vancouver Island and British Columbia, from the entrance of Juan de Fuca Strait to*

Burrard Inlet and Nanaimo Harbour (Londres, 1861), de son *Supplement* (1864), et d'une grande partie de *The Vancouver Island pilot, containing sailing directions for the coasts of Vancouver Island, and part of British Columbia* [...] (Londres, 1864). L'Hydrographic Office a aussi publié une traduction française en deux volumes de l'édition de 1864, *Pilote de l'île Vancouver ; routes à suivre sur les côtes de l'île Vancouver et de la Colombie-Anglaise* [...], M. Hocquart, trad. (Paris, 1867).

Le manuscrit du cahier de correspondance de Richards (1857–1862), son carnet d'arpentage (1858–1862) et son journal de bord du levé de l'île de Vancouver (1860–1862) sont chez des particuliers en Angleterre. L'auteur a pu consulter ces documents, mais il n'a pas la permission de dévoiler où ils se trouvent.

Une photographie de Richards qui se trouve aux PABC, Visual Records Division, est reproduite sur la couverture du *British Columbia Hist. News* (Vancouver), 19 (1986), n° 2. [H. B. A.]

G.-B., Ministry of Defence, Hydrographic Dept. (Taunton, Angl.), Misc. papers, 20, folder 3, n° 2. — PRO, ADM 1/5699 ; 1/5736, part. II, Y152. — Scott Polar Research Institute (Cambridge, Angl.), MS 768 (G. H. Richards, journal aboard H.M.S. *Assistance*, 1853–1854). — *Geographical Journal* (Londres), 9 (1897) : 97–98. — G.-B., Parl., Command paper, 1859 (2e session), 22, n° 2578 : 297–408, *Papers relative to the affairs of British Columbia, part II* [...], particulièrement 317–326. — *Times* (Londres), 17 nov. 1896. — Walbran, *B.C. coast names*. — Stanley Fillmore et R. W. Sandilands, *The chartmakers : history of nautical surveying in Canada* (Toronto, 1983). — J. C. McCabe, *The San Juan water boundary question* (Toronto, 1964). — Alec McEwen, « A guardian of the boundary », *British Columbia Hist. News*, 19, n° 2 : 5–8.

RICHARDSON, JAMES, tailleur, homme d'affaires et homme politique, né en 1819 à Aughnacloy (Irlande du Nord), fils de Daniel Richardson et de Janet Armstrong ; le 1er mars 1845, il épousa dans le canton de Kingston, Haut-Canada, Roxanna Day (décédée en 1848), et ils eurent un fils, qui mourut très jeune, puis le 11 mars 1850, à Kingston, Susannah Wartman, nièce de sa première femme, et de ce mariage naquirent deux fils ; décédé le 15 novembre 1892 au même endroit.

En 1822 ou 1823, James Richardson immigra dans le Haut-Canada avec son père, sa sœur et sa demi-sœur Elizabeth. La famille s'établit dans le district d'Adolphustown, où Daniel Richardson mourut en 1826, laissant à Eliza, encore adolescente, la charge des deux enfants plus jeunes. En 1829, elle avait installé la famille à Kingston. Élevé dans cette ville par une sœur de son père, James reçut une instruction limitée. Très jeune encore, il vendit des journaux et fut apprenti auprès d'un tailleur, John Dawson. Ce contact eut d'importantes répercussions pour lui : Mme Dawson appartenait à la famille Wartman, tout comme les deux femmes qu'il allait plus tard épouser.

Richardson était en affaires dès 1841, l'année où William Sanderson et lui-même furent condamnés à une amende de £5 pour « colportage et revente sans permis ». Il s'associa pour une courte période à un certain Little dans la fabrication de vêtements sur mesure et, d'après une annonce parue dans le *Chronicle & Gazette*, il se lança à son compte comme marchand-tailleur en 1844. Il annonçait toujours ses articles dans la presse locale et, de toute évidence, ses affaires prospéraient. En 1848, à l'âge de 29 ans, il était propriétaire de l'immeuble occupé en partie par son entreprise ; il habitait en haut de sa boutique et avait plusieurs locataires. À un certain moment, comme ses clients le payaient à l'occasion avec du grain, il s'intéressa au commerce de ce produit. Le fait qu'il se porta garant pour la construction d'un nouveau bureau des douanes à Kingston en 1856 constitue un bon indice de sa réussite. L'entrepreneur, Thomas C. Pidgeon, s'avéra incapable de surmonter diverses difficultés, les deux autres garants, James O'Reilly* et Samuel Smyth, manquèrent à leurs engagements, et finalement c'est Richardson qui dut terminer le travail. En septembre 1858, c'était chose faite, mais cette aventure lui avait coûté plus de £1 700.

Le fardeau financier que dut supporter Richardson pour la construction du bureau des douanes l'avait apparemment forcé à trouver d'autres sources de revenus. Le 31 décembre 1856, il emprunta £750 à sa demi-sœur en hypothéquant sa propriété de la rue Brock. Tout en faisant le commerce du grain, il poursuivit ses activités dans la fabrication de vêtements et dans la construction jusque dans les années 1860. Il ne figure pas à titre de commerçant de grain dans les annuaires de Kingston parus avant 1865, mais une histoire de l'entreprise fait remonter à 1857 l'établissement du commerce familial de grain qui allait devenir plus tard la James Richardson and Sons. La première indication du nom de cette entreprise se trouve dans l'annuaire de Kingston de 1873–1874 sous l'entrée : « RICHARDSON & SONS, Grain Dealers, Commercial Wharf, foot of Princess St ». Les deux fils de Richardson, George Armstrong et Henry Wartman*, étaient alors associés à part entière.

Richardson commença à se tailler une réputation en affaires à l'époque où les citoyens de Kingston s'employaient résolument à donner à leur ville un rôle distinctif à l'échelle régionale et nationale. Il prit part aussi aux activités religieuses et municipales. Méthodiste wesleyen, il fréquentait le temple Sydenham Street où, non seulement il versait des dons généreux, mais enseignait à l'école du dimanche. Le 22 août 1851, il assista à la séance inaugurale du Board of Trade. Rien n'indique qu'il en fut membre actif, mais il participa, en mai 1872, à un comité formé de quatre hommes chargés d'étudier les améliorations portuaires ; ils recommandèrent de draguer le port de Kingston « pour la sécurité des navires de fort tonnage qui entr[aient] maintenant dans le port » ; et préconisèrent aussi la construction, au coût de 40 000 $, d'un brise-lames qui s'étendait à un demi-mille du rivage, près de la Murney Tower. Richardson commença à faire de la politique municipale dans les années 1860 : conseiller pour le quartier St Lawrence en 1860, il fut échevin du même quartier l'année suivante ; il fit de nouveau partie du conseil municipal, à titre d'échevin pour le quartier Victoria, de 1870 à 1874. Tory lui-même, Richardson était très lié au député de longue date de Kingston, sir John Alexander MACDONALD. En 1889, le premier ministre fit remarquer à un collègue que « les Richardson [étaient] et [avaient] toujours été de [ses] amis puissants et influents ». La même année, il donna l'avertissement suivant à l'un de ses associés : « Ne me mettez pas dans l'embarras avec les Richardson. Ils sont mes piliers dans Kingston. »

L'intérêt grandissant de Richardson pour le commerce du grain coïncida avec la montée en flèche, au début des années 1860, des ventes de l'orge en provenance du Haut-Canada, surtout de celle qu'on cultivait dans les environs de la baie de Quinte. Cette céréale de haute qualité, que les fabricants américains achetaient en grande quantité au prix fort, demeura une importante denrée d'exportation jusqu'à ce que l'imposition de barrières tarifaires vienne anéantir ce commerce dans les années 1890. Au cours de cette période, Richardson monta une flotte de lac constituée de sloops et de schooners achetés ou loués et capables de transporter entre 1 000 et 20 000 boisseaux de céréales. Elle comprenait aussi des hourques, la fameuse « flotte de moustiques », qui sillonnaient les rives et les rivières à partir de la baie de Quinte jusqu'au canal Rideau. Une certaine quantité de grain était acheminée directement du lieu de collecte jusqu'à un port américain, souvent à Oswego ou Cape Vincent, dans l'état de New York ; les cargaisons étaient toutefois en grande partie déchargées au quai de Richardson à Kingston ou, par la suite, emmagasinées dans son silo pour être transbordées dans des navires à destination des États-Unis ou de l'Europe. Il construisit son premier silo en 1882 sur un terrain qu'il avait acheté en 1868 en bordure du lac, au pied de la rue Princess ; le Richardson n° 1, d'une capacité de 60 000 boisseaux, devint rapidement le centre de son commerce de grain. Un incendie le détruisit en 1897, cinq ans après la mort de Richardson, mais on ne tarda pas à le remplacer par un bâtiment d'une capacité de 250 000 boisseaux.

La région des Prairies ne produisait pas encore beaucoup de céréales à l'époque où vécut Richardson, mais ce dernier sut reconnaître son potentiel croissant. En 1923, son petit-fils, James Armstrong Richardson*, alors président de l'entreprise, dirait à un homme d'affaires de Liverpool, A. R. Bingham : « Le premier blé de l'Ouest canadien expédié de Fort William [Thunder Bay] [le] fut à l'automne de [18]83 et [...] ce blé, qui était le premier blé de l'Ouest canadien expédié de ce continent[,] fut envoyé par notre maison vers la côte atlantique à l'hiver de [18]84 et consigné à votre maison de Liverpool. » Jusqu'au XXe siècle, les activités commerciales de la firme Richardson dans l'Ouest demeurèrent sous la responsabilité d'Edward O'Reilley, résident de l'île Wolfe (près de Kingston) qui s'était installé au Manitoba au début des années 1880. Richardson exportait du grain non seulement en Grande-Bretagne et aux États-Unis, mais en Hollande, en Suisse, en France, en Norvège et en Argentine.

Richardson fit le commerce de produits autres que l'orge et le blé, dont la potasse, le foin, les fourrures, les pommes, le charbon, la lessive et le sirop d'érable ; il diversifia cependant ses activités bien au delà du commerce de denrées. Il fit l'acquisition d'un nombre substantiel de biens immobiliers dans la région de Kingston. Il investit dans la Kingston and Pembroke Railway Company, la Kingston Street Railway Company, les ateliers de construction de locomotives et l'usine de fabrication de lainages de la ville, la Kingston Hosiery Company et la Kingston Oil and Enamel Cloth Company. En 1881, il devint président de la Kingston Cotton Manufacturing Company. Richardson se tourna aussi du côté de l'exploration minière dans la région du bouclier canadien au nord de Kingston, activité que son entreprise poursuivrait durant une partie du XXe siècle. La mine de feldspath que la firme possédait dans le canton de Bedford fut probablement la plus productive et la plus importante de ses exploitations. La Richardson Mine, propriété de la Kingston Feldspar Mining Company, elle-même propriété de la famille, fut acquise dans les années 1880, mais on ne commença à l'exploiter qu'en 1900. Le témoignage d'un des fils de Richardson, George, devant la Royal Commission on Mineral Resources en 1889 indique que l'industrie minière de la région lui était familière. Il déclara « avoir vu presque toutes les mines de la section Frontenac et avoir manipulé le produit d'à peu près toutes les mines de phosphate de cette partie du pays ». Au début du XXe siècle, l'entreprise devait étendre son champ d'action à l'exploitation du mica et du zinc.

À la mort de James Richardson en 1892, ses deux fils étaient encore associés à part égale. Il légua la plupart de ses actions de l'entreprise à sa femme, mais une disposition du testament spécifiait qu'elles devaient aller à leurs fils après le décès de celle-ci. George Armstrong Richardson succéda à son père à titre de président de la compagnie (1892–1906), puis fut remplacé par Henry Wartman (1906–1918). James Richardson avait réussi à faire la transition entre le commerce traditionnel et l'investissement dans diverses entreprises issues de la nouvelle ère industrielle. En outre, les investissements qu'il fut incité à faire dans des entreprises de Kingston, au moment où cette ville approchait de sa période de suprématie commerciale, servirent de base à la création de l'une des entreprises les plus importantes du Canada au XXe siècle.

BRIAN S. OSBORNE ET DONALD SWAINSON

AN, MG 26, A, James Richardson and Sons à George Taylor, 5 août 1889 ; George Richardson à Taylor, 19 oct. 1889 (mfm aux QUA) ; RG 31, C1, 1871, 1881, 1891, Kingston, Ontario. — Arch. privées, Neil Patterson (Kingston), Mining records ; Margaret [Sharp] Angus (Kingston), Family files. — Baker Library, R. G. Dun & Co. credit ledger, Canada. — Cataraqui Cemetery Company (Kingston), Card index ; reg. of burials, 1. — Frontenac Land Registry Office (Kingston), GR 1128, testament de James Richardson. — James Richardson and Sons Limited Arch. (Winnipeg), « James Richardson and Sons Limited, 1857–1957 » (copie dactylographiée, 1940 ; révisée 1957). — Kingston Public Library, E. E. Horsey, « Cataraqui, Fort Frontenac, Kingstown, Kingston » (1937). — QUA, 100, particulièrement assessment rolls, 1843, 1847, 1850–1852, 1855, 1857, 1860, 1865, 1870, 1872, 1875, 1880, 1885, 1890, and minutes of council ; 111a, minute-book ; 2285, J. H. Aylen, « Custom House Kingston, 1800–1859 » (copie dactylographiée, 1972), et « Kingston Custom House », 12 oct. 1972. — Ontario, Legislature, *Sessional papers*, 1885, n° 30 ; Royal commission on the mineral resources of Ontario and measures for their development, *Report* (Toronto, 1890). — *Argus* (Kingston), particulièrement 15 mai, 3 nov. 1846. — *Banner* (Toronto). — *Christian Guardian*. — *Chronicle & Gazette* (Kingston), particulièrement 21 nov. 1841. — *Daily British Whig*, particulièrement 16 nov. 1892, 22 sept. 1904. — *Daily Free Press* (Winnipeg). — *Toronto Daily Mail*. — *Kingston directory*, 1855–1894. — *Mercantile agency reference book*, 1864–1893. — *Buildings of architectural and historic significance* (5 vol., Kingston, 1971–1980), 1. — Patrick Burrage, *125 years of progress* (Winnipeg, 1982). — Ontario, Dept. of Mines, *Annual report*, 1947, part. VI, W. D. Harding, « Geology of the Olden–Bedford area » (réimpr., 1951). — B. S. Osborne et Donald Swainson, *Kingston : building on the past* (Westport, Ontario, 1988). — H. S. de Schmid, *Feldspar in Canada* (Ottawa, 1916) ; *Mica, its occurrence, exploitation and uses* (2e éd., Ottawa, 1912). — Donald Swainson, « James Richardson : founder of the firm », *Historic Kingston* (à paraître). — Robert Collins, « The shy baroness of brokerage », *Maclean's* (Toronto), 70 (1957), n° 12 : 20, 76–80. — *Financial Post* (Toronto), 4 déc. 1976.

RITCHIE, sir WILLIAM JOHNSTON, avocat, homme politique et juge, né le 28 octobre 1813 à Annapolis Royal, Nouvelle-Écosse, troisième fils de Thomas Ritchie* et d'Elizabeth Wildman Johnston ; décédé le 25 septembre 1892 à Ottawa.

Le père de William Johnston Ritchie fut successivement député à la chambre d'Assemblée de la Nouvelle-Écosse et juge à la Cour inférieure des plaids communs pour la division ouest de la province. Sa mère était la fille de William Martin Johnston et d'Elizabeth Lichtenstein*. Elle mourut quand William n'avait pas encore six ans, laissant cinq garçons et deux filles. Thomas Ritchie se remaria deux fois et eut deux enfants de son troisième mariage. On sait peu de chose du jeune William, mais une soixantaine d'années plus tard de « vieilles barbes » d'Annapolis s'en rappelaient comme d'un « garçon exubérant, aux joues roses et aux yeux clairs, plein de gaieté et de vie ».

Ritchie fit ses études à la Pictou Academy de Thomas McCulloch*, ministre presbytérien et fondateur du premier établissement non confessionnel d'enseignement supérieur en Nouvelle-Écosse. Il dut recevoir une solide formation, car McCulloch était un éducateur remarquable, qui devint par la suite le premier directeur du Dalhousie College de Halifax. Il étudia ensuite le droit à Halifax auprès de son frère aîné John William Ritchie*, futur juge de la Cour suprême de la province.

William Johnston Ritchie fut admis au barreau de la Nouvelle-Écosse en 1837, et pourtant il s'installa au Nouveau-Brunswick, où il fut autorisé à pratiquer le droit en 1838. Les motifs de son déménagement ne sont pas clairs. Au début, l'exercice de sa profession à Saint-Jean ne lui rapporta pas beaucoup : il se souvenait de s'être occupé d'une seule affaire la première année et d'avoir reçu des honoraires de £5 l'année suivante. Cependant, les choses changèrent du tout au tout au début des années 1840. Selon un contemporain, Joseph Wilson LAWRENCE, il « se constitua probablement la clientèle la plus nombreuse et la plus lucrative que quiconque eût jamais dans la ville de Saint-Jean ». Il acquit une réputation d'intégrité et de discernement en matière juridique, et l'énergie avec laquelle il défendait les intérêts de sa clientèle contribua à son succès auprès des juges et des jurés. Son plaidoyer puissant lui valut même d'être provoqué en duel, le 19 août 1845, par Edward Lutwyche Jarvis, dont le père était poursuivi par l'un de ses clients. Jarvis accusait Ritchie d'avoir insinué qu'il était coupable de tromperie. Dans une lettre, Ritchie nia l'avoir lésé et lui dit avoir agi en tout bien tout honneur, sans rien énoncer d'autre « que ce que commandaient la preuve, l'exposé exact des droits de [son] client et les desseins de la justice ». « Jamais, concluait-il, je ne me laisserai, par intimidation ou dissuasion, détourner de faire courageusement mon devoir envers mes clients, que cela plaise ou non. » Ce principe, il allait encore affirmer l'avoir pour guide une fois devenu juge. D'accord avec ses collègues, il décida de ne pas s'excuser ni de se battre en duel. C'était un changement heureux et important au code d'honneur à cause duquel, en 1821, George Ludlow Wetmore* avait été tué par George Frederick Street* au cours d'un duel près de Fredericton.

Le 21 septembre 1843, à Rothesay, en Écosse, Ritchie avait épousé Martha Strang. Elle était la fille de feu John Strang, marchand armateur en vue de

St Andrews. Un fils et une fille naquirent de cette union. Devenu veuf en 1847, Ritchie allait épouser le 5 mai 1856, à Saint-Jean, Grace Vernon Nicholson, fille du défunt Thomas L. Nicholson et belle-fille du vice-amiral William Fitz William Owen*. Le couple aurait 12 enfants : 7 garçons et 5 filles.

Bien que son cabinet ait été très rémunérateur, Ritchie n'y consacrait pas tout son temps. La politique l'intéressait également. Le journaliste George Edward FENETY, observateur perspicace de la scène politique du Nouveau-Brunswick, a noté : « Mr. Ritchie a grandi dans un milieu de tories extrémistes, mais il avait assez d'indépendance d'esprit pour s'allier aux tenants de la réforme après avoir traversé la baie et s'être mis au fait de la situation politique de notre province. » Avait-il abandonné l'ultraconservatisme de sa famille à cause de la formation qu'il avait reçue à Pictou ou parce que, à son arrivée au Nouveau-Brunswick, il s'était trouvé à l'écart des cercles privilégiés ? On l'ignore. Quoi qu'il en soit, en embrassant la cause de la réforme, il devint un fervent partisan de la responsabilité ministérielle.

Ritchie brigua les suffrages pour la première fois en 1842, dans la circonscription du comté et de la ville de Saint-Jean. Il ne remporta pas la victoire, mais Fenety trouva que c'était un « jeune libéral plein de détermination, qui commen[çait] à peine à montrer de l'ardeur ». À l'époque, au Nouveau-Brunswick, la philosophie gouvernementale était un assemblage d'idées coloniales venues de Grande-Bretagne et d'autres importées de Nouvelle-Angleterre par les loyalistes après la Révolution américaine. Quand la province prit en main l'administration des terres de la couronne, en 1837 [V. Thomas Baillie*], elle obtint le pouvoir exclusif de gérer tous ses revenus intérieurs, quelle qu'en ait été la source. La chambre d'Assemblée répartissait ces revenus en fonction de ce que les députés demandaient pour leur circonscription, car l'exécutif n'avait pas l'ascendant nécessaire pour lancer des politiques conçues pour le bien de toute la province. La responsabilité ministérielle ne présentait guère d'attraits pour les députés, car elle limiterait leur pouvoir sur la répartition des crédits. Quand Ritchie se porta candidat pour la première fois, en 1842, l'atmosphère n'était donc pas à la réforme, même si la circonscription d'York élut un tenant connu de l'idée « radicale » de gouvernement responsable, Lemuel Allan Wilmot*. Que celui-ci ait été appelé en 1843 à siéger au Conseil exécutif du lieutenant-gouverneur sir William MacBean George Colebrooke*, aux côtés de députés conservateurs du *family compact,* tels Robert Leonard Hazen* et Edward Barron Chandler*, montre à quel point le gouvernement de parti, tel qu'on le concevait en Grande-Bretagne, était encore loin d'exister au Nouveau-Brunswick.

Par contre, lorsque Ritchie se présenta – et remporta la victoire – dans la circonscription du comté et de la ville de Saint-Jean en 1846, on discutait beaucoup du gouvernement responsable. Il affirma en 1847 que, pendant sa première campagne, cinq ans plus tôt, il avait prôné non seulement un gouvernement fondé sur la confiance de l'Assemblée, mais aussi un exécutif qui aurait le pouvoir de présenter des projets de loi de finances, et que, « depuis, rien de ce qu'il avait vu ne l'avait incité à changer d'avis ». Avec Wilmot et d'autres réformistes plus ou moins bruyants, il continua de combattre les pouvoirs établis. Selon Hazen, les réformistes étaient « le ramassis d'hommes les plus enragés qu'un gouvernement ait jamais eu à affronter ». Au début de 1848, l'Assemblée du Nouveau-Brunswick étudia la dépêche que le comte Grey, secrétaire d'État aux Colonies, avait adressée le 31 mars 1847 au lieutenant-gouverneur de la Nouvelle-Écosse, sir John Harvey*, au sujet de l'instauration du gouvernement responsable, et elle adopta une proposition qui visait à « approuver les principes de gouvernement colonial contenus dans la dépêche [...] et leur application dans la province ». Le gouvernement responsable était donc acquis en principe ; restait à voir si dans les faits il fonctionnerait. En outre, l'Assemblée n'avait pas encore cédé à l'exécutif le pouvoir de présenter les projets de loi de finances.

Pour réaliser la réforme, il fallait que s'instaure un semblant de discipline de parti. Certains députés portaient bien une étiquette – pas très solide – de libéral ou de conservateur, mais la plupart d'entre eux se laissaient guider par les intérêts de leur circonscription et, surtout, par le désir de conserver leur siège. Les événements de 1848 allaient montrer combien les frontières entre les partis étaient faciles à franchir. Cette année-là, le nouveau lieutenant-gouverneur, sir Edmund Walker Head*, invita deux réformistes de longue date, Lemuel Allan Wilmot et Charles Fisher*, à participer à un gouvernement dominé par leurs anciens adversaires. Leur acceptation consterna les libéraux « purs et durs » comme Ritchie, qui leur en voulurent énormément, et nuisit beaucoup à la cause réformiste. Quant au nouveau gouvernement, l'historien William Stewart MacNutt* fait observer que la « seule opposition cohérente qu'il avait à affronter venait de Ritchie et de deux ou trois autres députés qui, à l'occasion, se donnaient le nom de « parti libéral ».

Tandis que le gouvernement responsable s'instaurait tant bien que mal, Ritchie se consacrait, en chambre, à d'autres questions. Par exemple, il réclamait sans cesse que la capitale ne soit plus Fredericton, mais Saint-Jean, question qui divisait la colonie depuis des années et avait empêché le gouvernement de construire des édifices permanents. En mars 1848, l'Assemblée repoussa sans équivoque une proposition dans ce sens.

En étudiant les interventions de Ritchie à l'Assemblée, on constate qu'il avait, du Nouveau-Brunswick et de son économie, une vision progressiste, orientée vers le développement. Favorable à ce qui pouvait stimuler l'immigration et le peuplement, il proposa en 1847 de concéder 50 acres aux « hardis pionniers » du Royaume-Uni et de les autoriser à acheter jusqu'à 100 acres de plus une fois qu'ils seraient installés. Selon lui, l'esprit d'initiative du fermier et du petit homme d'affaires était la clé du progrès. Lorsque la chambre envisagea d'abroger la législation contre l'usure, qui limitait à 6 % le taux d'intérêt sur les prêts, il s'opposa au projet de loi en disant que « toutes les richesses du pays » se retrouveraient « entre les mains d'une demi-douzaine de prêteurs ». Son réformisme visait à libérer le Nouveau-Brunswick et son gouvernement des quelques familles qui y détenaient toutes les places et y tenaient les cordons de la bourse.

Ritchie participait aussi au débat sur la construction ferroviaire. Deux grandes possibilités s'offraient au Nouveau-Brunswick : un chemin de fer intercolonial, qui devait relier la Nouvelle-Écosse à la province du Canada, et une ligne de Saint-Jean à Shédiac, connue plus tard sous le nom de European and North American Railway, qui rejoindrait les trajets américains [V. Edward Barron Chandler]. Très favorable à la seconde solution, Ritchie, tant en chambre que dans le cadre de la Rail-Way League, dont il était un membre important, pressait le gouvernement de l'adopter. L'ardeur de sa lutte accrut beaucoup sa popularité à Saint-Jean, mais en 1850 le gouvernement n'avait encore approuvé aucune garantie à propos de ce chemin de fer.

Ritchie était peut-être le plus engagé des réformistes néo-brunswickois, ce qui devint évident le 2 août 1851. Ce jour-là, pour reprendre les mots de Fenety, « une bombe terrible fut jetée dans le wigwam libéral de Saint-Jean ». Deux députés libéraux, Robert Duncan WILMOT et John Hamilton Gray*, passaient au gouvernement conservateur. Furieux, Ritchie, Samuel Leonard TILLEY, Charles Simonds* et William Hayden Needham* condamnèrent leurs anciens collègues et jurèrent que, si Wilmot était réélu après avoir été nommé arpenteur général, ils protesteraient en démissionnant. Wilmot remporta dans Saint-Jean une victoire sans équivoque. Ritchie, Simonds et Tilley tinrent parole ; leur geste renforça leur réputation d'intégrité mais priva l'Assemblée de presque toute opposition durant trois ans.

Après avoir abandonné sa fonction de député, Ritchie continua de s'occuper de son cabinet. Son principal client était le European and North American Railway Company, pour laquelle il avait exercé tant de pressions en chambre. Dès la fin de 1853, les travaux du chemin de fer étaient en cours, et Ritchie avait rédigé le contrat conclu entre la compagnie et les constructeurs britanniques. Il demeura son conseiller juridique même une fois réélu à l'Assemblée en 1854. Avant le scrutin, il eut l'honneur de se voir offrir le titre de conseiller de la reine, qu'il accepta seulement après avoir obtenu la garantie que, comme l'écrivit sir Edmund Head, l'offre était faite « indépendamment de toute considération partisane ou politique ».

En juin 1854, Ritchie récolta six voix de majorité dans la circonscription du comté et de la ville de Saint-Jean ; toutefois, la plupart des membres de l'opposition avaient la conviction que la marge se réduisait à une seule voix. Le grand événement de la session qui suivit fut la démission du gouvernement, le 28 octobre. Charles Fisher, revenu parmi les réformistes, présenta contre le gouvernement conservateur une motion de censure qui fut adoptée par 27 voix contre 12. L'exécutif démissionna, et le lieutenant-gouverneur, John Henry Thomas Manners-Sutton*, demanda à Fisher de former un cabinet. Désormais, le gouvernement responsable n'était plus une abstraction.

Peu après son accession au pouvoir, le nouveau gouvernement, en apparence libéral – et dont Ritchie était ministre sans portefeuille –, confia la présentation des projets de loi de finances à l'exécutif et présenta un projet de loi qui visait à instituer le vote secret et à étendre le droit de suffrage. Chaud partisan de cette réforme électorale, Ritchie la défendit durant deux heures et demie au cours des débats. En 1855, Tilley présenta un projet de loi qui prohibait l'alcool. Même si Ritchie vota pour son report, il fut adopté et entra en vigueur le 1er janvier 1856. Son effet entraînerait la défaite des libéraux plus tard dans l'année. Ritchie, toutefois, ne serait déjà plus membre du gouvernement : le 17 août 1855, il avait été nommé juge puîné de la Cour suprême du Nouveau-Brunswick.

Cette nomination suscita éloges et protestations. Les partisans libéraux notèrent que, en tant que barrister, Ritchie avait « acquis une renommée rarement atteinte, tandis que sa longue et diligente lutte en vue d'établir des principes libéraux dans la province devait avoir [eu] une influence importante dans l'assurance d'une juste récompense pour [ce] service si méritoire ». Par contre, ils regrettaient de perdre un homme politique aussi talentueux et influent. Ses adversaires contestèrent la nomination en affirmant avoir cherché en vain, sur sa feuille de route, des exploits qui en faisaient un grand homme d'État ou un grand juriste. On émit l'hypothèse que le procureur général Fisher lui avait promis le poste pour qu'il le reconnaisse comme chef du nouveau gouvernement en 1854.

L'incident du *Chesapeake* fut à l'origine de l'un des jugements les plus importants rendus par Ritchie en qualité de juge du Nouveau-Brunswick. En décembre 1863, durant la guerre de Sécession, un groupe de conspirateurs avait capturé un navire marchand de l'Union, le *Chesapeake,* au nom des confédérés. L'incident avait fait monter la tension entre les

États-Unis et la Grande-Bretagne car les navires de guerre de l'Union avaient violé les eaux impériales en reprenant le bâtiment. Les Nordistes avaient l'impression qu'une bonne partie de l'Amérique du Nord britannique était favorable à la cause des Sudistes, et c'est pourquoi ils menaçaient de jeter à la poubelle le traité de réciprocité de 1854. Les diplomates parvinrent dans une large mesure à désamorcer la crise, mais Ritchie eut tout de même à décider s'il confirmait le mandat en vertu duquel trois conspirateurs – tous sujets britanniques – réfugiés au Nouveau-Brunswick étaient détenus pour extradition sous des accusations de piraterie. Il conclut que le mandat était injustifié et relâcha les trois hommes en invoquant le fait que l'acte de piraterie n'avait pas été commis dans les eaux territoriales des États-Unis. Selon certains observateurs, il s'était tiré au mieux d'une situation épineuse, car sa décision évitait aux États-Unis d'avoir à poursuivre des sujets britanniques pour des crimes punissables de mort. En outre, il avait pris soin de ne pas reconnaître le statut de belligérants revendiqué par les accusés, ce qui aurait soulevé l'opinion publique dans les États du Nord. Les habitants de Saint-Jean, dont certains éprouvaient de la sympathie pour la cause des confédérés, furent heureux que les prisonniers soient relâchés. Ritchie affirma ne se soucier nullement de ces considérations : « D'un point de vue juridique, que cela plaise ou déplaise à quiconque doit m'être indifférent. Le seul devoir dont j'ai à m'acquitter consiste [...] à énoncer la loi telle que je la comprends, sans aucun égard pour les conséquences. »

Le 30 novembre 1865, Ritchie succéda à Robert Parker* au poste de juge en chef du Nouveau-Brunswick. Il prenait ainsi le pas sur Lemuel Allan Wilmot, vieux routier encore populaire qui était devenu juge puîné en 1851. Les adversaires du gouvernement anticonfédérateur d'Albert James Smith* y virent un « affront » à Wilmot ; l'« insulte au juge le plus ancien semble, dirent-ils, flagrante et injustifiable ». Les partisans de Ritchie, eux, firent valoir que Wilmot s'était servi de sa dignité de juge pour prononcer des « harangues » en faveur de la Confédération et que le gouvernement ne pouvait tolérer conduite aussi choquante. En somme, la controverse porta plus sur l'injure dont Wilmot était victime que sur les qualités de Ritchie.

Bien qu'on ne s'en souvienne guère aujourd'hui, le juge en chef Ritchie fut le premier à rendre, en vertu de l'Acte de l'Amérique du Nord britannique de 1867, un jugement qui frappait d'invalidité une loi provinciale. En 1869, dans la cause qui opposait la Reine à Chandler il soutint en effet que le projet de loi sur les débiteurs adopté l'année précédente par le Nouveau-Brunswick empiétait sur un pouvoir exclusif du gouvernement fédéral, celui de légiférer en matière de faillite. Lorsque le Parlement fédéral ou les gouvernements provinciaux « outrepassent leurs compétences législatives, écrivait-il, leurs lois n'ont pas plus de valeur que les règlements promulgués par n'importe quel corps non autorisé ». Comparée avec raison au jugement rendu en 1803, aux États-Unis, dans l'affaire Marbury contre Madison, qui avait établi le principe du contrôle de la validité des actes législatifs, la décision de Ritchie dans l'affaire Chandler mérite de figurer en bonne place dans le droit constitutionnel canadien en raison de la clarté avec laquelle elle expose ce principe.

Le 21 mai 1869, sir John Alexander MACDONALD présentait, en vue d'instituer un tribunal suprême au Canada, un projet de loi dont Ritchie fit une critique vigoureuse et lucide. Tout en admettant sans réserve la nécessité d'un tribunal de dernière instance « dont la jurisprudence servirait de guide aux tribunaux de toutes les provinces », il s'élevait contre le fait que le projet de loi donnait à ce tribunal une juridiction exclusive et concurrente. Selon lui, le Parlement fédéral n'était pas habilité à conférer cette juridiction ; en outre, il craignait que ce tribunal n'« affaiblisse » les cours suprêmes des provinces. Il s'opposait aussi à ce que le droit d'appel au comité judiciaire du Conseil privé soit maintenu intégralement. Non seulement son maintien bafouait-il le principe du self-government, mais la procédure était si onéreuse que le plaideur se retrouverait, au bout du compte, « les cheveux blancs et les goussets vides ».

Le tribunal suprême ne fut pas institué cette fois-là. Cependant, alors que Ritchie était juge en chef du Nouveau-Brunswick depuis près de dix ans, soit en 1875, le gouvernement libéral d'Alexander MACKENZIE réussit à instaurer une cour d'appel du dominion [V. Télesphore FOURNIER]. Tout en se disputant avec le gouvernement britannique au sujet du maintien des appels au Conseil privé, le ministre de la Justice, Edward Blake*, nomma les six premiers membres de ce tribunal. Le 8 octobre 1875, Ritchie devenait juge puîné à la Cour suprême du Canada ; John Campbell ALLEN lui succéda à titre de juge en chef du Nouveau-Brunswick. Cette fois, tout le monde applaudit. À Saint-Jean, on déclara que la sagesse de l'« éminent juriste » allait « se manifester dans une sphère plus vaste et plus importante ». Le *Canada Law Journal* de Toronto, tiède à l'endroit des autres juges non ontariens, émit l'avis que Ritchie était un homme « volontaire, aux opinions bien arrêtés », et que sa nomination était « une excellente chose ».

La Cour suprême connut ce qu'un juge en chef d'une époque plus tardive, Bora Laskin*, allait appeler une « enfance difficile ». Le Parlement, les chroniqueurs judiciaires et même ses propres membres la critiquaient. Toutefois, un examen des travaux qu'elle fit entre sa fondation, en 1875, et la mort de Ritchie, en 1892, révèle qu'il lui donna de la stabilité et de la force. Nommé quelques semaines avant son soixante-deuxième anniversaire, il avait 20 ans d'expérience judiciaire. Bien qu'au début il ait été plus âgé que tous ses collègues, sa santé était robuste. Selon le premier registraire du tribunal, Robert Cassels, il était « doté d'un physique splendide, grand, bien bâti, de carrure athlétique, [et] ses gestes et son maintien énergiques dénotaient la grande réserve de puissance nerveuse qui a[vait] aidé un bel esprit à donner sa pleine mesure ». Pendant près de 17 ans, si l'on excepte une maladie qui dura du 25 janvier au 30 avril 1889, il manqua rarement une audience du tribunal. Par contraste, le premier juge en chef, William Buell Richards*, était déjà de santé fragile au moment de sa nomination, en 1875. Pendant la période où Richards fut absent du tribunal – du 3 juin 1878 jusqu'à sa démission le 9 janvier 1879 –, 13 jugements furent publiés. Ritchie rédigea ce que l'on doit considérer comme les jugements majoritaires les plus importants dans un plus grand nombre de ces causes que tout autre juge.

Le poste de juge en chef était devenu vacant à la démission de Richards, et sir John Alexander Macdonald le confia à Ritchie, qui l'occupa à compter du 11 janvier 1879. Dans toute l'histoire de l'institution, la période durant laquelle le personnel du tribunal fut le plus stable se situe durant son mandat. En effet, du 14 janvier 1879 au 3 mai 1888, les juges puînés restèrent les mêmes. Quand Ritchie entra en fonction, le jeune tribunal avait encore de la difficulté à établir sa crédibilité auprès des hommes de loi. De 1879 à 1881, on tenta plusieurs fois, au Parlement, de l'abolir. Selon Macdonald, les Canadiens en viendraient « à le considérer comme l'un des tribunaux dont ils dev[aient] être fiers », mais cette fierté fut longue à venir. En vrais Canadiens, les hommes de loi acceptaient mal cette institution née sur leur sol. En 1882, le *Canada Law Journal* déclara que « jusque[-là] » la Cour suprême avait été « un échec ». Le temps qu'il fallait pour rendre et imprimer les jugements suscitait du mécontentement. Les observateurs se plaignaient aussi que le tribunal avait tendance à rendre des jugements multiples. Ce n'était pas un argument bien solide contre lui, car cette pratique était conforme à la tradition de la *common law*, observée par la chambre des Lords et la Cour suprême des États-Unis. Cependant, les juristes canadiens avaient été gâtés : le comité judiciaire du Conseil privé, lui, donnait des avis uniques.

Du temps de Ritchie, on reprochait aussi à la Cour suprême des « faiblesses à caractère personnel », et on trouvait que ses membres ne se consultaient pas et ne collaboraient pas assez. Des historiens ont d'ailleurs accusé Ritchie de « ne pas être parvenu du tout à fondre les juges en une unité efficace et harmonieuse ». À n'en pas douter, il y avait des problèmes qui tenaient aux personnalités. Le plus grand coupable était sûrement le juge Samuel Henry Strong*, dont un avocat disait qu'il avait « un mauvais caractère abominable ». En 1880, dans une lettre à Macdonald, il se livra à une attaque en règle contre son collègue William Alexander Henry* et ajoutait : « le [juge en] chef semble avoir en tête n'importe quoi sauf son travail de juge, et ses jugements ne sont jamais prêts ». En fait, les problèmes qui entouraient la présentation des jugements venaient surtout, apparemment, de Strong lui-même. Les observateurs notaient que le juge en chef avait aussi son caractère mais qu'il savait « se maîtriser » et que « ses rapports avec tous ceux qu'il rencontrait étaient des plus chaleureux ».

Bon nombre des difficultés de la Cour suprême, à l'époque, découlaient des circonstances de sa fondation. Les Canadiens n'avaient pas encore l'habitude de vivre dans un dominion, et leur allégeance première continuait d'aller à leur coin de pays. Ce régionalisme se manifestait dans les cercles juridiques où, surtout en Ontario et dans la province de Québec, on avait plus d'estime pour les tribunaux de Toronto, Montréal et Québec que pour la Cour suprême d'Ottawa. Certains allaient jusqu'à dire que, si l'on déplaçait le tribunal à Toronto, plaideurs et juges bénéficieraient des compétences qui se trouvaient à l'ombre d'Osgoode Hall. On proposait aussi d'abolir l'institution parce qu'on doutait que les juges canadiens-anglais puissent traiter les affaires qui relevaient du droit civil de la province de Québec, et les juges canadiens-français, celles qui relevaient de la *common law*.

Toutefois, si le tribunal dut attendre si longtemps avant de s'imposer, c'est tout simplement parce qu'il n'était pas vraiment le tribunal de dernière instance du dominion. Non seulement pouvait-on en appeler de ses jugements au Conseil privé, mais il était aussi possible, ce qui était bien plus dommageable pour lui, d'aller directement de la cour supérieure d'une province au Conseil privé. Cette situation empêchait le tribunal canadien de faire autorité par ses jugements, et en plus elle obligeait Ritchie et ses collègues à se plier aux principes et aux avis de l'instance supérieure.

Malgré les difficultés du tribunal, Ritchie rendit bon nombre de jugements importants pendant ses 17 années à Ottawa. En 1885, dans l'affaire qui opposait la Compagnie du chemin de fer du St Laurent à Ottawa à un certain Lett, il soutint que la mort d'une femme, causée par la négligence de la compagnie ferroviaire, était une perte considérable qui habilitait son mari et ses enfants à recouvrer des dommages. Henri-Elzéar Taschereau* et John Wellington Gwynne* avaient inscrit leur dissidence, mais lui écrivait : « Que l'on puisse dire que la perte de cette épouse et mère ne constitue pas un préjudice réel, mais seulement sentimental, voilà qui me paraît incompréhensible. » Ce jugement est encore cité pour sa qualité. En 1891, dans l'affaire des écoles du Manitoba, ou la cause qui opposait Barrett à la municipalité de Winnipeg, la

Cour suprême à l'unanimité déclara nul le *Manitoba Public Schools Act* de 1890 parce qu'il menaçait le droit aux écoles confessionnelles dont les catholiques jouissaient dans les faits au moment de l'entrée de la province dans la Confédération. Ritchie estimait que cette loi portait « préjudice » à un groupe car elle l'obligeait à payer des taxes pour des écoles qu'en toute conscience il ne pouvait pas fréquenter. Malheureusement, le Conseil privé annula cette décision éclairée. Plusieurs années auparavant, en 1877, Ritchie avait rendu un jugement vigoureux dans le procès qui opposait Brassard *et al.* à Langevin, connu aussi sous le nom d'affaire de l'élection de Charlevoix. Il soutenait que, en prononçant des sermons en faveur d'Hector-Louis Langevin*, sermons teintés de menaces, les curés s'étaient rendus coupables d'abus d'influence ; ils voulaient convaincre leurs ouailles que c'était commettre un péché mortel que d'accorder son suffrage au candidat libéral, Pierre-Alexis Tremblay*. Selon Ritchie, l'affaire mettait en cause de « graves questions de droit constitutionnel » ; « il est interdit, disait-il, d'abuser de son influence ou de recourir à l'intimidation pour forcer un électeur à voter dans un sens ou pour l'empêcher de le faire ». Soutenant que, quelle qu'ait été sa religion, aucun ministre du culte n'était au-dessus de la loi, et concluant que les prêtres étaient des agents de Langevin, la Cour suprême invalida l'élection. Cette décision de Ritchie rappelle certains des principes réformistes qu'il avait défendus sur la scène politique du Nouveau-Brunswick. Sans être un grand novateur, c'était un juge compétent, consciencieux et indépendant.

À titre de juge en chef, Ritchie fut appelé à exercer certaines fonctions vice-royales. Du 6 juillet 1881 à janvier 1882, puis du 6 septembre à décembre 1882, en l'absence du gouverneur général, lord Lorne [Campbell*], il fut gouverneur suppléant du Canada. On le fit chevalier le 1er novembre 1881, nomination rétroactive au 24 mai. En mars 1884, il devint adjoint du gouverneur général lord Lansdowne [Petty-Fitzmaurice*].

En accédant à la Cour suprême, Ritchie, avec sa femme et ses enfants, était entré dans un nouveau milieu. À l'époque, Ottawa tentait de se donner une stature digne de son importance politique ; la création du nouveau tribunal, en 1875, « ajouta six nouvelles étoiles au firmament social ». Peu après l'assermentation, le gouverneur général, lord Dufferin [Blackwood*], donna un grand dîner en l'honneur des nouveaux juges. Ritchie ne tarda pas à figurer parmi les notables de la capitale. Il apporta aussi sa contribution aux cercles culturels qui y faisaient leur apparition. En 1879, à titre de président d'un comité formé pour créer une association artistique et qui comprenait, entre autres, Allan GILMOUR et Edmund Allen MEREDITH, il parla de « la nécessité, très cruellement ressentie, d'une école où [les] jeunes gens pourraient apprendre le dessin, la peinture et la sculpture auprès de bons instituteurs professionnels ». En 1882–1883, il fut président de l'Art Association. La construction et l'architecture le passionnaient. À Saint-Jean, il avait eu quelques propriétés qui, selon un écrivain de l'époque, George Stewart*, étaient une source de distraction pour lui : « Le juge, dont on connaît bien le goût pour l'architecture, songeait souvent au style de bâtiment qu'il aurait aimé ériger [...] Il n'était pas rare de le voir s'approcher d'une table et prendre crayon et papier pour dessiner des plans d'une infinie variété. C'était un bon exercice pour l'esprit, et cela coûtait moins cher que de construire pour vrai. » À Ottawa, Ritchie, qui était anglican, fréquentait l'église St George. En 1889, le *rector*, Percy Owen-Jones, adopta des changements rituels qui mécontentèrent bon nombre de ses fidèles, dont le juge en chef. Fervent partisan de la Basse Église, Ritchie trouvait « détestable » que l'on chante le kyrie, et il protesta si fort, avec les autres *low churchmen* de la paroisse, que le *rector* démissionna l'année suivante. Ses idées religieuses reflétaient celles de sa famille et avaient peut-être été raffermies, à Pictou, par les enseignements de McCulloch, qui avait notamment publié à Édimbourg, en 1808, un opuscule intitulé *Popery condemned from Scripture and the fathers* [...].

En mai 1892, sir William Johnston Ritchie contracta une bronchite. Au début, on crut qu'un séjour loin d'Ottawa pendant l'été le guérirait. Cependant, à son retour dans la capitale, le 6 septembre, il fit une rechute. Il mourut chez lui le 25 septembre, à l'âge de 78 ans. De tous les juges en chef de la Cour suprême, il demeure celui qui siégea le plus longtemps, soit 13 ans et 8 mois et demi. Il laissait dans le deuil sa femme et 13 enfants. Lady Ritchie, née Grace Vernon Nicholson, avait elle aussi acquis une grande renommée dans la capitale, et elle continua d'y jouer un rôle actif. Elle fut l'une des fondatrices et la première présidente du National Council of Women of Canada, chapitre d'Ottawa, et elle fit partie du Victorian Order of Nurses à titre de membre du premier conseil et de gouverneure. Elle mourut le 7 mai 1911.

GORDON BALE ET E. BRUCE MELLETT

Il ne subsiste malheureusement aucun papier de sir William Johnston Ritchie, que ce soit de la période où il vivait à Saint-Jean au Nouveau-Brunswick ou de celle d'Ottawa. Les écrits suivants sont les seuls qu'il ait publiés, si l'on excepte ses jugements parus dans des recueils de jurisprudence : *« The Chesapeake » : the case of David Collins et al.* [...] *before His Honor, Mr. Justice Ritchie, with his decision* (Saint-Jean, N.-B., 1864) ; et *Observations of the chief justice of New Brunswick on a bill entitled* An act to establish a supreme court for the Dominion of Canada (Fredericton, 1870).

AN, MG 26, A : 148624–148640, 148652–148661 ; RG 31, C1, 1881, 1891, Ottawa. — EEC, Diocese of

Ottawa Arch., St George's Anglican Church (Ottawa), minutes of vestry meetings, 1889–1890 : 64–81, 90–99. — AO, RG 22, sér. 354, n° 2187. — Musée du N.-B., J. C. Webster papers, packet 73. — QUA, 2112, boxes 2–3. — St Paul's Episcopal Chapel (Rothesay, Écosse), Copy of marriage certificate for W. J. Ritchie and Martha Strang, 21 sept. 1843 (le certificat original est en la possession de James Smellie, Ottawa). — Supreme Court of Canada (Ottawa), Minute-books, MI (8 nov. 1875–11 avril 1884) ; MZ (12 avril 1884–16 nov. 1891) ; M3 (17 nov. 1891–7 déc. 1900). — *Canada Law Journal* (Toronto), nouv. sér., 11 (1875) : 265–266 ; 16 (1880) : 73–75, 99–100 ; 18 (1882) : 87–88 ; 28 (1892) : 484. — G. E. Fenety, *Political notes and observations* [...] (Fredericton, 1867) ; « Political notes : a glance at the leading measures carried in the House of Assembly of New Brunswick, from the year 1854 », *Progress* (Saint-Jean), 1894 (réunies dans un album (Fredericton, 1894 ; copies à la AN Library, au Musée du N.-B., et dans ICMH, sér. n° 06725). — *Legal News* (Montréal), 1 (1878) : 140–141. — N.-B., House of Assembly, *Journal*, 24 févr. 1848 ; Supreme Court, *New Brunswick Reports* (Saint-Jean et Fredericton), 8–16 (1854–1877), rapports pour 1855–1875. — *Reports of the Supreme Court of Canada*, George Duval *et al.*, compil. (64 vol., Ottawa, 1878–1923), 1–20. — Stewart, *Story of the great fire*. — *Head Quarters* (Fredericton), 22 août, 5 sept. 1855. — *Morning Freeman* (Saint-Jean), 2 déc. 1865. — *Morning Journal* (Saint-Jean), 1er déc. 1865. — *Morning News* (Saint-Jean), 20 août 1855, 1er, 6 déc. 1865. — *New Dominion and True Humorist* (Saint-Jean), 16 oct. 1875. — *Ottawa Daily Citizen*, 16 juin, 19 nov. 1879, 10 avril 1883, 26 sept. 1892. — *Ottawa Evening Journal*, 8 mai 1911. — *Reporter and Daily and Tri-Weekly Times* (Halifax), 30 janv. 1879. — *St. John Daily Sun*, 26 sept. 1892. — *N.B. vital statistics, 1856–57* (Johnson). — Gwyn, *Private capital*. — Lawrence, *Judges of N.B.* (Stockton et Raymond). — MacNutt, *New Brunswick*. — J. G. Snell et Frederick Vaughan, *The Supreme Court of Canada : history of the institution* ([Toronto], 1985). — Robert Cassels, « The Supreme Court of Canada », *Green Bag* (Boston), 2 (1890) : 241–245. — Bora Laskin, « The Supreme Court of Canada : a final court of and for Canadians », *Canadian Bar Rev.* (Toronto), 29 (1951) : 1038–1079. — Frank MacKinnon, « The establishment of the Supreme Court of Canada », *CHR*, 27 (1946) : 258–274. — M. C. Ritchie, « The beginnings of a Canadian family », N.S. Hist. Soc., *Coll.*, 24 (1938) : 135–154.

ROBERTSON, JAMES, marchand et manufacturier, né en 1831 à Campsie, Écosse ; vers 1864, il épousa à Montréal une dénommée Morris, originaire de Sainte-Thérèse, Bas-Canada, et ils eurent quatre garçons et deux filles ; décédé le 18 décembre 1900 à Montréal.

Issu d'une famille de la classe moyenne, James Robertson fit ses études à l'école paroissiale de Fintry, en Écosse, puis dans un établissement scolaire privé. En 1843, à l'âge de 12 ans, il s'initia au monde du commerce en travaillant dans un magasin de quincaillerie de Glasgow. Quatre ans plus tard, la Newton, Keats and Company l'engagea à titre de commis pour son bureau local de Glasgow. Ce n'est qu'en 1857, après un long périple professionnel, que Robertson parvint à se hisser au rang d'associé dans la firme Alexander, Ferguson and Lonnie de Glasgow, spécialisée dans la fabrication de tuyaux de plomb. Aussitôt entré dans cette société, il se vit confier la charge d'implanter une succursale de distribution à Montréal.

Ainsi, le 27 juin 1857, Robertson ouvrit dans cette ville un entrepôt rue Queen, au cœur du faubourg industriel Sainte-Anne, sous la raison sociale de Canada Lead Pipe Works. Afin de mener à bien la gérance d'une telle entreprise, il s'associa dès l'année suivante à William Brown, marchand de métaux nouvellement installé à Montréal. Il semble que leur agence connut un succès immédiat, sans doute en raison de l'exclusivité de ses produits sur le marché colonial, mais aussi à cause des marges de crédit dont elle bénéficiait auprès de la société mère en Écosse. Robertson comprit très vite l'immense potentiel qu'offrait l'urbanisation croissante en Amérique du Nord pour l'écoulement de produits reliés aux équipements d'aqueduc et d'alimentation en gaz dans les villes. C'est pourquoi, en 1862, il racheta au prix de £4 000 la part de ses associés et se lança à son compte. Sa première initiative fut d'annexer à son commerce d'articles de plomberie une petite fonderie de tuyaux de plomb qui n'employait pas plus de 12 ouvriers et utilisait une machinerie actionnée à la vapeur. En 1871, neuf ans après sa fondation, l'entreprise disposait d'un capital de 200 867 $, enregistrait une production annuelle évaluée à 117 317 $ et comptait une équipe de 28 ouvriers. Les entrées régulières de dividendes permirent à Robertson d'investir dès 1869 dans une seconde entreprise qui se spécialisait dans la fabrication de scies de toutes sortes. L'atelier, qui avait recours à la vapeur, employait 18 ouvriers et fournissait une production annuelle évaluée à 36 273 $ en 1871.

Homme d'affaires prudent, Robertson avait canalisé une partie de ses avoirs dans le secteur foncier. Ainsi, en 1872, il possédait une ferme à Danville, dans les Cantons-de-l'Est, de même qu'un certain nombre de propriétés à Montréal dont les terrasses Peel, le pâté de bâtiments de la rue William, qui comprenait la fabrique de scies et les entrepôts, puis les immeubles de la rue Wellington où se trouvait la fonderie de tuyaux. Cette même année, il mit sur pied au coût de 98 827 $ une manufacture de tuyaux à Toronto. Nanti d'une fortune estimée à 407 663 $ et muni d'une bonne ouverture de crédit auprès de la Banque de Montréal, il put affronter la récession économique mondiale des années 1873–1879 sans que la survie de ses entreprises soit menacée. Tout au plus subit-il quelques pertes en mars 1876, à la suite de la faillite de quelques marchands locaux de quincaillerie. Cet événement ne l'empêcha pas néanmoins d'engager des capitaux quelques mois plus tard dans l'installation d'une nouvelle manufacture de tuyaux à Baltimore, dans le Maryland.

Depuis la fin des années 1870, la firme James Robertson devait se mesurer à des concurrents, tant locaux qu'étrangers, dans le domaine de la fabrication de tuyaux de plomb ; parmi ceux-ci, on retrouvait la Morland, Watson and Company de Montréal et la firme A. K. Lissberger de Boston. Il va sans dire que ce nouveau phénomène incita Robertson à diversifier la gamme de ses produits. C'est ainsi que sa firme en vint peu à peu à fabriquer des siphons obtenus par pression hydraulique, puis des revêtements de câbles électriques.

L'année 1892 fut marquante pour Robertson : il modifia le statut juridique de l'entreprise qu'il avait fondée et la convertit en société par actions. Cette nouvelle société, qui agissait désormais sous la raison sociale de James Robertson Company, était dotée d'un capital de 750 000 $ réparti en 7 500 actions, dont la majorité demeurait sous mainmise familiale. Tout en encourageant la mobilisation de nouveaux capitaux, ce remaniement permettait à Robertson de léguer à trois de ses fils, James, John et Alexander, une partie de son actif. À cette époque, la James Robertson Company possédait des ateliers à Montréal, à Toronto et à Saint-Jean, au Nouveau-Brunswick, de même qu'un entrepôt à Winnipeg. Il semble par ailleurs que le commerce des métaux bruts (fer, plomb, acier, nickel) était devenu un volet important des activités de la compagnie.

James Robertson assuma la présidence de la société jusqu'en 1899 ; cette année-là, il dut se retirer des affaires pour des raisons de santé. Il laissait derrière lui une entreprise de métallurgie hautement spécialisée qui devait son ascension à la mise en place de nouveaux équipements d'infrastructure (eau, gaz, électricité) dans les villes nord-américaines à la fin du XIXe siècle. Gravement affecté par une longue maladie, il mourut le 18 décembre 1900 dans sa maison de l'avenue Park. Deux jours plus tard, on célébra son service funèbre à l'église presbytérienne St Gabriel Street, dont il avait été président du conseil de 1885 à 1890.

PETER BISCHOFF ET ROBERT TREMBLAY

AN, RG 31, C1, 1871, Montréal, quartier Sainte-Anne. — Baker Library, R. G. Dun & Co. credit ledger, Québec, 5 : 442 ; 7 : 84. — *Canada Gazette*, 26 (1892–1893) : 1313. — *Canadian Engineer* (Montréal), 8 (1900–1901) : 187. — *Gazette* (Montréal), 19–21, 24 déc. 1900. — *Montreal Daily Star*, 19 déc. 1900. — *La Presse*, 18–19 déc. 1900. — *Canada directory*, 1857–1858. — C. E. Goad, *Atlas of the city of Montreal from special survey and official plans showing all buildings & names of owners* (2e éd., 2 vol., Montréal, 1890). — *Montreal directory*, 1857–1900. — F. W. Terrill, *A chronology of Montreal and of Canada from A.D. 1752 to A.D. 1893* [...] (Montréal, 1893). — Ève Martel, « l'Industrie à Montréal en 1871 » (thèse de M.A., univ. du Québec, Montréal, 1976), 89, 96.

ROBERTSON, JOSEPH GIBB, homme d'affaires, homme politique et fonctionnaire, né le 1er janvier 1820 à Stuartfield, Écosse, fils du révérend James Robertson et d'Elizabeth Murray, et frère de MARGARET MURRAY ; le 19 juillet 1870, il épousa à Sherbrooke, Québec, Mary Jane Woodward, et ils eurent quatre fils et deux filles ; décédé le 13 mars 1899 au même endroit.

Le père de Joseph Gibb Robertson s'installe à Sherbrooke avec sa famille en mai 1836 et y devient le premier pasteur de l'Église congrégationaliste. Alors que ses frères Andrew*, George R. et William Wilcox optent pour les professions juridiques, Joseph Gibb se lance plutôt en affaires. Disposant d'un capital de £250, il s'associe le 19 avril 1843 à Joseph Longee, fermier et aubergiste du canton de Compton, pour former la J. G. Robertson and Company. Robertson, qui a la charge entière de l'administration du commerce de mercerie, d'épicerie et de quincaillerie, emménage dans un magasin qu'il loue d'Albert Gallatin Woodward, commerçant de Sherbrooke, de qui il acquiert le fonds de commerce. En 1845, l'association entre Longee et Robertson est renouvelée pour trois années.

Avec l'aide de Woodward, Robertson entreprend des activités intermittentes de spéculation foncière dans une région en pleine expansion. Il peut ainsi hypothéquer des terrains pour, semble-t-il, convertir la part de Longee en un emprunt de £500 à rembourser en quatre ans, période dont la fin coïncide avec l'expiration du contrat d'association en avril 1848. Faute d'un nouveau contrat, il faut conclure que Robertson poursuit seul ses affaires par la suite.

À partir de juin 1853, Robertson, fortement engagé dans la politique municipale, songe à délaisser ses activités commerciales. Il rappelle le crédit en suspens et met en vente son fonds de commerce. L'année suivante, il cherche de nouveau, mais sans succès, à se départir du magasin. Faute d'acheteur, il se joint à William et à George Addie le 24 octobre 1854 pour former la W. and G. Addie and Company, à Sherbrooke, et la G. and W. Addie and Company, à Dudswell. À la suite du retrait définitif des Addie au terme de trois ans, Robertson s'associe à G. Addie fils, à Dudswell. En janvier 1861, il réussit à louer son établissement de Sherbrooke à James A. Gordon et à Isaac Manning, de la firme Gordon and Manning. À peine un an plus tard, cette société est dissoute, et il n'est plus fait mention par la suite du magasin de Robertson.

Robertson accentue dans les années 1850 et la décennie suivante ses spéculations foncières, surtout dans le canton d'Ascot et à Sherbrooke même, mais aussi dans les cantons d'Orford, de Weedon, de

Dudswell et de Barford. Il sait saisir les bonnes occasions, notamment les ventes judiciaires et celles que font des Américains désireux de se départir de leurs terrains. Fort bien intégré au milieu des affaires sherbrookois, il est l'un des actionnaires de la Fabrique de coton de Sherbrooke en 1846 et de la Sherbrooke County Building Society en 1850, et l'un des administrateurs de la Sherbrooke and Magog Turnpike Road Company en 1853. Au début de 1858, il semble remplacer ses activités commerciales par l'exploitation d'un moulin à farine, le Sherbrooke Grist Mill. Il le reconstruit et acquiert même en 1860 un emplacement riche en potentiel hydraulique sur la rivière Magog, près du confluent avec la Saint-François, mais cette exploitation de nature industrielle restera très petite. Au début des années 1860, Robertson devient aussi membre du bureau de direction de la Stanstead and Sherbrooke Mutual Fire Insurance Company.

Robertson participe activement à la politique locale. À partir du 12 octobre 1847, il remplit la fonction de secrétaire-trésorier de la municipalité de Sherbrooke ; il occupe ensuite la charge de maire en 1854 et 1855, de 1857 à 1868 et finalement de 1869 à 1872. Il joue ainsi un rôle primordial dans le développement de la ville pendant plus de 20 ans, avant de se lancer dans l'arène provinciale en 1867. Sa première élection s'avère difficile, et il ne l'emporte que par 106 voix devant Richard William Heneker*, candidat conservateur indépendant. D'allégeance conservatrice, Robertson appuyait Alexander Tilloch GALT et s'inscrivait dans une ligne politique plus libérale-conservatrice que « bleu foncé », de sorte qu'il suscitait la méfiance des conservateurs de bon ton. D'ailleurs, il ne sera jamais un homme de parti. Cette élection marque le début d'une emprise solide sur la circonscription provinciale de Sherbrooke, où il est réélu le plus souvent sans opposition, jusqu'en 1892. Il bénéficie de l'appui de la *Sherbrooke Gazette,* que dirige son ami Joseph Soper Walton. Heneker prend cependant une douce revanche en 1868 en subtilisant la mairie à Robertson. L'année suivante, celui-ci récupère la charge laissée vacante par Heneker et s'y maintient jusqu'à ce qu'il l'abandonne définitivement en 1872.

Pendant toutes ces années, Robertson se révèle un promoteur très actif du chemin à lisses de Sherbrooke, des townships de l'Est et Kennebec (il deviendra en 1875 le Quebec Central) qui doit relier Sherbrooke à la vallée de la Chaudière. Président de la compagnie, il cumule aussi les postes de maire et de trésorier de la province (1869–1887), ce qui ne va pas sans susciter des protestations de la part de ses opposants municipaux et de ses concurrents mêlés à un projet de chemin de fer différent du sien, le Vallée de Saint-François et Kennebec.

Pendant son premier mandat à la trésorerie provinciale, du 25 octobre 1869 au 25 janvier 1876, Robertson contribue à jeter les fondements d'une politique d'aide aux chemins de fer. Mais il lui faut auparavant régler la difficile question du partage de la dette et de l'actif de la province du Canada. Les négociations tripartites entre le Québec, l'Ontario et le fédéral, ardues et contestées, se terminent le 3 septembre 1870 par le prononcé d'une sentence arbitrale très favorable à l'Ontario. Inapplicable politiquement, cette décision retarde le règlement de la question jusqu'en 1873, année où des rajustements généraux des allocations de dettes permettent au fédéral d'assumer la dette contestée.

Libéré de cette obligation et disposant d'un crédit financier restauré, le gouvernement est alors en mesure de mettre en application une politique ferroviaire qu'attendent depuis longtemps des entreprises régionales en quête de capitaux. Le 13 janvier 1874, Robertson en énonce les éléments fondamentaux dans son discours sur le budget : le rôle de l'État consiste à assister l'entreprise privée en lui octroyant des subventions ou en l'aidant à obtenir des emprunts sur les marchés extérieurs ; l'État accorde la priorité à la construction de chemins de fer sur la rive nord ; l'État regroupe en trois catégories les compagnies qui peuvent recevoir des subventions de 1 710 $ à 2 500 $ le mille. Robertson évalue à 5 280 000 $ le coût de cette politique ferroviaire. À l'été de 1874, il se rend en Angleterre négocier une première émission d'obligations provinciales, qu'il règle en privé par l'intermédiaire d'un syndicat financier dirigé par sir John Rose*, de la Morton, Rose and Company. L'opération est couronnée de succès et les obligations s'apprécient rapidement en dépit de l'opposition de la Compagnie du chemin de fer du Grand Tronc du Canada.

À la fin de l'été de 1874, Robertson joue un rôle décisif dans le déroulement du scandale des Tanneries [V. Louis Archambeault*]. Embarrassé par cette affaire, le premier ministre Gédéon Ouimet* s'en remet à lui pour décider du sort du cabinet. Dès son retour d'Angleterre, l'homme d'affaires examine les terrains et les documents en cause, réfléchit, consulte, puis remet sa démission le 7 septembre 1874, tout comme l'avait fait George IRVINE le 30 juillet, et provoque ainsi la chute du cabinet. Deux semaines plus tard, Charles-Eugène Boucher* de Boucherville en forme un nouveau qui inclut encore Robertson en qualité de trésorier. Dans cette équipe, ce dernier aura bientôt à affronter le problème de la prise en charge par l'État du chemin de fer de la rive nord.

À la fin d'octobre 1874, Robertson devient l'un des trois administrateurs gouvernementaux de la Compagnie du chemin de fer de la rive nord. Cette position s'avère vite difficile pour un trésorier qui doit contrôler les fonds publics et qui, par ailleurs, voudrait plutôt privilégier les chemins de fer de la rive sud. Comme la compagnie s'enlise dans un gouffre financier, elle doit de nouveau faire appel à l'aide gouvernementale.

Parce que ses deux collègues ministériels deviennent favorables en juin 1875 à une telle solution, Robertson se retrouve coincé : il s'oppose à la fois à un arrêt des travaux de construction et à une prise en charge par l'État. On annonce la décision du gouvernement en septembre 1875. Robertson doit subir la pression montante de ses électeurs frustrés par l'accroissement des investissements gouvernementaux sur la rive nord et il supporte de moins en moins les contraintes de la solidarité ministérielle. Ses profondes divergences d'opinions avec ses collègues et avec le premier ministre l'amènent à démissionner au début de 1876. Remplacé par Levi Ruggles CHURCH, il siège ensuite comme conservateur indépendant, sans alliance avec l'opposition officielle.

Robertson, en qualité de trésorier, a réussi à stabiliser la situation financière du gouvernement provincial et à mettre en place des règles administratives rigides qui assurent un contrôle serré des dépenses. À travers la correspondance courante du département du Trésor transparaît un administrateur rigoureux et besogneux, d'une honnêteté et d'une moralité irréprochables. Dans ses relations avec les établissements bancaires, il établit une pratique de distribution des comptes, des placements et des emprunts temporaires aux diverses institutions, plutôt que de les concentrer entre les mains de la Banque de Montréal. Cela ne va pas sans risques cependant, notamment au moment de la suspension des paiements de la Banque Jacques-Cartier en 1875. Comme le gouvernement est le principal déposant et qu'il se trouve en partie responsable des difficultés de certains débiteurs de la banque, Robertson réussit par différents moyens à faire éviter la faillite. Enfin, il s'engage un adjoint, Henry Turner Machin, anglican et franc-maçon sherbrookois qui sera son homme de confiance par la suite.

En 1869, après le départ de Christopher Dunkin*, Robertson devient le principal représentant de la minorité anglophone au cabinet. Il assume un leadership parmi ses coreligionnaires jusqu'en 1875. Il représente aussi et surtout les intérêts sherbrookois et ceux des Cantons-de-l'Est et même plus généralement ceux de la rive sud, notamment quand il s'agit des chemins de fer, dont le Quebec Central. Robertson prend fait et cause pour ces compagnies négligées et canalise autour de cet enjeu le mécontentement des députés de la rive sud. Le gouvernement annonce alors une aide supplémentaire destinée à calmer les esprits.

Dans l'opposition de 1876 à 1879, Robertson concentre ses interventions sur les questions financières et ferroviaires ainsi que sur celles qui intéressent la minorité anglo-protestante. S'il fait montre de modération dans les questions qui mettent en cause la religion et l'éducation, il met à profit sa connaissance des dossiers pour embarrasser ses successeurs et servir de principal censeur des budgets libéraux de 1878 et de 1879, tout en posant à l'observateur indépendant. Il se fait l'avocat de l'équilibre budgétaire par la levée de taxes, si cela est nécessaire, malgré leur impopularité.

Les conservateurs reprennent le pouvoir en 1879, et le premier ministre Joseph-Adolphe CHAPLEAU invite Robertson à faire partie du cabinet en tant que trésorier ; son entrée en fonction se fait le 31 octobre de cette année-là. Robertson n'a plus le même ascendant sur ses collègues et, dans une certaine mesure, il sert de caution sur les questions financières et ferroviaires. Chapleau et ses amis, notamment Étienne-Théodore Pâquet, Louis-Adélard Senécal*, Clément-Arthur Dansereau*, Alexandre Lacoste* et Jonathan Saxton Campbell Wurtele*, forment un cabinet parallèle où se prennent les décisions importantes. Même s'il occupe le poste de trésorier, Robertson est tenu à l'écart des négociations de l'emprunt de 1880. Chapleau et son entourage, Pâquet surtout, ont déjà établi des contacts avec des financiers français et Wurtele se voit chargé des négociations et du contrat. Incapable de travailler en français et peu d'accord avec la filière française, Robertson se contente de fournir une aide technique à l'inexpérimenté Wurtele. Malgré sa compétence, Robertson néglige de prévoir un mode de transfert des fonds et du change, de sorte qu'une chute du cours du franc provoque une forte baisse du produit de l'emprunt. Embarrassé, il en est réduit à demander de l'aide aux financiers mêmes que l'on a écartés au moment de l'émission.

Pendant son mandat de trésorier, Robertson se trouve mêlé de près à la décision de vendre le Québec, Montréal, Ottawa et Occidental. Toujours convaincu de la nécessité de le retourner à l'entreprise privée, il se fait le promoteur assidu de cette solution au cabinet. Il doit cependant composer avec la nécessité de trouver un ou des acheteurs sérieux, dont les visées seront compatibles avec les objectifs du gouvernement en ce domaine. Après les élections de 1881, Chapleau décide de vendre le chemin de fer en deux sections : l'ouest à la Compagnie du chemin de fer canadien du Pacifique et l'est à un groupe d'hommes d'affaires dirigé par Senécal. C'est, paraît-il, la révélation publique de l'existence, relativement à la section est, d'une offre plus avantageuse d'un groupe concurrent qui provoque l'exclusion de Robertson du conseil des ministres et son remplacement par Wurtele. Cette démission forcée, jointe à celle de John Jones Ross* sur la même question, alimente les débats sur la vente, et Robertson se montre plus souvent d'accord avec l'opposition libérale qu'avec ses anciens collègues. Il vote donc comme l'opposition contre la vente.

Après un séjour plutôt tranquille dans l'opposition, Robertson retrouve son poste de trésorier le 23 janvier 1884, à la demande du premier ministre Ross. Il semble avoir posé comme condition à son entrée au cabinet que l'on fasse la lumière sur la vente du Québec, Montréal, Ottawa et Occidental. Une commission d'enquête est instituée en avril suivant et permet de répondre partiellement aux questions soulevées. Robertson continue de représenter la communauté anglo-protestante dans un cabinet dominé par les ultramontains et secoué par l'affaire Riel [V. Louis Riel*]. Il termine sans trop de bouleversements sa carrière de trésorier le 29 janvier 1887 avec l'arrivée au pouvoir du parti national d'Honoré MERCIER. Il reprend alors son rôle de critique financier. Mais déjà son étoile électorale pâlit. En 1890, il affronte un adversaire, Louis-Charles Bélanger, pour une première fois depuis longtemps, et il ne l'emporte que par 270 voix. Enfin, en 1892, il se présente comme candidat conservateur indépendant et perd une lutte à trois remportée de justesse (12 voix) par un conservateur francophone, Louis-Edmond Panneton.

En parallèle et souvent de concert avec ses activités politiques provinciales, Robertson continue d'assumer la présidence du Quebec Central. La construction consomme du temps et des subventions gouvernementales importantes, alors que le résultat paraît souvent de qualité douteuse. Les inévitables problèmes de financement retardent l'ouverture de la ligne complète jusqu'en 1881. Cette année-là, le Quebec Central, grâce à une manœuvre habile de George Irvine, réussit à acheter à bon compte le chemin à lisses de Lévis à Kennebec alors en faillite et à étendre son réseau jusqu'à Lévis. Robertson, qui affirme avoir risqué toute sa fortune dans le Quebec Central, doit subir des attaques de l'opposition au sujet du conflit apparent entre ses fonctions de président, jusqu'à la fin des années 1880, et celles de trésorier de la province. Il réussit presque toujours à démontrer avec forces statistiques la fausseté des insinuations. En plus de ses activités dans le domaine ferroviaire, Robertson se lance au début des années 1870 dans la recherche minéralogique dans le canton d'Ely, mais sans y faire fortune. Il paraît surtout poursuivre diverses spéculations foncières aussi bien à Sherbrooke que dans les cantons avoisinants, desquelles il semble tirer certains revenus avec l'appui notamment des Woodward.

Après sa défaite électorale de 1892, Joseph Gibb Robertson remplit la fonction de maître de poste à Sherbrooke, où il meurt le 13 mars 1899 à la suite d'une courte maladie. Des funérailles imposantes rassemblent essentiellement des personnalités sherbrookoises et des Cantons-de-l'Est, mais peu d'hommes politiques de l'extérieur. Robertson est inhumé le 16 mars 1899 dans le Union Cemetery de Sherbrooke.

MARC VALLIÈRES

L'auteur tient à signaler l'aide précieuse fournie par Jean-Pierre Kesteman du département d'histoire de l'université de Sherbrooke, Québec, dans le repérage des documents et articles de journaux relatifs aux activités sherbrookoises de Joseph Gibb Robertson. [M. V.]

Robertson est l'auteur de : *Sketch of the formation of the Congregational church at Sherbrooke and Lennoxville* (Sherbrooke, 1890).

AC, Saint-François (Sherbrooke), État civil, Congrégationalistes, Congregational Church (Sherbrooke et Lennoxville), 16 mars 1899. — ANQ-E, CE1-69, 19 juill. 1870 ; CN1-10 ; CN1-24 ; CN1-27 ; T11-1/28–31. — ANQ-Q, E14/443–458. — Arch. de la ville d'Ascot (Ascot, Québec), Reg. des procès-verbaux, 1845–1846. — *Débats de l'Assemblée législative* (M. Hamelin), 1–2, notamment les discours du budget. — *Le Pionnier,* 1866–1902. — *Sherbrooke Daily Record,* 1897–1910. — *Sherbrooke Gazette,* 1837–1873. — Désilets, *Hector-Louis Langevin.* — Amédée Gaudreault, *les Maires de Sherbrooke* (Sherbrooke, 1954). — Gervais, « l'Expansion du réseau ferroviaire québécois ». — M. Hamelin, *Premières années du parlementarisme québecois.* — J.-P. Kesteman, le Progrès *(1874–1878) : étude d'un journal de Sherbrooke* (Sherbrooke, 1979). — Rumilly, *Hist. de la prov. de Québec,* 1–6 ; *Mercier et son temps.* — Michel Stewart, « le Partage de la dette et des actifs de la province du Canada, 1867–1910 » (thèse de M.A., univ. de Sherbrooke, 1976) ; « le Québec, Montréal, Ottawa et Occidental, une entreprise d'État, 1875–1882 » (thèse de PH.D., univ. Laval, 1983). — Marc Vallières, « la Gestion des opérations financières du gouvernement québécois, 1867–1920 » (thèse de PH.D., univ. Laval, 1980). — B. J. Young, *Promoters and politicians.*

ROBERTSON, MARGARET MURRAY, institutrice et romancière, baptisée le 22 avril 1823 à Stuartfield, Écosse, fille du révérend James Robertson, ministre congrégationaliste, et d'Elizabeth Murray ; décédée célibataire le 14 février 1897 à Montréal.

Après la mort de sa mère, Margaret Murray Robertson immigra avec sa famille à Derby, au Vermont, en 1832. Quatre ans plus tard, les Robertson s'établirent à Sherbrooke, dans le Bas-Canada, où le père exerça son ministère auprès des congrégationalistes jusqu'à sa mort en 1861. Trois des frères de Margaret, Andrew*, George R. et William Wilcox, se distinguèrent comme avocats à Montréal. Un autre, JOSEPH GIBB, devint un homme d'affaires et fut durant nombre d'années trésorier de la province. Une de ses sœurs, Mary, épousa Daniel Gordon, ministre presbytérien de Glengarry, en Ontario.

Après avoir fréquenté en 1847–1848 le Mount Holyoke Female Seminary de South Hadley, établissement du Massachusetts réputé pour sa rigueur intellectuelle et les principes religieux sur lesquels reposait tout son programme d'études, Margaret enseigna jusqu'en 1865 dans une école de filles, la Sherbrooke Academy. Elle aimait ce métier et, en 1864, à l'âge de 41 ans, elle rédigea un « essai sur l'enseignement dispensé dans les écoles publiques » qui lui valut un prix offert par Alexander Tilloch GALT aux instituteurs des Cantons-de-l'Est. Dans cet essai, publié dans le *Sherbrooke Gazette and Eastern Townships Advertiser* des 14 et 21 janvier 1865, elle affirmait qu'en plus de dispenser des connaissances « tout système d'éducation devait toujours avoir pour objectif premier de développer et de renforcer les facultés mentales [et] d'apprendre aux enfants à observer, à réfléchir, à raisonner ». Pour elle, la « formation morale » était encore plus importante que la discipline intellectuelle car, « si elle n'[était] pas guidée et encadrée par des principes moraux élevés, la connaissance dev[enait] un instrument au service du mal ». Comme le sens moral était donné par Dieu, la formation morale devait être religieuse et « résolument chrétienne », sans toutefois être sectaire. L'auteure soutenait également que, pour dispenser un enseignement de qualité à l'extérieur des grands centres, le gouvernement devait améliorer la formation des instituteurs agréés, s'assurer de leur moralité, leur offrir des conditions financières qui garantiraient la stabilité et l'excellence – ce qui signifiait, dans les régions rurales, la fin d'un système fort répandu qui obligeait l'instituteur à prendre pension dans les différentes familles de ses élèves –, limiter le programme d'études aux matières de base, sans toutefois omettre l'histoire religieuse, l'histoire du Canada et celle de la Grande-Bretagne, et fournir des manuels canadiens uniformes et aussi bien faits que les manuels américains et britanniques dont se servaient alors les élèves.

Ironiquement, c'est peut-être le succès de cet article qui poussa Margaret Murray Robertson à abandonner l'enseignement pour se lancer dans l'écriture. De 1865 à 1890, elle publia au moins 14 romans. Cependant, les thèmes de ses écrits reflètent si fidèlement sa principale préoccupation d'enseignante – inculquer aux jeunes, en particulier aux jeunes filles, à la fois connaissances, force et conscience morale – qu'on voit clairement qu'elle exerçait toujours sa profession d'éducatrice, mais de manière à rejoindre un jeune public beaucoup plus nombreux. Toujours soucieuse de mettre en évidence l'esprit chrétien, la romancière présente dans ses romans des personnages qui lisent la Bible en famille et assistent régulièrement aux offices. S'ils ne font pas déjà partie d'une famille de pasteur, ses protagonistes se convertissent à la vraie foi ou deviennent plus fervents. Dans ses romans plus didactiques, Margaret entremêle aux dialogues de longs discours d'explications ou d'encouragements spirituels qui ressemblent à des sermons. L'esprit chrétien dont elle parle est nettement protestant, mais son protestantisme n'a rien de la rigidité calviniste. Il s'agit plutôt d'une religion du pardon qui met l'accent sur l'amour et sur la compréhension et réconforte dans les moments d'inquiétude. Margaret s'inscrit ainsi dans un courant que soutiennent les éditeurs évangéliques, telles la Religious Tract Society de Londres et l'American Sunday School Union de Philadelphie, qui publièrent d'ailleurs certains de ses romans. Plus tard toutefois, ce sont surtout des maisons d'édition laïques, Hodder and Stoughton, de Londres, et Thomas Nelson, de New York, qui publièrent ses écrits ; les œuvres de fiction, où les intrigues romantiques s'allient aux dogmes moins sévères d'un christianisme de compassion, connaissaient en effet une popularité croissante et devenaient acceptables même pour les chrétiens austères qui, jusque-là, avaient rejeté le roman.

Les protagonistes des romans de Margaret Murray Robertson et, par conséquent, les principaux messagers de son christianisme sont des femmes et des jeunes filles ; ici, pas de patriarcat mosaïque. Les intrigues sont centrées sur le foyer et la famille, où des femmes courageuses prodiguent l'amour et assurent l'unité. Indirectement, l'auteure traite la famille comme un microcosme de la société, laissant à entendre qu'un monde dirigé par les femmes serait fondé sur la charité, la coopération et le respect mutuel, contrairement à la société d'alors, dominée par les hommes, et qui était autoritaire, matérialiste et profiteuse. La romancière n'a cependant rien d'une révolutionnaire, et les rôles et devoirs qu'elle confère à ses personnages féminins sont généralement conventionnels. Cependant, plutôt que des femmes affectées, satisfaites d'elles-mêmes, prudes et faibles, elle met en scène des femmes pleines de vie, intelligentes, imaginatives et courageuses. Dans *Shenac, the story of a Highland family in Canada*, publié à Philadelphie en 1868, c'est Shenac, l'héroïne, plutôt que l'un de ses frères, qui prend la situation en main quand, au décès de leur père, les enfants doivent s'occuper de la ferme familiale jusqu'au retour de leur frère aîné. Dans *By a way she knew not ; story of Allison Bain*, paru à New York en 1887, l'héroïne quitte l'homme qu'elle avait épousé par convenances mais elle ne sera libérée, à la mort de son époux, qu'après avoir découvert qu'elle ne pouvait pas trouver le bonheur avant d'avoir fait son devoir auprès de lui. Elle-même célibataire, Margaret présente des personnages intéressants de célibataires dans ses romans ; par exemple, dans *The two Miss Jean Dawsons*, publié à New York en 1880, l'héroïne devient une femme d'affaires avertie tout en conservant ses qualités féminines.

En général, Margaret Murray Robertson définit clairement les rôles selon les classes sociales. Le dialecte écossais, plus prononcé parmi les classes inférieures, est moins évident dans les discours des ministres, des enseignants et chez les autres personnes instruites. Ses principaux personnages manifestent peu de désir de changer leur position sociale même quand l'amélioration de leur situation financière le leur permettrait. De fait, les ambitions matérielles sont méprisables dans cet univers où l'honnêteté et le patient labeur apportent invariablement la prospérité matérielle et spirituelle. Le thème de l'alcoolisme dans la classe ouvrière, cher aux écrivains religieux et, plus tard, aux militantes féministes, occupe une place importante dans l'œuvre de l'auteure, qui en traite implicitement comme d'une maladie dont le remède se trouve dans la formule appliquée aujourd'hui par les Alcooliques anonymes.

Margaret Murray Robertson a probablement puisé dans son expérience familiale une grande partie de son message didactique. Le décès du père ou de la mère, parfois même des deux, est fréquent, et il incombe alors aux enfants de prendre la relève ; le travail ardu, la souffrance et la responsabilité, soutenus par l'amour fraternel, la solidarité familiale ainsi que la foi religieuse, les font grandir. De même, la romancière situe tous ses récits dans des régions qu'elle connaît bien : l'Aberdeenshire en Écosse, la Nouvelle-Angleterre, les Cantons-de-l'Est, le comté de Glengarry dans le Haut-Canada et Montréal, où elle vivait déjà en 1871. *Shenac,* qui a pour cadre la communauté écossaise de Glengarry, dépeint la vie rude des colons, les activités agricoles saisonnières, l'intimité de la vie familiale, l'aide entre voisins et l'importance de la religion – toutes choses qui caractérisaient la vie dans cette région. Dans ce roman comme dans *By a way she knew not,* l'auteure manie efficacement la couleur locale – les coutumes, le dialecte et les détails descriptifs. Certains ont avancé que son écriture avait influencé celle de son neveu Charles William Gordon* (Ralph Connor), dont on connaît encore bien aujourd'hui *The man from Glengarry : a tale of the Ottawa,* publié à Toronto en 1901, et *Glengarry school days : a story of early days in Glengarry,* paru à Chicago l'année suivante.

En s'inspirant ainsi de son expérience personnelle, Margaret a donné à ses romans une vigueur et un réalisme qui aident à en porter le contenu didactique. Bonne institutrice qui n'a pas oublié que ses leçons doivent être intéressantes, elle sait traiter de religion et de morale en allégeant son propos par la romance et le sentiment. En même temps toutefois, elle transpose dans un mode plus réaliste et plus domestique l'idylle sentimentale qui plaît aux lecteurs de son époque. L'héroïne trouve habituellement l'amour auprès d'un ami d'enfance, du nouvel instituteur ou du pasteur qui vient d'arriver dans son village. Les épanchements ont souvent lieu au moins une fois au chevet d'un mourant. Dans *Christie Redfern's troubles,* roman publié à Londres en 1866 et qui remporta beaucoup de succès, l'amère et plaignarde jeune fille qu'était Christie devient, grâce à l'attention dévouée de sa sœur aînée, une jeune femme aimante qui trouvera enfin le bonheur avant de mourir. Quoique beaucoup de livres de Margaret se soient manifestement adressés à la jeunesse, *Shenac, By a way she knew not* de même que *The bairns ; or Janet's love and service,* publié à Londres en 1870, intéressèrent aussi un public adulte et furent parmi ses romans les plus populaires.

En se conformant au goût de son époque pour les ouvrages didactiques et moraux tout en divertissant ses lecteurs avec des personnages mémorables et des descriptions vivantes de lieux, Margaret gagna un vaste public. Fréquemment réimprimés en Grande-Bretagne, aux États-Unis et au Canada, ses romans lui valurent d'exercer une influence plus grande que celle de ses frères, qui eurent pourtant des carrières remarquables d'avocats et d'hommes politiques.

Selon l'un de ses contemporains, Margaret Murray Robertson était une femme intelligente, à la conversation brillante, que ses proches tenaient en haute estime. Elle n'était ni démonstrative ni émotive. Institutrice dévouée, elle faisait appel à l'intelligence de ses élèves et jamais ne les appelait par un petit nom amical ; par conséquent, ceux-ci la vénéraient plus qu'ils ne l'aimaient. Quand elle n'écrivait pas, elle tricotait tout le temps – « pas de tricots de luxe, mais des chaussettes toutes simples, utiles », qu'elle donnait aux petits garçons pauvres. En un seul hiver, elle en tricota 96 paires. Jusqu'à la fin de sa vie, elle demeura modeste malgré la popularité de ses romans et elle vécut si discrètement à Montréal que sa mort et ses obsèques célébrées dans la plus stricte intimité, en février 1897, faillirent passer inaperçues.

LORRAINE MCMULLEN

Margaret Murray Robertson est l'auteure de : *An essay on common school education ; the Galt prize essay* (Sherbrooke, Québec, 1865) et de quelque 14 romans dont une liste complète se trouve dans Watters, *Checklist of Canadian literature* (1972).

ANQ-M, CE1-215, 16 févr. 1897. — GRO (Édimbourg), Stuartfield, reg. of births and baptisms, 22 avril 1823. — *Montreal Daily Witness,* 15, 20 févr. 1897. — *Sherbrooke Gazette and Eastern Townships Advertiser* (Sherbrooke), 17 déc. 1864, 14, 21 janv. 1865. — Borthwick, *Hist. and biog. gazetteer.* — Morgan, *Bibliotheca canadensis.* — *British Library general catalogue.* — *National union catalog.* — R. [C.] MacGillivray et Ewan Ross, *A history of Glengarry* (Belleville, Ontario, 1979). — J. G. Robertson, *Sketch of the formation of the Congregational church at Sherbrooke and Lennoxville* (Sherbrooke, 1890). — R. [C.] MacGillivray, « Novelists and the Glengarry pioneer », *OH,* 65 (1973).

ROBINSON, JOHN BEVERLEY, sportif, officier, avocat, homme d'affaires, homme politique et fonctionnaire, né le 20 février 1820 à York (Toronto), deuxième fils de John Beverley Robinson* et d'Emma Walker ; le 30 juin 1847, il épousa au même endroit Mary Jane Hagerman, et ils eurent trois fils et deux filles ; décédé le 19 juin 1896 dans sa ville natale.

Comme son père, qui joua un rôle de premier plan dans l'histoire du Haut-Canada, John Beverley Robinson avait un penchant pour la vie publique mais, contrairement à celui-ci, il aimait la bagarre politique. Entre 1830 et 1836, il avait fréquenté l'Upper Canada College, où il s'était fait davantage remarquer par son talent au cricket que par sa connaissance des classiques. Il demeurerait d'ailleurs un fervent sportif toute sa vie. Robinson fit partie de la première équipe canadienne de cricket à livrer un match à une équipe américaine. Considéré en son temps comme le meilleur boxeur de Toronto, il inaugura le Toronto Athletic Club en 1891 et en fut président jusqu'en 1895.

Aide de camp de sir Francis Bond Head* en décembre 1837, durant la rébellion, Robinson se vit confier, après la défaite des rebelles, la tâche de livrer des dépêches à Washington. À son retour, il poursuivit son service dans l'armée britannique à titre de lieutenant à Sandwich (Windsor) durant un an. Il entreprit ensuite des études de droit, et se fit engager en qualité de clerc chez Christopher Alexander Hagerman*, dont il épouserait la fille, puis au cabinet de James McGill Strachan* et John Hillyard Cameron*. On l'admit au barreau en 1844. Ses origines, son stage de clerc et son mariage le mirent en relation avec des familles riches et influentes du Haut-Canada.

Robinson était cependant trop indépendant pour se plier aux exigences de son célèbre père. Comme son frère Christopher* le nota dans son journal en février 1845, un jour que John était rentré ivre à la maison, leur « père lui dit [qu']il devait partir ». Désormais seul à subvenir à ses besoins, John se lança dans le commerce avec son oncle William Benjamin Robinson* à Newmarket, mais en 1850 il était revenu à la pratique du droit. Toutefois, c'est à la promotion et à l'administration des chemins de fer qu'il consacrerait la plus grande partie de son temps. En 1850, il forma un comité, avec Strachan, Cameron et d'autres, pour inciter la ville de Toronto à investir £100 000 en billets de loterie, au moyen de débentures, dans le futur Ontario, Simcoe and Huron Union Rail-road, qui deviendrait plus tard le Northern Railway. Cependant, la population rejeta catégoriquement par référendum ce projet conçu par Frederick Chase Capreol*.

Sa fréquentation du milieu des affaires amena Robinson à se mêler de politique municipale et, en 1851, 1853–1854 et 1856–1857, il fut échevin du quartier St Patrick. Pour les hommes politiques comme lui, les chemins de fer étaient de toute évidence synonymes de prospérité. En 1851, Robinson proposa donc que la municipalité verse une subvention à la Toronto and Guelph Railway Company, que le Grand Tronc racheta deux ans plus tard. En 1853–1854, alors qu'il présidait le comité permanent du conseil municipal sur les chemins de fer, il n'appréciait guère l'influence que l'entrepreneur du Grand Tronc, Casimir Stanislaus GZOWSKI, exerçait dans la province et craignait l'abandon du projet d'une ligne qui relierait Toronto à Sarnia en passant par Guelph. C'est cependant à l'Ontario, Simcoe and Huron Union Rail-road qu'il s'intéresserait le plus car, d'après lui, ce pouvait être le moyen de relier Toronto à la baie Géorgienne et aux marchés de l'Ouest américain. En 1854, après qu'il eut fait voter au conseil municipal une prime pour le chemin de fer, on le nomma représentant de la ville au conseil d'administration de la compagnie ferroviaire. Durant les 25 années suivantes, il serait un promoteur enthousiaste de la Northern Railway Company of Canada et, de 1862 à 1875, en serait le président.

En 1856, élu maire par ses collègues du conseil avec une faible majorité, Robinson, toujours soucieux de favoriser le progrès, appuya la construction d'une usine de distribution d'eau pour la ville et l'achat de terrains destinés à une prison et à une ferme industrielle. Il se montrait également favorable à l'aménagement d'une esplanade au bord de l'eau, pour laquelle Gzowski avait signé un contrat que la ville avait cependant annulé. En tentant de conserver sa charge de maire en 1857, il dut faire face aux accusations selon lesquelles le *family compact* cherchait à s'accrocher au pouvoir. Malgré de multiples manœuvres de dernière minute, il perdit l'élection par une voix, mais demeura cependant au conseil où il poursuivit ses interventions en faveur du progrès. Il appuya le plan de Kivas Tully* pour relier la baie Géorgienne à Toronto par un canal – il fut d'ailleurs directeur provisoire du projet –, mais le conseil refusa de financer une entreprise aussi ambitieuse.

Aux élections provinciales de 1857–1858, Robinson, William Henry Boulton*, John George Bowes* et George Brown* se portèrent candidats dans la circonscription de Toronto, représentée par deux députés. Robinson, qui était conservateur, se vit accuser par Brown, réformiste et rédacteur en chef du puissant Globe, de « servilité » envers le gouvernement de John Alexander MACDONALD et de George-Étienne Cartier* ainsi qu'envers les catholiques. Il prit grand plaisir à la campagne et tenta de perturber les assemblées favorables à Brown en s'y présentant lui-même ou en y envoyant ses partisans. Il fut élu, mais Brown aussi et avec plus de voix que lui. L'historien Barrie Dyster a très justement décrit Robinson comme un « occupant naturel de la deuxième place que son nom, les talents de son épouse, sa bourse profonde et son énergie animale combinés ont élevé au-dessus d'autres plus doués que lui ».

Durant ses premières années au Parlement, Robinson dut trouver le juste équilibre entre son appui au gouvernement Macdonald-Cartier, maintenu au pouvoir dans une large mesure par les « bleus » du Bas-Canada, et sa défense des intérêts du Haut-Canada, souvent contraires à la politique gouvernementale. Pour survivre en politique, il fut donc forcé d'adopter des positions semblables à celles de Brown sur des questions aussi populaires que la représentation basée sur la population, à laquelle il était néanmoins favorable lui aussi. D'une manière générale cependant, il se contenta d'intervenir sur les questions qui concernaient Toronto. Pour aider la ville à se sortir de la dépression de la fin des années 1850, il recommanda de verser une autre subvention à la Northern Railway Company of Canada, « seule chose propre à raviver le commerce languissant à Toronto ». La question controversée de l'emplacement de la future capitale du Canada mit cependant sa loyauté à rude épreuve en 1859. Au déplaisir des grandes villes comme Toronto, la reine Victoria avait choisi Ottawa. On s'attendait évidemment que Robinson appuie le choix de la reine, et par conséquent celui du gouvernement, mais on espérait aussi de lui qu'il défende les intérêts de sa ville. Il s'en tira en soulignant que la décision avait été prise par la couronne et qu'il serait presque déloyal de ne pas l'accepter.

Pendant la campagne électorale de 1861, son adversaire libéral dans Toronto West, Adam Wilson, ancien échevin qui, au conseil municipal, s'était opposé aux intérêts ferroviaires, tenta de dépeindre Robinson comme un instrument aux mains de John Alexander Macdonald et un faux défenseur de la représentation proportionnelle. Robinson réussit à faire dévier le débat en présentant les libéraux comme ceux qui voulaient briser le Canada-Uni et, par conséquent, laisser le Haut-Canada sans défense devant l'annexion par les États-Unis. Il fut facilement réélu.

Robinson devait peut-être une partie de ce succès politique à sa récente participation à une importante vente de terres de la couronne. Il était devenu en janvier 1859 conseiller juridique de la Canada Agency Association, organisme que l'on avait autorisé à vendre 439 000 acres dans l'actuel comté de Haliburton. Robinson se rendit plusieurs fois en Angleterre afin de prendre les dispositions relatives à la vente de ces terres à un groupe de capitalistes. À l'automne de 1860, lorsque l'un des principaux investisseurs se retira, Robinson retourna à la hâte en Angleterre pour reformer le groupe, qui prit le nom de Compagnie canadienne des terres et d'immigration. Cette vente – qui équivalait à presque trois fois les ventes de toutes les autres terres de la couronne en 1860 – lui valut les éloges du commissaire des Terres de la couronne, Philip Michael Matthew Scott VanKoughnet*. Robinson rompit cependant ses liens avec l'association et la compagnie foncière en 1861, après une mésentente sur ses honoraires.

Peut-être pour le récompenser de cette vente, ou pour souligner l'importance des conservateurs de Toronto, on nomma Robinson président du Conseil exécutif le 27 mars 1862. Comme l'écrivit en termes caustiques mais non inexacts le *Globe*, Robinson devenait le « dispensateur des faveurs gouvernementales » dans la région. Il ne resta cependant au cabinet que deux mois puisque le gouvernement fut renversé le 21 mai.

Aux élections de 1863, le parti conservateur, condamné pour s'être plié aux demandes des catholiques qui exigeaient des écoles séparées, avait perdu la faveur populaire. Robinson lui-même n'avait pas échappé à la critique en s'absentant de la chambre au moment du vote sur le projet de loi sur les écoles séparées, en mars [V. sir Richard William Scott*]. Il fut défait l'été même. Toutefois, ses relations étaient encore suffisamment puissantes pour qu'il obtienne, en 1864, la charge lucrative de conseiller juridique de la ville de Toronto, qu'il conserverait jusqu'en 1880.

Après sa défaite politique, Robinson se consacra à la pratique du droit et à ses affaires. Il fonda une société de prêt, qui devint la Western Canada Building and Loan Association, et il investit dans la construction de l'un des principaux hôtels de Toronto, Rossin House. En 1872, en apprenant qu'on songeait à lui comme candidat conservateur dans Toronto aux élections fédérales, il s'enfuit à Sault-Sainte-Marie, où les tories, insatisfaits de leur député Frederic William Cumberland*, directeur général de la Northern Railway Company of Canada, voulurent en faire leur candidat dans Algoma. Comme Robinson était bien connu pour ses entreprises minières dans la région, on le pria d'accepter la nomination « au nom du Northern Railway » qui, par l'intermédiaire de Cumberland, s'engageait à le défrayer de ses dépenses électorales. Il accepta et remporta la victoire.

Robinson se présenta de nouveau dans Toronto West en 1874 mais, dans la débâcle du gouvernement Macdonald qui suivit le scandale du Pacifique, il ne parvint pas à l'emporter sur le député sortant Thomas Moss*. Élu à l'élection partielle de novembre 1875, il passait inaperçu à l'arrière-ban jusqu'à ce qu'une commission royale d'enquête sur la Northern Railway Company of Canada s'interroge, en 1877, sur le paiement de ses dépenses électorales en 1872. Pour justifier la générosité de la compagnie ferroviaire, Robinson expliqua qu'il lui avait obtenu une subvention municipale de 200 000 $. Qu'il ait lui-même profité directement de cette subvention ne semblait nullement le gêner, ni ennuyer les électeurs. En 1878, il remporta facilement la victoire et s'avéra l'un des tories les plus populaires et les plus stables de l'Ontario.

Sauf pour une brève période en 1862, Robinson ne fit néanmoins jamais partie d'un cabinet de Macdonald. Peut-être parce qu'il avait des liens très étroits avec les chemins de fer et que Macdonald craignait que son gouvernement ne puisse survivre à un autre scandale ferroviaire, et sûrement à cause de sa personnalité combative. Il continua cependant à distribuer les faveurs gouvernementales dans la région de Toronto avant d'obtenir, en 1880, la charge qui viendrait couronner sa carrière, celle de lieutenant-gouverneur de l'Ontario. Il s'occuperait alors de protocole et devrait, assez ironiquement d'ailleurs, faire valoir les vues du gouvernement libéral d'Oliver

Mowat* auprès du gouvernement conservateur d'Ottawa. En 1887, il se retira à Sleepy Hollow, sa maison de la rue College, près de l'avenue University, qui bien à-propos donnait sur les terrains de cricket de Toronto.

John Beverley Robinson avait toujours exercé son influence dans le domaine des affaires et de la politique à Toronto, et sa mort ponctua de manière spectaculaire la vie qu'il avait vouée à la cause conservatrice. En 1896, le premier ministre sir Charles Tupper*, cherchant désespérément à tenir à distance les libéraux renaissants, convoqua une assemblée au Massey Music Hall et invita Robinson, alors le vétéran des conservateurs torontois, à prendre la parole. Le 19 juin, une foule nombreuse et hostile se rassembla autour du bâtiment pour huer l'arrivée des dignitaires. Robinson, qui s'était retiré dans une antichambre avant de prononcer son discours, eut une attaque d'apoplexie et mourut au moment où l'assemblée commençait.

PATRICK BRODE

AN, RG 31, C1, 1851, 1861, 1871, Toronto. — AO, MS 4 ; MU 469, Robinson à Macdonald, 17 juill. 1871 ; MU 472, Robinson à Campbell, 19 nov. 1878 ; MU 479, Z. A. Lash à Campbell, 17 mai 1889 ; Campbell à Robinson, 6 févr. 1892 ; RG 24, sér. 5. — MTRL, Robert Baldwin papers, Scadding à Robinson, 8 oct. 1856. — Canada, chambre des Communes, *Débats,* 1877. — *The rebellion of 1837 in Upper Canada : a collection of documents,* C. [F.] Read et R. J. Stagg, édit. (Ottawa, 1985), 140. — *Globe,* 1851–1863, 11 sept. 1878, 20 juin 1896. — *Leader* (Toronto), 1857. — *Toronto World,* 20 juin 1896. — *Canadian directory of parl.* (Johnson). — Chadwick, *Ontarian families.* — Dent, *Canadian portrait gallery.* — *Roll of U.C. College* (A. H. Young), 518. — B. [D.] Dyster, « Captain Bob and the Noble Ward ; neighbourhood and provincial politics in nineteenth-century Toronto », *Forging a consensus : historical essays on Toronto,* V. L. Russell, édit. (Toronto, 1984), 95 ; « Toronto, 1840–1860 : making it in a British Protestant town » (thèse de PH.D., 1 vol. en 2, Univ. of Toronto, 1970), 302. — Julia Jarvis, *Three centuries of Robinsons : the story of a family* (éd. rév., [Toronto], 1967), 170–174. — D. B. Read, *The lieutenant-governors of Upper Canada and Ontario, 1792–1899* (Toronto, 1900). — *Robertson's landmarks of Toronto,* 3 : 392. — C. W. Robinson, *Life of Sir John Beverley Robinson, bart., C.B., D.C.L., chief-justice of Upper Canada* (Toronto, 1904). — V. L. Russell, *Mayors of Toronto* (1 vol. paru, Erin, Ontario, 1982–).

ROBINSON, JOSEPH HIRAM, pasteur méthodiste, éditeur et rédacteur en chef, né le 20 décembre 1807 à Mossley (Greater Manchester, Angleterre), fils de John Robinson et d'une prénommée Sarah ; en 1833, il épousa Jane Scholey ; décédé le 13 avril 1896 à Ottawa.

Soumis à la forte influence religieuse de sa mère, Joseph Hiram Robinson adhéra à l'Église méthodiste New Connexion en 1822. Autorisé à prêcher en 1826, il fut admis à l'essai comme ministre quatre ans plus tard. À la suite de brèves affectations en divers endroits, il fut ordonné en 1835. Après avoir travaillé durant 16 ans dans d'importantes circonscriptions ecclésiastiques comme Liverpool, Chester et Sheffield, Robinson remplaça, en 1851, Henry O. Crofts au poste de surintendant de l'Église méthodiste wesleyenne canadienne New Connexion, fondée dix ans auparavant.

Robinson fut responsable des missions pendant 15 ans ; on l'élut président de la Conférence en 1852, 1856, 1861, 1865 et 1869. En sa qualité de surintendant, il ne remplissait pas les fonctions de pasteur mais visitait les circonscriptions ecclésiastiques, consultait et conseillait les pasteurs, assurait la liaison entre l'Église mère et le groupe formé au Canada et encourageait la levée de fonds. Au cours de cette période, il participa aussi au mouvement de tempérance et fut l'un des principaux organisateurs du British American Order of Good Templars, qu'il présida plusieurs années.

Robinson ressentit le besoin de publier une revue pour promouvoir le travail de sa confession et fonda en 1854 l'*Evangelical Witness*, à London, dans le Haut-Canada, son principal lieu de résidence à partir de 1856. Dès 1854, il fut rédacteur en chef de cette publication d'abord mensuelle, puis bimensuelle, même si sa nomination officielle à ce poste n'eut lieu qu'en 1858. Il investit personnellement plusieurs milliers de dollars dans cette revue, mais la publication continua d'accuser un déficit, malgré l'aide de la Conférence anglaise. En 1866, il démissionna de son poste de surintendant des missions et de celui de rédacteur en chef du *Witness* pour devenir administrateur de la bibliothèque et trésorier. Rappelé par la Conférence anglaise en 1870, Robinson fut nommé rédacteur en chef du *Methodist New Connexion Magazine and Evangelical Repository* de Manchester et directeur de la Connexional Publishing House à Londres. En 1872, tandis qu'il occupait ces fonctions, on l'élut président de la Conférence anglaise.

Depuis qu'elle existait au Canada, l'Église New Connexion avait fait peu de progrès par rapport aux groupes dominants du méthodisme canadien, soit les wesleyens et les épiscopaux ; elle resta faible et dispersée, et ses missions souffrirent du manque de personnel et de ressources financières. En 1873, la Conférence de l'Église méthodiste New Connexion au Canada approuva un projet d'association avec l'Église méthodiste wesleyenne du Canada. La Conférence anglaise New Connexion, qui s'opposait à toute association, renvoya alors Robinson à Toronto pour aider le pasteur Henry Medicraft, qui lui avait succédé, à mener les pourparlers. On lui demanda aussi de veiller à ce que l'importante minorité des fidèles opposés, croyait-on, à l'association en question bénéficient des services d'un pasteur. Cependant, au vote final tenu à la conférence de la New Connexion en 1874, seulement 18 personnes sur les quelque 125 laïques et pasteurs présents s'opposèrent à l'association. Robinson déclara alors aux représentants qu'il serait inadmissible et inutile d'essayer de continuer à subsister chacun de son côté aux dépens des fonds anglais destinés aux missions. Quand les responsables de la Conférence anglaise apprirent que l'association avait reçu l'appui général, ils ne s'y opposèrent plus, et l'on adopta cette mesure en 1874.

Une fois sa mission terminée, Robinson décida de passer sa retraite au Canada, où plusieurs membres de sa famille s'étaient établis. En 1875, la Conférence de London le fit pasteur de l'Église méthodiste du Canada. Même s'il était officiellement à la retraite, il vint en aide pendant 15 ans aux pasteurs de l'église méthodiste Dundas Street Centre à London. En 1890, Robinson et sa femme s'installèrent à Ottawa avec leur fille et leur gendre. Mme Robinson décéda au cours de la même année, puis ce fut le tour de son mari en 1896. En plus de leur fille à Ottawa, ils laissaient dans le deuil deux autres filles et un fils.

Joseph Hiram Robinson fut peut-être le plus compétent des surintendants des missions de l'Église méthodiste wesleyenne New Connexion. Selon le commentaire de l'historien méthodiste William Williams, « aucun homme n'est parvenu plus que lui à faire un succès de [l'Église New] Connexion canadienne ». Il démontra une grande habileté pour résoudre les problèmes financiers du groupe. Williams ajoutait : « Son esprit vif, l'étendue de son savoir et son habileté à se servir de chaque événement pour la promotion de son but lui ont donné une grande influence au sein de la Conférence et dans toute [l'Église New] Connexion. »

Albert Burnside

School of Oriental and African Studies Library, Univ. of London, Methodist Missionary Soc. Arch., Methodist New Connexion Church, Foreign and Colonial Missions Committee, letters from missionaries in Canada (mfm à l'UCC-C). — UCC-C, Albert Burnside, « The Canadian Wesleyan Methodist New Connexion Church, 1841–1874 » (rapport dactylographié, Emmanuel College, Victoria Univ., Toronto, 1967) ; Dundas Street Methodist Church (London, Ontario), minutes of the quarterly meetings, 15 nov. 1875. — *Evangelical Witness* (London), 1 (1854)–21 (1874). — Methodist Church (Canada, Newfoundland, Bermuda), General Conference, *Centennial of Canadian Methodism* (Toronto, 1891), 112 ; London Conference, *Minutes,* 2 (1892–1898), minutes for 1896 : 8. — *Christian Guardian,* 10 sept. 1870, 3 juin 1896. — Cornish, *Cyclopædia of Methodism.* — *United Methodist ministers and their circuits* [...] *1797–1932,* O. A. Beckerlegge, compil. (Londres, 1968).

ROBINSON, sir WILLIAM CLEAVER FRANCIS, fonctionnaire, né le 14 janvier 1834 à Rosmead, comté de Westmeath (république d'Irlande), fils de Hercules Robinson, officier de marine, et de Frances Elizabeth Wood ; décédé le 2 mai 1897 à Londres.

William Cleaver Francis Robinson fut un fidèle serviteur de l'Empire britannique au milieu de l'époque victorienne. Tout comme Arthur Hamilton Gordon*, William Francis Drummond Jervois et Anthony Musgrave*, qui tous trois laisseraient leur marque en Amérique du Nord britannique, il était d'un petit groupe d'hommes qui feraient carrière au ministère des Colonies en allant des palmeraies aux pinèdes et des plantations tropicales jusqu'aux colonies de peuplement.

Robinson fit ses études chez lui à Rosmead et dans une école navale de New Cross (Londres). Jeune homme tranquille et réservé, passionné de musique, il vécut quelque peu dans l'ombre de son frère aîné, Hercules George Robert, diplômé de Sandhurst. « Grand et mince, à l'allure intellectuelle », William était tout à l'opposé de son athlétique et aimable frère, qui servirait lui aussi l'Empire, mais comme gouverneur de colonies moins lointaines que celles auxquelles William fut affecté.

William Robinson commença son apprentissage du service colonial à 21 ans, soit en 1855, en qualité de secrétaire de son frère Hercules, alors lieutenant-gouverneur de Saint Kitts. En 1859, celui-ci fut nommé gouverneur de Hong-Kong, et William l'y suivit, toujours à titre de secrétaire particulier. En 1862 cependant, William reçut sa première mission importante et retourna dans les Antilles, cette fois à titre d'administrateur de Montserrat, poste qu'il occuperait durant trois ans. Cette année-là, il fit plus qu'accéder au statut de vice-roi puisque, le 7 avril, il épousait en Irlande Olivia Edith Dean Townshend, fille de l'évêque de Meath. Au cours de leurs déplacements à travers l'Empire, Olivia mettrait au monde trois fils et deux filles. En 1866, Robinson devint gouverneur des îles Malouines, colonie inhospitalière dont il dit qu'elle était « le bout du monde ». Après les Malouines, le jeune couple aurait accepté avec soulagement n'importe quelle autre affectation, et c'est avec joie que Robinson apprit qu'il serait lieutenant-gouverneur de l'Île-du-Prince-Édouard.

Robinson entra en fonction en octobre 1870 ; l'Île-du-Prince-Édouard s'engageait alors dans une période critique. Depuis 1865 en effet, le ministère des Colonies était déterminé à faire en sorte qu'elle s'unisse, de gré ou de force et le plus tôt possible, aux autres colonies d'Amérique du Nord britannique. Il ne fait aucun doute que Robinson avait pour principale tâche de veiller à ce que cette union se réalise, comme en témoigne d'ailleurs sa correspondance avec le secrétaire d'État aux Colonies, lord Kimberley.

Observateur astucieux, Robinson sut intervenir adroitement dans les affaires politiques de l'Île-du-Prince-Édouard. Déjà, quelques mois après son arrivée, il était convaincu que seule la nécessité financière pousserait la colonie à accepter l'union. Or, soupçonnait-il, ce qui était le plus susceptible de provoquer une crise financière suffisamment grave pour contrebalancer la volonté d'indépendance des insulaires était la construction d'un chemin de fer. Dès mars 1871, il pouvait dire à Kimberley que l'offre de paiement, par le gouvernement du dominion, de la dette créée par une telle entreprise serait une mesure incitative efficace mais qu'il importait de la présenter au bon moment si l'on voulait obtenir un effet maximal. L'analyse de Robinson était presque parfaite. Comme s'ils faisaient le jeu du lieutenant-gouverneur, James Colledge Pope* et ses collègues adoptèrent le mois suivant un projet de loi sur le chemin de fer, et la construction de la ligne commença en octobre. En septembre 1872, Robinson déclarait qu'« avec la dette du chemin de fer sur leurs épaules [...] la majorité des gens donneraient sous peu leur appui à la Confédération ». Trois mois plus tard, il disait à titre confidentiel qu'il pourrait vraisemblablement « remettre l'île au Dominion en moins de six ou huit mois au plus tard », et de fait, en février 1873, le premier ministre Robert Poore HAYTHORNE était obligé de rouvrir les négociations avec les Canadiens. Son gouvernement fut défait aux élections suivantes, mais l'union était devenue inévitable. Pope, qui avait repris le pouvoir, obtint quelques concessions mineures des négociateurs du dominion et, le 1er juillet 1873, l'Île-du-Prince-Édouard entrait dans la Confédération canadienne.

Par ses interventions adroites et ses pressions constantes, Robinson avait fait beaucoup pour convaincre les hommes politiques de l'île que la colonie trouverait son salut économique dans l'union, et il ne tarda pas à souligner sa contribution, en particulier dans sa correspondance avec le ministère des Colonies. Peu avant que l'Île-du-Prince-Édouard ne s'unisse à contrecœur au Canada, Robinson était fait compagnon de l'ordre de Saint-Michel et Saint-Georges pour avoir servi la politique coloniale de l'Empire. Une fois sa principale mission accomplie, il quitta l'île à la fin de 1873 puis accepta un poste temporaire de gouverneur des îles Leeward l'année suivante. Sir Robert Hodgson* lui succéda à Charlottetown.

Robinson s'était révélé un habile serviteur de la politique impériale à l'Île-du-Prince-Édouard et, en 1874, on le jugea apte à occuper un autre poste difficile, celui de gouverneur de l'Australie-Occidentale. Il avait pour mission de résister aux revendications de la colonie pour l'obtention d'un gouvernement responsable. Il y parvint et, en 1877, on le nomma gouverneur des Établissements du Détroit (fédération de Malaysia), où il remplaçait Jervois, et chevalier commandeur de l'ordre de Saint-Michel et Saint-Georges. Il retourna en Australie-Occidentale pour un deuxième mandat en 1880. Les habitants de Perth se réjouirent de ses talents de musicien et de compositeur, qui ajoutaient une dimension intéressante à la vie culturelle et sociale de la ville.

Sa réussite en Australie-Occidentale valut à Robinson d'être nommé, en 1883, gouverneur de l'Australie-Méridionale, poste où il aurait surtout un rôle protocolaire. On se souviendrait d'ailleurs de lui comme du gouverneur qui aurait reçu à sa résidence plus de gens que n'importe lequel de ses prédécesseurs. Le jour de son investiture à Adelaïde, on joua l'une de ses compositions, *Unfurl the flag* ; un certain nombre de ses chansons devinrent populaires dans toute l'Australie, et il fut lui-même un orateur recherché. En mai 1887, on le promut grand-croix de l'ordre de Saint-Michel et Saint-Georges.

Nommé gouverneur provisoire de Victoria en 1889, Robinson chercha à y obtenir une charge permanente mais, l'année suivante, il était de nouveau affecté en Australie-Occidentale, avec la tâche de surveiller l'introduction du gouvernement parlementaire dans la colonie. L'influence qu'il avait pu exercer durant ses premiers mandats ne convenait plus, semble-t-il, dans la nouvelle colonie autonome, et il se brouilla bientôt avec le gouvernement du premier ministre John Forrest. Mécontent de la tournure des événements, il démissionna et retourna à Londres en 1895 ; il avait alors 61 ans.

Malgré son ancienneté, sir William Cleaver Francis Robinson ne se vit offrir aucun autre emploi au ministère des Colonies. Il mourut le 2 mai 1897 après une brève maladie. On écrivit dans une notice nécrologique du *Times* de Londres : « On a dit et on peut encore dire beaucoup de bien du nouveau type de gouverneur colonial, le pair de haut rang ou de grand renom politique [...] Si toutefois on voulait une justification à l'ancienne classe de vice-rois, on n'aurait pas à chercher plus loin que sir William Robinson pour la trouver. » Robinson laissa une fortune totale de £84 058. Son épouse et ses cinq enfants lui survécurent.

ANDREW ROBB

En plus des rapports officiels, sir William Cleaver Francis Robinson a écrit : *On duty in many lands : a lecture delivered at the Young Men's Christian Association Hall, on the evenings of the 25th and 29th September, 1884* (Adelaide, Australie, 1884) ; et *The physical geography of the south-west of Western Australia : a paper read before the South Australian branch of the Geographical Society of Australia on the 27th September, 1886* (Adelaide, 1886).

PRO, CO 226. — *Examiner* (Charlottetown), 1870–1873. — *Patriot* (Charlottetown), 1870–1873. — *Times* (Londres), 3 mai 1897. — *ADB*. — *Australian encyclopædia* (10 vol., Sydney, 1965), 7 : 473. — *Colonial governors from the fifteenth century to the present,* D. P. Henige, compil. (Madison, Wis., 1970). — *DNB*. — Bolger, *P.E.I. and confederation*. — *Canada's smallest prov.* (Bolger). — J. W. Cell, *British colonial administration in the mid-nineteenth century : the policy-making process* (New Haven, Conn., et Londres, 1970).

ROBITAILLE, OLIVIER, médecin, homme politique et homme d'affaires, né le 3 décembre 1811 à Québec, fils d'Étienne Robitaille, artisan, et de Marie-Denis Moisan ; le 4 juin 1844, il épousa à Québec Zoé-Louise Dénéchaud, fille de Claude Dénéchau*, et ils eurent quatre enfants, puis le 26 octobre 1859 à Boucherville, Bas-Canada, Charlotte Verchères de Boucherville, veuve d'Auguste Quesnel, et de ce mariage naquirent cinq enfants ; décédé le 3 novembre 1896 dans sa ville natale.

Olivier Robitaille passa son enfance dans le faubourg Saint-Jean, à Québec. Il fréquenta ensuite le petit séminaire de Québec, de 1825 à 1833, et choisit de devenir médecin. Il entreprit alors un stage auprès du docteur Joseph Morrin*, avec qui il allait rester longtemps lié. En mai 1835, ce dernier le fit nommer interne à l'hôpital de la Marine et des Émigrés où il travailla pendant 27 mois. En octobre 1837, Robitaille partit en compagnie de Joseph Marmette parachever sa formation aux États-Unis. Il obtint en mai 1838 le titre de docteur en médecine de la Harvard University de Cambridge, au Massachusetts. Le 2 juillet, il réussit l'examen du Bureau d'examinateurs en médecine du district de Québec et, le 11, il reçut son permis de pratiquer dans la province la médecine, la chirurgie et l'art obstétrique. Le même mois, il ouvrit un cabinet rue Saint-Jean. Il se créa rapidement une belle clientèle qui lui permit notamment de faire plus de 2 000 accouchements entre 1838 et 1878. Il occupa également certains postes en vue. Entre 1847 et 1853, il fut l'un des six médecins-visiteurs de l'hôpital de la Marine et des émigrés. Nommé à l'un des postes de commissaire du même établissement en 1853, il le demeura pendant dix ans. Il devint ensuite médecin de la prison de Québec en 1863, en remplacement de Charles-Jacques Frémont*.

Élu conseiller municipal du quartier Saint-Jean en février 1851, Robitaille remplit cette fonction jusqu'en 1856. Durant ces années, il fit partie de plusieurs comités et, en 1855, assuma la présidence de celui des marchés. Le 20 janvier de l'année suivante, les conseillers l'élirent maire de Québec en remplacement de Joseph Morrin. Son salaire était de 1 000 $, et son mandat prit fin le 19 janvier 1857. Maire d'une ville qui comptait près de 50 000 personnes en 1857, il se préoccupa d'abord de mener à terme l'œuvre commencée par son prédécesseur. Ainsi les travaux d'adduction continuèrent de s'étendre à la plupart des quartiers de la ville ; ils permirent une nouvelle organisation des services de santé et favorisèrent l'approvisionnement des foyers en eau saine. C'est sous l'administration de Robitaille que les membres du conseil municipal demandèrent avec succès à l'Assemblée législative de la province du Canada une loi qui permettait aux électeurs de choisir eux-mêmes leur maire. Cette loi reçut la sanction royale le 19 juin 1856. Le conseil de la ville promulgua également cette année-là un règlement voulant que toutes les rues ouvertes après le 11 juin 1856 aient au moins 40 pieds de largeur. La création d'une Cour du *recorder* à Québec eut lieu à la fin du mandat de Robitaille ; sa mise en place visait notamment à renflouer les finances de la ville en faisant rentrer les cotisations et les arrérages des années précédentes.

Le nom de Robitaille est intimement lié à l'histoire de plusieurs établissements financiers de la ville de Québec à la fin du XIXe siècle. Aux côtés d'Isidore THIBAUDEAU, d'Ulric-Joseph TESSIER, de François Vézina* et d'autres, il participa activement à la fondation de la Caisse d'épargnes de Notre-Dame de Québec (reconnue juridiquement en 1855 sous le nom de Caisse d'économie de Notre-Dame de Québec) et en assuma la présidence depuis sa fondation en 1848 jusqu'en 1892. En 1858, Robitaille figure parmi les fondateurs de la Banque nationale [V. François Vézina], dont l'objectif principal était de favoriser le développement du commerce et des industries sur le plan local. Il fit partie du conseil d'administration de cette banque dès le début et jusqu'en 1883. À l'instar de Joseph Morrin et de quelques autres, il fut actionnaire d'une société de prêts, la Société de construction de Québec, laquelle donna naissance, en 1857, à la Société de construction permanente de Québec [V. François Vézina] dont il fut également l'un des administrateurs jusque dans les années 1870. En 1871, il était encore vice-président de cette société dont les locaux, comme ceux de la Caisse d'économie de Notre-Dame de Québec, étaient dans la maison même où habitait Robitaille.

Bien qu'il n'en soit pas question dans ses mémoires, Robitaille aurait été l'un de ceux qui quittèrent la ville de Québec, à l'automne de 1837, pour éviter des ennuis avec les autorités, ce qui expliquerait donc son départ pour la Harvard University à ce moment-là. Patriote de cœur, il participa à la création de la Société Saint-Jean-Baptiste de Québec en 1842 et, pendant sept ans, fut vice-président de la section Saint-Jean. En 1860, il accepta de faire partie du comité mis de l'avant par cette société pour la réalisation du monument aux Braves [V. Louis de Gonzague Baillairgé ; Pierre-Martial Bardy*] ainsi que du comité chargé de la translation des restes des soldats tués en 1760. Fervent catholique, Robitaille fut près du clergé et collabora, en février 1857, au lancement du journal ultramontain *le Courrier du Canada,* dont il fut le gérant financier avec Jean-Thomas TASCHEREAU.

Robitaille vécut à l'aise. Après l'incendie des quartiers Saint-Roch et Saint-Jean en 1845, il put se faire construire une nouvelle maison en brique, à deux étages, qu'il finit de payer en 1849. En 1871, il possédait trois maisons à Québec et, vraisemblablement, encore une propriété à Charlesbourg. Cette année-là son foyer comptait, outre sa famille, une servante et un serviteur. Ses économies lui permirent de faire, en 1874, un voyage de six mois en Europe, en Terre sainte et au Proche-Orient, en compagnie de sa fille Albertine et de son fils Amédée, nés de son premier mariage ; ce voyage lui coûta 5 000 $.

Olivier Robitaille se livrait peu. Même dans ses mémoires, on trouve peu de détails sur ses opinions et ses aspirations. Homme d'action, il avait à cœur le développement de sa ville et de l'Église. On le retrouvait également dans plusieurs sociétés philanthropiques. En 1878, Pie IX le nomma chevalier de l'ordre de Saint-Sylvestre en reconnaissance des services rendus à l'Église canadienne. Cinq ans plus tard, Robitaille cessa l'exercice de sa profession. Il mourut à Québec le 3 novembre 1896.

JACQUES BERNIER

Les ANQ-Q possèdent, sous la cote P-232/2, un volume dactylographié de 495 pages intitulé « les Mémoires d'Olivier Robitaille ». Ce dernier les aurait rédigés en 1882 sans les publier toutefois. On trouve un texte de Robitaille, « Rapport annuel du maire de la ville de Québec aux membres du conseil, 13 janvier 1857 », dans *Rapport annuel du trésorier de la cité de Québec pour l'année 1856* (Québec, [1857]), 3–6.

AC, Québec, État civil, Catholiques, Saint-Jean-Baptiste, 3 nov. 1896. — AN, RG 31, C1, 1871, Québec. — ANQ-M, CE1-22, 26 oct. 1859. — ANQ-Q, CE1-1, 4 juin 1844. — ASQ, Fichier des anciens. — AVQ, Conseil, conseil de ville, procès-verbaux, 29 févr., 11 juill. 1856. — *Rapport des Drs. Nelson et Macdonnell, et Zéphirin Perrault, écr., avocat, sur l'hôpital de Marine et des Émigrés de Québec, et correspondance relative aux services du Dr. Robitaille dans le dit hôpital* (Québec, 1853), 131. — *Le Canadien,* 18 mai 1835, 16, 18 juill. 1838, 2 sept. 1842, 5 juin 1844, 19 juin 1848, 22, 31 janv. 1851, 31 janv., 14 déc. 1853, 17 mars 1854, 5 févr. 1855, 22 janv., 11 juill. 1856, 28 janv., 18 juill. 1857, 27 déc. 1858, 10 juin 1859, 20 févr. 1860, 26 déc. 1873, 9 mars 1874, 19 févr. 1878, 31 janv. 1883, 11 juill. 1888. — *L'Électeur,* 7 janv. 1884. — *L'Événement,* 3 nov. 1896. — *Le Journal de Québec,* 22 juin 1861, 22 août 1867. — *La Presse,* 31 mars 1894. — *Grand Annuaire de Québec pour 1881,* Ovide Fréchette, édit. (2e éd., Québec, 1980), 180. — J. Hamelin *et al., la Presse québécoise,* 1 : 203–206. — *Quebec & Levis directory,* 1871–1872. — M.-J. et George Ahern, *Notes pour servir à l'histoire de la médecine dans le Bas-Canada depuis la fondation de Québec jusqu'au commencement du XIXe siècle* (Québec, 1923). — J.-P. Bernard, *les Rébellions de 1837–38 : les patriotes du Bas-Canada dans la mémoire collective et chez les historiens* (Montréal, 1983). — L.-M. Côté *et al., les Maires de la vieille capitale.* — Philippe Sylvain, « les Débuts du *Courrier du Canada* et les Progrès de l'ultramontanisme canadien-français », *Cahiers des Dix,* 32 (1967) : 267.

ROBITAILLE, THÉODORE (baptisé **Louis-François-Christophe-Théodore**), médecin, homme politique, fonctionnaire et homme d'affaires, né le 29 janvier 1834 à Varennes, Bas-Canada, fils de Louis-Adolphe Robitaille, notaire et patriote, et de Marie-Justine Monjeau ; le 6 novembre 1867, il épousa à Québec Emma Quesnel, petite-fille de Frédéric-Auguste Quesnel*, et ils n'eurent pas d'enfants ; décédé le 17 août 1897 à New Carlisle, Québec, et inhumé le 21 à Sainte-Foy, près de Québec.

Théodore Robitaille fréquente d'abord l'école modèle de Varennes, puis il poursuit ses études aux États-Unis, au petit séminaire de Sainte-Thérèse, près de Montréal, et à l'université Laval, avant d'obtenir du McGill College de Montréal le diplôme de médecin en mai 1858. Cependant, dès juin 1857, il soigne les employés de l'entreprise de pêche Charles Robin and Company, en Gaspésie. Il s'installe dans la région, à New Carlisle, où dès 1860 son frère Louis, nouvellement admis à la pratique de la médecine, le rejoint.

En 1861, Robitaille entreprend une longue carrière politique. Le 10 juillet, il est élu, à 27 ans, député de Bonaventure à l'Assemblée législative de la province du Canada. D'allégeance conservatrice, il représentera cette circonscription de façon ininterrompue pendant 18 ans ; après la Confédération, il en est le député fédéral jusqu'au 26 juillet 1879 et le député provincial du 7 juillet 1871 au 7 janvier 1874, date à laquelle il choisit de résigner son siège à l'Assemblée législative de la province de Québec par suite de l'abolition du double mandat.

La venue de Robitaille sur la scène provinciale en 1871 témoigne d'une lutte de pouvoir entre, d'une part, divers éléments protestants de sa circonscription, au centre desquels se trouve le député libéral sortant Clarence Hamilton, et d'autre part un groupe d'intérêts lié au parti conservateur et au clergé catholique local. De plus, Robitaille compte un allié important en la puissante Charles Robin and Company, laquelle, selon ce qu'écrit le curé de Paspébiac, Charles-Godfroid Fournier, à Mgr Jean LANGEVIN, le « supporte [...] non pas comme catholique, mais seulement comme ami ». Et il ajoute : « tout autre catholique que le Docteur n'aurait pas la même chance ». La défaite de Hamilton donne lieu à une plainte de corruption électorale contre Robitaille, accusé d'avoir intimidé ou soudoyé les électeurs.

Robitaille, toutefois, est d'abord un homme politique de la scène fédérale. Bien que sa longue expérience parlementaire n'ait rien de remarquable, on considère ce membre de la « vieille garde » de sir John Alexander MACDONALD comme un homme politique modéré, influent et respecté par les deux formations politiques d'alors. Les questions de colonisation, de pêcheries, de communications le préoccupent particulièrement, et il apporte beaucoup à sa circonscription. Pendant un court laps de temps, du 30 janvier au 6 novembre 1873, il fait partie du Conseil privé du Canada à titre de receveur général, en remplacement de Jean-Charles Chapais*.

Le 26 juillet 1879, Robitaille obtient la fonction politique la plus importante de sa carrière en devenant lieutenant-gouverneur de la province de Québec, à la suite de la destitution de Luc Letellier* de Saint-Just. Le seul événement marquant de son passage à la vice-royauté, qui se termine le 6 novembre 1884, est d'avoir refusé d'agréer la requête du premier ministre libéral Henri-Gustave Joly* qui, mis en minorité en chambre en octobre 1879, réclame la dissolution de l'Assemblée législative et la convocation d'élections générales, sûr qu'il est de revenir avec une majorité de députés. Devant la réponse négative de Robitaille, le cabinet de Joly donne sa démission et, par la suite, le conservateur Joseph-Adolphe CHAPLEAU forme le gouvernement. Les libéraux laissent entendre que le refus de Robitaille a des airs de « coup d'État ».

Le lieutenant-gouverneur Robitaille aime recevoir à sa table les écrivains et les artistes ; il prie Calixa LAVALLÉ de mettre en musique les paroles du *Ô Canada* du juge Adolphe-Basile Routhier*. Son goût pour la vie mondaine lui cause même quelques petits ennuis, par exemple lorsque l'archevêque de Québec Elzéar-Alexandre TASCHEREAU et l'abbé Thomas-Étienne Hamel* de l'université Laval déclinent son invitation « pour ne pas paraître approuver la conduite de son Honneur qui a permis les danses vives, condamnées par l'autorité religieuse ». Robitaille mène aussi un train de vie luxueux à New Carlisle, où il possède une somptueuse résidence estivale, appelée le château du lieutenant-gouverneur, et où il fait des promenades remarquées en carrosse avec cocher en livrée. Devenu sénateur de la division du Golfe le 29 janvier 1885, il poursuit ce style de vie aristocratique.

Il faut dire que pendant ce temps Robitaille s'est passablement enrichi à titre de promoteur et de directeur d'une compagnie intéressée à la construction de la première voie ferrée dans la péninsule gaspésienne. En 1871, alors qu'il était simultanément député fédéral et provincial, il avait regroupé quelques actionnaires, dont son frère Louis et son beau-frère Louis-Joseph Riopel, pour former la Compagnie du chemin de fer de la baie des Chaleurs. L'année suivante, une loi provinciale autorisait la construction d'une voie ferrée entre Matapédia, situé sur le parcours de l'Intercolonial, et Paspébiac. Cependant, malgré plusieurs subventions, la compagnie n'avait pas encore commencé ses travaux en 1877. Le projet renaît en 1882 sous l'impulsion principalement de Louis Robitaille et de Thomas MCGREEVY. En dépit de généreuses subventions provinciales et fédérales, d'une politique provinciale permettant le renouvellement des subventions et de l'octroi de grandes surfaces de terres publiques, la compagnie fait faillite en 1890. Elle ne possède alors en propre aucun fonds et a été accusée par des adversaires politiques d'avoir détourné plusieurs subsides. L'année suivante, afin de sauver le projet, le premier ministre Honoré MERCIER, à l'encontre des promoteurs, fait passer l'entreprise entre de nouvelles mains. Par ailleurs, Robitaille aurait été aussi mêlé à d'autres affaires de spéculation foncière et financière.

Les 12 dernières années de sa vie, le sénateur Théodore Robitaille les passe entre Ottawa, Québec et sa maison d'été de New Carlisle. Au matin du 17 août 1897, il meurt à ce dernier endroit après une longue maladie. Son corps est transporté à Québec par train, puis ses obsèques ont lieu le 21 à la basilique Notre-Dame. Homme politique de second plan de l'ère Macdonald, Robitaille s'est particulièrement préoccupé des grandes questions nationales et d'une meilleure intégration de la lointaine Gaspésie à l'ensemble canadien.

MARC DESJARDINS

Théodore Robitaille est l'auteur de : *Aux électeurs de la division électorale de Bonaventure* (Québec, 1879).

AC, Québec, État civil, Catholiques, Notre-Dame de Québec, 21 août 1897. — AN, MG 27, I, C12 ; MG 28, III 18, 328, chemise Théodore Robitaille, 1857–1877. — ANQ-M, CE1-10, 29 janv. 1834 ; P-25 ; P1000-4-427. — ANQ-Q, CE1-61, 6 nov. 1867 ; P-351 ; P1000-54-1041 ; P1000-87-1809. — Arch. de l'évêché de Gaspé (Gaspé, Québec), Tiroir 46 (New-Carlisle) ; Tiroir 55 (Paspébiac). — ASQ, Fonds Viger-Verreau, carton 33, n°s 152–170 ; Journal du séminaire, II : 529 ; Séminaire, 17, n° 10. — *L'Événement*, 18, 21 août 1897. — *L'Opinion publique*, 7 août 1879. — *La Presse*, 18, 21 août 1897. — *Le Soleil*, 18, 21 août 1897. — Audet, « les Législateurs du B.-C. ». — *Canadian biog. dict.*, 2 : 11–13. — *Canadian directory of parl.* (Johnson). — *Cyclopædia of Canadian biog.* (Rose et Charlesworth), 1 : 272–273. — Dent, *Canadian portrait gallery*, 3 : 175–176. — Le Jeune, *Dictionnaire*, 2 : 536–537. — *RPQ*. — Wallace, *Macmillan dict.* — Jules Bélanger *et al.*, *Histoire de la Gaspésie* (Montréal, 1981). — Gervais, « l'Expansion du réseau ferroviaire québécois », 325–336. — Ken Annett, « The Robitaille brothers », *SPEC* (New Carlisle), 32 (1981), n° 7 : 14. — Alcidas Bourdages, « les Insolences d'un vieux rentier », *Rev. d'hist. de la Gaspésie* (Gaspé), 12 (1974) : 275–276.

ROBSON, JOHN, homme d'affaires, journaliste et homme politique, né le 14 mars 1824 à Perth, Haut-Canada, cinquième des 16 enfants de John Robson et d'Euphemia Richardson, originaires de Roxburgh, Écosse ; le 5 avril 1854, il épousa à Goderich, Haut-Canada, Susan Longworth ; décédé le 29 juin 1892 à Londres.

John Robson fit ses études à l'école publique et à la *grammar school* de Perth, et c'est dans cette ville qu'il entreprit sa carrière de marchand. Par la suite, il vécut à Montréal, puis à Hamilton et à Brantford. En 1854, il tenait un grand magasin de marchandises sèches à London avec son frère Robert mais, comme les affaires n'étaient pas bonnes, tous deux se fixèrent à Bayfield. En avril de la même année, John épousa Susan Longworth à Goderich, non loin de là. L'association avec Robert fut rompue le 1er avril 1859 et John partit pour la Colombie-Britannique où un autre de ses frères, Ebenezer, était ministre méthodiste. Sa femme et leurs deux jeunes enfants, qu'il laissa à Goderich, ne le rejoignirent qu'en février 1864.

« Durement frappé par la fièvre de l'or », Robson passa deux mois à laver des graviers et des sables à la batée, sans succès, puis pour gagner sa croûte il dut faire du nivellement et du défrichage, fendre du petit bois, fabriquer des bardeaux et scier du bois d'œuvre pour le temple qu'Ebenezer construisait dans la capitale de la colonie de la Colombie-Britannique, New Westminster. En attendant que l'on installe la cloche de l'églisee, il convoqua les fidèles aux offices méthodistes (il était lui-même un « fils dévoué de l'Église » d'Écosse) en soufflant dans une imposante trompe de fer-blanc, ce qui lui valut le sobriquet d'« Ange Gabriel ».

Robson fut remarqué par un groupe de citoyens influents qui venaient d'acheter l'imprimerie du seul journal de la colonie, le *New Westminster Times* de Leonard McClure*. Les nouveaux propriétaires, qui soutenaient les réformistes locaux et dont la conception de l'avenir politique de la colonie était différente de celle de McClure, le nommèrent rédacteur en chef d'un nouveau journal, le *British Columbian*. Dans l'éditorial du premier numéro, le 13 février 1861, il énonça ses principaux objectifs : « Responsabilité ministérielle, institutions libérales, redressement de tous nos griefs, avancement moral et intellectuel du peuple. » Ses patrons furent si enchantés de son travail qu'au bout d'un an ils en firent « le propriétaire unique et absolu, en même temps que le rédacteur en chef », du journal.

Robson voulait des institutions libérales pour préparer la Colombie-Britannique au gouvernement responsable. En créant la colonie de l'or, en 1858, le gouvernement britannique lui avait refusé tout ce qui pouvait ressembler à des institutions représentatives. Non seulement le gouverneur James Douglas* avait-il des « pouvoirs absolus », mais il était aussi gouverneur de l'île de Vancouver, et la plupart de ses fonctionnaires dirigeaient la colonie continentale à partir de Victoria. À l'instar de ses amis de New Westminster, Robson s'en plaignait. Il s'opposait à la politique tarifaire, qui exigeait que « tout le commerce » de la Colombie-Britannique passe par Victoria. Il réclamait l'amélioration de la navigation sur le cours inférieur du Fraser, la construction de routes, l'abolition des droits de tonnage sur les marchandises qui remontaient le fleuve et la désignation de New Westminster comme terminus du transport océanique. Selon lui, c'est à cause de sa campagne contre le gouvernement colonial qu'il perdit le droit, après décembre 1862, d'imprimer la *Government Gazette* sur la dernière page du *British Columbian*.

Plus tôt ce mois-là, Robson était devenu une sorte de héros politique dans la colonie. En effet, il avait publié une lettre anonyme qui sous-entendait que le juge Matthew Baillie BEGBIE avait reçu un pot-de-vin pour délivrer un certificat de mise en valeur à une terre assortie d'un droit de préemption, et le juge l'avait fait emprisonner un moment pour cela. Dans son éditorial suivant (intitulé « A Voice from the Dungeon ! »), Robson déclara que la presse coloniale était « pour ainsi dire une esclave ». L'incident avait renforcé son opinion que Begbie était « tout à fait inapte à administrer, seul et sans assistance, l'appareil judiciaire de la colonie ». Peu à peu, il cessa cependant d'attaquer le juge lui-même pour exiger plutôt une réforme globale du système judiciaire. Robson participait aussi à la vie politique de New Westminster. Élu au conseil municipal en 1863, il allait en être le président en 1866–1867. Cependant, l'administration municipale ne fut jamais sa préoccupation première.

Au début, les récriminations de Robson à propos de la situation coloniale visaient surtout le gouverneur Douglas. En 1864, il accueillit donc favorablement la nomination d'un nouveau gouverneur sur le continent, Frederick Seymour*, qui avait pour mandat de former un conseil législatif dont le tiers des membres seraient élus. Dans l'ensemble, l'administration « compétente et libérale » de Seymour lui convint mais, en septembre 1865, au moment où le gouverneur se préparait à aller passer un congé en Angleterre, il lui dit en public : « Nous avons à subir encore presque complètement l'humiliation de la « taxation sans représentation. » Pourtant, l'année suivante, il admit à contrecœur que la colonie n'était peut-être « pas encore mûre » pour des institutions pleinement représentatives. Il avait été consterné de voir le district de Quesnel autoriser les Chinois à voter aux élections de novembre 1865, puis les gens du district montrer leur mépris du gouvernement en élisant un « petit fonctionnaire ». En outre, il se préoccupait des conséquences possibles du projet d'union de la Colombie-Britannique et de l'île de Vancouver, colonie, disait-il, aux « institutions pourries », aux « finances en déroute », aux hommes politiques « rusés et sans scrupules » et qui avait « pour règle de se calomnier elle-même ». Robson ne pouvait pas vraiment admettre que l'union était une solution sensée du point de vue financier car, malgré la diminution de la population et des revenus des deux colonies, le service de la dette et le maintien de fonctions publiques assez imposantes coûtaient toujours aussi cher. En 1865, la dette combinée des deux colonies s'élevait à 1 389 830 $, et leur population, Indiens exclus, était de 10 700 habitants environ. Si Robson accepta – à contrecœur – l'union de 1866, dont Seymour avait été l'artisan, c'est qu'elle faisait de l'île de Vancouver une partie intégrante de la Colombie-Britannique.

Malgré l'opposition de certains fonctionnaires du gouvernement, Robson fut élu en octobre 1866 représentant de la municipalité et du district de New Westminster au Conseil législatif de la colonie unie. Pendant la campagne, il n'avait pas parlé de gouvernement représentatif ou responsable, mais il fut mécontent du refus de Seymour d'augmenter le nombre de conseillers élus, de l'ingérence du ministère des Colonies dans les affaires de la Colombie-Britannique et de la lourdeur persistante de la liste civile. Il recommença donc à militer en faveur du gouvernement responsable, qu'il définissait comme « un système par lequel les fonctionnaires constituant le gouvernement sont choisis par le peuple et sont directement comptables au peuple qui paie le revenu de sa poche ».

Au conseil législatif, Robson avait été « le grand défenseur de Westminster », mais il ne parvint pas à lui faire conserver son statut de capitale. Quand Victoria devint la capitale de la Colombie-Britannique en mai 1868, New Westminster, déjà atteint par une dépression commerciale, cessa d'être « une bonne base » à partir de laquelle Robson pouvait « traiter des grandes questions politiques du jour ». Au début de 1869, il réinstalla donc le *British Columbian* à Victoria. Toutefois, comme la ville ne pouvait pas faire vivre deux quotidiens, le journal cessa de paraître après le 25 juillet. Quelques jours plus tard, on engageait Robson, à 250 $ par mois, à titre de rédacteur en chef du *Daily British Colonist and Victoria Chronicle,* que publiait depuis 1866 un fervent partisan de la responsabilité ministérielle et de la Confédération, David William Higgins.

Robson avait annoncé dès 1862 que les colonies d'Amérique du Nord britannique, « dispersées et séparées », devraient se réunir en « une fédération qui s'étendra[it] d'un océan à l'autre ». La Confédération secouerait le « joug » du ministère des Colonies ; c'était là l'un de ses principaux arguments. L'amélioration des communications terrestres en était un autre. Cependant, il pressait les habitants de la Colombie-Britannique de ne pas entrer dans la Confédération si les conditions qu'on leur offrait ne leur garantissaient pas « tous les avantages équitables et légitimes ». Au cours d'une assemblée publique tenue à New Westminster en avril 1868, il proposa donc « l'admission immédiate [de la Colombie-Britannique] dans le dominion du Canada, à des conditions justes et équitables ». À l'automne, il fut l'un des représentants de New Westminster au congrès de Yale [V. Amor DE COSMOS], où l'on adopta des propositions en faveur de la Confédération et du gouvernement responsable. La même année, il fut réélu sans opposition au Conseil législatif. Quand le nouveau conseil déclara que, « dans les circonstances, la confédération de la colonie avec le dominion du Canada ne serait pas souhaitable, même si [elle était] réalisable », Robson exprima officiellement sa dissidence en disant que le conseil « ne refl[était] pas fidèlement l'opinion publique ».

Robson continua d'exhorter ses concitoyens à soutenir la Confédération. Installé au début de 1869 à Victoria, où le projet suscitait énormément d'opposition ou d'indifférence, il en fit valoir les avantages économiques possibles pour l'île de Vancouver : baisse des tarifs douaniers, restauration du statut de port franc de Victoria, amélioration des communications, service postal efficace, augmentation de la population, réduction des frais gouvernementaux, transfert à Esquimalt de la principale base navale britannique du Pacifique, étude géologique complète et même baisse du taux d'intérêt à payer pour l'amélioration des systèmes de drainage, d'égout et d'approvisionnement en eau de Victoria.

À la réunion du Conseil législatif, en février 1870, la situation n'était plus du tout la même. Le gouverneur Seymour, adversaire de la Confédération, était mort ; son successeur, Anthony Musgrave*, désigné sur la recommandation de sir John Alexander MACDONALD lui-même, était arrivé muni du mandat de promouvoir la Confédération. Désormais, selon Robson, l'union avec le Canada n'était plus qu'« une question de temps ». Satisfait, dans l'ensemble, des conditions proposées en vue de l'union, il s'éleva néanmoins contre l'assertion du secrétaire d'État aux Colonies, selon qui la Colombie-Britannique n'était pas prête pour le gouvernement responsable. Aux yeux de Robson, elle y avait bien plus droit que les rebelles de la Rivière-Rouge. « Aucune union, expliquait-il, ne peut être équitable et juste si elle ne donne pas à la colonie un pouvoir politique égal – une autorité sur ses propres affaires égale à celle que détient la population des provinces avec lesquelles elle va s'unir. »

Apparemment, le gouverneur Musgrave invita Robson à faire partie de la délégation qui irait négocier les conditions de l'union à Ottawa en mai 1870 mais, par la suite, il lui demanda de céder sa place à John Sebastian Helmcken*. Longtemps après, Robson prétendit avoir décliné l'invitation « pour affaires ». Il n'était pas content du choix de Helmcken, Joseph William Trutch* et Robert William Weir Carrall* comme délégués, car ils s'opposaient tous au principe de la responsabilité ministérielle. David Higgins était d'accord avec lui et, ensemble, ils garantirent les dépenses d'un lobbyist, Henry E. Seelye, qui irait informer le gouvernement fédéral que la population de la Colombie-Britannique n'accepterait aucune convention qui exclurait le gouvernement responsable. Même si la solution de compromis, qui autorisait la province à adopter cette forme de gouvernement si elle le souhaitait, ne le satisfaisait pas pleinement,

Robson accepta la nouvelle constitution. La Colombie-Britannique entra dans la Confédération le 20 juillet 1871.

Robson n'avait pas siégé au dernier Conseil législatif de la Colombie-Britannique. Malgré l'appui du grand propriétaire minier Robert Dunsmuir*, il avait été défait en novembre 1870 dans sa nouvelle circonscription, Nanaimo, centre charbonnier de l'île de Vancouver. Par contre, il fut élu en octobre 1871 à la première chambre d'Assemblée provinciale, et il continua de représenter Nanaimo jusqu'au printemps de 1875. Son programme, dans lequel la responsabilité ministérielle allait de soi, insistait sur d'autres questions importantes : politique tarifaire, gratuité scolaire, subventions aux agriculteurs, réduction des dépenses, prudence dans la gestion des fonds publics.

Robson était tellement certain d'entrer au premier cabinet de la province qu'il accepta de travailler au *Daily British Colonist* pour un salaire symbolique de 100 $ par mois. Il reprocha cependant au premier ministre John Foster McCreight* d'avoir formé un cabinet « extrêmement faible », dont les membres ne croyaient pas vraiment au gouvernement responsable ni en la Confédération. Malgré cette critique, ou peut-être à cause d'elle, Robson se vit offrir un siège au cabinet, mais il le refusa en invoquant le fait que les dépenses gouvernementales étaient déjà trop élevées. Pendant un moment, il se montra moins dur envers le gouvernement McCreight, mais il se tint clairement dans l'opposition durant toute la première session législative. La Colombie-Britannique ne comptait pas encore de partis politiques provinciaux, et il en était heureux : selon lui, la formation de groupes ennemis était une manière d'abuser du gouvernement responsable, et « réclamer un « gouvernement de parti », c'[était] simplement [réclamer] le pouvoir ». Au fédéral, il soutenait les conservateurs ou les libéraux, selon les circonstances. En 1889, le *Colonist* allait noter que, comme il ne faisait « jamais appel aux sentiments partisans, on aurait [eu] du mal à deviner, à partir de ses commentaires, qu'il y a[vait] deux partis dans la province ».

Comme il s'intéressait aux questions fédérales, Robson avait espéré en 1870 que sir John Alexander Macdonald lui ferait la faveur d'une nomination mais, même s'il appréciait ce que Robson avait fait pour la Confédération, le premier ministre n'avait pas de poste convenable à lui offrir. Robson appuyait quand même le gouvernement Macdonald, tout en notant de manière prophétique que le *Colonist* entendait maintenir « une stricte neutralité afin de pouvoir être en bons termes avec les *grits* s'ils étaient le parti victorieux ». Quand le scandale du Pacifique éclata en avril 1873 [V. Lucius Seth Huntington*], Robson y vit un « geste ultime de malveillance des *grits* » mais, à mesure que les faits étaient dévoilés, son journal appuya le parti libéral d'Alexander MACKENZIE. Après que l'on eut confié à Mackenzie la responsabilité de former un nouveau gouvernement, en novembre, Robson laissa entendre, que si le premier ministre montrait « une disposition honnête et sincère » à respecter les conditions de l'union, la Colombie-Britannique oublierait les remarques désobligeantes qu'il avait faites sur le chemin de fer. Cependant, il soulignait que l'obligation de terminer la ligne transcontinentale au plus tard en 1881 était « d'airain », et il pressait ses lecteurs de protester contre tout retard de construction.

À l'évidence, Robson avait fait bonne impression sur le nouveau gouvernement, qui comptait peu d'amis en Colombie-Britannique. En avril 1875, on le nomma trésorier et fournisseur des équipes techniques qui faisaient le levé du chemin de fer canadien du Pacifique en Colombie-Britannique, fonctions qui lui assuraient un salaire annuel de 3 000 $. Il fut reconnaissant à Mackenzie de lui avoir confié ce poste, qui le libérait de l'« esclavage de la politique et des tâches éditoriales ». Par la suite cependant, Amor De Cosmos l'accusa de favoriser ses amis dans l'assignation des contrats. En retour de la faveur qu'il avait obtenue de Mackenzie, Robson le renseignait officieusement sur ce qui se passait en Colombie-Britannique. Même si certains conservateurs le tenaient pour un *grit*, il collaborait facilement avec d'autres, tels William Smithe* et John Andrew Mara*. Néanmoins, quand Macdonald reprit le pouvoir en 1878, Robson « sentit la perte d'influence et de confiance » ; au début de l'année suivante, le gouvernement abolissait son poste.

Pendant un an et demi, Robson n'eut pas d'emploi régulier, mais il devint représentant exclusif de la Confederation Life Association dans la province. Sa situation financière était tout de même bonne : en 1876, il finissait d'acquitter ses dettes familiales et contribuait à la subsistance de son père. En outre, il investissait dans des terres et dans des entreprises comme la B. C. Gold and Silver Mills and Mining Company.

En octobre 1880, Robson acheta le *Dominion Pacific Herald* de New Westminster. Au lieu de présenter un programme détaillé, comme il l'avait fait en 1861 dans son premier éditorial pour le *British Columbian,* il se borna à promettre « un journal tout à fait indépendant » qui accorderait la priorité au pays sur les partis et prônerait l'« unité d'action » dans la province. En janvier 1882, il rebaptisa son journal *British Columbian*. Dans les mois suivants, il retourna à l'Assemblée à titre de député du district de New Westminster. En février 1883, il devint secrétaire de la province (portefeuille qui incluait l'Éducation), ministre des Finances et de l'Agriculture, et ministre des Mines. Après la mort de William Smithe en 1887, le nouveau premier ministre, Alexander Edmund Batson Davie*, le garda au cabinet mais confia les

Finances et l'Agriculture à Simeon Duck. Robson suppléa même le premier ministre Davie durant sa longue maladie, et à la mort de celui-ci, le 1er août 1889, le lieutenant-gouverneur lui demanda de former un gouvernement, ce qu'il fit le 3 août.

Tout comme Smithe et Davie, Robson souhaitait coopérer avec le gouvernement fédéral. Dans le *Herald,* il avait souvent reproché au premier ministre George Anthony Walkem* son hostilité envers Ottawa, et en mai 1883 il avait déclaré à l'Assemblée que la province avait « combattu le Canada pendant des années et des années » et qu'elle était devenue « de plus en plus pauvre ». Le gouvernement Smithe avait cru en une « paix honorable ». Par exemple, en octobre 1887, il n'avait pas envoyé de représentant à la conférence interprovinciale de Québec, qui avait réclamé une augmentation des pouvoirs et des revenus provinciaux [V. Honoré MERCIER], même si à ce moment-là Robson était à Ottawa en mission gouvernementale. À titre de ministre et de premier ministre, Robson se rendit d'ailleurs plusieurs fois dans la capitale fédérale. En public, il disait que ses discussions là-bas étaient « fructueuses » et « satisfaisantes ». Cependant, en 1892, à cause de divers problèmes, et notamment parce que le gouvernement fédéral tardait à faire ses paiements pour le bassin de radoub d'Esquimalt, il en vint à se demander s'il n'adopterait pas « la politique « anti-Ottawa » de Walkem ».

Robson s'était toujours préoccupé des affaires de sa province avant tout, et il continuait de le faire. Les problèmes et les solutions pouvaient varier avec le temps, mais il s'en tint à certains principes tout au long de sa carrière. Ainsi il ne cessa jamais de prôner la réforme politique, et il se souciait de la colonisation et du développement de la Colombie-Britannique. Dans son manifeste électoral de 1882, il s'était plaint que sa province ne jouissait pas d'une représentation proportionnelle puisque 15 électeurs de la région de Kootenay avaient droit à autant de représentants à Victoria que 800 électeurs de la vallée du Fraser. La reprise des activités minières dans Kootenay corrigea bientôt cette anomalie, mais la croissance soudaine de Vancouver après l'achèvement du chemin de fer rendit impérative une nouvelle répartition des sièges. En 1890, Robson tenta de faire procéder à une réforme majeure dans ce sens, mais d'autres membres du cabinet, craignant de modifier l'« équilibre du pouvoir » entre l'île de Vancouver et la partie continentale de la province, s'y opposèrent. Robson, expliquant qu'il était « premier ministre de toute la province, et non seulement de son propre district », se résigna alors à un rajustement mineur en attendant les résultats du recensement de 1891. Cette décision, qui niait une juste représentation à ses électeurs de New Westminster, laisse par ailleurs supposer qu'il ne tenait pas le cabinet bien en main.

De même, Robson allait à l'encontre de la plupart de ses contemporains en prônant le suffrage féminin. Certes, il avait affirmé en 1873 que « les femmes respectables ne voulaient pas du droit » de vote, mais il changea d'avis par la suite et, dès 1885, il prônait le vote des femmes parce que selon lui elles se montraient judicieuses dans l'élection des administrateurs scolaires et défendaient la morale. Dès lors, presque chaque année, il présenta un projet de loi privé en faveur du suffrage féminin, que l'Assemblée rejeta chaque fois.

Par contre, Robson était convaincu que certains groupes ethniques ne devaient pas participer au processus politique, et en cela il rejoignait la plupart de ses concitoyens. En 1872, il avait présenté une modification à la loi électorale de la province, qui retirait le droit de suffrage aux Chinois et aux Indiens. Il avait été l'un des premiers à réclamer l'imposition d'une taxe spéciale aux Chinois en affirmant qu'ils étaient « *essentiellement* différents de par leurs habitudes et leur destination », ne versaient pas une part équitable au trésor provincial et faisaient concurrence à la « main-d'œuvre civilisée ». Même s'il appuya la législation antichinoise du gouvernement Smithe, il défendit pourtant le droit des employeurs d'embaucher des Chinois.

À l'égard des Indiens, qui jusque dans les années 1880 formèrent la majorité de la population de la Colombie-Britannique, Robson était paternaliste. Convaincu que les peuples autochtones finiraient par « disparaître tout à fait », il affirmait néanmoins qu'entre-temps le gouvernement avait le devoir de les civiliser et de les évangéliser. Aussi fallait-il les soustraire à l'immoralité des villages et des villes, les protéger contre les trafiquants de whisky et leur faire prendre conscience de la puissance de la loi. Il reconnaissait que les Indiens avaient des droits à titre de « premiers maîtres du sol », mais il réclamait que l'on négocie des traités et que l'on établisse des réserves afin qu'ils n'aient pas plus de terres qu'ils n'en pouvaient utiliser à bon escient.

Soucieux d'assurer le développement de la Colombie-Britannique, Robson voulait rendre les terres plus faciles d'accès aux colons blancs ; c'est pourquoi il prônait l'amélioration des transports, la libéralisation de la politique commerciale, une saine politique foncière et la promotion de l'immigration. Pendant longtemps, il critiqua la pratique qui consistait à construire de belles routes vers la région de Cariboo au lieu d'aménager des chemins et des pistes rudimentaires vers les districts agricoles de la vallée du Fraser, les mines de la région de Kootenay et les ranchs de l'arrière-pays. En 1881, il rappelait encore à ses lecteurs de la côte que la prospérité de la province dépendait de celle des terres de l'intérieur. Ironiquement, une fois qu'il fut entré au cabinet, en 1883, on l'accusa de dépenser une trop grande partie du budget des travaux publics pour ses électeurs du district de

New Westminster. La cause qu'il défendait avec le plus de persistance était l'instauration d'un « régime foncier éclairé et libéral » qui éloignerait les spéculateurs et assurerait « une exploitation agricole gratuite à tout colon de bonne foi ». Il se plaignait des explorations et des levés inadéquats, de la complexité inutile des lois et de ces « accapareurs du sol » qui monopolisaient les bonnes terres. Pendant qu'il était au cabinet, le gouvernement révisa graduellement la loi afin de préserver les rares terres agricoles pour les vrais colons. Cependant, Robson était prêt à utiliser des terres pour aider les compagnies ferroviaires. De 1883 à 1892, le gouvernement réserva près de six millions d'acres aux chemins de fer en guise de subventions. Les détracteurs de Robson l'accusaient même d'être le jouet de la Compagnie du chemin de fer canadien du Pacifique, mais les indices fragmentaires dont on dispose montrent qu'il aidait aussi ses rivales, la Nelson and Fort Sheppard Railway Company par exemple.

Robson attaquait les spéculateurs, et pourtant en 1892 John Grant, député provincial de la ville de Victoria, déclara qu'il était « le spéculateur foncier le plus prospère de la province ». Pendant qu'il était au service du gouvernement fédéral, dans les années 1870, Robson avait en effet commencé à acquérir des terres pour aussi peu que 30 $ l'acre, à la baie English et à Coal Harbour, à son avis « le seul vrai terminus convenable » pour le chemin de fer canadien du Pacifique. Par la suite, il joua un rôle important dans les négociations qui amenèrent le gouvernement provincial à donner environ 6 000 acres à cette compagnie et des intérêts privés à lui céder le tiers de leurs propriétés pour qu'elle prolonge de 12 milles, jusqu'à Granville, la ligne qui se terminait à Port Moody [V. David OPPENHEIMER]. Robson encouragea les résidents de Granville à réclamer l'érection de leur ville en municipalité en 1886 ; quand la question fut débattue en chambre [V. Malcolm Alexander MACLEAN], il opta pour le nom de Vancouver, même s'il l'avait déjà qualifié d'« indésirable et [de] déroutant ». Sans nier jamais sa participation au marché foncier de Vancouver, il prenait bien soin de préciser que jamais, ni directement ni indirectement, il n'avait acquis des terres de la couronne. Même si en 1886 il se disait « pauvre en terres », dès 1888 il réalisait un profit sur la vente de certaines de ses propriétés foncières. Malheureusement, les registres d'enregistrement et d'examen des testaments qui subsistent ne révèlent pas la valeur de sa succession. On a dit que ses biens totalisaient 500 000 $; on ne peut vérifier cette allégation, mais assurément il était riche.

Il ne suffisait pas de rendre les terres de la province accessibles, encore fallait-il des colons pour les exploiter. Selon Robson, la Colombie-Britannique devait avant tout répertorier ses ressources agricoles. Dès 1864, il avait réclamé des expéditions d'exploration ; à titre de ministre de l'Agriculture, il envoya des équipes dans des régions relativement inconnues, comme celle de Chilcotin. En outre, il jugea opportun de faire connaître la province en produisant des brochures et autres documents de promotion, et en nommant des représentants à San Francisco, en Angleterre et peut-être à Toronto. La province désigna un agent général à Londres en 1872. Malgré ses réserves sur l'immigration subventionnée, Robson présida en 1869 un comité spécial du Conseil législatif qui recommanda de favoriser l'immigration de travailleuses domestiques. On accorda donc des crédits de 5 000 $ à cette fin, mais 22 femmes seulement se prévalurent de l'offre. Cette expérience lui confirma peut-être qu'il avait eu raison de se méfier des programmes de ce genre, ce qui ne l'empêcha pas en 1890 de s'enthousiasmer pour un projet d'Alexander Begg*, qui consistait à aider des petits fermiers écossais à exploiter les zones de pêche hauturières de la Colombie-Britannique. Sa mort, en 1892, priva cependant le projet de son partisan le plus influent et contribua à le faire échouer.

Tout au long de sa carrière, Robson travailla pour l'« avancement moral et intellectuel du peuple ». Il prônait ardemment l'observance du dimanche et favorisait des mesures de tempérance comme la restriction du nombre de permis d'alcool et l'adoption de la prohibition locale (même s'il n'approuvait pas la prohibition en soi). En effet, il défendit les brasseurs contre une loi fédérale qui aurait confiné l'industrie provinciale de la bière à New Westminster et à Victoria. Ses convictions morales s'enracinaient dans sa foi presbytérienne. Longtemps conseiller presbytéral de sa congrégation, il fut par la suite l'un des plus généreux donateurs du fonds provincial de construction établi par sa confession. Toutefois, il n'était pas sectaire. En évoquant les problèmes que les réserves du clergé causaient dans le Haut-Canada, il avait rappelé en 1864 au gouverneur Douglas que, « dans la colonie, les chrétiens de toute confession [étaient] absolument égaux ».

C'est en faisant campagne pour l'instruction publique que Robson manifesta le plus clairement son souci de l'égalité religieuse et de l'« avancement intellectuel ». Déclarant dans le *Colonist* en 1869 que la Colombie-Britannique n'avait « pas de système d'enseignement », il réclama que le gouvernement subventionne des écoles publiques dans chaque village et ouvre un pensionnat pour les enfants des régions à population clairsemée. Comme l'instruction était « le meilleur rempart contre le crime, l'indolence, la pauvreté [et] l'intempérance », « tout homme, qu'il [eût] ou non des enfants à éduquer », devait « aider à mettre à la portée de chaque enfant de la collectivité une instruction libérale et saine », et c'était dans son intérêt de le faire.

Dans les années 1860, Robson préconisa l'instauration d'un système d'enseignement semblable à celui de l'Ontario, « le plus parfait » au monde selon lui, dans l'espoir de rapprocher la Colombie-Britannique du Canada et d'encourager l'immigration. Cependant, il insistait pour que ce système soit non confessionnel afin de faire échec à l'intolérance et de cimenter « socialement, politiquement et religieusement la population hétérogène de la jeune colonie ». La formation religieuse, affirmait-il, devait se donner à la maison et à l'école du dimanche. Il ne voulait pas pour autant des écoles « impies ». On devait continuer à réciter le Pater dans les écoles provinciales et à doter les principales confessions protestantes de représentants dans les conseils scolaires locaux et les bureaux d'examinateurs.

En Colombie-Britannique, les parents avaient l'habitude de soutenir des écoles privées ou d'envoyer leurs enfants faire des études avancées à l'extérieur. Pour encourager les établissements de la province, Robson réclamait assidûment la création d'écoles secondaires. En 1876, on en ouvrit une à Victoria mais, quand Robson retourna à New Westminster au début des années 1880, il exprima l'avis que c'était injuste de taxer toute la province pour une école secondaire gratuite dont les habitants de Victoria étaient les seuls à bénéficier. L'école secondaire de New Westminster, établissement privé durant plusieurs années, devint gratuite en 1884. À la mort de Robson, seulement deux autres villes, Nanaimo et Vancouver, avaient une école secondaire. Pourtant, dès 1886, Robson parlait d'une université provinciale et, en 1890, son gouvernement adopta un projet de loi qui visait à en fonder une. Toutefois, le projet resterait lettre morte à cause de la rivalité qui opposait Victoria et Vancouver, et la University of British Columbia n'ouvrirait ses portes qu'en 1915 [V. Frank Fairchild Wesbrook*]. En 1891–1892, 10 733 élèves étaient inscrits dans les écoles publiques, alors qu'en 1882–1883, soit au moment où Robson était devenu ministre de l'Éducation, il n'y en avait que 2 693. Néanmoins, peu d'habitants de la Colombie-Britannique partageaient l'enthousiasme de Robson pour l'instruction. Peut-être est-ce en raison de cette apathie qu'il put centraliser le système scolaire à tel point que des contemporains l'accusèrent de le diriger comme une organisation politique.

Une fois premier ministre, Robson continua d'assister aux examens des écoles publiques et à leurs cérémonies de fin d'année. C'est que – il l'admettait – il avait la mauvaise habitude de « faire le travail de deux ou trois, convaincu que personne d'autre ne [pouvait] le faire ». Ses adversaires s'entendaient avec lui sur ce point. Le 4 novembre 1890, le *Victoria Daily Times* laissa entendre que ses ministres étaient trop pris par leurs propres affaires et leurs intérêts professionnels pour porter plus qu'une attention de pure forme à leur portefeuille. Même des journalistes qui avaient de l'amitié pour lui laissaient entendre qu'il ne pouvait pas « dominer ses collègues », ce à quoi ses adversaires rétorquaient qu'en effet il n'était qu'une marionnette. Pendant son mandat de premier ministre, il eut des problèmes de santé, mais n'arriva pas à déléguer les responsabilités et se révéla incapable d'obtenir un soutien cohérent de la part des membres du cabinet et des députés, ses alliés supposés. Robson s'opposait au système des partis, mais sa tâche aurait été beaucoup plus facile s'il avait eu un *whip*.

Depuis quelques années, Robson souhaitait prendre du repos pour ménager sa santé. En 1890, après avoir remporté la victoire dans deux districts électoraux, soit celui de New Westminster, encore une fois, et un autre, celui de Cariboo, où il s'était présenté par mesure de précaution, il renonça au premier de ces deux sièges en expliquant qu'il ne pourrait pas en même temps s'occuper d'une circonscription aussi vaste et importante, s'acquitter de ses autres responsabilités et se maintenir en santé. La longue maladie puis la mort, en avril 1891, de son fils cadet, Frederick William, lui portèrent aussi un dur coup. Au printemps de 1892, son médecin lui prescrivit donc de prendre un an de « repos complet », loin du « travail et des soucis » d'un premier ministre. Robson tenta de se libérer de ses responsabilités administratives, mais des citoyens qui avaient des griefs réels ou imaginaires contre le gouvernement continuaient de s'adresser directement à lui. En mai, il nomma le colonel James Baker ministre de l'Éducation et de l'Immigration, puis fit pression pour obtenir le poste de lieutenant-gouverneur. Espérant peut-être qu'un changement d'air lui ferait du bien, il s'embarqua ensuite pour Londres afin d'aller discuter d'un emprunt impérial et du plan d'immigration des fermiers écossais. Le 20 juin, il s'écrasa le bout du petit doigt dans la porte d'un cabriolet. Il mourut neuf jours plus tard d'un empoisonnement du sang.

Les portraits de Robson donnent l'impression qu'il était plutôt revêche. Bien qu'il ait appartenu à nombre d'organismes, par exemple la Home Guard Volunteer Rifle Company, la St Andrew's and Caledonian Society et l'Upper Canada Bible Society, il avait, semble-t-il, peu d'amis personnels. Dans ses dernières années, il paraissait sobre et sérieux, mais un contemporain notait que « sous des dehors assez froids se cachaient un bon cœur et un caractère aimable ». Du temps qu'il était journaliste, il avait parfois été caustique. Ses attaques contre Victoria lui gagnèrent des partisans à New Westminster ; ses querelles avec des journalistes rivaux, surtout Amor De Cosmos et James K. Suter, contribuèrent probablement à faire vendre les journaux, et certainement à animer les débats politiques. Durant les 31 ans qu'il passa au service de l'État, il promut les institutions libérales, le progrès social et moral ainsi que la colonisation avec une constance remarquable. Pourtant, dans d'autres domaines, il paraissait parfois contradictoire. Ainsi il se présentait comme un homme du peuple, mais il évoluait aisément parmi les grands hommes d'affaires et les directeurs de compagnies ferroviaires, et il avait peu de sympathie pour les mineurs en grève de la houillère de Robert Dunsmuir à Wellington ou pour les cheminots du chemin de fer canadien du Pacifique. Tout en proclamant les avantages des institutions libres, il n'entendait pas en faire bénéficier les Indiens et les Chinois. Il croyait que les écoles publiques devaient être faciles d'accès mais estimait que les élèves devaient payer leurs études secondaires. Il prônait la libéralisation du commerce mais voulait protéger les industries de la province. Même s'il fut un ardent propagandiste de New Westminster au moment où il y vivait, il ne montrait pas le moindre esprit de clocher quand il s'agissait de réclamer l'extension de services gouvernementaux, comme les routes ou les écoles, à toutes les parties de la Colombie-Britannique. Il critiquait sans arrêt la spéculation foncière mais en faisait ouvertement lui-même, et il usait généreusement des terres de la couronne au bénéfice des chemins de fer. En fait, une bonne partie de ces contradictions apparentes laissent croire que c'était un journaliste et un homme politique à l'esprit pratique qui, sauf en matière de réforme morale, était généralement d'accord avec ses concitoyens et partageait leur désir de progrès économique.

John Robson n'était pas un penseur original. Ses principales idées réformistes – la responsabilité ministérielle et l'enseignement public non confessionnel – venaient des provinces centrales du Canada, où il avait vécu. Son appui à la Confédération et sa volonté de collaborer avec le gouvernement fédéral avaient la même origine. Bien sûr, il n'était pas le seul en Colombie-Britannique à défendre ces lignes de conduite mais, à titre de journaliste et d'homme politique, il eut un auditoire exceptionnellement vaste. Aussi devint-il l'un des citoyens les plus influents de la Colombie-Britannique de son époque et contribua-t-il de façon majeure au resserrement des liens entre le Canada et sa province d'adoption.

Patricia E. Roy

PABC, Add. mss 525 ; H D R57 ; W A R57R. — *Journals of the colonial legislatures of the colonies of Vancouver Island and British Columbia, 1851–1871*, J. E. Hendrickson, édit. (5 vol., Victoria, 1980). — *British Columbian*, 1862–1869, particulièrement 6 déc. 1862, 2 sept. 1865, 18 août 1866, 1882–1886. — *British Colonist*, 1872–1886. — *Daily British Colonist and Victoria Chronicle*, 1866–1872. — *Daily British Colonist*, 1887–1890, 4 févr. 1892, 11 mai 1893. — *Daily Columbian*, 1886–1892. — *Daily Telegram* (Vancouver), 1890. — *Dominion Pacific Herald* (New Westminster, C.-B.), 16 oct. 1880, 29 juill. 1881. — I. E. M. Antak, « John Robson : British Columbian » (thèse de m.a., Univ. of Victoria, 1972). — R. E. Cail, *Land, man, and the law : the disposal of crown lands in British Columbia, 1871–1913* (Vancouver, 1974). — Olive Fairholm, « John Robson and confederation », *British Columbia & confederation*, W. G. Shelton, édit. (Victoria, 1967), 97–123. — Ormsby, *British Columbia*. — W. K. Lamb, « John Robson and J. K. Suter », *BCHQ*, 4 (1940) : 203–215. — S. G. Pettit, « His Honour's honour : judge Begbie and the Cottonwood scandal », *BCHQ*, 11 (1947) : 187–210. — Jill Wade, « The « gigantic scheme » ; crofter immigration and deep-sea fisheries development for British Columbia (1887–1893) », *BC Studies*, n° 53 (printemps 1982) : 28–44.

ROCHBRUNE, ALPHONSE-BARNABÉ LAROCQUE DE. V. Larocque

ROCHETTE, CLÉOPHAS, homme d'affaires et homme politique, né vers 1843, probablement à Pointe-aux-Trembles (Neuville, Québec), fils d'Olivier Rochette et de Rose Laliberté ; il épousa Malvina Brulotte, et ils eurent sept enfants ; décédé le 22 octobre 1895 à Québec.

Vers l'âge de 20 ans, Cléophas Rochette vient s'établir à Québec. Tout comme ses frères, Gaspard et Olivier, il s'installe rue Saint-Vallier et travaille dans le secteur de la tannerie. En 1871, la tannerie de Cléophas produit pour 25 000 $ de peaux et emploie 13 ouvriers. La valeur de cette production se compare difficilement à celle des cinq principaux tanneurs de Québec qui se chiffre à cette époque entre 41 600 $ et 64 000 $.

À l'automne de 1875, Rochette acquiert la tannerie de John Rochette (prénommé aussi Jean-Baptiste ou Jean-Michel), l'un des plus gros tanneurs de Québec, victime de la crise économique qui sévit alors, et qui avait fait faillite. L'aire de production est constituée d'un immeuble de trois étages rue Saint-Vallier, qui sert de boutique principale, d'un second bâtiment qui abrite une machine de dix chevaux-vapeur ainsi que de hangars ; ces dépendances sont toutes situées rue Demers, dans Saint-Sauveur. La machinerie dont dispose Cléophas Rochette est pour le moins artisanale. Outre la machine à vapeur, il a un moulin à tan, une table à piquer avec quatre rouleaux, deux poêles et des instruments pour tailler et cheveler le cuir. Les lots, les immeubles et l'équipement ont nécessité des déboursés de 2 000 $, prêtés par son frère Gaspard.

Rochette se spécialise alors dans l'un des sous-secteurs de l'industrie de la chaussure : la fabrication des fausses semelles, des renforts et des talons. Au cours des années 1880, il devient l'un des chefs de file dans ce secteur, tout comme la succursale montréalaise de la H. J. Fisk and Company qui s'est établie à Québec au cours de cette période. Les deux firmes se font concurrence sur le marché local, mais elles ne semblent pas se nuire, puisqu'en 1891 elles présentent une capitalisation évaluée entre 20 000 $ et 35 000 $.

La présence de Rochette sur le marché montréalais semble peu importante ; elle se résume aux quelque 1 200 $ de marchandises placées en consignation chez un marchand de cuir. Sa production ne s'écoule pratiquement que sur le marché de Québec. Ses sources d'approvisionnement ne sont guère plus diversifiées. Même s'il se procure des rebuts de cuir en Ontario, ses principaux fournisseurs demeurent son frère Gaspard et d'autres tanneurs et corroyeurs de Québec.

Rochette est un petit industriel qui assure son financement à court terme au moyen de billets à ordre tirés au nom de son frère Gaspard, de Félix Goudreau et de François-Xavier Drolet*. Ces billets, qui dépassent rarement 400 $, lui permettent d'acheter la matière première ou de payer les innovations technologiques qu'il a conçues et dont la réalisation a été confiée à Drolet ou à d'autres firmes de machinistes. Les sommes plus importantes semblent fournies par Gaspard grâce au même procédé. Ainsi, entre juillet et octobre 1895, ce dernier endosse et garantit pour près de 13 200 $ en billets à ordre.

En 1887, Rochette diversifie ses activités en achetant une briqueterie, pourvue d'une machine à vapeur avec chaudière, arbres de couches et poulies. Deux presses à briques, une presse à estamper, différents moules, des tuyaux à eau, des brouettes, voiturettes et traîneaux complètent l'équipement nécessaire à la production. Les débouchés se limitent au marché local.

Rochette apparaît comme un homme d'affaires dynamique aux ambitions modestes. À sa mort, la machinerie de sa fabrique de fausses semelles, de renforts et de talons est évaluée à 5 590 $. Les deux machines à vapeur et les chaudières représentent environ 30 % de ce capital fixe ; le reste est constitué de diverses machines-outils, notamment six presses hydrauliques et une pompe. L'inventaire de sa briqueterie, qui totalise 1,8 million de briques, est évalué à 7 200 $. Son portefeuille d'actions et ses avoirs bancaires s'avèrent peu importants. Il ne dispose que de 57 $ dans deux comptes d'épargne. Ses valeurs mobilières sont également peu importantes. Il possède deux actions de 50 $ dans une beurrerie de Cap-Santé, quatre de 5 $ dans une association athlétique de Saint-Roch et une de 100 $ dans une affaire d'élevage chevalin. Il a aussi investi 125 $ dans une entreprise ostréicole. En fait, ses seuls biens mobiliers d'importance consistent en trois polices d'assurance qui totalisent 20 000 $.

Néanmoins, Cléophas Rochette fait partie de l'élite de Saint-Sauveur. Il est membre pendant plusieurs années du conseil municipal. Il parvient même à négocier une exemption de taxes municipales pour son entreprise peu avant l'annexion de Saint-Sauveur à Québec. Cette entente, d'ailleurs reconduite pour quatre années (1889–1893), figure dans le règlement d'annexion de 1889. Le passage du statut de village à celui de quartier de la cité sonne toutefois le glas de sa carrière politique. De toute évidence, il est évincé de ce qui constituait l'une de ses seules sphères d'influence.

JEAN BENOIT

AC, Québec, Minutiers, Joseph Savard, 2 nov. 1895. — ANQ-Q, CE1-1, 25 nov. 1834 ; CE1-22, 28 oct. 1861, 10 juin 1862, 25 oct. 1895. — AVQ, Annexion Saint-Sauveur, 1855–1889, conseil, procès-verbaux, 5 oct. 1885, 22 août 1886, 14 oct., 5 déc. 1887 ; secrétaire trésorier, 5 avril, 15 juin 1887, 11 mars, 5 avril 1889 ; Conseil, conseil de ville, règlements de la ville, n° 286, art. 19, 30 août 1889. — BE, Québec, reg. B, 103, n° 45983 ; 106, n° 48120 ; 130, n° 61666 ; 180, n° 95356. — *L'Événement*, 22 oct. 1895. — *La Presse*, 23 oct. 1895. — *Quebec directory*, 1862–1867. — Jean Benoit, « le Développement des mécanismes de crédit et la Croissance économique d'une communauté d'affaires ; les marchands et les industriels de la ville de Québec au XIXe siècle » (thèse de PH.D., univ. Laval, 1986).

ROGERS, WILLIAM HENRY, marchand, fonctionnaire et inventeur, né en 1821 ou en 1822 à Amherst, Nouvelle-Écosse, fils de David Rogers et d'Elizabeth Richards ; en 1851, il épousa Mary Eliza Page, d'Amherst, et ils eurent sept filles, dont une mourut en bas âge, et quatre fils ; décédé le 22 mars 1894 au même endroit.

William Henry Rogers, qui était en grande partie autodidacte, travailla en tant que commis dans les bureaux d'une compagnie de transport maritime à Pugwash, en Nouvelle-Écosse, avant de devenir marchand dans la même ville et, plus tard, dans la ville voisine d'Amherst. Marchand durant sept ans et receveur des douanes à Pugwash durant quatre ans, il s'annonçait également, dans l'annuaire de la Nouvelle-Écosse de 1864–1865, comme « cancérologue ».

Rogers était un fervent baptiste et, durant plusieurs années, il parcourut les provinces Maritimes à titre de représentant de l'American Bible Union. Partisan de la tempérance, il donna assez fréquemment des conférences pour les British Templars.

Après la Confédération, qui confiait au nouveau gouvernement d'Ottawa la gestion des pêches, Rogers devint inspecteur des pêches de la Nouvelle-Écosse. À ce poste, qui l'obligeait à de nombreux déplacements dans la province, il acquit de l'expérience et en vint à constater que les barrages empêchaient les poissons de remonter le courant des rivières pour frayer. Désireux de trouver le meilleur moyen de surmonter ces obstacles et de régler l'un des problèmes posés par l'intervention humaine dans la nature, il conçut deux échelles à poissons.

La première, brevetée au Canada le 20 mai 1880 et aux États-Unis le 15 juin suivant, était une structure relativement simple. Il s'agissait essentiellement d'une longue boîte ouverte au sommet et inclinée vers le haut en direction du barrage, qui comportait un corridor à déflecteurs où les poissons pouvaient s'arrêter pour se reposer dans des eaux plus calmes ; pour l'installer, il fallait cependant percer le barrage. La seconde échelle, brevetée au Canada (seulement après que Rogers en eut fourni une maquette) le 31 octobre 1888 et aux États-Unis le 12 juillet 1887, était beaucoup plus complexe. Sans altérer la structure du barrage, elle exigeait qu'on creuse, parallèlement au lit de la rivière, des canaux dans lesquels on réglerait le niveau de l'eau par une série de portes. Un barrage auxiliaire détournait les poissons du barrage principal. Comme le premier modèle, le second comportait un corridor à déflecteurs dans lequel les poissons pouvaient se reposer. On ne sait si ces échelles ont été construites et mises à l'essai, mais une notice biographique publiée en 1881 mentionnait qu'une échelle inventée par Rogers « était très populaire [et qu'on l'avait adoptée] dans toute la Nouvelle-Écosse ».

Personnage polyvalent, aux opinions bien arrêtées, Rogers était très imaginatif, sinon ingénieux, et il avait certainement bonne réputation. Ainsi, après avoir perdu le procès qu'il avait intenté en 1879 à propos d'un prêt de 40 $, il décida de publier l'année même à Halifax un tract intitulé *Injustice in a county court, or how I was swindled out of forty dollars,* dans le but avoué de faire en sorte qu'« aucun de [ses] enfants n'ait jamais à rougir de l'un de [ses] actes ».

William Henry Rogers mourut à Amherst en 1894 à l'âge de 72 ans. Il est bien possible que ce soit de lui que son petit-fils Norman McLeod Rogers* – membre du cabinet de William Lyon Mackenzie King*, qui connut une fin tragique dans un écrasement d'avion pendant la Deuxième Guerre mondiale – ait hérité sa curiosité et son goût pour le service public et la discussion.

JOHN GORDON LEEFE

AN, RG 31, C1, 1871, Amherst, division 2 : 35–36 (mfm aux PANS). — Canada, Ministère de la Consommation et des Corporations, Bureau des brevets (Hull, Québec), Patent n°s 26501, 47426. — *Canadian biog. dict.* — *N.S. directory,* 1864–1865 : 301.

ROSE, GEORGE MACLEAN, imprimeur, éditeur, militant pour la tempérance, journaliste et homme politique, né le 14 mars 1829 à Wick, Écosse, fils de Donald Rose et de Christian Maclean ; le 23 septembre 1856, il épousa dans le canton d'East Oxford, comté d'Oxford, Haut-Canada, Margaret Catherine Johan Levack Manson, et ils eurent six fils et trois filles qui vécurent au delà de l'enfance ; décédé le 10 février 1898 à Toronto.

Comme deux de ses frères, Henry et Daniel, George Maclean Rose reçut une formation d'imprimeur ; il fit sept ans d'apprentissage au *John o' Groat Journal* de Wick. Selon son fils Malcolm Cameron, il avait peu fréquenté l'école, mais il n'allait cesser de s'instruire par lui-même tout au long de sa vie. En 1850, à l'âge de 21 ans, il entra au *Northern Ensign,* journal réformiste fondé cette année-là par l'ancien rédacteur en chef du *John o' Groat Journal,* John Mackie. Champion de la tempérance et écrivain politique, Mackie allait avoir une influence déterminante sur Rose, qui militait déjà contre l'alcoolisme depuis l'âge de 12 ans. C'est à regret que ce dernier quitta son emploi auprès de lui en 1851, son père ayant décidé d'immigrer dans le Bas-Canada avec sa famille.

À Montréal, ils retrouvèrent Henry Rose, installé au Bas-Canada depuis 1848, et George trouva du travail chez John C. Becket*, imprimeur du *Montreal Witness* et éditeur du *Canada Temperance Advocate.* Si l'on excepte quelques mois passés chez le graveur George Matthews, Rose travailla pour Becket jusqu'à ce que la mort de son père, en janvier 1853, l'oblige à aider sa mère et ceux de ses frères et sœurs dont elle avait encore la charge. En mars, Henry et George annoncèrent l'ouverture d'une nouvelle imprimerie, la H. and G. M. Rose, où leur jeune frère Daniel termina son apprentissage.

Les Rose avaient grandi dans la foi congrégationaliste, mais à Montréal, sous l'influence du révérend John CORDNER, ils passèrent à l'Église unitarienne, dont George allait demeurer un membre fervent toute sa vie. En 1854 et 1855, la H. and G. M. Rose publia un mensuel dont Cordner était rédacteur en chef, le *Liberal Christian,* et à leur imprimerie sise rue Saint-Jacques Ouest les deux frères vendaient des livres adaptés aux goûts des lecteurs de cette publication. En outre, Henry et George militaient dans le mouvement antialcoolique de Montréal : en 1855, ils figuraient parmi les membres fondateurs de la section bas-canadienne des Fils de la tempérance [V. Letitia CREIGHTON ; Robert Dick*].

Au début de 1856, les deux frères liquidèrent leur association et George décida d'aller tenter sa chance dans le Haut-Canada. Après un bref séjour à Merrickville, il se fixa à London, où Henry A. Newcombe, éditeur de l'*Evangelical Witness,* lui confia l'administration de son imprimerie de travaux de ville. En septembre, il épousa Margaret Manson, du comté voisin, Oxford, dont il avait peut-être connu la famille à l'époque où elle habitait Vaudreuil, dans le Bas-Canada. Tout comme les Rose, les Manson venaient du comté de Caithness, en Écosse : Margaret était la cousine d'Oliver Mowat*, futur premier ministre libéral de l'Ontario. Pendant quelque temps, en 1857, Rose fut associé à Hamilton Hunter, pasteur unitarien devenu journaliste et éditeur du *London Weekly Atlas.* Toutefois, en novembre de cette année-là, l'*Atlas* passa à Marcus Talbot, qui publiait aussi le *London Prototype.* Rose devint pour Talbot reporter et rédacteur d'une rubrique sur l'actualité locale jusqu'à l'été de 1858 puis il déménagea de nouveau, cette fois pour s'installer à Toronto.

C'est là que Samuel Thompson* l'engage en tant que prote de son imprimerie, poste qui allait déterminer son orientation future. En 1859, Thompson obtint pour cinq ans le contrat d'imprimeur de la province du Canada (c'était la première fois qu'on l'accordait pour plus d'un an à la fois) et, à l'automne, Rose s'installa dans la capitale, Québec, pour mettre sur pied la nouvelle imprimerie. À sa réunion de septembre, la Toronto Typographical Society le félicita par voie de résolution d'avoir respecté « les principes de [sa] constitution » et le loua pour « sa conduite comme imprimeur et prote » pendant qu'il avait fait partie de la société, et pour son « attitude bienveillante et courtoise » envers les membres qu'il avait eus sous sa supervision.

En 1860, peu après que Thompson eut pris son poste à Québec, il connut des difficultés financières qu'il mit au compte de la réduction générale du nombre de documents à imprimer et de l'animosité de certains membres du personnel de l'Assemblée législative. À l'occasion d'une vente judiciaire, plusieurs employés, dont Rose, achetèrent une part suffisante de l'actif de Thompson pour continuer d'exploiter l'imprimerie et, en avril 1861, Robert Hunter, comptable de Thompson, était le « principal propriétaire de l'imprimerie et du matériel ». Le 10 du même mois, Hunter écrivit au Parlement qu'il avait conclu une entente de sous-traitance avec Thompson pour faire les travaux gouvernementaux « sous la raison sociale de *Thompson, Hunter* & Co. ». Plus tard dans l'année, Thompson se retira complètement de l'affaire ; Hunter, Rose et François Lemieux formèrent alors une nouvelle société, la Hunter, Rose and Company. Ils exécutèrent le reste du contrat de Thompson et, en 1864, présentèrent avec succès, au nom de leur compagnie, une soumission pour un nouveau contrat de cinq ans. En 1865, on transféra à Ottawa le siège du gouvernement et la compagnie y installa son imprimerie, soit à la fin de cette année-là ou au début de 1866.

La Hunter, Rose and Company imprimait donc des documents gouvernementaux depuis plusieurs années quand le gouvernement ontarien lui offrit, en 1868, d'imprimer les siens aux mêmes conditions. Selon Henry Jervis Hartney, imprimeur de la reine dans la province, qui négocia avec la compagnie au nom du premier ministre John Sandfield Macdonald*, les associés « hésitèrent longtemps sur cette offre ». Il réussit cependant à les convaincre qu'ils pourraient bâtir une bonne affaire à Toronto en faisant des travaux de toutes sortes, alors qu'à Ottawa ils ne pouvaient gagner « un seul dollar à l'extérieur du gouvernement ». Le 11 juillet 1868, la Hunter, Rose and Company signa avec la province de l'Ontario un contrat de dix ans en vertu duquel elle imprimerait et relierait tous les documents gouvernementaux et distribuerait la publication officielle, l'*Ontario Gazette*. Hunter prit la direction du nouveau bureau de Toronto et Rose demeura à Ottawa ; en 1871, il s'installa lui aussi à Toronto et le bureau d'Ottawa ferma ses portes.

À Québec et à Ottawa, la compagnie avait fait quelques travaux pour une clientèle privée, mais elle avait réalisé peu d'éditions originales. Une exception mérite cependant d'être signalée, *Sketches of celebrated Canadians* de Henry James Morgan*, paru à Québec et à Londres en 1862. À Toronto, au début des années 1870, elle entreprit de diversifier ses activités en publiant des éditions canadiennes d'auteurs britanniques populaires comme lord Lytton, William Wilkie Collins, Charles Reade et Anthony Trollope. Contrairement à nombre d'éditeurs torontois qui, à l'époque, publiaient couramment des auteurs étrangers sans autorisation, la Hunter, Rose and Company versait des droits équitables à ses auteurs britanniques. En 1874, dans une lettre qui subsiste toujours, Trollope remercia la société de lui avoir fait parvenir £19 16s 7d et lui promit que ses éditeurs communiqueraient avec elle au sujet de son dernier roman, *The way we live now*. La Hunter, Rose and Company imprima l'influent *Canadian Monthly and National Review* dès sa fondation en 1872 (Rose le publierait par la suite sous la rubrique d'éditeur Rose–Belford). En outre, elle publiait de plus en plus d'historiens et de littérateurs canadiens, dont Alexander BEGG, Alexander MCLACHLAN et Susanna Moodie [Strickland*].

Le contrat d'imprimerie de la province de l'Ontario avait été conclu selon des tarifs qui semblaient justes en 1868, mais au début des années 1870 le coût de la main-d'œuvre connut une telle augmentation à Toronto qu'en 1873 et par la suite la compagnie dut réclamer une hausse des tarifs de composition, de tirage et de reliure. Au moment du renouvellement du contrat, en 1878, la Hunter, Rose and Company présenta l'une des soumissions les plus élevées, car elle connaissait le coût réel de la main-d'œuvre, si bien que le contrat alla à Christopher Blackett Robinson et à William Warwick. Malgré les difficultés qu'elle eut à obtenir un juste dédommagement pour ces travaux gouvernementaux (difficultés qui ne se réglèrent qu'à la nomination d'un arbitre en 1881), la compagnie prospéra : en 1875, elle fut en mesure de construire, rue Wellington West, un « vaste et bel immeuble » qu'elle occuperait encore au moment de la mort de Rose.

Peu après s'être installé à Toronto en 1871, Rose était devenu secrétaire de la congrégation First Unitarian, fonction qu'il allait exercer durant 20 ans. L'un des plus généreux donateurs de la congrégation, il dispensait régulièrement un cours sur la Bible le dimanche après-midi. Après sa mort, son fils Malcolm nota que, même s'il avait gagné de l'argent au cours des 40 années où il avait été imprimeur et éditeur, il s'était aussi « infligé de lourdes pertes en aidant autrui ». La cause qui lui tenait le plus à cœur était la tempérance. Tous les militants ne s'entendaient pas sur le meilleur moyen de mettre un terme à la consommation des boissons alcooliques ; Rose était de ceux qui préconisaient une loi qui en interdirait complètement le commerce. Maria Simpson, dans un ouvrage sur la tempérance paru en 1879, *« Brother G. M. Rose »* [...], affirmait qu'il « consacrait plus de temps et d'argent à la cause de la tempérance que quiconque au Canada ». Cet ouvrage ainsi que deux autres de la même auteure, *Ronald McFarlane* [...], publié en 1878, et *Sayings and doings of noted temperance advocates,* paru en 1879, idéalisent Rose mais révèlent aussi l'ampleur de son engagement. Il se rendait presque chaque soir dans des clubs et des loges pour prononcer de « fougueux discours improvisés » et remplaçait avec bonne humeur les orateurs absents ; une fois, il se soumit même à un examen phrénologique en public. Bien qu'en général il ait été « courtois et aimable », il pouvait, « à l'occasion, lancer de véhémentes tirades sur son sujet favori – l'abstinence », et même pleurer « comme un bébé ». Il continua de jouer un rôle de premier plan chez les Fils de la tempérance ; il compila pour leurs réunions plusieurs recueils de chansons et de récitations et devint *grand worthy patriarch* de la section ontarienne en 1874. Il fut le principal promoteur de la Temperance Colonization Society, organisme qui fonda une colonie de tempérance à Saskatoon en 1882.

Vers 1875, Rose avait neuf enfants et, après avoir été locataire durant plus de 20 ans, il put construire une vaste maison rue St Joseph, à Cloverhill, alors en banlieue de Toronto. Son affection pour les siens est évidente dans cette lettre écrite de Toronto à sa femme en 1868, à l'époque où sa famille vivait encore à Ottawa : « J'étais si désolé, chère Mag, de ne pas être à la maison pour l'anniversaire de deux de nos petits. Quand je rentrerai, nous les fêterons une autre fois, et je m'ébattrai avec eux tous [...] Embrasse les petits pour moi et accepte un baiser pour toi. »

La mort de Robert Hunter le 15 mai 1877, à l'âge de 39 ans, amena plusieurs changements. Rose était désormais l'unique propriétaire de la Hunter, Rose and Company (il allait cependant prendre son frère Daniel comme associé en 1878) et, apparemment, il dut hypothéquer la propriété de la rue Wellington West pour plusieurs années. En avril 1878, avec Robert James Belford, de la maison d'édition Belford Brothers, et plusieurs investisseurs, il constitua juridiquement une nouvelle société, la Rose–Belford Publishing Company. Son association avec les Belford fut cependant de courte durée. Dès le 7 février 1879, dans une lettre au premier ministre du pays, sir John Alexander MACDONALD, Belford annonçait : « hier, nous nous sommes séparés pour de bon ». Les motifs de cette décision sont sous-entendus dans une lettre écrite le 28 janvier par Alexander Beaty Belford à un correspondant inconnu. Ils semblent avoir été en partie politiques : les Belford et leur frère Charles*, rédacteur en chef du *Mail,* étaient des conservateurs convaincus, tandis que Rose était libéral. De plus, leurs tempéraments ne s'accordaient probablement pas. Les Belford quittèrent bientôt Toronto pour les marchés plus riches de Chicago et de New York. Toutefois, Rose continua de publier à Toronto sous le nom de Rose–Belford jusqu'en 1882.

Rose accentua grandement l'aspect édition à la Rose–Belford Publishing Company et à la société qui lui succéda, la Rose Publishing Company. La « Rose Library », collection de livres à bas prix par des auteurs populaires, des réimpressions pour la plupart, fut lancée en 1879 ; dès 1886, elle comptait 56 titres. Parmi les autres collections destinées au grand public, il y avait la « Red Line Edition of Standard Poets » et la « Premier Library », réservée au roman populaire. Vers 1885, la Rose Publishing Company s'attaqua au marché du manuel scolaire. Bien qu'elle n'ait jamais été aussi active dans ce domaine que les sociétés que dirigeaient William James Gage* et William Walter COPP, elle publiait une douzaine de titres par an dès les années 1890. La maison publiait aussi des outils de référence, dont *A cyclopædia of Canadian biography,* ouvrage en 2 volumes paru de 1886 à 1888, dont Rose avait lui-même dirigé la préparation, et d'importantes études historiques, dont la biographie de sir John Alexander Macdonald par Joseph Edmund COLLINS, publiée en 1883 et revue en 1891, ainsi que *The Canadian North-west : its history and its troubles* [...], écrit par Graeme Mercer Adam* et lancé en 1885. Certains titres étaient extrêmement populaires : en 1885, la revue spécialisée *Books and Notions* rapporta que *The home cook book* s'était vendu à « pas moins de 100 000 » exemplaires, ce qui, estimait-elle, était « le plus fort [chiffre de ventes] jamais atteint par un livre publié au Canada ».

Quoique Rose ait été président de la Rose Publishing Company, c'était son fils aîné, Daniel Alexander, qui l'administrait depuis le début des années 1880. Il agissait d'ailleurs de plus en plus à titre de porte-parole de la famille sur la question du droit d'auteur canadien. Les tentatives du Canada de faire adopter un nouveau projet de loi, sans cesse contrées par le ministère des Colonies, préoccupaient les éditeurs du pays à la fin des années 1880 et dans les années 1890 [V. Samuel Edward Dawson* ; John Ross Robertson*]. Deux autres fils de Rose, William Manson et George Maclean, travaillaient aussi dans l'entreprise. En 1891, Rose remplit un mandat d'échevin dans le quartier St John, mais ce fut, semble-t-il, sa seule incursion en politique. Au Board of Trade de Toronto, où il fut longtemps actif, il fit partie du conseil à compter de 1878, en qualité de vice-président en 1881, de président en 1882 et de trésorier de 1883 à 1892.

Plusieurs revers assombrirent les dernières années de Rose. En 1892, à cause d'une querelle au sujet du ministère du révérend Thomas C. Jackson, lui-même et plusieurs autres membres quittèrent la congrégation First Unitarian pour en former une nouvelle. (Lui et sa famille allaient réintégrer le groupe de fidèles avant sa mort.) En janvier 1894, la Rose Publishing Company fit faillite ; la Hunter, Rose and Company, sa principale créancière, survécut mais elle en souffrit beaucoup. (Son nom allait rester associé au domaine de l'imprimerie à Toronto jusque dans les années 1980.) Le milieu de l'édition prévoyait cette faillite depuis quelque temps, et les publications spécialisées spéculèrent sur ses motifs. Le *Canadian Printer and Publisher* mit en cause le dilemme du droit d'auteur canadien : « Les Britanniques nous possèdent et nous lancent comme un os à ronger aux éditeurs voraces des États-Unis. »

En juillet 1895, la Hunter, Rose and Company fut réorganisée en société constituée juridiquement sous la présidence de Rose ; Daniel Alexander Rose et Atwell Fleming en assuraient conjointement la gestion. Rose continua de présider les réunions du conseil d'administration jusqu'en août 1897, mais sa santé déclinait. En 1896, il avait souffert d'une grave pneumonie dont il ne se remit jamais tout à fait. En octobre 1897, il écrivait à sa fille Christina Henrietta : « Certains jours je vais très bien, d'autres jours je me sens on ne peut plus faible [...] Cependant, [...] comme je ne suis pas de ceux qui abandonnent aisément, j'ai grand espoir de recouvrer assez mes forces pour te rendre visite l'hiver prochain. » Il mourut moins de quatre mois plus tard, à l'âge de 68 ans.

George Maclean Rose, disait le *Globe* dans une notice nécrologique qui occupait plus d'une colonne, était « l'un des citoyens les mieux connus de Toronto ». Il appartenait à la génération d'éditeurs-imprimeurs qui, dans les années suivant la Confédération, créèrent une industrie qui reflétait les aspirations de la nouvelle nation. Dans ses combats aussi, c'était bien un homme de son temps. Quoique ses revendications pour la prohibition soient aujourd'hui démodées, les préoccupations sociales qui les sous-tendaient ne le sont pas.

ELIZABETH HULSE

George Maclean Rose a compilé plusieurs collections de textes sur la tempérance, notamment *The teetotaler's companion : a hand-book of dialogues, recitations and readings* [...], avec S. T. Hammond, compil. (Ottawa et Toronto, 1868), et un ouvrage en deux parties, *Light for the temperance platform : a collection of readings, recitations, and dialogues* [...] , publié à Toronto, 1874–1876. Il a aussi compilé ou participé à la rédaction de plusieurs livres de référence ; parmi eux, la section commerciale de *The Canadian home, farm and business cyclopædia ; a treasury of useful and entertaining knowledge* [...] (Toronto et Whitby, Ontario, 1884), 627–816 (il semble que la section de Rose a aussi été diffusée séparément sous le titre de *A business treasury of practical everyday information* (Toronto, [1883]), mais l'entrée dans *Canadiana, 1867–1900* n'énumère aucun établissement en possession de cet ouvrage et je n'en ai vu aucun exemplaire) ; *Rose's hand-book of things worth knowing, comprising interest and statistical tables, and other matter useful for mechanics* [...] (Toronto, [1884]) ; et les deux premiers volumes, publiés à Toronto en 1886 et en 1888, de *Cyclopædia of Canadian biog.* (le troisième volume, édité par Hector Willoughby Charlesworth*, a paru en 1919).

Un certain nombre de biographies de Rose ont été publiées durant sa vie ou peu de temps après da mort ; toutes celles écrites après 1880 semblent s'inspirer plus ou moins de celle qui fut publiée cette année-là dans *Canadian biog. dict.* Imprimé à Toronto par Hunter, Rose, and Company, c'est le compte rendu le plus ancien et le plus complet de la vie de Rose et, mises à part quelques fautes d'orthographe mineures, elle fait bonne figure lorsqu'on la confronte aux sources. De toute évidence, l'auteur anonyme connaissait bien Rose, car il décrit son apparence, sa façon de parler et son tempérament. Que Rose l'ait utilisé dans *Cyclopædia* montre l'estime qu'il en avait.

Quelques lettres de la famille de Rose, notamment deux à sa femme datées du 31 oct. et du 17 nov. 1868, et deux à sa fille Christina Henrietta, datées du 29 sept. 1885 et du 26 oct. 1897, sont conservées par une arrière-petite-fille, Mme Betty Brewer Wilson, de Vernon Hills, Ill. [E. H.]

AN, MG 24, D16 : 28341–28368. — AO, MS 423, A-2, 2. — First Unitarian Congregation (Toronto), Albert Horton, « History of the First Unitarian Congregation of Toronto » (copie dactylographiée, 1906). — UTFL, MS coll. 217, boxes 1–3, 7–9, 12–13. — *Liberal Christian* (Montréal), 1 (1854)–2 (1855). — Ontario, Legislature, *Sessional papers*, 1877, n° 29. — Maria Simpson, *« Brother G. M. Rose » ; a temperance story* (Toronto, 1879). — Temperance Colonization Soc., *Charter and by-laws of the Temperance Colonization Society, (Limited)* (Toronto, [1882]). — Samuel Thompson, *Reminiscences of a Canadian pioneer for the last fifty years : an autobiography* (Toronto, 1884 ; réimpr., Toronto et Montréal, 1968). — Toronto, Board of Trade, *Annual report* [...] (Toronto), 1880–1892. — *Dict. of Toronto printers* (Hulse). — J. E. Middleton, *The municipality of Toronto : a history* (3 vol., Toronto et New York, 1923), 2 : 808. — F. B. Steiner, *One hundred years of service, 1845–1945 : First Unitarian Church, Toronto, Ontario* ([Toronto, 1945]).

ROSS, ALEXANDER MILTON, médecin, auteur, naturaliste et réformateur social, né le 13 décembre 1832 à Belleville, Haut-Canada, fils de William Ross et de Frederika Grant ; en 1857, il épousa Hester E. Harrington, et ils eurent cinq enfants dont deux filles et un garçon qui vécurent au delà de la petite enfance ; décédé le 27 octobre 1897 à Detroit.

Alexander Milton Ross est une figure énigmatique de par la variété de ses champs d'intérêt et de ses œuvres. L'énigme pourrait provenir en partie de la quantité même des choses qu'il fit et du fait que ce que l'on sait à son sujet semble venir surtout de ses propres témoignages, volumineux mais particulièrement vagues. Une part de mystère subsistera tant que l'on n'aura pas trouvé plus de documentation pour appuyer ses dires, surtout à propos de ses activités d'abolitionniste aux États-Unis et de ses voyages de naturaliste au Canada. Toutefois, on en sait suffisamment sur le dernier quart de sa vie, où il organisa un mouvement d'opposition à la vaccination obligatoire contre la variole et fit campagne pour l'amélioration de la santé et de l'hygiène.

Homme d'une énergie remarquable et d'un intense dévouement aux causes qu'il embrassait, Ross était fondamentalement un idéaliste, et il le montra par des actions radicales contre l'establishment et par des écrits vigoureux, souvent polémiques. Comme l'indique *Memoirs of a reformer, 1832–1892,* qu'il fit paraître à Toronto en 1893, il se considérait comme un libéral, et pourtant, par moments, ses idées pouvaient être curieusement conservatrices. *Memoirs* suggère aussi que son ego n'était pas moins gigantesque que son physique : ce livre, de même que ses autres écrits, regorge en effet d'éloges prononcés sur ses activités par des célébrités de l'époque. Dans les textes biographiques rédigés par d'autres, l'énumération des honneurs qu'il a reçus est stupéfiante.

Ross venait d'une famille où, traditionnellement, on participait à la vie publique. Du côté paternel, sa lignée comprenait des nobles écossais, et son arrière-grand-père, capitaine, avait participé à la bataille de Québec sous les ordres du général James Wolfe*. Sa grand-mère paternelle affirmait être la descendante de Roger Williams, ministre du culte et écrivain de la Nouvelle-Angleterre. Apparemment, sa grand-mère maternelle, Mary Jenckes, était la fille de Joseph Jenckes, gouverneur du Rhode Island de 1727 à 1732. Cependant, ce fut probablement sa mère, de qui il disait tenir son « amour de la nature et [son] amour de la liberté », qui exerça sur lui l'influence la plus immédiate. Son père mourut quand il avait 11 ans, ce qui l'obligea tôt à être autonome. D'après ses témoignages, il se rendit à New York dans sa dix-septième année et alla voir l'avocat Marshall Spring Bidwell*, qui avait fait de la politique dans le Haut-Canada. Bidwell le présenta à William Cullen Bryant, qui l'embaucha à l'atelier d'imprimerie de son journal, l'*Evening Post*. Cependant, ses deux sujets d'emballement – la médecine et l'abolitionnisme – reléguèrent bientôt son travail au second plan. De 1851 à 1855, il étudia la médecine auprès de Valentine Mott au College of Physicians and Surgeons de New York et auprès de l'hydrothérapeute Russell Thacher Trall.

Une fois ses études médicales terminées, Ross se consacra à sa seconde passion. Jusqu'après la guerre de Sécession et son installation à Toronto, en 1865, il sillonna inlassablement les États-Unis et le Canada pour prôner l'abolition de l'esclavage. Pendant ses tournées dans les États du Sud, il se fit passer pour un ornithologue et tint des réunions secrètes avec des esclaves à qui il donnait des indications et des vivres pour qu'ils puissent monter au Canada. Deux livres, *Recollections and experiences of an abolitionist, from 1855 to 1865,* paru à Toronto en 1875, et *Memoirs,* racontent ses aventures et font état de ses rencontres avec bon nombre d'abolitionnistes célèbres, dont John Brown. Ils parlent aussi des personnalités dont il fit la connaissance, par exemple Abraham Lincoln, pour qui il espionna les activités des Sudistes au Canada, Giuseppe Garibaldi, le libérateur de l'Italie, Horace Greeley*, journaliste et candidat à la présidence des États-Unis à qui Bidwell l'avait présenté, William Lloyd Garrison, un des dirigeants du mouvement abolitionniste et rédacteur en chef du *Liberator* de Boston, le philosophe Ralph Waldo Emerson, l'écrivain Henry Wadsworth Longfellow, ainsi que le quaker John Greenleaf Whittier, poète et abolitionniste. Une atmosphère chaleureuse et intime se dégage des comptes rendus qu'il fait de ses rencontres avec ces gens, et la plupart citent des extraits de conversations entre les principaux intéressés. D'autres indices donnent une certaine créance à ses souvenirs. Des lettres de William Henry Seward, secrétaire d'État de Lincoln, confirment que Ross servit les intérêts des Nordistes au Canada durant l'année 1864, tel que celui-ci l'affirme, mais non pas à titre officiel. Les activités et le comportement de Ross ne firent cependant pas toujours l'affaire des fonctionnaires américains. Le processus d'émancipation n'allait pas assez vite pour lui. Dans ses lettres à l'abolitionniste Wendell Phillips, il fait la remarque que Lincoln agissait « lentement pour une bonne cause » et qu'il montrait trop de clémence envers les rebelles. Il considérait Seward comme un homme malléable dont le seul intérêt était le pouvoir. Il existe encore une correspondance qu'il entretint avec d'autres Américains importants. Dans son journal, Emerson mentionne Ross à quelques reprises en 1875, et dans des lettres que ce dernier lui envoya durant les années 1870 il est question d'échange de livres, d'admiration mutuelle et de projet de visite à Emerson en octobre 1875, ce qui apparemment ne se réalisa pas. La même année, Ross écrivait à Garrison au sujet de certaines observations qu'il faisait, dans *Recollections,* sur les blâmes adressés par John Brown aux abolitionnistes non violents du Nord (Garrison en était un).

L'abolition de l'esclavage ne fut que l'une des causes auxquelles Ross se dévoua. Dès son retour au Canada en 1865, il intervint sur un autre sujet : les craintes qu'une invasion américaine inspirait aux Canadiens. Dans une série de lettres au rédacteur en chef de l'*Irish Canadian,* Patrick Boyle*, il reprocha aux hommes politiques de Grande-Bretagne et du Canada d'alimenter un antiaméricanisme mal fondé et souligna que ses compatriotes feraient bien mieux de s'affranchir du gouvernement monarchique dont ils dépendaient. Selon lui, c'était la protection de la Grande-Bretagne « qui frein[ait] [la] croissance [du pays], nui[sait] à [son] progrès, [était] cause que le Canada ne bouge[ait] pas, alors que tout, autour, [était] vie, initiative, avancement ».

Toutefois, Ross s'intéressait surtout à la flore et à la faune du Canada, dont il recueillait et classait des spécimens. Encore une fois, on ignore jusqu'où ses excursions le menèrent et combien de temps il y consacra, mais il a laissé des preuves tangibles de son activité. Ses principaux ouvrages sont *The birds of Canada : with descriptions of their habits, food, song, nests, eggs, time of arrival and departure,* paru à Toronto en 1871, et *The butterflies and moths of Canada : with descriptions of their color, size, and habits, and the food and metamorphosis of their larvae*, publié dans la même ville en 1873. Tous deux sont illustrés de croquis au crayon. Le premier identifie des oiseaux des provinces de l'Est mais parle à l'occasion d'oiseaux du Manitoba et de la Colombie-Britannique (les appendices énumèrent des oiseaux de ces deux provinces dont il n'est pas question dans le corps du texte). Néanmoins, une bonne partie des données semble avoir été recueillie en Ontario ; les noms de Toronto et d'Ottawa reviennent d'ailleurs souvent. En fait, on pourrait même avancer que Ross écrivit ces deux livres, dont les descriptions sont assez peu techniques, à partir de spécimens de sa propre collection. Il avait l'intention de réaliser des ouvrages semblables sur les fougères et les fleurs sauvages du Canada, mais apparemment ils ne parurent jamais. Cependant, Ross publia de nombreux catalogues de botanique et de zoologie sur d'autres spécimens qu'il avait recueillis, surtout dans la région torontoise ; ils ne contiennent aucune description et ne peuvent servir qu'au spécialiste.

Ross espérait que ses ouvrages aideraient aussi bien les fermiers et les éducateurs que ceux qui s'intéressaient directement à ces sujets. Il envoya des exemplaires de *Birds* à de distingués professeurs de botanique et de sciences naturelles, tels John William DAWSON, John Macoun* et Nathan Fellowes Dupuis*, qui lui répondirent tous en disant que c'était là un ouvrage précieux. La presse abonda dans le même sens et souligna que le livre connaissait une grande popularité et s'avérait fort utile. Curieusement, son travail de biologiste amateur a été rarement reconnu au XXe siècle. L'explication tient peut-être au fait que ses ouvrages ne s'inscrivent pas facilement dans l'une ou l'autre des catégories où l'on devrait les trouver. Œuvre d'un amateur, ses livres ne semblent pas avoir la rigueur d'une étude scientifique ni les qualités littéraires qui leur permettraient d'être considérés comme des essais d'histoire naturelle, comme l'ont été les écrits d'un autre amateur, Catharine Parr Trail [STRICKLAND].

Tous les ouvrages connus de Ross sur l'histoire naturelle parurent dans les années 1870, ce qui suppose qu'il collectionnait des spécimens et qu'il avait peut-être même commencé son travail de rédaction depuis longtemps déjà. Dès 1872, il était un auteur assez connu pour être élu membre de la Royal Society of Literature of the United Kingdom. En 1874, il fut élu membre d'honneur de la Linnean Society de Londres, mais il la quitta en 1880, peut-être à cause de ce qu'il en coûtait pour conserver ce genre de titre. Pourtant, en 1872, il fut aussi élu à la British Association for the Advancement of Science, et il en fut membre jusqu'à sa mort. Sur la page de titre de *Birds,* il disait appartenir à la Société linnéenne royale de Belgique et à des sociétés d'entomologie d'Angleterre, de Belgique, des États-Unis et du Canada. Cette liste s'enrichit, sur la page de titre de *Butterflies and moths,* des noms de la Russie et de la France. Dans les années 1880, il affirmait en plus être membre de sociétés scientifiques d'Autriche, d'Italie, du Danemark, de Grèce, d'Allemagne, de Suisse, de Bohême et du Wurtemberg. En outre, il disait avoir reçu des titres de chevalier et d'autres honneurs d'à peu près toutes les têtes couronnées d'Europe et même du Moyen-Orient, qui auraient ainsi reconnu la valeur de son travail et l'auraient remercié d'avoir envoyé des spécimens aux musées de leur pays. En ne se fondant que sur ses écrits, il est difficile de déterminer dans quelle mesure ces affirmations sont vraies. Quoi qu'il en soit, les sciences naturelles durent cesser de le passionner dans les années 1880, car il se tourna alors vers des questions médicales et sociales.

Dans *Memorial of fifty years in the life of Alexander Milton Ross, 1832–1882,* qu'il publia probablement à Montréal pour ses enfants à l'occasion de son cinquantième anniversaire, Ross notait avoir consacré les années 1875 à 1882 à une croisade de réforme morale et physique. Il fonda en 1880 la Canadian Society for the Diffusion of Physiological Knowledge et publia un opuscule intitulé *The evils arising from unphysiological habits in youth* (vraisemblablement sur la masturbation) qui lui attira des appuis et des encouragements de la part de membres du clergé et d'autres personnes, dont bon nombre commandèrent des exemplaires pour diffusion.

Apparemment, Ross n'avait pas pratiqué la médecine avant 1875, année où le College of Physicians and Surgeons of Ontario l'autorisa à exercer. Le 1er juin 1882, il était inscrit au Collège des médecins et chirurgiens de Manitoba, mais on ignore s'il pratiqua jamais dans cette province. Il notait détenir aussi un permis d'exercer dans la province de Québec ; bien que dans ce cas le collège des médecins ne puisse pas vérifier son affirmation, l'ampleur de ses activités québécoises laisse entendre qu'il disait vrai.

Attiré à Montréal par une épidémie de variole au début des années 1880, Ross se joignit à la campagne contre la vaccination obligatoire et descendit dans l'arène avec son zèle habituel. Il correspondit avec des gens qui partageaient les mêmes vues sur la question, dont un grand nombre de médecins d'Europe et d'Amérique du Nord, et s'assura leur soutien. À compter de 1883, il publia des tracts et écrivit des articles dans des journaux de la ville. Il organisa la fondation de la Ligue contre la vaccination obligatoire le 29 décembre 1885, l'année même où la ville avait connu sa pire épidémie de variole (plus de 3 000 morts, surtout des enfants) [V. Édouard-Charles FABRE ; Alphonse-Barnabé LAROCQUE de Rochbrune]. Il devint président de cet organisme, auquel appartenaient plusieurs médecins de la province, dont Joseph Emery-Coderre*, qu'il admirait beaucoup. La ligue contesta avec succès devant les tribunaux la vaccination obligatoire. D'abord, Ross, tout comme ses alliés, ne croyait pas que les vaccins prévenaient la variole. Il faisait par exemple valoir les graves différends qui opposaient les médecins au sujet de la propriété prophylactique de la vaccine de vache alors inoculée aux humains. Il est vrai qu'en raison de la qualité inégale des doses de vaccine utilisées à l'époque, de même que d'autres problèmes tenant aux techniques d'immunisation, la vaccination était une intervention risquée, aux conséquences imprévisibles. Selon Ross, le sérum était un poison qui provoquait souvent des cas graves de variole et d'autres maladies. Mais en plus, Ross et la ligue considéraient la vaccination obligatoire comme une atteinte aux droits de l'homme et comme un « crime physique » qui « bafou[ait] l'autorité parentale sur les [questions relatives aux] enfants ». Bref, dans cette affaire, Ross se montrait aussi fervent adversaire du despotisme et partisan de la « liberté contre l'esclavage » que du temps où il était militant abolitionniste.

Dans ses pamphlets et articles contre la vaccination, Ross usait d'une rhétorique enflammée pour dénoncer la profession médicale et la province. Bon nombre de ses collègues devaient le détester parce qu'il les accusait de prôner la vaccination par intérêt. Cependant, par certains de ses objectifs médicaux, il était avant-gardiste. Par exemple, fidèle au principe selon lequel il vaut mieux prévenir que guérir, il réclamait que la ville se dote d'un système sanitaire efficace et d'eau pure. Enseigner à la population des notions d'hygiène personnelle et domestique, et lui montrer à bien s'alimenter lui semblaient aussi de bons moyens de prévenir la variole et d'autres maladies. Toujours, il défendait le droit de l'individu à être maître de son corps, et rien ne l'indignait plus que les atteintes à ce droit.

Ross demeurait un partisan de la réforme, comme le montre son ouvrage *Memoirs*, où il passe en revue et poursuit encore son combat pour la liberté. Cependant, une liste de « commandements sur la santé », dans le livre, recommandait quelques restrictions à cette liberté, la principale étant de ne pas boire de « substituts pernicieux de l'eau », surtout, bien sûr, pas d'alcool. Il prohibait aussi la consommation de médicaments, qu'il jugeait tous contre nature. En fait, semble-t-il, il avait abandonné la médecine orthodoxe par conviction que le corps pouvait se guérir lui-même si l'on observait les principes de vie qu'il énonçait. Ces principes, il les tenait de Russell Thacher Trall avec qui il avait étudié, et il ne fait pas de doute qu'il avait lu plusieurs de ses publications, dont l'idée de base était que « toute vertu curative est inhérente à l'organisme vivant ».

En matière de religion non plus, Ross n'était pas conventionnel. Selon un article biographique, « il n'appart[enait] à aucune Église mais [était] un chrétien sincère, qui vi[vait] sa foi ». Si c'était le cas, il délaissa cette forme de christianisme à un moment quelconque de son séjour à Montréal car, à cette époque, il se mit à exprimer librement son expérience religieuse en énonçant les principes et croyances du « spiritisme ». Pour lui, le Christ était digne de respect, mais en tant que simple maître de principes humains. Dans un opuscule publié par le Spiritist Club de Montréal, il célébra la « tendance émancipatrice du spiritisme » en disant que cette philosophie écartait tous « les dogmes [contenus dans les] credos sectaires des hommes ». Il partageait la croyance des tenants du spiritisme en une destinée supérieure ou un monde des esprits « entremêlé à [l']existence présente », mais il prenait grand soin de se dissocier du sensationnalisme qui entourait plusieurs vulgarisateurs du spiritisme. Si jamais il fut affilié à un groupe religieux, ce fut aux quakers. Ses livres témoignent de l'admiration qu'il leur portait à l'époque où il luttait contre l'esclavage, et quand, en 1894, il écrivit au premier ministre britannique William Ewart Gladstone, qui prenait sa retraite, il le fit à titre de quaker. Sa missive était accompagnée d'une copie d'une lettre dans laquelle John Greenleaf Whittier rendait un hommage poétique à Ross en parlant de leur souci commun de la « liberté ».

L'un des champions des libertés individuelles au XIXe siècle, tel est le titre qui convient sans doute le mieux à Ross. Plus d'un admirateur le qualifia ainsi, en particulier à cause de ses efforts en faveur des Noirs. Emerson, par exemple, l'appelait « mon brave chevalier canadien ». Que ce titre ait été bien mérité, c'est dans les récits que Ross fit de ses aventures, dans ses déclarations passionnées sur la liberté de l'homme et dans les hommages qu'il reçut d'hommes et de femmes célèbres qu'on peut surtout en trouver la preuve. Ces hommages constituent d'ailleurs une partie importante de ses livres ainsi que de toutes les biographies qui ont été écrites sur lui à son époque. Il y a quelque chose de troublant dans ce besoin manifeste de vouloir tant faire connaître ces témoignages flatteurs. Il n'est pas du tout certain que les personnages qui lui exprimèrent leur admiration le connaissaient personnellement. Son livre *Recollections* semble lui avoir valu un certain nombre de ces éloges. Un de ses biographes, Judson Newman Smith, a noté que, sur le conseil de sa mère, Ross avait cherché l'amitié de gens qui pouvaient lui être utiles tant sur le plan moral qu'intellectuel. Il le fit grâce à des échanges de lettres, mais rien ne prouve qu'il a rencontré personnellement tous ceux qu'il prétend avoir connus. Dans *Memoirs* par exemple, il amène le lecteur à penser qu'il a rencontré Wendell Phillips et William Lloyd Garrison, entre autres, mais rien dans sa correspondance avec ces deux hommes ne prouve que ce fut le cas.

En se basant sur l'information dont on dispose, on peut conclure qu'Alexander Milton Ross a réussi à donner une grande portée à ses faits et gestes dans les trois domaines les plus importants de sa vie, l'abolition de l'esclavage, l'histoire naturelle et la lutte contre la vaccination. Il est certain qu'il s'engagea chaque fois passionnément, mais les réalisations remarquables que laissent supposer les louanges qu'on lui a adressées n'ont été, jusqu'à maintenant, corroborées que par des preuves qui manquent d'authenticité et d'impartialité.

Carl P. A. Ballstadt

Les lettres écrites en 1856 par Alexander Milton Ross au rédacteur en chef de l'*Irish Canadian* (Toronto) parurent à Toronto la même année sous forme de brochure intitulée *Letters on Canadian independence*. Son tract, *The evils arising from unphysiological habits in youth* a probablement été publié à Montréal durant les années 1880, *A brief exposition of spiritism and what spiritists believe* a aussi paru à Montréal quelque part entre 1878 et 1887 et *Memorial of fifty years* y a probablement été publié en 1882. Une liste des autres publications de Ross, dont ses nombreux catalogues de la flore et de la faune locales, ainsi que des traités sur diverses questions médicales et sociales, figure dans *Canadiana, 1867–1900*. On trouve aussi un registre de ses activités contre la vaccination dans trois albums intitulés « The fight against compulsory vaccination » déposés à la UTFL. Les albums, sans doute montés par Ross lui-même, renferment des coupures de journaux, des exemplaires de tracts publiés par Ross et par la Ligue contre la vaccination obligatoire, des hommages en vers et beaucoup de lettres de soutien de sympathisants de la Grande-Bretagne, de l'Allemagne, des États-Unis ainsi que du Canada.

AN, MG 29, D61 : 7175–7182. — Boston Public Library, W. L. Garrison corr., Ross à Garrison, 21 août 1875. — British Library (Londres), Add. MSS 44518 : f° 163 (Gladstone papers). — College of Physicians and Surgeons of Manitoba (Winnipeg), Record of registration, 1882. — College of Physicians and Surgeons of Ontario (Toronto), Record of license, 1875. — Harvard College Library, Houghton Library (Cambridge, Mass.), MS Am 1280 (2799) (Ross-Emerson corr.) ; MS Am 1953 (1066) (Ross-Phillips corr.). — Linnean Soc. of London (Londres), Records of fellows, 1874–1880. — Yale Univ. Library, Beineicke Rare Book and MS Library (New Haven, Conn.), R. W. Emerson à Ross, 1875. — British Assoc. for the Advancement of Science, *Report of the annual meeting* (Londres), 1874 ; 1884 ; 1897. — R. W. Emerson, *The journals and miscellaneous notebooks of Ralph Waldo Emerson*, W. L. Gilman *et al.*, édit. (16 vol., Cambridge, Mass., 1960–1982), 16 : 306 ; *The letters of Ralph Waldo Emerson*, R. L. Rusk, édit. (6 vol., New York, 1939), 6 : 274, 281. — W. L. Garrison, *The letters of William Lloyd Garrison*, W. M. Merrill et Louis Ruchames, édit. (6 vol., Cambridge, 1971–1981), 6 : 385–387. — Royal Soc. of Literature of the United Kingdom, *Report* (Londres), 1872. — *Montreal Herald and Daily Commercial Gazette*, 27 nov., 30 déc. 1885. — *Cyclopædia of Canadian biog.* (Rose et Charlesworth), 2. — *Prominent men of Canada* [...], G. M. Adam, édit. (Toronto, 1892). — J. N. Smith, *A brief sketch of the life and labours of Alexander Milton Ross, philanthropist and scientist* (Toronto, 1892). — R. W. Winks, *The blacks in Canada : a history* (Londres et New Haven, 1971), 232–234 ; *Canada and the United States : the Civil War years* (Baltimore, Md., 1960), 260–261.

ROSS, DAVID ALEXANDER, homme d'affaires, avocat, officier de milice et homme politique, né le 12 mars 1819 à Québec, fils de John Ross, protonotaire, et d'une prénommée Margaret ; le 27 février 1872, il épousa au même endroit Harriet Ann Valentine, veuve du marchand James Gibb ; décédé le 23 juillet 1897 dans sa ville natale et inhumé trois jours plus tard dans le cimetière Mount Hermon, à Sillery, Québec.

David Alexander Ross étudia auprès de Daniel Wilkie* puis au petit séminaire de Québec de 1833 à 1837. Après un stage de clerc en droit, on l'admit au barreau le 8 janvier 1848. Il pratiqua à Québec. De 1869 à 1885, il s'associa à Andrew Stuart ; le fils de ce dernier, Gustavus George, les rejoignit en 1878. Devenu conseiller de la reine le 28 février 1873, Ross fut nommé bâtonnier du barreau de Québec le 1er mai 1874, nomination qu'on lui renouvela le 1er mai 1886.

En 1834, la mère de Ross, veuve depuis 1826, avait épousé John Strang, associé de Joseph Masson* et responsable de la Masson, LaRocque, Strang and Company à Québec. Strang favorisa l'entrée de David Alexander dans le milieu des affaires. Ainsi en 1841, Ross, avec l'aide financière de Strang, acquit une fonderie dans la basse ville de Québec, où il fabriquait des poêles, entre autres. Il délaissa ce domaine vers 1850. Deux ans plus tard, il exploitait un magasin général avec Hilary Lenfestey. Il fut agent de la Scottish Amicable Life Insurance Society entre 1861 et 1865 et de l'Imperial Fire Insurance Company of London en 1865, 1871 et 1872. Il fit partie du conseil d'administration de la Compagnie de chemin de fer urbain Saint-Jean entre 1877 et 1879. Enfin, membre du conseil d'administration de la Compagnie de chemin de fer de Québec et du lac Saint-Jean, il appuya en 1880 un projet de loi qui visait à accroître les pouvoirs de cette compagnie en modifiant sa charte.

Plus tard dans sa carrière, Ross s'intéressa à la politique. Élu député libéral de la circonscription de Québec à l'Assemblée législative de la province aux élections de 1878, il occupa la fonction de procureur général dans le cabinet d'Henri-Gustave Joly* du 8 mars 1878 au 30 octobre 1879. Il ne se représenta cependant pas aux élections de 1881. En janvier 1887, il était assermenté à titre de ministre sans portefeuille dans le cabinet d'Honoré MERCIER. Ce dernier lui confia des dossiers importants comme le règlement de la question des frontières entre le Québec et l'Ontario. Durant son mandat, il refusa à plusieurs reprises d'user de son influence au gouvernement. Même si ses prises de position différaient parfois de celles du parti, en tout il demeura prudent et raisonnable. En mars 1887, il devint conseiller législatif de la division du Golfe et on le mit à la tête de la commission de codification des lois. Enfin, Mercier le nomma président du Conseil exécutif en 1890, poste qu'il occupa jusqu'au 16 décembre 1891.

David Alexander Ross acquit une villa chemin Sainte-Foy, près de l'avenue des Érables. Il cultivait, semble-t-il, un jardin superbe et possédait plusieurs toiles du peintre Cornelius Krieghoff*. Ross participa activement à la vie sociale de Québec en qualité de membre de divers organismes à caractère militaire, éducatif, philanthropique et religieux. Ainsi il entra à l'école militaire de Québec et obtint un certificat de première classe en entraînement de compagnies et de bataillons. Devenu lieutenant-colonel de milice, il s'employa à contrer l'invasion fénienne en 1866. Il fut président de la St Andrew's Society de 1876 à 1878 et vice-président en 1882–1883, ainsi que président de la Société calédonienne de Québec de 1877 à 1879. Il succéda à James MacPherson LeMoine* à la présidence de la Société littéraire et historique de Québec en 1883 et occupa ce poste jusqu'en 1885, mais il ne semble pas avoir joué un rôle très important au sein de cette société. Ross compta aussi parmi les fondateurs du journal libéral *l'Électeur* en 1880. Enfin, de 1884 à sa mort, il fut président de la Quebec Auxiliary Bible Society.

YVES HÉBERT

ANQ-Q, CE1-61, 11 déc. 1819 ; CE1-66, 26 juill. 1897 ; CE1-67, 27 févr. 1872 ; P-23 ; P-233 ; P-351 ; T11-1/231. — ASQ, Fichier des anciens. — AVQ, Conseil, conseil et comités, chemin de fer, Québec–Lac Saint-Jean ; tramways, St John Street Railway. — *L'Électeur,* 22 janv. 1891. — *Montreal Daily Star,* 23 juill. 1897. — *Cyclopædia of Canadian biog.* (Rose et Charlesworth). — *Quebec & Levis directory,* 1890–1897. — *Quebec directory,* 1861–1890. — *RPQ.* — Turcotte, *le Conseil législatif.* — Ginette Bernatchez, « la Société littéraire et historique de Québec (the Literary and Historical Society of Quebec), 1824–1890 » (thèse de M.A., univ. Laval, 1979). — Arthur Buies, *le Chemin de fer du lac Saint-Jean* (s.l., 1895). — Rodolphe Gagnon, « le Chemin de fer de Québec au lac Saint-Jean (1854–1900) » (thèse de D.E.S., univ. Laval, 1967). — France Gagnon-Pratte, *l'Architecture et la Nature à Québec au dix-neuvième siècle : les villas* ([Québec], 1980). — J. M. LeMoine, *Monographies et Esquisses* (Québec, 1885). — Henri Masson, *Joseph Masson, dernier seigneur de Terrebonne, 1791–1847* (Montréal, 1972). — Rumilly, *Hist. de la prov. de Québec,* 3 ; 6 ; *Mercier et son temps.* — « Les Disparus », *BRH,* 34 (1928) : 32.

ROSS, FLORA AMELIA (Hubbs), fonctionnaire, née en 1842 dans l'île San Juan (Washington), fille de Charles Ross et d'Isabella Mainville ; décédée le 2 novembre 1897 à New Westminster, Colombie-Britannique.

Flora Amelia Ross venait d'une famille de trafiquants de fourrures. Son père fut chef de poste pour la Hudson's Bay Company au fort McLoughlin (Bella Bella, Colombie-Britannique), puis au fort Victoria (Victoria). Sa mère était la fille d'un trafiquant de pelleteries et d'une femme de la tribu des Sauteux. Le 6 décembre 1859, à Victoria, Flora Amelia épousa Paul Kinsey Hubbs, receveur adjoint des douanes pour le gouvernement américain à San Juan. Il avait 40 ans de plus qu'elle et, selon le docteur John Sebastian Helmcken*, c'était « un voyou – un malappris – qui croyait qu'un Américain se devait d'être vantard et brutal ». En 1870, comme il avait tenté de la « brutaliser », elle le quitta, reprit son nom de jeune fille et donna à leur fils, Paul Kinsey, le nom de Charles Ross.

La même année, Flora Amelia Ross fut nommée gardienne à la prison de Victoria ; son travail consistait principalement à s'occuper des trois aliénées qui y logeaient. En octobre 1872, elle les suivit au Provincial Lunatic Asylum, ouvert depuis peu dans la réserve des Songhees, non loin de là. Par la même occasion, elle accéda à la fonction d'intendante de la salle des femmes. En plus de son salaire de 400 $ par an, elle était nourrie et logée avec son fils de dix ans. Elle conserva ce poste lorsque l'asile fut relocalisé à New Westminster en 1878.

Dans les premiers temps, la situation de Flora Amelia fut assez précaire. En 1874, le surintendant E. A. Sharpe exigea qu'elle démissionne car il voulait le poste pour sa nouvelle épouse. Un volumineux échange de lettres s'ensuivit entre Flora Amelia, Sharpe et le docteur John Ash*, secrétaire de la province. Sharpe l'accusait d'insubordination, d'infractions au règlement de l'asile et de vol ; il lui reprochait aussi de fréquenter des « sang-mêlé ». Elle rétorqua qu'il l'avait traitée de « manière dégradante », ce qui minait son influence sur ses patientes, et précisa que ces « sang-mêlé » étaient « des dames [...] tout à fait respectables, dont la plupart évolu[aient] dans la meilleure société de Victoria ». Durant les 11 mois que dura la controverse, Sharpe continua de la harceler : il exigeait qu'elle retire son fils de l'asile, lui interdisait de se servir de la cuisine ou de demander de l'aide à ses collègues et la qualifiait d'« Indienne [...] nantie d'une douzaine de maris ». Cependant, forte de l'appui des autres membres du personnel ainsi que du gouvernement provincial, elle refusa obstinément de démissionner et survécut à la tempête. Au bout du compte, on congédia Sharpe et elle obtint une autorité entière sur les patientes. La société de Victoria avait beau être, dans les années 1870, bien différente de ce qu'elle avait été auparavant, certains enfants de trafiquants de fourrures, telle Flora Amelia Ross, conservaient avec l'élite provinciale des liens que les nouveaux venus comme Sharpe sous-estimaient manifestement. Après cette victoire, on ne remit plus en cause son autorité sur la salle des femmes du Provincial Lunatic Asylum.

Flora Amelia Ross conserva son poste d'intendante sous quatre autres surintendants de sexe masculin et connut deux enquêtes publiques sur l'administration de l'asile. Bien qu'ils aient été défavorables dans l'ensemble, les rapports des enquêteurs ne contenaient que des louanges pour son travail. Entièrement autodidacte en matière de thérapie des maladies mentales, elle dirigeait sa section avec efficacité : elle faisait effectuer divers travaux domestiques à ses patientes, et elle organisait régulièrement danses, jeux et longues promenades sur les terrains de l'asile. Contrairement à ce qui se passait avec les hommes de l'établissement, on ne recourait pas souvent à la contention dans la section féminine. Quand une femme manifestait un comportement profondément autodestructeur, Flora Amelia lui passait un vêtement confectionné à partir d'une chemise d'homme et dont le devant était ouvert de façon à éviter la quasi-asphyxie causée par la camisole de force utilisée pour les patients de sexe masculin. Une fois qu'on lui demandait s'il lui arrivait de passer la camisole de force ordinaire à ses patientes, elle répondit : « Si mon surintendant médical m'ordonnait [de le faire ...], je n'hésiterais pas à lui désobéir froidement. »

En 1895, le surintendant médical qui venait d'entrer en fonction déclara que la salle des femmes était « le rayon de soleil » de l'établissement et dit attendre avec impatience le jour où les hommes recevraient le genre de soins que Flora Amelia Ross dispensait aux femmes. En 1897, elle découvrit qu'elle était atteinte du cancer. Sa dernière volonté fut qu'on la laisse mourir à l'asile auquel elle se consacrait depuis un quart de siècle. Elle s'éteignit après plusieurs mois de maladie. Son fils, Charles, travaillait alors dans une mine à Slocan. Toujours intransigeante envers les hommes irresponsables, elle avait placé « son héritage » en fiducie tant qu'il ne se conduirait pas en « personne comme il faut » et avait légué le reste de ses biens à l'Église d'Angleterre, à ses amies et à ses patientes.

MARY-ELLEN KELM

L'auteure tient à remercier spécialement Val Adolph de la Woodlands School (New Westminster, C.-B.), qui est établie dans les édifices de la Provincial Lunatic Asylum, pour les informations qu'elle a fournies. [M.-E. K.]

Christ Church (Anglican) Cathedral (Victoria), Reg. of marriages, 6 déc. 1859. — PABC, GR 693, F 549 : 2 ; Vert. file, Charles Ross, incluant le testament de F. A. Ross. — C.-B., Legislative Assembly, *Journals*, 1874, « Sessional papers », 332 ; *Sessional papers*, 1876 : 661–672 ; 1895 : 556–559 ; 1898 : 836. — Helmcken, *Reminiscences* (Blakey Smith et Lamb), 164n. — *Daily British Colonist and Victoria Chronicle*, 14 janv. 1870. — Harry Gregson, *A history of Victoria, 1842–1970* (Victoria, 1970). — H. M. Hurd *et al.*, *The institutional care of the insane in the United States and Canada*, H. M. Hurd, édit. (4 vol., Baltimore, Md., 1916–1917 ; réimpr., New York, 1973), 4 : 9–10. — Sylvia Van Kirk, *« Many tender ties » : women in fur-trade society in western Canada, 1670–1870* (Winnipeg, [1980]).

RUBIDGE, FREDERICK PRESTON, arpenteur, fonctionnaire et architecte, né le 10 mars 1806 à Londres, fils de Robert Rubidge et d'une prénommée Eleanor ; le 13 février 1836, il épousa Jane Georgina Boswell, de Cobourg, Haut-Canada, et ils eurent six filles et deux fils ; décédé le 16 août 1897 à Montréal.

Aux environs de 1825, Frederick Preston Rubidge vint s'établir dans le Haut-Canada, où son demi-frère Charles* avait immigré plusieurs années auparavant. Il s'installa à Cobourg et y étudia l'arpentage, probablement avec Samuel Street Wilmot. Rubidge devint admissible au poste d'arpenteur provincial adjoint le 31 janvier 1831. Au cours des années qui suivirent, il effectua un certain nombre de levés, dont ceux du canton de Dummer en 1831, de l'île Howe en 1833, et de terres réservées à l'emplacement de Trenton et de Fredericksburgh en 1834. Il participa aussi à l'exécution de travaux publics. En 1833, il arpenta le terrain pour la construction d'une écluse à Bobcaygeon, et en prépara les plans. Plus tard dans l'année, puis en 1835, il réalisa des travaux d'arpentage sous la direction de Nicol Hugh Baird* pour la construction d'un canal entre la baie de Quinte et le lac Simcoe. En 1837, sous la surveillance de Baird et de Hamilton Hartley Killaly*, il exécuta des levés pour le canal Welland.

Au moment de la réorganisation du bureau des Travaux publics en 1841 (qui allait devenir le département des Travaux publics en 1846), à la suite de l'union du Haut et du Bas-Canada, Rubidge fut l'un des premiers à être engagé. À compter du mois de décembre, il remplit la fonction de dessinateur et il semble qu'il s'occupa, au cours des quatre années suivantes, surtout de tâches internes et qu'il n'exécuta qu'à l'occasion des travaux d'arpentage. Néanmoins, il ne tarda pas à manifester sa compétence ; en 1846, Killaly, le président du bureau, déclarait qu'il le considérait comme « indispensable ». La même année, on élargit les fonctions de Rubidge pour y inclure la surveillance des ouvrages en cours. D'abord responsable de travaux relatifs à la construction d'une série de ponts, de routes et de quais au Bas-Canada, il s'occupa ensuite, en 1847, de plus en plus d'immeubles publics.

En 1851, Rubidge avait le titre d'ingénieur adjoint et de dessinateur. Même s'il garda officiellement celui d'ingénieur adjoint jusqu'au terme de sa carrière, on le désignait, à la fin des années 1850, comme l'architecte du département. Il consacrait presque tout son temps à l'analyse de plans et devis, supervisait à l'occasion le travail des personnes affectées à la surveillance de la construction, et s'occupait parfois de l'équipement et de la réparation des immeubles. En 1850 et 1851, il travailla surtout à l'aménagement des édifices publics utilisés par le Parlement et les ministères, d'abord à Toronto, puis à Québec. Quelques années plus tard, il réalisa divers travaux, notamment pour le palais de justice de Montréal (1855–1857), une nouvelle maison de la douane à Québec (1856–1858) et une autre à Kingston (1856–1858), ainsi que de nombreux immeubles de moindre importance.

Rubidge prépara les plans et les cahiers des charges d'un certain nombre de projets. En 1851, il conçut les plans et surveilla les travaux d'agrandissement de Spencer Wood pour en faire la nouvelle résidence du gouverneur général à Québec. Deux ans plus tard, dans la même ville, il réalisa les plans du prolongement de la terrasse Dufferin. Les rapports du département indiquent qu'il dessina aussi les plans de la maison de la douane de Hamilton en 1858 [V. Frederick James RASTRICK]. L'année suivante, il prépara des plans uniformisés pour une série de palais de justice que l'on construisit au Bas-Canada entre 1859 et 1863.

Le projet le plus important auquel Rubidge participa fut la conception et la construction d'édifices publics à Ottawa. En 1856, quand on décida d'établir une nouvelle capitale pour la province du Canada, c'est lui qui fit l'estimation du coût des édifices publics projetés. Trois ans plus tard, Samuel Keefer*, commissaire adjoint aux Travaux publics, et lui-même présentèrent un rapport sur les plans soumis dans le cadre du concours d'architecture organisé pour les édifices qu'on devait construire à Ottawa. Ils divergeaient d'opinions. Pour Rubidge, en ce qui concerne les édifices du Parlement, les plans de Thomas FULLER et de Chillion Jones* étaient excellents quant à leur aspect extérieur et à leur aménagement intérieur, mais trop coûteux et peu sûrs ; Keefer, lui, était en faveur de ces projets. Pour les immeubles des ministères, Rubidge préférait les plans des deux mêmes architectes à ceux de Thomas Stent* et d'Augustus LAVER, mais Keefer n'était pas d'accord. Rubidge était d'avis qu'aucun des plans présentés pour la résidence du gouverneur général ne convenait.

À titre de commissaire adjoint aux Travaux publics, Keefer présenta le rapport conjoint au gouverneur général, sir Edmund Walker Head*, en faisant clairement ressortir ses préférences. Il faisait cependant allusion à la divergence de ses idées et de celles de « l'architecte du département », et disait regretter que Rubidge ait été forcé de se rendre à Québec pour participer à des travaux en cours. On choisit finalement les plans de Fuller et de Jones pour le Parlement, et ceux de Stent et de Laver pour les immeubles ministériels. Rubidge s'occupa peu de la construction des édifices à Ottawa jusqu'en mai 1863, au moment où il devint surintendant des immeubles publics. Il fut responsable des travaux de construction durant environ un an, jusqu'à son remplacement. En février 1865, on le nomma conseiller auprès des avocats-conseils de la couronne ; son rôle consistait à donner son avis sur des questions professionnelles avant que les arbitres ne prennent des décisions à propos des réclamations des architectes et des constructeurs (dont Thomas MCGREEVY). Cette tâche occuperait tous ses moments libres durant environ 18 mois.

Après son remplacement au poste de surintendant des immeubles publics, Rubidge avait été désigné pour concevoir et surveiller les travaux d'amélioration à effectuer à Rideau Hall, l'ancienne résidence à Ottawa de Thomas McKay*, qui devait devenir celle du gouverneur général du Canada. Il s'agissait principalement de construire une nouvelle aile qui ajoutait 49 pièces à la maison originale. En outre, on rénova l'ancienne partie de la maison et l'on éleva un certain nombre de bâtiments secondaires.

Après cette période d'activité intense des années 1860, les cinq dernières années de la carrière de Rubidge furent plutôt à l'image de ce qu'il avait fait dans la décennie précédente. En 1867, il surveilla les réparations effectuées aux vieux édifices du Parlement à Toronto afin qu'ils puissent servir de nouveau aux activités parlementaires provinciales. En 1869 et 1870, il s'occupa de la réparation et de la rénovation des bureaux de poste et des bureaux de la douane à Hamilton et à Kingston. De plus, le service des casernes du département de la Milice et de la Défense présentait souvent des demandes pour des modifications à ses bâtiments. En 1870 et 1871, il travailla à la rénovation d'abris pour les immigrants à Toronto.

Frederick Preston Rubidge fut forcé de prendre sa retraite en 1872, après plus de 30 années de service. Une nouvelle loi fédérale stipulait que les fonctionnaires devaient prendre leur retraite à 65 ans, et Rubidge avait dépassé cet âge. Il se plaignit amèrement du fait qu'en arrivant à son bureau un matin, il avait trouvé une lettre qui l'informait qu'on n'avait plus besoin de ses services. Il n'avait reçu aucun préavis à cet effet, et personne ne répondit à la plainte qu'il déposa.

JOHN WITHAM

AN, RG 11, A1, 71 ; A2, 93, 99–106 ; B1(a), 291, 293, 301, 307, 310–314, 318–320, 342, 425–426, 429–431, 443–445. — AO, MS 393 ; RG 1, CB-1, boxes 6, 15, 38–39. — Canada, prov. du, Assemblée législative, *App. des journaux,* 1846, app. YY ; 1852–1853, app. FFFF ; Dép. des Travaux publics, *Documents relating to the construction of the parliamentary and departmental buildings at Ottawa* (Québec, 1862). — *The valley of the Trent,* introd. d'E. C. Guillet, édit. (Toronto, 1957). — *Cobourg : early days and modern times,* J. R. Spilsbury, édit. (Cobourg, Ontario, 1981), 21. — A. J. H. Richardson *et al., Quebec City : architects, artisans and builders* (Ottawa, 1984), 502. — Assoc. of Ontario Land Surveyors, *Annual report* (Toronto), 1932 : 86–88.

RUNDLE, ROBERT TERRILL, missionnaire méthodiste wesleyen, aumônier de la Hudson's Bay Company et enseignant, né le 11 juin 1811 à Mylor, Angleterre, troisième fils de Robert Rundle et de Grace Carvosso ; en septembre 1854, il épousa à Coseley, Angleterre, Mary Wolverson, et ils eurent neuf enfants ; décédé le 4 février 1896 à Garstang, Angleterre.

Sous l'influence de son grand-père William Carvosso, prédicateur méthodiste laïque, et de son oncle, le révérend Benjamin Carvosso, Robert Terrill Rundle était déjà actif dans l'Église méthodiste wesleyenne quand il entra à l'école commerciale à Botreaux Castle, sur la côte ouest de Cornouailles, en 1837. Deux ans plus tard, on l'appela au ministère et, après seulement deux mois de formation, on lui offrit un poste de missionnaire dans le district de Saskatchewan de la Hudson's Bay Company.

Rundle était l'un des quatre méthodistes invités par la compagnie à établir des missions sur ses territoires. George Simpson*, le gouverneur de la Hudson's Bay Company, avait acquis la certitude que les membres du clergé anglican et catholique de Rupert's Land échappaient à l'autorité de la compagnie. Il essaya donc de limiter leur activité à la colonie de la Rivière-Rouge (Manitoba) et affecta les missionnaires méthodistes, plus dociles, à des points stratégiques à l'intérieur du territoire. L'ami de Simpson, Robert Alder*, secrétaire britannique de la Wesleyan Methodist Missionary Society et responsable pour l'Amérique du Nord britannique, avait garanti que les méthodistes ne s'immisceraient pas dans les affaires de la compagnie. Ordonné le 8 mars 1840, Rundle partit pour l'Amérique du Nord huit jours plus tard avec deux autres missionnaires, George Barnley, affecté à Moose Factory (Ontario), et William Mason [V. Sophia Thomas* (Mason)], en route pour le lac à la Pluie (lac Rainy). Une fois arrivés à New York, ils remontèrent la rivière Hudson jusqu'à Montréal, et de là ils se rendirent en canot à Norway House (Manitoba) ; en août, le surintendant de la mission méthodiste dans les territoires de la compagnie, James Evans*, les y rejoignit.

Après un séjour de plusieurs mois à Norway House, Rundle arriva au fort Edmonton (Edmonton), au centre de la région de la Saskatchewan, le 18 octobre. Il se hâta d'établir un itinéraire rigoureux qu'il respecta pendant une grande partie des sept années qui suivirent. Il passait habituellement les mois d'hiver au fort Edmonton, au poste du Petit lac des Esclaves et au fort Assiniboine (Fort Assiniboine, Alberta) ; au printemps, à l'été et à l'automne, il effectuait des visites régulières au sud, à Rocky Mountain House (Alberta), aux lacs Pigeon, Battle et Gull ; à l'occasion, il déviait de son itinéraire et se rendait jusqu'aux forts Carlton et Pitt (Fort Pitt, Saskatchewan). Il se rendit aussi dans la région des Pieds-Noirs, aux sources de la colline Big (près de Cochrane, Alberta) en 1841, et à la rivière Highwood en 1847. Il n'alla dans les Rocheuses qu'en 1844 et 1847, d'abord dans la région de la montagne qui porte aujourd'hui son nom, puis au lac Minnewanka.

Pendant ses premières années de mission, Rundle était habituellement accompagné d'un guide dans ses déplacements, ou il voyageait en compagnie de fonctionnaires de la Hudson's Bay Company, comme John Edward Harriott* ou John Rowand*. Devenus plus à l'aise avec la langue crie, lui et son interprète sang-mêlé, William Rowland, voyagèrent seuls avec des amis indiens, dont Benjamin, fils de Maskepetoon*. Dans le froid mordant des hivers des Prairies, il se déplaçait, comme l'indique son journal, en « carriole tirée par des chiens [...] chaudement habillé, chapeau en peau de phoque noué sous le menton, mocassins, paire de bas en laine d'agneau, chemise de flanelle, chemise et long caleçon de laine, épais pantalon doublé, jambières et guêtres de soie noire, manteau, gilet, *pardessus de pilote* et châle noué autour du cou [...] peau de bison et deux couvertures ». En été, il se déplaçait à cheval et ne montait que rarement à bord d'un canot ou des bateaux peu sûrs et inconfortables qu'utilisaient les trafiquants de fourrures. En 1846, il voyagea à cheval en compagnie de Paul Kane*, de Rowand et... de son chat.

Il semble que Rundle ait fait sien le dicton des méthodistes : « Le christianisme d'abord, la civilisation ensuite », car il faisait passer l'assemblée en plein air avant l'établissement de postes de mission et même avant ses fonctions d'aumônier de la Hudson's Bay Company. Cette dernière, cependant, faisait des pressions afin que les missionnaires ouvrent une école pour les Indiens et que l'on établisse un poste agricole près du fort Edmonton. Rundle entreprit l'éducation des filles de Rowand au fort, mais il ne fonda jamais l'école projetée. Il envisagea plusieurs endroits pour la réalisation de ce projet, dont le lac Battle, le lac Pigeon, ainsi qu'un autre plus au sud près de la rivière Bow ; en 1846, il demanda officiellement l'appui de la Wesleyan Methodist Missionary Society et de la Hudson's Bay Company pour la construction de l'école. Vers la fin de 1847, c'est finalement le lac Pigeon qui l'emporta, mais ce fut Benjamin Sinclair, catéchiste de Norway House converti par Rundle, qui entreprit les travaux.

Rundle avait en général de bonnes relations avec ses fidèles. Les fonctionnaires de la Hudson's Bay Company, comme l'agent principal Rowand, le trouvaient aimable, quoiqu'un peu inexpérimenté et indiscret, et ils considéraient qu'il passait trop de temps à commérer avec les jeunes commis et les sang-mêlé. Pour d'autres, comme John Harriott, qui organisait habituellement les grandes assemblées en plein air avec les Indiens à Rocky Mountain House, Rundle était le meilleur des amis. Des instructions fermes du gouverneur Simpson pour qu'on traite Rundle avec égard et le fait qu'il n'était pas marié ont sans doute favorisé son intégration à la bonne société des trafiquants de fourrures. Il connut cependant au départ certaines difficultés avec ses guides et interprètes sang-mêlé. Jimmy Jock [James BIRD] causa de l'embarras à Rundle au printemps de 1841 quand, après avoir convoqué un rassemblement de Pieds-Noirs pour le missionnaire, il refusa de traduire ses propos. Un autre interprète, John Cunningham, lui fit faux bond plus d'une fois. De novembre 1841 jusqu'à la fin de son affectation à la mission, Rundle put cependant compter sur les loyaux services de William Rowland à titre de traducteur et, à partir de 1844, Benjamin Sinclair se joignit à l'équipe de façon permanente.

C'est dans la région de Rocky Mountain House et du lac Gull, où il se lia d'amitié avec des sang-mêlé, des Cris et des Assiniboines, que Rundle passa les mois les plus réconfortants des huit ans de son affectation à la mission. En 1841, il avait commençé à exercer une influence sur les sang-mêlé du Petit lac des Esclaves et des forts Assiniboine et Edmonton mais, comme la majorité étaient des Métis de souche canadienne-française, le père Jean-Baptiste Thibault* les convertit sans peine du méthodisme au catholicisme au cours des visites qu'il effectua en 1842.

En juillet 1847, Robert Terrill Rundle se blessa gravement à un bras en tombant de cheval. Sa blessure ne guérit pas bien et à l'automne de 1848, sans attendre la permission de la Wesleyan Methodist Missionary Society ou de la Hudson's Bay Company, il partit se faire soigner en Angleterre. Il y desservit diverses circonscriptions ecclésiastiques jusqu'à sa retraite en 1887, mais ne retourna jamais dans le nord-ouest du Canada.

FRITS PANNEKOEK

Les journaux de Robert Terrill Rundle ont été publiés sous le titre de *The Rundle journals, 1840–1848,* introd. de G. M. Hutchinson, H. A. Dempsey, édit. (Calgary, 1977).

Glenbow Arch., M1080–M1083. — UWOL, Regional Coll., James Evans papers. — Paul Kane, *Wanderings of an artist among the Indians of North America from Canada to Vancouver's Island and Oregon through the Hudson's Bay Company's territory and back again* (Londres, 1859). — *Wesleyan-Methodist Magazine* (Londres), 63 (1840)–79 (1856). — W. H. Brooks, « Methodism in the Canadian west in the nineteenth century » (thèse de PH.D., Univ. of Manitoba, Winnipeg, 1972). — Michael Owen, « Wesleyan Methodist missionaries in Rupert's Land, 1840–1854 : educational activities among the native population » (thèse de M.ED., Univ. of Alberta, Edmonton, 1979). — Frits Pannekoek, « Protestant agricultural missions in the Canadian west to 1870 » (thèse de M.A., Univ. of Alberta, 1970). — M. B. Patterson, *Messenger of the great spirit : Robert Terrill Rundle* (New York, 1947). — J. H. Riddell, *Methodism in the middle west* (Toronto, 1946). — Frits Pannekoek, « Protestant agricultural Zions for the western Indian », Canadian Church Hist. Soc., *Journal* (Toronto), 14 (1972) : 55–66.

RUNNING CRANE. V. ONISTA'POKA

RYAN, HUGH, entrepreneur et philanthrope, né en juillet 1832 dans le comté de Limerick (république d'Irlande), fils aîné de Martin Ryan et de Margaret Conway ; le 20 mars 1858, il épousa à Perth, Haut-Canada, Margaret Walsh, et ils eurent quatre fils et quatre filles ; décédé le 13 février 1899 à Toronto.

En 1841, Hugh Ryan immigra au Canada avec sa famille, qui s'installa dans une ferme près de Montréal. À l'âge de 18 ans, il travailla à la construction du chemin à lisses du Saint-Laurent et de l'Atlantique, expérience qui allait orienter toute sa vie vers le domaine des travaux publics, en particulier des chemins de fer. Comme bien des membres de sa famille, il alla s'établir à Perth dans les années 1850, et y forma avec son frère John la H. and J. Ryan, qui obtint des contrats pour la construction de deux tronçons du Brockville and Ottawa Railway. Puis, au début des années 1860 et jusqu'au milieu de la décennie, Hugh construisit des chemins de fer au Michigan, au Kentucky et en Illinois. Sans doute dut-il quelques-uns de ces contrats à la pénurie d'entrepreneurs disponibles pour travailler à des projets civils durant la guerre de Sécession. En 1865, la Brooks, Foster and Company, d'Alphonse Brooks, de Brockville, de James C. Foster et de Ryan, devint sous-traitante pour la construction de l'embranchement de Pictou du Nova Scotia Railway. Ryan et Brooks construisirent ensuite une partie importante du prolongement vers l'ouest du European and North American Railway, au Nouveau-Brunswick et au Maine. Entre 1870 et 1875, ils formèrent, avec un entrepreneur du Nouveau-Brunswick nommé James ou George Brown, la Brown, Brooks, and Ryan pour construire, sous la surveillance de l'ingénieur en chef Sandford Fleming*, la section la plus lourde et la plus coûteuse de l'Intercolonial, soit les deux ponts sur la rivière Miramichi à Newcastle et les six milles de voies d'accès.

Ce travail terminé, Ryan s'associa à Patrick Purcell, de Cornwall, en Ontario, pour fonder la Purcell and Ryan qui, à compter de 1876, réalisa la plupart des travaux du chemin de fer du Pacifique sur une distance de 112 milles à l'ouest de Fort William (Thunder Bay). En 1879, les deux hommes formèrent avec deux de leurs concurrents la Purcell and Company, qui obtint le contrat de construction des 118 milles suivants. Terminés en 1883, les travaux avaient permis aux intéressés d'établir leur réputation auprès des gouvernements conservateur et libéral – Ryan était lui-même libéral – et de la nouvelle Compagnie du chemin de fer canadien du Pacifique. Après 1881 cependant, Ryan s'occupa très peu de ce que la Purcell and Company faisait dans l'Ouest. Il revint à Perth et, durant une grande partie de 1883–1884, il vécut à Toronto où il fut surintendant de la construction de la ligne qui devait relier cette ville à Ottawa, ligne dont la Compagnie du chemin de fer d'Ontario et Québec était propriétaire mais que louait la Compagnie du chemin de fer canadien du Pacifique. En 1887 ou 1888, il obtint son dernier contrat important dans le domaine ferroviaire, celui de la vallée de la rivière Rouge – chemin de fer contesté qui devint le chemin de fer du Pacifique Nord et du Manitoba [V. John Norquay*]. En 1887, Ryan s'installa en permanence à Toronto.

Au mois de novembre de l'année suivante, une nouvelle firme, la Hugh Ryan and Company, obtenait le contrat pour la construction d'un canal à Sault Ste Marie, en Ontario ; cet ouvrage faisait partie du réseau de transport est-ouest projeté par le gouvernement conservateur. La firme, dans laquelle Ryan était de nouveau associé à son frère John, lui-même entrepreneur de chemins de fer, et à Michael John Haney, entrepreneur avec lequel il avait travaillé au chemin de fer de la vallée de la rivière Rouge, construisit également l'une des voies d'accès au canal et installa par la suite la plupart des machines. On modifia deux fois les devis pendant la construction, ce qui obligea à renégocier le prix, et le sous-ministre des Chemins de fer et des Canaux, Toussaint TRUDEAU, fut mêlé à ces discussions. L'une des modifications était en partie imputable à Ryan lui-même qui, par l'intermédiaire des gens qu'il connaissait au Board of Trade de Toronto et au gouvernement, avait demandé avec insistance que le canal soit creusé aussi profondément que l'écluse américaine, sa rivale. Quand les États-Unis imposèrent en 1892 un péage aux navires canadiens empruntant le canal américain, et ce, parce que le Canada accordait des rabais aux bateaux passant par Montréal, on promit à Ryan une prime s'il terminait les travaux plus tôt que prévu, en 1894. Les ouvriers eurent vent de cette promesse et se mirent à travailler lentement le jour de manière à gagner davantage en travaillant la nuit ; certains firent la grève pour obtenir des augmentations salariales. De mauvaise grâce, Ryan les paya et il fit transporter des machines à vapeur pour accélérer les opérations. Il réussit à finir à temps et sans dépasser le budget. Les évaluateurs nommés par le gouvernement jugèrent le travail excellent. Pour Ryan, comme pour d'autres, ce canal était sa plus grande réalisation.

En 1896, des amis de Ryan, particulièrement des membres de l'Église catholique, firent pression auprès du gouvernement fédéral, mais sans succès, pour que son nom figure parmi ceux des Canadiens honorés à l'occasion du jubilé de diamant de la reine Victoria l'année suivante. Ils invoquaient le fait que Ryan était l'entrepreneur le plus en vue du Canada, qu'il avait consacré de longues années à la construction d'ouvrages publics et qu'il avait été capable de terminer ses travaux à la satisfaction de tous. Quoique cette dernière affirmation soit assez juste, elle n'en est pas moins simpliste. Ryan avait connu tous les problèmes normaux de l'entrepreneur, mais ils étaient peut-être amplifiés du fait qu'il traitait avec des gouvernements.

Ryan devait s'entendre avec des ouvriers qui lui demandaient plus d'argent une fois que le contrat était signé, avec des ingénieurs de la fonction publique qui estimaient savoir mieux que lui ce qu'il y avait à faire et avec des hommes politiques qui mettaient en doute tant son interprétation des contrats que certaines dépenses réclamées par l'une ou l'autre de ses firmes quand, par suite de changements dans les projets du gouvernement, on devait renégocier les marchés. Ottawa mit du temps à verser à Ryan l'argent de son travail au chemin de fer du Pacifique, et le paiement des travaux au canal de Sault Ste Marie faisait encore l'objet d'un arbitrage devant les tribunaux au moment de sa mort.

À mesure que Ryan devint plus connu et plus prospère, au cours des années 1880 et de la décennie qui suivit, il se mit à diversifier ses relations d'affaires. De fait, il s'était habituellement occupé davantage de questions financières que de l'aspect technique de la construction. L'un des fondateurs de la Dominion Cable Company, il fit partie du conseil d'administration de diverses sociétés, dont la Freehold Loan and Savings Company, la Toronto General Trusts Company – qui devint la Trust Corporation of Ontario –, la Banque impériale du Canada, la Toronto Electric Light Company, la Canadian General Electric Company, et la Canadian Locomotive and Engine Company de Kingston. Membre de la Société canadienne des ingénieurs civils et du Toronto Club, il fut également l'un des administrateurs canadiens de l'Equitable Life Insurance Company.

Ryan dispensa sans réserve ses conseils d'homme d'affaires aux autorités de l'Église catholique et donna toujours généreusement aux œuvres de charité, surtout aux organisations catholiques. Le nouveau pavillon du St Michael's Hospital, dont la construction commença en 1895, et son équipement (que sa veuve allait fournir plus tard) demeurent sa contribution la plus importante. Vice-président de cet hôpital, il fut également membre du conseil d'administration du Toronto General Hospital.

Homme cultivé, Ryan s'intéressait beaucoup à ce qui se passait dans son Irlande natale et il aida largement de ses deniers les représentants irlandais au Parlement britannique. Il fut d'ailleurs délégué à la convention nationale irlandaise de Dublin en 1896, projet que l'archevêque John WALSH de Toronto et Edward Blake* avaient formulé l'année précédente et qu'il avait appuyé.

Hugh Ryan apprit qu'il souffrait du mal de Bright en octobre 1898 et sa santé déclina rapidement. Il mourut quatre mois plus tard, laissant une fortune évaluée à près de 829 000 $, ce qui en faisait l'un des hommes les plus riches de Toronto. Il était aussi l'un des citoyens les plus respectés de la ville. Il légua le gros de ses biens à sa famille et à celles de ses frères et sœurs, mais il laissa une somme considérable à un grand nombre d'établissements et de sociétés de bienfaisance, dont le St Michael's Hospital, la House of Providence, le Sunnyside Orphanage et la Société Saint-Vincent-de-Paul. D'origine modeste, il s'était hissé au sommet grâce à son travail et à son excellent sens des affaires, mais il n'avait jamais oublié les moins fortunés que lui.

RONALD J. STAGG

AN, MG 28, III 20, Van Horne letter-books, 2–6 ; 8 ; MG 29, B6 ; RG 12, A1, 1969, file 3556-25, part. I ; 1970, file 3556-26, part. I–VI ; RG 43, DII, 1, 2533, nos 5007, 5533, 5717, 5817, 6031 ; 2538, no 13402. — AO, MU 1109, package 15 ; RG 55, partnership records, Algoma District, firm index, no 97. — Baker Library, R. G. Dun & Co. credit ledger, Canada, 17 : 217 (mfm aux AN). — PANS, RG 28, 19, 24–25. — St John the Baptist Roman Catholic Church (Perth, Ontario), Reg. of marriages, 20 mars 1858 (mfm aux AN). — York County Surrogate Court (Toronto), no 13219 (mfm aux AO). — Brockville and Ottawa Railway Company, *Annual report* (Montréal), 1865 (copie aux AO). — Canada, Commissioners of the Intercolonial Railway, *Annual report, with returns of cost of survey and management ; and correspondence, &c., respecting bridge over Miramichi River* (Ottawa), 1872 (copie aux AO) ; *Annual report*, 1873 (copie aux AO) ; Parl., Public accounts committee, *Report with reference to the Sault Ste Marie Canal together with evidence adduced before said committee and exhibits in connection therewith* (Ottawa, 1895) ; Sénat, Select committee appointed to inquire into all matters relating to the Canadian Pacific Railway and telegraph west of Lake Superior, *Minutes of evidence* (Ottawa, 1879). — Sandford Fleming, *The Intercolonial : a historical sketch of the inception, location, construction and completion of the line of railway uniting the inland and Atlantic provinces of the dominion* (Montréal et Londres, 1876). — *Catholic Register* (Toronto), 16–23 févr. 1899. — *Evening News* (Toronto), 13, 15 févr. 1899. — *Toronto World*, 14 févr. 1899. — *Canadian men and women of the time* (Morgan ; 1898). — *Commemorative biog. record, county York*. — *Mercantile agency reference book*, 1869–1898. — *Toronto directory*, 1880–1890. — John King, « Canadian Pacific Railway construction in 1875 at Fort William », Thunder Bay Hist. Soc., *Annual report* ([Fort William (Thunder Bay), Ontario]), 1926–1927 : 44–49.

RYAN, JAMES A., machiniste et dirigeant syndical, né vers 1840 dans le comté de Clare (république d'Irlande); décédé le 17 décembre 1896 à Hamilton, Ontario. [V. *DBC*, X].

DHB, 2 (à paraître).

RYMAL, JOSEPH, fermier et homme politique, né le 17 novembre 1821 dans le canton de Barton, Haut-Canada, fils de Jacob Rymal, fermier, et de Josephine Horning ; le 12 février 1846, il épousa au même endroit Lydia Ann Terryberry, et ils eurent six filles et un fils ; décédé le 15 décembre 1900 dans le canton de Barton.

Le père de Joseph Rymal, qui était réformiste, représenta la circonscription de Wentworth à la chambre d'Assemblée en 1835–1836 et aida William Lyon Mackenzie* à s'enfuir du Haut-Canada en 1837. Après avoir reçu une instruction sommaire, Joseph s'adonna à l'exploitation de la ferme familiale sur les lots 20 et 21 du rang 6 dans le canton de Barton. Réformiste comme son père, il entra en 1857 à l'Assemblée législative à titre de député de Wentworth South, qu'il allait représenter jusqu'à la Confédération. De religion méthodiste, il fut partisan de la prohibition dans les années 1850. Comme député de la région de Hamilton, il préconisa que l'on y implante une base navale et, comme il croyait que le gouvernement conservateur reconnaissait la nécessité d'une politique de défense, il appuya en 1862 le projet de loi sur la milice. Participant actif au congrès réformiste de 1859, il avait favorisé la dissolution de l'Union mais appuyé une formule de compromis en vue de la fédération du Haut et du Bas-Canada. Cependant, il s'opposa à la fois à la Grande Coalition de 1864 et à la Confédération, dans le dernier cas parce qu'on ne l'avait jamais soumise à l'approbation du peuple et qu'elle permettait aux législateurs de siéger en même temps aux chambres fédérale et provinciales.

Élu pour la première fois à la chambre des Communes en 1867 à titre de représentant de Wentworth South, Rymal maintint sa réputation d'opposant à la plupart des mesures législatives en combattant le programme du gouvernement de sir John Alexander MACDONALD, y compris la Politique nationale et la construction du chemin de fer canadien du Pacifique. Dans la plupart des cas, il se rangea à l'avis de son collègue de longue date, le député de Wellington South, David Stirton. John Charlton*, député de Norfolk North, considérait d'ailleurs les deux hommes comme d'« incorrigibles farceurs ». Rymal, ce « monsieur d'une belle corpulence, à la mine sympathique », comme le dirait George William Ross* à l'ouverture de la session de 1873, devait en 1875 être décrit dans l'atlas historique du comté de Wentworth comme un argumentateur lucide, enclin à faire de l'humour de basse-cour et manquant d'éducation, de vernis et de bon goût. « Le gros bon sens – *crassa Minerva* –, cette façon de parler intentionnelle et bien distincte, ce geste calme et mesuré de l'index qui compte chaque argument frappant et pointe chacun des délinquants du Trésor qui mérite punition, ces tournures simples et pittoresques, ces images tranchantes et sarcastiques – tout cela se conjugue imperceptiblement pour [créer] un effet de plaisanterie charmante et de bonne humeur. » Cet homme qu'on disait bourru et plein d'esprit, qui avait l'art de s'opposer à tout, eut néanmoins un certain poids à l'intérieur du parti libéral. En 1880, avant la démission d'Alexander MACKENZIE comme chef, Rymal, alors président du caucus, aurait pris l'initiative de convoquer une réunion au cours de laquelle on adopta une proposition pour demander à Mackenzie de considérer la « question du leadership ».

En 1882, au moment où il était le libéral qui avait siégé le plus longtemps à la chambre, « Honest Joe » mit fin à sa carrière politique. Cette année-là, il s'opposa au remaniement arbitraire des circonscriptions par les conservateurs, cette « monstruosité » qui retranchait le canton d'Ancaster de sa circonscription. Au débat sur le projet de loi sur la représentation électorale, en mai, irrité par le député conservateur de Lincoln, John Charles Rykert, Rymal pointa le doigt vers lui et le traita de « politicien de dernier ordre », ajoutant que « dix mille esprits comme celui qui anim[ait] l'honorable collègue d'en face pouvaient loger dans le crâne d'une puce et avoir encore autant de place pour jouer que deux grenouilles dans le vaste sein du lac Ontario ». Invoquant des raisons de santé, Rymal ne se présenta pas aux élections suivantes, mais il semble que sa décision ait eu quelque rapport avec l'insatisfaction exprimée par certains libéraux de sa circonscription et la conviction qu'un candidat plus jeune aurait de meilleures chances de succès. (C'est, de fait, un candidat âgé de 46 ans qui l'emporta, un autre agriculteur de Barton, Lewis Springer.) Au dîner organisé pour lui en témoignage d'estime, on remit à Rymal une chaîne et une montre en or, qu'il accepta ainsi : « Durant les soixante ans de ma carrière, je crois que je n'ai jamais porté de montre soixante jours, mais pour l'amour du parti libéral, je porterai cette babiole. » Tel Cincinnatus, il résolut de retourner à sa charrue : « comme un brave valet de ferme, je sifflerai et chanterai, et toujours le refrain sera Que Dieu protège le Roi ». Bien qu'il ait eu quelques relations dans les milieux d'affaires – il avait été dans les années 1870 membre du conseil d'administration de la Victoria Mutual Insurance Company –, Joseph Rymal ne fut jamais un homme riche. Il mourut de « cyolitis » (probablement de colite) en 1900, après cinq semaines de maladie ; on l'inhuma dans sa ferme natale.

ELWOOD H. JONES

Les meilleures images de Joseph Rymal figurent dans l'*Illustrated historical atlas of the county of Wentworth, Ont.* (Toronto, 1875 ; réimpr., Dundas, Ontario, 1971), xliv, et dans F.-R.-É. Campeau, *Illustrated guide to the House of Commons of Canada* [...] (Ottawa, 1875), planche xxxv et n° 29 ; on trouve une bonne caricature, signée J.T. [Joseph Tinsley], dans le *Hamilton Spectator*, 15 déc. 1900. [E. H. J.]

AN, RG 31, C1, 1861, Barton, f° 56, n° 31. — AO, RG 8, I-6-A, 4 : 53 ; RG 22, sér. 204, reg. U (1898–1901) : 548–549. — HPL, Barton Township, birth, marriage, and death records ; Scrapbooks, H. F. Gardiner, vol. 178. — Canada, chambre des Communes, *Débats*, 1882 : 1390. — *Hamilton Spectator*, 5–6 mai 1882, 26 nov. 1900. — *Canadian directory of parl.* (Johnson). — *DHB*. — G. W. Ross, *Getting into parliament and after* (Toronto, 1913), 52. — Swainson, « Personnel of politics ». — John Charlton, « Remarks about old Joe Rymal », *Hamilton Spectator*, 16 mars 1907 : 12. — *Hamilton Herald*, 17 août 1907.

S

SAHNEUTI (Sahnyateh, Sanytyi, Senati, Sinate, qui signifie « père du coureur », connu d'abord sous le nom de **Saveeah** ou **Sawiya,** « rayons du soleil »), chef kutchin et trafiquant de fourrures ; décédé en 1900 près du fort Yukon (Fort Yukon, Alaska).

Comme le voulait la tradition kutchine, Saveeah changea de nom pour s'appeler Sahneuti à la naissance de son premier fils, Sahneu, au début des années 1850. Il était lui-même né près de l'emplacement du fort Yukon, peut-être dans les années 1820. À cette époque, peu de membres de la bande des Kutcha-Kutchins (les Kutchins de la plaine du Yukon) avaient vu des Blancs. Néanmoins, bien avant l'arrivée des trafiquants de l'extérieur, un réseau complexe d'échanges s'était établi dans la région. La bande de Sahneuti vendait les produits de sa chasse aux autres bandes kutchines qui, agissant comme intermédiaires, obtenaient pour eux les perles et les coquilles de dentales qui marquaient le rang social. Sahneuti accéda rapidement à une position élevée dans sa bande en se faisant reconnaître comme le meilleur chasseur d'orignal et en amassant une fortune en perles. Conformément au rang qu'il occupait, il eut cinq femmes.

En 1847, la Hudson's Bay Company chargea

Alexander Hunter Murray* de briser l'emprise que les bandes intermédiaires exerçaient sur son commerce du fleuve Yukon, en faisant directement affaire avec les bandes éloignées. L'emplacement que Murray choisit pour le nouveau poste, le fort Yukon, se trouvait dans la région fréquentée par les Kutcha-Kutchins et deux autres bandes. Impressionné par les talents de Sahneuti et la réputation qu'il avait parmi les siens, Murray le nomma chef de poste et lui remit le symbolique manteau rouge. Sahneuti sut rapidement tirer parti de la présence de la Hudson's Bay Company au fort Yukon. S'arrogeant le rôle des intermédiaires établis, il acheta lui-même les fourrures de bandes plus éloignées encore. Les querelles entre les Kutchins à propos des bénéfices de la traite devinrent ainsi chose courante sur les rives du Yukon.

La Hudson's Bay Company devait s'approvisionner auprès des bandes locales et, pour maintenir son autorité, Sahneuti avait volontiers exploité cette dépendance. En 1864 cependant, l'agent de la compagnie, Strachan Jones, tenta de briser la domination que Sahneuti exerçait sur la traite en encourageant les bandes de la périphérie à se rendre directement au fort. Aussitôt, Sahneuti et ses hommes refusèrent de chasser pour la compagnie, et Jones dut capituler. L'année suivante, alors que l'on décrivait Sahneuti comme le chef de la bande kutchine la plus importante, une terrible épidémie de scarlatine frappa ce qui est aujourd'hui le Territoire du Yukon. Sahneuti ne fut pas épargné, car il contracta la maladie, et au moins le tiers des membres de sa bande en moururent.

Sahneuti allait devoir faire face à une autre crise majeure après que les États-Unis eurent acheté l'Alaska aux Russes en 1867. Forcée de s'installer en territoire britannique, la Hudson's Bay Company abandonna son poste du fort Yukon [V. William Lucas Hardisty*]. Un certain nombre d'Indiens la suivirent à Lapierre's House et à Rampart House (Yukon), mais Sahneuti demeura où il était. Les Américains qui vinrent alors faire la traite au fort Yukon ne lui plurent cependant pas. Il les blâmait d'avoir fait partir la Hudson's Bay Company et leur reprochait de payer trop peu et d'offrir de la marchandise de piètre qualité. À l'automne de 1870, il dirigea une attaque surprise contre le poste américain du fort Yukon et lui infligea des dommages considérables. L'année suivante, il se rendit néanmoins au poste américain le plus proche mais, selon le commis de la Hudson's Bay Company, John Wilson, il était « terriblement dégoûté des Yankees ». Les Américains réagirent en haussant le prix des fourrures et en remettant en échange des produits de meilleure qualité. Sahneuti eut quand même la prudence de cultiver ses bonnes relations avec la Hudson's Bay Company, à laquelle il envoyait périodiquement des fourrures en cadeau ou en demandant parfois en échange quelques paquets symboliques de munitions et de tabac. L'avantage commercial alla tour à tour aux uns et aux autres, au gré de la concurrence, jusqu'en 1879, année où l'Alaska Commercial Company confia à Sahneuti la direction de ses activités commerciales du fort Yukon. Alarmée par le succès de sa rivale, la Hudson's Bay Company accepta alors de modifier ses prix dans le nord du Yukon. Finalement, une grande partie du commerce des Kutcha-Kutchins revint à la Hudson's Bay Company, même si Sahneuti avait choisi de rester sur ses terres, dans ce qui était devenu territoire américain.

Sahneuti et sa bande étaient par ailleurs entrés en contact avec plusieurs missionnaires anglicans de la Church Missionary Society, dont le premier fut William West Kirkby, en 1861. Quoiqu'il eût placé l'un de ses fils, Joseph Kwulu, sous la tutelle religieuse du révérend Robert McDonald* en 1875, Sahneuti refusa de changer son propre mode de vie pour se conformer aux enseignements des missionnaires ; il garda ses cinq femmes au moins jusqu'en 1884 et continua de porter son nom kutchin jusqu'à sa mort.

Même à un âge avancé, Sahneuti conserva la place importante qu'il occupait parmi son peuple. Le lieutenant Frederick SCHWATKA, qui dirigea une expédition militaire américaine dans la région en 1883 et se rendit dans un établissement qui portait le nom de « Senati's Village », à 255 milles du fort Yukon, fit observer que, même si l'Alaska Commercial Company ne faisait plus de traite dans le voisinage, Sahneuti avait « beaucoup contribué, par sa force de caractère, à maintenir ensemble la poignée d'autochtones qui s'accroch[aient] encore au vieux coin de pays ». Il estimait qu'une quarantaine de personnes vivaient dans ce camp et, de fait, ce n'était plus la bande nombreuse et prospère dont Sahneuti avait été le chef. La maladie et les caprices de la politique des Blancs continuèrent de jouer un rôle tragique dans la vie du peuple kutchin. L'année même de la visite de Schwatka, une épidémie de diphtérie emportait le fils aîné de Sahneuti. En 1899–1900, la bande perdit le quart de ses membres au cours d'une épidémie de grippe ou de pneumonie. Sahneuti lui-même mourut en 1900, peut-être des suites de cette maladie.

Homme de courage et de talent, doté d'un sens aigu de la politique, Sahneuti avait réussi à protéger les intérêts de son peuple dans ses relations avec les trafiquants de fourrures et les missionnaires. Il fut l'un des derniers survivants d'une ère de fierté, d'indépendance et de richesse pour le peuple kutchin, et son apport aux réussites de sa génération fut considérable.

KERRY M. ABEL

PAM, HBCA, B.200/b/33–39 ; B.200/c/1 ; B.240/b/1 ; B.240/d/1–12. — Univ. of Birmingham Library, Special Coll. (Birmingham, Angl.), Church Missionary Soc. Arch., C, C.1/O, corr. of W. C. Bompas, Kenneth McDonald,

Robert McDonald, V. C. Sim ; G, C.1/O, corr. of Bompas, Robert McDonald, and Sim (mfm aux APC). — W. H. Dall, « Travels on the Yukon and in the Yukon Territory, 1866–1868 », *The Yukon Territory* [...] (Londres, 1898), 1–242. — Strachan Jones, « The Kutchin tribes », Smithsonian Institution, *Annual report* (Washington), 1866 : 320–327. — Robert Kennicott, « Journal of Robert Kennicott, May 19, 1859–February 11, 1862 », *The first scientific exploration of Russian America and the purchase of Alaska,* J. A. James, édit. (Evanston, Ill., et Chicago, 1942), 46–136. — W. W. Kirkby, « A journey to the Youcan », *Nor'Wester* (Winnipeg), 6 mars 1862. — Robert McDonald, « Fort Youcon », *Church Missionary Record* (Londres), nouv. sér., 10 (1865) : 112–122 ; « The Youcon », 12 (1867) : 198–203. — [Robert Machray], « The bishop of Rupert's Land's account of his visit to the stations of the Church Missionary Society on James' Bay », *Church Missionary Intelligencer* (Londres), nouv. sér., 5 (1869) : 86–92. — A. H. Murray, *Journal of the Yukon, 1847–48,* L. J. Burpee, édit. (Ottawa, 1910). — Frederick Schwatka, *A summer in Alaska ; a popular account of the travels of an Alaska exploring expedition* [...] (St Louis, Mo., 1892). — « Tidings from the Youcon », *Church Missionary Intelligencer,* nouv. sér., 3 (1867) : 144–153. — Frederick Whymper, *Travel and adventure in the territory of Alaska, formerly Russian America – now ceded to the United States – and in various other parts of the north Pacific* (New York, 1871). — *Dawson Daily News* (Dawson City, Yukon), 1899–1900. — *Handbook of North American Indians* (Sturtevant *et al.*), 6 : 514–532. — Ethel Stewart, « Sahneu-ti, chief of the Yukon Kutchin », *Beaver,* outfit 290 (hiver 1959) : 52–54.

ST JEAN, PIERRE, médecin, homme politique et fonctionnaire, né le 23 septembre 1833 à Bytown (Ottawa), fils de Sylvain (Silvas) St Jean et d'Élizabeth Causabon, dit Didier ; en janvier 1856, il épousa Rose-Délima Larue, et ils eurent une fille, puis en novembre 1862 Marie-Louise Fréchette, et de ce mariage naquirent cinq filles et deux autres enfants qui moururent en bas âge ; décédé le 6 mai 1900 à Ottawa.

Deuxième fils de l'un des premiers francophones à s'établir à Bytown, Pierre St Jean obtint son diplôme de la seule école primaire française de la ville, rue Sussex, et fréquenta ensuite le collège de Bytown. En 1850, il partit étudier la médecine au McGill College de Montréal et, cinq ans plus tard, reçut l'autorisation de pratiquer du Collège des médecins et chirurgiens du Bas-Canada. Après un séjour à Ottawa durant lequel il travailla avec le docteur Jacques-Télesphore-Cléophas Beaubien, il retourna au Bas-Canada pour pratiquer à Saint-Denis, sur le Richelieu. En 1856, il épousa Rose-Délima Larue, fille du surintendant des Travaux publics à Québec, qui mourut en couches l'année suivante. En juillet 1858, il retourna à Ottawa pour travailler de nouveau avec Beaubien en tant que généraliste, chirurgien et accoucheur. En 1860, il y avait seulement trois médecins francophones à Ottawa, dont St Jean et Beaubien. St Jean devait plus tard faire partie de la première équipe de personnel régulier de l'hôpital des Soeurs de la charité d'Ottawa [V. Élisabeth Bruyère*], où il occuperait divers postes administratifs jusqu'à ce que la maladie l'oblige à prendre sa retraite en 1898. De plus, il exerça bénévolement le rôle de médecin consultant auprès d'au moins deux sociétés d'entraide, l'Union Saint-Thomas et l'Union Saint-Joseph d'Ottawa [V. Jacques Dufresne], dont il fut membre toute sa vie, et dispensa des services médicaux à deux autres sociétés d'entraide catholiques francophones, l'Union Saint-Pierre et les Artisans canadiens-français.

En qualité de l'un des rares médecins d'expression française d'Ottawa, St Jean soigna une grande partie de la population francophone de cette ville durant quatre décennies d'expansion urbaine intense. Il consacra beaucoup de son temps à aider gratuitement les pauvres qui ne pouvaient lui payer ses services. La pratique de la médecine, cependant, ne représente qu'une petite partie de l'ensemble de sa carrière, et il est peu de domaines de la vie franco-outaouaise que St Jean n'ait pas touchés, en qualité de simple citoyen ou de personnage public. Déjà avant de quitter Bytown pour étudier à Montréal, il était très en vue dans la communauté franco-ontarienne : pendant les années 1840, il avait formé, avec Joseph-Balzara Turgeon, un « cabinet de lecture », c'est-à-dire une petite société littéraire vouée à la lecture à haute voix de textes au bénéfice des francophones illettrés. Après son retour à Ottawa en 1858, il avait fondé, avec trois membres de l'Institut canadien-français d'Ottawa, le premier journal franco-ontarien, l'éphémère revue littéraireappelée *le Progrès*. Selon certaines sources, il aurait aussi été l'un des membres fondateurs de l'Institut canadien-français en 1852 et de la Société Saint-Jean-Baptiste d'Ottawa en 1853 mais, comme il étudiait à Montréal à cette époque, la chose est fort peu probable. Ce qui est certain toutefois, c'est qu'il fut l'un des membres les plus dévoués de l'institut, en étant quatre fois président – en 1859, 1862, 1864 et 1866–1867 –, et qu'au fil des ans il encouragea ses initiatives culturelles et littéraires. Quant à la Société Saint-Jean-Baptiste, il y adhéra dès son retour à Ottawa et en fut président plusieurs fois. Toujours, l'altruiste médecin s'employa à améliorer le sort des pauvres et des oubliés : inlassable travailleur de la Société de Saint-Vincent-de-Paul, membre fondateur du premier orphelinat catholique francophone d'Ottawa, l'orphelinat Saint-Joseph, il fut en 1882 fondateur et président de la Metropolitan Society for the Prevention of Cruelty to Animals. Toute sa vie, il consacra aussi temps et argent à bien d'autres institutions religieuses et culturelles anglophones et francophones, dont l'Ottawa Musical Union.

Aux élections fédérales de 1874, la minorité francophone d'Ottawa était déterminée à élire l'un des siens au Parlement. St Jean, bien connu pour ses activités charitables, sa pratique médicale et son dévouement aux organismes catholiques francophones – il était président de la Société Saint-Jean-Baptiste à l'époque – était la personne toute désignée pour représenter la circonscription de la ville d'Ottawa, qui élisait deux députés. Malgré l'entrée tardive dans la course de l'influent marchand de bois et candidat conservateur Joseph-Ignace Aumond*, St Jean, qui était réformiste, l'emporta avec une confortable majorité, avec l'autre conservateur Joseph Merrill Currier*. Premier député francophone de l'Ontario, il donnerait durant quatre ans son appui au gouvernement libéral d'Alexander MACKENZIE. Contrairement à bien des hommes politiques de son époque cependant, St Jean avait fait peu de promesses électorales et, peut-être parce que ses activités de bienfaisance prenaient beaucoup de son temps, il ne parla à la chambre des Communes qu'une fois, pour demander qu'on amnistie ceux qui avaient participé à la rébellion de la Rivière-Rouge en 1869–1870 [V. Louis Riel*]. On sait qu'il appuyait tant les mesures traditionnellement défendues par les libéraux que le programme général d'édification de la nation du précédent gouvernement conservateur. Dans l'un de ses rares énoncés de principe à être imprimés, il préconisait en 1877 l'amélioration de la navigation sur la rivière des Outaouais, de même que la « protection des droits des minorités, qu'elles soient catholiques ou protestantes ; un juste traité de réciprocité ; la construction du chemin de fer du Pacifique en territoire canadien [...] ; tous projets visant à ouvrir [le] vaste dominion à l'immigration ». Aux élections de 1878, St Jean dut livrer une dure bataille, mais ni lui ni son coéquipier Chauncey Ward Bangs ne purent contrer le regain de popularité des conservateurs de sir John Alexander MACDONALD après la dépression qui venait de se faire sentir, et empêcher la victoire de leurs candidats Currier et Joseph TASSÉ le jour du scrutin. Devenu maire d'Ottawa, St Jean se porta de nouveau candidat aux élections fédérales de 1882, mais sans succès ; ses nouvelles fonctions, qui l'empêchaient souvent d'assister aux débats qui opposaient tous les candidats pendant la campagne, lui avaient certainement nui. Selon le journal libéral *Free Press*, il avait « l'appui de la majorité de la population canadienne-française » d'Ottawa mais son incorruptibilité le rendait incapable de concurrencer les pots-de-vin que les conservateurs distribuaient en période électorale.

Deuxième maire canadien-français d'Ottawa, St Jean se donna pour objectifs, en 1882–1883, d'ouvrir la ville aux entreprises ferroviaires et manufacturières, d'assurer une taxation équitable des établissements bancaires et des sociétés par actions, d'améliorer le système du tout-à-l'égout afin d'éliminer les risques pour la santé et, par-dessus tout, de maintenir l'équilibre budgétaire. Des querelles internes au conseil municipal l'empêchèrent cependant de réaliser bien des projets. Ainsi, il passa une bonne partie de son premier mandat à essayer d'y maintenir un certain décorum entre les échevins conservateurs, qui votaient systématiquement pour le versement de primes plus nombreuses que ce que la ville était autorisée à verser au chemin de fer Atlantique canadien qui s'approchait, et ceux qui, parce qu'ils n'étaient pas des marchands, s'opposaient à de telles dépenses. Les discussions aboutirent temporairement à l'impasse, mais St Jean réussit néanmoins à faire adopter un règlement acceptable sur les primes et, le 13 septembre 1882, il montait à bord du premier train du chemin de fer Atlantique canadien à entrer à Ottawa. Son esprit de décision en cette matière évita d'ailleurs au conseil d'être à la merci du chemin de fer canadien du Pacifique quand il atteignit Ottawa quelques années plus tard. En dehors des chemins de fer, ce sont les habituels travaux municipaux d'aménagement qui occupèrent la plus grande partie du temps de St Jean : l'élargissement des routes, le creusage et le prolongement du réseau d'égouts, l'installation de l'éclairage électrique et l'intégration des banlieues. Toute forme de développement à plus grande échelle était impensable car chaque proposition suscitait des discussions houleuses entre les conseillers réformistes et conservateurs, qui ramenaient constamment le débat à des questions relevant de la politique fédérale et réglaient leurs différends personnels au conseil. Sans la tranquille diplomatie de St Jean et son profond intérêt pour l'enseignement supérieur, il est peu probable que l'American Association for the Advancement of Science, dont la demande de subvention à la municipalité avait déclenché un débat, aurait pu tenir sa première réunion à Ottawa en août 1882. Après ces deux années tumultueuses à la mairie, il n'est pas étonnant que St Jean se soit discrètement retiré de la vie publique en 1883.

Pour cet homme qui avait consacré autant de temps et d'argent au service des siens, les dernières années, assombries par des difficultés financières, durent être assez démoralisantes. Quoiqu'il ait continué à travailler à titre de médecin consultant à l'Hôpital Général d'Ottawa jusqu'en 1898, St Jean avait perdu beaucoup de sa clientèle en raison des nombreuses absences auxquelles l'avaient obligé tant ses charges publiques que l'attention démesurée qu'il accordait à ceux qui n'avaient pas les moyens de le payer. De plus, il n'était pas très bon comptable. Quand les libéraux fédéraux revinrent au pouvoir en 1896, il dut quitter sa pratique pour prendre un modeste emploi au département des Travaux publics mais, en 1898, la maladie le força à prendre une retraite définitive. Hospitalisé l'année suivante, il mourut subitement le 6 mai 1900. Il laissait à sa femme une succession évaluée à seulement 1 848 $.

Malgré les revers financiers et professionnels dont Pierre St Jean avait souffert, le grand nombre d'anglophones et de francophones qui assistèrent à ses obsèques, et ce malgré l'intensité des conflits raciaux dans la ville, démontre bien l'estime dans laquelle le tenaient les deux communautés linguistiques d'Ottawa. Parmi les porteurs du drap mortuaire figuraient certains des citoyens les plus en vue de la capitale : Napoléon-Antoine Belcourt*, Henri Bourassa*, sir James Alexander Grant* et Honoré Robillard. En 1933, un groupe de citoyens de longue date d'Ottawa qui connaissaient la carrière de St Jean voulurent faire donner son nom à une bibliothèque de l'est de la ville. Leur tentative fut vaine : il semble que, après avoir œuvré dans l'ombre la plus grande partie de sa vie, St Jean demeurerait un personnage obscur de l'histoire franco-ontarienne.

GAYLE M. COMEAU

AN, MG 26, G, 14 : 4522 (mfm) ; RG 31, C1, 1861, 1871, 1891, Ottawa. — AO, RG 22, sér. 354, n° 3568. — City of Ottawa Arch., Council minutes, 1882–1883. — CRCCF, C 2/190/17 ; C 20/V58, 20/V73 ; C 36/12 ; C 94/20/29. — Canada, chambre des Communes, *Débats*, 1875 : 126. — G.-J. Tessier, *Souvenir du 25e anniversaire de la fondation de l'Union Saint-Joseph d'Ottawa, 1888* (Ottawa, 1888). — *L'Union Saint-Joseph* (Ottawa), 1895–1896, suivi du *Bulletin officiel*, 1897–1900 (copies au CRCCF). — *Daily Free Press* (Ottawa), 1882–1883, 7–8 mai 1900. — *Globe*, 7 mai 1900. — *Ottawa Evening Journal*, 1882–1883, 7–8 mai 1900. — *Le Progrès* (Ottawa), 20 mai–6 déc. 1858. — *Le Temps* (Ottawa), 7 mai 1900. — *Canadian biog. dict.* — *CPC*, 1874 ; 1877 ; 1879. — *The medical register for Upper Canada* (Toronto, 1867). — *Ottawa almanac*, 1875. — *Ottawa directory*, 1882 ; 1891–1894 ; 1898 ; 1901. — *Polk's medical and surgical register of the United States and Canada* (Detroit), 1890 ; 1900. — Georgette Lamoureux, *Ottawa* [...] *et sa population canadienne-française* (3 vol. parus, ([Ottawa], 1978–), 1–2. — Hector Legros et Sœur Paul-Émile [Louise Guay], *le Diocèse d'Ottawa, 1847–1948* (Ottawa, [1949]). — Michael Newton, *Lower Town, Ottawa* (2 vol., Canada, Commission de la capitale nationale, *Manuscript report*, nos 104, 106, Ottawa, 1979–1981), 2. — P.-F. Sylvestre, *Nos parlementaires* (Ottawa, 1986). — *Le Droit* (Ottawa), 8 nov. 1958.

SAINT-MAURICE, NARCISSE-HENRI-ÉDOUARD FAUCHER DE. V. FAUCHER

SANDFIELD. V. MACDONALD

SANFORD, WILLIAM ELI, homme d'affaires, philanthrope et homme politique, né le 16 septembre 1838 à New York, fils d'Eli Sanford, charpentier, et d'Emmeline Argall ; le 25 avril 1856, il épousa Emmeline Jackson, et ils eurent un enfant, puis le 25 avril 1866 Harriet Sophia Vaux, et de ce mariage naquirent deux fils et deux filles ; mort par noyade le 10 juillet 1899 dans le lac Rosseau, Ontario.

William Eli Sanford perdit ses parents peu avant d'avoir sept ans. On l'envoya donc à Hamilton, dans le Haut-Canada, chez sa tante Lydia Ann Sanford et son oncle Edward Jackson*, riche ferblantier et membre en vue de l'Église méthodiste. Après avoir reçu un diplôme de la Central School, il fréquenta un moment une école privée au Connecticut. À l'âge de 15 ou 16 ans, il devint commis chez des libraires-éditeurs de New York puis, en 1856, il rentra à Hamilton pour épouser sa cousine Emmeline, fille unique des Jackson. Le couple s'installa ensuite à London, où Sanford exploita, avec son oncle Edward Jackson et Murray Anderson, une fonderie connue sous le nom d'Anderson, Sanford and Company. Le 15 novembre 1857, 18 mois après son mariage, Emmeline mourut, et l'enfant auquel elle avait donné naissance ne lui survécut pas longtemps. Très atteint, Sanford quitta ses associés et retourna à Hamilton, où il ne tarda pas à se lancer dans le commerce de la laine en vrac.

On dit que Sanford, en collaboration avec deux sociétés new-yorkaises, accapara une grande partie de la clientèle des comtés d'Essex, de Kent et de Lambton. Pourtant, après environ deux ans, il abandonna ce commerce lucratif pour fabriquer des vêtements. À l'époque, on confectionnait encore la plupart des vêtements à la maison ou chez le tailleur. L'apparition d'instruments plus efficaces que les outils traditionnels – surtout la machine à coudre à pédale [V. Richard Mott WANZER] et le couteau à ruban – était encore récente. En améliorant la productivité, ces inventions rendirent possible la commercialisation de beaux vêtements prêts à porter. Profitant de l'occasion, Sanford s'associa à Alexander McInnes et devint l'un des pionniers du vêtement de confection pour hommes au Canada. La Sanford, McInnes and Company ouvrit ses portes en juillet 1861. Edward Jackson versa une contribution de 10 000 $ au capital de l'entreprise et le frère d'Alexander McInnes, DONALD, une somme du même ordre. La manufacture elle-même n'était guère plus qu'un entrepôt où l'on taillait les étoffes et stockait le produit fini. On confiait la couture, par contrat, à des tailleurs allemands hautement qualifiés, et ceux-ci distribuaient les pièces à plusieurs centaines de femmes qui les assemblaient chez elles. Ces immigrants allemands se rendirent à Hamilton sur l'invitation d'Albert Smith Vail, qui devint contremaître de Sanford et de McInnes en 1861 après avoir été surveillant dans une entreprise new-yorkaise de vêtements. D'ascendance allemande, Vail jouissait d'un bon renom parmi l'importante population germanophone de Hamilton dont il parlait couramment la langue. Expert en confection, il allait contribuer énormément à la réussite de l'entreprise, et Sanford reconnaissait généreusement sa valeur.

Dès 1865, Sanford et McInnes songeaient à agrandir leurs locaux et, l'année suivante, ils firent l'acquisition d'un immeuble adjacent à celui qu'ils possédaient déjà, car leur commerce était en plein essor.

McInnes s'occupait du bureau et de l'entrepôt. Sanford, lui, veillait à la mise en marché, et son dynamisme constituait l'un des principaux facteurs de succès de la compagnie. Il allait présenter ses échantillons dans tout le Haut-Canada, le Bas-Canada et les Maritimes. Dès 1867, avant tout autre manufacturier canadien de vêtements, il réussit à s'imposer dans la colonie de la Rivière-Rouge, où Alexander BEGG était son représentant. La marge de profit dépendait du renouvellement des commandes, et Sanford parvint à construire, puis à maintenir la réputation de sa compagnie.

L'expansion spectaculaire que l'entreprise connut dans les années 1860 reflétait l'impressionnant redressement de Hamilton depuis la dépression de 1857 et sa transformation en centre industriel. La Sanford, McInnes and Company put prospérer d'autant plus facilement que les manufacturiers américains, à cause de la guerre de Sécession, et les industries britanniques ne lui faisaient pas concurrence. Après avoir connu des débuts modestes (les ventes se chiffrèrent à 32 000 $ la première année), elle était en 1871 le plus gros manufacturier de vêtements de Hamilton : cette année-là, ses ventes s'élevaient à 350 000 $ et elle avait, rien que dans son usine, 455 employés. Parmi les 35 autres tailleurs ou fabricants de vêtements de la ville, le second en importance ne réalisait que des ventes de 40 000 $ et employait seulement 15 personnes. En fait, toujours en 1871, la compagnie se classait au quatrième rang de l'ensemble des employeurs ontariens et au premier rang de ceux du secteur du vêtement. Par comparaison, la plus grosse entreprise torontoise du même secteur vendait pour 110 000 $ de marchandises et employait 124 ouvrières et ouvriers.

Après la dissolution de la société, dans les derniers mois de 1871, Sanford prit comme associés Vail et Francis Price Bickley ; le nom de l'entreprise devint Sanford, Vail and Bickley. En décembre 1876, ils renouvelèrent leur entente pour trois ans. En 1879, Bickley se retira, et les associés restants, avec William Henry Duffield, teneur des livres de l'entreprise, continuèrent sous le nom de Sanford, Vail and Company.

La nouvelle société prospéra tout au long des années 1870. Cependant, la politique tarifaire du gouvernement libéral, qui imposait des droits aussi élevés sur le vêtement de confection que sur les étoffes, plaçait Sanford dans une situation très difficile par rapport aux manufacturiers anglais de tissu fait d'effiloché. On fabriquait ce tissu, peu coûteux et de qualité médiocre, expressément pour les ouvriers. Sanford était forcé d'importer des vêtements confectionnés dans ce genre d'étoffe, et ils représentaient environ 30 % de ses ventes. Dans un témoignage devant un comité spécial de la chambre des Communes institué en 1874 pour étudier les problèmes des manufacturiers canadiens, il affirma : « Nous avons un avantage sur les Anglais pour ce qui est du style et de la finition des vêtements de catégorie supérieure, mais nous ne pouvons rivaliser avec eux dans le commerce des marchandises à très bas prix et réaliser un bénéfice suffisant. » Il pressait le gouvernement, qui ne se laissa pas convaincre, de faire passer de 15 à 25 % le droit sur les vêtements d'importation afin de stimuler la production canadienne de tissu fait d'effiloché. Ainsi, disait-il, les fabricants canadiens pourraient « éliminer du marché [national] les articles anglais faits de ce tissu ». Grâce à la hausse de la demande générale pour le vêtement de confection relativement chic, déclarait-il, son entreprise, à elle seule, « accroîtrait ses ventes de plus de 200 000 $ ». Membre du parti réformiste (libéral) depuis longtemps, Sanford avait même été président de l'association locale. Cependant, lorsqu'en 1876 les libéraux décidèrent de maintenir les droits tarifaires en vigueur, il résolut, tout comme George Elias TUCKETT, fabricant de cigares de Hamilton, d'appuyer les conservateurs et la Politique nationale que sir John Alexander MACDONALD était en train de mettre au point. En 1880, donc deux ans après le retour des conservateurs au pouvoir, les ventes de Sanford doublaient, tout comme le nombre de ses employés, qui passa de 1 000 à 2 000.

En 1881, toujours grâce à la Politique nationale, Sanford put inaugurer à Hamilton et à Toronto les premiers d'une chaîne de magasins de vêtements au détail appelés Oak Hall, nom qui devint vite synonyme de qualité et de prix raisonnables. Il en créa aussi à St Catharines vers 1888, à London vers 1892 et à Windsor vers 1895 ; en outre, il ouvrit trois agences, une à Winnipeg en 1882, une à Toronto en 1889 et une à Victoria en 1890. Au début des années 1880, l'entrepôt de trois étages, en pierre, avait été remplacé par un immeuble de quatre étages. La manufacture elle-même était équipée des instruments et machines les plus modernes, ce qui réduisait ses besoins en main-d'œuvre. Ainsi, chaque couteau à ruban pouvait tailler soit 100 pantalons à l'heure, soit 350 costumes ou 50 pardessus par jour. Les aires d'entreposage abritaient un vaste assortiment de marchandises : vêtements de toute qualité et de prix très divers pour hommes, garçons et jeunes, chemises de soirée, chemises de tweed galonnées et chemises à col tenant, élégantes mantes pour dames, gamme complète d'articles en caoutchouc et de combinaisons de travail. Seize commis voyageurs parcouraient le pays et, dans la haute saison, l'entreprise expédiait chaque jour, dans tous les coins du dominion, des marchandises qui valaient de 12 000 $ à 15 000 $.

L'industrie du vêtement encourageait le travail à domicile, et on pouvait aussi bien piquer à la machine dans un logement que dans les manufactures, où les ouvrières et ouvriers étaient entassés dans de petits ateliers mal éclairés. Sanford utilisait les deux modes de production. Le premier lui permettait de faire appel à une main-d'œuvre facile à trouver, mal payée et largement féminine qui, dans la plupart des cas, se révélait incapable de s'organiser pour se protéger. Déterminé à se classer toujours premier, Sanford pratiquait les mêmes prix que les principaux manufacturiers de vêtement de Toronto et de Montréal, mais il était toujours prêt à vendre moins cher que ses rivaux. Il laissait toute latitude à ses embaucheurs, qui payaient de maigres salaires et faisaient porter à leurs ouvriers le fardeau de chaque baisse de prix. Son propre bénéfice avait plus d'importance que le salaire dont les ouvriers avaient besoin pour subsister. En novembre 1896, la compagnie annonça une réduction générale des salaires de 10 % qui demeura en vigueur un an. Trois mois plus tard, Sanford tenta de faire accepter une baisse plus radicale : il avait l'intention d'imposer une réduction allant jusqu'à 35 % sur le prix de deux modèles fort populaires de manteaux. Les ouvriers qui les confectionnaient refusèrent le contrat et les travailleurs du vêtement de la ville menacèrent de déclencher une grève. En moins de deux jours, Sanford consentit à une réduction moindre.

La Politique nationale ouvrit rapidement le marché du vêtement aux manufacturiers canadiens, mais le département de la Milice et de la Défense continuait d'acheter ses uniformes en Angleterre. Quand Adolphe-Philippe Caron* devint ministre de la Milice, en 1880, il décida de mettre fin à cette pratique, et il encouragea Sanford et quelques autres fabricants à aller visiter les grandes manufactures d'uniformes de Pimlico, à Londres. En 1883, pour la première fois, le département accorda tous ses contrats de vêtements à des entreprises canadiennes ; seule l'étoffe écarlate continua d'être commandée en Angleterre, et ce jusqu'en 1886. Sanford, qui avait acheté l'équipement nécessaire après sa visite à Pimlico, présenta une soumission pour 5 000 capotes et demanda à Macdonald de l'aider à emporter le morceau. Après 1886, le département ne procéda plus par appels d'offres mais envoya plutôt une circulaire à la petite coterie de riches fabricants qui s'étaient rendus à Pimlico et avaient fait par la suite les investissements nécessaires à la production d'étoffes de qualité réglementaire. En outre, toujours pour s'éviter des « ennuis », il abandonna les marchés annuels pour des marchés de trois ans.

Depuis 1878, Sanford contribuait généreusement au parti conservateur, dont il était un fervent militant. Le 8 février 1887, Macdonald le fit entrer au Sénat : il reconnaissait ainsi sa fortune et ses nombreuses relations commerciales, et aussi son ascendant sur l'Église méthodiste, si puissante que le premier ministre devait en tenir compte. Les méthodistes furent particulièrement heureux de l'événement ; durant tout l'été et l'automne de 1886, leurs principaux ministres ontariens avaient multiplié les pressions en faveur de cette nomination. Pendant la campagne électorale de 1887, Sanford se démena tant que le *Hamilton Spectator* déclara : « peut-être qu'aucun homme, dans Hamilton, n'a travaillé avec autant d'efficacité ». Une des premières nominations politiques qui lui échut après son accession au Sénat fut un siège au conseil d'administration de l'*Empire,* fondé par les conservateurs en 1887. Comme tous les journaux partisans, celui-là vivait des contributions des alliés du parti. Non seulement Sanford fit-il appel à ses amis et à ses associés mais, en février 1888, il lança une campagne de souscription auprès de ses clients. Cependant, le journal continua d'être assailli de problèmes financiers, les divers appels lancés en sa faveur n'ayant pas donné de résultats satisfaisants.

À peine devenu sénateur, Sanford prit des mesures pour transformer son entreprise en société par actions à responsabilité illimitée. Il en était l'unique propriétaire depuis 1884, année du retrait de ses associés, et il avait pris l'habitude de traiter directement avec le gouvernement. Cependant, présent au Sénat, donc soumis à la loi de l'indépendance du Parlement, il ne pouvait entretenir des rapports avec l'État qu'en qualité d'actionnaire d'une société constituée juridiquement. Pour éviter d'être critiqué en attendant sa charte, il transféra à quelqu'un d'autre le contrat qu'il avait passé avec le gouvernement en 1886. Il n'était donc plus le fournisseur réel, mais son intérêt dans le marché demeurait « exactement le même », comme le signala en 1889 un comité spécial sur les comptes publics qui étudiait le favoritisme dans les contrats de vêtements. Le favoritisme continua d'être critiqué aux Communes jusqu'à la fin du siècle. Dans ses attaques, l'opposition soulignait souvent que Sanford enfreignait l'esprit de la loi. Le député libéral James Somerville l'accusait de la contourner. « Que M. Sanford, faisait-il valoir, touche cet argent en tant que W. E. Sanford manufacturier de vêtements [...] ou par l'entremise de la W. E. Sanford Manufacturing Company [...] l'argent va dans la poche de M. Sanford. » Somerville alléguait aussi que Sanford avait reçu des commandes uniquement à cause de ses généreuses contributions au parti conservateur. Cependant, les contrats continuèrent après le retour des libéraux au pouvoir, en 1896, ce qui indique que la qualité, et pas simplement le favoritisme, était le critère de base. L'accusation de collusion qui pesait sur Sanford s'avérait plus sérieuse. En 1891, Somerville avança que Sanford et Bennett Rosamond*, d'Almonte, s'étaient entendus secrètement pour « se partager la cagnotte ». Un autre député libéral, William Mulock*, répéta l'accusation l'année suivante. En 1896, l'ancien ministre conservateur de la Milice et de la Défense, David Tisdale, parut confirmer ces allégations, et le nouveau ministre libéral, Frederick William Borden*, déclara que Sanford avait accaparé les marchés de serge écarlate et d'étoffe à capotes. De plus, Borden répéta que, comme on le soupçonnait depuis longtemps, Sanford avait conspiré avec d'autres pour fixer les prix. Sanford lui télégraphia un démenti indigné et demanda qu'il le lise en chambre. Borden le fit « avec grand plaisir » et n'exprima plus jamais de doutes sur sa probité. Il réinstaura les contrats annuels, mais les commandes d'uniformes continuèrent d'être offertes par circulaire aux mêmes entreprises.

Sanford fit partie de plusieurs comités du Sénat – par exemple le comité sur les banques et le commerce de 1887 à 1899 ainsi que celui sur les chemins de fer, les télégraphes et les ports de 1887 à 1893 et de 1895 à 1899 – ce qui montre que le développement de l'économie canadienne lui tenait à cœur. En 1888, en tant que membre du comité spécial sur les ressources du bassin du Mackenzie, présidé par John Christian SCHULTZ, il envisagea avec enthousiasme les retombées positives de l'immigration de masse. L'immensité du Nord-Ouest et son potentiel apparemment illimité l'avaient séduit dès sa première visite dans cette région, près de 30 ans auparavant. En 1884, à titre d'associé principal de la North Western Drainage Company, il avait reçu 52 000 acres de terre du gouvernement manitobain de John Norquay* pour l'assèchement des marais Big Grass et Westbourne qui ne fut terminé que trois ans plus tard. Comme il ne s'attendait pas à vendre ces terres avant bon nombre d'années, il mit 25 000 acres de côté pour un ranch et garda le reste en vue d'en tirer un bénéfice. Mise en vente en 1898, cette portion fut finalement vendue comme partie de sa succession « à des prix variant de trois dollars à trente dollars l'acre », ce qui, comme le dit son régisseur de Winnipeg et exécuteur testamentaire, rapporta « un très joli bénéfice ».

Si Sanford arrivait à diriger une grande entreprise manufacturière et à mener une carrière politique, tout en participant à divers organismes méthodistes et œuvres philanthropiques, c'est parce qu'il savait choisir des assistants compétents. Albert Smith Vail en était un ; Robert Thomas Riley, fermier originaire de la région de Hamilton, sut lui aussi se rendre indispensable. Sanford l'embaucha en 1881 pour qu'il assigne des sous-contrats au nom de la North Western Drainage Company. Les travaux ne commencèrent qu'à l'été de 1882, et ils s'avérèrent si décourageants, à cause du niveau élevé de l'eau, que les autres administrateurs vendirent leurs parts à Sanford. Riley s'installa ensuite à Winnipeg, où il s'occupa des transactions foncières de Sanford, de son agence de vêtements et des contrats de drainage. En 1886, un an avant la fin des travaux d'assèchement, Sanford réunit plusieurs de ses riches amis de Hamilton et fonda la Westbourne Cattle Company en vue d'exploiter les 25 000 acres de terre qu'il avait réservées à l'élevage. Le ranch connut des débuts modestes – 60 ou 70 juments poulinières et quelque 400 vaches et veaux – mais compta bientôt 200 chevaux et 1 000 bovins. À sa vente annuelle de chevaux, Sanford faisait venir un train spécial de Winnipeg uniquement pour être sûr d'avoir une « assistance nombreuse ». Durant la douzaine d'années d'exploitation du ranch, Riley enregistra la vente de 667 chevaux. Il n'existe aucun relevé semblable sur les bovins mais, en une seule année, on expédia 250 têtes à Montréal pour l'exportation. Sanford cultivait aussi 500 acres de blé dont le rendement moyen atteignait de 30 à 50 boisseaux à l'acre.

Si l'immigration vers le Nord-Ouest était essentielle à l'expansion des marchés intérieurs et à la prospérité de Sanford, les échanges internationaux ne l'étaient pas moins. Durant des années, il tenta, sans succès, de se faire exportateur. En 1874, dans un témoignage devant un comité spécial, il fit observer que, dans les faits, la politique protectionniste des États-Unis excluait ses produits. Même si le gouvernement du Canada offrait une remise intégrale du tarif, disait-il, il serait incapable de se tailler une place sur le marché américain parce que l'industrie du vêtement s'y révélait trop solide. En 1894, il se trouvait à Washington, d'où il tenait officieusement sir John Sparrow David THOMPSON au courant des débats tumultueux qu'un projet de loi de « libération des échanges » suscitait au Congrès. Il était en bons termes avec un grand nombre de ses homologues politiques américains et allait régulièrement dîner avec eux ou leur faire la conversation dans les fumoirs. En fait, il se sentait tellement chez lui qu'ils le considéraient comme l'« un de [leurs] sénateurs de l'État du Canada ». Cependant, son grand rêve était de percer sur le marché australien. En 1888, son représentant de commerce lui signala, dans un rapport enthousiaste, que là-bas on voulait « des tweeds canadiens de Halifax et des tweeds légers 100 % laine, bien noueux ». Malheureusement, les liaisons maritimes n'étaient pas régulières. Pourtant, Sanford n'abandonna jamais la partie et, même en 1895, son représentant travaillait « encore à gagner le marché des colonies australiennes ».

Sanford faisait énormément de spéculation immobilière. Non seulement était-il l'un des plus gros propriétaires terriens du Manitoba, mais il possédait de nombreux logements et lots à Hamilton et ailleurs. Ses transactions ne s'avéraient pas toujours profitables. En 1880, il acheta dans le canton de Barrie 1 000 acres de terrain riche en marbre en vue de former une compagnie qui les exploiterait. Son projet ne se concrétisa jamais : le marché était trop petit pour que l'exploitation soit rentable et le type de marbre qu'on y extrayait n'était pas à la mode. Par ailleurs, Sanford fut promoteur et directeur général désigné d'une société qui devait porter le nom de Saskatchewan Colonization Railway Company, vice-président de la

Hamilton Provident and Loan Company et membre du conseil d'administration de la Banque d'Échange du Canada. En 1876–1877, il fut président du Board of Trade de Hamilton et, en 1887–1888, il fit partie du comité exécutif de l'Association des manufacturiers canadiens, mais apparemment il ne s'y signala pas par sa participation.

Tant à titre d'homme d'affaires que de membre de diverses associations reliées à ses entreprises commerciales, Sanford était reconnu pour sa philanthropie, son souci du bien public et ses nombreux actes de charité. Pilier de la congrégation méthodiste Centenary de Hamilton à compter de 1868, il poursuivit une tradition instaurée par son oncle, qui en avait été l'un des fondateurs et des principaux membres. Tour à tour économe, secrétaire du conseil d'administration et trésorier de plusieurs fonds, il apparut comme l'un des plus généreux donateurs de la caisse de construction. Après l'union des différentes branches méthodistes, il assista à toutes les conférences générales en tant que délégué laïque. On considérait qu'aucun temple de Hamilton ne présentait de plus belle musique au cours des offices que l'église Centenary, et le mérite en revenait en partie à Sanford, membre assidu du comité de musique. Il soutenait généreusement les sociétés missionnaires, éducatives et autres de l'Église méthodiste, de même que la British and Foreign Bible Society, dont il fut vice-président à Hamilton pendant quelques années.

En 1873, au cours d'une visite à Victoria, Sanford « proposa que l'on entreprenne un effort permanent de quelque sorte » pour les nombreux Chinois qui vivaient là à l'écart de l'influence « civilisatrice » du christianisme. L'année suivante, il s'engagea à verser 500 $ pour l'établissement d'une mission chinoise et promit de donner la même somme chaque année pour l'aider à continuer son travail. La Sanford Mission School, dont on attendait beaucoup, disparut rapidement à cause du racisme ; dès 1877 ou 1878, elle avait fermé ses portes.

Toujours comme son oncle, Sanford apporta un solide concours à plusieurs établissements d'enseignement. Il fit partie du premier conseil d'administration du Wesleyan Boys' Institute de Dundas, constitué juridiquement en mars 1873. Cinq ans plus tard, il entra au conseil d'administration du Wesleyan Female College, dont il fut vice-président de 1881 à 1888 et président de 1890 à 1897. Il compta aussi au nombre des administrateurs de la Hamilton Art School. Très attaché au Victoria College, il fut membre du conseil (rebaptisé par la suite conseil des régents) de 1876 à sa mort. Pendant l'âpre querelle sur l'affiliation du collège à la University of Toronto, convaincu que l'établissement devait être « indépendant de l'aide de l'État et de l'influence de l'État », il se rangea du côté des adversaires de la proposition. Il offrit même 50 000 $ à la Conférence méthodiste dans l'espoir que le collège, ce « butin très convoité », s'installerait à Hamilton.

Autre grande préoccupation de Sanford : le programme d'immigration pour enfants. Il en entendit parler pour la première fois lorsque le révérend Thomas Bowman Stephenson vint à Hamilton, en 1872, fonder une succursale de la Children's Home. Ce serait un foyer d'accueil qui placerait des enfants immigrants, pour adoption, dans des familles canadiennes, où ils deviendraient ouvriers agricoles, travailleurs manuels, artisans ou domestiques, bref constitueraient le type de main-d'œuvre dont l'offre locale était bien inférieure à la demande. En retour, ils recevraient une instruction régulière et un salaire selon une échelle fixée à l'avance. Sanford s'occupait en partie de ce programme pour des motifs personnels. En 1893, dans une allocution au St Mary's Orphan Asylum, il déclara : « Quand je vois de petits orphelins [...] j'éprouve une sympathie réelle pour eux car, dans mon enfance, je n'ai pas connu l'amour d'une mère ni les soins d'un père. » Parmi le premier groupe de 34 garçons arrivés au foyer en mai 1872, deux trouvèrent de l'emploi à son entrepôt. À titre de trésorier de la succursale canadienne, il recevait et déposait à la banque les salaires des enfants. En outre, il s'intéressait vivement à ce qui arrivait à ceux qu'on avait placés et prenait sans délai des mesures dans les cas de mauvais traitements ou de négligence. Il trouvait que le programme fonctionnait merveilleusement bien et se montrait très sévère envers ses détracteurs. Selon lui, les enfants étaient les « immigrants les plus désirables » parce qu'il n'avaient pas « d'habitudes bien ancrées » et que, « en recevant une formation au Canada et en vivant comme les Canadiens, il s'intégr[aient] très vite et form[aient] ensuite la classe de gens la plus digne de confiance ». Cependant, le nom de Sanford évoque surtout Elsinore, maison d'été non confessionnelle pour les enfants pauvres et malades de Hamilton, qu'il fit construire lui-même en 1890 au coût de 10 000 $. Située sur la plage de Burlington, elle rappelait les colonies de vacances par ses grandes galeries ouvertes et ses agréables pièces aérées. Vers 1896, Elsinore changea de vocation et devint une maison de convalescence pour adultes démunis, mais Sanford continua de la financer.

Comme le démontre l'ampleur de ses actes de générosité, Sanford était un homme très riche. D'ailleurs, il aimait l'apparat. Plus que toute autre chose, sa maison, dont il avait hérité de sa tante en 1875, en vint à symboliser son rang social. Deux ans après s'y être installé, il entreprit le premier de deux ambitieux projets de reconstruction qui la modifièrent au point de la rendre méconnaissable. La deuxième série de travaux, terminée en 1892, dura deux ans et en fit l'une des plus belles maisons de l'Ontario, sinon de tout le pays. Imposant manoir de 56 pièces, Wesanford (dérivé du nom de Sanford) avait coûté, disait-on, 250 000 $, et ce en tenant compte uniquement de la seconde reconstruction. Ses pelouses et serres s'étendaient sur une superficie égale à la moitié d'un pâté de maisons. L'intérieur, richement décoré, regorgeait de plantes tropicales rares ainsi que de trésors artistiques – toiles, statues et autres objets – d'une valeur totale de 100 000 $, acquis au cours de nombreux voyages à l'étranger. La maison était équipée des plus récentes innovations : ascenseurs électriques, allume-gaz automatiques, orchestrions électriques et réseau téléphonique reliant toutes les pièces. La plus grande d'entre elles, qui mesurait 50 pieds sur 28, ressemblait davantage, a-t-on dit, « à la salle des banquets de quelque ancien château féodal qu'à la salle de réception d'une résidence moderne ». Sanford avait des caprices si extravagants que la robinetterie de l'une des chambres d'amis était incrustée de porcelaine Royal Crown Derby. Somptueusement meublée, dotée d'une tour à pinacle, d'un portique à colonnades et d'une promenade circulaire, Wesanford témoignait de la grandeur de Sanford, tout comme son appartenance au Hamilton Club, au Rideau Club d'Ottawa, à l'Albany Club de Toronto et au Royal Hamilton Yacht Club, dont il était commodore. Sanford avait toujours pris de longues vacances avec sa famille, en Europe ou ailleurs. Néanmoins, les affaires monopolisaient la plus grande partie de son attention, et sa nomination au Sénat réduisit encore davantage le temps qu'il pouvait passer avec les siens – quatre à six mois par an « tout au plus ». Peu à peu, sa seconde femme et lui s'éloignèrent l'un de l'autre, pour des raisons sur lesquelles on ne pouvait que spéculer, et tout le monde sut qu'ils menaient leur vie chacun de son côté. En 1894, lady Aberdeen [Marjoribanks*] nota dans son journal : « Nous savons très bien que c'est un fait notoire que lorsqu'il arrive à la maison, Mme Sanford s'en va, et que lorsqu'elle arrive il part, et que c'est à cause de quelque chose dans sa vie privée à lui. Rien n'a été porté ouvertement devant les tribunaux, alors nous l'avons invité à dîner [...] et [nous avons fait] tout ce qui lui était dû en tant que sénateur, mais rien de plus. » Chaque année, de 1897 à sa mort, Sanford prétendait aller visiter des mines d'argent qu'il avait au Mexique, mais la chose fut démentie par l'un de ses exécuteurs testamentaires, sans doute Mme Sanford, après son décès. Il avait importuné lady Aberdeen et lady Thompson [Affleck*] pour avoir un titre de chevalier, mais la première ne voulait pas en entendre parler : « Il est, disait-elle, trop désespérément vulgaire et indélicat. »

Sanford mourut subitement à sa maison d'été du lac Rosseau. Il était sur le point de revenir d'une matinée de pêche lorsqu'il constata que l'ancre de son embarcation était coincée dans les rochers. Au lieu de s'épuiser à la tirer, il coupa le filin et y attacha sa bouée de sauvetage pour pouvoir la repérer plus tard. C'est à ce moment qu'il fut pris d'une violente crise de rhumatisme ; en tombant, il fit chavirer le bateau. Sa jeune compagne avait une bouée, mais lui, incapable de se servir de ses bras à cause de la douleur, se noya. Toute sa succession, estimée à plus d'un million de dollars, alla à sa famille, sans rien pour des œuvres de charité. Le *Hamilton Spectator* expliqua : « Il trouvait que le gouvernement de l'Ontario en prend assez pour cela dans les droits de succession. »

Après des funérailles grandioses, on inhuma Sanford dans un mausolée, sur un beau monticule qui surplombe le lac Ontario. Ce monument, version miniature d'un temple grec (30 pieds sur 18), à colonnes lisses et à chapiteaux et bases richement sculptés, avait coûté environ 100 000 $. Sur le toit, au-dessus de l'entrée, s'élève une statue, symbole de l'espoir, dont la main droite pointe vers le ciel et la gauche repose sur l'ancre de la foi. Sanford ne voulait pas que l'on se souvienne de lui seulement comme d'un prince des affaires, d'un législateur et d'un chrétien. Il espérait aussi que son exemple, symbolisé par cette œuvre d'art, se révélerait, ainsi que le disait le *Kingston News,* « une source d'enseignement et d'inspiration pour les jeunes gens du Canada, [qui se rappelleraient que] cet homme d'affaires, parti de presque rien, avait acquis richesse et influence tout en suivant strictement les principes du christianisme ».

C'était présenter les choses sous un éclairage bien favorable. En fait, William Eli Sanford avait eu des parents riches, et son premier bailleur de fonds avait été son oncle millionnaire. À mesure qu'il s'enrichissait aux dépens de ses ouvriers, il avait courtisé la respectabilité, avait recherché et obtenu le prestige d'un poste de sénateur et s'était fait un nid bien douillet. Devenue un but en soi, la richesse devait être, comme Wesanford, étalée pour qu'on l'admire ; elle n'était qu'incidemment un moyen de mieux servir autrui. Tout cela, d'ailleurs, ne manque pas d'ironie. Principal employeur de sa ville, Sanford se considérait non pas comme un exploiteur mais comme un bienfaiteur : ne donnait-il pas du travail à des centaines de femmes, d'hommes, de filles et de garçons, ne leur offrait-il pas la chance d'apprendre un métier qui leur permettrait d'assurer leur subsistance et de devenir de bons citoyens ? Jamais il ne prit la peine de songer combien sa poursuite du profit rendait leur existence précaire, ni combien il vivait somptueusement alors qu'eux se tuaient à la tâche.

Peter Hanlon

AN, MG 26, A ; D (mfm aux AO) ; MG 28, I 230, 1 ; MG 30, C64, 32, file 4 ; RG 68, 118 : 11. — AO, RG 22, sér. 205, n° 4891 ; RG 53, sér. 18, 8 : f° 28 ; RG 55, partnership records, Wentworth County, declarations, nos 114, 222, 655, 946–947 ; special declarations, n° 12. — Baker Library, R. G. Dun & Co. credit ledger, Canada, 25 : 225 (mfm aux AN). — Frontenac Land Registry Office

(Kingston, Ontario), Abstract index to deeds, Barrie Township, concession 8, lot 27 ; concessions 9–10, lot 28 ; concession 10, lot 29. — HPL, Scrapbooks, J. Tinsley, « Hamilton scrapbooks », 3 : 113. — Univ. of Guelph, Ontario, Dept. of Geography, Bloomfield databases, CANIND71, URBIND71 et RURIND71 (créé à partir du recensement manuscrit de 1871 des établissements industriels ontariens). — Canada, chambre des Communes, *Débats*, 14 mars 1879, 11 août 1891, 12 avril 1892, 25 sept., 1er oct. 1896 ; *Journaux*, 1874, app. 3 ; 1889, app. 2b ; Commission royale sur le travail et le capital, *Rapport, Ontario* ; Dép. des Mines, Mines Branch, *Report on the building and ornamental stones of Canada* (5 vol., Ottawa, 1912–1918), 1 ; Parl., *Doc. de la session*, 1884, nº 8 ; 1887, nº 9 ; Sénat, *Débats*, 16 mai 1888, 13 mars 1889. — *Canada Gazette*, 6 sept. 1879, 12 juin 1886, 4 juin 1887. — *Information as to lands in Westbourne County, the property of the Hon. W. E. Sanford* (Winnipeg, 1898 ; copie aux AO, Pamphlet coll., 1898, nº 45). — [I. M. Marjoribanks Hamilton-Gordon, marquise d'] Aberdeen, *The Canadian journal of Lady Aberdeen, 1893–1898*, introd. de J. T. Saywell (Toronto, 1960). — Methodist Church (Canada, Newfoundland, Bermuda), Missionary Soc., *Annual report* (Toronto), 1884–1886. — Methodist Church of Canada, Missionary Soc., *Annual report* (Toronto), 1874–1884. — Ontario, Royal commission on the mineral resources of Ontario and measures for their development, *Report* (Toronto, 1890). — *Christian Guardian*, 4 mars 1874. — *Globe*, 14 janv. 1899. — *Hamilton Spectator*, 12 avril 1865, 7 juill. 1881, 11 sept. 1886, 23 févr., 15 mars 1887, 1er juill., 1er nov. 1890, 4 avril 1891, 8 juin 1892, 15 févr. 1893, 11 mars, 17 mai 1895, 3 oct., 3 nov. 1896, 30 janv., 3 févr., 8 mars, 13 oct., 3 nov. 1897, 17 janv. 1898, 13 janv., 11–13, 21 juill., 11 nov. 1899. — *Monetary Times*, 14 juill. 1899. — *Nor'Wester* (Winnipeg), 14 déc. 1867. — *Semi-Weekly Spectator* (Hamilton, Ontario), 17 nov. 1858. — *Canadian biog. dict.* — *Cyclopædia of Canadian biog.* (Rose et Charlesworth), 2. — *Hamilton and its industries* [...], E. P. Morgan et F. L. Harvey, compil. (2e éd., Hamilton, 1884). — Hamilton Ladies' College, *Catalogue* (Hamilton), 1877–1896. — *Mercantile agency reference book*, 1864–1900. — *Prominent men of Canada* [...], G. M. Adam, édit. (Toronto, 1892). — Victoria College, *Calendar* (Cobourg, Ontario), 1874–1880. — Victoria Univ., *Calendar* (Cobourg ; Toronto), 1881–1900. — William Bradfield, *The life of the Reverend Thomas Bowman Stephenson, founder of « The Children's Home » and of the Wesley Deaconess Institute* (Londres, 1913). — *The Centenary Church, the United Church of Canada, 24 Main Street West, Hamilton, Ontario, 1868–1968* ([Hamilton, 1968]). — *The history of the town of Dundas*, T. R. Woodhouse, compil. (3 vol., [Dundas, Ontario], 1965–1968), 3. — Margaret Morton Fahrni et W. L. Morton, *Third crossing ; a history of the first quarter century of the town and district of Gladstone in the province of Manitoba* (Winnipeg, 1946). — S. S. Osterhout, *Orientals in Canada : the story of the work of the United Church of Canada with Asiatics in Canada* (Toronto, 1929). — R. T. Riley, « Draining the march », *When the west was bourne : a history of Westbourne and district, 1860 to 1985* (Westbourne, Manitoba, 1985). — C. E. Sanford, *Thomas Sanford, the emigrant to New England ; ancestry, life and descendants, 1632–4* [...] (2 vol., Rutland, Vt., 1911). — G. E. Evans, « Yachting on Lake Ontario », *Dominion Illustrated Monthly* (Montréal), 1 (févr. 1892–janv. 1893) : 370–383. — *Globe and Mail*, 6 mai 1938. — *Hamilton Spectator*, 10 mai 1938.

SANGSTER, CHARLES, poète, fonctionnaire et journaliste, né le 16 juillet 1822 près de Kingston, Haut-Canada, fils de James Sangster et d'Ann Ross ; le 16 septembre 1856, il épousa à Kingston Mary Kilborn (décédée en 1858), puis le 30 octobre 1860, aux chutes du Niagara, Henrietta Charlotte Meagher, et ils eurent trois filles et un fils ; décédé le 9 décembre 1893 à Kingston.

Placide et introspectif de nature, Charles Sangster s'efforçait de vivre dans l'harmonie avec l'humanité et de trouver la plénitude spirituelle en accomplissant la volonté de Dieu. Cependant, il connut une succession de malheurs qui, à compter de la fin des années 1860, firent de lui un être angoissé, nuisirent à la régularité de sa production littéraire et le menèrent même à la dépression nerveuse. Une fois que l'on a compris ces paradoxes et saisi comment ils ont façonné son œuvre, on ne peut manquer d'éprouver du respect pour cet artiste qui consacra son existence à la poésie. Son talent domine la littérature du Canada colonial, et à cette époque ses créations suscitèrent l'admiration des lecteurs et des critiques.

Si ce n'est pour rendre visite à des parents et amis à Montréal, aux chutes du Niagara et à Buffalo, dans l'état de New York, Sangster ne quitta jamais la petite région qui s'étend de Kingston à Ottawa, mais par l'imagination il fit le tour du monde. Doux et passif en apparence, il exprimait dans sa poésie des sentiments et des conflits intérieurs profonds. Dans une note à son ami et exécuteur littéraire William Douw Lighthall*, il disait être « parti de rien » et se définissait comme un « quasi-autodidacte », et pourtant son œuvre témoigne d'une très bonne connaissance de la géographie, de l'histoire, de la littérature, de la science et de l'actualité.

Le grand-père paternel de Sangster venait de Leith, en Écosse. Selon la description qu'il en a faite, c'était « un vieil Écossais fougueux [...] courageux comme un lion » ; il combattit pendant la guerre d'Indépendance américaine puis s'installa à l'Île-du-Prince-Édouard. Il y épousa une « Irlandaise » avec qui il eut sept fils, dont James, le père de Charles. James grandit dans l'île et y épousa Ann Ross, fille de Hugh Ross, lui aussi originaire d'Écosse. « Je suppose donc, a écrit Sangster, que les Écossais, non sans raison, me tiendront pour l'un des leurs, bien que ma grand-mère paternelle ait été irlandaise et que ma grand-mère maternelle ait été presque anglaise. »

Les parents de Charles Sangster quittèrent l'Île-du-Prince-Édouard en 1802 ou en 1803 pour « monter au Canada ». Il est possible qu'ils aient vécu quelques années à Québec, mais on sait qu'en 1814 ils habitaient Kingston, où James reçut une concession foncière à cause de ses liens avec l'armée. Employé au chantier naval de Point Frederick en qualité de « menuisier », « charpentier de navires » ou « constructeur de navires », il était appelé à travailler dans différents ports des Grands Lacs. Il mourut avant que Charles ait deux ans. Restée seule avec leurs cinq enfants survivants, Ann, a écrit Charles, les « éleva honorablement et assura [leur] subsistance par le travail de ses mains ».

On ne trouve ni dans la famille de Sangster, ni parmi les relations qu'on lui connaît, quelqu'un dont la culture littéraire aurait pu influencer son développement artistique. Il fit des études médiocres, non seulement parce que les bons instituteurs manquaient, mais parce que la chose ne l'intéressait guère. Selon ses propres termes, il « fréquent[a] l'école un certain nombre d'années et appri[t] au moins à lire et à écrire ». Pourtant, il a aussi noté que, dans sa jeunesse, il aurait lu davantage s'il l'avait pu. Mais les livres étaient rares, et « trouver ses propres idées sans eux [pouvait] lui avoir fait du bien ». « La Bible, [et] *Citizen of the World* du cher vieux Noll [Oliver Goldsmith], en deux volumes, constituèrent toute [ma] bibliothèque durant de nombreuses années, à quoi s'ajoutait à l'occasion un prix reçu à l'école du dimanche [...] jusqu'à l'arrivée des livres bon marché [...] Il n'y eut ni *Sanford and Merton,* ni *Contes des mille et une nuits,* ni *Robinson Crusoe* avant que j'aie presque atteint la maturité. » À l'âge de 15 ans, il dut quitter l'école pour aider à subvenir aux besoins de sa famille.

Néanmoins, deux ans plus tard, Sangster avait presque terminé un long poème narratif en strophes de tétramètres iambiques, *The rebel,* qu'il ne publia jamais. Un jour, il allait l'envoyer à Lighthall en expliquant que ce texte devait faire partie d'« un poème en trois chants » mais qu'il l'avait « complètement oublié, puis retrouvé dans ses papiers où il dormait depuis 1839 ». Par la richesse de son vocabulaire et par ses allusions originales à l'histoire et à la géographie, ce poème de 757 vers dénote une maturité d'esprit bien supérieure à celle que l'on s'attendrait à trouver chez un garçon aussi peu instruit, fût-il surdoué. C'est sa première œuvre connue, mais la forme et le contenu laissent croire qu'il s'était beaucoup exercé auparavant.

Tout comme sa formation scolaire, les premiers emplois de Sangster furent modestes. En quittant l'école, en 1837, il trouva un travail à temps plein au laboratoire du fort Henry, où il fabriqua des cartouches pour la défense du fort pendant la rébellion. Deux ans plus tard, il passa au service du Board of Ordnance du fort où, dit-il, il « av[ait] le titre de messager, touch[ait] le salaire d'un ouvrier et fais[ait] le travail d'un commis ». Il y resta dix ans puis, frustré et dégoûté, quitta Kingston pour Amherstburg, où il devint rédacteur en chef de l'hebdomadaire *Courier and Western District Advertiser*. On ne sait guère autre chose sur ce qu'il fit de 1837 à 1849 mais, de toute évidence, il continua de parfaire ses talents littéraires. Il publiait des poèmes dans les journaux, en général sous le couvert de l'anonymat ou sous un pseudonyme. Bon nombre des pièces qui allaient paraître dans *The St. Lawrence and the Saguenay, and other poems* ont été écrites ou ébauchées à cette époque.

Après la mort de James Augustus Reeves, propriétaire du *Courier,* à l'automne de 1849, Sangster retourna à Kingston et devint au printemps suivant correcteur d'épreuves et teneur de livres au *British Whig* [V. Edward John Barker*]. Il exerça cette double fonction – accaparante et sans doute monotone – au moins jusqu'en 1861, peut-être même jusqu'en 1864. Sur le plan poétique, ce furent des années fructueuses. C'est en effet en 1856 que Sangster publia à compte d'auteur, à la fois chez John Creighton* et John Duff de Kingston et à la Miller, Orton and Mulligan d'Auburn, dans l'état de New York, *The St. Lawrence and the Saguenay, and other poems*.

Le livre fut accueilli par un concert d'éloges : jamais, disait-on, meilleur recueil de poésie n'avait encore paru au Canada. En Amérique du Nord comme en Grande-Bretagne, lecteurs et critiques saluèrent l'ouvrage et le poète. Le 28 juillet 1856, de Belleville, Susanna Moodie [Strickland*] envoya une chaleureuse lettre de félicitations à Sangster : « Acceptez mes sincères remerciements pour le volume de beaux poèmes dont vous m'avez gratifiée. Si le monde les accueille avec autant de plaisir que j'en ai éprouvé à les lire, votre nom figurera en bonne place parmi les Fils des Muses. Si vous êtes né au Canada, il peut être fier de son barde, qui a si sublimement chanté les beautés naturelles de son pays natal. » Un magazine de Londres fit ce commentaire : « Les Canadiens peuvent s'enorgueillir de telles contributions à leur littérature naissante [...] Il y a beaucoup de l'esprit de Wordsworth dans cet écrivain, sauf que le ton est religieux plutôt que philosophique [...] Par certains aspects, et toutes proportions gardées, il peut être considéré comme le Wordsworth du Canada. »

Le recueil révèle une vaste connaissance des classiques, de l'histoire, de la mythologie ainsi que des auteurs britanniques et américains, dont Shakespeare, Milton, Burns, Shelley, Scott, Byron, Wordsworth, Tennyson, Philip James Bailey, Longfellow et Whittier. Des accents de mélancolie et d'accablement s'y mêlent à un optimisme religieux et à la joie qu'inspire la nature animée et inanimée. Les thèmes que Sangster traite le mieux sont l'amour (thème dominant), la nature et la religion. Souvent teintées de sentimentalisme, ses réflexions sur les enfants, les gens qu'il connaît et les affaires domestiques sont moins bien réussies. Ses vers sur la nature dépassent, par leur justesse descriptive et leur réussite esthétique, tous ceux que les poètes d'Amérique du Nord britannique avaient écrits jusque-là.

Le poème qui donne son titre au recueil est la composition la plus ambitieuse de Sangster. Fait de 110 strophes spensériennes où s'intercalent des morceaux lyriques, il décrit une descente du Saint-Laurent, à partir de Kingston, et une remontée du Saguenay. La majesté du paysage, la richesse de l'histoire et des légendes qu'il évoque émeuvent le poète. En descendant le fleuve, symbole du monde matériel, le narrateur s'éloigne de la civilisation, tandis que la remontée du Saguenay, symbole de la vie spirituelle, le fait entrer dans la nature et le rapproche de Dieu tel que le révèle celle-ci. Au terme du parcours, le narrateur et la mystérieuse « jeune fille » qui l'a guidé parviennent à une union complète et à la communion avec Dieu. La stance finale résume ces thèmes :

Amour – tout, tout désormais est à toi.
Pensées, espoirs dans le temps qui dure,
Je t'en fais cadeau. Viens tout près de moi,
Que mon cœur devienne effusion pure
Et que l'extase, cette démesure,
Qui le fait battre et me rend souverain
Comme un Dieu, te murmure
L'énigme de la vie dont l'aube point
Et l'indicible puissance de l'Amour humain.

Parce que Sangster avait su exprimer la beauté du paysage canadien et exploiter les thèmes de l'amour et de la vie spirituelle dans un style auquel aucun de ses compatriotes n'avait eu recours jusque-là, certains commentateurs contemporains lui ont décerné le titre de père de la poésie canadienne.

En septembre 1856, Sangster épousa une jeune femme de 21 ans, Mary Kilborn. Sans doute la prédominance de la poésie amoureuse dans son premier recueil reflète-t-elle ce qu'il vivait personnellement. Seize mois plus tard, le 18 janvier 1858, cette heureuse union connut une fin brutale : Mary mourut d'une pneumonie. Tout le reste de sa vie, Sangster allait être habité par des souvenirs de ce mariage.

Le deuxième recueil de Sangster, *Hesperus, and other poems and lyrics,* parut en 1860 chez John LOVELL à Montréal et chez Creighton à Kingston. Bien que dans l'ensemble ces 75 poèmes reprennent les mêmes thèmes que ceux du recueil de 1856, ils sont plus poignants, sans doute à cause de la disparition de Mary. Par ailleurs – et c'est là un indice du nationalisme qui gagnait de plus en plus le Canada à l'approche de la Confédération – on y trouve les thèmes patriotiques qui domineront l'autre recueil de Sangster, *Norland echoes* [...]. Les poèmes de ce genre embrassent une longue période, depuis *The Plains of Abraham* et *Death of Wolfe* jusqu'à *Song for Canada,* où il est dit que les fils du pays « sont des hommes bien vivants / [Et ses] filles tendres et belles ». *Brock,* composé pour l'inauguration, à Queenston Heights en 1859, du nouveau monument en l'honneur de sir Isaac Brock*, montre que Sangster savait tourner un poème de circonstance. Après avoir affirmé l'unité des Canadiens en rendant hommage aux morts – « Une même voix, un seul peuple / Uni par le cœur et par l'âme » – il entoure Brock d'une aura universelle et intemporelle en recourant à des allusions classiques :

Quelques âmes envoyées par les cieux
En Hespérides gardent l'âge d'or
....
Héros, martyrs, poètes, mentors,
Et il était l'un d'eux.
....
Foi, rage, idée, accent musical,
Tout pour vaincre le Python du mal
Ils marchent tel Briarée le martial
Les typhons de toujours.

Confiance en la pure moralité du christianisme, idéalisation du passé, joie devant la vie simple et primitive du pionnier animent ses descriptions de la nature, ses poèmes patriotiques ainsi que les chants légers et les poèmes lyriques introspectifs qui constituent les meilleurs morceaux du recueil. *Hesperus* fut bien accueilli, et nombre de critiques – tout comme l'auteur – le trouvèrent meilleur que *The St. Lawrence and the Saguenay*.

En 1864, Sangster devint reporter au *Daily News* de Kingston. La même année, 13 extraits de ses 2 premiers recueils et 3 poèmes inédits parurent à Montréal dans la première anthologie de poésie canadienne, *Selections from Canadian poets* [...], d'Edward Hartley Dewart*. En outre, il écrivit *The Bryant Festival* pour la célébration, à New York, du soixante-dixième anniversaire de naissance du poète américain William Cullen Bryant. Au cours de cette année bien remplie, il eut, avec sa deuxième femme, Henrietta Charlotte Meagher, son premier enfant : une fille prénommée Charlotte Mary. Cependant, en 1867, sa situation financière était mauvaise, et il souffrait de plus en plus de malaises, d'abattement et d'un désordre nerveux qui allait le torturer mentalement jusqu'à la fin de sa vie. On ignore la nature et la cause exactes de sa maladie.

En 1868, Sangster était au sommet de sa popularité ; un troisième et un quatrième recueils auraient dû paraître. Le 20 mars, son voisin, l'homme politique Alexander CAMPBELL, maître général des Postes, le fit entrer dans son département, à Ottawa. Commis principal de deuxième classe, il touchait 500 $ par an (son salaire passerait de 1 300 $ en 1879 à 1 400 $ deux ans plus tard). Durant les 18 ans qu'il passa aux Postes, son travail l'absorba au point qu'il ne put ni composer de nouveaux poèmes, ni récrire et mettre au point, en vue d'une publication, ceux qu'il avait terminés avant de partir pour Ottawa. Il emporta bien un manuscrit, mais il n'eut même pas le temps de le polir et retourna à Kingston en 1886 sans y avoir touché.

Le 6 avril 1868, trois semaines après l'arrivée des Sangster à Ottawa, Charlotte Mary mourait de la diphtérie ; elle avait trois ans. Une deuxième fille, Florence, avait vu le jour à Kingston la même année. Gertrude allait naître à Ottawa en 1870 et Roderick, le seul fils, en 1879.

Un poème de Sangster, *The greater sphinx,* parut en 1868 dans la revue que George Stewart* dirigeait à Saint-Jean, au Nouveau-Brunswick : le *Stewart's Literary Quarterly Magazine*. Suivirent en 1869, dans le même périodique, un autre poème, *The oarsmen of St. John,* et un article sur une nouvelle édition de *Saul : a drama, in three parts,* de Charles Heavysege*, parue à Boston la même année. De 1870 à 1878, Sangster publia 16 poèmes dans le magazine de Stewart et dans deux revues de Toronto, le *Belford's Monthly Magazine* et la *Canadian Monthly and National Review*. Son travail de fonctionnaire et son état de santé expliquent pourquoi il produisit si peu au cours de ces années. La plus grande partie de ce qu'il publia alors datait d'avant son installation à Ottawa. En 1875, il fit une dépression nerveuse. Pour alléger sa tâche, on le nomma secrétaire particulier du maître général des Postes adjoint mais, officiellement, il demeura commis principal de deuxième classe.

Les années 1880 furent, pour Sangster, une période de bouleversement et de désarroi. Sa femme mourut entre 1883 et 1886 ; il lui fallut élever seul leurs trois enfants. En mars 1886, après un nouvel accès de maladie, il dut s'absenter du département durant six mois. La même année, il démissionna de la Société royale du Canada, dont il avait été élu membre fondateur en 1882 ; il avait assisté aux quatre premières assemblées mais n'avait présenté aucune communication. Enfin, en septembre, il quitta la fonction publique pour se fixer de nouveau à Kingston. Durant deux ans, il se reposa et ne fit guère autre chose que tenter de recouvrer la santé, sans jamais y parvenir jamais tout à fait.

Le 8 juillet 1888, Sangster reçut une lettre dans laquelle Lighthall lui proposait de reproduire des extraits de ses recueils *The St. Lawrence and the Saguenay* et *Hesperus* dans une anthologie, très probablement *Songs of the great dominion* [...], qui parut à Londres l'année suivante. Heureux de voir que Lighthall s'intéressait à son œuvre, Sangster lui répondit le jour même ; leur correspondance se poursuivit et lui redonna courage. Durant les cinq dernières années de sa vie, Sangster se consacra à la révision et à la préparation d'une réédition de ses recueils de 1856 et 1860. Il termina aussi deux autres recueils qui, cependant, ne parurent pas de son vivant.

Bien que par moments ils soient assombris par la perte d'un amour ou la mort d'un ami, les recueils de 1856 et de 1860 sont optimistes dans l'ensemble. Ils disent la joie que le poète trouve dans l'amour, l'amitié, l'art et la nature, ainsi que sa foi en Dieu. Les deux recueils que Sangster posta à Lighthall le 4 juillet 1891 (il avait alors 68 ans) sont fort différents. Dans *Norland echoes and other strains and lyrics,* qui contient 60 poèmes dont une introduction sans titre, c'est le patriotisme qui domine, un patriotisme d'une générosité et d'une sincérité admirables. La pièce du début, *Our norland,* et celle de la fin, *Our own far–north,* expriment une même fierté nationale ; entre les deux, des poèmes sur des lieux, des événements historiques, des personnages du Canada. *The angel guest and other poems and lyrics* contient 33 poèmes sans division formelle ni thématique. Le morceau titre et le morceau final, *Flights of angels,* évoquent l'influence des anges sur la vie humaine. Sans aborder de sujets nouveaux, ce volume confirme les préoccupations thématiques des trois autres et présente les mêmes forces et les mêmes faiblesses stylistiques. Probablement antérieurs à l'installation de Sangster à Ottawa (en 1868), les vers des deux derniers recueils ne rendent vraisemblablement pas compte de l'état d'esprit dans lequel il était dans les années 1870 et 1880.

Au début de sa correspondance avec Lighthall, le 13 juillet 1888, Sangster avait écrit que *Hesperus* était « presque prêt ». Pourtant, il y apporta par la suite quelque 200 modifications qui améliorent le style, l'imagerie, le rythme et l'action. Ces retouches n'indiquent aucun changement dans sa philosophie mais réaffirment les convictions qu'il avait au moment de la première publication de *Hesperus* en 1860 et rendent les poèmes plus expressifs, plus fluides.

Insatisfait de son premier recueil, *The St. Lawrence and the Saguenay,* Sangster se mit dans les années 1860 à récrire le poème titre, dont il porta le nombre de strophes à environ 220. De plus, il élimina du recueil bon nombre des poèmes qui entraient dans la catégorie des mélanges, fit plus de 2 000 modifications à ceux qui restaient et en ajouta plusieurs nouveaux. Afin de le faire illustrer, il envoya la nouvelle version du poème titre à son cousin Amos W. Sangster, artiste de Buffalo, qui la plaça dans son coffre-fort. À la mort d'Amos, on perdit la trace du manuscrit.

Par bonheur, Sangster publia, de son vivant, des extraits de la nouvelle version de son premier ouvrage the *St. Lawrence and the Saguenay* dans plusieurs livres et périodiques. Les 29 nouvelles strophes et les 11 strophes révisées que l'on trouve dans ces extraits montrent dans quel esprit il retravaillait le poème et donnent une idée de la qualité de l'ensemble. Les révisions indiquent qu'il avait acquis une meilleure maîtrise du vers et permettent de voir à quel point il était influencé par les idées, thèmes et techniques des poètes de la Confédération – Charles George Douglas

Roberts*, William Bliss Carman*, Archibald LAMPMAN et Duncan Campbell Scott* – qui publièrent durant les dix dernières années de sa vie.

Dans la version révisée de *The St. Lawrence and the Saguenay,* 62 pièces entrent dans la catégorie « mélanges poétiques » ; de ce nombre, 20 parlent d'amour romantique, et ce sont les meilleurs du volume. Le poème lyrique prédomine, suivi, pour ce qui est de la fréquence, par les chants en vers spensériens, les vers blancs et les sonnets. L'aisance avec laquelle Sangster maniait le poème lyrique le distingue de ses contemporains canadiens. Il savait exprimer ses idées avec concision, en respectant une forme serrée, et modifiait habilement le refrain pour suggérer la progression du thème. Ces qualités témoignent d'un souci de la structure semblable à celui que l'on trouve dans la poésie écrite en France et en Angleterre vers le milieu du XIXe siècle.

La correspondance de Sangster avec Lighthall, qui comprend 12 lettres et 4 cartes postales, est l'unique source de renseignements dont on dispose sur ses dernières années. Les lettres rendent compte par le menu des modifications qu'il apportait à ses poèmes et révèlent comment il envisageait son travail d'écriture. Elles montrent aussi à quel point l'emploi qu'il occupa dans la fonction publique « détruisit », pour reprendre ses propres termes, ses « chances littéraires ». Les lettres que Lighthall lui envoya ont disparu. Lighthall fut l'un de ses exécuteurs littéraires et, peu après sa mort, il déposa ses lettres, ses manuscrits inédits et tous les documents connexes à la bibliothèque de la McGill University, où ils se trouvent toujours.

Charles Sangster est le plus grand de tous les poètes de la période qui précéda la Confédération. Le travail de correction auquel il procéda dans les cinq dernières années de sa vie montre que sa technique s'était passablement raffinée au fil du temps mais qu'il ne s'était pas dépouillé de la mentalité de l'époque coloniale. Il est heureux, pour l'histoire de la littérature canadienne, que Lighthall l'ait encouragé à mener à terme la révision des deux recueils déjà parus et à préparer les deux autres pour la publication. Avec les lettres, ces œuvres révèlent un homme au talent digne d'admiration qui, malgré sa piètre formation de base, son éloignement des milieux culturels et ses activités professionnelles, apporta une contribution majeure à la poésie canadienne.

FRANK M. TIERNEY

Les papiers de Charles Sangster, dont des lettres, divers poèmes inédits ainsi que les manuscrits de *Norland echoes and other strains and lyrics,* de *The angel guest and other lyrics,* du texte révisé de *Hesperus, and other poems and lyrics* et de « poèmes divers » pour *The St. Lawrence and the Saguenay, and other poems,* se trouvent aux McGill Univ. Libraries, Dept. of Rare Books and Special Coll. En outre, de la correspondance et quelques documents historiques font partie des papiers de la famille Sangster aux QUA, 2030, et trois de ses lettres sont aux AN, MG 29, D11.

Le numéro de décembre 1850 de *Literary Garland* (Montréal), nouv. sér., 8 : 543, renferme deux poèmes de Sangster : *The orphan girl* et *Bright eyes* ; ce sont ses travaux publiés les plus anciens que l'on connaisse. *A « Thousand Island » lyric* a paru dans l'*Anglo-American Magazine* (Toronto), 7 (juill.–déc. 1855) : 111. Le titre de son poème a été changé par la suite pour *Lyric to the isles* et il a été intégré à *The St. Lawrence and the Saguenay.* Des strophes des révisions ultérieures de Sangster de *The St. Lawrence and the Saguenay* ont été publiées initialement dans trois ouvrages : deux strophes révisées et quatre nouvelles dans Morgan, *Sketches of celebrated Canadians,* en 1862 ; deux strophes révisées et quatre nouvelles servaient d'en tête à l'article « Wolfe », *Saturday Reader* (Montréal), 1 (1865–1866) : 297 ; enfin dix strophes révisées et vingt-sept nouvelles dans un ouvrage intitulé *British America* qui fait partie de l'anthologie de Henry Wadsworth Longfellow, *Poems of places* (31 vol., Boston, 1876–1879), 30.

Deux poèmes, *Quinté* et *Niagara,* ont paru dans le *British American Magazine* (Toronto), 1 (1863) : 179–181, 234–235. Le morceau en l'honneur de W. C. Bryant est paru dans *The Bryant Festival at « The Century », November 5, M.DCCC.LXIV.,* ouvrage publié par la Century Assoc. of New York en 1865. *McEachren* est paru dans *Chronicle and News* (Kingston, Ontario), 15 juill. 1866. Quelques poèmes extraits des deux volumes publiés de Sangster ont été inclus dans les anthologies de W. D. Lighthall, *Songs of the great dominion : voices from the forests and waters, the settlements and cities of Canada* (Londres, 1889) et *Canadian poems and lays : selections of native verse, reflecting the seasons, legends, and life of the dominion* (Londres, [1893]). Le poème *Our norland* a été publié sous forme de plaquette à Toronto vers 1896.

L'ouvrage, *The St Lawrence and the Saguenay and other poems ; Hesperus and other poems and lyrics,* introd. de Gordon Johnston (Toronto et Buffalo, N.Y., 1972), est une réimpression de l'édition de 1856 de *The St. Lawrence and the Saguenay* et de l'édition de 1860 de *Hesperus.* Les révisions faites par Sangster de ces deux volumes et les deux collections inédites ont été préparées pour la publication par Frank M. Tierney et publiés à Ottawa sous les titres de *Norland echoes and other strains and lyrics* (1976) ; *The angel guest and other poems and lyrics* (1977) ; *Hesperus and other poems and lyrics* (éd. rév., 1979) ; et *St. Lawrence and the Saguenay and other poems* (éd. rév., 1984), ce dernier renferme aussi des extraits de *The rebel,* le manuscrit de Sangster le plus ancien qui subsiste.

Des critiques et articles nombreux sur les poèmes de Sangster ont été publiés de son vivant. Des extraits de critiques contemporaines figurent dans l'édition de 1860 de *Hesperus,* qui reproduit aussi la lettre de Susanna Moodie, et dans Morgan, *Sketches of celebrated Canadians.*

George Stewart, « Charles Sangster and his poetry », *Stewart's Literary Quarterly Magazine* (Saint-Jean, N.-B.), 3 (1869–1870) : 334–341. — *Daily News* (Kingston), 9 déc. 1893. — *Cyclopædia of Canadian biog.* (Rose et Charlesworth), 2. — R. P. Baker, *A history of English-Canadian literature to the confederation* [...] (Cambridge, Mass., 1920), 159–165. — A. S. Bourinot, « Charles Sangster [1822–1893] », *Leading Canadian poets,* W. P. Percival, édit. (Toronto, 1948), 202–212 ; *Five Canadian poets* [...] (Ottawa, 1968), 12–19. — E. K. Brown, *On Canadian poetry* (éd. rév., Toronto, 1944), 29–33. — E. H. Dewart, « Charles Sangster, a Canadian poet of the last generation », dans son ouvrage *Essays for the times ; studies of eminent men and important living questions* (Toronto, 1898), 38–51. — W. D. Hamilton, *Charles Sangster* (New York, 1971). — Desmond Pacey, *Ten Canadian poets : a group of biographical and critical essays* (Toronto, 1958), 1–33. — Donald Stephens, « Charles Sangster : the end of an era », *Colony and confederation : early Canadian poets and their background,* George Woodcock, édit. (Vancouver, 1974), 54–61. — D. M. R. Bentley, « Through endless landscapes : notes on Charles Sangster's *The St. Lawrence and the Saguenay* », *Essays on Canadian Writing* (Downsview [Toronto]), n° 27 (hiver 1983–1984) : 1–34. — A. S. Bourinot, « Charles Sangster (1822–1893) », *Educational Record of the Prov. of Quebec* (Québec), 62 (1946) : 179–185. — E. H. Dewart, « Charles Sangster, the Canadian poet », *Canadian Magazine,* 7 (mai–oct. 1896) : 28–34. — F. M. Tierney, « The unpublished and revised poems of Charles Sangster », *Studies in Canadian Literature* (Fredericton), 2 (1977) : 108–116.

SANYTYI. V. SAHNEUTI

SAVEEAH (Sawiya). V. SAHNEUTI

SCALES, CAROLINE, dite **Caroline Miskel** et **Caroline Miskel-Hoyt (Hoyt)**, comédienne, née le 15 septembre 1873 à Covington, Kentucky, fille de Christopher Columbus Scales et de Mary Menzies ; le 4 mars 1894, elle épousa Charles Hale Hoyt ; décédée le 2 octobre 1898 à New York et inhumée à Charlestown, New Hampshire.

Le père de Caroline Scales, directeur de publication et ancien membre du corps législatif du Kentucky, devint rédacteur en chef du *Cincinnati Tobacco Journal* en 1874. L'année suivante, il emmena sa famille vivre à Toronto, où son père, Joab Scales, producteur de tabac, s'était réinstallé après la guerre de Sécession. Au cours des études qu'elle fit au Canada, Caroline prit des cours d'élocution auprès de Jessie Alexander ; sa jeune sœur Sarah (Sally) fréquenta le Moulton College [V. Susan Moulton*]. Au dire de chacun, Caroline s'épanouit en une remarquable beauté. L'écrivain canadien Hector Willoughby Charlesworth* la décrivit ainsi : « cheveux auburn pâle, teint velouté, yeux bleu saphir brillants et allure et traits nobles », ajoutant qu'elle était « aussi intellectuelle qu'elle était belle ».

Caroline s'installa à New York pour faire du théâtre et adopta le nom de Caroline Miskel. Il semble que son père devint invalide et qu'il mourut probablement à cette époque. En 1891, Caroline et Sally furent rayées du testament de leur grand-père de Toronto, peut-être parce qu'elles étaient devenues comédiennes. Cette année-là, à l'âge de 18 ans, elle débuta avec John Augustin Daly et sa distinguée troupe de théâtre de répertoire, figurant dans de nouvelles comédies et des pièces classiques. Le 23 avril de l'année suivante, date anniversaire de la naissance et de la mort de Shakespeare, Daly termina sa saison avec *As you like it*, pièce dans laquelle Caroline interprétait le rôle de Phebe, une bergère comique. Elle donna la réplique au « prince des acteurs romantiques », Robert Bruce Mantell, en interprétant le rôle de Marguerite dans *The face in the moonlight* de Charles Osborne, pièce présentée pendant la tournée de 1892–1893. Son rôle suivant fut celui de Ruth Hardman, la fille bannie d'un pasteur dans *A temperance town*, comédie satirique de Charles Hale Hoyt ; la première représentation eut lieu le 17 septembre 1893 au Madison Square Theatre de Hoyt à New York. Cette pièce, qui caricaturait gentiment le caractère hypocrite de la prohibition dans une petite ville du Vermont, fut jouée 125 fois à Broadway et s'avéra l'un des grands succès financiers de Hoyt. Caroline Miskel, alors âgée de 20 ans, et Hoyt, qui en avait 34, tombèrent amoureux et se marièrent le 4 mars 1894, après les représentations supplémentaires de la pièce données dans plusieurs autres théâtres. Auteur dramatique plein d'esprit, Hoyt avait été élu membre du corps législatif de l'état du New Hampshire en 1893, et fut réélu en 1895. Après son mariage, Caroline interrompit ses activités pour appuyer son mari. Malheureusement, leur premier enfant mourut en venant au monde le 4 mars 1896.

Caroline retourna au théâtre de son mari en janvier 1897 pour jouer, « avec un succès remarquable », le rôle principal dans une autre agréable satire, *A contented woman*, que Hoyt avait écrite pour elle sur le thème du droit de vote pour les femmes. Son talent pour la comédie était largement reconnu, et sa beauté continuait d'attirer l'attention. Dans *Annals of the New York stage*, George Clinton Densmore Odell la désigne comme l'« une des plus belles femmes qui montât jamais sur scène ». William James Thorold, dans un article intitulé « Canadian successes on the stage » et qui parut en 1896 dans le *Massey's Magazine*, exaltait la « beauté étonnante de [sa] silhouette et de [son] visage ». Elle « occupe une place unique dans l'histoire des publications périodiques, car elle fut la toute première « cover-girl de magazine », écrivait Charlesworth. Une photo d'elle publiée en page couverture du *Munsey's Magazine* en 1891 « s'avéra un succès immédiat et considérable ».

Caroline Scales mourut subitement à New York le 2 octobre 1898, à l'âge de 25 ans. La plupart des comptes rendus indiquent qu'elle mourut le lendemain de la naissance de son deuxième enfant, mort-né lui aussi ; selon le New York Times, elle fut emportée par un « trouble rénal aigu ». Hanté par la curieuse répétition des décès parmi ses proches – sa mère, son associé, deux épouses et ses enfants – son mari fut « complètement démoli » et sombra dans une grave dépression. Hospitalisé par la suite et interné peu de temps dans un asile, il mourut en 1900. On l'inhuma dans un mausolée à Charlestown, avec Caroline et sa première femme, la comédienne Flora Walsh, décédée en 1892, encore jeune elle aussi.

DAVID GARDNER

AN, RG 31, C1, 1881, Toronto, St James Ward : 55 (mfm à la MTRL). — W. J. Thorold, « Canadian successes on the stage », *Massey's Magazine* (Toronto), 2 (juill.-déc. 1896) : 236–237. — *Kentucky Post* (Covington), 3–5 oct. 1898. — *New York Times*, 3 oct. 1898, 21 nov. 1900. — *Types of Canadian women* (Morgan). — H. [W.] Charlesworth, *Candid chronicles : leaves from the note book of a Canadian journalist* (Toronto, 1925). — D. L. Hunt, « Introduction », C. H. Hoyt, *Five plays*, D. L. Hunt, édit. (Princeton, N.J., 1941), i–xv ; « The life and work of Charles H. Hoyt » (thèse de PH.D., Vanderbilt Univ., Nashville, Tenn., 1942). — G. C. D. Odell, *Annals of the New York stage* (15 vol., New York, 1927–1949), 15 : 5, 349, 600–601, 780.

SCHULTZ, sir JOHN CHRISTIAN, médecin, homme d'affaires, homme politique et fonctionnaire, né le 1er janvier 1840 à Amherstburg, Haut-Canada, fils de William Ludwig Schultz, de Bergen, Norvège, et d'Elizabeth Reily, de Bandon (république d'Irlande), veuve de Henry McKenney ; le 11 septembre 1867, il épousa Agnes Campbell Farquharson ; décédé le 13 avril 1896 à Monterrey, Mexique.

Le père de John Christian Schultz – homme « capable, instruit et candidat au ministère luthérien » selon ses descendants – laissa sa femme et ses enfants à Amherstburg en 1846 pour ne revenir que bien des années plus tard. Comme l'argent était rare à la maison, le jeune Schultz paya ses études en travaillant dans un magasin rural, puis sur un bateau des Grands Lacs. Il étudia la médecine au Queen's College de Kingston de 1858 à 1860, puis au Victoria College de Cobourg en 1860–1861, mais aucun des deux établissements ne lui décerna de diplôme dans cette discipline. À moins qu'il n'ait acheté un diplôme, ce qui était légal à l'époque, rien ne prouve – bien au contraire – qu'il était docteur en médecine. Néanmoins, peu après s'être fixé à la colonie de la Rivière-Rouge (Manitoba), en juin 1861, il s'affichait « médecin et chirurgien ».

Schultz était déjà allé à la Rivière-Rouge en 1860 afin de rendre visite à Henry McKenney*, cadet des deux fils que sa mère avait eus de son premier mariage, mais il était revenu dans l'Est la même année car il n'avait pas fini ses études. Quand il s'établit dans le Nord-Ouest, l'année suivante, ce fut pour aider McKenney à gérer le Royal Hotel, premier hôtel qui s'ouvrit près du confluent des rivières Rouge et Assiniboine. Au fil des ans, il continua de pratiquer la médecine (en 1866, il offrait ses services gratuitement à ceux qui étaient trop pauvres pour payer), mais ses affaires l'occupaient de plus en plus. Il se lança dans la spéculation immobilière, si bien qu'à la fin des années 1860 il possédait un certain nombre de bâtiments dans la rue Main, dont une pharmacie, un magasin général, un entrepôt et un logement. En outre, il était devenu associé en second au sein de la McKenney and Company, société de commerce de détail et de traite des fourrures. La liquidation de la compagnie, en 1864, amena Schultz et son demi-frère à se chamailler longuement par l'intermédiaire des tribunaux. Après que le représentant de la McKenney and Company à Londres eut obtenu un jugement contre elle, McKenney, shérif d'Assiniboia, tenta de faire saisir certains des biens de Schultz à titre de paiement pour sa part des dettes. Schultz résista et fut emprisonné le 17 janvier 1868. Le lendemain matin, une quinzaine de personnes, dont sa femme, forçaient les portes de la prison et le libéraient. Ce geste de défi contribua à faire perdre toute autorité au Conseil d'Assiniboia, qui s'avéra incapable de l'arrêter de nouveau.

En mars 1864, Schultz était devenu copropriétaire du *Nor'Wester* avec William Coldwell*, qui l'avait fondé. En juillet 1865, il se retrouva unique propriétaire du journal, qui se montra bientôt encore plus sévère à l'endroit de la Hudson's Bay Company que du temps de Coldwell et de James Ross*. Seul journal de la colonie, le *Nor'Wester* donnait aux gens de l'Est une vision partielle et trompeuse du mécontentement que les habitants de la colonie auraient éprouvé à l'égard du régime de la compagnie. En juillet 1868, Schultz le vendit à l'un de ses associés en affaires, Walter Robert Bown*, mais les choses ne changèrent pas.

Bien qu'il ait critiqué certaines des institutions de la colonie, Schultz contribua beaucoup à en établir de nouvelles. Ainsi il participa à l'organisation de l'Institute of Rupert's Land en mars 1862 et à la fondation de son musée. Premier secrétaire de l'institut, il présenta des communications à ses premières assemblées. En 1863, au cours de l'un de ses nombreux voyages dans l'Est, il prononça un exposé sur la flore de la région de la rivière Rouge devant la Botanical Society of Canada à Kingston. Initié à la franc-maçonnerie à St Paul, au Minnesota, il mit sur pied en 1864 la première loge du Manitoba, dont il devint premier maître.

Le père Georges Dugas*, qui vivait dans la colonie à l'époque, a dit par la suite de Schultz que c'était un homme distingué, qui parlait couramment le français et dont la population francophone n'avait pas mauvaise opinion. Schultz, contrairement à sa femme, n'était pas catholique, mais on avait célébré leur mariage selon le rite catholique à Saint-Boniface. Cependant, à la fin des années 1860, les colons de longue date, tant anglophones que francophones, ne l'aimaient pas et se méfiaient de lui. Pour bon nombre d'entre eux, il était un homme d'affaires non seulement habile, mais dur et dénué de scrupules. En s'acharnant sur l'autorité de la Hudson's Bay Company et en défiant les tribunaux et le conseil, il avait contribué à instaurer un climat de désordre et d'incertitude. En outre, on le reconnaissait comme le chef du « parti canadien », groupe restreint mais bruyant qui réclamait bien haut l'annexion de la Rivière-Rouge au Canada. Même si ce parti ne représenta jamais plus d'une poignée de colons, l'arrivée d'immigrants canadiens-anglais, à compter du printemps de 1869, accrut son pouvoir. Schultz entretenait des rapports avec le mouvement *Canada First* [V. William Alexander Foster*], ce qui le raffermit sans doute dans la conviction que l'avenir du Nord-Ouest passait par l'annexion au nouveau dominion. En mars 1869, au cours d'un voyage dans l'Est, il avait porté une lettre d'introduction de Charles Mair* à George Taylor Denison* de Toronto. Tous deux étaient parmi les fondateurs du mouvement, et Schultz fut l'une de leurs premières recrues.

Schultz avait longtemps stigmatisé la « tyrannie » de la Hudson's Bay Company mais, quand celle-ci céda le Nord-Ouest au Canada, il n'entendait pas que la démocratie s'installe. En avril 1869, il écrivit à John McDougall, frère du lieutenant-gouverneur désigné des Territoires du Nord-Ouest, William McDougall*, qu'il ne fallait pas accorder le droit de suffrage aux habitants de la colonie avant d'avoir « une immigration de Canadiens [anglais] suivant des principes canadiens ». En 1868, le gouvernement du Canada avait envoyé, sous la direction de John Allan Snow*, une équipe qui devait construire une route du lac des Bois à Upper Fort Garry (Winnipeg). L'année suivante, à l'approche du transfert du territoire, une autre équipe, dirigée par le colonel John Stoughton Dennis*, vint arpenter la colonie. Snow, Dennis et leurs hommes se lièrent avec Schultz, et certains d'entre eux logèrent même chez lui. Il s'ensuivit ce qu'un commentateur a qualifié par la suite de « pillage foncier » : Schultz, Snow et Mair, trésorier des travaux routiers, délimitèrent avec des piquets des concessions foncières qui, espéraient-ils, seraient reconnues au moment du transfert. Rien d'étonnant donc à ce que les Métis, en particulier, aient craint et détesté Schultz : il symbolisait tout ce que le transfert du territoire au Canada avait de menaçant.

Provoquer et détruire : voilà ce que fit Schultz pendant le tumultueux hiver de 1869–1870. Tout en se posant en défenseur de l'ordre public, il travailla au renversement du gouvernement provisoire que le chef des Métis, Louis Riel*, avait instauré avec l'appui de la majorité de la population. Dans les premiers jours de décembre 1869, avec d'autres membres du parti canadien, il se barricada dans ses immeubles, sous prétexte de protéger des stocks gouvernementaux de porc entreposés là. Dennis, qui avait été nommé « gardien de la paix » par William McDougall, leur ordonna de se disperser, mais Schultz refusa, qualifiant de lâche une telle directive. Le 7 décembre, Riel, soutenu par un groupe bien supérieur en nombre, encercla les bâtiments et captura environ 45 hommes et 3 femmes. Schultz s'échappa d'Upper Fort Garry le 23 janvier 1870 et se réfugia à Kildonan (Winnipeg). Il pressa alors les colons du lieu de se joindre à des volontaires de Portage-la-Prairie qui, sous le commandement du major Charles Arkoll BOULTON, tenteraient de libérer les autres prisonniers et de renverser le gouvernement provisoire. Le 15 février 1870, un groupe mixte captura le Métis Norbert Parisien* qui le lendemain, en tentant de s'échapper, tua Hugh John Sutherland d'un coup de feu. Repris, Parisien mourut par suite des blessures que lui avaient infligées ses ravisseurs. Entre-temps, Riel ayant libéré les prisonniers capturés le 7 décembre, le groupe de Schultz et de Boulton décida d'abandonner sa marche. Cependant, sur le chemin du retour, les hommes de Boulton furent faits prisonniers par les Métis, qui le 4 mars exécutèrent l'un d'eux, Thomas Scott*. Le 21 février, comprenant que les Métis étaient à sa recherche, Schultz était parti en raquettes pour le lac Supérieur avec un guide sang-mêlé. À partir de Duluth, au Minnesota, il se rendit à Toronto, où il arriva le 6 avril en compagnie de Mair et d'autres réfugiés de la Rivière-Rouge.

Dans la soirée, les réfugiés s'adressèrent à plus de 5 000 personnes, rassemblées par Denison. Apparemment, c'est Schultz qui impressionna le plus l'auditoire, peut-être à cause de son physique : il mesurait plus de 6 pieds, pesait 200 livres, avait une voix de stentor, les yeux bleus, la barbe et les cheveux rougeoyants. Il souleva l'indignation de la foule en évoquant le traitement infligé aux « loyaux Canadiens » de la Rivière-Rouge et, surtout, ce qu'il appela le meurtre de Scott. De concert avec Denison et Foster, Schultz et Mair parcoururent l'Ontario pour provoquer de l'agitation en dénonçant ce qui s'était passé dans la colonie. Schultz prit la parole à de nombreuses manifestations et, comme il était l'un des « loyalistes éprouvés », il reçut des dons en argent et d'autres valeurs. Jamais il n'était question de la mort de Sutherland et de Parisien ; toujours, on incitait la foule à crier vengeance pour Scott, martyr orangiste de l'Ontario. Cet esprit animait bon nombre de miliciens volontaires ontariens qui se joignirent par la suite au corps expéditionnaire envoyé à la Rivière-Rouge sous le commandement du colonel Garnet Joseph Wolseley*. À un moment donné, comme cette expédition risquait d'être annulée, Schultz prévint Denison qu'il fallait entretenir l'atmosphère de crise. « J'ai obtenu [...], écrivit-il, la corde qui liait les mains de ce pauvre Scott quand on lui a tiré dessus. Je l'envoie par courrier exprès. Montrez-la à une assemblée de protestation et remettez[-la] ensuite au maître de [la] loge d'Orange. »

À Ottawa, Schultz revendiqua des indemnités pour

pertes matérielles et autres dommages subis au cours des événements de 1869–1870. Personne ne réclama autant que lui – 69 450 $, dont 10 000 $ pour avoir été emprisonné – et il demanda même à sir George-Étienne Cartier* un siège au Sénat. On lui consentit une avance de 11 000 $, ostensiblement pour lui permettre de calmer ses créanciers montréalais et de commander des marchandises pour son commerce. En tablant sur sa cupidité, le gouvernement évita probablement qu'il manifeste son opposition à l'Acte du Manitoba et qu'il en empêche l'adoption en mai, ce qu'il aurait sans aucun doute fait autrement. William Mactavish*, gouverneur sortant d'Assiniboia, fit observer en juin que, « si les Canadiens se donnaient la peine de découvrir la vérité sur [Schultz] et sur les pertes matérielles qu'il prétend[ait] avoir subies en leur nom, ils le laisseraient tomber tout de suite ». Finalement, le juge Francis Godschall JOHNSON ne lui accorda au total que 32 000 $ en dédommagement.

De retour à la Rivière-Rouge le 6 septembre 1870, Schultz se remit à ses affaires, mais il ne se montrait pas du tout disposé à oublier les événements de l'hiver précédent ni à pardonner à ses ennemis. Son journal, le *Manitoba News-Letter*, qui fut un temps le seul de la colonie, attaquait ceux qui avaient soutenu le gouvernement provisoire, s'en prenait à la politique de conciliation du lieutenant-gouverneur Adams George ARCHIBALD et cultivait les bonnes grâces des volontaires de la milice canadienne, uniques protecteurs de l'ordre depuis le départ de Wolseley et des soldats de l'armée britannique régulière. Candidat dans Winnipeg and St John aux élections provinciales du 30 décembre 1870, il fut battu par Donald Alexander Smith*, mais il remporta l'élection partielle fédérale qui se tint dans la circonscription de Lisgar le 2 mars 1871. Selon ce qu'Archibald écrivit au premier ministre du pays, sir John Alexander MACDONALD, « il n'a[vait] reculé devant rien pour sortir vainqueur » de cette campagne. « Il est le symbole de la force brutale, poursuivait le lieutenant-gouverneur, et s'il était nommé [au Sénat ou à un autre poste] on en conclurait que le gouvernement du dominion cautionne la violence et le désordre. Il a encouragé, parmi les soldats, la propension à la bagarre – et lui-même ou ses acolytes ont été mêlés de près à tous les problèmes que nous avons eus. »

Archibald espérait peut-être qu'une fois élu au Parlement Schultz quitterait la scène régionale, mais il se trompait. En novembre 1871, il écrivit au premier ministre que le parti canadien faisait toujours du tort, quelques zélotes dans ses rangs visant l'« extermination » des Métis. « Votre ami Schultz fait secrètement de l'agitation dans ce sens », disait-il. Selon Archibald, Schultz avait récemment admis devant lui qu'« il pensait pouvoir tirer parti des préjugés contre les sang-mêlé français » pour remporter un siège à l'Assemblée. « Il est, de loin, le personnage le plus effronté que j'aie jamais rencontré. C'est à peine s'il juge nécessaire de recouvrir son manque de principes d'un voile de décence. » Le lieutenant-gouverneur poursuivait en expliquant qu'il fallait éviter toute entente avec Schultz. Gouverner le Manitoba sans l'appui du parti francophone était impossible, et « aucun député d'une circonscription française n'accepterait la moindre collaboration à une entente dont Schultz serait partie ». Archibald ajoutait : « la cupidité, la mesquinerie et le manque de principes [de Schultz] sont tels que toute association avec lui entraînerait une bataille constante à propos du trésor ». À peu près au même moment, Gilbert MCMICKEN, agent du Bureau des terres de la Puissance au Manitoba, écrivit aussi à Macdonald. En ayant l'air de favoriser Schultz, disait-il, le gouvernement fédéral avait « profondément offensé » la population, et c'était « folie » que de continuer à l'appuyer. « Vous raffermissez la position du docteur alors même qu'il manigance contre vous. » Schultz était impopulaire et ne gagnerait aucun appui aux conservateurs.

Apparemment, le gouvernement de Macdonald avait tenté de se concilier Schultz par diverses faveurs. Si ce fut le cas, ces efforts s'avérèrent vains. Une fois Schultz revenu d'Ottawa, au printemps de 1872, ses partisans défièrent de nouveau la loi en attaquant des notables manitobains de langue française et en brûlant Riel et Archibald en effigie dans les rues de Winnipeg (Schultz avait financé en partie cette manifestation). Le meneur de ces désordres était Stewart Mulvey*, ancien officier des volontaires et rédacteur en chef du nouveau journal de Schultz, le *Manitoba Liberal*. Les élections fédérales de l'automne de 1872 donnèrent lieu à d'autres actes de violence. Sous l'impulsion de Francis Evans Cornish*, une foule de gens de Winnipeg prirent d'assaut un bureau de scrutin de Saint-Boniface, ainsi que les bureaux des deux concurrents du journal de Schultz, le *Manitoban* et *le Métis*. Schultz était ravi. Bref, durant tout son mandat, Archibald fut aux prises avec une minorité qui, sous la direction de Schultz, fomenta constamment des désordres et finit par rendre difficile l'application de sa politique de conciliation.

Peu après avoir commencé à siéger aux Communes, le 5 avril 1871, Schultz avait appuyé une motion de censure contre le gouvernement parce que celui-ci ne punissait pas « les meurtriers de Thomas Scott ». Trois ans plus tard, il soutint la motion de Mackenzie Bowell* qui exigeait que Riel soit expulsé de la chambre et, en 1875, il appuya celle du gouvernement d'Alexander MACKENZIE qui bannissait le chef métis pour cinq ans. Cependant, ce furent surtout les débats sur le développement du Nord-Ouest, dont il était un partisan enthousiaste, qui retinrent son attention. Pendant la plus grande partie des années 1870, il se définit comme libéral indépendant mais, après les élections de 1878, il se déclara libéral-conservateur. Naturellement, il approuvait la politique ferroviaire du gouvernement Macdonald, gage de progrès pour le Manitoba.

En outre, Schultz se préoccupait beaucoup du sort des Indiens. Le 15 août 1873, moins de deux mois avant que le gouvernement ne conclue le traité n° 3 avec les Indiens du lac des Bois, du lac à la Pluie (lac Rainy, Ontario) et des régions situées à l'est [V. Alexander Morris*], il pressa le ministre de l'Intérieur de leur donner « une somme beaucoup plus considérable par tête » que ce qui était envisagé et de la leur remettre en nature plutôt qu'en argent. Il attira l'attention du Parlement sur le fait que le bison était en péril et demanda la fermeture de la saison de chasse. Finalement, ses propositions sur la protection des bisons furent intégrées à une ordonnance du Conseil des Territoires du Nord-Ouest, où il siégea de 1872 à 1876, mais à ce moment-là c'était trop peu et trop tard. En 1891, dans une lettre à son « cher vieil ami » Schultz, le missionnaire catholique Albert Lacombe* sollicita son aide pour un hôpital qu'il espérait construire chez les Indiens ; « comme vous l'avez dit et comme vous l'avez prouvé maintes fois, disait-il, ils méritent notre sympathie et notre compassion ».

À plusieurs reprises, Schultz pressa le ministre de l'Intérieur de régler deux questions litigieuses : les revendications foncières des Métis et la perte des privilèges de fenaison subie par les colons de longue date à mesure que de nouveaux colons occupaient les terres où ils avaient traditionnellement récolté leur foin. Qu'il se soit soucié des sang-mêlé et des Métis alors qu'en général il est réputé n'avoir eu que mépris pour eux (pour les Métis surtout) peut sembler contradictoire, mais peut-être agissait-il dans son propre intérêt. La spéculation foncière occupait une place importante dans ses affaires, et tout ce qui facilitait les transactions foncières, par exemple la délivrance de certificats de concession [V. Alexander McIntyre], serait à son avantage.

En vertu de l'Acte du Manitoba, Schultz lui-même revendiquait des concessions, dont une située dans le voisinage d'Upper Fort Garry, près du ruisseau Colony. Cependant, le ministre de l'Intérieur l'informa que la loi visait à concéder des terres uniquement à ceux qui les avaient occupées et en avaient tiré subsistance avant le 8 mars 1869. Comme Schultz n'avait « que planté des piquets aux quatre coins », sa requête fut rejetée. Avec Bown, il réclama aussi des lettres patentes sur les lots 18 à 23, dans la paroisse St John, en invoquant des motifs qui ne sont pas clairs. En 1875, un contentieux subsistait toujours à ce sujet entre eux et le département de la Justice.

En septembre 1882, peu après sa défaite aux élections générales, Schultz accéda au Sénat. Macdonald l'aurait nommé parce que, sa santé étant mauvaise, on ne s'attendait pas à ce qu'il vive encore longtemps. En effet, son état s'était beaucoup détérioré depuis la fin des années 1870, et il était allé à New York en 1879 pour des consultations médicales. Il avait du mal à parler et à marcher, voire à écrire ; en outre, il était sujet aux rhumes. Malgré tout, il continua, à titre de sénateur, à défendre avec ardeur les intérêts du Manitoba, du Nord-Ouest et des Indiens. Il se révélait aussi un prohibitionniste convaincu. Le 16 avril 1885, dans un discours éclairé (que quelqu'un d'autre lut à sa place), il condamna la mesquinerie des traités conclus avec les Indiens et réclama des conditions plus généreuses, des territoires plus vastes, moins d'argent mais plus de biens matériels, par exemple des instruments aratoires et des semences plutôt que de l'argent, la nomination d'instructeurs agricoles, et « l'instruction [en anglais] et dans la langue » des Indiens. Il présida un comité du Sénat sur les produits alimentaires de l'Ouest et un comité spécial sur les ressources du bassin du Mackenzie, région qui l'intéressait depuis longtemps.

Le 1er juillet 1888, on nomma Schultz lieutenant-gouverneur du Manitoba. Macdonald était convenu avec lui qu'il devrait, en cette qualité, tenter d'influencer la politique du premier ministre de la province, Thomas Greenway*, « autant que les convenances le permettr[aient] ». Schultz tint Macdonald au courant des moindres faits et gestes de Greenway, mais il fut incapable d'empêcher ce dernier de confier à la Northern Pacific Railroad, une entreprise américaine, l'achèvement et l'exploitation du chemin de fer de la vallée de la rivière Rouge [V. John Norquay*]. Plus tôt dans l'année, Macdonald avait dû annuler la clause qui accordait un monopole à la Compagnie du chemin de fer canadien du Pacifique, si bien que Greenway était libre d'obtenir un chemin de fer concurrent.

En matière de législation scolaire et linguistique, les relations entre Schultz et Greenway furent marquées par la faiblesse et la duperie du premier ministre. Selon Schultz, le procureur général, Joseph Martin*, était « l'âme dirigeante du cabinet et contrai[gnait] Greenway à agir selon son bon plaisir ». Tout au long de l'automne et de l'hiver de 1889–1890, Greenway ne cessa de répéter à Schultz que c'était uniquement par souci d'économie que son gouvernement voulait cesser d'imprimer les documents d'État en français et créer un département de l'Éducation. En même temps, Martin évoquait ouvertement la possibilité de retirer au français le statut de langue officielle et d'instituer des écoles laïques pour remplacer le système d'écoles publiques catholiques et protestantes. Greenway se plaignait à Schultz que Martin le plaçait constamment dans des situations gênantes et qu'à la moindre remontrance il menaçait de démissionner. Selon Schultz, ce dernier se servait de ces questions pour camoufler ses manœuvres de corruption.

À l'encontre de ce que disait Greenway, le projet de loi présenté en février 1890 contrevenait aux droits scolaires et linguistiques des Franco-Manitobains tels qu'ils étaient énoncés aux articles 22 et 23 de l'Acte du Manitoba. Schultz donna son assentiment à la loi le 31 mars, comme Macdonald lui avait dit de le faire, et lui signala que les droits scolaires inquiétaient plus les Franco-Manitobains que la question des langues officielles. Greenway, lui, continuait de se plaindre de Martin qui, soupçonnait-il, tentait de le supplanter. Il dit à Schultz qu'il s'attendait que le gouvernement fédéral refuse de reconnaître la loi ou que les tribunaux la déclarent inconstitutionnelle. Pendant les quelques années suivantes, Schultz tenta d'obtenir des concessions qui rendraient l'application de la loi moins dure pour la minorité catholique [V. Alexandre-Antonin TACHÉ]. Greenway lui laissa alors entendre que le gouvernement pourrait peut-être verser des subventions aux instituteurs catholiques titulaires d'un certificat d'enseignement, et même que Saint-Boniface pourrait avoir une école normale. Sir John Sparrow David THOMPSON, premier ministre du Canada, mettait de grands espoirs dans les bons offices de Schultz. Au début de 1894, après des mois de négociations, on rédigea un projet de loi visant à modifier la loi scolaire qui aurait amélioré la situation de la minorité, mais il fut amendé à la dernière minute, sur l'insistance des partisans mêmes de Greenway, et les choses empirèrent. Celui-ci affirma regretter le changement et continua de se déclarer prêt à faire des concessions. Schultz le pressait constamment de le faire mais, de toute évidence, il était dupé par un premier ministre faible et sournois, comme il le reconnaissait lui-même dans une certaine mesure. Aussi discutable qu'ait été la conduite de Greenway, on ne peut douter que Schultz voulait sincèrement apporter quelque allègement au sort des Manitobains catholiques.

Le mandat de Schultz fut prolongé au delà des cinq années habituelles parce que le gouvernement tardait à choisir, entre deux candidats de la région, le nouveau lieutenant-gouverneur. D'ailleurs, Schultz souhaitait rester en fonction le plus longtemps possible. Lady Aberdeen [Marjoribanks*], l'épouse du gouverneur général, qui visita Winnipeg à l'été de 1895, estimait que Schultz et sa femme avaient été « immensément impopulaires », mais elle ajoutait : « Le pauvre vieillard, qui avait b[eaucoup] de cran en son temps, fait peine à voir [...] Il doit avoir une constitution extraordinaire – il a le teint cadavéreux, quand on l'a nommé on croyait impossible qu'il vive un an, et il a constamment des hémorragies. » Le docteur Ross Mitchell rappela par la suite avoir été frappé, enfant, par « la couleur blanc jaunâtre de son visage, conséquence d'une anémie pernicieuse ». Schultz termina son mandat en septembre 1895 et ne survécut pas longtemps. Il mourut, apparemment d'une hémorragie pulmonaire, environ deux mois après avoir entrepris un voyage de repos avec sa femme à Monterrey, au Mexique. Il eut des obsèques nationales à Winnipeg le 20 avril 1896.

En 1871, Schultz avait contribué à la fondation du Bureau médical de la province de Manitoba et, en 1879, à celle de la Société historique et scientifique de Manitoba. Il présenta plusieurs communications devant cette société, dont « The old Crow Wing Trail » et « A forgotten northern fortress ». Devenu membre de la Société royale du Canada en 1894, il y lut un document intéressant, aux idées libérales, « The Innuits of our Arctic coast ». Le 25 mai de l'année suivante, on le fit chevalier commandeur de l'ordre de Saint-Michel et Saint-Georges.

Côté affaires, Schultz ne s'était pas contenté de faire du commerce de détail et de l'immobilier. Il avait été président de la North West Trading Company Limited, administrateur et président de la Compagnie du chemin de fer de colonisation du sud-ouest du Manitoba et membre du conseil d'administration de la Compagnie du grand télégraphe du nord-ouest du Canada. En 1884, à Winnipeg seulement, l'assiette de son impôt foncier avait été de 66 900 $. Dans son testament, rédigé le 4 octobre 1889, il laissa une rente annuelle de 500 $ à la deuxième femme de son père, Matilda McKenney, et à Bown. Le reste de sa succession allait à sa femme. Si elle était morte avant lui, la succession aurait été divisée en trois parts : un tiers pour l'avancement du royaume du Christ sur terre ; un tiers pour l'instruction technique des sang-mêlé et des Métis du Manitoba ; un tiers pour des hôpitaux destinés surtout aux « sang-mêlé et vieux résidents de la province ». Lady Schultz mourut le 7 octobre 1929 et laissa une succession qui, en 1946, donna 404 250 $ à une longue liste d'institutions religieuses, d'organismes de bienfaisance et d'hôpitaux.

Admiré par beaucoup, détesté par d'autres, Schultz fut un personnage controversé de son vivant et longtemps après sa mort. Le *Manitoba Morning Free Press,* qui ne l'avait jamais soutenu, déclara à sa mort : « Le Manitoba n'a jamais eu meilleur ami, le Canada fils plus dévoué, l'Empire sujet plus loyal que John Christian Schultz. » Ce journal ne fut d'ailleurs pas le seul à louer son patriotisme et sa loyauté. Il est certain qu'en vieillissant Schultz avait acquis une vision plus large et plus nuancée des choses. Les jugements négatifs ne manquent pas non plus. Joseph James HARGRAVE, témoin des événements de la Rivière-Rouge, a écrit que Schultz et sa « clique mal famée » avaient pavé la voie au soulèvement de 1869–1870 en excitant « la sédition contre les autorités en place sous prétexte de loyauté envers le Canada ». Des études bien documentées, telle la biographie de Riel par George Francis Gilman Stanley, confirment amplement ce qu'Archibald disait de sa « cupidité », de sa « mesquinerie » et de son « manque de principes ». On rapporte que le shérif

Colin Inkster*, après avoir lu au cimetière St John le panégyrique inscrit sur sa pierre tombale, déclara : « Quel dommage que nous l'ayons connu. »

Indubitablement, malgré le respect qu'il inspira par la suite, sir John Christian Schultz provoqua beaucoup de ressentiment dans la première partie de sa vie. Il fut sûrement l'un des personnages clés des événements de 1869–1870. Les Métis s'inquiétaient avec raison de ses activités et, naturellement, ils résistèrent. Leur chef, Riel, obtint un bref répit pour eux, mais ce fut tout. À la fin, on les évinça, et même la distribution de 1,4 million d'acres qu'ils étaient censés avoir reçues demeure encore aujourd'hui un sujet de litige. C'est Schultz et les nouveaux arrivants qui triomphèrent.

LOVELL C. CLARK

Sir John Christian Schultz est l'auteur de : « The Innuits of our Arctic coast », SRC *Mémoires*, 1re sér., 12 (1894), sect. II : 113–134 et d'autres articles publiés dans les Manitoba, Hist. and Scientific Soc., *Trans.*

AN, MG 26, A, 103 ; 185–188 ; 245–247 ; 264 ; D. — Arch. de l'archevêché de Saint-Boniface (Saint-Boniface, Manitoba), Cathédrale, reg. des mariages, 11 sept. 1867. — Manitoba, Legislative Library (Winnipeg), Vert. file, J. C. Schultz. — PAM, MG 12, A ; B ; E. — Begg, *Red River journal* (Morton). — Begg et Nursey, *Ten years in Winnipeg*. — Canada, chambre des Communes, *Débats*, 1871–1878. — G. T. Denison, « Sir John Schultz and the « Canada First » party, recollections », *Canadian Magazine*, 8 (nov. 1896–avril 1897) : 16–23 ; *The struggle for imperial unity : recollections & experiences* (Londres et Toronto, 1909). — J. J. Hargrave, *Red River* (Montréal, 1871 ; réimpr., Altona, Manitoba, 1977). — [I. M. Marjoribanks Hamilton-Gordon, comtesse d'] Aberdeen, *The Canadian journal of Lady Aberdeen, 1893–1898*, introd. de J. T. Saywell, édit. (Toronto, 1960). — J. H. O'Donnell, *Manitoba as I saw it, from 1869 to date, with flash-lights on the first Riel rebellion* (Toronto, 1909). — *Globe*, 25 juin 1870. — *Manitoba Morning Free Press*, 14 avril 1896. — *Nor'Wester* (Winnipeg), 15 juin 1861, 21 sept. 1867. — *Week*, 27 oct. 1893. — *CPC*, 1878–1879. — *Cyclopædia of Canadian biog.* (Rose et Charlesworth). — Dent, *Canadian portrait gallery*. — Georges Dugas, *Histoire véridique des faits qui ont préparé le mouvement des Métis à la Rivière-Rouge en 1869* (Montréal, 1905). — F. A. Milligan, « The lieutenant-governorship in Manitoba, 1870–1882 » (thèse de M.A., Univ. of Manitoba, Winnipeg, 1948). — Ross Mitchell, « Dr. John Christian Schultz, patriot or trouble maker ? » (conférence faite devant la Meridian Lodge No. 140, Winnipeg, 1969, copie au Manitoba, Legislative Library). — N. E. A. Ronaghan, « The Archibald administration in Manitoba – 1870–1872 » (thèse de PH.D., Univ. of Manitoba, 1986). — Schofield, *Story of Manitoba*. — Stanley, *Birth of western Canada* ; *Louis Riel*. — R. G. McBeth, « Schultz and Strathcona : empire builders ; the parts played by two strong men in the early history of the west », *Maclean's* (Toronto), 27 (1914), n° 6 : 24–26. — R. O. MacFarlane, « A law-abiding rebel : John Christian Schultz », *Manitoba Arts Rev.* (Winnipeg), 1 (1938–1939), n° 3 : 21–26.

SCHWATKA, FREDERICK, officier, explorateur et auteur, né le 29 septembre 1849 à Galena, Illinois, fils de Frederick G. Schwatka, tonnelier, et d'Amelia Huikill ; le 6 septembre 1882, il épousa Ada Josephine Brackett, et ils eurent une fille ; décédé le 2 novembre 1892 à Portland, Oregon.

En 1859, Frederick Schwatka quitta le Centre-Ouest américain avec sa famille pour s'installer à Salem, dans l'Oregon, où il fréquenta la Willamette University puis travailla comme apprenti chez un imprimeur. Admis en 1867 à la United States Military Academy de West Point, dans l'état de New York, il en sortit quatre ans plus tard lieutenant en second dans le 3rd Cavalry. Tout en combattant à l'occasion dans divers postes de l'Ouest, Schwatka poursuivit des études de médecine et de droit. Admis au barreau du Nebraska en 1875, il obtint son diplôme de médecine du prestigieux Bellevue Hospital Medical College de New York l'année suivante.

Au cours des années 1860, les recherches entreprises par Charles Francis Hall* pour retrouver les survivants de l'expédition de sir John Franklin*, disparue depuis 1845, éveillèrent l'intérêt de Schwatka pour l'Arctique. Hall rapporta en 1869 de nombreuses preuves que personne n'avait survécu ; cependant, aucun document officiel de l'expédition de Franklin n'avait jamais été retrouvé, si ce n'est deux feuillets découverts dix ans plus tôt par le lieutenant William Robert Hobson au cours d'une expédition dirigée par Francis Leopold McClintock*. À la fin des années 1870, le capitaine de baleinier Thomas F. Barry rapporta aux États-Unis une cuiller d'argent trouvée dans l'Arctique, et qui portait les armoiries de Franklin ; il soutenait également que les documents de l'expédition perdue se trouvaient dans un cairn quelque part entre la terre du Roi-Guillaume et la presqu'île de Melville. Pris d'une véritable passion, Schwatka décida de poursuivre les recherches. Ainsi, quand l'American Geographical Society of New York décida, à la requête d'Isaac Israel Hayes*, de parrainer une expédition privée pour retrouver les documents de Franklin, Schwatka offrit de la diriger. Malgré son inexpérience de l'Arctique, on lui en confia le commandement.

Schwatka quitta donc New York le 19 juin 1878 à bord du schooner *Eothen*, avec le capitaine Barry. Outre Schwatka, l'équipe comprenait William Henry Gilder du *New York Herald*, Heinrich Wenzl Klutschak, dessinateur et topographe, Frank F. Melms, un voyageur qui connaissait bien l'Arctique, et Ipilkvik (Joe Ebierbing), l'Inuk qui avait servi de guide et d'interprète à Hall ainsi qu'à Allen William Young* au cours de leurs expéditions de recherche de Franklin. Après avoir établi un camp de ravitaillement près de la baie Daly (Territoires du Nord-Ouest), Schwatka partit en reconnaissance au milieu de l'hiver, par voie de terre, jusqu'à l'extrémité de la baie Wager. Le 1er avril 1879, accompagné d'une douzaine d'Inuit, le groupe s'en alla en traîneau vers la terre du Roi-Guillaume, en remontant la rivière Lorillard et la pointe de la baie Wager pour descendre la rivière Hayes (découverte par Schwatka, qui lui donna le nom du président des États-Unis). Le groupe revint au camp Daly le 4 mars de l'année suivante après avoir remonté la Grande rivière des Poissons (rivière Back) et la Meadowbank. Il avait parcouru 3 251 milles, soit le plus long trajet connu accompli en traîneau à l'époque. Ayant constaté à leur arrivée que l'*Eothen* ne les avait pas attendus et n'avait pas laissé de vivres, Schwatka et ses compagnons continuèrent jusqu'à l'île Marble d'où le baleinier *George and Mary* les ramena à New Bedford, au Massachusetts.

Schwatka n'avait retrouvé qu'un seul document de l'expédition de Franklin, une copie des feuillets rapportés en 1859 par le groupe de McClintock. Les Inuit l'avaient assuré que tous les autres documents avaient été détruits ; la thèse de Barry s'avérait donc sans fondement. L'explorateur avait cependant trouvé divers vestiges de l'expédition de Franklin, y compris une partie de chaloupe, de nombreux boutons et des morceaux de tissu. Il avait découvert et identifié plusieurs tombes, dont celle du lieutenant John Irving, le troisième officier de pont du *Terror*, et trouvé plusieurs cadavres, auxquels il avait donné une sépulture. Schwatka avait tout de même démontré – et c'est là l'une des conclusions les plus importantes du voyage – que les Blancs pouvaient voyager longtemps dans l'Arctique sans blessure ni maladie grave s'ils adoptaient, comme Hall l'avait fait, les techniques de chasse et les habitudes alimentaires des Inuit, découverte que l'on attribue souvent à un explorateur du XXe siècle, Vilhjalmur Stefansson*. Fait encore plus important toutefois, Schwatka avait conclu qu'il ne restait de l'expédition de Franklin aucun document de nature scientifique.

En 1883, soit l'année suivant son mariage, Schwatka, premier lieutenant depuis 1879, partit en mission de reconnaissance sur le fleuve Yukon pour le compte de l'armée américaine. Il voyageait là encore avec un petit groupe et construisit un radeau pour descendre le fleuve de la source jusqu'à l'embouchure, sur une distance de plus de 1 300 milles, soit le plus long voyage en radeau dont on ait fait mention à cette époque. Il quitta l'armée peu après son retour mais poursuivit ses explorations. Entre 1886 et 1891, il dirigea deux expéditions privées en Alaska et fit trois voyages dans le nord-ouest du Mexique. Il donna maintes conférences sur ses expéditions et publia plusieurs comptes rendus fort populaires de ses observations sur la topographie, la flore et la faune de même que sur les coutumes et techniques de survie des autochtones.

Souffrant vers la fin de sa vie de troubles d'estomac – résultat peut-être de ses excès de table – Frederick Schwatka prit régulièrement du laudanum comme analgésique. Il mourut d'un surdosage le 2 novembre 1892.

RICHARD C. DAVIS

Les publications traitant de l'Arctique de Frederick Schwatka comprennent : « Address of Lieutenant Frederick Schwatka », American Geographical Soc. of New York, *Journal*, 12 (1880) : 246–258 ; « The igloo of the Innuit », *Science : an Illustrated Journal* (Cambridge, Mass.), 2 (juill.–déc. 1883) : 182–184, 216–218, 259–262, 304–306, 347–349 ; « The implements of the igloo », 4 (juill.–déc. 1884) : 81–85 ; et « The Netschillik Innuits », 543–545 ; le rapport officiel intitulé *Report of a military reconnaissance in Alaska, made in 1883, by Frederick Schwatka*, publié par É.-U., Army, Dept. of the Columbia (Washington, 1885) ; *Along Alaska's great river ; a popular account of the travels of the Alaska exploring expedition of 1883, along the great Yukon River, from its source to its mouth, in the British Northwest Territory, and in the territory of Alaska* (New York, 1885), une édition augmentée a paru sous le titre de *A summer in Alaska ; a popular account* [...] (Philadelphie, 1891) ; *The search for Franklin ; a narrative of the American expedition under Lieutenant Schwatka, 1878 to 1880* (Londres, 1882) ; et une édition moderne de ce dernier récit, *The long Arctic search : the narrative of Lieutenant Frederick Schwatka, U.S.A., 1878–1880, seeking the records of the lost Franklin expedition*, E. A. Stackpole, édit. (Mystic, Conn., 1965).

American Geographical Soc. of New York, *Bull.*, 24 (1892) : 618–620. — W. H. Gilder, *Schwatka's search : sledging in the Arctic in quest of the Franklin records* (New York, 1881). — H. W. Klutschak, *Als Eskimo unter den Eskimos ; Eine Schilderung der Erlebnisse der Schwatka'schen Franklin-Aufsuchungs-Expedition in den Jahren 1878–80* (Viennes, 1881) ; traduit sous le titre de *Overland to Starvation Cove with the Inuit in search of Franklin, 1878–80*, William Barr, trad. et édit. (Toronto, 1987). — *New-York Times*, 3 nov. 1892. — *New-York Tribune*, 3 nov. 1892. — *DAB*. — R. E. Johnson *et al.*, *Schwatka : the life of Frederick Schwatka (1849–1892), M.D., Arctic explorer, cavalry officer : a précis* (Montpelier, Vt., 1984). — R. E. Johnson, « Doctors afield : Frederick Schwatka – cavalry officer, explorer, physician », *New England Journal of Medicine* (Boston), 278 (janv.–juin 1968) : 31–35.

SCOTT, PATRICK J., avocat et homme politique, né le 25 décembre 1848 à St John's ; le 2 décembre 1882, il épousa au même endroit Eleanor Margaret Little, de Charlottetown, sœur de PHILIP FRANCIS et de Joseph Ignatius* Little ; décédé le 22 octobre 1899 à St John's.

Patrick J. Scott fréquenta le St Bonaventure's College et étudia le droit, d'abord avec George James Hogsett* en 1867, puis avec John Little. Admis au barreau de Terre-Neuve le 25 mars 1872, il commençait l'année suivante sa longue carrière politique dans le parti libéral, opposé à la Confédération et composé surtout de catholiques. Avec Maurice FENELON et Lewis Tessier, il fut élu sans opposition dans le district de St John's West, représenté par trois députés, exploit que les trois hommes répéteraient d'ailleurs en 1874 et en 1878. Membre du gouvernement antifédéraliste de Charles James Fox Bennet* en 1873, Scott fit partie de l'opposition libérale après 1874. Il se tailla une solide réputation d'orateur ainsi que de critique financier des gouvernements conservateurs de Frederic Bowker Terrington CARTER et de William Vallance Whiteway*, qui avaient mis de côté la question de la Confédération pour promouvoir la mise en valeur des ressources par la construction d'un chemin de fer. Les libéraux en vinrent eux aussi à adopter cette position et, en 1882, ils s'allièrent à Whiteway pour remporter les élections générales où ils affrontaient une coalition de marchands de la rue Water, réunis sous la bannière du *New Party* et opposés à la construction du chemin de fer.

Au début de l'année 1885 cependant, cette alliance s'effondra par suite du retrait de certains libéraux, dont Scott, ennuyés que Whiteway n'ait pas réussi à l'Assemblée à se détacher d'une proposition dans laquelle le *New Party* critiquait les verdicts rendus aux procès des catholiques impliqués dans un violent conflit sectaire à Harbour Grace en décembre 1883 [V. Robert John KENT]. Whiteway, à qui l'on avait promis une charge de juge, démissionna en faveur d'un marchand de la rue Water, Robert Thorburn*, qui mena un groupe uni de protestants à la victoire contre le parti libéral aux élections générales du 31 octobre 1885. Bien qu'il ait promis pendant la campagne qu'il n'y aurait « pas de fusion avec les libéraux », Thorburn informa en privé les libéraux les plus influents qu'il chercherait leur appui après les élections. Scott se fit élire dans St John's West mais, fait révélateur, il n'obtint pas le plus grand nombre de voix. Cet honneur revint à un avocat ambitieux et populiste de 26 ans, Edward Patrick Morris*, candidat indépendant.

Le 26 juillet 1886, Thorburn conclut avec des dirigeants catholiques une entente politique qui entraîna la nomination de Fenelon et de William J. S. Donnelly à son cabinet. Comme Kent et sir Ambrose Shea* s'étaient retirés de la politique active, Scott devint, à l'Assemblée, le porte-parole des députés libéraux qui demeuraient officiellement dans l'opposition mais appuyaient néanmoins le gouvernement de Thorburn dans l'ensemble. Malgré son opposition ouverte à la Confédération, Scott accepta en 1888, sur l'invitation de Thorburn, de faire partie du groupe de délégués qui iraient à Ottawa pour s'informer des conditions d'union que le Canada offrirait peut-être à Terre-Neuve. Mais Whiteway dénonça cette initiative et les antifédéralistes mobilisèrent les opposants catholiques à la Confédération ; en septembre, Thorburn dut annuler la rencontre. Scott justifia plus tard qu'on l'ait choisi comme délégué par le fait qu'il n'avait pas plus le droit de dire : « nous n'entrerons pas dans la Confédération » que celui de dire « nous y entrerons ».

En août 1888, Scott s'associa politiquement à l'important marchand Moses MONROE, gros employeur de l'ouest de St John's qu'il aida à se faire élire au premier conseil municipal de cette ville le 30 août. Il se trouvait ainsi mêlé à la rivalité croissante entre Monroe et Morris, qui cherchaient tous deux à exercer une influence à St John's par l'intermédiaire du favoritisme municipal. Aux élections générales du 6 novembre 1889, Scott et plusieurs autres députés libéraux suivirent Monroe dans les rangs du parti ministériel, et Morris se joignit au groupe d'opposition de Whiteway qui, ayant repris de la vigueur, remporta une écrasante victoire. Dans St John's West, Morris et ses deux coéquipiers eurent facilement raison des candidats du gouvernement menés par Scott. Ces élections allaient mettre fin au parti libéral tel qu'il était constitué depuis les années 1830 – en misant sur l'appui des catholiques et des nationalistes irlandais – et voir naître des loyautés catholiques déterminées par les questions économiques, un processus interrompu depuis que les libéraux avaient quitté le gouvernement de Whiteway en 1885. Cependant, malgré les protestations de Scott, Morris et Whiteway revendiquaient maintenant le titre de libéral pour leur parti.

Après 1889, Scott continua à œuvrer dans l'opposition conservatrice. En 1890, il fut l'un des deux délégués que les tories envoyèrent en Angleterre pour protester contre la politique impopulaire du gouvernement impérial concernant les droits de pêche des Français sur la côte ouest de Terre-Neuve [V. Moses Monroe]. Le 6 novembre de la même année, il se présenta, mais sans succès, contre un candidat de Morris dans St John's East, circonscription vacante depuis la mort de John Joseph Dearin* en juillet. Après avoir tenté sans grande conviction de joindre les rangs libéraux en juillet 1893, et y avoir apparemment renoncé à cause de malentendus de part et d'autre, il retourna dans son district natal de St John's West aux élections générales du 6 novembre suivant pour se présenter avec Monroe sous la bannière conservatrice. Il fut de nouveau défait.

Après sa défaite aux élections de 1893, l'opposition déposa des requêtes à la Cour suprême en vertu du *Corrupt Practices Act* de 1889, dans lesquelles elle accusait 17 membres du parti ministériel d'avoir fait un emploi illégal des fonds publics durant la campagne. Whiteway, Morris et d'autres ministériels perdirent leur siège, et le gouvernement dut démissionner le 11 avril 1894. Un nouveau gouvernement dirigé par le marchand conservateur Augustus Frederick Goodridge* prit le pouvoir. Les élections partielles qui se tiendraient plus tard dans l'année, dans les districts laissés vacants par le départ des libéraux, détermineraient qui aurait la majorité à l'Assemblée.

Scott avait agi à titre de conseiller juridique des

pétitionnaires désireux de déloger Morris dans St John's West, mais il démissionna à la fin d'avril 1894, soutenant que le gouvernement de Goodridge restait au pouvoir malgré la volonté du peuple. Il se joignit ensuite à l'opposition libérale et, avec l'appui de Morris, remporta l'élection partielle du 10 novembre dans St John's West. Les libéraux, qui avaient gagné presque toutes les élections partielles, formèrent un nouveau gouvernement dirigé par Daniel Joseph Greene* le 13 décembre et, le lendemain, Scott devint receveur général. Aux élections générales du 28 octobre 1897, il décida de se porter candidat dans le district de Placentia and St Mary's plutôt que dans celui de St John's West, car son parti souhaitait y présenter un candidat sérieux contre le conservateur William J. S. Donnelly. Scott et Morris démentirent tous deux la rumeur voulant que Morris se soit opposé à ce que Scott se présente dans St John's West mais, quoi qu'il en soit, s'il l'avait fait il aurait probablement été réélu comme Morris. Dans Placentia and St Mary's, il essuya une amère défaite, à l'instar des membres du parti ministériel dans l'ensemble de l'île.

Patrick J. Scott mourut subitement d'un arrêt du cœur en octobre 1899, au moment où il se proposait de se porter candidat dans St John's East à la prochaine élection partielle. Aimé tant par ses amis que par ses adversaires politiques, il avait été un « brillant orateur » et un « maître de la tactique parlementaire ». Ses premiers succès politiques avaient beaucoup tenu à l'influence des dirigeants de l'Église catholique et de la collectivité, et, s'il avait connu des échecs au début des années 1890, c'est que Morris était parvenu à trouver des appuis dans St John's à l'extérieur de l'Église. Après 1894, Scott dut sa survie politique à Morris mais, des deux hommes, c'est Morris qui avait la personnalité la plus forte.

MELVIN BAKER

Basilica of St John the Baptist (Roman Catholic) (St John's), Reg. of marriages, 2 oct. 1882 (mfm aux PANL). — PRO, CO 199/90 (copie aux PANL). — *Daily News* (St John's), 23 oct. 1899. — *Evening Herald* (St John's), 23 oct. 1899. — *Evening Mercury* (St John's), 11 nov. 1889. — *Evening Telegram* (St John's), 23 oct. 1899. — *Newfoundlander*, 11 nov. 1873, 3 nov. 1874, 4 nov. 1878. — *Nfld. men* (Mott), 37. — Melvin Baker, « The government of St. John's, Newfoundland, 1800–1921 » (thèse de PH.D., Univ. of Western Ontario, London, 1981). — Hiller, « Hist. of Nfld ». — S. J. R. Noel, *Politics in Newfoundland* (Toronto, 1971).

SCOTT, THOMAS SEATON, architecte et fonctionnaire, né le 16 août 1826 à Birkenhead, Angleterre ; le 28 avril 1859, il épousa à Montréal Mary Mackenzie, et ils eurent trois fils et une fille ; décédé le 15 ou le 16 juin 1895 dans sa maison d'Ottawa.

Après avoir fait son apprentissage auprès d'un architecte-ingénieur agréé, apparemment son frère aîné Walter, Thomas Seaton Scott parcourut l'Europe de janvier à août 1850 pour voir et dessiner les grands ouvrages du passé. À la fin de 1855 ou au début de l'année suivante, il immigra au Canada avec, selon les dires de ses descendants, la foule d'artisans et autres spécialistes venus travailler à la construction du pont Victoria, à Montréal [V. James Hodges*]. Scott a laissé trois croquis de ce pont, mais personne n'a encore trouvé de document qui précise le rôle qu'il aurait joué dans sa conception ou sa construction. Son mariage avec la fille de William S. Mackenzie, chef d'exploitation des locomotives du Grand Tronc, l'a peut-être aidé à obtenir des contrats de cette compagnie ferroviaire. Toute sa vie, en effet, Scott a conçu pour elle des bâtiments importants, depuis les grandes gares de Toronto et de Montréal, inaugurées respectivement en 1873 et 1889, jusqu'aux petites installations le long de la ligne reliant Québec à Trois-Pistoles. C'est également lui qui a aménagé à des fins résidentielles la propriété du Grand Tronc à Pointe-Saint-Charles (Montréal).

Les relations que Scott avait nouées grâce à sa famille et à son travail au Grand Tronc, ajoutées à ses modestes talents de dessinateur, lui permirent d'obtenir d'autres commandes à Montréal. La plus importante, et la plus difficile, fut l'achèvement des travaux de la cathédrale Christ Church au décès de l'architecte Frank Wills*. Engagé en 1857 à la condition expresse de ne rien changer aux plans de ce dernier, Scott devait plus tard être poursuivi en justice, avec les entrepreneurs en construction, pour la qualité médiocre des fondations que Wills avait prescrites. Scott, qui était presbytérien, dessina aussi plusieurs églises, qui existent toujours, pour des communautés anglicanes : à Prescott en 1858, à Ottawa et à Cornwall en 1868–1869, de même que, dans la province de Québec, à Waterloo en 1871 et à Murray Bay (Pointe-au-Pic). On lui doit également les plans de plusieurs maisons bourgeoises de Montréal et d'une résidence à Maitland, en Ontario.

En 1871, l'architecte Scott semblait connaître un certain succès à son cabinet privé. Ses relations familiales et professionnelles lui avaient assuré un revenu stable, mais sa carrière n'avait rien de spectaculaire, si ce n'est qu'il avait des contrats un peu partout dans la province de Québec et en Ontario à une époque où les architectes ne travaillaient généralement que dans une seule ville. À en juger d'après les bâtiments qu'on lui attribue, il arrivait très bien à rendre l'esprit et les détails du néo-gothique, dont la popularité était cependant à la baisse, mais il était certainement maladroit dans le dessin plus moderne des styles à l'italienne et Second Empire. L'année 1871 marque un tournant dans sa carrière : nommé le 24 mai architecte du département des Travaux publics du dominion, ministère pour lequel il n'avait jamais travaillé jusque-là, il allait être promu le 17 février suivant architecte en chef du département, devenant ainsi la première personne à détenir ce titre.

Selon ce que sa famille prétendrait plus tard, Scott devait sa nomination à l'influence de sir George-Étienne Cartier*, longtemps conseiller juridique principal du Grand Tronc. Rien d'autre d'ailleurs, ni sa réputation professionnelle ni les relations qu'on lui connaissait, ne permet d'expliquer qu'on l'ait choisi. D'abord seul architecte des Travaux publics, Scott créa le service d'architecture et, peu à peu, en fit la plus grande entreprise à concevoir et à construire des édifices au pays. Pour préparer les plans et les élévations des nouvelles structures, l'État fédéral fit d'abord appel, par contrat, à des architectes indépendants, qui dressèrent les plans des trois immeubles construits par le département en 1870–1871. Puis, progressivement, on autorisa Scott à engager du personnel et à faire préparer les plans dans son service, de sorte que dix ans plus tard le département s'occupait lui-même de 33 des 35 immeubles importants qu'il se proposait de construire – les 2 autres, conçus par des gens de l'extérieur, étant les bureaux de poste de Belleville et de St Catharines, en Ontario. D'après les rapports ministériels et la correspondance qui restent, Scott ne dessina pas lui-même beaucoup d'édifices et n'eut pas une grande influence sur les décisions fédérales en cette matière. Il s'occupa plutôt d'administration, et sa plus importante contribution fut d'engager des spécialistes reconnus et de façonner une équipe qui préparait les plans, d'établir les règles d'adjudication des contrats et de gestion interne et de constituer graduellement ce qui semble avoir été la plus grande concentration de connaissances en architecture au pays. En qualité d'architecte, il ne participa apparemment qu'à un seul projet, l'agrandissement de l'édifice de l'Ouest du Parlement d'Ottawa, entrepris en 1875 et dont les plans sont nettement de lui. De plus, il révisa lui-même les plans que l'architecte paysagiste new-yorkais Calvert Vaux avait préparés pour la colline du Parlement.

Scott n'eut pas non plus beaucoup d'influence sur la politique fédérale en matière de construction. Peu avant son arrivée à Ottawa, le gouvernement avait, semble-t-il, adopté une version plutôt dépouillée et simplifiée du style Second Empire qui, pour projeter une image unifiée, s'appliquerait à tous les édifices fédéraux du pays. Or, d'après les travaux qu'il avait réalisés avant sa nomination, Scott n'avait pas d'affinité ni de talent particulier pour ce style, et les bâtiments fédéraux dessinés par son personnel ne se distinguent ni par la qualité de l'exécution artistique ni par la décoration ou l'aménagement des espaces intérieurs. Ce n'est que par l'utilisation du fer dans les systèmes de soutien – sûrement attribuable à l'expérience de Scott dans les sociétés ferroviaires – que le département a contribué à faire avancer la profession d'architecte. Sous la direction de Thomas FULLER, éminent successeur de Scott, le département en viendrait à donner aux édifices une apparence extérieure de meilleure qualité, quoique en matière de structures, dans l'utilisation de la fonte par exemple, il soit devenu passablement plus conservateur. Scott démissionna pour des raisons de santé le 7 septembre 1881, mais une série de manœuvres administratives lui permirent d'avoir droit prématurément à sa retraite le 4 novembre et de toucher une pension de 660 $ par an. Scott vécut ensuite tranquille et presque ignoré à Ottawa jusqu'à ce qu'il meure d'une maladie cardiaque en 1895. Il laissa à ses héritiers une maison – construite, croit-on, d'après ses propres plans et qui est aujourd'hui un petit hôtel –, ses effets personnels et 2 800 $ en argent. En 1880, il avait été l'un des cinq architectes canadiens à être nommé membre fondateur de l'Académie royale canadienne des arts [V. Lucius Richard O'BRIEN], à laquelle il avait donné comme morceau de réception son dessin de la gare Union de Toronto. Il l'avait remplacé l'année suivante par trois dessins de son agrandissement de l'édifice de l'Ouest du Parlement d'Ottawa. Après avoir présenté quatre croquis à l'exposition de 1882, il avait siégé sans se distinguer au conseil de l'académie de 1880 à 1891 et de 1893 jusqu'à sa mort.

Dans les années 1850 et 1860, époque où Montréal pouvait s'enorgueillir de compter plusieurs excellents concepteurs, Thomas Seaton Scott fut, lui, un architecte et un ingénieur moyen. Sa nomination au département des Travaux publics témoigne de l'influence envahissante que les compagnies ferroviaires avaient sur la politique et l'administration fédérales pendant les années qui suivirent la Confédération, époque où les relations et une aptitude administrative limitée l'emportaient sur la compétence professionnelle. Tant à ce poste qu'en remplissant les commandes privées qu'on lui confia avant et après sa nomination, Scott ne manifesta jamais de compréhension particulièrement poussée des nouveaux courants architecturaux et, de fait, son dernier ouvrage connu, la gare Bonaventure, s'est fait remarquer par son air démodé. Sa principale réalisation demeure d'avoir formé le service d'architecture du département des Travaux publics et de lui avoir donné de l'ampleur durant ses premières années, mais ce travail, bureaucratique surtout, fut nettement éclipsé par les réussites architecturales et administratives de son successeur.

DANA JOHNSON

La légère incertitude qui règne au sujet de la date du décès de Thomas Seaton Scott résulte de divergences dans les sources. On donne le 15 juin 1895 dans le registre d'inhumation du Mount Royal Cemetery Company (Outremont, Québec) et dans celui de la St Andrew's Presbyterian Church (Montréal), cité ci-dessous. Toutefois, la demande d'homologation de son testament (AO, RG 22, sér. 354, n° 2672), enregistre son décès « le ou vers le 15 juin 1895 », et la date gravée sur la pierre tombale de T. S. et Mary Scott dans le cimetière du Mont Royal (lot C-547) est le 16 juin.

Une liste complète des édifices publics érigés pendant que Scott était architecte principal figure dans Canada, Dép. des Travaux publics, *General report of the minister of public works for 1867 to 1882* (Ottawa, 1884), app. 1. [D. J.]

AN, Division des arch. cartographiques et architecturales, RG 11M, Acc. 83403/55 ; RG 2, 4, vol. 3, n° 1021 ; vol. 4, n° 131 ; vol. 13, n°s 1273, 1446, 1463 ; RG 55, 424, n° 2816. — ANQ-M, CE1-125, mars 1865 ; Division cartographique, P1000/50-598. — Church of St Andrew and St Paul (Presbyterian) (Montréal), St Andrew's, reg. of baptisms, marriages, and burials, 1859 : f° 30 ; 1860–1861 : f° 26 ; 1862–1863 : f° 33 ; 1892–1909 : f° 70. — Grenville County Hist. Museum (Prescott, Ontario), Report of the building committee of St John's Church, Prescott, 6 mars 1860. Cette référence nous a courtoisement été donnée par Stephen A. Otto, Toronto. [D. J.] — St Andrew's Presbyterian Church (Ottawa), Reg. of baptisms, 1872 (mfm aux AO). — Canada, Dép. des Travaux publics, *Report of the minister* (Ottawa), 1871 : 47–51 ; 1876, app. 17 : 4 ; 1881 : xiv–xxi. — *Canadian Architect and Builder* (Toronto), 2 (1889) : 9. — *Canadian Illustrated News* (Montréal), 17 juill. 1871, 11 déc. 1875, 18 mai 1878. — *Gazette* (Montréal), 18 juin 1895. — *La Minerve*, 3 août 1858. — *Ottawa Citizen*, 17 juin 1895. — *Times* (Ottawa), 11 mai 1868. — *Ottawa directory*, 1869–1870 : 97–98. — *Académie royale des arts du Canada ; exhibitions and members, 1880–1979*, E. de R. McMann, compil. (Toronto, 1981). — Wallace, *Macmillan dict.* — F. D. Adams, *A history of Christ Church Cathedral, Montreal* (Montréal, 1941), 75–85 (le nom de Scott est transcrit de manière erronée comme Thomas S. Salt). — Margaret Archibald, *By federal design : the chief architect's branch of the Department of Public Works, 1881–1914* (Ottawa, 1983). — Philippe Dubé et Jacques Blouin, *Deux cents ans de villégiature dans Charlevoix : l'histoire du pays visité* (Québec, 1986), 119. — H. E. MacDermot, *Christ Church Cathedral ; a century in retrospect* ([Montréal, 1959] ; réimpr., 1978). — N. McF. MacTavish, *The fine arts in Canada* (Toronto, 1925 ; réimpr., [avec introd. de Robert McMichael], 1973). L'entrée au nom de Scott contient plusieurs inexactitudes. [D. J.] — D. [R.] Owram, *Building for Canadians : a history of the Department of Public Works, 1840–1960* ([Ottawa], 1979). — C. [A.] Thomas, « Architectural image for the dominion : Scott, Fuller and the Stratford Post Office », *Journal d'hist. de l'art canadien* (Montréal), 3 (1976), n° 1–2 : 83–94. — Janet Wright, « Thomas Seaton Scott : the architect versus the administrator », *Journal d'hist. de l'art canadien*, 6 (1982), n° 2 : 202–18.

SCOVILL, POLLY. V. Barber

SEFTON, HENRY FRANCIS, professeur de musique, auteur et compositeur, né vers 1808 à Worcester, Angleterre, fils de Henry Sefton et de Mary Jones ; le 25 mai 1842, il épousa à Tardebigge, Angleterre, Martha Johnston-Brown, et ils eurent huit filles et un fils ; décédé le 21 mai 1892 à Toronto à l'âge de 84 ans.

Chanteur, compositeur et directeur de chorale talentueux, Henry Francis Sefton avait reçu une bonne formation en musique vocale. Au début de sa carrière, il participa à des festivals de musique tenus à Worcester, Gloucester et Hereford et, à une date inconnue, il entreprit d'enseigner la musique vocale à Worcester. Au printemps de 1858, à l'invitation d'Egerton Ryerson*, surintendant en chef de l'Éducation dans le Haut-Canada, Sefton immigra avec sa femme et ses six enfants à Toronto, où il devint professeur de musique à la Normal School. Selon les modalités de son contrat, il devait enseigner huit heures par semaine pour un salaire de £80 (cours de Halifax) par période de cinq mois ; à partir de 1872, il enseigna aussi dans les écoles publiques de la ville. Attiré par la technique musicale, Sefton avait étudié en Angleterre, auprès de John Pyke Hullah, une méthode de déchiffrage vocal en *do*. Après y avoir enseigné la méthode de Hullah durant 16 ans, il en avait conçu une adaptation, qu'il fit connaître à Toronto. Vers les années 1860, cependant, il dut la défendre contre une méthode en *sol-fa* tonique mise au point en Angleterre par John Curwen. Sefton rédigea alors un manuel d'enseignement de la musique vocale et l'accompagna d'un recueil de chansons qu'il avait compilé lui-même.

L'ouvrage, intitulé *Three-part songs* [...] et publié par Sefton en 1869, fut le premier recueil de chansons admis dans les écoles de l'Ontario par le Council of Public Instruction [V. Henry James Grasett*]. La plupart des 131 pièces qu'il contenait étaient d'origine britannique, mais Sefton y ajouta « quelques compositions canadiennes, avec paroles et musique originales », ainsi que quelques airs de « provenance étrangère ». « Un grand soin a été apporté à la sélection des poèmes, dans le but non seulement de susciter l'intérêt des élèves, mais aussi de produire un effet salutaire sur leurs principes et leurs habitudes », pouvait-on lire dans la préface du manuel ; beaucoup des 21 chansons que Sefton composa lui-même pour son recueil, dont *Our country and our queen*, *Employment* et *The crust of bread*, servaient des fins patriotiques et morales. Il publia, peu de temps après semble-t-il, un ouvrage intitulé *A manual of vocal music* [...], dans lequel il expose méthodiquement sa technique d'enseignement, qu'il déclarait avoir utilisée « durant un certain nombre d'années à la Normal School de l'Ontario avec un franc succès ». La première partie de ce manuel, adressée aux professeurs de musique, expliquait la théorie musicale ; la deuxième, destinée aux élèves, décrivait les éléments de la musique et comprenait des tableaux et des exercices vocaux pour les aider à apprendre les notions fondamentales en ce domaine. Comme exercice additionnel, Sefton proposait aux professeurs et aux élèves l'utilisation de chansons appropriées dans son volume d'accompagnement, *Three-part songs*. À la quatrième édition du manuel, imprimée en 1871, il avait ajouté un supplément de dix pages « adapté pour l'enseignement aux enfants ».

Même si les deux manuels publiés par Henry Francis Sefton répondaient à un besoin apparu à la fin des années 1860 lorsque le programme de la Normal School passa de la formation générale à la pédagogie, sa méthode s'avéra trop difficile pour l'enseignement de la musique vocale aux écoliers. C'est la méthode de Curwen qui devint finalement la technique autorisée en Ontario. Peut-être en raison de ce revers ou de son état de santé, Sefton diminua ses activités. Vers la fin de sa carrière, des élèves et des inspecteurs commencèrent à se plaindre de la fréquence de ses absences et de l'inefficacité de son enseignement. En 1882, il se retira chez lui à Toronto, où il vécut avec sa femme et deux de ses filles adultes jusqu'à son décès, dix ans plus tard. Un de ses successeurs à la Normal School, Alexander Thom Cringan*, le décrivit comme un « bon musicien théorique ».

MARGARET FILSHIE LEASK

Henry Francis Sefton est l'auteur de : *Three-part songs, for the use of the pupils of the public schools of Canada* (Toronto, 1869) ; et *A manual of vocal music, (treated analytically), in two parts* (seulement la 4e éd., Toronto, 1871, a pu être retracée). Certaines de ses chansons du premier recueil ont été rééditées en partitions par Abraham* et Samuel* Nordheimer de Toronto. Un arrangement de Sefton de l'hymne *Rock of ages* parut dans *The Canadian musical heritage,* Elaine Keillor *et al.*, édit. (9 vol. parus, Ottawa, 1983–), 5, n° 202.

AO, MU 7451–7452, particulièrement MU 7452, Ryerson à Sefton, 24 avril 1858 ; RG 2, E-1, box 3, folder 2 (1872–1875), Sefton à Ryerson, 27 févr. 1875. — Arch. privées, Margaret [Sefton] Groome (Toronto), Sefton family Bible. — Ontario, Education Dept., *Annual report* (Toronto), 1883 : 151. — « The Toronto Normal School ; a student's experiences », *Canada Educational Monthly and School Chronicle* (Toronto), 2 (1880) : 226–227. — *Toronto Daily Mail,* 23 mai 1892. — *Commemorative biog. record, county York.* — *Encyclopédie de la musique au Canada* (Kallmann *et al.*). — *Toronto Normal School, 1847–1947* (Toronto, 1947), 49, 75. — G. C. Trowsdale, « A history of public school music in Ontario » (thèse de D.ED., 2 vol., Univ. of Toronto, 1962), 223, 371, 381. — « 1858 Ryerson–Sefton letters presented by Sefton family », *Ontario Education News* ([Toronto]), 1 (1965), n° 1 : 2–3.

SENATI. V. SAHNEUTI

SHADD, MARY ANN CAMBERTON (Cary), éducatrice, abolitionniste, auteure, éditrice et journaliste, née le 9 octobre 1823 à Wilmington, Delaware, fille d'Abraham Doras Shadd et de Harriet Parnell ; le 3 janvier 1856, elle épousa à St Catharines, Haut-Canada, Thomas Fauntleroy Cary (décédé en 1860), et ils eurent un fils et une fille ; décédée le 5 juin 1893 à Washington.

Mary Ann Camberton Shadd était l'aînée des enfants d'un éminent abolitionniste noir. Elle avait dix ans quand sa famille quitta Wilmington pour West Chester, en Pennsylvanie, où elle fit ses études dans un pensionnat quaker. Six ans plus tard, Mary Ann quitta cet établissement et retourna à Wilmington, où elle mit sur pied une école pour les jeunes Noirs. Elle y enseigna d'abord, de 1839 à 1850, puis dans des écoles noires de New York, Trenton au New Jersey, ainsi que West Chester et Norristown en Pennsylvanie. Partout, elle répandait le message de son père : les Noirs pouvaient atteindre la parité raciale, donc s'intégrer à la société américaine, par l'éducation, l'épargne et le labeur. Ces opinions figurent dans *Hints to the colored people of the north,* opuscule de 12 pages paru en 1849, dans lequel elle soulignait la folie de ceux qui imitaient le matérialisme ostentatoire des Blancs. Militante politique comme son père, Mary Ann implorait les Noirs de prendre l'initiative de la réforme antiesclavagiste sans attendre la bonne volonté ou l'appui des Blancs. Au milieu de la vingtaine, elle avait déjà acquis une renommée considérable en développant les thèmes qui lui resteraient chers : l'indépendance et le respect de soi pour les Noirs.

Cependant, Mary Ann Shadd atteignit vraiment la célébrité quand elle devint chef et porte-parole des réfugiés noirs qui avaient fui les États-Unis pour gagner le Haut-Canada après l'adoption du *Fugitive Slave Act* en 1850. Croyant qu'elle pourrait les aider, elle s'installa à Windsor à l'automne de 1851, et y ouvrit une école avec l'aide de l'American Missionary Association. Ses relations avec les autres leaders noirs du Canada furent d'abord amicales, mais bientôt elle se trouva mêlée à une querelle avec Henry Walton Bibb*. Elle prônait en effet la complète intégration des Noirs et s'opposait aux communautés séparées, comme celles de la Refugee Home Society, auxquelles Bibb était étroitement associé. En outre, elle reprochait à cette société de « mendier » des fonds et en vint même à soupçonner Bibb de retirer un avantage financier de sa participation à la société. Quant à Bibb, il demandait dans son journal, le *Voice of the Fugitive,* pourquoi elle avait caché aux parents de ses élèves la subvention que lui avait accordée l'American Missionary Association. Cette querelle nuisit aux deux parties ; en janvier 1853, l'association, manifestement opposée aux opinions évangéliques de la jeune femme, cessa de financer son école.

Mary Ann Shadd écrivit alors davantage. Pendant l'été de 1852, elle avait publié une brochure, *A plea for emigration* [...], dans laquelle elle encourageait les Noirs américains à immigrer au Canada et attaquait la philosophie de plus en plus séparatiste des Noirs canadiens. Cette publication connut une large diffusion, mais Mary Ann voulait un organe régulier pour répandre ses vues. Au début de 1853, grâce à l'aide opportune de l'abolitionniste noir Samuel Ringgold

Ward*, elle lança le premier numéro du *Provincial Freeman*. Officiellement rédacteur en chef de cette publication audacieuse, Ward n'avait en fait que prêté son nom afin de soulever l'intérêt des lecteurs et d'attirer des abonnés. Mary Ann Shadd n'avait ni titre ni poste officiel, mais elle était l'âme de la nouvelle entreprise. Le premier numéro, résolument intégrationniste, parut en mars. Ensuite, on suspendit la publication pendant un an, en raison de la tournée de conférences que fit la jeune femme aux États-Unis et au Canada afin de recueillir des fonds pour le nouveau journal.

Dès mars 1854, Mary Ann Shadd avait trouvé suffisamment d'appuis pour relancer le *Provincial Freeman*, dont la devise était : *L'autonomie seule peut mener à l'indépendance*. Installé à Toronto, le journal parut régulièrement. Mary Ann y commentait tous les aspects de la vie des Noirs au Canada, mais elle s'attardait surtout aux problèmes de discrimination et de ségrégation raciales. Elle attaquait quiconque, Noir ou Blanc, était disposé à faire un compromis avec les esclavagistes et stigmatisait surtout ceux de ses frères noirs qui étaient prêts à accepter un statut de deuxième classe. Toutefois, ses invectives les plus féroces allaient aux communautés séparées, qui selon elle ne faisaient que favoriser la discrimination, et elle pressait les Noirs de tenter de s'intégrer à la société canadienne. Elle critiquait John Scoble* et Josiah Henson*, du village de Dawn, presque aussi sévèrement que Bibb, et n'admettait qu'à contrecœur les qualités de la communauté d'Elgin, dirigée par William KING.

Des problèmes financiers interrompirent la publication régulière du Provincial *Freeman* plusieurs fois. Le 30 juin 1855, William P. Newman devint rédacteur en chef et le journal s'installa à Chatham, mais Mary Ann Shadd peut avoir continué d'y jouer un rôle d'arrière-plan. En janvier 1856, elle épousa l'homme d'affaires noir Thomas Fauntleroy Cary ; en mai, elle retourna au *Provincial Freeman* pour occuper l'un des trois postes de rédacteur. Cependant, le journal ne parut que sporadiquement à compter de 1856, et il ferma ses portes en 1859 ; le fardeau financier était devenu trop lourd.

Après la disparition du *Provincial Freeman*, Mary Ann Shadd demeura à Chatham et recommença à enseigner. Toutefois, elle suivait avec grand intérêt la polarisation de l'opinion américaine. L'arrivée de John Brown au Canada, au printemps de 1858, avait renforcé son espoir de voir le conflit imminent mettre fin à l'esclavage. Elle faisait partie d'un groupe qui rencontra Brown et fut mise au courant des projets de ce visionnaire. Un autre membre du groupe, le jeune Noir Osborne Perry Anderson, fut si enthousiasmé par Brown qu'il le suivit à Harpers Ferry en octobre 1859. Il survécut à la bataille et raconta ses souvenirs dans *A voice from Harper's Ferry* [...], que Mary Ann Shadd prépara pour la publication en 1861.

Pendant les premières années de la guerre de Sécession, Mary Ann Shadd continua d'enseigner dans une école interraciale à Chatham, mais elle finit par en avoir assez de suivre le conflit de loin. À la fin de 1863, impatiente de participer à l'effort de guerre des Nordistes, elle accepta, comme Martin Robinson Delany le lui demandait, d'être agente de recrutement. Rentrée aux États-Unis, elle participa aux programmes d'enrôlement de plusieurs États. Après la bataille d'Appomattox, elle se demanda vraiment si elle devait demeurer aux États-Unis ; elle y réfléchit longtemps et en vint à la conclusion, que le meilleur moyen de servir son peuple était de rester et d'aider à l'éducation et à l'intégration des millions de Noirs nouvellement émancipés. À cette fin, elle obtint en juillet 1868 un certificat d'enseignement américain et enseigna quelque temps à Detroit avant de se fixer à Washington. Elle gagna sa vie en enseignant et obtint finalement un diplôme de droit de la Howard University en 1883.

Mary Ann Camberton Shadd continua de militer pour les droits civils et l'égalité des droits. Elle ne revint au Canada que peu de temps, en 1881, pour organiser un ralliement en faveur du suffrage féminin. Atteinte de rhumatisme et de cancer, elle mourut pendant l'été de 1893.

JASON H. SILVERMAN

Mary Ann Camberton Shadd est l'auteure de : *Hints to the colored people of the North* (Wilmington, Del., 1849) ; et *A plea for emigration : or, notes of Canada West, in its moral, social, and political aspect* [...] *for the information of colored emigrants* (Detroit, 1852). L'édition qu'elle fit des mémoires d'Osborne Perry Anderson à été publiée à Boston en 1861 sous le titre de *A voice from Harper's Ferry : a narrative of events at Harper's Ferry ; with incidents prior and subsequent to its capture by Captain Brown and his men*.

Amistad Research Center Library, Tulane Univ. (New Orleans), American Missionary Assoc. Arch., Mary Shadd Cary papers ; Canadian files, 1846–1878, Mary Shadd Cary papers (mfm aux AO). — AN, MG 24, K22. — AO, MS 483 (mfm). — Moorland-Spingarn Research Center Library, Howard Univ. (Washington), MS Division, M. A. Shadd Cary papers. — Raleigh Township Centennial Museum (North Buxton, Ontario), Shadd family records. — Jim Bearden et L. J. Butler, *Shadd : the life and times of Mary Shadd Cary* (Toronto, 1977). — J. H. Silverman, « Mary Ann Shadd and the search for equality », *Black leaders of the nineteenth century,* August Meier et Leon Litwack, édit. (Urbana, Ill., 1988), 87–100 ; *Unwelcome guests : Canada West's response to American fugitive slaves, 1800–1865* (Millwood, N.Y., 1985). — R. W. Winks, *The blacks in Canada : a history* (Londres et New Haven, Conn., 1971). — H. B. Hancock, « Mary Ann Shadd : negro editor, educator, and lawyer », *Del. Hist.* (Wilmington), 15 (avril 1973) : 187–194. — A. L. Murray, « *The Provincial Freeman* : a new source for the history of the negro in Canada », *OH,* 51 (1959) : 25–31.

SHANLY, WALTER, ingénieur civil, auteur, homme d'affaires et homme politique, né le 11 octobre 1817 à la résidence familiale, l'Abbey, Stradbally (comté de Laois, république d'Irlande), cinquième fils de James Shanly, barrister et régisseur, et de Frances Elizabeth Mulvany ; décédé célibataire le 17 décembre 1899 à Montréal.

Walter Shanly naquit dans une modeste famille de la gentry anglo-irlandaise. Son père ne ménagea rien pour le faire instruire. Pas moins de six précepteurs le guidèrent dans les dédales de l'œuvre d'Horace, d'Homère et d'Euclide. À Dublin, durant l'hiver de 1835–1836, il fréquenta une école de dessin, assista à des leçons de français et entendit des conférences de chimie. Mais, en dépit des privilèges qui l'entouraient à l'Abbey, puis à Norman's Grove, près de Dublin, la mort prématurée de sa mère, de deux frères et d'une sœur, de même que la dureté de son précepteur Henry Bernard Carpenter, donnèrent à sa jeunesse une teinte pathétique.

En mai 1836, les Shanly immigrèrent dans le Haut-Canada. Dès 1837, ils étaient solidement installés dans une propriété, Thorndale, en bordure de la Thames, près de London. Walter, qui de son propre dire était « bricoleur et doué pour la menuiserie », participa à la construction du domaine mais, bientôt, la perspective de croupir dans un paysage de souches, à faire des corvées parmi des « rustres illettrés », l'effraya. Une ferme ne semblait guère un milieu propice pour un « jeune homme à l'esprit passablement logique et assez versé en mathématiques ». D'autres membres de la famille souhaitaient secouer la poussière de Thorndale de leurs bottes : ses frères Francis* et Charles Dawson* quittèrent aussi la ferme.

L'amitié qui liait les Shanly aux Killaly de London fut le tremplin grâce auquel Walter put se lancer dans la carrière d'ingénieur civil. Hamilton Hartley Killaly*, commissaire en chef du bureau des Travaux publics (qui avait compétence dans le Haut et le Bas-Canada), trouva en lui une recrue de bonne volonté pour son personnel mobile. En octobre 1840, Shanly se mit en route pour Montréal avec Killaly, son « parrain dans la profession ». Pendant cinq ans, il travailla tour à tour à Montréal, à l'écluse de Saint-Ours sur le Richelieu et au canal de Beauharnois. La construction du canal fut une expérience enrichissante, mais le génie hydraulique ne l'intéressait pas. « Tant pis, écrivait-il en juin 1846, du moment que je peux gagner de quoi vivre jusqu'à ce que quelques chemins de fer soient en bonne voie de construction. » Plus tard au cours de ce même été, il se vit offrir la surintendance d'un long réseau routier dans les Cantons-de-l'Est, mais il préféra quitter son poste au canal de Beauharnois pour s'installer à Port Robinson, dans le Haut-Canada, afin de participer aux travaux de reconstruction du canal Welland qu'avait entrepris le bureau des Travaux publics.

Réfractaire à l'enracinement, Shanly se mit bientôt en quête d'un autre emploi. À l'automne de 1848, après avoir évalué les « mornes » perspectives que lui offrait le Great Western Railway, il sauta sur l'occasion qui lui était donnée de travailler à l'Ogdensburg and Lake Champlain Railroad, où son frère Francis avait été nommé ingénieur adjoint. Tous deux entendaient bien « se préparer à l'ère du chemin de fer qui [allait] s'ouvrir dans leur pays ». Leur séjour dans le nord de l'état de New York se révéla instructif : Walter s'initia à « tous les mystères de la pose des rails ». Pourtant, on ne peut pas dire que son humilité croissait en proportion de son expérience. En mars 1849, il lança : « En fait de routes ordinaires et de canaux, j'en connais tout autant que la plupart des hommes blancs, et quand il s'agit de routes de planches, plus que quiconque dans l'État. » En avril, une nouvelle le fit sombrer dans le découragement : le Parlement du Vermont refusait le plan qu'il avait conçu pour un pont qui enjamberait le lac Champlain à Rouses Point.

En juin, Shanly retrouva sa bonne humeur : il était promu ingénieur des travaux de la section ouest du chemin de fer d'Ogdensburg. Infatigable maître d'œuvre, il dressa un échéancier serré pour la construction des 60 milles de voie. À la fin des travaux, en juillet 1850, il se rendit compte qu'il n'avait pas d'emploi permanent à Ogdensburg et, inquiet, se tourna vers la province du Canada, où sévissait la fièvre du chemin de fer. « Je n'accepterai rien de moins là-bas qu'un poste de chef, annonça-t-il avec emphase à Francis en décembre. Si je dois être toute ma vie un pauvre assistant, que ce soit dans ces m... États-Unis. »

En janvier 1851, Shanly revint au Canada pour superviser la construction du Bytown and Prescott Railway. Depuis 1848, on parlait d'établir une liaison ferroviaire entre Bytown (Ottawa) et les marchés de Montréal et du nord-est des États-Unis ; l'achèvement du chemin de fer d'Ogdensburg donnait du sérieux à ce projet. Tout en négociant un salaire de £600 qui laissa les administrateurs pantois, Shanly résolut de « montrer aux gens du Canada avec quelle rapidité l'on [pouvait] construire des chemins de fer en y mettant *l'homme qu'il [fallait]* ». Durant trois mois, armé d'une simple boussole et assisté de deux bûcherons, il arpenta, en raquettes, le territoire marécageux qui séparait Prescott de Bytown. Toutefois, son travail d'ingénieur en chef ne tarda pas à le mécontenter, et sa déception s'accrut encore lorsqu'il apprit que son grand rival, Thomas Coltrin Keefer*, avait été nommé ingénieur en chef du chemin de fer de Montréal et Kingston. À voir l'ascension de Keefer, il se sentait « comme qui dirait petit », confia-t-il en avril à Francis ; son chemin de fer à lui semblait assez insignifiant. Les travaux avançaient si lentement qu'en octobre il nourrissait l'espoir que sir Allan Napier MacNab* lui trouverait un poste lucratif au

Great Western Railway. Dans un élan d'optimisme, il avait juré que la ligne Bytown-Prescott serait terminée en 1852 ; pourtant, en mars 1853, les rails n'étaient toujours pas posés sur l'infrastructure. Constamment à court d'argent, la compagnie tenait à ce que la ligne soit aussi courte et aussi peu coûteuse que possible.

Tout de même, la réputation de Shanly à l'étranger s'était accrue, et il recevait nombre de propositions. En octobre 1851, il congédia une délégation qui lui demandait d'arpenter le tracé d'un chemin de fer qui relierait Prescott à la baie Géorgienne. En 1853, il allait refuser le poste d'ingénieur en chef de l'Alleghany Valley Railway. Une offre, cependant, s'avéra irrésistible : la fonction d'ingénieur en chef du Toronto and Guelph Railway, dont la construction avait été adjugée à la C. S. Gzowski and Company. En 1852, avant d'avoir quitté le Bytown and Prescott, Shanly, avec son frère Francis, ingénieur adjoint principal, arpenta divers tracés de Toronto à Guelph. L'année suivante, le Grand Tronc acheta le chemin de fer et décida de prolonger la ligne jusqu'à Sarnia en conservant le même entrepreneur et en gardant Walter Shanly comme ingénieur en chef. Celui-ci travailla en étroite collaboration avec Casimir Stanislaus GZOWSKI durant toute la construction, soit de 1853 à 1856, ce qui donna des résultats impressionnants. Appliquant leurs compétences techniques à la construction des ponts, ils utilisèrent des structures solides et massives, en maçonnerie et en fonte, plutôt que de graciles chevalets de bois. Ces ponts, qui suscitaient l'admiration de l'architecte et ingénieur ferroviaire Frederic William Cumberland*, reflétaient bien le credo de Shanly : toujours conjuguer l'utile et le beau.

Tout au long des années 1850, Shanly fut absorbé par une myriade d'activités et de travaux qui se recoupaient les uns les autres. En janvier 1853, il publia, sur l'emplacement du dépôt torontois du Grand Tronc, un rapport où il proposait d'aménager une vaste esplanade pour préserver le bord de l'eau des laideurs de l'exploitation commerciale. En 1854 (après avoir quitté, en mai, le Bytown and Prescott Railway, qui progressait plutôt mal que bien), il arpenta une nouvelle section du canal Welland ainsi que le trajet du Port Whitby and Lake Huron Railway. La même année, son rapport sur le Port Huron and Lake Michigan Railway alla sous presse. En septembre 1855, le Great Western lui demanda d'arbitrer un litige sur le coût de construction d'une voie double. L'année suivante, il fit des travaux de reconnaissance en vue de l'aménagement d'une ligne de navigation qui relierait Montréal au lac Huron par la rivière des Outaouais et la rivière French. Ce projet le frappa par son « audace » et son coût, mais il ne ménagea pas ses efforts et rédigea plusieurs rapports de faisabilité. Par leur précision et leur élégance, espérait-il, ses cartes rivaliseraient avec celles du fameux hydrographe Henry Wolsey Bayfield*.

Même s'il avait peu de moments de loisir, Shanly voulait se hisser encore plus haut dans l'échelle de la gloire. Déjà, il avait eu la conviction qu'« aucun crédit » ne pourrait retomber sur quiconque était associé au Grand Tronc, trop mal administré, et pourtant il s'installa à Montréal et devint, en janvier 1858, directeur général et ingénieur en chef de ce chemin de fer, le plus long au monde. Il n'avait alors que 40 ans. Durant son mandat de quatre ans, il se signala par sa vigilance et son ardeur au travail, mais on lui lança diverses accusations : spéculation foncière, corruption, extravagance. Il ne les prit pas à la légère et, en 1861, il apporta un démenti cuisant aux conclusions du vérificateur de la province John LANGTON et de son comité d'enquête. Un des rares beaux moments de son séjour au Grand Tronc fut la visite du prince de Galles en 1860. Celui-ci venait inaugurer le pont Victoria, à Montréal, qui avait été conçu par le fameux ingénieur britannique Robert Stephenson et construit sous la direction de James Hodges*.

Emportant un beau témoignage signé par les 3 000 hommes du Grand Tronc, Shanly démissionna en juin 1862 et quitta le monde politisé et par trop belliqueux des chemins de fer pour retourner à sa ferme de Prescott. (Il avait fait l'acquisition d'une première propriété dans la région en 1853.) Il songea un moment à trouver une sinécure aux États-Unis – la supervision d'un chemin de fer « d'une centaine de milles de longueur, à un salaire de 2 000 $ ». Cependant, en 1863, il entra en politique, ce qui était plus un pas qu'un saut, la politique et les chemins de fer étant, au milieu du XIXe siècle, inextricablement liés. Considéré comme un libéral-conservateur, il battit William Patrick* en juin dans la forteresse réformiste de Grenville South. Son style n'était guère imposant ni charismatique. Le *Brockville Recorder* attribua sa victoire moins à ses qualités personnelles qu'à ses « grosses promesses » et aux billets gratuits de chemin de fer qu'il avait distribués. Mais, selon un barrister de Prescott, James Reynolds, il possédait les lettres de créance nécessaires : après tout, c'était un « Irlandais de premier ordre, intelligent, avec de l'argent plein les poches, et célibataire en plus ».

En prenant son siège, en 1864, Shanly – qui allait se révéler un député consciencieux – fut nommé au comité ferroviaire de l'Assemblée. En 1865, avec Joseph Howe*, John Young* et Donald MCINNES, il fit partie de la délégation de l'Amérique du Nord britannique au congrès international des chambres de commerce qui se tint à Detroit. La même année, au cours des débats sur la Confédération, il vota pour ce changement, mais non sans réserves. Il exprima des doutes sur la colonisation du Nord-Ouest et le principe du fédéralisme, et affirma que les provinces devaient cultiver leurs relations commerciales avant de conclure une alliance politique.

En 1867, Shanly hésita beaucoup à briguer de nouveau les suffrages mais, cédant aux pressions de son parti, il finit par se présenter. Il siégea à la chambre des Communes jusqu'en 1872. Bien que sa timidité l'ait empêché de s'imposer dans les débats, il prenait la parole de temps à autre en faveur des chemins de fer et de la fabrication d'amidon, dans laquelle il s'était lancé. À l'occasion, il critiquait les folles dépenses du chemin de fer Intercolonial, s'opposait fermement à ce que le gouvernement possède des chemins de fer et prônait l'adoption d'une largeur de voie standard et universelle. Quand il était question des canaux, il lui arrivait d'intervenir longuement. Par exemple, au printemps de 1870, il préconisa l'élargissement du réseau canadien ; son rêve était que les navires puissent aller de Montréal au lac Nipissing en empruntant un seul canal de dix pieds de profondeur.

Cependant, dans les années 1860, la politique n'absorba pas entièrement Shanly. Vers 1865, il conseilla l'entrepreneur John Worthington sur la restauration des fortifications de Québec. En 1865–1866, il étudia la possibilité, pour le Grand Tronc, d'acquérir la charte du St Paul and Winona Railroad. Au printemps de 1868, le conseil municipal de Montréal le consulta sur la rénovation du réseau de distribution d'eau. Au fil de la décennie, il se signala de plus en plus parmi un groupe montréalais de spéculateurs commerciaux. Il investit dans la Canada Peat Fuel Company et dans la Compagnie pour l'exploitation des mines d'or de Kennebec. Élu en 1866 président de l'Edwardsburg Starch Company, près de Prescott [V. William Thomas Benson*], il le demeura durant 20 ans. Il se lança même dans la finance en devenant, en 1865, président de la Banque des artisans de Montréal.

Ce n'est que temporairement que les affaires et la politique firent passer au second plan la carrière d'ingénieur de Shanly. En 1868, on l'invita à présenter une soumission pour l'achèvement de ce qui allait être son chef-d'œuvre : le tunnel de chemin de fer qui passait sous les monts Hoosac, dans le nord-ouest du Massachusetts. C'était l'occasion pour les frères Shanly de collaborer à nouveau et, pour Walter, de se mesurer à un défi gigantesque. Pour creuser ce tunnel d'une longueur de $4\frac{1}{2}$ milles, il fallait combattre roc friable et argile, eaux d'infiltration et vapeurs nocives, ce qui exigeait des efforts herculéens. Depuis les années 1850, les ingénieurs américains avaient déclaré forfait devant ce que l'historien Archibald Black a qualifié de « première entreprise véritablement grandiose de percement de tunnel » en Amérique du Nord. Ingénieurs à la poigne de fer, Walter et Francis Shanly, eux, menèrent les travaux rondement. Ils avaient sous leurs ordres près de 900 hommes et garçons, et pouvaient compter sur des techniques révolutionnaires : marteaux pneumatiques, compresseurs d'air, élévateurs à vapeur et nitroglycérine.

En 1871, après le retour de Francis au Canada, Walter se consacra exclusivement au tunnel des monts Hoosac à titre d'ingénieur des travaux. Son contrat l'obligeait à terminer en 1874, ce qui ne lui laissait guère le temps de songer à autre chose. En janvier 1872, il avait présenté une soumission pour la supervision du chemin de fer Midland du Canada, qui devait relier Beaverton à Midland, en Ontario, mais il s'acquittait de son travail de manière si superficielle que son contrat fut annulé en février 1873. C'est à peine même s'il concevait des plans en vue du transcontinental canadien. Invoquant le manque de temps et de capital, il se tint prudemment à l'écart des débats. De toute façon, le gigantisme du projet l'intimidait : « Peut-être que le « Pacifique » est un trop gros morceau pour moi », avait-il avoué en janvier 1873 à sir John Alexander MACDONALD. Pourtant, dès le mois suivant, la *Canada Gazette* annonçait sa nomination comme l'un des directeurs chargés d'en superviser la construction et le financement. À cause du scandale du Pacifique, son poste ne tarda pas à être éliminé, mais sa réputation demeura intacte.

Occupé par le tunnel des monts Hoosac, Shanly s'absentait de Grenville South durant de longues périodes, et il dut finir par en payer le prix. Tout à fait conscient que les électeurs catholiques étaient contre lui et résigné à subir la défaite aux élections de 1872, il s'était attardé à North Adams, au Massachusetts. Puis, à la dernière minute, en juillet, après avoir souffert d'un accès de surdité, il alla faire un saut chez ses électeurs. En août, le *Brockville Recorder* l'accusa d'avoir « mal représenté » la circonscription. Le même mois, il perdit son siège au profit de William Henry Brouse*. Macdonald eut quelques mots de consolation pour lui : « Ce coup dur pour le parti se fera sentir dans tout l'Ontario. » Aux élections générales de janvier 1874, Brouse remporta encore la victoire aux dépens de Shanly.

En novembre 1874, on avait en grande partie terminé le tunnel des monts Hoosac. C'était donc tout un fardeau qui tombait des épaules de Shanly, mais une série de revers financiers et d'épreuves personnelles l'attendaient. En 1879, la Banque des artisans, dont il était l'un des principaux actionnaires, fit faillite. Les déboires financiers de son frère Francis le touchèrent encore plus. Il le sauva de ses créanciers et assuma ses dettes. Après la mort prématurée de Francis, en 1882, il eut plus que jamais le sentiment d'avoir des devoirs envers lui. En avril 1883, il insista auprès de Macdonald pour que la veuve de son frère touche une pension : « Jamais encore, disait-il, je n'ai demandé au gouvernement quelque chose qui ressemble plus à une faveur pour *moi-même*. »

Shanly était souvent à court d'argent mais rarement à court d'énergie. Malgré son âge, son activité professionnelle ne déclinait guère. En 1876, associés sous le nom de Halifax and Cape Breton Railway and Coal Company, lui-même et Edmund W. Plunkett présentèrent sans succès une soumission pour la construction, en Nouvelle-Écosse, d'une ligne qui relierait New Glasgow à Louisbourg (ce devait être le prolongement est de l'Intercolonial). Ce marché alla à sir Hugh Allan* et à Harry Braithwaite Abbott*, mais leur compagnie se vit confier dans la même province la construction du Western Counties Railway. En outre, on appelait souvent Shanly à agir en qualité d'ingénieur-conseil : en 1874, la Caughnawaga Ship Canal Company avait eu recours à ses services et, en juillet 1877, la Compagnie du chemin de fer de Québec, Montréal, Ottawa et Occidental avait fait de même. À compter de 1879, il fut ingénieur en chef du chemin de fer Atlantique canadien, qui alla d'abord d'Ottawa à Coteau-Landing, dans la province de Québec. Vers la même époque, il administra « [son] premier bébé », le chemin de fer du Saint-Laurent à l'Ottawa, qui avait d'abord porté le nom de Bytown and Prescott Railway. Dans ces trois dernières fonctions, il joua un rôle déterminant : celui d'ingénieur d'une partie importante du réseau ferroviaire qui rayonnait à partir d'Ottawa. En 1880, on le consulta sur le tracé du Credit Valley Railway ; deux ans plus tard, le conseil d'administration de la Compagnie du chemin de fer de Napanee, Tamworth et Québec lui demanda d'inspecter la superstructure et les ouvrages de cette ligne en cours de construction. En 1889, il s'allia avec Gzowski pour tenter de décrocher un contrat de travaux très controversés : l'aménagement de la partie du port de Toronto qui avoisinait la gare de triage du chemin de fer canadien du Pacifique. De plus, il eut plusieurs fois l'occasion de mettre à profit l'expérience acquise dans les monts Hoosac. En 1881, il étudia la possibilité de creuser un tunnel de Hochelaga (Montréal) à Longueuil et, en 1886, le gouvernement fédéral le consulta au sujet d'un tunnel qui se rendrait à l'Île-du-Prince-Édouard. Vers la fin des années 1880, il fit des travaux d'arpentage à la rivière Saint-Clair en vue du percement d'un tunnel. Il joua aussi un rôle à titre de commissaire : en mai 1886, il fit partie d'une commission royale d'enquête que le gouvernement fédéral avait mise sur pied pour étudier les causes des inondations de Montréal et, cinq ans plus tard, il participa à des discussions sur l'élargissement du canal de Cornwall.

Shanly était retourné en politique en 1885, à la mort du député conservateur de Grenville South, William Thomas Benson. Élu sans opposition, il siégea aux Communes jusqu'en 1891. Il préconisa ardemment l'amélioration du réseau de navigation intérieure et fit la promotion des chemins de fer, mais en fait il ne se signala pas tellement. Encore une fois, Grenville South pâtit de l'indifférence manifeste de son représentant absentéiste, qui habitait Montréal et se donnait rarement la peine de visiter ses électeurs, même pour la forme.

À la fin des années 1890, Shanly avait plus de 80 ans, et pourtant on recourait encore à ses services. En 1899, il arbitra seul un litige entre le gouvernement fédéral et la compagnie de Hugh RYAN sur le coût de la construction du canal de Sault Ste Marie. (La *Railroad Gazette* signala plus tard qu'il n'avait pas de disposition innée pour le travail d'équipe : « jamais [il] ne consentirait à siéger avec quiconque dans un arbitrage. Sa confiance en son propre jugement était absolue. ») En outre, il consacrait du temps à la rédaction de ses mémoires, à une collection de souvenirs de famille et à la reconstitution de sa généalogie. Il mourut le 17 décembre 1899 dans un hôtel sélect de Montréal, le St Lawrence Hall, et fut inhumé dans le lot familial au cimetière anglican St John à Arva, près de London.

Homme grave, à l'esprit curieux, Shanly représentait bien le gentleman victorien, et sa foi dans les bienfaits de la technologie était un trait courant à son époque. De plus, et cela importe davantage, sa carrière coïncida avec la professionnalisation du génie civil au Canada, dont il fut un artisan essentiel. Très tôt membre du Canadien Institute, il joua un rôle important dans la fondation d'une école de génie au McGill College en 1857 [V. sir John William DAWSON] et, en 1887, dans la constitution juridique de la Société canadienne des ingénieurs civils (dont il fut le premier vice-président). Il vit évoluer la technologie de la construction ferroviaire en Amérique du Nord. Ingénieur compétent, inventif et énergique, il poursuivait sans relâche le but qu'il s'était fixé. Sa gestion exigeante et ses rapports détaillés suscitaient l'admiration dans nombre de milieux, de même que ses talents d'arbitre.

En politique, le palmarès de Shanly est moins impressionnant, comme s'il n'avait pas été tout à fait sûr de son engagement. En 1872, le *Prescott Telegraph*, toujours pointilleux, le qualifia d'automate tory, qui votait pour les politiques conservatrices avec « une régularité de machine ». Deux ans plus tôt, le *Canadian Illustrated News* avait brossé de lui un portrait plus charitable en louant sa réputation personnelle et professionnelle, son intégrité et son « esprit indépendant ». Shanly s'enorgueillissait de n'être lié par aucune allégeance politique et de n'être le vassal d'aucun parti. Bien qu'il ait été un personnage public effacé, on ne peut guère douter que le gouvernement Macdonald considérait sa connaissance de l'administration des chemins de fer comme un atout remarquable. Macdonald lui-même, qui l'estimait en tant qu'ami et allié, le consultait fréquemment.

Shanly était un homme réservé, mais il aimait la vie. De temps à autre, il cédait à sa passion pour l'alcool, les chevaux et le chic vestimentaire. Dans les années 1840, il se délectait des plaisirs de Montréal « la joyeuse » et des charmes des « petites amies de Niagara ». Cependant, à mesure que les obligations professionnelles se multiplièrent, les estimations, études et contrats en vinrent à occuper tout son temps. Lui qui avait déjà été un épistolier plein de bonhomie devint irascible et tyrannique. Maniaque du travail, il avait tendance à ne s'arrêter que lorsqu'il se trouvait au bord de l'épuisement. Il consacrait même ses moments de loisir à des activités utiles. C'était un grand liseur et, à compter de 1849, il écrivit des éditoriaux anonymes pour un journal de Montréal, *Punch in Canada*. Il jouait consciencieusement son rôle de père substitut auprès de sa demi-sœur Ellen, de 16 ans sa cadette, et ne se montrait pas moins empressé auprès de son frère Francis et de l'impécunieuse famille de celui-ci.

Ceux qui rencontraient cet homme de haute taille, sec, athlétique, au teint clair, distinguaient dans son regard perçant, sa bouche sévère et son maintien digne une remarquable force de caractère. Le *Science record* rapporta en 1872 que, selon une de ses connaissances, Shanly constituait la preuve vivante que « le gentleman irlandais n'[était] pas entièrement un produit de l'imagination ». On aimait Francis pour sa simplicité, son honnêteté, sa bonté. Walter, lui, inspirait le respect plutôt que l'affection. Fier, brusque, obstiné, il était porté au ressentiment personnel et à la jalousie sur le plan professionnel. Américains, orangistes, catholiques et collègues rivaux – tous eurent à essuyer ses critiques. Il s'avérait autoritaire et arrogant avec son personnel, et même avec les investisseurs des chemins de fer. Il tenait ses subordonnés à une « distance incommensurable » et, comme il le confia à Francis au cours d'une discussion sur le Bytown and Prescott Railway, s'attendait que les administrateurs de la compagnie agissent envers lui « avec un salutaire respect mêlé de crainte et [...] avec l'humilité qui conv[enait] ». Même avec son frère, il adoptait, quand ils travaillaient ensemble, le ton d'un maître. Bref, il considérait qu'à titre d'ingénieur civil il avait la prérogative de « faire comme bon [lui] sembl[ait] ».

En vieillissant, dans les sombres moments où il se laissait aller à l'introspection, Walter Shanly faisait d'amères réflexions sur sa carrière. Sa vie, écrivit-il en 1896 dans « Memoirs », avait été un parcours plein de vicissitudes, « parsemé de regrets ». Il était fâché d'avoir consacré, à des tâches ingrates, des heures qui avaient rendu son existence « plate, terne [et] laborieuse ». Les exemples de sir William Cornelius Van Horne* et de Gzowski ne montraient-ils pas, éloquemment, que les ouvrages de génie pouvaient apporter prestige, honneurs et récompenses matérielles ? À la veille de sa mort, il calcula que ses biens nets s'élevaient à 28 697 $, ce qui lui paraissait un modeste pécule pour un homme qui avait « travaillé tout à fait honnêtement durant près de soixante ans ». « Échec », concluait-il dans ses mémoires, telle était la « simple et brève épitaphe » qu'il méritait. Pourtant, des signes tangibles témoignaient que, objectivement, il avait accompli beaucoup. Non seulement laissait-il un héritage d'acier et de pierre, mais un certain nombre de lieux, dans différents coins de l'Ontario, portent son nom. Seul face à lui-même, Shanly se méprenait tout à fait sur l'ampleur de son œuvre.

LAURIE C. C. STANLEY ET JOHN D. BLACKWELL

Walter Shanly a laissé une importante collection de papiers personnels. Une sélection utile, quoique censurée, de ses lettres a été publiée dans *Daylight through the mountain : letters and labours of civil engineers Walter and Francis Shanly*, F. N. Walker, édit. ([Montréal], 1957), ouvrage qui reprend aussi en partie les souvenirs que l'on trouve dans ses papiers conservés aux AO, MU 2719–2722, 2730–2732.

Au cours de sa carrière, Shanly a rédigé de nombreux rapports professionnels qui se caractérisent par leur lucidité et leur franchise. Des listes de ses publications figurent dans ICMH *Reg.* ; *Canadiana, 1867–1900* ; *National union catalog* ; AN, *Catalogue of pamphlets* (2 vol., Ottawa, 1931–1932) ; et *General index to the journals of the Legislative Assembly of the province of Quebec* [...] *1867–1887*, P. E. Smith, compil. (Québec, 1891). [L. C. C. S. et J. D. B.]

AN, MG 26, A. — AO, MU 2385–2387. — Musée McCord, M22087. — St Patrick's Church (Stradbally, Laois, république d'Irlande), Reg. of baptisms, 1772–1825, 18 nov. 1817. — UWOL, Regional Coll., Middlesex County, Ontario, Surrogate Court, will n° 6728 (mfm aux AO) ; Shanly family papers, boxes 4296–4297, 4300. — Canada, chambre des Communes, *Débats*, 1867–1868 ; 1870 ; 1885–1889. — Canada, prov. du, Commission appointed to inquire into the affairs of the Grand Trunk Railway, *Report* (Québec, 1861) ; Parl., *Confederation debates*. — *Canadian Architect and Builder* (Toronto), 13 (1900) : 3. — *Canadian Engineer* (Toronto), 7 (1899–1900) : 259. — Canadian Soc. of Civil Engineers, *Trans.* (Montréal), 14 (1900), part. I. — « The Hoosac Tunnel », Franklin Institute, *Journal* (Philadelphie), 3e sér., 61 (1871) : 145–148. — « The Hoosic Tunnel », *The science record* [...] *; a compendium of scientific progress and discovery* (5 vol., New York, 1872–1876), 1 : 170–190. — Myles Pennington, *Railways and other ways : being reminiscences of canal and railway life during a period of sixty-seven years* [...] (Toronto, 1896). — *Railroad Gazette* (Chicago), 22 déc. 1899, 23 mars 1900. — *Sentinel* (Toronto), 21 déc. 1899. — *Brockville Evening Recorder*, 1885, 18 déc. 1899. — *Brockville Recorder*, juin 1863, 15 août 1872. — *Canadian Illustrated News* (Montréal), 23 avril 1870. — *Daily Mail and Empire*, 18 déc. 1899. — *Evening News* (Toronto), 18 déc. 1899. — *Globe*, 18 déc. 1899. — *London Advertiser*, 20 déc. 1899. — *London Free Press*, 20 déc. 1899. — *Monetary Times*, 28 févr. 1879. — *Montreal Daily Star*, 18 déc. 1899. — *Montreal Herald*, 18 déc. 1899. — *Ottawa Evening Journal*, 19 déc. 1899. — *Prescott Telegraph* (Prescott, Ontario), 18 juill. 1872. — *Standard* (Napanee, Ontario), 11 nov. 1882. — *Toronto World*, 18 déc. 1899. — *Canadian men and women of the time* (Morgan ; 1898). — *CPC*, 1889. — *Cyclopædia of Canadian biog.* (Rose et Charlesworth), 1. — William Notman et [J.] F. Taylor,

Portraits of British Americans, with biographical sketches (3 vol., Montréal, 1865–1868), 3. — N. R. Ball, *« Mind, heart, and vision » : professional engineering in Canada, 1887 to 1987* (Ottawa, 1987), 23–24, 27.

SHANNON, SAMUEL LEONARD, avocat, officier de milice, fonctionnaire, homme politique, professeur et juge, né le 1er juin 1816 à Halifax, deuxième des six enfants de James Noble Shannon et de Nancy Allison ; le 31 octobre 1855, il épousa Annie Starr Fellows (Fellowes), et ils eurent dix enfants, dont quatre garçons et quatre filles vécurent au delà de l'enfance ; décédé le 7 janvier 1895 dans sa ville natale.

Issu d'ancêtres irlandais, Samuel Leonard Shannon (connu sous son second prénom) était étroitement lié à la tradition loyaliste. Son grand-père Richard Cutts Shannon, loyaliste du New Hampshire, avait envoyé son fils James Noble vivre chez un oncle à Parrsboro, en Nouvelle-Écosse. Leonard reçut ce prénom en l'honneur d'un grand-oncle, Samuel Leonard, qui avait été officier de l'armée britannique pendant la guerre d'Indépendance américaine. Son attachement permanent à la couronne britannique n'a donc guère de quoi surprendre.

Le père de Shannon tenait un prospère commerce de marchandises sèches à Halifax, et sa mère était la cousine de Charles Frederick Allison*, fondateur de la Wesleyan Academy de Sackville, au Nouveau-Brunswick. Indifférent aux affaires, Leonard préférait se plonger dans les livres d'histoire. Vivre dans une famille de la bonne société, qui comptait parmi ses amis des personnalités comme le propriétaire de navires Samuel Cunard*, l'auteur et juge Thomas Chandler Haliburton* et l'officier de l'armée britannique Harry George Wakelyn Smith, stimula sa curiosité pour le monde.

Shannon fréquenta d'abord une école élémentaire, puis la Halifax Grammar School. Par la suite, au King's College de Windsor, il se distingua dans l'étude des humanités et de l'histoire. Diplômé en 1836, il demeura très attaché au collège : il fut trésorier des anciens étudiants et il était souvent invité comme orateur. En 1875, l'établissement lui décernerait un doctorat honorifique en droit civil.

Malgré son goût pour les humanités, Shannon décida de faire carrière en droit. À l'automne de 1836, il entreprit son stage au cabinet de Henry PRYOR, à Halifax. Reçu au barreau de la Nouvelle-Écosse en janvier 1839, il ouvrit son propre cabinet dans la capitale. Durant ses nombreuses années de pratique, il serait réputé pour son comportement méthodique, son sens moral très développé et sa compétence de solicitor. En 1864, il fut nommé conseiller de la reine.

Citoyen actif, Shannon s'enrôla en décembre 1837 dans le 2nd Halifax Militia Regiment ; il allait le quitter avec le grade honoraire de lieutenant-colonel. En 1840, il participa à un débat controversé, à titre de secrétaire de l'assemblée publique qui, sous la présidence de Joseph Howe*, présenta, avec succès, une pétition dans le but de faire rappeler le lieutenant-gouverneur sir Colin Campbell*. En septembre 1845, il entra au Hand-in-Hand Fire Group, qui était à la fois un club masculin sélect et un groupe de pompiers bénévoles. Devenu secrétaire de la Halifax Water Company l'année suivante, il le demeurerait jusqu'à l'achat de cette société privée par la municipalité, en 1860.

À l'automne de 1847, Shannon entreprit un voyage de neuf mois en Grande-Bretagne et sur le continent. L'atmosphère était tumultueuse et enivrante, surtout en France et en Angleterre ; il assista aux émeutes chartistes à Londres et aux bouleversements politiques qui secouaient l'Europe. Ce qu'il avait vu lui donna de quoi prononcer des discours pendant des années.

Au cours de son séjour en Angleterre, Shannon conçut de la méfiance envers le libre-échange ; c'était « une grande illusion », affirma-t-il dans une lettre à son père. Selon lui, ni l'Europe ni les États-Unis n'offriraient assez de nouveaux débouchés aux produits néo-écossais. Il acquit aussi la conviction que l'Angleterre était « désireuse de [...] préparer [les colonies de l'Amérique du Nord] à l'indépendance ». Malgré son manque d'enthousiasme, Shannon se résigna dès 1848 à voir la Nouvelle-Écosse et les autres colonies de l'Amérique du Nord britannique se fédérer.

La construction ferroviaire intéressa toujours Shannon qui, en 1858, fut nommé à la commission néo-écossaise des chemins de fer. L'année suivante, il entra en politique provinciale en se faisant désigner comme candidat tory de la division ouest de la circonscription de Halifax, qui englobait la ville. Réélu en mai 1863, il siégea de juin 1863 à 1867 à titre de ministre sans portefeuille dans les gouvernements de James William Johnston* et de Charles Tupper*.

Pendant son premier mandat à la chambre d'Assemblée, Shannon promut des réformes qui reflétaient son souci de la justice. Il proposa une nouvelle loi sur les brevets qui donnerait des droits de réciprocité aux Américains, une nouvelle loi sur les faillites qui obligerait les créanciers à s'adresser au tribunal pour qu'on les rembourse et un système de tribunaux de comté qui réduirait la charge de travail des magistrats. Pendant son deuxième mandat, il prit fermement position pour le chemin de fer Intercolonial et la création d'un réseau d'écoles publiques gratuites financé par imposition universelle. Ses interventions en faveur de la Confédération étaient alors devenues particulièrement énergiques : il affirmait qu'elle réduirait le doublement inutile et coûteux des services, et qu'elle ouvrirait des marchés libres aux produits néo-écossais. Il laissa entendre que les « dirigeants [...] en auraient l'esprit élargi et occuperaient un rang plus élevé comme hommes d'État ». Le pacte confédératif fut conclu, et pourtant Shannon perdit son siège en 1867 parce qu'il le soutenait. Néanmoins, en 1870, la reine Victoria le récompensa de son appui en lui décernant le titre d'« honorable ». Le seul regret de cet homme profondément attaché à la Grande-Bretagne était que le nouveau pays n'ait pas été baptisé Amérique britannique.

Nommé en juillet 1862 au conseil d'administration du Dalhousie College, Shannon en fit partie jusqu'à sa mort, soit en qualité de membre, de vice-président, de vérificateur ou de conseiller en investissements. Il participa à la rédaction d'une nouvelle liste de règlements pour le collège en 1864 et donna son appui à ceux qui voulaient en faire une université non confessionnelle subventionnée par la province. Il collabora en outre en 1883 à la fondation de l'école de droit de la Dalhousie University et en fut l'un des premiers professeurs : jusque vers 1890, il enseigna l'immobilier, le droit criminel et le droit romain.

L'Église méthodiste joua un rôle central dans la vie de Shannon, qui fut administrateur de la congrégation Grafton Street. Pendant les 40 dernières années de sa vie, il présida la branche néo-écossaise de la British and Foreign Bible Society et, durant 30 ans, fut l'un des administrateurs de la Halifax Young Men's Christian Association. De 1876 à 1893, il fut aussi président de la Nova Scotia Evangelical Alliance.

En 1881, on nomma Samuel Leonard Shannon juge à la Cour d'enregistrement et d'examen des testaments du comté de Halifax. Bien qu'il ait été assez terne, on le respectait pour son jugement et son équité. Son maintien plein de dignité le fit surnommer « Count d'Orsay ». Sa santé, qui n'avait jamais été solide, déclina à compter des années 1880. Il était presque aveugle en 1892, mais il demeura relativement actif jusqu'à sa mort, trois ans plus tard. De grands hommes politiques, des ecclésiastiques, des avocats, des juges, des professeurs et des étudiants assistèrent à ses obsèques. Estimé comme un citoyen modèle, Shannon réunissait les traits des hommes de son temps et était bien intégré à son milieu.

DELLA M. M. STANLEY

Dalhousie Univ., Faculty of Law Arch. (Halifax), Dalhousie College, Law Faculty, minutes of faculty meetings, 1883–1893 ; Law School, reg., 1883–1898 ; « List of donations, loans &c. to the Law Library of the University of Dalhousie, Aug. 1st 1883 », J. T. Bulmer, bibliothécaire, compil. — DUA, MS 1-1, A, 1862–1890. — PANS, MG 1, 799–805. — N.-É., House of Assembly, *Debates and proc.*, 1860–1867 ; *Journal and proc.*, 1860. — *Acadian Recorder*, 7 janv. 1895. — *Halifax Herald*, 8–10 janv. 1895. — *Cyclopædia of Canadian biog.* (Rose et Charlesworth), 2 : 756–757. — *Halifax directory*, 1863 ; 1869–1870 ; 1882–1883 ; 1887–1888 ; 1895–1896. — G. E. Hodgdon, *Shannon genealogy* (Rochester, N.Y., 1905). — *Legislative Assembly of N.S.* (Elliott). — *Standard dict. of Canadian biog.* (Roberts et Tunnell), 397–398. — Eaton, *Hist. of Kings County*. — T. M. Punch, « The Halifax connection, 1749–1848 : a century of oligarchy in Nova Scotia » (thèse de M.A., St Mary's Univ., Halifax, 1972). — John Willis, *A history of Dalhousie Law School* (Toronto, 1979).

SHENSTON, THOMAS STRAHAN, bourrelier, homme d'affaires, fonctionnaire, juge de paix, inventeur, philanthrope et auteur, né le 25 juin 1822 à Londres, fils de Benjamin Shenston et de Mary Strahan ; le 30 décembre 1843, il épousa Mary Lazenby, et ils eurent deux filles et six fils ; décédé le 15 mars 1895 à Brantford, Ontario.

Thomas Strahan Shenston passa son enfance à Londres et quitta l'école à l'âge de neuf ans pour travailler comme garçon de courses chez un marchand de son quartier. Son père, un peintre à son compte dont les affaires n'étaient pas très florissantes et qui désespérait de placer ses cinq fils en apprentissage, immigra avec sa famille dans le Haut-Canada au printemps de 1832. Il acheta d'abord une terre dans le canton de Woolwich, près de Guelph, puis une autre, en 1834, à DeCew Falls, dans les environs de St Catharines. En 1837, il réussit à placer le jeune Tom, qui jusque-là avait travaillé à forfait dans des fermes voisines, comme apprenti chez un bourrelier de St Catharines. En 1841, Tom mit fin à son apprentissage et, désireux d'ouvrir son propre commerce de sellier-bourrelier, tenta d'abord sa chance à Chatham puis, plus tard la même année, à Woodstock, où ses affaires semblent avoir prospéré. En mars 1848 cependant, le feu détruisit un immeuble commercial dont il était propriétaire, de même que sa maison et son atelier. Quoiqu'aucun de ces bâtiments n'eût été assuré, il rouvrit rapidement sa bourrellerie mais, à la fin de l'année, les difficultés financières l'obligèrent à abandonner son commerce.

Shenston avait travaillé à l'avancement de la cause réformiste, et les charges obtenues en remerciement de ses services atténuèrent quelque peu ses problèmes financiers. Sur les instructions de Robert Baldwin* et de Francis Hincks*, il avait orchestré la propagande réformiste dans le comté d'Oxford : il avait fait signer des pétitions, sollicité des voix, organisé des assemblées publiques et, en 1847, s'était occupé de la promotion d'un journal sympathique à la cause. Fait plus important encore, il avait été agent électoral de Hincks durant la difficile campagne de 1847 et le serait encore en 1851. Pour le récompenser, on le nomma juge de paix en 1849, greffier du comté d'Oxford et directeur du scrutin municipal à Woodstock en 1850, puis commissaire du recensement en 1852. Malgré l'opposition de l'homme politique *clear grit* David Christie*, Hincks obtint en 1853 pour Shenston les postes de registrateur et de juge de paix du nouveau comté de Brant, ainsi que celui de commissaire à la Cour du banc de la reine dans le même comté. Shenston, qui s'établit à Brantford à ce moment-là, cessa de pratiquer son métier mais n'en demeura pas moins bricoleur et inventeur, comme bien des artisans du XIXe siècle. Il mit au point un encrier et des freins de voiture, qu'il fit breveter, conçut un calendrier perpétuel, mais n'eut pas beaucoup de succès dans la mise en marché de ses inventions.

Son poste de registrateur de comté permettait à Shenston non seulement de toucher un salaire, mais d'avoir accès à de précieux renseignements sur les transactions et la valeur des terrains. Ainsi put-il, sans avoir à payer les relevés et l'enregistrement des titres, faire des recherches, rassembler des documents et acheter ou vendre des propriétés, tenir en fait sa propre agence immobilière. Comme il avait à sa disposition de nombreux documents officiels qui révélaient l'étendue et l'emplacement des biens de la plupart des habitants du comté : registres de biens-fonds, nantissements mobiliers, accords d'association, documents constitutifs de sociétés commerciales, jugements, d'autres personnes eurent recours à ses services. Ainsi des créanciers lui demandaient son aide, probablement contre rémunération, pour recouvrer les sommes d'argent qu'on leur devait. Pendant les années 1870, la Banque canadienne de commerce s'adressa à lui pour établir la solvabilité des principaux manufacturiers et grossistes de Brantford et s'attirer leur clientèle. De plus, à une époque où les terrains et les hypothèques constituaient les principaux véhicules de placements, Shenston se trouvait dans une situation idéale pour être exécuteur testamentaire et agent financier.

Shenston eut aussi des intérêts dans diverses entreprises locales. Devenu au début des années 1860 représentant de la Hartford Fire Insurance Company et de la Compagnie d'assurance du Canada sur la vie, il fut tour à tour secrétaire et trésorier de la lucrative Brantford Waterworks Company entre 1870 et 1889 ; en 1876, il préconisa la formation de la Royal Loan and Savings Society of Brantford et en assura la présidence. Ajoutés au revenu de ses charges publiques, ces intérêts privés lui permirent d'amasser un peu d'argent puisqu'à sa mort il laissait près de 65 000 $.

Shenston avait écrit dans une lettre en 1876 qu'il espérait « par la grâce de Dieu ne jamais être un homme riche », et pour éviter de le devenir il donna aux sociétés de bienfaisance au moins 2 000 $ par an à compter des années 1870. Ce sont les œuvres évangélistes et missionnaires qui, le plus souvent, bénéficièrent de sa générosité. Après avoir contribué à la fondation de l'éphémère Young Men's Christian Association de Brantford et en avoir été secrétaire en 1860, il dirigea à compter de 1869 et durant une décennie le Brantford Orphans' Home, dont il assurait le financement avec Ignatius Cockshutt*. Fervent baptiste, il joua un rôle majeur dans la fondation en 1867 de la section canadienne de l'American Baptist Missionary Union, ainsi que dans sa réorganisation en 1875 pour en faire la Baptist Foreign Missionary Society of Ontario and Quebec. Il rédigea également un historique du travail de cette société en Inde, *Teloogoo mission scrap book,* publié en 1888.

Shenston écrivit de nombreux livres, ce qui est, en soi, remarquable pour quelqu'un qui avait aussi peu d'instruction. Ceux qui les lisent comprennent cependant pourquoi il dut publier à compte d'auteur et eut de la difficulté à les diffuser. Comme il souhaitait transmettre à ses lecteurs des renseignements qui lui avaient été utiles dans son travail de fonctionnaire municipal et, surtout, dans sa vie de chrétien, il mêle à ses propres observations des récits, des témoignages et de longs extraits d'autres textes, et ses livres manquent d'originalité. Quoique vexé par les critiques négatives des éditeurs à qui il proposa ses manuscrits, Shenston ne se laissa pas décourager, car il était convaincu que la progression spirituelle difficile qu'il avait connue le justifiait dans son rôle de témoin de la puissance de Dieu. Partisan du baptême des adultes, il s'était converti assez tard, à l'âge de 35 ans, après avoir longtemps douté et subi beaucoup de pressions de son père.

Dans ses écrits, Thomas Strahan Shenston laisse transparaître l'opinion qu'il a de lui-même, celle d'un homme qui a réussi sur les plans matériel et spirituel. Dans les années 1880, dans l'*Expositor* de Brantford, il offrait sa propre vie en exemple aux travailleurs insatisfaits de leur sort. « L'éducation en dehors de l'école », la maîtrise d'un métier et le « labeur physique », l'économie et le renoncement à l'alcool, au tabac et au théâtre, telle était « la voie vers une certaine richesse ». Les prescriptions de Shenston correspondaient peut-être à quelques-unes de ses propres qualités, mais à cette époque qui voyait naître le capitalisme industriel elles pouvaient difficilement s'appliquer à d'autres.

DAVID G. BURLEY

Thomas Strahan Shenston est l'auteur de : *A few friends of the reform cause will meet at my house for consultation* [...] ([Woodstock, Ontario, 1847]) ; *A letter to the inhabitants of the town of Brantford, respecting the late extraordinary conduct of the mayor* (Brantford, Ontario, 1856) ; *The Berean* (Brantford, 1862), imprimé par « Thomas S. Shenston ; imprimeur (amateur) » ; *The sinner and his saviour,* pour la première édition duquel on ne possède aucun registre ; une deuxième édition a été publiée à Londres probablement en 1879 ; *Teloogoo mission scrap book* (Brantford, 1888) ; *A jubilee review of the First Baptist Church, Brantford, 1833 to 1884* (Toronto, 1890) ; et *Gleanings* (Guelph, Ontario, [1893]). Il est le compilateur de : *The county warden and municipal officers' assistant* [...] (Brantford, 1851) ; *The Oxford gazetteer ; containing a complete history of the county of Oxford, from its first settlement* [...] (Hamilton, Ontario, 1852 ; réimpr., Woodstock, 1968) ; et *Private family register of the Shenston and Lazenby families* ([Brantford], 1864), qu'il a aussi imprimé.

AO, MU 7101 ; MU 7222–7240. — MTRL, Broadsheet Coll., several items by T. S. Shenston ; T. S. Shenston papers. — Benjamin Shenston, *Minutes in reference to my leaving England* ([Chicago, 1937]). — *Daily Courier* (Brantford), 16, 19 mars 1895. — *Weekly Sentinel-Review* (Woodstock), 4 déc. 1891. — J. M. S. Careless, *Brown of* The Globe (2 vol., Toronto, 1959–1963 ; réimpr., 1972), 1 : 72, 74, 76, 191. — W. [G.] Ormsby, « Sir Francis Hincks », *The pre-confederation premiers : Ontario government leaders, 1841–1867,* J. M. S. Careless, édit. (Toronto, 1980), 148–196.

SHOREY, HOLLIS, tailleur, marchand, manufacturier et homme politique, né le 2 décembre 1823 dans le hameau de Barnston, Bas-Canada, fils de Samuel E. Shorey, cordonnier, et de Fanny Jones ; en 1844, il épousa Fanny Wheeler (décédée en 1850), et ils eurent un fils et une fille, puis Clara Gibson, et de ce mariage naquirent aussi un fils et une fille ; décédé le 30 juin 1893, peut-être dans le Maine, et inhumé le 3 juillet 1893 à Montréal.

Hollis Shorey fit des études commerciales dans une école secondaire de Hatley, au Bas-Canada ; en 1839, il commença son apprentissage auprès d'un tailleur local. Il ouvrit par la suite une boutique de tailleur à Barnston. Il avait 19 ans lorsque son père mourut en le laissant seul soutien de sa mère et de ses huit frères et sœurs. Comme il disposait de peu de capital, Shorey continua de confectionner des vêtements pour hommes et garçons, mais ses clients devaient fournir eux-mêmes le tissu. Il prit plus tard un associé et exploita avec lui une boutique de tailleur et un magasin général à Barnston jusqu'à ce qu'il découvre, quatre ans plus tard, qu'il avait été escroqué. Il forma alors une nouvelle société, qui dura quatre ans. En 1861, il quitta Barnston pour aller à Montréal.

Vers la fin des années 1850, l'industrie du vêtement avait déjà acquis une importance considérable dans l'activité économique de Montréal. Par la suite, peut-être à cause de la guerre de Sécession, elle continua à prendre de l'expansion. Shorey se fit vendeur itinérant dans les Cantons-de-l'Est pour des manufacturiers de Montréal. En décembre 1866, il se lançait à son compte dans la fabrication de vêtements et, en 1869, il s'associait à son gendre, Edward A. Small. L'entreprise acquit une excellente réputation ; en août 1870, les associés étaient « solvables pour tout ce qu'ils [voulaient...], dignes de confiance et économes », selon le représentant de la R. G. Dun and Company, maison d'évaluation du crédit des sociétés, qui ajoutait cependant : « Ils ne sont pas en position de force [...] pour le commerce qu'ils s'apprêtent à faire. » Le représentant avait sous-estimé le capital qui soutenait l'entreprise de Shorey. Il l'évaluait à 40 000 $ mais, en réalité, la firme disposait d'une somme de 67 000 $, également répartie entre le capital fixe et le fonds de roulement. Elle comptait 305 employés, dont 280 femmes ; de ce nombre, 75 étaient âgées de moins de 16 ans. À cette époque, l'entreprise de Shorey versait annuellement 24 000 $ en salaires et 112 000 $ pour l'achat de tissus qui devaient servir à la confection de manteaux, pantalons et gilets d'une valeur globale de 153 000 $. En 1871, l'entreprise emménagea dans des locaux plus spacieux rue Sainte-Hélène. Décrit comme un « tailleur artisan », Shorey s'occupait de la production dans la manufacture tandis que Small allait se procurer des textiles auprès de fabricants de laine dans sa région natale du centre de l'Angleterre, et parfois chez des fabricants canadiens.

En 1874, la firme comptait entre 700 et 1 000 employés, pour la plupart des ouvriers saisonniers. Seulement 75 d'entre eux travaillaient à la manufacture ; il s'agissait d'hommes salariés, dont des tailleurs, qui dessinaient des habits pour hommes et garçons, et des coupeurs, qui préparaient les différents morceaux. Le reste de l'effectif était constitué de femmes et de filles qui, selon le système d'exploitation patronale ou *sweating system* alors à la base de toute cette industrie, cousaient à la maison les morceaux de vêtements ; ceux-ci étaient ensuite recueillis et rapportés à l'usine pour être vérifiés, repassés et distribués. Ces travailleuses vivaient à Montréal ou à l'intérieur d'un rayon de 30 milles, dans la campagne avoisinante reliée à la ville par chemin de fer. Malgré la conjoncture difficile et, au dire des manufacturiers, la faiblesse des tarifs, l'industrie des vêtements de confection à Montréal était apparemment très rentable, en dépit de son instabilité. Shorey et Small, du moins, continuèrent à prospérer ; en 1876, un représentant de la R. G. Dun and Company déclarait : « Ils ont un très bon excédent [... et] ont leur entreprise bien en main, compte tenu des circonstances. »

Les affaires de Shorey ne cessèrent de prendre de l'expansion dans les années 1880 ; ses fils remplacèrent Small, qui quitta l'entreprise en 1886. Vers le milieu des années 1880, la firme était le fleuron d'une industrie devenue la deuxième en importance à Montréal quant à l'emploi et à la valeur de la production. En 1888, Shorey employait environ 150 personnes dans sa manufacture et quelque 1 450 autres à l'extérieur. Les tailleurs de Montréal, surtout les femmes, qui gagnaient la moitié du salaire des hommes, étaient les moins bien payés des gens de métier ou presque. Pourtant, écrivait George Maclean ROSE : « l'entreprise [...] traite d'une manière très libérale ses employés, et les relations entre ces derniers et leur employeur sont des plus cordiales ». De toute façon, le système d'exploitation patronale rendait toute grève impossible. À l'autre bout de la chaîne de production, soit le secteur des ventes, Shorey s'entendit officieusement avec les manufacturiers de vêtements de Montréal afin de réduire la concurrence parmi les vendeurs itinérants. Il fit des voyages assez loin pour voir comment était le marché ; en 1884, par exemple, il prit le train pour aller visiter des clients dans l'ouest du Canada où, disait-il, « tout le monde était très prospère [...] les gens [...] étaient de bons clients, qui achetaient seulement les meilleurs articles et à de bons prix ». En 1893, l'année de son décès, il était le plus important producteur au Canada et effectuait des ventes dans tout le dominion, et même à Terre-Neuve et dans les Antilles. Son entreprise occupait un vaste immeuble de six étages au coin des rues Notre-Dame et Saint-Henri, où 125 tailleurs et coupeurs préparaient des morceaux pour 1 500 travailleurs à l'extérieur. Elle témoignait de son dynamisme et de son savoir-faire, mais n'avait rien d'une manufacture moderne. Au début des années 1900, elle n'existait plus.

Hollis Shorey voyagea beaucoup, sans doute surtout pour ses affaires ; il visita l'Europe et les États-Unis. De religion anglicane, c'était en politique « un conservateur convaincu ». Pendant 18 ans, il fit partie du conseil du Bureau de commerce de Montréal et participa activement à ses délibérations sur des questions comme l'expédition, les frais de transport par chemin de fer, le besoin d'une gare commune et la réciprocité. Devant la menace d'une épidémie de variole en 1885 [V. Alphonse-Barnabé LAROCQUE de Rochbrune], il dirigea la vaste campagne du bureau en faveur de la vaccination. Président de l'Association sanitaire de Montréal et administrateur de plusieurs hôpitaux, il occupa aussi le poste de président de la Citizens' Association. À ce titre, il appuya les efforts qui visaient à mettre à jour les preuves d'actes de corruption commis par les représentants municipaux ; de 1890 à 1892, il fut conseiller municipal. Il mourut le 30 juin 1893.

GERALD JACOB JOSEPH TULCHINSKY

AN, RG 31, C1, 1871. — ANQ-M, CE1-69, 30 juin 1893. — Baker Library, R. G. Dun & Co. credit ledger, Canada. — Canada, chambre des Communes, *Journaux*, 1874, app. 3 ; Commission royale sur le travail et le capital, *Rapport, Québec*. — *Montreal illustrated, 1894* [...] (Montréal, [1894]), 292. — *Gazette* (Montréal), 26 sept. 1885, 19 juin, 29 sept. 1886, 29 juin 1887, 4 mars 1891. — *Montreal Daily Star*, 19 avril, 9 août 1884, 20 janv., 8 nov. 1887, 17 juill. 1891. — *Canadian album* (Cochrane et Hopkins), 2 : 339. — *Cyclopædia of Canadian biog.* (Rose et Charlesworth). — E. J. Chambers, *The book of Montreal : a souvenir of Canada's commercial metropolis* ([Montréal, 1903]). — Jean Hamelin et Yves Roby, *Histoire économique du Québec, 1851–1896* (Montréal, 1971), 270. — Fernand Harvey, *Révolution industrielle et Travailleurs ; une enquête sur les rapports entre le capital et le travail au Québec à la fin du 19e siècle* (Montréal, 1978).

SIKI'MUKA. V. ONISTA'POKA

SI'K-OKSKITSIS (Charcoal ou, littéralement, **Cendres noires de bois ;** aussi connu sous les noms de **Paka'panikapi, Lazy Young Man,** et **Opee-o'wun, The Palate),** guerrier de la tribu des Gens-du-Sang et saint homme, né vers 1856 dans ce qui est maintenant le sud de l'Alberta, fils de Red Plume et de Killed Twice ; pendu le 16 mars 1897 au fort Macleod (Fort Macleod, Alberta).

Issu d'une famille nombreuse, Charcoal était, par l'une des femmes de son père, parent avec Seen From Afar [Peenaquim*], chef de guerre des Mamyowis (bande des Mangeurs-de-Poisson). Quand il était encore jeune, sa famille avait rompu avec cette bande que dirigeait alors Red Crow [MÉKAISTO], pour former sa propre bande. Celle-ci, appelée la bande des Uspoki-omiks (Shooting Up), avait mauvaise réputation dans la tribu, qui l'accusait d'être indolente et fautrice de troubles. Mal adapté à la vie sédentaire qu'on menait dans la réserve des Gens-du-Sang (Alberta), établie en 1880, Charcoal fut arrêté en 1883 pour avoir tué un bœuf qui appartenait à un propriétaire de ranch du voisinage. Il passa un an dans la prison de la Police à cheval du Nord-Ouest, au fort Macleod ; une fois libéré, il jura qu'on ne le remettrait jamais plus sous les verrous.

Comme il ne pouvait plus se livrer à des batailles ou à des raids maintenant que les Gens-du-Sang avaient abandonné leur vie traditionnelle de chasseurs nomades pour s'établir dans la réserve, Charcoal se tourna vers la religion de son peuple et entra dans deux sociétés sacrées, d'abord la Dog Society, puis la Horn Society. Il encouragea aussi sa quatrième femme, Anu'tsis-tsis-aki (Pretty Wolverine Woman), à devenir membre de la Motokix, seule société secrète féminine de la réserve. Au milieu des années 1890, elle en était l'une des figures dominantes, et Charcoal était reconnu comme un saint homme.

Peu après son union avec une autre femme, Iyokaki (Sleeping Woman), en 1896, Charcoal apprit que Pretty Wolverine Woman avait une liaison avec l'un des jeunes cousins de celle-ci qui avait nom Nina'msko'taput-sikumi (Medicine Pipe Man Returning with a Crane War Whoop). Le 30 septembre, il les trouva ensemble. Du coup, il oublia le mode de vie dans la réserve et la loi de l'homme blanc ; il recourut aux vieilles méthodes de ses ancêtres et tua le don Juan d'une balle dans l'œil. Convaincu que sa vie était finie et qu'on le pendrait pour son crime, il entreprit de préparer son entrée au royaume des morts. Conformément à deux anciennes coutumes des Gens-du-Sang, il décida de tuer une personne importante dont l'esprit annoncerait son arrivée, puis de tuer Pretty Wolverine Woman avant de se donner la mort afin que son esprit voyage avec le sien et qu'elle soit son esclave pour l'éternité.

Le jour où l'on trouva le corps de Medicine Pipe Man, soit le 12 octobre, Charcoal attenta à la vie de

Red Crow puis blessa d'un coup de feu un instructeur agricole, Edward McNeill. Il s'enfuit ensuite vers le sud avec deux de ses femmes, une de ses filles, une de ses belles-mères et deux de ses beaux-fils, pour se rendre d'abord au ruisseau Lee (Alberta) puis dans la concession forestière des Gens-du-Sang, près de la frontière du Montana. Entre-temps, le surintendant de la Police à cheval du Nord-Ouest, Samuel Benfield Steele*, avait organisé l'une des plus grandes chasses à l'homme de l'histoire de l'Ouest canadien. Déjà, la presse canadienne et américaine craignait que la Police à cheval du Nord-Ouest ne soit pas en mesure de s'occuper des problèmes des Indiens, étant donné que l'année précédente Almighty Voice [KITCHI-MANITO-WAYA] avait réussi à s'enfuir après avoir tué un sergent de police. On découvrit le refuge de Charcoal mais, quand les policiers, plus de 24 hommes armés, attaquèrent le camp le 17 octobre, l'Indien s'enfuit à pied avec deux de ses femmes et un de ses beaux-fils. Le soir même, il volait deux chevaux à la Police à cheval du Nord-Ouest et s'enfuyait vers le nord en direction des collines Porcupine. Le lendemain, l'équipe de recherche comptait déjà plus de 100 policiers à cheval et éclaireurs indiens, mais Charcoal échappait toujours aux patrouilles de police en franchissant de longues distances et en volant des chevaux frais dès que ses montures étaient épuisées. Le 30 octobre, bien que les deux femmes et le beau-fils aient réussi à échapper à Charcoal, Steele avait mis en état d'arrestation tous les membres de sa famille, soit 26 personnes, dont 2 enfants âgés de un et cinq ans. Le 5 novembre, on relâcha deux des frères de Charcoal, Left Hand et Bear Back Bone, pour aider à capturer le fugitif. En échange de leur collaboration, Steele autorisa qu'on libère l'enfant malade de Left Hand et leva les accusations de vol de bétail portées contre le fils de Bear Back Bone.

Voyageant entre la réserve des Peigans (Alberta) et celle des Gens-du-Sang, Charcoal continua d'échapper aux pièges que lui tendait la Police à cheval du Nord-Ouest. Le 9 novembre, elle retrouva sa trace près de la réserve des Peigans et, le lendemain, une patrouille d'éclaireurs peigans l'aperçut près du ruisseau Pincher. Le sergent William Brock Wilde, de la Police à cheval du Nord-Ouest, qui s'était joint à l'équipe de recherche fut abattu en s'approchant de lui. La nuit suivante, Charcoal arriva au camp de ses frères dans la réserve des Gens-du-Sang, où on le captura tôt dans la matinée du 12 novembre. Il fut livré à la Police à cheval du Nord-Ouest après avoir tenté de se suicider.

Au terme d'un procès qui eut lieu au fort Macleod, Charcoal fut reconnu coupable du meurtre de Medicine Pipe Man et de Wilde. Il interjeta appel, avec succès pour la première condamnation, mais la seconde fut maintenue et il fut pendu le matin du 16 mars 1897. Bien que le lieutenant-gouverneur Charles Herbert Mackintosh* eût assuré qu'on remettrait son corps à sa famille pour qu'elle lui donne une sépulture indienne, Charcoal, que l'on dit avoir été un converti de la onzième heure, fut enterré au cimetière catholique de Stand Off (Alberta), dans la réserve des Gens-du-Sang.

HUGH A. DEMPSEY

Le lecteur pourra consulter une bibliographie détaillée dans H. A. Dempsey, *Charcoal's world* (Saskatoon, 1978).

SIMPSON, MELANCTHON, constructeur de navires, né vers 1827 à Ox Point, près de Belleville, Haut-Canada ; en 1848, il épousa Esther Louisa Terry (décédée en 1872), et ils eurent au moins trois enfants, puis en 1872 une prénommée Harriet A. ; décédé le 7 mars 1899 à Toronto et inhumé à St Catharines.

Melancthon Simpson était le fils d'un sergent de l'armée britannique et d'une Américaine. Il passa probablement sa jeunesse à naviguer. En 1846, il acheta une maison à Oakville ; c'est sans doute là, au chantier naval de son oncle John Potter, qu'il apprit le métier de constructeur de navires. Trois ans plus tard, avec son frère John, il ouvrit son propre chantier naval dans la même ville. Le premier navire qu'il construisit fut un schooner baptisé *Catherine*. Oakville était typique des localités qui bordaient les Grands Lacs au milieu du XIXe siècle ; la plupart des petits ports étaient situés dans un havre naturel et comptaient au moins un constructeur de navires. L'arrivée du chemin de fer leur fit perdre de l'importance. Simpson demeura à Oakville jusque vers 1863 et il construisit des voiliers à cet endroit et dans les ports voisins de Bronte (Oakville) et de Wellington Square (Burlington).

Sans doute attiré par la prospérité du canal Welland, Simpson quitta Oakville pour s'installer d'abord à l'entrée du deuxième canal Welland, à Port Dalhousie, où il fut contremaître au chantier naval et au bassin de radoub de la Donaldson and Andrews, puis non loin de là, à St Catharines. Au cours de l'hiver de 1863–1864, il décida de faire concurrence au principal constructeur de navires de St Catharines, Louis Shickluna, en ouvrant son propre chantier naval sur le bassin situé à côté de l'écluse 5. Au printemps suivant, un millier de personnes assistèrent au lancement de son premier navire, le trois-mâts barque *Jessie Drummond*. Conçu expressément pour les canaux, il mesurait 142 pieds de longueur, 26 pieds de largeur et 11 pieds 9 pouces de hauteur.

En 1865, Simpson construisit ses premiers navires à propulsion mécanique, soit deux vapeurs : le *Lily*, à St Catharines, et le *Waubuno*, à Thorold. Propriété de la Beatty Line [V. Henry Beatty*], ce dernier coula en novembre 1879 au cours d'une tempête dans la baie Géorgienne et entraîna la mort des 25 personnes qui se trouvaient à bord. De même, le navire à hélice *Asia*, construit par Simpson à St Catharines en 1873, coula dans la baie Géorgienne en 1882 ; il appartenait aussi à la Beatty Line et sa perte fit 123 victimes. À l'occasion, Simpson fabriquait des voiliers et des vapeurs dans d'autres ports des Grands Lacs, dont Owen Sound et Oakville. En 1871, il construisit deux vapeurs, le *Cumberland* et le *Manitoba*, à Port Robinson, dans la même région. Tous deux étaient de trop fortes dimensions pour un canal ; il n'y avait pas d'écluses entre ce village et le lac Érié. La plupart des clients de Simpson étaient des particuliers ou des compagnies de la région, tels James Norris de St Catharines, ou les Beatty, de Thorold, pour qui on avait exécuté le *Waubuno*, le *Cumberland* et le *Manitoba*. C'étaient aussi des entreprises locales, dont celle de George Nicholas Oille*, qui fournissaient la plus grande partie de la machinerie et du gréement de ses navires. Simpson était renommé pour sa compétence, et nombre de ses navires devinrent bien connus sur les Grands Lacs.

La construction du troisième canal Welland, entre 1873 et 1887, rendit le deuxième canal désuet. En 1876, Melancthon Simpson fonda la St Catharines Dry Dock, Ship Building, and Warehouse Company et acheta six acres en bordure du nouveau canal. Son entreprise ne connut cependant aucun succès, et il quitta St Catharines pour de bon à la fin de 1877. Il s'installa à Hamilton, puis à Toronto, où il fabriqua des navires pendant quelque temps avant de prendre sa retraite. Son bâtiment le plus connu, et le seul qui navigue encore (sur les lacs Muskoka), est le vapeur *Nipissing*, construit à Gravenhurst en 1887 ; transformé en 1925 en navire à hélice, il porte maintenant le nom de *Segwun*.

PETER D. A. WARWICK

AN, RG 42, E1, 1420, 1561–1562. — St Catharines Hist. Museum (St Catharines, Ontario), Assoc. of Canadian Lake Underwriters, lake vessel reg., 1869 (mfm) ; Great Lakes reg., 1912 ; Marine insurance classification index, 1878 (mfm) ; St Catharines shipping reg., 1874–1895. — St Catharines Public Library, Special Coll., Cemetery records, Victoria Lawn Cemetery (St Catharines), transcription des inscriptions des pierres tombales. — York County Surrogate Court (Toronto), n° 13132 (mfm aux AO). — *Globe*, 9 mars 1899. — *Standard* (St Catharines), 8 mars 1899. — *St. Catharines directory*, 1874. — J. P. Barry, *Ships of the Great Lakes ; 300 years of navigation* (Berkeley, Calif., [1973]). — Peter Charlebois, *Sternwheelers & sidewheelers : the romance of steamdriven paddleboats in Canada* (Toronto, 1978). — Hazel [Chisholm] Mathews, *Oakville and the Sixteen : the history of an Ontario port* (Toronto, 1954 ; réimpr., 1971). — Richard Tatley, *The steamboat era in the Muskokas* (2 vol., Erin, Ontario, 1983–1984). — *Owen Sound Sun* (Owen Sound, Ontario, 6 juin 1916. — B. A. Parker, « Shipbuilding in the Niagara peninsula : a study of nineteenth century enterprise », *Inland Seas* (Vermilion, Ohio), 36 (1980) : 87–95, 179–185. — *Times* (Owen Sound), 6 juin 1916. — P. D. A. Warwick, « Three shipbuilders from the Welland Canal », *Inland Seas*, 43 (1987) : 50–59.

SIMPSON, ROBERT, homme d'affaires, né le 16 ou le 17 septembre 1834 à Speymouth, Écosse, fils de Peter Simpson, propriétaire d'un magasin général, et de Jane Christie Parmouth ; le 29 mars 1859, il épousa à Newmarket, Haut-Canada, Mary Anne Botsford, et ils eurent une fille ; décédé le 14 décembre 1897 à Toronto.

Robert Simpson étudia dans une *grammar school* écossaise jusqu'à l'âge de 16 ans, puis il fit son apprentissage chez un commerçant d'Elgin. À son arrivée dans le Haut-Canada, en 1854, il fut commis au magasin général de la D. Sutherland and Sons, à Newmarket, localité desservie depuis peu par le chemin de fer. En octobre 1858, le commerce des Sutherland ayant été acheté par William McMaster, Simpson et un autre commis, William Trent, fils d'un fermier assez aisé de l'endroit, ouvrirent à Newmarket un petit magasin où ils vendaient au détail des marchandises sèches, des produits d'alimentation, de la quincaillerie, des bottes et des souliers. Comme la concurrence était féroce en ce temps de crise, les associés fixèrent leurs prix au plus bas et, suivant une tendance courante en Amérique du Nord, annoncèrent qu'ils exigeaient d'être payés comptant. Cependant, plusieurs indices, dont le fait qu'ils achetaient des produits agricoles de la région, laissent croire que la plupart des transactions continuaient de se faire à crédit. L'association fut liquidée en mars 1862 et, deux mois plus tard, Simpson en conclut une nouvelle avec M. W. Bogart, que ses concitoyens considéraient comme un piètre homme d'affaires ; le père de ce dernier avait d'ailleurs garanti sa participation.

Le 6 décembre 1862, un incendie se déclara au magasin de Simpson ; plusieurs fois au cours de sa carrière, le feu allait endommager ou détruire ses locaux. L'assurance remboursa les pertes, évaluées à 1 000 $, et les affaires reprirent presque tout de suite. Un deuxième incendie, le 19 février 1864, causa des dégâts plus sérieux : cette fois, il fallut réinstaller le magasin dans des locaux temporaires. Bogart rompit ses liens avec Simpson le 9 mars, d'abord à cause du sinistre mais aussi, sinon surtout, parce que ses affaires allaient déjà mal. À l'aide du produit de l'assurance, Simpson remboursa la plus grande partie de ses dettes à son fournisseur de longue date, la Thompson, Claxton and Company de Montréal, et se relança seul en affaires, toujours à Newmarket.

La croissance économique des années 1860 s'accompagna d'une petite révolution dans le secteur urbain du commerce de détail et permit même à un marchand rural comme Simpson de réaliser en 1866 un chiffre d'affaires de 60 000 $. En avril 1867, il s'installa dans ce qui était, selon lui, « le plus grand et le plus beau magasin au nord de Toronto ». Grâce à une publicité imaginative, et notamment à la distribution de prospectus dans toute la campagne environnante, il parvint non seulement à maintenir sa position par rapport à ses concurrents, mais aussi à améliorer sa cote de crédit. À l'époque, les détaillants tentaient de s'approvisionner directement auprès des fournisseurs et manufacturiers de Grande-Bretagne. C'est peut-être pour cette raison que Simpson, pendant l'hiver de 1868–1869, se rendit en Écosse, où il n'était pas retourné depuis son arrivée au Canada. Apparemment, malgré sa réussite évidente, des problèmes de santé, sans doute liés à l'alcool, assombrirent ses dernières années à Newmarket.

Le 29 octobre 1870, un incendie au magasin de Simpson détruisit des marchandises d'une valeur de 40 000 $; la plupart étaient en consignation et une bonne partie n'étaient pas assurées. Le *Monetary Times* l'accusa d'irresponsabilité et lui reprocha de maintenir un stock beaucoup trop important pour le volume annuel de ses ventes. En annonçant la procédure de faillite, le journal signala qu'il y avait eu « très grave négligence dans la conduite de ses affaires » ; Simpson, poursuivait-on, recourait beaucoup au crédit, ce dont le journal blâmait les grossistes. Ses méthodes de comptabilité manquaient de rigueur mais, comme le déclara un marchand de l'endroit, ses « livres n'étaient pas plus mal tenus que ceux de n'importe quel autre détaillant de la région ».

Presque tout de suite après avoir conclu avec ses créanciers un arrangement qui prévoyait l'acquittement d'à peine le tiers de ses obligations, Simpson rouvrit son magasin, d'abord dans des locaux loués, puis à son ancienne adresse. Il l'exploita jusqu'à l'été de 1872, vendit alors son stock à son cousin James Simpson et s'installa à Toronto avec sa famille. Au cours de l'hiver de 1872–1873, avec un personnel de trois commis, il ouvrit un petit commerce de marchandises sèches au 184 de la rue Yonge, tout juste au nord de la rue Queen, quartier que commençaient à fréquenter les clients habituels de la rue King. Apparemment, au moins jusqu'en juillet 1879, il eut un associé, son beau-frère Charles Botsford.

Simpson faisait peu de réclame dans les journaux de la ville mais, grâce à l'urbanisation et à l'industrialisation de Toronto, son magasin prospérait de manière soutenue. Pendant l'hiver de 1879–1880, pour renforcer sa position, il ouvrit rue Colborne un commerce de marchandises sèches en gros avec son cousin James Simpson et un autre Écossais, James Robertson. On ignore s'il réagissait ainsi aux augmentations des tarifs douaniers appliquées par le gouvernement fédéral dans le cadre de sa Politique nationale. À peu près au même moment, Timothy Eaton* ouvrit aussi un commerce de gros à Toronto. Qu'un détaillant devienne grossiste était chose courante à l'époque, mais le commerce de gros rapportait de moins en moins puisque les détaillants cherchaient à conclure des ententes directes d'approvisionnement en Grande-Bretagne et en Europe. L'entreprise de gros de Simpson n'eut qu'un succès limité ; dès 1885, on y faisait aussi de la vente au détail. Robertson se retira de l'association en 1886, et l'entreprise ferma peu après la mort de James Simpson, survenue en novembre 1889. Dès lors, Robert Simpson put se consacrer tout entier à son commerce de détail, qu'il avait installé en 1881 dans des locaux plus vastes, au 174-176 rue Yonge, à côté du magasin d'Eaton.

À l'été de 1883, Eaton, qui avait besoin de s'agrandir, s'établit plus au nord, au 190 de la rue Yonge. Cependant – et c'est là un indice de la concurrence qui régnait entre les deux hommes – il laissa son ancien magasin verrouillé et inoccupé durant plus de six mois afin que Simpson ne puisse s'y installer et profiter de sa clientèle. Simpson était d'ailleurs à peu près le seul propriétaire de magasin dont Eaton parlait dans ses lettres à son frère, ce qui laisse croire qu'il le prenait peut-être plus au sérieux que certains de ses concurrents de moindre importance. Bien que tous les commerçants de marchandises sèches se soient livré une dure lutte dans les années 1870 et 1880, et bien qu'Eaton et Simpson aient eu des personnalités fort différentes (le premier était un méthodiste strict et un abstinent, le second, disait-on, un grand buveur), rien ne laissait présager l'intense rivalité qui opposa par la suite leurs magasins. Eaton et son fils John Craig* assistèrent aux obsèques de Simpson et firent mettre en berne les drapeaux de leur établissement ce jour-là.

Le magasin de Simpson, qui en 1885 offrait une gamme de plus en plus variée de marchandises et employait près de 60 commis, était, dès le début des années 1890, véritablement un grand magasin où l'on trouvait marchandises sèches, produits d'alimentation, médicaments brevetés, meubles et bien d'autres choses encore. Son succès, en cette époque où la demande des biens de consommation avait augmenté, reposait largement sur des techniques de vente dynamiques et sur un système de prix unique et de paiement comptant.

En 1894, Robert Simpson put faire construire, selon les plans d'Edmund Burke*, un immeuble de six étages à l'angle sud-ouest des rues Yonge et Queen. Un an plus tard, le troisième des terribles incendies qui ravagèrent le centre-ville de Toronto détruisit complètement cet édifice, et le magasin dut s'installer dans des locaux temporaires. Au début de 1896, l'immeuble actuel, identique à l'ancien mais doté de plusieurs dispositifs de protection contre l'incendie, ouvrit ses portes. Le magasin comptait alors quelque 500 employés et 35 rayons, plus un restaurant et un service bien organisé de vente par correspondance. En mai, l'entreprise fut constituée en société par actions à responsabilité limitée, la Robert Simpson Company

Limited, dont Simpson devint président. Sa mort subite à l'âge de 63 ans, le 14 décembre 1897, laissa un lourd fardeau sur les épaules de sa femme et de sa fille Margaret (il n'avait pas de fils pour lui succéder). En mars 1898, on vendit la société pour la somme de 135 000 $ à trois hommes d'affaires torontois, Harris Henry Fudger, Joseph Wesley Flavelle* et Alfred Ernest Ames*.

JOY L. SANTINK

AO, MU 307, Simpson à Buell, 15 avril 1867. — Baker Library, R. G. Dun & Co. credit ledger, Canada, 26 : 195 ; 27 : 136. — CTA, RG 5, F, 1867–1900. — GRO (Édimbourg), Speymouth, reg. of births and baptisms, Robert Simpson, record of birth, 17 sept. 1834, recorded 1854. — *Daily Mail and Empire,* 1867–1900. — *Evening News* (Toronto), 3 avril 1884, 17 févr., 3 mars 1885, 3 janv., 1er, 17 févr. 1888. — *Globe,* 1867–1900. — *New Era* (Newmarket, Ontario), janv. 1855–déc. 1872. — *Toronto directory,* 1867–1900. — Merrill Denison, *This is Simpson's ; a story of Canadian achievement told in celebration of the 75th anniversary of one of her great institutions* ([Toronto, 1947]). — *Hist. of Toronto.*

SINATE. V. SAHNEUTI

SITTING WHITE BUFFALO. V. MÉKAISTO

SKIRVING, CATHERINE SEATON (Ewart), philanthrope, née le 10 mars 1818 à Musselburgh, Écosse, quatrième fille de Margaret Wardlaw et de John Skirving, fermier, ingénieur et évaluateur foncier ; le 1er septembre 1846, elle épousa à Toronto Thomas Ewart ; décédée le 7 mai 1897.

Quelques mois seulement après son arrivée dans le Haut-Canada avec sa famille en 1833, John Skirving fut emporté par une brève maladie. Laissées sans ressources, sa veuve et ses filles déménagèrent plusieurs fois et essayèrent de se tirer d'affaire par divers moyens avant de s'établir à Toronto, en 1840, où elles fondèrent une « école de jeunes filles ». Six ans plus tard, Catherine Seaton Skirving épousait Thomas Ewart, barrister torontois d'avenir qui s'associa par la suite à Oliver Mowat*, époux de sa sœur Jane et futur premier ministre de l'Ontario. Atteint de phtisie, Ewart mourut en 1851 ; trois ans plus tard, Catherine partit avec ses trois enfants pour l'Écosse, où elle vécut jusqu'en 1859. De retour à Toronto, elle s'engagea dans des activités bénévoles et philanthropiques qui allaient occuper toute sa vie. À compter de 1863 et durant nombre d'années, elle fut secrétaire du Toronto Magdalen Asylum and Industrial House of Refuge, établissement qui deviendrait en 1884 le Toronto Industrial Refuge and Aged Woman's Home et dont elle serait présidente de 1891 à 1895. L'organisme auquel elle consacra la plus grande partie de son énergie fut toutefois la Woman's Foreign Missionary Society, qui relevait de l'Église presbytérienne en Canada (division de l'Ouest).

Membre fondatrice de cette société en mars 1876, Catherine Skirving en devint présidente en 1881, poste qu'elle occuperait jusqu'à sa mort. Sous sa direction, la société missionnaire recruta plus de 16 000 femmes et acquit dans l'Église presbytérienne la réputation de mener ses affaires avec « méthode et discipline ». Section auxiliaire du Foreign Mission Committee, entièrement composé d'hommes, la Woman's Foreign Missionary Society n'en devint pas moins une organisation puissante : elle assurait presque toute la publicité des missions administrées par le Foreign Mission Committee et fournissait entre le tiers et la moitié de l'argent qui leur était destiné. Outre le soutien accordé aux activités missionnaires des femmes célibataires qui œuvraient dans le centre de l'Inde et l'Extrême-Orient, la Woman's Foreign Missionary Society finançait le travail des missionnaires tant masculins que féminins qui vivaient parmi les Indiens de la Colombie-Britannique et du Nord-Ouest canadien (que l'Église de l'époque désignait comme territoires étrangers).

Lorsque la présidente du nouveau Conseil national des femmes du Canada, lady Aberdeen [Marjoribanks*], lui demanda personnellement en 1894 que la Woman's Foreign Missionary Society s'affilie au conseil, Catherine Skirving refusa : une telle affiliation lui paraissait inopportune puisque la société était un groupe auxiliaire et devait accorder la primauté à ses obligations à l'étranger. De même, sous sa direction, la société évita les liens officiels avec d'autres organismes non missionnaires comme la Woman's Christian Temperance Union (quoique ses membres aient été actives, à titre personnel, dans des groupes de ce genre), et refusa de se charger des missions au Canada. Au cours des années 1890, Catherine Skirving joua un rôle de premier plan dans les démarches entreprises par la société en vue de fonder un institut de formation pour les femmes qui souhaitaient devenir missionnaires. En octobre 1897, soit cinq mois environ après sa mort, on inaugura dans son ancienne résidence le Ewart Missionary Training Home. Elle avait laissé 2 000 $ pour aider les étudiantes nécessiteuses qui souhaitaient fréquenter ce foyer et pour régler d'autres dépenses spéciales non prévues au budget.

Le seul fils de Catherine Seaton Skirving, John Skirving Ewart*, avocat bien connu et autorité en matière constitutionnelle, rejeta le presbytérianisme loyal de sa mère et l'attitude impérialiste dont se doublait généralement l'enthousiasme des protestants du Canada envers les missions étrangères. Cependant, ses deux filles, Louise E. et Jane Emily, collaborèrent avec le même zèle que leur mère aux œuvres de l'Église presbytérienne et à ses entreprises missionnaires à l'étranger. Elles firent toutes deux partie de la direction de la Woman's Foreign Missionary Society, et Jane Emily en devint présidente en 1911.

RUTH COMPTON BROUWER

UCC-C, Presbyterian Church in Canada (Western Division), Woman's Foreign Missionary Soc., Board of Managers, minutes, 6 (1889–1890), 1er oct. 1889 ; 10 (1893–1894), 20 févr. 1894 ; 12 (1896–1897), 3 nov. 1896, 18 mai 1897. — « The late Mrs. Ewart », *Canada Presbyterian* (Toronto), 26 mai 1897 : 336–337. — Presbyterian Church in Canada (Western Division), Woman's Foreign Missionary Soc., *Annual report* (Toronto), 1877–1897/1898, 1910–1911, 1913–1914. — A. F. Robinson, *A quarter of a century (1876–1901) ; sketch of the Woman's Foreign Missionary Society of the Presbyterian Church in Canada (W.D.)* (Toronto, 1901). — « The theological and missionary training of women », *Westminster* (Toronto), [2e] sér., 3 (juill.–déc. 1897) : 295–296. — D. L. Cole, « The better patriot : John S. Ewart and the Canadian nation » (thèse de PH.D., Univ. of Wash., Seattle, 1968).

SMITH, ALEXANDER, maçon, né en 1819 ou en 1820 à Nairn, Écosse ; il épousa une prénommée Isabella, et ils eurent au moins un fils et une fille ; décédé le 25 septembre 1892 à St John's.

Alexander Smith arriva à St John's en 1847, un an après qu'un incendie eut détruit une grande partie de la ville. Comme il avait appris le métier de maçon, il espérait profiter de la reconstruction massive alors en cours. Il établit sans tarder une entreprise de maçonnerie, et se concentra d'abord sur l'industrie de la construction ; il bâtit au bord de l'eau les établissements commerciaux des Stewart, Duder [V. Edwin Duder*] et autres marchands. Smith travailla aussi à la construction du pénitencier et de plusieurs phares de pierre dans diverses parties de Terre-Neuve. Cependant, pour éviter que sa subsistance ne dépende uniquement de la demande limitée de construction de bâtiments en pierre, il avait déjà commencé, en 1851, à tailler et à vendre des pierres tombales, commerce qu'il allait pratiquer jusqu'à la fin de sa vie. Il fonda donc la St John's Marble Works et son marché ne tarda pas à s'étendre à toute l'île. Ses pierres étaient bien travaillées, mais n'étaient pas de conception vraiment originale. De toute évidence, Smith se contentait de copier les styles alors en vogue. Il disposait sûrement de modèles de sculpteurs britanniques dont il s'inspirait pour tailler ses monuments et graver les épitaphes. Dans de nombreux cas, son travail ne se distinguait pas de celui de ses concurrents.

Smith fabriqua aussi des dessus de table et des pièces de cheminée. Il se servait surtout de marbre qu'il importait des États-Unis et d'Italie. Même si la fabrication de pierres tombales assura sa subsistance, les travaux qu'il exécuta pour diverses églises de l'île furent ses réalisations les plus importantes. Il sculpta des fonts baptismaux de forme octogonale pour la Church of the Epiphany, église anglicane de Woody Point, dans la baie Bonne. Son travail le plus remarquable, cependant, est l'autel que lui commandèrent les Sisters of the Presentation of the Blessed Virgin Mary en 1883 pour commémorer le cinquantième anniversaire de leur arrivée à Terre-Neuve [V. Mlle Kirwan*, dite sœur Mary Bernard]. L'avant de cet autel comporte trois scènes finement sculptées qui dépeignent des facettes de l'histoire de cette congrégation à Terre-Neuve : le premier tableau illustre l'arrivée en bateau des religieuses dans le chenal du port de St John's, le deuxième les présente en train de faire l'école à des enfants de la ville, et le dernier montre l'ensemble des bâtiments ecclésiastiques qui dominent l'horizon de St John's. Apparemment, les religieuses avaient d'abord communiqué avec des maçons de Boston, mais n'en avaient trouvé aucun capable d'exécuter ce travail. C'est alors qu'elles en donnèrent la commande à Smith, qui se fit aider par son apprenti, John Whelan.

L'entreprise de Smith non seulement réalisa des travaux importants, mais s'occupa aussi de la formation d'autres sculpteurs qui se firent une réputation par la suite. James McIntyre, originaire d'Écosse lui aussi, travailla pour Smith de 1869 à 1879 et s'occupa de la succursale que celui-ci avait ouverte à Harbour Grace en 1862. Il aida Smith à réaliser des travaux comme l'autel de l'église d'Oderin, dans la baie de Plaisance, et se lança plus tard à son compte. Smith forma aussi dans ce métier son petit-fils, Charles F. Muir, qui prendrait sa relève après sa mort. Tout en continuant à fabriquer des pierres tombales, il exécuta à l'occasion des travaux de construction jusqu'à la fin de sa vie. Il s'occupa de la fabrication des garnitures en marbre pour le Waverley Hotel à St John's, qui fut terminé à la fin de 1892.

À titre de membre de la loge Tasker, à St John's, Alexander Smith participa très activement à la franc-maçonnerie. Il mourut en 1892 à l'âge de 72 ans. Dans une de ses notices nécrologiques, on disait de lui qu'il avait la « trempe caractéristique de l'Écossais bon, rude ; mais sous cette rudesse battait un cœur généreux, s'il en fût jamais dans le corps d'un homme ». Sa pierre tombale est un monument singulièrement banal, ce qui témoigne de l'aspect secondaire de cette activité en comparaison des travaux plus remarquables que Smith a réalisés pour des églises.

GERALD L. POCIUS

Evening Herald (St John's), 26 sept. 1892. — *Evening Telegram* (St John's), 12 sept. 1883. — *Times and General Commercial Gazette* (St John's), 8 nov. 1884, 1er oct. 1892. — *Nfld. directory*, 1864–1865 : 368. — *Nfld. men* (Mott), 241, 249. — G. L. Pocius, « The place of burial : spatial focus of contact of the living with the dead in eastern areas of the Avalon peninsula of Newfoundland » (thèse de M.A., Memorial Univ. of Nfld., St John's, 1976) ; « Eighteenth-

and nineteenth-century Newfoundland gravestones : self-sufficiency, economic specialization, and the creation of artifacts », *Material Hist. Bull.* (Ottawa), 12 (1981) : 1–16.

SMITH, ALEXANDER MORTIMER, soldat, homme d'affaires, officier de milice et homme politique, né le 8 mai 1818 à Monymusk, Écosse ; il épousa Mary Ann Barnes ; décédé le 19 janvier 1895 à Toronto.

Alexander Mortimer Smith naquit dans une paroisse rurale de l'Aberdeenshire. Fils d'un homme pauvre, ses perspectives d'avenir étaient limitées ; après des études sommaires, il s'empressa donc d'entrer dans l'armée. Comme beaucoup de jeunes gens de son coin de pays, il s'enrôla en 1836 dans le 93rd Foot. En novembre 1838, son régiment avait atteint Toronto où, durant six ans, il conserverait, selon les termes d'un officier inspecteur, « une sobriété et une discipline relatives au milieu de la débauche dont il parai[ssait] être entouré ».

Influencé par ses amis et sa famille plutôt que par son commandant, qui lui offrait un brevet d'officier, Smith quitta le régiment en 1840 pour entrer dans le commerce. Il trouva bientôt du travail chez un épicier et, grâce à son zèle et à son sens des affaires, améliora rapidement sa situation. En 1846, il aurait son propre magasin général rue Queen ; au cours de la décennie suivante, il se rapprocherait du centre commercial de la ville, au sud, pour y exploiter deux épiceries, où il vendrait également de la vaisselle. À la fin des années 1850, il s'associa à John Smith*, avec qui il n'avait aucun lien de parenté, et s'aventura dans la vente en gros de produits d'alimentation ; à peu près à la même époque, il fit pendant quelque temps le commerce du bois, un secteur d'activité alors en pleine expansion à Toronto.

Grâce à ses succès en affaires, Smith acquit rapidement sécurité et renom. En 1855, d'influents citoyens l'avaient invité à se présenter au conseil municipal et, après son élection, il y avait siégé un an. Élu échevin du quartier St James en 1858, avec Oliver Mowat*, et réélu l'année suivante, il remit néanmoins sa démission en février. Bien que ses raisons ne soient pas claires, on peut supposer d'après les descriptions ultérieures que c'était un collègue de travail difficile et qu'il n'avait pas l'étoffe d'un homme politique. Quoi qu'il en soit, les autres membres du conseil municipal acceptèrent sa démission à contrecœur, ce qui témoigne de leur respect pour le dur travail qu'il avait accompli dans plusieurs des comités les plus importants.

Son retour à la carrière militaire constitue également un indice de l'ascension sociale de Smith. Comme le note l'un de ses contemporains, c'était un « soldat-né » et, en 1856, on lui avait offert le commandement d'une compagnie de fusiliers des Highlands, formée à la suite de l'Acte pour régler la milice de 1855. Trois ans plus tard, cette unité fusionna avec cinq autres compagnies de volontaires pour former un bataillon qui prit plus tard le nom de Queen's Own Rifles. Promu major le 26 avril 1860, Smith renonça cependant à ses prétentions au commandement du bataillon en novembre 1865, vraisemblablement à cause du travail qu'exigeaient ses charges publiques. Après avoir commandé pour une courte période un bataillon temporaire, il donna sa démission le 13 juillet 1866. Il ne cesserait jamais cependant de s'intéresser aux questions militaires, non plus qu'aux affaires écossaises. Avec d'autres officiers de sa compagnie, Smith avait participé en septembre 1858 à la formation de la Caledonian Society, vouée à l'encouragement des arts et des jeux traditionnels de l'Écosse. Il adhéra également à la St Andrew's Society, association de bienfaisance qu'il présida en 1866–1867.

C'est cependant son travail au Board of Trade de Toronto qui exprime le mieux les intérêts de Smith. Membre de ce groupe à compter de 1856, président en 1877, il fut toujours élu à son conseil et les postes qu'il y occupa illustrent bien à quel point ses idées correspondaient à celles de l'effectif, dominé par des grossistes d'origine étrangère. L'organisme appuyait fermement tout ce qui était susceptible d'accroître la domination économique de Toronto sur l'arrière-pays, et Smith était l'un des principaux promoteurs d'un projet en ce sens, celui du Toronto and Nipissing Railway. Quoiqu'il fût un échec financier (il serait absorbé par le Midland Railway en 1882), ce chemin de fer, comme d'autres du même genre, à voie étroite, offrait plus de sécurité aux grossistes en améliorant l'accès aux marchés et en éliminant le recours aux sous-traitants et aux intermédiaires. Très conscients du fait que la dépression de 1857–1858 avait ébranlé l'infrastructure économique de la province, les membres du bureau étaient également impatients de mettre en place des institutions financières mieux à même de faire face à la situation. Or Smith incarnait cette volonté de diversifier les intérêts : pendant les années 1860, il se fit élire aux conseils d'administration de la Provincial Mutual and General Insurance Company, de la Compagnie d'assurance de l'Ouest, de la Canada Permanent Building and Savings Society et de la Banque canadienne de commerce. Il fut également président de la Banque royale du Canada (Royal Canadian Bank), où un scandale l'effleura en 1869 après que le sénateur Donald McDonald* en eut dénoncé la mauvaise administration.

Le Board of Trade faisait souvent valoir ses vues par l'intermédiaire de la politique provinciale, et les élections de 1863 donnèrent à Smith l'occasion d'en exprimer plusieurs. Choisi candidat du parti réformiste dans Toronto East après que George Brown* eut refusé de s'y présenter, Smith proposait un programme qui englobait non seulement les orientations habituelles du parti mais un certain nombre de plans destinés à améliorer la situation économique de

Toronto et de ses marchands. Quoique le *Leader* de James BEATY l'eût accusé d'être « un homme de talents et de connaissances médiocres », incapable de « prononcer une demi-douzaine de phrases de manière respectable », les critiques ne parvinrent pas à faire oublier que le député sortant, John Willoughby Crawford*, avait donné son appui au projet de loi d'initiative gouvernementale sur les écoles séparées. Grâce à l'influence de l'échevin conservateur Francis Henry Medcalf*, Smith gagna le vote orangiste qui avait élu Crawford trois ans plus tôt. Sa majorité considérable et la victoire de John Macdonald* dans Toronto West, où il affrontait John Beverly ROBINSON, assuraient au parti réformiste un succès sans précédent dans Toronto.

Le passage de Smith à l'Assemblée législative confirma jusqu'à un certain point l'opinion de Beaty, car le député parla rarement, sauf pour faire de brefs commentaires à propos de questions commerciales ou concernant la milice. Néanmoins, il aurait probablement obtenu de nouveau l'investiture aux élections fédérales de 1867 s'il n'avait pas appuyé, à l'Assemblée, le gouvernement de coalition de sir Étienne-Paschal Taché* et de John Alexander MACDONALD. Même s'il avait été élu sous la bannière réformiste, il avait promis à l'occasion de l'assemblée de mise en candidature en août 1867 de ne jamais « offrir une opposition constante, factieuse à un gouvernement » si celle-ci devait entraîner le rejet de mesures raisonnables, et il mit quiconque au défi de gagner Toronto East sans l'appui des conservateurs. Cette attitude aussi ouvertement indépendante suscita une bruyante attaque de George Brown, et Smith se retira de la course le 23 août. William Thomas AIKINS, qui le remplaça, fut battu à plates coutures par le candidat conservateur, James Beaty.

À l'invitation de plusieurs citoyens éminents, Smith interrompit sa retraite politique en 1874 pour se porter candidat à la mairie de Toronto. La rumeur voulait que des irrégularités se soient glissées dans les relations du maire sortant, Alexander Henderson Manning*, avec des entrepreneurs employés à la construction de l'usine de distribution d'eau de la ville. Dénigré pendant sa campagne à cause de sa conduite de 1867, Smith perdit le vote de plusieurs réformistes influents de la ville, qui appuyèrent plutôt Francis Henry Medcalf, candidat de dernière heure. Ironiquement, dans cette ultime incursion en politique, Smith devrait sa défaite à celui-là même qui lui avait apporté la victoire en 1863.

Smith s'était associé vers 1871 à William Walker Keighley, ancien directeur torontois de la Reford and Dillon, firme montréalaise d'importation et de vente en gros de produits d'alimentation. La Smith and Keighley prit la relève et devint l'une des plus grandes entreprises de vente en gros de Toronto. Avec d'autres investisseurs de cette ville et d'Owen Sound, elle fonda en 1880 la Canada Lake Superior Transit Company en vue d'exploiter un commerce d'expédition sur les lacs Supérieur, Michigan et Huron. Dans les années 1890, toutefois, ses vapeurs faisaient route vers des ports américains, comme celui de Rochester, dans l'état de New York. Vu son intérêt pour les questions de transport maritime, Smith représenta souvent le Board of Trade au Harbour Trust, et il demanda à ses anciens collègues du Parlement des fonds du gouvernement fédéral pour améliorer l'entrée ouest du port de Toronto.

Malgré une forte grippe qui l'obligea à ralentir ses activités en 1891, Alexander Mortimer Smith poursuivit ses activités dans diverses institutions financières et occupa la vice-présidence de la Banque d'Ontario de même que la présidence de la Compagnie d'assurance de l'Ouest. Au début de l'année 1894, sa santé se détériora. Il mourut un an plus tard, en léguant de grosses sommes d'argent aux membres de sa famille et à un certain nombre d'organismes de charité, notamment le Hospital for Sick Children, dont il avait été membre du conseil. Comme le révèle son testament, cet homme d'origine modeste avait réussi, par son zèle et en s'intéressant judicieusement à de multiples domaines financiers, à atteindre la prospérité et à gagner le respect de ses pairs. Sans avoir tous les talents de ses contemporains, il demeure néanmoins un modèle, par la diversité de ses intérêts et sa participation aux affaires militaires, commerciales et publiques.

MICHAEL B. MOIR

AN, MG 28, III 56, 3 (mfm à la MTRL). — AO, MU 307. — CTA, RG 1, A, 1855–1859. — Toronto Harbour Commission Arch., RG 1/1/1, vol. 1 ; RG 1/4, box 4, vol. 1 ; RG 2/1, box 1, vol. 2 ; SC 26, box 6, vol. 3. — York County Surrogate Court (Toronto), n° 10726 (mfm aux AO). — Canada, prov. du, Assemblée législative, *App. des journaux*, 1857–1859 ; *Journaux*, 1863–1867. — *Canada Gazette*, 14 (1880) : 267. — « Parliamentary debates » (Assoc. canadienne des bibliothèques, mfm des débats de la législature de la prov. du Canada et du parl. du Canada, 1846–1874), 1863–1867. — *Evening Telegram* (Toronto), 19 janv. 1895. — *Globe*, 1856–1895. — *Leader*, 1863–1867. — *Mail* (Toronto), déc. 1873–janv. 1874. — *Monetary Times*, 1870–1878. — *Toronto Evening Star*, 19–21 janv. 1895. — *Toronto directory*, 1843–1895. — G. M. Adam, *Toronto, old and new : a memorial volume* [...] (Toronto, 1891). — E. J. Chambers, *The Queen's Own Rifles of Canada* [...] (Toronto, 1901). — *Robertson's landmarks of Toronto*, 2. — Toronto, Board of Trade, *« A souvenir »*.

SMITH, CHARLES-GUSTAVE, peintre, musicien, professeur de musique, auteur, imprimeur, journaliste, fonctionnaire et inventeur, né le 14 février 1826 à Londres, fils d'Alcibiado Smith et d'Amélie Eméric ; le 19 août 1857, il épousa à Montréal

Louise-Émilie-Hermine Leprohon, et ils eurent neuf enfants, dont trois fils et une fille qui vécurent au delà de la petite enfance ; décédé le 6 février 1896 à Ottawa.

Malgré son nom et son lieu de naissance, Charles-Gustave Smith était de culture française et s'exprimait surtout en français. Son grand-père paternel, un Anglais, avait été un fabricant de machines et de munitions prospère près de Londres. Comme il faisait de bonnes affaires avec Napoléon, s'établir à Paris lui avait paru opportun. Le père de Charles-Gustave avait, semble-t-il, fait une partie de ses études à la University of Oxford ; sa mère venait de Bâle en Suisse. Charles-Gustave naquit pendant que ses parents étaient en visite à Londres. Sa mère, douée pour la musique, lui donna des leçons de piano jusqu'à l'âge de huit ans ; elle le confia ensuite à son ancien professeur, Pierre-Joseph-Guillaume Zimmermann, du conservatoire de Paris. Le jeune Charles-Gustave prit des cours à cette école durant huit ans, même s'il semble ne jamais y avoir été inscrit officiellement. Pour des raisons de santé, il dut se rendre à Marseille en 1844. Au cours des années qui suivirent, il voyagea beaucoup en Europe, en Afrique du Nord et en Inde, accumulant ainsi des expériences qui inspireraient plus tard ses conférences et ses écrits. En 1848, de retour en France, il se battit à titre de caporal sous la bannière républicaine ; blessé au combat tandis qu'il portait secours à un camarade blessé, il refusa la pension à laquelle il avait droit. En 1856, il obtint un diplôme du conservatoire et traversa l'Atlantique.

Après un court séjour aux États-Unis, où Smith travailla pour un peintre, il s'établit à Montréal en mars 1856 et trouva un emploi chez un peintre allemand du nom de Ruther. Il rencontra le sculpteur sur bois Louis-Xavier Leprohon, dont il épousa la fille en 1857, après s'être converti au catholicisme. La société montréalaise stimula son triple talent de musicien, de peintre et d'auteur. Il enseigna la musique au couvent des Religieuses du Sacré-Cœur à Sault-au-Récollet (Montréal-Nord), rédigea des manuels d'enseignement de la musique, et écrivit des articles et des critiques sur la musique pour des revues ; vers 1860, il fut organiste et maître de chapelle à l'église St Patrick. En 1863, il ouvrit une petite imprimerie sous la raison sociale de Gustave Smith et Leprohon et, au début de l'année suivante, il prit en charge la rédaction et l'impression du périodique *les Beaux-Arts* qu'avait lancé Adélard-Joseph Boucher en avril 1863. Smith en fit « une revue des sciences, des lettres, de l'industrie », mais le faible nombre d'abonnements fit disparaître le magazine après la parution du numéro de mai 1864. Un peu plus tard, probablement pour des raisons de santé, Smith retourna vers le climat plus clément des États-Unis. À New York, il renoua avec son ami Marie-Hippolyte-Antoine Dessane*, musicien français qu'il avait rencontré à Québec en 1858. Après un an à New York, il se rendit à La Nouvelle-Orléans, où il travailla comme professeur de musique et musicien d'église jusqu'à son établissement à Ottawa en 1868. Pendant son séjour à La Nouvelle-Orléans, il avait appris du consul de France que sa bravoure au combat en 1848 lui valait, avec 12 ans de retard, le titre de chevalier de la Légion d'honneur.

À Ottawa, la principale activité musicale de Smith fut son travail d'organiste à la basilique Notre-Dame. Il remplit cette fonction de 1868 à 1892, malgré probablement quelques interruptions (une revue musicale de l'époque signala en 1882 qu'il avait remis sa démission). Smith enseigna la musique au couvent des Sœurs grises [V. Élisabeth Bruyère*] et au collège d'Ottawa [V. Joseph-Henri Tabaret*] ; il donna aussi des cours privés de chant et de piano. Une attaque d'apoplexie le laisserait paralysé en novembre 1894.

Entre 1870 et 1892, Smith travailla le jour comme dessinateur et commis pour le département fédéral de l'Agriculture, celui des Chemins de fer et des Canaux, et celui des Travaux publics. Dans le cadre de ses travaux de cartographie, il inventa et fit breveter une nouvelle façon d'utiliser de l'aquarelle sur toile, qu'il appela méthode au kaolin. En entrant à la fonction publique, Smith cessa les activités de critique musical qu'il exerçait depuis 1868 pour *le Canada* d'Ottawa ; cependant, de janvier à octobre 1870, il fut rédacteur en chef pour *le Courrier d'Ottawa/Ottawa Courier* (qui devint peu de temps après *le Courrier d'Outaouais*). Il continua de rédiger des articles sur la musique et les arts, et donna à l'occasion des conférences sous les auspices de l'Institut canadien-français d'Ottawa.

Charles-Gustave Smith se fit davantage remarquer à titre de professeur et d'auteur qu'à celui d'exécutant ou de compositeur. Son érudition était largement reconnue et ses manuels d'enseignement firent l'objet d'une vaste diffusion ; à cet égard, il surpassa tous les maîtres de musique de son temps au Canada. Son manuel intitulé *Abécédaire musical* [...], publié pour la première fois à Montréal en 1861, connut une 78e édition en 1920. Les compositions qui subsistent, environ 15 pièces religieuses de piano et de musique vocale, sont des œuvres sans importance du point de vue musical, et ses textes ont tendance à moraliser sur le « Vrai » et le « Bien » ; cependant, l'une de ses séries d'articles, intitulée « Du mouvement musical en Canada » et publiée à Montréal dans *l'Album musical* tous les mois pendant un an à partir de décembre 1881, revêt de l'importance du fait qu'elle représente l'une des premières chroniques de la vie musicale. Progrès ou déclin ? C'est la question que Smith pose et, d'après son expérience de 25 ans au Canada, il aboutit à une conclusion plutôt négative et déplore les tendances croissantes vers la superficialité et le mercantilisme. L'idéalisme dont il fit preuve au sein de sa collectivité fit sans doute contrepoids à ces tendances ; sa notice nécrologique le décrivait comme un gentleman aimable et plein de bonne volonté qui ne connaissait pas d'ennemis.

HELMUT KALLMANN

La première publication connue de Charles-Gustave Smith est une série de huit articles sur l'enseignement de la musique écrits pour *le Pays* (Montréal), 2 févr.–27 mai 1858. Ils furent suivis de *Compte rendu de la réception de l'orgue de la chapelle Wesleyenne, le 5 février 1861* (Montréal, 1861) ; « Musique et Musiciens », *l'Écho du Cabinet de lecture paroissial* (Montréal), 4 (1862), 16 janv.–15 oct. (publié sous le pseudonyme de Diérix) ; d'une lettre en anglais sur la question des examens de musique publiée dans *le Foyer domestique* (Ottawa), 3, n° 7 (14 févr. 1878), et dans l'*Ottawa Daily Citizen,* 2 sept. 1878 ; et d'une série de 13 articles (numérotés I–XII, un article sans numéro étant inséré entre les n°s III et IV) appelée « Du mouvement musical en Canada », *l'Album musical* (Montréal), déc. 1881–déc. 1882.

Il est aussi l'auteur d'une série d'articles sur l'art qui ont paru dans *le Foyer domestique* : « Études sur les beaux-arts », 1, n°s 1–3 (1er mars–1er juin 1876) ; « [...] IIème étude : notions générales sur les arts du dessin », 1, n° 4 (1er juill. 1876)–3, n° 3 (1er mars 1877) ; and « [...] IIIème étude : des couleurs », 3, n° 5 (1er mai 1877)–n° 35 (1er déc. 1878) ; ainsi que de deux courts articles dans le même journal : « Chronique musicale », 4, n° 3 (1er mars 1879) et « les Livres », 5, n° 5 (1er mai 1880).

Un manuscrit incomplet, daté de 1895, « Souvenirs et Relations de voyages (1826–1844–1856) » est conservé dans la MS coll. de la Bibliothèque nationale du Canada, Division de la musique (Ottawa), ainsi que le sont deux conférences que Smith a prononcées à l'Institut canadien-français d'Ottawa : « Souvenirs et Anecdotes » et « les Erreurs de la société moderne ».

Le premier des livres d'enseignement de la musique de Smith fut annoncé dans *la Minerve,* 9 août 1859. Comme aucun exemplaire de l'ouvrage intitulé « le Parfait Musicien ; ou, Grammaire musicale » n'a été retrouvé, il se peut qu'il ait été publié deux ans plus tard sous le titre de *Abécédaire musical contenant la théorie simplifiée des principes élémentaires appliquée à l'étude d'un instrument ou de la voix* (Montréal, 1861). L'œuvre a connu un tirage exceptionnel ; la 38e édition fut publiée à Montréal en 1901, la 78e en 1920. Seules les deuxième et troisième éditions du *Guide de l'organiste practicien* [...], sont connues (Montréal, 1874 et 1879). Deux manuels ultérieurs sont intitulés *le Claviste ; ou, Petite Méthode pratique pour le piano* [...] (Ottawa, 1890) et *le Gamma musical ; ou, Exposé raisonné des principes de la musique* [...] (Ottawa, 1891 [copyright date 1887]). [H. K.]

AN, Division des arch. cartographiques et architecturales, cartes exécutées par [C.-]G. Smith ; RG 31, C1, 1881, Ottawa. — ANQ-M, CE1-51, 19 août 1857. — Arch. privées, Helmut Kallmann (Nepean, Ontario), Anonyme, « Gustave Smith, artiste-musicien » (copie dactylographiée, s.d.). — Bibliothèque nationale du Canada, Music Division, MS coll., 1978-5. — *Boucher & Pratte's Musical Journal* (Montréal), nov. 1882. — « Chronique musicale », *l'Écho du Cabinet de lecture paroissial,* 4 : 245, 458. — Guillaume Couture, « Chronique musicale », *la Minerve,* 5 oct. 1875. — *Daily Free Press* (Ottawa), 7 févr. 1896. — *Ottawa Evening Journal,* 7 févr. 1896. — *Le Temps* (Ottawa), 7 févr. 1896. — Canadian Music Library Assoc., *A bio-bibliographical finding list of Canadian musicians and those who have contributed to music in Canada* (Ottawa, [1961]). — *Encyclopédie de la musique au Canada* (Kallmann *et al.*). — *Montreal directory,* 1861–1862 ; 1864–1868. — Morgan, *Bibliotheca canadensis,* 351. — F.-J. Audet, *Historique des journaux d'Ottawa* (Ottawa, 1896). — Helmut Kallmann, *A history of music in Canada, 1534–1914* (Toronto et Londres, 1960). — Hector Legros et Sœur Paul-Émile [Louise Guay], *le Diocèse d'Ottawa, 1847–1948* (Ottawa, [1949]), 584. — Gérard Morisset, *Coup d'œil sur les arts en Nouvelle-france* (Québec, 1941 ; réimpr., 1942), 115. — [Edgar Boutet], « Organiste et Journaliste, Gustave Smith a collaboré aux journaux pendant 25 ans », *le Droit* (Ottawa), 8 nov. 1958 : 24.

SMITH, WILLIAM, fonctionnaire et homme d'affaires, né le 22 juin 1821 à Leith, Écosse ; le 21 juin 1850, il épousa à Saint-Jean, Nouveau-Brunswick, Henrietta Jane Cater Busby, et ils eurent deux fils et trois filles ; décédé le 6 mars 1897 à Ottawa.

William Smith fit ses études à la High School of Edinburgh. En 1840, à l'âge de 19 ans, il entra aux douanes britanniques à Leith. Muté en 1842 au service impérial à Saint-Jean, il y fut commis en second des douanes jusqu'en 1850, puis inspecteur de navires. En 1855, le gouvernement colonial lui confia la double fonction de contrôleur des douanes et de la navigation et de registrateur des navires à Saint-Jean ; trois ans plus tard, Smith devint receveur général des droits que l'Amirauté touchait dans l'ensemble du Nouveau-Brunswick. En 1862, il examina à titre de commissaire des plaintes déposées contre le service de police de Saint-Jean. En 1865, il représenta la colonie à la commission d'enquête de l'Amérique du Nord britannique sur le commerce avec les Antilles, le Mexique et le Brésil. Pendant son séjour à Saint-Jean, il présida la Saint John Gas Light Company et fit partie du conseil d'administration de plusieurs autres sociétés, dont la Scottish Life Association of New Brunswick.

Au cours de la même période, Smith fit la connaissance de l'homme politique néo-brunswickois Peter MITCHELL qui, en 1867, se vit confier le nouveau portefeuille de la Marine et des Pêcheries du Canada. Mitchell décida d'emmener à Ottawa quelques personnes de la province, dont Smith qu'il voulait comme adjoint. Il souhaitait avoir deux sous-ministres car, expliqua-t-il au cabinet, son département était formé de deux sections « si distinctes et si différentes qu'un homme compétent dans l'une, comme M. Smith [...], serait tout à fait inapte dans l'autre ». Le cabinet vit là une demande extravagante mais autorisa Mitchell à nommer l'ancien surintendant des pêches de la province du Canada, William Frederick Whitcher, au poste de surintendant (par la suite commissaire) des pêches du nouveau dominion. Mitchell confia donc à celui-ci l'administration de la nouvelle direction des Pêcheries. Quant à Smith, d'abord nommé secrétaire du département, il devait en principe contrôler toutes les dépenses mais, dans les faits, il ne supervisait que la direction de la Marine. Le 18 novembre 1867, une fois que le cabinet eut déterminé l'organisation du département, il devint officiellement sous-ministre. Le département comptait 11 employés à l'administration centrale et plus de 800 en région (dont les inspecteurs des pêches), et son budget s'élevait à 384 500 $. Les phares (au nombre de 215) et autres feux, la réglementation des ports et du pilotage, les hôpitaux de la marine, l'inspection des navires à vapeur et divers autres services reliés au transport maritime relevaient directement de Smith. En outre, on le nomma en 1868 au Bureau d'audition, au Bureau d'examinateurs pour le service civil (dont il fut secrétaire au moins de 1871 à 1878) et à une commission royale d'enquête sur la fonction publique.

En 1868, Smith et Mitchell s'attelèrent à la tâche de fixer le cadre législatif des activités de la direction de la Marine, de normaliser les programmes en vigueur dans les quatre provinces et d'appliquer de nouveaux règlements. Presque d'emblée, les relations avec le gouvernement impérial s'avérèrent d'une grande importance. Mitchell était convaincu de la compétence des marins et transporteurs maritimes du Canada ainsi que de leur importance sur le plan international. Il se mit donc à faire valoir que le dominion devrait avoir le droit d'administrer et de réglementer nombre de secteurs qui étaient alors du ressort impérial : enregistrement des navires, participation au commerce côtier du Canada, certification des maîtres de navires et des seconds, règles de chargement, pour ne citer que ceux-là. Son département entreprit d'exercer une pression aussi systématique que vigoureuse en faveur du transport maritime canadien et de légiférer dans tous les cas où le gouvernement britannique semblait traîner ou agissait à l'encontre des intérêts du Canada. Par ailleurs, la direction de la Marine lança un vaste programme de construction et de réfection de phares et autres signaux. De 1868 à 1873, Smith visita personnellement, à trois reprises au moins, tous les phares du Bas-Saint-Laurent, en voyageant sur le vapeur de ravitaillement, ce qui eut pour effet de remonter le moral du personnel régional et d'améliorer le service. Quand l'Île-du-Prince-Édouard entra dans la Confédération, en 1873, Smith alla lui-même inspecter tout le balisage de cette province et il conçut un programme de modernisation. Suivant ses recommandations, on érigea 111 nouveaux phares dans les quatre premières provinces du pays entre 1868 et 1873. L'élection du gouvernement libéral d'Alexander MACKENZIE, en novembre 1873, amena la nomination d'un nouveau ministre, le spécialiste en droit maritime Albert James Smith*, du Nouveau-Brunswick. À cette époque, le département avait un budget total de 912 000 $; il comptait 20 employés à l'administration centrale et près de 1 400 salariés dans les régions (plus quelques centaines d'autres qui étaient bénévoles ou ne touchaient que des honoraires). Smith obtint une augmentation de 600 $ en 1873, ce qui porta son salaire annuel à 3 200 $, somme confortable mais non excessive.

Smith ne tarda pas à gagner la confiance du nouveau ministre, et le département continua de croître rapidement, même si son budget n'augmenta guère durant la dépression des années 1870. Les eaux et les navires canadiens étaient dangereux : chaque année, on déplorait en moyenne plus de 300 naufrages et 200 pertes de vie. Smith resserra donc les règlements de navigabilité et accéléra le balisage. On intégra la Colombie-Britannique et l'Île-du-Prince-Édouard au système administratif du département ; toutefois, les activités du département en Colombie-Britannique demeurèrent marginales durant plusieurs années. En 1875, Smith eut la responsabilité d'effectuer l'un des plus gros achats du gouvernement, soit un vapeur d'occasion destiné à l'entretien des phares et des bouées, qu'il fit radouber en Grande-Bretagne conformément à ses instructions. Pendant son séjour là-bas, il alla défendre à Londres, au nom du gouvernement, les intérêts des propriétaires canadiens de navires. En effet, le cabinet britannique préparait une nouvelle version du *Merchant Shipping Bill,* qui régissait le commerce maritime du Canada avec la Grande-Bretagne. L'année suivante, Smith retourna à Londres poursuivre la participation du Canada à la rédaction du projet de loi. Au pays, le département améliora l'assistance apportée aux marins en doublant les droits de tonnage prélevés à l'intention de ceux qui étaient malades ou pauvres et en construisant cinq nouveaux hôpitaux de la marine entre 1874 et 1878. À la fin du régime libéral, en 1878, Smith supervisait un réseau de 518 phares répartis dans sept provinces, un personnel composé de 20 employés à l'administration centrale et de 1 700 employés régionaux rémunérés (dont 600 inspecteurs des pêches) et un budget de 983 600 $.

Le 1er juillet 1884, le département de la Marine et des Pêcheries fut scindé en deux mais confié à un seul chef, Archibald Woodbury McLelan*, devenu ministre deux ans auparavant. Smith demeura sous-ministre de la Marine et John Tilton, comptable du département, accéda au poste de sous-ministre des Pêcheries. (Whitcher avait été mis à la retraite en octobre précédent à la suite d'un différend avec McLelan sur la valeur des établissements piscicoles.) Le personnel de l'administration centrale que Smith avait sous son autorité fut réduit, passant de 29 à 18 personnes, et on amputa d'environ 650 employés (ceux des Pêcheries) le personnel régional, si bien que le département de la Marine ne comptait plus, en région, que 1 400 salariés. Comme ses responsabilités étaient réduites, Smith redoubla de zèle administratif : il centralisa à Ottawa le règlement des comptes de tout le pays. Le résultat fut spectaculaire : de 1884 à 1892, les dépenses chutèrent de 177 400 $ (17 %), les services existants furent étendus (par exemple, on construisit 133 nouveaux phares) et de nouveaux services furent mis en place. En 1889, peu de temps avant que Smith n'ait 68 ans, son ministre, Charles Hibbert Tupper*, interrogé à la chambre des Communes sur le personnel du département, déclara qu'il n'avait nullement l'intention de recommander sa mise à la retraite. Trois ans plus tard, en 1892, les départements de la Marine et des Pêcheries furent réunis sous la direction de Smith, alors âgé de 71 ans, qui toucha une augmentation de salaire de 400 $. Tilton, qui était beaucoup plus jeune, avait été mis à la retraite en 1891 après avoir fait l'objet d'une enquête interne à l'instigation de Smith, parce qu'il n'avait pas soumis à une vérification les dépenses des Pêcheries.

Malgré son âge et malgré les doutes que Mitchell et McLelan avaient eus sur ses connaissances dans ce secteur, Smith appliqua à la direction des Pêcheries un vigoureux programme d'épargne qui fut, au point de vue de l'expansion des services et de la réduction des dépenses, aussi fructueux que celui qu'il avait appliqué autrefois au département de la Marine. Edward Ernest Prince*, professeur d'origine écossaise, entra au département à titre de commissaire des pêcheries à la fin de 1892, mais Smith demeura quand même à la tête des deux directions, celle des Pêcheries et celle de la Marine. Il eut à affronter de nombreux problèmes complexes : différend au sujet de la chasse au phoque dans la mer de Béring [V. sir John Sparrow David THOMPSON], frictions perpétuelles entre les États-Unis et le Canada concernant les lois sur la protection des territoires de pêche et leur application, affrontement avec Terre-Neuve (et indirectement avec le gouvernement impérial) sur le commerce et la pêche à l'appât, protection et rempoissonnement de divers lieux de pêche situés dans toutes les régions du pays. Affublé du sobriquet irrévérencieux de « Fishery Bill » à Ottawa, Smith rédigea les rapports annuels des deux directions de 1893 à 1896, se rendit à l'Exposition universelle de Chicago en 1893 pour évaluer les stands des pêches (dont celui du Canada) et prononça des conférences sur les pêches canadiennes devant des auditoires internationaux.

Probablement à compter de 1890, la direction de la Marine manifesta officiellement une opposition vigoureuse à plusieurs projets de modification du *Merchant Shipping Act* et à plusieurs restrictions impériales sur les pontées et le transport du bétail. Ces modifications risquaient de détruire le lucratif commerce maritime du Canada avec la Grande-Bretagne en imposant des limites de charge qui convenaient davantage aux navires de construction britannique qu'à ceux de construction canadienne. Grâce à leur plus faible tirant d'eau et à leur meilleure flottabilité, ces derniers pouvaient transporter des charges plus lourdes. Smith et Tupper remportèrent la victoire sur la question des pontées et du transport du bétail : ils convainquirent le gouvernement britannique de ne pas intervenir et instituèrent dans les ports canadiens un système d'inspection du bétail et des navires à bestiaux. Cependant, les autorités impériales refusèrent d'entériner la loi canadienne de 1893, qui annulait la section du *Merchant Shipping Act* ayant trait aux lignes de charge, en autant que des navires appartenant à des Canadiens étaient concernés. En octobre 1894, avec l'appui du cabinet, Smith et Tupper tentèrent de faire partager aux Britanniques l'« opinion du département », à savoir que la réglementation du transport maritime canadien relevait de la compétence du dominion. Cependant, à compter du moment où John Costigan* prit la tête du département, en décembre, cette question ne fut guère débattue.

En juin 1894, le Board of Trade du gouvernement impérial avait nommé Smith à un comité qui devait étudier diverses questions relatives aux équipages des navires britanniques. Pendant qu'il remplissait cette mission à Londres, il comparut devant un comité spécial de la chambre des Communes pour protester, au nom du gouvernement du Canada et en faveur des propriétaires canadiens de navires, contre un projet de loi impérial sur les « règles de route » en mer.

Dans les années 1890, à titre de sous-ministre de la Marine et des Pêcheries, Smith dut faire face au mécontentement croissant de la Colombie-Britannique. Non seulement cette partie du pays connaissait-elle une croissance fulgurante comme centre de transport maritime, mais c'était le seul lieu de pêche du Canada dont les bénéfices augmentaient (en 1892, ses recettes équivalaient presque au revenu annuel total du gouvernement de l'Ontario, et seule la Nouvelle-Écosse la déclassait comme territoire de pêche). Pourtant, Smith et ses ministres l'avaient toujours négligée : ils y réduisaient tellement les dépenses et y maintenaient un personnel si peu nombreux qu'on aurait pu les taxer d'indifférence. Sur 416 phares construits au Canada de 1871 à 1890, seulement 10 (il y en avait déjà 2) l'avaient été en Colombie-Britannique. En 1890, les transporteurs maritimes de cette province dénoncèrent si violemment l'état de la navigation dans les grands ports et les dangereux passages qui séparaient l'île de Vancouver du continent que Smith, en rédigeant le rapport annuel du département, jugea essentiel de préciser que la région n'avait pas été laissée pour compte et que le département avait « beaucoup fait » là-bas depuis la Confédération. L'année suivante, il dépêcha un haut fonctionnaire en Colombie-Britannique, et dès 1896 la province comptait deux phares de plus. En 1893, année où le département ouvrit son premier établissement piscicole en Colombie-Britannique, la direction des Pêcheries ne dépensa dans cette province que 5 500 $, soit 0,1 % de la valeur des prises de l'année, ce qui était le plus faible pourcentage alloué à une province. À eux seuls, un inspecteur des pêches et 14 gardiens réguliers, sans aucune embarcation, devaient surveiller toute la province. En conséquence, il y avait des prises excessives (surtout de la part d'Américains et d'autres pêcheurs non autorisés) dans les riches pêcheries de saumon du Fraser. Incapables de soutenir la concurrence, les pêcheurs de la province se mirent à réclamer un allègement des règlements de pêche, que Smith refusa. Cependant, le département défendit énergiquement les droits des chasseurs de phoque de la province (dont plus de la moitié étaient des autochtones) dans le différend de la mer de Béring.

Smith prit sa retraite le 30 avril 1896, après 56 ans de service dans la fonction publique impériale et canadienne. Malgré ses efforts d'économie, le département dépensa cette année-là près de 1,3 million de dollars et employa un personnel nombreux : 47 personnes à l'administration centrale, 2 275 employés rémunérés dans les régions, plus des centaines de bénévoles ou de personnes qui touchaient des honoraires. Smith n'était pas le doyen de la fonction publique mais, depuis près de huit ans, il était le plus ancien sous-ministre du gouvernement, et peu de fonctionnaires avaient des états de service aussi impressionnants que les siens. Il était, semble-t-il, un administrateur exceptionnel et un remarquable conseiller technique sur les questions maritimes. Pendant 27 des 28 années où il fut sous-ministre, il maintint les dépenses bien en deçà des affectations. Ses ministres le chargeaient souvent d'enquêter sur des plaintes déposées par des marins au sujet du balisage ou encore sur les causes d'un naufrage ou de quelque autre désastre. Les rapports qu'il produisait en ces occasions démontraient une solide connaissance des navires et de la navigation. Même si le premier de ses ministres, en 1867, avait cru qu'il ne connaissait rien à la pêche ou ne s'y intéressait pas, ce fut apparemment avec enthousiasme qu'en 1892, à l'âge de 71 ans, il se plongea dans l'étude de ce domaine. Sous son administration, le département parraina toute une gamme d'activités scientifiques et techniques : un service de levés hydrographiques (1893), des observatoires d'astronomie, d'importantes expériences et des travaux de rempoissonnement et de pisciculture, des relevés de marées (à compter de 1890) et, surtout, le Service météorologique, formé en 1871 [V. George Templeman Kingston*], qui prit de l'expansion par la suite même si, au début, Smith s'était plaint de l'augmentation fulgurante de son coût. Smith et ses ministres prirent toujours une position résolument nationaliste quant au droit et à la capacité du Canada de réglementer son commerce et son transport maritime et de défendre ses pêcheries. En outre, le département contribua à l'exploration de l'Arctique (région cédée par la Grande-Bretagne en 1880), notamment en payant les expéditions d'Andrew Robertson GORDON à la baie d'Hudson de 1884 à 1886 et en examinant les plaintes déposées contre les baleiniers américains en 1891–1892. Il administra l'un des premiers programmes d'assistance sociale du Canada, le Sick and Distressed Mariners' Fund, créé au Bas-Canada en 1836. En qualité de sous-ministre, Smith put constater combien il était difficile de diriger un département dans le vaste territoire encore sous-developpé et aux régions si distinctes qu'était le Canada d'après la Confédération. Parfois avec beaucoup de succès, d'autres fois avec difficulté, il s'efforça d'appliquer des règlements uniformes et de fournir des services équivalents dans tout le dominion, cela à l'aide de l'un des personnels régionaux les plus nombreux du gouvernement.

William Smith habita la même rue pendant 29 des 30 années où il vécut à Ottawa et devint un personnage bien connu dans toute la capitale. Des documents qui datent des débuts du département montrent qu'il était généreux, attentionné, et qu'il dégageait un certain charme. Il conserva l'accent écossais, demeura membre de l'Église d'Écosse et garda un esprit « lucide » jusqu'à sa mort, survenue le 6 mars 1897 (il avait alors 75 ans). Deux jours plus tard, « une foule d'éminents résidents de la capitale », dont un représentant du gouverneur général, deux ministres du cabinet, de nombreux hauts fonctionnaires et presque tous les membres de son ancien département, assistèrent à ses obsèques, ce qui « attestait le respect qu'inspirait [le] défunt ».

GWYNNETH C. D. JONES

AN, MG 9, D7-35, 2 ; RG 31, C1, 1871, 1881, 1891, Ottawa. — Canada, Chambre des Communes, *Débats*, 1867–1897 ; Parl., *Doc. de la session*, 1868–1885 ; 1893–1896 (rapports annuels du dép. de la Marine et des Pêcheries) ; 1868 ; 1896–1897 (comptes publiques) ; 1872, n° 38 (« Return to address, names, origin, creed, position and pay of all employès of the dominion government [...] ») ; 1886–1892 (rapports annuels du dép. de la Marine) ; 1867–1895 (civil service lists) ; Sénat, *Débats*, 1867–1873. — City of Ottawa, Assessment Dept., *Assessment roll* (Ottawa), 1868–1896. — *Ottawa Citizen*, 8–9 mars 1897. — *Ottawa Evening Journal*, 6, 9 mars 1897. — *CPC*, 1867–1896. — *N.B. vital statistics, 1850–52* (Johnson). — *Ottawa directory*, 1868–1897. — R. N. Wadden, *Department of Fisheries of Canada, 1867–1967* ([Ottawa], 1967). — E. E. Prince, « Fifty years of fishery administration in Canada », American Fisheries Soc., *Trans.* (Washington), 50 (1920–1921) : 163–186.

SMITH, WILLIAM ALEXANDER. V. DE COSMOS, AMOR

SOUTHCOTT, JAMES THOMAS, menuisier, entrepreneur et architecte, né le 10 mai 1824 à Exeter, Angleterre, fils de John Southcott, menuisier, et d'une prénommée Mary ; le 15 juin 1852, il épousa à St John's Georgina Norman, et ils eurent un fils et sept filles ; décédé le 19 avril 1898 au même endroit.

Southcott

James Thomas Southcott et son frère aîné, John, arrivèrent à Terre-Neuve en 1847 pour aider à la reconstruction de St John's détruit par le grand incendie de l'année précédente. Ils faisaient partie des nombreux artisans venus du sud-ouest de l'Angleterre pour rebâtir la ville. Une fois la majeure partie des travaux terminés et malgré le départ d'un grand nombre de leurs compagnons maçons, menuisiers et architectes, les Southcott demeurèrent sur place pour fonder une entreprise, la J. and J. T. Southcott ; cette dernière devait dominer l'industrie de la construction à Terre-Neuve et avoir une influence marquée sur l'architecture de l'île durant près d'un demi-siècle.

Le travail des Southcott pendant les dix années qui suivirent l'incendie de 1846 n'est pas connu. À vrai dire, on se demande comment ils purent survivre, étant donné les mauvaises saisons de pêche de la fin des années 1840 et la crise économique qui sévit en 1849. Les seules mentions officielles de James Thomas Southcott pendant cette période concernent son mariage avec une concitoyenne d'Exeter, Georgina Norman, et la naissance de leur premier enfant, John Thomas, en 1853. Il semble que les relations entre les immigrants d'Exeter aient été assez étroites puisque les deux projets connus de l'entreprise, soit l'église méthodiste Gower Street, en 1856, et Hope Cottage, en 1857, furent réalisés pour des gens de cette ville.

Ces travaux donnent une idée de la diversité des compétences des Southcott. On présume qu'ils avaient reçu une formation de menuisier, mais ils pouvaient travailler la brique et la pierre, agir à titre d'entrepreneurs généraux (ce qu'ils firent pour la construction de l'église) et dessiner des plans de maisons. Hope Cottage, résidence construite pour le marchand de toiles John Steer, membre de la congrégation méthodiste, était de style néo-gothique et figurait parmi les nombreuses constructions semblables que l'on peut attribuer à James Thomas Southcott. Exon, sa propre résidence, construite dans le même genre en face de Hope Cottage et à environ un mille du centre de la ville, indiquait une évolution lente mais constante vers un mode de vie plus raffiné dans ce qui avait été jusque-là une colonie marchande aux mœurs rudes. L'incendie de 1846 et l'air fétide du port durant l'été (à cause du poisson qui séchait) incitèrent ceux qui pouvaient se le permettre à se déplacer vers des promontoires à l'air plus sain et à ériger des demeures de style audacieux.

Les Southcott passèrent vraiment au premier rang des entrepreneurs de la colonie lorsqu'ils se lièrent à l'Anglo-American Telegraph Company en 1866, association qui dura jusqu'à la fin du siècle. À Heart's Content, point d'arrivée du premier câble transatlantique que l'on réussit à installer [V. Frederic Newton GISBORNE], ils construisirent les bureaux du télégraphe ainsi que les rangées de maisons destinées au personnel. Ils entretenaient de bons rapports avec l'entreprise de télégraphe grâce à la confiance absolue qu'ils inspiraient, une confiance telle qu'à un moment donné le responsable des travaux leur permit même d'entreprendre un chantier sans avoir signé de contrat. Autre preuve de leur prédominance dans le secteur de la construction, on leur confia, en 1875, l'érection du St John's Athenæum selon les plans de David Stirling* ; cet imposant édifice en brique de style gothique à la Ruskin manifestait le raffinement culturel croissant de la collectivité.

La même année, le fils de Southcott, John Thomas, revint d'Angleterre après des études en architecture ; la firme entra alors dans une nouvelle période d'évolution. En 1878, les Southcott achetèrent le domaine Warne près des routes de Rennies Mill et de Monkstown, banlieue située au sommet d'une colline que surplombe St John's, entre la cathédrale catholique et la résidence du gouverneur. Entre 1883 et 1887, ils y construisirent six maisons de style Second Empire, dont les plans auraient été conçus par John Thomas. On a fini par associer aux Southcott ce style caractéristique de l'architecture de la ville. On le retrouvait cependant aussi en dehors de St John's. En 1881, l'entreprise avait construit un certain nombre de maisons de deux étages (les maisons de St John's en ont habituellement trois) au toit mansardé, pour le personnel de direction qui résidait à Heart's Content, et il semble que ce style soit devenu à la mode après le retour du jeune Southcott. Néanmoins, à l'exception de Heart's Content, l'entreprise semble avoir effectué peu de travaux hors de la capitale, et ses constructions de l'époque ne sont pas toutes de style Second Empire. Les Southcott continuèrent à exploiter des variantes du style gothique, comme ils l'avaient fait dans les années 1850, mais on ne sait pas si les plans des immeubles de cette période sont attribuables à James Thomas Southcott ou à son fils.

Le grand incendie de 1892 détruisit toute la partie est de St John's ; si la participation des Southcott aux travaux de reconstruction est peu visible, leur influence l'est. Dans chaque rue importante des quartiers résidentiels du centre-ville, on éleva des rangées de maisons et des magasins au toit mansardé. Le style que la famille avait rendu populaire pour les maisons cossues de la classe marchande au cours des dix années précédentes avait gagné la faveur de la classe moyenne. L'influence des Southcott ne devait pas durer cependant. À la suite de l'incendie, d'autres architectes avaient apporté de nouvelles idées qui, appliquées à l'architecture des immeubles commerciaux de la rue Water, ne tardèrent pas à plaire à ceux qui voulaient se faire construire une maison. James Thomas Southcott, cependant, ne fut pas témoin de ce changement ; il mourut en avril 1898, après avoir réussi à maintenir jusqu'alors sa famille au premier rang des entrepreneurs de Terre-Neuve. On peut attribuer ce succès à la loyauté, à la compétence et aux aptitudes de James Thomas lui-même, qui semble avoir tenu les rênes de l'entreprise. Selon le commentaire du responsable des travaux à Heart's Content, Southcott était « dur, mais honnête : il ne plantait pas un clou gratuitement, mais ce qu'il disait qu'il ferait, [on] pouvai[t] toujours [se] fier que ce serait fait ».

SHANE O'DEA

Arch. privées, G. M. Story (St John's), Agreement for the building of Hope Cottage, 1857. — Cathedral of St John the Baptist (Anglican) (St John's), Reg. of marriages, 15 juin 1852 (copie aux PANL). — Devon Record Office (Exeter, Angl.), St Edmund (Exeter), reg. of baptisms, 12 sept. 1824. — PANL, P 7/B/47, letter-books, 1866–1896, particulièrement 14 sept. 1866, 6 juin, 16 juill. 1868, 20 mars 1871, 18 nov. 1880, 29 mars 1884. — T.-N., Registry of Deeds, Companies & Securities (St John's), Deeds, Newfoundland District, 14 : f° 230. — *Nfld. men* (Mott). — *Evening Telegram* (St John's), 1879–1898, particulièrement 15 juill. 1894, 14 avril 1898. — *Newfoundlander*, 1844–1884, particulièrement 20 janv. 1848, 5 nov. 1875. — *Times and General Commercial Gazette* (St John's), 1832–1895, particulièrement 20 déc. 1876. — E.-V. Chafe, « A new life on Uncle Sam's Farm : Newfoundlanders in Massachusetts, 1846–1859 » (thèse de M.A., Memorial Univ. of Nfld., St John's, 1984).

SPENCE, THOMAS, rédacteur en chef, marchand, homme politique, fonctionnaire et auteur, né le 3 juin 1832 à Édimbourg, fils de Peter Spence, solicitor ; il épousa en premières noces Charlotte Cook, et ils eurent deux enfants ; décédé le 22 mars 1900 à Edmonton.

Il semble que Thomas Spence soit arrivé au Canada en 1852. Selon une source, il était l'un des officiers britanniques envoyés avec les ingénieurs militaires pour construire des fortifications à Pointe-Lévy (Lévis et Lauzon, Québec) au début des années 1860, mais son nom ne figure pas sur les listes d'officiers de l'armée. Il se peut qu'il ait participé à ces travaux et à d'autres en qualité d'arpenteur. Spence manifesta pour la première fois son intérêt pour la question de l'immigration au Canada en 1856–1857 durant un séjour qu'il faisait en Écosse : il y publia une éphémère feuille d'informations intitulée *Scottish Canadian Emigration Advocate*. Le 1er février 1858, le conseil municipal d'Ottawa le recommanda pour le poste de directeur d'un organisme gouvernemental en Europe. Quand il reçut finalement l'offre huit ans plus tard, Spence avait déjà décidé d'aller s'établir dans la colonie de la Rivière-Rouge (Manitoba). Il arriva avec sa famille à Upper Fort Garry (Winnipeg) le 1er novembre 1866 après un « très dur voyage » et, le lendemain, Charlotte Spence donnait naissance à un fils.

Devenu rédacteur en chef du *Nor'Wester,* Spence fit rapidement siennes les idées procanadiennes du propriétaire de ce journal, John Christian SCHULTZ, et annonça une assemblée le 8 décembre pour discuter de l'avenir de la colonie. Ce jour-là, Spence, Schultz et trois autres personnes se réunirent promptement (ou, comme le prétendirent leurs détracteurs, prématurément) pour adopter à la hâte des propositions qui préconisaient tant la création d'une colonie de la couronne que son inclusion dans l'éventuelle confédération d'Amérique du Nord britannique. Après l'assemblée, les cinq hommes rencontrèrent un autre groupe, dirigé par le tavernier George Emmerling, qui préférait l'annexion aux États-Unis et leur demanda de reprendre la réunion. Celle-ci se déroula dans une confusion totale et prit fin sans qu'on adopte aucune proposition. Par la suite, Spence recueillit 84 signatures à l'appui des propositions de la première assemblée et envoya une requête officielle à la reine Victoria.

Spence concocta ensuite un plan en vue d'attirer l'attention sur la colonie isolée. Il fit écrire en cri, sur une écorce de bouleau, une adresse censée provenir des Indiens de la Rivière-Rouge qui invitait le prince de Galles à visiter le territoire et à y chasser. On disait railleusement que le seul autochtone au courant de cette dépêche était le jeune Métis qui avait transcrit le texte en caractères syllabiques. La réponse du prince, au regret de ne pouvoir se rendre, arriva au mois de juin suivant.

Au printemps de 1867, Spence exploitait un petit commerce à Portage-la-Prairie, village qui échappait à la compétence du Conseil d'Assiniboia et se trouvait sans lois ni gouvernement officiel. Le 31 mai, des gens se réunirent au magasin de Spence pour adopter des propositions qui soulignaient l'urgence d'intégrer l'établissement dans la nouvelle Confédération. Une fois de plus, Spence envoya une pétition à la reine. Il écrivit également à George Brown* pour lui demander d'appuyer les propositions dans le *Globe* de Toronto.

En janvier 1868, les colons procédèrent à la réorganisation de leur conseil non officiel pour former le gouvernement de New Caledonia, plus tard appelé la république du Manitoba, et ils élirent Spence président d'un territoire qui devait s'étendre du lac Manitoba jusqu'à la frontière américaine, et du district d'Assiniboia jusqu'au centième méridien. Le 17 janvier, Spence écrivit à Angus Morrison*, député de Niagara, pour demander que la chambre des Communes reconnaisse le gouvernement provisoire ; il ajoutait que, si la chambre ne tenait pas compte de cette requête, le Manitoba se trouverait dans l'obligation de demander protection aux États-Unis. Morrison montra la lettre au premier ministre sir John Alexander MACDONALD, qui la remit au gouverneur général lord MONCK. On discuta également de cette lettre au Conseil exécutif. Dans sa réponse, Morrison pria instamment Spence de ne pas rendre publique son intention de s'adresser aux États-Unis, car cette menace provoquerait une invasion des féniens [V. John O'Neill*]. Entre-temps, le 19 février, Spence avait envoyé une requête au ministre britannique des Affaires étrangères pour lui demander de reconnaître officiellement le Manitoba. Dans sa réponse, datée du 30 mai suivant, le ministère des Colonies affirmait que les colons n'avaient « aucune autorité pour créer ou organiser un gouvernement ou même mettre en place des institutions municipales » sans consulter la Hudson's Bay Company ou la couronne.

Pour amasser l'argent nécessaire à la construction d'une résidence pour le gouverneur et d'une prison, Spence, avec son conseil, imposa une taxe sur les importations en provenance de Winnipeg. Un cordonnier nommé MacPherson, qui avait lancé la rumeur selon laquelle les membres du conseil retenaient une partie de cet argent pour étancher leur soif, fut accusé de trahison et sommé de comparaître devant un tribunal présidé par Spence. Une bagarre éclata, on tira des coups de feu dans le plafond, la lampe à huile se renversa, et l'audience prit fin. Sur ce fiasco, le gouvernement s'effondra et l'ancien président partit extraire du sel sur les rives du lac Manitoba.

Revenu dans la colonie de la Rivière-Rouge pendant les troubles de 1869–1870, Spence y fut arrêté trois fois par les partisans du chef métis Louis Riel*. Le 4 décembre 1869, James Ross*, porte-parole des anglophones de la colonie, notait dans son journal qu'on avait détenu Spence, mais pas longtemps. Le mois suivant, un autre chroniqueur, Alexander BEGG, écrivait que Spence, délégué de l'Indian Settlement (Dynevor), avait été fait prisonnier parce qu'on le soupçonnait de servir de courrier à des adversaires de Riel ; le 17 mars 1870, il ajoutait qu'un groupe de Métis avait ramené Spence et deux autres prisonniers de Portage-la-Prairie. Pourtant, 11 jours plus tard, Spence devenait rédacteur en chef du journal de Riel, *New Nation*, publié à Winnipeg.

Après la formation de la province du Manitoba le 15 juillet 1870, on procéda à un recensement à des fins électorales et le lieutenant-gouverneur, Adams George ARCHIBALD, confia à Spence et à George H. Young le soin de compiler les rapports des recenseurs. Spence agirait d'ailleurs en qualité de commissaire du recensement dans les Territoires du Nord-Ouest en 1881 et en 1885. Nommé greffier du Conseil législatif du Manitoba le 10 mars 1871, il occupa ce poste jusqu'à l'abolition du conseil le 4 février 1876. Deux ans plus tard, il devenait greffier de l'Assemblée législative. Après que le gouvernement de John Norquay* l'eut congédié en 1885, apparemment pour des raisons politiques car tant le conseil que l'Assemblée avaient fait son éloge, Spence tenta, mais sans succès, d'obtenir une pension ou la réintégration dans ses fonctions.

Dès son arrivée dans la colonie de la Rivière-Rouge en 1866, Spence avait préconisé d'entreprendre une vigoureuse campagne pour y attirer des colons. En 1871, il avait publié *Manitoba and the north-west of the dominion* [...], la première de six brochures destinées à favoriser l'immigration ; bien écrites et basées sur des faits, elles incitèrent fort probablement des milliers de personnes à s'établir au Manitoba.

Vers 1895, Spence devint greffier adjoint au bureau d'enregistrement des titres de propriété des terres du dominion, à Edmonton, poste qu'il occuperait jusqu'à sa mort. Au début de l'année 1900, soit environ deux ans après le décès de sa seconde épouse, il demanda au ministre de l'Intérieur, Clifford Sifton*, d'être nommé agent d'immigration en Californie, où il souhaitait s'établir pour des raisons de santé. Il mourut peu après.

À son arrivée dans la colonie de la Rivière-Rouge, Thomas Spence s'était vu comme un catalyseur qui pousserait la couronne à trouver rapidement une solution à la situation politique anormale de la colonie. Comme on ne tenait pas compte de ses requêtes, il avait adopté l'approche populiste. Les pionniers de son entourage voyaient en lui un homme vaniteux et peu réaliste qui cherchait d'une manière prétentieuse et parfois même risible à exercer une direction politique. Plus tard dans sa vie, Spence en vint à croire qu'on lui refusait une reconnaissance qu'il estimait légitime : en effet, ses activités politiques avaient secoué les autorités et les avaient amenées à conclure le transfert de Rupert's Land au Canada, et ses écrits avaient encouragé beaucoup de gens à s'établir dans le Nord-Ouest canadien.

BRUCE PEEL

Thomas Spence est l'auteur de : *Manitoba and the north-west of the dominion* [...] (Toronto, 1871 ; 2e éd., Ottawa, 1874 ; réimpr., Québec, 1876) qui fut traduit sous le titre de *Manitoba et le nord-ouest du Canada* [...] (Ottawa, 1874 ; 2e éd., 1875) ; *The Saskatchewan country* [...] (Montréal, 1877) ; *The prairie lands of Canada* [...] (Montréal, 1879 ; 2e éd., 1880) ; *Useful and practical hints for the settler on Canadian prairie lands* [...] ([Montréal, 1881] ; 2e éd., Saint-Boniface, Manitoba, 1882) ; *The question of the hour ! 1883 ; where to emigrate !* [...] ([Montréal, 1883]) ; *Canada : the resources and future greatness of her great north-west prairie lands* [...] (Ottawa, 1886) ; et d'un manuscrit sur les troubles de la rivière Rouge en 1869–1870, dont une copie est conservée aux AN.

AN, MG 26, G : 45085a–45085g ; MG 29, E2. — PAM, MG 12, A ; MG 13, E. — Begg, *Red River journal* (Morton). — *Canadian north-west* (Oliver), 2 : 872–878. — G.-B., Parl., House of Commons paper, 1870, 50, no 443 : 481–492, *Red River, copy of all petitions that have been addressed to Her Majesty* [...]. — J. J. Hargrave, *Red River* (Montréal, 1871 ; réimpr., Altona, Manitoba, 1977). — *Edmonton Bulletin*, 23, 26 mars 1900. — *A bibliography of the Prairie provinces to 1953 with biographical index*, B. B. Peel, compil. (2e éd., Toronto, 1973). — *Pioneers of Manitoba* (Morley *et al.*). — R. B. Hill, *Manitoba ; history of its early settlement, development and resources* (Toronto, 1890). — [J. W.] G. MacEwan, *Fifty mighty men* (Saskatoon, 1958).

STABB, HENRY HUNT, médecin et administrateur d'hôpital, né le 21 décembre 1812 à Torquay, Angleterre, fils de Thomas Stabb ; probablement en 1854, il épousa à Philadelphie une prénommée Fanny Elizabeth, et ils eurent 11 enfants, dont 5 seraient parvenus à l'âge adulte ; décédé le 17 mai 1892 à St John's.

Henry Hunt Stabb naquit dans une famille de marchands du sud-ouest de l'Angleterre qui faisaient du commerce avec Terre-Neuve depuis le XVIIIe siècle. Son père, associé résidant de l'entreprise britannique Hunt, Stabb, Preston and Company, était en poste à St John's. Deux des frères aînés de Henry, Ewen et Nicholas, fondèrent des commerces sur la rive sud de la péninsule d'Avalon dans les années 1820, avant de s'établir à St John's où ils devinrent des piliers de l'élite commerçante. Son troisième frère, Thomas, était chirurgien à Ilfracombe, dans le Devon.

En 1835, pendant ses études en médecine, Henry visita la colonie et, à la demande du gouvernement, vaccina des gens de la région de la baie Conception. Deux ans plus tard, il obtint un diplôme en médecine de la University of Edinburgh. Sa thèse était intitulée : « On influenza ». Il partit immédiatement pour Terre-Neuve afin d'ouvrir un cabinet de médecine générale à St John's. Vers décembre 1854, il épousa à Philadelphie une jeune fille de 18 ans, prénommée Fanny Elizabeth, récemment immigrée de Gotha (République démocratique allemande), qu'il avait rencontrée l'automne précédent, peu après le naufrage qu'elle avait subi au large des côtes de Terre-Neuve.

Au moment où Stabb arriva à St John's en 1837, l'exécutif et la chambre d'Assemblée à tendance réformiste, dominée par les libéraux catholiques impatients de promouvoir leurs coreligionnaires, étaient enlisés dans une lutte acharnée au sujet des nominations. En 1838, ils acceptèrent pourtant la nomination de Stabb à l'un des quatre postes de médecin de district, malgré le fait qu'il était anglican et que ses frères étaient étroitement liés au clan opposé des conservateurs. Les conditions de vie épouvantables des « lunatiques » gardés dans des cellules du sous-sol et des salles du St John's Hospital incitèrent Stabb à devenir l'instigateur de réformes dans le traitement de l'aliénation mentale. En novembre 1847, il réussit, presque sans aide, à persuader le gouvernement d'établir dans une résidence louée depuis peu pour le traitement des maladies contagieuses un asile provisoire pour les aliénés. On put ainsi libérer de leurs entraves ceux qui vivaient au St John's Hospital et dans les prisons locales, et faire sortir ceux qui étaient gardés dans des pensions ou des maisons privées, où on ne leur offrait aucune possibilité de traitement ou de réhabilitation.

Pendant ce temps, Stabb continua à pratiquer la médecine à son cabinet, tout en exerçant des pressions en faveur de la construction d'un asile permanent d'après le modèle des établissements spécialisés qui existaient en Grande-Bretagne et aux États-Unis. En 1853, il réussit finalement à faire entreprendre les travaux de construction sous la direction d'une commission formée par le gouvernement, et dont il était à la fois le secrétaire et l'âme dirigeante. L'asile, l'un des premiers du genre en Amérique du Nord britannique [V. Joseph WORKMAN], ouvrit ses portes en décembre 1854 ; il serait agrandi plusieurs fois entre 1858 et 1877 sous la surveillance de Stabb. En août 1846, on l'avait nommé médecin du futur asile, puis en juin 1857 il en devint le surintendant médical résidant permanent. Il continua d'assumer seul la responsabilité de l'administration et des services médicaux auprès de la population internée à cause de problèmes mentaux, pour laquelle il se dévoua sans compter durant 43 ans. Dans sa vie privée comme en public, c'était un homme à l'esprit humanitaire, conscient des problèmes sociaux. En 1849 et 1854, il fut secrétaire de bureaux de santé spéciaux et, en 1867, on l'élut président de la Medical Society of St John's, nouvellement fondée.

Stabb préconisait la méthode relativement récente qui consistait en un traitement moral des malades mentaux et, comme en Grande-Bretagne, il évitait toute forme de contention. Son régime thérapeutique comprenait une bonne alimentation, de l'air frais et de l'exercice, des périodes de récréation et du travail sous la direction d'un personnel compétent et bienveillant, bref, tous les éléments susceptibles de créer un environnement sain sur les plans physique et mental et d'inciter les malades à remodeler leur comportement d'après des critères socialement acceptables, ce qui permettrait leur rétablissement. En 1847, Stabb visita les asiles publics les plus connus en France et en Angleterre, dont la Salpêtrière et le Bicêtre de Paris, le Bethlehem et le Guy's de Londres, l'asile du comté de Devon ainsi que celui du comté de Middlesex destiné spécialement aux pauvres et situé à Hanwell (Londres). Son rapport sur sa visite, intitulé « Notes on the Parisian lunatic asylums », fut publié dans le premier numéro du *Journal of Psychological Medicine and Mental Pathology,* qui parut à Londres en janvier 1848. Dans cet article, il faisait ressortir l'aspect négatif de l'usage français qui privilégiait la contention par rapport à la méthode opposée qui avait cours en Grande-Bretagne.

La méthode de traitement préconisée par Stabb était basée sur celle de son ami le docteur John Conolly, médecin résidant à l'asile de Hanwell et principal défenseur de la non-contention. Stabb était aussi un ami personnel de la réformatrice américaine Dorothea Lynde Dix, qui fut à l'origine d'importants progrès en matière de soins psychiatriques, et qui lui fit visiter, en 1853, des asiles publics en Amérique du Nord. Il eut le plaisir d'entretenir avec elle une correspondance très suivie entre 1853 et 1876, qui s'avéra pour lui une importante source d'inspiration et de soutien. À trois occasions différentes, Dorothea Lynde Dix appuya personnellement les efforts que Stabb déploya en vue d'établir, d'agrandir et d'administrer l'asile d'aliénés de St John's. Même si ce dernier était membre de l'Association of Medical Superintendents of American Institutions for the Insane, fondée en 1844, jamais il n'obtint du gouvernement de Terre-Neuve l'autorisation d'assister aux assemblées annuelles ; il se sentait donc isolé à la fois sur les plans géographique et professionnel. Il entretenait cependant des relations avec quelques membres de cet organisme, notamment avec le docteur Thomas Story Kirkbride, l'un des fondateurs les plus influents de l'association et la figure dominante dans la conception architecturale des asiles d'aliénés américains du XIXe siècle.

Tout au long de sa carrière, Stabb souffrit personnellement et professionnellement de devoir dépendre de ceux qui, à Terre-Neuve, doutaient des avantages d'un traitement coûteux en asile pour les malades mentaux (y compris les alcooliques, les fous criminels, les épileptiques et les retardés mentaux), mais il ne perdit jamais foi en sa mission et ses méthodes. En outre, il déploya tous ces efforts à une époque où la plupart des services sociaux et médicaux de l'île étaient loin derrière ceux qui existaient partout ailleurs en Amérique du Nord. Pendant les années 1860 et au début des années 1870, Stabb reçut de nombreux éloges pour ses talents d'administrateur et son habileté à dispenser des soins dans des conditions difficiles, et il bénéficia de la reconnaissance et de l'appui du milieu médical à l'extérieur de la colonie. Par ailleurs, ses relations avec les gouvernements qui se succédèrent ne furent pas toujours cordiales, et il vécut toute une série de tragédies personnelles : la fragilité mentale de sa femme, la démence de sa sœur ainsi que la mort de six de ses enfants, dont quatre périrent dans une épidémie de scarlatine en 1866. L'accumulation graduelle de cas chroniques à l'asile, l'accroissement constant du nombre d'admissions et les rétablissements de plus en plus rares donnèrent lieu à un affaiblissement du soutien moral et financier accordé par le gouvernement à la fin des années 1870 et dans les années 1880. Ces facteurs, ajoutés à la détérioration des facultés mentales de Stabb à partir de 1885, amenèrent la formation en 1890 d'une commission d'enquête sur l'administration de l'hôpital, qui jeta le discrédit à la fois sur Stabb et sur son établissement. Il dut finalement prendre sa retraite et alla vivre avec sa femme chez leur fils Frederick A., médecin, qui revenait de l'étranger. Son état physique demeura satisfaisant pendant environ un an, jusqu'à ce que des troubles cérébraux se manifestent sous forme de légères crises d'aphasie accompagnées d'une paralysie du côté droit. Le 9 mai 1892, victime d'une hémorragie cérébrale, il sombra dans le coma ; il mourut huit jours plus tard.

Au début de sa carrière, Stabb avait créé la controverse dans son milieu en persistant à affirmer que l'on devait traiter de façon décente les aliénés et qu'ils avaient des chances de se réhabiliter. Il considérait que l'asile était d'abord un lieu de traitement, puis un établissement de charité publique pour les séjours prolongés. On perçut ensuite l'utilité sociale de son action, car il tenait les malades mentaux à l'écart. Même s'il ne fut jamais un théoricien innovateur en matière de médecine et de psychiatrie, il appliquait les pratiques les plus humaines et, semble-t-il, les plus éclairées de l'époque ; il réclama un niveau minimal de soins pour les malades mentaux à charge, requête peu susceptible d'attirer la sympathie d'une société non habituée à d'importantes dépenses dans le domaine de la santé et de l'assistance publiques. Comme il n'existait pas de loi à cet égard à Terre-Neuve, les malades, les gens âgés, les infirmes, les déficients mentaux, les orphelins et les chômeurs pouvaient compter seulement sur des services d'aide aux indigents administrés sans discernement et à partir de fonds qui provenaient du trésor public et qui étaient accordés selon le bon vouloir des membres de l'exécutif. Il n'y avait ni hospice des pauvres ni prison au moment de la fondation de l'asile. Les soins médicaux étaient souvent dispensés par des personnes non compétentes, et le seul hôpital général qui existait desservait une population qui s'élevait à plus de 122 000 âmes en 1857.

Dans ce contexte, la réalisation initiale de Stabb, soit la fondation de l'asile, prend toute sa dimension. Sa prise de position en faveur de la méthode britannique de la non-contention le distingua en outre de la majorité de ses collègues nord-américains, qui continuèrent d'avoir recours à des moyens mécaniques pendant la majeure partie du siècle. Sa principale erreur, cependant, commune à d'autres surintendants médicaux des deux côtés de l'Atlantique, fut d'insister pour que les malades chroniques, incurables, demeurent dans un établissement qui était censé les guérir (donc coûteux à entretenir) ; ce fut aussi de sous-évaluer le nombre de malades qui, pour une raison ou une autre, ne réagissaient pas au traitement et ne pouvaient être guéris par des méthodes uniquement « morales ». Dépourvus de connaissances dans des domaines comme l'immunologie, l'endocrinologie, la pharmacologie, les diagnostics en laboratoire et la génétique, ceux qui travaillaient auprès des aliénés parvenaient difficilement à s'appuyer sur une base médicale ou scientifique. De plus, leur insistance sur le fait que les désordres mentaux étaient de nature somatique et pouvaient être traités par la gestion des habitudes de vie les plaçait dans une position gênante, sinon insoutenable, et leur vision de l'asile comme outil thérapeutique indispensable était peu judicieuse à tout point de vue. Stabb n'avait pas prévu non plus avec quelle désinvolture les responsables gouvernementaux en viendraient à y faire interner des personnes gênantes, considérant l'asile comme un moyen de plus en plus commode pour les mettre à l'écart.

Le débat révisionniste sur la raison d'être sous-jacente des asiles d'aliénés – à savoir s'ils étaient issus de préoccupations humanitaires et de la foi en la science au prétendu Siècle des lumières (le point de vue des tradionalistes), ou s'ils s'intégraient à un vaste mouvement destiné à maîtriser et à enfermer des déviants à une époque d'industrialisation et d'urbanisation croissantes (la théorie du contrôle social) – ne s'est ouvert que depuis peu. Toutefois, Henry Hunt Stabb n'était pas doué de prescience et n'a donc pu prévoir le rôle que sa réalisation serait ultimement appelée à jouer.

PATRICIA O'BRIEN

Harvard College Library, Houghton Library (Cambridge, Mass.), D. L. Dix papers, lettres de H. H. Stabb à Dix, 1853–1876 (photocopies à la Waterford Hospital Library, St John's). — MHA, Stabb name file. — PANL, GN 2/1/A, 1832–1870 ; GN 2/2, 1825–1859, 1863–1864, 1866–1868 ; GN 2/22/A, 1841–1877 ; GN 2/23, 1849–1850. — PRO, CO 194/170–171 (mfm aux PANL). — T.-N., *Acts*, 1833–1890 ; General Assembly, *Journal*, 1845–1846 ; House of Assembly, *Journal*, 1848–1890. — *Courier* (St John's), 1845–1867. — *Newfoundlander*, 1838–1845. — *Patriot and Terra-Nova Herald*, 1855–1857. — *Public Ledger*, 1839–1855. — *Royal Gazette and Newfoundland Advertiser*, 1855–1894. — *Times and General Commercial Gazette* (St John's), 1845–1881. — *List of the graduates in medicine in the University of Edinburgh from MDCCV to MDCCCLXVI* (Édimbourg, 1867). — Albert Deutsch, *The mentally ill in America : a history of their care and treatment from colonial times* (2e éd., New York, 1949). — S. R. Godfrey, *Human rights and social policy in Newfoundland, 1832–1982 : search for a just society* (St John's, 1985). — Gunn, *Political hist. of Nfld.* — H. M. Hurd et *al.*, *The institutional care of the insane in the United States and Canada, H. M. Hurd*, édit. (4 vol., Baltimore, Md., 1916–1917 ; réimpr., New York, 1973). — Patricia O'Brien, *Out of mind, out of sight : a history of the Waterford Hospital* (St John's, 1989). — D. W. Prowse, *A history of Newfoundland from the English, colonial and foreign records* (Londres et New York, 1895 ; réimpr., Belleville, Ontario, 1972). — A. T. Scull, *Museums of madness : the social organization of insanity in nineteenth-century England* (Londres, 1979). — T. E. Brown, « Foucault plus twenty : on writing the history of Canadian psychiatry in the 1980s », *Canadian Bull. of Medical Hist.* (St John's), 2 (1985) : 23–49.

STARNES, HENRY (parfois appelé **Henry Nathan**), marchand, banquier et homme politique, né le 13 octobre 1816 à Kingston, Haut-Canada, fils de Benjamin Starnes et d'Élizabeth Mainville ; le 5 août 1840, il épousa à Montréal Eleanore Stuart, et ils eurent sept enfants ; décédé le 3 mars 1896 au même endroit.

Descendant de loyalistes et de Canadiens français, Henry Starnes fit ses études à la Montreal Academical Institution, fondée par le révérend Henry Esson*, et au petit séminaire de Montréal. Il rencontra dans ces établissements beaucoup de gens qui allaient devenir influents, dont George-Étienne Cartier*, et avec lesquels il s'associerait plus tard. En 1837, sa sœur Marguerite-Émélie épousa Louis-Victor Sicotte*, chef politique modéré qui jouerait un rôle important dans le Bas-Canada durant les années turbulentes d'avant la Grande Coalition de 1864 [V. sir John Alexander MACDONALD ; George Brown*]. Pendant les années 1830, Starnes entra au service d'une société d'importation d'aliments, la James Leslie and Company, et commença à prendre pied dans la communauté d'affaires montréalaise. James Leslie* avait été parmi les fondateurs de la Banque de Montréal en 1817 et, en travaillant pour lui, Starnes eut l'occasion de côtoyer d'importants hommes d'affaires montréalais et étrangers. En 1849, il s'associa à Leslie pour former la Leslie, Starnes and Company, et il continua à s'occuper de commerce de gros jusqu'en 1859, année où il se tournerait vers les affaires bancaires.

Au début des années 1850, Starnes était assez connu pour se lancer en politique. Conseiller du quartier Ouest de Montréal de 1852 à 1855, il fut maire de la ville de 1856 à 1858 puis de 1866 à 1868. Défait aux élections générales de 1857 à titre de candidat libéral-conservateur dans la circonscription de Montréal avec Cartier et John Rose*, il se fit élire en janvier 1858 à l'Assemblée législative dans la circonscription de Châteauguay et conserva son siège jusqu'en 1863. Par la suite, Starnes n'occupa jamais d'autres postes électifs et, après la Confédération, il siégea plutôt au Conseil législatif de la province de Québec. Jusque dans les années 1870 cependant, il continua à jouer un rôle « indispensable » dans les coulisses en administrant l'argent du parti des « bleus » de Cartier. C'est dans l'exercice de cette fonction qu'il se trouva mêlé aux tractations entre Cartier et sir Hugh Allan* pendant la campagne fédérale de 1872.

Cartier, qui cherchait à se faire élire dans Montréal-Est, avait reçu des sommes considérables d'Allan – de l'argent acheminé par l'intermédiaire de la Banque métropolitaine grâce à Starnes, qui en était alors président – et, en échange de cette aide et des contributions d'Allan à la caisse électorale nationale, il avait signé une lettre dans laquelle il promettait à un groupe formé par Allan le contrat du chemin de fer qui devait se rendre jusqu'au Pacifique. Cartier ne fut pas élu, mais les libéraux-conservateurs reprirent le pouvoir. Quand, à cause de la pression du premier ministre sir John Alexander Macdonald, Allan laissa tomber ses associés américains, l'un d'entre eux, George William McMullen, menaça de révéler les liens financiers qui unissaient Allan et Cartier. Starnes intervint et versa 37 500 $ à McMullen pour obtenir la correspondance accablante. Cependant, plusieurs députés libéraux apprirent que Starnes avait ces documents en sa possession et, en avril 1873, Lucius Seth Huntington* révéla toute l'affaire à la chambre des Communes. Les libéraux réussirent à faire saisir la dangereuse correspondance, et une ordonnance du tribunal obligea Starnes à remettre les lettres.

Pour Starnes, le scandale du Pacifique, qui fit tomber le gouvernement de Macdonald et coïncida avec la mort de Cartier, son proche associé politique, marqua la fin de son engagement dans un parti. À titre de conseiller législatif, il appuya les gouvernements tant libéraux que conservateurs de la province de Québec. Après le changement ministériel auquel procéda le lieutenant-gouverneur Luc Letellier* de Saint-Just en 1878, il devint président du Conseil législatif dans le gouvernement libéral d'Henri-Gustave Joly*. Le gouvernement acheta un terrain dans lequel il avait des intérêts pour construire le chemin de fer de Québec, Montréal, Ottawa et Occidental sur la rive nord du Saint-Laurent, et Starnes, alors membre du cabinet, tira profit de cette vente. Par la suite, en autorisant le paiement d'une somme exorbitante pour l'achat et l'installation de freins d'écrou le long de la ligne de ce chemin de fer, il se trouva au centre d'une controverse. Pendant les années 1880, Starnes occupa des charges dans deux gouvernements conservateurs provinciaux : commissaire des chemins de fer, sous Joseph-Alfred Mousseau*, du 1er août 1882 au 11 février 1884, puis commissaire de l'Agriculture et des Travaux publics, sous Louis-Olivier Taillon*, du 27 au 29 janvier 1887. Après la chute de l'éphémère gouvernement Taillon, Starnes avait fait remarquer avec esprit : « avant même que j'aie trouvé mon bureau, le gouvernement avait été battu ». D'avril 1889 à mars 1892, Starnes occupa de nouveau le poste de président du Conseil législatif ; il appuya le gouvernement du parti national d'Honoré MERCIER jusqu'à sa révocation en décembre 1891. Comme beaucoup de bleus québécois de son époque, il semble avoir été gagné au parti libéral, que dirigeait Wilfrid Laurier* dans les années 1890, et il serait mort libéral en 1896. Toutefois, selon le *Montreal Daily Star*, bien des personnages politiques du Québec étaient d'avis que Starnes « se trouverait toujours à coup sûr dans les rangs du gouvernement, quels que soient l'uniforme ou la couleur du drapeau ».

La carrière de Starnes dans le monde des affaires ressemble à bien des points de vue à sa vie politique et elle se divise en deux périodes, séparées par un scandale. Pendant les années où il était associé à James Leslie, Starnes avait commencé à s'intéresser aux questions financières et il fit partie des conseils d'administration de la Banque du peuple de 1851 à 1853 et de la Banque d'épargne de la cité et du district de Montréal de 1852 à 1876. Il avait abandonné en 1859 la vente en gros de produits alimentaires pour mettre sur pied et diriger la succursale montréalaise de la Banque d'Ontario. Puis, en 1871, il avait quitté cet établissement pour fonder la Banque métropolitaine, dont il fut président dès son ouverture la même année.

Starnes gérait la Banque métropolitaine d'une manière peu conventionnelle et financièrement dangereuse. Constituée avec un capital autorisé d'un million de dollars, la banque n'avait recueilli, en juin 1875, que les sept dixièmes de cette somme auprès de ses actionnaires. Plutôt que de demander le versement des fonds que lui-même et ses collègues actionnaires avaient souscrits, Starnes décida de financer les opérations de la banque en empruntant à d'autres institutions financières. En 1873, il avait expliqué : « C'est une nouvelle méthode et, jusqu'à maintenant, elle fonctionne bien. Je ne crois pas qu'il soit nécessaire d'augmenter notre capital puisque nous pouvons toujours obtenir ailleurs de l'argent moins cher que celui des actionnaires, à qui nous devons verser des dividendes. » Chose étonnante, les actionnaires appuyèrent cette décision ; cependant, si cette ligne de conduite leur évitait, dans l'immédiat, d'immobiliser leur argent dans le capital de la banque, elle comportait néanmoins des risques considérables à longue échéance. Contrairement à l'argent investi par les actionnaires, on devait rembourser à une date précise l'argent emprunté, quelle que soit la situation financière de la banque, et on ne pouvait annuler les intérêts sur les emprunts comme on pouvait le faire, en période difficile, sur les dividendes des actions. Tant que la banque faisait des placements rentables, la méthode de Starnes pouvait fonctionner, mais en période difficile la catastrophe était inévitable.

La dépression de 1873 atteignit de plein fouet les milieux financiers montréalais en 1875, et la Banque métropolitaine se trouva en bien mauvaise posture. Elle dut suspendre le paiement des dividendes en novembre, Starnes démissionna au milieu de rumeurs selon lesquelles il aurait été directement responsable de la situation lamentable de la banque, et celle-ci ferma ses portes en 1876. Les actionnaires perdirent beaucoup d'argent et, au lendemain de la catastrophe, on accusa Starnes d'avoir adopté des pratiques bancaires répréhensibles et illégales. Certains dirent qu'il s'était servi de billets à ordre non garantis pour payer ses propres actions, contrevenant ainsi à la loi sur les banques canadiennes, et qu'il avait reçu des avances considérables de la banque pour faire « de la spéculation ». Poursuivi en justice, Starnes gagna tous ses procès, mais il dut mettre fin à sa carrière de banquier et, dans le commerce, il n'eut jamais plus de pouvoir comparable à celui qu'il avait exercé en qualité de président de la Banque métropolitaine.

Pendant sa carrière, Starnes fut aussi actionnaire ou administrateur d'un grand nombre de compagnies, dont la Compagnie de navigation du Richelieu et d'Ontario [V. sir Hugh Allan], la Compagnie canadienne pour la fabrication des locomotives et machines, la Compagnie du chemin à lisses de colonisation du nord de Montréal, la Prince Edward County Railway Company en Ontario, la Compagnie du chemin de fer de jonction de Beauharnois, la Compagnie d'emmagasinage de Montréal et la Compagnie des consommateurs de gaz de la cité et du district de Montréal. Au début des années 1870, à l'époque où il était président de la Banque métropolitaine, il possédait aussi des actions de la Banque de Montréal et, lorsque son président Edwin Henry KING prit sa retraite après bien des années de service, en 1873, il devint secrétaire-trésorier du comité formé par les actionnaires pour témoigner à King de leur reconnaissance. Starnes occupa également la vice-présidence du Bureau de commerce de Montréal et de l'Association Saint-Jean-Baptiste.

En affaires comme en politique, Henry Starnes avait mené des carrières comparables et, à ses débuts, il avait connu réussite et avancement. Sans le détruire, les scandales des années 1870 avaient peut-être mis fin prématurément à ses espoirs d'exercer un jour plus de pouvoir et d'influence. Starnes, a-t-on dit, était un amoureux du pouvoir qui chérissait le rêve de s'installer un jour à Spencer Wood en qualité de lieutenant-gouverneur de la province de Québec. Le scandale du Pacifique et l'effondrement de la Banque métropolitaine le reléguèrent à un rôle moins actif en politique et en affaires pour le reste de sa vie.

RONALD E. RUDIN

AN, MG 24, B2 ; B40 ; D102 ; MG 26, A. — ANQ-M, CE1-51, 5 août 1840. — Canada, chambre des Communes, *Journaux*, 1873, app. 1 ; *Statuts*, 1871, chap. 39. — Québec, Parl., *Doc. de la session*, 1888, n° 16. — *Gazette* (Montréal), 14 févr. 1872, 3 juin 1873, 4 mars 1896. — *Monetary Times*, 25 juill. 1873, 25 juin, 26 nov. 1875, 31 mars 1876, 19 avril 1878, 13 mars 1896. — *Montreal Daily Star*, 4 mars 1896. — *Canada directory*, 1851 ; 1857–1858. — J. Desjardins, *Guide parl.* — Turcotte, *le Conseil législatif*. — B. J. Young, *Promoters and politicians*.

STEVENSON, JAMES, fonctionnaire, officier de milice, banquier et auteur, né le 21 mai 1813 à Leith, Écosse, fils de James Stevenson ; le 6 janvier 1847, il épousa à Perth, Haut-Canada, Harriet Harris, fille du révérend Michael Harris, et ils eurent au moins deux filles ; décédé le 10 décembre 1894 à Québec et inhumé deux jours plus tard au cimetière Mount Hermon, à Sillery.

Après avoir reçu une instruction élémentaire dans sa ville natale, James Stevenson se rendit à Édimbourg, où il continua d'étudier. Son désir de devenir correspondant étranger l'incita ensuite à poursuivre ses études en France puis en Allemagne, notamment à l'université de Bonn. Vers 1835, il entra au service d'une firme londonienne à laquelle son père était associé. En 1836, il décida de suivre celui-ci qui avait obtenu un poste important au département des Terres de la couronne du Haut-Canada.

Peu après son arrivée à York (Toronto), Stevenson se vit offrir la fonction de sous-secrétaire dans le bureau privé du lieutenant-gouverneur de la province du Haut-Canada, sir Francis Bond Head*. À l'occasion des troubles de 1837–1838, il se porta volontaire dans la milice, et son régiment fut envoyé à Bytown (Ottawa) afin de surveiller des travaux militaires reliés au canal Rideau. Durant l'année 1838, Stevenson quitta la vie militaire et se chercha du travail. Au printemps de 1839, il entrait au bureau du commissaire des Terres de la couronne à Québec, ce qui allait lui permettre d'être fréquemment en contact avec des marchands de bois et des banquiers de la ville.

À cette époque, les administrateurs de la Banque de Montréal étudiaient la possibilité d'ouvrir une agence bancaire à Bytown, qui était en train de devenir un centre important pour le commerce du bois. Cette agence fournirait sur place des services bancaires aux marchands de bois de Montréal, de Québec et d'ailleurs. Fortement recommandé par Benjamin Holmes*, caissier (directeur général) de la Banque de Montréal, et par Alexander Simpson, caissier de la succursale de la Banque de Montréal à Québec, Stevenson obtint en 1842 la fonction de directeur de la nouvelle succursale de la banque montréalaise dans l'Outaouais. L'année suivante, on le muta à la succursale de Brockville, dans le Haut-Canada. Pendant son séjour dans cette ville, Stevenson se maria. Par la suite, il passa aux succursales de Hamilton (1850–1853) et de Toronto (1853–1856) avant de venir assumer la responsabilité de celle de Québec.

Durant l'année 1863–1864, la Banque de Québec connut plusieurs changements au sein de son conseil d'administration, et le caissier William Dunn remit sa démission. En 1864, Stevenson faisait de même à la Banque de Montréal. Il accepta en janvier 1865 la fonction de caissier à la Banque de Québec, fonction qu'il conserverait jusqu'en 1894. À son arrivée à la banque québécoise, cet établissement possédait un capital versé de moins de 1,5 million de dollars, une circulation de papier-monnaie qui atteignait les 384 000 $ pour un actif et un passif légèrement inférieurs à 3 millions de dollars chacun. À sa mort, grâce à l'excellente réputation de la banque et à la grande influence que possédait Stevenson dans le milieu des affaires, le capital versé était passé à 2,5 millions de dollars, la circulation se chiffrait à 654 630 $ et l'actif et le passif à près de 11 millions de dollars chacun. En 1893, Stevenson avait refusé en raison de son âge la présidence de l'Association des banquiers canadiens, mais il accepta l'année suivante la présidence honoraire.

En dehors de ses occupations professionnelles, Stevenson œuvra dans diverses sociétés. Il fut trésorier du Canadian Institute à Toronto en 1854–1855, secrétaire du conseil puis vice-président de la Société littéraire et historique de Québec en 1874–1876 et enfin président de 1876 à 1878. Il prononça des conférences et publia plusieurs écrits détaillés sous les auspices de cette société. Du côté des lettres, son goût était diversifié et, avec l'histoire, les biographies et les belles-lettres l'intéressaient au plus haut point. Il avait aussi un penchant prononcé pour la philosophie et les sciences abstraites.

Stevenson était également un artiste. Il pouvait peindre et il appréciait les gravures de qualité. Sa collection prouvait d'ailleurs son goût raffiné. Dans ses moments de loisir, il pratiquait aussi le golf : en 1874, il fut l'un de ceux qui introduisirent ce sport sur les plaines d'Abraham. Membre du Quebec Golf Club, il joua à plusieurs reprises avec son vieil ami Charles Farquharson Smith, directeur de la succursale québécoise de la Banque de l'Amérique septentrionale britannique.

James Stevenson fut un véritable ami pour ses connaissances et un compagnon stimulant. Ceux qui le côtoyèrent ne furent jamais désappointés. Il avait un excellent jugement et, s'il n'entrait pas dans un projet, les événements prouvaient qu'il avait eu raison. Homme très respecté dans le milieu bancaire et fin connaisseur des arts, il sut jouir de chacun des moments dans toutes ses activités.

JEAN-PIERRE PARÉ

James Stevenson prononça un certain nombre de conférences à la Literary and Hist. Soc. of Quebec, lesquelles furent reprises dans les *Trans.* de cette société. Il s'agit de : « Currency, with reference to card money in Canada during the French domination », nouv. sér., 11 (1873–1875) ; « Concluding remarks at the centenary celebration of 1775 », nouv. sér., 12 (1876–1877) ; « The currency of Canada after the capitulation », nouv. sér., 12 ; « Opening address of the session », nouv. sér., 13 (1877–1879) ; « The cause and commencement of the war between Great Britain and America in 1812 », nouv. sér., 14 (1879–1880) ; « The war of 1812 in connections with the army bills », nouv. sér., 21 (1891–1892).

AC, Québec, État civil, Anglicans, Holy Trinity Cathedral, 12 déc. 1895. — Canadian Bankers' Assoc., *Journal* (Toronto), 2 (1894–1895. — *Monetary Times*, 3 nov. 1893, 14 déc. 1894. — *Morning Chronicle* (Québec), 11–13 déc. 1894. — *Quebec Daily Mercury*, 6 juin 1865, 5 juin, 11 déc. 1894, 4 juin 1895. — Merrill Denison, *la Première Banque au Canada ; histoire de la Banque de Montréal*, P.-A. Horguelin et J.-P. Vinay, trad. (2 vol., Toronto et Montréal, 1966–1967), 2. — Victor Ross et A. St L. Trigge, *A history of the Canadian Bank of Commerce, with an account of the other banks which now form part of its organization* (3 vol., Toronto, 1920–1934), 2.

STEWART, DONALD ALEXANDER, ingénieur civil, né le 2 novembre 1851 à West Bay, Nouvelle-Écosse, deuxième fils du révérend Murdoch Stewart, ministre presbytérien, et d'une prénommée Catherine ; décédé célibataire le 20 octobre 1897 à Halifax.

Donald Alexander Stewart fit ses études au nouveau département de sciences pratiques du McGill College et, après avoir obtenu sa licence en sciences appliquées en 1873, il accepta un poste d'arpenteur adjoint pour la Compagnie du chemin de fer canadien du Pacifique, au nord du lac Supérieur. En août 1877, il fut promu ingénieur de section à la gare de Nordland, dans le district de Port Arthur (Thunder Bay, Ontario). Toujours pour le même employeur, il alla ensuite superviser le levé du trajet du chemin de fer International entre le lac Mégantic, au Québec, et Greenville, dans le Maine. De retour dans le nord de l'Ontario au printemps de 1882, il travailla jusqu'à Noël 1884 en qualité d'ingénieur de division responsable du repérage et de la construction de la voie principale du chemin de fer canadien du Pacifique, de Nipigon à la baie Jackfish, vers l'est.

L'expansion du réseau d'embranchements du chemin de fer canadien du Pacifique pendant les années 1880 permit à Stewart d'acquérir de l'expérience comme ingénieur chargé de la surveillance des travaux. Par exemple, en 1886, il passa quatre mois dans l'est du pays à préparer des levés pour le chemin de fer d'Ontario et de Québec et, en mai, il se rendit au Manitoba s'occuper de l'arpentage et de la construction du chemin de fer de colonisation du sud-ouest du Manitoba. Ingénieur de division au Great Northern Railroad, aux États-Unis, l'année suivante, il supervisa les levés et l'arpentage préliminaire des lignes dans le sud de la Colombie-Britannique et à la passe du Nid-du-Corbeau de 1888 à 1890, et prépara des levés pour le Qu'Appelle, Long Lake and Saskatchewan Railroad pendant l'été de 1890.

En novembre 1889, Stewart avait été élu membre de la Société canadienne des ingénieurs civils, organisme fondé deux ans plus tôt pour favoriser l'avancement de la profession d'ingénieur [V. Alan MACDOUGALL]. Il publia deux articles dans les *Transactions* de cette société : « Building railways across peat bogs or swamps », réflexion sur les problèmes techniques et économiques soulevés par la construction et l'entretien dans les régions accidentées du Nord, et « The Albion Mines Railway », l'histoire d'un des premiers chemins de fer de la Nouvelle-Écosse.

En septembre 1890, Stewart, qui s'était établi à Winnipeg, fut promu ingénieur au chemin de fer canadien du Pacifique, puis, en janvier 1893, ingénieur principal de la division ouest. La compagnie estimait qu'il était désormais capable de réaliser d'importants travaux d'ingénierie et lui versait 200 $ par mois. Au milieu des années 1890 cependant, alors qu'il luttait contre le cancer, elle lui confia apparemment des fonctions réduites. Stewart se rétablit momentanément au début de l'année 1897, mais dut prendre sa retraite en juillet ; après s'être rendu à

Halifax pour se confier aux soins de son frère John, qui était médecin, il mourut le 20 octobre. Il fut inhumé à Pictou.

Donald Alexander Stewart fit partie de la première génération d'ingénieurs professionnels formés au Canada, et sa carrière bien remplie rappelle que la construction ferroviaire fut un travail difficile qui eut une incidence dans de nombreux domaines. Sa promotion à un poste supérieur dans la Compagnie du chemin de fer canadien du Pacifique était un indice de l'avancement technique qui allait mener à l'organisation du génie en profession au Canada.

DAVID NEUFELD

Donald Alexander Stewart est l'auteur de : « Building railways across peat bogs or swamps », Canadian Soc. of Civil Engineers, *Trans.* (Montréal), 8 (1894) : 224–237 ; et « The Albion Mines Railway », 11 (1897) : 157–162.

AN, RG 12, A1, 2000, file 3562-11, part. II. — Arch. du Canadien Pacifique (Montréal), Salaried staff reg., 1890. — PAM, MG 13, E1, f°s 409/1, 8286/1 ; MG 14, C69. — Canadian Soc. of Civil Engineers, *Trans.*, 3 (1889) ; 11. — *Evening Mail* (Halifax), 21 oct. 1897. — *Leader* (Regina), 8 avril, 18 juin, 10 sept. 1890. — *Manitoba Morning Free Press*, 21 oct. 1897. — *Morning Chronicle* (Halifax), 22 oct. 1897. — *Pictou Advocate* (Pictou, N.-É.), 22 oct. 1897. — *Manitoba and North-West Territories directory*, 1892–1898. — *Pioneers of Manitoba* (Morley *et al.*). — *Winnipeg directory*, 1882–1885 ; 1889 ; 1896.

STEWART, JOHN, chirurgien, professeur, éditeur et rédacteur en chef, né le 6 juin 1812 à Perth, Écosse ; décédé le 11 janvier 1891 à Kingston, Ontario.

John Stewart, chirurgien (il préférait qu'on l'appelle ainsi, et non Stuart, même s'il revendiquait une filiation tortueuse avec la royauté écossaise), fit ses études à la Perth Academy. En 1833, il obtint du Royal College of Surgeons of Edinburgh l'autorisation de pratiquer. Il immigra en Amérique du Nord britannique en 1834, et l'autorisation d'exercer la médecine, l'obstétrique et la chirurgie que lui accorda le College of Physicians and Surgeons of Upper Canada à son assemblée annuelle du 6 janvier 1840 est le premier indice de sa présence à cette époque. Stewart s'établit à Kingston et commença sa carrière de chirurgien au début des années 1840. Son travail acharné pendant l'épidémie de typhus qui sévit en 1847 lui gagna l'estime de ses concitoyens. Il avait fière allure lorsqu'il marchait à grands pas dans les rues de Kingston, un plaid Stuart rejeté par-dessus l'épaule, un bonnet Kilmarnock sur sa chevelure rousse typiquement écossaise ; cette tenue vestimentaire témoignait de sa nature extravagante et insouciante.

Stewart figura parmi les six fondateurs, en 1854, de l'école de médecine affiliée au Queen's College, et il occupa simultanément les postes de secrétaire de la faculté et de professeur d'anatomie et de physiologie. Il s'acquittait mal de sa fonction de secrétaire, mais c'était un professeur stimulant, enthousiaste et dévoué envers ses étudiants. Il démissionna de son poste de secrétaire en 1861 et fut remplacé par George LAWSON ; en avril 1862, après huit années de querelles presque continuelles avec ses collègues, surtout à propos de questions administratives, il fut le premier professeur à être congédié par l'université. Peu de temps après, malgré la signature d'une pétition par 2 000 citoyens de Kingston, il fit un court séjour en prison pour avoir diffamé un collègue médecin inoffensif, Horatio Yates*. Après son congédiement, Stewart continua de pratiquer la chirurgie auprès d'une clientèle privée et, en célibataire endurci, trouva amplement le temps de s'adonner à ses autres occupations. Sa personnalité combative, sa plume virulente et sa langue bien pendue lui assurèrent la notoriété, mais une popularité discutable.

En 1846, le docteur Stewart fonda un journal bihebdomadaire, l'*Argus*. Dans le cartouche administratif, il assurait les lecteurs que justice serait faite, même si le ciel devait s'écrouler : *Fiat justicia cœlum ruat*. Le journal fut publié sous sa direction durant trois périodes distinctes. Pendant la première (de janvier 1846 à juillet 1849), Stewart tenta de s'opposer au prétendu manque de professionnalisme journalistique du docteur Edward John Barker*, éditeur du *British Whig*, qui l'avait attaqué. Au cours de la deuxième période (de décembre 1862 à janvier 1863), l'*Argus* porta à l'attention du public la perception qu'avait Stewart de la perfidie des personnes associées au Queen's College au moment de son congédiement : les membres du conseil d'administration, le directeur, William Leitch*, et les professeurs de la faculté de médecine, en particulier John Robinson Dickson*. Enfin, les trois dernières parutions du journal étaient destinées à appuyer sa principale bataille électorale pendant le mois d'août 1867.

Malgré son échec aux élections à la mairie de Kingston en 1861, Stewart se porta candidat dans cette circonscription à la première élection fédérale après la Confédération ; il fit la lutte à sir John Alexander MACDONALD, le « grand gibier de potence », comme le désignait l'*Argus*. Il se présenta pour que les Kingstoniens puissent « avoir une occasion de serrer la main à un chevalier en chair et en os, et de « boire un coup » avec lui » ; il fut aussi candidat à l'élection provinciale contre Maxwell William Strange. Le dernier numéro de l'*Argus* présentait ainsi les prévisions des résultats : « Macdonald : 734, Stewart : 142 – majorité pour la scélératesse : 592 ; Strange : 704, Stewart : 128 – majorité pour la sottise : 576 ».

Les batailles judiciaires dans lesquelles Stewart prenait plaisir à s'engager, habituellement sans l'avis d'un conseiller juridique, ennuyaient ceux que le médecin attaquait, mais amusaient les gens qui n'étaient pas visés directement. Quiconque contrevenait à ses idées personnelles sur la justice recevait sur-le-champ une ordonnance du tribunal. Parmi ceux qui eurent droit à ce traitement, il y eut sa domestique, des collègues médecins, des adversaires politiques, et même sir John Alexander Macdonald, que Stewart poursuivit pour corruption électorale en vertu de l'Acte à l'effet d'établir des dispositions temporaires pour l'élection des membres de la chambre des Communes du Canada de 1873.

Avec le poids des années et la diminution de ses activités professionnelles, le docteur John Stewart s'adoucit et devint plus sociable. Pendant les dernières années de sa vie, il se lia d'amitié avec Margaret Mary Theodora Macdonald, la fille du premier ministre atteinte d'hydrocéphalie et confinée à un fauteuil roulant. Stewart mourut paisiblement le 11 janvier 1891. Parfois injustement diffamé et ridiculisé de son vivant, il fut regretté par les cœurs nostalgiques et indulgents.

ANTHONY A. TRAVILL

Daily British Whig (Kingston, Ontario), 12 janv. 1891. — *Daily News* (Kingston), 12 janv. 1891. — E. B. Biggar, *Anecdotal life of Sir John Macdonald* (Montréal, 1891), 54. — William Canniff, *The medical profession in Upper Canada, 1783–1850* [...] (Toronto, 1894 ; réimpr., 1980). — H. [M.] Neatby et F. W. Gibson, *Queen's University*, F. W. Gibson et Roger Graham, édit. (2 vol., Kingston et Montréal, 1978–1983), 1. — J. A. Roy, *Kingston : the king's town* (Toronto, 1952), 245–248, 271–278. — A. A. Travill, *Medicine at Queen's, 1854–1920 : a peculiarly happy relationship* ([Kingston et Toronto], s.d.). — W. J. Coyle, « Elections in Kingston, 1867 », *Historic Kingston*, n° 16 (1968) : 48–57. — A. A. Travill, « John Stewart, surgeon : Queen's first professor of anatomy and first secretary of the medical faculty », *Queen's Medical Rev.* (Kingston), 29 (mai 1988) : 8–12. — John Watson, « Reminiscences of Dr. John Stewart », *Queen's Rev.* (Kingston), 3 (1929) : 151–153.

STONE, THOMAS, amateur de sports et homme d'affaires, né le 24 janvier 1852 à Newton Park, Newton-le-Willows (Merseyside, Angleterre), cinquième fils de Thomas Stone et d'une prénommée Mary ; le 11 novembre 1890, il épousa à Calgary Constance Emily Wainewright, et ils eurent deux fils ; décédé le 18 septembre 1897 dans cette ville.

Avant sa venue au Canada à la fin des années 1880, Thomas Stone se tailla une excellente réputation d'athlète, particulièrement au lancer du poids. Aux championnats nationaux britanniques, il se classa troisième en 1872, deuxième en 1873 et 1874, et premier en 1875, 1876 et 1877 dans cette discipline ; il remporta aussi la deuxième place au lancer du marteau en 1876. Dans les compétitions entre la Grande-Bretagne et l'Irlande, il termina en deuxième position au lancer du poids en 1876 et remporta la victoire l'année suivante.

En 1888, Stone avait quitté son Angleterre natale et travaillait apparemment dans l'ouest du Canada comme vendeur itinérant pour S. and H. Borbridge, bourreliers. Plus tard dans l'année, il se joignit à la Canadian Agricultural, Coal and Colonization Company, fondée par sir John Lister Kaye, à titre de régisseur de la ferme Kincarth, située près de Calgary. L'année suivante, il devint régisseur suppléant des 11 fermes de l'entreprise et, en 1890, on le nomma régisseur général. En 1889, cette firme s'était lancée dans l'abattage d'animaux de boucherie et la commercialisation de la viande et, sous la direction de Stone, ces activités prirent de l'expansion. Une filiale, la Northwest Trading Company, fut créée au début de 1891 pour s'occuper de ce dernier secteur. Néanmoins, le rendement global sous la direction de Kaye n'était pas satisfaisant et les bailleurs de fonds britanniques se départirent de la majeure partie de leur avoir en 1895. Stone lança alors à Calgary sa propre conserverie de viande de porc, la Stone and Company, qu'il transforma en société par actions en octobre 1896.

Dès son arrivée à Calgary, Stone participa aux activités sportives locales. En 1890, il aida à organiser une compétition d'athlétisme, qui entraîna la formation du North West Amateur Athletic Club plus tard dans l'année. Président de ce club en 1890, il occuperait jusqu'en 1897 diverses fonctions au sein du Lacrosse Club, du Calgary Cricket Club, du Calgary Rod and Gun Club et de la Calgary Turf Association. Au moment de la création du Calgary Bicycle Club au printemps de 1892, on nomma Stone président honoraire. Il présidait souvent des tournois de polo, des compétitions d'athlétisme, des concours de tir aux pigeons d'argile et des épreuves de chasse pour chiens. Il lui arrivait de participer et, souvent, il « surprenait les jeunes athlètes ». À l'occasion d'un concours en 1890, Stone, qui avait alors 38 ans, se classa premier au lancer du marteau, au lancer du poids, au saut en hauteur et au saut en longueur.

Stone déployait également son activité dans le milieu des affaires de Calgary. À divers moments, il occupa des fonctions administratives, dont celles de vice-président du Board of Trade de Calgary ; il faisait partie des comités de l'organisme qui entretenaient des échanges avec le gouvernement fédéral et la Compagnie du chemin de fer canadien du Pacifique à propos de questions comme les embranchements ferroviaires, les tarifs de transport, l'irrigation et la représentation des régions de l'Ouest à la chambre des Communes. Il fut le porte-parole du district de Calgary sur la question des tarifs douaniers et, à l'occasion d'un congrès sur l'immigration tenu à Winnipeg en 1896, on le désigna parmi les représentants de l'Alberta au sein de la Western Canada Immigration Association. Dans un domaine plus près de son activité commerciale, il fut membre des conseils d'administration de l'Alberta Horse Breeders' Association et de la Calgary District Agricultural Society ; il adhéra au Ranchmen's Club dès sa création en 1891 et, en 1896, participa à la fondation de la Stockmens' Association de Calgary. La même année, on demanda à Stone d'être candidat conservateur aux élections fédérales, mais il se désista en faveur de Thomas B. H. Cochrane ; il présida plutôt le comité formé pour diriger la campagne locale. Cochrane fut défait par son adversaire libéral, Frank Oliver*, à ces élections qui portèrent Wilfrid Laurier* au pouvoir à Ottawa.

Les responsabilités qu'assumait Thomas Stone au sein du Board of Trade l'obligèrent parfois à voyager dans l'Est ; en 1897, il attrapa un rhume grave au cours de l'un de ces déplacements. Des complications se déclarèrent après son retour à Calgary et entraînèrent son décès prématuré le 18 septembre 1897. Dans une notice nécrologique, le *Calgary Herald* disait qu'il avait fait « plus que tout autre pour rehausser l'ambiance du sport dans l'Ouest ».

CLINTON O. WHITE

Cathedral Church of the Redeemer (Anglican) (Calgary), Reg. of marriages, 11 nov. 1890. — *Calgary Herald,* 21 sept. 1897. — *Calgary Tribune,* févr. 1888–oct. 1897. — *Leader* (Regina), 7 août, 23 oct. 1888. — *North-West Territories Gazette* (Regina), 2 nov. 1896. — *Nor'West Farmer and Miller* (Winnipeg), août 1890. — *Times* (Londres), 14 mai 1872, 7 avril 1873, 31 mars 1874, 23 mars 1875, 11 avril, 6 juin 1876, 27 mars, 28 mai 1877.

STORM, WILLIAM GEORGE, architecte et officier de milice, né le 29 octobre 1826 à Burton-upon-Stather, Angleterre, fils de Thomas Storm et de Mary Hopkins ; le 3 janvier 1882, il épousa à Toronto Agnes Cotterill, et ils eurent un fils et trois filles ; décédé le 8 août 1892 dans la même ville.

William George Storm immigra dans le Haut-Canada avec ses parents, qui se fixèrent à York (Toronto) vers 1830. Fervents méthodistes, ils le placèrent pendant une brève période à l'Upper Canada Academy de Cobourg. Quelques années plus tard, William George commença à travailler pour son père, entrepreneur en vue dans le domaine de la construction. À l'été de 1845, il faillit perdre la vie en tombant d'un échafaudage. Comme il avait des talents d'artiste et connaissait la construction, il opta pour l'architecture, qu'il étudia auprès de William Thomas*, à Toronto. Il avait d'abord songé à s'installer en Californie, mais il y renonça vers la fin de 1848 ou au début de 1849, lorsqu'il devint l'assistant de Frederic William Cumberland*. Il put alors développer ses remarquables dons de dessinateur en préparant des épures et des détails, et en juillet 1852 Cumberland le prit comme associé. Durant la douzaine d'années que dura leur entente, la Cumberland and Storm fut l'une des principales firmes d'architectes de la province.

Le rôle de Storm dans cette association est difficile à déterminer. Étant donné ses relations familiales, sociales et commerciales, et son expérience d'entrepreneur, Cumberland dut conserver la responsabilité de recruter de nouveaux clients et de négocier les contrats. Les premières années, c'est probablement lui qui s'occupa aussi de l'aspect proprement créateur des travaux, mais son intérêt croissant pour les chemins de fer allait l'obliger à déléguer à Storm des responsabilités de plus en plus nombreuses. Ce fut le cas pour l'achèvement, après bien des retards, de la chapelle du cimetière de St James-the-Less. En guise de préparation à leur principal ouvrage, le University College (1856–1859), Cumberland se rendit outre-Atlantique afin d'étudier les plans d'établissements d'enseignement. À l'automne de 1857, Storm entreprit à son tour un voyage qui le mena en Angleterre, en Irlande, en France et en Allemagne. Cette tournée élargit ses horizons et lui permit de recueillir des informations qui non seulement servirent à l'achèvement du collège mais influencèrent aussi ses travaux ultérieurs.

Apparemment, Cumberland quitta son associé en 1863, mais on continua d'utiliser la raison sociale de la firme jusqu'en 1866. Pendant cette période de transition, Storm entreprit seul plusieurs projets à Toronto. En 1862, il conçut les plans de l'immeuble à bureaux de la Northern Railway ; en 1865, il ajouta la tour de la cathédrale St James, en s'inspirant très fortement du plan qu'en avait fait Cumberland en 1850. Il dessina en 1866 la grille de fonte d'Osgoode Hall, qui orne encore la rue Queen ; c'est la Cumberland and Storm qui avait d'ailleurs exécuté la partie centrale de cet édifice. Sa plus prestigieuse commande, à l'époque, fut la gare du Great Western Railway, terminée en 1866 et rasée par un incendie en 1952. Conçu selon un plan qui en séparait rationnellement les fonctions, l'immeuble était constitué d'un hangar de trains surmonté d'une voûte en berceau et d'une salle des pas perdus joliment décorée en bois, à l'italienne ; le tout formait un ensemble pittoresque à l'extrémité sud de la rue Yonge. La liquidation de la Cumberland and Storm ne se fit pas à l'amiable, surtout en raison des pertes qu'avaient subies les deux associés dans des investissements immobiliers effectués par la firme à Toronto et dans le canton de Nottawasaga. La poursuite que Storm intenta à Cumberland se régla en 1871 : lui-même fut libéré de ses obligations financières et Cumberland conserva les biens immobiliers.

Après la liquidation, Storm travailla toujours seul, sauf pendant une brève période où il s'associa à Charles Albert Walton, en 1877. Ce nouveau départ ne se fit pas sans mal : le plus souvent, on lui demandait de transformer des immeubles existants ou de travailler à des ouvrages exécutés par la Cumberland and Storm ; il n'avait pour ainsi dire pas de clients hors de Toronto. À deux reprises, il dut interrompre sa carrière, parce qu'il souffrait d'une quelconque faiblesse physiologique ou de séquelles de sa chute de 1845. Il subit un traitement au Clifton Springs Sanitarium, dans l'état de New York, au printemps de 1873. Quelques années plus tard, on l'admit au Toronto General Hospital où, à compter de juillet 1878, il exécuta de menus travaux d'architecture en échange desquels il recevait des soins et pouvait occuper un bureau. Il demeura à l'hôpital jusqu'en 1879, et c'est là qu'il fit la connaissance de William Holmes HOWLAND, président du conseil d'administration de l'établissement, qui allait se révéler un ami précieux en raison de sa participation à diverses sociétés de bienfaisance et comme membre de l'Église d'Angleterre.

Emerson Coatsworth, éminent méthodiste, commissaire municipal et président du Toronto Public School Board en 1873, fut aussi d'un grand secours pour Storm. Il l'aida à se remettre au travail après son séjour à Clifton Springs en lui confiant les plans de sa maison, et c'est surtout grâce à lui que le bureau demanda à Storm de faire les plans de cinq écoles publiques, toutes situées dans des quartiers différents. Construites en 1874, elles étaient en brique, sauf une, et la Wellesley Street School, qui présentait des proportions robustes, arborait une maçonnerie polychrome. Toujours pour le bureau, Storm agrandit la Borden Street School en 1884 et dessina les plans de la Sackville Street School en 1887. Cette dernière, qui existe toujours, est d'une sobre dignité qui contraste vivement avec les écoles précédentes. Storm réalisa aussi d'autres travaux pour le secteur éducationnel. En 1880, il agrandit la résidence des étudiants de l'Upper Canada College. Sept ans plus tard s'achevait, à Mimico (Toronto), la construction de la Victoria Industrial School et de ses petites résidences ; ces bâtiments, dont Howland avait été l'un des grands promoteurs, étaient l'œuvre de Storm. L'école, notamment à cause de ses pignons à colombage et de la ligne brisée de sa toiture, évoquait une maison.

Les rapports étroits que Storm entretenait avec l'Église méthodiste lui assurèrent d'importantes commandes tout au long de sa carrière. Comme l'église méthodiste wesleyenne de Cobourg, qui desservait le personnel et les étudiants du Victoria College, était devenue trop petite, il conçut pour la remplacer un édifice néo-gothique de brique blanche ; construit en 1852–1853, il a, depuis, été transformé et agrandi. L'église méthodiste Queen Street, à Toronto, présente plus d'intérêt. Bien qu'elle ait été construite officiellement par la Cumberland and Storm, en 1856–1857, c'est Storm qui supervisa les travaux et c'est probablement lui qui en avait dessiné les plans. Par leur éclectisme, les détails de cette église rappellent le University College ; elle présente, en façade, une rosace qui allait devenir un motif familier chez Storm. En 1874, les méthodistes primitifs le préférèrent à Henry Langley* pour la conception de leur nouvelle église de la rue Carlton. L'abside, qui renfermait la salle de conférence et la classe, fut achevée cette année-là et l'église ouvrit ses portes l'été suivant. L'édifice, de composition robuste, comportait une tour d'angle et, sur la façade à pignons, une rosace ; pour créer un effet de contraste, les encorbellements et l'arcade aveugle étaient de proportions plus petites. En 1885, Storm agrandirait l'intérieur afin de lui donner la forme d'un amphithéâtre, conformément au goût des congrégations méthodistes du temps.

Pendant la construction de l'église de la rue Carlton, Storm travailla aussi pour les presbytériens, à l'érection de l'église St Andrew, à l'angle des rues King et Simcoe [V. Daniel James MACDONNELL]. Des difficultés surgirent en août 1875 : le comité de construction l'accusa de négliger ses fonctions d'architecte en chef, et l'on fit appel à la firme Grant and Dick pour terminer les travaux. Ouverte au culte en février 1876, l'église présente un triple portail normand et une façade de maçonnerie revêtue de pierre ; aux deux tours du devant s'en ajoute une troisième qui abrite l'entrée ouest. St Andrew demeure l'un des fleurons de l'architecture torontoise et montre bien que Storm aimait le pittoresque grandiose. Sans doute les presbytériens ne lui gardaient-ils aucune rancune puisqu'ils lui demanderaient, en 1883–1884, de dessiner le sanctuaire et l'écran de l'orgue de l'église, puis en 1886 de réaménager l'intérieur de l'ancienne église St Andrew, à l'intersection des rues Jarvis et Gerrard.

St Andrew fut la dernière église d'importance dont Storm réalisa les plans. En 1879–1880, il prépara de gros travaux de réfection et d'agrandissement à l'église anglicane Grace de la rue Elm, qui modifièrent son orientation. En 1882, il s'y maria, et peu après adhérait à la congrégation anglicane Church of the Redeemer. En 1890, il dessinerait le presbytère adjacent à l'église et agrandirait l'immeuble de l'école du dimanche.

Storm dessina aussi des plans de collège pour les méthodistes et les anglicans. Il proposa d'abord, en 1861, à la direction du Victoria College de Cobourg, l'intégration de l'édifice existant à un ensemble quadrangulaire qui comportait des pavillons en saillie pour le laboratoire et la chapelle. En 1875, il présenta un deuxième projet, moins ambitieux, qui ne fut pas retenu non plus. En 1884, le collège obtint le statut d'université, et on résolut de le réinstaller à Toronto ; cette décision fut prise dans un climat tumultueux [V. Nathanael Burwash*] que n'apaisèrent pas les restrictions imposées au concours organisé pour la conception des nouveaux édifices. Invité à soumettre des plans avec trois autres concurrents en octobre 1886, Storm fut choisi en novembre 1888. Avant d'entreprendre les travaux, il fallut cependant attendre que le collège et la University of Toronto s'entendent sur les conditions de leur fédération, ce qui eut lieu en novembre 1890. On avait envisagé de construire un ensemble qui aurait regroupé le collège et des résidences, mais seul l'édifice central fut construit après qu'on eut incorporé au plan final les modifications recommandées par le chancelier Burwash. Fait de la pierre grise et brune que l'on trouve dans la vallée de la rivière Credit, le Victoria College démontre que Storm maîtrisait fort bien le style néo-roman que l'architecte américain Henry Hobson Richardson avait popularisé. Si l'intérieur déçoit, l'extérieur en impose par sa composition sûre et habilement proportionnée. L'équilibre des horizontales et des verticales, des tours massives et des vastes porches fait de cet édifice l'un des plus beaux et des plus impressionnants du campus.

Durant sa longue collaboration avec les méthodistes, Storm dessina pour le courant évangélique de l'Église d'Angleterre [V. James Paterson Sheraton*] la Protestant Episcopal Divinity School (qui devint le Wycliffe College en 1885). Construit en 1881–1882, cet édifice (aujourd'hui démoli) était de style néo-gothique, en brique rouge, avec des moulures de pierre brune. En 1886, Storm y ajouta une bibliothèque et des salles de conférence, mais son plan de chapelle ne fut jamais exécuté. Les seuls travaux connexes qu'il allait réaliser seraient l'addition, en 1881, d'une salle d'assemblée et de classes, à l'aile est d'Osgoode Hall, puis un autre agrandissement en 1891.

Storm exécuta des travaux pour le Toronto General Hospital à mesure que son état de santé le lui permit. Il dessina la première ambulance de l'hôpital, mise en service en 1881, et conçut deux ans plus tard une nouvelle aile entourée de vérandas que l'on destinait aux convalescents. Il dessina aussi les plans du Hillcrest Convalescent Home, construit vers 1885 rue Bathurst, dans une propriété donnée par William Gooderham*. Sa dernière commande de ce genre fut l'addition d'une infirmerie au Boys' Home de la rue George en 1889.

Dans l'ensemble, Storm travailla peu dans le secteur résidentiel, si ce n'est pour faire des transformations et des agrandissements. Il conçut quand même quelques maisons, dont les plus impressionnantes sont Northwold, dessinée en 1882–1883 pour la veuve du financier William Cawthra*, et la résidence de John Charles Fitch, deux ans plus tard. Ces deux grandes maisons de pierre à deux étages et demi, situées dans un quartier chic, à l'extrémité nord de la rue Jarvis, étaient bien dans le goût de la fin du XIXe siècle : pignons décoratifs, détails colorés, fenêtres groupées selon des agencements variés. À l'intérieur, l'élément central était un grand vestibule lambrissé au rez-de-chaussée où l'escalier était mis en valeur. Des corniches ouvragées ornaient les portes, les fenêtres et les manteaux de cheminée des pièces principales. Dans le même quartier, Storm conçut des transformations importantes pour les maisons de John Hallam (1887–1888), de William Mulock* (1888) et du docteur John B. Hall (1892).

La première commande que Storm exécuta seul dans le secteur commercial lui fut confiée par James Worthington, ancien associé des entrepreneurs du University College, la Worthington Brothers. Le Worthington Block, construit en 1874 à l'endroit où s'élève aujourd'hui le St Lawrence Centre, était un édifice de trois étages, à six baies, qui évoquait un palais vénitien et dont le rez-de-chaussée était rustiqué. Storm dessina en outre, pour le directeur de l'Upper Canada College, George Ralph Richardson Cockburn*, une rangée de cinq magasins dans la rue Queen ; construits entre 1881 et 1884, ils existent toujours. Trois ans plus tard, il conçut une élégante et sobre composition pour l'étroit terrain que le pharmacien Andrew Jeffrey possédait rue Yonge. Arthur Brindley Lee, pour qui il avait déjà transformé une maison et qui était associé à la Rice Lewis and Son, fut sans doute celui qui l'engagea en 1888 pour agrandir le nouvel entrepôt de la compagnie. En 1890, Storm dessina une rangée de cinq édifices pour William E. Dunn ; sis à l'intersection des rues Spadina et St Andrew, ces immeubles existent toujours. L'année suivante, encore pour la Rice Lewis and Son, il construisit un nouvel entrepôt de cinq étages. L'utilisation abondante de la fonte, tant en façade que pour les garnitures intérieures, offrait une composition vigoureuse qui convenait à cet emplacement sis à l'angle de deux rues, soit King et Toronto.

Storm exerça diverses fonctions pour le conseil municipal de Toronto. En 1890, il fut l'un des trois juges qui choisirent les plans du nouveau palais de justice. Auparavant, il avait conçu le greffe municipal. Cet édifice sobre, en brique, construit en 1869–1870, était agrémenté de détails inspirés des styles gothique et vénitien ; en 1886–1887, il en doubla presque la superficie. Il exécuta, en 1887, une autre commande importante pour la municipalité, soit le réaménagement intérieur de l'aile est de l'hôtel de ville, situé rue Front. On lui doit aussi le caveau d'attente du Prospect Cemetery ; élevée en 1889–1890, cette belle construction de brique rouge parée de pierre, réalisée dans un style néo-roman dépouillé, sert toujours.

Plusieurs jeunes architectes torontois firent leur apprentissage dans le cabinet de Storm. C'est là qu'en 1887 lui-même et quelques-uns de ses éminents collègues se réunirent pour discuter de questions professionnelles et fonder l'Architectural Guild of Toronto, où il milita jusqu'à sa mort. En 1889 naissait l'Ontario Association of Architects ; Storm en fut le premier président et le resta pendant trois ans. On le retrouve aussi parmi les membres fondateurs de l'Ontario Society of Artists et de l'Académie royale canadienne des arts. Lieutenant dans le 5th Battalion of Toronto militia, il entra dans le 10th Battalion Volunteer Militia Rifles (plus tard le Royal Grenadiers) dès sa formation, le 14 mars 1862. Il fut membre à vie du Toronto Mechanics' Institute. Franc-maçon, il militait au sein des Knights Templars. Par la suite, il fut membre fervent du courant évangélique de l'Église d'Angleterre, délégué laïque au synode et collaborateur dévoué d'un autre organisme anglican, appelé Brotherhood of St Andrew.

William George Storm mourut subitement d'une crise cardiaque pendant l'été de 1892. Sa situation financière semblait stable, et pourtant sa succession ne valait que 2 600 $. Le départ de Cumberland avait nui à sa carrière, tout comme sa mauvaise santé et ses difficultés financières. Pourtant, il avait apporté une contribution importante à l'architecture de Toronto en adaptant aux travaux très divers qu'il réalisa les styles historiques alors en vogue. Parmi cette gamme de styles fort différents, celui qui lui convenait le mieux était probablement le néo-roman, puisqu'il lui permettait de donner libre cours à son goût du pittoresque. Même si la University of Toronto lui infligea une humiliante déception en ne lui permettant pas de participer à la reconstruction du University College, partiellement détruit par un incendie en 1890, il était, au moment de sa mort, au faîte de sa carrière et jouissait de l'estime de ses clients, de ses collègues et de l'ensemble de la collectivité. Le conseil d'administration du Victoria College le qualifia d'« architecte talentueux » et de « gentleman chrétien qui, en raison de sa compétence professionnelle et de sa civilité, avait été un collaborateur fort agréable ».

SHIRLEY G. MORRISS

AO, Architectural Guild of Toronto, minute-book, 1891–1916 ; J. C. B. and E. C. Horwood coll. ; Ontario Assoc. of Architects, proc. before incorporation, 1889–1890. — Arch. privées, A. W. R. Adair (Toronto), Records of St Andrew's Church, Toronto, agreement, W. G. Storm and building committee, 7 août 1875. — Hillcrest Hospital (Toronto), Hillcrest Convalescent Home, minute-book, 14 juin–9 nov. 1886. — Law Soc. of Upper Canada Arch. (Toronto), Minutes of the Convocation of Benchers, 1876–1881. — Toronto Board of Education, Records and Arch. Centre, II.E.1.a.iii–iv (Public School Board, Sites and Building Committee, minutes, 1874, 1884–1887). — Toronto General Hospital Arch., Board of Trustees, minutes of meetings, 1866–1893. — UCC-C, Cobourg Wesleyan Methodist Church, later Trinity United (Cobourg, Ontario), Building Committee, minutes, 1852–1853 ; Queen Street Methodist Church (Toronto), Board of Trustees, minutes, 1856–1920 ; St Luke's United Church (Toronto), Records of Carlton Street Primitive Methodist Church, n° 12 (Board of Trustees, minutes, 1874–1875 ; Building Committee, minutes, 1874–1875) ; Victoria College Arch., Board and Annual Meeting, Cobourg, minutes, 1886–1889 ; Board of Regents, minutes of committee on building, site, and settlements, 1886–[1889] ; Building Committee, Toronto, minutes, 1890–1892. — Wycliffe College Arch. (Toronto), Wycliffe College, Council minutes, 1878–1892 ; Trustees and Board of Management, minutes and reports, 1879–1892. — Law Soc. of Upper Canada, Convocation of Benchers, *Journal of proc.* [...] [1879–1904] (3 vol., Toronto, 1885–1904). — Toronto City Council, *Minutes of proc.*, 1869 ; 1885 ; 1887 ; 1890. — Toronto Public School Board, Inspector of Public Schools, *Annual report* (Toronto), 1874. — *Empire* (Toronto), 11 août 1892. — *Evening News* (Toronto), 8 août 1892. — *Toronto Daily Mail*, 9 août 1892. — *Canadian album* (Cochrane et Hopkins), 1. — E. [R.] Arthur, *Toronto, no mean city*, révisé par S. A. Otto (3e éd., Toronto, 1986). — *Hist. of Toronto*, 1.

STORY, GEORGE PHILLISKIRK, instituteur, ministre méthodiste, administrateur scolaire et rédacteur en chef, né le 26 juin 1853 à Filey, Angleterre, fils de William Story et d'Elizabeth Jenkinson ; le 7 juillet 1880, il épousa à St John's Elizabeth Steer, et ils eurent trois filles, dont l'une mourut bébé, et quatre fils ; décédé le 7 juillet 1894 au même endroit.

George Philliskirk Story était l'aîné des quatre enfants de William Story et fut le seul à survivre à son père. Celui-ci, né à Hull dans le Yorkshire, ouvrit un magasin de drap à Filey en 1827 et remplit la fonction de maître de poste de cette localité durant 40 ans. Grand prédicateur laïque méthodiste et homme d'une irrépressible bonne humeur, il acquit le sobriquet de Ram's Horn (Corne de bélier) pour un sermon sur la chute de Jéricho. Il nomma son fils aîné en l'honneur de George Story de Harthill, un parent et l'un des premiers adeptes de John et Charles Wesley, et d'un de ses collègues wesleyens de Filey, Harrison Philliskirk.

Il était prévu que George Philliskirk Story exercerait le métier d'instituteur. Il étudia au Westminster Training College de Londres et en sortit avec un diplôme de première classe. Vers 1875, après avoir enseigné quelques années dans des écoles méthodistes du Yorkshire, il fut nommé directeur de la *grammar school* tenue par l'Église méthodiste à Carbonear, à Terre-Neuve, mais moins d'un an plus tard il abandonnait ce poste pour le ministère.

Story fut ordonné en 1880, après trois années de probation à titre d'assistant dans les deux circonscriptions ecclésiastiques de St John's. À l'été de 1880, il épousa Elizabeth Steer, la fille d'un important marchand de la ville, John Steer. Durant les huit années suivantes, il exerça les fonctions harassantes de prédicateur itinérant autour de l'île : à Channel (Channel-Port aux Basques), à Hant's Harbour et Catalina dans la baie Trinity, et à Freshwater dans la baie Conception. En 1888, on le rappela à St John's pour lui confier le poste de gardien et aumônier de la nouvelle résidence du Methodist College, où logeaient les étudiants originaires des petits ports de pêche. Plusieurs tragédies assombrirent ses années à St John's : une grave épidémie de diphtérie en 1889, la destruction du vieux collège et de la résidence au cours du grand incendie de 1892, et la crise financière terre-neuvienne de 1894. Story accomplit une grande tournée en 1892 dans le centre et l'est du Canada afin de recueillir des fonds pour la reconstruction du collège (on amassa 8 000 $).

Au moment de l'inauguration des nouveaux édifices, en novembre 1893, Story était président de la Conférence de Terre-Neuve de l'Église méthodiste. Pendant son mandat, il voyagea beaucoup, en Nouvelle-Angleterre, en Ontario et dans les provinces de l'Atlantique, tout comme à Terre-Neuve même, mais des problèmes cardiaques aggravés par le surmenage le menèrent à un tel épuisement physique qu'il dut s'arrêter. Une affectation dans la nouvelle circonscription ecclésiastique intérieure de Whitbourne ne le remit sur pied que temporairement. Il fit une rechute au cours d'une visite à St John's en mai 1894, puis une pneumonie, et mourut dans cette ville en juillet, à l'âge de 41 ans.

George Philliskirk Story a laissé le souvenir d'un prédicateur itinérant mort trop tôt, après des années de labeur intense et ininterrompu. Ce qu'il fit pour relier la communauté méthodiste de Terre-Neuve et ses communautés sœurs du Canada mérite d'être souligné. En 1891, à titre de secrétaire de la Conférence de Terre-Neuve, il avait visité le Mount Allison College de Sackville, au Nouveau-Brunswick, et l'Acadia University de Wolfville, en Nouvelle-Écosse, afin d'établir des relations plus officielles avec ces établissements et d'y faciliter l'admission de diplômés du collège de St John's. Collaborateur de la presse méthodiste et rédacteur en chef du *Methodist Monthly Greeting* de St John's en 1890–1891, il rédigea en outre quelque 108 sermons qui subsistent sous forme manuscrite. Écrits surtout dans les dernières années de son ministère, ils témoignent d'une discipline, d'une clarté et d'une réserve peu communes.

G. M. Story

Un portrait à l'huile de George Philliskirk Story de même que ses lettres, carnets de notes et sermons manuscrits sont en la possession de l'auteur, un petit-fils du sujet, à St John's.

Filey, Angl., Methodist Church, reg. of baptisms, 1853. — PRO, HO 107/1214 ; 107/1260 ; RG 10/4814. — *Christmas Rev.* (St John's), 1892. — *Methodist Monthly Greeting* (St John's), juill. 1894. — *Methodist Recorder* (Londres), 16 août 1894. — *Filey Post and Weekly List of Visitors,* 6–13 févr. 1886. — *Royal Gazette and Newfoundland Advertiser,* 13 juill., 30 nov. 1880, 23 févr. 1886. — *Weekly News* (St John's), 12 juill. 1894. — Charles Lench, *The story of Methodism in Bonavista, and of the settlements visited by the early preachers* [...] (s.l., 1919), 153. — D. G. Pitt, *Windows of agates ; a short history of the founding and early years of Gower Street Methodist (now United) Church in St. John's, Newfoundland* (St John's, 1966). — G. M. Story, *George Street Church, 1873–1973* (St John's, 1973), 45. — *Collegian* ([St John's]), 1960 : 78, 189. — *Daily News* (St John's), 4 sept. 1964 : 23.

STRICKLAND, CATHARINE PARR (Traill), pionnière, auteure, institutrice et naturaliste, née le 9 janvier 1802 à Rotherhithe (Londres), cinquième fille de Thomas Strickland et d'Elizabeth Homer ; décédée le 29 août 1899 à Lakefield, Ontario.

Bien qu'elle ait vécu durant presque tout le XIXe siècle et qu'elle ait passé près de 70 années au Canada, Catharine Parr Strickland n'oublia jamais ses origines, et ses valeurs, ses convictions et ses intérêts demeurèrent profondément ancrés dans la campagne du Suffolk où s'était écoulée son enfance. Peu après sa naissance dans le Kent, son père, Thomas Strickland, quitta son poste d'administrateur des Greenland Docks, sur la Tamise, et s'installa à Norwich (dans le Norfolk), où il espérait être moins accaparé par ses affaires et trouver un climat à la fois plus agréable pour sa famille et bénéfique pour la goutte dont il souffrait. Homme d'une grande curiosité intellectuelle, il souhaitait également entreprendre l'éducation de ses filles – il en avait six en 1803 – et acheter une maison convenable pour sa famille qui s'agrandissait. De 1804 à 1808, tout en conservant une modeste demeure à Norwich où il s'occupait de ses nouvelles affaires, il loua dans le Suffolk, près de Bungay, une ferme, appelée Stowe House qui donnait sur la vallée champêtre de la Waveney. Cet endroit allait laisser à Catharine les souvenirs d'enfance les plus vifs – en particulier la pêche dans la Waveney avec son père, où tous deux se lisaient tour à tour des passages de *The compleat angler* d'Izaak Walton. Comme elle l'écrirait à l'auteur William Kirby* en 1895, « le bon vieux pêcheur » avait aidé « à former [son] amour de la nature et du Dieu de la nature », quand elle était une enfant.

À Stowe House et plus tard à Reydon Hall, gentilhommière élisabéthaine qu'il avait achetée en 1808 près de Southwold, sur la côte du Suffolk, Thomas Strickland enseigna à ses enfants et stimula leur désir d'apprendre. Il insista pour que ses filles s'astreignent à étudier la géographie, l'histoire et les mathématiques, études qu'il surveillait pendant que leur mère se chargeait d'en faire des femmes accomplies. Valorisant l'application, l'observation et l'autonomie en dehors de la classe, il encouragea aussi ses filles à fabriquer leurs propres jouets, à élever leurs petits animaux de compagnie et à cultiver chacune un jardin. À mesure qu'elles grandissaient, il prenait plaisir à discuter avec elles de questions controversées et les incitait à bien peser leurs arguments. Il avait cependant une assurance et un savoir tels que ses enfants se rangeaient habituellement à son avis.

Au moment de l'achat de Reydon Hall, Thomas Strickland avait déjà eu deux fils et il avait réalisé toutes ses ambitions sociales. Mais le climat humide de la mer du Nord s'avéra néfaste à sa santé, ce qui, ajouté au délabrement de la maison et aux pressions de ses affaires à Norwich, l'amena à s'absenter de chez lui pour de longues périodes. Les enfants furent donc laissés beaucoup à eux-mêmes, et les cinq plus jeunes souvent confiés au soin des aînées Elizabeth et Agnes – qui deviendraient plus tard de célèbres biographes de la royauté britannique – et de Sara, la seule des six filles de Strickland qui n'ait pas écrit.

Thomas Strickland mourut en mai 1818, et la vie à Reydon Hall changea radicalement. En effet, comme il avait connu des revers en affaires, il laissait à sa femme et à ses enfants peu d'argent pour entretenir la propriété et mener une vie sociale conforme à leur rang. C'est à ce moment qu'on découvrit toutes les ressources que possédait la jeune Catharine. Un ami de son père lut un manuscrit qu'elle avait écrit à 15 ans, en fit l'édition et le présenta à un éditeur de Londres. Premier d'un nombre considérable d'écrits que publieraient les sœurs Strickland, *The tell tale : an original collection of moral and amusing stories* parut sans nom d'auteur en 1818. Catharine Strickland dirait plus tard que son premier titre avait été *The blind Highland piper and other tales,* mais comme ce livre n'a pu être retrouvé et que *The blind Highland piper* fait partie de *The tell tale,* il est plus probable qu'il n'ait pas été publié. Ce qui avait été un passe-temps de jeune fille et une façon de déjouer l'ennui des hivers dans le Suffolk devint alors un moyen d'affronter la décente misère dans laquelle les Strickland étaient tombés. Plus tard, pour Eliza, Agnes et Jane Margaret, qui demeureraient en Angleterre et ne se marieraient pas, comme pour Catharine et Susanna* dans le Haut-Canada, ce passe-temps deviendrait une sorte de métier.

Pendant les années qui précédèrent son départ pour le Canada, Catharine Strickland se consacra à son travail et écrivit non seulement des livres pour adolescents, mais aussi des albums annuels et des livres-cadeaux, trois genres qui commençaient à être populaires dans le Londres d'avant l'époque victorienne. À la manière de Thomas Day, de Maria Edgeworth et de Sarah Trimmer, elle souhaitait transmettre d'importants préceptes moraux qui seraient bien mis en évidence par des récits didactiques ou des souvenirs autobiographiques. Quoique le caractère éphémère de beaucoup de ses écrits et son habitude de publier sans nom d'auteur, ou parfois en collaboration avec ses sœurs, rendent difficile l'établissement de la liste de ses premiers livres, on sait, d'après ce qu'elle en dit plus tard elle-même et d'après les textes qui restent, qu'entre 1819 et 1831 elle en publia une dizaine : par exemple, *Disobedience ; or, mind what Mama says* en 1819, *Little Downy ; or, the history of a field mouse : a moral tale* en 1822, *The keepsake guineas ; or, the best use of money* en 1828 et *Sketch book of a young naturalist ; or, hints to the students of nature* en 1831. Mais le plus intéressant est peut-être *The young emigrants ; or, pictures of Canada ; calculated to amuse and instruct the minds of youth,* qui parut en 1826. Pour écrire ce livre, Catharine Strickland s'était inspirée du *Robinson Crusoe* de Daniel Defoe, qui la fascinait, de livres de voyages sur le Canada, dont celui de John Howison*, et de lettres d'amis qui, comme son jeune frère Samuel*, avaient immigré au Canada pendant les années 1820. Les paroles qu'elle fait dire à l'un de ses jeunes immigrants – « Il me semble parfois que j'aimerais passer ma vie à explorer [...] cet étonnant pays » – témoignent de son enthousiasme devant la perspective d'expériences nouvelles, si difficiles et exigeantes soient-elles.

En 1829, un événement vint troubler la vie paisible que Catharine Strickland menait à Reydon : ses fiançailles avec Francis Harral, fils d'un important écrivain et rédacteur du Suffolk et de Londres. Pour se consoler de leur rupture deux ans plus tard, l'écrivaine entreprit, avec une tante riche, un voyage à Waltham Cross, Bath, Cheltenham et Oxford, qui l'amena à Londres à la fin de l'année. C'est vraisemblablement au début de 1832 qu'elle rencontra le lieutenant écossais Thomas Traill, veuf et, comme son ami John Wedderburn Dunbar Moodie*, officier à la demi-solde autrefois du 21st Foot. Leurs brèves fréquentations suffirent à la convaincre, comme elle l'écrivit à une amie, qu'elle était « prête à tout perdre pour l'amour d'un seul ami des plus chers, d'un mari avec lequel partager tous les changements et les risques de la vie de colon ». Malgré la forte opposition de sa famille, elle épousa Traill à l'église paroissiale de Reydon le 13 mai 1832.

Traill, qui avait alors deux fils en Écosse, n'était pas considéré comme un compagnon souhaitable pour Catharine et, pendant deux décennies, Agnes Strickland continuerait, dans ses lettres à Susanna, à regretter que leur sœur ait choisi cet homme pour mari et à le voir comme la cause des difficultés toujours plus grandes que celle-ci éprouvait au Canada. Ce qu'Agnes ne pouvait pas comprendre, c'est que Catharine était vivement déterminée à se marier et à commencer une vie nouvelle quand l'occasion s'en présenterait. Voyant l'exemple de son frère et de plusieurs amis, et sachant très bien que Susanna avait longuement mûri son projet d'émigrer, Catharine n'avait pas hésité à agir.

De son côté, Thomas Traill était content lui aussi de prendre un nouveau départ et de profiter de son droit à une concession foncière et du prix peu élevé des terres dans le Haut-Canada pour en tirer, sans se presser, de manière appropriée à sa classe, un revenu qui lui procure une certaine aisance. Il s'était endetté, et Westove, le domaine familial aux Orcades dont il était l'héritier, était si criblé de dettes qu'il offrait peu de possibilités. Traill n'avait pas non plus les moyens de donner un foyer ou de payer des études à ses fils et il les laissa aux bons soins de la famille de sa première femme, les Fotheringhame, de Kirkwall. Après le mariage, il emmena sa nouvelle femme visiter l'Écosse, en particulier Kirkwall et Westove, puis il s'embarqua avec elle à Greenock, au début de juillet 1832, à bord du brick *Laurel*. Il ne revit jamais ses fils.

Les trois premières années du couple dans la forêt du Haut-Canada font l'objet du livre le plus connu de Catharine Traill, *The backwoods of Canada : being letters from the wife of an emigrant officer, illustrative of the domestic economy of British America*, publié à Londres en 1836, toujours sous le couvert de l'anonymat. L'auteure y rassemble 18 « lettres », dépouillées des nouvelles intéressant seulement la famille et enrichies de longs récits descriptifs, dans lesquels elle raconte son immigration, son installation au pays et son adaptation joyeuse à ses nouvelles conditions de vie. Les réflexions que ces lettres contiennent montrent bien qu'elle les a disposées et réécrites en ayant à l'esprit un ordre et des objectifs particuliers. Elle, ou sa sœur Agnes, envoya ensuite le manuscrit à Charles Knight, éditeur à la Society for the Diffusion of Useful Knowledge qui, selon l'auteure même, était le troisième éditeur à le voir.

Manifestement beaucoup plus qu'un recueil de souvenirs destiné à la famille et aux amis, *The backwoods* est un guide pratique à l'intention des Anglaises de la classe moyenne qui, dans les années 1830, se trouvaient de plus en plus devant la redoutable perspective du déracinement et de l'émigration. En décrivant son voyage, la construction de sa maison et le défrichage de sa terre, Catharine Traill évalue constamment l'expérience canadienne selon les critères de la respectabilité, de la classe sociale et du bon goût, et en tenant compte de ce qui intéresse les femmes de son milieu socio-culturel d'origine. Beaucoup de choses l'ont choquée, comme en témoignent surtout ses premières lettres, mais en même temps elle cherche d'une manière qui lui est propre à rectifier ses attentes sans compromettre les principes de l'Angleterre bourgeoise auxquels elle attache une grande valeur. C'est pourquoi *The backwoods* reflète non seulement le caractère égal de son auteure, mais aussi ce que Carl Ballstadt appelle « une rhétorique de l'équilibre ». Ainsi, Catharine Traill y oppose la subjectivité et l'objectivité, les attentes de la Vieille Europe et les exigences du Nouveau Monde, le pittoresque et le réalisme, non pour déprécier son pays d'adoption, mais pour bien faire comprendre le genre de changements, d'efforts et de détermination qu'il faut pour s'adapter aux conditions rudimentaires et difficiles de la vie au Canada.

The backwoods met d'ailleurs l'accent sur l'adaptation par sa structure même. Placées dans l'ordre chronologique, les lettres décrivent comment, après bien des difficultés et des déceptions, les Traill s'habituent à leur nouvelle vie, réconfortés d'avoir réussi à traverser ces épreuves. Construit sur le modèle de livres comme *Robinson Crusoe* ou *The pilgrim's progress* de John Bunyan, le livre de Catharine Traill témoigne de la victoire tranquille de l'esprit anglo-protestant, qui aura permis non seulement d'aborder avec joie et curiosité les situations difficiles, mais encore de porter plus loin l'étendard du christianisme et de la civilisation. Au nombre des entreprises littéraires des pionniers du Haut-Canada, *The backwoods* se classe au rang de *Roughing it in the bush* [...], ouvrage en deux volumes de Susanna Moodie paru à Londres en 1852. Les deux récits sont apparentés et ont souvent été comparés. *Our forest home* [...] de Frances Stewart [Browne*], publié à Toronto en 1889, et *A gentlewoman in Upper Canada* [...], d'Anne LANGTON, paru à Toronto en 1950, sont d'autres écrits remarquables de pionnières. Étant donné qu'ils n'ont pas été préparés pour la publication, ils manquent du sens de l'identité littéraire et de l'attention à l'auditoire qui caractérisent les travaux de Catharine Traill et de Susanna Moodie.

Ironiquement, le sort des Traill allait changer quelques années seulement après la parution de *The backwoods*. Samuel, le frère de Catharine, avait facilité leur immigration en obtenant pour eux une concession de terrain près de chez lui, dans le canton de Douro, non loin de ce qui est aujourd'hui Lakefield, et en les logeant durant la construction de leur cabane en rondins. Mais Thomas Traill ne connaissait rien à l'agriculture, et l'isolement relatif dans les bois était peu compatible avec son tempérament sociable. Vers la fin de *The backwoods* d'ailleurs, Catharine Traill note, peut-être sans en comprendre alors toute la portée, que son mari éprouve « le même genre d'accablement moral qu'une fièvre nerveuse ». Dès 1835, Thomas Traill avait mis la propriété de Douro en vente et, après l'avoir finalement vendue en 1839, il emmena sa famille à Ashburnham (Peterborough) pour être plus proche d'amis qui lui ressemblaient, comme le docteur John Hutchison et Thomas Alexander Stewart*. Même s'il conclut un certain nombre de transactions, il eut cependant peu de succès dans le commerce immobilier et se trouva de plus en plus accablé de dettes, certaines résultant de ses propres erreurs de jugement, d'autres des créances légitimes dont était assailli le domaine de son père aux Orcades. Pendant les années 1840, lui et sa famille durent déménager souvent. Au printemps de 1846, ils vivaient dans un tel dénuement qu'un ami anglais, l'excentrique révérend George Bridges, grand admirateur de Catharine Traill et de ses écrits, leur laissa gratuitement sa maison, Wolf Tower – une sorte de forteresse –, au lac Rice. Puis, après avoir loué une propriété voisine, Mount Ararat, l'année suivante, ils achetèrent Oaklands, une ferme surplombant la rive sud du lac Rice, où ils vécurent de mai 1849 jusqu'à ce que le feu la détruise le 26 août 1857.

Entre 1833 et 1847, Catharine Traill avait donné naissance à neuf enfants, dont deux moururent en bas âge au début des années 1840. Au cours de cette période, ses grossesses et la maladie la forcèrent à réduire son activité. Pour alléger le fardeau financier, elle enseigna quelque temps à Peterborough et continua à écrire des contes, de courts textes sur la nature et des récits autobiographiques qu'elle cherchait désespérément à vendre en Angleterre, aux États-Unis et au Canada. Agnes fit publier certains de ces écrits dans des périodiques londoniens comme le *Chambers' Edinburgh Journal,* le *Home Circle* et le *Sharpe's London Magazine*. Catharine écrivit aussi, de temps à autre, pour la revue montréalaise de John LOVELL, le *Literary Garland,* à laquelle sa sœur Susanna collaborait régulièrement.

La vie à Oaklands pendant les années 1850 fut une lutte de plus en plus difficile non seulement contre la mort, la maladie, la rareté du bois de feu et les récoltes manquées, mais aussi contre les accès de dépression qui rendaient Thomas incapable d'agir. Mais quel que soit le rôle que les faiblesses de son mari aient joué dans les malheurs de la famille, Catharine Traill se plaignit rarement et lui demeura loyale. Heureusement, elle continua à trouver des débouchés pour sa production littéraire, et *Canadian Crusoes : a tale of the Rice Lake plains* parut à Londres en 1852 chez Arthur Hall, Virtue, and Company, maison d'édition avec laquelle sa sœur Agnes avait signé le contrat. Dans ce conte pour enfants, Catharine Traill met en scène trois jeunes rejetons de pionniers qui, héroïquement, survivent par leurs propres moyens durant deux ans dans la forêt sauvage du nord du lac Ontario. La Hall and Virtue publia quatre ans plus tard un autre de ses livres pour enfants, *Lady Mary and her nurse ; or, a peep into the Canadian forest*, texte construit à partir de nouvelles qu'elle avait écrites en 1853 pour un périodique de Montréal, le *Maple Leaf*. Comme elle l'écrirait dans une lettre en 1896 : « J'ai toujours écrit pour les jeunes. J'aspire rarement à un genre [littéraire] plus noble. »

Catharine Traill avait cependant emprunté d'autres avenues utiles où elle s'était adressée aux adultes. Le succès de *The backwoods,* plusieurs fois réimprimé et réédité dans les années 1830 et la décennie qui suivit, l'avait amenée à s'attaquer à divers genres de suites. L'une d'elles, intitulée *Forest gleanings,* regroupe des nouvelles inspirées de sa vie dans les bois et au lac Rice et parut en 13 épisodes dans l'*Anglo-American Magazine* de Toronto en 1852–1853 ; malheureusement, en dépit de sa grande valeur et de son intérêt considérable, elle ne fut jamais publiée sous forme de livre. Tant que l'on ne connaîtra pas mieux tous les ouvrages que Catharine Traill écrivit entre 1830 et 1860, il sera impossible d'évaluer l'ensemble de son œuvre littéraire.

Tirant parti de sa réputation de conseillère auprès des immigrantes, Catharine Traill prépara un autre ouvrage qui connut le succès – un mélange hétéroclite de narrations, de citations, de recettes et de conseils pratiques –, *The female emigrant's guide, and hints on Canadian housekeeping,* paru en fascicules à Toronto en 1854–1855 chez Thomas MACLEAR, puis en 1855 sous le titre *The Canadian settler's guide*. À la même époque, elle publia pendant quelque temps ses écrits sur les fleurs et la nature dans *Horticulturist,* magazine d'Albany, dans l'état de New York.

Dans *The backwoods,* Catharine Traill avait consacré toute une lettre à décrire des fleurs du Canada et à vanter l'utilité de la botanique, regrettant de ne pas avoir étudié la peinture florale avant d'arriver au pays. Pendant toute sa vie au Canada, elle collectionna et étudia des spécimens de fleurs, d'herbes et de fougères, tint consciencieusement son carnet de recherches et, avec ses filles, créa des arrangements de fleurs pressées qu'elle vendait, présentait dans des concours ou donnait en cadeau. Sa collection et ses notes comptaient parmi les quelques objets qu'elle avait pu soustraire aux flammes en 1857. Toutes ses tentatives de trouver un éditeur ou un promoteur pour ses travaux de botanique avaient échoué. Comme elle l'écrivait à son amie Frances Stewart en 1862, elle était plutôt comme « le pauvre rat des champs » pour les questions relatives aux expositions et aux négociations.

Ce n'est cependant que plusieurs années après la mort de son mari, survenue le 21 juin 1859, une fois installée à Westove, le chalet de Lakefield que Samuel avait aménagé pour elle, que Catharine Traill eut l'occasion de collaborer avec sa nièce Agnes Dunbar FitzGibbon [Moodie*], qui était veuve. Fille de Susanna et, comme elle, habile dessinatrice de fleurs, Agnes apprit non seulement par elle-même la lithographie, mais elle s'occupa aussi de faire publier chez John Lovell en 1868 *Canadian wild flowers,* livre dont elle avait fait les illustrations et Catharine le texte ; vendu par souscription, cet ouvrage connut au moins quatre éditions. Leur collaboration reprit en 1884, quand Agnes, devenue Mme Chamberlin, prit des mesures pour faire publier à Ottawa, où elle était installée, l'étude la plus complète que sa tante ait rédigée sur la nature, *Studies of plant life in Canada ; or, gleanings from forest, lake and plain,* qui parut en 1885. Beaucoup plus intéressant et facile à lire que son titre scientifique ne le laisse croire, ce livre valut à son auteure l'admiration de James Fletcher*, spécialiste d'Ottawa, qui qualifia ses descriptions « d'une des plus grandes réussites dans le domaine de la botanique ». Pour Carl Clinton Berger, l'ouvrage constitue un « anachronisme splendide », non seulement à cause des retards de la publication, mais aussi de la démarche vivante qui caractérise les inventaires et les biographies florales de Catharine Traill. Elle n'avait pas l'esprit critique d'une scientifique, mais la passion qu'elle apportait à ses études lui a valu beaucoup d'admiration. Dans d'autres circonstances, son livre aurait pu être publié avant, ce qui lui aurait assuré une place plus importante dans l'évolution des études botaniques au Canada.

Catharine Traill vécut paisiblement le reste de sa longue vie à Lakefield avec sa fille Katharine et sa petite-fille Katharine Parr Traill. Cinq de ses enfants étaient morts ; une autre fille, Anne, vivait non loin de là avec sa famille, et deux de ses fils, William et Walter, s'étaient établis dans l'ouest du Canada.

Souvent malade et de plus en plus handicapée par sa surdité, Catharine Traill continua néanmoins à écrire et à rechercher des éditeurs. Elle avait plus de 90 ans quand elle publia ses deux derniers livres, chez William Briggs* à Toronto : *Pearls and pebbles ; or, notes of an old naturalist* [...] en 1894 et *Cot and cradle stories* en 1895 avec, dans chaque cas, l'aide de la fille d'Agnes Chamberlin, Mary Agnes FitzGibbon*. Empruntant aux matériaux dont étaient faits ses livres précédents, elle témoigne dans ces deux recueils de sa foi constante dans l'insondable mais bienveillante sagesse divine et dans les leçons réconfortantes de la nature. Briggs devait publier un troisième ouvrage, soit la première édition canadienne de *The backwoods,* avec ajouts et corrections de Catharine Traill, mais ce projet n'eut pas de suite.

À la fin de sa vie, Catharine Parr Traill reçut des marques d'estime, dont la reconnaissance de sociétés historiques de Toronto et de Peterborough, une pension du Royal Literary Fund d'Angleterre ainsi qu'un don de 1 000 $ recueilli par son vieil ami sir Sandford Fleming* et qui lui fut remis en 1898 au cours d'une réception en son honneur. Après avoir été accablée de soucis financiers durant la plus grande partie de sa vie, elle fut non seulement reconnaissante de ce cadeau aussi généreux qu'inattendu, mais également heureuse de « l'assurance » que celui-ci lui donnait « d'avoir à [sa] modeste manière, servi le noble dominion du Canada de [sa] bien-aimée souveraine ».

MICHAEL A. PETERMAN

La liste la plus complète des travaux de Catharine Parr Strickland est celle que l'on trouve dans l'étude de Carl P. A. Ballstadt, « Catharine Parr Traill (1802–1899) », *Canadian writers and their works,* Robert Lecker *et al.*, édit., introd. de George Woodcock (9 vol. parus, Toronto, 1983–), *fiction ser.*, 1 : 149–193. Un autre titre figure dans le livre de Rupert Schieder, « Catharine Parr Traill : three bibliographical questions », Soc. bibliogr. du Canada, *Cahiers* (Toronto), 24 (1985) : 8–25. L'édition de Schieder de *Canadian Crusoes : a tale of the Rice Lake plains* ([Ottawa], 1986) préparée pour le Centre for Editing Early Canadian Texts (Ottawa), renferme des renseignements utiles.

La collection de la famille Traill aux AN (MG 29, D81) s'avère la source la plus complète des journaux, lettres, carnets et souvenirs de Catharine. On trouve également de la documentation valable dans la correspondance de quelques sœurs de Catharine qui se trouve dans la Glyde coll. au Suffolk Record Office, Ipswich Branch (Ipswich, Angl.), dont une copie sur microfilm est disponible parmi les Susanna Moodie papers aux AN (MG 29, D100) ; dans les lettres de Catharine à Frances Browne Stewart parmi les Stewart papers à la MTRL ; et dans la P. H. Ewing coll. des Moodie–Strickland–Vickers–Ewing family papers, acquis récemment par la Bibliothèque nationale du Canada (Ottawa).

L'auteur de cette biographie prépare actuellement des bibliographies des œuvres de Catharine et de Susanna de même qu'une édition des lettres des deux sœurs, en collaboration avec Carl Ballstadt et Elizabeth Hopkins. Le premier volume qui a résulté de ce travail, une collection de la correspondance de Susanna intitulée *Susanna Moodie : letters of a lifetime,* a été publié à Toronto en 1985. [M. A. P.]

The valley of the Trent, introd. d'E. C. Guillet, édit. (Toronto, 1957). — *DNB*. — Morgan, *Sketches of celebrated Canadians.* — *Oxford companion to Canadian lit.* (Toye). — C. P. A. Ballstadt, « The literary history of the Strickland family [...] » (thèse de PH.D., Univ. of London, Londres, 1965) ; « Lives in parallel grooves », *Kawartha heritage : proceedings of the Kawartha conference, 1981,* A. O. C. Cole et Jean Murray Cole, édit. (Peterborough, Ontario, 1981), 107–118. — C. [C.] Berger, *Science, God, and nature in Victorian Canada* (Toronto, 1983). — Sara Eaton, *Lady of the backwoods : a biography of Catharine Parr Traill* (Toronto et Montréal, 1969). — *Lit. hist. of Canada* (Klinck *et al.* ; 1976), 1–2. — Marian [Little] Fowler, *The embroidered tent : five gentlewomen in early Canada* [...] (Toronto, 1982), 55–87. — Clara [McCandless] Thomas, « The Strickland sisters : Susanna Moodie, 1803–1885, Catharine Parr Traill, 1802–1899 », *The clear spirit : twenty Canadian women and their times,* Mary Quayle Innis, édit. (Toronto, 1966), 42–73. — Norma Martin *et al., Gore's Landing and the Rice Lake Plains* (Gore's Landing, Ontario, 1986). — A. Y. Morris, *Gentle pioneers : five nineteenth-century Canadians* (Toronto et Londres, 1968). — G. H. Needler, *Otonabee pioneers : the story of the Stewarts, the Stricklands, the Traills and the Moodies* (Toronto, 1953). — M. [A.] Peterman, « A tale of two worlds – from there to here », *Kawartha heritage,* 93–106 ; « Catharine Parr Traill », *Profiles in Canadian literature,* J. M. Heath, édit. (4 vol., Toronto et Charlottetown, 1980–1982), 3 : 25–32 ; « Splendid anachronism[s] » : the record of Catharine Parr Traill's struggles as an amateur botanist in 19th-century Canada » (communication faite à l'Univ. of Ottawa symposium on Canadian women writers, 1988). — Lorne Pierce, *William Kirby : the portrait of a tory loyalist* (Toronto, 1929). — Suzanne Zeller, *Inventing Canada : early Victorian science and the idea of a transcontinental union* (Toronto, 1987). — « Collaborative sleuthing in Canadian literature », York Univ., Robarts Centre for Canadian Studies, *Bull.* (North York [Toronto]), 4 (1987–1988), n° 1. — W. D. Gairdner, « Traill and Moodie : the two realities », *Journal of Canadian Fiction* (Fredericton), 1 (1972), n° 2 : 35–42. — David Jackel, « Mrs. Moodie and Mrs. Traill, and the fabrication of a Canadian tradition », *Compass* (Edmonton), n° 6 (1979) : 1–22. — Ute Lischke-McNab et David McNab, « Petition from the backwoods », *Beaver,* outfit

308 (été 1977) : 52–57. — T. D. MacLulich, « Crusoe in the backwoods : a Canadian fable ? », *Mosaic* (Winnipeg), 9 (1975–1976), n° 2 : 52–57. — M. [A.] Perterman, « Agnes Strickland's sisters », *Canadian Literature* (Vancouver), n° 121 (été 1989) (à paraître).

STUART, sir ANDREW, avocat, homme d'affaires et juge, né le 16 juin 1812 à Québec, fils d'Andrew Stuart* et de Marguerite Dumoulin ; le 8 juin 1842, il épousa au même endroit Charlotte-Elmire Aubert de Gaspé, fille de Philippe-Joseph Aubert* de Gaspé, et ils eurent dix enfants dont huit parvinrent à l'âge adulte ; décédé le 9 juin 1891 dans sa ville natale.

Andrew Stuart descend d'une famille loyaliste originaire de Pennsylvanie et établie à Kingston. Son grand-père, John Stuart*, ministre de l'Église d'Angleterre, avait été *rector* de Cataraqui (Kingston) et avait inculqué à ses enfants l'amour de l'instruction et la haine des « diaboliques principes d'égalité ». Son père, Andrew, fin lettré et avocat en vue de Québec, est, avec son oncle James*, la gloire du barreau.

Stuart fait ses études primaires à Québec, puis son père l'envoie à Chambly où Edward Parkin*, prêtre de l'Église d'Angleterre, a ouvert, en 1821, une école rattachée au réseau de l'Institution royale pour l'avancement des sciences [V. Joseph Langley Mills*]. De retour à Québec, il fait un stage de clerc en droit auprès de son oncle James, puis de Henry Black*, longtemps associé de son père dans un cabinet. On l'admet au barreau le 7 mai 1834. Il pratique d'abord en société avec Robert Hunter Gairdner jusqu'à ce que celui-ci soit nommé juge en 1844. Il s'associe ensuite à Frederick Vannovous de 1850 à 1869, puis avec David Alexander Ross jusqu'en 1885.

Stuart connaît un succès d'autant plus rapide qu'à la suite du décès de son père, le 21 février 1840, il hérite de sa clientèle. À 28 ans, déjà l'avocat des principaux marchands et financiers de Québec, il plaide la plupart des causes commerciales importantes. Son mariage en 1842 avec la fille d'un seigneur consacre sa rapide ascension sociale. Noblesse oblige, il acquiert en 1846 la seigneurie de La Martinière, qu'il administre avec soin.

En 1851, avec l'homme d'affaires John Porter, Stuart achète au coût de £16 559 les forges du Saint-Maurice, propriété de son frère, Henry Stuart. Ce dernier s'en était porté acquéreur en 1846 mais, faute de capitaux, avait dû les louer de 1847 à 1851 à l'homme d'affaires montréalais James Ferrier*, qui les avait exploitées sans se préoccuper de les entretenir. Les forges sont dans un état de délabrement avancé lorsque Porter et Stuart en deviennent propriétaires. Malgré l'aide du gouvernement et d'importants travaux de réfection, tel l'agrandissement du haut fourneau, Stuart et Porter doivent abandonner l'administration des forges en 1857 ou en 1858, à la suite d'un long procès avec d'ex-associés et des déboires financiers importants. Le gouvernement, qui agit comme le principal créancier dans cette affaire, reprend les forges et va les revendre à John McDougall* en 1862.

Stuart n'en poursuit pas moins la pratique du droit. En reconnaissance de son talent, on le nomme, en 1854, conseiller de la reine et membre de la commission chargée de la révision des lois de la province. Deux ans plus tard, il devient bâtonnier puis, en 1859, juge adjoint à la Cour supérieure du Bas-Canada. L'année suivante, on le nomme juge puîné au même tribunal. C'est le début d'une longue carrière de juge, dont le couronnement est sa nomination au poste de juge en chef de la Cour supérieure de la province de Québec le 9 mars 1885. À ce titre, il agit comme administrateur de la province de Québec à l'occasion de la maladie du lieutenant-gouverneur Louis-François-Rodrigue Masson*, du 8 février au 24 mars et du 7 septembre au 28 octobre 1887. Son tact, sa délicatesse et sa neutralité dans l'exercice de cette fonction provisoire lui valent le respect de tous les hommes politiques. La reine lui marque sa reconnaissance en le faisant chevalier le 9 mai de la même année.

Sir Andrew Stuart prend sa retraite le 23 novembre 1889. Il est alors tenu pour l'un des juristes canadiens les plus éminents. Trois de ses quatre fils ont choisi la carrière d'avocat et ont déjà pris la relève. Stuart meurt à Québec le 9 juin 1891. Comme il s'était converti au catholicisme l'année précédente, ses funérailles sont célébrées dans l'église St Patrick et sa dépouille est inhumée dans le cimetière Woodfield.

CÉLINE CYR

ANQ-Q, CE1-61, 8 juin 1842 ; P-294 ; ZQ6-120, 12 juin 1891. — *Le Courrier du Canada*, 10 juin 1891. — *L'Événement*, 10 juin 1891. — F.-J. Audet, *les Juges en chef de la province de Québec, 1764–1924* (Québec, 1927). — *Quebec directory*, 1847–1887. — P.-G. Roy, *les Avocats de la région de Québec* ; *les Juges de la prov. de Québec*. — Michel Bédard, « la Privatisation des forges du Saint-Maurice, 1846–1883 : adaptation, spécialisation et fermeture » (thèse de M.A., univ. Laval, 1986). — P.-G. Roy, *la Famille Aubert de Gaspé* (Lévis, Québec, 1907).

SULLIVAN, EDWARD, ministre et évêque de l'Église d'Angleterre, né le 18 août 1832 à Lurgan (Irlande du Nord), fils d'un pasteur méthodiste wesleyen ; vers 1860, il épousa à London, Haut-Canada, Mary Hutchinson, puis le 24 octobre 1866, à Peterborough, Haut-Canada, Frances Mary Renaud, et ils eurent deux fils, dont Edward Alan*, et trois filles ; décédé le 6 janvier 1899 à Toronto.

L'information que l'on possède sur les jeunes années d'Edward Sullivan est fragmentaire, mais il semble qu'il était encore assez jeune lorsque sa mère mourut. Après avoir fréquenté des écoles à Bandon et à Clonmel (république d'Irlande), il entra en 1852 au Trinity College, à Dublin, et obtint une licence ès arts en 1858. À Dublin, il subit l'influence de Charles Fleury, prêtre de l'Église anglicane en Irlande qui donnait un cours d'instruction biblique auquel assistaient un grand nombre de jeunes hommes. On ne connaît pas bien les circonstances de sa confirmation au sein de la communauté anglicane, mais elle eut lieu probablement à cette époque. En 1858, de retour d'une visite dans le Haut-Canada, Fleury parla du besoin d'un clergé missionnaire dans le nouveau diocèse de Huron. Sullivan, John Philip DuMoulin* et James Carmichael furent parmi ceux qui se portèrent volontaires.

Sullivan fut ordonné diacre au Haut-Canada en décembre 1858. Au mois de juin suivant, Benjamin Cronyn*, évêque de Huron, l'ordonna prêtre. En 1868, après quatre ans au poste de vicaire à l'église St George dans le canton de London, et six ans à titre d'assistant de William Bennett Bond*, à l'église St George à Montréal, il fut nommé *rector* de l'église Trinity à Chicago. On y dit de lui qu'il était l'un des plus éminents d'une succession de ministres hors du commun, « un homme remarquable doté d'une personnalité forte et énergique ». Militant de la Basse Église, il lutta avec succès contre l'élection de George Franklin Seymour au poste d'évêque de l'Illinois en 1876 et, en récompense de ses efforts, la University of Chicago lui décerna un doctorat honorifique en théologie.

Sullivan retourna à Montréal en 1879 pour devenir *rector* de l'église St George ; trois ans plus tard, élu et sacré second évêque d'Algoma, il succédait à Frederick Dawson Fauquier*. Le diocèse, fondé en 1873, s'étendait sur un vaste territoire en grande partie non exploité au nord de l'Ontario, à partir de la source du lac Supérieur jusqu'à la région de Muskoka, au nord de Toronto. Comme son prédécesseur, Sullivan parcourut son diocèse d'un bout à l'autre, et il établit son lieu de résidence à Sault-Sainte-Marie. Dans les premiers temps, il y avait peu de voies ferrées, et l'on devait voyager en boghei, en bateau ou à raquettes. Afin de faciliter ses déplacements par voie d'eau, il acheta un yacht qui avait appartenu au prince de Galles et il apprit à naviguer.

Au moment où Sullivan accéda à son poste à Algoma, le diocèse éprouvait de graves problèmes financiers. On avait un urgent besoin de fonds pour construire des temples et des missions, et pour assurer la subsistance des ministres qui devaient s'en occuper. En outre, les dotations dont disposaient les diocèses établis antérieurement et qui leur permettaient d'offrir un soutien financier à l'évêque, aux veuves et aux orphelins des membres du clergé ainsi qu'aux prêtres retraités étaient presque inexistantes à Algoma. Comme de nombreux évêques de sa génération, Sullivan devint un « mendiant mitré » et consacra beaucoup de temps à faire appel à la générosité des fidèles au cours de longues tournées au Royaume-Uni. Son éloquence et son charisme lui étaient d'un grand secours et il recueillit des sommes importantes, dont 6 000 $ à l'occasion d'une seule tournée en 1888. Grâce à ses efforts, toutes les dotations du diocèse augmentèrent de façon marquée durant son épiscopat.

Sullivan estimait qu'il était également important de recruter des prêtres pour la population du diocèse, qui augmentait au rythme de la progression de la colonisation vers le nord. Malheureusement, à cause des conditions de vie souvent primitives, de nombreux pasteurs abandonnaient leurs fonctions après quelques années pour s'occuper de paroisses plus faciles au sud ; Sullivan était donc constamment forcé de recruter des candidats prometteurs. Malgré ces difficultés, le nombre de missionnaires passa de 15 à 26 durant son épiscopat. Même s'il ne connut pas un succès égal à celui de Fauquier auprès des Indiens du diocèse, il réussit à établir pour eux deux écoles.

Une crise financière, la démission du responsable des écoles indiennes, Edward Francis Wilson*, des années de déplacements et de travail constant furent autant de facteurs à l'origine de la dépression nerveuse qui affecta Edward Sullivan en 1892. Après une convalescence dans le sud de la France, il reprit ses fonctions en août 1893, mais son état de santé continua à se détériorer. Malgré d'autres séjours en France, il ne se rétablit jamais complètement. En septembre 1896, il abandonnait son siège épiscopal. En guise d'hommage à sa compétence, on le nomma *rector* de la cathédrale St James à Toronto, mais il n'occupa cette fonction que deux ans avant son décès, qui survint le 6 janvier 1899.

F. A. PEAKE

Representative Church Body Library (Dublin), File information on Edward Sullivan. — Trinity College Library, MSS Dept. (Dublin), File information on Edward Sullivan. — EEC, Diocese of Algoma, *Algoma one hundred, 1873–1973 : documentary commemorating the centennial of the diocese of Algoma* (Sault Ste Marie, Ontario, 1973). — Jesse Holdom, *A history of Trinity Church, Chicago* (Chicago, s.d.). — C. H. Mockridge, *The bishops of the Church of England in Canada and Newfoundland* [...] (Toronto, 1896).

SUN OLD MAN. V. NATOS-API

SWIFT, HENRY, mineur, directeur de mine et juge de paix, né le 1er novembre 1848 à Bickerstaffe, Angleterre, fils d'Edward Swift et d'Alice Culshaw ; le 16 mars 1872, il épousa à Stellarton, Nouvelle-Écosse, Sarah McLeod, et ils eurent cinq enfants ; décédé le 21 février 1891 à Springhill, Nouvelle-Écosse.

Comme de nombreux mineurs, Henry Swift suivait

les traces de son père quand, à l'âge de 12 ans, il descendit pour la première fois dans l'une des mines de charbon du Lancashire exploitée par la Rainford Coal Company. En 1869, il émigra aux États-Unis, où il trouva du travail dans les bassins houillers de la Pennsylvanie et du Maryland. Environ deux ans plus tard, il vint s'établir en Nouvelle-Écosse ; il travailla d'abord dans les mines de Stellarton jusqu'en 1874, puis dans celles du village minier en pleine expansion de Springhill. Employé ambitieux et laborieux, il s'éleva graduellement dans la hiérarchie jusqu'à ce qu'il devienne, le 5 mars 1890, directeur général des grandes mines de Springhill. Swift était membre actif de l'Église presbytérienne et de la franc-maçonnerie, juge de paix, vice-président du Nova Scotia Institute of Mine Officials et président de la caisse locale destinée à venir en aide aux mineurs malades et blessés. Le 21 février 1891, une violente explosion du côté ouest de l'East Slope causa la mort de Swift et de 124 des quelque mille hommes et garçons qu'il surveillait. Une enquête révéla que la déflagration avait été provoquée par une flamme inhabituelle provenant de l'explosion de la charge utilisée par les mineurs pour abattre le minerai ; la direction n'encourut aucun blâme.

Swift était considéré par ses collègues ingénieurs et par les commentateurs de la publication locale, *Trades and Labour Journal,* comme le modèle parfait de l'homme qui avait atteint le sommet grâce à sa détermination et à sa discipline personnelle. D'autres trouvaient toutefois qu'il était un patron autocratique et inconséquent. On commença à le critiquer sérieusement en 1888 ; il était alors responsable des travaux effectués sous terre, et la nouvelle direction était résolue à procéder à des changements radicaux dans les mines. Ses détracteurs se firent particulièrement entendre au cours d'un âpre conflit de travail dont les mineurs sortirent vainqueurs grâce à un débrayage général, ce qui causa l'inondation des étages inférieurs de la mine. Ces deux perceptions de la personnalité de Swift sont corroborées par ses remarquables cahiers de correspondance ; les lettres sont le plus souvent adressées à son supérieur, John R. Cowans, et concernent les activités quotidiennes de la mine. La grande préoccupation de Swift était de rendre le travail souterrain de la mine systématique et scientifique. Le 20 janvier 1890, il écrivit : « Ce que nous voulons au sujet de la houillère est un bon code de règles et de règlements pour guider toutes les parties, et [qu'ils soient] appliqués strictement. » Ses lettres indiquent qu'il exigeait aussi la rationalisation de la tenue des registres dans la mine, et il constitua un dossier impressionnant sur les biens matériels de sa propriétaire, la Cumberland Railway and Coal Company, qu'il accompagna d'une note sur les problèmes qu'il entrevoyait. Il fit un suivi méticuleux des « commandes permanentes » de la mine, tenta de mettre en place un système de primes et de déductions afin d'inciter les mineurs à produire davantage de charbon de meilleure qualité et, dans ses rapports avec l'intransigeante section syndicale locale qu'était la Pioneer Lodge de la Provincial Workmen's Association, il appliqua sa philosophie voulant que « la direction se réserve le droit d'employer et de congédier qui elle juge à propos ».

Ses admirateurs et détracteurs saisirent les deux aspects de la personnalité de Henry Swift : d'un côté, l'homme consciencieux et engagé qui parcourait à pied de grandes distances chaque jour et qui, le soir venu, trouvait le temps de compiler ses lettres détaillées et de négocier avec les mineurs et galibots souvent rebelles ; de l'autre, l'innovateur impitoyable qui sapa des traditions vénérables, contribua à créer à Springhill une polarisation des classes qui entraînerait le déclenchement d'une grève de 22 mois en 1909–1911, et omit d'agir malgré l'accumulation des preuves du danger des méthodes utilisées pour faire sauter les explosifs dans les mines qu'il supervisait. Les cahiers de correspondance de Swift font non seulement ressortir ces deux aspects, mais révèlent aussi les tensions et l'anxiété auxquelles furent soumis ceux qui participèrent à la montée du capitalisme industriel. « Mon esprit est constamment et entièrement occupé par des pensées sur la réussite du travail assez inquiétantes pour tuer un homme », écrivait Swift à son supérieur en novembre 1890. Dans un autre milieu, son programme capitaliste de gestion scientifique aurait pu réussir. À la mine, il était exposé à l'antagonisme des travailleurs, aux difficultés que posait l'intégration des divers procédés de l'exploitation minière souterraine et à l'incertitude absolue dont les lettres de Swift sont un témoignage éloquent. « Tout est en ordre, d'après ce que je sais », écrivit Swift à Cowans le 20 février 1891. Ces mots furent les derniers qu'il écrivit ; il mourut le lendemain dans la grande explosion de Springhill.

IAN MCKAY

PANS, RG 21, A, 32 ; 35 (Henry Swift, letter-books). — *The great colliery explosion at Springhill, Nova Scotia, February 21, 1891 : full particulars of the greatest mining disaster in Canada, with a brief description and historical sketch of the Springhill collieries* (Springhill, 1891). — R. A. H. Morrow, *Story of the Springhill disaster : comprising a full and authentic account of the great coal mining explosion at Springhill mines, Nova Scotia, February 21st, 1891* [...] (Saint-Jean, N.-B., [1891]). — *Trades and Labour Journal* (Springhill ; Stellarton, N.-É.), 1880–1891. — Ian McKay, « Industry, work and community in the Cumberland coalfields, 1848–1927 » (thèse de PH.D., Dalhousie Univ., Halifax, 1983). — Donald Macleod, « Miners, mining men and mining reform : changing the technology of Nova Scotian gold mines and collieries, 1858 to 1910 » (thèse de PH.D., Univ. of Toronto, 1981).

T

TACHÉ, ALEXANDRE-ANTONIN, prêtre, oblat de Marie-Immaculée, missionnaire, archevêque, homme politique et auteur, né le 23 juillet 1823 à Fraserville (Rivière-du-Loup, Québec), fils de Charles Taché, marchand, et de Louise-Henriette de Labroquerie (Boucher de La Broquerie) ; décédé le 22 juin 1894 à Saint-Boniface, Manitoba.

Alexandre-Antonin Taché est le troisième enfant d'une famille de cinq. Son père meurt le 12 janvier 1826. Sa mère laisse alors son aîné JOSEPH-CHARLES à Kamouraska et, avec ses autres enfants, va se réfugier chez ses parents à Boucherville. Elle y retrouve son frère, Joseph-Antoine, qui assume le rôle de père ; sa vie durant, Taché le considérera comme tel.

Taché vit une enfance heureuse auprès de sa mère, qui a pris la résolution de ne pas se remarier et mène une vie retirée. D'une intelligence vive, elle est passionnée d'histoire, de littérature et de philosophie. Alexandre-Antonin est élevé dans une atmosphère religieuse imprégnée de traditions familiales et du souvenir des ancêtres, tels Louis Jolliet*, découvreur du Mississippi, et Pierre Gaultier* de Varennes et de La Vérendrye, découvreur de l'Ouest canadien. En 1832, après la mort des grands-parents, Joseph-Antoine installe la petite famille dans le manoir de Sabrevois, où ont déjà séjourné Marguerite Bourgeoys* et Jacques Marquette*. Ce décor marque Taché, enfant sentimental, impressionnable et déjà habité par le mystère de l'au-delà. Il écrira plus tard : « je me suis amusé sur ce lieu tout embaumé des suaves odeurs du dévouement et de l'héroïsme, et, au milieu de ces jeux, de ces amusements, une pensée grave m'a attiré, une voix éloquente, comme celle d'un monument, m'a indiqué la route à suivre et je suis parti ».

Taché entre au séminaire de Saint-Hyacinthe en septembre 1833. Joseph-Sabin Raymond*, Joseph La Rocque* et Isaac-Stanislas Lesieur-Désaulniers* lui enseignent. Au dire de ses professeurs et de ses condisciples, il est brillant sans être premier de classe. Esprit ouvert, il travaille régulièrement, se montre actif, raisonneur, jovial et taquin, exubérant, friand d'excursions. L'attrait pour le sacerdoce qu'il avait éprouvé dans son enfance se fait plus pressant. Il s'en ouvre à sa mère, sa confidente de toujours, qui lui suggère de prier et de demeurer à l'écoute. Lesieur-Désaulniers, son directeur spirituel, l'encourage dans cette voie. Le 1er septembre 1841, il entre au grand séminaire de Saint-Sulpice à Montréal ; il est tonsuré le 21 mai de l'année suivante.

Les études de Taché ne sont pas terminées lorsque l'évêque de Montréal, Mgr Ignace Bourget*, le nomme régent au collège de Chambly, puis en janvier 1844 professeur de mathématiques au séminaire de Saint-Hyacinthe. Son esprit, cependant, est ailleurs. Depuis qu'il a croisé des oblats en décembre 1841, l'idée de joindre cette communauté l'habite. Sa mère l'incite à suivre ses impulsions, bien que parents et amis tentent de l'en dissuader. À la fin de l'automne de 1844, il entre au noviciat des oblats à Longueuil. Animé d'un vif désir de prêcher l'Évangile « parmi les tribus sauvages de l'Ouest, que le père Marquette parti de Boucherville avait commencé de découvrir, que les La Vérendrye, partis des mêmes lieux, avaient continué de faire connaître », Taché s'en ouvre à ses supérieurs. Joseph-Bruno Guigues*, supérieur des oblats au Canada, vient de se voir confier par Mgr Charles-Joseph-Eugène de Mazenod, fondateur de la communauté et évêque de Marseille, le mandat de prendre en charge les missions catholiques du nouveau vicariat apostolique de la baie d'Hudson et de la baie James que dirige Mgr Joseph-Norbert Provencher*. Guigues désigne le père Pierre Aubert* pour organiser les missions oblates et il autorise le frère Taché, qui n'a que 21 ans et n'est que sous-diacre, à l'accompagner.

Une route de quelque 1 400 milles sépare Montréal de Saint-Boniface. Taché part le 25 juin 1845 dans un canot de la Hudson's Bay Company. Tout au long du voyage, il pagaie, traîne son fardeau dans les portages et divertit l'équipage par des facéties, des cantiques et des lectures pieuses. Lorsque le canot arrive à la ligne de partage entre le bassin du Saint-Laurent et celui de l'Hudson, Taché ne peut retenir ses larmes. Il a conscience d'une rupture avec le lien symbolique – le Saint-Laurent – qui l'attachait encore à sa patrie, surtout à sa mère. Le pemmican que Mgr Provencher fait parvenir aux voyageurs est pour lui le signe qu'il entre en pays étranger. Le 25 août, Taché parvient à destination. La tradition rapporte que Provencher se serait alors exclamé : « On m'envoie des enfants ! Ce sont des hommes qu'il nous faut. » Jugement hâtif qu'il n'aurait pas tardé à réviser. Il l'ordonne diacre dès le 31 août et prêtre le 12 octobre. Alexandre-Antonin fait sa profession religieuse le lendemain.

Le vicariat apostolique de la baie d'Hudson et de la baie James est très vaste, soit environ 1 790 000 milles carrés. Il englobe tout le bassin de l'Arctique et Rupert's Land dans lequel lord Selkirk [Douglas*] a taillé en 1812 la colonie de la Rivière-Rouge. La Hudson's Bay Company détient dans ces régions des droits de traite des fourrures que contestent les trafiquants indépendants et y assume de par sa charte des obligations administratives. La population est bigarrée et clairsemée. Point de statistiques précises, mais des évaluations. Les Blancs, que l'on estime à

3 600, travaillent dans les postes de traite ou sont fixés dans la colonie. Les Métis, au nombre d'environ 12 000, vivent principalement de la chasse au bison et de l'exploitation de petites fermes. Les Amérindiens, environ 60 000, se répartissent en 5 groupes culturels rattachés à 3 familles linguistiques. La famille algique comprend les Sauteux, les Cris et les Pieds-Noirs. Les Assiniboines, de la famille des Sioux, parcourent un territoire divisé par la frontière canado-américaine. Une tribu d'Athapascans, les Chipewyans, occupe les bassins de la rivière aux Anglais (fleuve Churchill), de l'Athabasca et du Mackenzie.

La Rivière-Rouge est la seule colonie de peuplement. Au recensement de 1847, elle compte 4 871 habitants, dont 50 % sont catholiques. Elle est administrée par un gouverneur nommé par la Hudson's Bay Company et le Conseil d'Assiniboia, qui lui aussi est désigné par cette compagnie après consultation de la population. La paroisse de Saint-Boniface, qui regroupe 2 000 habitants, dont la moitié est catholique, est un centre administratif, commercial et religieux. S'y trouve l'évêché catholique où cohabitent Provencher et quatre prêtres séculiers. Les sœurs grises y tiennent une école de filles [V. Marie-Louise Valade*]. À l'ouest, Saint-François-Xavier possède une église mais pas de prêtre résidant. Jusque-là, les missionnaires catholiques ont travaillé auprès des Métis francophones, qui se sont convertis massivement, et des Sauteux qu'on essaie en vain de sédentariser à Wabassimong (Whitedog, Ontario). Au delà de Saint-François-Xavier, Jean-Baptiste Thibault* œuvre à travers les Prairies jusqu'aux Rocheuses depuis 1842.

C'est ce territoire qui s'ouvre à l'activité missionnaire de Taché à l'automne de 1845. Il passe une partie de l'hiver à Saint-Boniface et l'autre à Baie-Saint-Paul (Saint-Eustache) où George-Antoine Bellecourt* lui enseigne, ainsi qu'à Louis-François LAFLÈCHE, les rudiments de la langue sauteuse. Sur les conseils de Thibault, Mgr Provencher envoie Taché et Laflèche ouvrir la mission d'Île-à-la-Crosse (Saskatchewan), située à 300 lieues de Saint-Boniface et rendez-vous des convois en provenance d'Upper Fort Garry (Winnipeg) et du fleuve Mackenzie. La Hudson's Bay Company y a depuis longtemps établi un poste de traite palissadé. Les missionnaires partent de Saint-Boniface le 8 juillet 1846. Ils se rendent à Lower Fort Garry rencontrer sir George Simpson*, gouverneur de la Hudson's Bay Company, qui appuie leur entreprise et les recommande auprès de Roderick McKenzie* qui est chargé du poste d'Île-à-la-Crosse. Ce dernier voyage avec les missionnaires à partir de Norway House, puis les loge dans le poste. Taché et Laflèche passent l'hiver à étudier le cri et l'athapascan. Au printemps, McKenzie leur fait construire une maison de 36 pieds sur 24 qui sert à la fois de presbytère et de chapelle ; baptisée « maison-omnibus », elle servira d'ailleurs de modèle à d'autres constructions des missions oblates.

Perclus de rhumatismes, Laflèche assure le ministère auprès des Indiens proches du poste de traite. Taché se charge des courses apostoliques. Au printemps de 1847, il va fonder une mission au lac du Caribou (lac Reindeer). Il revient passer l'été avec son ami Laflèche puis, le 20 août, un second voyage le conduit au lac Athabasca, à quelque 400 milles au nord. Il est le premier missionnaire catholique à évangéliser la centaine de Cris et le millier de Chipewyans rassemblés autour de ce poste de traite. De retour en octobre, il passe l'hiver auprès de Laflèche aux prises avec une douloureuse crise rhumatismale. L'arrivée du missionnaire oblat Henri Faraud* à Île-à-la-Crosse en juillet 1848 lui permet de retourner au lac Athabasca dès l'automne. En juin 1849, Laflèche se rend à Saint-Boniface tandis que l'on nomme Faraud responsable des missions du district du lac Athabasca.

Le 4 juin 1847, Rome a érigé le vicariat apostolique en diocèse du Nord-Ouest. Mgr Provencher, qui vieillit, est en quête d'un successeur. Laflèche ne veut accepter soi-disant pour cause d'infirmité. Provencher se rabat sur Taché qui, bien qu'âgé de 27 ans seulement, a « l'activité de la jeunesse, la prudence de plus d'un vieillard » et « est propre à mener le spirituel et le temporel ». À son insu, Taché est nommé par Rome évêque d'Arath et coadjuteur avec droit de succession, le 14 juin 1850. Il apprend la nouvelle en janvier 1851. Sa vanité en est flattée, son désir de bien servir est comblé, mais la raison lui laisse entrevoir le fardeau énorme qu'on vient de lui mettre sur les épaules. Il est à Saint-Boniface le 4 juillet 1851, puis se met en route pour Marseille sur l'ordre de Mgr de Mazenod qui, le 23 novembre, le sacre évêque. De là, il se rend à Rome où il a deux audiences avec Pie IX. Il obtient de la Propagande que son futur diocèse porte le nom du siège épiscopal, en l'occurrence Saint-Boniface, comme le veut la tradition catholique.

À son retour le 27 juin 1852, Mgr Taché trouve Saint-Boniface ravagé par une crue de la rivière Rouge, qui a emporté granges et maisons, retardé les semailles et provoqué la consternation. Il ne s'y attarde pas. Provencher s'occupe de la colonie, lui des missions. Le 8 juillet, il part pour Île-à-la-Crosse. Les missionnaires ont agrandi le jardin et construit une étable. On y cultive des légumes et de l'orge. Le frère cuisinier fait du beurre et du fromage. Les pères tiennent une école. Le champ apostolique s'élargit : Faraud établit une mission au Grand lac des Esclaves (Territoires du Nord-Ouest) en octobre 1852. La concurrence se fait plus vive entre catholiques et protestants. Le 7 juin 1853, Provencher meurt. Supérieur des oblats du Nord-Ouest depuis 1851, Taché devient alors évêque de Saint-Boniface, mais il ne gagne pas tout de suite l'évêché. Il confie plutôt les affaires diocésaines aux vicaires généraux Thibault et Laflèche qui sont à Saint-Boniface. Il demeure à

Île-à-la-Crosse pour consolider la mission. À l'été de 1853, il fait une visite épiscopale au lac Athabasca et, au printemps de 1854, il entreprend une randonnée sur la Saskatchewan qui le conduit au fort Pitt (Fort Pitt), au fort Augustus, à la mission Sainte-Anne (Lac-Sainte-Anne, Alberta), où travaille Albert Lacombe*. De là il se rend au lac la Biche.

En septembre 1854, Taché gagne Saint-Boniface et prend officiellement possession de son siège épiscopal le 5 novembre. Les progrès accomplis depuis 1845 sont considérables. Son diocèse compte quatre séculiers et dix oblats dont deux frères. Les sœurs grises ont ouvert une école à Saint-François-Xavier et les missionnaires ont bâti des résidences à Sainte-Anne, à Île-à-la-Crosse, au lac Athabasca et au lac la Biche. À Saint-Boniface, les Frères des écoles chrétiennes, qui sont arrivés durant l'été de 1854, dispensent l'enseignement primaire. Les sœurs grises s'occupent d'un hospice pour les orphelins et les vieillards. Mais Saint-Boniface n'est encore qu'un gros bourg, où Taché vit frugalement au milieu de ses ouailles. Sa visite paroissiale lui fait connaître ses quelque 1 000 fidèles. Il rencontre les malades et assiste les pauvres qu'il accueille souvent dans son évêché. Il veille à la construction d'une maison-école pour les Frères des écoles chrétiennes et à celle de l'église et du presbytère de Saint-Norbert. Il se soucie de raffermir la foi de ses fidèles par des homélies bien préparées et de mettre sur pied des cadres de chrétienté pour soutenir les pratiques religieuses. Il voit avec regret son ami Laflèche et l'abbé Joseph Bourassa retourner au Bas-Canada. Il supporte silencieusement les critiques de ses collègues oblats qui lui reprochent de les négliger, notamment de ne pas leur faire construire une maison de repos. Il réclame du renfort et mûrit sa stratégie missionnaire. Les missions se heurtent à de grandes difficultés : la dispersion des populations, le déplacement périodique des autochtones, la multiplicité des langues et des cultures, la division des Églises chrétiennes et les intérêts de la Hudson's Bay Company. Celle-ci apprécie l'action civilisatrice des missionnaires, mais s'inquiète des rivalités entre catholiques et protestants et des efforts des missionnaires pour sédentariser les Amérindiens. Taché sait qu'on ne saurait former des paroisses chrétiennes avec des nomades irréductibles ni procurer un missionnaire à chaque bande d'Amérindiens. Il pressent que la Hudson's Bay Company, aux prises avec les trafiquants indépendants, en viendra à refuser de transporter les missionnaires et leurs provisions. Il redoute la concurrence du clergé protestant qui s'accentue, tout spécialement dans les missions du Nord. Son objectif est de pénétrer le plus rapidement possible dans l'ensemble du territoire pour s'assurer de l'attachement des populations locales. Sa stratégie sera donc d'établir dans un endroit névralgique une base d'opérations pour ravitailler les missions du Nord, puis de créer non loin des postes de traite un réseau de missions permanentes et bien organisées, où des prêtres appuyés par des frères et des sœurs exerceront une action en profondeur par l'exemple d'une vie sédentaire, par le biais des écoles et par les services réguliers d'un ministère d'entretien. À partir de ces missions, les prêtres pourront effectuer périodiquement des randonnées apostoliques parmi les bandes dispersées. Il entend confier ce champ apostolique à un coadjuteur qui s'y établira en permanence, quitte à ce que le moment venu il soit subdivisé et détaché administrativement de son diocèse. Il complètera cette stratégie en 1865 par la mise sur pied d'une activité pastorale spéciale pour les Cris et les Pieds-Noirs qui fréquentent peu les postes de traite. Il chargera alors le père Lacombe de les suivre dans leur migration. De fait, si Taché entend imprégner les Métis de la culture canadienne-française, il semble se contenter de christianiser et éventuellement de sédentariser les Amérindiens.

Dès le 5 juin 1855, Taché part pour Île-à-la-Crosse dans le but d'appliquer son projet missionnaire. Il confie aux pères Jean Tissot et Charles-Augustin Maisonneuve l'organisation de la mission Notre-Dame-des-Victoires, au lac la Biche. Celle-ci, dotée d'une ferme, d'entrepôts, d'une route carrossable vers les Prairies et d'un service de transport régulier, en vient rapidement à ravitailler les missions du Nord. Taché fait également établir la mission Saint-Joseph au Grand lac des Esclaves. Au printemps de 1856, il entreprend la visite de toutes les missions oblates, puis il retourne à Saint-Boniface. Il ne lui reste plus alors qu'à obtenir la nomination d'un coadjuteur responsable de ces missions.

Dans ce but, Taché part pour Rome en septembre, mais il s'arrête à Marseille pour consulter Mgr de Mazenod. Tous deux s'entendent pour suggérer la nomination de Vital-Justin Grandin* au poste de coadjuteur, suggestion que le pape entérinera le 11 décembre 1857. Une fois de plus, ce voyage est déterminant pour le développement du catholicisme dans l'Ouest. Taché fait une tournée en France pour sensibiliser les catholiques à l'œuvre de la Propagation de la foi qui finance en partie ses missions. Mgr de Mazenod lui octroie des ressources financières et lui promet huit missionnaires. D'avril à octobre 1857, Taché séjourne au Bas-Canada, où les aumônes affluent. Les sœurs grises acceptent d'envoyer trois religieuses à Sainte-Anne en 1858 et d'autres à Île-à-la-Crosse. Un imprimeur s'occupe de publier des ouvrages en langues autochtones. Mais les débats politiques en cours assombrissent cet heureux voyage. Les rumeurs d'une annexion prochaine du Nord-Ouest par le Canada avaient d'abord réjoui Taché, mais les vues des *grits* et des « rouges », les promoteurs de ce projet [V. George Brown*], sur les relations de l'Église et de l'État, sur les questions scolaires également, lui font alors entrevoir de graves dangers pour son « oasis dans le désert ». Taché laisse

Montréal le 3 octobre 1857. Il se rend à Kingston en train, à Detroit en vapeur, de nouveau en train à St Paul (Minnesota) – et en moins de quatre jours ! Mais de là il lui en faut 24 pour atteindre Saint-Boniface le 6 novembre.

Dans son diocèse, Taché est le général qui quémande des ressources à l'Église canadienne et à la communauté oblate, puis les distribue sur deux fronts. Sur le front missionnaire, il appuie ses collègues partis à la conquête de l'Ouest et du Nord. À l'automne de 1858, le père Pierre-Henri Grollier* amorce son offensive nordique qui le conduit en quelques années jusqu'aux confins de l'Arctique. Pendant ce temps, d'autres consolident leur position au fort Edmonton (Edmonton), et le père Faraud, à partir du lac Athabasca, remonte la rivière de la Paix jusqu'aux fort Vermilion (près de Fort Vermilion, Alberta) et au fort Dunvegan. Sur l'autre front, celui de la Rivière-Rouge, Taché encourage le regroupement des Métis à Pointe-des-Chênes. Il incite aussi les colons et les Métis à se grouper, afin d'être en mesure d'établir de nouvelles paroisses. De 1853 à 1865, il en érige une quinzaine. Nombre de Métis suivent ses conseils, de sorte qu'en 1870 Sainte-Anne, Saint-Albert, Saint-Joachim et Notre-Dame-des-Victoires seront des paroisses à majorité métisse. Taché encourage aussi l'instruction des enfants, tant métis que blancs. Il assure du secours aux indigents que la grande invasion de sauterelles en 1857 a multipliés. Toutes ces œuvres coûtent cher et Taché ne dispose que de maigres ressources. En 1859, il estime son budget à £2 050, dont £1 350 proviennent de la Propagation de la foi, £400 du casuel et de dons, £100 de la Hudson's Bay Company et £200 d'une rente constituée de divers dons.

Pendant ce temps, des changements économiques et technologiques affectent la colonie de la Rivière-Rouge. Un bateau à vapeur arrive à Saint-Boniface le 10 juin 1859. L'année suivante, on établit une liaison de diligences entre Georgetown et Saint Cloud (Minnesota), localité déjà reliée à St Paul. Saint-Boniface n'est plus qu'à huit ou neuf jours de St Paul. Le courrier, biannuel auparavant, devient mensuel. Cette année-là aussi, paraît à Winnipeg, le *Nor-Wester*, journal anglophone et protestant [V. William Coldwell*], de même que le rapport de Simon James Dawson* sur les possibilités de peupler l'Ouest. Cette pénétration d'une nouvelle société fortement anglophone, protestante et agricole amène les francophones, tant blancs que métis, à resserrer leurs rangs autour des clochers. Sous le leadership de Taché, que l'avance d'un front pionnier rend de plus en plus inquiet, voire pessimiste, les uns et les autres font la découverte des droits des minorités. Afin de retarder le plus possible la venue d'un courant migratoire susceptible de briser l'équilibre des forces entre catholiques et protestants, Taché, qui depuis le 23 juin 1858 siège au Conseil d'Assiniboia, appuie la Hudson's Bay Company dans sa résistance au commerce libre et aux menées du « parti canadien » [V. sir John Christian SCHULTZ]. Il espère prolonger le gouvernement paternaliste de la Hudson's Bay Company et de l'Église catholique pour donner aux Métis le temps de se sédentariser, d'occuper des terres et de se multiplier.

Taché croit le moment venu de procéder à l'érection du vicariat apostolique d'Athabasca-Mackenzie. Mais avant d'entreprendre les pourparlers sur cette question, il juge préférable d'effectuer une visite pastorale des missions d'octobre 1860 à février 1861. Cette longue randonnée l'amène à coucher 44 nuits à la belle étoile et parfois par des températures de -40° F. De retour à Saint-Boniface le 23 février 1861, il trouve sa cathédrale et son palais incendiés. Puis le 30 mai les dépendances de l'évêché – quatre grands bâtiments – brûlent à leur tour. Sur les instances des évêques du Bas-Canada, Taché décide de se faire mendiant. En juin, il quitte son diocèse et fait le tour des églises du Bas-Canada. Il profite de ce voyage pour faire endosser par l'épiscopat le projet de subdivision de son diocèse, puis il se rend à Marseille participer à l'élection du successeur de Mazenod et de là à Rome. La Propagande se rend à ses désirs : le 13 mai 1863, elle érige le vicariat apostolique d'Athabasca-Mackenzie et nomme Faraud vicaire apostolique.

De retour à Saint-Boniface le 26 mai 1862, Taché entreprend la reconstruction de son évêché et de son palais épiscopal. Il s'en remet à Grandin pour préparer l'érection du nouveau vicariat. En août 1864, il fait sa dernière visite apostolique des missions oblates du Nord-Ouest. À l'automne de 1865, Faraud prend en charge son vicariat et, en 1868, Grandin s'installera à Saint-Albert pour paver la voie à l'érection du diocèse du même nom.

Taché peut désormais concentrer ses énergies sur la colonie de la Rivière-Rouge, toujours aux prises avec les sauterelles, les sécheresses et les épidémies. C'est autant pour régler des questions administratives que pour obtenir les moyens de soulager la misère de ses fidèles qu'il se rend au Bas-Canada à l'été de 1866 et en Europe en 1867. Les indices se multiplient que pointe dans l'Ouest l'aube d'une ère nouvelle. Le Canada se prépare à annexer le Nord-Ouest. Le chemin de fer qui relie St Paul à l'est de l'Amérique du Nord est terminé en 1868. Taché sent donc le besoin de faire connaître l'œuvre française et catholique dans l'Ouest. Coup sur coup, il écrit *Vingt Années de missions dans le Nord-Ouest de l'Amérique* (1866) et *Esquisse sur le Nord-Ouest de l'Amérique* (1869). Le premier texte, rédigé à la demande du supérieur des oblats et dans un style épistolaire, raconte les principales étapes de l'œuvre missionnaire oblate. Le second, écrit à l'intention des « hommes sérieux qui pensent à ce pays », est la somme des connaissances acquises par Taché sur le Nord-Ouest, dont il décrit les conditions géographiques, démographiques, commerciales, administratives et politiques.

Les inquiétudes de Taché à propos de l'annexion du Nord-Ouest au Canada s'avèrent fondées. S'il accepte l'Acte de l'Amérique du Nord britannique qui sauvegarde les intérêts des catholiques, il se demande à qui va profiter l'intégration économique et politique de la colonie au Canada. En 1869, le gouvernement canadien négocie avec le gouvernement britannique et la Hudson's Bay Company l'annexion de l'Ouest sans tenir compte des populations en cause [V. sir George-Étienne Cartier*]. Les équipes d'arpenteurs employées la même année à la construction de la route Dawson [V. John Allan Snow*], qui relie Upper Fort Garry au lac des Bois, et au lotissement des terres [V. John Stoughton Dennis*] exploitent la main-d'œuvre locale, méprisent les Métis et s'offensent de la coexistence des deux cultures. Le mécontentement gronde parmi les populations locales. Le gouverneur d'Assiniboia et de Rupert's Land, William Mactavish*, et l'évêque anglican de Rupert's Land, Robert Machray*, en informent le gouvernement canadien. En route pour Rome où il doit assister au premier concile du Vatican, Taché, inquiet du sort qu'on réserve aux Métis, s'arrête à Ottawa. Cartier reçoit cavalièrement celui dont on dit qu'il a été acheté par la Hudson's Bay Company. Il reste sourd à sa suggestion de nommer deux commissaires, l'un francophone et l'autre anglophone qui enquêteraient sur les besoins de la colonie, et de laisser la population élire quelques membres du Conseil d'Assiniboia. Taché fait part de ses inquiétudes aux chefs du parti conservateur – Hector-Louis Langevin*, Pierre-Joseph-Olivier Chauveau* et Gédéon Ouimet* – puis il expédie une lettre à Cartier avant de s'embarquer pour l'Europe, dans laquelle il réclame « dans l'administration du Nord-Ouest plus d'un Canadien français catholique et [...] des hommes d'expérience ». Il écrit à Grandin d'encourager les Métis à « prendre possession d'autant de terre » qu'ils pourront.

Le 8 décembre 1869, Pie IX ouvre le concile et, à Upper Fort Garry, Louis Riel* installe un gouvernement provisoire. Inquiet de la tournure des événements, le gouvernement prie Taché de quitter le concile. Ce dernier est à Ottawa le 10 février 1870. Il rencontre le cabinet, puis s'entretient dans l'intimité avec, entre autres, le gouverneur général, sir John Young*, le premier ministre, sir John Alexander MACDONALD, et Cartier. L'atmosphère est à la conciliation. Les ministres manifestent leur intention de veiller à ce que justice soit rendue. On remet à Taché une copie de la proclamation de Young en date du 6 décembre 1869 qui promettait l'amnistie à tous les habitants de la Rivière-Rouge qui déposeraient les armes. Aux yeux de Taché, l'amnistie de tous les chefs métis est une question capitale dont dépend la pacification de la région. Il obtient de Cartier la promesse d'une amnistie totale et globale.

Le 17 février 1870, Mgr Taché laisse Ottawa pour la Rivière-Rouge avec le statut de délégué du gouvernement chargé de rassurer les populations et de pacifier les esprits, de faire accepter par les Métis l'annexion du Nord-Ouest par le Canada et d'afficher la proclamation d'amnistie. Il ignore cependant les arrière-pensées de Macdonald qui estime, comme il le confie à sir John Rose* le 23 février, que les Métis « doivent être tenus d'une main forte jusqu'à ce qu'ils soient submergés par l'afflux de colons ». Selon Taché, même l'exécution de Thomas Scott*, survenue le 4 mars, est couverte par les promesses qu'on lui a faites à Ottawa. Le prélat est de retour dans la colonie le 8 mars. Le gouvernement provisoire, présidé par Riel, est méfiant. Taché s'entretient avec l'abbé Jean-Baptiste Thibault et Charles-René-Léonidas d'Irumberry* de Salaberry, deux délégués du gouvernement canadien. Devinant que la crainte de représailles alimente la méfiance des Métis, Taché promet le 11 mars à Riel et aux chefs métis une amnistie sur tous les actes commis jusqu'à ce jour-là. Le 14, Riel se réconcilie avec Taché qui, le lendemain, rencontre le nouveau conseil élu du gouvernement provisoire et le convainc que le gouvernement canadien recherche la justice, l'équité et la paix et qu'il vaut mieux reconduire le mandat de Joseph-Noël Ritchot*, John Black* et Alfred Henry Scott* élus en février pour négocier à Ottawa la liste des droits. Celle-ci est remaniée par l'exécutif du gouvernement provisoire une troisième fois, sans doute sous l'influence de Taché qui tient à ce qu'on crée sans délai une province régulière avec un gouvernement permanent et responsable. Mais Ritchot possède une quatrième liste dont la clause 7, à la demande de Taché, spécifie un réseau d'écoles publiques dont les unes seraient catholiques et les autres protestantes.

Pendant que les délégués négocient à Ottawa, Taché poursuit sa mission pacificatrice et contrecarre les agissements des Américains auprès des Métis. Le 9 juin, désireux d'éviter une guerre civile, et avec le consentement de Thibault, de Salaberry et de Mactavish, il promet solennellement l'amnistie aux Métis. Après avoir entendu le rapport de Ritchot, le gouvernement provisoire ratifie le 24 juin 1870 l'Acte du Manitoba qui crée une province bilingue et dotée d'un réseau d'écoles publiques catholiques et protestantes. Désireux de porter lui-même cette nouvelle, Taché quitte Saint-Boniface le 27 juin pour atteindre Ottawa le 12 juillet. Il veut obtenir une promesse d'amnistie écrite et presser Adams George ARCHIBALD, nommé lieutenant-gouverneur du Manitoba, d'installer un gouvernement civil. Il doit encore se contenter de promesses verbales. De retour à Saint-Boniface le 23 août, il s'empresse d'aller rassurer Riel à Upper Fort Garry où, le lendemain, pénètrent les troupes du colonel Garnet Joseph Wolseley* que le gouvernement fédéral avait envoyées en « mission de paix ». Riel, après s'être rendu à l'évêché dire à Taché qu'il s'était fait avoir par les hommes politiques, s'enfuit aux États-Unis. Dans les semaines qui suivent, il y a incendie, assauts, insultes et morts d'hommes [V. Elzéar Goulet*]. Taché n'en cesse pas moins de calmer les Métis. Avec Archibald qui arrive le 2 septembre, il s'efforce de maintenir la confiance de la population envers le gouvernement canadien. À la mi-octobre, le gros de la crise est surmonté. L'évêque a fortement contribué à éviter la guerre civile, mais désormais il a une croix à porter : la question de l'amnistie.

En cet automne de 1870, Taché ressent déjà une certaine usure physique, mais la vie conventuelle qu'il s'impose lui permet encore d'abattre une besogne considérable. Il suit avec angoisse la situation européenne : les troupes italiennes sont entrées dans Rome et les Prussiens assiègent Paris. Les appuis extérieurs à son action apostolique sont menacés. Il se révèle un évêque ultramontain typique de l'époque, très attaché à la papauté, farouchement opposé aux idées modernistes, qui se méfie des hommes politiques libéraux et des laïques qu'il cantonne dans son Église dans des rôles d'exécution. Il partage les souffrances et les misères des peuples autochtones dont il reconnaît les droits de propriété sur leurs terres ancestrales. Il est soucieux des droits scolaires et religieux de toutes les confessions chrétiennes, mais en bon chrétien conquérant il ne tient pas compte en ces matières des droits des autochtones qu'il a mission de catholiciser et d'occidentaliser. Son Église et sa province, il entend les bâtir sur le modèle québécois : institutions bilingues, écoles catholiques et protestantes, coexistence pacifique des cultes.

Taché travaille en étroite collaboration avec le lieutenant-gouverneur et avec quelques membres des professions libérales francophones qu'il a, de concert avec Cartier, incités à s'installer au Manitoba – les avocats Joseph Dubuc* et Joseph Royal*, le notaire Marc-Amable GIRARD et Alphonse-Alfred-Clément La Rivière*. Archibald a l'intelligence de faire appel à sa connaissance du pays et à son expérience des hommes. Taché participe donc à la délimitation des 24 circonscriptions électorales qui enverront à l'Assemblée 12 francophones et 12 anglophones, 12 catholiques et 12 protestants. Il sera jusque vers 1887 un conseiller écouté des dirigeants politiques. Il dicte presque le projet de loi, adopté à l'unanimité en 1871, qui aménage un réseau d'écoles publiques catholiques et protestantes. En 1877, année de la fondation de l'université de Manitoba [V. Alexander Morris*], il fait accepter ses vues. Par Dubuc, son porte-parole, Taché a ses antennes au Conseil des Territoires du Nord-Ouest qui conseille le lieutenant-gouverneur du Manitoba dans l'administration des districts de la Saskatchewan, de l'Alberta et de l'Athabasca. Avec Grandin, il sert d'intermédiaire entre les Métis et les Amérindiens d'une part et le gouvernement du Manitoba, le Conseil des Territoires du Nord-Ouest et le gouvernement canadien d'autre part. À l'automne de 1871, il encourage Riel, qui est revenu au Manitoba, et les Métis à s'opposer aux féniens. En février de l'année suivante, il remet à Riel et à Ambroise-Dydime Lépine* de la part du premier ministre Macdonald et de son commissaire spécial Donald Alexander Smith*, de l'argent pour les inciter à s'exiler aux États-Unis. Il manœuvre pour que Cartier soit élu dans la circonscription de Provencher en septembre 1872, mais échoue par la suite à convaincre Riel de rester en dehors de la politique. Il parvient à maintenir les Métis en paix et, par des voies pacifiques, à régler certains de leurs problèmes mais, dans la question de l'amnistie, il essuie un échec cuisant. À l'occasion d'un voyage à Ottawa en 1871, Macdonald l'avait informé qu'un « gouvernement qui s'efforcerait d'accorder l'amnistie ne saurait demeurer au pouvoir ». L'arrestation de Lépine en septembre 1873, que l'on accuse du meurtre de Thomas Scott, le convainc qu'il est de son devoir de parler. Il est conscient que, « depuis quatre ans, on se sert de [lui], soi-disant pour procurer le bonheur du peuple [qu'il] aime, en réalité pour tromper ce même peuple ». En mars 1874, il porte la question devant l'opinion publique dans une brochure intitulée *Amnistie,* plaidoyer qui fait de cette cause une question d'honneur national. Du 10 avril au 20 mai, il comparaît trois fois devant un comité spécial de la chambre des Communes chargé de s'enquérir des causes des troubles dans les Territoires du Nord-Ouest en 1869–1870. Son témoignage que reprend et commente la presse est accablant pour les hommes politiques. Ce comité n'a pas encore remis son rapport qu'André Nault* et Elzéar Lagimodière sont arrêtés en septembre, et Lépine condamné par la Cour du banc de la reine du Manitoba. De nouveau Taché intervient en mars 1875 par une nouvelle brochure, *Encore l'amnistie*. À la fin d'avril, l'amnistie générale sans condition est accordée, sauf à Lépine, à William Bernard O'Donoghue* et à Riel. Ce dernier tiendra longtemps rigueur à Taché d'avoir toujours conseillé aux Métis de céder aux desiderata des hommes politiques.

Cette activité à caractère plutôt politique ne détourne pas Taché de ses devoirs plus impérieux : la construction de son diocèse. Le 22 septembre 1871, Rome, cédant aux pressions de Grandin, a érigé Saint-Boniface en archidiocèse, avec comme suffragants le diocèse de Saint-Albert, le vicariat apostolique de Colombie-Britannique et celui d'Athabasca-Mackenzie. Mgr Taché s'empresse d'obtenir la reconnaissance civile de certaines institutions. La loi de 1874 paraît révéler une certaine méfiance à l'égard des laïques : elle ne prévoit pas de conseils de fabrique. C'est l'archevêque, le curé et le vicaire général qui constituent la corporation paroissiale. Archevêque de Saint-

Boniface et supérieur des missions oblates dans l'ensemble de sa province ecclésiastique, Taché a une activité multiforme. Il veille personnellement au ravitaillement des missions du Nord-Ouest et de l'Athabasca-Mackenzie. Saint-Boniface est la plaque tournante d'où partent les caravanes annuelles. Il ne cesse par des lettres et par des voyages de quémander de l'aide en France, à Rome et au Canada pour soutenir ses missions et ses œuvres sociales. Il multiplie les paroisses qui de 15 en 1870 passeront à 40 à sa mort. Il promeut l'éducation catholique et l'instruction dans les sciences profanes, et veut que les catholiques soient aussi bien préparés que les protestants à accéder au marché du travail et qu'ils aient une élite pour les défendre dans les sphères politiques. En 1888, on dénombrera 74 écoles dans son diocèse.

Aux yeux de Taché, le devenir de l'Église et du Manitoba impose une priorité : le renforcement de l'élément francophone et catholique. « Le nombre va nous faire défaut, constate-t-il en juillet 1872, et comme sous notre système constitutionnel les nombres sont la force, nous allons nous trouver à la merci de ceux qui ne nous aiment pas. » D'où son souci de susciter un courant migratoire catholique et francophone pour maintenir l'équilibre culturel. Sa stratégie consiste à créer, à l'intérieur du bloc de terres réservées aux Métis, des paroisses francophones et catholiques, puis de là un réseau de blocs francophones jusqu'aux Rocheuses. Mais cette stratégie demeurera une vue de l'esprit qui ne débouchera pas sur une action concertée. Lui-même acceptera que des groupes de colons francophones s'installent là où ils le désirent et Mgr Grandin encouragera une concentration des colons francophones dans la région d'Edmonton. Sur les instances de Mgr Taché, les évêques de la province de Québec réunis à Québec, du 17 au 24 octobre 1871, appuient timidement son projet. Ils signent une circulaire, rédigée par son ami Laflèche, devenu évêque de Trois-Rivières, qui invite les francophones de la province de Québec désireux d'émigrer de se diriger vers l'Ouest plutôt que vers la Nouvelle-Angleterre. Ils votent aussi une proposition qui prie le gouvernement fédéral de nommer dans la province de Québec des agents d'émigration et d'assister financièrement les émigrants québécois comme il le fait pour ceux de l'Ontario.

En 1874, Taché appuie fortement la mise sur pied de la Société de colonisation de Manitoba, vouée au recrutement de colons au Canada et aux États-Unis et destinée à les assister au moment de leur établissement dans l'Ouest. Il dépêche les pères Lacombe et Doucet au Québec et aux États-Unis pour promouvoir la cause de la colonisation. La Société de colonisation de Manitoba obtient du gouvernement canadien la nomination d'un agent de rapatriement des Franco-Américains. Les résultats sont décevants. Dans les années 1880, Taché va ainsi multiplier les agents recruteurs au Québec et, avec l'aide du gouvernement canadien qui paie leur salaire, les missionnaires colonisateurs dans les diocèses de la Nouvelle-Angleterre et du Middle West américain. Il encourage les clercs d'origine française à parcourir la France, la Belgique et la Suisse. Les succès sont mitigés et compensent à peine le reflux des Métis vers les Prairies. L'éloignement relatif des Québécois naturellement attirés par le Sud, les réticences des élites québécoises à encourager le « dépeuplement du Québec », l'image négative d'un pays lointain, inhospitalier et désertique que projette l'Ouest freinent l'action de Taché. Les articles que ce dernier publie dans le *Standard* de Winnipeg, réunis plus tard en brochure sous le titre de *Denominational or Free Christian Schools in Manitoba*, ne font que retarder la crise qu'il pressent. Comme tous ses compatriotes de l'Ouest, il se sent abandonné, sinon trahi, par le Québec, la mère patrie, d'autant plus que durant le boom économique des années 1880–1882 le déséquilibre démographique s'accroît davantage. Dans le seul mois de mars 1882, 9 655 immigrants anglophones seraient arrivés à Saint-Boniface.

Taché a encore moins de succès avec son projet d'établissement des Métis dans les Territoires du Nord-Ouest, élaboré en 1878 afin d'éclairer le gouvernement canadien en quête d'une politique en la matière. Il propose alors la création de 12 réserves, de 144 milles carrés chacune, dans lesquelles une centaine de familles métisses recevraient chacune deux lots de 80 acres, taillés en longues bandes rectangulaires suivant l'ancienne coutume. Les Métis ne pourraient pas vendre ces lots avant la troisième génération. Ce projet, tout comme d'ailleurs celui de John Stoughton Dennis, alors sous-ministre au département de l'Intérieur, vise à éviter les erreurs commises au Manitoba où les Métis se sont départis à vil prix de leurs terres [V. Gilbert McMicken]. Indécis quant à la politique à suivre, le gouvernement canadien s'en tient alors à des vœux pieux.

En mars 1882, le marché foncier s'effondre et les sauterelles envahissent les champs durant l'été. La population du Manitoba est aux abois, surtout les Métis refoulés sur les rives de la Saskatchewan et les Amérindiens qu'une série de traités signés de 1871 à 1877 ont parqués dans des réserves. Taché et le journal *le Métis* (Saint-Boniface) préviennent le gouvernement que le mécontentement resurgit. En juillet 1884, Riel arrive à Batoche (Saskatchewan) où colons et Métis s'agitent. En septembre, le mécontentement prend de l'ampleur. Riel prépare une pétition dans laquelle les droits de propriété tant des Blancs que des Métis constituent le principal grief. Le problème a plusieurs facettes. D'une part, le gouvernement canadien n'a pas encore appliqué le *Dominion Lands Act* de 1872, modifié à plusieurs reprises, qui l'autorise à allouer des terres aux Métis. D'autre part, nombre de colons et de Métis, à défaut d'un arpentage des terrains et de documents qui attestent l'extinction des droits de propriété des Amérindiens, ne disposent pas de titres incontestables sur leur propriété. Mobilisés par Riel et conduits par Gabriel Dumont*, les Métis se soulèvent au printemps de 1885. Le 26 mars, ils affrontent une troupe de la Police à cheval du Nord-Ouest sous les ordres de Leif Newry Fitzroy Crozier*. Taché est atterré. À ses yeux, c'est bien d'une rébellion qu'il s'agit cette fois. Il ne peut approuver ce soulèvement ni le messianisme religieux de Riel qui le sous-tend. Il s'emploie donc à rassurer les populations et s'empresse de mettre en garde les élites et les évêques québécois portés tout naturellement à soutenir la cause de Riel. Mais bien au fait du sort réservé aux Métis et aux Amérindiens, outré de l'incurie du gouvernement canadien et du fanatisme de certains immigrants, il plaide justice et clémence. Dès juin, il est à Ottawa pour intercéder en faveur des uns et des autres. Il ne réussit pas, cependant, à obtenir la grâce de Riel, qui est pendu le 16 novembre 1885. Le 7 décembre, il publie *la Situation*, brochure inspirée « par la justice et l'humanité », dans l'intention de substituer la modération et la raison au fanatisme racial et religieux. Taché attribue le soulèvement des Métis à l'incapacité et au mauvais vouloir des fonctionnaires fédéraux dans l'Ouest, à l'imbroglio des droits de propriété et de la non-allocation de terres aux Métis, et au cerveau dérangé de Riel. Tardivement, le gouvernement suit la voie tracée par Taché. Cependant, quand en 1886 on discute aux Communes la motion présentée par Philippe Landry* et qui exprime le regret qu'on n'ait pas grâcié Riel, Taché n'encourage pas ses amis à l'appuyer, de crainte d'aviver les passions ; il insiste plutôt pour qu'on mette la cause des Métis au-dessus des intérêts partisans. Avec Mgr Grandin et Mgr Laflèche, il estime qu'il est plus efficace de mobiliser « l'action de députés honnêtes, fermes et consciencieux », qui forceront le gouvernement à respecter les droits des Métis, plutôt que « de renverser les ministres ». Ce plaidoyer vaudra dans les années qui suivent une aide gouvernementale accrue aux Métis et sera peut-être à l'origine de la nomination de Joseph Royal au poste de lieutenant-gouverneur des Territoires du Nord-Ouest.

Au lendemain du soulèvement des Métis, la situation est radicalement changée. Les trains de la Compagnie du chemin de fer canadien du Pacifique sillonnent les Prairies. Taché peut faire en 62 heures – au lieu de 62 jours en 1845 – le trajet de Saint-Boniface à Montréal. Désormais, les protestants anglophones ont la haute main sur le développement de l'Ouest. Taché, qui s'accroche à son rêve d'une dualité linguistique dans l'Ouest canadien, est un homme respecté par l'ensemble de la population manitobaine – ses relations avec le lieutenant-gouverneur Schultz sont même cordiales. Le vice-président de la compagnie de chemin de fer, William Cornelius Van Horne*, met à sa disposition ses propres wagons. Mais Taché demeure un homme démuni. Avec Grandin, il a amassé un volumineux dossier sur les vexations des fonctionnaires du ministère des Affaires indiennes : nomination d'instituteurs protestants dans des réserves à majorité catholique, refus de subvenir aux besoins de certains parents qui n'envoient pas leurs enfants à l'école protestante, construction des écoles loin des églises catholiques, interdiction de certaines réserves aux missionnaires catholiques et autres faits de même nature. Ses remontrances auprès du gouvernement des Territoires du Nord-Ouest en 1886 restent lettre morte. Taché est aussi de plus en plus malade. Il connaît de longues périodes de débilité générale qui le tiennent rivé à sa chambre ou l'obligent à des séjours prolongés à l'Hôpital Général de Montréal. En 1887, il démissionne de son poste de supérieur des oblats. Il a cependant assez d'énergie pour organiser un concile provincial qui se tient à Saint-Boniface du 16 au 24 juillet 1889, afin de faire le point sur le développement de l'Église catholique dans l'Ouest. Les sept pères conciliaires adoptent d'importantes propositions : érection en diocèse du vicariat apostolique de Colombie-Britannique [V. Paul Durieu], division du diocèse de Saint-Albert, désignation d'un délégué oblat permanent pour les Amérindiens, décrets sur la foi, le zèle des âmes, le culte divin, l'éducation chrétienne, qui tous tendent à unifier les croyances, uniformiser les pratiques et aviver l'ardeur pastorale.

À l'évidence, les pères conciliaires ont aussi voulu consolider les positions catholiques dans l'Ouest au moment où se pose la question des écoles catholiques. En mars 1890, le gouvernement de Thomas Greenway*, en dépit des promesses données par son procureur général Joseph Martin* et par Greenway lui-même, fait adopter deux projets de loi qui restructurent le département de l'Éducation et abolissent le système d'enseignement public catholique et protestant au Manitoba.

Ces mesures soulèvent l'ire des catholiques, tant anglophones que francophones. N'ayant pas réussi à persuader le lieutenant-gouverneur Schultz de ne pas sanctionner cette législation scolaire dont la constitutionnalité est douteuse – de fait, Schultz lui-même ne l'a d'ailleurs sanctionnée que contraint par Macdonald – Mgr Taché, dont la santé ne cesse de se détériorer, prend la tête du mouvement de résistance et demeurera jusqu'à sa mort celui qui, dans le camp catholique, décide de la stratégie à suivre. Tout de suite, il essaie d'obtenir du gouvernement fédéral la non-reconnaissance du nouveau régime scolaire. Il signe le 7 avril 1890 une pétition au gouverneur général qu'il fait suivre, le 12, d'une lettre personnelle dans laquelle il réclame un remède juste et équitable. Il dépêche à Ottawa un délégué personnel, James-Émile-Pierre Prendergast*, pour faire des pressions en faveur de la non-reconnaissance. En mai, déçu des tergiversations du parti conservateur, mécontent du compromis élaboré par le ministre de la Justice, sir John Sparrow David THOMPSON, sur la question de la langue, ulcéré du peu d'appuis qu'il trouve auprès des hommes politiques de la province de Québec, il presse Mgr Laflèche de remuer ciel et terre pour amener le gouvernement à refuser de reconnaître la loi. Mais les hommes politiques, tant libéraux que conservateurs, convaincus que cette question peut faire éclater les partis politiques, préfèrent temporiser. Prétextant la grande difficulté de circonscrire les droits existants au moment de l'annexion du Manitoba, le ministre de la Justice, puis Langevin, Joseph-Adolphe CHAPLEAU et sir Adolphe-Philippe Caron* convainquent Laflèche qu'il vaut mieux pour le moment s'en remettre aux instances judiciaires, quitte à intervenir par la suite s'il y a lieu. Taché, la mort dans l'âme, se rend peu à peu aux arguments des hommes politiques. Il n'en décide pas moins de maintenir le mouvement de résistance sur un pied de guerre et de tenir la question ouverte devant l'opinion publique. Il fait convoquer en juin 1890 un congrès national à Saint-Boniface, et veille cependant à ce que les laïques en prennent la tête. Il publie le 15 août une lettre pastorale, et en septembre, fait remettre au gouverneur général une pétition signée par 4 266 catholiques du Manitoba. Ces documents ne demandent pas la non-reconnaissance de la loi mais pressent le gouvernement d'agir. Celui-ci remet l'affaire aux tribunaux. De son côté, Taché en accord avec Laflèche reporte après le scrutin de mars 1891 son projet d'une lettre collective des évêques canadiens qui aurait incité – sinon obligé – les électeurs catholiques à voter pour des candidats favorables à un redressement de la situation scolaire manitobaine. C'est sans doute la crainte de ne pas obtenir une majorité décisive et de faire le jeu des libéraux qui motive Taché et Laflèche. En mars, 28 des 29 évêques catholiques canadiens signent une requête collective au gouverneur réclamant justice pour les catholiques du Manitoba qui, elle non plus, ne demande pas la non-reconnaissance. Le cabinet conservateur en est tout à la fois étonné et heureux, et le journaliste Joseph-Israël Tarte* se demande par quelle voie on pourra rapidement et efficacement redresser la situation scolaire manitobaine. C'est ainsi que Tarte en viendra en 1893 à conclure que durant son séjour à l'Hôpital Général de Montréal à l'hiver de 1890–1891 Mgr Taché avait fait une entente avec Chapleau pour ne pas embarrasser le gouvernement conservateur et que, de ce fait, en cessant de réclamer la non-reconnaissance de la loi avant les élections, l'évêque avait miné les chances de succès de la cause manitobaine.

Taché redoutait que la politique scolaire du Manitoba fasse tache d'huile, et les événements lui donnent raison. En Ontario, la Protestant Protective Association réclame la suppression des écoles séparées et le *Mail*, stimulé par le nationalisme ostentatoire d'Honoré MERCIER, continue d'afficher un anticatholicisme agressif [V. Christopher William BUNTING]. La croisade anticanadienne-française qu'a menée D'Alton MCCARTHY dans l'Ouest trouve un écho favorable dans les Territoires du Nord-Ouest. À ce dernier endroit, le gouvernement adopte en 1892 une autre ordonnance qui réduit encore les droits des écoles catholiques. Taché proteste en vain. Thompson, devenu premier ministre, refuse de condamner cette politique. De déboire en déboire, Taché en vient à ne plus croire en la justice des tribunaux et à reprocher à Thompson de mal conduire le dossier scolaire. Le *Manitoba's School Amendment Act* de 1894, qui assure l'application stricte de la loi scolaire manitobaine dans les districts ruraux, porte son exaspération à son comble. Pourtant, depuis la remise en question du système d'enseignement au Manitoba, Taché a vaillamment combattu par sa parole, par ses gestes et par ses écrits. Il a publié nombre de documents dans lesquels il pose la genèse du problème scolaire et légitime ses positions. Il a évoqué six arguments fondamentaux en faveur d'un réseau d'écoles publiques catholiques et protestantes : le droit des parents de communiquer leurs croyances et leurs mœurs à leurs enfants ; le droit d'enseigner de l'Église catholique ; les droits historiques acquis ; les droits juridiques reconnus par l'Acte du Manitoba et par les ordonnances des Territoires du Nord-Ouest ; la compatibilité d'un réseau d'écoles publiques catholiques et protestantes avec la tradition britannique ; l'hypocrisie de la législation. Mgr Taché accorde beaucoup d'importance à ce dernier argument. Dans son opinion, Joseph Martin, qui trouvait inique d'obliger les catholiques à fréquenter les écoles protestantes, voulait séculariser le système d'enseignement. Un tollé du clergé protestant l'aurait obligé à reculer et les législateurs se seraient contentés d'appeler neutres des écoles qui, de fait, étaient protestantes. Les nouvelles écoles non confessionnelles sont simplement la continuation des anciennes écoles protestantes, et Taché en fait la démonstration : les administrateurs et les inspecteurs sont tous protestants ; les professeurs sont protestants ; les programmes d'enseignement religieux et moral des nouvelles écoles sont exactement les mêmes que ceux des écoles protestantes ; on y trouve les mêmes prières, les mêmes passages de l'Écriture et la même latitude accordée au libre examen. De ce fait, selon Taché, ce nouveau système d'enseignement va à l'encontre des principes démocratiques et, aux yeux des catholiques, il est et sera toujours hypocrite et persécuteur.

Les articles de Taché ébranlent l'opinion publique, mais il n'en verra pas les conséquences. Le 2 mai 1894, sa santé se détériore davantage. Il prononce le 3 juin une dernière homélie dans sa cathédrale et meurt le 22 juin. Catholiques et protestants défilent devant son cercueil. Mgr Laflèche prononce son oraison funèbre. On dépose son corps dans un caveau réservé aux évêques, près de celui de Mgr Provencher.

Taché fut l'une des personnalités les plus éminentes du Nord-Ouest, mais sans doute aussi l'une des plus difficiles à situer dans l'histoire canadienne. Plusieurs interprétations sont possibles, car le jugement historique dépend pour beaucoup des présupposés idéologiques, conscients ou inconscients, de l'historien. Sur le plan individuel, Taché a pleinement vécu son désir de travailler à son salut personnel par le service auprès des plus démunis. La charité, la paix et la joie qu'il rayonnait l'ont fait considérer comme un saint par son entourage. Wilfrid Laurier*, qui le jugeait comme tel, précisait : un saint homme mais un homme naïf, autrement dit, un être dépourvu du sens politique. Ce jugement est un peu superficiel. Taché était issu d'un milieu où l'harmonie était sans cesse à refaire entre catholiques et protestants, francophones et anglophones, vainqueurs et vaincus. Il avait été éduqué dans la fierté nostalgique d'une tradition familiale aristocratique, dans l'intransigeance triomphaliste d'une spiritualité ultramontaine, dans le culte de la supériorité de l'Occident. C'était donc un conquérant parti transplanter dans le Nord-Ouest la civilisation occidentale, la religion catholique et la culture canadienne-française. Ses origines et ses objectifs éclairent sa vision du devenir du Nord-Ouest et déterminent son action tant apostolique que politique.

Taché a respecté et aimé les Métis et les Amérindiens ; il leur a communiqué les lumières et les vérités de l'Occident ; il leur a fait prendre conscience de leurs droits sur leurs terres ancestrales et sur la gestion de leur vie quotidienne. Cependant, en bon Occidental pour qui la civilisation s'arrête aux frontières de la chrétienté et du rationalisme grec, il n'a jamais pris pleine conscience des droits culturels de ceux qu'il appelait ses enfants, si ce n'est les droits de la langue, de la religion et du mode de vie qu'il leur avait inculqués. De ce fait, il a, à son insu, miné la culture des autochtones et sapé leur capacité de résistance au front pionnier.

Taché a calqué son diocèse sur le modèle de l'Église catholique québécoise : dogmatisme intransigeant, morale rigoriste, hiérarchisation rigoureuse des clercs et des fidèles, religiosité démonstrative et sentimentale – tout cela vécu sur le mode paternaliste. Comme tout évêque canadien-français dans un front pionnier, il a été un agent de développement socio-économique et culturel. Mais il a toujours envisagé les problèmes dans une perspective catholique et non ethnique. Son argumentation dans la question scolaire en témoigne, de même que sa stratégie de mettre de l'avant des Irlandais catholiques pour contester la validité de la législation devant les tribunaux [V. John Kelly Barrett*].

Alexandre-Antonin Taché a vécu au moment où l'émergence de l'Ouest a forcé le gouvernement fédéral à montrer son vrai visage d'alors : un appareil politique au service de la bourgeoisie et de la culture anglo-saxonne protestante, sous la gouverne de timoniers dont l'agir épouse les nécessités du pouvoir. Il a vainement défendu l'idée d'une synthèse politique harmonieuse des deux grandes traditions à l'origine du Canada actuel. Il a été vaincu, mais pas par manque de sens politique. Les péripéties de son action ne sont que le processus contingent d'un affrontement de forces inégales. Promettre ou ne pas promettre l'amnistie, s'appuyer sur les libéraux ou sur les conservateurs dans la question scolaire et tant d'autres prises de position ne pouvaient à long terme changer le cours des choses enclenché au moment de la Confédération. Taché a fort bien vu que le Manitoba, cette entité politique officiellement confessionnelle et bilingue, allait succomber sous le poids du nombre et des coups de butoir d'une majorité politique intransigeante, bien décidée à créer l'Ouest à son image et à sa ressemblance. À long terme, sa défaite est révélatrice de l'incapacité de l'impérialisme ontarien naissant à définir une identité canadienne qui tienne compte de tous les individus et toutes les collectivités qui cohabitent dans l'aire politique qu'elle englobe. Le Je ontarien, construit contre et non parmi les autres, n'a jamais pu devenir un Nous national même s'il en a pris les allures. *Canada First* a toujours signifié pour les autres *Ontario First*. C'est cet échec qui a rendu d'actualité dans les années 1970 certains éléments fondamentaux de la pensée de Mgr Taché et nourrit, année après année, les régionalismes séparatistes.

JEAN HAMELIN

Mgr Alexandre-Antonin Taché a laissé une correspondance volumineuse et variée que l'on retrouve principalement aux AAQ, aux AN, aux Arch. de l'archevêché de Saint-Boniface (Saint-Boniface, Manitoba), aux Arch. des oblats de Marie-Immaculée (Montréal), aux Arch. du séminaire de Trois-Rivières (Trois-Rivières, Québec), aux Arch. générales des oblats de Marie-Immaculée (Rome), aux Arch. hist. oblates (Ottawa), aux PAM et PAM, HBCA.

Les lettres de Taché qui ont été publiées, tout comme ses ouvrages, ont été recensés dans : J. M. Greene, « The writings of Archbishop Taché » (thèse de M.A., Univ. of Western Ontario, London, 1953) ; et L.-M. [Parent], « Monseigneur Taché, écrivain » (thèse de M.A., univ. de Montréal, 1952).

Canada, chambre des Communes, Comité spécial sur les causes des troubles du Territoire du Nord-Ouest, en 1869–1870, *Rapport* (Ottawa, 1874). — *DOLQ*, 1–2. — Lionel Dorge, *Introduction à l'étude des Franco-Manitobains ; essai historique et bibliographique* (Saint-Boniface, 1973). — [J.-P.-A.] Benoît, *Vie de Mgr Taché, archevêque de St-Boniface* (2 vol., Montréal, 1904). — J.-É. Champagne, *les Missions catholiques dans l'Ouest canadien (1818–1875)* (Ottawa, 1949). — Paul Crunican, *Priests and politicians : Manitoba schools and the election of 1896* (Toronto et Buffalo, N.Y., 1974). — T. [E.] Flanagan, *Louis « David » Riel : prophet of the new world* (Toronto, 1979). — Gerald Friesen, *The Canadian Prairies : a history*

(Toronto, 1984). — A.-G. Morice, *Histoire de l'Église catholique dans l'Ouest canadien, du lac Supérieur au Pacifique (1659–1905)* (3 vol., Winnipeg et Montréal, 1912). — Morton, *Manitoba* (1957). — Stanley, *Birth of western Canada* ; *Louis Riel*. — Alastair Sweeny, *George-Étienne Cartier : a biography* (Toronto, 1976). — L. H. Thomas, *The struggle for responsible government in the North-West Territories, 1870–97* (Toronto, 1956). — Voisine, *Louis-François Laflèche*. — Waite, *Man from Halifax*. — Gaston Carrière, « Mgr Provencher à la recherche d'un coadjuteur », SCHEC *Sessions d'études*, 37 (1970) : 71–93. — J.[-É.] Champagne, « Monseigneur Alexandre Taché, o.m.i., organisateur de l'Église catholique dans l'Ouest canadien », SCHEC *Rapport*, 16 (1948–1949) : 13–22. — Andrée Désilets, « les Relations entre Mgr Taché et Hector-Louis Langevin », SCHEC *Sessions d'études*, 37 : 165–171. — Lionel Dorge, « Bishop Taché and the confederation of Manitoba », Manitoba, Hist. and Scientific Soc., *Trans.* (Winnipeg), 3e sér., no 26 (1969–1970) : 93–109. — A.[-N.] Lalonde, « l'Église catholique et les Francophones de l'Ouest, 1818–1930 », SCHEC *Sessions d'études*, 50 (1983) : 485–497 ; « l'Intelligentsia du Québec et la Migration des Canadiens français vers l'Ouest canadien, 1870–1930 », *RHAF*, 33 (1979–1980) : 163–185. — Robert Painchaud, « French-Canadian historiography and Franco-Catholic settlement in western Canada, 1870–1915 », *CHR*, 59 (1978) : 447–466. — Albert Tessier, « Correspondance Taché–Laflèche », *Cahiers des Dix*, 23 (1958) : 241–260.

TACHÉ, JOSEPH-CHARLES (baptisé **Charles-Joseph**), médecin, homme politique, journaliste, fonctionnaire et écrivain, né le 24 décembre 1820 dans la paroisse Saint-Louis, à Kamouraska, Bas-Canada, fils de Charles Taché, commerçant, et de Louise-Henriette de Labroquerie (Boucher de La Broquerie) ; le 1er juillet 1847, il épousa à Rimouski, Bas-Canada, Françoise Lepage, et ils eurent six enfants dont trois moururent en bas âge ; décédé le 16 avril 1894 à Ottawa.

Joseph-Charles Taché est le neveu de sir Étienne-Paschal Taché* et le frère aîné de Mgr Alexandre-Antonin TACHÉ. Il vient d'avoir cinq ans lorsque meurt son père. Sa mère et ses deux frères cadets s'en vont alors vivre au manoir familial à Boucherville, et lui demeure à Kamouraska, chez son oncle, Jean-Baptiste Taché, devenu son tuteur. À l'automne de 1832, il entre au petit séminaire de Québec. Il se trouve condisciple de Pierre-Joseph-Olivier Chauveau*, aux côtés de qui il entreprendra ses carrières politique et littéraire. En avril 1840, sans terminer sa classe de rhétorique, il abandonne ses études, car les contraintes du pensionnat lui sont devenues insupportables. Après avoir passé le reste de l'année à ne rien faire, il entreprend en janvier 1841 l'étude de la médecine et reçoit son diplôme le 16 novembre 1844.

Après quelques mois d'internat à l'hôpital de la Marine et des Émigrés, à Québec, Taché s'installe à Rimouski. C'est une région de choix pour celui que certains de ses amis appelleront « l'Iroquois », pour cet homme passionné de liberté, de grands espaces à explorer et de nature (hommes et choses) à l'état sauvage. Pendant ses 12 années de pratique médicale dans cette région, il visitera plusieurs fois les chantiers forestiers de l'arrière-pays et les petites agglomérations éparpillées sur les côtes de l'estuaire du Saint-Laurent. Il fréquentera également avec beaucoup de sympathie et d'intérêt les Indiens qui, à cette époque, viennent encore camper à l'embouchure des grandes rivières du bas Saint-Laurent. Il recueillera auprès de tous ces gens les traits culturels et les récits, légendaires ou historiques, qu'il transcrira plus tard dans ses œuvres proprement littéraires.

Taché devient vite populaire dans ce coin de pays. Le 24 janvier 1848, à 27 ans, il est élu sans opposition député de Rimouski à l'Assemblée législative de la province du Canada. Partisan de Louis-Hippolyte La Fontaine*, il se considère comme un patriote engagé et « enragé ». De fait, encore étudiant, en 1842, il avait pris une part active à la fondation de la Société Saint-Jean-Baptiste de Québec et, en 1844, il avait été l'un des orateurs au banquet de clôture des fêtes de la Saint-Jean à Québec. De plus, tel Jean Guilbault, l'un des héros du roman de son ami Chauveau, à qui il a probablement servi de modèle, il s'était fait un devoir de porter uniquement des vêtements manufacturés au pays, refusant obstinément, par patriotisme, de recourir à des produits importés d'Angleterre.

Bien qu'il n'ait pas atteint la notoriété politique de son oncle Étienne-Paschal, Taché fut néanmoins un parlementaire largement respecté et reconnu pour la richesse de ses idées politiques et pour la qualité de ses interventions, souvent percutantes, toujours soigneusement documentées.

Comme Taché représente une circonscription excentrique et difficile d'accès, il semble naturel qu'il se soit d'abord intéressé à l'amélioration et au développement des transports. Dès 1850, il présente au commissaire des Travaux publics, William Hamilton Merritt*, un rapport pour soutenir les propositions qu'il a faites en vue d'améliorer les communications maritimes et terrestres. Il veut rendre plus sécuritaire et accessible le transport des passagers et du fret sur le fleuve ; il cherche également à améliorer les liaisons routières le long de la côte ainsi qu'entre le Bas-Canada et le Nouveau-Brunswick. De telles interventions le conduisent bientôt à présider le comité parlementaire chargé d'étudier le projet de loi qui vise à « régler le pilotage dans le port de Québec et au-dessous », épineux problème qui n'est résolu d'une façon définitive qu'en 1860 par le regroupement des pilotes du Saint-Laurent en une entité juridique. L'intervention de Taché est aussi décisive dans le tracé du chemin de Témiscouata qui, à partir de 1856, remplace le chemin du Portage pour relier le Bas-Canada au Nouveau-Brunswick. On lui doit enfin une autre voie de communication, appelée aujourd'hui le chemin Taché, réalisation partielle, par tronçons détachés, d'une route qu'il souhaite déjà dans son rapport de 1850 et dont il trace les plans vers 1855. Cette route, parallèle au chemin du Roy, mais plusieurs milles à l'intérieur des terres, devait traverser les forêts du Bas-Saint-Laurent pour ainsi les ouvrir à la colonisation.

Taché tient également un rôle de premier plan durant les débats sur l'abolition de la tenure seigneuriale [V. Lewis Thomas Drummond*]. Partisan du maintien du régime, il n'en reconnaît pas moins certains abus et l'urgence d'apporter des correctifs. Pour contrer le projet de loi ministériel, il prépare son propre projet, qu'il édite en brochure et qu'il présente à l'Assemblée au début de la session parlementaire de 1854. Il en a fait au préalable la promotion pendant plusieurs mois auprès des députés du Bas-Canada. Mais les réformes qu'il propose, encore trop favorables aux seigneurs, ne sont pas de nature à faire taire les récriminations croissantes des censitaires qui viennent de porter au pouvoir le ministère de sir Allan Napier MacNab* et d'Augustin-Norbert Morin*.

La position de Taché dans cette affaire fait chuter sa popularité auprès de ses électeurs. Après avoir été élu à l'unanimité en 1848 et 1851, il frôle la défaite au scrutin de 1854. Dès lors, l'hostilité des « rouges » ne fait que grandir, attisée d'ailleurs par Taché lui-même qui ne déteste pas la bataille et dont la verve caustique ne manque pas une occasion de faire mal aux champions du parti de la démocratie. Témoigne de cette verve *la Pléiade rouge* [...], qui paraît à Montréal en 1854, galerie de caricatures de ses adversaires politiques, tels Jean-Baptiste-Éric Dorion* et Charles Laberge*, que Taché publie avec Chauveau sous le pseudonyme de Gaspard Le Mage et qui à cette époque consacre son talent de pamphlétaire. Cependant, il continue de perdre du terrain dans sa circonscription. On exploite même contre lui la prestigieuse mission qu'il reçoit de représenter le Canada à l'Exposition universelle de Paris en 1855, mission fort bien remplie pourtant, au terme de laquelle Napoléon III le fait chevalier de la Légion d'honneur. Sensibles aux honneurs qui reconnaissent les talents de leur député, les Rimouskois lui réservent une belle réception à son retour de Paris. Cependant, on les a rendus plus sensibles encore aux inconvénients d'avoir un représentant qui s'occupe davantage de briller à l'étranger que de défendre leurs intérêts auprès du gouvernement. La rumeur d'une démission circule bientôt puis, afin sans doute de s'épargner l'humiliation d'une défaite à peu près certaine, Taché se retire en décembre 1856.

Peu avant, Taché a été choisi pour diriger un nouveau quotidien, *le Courrier du Canada,* dont le premier numéro paraît le 2 février 1857. Réplique canadienne de *l'Univers* de Paris, ce journal a pour mission de combattre les idées libérales que propagent depuis quelques années les « rouges » dans *l'Avenir* puis dans *le Pays* à Montréal et dans *le National* à Québec. Taché sera le Louis Veuillot canadien, notre « Veuillotule », comme le baptisent bientôt ses adversaires. Tout le désigne pour ce poste : ses convictions conservatrices ne font pas de doute, en politique comme en religion, et il les défend farouchement ; de plus, on a éprouvé, depuis le succès de *la Pléiade rouge* surtout, le pouvoir de sa plume. Il n'est pas novice en journalisme puisque, en plus d'écrire occasionnellement dans différents journaux, tels *la Minerve* et *le Canadien,* il a été, depuis son entrée à l'Assemblée, correspondant parlementaire pour *l'Ami de la religion et de la patrie,* de Québec.

Le journal devient pour Taché une nouvelle tribune, peut-être plus utile encore que son pupitre de député, pour défendre les projets sociaux et politiques qui lui tiennent à cœur, tels la colonisation et le remplacement de l'Union. Dès les premiers numéros, et à plusieurs reprises par la suite, il prêche la colonisation comme un devoir patriotique et religieux. Selon lui, il est urgent d'ouvrir de nouveaux territoires à l'agriculture et d'en favoriser l'exploitation afin d'enrayer l'émigration vers les États-Unis, fatale hémorragie des forces vives de la « race ». On doit même tout mettre en œuvre pour inverser le courant ; il faut créer des conditions avantageuses pour que reviennent au pays ceux qui se sont expatriés faute de terres où s'établir, ou dans l'espoir de trouver en usine un travail apparemment plus agréable et plus rémunérateur que celui de la ferme, mais générateur d'une condition ouvrière étrangère à la vocation nationale et périlleuse pour la morale et la foi chrétiennes. À cette entreprise de salut national, il convient d'affecter une part importante des sommes que le gouvernement consacre à promouvoir l'immigration européenne.

Il est un autre projet de salut national que Taché met tout son talent à défendre : la confédération des colonies anglaises d'Amérique. Comme La Fontaine et ses partisans, il a accepté, par pragmatisme politique, de travailler à tirer le meilleur parti possible de l'Union qu'on a imposée. Il n'a toutefois jamais cessé de dénoncer les injustices de ce régime et la menace qu'il représentait à moyen terme pour la survie de la nation canadienne-française. Par contre, il réprouve comme un danger encore plus grand, et plus certain, l'annexion à la république américaine, projet proposé par les libéraux démocrates, héritiers de Louis-Joseph Papineau*. Ce qu'il faut, selon lui, c'est un régime politique qui reconnaisse l'identité canadienne-française et qui lui donne l'autorité politique nécessaire de même que les ressources pour se développer, tout en créant au nord des États-Unis un pays assez puissant pour n'être pas écrasé par son voisin et pour se libérer bientôt de la tutelle britannique. Ce régime, c'est l'union fédérale de toutes les colonies anglaises de l'Amérique du Nord, de Terre-Neuve jusqu'aux territoires de la baie d'Hudson et du Nord-Ouest. Taché expose son projet dans une série d'articles qui paraissent dans *le Courrier du Canada* du 7 juillet au 23 octobre 1857 et qui seront réunis et publiés en volume l'année suivante. Il n'est pas le premier à mettre de l'avant le régime fédératif, mais il est sans doute celui qui, avant la conférence de Québec de 1864, a présenté le projet le plus documenté, le plus détaillé et le mieux articulé. Il appuie ses propositions constitutionnelles sur une analyse sérieuse de la réalité économique et sociologique de chaque colonie ou territoire, et il énonce avec clarté les principes politiques qui inspirent les clauses du pacte confédératif proposé. L'essentiel de son projet se retrouve sur la table de la conférence de Québec, et il serait juste qu'on reconnaisse davantage la part qui lui revient dans l'élaboration de la constitution de 1867.

Bien que marquant et hautement apprécié, l'engagement de Taché au *Courrier du Canada* prend fin le 31 octobre 1859. Peut-être que la rédaction d'un quotidien tient trop captif ce « voyageur » de tempérament. Quelques jours plus tard, il assume les fonctions d'inspecteur des asiles et des prisons de la province du Canada. Il ne renonce pas pour autant à mettre sa plume au service de la cause nationale ; seulement, son patriotisme l'oriente désormais vers l'édification d'une littérature nationale. Il est profondément convaincu de l'importance des écrits poétiques et romanesques, de cette littérature « légère » qui, pour certains de ses amis, comme Antoine Gérin-Lajoie*, n'est qu'un passe-temps à côté d'une production littéraire scientifique, plus sérieuse et plus urgente. Pour Taché, au contraire, la fiction, ombre du surnaturel, est un besoin humain fondamental. « L'esprit de l'homme [...] ne peut pas plus vivre du réalisme que son âme des vérités naturelles qu'elle perçoit : il faut à l'un voyager dans l'inconnu, à l'autre se reposer dans la foi à des mystères. De là vient, pour notre imagination, le besoin de se nourrir de conceptions enchantées. La légende et le conte tirent de là leur charme. » Recueillir et transmettre aux générations futures les récits réels ou fictifs attachés aux lieux et aux habitants du pays devient un devoir patriotique. Ces récits constituent le fonds d'une littérature nationale. « Comme des souvenirs de famille qu'on se redit au coin du feu, [ils] ne servent pas peu à entretenir au sein des peuples l'esprit national et à fortifier chez eux l'instinct de conservation. La religion, la langue et les souvenirs sont les éléments principaux qui constituent la nationalité. »

Ces convictions font de Taché l'un des artisans les plus actifs de la fondation en 1861, puis du maintien pendant quatre ans, des *Soirées canadiennes ; recueil de littérature nationale*, revue qui paraît à Québec et est explicitement vouée à l'édification d'une littérature nationale ainsi qu'à la mise en valeur du patrimoine folklorique canadien. C'est cette revue qui publie pour la première fois presque toutes ses œuvres littéraires : quelques poèmes, ainsi que *Trois légendes de mon pays : l'Îlet au Massacre ou l'Évangile ignoré ; le Sagamo de Kapskouk ou l'Évangile prêché ; le Géant des Méchins ou l'Évangile accepté*, en 1861, puis une quatrième légende, *le Braillard de la montagne*, en 1864, et son ouvrage le plus considérable et le plus connu, *Forestiers et Voyageurs ; étude de mœurs*, en 1863, description tantôt documentaire tantôt romancée de la vie quotidienne des bûcherons et des « voyageurs » dans les forêts de l'arrière-pays de Rimouski ou dans celles de l'Outaouais et du Nord-Ouest.

La production littéraire de Taché est pour longtemps interrompue, en août 1864, par sa nomination au poste de sous-ministre de l'Agriculture et des Statistiques, département très important dont relevait également la santé publique. C'est seulement une vingtaine d'années plus tard, soit en 1885, qu'il trouvera le moyen de publier à Montréal, incorporées à une monographie intitulée *les Sablons (île de Sable)*, trois nouvelles légendes : *le Moine des sablons*, *le Régicide* et *la Dame au doigt sanglant*. Il en fera paraître une dernière, *la Légende du lac Caché*, dans *le Courrier du Canada* du 22 juin 1889.

La dernière et la plus longue carrière de Taché, celle de haut fonctionnaire à Ottawa pendant 24 ans, lui permet encore moins d'intervenir publiquement dans les débats politiques (quoique sa correspondance privée ne laisse aujourd'hui aucun doute sur la permanence de ses intérêts et de son influence dans ce domaine). En dehors de ses fonctions d'organisation et de gestion, il s'applique de préférence à des études de nature scientifique, liées aux préoccupations de son ministère : des études en géographie physique et humaine, en archéologie aussi bien qu'en hygiène et en physiologie. De cette période, sa réalisation la plus remarquable est sans conteste le recensement de 1871, dont il a déterminé le contenu, la forme et la procédure. Cette compilation a fait l'objet d'éloges à l'étranger comme au Canada et demeure pour les chercheurs une source inestimable de renseignements dignes de foi.

Personnalité de premier plan auprès de ses contemporains, souvent signalé de son vivant pour l'ampleur de ses connaissances et la valeur de ses diverses contributions à l'essor national, Joseph-Charles Taché ne mérite pas l'oubli dans lequel il est aujourd'hui tombé. Ce serait justice que de nouvelles études lui donnent la place qui lui revient dans l'histoire politique et littéraire du Canada, dans le développement de l'enseignement scientifique au Québec, dans l'éveil, très actuel, aux valeurs culturelles authentiques et irremplaçables que constituent la tradition orale populaire et les objets témoins de la vie quotidienne des générations passées.

JEAN-GUY NADEAU

Joseph-Charles Taché est l'auteur de : « le Rapport Taché [sur les transports] », dans Canada, prov. du, Assemblée législative, *App. des journaux,* 1850 (repris intégralement dans la *Rev. d'hist. du Bas Saint-Laurent* (Rimouski, Québec), 6 (1979–1980) : 31–38 ; *De la tenure seigneuriale en Canada et Projet de commutation* (Québec, 1854) (publication commencée dans *le Canadien,* 5 avril 1854) ; *Catalogue raisonné des produits canadiens exposés à Paris en 1855* (Paris, 1855) ; *Esquisse sur le Canada considéré sous le point de vue économiste* (Paris, 1855) (une partie fut publiée dans *le Journal de Québec,* 23–27 oct. 1855) ; *Des provinces de l'Amérique du Nord et d'une union fédérale* (Québec, 1858) (paru aussi dans *le Courrier du Canada,* 7 juill.–23 oct. 1857 ; analysé par L. F. S. Upton dans « The idea of confederation : 1754–1858 », *le Bouclier d'Achille : regards sur le Canada de l'ère victorienne,* W. L. Morton, édit. (Toronto et Montréal, 1968), 200–202) ; *The board of inspectors of asylums, prisons and hospitals and its accusers ; letter of Mr. J. C. Taché, chairman of the board ; re-printed from the* Morning Chronicle (Québec, 1864) ; *Mémoire sur le choléra* ([Ottawa], 1866) ; *The Canadian census of 1871 ; remarks on M. Harvey's paper published in the February number of* The Canadian Monthly (s.l., 1871) ; *la Mouche ou la Chrysomèle et les moyens d'en combattre les ravages* (Montréal, 1877) ; *les Asiles d'aliénés de la province de Québec et leurs détracteurs* (Hull, Québec, 1885).

ANQ-BSLG, CE1-6, 1er juill. 1847. — ANQ-Q, CE3-3, 24 déc. 1820. — ASQ, Fonds H.-R. Casgrain, Sér. O, n° 445. — *Canada at the Universal Exhibition of 1855* (Toronto, 1856). — *Lettres à Pierre Margry de 1844 à 1886 (Papineau, Lafontaine, Faillon, Leprohon et autres),* L.-P. Cormier, édit. (Québec, 1968). — [F.-]E. Rameau de Saint-Père, « Une lettre de M. Rameau ; centenaires, recensements, Lamothe-Cadillac », *Rev. canadienne,* 19 (1883) : 14. — *Le Courrier de Saint-Hyacinthe* (Saint-Hyacinthe, Québec), 19 avril 1894. — *La Minerve,* 12 mars 1885. — *L'Opinion publique,* 15 févr. 1872. — *La Presse,* 28 janv. 1899. — J. Hamelin *et al., la Presse québécoise,* 1 : 215. — Jacqueline Vézina, « Bio-bibliographie de M. Joseph-Charles Taché, ex-député ministre de l'Agriculture » (thèse de bibliothéconomie, univ. de Montréal, 1945). — Julienne Barnard, *Mémoires Chapais ; documentation, correspondance, souvenirs* (4 vol., Montréal et Paris, 1961–1964). — Éveline Bossé, *Joseph-Charles Taché (1820–1894), un grand représentant de l'élite canadienne-française* (Québec, 1971). — H.-J.-J.-B. Chouinard, *Fête nationale des Canadiens français célébrée à Québec en 1880 : histoire, discours, rapport* [...] (4 vol., Québec, 1881–1903). — P.-G. Roy, *la Famille Taché* (Lévis, Québec, 1904). — Philippe Sylvain, « Libéralisme et Ultramontanisme au Canada français : affrontement idéologique et doctrinal (1840–1865) », *le Bouclier d'Achille,* 111–138, 220–255. — J.-C. Bonenfant, « les Projets théoriques de fédéralisme canadien », *Cahiers des Dix,* 29 (1964) : 71–87. — F.-Z. Decelles, « la Langue populaire dans les *Forestiers et Voyageurs* de J.-C. Taché », Soc. du parler français au Canada, *Bull.* (Québec), 5 (1906–1907) : 161–168. — T.-E. Hamel, « Joseph-Charles Taché », univ. Laval, *Annuaire,* 1894–1895 : 98–104. — Luc Lacourcière, « l'Enjeu des *Anciens Canadiens* », *Cahiers de Dix,* 32 (1967) : 223–254. — J.-G. Nadeau, « Joseph-Charles Taché : quelques aspects de sa contribution à l'histoire littéraire du Québec », *Rev. d'hist. littéraire du Québec et du Canada français* (Montréal), 3 (1981–1982) : 88–100. — Réjean Robidoux, « Fortunes et Infortunes de l'abbé Casgrain », *Rev. de l'univ. d'Ottawa,* 31 (1961) : 209–229 ; « *les Soirées canadiennes* et *le Foyer canadien* dans le mouvement littéraire québécois de 1860 ; étude d'histoire littéraire », 28 (1958) : 411–452. — [Joseph] Sylvain, « le Docteur Joseph-Charles Taché (1820–1894) », *l'Écho du Bas St-Laurent* (Rimouski), 8 mars 1935 : 1, 6. — Philippe Sylvain, « les Débuts du *Courrier du Canada* et les Progrès de l'ultramontanisme canadien-français », *Cahiers des Dix,* 32 : 255–278. — Armand Yon, « Un siècle d'opinion française : les Canadiens français jugés par les Français de France, 1830–1939 », *RHAF,* 18 (1964–1965) : 518.

TACHÉ, JOSÉPHINE-ÉLÉONORE. V. ESTIMAUVILLE

TALON-LESPERANCE. V. LESPERANCE

TASCHEREAU, ELZÉAR-ALEXANDRE, prêtre catholique, professeur, administrateur scolaire, archevêque et cardinal, né le 17 février 1820 à Sainte-Marie-de-la-Nouvelle-Beauce (Sainte-Marie, Québec), fils de Jean-Thomas Taschereau* et de Marie Panet, nièce de Mgr Bernard-Claude Panet* ; décédé le 12 avril 1898 à Québec.

Elzéar-Alexandre Taschereau est l'avant-dernier des sept enfants d'une famille aisée, de tendance libérale mais très catholique. À l'automne de 1827, il suit des cours d'anglais de Joseph-Antoine Philippon* à l'école royale de Sainte-Marie. Le 1er octobre 1828, il entre au petit séminaire de Québec, où il a pour maîtres les grands réformateurs que sont Jérôme Demers*, Louis-Jacques Casault* et John Holmes*. Il s'y révèle l'un des plus brillants élèves et accumule prix et honneurs. Sa conduite est exemplaire et sa solide piété, surtout mariale, le fait accepter au sein de la Congrégation de la Bienheureuse-Vierge-Marie-Immaculée. Il termine ses études classique au printemps de 1836 ; en janvier, il avait annoncé à sa mère son intention d'embrasser l'état ecclésiastique.

En compagnie de deux autres diplômés du petit séminaire, Taschereau part en mai 1836 pour l'Europe via New York avec un mentor, l'abbé Holmes, chargé d'étudier les systèmes d'enseignement européens. Il visite les îles Britanniques, les Pays-Bas et la France, et quitte Paris pour Rome le 22 février 1837. À ce dernier endroit, il rencontre dom Prosper Guéranger, restaurateur de l'ordre bénédictin en France. L'un et l'autre se séduisent immédiatement et, le 8 mai, Taschereau annonce péremptoirement son intention de demeurer en Europe et de devenir bénédictin.

Holmes, informé du projet, arrive à Rome ; après des explications orageuses avec Taschereau qui ne veut pas céder, il écrit finalement une lettre violente et remplie de menaces à dom Guéranger qu'il accuse de « conduite peu séante et peu conforme aux bonnes règles ». Devant cette missive « inconvenable », le bénédictin se contente d'écrire à Taschereau qu'il le dégage « entièrement et sans restriction de tout engagement d'honneur [qu'il croirait] avoir pris à [son] égard » et, sans lui donner de conseils précis, l'avertit que « le parti [qu'il lui] reste à prendre dépend de [lui] ». Malgré toute l'indépendance d'esprit qu'il aime alors afficher, Elzéar-Alexandre renonce à sa « vocation » et fait ses adieux à dom Guéranger le 7 juillet 1837, quelques semaines après avoir reçu la tonsure. Il est à Paris le 4 août ; dix jours plus tard, il s'embarque pour l'Amérique, et il atteint New York le 24 septembre.

Taschereau entre au grand séminaire de Québec à la fin de ce mois de septembre 1837. À cause de son jeune âge, il y étudie la théologie pendant cinq ans, tout en enseignant au petit séminaire en cinquième (1838–1840), en troisième (1840–1841) et en rhétorique (1841–1842). Reçu sous-diacre le 26 septembre 1841 et diacre le 10 mars 1842, il obtient une dispense – il est encore à un an et demi de l'âge canonique de 24 ans – et est ordonné prêtre par le coadjuteur, Mgr Pierre-Flavien Turgeon*, dans l'église de sa paroisse natale, le 10 septembre 1842.

Le séminaire de Québec agrège Taschereau dès le 19 octobre 1842. Pendant les 12 ans qui suivent, il enseigne la philosophie intellectuelle et morale ; il adapte le cours de son maître Jérôme Demers par l'étude de certains auteurs contemporains et l'introduction du thomisme. Il donne aussi des cours de sciences (astronomie et architecture), de théologie et d'Écriture sainte. Il fait montre, dans toutes les matières, d'une science incontestable, mais aussi d'une méthode, d'une clarté et d'une autorité qui en font un pédagogue remarquable. À cause de sa connaissance de l'anglais, on l'appelle à Grosse Île en 1847 pour desservir les immigrés atteints du typhus ; il y demeure huit jours avant d'être frappé par la maladie et conduit à l'Hôpital Général de Québec où il est pendant trois semaines en danger de mort.

Tout en continuant à enseigner, Taschereau est très tôt appelé à mettre à contribution ses talents d'administrateur. En 1849, le séminaire en fait l'un des membres du conseil des directeurs et c'est à ce titre qu'il participe à la fondation de l'université Laval en 1852. Il occupe également la fonction de préfet des études de 1849 à 1854 et de directeur du petit séminaire en 1851–1852. Deux ans plus tard, Casault, alors recteur de l'université et supérieur du séminaire, l'envoie étudier deux années à Rome en prévision de la fondation de la faculté de théologie à Québec. Il en revient nanti d'un doctorat en droit canonique.

À son retour, Taschereau joue un rôle encore plus grand au séminaire et à l'université. Il enseigne désormais la théologie. Ses confrères le nomment directeur du petit séminaire de 1856 à 1859, puis directeur du grand séminaire et deuxième assistant du supérieur en 1859–1860. L'université l'invite à faire partie du jury du baccalauréat ès arts, tandis que l'archevêque de Québec le nomme vicaire général, le choisit comme membre du conseil épiscopal et l'un des examinateurs du jeune clergé. En 1859, le gouvernement le nomme au conseil de l'Instruction publique, nouvellement créé. Taschereau contribue également à la fondation d'une société littéraire au séminaire et, dans ses loisirs, écrit une histoire du séminaire de Québec, demeurée manuscrite. Lorsque Casault termine son deuxième mandat à titre de supérieur du séminaire et de recteur de l'université en 1860, on choisit tout naturellement Taschereau, son disciple et ami, pour le remplacer. Il accepte la double charge le 11 juillet ; son nouveau poste ne l'empêche cependant pas de continuer à donner quelques cours de théologie.

Taschereau peut s'appuyer sur l'expérience de Casault, qui demeure membre du conseil universitaire et devient même vice-recteur le 9 avril 1862, et avec qui il partage une même conception de l'université. Pendant ses différents mandats, Taschereau continue la même politique de formation du corps enseignant ; il envoie les futurs professeurs, prêtres ou laïques, se perfectionner en Europe et les suit de près, en leur prodiguant des conseils sur leurs études et leur vie intellectuelle. Il les avertit paternellement d'éviter le surmenage et de s'accorder des distractions. Il leur demande de se cultiver, de regarder au delà de leur spécialité et de se préparer à enseigner plus d'une matière. À son image, un professeur d'université doit être un érudit qui, « sans chercher à devenir un homme universel, fera bien d'être un peu de tout ». Taschereau fait beaucoup d'efforts pour offrir aux professeurs et aux étudiants une bibliothèque bien fournie. Il fait voter des sommes substantielles dans ce but et s'occupe lui-même de l'achat des volumes en Europe. Il est tout heureux de signaler que l'université possède en 1864 une bibliothèque de 30 000 volumes.

Pendant les six premières années de son mandat de recteur, Taschereau fait face à deux questions importantes et reliées entre elles : l'affiliation des collèges classiques à l'université Laval et le projet d'une université catholique à Montréal. Sans renier les prises de position de son prédécesseur, il rédige un autre projet d'affiliation des collèges, qui tient compte des débats soulevés en 1859 par les trois lettres de Casault à Mgr Charles-François Baillairgeon*, alors administrateur de l'archidiocèse de Québec. Il décide d'aller expliquer son point de vue et de le défendre dans chacun des établissements concernés ; il prépare sa visite par l'envoi d'un mémoire à la Propagande en

1862. Il sollicite également l'appui des évêques de Trois-Rivières, de Saint-Hyacinthe et de Montréal. Au printemps de 1863, cinq des dix collèges que compte la province ont accepté le règlement relatif à l'affiliation ; il s'agit du séminaire de Québec, du collège de Trois-Rivières, du séminaire de Nicolet, du collège de Sainte-Anne-de-la-Pocatière et du petit séminaire de Sainte-Thérèse. Les cinq autres, tous de la région de Montréal, demeureront longtemps réfractaires au projet de Laval. La raison en est, du moins en partie, qu'on espère avoir bientôt une université à Montréal. Mgr Ignace Bourget* y songe sérieusement depuis 1862. Le 27 février de cette année-là, il informe Mgr Baillargeon de son projet. Mis au courant, Taschereau se charge aussitôt de la défense des intérêts de Laval. Il consulte, avec l'ancien recteur Casault, les ministres George-Étienne Cartier* et Joseph-Édouard Cauchon* et met sur le chantier un long texte sur l'établissement et l'organisation de l'université Laval, qui servira de base à un mémoire subséquent. Il écrit une lettre à Mgr Baillargeon pour lui souligner les dangers de la demande de Mgr Bourget. Il réfute avec encore plus de vigueur la lettre du 15 mars 1862, où l'évêque de Montréal expose ses motifs ; il insiste sur la nocivité d'un projet qui « n'aura d'autre effet que de ruiner l'Université Laval ». C'est bientôt l'impasse.

À la suggestion de Mgr Bourget, le débat se transporte à Rome pour être soumis au jugement du pape. L'évêque de Montréal est déjà sur les lieux. Mgr Baillargeon dirige lui-même la délégation de Québec ; Taschereau l'accompagne pour défendre les intérêts de l'université, tandis que Mgr Edward John Horan*, évêque de Kingston, est chargé de ceux du séminaire. Ils arrivent à Rome le 14 mai 1862 et rencontrent aussitôt le cardinal Alessandro Barnabo aussi opposé au projet de Montréal. Entre-temps, bien qu'indirectement prié par le pape de ne pas demander l'établissement d'une université à Montréal, Mgr Bourget avait obtenu la permission d'exposer ses raisons à la Propagande ; elles ne font pas le poids devant une décision déjà prise.

Informé de la mort de Casault, survenue le 5 mai 1862, Taschereau écourte son séjour à Rome, mais non « sans emporter le dernier mot » sur la question universitaire. Il assiste donc, le 31 mai, à une audience du cardinal Barnabo où, en compagnie des trois évêques canadiens, il entend le préfet de la Propagande réfuter « victorieusement toutes les raisons de Mgr de Montréal ». Celui-ci se soumet immédiatement. C'est la victoire pour Québec et Taschereau.

Victoire bien éphémère pour le recteur et l'université ! De retour à Québec le 18 juin, Taschereau doit combattre le vent de défaitisme qui suit la mort de Casault et il s'attache à augmenter l'intérêt pour son établissement. Même s'il obtient un demi-succès dans ses démarches pour l'affiliation des collèges classiques, avec l'école de médecine et de chirurgie de Montréal, c'est l'échec complet : les conseils des facultés et celui de l'université repoussent la nouvelle demande d'affiliation de cet organisme [V. Hector Peltier*]. Bourget revient à la charge : il veut fonder une université à Montréal.

Cette nouvelle proposition, faite officiellement par Mgr Bourget le 5 février 1863, est d'abord discutée par les évêques qui, de prime abord, se montrent de moins ardents défenseurs de la position rigide de Laval. Bien plus, au cours de leur réunion des 17 et 18 octobre 1864 à Trois-Rivières, après avoir entendu les mémoires de Bourget et du séminaire de Québec, ils ordonnent, à quatre contre trois, de tenter un ultime effort de conciliation entre les deux parties. Menée par Joseph La Rocque*, évêque de Saint-Hyacinthe, en novembre 1864, cette tentative échoue. Le recteur prononce aussitôt une fin de non-recevoir et en appelle au Saint-Siège.

Taschereau part donc pour Rome le 21 novembre 1864 ; il y rejoint Mgr Bourget qui, dès son arrivée, a obtenu de la Propagande la permission de présenter sa supplique en faveur d'une université. Taschereau attend pendant quelques jours l'arrivée de Mgr Horan, de nouveau délégué par le séminaire. Il en profite pour rédiger *Remarques sur la supplique de l'évêque de Montréal présentée au pape le 19 décembre 1864*. L'arrivée de Mgr Horan en février 1865 accélère la production de mémoires et de contre-mémoires. Finalement, à son assemblée du 28 mars, la Propagande décide qu'il n'est pas nécessaire d'établir une université à Montréal, mais suggère de trouver quelques moyens de faire disparaître les inconvénients dont se plaint Mgr Bourget. Satisfait de la décision, Taschereau recommande néanmoins à ses confrères de Québec la modération dans leurs manifestations de joie.

Taschereau et Horan quittent Rome le 5 avril. C'est à Québec que le recteur prend connaissance des nouvelles suggestions faites par Bourget, à la demande même du cardinal Barnabo. Scandalisé, parce que, dit-il, il s'agit d'une façon détournée de créer une université autonome, il adresse à la Propagande une réponse négative qui ne laisse place à aucune discussion. Rome demande alors à Mgr Bourget de se désister. Cette fois, la victoire est totale pour Laval.

Taschereau affronte des problèmes tout aussi complexes quand il troque le chapeau de recteur pour celui de supérieur du séminaire de Québec. Après l'arrivée de Jacques-Michel Stremler, prêtre lorrain venu enseigner la théologie, se forme un groupe de gaumistes qui critiquent le programme d'études qui ferait la part trop large aux classiques païens et, comme un ver rongeur, menacerait le caractère chrétien du cours classique. En face d'eux se dresse un groupe d'enseignants tout à fait allergiques aux idées de Mgr Jean-Joseph Gaume, et la zizanie s'installe aussi bien dans les classes que parmi les professeurs. Le scandale devient public à la fin de 1864, à la parution, dans *le Courrier du Canada,* d'une série d'articles qui entraînent une polémique et la réprobation du vicaire général Charles-Félix Cazeau*. Interdit de publication dans les journaux, le jeune abbé Alexis Pelletier* lance, en 1865, de façon anonyme ou signés d'un pseudonyme, des opuscules gaumistes qui font grand bruit.

De retour de son voyage à Rome, Taschereau doit mettre de l'ordre dans la communauté déchirée. Personnellement hostile à toute doctrine extrême, il prêche la modération et se contente, au départ, d'avertissements paternels mais sérieux. Ayant négligé de se conformer à ces directives, l'abbé Olivier-Désiré Vézina, professeur au séminaire, est remercié de ses services. En l'espace de quelque deux ans, tous les gaumistes quittent le séminaire, dont Stremler et Pelletier.

Enfin, une partie du séminaire est incendiée en 1865, et Taschereau doit envisager la possibilité de construire ailleurs pour donner de la place à l'université ou de simplement faire les réparations nécessaires et certains agrandissements au pensionnat de l'université. Cette dernière solution est finalement retenue.

Taschereau termine à l'été de 1866 son deuxième mandat de supérieur et de recteur. Il doit céder sa place comme l'y obligent les règlements. Il devient alors assistant et supérieur du grand séminaire, avant de reprendre les rênes du pouvoir en 1869. Mais pour un temps très court, puisque, à la suite du décès de Mgr Baillargeon, Rome le désigne comme archevêque de Québec le 24 décembre 1870.

Taschereau prend la tête de l'archidiocèse dans des conditions difficiles. Depuis la mort de Mgr Joseph-Octave Plessis* en 1825, les titulaires ont presque tous été empêchés par l'âge ou la maladie d'agir efficacement et ils ont dû s'en remettre à des coadjuteurs qui, limités dans leur juridiction, n'ont guère eu la chance de s'affirmer. Tant et si bien que le leadership de l'Église canadienne est passé aux évêques montréalais Jean-Jacques Lartigue* et Bourget.

Dans l'archidiocèse, la situation n'est pas de tout repos. Un vent de révolte souffle dans le clergé. Les condamnations les plus sévères n'ont pas empêché la publication de pamphlets gaumistes qui n'épargnent pas Mgr Baillargeon et son entourage ; plusieurs curés et vicaires approuvent les idées si habilement exposées par Alexis Pelletier qu'un secret bien gardé met à l'abri des foudres épiscopales. Surtout pendant l'absence de Mgr Baillargeon et des évêques pour le premier concile du Vatican en 1869–1870, l'esprit de division s'infiltre un peu partout, comme en font foi les graves dissensions qui secouent le personnel du collège de Sainte-Anne-de-la-Pocatière, et aboutit à une révolte ouverte contre l'archevêque en 1870. Ailleurs, malgré les conseils de Mgr Baillargeon et du vicaire général Cazeau, des prêtres prennent des positions extrêmes – ultramontaines – sur des questions controversées comme l'éducation, le nouveau Code civil, le libéralisme, et s'éloignent ainsi de la modération prêchée par les autorités diocésaines. À la fin de l'année 1870, même l'orthodoxie de l'université Laval est mise en question par *le Journal des Trois-Rivières*. Bref, à la mort de Mgr Baillargeon en octobre 1870, tout le monde comprend qu'il faudra une main ferme pour ramener la paix et l'ordre dans l'archidiocèse et dans la province.

Taschereau est bien connu dans tous les milieux, aussi bien politiques, éducationnels qu'ecclésiastiques. Personne, dans le corps épiscopal, n'a mis en doute les qualités que lui attribuait Mgr Baillargeon pour le placer au premier rang de la *terna* qu'il avait envoyée à Rome : sa « haute intelligence », sa « grande pénétration d'esprit », son « jugement sain », son « grand amour pour le travail », sa « remarquable expédition dans tout ce qu'il fait », son « rare esprit d'ordre en toutes choses » ; cet homme « plein de courage, ferme et énergique », avait ajouté le prélat, « joint une foi vive, une haute piété, une scrupuleuse exactitude dans l'accomplissement de tous ses devoirs, dans l'observation des moindres règles de la discipline ecclésiastique, un zèle sincère pour la gloire de Dieu, l'honneur de l'Église et le salut des âmes, enfin une grande pureté de conscience et le mérite d'une vie sans tache et sans reproche depuis son enfance ». Ceux qui le connaissent intimement assurent que, sous son masque marmoréen, son apparence impassible et son laconisme exaspérant, se cache un être sensible, bon, franc, plein d'attention pour ses amis, charitable, simple et humble au milieu des honneurs. En revanche, ses adversaires voient déjà en lui un chef autoritaire, « très raide dans le commerce de la vie », à qui on peut reprocher parfois de manquer « de véritable énergie dans les circonstances où il fa[ut] en déployer » et de se laisser trop influencer par son entourage.

Rompant avec une coutume plus que séculaire, le nouvel archevêque ne demande pas de coadjuteur et, tant que ses forces le lui permettent, il assume seul l'administration de son vaste diocèse. Taschereau établit ce que certains de ses contemporains ont appelé le « règne de l'ordre ». Lui-même donne l'exemple d'une vie scrupuleusement réglée. Levé tous les matins à cinq heures, il passe les premiers temps de la journée en prière (oraison, messe) ; puis, après un petit déjeuner rapide et des exercices au grand air, il travaille à son bureau de huit heures à midi. Il consacre peu de temps au déjeuner, un peu plus à la récréation et à la récitation du bréviaire, avant de regagner son bureau où on le retrouve de une heure trente à six heures trente. Le soir, après le dîner, qui « dure au plus vingt minutes », il prend une heure de récréation, très souvent avec les élèves du séminaire ; à huit heures, il fait ses prières (chapelet, visite au Saint-

Sacrement) et se met au lit à neuf heures. Chaque mois, il prend une journée et, chaque année, six jours pour faire les exercices de la retraite spirituelle. Il se confesse chaque semaine, au même jour et à la même heure ; chaque semaine aussi, il fait son chemin de la croix. Tous les samedis de l'année, à cinq heures précises de l'après-midi, il se rend à pied à l'église Notre-Dame-des-Victoires pour prier devant le Saint-Sacrement et la statue de la Vierge. Chaque mois de juin, il entreprend la visite d'une partie de son diocèse ; il y consacre deux mois, puis va se reposer quelques jours au manoir familial de Sainte-Marie-de-la-Nouvelle-Beauce et deux semaines à la maison du séminaire à Petit-Cap. Après quoi il reprend le chemin de la ville épiscopale et de son bureau.

L'administration de Taschereau se fait sous le signe de l'efficacité. À l'augmentation continuelle de la population correspond la multiplication des paroisses et des missions : plus de 40 nouvelles pour les premières, au delà de 30 pour les secondes. Il contrôle lui-même les biens de la société de colonisation qui vient au secours des nouveaux établissements. Par esprit d'ordre et de discipline, il régularise jusque dans les moindres détails l'administration paroissiale ; il en explicite les principaux usages dans l'*Appendice au rituel* et dans *Discipline du diocèse de Québec*. Son abondante correspondance est remplie d'explications et de solutions de cas que lui soumettent son clergé et même ses collègues dans l'épiscopat. Quiconque lui écrit, même pour des questions naïves, reçoit dès le lendemain une réponse claire et précise, souvent laconique, parfois teintée d'une pointe d'humour. Il reçoit facilement et sans les obliger à faire antichambre tous ceux qui se présentent à son bureau ; cependant, il lie conversation avec difficulté – « C'est une vraie porte de prison », constate l'homme politique Hector-Louis Langevin* après une entrevue – et le visiteur a tout avantage à savoir prendre congé à temps.

L'action générale de Taschereau consiste davantage à consolider les institutions établies qu'à en créer de nouvelles. Dans le domaine de l'enseignement, si la plus grande partie de ses énergies passent à la défense du séminaire de Québec et de l'université Laval, il n'en oublie pas pour autant les autres établissements. Dès les premières semaines de son épiscopat, il visite le collège de Sainte-Anne-de-la-Pocatière pour pacifier les esprits et étudier l'ampleur des difficultés financières [V. François Pilote*]. Le 22 avril 1871, il lance, parmi son clergé, une double souscription en faveur de cet établissement et il donne personnellement l'exemple d'une grande générosité ; renouvelée chaque année, cette quête permet d'éteindre la dette en 1878. Il contribue à la fondation de deux nouveaux collèges classiques : le séminaire de Chicoutimi qu'il érige canoniquement en août 1873 et le collège de Lévis qu'il détache du séminaire de Québec en 1879 [V. Joseph-David Déziel*]. Pour l'enseignement primaire, il aide les Frères des écoles chrétiennes déjà établis en faisant venir, dans l'archidiocèse, les Frères du Sacré-Cœur, les Clercs de Saint-Viateur, les Frères de Saint-Vincent de Paul, les Frères de la Charité et les Frères maristes. Il encourage les communautés enseignantes tout comme celles qui s'occupent d'assistance sociale. Il fait de façon minutieuse les visites canoniques et ne craint pas, dans ses rapports, d'entrer dans les détails les plus triviaux.

Au point de vue social, Taschereau suit de près les activités de la Société de colonisation du diocèse de Québec qu'il trouve essentielle. Sa perception du problème ouvrier ne se démarque pas de celle de la plupart de ses contemporains : la misère a surtout des causes morales ; la grève est un désordre qu'il faut éviter autant que possible ; le syndicalisme, venu du monde anglo-saxon, conserve une telle coloration matérialiste et franc-maçonnique qu'il condamne les Chevaliers du travail en 1885 et 1886 et, après l'intervention du cardinal James Gibbons et celle de Rome, ne lève qu'avec réticence les censures annoncées. Il encourage cependant les conférences sur la question ouvrière données à l'église de Saint-Sauveur par le père François Gohiet et leur publication en brochure. Quant aux œuvres qui contribuent à soulager la misère, il se contente de maintenir celles qui existent déjà ; le seul établissement nouveau à Québec est l'hôpital du Sacré-Cœur de Jésus ouvert en 1873 pour les vieillards et les invalides et soutenu par une loterie diocésaine.

Lui-même homme de prières et de dévotions, Taschereau encourage, mais sans les actions d'éclat de son collègue Bourget, les initiatives de piété populaire. Il lance en 1872 une grande campagne de souscription pour l'érection d'une nouvelle église à Sainte-Anne-de-Beaupré ; en 1885, c'est à ses diocésains qu'il demandera l'argent nécessaire pour l'érection du maître-autel. Il est à la tête des évêques qui demandent au pape que sainte Anne soit proclamée patronne de la province de Québec et il rédige avec eux un règlement précis pour l'organisation des pèlerinages. Devant l'augmentation rapide des pèlerins, il confie, en 1878, la paroisse et le pèlerinage aux rédemptoristes [V. Jean Tielen]. Il donne le même appui constant aux dévotions à la Vierge, à saint Joseph, à la sainte Famille et au Sacré-Cœur, entre autres. On lui attribue une part notable dans l'extension du Tiers-Ordre régulier de Saint-François dans son archidiocèse. Mais la dévotion à la Présence réelle semble avoir sa prédilection, qui se manifeste par l'essor qu'il donne à l'exposition perpétuelle du Saint-Sacrement ou quarante heures.

Ce style de gouvernement où une fermeté tempérée par le paternalisme s'allie au respect des autres, Taschereau l'emploie aussi pour diriger l'ensemble de l'épiscopat. Dès sa nomination, il substitue aux réunions aléatoires et sporadiques des évêques des rencontres régulières et bien préparées. Il convoque ainsi ses collègues en octobre 1871 et, du 17 au 24, fait preuve d'un leadership si efficace que les évêques tiennent à faire connaître « le bonheur qu'ils ont éprouvé à se rencontrer avec leur Archevêque » et souhaitent se réunir désormais « au moins une fois l'an ». Le rythme s'établit plutôt à deux rencontres ou plus par année, qui coïncident le plus souvent, après 1875, avec les réunions biannuelles du comité catholique du conseil de l'Instruction publique dont tous les évêques de la province font partie. Si Taschereau n'hésite pas à demander à certains de ses collègues une collaboration pour la préparation des documents de travail, il ne cède à personne le suivi des décisions et il préside les rencontres avec autorité. Il perd pour un certain temps la confiance de ses suffragants qui se liguent tous contre lui en 1876 mais, avec l'aide de Rome, il reprend la direction de l'assemblée des évêques et, dans les années 1880, son assurance et son autoritarisme en froissent plus d'un. Après 1886, les règlements favorables obtenus à Rome et la dignité de cardinal ajouteront encore au prestige d'un président qui graduellement ramène l'unité au sein de l'assemblée des évêques.

Taschereau convoque aussi les trois derniers conciles provinciaux de Québec tenus en 1873, 1878 et 1886. Tout comme les précédents, ils traitent surtout de la discipline interne de l'Église de la province et du développement des structures. Après 1886, Taschereau ne trouve plus de raisons de réunir un nouveau concile provincial : les provinces ecclésiastiques de Montréal et d'Ottawa se sont détachées de Québec et les principaux problèmes sont réglés ou peuvent l'être à l'occasion des assemblées biannuelles. Il obtient donc de Rome, de trois ans en trois ans, le report de la convocation d'un nouveau concile provincial. Il repousse avec énergie, à partir de 1876–1877, les propositions faites du côté irlando-canadien pour une réunion en concile de tous les évêques du Canada. Pour lui, « les grandes questions disciplinaires ont été réglées » dans la province ecclésiastique de Québec et les autres provinces n'ont qu'à se mettre au diapason. De plus, souligne-t-il avec force, « la race franco-canadienne est entourée d'ennemis qui en diffèrent par la race, la langue et la religion » et il ne saurait être question pour elle de se perdre dans un grand tout canadien, si catholique soit-il. Il transmet sa conviction à son coadjuteur et successeur, Mgr Louis-Nazaire Bégin*, qui fait repousser jusqu'en 1909 la convocation du premier (et dernier) concile plénier canadien.

Le leadership et l'autorité de Taschereau dérangent trop d'habitudes établies pour ne pas susciter d'oppositions. Elles se manifestent surtout au début de son épiscopat. Et même avant, puisque sa nomination n'est encore qu'une rumeur quand un groupe de prêtres s'adresse à Mgr Bourget pour l'inciter à avertir Rome que Taschereau n'a pas l'appui de tout le monde comme successeur de Mgr Baillargeon ; l'évêque de Montréal ne donne pas suite à cette demande. En 1873, le même groupe – essentiellement des curés et des vicaires de la Côte-du-Sud et de Charlevoix – dénonce à la fois son mode d'administration et son manque d'orthodoxie. Plus violente encore est la lettre du curé de Saint-Romuald, Pierre-Télesphore Sax, au préfet de la Propagande, le cardinal Alessandro Franchi, en 1876, où il fait un portrait peu flatteur de son archevêque « qui a une grande confiance en lui-même, ne se donne presque jamais la peine de consulter sur quelque sujet que ce soit » et qui, sans chapitre ni conseil, s'est entouré de prêtres jeunes et sans expérience et d'un vicaire général « complètement étranger à la théologie et au droit canon ». L'administration est non seulement mal faite, mais peu humaine : « Ayant été régent et maître de discipline toute sa vie, notre archevêque en a conservé la raideur, l'omnipotence, et quelques fois la grossièreté. Les députations sont par lui traitées comme des gamins, et avec un sans gêne révoltant. » On retrouve les mêmes accusations dans plusieurs mémoires présentés à Rome en 1876 et jusqu'en 1878 ; par après, elles se font plus rares et concernent moins l'administration que les positions de Taschereau dans les divers débats qui secouent la province jusqu'au milieu des années 1880.

Un des paradoxes de la vie de Taschereau est que cet homme, que ses familiers décrivent comme un être doux, sensible et pacifique, est, pendant plus de 15 ans, au cœur d'une multitude de querelles et de disputes et qu'il s'y révèle pugnace et même vindicatif envers certains adversaires. Lui-même en prend son parti avec un certain détachement. Loin de rechercher le combat ou de foncer à l'attaque, il compte sur le temps pour régler bien des problèmes. Toute sa stratégie s'appuie sur une analyse réaliste de la nature humaine : « Il faut prendre les hommes non pas tels qu'ils devraient être, mais tels qu'ils sont », répète-t-il à ses collègues et à ses prêtres. Mais cet attentisme passe aux yeux de plusieurs pour un manque de zèle et une concession à l'erreur, ou, en langage de l'époque, une forme de « libéralisme catholique ». C'est pourquoi il a presque toujours comme adversaires les tenants d'un ultramontanisme intransigeant qui favorisent, en plus d'une orthodoxie romaine pure, une action continuelle pour extirper le mal et faire triompher les bons principes ; leur chef est Mgr Bourget jusqu'en 1876, puis Mgr Louis-François LAFLÈCHE, secondé par un groupe d'évêques, de prêtres et de laïques bruyants mais minoritaires.

Immédiatement après son ordination épiscopale du 19 mars 1871, Taschereau doit plonger dans la mêlée et agir comme arbitre dans le différend qui sépare les sulpiciens et l'évêque de Montréal à propos du démembrement de la paroisse Notre-Dame à Montréal. Les sulpiciens en appellent du décret de Rome de 1865 qui favorisait l'érection de nouvelles paroisses ; ils s'élèvent contre la non-conformité du décret avec la législation civile, particulièrement à propos de la tenue des registres civils. Taschereau ne peut rester neutre dans ce débat : depuis plusieurs années, il a affronté Bourget pour son projet d'une université à Montréal et sa correspondance révèle que, comme plusieurs autres Québécois, il le tient pour mentalement affaibli et cherche à le déconsidérer auprès des instances romaines. De plus, il y a une affinité naturelle entre le séminaire de Saint-Sulpice et celui de Québec qui, depuis longtemps, se sentent bousculés et menacés par les multiples réformes de Bourget, qui vont du costume ecclésiastique aux règles de la liturgie. Malgré son désir sincère d'objectivité, Taschereau va mener le dossier des sulpiciens pendant dix ans avec un penchant favorable pour eux. Cette attitude se manifeste dès 1871 où, même s'il est reçu triomphalement à Montréal, il échoue à réconcilier les deux parties et rédige un rapport défavorable à l'évêque. À partir de ce jour, Bourget et ses procureurs jugeront Taschereau non compétent pour traiter le problème et surtout « suspect ».

C'est également aussitôt après les fêtes de son sacre que Taschereau est plongé dans les problèmes politico-religieux. Le Programme catholique, manifeste électoral ultramontain concocté et publié à Trois-Rivières en avril 1871 [V. François-Xavier-Anselme Trudel*], est trop directement opposé à ses convictions modérées et à son désir d'éloigner le clergé des querelles politiques pour qu'il laisse seulement soupçonner qu'il l'approuve. Dès le 24 avril, il publie une circulaire laconique pour signaler que « ce programme [...] a le grave inconvénient d'avoir été formulé en dehors de toute participation de l'épiscopat » ; le même jour, il écrit à Mgr Charles La Rocque*, évêque de Saint-Hyacinthe, une lettre plus mordante qui fait le tour de la province. Il prend donc le risque – Rome l'en blâmera indirectement en 1874 – de révéler au grand jour la division qui règne au sein de l'épiscopat, puisque les évêques de Montréal et de Trois-Rivières approuvent publiquement le manifeste et que ceux de Rimouski et de Saint-Hyacinthe suivent l'archevêque. Le clivage entre intransigeants et modérés s'installe pour quelques décennies.

Au contraire des ultramontains, qu'ils appellent dérisoirement des ultramontés, Taschereau et ses partisans ne voient pas le libéralisme comme une menace et n'acceptent pas d'appliquer au parti libéral les condamnations du libéralisme catholique venues de Rome. Cette position modérée vaut à l'archevêque d'être la cible des journaux ultramontains – *le Nouveau Monde* [V. Frédéric Houde*], *le Franc-Parleur, le Journal des Trois-Rivières,* entre autres – surtout après qu'il eut obtenu de ses collègues de l'assemblée des évêques des directives claires pour les journalistes catholiques et de Rome un blâme sévère pour leurs exagérations. Elle lui vaut également d'être clairement désigné parmi les « puissantes oppositions » qui favoriseraient « ces compromis si communs parmi les prétendus politiques de nos jours », à l'occasion du scandaleux sermon du jésuite Antoine-Nicolas Braun* aux noces d'or sacerdotales de Mgr Bourget en 1872.

Quand surgissent les procès pour abus d'influence, Taschereau semble, pour un moment, suivre la ligne dure de Bourget et de Laflèche. Il rédige la lettre pastorale des évêques de la province ecclésiastique de Québec du 22 septembre 1875, qui est la condamnation la plus forte du libéralisme catholique encore publiée au Canada ; il s'en fait l'ardent défenseur pendant plusieurs mois. Il approuve et signe également, le 26 mars 1877, la déclaration de l'archevêque et des évêques de la province ecclésiastique de Québec, qui suit les jugements des tribunaux sur les élections de Bonaventure et de Charlevoix auxquels sont mêlés Mgr Jean LANGEVIN et son frère Hector-Louis. Le document est une sévère mise au point faite au gouvernement canadien sur la liberté de l'Église et il demande des modifications à la loi électorale. Mais, entre-temps, influencé par son entourage, Taschereau a compris le caractère ambigu du texte de septembre 1875 et le danger qu'il mène à un affrontement avec la majorité protestante du Canada. Après avoir tenté vainement d'amener ses suffragants à préciser et à nuancer leur pensée, il publie unilatéralement, le 25 mai 1876, un mandement qui met le parti libéral sur le même pied que les conservateurs et qui invite les catholiques « sans distinction de parti » à prier et à agir pour des élections honnêtes. Tous ses suffragants sans exception reçoivent le document comme une gifle, car il leur paraît être une contestation ou une désapprobation à peine voilée de leur lettre du 22 septembre 1875 ; ils n'ont plus confiance en lui pour les défendre contre les libéraux. Aussi, quand le cardinal Franchi écrit à l'archevêque à propos des accusations « relativement à l'intervention du clergé dans les élections politiques » et lui demande « des informations exactes » et des suggestions « pour éloigner les difficultés qui se sont présentées », ils trouvent la réaction de Taschereau trop molle et ils envoient leur collègue Laflèche à Rome pour « éclairer et renseigner le St-Père sur les menées [des] libéraux et démontrer au St-Père que [les évêques font] tout le contraire de ce dont on [les] accuse ». Mgr Laflèche obtient de Pie IX un bref apostolique qui loue les évêques de prémunir le peuple contre « les astucieuses erreurs du *libéralisme* dit *catholique* », mais qui insiste davantage sur l'unité et la concorde. À cette occasion, Taschereau prend encore ses distances d'avec ses collègues. Il refuse de les réunir pour rédiger un texte de présentation commun et dithyrambique ; il promulgue lui-même le document romain avec une sobriété polie, tandis que Laflèche, Langevin, Louis-Zéphirin Moreau* et Édouard-Charles FABRE insistent sur une condamnation nouvelle des erreurs libérales.

La fronde des suffragants s'achève avec le passage, en 1877–1878, du délégué apostolique Mgr George Conroy* qui, mandaté pour imposer l'union aux évêques et le silence au clergé sur les questions politiques, fait publier une déclaration qui exonère publiquement le parti libéral – et une circulaire au clergé qui lui ordonne de suivre la voie d'une « sage réserve » et d'une « grande prudence ». C'est la victoire de la ligne modérée de Taschereau et de son analyse de la situation canadienne. Désormais, la très grande majorité de l'assemblée épiscopale et du clergé suit l'archevêque qui se sent d'attaque pour repousser les tentatives de certains irréductibles.

Taschereau prend le contre-pied des positions ultramontaines à peu près sur toutes les questions qui agitent le monde politique pendant les années 1870–1880 : le nouveau Code civil qu'il souhaite, mais dans les limites de la plus grande prudence, voir corriger et s'aligner sur le droit canonique à propos notamment du mariage et de la tenue des registres ; la question des écoles du Nouveau-Brunswick où il n'approuve pas une intervention fédérale ou des déclarations épiscopales ; les biens des jésuites qu'il voudrait récupérer pour l'université Laval tout en empêchant la Compagnie de Jésus de les obtenir pour ses œuvres d'éducation, question qu'il voit avec beaucoup de ressentiment Honoré MERCIER traiter, par-dessus lui, directement avec Rome [V. Antoine-Nicolas Braun]. Même une question essentiellement ecclésiastique comme celle de la division du diocèse de Trois-Rivières le met aux prises avec les mêmes adversaires ultramontains. Non seulement parce que l'évêque du lieu, Mgr Laflèche, est leur chef et qu'il n'a cessé d'attaquer ses positions « libérales », mais surtout parce qu'après le *motu proprio* de Léon XIII en 1883, qui ordonne la formation du diocèse de Nicolet sur la rive sud du Saint-Laurent, un recul des instances romaines remettrait en question l'autorité pontificale et menacerait d'autres décisions, à propos de l'université Laval par exemple, ce que Taschereau ne peut accepter. C'est pourquoi il appuie et conseille les partisans du diocèse de Nicolet – nommément Calixte Marquis* et les prêtres du séminaire – et, quand la situation se corse, il n'hésite pas à se rendre à Rome pour faire pression sur la Propagande et arracher une décision finale favorable. Il se sert même de son pouvoir de métropolitain pour empêcher Laflèche de faire un voyage semblable.

Au cœur de tous ces débats et de ces démarches parfois surprenantes se trouve la question universitaire. À Benjamin PÂQUET, en 1865, Taschereau avoue en confidence : « Je suis *Séminariste* avant tout », c'est-à-dire un partisan inconditionnel du séminaire de Québec et de l'université Laval. Il le demeure toujours : quand, après 1870, fusent de partout contre les professeurs de Laval des accusations de gallicanisme, de libéralisme et d'appartenance à la franc-maçonnerie [V. Jean-Étienne Landry*] ; quand, en 1872–1874, les jésuites demandent au Parlement la faculté de concéder des grades universitaires et, partant, de créer une université à Montréal [V. Joseph Desautels*] ; quand, au début des années 1880, l'école de médecine et de chirurgie de Montréal mène une lutte sans merci contre la succursale de l'université Laval à Montréal et oblige même Laval à faire élargir les dispositions de sa charte originelle [V. Thomas-Edmond d'ODET d'Orsonnens] ; quand, une fois la victoire obtenue de haute lutte à Rome, il faut exiger de tous les diocèses de la province de Québec des moyens financiers pour aider au développement de l'établissement universitaire. À chaque occasion, Taschereau stimule, coordonne et dirige la défense au pays et à Rome. Il surveille l'élaboration des mémoires et contre-mémoires et rédige lui-même, de façon régulière, de longues lettres qui reprennent presque textuellement les grandes lignes des documents lavallois : il publie *Remarques sur le mémoire de l'évêque des Trois-Rivières sur les difficultés religieuses en Canada*. À Rome, il entretient des amitiés très utiles avec des gens qui défendent ses intérêts et le mettent au courant de toutes les manœuvres des adversaires ; il y délègue des procureurs – Mgr Pâquet et Mgr Dominique Racine* – qui ont leurs entrées partout et l'expérience de la « combinazione » romaine. En 1872, 1884 et 1887, il intervient personnellement à Rome auprès des cardinaux et prévient des décisions menaçantes. Au pays, il publie dans les journaux tous les documents romains qui lui sont favorables. Il obtient de façon régulière l'appui de la majorité de ses collègues de l'épiscopat et des hommes politiques libéraux ou conservateurs modérés.

Plus que jamais, Taschereau devient la cible préférée des adversaires de l'université Laval. « C'est l'Archevêque surtout qu'il faut attaquer et dévoiler sans miséricorde, parce que c'est lui qui est la source du mal », ose écrire Luc Desilets* en 1881. Pour être plus diplomatique, le jugement de Laflèche s'en rapproche beaucoup : « la véritable cause [de la division des évêques] se trouve dans les influences diverses que subit à son insu, je pense bien, Mgr. l'Archevêque, et qui l'inclinent tantôt à marcher avec ses suffragants, et tantôt à favoriser les libéraux ». La plupart des questions soumises à Rome tournent au procès de Taschereau et à une demande d'enquête juridique, ce que les autorités de la Propagande ne prisent guère, car elles répugnent à mettre en cause la plus haute autorité catholique du pays. De plus, l'archevêque et ses partisans n'ont pas de difficulté à prouver les exagérations de leurs adversaires – journalistes surtout – et à les montrer comme de soi-disant « *catholiques* par excellence », c'est-à-dire « un certain nombre de personnes qui se croient les seuls *catholiques* de la province, qui se disent *tout le monde*, qui prennent feu à la moindre parole dite contre un prêtre de leur parti, mais qui ne se gênent nullement d'accuser l'archevêque et même la Propagande et le S. Office quand ils ne partagent pas leurs vues ».

Aussi dans la plupart des cas (l'exception la plus frappante est la solution à la question des biens des jésuites), les autorités romaines acceptent les thèses québécoises et renvoient les demandes des Montréalais ou de leurs partisans ultramontains. Le comble est atteint par l'élévation de Taschereau à la dignité de cardinal en 1886. Souhaitée depuis longtemps, demandée depuis au moins deux ans par plusieurs évêques, par François Langelier* (maire libéral de Québec), Joseph-Adolphe CHAPLEAU (adversaire déclaré des ultramontains), sir John Alexander MACDONALD (le premier ministre protestant et franc-maçon !) et lord Lansdowne [Petty-Fitzmaurice*] (le gouverneur général, qui est même prêt à faire intervenir la reine Victoria), la nomination du premier cardinal canadien est finalement arrachée grâce à l'habileté diplomatique de l'abbé Henri-Raymond Casgrain*, de ses amis Cyrille-Étienne Légaré et Charles-Octave Gagnon et de leurs connaissances romaines ; elle donne lieu à des fêtes fastueuses dignes d'un prince de l'Église. « Contrarié » par tous ces honneurs (qu'il appelle des « persécutions »), Taschereau accepte de guerre lasse de se constituer « une cour » en demandant à Rome un lot de titres ecclésiastiques : deux protonotaires apostoliques, trois prélats domestiques, deux camériers secrets, deux commandeurs de l'ordre de Saint-Grégoire-le-Grand. Quant à lui, il ne change en rien son train de vie.

Malgré ce qu'en attendaient ses familiers, la promotion de Taschereau au cardinalat se révèle davantage un couronnement de carrière qu'un tremplin pour de nouvelles œuvres. Dès 1887, en faisant l'ascension du cap Tourmente, il sent les premières manifestations du déclin de ses forces. Il est bientôt obligé de diminuer ses activités et, en 1891, de demander un coadjuteur. Son choix se porte sur l'évêque de Chicoutimi, Mgr Bégin : il obtient sa nomination à la fin de 1891, après plusieurs mois de tergiversations et de supplications. Dans un geste inouï pour quelqu'un qui a toujours voulu gouverner seul en tenant tous les fils et en surveillant chaque détail, Taschereau cède immédiatement presque tous ses pouvoirs à son collaborateur. Lui-même se réfugie de plus en plus dans le silence et la prière et fait désormais de rares apparitions publiques, à l'occasion, par exemple, de son jubilé d'or d'ordination sacerdotale en 1892 et de son jubilé d'argent à l'épiscopat en 1896. Il cède officiellement l'administration de l'archidiocèse à son coadjuteur en 1894. Sa fin, prévue depuis longtemps, survient le 12 avril 1898.

Les obsèques de Taschereau, présidées par le cardinal James Gibbons de Baltimore, attirent une foule considérable avec à sa tête un clergé nombreux et des hommes politiques venus de tous les horizons. On fait construire « expressément pour la circonstance » un corbillard grandiose, qui ne sera utilisé par la suite que dans des occasions très exceptionnelles. Mgr Michel-Thomas Labrecque, évêque de Chicoutimi, prononce l'oraison funèbre et présente le défunt comme un chef fidèle à son Dieu, à l'Église et à son pays : « Il faut remonter, M[es] F[rères], jusqu'au Vénérable Fondateur de la hiérarchie catholique en ce pays pour rencontrer sur le siège de Québec un pareil talent d'organisation, aussi fécond dans les détails, aussi tenace et aussi sûr, aussi ordonné, aussi méthodique. »

Ce sont ces mêmes qualités que plusieurs des biographes d'Elzéar-Alexandre Taschereau rappellent pour le comparer à Joseph-Octave Plessis. Mais qu'a-t-on besoin de ces références historiques pour jauger le premier cardinal canadien ? Son esprit transcendant et sa formation exceptionnelle pour l'époque l'ont propulsé aux plus hautes sphères du monde religieux et éducationnel ; il y a laissé sa marque pour longtemps. Son sens du réalisme et de la modération lui a permis de désamorcer plusieurs conflits latents entre l'Église et l'État, au moment où les forces ultramontaines se lançaient ouvertement dans la lutte politique. Selon Adolphe-Basile Routhier*, il lui aura manqué « plus de souplesse et d'attraction sympathique dans ses rapports sociaux » pour aplanir certaines difficultés et prévenir des débats virulents. Surtout, n'ayant pu prendre ses distances vis-à-vis des vues du séminaire et de l'université Laval, il endosse sans retenue leurs positions les plus irréductibles et contribue ainsi, pensent plusieurs, à retarder le développement culturel de la région montréalaise. On peut néanmoins conclure avec son successeur, Mgr Bégin, qu'il y a peu d'hommes « auquel l'Église de Québec doive une plus grande reconnaissance » et, faut-il préciser, toute la société canadienne.

NIVE VOISINE

Elzéar-Alexandre Taschereau est l'auteur de : *Discipline du diocèse de Québec* (Québec, 1879 ; 2e éd., 1895) ; *Remarques de l'archevêque de Québec sur le mémoire de 1883 concernant la division du diocèse des Trois-Rivières et réponse de l'évêque de Trois-Rivières à ces remarques* ([Québec, 1884]) ; et « *Histoire du séminaire des missions étrangères de Québec* », *le Canada français* (Québec), 2e sér., 20 (1932–1933) : 628–634. Ses mandements ont été publiés dans *Mandements, lettres pastorales et circulaires des évêques de Québec*, [Henri Têtu et C.-O. Gagnon, édit.] (18 vol. parus, Québec, 1887–), nouv. sér., 1–4.

Un très grand nombre de dépôts d'archives contiennent

une documentation pertinente sur Taschereau. À Québec, il faut consulter les AAQ, particulièrement les séries 31-16 A ; 210 A ; 26 CP ; et 33 CR. Tout aussi importantes sont les ASQ, avec, entre autres, les séries Séminaire ; Univ. ; et MSS. La plupart des archives des archevêchés et des évêchés du Canada et surtout du Québec sont d'une très grande richesse en ce qui concerne Taschereau. À Rome, on trouve une masse de documents aux Archivio della Propaganda Fide où il faut dépouiller les séries Acta ; Lettere e decreti della Sacra Congregazione e biglietti di Monsignore Segretario ; Nuova Serie ; Scritture originali riferite nelle congregazioni generali ; et Scritture riferite nei Congressi, America settentrionale.

Il n'existe pas de biographie scientifique du premier cardinal canadien ; il faut se rabattre sur des écrits plutôt anciens ou des études ponctuelles dont :

Henri Têtu, *Notices biographiques : les évêques de Québec* (Québec, 1889 ; réimpr. en 4 vol., Québec et Tours, France, 1930). — Michèle Dumas-Rousseau, « l'Université de Montréal de 1852 à 1865 : tentatives de fondation (thèse de M.A., univ. Laval, 1973). — Serge Gagnon, « le Collège de Sainte-Anne au temps de l'abbé François Pilote : les conflits du personnel enseignant » (thèse de D.E.S., univ. Laval, 1968). — J.-R. Gaudin, « les Rapports entre l'Église et l'État d'après le cardinal Elzéar-Alexandre Taschereau (1820–1898) » (thèse de PH.D., univ. Saint-Paul, Ottawa, 1972). — [A.-H. Gosselin], *1842–1892, jubilé sacerdotal de S.E. le cardinal E.-A. Taschereau* [...] (Québec, 1892). — Jacques Grisé, *les Conciles provinciaux de Québec et l'Église canadienne (1851–1886)* (Montréal, 1979). — [T.-E. Hamel], *le Premier Cardinal canadien ; souvenir de 1886* (Québec, 1886). — Lavallée, *Québec contre Montréal.* — Honorius Provost, « Historique de la faculté des arts de l'université Laval, 1852–1902 » (thèse de M.A., univ. Laval, 1952) ; *Sainte-Marie de la Nouvelle-Beauce ; histoire civile* (Québec, 1970) ; *Sainte-Marie de la Nouvelle-Beauce ; histoire religieuse* (Québec, 1967). — Henri Têtu, *Notice biographique, S.E. le cardinal Taschereau, archevêque de Québec* (Québec, 1891). — Voisine, *Louis-François Laflèche.* — David Gosselin, « le Cardinal Taschereau (1820–1898) », *la Semaine religieuse de Québec* (Québec), 10 (1897–1898) : 531–536. — D. C. Lyne, « Sir John A. Macdonald and the appointment of the first cardinal », *Rev. d'études canadiennes,* 2 (1967), n° 4 : 58–69. — G.-M. Oury, « Dom Guéranger et le Cardinal Taschereau ; la vocation monastique du premier cardinal canadien », *Cahiers des Dix,* 42 (1979) : 9–24. — Henri Têtu, « les Souvenirs politiques de l'honorable Chs Langelier et le premier cardinal canadien », *la Semaine religieuse de Québec,* 21 (1908–1909) : 665–669, 681–685, 697–703.

TASCHEREAU, JEAN-THOMAS, officier de milice, avocat, professeur et juge, né le 12 décembre 1814 à Québec, fils de Jean-Thomas Taschereau* et de Marie Panet, et frère d'Elzéar-Alexandre TASCHEREAU ; le 1er septembre 1840, il épousa à Kamouraska, Bas-Canada, Louise-Adèle Dionne, fille d'Amable Dionne*, et ils eurent cinq enfants, puis le 23 juin 1862, à Sillery, Bas-Canada, Marie-Joséphine Caron, fille de René-Édouard Caron*, et de ce mariage naquirent sept enfants ; décédé le 9 novembre 1893 dans sa ville natale.

Jean-Thomas Taschereau vécut son enfance au manoir seigneurial de Sainte-Marie. En 1823, il entra au petit séminaire de Québec, où il se distingua. Il entreprit son stage de clerc en droit en 1832 chez son cousin Joseph-André Taschereau*, puis le termina auprès de Henry Black*. Admis au barreau le 11 juillet 1836, il alla se perfectionner à Paris. Il revint l'année suivante, s'établit à Québec et y exerça sa profession durant près de 20 ans, tout en pratiquant occasionnellement à Sainte-Marie.

Le 3 septembre 1855, on nomma Taschereau juge suppléant à la Cour supérieure, nomination renouvelée en 1858 et 1860 ; le 5 juin de cette année-là, il devint conseiller de la reine. Entre 1863 et 1865, il fut souvent appelé à remplir les fonctions du juge en chef de la Cour supérieure, Edward Bowen*, âgé et malade. Taschereau siégea à la Cour de revision, créée en 1864. Le 7 août de l'année suivante, il succéda à Augustin-Norbert Morin* au poste de juge de la Cour supérieure, avant d'accéder à celui de juge de la Cour du banc de la reine le 11 février 1873. Cependant, c'est son accession au poste de juge à la Cour suprême du Canada, le 8 octobre 1875, qui couronna sa carrière. Sa santé chancelante l'obligea toutefois à prendre sa retraite le 6 octobre 1878.

Par ailleurs, l'université Laval avait engagé Taschereau à titre de professeur de droit commercial le 12 juin 1855. Tout comme ses collègues de la faculté, il reçut un doctorat honoris causa le 11 décembre suivant. Toutefois, ses fonctions judiciaires, qui l'obligeaient à s'absenter souvent de Québec, ainsi que sa faible santé, l'amenèrent à démissionner le 21 février 1857. L'université, qui éprouvait de la difficulté à le remplacer, l'invita quelques mois plus tard à occuper une chaire à la faculté de droit, mais il déclina cette offre. Dans une lettre adressée au recteur Louis-Jacques Casault* le 1er octobre, il révéla sa volonté d'entrer en politique.

En décembre 1857, Taschereau se présenta comme candidat conservateur dans la circonscription de Beauce à l'Assemblée législative de la province du Canada. Il trouva un adversaire de taille en la personne du député conservateur sortant Dunbar Ross*. Taschereau réussit à conserver une légère avance sur Ross jusqu'à l'entrée en lice d'un candidat libéral qui menaçait de remporter la victoire en tirant avantage d'un partage du vote conservateur. Taschereau et Ross, forts de leurs appuis respectifs, montrèrent beaucoup de réticence à se retirer de la course l'un en faveur de l'autre. D'un mutuel accord, ils s'en remirent à la décision de leur ami commun, Clovis-Joseph Roy, curé de Saint-Victor, qui favorisa le retrait de Ross. Celui-ci fit mine d'accepter, mais l'accueil plutôt froid qu'il reçut dans la circonscription de Mégantic, où il était également candidat, le fit revenir sur sa décision. Ses amis s'empressèrent de répandre de fausses rumeurs sur son retour et son avance dans la circonscription de Beauce. Taschereau fut contraint d'abandonner le 28 décembre suivant afin de maintenir l'avance des conservateurs. Par la voix du *Courrier du Canada*, il demanda même à ses partisans d'accorder leur confiance à Ross, mais non sans dénoncer sa conduite. Ross défendit sa position dans *le Journal de Québec* le 23 janvier 1858, et il remporta la victoire.

Vers 1850, Taschereau s'était lancé en affaires en s'associant à Siméon Gautron*, dit Larochelle, pour établir une manufacture de draps à Saint-Anselme, dont l'existence semble avoir été éphémère. Taschereau servit aussi dans le 3e bataillon de milice de la ville de Québec ; il devint enseigne le 26 avril 1834, lieutenant le 21 septembre 1839, puis capitaine en octobre 1845. Promu major du 2e bataillon de Lotbinière en décembre 1856, il se retira de la milice en janvier 1862 tout en conservant son grade. Taschereau fut membre de l'Institut canadien de Québec et l'un des fondateurs de la Société de géographie de Québec en 1878.

Jean-Thomas Taschereau mourut le 9 novembre 1893 à Québec. On chanta son service funèbre dans la basilique Notre-Dame quatre jours plus tard et un cortège imposant accompagna la dépouille au cimetière Belmont à Sainte-Foy. Selon *l'Électeur*, Taschereau était « un travailleur acharné, en même temps qu'un homme du monde des plus aimables [...] Gai, affable, accueillant, causeur des plus diserts. » Pour sa part, *l'Événement* rapporte que Taschereau « a[vait] toujours joui au plus haut degré de la confiance du barreau et du public, tant à cause de sa scrupuleuse intégrité et de son caractère de travailleur que pour la droiture invariable de ses décisions ».

CHRISTINE VEILLEUX

AC, Québec, État civil, Catholiques, Notre-Dame de Québec, 13 nov. 1893. — ANQ-Q, CE1-1, 12 déc. 1814 ; CE1-58, 23 juin 1862 ; CE3-3, 1er sept. 1840 ; CN1-187, 21 juin 1862 ; CN1-188, 10 juill. 1832, 21 oct. 1834 ; P-238. — ASQ, Fichier des anciens ; PVU, no 39 ; Séminaire, 12, no 51b ; Univ., 101, nos AM, AO. — *Cadastres abrégés des seigneuries du district de Québec* [...] (2 vol., Québec, 1863). — *Le Courrier du Canada*, 4, 27 janv. 1858. — *L'Électeur*, 11 nov. 1893. — *L'Événement*, 10 nov. 1893. — *Le Journal de Québec*, 30 déc. 1856, 5 mai 1857, 23 janv., 4 mai, 11 nov. 1858, 3 mai, 9 juin 1860, 21 janv. 1862, 4 août 1863, 14 août 1865. — *Quebec Gazette*, 26 avril 1834, 27 sept. 1839, 10 mars 1847, 2 mai 1851, 2 mai 1854, 3 mai 1855, 3 mai 1856. — *CPC*, 1877. — I.-J. Deslauriers, *Juges de la Cour supérieure de 1849 à 1978* (s.l., 1978). — Le Jeune, *Dictionnaire*. — *Liste des membres fondateurs de la Société de géographie de Québec* (Québec, 1878). — P.-G. Roy, *Inventaire des concessions en fief et seigneuries, fois et hommages et aveux et dénombrements, conservés aux Archives de la province de Québec* (6 vol., Beauceville, Québec, 1927–1929) ; les Juges de la prov. *de Québec*. — A. W. P. Buchanan, *The bench and bar of Lower Canada down to 1850* (Montréal, 1925). — Désilets, *Hector-Louis Langevin*. — Honorius Provost, *Chaudière Kennebec ; grand chemin séculaire* (Québec, 1974) ; *Sainte-Marie de la Nouvelle-Beauce ; histoire religieuse* (Québec, 1967). — P.-G. Roy, *la Famille Taschereau* (Lévis, Québec, 1901).

TASSÉ, JOSEPH, journaliste, propriétaire de journal, traducteur, essayiste et homme politique, né le 23 octobre 1848 à L'Abord-à-Plouffe (Laval, Québec), fils de Joseph Tassé et d'Adélina Daoust ; le 30 août 1870, il épousa à Ottawa Alexandrine-Victorine-Georgiana Lecourt, et ils eurent trois filles et un fils mort en bas âge ; décédé le 17 janvier 1895 à Montréal.

Joseph Tassé termina ses études classiques au collège Bourget, à Rigaud, en 1865. Il entreprit alors son stage de clerc auprès de l'avocat Joseph-Rouer Roy* à Montréal, stage qu'il poursuivit à Plattsburgh, dans l'état de New York, et finalement sous la direction d'un avocat d'Ottawa. Cependant, davantage attiré par le journalisme que par le droit, il ne pratiqua point. En 1868, il devint rédacteur au journal *le Canada* d'Ottawa, que publiait Ludger-Denis Duvernay. Il avait déjà touché au journalisme durant son séjour à Plattsburgh où il avait collaboré à divers journaux et avait été le correspondant américain du *Courrier de Saint-Hyacinthe*.

En décembre 1868, Tassé entra au journal *la Minerve* à Montréal, qui appartenait à Duvernay et à son frère Louis-Napoléon. Ancienne tribune des partis patriote et réformiste des Louis-Joseph Papineau* et Louis-Hippolyte La Fontaine*, *la Minerve*, qui maintenait encore sa prééminence parmi les journaux de langue française de Montréal, était devenue le porte-parole officieux du parti conservateur de George-Étienne Cartier* et John Alexander MACDONALD. Tassé y occupa d'abord « le poste le plus modeste » : celui de traducteur des dépêches télégraphiques de nuit. Il devint par la suite l'assistant du rédacteur en chef d'alors, Joseph-Alfred-Norbert Provencher*, qui lui inculqua ses premiers véritables rudiments du métier de journaliste et lui légua, en compagnie de Joseph Royal* du *Nouveau Monde*, sa passion à l'égard du Manitoba et de l'Ouest canadien. Tassé consacra d'ailleurs ses loisirs à l'étude de l'histoire de l'Ouest et entreprit en 1871 la publication de ses portraits d'explorateurs et de pionniers d'origine française de ce vaste territoire. Ceux-ci paraîtraient successivement dans *la Revue canadienne*, *l'Opinion publique* et *la Revue de Montréal*, puis seraient regroupés en deux volumes en 1878, *les Canadiens de l'Ouest*.

Entre-temps, comme les labeurs et incertitudes du journalisme avaient affecté sa santé, Tassé retourna en 1872 à Ottawa où on lui offrait le poste de traducteur officiel à la chambre des Communes. Il sut apprécier cette position qu'il conserverait six ans. « Plus d'un homme de valeur, noterait-il plus tard, a appris là le génie des langues officielles du pays, la portée véritable de chaque mot, la précision du langage. Je me suis toujours félicité d'avoir passé par cette filière. » Dès son retour à Ottawa, il s'engagea au sein des associations culturelles de langue française. En 1872, il devint président de l'Institut canadien-français et, en 1875 et 1876, il présida aux destinées de la Société Saint-Jean-Baptiste d'Ottawa.

Après s'être astreint durant plusieurs années à traduire les propos des députés, Tassé décida finalement en 1878 de se lancer dans l'arène politique. Élu député conservateur de la circonscription d'Ottawa, qu'il allait représenter à la chambre des Communes durant neuf ans, il allait aussi défendre les positions du parti de Macdonald dans la presse. En 1879, il prit la direction du *Canada*. L'année suivante, les chefs du parti conservateur l'appelèrent à succéder à Clément-Arthur Dansereau* à la direction de *la Minerve*. En société avec, entre autres, les avocats Alexandre Lacoste* et Louis-Aimé Gélinas et le marchand Jean-Baptiste Renaud*, Tassé organisa la Compagnie d'imprimerie de *la Minerve* qui fit l'acquisition du journal. On le désigna rédacteur en chef et Provencher devint son principal collaborateur.

Homme d'une forte carrure et à la voix puissante, Tassé participait fréquemment aux assemblées contradictoires au cours des campagnes électorales. Conférencier prisé, il prononça maints discours « qu'il rendait éloquents, selon un auditeur, à force de logique, de faits et de bon sens ». En 1882, invité au congrès franco-canadien à Lowell, au Massachusetts, il fit un discours retentissant qui, diffusé sous forme de brochure, connut une grande audience. Il y exhortait les Canadiens établis aux États-Unis à revenir s'emparer des terres non exploitées de la province de Québec. Il soutenait l'œuvre de colonisation du curé François-Xavier-Antoine LABELLE et devint, cette année-là, l'un des membres du conseil d'administration du chemin de fer que le curé de Saint-Jérôme projetait de faire construire jusqu'à Sainte-Agathe.

Auteur de nombreuses publications à caractère historique, Tassé, qui selon l'opinion de Jules-Paul Tardivel* était « un écrivain laborieux plutôt que brillant », vit pourtant reconnaître son apport aux lettres canadiennes en 1882 lorsqu'il devint membre fondateur de la Société royale du Canada. Il parraina d'ailleurs à la chambre des Communes, en compagnie de George William Ross*, la charte qui créait cet organisme. Cette entrée à la Société royale lui permettait de fréquenter désormais, en plus des hommes politiques, les gens de lettres. Au cours d'un séjour de quelques mois à Paris à l'automne de 1885, il rencontra quelques écrivains et académiciens, « la compagnie, affirmait-il, la plus intéressante et la plus éclairée qu'[il ait] connue ».

Durant son voyage de retour au Canada eut lieu, le 16 novembre, la pendaison de Louis Riel*. Avant de s'embarquer, Tassé s'était efforcé de décrire dans des journaux parisiens les motifs du soulèvement des Métis et l'attitude de Riel, voulant ainsi rectifier certains propos de ces journaux qui tenaient le parti conservateur et l'Angleterre responsables de cette situation. Tassé, qui jadis avait mis en valeur la présence française dans ses publications sur l'Ouest canadien, se montrait toutefois intraitable à l'égard des revendications des Métis et justifiait les réactions du parti conservateur. Il avait déjà eu une certaine sympathie pour Riel qu'il avait d'ailleurs accompagné, en octobre 1873, de Glyndon, au Minnesota, à Montréal. Devant le cercle Lafontaine, club conservateur d'Ottawa, le 19 février 1886, Tassé reprocha à Riel d'être devenu « un ambitieux cupide » et aux Métis de réclamer sans cesse et de prétendre que tout l'Ouest leur appartenait.

La tourmente soulevée par l'affaire Riel provoqua la défaite de Tassé aux élections de 1887. Celui-ci avait préféré se présenter dans la circonscription de Laprairie, plutôt que dans celle d'Ottawa, afin de garder dans le giron du parti conservateur une circonscription menacée. Vaincu par 23 voix, il tenta en vain un retour en politique en 1890, cette fois sur la scène provinciale. Candidat dans Beauharnois, il avait d'abord été déclaré élu jusqu'au moment du décompte, où devant une égalité des votes, on trancha en faveur de son adversaire, Élie-Hercule Bisson, candidat du parti national d'Honoré MERCIER.

En 1890, Tassé se vit soudainement dépouillé de *la Minerve* à laquelle il avait consacré jusqu'alors 14 ans de sa vie. À cause de certaines difficultés financières, la société éditrice avait dû, en juillet 1889, affermer le journal à Trefflé Berthiaume* de la Gebhardt and Berthiaume Lithographing and Printing Company qui, depuis novembre 1888, imprimait le journal. Tassé en était demeuré le rédacteur en chef et le directeur politique. En désaccord avec la direction et la gestion de Tassé, Berthiaume lui signifia, le 8 septembre 1890, que ses services n'étaient plus requis. Déjà, depuis le 5 août, Berthiaume avait confié *la Minerve* à Rémi Tremblay. Décidé de reprendre le journal à tout prix, Tassé, défendu par le réputé juriste Désiré Girouard*, poursuivit Berthiaume en justice. Après neuf mois et un retentissant procès, Tassé reprit la direction de *la Minerve*. Afin de se réconcilier un Tassé ébranlé par cette affaire dans laquelle, craignait-il, certains membres de son parti auraient été impliqués afin de l'éliminer, le gouvernement conservateur le nomma sénateur pour la division de Salaberry en 1891. Il se retrouvait ainsi dans un Sénat dont il avait jadis donné cette description : « une Chambre où l'on aime si peu à parler ou à entendre parler ». D'ailleurs, il fit très tôt mentir cette affirmation. Peu de temps après son entrée éclatait le scandale de la baie des Chaleurs et, au comité des chemins de fer du Sénat, Tassé mena un combat énergique contre le parti de Mercier.

En 1893, le gouvernement conservateur confia à Tassé une mission prestigieuse, celle de commissaire francophone honoraire délégué à l'Exposition universelle de Chicago. Le 1er juillet, il y prononça, selon un témoin, le théologien Louis-Adolphe Paquet*, un « discours remarquable par la hauteur des vues » et sut « faire ressortir l'admirable rayonnement de l'influence française sur toute l'Amérique ».

Âgé de 45 ans et fort de plusieurs années d'expérience sur la scène politique, Tassé avait de légitimes prétentions à vouloir accéder au cabinet. Alfred Duclos* De Celles voyait cette situation d'un mauvais œil. En mai 1893, il avait confié au lieutenant-gouverneur Joseph-Adolphe CHAPLEAU : « C'est une grande erreur de confier la direction d'un journal à un homme qui vise un portefeuille de ministre, surtout lorsqu'il est doublé d'un égoïste. Il ne se croit pas obligé de défendre les chefs [les ministres Adolphe-Philippe Caron* et Adolphe Ouimet] qui lui barrent la route. » En 1894, il fut question, durant un certain temps, que Tassé succède au ministre Auguste-Réal Angers*, en désaccord avec ses confrères anglophones, mais on n'y donna pas suite.

Peu à peu au cours de cette année-là, Tassé perdit ses illusions. Il voyait décliner ses forces physiques. À l'automne, il fut forcé de cesser toutes ses activités politiques et journalistiques. Il devint aveugle quelque 15 jours avant son décès, le 17 janvier 1895. Comme Tassé avait eu tout au cours de sa carrière des liens à Montréal et à Ottawa, on chanta un libera à l'église Saint-Jacques de Montréal et les funérailles eurent lieu dans l'église de la paroisse Sainte-Anne, à Ottawa, où il fut inhumé.

Dans *la Vérité* de Québec, Tardivel rendit ce sévère jugement : « C'était le type du journaliste de parti, trouvant tout bon chez les siens, tout mauvais chez les autres. Sans ce grave défaut il aurait certainement pu rendre de grands services au pays. » Aurait-il pu en être autrement ? Dès son entrée au *Canada* et à *la Minerve,* Tassé avait pris conscience que seule la fidélité à un parti pouvait, à cette époque où régnait le journalisme partisan, permettre la survie d'un journal et lui assurer une clientèle. Et cette fidélité devenait d'autant plus nécessaire lorsqu'un journaliste poursuivait aussi une carrière politique et visait certaines promotions.

Joseph Tassé adhéra, à la fois par calcul et, certes, par conviction, aux idées et initiatives du parti conservateur et devint un sincère admirateur des chefs du parti, les Macdonald et Cartier. Il disait du premier « qu'il était de la famille des Bismarck, des Beaconsfield, des Palmerston, des Metternich ». Il projetait d'écrire une biographie du second, mais il n'eut que le temps de colliger ses principaux discours qu'il rassembla en un imposant recueil. *La Minerve*, à laquelle il avait été si attaché et qui connut ses dernières grandes heures sous sa direction, ne lui survécut guère longtemps. Devenue moribonde depuis la défaite du parti conservateur face au parti libéral de Wilfrid Laurier* en 1896, elle disparut en 1899.

JEAN-MARIE LEBEL

Joseph Tassé fut un journaliste et un écrivain prolifique. Outre les innombrables textes qu'il rédigea pour *le Canada* (Ottawa) et *la Minerve,* il collabora à *l'Album de la Minerve,* au *BRH,* aux SRC, *Mémoires*, à *l'Opinion publique*, à la *Rev. canadienne* et à la *Rev. de Montréal.*

Tassé a évoqué quelques souvenirs et décrit certains de ses confrères à la chambre des Communes dans *le 38e Fauteuil ou Souvenirs parlementaires* (Montréal, 1891). Consacrant ses loisirs à des recherches historiques, il fut l'auteur de nombreuses publications en histoire canadienne dont *les Canadiens de l'Ouest* (2 vol., Montréal, 1878) qui constitue son œuvre majeure. Celle-ci a été rééditée en 1882, 1884 et 1886 ; elle est encore appréciée car Tassé bénéficia de témoignages de contemporains et eut accès à des documents disparus depuis.

Tassé fut aussi l'auteur de multiples brochures dont plusieurs ont été traduites en anglais. La majorité sont recensées dans ICMH, *Reg.* [J.-M. L.]

ANQ-M, P-207. — CRCCF, P 139. — *Le Canada,* 1868–1869, 1879–1887, 1894–1895. — *La Minerve,* 1869–1872, 1880–1895. — *La Vérité* (Québec), 26 janv. 1895. — *DOLQ,* 1 : 80–81, 91, 125, 190–191, 607, 704–705. — Réginald Hamel *et al., Dictionnaire pratique des auteurs québécois* (Montréal, 1976). — J. Hamelin *et al., la Presse québécoise,* 1 : 56–58, 146 ; 2 : 146, 148–149. — Le Jeune, *Dictionnaire,* 2 : 702. — *A history of Canadian journalism* [...] (2 vol., Toronto, 1908–1959 ; réimpr. du vol. 1, New York, 1976), [1] : 110. — É.-J.[-A.] Auclair, *le Curé Labelle, sa vie et son œuvre ; ce qu'il était devant ses contemporains, ce qu'il est devant la postérité* (Montréal, 1930), 139–140, 154–155, 189, 229. — F.-J. Audet, *Historiques des journaux d'Ottawa* (Ottawa, 1896), 10, 19–20. — Antoine Bernard, *Carnet de route (échos et souvenirs)* (Montréal, 1965), 310. — Jean De Bonville, *la Presse québécoise de 1884 à 1914 ; genèse d'un média de masse* (Québec, 1988). — Lucien Brault, *Ottawa old & new* (Ottawa, 1946), 200, 282. — H.-J.-J.-B. Chouinard, *Fête nationale des Canadiens français célébrée à Québec en 1880 : histoire, discours, rapport* [...] (4 vol., Québec, 1881–1903), 1 : 46–47, 253–255, 348–349. — Andrée Désilets, *Louis-Rodrigue Masson : un seigneur sans titre* (Montréal, 1985), 110–111, 116. — *Institut canadien-français d'Ottawa, 1852–1877 : célébration du 25e anniversaire* (Ottawa, 1879), xxvi, xxviii, xxxii, 19–29, 35–42, 51, 70, 93, 107–111. — A. H. D. Ross, *Ottawa, past and present* (Toronto, 1927), 116. — Rumilly, *Hist. de la prov. de Québec,* 3–7 ; *Histoire de Montréal* (5 vol., Montréal, 1970–1974), 3 ; *Mercier et son temps.* — Rutherford, *Victorian authority,* 79–80, 236.

TAYLOR, HENRY, homme d'affaires, né le 14 octobre 1841 à Londres, fils de Daniel Taylor et d'une prénommée Sarah ; le 25 décembre 1863, il épousa Charlotte Hunter, et ils eurent un fils et deux filles ; décédé le 28 avril 1893 à London, Ontario.

Henry Taylor immigra au Canada en 1862. Attaché

alors au commissariat britannique, il démissionna de son poste l'année suivante et ouvrit à London une banque qui porta successivement les noms de Taylor's Bank et de Banking House of Henry Taylor. L'un des entrepreneurs les plus en vue du London de la fin du XIXe siècle, il participa à diverses entreprises locales, régionales et internationales. Il fut simultanément banquier, membre du conseil d'administration de la Macfie, Taylor, and Sifton Oil Refining Company, représentant de la ligne de navires à vapeur Allan [V. sir Hugh Allan*] et du Great Western Railway ainsi que correspondant de la McCulloch and Company, société anglaise, de la Merchant's Bank of New York, de la Banque des marchands du Canada et de la Banque Molson. En 1872, il participa à la fondation de la Dominion Savings and Investment Society, puis à celle de l'Ontario Investment Association, huit ans plus tard, dont il fut le directeur général jusqu'en 1887. Taylor acheta la Bennett Furniture Factory en 1884 ; un an après, il fut élu au conseil d'administration de la Carling Brewing and Malting Company, dont il fit partie jusqu'en 1887. Avec plusieurs hommes d'affaires de la ville, il forma en 1886 la London and Petrolia Barrel Company. Parallèlement, Taylor fut l'un des administrateurs de la Stevens, Turner, and Burns Manufacturing Company, de la Compagnie d'assurance de l'Amérique britannique contre le feu et sur la vie, à Toronto, et de la Huron and Lambton Mortgage Company.

Pourtant, c'est probablement à cause de son passage à la présidence de la Bank of London que le milieu des affaires de la ville allait le mieux se souvenir de lui. Constituée juridiquement en 1883, après que Taylor eut fermé sa propre banque, et logée dans les mêmes bureaux que l'Ontario Investment Association, la Bank of London compta d'éminents citoyens parmi sa clientèle. Ceux qui connaissaient la réputation de financier astucieux de Taylor et les associés des diverses entreprises auxquelles il participait confiaient leurs affaires à cet établissement.

Toutefois, la banque sembla connaître certaines difficultés dès le mois d'août 1887, notamment parce qu'elle avait trop spéculé dans les années précédentes. Le conseil d'administration accepta donc de négocier un transfert d'actif à la Banque de Toronto. Le 12 août, au cours des pourparlers, Taylor se rendit à Toronto sous prétexte de régler les dernières dispositions. De là, il télégraphia à ses associés de London pour leur annoncer qu'il démissionnait de la présidence de la banque et que, suivant l'avis de son médecin, il allait prendre des vacances, dont il avait grand besoin, à Alexandria Bay, dans l'état de New York. Une semaine plus tard, la banque suspendit tout paiement et, comme des doutes planaient sur la solvabilité de l'établissement, le shérif saisit les livres de Taylor pour vérification.

Les concitoyens de Taylor émirent l'hypothèse que ses créanciers lui avaient promis l'immunité s'il revenait éclaircir l'affaire, mais des indices laissent croire que c'est la menace de poursuites pour dettes dans l'état de New York qui le décida finalement à rentrer à London. Arrivé le 27 août, il fut appréhendé le 2 septembre en vertu d'un mandat d'amener délivré à la demande de l'un des administrateurs de l'Ontario Investment Association, Richard Martin Meredith*. Celui-ci lui intenta des poursuites au civil : il l'accusait d'avoir renié un contrat dans lequel il s'engageait à acheter ses actions de l'association. Le 16 janvier 1888, la Cour du banc de la reine ordonna à Taylor de payer les frais du procès et de verser 15 337 $ à Meredith.

Contre l'avis de bien des actionnaires, Meredith et Newenham P. Graydon avaient aussi lancé des poursuites au criminel. L'acte d'accusation stipulait qu'au cours de la période où Taylor avait participé à la direction de l'Ontario Investment Association et de la Bank of London, il avait falsifié des contrats d'emprunt et fait des chèques au nom de l'association. Les sommes, qui s'élevaient à 15 000 $, avaient été déposées dans des comptes privés. Toutefois, l'avocat de la couronne reconnaissait que Taylor s'était peut-être moins rendu coupable de détournement de fonds que de pratiques irrégulières. On rejeta les accusations aux assises du printemps de 1888, mais Taylor, mis en faillite à cause de mauvais investissements, donc incapable d'honorer le jugement civil, fit un an de prison pour dettes. Une fois libéré, il retourna quelque temps dans le secteur bancaire avec un ancien associé, Henry Sifton. Il mourut en 1893.

Le cas de Henry Taylor peut servir à illustrer les dangers que présente la spéculation excessive dans une période de fluctuations économiques. Comme plusieurs autres petites banques ontariennes, la Bank of London sombra pendant la crise financière des années 1880 en raison de la manipulation des actions bancaires, d'une flambée de ventes foncières et de spéculations incontrôlées ainsi que de l'instabilité qui s'ensuivit dans le système bancaire. La faillite de la banque, combinée aux sévères sanctions contre les pratiques commerciales manifestement douteuses qu'imposait le milieu des affaires de l'époque, empêcha Taylor de s'assurer une place dans l'élite des entrepreneurs de London.

STEPHANIE L. SYKES

London City Registry Office (London, Ontario), Copartnership reg., n° 1068, 23 févr. 1889, and original docs. — Ontario, Office of the Registrar General (Toronto), Deaths, registration n° 1893-05-342578. — UWOL, Regional Coll., Bank of London in Canada papers, W. N. Clarke and J. G. Esler, « The Bank of London in Canada » (s.d.) ; D. W. Shales, « The Bank of London in Canada » (1936) ; Middlesex County, Ontario, Chancery Court records, cases, 1888–1889 ; Clerk of the Peace, Criminal

Court records, brief of Charles Hutchinson, printemps 1888 ; examinations of witnesses at police magistrate's court, janv. 1888 ; letter of gaol surgeon to Hutchinson regarding Taylor's health, janv. 1888 ; recognizances ; High Court of Justice, procedure book, 1886–1888. — *London Advertiser,* 1er août 1887–30 mai 1888, 29 avril 1893. — *London Free Press,* 1er août 1887–30 mai 1888. — *Hist. of Middlesex.*

TAYLOR, JAMES WICKES, consul des États-Unis et auteur, né le 6 novembre 1819 à Starkey, état de New York, fils aîné de James Taylor et de Maria Wickes ; en 1845, il épousa Chloe Sweeting Langford, et ils eurent cinq filles ; décédé le 28 avril 1893 à Winnipeg.

Après avoir obtenu en 1838 son diplôme du Hamilton College de Clinton, dans l'état de New York, James Wickes Taylor retourna chez lui, à Penn Yan, pour étudier le droit dans le cabinet de son père. Comme il trouvait la société de Penn Yan fermée et peu agréable, il alla s'établir en 1842 à Cincinnati, en Ohio, où après son admission au barreau il pratiqua le droit dans le cabinet de Salmon Portland Chase tout en travaillant au *Cincinnati Enquirer.* Quatre ans plus tard, il fondait l'éphémère *Cincinnati Morning Signal* et se lançait en politique ; il appuyait alors le parti démocrate et s'opposait à l'extension de l'esclavage. Rédacteur en chef d'un journal à Sandusky pendant quelque temps, il fut ensuite, de 1852 à 1856, bibliothécaire de l'état, à Columbus.

C'est à ce poste que Taylor commença à s'intéresser à l'histoire et aux ressources du Nord-Ouest américain et canadien. En 1854, à Cincinnati, il publia *History of the state of Ohio,* puis deux ans plus tard, dans le *Railroad Record,* une série de conférences qu'il avait données devant l'Assemblée générale de l'Ohio, « Geographical memoir of a district of North America [...] », dans lesquelles il parlait notamment de la perspective inévitable d'un chemin de fer qui relierait le lac Supérieur au Puget Sound. Cette ligne traverserait la vaste « plaine de la Saskatchewan », région inexplorée d'une extraordinaire fertilité qu'on « n'avait pas le droit de condamner à la stérilité et à la solitude ». Faisant de ce sentiment le thème dominant de sa carrière aux États-Unis et au Canada, Taylor travaillerait à rattacher les territoires du nord-ouest de l'Amérique du Nord britannique à l'union américaine, et il déclarerait en 1865 que, si le Canada et la Grande-Bretagne n'étaient pas prêts à mettre ces territoires en valeur, ils devraient les abandonner au peuple américain « qui ne refuserait pas la chance d'assumer cette responsabilité ».

En 1856, Taylor était déjà un orateur et un écrivain accompli. Malgré l'expérience qu'il avait acquise en aidant Chase dans sa carrière politique et en prônant l'abolition de l'esclavage, il était insatisfait de sa propre carrière politique. On ne l'avait pas nommé sénateur comme il l'avait espéré, et il avait des embarras d'argent. Il partit donc pour l'Ouest et se fixa à St Paul (Minnesota), où il continua à pratiquer à la fois le droit et le journalisme. Il se laissa bientôt prendre par la fièvre expansionniste et l'enthousiasme pour la construction ferroviaire qui avaient cours dans le territoire du Minnesota durant les années 1850. Il adhéra au mouvement expansionniste, après s'y être opposé pendant la décennie précédente, au moment où les Américains avaient fait porter leurs visées sur le Texas ; Taylor avait cru alors, comme beaucoup d'autres, que cette région devait devenir une république à part.

Taylor entreprit de faire valoir le potentiel agricole des territoires de la Hudson's Bay Company. Dans le *St Paul Advertiser,* il renseigna la population sur leurs ressources et évoqua fréquemment les liens entre cette région et le Minnesota. « Voici, écrivit-il en 1857, ce qui nous permet[trait] de sortir de l'insignifiance [dans laquelle nous place] notre situation de frange pionnière [et de faire] de nos rivières et de nos chemins de fer les *voies directes* vers des régions [...] destinées à devenir un empire, en population et en ressources, avant la fin du siècle. » La même année, Lorin Blodget publiait à Philadelphie *Climatology of the United States, and of the temperate latitudes of the North American continent* [...], qui contenait des statistiques et des observations sur le climat et les richesses naturelles des territoires de la Hudson's Bay Company. Selon Blodget, on avait « largement sous-évalué et très mal compris » les possibilités que cette région offrait pour l'agriculture et la colonisation. Taylor et les expansionnistes du Minnesota virent dans ce livre le fondement scientifique de leurs propres affirmations sur le potentiel agricole de ces territoires et une justification à la poursuite de leur campagne pour l'annexion du Nord-Ouest aux États-Unis.

À la demande du gouverneur du Minnesota, Henry Hastings Sibley, Taylor se rendit en 1859 à la colonie de la Rivière-Rouge (Manitoba). Dans son rapport, il recommanda l'extension du traité de réciprocité de 1854 aux territoires britanniques du Nord-Ouest car il croyait que les États-Unis pourraient en tirer des avantages économiques sans qu'il soit nécessaire de recourir à l'annexion. La même année, le département du Trésor en fit son agent spécial et le chargea d'étudier le commerce et le transport entre les États-Unis et les territoires de la Hudson's Bay Company. Taylor exercerait cette fonction jusqu'en 1869. Au moment de sa nomination, les compagnies américaines de bois, de céréales, de transport et de fabrication critiquaient vivement le traité et, pour contrer ces attaques, le sénateur du Minnesota, Henry Mower Rice, commanda une étude à Taylor, avec l'approbation du département. En 1860, Taylor fit des commentaires favorables sur la réciprocité et recommanda qu'elle s'applique aussi aux territoires de la Hudson's

Bay Company et à la Colombie-Britannique. En 1862, il présenta une étude plus détaillée dans laquelle il soulignait les avantages que chaque partie retirait du traité et les débouchés que pourrait offrir le Nord-Ouest. Il demandait avec insistance que l'on n'impose aucune restriction inutile sur le commerce car, selon lui, les liens commerciaux déjà en place, ajoutés à l'insatisfaction des habitants de la colonie de la Rivière-Rouge face à la domination de la Hudson's Bay Company, provoqueraient un mouvement populaire en faveur du rattachement de la colonie aux États-Unis. En 1866, les Américains révoquèrent le traité, mais la Chambre des représentants demanda néanmoins à Taylor de faire l'examen des relations commerciales entre l'Amérique du Nord britannique et les États-Unis. Dans le rapport qu'il présenta en juin, Taylor liait l'avenir des colonies de l'Amérique du Nord britannique à un chemin de fer transcontinental ; il était persuadé que ni la Grande-Bretange ni la Confédération qu'on se proposait d'établir ne le construirait. En même temps, il prépara un projet de loi sur l'annexion aux États-Unis des colonies et des territoires de la Hudson's Bay Company. Soumis à la Chambre des représentants, ce projet de loi mourut en comité.

Comme tous les expansionnistes du Minnesota, Taylor croyait que le chemin de fer était l'instrument de l'annexion. Il lui paraissait certain que, si l'on pouvait rendre les territoires de la Hudson's Bay Company dépendants de St Paul sur le plan du transport et du commerce, les Canadiens hésiteraient à construire une ligne transcontinentale à travers les contrées inhospitalières du nord du lac Supérieur, et que les territoires finiraient par tomber dans l'orbite politique des États-Unis. Devenu en 1857 secrétaire de la Minnesota and Pacific Railroad Company, qui devait construire une ligne vers le nord, de St Paul jusqu'à la frontière internationale, il fut le plus ardent publiciste du chemin de fer et souligna toujours le rôle que celui-ci pourrait jouer dans la croissance économique du Minnesota. La société ferroviaire ne répondit cependant pas aux attentes et, en 1862, on en transféra la charte à une nouvelle compagnie, la St Paul and Pacific Railroad. Taylor devint un énergique partisan de ce chemin de fer.

La Northern Pacific, société dans laquelle le financier Jay Cooke eut des intérêts prépondérants à compter de 1869, était une autre compagnie ferroviaire qui, croyait-on, pourrait favoriser l'annexion. Elle devait construire une ligne qui irait de Duluth au Puget Sound, avec un embranchement vers la colonie de la Rivière-Rouge. Taylor y travailla à titre d'agent de publicité et fit des pressions auprès du gouvernement de Washington pour promouvoir les intérêts de cette compagnie, sans jamais oublier de souligner l'aspect politique de son expansion. En 1870, il remit à l'ordre du jour son projet de loi annexionniste de 1866 et déclara qu'on ne pourrait réaliser l'annexion sans la collaboration de la Northern Pacific. La même année, il écrivit au secrétaire d'État américain pour faire remarquer le rôle important que les sociétés ferroviaires du Minnesota pouvaient jouer pour encourager l'annexion. L'appui du Congrès, soutenait-il, aurait « une influence marquée » sur les délibérations du gouvernement provisoire de Louis Riel* à Upper Fort Garry (Winnipeg) et serait « des plus déterminants pour l'avenir des relations en Amérique du Nord-Ouest britannique ». Malheureusement pour lui, aucun chemin de fer du Minnesota n'était suffisamment avancé en 1870 pour influer sur le cours des événements à la Rivière-Rouge.

Dès le début de la rébellion de Riel en 1869, Taylor avait pressenti une occasion unique de réaliser l'annexion. En décembre, le département d'État l'avait nommé agent secret, avec mission de rendre compte de ce qui se passait à la Rivière-Rouge et de donner tous les détails possibles sur la « révolte » de même que sur « le caractère et l'état d'esprit de la population ». Taylor se trouvait à Ottawa en 1870 au moment où les délégués du gouvernement provisoire, John Black*, Joseph-Noël Ritchot* et Alfred Henry Scott*, étaient à discuter de l'entrée de la colonie dans la Confédération. Dans un rapport ultérieur au département, il évoqua la possibilité que des colons aillent s'établir au delà de la nouvelle province du Manitoba et prédit que, si « c'[était] le cas, l'histoire de l'insurrection de Winnipeg [pourrait] bien se répéter plus tôt que le cabinet d'Ottawa ne le prévo[yait] ». Il continua également à renseigner le département – et Jay Cooke – sur les débats de la chambre des Communes concernant le commerce, les droits de douane, les chemins de fer et la réciprocité.

Taylor devint consul des États-Unis à Winnipeg en 1870 et le demeurerait jusqu'à sa mort en 1893. Alexander Ramsay, sénateur du Minnesota, l'avait recommandé à ce poste, et Cooke l'avait pressé d'accepter. De l'avis du département d'État, Taylor était « le meilleur homme que [le département avait] dans toutes les provinces canadiennes ». De Winnipeg, Taylor plaida obstinément la cause de Riel auprès du gouvernement américain. Comme les Métis, il rappela que les autorités canadiennes avaient promis l'amnistie à Riel. Quand il laissa à entendre, en 1874, que les États-Unis devraient intervenir puisque Ottawa n'avait pas respecté ses engagements, il s'attira une sévère réprimande du département, qui lui répondit que Washington « se f... de Riel comme d'un vieux sou ». Ce n'était pas sa première réprimande. En septembre 1871, comme des rumeurs couraient à propos d'un raid possible des féniens au Manitoba [V. William Bernard O'Donoghue*] et que l'on craignait que ce raid ne soit appuyé par les Métis, Taylor avait envoyé un mot au commandant militaire américain à Pembina (Dakota du Nord), et celui-ci avait pris des mesures pour empêcher une « invasion ». Au nom du gouvernement, le lieutenant-gouverneur du Manitoba, Adams George ARCHIBALD, remercia Taylor de ce qu'il avait fait pour la province. Le département d'État, par contre, lui reprocha d'avoir agi de manière « irrégulière » en communiquant directement avec l'armée alors qu'il aurait dû passer par le département. Au moment de la rébellion du Nord-Ouest en 1885, Taylor répéterait que le gouvernement américain avait des obligations envers Riel, devenu citoyen américain en 1883. En septembre 1885, il fit parvenir au département d'État une pétition adressée au président Stephen Grover Cleveland, dans laquelle le chef métis, alors en prison, demandait l'intervention diplomatique du gouvernement des États-Unis pour empêcher son exécution. Cette demande n'eut aucune suite.

Taylor avait accepté avec empressement son poste de consul, croyant alors que c'était à Winnipeg qu'il pourrait le mieux faire valoir son objectif d'annexion. Il avait bien prévu que d'autres troubles se produiraient dans l'Ouest. Les francophones du Manitoba se sentaient trahis par le gouvernement canadien, qui n'avait pas accordé l'amnistie à Riel et aux autres rebelles de la Rivière-Rouge. Selon Taylor, beaucoup d'entre eux souhaitaient vivement que la province soit annexée aux États-Unis. « Je suis forcé de tenir compte, écrivit-il de Winnipeg au début de 1871, de l'éventualité de l'anarchie et de la guerre civile. » Chaque fois que survenait une crise au Manitoba ou dans les Territoires du Nord-Ouest – insatisfaction quant aux terres accordées aux Métis, émeutes électorales, refus du gouvernement fédéral de reconnaître la loi sur les chemins de fer du Manitoba [V. John Norquay*], rébellion de 1885 –, ses espoirs d'annexion renaissaient. Il était certain que la Confédération canadienne ne survivrait pas et que les États-Unis couvriraient un jour toute l'Amérique du Nord britannique, de l'Atlantique au Pacifique.

Si l'on s'en tient à ses objectifs et à ses ambitions, on peut considérer que Taylor a échoué. Il avait épousé la cause de la réciprocité, de la construction ferroviaire et de l'annexion, et aucun de ses projets ou de ses espoirs ne s'était réalisé. Sur ces questions, personne ne l'écoutait plus à Washington. Quoiqu'il eût réussi à conserver son poste de consul sous six gouvernements américains, tant démocrates que républicains, il ne fit pas de véritable carrière politique et n'eut jamais de sécurité financière. Le salaire de 1 500 $ qu'il touchait en qualité de consul était selon lui insuffisant pour subvenir à ses besoins et éduquer ses enfants. Il avait donc cherché à augmenter son revenu en écrivant, en demandant l'aide de ses amis et en acceptant d'autres travaux. Sa correspondance est remplie de suggestions sur la formation de commissions d'enquête du Congrès qui auraient pu lui procurer du travail. Taylor n'avait pas réussi non plus à obtenir un poste permanent à la Compagnie du chemin de fer canadien du Pacifique ou à la Hudson's Bay Company. Il était parfois découragé, et impatient à l'égard de ce qu'il appelait son « exil » et son « séjour à l'étranger », qui le séparaient de sa famille. Sa situation financière ne lui permit jamais de s'établir à Winnipeg avec sa femme et ses enfants, et ceux-ci continuèrent à vivre à St Paul tandis qu'il assumait sa charge de consul. Taylor avait convaincu certaines sociétés, dont la St Paul and Pacific Railroad Company, la Northern Pacific Railroad Company, la Minnesota Stage Company, la Red River Transportation Company et la Compagnie du chemin de fer canadien du Pacifique, qu'en sa qualité de consul il pouvait servir leurs intérêts en faisant connaître les ressources et le potentiel de l'ouest du Canada. Chaque année, il les suppliait de maintenir les subventions qu'elles lui versaient. Quand la Compagnie du chemin de fer canadien du Pacifique cessa de lui remettre une allocation en 1889, il demanda que l'on inscrive sa fille Elizabeth au registre de paye, en soutenant que les livres de voyage qu'elle écrivait et illustrait servaient bien la politique d'immigration de la compagnie.

Taylor avait fait son travail de promotion si consciencieusement qu'en 1891 le magnat américain des chemins de fer James Jerome Hill* prétendit qu'il avait rendu un mauvais service aux États-Unis. Taylor rejeta l'accusation et continua à penser que l'Ouest canadien pourrait devenir l'arrière-pays économique des États-Unis, et à soutenir qu'il avait « cherché et réussi à obtenir pour [son] pays la part du lion quant aux avantages et au progrès ». Ainsi, en 1871, il avait obtenu du département du Trésor des règlements qui facilitaient, aux immigrants en route pour le Manitoba, le passage par les États-Unis. La province canadienne le couvrit de louanges ; lui, cependant, déclarait qu'en encourageant le développement de l'Ouest canadien il incitait les gens à emprunter les chemins de fer du Minnesota. Beaucoup d'immigrants qui traversaient les États-Unis y resteraient et s'établiraient le long des voies du Northern Pacific et du St Paul and Pacific.

Malgré ses déceptions et son exil, James Wickes Taylor était, selon les citoyens de Winnipeg, un homme bon, charmant, affable et courtois, et un personnage bien connu dans la ville. On lui était reconnaissant de promouvoir l'Ouest canadien – peu, semble-t-il, se rendaient compte que durant des années il avait espéré voir la région annexée aux États-Unis. Au moment de sa mort, un journal de Winnipeg écrivit : « Le consul Taylor a été si étroitement [...] identifié à l'histoire et au développement de notre pays et s'est avéré un ami si sincère que les gens lui ont voué un grand respect et un amour véritable que peu d'hommes se sont acquis même dans leur propre pays. » L'année de sa mort, on accrocha son portrait en pied, peint par Victor Albert Long, dans la salle du conseil municipal de Winnipeg. On l'inhuma à Utica, dans l'état de New York, auprès de son épouse décédée l'année précédente.

HARTWELL BOWSFIELD

Un journal de James Wickes Taylor a été publié sous le titre de *« A choice nook of memory », the diary of a Cincinnati law clerk, 1842–1844,* J. T. Dunn, édit. (Columbus, Ohio, 1950), et une partie de sa correspondance sous celui de *The James Wickes Taylor correspondence, 1859–1870,* introd. de Hartwell Bowsfield, édit. (Winnipeg, 1968). L'introduction de ce dernier ouvrage fait référence à plusieurs écrits de Taylor et contient une liste plus complète des sources utilisées pour compiler la biographie. On trouve une liste partielle des écrits de Taylor dans T. C. Blegen, « James Wickes Taylor : a biographical sketch », *Minn. Hist. Bull.* (St Paul), 1 (1915) : 158–219.

National Arch. (Washington), RG 84, records of State Dept. special agents, Red River settlement, Manitoba, 1869–1870 et records of the U.S. consul, Winnipeg, 1870–1893 ; RG 206, general corr., letters from Treasury Dept. special agents, 1859–1869. — Minn. Hist. Soc. (St Paul), J. W. Taylor papers. — H. C. Knox, « Consul Taylor of Red River », *Beaver,* outfit 279 (mars 1949) : 16–18 ; outfit 280 (juin 1949) : 34–37.

TESSIER, ULRIC-JOSEPH (baptisé **Joseph-Ulric**), auteur, avocat, homme politique, professeur, homme d'affaires, seigneur et juge, né le 3 mai 1817 à Québec, fils de Michel Tessier, marchand, et de Mariane Perrault, veuve de Jean Naud ; le 4 août 1847, il épousa à Rimouski, Bas-Canada, Marguerite-Adèle Kelly, petite-fille de feu Joseph Drapeau*, et ils eurent huit enfants ; décédé le 7 avril 1892 à Québec et inhumé le 11 suivant dans le cimetière Belmont, à Sainte-Foy.

Ulric-Joseph Tessier descend d'une famille rochelaise établie en Nouvelle-France en 1709. Il fait ses études classiques au petit séminaire de Québec de 1826 à 1835 puis, en 1836, il entre comme stagiaire dans le bureau de l'avocat Hector-Simon Huot*. Les 1er et 3 mai 1837, il publie dans *le Télégraphe* de Québec un conte romantique intitulé *Emma ou l'Amour malheureux* [...]. Inspiré par l'épidémie de choléra qui avait répandu la terreur à Québec en 1832, il brode une histoire autour du thème de la mort soudaine et de l'amour impossible. Tessier est admis au barreau de Québec le 22 juin 1839, à l'âge de 22 ans. On ne sait rien de l'activité et des préoccupations du nouvel avocat. Peut-être, à l'instar de la jeunesse de Québec, subit-il l'influence nationaliste d'Étienne Parent*, d'Augustin-Norbert Morin* et de Napoléon Aubin*. Le 9 février 1846, il fait irruption dans la vie politique municipale en devenant échevin du quartier Saint-Jean. Il participe régulièrement à divers comités, ceux du feu, des finances et des règlements en particulier, et prend un intérêt croissant à la chose publique. En 1847, il devient secrétaire-archiviste de la Société Saint-Jean-Baptiste de la cité de Québec. En août de la même année, son mariage avec Marguerite-Adèle Kelly, cohéritière de la seigneurie de Rimouski, lui permet d'entrevoir un avenir prometteur.

En décembre 1851, Tessier brigue les suffrages dans Portneuf sous la bannière réformiste. Élu à l'Assemblée législative de la province du Canada qui siège alors à Québec, il se montre volontiers indépendant par rapport au gouvernement. Il s'oppose notamment à ce que la province garantisse les emprunts nécessaires à l'amélioration du havre de Montréal et s'insurge contre la piètre organisation des sessions des cours de justice.

Tessier s'engage également dans le développement de la région de Québec. Il participe à la fondation de la Compagnie du chemin de fer de la rive nord, reconnue juridiquement en 1853. À titre de maire de Québec, du 14 février 1853 au 13 février 1854, il se montre soucieux de maintenir le crédit de la ville déjà grevé par une dette élevée ; il se contente donc de poursuivre les travaux d'aqueduc, de canalisation des égouts et de macadamisage des rues entrepris par ses prédécesseurs, puis de faire élargir la rue de la Montagne (côte de la Montagne). Libéré de ses mandats de député et de maire, Tessier voit à la publication, en 1854, de son étude intitulée *Essai sur le commerce et l'industrie du Bas-Canada*. Il accepte en 1855 une charge de cours à l'université Laval où l'on est en train de mettre sur pied une faculté de droit. Il reçoit cette année-là un doctorat en droit du même établissement, qui lui confie en 1856 la chaire de procédure civile. L'année suivante, il accepte d'aller à Londres plaider avec le maire de Québec, Joseph Morrin*, les droits de sa ville au titre de capitale permanente de la province du Canada. La reine Victoria choisira plutôt Ottawa [V. George-Étienne Cartier*].

En décembre 1858, Tessier participe à la fondation de la Banque nationale [V. François Vézina*], où il assumera les fonctions de président ou d'administrateur pendant 20 ans. À l'automne de 1858, il a effectué un retour en politique active en se faisant élire au poste de conseiller législatif de la division du Golfe, région où sa femme a des intérêts fonciers considérables. Il a défendu durant sa campagne un libéralisme modéré qui lui vaut d'être nommé, en mai 1862, commissaire des Travaux publics et leader du gouvernement au Conseil législatif dans le ministère de John Sandfield Macdonald* et de Louis-Victor Sicotte*. Il participe cette année-là à la conférence qui rassemble à Québec des délégués du Canada-Uni, du Nouveau-Brunswick et de la Nouvelle-Écosse pour discuter de la construction du chemin de fer Intercolonial, projet que les hommes d'affaires de Québec appuient vigoureusement et pour lequel le Canada-Uni s'engage alors à payer les sept douzièmes des coûts. Incapable de réconcilier les particularismes régionaux, le gouvernement Macdonald-Sicotte s'effondre le 8 mai 1863 sans que Tessier ait pu donner toute la mesure de son talent. Il redevient simple conseiller législatif et ses collègues le nomment, le 13 août, président du conseil, fonction qu'il remplira jusqu'au 1er juillet 1867.

Le changement de constitution n'affecte guère la carrière de Tessier. Le 22 mai 1867, il est appelé au Sénat pour représenter la division du Golfe. Il semble accepter cette nomination davantage pour le prestige qu'elle confère que par goût. Il s'ennuie à Ottawa et n'y séjourne que durant les sessions parlementaires. Ses intérêts sont ailleurs : d'abord à Québec, où il enseigne à l'université Laval et exerce sa profession dans le bureau Tessier, Hamel et Tessier, puis à Rimouski où son épouse hérite à la mort de sa mère, le 27 septembre 1869, de la seigneurie de Rimouski. Par la suite, il ne cesse d'accroître son patrimoine foncier, en acquérant les seigneuries du Bic, de Saint-Fabien, de Saint-Simon, de Saint-Mathieu, des Trois-Pistoles, puis une partie de la seigneurie de l'Île-d'Orléans.

Le 11 février 1873, Tessier est nommé juge à la Cour supérieure du district de Québec ; cette nomination l'oblige à laisser le Sénat. Déjà, en 1871, il avait confié l'administration de ses seigneuries à son fils Ulric. Le 8 octobre 1875, il est promu à la Cour du banc de la reine. Le même mois, il se rend à Rome négocier une nouvelle charte pontificale pour l'université Laval. Désormais, la justice et l'enseignement du droit accaparent le gros de ses énergies, même s'il demeure membre du conseil d'administration de la Caisse d'économie de Notre-Dame de Québec [V. François Vézina] jusqu'à la fin de sa vie.

En septembre 1891, assailli par la maladie, Ulric-Joseph Tessier donne sa démission comme juge. À sa mort, l'année suivante, il laisse une fortune évaluée à 347 446 $, composée d'obligations, d'actions dans des entreprises financières et commerciales, de dépôts bancaires, de biens fonciers et immobiliers. Avec lui disparaît l'un des derniers survivants de la génération qui, au sortir des rébellions de 1837–1838 – et sans doute influencée par Étienne Parent –, a concerté son action pour créer un ensemble de sociétés financières qui allaient permettre aux francophones de Québec de prendre leur place dans la vie économique de la cité et du pays.

MICHÈLE BRASSARD ET JEAN HAMELIN

Ulric-Joseph Tessier est l'auteur de : *Emma ou l'Amour malheureux ; épisode du choléra à Québec en 1832,* conte paru dans *le Télégraphe* de Québec les 1er et 3 mai 1837 et repris entre autres dans *le Répertoire ou Recueil de littérature canadienne,* James Huston, compil. (4 vol., Montréal, 1848–1850), 2 : 17–30. Il a aussi publié *Essai sur le commerce et l'industrie du Bas-Canada* (Québec, 1854). On trouve enfin « Rapport annuel du maire aux membres du conseil de ville de Québec », dans *Rapport annuel du trésorier de la cité de Québec pour l'année 1853* (Québec, [1854]), 1–4.

AC, Québec, État civil, Catholiques, Notre-Dame de Québec, 11 avril 1892. — ANQ-BSLG, CE1-6, 4 août 1847 ; P-1. — ANQ-Q, CE1-1, 4 mai 1817. — Arch. de l'univ. Laval, 503/31/1. — ASQ, Fichier des anciens. — Canada, prov. du, *Statuts,* 1853, chap. 100. — *Debates of the Legislative Assembly of United Canada* (Abbott Gibbs *et al.*), 11. — *Recensement de la ville de Québec en 1818 par le curé Joseph Signay,* Honorius Provost, édit. (Québec, 1976). — *Le Canadien,* 8 avril 1892. — *Le Courrier du Canada,* 7 avril 1892. — *L'Événement,* 8 avril 1892. — *Le Journal de Québec,* 28 avril 1860. — *Almanach de Québec,* 1836. — *Canadian directory of parl.* (Johnson). — J. Desjardins, *Guide parl.* — *DOLQ,* 1. — Geneviève Guimont Bastien *et al.*, *Inventaire des marchés de construction des archives civiles de Québec, 1800–1870* (3 vol., Ottawa, 1975), 3. — *Political appointments, 1841–1865* (J.-O. Coté ; 1866). — *Political appointments and the judicial bench* (N.-O. Coté). — *Quebec directory,* 1847–1877. — P.-G. Roy, *les Juges de la prov. de Québec.* — Turcotte, *le Conseil législatif.* — Univ. Laval, *Annuaire,* 1856–1892. — Wallace, *Macmillan dict.* — Georges Bellerive, *Délégués canadiens-français en Angleterre, de 1763 à 1867* [...] (Québec, [1913]). — L.-M. Côté *et al.*, *les Maires de la vieille capitale.* — Antoine Gagnon, *Monographie de Matane* ([Rimouski, Québec], 1945). — *Historique de la Banque d'économie de Québec (the Quebec Savings Bank), 1848–1948* (Québec, 1948). — *Mosaïque rimouskoise ; une histoire de Rimouski,* sous la dir. de M.-A. Caron *et al.* (Rimouski, 1979). — Raymond Rioux et Cyr Michaud, *les Cent Ans de St-Ulric, de Tessierville à nos jours, 1869–1969* (Mont-Joli, Québec, 1969). — François Vézina, *Récit historique de la progression financière de la Caisse d'économie de Notre-Dame de Québec* (Québec, 1878). — « Un passé remarquable, un avenir prometteur : portrait de famille de la Banque nationale », *La Presse,* 25 mai 1985, cahier spécial : 2–3.

TÊTU, CLÉOPHÉE (baptisée **Françoise-Cléophée**), dite **Thérèse de Jésus,** sœur de la charité de la Providence (sœur de la Providence), née le 3 décembre 1824 à Saint-Hyacinthe, Bas-Canada, fille de Jean-François Têtu et de Cécile Chabot ; décédée le 22 novembre 1891 à Longue-Pointe (Montréal).

Le père de Cléophée Têtu exerça sa profession de notaire à Saint-Hyacinthe où il fut aussi agent du seigneur Jean Dessaulles*. Il participa aux rébellions de 1837–1838, au point de passer plusieurs mois en exil aux États-Unis et, à son retour, de séjourner deux mois en prison. Cléophée Têtu reçut une solide éducation chrétienne chez les sœurs de la Congrégation de Notre-Dame à Saint-Hyacinthe. Le 5 octobre 1844, elle entra chez les Filles de la charité, servantes des pauvres, communauté fondée l'année précédente à Montréal par Émilie Tavernier*, et qui prendrait plus tard le nom de Sœurs de la charité de la Providence. La jeune novice eut l'avantage de côtoyer la fondatrice et vécut la période héroïque des débuts de l'institut. Le 21 juillet 1846, elle prononçait ses vœux de religion et prenait le nom de sœur Thérèse de Jésus.

Les talents de chef et d'organisatrice de sœur Thérèse de Jésus furent rapidement reconnus. Dès 1849, elle devint officière auprès des malades de l'hospice Saint-Camille. En août de la même année, elle accéda au poste de supérieure de l'hospice Saint-Jérôme-Émilien, établissement voué à l'éducation et aux soins des orphelins. Elle fut ensuite affectée à des tâches de premier plan à l'étranger. Ainsi, en 1854, elle fonda et dirigea l'orphelinat Saint-Joseph, à Burlington, au Vermont. Après trois ans de dévouement à ce poste, un défi encore plus considérable l'attendait, la vie missionnaire à Santiago, au Chili, puis l'année suivante à Valparaiso où elle occupa un poste de direction. En 1863, elle avait consolidé les établissements qu'on lui avait confiés au Chili et elle rentra à la maison mère à Montréal.

Pendant quelques mois, sœur Thérèse de Jésus visita les pauvres et les malades, puis elle fut de nouveau nommée supérieure de l'orphelinat Saint-Joseph, à Burlington. Trois ans plus tard, elle revint à Montréal, où sa riche expérience lui valut de servir la communauté comme économe générale de 1866 à 1875. À ce titre, on la chargea de visiter et d'étudier le fonctionnement de divers hôpitaux pour aliénés aux États-Unis et en Ontario.

Émilie Tavernier avait mis sur pied dès 1845 l'œuvre des aliénés. Après le décès de cette dernière en 1851, la communauté assura le soin de ces malades dans des locaux dispersés plus ou moins appropriés. La construction d'un édifice qui centraliserait les services s'imposait. Sœur Thérèse de Jésus en surveilla la construction. Inspiré du Mount Hope Retreat Hospital de Baltimore, au Maryland, l'asile de Longue-Pointe, appelé par la suite hôpital Saint-Jean-de-Dieu, puis hôpital Louis-H. LaFontaine, fut inauguré le 6 août 1875. On nomma sœur Thérèse de Jésus supérieure de l'établissement ; dès la première année, 408 patients furent admis. La direction de l'hôpital, à cette époque où le gouvernement versait seulement 100 $ par année par malade, requérait un talent de gestionnaire peu commun. Soucieuse d'offrir la meilleure qualité de soins possible, sœur Thérèse de Jésus effectua un voyage de deux mois en Europe à l'été de 1889. Accompagnée d'une consœur, d'un avocat et de deux médecins de l'hôpital, elle visita une quarantaine d'établissements hospitaliers, parmi les plus réputés pour le soin des aliénés.

En mai 1890, sœur Thérèse de Jésus, grippée, dut affronter la plus terrible épreuve de sa vie : elle vit se consumer en quelques heures l'hôpital qu'elle n'avait cessé d'édifier en 15 ans. L'incendie fit 80 victimes et laissa 1 200 patients sans abri. Sœur Thérèse de Jésus retrouva assez de forces pour prendre les mesures d'urgence qui s'imposaient, puis veiller à l'aménagement de pavillons temporaires, suffisamment équipés. Après trois mois de travaux intenses, l'hôpital était de nouveau prêt à accueillir les malades.

Sœur Thérèse de Jésus mourut peu de temps après, le 22 novembre 1891. Les journaux montréalais, tant anglophones que francophones, publièrent des notices nécrologiques fort élogieuses. *L'Étendard* écrivit : « Son cœur entier doué d'une grande sensibilité se donna aux pauvres aliénés [...] Seize cents personnes sont en pleurs à St-Jean-de-Dieu. Chaque malade avait en elle une mère. Elle connaissait chacun d'eux et savait leur dire à chacun une bonne parole. » *La Patrie* déclara : « C'est une des grandes figures de notre scène publique qui s'en va. » Selon le *Montreal Daily Star,* elle était « une diplomate et une tacticienne accomplie et ce fut rarement elle qui céda dans ses relations avec le gouvernement et les hommes politiques [...] Non seulement fut-elle la première parmi les femmes dont elle partageait l'existence, mais son esprit supérieur était reconnu par tous. » Mgr Henri Têtu*, qui avait connu sœur Thérèse de Jésus, a écrit qu'elle « était grande, mince et brune, avec des yeux noirs, intelligents et perçants [...] Elle avait [...] toutes les qualités d'une fourmi du bon Dieu et sa tête [...] renfermait un esprit large et profond, un véritable génie d'organisation et de gouvernement. » Cette religieuse remarquable, qui parlait trois langues et qui possédait des qualités d'administratrice reconnues, fut l'une des femmes de carrière les plus éminentes de son époque.

HUGUETTE LAPOINTE-ROY

Cléophée Têtu, dite sœur Thérèse de Jésus et sa compagne, sœur Madeleine du Sacré-cœur [Madeleine Desjardins] ont raconté leur voyage dans un ouvrage intitulé *Récit de voyage d'Europe* [...] *1889* (s.l.n.d.).

ANQ-M, CE2-5, 3 déc. 1824. — Arch. des Sœurs de la Charité de la Providence (Montréal), Chroniques de l'hospice Saint-Jean-de-Dieu à Longue-Pointe ; Spécilège II : 170–175. — *L'Étendard* (Montréal), 23 nov. 1891. — *Montreal Daily Star,* 23 nov. 1891. — *La Patrie,* 23 nov. 1891. — *Biographies des premiers supérieurs et bienfaiteurs de l'institut des Sœurs de Charité de la Providence* [...] (3 vol., Montréal, 1885–1903). — Ægidius Fauteux, *Patriotes de 1837–1838* (Montréal, 1950). — Adolphe Bellay, *Hospice St-Jean-de-Dieu, asile de la Longue-Pointe* (Montréal, 1892). — [M.-J.-L. Blanchard, dite mère Marie-Antoinette], *l'Institut de la Providence : histoire des Filles de la charité servantes des pauvres, dites Sœurs de la Providence* (6 vol., Montréal, 1925–1940), 4. — Henri Têtu, *Histoire des familles Têtu, Bonenfant, Dionne et Perreault* (Québec, 1898).

THÉRIAULT, LÉVITE, fonctionnaire, juge de paix, officier de milice et homme politique, né le 14 mai 1837 dans la paroisse Saint-Basile, Nouveau-Brunswick, fils de François-Régis Thériault et de Julie Ringuet ; le 13 janvier 1875, il épousa à Kamouraska, Québec, Eugénie Lebel (morte en 1877), et ils eurent deux fils, puis le 11 février 1878 à Lévis, Québec, Marie-Luce-Eugénie Patry (Paltry), veuve d'Octave

Marchand, et ils n'eurent pas d'enfants ; décédé le 2 décembre 1896 à Grand-Ruisseau, comté de Madawaska, Nouveau-Brunswick.

Fils unique d'un fermier prospère qui était également capitaine de milice, juge de paix et propriétaire d'un moulin, Lévite Thériault fit ses études au collège de Sainte-Anne-de-la-Pocatière, dans le Bas-Canada, avant de commencer sa carrière dans l'administration locale. Commissaire d'école à Saint-Basile en 1854, il fut ensuite nommé ou élu à divers postes avant de devenir juge de paix le 21 septembre 1865. En 1866, il accéda au grade de lieutenant dans la milice et devint secrétaire de la Victoria County Agricultural Society. La mort de son père en 1867 en fit l'un des Acadiens les plus riches de la région du Madawaska.

À la mort de Vital Hébert, qui avait représenté Victoria à la chambre d'Assemblée durant une session, Thériault obtint l'aide du député fédéral de la région, John Costigan*, et fut élu deuxième député de Victoria le 3 janvier 1868. Il participa au comité sur les questions agricoles, mais parla rarement à la chambre, n'y présenta que deux projets de loi à caractère local et vota toujours du côté du pouvoir.

Réélu en 1870, Thériault continua d'appuyer le gouvernement, et se trouva isolé de la plupart des autres députés catholiques et acadiens en votant pour le *Common Schools Act* de 1871, en vertu duquel l'argent d'une taxe générale ne serait versé qu'aux écoles non confessionnelles. Thériault n'expliqua jamais ses motifs. Il croyait peut-être que la loi permettrait d'améliorer l'enseignement dans les régions habitées par des Acadiens, ou encore qu'en appuyant constamment le gouvernement, il obtiendrait plus d'argent pour Victoria. Dans ce cas particulier, son appui lui valut de l'avancement pour lui-même, car le premier ministre provincial George Luther Hatheway* le nomma ministre sans portefeuille en juillet 1871.

Si certains Acadiens et le journal anglais de son comté furent d'accord avec Thériault, les tenants de l'école confessionnelle l'attaquèrent sauvagement dans *le Moniteur acadien*, et toutes les paroisses acadiennnes de sa circonscription demandèrent le retrait de la loi. Devant cette opposition croissante, Thériault démissionna du Conseil exécutif en février 1872, prétextant qu'on l'avait mal renseigné sur les effets de la loi, effets que des députés catholiques avaient pourtant bien annoncés au cours des débats de l'année précédente. Pendant la session suivante, Thériault vota avec les catholiques opposés à la loi.

Thériault regagna bientôt son influence dans son comté, et même si la nouvelle circonscription de Madawaska, séparée de Victoria en 1873, comprenait une majorité d'électeurs catholiques francophones, il en devint le représentant à la chambre d'Assemblée en 1874. Le compromis accepté par le gouvernement avait sauvé le crédit politique de Thériault. Après l'adoption du *Common Schools Act*, toutes les écoles de Saint-Basile avaient fermé leurs portes faute d'argent mais, aux élections de 1874, certains paroissiens avaient reconnu la nécessité d'assumer leur part des frais, et les écoles rouvraient maintenant grâce à des subventions gouvernementales, dont une allocation spéciale d'éloignement. Généreusement aidées par l'argent personnel de Thériault, les autorités religieuses avaient rouvert le couvent en 1873. De plus, le *Free Grants Act* de 1872 avait offert à la colonisation 115 000 acres dans le Madawaska. Thériault était manifestement capable de répondre aux besoins de la région. En 1875, on le consulta sur le compromis selon lequel l'Église pourrait exercer une certaine influence dans les écoles publiques et, trois ans plus tard, il fut réélu avec une forte majorité. Comme il souhaitait devenir conseiller législatif en 1880, il demanda l'appui de Pierre-Amand Landry*, qui lui répondit de rester à l'Assemblée où son siège lui paraissait assuré.

À la fin des années 1860 et au début des années 1870, Thériault avait consolidé sa situation de riche propriétaire foncier en achetant plusieurs terres de la couronne et concessions forestières. Fondateur et lieutenant-colonel du 1er bataillon de milice de Madawaska, conseiller municipal, il jouissait d'une grande influence dans la collectivité. Il était cependant largement tenu à l'écart de la « renaissance » acadienne, qui avait pris source au collège Saint-Joseph de Memramcook, fondé en 1864 par le père Camille LEFEBVRE. Les promoteurs de ce mouvement le considéraient comme un traître et estimaient avoir peu en commun avec les lointains Acadiens du Madawaska, plutôt tournés vers le Québec et les États-Unis. En 1880, Thériault fit apparemment partie du comité sur les questions acadiennes au congrès de la Société Saint-Jean-Baptiste à Québec, mais il ne joua aucun rôle dans les travaux de ce comité et ne figura pas parmi les délégués qui déclarèrent être des représentants acadiens. Même s'il avait envoyé ses fils à Saint-Joseph et s'il continuait vraisemblablement de s'intéresser au mouvement du congrès, puisqu'en 1890 il était membre du comité organisateur de la prochaine assemblée, *le Moniteur acadien* n'en parlait pas moins en termes peu flatteurs.

Après le décès de sa première femme en 1877, Thériault s'était remarié à une riche veuve de Fraserville (Rivière-du-Loup, Québec). C'est là qu'il vivait en 1881 et, selon *le Moniteur acadien*, il était à la fois membre du conseil municipal de Saint-Basile et de celui de Fraserville. La vigoureuse campagne que ce journal mena contre lui contribua peut-être à lui faire perdre son siège de Madawaska, par une voix, en 1882. Jusqu'à cette défaite, Thériault avait fait partie du comité sur les questions agricoles de l'Assemblée, soit durant 14 ans. Revenu à Saint-Basile, il fut réélu en 1886, ce qui lui donna la confiance nécessaire pour démissionner et se porter candidat dans Victoria aux élections fédérales de l'année suivante. Défait par le député sortant, son ancien protecteur John Costigan, ministre du Revenu de l'intérieur qui s'était fermement opposé à la loi sur les écoles publiques, Thériault se porta candidat à l'élection partielle nécessitée par sa propre démission et redevint député à l'Assemblée. Par la suite, il réussit très bien à faire en sorte que le gouvernement verse de l'argent dans sa circonscription, ce que même la presse francophone reconnut. Réélu en 1890, il défendit les intérêts gouvernementaux et locaux, et ses années tranquilles à l'Assemblée ne furent marquées que par un voyage à la Jamaïque où il représenta la province à l'exposition de 1891. Il démissionna en 1894 pour accepter des charges publiques dans le comté ; à sa mort, il était registrateur du comté de Madawaska et secrétaire-trésorier du conseil municipal.

Lévite Thériault est un symbole du pouvoir politique grandissant des Acadiens du Nouveau-Brunswick. Troisième Acadien à devenir député – après Amand Landry* et Vital Hébert –, premier à devenir ministre, il avait bien défendu les intérêts économiques du nord-ouest de la province et avait été l'un de ceux qui, à son époque, avaient siégé le plus longtemps à l'Assemblée. Pourtant, il demeurerait méconnu. Contrairement à Pierre-Amand Landry, Lévite Thériault était un piètre orateur et on ne sut jamais très bien ce qu'il pensait. Parce qu'il était né dans le Madawaska et qu'il avait étudié à l'extérieur de la province, il était exclu du groupe des diplômés de Saint-Joseph qui façonnaient l'avenir politique des Acadiens. De plus, en appuyant la loi sur les écoles publiques, il s'était isolé de la plupart des catholiques de son temps et s'aliénerait les prêtres historiens, qui furent les premiers à écrire sur les progrès politiques des Acadiens.

SHEILA ANDREW

AN, RG 31, C1, 1861, 1871, Victoria County ; 1871, Fraserville ; 1881, 1891, Madawaska County. — ANQ-Q, CE1-22, 19 nov. 1866 ; CE1-100, 11 férv. 1878 ; CE3-3 (mfm aux AN). — APNB, MC 1156 ; RG 4, RS24 ; RG 7, RS73, A, 1867, F.-R. Thériault ; RG 18, RS152 ; RS158, A2–3. — Arch. paroissiales, Saint-Basile-de-Madawaska (Saint-Basile, N.-B.), Reg. des baptêmes, mariages et sépultures (mfm aux APNB). — CEA, Fonds P.-A. Landry, 5-1-1 (P.-A. Landry à Thériault, 29 avril 1880). — N.-B., Dept. of Natural Resources, Lands Branch (Fredericton), Indexes to crown land sales, 1856–1857, 1868–1869, 1871, 1874 (mfm aux APNB) ; House of Assembly, *Journal*, 1867–1892 ; Legislative Assembly, *Journal*, 1893–1896. — *Carleton Sentinel* (Woodstock, N.-B.), 1871–1872. — *L'Évangéline* (Digby, N.-É. ; Weymouth Bridge, N.-É.), 1889, 1893–1894, 1896. — *Le Moniteur acadien* (Shédiac, N.-B.), 1871–1872, 1882–1896. — Thomas Albert, *Histoire du Madawaska d'après les recherches historiques de Patrick Therriault et les notes manuscrites de Prudent L. Mercure* (Québec, 1920). — Conventions nationales des Acadiens, *Recueil des travaux et délibérations des six premières conventions*, F.-J. Robidoux, compil. (Shédiac, 1907). — D. M. M. Stanley, *Au service de deux peuples : Pierre-Amand Landry* (Moncton, 1977).

THIBAUDEAU, ISIDORE (baptisé **Pierre-Isidore**), homme d'affaires et homme politique, né le 30 septembre 1819 et baptisé le même jour à Pointe-aux-Trembles (Neuville, Québec), fils de Pierre-Chrisologue Thibaudeau et d'Émilie Delisle ; le 4 septembre 1849, il épousa à Charlesbourg, Bas-Canada, Laure Drolet ; décédé le 18 août 1893 à Québec.

D'origine acadienne, la famille Thibaudeau conduit à Cap-Santé des activités marchandes. Lui-même fils de marchand, Pierre-Chrisologue acquiert bientôt parmi les villageois une position influente, tant dans le commerce que dans la politique locale. De son mariage en 1818, le couple Thibaudeau-Delisle a au moins 13 enfants dont Isidore, Joseph-Élie* et Joseph-Rosaire. Les filles se marient le plus souvent à des marchands de la région de Cap-Santé ou de Québec. Le père et les fils poursuivront des carrières commerciales, politiques et administratives parallèles.

À la fin de janvier 1836, Isidore Thibaudeau entre pour cinq ans et à petit salaire comme apprenti commis chez Masson, LaRocque, Strang and Company, succursale québécoise de la Robertson, Masson, LaRocque and Company de Montréal. Cet engagement n'a rien de surprenant puisque le père d'Isidore est depuis plusieurs années un bon client de cette maison d'importation en gros d'articles de mercerie et d'exportation de potasse et de blé. Les frères William et Hugh Robertson de Glasgow, en Écosse, avaient fondé cette entreprise en 1803, sous la raison sociale de Hugh Robertson and Company. En 1810, ils avaient établi une succursale à Montréal ; William se chargeait de la portion écossaise et Hugh du nouvel établissement. Un jeune commis, Joseph Masson*, s'était joint à eux en 1812, était devenu simple associé puis, avec le retour de Hugh en Écosse en 1815, associé principal à Montréal.

Après avoir conduit ses affaires par l'intermédiaire d'agents à Québec, la Robertson, Masson, LaRocque and Company y avait établi en 1830 une succursale que dirigeait John Strang. Au décès de celui-ci en 1841, Charles Langevin, ami et homme de confiance de Masson à Québec et son associé dans les faits à partir de 1831, administrera seul la succursale de Québec, sous la raison sociale de Masson, Langevin et Compagnie.

Le jeune Thibaudeau fait donc son apprentissage dans une maison de première force et sous l'experte supervision de Langevin. Graduellement, il acquiert la confiance de ce dernier et se voit confier à partir de 1841–1842 des responsabilités accrues pendant les fréquents voyages de Langevin en Angleterre. Il se charge notamment durant l'hiver de la perception des avances accordées aux marchands ruraux et urbains, ce qui le met en contact direct avec la clientèle. Le décès de Masson le 15 mai 1847 provoque la réorganisation de la firme. Déjà les Robertson s'étaient retirés et les fils de Masson, Wilfrid en particulier, de même que celui de Langevin ne pouvaient guère à cause de leur manque d'expérience en prendre la direction. Langevin et les héritiers de Masson s'entendent donc pour poursuivre les affaires en introduisant de nouveaux associés, soit Henry Thomas et Jean-Baptiste Bruyère avec Wilfrid Masson à Montréal, et Isidore Thibaudeau avec Charles Langevin à Québec (sous la raison sociale à Québec de Langevin, Masson, Thibaudeau et Compagnie à partir du 1er décembre 1847). À 28 ans, Thibaudeau accède ainsi à une position stratégique dans une entreprise en pleine transition successorale. À peine cinq ans plus tard, Langevin prend sa retraite et Isidore devient le seul associé de Québec, sous la raison sociale de Masson, Thibaudeau et Compagnie. Par la suite, la succursale montréalaise subit les départs successifs de Wilfrid Masson en 1856, et devient alors la Thibaudeau, Bruyère et Compagnie, et celui de Jean-Baptiste Bruyère en 1859, de sorte que toute l'affaire tombe entre les mains des deux commis engagés 25 ans plus tôt, associés maintenant dans la Thibaudeau, Thomas and Company, à Québec, et dans la Thomas, Thibaudeau and Company, à Montréal.

Au début des années 1860, Thibaudeau vaut entre 150 000 $ et 200 000 $. La firme de Québec vend annuellement pour 400 000 $; elle domine ainsi tous ses concurrents et jouit d'un crédit de première classe. Contrairement à Masson et à Langevin, Thibaudeau réussit à intégrer dans l'entreprise plusieurs de ses frères, à titre de commis d'abord puis d'associés en 1868, soit Joseph-Rosaire qui s'occupe de la maison de Montréal avec Thomas et Esprit-Anaclet Généreux, commis élevé au rang d'associé, et aussi Alfred qui épaule Isidore à Québec, puis à Manchester, en Angleterre, où Thibaudeau et Thomas établissent une filiale cette année-là. L'entreprise commence à prendre un caractère familial et continue d'élargir son réseau de clients, auxquels elle fait crédit avec circonspection, au rythme de la colonisation de la périphérie de la région de Québec, vers les régions des Bois-Francs, du Lac-Saint-Jean et du Bas-Saint-Laurent. À défaut d'un fonds d'archives de la firme, l'étendue et l'ampleur des activités restent encore difficiles à évaluer.

L'augmentation rapide des ressources financières de Thibaudeau lui permet de s'intéresser à d'autres secteurs d'activité. Il fait partie d'une élite marchande et professionnelle canadienne-française qui parvient à percer et qui commence graduellement à se lancer dans des entreprises communes. Thibaudeau se joint aux Guillaume-Eugène Chinic*, Ulric-Joseph TESSIER, François Vézina*, Louis-Joseph Massue* et autres en 1848 dans la Caisse d'épargnes de Notre-Dame de Québec (qui sera reconnue juridiquement en 1855 sous le nom de Caisse d'économie de Notre-Dame de Québec), et dans la Banque nationale à partir de 1858. Dans le premier cas, il est, de 1855 à 1893, administrateur et, de 1876 à 1893, vice-président. Dans le second, il joue un rôle actif dans le développement de la banque, que ce soit comme membre du comité de fondation, administrateur provisoire, administrateur élu, le 25 avril 1860, vice-président, de 1875 à 1879, et président, de 1879 à 1889. Il en devient l'un des actionnaires importants, non sans conserver ses actions de la Banque de Québec. Selon l'historien Ronald Rudin, l'administration de Thibaudeau aurait été très conservatrice, car l'homme d'affaires se contente de s'appuyer sur un commerce du bois en déclin et néglige d'ouvrir de nouvelles succursales entre 1875 et 1893. Il aurait eu à subir les récriminations de groupes d'actionnaires plus expansionnistes, et ce jusqu'à son départ en 1889. Par ailleurs, il s'engage occasionnellement dans les chemins de fer, notamment dans le Grand Tronc, dans le chemin de fer de Québec et du lac Saint-Jean, dans le chemin à lisses de Lévis à Kennebec et dans le Quebec Central.

Le 4 septembre 1849, quelque temps après son accession au rang d'associé, Thibaudeau avait épousé Laure Drolet à Charlesbourg. Le jeune couple s'était installé à la haute ville, rue Saint-Louis. En 1855, Thibaudeau achetait à prix d'aubaine d'un marchand en faillite une grande maison de trois étages en pierre de taille, rue Sainte-Geneviève. De 1849 à 1862, le couple Thibaudeau a dix enfants, dont six meurent avant l'âge de huit ans et deux autres sans descendants. Seuls les deux derniers, Laure et Alfred-Arthur, survivent à leur père. Épuisée et peut-être aussi de santé fragile, Laure Drolet meurt le 1er décembre 1862 à l'âge de 32 ans. Thibaudeau ne se remarie pas et prend successivement à son service plusieurs de ses nièces, qu'il couche d'ailleurs sur ses testaments.

À l'instar de son frère cadet, Joseph-Élie, Thibaudeau se lance en politique en 1863. Libéral moins modéré que son frère, il est invité à faire partie du nouveau cabinet formé, le 16 mai de cette année-là, par Antoine-Aimé DORION et John Sandfield Macdonald* ; il devient alors président du Conseil exécutif et représentant au cabinet de la région de Québec. Sa position de ministre, la promesse de régler la dette relative aux prêts consentis aux citoyens incendiés de Québec et ses ressources financières considérables permettent son élection le 15 juin suivant dans Québec-Centre contre le conservateur sortant Georges-Honoré Simard*. Plus doué pour les affaires que pour la politique, il joue un rôle effacé au sein du ministère. Il est presque complètement absent des débats parlementaires, sauf à quelques reprises pour y répondre, et plutôt gauchement, à des accusations sur la question des prêts aux citoyens incendiés ou sur le possible conflit d'intérêts entre sa participation au conseil d'administration du Grand Tronc et les politiques d'aide du gouvernement à cette entreprise en pleines difficultés financières. La chute du cabinet, le 29 mars 1864, le rejette dans l'ombre et dans le rôle effacé de simple député, et ce jusqu'à la Confédération, contre laquelle il vote d'ailleurs avec les libéraux radicaux.

La carrière politique de Thibaudeau se poursuit calmement au Conseil législatif de la province de Québec du 2 novembre 1867 jusqu'au 21 janvier 1874. Lorsque le gouvernement libéral fédéral d'Alexander MACKENZIE, arrivé au pouvoir en 1873 dans la foulée du scandale du Pacifique [V. sir John Alexander MACDONALD ; sir Hugh Allan*], déclenche des élections générales, Thibaudeau démissionne du Conseil législatif pour participer à la campagne avec ses amis libéraux. Élu sans opposition dans Québec-Est le 22 janvier 1874, il représente en chambre du mieux qu'il peut les intérêts commerciaux et portuaires de Québec. Peu présent dans les débats, il aspire plutôt à des postes honorifiques, en particulier à celui de lieutenant-gouverneur de la province de Québec qui devient libre avec le décès de René-Édouard Caron* en décembre 1876. Malgré une place enviable dans le parti et sans doute une participation substantielle à la caisse électorale, le cabinet fédéral lui préfère Luc Letellier* de Saint-Just.

La défaite surprise de Wilfrid Laurier* dans Drummond et Arthabaska en 1877 amène un Thibaudeau probablement désillusionné à lui offrir sa circonscription de Québec-Est. Sollicité par des amis libéraux de Laurier, dont François Langelier*, il démissionne le 7 novembre 1877 sans compensation apparente et participe à la campagne électorale qui débouche sur l'élection de Laurier le 28 novembre. Bien que déçu des affrontements de clans et des tiraillements à l'intérieur du gouvernement Mackenzie, notamment dans la gestion du favoritisme, il se présente tout de même dans la circonscription voisine de Québec en août 1878. Il y subit une défaite sans équivoque devant Adolphe-Philippe Caron*, député conservateur sortant. En bonne partie attribuable au balayage conservateur, cet échec confirme son retrait définitif de la politique.

Les frères Thibaudeau deviennent à la fin des années 1860 omniprésents dans l'entreprise : Joseph-Rosaire à Montréal, Alfred à Manchester et Isidore avec Urbain à Québec. Lorsque Henry Thomas de Montréal prend sa retraite, la firme se réorganise le 1er décembre 1873 autour de Joseph-Rosaire à Montréal et d'Isidore et d'Alfred à Québec, sous les raisons sociales de Thibaudeau, Généreux et Compagnie à Montréal, de Thibaudeau, Frères et Compagnie à Québec, et de Thibaudeau Brothers and Company à Manchester. Généreux prend sa retraite lui aussi en 1875, de sorte que les frères restent les seuls associés. La société montréalaise devient la Thibaudeau et Compagnie, et Alfred le responsable des achats de marchandises sèches et de nouveautés en Grande-Bretagne. Quant à la firme québécoise, elle continue son expansion et quitte au début des années 1880 les locaux qu'elle occupait depuis les années 1850 au coin des rues Sous-le-Fort et Saint-Pierre pour de vastes entrepôts situés rue Dalhousie.

Graduellement, les frères Thibaudeau se retirent de la société. Urbain meurt en 1875, Joseph-Rosaire part en 1885 et Alfred, qui a remplacé ce dernier à Montréal, fait de même en 1887, de sorte qu'Isidore se retrouve alors seul. Le 5 août de cette année-là, il associe à l'entreprise son fils Alfred-Arthur, âgé de 26 ans, et lui donne la responsabilité de l'établissement montréalais. À la veille de la retraite, Isidore qui gère presque seul une entreprise devenue considérable doit penser à se départir d'une partie du poids des affaires à Québec. Le 1er décembre 1887, il élève donc Rodolphe Audette, son premier commis et comptable de Québec et son homme de confiance depuis plusieurs années, au rang d'associé rémunéré et il établit par ailleurs une répartition des profits des deux tiers pour lui-même et d'un tiers pour son fils. À l'expiration de ce contrat de société en 1890, Thibaudeau ajoute comme associés deux de ses neveux et commis, Roger et Georges La Rue, avec salaire et participation aux profits nets de la succursale québécoise. La survie de l'entreprise devient alors possible. Au décès d'Isidore en 1893, Audette et les frères La Rue pourront prendre la relève dans l'administration du bureau de Québec, permettant ainsi à Alfred-Arthur de se concentrer sur les activités générales et montréalaises.

L'association avec ses frères et le vieillissement de ses enfants avaient déjà obligé Thibaudeau à prévoir l'éventualité de son décès et à rajuster périodiquement son premier testament connu, celui du 15 février 1870. Dans ce document, il protège ses frères en stipulant que sa part dans l'entreprise ne peut être retirée avant la fin du contrat d'association et après cinq années supplémentaires si deux d'entre eux voulaient continuer les affaires sous une autre raison sociale. Après le départ de ses frères, il modifie à quelques reprises son testament. Le 11 août 1887, il fait de son fils Alfred-Arthur son principal héritier et il nomme Audette l'un des exécuteurs. À peine quelques mois plus tard, le 31 octobre, Thibaudeau paraît avoir décidé de laisser toute l'entreprise à son fils Alfred-Arthur. Il lègue ses biens personnels à son autre fils, Charles-François, un joyeux luron plutôt irresponsable et pas très doué pour les affaires, qui meurt quelques mois à peine avant son père. Il fait alors donation à Alfred-Arthur de sa part dans le capital de la société, qui équivaut, au 30 novembre 1885, à la somme rondelette de 835 048,62 $. Résiliée le 13 décembre 1888, la donation débouche tout de même le 28 janvier 1890 sur un dernier testament qui confirme qu'Alfred-Arthur sera l'héritier d'une entreprise dans laquelle la part d'Isidore atteint au 30 novembre 1889, selon l'inventaire annuel de la firme, 1 032 551,22 $. Si l'on ajoute ses autres propriétés, investissements et comptes divers, Thibaudeau avait amassé au crépuscule de sa carrière une fortune considérable qui en fait l'un des rares millionnaires québécois francophones de l'époque. Son entreprise jouit pendant toute la période du crédit le plus élevé et le plus solide attribué par les agences de renseignements commerciaux. En 1893, elle emploie 27 commis.

Isidore Thibaudeau meurt à Québec le 18 août 1893. Ses funérailles sont célébrées en grande pompe à la basilique Notre-Dame le 22 août. Le cortège comprend au moins 1 800 personnes, et la cérémonie est considérée comme l'une des plus splendides vues à Québec depuis longtemps. Parmi les personnages qui lui rendent un dernier hommage, il faut citer Wilfrid Laurier, sir Hector-Louis Langevin* et les frères Charles* et François Langelier. Près d'une centaine de voitures accompagnent le corps au cimetière Belmont, à Sainte-Foy, où il est inhumé.

Marc Vallières

AC, Québec, État civil, Catholiques, Notre-Dame de Québec, 22 août 1893 ; Minutiers, É.-J. Angers. — ANQ-Q, CE1-1, 5 déc. 1862 ; CE1-7, 4 sept. 1849 ; CE1-15, 30 sept. 1819 ; CN1-117 ; CN1-255 ; ZC12/1-2. — Baker Library, R. G. Dun & Co., credit ledger, Québec, Langevin, Masson ; Thibaudeau et Compagnie ; Thibaudeau, Frères et Compagnie. — BE, Québec, déclarations de sociétés (reg. O) ; index aux noms et copies d'actes enregistrés. — Bibliothèque nationale du Québec (Montréal), MSS 99, boîtes 35–37. — Canada, chambre des Communes, *Débats*, 1875–1877. — *Le Courrier du Canada*, nov. 1877, août-sept. 1878, 19–22 août 1893. — *L'Événement*, nov. 1877, août-sept. 1878, 19–22 août 1893. — *Le Journal de Québec*, mai–juin 1863, nov. 1877, août-sept. 1878. — *Quebec Daily Mercury*, 19–22 août 1893. — *Mercantile agency reference book*, 1859–1893. — Auguste Béchard, *Histoire de la Banque nationale* [...] (Québec, 1878). — Jean Benoit, « le Développement des mécanismes de crédit et la Croissance économique d'une communauté d'affaires ; les marchands et les industriels de la ville de Québec au XIXe siècle » (thèse de PH.D., univ. Laval, 1986). — Bernard, *les Rouges*. — *Canada and her commerce : from the time of the first settlers to that of the representative men of to-day who have shaped the destiny of our country*, James Hedley, édit. (Montréal, 1894). — Caya, « la Formation du parti libéral au Québec ». — P.-A. Choquette, *Un demi-siècle de vie politique* (Montréal, 1936). — Cornell, *Alignment of political groups*. — *Historique de la Banque d'économie de Québec (the Quebec Savings Bank), 1848–1948* (Québec, 1948). — J.-C. McGee, *Laurier, Lapointe, Saint-Laurent : histoire politique de Québec-Est* (Québec, [1948]). — Henri Masson, *Joseph Masson, dernier seigneur de Terrebonne, 1791–1847* (Montréal, 1972). — Gérard Parizeau, *la Société canadienne-française au XIXe siècle : essais sur le milieu* (Montréal, 1975), 283–316. — P.-G. Roy, *les Petites Choses de notre histoire* (7 sér., Lévis, Québec, 1919–1944), 7 : 256–268. — Ronald Rudin, *Banking en français : the French banks of Quebec, 1835–1925* (Toronto, 1985). — Rumilly, *Hist. de la prov. de Québec*, 2–3. — [Télesphore Saint-Pierre], *Histoire du commerce canadien-français de Montréal, 1535–1893* (Montréal, 1894). — Tulchinsky, *River barons*. — « Les Thibaudeau », *BRH*, 39 (1933) : 58–59.

THIELEN. V. Tielen

THOMPSON, sir JOHN SPARROW DAVID, avocat, homme politique et juge, né le 10 novembre 1845 à Halifax, septième et dernier enfant de John Sparrow Thompson* et de Charlotte Pottinger ; le 5 juillet 1870, il épousa Annie Emma Affleck*, et ils eurent neuf enfants dont quatre moururent en bas âge ; décédé le 12 décembre 1894 au château de Windsor, Angleterre.

John David Thompson fit ses études à la Royal Acadian School et à la Free Church Academy de Halifax. C'était un garçon calme et réservé, et son père s'appliqua, avec quelque succès, à le débarrasser de sa timidité en lui faisant réciter des poèmes aux cérémonies de fin d'année à l'école, puis à des réunions du Halifax Mechanics' Institute, dont il fut secrétaire plusieurs années. Il lui enseigna aussi une forme de sténographie qu'il avait apprise à son arrivée à Halifax, en 1827, et dont il s'était servi à l'époque où il notait des discours pour le *Novascotian, or Colonial Herald* de Joseph Howe*. Tant le père que le fils allaient utiliser cette sténographie pour dresser des minutes de procès et des comptes rendus des débats de la chambre d'Assemblée néo-écossaise.

On sait peu de chose sur les six frères et sœurs de John David. Ses deux sœurs aînées moururent à la fin des années 1840 ; son frère William partit pour l'Afrique du Sud en 1859, après une malheureuse carrière d'arpenteur adjoint du comté de Lunenburg, et y mourut d'alcoolisme, en dépit – ou peut-être à cause – des rigoureux principes de tempérance de son père. Son autre frère, Joseph, immigra au Texas en 1866 et mourut l'année suivante de la fièvre jaune. Une autre de ses sœurs se maria en 1867 et s'installa à Barrington. Thompson père mourut en octobre 1867. (À peu près au même moment, probablement pour marquer son respect filial à son père et à la famille irlandaise de celui-ci, John David adopta le nom de Sparrow ; désormais, il s'appellerait John Sparrow David Thompson.) En 1867, sa famille s'était donc dispersée ; il avait alors 22 ans. Son unique sœur survivante et sa mère étaient presque entièrement à sa charge, et la petite maison familiale de la rue Gottingen était sans doute encore hypothéquée. Il entamait sa vie professionnelle à un âge précoce certes, mais avec de lourdes responsabilités.

On avait admis Thompson au barreau de la Nouvelle-Écosse en juillet 1865, après qu'il eut été stagiaire au cabinet de Henry PRYOR. En 1869, il s'associa à Joseph Coombes, plaideur d'assez bonne réputation, que Thompson, peu sûr de lui, devait envier. Leur association dura jusqu'en 1873. Thompson dressa aussi, de 1868 à 1873, des comptes rendus de procès et de débats de l'Assemblée.

Quelques mois avant la mort de son père, Thompson avait fait la connaissance d'Annie Emma Affleck, qui habitait au bas de la colline où il vivait. Elle avait son âge et travaillait peut-être dans un magasin de Halifax, à moins qu'elle n'ait aidé sa mère, qui avait encore de jeunes enfants. La cour que lui fit Thompson fut longue, intense et compliquée. Annie était une jeune femme nerveuse, vigoureuse, passionnée, intelligente et jolie. Elle admirait l'intelligence, la modestie et la force morale de Thompson ; c'était, lui semblait-il, un homme sur qui elle pouvait s'appuyer. Dès l'automne de 1867, il allait chez elle six soirs par semaine, l'emmenait en promenade ou lui enseignait le français et la sténographie. Annie décrivait leur relation dans son journal personnel en utilisant, pour les passages importants, la sténographie qu'il lui avait enseignée.

Annie se servait de ce code afin de cacher à ses proches les détails les plus intimes de leurs fréquentations. Les Affleck étaient catholiques et ne voyaient pas d'un bon œil que Thompson, issu d'une famille respectable mais méthodiste, courtise leur fille aînée. La passion de Thompson, tout comme l'encouragement qu'Annie lui donnait, semblait les déconcerter. Les amoureux recouraient donc parfois à la clandestinité : les fréquents billets du jeune homme, en partie sténographiés, étaient « passés en contrebande » (pour employer le terme d'Annie) chez elle. Les objections de la famille de John David étaient peut-être plus sérieuses. Non seulement Annie était catholique, mais Thompson était le seul soutien de sa mère et de sa sœur. Son père avait toujours pratiqué le méthodisme en prônant la tolérance à l'endroit des catholiques, même s'il était irlandais protestant. Ainsi il avait interdit à ses enfants de nouer des liens avec l'ordre d'Orange. Sa mère par contre, de foi presbytérienne, trouvait peut-être à redire contre le catholicisme d'Annie. Quoi qu'il en soit (les sources ne révèlent pas la nature des objections de sa famille), Thompson épousa Annie Affleck le 5 juillet 1870, au salon de l'évêque de Portland, dans le Maine. Pour épouser un protestant, Annie avait besoin d'une dispense ; l'archevêque de Halifax étant alors à Rome, on eut recours à l'évêque le plus proche, celui de Portland. Mme Affleck accompagna sa fille au mariage.

Les nouveaux mariés s'installèrent dans la maison des Thompson. C'est là qu'au début de 1871 le recenseur du dominion enregistra Thompson et les trois femmes de sa maisonnée – son épouse, sa mère et sa sœur : une catholique, une presbytérienne et une méthodiste. Lui-même se disait encore protestant, mais cela n'allait pas durer. En avril 1871, au moment où Annie était enceinte de quatre mois, il se fit baptiser (sous son nom d'origine) en la cathédrale catholique St Mary par l'archevêque Thomas Louis Connolly*.

Thompson méditait ce changement depuis longtemps. Il semble qu'il ait été en quête de certitude en matière religieuse, et que cela l'ait amené tant vers l'Église anglicane que vers l'Église catholique. Peut-être recherchait-il une eschatologie plus articulée, une foi dont la philosophie englobait plus sûrement les réalités terrestres et les mystères célestes ? Connolly, qui en 1867 avait prononcé une série de sermons sur la foi catholique, l'avait beaucoup influencé ; sa personnalité et ses arguments avaient plu à Thompson. Sa décision était sans doute déjà prise au moment de son mariage, mais il attendit près d'un an afin de prouver à ses amis et à ses clients qu'il ne se convertissait pas simplement pour épouser une catholique. Néanmoins, il prenait un risque sur le plan professionnel. Il croyait, semble-t-il, avoir compromis ses chances de réussite et certains de ses amis étaient du même avis. Pourtant, à sa grande satisfaction, aucun de ses clients protestants ne le quitta, ce qui témoigne du respect dont on l'entourait déjà à Halifax.

En 1872, Thompson put acheter une maison à un demi-mille à l'ouest de la demeure familiale, où sa mère et sa sœur continuèrent d'habiter. Willow Park, autrefois propriété de John Young*, était une grande et vieille maison à charpente de bois sise sur une terre de quatre ou cinq acres. Elle lui coûta 12 000 $ (une forte somme, car cette année-là les prix étaient élevés à Halifax) ; il versa 2 000 $ comptant, peut-être en se servant d'une petite propriété qu'il avait acquise. Tous ses enfants, sauf le premier (mort-né), allaient voir le jour dans cette maison.

En octobre 1871, Thompson avait été élu échevin du quartier n° 5 de Halifax ; réélu trois ans plus tard, il demeura au conseil municipal jusqu'en octobre 1877. Ce quartier était le plus grand et le plus populeux de la ville, et c'est là que Thompson s'initia à la vie politique. Avec l'échevin Lawrence Geoffrey Power*, il entreprit de colliger toutes les lois de la Nouvelle-Écosse qui s'appliquaient à la municipalité de Halifax. C'était bien de lui. Il aimait ordonner ce qui était confus, ranger, éclaircir, codifier. Les monuments qu'il allait laisser derrière lui (outre la charte de Halifax, le *Nova Scotia Judicature Act* de 1884 et le Code criminel du Canada de 1892) révéleraient le même trait de personnalité.

Thompson fut secrétaire de la commission qui administrait le nouveau parc de Point Pleasant, superficie d'environ 200 acres qu'avait reprise la municipalité à l'armée britannique en 1873, et c'est lui qui en organisa en partie l'aménagement. Il fit partie de plusieurs comités, mais son travail le plus important se déroula, de 1873 à 1878, au bureau des commissaires d'écoles, dont les membres étaient nommés conjointement par la province et par la ville. Il tenta, autant que possible, de tempérer les différends qui, dans les années 1870, déchiraient catholiques et protestants du Nouveau-Brunswick et de l'Île-du-Prince-Édouard, et qui se propagèrent inévitablement à la Nouvelle-Écosse. C'est grâce à lui notamment que catholiques et protestants néo-écossais continuèrent de cohabiter dans un seul système scolaire (établi en 1865) après cette période troublée. Légalement parlant, la Nouvelle-Écosse n'avait pas de réseau d'écoles séparées ; encore aujourd'hui, il n'existe qu'officieusement.

Pendant l'été de 1877, conformément aux dispositions prévues par le traité de Washington en 1871 [V. sir John Alexander MACDONALD], la Halifax Fisheries Commission se réunit. Le Canada avait obtenu le droit de pêcher sur les côtes américaines et les Américains, sur les côtes canadiennes, et l'avantage flagrant au profit de ces derniers devait être soumis à l'arbitrage. Les délégués américains, conscients de leur ignorance, engagèrent Thompson pour les aider à préparer leur argumentation. Ils se tirèrent cependant assez mal de l'arbitrage de 1877 [V. Samuel Robert Thomson*], surtout à cause de la faiblesse de leur dossier, mais aussi en raison de la conduite de leur représentant au tribunal d'arbitrage, le sot et ivrogne Ensign H. Kellogg, et de la sympathie du président Maurice Delfosse pour le représentant du Canada, sir Alexander Tilloch GALT.

À l'automne, au terme de son mandat d'échevin, Thompson se laissa convaincre par des amis conservateurs de Halifax de se présenter à une élection partielle provinciale dans la circonscription d'Antigonish. Son cheminement politique avait été plutôt lent. Il avait grandi dans une famille réformiste ; avec son père, un ami intime de Joseph Howe pendant des années, il avait combattu la Confédération comme Howe. En 1869, quand celui-ci était entré au cabinet de sir John Alexander Macdonald, Thompson semblait résigné à ce que la province fasse partie du dominion. À la mort de Howe, en 1873, Thompson était déjà dans le camp des conservateurs, en partie à cause de ce que Charles Tupper* avait conçu vers 1869 et baptisé sa Politique nationale.

En 1877, Thompson n'avait pas vraiment envie d'entrer en politique, ou du moins il voulait une circonscription où il était connu. Il ne savait presque rien de la circonscription d'Antigonish, mais elle était vacante, et le groupe qui entourait le *Morning Herald* de Halifax, journal conservateur lancé en 1875, parvint à le convaincre de s'y présenter. Il lui faudrait une solide poussée ; Antigonish, aux mains des libéraux depuis quelques années, n'aimait pas les candidats venus de l'extérieur, comme bien des circonscriptions néo-écossaises. Heureusement pour lui, Thompson put compter sur l'archevêque d'Arichat, John Cameron*. Cet Écossais volontaire, vigoureux et compétent était un personnage redoutable. Toujours convaincu d'avoir raison, il menait ses ouailles avec intelligence, droiture et constance. Thompson, qu'il avait connu à Halifax quelques années auparavant chez l'archevêque Connolly, avait fini par l'impressionner beaucoup. L'élection de 1877 semblait perdue d'avance : complètement étranger dans Antigonish, Thompson était de ces hommes d'allure distante qu'il faut connaître pour respecter. Pourtant, après quelques difficultés, et sans aucun doute grâce à l'appui de l'archevêque, il remporta la victoire.

Thompson et Cameron allaient demeurer liés très longtemps. Leur relation était presque filiale, même si le premier n'avait que 15 ans de moins que le second. En 1877, Michael Hannan* succéda à Connolly comme archevêque de Halifax ; il entendait bien affirmer son autorité sur les Sœurs de la charité de la ville, qui résistèrent. Thompson, avocat des religieuses, put compter sur les conseils de Cameron durant le long litige qui s'ensuivit. En 1879, sur son avis et celui de Cameron, croit-on, les sœurs portèrent leur cause à Rome et la gagnèrent. Hannan faillit perdre son siège, et les sœurs gardèrent une reconnaissance éternelle à Thompson.

En septembre 1878, des élections eurent lieu en Nouvelle-Écosse. Le gouvernement provincial de Philip Carteret HILL, libéral qui prétendait parfois ne pas avoir d'étiquette, avait décidé de les tenir en même temps que les élections fédérales. Il espérait profiter ainsi de la prétendue popularité du gouvernement d'Alexander MACKENZIE. Or les deux scrutins furent un désastre pour les libéraux : Mackenzie subit une cuisante défaite, tout comme le gouvernement de Hill. Thompson fut élu sans opposition dans Antigonish. Le nouveau premier ministre de la Nouvelle-Écosse était le conservateur Simon Hugh Holmes*, de la circonscription de Pictou. Thompson entra au cabinet à titre de procureur général, fonction qu'il exercerait pendant toute la durée du gouvernement. Comme il s'agissait d'un poste rémunéré par la couronne, il dut se soumettre une deuxième fois au verdict de l'électorat. Même si l'on parla d'une lutte farouche, il gagna encore sans opposition.

Même si le poste de procureur général existe depuis longtemps, les historiens ne se sont guère intéressés au rôle et aux fonctions qui s'y rattachaient. L'administration du droit criminel était de compétence provinciale et, à titre de procureur général, Thompson était le principal légiste de la couronne ou, en d'autres termes, le grand maître du système d'application de la loi. Cette fonction était tombée dans une obscurité relative, en raison surtout de l'incompétence de ceux qui l'avaient exercée après la Confédération [V. Otto Schwartz WEEKS]. Thompson travailla très dur, et la correspondance qu'il reçut renseigne mieux que toute autre source sur la nature du poste qu'il occupait. L'appareil judiciaire néo-écossais reposait sur le travail du juge de paix, qui ne touchait que des honoraires et pouvait aussi bien être tonnelier, marchand ou pêcheur, car les avocats considéraient la défense des criminels comme une activité plus lucrative. Les juges de paix consultaient souvent Thompson, surtout dans les cas difficiles.

La principale fonction du procureur général était de poursuivre, au nom de la couronne, tous les suspects de crimes graves. C'était manifestement trop pour un seul homme et, l'un après l'autre, les procureurs généraux envisageaient cette fonction chacun à leur manière. Thompson s'occupait de toutes les poursuites importantes au criminel dans le comté de Halifax, le plus grand et le plus peuplé de la province. Il prenait aussi parfois des causes de l'extérieur : par exemple, celle de Joseph Nick Thibault, du comté d'Annapolis, accusé de meurtre en 1880. Les preuves étaient surtout circonstancielles, et le dossier exigeait une préparation très soignée. Thompson craignait un déni de justice s'il ne s'en occupait pas lui-même. Avec patience et discrétion, il relia entre elles les preuves circonstancielles et les dépositions des témoins oculaires, et Thibault fut condamné.

Thompson travaillait si fort, tant à titre de procureur général que de membre du gouvernement, qu'il était souvent encore en ville aux petites heures, après le passage du dernier omnibus à chevaux. Il devait alors, pour rentrer à Willow Park, franchir un mille et demi à pied. Annie se plaignait d'ailleurs qu'il faisait toujours le travail des autres. Il aida le gouvernement à faire adopter le *County Incorporation Act* de 1879, qui autorisait les comtés néo-écossais à lever des impôts et leur donnait, dans les faits, un statut de municipalité. Le gouvernement provincial avait conçu cette loi pour se décharger du financement des routes et des ponts. De toute façon, on aurait dû l'adopter bien longtemps auparavant, malgré la forte résistance des contribuables néo-écossais, que l'idée de payer des taxes, y compris pour eux-mêmes, n'avait jamais enthousiasmés. Toutefois, le gouvernement avait une forte majorité et escomptait que les avantages de cette loi deviendraient patents avant les élections suivantes.

Toujours à court de fonds, le gouvernement avait du mal à fusionner tous les chemins de fer privés et publics de la province (sauf le chemin de fer Intercolonial, administré par le gouvernement fédéral) sous l'égide d'un seul organisme appelé le Nova Scotia Railway. C'était surtout le premier ministre Holmes qui tenait à ce projet, mais naturellement tout le cabinet dut s'employer à le concrétiser. On adopta les lois nécessaires en 1881 et 1882 mais, à la veille des élections de mai 1882, Holmes s'était tellement discrédité auprès de ses collègues et des membres de son parti qu'il dut démissionner. Thompson se vit forcé d'accepter la charge de premier ministre.

C'était bien la dernière chose que Thompson souhaitait. Il en avait assez de la politique, et seules les pressions du parti, provincial et fédéral, le firent rester. Les élections eurent lieu en juin 1882, et son gouvernement fut battu. Pourtant, tout ne semblait pas perdu. Immédiatement après le scrutin, Thompson crut pouvoir former un gouvernement en faisant appel à certains des membres les plus souples et les plus généreux de l'opposition. On le respectait des deux côtés de la chambre, et sa tentative aurait pu réussir n'eût été d'un handicap fatal. Il y avait, à la Cour suprême de la Nouvelle-Écosse, un poste vacant qui, pensait-on, lui était destiné. On le lui avait promis en récompense de la campagne électorale qu'il avait menée. Thompson n'avait aucune chance de former un gouvernement de coalition s'il ne s'engageait pas fermement à y participer. Comme il ne le pouvait pas, la coalition s'effrita, et il démissionna en juillet 1882. Sir John Alexander Macdonald le nomma sans délai à la Cour suprême.

Durant trois ans, Thompson fut ce que Macdonald appelait un « moine du droit ». Il aimait sa fonction et était aussi bon juge qu'il avait rêvé de l'être. Sa première audience dut faire une très curieuse impression car, âgé de 36 ans, il était la plus jeune de toutes les personnes présentes. Il interprétait la loi avec largesse plutôt que de manière tatillonne. Dans les causes criminelles, il pouvait se montrer charitable si les preuves n'étaient pas concluantes mais, dans le cas contraire, il était ferme, voire sans pitié. Il abhorrait la cruauté, surtout à l'endroit des femmes et des enfants. Par ailleurs, il trouva le temps de participer à la fondation de l'école de droit de la Dalhousie University [V. George MUNRO]. Au printemps de 1883, en compagnie de Wallace Graham* et de Robert Sedgewick*, il alla visiter les écoles de droit de trois autres universités, Harvard, Boston et Columbia, pour voir comment les choses s'y déroulaient. Il en revint convaincu que Halifax possédait les ressources humaines nécessaires à l'établissement d'une école de droit de première classe. Ce qui manquait cependant, c'était une bonne bibliothèque juridique, qu'il se mit, avec d'autres, à constituer. En 1883 et 1884, pendant les premiers trimestres de l'école, il donna des cours sur la preuve, de si bons cours que même d'éminents avocats du centre-ville de Halifax y assistèrent. En fait, ses talents étaient si remarquables que le gouvernement libéral de la province, qui l'avait battu deux ans plus tôt, lui demanda de dresser un plan de réorganisation de la Cour suprême provinciale. Le *Judicature Act* de 1884, conçu par lui, réformait la procédure en profondeur et de façon si judicieuse qu'on l'appliquerait tel quel jusque dans les années 1950. Thompson poursuivait donc son petit bonhomme de chemin. Ses enfants naquirent à Willow Park ; son salaire, sans être élevé, était sûr. Il pouvait envisager une misère décente pendant 40 autres années et devenir un jour, sans doute, juge en chef de la province. Son unique ambition était d'être un juge compétent, de connaître le droit à fond.

Cependant, en 1885, le gouvernement de sir John Alexander Macdonald cherchait de nouvelles recrues. Le cabinet s'acquittait mal de ses responsabilités, aussi bien administratives que parlementaires. Trop de ministres étaient vieux, malades ou épuisés. C'était particulièrement le cas de ministres importants comme sir Samuel Leonard TILLEY aux Finances, de sir Alexander CAMPBELL à la Justice, et de sir David Lewis MACPHERSON à l'Intérieur. Parmi les autres, peu étaient de taille à bien se défendre aux Communes. Macdonald devait donc mettre les bouchées doubles, mais il ne pouvait tout faire. De toute évidence, une reconstruction majeure s'imposait. Cependant, avant qu'elle puisse se faire, la rébellion du Nord-Ouest éclata [V. Louis Riel*], et cette fois la survie même du gouvernement était en jeu.

Macdonald avait besoin d'un nouveau ministre qui viendrait de la Nouvelle-Écosse. Normalement, depuis la Confédération, deux Néo-Écossais siégeaient au cabinet fédéral. Or, Tupper avait démissionné en 1884 pour devenir haut-commissaire à Londres, et l'autre, Archibald Woodbury McLelan*, pas très populaire dans sa province, prenait de l'âge. Comme il y avait peu de bons candidats parmi les députés fédéraux conservateurs de la Nouvelle-Écosse, ils risquaient de se jalouser. Cependant, il y avait un homme que tous accepteraient volontiers s'il se laissait convaincre : John Sparrow David Thompson.

Thompson ne voulait pas quitter la magistrature pour retourner dans la « fange » de la politique, comme il le disait. En 1884 et au début de 1885, il déclina des offres poliment mais fermement. Les députés de Halifax supplièrent Macdonald d'insister ; la présence de Thompson au gouvernement ferait plus que compenser les efforts déployés pour l'y faire entrer. Toutefois, ceux qui influencèrent le plus sa décision n'étaient pas des politiques. Il s'agissait de John James Stewart*, rédacteur en chef du *Morning Herald,* principal journal conservateur de la province, de l'évêque Cameron, et surtout d'Annie. Cameron signala à Tupper, qui faisait aussi pression, qu'il faudrait accepter des conditions : Thompson devrait accéder tout de suite au principal portefeuille du gouvernement, celui de la Justice. Pareille chose ne s'était jamais faite, en particulier pour un jeune et nouveau ministre complètement dénué d'expérience en matière de politique du dominion. Macdonald était si déterminé qu'il accepta ; il muta donc Campbell, son vieil ami et collègue, de la Justice aux Postes. Pourtant, même cela n'aurait pas suffi à convaincre Thompson d'aller à Ottawa sans l'intervention d'Annie.

Thompson aimait être juge, et il était déjà reconnu dans la province comme un homme courageux, indépendant et capable. Mais Annie, en regardant ses collègues de la Cour suprême (« ces vieux corbeaux », comme elle les appelait), se disait que son jeune et brillant mari avait besoin de se mesurer à des défis plus grands que ceux qu'offrait le vénérable tribunal de la route Spring Garden. C'était une femme intrépide, prête à oser, et finalement, quand Thompson fut forcé de prendre une décision, c'est elle qui opta pour la politique fédérale. On assermenta Thompson comme ministre de la Justice à la fin de septembre 1885, à Ottawa, mais il lui fallait maintenant une circonscription. Le député d'Antigonish, Angus MacIsaac*, désirait ardemment un poste de juge de comté, et Macdonald était tout à fait en mesure de le lui offrir. Cependant, MacIsaac était libéral, ce qui était gênant. On arriva toutefois à une entente ; il démissionna pour devenir juge du comté d'Antigonish, et en octobre 1885, après une rude bataille, Thompson était élu.

Thompson retourna à Ottawa plus tard le même mois, au moment où le cabinet tenait de longues réunions au sujet de la crise déclenchée par Louis Riel. Le sort de cet homme qui, en août précédent, avait été condamné à la pendaison, dépendait avant tout du ministre de la Justice, mais le prédécesseur de Thompson, Campbell, en avait déjà décidé. Selon Thompson, l'instigateur de la rébellion de 1885, francophone ou anglophone, blanc ou métis, méritait toute la rigueur du châtiment prévu par la loi, mais son avis n'avait pas plus de poids que celui des autres membres du cabinet. Soudain, le 8 novembre, il eut une grave crise causée par des calculs rénaux ; durant deux semaines, il ne put rien faire. Quand il revint, Riel avait été pendu et tout le Québec était en fureur [V. sir Joseph-Adolphe CHAPLEAU ; Honoré Mercier]. Peu après l'ouverture du Parlement, le 3 mars 1886, le député conservateur Philippe Landry* proposa à la chambre d'adopter une motion dans laquelle elle dirait regretter l'exécution de Riel. Thompson fit son premier discours important au Parlement au cours du débat qui s'ensuivit. Selon lui, quiconque encourageait les Indiens à prendre le sentier de la guerre ne devait pas échapper à la justice. Si des Indiens étaient pendus pour avoir assassiné des Blancs, Riel devait l'être aussi. Il concluait par ces mots : « Je n'ai pas tendance à être inhumain ou sans pitié [...] mais à propos d'hommes de cette sorte [...] je répondrais à ceux qui demandent la clémence ce que l'on a répondu en France à ceux qui proposaient d'abolir la peine capitale : « Très bien, mais que les assassins le fassent d'abord. »

Grâce à ce discours, Thompson devint l'une des vedettes de son parti. À son arrivée à Ottawa, personne ne le connaissait, et certains députés avaient même imploré Macdonald de ne pas le nommer ministre. Campbell trouvait qu'il avait l'air d'un prêtre manqué, d'un chrétien trop innocent pour survivre dans la fosse aux lions qu'était la chambre des Communes. Mais les Communes sont un drôle d'endroit, où l'on se méfie de la rhétorique et du style pompeux qui ne laissent pas entrevoir une argumentation puissante. Thompson, justement, ne cherchait pas à convaincre la chambre par des déclamations ou des phrases tonnantes, mais par des faits probants, des paroles raisonnables et son évidente équité. D'emblée, il gagna l'attention des députés. Il parla avec courtoisie et calme, distinctement, d'une voix basse et musicale, comme si son seul souci était de parvenir à la vérité. Et il convainquit le Parlement. Le scrutin qui battit la motion de regret surprit tout le monde, y compris les conservateurs, car jusqu'au discours de Thompson ils s'étaient mal défendus.

Thompson prit sa carrière parlementaire à cœur. Il devint maître du Feuilleton de la chambre et des affaires du gouvernement devant celle-ci. Macdonald avait absolument besoin d'un bon généraliste. D'autres ministres, Mackenzie Bowell*, Joseph-Adolphe Chapleau, sir Adolphe-Philippe Caron*, McLelan et Tilley, étaient capables de répondre à des questions sur leur propre ministère ; sir Hector-Louis Langevin* pouvait peut-être faire davantage. Mais, depuis que Tupper était à Londres, il n'y avait personne sur qui le gouvernement pouvait compter pour affronter l'opposition quand elle déployait toutes ses batteries. Dès la fin de la session de 1886, Thompson avait fait ses preuves, et Macdonald s'en remettait de plus en plus à ce ministre toujours maître de son ministère et de lui-même. Il connaissait à fond les affaires gouvernementales et était prêt à faire tout ce qu'on lui demandait. En moins de deux ans, il devint indispensable.

De même, la manière dont Thompson dirigeait son ministère était exceptionnelle. Peu de ministres de la Justice se sont dépensés autant que lui. Soin, courtoisie, concentration : ces trois mots peuvent résumer son mandat. Il veillait à ce que le travail ministériel soit fait, et bien fait, sans être pour autant un garde-chiourme : s'il s'attendait à ce que les autres fassent de leur mieux, lui-même ne ménageait pas ses efforts. Il n'était pas du genre à parader ni à faire étalage de son influence. Selon lui, il fallait reconnaître le mérite où qu'il se trouve. Il préférait accorder une promotion à un fonctionnaire compétent et faire la sourde oreille à ceux de l'extérieur qui prétendaient avoir droit à une faveur. C'était particulièrement le cas dans le système pénitentiaire, où la nomination d'un directeur de prison, par exemple, faisait l'objet de très fortes pressions politiques. En outre, il tenait à examiner attentivement les dossiers des condamnés à mort. Au moins dans deux cas, il recommanda une commutation de sentence, à l'encontre de l'avis de ses fonctionnaires, parce que d'après lui les preuves justifiaient un verdict de culpabilité mais non une exécution. D'un tempérament sentimental, doux même, Thompson pouvait s'endurcir ; devant la cruauté envers des femmes ou des enfants, il pouvait être implacable.

Lorsque William Alexander Henry*, juge à la Cour suprême du Canada, mourut en mai 1888, on avança immédiatement que Thompson lui succéderait. Plusieurs vacances se produisirent au tribunal durant les quelques années qui suivirent ; chaque fois, on prononça son nom. Il y songea, car il n'aimait toujours pas la vie politique, mais il nomma successivement deux de ses sous-ministres, George Wheelock Burbidge* et Robert Sedgewick. Macdonald et le parti avaient besoin de lui : c'était suffisant pour qu'il supporte les désagréments de sa situation. À l'automne de 1886, Macdonald le mit à l'épreuve au cours d'une tournée du sud-ouest de l'Ontario. Thompson s'habitua à parler en public mais n'en vint pas pour autant à y prendre goût. « Il faut donner le meilleur et le pire de soi-même », disait-il, ce qu'il trouvait difficile. Les assemblées publiques lui semblaient toujours au point d'ébullition. Raisonner là était impossible ; il fallait répondre à brûle-pourpoint.

La contribution de Thompson aux négociations canado-américaines de 1887–1888 sur la pêche, à Washington, le rendit encore plus indispensable qu'auparavant. Tupper était le principal délégué du Canada et, en principe, Thompson n'était que conseiller juridique. Cependant, Tupper n'était pas avocat ; politique bien informé et tapageur, il avait besoin de quelqu'un qui s'occupe des aspects légaux. L'expérience acquise par Thompson lorsqu'il avait conseillé les Américains au moment de l'arbitrage de Halifax en 1877 le rendit particulièrement utile. Il impressionna tellement le principal plénipotentiaire de la partie britanno-canadienne, Joseph Chamberlain, qu'en 1888, même s'il était le cadet des membres du cabinet, il fut fait chevalier commandeur de l'ordre de Saint-Michel et Saint-Georges, avec l'approbation et la reconnaissance des deux gouvernements. Cependant, le Sénat américain rejeta le traité de 1888, si laborieusement négocié, et les deux gouvernements durent se contenter d'un modus vivendi.

Qu'il ait été question du droit d'auteur, des pêches nord-américaines, du projet de frontière de l'Alaska ou de la chasse au phoque dans la mer de Béring, questions qui furent toutes soulevées entre 1885 et 1894, Thompson, on le savait, veillerait à maîtriser son sujet et à rédiger un élégant document d'État. Jamais Macdonald n'eut un ministre doué d'un pareil sens du détail ni aussi capable de produire une argumentation claire, ferme et exhaustive pour défendre la position du gouvernement. Macdonald avait assumé la charge des Affaires extérieures du Canada bien avant la création de ce ministère, mais en 1890 il avait 75 ans, et Thompson était devenu, quoique officieusement, son véritable lieutenant dans ce domaine. Macdonald et lui n'étaient pas toujours d'accord : le premier était plutôt attentiste, le second, positif, déterminé, et d'un nationalisme plus subtil que celui de son chef.

Les recommandations que Thompson présentait au cabinet à titre de ministre de la Justice étaient aussi de grande qualité. Son ministère étudiait à fond toutes les lois provinciales, et le sous-ministre, ou lui-même, examinait les articles controversés ou maladroits. Nombre de ses prédécesseurs s'étaient contentés d'écrire la mention « approuvé » sur les recommandations du ministère ; Thompson en formulait une bonne partie lui-même. Après sa nomination, quelques longues querelles avec les provinces prirent fin ou furent soumises à l'arbitrage des tribunaux. Ce fut particulièrement le cas des litiges qui opposaient le gouvernement fédéral et l'Ontario. Au début des années 1880, Macdonald n'avait cessé d'être en lutte avec Oliver Mowat*, premier ministre de cette province. Une fois bien en selle, Thompson amorça une correspondance polie, souple mais ferme. Mowat voulait accaparer autant de pouvoir que possible ; Thompson, lui, voulait discuter des problèmes sous leur aspect juridique et les soumettre au jugement du tribunal. S'il se rendait à Toronto, il poursuivait parfois des discussions avec Mowat. Au fil du temps, les deux hommes établirent une relation cordiale, empreinte de respect pour leurs positions et leurs compétences respectives. Lorsqu'il fut question de nommer Thompson juge en chef de la Cour suprême du Canada, en 1892, Mowat lui écrivit qu'il serait ravi de le voir occuper ce poste et se fierait à ses décisions, même si, malheureusement, il était conservateur.

La querelle qu'engendra la législation manitobaine des chemins de fer se dissipa à la fin des années 1880 par l'élimination du monopole de la Compagnie du chemin de fer canadien du Pacifique [V. John Norquay*]. Un important désaccord opposait par ailleurs le gouvernement fédéral à Honoré MERCIER, premier ministre du Québec, dont on refusa de reconnaître les lois de 1888 et 1889 sur les magistrats de district. Il faut cependant signaler que Thompson n'annula aucune loi après la mort de Macdonald, survenue en 1891. Selon lui, les batailles constitutionnelles devaient se livrer devant les tribunaux plutôt que dans les cabinets politiques. Il comptait, trop peut-être, sur les tribunaux pour trouver des solutions. Il espérait donc que la question des écoles du Manitoba, qui opposait un gouvernement provincial réaliste à un clergé catholique intransigeant [V. Thomas Greenway*], se réglerait par cette voie. Certes, c'est l'éminent libéral Edward Blake* qui, en avril 1890, proposa en chambre que le gouvernement réagisse aux lois scolaires adoptées cette année-là par le Manitoba et confie la question aux tribunaux, mais Thompson accepta cette idée de bon gré. Il voyait là le seul moyen de se débarrasser de textes de loi boiteux qui concernaient bien des groupes aux intérêts divergents et qu'il était difficile et délicat de traiter politiquement. Si ces lois étaient constitutionnelles, pensait-il, le cabinet fédéral n'avait pas le droit de refuser de les reconnaître ; si elles étaient inconstitutionnelles, les tribunaux le déclareraient et, devenues inutiles, elles s'effondreraient.

En 1888, la famille de Thompson quitta Halifax pour s'établir à Ottawa, ce qui mit fin aux misérables années pendant lesquelles il avait logé dans des pensions. Thompson était passionnément attaché à sa famille ; sans sa femme et ses enfants, Ottawa était pour lui un enfer. Les dimanches, surtout, étaient terribles. Il errait dans les rues, après la messe, et jetait un coup d'œil dans les maisons où d'autres hommes étaient entourés de leur femme, de leurs enfants. Lui, qui aurait bientôt 45 ans, vagabondait dans la ville comme un ménestrel. Finalement, sa famille vint s'installer dans une maison sise près de l'intersection des rues Metcalfe et Lisgar. De 1888 à 1894, ils vécurent dans quatre maisons louées, dans le même quartier.

Quand ses fils John Thomas Connolly et Joseph eurent environ 13 ans, Thompson les envoya dans une école de jésuites, la Stonyhurst School, dans le Lancashire, en Angleterre. Ce fut une décision pénible, dictée par l'expérience. En effet, il déplora toujours les lacunes de sa formation et savait combien il était difficile d'y remédier soi-même. Son collègue de Halifax, le député Thomas Edward Kenny*, avait étudié à Stonyhurst et en faisait l'éloge. Les deux aînées de Thompson, Mary Aloysia, surnommée « Babe », et Mary Helena, étudièrent à l'école de jeunes filles des Religieuses du Sacré-Cœur à Sault-au-Récollet (Montréal–Nord). Thompson voulait qu'elles maîtrisent le français, ce à quoi lui-même s'était appliqué en arrivant à Ottawa. Il estimait que c'était manquer de savoir-vivre que de ne pas pouvoir s'exprimer dans cette langue. Il semble avoir eu une préférence pour sa troisième fille, Frances Alice, ou « Frankie » comme tout le monde l'appelait. Née en 1881, dernière des enfants de Thompson à vivre jusqu'à l'âge adulte, elle souffrait d'une maladie de l'articulation des hanches. À compter de 1890 environ, elle subit une série d'interventions chirurgicales et de traitements, au meilleur des connaissances en orthopédie de l'époque, par le docteur Thomas George Roddick*, professeur de chirurgie à la McGill University. En octobre et novembre 1891, elle faillit mourir. Elle avait constamment besoin de soins, mais contrairement à Margaret Mary Theodora, la fille de Macdonald, qui était hydrocéphale et mentalement attardée, elle était brillante, intelligente, vive, et elle charmait tout le monde. Ses opérations et ses maladies coûtaient cher, et Thompson s'inquiétait constamment à son sujet. Il espérait toujours qu'une nouvelle intervention lui rendrait la santé et la ferait redevenir la petite fille enjouée qui s'élançait sur le sentier de Willow Park pour se jeter dans ses bras quand il rentrait à la maison. La maladie terminale de Macdonald fut un moment pénible pour Frankie car, pendant qu'elle subissait des opérations à Montréal, Thompson dut rester à Ottawa.

Thompson fut le dernier ministre à voir Macdonald avant la terrible attaque qui le terrassa le 29 mai 1891. Après la mort de ce dernier, une semaine plus tard, le cabinet traversa une crise dont Thompson fut presque le personnage central. Le problème venait en partie de ce que le gouverneur général lord Stanley* était sûr que Macdonald avait nommé un successeur dans son testament, mais ce document demeurait introuvable. Pendant deux semaines, le parti discuta ferme pour déterminer qui prendrait la relève. Finalement, Stanley demanda à Thompson de former un gouvernement. Il refusa : il n'avait peut-être pas de réelle soif de pouvoir, et puis il savait qu'un assez grand nombre de conservateurs ontariens n'aimeraient pas avoir un premier ministre catholique. Il recommanda donc la nomination de John Joseph Caldwell ABBOTT qui, après avoir hésité, accepta.

À ce moment, le comité des privilèges et élections de la chambre tentait de disculper le département des Travaux publics de Langevin [V. Thomas MCGREEVY] des allégations de corruption prononcées contre lui. Cependant, Thompson aux Communes et Abbott au Sénat, résolus à connaître le fond de l'affaire, voulaient une enquête complète. Le gouvernement engagea des avocats pour conseiller Langevin, qui semblait inconscient du danger, et offrit des avocats au principal député de la poursuite, Joseph-Israël Tarte*, afin de parvenir plus sûrement à la vérité. L'enquête dura tout l'été de 1891 ; pendant ce temps, aux Communes, les libéraux tentaient d'en tirer le meilleur parti possible. Il ne leur manquait que 27 sièges pour accéder au pouvoir ; il suffirait donc que 14 députés ministériels fassent défection pour que le gouvernement tombe. Toutefois, en choisissant de faire toute la lumière sur l'affaire, Thompson rallia les députés conservateurs. Le cabinet força Langevin à abandonner son portefeuille et ne lui laissa que son siège de député. Désireux de profiter à fond du scandale de Langevin, les libéraux avaient mis en doute la validité d'un grand nombre de scrutins. Les premières élections partielles se tinrent au début de 1892 mais, à mesure qu'elles se déroulaient, elles s'avéraient catastrophiques pour eux. En tout, il y eut une cinquantaine d'élections, qui eurent pour résultat de porter la majorité conservatrice à environ 65 sièges à la fin de 1892. Le parti conservateur n'avait pas joui d'une telle majorité depuis l'année faste de 1878.

Cette position de force permit au gouvernement d'adopter, en 1892, le nouveau Code criminel de Thompson, présenté aux Communes en 1891, soumis à l'examen des juges puis présenté de nouveau en chambre sous une forme modifiée. Compilé par le juge George Wheelock Burbidge, ancien sous-ministre de Thompson, et par Robert Sedgewick, son sous-ministre d'alors, le Code criminel du Canada s'appuyait sur la jurisprudence anglaise et canadienne et simplifiait considérablement le droit et la procédure. Il ne reprenait pas la distinction vétuste entre infraction majeure (*felony*) et infraction grave (*misdemeanour*), autorisait les suspects à témoigner en leur propre nom et tentait d'alléger le châtiment des jeunes délinquants. Thompson n'eut guère de mal à faire adopter le Code aux Communes, mais Abbott dut livrer une dure bataille au Sénat.

En août 1892, Abbott tomba malade et se rendit outre-mer en octobre pour consulter des médecins. Bien des membres de l'aile ontarienne du parti conservateur voulaient qu'il demeure premier ministre, ce dont le *Grip,* hebdomadaire satirique de Toronto, se moqua avec finesse :

> O pitié, cher monsieur Abbott, ne nous abandonnez pas,
> Jamais le poids de l'Église n'a causé autant de tracas
> . . . .
> Reposez-vous bien ; aussi longtemps que vous serez [parti,
> Nous ferons votre travail et vous paierons, c'est garanti.
> Oubliez les affaires publiques et les courants de [l'opinion,
> Gardez vos judicieux conseils mais soyez notre prête-[nom.

Thompson partageait ce sentiment avec enthousiasme, d'autant plus qu'en juillet 1892, de manière quasi inexplicable, le Conseil privé avait tranché l'affaire qui opposait un dénommé Barrett à la ville de Winnipeg en déclarant constitutionnelles les lois scolaires du Manitoba. La Cour suprême du Canada, dans un jugement unanime, avait déclaré le contraire. À l'encontre de certains conservateurs selon qui la décision du Conseil privé apportait un heureux dénouement à la question des écoles du Manitoba, Thompson savait qu'elle avait fermé la seule porte de sortie du gouvernement et qu'il lui faudrait invoquer les clauses d'appel de l'article 93 de l'Acte de l'Amérique du Nord britannique. De plus, se disait-il (ainsi qu'il le confiait sans doute à des proches), comment un gouvernement conservateur dirigé par un catholique pourrait-il agir de manière qui semblerait équitable à tous ? À ce stade, le parti semblait aussi inquiet. Louis Henry Davies*, simple député libéral, fit d'ailleurs observer : « Il a dû y avoir des ruades [...] sans quoi [...] on n'aurait pas été jusqu'à garder en poste un pauvre homme malade. »

Le cabinet forma un sous-comité pour étudier un éventuel appel du gouvernement aux tribunaux en vertu de l'article 93. Peut-être l'Acte du Manitoba, adopté en 1870, avait-il préséance sur l'Acte de l'Amérique du Nord britannique de 1867 ? Les audiences devaient commencer le 25 novembre 1892. Cinq jours plus tôt, à Ottawa, le gouverneur général et Thompson reçurent des lettres qui mirent fin à tout espoir de maintenir Abbott en poste. Selon les médecins de Londres, sa santé exigeait qu'il démissionne sans délai. Il avait joint sa démission à son message et recommandait Thompson pour lui succéder, même si celui-ci avait proposé quelqu'un d'autre, peut-être John Graham Haggart*. Le cabinet demeura en fonction durant deux autres semaines, pendant lesquelles le sous-comité tint ses audiences, et Thompson ne prêta serment comme premier ministre que le 7 décembre. Peu de membres du parti s'opposaient à lui ; il était le seul candidat possible. « Ils découvriront qu'ils ne peuvent pas se passer de toi », dit Annie à un moment quelconque de ce long processus. C'était une phrase étrangement prophétique.

Thompson procéda à un remaniement ministériel. Selon lui, Chapleau pourrait faire œuvre utile en se retirant dans le confort et la sécurité de la résidence du lieutenant-gouverneur, à Québec. Chapleau ne disait pas non ; par contre, le premier ministre de la province, Charles-Eugène Boucher* de Boucherville, vieil ultramontain, refusait de servir sous ses ordres. Thompson tenta de le faire changer d'avis, mais les vieillards peuvent s'entêter. Chapleau devint lieutenant-gouverneur, Boucherville démissionna et Thompson convainquit Louis-Olivier Taillon* d'assumer la charge de premier ministre du Québec. Auguste-Réal Angers*, que Chapleau avait remplacé, entra au cabinet de Thompson. C'était le seul ministre québécois dont la probité ne faisait aucun doute. Le contingent ontarien n'était pas très reluisant non plus. Thompson n'avait pas de bons députés ministrables. Selon lui, John Carling*, ministre de l'Agriculture depuis des années, devait prendre sa retraite. Mais Carling faisait la pluie et le beau temps dans le sud-ouest de l'Ontario, et il avait redonné London aux conservateurs à une récente élection partielle. Furieux qu'on veuille le mettre au ban, il parla de démissionner, ce qui aurait singulièrement compliqué les choses dans les circonscriptions chaudement disputées des environs de London. Le gouverneur général fut donc mis à contribution, et finalement, après qu'on lui eut fait miroiter la possibilité d'avoir une croix de chevalier commandeur de l'ordre de Saint-Michel et Saint-Georges, Carling consentit à abandonner son ministère et à rester à titre de ministre sans portefeuille. Il reçut la dignité de chevalier l'année suivante. Mackenzie Bowell devint ministre du Commerce, assisté de deux contrôleurs, l'un au revenu intérieur, l'autre aux douanes [V. John Fisher WOOD]. À sa grande satisfaction, on l'envoya en Australie pour y promouvoir le commerce avec le Canada, voyage qui déboucha notamment sur la Conférence coloniale d'Ottawa en 1894.

Thompson prononça son premier grand discours de premier ministre à Toronto en janvier 1893. Il parla de tolérance et de nationalisme canadien, ce qui était assez naturel. Fervent nationaliste, il avait du mal, comme tous les nationalistes canadiens sincères, à relier cette conviction à l'idée d'indépendance. Non pas qu'il ne souhaitait pas voir l'émergence d'une nation canadienne, mais il croyait que le Canada, sitôt soustrait à la protection des Britanniques, tomberait sous la domination des États-Unis. Les interventions américaines à Hawaï n'étaient pas plus rassurantes alors qu'elles n'allaient l'être par la suite ; certains journaux américains étaient ouvertement annexionnistes. De plus, Thompson savait (ce que lui confirma un agent secret canadien envoyé à New York à la fin de 1893) qu'un petit groupe de libéraux étaient prêts à livrer le Canada aux Américains s'ils le pouvaient. Ce groupe, la Continental Union Association, rassemblait à la fois des libéraux ontariens et québécois : sir Richard John Cartwright*, John Charlton*, Mercier et François Langelier*. En 1893, Thompson était convaincu que la plupart des libéraux, dont Wilfrid Laurier*, étaient loyaux. Il finit par se rendre compte que seule une petite section bruyante de l'opposition complotait l'annexion aux États-Unis. D'après lui, le Canada ne pourrait vraiment parler d'indépendance à moins que sa population n'augmente considérablement et qu'elle n'atteigne, par exemple, 50 millions d'habitants.

En mars 1893, Thompson se rendit à Paris afin de siéger au tribunal international qui devait trancher le différend canado-américain au sujet de la chasse au phoque dans la mer de Béring. Il y avait en tout sept juges : deux Britanniques (dont lui), deux Américains et deux Européens, sous la présidence d'un Français. Après avoir entendu les deux parties, de la fin de mars au début de juillet, le tribunal conclut, comme Thompson lui-même l'affirmait depuis que les Américains avaient saisi pour la première fois, en 1886, des navires canadiens de chasse au phoque, que rien n'autorisait les États-Unis à prétendre que la mer de Béring était fermée à tous les phoquiers étrangers. Cependant, Thompson craignait que dans l'avenir les règlements que le tribunal était autorisé à édicter ne nuisent à la chasse au phoque, et il s'y opposa tant qu'il put. Ces règlements, quoique gênants, n'eurent cependant pas d'effets désastreux : un an ou deux après, les chasseurs canadiens se débrouillaient mieux que jamais.

Outre la diminution des droits de douane, destinée à damer le pion aux libéraux, et la question des écoles du Manitoba, qui était devant les tribunaux, la principale préoccupation de Thompson, en 1893 et 1894, fut la question des écoles des Territoires du Nord-Ouest. Le gouvernement se trouvait dans une meilleure position que face au Manitoba puisque l'Assemblée des territoires était sous la tutelle du dominion. Néanmoins, Thompson trouvait difficile de naviguer entre l'épiscopat catholique de l'Ouest, sous la férule de l'archevêque de Saint-Boniface, Alexandre-Antonin TACHÉ, qui considérait le réseau québécois d'écoles séparées comme un modèle, et les protestants de l'Ouest, dont bon nombre venaient de l'Ontario et estimaient ne rien pouvoir concéder de plus qu'un système analogue à celui de cette province. Les déclarations extrémistes des journaux ne détendaient pas l'atmosphère. Certains catholiques du Nord-Ouest n'avaient pas eu conscience d'avoir des griefs avant que des gens de l'extérieur, ou leurs évêques, ne le leur disent ; certains protestants n'étaient pas au courant des « affreuses » concessions faites aux catholiques avant de lire des articles à ce sujet dans les journaux protestants de l'Ontario. Thompson désespérait parfois de ramener les évêques et les protestants à la raison. Les premiers étaient peut-être plus intraitables, car ils attendaient davantage d'un premier ministre catholique que ce que Thompson, en droit et conscience, pouvait leur donner. Quoi qu'il en soit, la question scolaire du Nord-Ouest fut résolue en grande partie à la satisfaction de Thompson. Preuve de son efficacité, le système ne connut aucun problème majeur avant 1905.

En 1894, la question des écoles du Manitoba avait évolué. Le cabinet de Thompson décida de trancher juridiquement les importantes questions de droit soulevées par l'article 93 de l'Acte de l'Amérique du Nord britannique. Il s'agissait de déterminer si, en raison de la décision rendue par le Conseil privé dans la cause qui opposait Barrett à la ville de Winnipeg, les catholiques manitobains avaient des droits de recours. Cette question fit l'objet d'une cause type, connue plus tard comme l'affaire Brophy, qui parvint en Cour suprême du Canada en février 1894. Le tribunal avait la tâche ardue d'interpréter la cause Barrett à la lumière de l'article 93. Il jugea que les catholiques n'avaient aucun droit d'appel, qu'ils avaient épuisé leurs recours. Certains conservateurs accueillirent cette décision avec soulagement : la Cour suprême avait enlevé au gouvernement tout pouvoir d'agir. Pour se débarrasser de toute la question des écoles du Manitoba, le gouvernement de Thompson devait simplement, comme le dit Caron, « se croiser les bras et laisser faire ». Bien des membres du parti espéraient voir les choses se passer ainsi, mais Thompson ne l'entendait pas de cette oreille. Selon lui, il devait y avoir appel au Conseil privé dans le cas de Brophy [V. D'Alton McCarthy]. Il y en eut un, au moment même où, en décembre 1894, Thompson se trouvait à Londres.

Thompson était arrivé à Londres à la fin d'octobre 1894, officiellement pour son assermentation à titre de membre du Conseil privé de l'Empire en récompense de ce qu'il avait accompli à Paris l'année précédente. Mais il voulait aussi consulter des médecins londoniens. La session de 1894, commencée en février et terminée seulement en juillet, avait été pénible. Le gouvernement détenait une forte majorité, mais l'opposition libérale, croyant que c'était la dernière session avant les élections générales, avait fait autant de bruit que possible. George Eulas Foster*, ministre des Finances et bras droit de Thompson, avait été malade pendant une partie de la présentation du budget, et après sa maladie il avait participé, avec Bowell, à la direction de la Conférence coloniale tenue à Ottawa en juin. Thompson était donc surchargé de travail et la tension était visible. Il n'avait jamais été mince : mesurant 5 pieds 7 pouces, il pesait environ 190 livres en 1885. Au fil des ans, il avait malmené son excellente constitution par des doses massives de travail et de nourriture. Les délicieux et plantureux repas français de 1893 n'avaient pas arrangé les choses. En 1894, son poids atteignait 225 livres. À la fin de la session, il fit de l'œdème dans les jambes ; il prit deux semaines de vacances dans la région des lacs Muskoka puis consulta des médecins. D'abord optimistes, ils l'étaient moins, semble-t-il, avant son départ pour Londres. En octobre 1894, Annie proposa à son mari de démissionner, ce qu'il ne pouvait faire. Il n'avait jamais oublié l'effet de son départ sur le parti néo-écossais quand il l'avait quitté en 1882 pour occuper un poste de juge. Il resterait jusqu'après les élections de 1895 ; si le gouvernement gagnait, il pourrait prendre une retraite honorable. Entre-temps, il verrait ce que les médecins londoniens diraient.

Ils se montrèrent optimistes, si bien que Thompson prit trois semaines de vacances sur le continent et se rendit en Italie avec sa fille Mary Helena, le sénateur William Eli Sanford et la fille de ce dernier. Il se sentait si bien qu'il eut l'idée imprudente de monter jusqu'en haut de la coupole de la basilique Saint-Pierre. Quand il rentra à Londres, le 1er décembre, il se sentait mal. De longues discussions avec le ministère des Colonies l'attendaient pourtant, notamment au sujet du droit d'auteur canadien, auquel il tenait beaucoup [V. John Ross Robertson*]. Il y eut des réunions mondaines. On l'invita à se rendre au château de Hawarden pour rencontrer William Ewart Gladstone. Sa santé semblait chancelante, mais le 11 décembre il déclara se sentir mieux que dans les mois précédents. Le mercredi 12 décembre, il se rendit au château de Windsor pour être assermenté et recevoir le titre de Très Honorable sir John Thompson. Après la cérémonie, qui fut brève, il s'assit pour le déjeuner et s'évanouit. Transporté dans une pièce voisine, il revint à lui, et dit : « C'est trop bête de s'évanouir ainsi » et retourna à table. Soudain, avant d'avoir pu avaler une bouchée, il s'effondra, sans un bruit, dans les bras de sir John Watt Reid, médecin de la reine, que l'on avait placé à ses côtés. Il avait cessé de bouger et de respirer : une crise cardiaque massive l'avait emporté.

La mort de Thompson bouleversa le pays, ébranla le cabinet et anéantit sa famille. Elle affecta aussi le gouverneur général lord Aberdeen [Hamilton-

Gordon*] et lady Aberdeen [Marjoribanks*], qui étaient devenus des amis des Thompson. Pour marquer son estime, le gouvernement britannique envoya la dépouille à Halifax à bord du navire de guerre *Blenheim*. Le gouvernement du Canada rendit hommage à son premier ministre par d'imposantes obsèques nationales le 3 janvier 1895, à Halifax.

La Nouvelle-Écosse n'a guère produit de plus grand avocat que sir John Sparrow David Thompson. Sa culture n'était pas vaste, ce qu'il reconnaissait et déplorait, mais il avait l'esprit incisif et prompt. Il saisissait vite les faits et les retenait facilement ; il savait surtout les agencer. Cette aptitude, jointe à une grande capacité de travail, lui donnait une intelligence extraordinairement puissante. Pourtant, c'était discrètement et avec modestie qu'il exerçait son pouvoir, qui lui venait de son esprit, non de son allure. En outre, il aimait vraiment la justice, comme il détestait l'iniquité. Pour lui, la justice n'était pas qu'une profession, mais un feu intérieur, une haine passionnée de l'injustice et de la cruauté, et cette conviction le distinguait parmi les avocats et les juges. Il irradiait la lumière d'un esprit dépourvu de préjugés, préoccupé de vérité. Albert Martin Belding, dans le *St. John Daily Sun,* l'a bien dépeint dans ce mémorable éloge :

> Nul rêve de gloire n'entachait son bel idéal
> Servir son pays, pour lui, était primordial ;
> Nulle cupidité n'obscurcissait sa vision
> Il discernait le juste avec précision.

Ce que le Canada perdait, comme le poète le disait, c'était le « regard visionnaire de cet esprit libre ».

P. B. WAITE

La principale source pour une étude de sir John Sparrow David Thompson se trouve naturellement dans les quelque trois cents volumes de ses papiers conservés aux ANC (MG 26, D). On trouve une collection beaucoup moins importante de papiers Thompson aux PANS, MG 1, 1771A, ainsi qu'une bonne quantité de ses lettres dans les papiers Macdonald (AN, MG 26, A). James Robert Gowan* fut un admirateur de Thompson et la correspondance entre ces deux esprits tournés vers la loi contenue dans les papiers Gowan (AN, MG 27, I, E17) vaut la peine d'être lue. Les documents des gouverneurs généraux sont également d'un grand intérêt, surtout ceux de lord Stanley (AN, MG 27, I, B7) et de lord Aberdeen (AN, MG 27, I, B5). La seule étude majeure est celle d'[I. M. Marjoribanks Hamilton-Gordon, comtesse d'] Aberdeen, *The Canadian journal of Lady Aberdeen, 1893–1898,* introd. de J. T. Saywell, édit. (Toronto, 1960). L'auteure fut une grande admiratrice de Thompson et n'hésita jamais à le confier à son journal.

Il existe deux biographies de Thompson. La première, de J. C. Hopkins*, *Life and work of the Rt. Hon. Sir John Thompson* [...] (Toronto, 1895), fut publiée moins de deux ans après la mort de Thompson et porte une préface de lord Aberdeen. On peut dire qu'il s'agit d'une hagiographie. L'autre est de Waite, *Man from Halifax,* dont le présent article s'inspire largement. [P. B. W.]

THOMPSON, REBECCA AGATHA. V. ARMOUR

THORBURN, ALEXANDER GILLAN, fermier, homme d'affaires, juge de paix et homme politique, né le 18 décembre 1836 à Édimbourg ; le 1er juillet 1863, il épousa Elizabeth Davis, et ils eurent trois fils et quatre filles ; décédé le 21 janvier 1894 à Broadview (Saskatchewan).

Après ses études à Édimbourg, où son père était un petit industriel, Alexander Gillan Thorburn immigra à Toronto en 1856. On ne sait rien de ce qu'il fit pendant les 12 années suivantes, si ce n'est qu'il se maria en 1863 près de Galt (Cambridge, Ontario). En 1868, il alla s'installer avec sa famille à Guelph, où il travailla à la scierie de la Longford Lumber Company. Désireux d'améliorer sa situation, il partit en 1878 pour les Territoires du Nord-Ouest ; durant quatre ans, il cultiva une terre au nord de Neepawa (Manitoba).

En 1882, Thorburn se fixa à Broadview, florissant village que desservait depuis peu le chemin de fer canadien du Pacifique. Il fut d'abord directeur du magasin local de la Hudson's Bay Company et représentant de la Canada North-West Land Company. Dès février 1883, cependant, il quitta la Hudson's Bay Company et fonda son propre commerce de bois et de marchandises générales, sans doute pour tirer profit de la prospérité qui gagnait les Prairies en ces débuts de colonisation. Dix ans plus tard, la Thorburn and Sons Limited fut constituée en société commerciale ; elle disposait d'un capital social de 15 000 $ et ses actions appartenaient toutes à des membres de la famille. Thorburn ouvrit une succursale à Crescent Lake, petit village créé par la Saskatchewan Land and Homestead Company Limited.

Quand les fermiers du voisinage manquaient d'argent, les commerçants ruraux devaient souvent accepter de se faire payer leur marchandise en beurre, lequel n'était pas toujours de bonne qualité. Comme il avait de plus en plus de difficulté à écouler du beurre médiocre, Thorburn mit sur pied une laiterie à Broadview, en juin 1889. Il offrit ainsi un débouché aux produits laitiers des fermiers de la région, approvisionna les marchés locaux et fit des profits. Il acheta des actions de la Moose Jaw Creamery, devint un actionnaire important ainsi que président de la société propriétaire du *Broadview Sentinel,* et fut vice-président de la compagnie qui publiait le *Spectator,* journal d'une autre petite localité, Moosomin.

Citoyen reconnu pour sa conscience sociale et son sens aigu des affaires, Thorburn exerça également les fonctions de juge de paix, commissaire d'école et secrétaire de la Broadview Agricultural Society. Délégué au congrès national des producteurs laitiers à Ottawa en 1890, il fut élu au conseil d'administration de la Dairymen's Association of the Dominion of Canada. En 1892, il devint le premier président de la Dairymen's Association of the North-West Territories.

Le désir de servir la population poussa Thorburn à se présenter à l'Assemblée législative des Territoires du Nord-Ouest en 1888. Victorieux, il siégea comme député indépendant de Whitewood jusqu'en 1891 mais, quand il voulut obtenir un second mandat, il perdit par six voix. Défenseur des intérêts régionaux, il avait à maintes reprises pendant sa brève carrière politique accusé le gouvernement fédéral de ne pas tenir compte de la situation lamentable des citoyens de l'Ouest et de décourager la colonisation. Il s'était joint à ses collègues de l'Assemblée pour exiger une réforme constitutionnelle et s'était rangé derrière Frederick William Haultain* dans sa lutte pour l'obtention du gouvernement responsable.

Après sa défaite en 1891, Alexander Gillan Thorburn continua durant trois ans à s'occuper de commerce, d'affaires municipales et de politique. Le 20 janvier 1894, il prononça un discours au congrès libéral-conservateur d'Eastern Assiniboia à Moosomin. Le lendemain, il mourut subitement d'une crise cardiaque, à l'âge de 57 ans. On célébra son service funèbre à l'église anglicane St Luke de Broadview et on l'inhuma dans le cimetière local. Selon le *Leader*, l'Ouest venait de perdre un « chef de file dans tous les domaines touchant le bien-être des Territoires ».

André N. Lalonde

Territoires du Nord-Ouest, Legislative Assembly, *Journals*, 1888. — *Leader* (Regina), 30 oct. 1888, 21 janv., 4 févr. 1890, 3, 17 nov. 1891, 25 janv. 1894. — *Saskatchewan Herald*, 2 févr. 1894. — *CPC*, 1888–1890. — *Centennial tribute : Oakshela, Broadview, Percival, 1882–1982*, I. W. Galbraith et Iris Smith, édit. (Broadview, Saskatchewan, 1982). — L. H. Thomas, *The struggle for responsible government in the North-West Territories, 1870–97* (Toronto, 1956).

TIEDEMANN, HERMANN OTTO, architecte, ingénieur civil et arpenteur, né en 1821 à Berlin ; le 13 août 1861, il épousa Mary Bissett, de Victoria, et ils eurent un fils ; décédé le 12 septembre 1891 au même endroit.

Après ses études d'architecture et de génie civil à Berlin, Hermann Otto Tiedemann immigra à l'île de Vancouver en 1858 et devint ainsi le premier architecte professionnel de cette nouvelle colonie. Attiré là par les perspectives d'avenir ou par certaines de ses relations, il remplit dès l'été de 1858 les fonctions d'adjoint et de dessinateur principal auprès de l'arpenteur de la colonie, Joseph Despard Pemberton. L'année suivante, on lui commanda les plans des édifices du Parlement qui devaient être construits sur l'emplacement du fort Victoria (Victoria). Disposés symétriquement autour de la chambre d'Assemblée, les six bâtiments de brique et de bois furent terminés pour l'année 1864. Ils avaient coûté 38 719 $. Le corps législatif les occupa jusqu'à ce que Francis Mawson Rattenbury* les remplace de façon grandiose en 1898, et ils furent finalement détruits par un incendie en 1957. Leur style excentrique et éclectique, inspiré des conventions pittoresques américaines et européennes, détournait toutefois l'attention de la compétence de l'architecte. En juin 1859, la *Gazette* de Victoria avait qualifié les constructions projetées par Tiedemann de « cages d'oiseaux de fantaisie » – appellation dérisoire qu'elles conserveraient d'ailleurs longtemps – et, dans un éditorial du *British Colonist* du 26 août, Amor De Cosmos les avait décrites comme « quelque chose entre le jouet hollandais et la pagode chinoise ». Au cours de la même période, Tiedemann conçut vraisemblablement les premiers phares de la côte ouest, construits à l'île Fisgard et aux rochers Race en 1859–1860. Les dessins de l'entrepreneur ne sont pas signés mais, le jour de l'ouverture du phare de l'île Fisgard, on put lire dans le *British Colonist* qu'ils étaient « l'œuvre de M. Tiedemann ».

Le 3 mars 1862, Tiedemann quitta son poste au bureau de l'arpenteur général afin d'entreprendre, pour le compte d'Alfred Penderell Waddington*, une étude sur la possibilité de construire une route pour les chariots de l'inlet de Bute, sur le détroit de Géorgie, au fort Alexandria (Alexandria, Colombie-Britannique). Après avoir quitté Victoria par la baie James le 16 mai avec sept autres personnes, il atteignit le fort le 25 juin, « réduit, comme il le dit lui-même, à l'état de squelette, incapable de marcher ». On construisit en 1863–1864 une route de planches qui franchissait les cañons sur des caissons à claire-voie suspendus et remplis de pierres, une idée de Tiedemann. De retour à Victoria, celui-ci participa à un essai qui visait à amener l'eau du lac Elk dans la ville, il travailla pour la Puget's Sound Agricultural Company à construire la route d'Esquimalt en 1864, puis en 1866 conseilla le gouvernement sur les moyens de maîtriser la rivière Leech, près de Sooke. Travail d'une importance économique encore plus grande, il fit le relevé de gisements houillers au nord de Nanaimo, en septembre 1865.

Tiedemann continua de pratiquer l'architecture, tant pour des particuliers que pour des entreprises de Victoria, et il obtint des commandes remarquables, par exemple l'église presbytérienne St Andrew en 1869 et la magnifique cathédrale anglicane, de style néo-gothique, qui devait être en pierre mais fut bâtie en bois, en 1871–1872. Le *Daily British Colonist* loua la grande distinction esthétique de cette cathédrale, malgré « l'aspect tuberculeux » de sa tour. Aucun de ces édifices n'existe aujourd'hui. En mai 1872, le gouvernement canadien nomma Tiedemann à la direction d'une équipe qui, sous l'autorité de Peter O'Reilly*, devait tracer une route pour le chemin de fer canadien du Pacifique dans la région de Chilcotin. Entre le 18 juin et le 5 novembre, Tiedemann retraça la plupart des levés qu'il avait faits dans ce district en 1862 et pratiqua un sentier à travers les falaises de la rivière Homathko. Un ruisseau, un glacier et une montagne de la région portent d'ailleurs son nom. En 1873, il revint à l'architecture et dessina, en style néo-Queen Anne, mais avec des accents allemands, les Roller Flour and Rice Mills, construits rue Store, à Victoria. Il conçut ensuite d'autres immeubles commerciaux, dont un grand entrepôt de la rue Wharf en 1878, et dessina, en 1882, l'élégant Finlayson Building, immeuble à arcade édifié dans la même rue, qui faisait pour la première fois dans l'ouest du Canada grand usage de fonte pour la façade. Sa dernière commande importante fut le nouveau palais de justice provincial, en 1887–1888, que Rattenbury devait plus tard modifier. Édifice symétrique aux détails à l'italienne, cette structure de brique bien proportionnée coûta 35 075 $. Le *Daily Colonist* la salua comme « un monument permanent au progrès que la province [avait] fait en architecture ».

Quoiqu'il ait été un architecte moins accompli que ses célèbres successeurs Rattenbury et Samuel Maclure*, Hermann Otto Tiedemann a contribué à fixer des critères raffinés d'excellence stylistique et technique pour l'architecture de la Colombie-Britannique de l'ère victorienne.

RHODRI WINDSOR LISCOMBE

Des documents ayant trait au travail de Herman Otto Tiedemann comme architecte et arpenteur sont conservés aux PABC. On y trouve également, dans la Visual Records Division, quelques ouvrages à caractère artitistique dont une esquisse et une lithographie de Victoria (pdp 226 et 227) et trois aquarelles (pdp 457, 2232, 3661).

PABC, C/AA/30.7K/T44 ; E/B/T44 ; E/C/T441 ; GR 1372, F 583, n° 1 ; F 903, n° 26 ; F 904, n° 14 ; F 905, n° 22 ; F 909, n° 23 ; F 1703. — Alexander Begg, *History of British Columbia from its earliest discovery to the present time* (Toronto, 1894 ; réimpr., 1972). — *Journals of the colonial legislatures of the colonies of Vancouver Island and British Columbia, 1851-1871*, J. E. Hendrikson, édit. (5 vol., Victoria, 1980). — *British Colonist* (Victoria), 26 août 1859, 9 juin 1860. — *Cariboo Sentinel* (Barkerville, C.-B.), 31 août 1872. — *Daily British Colonist* (Victoria), 28 nov. 1862, 11 mai, 18 oct. 1865, 22 juin 1871, 21 janv., 30 mai, 7 juin, 20 oct. 1872, 2 janv. 1875, 29 déc. 1876, 30 janv. 1878, 1er–2 févr. 1879. — *Daily Colonist* (Victoria), 28 oct. 1888, 13 sept. 1891. — *Gazette* (Victoria), 23 juin 1859. — *B.C. directory*, 1863. — Terry Kobayashi et Michael Bird, *A compendium of Canadian folk artists* (Erin, Ontario, 1985). — *Victoria directory*, 1860 ; 1868–1874. — A. A. Barrett et R. W. Liscombe, *Francis Rattenbury and British Columbia : architecture and challenge in the imperial age* (Vancouver, 1983). — *The British Columbia parliament buildings*, Martin Segger, édit. (Vancouver, 1979). — E. F. Bush, *The Canadian lighthouse* (Canada, Direction des parcs et lieux hist. nationaux, *Travail inédit*, n° 58, Ottawa, 1970). — C. P. de Volpi, *British Columbia : a pictorial record ; historical prints and illustrations of the province of British Columbia, Canada, 1778–1891* ([Toronto], 1973). — J. R. Harper, *A people's art : primitive, naive, provincial, and folk painting in Canada* (Toronto et Buffalo, N.Y., 1974). — Adrian Kershaw et J. [D.] Spittle, *The Bute Inlet route : Alfred Waddington's wagon road, 1862–1864* (Kelowna, C.-B., 1978). — S. M. Lambeth et S. L. Jeune, *A history of Fisgard Lighthouse and the west coast lighthouse system to 1920* (Canada, Direction des parcs et lieux hist. nationaux, *Travail inédit*, n° 356, Ottawa, 1980). — Martin Segger et Douglas Franklin, *Victoria : a primer for regional history in architecture* (Watkins Glen, N.Y., et Victoria, 1979). — Dorothy Blakey Smith, « Fort Victoria, 1859 », *B.C. Teacher* (Vancouver), 38 (1958) : 176. — G. Castle, « Munich flavour to former courthouse building », *Times-Colonist*, 17 déc. 1983. — « Founders of B.C. : Hermann Tiedemann », *Victoria Daily Times*, 1 nov. 1967. — W. A. D. Munday, « A Coast Range pioneer », *Canadian Alpine Journal* (Winnipeg), 32 (1949) : 42–49. — J. [K.] Nesbitt, « Old homes and families », *Daily Colonist*, 9 nov. 1952.

TIELEN (Thielen), JEAN, prêtre et rédemptoriste, né le 2 septembre 1824 à Eksel, Belgique ; décédé le 9 octobre 1897 à Sainte-Anne-de-Beaupré, Québec.

Jean Tielen étudia au collège de Beringen en Belgique, puis aux petits séminaires de Rolduc et de Saint-Trond avant d'être admis à la profession religieuse dans la Congrégation du Très-Saint-Rédempteur le 15 octobre 1847. On l'ordonna prêtre le 26 décembre 1852. Il ne tarda pas à occuper des postes de confiance au sein de la communauté, dont ceux de maître des novices puis de recteur à Bruxelles et à Anvers.

En 1879, Tielen devint le premier supérieur belge du monastère de Sainte-Anne-de-Beaupré et curé de la paroisse du même nom. Lieu de pèlerinage depuis le milieu du XVIIe siècle, cette paroisse fut d'abord desservie par des prêtres séculiers du diocèse de Québec. Dans les années 1860–1870, une recrudescence de pèlerins et de visiteurs amena l'archevêque de Québec, Mgr Elzéar-Alexandre TASCHEREAU, à céder aux pressions du curé Jean-Baptiste Blouin et à permettre l'érection d'une église plus spacieuse et mieux adaptée aux besoins du pèlerinage. Commencée en 1872, l'église ouvrit ses portes au culte quatre ans plus tard. La fondation de la revue *Annales de la bonne sainte Anne de Beaupré*, en 1873 [V. Nazaire Leclerc*], suivie de la déclaration du pape Pie IX qui instituait sainte Anne patronne de la province ecclésiastique et civile de Québec, en 1876, donna une impulsion remarquable au sanctuaire, mais aussi un surcroît de besogne au curé Antoine-Adolphe Gauvreau et à ses vicaires. Aussi le curé demanda-t-il à l'archevêque de remplacer le clergé séculier par une communauté religieuse. Les rédemptoristes de la province américaine de Baltimore, au Maryland, acceptèrent cette lourde tâche en 1878. Ceux-ci comptaient des sujets d'origine allemande qui parlaient très peu le français. Ils ne demeurèrent qu'un an à Sainte-Anne-de-Beaupré, constatant bien vite qu'ils ne pourraient surmonter les difficultés, de langue surtout. Les rédemptoristes belges les remplacèrent. Nommé recteur, Tielen arriva à Sainte-Anne-de-Beaupré le 21 août 1879 en compagnie de trois autres pères et de trois frères convers.

Les Belges, sous l'habile et énergique gouverne de Tielen, se mirent résolument à la tâche. Ce dernier s'avéra l'homme de la situation, tant vis-à-vis de ses sujets, des pèlerins et des visiteurs que de ses paroissiens. Il fit parachever l'église, construire un vaste monastère et trois écoles. L'œuvre des missions paroissiales, spécialité des rédemptoristes, fut solidement implantée dans la province de Québec, dans les Maritimes et même chez les francophones de la Nouvelle-Angleterre. Enfin, grâce aux démarches de Tielen, appuyé par Mgr Taschereau, le pape Léon XIII accorda en 1887 à l'église de Sainte-Anne-de-Beaupré le titre de basilique mineure.

Tielen eut la chance d'être entouré non seulement de collaborateurs réellement à la hauteur de la situation, mais d'une équipe de frères convers qui, par leur dévouement et leur activité inlassable, assurèrent à la communauté un soutien indispensable. Au total, il fut recteur et curé de 1879 à 1887 et de 1892 à 1894. Pendant l'intervalle, il occupa le poste de ministre (économe) et de maître des novices laïques, ce qui ne l'empêcha pas de prêcher de nombreuses retraites et missions aux fidèles et au clergé.

Jean Tielen s'apprêtait à célébrer le cinquantième anniversaire de sa profession religieuse lorsqu'il mourut le 9 octobre 1897, après quelques jours de maladie. Les obsèques eurent lieu le 12 dans la basilique. Mgr Louis-Nazaire Bégin*, coadjuteur de l'archevêque de Québec, présida la cérémonie au cours de laquelle l'ancien curé de la paroisse, Antoine-Adolphe Gauvreau, prononça l'éloge funèbre. Selon les *Annales de la bonne sainte Anne de Beaupré,* Tielen fut l'« un des plus zélés serviteurs de la Grande Thaumaturge du Canada ». Ce bon vieux Flamand, grand et robuste, au visage empreint de bonté et de simplicité, comme le montre son portrait, devait être d'un attrait singulier pour les milliers de pèlerins et de visiteurs qui vinrent à Sainte-Anne-de-Beaupré pendant les 18 ans où il œuvra à ce sanctuaire.

JEAN-PIERRE ASSELIN

AC, Québec, État civil, Catholiques, Sainte-Anne-de-Beaupré, 12 oct. 1897. — « La Mort de R.P. Tielen », *Annales de la bonne sainte Anne de Beaupré* (Lévis, Québec), 25 (1897–1898) : 173–175. — « Mort du R.P. Tielen, C.SS.R. », *la Semaine religieuse de Québec* (Québec), 10 (1897–1898) : 146–148. — *Le Courrier du Canada,* 11 oct. 1897. — *L'Événement,* 11, 13 oct. 1897. — J.-P. Asselin, *les Rédemptoristes au Canada ; implantation à Sainte-Anne-de-Beaupré, 1878–1911* (Montréal, 1981). — P. Wittebolle, « le Rév. Père Jean Tielen ; le zélé serviteur de Ste Anne », *Annales de la bonne sainte Anne de Beaupré* (Québec), 27 (1899–1900) : 212–218.

TILLEY, sir SAMUEL LEONARD, pharmacien, homme politique et lieutenant-gouverneur, né le 8 mai 1818 à Gagetown, Nouveau-Brunswick, fils aîné de Thomas Morgan Tilley, commerçant, et de Susan Ann Peters ; le 6 mai 1843, il épousa à Portland (Saint-Jean, Nouveau-Brunswick) Julia Ann Hanford, et ils eurent huit enfants, puis le 22 octobre 1867, à St Stephen (St Stephen-Milltown, Nouveau-Brunswick), Alice Starr Chipman, et de ce mariage naquirent deux enfants ; fait chevalier de l'ordre de Saint-Michel et Saint-Georges le 24 mai 1879 ; décédé le 25 juin 1896 à Saint-Jean.

Issu de deux familles loyalistes, Samuel Leonard Tilley fréquenta d'abord durant quatre ans l'école de Madras [V. John Baird*] que l'Église d'Angleterre tenait à Gagetown, puis en 1827 il passa à la *grammar school* locale pour y faire ses quatre dernières années d'études. En 1831, à l'âge de 13 ans, le jeune Leonard ou Lennie, comme on l'appelait, alla vivre chez des parents à Portland et commença son apprentissage chez un pharmacien de la ville voisine, Saint-Jean. Après avoir obtenu son certificat de pharmacien, il s'associa en mai 1838 à son cousin Thomas W. Peters et ouvrit la « Pharmacie à bas prix ! » Peters and Tilley. Quand Peters se retira, en 1848, la raison sociale devint Tilley's Drug Store ; c'était l'un des commerces florissants de la ville. Cependant, Tilley le vendit en 1860, car la politique l'absorbait alors tout entier.

Tilley entra dans la vie publique en partie parce qu'il militait, pour des raisons religieuses, dans le mouvement de tempérance. Anglican de la Basse Église, il fut si impressionné en 1839 par un sermon du révérend William Harrison qu'il décida de prendre un « nouveau départ ». Dès lors, ses convictions évangéliques, centrées sur la Bible et sur l'engagement social, jouèrent un rôle prédominant dans son existence. Il enseignait à l'école du dimanche et finit par devenir marguillier ; en outre, il fut membre du bureau de la Saint John Religious Tract Society.

Tout comme Harrison, Tilley faisait partie d'un courant d'opinion de plus en plus fort qui considérait l'alcool comme le pire fléau social. Dès 1844, membre du bureau de la Portland Total Abstinence Society, il faisait pression en faveur d'une loi qui imposerait la prohibition. Peut-être était-il hanté par le souvenir du meurtre particulièrement affreux d'une femme tuée par son mari ivre, armé d'un couteau de boucherie. Tilley était dans les environs quand une fille du couple, âgée de 11 ans, était sortie en toute hâte pour chercher du secours. Jamais, déclara-t-il, il n'allait oublier la scène : « La mère gisant dans son sang, ses petits enfants pleurant autour d'elle, et le mari et père, arrêté pour meurtre ; et la cause de tout cela, le rhum. » Un mouvement américain issu des « assemblées d'expérience » évangéliques des années 1840, les Fils de la tempérance, donna aux prohibitionnistes le cadre nécessaire pour mener une action politique efficace. Quelques mois après la fondation de la première branche néo-brunswickoise du mouvement, le 8 mars 1847, Tilley faisait partie du conseil de l'organisation provinciale, qu'il en vint à dominer. À compter de 1848, on jugea sa présence essentielle à toutes les soirées, manifestations, causeries ou conférences internationales sur la tempérance. Ce n'était pas un orateur qui soulevait les foules ; il recourait plutôt à la logique, dont il accentuait la froideur en mêlant des statistiques à son propos. En 1854, on l'élut très vénérable patriarche, le sommet de la hiérarchie des Fils de la tempérance.

Malgré les apparences, Tilley n'était pas un fanatique. Toute sa vie, ce furent sa famille et la religion qui comptèrent le plus pour lui et, avec le temps, sa passion pour la lutte contre l'alcoolisme fit place à celle de la politique. Dans sa jeunesse, il avait fait partie de la Young Men's Debating Society de Saint-Jean. Ensuite, il se consacra au Mechanics' Institute de la ville où, devenu trésorier en 1842, il eut à dénouer un imbroglio financier. Cet organisme joua un rôle essentiel dans les années 1840. Il comptait, parmi ses membres, des notables du milieu des affaires ou de la politique, tels William Johnston RITCHIE, John Hamilton Gray*, John Robertson*, George Edward FENETY et Robert Duncan WILMOT. Il véhiculait toutes sortes d'idées, dont celles du docteur Abraham Gesner* sur la nécessité de protéger les industries naissantes.

La récession de 1848, que l'on attribuait en grande partie à l'abolition des tarifs préférentiels de la Grande-Bretagne, contraignit les hommes d'affaires de Saint-Jean à s'adapter. Tilley, reprenant le point de vue de Gesner, réclama des mesures protectionnistes. Il fut aussi membre du comité fondateur de la Rail-Way League, qui avait pour principe : « Quiconque œuvre pour l'introduction des chemins de fer [...] travaille pour l'humanité – pour le progrès – et pour le plus grand bien de sa race. » Cette ligue devint à son tour le noyau de la New-Brunswick Colonial Association, formée le 28 juillet 1849 ; Tilley en était le trésorier et faisait partie du comité du règlement. L'association reprochait à la Grande-Bretagne d'avoir abandonné ses colonies, réclamait des mesures protectionnistes pour l'agriculture, l'industrie et la pêche, et proposait une « union fédérale des colonies d'Amérique du Nord britannique, en vue de leur indépendance immédiate ». Bien que l'on ait retiré cette dernière motion après son adoption avec une seule voix de majorité, elle exprimait un sentiment dont on ne saurait surestimer l'intensité.

Le comité du règlement réclamait le contrôle provincial de la liste civile et de toutes les dépenses publiques, un réseau scolaire public, le haute main du gouvernement sur les travaux publics et, surtout, un gouvernement honnête. Les élections provinciales de 1850 donnèrent à l'association et à Tilley l'occasion de tenter leur chance. Son meilleur ami, Joseph Wilson LAWRENCE, parla en sa faveur le jour des nominations : c'est, déclara-t-il, un « partisan fidèle et fervent de toutes les grandes mesures de réforme ». Tilley se classa en tête de liste et cinq autres candidats de l'association remportèrent la victoire dans Saint-Jean. En chambre, il promut du mieux qu'il put la cause de la tempérance en présentant plusieurs pétitions qui réclamaient que les vendeurs d'alcool soient tenus « responsables de tout dommage résultant du trafic ». Doué pour les chiffres, il fut nommé à un comité d'étude sur les dépenses imprévues. Ses discours donnent des indications supplémentaires à son sujet. Tout en attaquant les privilèges hérités et acquis par l'aristocratie, il n'était pas en faveur de l'extension du droit de vote aux hommes non propriétaires. Il appartenait à la nouvelle classe de Néo-Brunswickois aisés qui, sans être démocrates, rejetaient la tradition loyaliste d'obéissance aux autorités. « Le gouvernement qui a foulé aux pieds les droits cédés aux colonies ne mérit[e] pas le respect d'un peuple libre », déclara-t-il au printemps de 1851 en tentant (ce qu'il faillit réussir) de forcer le Conseil exécutif à démissionner.

Dans le courant de cet été-là, le lieutenant-gouverneur sir Edmund Walker Head* coupa les ailes à l'opposition réformiste en attirant au Conseil exécutif deux membres de la New-Brunswick Colonial Association, Gray et Wilmot. Tilley était tellement furieux qu'il démissionna de son siège quand Wilmot fut réélu en octobre. Ses compagnons réformistes William Johnstone Ritchie et Charles Simonds* firent de même. Head se frottait les mains de contentement. La carrière politique de Tilley semblait terminée mais, pour lui, politique, religion et tempérance étaient si liées qu'il ne pouvait abandonner aucune d'entre elles. Il travailla avec enthousiasme pour la tempérance et contribua grandement en 1852 à l'adoption d'un projet de loi sur la prohibition (qui n'atteignit cependant pas ses objectifs). À titre de partisan de la Basse Église, il mena, au sein de l'Église d'Angleterre, le combat contre l'évêque tractarien de Fredericton, John MEDLEY.

Au scrutin provincial de 1854, Tilley fut élu avec une majorité de candidats dont les vues étaient semblables aux siennes et qui venaient de toutes les régions de la province. Head et Medley, et tout ce qu'ils représentaient, avaient joué un rôle catalyseur et poussé les réformistes à s'unir derrière Charles Fisher*. Le 1er novembre, un gouvernement réformiste était en place ; Fisher, le procureur général, en était le chef, et Tilley était secrétaire de la province.

Cette fonction était la plus exigeante de celles qu'exerçait le Conseil exécutif ; elle avait une incidence très directe sur tous les coins de la province et sur la population. Tous les dossiers sur la voirie, les finances et les revenus, l'éducation, la santé, l'industrie et le commerce passaient entre les mains de Tilley. Comme il l'avait promis, il créa un bureau des Travaux publics, auquel il confia l'administration des routes et des ponts. On adopta plusieurs autres mesures de réforme. Bien qu'il les ait toutes appuyées, on l'associe surtout à deux d'entre elles : l'une qui visait à placer l'administration des finances entre les mains du Conseil exécutif, l'autre à instituer la prohibition. Le 21 février 1855, il présenta le premier projet de loi de l'histoire de la province qui tentait de donner à l'exécutif autorité sur les finances (autorité traditionnellement exercée par l'Assemblée) et qui visait à utiliser les tarifs douaniers pour régir le commerce. Tilley voulait un budget équilibré, en vue, disait-il, d'« encourager autant que possible l'industrie provinciale ». On lui donna le surnom de premier chancelier de l'Échiquier du Nouveau-Brunswick à cause de ce budget, et même si, du point de vue technique, il n'avait pas l'initiative en matière de crédits, c'était l'étape suivante. Un mois plus tard, il présenta un projet de loi sur la prohibition, le plus controversé de sa carrière. Ce projet reprenait des lois antérieures mais imposait des pénalités nouvelles et sévères. Ainsi il autorisait l'arrestation et l'emprisonnement arbitraires, et les personnes ivres pouvaient être incarcérées jusqu'à ce qu'elles révèlent leur source d'approvisionnement. Le projet fut adopté, malgré l'opposition véhémente de deux collègues de Tilley au gouvernement, Ritchie et Albert James Smith*. Dès son entrée en vigueur, le 1er janvier 1856, la loi fut la cible de constantes attaques, tout comme Tilley, qui la défendit toujours avec fermeté, au point qu'on le brûla en effigie, que sa maison fut attaquée et qu'il reçut des menaces de mort. Les infractions à la loi et l'impossibilité d'obtenir des condamnations engendrèrent une quasi-anarchie. Le lieutenant-gouverneur John Henry Thomas Manners-Sutton*, qui n'aimait ni l'ensemble de ses conseillers ni la loi sur la prohibition, prit le taureau par les cornes et proclama la dissolution de l'Assemblée le 21 mai 1856. Gray et Wilmot formèrent un nouveau conseil et firent des élections qu'ils remportèrent haut la main, notamment grâce à l'aide de l'évêque Medley et du vieil establishment. Pire pour Tilley, des amis de longue date, comme Lawrence, se tournèrent contre lui et lui infligèrent la défaite.

Tilley redevint « vendeur de pilules » à Saint-Jean, où sa femme Julia, qui ne l'avait pas rejoint à Fredericton, et leurs nombreux enfants l'accueillirent à bras ouverts. La pharmacie lui rapportait un confortable revenu d'environ £1 200 par an, et il possédait de bonnes propriétés d'une valeur totale de £10 000 à £15 000. Son foyer, son église et son commerce auraient pu lui suffire ; pourtant, il était impatient de retourner en politique. À titre de secrétaire de la province, il s'était occupé de tous les domaines. Les réformistes avaient formé un bon gouvernement, et lui-même y avait joué efficacement son rôle. C'était même la domination qu'il exerçait sur le conseil qui avait le plus irrité ses détracteurs. Soit à cause de sa minutie, de ses habitudes spartiates de travail, de son contrôle des finances ou de sa capacité de persuasion, il avait obtenu ce qu'il voulait en fait de mesures, de nominations et d'ordre dans le choix des priorités. Conscient que la prohibition avait échoué en raison du manque d'appui de l'opinion publique, il promit de soumettre la question à un plébiscite. Il comprenait aussi que le gouvernement Gray-Wilmot, même s'il était en train d'abroger sa loi sur la prohibition, manquait d'orientations précises et que le temps où les hommes choisis par le lieutenant-gouverneur pouvaient mener l'Assemblée était révolu. Au début de 1857, il y eut d'autres élections. Tilley monta sans tarder sur les tribunes et se présenta cette fois comme réformiste plutôt que prohibitionniste ; il se classa en tête de liste, à l'instar de la majorité de ses anciens collègues. Manners-Sutton dut, à regret, demander à Fisher de former un gouvernement. Le 9 juin, Tilley réintégra le poste de secrétaire de la province, qu'il allait occuper durant huit ans. En octobre, il installa sa famille à Fredericton avec lui, ce qui montre bien qu'il entendait rester dans la capitale.

Dès son entrée en fonction, Tilley dut faire face à la dépression de 1857, qui inaugurait plusieurs années pénibles. Résolu à équilibrer son budget, il imposa des tarifs douaniers à tendance protectionniste et réussit à contenir les dépenses. La faillite d'une banque et la fermeture de plusieurs entreprises menacèrent de contredire toutes ses prévisions. La Baring Brothers and Company de Londres, entreprise financière internationale, épia le moindre de ses faits et gestes mais conclut en 1860 : « Tout, dans l'administration de la province, peut inspirer au public autant qu'à nous-mêmes la plus grande confiance en la bonne foi du gouvernement. »

Cette confiance était remarquable, car la province avait engagé d'énormes dépenses pour l'European and North American Railway, la ligne qui devait relier Saint-Jean à Shédiac et avait inspiré la Rail-Way League en 1849. Ce chemin de fer était en construction depuis quelques années, mais il avait fallu, pour le sauver de la faillite, que le gouvernement Fisher le prenne en charge en 1856. Jusqu'à la fin des années 1850, les travaux se poursuivirent sous une surveillance étroite. Même si en définitive les enquêtes conclurent que les accusations de mauvaise administration et de favoritisme étaient en grande partie dénuées de fondement [V. John Hamilton Gray], la population s'y intéressa et s'amusa souvent aux dépens de Tilley. Il apprit à entendre les blâmes avec philosophie ; après tout, en ces années difficiles, la construction donnait de l'emploi, et c'était ce qui comptait. La dette accumulée dépassait probablement ce que la province pouvait supporter, mais il estima que l'achèvement du chemin de fer, le 8 août 1860, représentait un progrès, particulièrement pour Saint-Jean.

Même si Tilley s'occupait surtout des finances et du chemin de fer, ses fonctions comportaient d'autres aspects importants. En outre, Fisher était souvent en conflit avec Manners-Sutton. De bons conseillers s'en allèrent – Ritchie par exemple, nommé à la Cour suprême – que des hommes de moindre envergure remplacèrent. Albert James Smith méprisait profondément Fisher et serait parti n'eût été de Tilley. Entre-temps, ce dernier noua avec le lieutenant-gouverneur une grande amitié qui dura longtemps après que celui-ci eut quitté la province. En 1861, Fisher se trouva impliqué dans un scandale au sujet des terres de la couronne, ce qui déclencha une crise. Dans l'un des gestes les plus audacieux de sa carrière, sûrement après avoir consulté Manners-Sutton, Tilley convoqua tous les membres du conseil, à l'exception de Fisher, à une assemblée qui se tint le 14 mars, et il recueillit leurs démissions. Il les présenta ensuite au lieutenant-gouverneur, qui les refusa. Cinq jours plus tard, Manners-Sutton renvoya Fisher du conseil, et Tilley se retrouva maître de la situation. Son gouvernement remporta une confortable majorité aux élections de juin.

Le nouveau lieutenant-gouverneur, Arthur Hamilton Gordon*, ne s'attendait pas à trouver dans la colonie des hommes politiques aussi hardis que Tilley, et il ne pouvait les tolérer. Tilley, avec le Conseil exécutif, le rencontra à Sussex le 24 octobre 1861. Une semaine plus tard, il partait pour l'Angleterre afin de négocier la construction d'un chemin de fer intercolonial qui relierait le Canada aux Maritimes. Il fit la traversée en compagnie du secrétaire et premier ministre de la Nouvelle-Écosse, Joseph Howe*. Les deux hommes s'étaient liés d'amitié au cours d'une tournée de conférences de Howe au Nouveau-Brunswick, et ils semblaient s'entendre sur tout : la politique, le gouvernement, les chemins de fer. Ils ne réussirent cependant pas à convaincre le gouvernement britannique de financer le chemin de fer intercolonial, et l'affaire du *Trent* en novembre [V. Charles Hastings Doyle*] obligea Tilley à rentrer en toute hâte au Nouveau-Brunswick pour aider sa milice de volontaires à faire traverser la province aux troupes britanniques. Dès son retour, il se trouva en butte au lieutenant-gouverneur Gordon, qui considérait que toutes les questions militaires relevaient de sa compétence. Pour empirer les choses, Tilley était revenu en très mauvaise santé. Puis sa femme tomba malade ; atteinte apparemment d'un cancer, elle mourut le 27 mars 1862. « Du travail ininterrompu, pressant, difficile » : tel fut le conseil que Howe donna à Tilley pour surmonter son chagrin. Peut-être le suivit-il, car il sembla porté par un élan durant quelques années.

En juin 1862, Howe alla chercher Tilley et se rendit avec lui à Québec afin de voir le gouverneur général, lord MONCK, et le gouvernement du Canada au sujet d'un autre projet de chemin de fer intercolonial. En septembre, Tilley dirigea une délégation néo-brunswickoise à Québec, où l'on convint de partager les coûts si le gouvernement impérial garantissait les emprunts. Smith, qui par principe s'opposait aux chemins de fer gouvernementaux, ainsi qu'à toute augmentation de la dette provinciale, démissionna du Conseil exécutif le 10 octobre. Tilley ne sembla pas s'en soucier, car le projet de chemin de fer intercolonial paraissait sur le point de se matérialiser. La même semaine, Howe et lui s'embarquèrent sur un vapeur pour tenter encore une fois d'obtenir l'assistance du gouvernement britannique. Comme ils ne demandaient qu'une garantie de leurs emprunts, ils l'obtinrent le 29 novembre ; cependant, le chancelier de l'Échiquier, William Ewart Gladstone, stipula qu'il faudrait prévoir des crédits pour un fonds d'amortissement. Rentré chez lui pour les fêtes de Noël, qu'il passa avec ses enfants, Tilley croyait qu'il aurait enfin son chemin de fer, mais il avait surestimé l'enthousiasme des représentants du Canada. Après son départ de Londres, William Pearce Howland* et Louis-Victor Sicotte* avaient refusé la proposition d'un fonds d'amortissement et sabordé l'entente. Plaçant sa confiance dans le leader haut-canadien John Sandfield Macdonald*, Tilley passa quatre jours et quatre nuits dans le froid pour se rendre par voie de terre de Fredericton à Québec et affronter les Canadiens le 21 janvier 1863. Comme le dit le duc de Newcastle, secrétaire d'État aux Colonies, il « combattit courageusement les pingres à Québec », mais l'entente ne tenait plus. Il n'était pas homme à renoncer : l'intercolonial était devenu son obsession. Malgré le refus du Canada, il fit donc adopter une loi d'habilitation à l'Assemblée du Nouveau-Brunswick au cours d'un mémorable débat où les lignes de parti, qui tenaient depuis près d'une décennie, sautèrent. Smith dirigeait l'opposition.

En Nouvelle-Écosse, le gouvernement de Howe fut battu au printemps de 1863, mais Charles Tupper*, qui remplaça ce dernier au poste de secrétaire et premier ministre de la province, était connu pour son appui au chemin de fer intercolonial. Aux élections canadiennes du même printemps, le gouvernement de John Sandfield Macdonald et d'Antoine-Aimé DORION fut élu, quoique par une faible majorité ; Tilley eut cependant le plaisir d'apprendre que Thomas D'Arcy McGee*, ardent partisan de l'intercolonial, était passé dans l'opposition. Il décida alors de faire tout ce qui était en son pouvoir pour embarrasser le gouvernement canadien. Dans sa correspondance officielle, il dénonça la duplicité des Canadiens. Quand ils acceptèrent finalement un levé du trajet de l'intercolonial, il décida de se montrer impossible à son tour. Il plaçait son espoir en l'opposition canadienne, et à ceux qui laissaient entendre qu'il nuisait à la cause il rétorqua : « Je n'ai aucune confiance en la sincérité des déclarations des hommes actuellement au pouvoir. » Lorsque les Canadiens, exaspérés, se résignèrent à faire procéder eux-mêmes au levé, il considéra ce geste comme une capitulation. Désormais, il caressait le projet de construire un réseau ferroviaire dans tout le Nouveau-Brunswick. En mars 1864, il présenta ce que l'on appelle parfois le *Lobster Bill* pour subventionner des lignes de chemin de fer qui iraient dans plusieurs directions. Il espérait apaiser divers groupes d'intérêts régionaux et déjouer ainsi ceux, de plus en plus nombreux, qui s'opposaient à l'intercolonial en faveur du prolongement de l'European and North American Railway vers l'ouest, de Saint-Jean au Maine.

La défaite du gouvernement canadien, suivie de la formation de la coalition de John Alexander MACDONALD, George-Étienne Cartier* et George Brown* le 22 juin 1864, était l'événement que Tilley attendait. En avril et mai, avec McGee, il avait déjà prévu une autre conférence pour promouvoir l'intercolonial. « Pourquoi la conférence que nous proposons de tenir sur l'intercolonial n'aurait-elle pas lieu aussi à Charlottetown, après votre conférence des Maritimes ? », avait demandé McGee le 9 mai. Tilley ne fut donc pas étonné de voir Monck demander le 30 juin l'autorisation de laisser une délégation canadienne assister à la conférence de Charlottetown, organisée pour discuter de l'union des Maritimes.

L'union des Maritimes n'intéressait pas tellement Tilley ; il avait des projets plus ambitieux en tête. Depuis 1849 et l'époque de la New-Brunswick Colonial Association, il souhaitait que les colonies britanniques d'Amérique du Nord forment une union douanière du type de la *Zollverein*. Dès 1863, il affirmait que la « conjoncture » exigeait une modification des structures politiques, voire une union avec le Canada, car l'union commerciale était impossible sans union politique. Il fut encore plus explicite l'été suivant. Le 9 août 1864, au cours d'un dîner public, il déclara que le chemin de fer intercolonial serait un premier pas vers l'unification commerciale et politique des colonies d'Amérique du Nord britannique. Les hommes d'État, disait-il, devaient essayer de « relier l'Atlantique au Pacifique par une chaîne ininterrompue d'agglomérations et de voies de communication, car telle [était] la destinée du pays et de la race qui l'habitait ». Il exprima de nouveau cette opinion aux conférences de Charlottetown et de Québec en septembre et en octobre. Il se prononça contre l'union des Maritimes et, à Québec, appuya la motion décisive de Macdonald en faveur d'une union fédérale. Ses interventions furent rares, semble-t-il, mais jamais superficielles. Il gardait son énergie en réserve pour les questions graves : le maintien de gouvernements provinciaux forts et la répartition équitable des fonds fédéraux. Un reporter de la *Montreal Gazette* écrivit : « Tout homme ordinaire peut ouvrir une discussion, la plupart des hommes peuvent la soutenir, mais M. Tilley sait quand s'arrêter. »

Tilley rentra au Nouveau-Brunswick le 9 novembre, et dut alors affronter un « fort courant d'opposition à la fédération ». Aussi proclama-t-il que le Parlement « ne serait saisi d'aucune proposition avant que la population n'ait eu l'occasion de se prononcer aux élections ». Peut-être se rappelait-il le sort qu'avait connu sa loi sur la prohibition. Peu importe qu'à Québec il ait peut-être accepté de ne pas soumettre la Confédération à un vote populaire. Apparemment, les conseillers exécutifs refusèrent de le suivre dans cette voie ; d'ailleurs, même s'ils l'avaient fait, Tilley n'aurait absolument pas pu réunir une majorité à l'Assemblée, et son mandat allait se terminer en juin 1865. Il ne s'attendait pas que les élections, qui commencèrent le 28 février, se soldent par un massacre, mais il prévoyait une « lutte animée et chaude ». Pourtant, il fit une mauvaise campagne : il n'arriva pas à bien vendre l'idée de la Confédération et ne réussit pas à mettre fin à la confusion qui entourait le tracé définitif du chemin de fer intercolonial. En outre, selon John Hamilton Gray, bien des gens exprimèrent, par leur vote, « leur haine du gouv[ernement] et leur désir de chasser Tilley qui, selon eux, était depuis trop longtemps au pouvoir ». Une poignée seulement de partisans de Tilley survécurent à la victoire d'Albert James Smith, et lui-même fut défait.

Smith et les adversaires de la Confédération pouvaient compter sur l'appui de 25 à 33 des 41 députés de l'Assemblée, selon la question à débattre. La situation était menaçante, mais elle n'était pas nouvelle. Neuf ans auparavant, Tilley avait assisté à un rejet semblable à l'égard de sa loi sur la prohibition, mais il avait regagné le pouvoir moins d'un an après. Smith était entouré de gens aux opinions disparates, et Tilley était convaincu que le gouvernement se détruirait lui-même si les tenants de la Confédération ne commettaient pas d'erreurs. Il ne fallait pas pour autant faciliter la tâche à Smith, et on ne le fit pas. Les partisans du gouvernement, tant à l'Assemblée qu'au conseil, ne tardèrent pas à découvrir que d'autres sujets de préoccupation les attendaient. Au fil des mois, Timothy Warren ANGLIN, Robert Duncan Wilmot et Andrew Rainsford WETMORE, tous députés de Saint-Jean, démissionnèrent ou abandonnèrent Smith, bien qu'Anglin ne soit jamais passé dans l'opposition. Pendant ce temps, Tilley faisait campagne pour la Confédération dans toute la province.

En octobre 1865, le lieutenant-gouverneur Gordon revint d'Angleterre ; le secrétaire d'État aux Colonies, Edward Cardwell, lui avait ordonné de faire accepter la Confédération, ce qui annonçait d'autres difficultés pour Smith et Tilley, avec qui Gordon commença à collaborer. Tilley et Gordon n'allaient pourtant jamais s'aimer ni se faire confiance. Le premier tenait en particulier à ce que Gordon ne précipite rien pour plaire à ses supérieurs. Or, le 7 avril 1866, il le fit. Sans l'approbation ni l'avis de son conseil, il accepta un message en faveur de la Confédération de la part du Conseil législatif, non élu, ce qui était à la fois un affront et un défi à Smith. Celui-ci, bien qu'il ait encore joui d'une petite majorité à l'Assemblée, démissionna et se lança dans une campagne contre le lieutenant-gouverneur, qu'il accusait d'avoir « avili la prérogative de la couronne ». Tilley était furieux que Gordon ait donné à Smith l'occasion d'entreprendre une bataille. Selon lui, Smith aurait bientôt perdu sa majorité et la question aurait été claire.

La campagne électorale la plus importante de l'histoire du Nouveau-Brunswick débuta le 9 mai. Tout se passa comme Tilley le souhaitait. L'évêque catholique de Chatham, James Rogers*, se prononça fermement en faveur de la Confédération. Le Canada déversa des flots d'argent sur le Nouveau-Brunswick pour contribuer à convaincre les indécis. Si Tilley avait voulu des alliés pour les gagner, il n'aurait pas pu trouver mieux que les féniens : en envahissant l'île Indian, près de l'embouchure de la rivière Sainte-Croix, le 14 avril, ils prouvèrent que, pour assurer la défense nationale, il fallait une union plus large. Leur raid contribua aussi au pernicieux climat anticatholique qui régna pendant une bonne partie de la campagne, malgré Mgr Rogers. À la fin cependant, la population eut à opter entre « l'union et la désunion », et elle choisit l'union. « Tous les *saints* du calendrier devaient être de votre côté », écrivit à Tilley le Néo-Écossais Jonathan McCully*, partisan de la Confédération. Il lui rappela aussi qu'il fallait amener les autorités britanniques à agir rapidement en faveur de l'union, car la majorité de Tupper « sera[it] éparpillée aux quatre vents » aux élections qui devaient se tenir en Nouvelle-Écosse en mai 1867. Tilley intervint sans délai. Au cours d'une brève session, le Parlement adopta les propositions nécessaires, et le 19 juillet 1866 les délégués des Maritimes s'embarquaient pour l'Angleterre.

Presque tous étaient d'avis que ce départ était prématuré. Les Britanniques avaient un autre ordre de priorité, et une invasion fénienne par la frontière du Niagara [V. Alfred Booker*] empêcha pendant quelque temps les Canadiens de quitter le pays. Les délégués des Maritimes arrivèrent à Liverpool le 28 juillet ; ils allaient attendre quatre longs mois. L'attitude des Canadiens finit par ennuyer tellement Tilley qu'il songea à abandonner la partie. Le 9 août, il écrivit à Alexander Tilloch GALT qu'il ne pouvait croire que les Canadiens puissent être « discourtois envers les délégués » au point de les laisser poireauter en Angleterre. Trois mois plus tard, il reçut une rebuffade de la part de Galt et de John Alexander Macdonald. Il en fut blessé, comme il le dit au promoteur ferroviaire Edward William Watkin, et indiqua qu'il rentrait au pays. Peut-être Watkin le convainquit-il de n'en rien faire. « Ni vous ni moi, lui dit-il, ne sommes faits pour une vie différente », et Tilley le savait. Macdonald avait en outre laissé entrevoir une ouverture, des modifications aux propositions originales, et cela l'intriguait.

La conférence de Londres s'ouvrit le 4 décembre, et moins d'un mois plus tard le projet était prêt à être soumis au Parlement impérial. Comme à Charlottetown et à Québec, Tilley s'était contenté de laisser parler les autres, mais il n'avait rien laissé passer. Jaugeant les délégués, Hector-Louis Langevin* conclut que c'était « un type ingénieux, honnête et plein de ressources ». C'est peut-être sa longue expérience des finances qui permit à Tilley de convaincre les délégués d'accroître la subvention destinée au Nouveau-Brunswick. Mais un dernier obstacle s'élevait, et il était de taille. On tenta d'inscrire dans le projet de loi le droit des écoles confessionnelles aux fonds publics dans les Maritimes. Très conscients des passions que cette question soulevait dans leurs provinces, Tilley et les autres délégués des Maritimes étaient prêts à se retirer de la conférence plutôt que d'accepter cette condition.

La conférence terminée, il restait à décider comment on désignerait le nouveau pays. Un royaume, peut-être ? L'idée déplut à la plupart des délégués. En lisant la Bible, comme il le faisait tous les jours, Tilley tomba, dit-on, sur le verset 8 du psaume 72 : « His dominion shall be also from sea to sea » (Il dominera de la mer à la mer). Il proposa d'adopter le mot « dominion », et ses collègues, manifestement, acceptèrent. Le pays s'appellerait « dominion du Canada ».

Tilley demeura en Angleterre pour l'adoption du projet de loi par le Parlement britannique et pour une visite à la reine Victoria, puis il s'embarqua sur le *China* afin de franchir rapidement l'Atlantique. À la fin de mars 1867, il arriva au Nouveau-Brunswick où on lui fit un triomphe. Au cours de la session qui précéda la Confédération, le Parlement de la province adopta des crédits pour la construction du chemin de fer Western Extension, qui devait relier Saint-Jean au Maine, abolit la double représentation et laissa Tilley présenter son dernier budget. Désormais, tous les regards se portaient sur Ottawa, et il était impatient d'y commencer une nouvelle carrière.

Logiquement, le poste de ministre des Finances semblait devoir revenir à Tilley puisqu'il comptait le plus grand nombre d'années de service. Il se jugeait sûrement apte à l'occuper, mais on peut douter que Macdonald ait sérieusement envisagé de confier une fonction aussi importante à un non-Canadien. Il avait déjà assez de mal à satisfaire les Canadiens. Il offrit donc à Tilley de diriger le département des Douanes et lui demanda de choisir un autre Néo-Brunswickois pour le cabinet. Non sans émettre de sérieuses réserves, Tilley choisit Peter MITCHELL. Le 1er juillet 1867, le premier ministre Macdonald, nouvellement investi du titre de chevalier commandeur de l'ordre du Bain, prêta le serment qui faisait de lui un membre du Conseil privé, après quoi Cartier et Tilley firent de même. Tilley fut fait compagnon de l'ordre du Bain, comme d'autres ministres.

L'été de 1867 fut fertile en événements. Tilley dut se familiariser avec le département des Douanes à Ottawa tout en veillant à la « reconstruction » du Nouveau-Brunswick, où il était décidé à faire élire une coalition libérale-conservatrice favorable à la Confédération. Il y aurait des élections générales à la chambre des Communes et des élections partielles à l'Assemblée provinciale. De plus, il devait toujours s'occuper de sa famille : ses deux aînés étaient prêts à entreprendre leur vie d'adulte, mais les cinq cadets étaient encore à la maison. Sa carrière politique ne fut d'ailleurs pas le seul aspect de sa vie à connaître un changement en 1867 : le 22 octobre, il épousa Alice Starr Chipman, fille d'un de ses grands amis.

Tilley entra au Conseil du Trésor, qui venait d'être formé, mais à titre de ministre des Douanes il occupait un rang inférieur au cabinet. Ses fonctions ministérielles consistaient à appliquer, dans les Maritimes, les politiques tarifaires et règles administratives en vigueur dans l'ancienne province du Canada, ce qui n'était pas rien. Lorsque Tilley introduisit la nouvelle structure tarifaire, le 12 décembre 1867, il provoqua dans les Maritimes un énorme revirement contre la Confédération et donna une arme supplémentaire à Joseph Howe, qui avait été élu à la chambre des Communes et était résolu à faire sortir la Nouvelle-Écosse de l'union. Même si, en avril 1868, une révision majeure aligna les tarifs sur ceux qui étaient en vigueur au Nouveau-Brunswick avant la Confédération, la population de cette province continua de trouver que Tilley manquait d'influence à Ottawa. Il n'arrivait pas à faire nommer les hommes qu'il choisissait. Malgré ses objections, on allait construire le chemin de fer Intercolonial sur la rive nord. Quand Galt démissionna, Tilley eut quelque espoir d'avoir le portefeuille des Finances, mais la primauté des Canadiens apparut clairement lorsque Macdonald, après l'avoir offert à Howland, le confia à John Rose*, même s'il avait peu d'expérience parlementaire. La démission de ce dernier et son remplacement par un autre Canadien, sir Francis Hincks*, en octobre 1869, laissèrent peu d'illusions à Tilley sur ses perspectives d'avenir. Dès 1871, il cherchait une porte de sortie. Le traité de Washington [V. sir John Alexander Macdonald] était vertement critiqué au Nouveau-Brunswick, et Tilley également. Apparemment, la mort de son père, le 24 avril, fut la goutte qui fit déborder le vase. Trois jours plus tard, il fit part à Macdonald qu'il en avait assez et lui demanda le poste de lieutenant-gouverneur de la Colombie-Britannique, qui venait de se joindre à la Confédération. Macdonald, semble-t-il, le lui promit, et Tilley informa son propriétaire à Ottawa qu'il allait partir.

Il fallait sans doute qu'en 1871 Tilley manifeste son mécontentement en prenant ses distances, ne serait-ce que pour obliger Macdonald, et se forcer lui-même, à examiner la situation. Dans sa province, les choses avaient tourné au vinaigre. Rien de ce qu'il faisait n'était apprécié, et le débat sur le *Common Schools Act*, en 1871 [V. John Costigan*], avait empoisonné l'atmosphère. Il ne faut donc pas s'étonner que la Colombie-Britannique lui ait paru attrayante, mais cela revenait à quitter la politique active. Macdonald fut donc forcé d'imaginer son cabinet sans Tilley, qui faisait bien son travail mais que l'on tenait pour acquis. Le département des Douanes allait aussi bien que possible, malgré les nombreuses attributions supplémentaires que la Confédération lui imposait. En 1871, Tilley était l'un des rares ministres du premier cabinet à être encore en poste, et le seul des premiers membres du Conseil du Trésor à y siéger encore. Les autres ministres issus des Maritimes, Tupper, Mitchell et Howe, montraient tous un enthousiasme bruyant, mais ils agissaient avec précipitation et n'étaient pas toujours des hommes sûrs. D'ailleurs, Howe était là en partie grâce à Tilley. Il s'était rendu à Ottawa en 1867 en clamant que la Nouvelle-Écosse quitterait la Confédération, et c'était Tilley qui, en juillet 1868, après un dîner avec lui, avait informé Macdonald qu'il acceptait de négocier de meilleures conditions pour sa province. Tilley trouvait en effet absurde de perpétuer des injustices ou d'aider la cause des adversaires de la Confédération en refusant de modifier l'entente originale qui avait réuni les provinces. Les arguments des puristes de la constitution n'avaient aucune valeur pour lui.

On ignore si Tilley renonça de lui-même à quitter Ottawa ou si Macdonald le fit changer d'avis en lui faisant une offre alléchante, mais il demeura au cabinet. Il avait d'ailleurs déjà commencé à reprendre confiance en lui-même. Pendant le débat sur le budget de 1871, Galt avait attaqué le gouvernement, et Tilley avait démoli ses arguments, ce qui lui avait valu des « hourras bruyants et prolongés ». Sa maîtrise des détails, sa mémoire des faits, sa compréhension des questions financières avaient amené Tupper à dire à Macdonald au début de mars : « Pour la première fois dans cette chambre, il s'est fait valoir. » Macdonald en fut impressionné. De plus, il savait que la situation délicate qui régnait au Nouveau-Brunswick requérait de la subtilité, et personne n'avait les qualités de Tilley. Bientôt, il y aurait des élections où la présence de Tilley serait indispensable. Smith, qui avait dirigé les adversaires de la Confédération à Ottawa en 1867, savait en 1871 qu'il avait plus à craindre de l'esprit de clocher des députés ontariens et québécois de l'opposition que de Macdonald lui-même. Tilley noua une alliance avec son vieux collègue et adversaire en lui faisant voir qu'il appartenait au camp de Macdonald, et les deux hommes unirent leurs efforts pour protéger la loi des écoles publiques du Nouveau-Brunswick quand on l'attaqua à Ottawa. Comme aucun parti d'opposition ne fit campagne dans la province, Tilley se tira mieux que prévu des élections fédérales de 1872. À l'annonce des résultats, il estima que le gouvernement pourrait compter sur 12 des 15 députés élus au Nouveau-Brunswick. C'est en Ontario que Macdonald avait récolté de maigres résultats.

Comme sir Francis Hincks était l'un des députés ontariens battus, Tilley savait que le portefeuille des Finances lui reviendrait enfin. Peut-être Macdonald le lui avait-il promis un an plus tôt pour le garder au cabinet. En novembre, Tilley informait ses amis qu'il serait ministre des Finances dès que la question de la Compagnie du chemin de fer Pacifique du Canada serait réglée. Hincks prit un siège sûr en Colombie-Britannique et resta en fonction jusqu'à l'octroi de la charte à sir Hugh Allan*, le 3 février 1873. Le 24 février, Tilley fut assermenté ministre des Finances, il était le quatrième que le Canada avait en six ans. Son premier budget, présenté le 1er avril 1873, fut le plus facile de tous : comme il montrait un surplus et que l'économie était forte, il plut à tout le monde, y compris à l'opposition.

Dès le lendemain, on oublia Tilley, car Lucius Seth Huntington* accusa le gouvernement d'avoir reçu de grosses sommes d'Allan et de ses associés américains pendant la campagne électorale. Tout au long du printemps et de l'été éprouvants de 1873, Tilley regarda fondre la majorité de Macdonald. Smith lutta ferme jusqu'à la prorogation de la session – un « acte de tyrannie » selon lui – le 13 août. C'est avec inquiétude que Tilley partit pour l'Angleterre afin de négocier un emprunt de £4 000 000. Il l'obtint en quatre jours, et juste à temps. Le 18 septembre, la faillite de la Jay Cooke and Company provoqua la panique dans les milieux d'affaires ; une grave dépression s'amorçait.

De retour à la chambre des Communes le 31 octobre, Tilley se porta éloquemment à la défense de Macdonald, assiégé de toutes parts. Quand le gouvernement démissionna, le 5 novembre, il fut nommé lieutenant-gouverneur du Nouveau-Brunswick. Il rentra dans sa province au milieu d'une controverse. Le premier ministre Alexander MACKENZIE tenta de faire annuler sa nomination, mais le ministre de la Marine et des Pêcheries, Albert James Smith, la défendit. Comme ce dernier, la plupart des gens estimaient que Tilley, alors âgé de 55 ans, méritait ce poste, quoique Smith lui-même ait douté qu'une fonction d'apparat lui donne satisfaction. Pendant quelques années, Tilley sembla pourtant se contenter de sa nouvelle vie, qui consistait à lire les discours du trône, assister aux réceptions militaires, visiter la University of New Brunswick, paraître aux cérémonies officielles et donner les soirées d'usage – non sans en bannir le vin.

Des événements tragiques vinrent assombrir son mandat. Même si sa propriété fut épargnée, une bonne partie du Saint-Jean qu'il avait connu fut rasé par le terrible incendie de 1877 [V. Sylvester Zobieski Earle*]. Pire encore, son fils William Harrison Tilley, qui avait commencé une brillante carrière ecclésiastique, mourut le 11 novembre. Tilley ne s'en remit jamais. Smith lui envoya un message de condoléances dans lequel il lui présentait l'alternative suivante : un renouvellement de mandat ou un retour dans l'arène.

Tilley avait déjà décidé de revenir à la politique active aux élections suivantes. Il était resté en communication avec Macdonald durant tout son mandat et avait aidé à fonder des clubs conservateurs dans la province. En octobre 1877, il rencontra Macdonald et dressa des plans en prévision de la campagne. Finalement, le 23 juillet 1878, il était « de nouveau un homme libre ». Six jours plus tard, il lançait un journal, le *Daily Sun* de Saint-Jean. La bataille qui s'engageait n'allait pas être facile. La reconstruction qui avait suivi l'incendie, l'achèvement du chemin de fer Intercolonial, l'érection du pénitencier de Dorchester, tout cela avait protégé les Néo-Brunswickois des pires effets de la dépression, donc émoussé les attaques des conservateurs contre le gouvernement Mackenzie. De plus, le retour en politique d'un ancien lieutenant-gouverneur soulevait des débats, et il y avait la Politique nationale, prônée par les conservateurs, qui entraînerait une hausse des taxes au Nouveau-Brunswick. Tilley préférait parler d'un « rajustement du tarif » qui visait à protéger les emplois. Les ouvriers, disait-il, ne seraient plus « forcés de s'expatrier pour avoir du travail ».

Au cours de cette première campagne qui se fit par chemin de fer, le premier ministre Mackenzie et le ministre des Finances Richard John Cartwright* s'arrêtèrent à Saint-Jean, le 22 août ; on croyait alors que Tilley perdrait le siège. Tous se réunirent à l'immense patinoire intérieure pour un débat public. Cartwright vilipenda et humilia Tilley en disant qu'il préférait croire qu'il « avait été dupe plutôt que complice, et qu'il fallait attribuer ses erreurs à la faiblesse de son esprit plutôt qu'à la perversité de son cœur ». Les insultes de ceux que le *Daily Sun* qualifiait d'« aventuriers politiques » venus « du Haut-Canada » jouèrent peut-être un rôle déterminant : Tilley l'emporta par neuf voix. Le 17 octobre, il était de nouveau ministre des Finances du Canada, et c'est à lui qu'incombait l'application de la Politique nationale.

Tilley avait environ quatre mois pour préparer son budget. À l'époque, aucun homme politique du Canada ne connaissait mieux que lui l'administration et les tarifs douaniers. Il lut *Protection and free trade* de John Maclean, publié à Montréal en 1867, et l'ouvrage de Jesse Beaufort Hurlbert, *Field and factory side by side ; or, how to establish and develope native industries,* paru dans la même ville en 1870. Maclean et Hurlbert furent parmi les premiers spécialistes dont il s'entoura pour définir la Politique nationale. James Johnson, commissaire en chef des douanes, que Tilley avait amené à Ottawa en 1867, avait des compétences techniques, tout comme le sous-ministre des Finances, John Mortimer Courtney. Le plus important de tous était un Néo-Écossais, le docteur Edward Young, qui avait dirigé le Bureau of Statistics des États-Unis à compter de 1870 ; il était l'auteur de l'ouvrage de référence essentiel sur la question, *Special report on the customs-tariff legislation of the United States,* publié en 1872 et 1877. Tilley et son groupe de spécialistes, en collaboration avec des députés comme James Domville* du comté de Kings, au Nouveau-Brunswick, et des hommes d'affaires comme George Gordon Dustan de Halifax, étudièrent tous les aspects de la question tarifaire. On compila des masses de statistiques pour déterminer les conséquences positives et négatives de toutes les possibilités, et on chercha à définir une politique équilibrée, qui notamment élèverait des barrières contre la rapacité.

Tilley prit la parole à la chambre des Communes le 14 mars 1879 ; il était alors fin prêt. Les Américains, dit-il, prenaient le Canada pour un « marché où l'on sacrifiait la marchandise » ; il mettrait fin à cette situation en imposant des tarifs et des droits compensateurs. Il proposait « de soumettre à un droit plus élevé [les produits] qui [étaient] fabriqués au pays et de maintenir un droit plus bas sur ceux qui [n'étaient] pas fabriqués au pays, ou [avaient] peu de chances d'être fabriqués au pays – l'indienne par exemple ». Le taux global était augmenté, mais il y avait des droits spécifiques et une longue liste d'exemptions. Tilley voulait que les investissements étrangers aident l'industrie canadienne à faire travailler des Canadiens chez eux. Naturellement, il cita la Bible : « Le moment est venu où nous devons décider si nous nous contenterons d'être coupeurs de bois et porteurs d'eau [...] ou si nous occuperons la place à laquelle, je le crois, la Providence nous destine. »

Tilley fut l'artisan de la Politique nationale, bien que plusieurs se soient arrogé ce titre, et il ne douta jamais qu'elle ait été sage. Il modifia un taux ici et là pendant qu'il était ministre des Finances, mais fondamentalement elle resta la même. « Le tarif de 1879 avait une qualité, lui écrivit Young en 1890. Il était *bien construit,* une partie correspondant à une autre comme dans un édifice intelligemment conçu. Contrairement à la plupart des lois tarifaires des États-Unis, il n'a pas exigé qu'on légifère par la suite pour corriger des erreurs ou des omissions. »

Jusqu'à son départ du ministère, en novembre 1885, Tilley fut aussi le gardien de la Politique nationale. Dans tous ses discours sur le budget, il en vanta les vertus et, sauf la dernière année ou à peu près, personne ne put le contredire. De vieilles industries connaissaient un regain de jeunesse, et de nouvelles s'ouvraient dans tout le pays. À la veille des élections de 1882, il put afficher un surplus budgétaire de 4 000 000 $ et réduire le tarif sur des marchandises comme le thé ou le café. Il aida l'industrie en ajoutant, à la liste des exemptions, des produits comme le zinc, l'étain ou l'acier en vrac. Cependant, au cours de l'année suivante, l'économie se mit à fléchir, surtout dans l'Est. Tilley continua d'affirmer que la Politique nationale préservait le Canada des pires effets de la crise et empêchait les Américains de détruire de nouveau le marché canadien.

En sa qualité de ministre des Finances, Tilley avait son mot à dire sur la plupart des responsabilités du gouvernement, d'autant plus qu'il présidait le Conseil du Trésor. Chaque année, il se rendait en Angleterre pour recueillir de l'argent sur le marché des obligations. À l'été de 1879, il récolta £3 000 000 à Londres, défendit la Politique nationale contre ses détracteurs britanniques et participa aux négociations qui visaient à faire nommer un haut-commissaire du Canada dans la capitale anglaise.

Une fois la politique tarifaire en vigueur, l'attention se porta sur le chemin de fer canadien du Pacifique, qui allait soulever encore bien plus de controverses. Tilley appuya le marché conclu en 1881 avec un groupe dirigé par Donald Alexander Smith*, James Jerome Hill* et George Stephen*. Il insista pour que tout le tracé soit en territoire canadien afin de soustraire le pays à la mainmise américaine, et se déclara heureux que des capitalistes entreprennent les travaux et donnent ainsi de solides possibilités d'investissement aux Canadiens. Toutefois, il avait fréquenté assez d'entrepreneurs ferroviaires pour savoir qu'il fallait les surveiller, et il constata que les promoteurs du chemin de fer canadien du Pacifique recouraient autant que les autres à des manœuvres détournées. Par exemple, il découvrit en 1881 que Stephen négociait avec Boston et Portland, dans le Maine, en vue de faire de l'une de ces villes le port hivernal de l'Est ; malgré des déclarations contraires, ces négociations se poursuivirent jusqu'en 1884. Pour Tilley, le port d'hiver ne pouvait être que Saint-Jean. Le conflit entre Stephen et lui allait s'aggraver à mesure que les coûts de construction augmenteraient. Stephen avait déjà irrité Tilley par les pratiques financières auxquelles il recourait lorsqu'il était président de la Banque de Montréal. Il estimait que Tilley bloquait toutes les demandes légitimes d'emprunts et de garanties, ce qui n'était pas complètement faux. Ces demandes furent déposées en 1883, soit au moment où le surplus budgétaire était épuisé. Comme les déficits étaient inévitables, Tilley estima que le pays ne pouvait pas prendre les risques que Stephen exigeait et qu'il ne devait pas laisser tous ses autres projets en plan pour subventionner le chemin de fer canadien du Pacifique. En outre, il se méfiait de Stephen. Il devint de plus en plus isolé au cabinet, où l'on voulait voir le chemin de fer terminé au plus vite même s'il ne donnait pas de travail aux Canadiens et n'aidait pas l'industrie canadienne.

Particulièrement en forme pendant la campagne électorale de 1882, Tilley avait prononcé plusieurs discours, en de nombreux endroits, et il avait remporté une belle victoire. Toutefois, l'hiver suivant, il avait eu de fréquents malaises, et sa santé ne s'était pas améliorée depuis. En avril 1885, son état était grave, et pourtant il continuait de s'occuper des Finances et de s'acquitter de ses autres responsabilités. On jugea que son budget de 1885 était l'un de ses meilleurs, et quand Tupper, alors haut-commissaire à Londres, recommanda un programme d'emprunt tout à fait inacceptable pour le gouvernement, c'est Tilley que Macdonald dut dépêcher là-bas. Il arriva le 23 mai, et dès le 1er juin, avec sir John Rose, devenu financier à Londres, il avait réglé toute l'affaire.

Pendant son séjour dans la capitale anglaise, Tilley alla consulter sir Henry Thompson ; c'était le troisième médecin spécialiste qu'il voyait en trois ans. Thompson découvrit un calcul rénal, qui fut extrait au cours d'une opération douloureuse, et il ordonna à son patient de prendre sa retraite. Bien que de toute évidence il ait été faible et souffrant, Tilley assista à la dernière journée de la séance du Parlement canadien, le 20 juillet. Ce jour-là, il écrivit à Macdonald : « Il vous faut absolument du sang neuf. » Ensuite, il alla respirer l'air du large à St Andrews, au Nouveau-Brunswick, où il avait une maison d'été.

En prenant de la maturité, Tilley avait élargi ses vues et inscrit à son actif des réalisations qui étaient celles d'un pragmatique, d'un opportuniste classique. Pourtant, durant tout le temps où il fit de la politique active, il ne fut jamais populaire auprès d'une large tranche de la population. Il y avait en lui un peu de l'obstination de celui qui croit toujours avoir raison, il n'était ni aussi perspicace ni aussi terre à terre que Macdonald, et il avait peut-être trop soigné ses amis. Néanmoins, parce que ses qualités politiques s'accompagnaient de remarquables talents financiers, il était devenu, avant la Confédération, l'homme dont le Nouveau-Brunswick ne pouvait pas se passer, et il avait été bien près d'atteindre cette place au Canada après 1878.

La carrière publique de Samuel Leonard Tilley allait comporter un dernier épisode. Le 11 novembre 1885, Macdonald le fit nommer lieutenant-gouverneur de la province pour un deuxième mandat, qui se termina à l'automne de 1893. Tout le monde au Nouveau-Brunswick, y compris ses plus vieux ennemis, finit par le considérer comme un fils distingué de la province. Macdonald continua de le consulter pendant quelques mois, mais des hommes plus jeunes prenaient la relève. Pour combattre les idées d'union commerciale avec les États-Unis, Tilley eut des liens avec l'Imperial Federation League. La mort de Macdonald, en juin 1891, l'affecta profondément. Celle de John Boyd, le 4 décembre 1893, l'affligea davantage ; cette année-là, Boyd, son voisin et ami depuis les années 1850, lui avait succédé au poste de lieutenant-gouverneur. Dans les années 1890, Tilley suivit attentivement les péripéties du parti conservateur, où les chefs se succédaient. Comme il mettait beaucoup d'espoir en sir John Sparrow David Thompson, sa mort, survenue le 12 décembre 1894, l'inquiéta beaucoup, d'autant plus que la question des écoles du Manitoba menait le parti à la désintégration. En avril 1896, il écrivit en faveur de la loi réparatrice un plaidoyer qui parut dans le *Daily Sun* et que l'on réimprima, à cause de son succès, en de nombreux exemplaires. À mesure que les élections de juin approchaient, il sentait que le premier ministre Tupper n'en sortirait pas vainqueur. Au début de juin, à la maison d'été qu'il avait achetée à Rothesay, il se fit une entaille au pied. Le 11 juin, tout son organisme était infecté. Il mourut le 25, à l'âge de 78 ans. Deux jours plus tôt, Tupper avait perdu les élections. On dit que Tilley n'apprit pas cette défaite, mais il savait que c'était la fin.

Carl M. Wallace

Sauf en ce qui a trait à une biographie semi-autorisée écrite par James Hannay*, *The life and times of Sir Leonard Tilley, being a political history of New Brunswick for the past seventy years* (Saint-Jean, N.-B., 1897), on a peu écrit sur sir Samuel Leonard Tilley. L'étude de Hannay a été entreprise avec son autorisation vers 1890, mais révèle peu de chose sur le sujet, qui devait être qualifié de pharmacien terne et de défenseur de la tempérance. La découverte des papiers de Tilley dans les années 1950 et 1960 ainsi que des études de l'histoire de la Confédération et de l'histoire régionale ont renouvelé l'intérêt qu'on lui portait. Tilley avait soigneusement conservé ses papiers des années 1850 jusqu'à sa mort en 1896, mais ils avaient été éparpillés par la suite et oubliés. Le Musée du N.-B. en a acquis la plus grande partie (Tilley family papers) en 1958, et les AN ont reçu un autre lot important (MG 27, I, D15) dix ans plus tard, y compris les cahiers de correspondance de Tilley des années où il était ministre des Finances. Il s'agit là de la collection la plus importante concernant la période antérieure à 1867 au sujet d'un Père de la Confédération, si l'on fait exception de Macdonald. Plusieurs autres collections des AN sont riches en documentation sur Tilley, surtout celles de Howe

(MG 24, B29), Macdonald (MG 26, A), Galt (MG 27, I, D8), Tupper (MG 26, F), et Brown (MG 24, B40).

En ce qui concerne les années antérieures à la Confédération, le livre de MacNutt, *New Brunswick,* constitue la plus utile des études modernes, même s'il n'a pas eu accès aux papiers de Tilley et a sur les hommes politiques provinciaux l'opinion arrogante qui caractérise le ministère des Colonies. L'excellente étude de J. K. Chapman, *The career of Arthur Hamilton Gordon, first Lord Stanmore, 1829–1912* (Toronto, 1964), est de la même facture. Le livre de Waite, *Life and times of confederation,* constitue la meilleure étude quant à l'acuité de sa perception de Tilley. D'autres études sur l'ère postérieure à la Confédération sont beaucoup moins satisfaisantes, bien que celle de Waite, *Canada, 1874–96,* vaille la peine d'être consultée. Les livres de Creighton, *Macdonald, young politician* et *Macdonald, old chieftain,* contiennent des références à Tilley. L'étude la plus récente est celle de C. M. Wallace, « Sir Leonard Tilley, a political biography » (thèse de PH.D., Univ. of Alta., Edmonton, 1972). [C. M. W.]

APNB, RG 2, RS6, A, 1854–1867 ; RG 29. — Musée du N.-B., James Brown journal (photocopie) ; J. W. Lawrence papers, « Some reminiscences, Hon. Sir Leonard Tilley and J. W. Lawrence, 1835–1885 » (A313) ; J. C. Webster papers, packet 25 (A. R. McClelan, corr.). — PRO, CO 188 ; CO 189. — UNBL, MG H6 ; MG H10 ; MG H12a; MG H82. — Canada, chambre des Communes, *Débats,* 1867–1885 ; Parl., *Doc. de la session,* 1867–1885. — G. E. Fenety, *Political notes and observations* [...] (Fredericton, 1867). — Lawrence, *Judges of N.B.* (Stockton et Raymond). — J. [A.] Macdonald, *Correspondence of Sir John Macdonald* [...], Joseph Pope, édit. (Toronto, 1921). — N.-B., House of Assembly, *Journal,* 1850–1868 ; *Synoptic report of the proc.,* 1854–1868 ; Legislative Council, *Journal,* 1860–1867. — Joseph Pope, *Memoirs of the Right Honourable Sir John Alexander Macdonald, G.C.B., first prime minister of the Dominion of Canada* (2 vol., Ottawa, [1894]). — Stewart, *Story of the great fire.* — Charles Tupper, *Recollections of sixty years in Canada* (Toronto, 1914). — E. W. Watkin, *Canada and the States : recollections, 1851 to 1886* (Londres et New York, [1887]). — *Daily Sun* (Saint-Jean), 1878–1887, plus tard *St. John Daily Sun,* 1887–1896. — *Daily Telegraph* (Saint-Jean), 1864–1880. — *Globe,* 1864–1885. — *Head Quarters* (Fredericton), 1849–1868. — *Mail* (Toronto), 1872–1880, plus tard *Toronto Daily Mail,* 1880–1885. — *Morning Freeman* (Saint-Jean), 1851–1875. — *Morning News* (Saint-Jean), 1840–1884. — *New-Brunswick Courier,* 1831–1862. — *New Brunswick Reporter and Fredericton Advertiser,* 1854–1885. — *Ottawa Daily Citizen,* 1867–1885. — *Saint John Globe,* 1866–1896. — *Appletons' cyclopædia* (Wilson *et al.*). — *Canadian biog. dict.,* 2. — *CPC,* 1867–1885. — *Cyclopædia of Canadian biog.* (Rose et Charlesworth), 1. — Dent, *Canadian portrait gallery.* — *DNB.* — *Dominion annual reg.,* 1878–1885. — William Notman et [J.] F. Taylor, *Portraits of British Americans, with biographical sketches* (3 vol., Montréal, 1865–1868). — *Standard dict. of Canadian biog.* (Roberts et Tunnell), 2. — T. W. Acheson, *Saint John : the making of a colonial urban community* (Toronto, 1985). — Baker, *Timothy Warren Anglin.* — Gordon Blake, *Customs administration in Canada : an essay in tariff technology* (Toronto, 1957). — Hannay, *Hist. of N.B.* — D. G. G. Kerr, *Sir Edmund Head, a scholarly governor* (Toronto, 1954). — W. M. Whitelaw, *The Maritimes and Canada before confederation* (Toronto, 1934 ; réimpr., 1966).

TOCQUE, PHILIP, instituteur, auteur, fonctionnaire et ministre de l'Église d'Angleterre, né le 14 janvier 1814 à Carbonear, Terre-Neuve, fils de Philip Tocque et d'Ann Howell ; le 11 décembre 1838, il épousa Eliza Touzou Chauncey, de St John's, et ils eurent six fils et quatre filles ; décédé le 22 octobre 1899 à Toronto.

Fils d'un marchand et armateur de la firme Tocque and Levi de Carbonear, Philip Tocque grandit dans une relative aisance. Il fréquenta ce qu'on appelait des écoles privées, c'est-à-dire des écoles tenues par des maîtres qui enseignaient chez eux, et y étudia les mathématiques, la navigation et la grammaire anglaise. À l'âge de 16 ans, soit l'année où son père mourut, il quitta l'Église d'Angleterre pour se joindre à la Methodist Society de Carbonear, où il apprit à prêcher et rencontra le naturaliste anglais Philip Henry Gosse*. En 1831, il se rendit à Bristol, en Angleterre, probablement pour la Tocque and Levi, et entendit les sermons de Jonathan Edmondson, ancien président de la conférence wesleyenne. Trois ans plus tard, il s'embarqua clandestinement à bord d'un navire de la Tocque and Levi pour voir de lui-même comment se faisait la chasse au phoque à Terre-Neuve. Il en revint convaincu que ce massacre était immoral et que les pêcheurs qui y prenaient part s'endurcissaient à la longue. Plus tard toutefois, il comprendrait mieux leur point de vue.

Tocque obtint en 1835 un emploi de commis à la Slade, Elson and Company, entreprise de commerce où travaillaient également Gosse et William Charles St John, qui deviendrait comme lui l'un des premiers auteurs connus d'origine terre-neuvienne. Avec John Elson, agent de la compagnie et également président du Carbonear Book Club, les trois commis formèrent un cercle littéraire. En 1836–1837, Tocque publia trois articles dans des journaux de la baie Conception.

En 1840, Tocque écrivit à la Methodist Missionary Society de Londres pour exprimer son désir de devenir ministre, mais sa demande n'eut jamais de suite. En 1841, il devint instituteur à Port de Grave, petit village de pêcheurs de la baie Conception, puis l'année suivante il alla s'établir à Bird Island Cove (Elliston), dans la baie Trinity, où il exploita, dit-on, un comptoir de revendeur. C'est pendant les deux années passées à cet endroit qu'il écrivit son premier livre, *Wandering thoughts, or solitary hours,* qui parut à Londres en 1846. Par ce recueil d'essais décousus et amusants au travers desquels transparaissaient l'historien amateur, le naturaliste et le patriote, Tocque souhaitait, en partie du moins, intéresser les jeunes aux merveilles de la science. L'écriture est parfois maladroite et fleurie, mais elle émeut.

Après son séjour à Bird Island Cove, Tocque retourna à l'enseignement, cette fois-ci à Broad Cove (St Phillips) près de St John's, où il demeura un an. Pendant toutes les années 1840, il chercherait un emploi convenable à Terre-Neuve et s'essaierait à toutes sortes de métiers. En 1845, il donna sa première conférence à une réunion de la Natives' Society de Carbonear. Les difficultés éprouvées par les Terre-Neuviens d'origine qui cherchaient à se tailler une place dans leur propre pays deviendraient d'ailleurs l'un de ses thèmes les plus chers. Tocque s'intéressa aussi à la géologie et on dit qu'il fut le premier Terre-Neuvien à donner des conférences sur des sujets scientifiques. En 1845 également, il publia des textes sur l'astronomie et l'histoire naturelle dans le *Public Ledger* de St John's et correspondit avec le British Museum de Londres à propos des spécimens de roches, de minéraux, d'oiseaux et d'insectes dont il souhaitait enrichir la collection de ce musée.

En juillet 1845, Tocque devint greffier de la paix à Harbour Breton, dans la baie Fortune, fonction pour laquelle il touchait le modeste salaire de £35 par an. Tout en exécutant les tâches de cet office, il continua à publier des textes scientifiques et, pour la première fois, se permit des commentaires sur des questions politiques et économiques. Ses articles parus dans le *Public Ledger* attirèrent l'attention sur la région lointaine et négligée de la côte sud de Terre-Neuve. Il y soulignait le potentiel agricole de la région, sans d'ailleurs être toujours réaliste, critiquait le système d'enseignement de l'île et le pouvoir des marchands, et fit même des comparaisons défavorables entre Terre-Neuve et les colonies de la Nouvelle-Écosse et du Nouveau-Brunswick, où il s'était rendu pour promouvoir la vente de son livre. Il écrivit également à propos du gouvernement responsable, qu'il semblait appuyer, même s'il déclara : « Je n'ai aucune foi dans les partis. » Ses opinions ne furent pas tout à fait bien accueillies par les autorités de St John's et, lorsqu'il demanda en 1848 que l'on porte son salaire à £60, le gouvernement lui refusa cette augmentation. En décembre, il écrivit au secrétaire de la colonie qu'il était « sur le point de crever de faim ». Après qu'on lui eut refusé d'autres postes, il décida l'année suivante de quitter Terre-Neuve pour de bon. « Je ne doute pas, écrivit-il, que je serai capable de faire mon chemin dans n'importe quelle autre colonie. » Pendant les années qu'il avait passées à Harbour Breton, il avait aussi publié trois almanachs.

À l'époque, des milliers de Terre-Neuviens quittaient leur île pour aller s'établir aux États-Unis et, entre 1846 et 1859, près de 3 000 d'entre eux débarqueraient à Boston. Tocque, pour sa part, y arriva en décembre 1849. Ébahi par l'activité commerciale et industrielle de la Nouvelle-Angleterre, il entreprit de faire connaître aux Terre-Neuviens le « pays qui [était] destiné à être le plus grand sur lequel le soleil ait jamais brillé » et publia en 1851, à Boston, *A peep at Uncle Sam's farm, workshop, fisheries, &c.* Devenu pacifiste, il prononça une conférence contre la guerre ; il assista aussi à ce qui, selon lui, était le premier congrès sur les droits des femmes à avoir lieu en Amérique et s'intéressa au mouvement antiesclavagiste. Toutes les causes progressistes touchaient chez lui une corde sensible. En 1851, il s'inscrivit au département de théologie du Trinity College de Hartford, au Connecticut, pour devenir ministre épiscopalien. L'année suivante, ses études terminées, il fut ordonné diacre par le coadjuteur de l'évêque du Connecticut, John Williams, puis devint assistant de l'évêque Horatio Southgate à la Church of the Advent de Boston. Durant son séjour aux États-Unis, il prononça de nombreux sermons, dont l'un fut publié en 1853. Sa brève introduction à l'océanographie, *The mighty deep,* avait paru l'année précédente à New York.

Après avoir passé plus de quatre ans aux États-Unis, Tocque, qui avait alors sept enfants, partit pour la Nouvelle-Écosse, où l'évêque Hibbert Binney* l'ordonna prêtre de l'Église d'Angleterre en 1854. Dès lors et jusqu'en 1877, Tocque mènerait la vie d'un prédicateur de brousse dans des paroisses de la Nouvelle-Écosse, du Québec et de l'Ontario. Sa première mission avait pour centre Tusket, en Nouvelle-Écosse, et s'étendait sur 60 milles de littoral, de Barrington au sud-ouest jusqu'à Digby dans la baie de Fundy. D'abord missionnaire itinérant, il obtint en 1856 une charge régulière à la Society for the Propagation of the Gospel in Foreign Parts. En 1858, on publia un autre de ses sermons à Yarmouth, en Nouvelle-Écosse, et le Lawrence College d'Appleton, au Wisconsin, lui décerna une maîtrise ès arts à titre honorifique. En 1862, Tocque quitta la Nouvelle-Écosse pour s'établir à Sydenham, près de Kingston, dans le diocèse d'Ontario. L'année suivante, il partit pour une nouvelle mission à Hope Town, dans le district de Gaspé. À compter de 1869, il desservit diverses paroisses ontariennes, dont celles de Markham et des cantons de Mulmur et de Galway.

Ainsi Tocque passerait sa vie de prêtre dans ces régions rurales, et ses rapports annuels à la Society for the Propagation of the Gospel montrent la nature de son travail : incessantes – et généralement efficaces – campagnes de financement, construction d'églises et de presbytères, et prédication. Fait caractéristique, Tocque, tout en s'acquittant de ses fonctions de pasteur avec un enthousiasme évident, chercherait aussi des emplois ailleurs. En 1861 par exemple, il écrivit à la Society for the Propagation of the Gospel pour demander qu'on le nomme aumônier des émigrants dans un quelconque port irlandais. Si cela s'avérait impossible, ajoutait-il, il était prêt à tenir des assemblées publiques et à recueillir de l'argent « dans l'un ou l'autre des trois royaumes ». Il précisait qu'il était « en bonne santé et capable de supporter n'importe quel travail physique ». Prisonnier des tâches paroissiales, il avait peut-être envie de voyages et d'aventure. Cependant, la société ne retint pas sa suggestion.

Pendant cette période, Tocque rédigea des articles pour le *Dominion Churchman* de Toronto et d'autres périodiques et il écrivit ce qui est peut-être son livre le plus important, *Newfoundland : as it was, and as it is in 1877*. Cet ouvrage, qui parut à Londres et à Toronto en 1878, est essentiellement une histoire, un répertoire géographique et un almanach. L'auteur y présente dans les 2 premiers chapitres un aperçu de l'histoire de Terre-Neuve, et dans 11 autres une description des districts de la colonie. L'annuaire statistique couvre 4 chapitres. L'ouvrage comporte aussi un long texte sur l'histoire naturelle et une conclusion sur les Béothuks. Tocque y donne libre cours à tous les sujets qui le passionnent et critique ouvertement le régime gouvernemental de Terre-Neuve de même que sa classe marchande, qu'il qualifie du terme mémorable de « pêchocratie ». Son livre est rempli de renseignements puisés chez d'autres auteurs, mais certains sont personnels. Il écrit dans la préface : « J'ai mis dans ce livre ce que je suis, ma vie. »

Tocque cessa d'exercer son ministère au sein de l'Église d'Angleterre à la fin des années 1870 et s'établit à Toronto, où il toucha une petite pension. Cette retraite prématurée, attribuable peut-être à l'attaque d'apoplexie qu'il avait eue, ne l'empêcha cependant pas d'être aumônier dans divers établissements : asile des malades mentaux, maisons de correction, hôpitaux, prisons et bâtiments de l'immigration. En 1890, Tocque retourna pour la troisième et dernière fois à Terre-Neuve, où il donna une conférence et entra en contact avec l'*Evening Telegram* de St John's. Au printemps de 1891, il commença à envoyer de longues lettres à ce journal, qui lui accorda habituellement une place prépondérante dans ses pages. En tout, l'*Evening Telegram* publierait au cours des années suivantes environ 125 de ses lettres. Dans dix d'entre elles, il raconte ses souvenirs « éveillés » par la lecture de *A history of Newfoundland from the English, colonial, and foreign records* de Daniel Woodley Prowse*, livre publié à Londres et à New York en 1895. Dans d'autres lettres « retentissantes », il fait en quelque sorte de la réclame et exagère le potentiel de Terre-Neuve, endroit qui, selon lui, serait dans 100 ans « le rendez-vous de tous les bons vivants ». Sa visite chez lui lui inspira également un texte touchant qu'il publia dans *Kaleidoscope echoes* [...], recueil d'essais quelque peu semblables à ceux de *Wandering thoughts*, quoique plus poignants et plus stimulants, publié à Toronto en 1895 et où l'on retrouve quelques-unes de ses lettres. Dans l'un de ces essais, il parle de la tristesse qu'il ressent en traversant le cimetière de Carbonear ; dans un autre, intitulé « He is nobody », il médite sur la vanité de la gloire.

On a dit de Philip Tocque qu'il était le premier homme de lettres de Terre-Neuve. Il publia dix ouvrages, dont quatre livres importants, de même que de nombreux articles de journaux et de périodiques. Écrits sur un ton engageant, ses essais portent sur des sujets variés et témoignent de son attitude progressiste. L'indépendance d'esprit et le patriotisme de Tocque tranchent sur la mentalité coloniale de bien d'autres écrivains terre-neuviens du XIXe siècle.

MARJORIE M. DOYLE ET PATRICK O'FLAHERTY

Outre les œuvres mentionnées dans le texte, les publications de Philip Tocque comprennent deux sermons : *The voice of the sea : a sermon, preached on Sunday evening, Oct. 2, 1853, in St. Mary's Church, Richmond Street, Boston* [...] (Boston, 1853) ; et *« If I say the truth, why do ye not believe me ? » A sermon, preached on Sunday afternoon, Nov. 21st, 1858, in St. Stephen's Church, Tusket, Nova Scotia* (Yarmouth, N.-É., 1858) ; et trois numéros du *Nfld. almanack,* qu'il a compilés pour les années 1848–1850. Une seconde édition de *A peep at Uncle Sam's farm* [...] est parue à Boston en 1858. Son volume d'essais, *Kaleidoscope echoes : being historical, philosophical, scientific, and theological sketches, from the miscellaneous writings of the Rev. Philip Tocque, A.M.* (Toronto, 1895), a été préparé pour l'édition par sa fille, Annie S. W. Tocque.

Tocque a aussi collaboré à des périodiques et surtout à des journaux, notamment au *Carbonear Sentinel and Conception Bay Advertiser* (Carbonear, T.-N.), 1837 ; au *Weekly Herald and Conception-Bay General Advertiser* (Harbour Grace, T.-N.), 1845 ; au *Morning Courier* de St John's et au *Public Ledger*, 1845–1851, à l'*Evening Telegram*, 1890–1899 ; au *Dominion Churchman* (Toronto), 1875–1889, et à son successeur le *Canadian Churchman*, 1890–1899.

Des lettres de Tocque au secrétaire de la colonie de Terre-Neuve se trouvent aux PANL, GN 2/2, 1847 : f° 442 ; 1848 : f°s 669–672, 746–748, 976 ; janv.–juin 1849 : f°s 172–175, 393–394 ; juill.–déc. 1850 : f°s 79, 87. Des copies sur microfilm (et quelques transcriptions) de sa correspondance avec la Society for the Propagation of the Gospel in Foreign Parts sont disponibles sur microfilm aux AN, MG 17, B1. Ce fonds comprend notamment des lettres de Tocque en provenance de Tusket, N.-É. (C/N.S., box I/11, folder 134 ; D.27/N.S.), de Hopetown, Québec (D/Que., 1860–1867 : 615–616 (transcriptions), et de quelques paroisses de l'Ontario (D/Ont., 1862–1867 : 828 (transcription) ; D.40/Tor. & Alg. (mfm) ; D.44/Ont. : 114 ; D/Tor., 1879 : 413 ; D.54/Tor. : 131–134 (transcriptions), ainsi que des rapports de mission de Tusket et de Hopetown (E, N.S., 1857–1861 et Que., 1853–1868). Sa lettre du 11 janv. 1840 à la Wesleyan Methodist Missionary Society se trouve dans les registres de celle-ci à la School of Oriental and African Studies Library, Univ. of London, Methodist Missionary Soc. Arch., corr., North America, box 11 : f° 258 (mfm aux AN) ; il existe aussi deux lettres datées du 5 janv. et du 15 nov. 1846, au British Museum (Londres).

Arch. privées, E.-V. Chafe (St John's), Geneal. file on Tocque. — Carbonear United Church, List of tombstones ; Reg. of burials for the Wesleyan Methodist Church, 1820–

1860 (copies aux PANL). — PRO, CO 199/40–45 (mfm aux PANL). — York County Surrogate Court (Toronto), n° 13726 (mfm aux AO). — *Canadian Churchman*, 2 nov. 1899. — *Evening Telegram*, 3 nov. 1899. — *Globe*, 24 oct. 1899. — *Canadian men and women of the time* (Morgan ; 1898). — E.-V. Chafe, « A new life on Uncle Sam's farm : Newfoundlanders in Massachusetts, 1846–1859 » (thèse de M.A., Memorial Univ. of Nfld., St John's, 1984). — Marjorie Doyle, « A biography of Philip Tocque (1814–1899) » (thèse de M.A., Memorial Univ. of Nfld., 1986). — Patrick O'Flaherty, *The Rock observed : studies in* the literature *of Newfoundland* (Toronto, 1979).

TODD, JACOB HUNTER, homme d'affaires et homme politique, né le 17 mars 1827 près de Brampton, Haut-Canada, fils de John Todd et d'Isabella Hunter ; le 25 janvier 1854, il épousa à Brampton Anne Fox (décédée en 1866), et ils eurent deux fils et deux filles, dont un fils et une fille atteignirent l'âge adulte, puis le 24 mars 1873, au même endroit, Rosanna Wigley, et ils eurent cinq fils, dont trois moururent en bas âge, et deux filles ; décédé le 10 août 1899 à Victoria.

D'après les descendants de Jacob Hunter Todd, son père, un fermier irlandais qui passait plus de temps à chasser le renard qu'à cultiver, immigra en 1816 aux États-Unis ; sa femme l'y rejoignit deux ans plus tard. Il exerça plusieurs métiers à New York avant de s'établir en 1820 dans une ferme du canton de Trafalgar, dans le Haut-Canada, préférant, selon les termes du *Canada Christian Advocate,* la « vie sous l'autorité britannique ». On sait peu de chose sur la jeunesse de Jacob, sinon qu'il fit des études élémentaires et travailla à la ferme familiale. Plus tard, son frère et lui vendirent des machines à coudre de porte à porte, en se déplaçant à cheval et en chariot. C'était une petite entreprise aux revenus modestes.

Todd et sa femme Anne s'installèrent à Victoria, dans l'île de Vancouver, en 1862, année où l'on érigea la ville en municipalité. Jacob arriva le premier en mai, après un voyage de cinq semaines en train à travers les États-Unis, puis en bateau à vapeur, de San Francisco à Esquimalt, dans l'île de Vancouver. Il se peut qu'il soit retourné dans le Haut-Canada plus tard au cours de l'année pour accompagner sa femme et ses enfants qui faisaient route à leur tour vers l'Ouest ; leur fille âgée de deux ans mourut apparemment à bord du navire parti de San Francisco.

Moins de deux semaines après son arrivée en mai, avec seulement 575 $ en poche, Todd lança sa première entreprise : il importa 296 boisseaux de pommes de terre de Seattle, et réalisa sur leur revente un bénéfice net de 148 $ après avoir engagé des dépenses de 356 $. Sa deuxième entreprise digne de mention fut la construction d'une clôture autour de la propriété du gouverneur James Douglas*. En récupérant des douves en bon état sur des barils mis au rebut, il obtint les matériaux presque gratuitement et put ainsi toucher un profit appréciable. Cette clôture demeura un objet de fierté pour Todd, même après qu'il fut devenu l'un des citoyens les plus riches de la colonie. Cependant, c'est surtout d'avoir fait la connaissance du gouverneur qui devait lui porter chance. Dès le départ, Douglas éprouva de la sympathie pour Todd, en qui il voyait un homme d'initiative et attaché aux institutions britanniques.

Todd se rendit en 1863 dans la région de Cariboo, sur le continent, et ouvrit un magasin général à Barkerville, au cœur de la région aurifère [V. William BARKER]. L'incendie qui détruisit la ville en 1868 lui fit perdre environ 10 000 $ en marchandises et en bâtiments, mais il reconstruisit immédiatement. Reconnu pour son honnêteté, Todd, qui avait choisi comme devise pour son magasin *Vivre et laisser vivre,* était populaire auprès des mineurs, Blancs ou Chinois. Son magasin prospéra, et il était disposé à accorder des avances aux mineurs et aux prospecteurs en qui il avait confiance. Même s'il disait souvent que plus d'or allait en terre qu'on n'en retirait, il spécula avec beaucoup de perspicacité sur des concessions et propriétés aurifères, malgré qu'il ne soit jamais devenu mineur lui-même. Ce succès est sans doute en partie attribuable à sa position de marchand, puisqu'il arrivait parfois qu'on lui règle des dettes avec des concessions minières.

Todd passait l'hiver avec sa famille à Victoria, mais retournait chaque printemps dans les régions aurifères. Il quitta Barkerville en 1873, au moment où les mines de la région de Cariboo commençaient à s'épuiser, pour établir de nouvelles entreprises dans l'île de Vancouver et sur la côte. Il ouvrit, rue Wharf à Victoria, un magasin de marchandises sèches et de fournitures pour les navires destinés à la chasse au phoque ; il avait aussi une épicerie dans le bas de la rue Yates. En 1875, il fonda la firme J. H. Todd, épicerie en gros, pour approvisionner les régions intérieures sur le continent. Deux ans plus tard, il fit entrer son fils Charles Fox dans la compagnie et la rebaptisa J. H. Todd and Son. Peu après son départ de Barkerville en 1873, Todd, veuf depuis sept ans, était retourné quelque temps en Ontario pour épouser une institutrice de 35 ans, de Brampton. Il ne lui permit pas de continuer d'enseigner, mais elle eut d'autres occupations dans la collectivité ; elle figura notamment parmi les premiers jardiniers amateurs sérieux qui furent à l'origine de la renommée de Victoria, et soutint fidèlement les activités de l'église anglicane St John.

L'entreprise la plus importante de Todd après son départ de la région de Cariboo fut de se lancer dans l'industrie de la mise en conserve du saumon. On exploitait des conserveries en Colombie-Britannique depuis le début des années 1870, et cette industrie prit de plus en plus d'importance dans la vie économique de la province vers la fin de la décennie [V. Alexander Ewen*]. La marque de commerce « Horseshoe » de la J. H. Todd and Son fut la première à être déposée, soit en 1881. Avec un certain nombre d'autres investisseurs, l'entreprise acheta l'année suivante la Richmond Cannery, située à proximité du fleuve Fraser, puis elle construisit la Beaver Cannery en 1889 ; elle finirait par posséder cinq conserveries sur la côte, dont la plus importante, l'Empire Cannery située à Esquimalt, qu'elle achèterait en 1906. Le succès de Todd était en partie attribuable à l'expérience des affaires qu'il avait acquise dans d'autres domaines. Par exemple, il saisissait l'importance de la publicité et, quand les conserveurs eurent de la difficulté à vendre le saumon sockeye, il lança une vaste campagne publicitaire avec le slogan suivant : « Ce saumon est garanti [contre la perte de] couleur une fois en conserve. »

Todd fut aussi l'un des premiers à établir des parcs à poissons sur une vaste échelle commerciale. Des quatre qui furent exploités par l'entreprise, celui qui était situé près de Sooke survécut jusqu'au milieu des années 1950, probablement le seul parmi les premiers parcs de pêche à durer aussi longtemps. Todd et ses fils Charles Fox et Albert Edward, qui se joignirent tous deux à l'entreprise, choisissaient bien les endroits où ils disposaient les trappes, ce qui rendait cette activité fort lucrative. Par ailleurs les pêcheurs qui utilisaient des bateaux détestaient les Todd à cause de l'efficacité de leur méthode pour capturer du poisson de grande qualité. Parmi la centaine d'hommes employés à Sooke, un grand nombre étaient des gardiens engagés pour prévenir le vandalisme. À la fin des années 1880, la remonte des saumons diminua et le gouvernement fédéral imposa de nouveaux règlements [V. Thomas MOWAT], qui amenèrent les propriétaires de conserveries et les pêcheurs indépendants à se faire concurrence pour obtenir des permis de pêche ; les Todd consacreraient des mois et de fortes sommes à exercer des pressions à Ottawa en vue d'obtenir des concessions pour l'entreprise familiale.

Todd adopta les progrès de l'industrie de la pêche avec l'énergie qui le caractérisait. Il possédait un grand nombre de petits bateaux que les pêcheurs pouvaient louer contre un pourcentage de leurs prises. Il acheta des remorqueurs pour amener les bateaux des conserveries ou des villages jusqu'aux lieux de pêche. Il fit construire des bateaux à vapeur pour acheminer le poisson vers des conserveries éloignées. Todd étendit ses marchés en Grande-Bretagne et en Europe ; il remporta d'ailleurs des prix avec sa marque de commerce à des expositions tenues au Crystal Palace de Londres et à d'autres foires mondiales. Grâce aux efforts de la famille Todd et d'autres industriels de la pêche, le saumon en conserve devint un aliment populaire, particulièrement en Grande-Bretagne, où ce produit passait pour le « festin de l'ouvrier ».

Au cours des années 1880 et 1890, Todd investit une grande partie de ses profits dans l'immobilier ; il possédait des terrains commerciaux et résidentiels dans la plupart des villes de la province, surtout à Vancouver, ainsi que de vastes terres agricoles dans la vallée du fleuve Fraser. À son décès en 1899, les journaux signalèrent que sa succession était la plus importante à avoir été homologuée en Colombie-Britannique.

Todd ne s'intéressa pas seulement aux affaires ; il prit aussi une part active à la vie publique. Il se porta candidat pour représenter le district de Cariboo à la chambre des Communes aux élections qui suivirent l'entrée de la Colombie-Britannique dans la Confédération en 1871, mais il fut défait. Avant les élections de 1878, il réussit à se faire désigner candidat du parti libéral-conservateur dans Victoria mais, lorsque sir John Alexander MACDONALD perdit son siège en Ontario, Todd céda sa place au chef du parti. Il obtint en retour la promesse de la construction d'un bassin de radoub pour la province, bassin qui fut par la suite construit à Esquimalt, à la grande déception des citoyens de Vancouver. Todd fut échevin à Victoria durant deux ans et participa à la fondation du bureau de commerce de la ville.

Dans les quelques lettres conservées après sa mort, Jacob Hunter Todd donne l'image d'un homme austère typique de l'époque victorienne ; à ses fils étudiants dans le Haut-Canada, il demande d'être pieux, de bien se conduire et, surtout, de s'abstenir de dépenses inconsidérées. Il fut sans doute très déçu de voir sa fille Sarah Holmes s'enfuir avec un élégant médecin de Victoria, le docteur John Chapman Davie (frère des premiers ministres provinciaux Alexander Edmund Batson Davie* et Theodore DAVIE). Même s'il passa pour un homme d'affaires dur, il ne le fut probablement pas plus que ses collègues. Chose certaine, il était honnête en affaires comme dans sa vie privée, et généreux envers sa collectivité et sa congrégation. Il était réputé pour l'aide qu'il apportait aux personnes en difficulté, et le fait que les prêts qu'il consentait étaient généralement remboursés atteste de son bon jugement ; rien n'indique qu'il profitait du malheur des autres en leur imposant de lourdes modalités de remboursement. Il fit preuve de générosité et d'ouverture à l'égard des immigrants chinois, contrairement à l'attitude générale à son époque. Ses contemporains lui témoignaient beaucoup d'estime et le considéraient, selon la notice nécrologique parue dans le *Daily Colonist,* comme l'« un de ceux qui acquirent à Victoria sa réputation de centre commercial [de la région désignée à l'époque sous le nom de] Nord-Ouest pacifique ».

DAVID ANDERSON

Mme J. W. [Sheila] Anderson de Victoria et Bridget Bartlett Todd (Mme Fialkowska) de Senneville, Québec, ont fourni les renseignements qui ont servi à la préparation de cette biographie. [D. A.]

British Columbia Geneal. Soc. (Richmond), File information on J. H. Todd. — Univ. of B.C. Library, Special Coll. (Vancouver), M634 (Todd and Sons Company, Ltd., records). — Victoria City Arch., File information on J. H. Todd. — Canada, Parl., *Doc. de la session,* 1893, n° 10c. — *Canada Christian Advocate* (Hamilton, Ontario), 8 mars 1854. — *Daily British Colonist and Victoria Chronicle* (Victoria), 6 janv., 27 oct. 1863, 28 avril 1872. — *Daily British Whig,* 10 mars 1873. — *Daily Colonist* (Victoria), 11 août 1899. — *B.C. directory,* 1863, 1877–1878, 1883. — Cicely Lyons, *Salmon & our heritage : the story of a province and an industry* (Vancouver, 1969). — H. W. McKervill, *The salmon people : the story of Canada's west coast salmon fishing industry* (Sidney, C.-B., 1967). — *Daily Colonist,* 5 nov. 1961.

TOURANGEAU (Guillet, dit **Tourangeau), ADOLPHE** (baptisé **Adolphe-Elzéar**), notaire, homme politique, homme d'affaires et fonctionnaire, né le 15 janvier 1831 à Québec, fils de Jean Guillet, dit Tourangeau, et d'Adélaïde Bernier ; le 28 octobre 1861, il épousa au même endroit Victoire-Adélaïde Jourdain ; décédé le 9 octobre 1894 dans sa ville natale.

On connaît peu de chose sur la jeunesse d'Adolphe Tourangeau. Il étudia au petit séminaire de Québec de 1841 à 1850, puis à la Quebec High School. Il fit ensuite son stage de clerc chez le notaire Louis Panet et, à l'âge de 24 ans, sortit de l'université Laval avec une formation en droit. On l'admit à la pratique du notariat le 5 novembre 1855. Sur le plan professionnel, il concilia le notariat et le domaine des assurances. Au début de sa carrière, il ouvrit un bureau dans la basse ville de Québec puis, en 1878, il s'installa rue Saint-Jean. De 1862 à 1883, il fut agent d'assurances, notamment pour la Compagnie provinciale d'assurance du Canada, l'Aetna Fire Insurance of Dublin et la Reliance Life Insurance Company of London.

Tourangeau s'aventura également dans les secteurs des brasseries, des finances et des transports, mais il eut peu de succès. En 1865, avec un associé, il mit sur pied la brasserie Tourangeau, Lloyd and Company, mais il l'abandonna l'année suivante, sans doute à cause d'une trop forte concurrence dans ce domaine. Administrateur par intérim à la Banque de Stadacona, l'un des administrateurs du chemin de fer de la rive nord, il fut également l'un de ceux du chemin de fer de Québec à Gosford, qui deviendra en 1875 le chemin de fer de Québec et du lac Saint-Jean.

Tourangeau devait surtout se faire connaître sur la scène politique municipale. D'abord conseiller du quartier Saint-Roch du 20 janvier au 3 juillet 1863, il fut désigné par ses collègues pour remplacer le maire Thomas Pope, mort en juin de cette année-là. Il remplit cette fonction jusqu'au 12 juillet 1866. Pendant son mandat, il s'attarda à réduire la dette municipale et à modifier le système de taxation. À l'instar de ce qui se faisait dans les villes de New York et de Boston, il espérait répartir les charges sur tous les biens meubles et immeubles et ensuite sur le revenu qui provenait du commerce. Ainsi les taxes ne seraient plus réglementées seulement en fonction de la propriété.

Sous Tourangeau, on mit sur pied un service régulier de traversiers entre Québec et Lévis et, contrairement à la pratique, on céda le contrat à un seul soumissionnaire. Le service de police fit également l'objet de modifications. Ainsi, dès 1864, le comité de police de Québec distinguait les pompiers des policiers. Ce comité, avec Tourangeau, changea les règlements du service afin de rendre plus efficace la protection des biens meubles au cours d'incendies et il augmenta le salaire des sapeurs.

En 1863, en voulant faire élargir toutes les portes de la ville, Tourangeau s'était attiré la contestation. Joseph-Édouard Cauchon*, entre autres, protesta dans *le Journal de Québec,* et *la Scie illustrée* présenta même une caricature du maire et de la porte Saint-Jean. C'est en réalité celle-ci qu'on allait modifier, ce qui amènerait du même coup l'élargissement de la rue Saint-Jean. Deux ans plus tard, Tourangeau reçut la permission de démolir la porte Saint-Jean et d'en construire une nouvelle avec quatre ouvertures, deux pour les voitures et deux pour les piétons.

Tourangeau chercha à améliorer le port de Québec en participant à la Commission du havre de Québec. En premier lieu, on prévoyait acheter certains quais afin de mieux recevoir les vapeurs transatlantiques. En second lieu, on projetait de construire un quai à l'est de l'entrée de la rivière Saint-Charles, en plus d'aménager un bassin pour le radoub. Tourangeau appuya aussi un projet d'amendement aux lois des banques, afin que ces sociétés puissent aider financièrement la construction navale. L'enjeu économique était essentiellement de répondre aux besoins des marchés de l'Ouest et des pays étrangers.

Le 10 janvier 1870, Tourangeau amorça un deuxième mandat à la mairie de Québec, qui allait se terminer le 2 mai suivant. Peu après son entrée en fonction, un projet de loi présenté à l'Assemblée législative de la province de Québec et qui visait à modifier les règlements du conseil municipal était accepté et mis en vigueur. Tourangeau devait donc briguer de nouveau les suffrages avec ses conseillers, en conformité avec cette nouvelle loi, mais contrairement aux années précédentes il appartenait désormais aux conseillers de choisir le maire. Tourangeau refusa d'abord, au début d'avril 1870, de signer les listes électorales sous prétexte qu'elles n'avaient pas été révisées. Il se présenta ensuite dans le quartier Saint-Roch, fut élu conseiller puis, subrepticement, au moment de la proclamation des élus le 2 mai, il prit possession de l'hôtel de ville avec quelques conseillers en alléguant que l'élection était nulle.

Tourangeau occupa l'hôtel de ville jusqu'au 4 mai.

Le nouveau maire désigné le 2 mai, Pierre Garneau*, fit surveiller l'édifice par des policiers et demanda à Tourangeau de se rendre, mais en vain. Le 4 mai, Garneau fit venir deux compagnies du 69th Foot sous la direction du capitaine Pyke. Surpris de cette manœuvre, Tourangeau continua jusqu'au dénouement du drame à se croire « la seule personne investie par la loi avec tous les pouvoirs et privilèges [...] de maire de la ville et, par conséquent, son premier magistrat jusqu'à l'élection légale d'un successeur ». Après qu'on leur eut coupé les vivres puis qu'une bande de jeunes eurent forcé les portes de l'hôtel de ville, Tourangeau et ses collègues s'avouèrent vaincus. L'événement fut marquant. *L'Opinion publique* illustra même le siège de l'hôtel de ville dans son édition du 26 mai.

Résolu alors à quitter la scène municipale, Adolphe Tourangeau ne perdit pas pour autant son image publique. Il se tourna vers la politique fédérale qu'il avait déjà goûtée. Il s'était en effet présenté en 1863 sous la bannière libérale dans Montmorency contre Joseph-Édouard Cauchon, et encore en 1864, mais il n'avait pas été élu. Ses convictions politiques en avaient été ébranlées, et c'est comme candidat conservateur indépendant qu'il apparut dans Québec-Est à l'élection complémentaire des 14 et 15 juillet 1870. Son adversaire, Pierre-Vincent VALIN, conservateur également, était secondé par Cauchon, François ÉVANTUREL, *le Journal de Québec* et *le Canadien*. Tourangeau, qui avait l'appui de l'organisation d'Hector Fabre* et de *l'Événement*, l'emporta par 175 voix. Aux élections générales de 1872, il fut le seul candidat de la circonscription ; sa victoire fut donc facile. Il siégea à la chambre des Communes de juillet 1870 jusqu'en janvier 1874. Cette année-là, il refusa de se présenter à cause du scandale du Pacifique [V. sir John Alexander MACDONALD ; sir Hugh Allan*]. À l'élection complémentaire de 1877, Tourangeau possédait de nouveau une solide équipe : Hector-Louis Langevin*, Macdonald, Pierre Garneau, Joseph-Adolphe CHAPLEAU. Mais, contre Wilfrid Laurier*, qu'entouraient Joseph Shehyn*, Henri-Gustave Joly*, Charles Langelier* et Honoré MERCIER, Tourangeau dut s'incliner. Sans doute déçu par la politique, il retourna alors à son étude. Il y demeura jusqu'en 1883. Cette année-là, il devint maître de poste, fonction qu'il occupa jusqu'à sa mort survenue le 9 octobre 1894 à Québec.

YVES HÉBERT

AC, Québec, État civil, Catholiques, Saint-Roch, 12 oct. 1894 ; Minutiers, Adolphe Tourangeau, 1856–1893. — ANQ-Q, CE1-1, 28 oct. 1861 ; CE1-22, 15 janv. 1831. — ASQ, Fichier des anciens. — AVQ, Aqueduc, comité de l'aqueduc, procès-verbaux, 1857–1865 ; Police, comité de Police, procès-verbaux, 1859–1866 ; P17. — *Comptes du trésorier de la cité et autres documents de la corporation de Québec pour l'année 1863* (Québec, 1864). — *Le Journal de Québec*, 9 juin 1863. — *L'Opinion publique*, 26 mai 1870. — *Canadian directory of parl.* (Johnson), 575. — *Cyclopædia of Canadian biog.* (Rose et Charlesworth), 2 : 477–478. — C. E. Goad, *Insurance plan of the city of Quebec* [...] (Québec, 1910). — *Quebec directory*, 1861–1890. — L.-M. Côté *et al.*, *les Maires de la vieille capitale*. — J. [E.] Hare *et al.*, *Histoire de la ville de Québec, 1608–1871* (Montréal, 1987). — J.-C. McGee, *Laurier, Lapointe, Saint-Laurent : histoire politique de Québec-Est* (Québec, [1948]). — « Les Maires de la cité de Québec », *BRH*, 38 (1932) : 647–658.

TOUSSAINT, FRANÇOIS-XAVIER (baptisé **François**), professeur, administrateur scolaire et auteur, né le 1er mars 1821 à Saint-Jean, île d'Orléans, Bas-Canada, fils de Pierre Toussaint, maître pilote, et de Justine Fortier ; le 7 août 1845, il épousa au même endroit Marguerite Noël ; décédé le 2 décembre 1895 à Québec.

François-Xavier Toussaint fréquente d'abord l'école de son village natal. Son premier maître, le Français Pierre Descombes, appartient à cette génération d'instituteurs laïques itinérants et non diplômés qui sont employés dans les écoles élémentaires du Bas-Canada au début du XIXe siècle. Toussaint ne s'oriente pas directement vers l'enseignement, cette carrière « désagréable en elle-même, ainsi que l'affirmera *la Minerve* en 1836, et où, pendant des années entières, on essuye la poussière des bancs d'une école ». En 1835, à l'âge de 14 ans, il entreprend des études classiques au petit séminaire de Québec, qu'il quitte toutefois avant la dernière année de philosophie. En 1842, il séjourne à La Nouvelle-Orléans, en Louisiane, dans le but d'étudier le génie civil mais, comme il a contracté la fièvre jaune, il doit rentrer au pays. Sa santé rétablie, il manifeste le désir d'étudier la médecine. Cependant, son père, qui n'aime pas cette profession, l'en dissuade. Indécis au sujet de son avenir, Toussaint consulte l'un de ses anciens professeurs, l'abbé John Holmes*. Celui-ci, qui a participé, à la suite de l'adoption de la loi scolaire de 1836, au projet de fondation d'écoles normales destinées à la formation du corps enseignant du niveau primaire, le convainc d'entrer dans l'enseignement.

Toussaint entreprend sa carrière d'instituteur en 1843 à l'île d'Orléans : il enseigne d'abord cinq ans à Saint-Jean, puis quatre ans à Saint-Laurent. Pendant ce temps, s'amorce son ascension au sein du corps enseignant, en voie d'organisation. En 1845, Toussaint figure parmi les fondateurs d'un comité créé dans le but de former une association des instituteurs du district de Québec. Établie « dans un but d'union, d'instruction mutuelle et de progrès général », cette dernière est reconnue juridiquement le 30 mai 1849 sous le nom d'Association de la bibliothèque des instituteurs du district de Québec [V. Félix-Emmanuel Juneau*]. Le 3 janvier 1851, on nomme Toussaint membre du Bureau d'examinateurs de Québec, créé par la loi scolaire de 1846 afin de vérifier la compétence intellectuelle et pédagogique des candidats à l'enseignement. En 1853, il s'associe au curé Narcisse-Charles Fortier* et aux commissaires d'écoles de Saint-Michel, sur la rive sud du Saint-Laurent, pour établir dans cette paroisse un collège commercial et industriel, qu'il dirigera jusqu'en 1857. Cette fondation s'inscrit dans le cadre d'un mouvement soutenu avec enthousiasme par le surintendant du bureau d'Éducation, Jean-Baptiste Meilleur*, qui vise à orienter les jeunes Canadiens français vers le commerce et l'industrie plutôt que vers les professions libérales, dont l'encombrement est dénoncé par une partie de l'élite. Doté d'un corps professoral entièrement laïque, le collège industriel de Saint-Michel offre aux garçons un ambitieux cours d'études de quatre ans, dont le programme comporte près de 15 matières. L'établissement acquiert rapidement la réputation enviable de pouvoir rivaliser, selon le rapport de l'inspecteur d'écoles de 1856, « avec ce qu'il y a de mieux en ce genre, dans le district de Québec », et son directeur, un « monsieur bien connu par ses connaissances et ses succès dans l'enseignement », est félicité tout particulièrement.

En plus de contribuer à la diffusion de l'enseignement commercial, Toussaint se préoccupe de la formation professionnelle des enseignants laïques. Il organise un cours normal à l'intention des élèves du collège de Saint-Michel et du pensionnat de filles du même endroit. En 1855, le surintendant du bureau d'Éducation, Pierre-Joseph-Olivier Chauveau*, signale cette heureuse initiative dans son rapport annuel et évoque la nécessité de fonder des écoles normales au Bas-Canada. Les efforts de Toussaint seront récompensés en mai 1857, au moment de la fondation, par le gouvernement du Canada-Uni, d'écoles normales à Montréal et à Québec. Titulaire du brevet d'école secondaire – diplôme le plus élevé décerné à l'époque aux instituteurs de l'enseignement primaire –, il obtient cette année-là un poste de professeur à l'école normale Laval de Québec.

Pendant les 37 années qui suivent, la carrière de Toussaint se déroulera sans interruption dans l'enceinte de l'école normale Laval. Responsable de l'enseignement de la pédagogie, des mathématiques, de la géographie et de l'histoire, il s'acquitte d'une lourde tâche. En outre, il participe de façon régulière aux réunions de l'Association des instituteurs de la circonscription de l'école normale Laval, dont il sera élu le huitième président en 1866. Ses interventions portent à la fois sur des questions pédagogiques et sur les nombreux problèmes d'ordre matériel rattachés à l'exercice du métier d'instituteur. Mais c'est le progrès de la pédagogie qui le préoccupe avant tout. « Jamais épouse n'a été aimée plus sincèrement que la pédagogie par M. Toussaint », écrira en 1896 l'abbé Thomas-Grégoire Rouleau, sixième principal de l'école normale Laval. Professeur très habile et chéri de ses élèves, Toussaint se livre aussi avec succès à la publication de manuels qui font vite autorité : *Petit Abrégé de géographie moderne* [...] (1870), *Traité d'arithmétique* (1871) et *Abrégé d'histoire du Canada* [...] (1874). Selon Rouleau, si la forme de ces ouvrages « laisse un peu à désirer [...], la *méthode* est excellente ».

Le couronnement de la carrière de François-Xavier Toussaint a lieu le 19 mai 1893, lorsque l'école normale Laval célèbre avec grand éclat, en présence des élites civiles et religieuses de Québec, ses noces d'or de professorat. Pour ses longues années de service, il reçoit tour à tour la bénédiction de Léon XIII, une bourse de Mgr Louis-Nazaire Bégin*, évêque coadjuteur de Québec et l'un de ses anciens élèves à Saint-Michel, de même que le titre de professeur émérite et honoraire de l'école normale Laval. Cette suite d'hommages ainsi que le caractère distingué de l'auditoire témoignent du rôle de pionnier qu'il a joué dans la promotion de la carrière enseignante et de l'enseignement primaire en général. De son côté, il ne manque pas de rappeler, avec une pointe d'amertume, que « les gens du *bon vieux temps* connurent des causes sans avocats. Parmi celles-ci [...] la cause de l'enseignement [...] Malheureusement, c'était une cause très ingrate, qu'un demi-siècle de plaidoiries n'a pu corriger qu'imparfaitement. » Mais la bataille tire à sa fin pour Toussaint, qui meurt en décembre 1895, à peine un an après avoir pris sa retraite.

RUBY HEAP

AC, Québec, État civil, Catholiques, Saint-Roch, 5 déc. 1897. — ANQ-Q, CE1-13, 1er mars 1821, 7 août 1845 ; E13/51 ; E13/52 ; E30/37 ; E30/39 . — « Avis officiel », *Journal de l'Instruction publique* (Québec et Montréal), 1 (1857) : 9. — Canada, prov. du, Assemblée législative, App. des journaux, 1855–1856 (rapport annuel du surintendant de l'éducation) ; *Statuts*, 1849, chap. 45. — « Cent douzième réunion des instituteurs de la circonscription de l'école normale Laval, tenue le 25 janvier 1896 », *Journal de l'Instruction publique*, 14 (1896) : 258–259. — « Échos des noces d'or », *l'Enseignement primaire* (Québec), 14 (1893) : 311–312. — « Fête grandiose », *l'Enseignement primaire*, 14 : 289–295. — « Nécrologie : feu M. F.-X. Toussaint », *Journal de l'Instruction publique* (Montréal), 14 : 226. — Québec, Parl., *Doc. de la session*, 1894–1896 (rapport annuel du surintendant de l'Instruction publique). — *La Minerve*, 24 nov. 1836. — L.-P. Audet, *Histoire de l'enseignement au Québec* (2 vol., Montréal et Toronto, 1971), 2. — Réal Bertrand, *l'École normale Laval ; un siècle d'histoire (1857–1957)* (Québec, 1957), 44. — P.-J.-O. Chauveau, *l'Instruction publique au Canada : précis historique et statistique* (Québec, 1876). — [L.-]A. Desrosiers, *les Écoles normales primaires de la province de Québec et leurs œuvres complémentaires ; récits des fêtes jubilaires de l'école normale Jacques-Cartier, 1857–1907*

(Montréal, 1909). — *L'École normale Laval, 1857–1970* (Québec, 1970). — Labarrère-Paulé, *les Instituteurs laïques ; les Laïques et la Presse pédagogique au Canada français au XIXe siècle* (Québec, 1963), 128, 132. — Bernard Lefebvre, *l'École sous la mitre* (Montréal, 1980). — J.-B. Meilleur, *Mémorial de l'éducation du Bas-Canada* (2e éd., Québec, 1876). — *Les Noces d'or de l'école normale Laval, 1857–1907* (Québec, 1908), 28. — « Les Disparus », *BRH*, 35 (1929) : 158. — C.-J. Magnan, « Éducateurs d'autrefois : F.-X. Toussaint », *BRH*, 47 (1941) : 304–306. — P.-P. Magnan, « l'École normale Laval de Québec ; quelques notes », *le Soleil*, 7 juill. 1928 : 1, 9, 19. — Roland Toussaint, « F.-X. Toussaint, premier professeur à l'école normale Laval », *Cap-aux-Diamants* (Québec), 2 (1986–1987), no 4 : 49.

TOWNSEND, JOHN, fermier, comédien, directeur de théâtre et professeur, né le 2 avril 1819 à Deptford (Londres), fils unique de John Townsend, commissaire-priseur et administrateur foncier, et d'une prénommée Mary ; le 5 mai 1841, il épousa à Londres Sarah Mitchell, actrice amateure de huit ans son aînée, et ils eurent au moins cinq fils et deux filles, qui reçurent tous une formation de comédien ; décédé le 22 décembre 1892 à Hamilton, Ontario.

John Townsend débuta au théâtre à l'âge de 12 ans en jouant des rôles d'enfant dans la troupe d'Edmund Kean, probablement à Londres. Étant demeuré dans le voisinage, il fit ses débuts officiels de comédien amateur quatre ans plus tard à Woolwich. En 1842, sous le pseudonyme de Tamworth, il avait loué le Theatre Royal de Richmond, où il commençait à se faire un nom en jouant du Shakespeare. En 1852, la mort de son père l'obligea cependant à quitter la scène pour gérer l'entreprise familiale d'enchères à Greenwich. Élu au Parlement en 1857, il déclara faillite quelque temps après, vraisemblablement vers la fin de 1858. On lui accorda 12 mois pour rembourser ses dettes, et il monta de nouveau sur les planches, sous le nom de John Townsend, député. Pour satisfaire ses créanciers, il tint des premiers rôles dans sept salles de spectacle de Londres et aurait été le dernier comédien à jouer Richard III à cheval à l'Astley's Theatre. En février 1859, il démissionna de son siège de député en ayant recours à la manœuvre politique éprouvée des « Chiltern Hundreds » et alla diriger le Theatre Royal de Leicester pour une saison de 32 semaines.

Townsend avait réussi à régler des dettes qu'il n'était pas obligé de payer, mais sa santé avait souffert de toutes ces tensions. On lui conseilla donc d'émigrer et de s'adonner à l'agriculture. Il arriva dans le Haut-Canada en mai 1862 et acheta 50 acres de terre aux abords de Kingston. Moins de 18 mois plus tard, sa femme et sa fille aînée Florence jouaient dans la troupe de théâtre amateur du 47th Foot, toutes deux sous le nom d'emprunt de Grosvenor. Sa santé rétablie, Townsend remonta sur les planches le 26 mai 1864 pour jouer Richard III, de même qu'un rôle dans *The honey moon,* farce écrite par John Tobin, que l'on présentait en fin de soirée. L'événement fut bien accueilli et, comme l'appui de la garnison était assuré, Townsend put renoncer à l'agriculture et fonder à Kingston une troupe de théâtre à demeure. À compter de ce mois-là, la famille joua chaque semaine pendant un an dans un salon de l'hôtel de ville, que Townsend appela « Theatre Royal ». De juin 1865 à septembre 1867, il loua le Her Majesty's Theatre d'Ottawa puis, en 1868, il alla s'établir à Hamilton avec sa famille et donna des représentations dans la salle de l'institut des artisans. Pendant dix ans encore, « The World Renowned Townsend Family Star Dramatic Troupe » parcourut le sud de l'Ontario et fit même des incursions dans le nord des États-Unis. Avec le temps, un programme agrémenté de comédies musicales et de mélodrames vint s'ajouter au répertoire shakespearien.

Townsend s'était fait connaître par sa voix sonore de même que par son jeu vigoureux mais suranné. En 1864, le *Daily British Whig* de Kingston critiqua son interprétation « compassée et laborieuse » de Macbeth, et fit observer qu'il était « un soupçon trop vieux, un rien trop corpulent » pour jouer Roméo. Sans être un grand artiste, Townsend fut néanmoins un acteur de premier plan, et il a mérité une place parmi les pionniers du théâtre canadien pour avoir dirigé l'une des troupes canadiennes – elles étaient une douzaine environ – qui ont osé rivaliser avec les troupes de théâtre américaines, fort nombreuses et mieux organisées.

Alors qu'il jouait en Indiana, en novembre 1877, John Townsend tomba gravement malade et fut contraint de quitter la troupe qu'il avait dirigée pendant 13 ans. Il continua de tenir à l'occasion quelques rôles à Hamilton et devint un professeur d'interprétation et de diction respecté, quoique toujours un peu bohème. C'est lui qui enseigna les rudiments du métier à la jeune Ida Lewis* – son élève la plus célèbre, âgée de moins de 16 ans à l'époque et connue plus tard sous le nom de Julia Arthur – et qui aida à lancer sa carrière. En 1888, l'épouse de Townsend mit tragiquement fin à ses jours dans un asile d'aliénés. Seul son fils Harry poursuivit une carrière d'acteur et, ironiquement, il jouait de nouveau en Indiana quand John Townsend mourut, en 1892, d'un cancer du foie.

DAVID GARDNER

Un calendrier des performances de John Townsend à Kingston du 24 déc. 1863 au 11 mai 1865 et du 23 au 28 sept. 1867, extrait du *Daily News* et du *Daily British Whig,* a été compilé par J. W. Spurr et a été transmis à l'auteur dans sa lettre du 27 oct. 1977. [D. G.]

GRO (Londres), Reg. of marriages in the registration district of St James Westminster ([Londres]), no 473 (5 mai 1841). — *Daily British Whig,* 7 sept., 20 oct., 24 nov. 1864. —

Daily News, 28 déc. 1863, 21, 23, 27 mai 1864, 23 sept. 1867. — *Hamilton Evening Times* (Hamilton, Ontario), 23 déc. 1892. — *Hamilton Herald,* 23, 27 déc. 1892. — *Hamilton Spectator,* 8 avril 1884, 23 déc. 1892. — *DHB.* — *Ottawa directory,* 1866–1867 : xxx, 152. — *Who's who of British members of parliament,* Michael Stenton et Stephen Lees, édit. (4 vol., Brighton, Angl., et Atlantic Highlands, N.J., 1976–1981), 1 : 381. — T. M. Bailey et C. A. Carter, *Hamilton, famous and fascinating ; two centuries of a colourful city* (Hamilton, 1972). — Carolyn Hetherington, « An olio of oddities », *Kingston 300 : a social snapshot, by Kingstonians* (Kingston, 1973), 184–188. — M. M. Brown et Natalie Rewa, « Ottawa calendar of performance in the 1870s », *Theatre Hist. in Canada* (Toronto et Kingston), 4 (1983) : 134–191. — Freda Crisp, « The grassroots days of Hamilton theatre », *Spectator,* 17 oct. 1970 : 23 ; « When Hamilton was host to the prince of players », 24 oct. 1970 : 23. — Jacques [Joseph Tinsley], « Reminiscences of early days in the world of Thespis », *Hamilton Herald,* 8 juin 1901. — C. R. McCullough, « An old-time actor : John Townsend, actor, auctioneer and member of parliament », *Hamilton Spectator,* 5 sept. 1942 : 9 ; 19 sept. 1942 : 20. — Denis Salter, « At home and abroad : the acting career of Julia Arthur (1869–1950) », *Theatre Hist. in Canada,* 5 (1984) : 1–35. — J. W. Spurr, « Theatre in Kingston, 1816–1870 », *Historic Kingston,* n° 22 (1974) : 50–52.

TRAILL, CATHARINE PARR. V. STRICKLAND

TRUDEAU, TOUSSAINT (baptisé **Toussaint-Richard**), ingénieur civil et fonctionnaire, né le 28 septembre 1826 à Montréal, fils de François Trudeau, menuisier, et d'Angélique Lock ; le 24 avril 1855, il épousa à Montréal Corinne Perrault, fille de Louis Perrault*, et ils eurent trois fils et deux filles ; décédé le 27 juin 1893 à Ottawa.

Toussaint Trudeau étudia d'abord à Montréal, puis alla s'installer à New York, où il étudia le génie civil. Il demeura plusieurs années aux États-Unis et revint à Montréal, probablement en 1853. Des raisons personnelles l'incitèrent alors à rester au Canada. Il consacra une partie de son temps à la question d'une liaison ferroviaire entre Montréal et Québec. Son intérêt pour les chemins de fer et surtout ses connaissances en génie le firent remarquer des hommes publics et, en particulier, de George-Étienne Cartier*, député de Verchères. Ainsi, en juillet 1856, Trudeau fut appelé à faire partie de deux commissions d'enquête : la première devait examiner les circonstances de l'écroulement du pont Montmorency, survenu en avril, et la deuxième avait pour mission de scruter les opérations financières et administratives du Quebec Turnpike Trust. Au sein de ces deux organismes, Trudeau collabora étroitement avec le député de Québec, Charles Joseph Alleyn*, qui devint par la suite commissaire en chef des Travaux publics (1857–1858). C'est probablement en partie grâce à cette association que Trudeau entra dans la fonction publique le 13 décembre 1859, en qualité de secrétaire du département des Travaux publics, dont John Rose* était le commissaire en chef.

Durant les 33 années qui suivirent, Trudeau fut au cœur des efforts déployés par le gouvernement pour développer les transports dans la province puis dans le dominion du Canada. En 1860–1861, en plus de ses fonctions régulières, il participa à la commission d'enquête sur la gestion financière du Grand Tronc. En mars 1864, on le nomma commissaire adjoint des Travaux publics et, quatre ans plus tard, quand on mit sur pied le nouveau département des Travaux publics du dominion, Trudeau poursuivit son travail à titre de sous-ministre. John Page et Frederick Braun continuèrent également de collaborer avec lui, le premier en tant qu'ingénieur en chef et le deuxième, comme secrétaire. Administrateur loyal et compétent, Trudeau ne fut jamais éclaboussé par les scandales souvent liés aux travaux publics et à la construction des chemins de fer au cours de la deuxième moitié du XIXe siècle [V. Thomas MCGREEVY]. Il sut toujours éviter les écueils de la politique des travaux publics et demeura particulièrement discret sous les ordres de deux ministres de premier plan : le conservateur Hector-Louis Langevin* et le libéral Alexander MACKENZIE.

L'évolution rapide du transport ferroviaire dans les années 1870 et la décision de construire une ligne reliant la Colombie-Britannique au reste du pays menèrent à la création du département des Chemins de fer et des Canaux en septembre 1879, sous la direction de sir Charles Tupper*. On confia à Trudeau le poste de sous-ministre de ce nouveau département, chargé de construire, entretenir et exploiter l'Intercolonial et le chemin de fer de l'Île-du-Prince-Édouard, qui faisaient partie du futur transcontinental, et d'administrer l'aide fédérale accordée aux compagnies ferroviaires. À cela s'ajoutait la responsabilité du réseau canadien de canaux et notamment le contrôle de son fonctionnement, de son entretien et de son développement.

Du début de son affectation aux chemins de fer et aux canaux jusqu'au moment où il prit sa retraite le 1er décembre 1892, Toussaint Trudeau guida prudemment le département dans une période marquée par l'expansion importante des chemins de fer ainsi que par la revitalisation des canaux. Il devint secrétaire du Comité du Conseil privé sur les chemins de fer, puis ingénieur en chef des canaux en novembre 1890, après la mort de John Page. Certes, en sa qualité d'ingénieur civil, Trudeau ne fut jamais associé à un projet ou à une réalisation de grande envergure, mais il fut un administrateur public digne de confiance et bien informé, dont l'intégrité et le dévouement ne furent jamais mis en doute durant toute sa longue carrière. Il mourut à Ottawa le 27 juin 1893.

GLENN T. WRIGHT

Toussaint Trudeau n'a laissé aucun papier personnel et n'a jamais relaté son expérience par écrit. Il semble avoir été quelqu'un de très réservé. Le seul compte rendu biographique, publié anuellement dans *CPC*, fournit un minimum de détails. Trudeau et sa carrière sont décrits dans l'article de F.-J. Audet, « Toussaint Trudeau, 1826–1893 », *BRH*, 47 (1941) : 182–186, qui s'appuie sur l'information fournie par la famille. On trouve des renseignements sur la carrière et la vie familiale de Trudeau aux AN : coll. Gravelle (MG 25, G271, 17) ; papiers Macdonald (MG 26, A) ; papiers Audet (MG 30, D1, 29) ; et dans les registres du Conseil exécutif (RG 1, E7 et E8) ; du Bureau du secrétaire de la province du Bas-Canada (RG 4, C1) ; du bureau des Travaux publics et du département des Travaux publics (RG 11, A et B) ; du ministère des Transports (RG 12) ; et du département des Chemins de fer et Canaux (RG 43).

ANQ-M, CE1-51, 29 sept. 1826. — *Montreal Daily Witness*. — *Montreal Transcript*. — *Ottawa Citizen*. — *Mariages Perreault, 1647–1900, de la province de Québec, Canada*, Robert Perreault, compil. (Danville, Québec, 1976). — *Political appointments, 1841–65* (J.-O. Coté ; 1866). — D. [R.] Owram, *Building for Canadians : a history of the Department of Public Works, 1840–1960* ([Ottawa], 1979), 87, 93–94, 107, 119–120, 123, 129, 131–132, 134, 136, 140. — Gérard Lebel, « Étienne Trudeau », *Nos ancêtres* (Sainte-Anne-de-Beaupré, Québec), 1 (1980) : 123–127.

TUCKETT, GEORGE ELIAS, homme d'affaires et homme politique, né le 4 décembre 1835 à Exeter, Angleterre, fils cadet d'Elias Tuckett et d'une prénommée Mary ; vers 1858, il épousa Elizabeth Leak, et ils eurent quatre enfants ; décédé le 19 février 1900 à Hamilton, Ontario.

Elias et Mary Tuckett immigrèrent en 1842 avec leur fille et deux de leurs fils à Hamilton, dans le Haut-Canada, où Elias trouva du travail comme fabricant de chandelles. George Elias Tuckett regretta plus tard de ne pas avoir fait de longues études ; cependant, pour quelqu'un de son milieu, il était doté d'une solide instruction puisqu'il avait fréquenté un certain temps une école secondaire privée. On ne sait pas très bien dans quel domaine Tuckett commença à travailler ; il se peut qu'il ait été apprenti cordonnier. En 1852, à l'âge de 17 ans, il ouvrit un magasin de souliers à Hamilton, mais il fit bientôt faillite. Pendant les années 1850 et au début des années 1860, avec des marchands de tabac de Hamilton, il se lança dans trois entreprises de fabrication de produits du tabac. Ses associés fournissaient probablement le capital et s'occupaient de la mise en marché, tandis que Tuckett veillait à la fabrication ou supervisait les employés affectés à cette tâche.

Tuckett s'associa d'abord à David Rose pendant une courte période, juste après la faillite de son magasin de souliers. Il éprouva alors des problèmes de santé et partit travailler sur un bateau des Grands Lacs durant plusieurs années. Il revint par la suite à Hamilton et s'associa à Amos Hill. En 1857, il tenta sa chance seul une fois de plus et embaucha trois ou quatre hommes pour faire des cigares. Il ouvrit un magasin de vente au détail à London ; sa femme (il se maria probablement l'année suivante) vendait aussi au marché et à des foires de Hamilton.

Tuckett abandonna la fabrication de cigares en 1862 et s'associa à Alfred Campbell Quimby, marchand de tabac de Hamilton, pour faire du tabac en barre. La guerre de Sécession perturba les exportations de tabac au Canada, ce qui protégea la nouvelle industrie. On dit que Quimby et Tuckett traversèrent les lignes des confédérés pour acheter du tabac de Virginie qui, une fois vendu à des Canadiens, pouvait être expédié vers les États du Nord. La tension qui accompagnait des transactions de ce genre affecta la santé de Tuckett et l'entreprise fut dissoute au début de 1864.

L'année suivante, Tuckett et John Billings acquirent les titres de Nathan B. Gatchell dans la Hamilton Glass Works et prirent trois associés. Les difficultés de mise en marché des articles de verrerie désillusionnèrent rapidement Tuckett et, après un an seulement, il décida de retourner à la fabrication de tabac en barre, mais cette fois avec Billings. Leur entreprise prospéra. En 1868, ils employaient 70 ouvriers, soit plus que chacun des deux autres fabricants de tabac à Hamilton. Trois ans plus tard, ils doublaient la capacité de production de l'usine. En 1875, le représentant de la R. G. Dun and Company jugeait que les deux associés étaient solvables. Leur actif, y compris la manufacture qui leur avait coûté 6 000 $ en 1866, était évalué à un montant se situant entre 60 000 $ et 75 000 $. Tuckett possédait aussi des biens immobiliers d'une valeur de 40 000 $ à 50 000 $, dont une résidence de 16 000 $.

L'association dura jusqu'à la retraite de Billings en 1880. Le fils aîné de Tuckett, George Thomas, et son neveu, John Elias Tuckett, qui s'était occupé un certain temps de la succursale de Danville, en Virginie, s'associèrent alors pour fonder la George E. Tuckett and Son. Vers la fin des années 1880, George Elias Tuckett réduisit ses activités dans l'entreprise et, au moment où on la constitua juridiquement, en 1892, c'est son fils qui en assuma l'entière responsabilité.

La construction d'une usine modèle en 1891 avait donné lieu peu après à une réorganisation. La comparaison de cette installation avec l'autre construite 20 ans auparavant révèle l'attention que Tuckett accordait aux détails susceptibles d'avoir une incidence sur l'exploitation et son souci de l'efficacité. Dans ce nouveau bâtiment, un monte-charge acheminait jusqu'au troisième étage le tabac brut qui redescendait ensuite en passant à chaque étage par diverses étapes de traitement, pour atteindre finalement la salle d'expédition ; dans l'ancienne usine, le tabac passait indistinctement d'un étage à l'autre. Avec ce principe de procédé en continu, il ne fallut que de légères modifications quand la fabrication de cigarettes débuta en 1896. Tuckett rationalisa les activités de son usine, installa des issues de secours en cas d'incendie, aménagea des cantines ainsi que des toilettes séparées pour les femmes et les hommes.

Tuckett eut recours, avec un certain succès, à des mesures paternalistes pour promouvoir la loyauté des quelque 400 travailleurs qui étaient à son service dans les années 1880. En instaurant volontairement en 1882 la journée de neuf heures, ainsi qu'un programme de primes et de partage des bénéfices, il gagna la faveur de ses employés et se fit une excellente réputation. En même temps, des conditions d'emploi différentes segmentèrent la main-d'œuvre, ce qui lui assurait un meilleur contrôle de la progression du travail. Ces conditions étaient déterminées en fonction des diverses étapes de la production. Tuckett était d'avis que la rémunération à la pièce pour les travailleurs les plus expérimentés, les rouleurs et les employés affectés à la fabrication de tabac en barre, contribuait davantage à soutenir et à améliorer la production. S'ils voulaient toucher un salaire semblable ou supérieur à celui des autres travailleurs dans l'ensemble de l'usine, ils devaient accélérer leur rendement. Avec ce système de rémunération, c'est eux qui marquaient le rythme de production des travailleurs payés à la journée.

Les employés qui fabriquaient des barres ne pouvaient faire fonctionner les presses sans feuilles de tabac préparées. Les rouleurs, qui apprêtaient la feuille pour le séchage et le pressage, embauchaient et payaient des enfants qui détachaient la feuille de la tige pour eux. La surveillance de ces travailleurs inexpérimentés et parfois indisciplinés était ainsi décentralisée. Les parents négociaient avec les rouleurs l'engagement de leurs enfants, qu'ils faisaient passer pour des adolescents âgés de 14 à 16 ans, et ils se portaient garants de la bonne conduite de leurs rejetons. À Noël, des primes récompensaient le bon rendement pendant l'année. Chaque travailleur rémunéré à la pièce recevait un présent ou une dinde ainsi qu'un montant d'argent si l'on jugeait qu'il le méritait. Les employés payés à la journée avaient droit à une prime en argent proportionnelle au bénéfice de l'entreprise. Les enfants avaient 0,25 $ et une chance de gagner des prix de 20 $, 10 $ et 5 $. Tout un rituel entourait la remise des primes de Noël. Tuckett passait l'année en revue, expliquait les raisons des congédiements qui avaient pu survenir et faisait la lecture des règlements de l'usine. Il profitait aussi de l'occasion pour récompenser les employés qui comptaient 21 ans de service en leur faisant cadeau d'un terrain et d'un montant de 225 $ (payable après la construction d'une maison).

Tuckett se préoccupait également de la mise en marché de son produit : il mit soigneusement au point et annonça des noms de marques afin de créer des habitudes d'achat chez les consommateurs. Au début des années 1870, Tuckett et Billings fabriquaient une douzaine de sortes de tabac en barre, chacune d'une qualité différente et vendue dans des boîtes d'étain sous la marque de fabrique T & B. La plus populaire était le Myrtle Navy Tobacco. On ajouta à la gamme de produits les cigares Marguerite en 1891 et les cigarettes T & B en 1896.

La publicité que lui valurent son succès et son mode de gestion de la main-d'œuvre fit de Tuckett un candidat intéressant pour un poste public. Son inexpérience en politique lui valut cependant de connaître une carrière instable dans ce domaine. Il se considérait comme un radical en matière de réformes sociales et jugeait qu'un artisan qui avait réussi, comme lui, pouvait se permettre un cheminement politique indépendant. D'abord réformiste, il se laissa gagner à la cause du parti conservateur par la Politique nationale. En 1895, en prévision des élections fédérales, les conservateurs locaux persuadèrent Tuckett de se présenter à l'un des sièges de Hamilton. Craignant l'attrait qu'il pouvait exercer auprès de l'électorat, les libéraux proposèrent d'appuyer sa candidature à la mairie en 1896 – il avait été échevin en 1863, 1864 et 1884 – s'il renonçait à participer aux élections fédérales ; il accepta cette offre.

Sur la scène municipale, Tuckett fit campagne avec un programme dont les thèmes principaux étaient une bonne administration et le maintien de taxes peu élevées. Il fut cependant la cible du mouvement de réforme morale qui avait cours à Hamilton : il était fabricant de tabac ; on l'accusait de fréquenter les saloons ; à titre de directeur du Hamilton Jockey Club, il encourageait le jeu ; en qualité d'actionnaire du Hamilton Street Railway et bénéficiaire d'exemptions de taxes, notamment sur l'eau, pour son usine, il contribuait aux dépenses municipales qu'il disait trop élevées. Cette dernière accusation était la plus sérieuse : son exemption de 85 000 $ sur une évaluation de 129 000 $ privait la ville de 1 700 $ de revenus annuels. Tuckett remporta néanmoins l'élection avec une majorité écrasante. Toutefois, il s'était mis à dos le parti conservateur. Ne pouvant plus compter sur l'appui des libéraux, ses chances d'être réélu maire en 1897 s'effondrèrent, et il subit une cuisante défaite.

Lorsqu'il mourut en 1900, George Elias Tuckett était très riche et très en vue. Il avait été un anglican généreux pour sa congrégation, un franc-maçon, et le président de la St George's Society en 1898. En plus de nombreux biens immobiliers, il avait accumulé des biens personnels d'une valeur de 708 705 $, dont près de 375 000 $ en actions bancaires ou autres. Au cours de sa carrière, il avait été membre des conseils d'administration de la Bank of British North America, de la Traders Bank of Canada et de la Hamilton and Barton Incline Railway Company ; il avait aussi été président de la Hamilton Steamboat Company. En outre, il avait fait des placements dans le Hamilton

Street Railway et la Hamilton Steel and Iron Company. Malgré ses brèves études, il sut adapter efficacement l'organisation de l'usine à la production en série et innover en matière de relations de travail. C'est à ces qualités qu'on peut attribuer son succès.

DAVID G. BURLEY

Baker Library, R. G. Dun & Co. credit ledger, Canada, 25 : 286 (mfm aux AN). — HPL, Clipping file, Hamilton biog., G. E. Tuckett ; Picture coll., Hamilton portraits, G. E. Tuckett ; Scrapbooks, H. F. Gardiner ; A. W. Roy ; Victorian Hamilton. — Canada, Commission royale sur le capital et le travail, *Rapport, Ontario*. — *Hamilton Spectator*, 1871–1900. — *Palladium of Labor* (Hamilton, Ontario), 27 sept., 15, 19 nov., 6 déc. 1884. — *Times* (Hamilton), 21 févr. 1900. — *DHB*. — *Hamilton directory*, 1856–1873 ; 1888, 1898–1899. — B. D. Palmer, *A culture in conflict : skilled workers and industrial capitalism in Hamilton, Ontario, 1860–1914* (Montréal, 1979), 29, 189, 259. — J. C. Weaver, *Hamilton : an illustrated history* (Toronto, 1982), 92, 111. — P. R. Austin, « Two mayors of early Hamilton », *Wentworth Bygones* (Hamilton), 3 (1962) : 1–9.

TURNBULL, WILLIAM WALLACE, homme d'affaires et philanthrope, né le 23 mai 1828 à Bear River, Nouvelle-Écosse ; le 13 juin 1854, il épousa à Maugerville, Nouveau-Brunswick, Julia Caroline Hatheway, sœur de George Luther Hatheway*, et ils eurent deux fils et trois filles ; décédé le 26 juin 1899 à Saint-Jean, Nouveau-Brunswick.

William Wallace Turnbull était le deuxième fils de William Baxter Turnbull, dont les grands-parents avaient émigré d'Édimbourg, et de Relief Ann Tucker, descendante de loyalistes. En 1846, il s'établit à Saint-Jean, où W. D. W. Hubbard, commissaire-priseur, lui offrit un emploi de commis. Moins de deux ans après, il devint teneur de livres pour la firme G. and J. Salter.

En 1851, Turnbull lança sa propre affaire d'épicerie et d'alimentation en gros ; quelques années plus tard, il entreprit l'exploitation commerciale de navires et le transport de marchandises. Décrit dans une notice nécrologique comme « le marchand le plus prospère » de Saint-Jean, il avait fondé la Turnbull and Company avec seulement 200 $ en poche ; en outre, probablement à cause d'« un bon nombre de mauvaises créances et d'entreprises hasardeuses » au début de sa carrière, il s'écoula de nombreuses années avant qu'il ne s'attire les éloges du milieu des affaires. Après le grand incendie de 1877, qui détruisit ses installations du quai South Market, Turnbull établit son entreprise rue Ward et s'associa à Joseph Flewelling Merritt. Six ans plus tard, Gabriel Wetmore Merritt se joignit à eux. Turnbull s'occupait activement du Board of Trade de Saint-Jean, dont il fut membre du conseil d'administration de 1867 à 1872 et de 1886 à 1887.

À titre d'homme d'affaires dans une ville des Maritimes en pleine période de fluctuation économique, Turnbull était bien au fait des changements que la Confédération entraînait. Il s'opposait fortement à la Politique nationale [V. Sir Samuel Leonard TILLEY] et affirmait qu'elle arrachait d'« importantes sommes en taxes des poches des gens, sans [...] leur [donner...] aucun avantage compensatoire ». Il était en faveur du libre-échange, car il considérait cette pratique comme « parfaitement saine en principe » et capable d'agir pour « le plus grand bien du plus grand nombre » de ses concitoyens. Même s'il ne prit pas une part active à la vie politique, Turnbull était libéral, ce qui n'a peut-être rien de surprenant.

James Davies LEWIN, collègue de Turnbull à la direction de la Bank of New Brunswick, ferait remarquer après le décès de ce dernier qu'il avait toujours été « prêt à adopter de nouvelles méthodes et à entreprendre de nouvelles activités commerciales ». Comme beaucoup de ses contemporains qui étaient à la recherche d'investissements rentables, Turnbull fut attiré par les chemins de fer. Membre du groupe qui fit construire le New Brunswick Railway, de Gibson (Fredericton) à Edmundston, il se départit de ses intérêts dans cette entreprise en 1880. Turnbull investit aussi dans l'immobilier à Saint-Jean. En 1892, il fonda la première entreprise immobilière de la ville constituée juridiquement, la Turnbull Real Estate Company, qui était le plus important propriétaire immobilier au moment de sa mort. Vers 1896, il avait vendu ses intérêts dans la Turnbull and Company aux Merritt, qui réorganisèrent l'entreprise sous le nom de Merritt Brothers and Company. Les dernières décisions que prit Turnbull dans le cours de ses affaires témoignent donc du déclin que connurent les marchands en gros de Saint-Jean après la Confédération.

Malgré que Turnbull se soit consacré presque entièrement aux affaires, il joua aussi un rôle actif dans plusieurs associations de bénévoles. Pendant sa jeunesse, il fut membre des Fils de la tempérance, et il occupa un certain nombre de fonctions dans la division néo-brunswickoise de cet organisme ; il s'abstint d'ailleurs de toute boisson alcoolique durant sa vie. En 1884, il fut élu président du Saint John Protestant Orphans' Asylum, poste qu'il occupa jusqu'à deux ans avant son décès.

Vers la fin de sa vie, Turnbull pensa sérieusement à la possibilité d'établir à Saint-Jean une maison pour les malades incurables, qui, à cette époque, pouvaient seulement trouver refuge dans les hospices des pauvres. L'année avant sa mort, il visita un certain nombre d'établissements de ce genre aux États-Unis. Faisant valoir que Saint-Jean n'attirait plus beaucoup de marins, il offrit de doter un foyer pour les incurables de 100 000 $, à la condition que le gouvernement fédéral fasse le don du Marine Hospital à cette fin. Après avoir considéré son offre, Ottawa accepta, peut-être parce qu'on savait que Turnbull avait ajouté un codicille dans son testament selon lequel ses exécuteurs devaient fournir les fonds pour l'établissement. C'est en 1899, après le décès de Turnbull, que fut fondé le Home for Incurables ou, comme on l'appelait, le Turnbull Home. « Personne ne doit être disqualifié comme bénéficiaire pour cause de race, de sexe, d'âge, de croyance ou de couleur », avait spécifié Turnbull. On devait accorder la préférence aux déshérités de Saint-Jean, mais on pouvait aussi accueillir les malades qui avaient les moyens de payer les services offerts. Cette « magnifique bienveillance » fut l'exemple le plus éloquent de la générosité de Turnbull envers sa ville adoptive. Ses œuvres philanthropiques firent de lui l'un des citoyens exceptionnels de Saint-Jean.

Même s'il avait été élevé dans la religion presbytérienne, Turnbull assistait aux offices anglicans avec sa famille ; il ne se considérait toutefois pas comme « membre de cette Église ou d'une autre », car « son esprit [était] indécis quant à ce qui [était] vraiment la doctrine de foi et de pratique orthodoxe ». Le jour de ses obsèques, les épiciers grossistes des quais North et South Market, ainsi que ceux de la rue Ward, fermèrent leur commerce pour assister au service anglican célébré à l'église St John (Stone) pour ce « fils de ses œuvres ».

William Wallace Turnbull laissa dans le deuil sa femme et ses cinq enfants, dont Wallace Rupert Turnbull*, qui, à partir de son laboratoire de Rothesay, au Nouveau-Brunswick, serait à l'avant-garde de la recherche en aéronautique au Canada. Au moment de son décès, Turnbull était probablement l'homme d'affaires le plus riche de Saint-Jean, avec une fortune évaluée à 750 000 $. En plus de son legs à l'établissement pour les incurables et d'un don de 10 000 $ à l'église St John, il laissa des montants substantiels à ses enfants. Il donna des instructions pour que l'argent destiné à ses filles soit « au seul usage de chacune d'elles et non soumis à l'administration de leur mari ».

ELIZABETH W. MCGAHAN

APNB, RG 7, RS71, 1899, W. W. Turnbull. — Musée du N.-B., Turnbull family, CB DOC. — *Daily Telegraph* (Saint-Jean, N.-B.), 1er, 27 juin 1899. — *St. John Daily Sun*, 27, 29 juin 1899. — *Saint John Globe*, 3 mai, 27, 29 juin 1899. — *Cyclopædia of Canadian biog.* (Rose et Charlesworth), 2. — E. W. McGahan, « The port in the city : Saint John, N.B. (1867–1911) and the process of integration » (thèse de PH.D., Univ. of N.B., Fredericton, 1979), 122, 763, 765. — Harold McCullagh, *A century of caring : the story of the New Brunswick Protestant Orphans' Home* (St Stephen[-Milltown], N.-B., 1986), 147.

V

VALIN, PIERRE-VINCENT (il signait **Pierre-Vincent** ou **Pierre,** et on le connaissait sous ces deux prénoms), constructeur et propriétaire de navires, homme politique et fonctionnaire, né le 1er juin 1827 à Château-Richer, Bas-Canada, fils de Toussaint Valin et de Marie Tremblay ; le 17 avril 1855, il épousa dans la paroisse Saint-Étienne de Beaumont Marie-Angélique Talbot, dit Gervais (décédée le 8 octobre 1883), puis le 10 juin 1885, à Québec, Marie-Virginie-Célina Bardy, fille de feu Pierre-Martial Bardy*, et de ces deux mariages ne naquit aucun enfant ; décédé le 2 octobre 1897 à ce dernier endroit.

Après avoir tenté sa chance dans divers métiers, Pierre-Vincent Valin se lança en 1846 dans la construction navale. À Québec, la construction de navires en bois était alors une industrie en pleine expansion, et il en devint vite l'une des figures marquantes. Il construisit ses trois premiers bâtiments avec un associé du nom de George Holmes Parke, propriétaire de navires et agent de transport maritime, sur le chantier de celui-ci, au bord de la rivière Saint-Charles. Puis, dès 1848, il mit sur pied sa propre entreprise ; ce début précoce laissait déjà présager l'énergie et la compétence dont il allait faire montre toute sa vie. À la fin de sa carrière dans la construction navale, en 1880, la jauge totale des navires qu'il aurait construits dépasserait les 69 000 tonneaux ; seul Thomas Hamilton Oliver afficherait une production supérieure, soit 88 000 tonneaux.

De 1848 à 1859, Valin construisit ou fit construire des bateaux sur au moins trois emplacements en bordure de la rivière Saint-Charles : à la Pointe-aux-Lièvres, sur un terrain qu'il loua puis acheta du gouvernement quand, en 1854, la pointe fut mise aux enchères ; sur la rive sud, immédiatement à l'ouest du pont Dorchester, sur un chantier naval dont John Jeffery et son fils avaient été locataires dans les années 1830 et 1840 et que lui-même loua de la succession du voilier James Hunt* ; enfin sur la rive nord, sur des terrains qui appartenaient aux religieuses de l'Hôpital Général, qu'il loua par périodes de dix ans et sur lesquels son père fit aussi de la construction dans les années 1850 et 1860. De plus, entre 1854 et 1858, il construisit quatre navires sur un quatrième chantier, au bord de la rivière Saguenay.

En 1853, son entreprise avait pris trop d'ampleur pour qu'il s'en occupe seul et, le 19 novembre, Valin fonda la Pierre Valin et Compagnie avec l'épicier Louis-Eugène Blais et le maître charpentier de navires Louis de Gonzague Vallerand. Celui-ci allait diriger le chantier, Valin tenir les livres, et Blais payer les comptes. Ces deux derniers firent chacun un investissement initial de £400 à £500, et chacun des trois associés touchait 3s 6d par jour. On avait formé la compagnie au moment où la construction navale connaissait un essor remarquable à cause de la guerre de Crimée mais, la saison suivante, il y eut une débâcle financière, et le prix des navires chuta. Assaillis de graves problèmes financiers, comme bien d'autres constructeurs de navires, les trois hommes mirent fin à leur association le 11 décembre 1854. Cependant, avant la fin de l'année, ils en reformèrent une autre qui connut les mêmes difficultés. Néanmoins, Valin ne se laissa pas abattre : il continua de construire, même si en 1857 il céda à son père l'un de ses baux sur un chantier naval. Dans les années 1850, c'est Henry Atkinson, marchand et agent de transport maritime, qui finança une bonne partie de ses travaux et vendit plusieurs de ses navires à titre de représentant de Valin à Québec.

L'entreprise de Valin connut deux changements importants en 1860. Premièrement, le 11 mai, il fonda avec Léandre Dugal, marchand et constructeur de navires, une société qui allait durer neuf ans. Dugal, détenteur d'un septième des actions, dirigeait leur chantier de la Pointe-aux-Lièvres tandis que Valin s'occupait de la partie commerciale de l'entreprise. Apparemment, cette répartition du travail donnait de bons résultats ; d'ailleurs, Dugal pouvait aider Valin quand celui-ci en avait trop lourd sur les épaules. Deuxièmement, et surtout, ce fut presque exclusivement James Gibb Ross* qui, dès lors, finança les travaux à la Pointe-aux-Lièvres ainsi que sur les autres chantiers que Valin exploitait seul. En général, au moment où les bateaux étaient prêts à prendre la mer, Ross les mettait en vente, mais il ne concluait aucune transaction avant de pouvoir obtenir un bon prix. En attendant, il administrait les navires invendus. Certains allaient lui être transférés à titre de garantie sur des dettes, mais d'autres demeuraient totalement ou en partie la propriété de Valin.

Le droit imposé par la France sur les navires importés du Canada passa en 1862 à 5 francs le tonneau. Cette baisse ouvrit le marché français aux constructeurs de navires de Québec, qui jusque-là avaient dû compter presque uniquement sur des clients britanniques. Valin fut l'un des constructeurs qui surent tirer parti de cette nouvelle situation : entre 1862 et 1871, il vendit huit bâtiments à des gens du Havre ou de Marseille. Lorsqu'on le nomma commissaire délégué au Canada de l'Exposition maritime du Havre, en 1867, le marché français semblait toujours offrir de bons débouchés, mais une forte hausse des droits, en 1881, le ferma de nouveau. Les constructeurs de Québec furent d'autant plus déçus que les navires à coque métallique avaient gagné la faveur de bon nombre de leurs anciens clients, si bien que la demande de navires en bois était en chute libre.

Tout au long des années 1870, Valin exploita uniquement le chantier voisin du pont Dorchester. À cette époque il comprit qu'il pourrait faire œuvre très utile en politique. Élu conseiller municipal du quartier Saint-Roch en 1871, il devint député conservateur de Québec-Est à l'Assemblée législative à l'élection partielle qui se tint les 16 et 17 avril 1874. Cependant, aux élections générales de l'année suivante, il fut évincé par Joseph Shehyn*. Déjà, en 1870, il avait tenté de se faire élire à la chambre des Communes et avait subi la défaite devant Adolphe TOURANGEAU. Il tenta de nouveau sa chance en 1878. Élu député de Montmorency, il fut privé de son siège en janvier 1880 par suite d'une requête ; réélu en décembre de la même année, il représenta cette circonscription jusqu'en 1887. C'est durant cette période qu'il contracta son deuxième mariage et, au retour de son voyage de noces, tous les députés des Communes l'accueillirent spontanément par des applaudissements chaleureux. En 1887 et 1891, il brigua les suffrages sans succès. Entre-temps, en 1879, il était entré à la Commission du havre de Québec. Ses dix années de présidence coïncidèrent avec une période déterminante dans le développement du port, celle de la construction du dock Lorne et du bassin Louise.

Tant comme membre élu que nommé, Valin supervisa différents programmes de travaux publics qui eurent des retombées positives pour ses mandataires. En même temps, il demeurait un gros employeur du secteur privé. En 1871, il décrocha le marché de construction de jetées et de brise-lames sur le Saint-Maurice, et en 1875, avec deux associés, le contrat de réparation du quai de la station de quarantaine de Grosse-Île. Il construisait moins de navires qu'auparavant, mais en 1878 il employait encore 350 hommes à son chantier naval durant tout l'hiver et leur versait des salaires supérieurs à la normale. En plus, il fournit du bois de chauffage à 600 familles pauvres. La même année, on accepta la soumission qu'il avait présentée avec deux associés pour la construction du bassin Louise, mais on annula le contrat par la suite. Toujours propriétaire de navires, il faisait du commerce dans l'Atlantique et le Pacifique. Ses échanges avec les Antilles étaient particulièrement rentables : par exemple, une cargaison de sucre vendue à Londres en 1879 lui rapporta 35 000 $. L'année suivante, il partit pour la France dans l'espoir de conclure des contrats de construction navale, en laissant derrière lui le *Parisian*, bâtiment de 1 384 tonneaux en cours de construction, sans savoir que c'était là son dernier navire. En 1888, il alla superviser, aux Bermudes, le renflouage d'un de ses bâtiments. C'était un voyageur invétéré : on dit qu'il traversa l'Atlantique 60 fois.

Bien que d'origine modeste (son père était illettré), Pierre-Vincent Valin était indubitablement un esprit remarquable. Le fait qu'en 1858 son bien le plus précieux – et de loin – était son piano, d'une valeur de £11, en dit long sur lui.

EILEEN REID MARCIL

AC, Québec, État civil, Catholiques, Saint-Roch, 5 oct. 1897 ; Minutiers, Jacques Auger, 29 avril 1863. — AN, RG 42, E1. — ANQ-Q, CE1-4, 17 avril 1855 ; CE1-103, 10 juin 1885 ; CN1-49, 12 oct. 1853 ; CN1-51, 11 mai 1860, 9 mai 1865 ; CN1-117, 11 déc. 1854 ; CN1-128 ; CN1-232, 11 avril, 2, 14, 25 nov. 1854. — *Le Courrier du Canada,* 18 mai 1878, 13, 17 mars 1880, 20 janv. 1888. — *L'Événement,* 22 juin 1871, 21 juill., 7 nov. 1879. — *Morning Chronicle* (Québec), 30 déc. 1853, 29 janv. 1868. — *Canadian directory of parl.* (Johnson). — *Cyclopædia of Canadian biog.* (Rose et Charlesworth). — J. Desjardins, *Guide parl.,* 199, 288. — *Political appointments and judicial bench* (N.-O. Coté). — *RPQ.* — Chouinard *et al., la Ville de Québec,* 4 : 242. — Eileen Reid Marcil, « Shipbuilding at Quebec, 1763–1893 : the squarerigger trade » (thèse de PH.D., univ. Laval, 1987). — « Pierre-Vincent Valin », *BRH,* 45 (1939) : 29.

VENEY, ANDERSON, barbier et steward, reconnu coupable de meurtre, né vers 1845 au Kentucky ; décédé le 17 mars 1894 au pénitencier fédéral de Kingston, Ontario.

Esclave dès sa naissance au Kentucky, Anderson Veney avait cinq ans au moment où sa famille, que dirigeait son beau-père, Levi Veney, se réfugia au Canada. Ils s'établirent à Amherstburg, dans le Haut-Canada, parmi de nombreux autres esclaves qui s'étaient enfuis. Plus tard, Veney exerça le métier de barbier, se maria et eut deux enfants. Comme sa situation matérielle ne s'améliorait pas, il devint steward à bord d'un cargo qui naviguait sur les Grands Lacs. Sa femme mourut vers 1885, et il emménagea plus tard avec une autre, qui prit le nom de Mattie Veney.

Au cours de l'été de 1892, Veney tomba malade à Cleveland, en Ohio, et commença à se plaindre de violents maux de tête. Un compagnon de travail remarqua qu'il oubliait fréquemment ses tâches et qu'il souffrait d'insomnie et de mélancolie. Il se mit à croire que sa femme ne lui était pas fidèle, ce qui ne fut pas prouvé par la suite. À son retour à Amherstburg, en septembre 1892, beaucoup de gens remarquèrent qu'il était devenu morose et d'humeur imprévisible. Dans l'après-midi du dimanche 11 septembre 1892, sans raison apparente, Veney attaqua sa femme soudainement et la tua. Il était en train d'attenter à sa propre vie quand on l'arrêta.

Incapable d'assumer les frais de sa défense, Veney fut néanmoins représenté par un avocat de race noire d'Amherstburg, Delos Rogest Davis*, et par Mahlon K. Cowan de Windsor. Au procès, en avril 1893, devant le juge William Purvis Rochfort Street, on ne mit pas en doute l'homicide, mais plutôt la santé mentale de Veney. La défense fit défiler de nombreux témoins pour décrire le comportement étrange de l'accusé depuis quelque temps. Même son geôlier fut appelé à la barre pour déclarer qu'au cours des derniers mois il était demeuré assis dans sa cellule, apathique, en proie à une sorte de stupeur. Afin d'appuyer le plaidoyer d'aliénation mentale sur des arguments de nature médicale, on fit témoigner James Samson, médecin de Windsor. Il déclara que Veney souffrait d'une congestion cérébrale, probablement à l'origine de ses troubles mentaux. Cependant, lorsqu'il fut contre-interrogé, Samson dut admettre qu'il était presque impossible de préciser la nature exacte de la maladie de Veney.

La couronne répliqua en faisant témoigner le docteur Richard Maurice Bucke*, surintendant de l'asile d'aliénés de London. Il déclara que Veney souffrait de simple mélancolie, à laquelle un homicide violent ne pouvait être attribué. En outre, son odeur n'était pas, selon lui, celle d'une personne atteinte de mélancolie aiguë, qui donne généralement « une odeur morbide à la peau et à l'haleine ». Bucke fit aussi remarquer que Veney avait une température normale alors que dans les cas de mélancolie grave elle augmentait habituellement un peu. Lorsque la défense lui demanda si la congestion cérébrale pouvait être une cause directe d'aliénation, Bucke répondit que non, même si Cowan présenta des études de cas qui confirmaient l'existence d'un rapport entre les deux. Selon Bucke, tous les symptômes indiquaient que Veney était sain d'esprit.

Le procès dura neuf heures. Le juge Street résuma les débats à l'intention des jurés qui, après de courtes délibérations, rendirent un verdict de culpabilité qui recommandait un recours en grâce. Street condamna Veney à être pendu le 18 mai. Plus tard dans la soirée, il écrivit au ministère de la Justice à Ottawa qu'il faisait peu de doute que Veney était sain d'esprit lorsqu'il avait tué sa femme.

Le sous-procureur général de l'Ontario, John Robison Cartwright, demanda au docteur Theodore F. Chamberlain*, inspecteur provincial des prisons et des maisons de charité publiques, d'examiner Veney et de lui présenter son rapport. Chamberlain découvrit avec une certaine stupéfaction que le condamné à mort était « sujet à des troubles organiques du cerveau qui faisaient de lui une épave sur les plans mental et physique ». Ce rapport, envoyé au ministre de la Justice par intérim, Joseph-Aldéric Ouimet*, incita le ministère à recueillir des renseignements additionnels auprès du juge Street et des autorités médicales. Le docteur Samson rédigea un autre rapport, dans lequel il déclarait que l'exécution d'un aliéné serait « un spectacle horrible comme il ne s'en était jamais vu » et avertit que cela pourrait causer un scandale. Le cabinet fédéral étudia le cas de Veney le 13 mai et sa sentence fut commuée en emprisonnement à vie. À l'annonce de la nouvelle, le condamné demeura impassible.

Le 18 mai 1893, on emmena Veney au pénitencier de Kingston. Le médecin de l'établissement, Orlando Sampson Strange, le transféra immédiatement à la clinique de la prison. Moins d'un an plus tard, il mourait de phtisie.

Il est évident, d'après les témoignages des médecins présentés au procès d'Anderson Veney, qu'on n'avait à cette époque qu'une connaissance rudimentaire de la maladie mentale. Le témoignage d'experts comme le docteur Bucke pouvait donner lieu à une condamnation, même si la plupart des observateurs croyaient que Veney était manifestement atteint d'aliénation mentale. Il fallut l'intervention spéciale du bureau du procureur général de la province dans une cause criminelle de juridiction fédérale pour inciter le ministère de la Justice canadien à réviser cette affaire.

PATRICK BRODE

AN, RG 13, B1 1428, file 259A, transcription de Chamberlain à Cartwright, 4 mai 1893 ; Power à Casgrain et Street, 8 mai 1893 ; rapport du conseil, 13 mai 1893. — Ontario, Office of the Registrar General (Toronto), Deaths, registration n° 1894-05-005180. — Canada, Parl., *Doc. de la session*, 1894, n° 18 : 13, 29 ; 1895, n° 18 : 9, 11. — *Evening Record* (Windsor, Ontario), 16 mai 1893.

VIAU, CHARLES-THÉODORE, homme d'affaires, né le 17 mars 1843 à Longueuil, Bas-Canada, fils de Marc Viau, dit Cinq-Mars, charretier, et de Florence Deniger ; le 18 mai 1868, il épousa à Montréal Marie-Émilie Deguise, et ils eurent plusieurs enfants dont certains moururent en bas âge et dont trois fils et quatre filles survécurent à leur père ; décédé le 10 décembre 1898 à Longue-Pointe (Montréal).

Venu à Montréal à l'âge de 15 ans, Charles-Théodore Viau fut embauché à titre de commis dans une épicerie. Il y apprit les secrets du métier et en serait devenu le propriétaire en 1866. Chose certaine, à compter de cette année-là, il dirigea avec un associé, sous le nom de Dufresne et Viau, une entreprise d'épicerie en gros située rue des Commissaires, dans le quartier des affaires. Il choisit assez rapidement de se spécialiser dans le commerce de la farine. Dès l'année suivante, il prolongea cette spécialisation en se lançant dans la boulangerie ; il commençait peu après la production de biscuits, qui allait devenir son principal secteur d'activité. En 1870, Viau changea d'associé et l'entreprise prit le nom de Viau et Viger ; trois ans plus tard, il en devint le seul propriétaire et fit dès lors affaire sous la raison sociale de Viau et Frère. À la même époque, il abandonna son magasin de la rue des Commissaires. Installée rue Sainte-Marie (rue Notre-Dame), dans l'est de Montréal, l'usine Viau fut agrandie à quelques reprises et de façon plus substantielle après avoir été détruite par un incendie en 1875.

Viau fut d'abord et avant tout un industriel, consacrant toute sa vie adulte à bâtir et à développer son entreprise. Au fil des ans, il augmenta et diversifia sa production. S'il laissa tomber le secteur de la boulangerie en 1890, il conserva celui de la farine et développa la fabrication d'une grande variété de biscuits ainsi que la production de bonbons et de chocolats. À l'affût des innovations technologiques, il chercha à doter son usine de machines modernes. En 1894, l'entreprise employait 125 personnes et déclarait des ventes de 300 000 $; on la considérait comme l'une des plus importantes biscuiteries du pays, avec un marché qui couvrait principalement le Québec et une partie de l'Ontario.

Comme beaucoup d'hommes d'affaires de son époque, Viau investit dans la propriété foncière. Il possédait des terrains dans l'est de Montréal, mais son geste le plus important fut l'acquisition, entre 1884 et 1886, de très vastes terres agricoles situées en partie à Maisonneuve et en partie à Longue-Pointe, dans la banlieue montréalaise. Il y entretenait un troupeau de vaches dont le lait était destiné à la biscuiterie. À une époque où la production laitière présentait des problèmes de qualité, il s'assurait ainsi un approvisionnement qu'il pouvait contrôler et fournissait un intéressant exemple d'intégration verticale. Il installa sa résidence familiale en bordure du fleuve, à Longue-Pointe. Au cours des années 1890, il décida de mettre en valeur sa propriété à des fins urbaines et s'entendit avec le conseil municipal de Maisonneuve pour y faire ouvrir des rues.

Viau souhaitait cependant faire plus qu'un simple lotissement et il élabora le projet d'une ville modèle à laquelle il donna le nom de Viauville. Affichant des préoccupations urbanistiques alors peu fréquentes chez les promoteurs francophones, il exigea des acheteurs de lots qu'ils érigent des maisons qui ne dépassent pas deux étages, en retrait du trottoir et dotées d'une façade en pierre. Il réserva les terrains sis en bordure du fleuve pour l'aménagement d'un parc. Il obtint de l'archevêché la création, en 1898, de la paroisse Saint-Clément dont le territoire correspondait aux limites de son domaine. Comme la population était encore peu nombreuse, il s'engagea à y assurer l'entretien et le logement du curé et contribua largement à financer la construction de l'église. Au moment de sa mort, il caressait aussi le projet de faire ériger ce territoire en municipalité distincte. Même si Viauville demeura finalement partie intégrante de Maisonneuve, le projet de développement qu'il avait conçu fut poursuivi par sa succession après 1898 et les façades de pierre grise du quartier Viauville témoignent encore aujourd'hui de son originalité.

Devenu un homme d'affaires respecté, Charles-Théodore Viau fut membre du Bureau de commerce de Montréal et, à partir de 1895, de la Chambre de commerce du district de Montréal. Conservateur reconnu, il ne semble cependant pas avoir participé très activement à la vie politique. À sa mort, il laissa une entreprise importante à laquelle la famille Viau serait associée pendant près d'un siècle et un nom devenu presque synonyme de biscuit au Canada.

PAUL-ANDRÉ LINTEAU

AC, Montréal, Minutiers, M.-G. Ecrement, n°s 222, 252, 523. — ANQ-M, CE1-12, 19 mars 1843 ; CE1-51, 18 mai 1848, 14 déc. 1898. — Arch. de la ville de Montréal, Fonds de la ville de Maisonneuve, dossier 1-1. — BE, Hochelaga, reg., A5 : 27 ; D10 : 715. — *La Patrie,* 12, 14 déc. 1898. — *La Presse,* 12, 14 déc. 1898, 6 mai 1899. — *Montreal directory,* 1865–1898. — *Montreal illustrated, 1894* [...] (Montréal, [1894]). — P.-A. Linteau, *Maisonneuve ou Comment des promoteurs fabriquent une ville, 1883–1918* (Montréal, 1981). — [Roger Viau], *Un siècle de progrès ; historique de Viau Ltée* (Montréal, 1967).

VINCENT, SARAH ANNE (Curzon), journaliste, poète et féministe, née en 1833 à Birmingham, Angleterre, ou dans les environs, baptisée le 2 avril 1834, fille de George Phillips Vincent, verrier, et de Mary Amelia Jackson ; décédée le 6 novembre 1898 à Toronto.

Sarah Anne Vincent était issue apparemment d'un milieu prospère et intellectuel. Elle eut des précepteurs et fréquenta une école pour jeunes filles à Birmingham. Elle publia des poèmes et de courts romans dans divers périodiques anglais dont le populaire *Leisure Hour,* qui paraissait à Londres. En 1858, elle épousa Robert Curzon, de Norfolk, et, en 1862, elle immigra avec lui à Toronto. Une fois au Canada, elle collabora à de nombreux périodiques, dont le *Canadian Monthly and National Review,* le *Week,* le *Grip* et le *Canadian Magazine* de Toronto, ainsi que le *Dominion Illustrated* de Montréal.

Pendant les deux années où elle fut adjointe au rédacteur en chef du *Canada Citizen* de Toronto, Sarah Anne Curzon y rédigea une chronique sur les questions féminines. Elle utilisa ce moyen en même temps que diverses tribunes pour défendre vigoureusement les droits des femmes, dont le droit de vote et celui de fréquenter l'université. Dans la comédie en vers non rimés *The sweet girl graduate* qu'elle écrivit à la demande du directeur du *Grip,* une jeune femme déguisée en homme est admise à l'université et elle obtient son diplôme avec médaille d'or, démontrant ainsi la fausseté de l'argument selon lequel les hommes sont plus intelligents que les femmes. Sarah Anne Curzon aida le docteur Emily Howard Stowe [Jennings*] à mettre sur pied le Woman's Medical College, fondé à Toronto en 1883, et elle milita en faveur d'un accroissement de l'autonomie de la femme mariée quant à la gestion de ses biens.

Devenue ardente nationaliste canadienne, Sarah Anne Curzon célébra en prose et en vers les loyalistes et les héros de 1812. Certains des nombreux articles qu'elle écrivit dans le *Week* portaient des titres révélateurs comme « Queenston Heights », « Imperial Federation » et « The seventy-fourth anniversary of the battle of Lundy's Lane ». Une nouvelle qu'elle publia sous le titre de *Betty's choice* et dont l'action se situe au Massachusetts en 1783 raconte l'histoire d'une jeune femme qui choisit de partir pour la région de Niagara, dans ce qui est maintenant le Canada, avec la famille qu'elle sert, plutôt que de rester aux États-Unis avec le domestique qui veut l'épouser.

Dans son œuvre la plus célèbre, *Laura Secord : the heroine of 1812,* Sarah Anne Curzon exprime à la fois son patriotisme et son féminisme intenses. Ce drame en vers non rimés raconte l'aventure de Laura Secord [Ingersoll*] qui parcourut à pied une distance de 20 milles à travers les lignes ennemies pour avertir les Britanniques d'une attaque imminente. L'ouvrage fut écrit en 1876, selon son auteure, mais il ne fut publié qu'en 1887 à cause du peu d'intérêt que suscitait alors la littérature canadienne. Cette pièce bien construite et fondée sur des recherches poussées est l'un des travaux qui ont fait connaître partout le nom de Laura Secord. Elle comporte une notice biographique intitulée « Memoir of Mrs. Secord » qui résume l'histoire de l'héroïne et de son mari. Le premier acte montre comment les plans ennemis furent découverts et se termine au moment où Mme Secord se met en route. Le deuxième acte relate les faits qui marquèrent le trajet et le troisième acte se déroule dans le camp britannique et prend fin avec la reddition des 500 attaquants américains devant les 50 soldats britanniques appuyés par leurs alliés indiens.

Le féminisme de Sarah Anne Curzon transparaît dans cette œuvre. Par exemple, lorsque Laura Secord entreprend son dangereux périple, laissant derrière elle son mari blessé qui s'inquiète à son sujet, elle dit :

> Ainsi tu vas connaître le lot commun des femmes
> Dans les temps difficiles, pendant que je tenterai de [jouer le rôle de l'homme
> Par cette action intrépide. Nous comparerons
> À mon retour.

Par la suite, dans une scène du deuxième acte qui se passe dans la cuisine de la belle-sœur de Mme Secord, la famille et les voisins sont en discussion : on se demande si les femmes sont aussi courageuses que les hommes. Cette conversation fournit à l'auteure l'occasion de citer plusieurs exemples de bravoure féminine.

Dans une critique de la pièce *Laura Secord,* le *Week* du 20 octobre 1887 affirme qu'il s'agit d'« un poème dramatique de grande puissance » et souligne le fait que « les notes historiques et les appendices très abondants, à la fin du livre, témoignent des recherches consciencieuses de Mme Curzon et de ses efforts pour offrir à son public canadien une œuvre qui aura une valeur durable et tangible ». William Douw Lighthall* fit à son tour l'éloge de *Laura Secord* en qualifiant l'ouvrage de « livre vraiment authentique » et en appelant l'auteure « la poétesse loyaliste ».

Sarah Anne Curzon travailla activement au sein d'organismes canadiens voués à l'histoire. L'un d'entre eux, la Lundy's Lane Historical Society, publia une version en prose de *Laura Secord*. En 1895, Mme Curzon devint la première présidente de la Women's Canadian Historical Society de Toronto. Dans une lettre datée du 8 mai 1896, Charles Mair* écrivit à Mary Agnes Fitzgibbon*, secrétaire de la société : « Je suis également heureux de voir que ma vieille amie, Mme Curzon, est si éminemment liée à votre société. Peu de femmes canadiennes ont fait autant pour garder vivant le souvenir de nos illustres disparus et elle mérite vraiment tout l'honneur et la distinction qui peuvent lui être conférés par ses consœurs. » Sarah Anne Curzon entretenait une correspondance suivie avec le poète et romancier William Kirby* et avec l'historien sir James MacPherson Le Moine* sur des sujets historiques. Elle se livrait à des recherches sérieuses, comme le démontre une lettre adressée à Kirby dans laquelle elle parle des longues heures qu'elle passe aux Archives publiques du Canada à consulter les répertoires de la milice et à lire les lettres du major général sir Isaac Brock* et d'autres personnages. Dans la même lettre, elle mentionne sa rencontre avec Archibald LAMPMAN et ajoute qu'elle admire ses poèmes réunis sous le titre *Among the millet and other poems*, parus à Ottawa en 1888. Sa correspondance avec Kirby révèle en outre qu'en 1888 elle était aux prises avec des difficultés financières et que son mari est décédé en 1894. Lorsqu'elle mourut, elle était membre honoraire de la Lundy's Lane Historical Association, de la York Pioneer and Historical Society et de la Women's Art Association of Canada.

LORRAINE MCMULLEN

Le livre de Sarah Anne Curzon, *Laura Secord, the heroine of 1812 : a drama, and other poems*, a été publié à Toronto en 1887. *The sweet girl graduate* a d'abord paru dans la publication annuelle *Grip-sack* (Toronto), 1 (1882), et a été réimprimé dans *Laura Secord*. « The battle of Queenston Heights, October 13th, 1812 » a été publié après sa mort dans Women's Canadian Hist. Soc. of Toronto, *Trans.*, n° 2 (1899) : 5–12.

AO, MS 542, A-5, particulièrement Curzon à Kirby, 21 nov. 1888, 27 mars 1889, oct.–déc. 1894 ; MU 7837–7838, particulièrement MU 7837, Charles Mair à M. A. Fitz-Gibbon, 8 mai 1896. — Birmingham Reference Library (Birmingham, Angl.), St Philip's (Birmingham), reg. of baptisms, 2 avril 1834. — Ontario, Office of the Registrar General (Toronto), Deaths, registration n° 1898-05-026906. — W. D. Lighthall, « Mrs. Curzon's *Laura Secord* », *Week*, 24 mai 1889 : 392. — *Globe*, 8 nov. 1898. — *Week*, 20 oct. 1887, 28 juin, 2 août 1889, 4 juill. 1890, 9 déc. 1892. — *Canadian men and women of the time* (Morgan ; 1898). — C. C. James, *A bibliography of Canadian poetry (English)* (Toronto, 1899), 16. — Wallace, *Macmillan dict.* — E. A. [Harvey] Currie, *The story of Laura Secord, and Canadian reminiscences* (Toronto, 1900 ; rééd., St Catharines, Ontario, 1913). — [Matilda Ridout] Edgar, « Sketch of Mrs. Curzon's life and work », Women's Canadian Hist. Soc. of Toronto, *Trans.*, n° 2 : 3–4.

VINING, PAMELIA SARAH (Yule), professeure et auteure, née le 10 avril 1826 à Clarendon, New York, fille de Daniel Vining et d'une prénommée Lydia ; le 6 avril 1866, elle épousa à Woodstock, Haut-Canada, James Colton Yule, et ils n'eurent pas d'enfants ; décédée le 6 mars 1897 à Ingersoll, Ontario.

Pamelia Sarah Vining passa son enfance dans une ferme, d'abord dans l'état de New York, puis dans le Michigan. Selon une autobiographie inédite, elle était encore enfant quand sa famille s'installa dans le comté d'Oxford, dans le Haut-Canada, où elle fut institutrice de district durant quelques années. Elle s'inscrivit en 1855 à l'Albion College, à Albion, au Michigan, où elle obtint une maîtrise l'année suivante et fut professeure ensuite durant trois ans. En 1860, elle commença à enseigner au Canadian Literary Institute, école baptiste située à Woodstock, à la demande du révérend Robert Alexander Fyfe*, qui en fut le premier directeur. Elle y enseigna les beaux-arts, la littérature et l'anglais jusqu'en 1866, année où son mariage avec l'un de ses élèves l'obligea à remettre sa démission. Avec son mari James Colton Yule, elle vécut d'abord à Brantford, où ce dernier dirigea une *grammar school* privée, puis, après le 1er octobre 1868, à York Mills (Toronto), où il devint pasteur de l'église baptiste York Mills. En 1874, James accepta une chaire d'études sur le Nouveau Testament au Canadian Literary Institute, et le couple retourna vivre à Woodstock. Après que son mari fut emporté par la tuberculose le 28 janvier 1876, Pamelia Sarah vécut à Brantford puis à Ingersoll. Elle demeura active au sein de l'Église, notamment auprès des missions étrangères, et entre 1886 et 1889 elle publia régulièrement des articles et des rapports dans le *Canadian Missionary Link* de Toronto.

À compter de 1856 environ, Pamelia Sarah fit paraître de nombreux poèmes dans des journaux et des revues tant au Canada qu'aux États-Unis. Il semble que ce soit les trois poèmes que William Turner Coggeshall publia dans *The poets and poetry of the west* [...], paru à New York en 1860, qui lui valurent de figurer pour la première fois dans une anthologie. L'inclusion de huit de ses poèmes dans *Selections from Canadian poets* [...] d'Edward Hartley Dewart*, publié à Montréal en 1864 par John LOVELL, contribua à la faire connaître davantage du public canadien. L'enthousiasme que Dewart témoignait pour sa poésie (« Il n'y a aucun poète canadien dont nous avons lu et relu les poèmes avec plus d'intérêt et de plaisir que ceux de Mademoiselle Vining ») consolida sa réputation. Sa première publication indépendante fut *The names of Jesus ; a poem* [...], d'abord lu au Canadian Literary Institute le 27 janvier 1866. Une œuvre plus substantielle, *Poems of the heart and home,* sortit à Toronto en 1881. Peu après son mariage, elle commença à écrire des œuvres de fiction : *Ada Emory ; or, the sister's Bible ; a story* et *Up hill ; or Paul Sutherland's progress,* que l'American Baptist Publication Society fit paraître à Philadelphie en 1887. Aucun exemplaire de *Ada Emory* n'a pu être retrouvé ; la note autobiographique confirme que le livre fut publié en 1871, et le *Canadian Baptist* l'annonça entre 1873 et 1876. Le seul exemplaire enregistré de son deuxième roman, déposé à la Library of Congress, a plus tard été détruit. *Sowing and reaping ; or, records of the Ellisson family,* roman sur la tempérance, fut publié à Toronto par William Briggs* en 1889 (et non en 1899, comme on le dit habituellement). Pamelia Sarah prépara aussi les écrits de son mari et les publia, ainsi que des souvenirs de lui intitulés *Records of a vanished life* [...], paru à Toronto en 1876. Outre ses poèmes et ses œuvres de fiction, elle écrivit sur des sujets religieux, comme une série de leçons pour l'école du dimanche qui fut publiée dans le *Christian Helper* à Toronto au début des années 1880. On trouve dans ses papiers conservés aux Canadian Baptist Archives un certain nombre de manuscrits inédits, notamment « The Heathen World », essai important sur l'obligation qu'a l'Église de faire connaître l'Évangile aux païens. Des extraits parurent dans le *Canadian Missionary Link* entre 1886 et 1888.

Bien que Pamelia Sarah Yule ait été louangée par Edward Hartley Dewart et assez réputée à l'époque pour figurer dans le *Handbook of Canadian literature (English)* d'Archibald MacMurchy, édité à Toronto en 1906, ses écrits peuvent paraître plutôt artificiels et didactiques aux yeux du lecteur contemporain. Ils sont le reflet des sentiments et des critères caractéristiques du Canada de l'époque victorienne sur des sujets aussi variés que la nature et la tempérance, et tous ses livres sont imprégnés d'un christianisme sans réserve exprimé dans un style largement inspiré de Tennyson et de Longfellow.

BRUCE WHITEMAN

AN, MG 30, D261. — Canadian Baptist Arch., McMaster Divinity College (Hamilton, Ontario), Canadian Literary Institute, Board of Trustees, minute-book, 1857–1887 ; Women's Baptist Foreign Mission Board, Ontario West, minute-books, 1876–1900 ; P. S. (Vining) Yule papers. — McGill Univ. Libraries, Dept. of rare Books and Special Coll., P. [S.] Vining Yule, « Biographical sketch », manuscrit de deux pages inséré dans la copie de *Poems of the heart and home* appartenant à W. D. Lighthall. — Albion College, *Annual catalogue of the officers and students of the Albion Female Collegiate Institute and Wesleyan Seminary, at Albion, Michigan* (Ann Arbor), 1855–1860. — E. W. Dadson, « Mrs. J. C. Yule », *McMaster Univ. Monthly* (Toronto), 4 (1894–1895) : 97–105 [on y trouve un portrait face à la page 97, et son poème *The annunciation* aux pages 105–107]. — *Selections from Canadian poets* [...], E. H. Dewart, édit. (Montréal, 1864 ; réimpr. avec introd. de Douglas Lochhead, Toronto et Buffalo, N.Y., 1973). — *Canadian Baptist* (Toronto), 1873–1876. — *A Baptist bibliography* [...], E. C. Starr, édit. (25 vol., Rochester, N.Y., 1947–1976), 25. — Morgan, *Bibliotheca canadensis.* — G. W. Scott, « Baptist biographies », *Canadian Baptist* (Toronto), 1er juill. 1967 : 10, 18.

WAGNER, JAMES THEODORE (baptisé **Jacques-Théodor**), prêtre catholique, né le 13 novembre 1837 à Hérange, France, fils de Dominique Wagner et de Christine Diemert ; décédé le 26 août 1896 au même endroit.

James Theodore Wagner est né en Lorraine, de parents d'ascendance allemande. Son père – homme pieux et instruit qui était l'instituteur de l'école locale – l'encouragea à prendre la soutane. James fit donc ses humanités et étudia le latin et la rhétorique dans des écoles des villes voisines, puis il entra au séminaire de Nancy pour y faire sa philosophie morale. En 1856, il rencontra l'évêque de Toronto, Armand-François-Marie de CHARBONNEL, en tournée en Europe pour recruter des missionnaires pour le Canada. Comme il avait alors terminé ses études classiques et sa philosophie, Wagner accepta qu'on l'affecte au diocèse de Sandwich (Windsor, Ontario). Après un bref séjour au séminaire des sulpiciens à Baltimore, dans le Maryland, il reçut de Mgr Pierre-Adolphe Pinsoneault*, le 19 octobre 1857, la consigne de se rendre à l'Assumption College de Sandwich, établi depuis peu. C'est là qu'il enseigna durant les trois années suivantes tout en terminant ses études de théologie. Parlant déjà le français et l'allemand, il perfectionna également son anglais.

Wagner fut ordonné prêtre par Mgr Pinsoneault le 3 juin 1860, en la cathédrale de Sandwich, église qui porte aujourd'hui le nom d'Assumption. Il passa plusieurs mois à la cathédrale comme vicaire, avant qu'on ne le nomme à la difficile mission de Windham, dans le comté de Norfolk. Quoiqu'il fût prêtre depuis quelques mois à peine et qu'il n'eût pas encore 23 ans, il était appelé à s'occuper non seulement de Windham mais aussi de Simcoe et de La Salette. Il rencontrait aussi les catholiques allemands de Vienna et prêtait main-forte au prêtre d'Ingersoll une fois par mois.

Au cours des quelques années qui suivirent, Wagner fonda la paroisse Our Lady of LaSalette, ouvrit une école séparée à Windham et acheta un terrain pour la construction d'une église et d'un presbytère à Simcoe. La maladie l'obligea cependant à abandonner sa cure au début de l'année 1865. Le 1er juin, devenu le premier pasteur résidant de l'église St Alphonsus de Windsor, il entreprit tout de suite de faire connaître cette paroisse de 500 âmes aux autorités du diocèse. Avant la fin de l'année, il avait érigé un presbytère et, de 1865 à 1867, il surveilla la construction d'un bâtiment qui abriterait en permanence l'école des filles, la St Mary's Academy, sur un terrain adjacent à la paroisse. En mars 1868, il engagea un architecte pour tracer les plans d'une grande église de brique qui devait rivaliser, en taille et en beauté, avec la cathédrale de Sandwich. Au cours de l'été de 1869, il se rendit en Europe afin de recueillir les fonds nécessaires à la réalisation de son ambitieux projet. À Rome, le pape Pie IX le reçut en audience particulière et, à Paris, il rencontra Napoléon III. Tous deux furent impressionnés par sa détermination. Le pape lui fit cadeau d'un ciboire d'argent, dont la paroisse est toujours propriétaire, et l'empereur lui donna des gravures sur acier. Ces gravures et d'autres biens reçus en cadeau, y compris des milliers de chromolithographies du pape, furent plus tard mis à l'enchère ou vendus dans une série de bazars spectaculaires et de loteries qui firent grand bruit.

On posa la première pierre de la nouvelle église le 3 septembre 1871, en présence de l'archevêque John Joseph Lynch* et de l'évêque John WALSH. Deux ans plus tard, le 1er juillet 1873, l'église – la première du diocèse à être consacrée officiellement – accueillait ses fidèles. En 1876, Wagner se rendit de nouveau à Rome, cette fois à titre de secrétaire personnel de Mgr Walsh et, là, il organisa le transfert des reliques de saint Tegulus dans son église paroissiale. Le 7 mai de l'année suivante, la cérémonie du transfert attirait des milliers de personnes à St Alphonsus ; à la fin des solennités, Mgr Walsh annonça la promotion de Wagner au rang de doyen de Windsor, « en reconnaissance de ses vertus sacerdotales et des grands services [qu'il avait rendus] à la religion ».

Wagner continua son travail à St Alphonsus, en décorant à grands frais l'intérieur de l'église et en projetant la construction d'un presbytère permanent. Comme doyen de Windsor, il fonda les paroisses St Clement, Our Lady of the Lake, et Our Lady Star of the Sea. Au printemps de 1887, dans la vieille église appelée St Alphonsus Hall, il lançait une mission catéchistique à l'intention des Noirs. Pour réunir les fonds nécessaires, il retourna en Europe et prononça même un sermon devant 5 000 personnes à Paris. Sur son invitation, les Religieuses hospitalières de Saint-Joseph de Montréal vinrent, le 13 août 1888, fonder une communauté à Windsor. Au début de l'année 1890, elles ouvrirent l'Hôtel-Dieu, premier hôpital de Windsor, puis juste à côté un orphelinat et une école reliés à la mission noire. Wagner avait lui-même recueilli le gros de l'argent nécessaire à l'achat du terrain et à la construction des bâtiments. Malheureusement, on abandonna en 1894 l'école et l'orphelinat, que les Religieuses hospitalières avaient toujours considérés comme secondaires ; cet événement vint assombrir les derniers jours du doyen. L'hôpital est resté, toutefois, comme un monument témoin de sa conscience sociale.

Épuisé par le labeur, Wagner alla chercher refuge et repos en Europe au début de l'année 1896. En passant d'abord par Paris, puis par Rome, où il obtint une audience du pape Léon XIII, il se rendit dans son village natal, et c'est là qu'il mourut dans son sommeil le 26 août.

James Theodore Wagner s'était avéré l'un des prêtres les plus compétents et les plus audacieux de son diocèse. Doté d'un sens inébranlable du devoir, il avait à la fois le génie de l'administration et un penchant marqué pour le spectacle. Il avait recueilli près de 100 000 $ pour assurer la construction de nouvelles églises. À une époque où maintes fois les curés se trouvèrent pris au milieu d'amères querelles de clocher, jamais il ne se mit sa congrégation à dos. Pour Mgr Pinsoneault, que des prêtres difficiles n'avaient cessé de tourmenter durant son épiscopat, et plus encore pour son successeur, Mgr Walsh, les 36 années de prêtrise de Wagner assurèrent la stabilité et la continuité dont l'ensemble du gouvernement épiscopal d'un diocèse aussi vaste et diversifié que celui de Windsor avait grand besoin.

MICHAEL POWER

ARCAT, C., AL01.15–18. — Arch. of the Diocese of London (London, Ontario), Reg. of official docs., 1856–1954 : 7a–10, 52a ; docs. 228–229, 234 ; St Clement's (McGregor), *History of the parish of McGregor, la paroisse St. Clements parish* (s.l.n.d.) ; Star of the Sea (Pelee Island), « History of the Church of Our Lady « Star of the Sea » (copie dactylographiée) ; J. T. Wagner papers ; John Walsh papers. — Arch. of the United States Province of the Sulpician Order, St Mary's Seminary and Univ. (Baltimore, Md.), J. T. Wagner, 1857. — Religious Hospitallers of Saint Joseph, Hotel Dieu Hospital Arch. (Windsor, Ontario), Chronicles, chap. 2–3, 9, 15–28. — Sisters of the Holy Names of Jesus and Mary Arch. (Windsor), Chronicles, 10 août 1869 ; 1896 : 3. — *Canadian Freeman* (Toronto), 22 juin 1860, 5 mars, 3 août 1865, 11 août 1870, 14 sept. 1871, 24 août 1873. — *Catholic Record* (London), 5 sept. 1896. — *Catholic Weekly Review* (Toronto), 21 avril, 11 août 1887. — *Evening Record* (Windsor), 27–28 août, 2, 15 sept. 1896, 11 mars 1901. — *Home Journal* (St. Thomas, Ontario), 7 mai 1877. — *London Advertiser,* 28 août 1896. — *London Free Press,* 28 août 1896. — Diocese of London, *Diocesan directory,* 1986. — Helen Batte, *Rooted in hope : a history of the Sisters of the Holy Names of Jesus and Mary of the Ontario Province* (Windsor, 1983). — Jean Houpert, *les Lorrains en Amérique du nord* (Sherbrooke, Québec, 1985). — *Our Lady of the Rosary parish, centennial, 1884–1984* (s.l.n.d.). — *St. Alphonsus Church, 1865–1965 : history* (s.l.n.d.). — *Evening Record,* 17 janv. 1922.

WAIT (Waite), BENJAMIN, homme d'affaires, instituteur, patriote, auteur et rédacteur en chef, né le 7 septembre 1813 dans le canton de Markham, Haut-Canada ; en octobre 1836, il épousa Maria Smith (décédée en 1843), et ils eurent trois enfants dont deux vécurent au delà de la petite enfance, puis en 1845 Rebecca H. Sealey (décédée en 1894), et de ce mariage naquit un fils ; décédé le 9 novembre 1895 à Grand Rapids, Michigan.

Le père de Benjamin Wait quitta le Vermont pour le Haut-Canada au début du XIXe siècle et s'établit d'abord dans le canton de Markham, où Benjamin naquit, puis à Black Creek (Niagara Falls). Au début des années 1830, Benjamin ouvrit une scierie à York, sur la rivière Grand, mais elle périclita. À un moment donné, il enseigna dans le canton de Willoughby, et en 1837 il était certainement commis à Port Colborne, même si par la suite il dirait avoir étudié le droit à cette époque. Quoi qu'il en soit, il fut emprisonné pour dettes cette année-là et, libéré au cours de l'été, il s'enfuit du Haut-Canada car il se savait menacé par d'autres assignations.

En décembre 1837, Wait s'engagea dans la rébellion haut-canadienne. D'abord, il tenta de se joindre à l'initiative infructueuse de Charles Duncombe* dans le district de London, puis il accompagna William Lyon Mackenzie* dans l'île Navy, où il fut lieutenant dans les forces patriotes. Plusieurs facteurs peuvent expliquer son engagement : ses déboires financiers, ses liens étroits avec le célèbre réformiste Robert Randal*, l'influence de son beau-père, « rebelle notoire », ou ce qu'il décrira plus tard comme ses propres « principes radicaux bien connus ». Après avoir quitté l'île Navy, vraisemblablement en janvier 1838, il continua de servir la cause des patriotes ; par la suite, il allait prétendre avoir été commandant en second à la bataille de l'île Pelee en mars, ce qui est improbable. En juin, à titre de major, il accompagna un petit groupe de patriotes qui gagnèrent la région de Short Hills, dans le district du Niagara. Dans la nuit du 20, avec quelques habitants des environs, ils attaquèrent et firent prisonniers un petit groupe de Queen's Lancers qui logeaient dans une auberge à St Johns (St Johns West). Wait et Linus Wilson Miller* s'opposèrent à Jacob R. Beamer* et à Samuel Chandler*, qui réclamaient la pendaison des captifs. Les patriotes les relâchèrent puis se dispersèrent. Wait fut pris le 24 et soumis à un interrogatoire, mais il refusa de coopérer ; son attitude convainquit le lieutenant-gouverneur sir George Arthur* qu'il était « téméraire et intelligent ». En août, jugé pour trahison, il fut trouvé coupable et condamné à mort.

Maria Wait, qui avait encouragé son mari à entreprendre l'expédition de Short Hills, réussit plus tard dans le mois à obtenir pour lui la déportation à vie, ce qui contribua à empoisonner les relations entre le nouveau gouverneur en chef, lord Durham [Lambton*], qui était favorable à la commutation de la sentence, et sir George Arthur, qui s'y opposait. En novembre, on envoya Wait en Angleterre avec 23 autres prisonniers politiques, dont plusieurs de ses camarades de Short Hills. De là, il écrivit à Joseph Hume, John Arthur Roebuck*, lord Brougham et lord Durham pour protester contre sa détention qu'il jugeait illégale et contre les conditions barbares auxquelles lui-même et les autres prisonniers politiques étaient soumis. Le sous-secrétaire d'État Fox Maule-Ramsay prévint Hume que Wait était « un homme rusé, intrigant et [que] ses camarades en [étaient] dupes ». Au début de 1839, on déporta Wait et huit autres prisonniers politiques, dont Samuel Chandler, à la terre de Van Diemen (Tasmanie), qu'administrait alors sir John Franklin*.

Maria Wait déploya une énergie remarquable pour faire relâcher son mari et se rendit même à Londres dans ce but, mais il trouva lui-même le chemin de la liberté. À la fin de 1841 ou au début de 1842, il s'enfuit sur un baleinier américain avec Chandler ; après plusieurs aventures éprouvantes, les deux hommes parvinrent aux États-Unis. En 1843, Wait publia *Letters from Van Dieman's Land* [...], des lettres supposément écrites à un ami, qui s'échelonnaient sur 20 mois et dans lesquelles il racontait sa déportation, ainsi que des requêtes en sa faveur rédigées par Maria. Malheureusement, celle-ci, qui avait collaboré étroitement avec lui à la composition du recueil, mourut en mai après avoir donné naissance à des jumeaux.

Remarié en 1845, Benjamin Wait travailla un certain nombre d'années dans la tonnellerie à Elmira, dans l'état de New York. Toujours passionné par les affaires canadiennes, il était heureux de voir son pays natal progresser vers la « démocratie », mais déçu que l'on n'ait pas suffisamment reconnu sa contribution et celle de ses compagnons patriotes. Après s'être installé dans le Michigan, il vécut plus de 20 ans à Grand Rapids, où il s'adonna à l'exploitation forestière et fonda en 1873 le *Northwestern Lumberman.* Vers la fin de sa vie, il subit plusieurs revers financiers et dut vivre de la charité d'anciens associés. Il se consolait cependant en racontant ses aventures de patriote et de convict. Au moment de sa mort, il habitait le Union Benevolent Home à Grand Rapids.

COLIN READ

Les lettres de Benjamin Wait ont été publiées en 1843 à Buffalo, N.Y., sous le titre de *Letters from Van Dieman's Land written during four years imprisonment for political offences committed in Upper Canada*. La plus grande partie de cet ouvrage a été rééditée sous le titre de *The Wait letters*, Mary Brown, édit. (Erin, Ontario, 1976).

AN, MG 24, A19 ; I26, 65 ; RG 5, A1, vol. 196–203. — AO, MS 516. — *Appletons' cyclopædia* (Wilson *et al.*), 6. — E. C. Guillet, *The lives and times of the Patriots : an account of the rebellion in Upper Canada, 1837–1838, and the Patriot agitation in the United States, 1837–1842* (Toronto, 1938 ; réimpr., 1968). — C. [F.] Read, « The Short Hills raid of June, 1838, and its aftermath », *OH*, 68 (1976) : 93–115. — R. B. Ross, « The Patriot war », *Mich. Pioneer Coll.* (Lansing), 21 (1892) : 509–609.

WALKER, HIRAM, homme d'affaires et philanthrope, né le 4 juillet 1816 à Douglas, Massachusetts, fils de Willis Walker et de Ruth Buffum ; le 5 octobre 1846, il épousa Mary Abigail Williams, et ils eurent cinq fils et deux filles ; décédé le 12 janvier 1899 à Detroit.

En 1838, à l'âge de 22 ans, Hiram Walker quitta la maison de son enfance, à Douglas, pour tenter sa chance à Detroit. Il lança plusieurs affaires, mais il dut attendre d'avoir ouvert le Walker Wholesale and Retail Store, vers 1850, pour commencer à remporter quelques succès. Les épiceries de ce genre vendaient de l'alcool et, en 1854, il décida de se faire distillateur. Son whisky devint populaire : il semblait qu'il avait enfin trouvé la voie de la prospérité.

Cependant, au Michigan, les choses n'étaient pas si simples, car on avait des sentiments ambivalents à l'égard de la tempérance. En 1855, le Parlement de l'État adopta une loi qui autorisait uniquement les pharmaciens à vendre de l'alcool, à des fins thérapeutiques. Jamais vraiment appliquée, cette loi engendrait pourtant une telle incertitude que Walker, pour diversifier ses intérêts, décida de se lancer dans l'achat de grains. C'est en approvisionnant les minotiers de Detroit qu'il noua ses premières relations dans le Haut-Canada et apprit à bien connaître le sud-ouest de la province.

Homme d'affaires perspicace, Walker comprit quelles possibilités lui offrait la région de Windsor. Depuis 1854, le Great Western Railway reliait Niagara Falls à Windsor et donnait accès au Centre-Ouest américain et à certains points de la côte atlantique. La même année, le chemin de fer prit encore plus d'importance quand le traité de réciprocité libéralisa totalement les échanges canado-américains de produits naturels tels que le grain et le bétail. L'immobilier était moins cher dans la région de Windsor qu'à Detroit. De plus, il y avait assez peu de distilleries du côté canadien de la rivière Detroit et, à l'époque, le Haut-Canada réprimait moins sévèrement la vente d'alcool que le Michigan. Enfin, étant donné sa nouvelle activité, Walker dut se rendre compte que la région de Windsor ne comptait aucune minoterie à vapeur, même s'il y avait là bien assez de grain pour faire vivre une entreprise de ce genre. Plusieurs moulins à vent désuets parsemaient la rive sud de la rivière Detroit ; un seul moulin à vapeur pourrait produire davantage qu'eux tous. En 1856, Walker acheta donc des terres dans le Haut-Canada en vue d'établir une minoterie et une distillerie.

Tous les jours, en 1857, Walker quittait Detroit pour superviser la construction de son entreprise, sur le bord de la rivière, un peu en amont de Windsor. Dès le mois de décembre, il exploitait une épicerie, une vinaigrerie et un moulin à vapeur. Deux ans plus tard, la famille Walker quitta Detroit et s'installa à proximité de ce complexe, dans une grande maison à charpente de bois appelée le Cottage. À ce moment-là, ce qu'on désignait alors sous le nom de Windsor Distillery and Flour Mill existait déjà. Homme pratique, Walker utilisait les rebuts de la distillation pour engraisser du bétail ; au début des années 1870, les cours adjacentes à la distillerie étaient souvent remplies de bêtes qui attendaient d'être expédiées. En 1864, comme toutes ses affaires allaient bien, il était retourné à Detroit pour de bon. Toutefois, il continua de consacrer beaucoup de temps à la supervision de ses propriétés canadiennes, autour desquelles commençait à se former un petit village appelé indifféremment Walkerville ou Walkertown. En 1867, cette localité comprenait la distillerie, un hôtel, un magasin et « plusieurs logements construits par la Walker and Co[mpany] pour ses employés, dont le nombre se situait entre quatre-vingts et cent ». Le 1er mars 1869, le gouvernement du Canada reconnut officiellement que Walkerville avait droit à un bureau de poste.

Au début des années 1880, les 600 habitants du village vivaient dans des maisons que Walker avait construites et dont il était toujours propriétaire. Ils travaillaient dans ses usines, buvaient de l'eau acheminée par des canalisations qui lui appartenaient, avaient une police et un service de lutte contre les incendies payés par lui et pouvaient fréquenter l'église qu'il avait fait ériger (nommée St Mary à la mémoire de sa femme, décédée en 1872). Ils déposaient leurs économies à sa banque privée, car il n'y avait pas de banque commerciale. Bref, Walkerville était devenu un village patronal typique, dominé par un fondateur bienveillant, par ses fils et d'autres membres de sa famille.

Jusqu'au début des années 1880, la distillerie représentait le principal intérêt de Walker au Canada mais, quelques années plus tard, lui-même et ses fils se mirent à diversifier leurs activités. Depuis 1880, il louait le bac Essex du chantier Jenking Brothers, situé un peu en aval de Walkerville. Après avoir fait construire des quais près de la distillerie et à Detroit, il fonda en 1888 la Walkerville and Detroit Ferry

Company, qu'il administrait avec ses fils. En outre, il mit à profit ses talents d'entrepreneur dans la construction ferroviaire. Il possédait, dans le sud du comté d'Essex, de grandes terres dont la valeur avait bien des chances de s'accroître si un chemin de fer y passait. En partie grâce aux généreuses subventions du gouvernement, le réseau ferroviaire connaissait, dans les années 1880, une expansion rapide. Cette situation convainquit sans doute Walker d'entreprendre les démarches qui aboutirent en 1885 à la constitution juridique de la Lake Erie, Essex and Detroit River Railway Company. Dès le printemps de 1889, la ligne se rendait jusqu'à Leamington ; en 1901, elle atteignit son terminus est, St Thomas. Le Lake Erie and Detroit River Railway, comme on l'appelait alors, était devenu un chemin de fer important. Les campagnards prisaient beaucoup les excursions que la compagnie organisait à Detroit et dans l'île voisine, Belle Isle, et qui comportaient un petit voyage sur le traversier de Walker. En outre, le chemin de fer donna naissance à une nouvelle activité commerciale : l'expédition, à Detroit et à Windsor, de fruits, de légumes et de poisson frais qui venaient du sud du comté d'Essex. Chargées à Leamington le soir, ces denrées périssables se trouvaient sur les étals de Detroit dès le lendemain matin.

Le chemin de fer attira à Walkerville un grand nombre d'entreprises, dont la Parke, Davis and Company, société de produits pharmaceutiques de Detroit, la Globe Furniture Company, la Walkerville Malleable Iron Company, l'Ontario Basket Company et la Milner-Walker Wagon Works, ancêtre de la Ford Motor Company of Canada [V. Gordon Morton McGregor*]. D'autres sociétés s'y installèrent avant la fin du siècle et formèrent un imposant complexe industriel le long du chemin Walker. Les années 1885 à 1900 furent une période de transition pour Walkerville : le petit hameau des années 1850 était devenu un gros centre multi-industriel.

En même temps qu'il connaissait cet essor, le village de Walkerville se préparait à passer au rang des municipalités. Le 29 janvier 1890, on envoya une pétition à cette fin au Parlement de l'Ontario. Walker, ses trois fils survivants et deux de ses neveux figuraient en bonne place parmi les 208 signataires du document, qui faisait d'ailleurs état des importantes contributions de leur famille au développement de Walkerville. Depuis sa naissance, le village ressortissait au canton de Sandwich East, mais à cause de l'augmentation de la population et de l'industrialisation il avait besoin d'un plus grand territoire pour se développer encore et loger ses ouvriers. Pour répondre à ces besoins, il fallait planifier ; or, l'érection d'une municipalité faciliterait la planification car elle supposait la délimitation précise d'un territoire.

Une fois la municipalité constituée, Walker et ses fils n'auraient plus à financer le service de police et celui des incendies. Walkerville aurait plus de prestige, et les Walker retireraient de jolis bénéfices de leurs propriétés immobilières. Et puis ils pourraient donner de l'expansion à leurs systèmes d'éclairage et de distribution d'eau, donc accroître leurs revenus. Par contre, si Walkerville demeurait un village, il risquait l'annexion par la ville voisine, Windsor. Cette idée répugnait sans doute à Hiram Walker et devait compter parmi les motifs qui le poussaient à réclamer la constitution d'une municipalité. Aussi puissant qu'il ait été à Walkerville, il ne le serait plus guère dans une ville de la taille de Windsor. Dans une collectivité distincte, qui s'administrerait elle-même, son autorité diminuerait sans doute mais, comme il en demeurerait le principal contribuable, il pourrait conserver une certaine influence. La famille Walker favorisait donc la constitution d'une municipalité pour de multiples raisons. Le 7 avril 1890, une loi donna à Walkerville son nouveau statut. Hiram Alexis Walker, neveu du fondateur, en devint le premier maire, et Edward Chandler Walker, fils aîné de Hiram, s'y installa dans une vaste résidence, Willistead. Les Walker continuèrent ainsi d'influer sur la vie locale, et Walkerville ne s'intégrerait à Windsor qu'en 1935.

Toujours en 1890, les Walker restructurèrent leurs intérêts canadiens. Depuis 1873, ceux-ci étaient administrés par la Hiram Walker and Sons, qui regroupait Hiram et ses fils, Edward Chandler, Franklin Hiram et James Harrington. En 1890, ils décidèrent de procéder à une subdivision et de créer plusieurs sociétés. La Hiram Walker and Sons Limited continua de fabriquer et de mettre en marché des produits de distillerie. On confia par ailleurs la plus grande partie des propriétés immobilières à la Walkerville Land and Building Company, tandis que les services qu'avaient installés les Walker dans les premières années du village passèrent sous l'administration de la Walkerville Gas and Water Company Limited. L'expansion de la distillerie marqua aussi l'année 1890. Comme le gouvernement du Canada avait adopté une loi en vertu de laquelle les distillateurs devaient faire mûrir leurs produits deux ans dans des barriques avant de les mettre sur le marché, elle construisit d'autres entrepôts, qui portèrent sa capacité de stockage à 5 millions de gallons.

Walker ne s'occupait pas que de Walkerville ; après son retour à Detroit, en 1864, il continua ses activités d'entrepreneur dans cette ville. Son nom fut associé à des entreprises comme la Detroit Car Works, le Detroit Transit Railway, la National Bank of Detroit, la Michigan Land and Immigration Company et la Hamtramck Iron Works. Il possédait beaucoup de terrains, y compris des lots de grande valeur dans le district commercial du centre. En outre, c'était un gros actionnaire du journal républicain *Detroit Advertiser and Tribune,* mais il se départit de ses actions en 1881 parce qu'elles n'étaient pas rentables.

Walker joua donc un rôle important dans la fondation et le développement de Walkerville, où il exerçait une autorité à la fois despotique et bienveillante. Apparemment, bien qu'il ait été un propriétaire absentéiste, le bien-être de la localité et de ses habitants lui tenait vraiment à cœur. De confession épiscopalienne, il était membre de la congrégation St Paul de Detroit. Plusieurs œuvres philanthropiques de la région de Detroit et de Windsor, surtout le Children's Hospital Home de Detroit, purent compter sur sa générosité. En 1895, voyant sa santé décliner, il transféra à ses trois fils les divers intérêts qu'il possédait à Detroit et au Canada. La même année, il eut une attaque de paralysie, et il mourut à sa résidence de Detroit en 1899. Ses fils puis ses petits-fils exploitèrent la Hiram Walker and Sons jusqu'en 1926 ; Harry C. Hatch* acheta alors l'entreprise pour 14 millions de dollars.

Même s'il n'avait pas fait de longues études, Hiram Walker fit une très belle carrière d'entrepreneur, tant aux États-Unis qu'au Canada. Toujours en quête d'occasions à saisir, il s'attendait à ce que les personnes associées à ses entreprises travaillent aussi fort que lui et semblait mépriser quelque peu les gens qui n'avaient pas son énergie. Très tôt, il prépara ses fils à prendre leur place dans les diverses entreprises familiales. Celles-ci se retrouvèrent donc entre de bonnes mains lorsqu'il jugea nécessaire de prendre sa retraite. En affaires, son objectif était de parvenir autant que possible à l'autosuffisance, et bon nombre de ses activités, par exemple le chemin de fer et le commerce du bétail, n'étaient là que pour soutenir sa distillerie.

RONALD G. HOSKINS

AO, Hiram Walker Hist. Museum Coll., 20-228, H. A. Walker, account-book, janv. 1869–12 avril 1898. — Hiram Walker and Sons, Ltd., Public Relations Office Library (Walkerville [Windsor], Ontario), F. X. Chauvin, « Hiram Walker, his life and his work and the development of the Walker institutions in Walkerville, Ontario » (copie dactylographiée, [1927]). — *Mich. Pioneer Coll.* (Lansing), 10 (1886) : 200–201. — *Commemorative biographical record of the county of Essex, Ontario* [...] (Toronto, 1905). — R. G. Hoskins, « A historical survey of the town of Walkerville, Ontario, 1858–1922, including an evaluation of the influence of Hiram Walker and his sons on the growth and development of the town until 1922 » (thèse de M.A., Univ. of Windsor, 1964) ; « Hiram Walker : a man of two countries », *Detroit in Perspective* (Detroit), 2 (1975), n° 2 : 97–110 ; « Hiram Walker and the origins and development of Walkerville, Ontario », *OH*, 64 (1972) : 122–131. — *London Free Press*, 25 oct. 1958 : 17.

WALLIS, sir PROVO WILLIAM PARRY, officier de marine, né le 12 avril 1791 à Halifax, fils unique de Provo Featherstone Wallis, commis auprès du maître charpentier de vaisseaux du chantier naval, et d'Elizabeth Lawlor ; le 19 octobre 1817, il épousa Juliana Massey, et ils eurent deux filles, puis le 21 juillet 1849, à Bintree, Angleterre, Jemima Mary Gwynne Wilson, fille de sir Robert Thomas Wilson, général, et de ce second mariage ne naquit aucun enfant ; décédé le 13 février 1892 à Funtington, Angleterre.

On a avancé que Provo William Parry Wallis était apparenté au capitaine Samuel Wallis, qui de 1766 à 1768 accomplit un tour du globe en bateau. Que ce soit vrai ou non, il fut, de toute évidence, élevé dans les traditions de la marine royale. Il était le petit-fils de Provo Wallis, charpentier de navires dans la marine, qui servit pendant la guerre de Sept Ans et la guerre d'Indépendance américaine avant de s'établir à Halifax. Comme son père, Provo Featherstone Wallis entra au chantier naval de Halifax et, grâce à ses relations dans le service, il put préparer très tôt son fils à faire carrière dans la marine. Le seul compte rendu qui subsiste de l'enfance de Wallis montre que, dès l'âge de quatre ans, son nom commença à figurer dans le rôle d'équipage de différents navires, même si, évidemment, il n'allait pas en mer. Par la suite, il allait raconter qu'on l'avait envoyé, enfant, faire ses études en Angleterre, et déclarer : « Ma vraie carrière a commencé à partir du moment où j'ai rejoint le *Cleopatra,* en octobre 1804. »

Nommé en novembre 1806 lieutenant intérimaire à bord du *Triumph,* Wallis fut promu lieutenant sur le *Curieux* le 11 novembre 1808. Il fut décoré pour s'être signalé dans des engagements au cours de la prise de la Guadeloupe en 1810. Son biographe a écrit : « Comme le montre son portrait à l'âge de vingt-deux ans, [c']était un jeune homme d'une beauté frappante. En plus, il était grand et bien proportionné, courageux, aimable et de caractère égal. » En janvier 1812, Wallis devint lieutenant en second sur la frégate d'élite *Shannon* ; le commandant, Philip Bowes Vere Broke*, trouva qu'il « a[vait] l'air d'un jeune homme aimable ». Le *Shannon* naviguait à partir de Halifax et des Bermudes et, après le début de la guerre contre les États-Unis, il coula ou captura plusieurs vaisseaux américains. Broke attendait l'occasion de venger la série de défaites que la marine américaine avait infligées à la marine royale, et il imposait à son équipage des exercices constants, surtout au canon, art dans lequel il était passé maître.

Le *Shannon* bloquait le port de Boston lorsque, au matin du 1er juin 1813, la frégate américaine *Chesapeake* sortit pour l'affronter. Pendant que les deux bâtiments se rapprochaient, les lieutenants Charles Leslie Falkiner et Wallis tirèrent par les canons de tribord une telle volée de boulets que le *Chesapeake* faillit être désemparé. Broke lança ses hommes à l'abordage et, 11 minutes plus tard, les Britanniques prenaient possession du navire ennemi. L'un des duels les plus brefs et les plus sanglants de l'histoire de la marine venait de prendre fin. Broke avait le crâne ouvert, le capitaine du *Chesapeake* était mortellement blessé, et les deux frégates avaient perdu beaucoup d'hommes.

Tandis que la fumée se dissipait, Wallis dut se sentir presque écrasé par les responsabilités qui retombaient soudain sur ses épaules. Son capitaine était grièvement blessé et le lieutenant en premier était mort. Il se trouvait donc à la tête de deux navires remplis de blessés et de cadavres, tout près de la côte ennemie, avec une foule de prisonniers récalcitrants. Il ordonna de passer aux Américains les menottes dont ceux-ci s'étaient munis en prévision de la victoire qu'ils escomptaient remporter sur les Britanniques, puis il fit procéder aux réparations d'urgence. Ensuite, les deux navires mirent le cap sur Halifax. Le 6 juin, après un voyage tranquille – Broke luttait contre la mort dans sa cabine, et Wallis avait ordonné « Silence de l'avant à l'arrière » –, les frégates jetèrent l'ancre dans le port de Halifax, où les attendait une foule enthousiaste. Wallis affirma par la suite que ses responsabilités lui avaient bien pesé, qu'il avait beaucoup craint de rencontrer un navire américain et que, pendant le voyage, il n'avait pas pris le temps de changer de vêtements et avait à peine fermé l'œil.

Wallis veilla immédiatement à ce que son capitaine soit bien soigné et bien logé. Le 11 octobre, Broke était assez remis pour voyager, et ils s'embarquèrent tous deux pour l'Angleterre à bord du *Shannon*. Broke ne refit jamais de service en mer, mais il demeura en relation avec Wallis et suivit sa carrière avec beaucoup de fierté.

Wallis avait été promu *commander* le 9 juillet 1813 en raison de sa participation à la prise du *Chesapeake*. Après la fin des guerres napoléoniennes, de longues périodes d'inactivité entrecoupèrent ses périodes de service en mer, comme ce fut le cas d'ailleurs pour bon nombre d'officiers de la marine. Promu capitaine le 19 août 1819, il commanda, de juin 1824 à novembre 1826, le *Niemen* et une escadre expérimentale de sloops à la station de Halifax. Au cours de cette période, on le reçut à Boston à titre d'ancien officier du *Shannon*.

Wallis dut attendre le mois d'avril 1838 pour recevoir son affectation suivante, le commandement du *Madagascar*, qu'il exerça jusqu'en décembre 1839. De 1843 à 1847, il navigua dans la Méditerranée, où il mérita des éloges pour les talents de diplomate qu'il déploya dans des différends internationaux. Nommé le 5 août 1847 aide de camp de la marine auprès de la reine Victoria, il le demeura jusqu'au 27 août 1851, date de sa promotion au grade de contre-amiral. En avril 1857, il prit le commandement en chef du *Cumberland* mais, après avoir navigué quelques mois au large de la côte sud-est de l'Amérique du Sud, on le rappela pour être promu vice-amiral. Ce fut sa dernière mission en mer. Il avait presque 70 ans et avait été en service actif pendant la plus grande partie des 54 années écoulées depuis le début de sa carrière.

Honneurs et distinctions continuèrent d'échoir à Wallis. Il fut fait chevalier commandeur de l'ordre du Bain le 18 mai 1860, promu amiral le 2 mars 1863 et servit en qualité de contre-amiral du Royaume-Uni de 1869 à 1870. Il devint grand-croix de l'ordre du Bain le 24 mai 1873 et occupa la très haute fonction honoraire de vice-amiral du Royaume-Uni de 1870 à 1876. Une dernière promotion l'éleva le 11 décembre 1877 au grade d'amiral de la flotte. On dit qu'il était très fier de son titre de vice-amiral du Royaume-Uni et qu'il l'abandonna à regret au moment de sa promotion. Il reçut aussi un autre honneur qui se révéla passablement lucratif. En 1870, l'Amirauté avait institué un plan de retraite qui permettait aux officiers qui avaient commandé un navire pendant les guerres napoléoniennes de rester dans les cadres de l'active. En conséquence, Wallis toucha une solde complète jusqu'à sa mort, donc jusqu'à l'âge de 100 ans. Comme son nom était inscrit dans un rôle d'équipage dès l'âge de 4 ans et qu'il avait commencé son service actif à 14 ans, sa carrière est sans doute l'une des plus longues de l'histoire de la marine.

Sir Provo William Parry Wallis passa ses dernières années à Funtington. Apparemment, il demeura « en pleine possession de ses facultés, et [put lire et écrire] avec facilité jusqu'à quelques mois avant sa mort ». À l'occasion de son centième anniversaire, il reçut de nombreuses félicitations, notamment de la part de la reine Victoria, de plusieurs de ses ministres et du maire de Halifax. Bien qu'il ait eu quelques propriétés en Nouvelle-Écosse, il ne semble pas qu'il soit resté très attaché à sa terre natale. Dès qu'il était entré à l'école en Angleterre, et surtout dès qu'il avait entrepris sa carrière dans la marine, il avait adopté les opinions, les allégeances et les préjugés d'un Anglais. C'était un processus tout à fait normal à son époque. Ce qui le distingue, c'est sa longévité et la haute distinction à laquelle il parvint – la première n'étant pas l'une des moindres causes de la seconde.

CARL A. CHRISTIE

PRO, ADM 1 ; ADM 2 ; ADM 8/100 ; ADM 38/4402 ; ADM 50 ; ADM 51 ; ADM 80 ; ADM 98/291–292 ; ADM 103 ; ADM 104/6–7 ; ADM 106 ; ADM 128 ; ADM 129 ; ADM 171/1 (se trouvent tous sur mfm aux AN sauf ADM 38/4402, qui existent en photocopies aux AN). — *Annual reg.* (Londres), 1813 (nouv. éd., 1823). — J. G. Brighton, *Admiral of the fleet, Sir Provo W. P. Wallis [...] a memoir* (Londres, 1892). — *DNB*. — *Encyclopedia Canadiana*. — W. R. O'Byrne, *A naval biographical dictionary : comprising the life and service of every living officer in Her Majesty's navy* [...] (Londres, 1849). — W. L. Clowes, *The Royal Navy ; a history from the earliest times to the present* (7 vol., Londres, 1897–1903), 4 ; 6. — James Grant, *British battles on land and sea* (4 vol., Londres, [1884–1888]). — E. S. Turner, *Gallant gentlemen ; a portrait of the British officer, 1600–1956* (Londres, 1956). — N. L. Wilkinson *et al.*, *The Royal Navy* (Londres, 1907). — D. C. Harvey, « Nova Scotia and the Canadian naval tradition », *CHR*, 23 (1942) : 247–259. — W. G. Perrin, « The vice-admiral and rear-admiral of the United Kingdom », *Mariner's Mirror* (Cambridge, Angl.), 14 (1928) : 28–31.

WALSH, JOHN, prêtre catholique, archevêque et auteur, né le 23 ou le 24 mai 1830 dans la paroisse de Mooncoin, comté de Kilkenny (république d'Irlande), fils de James Walsh et d'Ellen Macdonald ; décédé le 31 juillet 1898 à Toronto.

John Walsh venait d'une famille d'agriculteurs assez aisée dont des membres avaient souvent joué un rôle marquant dans les affaires ecclésiastiques de l'Irlande. Il entra au St John's College de Waterford à un âge précoce et y réussit les cours d'humanités et de philosophie qui préparaient à la prêtrise. Après une seule année de théologie, il décida cependant de quitter son diocèse, Ossory, pour œuvrer dans les missions canadiennes.

Même si Walsh était jeune quand il quitta l'Irlande, les années qu'il y avait passées l'influencèrent de façon durable. Il était né un an après l'émancipation des catholiques, et cet événement modela l'attitude qu'il allait avoir, en public, sur les questions religieuses et civiles, tout en lui instillant un sain respect pour l'art de la diplomatie et du compromis. L'émancipation et le fait d'avoir grandi dans l'ombre de Daniel O'Connell firent de lui un nationaliste et un partisan passionné de l'autonomie politique de l'Irlande. Quant à son tempérament religieux, il était le produit de la révolution pieuse engendrée par le courant ultramontain de l'Église irlandaise. Walsh choisit le sacerdoce à une époque où le catholicisme irlandais, sous l'influence d'une hiérarchie ambitieuse, connaissait une extraordinaire transformation spirituelle. C'était un temps de ferveur, d'autodiscipline, de construction d'églises et de chauvinisme catholique.

Imbu du triomphalisme d'une Église revitalisée, mais rejetant sereinement nombre des corollaires politiques de cette position de force, Walsh quitta l'Irlande en avril 1852. Pourquoi choisit-il le Canada ? Cela demeure un mystère. Il n'avait pas été recruté personnellement, mais c'est peut-être à cause de William Walsh*, évêque de Halifax et lui aussi ancien étudiant du St John's College, qu'il opta pour les missions canadiennes. À l'automne de 1852, il reprit ses études de théologie au séminaire de Saint-Sulpice à Montréal. Accepté comme candidat au diocèse de Toronto par l'évêque Armand-François-Marie de CHARBONNEL, il fut ordonné le 1er novembre 1854.

Pendant 13 ans, Walsh occupa avez zèle une grande variété de fonctions dans le diocèse. En décembre 1854, il devint le premier prêtre résidant de la mission de Brock. Installé à Oshawa, il exerçait son ministère auprès des catholiques des cantons de Brock, Reach, Uxbridge, Scott, Georgina, North Gwillimbury, Thorah et Mara. Profitant de l'isolement des longs mois d'hiver, il continuait d'étudier la théologie et soumettait au *Toronto Mirror* des articles et des lettres qu'il signait du pseudonyme d'Ossory. Il put construire une église, dans le canton de Georgina, St Anthony the Hermit, avant que sa santé ne l'oblige à rentrer à Toronto en septembre 1856. Déjà, une grave maladie l'avait forcé à prendre un long repos : en se rendant à Toronto pour la première fois, à l'été de 1854, il avait été atteint du choléra. Régulièrement victime de rechutes jusqu'à la fin de sa vie, il n'allait jamais être robuste.

En avril 1857, Walsh devint curé de l'église St Mary de Toronto et aumônier du couvent des Sisters of Loretto. Puis, en juin 1858, il prit, à la direction de la paroisse St Paul, la succession du père Thomas Fitzhenry, que Mgr Charbonnel avait abruptement congédié à cause d'un désaccord personnel sur une question administrative. Comme Fitzhenry jouissait d'une grande popularité auprès de ses paroissiens, ce n'est que grâce à son magnétisme que Walsh sut les gagner et épargner un schisme à la paroisse. C'était la première fois que ses talents de conciliateur étaient sérieusement mis à l'épreuve.

En mars 1860, le coadjuteur de l'évêque de Toronto, John Joseph Lynch*, promut Walsh, qui n'avait pas encore 30 ans, recteur de la cathédrale St Michael. Le prince de Galles devait faire une visite à Toronto en septembre. Walsh convoqua une grande assemblée de catholiques dans l'espoir de prévenir tout affrontement entre eux et les membres les plus radicaux de l'ordre d'Orange, qui insistaient pour que le prince, au sortir de la gare, passe sous une série d'arcs érigés par eux. Il exhorta les catholiques à faire la sourde oreille aux rodomontades des orangistes et invita les protestants à faire de même. Ses paroles eurent un effet apaisant sur toute la population torontoise. À sa demande, on rédigea un mémoire qu'un groupe, dont John Elmsley* faisait partie, remit en mains propres au secrétaire itinérant du prince, le duc de Newcastle, qui était catholique. Le mémoire assurait le prince de la loyauté des catholiques et l'implorait de ne pas nouer de relations avec les loges locales de l'ordre d'Orange. Finalement, tous les arcs furent démantelés, sauf un, qui allait être dépouillé de ses slogans orangistes. La visite du prince s'avéra donc une défaite humiliante pour le fanatisme orangiste et une victoire pour la modération des Irlando-catholiques.

Son bon sens et son jugement sûr ayant contribué à calmer l'anxiété des catholiques et à faire pencher l'opinion publique de leur côté, Walsh fut de nouveau récompensé par son évêque. En 1861, il fut autorisé à quitter le rectorat de St Michael et à retourner à l'église St Mary. Par choix, il y demeura jusqu'en 1867 ;

Jean-Baptiste Proulx* prit alors sa succession. Entre-temps, soit le jour de Pâques 1862, Lynch avait fait de Walsh son vicaire général, puis il l'avait pris comme théologien officiel au troisième synode provincial de Québec en mai 1863. L'année suivante, l'évêque lui ayant confié la mission de remettre au pape son rapport périodique sur le diocèse, Walsh fut reçu en audience privée par Pie IX. Après une tournée européenne, il passa plusieurs mois en Irlande.

Pendant les cinq années où il fut vicaire général, Walsh se fit connaître comme un éloquent prédicateur et conférencier. En maintes occasions, il impressionna les foules par la fermeté de ses convictions, surtout lorsqu'il parlait du rôle prédominant de l'Église dans l'histoire du salut, ainsi que par la clarté et la concision de ses exposés. Remarquable rhétoricien au sens classique, il ne se montrait pas moins enthousiaste quand il abordait des questions purement profanes. Ainsi il donna de nombreuses conférences sur l'histoire des luttes politiques des Irlandais devant des auditoires largement composés d'« exilés » comme lui. Toutefois, il n'avait aucune affinité avec ceux qui prônaient le recours à la force. Il se méfiait des nationalistes radicaux qui se croyaient investis de la mission de défendre publiquement les intérêts irlando-catholiques contre les loges orangistes qui dominaient la vie politique de Toronto. Certes, la liberté des Irlandais lui tenait à cœur (et personne n'en doutait), mais son engagement dut subir l'influence d'un pays et d'un clergé qui cherchaient avant tout à maintenir leur respectabilité sociale et politique et à préserver l'autorité de l'Église sur les associations bénévoles.

Walsh quitta subitement le vicariat général le 4 juin 1867 pour devenir le deuxième évêque de Sandwich. Son prédécesseur, Mgr Pierre-Adolphe Pinsoneault*, avait démissionné en septembre 1866. Il avait présidé au transfert du siège épiscopal de London à Sandwich (Windsor) et la série de querelles qui l'avaient opposé à des prêtres, des paroissiens et des communautés religieuses causa un immense embarras aux autorités ecclésiastiques. De plus, au moment de sa démission forcée, le diocèse croulait sous 40 000 $ de dettes. À l'occasion de sa consécration, qui eut lieu le 10 novembre 1867 en la cathédrale St Michael, Walsh s'entendit aimablement rappeler, par le père Patrick Dowd, « les problèmes particuliers du diocèse vacant ». Trois jours plus tard, à London, en l'accueillant officiellement dans le diocèse, le père Peter Francis Crinnon lui parla dans le même sens. Le 14, Walsh fut installé en sa cathédrale à Sandwich ; il était le plus jeune évêque catholique d'Ontario.

Walsh avait commencé à affirmer son autorité peu après son élection. D'abord, il réinstalla le père Jean-Marie Bruyère dans ses fonctions de vicaire général du diocèse. C'était une preuve de bon sens et de générosité que de ne pas l'associer trop étroitement aux échecs et aux scandales du régime Pinsoneault. Bruyère était en effet un administrateur ecclésiastique accompli. Walsh lui laissa beaucoup de latitude et, comme il avait lui-même le génie de l'administration, ils en vinrent, avec le temps, à former une équipe hors pair. Ensuite, le 11 novembre 1867, Walsh publia sa première lettre pastorale, où il exprimait son allégeance totale à Rome. Tout inspirée des Saintes Écritures et remplie de références à la théologie catholique officielle, elle se distingue de ses lettres suivantes par un appel sans équivoque à l'unité de but et d'action, appel qui allait devenir la caractéristique de ses 22 ans d'épiscopat. Bruyère avait déjà commencé à liquider la dette du temps qu'il était administrateur du diocèse. Walsh eut la prudence de l'autoriser à poursuivre son « programme de réforme, de réduction des dépenses, d'économie ». Moins de trois mois après sa consécration, Rome félicitait Walsh des efforts entrepris pour se débarrasser du fardeau financier dont il avait hérité.

Parmi les décisions controversées de Walsh, la première fut de transférer sa résidence de Sandwich à London, ce qu'il fit le 19 janvier 1868. Il était convaincu de ne jamais pouvoir gouverner son vaste diocèse, qui englobait neuf comtés, à partir d'une localité aussi petite et isolée que Sandwich. Il prit cette décision à l'encontre de l'avis de Mgr Lynch et malgré les protestations de plusieurs éminents catholiques de Sandwich. Ceux-ci craignaient que le déménagement ne nuise à la situation financière de la paroisse et ne mène à la fermeture de l'Assumption College, qui traversait une période troublée. La requête présentée par Walsh en vue de la translation du siège épiscopal à London fut agréée par Rome le 15 novembre 1869. Walsh prit le titre d'évêque de London en mai suivant.

Afin de réconforter les catholiques francophones de Sandwich, qui s'étaient habitués à la présence d'un évêque, Walsh avait entrepris des négociations avec la communauté des pères de Saint-Basile. Le 27 septembre 1869, il signa un concordat qui confiait aux basiliens la direction de l'Assumption College et de la paroisse de Sandwich. Une fois encore, en plaçant sa confiance en Denis O'Connor*, qui devint supérieur du collège et responsable des affaires temporelles de l'église, Walsh prouvait qu'il savait choisir l'homme de la situation. O'Connor allait diriger les destinées du collège durant 20 ans, et il succéderait à Walsh comme évêque de London en 1890. Parlant des confrères d'O'Connor au collège, Walsh fit observer un jour : « Ils n'ont créé aucun problème par l'enseignement de doctrines erronées. » En fait, Walsh ne trouvait aucune raison de se quereller avec les communautés religieuses du diocèse.

Les rapports de Walsh avec les membres de son clergé séculier étaient tout aussi exemplaires. Il gagna immédiatement leur respect tant il les impressionnait par son sens profond de l'équité et son souci de les traiter presque comme des égaux dans l'administration du diocèse. Contrairement à Pinsoneault, il évitait soigneusement tout démêlé public avec les prêtres querelleurs et réglait toujours ces problèmes en privé. Il avait la chance d'avoir de bons prêtres. En particulier, James Theodore WAGNER et William Flannery* l'aidèrent beaucoup à donner au diocèse des bases plus respectables et plus solides.

De son côté, Walsh attira beaucoup de candidats à la prêtrise. En 22 ans, il ordonna 39 prêtres et invita bon nombre d'ecclésiastiques canadiens-français du diocèse de Québec à occuper des charges dans les paroisses francophones des comtés de Kent et d'Essex. L'augmentation sensible des vocations s'accompagna d'une multiplication tout aussi spectaculaire du nombre des nouvelles paroisses. De 1870 à 1887, Walsh en fonda 22, qu'il dota toutes d'un prêtre résidant. Cette croissance reflétait assez fidèlement l'augmentation de la population catholique du diocèse : composée de 41 764 fidèles en 1861, elle en comptait 56 638 en 1881.

L'œuvre maîtresse de Walsh fut la construction de la cathédrale St Peter, joyau de l'expansion que son diocèse connut au XIXe siècle. Il allait ouvrir des douzaines d'églises paroissiales, mais aucune n'allait rivaliser avec ce glorieux exemple du néo-gothique français, qui était le foyer majestueux de la vie liturgique du diocèse. En mars 1880, soit dix ans après la liquidation complète de la dette de 40 000 $, Walsh se sentit assez sûr de lui pour confier l'exécution des plans à l'architecte Joseph Connolly*. La levée de la première pelletée de terre eut lieu en juillet ; moins d'un an plus tard, le 22 mai 1881, Walsh bénit et posa la première pierre devant une foule de 2 000 personnes. La cathédrale, construite en quatre ans au coût de 136 000 $, fut consacrée le 28 juin 1885. L'évêque fut si impressionné par le travail de Connolly qu'il lui commanda les plans de l'église St Patrick de Kinkora en 1882 et de St Joseph de Chatham en 1887.

Incapable, à cause de sa santé, d'assister au Premier Concile du Vatican, en 1869–1870, Walsh écrivit néanmoins des textes longs et pénétrants sur la litigieuse question de l'infaillibilité du pape. Le 15 mai 1869, il publia une lettre pastorale de 50 pages qui expliquait la signification de la bulle d'indiction du concile, *Æterni Patris*. Le 2 février 1870, il en fit paraître une autre de 33 pages où il défendait la prétention historique de l'Église à l'infaillibilité et répondait à cinq objections couramment soulevées contre la tenue du concile. Malgré leur longueur et leur érudition, ces deux lettres furent lues à haute voix dans toutes les églises du diocèse. Lynch, qui avait demandé instamment à Walsh de le rejoindre à Rome pour les sessions du concile, fut très impressionné par ses écrits. En juin 1870, il dit même à son ancien vicaire général de se sentir libre, à l'avenir, de parler au nom de toute l'Église canadienne chaque fois qu'il écrirait sur l'infaillibilité du pape. Walsh se prononça publiquement une dernière fois sur le sujet en 1875. Son document de 65 pages défendait la doctrine de l'infaillibilité et répondait à un opuscule dans lequel William Ewart Gladstone disait douter que l'allégeance des catholiques aux pouvoirs civils soit encore certaine, étant donné la récente promulgation de cette doctrine. Jamais Walsh ne participa de plus près à une controverse purement politique qu'en écrivant ce texte, le plus brillant de ses écrits polémiques.

Lynch n'était pas uniquement le métropolitain et le supérieur ecclésiastique de Walsh. Une belle amitié, fondée sur le respect, unissait les deux hommes, ce qui ne les empêchait cependant pas d'avoir des méthodes politiques fort différentes. Lynch était, de loin, celui qui exprimait ses positions le plus ouvertement : il était très attaché au gouvernement libéral d'Oliver Mowat* en Ontario. Walsh était d'un naturel trop modéré et prudent pour se mettre autant en évidence. Bien qu'il ait été partisan avoué des libéraux-conservateurs de sir John Alexander MACDONALD avant 1896, puis des libéraux fédéraux de Wilfrid Laurier*, il mettait tous les hommes politiques dans le même panier, quel qu'ait été leur parti. Il était prêt à négocier avec n'importe lequel d'entre eux tant qu'ils respectaient les droits de l'Église et s'occupaient avec justice des préoccupations des catholiques. En bon Irlandais, il considérait la politique comme une grande scène où défendre son esprit de clocher.

Même si Walsh savait parfaitement quelle voie suivre dans la question des écoles séparées, il joua délibérément un rôle secondaire dans le drame permanent suscité par l'inégalité flagrante entre les écoles catholiques de l'Ontario et celles de la province de Québec. En général, il consultait Lynch avant d'exprimer son avis ou de faire une déclaration publique. En privé, il se laissait aller à des commentaires sur les propositions qu'Egerton Ryerson* faisait dans les années 1860 en vue de la création d'un réseau d'écoles secondaires, ainsi que sur le type de formation religieuse que les écoles publiques devaient donner aux catholiques. En public, il insistait pour que tous les parents catholiques de son diocèse financent les écoles séparées au moyen de leurs taxes. Sur les délicates questions de la nomination des inspecteurs d'écoles et de la qualification des religieux enseignants, il n'était pas d'accord avec Lynch, tout comme il désapprouva en 1884 l'inefficacité avec laquelle l'archevêque agit dans ce qu'on a appelé l'affaire du programme biblique de Ross [V. Christopher Finlay FRASER]. Cependant, lorsque l'autorité de Lynch sur le Toronto Separate School Board fut contestée en 1878 par plusieurs éminents administrateurs laïques et par Patrick Boyle*, rédacteur en chef de l'*Irish Canadian* de Toronto, qui avait soulevé l'opinion pour que les membres de ce conseil soient élus au scrutin secret, Walsh fut le premier évêque à se porter à la défense de son métropolitain. Dans une lettre circulaire datée du 2 décembre, il publia la réplique de Lynch aux agitateurs et critiqua leur proposition en termes virulents. Son objection était assez simple : on ne pouvait envisager d'élire les membres du conseil au scrutin secret tant que la loi n'obligerait pas les catholiques à financer les écoles séparées, tout comme elle contraignait les protestants à financer les écoles publiques.

En 1877, soit en plein cœur de ces controverses, Lynch demanda à Rome de faire de Walsh son coadjuteur. Les autorités du Vatican acceptèrent vite sa requête, mais elle n'eut pas de suite. En effet, Walsh ne désirait guère renoncer à son indépendance pour devenir l'assistant d'un archevêque volontaire qui n'avait pas la réputation de partager son pouvoir. Finalement, il convainquit Mgr George Conroy*, délégué apostolique envoyé en mission spéciale au Canada, d'amener Rome à revenir sur sa décision.

Si Walsh commit une bévue pendant qu'il était évêque de London, ce fut en nommant le père John Connolly curé de la paroisse St Patrick, dans le canton de Biddulph, au début de février 1879. Des querelles souvent violentes, centrées sur James Donnelly* et sa famille, et découlant des inimitiés traditionnelles du comté de Tipperary, opposaient les catholiques de la paroisse. Comme celle-ci était à prédominance irlandaise, Walsh pensa à tort que seul un prêtre irlandais pourrait y ramener le calme et la réconciliation. L'affaire tourna mal. Le premier geste de Connolly fut d'organiser un comité de vigilance, dans l'espoir naïf que le canton, en se disciplinant lui-même, se débarrasserait de ses fauteurs de troubles. Cependant, le comité, composé entièrement d'ennemis de la famille Donnelly, se constitua en pouvoir autonome et orchestra le meurtre de cinq membres de cette famille à l'aube du 4 février 1880. En janvier 1881, un jury acquitta le premier accusé traduit en justice. Entre-temps, le père Connolly avait été impliqué indirectement dans l'affaire : c'était lui qui avait eu l'idée de former le comité, et il avait eu des démêlés avec les Donnelly. Finalement, Walsh étouffa ce scandale potentiel qui aurait pu ruiner son épiscopat. Selon l'écrivain Orlo Miller, il rencontra secrètement, le 14 mai 1881, au palais épiscopal, Adam Crooks*, ministre de l'Éducation et premier ministre provincial suppléant, et Charles Hutchinson, procureur de la couronne du comté de Middlesex. Sur ses instances, Crooks et Hutchinson acceptèrent de ne pas poursuivre Connolly pour son rôle dans ce que l'on allait désigner par la suite comme la « tragédie du canton de Biddulph ».

Le 2 octobre 1882, au retour d'un séjour en Irlande, Walsh fut accueilli par une grande manifestation d'affection : 3 000 personnes l'attendaient devant le rectorat de la cathédrale. Après avoir écouté les discours de bienvenue et reçu une bourse de 1 000 $, il s'adressa à la foule. Il fit allusion à la situation politique dont il avait récemment été témoin en Irlande : « La forme de gouvernement sous laquelle nous vivons est la plus équilibrée au monde : en elle s'allient une liberté sans licence et une autorité sans despotisme, et elle donne à tous le plus haut degré de liberté rationnelle et bien réglée qui soit, tout en assurant une grande protection à la vie et à la propriété. »

Le 13 août 1889, soit 15 mois après la mort de Lynch, Walsh devenait archevêque de Toronto. Il prit possession de son siège le 27 novembre au cours d'une imposante cérémonie qui ne fut troublée que par un groupe de jeunes partisans de l'ordre d'Orange qui lancèrent des pierres et des projectiles de fortune sur sa voiture pendant qu'elle approchait de la cathédrale St Michael. Événement sans précédent, cette attaque contre un prélat catholique choqua protestants et catholiques de la ville.

Pendant les neuf années où il fut archevêque, Walsh exerça son autorité comme il l'avait fait dans le diocèse de London. Ses responsabilités pastorales comptaient beaucoup pour lui : son principal souci était d'assurer le bien-être spirituel de ses ouailles et de stabiliser les relations entre les catholiques et les autres chrétiens. Il présida à la régularisation de la vie ecclésiastique, à des visites pastorales, à la promotion des vocations sacerdotales et religieuses ainsi qu'à l'établissement de nouvelles paroisses et églises.

La première initiative pratique de Walsh fut d'agrandir et de rénover la cathédrale St Michael, construite dans les années 1840 par William Thomas*. Il finança la construction de la chapelle St John, fit poser des fenêtres à claire-voie et des lucarnes, et fit redécorer l'intérieur en des « couleurs au symbolisme adapté à une église ». Au printemps de 1891, les travaux étaient terminés, et une deuxième cérémonie de consécration eut lieu à la cathédrale le 7 juin. Conscient de l'urgence d'ouvrir un autre cimetière catholique, Walsh, avec l'aide de sir Frank Smith* et d'Eugene O'Keefe*, acheta un terrain de 52 acres à 5 milles de la ville. Il l'appela Mount Hope Cemetery et le bénit le 9 juillet 1898.

Tout archevêque de Toronto devait s'occuper des grandes questions politiques de l'heure. Walsh le faisait, mais il préférait négocier en coulisse au lieu d'intervenir de façon spectaculaire comme l'avait fait Lynch. La question du scrutin secret aux élections des conseils des écoles séparées soulevait encore des controverses ; Walsh maintenait ses objections personnelles. Toutefois, il eut la sagesse d'éviter un affrontement quand, dans les premiers mois de 1894, le Parlement provincial fut prêt à adopter un projet de loi qui permettrait aux conseils locaux de choisir cette option [V. Christopher Finlay Fraser]. Il sentait que le climat était trop agité pour que les évêques s'opposent à la volonté du gouvernement, et contrairement à son habitude il ne négligea rien pour convaincre plusieurs de ses collègues de l'imiter en se soumettant silencieusement à l'inévitable. L'archevêque James Vincent CLEARY de Kingston, qui depuis la mort de Lynch était l'évêque ontarien le plus politique, fut le seul membre de la hiérarchie provinciale à dénoncer les intentions du gouvernement. Walsh, lui, préférait encore la diplomatie aux éclats de colère.

C'était dans cet état d'esprit qu'il avait fait face à la question des écoles du Manitoba. À titre de prélat catholique, il fut horrifié par la loi qui, en mars 1890, abolit arbitrairement le financement public des écoles séparées de cette province. En même temps, il voyait que tout mouvement de protestation publique risquait de compromettre l'avenir des écoles catholiques de l'Ontario. Aussi opta-t-il pour la prudence. C'est à contrecœur qu'il signa la pétition datée du 13 décembre 1892 dans laquelle les évêques catholiques du Canada demandaient au gouverneur général en conseil l'exonération de taxes pour les contribuables catholiques du Manitoba. Par la suite, il refusa de signer tout genre de pétition. Il croyait sincèrement que l'agitation braquerait l'opinion protestante contre de nouvelles concessions aux catholiques ontariens et pourrait même retarder sérieusement la restauration des droits des catholiques manitobains. Vers la fin de sa vie, il écrivit à l'archevêque de Saint-Boniface, Adélard Langevin*, une longue lettre dans laquelle il le pressait d'accepter le compromis conclu entre Laurier et Thomas Greenway* en 1896 en vue de commencer à rouvrir les écoles séparées.

À l'occasion pourtant, Walsh était capable de manifester sa colère. Lorsque les édiles de Toronto retirèrent toute subvention aux hôpitaux confessionnels (y compris celui de St Michael en juin 1893), il s'écarta de la voie diplomatique et répliqua par une dénonciation cuisante. Dans une brillante lettre circulaire publiée en première page du *Catholic Register*, de Toronto, il défendit vigoureusement le droit de tous les hôpitaux à une part des fonds publics. Moins d'une semaine plus tard, le conseil municipal revenait sur sa décision et remettait les subventions en vigueur.

Malgré son âge, Walsh ouvrit une aile pour les filles au Sacred Heart Orphan Asylum en 1891 et fonda la St Vincent de Paul Children's Aid Society of Toronto en 1894 et la St John's Industrial School for Boys en 1897. Il érigea 16 églises et 3 chapelles, et autorisa la construction d'une résidence pour les basiliens et de 3 couvents. De plus, il ordonna 12 prêtres séculiers et 3 prêtres réguliers. S'intéressant toujours aux affaires irlandaises, il demeurait un infatigable partisan de la Land League et de l'autonomie politique. En 1895, la chute de Charles Stewart Parnell causa une scission parmi les autonomistes, et Walsh suggéra à Edward Blake* de tenir un congrès international pour restaurer l'harmonie et continuer la lutte. L'Irish Race Convention eut lieu à Dublin en septembre 1896, mais il n'y assista pas.

John Walsh mourut subitement à la fin de juillet 1898. Tous, quelle qu'ait été leur confession, en éprouvèrent un chagrin sincère. Un éditorial du *Globe* dit de lui : « Tout dévoué qu'il fût aux intérêts de son Église, personne ne peut lui attribuer une parole qui aurait visé à attiser le sectarisme ou à envenimer les relations entre catholiques et protestants. Plus d'une fois, il a parlé avec une calme dignité et une grande charité qui ont eu un effet remarquable sur la communauté protestante. Durant toutes les années où il a été archevêque de Toronto, il a voulu faire régner la paix, l'harmonie et l'égalité entre tous les citoyens canadiens. »

MICHAEL POWER

Les renseignements sur la réunion secrète de John Walsh, Adam Crooks et Charles Hutchinson qui a eu lieu le 14 mai 1881 sont extraits d'une entrevue avec H. Orlo Miller réalisée par l'auteur le 4 juill. 1987, à London, Ontario. Miller fait référence à cette réunion dans son roman *Death to the Donnellys* [...] (Toronto, 1975), 215 ; quand *The Donellys must die* (Toronto, 1962) fut publié, il n'avait pas assez de preuve pour inclure l'incident dans le récit. [M. P.]

Les publications de Walsh comprennent : *The Council of the Vatican and the doctrines it suggests and illustrates* (London, 1870 ; copie aux Arch. of the Diocese of London) ; et *The doctrine of papal infallibility stated and vindicated ; with an appendix on the question of civil allegiance* (London, 1875) ; une seconde édition de ce dernier ouvrage [...] *with an appendix on civil allegiance, and certain historical difficulties* a été publiée au même endroit en 1875.

ARCAT, L, AA05.83, AA07.06, AB01.06, AE08.04 ; LB01.204–205, .280, .283 ; LB06.09, .79 ; LB07 ; LRC 6003, 6009 ; W. — Arch. of the Diocese of London, R. H. Dignan, « Early history of the Catholic Church in southwestern Ontario, 1635–1889 » (*circa* 1919–1932) (copie) ; John Walsh papers. — *The city and diocese of London, Ontario, Canada ; an historical sketch, compiled in commemoration of the opening of St. Peter's Cathedral, London, June 28th, 1885*, J. F. Coffey, compil. (London, 1885). — *A documentary history of Assumption College* [...], introd. de Michael Power, édit. (2 vol. parus, [Windsor, Ontario], 1986–), 2. — *History and album of the Irish Race Convention, which met in Dublin the first three days of September, 1896* [...] (Dublin, [1897]). — *Jubilee volume, 1842–1892 : the archdiocese of Toronto and Archbishop Walsh*, [J. R. Teefy, édit.] (Toronto, 1892), i–xxx. — *Canadian Freeman* (Toronto), 9 mars 1860, 19 juin, 14 août, 9 oct. 1862, 19 nov., 17 déc. 1867. — *Catholic Record* (London), 24 oct. 1880, 25 mars 1881, 6 oct. 1882, 2 mai, 4 juill. 1885, juin 1893, 6 août 1898. — *Chatham Tri-Weekly Planet* (Chatham, Ontario), 24 oct. 1887. — *Globe*, 8 juin 1891, 1er août 1898, 28 nov. 1899. — W. P. Bull, *From Macdonell to McGuigan : the history of the growth of the Roman Catholic Church in Upper Canada* (Toronto, 1939). — J. T. Flynn, « The London episcopacy, 1867–1889, of the Most Reverend John Walsh, D.D., second bishop of London, Ontario » (thèse de M.A., Catholic Univ. of America, Washington, 1966). — E. J. Lajeunesse, *Outline history of Assumption parish* ([Windsor, 1967] ; éd. augm., 1984). — J. R. McMahon, « The episcopate of Pierre-Adolphe Pinsoneault : first bishop of London, Upper Canada, 1856–1866 » (thèse de M.A., Univ. of Western Ontario, London, 1982). — *St. Peter's Cathedral Basilica, London, Canada ; compiled in commemoration of the 100th anniversary of St. Peter's Cathedral, June 29, 1985*, J. R. McMahon, compil. ([London, 1985]). — F. A. Walker, *Catholic education and politics in Ontario* [...] (3 vol., Toronto, 1955–1987 ; réimpr. des vol. 1–2, 1976), 1.

WANZER, RICHARD MOTT, manufacturier, né probablement le 3 septembre 1818 dans l'état de New York ; il épousa Electa Ann Lyon, et ils eurent une fille et un fils ; décédé le 23 mars 1900 à New York et inhumé à Hamilton, Ontario.

Richard Mott Wanzer était issu d'une famille quaker et eut apparemment des emplois d'instituteur, de commis de magasin et de représentant de maisons d'édition. Il s'occupa d'édition à Buffalo, dans l'état de New York, et travailla peut-être aussi dans l'industrie de la machine à coudre aux États-Unis. Après avoir connu de graves difficultés financières, il s'installa à Hamilton vers 1859 et y fonda une usine de machines à coudre. Premier outil mécanique à faire l'objet d'une production de masse destinée à l'usage domestique, la machine à coudre constituait un gage de succès et de richesse pour ceux qui pouvaient en accaparer une part du marché. Après qu'un prototype opérationnel eut été breveté en 1846 par Elias Howe, des centaines d'usines virent le jour aux États-Unis, au Canada et dans les îles Britanniques. Grâce à leur accès facile aux voies de communication et à leur abondante main-d'œuvre, les villes de Hamilton et de Guelph devinrent les principaux centres de cette industrie dans le Haut-Canada.

Wanzer loua un immeuble en pierre à Hamilton où, en 1860, grâce au soutien de la fonderie d'Edward Gurney*, il entreprit de fabriquer les premières machines à coudre canadiennes. Il eut tôt fait de s'associer à John Neil Tarbox pour former la R. M. Wanzer and Company, qui fabriqua d'abord des machines conçues par les sociétés américaines Wheeler and Wilson et Singer. Avant l'Acte sur les brevets d'invention de 1872, les manufacturiers canadiens étaient libres de copier les brevets américains ou d'incorporer des éléments brevetés à leurs propres machines. Ils étaient aussi indépendants de la Sewing Machine Combination, puissant cartel américain qui exigeait que les manufacturiers qui utilisaient ses brevets obtiennent une licence.

En 1862, soutenant qu'il était le seul à la fabriquer, Wanzer annonça une machine à coudre domestique à navette qui combinait les meilleures caractéristiques des machines de Wheeler and Wilson et de Singer. Initialement brevetée par Christopher Lockman, machiniste de Hamilton dont les liens avec Wanzer ne sont pas bien connus, la machine « domestique à navette supprimait crochet, porte-brosse, pince, bobine et tous les petits ressorts qui déconcert[aient] et embrouill[aient] tant l'opérateur », pour les remplacer par la navette Singer. À l'époque, Wanzer employait 50 mécaniciens ; en 1864, ce nombre était porté à 70 et la compagnie affichait une production de 60 machines par semaine. En 1868, Wanzer introduisit un nouveau modèle, la Little Wanzer. Sa taille compacte, sa simplicité et son bas prix (25 $ en 1870, ou 30 $ avec support) en firent tout de suite un succès, et on en vendit plus de 4 000 dès la première année. Grâce à une bonne publicité et à de nombreuses expositions, la gamme des machines Wanzer comptait quatre nouveaux modèles en 1874.

L'augmentation de la production dans les années 1860 incita Wanzer à construire une nouvelle usine de quatre étages. Homme d'affaires énergique et plein d'initiative, il y ajouta une vaste annexe en décembre 1870 et la dota d'un équipement qui permettait une production de 1 000 machines par semaine. Jusqu'en septembre 1872, elle fut sous l'habile direction de Tarbox, l'associé de Wanzer, qui joua cette année-là un rôle crucial dans la défaite du mouvement pour la journée de neuf heures qui s'était organisé à l'usine [V. James A. RYAN]. Lorsque les employés présentèrent leur revendication, il ferma les portes de l'usine et plaça une affiche pour indiquer qu'il n'y avait plus de travail. Cependant, dès la deuxième semaine de juin, l'usine fonctionnait à pleine capacité. En 1875, Wanzer racheta apparemment la part de Tarbox ; trois ans plus tard, il construisit une nouvelle usine plus moderne au coût approximatif de 300 000 $. Il y ajouta une extension en 1884.

Bien que les efforts de Wanzer aient d'abord été dirigés vers le marché canadien, il eut tôt fait de se lancer dans l'exportation. À Londres, où il passait beaucoup de temps, un bureau s'occupait du marché étranger de la populaire Little Wanzer, beaucoup moins coûteuse que les machines américaines. Des succursales et des entrepôts surgirent par la suite un peu partout en Europe ainsi qu'en Australie, en Afrique du Sud, en Turquie, en Égypte et au Brésil. Les pièces étaient fabriquées à Hamilton et envoyées en Angleterre pour y être assemblées. En outre, l'homme d'affaires Isaac Buchanan*, de Hamilton, acquit les droits d'exportation pour les machines Wanzer, et son fils tenta sans succès d'en vendre au Japon. Wanzer reçut des médailles d'or pour ses machines à de nombreuses expositions internationales. À l'Exposition universelle de Vienne, en 1873, non seulement reçut-il un prix, mais il fut fait chevalier de l'ordre de François-Joseph.

L'une des plus importantes entreprises de la province, la R. M. Wanzer and Company porta sa production à 1 500 machines par semaine entre 1861 et 1881, période durant laquelle elle en produisit près d'un million et demi. Toutefois, la concurrence des manufacturiers américains, la faiblesse de la protection douanière, la surproduction et une baisse marquée de la demande durant la dépression des années 1880 firent grand tort à la compagnie. Afin d'obtenir des fonds pour soutenir son usine, Wanzer fit breveter un appareil d'éclairage et de cuisson, et acquit en 1885 une concession dans le but de fournir l'éclairage électrique à Hamilton. Néanmoins, en 1890, le fabricant de machines à coudre le plus important et le plus florissant de l'Ontario fit faillite. Aucune des entreprises subséquentes de Wanzer – la compagnie de lampes, une manufacture de savon, ou l'Oneida Lamp Company de Niagara Falls – ne connut de succès.

En 1898, Wanzer était ruiné ; il quitta Hamilton pour s'installer à Buffalo afin d'y lancer la Wanzer Lamp and Cooker Company. Il mourut de pneumonie à New York le 23 mars 1900. On exposa sa dépouille à l'hôtel de ville de Hamilton et on l'inhuma dans le cimetière de Hamilton. Relatant sa carrière et ses réalisations, le *Hamilton Spectator* le décrivit comme la « personnification du parfait gentleman, un citoyen au grand cœur et un employeur des plus généreux ».

NANCY KIEFER

AO, RG 55, partnership records, Wentworth County, declarations, n° 69. — HPL, Arch. file, Brown–Hendrie papers ; City council, minutes, 1866–1885 (mfm) ; Clipping file, R. M. Wanzer ; R. M. Wanzer & Co. ; Wanzer Sewing Machine Co. ; Wanzer Soap Co. — *Hamilton Herald* (Hamilton, Ontario), 15 nov. 1890. — *Hamilton Spectator*, 6 févr. 1861, 4 juill. 1867, 26 nov. 1869, 3 sept., 22 déc. 1870, 1er mai 1871, 11, 24 sept. 1872, 21 août 1883, 13 févr. 1884, 20 sept. 1890, 3 août 1892, 24, 27 mars 1900. — *Times* (Hamilton), 26 nov., 18 déc. 1868, 7 juin 1898, 27 mars 1900. — *DHB*. — *Wentworth County directory*, 1865–1866. — M. J. Eckmann Brent, « A study of the sewing machine industry of Ontario, 1860–1897, including a handbook for museum workers » (thèse de M. MUSEOLOGY, Univ. of Toronto, 1979). — [J. J.] B. Forster, *A conjunction of interests : business, politics, and tariffs, 1825–1879* (Toronto, 1986). — Douglas McCalla, *The Upper Canada trade, 1834–1872 : a study of the Buchanans' business* (Toronto, 1979). — B. D. Palmer, *A culture in conflict : skilled workers and industrial capitalism in Hamilton, Ontario, 1860–1914* (Montréal, 1979). — M. [J.] Eckmann Brent, « A stitch in time : the sewing machine industry of Ontario, 1860–1897 », *Material Hist. Bull.* (Ottawa), 10 (1980) : 1–30. — *Hamilton Spectator*, 19 déc. 1914, 20, 27 sept., 4 oct. 1941.

WARD, JAMES, marin, tavernier, logeur et racoleur, né vers 1833 dans le comté de Tyrone (Irlande du Nord) ; il se maria deux fois et eut au moins une fille ; décédé le 22 octobre 1891 à Savannah, Géorgie.

James Ward (mieux connu sous le prénom de Jim) serait venu à Québec au moment de la famine qui poussa de nombreux Irlandais à émigrer en 1846–1847. Ses occupations subséquentes furent toutes liées de près à la vie portuaire : marin, tavernier et tenancier d'une pension pour marins. Sa notoriété lui vint en 1856 en tant qu'homme de main chargé d'accomplir la basse besogne de détourner ou d'éloigner les marins de leur bateau au nom d'agents connus sous le nom de racoleurs.

Le trafic des marins employés à bord des bateaux venus de Grande-Bretagne était attribuable aux conditions des contrats d'embauche, qui stipulaient que les hommes devaient s'enrôler pour le voyage aller-retour, ainsi qu'à la nature saisonnière de la navigation au Québec. La demande de matelots était élevée au début de chaque saison en raison de la construction de nouveaux bateaux et, lorsque les navires britanniques arrivaient à Québec, il était facile de persuader leurs membres d'équipage de déserter et de s'enrôler sur un navire en partance contre un salaire beaucoup plus élevé. C'est ainsi qu'un réseau de racoleurs vit le jour rue Champlain, près du port, afin de faciliter, contre rémunération, le passage d'un employeur à un autre. En 1848, le gouvernement de la province du Canada tenta de freiner la désertion en nommant un enrôleur maritime dans le port, mais il ne réussit pas à briser l'emprise qu'exerçaient sur presque toute la main-d'œuvre les racoleurs qui ne laissaient aucun choix aux marins ni aux capitaines quant aux échanges et qui traitaient les autorités portuaires avec mépris. La réputation du port de Québec en souffrit à l'échelle internationale, notamment après que Henry FRY, agent à Québec pour la Lloyd's de Londres, eut publié en 1856 des articles dans le *Times* et la *Shipping and Mercantile Gazette* de Londres où il dénonçait la domination des racoleurs et suggérait que leur commerce lucratif se faisait de connivence avec les marchands locaux et les autorités portuaires. Ces accusations amenèrent le gouverneur Edmund Walker Head* à ordonner la tenue d'une enquête, et c'est à la suite de celle-ci que la presse fit état des activités de Jim Ward.

Connu des matelots comme le « plus grand fripon à Québec », Ward était le racoleur le plus infâme de la rue Champlain. Sa notoriété atteignit des dimensions légendaires avec des histoires de matelots morts mis à bord des bateaux et de marins forcés de quitter leur navire à la pointe du fusil. Il est certain qu'il racola des hommes pour l'armée de l'Union durant la guerre de Sécession aux États-Unis et qu'il força des capitaines de navire à renvoyer leurs hommes d'équipage et à en engager d'autres à des salaires qu'il fixait au mépris des tarifs officiels. Il utilisait des armes pour imposer sa discipline aux marins qu'il hébergeait et il embarquait de force des hommes comme membres d'équipage, en obligeant plusieurs à affronter, mal équipés et mal préparés, aussi bien le froid de l'Atlantique Nord que la mauvaise humeur de capitaines peu reconnaissants. Comme d'autres enrôleurs maritimes officieux de Québec, Ward subit un revers de fortune après 1873, à la suite de l'adoption d'une loi qui renforçait les dispositions interdisant la désertion des marins. Il semble qu'il soit malgré tout demeuré en affaires pendant un ou deux ans, jusqu'à ce que la construction navale commence à décliner, et il est possible qu'il ait occupé un poste d'adjoint au bureau maritime du gouvernement.

Comme bien d'autres artisans et hommes d'affaires de l'industrie portuaire à l'époque où la navigation et la construction navale étaient à leur apogée à Québec, Ward n'y habitait que l'été. Lorsque le fleuve gelait l'hiver, il émigrait vers les ports d'où l'on expédiait le coton et le bois d'œuvre de la Géorgie, de la Floride et de la Louisiane ; dans le milieu des années 1850, il semble que La Nouvelle-Orléans ait été sa destination. En 1869, il avait sa résidence d'hiver à Savannah, en Géorgie, et, lorsqu'il cessa ses affaires à Québec, il s'y établit définitivement. Il devint le directeur tout à fait respectable d'une entreprise d'arrimage, et on lui reconnaissait un « penchant noble et charitable » à l'endroit de ses employés et concitoyens. Il mourut d'une laryngite au mois d'octobre 1891 après avoir souffert de maux de gorge pendant longtemps. Le jour de ses obsèques, à la cathédrale catholique, les travaux s'arrêtèrent sur les quais et les bateaux de passage battirent pavillon en berne.

Considéré comme un être fruste durant ses années à Québec, James Ward était devenu un homme respectable à Savannah. Cependant, même à Québec il avait été mieux accepté par ses concitoyens que ne le laissent croire ses confrontations avec des capitaines de navires étrangers et avec les forces de l'ordre, car il équipait les bateaux qu'on y construisait. Ses manières étaient trop brutales pour le faire aimer des matelots ; pourtant, il avait obtenu pour eux des gages élevés et quelques-uns avaient eu la sagesse de ne pas tout dépenser à boire et à faire la fête à la taverne et à la pension de Ward, avant de rentrer chez eux.

JUDITH FINGARD

Cette biographie est basée sur les sources et études qui ont servi à la préparation de l'ouvrage de Judith Fingard, *Jack in port : sailortowns of eastern Canada* (Toronto, 1982), 199–218, et qui y sont mentionnées, ainsi que sur *Quebec directory*, 1852–1875, et le *Morning News* (Savannah, Ga.), 23–24 oct. 1891. On consultera aussi de F. W. Wallace, *Wooden ships and iron men : the story of the square-rigged merchant marine of British North America, the ships, their builders and owners, and the men who sailed them* (New York, [1924]) ; et *In the wake of the wind-ships : notes, records and biographies pertaining to the square-rigged merchant marine of British North America* (Toronto, 1927), et de Judith Fingard, « Those Crimps of Hell and Goblins Damned » : the image and reality of Quebec's sailortown bosses », *Working men who got wet,* Rosemary Ommer et Gerald Panting, édit. (St John's, 1980), 323–333.

WATEROUS (Waterhouse), CHARLES HORATIO, manufacturier, né le 29 septembre 1814 à Burlington, Vermont, fils d'Eleazer Waterhouse et d'Emma Johnson ; le 5 décembre 1839, il épousa Martha June, et ils eurent six fils et une fille ; décédé le 10 février 1892 à Brantford, Ontario.

Le père de Charles Horatio Waterous, ancien directeur d'une école privée de Burlington, mourut en 1816, peu après qu'il eut abandonné sa famille pour s'établir à Saint-Louis. Sa veuve connut des difficultés financières jusqu'à ce qu'elle épouse Denson Tripp, cultivateur de New Haven, au Vermont. À compter de ce moment et jusqu'à sa quinzième année, Charles travailla l'été dans la ferme de son beau-père et alla à l'école durant l'hiver. En 1829, il devint l'apprenti de Thomas Davenport, forgeron de Brandon. Waterous nota plus tard que son maître était « meilleur inventeur que forgeron ». Lorsque Davenport quitta les affaires, Waterous acheva sa formation dans un atelier d'usinage.

L'apprentissage de Waterous avait piqué sa curiosité et son inventivité. Parallèlement à son travail subséquent de machiniste, il continua d'aider Davenport à mettre au point un moteur électrique. En 1833, Waterous alla travailler à New York, chez un oncle qui possédait une fonderie et un atelier d'usinage. Durant les deux années suivantes, il travailla en Ohio, dans des ateliers du même genre. Il fut ensuite mécanicien sur des bateaux à vapeur des Grands Lacs. En janvier 1839, l'offre d'association que lui fit Davenport le ramena à New York où l'inventeur avait établi un atelier-laboratoire. Ils étaient installés au-dessus de l'atelier de Samuel Finley Breese Morse, celui qui perfectionna le télégraphe et avec qui Waterous prétendit plus tard avoir discuté de divers problèmes techniques. Contrairement à leur voisin, Davenport et Waterous n'eurent pas de succès : même s'il pouvait actionner une petite presse typographique, leur moteur n'avait pas la puissance suffisante pour servir à d'autres applications industrielles et coûtait trop cher à produire. Après une année, au bout de ses économies, Waterous emprunta de l'argent à ses amis pour rentrer en Ohio. À Sandusky, il loua un atelier d'usinage qu'il dirigea lui-même. Puis, en 1842, il construisit des moulins en compagnie de Julius Edgerton à Painesville et dans les environs ; en 1845, un incendie mettait cependant fin à leur activité. Encore une fois, Waterous trouva du travail sur les vapeurs des Grands Lacs. En 1846, cependant, il s'associa à Edgerton et à John D. Shepard pour exploiter une fonderie à Buffalo, mais la compagnie fit faillite durant la dépression économique de 1848.

Plus tard la même année, Waterous accepta d'aider à la réorganisation de la fonderie de Philip Cady Van Brocklin à Brantford. Même en investissant probablement peu ou pas de capital dans l'entreprise, il eut le titre d'associé et reçut un salaire en plus du quart des profits. Sa compétence technique et son sens de l'innovation permirent de transformer la fonderie en usine de machines à vapeur. Un nouvel associé, Thomas Winter, Anglais arrivé récemment des Antilles, finança le projet. La Van Brocklin, Winter and Company demeura en exploitation jusqu'à la retraite de l'associé principal en 1855. Incapable de maintenir l'entreprise seul, Waterous s'associa la même année à une autre fonderie de Brantford, la Goold, Bennett and Company, en vue d'acquérir l'affaire de Van Brocklin. Ses nouveaux associés étaient Franklin P. Goold et Adolphus B. Bennett, tous deux de Brantford, et Joseph Ganson, Holester Lathrop et Ralph W. Goold, qui exploitaient une fonderie à Brockport, dans l'état de New York. La nouvelle firme prit la raison sociale de Ganson, Waterous and Company. Les capitaux additionnels nécessaires pour l'expansion de l'usine provinrent d'Ignatius Cockshutt*, le commerçant le plus important de Brantford, qui sans être associé était copropriétaire de l'usine.

La dépression qui débuta en 1857 faillit mettre un terme à l'entreprise. Au début, les sommes versées pour le règlement des comptes des clients suffisaient à couvrir l'achat des matières premières, le salaire des employés et les autres dépenses. Mais après 1857 le fonds de roulement était trop faible et, bien que l'on ait généralement considéré les associés comme financièrement à l'aise, leurs avoirs étaient de plus en plus liés aux comptes en souffrance de la société. Pour cette raison, la Goold, Bennett and Company vendit la première de ses fonderies de Brantford en 1857 et, à la fin de la même année, Bennett, Lathrop et Ralph W. Goold s'étaient retirés de la Ganson, Waterous and Company. En 1859, incapable de s'acquitter de ses obligations, la firme entreprit de liquider ses affaires. Ses créanciers lui accordèrent toutefois un répit de dernière minute au début de 1860 sous forme d'un sursis de paiement de quatre ans en échange d'une cession d'actif. Malgré cela, Ganson mit fin à sa participation en 1862, bien que le nom de la société demeurât inchangé jusqu'en 1864 afin de conserver la confiance de la clientèle. Cette année-là, après que la firme eut apparemment remboursé ses créanciers et repris ses affaires en main, Franklin P. Goold la quitta pour diriger la Brantford Pottery, une entreprise que lui et Waterous avaient acquise en 1859 et qu'ils conservèrent jusqu'en 1867, sans doute pour se couvrir en cas de faillite de leur fonderie.

Waterous, de son côté, décida de ne pas quitter l'entreprise en s'associant à George H. Wilkes, en 1864, au sein d'une nouvelle firme, qu'ils baptisèrent C. H. Waterous and Company. Wilkes était un associé de la Ganson, Waterous and Company depuis 1861, année où l'entreprise avait fusionné avec une autre fonderie de Brantford en faillite dont les créanciers lui avaient confié la direction. À compter du milieu des années 1860, la C. H. Waterous and Company prospéra grâce à la fabrication de machinerie pour les moulins à farine et les scieries, de machines à vapeur ainsi que d'appareils de pompage destinés à l'industrie pétrolière de l'ouest de l'Ontario et aux services d'aqueduc municipaux. L'augmentation du chiffre d'affaires, qui passa de 120 000 $ en 1870 à 220 000 $ en 1875, justifia d'ambitieux projets d'expansion de même que la constitution juridique de la Waterous Engine Works Company Limited en 1874. La participation financière qu'Ignatius Cockshutt avait maintenue toutes ces années fut reconnue par la nomination de son fils, James G. Cockshutt, à la présidence de la nouvelle société, dont Waterous devint directeur général.

La dépression du milieu des années 1870 jeta une douche froide sur les visions optimistes issues de cette réorganisation. On n'en était qu'à la construction des fondations d'une nouvelle usine lorsque des difficultés financières forcèrent la compagnie, au début de 1877, à vendre le terrain et ce qui restait de matériaux de construction. Pour se protéger, Waterous avait prudemment compliqué ses finances personnelles en vendant sa propriété à son épouse et à ses enfants, puis en l'hypothéquant. Wilkes et Cockshutt fils se désintéressèrent alors de l'entreprise et en septembre 1879, bien que toujours endetté envers Cockshutt père, Waterous acheta toutes les actions en circulation de la compagnie.

Ces difficultés n'incitèrent toutefois pas Waterous à appuyer l'imposition de barrières tarifaires comme solution au problème économique. Il n'attribua pas non plus l'impressionnante croissance de sa compagnie, à compter de la fin des années 1870, à la Politique nationale introduite en 1879 par le gouvernement de sir John Alexander MACDONALD [V. Sir Samuel Leonard TILLEY]. Au cours des années 1880, Waterous négocia avec la ville de Brantford et réussit à obtenir des primes, des exemptions d'impôts et l'accès gratuit aux services publics. En 1883, il envoya son fils Frank à Winnipeg ouvrir et gérer une agence et un atelier d'usinage pour servir la clientèle de l'Ouest. Comme elle n'employait que dix hommes, la succursale ne s'occupait probablement que des comptes locaux, de la construction et de l'assemblage des moulins et des chaudières en plus de travaux de réparation. Trois ans plus tard, elle était réduite à une succursale de vente, puisque l'atelier d'usinage avait fermé ses portes lorsque Waterous père décida de se lancer sur le marché américain. En réponse aux pressions de la chambre de commerce de St Paul, au Minnesota, la compagnie ouvrit un atelier d'usinage dans cette ville, sous la direction d'un autre des fils Waterous, Frederick, qui avait été directeur adjoint à la succursale de Winnipeg. En 1888, la compagnie employait 250 hommes et affirmait, en exagérant sans doute un peu, posséder un actif de 750 000 $, l'usine de St Paul y compris. La croissance de la compagnie, faisait valoir Waterous en 1891, dépendait de la négociation d'un traité de réciprocité destiné à ouvrir le marché américain aux manufacturiers canadiens.

L'engagement politique de Waterous se limita à ses déclarations sur les tarifs douaniers et la réciprocité, publiées pour la plupart dans l'*Expositor* de Brantford, et au soutien qu'il apporta au parti libéral. Pendant presque toute sa vie, il fréquenta l'église congrégationaliste, bien qu'à la fin il assistât aux offices célébrés à l'église presbytérienne Zion de William COCHRANE. Lorsqu'il ne travaillait pas, il appréciait le calme de sa ferme près de Brantford en compagnie de son épouse et de sa famille. Waterous ne se remit jamais du décès de son épouse en 1889, et il mourut trois ans plus tard.

En rapportant son décès, le *Globe* de Toronto fit l'éloge de Charles Horatio Waterous en ces termes : « Il était l'ami tant du journalier que de l'apprenti et considérait leur aise et leur contentement comme nécessaire à son propre bonheur. » Comme bien d'autres hommes qui ne devaient leur succès qu'à eux-mêmes, Waterous traitait ses employés de façon paternaliste, ce qui excluait la reconnaissance syndicale, comme ce fut le cas au moment de la grève déclenchée à son usine en 1872 sur la question de la journée de « neuf heures ». Son succès, malgré les nombreux reculs et même les échecs, était pour lui et pour ceux qui n'étaient pas favorables aux revendications de la force ouvrière la preuve de l'efficacité de l'effort individuel.

DAVID G. BURLEY

AN, RG 31, C1, 1851, 1861, 1871, Brantford ; 1861, 1871, Brantford Township. — AO, MU 3307–3308, particulièrement MU 3307, C. H. Waterous, « Auto-biographical sketch » (copie dactylographiée). — Arch. privées, Richard Waterous (Brantford), Family papers. — Baker Library, R. G. Dun & Co. credit ledger, Canada, 13 : 24, 55–57, 83, 108. — Brant County Museum (Brantford, Ontario), Waterous papers. — Brant County Surrogate Court (Brantford), Reg., liber G (1892–1893), nº 1513 (mfm aux AO). — MTRL, T. S. Shenston papers, letter-book, 388–389. — *In memoriam : Charles H. Waterous, Jr.* (Brantford, 1892). — *The Waterous' Engine Works Co.'s (Limited) illustrated catalogue of steam engines, saw and grist mill machinery, Waterous' improved system of fire protection and water supply, saws and saw mill furnishings* (Brantford, 1875 ; photocopie aux AO, MU 3307). — *Expositor* (Brantford), 14 déc. 1888, 12, 19 févr., 18 mars 1892. — *Globe*, 12 févr. 1892. — *Canadian album* (Cochrane et Hopkins). — D. G. Burley, « The businessmen of Brantford, Ontario : self-employment in a mid-nineteenth century town » (thèse de PH.D., McMaster Univ., Hamilton, Ontario, 1983), 98–102, 138, 140–143, 146, 151.

WEEKS, OTTO SCHWARTZ, avocat, fonctionnaire, journaliste et homme politique, né en 1830 à Halifax, aîné des neuf enfants du révérend Otto Richard Schwartz Weeks et de Maria Morris ; le 24 janvier 1865, il épousa Seraph Cutler Ruggles d'Annapolis Royal, Nouvelle-Écosse ; décédé le 4 février 1892 dans sa ville natale.

Après avoir étudié à Halifax et reçu une formation juridique au cabinet d'Alexander James, Otto Schwartz Weeks fut admis au barreau de la Nouvelle-Écosse à titre d'attorney le 28 novembre 1853, et de barrister le 24 décembre 1854. Il manifesta toutefois peu d'enthousiasme pour la pratique du droit. En 1858 et 1859, il remplit la fonction de sténographe officiel à la chambre d'Assemblée, prêta aussi son concours à ce titre durant les années qui suivirent, et fut à l'occasion chroniqueur parlementaire pour certains journaux. C'est durant cette période qu'il prononça, de temps à autre, des conférences sur des sujets littéraires, et il excellait notamment comme lecteur de poésie. Vers 1865, il ouvrit un cabinet à Windsor et acquit rapidement la réputation de pouvoir influencer les jurys, en raison, disait-on, de son sens inégalé de la répartie.

La carrière politique de Weeks débuta en novembre 1875 lorsque le premier ministre de la province, Philip Carteret HILL, l'invita à devenir procureur général. Hill était alors aux prises avec le départ de nombreux députés libéraux provinciaux de talent qui avaient accepté des postes au sein du gouvernement fédéral d'Alexander MACKENZIE et, « en homme élégant et d'un goût exquis », il était incapable de lutter efficacement contre l'opposition la plus hargneuse de l'histoire de la province. Il est clair que Hill courait un risque, car l'intempérance et les excentricités de son nouveau ministre étaient bien connues. Un jour, Weeks avait tiré un coup de feu en direction de sa femme et l'avait blessée d'un plomb à la jambe ; à une autre occasion, tandis qu'il était couché dans son lit, il s'était amusé à tirer au plafond de sa chambre d'hôtel. Pour entrer au Parlement, Weeks se présenta à une élection complémentaire dans la circonscription de Guysborough. Accusé d'y avoir été imposé par des forces extérieures, il répliqua en faisant allusion au fait que son arrière-grand-père, le loyaliste Joshua Wingate Weeks, y avait jadis servi comme missionnaire de l'Église d'Angleterre, et que la circonscription était devenue « l'objet de [son] attention en raison de vieilles relations de famille ». Le 20 décembre, il remporta la victoire par la mince marge de huit voix.

Weeks fit bonne figure à la session de 1876 en remportant la victoire contre des conservateurs coriaces et farouchement partisans, tels Simon Hugh Holmes*, Avard Longley et Douglas Benjamin Woodworth. Comme toujours, il sut imposer sa présence avec sa « redingote noire, un large plastron, une cravate blanche et une longue chaîne en or autour du cou terminée par une petite montre enfouie dans sa poche de veste, le tout couronné d'un haut chapeau de castor gris ». Après la session, toutefois, et bien qu'on l'ait nommé conseiller de la reine en mai 1876, il reprit ses vieilles habitudes. Son penchant pour l'alcool l'amenait à s'absenter durant de longues périodes et à délaisser les affaires de son ministère, ce qui retardait la prise de décisions. Pis encore, « l'atmosphère était lourde d'accusations contre sa personne, dont aucun gouvernement ne pouvait ne pas tenir compte ». Lorsqu'on lui demanda de démissionner, il refusa ; il fallut que le lieutenant-gouverneur Adams George ARCHIBALD le démette de ses fonctions en novembre 1876, sur l'avis unanime des autres membres du Conseil exécutif. Weeks est d'ailleurs le seul ministre d'un cabinet de la Nouvelle-Écosse à avoir été destitué par décret.

Durant la session de 1877 et de 1878, Weeks adopta une position plutôt indépendante : il mit plus d'une fois le gouvernement dans l'embarras en appuyant l'opposition ou en préconisant des initiatives de son cru. Bien qu'il perdît la mise en nomination officielle comme candidat libéral dans Guysborough en 1878, il fit néanmoins campagne sous la bannière du parti, affirmant qu'on l'avait injustement démis de ses fonctions. À contrecœur, Hill expliqua alors pour la première fois en public les raisons de la destitution de Weeks. Jouissant toujours malgré tout d'une forte popularité, ce dernier réussit à enlever aux candidats libéraux officiels un nombre assez élevé de voix pour faire élire deux candidats conservateurs. Aux élections de 1882 et de 1886, il était de nouveau solidement établi dans les rangs des libéraux et remporta facilement l'un des sièges de Guysborough. Son jeune cocandidat, James A. Fraser, manifestait beaucoup de respect à son endroit, l'appelant un jour « prince des chics types » et l'homme le plus apte de la chambre « en ce qui concerne l'éloquence, les connaissances et la formation véritables ».

Pour des raisons évidentes, Weeks ne fut pas rappelé au cabinet, même si les premiers ministres provinciaux William Thomas Pipes* et William Stevens Fielding* tentèrent de l'aider. En 1882, il fut au nombre des trois commissaires que Pipes affecta à la refonte des lois provinciales. Au cours des années 1880, il réduisit sa participation à l'Assemblée, même s'il accorda son appui enthousiaste aux efforts de Fraser en vue d'amener la Nouvelle-Écosse à quitter la fédération canadienne. En 1890, il était revenu à ses anciennes manières. Même après avoir perdu la candidature libérale dans la circonscription de Guysborough, il se présenta aux élections et obtint suffisamment d'appuis libéraux pour infliger la défaite aux candidats officiels du parti, y compris Fraser. Cette victoire ne devait cependant pas se reproduire une troisième fois, car il mourut deux ans avant l'élection de 1894. Il s'était retrouvé malade et peu fortuné à la fin de sa vie ; la chance ne lui souriait décidément pas.

Malgré ses talents et son charme, Otto Schwartz Weeks fut en quelque sorte une figure tragique. À cause de son penchant pour l'alcool et de ses excentricités, il n'avait pas eu la brillante carrière juridique à laquelle il semblait promis, ni la carrière politique remarquable qu'il avait tant souhaitée.

J. MURRAY BECK

PANS, MG 2, 503, Fraser à D. W. Crockett, 21 févr. 1883. — N.-É., House of Assembly, *Debates and proc.*, 1876–1878 ; 1883–1890 ; *Journal and proc.*, 1876–1878 ; 1883–1890. — *Morning Chronicle* (Halifax), 1875–1878, 1882–1890. — *Morning Herald* (Halifax), 1875–1878, 1882–1890. — *Cyclopædia of Canadian biog.* (Rose et Charlesworth), 2. — J. M. Beck, *Politics of Nova Scotia* (2 vol., Tantallon, N.-É., 1985–1989). — John Doull, *Sketches of attorney generals of Nova Scotia, 1750–1926* (Halifax, 1964). — J. M. Beck, « Philip Carteret Hill : political misfit », N.S. Hist. Soc., *Coll.*, 42 (1986) : 1–16. — [John] Doull, « Four attorney-generals », N.S. Hist. Soc., *Coll.*, 27 (1947) : 12–16.

WELD, WILLIAM, fermier, marchand, éditeur et journaliste, né le 10 décembre 1824 à Berwick St John, Angleterre, fils du révérend Joseph Weld et d'Elizabeth Eleanor Waks ; en 1845, il épousa Agnes Johnston, et ils eurent neuf fils et deux filles ; décédé le 3 janvier 1891 à London, Ontario.

William Weld passa son enfance à Berwick St John, où il reçut un enseignement privé. Il immigra en Amérique du Nord en 1843 et s'établit sur une terre à Delaware, dans le Haut-Canada. Grâce à l'application de principes scientifiques énoncés dans des revues britanniques et américaines, il vint à bout de problèmes d'agriculture propres au Canada, et sa ferme prospéra. Weld fut bientôt connu aux alentours pour ses succès et la qualité du bétail qu'il élevait. Sa réussite l'amena à ouvrir un commerce de distribution de graines, le Canadian Agricultural Emporium ; il put ainsi introduire le blé Red Fife [V. David Fife*] et d'autres variétés améliorées de grains dans la région de Delaware.

Weld estimait que le travail de ferme était une profession et que les cultivateurs, qu'il appelait souvent des agronomes, avaient besoin d'une formation professionnelle. À son avis, cependant, les collèges d'agriculture étaient le refuge de rêveurs et de bénéficiaires de nominations politiques. Il savait par expérience que les revues spécialisées en agriculture constituaient une bonne source de connaissances pratiques. Comme ses voisins recherchaient déjà ses conseils, il semblait aller de soi que de spécialiste local il devienne journaliste en agriculture. En 1866, Weld fonda donc le *Farmer's Advocate and Home Magazine*, qui devait devenir à la fois une entreprise commerciale et un véhicule de propagation de ses idées dans le domaine de l'agriculture.

Pendant un certain temps, le *Farmer's Advocate* fut rédigé et publié à la ferme de Weld à Delaware mais, comme la revue retint bientôt toute son attention, il ouvrit vers 1867 un bureau d'édition à London, tout près de là, et laissa l'exploitation de sa ferme à deux de ses fils, William Stephen et Joseph. Les premiers numéros de la revue ne contenaient que quelques pages mais, après peu d'années, quand elle fut devenue un mensuel bien connu, on pouvait y trouver des articles sur des techniques d'agriculture, des nouvelles, une page féminine et une section destinée aux enfants, ainsi que des récits de fiction à l'intention des lecteurs ruraux. Dans les années 1880, le *Farmer's Advocate* était la revue agricole la plus lue au Canada et son tirage mensuel atteignait près de 17 000 exemplaires. En 1891, un fils de Weld, Thomas Saxon, entreprit à Winnipeg la publication d'une édition pour l'Ouest.

Lorsque Weld fit ses débuts dans le journalisme, l'agriculture canadienne traversait une période de profonds changements. En Ontario, comme la fluctuation des prix rendait la culture du blé plus ou moins rentable, les fermiers se tournaient vers l'élevage du bétail et la production laitière. Weld encourageait justement la diversification des activités agricoles ; dans ses articles, il vantait les mérites de nouvelles techniques, comme l'exploitation d'une ferme laitière en hiver et l'ensilage. Il se servit aussi de sa revue pour promouvoir la colonisation du Manitoba et du Nord-Ouest, ajoutant qu'il était préférable que les fermiers de cette région se concentrent sur l'exploitation de ranchs et la culture de céréales, et laissent l'industrie laitière aux Canadiens de la région du Centre.

La place de plus en plus grande qu'occupait l'État dans l'économie agricole constituait un thème majeur de la réflexion de Weld. Il était d'accord avec certains programmes gouvernementaux, et fit même valoir qu'il avait pressé le gouvernement du dominion de renforcer les règlements de quarantaine qui protégeaient le bétail de la pleuropneumonie et d'autres maladies non répandues au Canada mais endémiques ailleurs. Il appuya aussi les règlements qui visaient à empêcher la vente de lait falsifié à des fromageries et à des beurreries. Cependant, au début des années 1870, Weld s'opposa au gouvernement ontarien, qui projetait d'établir un collège d'agriculture et une ferme modèle, en laissant entendre qu'il valait mieux laisser aux éditeurs de revues agricoles le soin d'instruire les fermiers ; il suggéra aussi de subventionner des entreprises privées, tel son commerce, afin de favoriser le travail expérimental. En 1884, lorsque le gouvernement fédéral proposa d'établir une ferme expérimentale à Ottawa, il manifesta plusieurs fois son opposition à ce projet, et prédit que la ferme tomberait inévitablement entre les mains de politiciens incompétents et de scientifiques rêveurs.

Weld était d'avis que les gouvernements étaient incapables d'exploiter une ferme expérimentale qui offrirait de l'information utile aux agriculteurs. Peut-être craignait-il aussi que ce type d'établissement ne menace la position dominante qu'occupait sa revue dans le domaine de l'information agricole. Toutefois, sa méfiance à l'égard du gouvernement s'atténua quand William Saunders* et James Wilson Robertson*, deux spécialistes en agriculture qu'il respectait, furent nommés à la Central Experimental Farm en 1886. En quelques années, les pages du *Farmer's Advocate* s'enrichirent d'articles de Robertson et d'autres fonctionnaires, ce qui força Weld à reconsidérer son opinion sur les fermes gouvernementales. Enfin, le fait que Saunders ait réussi à faire diminuer les influences politiques à la ferme expérimentale persuada Weld d'accepter ce qu'il appelait « l'inévitable », et il cessa ses attaques. En 1890, il avait fait sienne l'idée de la participation du gouvernement à la recherche et à la formation en agriculture, et il faisait l'éloge de John Carling*, fondateur du réseau de fermes expérimentales.

Membre actif d'un certain nombre d'organismes du domaine agricole, Weld contribua en 1874 à la formation du premier chapitre de la National Grange of the Patrons of Husbandry dans l'ouest de l'Ontario. L'année suivante, il devint maître de la Delaware Grange et délégué provisoire de la Grange fédérale. Weld partageait l'avis des membres selon lequel la politique de parti divisait les agriculteurs et les empêchait de s'entendre sur les questions agricoles ; il désapprouvait cependant leurs boycottages et leurs plans de commercialisation coopératifs. Il démissionna de ses fonctions peu de temps après et rédigea une série de critiques ; en 1880, il s'était complètement dissocié de l'organisme.

Weld mourut dans un accident bizarre. En grimpant sur le toit de sa maison pour chercher la source d'une fuite, il tomba dans un puits de lumière. Il eut la tête coincée dans le réservoir d'eau qui alimentait sa salle de bain et, incapable de se dégager, il se noya.

Grâce à ses éditoriaux directs qui poussaient le gouvernement à adopter des règlements efficaces, à ses attaques sur l'esprit de parti et le favoritisme ainsi qu'aux nouvelles techniques qu'il mit de l'avant, William Weld devint le journaliste agricole le plus connu de son temps. Malgré le ton souvent acerbe et excessif de ses articles, il était prêt à reconnaître ses erreurs et à évoluer. Ses contemporains virent en lui un visionnaire, un pionnier de bonnes techniques agricoles et un défenseur objectif des intérêts des agriculteurs. La survie du *Farmer's Advocate* au XXe siècle témoigne de la portée de ses réalisations.

IAN M. STEWART

Canada, chambre des Communes, *Journaux*, 1884, app. 6. — *Farmer's Advocate and Home Magazine* (London, Ontario), 1867–1891. — J. E. Middleton et Fred Landon, *The province of Ontario : a history, 1615–1927* (5 vol., Toronto, [1927–1928]). — A. [G.] Bogue, « The fighting farmer, William Weld », *Western Ontario Hist. Notes* (London), 3 (1945) : 75–78.

WELDON, SUSANNA LUCY ANNE. V. HALIBURTON

WELLS, JAMES EDWARD, instituteur, auteur et journaliste, né le 3 mai 1836 à Harvey (comté d'Albert, Nouveau-Brunswick), troisième des huit enfants de James Edward Wells, marin, et d'une prénommée Amanda, tous deux originaires de la Nouvelle-Écosse ; le 6 août 1862, il épousa Rebecca M. Chase de Wolfville, Nouvelle-Écosse, et ils eurent deux fils et deux filles, puis en décembre 1880 Frances Barbara Moule ; décédé le 18 septembre 1898 à Toronto.

La réforme baptiste constituait une influence déterminante dans les Maritimes durant les jeunes années de James Edward Wells, et c'est sans doute ce qui contribua à en faire un réformateur. Ses études furent entrecoupées de périodes de travail, ce qui laisse croire que sa famille n'était pas riche. Wells commença à enseigner dans les écoles publiques en 1851 ou 1852, mais il cessa après deux ans pour fréquenter la Normal School de Saint-Jean. À l'automne de 1855, il entra à la Horton Academy, de Wolfville, en Nouvelle-Écosse, où il rattrapa le premier groupe d'élèves à s'être inscrits dans cet établissement baptiste et obtint avec eux son diplôme en juin 1856.

Les études de Wells furent interrompues de nouveau durant une année parce qu'il enseigna dans le comté de Kent, au Nouveau-Brunswick. Il étudia alors par lui-même et, à l'automne de 1857, il put rejoindre ses anciens confrères de Horton en deuxième année à l'Acadia College, de Wolfville. Wells était manifestement aimé et respecté de ses pairs, car c'est lui qu'ils choisirent pour prononcer le discours d'adieu lorsqu'il obtint sa licence ès arts en 1860. Il retourna ensuite enseigner au Nouveau-Brunswick et obtint sa maîtrise ès arts de l'Acadia College en 1863. La même année, le Canadian Literary Institute, situé à Woodstock, en Ontario, recherchait quelqu'un pour enseigner les classiques, et Wells décrocha le poste grâce à la recommandation favorable de ses professeurs.

Après la mort du directeur de l'institut, Robert Alexander Fyfe*, en 1878, Wells assuma la responsabilité du département de littérature ; il demeura à ce poste jusqu'en 1880, année où l'on accepta sa démission avec regret. Durant cette période, l'influence qu'il exerça sur la pensée réformatrice s'étendit au delà des jeunes baptistes de son école, car il écrivit à la pige des articles sur des questions visées par le mouvement de réforme dans des périodiques tels que le *Bibliotheca Sacra : a Theological Quarterly*, publié à Andover, au Massachusetts, et à Oberlin, en Ohio, le *Baptist Quarterly*, qui paraissait à Philadelphie, et le *Canadian Baptist*.

À la suite de son second mariage en décembre 1880, Wells entreprit une carrière d'écrivain et d'éditeur, et il fit la promotion des idéaux baptistes et de ceux du mouvement naissant *Social Gospel*. Il travailla au *Globe* de Toronto pendant deux ans, et il passa ensuite une année à Rapid City, au Manitoba, et une autre à Moose Jaw (Saskatchewan). En 1884, il accepta à Toronto le poste de directeur du *Canada School Journal* et, tout en s'acquittant de cette tâche, il collabora au *Canadian Baptist*. Il fut également pendant près de sept ans éditorialiste au *Week*, périodique fondé par Goldwin Smith*. Wells abandonna ses autres fonctions en 1889 pour succéder à Ebenezer William DADSON à titre de directeur du *Canadian Baptist*, poste qu'il occuperait jusqu'à sa mort en 1898.

La contribution de Wells à la promotion du mouvement *Social Gospel* passa presque inaperçue, bien qu'il ait joué un rôle important dans les premiers mouvements de réforme. En tant qu'auteur et éditeur, il se fit le champion déclaré des droits de la femme, des syndicats et de questions telles que la réforme pénitentiaire, le principe de la séparation de l'Église et de l'État, et du soutien de l'Église par des contributions volontaires, les droits des autochtones, les pauvres, les enfants, les immigrants et la réforme des mœurs politiques. Wells n'hésita pas à s'en prendre à des baptistes bien en vue, tel John Davison Rockefeller, ou à des philanthropes comme Andrew Carnegie pour dénoncer leur exploitation de la classe ouvrière.

Même si James Edward Wells n'est pas à l'origine des idées préconisées par le mouvement *Social Gospel*, il contribua largement à le promouvoir et à le soutenir à des moments critiques de son histoire. En 1897, la McMaster University lui décerna un doctorat honorifique en droit en reconnaissance de sa contribution à la société canadienne. Sa mort, survenue l'année suivante, priva le mouvement canadien de réforme d'un porte-parole dynamique qui fit progresser la cause par son influence sur ceux qui appliquèrent les changements préconisés.

ANN DEVRIES

Des éditoriaux écrits par James Edward Wells ont paru dans le *Canadian Baptist* (Toronto), 1889–1898 ; une allocution, « The work and products of McMaster University », a été publiée dans le *McMaster Univ. Monthly* (Toronto), 4 (1894–1895) : 198–206.

AN, RG 31, C1, 1851, Harvey Parish, N.-B. — Canadian Baptist Arch., McMaster Divinity College (Hamilton, Ontario), Woodstock College records. — M. S. Clark, « James Edward Wells », *McMaster Univ. Monthly*, 4 : 193–197. — *Canadian Baptist*, 14 juill. 1892, 4 mars 1897, 6 oct. 1898. — *Baptists in Canada : search for identity amidst diversity*, J. K. Zeman, édit. (Burlington, Ontario, 1980). — *Celebrating the Canadian Baptist heritage : three hundred years of God's providence*, P. R. Dekar et M. J. S. Ford, édit. (Hamilton, Ontario, [1985]).

WETHERALD, WILLIAM, éducateur, administrateur scolaire, prédicateur de la Société des amis (quaker) et ministre congrégationaliste, né le 26 septembre 1820 à Healaugh (près de Reeth), Angleterre, fils de John Wetherald et d'Isabel Thistlethwaite ; le 17 mars 1846, il épousa Jemina Harris Balls, et ils eurent 11 enfants, dont Agnes Ethelwyn* ; décédé le 21 août 1898 à Banbury, Angleterre.

La mère de William Wetherald, qui mourut quand il avait cinq ans, venait d'une famille quaker du nord de l'Angleterre. On le plaça donc, à l'âge de neuf ans, dans une école quaker de Pontefract, Ackworth. Plus tard, il déclarerait que l'école était formaliste et froide, mais qu'il y « avait appris à apprendre ». L'expérience d'une routine sans âme et d'un régime disciplinaire appliqué sans la moindre tendresse allait l'amener à avoir des principes pédagogiques plus libéraux, quoique stricts. En février 1834, son père, boucher de son métier, immigra dans le Haut-Canada avec deux de ses huit enfants et s'établit dans une ferme du canton de Puslinch. William, en compagnie d'une de ses sœurs et de deux jeunes frères, quitta l'Angleterre 13 mois plus tard pour le rejoindre. Une fois arrivés, les enfants durent aider leur père à défricher. William, de constitution plutôt délicate, décida de devenir instituteur. Lecteur vorace, surtout autodidacte, il passa sept ans à établir des renvois dans la Bible, le plus souvent la nuit, à la lueur d'une bougie.

À l'âge de 23 ans, Wetherald trouva une place d'instituteur dans le canton voisin, Eramosa, et sept ans plus tard, en 1850, il ouvrait un pensionnat pour garçons à Rockwood, village situé près de Guelph. La pension et les frais de scolarité étaient de £13 par an pour les élèves de moins de 12 ans, de £16 pour ceux de 12 à 16 ans et de £20 pour les plus âgés. Pour être admis, il fallait « connaître l'anglais et être déterminé à étudier ». Wetherald, qui dispensait la plus grande partie sinon la totalité de l'enseignement, offrait des cours de « grammaire, orthographe, arithmétique, tenue de livres, histoire, géographie, latin, géométrie, théorie de l'arpentage et algèbre ». En décembre 1855, « la pension, la blanchisserie et les frais de scolarité » étaient de 12 $ par mois, et les élèves pouvaient avoir des leçons de français, de latin et de grec (ces deux dernières langues servaient à développer la « discipline mentale ») moyennant 1 $ de plus par matière mensuellement. La « Commercial and Classical Academy », logée à compter de 1853 dans un imposant immeuble de trois étages « capable d'accueillir de 50 à 60 élèves », se tailla vite une solide réputation dans le Haut-Canada.

Même s'il ne badinait pas avec la discipline, Wetherald gagna la loyauté et le respect de ses élèves par sa puissance intellectuelle et sa conviction morale. Il punissait avec affection, ce qui d'ordinaire amenait une amélioration marquée de la conduite du coupable. Il inspirait confiance et, avec l'aide de sa femme, cherchait à créer dans l'école une atmosphère familiale équilibrée. Brillant joueur d'échecs, il encourageait la pratique des sports, auxquels il participait d'ailleurs. Sa sensibilité naturelle lui permettait de discerner rapidement les besoins profonds de chacun, et il avait un tel magnétisme qu'il pouvait, disait-on, instruire un élève par hypnotisme. Selon lui, le secret de sa réussite était qu'il « *connais[sait]* chaque élève, non pas en tant que membre d'une classe ou d'une communauté, mais en tant qu'individu », et qu'il partageait les peines de tous, soutenait leurs efforts et priait non pas pour eux mais avec eux. Plusieurs élèves de l'école devinrent illustres, dont l'homme d'affaires sir Adam Beck*, l'homme politique Arthur Sturgis Hardy*, l'éducateur Archibald MacMurchy, le magnat du rail James Jerome Hill* et le chirurgien Alexander Hugh Ferguson*.

En 1864, Wetherald abandonna la direction de la Rockwood Academy (qui périclita par la suite à cause de l'expansion de l'instruction publique et ferma ses portes en 1882) pour accepter la surintendance d'un collège quaker situé non loin de Philadelphie, à Haverford. La Société des amis traversait alors une période d'agitation, et les administrateurs du collège comptaient sur lui pour restaurer la discipline et le respect des traditions quakers. Selon le rapport annuel de 1865, les mesures disciplinaires qu'il avait instituées avaient beaucoup amélioré la situation, mais Wetherald sentait qu'elles lui avaient aliéné les étudiants. Il revint dans le Haut-Canada en 1866 et s'établit avec sa famille dans une ferme, Tall Evergreens, près de Fenwick, dans le canton de Pelham. C'est alors qu'il embrassa une deuxième vocation.

Avant son départ du Haut-Canada en 1864, Wetherald, tout comme d'autres membres de sa famille, avait été étroitement lié à la branche orthodoxe (évangélique) de la Société des amis à Rockwood, et « son don pour le ministère avait été reconnu » par l'assemblée mensuelle du canton de Pelham. Après son retour, il se dévoua tout entier au ministère et parcourut sans relâche le Canada, les États-Unis et la Grande-Bretagne. Un hommage écrit ultérieurement dirait : « Le compte rendu de ces voyages sans nombre, de ces innombrables sermons n'a jamais été fait, sauf dans le cœur de ceux qui l'ont entendu et l'ont aimé. » Il participa activement à l'assemblée mensuelle de Pelham et, à compter de 1867, à l'assemblée annuelle du Canada ; il fut secrétaire de celle de 1879. À la première assemblée annuelle du Canada, tenue à Pickering en 1867, il prêcha devant une foule débordante. Comme le rapporta par la suite une femme âgée de 13 ans au moment de l'événement : « Il était debout dans un chariot et, avec la douceur qui lui était propre, indiquait aux gens le chemin du salut. » L'incident suivant, survenu à la même époque, révèle le calme qui caractérisait Wetherald. Il était chez lui, absorbé dans une partie d'échecs ; non loin de là se tenait une bruyante assemblée en plein air. Un jeune de l'endroit, particulièrement gagné par l'émotion du moment, fit irruption dans la maison en criant : « M. Wetherald, levez-vous ! Nous allons tout droit à la perdition ! » Pince-sans-rire, il répondit : « Eh bien, si c'est le cas, aussi bien y aller en silence. »

En 1880, Wetherald quitta la Société des amis et commença, en avril, à servir à titre de pasteur (même si son ordination n'eut lieu que le 1er août) au Congregational Tabernacle de St Catharines. Le 30 décembre 1885, après un ministère « paisible et fructueux », il annonça qu'il partirait à la fin de juin. Il retourna ensuite à la Société des amis et, le 15 décembre 1887, à l'assemblée mensuelle de Toronto, on le « reconnut comme ministre de l'Évangile ». Il se remit à participer aux assemblées mensuelles et annuelles et, dans ses dernières années, nombreux étaient ceux qui venaient le voir pour lui demander conseil et se confier à lui. En 1898, tandis qu'il exerçait son ministère en Angleterre, il mourut subitement d'une pneumonie à Banbury, où on l'inhuma.

Pionnier de l'éducation, William Wetherald tenait le savoir pour essentiel au bien-être terrestre et le développement religieux pour essentiel à celui de l'âme. À titre de chef religieux, il se distingua par sa connaissance approfondie de la Bible, son obéissance à l'appel du sacerdoce et l'intense conviction qui émanait de lui.

KATHLEEN M. S. HERTZBERG

AO, Hist. plaque descriptions, « Rockwood Academy, 1850–1882 », 21 juin 1962 ; MS 99, William Wetherald, letter-book, 1859–1862. — Haverford College Arch. (Haverford, Pa.), Haverford College, faculty minutes, 4 avril 1865 ; report of managers to Haverford School Assoc., 5 mai 1865. — Haverford College Library, Quaker Coll., « Dictionary of Quaker biography ». — Pickering College Library (Newmarket, Ontario), Arch. of the Religious Society of Friends in Canada, B-1-1-2 ; B-2-43, 1856–1864 ; B-2-82, 7 sept. 1887–2 févr. 1889 ; D-2-15 (3 copies of *A memorial concerning William Wetherald, an esteemed minister of Pelham Monthly Meeting of Friends* (s.l., [1899]) (mfm aux AO). — UCC-C, Ontario histories, St Catharines, Congregational Tabernacle [Tabernacle Congregational Church], Lucas to Rannie Pub., 24 mai 1967. — *American Friend* (Philadelphie et Richmond, Ind.), 15 sept. 1898 : 864. — *Canadian Congregational year book* (Toronto), 1880–1881 : 47, 51 ; 1881–1882 : 13, 22, 44 ; 1886–1887 : 33. — *Guelph Herald, and Literary, Agricultural and Commercial Gazette* (Guelph, Ontario), 9 juill. 1850. — Society of Friends, Philadelphia Yearly Meeting, *Philadelphia Quakers, 1681–1981 : a tercentenary album,* R. H. Wilson, compil. ([Philadelphie, 1981]). — A. G. Dorland, *A history of the Society of Friends (Quakers) in Canada* (Toronto, 1927). — Hugh Douglass, « The story of Rockwood Academy » (copie dactylographiée, Guelph, 1962 ; copie aux AO). — *A history of Haverford College for the first sixty years of its existence,* A. C. Garrett, édit. (Philadelphie, 1892). — R. M. Jones, *The later periods of Quakerism* (2 vol., Londres, 1921). — K. M. Richards, « William Wetherald : a biography with footnotes and bibliography » (communication non publiée, Toronto, 1986 ; copie consultée par la collaboratrice). — Hugh Douglass, « The history of the Rockwood Academy », *Historic Guelph : the Royal City* (Guelph), 23 (1983–1984) : 4–25. — S. Silcox, « Early schools and teachers : William Wetherald and the Rockwood Academy », *School* (Toronto), 19 (1930), n° 4. — A. E. Wetherald, « My father as I knew him », *Canadian Friend* (Toronto), 10 (1914–1915), n° 8 : 6–9.

WETMORE, ANDREW RAINSFORD, avocat, homme politique et juge, né le 16 août 1820 à Fredericton, fils de George Ludlow Wetmore* et de Harriet Rainsford ; le 12 septembre 1848, il épousa à Saint-Jean, Nouveau-Brunswick, Louisa Elizabeth Lansdowne, et ils eurent neuf enfants ; décédé le 7 mars 1892 à Fredericton.

Andrew Rainsford Wetmore était le petit-fils et l'arrière-petit-fils de barristers loyalistes bien connus qui avaient établi un cabinet d'avocats à Saint-Jean en 1788. Son grand-père, Thomas Wetmore*, fut procureur général du Nouveau-Brunswick durant 19 ans. Andrew fréquenta la Fredericton Collegiate School, et il étudia le droit, d'abord avec Edward Barron Chandler*, puis avec George Jarvis Dibblee. Devenu attorney le 14 octobre 1841, il fut admis au barreau du Nouveau-Brunswick le 21 octobre 1843. De 1842 à 1847, Wetmore pratiqua le droit à Oromocto ; il s'installa ensuite à Saint-Jean, où il résida et tint un bureau jusqu'en 1870. Avec les années, on le considéra comme l'un des meilleurs avocats plaidants de la province.

Même si Wetmore était bien vu parmi les membres de sa profession, il se mêla peu de politique avant le milieu des années 1860. La conférence de Québec de 1864 marqua un tournant à cet égard. Wetmore ne s'opposait pas à l'union de l'Amérique du Nord britannique, mais il rejetait les conditions offertes aux provinces. Lorsque le chef du gouvernement Samuel Leonard TILLEY décida de consulter l'électorat sur cette question pendant l'hiver de 1864–1865, les citoyens de Saint-Jean opposés à la Confédération demandèrent à Wetmore et à Jacob Valentine Troop*, armateur bien connu, de se présenter contre Tilley et son cocandidat dans la circonscription de la ville de Saint-Jean. La campagne fut tumultueuse, et Wetmore fit appel à ses formidables talents d'argumentateur. Son intervention publique la plus efficace prit la forme d'une conversation imaginaire entre son jeune fils et lui ; lorsque l'enfant demandait : « Père, dans quel pays vivons-nous ? », Wetmore répondait : « Mon cher fils, tu n'as pas de pays, car M. Tilley nous a vendus aux Canadiens pour quatre-vingts cents par tête. »

Wetmore remporta la victoire aux élections du 4 mars 1865 et, à la première session du nouveau Parlement, il siégea à titre de député d'arrière-ban opposé à la Confédération. Vers le milieu de la deuxième session, il prit la tête du mouvement qui délaissa le gouvernement d'Albert James Smith*, et il siégea ensuite en tant que partisan de la Confédération. Quelques mois plus tard, aux élections de 1866, il se portait cocandidat de Tilley ; on le réélut le 7 juin. Les motifs de sa volte-face firent l'objet d'une controverse, que Wetmore contribua d'ailleurs à alimenter ; il faisait cyniquement remarquer que le fait de s'être prononcé successivement pour et contre la Confédération le rendait certain d'avoir eu raison au moins une fois. Sa conduite donna lieu à l'impression persistante que c'était un opportuniste.

La Confédération élargit plus que jamais, depuis la fondation de la province, les perspectives d'avancement dans les milieux politiques. La vaste majorité des chefs de file les plus compétents et ambitieux du Nouveau-Brunswick se tournèrent vers la politique fédérale. Des 41 membres de l'Assemblée, 16 devinrent députés fédéraux, sénateurs ou juges. Fait plus important encore, ce nombre comprenait tous les membres du Conseil exécutif, sauf John McAdam, qui dut abandonner ses fonctions moins de deux ans plus tard à cause d'une accusation de corruption. Dans ces circonstances, un homme qui voulait s'intégrer à la sphère désormais limitée de la politique provinciale pouvait accéder au sommet, même s'il avait peu d'expérience et de réalisations à l'appui de ses qualités de chef. Au cours de l'été de 1867, après seulement deux ans de vie politique, Wetmore fut comme premier ministre. Le 16 août, il prêta serment au Conseil exécutif en qualité de procureur général, et se joignit à une équipe qui comptait six autres nouveaux membres.

Le gouvernement de Wetmore manquait d'objectifs ambitieux et il est facile d'en comprendre la raison. Le débat de 1864 sur la Confédération avait troublé les traditions qui s'étaient formées au sein des partis provinciaux au cours des deux décennies précédentes. Le gouvernement de 1867, comme ceux de 1865 et 1866, était structuré en fonction de la question de la Confédération et constitué à la fois d'éléments libéraux et conservateurs. À cette désorganisation politique s'ajoutait l'inexpérience des nouveaux dirigeants. Le gouvernement se contenta donc de poursuivre et, dans certains cas, de terminer les entreprises de ses prédécesseurs dans le domaine des chemins de fer, et il essaya de composer avec les adversaires de la Confédération ; de plus, comme le poids des nouvelles mesures fiscales qui découlaient de la Confédération commençait à se faire sentir, il mit en œuvre un programme strict de compression des dépenses.

Grâce à l'indemnité compensatoire pour dettes prévue par le fédéral, le gouvernement Wetmore put fournir une aide appréciable pour le prolongement des lignes de l'European and North American Railway vers l'ouest et vers l'est ; entre autres, il acheta des actions de la Western Extension pour une valeur de 300 000 $, en plus des subventions qu'il lui accorda. Il soutint aussi les compagnies de chemin de fer de Fredericton et de Woodstock. Wetmore participa lui-même à la conclusion de ces arrangements. Il consacra une bonne partie de l'hiver de 1868–1869 à négocier une entente selon laquelle le gouvernement fédéral devait acquérir l'actif de l'Eastern Extension Railway pour l'intégrer à la ligne de l'Intercolonial. En ce qui concerne ce dernier, le Nouveau-Brunswick ne réussit pas à persuader le gouvernement fédéral d'abandonner l'itinéraire Robinson le long de la rive nord et de construire la voie ferrée en direction de la vallée de la rivière Saint-Jean. La province offrit plutôt 10 000 acres pour chaque mille de voie ferrée à l'entreprise privée qui construirait une ligne de Rivière-du-Loup à Fredericton.

Le traitement que Wetmore réserva aux membres de l'Assemblée opposés à la Confédération fut draconien, compte tenu du fait qu'il avait déjà participé lui-même à ce mouvement. À l'ouverture de la session de 1868, la majorité favorable à l'union élut Bliss Botsford*, député anticonfédérateur en vue, président de l'Assemblée. Cependant, lorsqu'en 1869 John Waterbury Cudlip* donna avis d'une proposition en vue de l'annexion du Nouveau-Brunswick aux États-Unis, le premier ministre se leva de son siège et, criant à la trahison, chassa le petit Cudlip de la chambre. On raya même sa motion du Feuilleton. L'année suivante, Wetmore démit de ses fonctions George Botsford, le greffier du Conseil législatif, pour avoir exprimé une opinion dans le même sens. Furieux de ce traitement indigne et de cette atteinte à leur indépendance, une majorité de conseillers menacèrent de paralyser les activités législatives. En congédiant Botsford, Wetmore avait fait clairement connaître sa position, mais il consentit plus tard à ce qu'il reprenne ses fonctions.

Les changements constitutionnels liés à la Confédération eurent pour conséquence de réduire les recettes provinciales à environ 400 000 $ par année. En 1868, dans le but de contenir les dépenses gouvernementales, on limita à 18 le nombre des membres du Conseil législatif. On abolit le poste de solliciteur général, et l'on eut recours à des conseillers juridiques indépendants. Enfin, on combina le poste de receveur général à celui de secrétaire de la province.

Les valeurs de Wetmore et son influence marquèrent autant les projets de loi appuyés par son gouvernement que son mode d'administration de la province. Il fut mêlé de près ou de loin aux principales mesures mises de l'avant entre 1868 et 1870, dont un grand nombre étaient vaguement populistes. Au cours de la session de 1868, le Parlement exempta de la vente forcée toutes les fermes familiales d'une valeur de moins de 600 $, mesure qui visait à protéger les petits fermiers des abus de leurs créanciers. Pendant la même session, le collège Saint-Joseph [V. Camille LEFEBVRE], qui devait devenir l'université de Moncton, fut constitué juridiquement. L'année suivante, le gouvernement étendit la portée de sa législation familiale en accordant des droits de propriété à part entière à toutes les femmes abandonnées par leur mari ou ne vivant pas avec lui.

En dépit de sa participation croissante aux activités du gouvernement après 1867, Wetmore n'abandonna jamais sa vie professionnelle. Il prit au sérieux sa fonction de procureur général et, à ce titre, poursuivit activement la pratique du droit. À quelques occasions, il s'occupa personnellement de poursuivre les contrevenants devant les tribunaux de la province.

Même s'il fut à la tête du gouvernement durant trois ans, on ne peut considérer Wetmore comme un homme politique accompli. De stature imposante, visage déterminé et distingué, il avait l'esprit alerte, capable de saisir l'essentiel d'un argument et d'y répondre facilement. À sa manière, il se faisait plutôt avocat de la poursuite que conciliateur de différends. Il employait ses talents considérables à marquer des points et non à persuader. Autoritaire et sarcastique dans les débats, il savait garder son sang-froid. Le déclin de la popularité du gouvernement au sein de l'Assemblée était en partie attribuable au style de direction du premier ministre. À l'occasion de votes importants au cours de la session de 1868, il avait eu le soutien de 31 des 37 députés. En 1870, ses propositions relatives au renvoi de George Botsford n'obtinrent que 21 votes contre 15. Wetmore n'avait jamais mené une campagne électorale à titre de chef du gouvernement, et il semble que cette perspective ne lui souriait guère. Il reste qu'il avait soutenu fidèlement la Confédération et pouvait prétendre à la reconnaissance du gouvernement fédéral. Le 25 mai 1870, après seulement cinq ans de participation à la vie publique, Wetmore démissionna du Conseil exécutif et accepta sa nomination à la Cour suprême du Nouveau-Brunswick, fonction qui lui assurait prestige et sécurité. George Luther Hatheway* lui succéda comme premier ministre, et George Edwin King* au poste de procureur général.

La carrière de juge d'Andrew Rainsford Wetmore fut longue et sans histoires. Jeremiah Travis*, barrister contemporain qui avait plaidé devant lui, le décrivit comme « le pire juge qui a[it] jamais déshonoré la magistrature de [la] province ». Il est difficile de savoir si Travis était plus outré des carences de juriste de Wetmore que des traits d'esprit et du langage qui auraient pu « déshonorer un bordel » et dont on avait usé avec tant d'effets durant les débats sur la Confédération. Nommé juge au tribunal des divorces du Nouveau-Brunswick à la suite du décès de son titulaire, Wetmore conserverait cette charge jusqu'à quelques semaines avant sa mort, le 7 mars 1892, à sa résidence de Fredericton. Ses obsèques eurent lieu à la cathédrale Christ Church située tout près. Il n'avait jamais réussi à faire oublier complètement sa position ambiguë au moment de la Confédération, comme le laisse entendre un passage de sa notice nécrologique : « Dans la grande lutte politique [...], il ne fut pas aussi cohérent que d'autres hommes publics de l'époque, mais il constitua néanmoins un élément important dans les batailles politiques alors en cours. »

THOMAS WILLIAM ACHESON

Outre les sources citées ci-dessous, des détails de la vie et de l'époque d'Andrew Rainsford Wetmore se trouvent dans : Waite, *Life and times of confederation* ; Hannay, *Hist. of N.B.*, 2 ; MacNutt, *New Brunswick* ; dans les Graves papers aux APNB, MC 1156 ; N.-B., House of Assembly, *Journal*, 1865–1870 ; et dans les journaux provinciaux.

AN, MG 27, I, D15, 27. — APNB, RG 2, RS6, A, 16 août, nov., 12 déc. 1867, 10 janv., 10, 25 mars, 8, 18 oct. 1868, 9 juill. 1869. — N.-B., *Acts*, 1868, chap. 25, chap. 63 ; 1869, chap. 133. — *Daily Gleaner*, 8 mars 1892. — *St. John Daily Sun*, 8 mars 1892. — *N.B. vital statistics, 1847–50* (Johnson) ; *1850–52* (Johnson). — D. [G.] Creighton, *The road to confederation ; the emergence of Canada : 1863–1867* (Toronto, 1964). — Lawrence, *Judges of N.B.* (Stockton et Raymond), 261–262. — James Hannay, « The premiers of New Brunswick since confederation », *Canadian Magazine*, 9 (mai–oct. 1897) : 213–221.

WHITE CALF. V. ONISTA'poka

WHITE SHELL OLD MAN. V. NATOS-API

WIEBE, GERHARD, fermier, évêque mennonite et auteur, né le 25 juillet 1827 dans la colonie mennonite de Chortitza (près de Zaporojïé, URSS), aîné des enfants de Gerhard Wiebe et d'Agatha Dyck ; le 12 juin 1847, il épousa dans la colonie mennonite de Bergthal, près de Marioupol (Jdanov, URSS), Elizabeth Dyck, et ils eurent deux filles et huit fils ; décédé le 3 mai 1900 à Chortitz (Randolph, Manitoba).

Comme un grand nombre d'Européens qui allèrent s'installer en Russie dans la seconde moitié du XVIIIe siècle, les ancêtres de Gerhard Wiebe quittèrent en 1789 la région de Gdansk, en Pologne, pour gagner l'établissement mennonite de Chortitza. Wiebe grandit dans cette colonie allemande qui était relativement isolée du reste de la société russe. L'Église mennonite tenait une école dans chaque village, et c'est là que, à l'instar de tous ses petits coreligionnaires, garçons et filles, il apprit à lire, à écrire, à compter et acquit des rudiments de religion. En général, ces études élémentaires duraient six ans. Comme la loi russe interdisait aux chefs des familles mennonites de subdiviser leur concession foncière de base, qui s'étendait sur environ 175 acres, beaucoup de villages ne tardèrent pas à manquer de terres. En conséquence, les membres d'un certain nombre de familles en étaient réduits à se faire embaucher comme ouvriers agricoles, ce qui les plaçait dans une situation économique (et souvent dans une position sociale) inférieure à celle des petits propriétaires paysans. Les parents de Wiebe appartenaient probablement à cette classe car, lorsqu'il eut 12 ans, ils allèrent s'établir avec leurs enfants dans la colonie de Bergthal, au sud-est de Chortitza. Fondé en 1836, Berghtal était le premier établissement que les mennonites avaient mis sur pied dans le but d'accueillir les familles sans terre de Chortitza, et il en vint à comprendre cinq villages. En partie à cause du déménagement de sa famille, Wiebe ne fréquenta aucune des écoles secondaires qui existaient dans les colonies mennonites établies depuis longtemps. Cependant, il poursuivit ses études seul.

On sait peu de chose sur son activité de fermier à Bergthal, sinon qu'il était propriétaire d'une ferme d'environ 175 acres. Ce fut surtout en tant que chef spirituel qu'il se signala. Baptisé à sa profession de foi le 26 mai 1846, il fut élu au diaconat huit ans plus tard, à l'âge de 27 ans. Le 23 décembre 1861, à 34 ans, il fut ordonné ministre et, le 27 mars 1866, il devint le deuxième évêque de l'Église mennonite Bergthal.

Dans les années 1860, la Russie connut d'importants bouleversements sociaux et politiques – émancipation des serfs et montée du nationalisme, par exemple – qui firent perdre bon nombre de leurs privilèges aux mennonites et aux autres colons étrangers. L'usage du russe fut imposé dans les écoles et dans l'administration des colonies ; on parla même de priver les mennonites de l'exemption complète du service militaire. Pour Wiebe, pareilles choses étaient inacceptables. Comme il avait la charge de quelque 3 000 âmes, il se mit bientôt à préconiser l'émigration. Environ un tiers seulement des mennonites de Russie décidèrent de partir, mais sous l'influence de Wiebe toute la colonie de Bergthal immigra au Canada entre 1874 et 1876. Wilhelm Hespeler*, agent spécial d'immigration du gouvernement du Canada, fut l'un de ceux qui convainquirent les mennonites de choisir le Manitoba. Wiebe débarqua à Québec pendant l'été de 1875 avec un groupe de 50 familles et alla rejoindre les mennonites qui s'étaient établis plus tôt dans le sud du Manitoba, à l'est de la rivière Rouge, dans un bloc de huit cantons connu sous le nom de réserve de l'Est.

Wiebe prit immédiatement la direction de l'Église mennonite Bergthal au Canada. Dans les trois premières années qui suivirent son installation, il eut le malheur de perdre sa femme et trois de ses enfants. En outre, il dut décider si les écoles de la colonie s'intégreraient au réseau public du Manitoba. En tant que membre de la section protestante du bureau d'Éducation de la province, Hespeler offrit des subventions aux écoles mennonites. Une trentaine d'écoles de village s'intégrèrent au réseau public en 1878 mais le quitteraient quelques années plus tard, parce que Wiebe commençait à craindre que la secte ne perde son autorité sur elles à cause des subventions gouvernementales.

D'un point de vue économique, les premières années des mennonites au Manitoba furent difficiles. Après plusieurs visites, Wiebe obtint un prêt de la communauté mennonite de l'Ontario, qui était établie depuis plus longtemps. Ce prêt ainsi qu'un autre de 100 000 $ du gouvernement fédéral, négocié au début de 1875 par le mennonite ontarien Jacob Yost Shantz*, furent accordés à l'ensemble de la communauté plutôt qu'à des particuliers. Au début des années 1890, les mennonites du Manitoba seraient si prospères qu'ils auraient remboursé la plus grande partie de leurs dettes.

Wiebe contribua à la fondation de la First Mennonite Church de Mountain Lake, au Minnesota, et en ordonna le premier évêque, Gerhard Neufeld, en 1878. Un an plus tard, il prit pour coadjuteur le révérend David Stoesz, qui lui succéderait à l'épiscopat en 1882 et exercerait ses fonctions dans le même esprit que lui. L'autorité de Wiebe dans l'Église et la communauté connut une fin abrupte lorsque, au début de 1882, en raison d'une faute morale de nature inconnue, il dut démissionner de sa charge d'évêque. Selon un livre qu'il écrivit plusieurs années plus tard, cette période fut profondément traumatisante pour lui.

En général, c'est surtout à partir de son conservatisme en matière d'éducation que l'on évalue le rôle que Wiebe a joué dans la société mennonite et canadienne. Walter Quiring écrit que la secte de Bergthal en Russie était une entité qui craignait tout ce qui était profane et inconnu, et qui s'y fermait. Selon Henry J. Gerbrant, Wiebe était « dépourvu d'instruction, paranoïaque et passablement incapable de comprendre le monde cruel qui s'étendait au delà de la colonie ». Effectivement, il tenta avec beaucoup de conviction de perpétuer le rôle de l'école comme aile enseignante de l'Église. À ses yeux, la fonction principale de l'école était de préparer les enfants à bien jouer leur rôle dans l'Église, et il exigea que le catéchisme et la Bible forment la base du programme. Au Canada, lui-même et ses successeurs parvinrent à garder leurs écoles en dehors du réseau public du Manitoba jusqu'en 1920. Cette année-là, le gouvernement modifia la loi pour imposer, par décret, des écoles publiques aux districts récalcitrants. Plutôt que d'accepter des écoles non confessionnelles, un nombre important des fidèles que Wiebe avait dirigés décidèrent alors d'émigrer au Paraguay.

Indubitablement, on se souvient de Gerhard Wiebe surtout parce qu'il a été le chef de la communauté de Bergthal au cours des dures années d'immigration et d'installation au Canada. Malgré les nombreux obstacles, il put convaincre toute sa colonie d'émigrer. Les riches vinrent en aide aux pauvres et le remboursement des dettes internes fut différé jusqu'à ce que la situation économique se soit redressée. La plupart des mennonites qui quittèrent la Russie pour l'Amérique du Nord au XIXe siècle s'établirent aux États-Unis. Ce fut largement grâce à l'influence de Wiebe et de ses collègues que près de 7 000 d'entre eux choisirent le Canada, convaincus qu'il leur offrait plus de garanties en matière de liberté religieuse (dont l'exemption du service militaire) que la république américaine.

ADOLF ENS

Gerhard Wiebe est l'auteur de : *Ursachen und Geschichte der Auswanderung der Mennoniten aus Russland nach Amerika* (Winnipeg, 1900), traduit en anglais et publié sous le titre de *Causes and history of the emigration of the Mennonites from Russia to America*, Helen Janzen, trad. (Winnipeg, 1981).

Mennonite Heritage Centre Arch. (Winnipeg), Chortitzer Mennonite Church reg. (mfm) ; Church reg. of the congregation at Bergthal, box 2222 ; Diary of David Stoesz, box 1559. — Manitoba, Assemblée législative, *Journaux*, 1881–1883. — *The Mennonite encyclopedia : a comprehensive reference work on the Anabaptist-Mennonite movement* (4 vol., Hillsboro, Kans., 1955–1959). — F. H. Epp, *The Mennonites in Canada, 1786–1920 ; the history of a separate people* (Toronto, 1974). — H. J. Gerbrandt, *Adventure in faith ; the background in Europe and the development in Canada of the Bergthaler Mennonite Church of Manitoba* (Allone, Manitoba, 1970). — Klaas Peters, *Die Bergthaler Mennoniten und deren Auswanderung aus Ruszland und Einwanderung in Manitoba* [...] (Hillsboro, 1924). — Walter Quiring, *Russlanddeutsche suchen eine Heimat ; die deutsche Einwanderung in den paraguayischen Chaco* (Karlsruhe, République fédérale d'Allemagne, 1938). — William Schroeder, *The Bergthal colony* (Winnipeg, 1974 ; réimpr., 1986). — Adolf Ens et Rita Penner, « Quebec passenger lists of Russian Mennonite immigration », *Mennonite Quarterly Rev.* (Goshen, Ind.), 48 (1974) : 527–531.

WILLIAMS, JAMES WILLIAM, ministre de l'Église d'Angleterre, évêque et professeur, baptisé le 17 septembre 1825 à Overton, comté de Hampshire, Angleterre, fils de David Williams et d'une prénommée Sarah Eliza ; en 1854, il épousa à Huish Champflower, Angleterre, Ann Maria Waldren, et ils eurent deux fils ; décédé le 20 avril 1892 à Québec.

James William Williams étudia d'abord auprès de son père, ministre de l'Église d'Angleterre, puis dans une *grammar school* à Crewkerne. En 1851, il obtint un diplôme d'humanités et de mathématiques au Pembroke College de la University of Oxford. Sans déprécier sa formation scolaire, il nota par la suite avoir surtout été influencé par les écrits du romancier Jonathan Swift et du philosophe Francis Bacon, qu'il dévorait alors, dans ses moments de loisir, « à l'ombre des haies et dans des allées solitaires ». Suivant les traces de son père, il fut ordonné diacre en 1852 et remplit un moment la charge de vicaire à High Wycombe et à Huish Champflower avant d'être ordonné prêtre en 1855. Attiré par l'enseignement, il était professeur adjoint au Leamington College depuis 1854.

En 1857, Williams immigra au Bas-Canada, car pendant l'été il avait été nommé directeur de la *grammar school* de Lennoxville, qui était affiliée au Bishop's College de cette localité. Le directeur du collège, Jasper Hume Nicolls*, vit en lui « un gentleman de grande distinction [...] nanti de très bonnes lettres de créance ». À cause du manque d'élèves, l'école était fermée depuis trois ans. Lorsque Williams entra en fonction, l'établissement – installé dans une maison délabrée du village – ne comptait que huit pensionnaires et quelques externes. Moins de cinq ans plus tard, il dirigeait 128 élèves qui étaient logés dans un bâtiment neuf, sur les terrains du collège. Entre-temps, soit en 1860, Williams avait été nommé professeur de belles-lettres au collège. Il aimait tous les genres de littérature et, selon un contemporain, « lisait des ouvrages de fiction, car il avait ainsi une idée de ce qui se passait dans la société moderne ».

L'évêque de Québec, George Jehoshaphat Mountain*, mourut en janvier 1863 et, en mars, le synode diocésain tint pour la première fois une assemblée afin d'élire son successeur. Invité à prêcher, Williams parla en termes impressionnants de la charge d'évêque. Comme le synode ne parvenait pas à choisir entre les deux principaux candidats, on proposa Williams, qui fut élu au onzième tour. Il n'avait que 37 ans. En juin, en vertu d'une autorisation royale, il fut sacré évêque à Québec, dans la cathédrale Holy Trinity, par le métropolitain de la province anglicane du Canada, Francis Fulford*.

Le diocèse de Williams était immense : il s'étendait de Trois-Rivières et des Cantons-de-l'Est jusqu'au détroit de Belle-Isle et à la frontière du Nouveau-Brunswick. Comme il le sillonnait fréquemment, il convoquait le synode tous les six mois et non pas tous les ans, contrairement à Mountain. La situation n'était pas rose. La population anglophone déclinait, surtout dans les paroisses rurales. La Society for the Propagation of the Gospel in Foreign Parts, à Londres, qui avait déjà subventionné très généreusement le diocèse, réduisait peu à peu son aide. Depuis la mort de Mountain, le gouvernement ne versait plus, à l'évêque, le salaire qui avait servi à payer plusieurs ministres du culte. Toutefois, à la fin de l'épiscopat de Mountain, un plan promu en bonne partie par Williams avait été adopté en prévision de cette situation. Les salaires des ministres étaient prélevés dans un fonds diocésain de dotation administré par un conseil et financé par les paroisses et les particuliers. Dans les faits, comme les paroisses et les missions y contribuaient selon leurs moyens, les paroisses prospères subventionnaient celles qui ne pouvaient pas s'acquitter de leurs dépenses. Grâce à ce plan, connu dans tout le pays sous le nom de « système de Williams » et internationalement par la suite sous le nom de « plan de Québec », le diocèse devint autosuffisant au cours de l'épiscopat de Williams, et 13 paroisses le devinrent aussi. De plus, on fonda 11 missions et on construisit 60 églises et 20 presbytères ; les salaires des ministres furent bientôt augmentés de façon substantielle et le furent périodiquement par la suite ; on institua un fonds de pension pour les veuves et enfants mineurs des ministres ; enfin, 3 500 $ furent versés annuellement aux missions étrangères. En 1888, à l'occasion du vingt-cinquième anniversaire de son épiscopat, Williams rapporta avoir confirmé 11 196 fidèles, ordonné 47 diacres et 43 prêtres, et consacré 43 églises. Ce sont des progrès remarquables si l'on songe que la population anglicane, qui s'élevait à 27 000 personnes en 1865, n'en comptait que 30 000 en 1892.

Williams s'intéressait toujours à l'éducation et, dans l'ensemble, il en avait une vision démocratique. « Aucune voie royale ne mène au savoir, écrivit-il peu après être devenu évêque, mais une large route s'ouvre à tous ceux [...] qui sont prêts à supporter la chaleur et la poussière, et à persévérer courageusement. » Néanmoins, c'étaient surtout ceux qui voulaient marquer leur génération ou convoitaient le pouvoir qu'il pressait de cultiver leur esprit pour en faire une arme. « L'usage, disait-il, lui donnera du tranchant. La science la renforcera et la trempera. La littérature la polira et en aiguisera la pointe. » Il notait que son époque se souciait d'éducation : « moulins et manufactures tournent à plein rendement pour produire des maîtres modèles – inspecteurs et examinateurs s'affairent à parcourir la terre, et il y a une conspiration générale contre le vieil et honorable ordre des cancres. » Pour lutter contre la concurrence, le pays comme l'individu devaient se tenir « au fait des connaissances de l'époque ». Cependant, l'éducation était moins, pour lui, un instrument de survie qu'un moyen d'acquérir la « culture de l'esprit », chose qui, disait-il, « permet à un homme de raisonner plutôt que d'argumenter » et ne s'acquiert que « par la fréquentation du génie ».

Williams encourageait l'éducation sous toutes ses formes : scolaire ou non, publique ou privée, masculine ou féminine, religieuse ou laïque. En tant qu'évêque, il était d'office directeur adjoint du Bishop's College, où, cependant, les choses ne tournaient pas rond. En 1870, il envisagea de fermer la *grammar school* et déplora la « piètre efficacité » du collège : le nombre des inscriptions n'était que de 20 à 30 par an et les finances allaient mal. Peu d'étudiants s'intéressaient à la théologie, et il remarquait que les familles aisées n'encourageaient pas leurs fils à entrer dans le clergé. Il parraina la Church of England Young Men's Mutual Improvement Association. En 1869, il entra au conseil provincial de l'Instruction publique ; parmi les membres protestants, il était l'un des plus assidus aux réunions. De 1880 à 1892, il présida le comité protestant du conseil. Vers 1875, il avait ardemment soutenu la fondation d'une école pour filles à Compton, connue plus tard sous le nom de King's Hall, et avait insisté pour qu'elle dispense une formation « aussi bonne et aussi complète » que celle des écoles catholiques.

Williams était un homme ferme, parfois sévère. Il interrogeait lui-même les candidats à la confirmation et, comme l'écrivit par la suite un évêque, on pouvait « s'imaginer l'inquiétude du ministre » qui les avait préparés. Il n'était guère patient devant les orateurs qui, au synode, prononçaient des discours interminables. En 1879, sa conduite sous ce rapport provoqua du mécontentement ; il s'excusa publiquement, et des diocésains lui offrirent de prendre à leurs frais un an de congé en attendant que les choses se tassent. Il eut la sagesse d'accepter et alla visiter l'Italie et la Suisse en compagnie de sa femme. En 1890, il renvoya du Bishop's College trois étudiants avancés qui avaient signé « une pétition insolente » contre la qualité de leur chambre et pension.

Pourtant, James William Williams était un homme respecté et aimé. Oxford lui remit une maîtrise ès arts et un doctorat en théologie. Le premier édifice du campus dont les anciens étudiants payèrent la construction une fois que le Bishop's College eut accédé au rang d'université fut baptisé en son honneur en 1891. *L'Événement* de Québec notait qu'« il comptait des amis intimes parmi les plus hauts dignitaires du clergé catholique de cette ville ». Les rares fois où il intervint dans des assemblées publiques, il était bref, mais selon un contemporain il parlait toujours avec « force et [avec] un humour tranquille ». En 1888, George Maclean Rose le qualifia d'« ecclésiastique énergique et industrieux » et de « prédicateur sobre ». Bien que, selon Williams, « le plus éloquent des prônes [soit] une vie sainte », il publia plusieurs de ses conférences et sermons, qui révèlent son amour des classiques. Dans ses six derniers sermons, prononcés pendant le Carême en 1892, il pressa ses fidèles de mesurer l'ampleur de la contribution que l'Antiquité et le monde hébreu avaient apportée à la chrétienté. Il mourut peu de temps après. Andrew Hunter Dunn lui succéda, après quoi son propre fils, Lennox Williams, fut évêque de Québec.

ROBIN B. BURNS

James William Williams est l'auteur de : *A sermon preached before the synod of the diocese of Quebec, March 4th, 1863* (Québec, 1863) ; *A lecture on self-education* (Québec, 1865) ; *Sermon preached before the St. George's Society in the cathedral, 23rd April* (Québec, 1868) ; et *A contempla-*

tion of certain events in our Saviour's life (Montréal, 1892).

Un portrait de Williams se trouve dans C. H. Mockridge, *The bishops of the Church of England in Canada and Newfoundland* [...] (Toronto, 1896).

ANQ-Q, CE1-61, 23 avril 1892. — Bishop's College School Arch. (Lennoxville, Québec), Lennox Williams, « J. W. Quebec ». — Bishop's Univ., Arch. and Special Coll. (Lennoxville), College Council, record of meetings, 24 nov. 1862 ; Corporation minutes, 30 juin 1857, 26 juin 1860, 1863–1892. — Hampshire Record Office (Winchester, Angl.), Overton, reg. of baptisms, 17 sept. 1825. — Church of England, Church Soc. of the Diocese of Quebec, *Annual report*, 1892 ; Diocese of Quebec, *Journal of the Synod* (Québec), 1863 ; 1865 ; 1871 ; 1875 ; 1879 ; 1881 ; 1888 ; 1892. — *Daily Colonist* (Victoria), 23 avril 1892. — *L'Événement*, 21 avril 1892. — *Morning Chronicle* (Québec), 30 juin 1888. — *Stanstead Journal* (Rock Island, Québec), 12 mai 1892. — *Cyclopædia of Canadian biog.* (Rose et Charlesworth). — L.-P. Audet, *Histoire du conseil de l'Instruction publique de la province de Québec, 1856–1964* (Montréal, 1964). — Philip Carrington, *The Anglican Church in Canada ; a history* (Toronto, 1963). — D. C. Masters, *Bishop's University, the first hundred years* (Toronto, 1950). — W. P. Percival, *Across the years : a century of education in the province of Quebec* (Montréal, 1946), 151. — O. R. Rowley *et al.*, *The Anglican episcopate of Canada and Newfoundland* (2 vol., Milwaukee, Wis., et Toronto, 1928–1961), 1. — R. H. Waterman, « James William Williams », *Quebec Diocesan Gazette* (Québec), 87 (1975) : 3–5.

WILLIAMSON, JAMES, ministre presbytérien, professeur et astronome, né le 19 octobre 1806 à Édimbourg, fils de William Williamson, avocat, et d'Ann Lothain ; en 1845, il épousa Margaret Gilchrist (décédée en 1847), et ils eurent un fils, puis le 19 octobre 1852 à Kingston, Haut-Canada, Margaret Macdonald, sœur de John Alexander MACDONALD ; décédé le 26 septembre 1895 à ce dernier endroit.

James Williamson étudia à la High School of Edinburgh de 1815 à 1819. En 1821, à un âge étonnamment précoce, on l'admit à la University of Edinburgh, où il s'intéressa surtout aux sciences. Compétent sans être brillant, il étudia les mathématiques et l'astronomie avec Walter Nichol et William Wallace. Après avoir obtenu une maîtrise ès arts en 1827, il poursuivit ses études en théologie et travailla en qualité de précepteur ; il comptait parmi ses élèves des membres de la famille du roi de France, Charles X, exilé au palais de Holyroodhouse. Autorisé à prêcher au sein de l'Église d'Écosse en 1831, il accepta une charge d'abord à Kilsyth puis à Drumelzier. Cette année-là, il contribua également au lancement, à Édimbourg, du *Presbyterian Review and Religious Journal*, qui allait fusionner avec la *North British Review*.

À l'été de 1842, Thomas Liddell*, nommé l'année précédente premier directeur du Queen's College, à Kingston, se rendit en Écosse à la recherche d'un candidat pour le poste de professeur de mathématiques et de philosophie naturelle. Williamson fut chaudement recommandé à Liddell, qui lui offrit le poste. Il accepta. En octobre, Williamson accompagna Liddell dans le Haut-Canada. Durant les 53 années qui allaient suivre, il donnerait des cours sur à peu près tous les sujets enseignés dans les facultés des arts et de théologie du collège, y compris les mathématiques, l'histoire naturelle, la physique, l'astronomie, la logique, le latin, le grec et l'histoire de l'Église. Pendant une bonne partie des dix premières années qu'il passa au Queen's College, il dispensa tous les cours de lettres avec l'aide d'une seule personne. En 1854, il contribua à la mise sur pied d'une école de médecine affiliée au collège [V. John Robinson Dickson*] et, de 1854 à 1858, y enseigna la chimie. Avant 1849, il fut pendant quelques années secrétaire du conseil d'administration du collège. En 1855, il fit partie d'un comité qui sollicita des contributions auprès de la population pour la construction d'un observatoire à Kingston. Williamson dirigea l'observatoire (que le collège prit en main en 1861), nomma Nathan Fellowes Dupuis* observateur en 1863 et obtint que le gouvernement provincial et plus tard celui du dominion versent une subvention annuelle afin que l'observatoire demeure une composante du réseau de ce qui allait devenir en 1876 le Service météorologique du Canada. En 1864, il postula la charge de directeur du Queen's College afin de succéder à William Leitch*, mais on lui préféra William Snodgrass* ; on le nomma sous-directeur en 1876. Lorsqu'il abandonna la chaire de mathématiques et de philosophie naturelle en 1882, il conserva les titres de professeur honoraire d'astronomie et de directeur de l'observatoire.

Williamson estimait que sa tâche d'enseignant consistait non tant à former de futurs savants qu'à fournir la portion scientifique d'une éducation libérale. Il ne s'est pas distingué dans la pratique de la science, comme l'ont fait certains des étudiants à qui il a enseigné ou qu'il a encouragés, tels Samuel Alfred Mitchell ou Dupuis. Il accomplit malgré tout certains travaux en astronomie, entre autres déterminer la latitude et la longitude de Kingston, recueillir des renseignements météorologiques et effectuer certaines observations astronomiques, dont celle de la comète de Donati en 1858. Ses derniers travaux scientifiques consistèrent à s'occuper des préparatifs pour les observations, à Kingston, du passage de Vénus devant le disque solaire en 1882, qu'il réalisa avec succès en décembre en compagnie de Dupuis.

Williamson était un naturaliste amateur enthousiaste et, en 1860, il compta parmi les membres fondateurs de la Botanical Society of Canada [V. George LAWSON]. Son intérêt pour le Nord-Ouest canadien et la région des Grands Lacs se traduisit par des conférences et la publication d'une brochure sur le sujet en 1854. L'année suivante, la University of

Glasgow lui décerna un doctorat en droit. Il fut l'un des membres fondateurs de la Société royale du Canada en 1882. À Kingston, il était l'un des piliers de l'Église presbytérienne et on l'invitait souvent à monter en chaire en tant que substitut. Il avait été ordonné en 1845 et, en 1854, il fut élu modérateur de l'Église presbytérienne du Canada, affiliée à l'Église d'Écosse. Connu sous le nom de « Billy » auprès de ses élèves et collègues, il était tenu pour un homme sympathique, généreux, distrait et bienveillant, qui manifestait un intérêt personnel profond pour le collège et ses étudiants, et pour un professeur hors pair.

Après la mort de sa première femme, Williamson envoya leur fils, James Gilchrist, en Écosse pour qu'il soit élevé par ses grands-parents maternels. Bien qu'il ait assumé les frais de son éducation, il eut peu de contacts avec lui et, plus tard, ne parvint pas à le persuader de venir vivre au Canada. Après son second mariage avec Margaret Macdonald, la mère ainsi qu'une sœur invalide de celle-ci, Louisa, vinrent vivre avec eux. Margaret mourut en 1876, et Louisa continua de vivre avec Williamson jusqu'à ce qu'elle meure, en 1889. Les relations de Williamson avec son beau-frère, sir John Alexander Macdonald, étaient cordiales mais de pure forme. La dernière fois qu'il parla en public, en 1891, ce fut pour prononcer une oraison funèbre sur sa tombe.

RICHARD A. JARRELL

Les modestes contributions de James Williamson à la documentation en astronomie comprennent : « Longitude of Kingston », *Canadian Journal : a Repertory of Industry, Science and Art* (Toronto), 3 (1854–1855) : 83 ; « Donati's comet », *Canadian Journal of Science, Literature and Art* (Toronto), nouv. sér., 3 (1858) : 486–488 ; « Determination of the latitude of Kingston observatory, Canada », Royal Astronomical Soc., *Monthly Notices* (Londres), 28 (1867–1868) : 12–13 ; et « Transit of Venus, Dec. 6th, 1882 : report of observations of Kingston observatory », SRC *Mémoires*, 1re sér., 1 (1882–1883), sect. III : 94–95.

Il est aussi l'auteur de : *The inland seas of North America ; and the natural and industrial productions of Canada, with the real foundations of its future prosperity* (Kingston, Ontario, 1854).

AN, MG 24, K24 ; MG 26, A. — QUA, 2259. — Presbyterian Church of Canada in connection with the Church of Scotland, *Minutes of the synod* (Toronto), 31 mai 1854. — R. V. Rogers, « Professor James Williamson, LL.D. », *Queen's Quarterly* (Kingston), 3 (1895–1896) : 161–172. — *Queen's College Journal* (Kingston), 26 nov. 1881. — *Queen's University Journal*, 2 nov. 1895. — Morgan, *Bibliotheca canadensis*. — Hew Scott *et al.*, *Fasti ecclesiæ scoticanaæ : the succession of ministers in the Church of Scotland from the Reformation* (nouv. éd., 9 vol. parus, Édimbourg, 1915–), 8 : 655. — R. A. Jarrell, *The cold light of dawn : a history of Canadian astronomy* (Toronto, 1988). — H. [M.] Neatby et F. W. Gibson, *Queen's University*, F. W. Gibson et Roger Graham, édit. (2 vol., Kingston et Montréal, 1978–1983), 1. — M. M. Thomson, *The beginning of the long dash : a history of timekeeping in Canada* (Toronto, 1978). — R. A. Jarrell, « Origins of Canadian government astronomy », Royal Astronomical Soc. of Canada, *Journal* (Toronto), 69 (1975), n° 2 : 77–85.

WILLIS, EDWARD, journaliste, éditeur, homme politique et fonctionnaire, né le 5 novembre 1835 à Halifax, Nouvelle-Écosse, fils cadet de John Willis, originaire du comté de Cavan (république d'Irlande), et frère de John Roberts Willis* ; le 6 juillet 1858, il épousa à Saint-Jean, Nouveau-Brunswick, Sarah Adams, fille aînée de Zachariah Adams, marchand, et ils eurent quatre enfants ; décédé le 5 mars 1891 au même endroit.

Après ses études à la National School de Halifax, Edward Willis s'installa à Saint-Jean et, en 1857, y lança deux journaux : le premier (en collaboration avec John Valentine Ellis*) était un petit hebdomadaire destiné à toute la famille, et le second, un mensuel consacré aux affaires maçonniques dans lesquelles il prenait lui-même une part active. Il devint bientôt rédacteur d'articles de fond au *New-Brunswick Courier*. Willis gravit rapidement les échelons du monde journalistique néo-brunswickois et succéda en 1863 au redoutable George Edward FENETY, rédacteur en chef de l'influent *Morning News* de Saint-Jean. À cette époque, Willis avait adhéré au mouvement pro-Confédération et accordait son appui à Samuel Leonard TILLEY. S'employant à ridiculiser les adversaires de la Confédération au Nouveau-Brunswick, il les accusa en 1865 de croire « que le commerce [pouvait] être stimulé davantage par l'isolement et le maintien de tarifs hostiles ; que les chemins de fer [pouvaient] être construits sans argent, et les capitalistes amenés à investir sans [qu'on leur offre de] garantie ; que les déplacements entre les provinces [étaient] mieux encouragés [par l'absence] de liaison ferroviaire ». Cette année-là, Willis acquit des intérêts dans le *Morning News*, qui prospéra et devint un quotidien après 1868.

Au début des années 1870, le Nouveau-Brunswick fut le théâtre d'un débat houleux sur un projet de loi présenté par George Edwin King* et que Willis appuyait fortement, lequel visait à mettre fin au financement public des écoles séparées. Les tensions entre protestants et catholiques s'accentuèrent de façon marquée. Willis, anglican et orangiste engagé, avait été défait lorsqu'il avait tenté pour la première fois, en 1867, de se faire élire à la chambre d'Assemblée. Toutefois, au milieu des tensions croissantes, il réussit en 1870 à obtenir le siège de la ville et du comté de Saint-Jean, et fut l'une des figures de proue du débat en chambre sur le projet de loi concernant les écoles publiques, qui fut adopté l'année suivante. Même s'il joignit les rangs de l'opposition en 1872 –

probablement pour des motifs personnels – et en fut le chef pendant quelque temps, il s'attendait tout de même à ce que l'on permette à la loi de faire ses preuves. Lorsque des membres de l'opposition cherchèrent à l'affaiblir, il retourna dans les rangs du gouvernement King et, le 20 février 1873, entra au Conseil exécutif à titre de ministre sans portefeuille. Réélu en 1874, il demeura au conseil jusqu'en 1876.

Comme il était sans doute l'orangiste le plus influent de l'Assemblée, Willis présentait régulièrement des demandes pour que la loge provinciale de l'ordre soit constituée juridiquement. Il atteignit enfin son objectif en 1875, et décida, avec les autres membres de l'ordre, de souligner l'occasion l'année suivante en organisant un défilé dans les rues de Saint-Jean pour commémorer la bataille de la Boyne. La dernière parade des orangistes, en 1849, avait donné lieu à des affrontements sanglants entre catholiques et protestants [V. Robert Duncan WILMOT], et voilà que la question scolaire faisait à nouveau mousser le fanatisme religieux chez l'une et l'autre communauté. En 1876 cependant, les Irlandais de la deuxième génération n'exprimèrent la violence de leurs prédécesseurs que pour la forme, et personne ne fut grièvement blessé. La même année, Willis contribua à la création d'une nouvelle loge orangiste qui porta son nom. Il fut réélu à l'Assemblée en 1878, et se rangea dorénavant du côté de l'opposition menée par Andrew George Blair*. Il devait alors s'occuper des affaires chancelantes de son journal qui avait été sévèrement touché par le désastreux incendie de 1877 à Saint-Jean, et il s'absentait souvent de la chambre. Willis perdit son siège aux élections de 1882, qui portèrent Blair au pouvoir.

Durant ses années à l'Assemblée, Willis avait adopté une position modérée sur des questions de tempérance chaudement débattues [V. Samuel Leonard Tilley], appuyé l'adoption d'un projet de loi visant à accorder un privilège foncier aux fournisseurs de matériaux de construction et fait en vain la promotion de l'union des provinces Maritimes. Il s'opposa à ce que la province publie ses documents en français, fut en faveur de réduire les exigences relatives au droit de vote et dénonça régulièrement les concessions fiscales accordées aux entreprises privées.

Lorsque son journal disparut en 1884, Willis demanda l'aide de Tilley. À cette époque, les tories au pouvoir à Ottawa avaient à cœur de démontrer le succès de la Politique nationale, et Tilley, ministre des Finances dans le gouvernement de sir John Alexander MACDONALD, confia à Willis le soin de mener une enquête approfondie sur les effets de cette politique dans les Maritimes. Arpentant la région de long en large, Willis rencontra des dizaines d'hommes d'affaires, d'artisans et de notables locaux, et la plupart appuyaient l'action du gouvernement. Il compila des statistiques détaillées sur le nombre de personnes employées à diverses tâches en 1878, comparativement au nombre beaucoup plus élevé de travailleurs en 1884. Il en vint à la conclusion que le Canada avait seulement besoin de marchés plus nombreux pour absorber le flot de biens manufacturés. Le rapport qu'il remit au gouvernement fut très utile à ce dernier sur le plan politique et, en 1886, Willis fut nommé maître de poste de Saint-Jean. Au cours des cinq années qui suivirent, il conserva ce poste, mais se retira de la vie publique à mesure que sa santé déclina.

À la mort d'Edward Willis en 1891, le *St. John Daily Sun* déclara qu'il était mieux connu comme journaliste qu'en tant qu'homme politique. Il ne fait aucun doute que sa longue expérience de rédacteur lui avait été d'une aide précieuse pour rédiger son excellent rapport sur les industries manufacturières de certaines parties des provinces Maritimes, qui fut publié dans les *Documents de la session* de 1885 et qui demeure un monument durable à ses talents de journaliste.

ROBERT H. BABCOCK

Musée du N.-B., Misc. index ; Tilley family papers, Willis à S. L. Tilley, 18 mars 1861. — Canada, Parl., *Doc. de la session,* 1885, n° 37 : 35–197 (Edward Willis, « Report [...] on the manufacturing industries of certain sections of the Maritime provinces [...] »). — R. H. Conwell, *History of the great fire in Saint John, June 20 and 21, 1877* (Boston, 1877), 340. — Davin, *Irishman in Canada,* 165. — N.-B., House of Assembly, *Journal,* 1871 : 207–208 ; 1872 : 121, 170, 180 ; 1873 : 43–44, 50, 53, 114, 118–119, 132, 150, 176–177, 194 ; 1874 : 17, 29, 44, 191 ; 1875 : 26, 32, 43, 48, 51, 61, 73–75, 78–79, 148, 159, 173–174 ; 1876 : 33, 44, 129 ; 1877 : 68, 100, 129 ; 1878 : 146 ; *Synoptic report of the proc.,* 1874 : 11, 16, 21, 34, 75, 84–85, 97, 123–124 ; 1875 : 17–24, 28–29, 53 ; 1876 : 34, 53, 97 ; 1880 : 98–99, 105 ; 1881 : 68–74. — Provincial Grand Orange Lodge of New Brunswick, *Report of the proc.* (Fredericton, etc.), 1876 : 1 ; 1877 : 14–19 ; 1892 : 13. — *St. John and its business : a history of St. John* [...] (Saint-Jean, N.-B., 1875). — Stewart, *Story of the great fire.* — *Daily Telegraph* (Saint-Jean), 5 mars 1891. — *Morning News* (Saint-Jean), 19 avril 1865. — *St. John Daily Sun,* 5 mars 1891. — *Sentinel* (Toronto), 26 mars 1891. — *Western Recorder and Carleton Advertiser and Home Journal* (Saint-Jean), 20 mars, 21 août 1858. — *CPC,* 1879. — J. R. Harper, *Historical directory of New Brunswick newspapers and periodicals* (Fredericton, 1961). — *History and directory of the Provincial Grand Orange Lodge and primary lodges of New Brunswick, 1690–1934,* J. E. Steele, compil. (Saint-Jean, 1934). — Baker, *Timothy Warren Anglin.* — [J. J.] B. Forster, *A conjunction of interests : business, politics, and tariffs, 1825–1879* (Toronto, 1986), 205–206. — C. A. Woodward, *The history of New Brunswick provincial election campaigns and platforms, 1866–1974* [...] (s.l., 1976). — S. W. See, « The Orange order and social violence in mid-nineteenth century Saint John », *Acadiensis* (Fredericton), 13 (1983–1984), n° 1 : 68–92.

WILMOT, ROBERT DUNCAN, homme d'affaires, homme politique et fonctionnaire, né le 16 octobre 1809 à Fredericton, fils de John McNeil Wilmot* et de Susanna (Susan) Harriet Wiggins ; le 17 décembre 1833, il épousa Susannah (Susan) Elizabeth Mowat, de St Andrews, Nouveau-Brunswick, et ils eurent sept enfants ; décédé le 13 février 1891 dans son domaine, Belmont, comté de Sunbury, Nouveau-Brunswick.

Robert Duncan Wilmot avait environ cinq ans lorsque sa famille s'installa à Saint-Jean, au Nouveau-Brunswick, où son père devint un marchand et armateur en vue. Après avoir étudié dans des écoles locales, il entra dans l'entreprise paternelle. De 1835 à 1840, il la représenta à Liverpool, en Angleterre. Après son retour, il s'occupa de la construction de moulins, de navires et de chemins de fer, et il fut l'un de ceux qui favorisèrent l'essor de Saint-Jean pour en faire la métropole du Nouveau-Brunswick. Il fit partie du bureau de la New-Brunswick Colonial Association et du conseil d'administration de la European and North American Railway Company. Selon l'historien Thomas William Acheson, il fut l'un des 40 marchands qui « dominèrent la vie commerciale de la ville entre 1820 et 1850 ».

Wilmot fut initié à la politique dès son jeune âge. Il appartenait à une vieille famille tory et son père représenta durant 15 ans la circonscription du comté et de la ville de Saint-Jean à la chambre d'Assemblée. Lui-même entra en politique municipale et provinciale dans les années 1840. Échevin un certain temps, il fut maire de Saint-Jean en 1849–1850. À la mairie, le problème le plus grave qu'il eut à affronter fut une émeute orangiste. Déjà, au cours des années précédentes, le défilé du 12 juillet, par lequel les orangistes célébraient l'anniversaire de la bataille de la Boyne, avait donné lieu à des scènes de violence. Quand Wilmot apprit, en 1849, qu'ils passeraient par les districts catholiques, il leur demanda de renoncer à leur manifestation, mais comme aucune loi n'interdisait les processions publiques, il ne pouvait pas faire grand-chose pour les arrêter. Afin d'obliger les orangistes à baisser leurs bannières, les catholiques irlandais érigèrent un arc de pin au-dessus de l'une des rues qu'ils devaient emprunter. Flanqué d'un juge de paix et d'un constable de police, Wilmot tenta de le faire enlever. La foule l'assaillit et lui ordonna de quitter l'endroit. Après avoir tenté une dernière fois de convaincre les orangistes d'éviter le secteur catholique, Wilmot fit appel aux militaires. Cependant, plusieurs personnes furent tuées avant que le commandant n'ait le temps de poster ses soldats aux endroits stratégiques.

Wilmot entra à la chambre d'Assemblée en octobre 1846 à titre de député du comté et de la ville de Saint-Jean. Prenant la relève de son cousin Lemuel Allan Wilmot*, il devint le porte-parole de ceux qui, dans la province, favorisaient les mesures protectionnistes. Il siégea sans interruption à la chambre durant 15 ans, puis connut la défaite en 1861. Réélu en 1865, il resta à l'Assemblée jusqu'à la Confédération.

En 1850, Wilmot remporta la victoire en se présentant comme adversaire du gouvernement, et certains le qualifiaient de libéral ; toutefois, moins d'un an après, il accepta le poste d'arpenteur général dans le gouvernement conservateur de John Ambrose Sharman Street*. Ce ne serait pas la dernière fois qu'il changerait de camp. Après être devenu arpenteur général, il dut démissionner de son siège et briguer de nouveau les suffrages. Les autres députés de Saint-Jean, qui avaient été ses alliés aux dernières élections générales, le condamnèrent. À leur grand étonnement, il fut réélu. Estimant que, par ce geste, les gens de Saint-Jean avaient montré qu'ils n'avaient plus leur confiance, Samuel Leonard TILLEY, Charles Simonds* et William Johnston RITCHIE démissionnèrent. Wilmot exerça la fonction d'arpenteur général jusqu'en 1854. Il continua de manifester son conservatisme en s'opposant par exemple, en 1853, à un projet de loi qui aurait institué le scrutin secret. En octobre 1854, les réformistes parvinrent à faire adopter une motion de censure à l'endroit des conservateurs en invoquant le fait qu'ils n'avaient pas agi conformément aux principes de la responsabilité ministérielle. Street et ses collègues quittèrent le pouvoir. C'était la première fois, au Nouveau-Brunswick, qu'un gouvernement démissionnait parce qu'il avait perdu un vote à l'Assemblée. Malgré des conservateurs comme Wilmot, le gouvernement responsable était enfin instauré dans la province.

Une fois au pouvoir, les réformistes, sous la direction de Charles Fisher* et de Tilley, adoptèrent un projet de loi qui instituait le vote secret, auquel Wilmot s'opposa encore. Mais leur *Prohibition Act* ne tarda pas à leur causer des problèmes, et le lieutenant-gouverneur John Henry Thomas Manners-Sutton* parvint à les obliger à démissionner. En 1856, les conservateurs remportèrent les élections. Wilmot fut secrétaire de la province en 1856–1857 dans l'éphémère gouvernement de John Hamilton Gray*. Ce gouvernement avait pour principal objectif d'abroger la loi prohibitionniste. Une fois cela fait, des dissensions éclatèrent en son sein, et il fut battu dès 1857. Cependant, Wilmot remporta la victoire au scrutin suivant.

Après sa défaite aux élections de 1861, qui reportèrent les réformistes au pouvoir, Wilmot se retira à Belmont, où il s'occupa surtout de son élevage de bovins et de porcs. De retour en politique en 1865, il fut élu en mars à titre d'adversaire de la Confédération. Le lieutenant-gouverneur Arthur Hamilton Gordon* demanda d'abord à George Luther Hatheway* de former un gouvernement, mais ce dernier déclina cet honneur. Gordon se tourna alors vers Albert James Smith* et Wilmot, qui acceptèrent. Ministre sans portefeuille, Wilmot se retrouva dans l'ombre de

Smith et de Timothy Warren ANGLIN. Ce gouvernement faible, que les journaux qualifiaient de « curieux mélange de tories et de libéraux », était cimenté par une seule chose : le désir d'empêcher le Nouveau-Brunswick d'entrer dans la Confédération aux conditions proposées à la conférence de Québec en 1864. Bon nombre de ses membres étaient favorables à une union des provinces, mais ils ne s'entendaient pas sur sa nature. Certains, comme Smith, voulaient que les provinces conservent beaucoup plus de pouvoirs que ne leur en concédaient les conditions de Québec. D'autres, dont Wilmot, estimaient qu'elles devaient être privées de presque toute leur autorité. Dès 1858, il avait dit espérer une union qui éliminerait les Parlements provinciaux.

Comme il n'était pas homme à masquer ses sentiments, Wilmot exprima bientôt son insatisfaction à l'égard de diverses décisions de Smith et de ses collègues. Il avait espéré passer du cabinet au poste de vérificateur général, mais une fois que le Parlement eut résolu de diminuer le salaire assorti à cette fonction, il s'en désintéressa. La nomination de William Johnston Ritchie au poste de juge en chef du Nouveau-Brunswick l'irrita particulièrement. Non sans raison, il estimait que cette charge revenait au plus ancien juge de la province, son cousin Lemuel Allan Wilmot. Il était prêt à démissionner du gouvernement, mais le lieutenant-gouverneur Gordon voulait qu'il reste. Ses opinions sur l'union des provinces avaient changé, en partie par suite d'une conférence sur le commerce à laquelle il avait assisté à Québec en septembre 1865. Il avait acquis la conviction que l'union législative était impossible à cause du fossé qui séparait les Canadiens français et les Canadiens anglais. En outre, il commençait à comprendre que les États-Unis ne renouvelleraient pas leur entente de réciprocité avec l'Amérique du Nord britannique et que, si l'on voulait ouvrir de nouveaux marchés, le statu quo politique était impossible. À son retour de Québec, il était presque fédéraliste. Gordon comptait donc sur lui pour ébranler les certitudes du cabinet anticonfédérateur.

Au début de 1866, en prévision des discussions commerciales qui se tiendraient à Washington en février, le Nouveau-Brunswick choisit ceux qui le représenteraient au sein de la délégation de l'Amérique du Nord britannique. Comme il avait assisté à la conférence commerciale de Québec, Wilmot comptait bien être du nombre. Il estimait avoir subi bien des affronts de la part de Smith (certains réels, d'autres imaginaires), mais son exclusion fut la goutte qui fit déborder le vase. Il réitéra immédiatement à Gordon son souhait de démissionner. Gordon différa l'acceptation de sa démission, et Smith partit pour Washington. Ensuite, le lieutenant-gouverneur discuta de la question avec les leaders confédérateurs Tilley et Peter MITCHELL.

Les négociations de Washington échouèrent. Le gouvernement américain ne montra aucun intérêt pour le renouvellement de la convention de réciprocité. Du même coup, il n'était plus question de relier le Nouveau-Brunswick aux États-Unis par un chemin de fer (le Western Extension). La solution économique que Smith avait prônée à la place de la Confédération se révélait impraticable. Comme le gouvernement devenait de plus en plus impopulaire, Gordon tenta, à la mi-février, un petit chantage contre Smith. S'il donnait son accord à la Confédération, lui-même accepterait la démission de Wilmot. Sinon, Wilmot et d'autres seraient appelés à former un nouveau gouvernement. Cédant à ces pressions, Smith consentit à ce qu'une mention d'appui à l'union soit incluse dans le discours du trône de mars 1866, après quoi la démission de Wilmot fut acceptée. Le court paragraphe consacré à cette question était ambigu, mais dans son adresse en réponse au discours du trône, le Conseil législatif s'exprima sans équivoque en faveur des conditions proposées à la conférence de Québec. Gordon tenta d'amener Smith à soutenir sa réponse, mais celui-ci refusa, car il sentait peut-être que le lieutenant-gouverneur essayait de le contraindre à accepter une position contraire à ses convictions et il savait qu'il n'existait pas, parmi ses collègues, d'entente sur un projet d'union. Le 7 avril, Gordon répondit chaleureusement à l'adresse et, quelques jours plus tard, le gouvernement de Smith démissionna.

Enfin, le lieutenant-gouverneur tenait l'occasion d'avoir un gouvernement favorable à la Confédération. Sur le conseil de Mitchell, il demanda à Tilley de former ce nouveau gouvernement. Tilley, qui ne siégeait pas à l'Assemblée, déclina l'offre. Gordon fit ensuite appel à Wilmot et à Mitchell, qui entrèrent en fonction le 14 avril. La réussite du projet confédératif dépendait désormais des élections qui se tiendraient en mai et juin. Mitchell, Wilmot et Tilley remportèrent une victoire écrasante. En juillet, ils se mirent en route pour Londres, où furent conclues les conditions définitives de l'union et où fut rédigé l'Acte de l'Amérique du Nord britannique.

Le 23 octobre 1867, après la formation du gouvernement fédéral, Wilmot fut nommé au premier Sénat du Canada. En 1878, il devint ministre sans portefeuille dans le cabinet de sir John Alexander MACDONALD et, le 8 novembre de la même année, il fut nommé président du Sénat. Il n'allait démissionner de cette fonction que le 10 février 1880, pour prendre la succession d'Edward Barron Chandler* au poste de lieutenant-gouverneur du Nouveau-Brunswick. À la présidence du Sénat, il se montra à la hauteur, mais il n'apporta aucune contribution notable au gouvernement Macdonald à titre de membre du cabinet. Une fois devenu lieutenant-gouverneur, il continua de manifester son penchant pour le favoritisme et son amour du pouvoir ; on lui reprocha de pourvoir des postes assortis d'une certaine influence politique sans consulter le Conseil exécutif. À la fin de ses cinq années de mandat, Tilley lui succéda.

Robert Duncan Wilmot était un homme honnête et compétent. Doté d'une forte personnalité, il se voyait comme un chef, même s'il fut éclipsé dans les gouvernements Smith et Tilley-Mitchell. Bien qu'il n'ait jamais été un orateur éloquent, c'était un administrateur capable et un fonctionnaire efficace. Assez froid, il n'était pas tellement aimé. À cause de ses fréquents changements d'opinion, il n'était pas populaire auprès des hommes politiques engagés, et des historiens comme James Hannay*, Peter Busby Waite et Carl Murray Wallace l'ont taxé d'opportunisme. Effectivement, petits bénéfices et pouvoir semblent avoir joué un rôle dans les manœuvres de 1865–1866. Wilmot voulait être premier ministre, et peut-être que « les questions de favoritisme occupaient une place importante » dans son esprit, comme l'a dit Waite. Cependant, il semble avoir été sincèrement convaincu qu'on devait avoir le droit de modifier ses principes si les circonstances l'exigeaient. La cohérence ne fut jamais la qualité première d'autres hommes politiques, comme sir John Alexander Macdonald, et la personnalité de Wilmot eut-elle été plus attachante que ses contemporains et les historiens auraient été moins durs envers lui.

WILLIAM A. SPRAY

APNB, MC 300, MS33/37, marriage license, 17 déc. 1833 ; MC 1156, II : 62 ; RG 1, RS348, A7, Wilmot au lieutenant-gouverneur, [1866] ; RS355, A1, Wilmot au secrétaire d'État, 9 nov. 1885 ; A2, A. H. Gillmor à Wilmot, 31 mai 1880 ; A4, extrait d'une lettre au gouverneur général, 31 juill. 1882 ; A5, W. E. Baker à Wilmot, 28 sept. 1883. — G. E. Fenety, *Political notes and observations* [...] (Fredericton, 1867), 417, 456. — James Hannay, *The life and times of Sir Leonard Tilley, being a political history of New Brunswick for the past seventy years* (Saint-Jean, N.-B., 1897). — *Daily Evening Globe*, 14 mars 1866. — *Daily Gleaner*, 13 févr. 1891. — *New-Brunswick Courier*, 21 mars 1840. — *Saint John Globe*, 13 févr. 1891. — *Canadian directory of parl.* (Johnson). — *CPC*, 1909. — *Cyclopædia of Canadian biog.* (Rose et Charlesworth), 2. — Dent, *Canadian portrait gallery*. — T. W. Acheson, *Saint John : the making of a colonial urban community* (Toronto, 1985). — D. [G.] Creighton, *The road to confederation : the emergence of Canada : 1863–1867* (Toronto, 1964). — James Hannay, *Wilmot and Tilley* (Toronto, 1907). — Lawrence, *Judges of N.B.* (Stockton et Raymond), 268, 399, 489, 491–492, 513, 520. — MacNutt, *New Brunswick*. — Waite, *Life and times of confederation*, 229–262. — T. W. Acheson, « The great merchant and economic development in St. John, 1820–1850 », *Acadiensis* (Fredericton), 8 (1978–1979), n° 2 : 3–27. — A. G. Bailey, « The basis and persistence of opposition to confederation in New Brunswick », *CHR*, 23 (1942) : 374-397. — S. W. See, « The Orange order and social violence in mid-nineteenth century Saint John », *Acadiensis*, 13 (1983–1984), n° 1 : 68–92. — C. M. Wallace, « Saint John boosters and the railroads in mid-nineteenth century », *Acadiensis*, 6 (1976–1977), n° 1 : 71–91.

WILMOT, SAMUEL, fermier, fonctionnaire, homme politique, juge de paix et officier de milice, né le 22 août 1822 à Belmont Farm, canton de Clarke, Haut-Canada, fils de Samuel Street Wilmot et de Mary Stegmann ; le 1er juin 1852, il épousa à Cobourg, Haut-Canada, Helen Matilda Clark, et ils eurent sept enfants ; décédé le 17 mai 1899 à Newcastle, Ontario.

Le père de Samuel Wilmot appartenait à une famille loyaliste en vue du Nouveau-Brunswick. Il était le frère de John McNeil Wilmot*, commerçant réputé de Saint-Jean, et deux de ses neveux, Robert Duncan WILMOT et Lemuel Allan Wilmot*, allaient devenir lieutenants-gouverneurs du Nouveau-Brunswick. Il s'établit dans le Haut-Canada en 1796 et devint arpenteur adjoint, membre de la chambre d'Assemblée et fermier prospère.

Samuel Wilmot fréquenta l'Upper Canada College de 1830 à 1834. Lorsque son père mourut en 1856, il assuma la direction de la ferme tout en continuant de gérer un magasin général à Newcastle. Il fut membre pendant quelques années du conseil de l'Agricultural and Arts Association of Ontario ; en 1879, il en devint le président. Il s'intéressa aussi de près aux affaires publiques locales. De 1850 à 1854 et de 1862 à 1868, il occupa le poste de greffier municipal du canton de Clarke ; de 1859 à 1861 et en 1869–1870, il fut membre du conseil municipal, dont il assuma la présidence de 1871 à 1877. En 1871, il était préfet des comtés unis de Durham et Northumberland. On le nomma juge de paix en 1856 et il fut officier dans la milice de Durham de 1847 aux années 1870.

La ferme de Wilmot longeait le ruisseau Wilmot, frayère réputée pour les saumons du lac Ontario. Toutefois, en 1850, la remonte des saumons avait beaucoup diminué dans le ruisseau, comme dans d'autres rivières à saumon du lac Ontario, en raison d'une pêche excessive et de modifications dans l'environnement. Wilmot s'intéressa à la possibilité de repeupler le ruisseau par ensemencement artificiel. En 1866, il construisit un appareil à éclosion expérimental et réussit à faire éclore le frai de quatre saumons. L'année suivante, il obtint l'appui du gouvernement fédéral et, le 1er juillet 1868, le département de la Marine et des Pêcheries, mis sur pied depuis peu, sous la direction de Peter MITCHELL et William SMITH, le nomma sous-inspecteur des pêcheries avec le mandat spécial d'exploiter l'établissement piscicole. Le 1er juillet 1876, Wilmot fut nommé surintendant de la pisciculture, poste qu'il occupa jusqu'à sa retraite le 1er avril 1895. On lui confia la construction et la direction d'un réseau de 15 alevinières à travers le Canada, et l'ensemencement de centaines de millions d'alevins chaque année. De plus, il conseilla le gouvernement sur la réglementation de la pêche et la pollution ; en 1892–1893, il effectua une importante enquête sur la pêche en Colombie-Britannique et dans les Grands Lacs.

Wilmot n'a pas découvert les techniques de propagation artificielle. Elles étaient connues pour l'essentiel depuis au moins un siècle en Europe et une alevinière gouvernementale avait été établie en France en 1851. En Amérique du Nord britannique, des expériences d'ensemencement artificiel avaient été menées par Richard Nettle, surintendant des pêcheries dans le Bas-Canada. Wilmot mit au point des techniques et des appareils qui furent adoptés par la suite dans les alevinières d'Amérique du Nord. Ses incubateurs obtinrent des médailles de la Société nationale d'acclimatation de France en 1872 et à l'International Fisheries Exhibition de Londres en 1883.

Samuel Wilmot fut l'élément moteur de la mise en place du réseau de pisciculture au Canada ; en effet, son supérieur immédiat à la direction des Pêcheries, William Frederick Whitcher, doutait de la valeur commerciale du réseau d'alevinières. Même si l'opération technique consistant à faire éclore du frai fut un succès, Whitcher estimait que rien ne prouvait que les alevins survivaient et augmentaient le nombre des prises. Whitcher perdit le débat ainsi que son poste, mais l'opinion se range aujourd'hui à ses idées : devant la dégradation de l'environnement et la surpêche, même l'ensemencement massif d'alevins ne permet pas de maintenir les stocks de poisson. Quant à Wilmot, il reconnaissait l'importance des changements environnementaux sur le déclin de la population de saumon du lac Ontario et considérait le programme d'alevinage comme un simple complément à la réglementation stricte des saisons de pêche afin de permettre la reproduction naturelle des populations de poisson.

ALAN B. MCCULLOUGH

Les rapports de Samuel Wilmot sur les pêches de la Colombie-Britannique et des Grands Lacs se trouvent dans Canada, Parl., *Doc. de la session,* 1893, n° 10c. D'autres rapports qu'il a envoyés au gouvernement figurent dans les rapports annuels du département de la Marine et des Pêcheries et dans les archives ministérielles aux AN, RG 23. Il est l'auteur, parmi d'autres écrits, de : *Canada at the great International Fisheries Exhibition, London, 1883* (Ottawa, 1884). Un portrait de Wilmot est reproduit dans l'étude de John Squair* citée ci-dessous.

AN, MG 26, A : 143037–143057 ; RG 2, 1, vol. 5 ; 88 ; RG 9, I, C6, 7, 9 ; RG 68, General index, 1867–1908. — EEC, Diocese of Toronto Arch., Church of St Peter (Cobourg, Ontario), reg. of baptisms, burials, and marriages, 1er juin 1852. — Royal Ontario Museum, Sigmund Samuel Canadiana Building (Toronto), Samuel Wilmot letter-book. — Canada, dép. de la Marine et des Pêcheries, *Annual report* (Ottawa), 1868–1885 ; 1893–1900 ; dép. des Pêcheries, *Annual report,* 1886–1892 ; Parl., *Doc. de la session,* 1894, n° 16a ; 1897, n° 1. — Ontario, Legislature, *Sessional papers,* 1870–1881. — W. F. Whitcher, « Practical results of fish culture in the Dominion of Canada », *Forest and Stream* (New York), 20 (févr.–juill. 1883) : 408. — *Globe,* 19 mai 1899. — *Cyclopædia of Canadian biog.* (Rose et Charlesworth). — John Squair, *The townships of Darlington and Clarke, including Bowmanville and Newcastle, province of Ontario, Canada* (Toronto, 1927). — J. R. Dymond, « Artificial propagation in the management of the Great Lakes fisheries », American Fisheries Soc., *Trans.* (Washington), 86 (1957) : 384–391. — A. G. Huntsman, « Why did Ontario salmon disappear ? » SRC *Mémoires,* 3e sér., 38 (1944), sect. v : 83–102. — H. [R.] MacCrimmon, « The beginning of salmon culture in Canada », *Canadian Geographical Journal* (Ottawa), 71 (juill.–déc. 1965) : 96–103. — J. A. Rodd, « Notes on development of fish culture in Canada », *Canadian Fish Culturist* (Ottawa), 1 (1947), n° 2 : 3–7. — D. B. Simpson, « Major Samuel Street Wilmot », Assoc. of Ontario Land Surveyors, *Annual report* (Toronto), 1921 : 108–110.

WILSON, sir ADAM, avocat, homme politique et juge, né le 22 septembre 1814 à Édimbourg, fils d'Andrew Wilson et de Jane Chalmers ; le 1er mai 1841, il épousa Emma Dalton, fille de Thomas Dalton*, et ils adoptèrent une fille ; décédé le 28 décembre 1891 à Toronto.

Adam Wilson immigra dans le Haut-Canada en 1830 et alla travailler pour son oncle, George Chalmers, qui possédait un moulin et un magasin dans le comté de Halton. Le jeune Wilson s'installa à Toronto en 1834 et étudia sous la direction de Robert Baldwin Sullivan*. Admis au barreau en 1839, il devint associé l'année suivante. Il partageait avec Robert Baldwin* un intérêt pour les réformes et, comme ce dernier se tournait de plus en plus vers la politique, il dut assumer une bonne partie du travail de la firme. Wilson devint un barrister de renom. En 1850, il fut élu membre du conseil de la Law Society of Upper Canada et obtint le titre de conseiller de la reine.

Le goût de Wilson pour les réformes l'amena vers la politique municipale. Il fut élu échevin du quartier St Patrick en 1855 ; au sein du conseil, il prit la tête d'un groupe qui s'opposait à l'influence excessive qu'exerçaient sur le gouvernement local les gens des chemins de fer, comme Casimir Stanislaus GZOWSKI. Wilson dirigea une commission d'enquête destinée à faire la lumière sur la façon dont Gzowski et ses associés avaient obtenu un contrat très favorable pour la construction d'une esplanade, qui entraînerait des travaux de remblai dans le port. La commission réussit à faire annuler le contrat mais, entre-temps, Wilson avait quitté temporairement la politique municipale pour remplir d'autres fonctions. Il y revint à la fin de 1858 en acceptant d'être candidat aux élections à la mairie, à la demande de la Municipal Reform Association dirigée par George Brown*. Le scrutin, qui eut lieu les 3 et 4 janvier 1859, marquait le premier recours au suffrage direct pour la mairie. Wilson, qui dénonça les conseils municipaux précédents pour s'être laissés abuser par ceux qui possédaient des intérêts dans les chemins de fer, l'emporta facilement sur John George Bowes* et William Henry Boulton*, deux anciens maires. Il gagna encore une fois en 1860, mais ne se présenta pas en 1861.

Même si Wilson s'opposait à l'octroi excessif de fonds publics aux compagnies ferroviaires, il n'avait rien contre les chemins de fer. Avec Allan Macdonell* et d'autres, il fonda la North-West Transportation, Navigation and Railway Company, société constituée juridiquement en 1858 pour assurer la construction d'une route ferroviaire et maritime à l'ouest du lac Supérieur. Cette tentative d'améliorer les communications avec la colonie de la Rivière-Rouge arrivait trop tôt ; en 1860, avant même que les travaux de construction ne soient entrepris, la charte de l'entreprise vint à expiration.

Wilson ne limitait pas son intérêt pour la politique à la scène municipale. En 1858, le *double shuffle* [V. sir George-Étienne Cartier*] du cabinet libéral-conservateur avait choqué les réformistes canadiens. Wilson intenta une poursuite contre John Alexander MACDONALD et deux autres ministres pour avoir enfreint la loi en gardant leur siège, mais le juge en chef William Henry Draper* se prononça en faveur des défendeurs. En 1860, Wilson se présenta à une élection partielle et remporta le siège d'York North à l'Assemblée législative ; aux élections générales de 1861, il disputa en même temps ce siège et celui de Toronto West. Le dernier alla à John Beverley ROBINSON, mais Wilson réussit à garder celui d'York North. En mai 1862, avec William McDougall* et deux autres réformistes, il entra au gouvernement de John Sandfield Macdonald* et de Louis-Victor Sicotte*. À l'instar de ses trois collègues, il s'était fait l'ardent défenseur de la représentation basée sur la population mais, comme eux, il n'insista pas pour que le gouvernement s'y engage lorsqu'il entra au cabinet. Cette concession leur attira les foudres de George Brown. Wilson occupa le poste de solliciteur général pour le Haut-Canada ; toutefois, la réorientation que Brown imposa et la naissance du gouvernement dirigé par Sandfield Macdonald et Antoine-Aimé DORION le firent évincer du cabinet.

Lorsqu'il donna sa démission en mai 1863, Wilson fut nommé juge à la Cour du banc de la reine, puis passa à la Cour des plaids communs au mois d'août. En 1868, il retourna à la Cour du banc de la reine ; il s'y trouvait encore en 1876 lorsqu'il s'engagea dans une querelle publique avec Brown en affirmant que la fameuse lettre que ce dernier avait écrite en 1872 pour appuyer la campagne électorale libérale avait été rédigée « à des fins malhonnêtes ». Le *Globe* trouva les paroles de Wilson « insolentes et diffamatoires ». Des poursuites s'ensuivirent, mais les deux juges ne s'entendirent pas et l'affaire ne fut pas résolue. En 1878, Wilson fut nommé juge en chef de la Cour des plaids communs et, en 1884, juge en chef à la Cour du banc de la reine ; il allait demeurer à ce poste jusqu'à sa retraite en 1887, année où il fut fait chevalier.

Wilson prônait une légère réforme du droit. En 1856, il avait été affecté par le gouvernement d'Étienne-Paschal Taché* et de John Alexander Macdonald à un groupe de travail constitué de cinq avocats, dont John Hillyard Cameron*, Oliver Mowat* et David Breakenridge Read* ; ce groupe avait la tâche de réviser et de refondre les lois qui allaient désormais régir la province du Canada. Il fut nommé à l'Ontario Law Reform Commission en 1871. Même s'il fut incapable de jouer un rôle politique actif, il faut noter que c'est pendant qu'il était juge en chef que le gouvernement d'Oliver Mowat adopta l'*Ontario Judicature Act* de 1881, loi qui révolutionna la structure des tribunaux de la province.

Wilson fut témoin d'importants litiges pendant les 24 années qu'il passa à la magistrature. Il vit défiler régulièrement devant lui des géants du droit, comme Robert Alexander Harrison*, D'Alton MCCARTHY, John Hillyard Cameron et Zebulon Aiton Lash*. Une foule de questions furent débattues au cours de cette période, dont de nombreuses causes de nature commerciale. On était en train de libérer la loi de la preuve des contraintes de procédure rigides ; les règles du barreau faisaient l'objet d'une analyse minutieuse ; on examinait sous un nouveau jour la conduite des jurys ; les tribunaux commençaient à prendre en considération les droits des femmes mariées, sans toutefois les reconnaître pleinement ; la validité du mariage d'un esclave fut mise à l'épreuve. Il y eut également de nombreux litiges à propos d'actes de cession de terrains et de contestations d'élections.

La carrière judiciaire de sir Adam Wilson ne fut pas marquée par des jugements innovateurs. On se souvient probablement le mieux de lui comme juge d'appel dans le procès de Patrick James Whelan*, l'assassin de Thomas D'Arcy McGee*. Il rédigea un grand nombre de jugements. Son style était clair, mais il avait tendance à juxtaposer des précédents sans prendre le soin de faire une synthèse pour en étendre la portée. Par ailleurs, il était en dissidence plus souvent que d'autres juges, ne répugnait pas à citer le droit américain et manifestait à l'occasion son indépendance à l'égard de la domination qu'exerçait le droit anglais. À une époque où les juges n'étaient pas particulièrement reconnus pour leurs idées radicales ni pour l'expression franche de leurs opinions, Wilson, dès sa deuxième année au poste le plus élevé de la magistrature ontarienne, n'hésita pas à déclarer : « Les juges devraient être [assez] curieux et subtils pour inventer des raisons et des moyens de rendre les lois efficaces conformément à la juste intention des parties. »

GRAHAM PARKER

Adam Wilson a écrit un livre intitulé *The constable's guide ; a sketch of the office of constable* (Toronto, 1861). Ses jugements en qualité de juge de la Cour des plaids communs et de la Cour du banc de la Reine du Haut-Canada paraissent dans les rapports officiels de ces tribunaux. Des causes importantes des *Upper Canada Common Pleas Reports* (Toronto) comprennent *Coulson* v. *O'Connell*, 29 (1878) : 341–346, et *Elliott* v. *Douglas*, 30 (1879) : 398–409. Parmi les causes dignes de mention des *Upper Canada Queen's Bench Reports* (Toronto), on trouve les suivantes : *R.* v. *Jerrett and Myers*, et *Leslie* v. *Ball*, 22 (1863) : 499–511 et 512–519 ; *Campbell* v. *Linton*, 27 (1868) : 563–580 ; *Whelan* v. *R.* (1868) et (1869), 28 (1868–1869) : 2–107 et 108–186 ; *Wright* v. *Garden and Wife* (1869), 28 : 609–625 ; *Harris* v. *Cooper* (1871), 31 (1871–1872) : 182–200 ; *Re Judge of County Court of York* (1872), 31 : 267–73 ; et *Dougherty* v. *Williams*, 32 (1872) : 215–221. Une description complète du procès Whelan et des appels se trouve dans T. P. Slattery, *« They got to find mee guilty yet »* (Toronto et Garden City, N.Y., 1972).

J. A. Macdonald, *The letters of Sir John A. Macdonald* [...], J. K. Johnson et C. B. Stelmack, édit. (2 vol., Ottawa, 1968–1969), 1 : 347, 350. — L. J. Burpee, *The Oxford encyclopædia of Canadian history* (Toronto et Londres, 1926). — *The Canadian legal directory : a guide to the bench and bar of the Dominion of Canada*, H. J. Morgan, édit. (Toronto, 1878). — *Cyclopædia of Canadian biog.* (Rose et Charlesworth), 1. — *DNB*. — Wallace, *Macmillan dict.* — J. M. S. Careless, *Brown of* The Globe (2 vol., Toronto, 1959–1963 ; réimpr., 1972). — P. G. Cornell, « The alignment of political groups in the Province of Canada, 1854–1864 », *Upper Canadian politics in the 1850's*, Ramsay Cook *et al.*, édit. (Toronto, 1967), 69–84. — J. C. Dent, *The last forty years : Canada since the union of 1841* (2 vol., Toronto, [1881]). — G. P. de T. Glazebrook, *The story of Toronto* (Toronto et Buffalo, N.Y., 1971). — W. J. Rattray, *The Scot in British North America* (4 vol., Toronto, 1880–1884). — V. L. Russell, *Mayors of Toronto* (1 vol. paru, Erin, Ontario, 1982–).

WILSON, sir DANIEL, artiste, auteur, ethnologue, professeur et administrateur d'université, né le 5 janvier 1816 à Édimbourg, fils d'Archibald Wilson, marchand de vin, et de Janet Aitken ; le 28 octobre 1840, il épousa Margaret Mackay (décédée en 1885), et ils eurent deux filles ; décédé le 6 août 1892 à Toronto.

Daniel Wilson fréquenta d'abord l'Edinburgh High School, puis entra à la University of Edinburgh en 1834, mais il la quitta l'année suivante pour étudier la gravure auprès de William Miller. Parti pour Londres en 1837 dans l'espoir de se faire connaître comme illustrateur, il travailla quelque temps pour le peintre Turner. Tant à Londres qu'à Édimbourg, où il retourna en 1842, il subsistait en faisant des travaux de plume : recensions, ouvrages populaires sur les Pèlerins ou sur Oliver Cromwell et le Protectorat, articles de magazine, critiques d'art pour le *Scotsman* d'Édimbourg.

Adolescent, Wilson s'était mis à explorer et à dessiner les vieux édifices d'Édimbourg. Il en reproduisit les formes pittoresques et les détails architecturaux dans un ouvrage en deux volumes, *Memorials of Edinburgh in the olden time*, abondamment illustré de gravures de sa main, faites sur bois ou sur métal. Dans cet ouvrage publié à Édimbourg en 1848, il évoquait, de manière un peu décousue, l'histoire de la ville. La fascination de Wilson pour le passé s'exprimait par un romantisme nourri à la lecture des romans de sir Walter Scott et par une fierté toute patriotique des vestiges écossais. Cette fascination allait au delà de l'histoire dont témoignaient les documents écrits et touchait les objets plus anciens, voire les ossements. Secrétaire honoraire de la Society of Antiquaries of Scotland à compter de 1847, il visitait des sites et entretenait une volumineuse correspondance avec des collectionneurs de tout le pays. En 1849, il dressa un inventaire sommaire des collections du musée de la société, dont il se servit pour écrire *The archæology and prehistoric annals of Scotland*, publié à Édimbourg en 1851. Premier relevé exhaustif des vestiges archéologiques écossais, cet ouvrage se démarquait passablement de la tradition qui consistait à rassembler et à cataloguer des raretés. Selon Wilson, les armes, ornements, outils, tombes et autres artefacts étaient à l'historien ce que les fossiles étaient au géologue : tout comme l'étude des fossiles permettait d'identifier et de caractériser les époques de l'histoire terrestre, l'examen des vestiges de la préhistoire (mot qu'il introduisit dans la langue anglaise) permettait de documenter les étapes du passé de l'homme et de faire des déductions sur les attitudes, croyances et rites de cultures disparues depuis longtemps. Wilson répartissait les artefacts écossais selon la division tripartite des archéologues danois : âges de pierre, de bronze et de fer. De plus, en reliant ces périodes à l'ère chrétienne, il jetait un pont entre l'archéologie et l'historiographie, et faisait ainsi énormément reculer dans le temps les origines de l'Écosse. Les ossements qu'il avait examinés et les crânes qu'il avait mesurés lui permettaient de démontrer que d'autres peuples y avaient vécu avant les Celtes. Son livre était en soi un défi à la tendance voulant que l'on attribue aux influences romaines ou scandinaves les vestiges qui témoignaient d'habileté manuelle et d'inventivité et à n'accorder aux Bretons que les vestiges grossiers. Enfin, il affirmait que l'archéologie, pour passer au rang de science, devait s'associer étroitement à l'ethnologie et qu'il fallait comparer les données sur l'Écosse avec celles qui provenaient d'autres parties du monde.

L'ouvrage de Wilson contribua à faire reconnaître en Grande-Bretagne l'étude de la préhistoire comme une science et à établir sa réputation de savant. En 1851, il obtint son unique diplôme, à titre honorifique, soit un doctorat en droit de la University of St Andrews. En 1853, malgré sa modeste expérience des établissements d'enseignement, il accéda à la chaire d'histoire et de littérature anglaise du University College à Toronto. Le gouverneur en chef de la province du Canada, lord Elgin [Bruce*], membre tout comme Wilson de la Society of Antiquaries of Scotland, avait appuyé sa candidature.

Vivre au Canada amena Wilson à s'intéresser davantage à certaines questions et à en abandonner d'autres. Il suivait les découvertes de la préhistoire écossaise, retravaillait et rééditait ses livres, mais il était coupé de ses sources et isolé de ses collègues. Toutefois, les possibilités ethnologiques du Nouveau Monde le passionnaient. Ce sont des membres du Canadian Institute qui avivèrent, ou suscitèrent peut-être, son enthousiasme pour l'étude des Indiens de l'Amérique du Nord. Wilson se joignit à cette société savante en 1853, fut rédacteur en chef de son périodique, le *Canadian Journal : a Repertory of Industry, Science, and Art* (Toronto), de 1856 à 1859, et y exerça de nombreuses fonctions administratives, dont celle de président en 1859 et 1860. Il contribua à faire admettre l'ethnologie et l'archéologie au rang des sciences qui faisaient l'objet de communications à l'institut et ajouta même la critique littéraire aux domaines traités. Des membres de l'institut avaient montré un intérêt certain pour la conservation des vestiges, des langues et des traditions des Indiens alors en voie de disparition ; certains, tels le peintre Paul Kane*, l'explorateur Henry Youle Hind* et le capitaine John Henry Lefroy* du génie royal, avaient fait de longues expéditions dans la nature vierge du Nord-Ouest. Wilson conçut un attachement particulier pour Kane et son protecteur, George William Allan, qui collectionnait les artefacts indigènes. Sa connaissance des peuples autochtones s'enrichissait bien moins par des rencontres directes que par l'examen des expériences, collections et publications de ses nouveaux amis. De plus, il restait, fondamentalement, un Européen : pour lui, les autochtones présentaient de l'intérêt non pas en eux-mêmes, mais en ce qu'ils incarnaient des cultures primitives qui avaient existé dans l'Europe préhistorique.

L'étude et la mesure des types crâniens devinrent pour Wilson une véritable obsession, en grande partie à cause de la controverse qui opposait les partisans du polygénisme (pour qui les races humaines avaient des origines différentes) aux tenants du monogénisme (races issues d'une création unique). Un groupe d'écrivains américains, dont le médecin de Philadelphie Samuel George Morton, que Wilson connaissait, attribuaient les qualités mentales et morales aux races selon la forme des têtes, prétendaient que les races étaient des espèces différentes et affirmaient que tous les autochtones d'Amérique du Nord, sauf les Inuit, présentaient le même type crânien. Les implications du polygénisme, comme les liens qui existaient entre cette théorie et les justifications de la servitude des Noirs, offensaient le sens moral de Wilson et contredisaient ses intuitions scientifiques. Pour lui qui avait grandi dans une famille fermement opposée à l'esclavage, ce fut une douloureuse surprise de découvrir en 1853, à Philadelphie, que certains se moquaient de l'idée selon laquelle « l'homme noir provient de la même souche que le blanc ». Toute sa vie, il demeura fidèle à la grande doctrine des philosophes écossais des Lumières qui, à la fin du XVIIIe siècle, avaient déclaré que l'humanité est la même en tout lieu et à toute époque et que les variantes de culture et de réalisations découlent non pas d'un tempérament racial inné, mais du contexte. Dans une série d'articles, il nia donc qu'un seul type crânien caractérisait la race indienne de l'Amérique du Nord en faisant valoir à quel point les spécimens étaient divers et combien il était difficile de généraliser à partir de crânes modifiés par le régime alimentaire, une déformation délibérée ou les rites funéraires.

L'unité de l'humanité et l'apport que l'étude de la culture autochtone d'Amérique du Nord représentait pour la connaissance de la préhistoire européenne furent les deux thèmes dominants d'un autre livre de Wilson, *Prehistoric man : researches into the origin of civilisation in the Old and the New World,* publié à Cambridge et à Édimbourg en 1862. Cette synthèse discursive en deux volumes tentait d'établir le potentiel inné de l'homme en examinant comment certaines facultés ou certains instincts s'exprimaient dans les races et les cultures les plus diverses. Ainsi, Wilson parlait de transport par eau, de métallurgie, d'architecture, de fortifications, de poterie, de narcotiques et de superstitions pour illustrer comment les êtres humains révélaient une ingéniosité commune, tant dans leurs inventions qu'en art et en religion. Toute sa recherche s'inspirait de cette conviction que, malgré l'immense variété des cultures et des conditions de vie, tous les individus étaient capables de progrès, que les niveaux de civilisation ne relevaient pas de la destinée biologique mais dépendaient plutôt des apprentissages sociaux et du milieu, et que le progrès n'était nullement inéluctable puisque l'homme, étant libre, pouvait sombrer dans la barbarie. Wilson s'attachait particulièrement à établir des parallèles et des correspondances entre les cultures de l'Amérique du Nord et celles de l'Europe préhistorique. En parlant des tumulus, par exemple, il comparait les rites funéraires célébrés pour un chef omaha enseveli avec son cheval à ceux d'un Saxon inhumé avec son chariot, puis notait : « L'homme, à toutes les époques et dans les deux hémisphères, est le même et, jusque dans les plus profondes ténèbres de la nuit païenne, sa nature aspire à cette immortalité où, il le pressent confusément, il recevra ce qui lui est dû. »

Wilson ne voyait aucune contradiction entre l'unité psychique de l'humanité et le fait que certaines races, favorisées par l'environnement, étaient plus avancées que d'autres. Les rapports culturels entre Amérindiens et Européens l'intriguaient, tout comme leurs conséquences, à savoir le déplacement et l'extinction des races faibles. L'Amérique du Nord lui apparaissait comme un gigantesque laboratoire de mélange racial, et il faisait valoir que le métissage était un phénomène plus répandu au Canada qu'on ne le reconnaissait généralement. Comme les polygénistes avaient soutenu que des espèces humaines différentes ne pouvaient engendrer des lignées d'hybrides définitivement fertiles, il parlait beaucoup des Métis de la colonie de la Rivière-Rouge, dont les descendants, selon lui, étaient supérieurs, sous certains rapports, aux races dont ils étaient issus. En outre, le sort des Métis lui semblait annoncer celui de tous les peuples aborigènes du Canada : ils finiraient par disparaître en tant que groupes distincts, non pas par extinction, mais par absorption dans un nouveau type humain. Wilson condamnait donc l'isolement des Indiens dans des réserves et leur maintien sous tutelle. D'après lui, ils devaient administrer eux-mêmes leurs réserves et leurs richesses naturelles, et avoir, en tant qu'individus, le droit de disposer de leur part des terres des réserves et de concurrencer les Blancs sur un pied d'égalité.

Tout au long de son étude, Wilson insistait sur les profondes différences qui séparent les êtres humains des animaux. Contrairement à Darwin qui, dans sa théorie de l'évolution par la sélection naturelle, tente d'expliquer la continuité de l'intelligence humaine et animale, Wilson oppose le sens moral de l'homme, sa capacité de raisonner, d'élargir et de transmettre son expérience, aux instincts fixes et mécaniques des animaux. De plus, il critique la méthode darwinienne d'argumentation, fondée sur des hypothèses, soulige le manque de preuves géologiques de la transmutation et désapprouve l'explication scientifique d'une réalité tant matérielle que spirituelle par des indices exclusivement matériels. Même si, avec le temps, il en vint à admettre certains éléments de l'évolutionnisme (notamment la très grande ancienneté de la terre et de la préhistoire humaine) et même à ne plus rejeter la possibilité d'une évolution physique chez l'homme, il ne cessa jamais d'affirmer que les sentiments moraux, les instincts et l'intelligence de l'être humain résultaient d'une création spéciale.

En Grande-Bretagne, un commentateur de *Prehistoric man* s'émerveilla qu'une telle étude ait pu provenir des « épaisses forêts canadiennes » ; Henry Youle Hind, au Canada, qualifia Wilson d'anthropologue de salon et lui reprocha de s'appuyer beaucoup trop sur des observations faites par d'autres. Certes, Wilson n'étudia presque jamais la préhistoire du Haut-Canada sur le terrain (sauf lorsqu'il fit, en 1855, un voyage au lac Supérieur afin d'examiner d'anciennes exploitations de gisements de cuivre), mais il visita des musées à Philadelphie, à New York et à Boston pour étudier des crânes indiens. De plus, il alla voir les impressionnants ouvrages en terre du Centre-Ouest américain qui, conclut-il comme la plupart des autres observateurs, avaient été réalisés par une race de constructeurs de tertres que les Indiens avaient forcée à migrer, et il fit des efforts soutenus pour rassembler des données en envoyant des questionnaires à des fonctionnaires des Affaires indiennes. Néanmoins, Wilson se distingua surtout en attirant l'attention des savants européens sur les vestiges de la préhistoire de l'Ancien Monde qui pouvaient être observés en Amérique du Nord et en diffusant au Canada les idées des anthropologues européens. Malheureusement pour lui, son livre parut au moment où Darwin venait de modifier les termes du débat, la question n'étant plus de savoir si l'homme était issu d'une création multiple ou unique, mais s'il descendait de l'animal. Wilson ne prit jamais ce problème de front, non plus qu'il ne suivit les anthropologues et ethnologues qui, s'inspirant de la théorie de l'évolution, posaient l'existence d'un progrès social linéaire et casaient les peuples à l'une ou l'autre des étapes du processus, selon les capacités raciales. Qu'il ait répugné à s'aventurer sur des sentiers de ce genre explique peut-être pourquoi l'un de ses étudiants, le poète William Wilfred Campbell*, le jugeait trop vieux et trop conservateur pour être touché par le progrès scientifique des dernières décennies du siècle. Par contre, et précisément parce qu'en son temps il était si réactionnaire, les anthropologues modernes, libérés des obsessions raciales des postdarwiniens, ont trouvé ses travaux rafraîchissants et progressistes.

Prehistoric man rassemblait les principaux éléments de la pensée éclectique de Wilson en matière d'anthropologie et d'ethnologie, et dans ses articles subséquents, dont certains parurent à Édimbourg, en 1892, dans un recueil intitulé *The lost Atlantis, and other ethnographic studies,* il ne fit que raffiner et nuancer les idées qu'il avait déjà élaborées. Il continua d'écrire sur les migrations et le métissage, le sens esthétique des peuples aborigènes et les relations entre les dimensions du cerveau et la vigueur intellectuelle. Il finit par douter que la capacité crânienne puisse servir à mesurer l'intelligence. Il se demandait aussi pourquoi la plupart des gens étaient droitiers (lui-même était gaucher et devint ambidextre) et si cela était affaire de conventions ou de physiologie. Sa curiosité pour ce détail apparemment anodin l'amena à étudier des indices archéologiques, philologiques, littéraires et anatomiques, et à conclure que l'hémisphère gauche du cerveau, qui régit le côté droit du corps, se développait plus tôt que l'hémisphère droit.

Il semble que Wilson poursuivait toujours plusieurs travaux en même temps, et plus d'un était en relation avec les matières qu'il enseignait, à savoir l'histoire et la littérature anglaise. Bien que généralement on n'ait vu dans son livre *Caliban : the missing link,* paru à Londres en 1873, qu'un amusant parallèle entre le personnage imaginaire de Shakespeare, mi-brute mi-homme, et les inventions fantaisistes de la science évolutionniste, cet ouvrage étudiait aussi l'art du dramaturge, les créatures surnaturelles de ses pièces et le milieu intellectuel dans lequel il écrivait. Dans *Chatterton : a biographical study,* publié à Londres en 1869, Wilson racontait la vie du jeune poète qui avait cherché gloire et fortune à Londres, comme lui, mais qui, désespéré, avait fini par se donner la mort. En parlant de ces deux livres et de la troisième édition de *Prehistoric man,* parue en 1876, Wilson déclara en 1881 que *Chatterton* était son préféré.

À ce moment, Wilson se consacrait surtout à l'administration et à la politique universitaires. En disant préférer la tranquille existence du savant, il trompait ses amis et se trompait peut-être lui-même, car il adorait s'occuper du conseil du University College et du « sénat » de la University of Toronto, ce en quoi il excellait. Sa renommée était déjà faite à l'université quand, en 1860, sept ans après son arrivée, il défendit cet établissement à la place du directeur du University College, John McCaul*, devant un comité spécial de l'Assemblée législative du Canada, en compagnie du vice-chancelier de l'université, John LANGTON. Dans son témoignage, il ébaucha les principes de l'éducation supérieure qui allaient le guider quand il dirigerait le University College, soit à compter du 1er octobre 1880, puis la University of Toronto, de 1887 à 1892.

En vertu du *University Act* de 1853, le rôle de la University of Toronto se limitait à faire passer des examens et à décerner des diplômes ; l'enseignement était délégué au University College et à des collèges confessionnels comme Victoria à Cobourg et Queen à Kingston qui, espérait-on, s'y affilieraient. La University of Toronto et le University College avaient la priorité quant aux revenus de la dotation établie à l'origine pour le King's College ; s'il y avait excédent, le gouvernement devait le répartir entre les établissements confessionnels. Cependant, la construction de l'édifice quasi gothique du University College, de 1856 à 1859 [V. Frederic William Cumberland*], à laquelle Wilson participa en présentant des esquisses de gargouilles et de sculptures, ne laissa aucun surplus à partager. Se faisant le porte-parole des collèges confessionnels, l'Église méthodiste wesleyenne demanda à l'Assemblée législative, en 1859, d'enquêter sur la mauvaise administration du University College. L'année suivante, à l'occasion des audiences d'un comité spécial devant lequel Wilson et Langton comparurent, Egerton Ryerson*, surintendant de l'Éducation du Haut-Canada, dénonça le monopole qu'exerçait sur des revenus destinés à l'ensemble des collèges un « temple du privilège » dirigé par un « *family compact* de gentlemen » et le gaspillage de fonds publics employés pour construire un édifice inutilement recherché. De plus, il cita en exemple les universités d'Oxford et de Cambridge, où s'enseignaient surtout les humanités et les mathématiques, tandis que le University College offrait trop de cours facultatifs en sciences, en histoire et en langues modernes. Il doutait fort qu'un établissement impie, dont les professeurs n'étaient pas animés par les sentiments et principes de la religion, puisse dispenser une éducation chrétienne. Il ne se fit guère aimer de Wilson en ajoutant que donner des cours d'histoire et de littérature anglaise au niveau collégial n'était pas nécessaire puisque ces matières étaient enseignées dans les *grammar schools.*

Dans sa réplique du 21 avril 1860, Wilson cita en exemple le programme écossais d'enseignement supérieur, surtout son large éventail de matières et les cours facultatifs grâce auxquels les étudiants pouvaient acquérir une formation pratique en vue de l'exercice d'une profession donnée. Il faisait peu de cas des deux vieilles universités anglaises, qui n'étaient accessibles qu'à une classe privilégiée et dont certains diplômés, lui semblait-il, avaient l'air de « sortir à peine du cloître ». Tant lui-même que Langton firent valoir qu'en Grande-Bretagne il existait une nette tendance vers la rupture des liens confessionnels des universités et vers la levée de toutes les restrictions sur les facultés, sauf celles de théologie. Sur ce point, Wilson se montra particulièrement passionné : son frère George, chimiste, avait été écarté d'un poste à l'université pendant des années parce qu'il ne pouvait pas, en conscience, signer la profession de foi et la formule d'obédience à l'Église établie en Écosse. Wilson détestait le sectarisme de la société coloniale. Selon lui, le financement public des collèges religieux allait perpétuer les différences de classes et de confessions, alors que sous un régime non confessionnel les gens de diverses convictions se mêleraient les uns aux autres et apprendraient à coopérer.

Bien qu'il ait défendu le principe de la non-confessionnalité, Wilson ne cherchait pas à extraire la religion de l'enseignement supérieur et n'était pas un partisan forcené du sécularisme. Il avait la conviction profonde que, même si bien des voies menaient à la connaissance de Dieu et de la nature, la vérité elle-même était une, et que la science viendrait compléter l'enseignement essentiel des Écritures, non le mettre en doute. Ainsi, loin de prôner l'indifférence religieuse, il attaquait l'ingérence du clergé dans l'enseignement des sciences précisément parce que dans le passé elle avait fait obstacle à la découverte d'une vérité à la fois séculière et spirituelle.

À l'instar de Ryerson, Wilson ne pouvait s'empêcher d'assaisonner ses déclarations de principe avec des attaques personnelles. Comme Ryerson n'avait pas de diplôme universitaire, insinuait-il, on ne pouvait le considérer comme un interlocuteur sérieux en matière d'enseignement supérieur. À cela Ryerson répondait que Wilson n'avait eu qu'une brève expérience des établissements d'enseignement en Écosse et ne détenait qu'un diplôme honorifique. S'il parlait de Wilson comme d'un savant, il notait sa prédilection pour les vestiges et faisait valoir qu'il « a[vait] passé ses moments de loisir dans le pays à éventrer les cimetières des tribus indiennes afin de chercher les tomahawks, les calumets et le tabac qui s'y trouv[aient], et à rédiger des essais sur ces sujets ».

Le comité spécial ne présenta aucune recommandation, mais les audiences marquèrent Wilson pour longtemps. Il conçut une aversion profonde pour Ryerson en particulier – « l'intrigant le plus dénué de scrupules et le plus jésuitique auquel j'ai jamais eu affaire », confia-t-il à son journal – et une méfiance générale à l'endroit des mauvais desseins des méthodistes envers le University College. Par la suite, chaque fois qu'on proposa de resserrer les liens entre la University of Toronto et les collèges religieux, surtout Victoria, méthodiste, il crut que l'on tentait, comme en 1860, de spolier le University College. Wilson n'eut rien à voir avec ceux qui, vers 1885, proposèrent de fédérer les collèges confessionnels et l'université ; s'il avait pu décider de tout, le University College serait demeuré la principale section d'enseignement de l'université, et les collèges confessionnels seraient devenus de simples centres de formation théologique. Quant aux longues et difficiles négociations sur les conditions d'entrée du Victoria College dans la fédération, il chercha à les bloquer. Il ne voyait pas les applications éventuellement fructueuses du principe de la fédération universitaire (qui de toute façon ne se réalisa complètement qu'après sa mort) et ne se rendait guère compte des risques que prenaient les méthodistes en la prônant. Pour lui, c'était un complot méthodiste ourdi par les hommes politiques pour gagner le vote des méthodistes.

Diriger le University College, puis la University of Toronto, était d'autant plus difficile que tous les professeurs étaient embauchés par le gouvernement, sur recommandation du ministre provincial de l'Éducation, et que l'application des statuts de l'université exigeait l'approbation de celui-ci. Voilà qui maximisait les occasions d'intrigues et d'ingérences, aussi bien de la part des hommes politiques attentifs aux adversaires du collège et de l'université que de la part des membres mécontents de la communauté collégiale ou universitaire, qui pouvaient se plaindre, et se plaignaient effectivement, au ministre. Wilson fut souvent en butte à ceux qui préconisaient l'embauche de Canadiens de naissance (ou même de diplômés de Toronto exclusivement), mais l'admission des femmes au University College est le cas qui illustre le mieux les diverses pressions dont il était l'objet. La situation des femmes était passablement anormale : depuis 1877, elles étaient admises aux examens d'entrée mais ne pouvaient assister aux cours ni obtenir de diplôme. En 1883, Wilson rejeta cavalièrement les demandes d'admission de cinq femmes. Emily Howard Stowe [Jennings*] et la Women's Suffrage Association, William Houston*, bibliothécaire de l'Assemblée législative et membre du sénat de la University of Toronto, ainsi que deux députés, John Morison Gibson* et Richard Harcourt*, qui faisaient aussi partie du sénat, se portèrent à leur défense. Le 5 mars 1884, l'Assemblée législative approuva une motion à l'effet que l'on prenne les dispositions nécessaires pour admettre les femmes au University College. Wilson tenta de renverser cette décision en publiant, le 12 mars, une lettre ouverte au ministre de l'Éducation, George William Ross*. Il se déclarait en faveur de l'accès des femmes à l'instruction supérieure et faisait valoir qu'en 1869 il avait participé à la fondation de la Toronto Ladies' Educational Association ; jusqu'à la dissolution de l'organisme, en 1877, il avait prononcé, devant d'importants groupes de femmes, à peu près les mêmes conférences que devant des hommes au University College. Cependant, il estimait que mêler des jeunes gens et des jeunes femmes à l'âge où ils étaient le plus impressionnables ne ferait que les distraire de leurs études. Wilson prônait plutôt la fondation, à Toronto, d'un collège féminin semblable au Vassar College ou au Smith College des États-Unis. Selon lui, l'instruction mixte n'était qu'un pis-aller, une solution d'avare. Par la suite, il admit en privé que donner un cours sur Shakespeare à des jeunes gens en présence de jeunes filles lui aurait été fort pénible, à cause des allusions sexuelles que contenaient certaines pièces.

Wilson croyait beaucoup aux vertus de la résistance passive. Il informa donc le premier ministre, Oliver Mowat*, qu'il ne bougerait pas à moins qu'un décret ne l'y oblige. Ross lui avait promis que le gouvernement appuierait sa position en augmentant son soutien financier et qu'il donnerait au collège le temps de faire les ajustements nécessaires, mais pourtant un décret daté du 2 octobre 1884, le lendemain de la rentrée, lui intima d'admettre des étudiantes. Wilson le prit non seulement comme une trahison personnelle, mais aussi comme un autre cas d'hommes politiques qui avaient cédé devant les pressions.

Les expériences de ce genre échaudèrent tellement Wilson qu'il en vint à craindre que les détails les plus banals ne donnent lieu à des critiques ou à des problèmes politiques. Ainsi, en apprenant qu'on avait pris des mesures pour installer un miroir de cinq pieds de hauteur dans la salle de toilette des étudiantes, il adressa des protestations au ministre : pareille chose n'était pas nécessaire (un miroir ordinaire suffisait pour se donner un coup de peigne ou ajuster une cravate) et pourrait attirer des commentaires désobligeants. En juin 1886, il empêcha le chef syndical Alfred F. Jury* de prendre la parole devant le Political Science Club parce qu'il détestait ce « communiste » et cet « infidèle » et craignait qu'en offrant une tribune à ce personnage controversé l'université ne s'attire des critiques, très probablement de la part des méthodistes. Le risque que des hommes politiques profitent d'une occasion quelconque pour se mêler des affaires de l'université le tourmentait constamment, et dans une bonne partie de ce qui subsiste de ses lettres officielles à Ross il défend les longues vacances d'été des professeurs et s'étend sur des questions comme les effets néfastes des nominations politiques.

Les dernières années de rectorat de Wilson ne se déroulèrent pas sans histoires. Dans la soirée du 14 février 1890, le feu ravagea la moitié est du University College, ne laissant que les murs et détruisant toutes les notes de cours de Wilson et la bibliothèque. Non seulement il veilla à la restauration et à la reconstruction de l'immeuble mais, hanté par la crainte de devenir complètement aveugle (il souffrait de cataracte), il recommença la rédaction de ses notes. Pendant ses années à l'administration de l'université, il fit de fréquentes visites à Édimbourg, rédigea un chaleureux hommage posthume à l'éditeur William Nelson, qui l'avait aidé à l'époque où il essayait de vivre de sa plume, et se tint au courant des activités de la Society of Antiquaries of Scotland. En outre, il suivit de près les progrès de l'ethnologie et de la préhistoire des Indiens de l'Amérique du Nord. En général absent de l'université de la mi-juillet à la mi-septembre, il passa de nombreux étés en compagnie de sa fille Jane Sybil, dans les montagnes Blanches du New Hampshire, à faire des croquis et des aquarelles. À sa mort, il laissa à celle-ci une succession estimée à plus de 76 000 $, dont plus de la moitié était constituée d'actions bancaires et de débentures. Comme il le lui avait demandé, Jane détruisit tous les papiers de son père, à l'exception d'un journal.

Outre la remarquable diversité de ses passions intellectuelles, le trait le plus frappant du tempérament de Wilson était un penchant romantique, poétique, pour les ruines, la variété des cultures et les éléments mystérieux, inconnaissables, de la vie. Élevé dans la foi baptiste, il devint évangélique anglican ; à Toronto, il soutenait la Church of England Evangelical Association, qui faisait campagne contre le ritualisme, et en 1877 il compta parmi les fondateurs de la Protestant Episcopal Divinity School, qui deviendrait plus tard le Wycliffe College. Membre de la Young Men's Christian Association de Toronto, il en fut président de 1865 à 1870 et collabora à l'établissement d'un refuge pour gamins des rues, le Newsboy's Lodging and Industrial Home, pour lequel il recueillait des fonds en donnant des conférences.

Il y avait un élément combatif dans la personnalité de Wilson. Son biographe, Hugh Hornby Langton*, qui le connut bien dans ses dernières années, estimait qu'il était de « tempérament irascible » mais avait appris à se maîtriser en public. Son journal et ses nombreuses lettres à son ami sir John William Dawson, directeur de la McGill University, démontrent qu'il supportait mal les imbéciles, surtout s'ils appartenaient au clergé ou au milieu politique. Dans le secret de son journal, il faisait généralement allusion à ses adversaires politiques à l'université en employant les termes « Moloch » ou « le serpent » et montrait un mépris profond pour le milieu politique en général. Cela explique en partie pourquoi il refusa d'abord le titre de simple chevalier que le gouvernement de sir John Alexander Macdonald lui décerna en juin 1888 (il finit cependant par l'accepter) : étant donné que les hommes politiques recevaient des titres de chevalerie plus prestigieux, il considérait sa distinction comme une insulte à tous les hommes de lettres et de science. Mais eux aussi furent la cible de ses jugements acerbes. Quand on lui demanda de proposer au marquis de Lorne [Campbell*] des nominations à la Société royale du Canada (dont il devint membre fondateur en 1882 et président en 1885), il dit à Dawson qu'à son avis toute l'affaire était prématurée. Même s'il admettait que les sections scientifiques de la société pouvaient accomplir des travaux méritoires, celle de littérature anglaise et d'histoire lui semblait ridicule. Dans les années 1850, il avait écrit des critiques encourageantes sur la poésie canadienne mais, 30 ans plus tard, il estimait qu'à l'exception de Goldwin Smith* tous les candidats possibles parmi les hommes de lettres étaient médiocres. « Quant à cette Académie canadienne, lança-t-il un jour d'un ton furieux, baptisez-la *A.S.S.* [âne, idiot] ou noble ordre des nullités. »

Au fil du temps, la réputation de cet autodidacte éclectique a connu d'étranges fluctuations. En Grande-Bretagne, sir Daniel Wilson a été renommé comme homme de science et de lettres et comme pionnier radical de la préhistoire écossaise. Au Canada par contre, on s'est surtout souvenu de l'administrateur d'université qui s'était battu contre la mainmise confessionnelle et l'ingérence politique, et l'on n'a parlé qu'incidemment de ses travaux érudits d'histoire, d'anthropologie et d'ethnologie. Principalement à cause de la biographie de Langton, Wilson est devenu surtout un personnage universitaire (il faut dire que ce grand vieillard droit et sec, avec sa luxuriante barbe blanche, ne passait pas inaperçu). Depuis 1960, tant les historiens qui s'intéressent à l'influence de Darwin au Canada que les anthropologues désireux de connaître les débuts de leur discipline au pays examinent de beaucoup plus près ses écrits scientifiques, que l'on ne peut plus considérer comme les bavardages d'un dilettante.

Carl Berger

En plus des œuvres citées dans le texte, sir Daniel Wilson est l'auteur de : *Spring wild flowers* (Londres, 1875) ; *Coeducation : a letter to the Hon. G. W. Ross, M.P.P., minister of education* (Toronto, 1884) ; *William Nelson : a memoir* (Édimbourg, 1889) ; et *The right hand : left-handedness* (Londres et New York, 1891). D'autres écrits sont énumérés dans B. E. McCardle, « The life and anthropological works of Daniel Wilson (1816–1892) » (thèse de M.A., Univ. of Toronto, 1980), 173–191.

Un portrait à l'huile de Wilson, exécuté par sir George Reid se trouve à la National Gallery of Scotland (Édimbourg), et est reproduit dans H. H. Langton, *Sir Daniel Wilson : a memoir* (Toronto, 1929).

AO, RG 2, D-7, 14 ; RG 22, sér. 155. — McGill Univ. Arch., MG 1022. — MTRL, Sir Daniel Wilson scrapbooks. — UTA, B65-0014/003-004. — *Doc. hist. of education in U.C.* (Hodgins), 15. — *The university question : the statements of John Langton, esq., M.A., vice-chancellor of the University of Toronto, and Professor Daniel Wilson, LL.D., of University College ; with notes and extracts from the committee of the Legislative Assembly on the university* (Toronto, 1860). — J. A. Wilson, *Memoir of George Wilson, Regius professor of technology in the University of Edinburgh and director of the Industrial Museum of Scotland, by his sister* (nouv. éd. condensée, Londres et Cambridge, Angl., 1866). — Marinell Ash, « A fine, genial, hearty band » : David Laing, Daniel Wilson and Scottish archaeology », *The Scottish antiquarian tradition : essays to mark the bicentenary of the Society of Antiquaries of Scotland and its museum, 1780–1980,* A. S. Bell, édit. (Édimbourg, 1982), 86–113. — I. G. Avrith, « Science at the margins : the British Association and the foundations of Canadian anthropology, 1884–1910 » (thèse de PH.D., Univ. of Pa., Philadelphie, 1986). — W. M. E. Cooke, *Collection d'œuvres canadiennes de W. H. Coverdale : peintures, aquarelles et dessins (collection du Manoir Richelieu)* (Ottawa, 1983). — Annemarie De Waal Malefijt, *Images of man : a history of anthropological thought* (New York, 1974). — A. B. McKillop, *A disciplined intelligence : critical inquiry and Canadian thought in the Victorian era* (Montréal, 1979). — W. R. Stanton, *The leopard's spots : scientific attitudes toward race in America, 1815–59* (Chicago, [1960]). — G. W. Stocking, *Victorian anthropology* (New York et Londres, 1987). — W. S. Wallace, *A history of the University of Toronto, 1827–1927* (Toronto, 1927). — Douglas Cole, « The origins of Canadian anthropology, 1850–1910 », *Rev. d'études canadiennes,* 8 (1973), n° 1 : 33–45. — A. B. McKillop, « The research ideal and the University of Toronto, 1870–1906 », SRC *Mémoires,* 4e sér., 20 (1982), sect. II : 253–274.

WILSON, JAMES CROCKET, instituteur, manufacturier et homme politique, né le 19 juillet 1841 à ou près de Rasharkin (Irlande du Nord), fils de Samuel Wilson et d'Elizabeth Crocket ; le 6 novembre 1865, il épousa à l'église presbytérienne de Beauharnois, Bas-Canada, Jeanie Kilgour ; décédé le 8 octobre 1899 à Montréal et inhumé le 10 à l'église presbytérienne Crescent Street.

James Crocket Wilson est encore bébé lorsque ses parents immigrent en 1842 à Montréal, où il grandit. Malgré le peu de ressources financières de son père, menuisier au service du Grand Tronc, il réussit à s'instruire grâce à l'aide d'un ami. Après ses études à la McGill Normal School, il enseigne à Beauharnois à compter de 1859. Cependant, l'enseignement ne répond pas à ses attentes. Plutôt attiré par les affaires, Wilson commence à travailler en 1862 à titre de commis dans une librairie de Belleville, au Haut-Canada, puis dans une agence de presse à Toronto. C'est toutefois en 1863 qu'il fait sa véritable entrée dans le monde des affaires. Un éditeur de New York, T. W. Strong, l'engage au poste de commis. Wilson montre de telles qualités d'efficacité et d'initiative qu'on lui confie des responsabilités accrues au sein de l'entreprise. Toutefois, en 1867, puisque sa femme a le mal du pays, il revient à Montréal où il obtient un emploi de caissier et de teneur de livres pour la manufacture de papier Angus, Logan and Company.

En 1870, se croyant suffisamment expérimenté et impatient de posséder sa propre affaire, Wilson, nanti d'un capital modeste mais bien épaulé par ses employés, met sur pied une manufacture de sacs de papier à Montréal. L'entreprise connaît un tel succès que, pour s'assurer un approvisionnement régulier et moins coûteux, il décide de construire une papeterie. C'est pourquoi en 1879 il bat la campagne autour de Montréal, à la recherche d'un emplacement. Le petit village de Lachute lui semble un endroit tout indiqué en raison de sa situation à la fois sur la rivière du Nord, source d'énergie hydraulique, et sur la ligne du chemin de fer de Québec, Montréal, Ottawa et Occidental. Wilson en arrive rapidement à une entente avec les autorités locales qui, comme il est courant de le faire à l'époque, lui accordent une exemption de taxes pour une période de 20 ans à condition qu'il implante sa manufacture au lieu dit, dans les délais prévus et conformément aux plans et devis contenus dans sa requête.

Exploitée à partir du début d'avril 1881, la papeterie de Wilson occupe, deux ans plus tard, le premier rang au Canada dans le secteur de la fabrication du papier manille. L'entreprise connaît ensuite une croissance rapide. L'installation d'une deuxième machine en 1885 se révèle vite insuffisante. L'usine initiale est considérablement agrandie entre 1891 et 1893, puis dotée d'une troisième machine en 1894, ce qui fait de l'entreprise l'une des plus importantes au Canada dans ce secteur d'activité. Vers 1896, la J. C. Wilson and Company a la maîtrise de toute la force hydraulique de la rivière du Nord à la hauteur de la manufacture de Lachute, ce qui permettra de mettre en marche une quatrième machine en 1900. Entre-temps, Wilson a transféré sa production de sacs de papier à Lachute en 1890 et, afin de s'assurer un approvisionnement supplémentaire de matières premières, il a racheté en 1893 l'usine de pâte que MM. Delisle (probablement les fils d'Alexandre-Maurice Delisle*), de Sainte-Cunégonde (alors annexée à Montréal), avaient établie à Saint-Jérôme. À la fin du XIXe siècle, la compagnie de Wilson exploite l'une des plus grosses entreprises de fabrication de papier au Canada, laquelle possède, outre les usines de Lachute et de Saint-Jérôme, une fabrique et un entrepôt à Montréal, ainsi qu'une succursale à Londres.

Sur le plan social, Wilson adopte le comportement des bourgeois de son temps. Membre du Bureau de commerce de Montréal, il fait partie d'une loge maçonnique et se montre un presbytérien actif ; il prête aussi son concours à des organismes culturels et à de nombreuses œuvres philanthropiques. Il est, entre autres, membre à vie du conseil d'administration du Montreal General Hospital. Wilson tâte également de la politique. Après avoir été conseiller municipal à Montréal en 1880, puis réélu sans opposition en 1883, il représente la circonscription d'Argenteuil sous la bannière conservatrice à la chambre des Communes, à Ottawa, de 1887 à 1891. Riche, il n'hésite pas à manifester sa réussite matérielle par des signes visibles, par exemple cette résidence d'été cossue, juchée sur une hauteur derrière ses installations de Lachute, d'où il peut admirer les Laurentides tout en ayant la ville à ses pieds. Enfin, comme tout bourgeois de l'époque, Wilson croit fermement dans les vertus de la famille. À sa mort, il laisse cinq enfants, dont trois fils prêts à prendre sa relève.

James Crocket Wilson doit être rangé parmi les hommes entreprenants qui composent la bourgeoisie montante de la fin du XIXe siècle au Québec. À l'instar de celle des Jean-Baptiste Rolland* et Thomas Henry Ayers, qui sont aussi dans la région des Laurentides à cette époque, sa vie est l'« histoire d'une réussite ».

SERGE LAURIN

ANQ-M, CE1-120, 10 oct. 1899 ; État civil, Presbytériens, Beauharnois, 6 nov. 1865. — *L'Événement*, 10 oct. 1899. — *Monetary Times*, 13 oct. 1899. — *Montreal Daily Star*, 9 oct. 1899. — *Watchman and Ottawa Valley Advocate* (Lachute, Québec), 1879–1899. — *Canadian directory of parl.* (Johnson). — *Canadian men and women of the time* (Morgan ; 1898). — *Cyclopædia of Canadian biog.* (Rose et Charlesworth), 2 : 149–150. — J. Desjardins, *Guide parl.* — É.-J.[-A.] Auclair, *Saint-Jérôme de Terrebonne* (Saint-Jérôme, Québec, 1934), 105–106, 342–345. — Hélène Champoux et Mario Nadon, *Saint-Jérôme, en mots et en images ; 150 ans de fierté, 1834–1984 ; album souvenir* (Saint-Jérôme, 1984). — J.-C. Lamothe, *Histoire de la corporation de la cité de Montréal depuis son origine jusqu'à nos jours* [...] (Montréal, 1903), 816–817. — G. R. Rigby, *A history of Lachute* [...] (Lachute, 1964). — Cyrus Thomas, *History of the counties of Argenteuil, Que., and Prescott, Ont., from the earliest settlement to the present* (Montréal, 1896 ; réimpr., Belleville, Ontario, 1981).

WINGFIELD, ALEXANDER HAMILTON, mécanicien, fonctionnaire et poète, né le 1er août 1828 à Blantyre, Écosse ; il épousa Margaret Malcolmson, et ils eurent deux fils et deux filles ; décédé le 8 août 1896 à Hamilton, Ontario.

Alexander Hamilton Wingfield n'avait que six semaines quand ses parents l'emmenèrent à Glasgow. Dès l'âge de dix ans, il travailla dans une filature de coton ; il est peu probable qu'il ait reçu beaucoup d'instruction. En 1847, il émigra à Auburn, dans l'état de New York, où il vécut trois ans avant de s'installer à Hamilton, dans le Haut-Canada. Wingfield travailla comme mécanicien dans la salle des chaudières pour la Great Western Railway Company durant 18 ans. Il devint ensuite agent des douanes dans le port de Hamilton.

Wingfield fut un poète populaire à Hamilton. Ses écrits traitaient d'incidents de la vie de tous les jours, des gens, de son amour pour l'Écosse et de sa fierté d'être Canadien. En 1873, il publia *Poems and songs, in Scotch and English,* recueil de poèmes de 255 pages qu'il dédia à Joseph Price, directeur général de la Great Western. Publiés à Hamilton, les 1 500 exemplaires du livre s'envolèrent en moins de trois semaines. Capable d'improviser en vers, Wingfield était un artiste en demande dans les banquets ou les réunions comme celles de la Victoria Lodge du conseil suprême de l'Independant Order of Foresters, dont il était membre.

En poésie, Wingfield s'inspirait des « lais sans prétention » de son bien-aimé Robert Burns. Certains morceaux, comme *There is no royal road to heaven,* ont un ton égalitaire, quoique chrétien. Il composa aussi des poèmes moralisateurs : *Ne'er talk lightly o' a women* ou *It's best to ha'e ceevility,* et des élégies sentimentales sur la mort des enfants : *Crape on the door*. Un bon exemple de sa fierté d'être Écossais et Canadien est offert par *The land that's truly free* :

Y a-t-il un Écossais qui n'a pas chaud au cœur
Lorsqu'il songe à son pays ?
Il est toutefois un autre pays
Qui est pour moi tout aussi cher –
Le Canada, unique terre
Dont les fils sont vraiment libres.

Ses œuvres exprimaient aussi ce qu'il ressentait à l'égard de Hamilton et de ses institutions, notamment le 13th Battalion Volunteer Militia Infantry.

Dans sa préface à *Poems and Songs,* Alexander Hamilton Wingfield déclare : « C'est l'ère non seulement de l'invention mécanique, censée être la véritable antithèse de la poésie, mais – pis encore – de la critique, dont les terreurs font taire les poètes timorés. » Et il pose la question : « Mais la poésie peut-elle naître au milieu du bruyant cliquetis du métier à tisser, du ronronnement des roues, du tintement des marteaux, des sifflements stridents et du vrombissement de la locomotive ? » Pourtant, en publiant ses poèmes dans les journaux locaux – ce qu'il lui arrivait souvent de faire –, Wingfield trouvait une solution heureuse à ses problèmes. « Et c'est ainsi que, dans le résultat et le triomphe conjoints de deux forces prétendument antipoétiques, celles de la mécanique et de la critique réunies – la presse écrite – le poète trouve, sinon des ailes avec lesquelles s'envoler, du moins le médium [grâce auquel] il peut facilement tenir le coup. » Comme les écrits de son compatriote écossais-canadien et contemporain Evan MACCOLL, les poèmes de Wingfield témoignent d'une poésie écossaise transplantée en sol canadien.

JOHN FERNS

En plus de *Poems and songs, in Scotch and English* (Hamilton, Ontario, 1873), Alexander Hamilton Wingfield a publié *The centennial : an international poem* (Toronto, 1878), et les paroles pour deux œuvres de musiciens locaux : *Fair Canada : patriotic song* (Ottawa, 1873), mise en musique par George Frederick De Vine, et *Under the snow (not lost but gone before)* (Toronto, 1878), dont la musique est de Robert Steele Ambrose*. La dernière chanson est reproduite dans *The Canadian musical heritage,* Elaine Keillor *et al.*, édit. (9 vol. parus, Ottawa, 1983–), 3 : 175–177.

AO, RG 22, sér. 205, n° 4329. — HPL, Clipping file, Hamilton biog., Alexander Wingfield (poet) (1828–1896) ; Katharine Greenfield, « Some authors of Victorian Hamilton » (copie dactylographiée, 1968) ; Picture coll., Hamilton portraits, A. H. Wingfield ; Scrapbooks, R. Butler, « Saturday musings » ; J. Tinsley, « Old Hamiltonians ». — *Hamilton Spectator,* 10 août 1896. — *DHB*. — C. C. James, *A bibliography of Canadian poetry (English)* (Toronto, 1899). — Watters, *Checklist of Canadian literature* (1972).

WISNER, JESSE OLDFIELD, manufacturier, né le 24 mars 1811 à Amity, comté d'Orange, New York, fils de Moses Wisner, cultivateur, et de Dollie Howell ; le 23 mars 1835, il épousa Mary Sheldon (décédée en 1855), et ils eurent deux fils et deux filles, puis le 25 août 1856 Frances Augusta Wells, et de ce mariage naquirent un fils et trois filles ; décédé le 3 octobre 1897 à Brantford, Ontario.

Ayant atteint l'âge adulte, Jesse Oldfield Wisner se fit cultivateur près de Huron, comté de Wayne, dans l'état de New York ; sa famille s'y était établie en 1817. Vers 1849, il devint directeur d'un hospice, le Wayne County Poor House, poste qu'il occupa pendant six ans, avant de se lancer dans le louage et la pension de chevaux. C'est en janvier 1857 qu'il arriva à Brantford. Il devint l'associé principal de la Wisner, Wilcox and Company, petite fabrique artisanale de tarares et de charrues. En 1861, la firme employait sept hommes. Wisner considérait en partie l'entreprise comme un moyen d'établir ses fils Wareham Sheldon et Charles Harrison. Tous deux furent d'ailleurs au service de la compagnie jusqu'à sa fermeture vers 1865, année où chacun lança sa propre entreprise manufacturière. Sans doute leur père leur accorda-t-il une certaine aide financière, mais il n'eut aucune participation directe à leurs activités. En fait, il est possible qu'il n'ait pas du tout été en affaires en 1867 ou 1868.

En 1869, Jesse Oldfield Wisner et son fils Wareham Sheldon formèrent la J. O Wisner and Son. Wisner père s'occupa des ventes tandis que le fils se chargea de la production. Au début, ils employèrent cinq hommes dans la fabrication de tarares et autres appareils en bois comme des escabeaux et la « lessiveuse standard Wisner avec essoreuse Champion ». Bientôt s'ajoutèrent semoirs, râteaux mécaniques, herses et cultivateurs. En 1874, les associés avaient investi environ 8 000 $ dans l'entreprise, dont 6 500 $ provenaient de Wisner père.

La compagnie avait atteint sa limite de croissance à titre d'entreprise artisanale et familiale : pour continuer à prendre de l'expansion, il lui fallait de nouveaux capitaux. En 1878, l'agent de crédit de la Banque canadienne de commerce à Brantford, Thomas Strahan SHENSTON, déconseilla l'octroi d'une marge de crédit de 8 000 $: « Je ne sais rien de bon ou de mauvais à leur sujet. Je ne crois pas qu'on ait jamais estimé qu'ils faisaient des affaires très florissantes [...] Avoir été en affaires aussi longtemps avec si peu de biens libres de toute obligation, ne me semble pas un signe de prospérité. » Néanmoins, malgré la dépression qui sévissait à cette époque, les Wisner réussirent à obtenir des prêts hypothécaires d'investisseurs locaux pour financer une expansion majeure de leur usine entre 1874 et 1881. La constitution juridique obtenue en 1881 permit de réorganiser l'entreprise en y associant Edward L. Goold, quincaillier et fabricant local. En 1883, la J. O. Wisner, Son and Company employait plus de 100 personnes.

Une entente commerciale conclue avec le fabricant d'outillage agricole le plus important de Brantford, A. Harris, Son and Company Limited [V. John Harris*], avait également contribué à la croissance de l'entreprise de Wisner. À compter de 1875, les représentants des produits Harris dans l'est du Canada offraient aussi ceux de Wisner ; pour le marché de l'Ouest, Harris les achetait en gros. Cette entente permettait à chaque entreprise d'augmenter sa production tout en offrant aux cultivateurs une gamme complète d'instruments aratoires.

Lorsque la firme Harris fusionna avec la Massey Manufacturing Company de Toronto en 1891 [V. Hart Almerrin MASSEY], leur production rationalisée et leur réseau de distribution firent que l'entente conclue entre Harris et Wisner n'était plus nécessaire. Par conséquent, la petite firme de Brantford perdit ses points de vente. Durant l'été, les Wisner s'allièrent à la Patterson and Brothers de Woodstock. Toutefois, la fusion avec l'important fabricant et détaillant d'une gamme complète d'instruments agricoles désavantageait nettement les Wisner : la rumeur de fermeture de l'usine de Brantford laisse croire que la firme de Woodstock cherchait à réduire la capacité de production de l'industrie devant la saturation du marché. La fusion attira l'attention de la Massey-Harris Company, qui négocia à la mi-novembre la mainmise sur la Patterson-Wisner sur la base d'un échange d'actions. Les Wisner reçurent 718 actions, dont 453 allèrent à Jesse Oldfield Wisner. À sa mort en 1897, ces titres, dont la valeur marchande était d'environ 38 500 $, constituaient plus de la moitié de sa succession. En 1892, la Massey-Harris cessa de fabriquer la vieille gamme des produits de Wisner mais, plutôt que de fermer l'usine, la compagnie y transféra les activités d'une autre firme acquise depuis peu, la Verity Plow Company, d'Exeter.

Âgé de plus de 80 ans au moment de la prise de possession, Wisner passa les six dernières années de sa vie dans une retraite paisible. Il continua cependant à s'intéresser aux activités de l'église congrégationaliste de Brantford, où il avait été diacre, ainsi qu'à celles du parti libéral, auquel il était demeuré fidèle pendant plus de 25 ans.

La participation de Jesse Oldfield Wisner au monde des affaires représente bien la carrière d'un certain nombre de petits fabricants artisanaux à l'époque de la transition vers le capitalisme industriel au Canada. En complétant la production d'un fabricant plus important et grâce à une prise de contrôle qui lui fut avantageuse, il parvint à une certaine réussite malgré des débuts modestes. Sa bonne fortune n'est toutefois pas représentative de l'expérience de la majorité des petits artisans qui, à compter des années 1870, n'allaient connaître que l'échec dans le nouvel ordre industriel du Canada.

DAVID G. BURLEY

AN, RG 31, C1, 1861, 1871, 1881, Brantford. — Baker Library, R. G. Dun & Co. credit ledger, Canada, 13 : 52L, 125, 134. — Brant County Surrogate Court (Brantford, Ontario), Reg., liber J (1897–1899), n° 2080 (mfm aux AO). — City of Brantford Arch. (Brantford), Assessment rolls, 1857–1880. — MTRL, T. S. Shenston papers, letter-book, 494. — *Courier* (Brantford), 25 juill. 1892. — *Expositor* (Brantford), 14 déc. 1888, 19 nov. 1891, 29 juill. 1892, 7 oct. 1897. — D. G. Burley, « The businessmen of Brantford, Ontario : self-employment in a mid-nineteenth century town » (thèse de PH.D., McMaster Univ., Hamilton, Ontario, 1983). — Merrill Denison, *Harvest triumphant : the story of Massey-Harris, a footnote to Canadian history* (Toronto, 1948). — *The history of the county of Brant, Ontario* [...] (Toronto, 1883), 549.

WITHALL, WILLIAM JOHN, homme d'affaires et homme politique, né le 22 novembre 1814 dans l'île de Jersey ; le 8 septembre 1841, il épousa à Québec Elizabeth LeVallée, veuve de Peter Bott, puis le 5 juillet 1883, dans la même ville, Eleanor Pickard, veuve du marchand Richard White Longmuir ; décédé le 24 janvier 1898 à Montréal et inhumé deux jours plus tard au cimetière Mount Hermon, à Sillery, Québec.

William John Withall reçoit une éducation rudimentaire dans son village natal. Le 30 avril 1826, à l'âge de onze ans, il arrive à Gaspé, dans le Bas-Canada, en visite chez son oncle, un pêcheur qui pour subsister doit aussi cultiver un lopin de terre et s'adonner à la coupe du bois durant l'hiver. Le décès de sa mère l'oblige à y demeurer. Le dimanche, il suit les cours de français et de religion que dispense un pasteur méthodiste.

Vers 1832, Withall, qui a commencé à gagner sa vie vers l'âge de 16 ans, décide de se rendre à Québec. Chemin faisant, il s'arrête à Saint-Thomas-de-la-Pointe-à-la-Caille (Montmagny) où il exerce trente-six métiers, notamment ceux d'instituteur, de pêcheur et de commerçant. En 1835, il retourne dans l'île de Jersey et effectue un long voyage sur le continent européen. Il accepte enfin de revenir à Gaspé pour s'occuper de l'établissement de pêche et du commerce d'un marchand jersiais. Deux ans plus tard, il acquiert en société une vaste étendue de terre sur le bras nord-ouest de la baie de Gaspé afin d'y construire un moulin à scier. Craignant de ne pas trouver de débouchés pour son bois, il revend sa part et décide en 1840 de s'établir à Québec.

Cette année-là, Withall ouvre une épicerie au 95, quai de la Reine. Cette activité le met en contact avec James Gibb Ross*, qui est au service de la Gibb and Ross, maison spécialisée dans le commerce d'épicerie de gros et de détail. Withall, dont le commerce prospère, s'intègre graduellement au milieu des affaires de Québec. Il élargit le champ de ses activités et, semble-t-il, commence à spéculer. En 1848, il est l'un des administrateurs de la congrégation méthodiste Wesleyan. Deux ans plus tard, il fait partie du bureau de direction de l'Union Building Society et met sur pied, en société avec Andrew William Hood, une fabrique de chandelles au 73 de la rue Saint-Paul. Les deux hommes possèdent une autre entreprise du même type à Montréal. Trente hommes y fabriquent annuellement 10 000 boîtes de chandelles et 20 000 boîtes de savon. Withall achète en 1851 l'*Enterprise* qu'il utilise comme traversier et remorqueur. Il prête de l'argent sur hypothèque et s'intéresse de plus en plus à l'activité maritime.

Durant les années 1860, Withall émerge à titre de membre important du milieu des affaires de Québec. À partir de 1861, il compte parmi les administrateurs de la City Building Society. Il représente le quartier Saint-Pierre à l'hôtel de ville en 1865 et 1866 et travaille encore en étroite collaboration avec James Gibb Ross. Ainsi il accède en 1866 à la présidence de la Compagnie d'assurance maritime de Québec, constituée en 1862 par Ross et des associés. Toujours en 1866, il participe à la fondation de la Quebec Leather Manufactory, spécialisée dans la préparation du chevreau. Nommé l'un des administrateurs de la Banque de Québec, il en devient le vice-président en 1869, au moment où Ross accède à la présidence. Tous deux en dirigeront les destinées jusqu'à leur mort. En 1868, Withall est du nombre des actionnaires de la Quebec Rubber Company, manufacture de couvre-chaussures et autres articles en caoutchouc. Dès lors, il appartient au groupe de financiers qui essaie d'asseoir le développement de la ville de Québec sur de nouvelles activités portuaires et manufacturières. Il est vice-président de la Compagnie des remorqueurs du Saint-Laurent en 1867, vice-président de la Compagnie du chemin de fer des rues de Québec de 1868 à 1884, membre de la Commission du havre de Québec de 1869 à 1874, président de la Compagnie des steamers de Québec et des ports du golfe de 1870 à 1880, et de la Compagnie des steamers de Québec, nouveau nom de cette dernière, de 1881 à 1884.

Au sortir de la longue dépression des années 1870 qui a durement touché l'économie de Québec, les gens d'affaires s'efforcent d'aller plus loin dans l'arrière-pays et de consolider le secteur manufacturier. Withall devient en 1876 l'un des administrateurs de la Compagnie du chemin de fer de Québec et du lac Saint-Jean dont il est, avec les frères Ross, le plus gros actionnaire ; il en sera le président de 1881 à 1885. Avec John Ross il achète en janvier 1877 la Quebec Rubber Company, qu'ils rebaptisent la North American Works. Il en préside le conseil d'administration, devient son seul propriétaire, puis la vend en 1879 à des Montréalais déjà associés dans la Compagnie canadienne de caoutchouc de Montréal. En 1881, il figure parmi les actionnaires de la Canada Worsted Company, manufacture de tissus de laine et de coton, et en 1883 parmi ceux de la Riverside Worsted Company, une autre entreprise de fabrication d'étoffes.

Comme Withall n'a pas de fils pour l'assister dans ses activités, il fait venir de Londres un neveu, Thomas Angelo Piddington, qu'il fait instruire à la Thom's Private Business Academy et qu'il initie aux affaires. Vers 1870, il lui cède sa fabrique de chandelles. Piddington devient son fondé de pouvoir et le représente au sein de divers conseils d'administration. Tous deux s'associent en certaines occasions, notamment pour mettre sur pied une tannerie dans le canton de Bulstrode. Confiant la surveillance de ses intérêts à son neveu, Withall s'établit à Montréal en 1884. Il y supervise l'activité des deux sociétés dont il est le vice-président : la Banque de Québec et la Compagnie des steamers de Québec. Désormais, il évolue dans l'univers clos de la haute finance : membre du conseil d'administration de la Compagnie canadienne d'assurance sur la vie, dite du Soleil, de la Compagnie canadienne de caoutchouc de Montréal, de la Compagnie royale d'électricité, de la Mount Royal Incline Railway et de diverses autres entreprises, il investit même aux États-Unis et dans les mines d'or de la Colombie-Britannique.

William John Withall meurt à Montréal le 24 janvier 1898 et ses funérailles sont célébrées deux jours plus tard dans l'église méthodiste de Québec. Sa carrière revêt plusieurs significations. On peut y voir, sur le plan individuel, l'ascension d'un self-made-man, sur le plan socio-économique l'illustration du passage du capitalisme commercial au capitalisme industriel et financier, et enfin, sur le plan régional, l'incapacité du milieu des affaires de Québec de contrer efficacement la montée fulgurante de Montréal.

MICHÈLE BRASSARD ET JEAN HAMELIN

ANQ-Q, CE1-68, 8 sept. 1841, 5 juill. 1883, 26 janv. 1898. — AVQ, Finances, bureau des cotiseurs, rôles d'évaluation et d'imposition. — *L'Événement*, 26 janv. 1898. — *Montreal Daily Star*, 25 janv. 1898. — *Annuaire du commerce et de l'industrie de Québec* [...] *pour 1873*, J.-C. Langelier, compil. (Québec, 1873), 65. — *Cyclopædia of Canadian biog.* (Rose et Charlesworth), 1 : 520–521. — *Montreal directory*, 1884–1898. — *Quebec directory*, 1847–1884. — Marcel Plouffe, « Quelques particularités sociales et politiques de la charte, du système administratif et du personnel politique de la cité de Québec, 1833–1867 » (thèse de M.A., univ. Laval, 1971).

WITHROW, JOHN JACOB, homme d'affaires, philanthrope, homme politique et fonctionnaire, né en 1833 à York (Toronto), fils de James Withrow et d'Ellen Sanderson ; il épousa Margaret Foster, et ils eurent trois fils et deux filles ; décédé le 5 août 1900 à Toronto.

La famille Withrow vint de Virginie à la suite de la guerre d'Indépendance américaine. John Jacob Withrow fit ses études à la Toronto Academy, puis travailla un certain temps dans un bureau d'architecte. Il acquit également une formation pratique d'entrepreneur dans l'entreprise de construction de son père, la McBean and Withrow. Il se perfectionna en effectuant une tournée du nord des États-Unis, où il observa les tendances des styles et les méthodes de construction. Vers la fin des années 1850, il quitta le toit paternel et s'engagea comme menuisier à Toronto. Avec John Hillock, il fonda en 1865 la Withrow and Hillock, firme d'entrepreneurs de construction et de marchands de bois d'œuvre qui se spécialisa dans la fabrication de portes et châssis de bois.

En 1873, Withrow s'intéressa à la politique municipale. Il se fit élire cette année-là échevin du quartier St David, puis s'installa dans le quartier St Thomas, qu'il allait représenter durant les quatre années suivantes. Pendant son mandat, les possibilités qu'offrait l'exposition provinciale annuelle tenue depuis 1846 dans l'une ou l'autre des principales villes de la province le fascinèrent. C'est à Toronto, lieu de l'exposition en 1870, 1874 et 1878, que les foules et les exposants étaient les plus nombreux. La dernière année, le comité de l'exposition, sous la direction enthousiaste de Withrow, agrandit le terrain de la foire et augmenta le nombre de pavillons permanents dans l'espoir de retenir l'événement à Toronto un certain temps. La Provincial Fair Association n'était cependant pas du même avis et vota pour tenir celle de 1879 à Ottawa. Au banquet de clôture de l'exposition de 1878, Withrow, apparemment sans consulter personne, annonça qu'il y aurait une exposition permanente à Toronto à compter de l'année suivante. Ses collègues du conseil municipal trouvèrent qu'il allait trop vite en affaires. Néanmoins, il forma l'Industrial Exhibition Association of Toronto et obtint beaucoup d'appuis. La foire, qui allait devenir plus tard l'Exposition nationale canadienne, connut le succès dès ses débuts à l'automne de 1879, et Withrow demeura président de l'association jusqu'à peu de temps avant sa mort.

C'est au début des années 1880 qu'on termina le chemin de fer canadien du Pacifique et que débuta, par voie de conséquence, la colonisation du Nord-Ouest. Afin d'assurer la mise en valeur harmonieuse de ces nouvelles régions, le gouvernement adopta une politique qui encourageait la création de compagnies de colonisation pour voir à l'établissement de villages entiers. Au début de 1882, Withrow aidé d'Alexander Sutherland*, secrétaire général des missions de l'Église méthodiste du Canada, ainsi que d'un groupe d'hommes d'affaires méthodistes en vue comme lui-même, fondèrent la Saskatchewan Land and Homestead Company Limited. Ils connurent un succès considérable. La compagnie survécut à la baisse catastrophique des prix des terrains qui survint en 1883–1884 et à une modification radicale de la politique canadienne de colonisation en 1887. Elle était encore en affaires à la fin du siècle. Withrow en fut le président fondateur et conserva ce poste jusqu'à la fin de sa vie.

Sur l'élan de sa réussite avec la création de l'exposition de Toronto et désireux de voir se réaliser les objectifs du mouvement de tempérance, Withrow tenta de se faire élire à la mairie de Toronto en 1883. Il perdit par 5 voix contre Arthur Radcliffe Boswell. Un conflit avec le mouvement syndical au sujet de sa conduite comme employeur et son intervention dans la grève des typographes de 1872 sont probablement la cause de sa défaite. En 1885, certains pensaient qu'à titre de réformiste confirmé en politique municipale, Withrow méritait d'être élu sans concurrent. L'élément tory n'était pas de cet avis et alla chercher Alexander Henderson Manning*, ancien maire à la retraite, qui remporta l'élection.

En tant que constructeur et organisateur habile, ainsi que fidèle respecté de l'église Metropolitan, Withrow a pu collaborer durant les années 1880 et 1890 à la construction, à Toronto, d'un bon nombre d'édifices à vocation culturelle ou humanitaire. Il travailla avec John Ross Robertson* à l'érection du pavillon d'été de même qu'à la reconstruction du Hospital for Sick Children. Robertson estimait que les malades avaient besoin d'un endroit tranquille pour passer l'été, et il acheta un terrain à Hanlans Point dans les îles de Toronto. C'est là qu'en 1883 Withrow construisit une résidence, le Lakeside Home for Little Children, dont il fut l'un des administrateurs. Withrow semble aussi avoir été l'un des principaux collecteurs de fonds, et il aurait également supervisé les travaux de construction, du nouvel hôpital pour enfants à la fin des années 1880.

Hart Almerrin MASSEY, méthodiste convaincu et membre, comme Withrow, de la congrégation Metropolitan, décida dans les années 1880 de pourvoir Toronto d'une salle de concert. La réalisation des plans et la construction du Massey Music Hall dura plus de dix ans. La Withrow and Hillock fut chargée de la menuiserie et fournit les portes et les châssis de fenêtres. La salle était exploitée par un conseil d'administration dont Withrow était le président et, durant toute sa vie, le seul membre qui n'appartînt pas à la famille Massey.

Withrow s'occupa de construction presque toute sa vie. Avec Hillock, il fut le promoteur de Wilton Crescent, quartier chic de Toronto situé au coin des actuelles rues Sherbourne et Dundas. C'est là que les deux associés se construisirent de grandes maisons. La Withrow and Hillock s'occupa de la construction de la partie est de Toronto. En 1886, en société avec John Macdonald*, grossiste prospère, elle ouvrit une subdivision dont l'avenue Withrow était le centre. Withrow fut également président de la Canadian Mutual Loan and Investment Company, société d'épargne et de crédit de second rang. Celle-ci fit l'objet d'une mise en marché si agressive que la moralité – sinon la stricte légalité – de ses activités fut mise en doute dans la presse par des actionnaires déçus. Le *Loan Corporations Act* adopté par l'Ontario en 1897 et les lois subséquentes du début des années 1900, qui régissaient le fonctionnement des sociétés de prêt en Ontario, semblent constituer une réponse aux plaintes formulées à l'endroit de la Canadian Mutual Loan and Investment Company et de ses semblables. Du point de vue des responsables et des administrateurs, toutefois, la compagnie était extrêmement rentable.

Les succès de John Jacob Withrow dans le domaine de la construction immobilière ne devaient toutefois par survivre à la dépression des années 1890. À l'automne de 1894, la Withrow and Hillock déclara faillite devant l'impossibilité de réaliser un bénéfice sur l'investissement substantiel qu'elle avait fait dans l'immobilier. À sa mort, Withrow n'était même pas propriétaire de sa maison et sa succession était modeste. Il se peut que sa nomination en 1895 au poste de cotiseur principal à Toronto ait été une récompense concrète pour une vie de services rendus. Le *Daily Mail and Empire* dit de lui : « Il possédait un jugement clairvoyant, de bonnes capacités de chef et une connaissance consommée des affaires. C'était un homme d'une grande charité et d'une courtoisie indéfectible, et [il] était remarqué pour sa probité et son industrie. » Sa mort, à la suite d'une attaque d'apoplexie, fut soudaine et inattendue.

PHILIP CREIGHTON

En plus des sources citées ci-dessous, la biographie s'appuie sur l'entrevue de l'auteur avec John Withrow de Toronto, petit-fils du sujet. [P. C.]

AO, MU 1961, n° 29. — York County Surrogate Court (Toronto), n° 14244 (mfm aux AO). — *Daily Mail and Empire* (Toronto), 7 août 1900. — *Globe*, 7 août 1900. — « Born out of protest », *Once upon a century : 100 year history of the « EX »* (Toronto, 1978), 8–21. — Max Braithwaite, *Sick Kids : the story of the Hospital for Sick Children in Toronto* (Toronto, 1974). — William Dendy, *Toronto observed : its architecture, patrons, and history* (Toronto, 1986).

WOOD, JOHN FISHER, instituteur, avocat et homme politique, né le 12 octobre 1850 ou 1852 à Addison, Haut-Canada, fils de John Wood et de Mary Ann Wadden ; décédé célibataire le 14 mars 1899 à Toronto et inhumé à Brockville.

Originaire du Banffshire, en Écosse, le père de John Fisher Wood avait immigré dans la province du Canada dès son jeune âge et était devenu entrepreneur ferroviaire. John Fisher fit ses études dans la région d'Addison puis à la *grammar school* de Farmersville (Athens). Après avoir enseigné quelque temps, il étudia le droit au cabinet de Christopher Finlay FRASER à Brockville, et y exerça après son admission au barreau en 1876. Deux ans plus tard, il s'associa à William H. Ferguson. Nommé conseiller de la reine en 1890, il fut solicitor des comtés unis de Leeds et de Grenville ainsi que de la Brockville Building and Savings Society. En outre, il fut vice-président de la Brockville, Westport and Sault Ste Marie Railway Company, qui obtint sa charte en 1884. Il continua de pratiquer le droit à Brockville jusqu'à sa mort ; son associé était alors Hugh Alexander Stewart.

En 1882, Wood devint député de la circonscription fédérale de Brockville en recueillant cinq voix de plus que le fabricant de produits pharmaceutiques William Henry Comstock ; il allait occuper ce siège jusqu'à sa mort. Il fut vice-président de la chambre des Communes en 1890–1891 et président du comité des chemins de fer et canaux en 1892. Quand sir John Sparrow David THOMPSON devint premier ministre, cette année-là, Wood remplaça le ministre du Revenu de l'intérieur (John Costigan*) et le ministre des Douanes (Joseph-Adolphe CHAPLEAU) par des contrôleurs qui seraient membres du gouvernement mais non du cabinet. Ils seraient comptables au ministre du Commerce, poste nouvellement créé et occupé alors par le sénateur Mackenzie Bowell*. Sauf durant une courte interruption, Wood fut contrôleur du revenu intérieur du 5 décembre 1892 au 16 décembre 1895. Ce jour-là, à la démission de Nathaniel Clarke Wallace*, il devint contrôleur des douanes. Il exerça cette fonction jusqu'à la démission du gouvernement de sir Charles Tupper*, le 8 juillet 1896.

À la mort de Thompson, en 1894, Bowell était devenu premier ministre. Wood fut l'un des sept membres du « nid de traîtres » (les autres étaient William Bullock IVES, George Eulas Foster*, John Graham Haggart*, Walter Humphries Montague*, sir Charles Hibbert Tupper* et Arthur Rupert Dickey) qui démissionnèrent de son gouvernement le 4 janvier 1896, immédiatement après que le Parlement se fut de nouveau réuni pour adopter une loi qui restaurerait les droits scolaires de la minorité catholique du Manitoba. À l'époque, bien des gens pensaient que les « déserteurs » voulaient retirer le projet de loi ; c'était sans doute le cas pour certains d'entre eux, mais non pour le groupe dans son ensemble. L'unique objectif était d'obliger Bowell, dont l'incompétence était notoire, à faire place à un meilleur chef. Apparemment, lorsque tous les membres du groupe, à l'exception de Charles Hibbert Tupper, réintégrèrent le cabinet le 15 janvier, ils avaient obtenu l'assurance de son départ. Bowell démissionna du poste de premier ministre à la fin de la session parlementaire, en avril, et c'est Charles Tupper qui le remplaça.

Wood ne participait pas souvent aux débats parlementaires ; ses interventions, généralement brèves, visaient souvent à préciser des points de droit. Il se plaignait des longs discours de ses collègues sur des questions qui, selon lui, auraient pu être réglées bien vite et affirmait que la publication du hansard les encourageait à être prolixes. Il proposa donc en 1885 de mettre fin à la publication ; si sa motion avait recueilli 40 voix de plus, elle aurait été adoptée. Il récidiva en 1892, au moins en ce qui concernait les délibérations des comités, mais il n'eut pas davantage de succès. Par deux fois, en 1885 et en 1895, il prononça de solides discours à l'appui de la Politique nationale, étayés de faits et de chiffres qui en montraient les résultats bénéfiques. En 1886, à l'aide d'arguments réfléchis, il justifia le gouvernement d'avoir permis l'exécution de Louis Riel*. Douze ans plus tard, il s'opposa à ce que le gouvernement de sir Wilfrid Laurier* abroge la loi électorale par laquelle sir John Alexander MACDONALD, en 1885, avait mis en œuvre la confection des listes d'électeurs en prévision des scrutins fédéraux.

John Fisher Wood mourut des suites d'une insuffisance cardiaque le 14 mars 1899 durant une visite à Toronto. À la réouverture du Parlement, le 16, Laurier, appuyé par sir Charles Tupper, proposa d'ajourner les séances jusqu'au 20 en signe de respect pour Wood et pour un autre député, Pierre-Malcolm

Guay, mort le mois précédent. Laurier exprima à propos de Wood des sentiments qui furent repris dans nombre d'éditoriaux : « Il était très respecté de ses adversaires et très aimé, je le sais, de ses amis. Son jugement, son tempérament, sa personnalité étaient tels que sa disparition nous afflige tous. » Comme le nota le *Globe*, on parla aussi de la courtoisie qu'il manifestait même dans les débats acerbes, et de son équité envers ses opposants. Nombre de ses amis et quelque 40 députés des deux côtés de la chambre, dont sir Henri-Gustave Joly* de Lotbinère, sir Charles Hibbert Tupper et William Bullock Ives, assistèrent à ses obsèques, à Brockville. Wood, qui était de confession presbytérienne, laissait des biens d'une valeur de 24 789,80 $ à deux de ses sœurs, en leur demandant de « subvenir aux besoins » d'une troisième, Margaret, comme il l'avait fait de son vivant.

LOVELL C. CLARK

AO, RG 22, sér. 176, reg. 8 (1895–1901), n° 2921 ; sér. 179, n° 2921. — Canada, Chambre des Communes, *Débats*, 1885–1899. — *Brockville Evening Recorder*, 17 mars 1899. — *Daily Mail and Empire*, 15 mars 1899. — *Globe*, 18 mars 1899. — *Canadian men and women of the time* (Morgan ; 1898). — *Cyclopædia of Canadian biog.* (Rose et Charlesworth), 1 : 252. — *Dominion annual reg.*, 1882 : 403. — T. W. H. Leavitt, *History of Leeds and Grenville, Ontario, from 1749 to 1879* [...] (Brockville, Ontario, 1879 ; réimpr., Belleville, Ontario, 1972), 182.

WOOD, THOMAS, homme d'affaires, fermier, juge de paix, homme politique et fonctionnaire, né le 7 mars 1815 à Dunham, Bas-Canada, fils aîné de Thomas Wood et d'Anna (Mary) Skeels, tous deux originaires des États-Unis ; décédé le 13 novembre 1898 dans son village natal.

Thomas Wood passe sa jeunesse à la ferme de ses parents, près de Dunham, où il reçoit une certaine éducation. Il travaille d'abord à Montréal chez John Baker, propriétaire de la Commercial House, avant de séjourner à Boston afin de développer ses connaissances du monde des affaires. En 1836, à l'âge de 21 ans, on le retrouve dans son village natal. Le 30 septembre 1839, il épouse Ann Jane Stevens mais, deux ans plus tard, il reste veuf avec un fils. Le 19 février 1845, il se remarie avec Elisabeth Seeley ; ils auront deux fils et une fille.

À cette époque, Wood est déjà bien établi comme marchand général. À l'instar des autres commerçants, il accepte que les fermiers des environs le paient en nature. Avant 1858, il profite des défrichements encore fréquents dans la région et met sur pied une fabrique de potasse. Ses nombreuses relations à Montréal favorisent son négoce, et son magasin offre les effets en gros et au détail. Wood s'intéresse également à la terre et achète un lot de la couronne en 1849 ; il en acquerra ensuite d'autres qu'il mettra en valeur. En 1867, il remportera des prix à la foire annuelle de la Société d'agriculture du comté de Missisquoi.

Marchand prospère, juge de paix depuis 1852, membre influent de la loge maçonnique Prevost, propriétaire d'une ferme et d'une maison de brique à étage, Wood, âgé de 46 ans, se laisse tenter par l'aventure politique. Il brigue les suffrages sous la bannière conservatrice dans la circonscription de Missisquoi en 1861, mais sans succès. Plus heureux sur la scène municipale, il est maire de la municipalité du canton de Dunham de 1864 à 1866, puis du village de 1867 à 1875 et de 1882 à 1885. Mais c'est le 2 novembre 1867 qu'il atteint le sommet de sa carrière politique lorsqu'on le nomme conseiller législatif.

En plus de remplir toutes ces fonctions, Wood est commissaire chargé de la décision sommaire des petites causes en 1867 et préfet du comté de Missisquoi de 1868 à 1872. Devant les menaces des féniens, il préside une assemblée tenue en juin 1868 en vue d'organiser la milice locale pour assurer la protection des citoyens. En 1871, au cours d'une cérémonie très protocolaire à l'occasion de la fête de la reine Victoria, il remet les couleurs au 60th (Missisquoi) Battalion of Infantry. En outre, à un certain moment, il est président de l'Association de tir du district de Bedford.

Homme d'affaires averti, Wood appuie le mouvement de construction des chemins de fer qui agite sa région et, en 1869, il présente une pétition à l'Assemblée législative en vue d'obtenir une charte pour la Compagnie du chemin de fer de jonction de Missisquoi, dont il assume la présidence. Il prête aussi son concours à une foule d'autres requêtes et déploie une grande activité dans plusieurs comités importants du Conseil législatif, entre autres, celui des comptes contingents, celui des ordres permanents et des bills privés, et celui qui est chargé de s'informer et de faire rapport sur la nature des lois qui ont trait à la reconnaissance juridique de compagnies privées ; de même, il fait partie du comité des chemins de fer dès sa création en 1884.

Vers 1875, Wood semble délaisser le commerce et se consacrer plutôt à ses fonctions politiques et à l'agriculture qu'il encourage notamment à titre de président des associations d'agriculture et d'horticulture de Missisquoi. Il démontre également son intérêt pour l'éducation en qualité de président des administrateurs de l'école secondaire de Dunham. Le 14 janvier 1898, il occupe pour la dernière fois son siège au Conseil législatif dont il est le doyen. Il meurt chez lui le 13 novembre suivant et est inhumé le 16 dans le cimetière anglican de Dunham, en présence d'une foule considérable.

Thomas Wood eut une vie bien remplie, même dans les dernières années, et resta fidèle à son village natal.

Dans l'église All Saints de Dunham, un vitrail à l'effigie du Bon Samaritain rappelle sa mémoire car, tout comme son père et son fils Thomas Frank, il fut très dévoué à sa paroisse ; pendant 27 ans, celle-ci le délégua au synode anglican du diocèse de Montréal. Avec constance, il maintint son attachement aux principes et aux valeurs que les hommes de son époque appréciaient chez les chefs de file ; il ne semble pas avoir déçu la confiance dont il fut toujours l'objet.

MARIE-PAULE R. LABRÈQUE

AC, Bedford (Cowansville), État civil, 16 nov. 1898. — AN, RG 31, C1, 1825, Dunham (Bedford, Québec) ; 1831, 1842, 1851, 1861, 1871, 1881, 1891, Dunham (Missisquoi, Québec). — ANQ-E, CE2-38, 30 sept. 1839 ; CE2-77, 19 févr. 1845 ; CN2-26, 28 avril 1840. — Brome County Hist. Soc. Arch. (Knowlton, Québec), Geneal. family file, Wood family ; Personages file, H. B. Shufelt. — Missisquoi Hist. Soc. Arch. (Stanbridge-East, Québec), Dossier Wood ; Dunham village ; Fenian raids doc. ; Margaret Ellis, file ; Masonic order ; Episcopal Church, Dunham, records (mfm) ; 60th Battalion of Missisquoi. — Joseph Bouchette, *Carte topographique de la province du Bas-Canada* [...] (s.l., 1815 ; réimpr., Montréal, 1980). — *Débats de l'Assemblée législative* (M. Hamelin), 1 (1869) : 37, 72, 167, 174, 179, 229, 233, 253. — *Map of the counties of Shefford, Iberville, Brome, Missisquoi, and Rouville, Canada East, from special surveys under the direction of O. W. Gray, topographical engr.*, H. F. Walling, édit. (s.l., 1864). — Québec, Conseil législatif, *Journaux*, 1868–1898 ; *Statuts*, 1867–1868. — *District of Bedford Times and General Advertiser* (Sweetsburg [Cowansville]), 1866–1869, particulièrement 27 sept., 8 nov. 1867. — *Gazette* (Montréal), 4 nov. 1867, 14 nov. 1898. — *Sherbrooke Daily Record* (Sherbrooke, Québec), 15, 18 nov. 1898. — *Le Soleil*, 27 nov. 1897. — *Waterloo Advertiser and Eastern Townships Advocate* (Waterloo, Québec), 1er août, 3, 10 oct., 7 nov. 1867. — Hélène Bergevin, *Églises protestantes* (Montréal, 1981). — *Canada directory*, 1851 : 76 ; 1857–1858 ; 1871 : 79. — *County of Missisquoi and town of St. John's directory* [...] (Montréal), 1879–1881. — *Eastern Townships directory*, 1867 ; 1875–1876 ; 1888–1889. — *Illustrated atlas of the Dominion of canada* [...] *Eastern Townships and south western Quebec* (Toronto, 1881 ; publié à nouveau, Ross Cumming, édit., Port Elgin, Ontario, 1972). — Langelier, *Liste des terrains concédés*. — *Répertoire du personnel politique québécois, 1867–1982*, Pierre Drouilly, compil. (Québec, 1983). — P.-G. Roy, *la Législature de Québec : galerie des membres du Conseil législatif et des députés à l'Assemblée législative* (Lévis, Québec, 1897), 55. — *RPQ*. — Turcotte, *le Conseil législatif*. — Derek Booth, *Railways of southern Quebec* (2 vol., Toronto, 1982–1985), 1. — C. M. Day, *History of the Eastern Townships, province of Quebec, Dominion of Canada, civil and descriptive* [...] (Montréal, 1869). — J. H. Graham, *Outlines of the history of freemasonry in the province of Quebec* (Montréal, 1892). — M. Hamelin, *Premières années du parlementarisme québécois*. — *Histoire de Dunham*, M. J. Ellis, édit. ([Dunham], 1968). — A. J. B. Milborne, *Freemasonry in the province of Quebec, 1759–1959* ([Québec], 1960). — T. R. Millman, *A short history of the parish of Dunham, Quebec* (Granby, Québec, 1946). — Cyrus Thomas, *Contributions to the history of the Eastern Townships* [...] (Montréal, 1866). — « Honorable Thomas Wood », Missisquoi County Hist. Soc., *Report* (Saint-Jean-sur-Richelieu, Québec), 2 (1907) : 52–53.

WORK, JOSETTE. V. LEGACÉ

WORKMAN, JOSEPH, médecin, marchand, homme politique, professeur et fonctionnaire, né le 26 mai 1805 près de Lisburn (Irlande du Nord), fils de Joseph Workman et de Catharine Goudie (Gowdie) ; le 30 mai 1835, il épousa à Montréal Elizabeth Wasnidge, et ils eurent sept fils et trois filles ; décédé le 15 avril 1894 à Toronto.

Joseph Workman comptait parmi ses ancêtres un théologien puritain du XVIIe siècle, le révérend William Workman, de Gloucester, en Angleterre ; farouche adversaire de l'archevêque William Laud, il avait été excommunié de l'Église d'Angleterre. Le fils de William Workman, aussi prénommé William, servit en Irlande dans l'armée d'Oliver Cromwell et y reçut une généreuse concession foncière. Joseph Workman père, lui, était instituteur. Peu après la guerre d'Indépendance américaine, il immigra à Philadelphie, où il enseigna l'anglais pendant trois ans dans un collège. Rentré en Irlande vers 1790, il épousa Catharine Goudie, originaire de l'Ayrshire, en Écosse, et ils eurent une fille et huit garçons. Joseph, le quatrième d'entre eux, eut d'abord pour précepteur l'un de ses frères aînés, Benjamin, puis fréquenta une *grammar school* et une école secondaire à Lisburn. En 1826, il trouva un poste à l'Ordnance Survey d'Irlande, où il demeura trois ans.

Précédé par cinq de ses frères, Joseph Workman immigra à Montréal avec le reste de la famille en 1829. Au cours des cinq années qui suivirent, il étudia la médecine au McGill College, assistant aux cours en faculté, faisant du travail clinique au Montreal General Hospital et recevant des leçons particulières du docteur John Stephenson*. En 1835, il obtint son doctorat en médecine. Sa thèse portait sur le choléra asiatique, sujet d'actualité et maladie dont il avait été à même de constater les ravages à Montréal durant les étés de 1832 et de 1834. À l'encontre de bon nombre de médecins parmi les plus réputés de l'époque, il soutenait que le choléra était une maladie contagieuse.

Peu après avoir reçu son diplôme, Workman épousa, à l'église presbytérienne St Gabriel Street, Elizabeth Wasnidge, originaire de Sheffield, en Angleterre. Il ouvrit un cabinet à Montréal mais, moins d'un an après, la mort du frère de sa femme le contraignit à changer d'orientation. En 1836, il reprit la quincaillerie que son beau-frère avait tenue à Toronto. Bientôt, son frère Samuel alla exploiter avec lui la Workman Brothers and Company, au 36 de la rue King, en face de l'église St James. À l'instar de ses frères Thomas* et William*, associés dans une quincaillerie montréalaise, Joseph était un homme d'affaires entreprenant et prospère, qualités que le Board of Trade de Toronto reconnut en l'élisant vice-président au milieu des années 1840. De plus, en cette époque de politique instable, il se fit connaître comme un partisan de la réforme au discours cohérent et direct. Les nombreux commentaires acérés qu'il publiait dans des journaux réformistes comme le *Toronto Mirror* lui valurent d'être qualifié, par ses adversaires, de « calomniateur le plus dur et le plus téméraire qui ait jamais manié la plume ». Il fut échevin du quartier St David de 1847 à 1849, fit partie de la commission que le gouvernement créa afin d'enquêter sur la situation du King's College [V. Henry Boys* ; Robert Easton Burns*] et devint en 1850 le premier président du Toronto Public School Board.

Workman avait abandonné la quincaillerie en 1846 pour retourner à ses premières amours, la médecine. Il se bâtit une nombreuse clientèle et, à la demande du docteur John Rolph*, donna, à la Toronto School of Medicine (dont Rolph était le fondateur) des conférences sur l'obstétrique, les maladies féminines et infantiles, puis la matière médicale. Selon un de ses anciens étudiants, le docteur Walter Bayne Geikie*, c'était « un homme de grand talent, un pédagogue excellent et très instruit ».

En 1853, abruptement encore une fois, la carrière de Workman prit un autre virage. D'abord à titre temporaire, puis à titre permanent, il devint surintendant médical du Provincial Lunatic Asylum, qui avait récemment ouvert ses portes à Toronto. Son ami et collègue Rolph avait veillé à sa nomination. Déjà partisan de la réforme avant la rébellion de 1837–1838, Rolph était devenu un membre influent du cabinet réformiste de Francis Hincks* et d'Augustin-Norbert Morin*, pour qui l'asile était une source de graves embarras politiques. En choisissant Workman, Rolph lui confia le soin de dénouer les « intrigues » dont l'établissement, pourtant bien jeune, n'avait cessé d'être le théâtre.

Avant 1830, dans le Haut-Canada, il n'y avait pas eu de loi sur les malades mentaux. Ceux qui ne présentaient aucun danger pour la collectivité, les « fous paisibles », étaient soit confinés à la maison, soit, s'ils étaient pauvres et sans famille, placés dans un autre foyer ou « exclus » de toute la communauté. Les « fous furieux », qui menaçaient la vie ou la propriété, étaient parfois incarcérés dans les prisons de district. En 1830, parce que la population s'accroissait rapidement et que l'on rapportait que depuis peu, à l'étranger, le traitement des malades mentaux avait fait des progrès, les magistrats du district de Home demandèrent qu'« un lieu quelconque soit aménagé en asile d'aliénés ». L'Assemblée du Haut-Canada allait débattre de la question durant neuf ans. Au cours de cette période, le plaidoyer le plus éloquent en faveur d'un établissement provincial vint du docteur Charles Duncombe*. Dans son rapport de 1836 sur les asiles, il recommandait de construire un établissement où l'on appliquerait les principes du « traitement moral », c'est-à-dire le régime de douceur et de compassion que l'on était en train d'instaurer en France, en Angleterre et aux États-Unis. Dans ces nouveaux asiles étrangers, affirmait Duncombe, le taux de guérison pouvait atteindre 90 %. En 1839, l'Assemblée du Haut-Canada réagit à son rapport en adoptant une loi qui autorisait « la construction, dans la province, d'un asile pour l'accueil des aliénés ».

La construction de l'asile provincial au 999 de la rue Queen, d'après des plans de John George Howard*, ne commença qu'en 1845. En attendant, à compter de 1841, les aliénés de la province, de plus en plus nombreux, logèrent dans un « asile temporaire » que l'on avait aménagé dans l'ancienne prison de Toronto, rue King [V. William Rees* ; Walter Telfer*]. Ce fut une amère déception pour les réformateurs qui, dans la décennie précédente, avaient réclamé un établissement où les malades mentaux pourraient bénéficier du traitement moral. Jusqu'à la fin des années 1840, le surintendant médical et le conseil d'administration de l'asile se livrèrent une guerre sans merci pour avoir la haute main sur les affaires internes. Quatre surintendants se succédèrent et repartirent après avoir compromis leur réputation, tandis que le conseil continuait de nommer les fonctionnaires subalternes en faisant montre de ce que le docteur George Hamilton Park qualifia en 1848 de « favoritisme mesquin ». Quant aux patients, ils se trouvaient dans une situation à peine moins déplorable que dans les prisons de district. Dans l'ensemble, le traitement moral n'était pas appliqué. Le célèbre aliéniste anglais James Hack Tuke, qui se rendit à l'asile temporaire en 1845, nota que c'était « l'un des endroits les plus tristes et les plus déprimants qu['il eut] jamais visités ». Il y avait 70 patients dont les visages portaient les marques indélébiles de la misère, de la faim et de la souffrance ».

L'asile permanent ouvrit ses portes prématurément le 26 janvier 1850 ; seules les deux ailes avant étaient terminées. Les pensionnaires s'y trouvaient à peine mieux qu'auparavant. Bien que d'éminents citoyens, dont George Brown*, rédacteur en chef du *Globe*, aient insisté pour que la « vieille clique » ne soit pas transférée dans le nouvel édifice, le gouvernement ne créa « aucun nouveau comité pour en améliorer l'administration ». Fait peu surprenant, le docteur John Scott*, nommé surintendant en 1850, se trouva bientôt en butte au conseil de l'asile, que présidait le docteur Christopher Widmer*. Pendant quelque temps, son beau-père, le révérend John Roaf*, membre influent du conseil, le protégea. Mais même lui ne put le sauver quand la presse torontoise révéla qu'on l'accusait d'avoir transformé « l'asile d'aliénés en salle de dissection » pour les étudiants en médecine. Une loi intitulée *Act for the Better Management of the Provincial Lunatic Asylum at Toronto* entra en vigueur le 14 juin 1853, et Scott démissionna le 1er juillet.

Chaos administratif, incompétence professionnelle, négligence envers les patients, telle était donc la situation à l'asile lorsque Workman en assuma la surintendance par intérim en 1853. La loi avait beaucoup étendu les pouvoirs du surintendant en réduisant la taille, l'indépendance et l'autorité du conseil sur les affaires courantes, et en lui donnant toute latitude d'embaucher et de congédier les « gardiens et domestiques ». Voyant le désordre que ses prédécesseurs avaient semé, Workman s'empressa de faire le ménage (l'expression peut bien être prise au pied de la lettre). Une de ses premières corvées fut de superviser l'élimination de « la fosse d'aisances la plus nauséabonde et la plus énorme [qui fût] » : les constructeurs n'ayant pas relié les canalisations sanitaires à l'égout central, trois ou quatre pieds d'excréments s'empilaient sous la cave. Grâce à cet administrateur à la poigne solide, l'ordre et l'efficacité ne tardèrent pas à régner dans tous les services. Tant au Canada qu'à l'étranger, l'asile de Toronto acquit une excellente réputation. Workman obtint sa permanence le 1er avril 1854 ; il allait rester aux commandes encore 21 ans.

Au début de son mandat, Workman connaissait peu l'aliénation mentale et peut-être encore moins les nouvelles méthodes de garde et de traitement des aliénés. Sa nomination avait même des relents de ce favoritisme dont, plus tard, il allait tellement critiquer la présence dans le réseau des asiles. Cela dit, il dut apprendre son métier sur le tas, comme tous les membres de la première génération de médecin qui devinrent aliénistes (terme appliqué aux spécialistes du traitement institutionnel des malades mentaux jusqu'à ce que le mot « psychiatre » entre dans l'usage, dans les années 1890). Ce n'était pas un novateur ; sa perspective théorique et sa pratique thérapeutique s'inscrivaient dans le courant dominant de la psychiatrie de l'époque.

Les tenants de ce courant affirmaient – et c'était leur conviction fondamentale – que la folie, sous toutes ses formes, était une maladie strictement somatique. La folie, écrivait Workman dans son rapport de 1868–1869, « n'est jamais simple désordre mental » ; pour lui, c'était un désordre physique attribuable à « des changements fonctionnels ou structurels » survenus dans le cerveau ou, en raison de « l'activité réflexe », dans d'autres systèmes organiques (par exemple, on attribuait l'hystérie à une maladie des organes reproducteurs féminins). Lorsqu'il s'agissait de déterminer les causes de ces changements fonctionnels ou structurels, Workman éliminait la longue liste des prétendus agents « moraux » (psychologiques) auxquels on avait fermement cru plus tôt au XIXe siècle. Selon lui, « le chagrin, l'amour, la dépossession, l'émoi religieux, [...] les querelles familiales, la jalousie, la peur », pour ne nommer que ceux-là, n'engendraient pas la folie. Les seules causes déterminantes avaient une origine physique : par exemple « les blessures au crâne, l'apoplexie ; l'épilepsie ; l'intempérance parentale ; la masturbation [et] l'infection scrofuleuse et syphilitique ».

Le diagnostic de Workman, à savoir que tous les cas de folie étaient associés « à une forme quelconque d'anomalie somatique », dictait sa thérapeutique générale. D'abord, il fallait refaire la santé physique du patient en lui donnant une « bonne alimentation » et de généreuses rations d'alcool. Les médicaments, par contre, devaient être utilisés « le moins possible ». Ses rapports annuels démontrent qu'il adhéra strictement à ce régime curatif dès le début de son mandat. En 1859, année représentative, l'asile dépensa 1 614,72 $ en « bière, spiritueux et vin », mais seulement 139,33 $ en médicaments.

Une fois que le patient avait recouvré la santé physique, Workman se consacrait à « la guérison de la maladie mentale » en recourant à un traitement moral soigneusement défini. « Douceur constante, patience de tous les instants, bonne foi à toute épreuve, déclarait-il en 1858, tels sont les agents moraux essentiels employés aujourd'hui dans tout asile d'aliénés bien tenu. » Il ne doutait pas que ce traitement, associé à un travail utile, à des divertissements de groupe et à l'instruction religieuse – activités destinées à éloigner le patient des pensées et des émotions morbides – produirait les taux de guérison de 90 % promis par les premiers promoteurs de l'asile, tel Duncombe. Ses espoirs furent vite réduits à néant. Dix ans après son arrivée à l'asile de Toronto, il racontait devant l'Association of Medical Superintendents of American Institutions for the Insane : « J'ai été stupéfait de voir que je ne pouvais pas parvenir à des résultats aussi satisfaisants que ceux que mes prédécesseurs semblaient avoir obtenus [...] mon pourcentage de rétablissement était faible. » Tel était le problème le plus troublant, le plus menaçant même, auquel faisaient face les aliénistes de sa génération. Après avoir convaincu la population qu'elle pouvait espérer des merveilles, comment lui expliquer que les asiles ne semblaient pas pouvoir guérir les malades ? Et si les asiles ne guérissaient pas les malades, par quoi allait-on bien pouvoir les remplacer ? Ces questions allaient tourmenter Workman jusqu'à la fin de son mandat.

La réponse crevait les yeux, mais ni Workman ni ses collègues n'étaient prêts à la voir : les belles thérapies médicales et morales dans lesquelles ils mettaient tant de foi ne fonctionnaient tout simplement pas dans la majorité des cas. Accepter cette explication aurait, bien sûr, été un suicide professionnel. Aucune profession ne saurait admettre ouvertement qu'elle repose sur des théories erronées. Il fallait trouver d'autres explications à l'échec.

Workman, pour sa part, en offrait trois dans les rapports qu'il rédigea à la fin des années 1850 et au début de la décennie suivante. Premièrement, et c'était plutôt faible, il affirmait que les réformateurs comme Duncombe avaient suscité des « attentes démesurées » dans l'opinion publique, attentes que même les meilleurs asiles ne pourraient jamais combler. Deuxièmement, il soulignait que les asiles étaient forcés d'accepter des classes d'individus qu'aucun surintendant, ni même aucun des premiers promoteurs de l'asile, n'avait jamais prétendu pouvoir guérir. Les municipalités de la région considéraient l'asile comme un dépotoir, une bonne pension où elles pouvaient commodément envoyer les fauteurs de troubles et mésadaptés de tous genres, les indigents, les personnes atteintes de déficiences congénitales, les vieillards et les gens séniles. La présence de ces patients « bien inoffensifs », mais manifestement incurables, obligeait à refuser des cas « graves, susceptibles d'amélioration ou vraiment dangereux ». « Chaque incurable, prévenait-il, empêche huit malades curables » d'entrer à l'asile, et ceux-ci, « par conséquent, risquent de devenir aussi des cas désespérés ».

Enfin, Workman attribuait partiellement son insuccès à « l'indifférence et [à] la parcimonie de la province ». Avec la « somme dérisoire » qui portait le nom de « subvention parlementaire », pourvoir convenablement aux besoins des patients, et plus encore les guérir, était carrément impensable. On ne pouvait pas non plus espérer de guérisons, soulignait-il, tant que les deux ailes arrière de l'asile ne seraient pas terminées. À cause du surpeuplement (en 1853, les deux ailes avant, conçues pour environ 250 patients, en abritaient 373), il se révélait impossible de classer vraiment les malades, bien que cela ait été considéré comme l'un des éléments fondamentaux du régime de traitement moral. « Des crédits abondants, au moment utile, pour le traitement et la garde des aliénés », voilà ce que Workman réclamerait durant 22 ans aux gouvernements qui se succéderaient et, finalement, il perdrait la bataille.

C'est au cours même du mandat de Workman que l'État canadien vit le jour et qu'une structure gouvernementale fortement centralisée s'installa. Cette organisation bureaucratique se fit sentir, plus que partout ailleurs, dans le secteur de l'assistance publique, et des asiles en particulier. Dans les années 1840, l'asile temporaire de Toronto avait été administré par un conseil local de 12 membres non rémunérés qui était tout à fait indépendant du gouvernement. Le *Toronto Lunatic Asylum Act* de 1853, inspiré du nouveau *Provincial Penitentiary Act* de 1851, inaugura une ère d'administration gouvernementale et de centralisation. L'asile passait sous la compétence de la couronne et allait être géré par un conseil salarié, nommé par le gouvernement et formé d'« au moins quatre personnes ». Quatre ans plus tard, en 1857, le gouvernement prit une nouvelle mesure centralisatrice : la fusion du conseil du pénitencier et du conseil de l'asile. En 1859, se réunissait pour la première fois un organisme de surveillance des établissements d'assistance publique qui n'avait pas son pareil en Amérique du Nord : le Board of Inspectors of Prisons, Asylums and Public Charities. L'intention du gouvernement n'avait rien de mystérieux : le système d'établissements publics ayant été jusque-là assez chaotique et de plus en plus coûteux, il voulait en assainir la gestion financière, en augmenter l'efficacité et l'uniformiser. À la Confédération, en 1867, les « hôpitaux, asiles, institutions et hospices de charité » devinrent un domaine de compétence provinciale, et l'Ontario acheva le processus en faisant ce qui s'imposait en toute logique : abolir l'ancien conseil et nommer un seul inspecteur des prisons, asiles et établissements publics de charité. Le premier titulaire de ce poste, John Woodburn Langmuir*, allait respecter tout à fait la préoccupation centrale du gouvernement, à savoir une « saine économie politique ». Sa devise étant « l'économie la plus stricte compatible avec [une] bonne gestion », il allait faire du système ontarien d'assistance sociale l'un des plus efficaces et des moins coûteux d'Amérique du Nord.

Réduire les dépenses importait trop au gouvernement pour que Workman obtienne jamais ce qu'il réclamait, des « crédits abondants, au moment utile ». Au lieu de terminer les deux ailes arrière de l'asile, le gouvernement recourut à une échappatoire : des succursales temporaires. L'ancien bâtiment du King's College situé dans Queen's Park, à environ deux milles de l'asile principal, ne servait plus : la University Branch y ouvrit ses portes en juillet 1856. On inaugura une deuxième succursale en 1859 après réaménagement des casernes du fort Malden à Amherstburg, à environ 250 milles à l'ouest de Toronto. La dernière, située dans un vieil hôtel du lac Couchiching, à quelque 80 milles au nord de Toronto, s'ouvrit en 1861. Néanmoins, les patients continuaient inexpliquablement d'affluer à l'asile principal, où l'encombrement demeurait un problème pressant. Le conseil des inspecteurs conclut que l'institution de ce « réseau de succursales éloignées » témoignait d'« une grave lacune sur le plan économique ». Workman avait une solution à proposer, et c'est dans son rapport annuel de 1865 qu'il l'exposa de la manière la plus complète. Il préconisait un réseau qui comprendrait « trois asiles curatifs pour le traitement de patients malades depuis peu » – l'asile de Toronto et deux nouveaux établissements, l'un à Kingston et l'autre à London – ainsi que « six asiles secondaires, chacun construit pour 200 pensionnaires mais susceptibles [d'en recevoir] 400 », où on logerait « ces cas chroniques qui paralys[aient alors les] asiles principaux ».

Les inspecteurs accueillirent par un silence poli ce projet ambitieux et coûteux. En juillet 1863, excédé que les autorités municipales lui envoient constamment des malades « absolument incurables », Workman refusa pour la première fois d'admettre quatre femmes de cette catégorie. Les inspecteurs ne tardèrent pas à réagir en le blâmant. Tout en admettant que l'asile « ne conv[enait] pas tout à fait [aux] besoins », ils sommèrent Workman de trouver de la place à ces quatre femmes et d'ajouter 50 lits afin de porter la capacité de l'asile de Toronto à 400. Mieux valait, concluaient-ils, « exposer » à un léger surpeuplement « les 350 patients qui [étaient] déjà dans l'établissement » plutôt que d'« exposer les familles, et la société elle-même, aux dangers que présent[aient] des aliénés en liberté, curables ou incurables, vu les fréquents événements tragiques dont ils [étaient] la cause ». Protéger la société, et non pas guérir les aliénés, telle était la priorité absolue des inspecteurs.

Workman avait fondé sa position sur la nécessité d'appliquer de nouveau, à l'asile de Toronto, les principes premiers de Philippe Pinel et de William Tuke, qui au cours des années 1790 avaient instauré le traitement moral dans des asiles européens. Et il avait perdu. Bien sûr, c'était un revers personnel mais, dans une perspective plus générale, sa défaite illustre à quel point, pour les aliénistes du XIXe siècle, la quête de la reconnaissance professionnelle et de la légitimité fut semée d'embûches. Contrairement à d'autres médecins – qui, pendant une bonne partie du siècle, durent faire des pieds et des mains pour se constituer une clientèle suffisante – les aliénistes étaient assurés d'avoir une population de patients. De plus, il s'agissait d'une population captive. Pourtant, ironie du sort, l'asile, leur château-fort, était pour eux un bien mauvais ouvrage de défense. Les aliénistes employés comme surintendants d'un asile étaient des fonctionnaires salariés. Ils se trouvaient donc soumis aux caprices et aux volontés d'un groupe de profanes – administrateurs et hommes politiques – qui se souciaient souvent fort peu de leurs aspirations professionnelles. La psychiatrie n'allait devenir une profession autonome et acquérir ses lettres de noblesse qu'au XXe siècle, longtemps après la mort de Workman. La plupart des psychiatres quitteraient l'asile et les fous pour le cabinet et les névrosés – patients plus respectables et plus traitables. La psychiatrie se redéfinirait à partir de nouvelles théories psychologiques dont la plus célèbre a été sans aucun doute le freudisme.

Les dernières années de Workman à l'asile de Toronto ne furent pas sans nuage. L'inspecteur Langmuir s'avéra un administrateur parcimonieux mais compétent. Dès 1870, le nombre total de lits dans les asiles de l'Ontario atteignait non plus 1 000, mais 1 500, grâce à la reconstruction du vieux Rockwood Asylum de Kingston [V. Charles Kirk Clarke*], ainsi qu'à l'ouverture d'un nouvel asile de 500 lits à London [V. Richard Maurice Bucke*] et grâce, enfin, à l'achèvement des deux ailes arrière de l'asile de Toronto. Et pourtant, on ne savait trop pourquoi, le nombre de nouveaux cas semblait toujours dépasser les places disponibles. Vaillamment, Langmuir s'efforçait d'aller au-devant de la demande. Par exemple, à titre de solution de rechange aux asiles « principaux » et « secondaires » de Workman, plus coûteux, il institua un programme de construction de nouveaux asiles de « style cottage » ; on logeait les malades incurables et curables dans des pavillons distincts mais qui relevaient d'un même grand établissement. Cependant, lorsqu'il prit sa retraite, en 1882, même lui dut admettre sa défaite : il n'avait pas réussi à mettre au point, pour le long terme, une politique efficace sur les asiles. Dans les 20 années suivantes, ses successeurs continueraient de multiplier les établissements – Mimico en 1890, Brockville en 1894, Cobourg en 1902 et Penetanguishene en 1904 – mais il s'agissait d'un processus sans fin, chacun étant bientôt surpeuplé. Né en 1850 d'un établissement qui logeait 211 patients, le réseau ontarien des asiles comptait, au début de la Première Guerre mondiale, huit grands établissements qui abritaient quelque 6 000 patients.

Workman quitta l'asile de Toronto en juillet 1875 « pour des raisons que [lui comprenait] », nota-t-il dans son journal. Le véritable motif était sans aucun doute l'inspecteur Langmuir et son régime bureaucratique. Même si, à l'intention du public, il allait écrire en 1884 dans *Alienist and Neurologist* que l'inspecteur était son « brise-lames [... sa] meilleure protection contre une présentation déformée des faits ou contre la calomnie vengeresse », l'autorité de Langmuir lui avait paru de plus en plus lourde à supporter. Trop indépendant d'esprit et trop direct, Workman ne pouvait se contenter du rôle de rond-de-cuir. Ses 19 années de retraite, durant lesquelles il vécut dans sa maison du 113 rue Mutual, furent plus heureuses. De nombreux honneurs lui échurent : on l'élut président de l'Association médicale canadienne en 1877, puis de la Toronto Medical Society en 1878 et, enfin, de l'Ontario Medical Association en 1881. Dans chacune de ces fonctions, il défendit vigoureusement le droit de la médecine au statut de profession véritablement autonome. Sa réputation de spécialiste des questions psychiatriques dépassait les frontières. Il fut le premier aliéniste canadien à devenir membre honoraire de la prestigieuse Royal Medico-Psychological Association de Grande-Bretagne. Au Canada, on l'appela souvent comme témoin expert dans des procès criminels ; il y prônait passionnément, mais sans grand succès, une définition médicale de la folie plus vaste que celle qu'autorisait l'étroit cadre juridique des règles de M'Naghten. Linguiste accompli, Workman passa beaucoup de temps, pendant sa retraite, à traduire de l'italien ou de l'espagnol des articles de psychiatrie qui parurent dans les principales revues médicales d'Amérique du Nord. Il donna des conférences dans beaucoup de localités ontariennes, ainsi qu'aux réunions du Canadian Institute, et il publia également des articles sur une variété de sujets. La mort le surprit en pleine activité le dimanche 15 avril 1894 (il était alors dans sa quatre-vingt-neuvième année).

Joseph Workman est indubitablement le plus renommé des aliénistes canadiens du XIXe siècle. Très admiré de son vivant, il fut considéré dans ses dernières années comme le « Nestor des spécialistes canadiens », pour reprendre les mots fort justes de l'aliéniste anglais Daniel Hack Tuke. La plupart des historiens canadiens ont perpétué cette tradition de vénération et lui ont accolé l'étiquette commode de parfait « réformateur du traitement de l'aliénation ». Certes, il ramena l'ordre à l'asile de Toronto et inaugura une ère de progrès dans les soins prodigués aux malades mentaux au Canada. Des documents confirment son intégrité et son dévouement ainsi que sa compassion pour ses patients. Toutefois, on néglige une dimension plus fondamentale de sa carrière si l'on voit simplement en lui le médecin tout entier préoccupé d'améliorer le triste sort des aliénés. Workman est un représentant de la dialectique qui, au XIXe siècle, engendra l'État moderne et les professions modernes comme la psychiatrie. Le gouvernement, pour sa part, s'annexa la compétence de cette nouvelle spécialité médicale, et sa prétention à la vérité irrécusable de la science, pour mieux atteindre ses propres objectifs de « contrôle social ». En nombre de plus en plus grand, les déviants et les personnes incapables de se suffire à elles-mêmes – souvent victimes de la transition brutale qui avait mené au capitalisme industriel – furent placés sous la garde bienveillante et censément désintéressée de la profession médicale. Ainsi, d'urgents problèmes sociaux se trouvèrent médicalisés, donc dépolitisés. En retour, le gouvernement encouragea et contrôla les professions nouvelles, dont la psychiatrie, en garantissant, par une législation restrictive, leur droit à l'autonomie et leur monopole sur les patients. Workman appartenait à cette première génération d'hommes qui rêvaient d'accéder au rang de professionnels et qui nouèrent avec l'État une alliance difficile dont, encore aujourd'hui, leurs successeurs se félicitent et se plaignent tout à la fois.

THOMAS E. BROWN

Joseph Workman a rédigé de nombreux articles et études de cas en psychiatrie qui ont paru dans l'*American Journal of Insanity* (Utica, N.Y.), précurseur de l'*American Journal of Psychiatry* (Baltimore, Md.) : « Insanity in Canada », 12 (1855–1856) : 141–146 ; « Cases of insanity illustrative of the pathology of general paralysis », 13 (1856–1857) : 13–24 ; « Notes of a visit to lunatic asylums in Great Britain and Ireland », 16 (1859–1860) : 278–294 ; « Notes illustrative of the pathology of insanity », 17 (1860–1861) : 1–18 ; « Case of moral mania ? », 19 (1862–1863) : 406–416 ; « On certain abdominal lesions in the insane », 20 (1863–1864) : 44–60 ; « Insanity of the religious-emotional type, and its occasional physical relations », 26 (1869–1870) : 33–48 ; « Demonomania and witchcraft », 28 (1871–1872) : 175–193 ; « Case of Erastus Hotchkiss », 32 (1875–1876) : 405–419 ; « Narcolepsia », 37 (1880–1881) : 294–299 ; et « Moral insanity – what is it ? », 39 (1882–1883) : 334–348. Ses commentaires faits au cours de la réunion de 1863 de l'Association of Medical Superintendents of American Institutions for the Insane ont été publiés dans le vol. 20 de l'*American Journal of Insanity*.

La contribution de Workman à d'autres revues médicales comprend : « Observations on insanity » et « Cholera in 1832 and 1834 », *Canada Medical Journal and Monthly Record of Medical and Surgical Science* (Montréal), 1 (1864–1865) : 401–412 et 2 (1865–1866) : 485–489 respectivement ; « A description of the pestilent condition of the Toronto lunatic asylum in 1853 and the means adopted to remove it », *Sanitary Journal* (Toronto), 2 (janv. 1876) ; « Insanity and crime », *Canada Lancet* (Toronto), 9 (1876–1877) : 16–21 ; et « The public care of the insane and the management of asylums », l'*Alienist and Neurologist* (St Louis, Mo.), 5 (1884) : 492–501. En outre, deux de ses alllocutions à la section médicale du Canadian Institute ont été publiées dans le *Canada Medical Journal*, 6 (1869–1870) : 205–211 et 289–295 ; ses traductions de quelque 19 articles sur la psychiatrie ont paru dans le *Canada Lancet* entre 1880 et 1890.

Une photographie et un buste de Workman sont conservés par l'Academy of Medicine (Toronto), qui possède aussi une copie dactylographiée de son journal (l'original se trouve aux UTA, B80-0015).

Academy of Medicine, W. T. Aikins papers. — AN, RG 5, C1. — ANQ-M, CE1-126, 30 mai 1835. — AO, RG 10, 20-B-4, particulièrement 1841–1882 ; 20-B-5, particulièrement 7 juin 1845 ; 20-B-6. — Boston Medical Library-Harvard Medical Library, Harvard Univ. (Boston), Edward Jarvis papers, Workman à Jarvis, 1er nov. 1855. — Clarke Institute of Psychiatry Arch. (Toronto), C. K. Clarke papers. — MTRL, J. G. Howard papers. — Canada, prov. du, Assemblée législative, *App. des journaux*, 1849, app. M, app. III, app. BBBBB ; 1854–1859 (rapport annuel du directeur général, Provincial Lunatic Asylum) ; *Journaux*, 1841–1866, particulièrement 1851 ; 1852–1853 : 412, 677, 1067–1068 ; Parl., *Doc. de la session*, 1860–1866 (rapports annuels du directeur général, Provincial Lunatic Asylum) ; *Statuts*, 1851, chap. 2 ; 1853, chap. 188. — *Canada Gazette*, 1854 : 523. — H.-C., House of Assembly, *App. to the journal*, 1836, no 30 ; *Journal*, 1830–1840, particulièrement 1839 : 8, 52, 119, 186, 226, 387. — Ontario, Legislature, *Sessional papers*, 1867–1920 (rapports annuels de l'inspecteur des prisons et intitutions de charité, particulièrement rapports du directeur général du Provincial Lunatic Asylum, 1867–1870, et de l'Asylum for the Insane, 1871–1920). — Benjamin Workman, « Asylums for the chronic insane in Canada », *American Journal of Insanity*, 24 (1867–1868) : 42–51. — *Examiner* (Toronto), 1849–1852, particulièrement 27 févr. 1850, 2–16 July, 12–19 nov. 1851. — *Globe*, 1844–1854, particulièrement 31 janv. 1850, 25 nov. 1851, 24 mars 1853. — *Toronto Mirror*, 1846–1848, particulièrement 2–9 oct., 27 nov. 1846, 12 mars 1847. — *Upper Canada Herald, a Political, Agricultural & Commercial Journal* (Kingston, Ontario), 1832–1837. — *Weekly Globe* (Toronto), 8 févr. 1850. — Rainer Baehre, « From pauper lunatics to Bucke : studies in the management of lunacy in 19th century Ontario » (thèse de M.A., Univ. of Waterloo, Ontario, 1976) ; « The ill-regulated mind : the making of psychiatry in Ontario, 1830–1921 » (thèse de PH.D., York Univ., Downsview [Toronto], 1985) ; « Joseph Workman (1805–1894) and lunacy reform : humanitarian or moral entrepreneur ? » (communication faite à la réunion annuelle de la SHC, Montréal, 1980). — Geoffrey Bilson, *A darkened house : cholera in nineteenth-century Canada* (Toronto, 1980). — David Boyle, *Notes on the life of Dr. Joseph Workman* (Toronto, 1894). — T. E. Brown, « Living with God's afflicted » : a history of the Provincial Lunatic Asylum at Toronto, 1830–1911 » (thèse de PH.D., Queen's Univ., Kingston, 1981). — William Canniff, *The medical profession in Upper Canada, 1783–1850* [...] (Toronto, 1894 ; réimpr., 1980). — Michel Foucault, *Madness and civilization : a history of insanity in the age of reason*, Richard Howard, trad. (New York, 1965). — G. N. Grob, *Mental institutions in America ; social policy to 1875* (New York, 1973). — H. M. Hurd *et al.*, *The institutional care of the insane in the United States and Canada*, H. M. Hurd, édit. (4 vol., Baltimore, Md., 1916–1917 ; réimpr., New York, 1973). — D. J. Rothman, *The discovery of the asylum : social order and disorder in the new republic* (Boston, 1971). — A. T. Scull, *Museums of madness : the social organization of insanity in nineteenth-century England* (Londres,1979). — R. B. Splane, *Social wefare in Ontario, 1791–1893 ; a study of public welfare administration* (Toronto, 1965). — H. N. Stalwick, *« A history of asylum administration and lunacy legislation in Canada before confederation »* (thèse de PH.D., Univ. of London, Londres, 1969). — D. H. Tuke, *The insane in the United States and Canada* (Londres, 1885 ; réimpr., New York, 1973). — J. S. Tyhurst *et al.*, *More for the mind : a study of psychiatric services in Canada* (Toronto, 1963). — Rainer Baehre, « Origins of the penitentiary system in Upper Canada », *OH*, 69 (1977) : 185–207. — T. [E.] Brown, « Architecture as therapy », *Archivaria* (Ottawa), n° 10 (été 1980) : 99–124. — Cyril Greenland, « Three pioneers of Canadian psychiatry », American Medical Assoc., *Journal* (Chicago), 200 (1967) : 833–842. — C. G. Stogdill, « Joseph Workman, M.D., 1805–1894, alienist and medical teacher », Canadian Medical Assoc., *Journal* (Toronto), 95 (1966) : 917–923.

WORTHINGTON, EDWARD DAGGE, médecin, chirurgien, officier de milice et auteur, né le 1er décembre 1820 à Ballinakill (république d'Irlande), fils de John Worthington et de Mary Dagge ; décédé le 25 février 1895 à Sherbrooke, Québec.

Edward Dagge Worthington immigra à Québec avec ses parents en 1822. Parce qu'ils étaient pauvres, semble-t-il, son instruction élémentaire fut, de son propre aveu, « négligée ». En août 1833, il entra comme apprenti, pour sept ans, chez James Douglas*, distingué chirurgien de Québec. Parmi ses condisciples, il y avait George Edgeworth FENWICK, avec qui il allait demeurer lié toute sa vie. À l'époque, la plupart des futurs médecins du Bas et du Haut-Canada passaient par le régime d'apprentissage, la seule école de médecine étant la faculté du McGill College de Montréal. L'hiver, Worthington suivait des leçons pratiques d'anatomie et, chaque jour, il accompagnait Douglas dans ses consultations. En outre, de 1837 à 1840, il assista à des conférences à l'hôpital de la Marine et des Émigrés, où son maître enseignait la chirurgie et l'anatomie, et Joseph Painchaud*, l'obstétrique ainsi que la théorie et la pratique de la médecine.

La dissection de corps humains était un aspect nécessaire de la formation médicale. Si l'on avait obtenu le cadavre dans des circonstances acceptables – « le généreux don d'un criminel », « la mort d'un pauvre que personne ne réclamait » ou encore « à l'occasion d'une enquête judiciaire [pour déterminer les causes d'un décès] ou d'une autopsie », – l'intervention pouvait se faire dans une atmosphère toute familiale. « C'est une chose plutôt agréable, a écrit Worthington dans ses mémoires, que de s'installer pour procéder tranquillement à la dissection d'un bras ou d'une jambe, ou pour suivre le tracé des vaisseaux sanguins ou des nerfs, et cela l'était particulièrement « au bon vieux temps », quand les dames de la maison venaient avec leur ouvrage, s'asseyaient pour faire un brin de causette et s'intéressaient vivement à ce qui se passait autour d'elles. » Cependant, comme les corps acquis par des moyens décents ne suffisaient pas, les étudiants se livraient à des expéditions nocturnes, souvent en se faisant aider d'un « déterreur de cadavres » qu'ils récompensaient de sa peine en lui donnant une bouteille de gin et quelques dollars. Parfois, ces quêtes macabres présentaient « de grands risques » pour les participants.

Worthington rappelait aussi qu'à l'époque de ses études (et longtemps après) la profession médicale considérait la saignée et l'arrachage de dents comme des panacées et que, « depuis des temps immémoriaux », ces interventions étaient une source de « petits profits pour les étudiants en l'absence d'un médecin ». La saignée se pratiquait souvent à la demande du client, puisque « l'on jugeait bon de se faire saigner au moins chaque printemps ». Dans le port de Québec, les marins au long cours réclamaient une saignée au printemps et une autre à l'automne,

« la première pour supporter la chaleur de l'été, la seconde, le froid de l'hiver ». On saignait les femmes au pied afin que la cicatrice ne se voie pas. Quand la saignée se révélait inapte à prévenir l'apparition d'une maladie, on saignait pour la guérir et, si la première saignée ne donnait aucun résultat, « une seconde suivait, puis une troisième, jusqu'à ce que la maladie – ou le patient – succombe ! »

En 1837, Worthington servit comme simple soldat dans le Quebec Regiment of Volunteer Light Infantry. Trois ans plus tard, il fut nommé par intérim adjoint au chirurgien du 56th Foot. Muté au 68th Foot en 1841, il démissionna dans le courant de l'année pour aller suivre des cours de médecine à la University of Edinburgh. Constatant que la formation acquise dans le Bas-Canada ne lui donnait pas le droit d'être admis, il resta tout de même à Édimbourg, où il assista à des conférences à la Medical School et à l'Eye Dispensary of Edinburgh jusqu'en avril 1843. En mai, la University of St Andrews lui conféra un doctorat en médecine et, en juin, il reçut un diplôme de la Faculty of Physicians and Surgeons of Glasgow. Peut-être était-il aussi membre du Royal College of Surgeons of Edinburgh, mais cela n'a pu être confirmé. À l'époque, Charles Tupper* et Daniel McNeill Parker* se trouvaient parmi ses condisciples.

De retour au Bas-Canada, Worthington reçut l'autorisation de pratiquer le 9 août 1843, puis s'installa immédiatement à Sherbrooke. Trois autres médecins desservaient la municipalité et la campagne environnante dans un rayon de 20 milles. Comme deux d'entre eux étaient beaucoup plus âgés que lui et qu'il était le dernier arrivé, il hérita de la corvée des visites nocturnes. C'était un praticien zélé et novateur, et il était à la fois médecin et chirurgien, comme le voulait la coutume en Amérique du Nord. Il eut recours à l'anesthésie très tôt après sa découverte. Le 10 mars 1847, il amputa une jambe à un malade endormi à l'éther, et il utilisa du chloroforme en janvier 1848. Un anesthésique avait été utilisé pour la première fois, à Boston, en octobre 1846. Worthington publia chaque fois un compte rendu de ces interventions dans le *British American Journal of Medical and Physical Sciences,* et par la suite il fit paraître de nombreux articles dans le *Canada Medical Journal and Monthly Record of Medical and Surgical Science*. En 1854, le Bishop's College de Lennoxville lui décerna une maîtrise ès arts à titre honorifique.

Dès 1860, Worthington faisait presque toutes les interventions chirurgicales requises dans les Cantons-de-l'Est, et on l'appelait fréquemment de loin pour une consultation. Il fut le premier président de la St Francis District Medical Association. La collectivité sut reconnaître son dévouement à la santé publique. En 1865, on lui remit un service à thé en argent massif parce qu'il soignait gratuitement les pauvres et, en une autre occasion, une montre en or parce qu'il avait enrayé une épidémie de variole à Sherbrooke. En 1871, un juge de la ville l'accusa d'avoir procédé négligemment à une autopsie au cours d'un procès pour meurtre, mais sa réputation était telle qu'elle n'en fut apparemment pas ternie. Il se défendit dans un opuscule intitulé *A review of the trial of Andrew Hill for murder* [...]. Le *News and Frontier Advocate* de Saint-Jean lui donna son appui, de même que, semble-t-il, le *Canada Medical Journal,* dont le rédacteur en chef était Fenwick.

La renommée de Worthington s'était d'ailleurs étendue à toute la province. En 1860, il avait été nommé membre du conseil d'administration du Collège des médecins et chirurgiens du Bas-Canada. Sept ans plus tard, il participa à la fondation de l'Association médicale canadienne. Il fit partie de plusieurs comités de l'association en 1872 et offrit, au nom de celle-ci, une médaille d'or à l'auteur du meilleur essai sur les maladies zymotiques au Canada. Cependant, aucun texte n'ayant été présenté, le prix ne fut pas offert de nouveau. En 1877, il occupa la vice-présidence de la section québécoise de l'association. Entre-temps, soit en 1868, le McGill College lui avait conféré un doctorat en médecine (sans examen, sur la foi d'un diplôme obtenu dans une autre université). Puis, en 1878, il fut replongé dans une controverse : lui-même et Fenwick durent comparaître devant un jury d'accusation parce que, l'année précédente, ils avaient obtenu de façon irrégulière des autorisations de pratiquer du Collège des médecins et chirurgiens. L'irrégularité relevant plus de la forme que du fond, le jury écarta l'affaire, en dépit du fait que le président du collège, Jean-Philippe Rottot*, avait soutenu la poursuite. Furieux, Worthington démissionna du conseil d'administration du collège.

Worthington, qui n'avait pas abandonné la milice, y servit en qualité de médecin au cours des raids féniens de 1866 et 1870. Attaché au 53rd (Sherbrooke) Battalion of Infantry depuis sa formation en 1866, il avait le grade de chirurgien-major lorqu'il prit sa retraite en 1887. Le domaine des affaires l'intéressa quelque peu : en 1866, il figurait au nombre des fondateurs de la Magog Petroleum Company. Membre de l'Église d'Angleterre, il fut à un moment donné délégué au synode provincial. En politique, il était conservateur.

Le 16 octobre 1845, Worthington avait épousé Frances Louisa Smith, fille de l'homme d'affaires Hollis Smith*. Ils eurent huit enfants, dont au moins cinq vécurent au delà de la petite enfance. De toute évidence, Worthington était un père affectueux. Une de ses filles épousa William D. Antrobus, inspecteur de la Police à cheval du Nord-Ouest, un de ses fils devint notaire, et un autre, Arthur Norreys, pratiqua la médecine avant d'être élu au Parlement. Tous deux servirent dans le 53rd Battalion of Infantry.

À compter de 1892, la maladie empêcha Edward

Dagge Worthington d'exercer sa profession. Pour s'occuper, il rédigea ses mémoires, qui parurent dans le *Medical Age* de Detroit. Le rédacteur en chef de la revue qualifiait fort justement ces textes, largement anecdotiques mais pleins de renseignements sur les pratiques médicales du XIXe siècle, de « tableaux exquis [... à] l'humour piquant ». Après sa mort, en février 1895, on lui rendit hommage en les réunissant en un livre.

CHARLES G. ROLAND

Edward Dagge Worthington est l'auteur de : *A review of the trial of Andrew Hill for murder before the Hon. Edward Short, J.S.C., at the term of the Court of Queen's Bench, held at Sherbrooke, P.Q., in March, 1871* (Sherbrooke, Québec, 1871) ; et *Reminiscences of student life and practice* (Sherbrooke, 1897), ainsi que d'articles médicaux parus dans le *British American Journal of Medical and Physical Science* (Montréal) et dans le *Canada Medical Journal and Monthly Record of Medical and Surgical Science* (Montréal). Son portrait paraît dans *Reminiscences*.

AC, Saint-François (Sherbrooke), État civil, Anglicans, St James Church (Lennoxville), 16 oct. 1845. — AN, MG 24, F37 ; RG 68, General index, 1841–1867 : 124. — McGill Univ. Libraries, Osler Library, Acc. 479. — James Douglas, *Journals and reminiscences of James Douglas, M.D.*, James Douglas, Jr, édit. (New York, 1910), 163. — Robert Short, *An answer to a pamphlet entitled* A review of the trial of Andrew Hill for murder [...] (Sherbrooke, 1871). — *Canadian biog. dict.* — *Cyclopædia of Canadian biog.* (Rose et Charlesworth). — *Dictionary of American medical biography* [...], H. A. Kelly et W. L. Burrage, édit. (New York, 1928). — Abbott, *Hist. of medicine.* — *Le Collège des médecins et chirurgiens de la province de Québec, 1847–1947* (Montréal, 1947). — H. E. MacDermot, *History of the Canadian Medical Association* (2 vol., Toronto, 1935–1958), 1.

WRIGHT, ALONZO, entrepreneur forestier et homme politique, né le 28 avril 1821 à Hull, Bas-Canada, fils aîné de Tiberius Wright et de Lois Ricker, et petit-fils de Philemon Wright* ; le 1er avril 1848, il épousa Mary Sparks, fille de Nicholas Sparks*, et ils n'eurent pas d'enfants ; décédé le 7 janvier 1894 à Ironside, Québec.

La mort du patriarche, Philemon Wright père, en 1839, suivie de celles du père d'Alonzo, Tiberius, en 1841 et de son frère Christopher Columbus en 1843 laissait la direction des affaires de la famille Wright entre les mains du seul fils survivant, Ruggles. Le partage à parts égales d'une importante partie de l'héritage de Philemon Wright père entre ses fils Ruggles et Tiberius allait se transformer en véritable panier de crabes. Les héritiers de Tiberius, méfiants, accusèrent Ruggles de détournements à son profit et lancèrent de nombreuses poursuites judiciaires contre lui. Et c'est Alonzo Wright qui prit la direction de cette offensive contre son oncle.

Alonzo Wright devient entrepreneur forestier en 1846, au moment où William Farmer, locataire de la Gatineau Falls Farm depuis le 29 septembre 1834, décide d'abandonner la propriété qui comprend les scieries, les glissoires, les barrages et les concessions forestières ; celle-ci est alors rétrocédée à la famille de Tiberius. Alonzo se voit donc dans l'obligation d'en assumer l'administration. On sait peu de chose de cette période relativement obscure de sa vie, mais on peut affirmer qu'il est alors entrepreneur forestier et qu'il travaille en forêt même après son mariage avec Mary Sparks. Deux lettres adressées à cette dernière au cours de l'hiver de 1851 en témoignent. Même si sa femme lui a apporté une dot « considérable » selon certains, il doit continuer son genre de vie, qu'il n'apprécie guère d'ailleurs. Son beau-père, un ancien employé de Philemon Wright père, avait fait sa fortune en se portant acquéreur de ce qui allait devenir le centre névralgique de Bytown (Ottawa). Il avait épousé la veuve de Philemon Wright fils, Sarah Olmstead. C'est dire l'étroitesse des liens qui unissent Alonzo Wright à son oncle et à sa tante par alliance, devenus tous deux ses beaux-parents.

Ce n'est que plus tard que Wright pourra s'adonner au genre de vie qu'il affectionne le plus, celui de « gentleman farmer ». Ses rentes lui permettront alors de se consacrer à l'élevage d'ovins, de bovins et de chevaux de race, aux activités de la Société d'agriculture du comté d'Ottawa (dont il deviendra président) et de la Société d'agriculture d'Ottawa (il en sera l'un des administrateurs), à ses fonctions de lieutenant-colonel au sein de la milice de réserve du comté d'Ottawa, à la politique et surtout à ses lectures. Dans ce rude « pays de l'Outaouais » il sera, pour ses contemporains, un « seigneur » que la résidence et le mode de vie princier consacreront « Roi de la Gatineau ». Ses « sujets » du comté d'Ottawa ainsi que ses amis du monde politique lui reconnaîtront ce titre. Des lettres adressées par sir John Alexander MACDONALD à Wright s'ouvrent par les mots : « Mon cher roi ».

La carrière politique de Wright s'étale de 1863 à 1891. Élu pour la première fois député de la circonscription d'Ottawa sous l'Union, il la représente du 30 juin 1863 jusqu'au 1er juillet 1867. Sous le régime confédératif, il conservera son siège de 1867 à 1891. Au cours de cette période, il est réélu en 1872, 1874, 1878, 1882 et 1887 toujours sous la bannière libérale-conservatrice. Même si le nom de Wright est associé de près à celui de John Alexander Macdonald et aux fortunes du parti conservateur, ce n'est que vers 1863 qu'il devient un de leurs partisans. En effet, dans sa jeunesse, il avait été un admirateur des réformistes Robert Baldwin* et Louis-Hippolyte La Fontaine*.

Wright ne se révèle pas un député flamboyant. Ses interventions en chambre, peu nombreuses, retiennent par contre l'attention. Il y fait montre d'une parfaite maîtrise de ses dossiers, d'un sens de l'humour et d'une éloquence remarquables. Il connaît très bien les besoins de la région de l'Outaouais et s'en fait le défenseur. Il bataille ferme pour le développement de l'agriculture et l'encouragement de la colonisation, tout en appuyant l'amélioration des moyens de transport par la construction de canaux sur l'Outaouais et de chemins de fer comme le Québec, Montréal, Ottawa et Occidental.

Wright présente, le 21 mars 1870, un projet de loi « relatif aux marques apposées sur les bois de construction ». Ce projet est applaudi par tous les principaux entrepreneurs forestiers de l'Outaouais, notamment Ezra Butler Eddy*, George BRYSON, John Maclaren et John Mather*, parce qu'il règle le problème de l'établissement du droit de propriété sur les billots. Peu de temps avant d'abandonner la vie politique, Wright pourfend en chambre les menées de D'Alton MCCARTHY et des disciples de l'Equal Rights Association qui veulent, entre autres choses, abolir le réseau d'écoles publiques catholiques et protestantes au Manitoba. Homme cultivé, il respectait la culture française et se faisait le défenseur de l'égalité des deux peuples fondateurs. Pour lui, la grandeur du Canada passait par le respect de ces vertus typiquement britanniques que sont le « fair-play », la justice et la vérité. Wright avait toujours détesté le fanatisme et les coteries. À une autre époque, il s'était porté à la défense des irvingiens de l'Outaouais, qu'animait le pasteur Adam Hood Burwell*. Ces disciples d'Edward Irving, propagandistes de la deuxième venue du Christ, furent en effet persécutés pour leurs croyances. Wright, fort libéral en matière de religion, s'attaqua alors à la populace hulloise qui s'en prenait aux membres de cette secte.

Sa grande ouverture d'esprit, sa générosité, ainsi que son hospitalité proverbiale firent d'Alonzo Wright l'un des hommes politiques les plus respectés de sa génération. Ses collègues des deux côtés de la chambre le fêtèrent à plusieurs reprises, notamment en 1876, en 1877, en 1881 et en avril 1890. Ami intime de son chef John Alexander Macdonald, il n'en demeurait pas moins un ami personnel de figures aussi importantes que Wilfrid Laurier*, Peter MITCHELL, Edward Blake*, Honoré MERCIER et autres. L'indice le plus sûr de l'estime qu'on lui portait : le nombre et la qualité de ceux qui se déplacèrent pour l'accompagner jusqu'à sa dernière demeure. Ce jour-là, on mit en berne les drapeaux qui flottaient sur les édifices de la région de Hull-Ottawa.

PIERRE-LOUIS LAPOINTE

AN, MG 24, D8 ; MG 26, A ; MG 27, I, D5 : 8–10 ; I78 ; MG 30, D1, 31. — ANQ-O, CN1-7, n°s 786, 1006, 1144–1145, 1152, 1174, 1248, 1748, 1985, 2632, 2970, 3173, 3178, 3187, 3192, 3230, 3298, 3302–3306, 3536, 3538, 3578. — BE, Hull, reg. B, 5 : 16–17, n° 4084 ; 8 : 858–862, n° 7888. — Québec, Parl., *Doc. de la session,* 1872, n° 4 : 140–141. — *Ottawa Citizen,* 22 sept. 1871, 11, 22–23 janv., 3, 22 avril, 21 mai, 14 juin, 5, 11, 18 juill., 4 oct., 6 déc. 1872, 4 juill., 3, 8–9 oct. 1873, 7, 9, 14, 22–23 janv., 2, 4, 7 févr., 20 avril 1874, 14 sept., 22 oct., 11 déc. 1875, 17 févr., 4 avril 1876, 18 janv., 21, 26 mars, 9 avril, 15, 30 juin, 14 août 1877, 8–10 janv. 1894. — *Ottawa Evening Journal,* 23 avril 1890, 8, 10 janv. 1894. — *Canadian directory of parl.* (Johnson). — *CPC,* 1880. — *Encyclopædia of religion and religions,* E. R. Pike, compil. (New York, [1958]). — *Statistiques électorales fédérales du Québec, 1867–1980,* Pierre Drouilly, compil. (Montréal, 1983). — S. D. Clark, *Church and sect in Canada* (Toronto, 1948), 307–312. — J. L. Gourlay, *History of the Ottawa valley : a collection of facts, events and reminiscences for over half a century* (Ottawa, 1896), 169, 186–187, 214–219. — *Les Marques des bois de construction enregistrées dans l'est du Canada de 1870 à 1984,* Diane Alfred, compil. ([Ottawa], 1985). — Léo Rossignol, « Histoire documentaire de Hull, 1792–1900 » (thèse de PH.D., univ. d'Ottawa, 1941), 119–120. — Henri Lestage, *Restauration du salon Alonzo Wright* (Touraine, Québec, 1980). — L.-P. Turcotte, *le Canada sous l'Union, 1841–1867* (2 vol., Québec, 1871–1872), 2 : 424, 454, 477, 494, 511, 552. — Maurice Gobeil, « le « Roi de la Gatineau » et le Collège Saint-Alexandre », *l'Enseignement secondaire au Canada* (Québec), 40 (1961–1962). *Up the Gatineau !* (Chelsea, Québec), n° 4 (1978) ; n° 6 (1980).

WRIGHT, FANNY AMELIA (Bayfield), peintre et professeure, née en 1813 ou 1814 à Kensington (Londres), fille de Charles Wright, du génie royal ; le 2 avril 1838, elle épousa à Québec Henry Wolsey Bayfield*, et ils eurent quatre fils et deux filles ; décédée le 11 septembre 1891 à Charlottetown, à l'âge de 77 ans.

Fanny Amelia Wright arriva au Bas-Canada en 1833, l'année où son père, capitaine du génie royal, fut muté à Québec. Cinq ans plus tard, elle épousait le capitaine Bayfield, hydrographe du fleuve et du golfe Saint-Laurent. Dans une lettre à un ami, Bayfield dit qu'elle était « présentable, affable, pieuse et accomplie », et il ajoute : « Elle joue de la musique et chante en anglais et en italien, dessine extrêmement bien. »

Fanny Amelia Bayfield vivait à une époque où les peintres amateurs ne manquaient pas et où bien des femmes jouaient du piano, chantaient et peignaient sans pour autant en faire un métier. On raconte qu'elle étudia la peinture en Angleterre avec l'un des maîtres de la reine Victoria, mais la chose n'a pas été confirmée. Peut-être son père lui donna-t-il des leçons ; comme bien des officiers britanniques en garnison au pays, il peignait des scènes canadiennes. Elle appartenait probablement à un groupe qui peignait d'après nature et s'exerçait en copiant des toiles d'autres artistes. Elle a exécuté à l'aquarelle plusieurs vues de Québec dont certaines ressemblent à celles d'artistes militaires britanniques de la même époque.

En 1841, le capitaine Bayfield réinstalla son quartier général d'hydrographie à Charlottetown et y élut domicile. Fanny Amelia continua à peindre, en améliorant sa technique et en développant un style personnel. Elle donnait des leçons de peinture, peut-être aussi de musique, à des femmes de la ville. Au fil des ans, elle apprit à connaître les fleurs sauvages, qu'elle rendait de façon réaliste à l'aquarelle. Une de ses petites-filles a remis aux Archives nationales du Canada un album à reliure de cuir intitulé « Canadian wild flowers ». Il contient 70 œuvres, dont des représentations de fleurs, de champignons et de feuilles d'érable à l'automne. Une aquarelle qui reproduit à merveille une sanguinaire, une langue-de-serpent et un trille rouge se trouve sur une feuille volante. Des études de papillons, de phalènes et de chenilles complètent la collection.

Comme Fanny Amelia Bayfield ne signait pas ses œuvres, leur identification posera toujours des problèmes. On trouve dans des collections particulières et des établissements publics de Charlottetown et de Calgary des œuvres qu'elle aurait exécutées après 1841. Parmi de nombreuses vues de Charlottetown se trouvent des peintures exécutées dans des verts tendres et des couleurs terre qui évoquent, pour reprendre les termes de Moncrieff Williamson, « le calme placide » de l'île. Outre les œuvres que l'on peut attribuer de façon quasi certaine à Fanny Amelia Bayfield, diverses collections comprennent plusieurs esquisses et peintures, dont des copies d'œuvres connues, qui sont peut-être de sa main.

On ne peut manquer de comparer les représentations de fleurs sauvages de Fanny Amelia Bayfield à celles de la Néo-Écossaise Maria Frances Ann Miller [Morris*], reconnues pour leur exactitude scientifique, ou à celles d'Agnes Dunbar Chamberlin [Moodie*], qui illustra deux ouvrages de Catharine Parr Traill [STRICKLAND] sur la flore du Canada. Bien que les fleurs sauvages de Fanny Amelia soient assez bien rendues, elle peignait plutôt par goût, sans prétendre avoir les connaissances botaniques de ces deux autres peintres.

À la mort de Fanny Amelia Bayfield, le *Daily Examiner* rendit hommage à une femme charitable « dont les actes étaient gouvernés par des principes ». Toutefois, il ne disait rien de sa peinture ni de sa musique.

RUTH MCKENZIE

Les tableaux de Fanny Amelia Wright se trouvent dans des collections privées et dans les collections publiques suivantes : le Glenbow Museum (Calgary), la Division de l'art documentaire et de la photographie des AN, et, à Charlottetown, le Confederation Centre Art Gallery and Museum et le P.E.I. Museum.

Cathedral of the Holy Trinity (Québec), Reg. of baptisms, marriages, and burials, 2 avril 1838. — PRO, WO 25/3913 : 56, 6081. — UWOL, Regional Coll., John Harris papers, H. W. Bayfield à Amelia Harris, 17 avril 1838. — *Daily Examiner* (Charlottetown), 11 sept. 1891. — *Daily Patriot* (Charlottetown), 11 sept. 1891. — *Quebec Mercury*, 3 avril 1838. — Harper, *Early painters and engravers*. — *Roll of officers of the Corps of Royal Engineers from 1660 to 1898* [...], R. F. Edwards, édit. (Chatham, Angl., 1898), 20. — Mary Allodi, *Canadian watercolours and drawings in the Royal Ontario Museum* (2 vol., Toronto, 1974), 2. — W. M. E. Cooke, *Collection d'œuvres canadiennes de W. H. Coverdale, peintures, aquarelles et dessins (Collection du Manoir Richelieu)* (Ottawa, 1983), 8. — *Visage du Canada : aquarelles et dessins historiques tirés de la collection permanente des Archives publiques du Canada*, introd. de Michael Bell ([Ottawa, 1972]). — *From Annapolis Royal to the Klondike : painters in a new land*, Michael Bell, compil. (Toronto, 1973), 127, 221. — Moncrieff Williamson, « Visual arts », *Canadian Collector*, 8 (1973), n° 1 [i.e. 2] : 50–52.

WRIGHT, GUSTAVUS BLINN, homme d'affaires, arpenteur et capitaine de bateau, né le 22 juin 1830 à Burlington, Vermont ; le 25 février 1875, il épousa à Portland, Oregon, Julia Anna Sutton, et ils eurent deux fils et une fille qui mourut en bas âge ; décédé le 8 avril 1898 à Ainsworth, Colombie-Britannique.

On possède peu de détails sur la jeunesse de Gustavus Blinn Wright, mais on sait que dans les années 1850, il passa plusieurs années à exploiter les gisements alluvionnaires de Californie. Il arriva en Colombie-Britannique au début de 1858. Comme les découvertes d'or les plus riches avaient lieu à l'intérieur de la colonie, transporter des vivres et du matériel là-bas à partir du fort Victoria (Victoria), dans l'île de Vancouver, devint vite lucratif. Dès août 1858, Wright était probablement le principal transporteur par convois de la piste Harrison-Lillooet, principal trajet menant aux terrains aurifères. En 1861, avec Jonathan Holten Scott et Uriah Nelson, il acheta des actions du vapeur à roue arrière *Maggie Lauder* (rebaptisé *Union* dans le courant de l'année). En 1862, Wright et Scott achetèrent aussi des actions du *Flying Dutchman* pour augmenter encore la capacité de leurs sociétés de transport.

Toutefois, ce fut dans la voirie que Wright se fit vraiment connaître. En janvier 1859, il avait donné des conseils techniques au gouverneur James Douglas* et, trois ans plus tard, il devint l'un des trois principaux entrepreneurs qui construisaient la route du Cariboo sous la supervision de Richard Clement Moody*, colonel du génie royal, les deux autres étant Joseph William Trutch* et Thomas Spence*. C'est à lui que fut adjugé le marché de construction de la plus longue partie de la route, de Lillooet à Alexandria. Une fois terminés les deux tiers de ce tronçon, il avait déjà dépensé tout son budget : aménager dans un territoire non arpenté une route de 18 pieds de largeur pour les chariots s'était révélé plus coûteux que prévu. Le gouvernement de la colonie accepta en maugréant de lui avancer une somme supplémentaire, ce qui lui permit d'achever les travaux en 1863.

Pendant que Wright construisait la route du Cariboo, d'autres entrepreneurs l'accusèrent de la détourner au bénéfice de ses opérations de spéculation foncière et de ses entreprises secondaires. En effet, une fois que le gouvernement eut accepté le trajet assez controversé qu'il proposait, il tenta de le convaincre d'arrêter la route non pas à Alexandria, mais à Soda Creek, où il venait de lancer l'*Entreprise,* premier vapeur à roue arrière du haut Fraser. Si ce changement avait été accepté, Wright aurait eu le monopole du transport jusqu'à Quesnel, principale porte d'entrée des terrains aurifères de la région de Cariboo, alors en plein essor. On accusa le gouvernement de le favoriser, mais il obtint quand même d'autres contrats de 1864 à 1866. Ainsi, il construisit la section de la route du Cariboo qui reliait Quesnel à Camerontown, le pont de la rivière Cottonwood, et la route de Cache Creek à Savona's Ferry (Savona), qui donnait accès à une région où la ruée vers l'or battait son plein : Big Bend, sur le Columbia.

En 1869, Wright et un associé du nom d'Edgar Marvin contruisirent un deuxième bateau pour le haut Fraser, le *Victoria.* Une récession frappait la colonie depuis 1866, mais on espérait tout de même de plus en plus qu'il y aurait une nouvelle ruée vers l'or dans les régions de la rivière de la Paix et d'Omineca, et Wright projeta de s'assurer le monopole du transport vers le nord. En 1871, pour trouver un trajet par eau jusqu'à la région d'Omineca, il monta à bord de l'*Entreprise,* qu'il conduisit jusqu'au lac Stuart, porte d'entrée du secteur, par des rapides très dangereux et des cañons. Il abandonna cependant l'idée d'un trajet par eau une fois qu'il fut devenu évident que le trajet par terre était moins cher et plus rapide.

Après ce voyage raté, Wright demeura quelque temps dans la région de Cassiar, où il exerça le métier de marchand. De plus, il exécuta à l'occasion, pour le gouvernement du Canada, des travaux d'arpentage pour des chemins de fer, dont plusieurs pour le chemin de fer canadien du Pacifique. Comme bien d'autres spéculateurs de la Colombie-Britannique, il attendait le prochain boom, qui allait débuter en 1880 avec la construction du chemin de fer canadien du Pacifique et se poursuivre jusque dans les années 1890 grâce à la vaste exploitation des gisements de roche dure de la chaîne des Kootenays.

Dans les années 1870, Wright avait passé quelques hivers à Portland, où il s'était marié en 1875. Les beaux-frères de sa femme, Abel D. Wheeler, Otis Sprague et George Jennings Ainsworth, investirent tous beaucoup d'argent dans l'exploitation des gisements de roche dure de la Colombie-Britannique. Wright retourna bientôt dans la province afin de continuer à développer les réseaux de transport. De 1882 à 1884, avec Ainsworth, il construisit la route de chariots du col de l'Aigle, qualifiée par la suite d'« inutile », puisque le chemin de fer canadien du Pacifique ne tarda pas à la remplacer. Cependant, elle avait été conçue comme un complément important au futur Columbia and Kootenay Railway, qui, d'après les projets des gouvernements provincial et fédéral, aurait acheminé les minerais de la région de Kootenay par le Canada jusqu'aux raffineries canadiennes qui se construiraient sur la côte ouest. Cette route fut d'ailleurs à l'origine d'un autre scandale qui rejaillit sur Wright. La province l'avait payé en lui concédant des terres, et il avait réalisé un bénéfice en les revendant peu après à John C. Ainsworth, le père de George Jennings. Le gouvernement du dominion prétendit par la suite que ces terres faisaient partie de la bande du chemin de fer fédéral, mais après de sérieuses querelles entres les autorités fédérales et provinciales, leur transfert à Wright et à Ainsworth fut confirmé.

Wright ne fit pas que construire des routes. Il ouvrit les premiers magasins généraux d'Ainsworth et de Revelstoke, et il exploita les premières grandes mines de la chaîne des Kootenays. Dans les années 1880, en tant que membre du consortium des Ainsworth, il négocia des contrats avec les gouvernements fédéral et provincial. En outre, en dépit du fait que lui-même et ses associés ne parvinrent pas à obtenir le contrat de construction du Columbia and Kootenay Railway, il contribua beaucoup au développement de la région.

Gustavus Blinn Wright passa les dix dernières années de sa vie à faire du commerce, à promouvoir le Nelson and Fort Sheppard Railway et à faire de la spéculation minière. Aux yeux de certains, c'était un scélérat, mais selon le *Miner* de Nelson, d'autres le considéraient comme « un vrai, un authentique promoteur ». Peut-être était-il le « prince des arnaqueurs », comme le prétendait le *Miner,* mais jamais il ne craignit de mettre la main à la pâte et d'investir dans des territoires neufs.

JAMES R. WARDROP

C.-B., Ministry of Health (Victoria), Vital statistics, records for G. B. Wright. — Fraserview Cemetery (New Westminster, C.-B.), Tombstone inscription. — PABC, Add. MSS 529, G. B. Wright biog., E. L. Affleck, compil. (copie dactylographiée, 1976) ; GR 436, F 15857, J. R. Hall à W. S Gore, 1er sept. 1891 ; GR 1372, F 59, F 933, F 940, F 943, F 960, F 961a–b, F 962, F 1069, F 1115, F 1145a, F 1633b, F 1919. — British Columbia Board of Trade, *Annual report* (Victoria), 1882–1883. — *British Columbia Mining Record* (Victoria), 3 (1897), no 3 : 19. — C.-B., Legislative Assembly, *Journals,* 17 févr., 1er mars 1886, 21 mars 1888 ; *Sessional papers,* 1879 : 272 ; 1896 : 577–581. — *British Colonist* (Victoria), 27 mai 1859. — *Cariboo Sentinel* (Barkerville, C.-B.), 11 août 1869, 7 mai 1870, 24 juin, 16 juill., 12 août 1871. — *Daily British Colonist,* 25 déc. 1862, 28 mai 1863, 7 janv. 1870, 26 avril, 2 mai 1871, 6, 25 août, 3 sept. 1872, 23 janv., 26 févr. 1875. — *Daily Colonist,* 20 avril 1887, 14 avril 1898. — *Mainland Guardian* (New

Westminster), 1er juin 1878. — *Miner* (Nelson, C.-B.), 8 nov. 1890. — E. L. Affleck, *Kootenay Lake chronicles* (Vancouver, 1978) ; *Kootenay pathfinders : settlement in the Kootenay district, 1885–1920* (Vancouver, 1976). — R. E. Cail, *Land, man, and the law : the disposal of crown lands in British Columbia, 1871–1913* (Vancouver, 1974). — *Lewis & Dryden's marine history of the Pacific northwest ; an illustrated review of the growth and development of the maritime industry* [...], E. W. Wright, édit. (Portland, Oreg., 1895 ; réimpr., Seattle, Wash., 1967). — Ormsby, *British Columbia*. — N. R. Hacking, « Steamboating on the Fraser in the « sixties », *BCHQ*, 10 (1946) : 1–41. — S. G. Pettit, « The tyrant judge : judge Begbie in court », *BCHQ*, 11 (1947) : 273–294.

Y

YOUMANS, LETITIA. V. CREIGHTON

YOUNG, JOSEPH-MARIE (à l'origine son nom complet était **Jacques-Victor-Joseph-Marie Yung** ; on trouve aussi **Jean-Marie** et diverses combinaisons de ses prénoms d'origine, de même que les noms de **Lejeune, Yung,** dit **Lejeune, Yong** et **Yonge**), frère, clerc de Saint-Viateur, enseignant et administrateur scolaire, né en 1820 à Metz, France, fils de Nicolas Yung et de Thérèse-Élisabeth Marcus ; décédé le 13 juillet 1897 à Montréal et inhumé le 15 à Joliette, Québec.

Joseph-Marie Young devient sourd à l'âge de cinq ans. Cependant, grâce à l'aisance de sa famille, il reçoit une excellente éducation à l'Institut des sourds-muets de Nancy, en France. Par la suite, il enseigne à l'Institution des sourds-muets de Soissons. À deux reprises, il tente de se faire religieux, mais sa santé l'en empêche. En 1854, il est professeur à l'Institution des sourds-muets de Lyon où il fait la connaissance de Mgr Ignace Bourget*, venu en France à la recherche de maîtres pour relancer l'Institution des sourds-muets de Montréal [V. Charles-Irénée Lagorce*]. Il entre alors au noviciat des Clercs de Saint-Viateur à Vourles, près de Lyon, et prononce ses vœux en octobre 1855.

Le frère Young arrive à Montréal en décembre 1855 et, assisté d'une équipe de jeunes clercs de Saint-Viateur, il prend immédiatement la direction de l'institution. Situé à Coteau-Saint-Louis (appelé aussi Saint-Louis-du-Mile-End), cet établissement est officiellement catholique et bilingue. Au début de janvier 1856, le prospectus et le programme d'études, rédigés par Young et publiés dans les journaux, annoncent qu'on y enseignera la dactylologie ou langage des signes, qui doit supplanter la mimique, et que toutes les matières du programme, lequel n'est guère différent de celui des écoles modèles de l'époque, seront enseignées au moyen de l'écriture et du langage des signes.

De 1856 à 1897, Young se consacre avant tout à l'éducation des jeunes sourds-muets, en plus de remplir la fonction de chef de l'atelier de reliure et, dans les dernières années de sa vie, celles de bibliothécaire et d'infirmier. En outre, jusqu'en 1863, à titre de directeur et de procureur de l'établissement, il est responsable de l'organisation pédagogique et matérielle de la maison. Il implante à Montréal les meilleures méthodes d'enseignement aux sourds-muets alors connues en France et aux États-Unis. Pour faciliter la mémorisation chez les enfants moins doués, il compose un petit catéchisme qui ne contient que l'essentiel des vérités de la religion avec le langage des signes inscrit au-dessus des mots en français. Cet outil pédagogique est sans aucun doute à l'origine des catéchismes publiés par les enseignants de l'institution à partir de 1876. Afin d'assurer la continuité de son œuvre, Young forme de solides collaborateurs, dont Alfred Bélanger, Prosper Thériault et Damien Mainville. À partir de 1873 – année de la reconnaissance juridique de l'établissement sous le nom d'Institution catholique des sourds-muets pour la province de Québec – et jusqu'à la fin de sa vie, il fait aussi partie du conseil d'administration.

De 10 élèves en 1855–1856, au moment où l'on dénombre environ 900 sourds-muets au Bas-Canada, l'établissement de Montréal est passé en 1897 à plus de 100 pensionnaires encadrés par une trentaine d'enseignants et de chefs d'atelier. Sous l'impulsion de Young et sous l'habile direction de son successeur, le père Alfred Bélanger, les progrès ont été rapides. On enseigne la parole et l'articulation à partir de 1870 et on initie les jeunes sourds-muets à divers métiers ainsi qu'à l'agriculture. En 1893, la maison participe activement à l'Exposition universelle de Chicago.

L'action du frère Young déborde le cadre de l'Institution des sourds-muets. Dès son arrivée à Montréal, il s'occupe de l'enseignement religieux aux sourds-muets adultes qu'il rencontre chaque dimanche, généralement dans une église de la ville, mais parfois à trois endroits différents. De plus, il visite les sourds-muets pour les préparer à la réception des sacrements, service qu'il donne également aux sourds-muets âgés hébergés dans l'établissement. Il accompagne aussi les prêtres de la communauté dans leurs randonnées à travers les diocèses du Canada et collabore à la prédication aux sourds-muets.

Au fil de sa longue carrière, Joseph-Marie Young est devenu une sorte d'institution associée à la cause des sourds-muets. Lui-même atteint de surdi-mutité, il constitue la preuve vivante que les sourds-muets peuvent être « démutisés ». Ses talents d'expression et de mime hors du commun lui permettent de se faire comprendre de tous, même des non-initiés au langage des signes, qui assistent en foule à ses instructions religieuses dominicales. Grâce à ses dons de communicateur exceptionnels, joints à sa personnalité pittoresque et à la qualité de sa vie religieuse, cet éducateur à la longue barbe de patriarche a joué un rôle charismatique de premier plan, non seulement auprès des sourds-muets, mais auprès des autorités et de l'opinion publique, à l'origine peu sensibles à cette cause.

LÉO-PAUL HÉBERT

Joseph-Marie Young est l'auteur des manuscrits suivants conservés aux Arch. des Clercs de Saint-Viateur (Montréal) : « Aspirations affectueuses et pieuses envers St Viateur ou Rayons du nom de St Viateur » ; « Diverses prières à St Viateur » ; « Recueil de méditations de la vie de saint Viateur, patron de la Société des Clercs de Saint-Viateur » ; « le Chemin du paradis ; recueil de prières diverses », ainsi que des prières contenues dans les six dernières pages de « Élévations du religieux de St Viateur ou l'Âme religieuse sanctifiée par la prière en union avec St Viateur [...] » (1871).

Le père François Prud'homme, c.s.v., a préparé en 1977 un inventaire intitulé « Archives des Clercs de Saint-Viateur – archives de la direction générale –, documentation concernant les provinces et les établissements du Canada, 1841–1919 ». On peut consulter aussi *Congrégation des Clercs de Saint-Viateur – archives canadiennes –, documentation de provenance extérieure sur les Clercs de Saint-Viateur canadiens conservée en diverses archives du Canada, 1844–1919* (Outremont, 1980). Des microfilms de ces deux instruments de recherche se trouvent aux Arch. des Clercs de Saint-Viateur à Joliette (Québec), Montréal et Rome ainsi qu'aux AN et aux ANQ. La correspondance relative au frère Young se retrouve en partie dans les vol. 5 et 6 du Dossier Amérique (6 vol. polycopiés, Coteau-du-Lac, Québec, 1955–1959), dans les vol. 33 et 34 du Dossier Querbes (44 vol. polycopiés, Rome, 1973–1977), et dans les vol. 7 et 8 des Documents (14 vol., Coteau-du-Lac), toutes sources qui sont conservées dans les archives de la communauté à Montréal.

ACAM, 355.107, 856-1 ; 465.105, 854-26, 855-1, 855-4, 855-9, 855-18, 856-24, 858-8 ; 789.008 ; 901.055, 855-39 ; 901.077, 855-6, 855-9, 856-2 ; RLB, IX : 254–256, 296–298, 305–306 ; XVIII : 147. — ANQ-M, CE5-24, 15 juill. 1897. — Arch. de l'Institution des sourds-muets (Montréal), Articles de journaux, B, 34 ; C, 6–7, 12, 27, 36, 49, 52, 55, 58, 71 ; « Mémoire sur l'œuvre des sourds-muets catholiques de la province de Québec » (Montréal, 1912) ; Reg. 105 : 27, 61, 254–256 ; 106 : 14 ; 108 : 6 ; 114 : 6, 26–27 ; 116 : 43. — Arch. des Clercs de Saint-Viateur, Étienne Champagneur, « Annales de la Société de Saint-Viateur en Canada », 1857–1873 ; Corr., Bourget à Young, 15 oct. 1855 ; Champagneur, circulaire, 20 déc. 1855 ; Champagneur à Young, lettre d'obédience, 8 sept. 1862 ; Favre à Lajoie, 5 avril 1870, 21 déc. 1871 ; Querbes à Champagneur, 13 nov. 1855, 3 déc. 1857 ; Dossier Institution des sourds-muets, rapports des visites canoniques ; copie de corr. diverses ; Institution des sourds-muets, renseignements antérieurs aux ordos de l'institution, 1848–1895 ; Sér. N, dossier J.-M. Yung. — Arch. des Clercs de Saint-Viateur (Rome), Corr., Bourget à Querbes, 22 mars 1857 ; Champagneur à Querbes, 11 nov. 1856, 20 avril 1857 ; Damais à Querbes, 9 janv. 1856 ; Jacques-Duhaut à Querbes, 6 févr. 1856 ; Lagorce à Querbes, 18 janv. 1856 ; Lagorce à LaRocque, 19 mars 1856 ; Parot à Young, 18 oct. 1855 ; Young à Querbes, 17 janv. 1855, 4 janv. 1856, 31 août 1859 ; Young à Favre, 15 janv., 11 juin 1860. — Ignace Bourget, *Circulaire de Sa Grandeur Mgr l'évêque de Montréal au sujet des sourds-muets* (Montréal, 1856). — É.-C. Fabre, « les Sourds-Muets [circulaire aux curés de la ville et de la banlieue de Montréal, 18 févr. 1883] », *la Minerve*, 27 févr. 1883. — *L'Étoile du Nord* (Joliette), 15 juill. 1897. — *La Minerve*, 27 févr. 1883. — *Le Monde* (Montréal), 1er mars 1873, 27 mars 1893. — *La Presse*, 3 juin 1893, 14 juill. 1897. — [J.-P. Archambault], *Une œuvre sociale : l'Institution des sourds-muets* [...] (Montréal, 1949). — Antoine Bernard, *les Clercs de Saint-Viateur au Canada* (2 vol., Montréal, 1947–1951), 1 : 229, 237, 326, 415, 587. — Benoît Levesque, « Naissance et Implantation des Clercs de Saint-Viateur au Canada, 1847–1870 » (thèse de M.A., univ. de Sherbrooke, Québec, 1971). — [J.-B. Manseau], *Notes historiques sur l'Institution catholique des sourds-muets pour la province de Québec* [...] (Montréal, 1893). — Pouliot, *Mgr Bourget et son temps*, 3 : 118. — Pierre Robert, *Vie du père Louis Querbes, fondateur de l'Institut des Clercs de Saint-Viateur (1793–1859)* (Bruxelles, 1922), 544–547, 553, 556. — « Frère Jean-Marie-Joseph Young », Institut des Clercs de Saint-Viateur, *Annuaire* (Montréal), 7 (1897–1898) : 113–119. — Augustin Groc, « Conférence... Un coup d'œil sur le passé », *l'Ami des sourds-muets* (Montréal), 1 (1908–1909), n° 9 : 56–59 ; n° 11 : 73. — Corinne Rocheleau-Rouleau, « Parler est chose facile, vous croyez ? », *RHAF*, 4 (1950–1951) : 345–374. — « Le R. P. Alfred Bélanger (1835–1910) », Institut des Clercs de Saint-Viateur, *Annuaire*, 20 (1911) : 28–38.

YULE, PAMELIA SARAH. V. VINING

SIGLES ET BIBLIOGRAPHIE GÉNÉRALE

Sigles

AAQ	Archives de l'archidiocèse de Québec
AC	Archives civiles
ACAM	Archives de la chancellerie de l'archevêché de Montréal
AD	Archives départementales
ADB	*Australian dictionary of biography*
AJ	Archives judiciaires
AN	Archives nationales du Canada
ANQ	Archives nationales du Québec
AO	Archives of Ontario
AP	Archives paroissiales
APNB	Archives provinciales du Nouveau-Brunswick
ARCAT	Archives of the Roman Catholic Archdioceses of Toronto
ASQ	Archives du séminaire de Québec
ASSH	Archives du séminaire de Saint-Hyacinthe
ASSM	Archives du séminaire de Saint-Sulpice, Montréal
AUM	Archives de l'université de Montréal
AVQ	Archives de la ville de Québec
BCHQ	*British Columbia Historical Quarterly*
BE	Bureaux d'enregistrement
BRH	*Le Bulletin des recherches historiques*
CEA	Centre d'études acadiennes
CHR	*Canadian Historical Review*
CPC	Canadian parliamentary companion
CRCCF	Centre de recherche en civilisation canadienne-française
CTA	City of Toronto Archives
DAB	*Dictionary of American biography*
DBC	*Dictionnaire biographique du Canada*
DHB	*Dictionary of Hamilton biography*
DNB	*Dictionary of national biography*
DOLQ	*Dictionnaire des œuvres littéraires du Québec*
DUA	Dalhousie University Archives
EEC	Église épiscopale du Canada
GRO	General Register Office
HBCA	Hudson's Bay Company Archives
HBRS	Hudson's Bay Record Society, *Publications*
HPL	Hamilton Public Library
ICMH	Institut canadien de microreproductions historiques
MHA	Maritime History Archive
MTRL	Metropolitan Toronto Reference Library
OH	*Ontario History*
PABC	Provincial Archives of British Columbia/British Columbia Archives and Records Service
PAM	Provincial Archives of Manitoba
PANL	Provincial Archives of Newfoundland and Labrador
PANS	Public Archives of Nova Scotia
PAPEI	Public Archives of Prince Edward Island
PCC	Presbyterian Church in Canada
PRO	Public Record Office
QUA	Queen's University Archives
RHAF	*Revue d'histoire de l'Amérique française*
RHL	Rhodes House Library
RPQ	*Répertoire des parlementaires québécois*
SCHEC	Société canadienne d'histoire de l'Église catholique
SHC	Société historique du Canada
SPG	Society for the Propagation of the Gospel in Foreign Parts
SRC	Société royale du Canada
UCC	United Church of Canada
UNBL	University of New Brunswick Library
UTA	University of Toronto Archives
UTFL	University of Toronto, Thomas Fisher Rare Book Library
UWOL	University of Western Ontario Library

Bibliographie générale

La bibliographie générale fait état des sources les plus fréquemment citées dans les bibliographies particulières du volume XII du *Dictionnaire,* mais elle ne fournit pas une liste exhaustive de la documentation disponible sur l'histoire du Canada au XIXe siècle.

La section I décrit les fonds d'archives de différents dépôts, répartis selon les pays. La section II est divisée en deux parties : la partie A contient les sources imprimées, y compris les publications officielles des gouvernements coloniaux, provinciaux et fédéral ; la partie B fournit une liste descriptive des journaux les plus importants. La section III comprend des dictionnaires, diverses listes de noms, des répertoires, des inventaires de documents, des almanachs et des annuaires. Dans la section IV se trouvent des études, incluant certains ouvrages d'histoire générale, les collections les plus importantes et les thèses. La section V, enfin, donne les principaux périodiques et les publications de certaines sociétés.

SECTION I : ARCHIVES

CANADA

ARCHIVES CIVILES. Voir QUÉBEC, MINISTÈRE DE LA JUSTICE

ARCHIVES DE LA CHANCELLERIE DE L'ARCHEVÊCHÉ DE MONTRÉAL. On trouve un inventaire détaillé de plusieurs registres et dossiers de ce dépôt dans *RHAF,* 19 (1965–1966) : 652–664 ; 20 (1966–1967) : 146–166, 324–341, 669–700 ; 24 (1970–1971) : 111–142.

Séries citées dans le vol. XII :

Dossiers
- 355 : Paroisses en particulier
  - .107 : Saint-François d'Assise.
  - .121 : St Patrick's.
- 421 : Prêtres du diocèse de Montréal
  - .103 : Maréchal, Louis-Adolphe.
- 450 : Prêtres étrangers au diocèse de Montréal
  - .904 : « D ».
- 451.734 : Chabert, Joseph.
- 465 : Communautés d'hommes en particulier
  - .105 : Clercs de Saint-Viateur.
- 468 : Sulpiciens décédés entre 1877 et 1896
  - .101 : Dowd, Patrick.
- 574 : Laïcs
  - .000 : « D ».
- 730 : Institutions, gouvernement
  - .002 : Correspondance avec les politiciens.
- 789 : Associations
  - .008 : Institution des sourds-muets.
- 901 : Fonds Lartigue–Bourget
  - .055 : Mgr Bourget : lettres personnelles et voyages à Rome (1846–1847 et 1854–1856).
  - .058 : Mgr Bourget : lettres personnelles et voyage à Rome (1862).
  - .077 : Mgr Joseph Larocque.
  - .090 : Gouvernements et évêques.
  - .119 : Mgr Bourget, correspondance reçue.
  - .133 : Institut canadien, imprimés.
  - .135 : Institut canadien, correspondance.
  - .136 : Notre-Dame : division de la paroisse.
  - .137 : Notre-Dame et Saint-Sulpice.
  - .145 : Documents relatifs aux missions.
  - .147 : Mgr J.-C. Prince : lettres reçues.
- 902 : Fonds Fabre
  - .004 : Mgr Fabre, ses nominations.
- 990 : Autre fonds
  - .029 : Maréchal, L.-D.-A.

RC : Registres de la chancellerie.

RL : Registres de lettres
- RLB : Registres des lettres de Mgr Bourget. Un inventaire de la correspondance de Mgr Ignace Bourget* de 1837 à 1843, compilé par L.-A. Desrosiers, a été publié dans ANQ *Rapport,* 1944–1945 : 137–224 ; 1946–1947 : 85–175 ; 1948–1949 : 347–477.

ARCHIVES DE L'ARCHIDIOCÈSE DE QUÉBEC. On peut consulter un guide de ces archives dans SCHEC *Rapport,* 2 (1934–1935) : 65–73.

Séries citées dans le vol. XII :

A : Évêques et archevêques de Québec

12 A : Registres des insinuations ecclésiastiques.
20 A : Lettres manuscrites des évêques de Québec.
210 A : Registres des lettres expédiées. On trouve l'inventaire de la correspondance de plusieurs évêques de Québec compilé par Ivanhoë Caron* dans ANQ *Rapport*.
31-16 A : Papiers personnels de Mgr E.-A. Taschereau.
C : Secrétairerie et chancellerie
CD : Discipline diocésaine
516 CD : Séminaire de Québec.
54 CD : Relations archevêques–université Laval.
81 CD : Congrégations religieuses féminines.
CM : Église universelle
10 CM : Correspondance de Rome.
CN : Église canadienne
310 CN : Île-du-Prince-Édouard.
CP : Église du Québec
10 CP : Épiscopat de Québec.
26 CP : Diocèse de Montréal.
CR : Province ecclésiastique de Québec
33 CR : Diocèse de Trois-Rivières.

ARCHIVES DE LA VILLE DE QUÉBEC. Le service des archives de la ville de Québec a préparé une importante série d'inventaires portant sur les fonds et collections dont il a la garde. Citons principalement *État général des Archives de la ville de Québec* (Québec, 1988), rédigé par Renaud Arcand.

Séries citées dans le vol. XII :
Annexion Saint-Sauveur.
Aqueduc.
Conseil.
Finances.
P : Fonds privés
P17 : Guillet, dit Tourangeau, Adolphe.
P38 : Baillairgé, famille.
Police.
Travaux publics.

ARCHIVES DE L'UNIVERSITÉ DE MONTRÉAL. Le Service des archives de l'université de Montréal a préparé une importante série de publications portant sur les fonds et collections dont il a la garde ; on peut en trouver la liste dans *Bibliographie des publications du Service des archives* (5e éd., Montréal, 1987), rédigée par Denys Chouinard *et al.*

Collection citée dans le vol. XII :
P 58 : Collection Baby. Le chercheur peut consulter avec profit le *Catalogue de la collection François-Louis-Georges Baby*, rédigé par Camille Bertrand, préface de Paul Baby et introduction de Lucien Campeau (2 vol., Montréal, 1971). La majeure partie de cette collection, maintenant en cours de classement, est conservée sous forme de transcriptions aux AN, sous la cote MG 24, L3
Q2 : Cartes et plans.
U : Correspondance générale.

ARCHIVES DU SÉMINAIRE DE QUÉBEC.

Séries citées dans le vol. XII :
Fichier des anciens.
Fonds H.-R. Casgrain.
Fonds C.-H. Laverdière.
Fonds E.-G. Plante.
Fonds Viger–Verreau.
Grand livre.
Journal du séminaire.
Lettres.
MSS : Cahiers manuscrits divers.
MSS-M : Cahiers de cours manuscrits.
Plumitif du Conseil.
Polygraphie : Affaires surtout extérieures.
PVU : Procès-verbaux de l'université.
Registre du grand séminaire.
S : Seigneuries du séminaire.
Séminaire : Affaires diverses.
SME : Décisions du Conseil du séminaire.
Université.

ARCHIVES DU SÉMINAIRE DE SAINT-SULPICE, Montréal.

Sections citées dans le vol. XII :
Section 10 : Baux et marchés.
Section 13 : Communautés religieuses anciennes.
Section 15 : Testaments.
Section 21 : Correspondance générale.
Section 22 : Almanachs, ordos, calendriers.
Section 27 : Séminaire, évêchés et paroisses.
Section 35 : Congrégations, patronages, etc.

ARCHIVES JUDICIAIRES. Voir QUÉBEC, MINISTÈRE DE LA JUSTICE

ARCHIVES NATIONALES DU CANADA, Ottawa. Les AN ont publié des guides pour les documents qu'ils conservent dans leurs différentes divisions, dont :

Une introduction aux Archives nationales du Canada (Ottawa, 1987)
Collection des guides généraux 1983, Division des archives fédérales, Terry Cook et Glenn T. Wright, compil. (1983)
Collection des guides généraux 1983, Division des manuscrits, [E.] Grace [Maurice] Hyam et Jean-Marie Leblanc, compil. (1984)
Collection des guides généraux, 1983, Collection nationale de photographies, Christopher Seifried, compil. (1984)
Collection des guides généraux, 1983, Division de l'iconographie, Raymond Vézina, compil. (1984)

Les documents de la Division des manuscrits, laquelle division est responsable de tous les MG de même que de RG 1, RG 4, RG 5, RG 8 et de quelques documents antérieurs à la Confédération qui se trouvent dans RG 7 et RG 14, sont décrits dans *Catalogue des fonds et Inventaire général* (1987) publié sur microfiche. Cette publication remplace les publications suivantes :

Inventaire général, manuscrits, volume 1, MG 1–MG 10 (1971)

Inventaire général, manuscrits, volume 2, MG 11–MG 16 (1976)

Inventaire général, manuscrits, volume 3, MG 17–MG 21 (1974)

Inventaire général, manuscrits, volume 4, MG 22–MG 25 (1972)

Inventaire général, manuscrits, volume 5, MG 26–MG 27 (1972)

Inventaire général, manuscrits, volume 7, MG 29 (1975)

Inventaire général, manuscrits, volume 8, MG 30 (1977).

Les inventaires pour tous les RG qui se trouvent sous la responsabilité de la Division des archives gouvernementales (autrefois férales) sont disponibles aux AN. Un certain nombre ont été publiés dans la série des inventaires généraux, dont :

Archives du Conseil privé (RG 2), Barbara Wilson, compil. (1977)

Archives du ministère des Postes (RG 3), Thomas A. Hilmann, compil. (1985)

Archives ayant trait aux Affaires indiennes (RG 10), Peter Gillis *et al.*, compil. (1975)

Archives du ministère des Travaux publics (RG 11), B. Hallett, compil. (1977)

Archives de la Gendarmerie royale du Canada (RG 18), Joanne Poulin, compil. (1975)

Archives de Statistique Canada (RG 31), Sandra G. Wright et Thomas A. Hillman, compil. (1977)

Archives du ministère des Chemins de fer et Canaux (RG 43), Glenn T. Wright, compil. (1986)

Archives du Conseil du trésor (RG 55), Marcel Caya, compil. (1977).

Sont également utiles : *Catalogue de recensements sur microfilm, 1666–1891,* Thomas A. Hilman, compil. (1987) et *Répertoire de registres paroissiaux, 1986,* révisé par Patricia Birkett (4e éd., 1987). Le catalogue de la Division des archives cartographiques et architecturales (autrefois la Collection nationale des cartes et plans) a paru sous le titre de *Catalogue de la Collection nationale des cartes et plans, Archives publiques du Canada* (16 vol., Boston, 1976).

Les AN publient également le *Catalogue collectif des MSS* [voir sect. III] qui répertorie les documents de la Division des archives gouvernementales et ceux de la Division des manuscrits. Cet organisme a également publié *Guide des archives photographiques canadiennes,* Christopher Seifried, édit. (1984). D'autres instruments de recherche concernant des collections privées sont disponibles aux AN, qui rend accessible un grand nombre d'entre elles sur microfiches.

Sont cités dans le vol. XII :

MG 9 : Documents relatifs aux provinces, aux territoires et aux municipalités
- D : Ontario
  - 7 : Church records
    - 35 : Ottawa : St Andrew's (Presbyterian) Church.

MG 11 : Public Record Office, Londres, Colonial Office papers
- [CO 448] : Honours, original correspondence.

MG 17 : Archives religieuses
- B : Church of England (Anglican Church)
  - 1 : Society for the Propagation of the Gospel in Foreign Parts.

MG 19 : Documents relatifs aux Indiens et au commerce des fourrures
- A : Commerce des fourrures, général
  - 21 : Hargrave, famille.
  - 25 : Campbell, Robert.
- D : Commerce des fourrures, registres et journaux des postes
  - 13 : Fort Selkirk journal.
- E : Établissement de la Rivière-Rouge
  - 1 : Selkirk, Thomas Douglas, 5e comte de.
- F : Indiens
  - 6 : Brant, famille.

MG 23 : Documents de la fin du dix-huitième siècle
- D : Nouveau-Brunswick
  - 1 : Chipman, Ward, père et fils.
- GII : Québec et Bas-Canada : hommes politiques
  - 10 : Sewell, Jonathan, et famille.
- GIII : Québec et Bas-Canada : marchands et colonisateurs
  - 34 : Collection DeVolpi.

MG 24 : Documents du dix-neuvième siècle antérieurs à la Confédération
- A : Personnalités politiques et officiels britanniques
  - 19 : Roebuck, John Arthur.
  - 20 : Head, sir Edmund Walker.
  - 27 : Durham, John George Lambton, 1er comte de.
  - 40 : Colborne, sir John, 1er baron Seaton.
  - 60 : Buckingham, James Silk.
- B : Personnalités politiques et événements nord-américains
  - 2 : Famille Papineau.
  - 4 : Famille Young.
  - 14 : La Fontaine, sir Louis-Hippolyte.
  - 24 : Rolph, John.
  - 25 : Bellingham, Sydney Robert.
  - 29 : Howe, Joseph.
  - 30 : Macdonald, John Sandfield.
  - 40 : Brown, George.
  - 50 : O'Callaghan, Edmund Bailey.

59 : Dessaulles, Louis-Antoine.
67 : Dorion, sir Antoine-Aimé.
93 : Boucher de Boucherville, famille.
111 : Sicotte, Louis-Victor.
C : Correspondants de personnalités politiques
3 : Duvernay, Ludger.
19 : Ogden, Charles S.
D : Industrie, commerce et finance
8 : Wright, Philemon, et famille.
16 : Buchanan, Isaac, et famille.
39 : James Maclaren Company.
102 : Leslie, James, et famille.
E : Transport
9 : Gzowski, sir Casimir S.
14 : Lawson, Walter.
F : Personnalités de l'armée et de la marine
37 : Worthington, Edward Dagge.
40 : Trevan, Henry.
G : Milice
24 : New Brunswick, militia, Westmorland.
I : Immigration, terres et colonisation
8 : Macdonell of Collachie, famille.
26 : Hamilton, Alexander.
89 : Québec, rivière Gatineau.
104 : Griffin, William Henry.
J : Religion
14 : King, William.
K : Éducation et développement culturel
22 : Cary, Mary Ann Shadd.
24 : Queen's University.
L : Divers
3 : Collection Baby.
15 : Collection Milbourne.
MG 25 : Généalogie
G271 : Collection Gravelle.
MG 26 : Papiers des premiers ministres
A : Macdonald, sir John Alexander.
B : Mackenzie, Alexander.
C : Abbott, sir John Joseph Caldwell.
D : Thompson, sir John Sparrow David.
E : Bowell, sir Mackenzie.
F : Tupper, sir Charles.
G : Laurier, sir Wilfrid.
MG 27 : Hommes politiques, 1867–1950
I : 1867–1896
B : Gouverneurs généraux
3 : Dufferin and Ava, Frederick Temple Hamilton-Temple Blackwood, 1er marquis de.
4 : Lorne, sir John Douglas Sutherland Campbell, marquis de.
5 : Aberdeen, John Campbell Hamilton Gordon, 7e comte de.
7 : Stanley of Preston, lord.
C : Lieutenants-gouverneurs
4 : Dewdney, Edgar.
8 : Morris, Alexander.
12 : Robitaille, Théodore.
D : Cabinet des ministres
1 : Aikins, James Cox.
2 : Blake, Edward.
3 : Caron, sir Adolphe-Philippe.
4 : Cartier, sir George-Étienne.
5 : Costigan, John.
8 : Galt, sir Alexander Tilloch.
12 : Macpherson, sir David Lewis.
15 : Tilley, sir Samuel Leonard.
E : Députés de la chambre des Communes et sénateurs
1 : Barthe, Georges-Isidore.
3 : Fauvel, William Le Boutillier.
7 : McCarthy, D'Alton.
8 : McLennan, John.
12 : O'Donohue, John.
16 : Bergin, Darby.
17 : Gowan, sir James Robert.
19 : Scarth, William Bain.
F : Personnalités de la politique provinciale
2 : Pope, William Henry.
3 : Riel, Louis.
I : Correspondants de personnalités politiques
19 : Smith, Henry Hall.
32 : Hunt, Thomas Sterry.
78 : Wright, Alonzo.
J : Documents politiques connexes
7 : Saint-Laurent, Territoires du Nord-Ouest.
II : 1896–1921
B : Gouverneurs généraux
1 : Minto, sir Gilbert John Elliot, 4e comte de.
D : Cabinet des ministres
15 : Sifton, sir Clifford.
MG 28 : Archives de corps constitués postérieurs à la Confédération
I : Sociétés et associations
54 : Knights of Labor collection.
126 : Royal Canadian Academy of Arts.
230 : Canadian Manufacturers' Association.
277 : Engineering Institute of Canada.
334 : Barnardo's Homes.
351 : Montreal Amateur Athletic Association.
II : Institutions financières
2 : Bank of Montreal.
III : Entreprises commerciales
6 : Gilmour and Hughson Limited.
18 : Robin, Jones and Whitman Limited.
20 : Canadian Pacific Railway.
56 : Toronto Board of Trade.
57 : Molson archives.
100 : Dominion Bridge (AMCA International).
MG 29 : Manuscrits du dix-neuvième siècle postérieurs à la Confédération
A : Domaine économique
6 : Christie, William Joseph.
10 : Kingsford, William.

11 : MacFarlane, Roderick.
29 : Hickson, sir Joseph.
30 : Stephen, sir George, 1er baron Mount Stephen.
B : Domaine scientifique
1 : Fleming, sir Sandford.
6 : Smith, Marcus.
35 : Davey, R. Adams.
C : Domaine social
1 : Begg, Alexander.
17 : Massiah, Christopher William.
26 : Fletcher, Edward Taylor.
D : Domaine culturel
11 : Sangster, Charles.
27 : Lusignan, Alphonse.
30 : Hunter-Duvar, John.
36 : Pacaud, Ernest.
40 : Fréchette, Louis-Honoré.
59 : Lampman, Archibald.
61 : Morgan, Henry James.
62 : Miles, Henry Hopper.
81 : Traill family collection.
98 : Belford, Charles.
100 : Moodie, Susanna.
E : Carrières professionnelles et publiques
2 : Spence, Thomas.
15 : Meredith, Edmund Allen.
29 : Denison, George Taylor, III.
69 : Wilson, John Hart.
72 : Luard, Richard George Amherst.
114 : Burgess, Alexander Mackinnon.
MG 30 : Manuscrits de la première moitié du vingtième siècle
B : Domaine scientifique
86 : Barnett, John Davis.
C : Domaine social
64 : Woodside, Henry Joseph.
128 : Heneker, Dorothy (Cummins, Mme Dorothy).
D : Domaine culturel
1 : Audet, Francis-Joseph.
44 : Parkin, sir George Robert.
61 : Brown, Edward Killoran.
261 : Whyte-Edgar, Mme C. M.
E : Carrières professionnelles et publiques
86 : Pope, sir Joseph.
MG 31 : Manuscrits de la seconde moitié du vingtième siècle
H : Histoire locale, régionale et ethnique
67 : Przygoda, Zdzislaw.
MG 32 : Personnalités politiques, 1950–
A : Gouverneurs généraux
1 : Collection famille Massey.
MG 55 : Documents divers.
RG 1 : Conseil exécutif : Québec, Bas-Canada, Haut-Canada, Canada, 1764–1867
E : Conseil exécutif
1 : Québec, Bas-Canada, Haut-Canada, Canada : procès-verbaux (sur des sujets d'État).
3 : Haut-Canada : mémoires présentés au Conseil exécutif concernant l'État.
7 : Canada, province du : mémoires présentés au Conseil exécutif.
8 : Canada, province du : décrets.
L : Documents relatifs aux terres
3 : Haut-Canada et Canada : demandes de terres et concessions.
RG 2 : Bureau du Conseil privé
1 : Décrets du Conseil.
4 : Registres des mémoires soumis au Conseil privé.
RG 3 : Archives du ministère des Postes.
RG 4 : Bureaux des secrétaires civils et provinciaux, Québec, Bas-Canada et Canada-Est
B8 : Notaires et avocats : demandes concernant l'autorisation d'assumer les charges de.
B28 : Licences, titres et certificats, demandes de.
C : Bureau du secrétaire provincial
1 : Dossiers de correspondance numérotés.
RG 5 : Bureaux des secrétaires civils et provinciaux, Haut-Canada et Canada-Ouest, 1791–1867
A : Correspondance des secrétaires
1 : Haut-Canada, articles divers.
B : Documents divers
9 : Licences, titres et certificats, demandes de.
47 : Canada Company : documents relatifs à.
C : Correspondance du secrétaire provincial
1 : Dossiers de correspondance numérotés.
RG 6 : Secrétariat d'État
C : Secrétaire d'État des provinces
2 : Registres de lettres.
RG 8 : Archives militaires et navales britanniques, 1757–1903
I : C series (British military records).
RG 9 : Ministère de la Milice et et de la Défense
I : Documents antérieurs à la Confédération
C : Bureau de l'adjudant général, Canada-Uni
6 : Registre des officiers.
II : Documents postérieurs à la Confédération
A : Bureau du sous-ministre
1 : Correspondance.
3 : Documents du service actif.
B : Bureau et quartier de l'adjudant général
4 : Registres et listes d'officiers.
RG 10 : Affaires indiennes
A : Archives administratives du gouvernement impérial
4 : Archives du Bureau du surintendant en chef, Haut-Canada
498–509, 749 : Livres de copies de lettres.
5 : Archives du Bureau du secrétaire civil
142–262, 752–760 : Correspondance.
B : Archives administratives ministérielles
3 : Dossiers des archives centrales

1855–3554 : La série rouge (pour l'Est).
3555–4375 : La série noire (pour l'Ouest).
7555–7919 : Dossiers des archives centrales, 1833–1956.
8567–8752 : Dossiers des archives centrales, 1886–1966.
8 : Archives de l'administration centrale
9245–9562 : Treaty annuity pay lists.
C : Archives des bureaux régionaux
I : Archives des surintendances
2 : Surintendance de l'Ouest (Sarnia)
436–441, 449–452 : Correspondance.
II : Archives des agences
1136, 1157–1158 : Agence Blackfoot (Alberta).
1427–1432 : Agence Peigan (Alberta).
1548–1564 : Agence Blood (Alberta).
D : Archives des terres indiennes
10 : Traités et cessions
1840–1853 : Traités.
RG 11 : Ministère des Travaux publics
A : Documents de la Commission des Travaux publics
1 : Correspondance officielle.
2 : Registres et répertoires.
3 : Procès-verbaux, copies de lettres et rapports.
B : Ministère des Travaux publics
1 : Archives du service central, 1826–1880.
2 : Archives du service central, 1867-1911.
D : Bureau de l'architecte en chef
4 : Plans et devis.
RG 12 : Ministère des Transports
A : Archives du service central
1 : Dossier du service central.
RG 13 : Ministère de la Justice
A : Archives du service central
1 : Service central, index et registres.
2 : Dossiers du service central.
3 : Registres des lettres.
B : Division légale
1 : Dossiers des causes importantes.
RG 15 : Ministère de l'Intérieur
A : Bureau du sous-ministre
4 : Documents concernant l'organisation et l'administration du ministère.
D : Administration des terres de la couronne
II : Division des terres de la couronne
1 : Correspondance, quartiers généraux.
3 : Dossiers des sang-mêlé.
RG 16 : Revenu Canada
A : Douanes, accises et revenu intérieur
1 : Correspondance et rapports.
RG 17 : Agriculture Canada
A : Ministère de l'Agriculture
I : Archives du ministre, du sous-ministre et du secrétaire
1 : Correspondance générale.
II : Division des arts et de l'agriculture
5 : Expositions internationales.
RG 18 : Gendarmerie royale canadienne
A : Bureau du contrôleur
1 : Collection de correspondance officielle.
B : Bureau du commissaire
1 : Collection de correspondance officielle.
3 : Livres de copies de lettres.
5 : Rapports criminels.
6 : Documents concernant les finances et les approvisionnements.
G : Dossier concernant le personnel.
RG 19 : Ministère des Finances.
RG 23 : Ministère des Pêches et Océans.
RG 30 : Chemins de fer nationaux du Canada
I : The Grand Trunk system
A : The Grand Trunk Railway Company of Canada
1 : Minute-books.
4 : Agreements.
RG 31 : Statistique Canada
C : Division du recensement
1 : Recensements.
RG 32 : Commission de la Fonction publique
C : Dossiers sur l'organisation et le personnel
2 : Dossiers du personnel.
RG 37 : Archives nationales du Canada
B : Bureau de l'archiviste fédéral : Douglas Brymner.
RG 42 : Direction de la Marine
E : Immatriculation des navires
1 : Registres maritimes.
RG 43 : Ministère des Chemins de fer et Canaux
A : Archives de la direction des chemins de fer
I : Correspondance.
2 : Dossiers-matières.
C : Archives sur les canaux
I : Canal Rideau
1 : Bureau de l'ingénieur-surintendant
a : Livres de copies de lettres.
II : Canal Trent
1 : Archives de la commission.
D : Archives juridiques du Ministère des Chemins de fer et Canaux
II : Registres et index
1 : Index généraux.
RG 45 : Commission géologique du Canada.
RG 55 : Conseil du Trésor
A : Décisions
4 : Répertoires et registres.
RG 58 : Archives du Cabinet du vérificateur général
B : Ministre des Finances
1 : Commission de vérification
a : Procès-verbaux des réunions.
RG 68 : Registraire général.
RG 76 : Direction de l'immigration
B : Quartier général – archives du service central

1 : Dossiers du service central
a i: Dossiers du service central (sujet et cas).
RG 93 : Service de l'environnement atmosphérique
D : Correspondance de l'Observatoire de Québec.

ARCHIVES NATIONALES DU QUÉBEC. En 1980, ces archives ont entrepris d'établir un nouveau cadre de classement uniforme pour tous les centres régionaux. Des inventaires, des catalogues, des guides, des tables de concordance et d'utiles instruments de recherche sur microfiches sont disponibles dans tous les centres régionaux des ANQ.

Séries citées dans le vol. XII :

Centre régional Bas-Saint-Laurent/Gaspésie, Rimouski
C : Pouvoir judiciaire, archives civiles
CE : État civil
1 : Rimouski
6 : Saint-Germain.
P : Fonds et collections privés
1 : Tessier, U.-J.

Centre régional de l'Estrie, Sherbrooke
C : Pouvoir judiciaire, archives civiles
CE : État civil
1 : Sherbrooke
18 : Saint-Michel (Sherbrooke).
39 : Eaton Anglican Church (Cookshire).
69 : Église congrégationaliste.
2 : Bedford
38 : Dunham Anglican Church.
77 : Dunham Methodist Church.
87 : St Armand Methodist Church.
CN : Notaires
1 : Sherbrooke
10 : Felton, E. P.
24 : Ritchie, William.
27 : Thomas, D. M.
2 : Bedford
15 : Burn, William.
21 : Gale, Samuel.
26 : Lalanne, Léon.
T : Pouvoir judiciaire
11 : Cour supérieure
1 : Registres des déclarations de sociétés.

Centre régional de Montréal
C : Pouvoir judiciaire, archives civiles
CE : État civil
1 : Montréal
10 : Sainte-Anne (Varennes).
12 : Saint-Antoine (Longueuil).
22 : Sainte-Famille (Boucherville).
26 : Saint-François-Xavier (Verchères).
33 : Saint-Jacques (Montréal).
39 : Saint-Joseph (Chambly).
44 : Saint-Laurent (Montréal).
48 : Saint-Martin (Laval).
49 : Saint-Mathieu (Belœil).
50 : Saint-Michel (Vaudreuil).
51 : Notre-Dame de Montréal.
54 : Saint-Philippe (Laprairie).
57 : Sainte-Rose (Laval).
59 : Saint-Vincent-de-Paul (Laval).
63 : Christ Church Anglican (Montréal).
68 : St George's Anglican Church (Montréal).
69 : St James's Anglican Church (Montréal).
70 : St John the Evangelist (Montréal).
75 : St Martin's Anglican Church.
84 : Trinity Church (Montréal).
91 : Emmanuel Congregational Church (Montréal).
95 : Zion Congregational Church (Montréal).
109 : St James Street Methodist Church (Montréal).
115 : American Presbyterian Church (Montréal).
120 : Crescent Presbyterian Church (Montréal).
121 : Erskine Presbyterian Church (Montréal).
125 : St Andrew's Presbyterian Church (Montréal).
126 : St Gabriel's Presbyterian Church (Montréal).
127 : Saint-Jean French Presbyterian Church (Montréal).
130 : St Paul's Presbyterian Church (Montréal).
160 : Asile Saint-Jean-de-Dieu (Centre hospitalier L.-H. La Fontaine).
197 : Emanu-El (Juifs), Montréal.
215 : Melville Presbyterian, Westmount.
2 : Saint-Hyacinthe
1 : Saint-Hyacinthe-le-Confesseur (Saint-Hyacinthe).
5 : Notre-Dame (Saint-Hyacinthe).
22 : Saint-Matthias.
3 : Sorel
17 : Congregational Church (Sorel).
4 : Saint-Jean
1 : Sainte-Marguerite-de-Blairfindie (L'Acadie).
3 : Saint-Athanase (Iberville).
10 : Saint-Jean-l'Évangéliste (Saint-Jean-sur-Richelieu).
5 : Joliette
1 : Sainte-Geneviève-de-Berthier (Berthierville).
12 : Saint-Roch-de-l'Achigan.
14 : Saint-Pierre-du-Portage (L'Assomption).
19 : Saint-Cuthbert.
24 : Industrie (Joliette).
6 : Saint-Jérôme
11 : Saint-Eustache.
24 : Saint-Louis (Terrebonne).

15 : Saint-Denis (Kamouraska).
CN : Notaires
1 : Québec
43 : Bowen, N. H.
49 : Campbell, Archibald.
51 : Campbell, W. D.
67 : Clapham, J. G.
100 : Faucher, H.-P.
109 : Garneau, F.-X.
116 : Glackmeyer, Edward.
117 : Glackmeyer, S. I.
128 : Guay, Germain.
157 : Larue, F.-X.
187 : Lindsay, A.-C.
188 : Lindsay, E. B.
196 : McPherson, Daniel.
208 : Panet, Louis.
212 : Parent, A.-A.
219 : Petitclerc, Joseph.
232 : Prévost, Louis.
255 : Sirois-Duplessis, A.-B.
256 : Stewart, Charles.
261 : Tessier, Michel.
E : Pouvoir exécutif
4 : Secrétariat provincial.
13 : Éducation.
14 : Finances.
17 : Justice
6–52 : Événements de 1837–1838.
18 : Registraire.
25 : Travaux publics.
30 : École normale Laval.
F2 : Port de Québec.
P : Fonds et collections privés
3 : Belleau, N.-F.
16 : Brousseau, Léger.
23 : Caron, J.-P.-R.-A.
36 : Chapais, collection.
43 : Cherrier, C.-S.
60 : Dessaulles, L.-A.
107 : Holmes, George.
124 : Labelle, F.-X.-A.
134 : Langevin, famille.
148 : Lepailleur, F.-M.
174 : Marchand, F.-G.
219 : Quebec Board of Trade.
232 : Robitaille, Olivier.
233 : Ross, famille.
238 : Taschereau, famille.
294 : Stuart, famille.
351 : Joly de Lotbinière, famille.
417 : Papineau, famille.
530 : Notman, William.
666 : La Compagnie Price Ltée.
P1000 : Petits fonds
6-105 : Barthe, J.-G.
11-188 : Bertrand, Charles.
11-189 : Bertrand, L.-A.
30-562 : Dessaulles, Emma.
32-597 : Drapeau, Stanislas.
37-693 : Fabre, C.-É.
37-701 : Fauvel, W. L.
49-960 : Hébert, R.-A.-R.
54-1041 : Joly de Lotbinière, H.-G.
58-1125 : Barnard, famille.
67-1348 : McGreevy, Thomas.
87-1809 : Robitaille, Théodore.
T : Pouvoir judiciaire
10 : Cour du banc de la reine
1 : Appel.
11 : Cour supérieure
1 : Registres de déclarations de sociétés.
3 : Causes de faillite.
Z : Copies de documents conservés en dehors des ANQ
C : Canada
12 : Laurier, Wilfrid.
Q : Québec (en dehors des ANQ)
6 : État civil, Catholiques
120 : St Patrick (Québec).

ARCHIVES OF ONTARIO, Toronto. Des instruments de recherche inédits disponibles aux archives, dont quelques-uns se retrouvent sur microfiches, complètent l'ouvrage *A guide to the holdings of the Archives of Ontario,* B. L. Craig et R. W. Ramsey, édit. (2 vol., Toronto, 1985).

Séries citées dans le vol. XII :
Hiram Walker Historical Museum collection.
MS : Microfilm Series
4 : Robinson, sir John Beverley.
20 : Blake, Edward.
22 : Patteson, Thomas Charles.
35 : Strachan, John.
74 : Merritt, William Hamilton.
76 : Clarke, Charles, calendared papers.
77 : Scarth, William Bain.
78 : Macaulay family.
99 : Wetherald family letter-books.
107 : Church records collection, St Andrew's Presbyterian Church (Williamstown, Ontario).
162 : Church records collection, St Andrew's Roman Catholic Church (Cornwall, Ontario).
199 : Diaries.
393 : Baird papers.
395 : Clarke, Charles, diaries.
409 : Cochrane, William.
423 : Toronto Typographical Union n° 91 records.
451 : Cemetery records collection.
483 : Cary, Mary Shadd.
490 : Norris and Neelon Company records.
516 : Mackenzie-Lindsey papers, Mackenzie correspondence.
535 : Morris, Alexander.

542 : Kirby, William, collection.
571 : Heintzman and Company records.
575 : Boulton, Henry John.
747 : Ingersoll municipal records.
MU : Manuscript Units
136–273 : Blake, Edward.
301–309 : Buell, Andrew Norton.
454–455 : Byerly, Alphaeus Edward.
469–487 : Campbell, sir Alexander.
500–515 : Cartwright family.
582–587 : Colgate, William, collection.
960–970 : Edgar, sir James David, family.
1063–1103 : Fraser, Alexander.
1106–1109 : French, Frederick J.
1188–1192 : Gzowski, sir Casimir Stanislaus.
1385–1403, 3811 : Hudson's Bay Company collection.
1439–1530 : Irving, sir Æmilius.
1628–1633 : Kingsford, William.
1690–1701 : Langton collection.
1769 : Macdonald, John Sandfield.
1805–1949 : Mackenzie-Lindsey papers.
1961 : Withrow, William Henry.
2004 : Marks, Thomas.
2095–2147 : Miscellaneous collection.
2186 : Need, Thomas.
2194 : Niagara Falls Park papers.
2250–2272, 3376–3382 : Ontario Society of Arts records.
2291–2305 : Osler, family.
2385–2387 : Reynolds, James and John, family.
2581 : Draper, Frank C., scrapbook.
2644–2775 : Shanly, Francis.
3022–3023 : Trinity Medical College collection.
3088–3100 : Wallace family.
3307–3308 : Waterous Engine Works papers.
4756 : Miscellaneous records.
7098–7099 : Bell family.
7101 : Account-book of William Watt, Jr, and Thomas S. Shenston.
7222–7240 : Shenston, Thomas S.
7451–7452 : Feilde-Sefton papers.
7629–7630 : Cameron, sir Roderick William.
7728 : Christie, William, journal.
7837–7856 : Women's Canadian Historical Society of Toronto.
8284–8286, 8288–8289, 8391–8472: Woman's Christian Temperance Union.
RG : Record Groups
RG 1 : Ministry of Natural Resources
A : Office of the surveyor general, commissioner of crown lands, minister
I : Correspondence
1 : Letters received, surveyor general.
CB : Surveys and Mapping Branch
1 : Survey diaries and field notes.
RG 2 : Education
C : Department of Public Instruction
5 : Textbook correspondence and memoranda.
D : Office of the minister
7 : Minister's correspondence.
9-A : Textbook correspondence and memoranda.
E : Office of the deputy minister and historiographer
1 : Documentary history manuscripts.
RG 8 : Records of the provincial secretary
I-1 : Main office
D : General correspondence.
I-6 : Office of the registrar general
A : District marriage registers.
RG 10 : Ministry of Health
20 : Mental Health Operations Branch
B : Queen Street Mental Health Centre records
4 : Records of the superintendent.
5 : Records of the commissioners for erecting the lunatic asylum.
6 : Records of the commissioners for superintending the temporary lunatic asylum.
RG 22 : Court records
Court of General (Quarter) Sessions
Cobourg (Northumberland and Durham)
sér. 387 : Verulam Township minutes.
Court of Probate
sér. 155 : Estate files.
Surrogate courts
Brockville (Leeds and Grenville)
sér. 176 : Registers.
sér. 179 : Estate files.
Cornwall (Stormont, Dundas, and Glengarry)
sér. 194 : Registers.
sér. 198 : Estate files.
Guelph (Wellington)
sér. 317 : Registers.
Hamilton (Wentworth)
sér. 204 : Registers.
sér. 205 : Estate files.
Ottawa (Carleton)
sér. 224 : Registers.
sér. 354 : Estate files.
St Catharines (Niagara North)
sér. 235 : Estate files.
Thunder Bay (Algoma)
sér. 380 : Estate files.
RG 24 : Lieutenant Governor's Office
sér. 5 : Robinson, sir John Beverley.
sér. 6 : Campbell, sir Alexander.
RG 53 : Recording Office
Records of land
sér. 56 : Index to land patents by name.
Records of appointments and commissions
sér. 18 : Great seal books.
RG 55 : Companies Division, Ministry of Consumer and Corporate Relations
Company partnership records

I-2 : Companies Branch
A : Miscellaneous records.
B : Company charters.

ARCHIVES PAROISSIALES. Les archives paroissiales du Québec conservent plus particulièrement les registres des baptêmes, mariages et sépultures, dont une copie est déposée aux Archives civiles [voir Québec, ministère de la Justice] du district judiciaire où se trouve la paroisse. Elles renferment habituellement d'autres documents, dont les livres de comptes, les livres des délibérations de la fabrique, les registres des confréries de la paroisse, les cahiers de prônes et, parfois, de la correspondance.

ARCHIVES PROVINCIALES DU NOUVEAU-BRUNSWICK, Fredericton. Pour plus d'informations sur la documentation manuscrite des APNB, on pourra consulter *A guide to the manuscript collections in the Provincial Archives of New Brunswick,* A. C. Rigby, compil. (Fredericton, 1977), toujours utile même si le système de classification qui y est décrit a été révisé depuis.

Séries citées dans le vol. XII :
MC : Manuscript collections
30 : D. D. Glasier and Sons papers.
38 : J. & S. Glasier and Company papers.
71 : Moore–DeWolfe collection.
223 : Diocese of Fredericton Archives.
243 : Arthur Hill Gillmor papers.
300 : York-Sunbury Historical Society collection.
1156 : Graves papers.
1246 : George Burchill and Sons papers.
RG 1 : Records of the lieutenant governors and administrators
RS328 : Arthur Hamilton Gordon.
RS355 : Robert Duncan Wilmot.
RS357 : John James Fraser.
RG 2 : Records of the central executive
RS6 : Minutes and orders-in-council of the Executive Council.
RG 3 : Records of the provincial secretary
RS307 : Records of the administration of state oaths.
RS551 : Performance bonds.
RG 4 : Records of the New Brunswick General Assembly
RS24 : Legislative Assembly sessional records. Les APNB ont préparé un catalogue couvrant les années 1786 à 1832 intitulé « A new calendar of the papers of the House of Assembly of New Brunswick », R. P. Nason *et al.,* compil. (3 vol., copies dactylographiées, Fredericton, 1975–1977).
RG 5 : Records of the superior courts
RS32 : Supreme Court records : minutes.
RG 7 : Records of the probate courts
RS63 : Charlotte County.
RS71 : Saint John County.
RS72 : Sunbury County.
RS73 : Victoria County.
RS74 : Westmorland County.
RS75 : York County.
RG 11 : Records of the Department of Education
RS113 : Board of Education records.
RS115 : Licensing and appointment records.
RG 18 : Records of the Department of Municipal Affairs
RS148 : Charlotte County Council records.
RS149 : Gloucester County Council records.
RS152 : Madawaska County Council records.
RS158 : Victoria County Council records.
RS427 : Saint John County Council papers.
RG 29 : Records of the Department of the Attorney General.

ARCHIVES OF THE ROMAN CATHOLIC ARCHDIOCESE OF TORONTO.

Les séries citées dans le vol. XII comprennent :
Archbishops' papers
C : Charbonnel, Armand-François-Marie de.
L : Lynch, John Joseph.
W : Walsh, John.
LB : Letter-books.
Roman correspondence
LRC : Lynch Roman correspondence.
PRC : Power Roman correspondence.

BUREAUX D'ENREGISTREMENT. Voir QUÉBEC, MINISTÈRE DE LA JUSTICE

BRITISH COLUMBIA ARCHIVES AND RECORDS SERVICE, Victoria. En 1975, ce dépôt (les références dans tout le vol. XII sont faites à leur ancien nom qui fut officiel jusqu'au 1er mars 1989, les Provincial Archives of British Columbia (PABC) inaugura un nouveau système de classement pour les manuscrits privés. Ceux qui ont été classés depuis ont reçu la cote Additional manuscript (Add. MSS) accompagnée d'un nombre. Les manuscrits déja classés reçoivent graduellement la nouvelle cote.

Séries citées dans le vol. XII :
Add. MSS: Additional manuscripts
14 : De Cosmos, Amor.
54 : Crease, Henry Pering Pellew, legal papers.
55 : Crease family.
257 : Sproat, Gilbert Malcolm.
470 : Mallandaine, Edward.
505 : Helmcken, John Sebastian.
523 : Houghton, Charles Frederick, letter-book.
525 : Robson, John.
529 : Affleck, Edward Lloyd.
611 : Blanshard, Richard.
635 : Ross, Donald.
707 : Baker, Edgar Crow.

757 : O'Neill, William John (« Wiggs ») « My Memories » : reminiscences of life in northern British Columbia ».
759 : Cornwall, Clement Francis.
794 : Brown, Robert.
805 : Inskip, George Hastings, journal of H.M.S. *Virago*.
1249 : McLeod, Malcolm.
1917 : McKay, Joseph William.
1978 : Pemberton, Joseph Despard, surveying notebook, « Trigonometl. Memda ».
2227 : Woman's Christian Temperance Union of British Columbia, minute-book.
2431 : McKenzie family collection.
GR : Government Records
216 : British Columbia, Government agent, Cariboo.
224 : British Columbia, Government agent, Lillooet.
436 : Canada, Department of the Interior, Dominion Lands Branch, records relating to land settlement in Railway Belt and Peace River Block.
443 : Lieutenant governor, despatches.
693 : Report and evidence taken by the commission to inquire into the management of Provincial Asylum for the Insane, New Westminster, 1883.
824 : British Columbia, Department of Lands and Works, records of assistant commissioner of lands and works, Cariboo District.
833 : British Columbia, Department of Lands and Works, ledger containing copies of contracts, Fraser and Thompson rivers.
1052 : British Columbia, Supreme Court (Victoria), central will registry.
1304 : British Columbia, Supreme Court (Victoria), probate files.
1372 : Colonial correspondence. An artificial series created from the letters inward to the departments of the colonial governments of British Columbia and Vancouver Island from both individuals and other government departments. Les lettres sont classées sous le nom de l'expéditeur.
1415 : British Columbia, Supreme Court (Vancouver), probate files.
1422 : British Columbia, Supreme Court (New Westminster), probate files.
Old Classification
Class A : Early exploration: fur trade
A/B/30/F49.1 : Finlayson, Roderick, « History of Vancouver Island and northwest coast ».
A/B/40/Er/62.4 : Ermatinger, Edward, correspondence.
A/C/15 : Hudson's Bay Company
H86P : HBC, land office, Victoria, J. D. Pemberton, correspondence outward.
P36 : HBC, London, correspondence with J. D. Pemberton.
A/C/20/Vi : Fort Victoria correspondence.
A/C/40/F49.2 : Finlayson, Roderick, appointments.
A/E/C86 : Crease collection
B39 : Begbie, Sir Matthew Baillie, letters to Sir Henry P. P. Crease.
Class B : Douglas collection
B/40/4 : Douglas, James, lettres à Martha Douglas.
Class C : Government records
C/AA : Colony of Vancouver Island
10 : Governor.
30 : Departmental – at the capital
.7 : Lands and Works.
C/AB : British Columbia – Colony
30 : Departmental – at the capital
.3 : Justice, courts, etc.
.6 : Royal Engineers.
.7 : Lands and Works.
Class E : Private papers
E/B/B41.1, .2 : Begbie, Sir Matthew Baillie, diary and miscellaneous notes.
E/B/P36.9 : Pemberton, Joseph Despard, miscellaneous papers.
E/B/T44 : Tiedemann, Hermann Otto, journal and report.
E/C/B41.5 : Begbie, Sir Matthew Baillie, notebooks.
E/C/F49.9 : Finlayson, Roderick, will.
E/C/N331.9 : Nelson, Hugh, miscellaneous documents.
E/C/T441 : Tiedemann, Hermann Otto, survey note- and sketch-book.
Class H : Churches and missions
H/D/R57 : Robson, Ebenezer, collection.
Class K : Government and administration, politics
K/LS/P31 : Papers relating to proposed alteration of Pre-Emption Bill, 1860.
Class M : Miscellaneous
M/F49 : Finlayson, Roderick, miscellaneous papers.
Class O : Military and naval history and establishments
O/A/20.5/T731H : Houstoun, Wallace, journal and letter-book of H.M.S. *Trincomalee*.
Class W : Biography
W/A/R57R : George Robson, « History of the Robson family » (s.d.).
Visual Records Division
Plusieurs documents de cette collection apparaissent dans le vol. XII, dont :

pdp 2821 : O'Brien, Lucius Richard, sketch-book.

CENTRE D'ÉTUDES ACADIENNES, université de Moncton, N.-B. On trouve des renseignements sur les fonds et collections dans CEA, *Inventaire général des sources documentaires sur les Acadiens* (3 vol., Moncton, 1975–1977), 1.

Les séries citées dans le vol. XII comprennent :
1 : Fonds Placide Gaudet.
2 : Fonds Edmé Rameau de Saint-Père.
5 : Fonds Pierre-Amand Landry.
6 : Fonds Pascal Poirier.
510 : Fonds Juste Haché.

CENTRE DE RECHERCHE EN CIVILISATION CANADIENNE-FRANÇAISE, université d'Ottawa. Le centre produit une importante collection, les *Documents de travail du CRCCF,* qui sont surtout des instruments de recherche. Citons principalement le n° 8, *Guide des archives du Centre de recherche en civilisation canadienne-française de l'université d'Ottawa* (2e éd., revue, corrigée et augmentée par Marthe Léger, Ottawa, 1985).

Séries citées dans le vol. XII :
C : Fonds manuscrits – collectifs
2 : Association canadienne-française de l'Ontario.
20 : Union du Canada.
36 : Institut canadien-français d'Ottawa.
94 : Fonds du Dictionnaire de l'Amérique française.
P : Fonds manuscrits – personnels
26 : Gouin, Jacques.
32 : Barnard, famille.
139 : Tassé, Joseph.
144 : Garneau, famille.
Ph : Fonds photographiques
32 : Barnard, famille.

CITY OF TORONTO ARCHIVES.

Les collections suivantes ont été consultées dans la préparation du vol. XII :
RG 1 : City Council
A : Minutes.
B : Papers.
RG 5 : City Clerk's Department
F : Assesment rolls.

DALHOUSIE UNIVERSITY ARCHIVES, Halifax.

Les collections suivantes ont été consultées dans la préparation du vol. XII :
MS 1 : Dalhousie University records
1 : Board of Governors
A : Minutes.
B : Correspondence.
5 : Senate
B : Minutes.
6 : Business Office.
7 : Registrar's Office.
MS 2 : Private manuscripts
159 : George Lawson papers.
381 : Robert Bell papers.
MS 4 : Business records
77 : Robert Dawson and Son papers.

GLENBOW ARCHIVES, Calgary.

Les collections citées dans le vol. XII comprennent :
Archives correspondence files
R19e : George Baynham à Sheilagh S. Jameson, 14 janv. 1967.
M : Manuscript collections
M320 : Edgar Dewdney papers.
M477 : Richard Hardisty papers.
M680–682 : Samuel Henry Harkwood Livingston papers.
M927–928 : Wesley Orr papers.
M1080–1883 : Robert Terrill Rundle papers.
M1883 : City of Calgary papers.
M2427 : Charles Sherwood Noble papers.
M3036 : K. E. Livingston, *Masonic ceremonial booklet* (Calgary, 1898).
M3658 : Glenmore School District, data concerning history.
M4046 : Walter K. Miles, genealogical material on Livingston family.
M4821 : Frank Livingston, research and genealogical data on Livingston and related families.
M5782 : Walter K. Miles, « My genealogy, volume II ».
PB : Photograph collection
PB-239 : Photographs by C. G. Horetsky.
S. S. J. file : Sheilagh S. Jameson, Sam Livingston research papers.

HAMILTON PUBLIC LIBRARY, SPECIAL COLLECTIONS DEPARTMENT, Hamilton, Ontario.

Séries citées dans le vol XII :
Archives files.
Clipping files.
Picture collection.
Scrapbooks.

McGILL UNIVERSITY ARCHIVES, Montréal. On trouve des informations sur les différentes collections de documents conservées à l'université McGill dans *Guide des sources d'archives à l'université McGill,* Marcel Caya *et al.*, édit. (3 vol., Montréal, 1985).

Séries citées dans le vol. XII :
New Accessions
Acc. 221 : Fonds Pennington.
Private archives

MG 1002 : Morgan, Henry.
MG 1022 : Dawson, J. W.
MG 1053 : Montreal Ladies' Educational Association.
MG 2028 : Fenwick, G. E.
MG 2045 : Hunt, T. S.
MG 2046 : Logan, W. E.
Archival records of McGill University
RG 2 : Office of the Principal and Vice-Chancellor.
RG 4 : Secretariat of the Royal Institution for the Advancement of Learning and the Board of Governors.
RG 7 : Office of the Registrar.
RG 14 : Office of Human Resources.
RG 30 : Faculty of Education.
RG 32 : Faculty of Arts.
RG 37 : Faculty of Law.
RG 38 : Faculty of Medicine.

McGILL UNIVERSITY LIBRARIES, Montréal. Les fonds de ce dépôt sont répertoriés dans *Guide des sources d'archives à l'université McGill,* Marcel Caya *et al.,* édit. (3 vol., Montréal, 1985).
Séries citées dans le vol. XII :
DEPARTMENT OF RARE BOOKS AND SPECIAL COLLECTIONS
CH88.S106 : Buckland, Kate (Horn).
CH380.S342–344 : Dawson, James.
OSLER LIBRARY
Acc. 479 : Worthington family.
Acc. 603 : Fenwick, G. E.
Acc. 612 : Special collection : medical students' notes.

MARITIME HISTORY ARCHIVE, Memorial University of Newfoundland, St John's. Pour des renseignements sur les collections de ce dépôt, voir *Preliminary inventory of records held at the Maritime History Group,* Roberta Thomas sous la direction de Keith Matthews, compil. ([St John's, 1978]) ; *Check list of research studies pertaining to the history of Newfoundland in the archives of the Maritime History Group* (7e éd., [St John's], 1984) ; et *An index to the name files* [...], Gert Crosbie sous la direction de Keith Matthews, compil. ([St John's], 1981). D'autres index concernant des collections individuelles sont également disponibles.
Série citée dans le vol. XII :
Name file collection : il s'agit de quelque 20 000 dossiers sur des personnages engagés d'une façon ou d'une autre dans le commerce et la pêche à Terre-Neuve de 1640 à 1850. Ces dossiers, tous classés en ordre alphabétique, sont préparés à partir d'une variété de sources documentaires et chacun indique l'origine des informations qui s'y trouvent.

METROPOLITAN TORONTO REFERENCE LIBRARY. Pour plus d'informations sur les manuscrits déposés à la MTRL, voir *Guide to the manuscript collection in the Toronto Public Libraries* (Toronto, 1954).
Séries citées dans le vol. XII :
History Department, Baldwin Room
Robert Baldwin papers.
Historical Picture Collection.
Thomas Strahan Shenston papers.

MUSÉE DU NOUVEAU-BRUNSWICK, Saint-Jean. Pour une description des archives conservées dans ce dépôt, voir New Brunswick Museum, *Inventory of manuscripts, 1967* ([Saint-Jean, 1967]), toujours utile même si quelques collections ont été réorganisées ou transférées à d'autres dépôts depuis la parution de l'inventaire.
Principales séries citées dans le vol. XII :
Files of miscellaneous original and photocopied documents relating to New Brunswick designated A (original record books), C (clipping), CB DOC (vertical file), F (folders), and SB (scrapbooks).
C11: Scrapbook of newspaper clippings, transféré à la Saint John Regional Library (Saint-Jean), en 1987.
Tilley family papers.

MUSÉE McCORD, Montréal. Les fonds de ce dépôt sont répertoriés dans *Guide des sources d'archives à l'université McGill,* Marcel Caya *et al.*, édit. (3 vol., Montréal, 1985).
Séries citées dans le vol. XII :
M21411 : McCord family.
M22087 : Shanly, Walter.
Notman Photographic Archives.

PRINCE EDWARD ISLAND MUSEUM AND HERITAGE FOUNDATION, Charlottetown. Différents dossiers ont été utiles pour établir, dans le vol. XII, les renseignements biographiques et généalogiques des insulaires.

PROVINCIAL ARCHIVES OF BRITISH COLUMBIA. Voir British Columbia Archives and Records Service

PROVINCIAL ARCHIVES OF MANITOBA, Winnipeg.
Séries citées dans le vol. XII :
GR 170 : Attorney general, Surrogate Court (pockets, Winnipeg).
MG 1 : Indians, exploration, and fur trade
D : Fur trade, individuals
7 : Christie, William Joseph.
MG 2 : Red River settlement
B : Council of Assiniboia

3 : Census.
C : Individuals and settlement
5 : Begg, Alexander.
14 : Ross, Alexander, family.
23 : Logan, Robert.
MG 3 : Red River disturbance, Northwest rebellion, and related papers
B : Individuals *re* Red River disturbance and Red River expedition
15 : Winship, George B.
16 : Laurie, Patrick G.
D : Louis Riel.
MG 7 : Church records and religious figures
B : Church of England
5 : St Peter's Dynevor.
6 : St Paul's (Middlechurch).
7 : St John's Cathedral.
15 : St Clement's (Mapleton).
17 : Headingley, paroisse de.
D : Roman Catholic
6 : St François-Xavier.
8 : St Boniface.
MG 10 : Associations and institutions
A : Professional groups and trade unions
2 : Winnipeg Chamber of n.
MG 12 : Lieutenant governors
A : Archibald, Adams George.
B : Morris, Alexander
1 : Lieutenant governor's collection.
2 : Ketcheson collection.
E : Schultz, John Christian.
MG 13 : Premiers
A : Girard, Marc-Amable.
E : Greenway, Thomas.
MG 14 : Public life
B : Political and judicial figures
20 : Boulton, Charles Arkoll.
26 : Dubuc, Joseph.
C : Individuals
69 : Colcleugh, Murray Chisholm.
92 : McIntyre, Alexander.
RG 18: Department of Public Works

Hudson's Bay Company Archives. Le PRO et les AN possèdent des microfilms des documents de ces archives pour les années 1670 à 1870 et, pour les années 1871 à 1904, au fur et à mesure qu'elles sont microfilmées. Pour plus de renseignements concernant les copies conservées aux AN et les instruments de recherche disponibles, voir *Catalogue des fonds et Inv. général*. On peut consulter avec profit les articles de R. H. G. Leveson Gower, « The archives of the Hudson's Bay Company », *Beaver,* outfit 264 (déc. 1933) : 40–42, 64 ; et de Joan Craig, « Three hundred years of records », *Beaver,* outfit 301 (automne 1970) : 65–70. Pour les séries des HBCA publiées par la HBRS, voir section II.

Section A : Headquarters records
A.1/ : Minutes.
A.3/ : London minute-book – consulting and advising in the management of the fur trade.
A.5/ : London correspondence books outwards – general series.
A.6/ : London correspondence books outwards, HBC – official.
A.10/ : London inward correspondence – general.
A.11/ : London inward correspondence from HBC posts.
A.12/ : London inward correspondence from governors of HBC territories
FT,340 : Commissioners' correspondence : staff fur trade.
A.16/ : Officers' and servants' ledgers.
A.30/ : Lists of servants.
A.32/ : Servants' contracts.
A.44/ : Register book of wills and administrations of proprietors, etc.
Section B : North America trading post records
B.21/ : Bow Fort (Piegan Post) records.
B.22/ : Brandon House records.
B.27/ : Carlton House (Saskatchewan) records.
B.49/ : Cumberland House records.
B.60/ : Edmonton records.
B.63/ : Fort Ellice records.
B.105/ : Lac La Pluie records.
B.115/ : Lesser Slave Lake records.
B.134/ : Montreal records.
B.135/ : Moose Factory records.
B.154/ : Norway House records.
B.184/ : Rocky Mountain House records.
B.200/ : Fort Simpson records.
B.214/ : Tadoussac records.
B.223/ : Fort Vancouver records.
B.226/ : Fort Victoria records.
B.235/ : Winnipeg records.
B.239/ : York Factory records.
B.240/ : Fort Yukon records.
Section C : Ships' logs, books, and papers
C.1 : Ships' logs.
C.4 : Ships' movements book.
Section D : Governors' papers and commissioned officers' records
D.3/ : George Simpson journals.
D.4/ : George Simpson outward correspondence books.
D.5/ : George Simpson correspondence inward.
D.7/ : Eden Colvile correspondence inward.
D.11/ : Donald A. Smith correspondence books outward.
D.20/ : Commissioned officers' inward correspondence – general.
Section E : Miscellaneous records
E.4/ : Red River settlement, registers of baptisms, marriages, and burials.

E.5/ : Red River settlement, census returns.
E.6/ : Red River settlement, land registers and records.
E.21/ : James and Joseph Hargrave correspondence.
E.23/ : William Joseph Christie, diary.

PROVINCIAL ARCHIVES OF NEWFOUNDLAND AND LABRADOR, St John's. Pour des renseignements sur ce dépôt, voir *Preliminary inventory of the holdings* [...] ; et *Supplement* [...] (2 numéros, St John's, 1970–1974).

Séries citées dans le vol. XII :
GN : Government records – Newfoundland
GN 1 : Governor's Office
3 : Local and miscellaneous correspondence.
GN 2 : Department of the Colonial Secretary
1 : Letter-books, outgoing correspondence.
2 : Incoming correspondence.
22 : Miscellaneous reports and petitions.
23 : Lunacy Board records.
GN 5 : Court records
2 : Supreme Court
A : Central District
1 : Minutes.
GN 9 : Executive Council records
1 : Minutes.
P : Private records
P5 : Miscellaneous Groups
4 : James Goodfellow papers.
P7 : Businesses
B : Non-fishery
16 : Commercial bank of Newfoundland.
47 : Anglo-American Telegraph Company, Heart's Content.
P8 : Benevolent organizations
A : Churches
25 : Free Presbyterian Church (St John's).
35 : Cowan Mission.

PUBLIC ARCHIVES OF NOVA SCOTIA, Halifax. Une description des collections se trouve dans *Inventory of manuscripts in the Public Archives of Nova Scotia* (Halifax, 1976).

Séries citées dans le vol. XII :
MG 1 : Papers of families and individuals
5–8 : Akins, Thomas Beamish, documents.
164C : Chipman, Ward, documents.
243–247 : Crowe family documents.
254–255 : Davison family documents.
277–311 : Eaton, Arthur W. H., documents.
315 : Morton, George E., documents.
329 : Gilpin, John B., papers.
335 : Hamilton, P. S., diary.
714–717 : Morse family documents.
742–744 : Patterson, George, documents.
771 : Raymond, William O., scrapbook.
799–805 : Shannon family documents.
909B : Tays family genealogy.
1538B : Tupper, Sir Charles, documents, personal and party matters.
1619–1650 : Stayner, Charles St C., collection.
1771A : Thompson, Sir John S. D., documents.
1780–1800A : Harvey, D. C., documents.
1800–1915 : Fergusson, C. Bruce, documents.
3000–3128 : Blakeley, Phyllis Ruth, documents.
MG 2 : Political papers
422–541, 784–790(B) : Fielding, William Stevens.
719–725 : George Renny Young.
MG 3 : Business papers
70–109 : E. D. Davidson & Sons, Bridgewater.
1864(A)–1872 : Moirs Ltd, Halifax.
MG 4 : Churches and communities
18 : Cornwallis Township records, registers of births, marriages, and burials.
23 : Trinity Anglican Church, Digby.
41 : Granville Street/First Baptist Church, Halifax, minutes.
146 : Stewiacke, history, by Women's Institute.
MG 9 : Scrapbooks.
MG 10 : An artificial collection of miscellaneous original deeds, agreements, indentures, and legal documents.
MG 12 : Great Britain, army.
MG 15 : Ethnic collections
B : Indians.
MG 17 : Universities.
MG 20 : Societies and special collections
337–342 : St George's Society, Halifax.
356–364, 367–368, 506 : Woman's Christian Temperance Union of Nova Scotia.
513–519 : Society for the Prevention of Cruelty.
642 : Nova Scotia Historical Society, minutes.
670–707 : Nova Scotia Historical Society collection.
1015 : Miscellaneous societies and organizations.
1634–1637 : United Brotherhood of Carpenters and Joiners of America Local 83.
MG 100 : Documents, newspaper clippings, and miscellaneous items (vertical manuscript file).
RG 1 : Bound volumes of Nova Scotia records for the period 1624–1867
29–185 : Documents relating to the government of Nova Scotia : dispatches, letter-books, and commission books.
186–214½H : Council, minutes.
219–285 : Miscellaneous documents.
301–314 : Legislative Assembly, selections from the files.

419–422 : Papers of negro and maroon immigrations and settlements.
442 : Papers relating to electric telegraphs.
RG 3 : Records of the Executive Council of Nova Scotia.
RG 5 : Records of the Legislative Assembly of Nova Scotia
GP : Governor's petitions.
P : Petitions.
RG 7 : Records of the provincial secretary of Nova Scotia.
RG 14 : Education.
RG 18 : Immigration and passenger lists
A : Naturalization of aliens.
RG 21 : Mines and mining in Nova Scotia.
RG 25 : Public health
C : Miscellaneous.
RG 28 : Railways.
RG 32 : Vital statistics
M : Marriage licences.
WB : Registers of baptisms, marriages, and deaths.
RG 35 : Elective municipal government
102 : Halifax City municipal records
33C : Commissioners of the poor.
39 : City Engineering and Works Department.
RG 39 : Supreme Court
HX : Halifax County
J : Judgement books.
M : Miscellaneous.
RG 42 : Magistrates' courts
HX : Halifax County
D : Stipendiary Magistrates' Court record books.

PUBLIC ARCHIVES OF PRINCE EDWARD ISLAND, Charlottetown.

Séries citées dans le vol. XII :
Acc. 2353 : Miscellaneous documents
/90–95, /160/171 : Francis Bain papers.
2541 : Natural History Society for Prince Edward Island.
2574 : Scrapbook containing papers by Joseph Pope, W. H. Pope, and J. C. Pope.
2576 : Haythorne–Tilley telegrams.
2694 : List of attorneys general and chief justice of Prince Edward Island.
2849 : Palmer family papers.
2920 : Hunter-Duvar papers.
3466 : Prince Edward Island Heritage Foundation collection.
RG 1 : Lieutenant Governor, commission books.
RG 5 : Executive Council.
RG 6 : Courts.
RG 9 : Customs records.
RG 10 : Education.
RG 15 : Crown lands.
RG 16 : Registry Office.
RG 17 : Boundary commission papers.
RG 18 : Census records.
RG 20 : City of Charlottetown records.

QUÉBEC, MINISTÈRE DE LA JUSTICE, Québec. Les archives civiles et les archives judiciaires du Québec, qui relèvent conjointement des tribunaux et du ministère de la Justice, constituent maintenant deux dépôts distincts, résultant d'un reclassement des anciennes Archives judiciaires. Ces archives sont déposées au palais de justice du chef-lieu des 34 districts judiciaires du Québec. Le ministère de la Justice a aussi la responsabilité des documents déposés dans les 82 Bureaux d'enregistrement du Québec.

On trouvera une liste des districts judiciaires dans l'*Annuaire téléphonique judiciaire du Québec,* Andrée Frenette-Lecoq, édit. (Montréal, 1980).

Archives civiles. Ces archives conservent pour les 100 dernières années les registres de l'état civil, les minutiers des notaires et les procès-verbaux des arpenteurs ayant exercé dans les différents districts ; les documents antérieurs sont confiés aux ANQ.

Archives judiciaires. Les Archives judiciaires renferment les documents des différentes cours de justice : les documents actifs, soit ceux des cinq dernières années, se trouvent au palais de justice ; les documents semi-actifs, ceux des 25 années précédentes, sont déposés dans un des 13 centres de préarchivage du ministère de la Justice ; les documents de plus de 30 ans sont confiés aux centres régionnaux des ANQ.

Bureaux d'enregistrement. Sont déposés dans les bureaux d'enregistrement tous les actes ou contrats affectant la propriété foncière : ventes, mariages, testaments et successions, hypothèques, transports, cessions, donations, tutelles et curatelles.

QUEEN'S UNIVERSITY ARCHIVES, Kingston, Ontario. Pour des informations sur ce dépôt, voir *A guide to the holdings of Queen's University Archives*, Anne MacDermaid *et al.*, édit. (2e éd., 2 vol., Kingston, 1986–1987).

Séries citées dans le vol. XII :
100 : City of Kingston Archives.
111a : Kingston Board of Trade records.
1004 : Canada Steamship Lines Limited records.
1227 : Queen's University, Board of trustees, minutes.
1241 : Queen's University letters, 1857–1892.
2026a : Charles Mair papers.
2030 : Sangster family papers.
2056 : Merrill Denison papers.
2070 : Bliss Carman papers.
2112 : Alexander Mackenzie papers.
2139 : William Morris papers.
22248a–b : Calvin Company records.
2253 : Herchmer family papers.

2259 : James Williamson papers.
2285 : Kingston Historical Collection.
3032 : Angus Mowat papers.

UNITED CHURCH ARCHIVES. Ce dépôt d'archives s'est formé à partir de documents produits aux XIXe et XXe siècles par les méthodistes canadiens, les presbytériens, les congrégationalistes et l'Evangelical/United Brethren in Christ bodies. Les Central Archives of the United Church of Canada, logées à la Victoria University, à Toronto, couvrent l'ensemble du pays. Les archives d'intérêt régional, plus particulièrement les documents officiels de chacune des conférences, sont conservées sur place.

Central Archives, Toronto
Plusieurs documents ont été utilisés pour la préparation du vol. XII, particulièrement :
Biographical files.
Local Church records.
Victoria College Archives collection.

UNIVERSITY OF NEW BRUNSWICK LIBRARY, ARCHIVES AND SPECIAL COLLECTIONS DEPARTMENT, Fredericton.
Séries citées dans le vol. XII :
MG H : Historical
H6 : Peter Mitchell papers.
H10 : Samuel Leonard Tilley papers.
H12a : Arthur Hamilton Gordon, Lord Stanmore, papers.
H53 : Henry George Clopper Ketchum papers.
H82 : James Brown papers.
H104 : Lilian Mary Beckwith Maxwell, genealogical material.
UA : University archives
Minutes of the senate.

UNIVERSITY OF TORONTO, THOMAS FISHER RARE BOOK LIBRARY. Pour des informations sur ce dépôt, voir *The Thomas Fisher Rare Book Library : a brief guide to the collections* (Toronto, 1982).
Séries citées dans le vol. XII :
MS coll. 41 : Young, Clarence Richard.
MS coll. 106 : Kingsford, William.
MS coll. 110 : Charlton, John.
MS coll. 127 : Baillie, James Little.
MS coll. 160 : Deacon, William Arthur.
MS coll. 217 : Hunter, Rose Company.
MSS 5058 : Lampman, Archibald.

UNIVERSITY OF TORONTO ARCHIVES. Depuis 1986 les UTA ont préparé une série de guides détaillés sur les documents qu'elles possèdent, dont un inventaire général en trois volumes, *A guide to archival records in the University of Toronto Archives,* le premier volume, qui traite des acquisitions des archives de sociétés jusqu'en 1975, a paru en 1989.
Séries citées dans le vol. XII :
A70-0005 : Senate, minutes.
A73-0026 : Department of Graduate Records, files concerning individual graduates and faculty members.
A74-0018 : Upper Canada College records.
B65-0014 : Langton (John) family papers.
B65-1061 : Young (Archibald Hope) papers.
B74-0007 : Toronto School of Medicine records, faculty minute-book.
B80-0015 : Workman, Joseph, diaries.
P78-0158 : Class and prize lists.
P87-0046 : Commencement/convocation programs.

UNIVERSITY OF WESTERN ONTARIO, REGIONAL COLLECTION, London, Ontario. Une description des documents municipaux et des collections privées de manuscrits est disponible sur microfiches sous le titre de *Regional Collection : the D. B. Weldon Library catalogue,* S. L. Sykes, édit. (London, 1977).
Différentes collections municipales et privées de manuscrits ont été utiles dans la préparation du vol. XII, particulièrement :
Middlesex County, Ontario, Surrogate Court records.

ÉTATS-UNIS

BAKER LIBRARY, HARVARD UNIVERSITY, GRADUATE SCHOOL OF BUSINESS ADMINISTRATION, Boston.
Séries citées dans le vol. XII :
R. G. Dun collection
Manuscript credit ledgers.

FRANCE

ARCHIVES DÉPARTEMENTALES. Pour la liste des inventaires analytiques, on consultera les publications de la Direction des archives de France : *État des inventaires des archives nationales, départementales, communales et hospitalières au 1er janvier 1937* (Paris, 1938) ; *Supplément, 1937–1954,* [par R.-H. Bautier] (Paris, 1955) ; et *Catalogue des inventaires, répertoires, guides de recherche et autres instruments de travail des archives départementales, communales et hospitalières* [...] *à la date du 31 décembre 1961* (Paris, 1962). Pour les copies des documents que les AN possèdent, voir *Catalogue de fonds et Inv. général.* On utilise le même système de classification dans tous les dépôts d'archives départementales.

GRANDE-BRETAGNE

GENERAL REGISTER OFFICE, Londres. Les registres des mariages et des décès ont été consultés pour différents personnages dans la préparation du vol. XII.

GENERAL REGISTER OFFICE FOR SCOTLAND, Édimbourg. L'information concernant les registres des paroisses déposés au GRO est disponible dans *Detailed list of old parochial registers of Scotland* (Édimbourg, 1872). Les registres des baptêmes, mariages et sépultures de plusieurs paroisses d'Écosse ont été utilisés dans la préparation du vol. XII.

PUBLIC RECORD OFFICE, Londres. Pour un aperçu du contenu et du classement de ces archives, voir *Guide to the contents of the Public Record Office* (3 vol., Londres, 1963–1968). Au sujet des copies disponibles aux AN, voir *Catalogue des fonds et Inv. général.*

Séries citées dans le vol. XII :

Admiralty
  Accounting departments
    ADM 38 : Ships' musters, series III.
    ADM 171 : Medal rolls.
  Admiralty and Secretariat
    ADM 1 : Papers.
    ADM 2 : Out-letters.
    ADM 8 : List books.
    ADM 50 : Admirals' journals.
    ADM 51 : Captains' logs.
  Greenwich Hospital
    ADM 80 : Miscellanea, various.
  Medical departments
    ADM 98 : Out-letters.
    ADM 103 : Registers, prisoners of war.
    ADM 104 : Registers, various.
  Navy Board
    ADM 106 : Navy Board records.
  Station records
    North America and West Indies
      ADM 128 : Correspondence, etc.
      ADM 129 : Indexes to correspondence.
Colonial Office. [Voir R. B. Pugh, *The records of the Colonial and Dominions offices* (Londres, 1964).]
  Canada
    CO 42 : Original correspondence.
  British Columbia
    CO 60 : Original correspondence.
  New Brunswick
    CO 188 : Original correspondence.
    CO 189 : Entry books.
  Newfoundland
    CO 194 : Original correspondence.
    CO 199 : Miscellanea (spécialement Blue books of statistics).
  New South Wales
    CO 201 : Original correspondence.
  Prince Edward Island
    CO 226 : Original correspondence.
    CO 227 : Entry books.
  Vancouver Island
    CO 305 : Original correspondence.
  Supplementary
    CO 537 : Correspondence.
Home Office
  Various
    HO 107 : Census papers, population returns, 1841 and 1851.
Registrar General
  Census papers
    RG 9 : Population returns, 1861.
    RG 10 : Population returns, 1871.
    RG 11 : Population returns, 1881.
War Office
  Returns
    WO 17 : Monthly returns.
    WO 25 : Registers, various.

RHODES HOUSE LIBRARY, UNIVERSITY OF OXFORD, Londres. **United Society for the Propagation of the Gospel Archives.** En 1985, on a fermé le dépôt d'archives de la société, et les documents ont été transférés à la Rhodes House Library. Pour des informations concernant les documents relatifs au Canada, voir William Westfall et Ian Pearson, « The archives of the United Society for the Propagation of the Gospel and Canadian history », Canadian Church Hist. Soc., *Journal* (Toronto), 25 (1983) : 16–24. Des microfilms et des copies de documents concernant le Canada sont disponibles aux AN, MG 17, B1 et sont décrits dans *Catalogue des fonds et Inv. général.*

Séries citées dans le vol. XII :

C/CAN : Unbound letters from Canada, 1752–1860.
  D : Orignal letters received from 1850, bound in volumes. Ceux de la Nouvelle-Écosse, du Québec et de Toronto ont été utilisés.
Dr Bray's Associates, minute-books.
Journal of proceedings of the Society for the Propagation of the Gospel. Ce journal comprend des volumes reliés, accompagnés d'un index, qui contiennent les procès-verbaux des assemblées générales tenues à Londres depuis 1701, et quatre appendices, A, B, C, D (1701–1860).

SECTION II : SOURCES IMPRIMÉES

A. DOCUMENTS ET PUBLICATIONS OFFICIELLES

ARCHIVES NATIONALES DU CANADA, Ottawa

PUBLICATIONS NUMÉROTÉES [Voir aussi section III]

9 : *Canadian north-west* (Oliver).

ARCHIVES NATIONALES DU QUÉBEC, Québec
PUBLICATIONS [Voir aussi section III]
Rapport. 54 vol. De 1920–1921 à 1976–1977. Il existe un index pour les 42 premiers volumes : *Table des matières des rapports des Archives du Québec, tomes 1 à 42 (1920–1964)* ([Québec], 1965).

BEGG, ALEXANDER. *Alexander Begg's Red River journal and other papers relative to the Red River resistance of 1869–1870*. Introd. de William Lewis Morton, édit., Toronto, 1956 ; réimpr., New York, 1969. (Publication de la Champlain Society, 34.)

——— ET WALTER R. NURSEY. *Ten years in Winnipeg : a narration of the principal events in the history of the city of Winnipeg from the year A.D., 1870, to the year A.D., 1879, inclusive*. Winnipeg, 1879.

BRITISH COLUMBIA
LEGISLATIVE ASSEMBLY
Journals. Victoria, 1872– . Un index des journaux couvrant la période de 1872 à 1971 a été publié sous le titre de *Index to the journals of the Legislative Asssembly of the province of British Columbia* [...], Christine Ross Fox, compil. (Victoria, 1974).
Sessional papers. Victoria, 1872– . Les documents de la session pour les années 1872–1875 sont compris dans les *Journals*.
Statutes of the province of British Columbia. Victoria, 1872– .
Pour d'autres informations, voir M. C. Holmes, *Publications of the government of British Columbia, 1871–1947* (Victoria, [1950]). Pour les journaux de la période précédant la Confédération, voir *Journals of colonial legislatures of Vancouver Island and B.C.* (Hendrickson) (cité plus bas).

BRITISH COLUMBIA ARCHIVES AND RECORDS SERVICE, Victoria (connu officiellement jusqu'en 1989 sous l'appellation de Provincial Archives of British Columbia)
PUBLICATIONS
Journals of colonial legislatures of Vancouver Island and B.C. (Hendrickson).

CANADA
CHAMBRE DES COMMUNES/HOUSE OF COMMONS
Débats/Debates. Ottawa. La publication officielle des débats de la chambre des Communes commence en 1875. P. B. Waite prépare présentement l'édition des débats pour les années 1867–1874, et ceux de 1867–1870 ont paru (3 vol. parus, Ottawa, 1967–1979). Pour des rapports officieux des débats de 1867 à 1874, voir « Parl. debates » et *Parl. debates* (Cotton) (cités plus bas).
Journaux/Journals. Ottawa, 1867/1868– .
COMMISSION ROYALE SUR LES RELATIONS DU TRAVAIL AVEC LE CAPITAL AU CANADA/ROYAL COMMISSION ON THE RELATIONS OF LABOUR AND CAPITAL IN CANADA
Rapport/Report. Ottawa, 1889. 5 vol. en 6.
PARLEMENT/PARLIAMENT
Documents de la session/Sessional papers. Ottawa, 1867/1868– .
SÉNAT/SENATE
Débats/Debates. La publication officielle des débats du Sénat débute en anglais en 1871 et en français en 1896. Les volumes couvrant la période 1867–1870 ont été reconstitués et publiés par P. B. Waite (3 vol., Ottawa, 1968–1977). Les débats d'après 1871 sont présentement réédités dans des ouvrages où les versions anglaise et française apparaissent côte à côte, édités par A. P. Hardisty (1 vol. paru, Ottawa, 1980–).
Journaux/Journals. Ottawa, 1867/1868– .
Statuts du Canada/Statutes of Canada. Ottawa, 1867/1868– . Le titre varie ; de 1873 à 1951, ils paraissent sous le titre de *Actes du parlement de la puissance du Canada/Acts of the parliament of the Dominion of Canada*.
PUBLICATIONS
D'autres informations sur les publications du gouvernement du Canada sont disponibles dans O. B. Bishop, *Canadian official publications* (Oxford, Angl., 1981) et Marion Villiers Higgins, *Canadian government publications : a manual for librarians* (Chicago, 1935). Les informations sur les commissions royales proviennent de *Federal royal commissions in Canada, 1867–1966 : a checklist*, G. F. Henderson, compil. (Toronto, 1967).
Canada Gazette. Ottawa. Publication officielle du gouvernement du Canada qui paraît depuis le 1er juill. 1867. Les ordonnances statutaires et les dispositions légales sont maintenant publiées séparément dans la *Canada Gazette, part II* qui paraît deux fois par mois depuis le 8 janv. 1947, et les lois d'intérêt public dans la *Canada Gazette, III* qui paraît de façon irrégulière depuis le 13 déc. 1974.

CANADA, PROVINCE DU
ASSEMBLÉE LÉGISLATIVE/LEGISLATIVE ASSEMBLY
Appendice [...] *des journaux/Appendix to the* [...] *journals*. 1841–1859. Se poursuit dans Canada, prov. du, Parl., *Doc. de la session* (cité plus bas).
Journaux/Journals. 1841–1866.
CONSEIL LÉGISLATIF/LEGISLATIVE COUNCIL
Journaux/Journals. 1841–1866.
PARLEMENT/PARLIAMENT
Débats parlementaires sur la question de la confédération des provinces de l'Amérique bri-

tannique du Nord, 3e session, 8e parlement provincial du Canada/Parliamentary debates on the subject of the confederation of the British North American provinces, 3rd session, 8th provincial parliament of Canada. Québec, 1865. Réimpr. de l'édition anglaise, Ottawa, 1951. Pour les autres débats de la province du Canada, voir *Debates of the Legislative Assembly of United Canada* (Abbott Gibbs *et al.*) et « Parl. debates » (cités plus bas).

Documents de la session/Sessional papers. 1860–1866. Précédé par Canada, prov. du, Assemblée législative, *App. des journaux* (cité plus haut).

Statuts/Statutes. 1841–1866. Les statuts ont paru sous les titres de *Statuts provinciaux du Canada/ Provincial statutes of Canada* de 1841 à 1851 et *Statuts de la province du Canada* [...]/ *Statutes of the Province of Canada* [...] de 1852 à 1866.

PUBLICATIONS

Pour d'autres informations sur les publications de la province du Canada, voir Bishop, *Pubs. of government of Prov. of Canada* [section III]. Voir aussi *The Legislative Assembly of the Province of Canada : an index to journal appendices and sessional papers, 1841–1866,* P. A. Damphouse, compil. (London, Ontario, 1974).

Canada Gazette. Kingston ; Montréal ; Toronto ; Québec ; Ottawa. Publication officielle du gouvernement de la province du Canada publiée sur une base hebdomadaire du 2 oct. 1841 au 26 juin 1869. Le journal était publié dans la ville où siégeait le gouvernement.

Canadian Magazine. Toronto. 1 (mars–oct. 1893)–91 (janv.–avril 1939). *Index* : 1–25 (mai–oct. 1905) paru dans le vol. 25. Le titre varie : *Canadian Magazine of Politics, Science, Art and Literature* jusqu'au vol. 63 (mai 1924–janv. 1925) ; *Canadian Magazine,* 64 (févr.–déc. 1925)–87 (janv.–juin 1937) ; *Canadian,* 88 (juill.–déc. 1937)–91 (janv.–avril 1939). Utilisé principalement pour des articles contemporains.

The Canadian north-west, its early development and legislative records ; minutes of the councils of the Red River colony and the Northern Department of Rupert's Land. Edmund Henry Oliver, édit. Ottawa, 1914–1915. 2 vol. (Publication des AN, 9.)

CHAMPLAIN SOCIETY, Toronto

PUBLICATIONS

55 vol. parus sans compter la Hudson's Bay Company series [Voir *HBRS*], l'Ontario series, et les séries non numérotées.

34 : Begg, *Red River journal* (Morton).

Debates of the Legislative Assembly of United Canada, 1841–1867. Elizabeth Abbott [Nish] Gibbs, édit. en chef. Montréal, 1970– . 12 vol. en 28 tomes parus.

Débats de la législature provinciale de la province de Québec. G.-Alphonse Desjardins *et al.*, édit. Québec, 1879–1895. 15 vol. couvrant la période 1879–1894. Le titre et l'éditeur varient.

Débats de l'Assemblée législative. Marcel Hamelin, édit. Québec, 1974– . 4 vol. parus couvrant la période 1867/1868–1875.

Documentary history of education in Upper Canada from the passing of the Constitutional Act of 1791 to the close of Rev. Dr. Ryerson's administration of the Education Department in 1876. John George Hodgins, édit. Toronto, 1894–1910. 28 vol.

HELMCKEN, JOHN SEBASTIAN. *The reminiscences of Doctor John Sebastian Helmcken.* Dorothy Blakey Smith, édit. Introd. de William Kaye Lamb. [Vancouver], 1975.

HUDSON'S BAY RECORD SOCIETY, Winnipeg

PUBLICATIONS

33 vol. Éditeur général pour les vol. 1–22, Edwin Ernest Rich ; vol. 23–25, Kenneth Gordon Davies ; vol. 26–30, Glyndwr Williams ; vol. 31–33, Hartwell Bowsfield. Les vol. 1–12 ont été publiés en collaboration avec la Champlain Society et réimprimés en 1968 à Nendeln, Liechtenstein. Le vol. 13 a été réimprimé au même endroit en 1979.

6 : McLoughlin, John. *The letters of John McLoughlin from Fort Vancouver to the governor and committee, second series, 1839–44.* Edwin Ernest Rich, édit. Introd. de William Kaye Lamb. Londres, 1943.

19 : Colvile, Eden. *London correspondence inward from Eden Colvile, 1849–1852.* Edwin Ernest Rich, édit. Alice Margaret Johnson, assistante. Introd. de William Lewis Morton. Londres, 1956.

31 : Brydges, Charles John. *The letters of Charles John Brydges, 1879–1882 ; Hudson's Bay Company land commissioner.* Hartwell Bowsfield, édit. Introd. d'Alan Wilson. Winnipeg, 1977.

32 : *Fort Victoria letters, 1846–1851.* Hartwell Bowsfield, édit. Introd. de Margaret Anchoretta Ormsby. Winnipeg, 1979.

33 : Brydges, Charles John. *The letters of Charles John Brydges, 1883–1889 ; Hudson's Bay Company land commissioner.* Hartwell Bowsfield, édit. Introd. de James Edgar Rea. Winnipeg, 1981.

ÎLE-DU-PRINCE-ÉDOUARD

HOUSE OF ASSEMBLY

Debates and proceedings. Charlottetown, 1860–1893. Le titre varie : *The parliamentary reporter ; or, debates and proceedings* jusqu'en 1886. De 1856 à 1859 les débats des deux chambres étaient abrégés dans *The parliamentary reporter ; containing an abstract of the debates and proceedings of the Legislative Council and the House of Assembly of Prince Edward Island*.

Journal. Charlottetown, 1788–1893, sauf pour les années 1798–1805 pendant lesquelles aucun journal ne fut imprimé. Le titre varie. Suivi par le *Journal* de la Legislative Assembly.

LEGISLATIVE ASSEMBLY

Journal. Charlottetown, 1894– .

LEGISLATIVE COUNCIL

Debates and proceedings. Charlottetown, 1860–1893. Les débats pour la période 1856–1859 sont abrégés dans *The parliamentary reporter* (cité plus haut).

Journal. Charlottetown, 1827–1893.

Pour plus d'informations sur les publications du gouvernement de l'Île-du-Prince-Édouard, voir Bishop, *Pubs. of governments of N.S., P.E.I., N.B.* [section III].

Journals of the colonial legislatures of the colonies of Vancouver Island and British Columbia, 1851–1871. James Emil Hendrickson, édit. Victoria, 1980. 5 vol. (Publication des PABC.)

LITERARY AND HISTORICAL SOCIETY OF QUEBEC/ SOCIÉTÉ LITTÉRAIRE ET HISTORIQUE DE QUÉBEC, Québec

PUBLICATIONS

Transactions. [1re sér.], 1 (1824–1829)–5 (1861–1862) ; nouv. sér., 1 (1862–1863)–30 (1924).

MANITOBA

ASSEMBLÉE LÉGISLATIVE/LEGISLATIVE ASSEMBLY

Journaux/Journals. Winnipeg, 1871– . Publiés en anglais et en français jusqu'en 889 ; en anglais seulement après cette date. Les journaux de 1871–1914 comprennent des appendices ; le titre varie : « Appendix to the [...] journals », 1871–1885 ; « Sessional papers », 1886–1914.

MORRIS, ALEXANDER. *The treaties of Canada with the Indians of Manitoba and the North-West Territories, including the negotiations on which they were based, and other information relating thereto*. Toronto, 1880 ; réimpr., [1885] et 1971.

NOUVEAU-BRUNSWICK

Acts. Saint-Jean ; Fredericton, 1786– .

HOUSE OF ASSEMBLY

Journal. Saint-Jean, 1786–1814 ; Fredericton, 1816–1892. Suivi par le *Journal* de la Legislative Assembly. Le titre varie : *Journal of the votes and proceedings* ; *Journal and votes* ; *Journals*.

Reports of the debates. Fredericton, etc. Publication irrégulière de 1837/1838 jusqu'en 1870. Il existe une traduction française pour les débats de 1870 : *Rapports des débats de la chambre d'Assemblée de la province du Nouveau-Brunswick* (Shédiac, N.-B., 1870). Aucun débat ne fut publié entre 1871 et 1873. Suivi par *Synoptic report of the proc*.

Synoptic report of the proceedings. Saint-Jean, etc., 1874–1892.

LEGISLATIVE ASSEMBLY

Journal. Fredericton, 1893– .

LEGISLATIVE COUNCIL

Journal. Fredericton, 1831–1892. Avant 1831, les journaux ont été publiés sous le titre de *Journal of the Legislative Council of the province of New Brunswick* [...] [1786–1830] (2 vol., Fredericton, 1831).

Pour une bibliographie des publications du gouvernement du Nouveau-Brunswick, voir Bishop, *Pubs. of the governments of N.S., P.E.I., N.B.* [section III].

NOUVELLE-ÉCOSSE

HOUSE OF ASSEMBLY

Debates and proceedings. Halifax, 1855–1916. Le titre varie.

Journal and proceedings. Halifax, 1761– . Le titre varie ; ce titre est utilisé depuis 1789.

LEGISLATIVE COUNCIL

Journal and proceedings. Halifax, 1836–1928.

The statutes of Nova Scotia. Halifax, 1798– . Le titre varie : *Acts of the General Assembly of the province of Nova Scotia*, 1798–1851. Le premier titre cité a commencé en 1851–1852.

Pour une bibliographie des publications du gouvernement de la Nouvelle-Écosse, voir Bishop, *Pubs. of the governments of N.S., P.E.I., N.B.* [section III].

ONTARIO

LEGISLATURE

Debates. Il n'y a eu aucune publication officielle des débats entre 1867 et 1900. L'Ontario, Legislative Library (Toronto) a compilé des cahiers de coupures de presse contenant des rapports officieux des débats parus dans les journaux (exception faite pour les années 1868–1869, 1871–1872, la seconde session de 1874 et 1882–1883). Ces cahiers sont connus sous le nom de « Newspapers Hansard » et sont disponibles sur microfilm aux AO.

Journals of the Legislative Assembly of the province of Ontario. Toronto, 1867/1868– . Le nom de l'organisme éditeur varie : Parlement de l'Ontario, 1867/1868–1878, et 1952– ; législature de l'Ontario, 1879–1951.

Sessional papers. Toronto, 1868/1869– .
Statutes of the province of Ontario. Toronto, 1867/1868– .
Pour d'autres informations sur les publications du gouvernement de l'Ontario jusqu'en 1900, voir Bishop, *Pubs. of government of Ont., 1867–1900* [section III].

« Parliamentary debates ». L'Association canadienne des bibliothèques a microfilmé des débats de la législature de la province du Canada et du parlement du Canada pour la période 1846–1874 basés sur des cahiers de coupures de presse compilés par la Bibliothèque du Parlement à partir des rapports officieux des débats parus dans les journaux ; ces cahiers sont connus sous l'appellation de « Scrapbook debates ».

Parliamentary debates, Dominion of Canada. [John Cotton, compil.]. Ottawa, 1870–1872. 3 vol. Rapports officieux des débats de la chambre des Communes et du Sénat, l'ouvrage est connu sous l'appellation de *Cotton debates*.

PRESBYTERIAN CHURCH IN CANADA
GENERAL ASSEMBLY
Acts and proceedings. Toronto, 1875– . Annuel.

PROVINCIAL ARCHIVES OF BRITISH COLUMBIA, Victoria. Voir BRITISH COLUMBIA ARCHIVES AND RECORDS SERVICE.

QUÉBEC
ASSEMBLÉE LÉGISLATIVE/LEGISLATIVE ASSEMBLY
Débats. Voir *Débats de l'Assemblée législative* (M. Hamelin) et *Débats de la législature provinciale* (G.-A. Desjardins *et al.*) (cités plus haut).
Journaux/Journals. Québec, 1867/1868– . Publiés dans des éditions séparées en français et en anglais jusqu'en 1941.
CONSEIL LÉGISLATIF/LEGISLATIVE COUNCIL
Journaux/Journals. Québec, 1867/1868– . Publiés dans des éditions séparées en français et en anglais jusqu'en 1943.
PARLEMENT/PARLIAMENT
Documents de la session/Sessional papers. Québec, 1869–1936. Publiés dans des éditions séparées en français et en anglais. Le titre français varie : *Documents parlementaires* à partir de 1924.
Statuts de la province de Québec/Statutes of the province of Quebec. Québec, 1868– . Publiés dans des éditions séparées en français et en anglais jusqu'en 1941.
Pour plus d'informations sur les publications du gouvernement du Québec, voir *Répertoire des publications gouvernementales du Québec de 1867 à 1964*, André Beaulieu *et al.*, compil. (Québec, 1968), et Thériault, *les Pub. parl.* [section III].

STEWART, GEORGE. *The story of the great fire in St. John, N.B., June 20th, 1877*. Toronto, 1877.

TERRE-NEUVE
Acts. St John's, 1833– . Le titre varie : inconnu, 1833–1849 ; *Acts of the General Assembly*, 1850–1933 ; *Acts of the Honourable Commission of Government*, 1934–1947 ; *Statutes*, 1949– .
GENERAL ASSEMBLY
Journal. St John's, 1843–1846. De 1842 à 1847, la House of Assembly et le Legislative Council ont été unis en une seule General Assembly. Il n'y eut aucune session en 1842 et en 1847.
HOUSE OF ASSEMBLY
Journal. St John's, 1833–1933, sauf pour la période de 1842 à 1847.
LEGISLATIVE COUNCIL
Journal. St John's, 1833–1933, sauf pour la période de 1842 à 1847.
Pour des informations sur les publications du gouvernement de Terre-Neuve, voir *Biblio. of Nfld.* (O'Dea et Alexander) [section III].

TERRITOIRES DU NORD-OUEST
LEGISLATIVE ASSEMBLY
Journals. Regina, 1888–1904.
Pour plus d'informations, voir *Publications of the governments of the North-West Territories, 1876–1905, and of the province of Saskatchewan, 1905–1952*, Christine MacDonald, compil. (Regina, 1952).

B. JOURNAUX

Plusieurs ouvrages de référence ont été utilisés pour établir les différents titres d'un journal et sa périodicité. Parmi ceux-ci, nous avons consulté pour les journaux de toutes les régions du Canada : Assoc. canadienne des bibliothèques, *Catalogue de journaux canadiens sur microfilm* (3 vol. en 2 part., Ottawa, 1959–1969) ; *Liste collective des journaux canadiens*, publié sur microfiches par la Bibliothèque nationale du Canada ([Ottawa, 1988]) ; *Liste collective des journaux canadiens disponibles dans les bibliothèques canadiennes* (Ottawa, 1977) ; pour l'Alberta : *Alberta newspapers, 1880–1982 ; an historical directory*, G. M. Strathern, compil. (Edmonton, 1988) ; pour la Colombie-Britannique : *Union catalogue of British Columbia newspapers*, Hana Komorous, compil., journaux catalogués par Kenneth Field (éd. sur microfiches, Vancouver, 1987) ; pour l'Île-du-Prince-Édouard : PAPEI, « Checklist and historical directory of Prince Edward Island newspapers, 1787–1986 », Heather Boylan, compil. (copie dactylographiée, Charlottetown, 1987) ; pour le Manitoba : *A historical directory of Manitoba newspapers, 1859–1978*, D. M. Loveridge, compil.

(Winnipeg, 1981) ; pour le Nouveau-Brunswick : J. R. Harper, *Historical directory of New Brunswick newspapers and periodicals* (Fredericton, 1961) ; pour la Nouvelle-Écosse : G. E. N. Tratt, *A survey and listing of Nova Scotia newspapers, 1752–1957, with particular reference to the period before 1867* (Halifax, 1979) ; pour l'Ontario : *Dict. of Toronto printers* (Hulse) [voir section III] et *Inventory of Ontario newspapers, 1793–1986,* J. B. Gilchrist, compil. (Toronto, 1987) ; pour le Québec : J. Hamelin *et al., la Presse québécoise* [voir section III] ; pour la Saskatchewan : *Historical directory of Saskatchewan newspapers, 1878–1983,* Christine MacDonald, compil. (Regina et Saskatoon, 1984) ; pour Terre-Neuve : *Historical directory of Newfoundland and Labrador newspapers, 1807–1987,* Suzanne Ellison, compil. (St John's, 1988). *Acadian Recorder*. Halifax. 16 janv. 1813–mai 1930.

British Colonist. Halifax. 25 juill. 1848–31 déc. 1874. Le titre varie : *Tri-Weekly British Colonist,* jusqu'au 9 sept. 1851 et 1855–1874 ; *British Colonist and North American Railway Journal,* 1851–1855. Le *Daily British Colonist* parut du 13 déc. 1869 au 14 août 1870.

British Colonist. Toronto. 1er févr. 1838–sept. 1859.

British Colonist. Victoria. Voir *Daily Colonist*

British Columbian. New Westminster ; Victoria. 13 févr. 1861–15 nov. 1983, sous différents titres, dont *British Columbian* (jusqu'au 27 févr. 1869 et 1882–1886) et *Daily Columbian* (1886–1900). Publié à New Westminster sauf pour la période du 16 mars au 25 juill. 1869 alors qu'il parut à Victoria sous le titre de *Daily British Columbian*.

Brockville Evening Recorder. Brockville, Ontario. Voir *Evening Recorder*

Brockville Recorder. Brockville, Ontario. Hebdomadaire, 16 janv. 1821–déc. 1922, sous différents titres. Voir aussi *Evening Recorder*.

Calgary Herald. 2 juill. 1885 à aujourd'hui, sous différents titres, dont *Calgary Daily Herald* (jusqu'en 1895) et *Daily Herald* (1895–1908). Paraît sous le titre de *Calgary Herald* depuis le 13 févr. 1939.

Canadian Churchman. Toronto. 1875 à aujourd'hui, sous différents titres, dont *Dominion Churchman* (1875–1889) et *Canadian Churchman and Dominion Churchman* (1890–1898). Après 1917, il paraît sous le titre de *Canadian Churchman*.

Canadian Illustrated News. Montréal. 30 oct. 1869–29 déc. 1883. Le Dept. of Fine Art de la Univ. of Toronto a préparé Canadian Illustrated News, *Montreal, 1869–1883 : an index,* Andrea Retfalvi, assisté de Ann Hilty, compil. (Toronto, 1989).

Le Canadien. Québec ; Montréal. 22 nov. 1806–11 déc. 1909. Publié à Québec jusqu'au 4 déc. 1891, puis, à Montréal, jusqu'au 11 févr. 1893 et du 22 déc. 1906 au 11 déc. 1909. Le journal n'a pas été publié entre 1893 et 1906.

Charlottetown Herald. 12 oct. 1864 au 28 déc. 1921 au moins. Le titre varie : *Herald* jusqu'au 21 janv. 1874.

Christian Guardian. Toronto. 21 nov. 1829–3 juin 1925.

Courier. St John's. 19 févr. 1853–28 déc. 1878.

Le Courrier du Canada. Québec. 2 févr. 1857–11 avril 1901.

Daily British Colonist/Daily British Colonist and Victoria Chronicle. Voir *Daily Colonist*

Daily British Whig. Kingston, Ontario. 1er janv. 1849–30 nov. 1926.

Daily Colonist. Victoria. Débute le 11 déc. 1858 comme l'hebdomadaire *British Colonist*. Le titre varie : *Daily British Colonist,* 31 juill. 1860–23 juin 1866 et 7 août 1872–31 déc. 1886 ; *Daily British Colonist and Victoria Chronicle,* 25 juin 1866–6 août 1872 ; *Daily Colonist,* 1er janv. 1887–31 août 1980. Le 2 sept., il fusionne avec le *Victoria Times* et forme le *Times-Colonist*.

Daily Columbian. New Westminster. Voir *British Columbian*

Daily Evening Globe. Saint-Jean, N.-B. Voir *Saint John Globe*

Daily Examiner. Charlottetown. Voir *Examiner*

Daily Free Press. Ottawa. Voir *Ottawa Free Press*

Daily Free Press. Winnipeg. Voir *Manitoba Free Press*

Daily Gleaner. Fredericton. 25 nov. 1889 jusqu'à aujourd'hui.

Daily Mail and Empire. Toronto. 7 févr. 1895–21 nov. 1936. Formé par la fusion de l'*Empire* et du *Toronto Daily Mail*. Le titre varie : *Mail and Empire* à partir de sept. 1929. Voir aussi *Globe*.

Daily News. St John's. 15 févr. 1894–4 juin 1984.

Daily Patriot. Charlottetown. Voir *Patriot*

Daily Spectator/Daily Spectator, and Journal of Commerce. Hamilton, Ontario. Voir *Hamilton Spectator*

Daily Telegraph. Saint-Jean, N.-B. 1873–12 mars 1910.

Daily Tribune. Winnipeg. 28 janv. 1890–27 août 1980. Le titre varie : ce dernier est effectif jusqu'au 28 janv. 1903.

Daily Witness. Montréal. 13 août 1860–11 juill. 1913. Voir aussi *Montreal Witness*.

L'Électeur. Québec. 15 juill. 1880–26 déc. 1896. Remplacé par *le Soleil*.

Empire. Toronto. 27 déc. 1887–6 févr. 1895. Fusionne avec le *Toronto Daily Mail* pour former le *Daily Mail and Empire*.

L'Événement. Québec. 13 mai 1867–3 mars 1967.

Evening Express. Halifax. 4 janv. 1858 jusqu'au 31 déc. 1874 au moins. Le titre varie : *Evening Express and Commercial Record* jusqu'au 30 déc. 1872.

Evening Herald. St John's. 4 janv. 1882–31 déc. 1889. Continue sous le titre de *Evening Mercury*.
Evening Mercury. St John's. 13 janv. 1890–31 déc. 1920.
Evening News. Toronto. 2 mai 1881–26 mars 1919. Le titre varie : ce dernier est effectif jusqu'au 17 janv. 1903.
Evening Recorder. Brockville, Ontario. Quotidien, 10 nov. 1873–31 janv. 1918. Voir aussi *Brockville Recorder*.
Evening Star. Toronto. 3 nov. 1892 jusqu'à aujourd'hui. Le titre varie : *Evening Star* jusqu'au 24 janv. 1900 ; *Toronto Daily Star*, 25 janv. 1900–5 nov. 1971, et se poursuit sous le titre de *Toronto Star*.
Evening Telegram. St John's. 3 avril 1879 jusqu'à aujourd'hui.
Evening Telegram. Toronto. 18 avril 1876–30 oct. 1971. Le titre varie : ce dernier est effectif jusqu'au 19 févr. 1949.
Examiner. Charlottetown. 7 août 1847 jusqu'au 29 mai 1922 au moins, sous différents titres, dont *Daily Examiner* (23 mai 1881–8 oct. 1906).
Free Press. Ottawa. Voir *Ottawa Free Press*
Gazette. Montréal. 25 août 1785 jusqu'à aujourd'hui. Le titre varie : *Montreal Gazette* jusqu'au 1er juin 1867.
La Gazette de Québec. Voir *Quebec Gazette*
Globe. Toronto. 5 mars 1844–21 nov. 1936. Le 23 nov. 1936, il fusionne avec le *Daily Mail and Empire* pour devenir le *Globe and Mail*.
Halifax Herald. Voir *Morning Herald*
Hamilton Spectator. Hamilton, Ontario. Débute le 15 juill. 1846 comme le bi-hebdomadaire *Hamilton Spectator, and Journal of Commerce*. Le *Daily Spectator, and Journal of Commerce* a été ajouté le 10 mai 1852 ; il a continué jusqu'à aujourd'hui sous différents titres.
Islander. Charlottetown. Du 2 déc. 1842 au 26 déc. 1873 au moins. Le titre varie : *Islander, or Prince Edward Weekly Intelligencer and Advertiser* jusqu'au 31 déc. 1852 ; *Islander, or Prince Edward Island Weekly Intelligencer and Advertiser*, 7 janv. 1853 jusqu'à déc. 1872 au moins ; *Prince Edward Islander* depuis le 3 janv. 1873.
Island Guardian. Charlottetown. 2 juill. 1887–27 déc. 1894. Le titre varie : *Island Guardian and Christian Chronicle* jusqu'au 2 août 1889.
Le Journal de Québec. 1er déc. 1842–1er oct. 1889. Il remplace *la Gazette de Québec* [voir *Quebec Gazette*] lorsque ce dernier cessa sa publication en nov. 1842.
Leader. Toronto. Débute sa publication sous le titre de *Weekly Leader* le 7 juill. 1852. Une édition quotidienne (du matin) a été ajoutée le 11 juill. 1853 et une autre du soir le 7 nov. 1855. Toutes les trois s'intitulèrent *Leader* à partir de nov. 1855, et continuèrent sous différents titres jusqu'en 1878.
London Advertiser. London, Ontario. 28 oct. 1863–30 oct. 1936, sous différents titres : ce dernier est effectif du 4 déc. 1880–27 nov. 1922.
London Free Press. London, Ontario. 5 mai 1855 jusqu'à aujourd'hui, sous différents titres, dont *Free Press* (2 août 1873–30 oct. 1907) et *London Free Press* (1872–1er août 1873 et nov. 1907–).
Mail. Toronto. Voir *Toronto Daily Mail*
Mail and Empire. Toronto. Voir *Daily Mail and Empire*
Manitoba Free Press. Winnipeg. Débute le 30 nov. 1872 comme hebdomadaire. Une édition quotidienne est ajoutée le 6 juill. 1874 et se poursuit jusqu'à aujourd'hui, sous différents titres, dont *Daily Free Press* (1874–1876) ; *Manitoba Daily Free Press* (1876–1882 et 1882–1893) ; *Manitoba Free Press* (2 mai–18 oct. 1882) ; et *Manitoba Morning Free Press* (1893–1915). Depuis le 2 déc. 1931 il paraît sous le titre de *Winnipeg Free Press*.
La Minerve. Montréal. 9 nov. 1826–27 mai 1899.
Le Monde illustré. Montréal. 10 mai 1884–12 oct. 1907. Le titre varie : *le Monde illustré, album universel* (1902–1907) ; *l'Album universel, le monde illustré* (22 juin–12 oct. 1907).
Monetary Times. Toronto. 15 août 1867–sept. 1970, sous différents titres. *Montreal Daily Star*. 16 janv. 1869 jusqu'au 25 sept. 1979, sous différents titres, dont *Evening Star* (jusqu'en avril 1877) et *Montreal Daily Star* (1877–1957).
Montreal Daily Witness. Voir *Daily Witness*
Montreal Gazette. Voir *Gazette*
Montreal Herald. 19 oct. 1811–18 oct. 1957, sous différents titres, dont *Montreal Herald and Daily Commercial Gazette, Montreal Daily Herald*, et *Herald*.
Montreal Transcript. 4 oct. 1836–1873, sous différents titres.
Montreal Witness. 5 janv. 1846–mai 1938, sous différents titres. Voir aussi *Daily Witness*.
Morning Chronicle. Halifax. Débute comme tri-hebdomadaire le 24 janv. 1844 ; une édition quotidienne est ajoutée le 3 août 1864, devient le *Chronicle* le 22 janv. 1927. Le *Novascotian* était son édition hebdomadaire, 1844–1925.
Morning Chronicle. Québec. 18 mai 1847–30 juin 1925, sous différents titres, dont *Quebec Morning Chronicle* (4 mai 1888–15 oct. 1898).
Morning Freeman. Saint-Jean, N.-B. 4 févr. 1851–2 nov. 1878.
Morning Herald. Halifax. 4 janv. 1875–31 déc. 1948. Le titre varie : *Halifax Herald* à partir du 2 janv. 1892.
Morning News. Saint-Jean, N.-B. Débute le 16 sept. 1839 sous le titre de *Commercial News and General Advertiser* ; continue du 3 avril 1840–8 avril 1884 sous différents titres parmi lesquels *Morning News* est le plus usité.

New-Brunswick Courier. Saint-Jean, N.-B. 2 mai 1811–15 juill. 1865.

Newfoundlander. St John's. Juill. 1827 jusque vers le 30 déc. 1884.

Novascotian. Halifax. 29 déc. 1824 jusqu'au 25 déc. 1925 au moins, sous différents titres, dont *Novascotian, or Colonial Herald* (jusqu'au 26 déc. 1839), *Novascotian* (1840–1892), *Novascotian and Weekly Chronicle* (1892–1899), et *Weekly Chronicle and Novascotian* (1900–1903). Voir aussi *Morning Chronicle*.

L'Opinion publique. Montréal. 1er janv. 1870–27 déc. 1883.

Ottawa Citizen. Débute le 22 févr. 1851 comme hebdomadaire. Une édition quotidienne a été ajoutée le 15 mai 1865 et le journal poursuit sa publication jusqu'à aujourd'hui sous différents titres, dont *Ottawa Citizen* (1865–1871, 1878–1879, 1892–1900), *Daily Citizen* (1871–1878, 1890–1892), et *Ottawa Daily Citizen* (1879–1890).

Ottawa Evening Journal. 10 déc. 1885–27 août 1980. En juill. 1949, il devint l'*Ottawa Journal*.

Ottawa Free Press. 27 déc. 1869–30 déc. 1916. Le titre varie : *Free Press* jusqu'au 11 août 1888 ; *Ottawa Free Press* du 13 août 1888 au 30 déc. 1916.

La Patrie. Montréal. 24 févr. 1879–9 janv. 1978.

Patriot. Charlottetown. 1er juill. 1864 jusqu'à aujourd'hui, sous différents titres, dont *Patriot* (jusqu'au 6 avril 1881) et *Daily Patriot* (7 avril 1881–14 nov. 1910). Aucun exemplaire n'est disponible avant celui du 4 juill. 1867.

Patriot and Terra-Nova Herald. St John's. Juill. 1833–1890 ; des exemplaires sont disponibles seulement entre 1834 et le 30 juin 1890. Le titre varie : *Newfoundland Patriot* jusqu'au 6 juill. 1842 ; *Patriot and Terra-Nova Herald*, 13 juill. 1842–29 avril 1872 et 12 févr. 1877–30 juin 1890 ; *Patriot and Terra-Nova Catholic Herald*, 6–22 mai 1872 ; et P*atriot and Catholic Herald*, 28 mai 1872–1er févr. 1877.

Le Pionnier. Sherbrooke, Québec ; Montréal. 13 oct. 1866–11 mai 1902. Le titre varie : *le Pionnier de Sherbrooke* jusqu'au 25 févr. 1886 ; *le Pionnier*, 4 mars 1886–3 mai 1901. Poursuit sa publication à Montréal sous le titre de *le Pionnier populaire, social et patriote*, 12 mai 1901–11 mai 1902.

Presbyterian Witness, and Evangelical Advocate. Halifax, etc. 8 janv. 1848–11 juin 1925. Publié à Halifax jusqu'au 27 nov. 1920, sauf pour la période 1903–1908, alors qu'il parut à Pictou, N.-É. Le titre a été abrégé à *Presbyterian Witness* le 1er janv. 1898. Poursuit sa publication à Toronto jusqu'au 11 juin 1925.

La Presse. Montréal. 20 oct. 1884 jusqu'à aujourd'hui.

Public Ledger. St John's. De 1820 environ jusqu'au 26 déc. 1882, sous différents titres. Des exemplaires sont disponibles seulement à partir de celui du 2 janv. 1827.

Quebec Daily Mercury. 5 janv. 1805–17 oct. 1903, sous différents titres, dont *Quebec Mercury* (jusqu'au 8 janv. 1863) et *Quebec Daily Mercury* (1863–1875 et 1887–1903).

Quebec Gazette/La Gazette de Québec. 21 juin 1764–30 oct. 1874. Bilingue jusqu'au 29 oct. 1842, mais avec des éditions française et anglaise qui paraissent en alternance à partir du 2 mai 1832 ; à partir du 1er déc. 1842 l'édition française a été remplacée par *le Journal de Québec* et le journal parut seulement en anglais.

Quebec Mercury. Voir *Quebec Daily Mercury*

Royal Gazette. Charlottetown. 24 août 1830 jusqu'à aujourd'hui ; le journal officiel du gouvernement depuis juill. 1851.

Royal Gazette and Newfoundland Advertiser. St John's. 27 août 1807–30 sept. 1924. Porte ce titre, sauf pour la période du 12 juill. au 4 oct. 1892, où il s'appelle simplement la *Royal Gazette*. Remplacé par la *Newfoundland Gazette*, le journal officiel du gouvernement qui paraît encore.

St. John Daily Sun. Saint-Jean, N.-B. 2 juin 1887–4 mai 1906.

Saint John Globe. Saint-Jean, N.-B. 26 sept. 1886–15 janv. 1927.

Saskatchewan Herald. Battleford, Saskatchewan. 25 août 1878–26 janv. 1938.

Le Soleil. Québec. 28 déc. 1896 jusqu'à aujourd'hui. Remplace *l'Électeur*.

Spectator. Hamilton, Ontario. Voir *Hamilton Spectator*.

Times and General Commercial Gazette. St John's. 15 août 1832–23 mars 1895.

Times-Colonist. Victoria. Voir *Daily Colonist*

Toronto Daily Mail. 30 mars 1872–6 févr. 1895. Le titre varie : *Mail* jusqu'au 31 juill. 1880. Le 7 févr. 1895, il fusionne avec l'*Empire* pour former le *Daily Mail and Empire*.

Toronto Daily Star/Toronto Evening Star. Voir *Evening Star*

Toronto World. Voir *World*

Vancouver Daily World. 29 sept. 1888–11 mars 1924.

Victoria Daily Times. 9 juin 1884–6 nov. 1971, devint alors V*ictoria Times* jusqu'au 30 août 1980. Voir aussi *Daily Colonist*.

Week. Toronto. 6 déc. 1883–20 nov. 1896.

World. Toronto. 19 août 1880–9 avril 1921.

Winnipeg Daily Tribune. Voir *Daily Tribune*

SECTION III : OUVRAGES DE RÉFÉRENCE

Académie royale des arts du Canada : exhibitions and members, 1880–1979 /Royal Canadian Academy of Arts. Evelyn de Rostaing McMann, édit. Toronto, 1981.

ALLAIRE, JEAN-BAPTISTE-ARTHUR. *Dictionnaire biographique du clergé canadien-français*. Montréal et Saint-Hyacinthe, Québec, 1908–1934. 6 vol.

[1] : *Les Anciens*. Montréal, 1910.

[2] : *Les Contemporains*. Saint-Hyacinthe, 1908.

[3] : [*Suppléments*.] Montréal, 1910–1919. 6 part. en 1 vol.

[4] : *Le Clergé canadien-français : revue mensuelle* ([Montréal]), 1 (1919–1920). Un seul volume de cette revue a été publié.

[5] : *Compléments*. Montréal, 1928–1932. 6 part. en 1 vol.

[6] : Sans titre. Saint-Hyacinthe, 1934.

ALMANACHS. Les almanachs ont été regroupés sous cette rubrique afin d'aider le chercheur à les identifier. Comme le titre de ces almanachs varie d'une année à l'autre et que l'éditeur ou le compilateur change assez régulièrement, nous avons souvent réuni les almanachs d'une même collection sous un titre général où l'on donne les différents titres et éditeurs mentionnés sur la page de titre.

Almanach de Québec. Plusieurs séries de l'almanach de Québec ont été publiées entre 1841 et 1900. Pour la préparation du vol. XII, nous avons consulté : *Almanach ecclésiastique et civil de Québec pour 1846* (Québec), Jean-Baptiste Fréchette, édit. ; *Almanach du Bas-Canada pour l'année 1849* [...] (Montréal), Jean-Baptiste Rolland, édit. ; et *Quebec pocket almanac*, 1870–1872 et 1881–1886. Voir aussi *Quebec almanac*.

L'Almanach du peuple illustré [...] 1855–   ; irrégulier jusqu'en 1870, annuel par la suite. Habituellement publié à Montréal. Les exemplaires de 1905 et de 1915 ont été cités dans le vol. XII. Publié par C.-O. Beauchemin & fils, devenue la Librarie Beauchemin, Limitée.

Belcher's farmer's almanack. Halifax, 1824–1930. Les exemplaires de 1843–1891 ont été utilisés dans le vol. XII. Éditeurs : Clement Horton Belcher, 1824–1870 ; publié par la suite par McAlpine and Barnes, devenue la McAlpine Publishing Company. Le titre varie : *The farmer's almanack* [...], 1824–1831 ; *Belcher's farmer's almanack* [...], 1832–1869 ; *Belcher's farmer's almanack for the province of Nova Scotia* [...], 1870–1904 ; en 1905 il devient *Belcher's farmers' almanac for the maritime provinces* [...].

Canadian almanac. Toronto, 1848–   . Utilisé pour les années 1848–1860. Éditeurs : Scobie & Balfour, 1848–1850 ; Hugh Scobie, 1851–1854 ; Maclear & Co., 1855–1861 ; W. C. Chewett & Co., 1862–1869 ; Copp, Clark & Co., 1870–   . Paraît sous différents titres, dont : *Scobie & Balfour's Canadian almanac, and repository of useful knowledge* [...] (1848–1850) ; *Scobie's Canadian almanac, and repository* [...] (1851–1854) ; *Maclear & Co.'s Canadian almanac, and repository* [...] (1855–1856) ; et The *Canadian almanac, and repository* [...] (1857–1894). Depuis 1948, il paraît sous le titre de *The Canadian almanac and directory* [...].

Cunnabell's Nova-Scotia almanac. Halifax, 1834–1868. L'exemplaire de 1851 a été utilisé dans le vol. XII. Éditeurs : Jacob Sparling Cunnabell, 1834–1836 ; William Cunnabell, 1837–1868. Le titre varie : *The Nova-Scotia almanack* [...], 1834–1841 ; *Cunnabell's Nova-Scotia almanac* [...], 1842–1850 ; en 1851, il devient *Cunnabell's Nova-Scotia almanac, and farmer's manual* [...].

Montreal pocket almanack. Montréal, 1842–1891. Les exemplaires de 1845, 1850 et 1860 ont été utilisés. Éditeurs : James Starke & Co., 1842–1879 ; J. Theo. Robinson, 1880–1891. Le titre varie : *Montreal pocket almanack, and general register* [...], 1842–1846, 1851, 1855–1856 ; *Montreal pocket almanac, and general register* [...], 1847–1850, 1852–1854, 1857 ; en 1858, il devient *Starke's Montreal pocket almanac and general register* [...], et continue à paraître avec quelques variations mineures dans le titre jusqu'à la fin de sa publication en 1891.

Newfoundland almanack. St John's. De 1841 au moins à 1892. Les exemplaires de 1844, 1848–1850 et 1870–1892 ont été utilisés dans le vol. XII. Compilé par Joseph Templeman, 1842–1847 ; Philip Tocque, 1848–1850 ; compilé, imprimé et publié par Joseph Woods, 1854–1871 ; John Woods, 1872–1878 ; publié par William J. Herder, 1880–1892. Le titre varie entre *almanac/ almanack*.

Newfoundland year book and almanac. Voir *Year book and almanac of Newfoundland*.

Ottawa almanac and dominion guide, 1875, containing a calendar for the year [...]. Publié par A. S. Woodburn. Ottawa, 1875. D'après sa page couverture, il doit « alterner chaque année avec *The Ottawa directory and dominion guide* », mais aucun autre exemplaire de l'almanach n'a été produit.

Prince Edward Island almanac. Charlottetown. Plusieurs séries paraissent entre 1853 et 1900. Nous avons consulté les exemplaires suivants : *Prince Edward Island almanack* [...], John J. Pippy, édit., 1853–1854 ; *Harvie's Prince Edward Island almanack* [...], Henry A. Harvie, édit., 1868–1881 ; et *Prince Edward Island almanac* [...], Theo. L. Chappelle, édit., 1879–1887.

Prince Edward Island calendar [...]. Charlottetown, 1836–1873. Utilisé pour les années 1862–1868 et 1870–1872. Éditeurs : James Douglas Haszard, 1836–1850 ; J. D. et George T. Haszard, 1851 ; inconnu, 1852–1854 ; G. T. Haszard, 1855, 1857–1862 ; Haszard & Owen, 1856 ; inconnu, 1863–1864 ; Laird & Harvie, 1865–1866 ; David Laird, 1867–1873.

Quebec almanac/Almanach de Québec. Québec, 1780–1841 (sauf pour 1781, 1790 et 1793). Les exemplaires de 1836 et 1840–1841 ont été utilisés. Publié par William Brown de 1780 à 1789, et, par la suite, par la famille Neilson de 1791 jusqu'en 1841. L'orthographe et la langue du titre varie, mais de 1780 à 1789 il paraît seulement en français sous le titre de *Almanach de Québec*, et de 1813 à 1841, il est publié en anglais seulement sous le titre de *The Quebec almanack ; and British American royal kalendar*.

Year book and almanac of Newfoundland [...]. St John's. 1887–1932. Utilisé pour les années 1887–1892. Éditeurs : J. W. Withers, 1887–1920 ; David R. Thistle, 1921–1932.

ANNUAIRES. Les annuaires, qui ont d'abord été des publications isolées, paraissent de façon régulière – le plus souvent annuelle – au XIXe siècle. Comme le titre de ces publications varie souvent d'une année à l'autre et que l'éditeur ou le compilateur change régulièrement, nous avons réuni les annuaires les plus souvent cités dans le vol. XII selon les régions et en composant un titre général sous lequel on fournit les années utilisées. Pour connaître les différents titres et éditeurs mentionnés sur la page de titre ainsi que le lieu où l'on peut trouver ces annuaires, on consultera l'ouvrage de Ryder, *Répertoire des annuaires canadiens* [voir plus bas].

Brant County directory. 1890.

British Columbia directory. 1863 ; 1877/1878 ; 1882/1883 ; 1883 ; 1892.

Canada directory. 1851 ; 1853 ; 1857/1858 ; 1864/1865 ; 1871.

Eastern Townships directory. 1867 ; 1875/1876 ; 1888/1889.

Halifax directory. 1858/1859 ; 1863 ; 1869/1870–1895/1896.

Hamilton directory. 1856 ; 1858 ; 1862/1863 ; 1866–1898/1899.

Hastings County directory. 1860/1861 ; 1864/1865 ; 1868/1869 ; 1879/1880 ; 1889.

Kingston directory. 1855–1893/1894.

Lincoln and Welland counties directory. 1879.

London directory. 1856/1857–1896/1897.

Manitoba and Northwest Territories directory. 1892–1898.

Manitoba directory. 1876/1877–1878/1879.

Montreal directory. 1842/1843–1910/1911.

New Brunswick directory. 1865/1866 ; 1889/1896.

Newfoundland directory. 1864/1865 ; 1871 ; 1877.

Nova Scotia directory. 1864/1865 ; 1868/1869 ; 1871 ; 1890/1897.

Ontario directory. 1869 ; 1871 ; 1882.

Ottawa directory. 1868–1901.

Prince Edward Island directory. 1864.

Quebec & Levis directory. 1871/1872 ; 1890/1891–1896/1897.

Quebec directory. 1844/1845–1900/1901.

St. Catharines directory. 1863/1864–1895.

Saint John directory. 1863/1864 ; 1869/1870–1880/1881.

St. John's directory. 1885/1886.

Simcoe County directory. 1866/1867.

Toronto directory. 1833/1834–1900.

Victoria directory. 1860 ; 1868–1869 ; 1871 ; 1874.

Wentworth County directory. 1865/1866.

Winnipeg directory. 1880–1900.

Yarmouth directory. 1890 ; 1895.

Appletons' cyclopædia of American biography. James Grant Wilson et John Fiske, édit. New York, 1887–1900. 7 vol. *The cyclopædia of American biography*. Nouv. éd. augmentée, James Edward Homans *et al.*, édit. 1915–1931. 12 vol.

ARCHIVES NATIONALES DU CANADA, Ottawa

PUBLICATIONS [Voir aussi section II]

Canadian directory of parl. (Johnson).

Catalogue collectif (Gordon *et al.* ; Maurice Hyam).

Catalogue collectif, suppl. (Maurice Hyam *et al.*).

Inventaires du contenu de la Division des manuscrits [Voir section I].

Répertoire des ministères canadiens/Guide to Canadian ministries.

ARCHIVES NATIONALES DU QUÉBEC, Québec

PUBLICATIONS [Voir aussi section II]

P.-G. Roy, *Les Juges de la prov. de Québec.*

AUDET, FRANCIS-JOSEPH. « Les Législateurs du Bas-Canada de 1760 à 1867 ». Manuscrit déposé à la bibliothèque Morisset, université d'Ottawa, 1940. 3 vol.

Australian dictionary of biography. Douglas Pike *et al.*, édit. Melbourne, 1966– . 11 vol. parus [à 1939, « Nes-Smi »].

Belcher's farmer's almanack. Voir ALMANACHS

A bibliography of British Columbia ; laying the foundations, 1849–1899. Barbara Joan [Sonia Horsfield] Lowther et Muriel Laing, compil. Victoria, 1968. (Publication de la University of Victoria.)

A bibliography of Canadiana, being items in the

Public Library of Toronto, Canada, relating to the early history and development of Canada. Frances Maria Staton et Marie Tremaine, édit. Toronto, 1934. Réimpr., 1965. 2 suppl. parus, 1959–1989.
1 : Gertrude Mabel Boyle et Marjorie Maud Colbeck, édit., 1959 ; réimpr., 1969.
2 : Sandra Alston et Karen Evans, édit. 3 part. et un index, 1985–1989.

Bibliography of Newfoundland. Agnes C. O'Dea, compil., Anne Alexander, édit. Toronto, 1986. 2 vol. (Publié en association avec la Memorial University of Newfoundland.)

A bibliography of the Prairie provinces to 1953, with biographical index. Bruce Braden Peel, compil. 2e éd. Toronto et Buffalo, N.Y., 1973.

BIBLIOTHÈQUE NATIONALE DU CANADA, Ottawa publications
Bishop, *Pubs. of government of Prov. of Canada*.
——— *Pubs. of governments of N.S., P.E.I., N.B.*
Canadiana, 1867–1900.
Ryder, *Répertoire des annuaires canadiens*.

BISHOP, OLGA BERNICE. *Publications of the government of Ontario, 1867–1900*. Toronto, 1976. (Publication de Ontario, Ministry of Government Services.)

——— *Publications of the government of the Province of Canada, 1841–1867*. Ottawa, [1964]. (Publication de la Bibliothèque nationale du Canada.)

——— *Publications of the governments of Nova Scotia, Prince Edward Island, New Brunswick, 1758–1952*. Ottawa, 1957. (Publication de la Bibliothèque nationale du Canada.)

BORTHWICK, JOHN DOUGLAS. *History and biographical gazetteer of Montreal to the year 1892*. Montréal, 1892.

Brant County directory. Voir ANNUAIRES

British Columbia directory. Voir ANNUAIRES

The British Library general catalogue of printed books to 1975. Londres, 1979–1987. 360 vol.

BURKE, JOHN. *A genealogical and heraldic history of the commoners of Great Britain and Ireland, enjoying territorial possessions or high official rank ; but uninvested with heritable honours*. Londres, 1833–1837. 4 vol. 18e éd. parue sous le titre de *Burke's genealogical and heraldic history of the landed gentry*, Peter Townend, édit., 1965–1972. 3 vol.

——— *General and heraldic dictionary of the peerage and baronetage of the United Kingdom* [...]. Londres, 1826. 105e éd. parue sous le titre de *Burke's genealogical and heraldic history of the peerage, baronetage and knightage*, Peter Townend, édit., 1970.

Canada, an encyclopædia of the country ; the Canadian dominion considered in its historic relations, its natural resources, its material progress, and its national development. John Castell Hopkins, édit. Toronto, 1898–1900. 6 vol. et un index.

Canada directory. Voir ANNUAIRES

Canadiana, 1867–1900 : monographies : la bibliographie nationale du Canada/Canadiana, 1867–1900, monographs : Canada's national bibliography. Éd. sur microfiches. Ottawa, 1980– . (Publication de la Bibliothèque nationale du Canada.)

The Canadian album : men of Canada ; or, success by example, in religion, patriotism, business, law, medicine, education and agriculture [...]. William Cochrane et John Castell Hopkins, édit. Brantford, Ontario, et Toronto, 1891–1896. 5 vol. Les vol. 1–4 ont été édités par Cochrane, le vol. 5 par Hopkins.

Canadian almanac. Voir ALMANACHS

The Canadian biographical dictionary and portrait gallery of eminent and self-made men. Toronto, 1880–1881. 2 vol.

The Canadian directory of parliament, 1867–1967. James Keith Johnson, édit. Ottawa, 1968. (Publication des AN.)

The Canadian encyclopedia. James Harley Marsh *et al.*, édit. Edmonton, 1985. 3 vol. 2e éd., 1988, 4 vol.

The Canadian men and women of the time : a hand-book of Canadian biography. Henry James Morgan, édit. Toronto, 1898. 2e éd., 1912.

The Canadian parliamentary companion. Québec, 1862–1863 ; Montréal, 1864–1874 ; Ottawa, 1875– . Irrégulier à partir de 1862, puis annuel à partir de 1871. Le titre varie : tel qu'indiqué en tête de rubrique jusqu'en 1897, sauf pour 1877–1881, alors que le titre complet était *The Canadian parliamentary companion and annual register* ; *The parliamentary guide and work of general reference*, 1898–1899 ; *The Canadian parliamentary guide and work of general reference*, 1901–1908 ; *The Canadian parliamentary guide*, 1909 à aujourd'hui. Éditeurs : Henry James Morgan, 1862–1864, 1869, 1871–1874 ; Charles Herbert Mackintosh, 1877–1881 ; John Alexander Gemmill, 1883–1897 ; Arnott James Magurn, 1898–1905.

Catalogue collectif des manuscrits des archives canadiennes/ Union list of manuscripts in Canadian repositories. Éd. rév. E. Grace Maurice [Hyam], édit. Ottawa, 1975. 2 vol. (Publication des AN.) *Supplément/Supplement*. E. Grace Maurice Hyam *et al.*, édit. 1976– . 4 vol. parus.

CHADWICK, EDWARD MARION. *Ontarian families : genealogies of United-Empire-Loyalist and other pioneer families of Upper Canada*. Toronto, 1894–1898. 2 vol. Réimpr., Lambertville, N.J., [1970], 2 vol. en 1. Réimpr. du vol. 1 avec une introd.

de William Felix Edmund Morley, Belleville, Ontario, 1972.

Commemorative biographical record of the county of York, Ontario ; containing biographical sketches of prominent and representative citizens and many of the early settled families. Toronto, 1907.

CORNISH, GEORGE HENRY. *Cyclopædia of Methodism in Canada : containing historical, educational, and statistical information, dating from the beginning of the work in the several provinces of the Dominion of Canada, and extending to the annual conferences of 1880*. Toronto et Halifax, 1881–1903. 2 vol.

Cunnabell's Nova-Scotia almanac. Voir ALMANACHS

A cyclopædia of Canadian biography [...]. George MacLean Rose et Hector [Willoughby] Charlesworth, édit. Toronto, 1886–1919. 3 vol. Les vol. 1–2 ont été édités par Rose et le vol. 3 par Charlesworth. Les sous-titres et les titres de la série varient.

Death notices from the Christian Guardian [...]. Donald A. McKenzie, compil. Lambertville, N.J., 1982–1988. 3 vol. [1836–1870]. Le titre du vol. [3] varie : *Obituaries from Ontario's* Christian Guardian [...].

Death notices of Ontario. William D. Reid, compil. Lambertville, N.J., 1980.

DENT, JOHN CHARLES. *The Canadian portrait gallery*. Toronto, 1880–1881. 4 vol.

DESJARDINS, JOSEPH. *Guide parlementaire historique de la province de Québec, 1792 à 1902*. Québec, 1902.

Dictionary of American biography. Allen Johnson *et al.*, édit. New York, 1928–1958. 20 vol., un index et 2 compléments [à 1940]. Réimpr., [1946]–1958, 22 vol. en 11 et un index. 5 autres compléments parus [à 1965], Edward Topping James *et al.*, édit., [1973]– . *Concise DAB*. 3e éd. [à 1960], 1980.

Dictionary of Hamilton biography. Thomas Melville Bailey *et al.*, édit. Hamilton, Ontario, 1981– . 1 vol. paru [à 1875].

Dictionary of national biography. Leslie Stephen et Sidney Lee, édit. Londres, 1885–1903. 63 vol., 3 compléments, un index et un abrégé [à 1900]. Réimpr. sans index, 1908–1909, 22 vol. 7 autres compléments parus [à 1970], Sidney Lee *et al.*, édit., 1912– . *Concise DNB*. [1953]–1961. 2 vol. *Corrections and additions to the* Dictionary of national biography [1923–1963]. Boston, Mass., 1966.

A dictionary of Toronto printers, publishers, booksellers, and the allied trades, 1798–1900. Elizabeth Hulse, compil. Toronto, 1982.

Dictionnaire des œuvres littéraires du Québec. Maurice Lemire *et al.*, édit. Montréal, 1978–1987. 5 vol.

The dominion annual register and review [...] [1878–1886]. Henry James Morgan *et al.*, édit. Montréal, etc., 1879–1887. 8 vol.

Eastern Townships directory. Voir ANNUAIRES

Elections in New Brunswick, 1784–1984/les Élections au Nouveau-Brunswick, 1784–1984. Fredericton, 1984. (Publication de la Bibliothèque de l'Assemblée législative du Nouveau-Brunswick.)

Encyclopædia Britannica ; a new survey of universal knowledge. [14e éd.]. Warren E. Preece *et al.*, édit. Chicago, 1966. 23 vol. et un index. *The new Encyclopædia Britannica*. 15e éd. 1977. 30 vol.

Encyclopedia Canadiana. John Everett Robbins *et al.*, édit. Ottawa, 1957–1958. 10 vol. [Éd. rév.], Kenneth H. Pearson *et al.*, édit., Toronto, 1975.

Encyclopedia of music in Canada. Helmut Kallmann *et al.*, édit. Toronto, 1981. Voir aussi *Encyclopédie de la musique au Canada*.

Encyclopedia of Newfoundland and Labrador. Joseph Roberts Smallwood *et al.*, édit. St John's, 1981– . 2 vol. parus.

Encyclopédie de la musique au Canada. Helmut Kallmann *et al.*, édit. Montréal, 1983. Voir aussi *Encyclopedia of Music in Canada*.

Grand Larousse encyclopédique. Paris, 1960–1964. 10 vol. 2 compl., 1969–1975. *Grand dictionnaire encyclopédique Larousse*. 1982–1985. 10 vol.

Guide du chercheur en histoire canadienne. Sous la direction de Jean Hamelin. Québec, 1986.

Guide to Canadian ministries since confederation, July 1, 1867–February 1, 1982. [Ottawa], 1982. (Publication conjointe du Gouvernement du Canada, du ministère du Conseil privé et des AN.) Voir aussi *Répertoire des ministères canadiens*.

Halifax directory. Voir ANNUAIRES

HAMELIN, JEAN, *et al. La Presse québécoise, des origines à nos jours*. [2e éd.]. Québec, 1973–1989. 10 vol. [1764–1975]. Les vol. 1–2 [1764–1879] ont été préparés par André Beaulieu et Jean Hamelin. *Index cumulatifs (tomes I à VII) (1764–1944)*. 1987.

Hamilton directory. Voir ANNUAIRES

Handbook of North American Indians. William C. Sturtevant *et al.*, édit. Washington, 1978– . 8 vol. parus [4–6 ; 8–11 ; 15]. (Publication de la Smithsonian Institution.)

HARPER, JOHN RUSSELL. *Early painters and engravers in Canada*. [Toronto], 1970.

HART, HENRY GEORGE. *The new annual army list* [...]. Londres, 1840–1916. La couverture du livre porte le titre de *Hart's army list*.

Hastings County directory. Voir ANNUAIRES

HILL, ISABEL LOUISE. *The Old Burying Ground, Fredericton, N.B*. Fredericton, 1981. 2 vol. en 1.

INSTITUT CANADIEN DE MICROREPRODUCTIONS HISTORIQUES/CANADIAN INSTITUTE FOR HISTORICAL MICROREPRODUCTIONS, Ottawa. *Catalogue d'im-*

primés *canadiens : répertoire bibliographique avec index de la collection de microfiches de l'Institut canadien de microreproductions historiques/Canada : the printed record : a bibliographic register with indexes to the microfiche series of the Canadian Institute for Historical Microreproductions*. Éd. sur microfiches. Ottawa, 1981– .

KERR, JOHN BLAINE. *Biographical dictionary of well-known British Columbians, with a historical sketch*. Vancouver, 1890.

Kingston directory. Voir ANNUAIRES

[LANGELIER, JEAN-CHRYSOSTÔME.] *Liste des terrains concédés par la couronne dans la province de Québec, de 1763 au 31 décembre 1890*. Québec, 1891. Paru aussi en anglais sous le titre de *List of lands granted by the crown in the province of Quebec from 1763 to 31st December 1890* (1891).

The Legislative Assembly of Nova Scotia, 1758–1983 : a biographical directory. Shirley B. Elliott, édit. [Halifax], 1984.

Legislators and legislatures of Ontario : a reference guide. Debra Forman, compil. [Toronto, 1984]. 3 vol. [1792–1984]. (Publication de l'Ontario Legislative Library, Research and Information Services.)

Le JEUNE, LOUIS[-MARIE]. *Dictionnaire général de biographie, histoire, littérature, agriculture, commerce, industrie et des arts, sciences, mœurs, coutumes, institutions politiques et religieuses du Canada*. Ottawa, [1931]. 2 vol.

Lincoln and Welland counties directory. Voir ANNUAIRES

London directory. Voir ANNUAIRES

Manitoba and Northwest Territories directory. Voir ANNUAIRES

Manitoba directory. Voir ANNUAIRES

Manitoba historical atlas : a selection of facsimile maps, plans, and sketches from 1612 to 1969. Introd. et notes de John Warkentin et Richard I. Ruggles, édit. Winnipeg, 1970. Le titre sur la couverture est *Historical atlas of Manitoba*. (Publication de Manitoba, Historical and Scientific Society.)

Marriage bonds of Ontario, 1803–1834. Thomas B. Wilson, compil. Lambertville, N.J., 1985.

Marriage notices of Ontario. William D. Reid, compil. [et Thomas B. Wilson, édit.]. Lambertville, N.J., 1980. Voir aussi *Ont. marriage notices* (T. B. Wilson).

Mercantile agency reference book. Montréal, etc. 1864 à aujourd'hui. La fréquence varie. Guide des cotes de crédit des compagnies canadiennes. Éditeurs : R. G. Dun & Company, 1864–1865 et 1893–1932 ; Dun, Wiman & Company, 1866–1892 ; Dun & Bradstreet of Canada Limited, 1933– . Le titre varie : *The mercantile agency reference book for the British provinces* [...], jusqu'en 1866 ; en 1868, il devient *The mercantile agency reference book, (and key,) for the Dominion of Canada* [...] ; son nom actuel est Dun & Bradstreet of Canada, *Reference book*. En 1859–1860, les cotes des compagnies canadiennes paraissent dans *The mercantile agency reference book (and key,) containing ratings of the merchants, manufacturers, and traders generally, throughout the United States and Canada* [...], New York. Aucune parution en 1861–1863.

Montreal almanack. Voir ALMANACHS

Montreal directory. Voir ANNUAIRES

MORGAN, HENRY JAMES. *Bibliotheca Canadensis : or a manual of Canadian literature*. Ottawa, 1867. Réimpr., Detroit, 1968.

——— *Sketches of celebrated Canadians, and persons connected with Canada, from the earliest period in the history of the province down to the present time*. Québec et Londres, 1862. Réimpr., Montréal, 1865.

The national union catalog, pre-1956 imprints [...]. Londres et Chicago, 1968–1981. 754 vol.

New Brunswick directory. Voir ANNUAIRES

New Brunswick vital statistics from newspapers. Voir *Vital statistics from New Brunswick newspapers*.

Newfoundland almanack. Voir ALMANACHS

Newfoundland directory. Voir ANNUAIRES

Newfoundland men : a collection of biographical sketches, with portraits, of sons and residents of the island who have become known in commercial, professional, and political life. Henry Youmans Mott, édit. Concord, N.H., 1894.

Newfoundland year book and almanac. Voir ALMANACHS

Nova Scotia directory. Voir ANNUAIRES

Nova Scotia vital statistics from newspapers [...]. Terrence Michael Punch et Jean M. Holder, compil. Halifax, 1978– . 7 vol. parus [1769–1847]. (Publications de la Nova Scotia Genealogical Association, 1 ; 3 ; 5–6 ; 8 ; 10–11.) Les vol [1] : *1813–1822* et [3] : *1769–1812* ont été compilés par Punch et les autres par Holder. La couverture porte le titre déjà cité et le titre de la page de titre varie. Jusqu'en 1986, la Nova Scotia Genealogical Association était une section de la Royal Nova Scotia Historical Society [Voir section V].

Ontario directory. Voir ANNUAIRES

Ontario marriage notices. Thomas B. Wilson, compil. Lambertville, N.J., 1982. Complète *Marriage notices of Ont.* (Reid) [Voir précédemment].

Ottawa almanac. Voir ALMANACHS

Ottawa directory. Voir ANNUAIRES

The Oxford companion to Canadian history and literature. Norah Story, édit. Toronto, 1967. *Supplement*. William Toye, édit. en chef. Toronto, 1973.

The Oxford companion to Canadian literature. William Toye, édit. en chef. Toronto, 1983.

Pioneers and early citizens of Manitoba : a dictionary of Manitoba biography from the earliest times to 1920. Marjorie Morley *et al.*, compil. Winnipeg, 1971. (Publication de la Manitoba Library Association.)

Place-names and places of Nova Scotia. Introd. de Charles Bruce Fergusson. Halifax, 1967. Réimpr., Belleville, Ontario, 1976. (Publication des PANS, « Nova Scotia series », 3.)

Places in Ontario : their name origins and history. Nick et Helma Mika, compil. Belleville, Ontario, 1977–1983. 3 part.

Political appointments and elections in the Province of Canada, from 1841 to 1865. Joseph-Olivier Coté, édit. 2ᵉ éd. augmentée. Ottawa, 1866. [...] *and appendix from 1st January, 1866, to 30th June, 1867, and index*. Narcisse-Omer Coté, édit. 1918.

Political appointments, parliaments, and the judicial bench in the Dominion of Canada, 1867 to 1895. Narcisse-Omer Coté, édit. Ottawa, 1896. *Supplement* [...] *1896 to 1903*. 1903.

Prince Edward Island almanac. Voir ALMANACHS

Prince Edward Island calendar. Voir ALMANACHS

Prince Edward Island directory. Voir ANNUAIRES

Prominent men of Canada : a collection of persons distinguished in professional and political life, and in the commerce and industry of Canada. Graeme Mercer Adam, édit. Toronto, 1892.

Quebec almanac. Voir ALMANACHS

Quebec & Levis directory. Voir ANNUAIRES

Quebec directory. Voir ANNUAIRES

RAYBURN, ALAN. *Geographical names of New Brunswick*. Ottawa, 1975. (Comité permanent canadien des noms géographiques, « Toponymy study », 2.)

——— *Geographical names of Prince Edward Island*. Ottawa, 1973. (Comité permanent canadien des noms géographiques, « Toponymy study », 1.)

Répertoire des ministères canadiens depuis la Confédération, 1ᵉʳ juillet 1867–1ᵉʳ avril 1973. [Ottawa], 1974. (Publication des AN.) Voir aussi *Guide to Canadian ministries*.

Répertoire des parlementaires québécois, 1867–1978. André Lavoie *et al.*, compil. Québec, 1980. (Publication de la Bibliothèque de la Législature, Service de documentation politique.)

The roll of pupils of Upper Canada College, Toronto, January, 1830, to June, 1916. Archibald Hope Young, édit. Kingston, Ontario, 1917.

ROY, PIERRE-GEORGES. *Les Avocats de la région de Québec*. Lévis, Québec, [1937].

——— *Les Juges de la province de Québec*. Québec, 1933. (Publication des ANQ.)

RYDER, DOROTHY EDITH. *Répertoire des annuaires canadiens, 1790–1950/Checklist of Canadian directories, 1790–1950*. Ottawa, 1979. (Publication de la Bibliothèque nationale du Canada.)

St. Catharines directory. Voir ANNUAIRES

Saint John directory. Voir ANNUAIRES

St. John's directory. Voir ANNUAIRES

Simcoe County directory. Voir ANNUAIRES

A standard dictionary of Canadian biography : the Canadian who was who. Charles George Douglas Roberts et Arthur Leonard Tunnell, édit. Toronto, 1934–1938. 2 vol.

THÉRIAULT, YVON. *Les Publications parlementaires d'hier et d'aujourd'hui*. [2ᵉ éd.], Québec, 1982. Paru en anglais sous le titre de *The parliamentary publications, past and present* (1983).

Toronto directory. Voir ANNUAIRES

TURCOTTE, GUSTAVE. *Le Conseil législatif de Québec, 1774–1933*. Beauceville, Québec, 1933.

Types of Canadian women and of women who are or have been connected with Canada. Henry James Morgan, édit. Toronto, 1903. Appelé vol. 1, mais aucun autre volume n'a paru.

Victoria directory. Voir ANNUAIRES

Vital statistics from New Brunswick newspapers [...]. Daniel F. Johnson, compil. Saint-Jean, N.-B., 1982– . 30 vol. parus. [1784–1871]. Les vol. 1–5 [1784–1834] ont été publiés par la New Brunswick Genealogical Society sous le titre de *New Brunswick vital statistics from newspapers,* D. F. Johnson *et al.*, compil. (Fredericton, 1982–1984).

WALBRAN, JOHN THOMAS. *British Columbia coast names, 1592–1906, to which are added a few names in adjacent United States territory : their origin and history* [...]. Ottawa, 1909. Réimpr. avec introd. de George Phillip Vernon Akrigg, Vancouver, 1971. Réimpr., Seattle, Wash., et Londres, 1972. (Publication du Geographic Board of Canada.)

WALLACE, WILLIAM STEWART. *The Macmillan dictionary of Canadian biography*. William Angus McKay, édit. 4ᵉ éd., Toronto, [1978].

WATTERS, REGINALD EYRE. *A checklist of Canadian literature and background materials, 1628–1960* [...]. 2ᵉ éd., Toronto et Buffalo, N.Y., 1972.

Wentworth County directory. Voir ANNUAIRES

Winnipeg directory. Voir ANNUAIRES

Yarmouth directory. Voir ANNUAIRES

SECTION IV : ÉTUDES (livres et thèses)

ABBOTT, MAUDE ELIZABETH [SEYMOUR]. *History of medicine in the province of Quebec*. Toronto, 1931. Montréal, 1931.

ATHERTON, WILLIAM HENRY. *Montreal, 1535–1914*. Montréal, 1914. 3 vol.

BAKER, WILLIAM MELVILLE. *Timothy Warren Anglin,*

1822–1896 : Irish Catholic Canadian. Toronto et Buffalo, N.Y., 1977.

BERNARD, JEAN-PAUL. *Les Rouges : libéralisme, nationalisme et anticléricalisme au milieu du XIXe siècle*. Montréal, 1971.

BOLGER, FRANCIS WILLIAM PIUS. *Prince Edward Island and confederation, 1863–1873*. Charlottetown, 1964.

CAMPBELL, ROBERT. *A history of the Scotch Presbyterian Church, St. Gabriel Street, Montreal*. Montréal, 1887.

Canada's smallest province : a history of P.E.I. Francis William Pius Bolger, édit. [Charlottetown, 1973].

CARROLL, JOHN [SALTKILL]. *Case and his cotemporaries ; or, the Canadian itinerants' memorial : constituting a biographical history of Methodism in Canada, from its introduction into the province, till the death of the Rev. Wm. Case in 1855*. Toronto, 1867–1877. 5 vol.

CAYA, MARCEL. « La Formation du parti libéral au Québec, 1867–1887 ». Thèse de PH.D., York, University, Toronto, 1981.

CHOQUETTE, CHARLES-PHILIPPE. *Histoire du séminaire de Saint-Hyacinthe depuis sa fondation jusqu'à nos jours*. Montréal, 1911–1912. 2 vol.

CHOUINARD, FRANÇOIS-XAVIER, *et al. La Ville de Québec, histoire municipale*. Québec, 1963–1983. 4 vol. (Société historique de Québec, Cahiers d'histoire, 15 ; 17 ; 19 ; 35.)

COOK, RAMSAY. *The regenerators : social criticism in late Victorian English Canada*. Toronto, 1985.

CORNELL, PAUL GRANT. *The alignment of political groups in Canada, 1841–1867*. Toronto, 1962.

CÔTÉ, LOUIS-MARIE *et al. Les Maires de la vieille capitale*. Québec, 1980. (Publication de la Société historique de Québec en association avec le gouvernement du Canada et les AVQ.)

CREIGHTON, DONALD [GRANT]. *John A. Macdonald, the young politician*. Toronto, 1952 ; réimpr., 1965.

——— *John A. Macdonald, the old chieftain*. Toronto, 1955 ; réimpr., 1965.

DAVIN, NICHOLAS FLOOD. *The Irishman in Canada*. Londres et Toronto, 1877 ; réimpr. avec une introd. de Daniel C. Lyne, Shannon, république d'Irlande, 1969.

DÉSILETS, ANDRÉE. *Hector-Louis Langevin : un Père de la Confédération canadienne (1826–1906)*. Québec, 1969.

EATON, ARTHUR WENTWORTH HAMILTON. *The history of Kings County, Nova Scotia, heart of the Acadian land ; giving a sketch of the French and their expulsion ; and a history of the New England planters who came in their stead ; with many genealogies, 1604–1910*. Salem, Mass., 1910 ; réimpr. sous le titre de *The history of Kings County*, Belleville, Ontario, 1972.

FROST, STANLEY BRICE. *McGill University : for the advancement of learning*. Kingston, Ontario, et Montréal, 1980–1984. 2 vol.

GERVAIS, GAÉTAN. « L'Expansion du réseau ferroviaire québécois (1875–1895) ». Thèse de PH.D., université d'Ottawa, 1978.

GUNN, GERTRUDE E. *The political history of Newfoundland, 1832–1864*. Toronto, 1966.

GWYN, SANDRA. *The private capital : ambition and love in the age of Macdonald and Laurier*. Toronto, 1984.

HAMELIN, MARCEL. *Les Premières Années du parlementarisme québécois (1867–1878)*. Québec, 1974.

HANNAY, JAMES. *History of New Brunswick*. Saint-Jean, N.-B., 1909. 2 vol.

HILLER, JAMES KELSEY. « A history of Newfoundland, 1874–1901 ». Thèse de PH.D., University of Cambridge, Angl., 1971.

History of the county of Middlesex, Canada, from the earliest time to the present ; containing an authentic account of many important matters relating to the settlement, progress and general history of the county [...]. Toronto et London, Ontario, 1889 ; réimpr. avec introd. et corrections de Daniel [James] Brock et index de Muriel Moon, Belleville, Ontario, 1972.

History of Toronto and county of York, Ontario ; containing an outline of the history of the Dominion of Canada ; a history of the city of Toronto and the county of York [...]. Toronto, 1885. 2 vol.

LABARRÈRE-PAULÉ, ANDRÉ. *Les Instituteurs laïques au Canada français, 1836–1900*. Québec, 1965.

LAVALLÉE, ANDRÉ. *Québec contre Montréal : la querelle universitaire, 1876–1891*. Montréal, 1974.

LAWRENCE, JOSEPH WILSON. *The judges of New Brunswick and their times*. Annoté par Alfred Augustus Stockton [et William Odber Raymond], édit. [Saint-Jean, N.-B., 1907] ; réimpr. avec introd. de David Graham Bell, Fredericton, 1983.

Literary history of Canada : Canadian literature in English. Carl Frederick Klinck *et al.*, édit. Nouv. éd., Toronto, 1976–1990. 4 vol. parus.

MACNUTT, WILLIAM STEWART. *New Brunswick, a history : 1784–1867*. Toronto, 1963 ; réimpr., 1984.

MAURAULT, [JEAN-LÉON-]OLIVIER. *Le Collège de Montréal, 1767–1967*. 2e éd., Antonio Dansereau, édit., Montréal, 1967.

MORTON, WILLIAM LEWIS. *Manitoba : a history*. Toronto, 1957. 2e éd., 1967.

ORMSBY, MARGARET ANCHORETTA. *British Columbia : a history*. [Toronto], 1958. [Éd. rév.], 1971.

POULIOT, LÉON. *Monseigneur Bourget et son temps*. Montréal, 1955–1977. 5 vol.

REID, DENNIS [RICHARD]. *« Our own country Canada » : being an account of the national aspira-*

tions of the principal landscape artists in Montreal and Toronto, 1860–1890. Ottawa, 1979. Paru aussi en français sous le titre de *« Notre patrie le Canada » : mémoires sur les aspirations nationales des principaux paysagistes de Montréal et de Toronto, 1860–1890*.

ROBERTSON, IAN ROSS. « Religion, politics, and education in Prince Edward Island from 1856 to 1877 ». Thèse de M.A., McGill University, Montréal, 1968.

Robertson's landmarks of Toronto : a collection of historical sketches of the old town of York from 1792 until 1833, and of Toronto from 1834 to [1914] [...]. John Ross Robertson, édit. Toronto, 1894–1914. 6 vol. Les vol. 1 à 3 ont été réimprimés à Belleville, Ontario, en 1976, 1987 et 1974 respectivement.

RUMILLY, ROBERT. *Histoire de la province de Québec*. Montréal et Paris, 1940–1969. 41 vol. 2e éd. des vol. 1–9, s.d. ; 3e éd. des vol. 1–6, s.d. Réimpr. des vol. 1–15 de la 1re éd., Montréal, 1971–1980.

——— *Honoré Mercier et son temps*. [Nouv. éd.], Montréal, 1975. 2 vol.

RUTHERFORD, PAUL. *A Victorian authority : the daily press in late nineteenth-century Canada*. Toronto, 1982.

SCHOFIELD, FRANK HOWARD. *The story of Manitoba*. Winnipeg, 1913. 3 vol.

SCHOLEFIELD, ETHELBERT OLAF STUART, ET FREDERICK WILLIAM HOWAY. *British Columbia from the earliest times to the present*. Vancouver, 1914. 4 vol.

SKELTON, OSCAR DOUGLAS. *Life and times of Sir Alexander Tilloch Galt*. [Nouv. éd.], introd. de Guy MacLean, édit., Toronto, 1966.

SOCIÉTÉ HISTORIQUE DE QUÉBEC, Québec

CAHIERS d'histoire

15 ; 17 ; 19 ; 35 : Chouinard *et al., La Ville de Québec*.

AUTRES PUBLICATIONS

L.-M. Côté *et al., Les Maires de la vieille capitale*.

STANLEY, GEORGE FRANCIS GILMAN. *The birth of western Canada : a history of the Riel rebellions*. Londres, 1936. [2e éd.], Toronto, 1960.

——— *Louis Riel*. Toronto, 1963.

SWAINSON, DONALD. « The personnel of politics : a study of the Ontario members of the second federal parliament ». Thèse de PH.D., University of Toronto, 1968.

TORONTO, BOARD OF TRADE. *« A souvenir » : a history of the growth of the Queen City and its board of trade, with biographical sketches of the principal members thereof*. Montréal et Toronto, 1893.

TULCHINSKY, GERALD JACOB JOSEPH. *The river barons : Montreal businessmen and the growth of industry and transportation, 1837–53*. Toronto et Buffalo, N.Y., 1977.

TURNER, JOHN PETER. *The North-West Mounted Police, 1873–1893*. Ottawa, 1950. 2 vol.

VOISINE, NIVE. *Louis-François Laflèche, deuxième évêque de Trois-Rivières*. Saint-Hyacinthe, Québec, 1980– . 1 vol. paru.

WAITE, PETER BUSBY. *Canada, 1874–1896 : arduous destiny*. Toronto et Montréal, 1971.

——— *The life and times of confederation, 1864–1867 : politics, newspapers, and the union of British North America*. Toronto, 1962. 2e éd., avec corrections, 1962.

——— *The man from Halifax : Sir John Thompson, prime minister*. Toronto, 1985.

YOUNG, BRIAN JEFFERY. *Promoters and politicians : the north-shore railways in the history of Quebec, 1854–85*. Toronto, 1978.

SECTION V : PÉRIODIQUES

Acadiensis : revue de l'histoire de la région atlantique/Journal of the History of the Atlantic Region. Fredericton. Revue publiée par le département d'histoire de l'université du Nouveau-Brunswick. 1 (1971–1972)– . *The* Acadiensis *index, vols. I–XII (autumn 1971 to spring 1983)*, E. L. Swanick et David Frank, compil. (1985).

Alberta Historical Review. Edmonton ; Calgary. Revue publiée par la Historical Society of Alberta avec le concours du gouvernement de l'Alberta. 1 (1953)– . Vol. 1–6 (1958) publiés à Edmonton ; vol. 7 (1959)– à Calgary. Index : 1–15 (1967) dans le vol. 15. Le titre varie : *Alberta History* à partir du vol. 23 (1975).

Beaver. Winnipeg. Revue publiée par la HBC. 1 (1920–1921)– . *Index* : 1–outfit 284 (juin 1953–mars 1954). Le titre varie : *Beaver : Exploring Canada's History* depuis le vol. 66 (1986), nº 2.

British Columbia Historical Quarterly. Victoria. Revue publiée par les PABC en collaboration avec la British Columbia Historical Association. 1 (1937)–21 (1957–1958). Des index auteur/titres et sujets sont faits dans *A two-part index to the* British Columbia Historical Quarterly, *volumes I–XXI* [...], publié par le Camosun College ([Victoria], 1977).

BC Studies. Vancouver. Nº 1 (hiver 1968–1969)– . Revue publiée par la University of British Columbia. *Cumulative alphabetical index to* BC Studies, *numbers 1 to 50 (winter 1968/69 to summer 1981)*, F. M. Woodward, compil.

Le Bulletin des recherches historiques. Revue publiée

le plus souvent à Lévis, Québec, d'abord par la Société des études historiques, elle devient, en mars 1923, l'organe du Bureau des archives de la province de Québec (maintenant les ANQ). 1 (1895)–70 (1968). *Index* : 1–31 (1925) (4 vol., Beauceville, Québec, 1925–1926). Pour les années suivantes, voir l'index sur microfiches disponible aux ANQ-Q.

Les Cahiers des Dix. Montréal et Québec. Revue publiée par les Dix. 1 (1936)– .

CANADIAN CATHOLIC HISTORICAL ASSOCIATION. Voir Société canadienne d'histoire de l'Église catholique.

Canadian Collector. Toronto. 1 (1966)– . Index : 1–13 (1978). Le titre varie : *Canadian Collector*, 1, n°s 1–3 et 10 (1975), n° 4– ; *Canadian Antiques Collector*, 1, n° 4–10, n° 3.

CANADIAN HISTORICAL ASSOCIATION. Voir Société historique du Canada

Canadian Historical Review. Toronto. 1 (1920)– . *Index* : 1–10 (1929) ; 11 (1930)–20 (1939) ; 21 (1940)–30 (1949) ; 31 (1950)–51 (1970). L'université Laval a aussi publié un index : Canadian Historical Review, *1950–1964 : index des articles et des comptes rendus de volumes*, René Hardy, compil. (Québec, 1969).

Dalhousie Review. Halifax. Revue publiée par la Dalhousie University. 1 (1921–1922)– .

Historic Kingston. Kingston, Ontario. Revue publiée par la Kingston Historical Society. N° 1 (1952)– . Réimpr. des n°s 1–10 en 1 vol., Belleville, Ontario, 1974. *Index* : n°s 1–20 (1972).

NOVA SCOTIA HISTORICAL SOCIETY, Halifax. Voir Royal Nova Scotia Historical Society

Ontario History. Toronto. Revue publiée par l'Ontario Historical Society. 1 (1899)– . Les vol. 1–49 (1957) ont été réimprimés, Millwood, N.Y., 1975. Un index des vol. 1 à 64 (1972) a été publié sous le titre de *Index to the publications of the Ontario Historical Society, 1899–1972* (1974). Le titre varie : *Papers and Records* jusqu'en 1946.

Revue canadienne. Montréal. 1 (1864)–80 (1922). Les vol. 17 (1881)–23 (1887) sont aussi identifiés comme nouv. sér., 1–7 ; les vol. 24 (1888)–28 (1892) aussi identifiés 3e sér., 1–[5] ; et les vol. 54 (janv.–juin 1908)–80, nouv. sér., 1–27. Le sous-titre varie. Les *Tables générales des 53 premiers volumes de la* Revue canadienne, *1864 à 1907*, ont été publiées en 1907.

Revue d'études canadiennes/Journal of Canadian Studies. Peterborough, Ontario. Publié par la Trent University. 1 (1966)– . *Index* : 1–20 (1985–1986), Patrick Kavanagh, compil.

Revue d'histoire de l'Amérique française. Montréal. Publication de l'Institut d'histoire de l'Amérique française. 1 (1947–1948)– . *Index* : 1–10 (1956–1957) ; 11 (1957–1958)–20 (1966–1967) ; 21 (1967–1968)–30 (1976–1977).

ROYAL NOVA SCOTIA HISTORICAL SOCIETY, Halifax

GENEALOGICAL COMMITTEE PUBLICATIONS

1 ; 3 ; 5–6 ; 8 ; 10 : *N.S. vital statistics* (Punch et Holder) [Voir section III].

AUTRES PUBLICATIONS

Collections. 1 (1878)– . Les vol. 1–8 (1892–1894) ont été réimprimés en 2 vol., Belleville, Ontario, 1976–1977. *Index* : 1–32 (1959) se trouve dans le vol. 33 (1961). Les vol. 1–40 (1980) ont été publiés sous le nom original de la société, la Nova Scotia Historical Society.

SOCIÉTÉ CANADIENNE D'HISTOIRE DE L'ÉGLISE CATHOLIQUE/CANADIAN CATHOLIC HISTORICAL ASSOCIATION, Ottawa. Elle publie simultanément un *Rapport* en français et un *Report* en anglais, entièrement différents l'un de l'autre. 1 (1933–1934)– . *Index* : 1–25 (1958). Le titre varie : *Sessions d'étude/Study sessions*, 1966–1983. Depuis 1984 le titre du périodique en anglais est *Canadian Catholic Historical Studies*.

SOCIÉTÉ HISTORIQUE DU CANADA/CANADIAN HISTORICAL ASSOCIATION, Ottawa. *Annual report*, 1922– . *Index* : 1922–1951 ; 1952–1968. Le titre varie : *Communications historiques/Historical papers* à partir de 1966.

SOCIÉTÉ ROYALE DU CANADA/ROYAL SOCIETY OF CANADA, Ottawa. *Mémoires et comptes rendus/Proceedings and Transactions*. 1re sér., 1 (1882–1883)–12 (1894) ; 2e sér., 1 (1895)–12 (1906) ; 3e sér., 1 (1907)–56 (1962) ; 4e sér., 1 (1963)–22 (1985) ; 5e sér., 1 (1986)– . Un index combiné des auteurs et des sujets à partir de la 1re sér., 1–4e sér., 19 (1982) est disponible sous le titre de *Index des* Mémoires *et d'autres publications de la Société royale du Canada, 1882–1982/Index to the* Transactions *and other publications of the Royal Society of Canada, 1882–1982*, R. H. Hubbard avec la collaboration de Pierre Garneau, compil., publié par la Société en 1987.

COLLABORATEURS

Collaborateurs

ABEL, KERRY M. Assistant professor, Department of History and Institute of Canadian Studies, Carleton University, Ottawa, Ontario.
Sahneuti.

ACHESON, THOMAS WILLIAM. Professor and chair, Department of History, University of New Brunswick, Fredericton, New Brunswick.
James Murchie. Andrew Rainsford Wetmore.

AKRIGG, HELEN B. Independent researcher, Vancouver, British Columbia.
Sir George Henry Richards.

ANDERSON, CHARLES W. Formerly information officer, Pioneer Grain Company Ltd, Winnipeg, Manitoba.
Stephen Nairn.

ANDERSON, DAVID. Environmental consultant, Victoria, British Columbia.
Jacob Hunter Todd.

ANDREAE, CHRISTOPHER. President, Historica Research Ltd, London, Ontario.
Elijah Leonard. Alexander Luders Light.

ANDREW, SHEILA. Lecturer in history, St Thomas University, Fredericton, New Brunswick.
Juste Haché. Lévite Thériault.

ARMSTRONG, CHRISTOPHER. Professor of history, York University, Downsview, Ontario.
James Austin.

ARSENAULT, GEORGES. Animateur de radio, Radio-Canada, Moncton, Nouveau-Brunswick.
Joseph-Octave Arsenault. Stanislaus Francis Perry.

ARTHUR, ELIZABETH. Professor emeritus of history, Lakehead University, Thunder Bay, Ontario.
John McKellar. Victoria McVicar.

ARTIBISE, ALAN F. J. Director, School of Community and Regional Planning, University of British Columbia, Vancouver, British Columbia.
Alexander Logan [en collaboration avec H. Huber].

ASSELIN, JEAN-PIERRE. Réviseur-historien, Charlesbourg, Québec.
Alfred Pampalon. Jean Tielen.

BABCOCK, ROBERT H. Professor of history, University of Maine, Orono, Maine, U.S.A.
Edward Willis.

BAKER, G. BLAINE. Associate professor of law, McGill University, Montréal, Québec.
William Albert Reeve.

BAKER, MELVIN. Archivist-historian, Memorial University of Newfoundland, St John's, Newfoundland.
James Goodfellow. Moses Monroe. Patrick J. Scott.

BAKER, WILLIAM M. Professor of history, University of Lethbridge, Alberta.
Timothy Warren Anglin.

BALE, GORDON. Professor of law, Queen's University, Kingston, Ontario.
Sir William Johnston Ritchie [en collaboration avec E. B. Mellett].

BALLSTADT, CARL P. A. Professor of English, McMaster University, Hamilton, Ontario.
Alexander Milton Ross.

BARR, ELINOR. Historical researcher/writer, Thunder Bay, Ontario.
Thomas Marks.

BARRIÈRE, MIREILLE. Agente de recherche, Gouvernement du Québec, Québec.
Kate M. Horn (Buckland).

BASKERVILLE, PETER. Associate professor of history, University of Victoria, British Columbia.
Sir Joseph Hickson.

BEAHEN, WILLIAM. Staff historian, Royal Canadian Mounted Police, Nepean, Ontario.
Andrew Campbell.

BEAVEN, BRIAN P. N. Archivist, National Archives of Canada, Ottawa, Ontario.
Christopher William Bunting. Christopher Finlay Fraser.

BECK, J. MURRAY. Professor emeritus of political science, Dalhousie University, Halifax, Nova Scotia.
Philip Carteret Hill. Otto Schwartz Weeks.

BEEBY, DEAN. Business editor, Canadian Press, Toronto, Ontario.
William Mellis Christie.

BÉLANGER, NOËL. Historien, Saint-Anaclet, Québec.
Jean Langevin.

BELL, D. G. Associate professor of law, University of New Brunswick, Fredericton, New Brunswick.
Sir John Campbell Allen. Joseph Wilson Lawrence. William Hunter Odell.

BENOIT, JEAN. Rédacteur-historien, *Dictionnaire biographique du Canada/Dictionary of Canadian biography*, Les Presses de l'université Laval, Québec, Québec.
Joseph Barsalou. Guillaume Bresse. John Burstall. George Richard Renfrew.

BENSLEY, EDWARD HORTON. Honorary Osler librarian and professor emeritus of medicine, McGill University, Montréal, Québec.
George Edgeworth Fenwick.

BERGER, CARL. Professor of history, University of Toronto, Ontario.
Sir Daniel Wilson.

BERNARD, JEAN-PAUL. Professeur d'histoire, Université du Québec à Montréal, Québec.
Louis-Antoine Dessaulles [en collaboration avec Y. Lamonde]. *Toussaint-Antoine-Rodolphe Laflamme.*

BERNIER, JACQUES. Professeur agrégé d'histoire, Université Laval, Québec, Québec.
Louis-Léon Lesieur-Désaulniers. Olivier Robitaille.

BESSETTE, ROGER. Archiviste des Pères de Sainte-Croix à la retraite, Montréal, Québec.
Joseph-Pierre Rézé.

BETKE, CARL. Chief of research, Historic Sites Service, Alberta Culture and Multiculturalism, Edmonton, Alberta.
Gilbert McMicken.

BISCHOFF, PETER. Étudiant au doctorat en histoire, Université de Montréal, Québec.
James Robertson [en collaboration avec R. Tremblay].

BISHOP, TERRY. Lecturer in history, Memorial University of Newfoundland, St John's, Newfoundland.
Agnes Cowan.

BLACKWELL, JOHN D. Lecturer in history, St Francis Xavier University, Antigonish, Nova Scotia.
Walter Shanly [en collaboration avec L. C. C. Stanley].

†BLAKELEY, PHYLLIS R. Formerly archivist emeritus, Public Archives of Nova Scotia, Halifax, Nova Scotia.
George Elkana Morton.

†BLAKEY SMITH, DOROTHY. Formerly archivist, Provincial Archives of British Columbia, Victoria, British Columbia.
Robert Barr.

BLIGHT, ELIZABETH. Head, Still Images Section, Provincial Archives of Manitoba, Winnipeg, Manitoba.
Simon Duffin.

BOCKING, DOUGLAS H. Formerly associate provincial archivist, Saskatchewan Archives Board, Saskatoon, Saskatchewan.
Frederick Charles Gilchrist.

BOIVIN, AURÉLIEN. Professeur agrégé des littératures, Université Laval, Québec, Québec.
Hector Berthelot.

BOND, COURTNEY C. J. Formerly historian, National Capital Commission, Ottawa, Ontario.
Robert Bell.

BOWES, EDWARD CHAPMAN. Schoolteacher, Saint John, New Brunswick.
Henry George Clopper Ketchum.

BOWSFIELD, HARTWELL. Formerly associate professor of history, York University, Downsview, Ontario.
James Wickes Taylor.

BRADBURY, BETTINA. Professeure adjointe d'histoire, Université de Montréal, Québec.
Anne Molson (Molson).

BRASSARD, MICHÈLE. Chargée de recherche, *Dictionnaire biographique du Canada/Dictionary of Canadian biography*, Les Presses de l'université Laval, Québec, Québec.
Sir Narcisse-Fortunat Belleau. Télesphore Fournier. Thomas McGreevy. Félix-Gabriel Marchand. Ulric-Joseph Tessier. William John Withall. [Biographies écrites en collaboration avec J. Hamelin.]

BROCK, DANIEL J. Teacher, Catholic Central High School, London, Ontario.
Joseph Jeffery.

BRODE, PATRICK. Lawyer, Windsor, Ontario.
Alexander Cameron. Arthur Rankin. John Beverley Robinson. Anderson Veney.

BROUWER, RUTH COMPTON. Part-time lecturer, University of Toronto, Ontario.
Catherine Seaton Skirving (Ewart).

BROWN, THOMAS E. Chair, Department of Humanities, Mount Royal College, Calgary, Alberta.
Joseph Workman.

BUDDEN, GEOFFREY E. Lawyer, St John's, Newfoundland.
James Luke Prendergast.

BUGGEY, SUSAN. Director, Architectural History Branch, Canadian Parks Service, Ottawa, Ontario.
Andrew Downs.

BURLEY, DAVID G. Associate professor of history, University of Winnipeg, Manitoba.
Thomas Strahan Shenston. George Elias Tuckett. Charles Horatio Waterous. Jesse Oldfield Wisner.

BURNS, ROBIN B. Professor of history, Bishop's University, Lennoxville, Québec.
James William Williams.

BURNSIDE, ALBERT. Minister of pastoral care, Kew Beach United Church, Toronto, Ontario.
Joseph Hiram Robinson.

BURR, GORDON ARTHUR. Archivist, McGill University Archives, Montréal, Québec.
William Cassils.

BUSH, PETER. Minister, St Andrew's Presbyterian Church, Flin Flon, Manitoba.
James Caughey.

BYRNE, CYRIL J. Professor and coordinator of Irish studies, Department of English, Saint Mary's University, Halifax, Nova Scotia.
Constant Garnier.

CAMERON, WENDY. Partner, Wordforce, Toronto, Ontario.
John Langton.

CAMPBELL, STEPHEN C. Professor of English, Université de Moncton, New Brunswick.
John Hunter-Duvar.

†CARRIÈRE, GASTON, O.M.I. Ex-archiviste, Archives historiques oblates, Ottawa, Ontario.
Jean-Marie Nédélec.

CARTER, SARAH A. Postdoctoral fellow in history, University of Manitoba, Winnipeg, Manitoba.
Angus McKay.

CAYA, MARCEL. Directeur, Service des archives, McGill University, Montréal, Québec.
Joseph-Hyacinthe Bellerose. Georges Duhamel. Joseph Duhamel. Christophe-Alphonse Geoffrion. Félix Geoffrion.

CHAMP, CLAIRE. Graduate student in museum studies, University of Toronto, Ontario.
Thomas Connon.

CHAMPAGNE, LYNNE. Free-lance historian, Winnipeg, Manitoba.
Pascal Breland.

CHARTRAND, RENÉ. Conseiller principal, Direction de l'interprétation, Service canadien des parcs, Ottawa, Ontario.
George Futvoye.

CHASSÉ, SONIA. Directrice générale, Musée régional de la Côte-Nord, Sept-Îles, Québec.
Benjamin Pâquet.

CHRISTIE, CARL A. Senior research officer, Directorate of History, Department of National Defence, Ottawa, Ontario.
Hiram Walker.

CHRISTIE, NANCY J. Assistant professor of history and Webster fellow in the humanities, Queen's University, Kingston, Ontario.

Henry Hopper Miles.

†CLARK, LOVELL C. Formerly professor of history, University of Manitoba, Winnipeg, Manitoba.
Louis P. Kribs. Sir John Christian Schultz. John Fisher Wood.

COATES, KENNETH STEPHEN. Associate professor of history, University of Victoria, British Columbia.
Charles Arkoll Boulton [en collaboration avec R. Swan]. *Robert Campbell (1808–1894).*

COLE, CURTIS. Visiting professor, Osgoode Hall Law School, York University, Downsview, Ontario.
Ephraim Jones Parke.

COLLARD, ELIZABETH. Private historian and honorary curator, McCord Museum, Montréal, Québec.
Robert Anderson. Owen McGarvey.

COMEAU, GAYLE M. Doctoral student in history, University of Ottawa, Ontario.
Jacques Dufresne. Theodor August Heintzman. Étienne Leblanc. Pierre St Jean.

CONRAD, MARGARET. Professor of history, Acadia University, Wolfville, Nova Scotia.
Theodore Harding Rand.

COOK, RAMSAY. Professor of history, York University, Downsview, Ontario.
William Allen Pringle.

COOKE, O. A. Chief historical archivist, Directorate of History, Department of National Defence, Ottawa, Ontario.
Frederick Charles Denison. Richard George Amherst Luard.

CREIGHTON, PHILIP. Chartered accountant, Toronto, Ontario.
Robert Henry Bethune. William Elliot. Samuel Bickerton Harman. John Jacob Withrow.

CROWLEY, TERENCE A. Associate professor of history, University of Guelph, Ontario.
Letitia Creighton (Youmans).

CRUIKSHANK, KEN. Postdoctoral fellow in history, Carleton University, Ottawa, Ontario.
Sir David Lewis Macpherson.

CUFF, ROBERT H. Editor, Harry Cuff Publications, St John's, Newfoundland.
John Bemister. Robert Stewart Munn. [Biographies écrites en collaboration avec P. F. Kenney.]

CUTHBERTSON, BRIAN C. Head, Heritage Unit, Department of Tourism and Culture, Halifax, Nova Scotia.
Thomas Beamish Akins.

CYR, CÉLINE. Rédactrice-historienne, *Dictionnaire biographique du Canada/Dictionary of Canadian biography*, Les Presses de l'université Laval, Québec, Québec.
Joséphine-Éléonore d'Estimauville (Taché ; Clément). Sir Andrew Stuart.

DALEY, ROBERT C. Professor of history, Dawson College, Montréal, Québec.
Sydney Robert Bellingham.

†DAOUST, EILEEN. Victoria, British Columbia.
Catharine Morton (McLellan) [en collaboration avec B. K. Latham].

DAVIES, GWENDOLYN. Associate professor of English, Acadia University, Wolfville, Nova Scotia.
Rebecca Agatha Armour (Thompson). Samuel Douglass Smith Huyghue. Amelia Clotilda Jennings.

DAVIS, DAVID J. Provincial archivist, Provincial Archives of Newfoundland and Labrador, St John's, Newfoundland.
Sir Robert John Pinsent.

DAVIS, RICHARD C. Associate professor of English, University of Calgary, Alberta.
Frederick Schwatka.

DAY, JOHN PATRICK. Volunteer historian, Provincial Museum of Alberta, Edmonton, Alberta.
Donald McLeod.

DEGRÂCE, ÉLOI. Archiviste, Fédération des caisses populaires acadiennes, Caraquet, Nouveau-Brunswick.
Henry O'Leary.

DEMPSEY, HUGH A. Associate director, Glenbow Museum, Calgary, Alberta.
Api-kai-ees. Mékaisto. Natawista. Natos-api. Onista'poka. Si'k-okskitsis.

DÉSILETS, ANDRÉE. Professeure d'histoire, Université de Sherbrooke, Québec.
Sir Joseph-Adolphe Chapleau. Marc-Aurèle Plamondon.

DESJARDINS, MARC. Directeur, Éditions Continuité, Québec, Québec.
Théodore Robitaille.

DEVRIES, ANN. Mississauga, Ontario.
James Edward Wells.

DILWORTH, T. G. Professor of biology, University of New Brunswick, Fredericton, New Brunswick.
John Warren Moore.

DONALDSON, BRUCE F. Chief of history, Historic Resources Branch, Manitoba Culture, Heritage and Recreation, Winnipeg, Manitoba.
Horace Bélanger [en collaboration avec M. McCarthy].

DONALDSON, GORDON. Free-lance journalist and broadcaster, Toronto, Ontario.
Jean-François Gravelet, dit Charles Blondin.

DOUGALL, CHARLES. Archivist, Bank of Nova Scotia Archives, Toronto, Ontario.
Samuel Hutton.

DOWN, EDITH. Professor emeritus of secondary education, University of Alberta, Edmonton, Alberta.
Marie-Angèle Gauthier, dite sœur Marie-Angèle.

DOYLE, MARJORIE M. Writer and broadcaster, St John's, Newfoundland.
Philip Tocque [en collaboration avec P. O'Flaherty].

DUCHESNE, RAYMOND. Professeur et directeur de la recherche et des études avancées, Télé-Université, Université du Québec, Québec.
Thomas Sterry Hunt. Jean Moyen.

DUFOUR, PIERRE. Historien, Québec, Québec.
Honoré Mercier [en collaboration avec J. Hamelin].

DUNLOP, ALLAN C. Associate provincial archivist, Public Archives of Nova Scotia, Halifax, Nova Scotia.
George Patterson.

DUSSAULT, GABRIEL. Professeur de sociologie, Université Laval, Québec, Québec.
François-Xavier-Antoine Labelle.

EADIE, JAMES ALBERT. Formerly head, History Department, Napanee and District Secondary School, Napanee, Ontario.
John Herring.

EAKINS, JEAN SINNAMON. Archivist, Missisquoi Historical Society, Stanbridge East, Québec.

Sir John William Dawson [en collaboration avec P. R. Eakins].

EAKINS, PETER R. Associate professor of geology, McGill University, Montréal, Québec.
Sir John William Dawson [en collaboration avec J. S. Eakins].

ECCLES, W. J. Professor emeritus of history, University of Toronto, Ontario.
Francis Parkman.

EDWARDS, MARY JANE. Professor of English and director, Centre for Editing Early Canadian Texts, Carleton University, Ottawa, Ontario.
John Lesperance. Alexander McLachlan.

ELLIOT, ROBERT S. Curator, History of Technology Department, New Brunswick Museum, Saint John, New Brunswick.
James Nevins.

ELWOOD, MARIE. Chief curator, History Section, Nova Scotia Museum, Halifax, Nova Scotia.
Susanna Lucy Anne Haliburton (Weldon).

ENS, ADOLF. Associate professor of history and theology, Canadian Mennonite Bible College, Winnipeg, Manitoba.
Gerhard Wiebe.

EVANS, A. MARGARET. Formerly professor and chair, Department of History, University of Guelph, Ontario.
Archibald McKellar.

FACEY-CROWTHER, DAVID R. Associate professor of history, Memorial University of Newfoundland, St John's, Newfoundland.
William Teel Baird. Robert Barlow McCrea.

FAVRHOLDT, KEN. Curator and archivist, Kamloops Museum and Archives, British Columbia.
Michael Hagan.

FENTON, WILLIAM N. Distinguished professor of anthropology emeritus, State University of New York at Albany, New York, U.S.A.
Horatio Emmons Hale.

FERLAND, JACQUES. Assistant professor of history and assistant director of Canadian studies program, University of Maine, Orono, Maine, U.S.A.
John Kerry.

FERNS, JOHN. Professor of English, McMaster University, Hamilton, Ontario.
Evan MacColl. Alexander Hamilton Wingfield.

FIELD, JOHN L. Niagara-on-the-Lake, Ontario.
John Bower Mowat.

FILTEAU, HUGUETTE. Directrice de la rédaction, *Dictionnaire biographique du Canada/Dictionary of Canadian biography*, Les Presses de l'université Laval, Québec, Québec.
Henry Morgan.

FINGARD, JUDITH. Professor of history, Dalhousie University, Halifax, Nova Scotia.
Robert Motton. George Munro. James Ward.

FISHER, ROBIN. Professor of history, Simon Fraser University, Burnaby, British Columbia.
Isadore.

FLAHIFF, MARGARET. Archivist, Sisters of Charity of Saint Vincent de Paul, Halifax, Nova Scotia.
Joanna Harrington, dite sœur Mary Benedicta.

FORAN, MAX L. School principal, Calgary Board of Education, Alberta.
Wesley Fletcher Orr.

FORSTER, BEN. Assistant professor of history, University of Western Ontario, London, Ontario.
Donald McInnes. Alexander Mackenzie.

FORTIN, LIONEL. Notaire et greffier, Saint-Jean-sur-Richelieu, Québec.
François Bourassa.

FOURNIER, MARCEL. Agent de coopération internationale, Agence Québec/Wallonie-Bruxelles pour la Jeunesse, Montréal, Québec.
Anselme-Homère Pâquet.

FOX, ROSS. Curator, Art Gallery of Hamilton, Ontario.
Robert Hendery.

FRANCIS, JACK P. Registrar and archivist, Anglican Diocese of Ottawa, Ontario.
Samuel Massey. Ashton Oxenden.

FRASER, KATHLEEN D. J. Postdoctoral fellow, Graduate Centre for the Study of Drama, University of Toronto, Ontario.
Eugene Addison McDowell.

FRIESEN, JEAN. Associate professor of history, University of Manitoba, Winnipeg, Manitoba.
George Hills.

GAGNON, JEAN-PIERRE. Historien, Service historique, Défense nationale, Ottawa, Ontario.
Oscar Prévost.

GALARNEAU, CLAUDE. Professeur titulaire d'histoire, Université Laval, Québec, Québec.
George-Édouard Desbarats. Michel-Édouard Méthot.

GARDNER, DAVID. Free-lance actor, director, teacher, and Canadian theatre historian, Toronto, Ontario.
Margaret Finlayson, dite Margaret Bloomer et *Margaret Mather (Haberkorn ; Pabst). James Franklin McLeay. Caroline Scales, dite Caroline Miskel* et *Caroline Miskel-Hoyt (Hoyt). John Townsend.*

GARON, LOUIS. Archiviste, Archives nationales du Québec, Québec.
Guillaume Amyot.

GAUTHIER, BENOÎT. Historien, Centre de recherches en études québécoises, Université du Québec à Trois-Rivières, Québec.
Auguste Larue.

GAUVREAU, MICHAEL. Assistant professor of history, McMaster University, Hamilton, Ontario.
Henry Flesher Bland.

GERSOVITZ, JULIA. Architect and adjunct professor, McGill University, Montréal, Québec.
John James Browne.

GIBSON, LEE. Free-lance researcher and historian, Edmonton, Alberta.
Samuel Lawrence Bedson.

GILBERT, REMI. Secrétaire, Conseil québécois de la recherche sociale, Ministère de la Santé et des Services sociaux, Québec, Québec.
Théophile Montminy.

GILLIS, ROBERT PETER. Group chief, Information Practices Policy, Treasury Board Secretariat, Ottawa, Ontario.
George Bryson. Allan Gilmour.

GIRARD, PHILIP. Associate professor of law, Dalhousie University, Halifax, Nova Scotia.
Henry Pryor.

GODARD, BARBARA. Associate professor of English, York University, Downsview, Ontario.

Louisa Annie Murray.

GODFREY, WILLIAM G. Professor of history and dean, Faculty of Arts, Mount Allison University, Sackville, New Brunswick.

John Livingston [en collaboration avec C. L. Holland].

GOUGH, BARRY MORTON. Professor of history, Wilfrid Laurier University, Waterloo, Ontario.

Eda'nsa.

GOULET, DENIS. Chargé de cours et agent de recherche, Département d'histoire, Université de Montréal, Québec.

Alphonse-Barnabé Larocque de Rochbrune [en collaboration avec O. Keel].

GRACE, ROBERT J. Doctoral student in history, Université Laval, Québec, Québec.

John Hearn.

GRANT, JOHN WEBSTER. Professor emeritus of church history, Victoria University, Toronto, Ontario.

Ephraim Evans. Featherstone Lake Osler.

GREENWOOD, BEVERLEY D. Writer, Rothwell Heights, Ontario.

Achille Morin.

GRESKO, JACQUELINE. Chair, Department of Arts and Humanities, Douglas College, New Westminster, British Columbia.

Paul Durieu.

GRIFFITHS, NAOMI E. S. Professor of history, Carleton University, Ottawa, Ontario.

Camille Lefebvre.

GUILDFORD, JANET. Doctoral student in history, Dalhousie University, Halifax, Nova Scotia.

James Scott Hutton.

HALL, ANTHONY J. Associate professor of native American studies, University of Lethbridge, Alberta.

Robert Brooking.

HALL, D. J. Professor of history, University of Alberta, Edmonton, Alberta.

Alexander Mackinnon Burgess.

HALLSWORTH, GWENDA. Co-editor, *Bibliography of Ontario history,* Sudbury, Ontario.

Alexander McArthur.

HAMELIN, JEAN. Directeur général adjoint, *Dictionnaire biographique du Canada/Dictionary of Canadian biography,* Les Presses de l'université Laval, Québec, Québec.

Sir Narcisse-Fortunat Belleau [en collaboration avec M. Brassard]. *Alexander Buntin* [en collaboration avec M. Paquin]. *Télesphore Fournier* [en collaboration avec M. Brassard]. *George Irvine* [en collaboration avec M. Paquin]. *Thomas McGreevy* [en collaboration avec M. Brassard]. *Félix-Gabriel Marchand* [en collaboration avec M. Brassard]. *Honoré Mercier* [en collaboration avec P. Dufour]. *Alexandre-Antonin Taché. Ulric-Joseph Tessier* [en collaboration avec M. Brassard]. *William John Withall* [en collaboration avec M. Brassard].

HAMILTON, WILLIAM B. Professor, Centre for Canadian Studies, Mount Allison University, Sackville, New Brunswick.

Peter Stevens Hamilton.

HANLON, PETER. Historian, Toronto, Ontario.

William Eli Sanford.

HANSON, STANLEY D. Archivist, University of Saskatchewan Archives, Saskatoon, Saskatchewan.

Kitchi-manito-waya.

HAREL, BRUNO, P.S.S. Archiviste, Séminaire de Saint-Sulpice, Montréal, Québec.

Patrick Dowd.

HARLAND, GORDON. Professor of religion, University of Manitoba, Winnipeg, Manitoba.

John Mark King.

HARRIS, STEPHEN J. Historian, Directorate of History, Department of National Defence, Ottawa, Ontario.

Sir Patrick Leonard MacDougall.

HATFIELD, LEONARD FRASER. Formerly bishop of Nova Scotia, Parrsboro, Nova Scotia.

Simon Thomas Gibbons.

HAYES, ADRIAN ERIC. Student, Ryerson Polytechnical Institute, Toronto, Ontario.

William Beatty.

HAYMAN, JOHN. Associate professor of English, University of Victoria, British Columbia.

Robert Brown.

HEAP, RUBY. Professeure adjointe d'histoire, Université d'Ottawa, Ontario.

François-Xavier Toussaint.

HÉBERT, LÉO-PAUL. Professeur d'histoire, CÉGEP Joliette-De Lanaudière, Joliette, Québec.

Joseph-Marie Young.

HÉBERT, YVES. Historien, Institut québécois de recherche sur la culture, Québec, Québec.

David Alexander Ross. Adolphe Tourangeau.

HENDRICKSON, JAMES E. Associate professor of history, University of Victoria, British Columbia.

Richard Blanshard. Donald Fraser.

HERTZBERG, KATHLEEN M. S. Chairman, Canadian Friends Historical Association, Toronto, Ontario.

William Wetherald.

HEWETT, PHILLIP. Minister, Unitarian Church of Vancouver, British Columbia.

John Cordner.

HILLER, JAMES K. Associate professor of history, Memorial University of Newfoundland, St John's, Newfoundland.

Sir Frederic Bowker Terrington Carter. Sir Stephen John Hill. Robert John Kent. Philip Francis Little.

HODGETTS, J. E. Professor emeritus of political science, University of Toronto, Ontario.

William Henry Griffin.

HODGINS, BRUCE W. Professor of history and director, Frost Centre for Canadian Heritage and Development Studies, Trent University, Peterborough, Ontario.

Donald Alexander Macdonald (Sandfield) [en collaboration avec P. W. White].

HOLLAND, CLIVE. Historical research associate, Scott Polar Research Institute, Cambridge, England.

William Penny.

HOLLAND, CONNIE L. Graduate student in history, University of New Brunswick, Fredericton, New Brunswick.

John Livingston [en collaboration avec W. G. Godfrey].

HOLMAN, H. T. Provincial archivist, Public Archives of Prince Edward Island, Charlottetown, Prince Edward Island.

Joseph Pope.

HOSKINS, RONALD G. Associate professor of history, University of Windsor, Ontario.

William Douglas Balfour. Hiram Walker.

HUBER, HENRY. Teacher, Gordon Bell High School, Winnipeg, Manitoba.
Alexander Logan [en collaboration avec A. F. J. Artibise].

HULSE, ELIZABETH. Manuscript editor, *Dictionary of Canadian biography/Dictionnaire biographique du Canada*, University of Toronto Press, Ontario.
William Walter Copp. Thomas Maclear. George Maclean Rose.

HUSKINS, BONNIE. Doctoral student in history, Dalhousie University, Halifax, Nova Scotia.
Samuel Creelman.

JAMES, ELLEN S. Associate professor of art history, Concordia University, Montréal, Québec.
John Ostell.

JAMES, PETER D. Historian, Toronto, Ontario.
George Cornish.

JAMESON, SHEILAGH S. Formerly chief archivist, Glenbow-Alberta Institute, Calgary, Alberta.
Samuel Henry Harkwood Livingston.

JARRELL, RICHARD A. Associate professor of science studies, York University, Downsview, Ontario.
Edward David Ashe. James Williamson.

JEAN, BRUNO. Professeur de sociologie, Université du Québec à Rimouski, Québec.
Édouard-André Barnard.

JEAN, MARGUERITE, S.C.I.M. Responsable, Département de recherche, Sœurs du Bon-Pasteur de Québec, Sainte-Foy, Québec.
Léocadie Gascoin, dite Marie des Sept-Douleurs.

†JOBLING, J. KEITH. Formerly program director, Department of Administration and Policy Studies, McGill University, Montréal, Québec.
William Henry Hicks.

JOHNSON, DANA. Historian, Canadian Parks Service, Ottawa, Ontario.
Thomas Seaton Scott.

JOHNSON, IAN V. B. Coordinator, Georgian Bay Indian Education Council and United Indian Councils of the Mississauga and Chippewa Nations, Waterloo, Ontario.
Paul Legaic.

JOHNSON, J. K. Professor of history, Carleton University, Ottawa, Ontario.
Sir John Alexander Macdonald [en collaboration avec P. B. Waite].

JONES, ELWOOD H. Professor of history, Trent University, Peterborough, Ontario.
Joseph Rymal.

JONES, FREDERICK. Mallorca, Spain.
Julian Moreton.

JONES, GWYNNETH C. D. Acting senior researcher, Ontario Native Affairs Directorate, Toronto, Ontario.
Frederic Newton Gisborne. William Smith.

JOY, JOHN L. Partner, White, Ottenheimer and Green, St John's, Newfoundland.
John Ledingham.

KALLMANN, HELMUT. Co-editor, *Encyclopedia of music in Canada/Encyclopédie de la musique au Canada*, and formerly chief, Music Division, National Library of Canada, Ottawa, Ontario.
Frantz Jehin-Prume. Charles-Gustave Smith.

KEANE, DAVID R. Hamilton, Ontario.
William Thomas Aikins.

KEEL, OTHMAR. Professeur d'histoire, Université de Montréal, Québec.
Alphonse-Barnabé Larocque de Rochbrune [en collaboration avec D. Goulet].

KELM, MARY-ELLEN. Doctoral student in history, University of Toronto, Ontario.
Flora Amelia Ross (Hubbs).

KENNEY, PAUL F. Free-lance historian, St John's, Newfoundland.
John Bemister. Robert Stewart Munn. [Biographies écrites en collaboration avec R. H. Cuff.]

KERNAGHAN, LOIS K. Head, Manuscripts Division, Public Archives of Nova Scotia, Halifax, Nova Scotia.
Maria Louisa Angwin.

KESTEMAN, JEAN-PIERRE. Professeur titulaire d'histoire, Université de Sherbrooke, Québec.
Sir Alexander Tilloch Galt. William Bullock Ives.

KEYES, JOHN. Professor of history, Champlain Regional College, Sainte-Foy, Québec.
Timothy Hibbard Dunn. Evan John Price.

KIDD, BRUCE. Associate professor of physical and health education, University of Toronto, Ontario.
William Joseph O'Connor.

KIEFER, NANCY. Historical consultant, Ontario Heritage Foundation, Toronto, Ontario.
Richard Mott Wanzer.

KULISEK, LARRY L. Associate professor of history, University of Windsor, Ontario.
D'Alton McCarthy.

LABELLE, PAUL, P.H. Curé de Saint-Jérôme à la retraite, Saint-Jérôme, Québec.
Godefroy Laviolette.

LABRÈQUE, MARIE-PAULE R. Ex-directrice, Bibliothèque municipale, Acton-Vale, Québec.
Polly Barber (Scovill). Thomas Wood.

LAGARDE, PIERRETTE L. Collaboratrice de Lucien Campeau, s.j., Montréal, Québec.
Jean-André Cuoq.

LALONDE, ANDRÉ N. Professeur titulaire d'histoire et directeur, Centre d'études bilingues, University of Regina, Saskatchewan.
Angus Jonas McLeod. Alexander Gillan Thorburn.

LAMB, J. WILLIAM. Psychotherapist and writer, Toronto, Ontario.
Richard Randolph Disney. Wellington Jeffers.

LAMBERT, JAMES H. Archiviste, Division des archives, Université Laval, Québec, Québec.
Samuel Davis [en collaboration avec G. J. J. Tulchinsky].

LAMONDE, YVAN. Professeur agrégé d'histoire, McGill University, Montréal, Québec.
Louis-Antoine Dessaulles [en collaboration avec J.-P. Bernard].

LANDRY, KENNETH. Professionnel de recherche, Histoire littéraire du Québec, Université Laval, Québec, Québec.
Narcisse-Henri-Édouard Faucher de Saint-Maurice.

LANE, HANNAH MARGUERITE. Research assistant, Department of History, University of New Brunswick, Fredericton, New Brunswick.
Alexander McKnight.

LANGELIER, GILLES. Chef, Section des services, Division des archives cartographiques et architecturales, Archives nationales du Canada, Ottawa, Ontario.

Edward Taylor Fletcher.

LAPOINTE, PIERRE-LOUIS. Archiviste, Archives nationales du Québec, Québec.
Levi Ruggles Church. Alonzo Wright.

LAPOINTE-ROY, HUGUETTE. Professeure d'histoire, Collège Durocher, Saint-Lambert, Québec.
Cléophée Têtu, dite Thérèse de Jésus.

LAROCQUE, PETER J. Assistant curator, Humanities Division, New Brunswick Museum, Saint John, New Brunswick.
James Henry Holman.

LATHAM, BARBARA K. Assistant director of liberal arts and access, Camosun College, Victoria, British Columbia.
Catharine Morton (McLellan) [en collaboration avec E. Daoust].

LAURENCE, GÉRARD. Professeur d'histoire des médias, Université Laval, Québec, Québec.
François Évanturel.

LAURETTE, PATRICK CONDON. Curator of collections, Art Gallery of Nova Scotia, Halifax, Nova Scotia.
John Daniel O'Connell O'Brien.

LAURIN, SERGE. Professeur d'histoire, CÉGEP Saint-Jérôme, Québec.
James Crocket Wilson.

LAVALLÉE, JEAN-GUY. Professeur d'histoire, Université de Sherbrooke, Québec.
Antoine Racine.

LAVOIE, ELZÉAR. Professeur agrégé d'histoire, Université Laval, Québec, Québec.
Stanislas Drapeau.

LEASK, MARGARET FILSHIE. Scarborough, Ontario.
Henry Francis Sefton.

LEBEL, JEAN-MARIE. Chercheur, Ministère de l'Éducation, Québec, Québec.
Louis de Gonzague Baillairgé. Joseph Tassé.

LECHASSEUR, ANTONIO. Chercheur associé, Institut québécois de recherche sur la culture, Québec, Québec.
Charles Bertrand. Georges-Honoré Deschênes.

LECLERC-LAROCHELLE, MONIQUE. Québec, Québec.
Jean-Lukin Leprohon. Thomas-Edmond d'Odet d'Orsonnens.

LEE, DAVID. Historian, Canadian Parks Service, Ottawa, Ontario.
Ne-can-nete.

LEEFE, JOHN GORDON. Minister of the environment, Halifax, Nova Scotia.
William Henry Rogers.

LÉGER, RAYMOND. Représentant syndical, Syndicat de gros, de détail et magasins à rayons, Chatham, Nouveau-Brunswick.
Kennedy Francis Burns.

LEMELIN, ANDRÉ. Agent de recherche, Gouvernement du Québec, Québec.
Georges de Boucherville.

LEMON, DONALD P. Head, Humanities Division, New Brunswick Museum, Saint John, New Brunswick.
William Franklin Bunting.

LENNOX, JOHN. Associate professor and director of graduate program in English, York University, Downsview, Ontario.
James Gay.

LEPAGE, ANDRÉ. Consultant, Martin, Leonidoff, Provencher, Lepage et associés, Québec, Québec.
William Le Boutillier Fauvel.

LESSARD, RENALD. Archiviste, Archives nationales du Québec, Québec.
Wilfrid-Étienne Brunet [en collaboration avec M. Simard].

LEVINE, ALLAN. Teacher of history, St John's-Ravenscourt School, Winnipeg, Manitoba.
Joseph Harris. Hugh McLennan. William Watson Ogilvie.

LEWIS, ZANE H. Formerly technician, British Columbia Provincial Museum, Victoria, British Columbia.
Hugh Nelson.

LIDDELL, PETER. Associate professor and chair, Department of Germanic Studies, University of Victoria, British Columbia.
David Oppenheimer [en collaboration avec P. E. Roy].

LINTEAU, PAUL-ANDRÉ. Professeur d'histoire, Université du Québec à Montréal, Québec.
Charles-Théodore Viau.

LISCOMBE, RHODRI WINDSOR. Professor of fine arts, University of British Columbia, Vancouver, British Columbia.
Hermann Otto Tiedemann.

LOGAN, DAWN. Formerly librarian, Ottawa, Ontario.
Thomas Need.

LONG, JOHN S. Executive director, Mushkegowuk Council, Moose Factory, Ontario.
John Horden.

LOWREY, CAROL. Doctoral student in art history, City University of New York, U.S.A.
George Theodore Berthon. Wyatt Eaton. James Hamilton. Mark Robert Harrison.

MCCALLA, DOUGLAS. Professor and chair, Department of History, Trent University, Peterborough, Ontario.
James Beaty. Lewis Moffatt.

MCCARTHY, MARTHA. Historian, Manitoba Culture, Heritage and Recreation, Winnipeg, Manitoba.
Horace Bélanger [en collaboration avec B. F. Donaldson].

MCCULLOUGH, ALAN B. Historian, Canadian Parks Service, Ottawa, Ontario.
Samuel Wilmot.

MCCUTCHEON, BRIAN R. Barrister and solicitor, McCarthy, Ridgeway, McCutcheon, Lawson, Duncan, British Columbia.
George Purvis.

MACDONALD, G. EDWARD. Curator of history, Prince Edward Island Museum and Heritage Foundation, Charlottetown, Prince Edward Island.
Joseph Hensley. Francis John McDonald. Peter McIntyre.

MCDONALD, ROBERT A. J. Assistant professor of history, University of British Columbia, Vancouver, British Columbia.
Amor De Cosmos [en collaboration avec H. K. Ralston]. Henry Valentine Edmonds.

MCDOUGALL, ELIZABETH ANN KERR. Formerly free-lance historian, Westmount, Québec.
John Cook [en collaboration avec N. Semple].

MACDOUGALL, HEATHER. Assistant professor of history, University of Waterloo, Ontario.
Norman Bethune.

MCDOUGALL, ROBERT L. Professor emeritus of English, Carleton University, Ottawa, Ontario.

Archibald Lampman.

McGahan, Elizabeth W. Part-time lecturer in history, University of New Brunswick, Saint John, New Brunswick.
Honoria Conway, dite mère Mary Vincent. Thomas Wilder Daniel. Charles Henry Fairweather. James Davies Lewin. Martha Hamm Lewis (Peters). William Wallace Turnbull.

MacGillivray, Royce C. Associate professor of history, University of Waterloo, Ontario.
Sir Roderick William Cameron.

MacIntyre, Clark Martin. Toronto, Ontario.
Alexander Clark.

McKay, Ian. Associate professor of history, Queen's University, Kingston, Ontario.
Alexander Lawson. Arthur C. Lessel. William Church Moir. Henry Swift.

MacKay, Jean Layton. Amherst, Nova Scotia.
David Fitzgerald.

MacKenzie, A. A. Associate professor of history, St Francis Xavier University, Antigonish, Nova Scotia.
Mather Byles DesBrisay.

McKenzie, Ruth. Formerly free-lance writer and editor, Ottawa, Ontario.
Fanny Amelia Wright (Bayfield).

Mackie, Richard. Doctoral student, University of British Columbia, Vancouver, British Columbia.
Joseph William McKay. Malcolm Alexander MacLean. Joseph Despard Pemberton.

McKillop, A. B. Professor of history, Carleton University, Ottawa, Ontario.
Alexander Burns.

MacKinnon, Neil. Associate professor of history, St Francis Xavier University, Antigonish, Nova Scotia.
Edmund Maturin.

MacLaren, Roy. Member of parliament, Ottawa, Ontario.
Harold Lothrop Borden.

McLeod, Donald W. Managing editor, ECW Press, Toronto, Ontario.
William Cameron Chewett.

Macleod, Roderick Charles. Professor of history, University of Alberta, Edmonton, Alberta.
William Macauley Herchmer. James Farquharson Macleod.

McMullen, Lorraine. Professor of English, University of Ottawa, Ontario.
Margaret Murray Robertson. Sarah Anne Vincent (Curzon).

McNab, David T. Manager, Lands and Natural Resources, Ontario Native Affairs Directorate, Toronto, Ontario.
Nicolas Chatelain. Ponekeosh.

McNally, Larry S. Science and engineering archivist, National Archives of Canada, Ottawa, Ontario.
Job Abbott.

Makahonuk, Glen. Library assistant, Special Collections, University of Saskatchewan Library, Saskatoon, Saskatchewan.
Joseph James Hargrave.

Marble, Allan E. Professor of surgery, Dalhousie University, Halifax, Nova Scotia.
John Bernard Gilpin.

Marcil, Eileen Reid. Historian, Charlesbourg, Québec.
William Henry Baldwin. Henry Fry. Pierre-Vincent Valin.

Marshall, David B. Assistant professor of history, University of Calgary, Alberta.
William Cochrane.

Martin, Constance. Research associate, Arctic Institute of North America, University of Calgary, Alberta.
William Bradford.

Martin, Kathy. Assistant professor of life sciences, University of Toronto, Ontario.
Francis Bain.

Martin, Shirley A. Head, Special Collections, University of Saskatchewan Library, Saskatoon, Saskatchewan.
Theresa Mary Johnson (Gowanlock).

Mather, Ken. Manager and curator, O'Keefe Historic Ranch, Vernon, British Columbia.
William Barker [en collaboration avec D. M. Sweet et S. M. Van Kirk].

Matheson, R. Neil. Journalist and publisher, Toronto, Ontario.
Thomas Winning Dyas.

Mellett, E. Bruce. Law clerk, Supreme Court of Canada, Ottawa, Ontario.
Sir William Johnston Ritchie [en collaboration avec G. Bale].

Millard, J. Rodney. Assistant professor of history, University of Western Ontario, London, Ontario.
Alan Macdougall.

Miller, Carman. Associate professor of history, McGill University, Montréal, Québec.
Sir John Joseph Caldwell Abbott. Samuel Chipman.

Milot, Maurice. Historien, Drummondville, Québec.
John McDougall.

Mochoruk, James David. Lecturer and doctoral student in history, University of Manitoba, Winnipeg, Manitoba.
Corydon Partlow Brown.

Moir, John S. Formerly professor of history, University of Toronto, Ontario.
Armand-François-Marie de Charbonnel [en collaboration avec M. W. Nicolson]. *Ebenezer William Dadson. John Jenkins. Daniel James Macdonnell.*

Moir, Michael B. Archivist, Toronto Harbour Commission, Ontario.
Alexander Mortimer Smith.

Monet, Jacques, s.j. Director, Canadian Institute of Jesuit Studies, Toronto, Ontario.
Charles Stanley Monck, 4e vicomte Monck.

Moody, Barry M. Associate professor of history, Acadia University, Wolfville, Nova Scotia.
Ingraham Ebenezer Bill. John Pryor.

Morey, Carl. Professor of musicology and dean, Faculty of Music, University of Toronto, Ontario.
St George Baron Le Poer Crozier.

Morley, Leslie H. Barrister and solicitor, Kingston, Ontario.
Sir George Airey Kirkpatrick.

Morneau, Jocelyn. Étudiant au doctorat en études québécoises, Université du Québec à Trois-Rivières, Québec.
Édouard Caron.

Morriss, Shirley G. Curator, Brampton Public Library and Art Gallery, Brampton, Ontario.
William George Storm.

MORTON, DESMOND. Principal, Erindale College, University of Toronto, Ontario.
Sir Frederick Dobson Middleton.

MOTT, MORRIS. Associate professor of history, Brandon University, Manitoba.
John B. Mather.

MULAIRE, BERNARD. Étudiant au doctorat en histoire, Université Laval, Québec, Québec.
Joseph Chabert.

MURPHY, BRIAN DUNSTONE. Archivist, National Archives of Canada, Ottawa, Ontario.
William Herman Newman.

NADEAU, JEAN-GUY. Professeur de lettres, Université du Québec à Rimouski, Québec.
Joseph-Guillaume Barthe. Joseph-Charles Taché.

NASH-CHAMBERS, DEBRA L. Naperville, Illinois, U.S.A.
John Belmer Armstrong. Thomas Goldie.

NEATBY, LESLIE HAMILTON. Formerly professor of classics, University of Saskatchewan, Saskatoon, Saskatchewan.
Sir Alexander Armstrong.

NELLES, HENRY VIVIAN. Professor of history, York University, Downsview, Ontario.
Sir Casimir Stanislaus Gzowski.

NEUFELD, DAVID. Historian, Canadian Parks Service, Winnipeg, Manitoba.
Donald Alexander Stewart.

NEWLANDS, DAVID L. Director, Heritage Resources, Regional Municipality of Waterloo, Ontario.
Robert Campbell (1826–1898).

NICOLSON, MURRAY W. Part-time lecturer in history, Wilfrid Laurier University, Waterloo, Ontario.
Armand-François-Marie de Charbonnel [en collaboration avec J. S. Moir].

O'BRIEN, PATRICIA. Adjunct assistant professor of the history of medicine, Memorial University of Newfoundland, St John's, Newfoundland.
Henry Hunt Stabb.

O'DEA, SHANE. Professor of English and co-director, Centre for Material Culture Studies, Memorial University of Newfoundland, St John's, Newfoundland.
James Thomas Southcott.

O'FLAHERTY, PATRICK. Professor of English, Memorial University of Newfoundland, St John's, Newfoundland.
Philip Tocque [en collaboration avec M. M. Doyle].

OLIVER, PETER. Professor of history, York University, Downsview, Ontario.
Edmund Allen Meredith.

O'NEILL, PAUL. Author, St John's, Newfoundland.
Francis Canning.

ORMSBY, MARGARET A. Formerly professor and head, Department of History, University of British Columbia, Vancouver, British Columbia.
Charles Frederick Houghton.

OSBORNE, BRIAN S. Professor of geography, Queen's University, Kingston, Ontario.
James Richardson [en collaboration avec D. Swainson].

OTTO, STEPHEN A. Consulting historian and author, Toronto, Ontario.
Augustus Laver. Frederick James Rastrick.

OULTON, LORNA E. MILTON. Teacher of English, Cobequid Educational Centre, Truro, Nova Scotia.
Amos Edwin Botsford.

OWRAM, DOUGLAS R. Professor of history, University of Alberta, Edmonton, Alberta.
Alexander Begg.

PANNEKOEK, FRITS. Director, Historic Sites Service, Alberta Culture and Multiculturalism, Edmonton, Alberta.
Henry Cochrane. Robert Terrill Rundle.

PAQUIN, MICHEL. Administrateur, *Dictionnaire biographique du Canada/Dictionary of Canadian biography*, Les Presses de l'université Laval, Québec, Québec.
Alexander Buntin. George Irvine. [Biographies écrites en collaboration avec J. Hamelin.]

PARÉ, JEAN-PIERRE. Adjoint à l'archiviste, Musée du séminaire de Québec, Québec.
James Stevenson.

PARKER, GEORGE L. Professor and head, Department of English and Philosophy, Royal Military College of Canada, Kingston, Ontario.
John Lovell.

PARKER, GRAHAM. Professor of law, Osgoode Hall Law School, York University, Downsview, Ontario.
Sir John Hawkins Hagarty. Sir Adam Wilson.

PARR, JOY. Professor of history and coordinator of women's studies, Queen's University, Kingston, Ontario.
George Everitt Green.

PARRY, JOHN. Historian of science and editor, Toronto, Ontario.
Ezra Carl Breithaupt.

PAYMENT, DIANE PAULETTE. Historienne, Service canadien des parcs, Winnipeg, Manitoba.
Maxime Lépine.

PEAKE, F. A. Historian, Nepean, Ontario.
Edward Sullivan.

PEEL, BRUCE. Librarian emeritus, University of Alberta, Edmonton, Alberta.
Robert Michael Ballantyne. Thomas Spence.

PERRON, JEAN-MARIE. Professeur, Centre muséographique, Université Laval, Québec, Québec.
Léon Provancher.

PETERMAN, MICHAEL A. Associate dean of research and graduate studies, Trent University, Peterborough, Ontario.
Catharine Parr Strickland (Traill).

PETTIT, SYDNEY G. Professor emeritus of history, University of Victoria, British Columbia.
Edward Edwards Langford.

PICARD, GUYLAINE. Coordonnatrice à la production, Festival international de Lanaudière, Pointe-Claire, Québec.
Pierre Martel.

†PINCOMBE, C. ALEXANDER. Formerly centennial historian, Moncton, New Brunswick.
John Leonard Harris. Oliver Jones.

PITT, ROBERT D. Lecturer in English, Memorial University of Newfoundland, St John's, Newfoundland.
Maurice Fenelon.

POCIUS, GERALD L. Associate professor and co-director, Centre for Material Culture Studies, Memorial University of Newfoundland, St John's, Newfoundland.
Alexander Smith.

POIRIER, LUCIEN. Professeur titulaire de musique, Université Laval, Québec, Québec.
Jean-Baptiste Labelle.

PORTER, JOHN R. Professeur titulaire d'histoire de l'art, Université Laval, Québec, Québec.

Antoine Plamondon.

POTVIN, GILLES. Codirecteur, *Encyclopédie de la musique au Canada/Encyclopedia of music in Canada*, Montréal, Québec.
Calixa Lavallée.

POWELL, TREVOR J. D. Provincial archivist, Saskatchewan Archives Board, and archivist, Anglican Diocese of Qu'Appelle, Regina, Saskatchewan.
William John Burn.

POWER, MICHAEL. Leamington, Ontario.
James Theodore Wagner. John Walsh.

PRESTON, RICHARD ARTHUR. W. K. Boyd professor emeritus, Duke University, Durham, North Carolina, U.S.A.
Edward Osborne Hewett.

PRICE, BRIAN J. Pastor, St Francis of Assisi Church, and archivist, Roman Catholic Archdiocese of Kingston, Frankford, Ontario.
James Vincent Cleary.

PROSS, CATHERINE. Librarian, Ecology Action Centre, Halifax, Nova Scotia.
Edward Doran Davison.

PROVOST, HONORIUS, PTRE. Archiviste à la retraite, Séminaire de Québec, Québec.
Arthur Bouchard.

PRYKE, KENNETH GEORGE. Professor of history, University of Windsor, Ontario.
Sir Adams George Archibald.

PUNCH, TERRENCE M. President, Genealogical Institute of the Maritimes and Royal Nova Scotia Historical Society, Halifax, Nova Scotia.
Charles Fenerty.

RALSTON, H. KEITH. Historical consultant, Vancouver, British Columbia.
Amor De Cosmos [en collaboration avec R. A. J. McDonald]. *Thomas Mowat.*

REA, J. E. Professor of history, University of Manitoba, Winnipeg, Manitoba.
Eden Colvile.

READ, COLIN. Professor of history, University of Western Ontario, London, Ontario.
Benjamin Wait.

REID, DENNIS. Curator of Canadian historical art, Art Gallery of Ontario, Toronto, and professor of history of art, University of Toronto, Ontario.
John Arthur Fraser. Lucius Richard O'Brien.

REID, JOHN G. Professor of history, Saint Mary's University, Halifax, Nova Scotia.
Mary Electa Adams.

REID, RICHARD M. Associate professor of history, University of Guelph, Ontario.
James Maclaren.

†RICHARDS, R. L. Kippen, Scotland.
John Rae.

RIDER, PETER E. Atlantic provinces historian, Canadian Museum of Civilization, Ottawa, Ontario.
Jedediah Slason Carvell.

RIDOUT, KATHERINE. Doctoral student in history, University of Toronto, Ontario.
George Douglas.

ROBB, ANDREW. Professor of history, University of Prince Edward Island, Charlottetown, Prince Edward Island.
Thomas Heath Haviland. Robert Poore Haythorne. Alexander Laird. Sir William Cleaver Francis Robinson.

ROBERTS, DAVID. Private historian, Scarborough, Ontario.
Hart Almerrin Massey.

ROBERTSON, DUNCAN FRANCIS. Formerly head librarian, Kelsey Institute of Applied Arts and Sciences, Saskatoon, Saskatchewan.
Alexis André.

ROBERTSON, IAN ROSS. Associate professor of history, University of Toronto, Ontario.
James Horsfield Peters.

ROBY, YVES. Professeur titulaire d'histoire, Université Laval, Québec, Québec.
Charles Chiniquy.

ROGERS, NICHOLAS. Associate professor of history, York University, Downsview, Ontario.
Francis Collier Draper.

ROLAND, CHARLES G. Jason A. Hannah professor of the history of medicine, McMaster University, Hamilton, Ontario.
Darby Bergin. John Hutchison Garnier. James Elliot Graham. Edward Dagge Worthington.

ROLLMANN, HANS. Associate professor of religious studies, Memorial University of Newfoundland, St John's, Newfoundland.
Robert Traill Spence Lowell. Thomas Joseph Power.

RONAGHAN, NEIL EDGAR ALLEN. Free-lance writer and historian, Edmonton, Alberta.
John Bruce.

ROSS, MALCOLM. Professor emeritus of English, Dalhousie University, Halifax, Nova Scotia.
John Medley.

ROSTECKI, RANDY R. Architectural historian, Manitoba Culture, Heritage and Recreation, Winnipeg, Manitoba.
Richard Willis Jameson.

ROTHNEY, GORDON OLIVER. Honorary fellow, St John's College, and formerly professor of history, University of Manitoba, Winnipeg, Manitoba.
Marc-Amable Girard.

ROUILLARD, JACQUES. Professeur d'histoire, Université de Montréal, Québec.
Olivier-David Benoît.

ROUSSEAU, GUILDO. Professeur titulaire de littérature, Université du Québec à Trois-Rivières, Québec.
Georges-Isidore Barthe.

ROUSSEAU, LOUIS. Professeur de sciences religieuses, Université du Québec à Montréal, Québec.
Louis-Delphis-Adolphe Maréchal.

ROY, PATRICIA E. Professor of history, University of Victoria, British Columbia.
David Oppenheimer [en collaboration avec P. Liddell]. *John Robson.*

RUDIN, RONALD E. Associate professor of history, Concordia University, Montréal, Québec.
George Baillie Houliston. Victor Hudon. Edwin Henry King. Andrew Paton. Henry Starnes.

RUFF, ERIC J. Curator, Yarmouth County Museum, Yarmouth, Nova Scotia.
Loran Ellis Baker.

RUGGLE, RICHARD E. Rector, St Paul's Anglican Church, Norval, Ontario.
William McMurray.

RUSSELL, PETER ANGUS. Archivist, National Archives of Canada, Ottawa, Ontario.
Malcolm Colin Cameron. Henry Wentworth Monk.

SANTINK, JOY L. Don Mills, Ontario.
Robert Simpson.

SAWATSKY, RONALD G. Toronto, Ontario.
William Holmes Howland.

SEALEY, D. BRUCE. Professor emeritus of education, University of Manitoba, Winnipeg, Manitoba.
Jerry Potts.

SEMPLE, NEIL. Toronto, Ontario.
John Cook [en collaboration avec E. A. K. McDougall].

SENIOR, HEREWARD. Professor of history, McGill University, Montréal, Québec.
Thomas Billis Beach. John Hamilton Graham.

SHIPLEY, ROBERT J. Planning director, Welland Canals Society, St Catharines, Ontario.
Sylvester Neelon.

SILVERMAN, JASON H. Associate professor of history, Winthrop College, Rock Hill, South Carolina, U.S.A.
William King. Mary Ann Camberton Shadd (Cary).

SIMARD, MICHEL. Étudiant à la maîtrise en histoire, Université Laval, Québec, Québec.
Wilfrid-Étienne Brunet [en collaboration avec R. Lessard].

SMITH, DONALD B. Professor of history, University of Calgary, Alberta.
Henry Pahtahquahong Chase.

SMITH, FRANCES K. Curator emeritus, Agnes Etherington Art Centre, Queen's University, Kingston, Ontario.
Daniel Fowler.

SMYTH, DAVID. Historian, Canadian Parks Service, Ottawa, Ontario.
James Bird.

SOULARD, JEAN-CLAUDE. Coordonnateur, Section histoire, et professeur d'histoire, CÉGEP de Trois-Rivières, Québec.
Sir Antoine-Aimé Dorion.

SPEISMAN, STEPHEN A. Director, Ontario Region Archives, Toronto Jewish Congress/Canadian Jewish Congress, Toronto, Ontario.
Alfred David Benjamin.

SPITTLE, JOHN D. President, British Columbia Historical Federation, and fellow, Royal Geographical Society, Vancouver, British Columbia.
Peter John Leech.

SPRAGUE, D. N. Professor of history, University of Manitoba, Winnipeg, Manitoba.
Donald Codd. Alexander McIntyre.

SPRAY, WILLIAM A. Professor of history and vice-president (academic), St Thomas University, Fredericton, New Brunswick.
John Mann. Peter Mitchell. Robert Duncan Wilmot.

SPRY, IRENE M. Professor emeritus of economics, University of Ottawa, Ontario.
William John Christie.

STAGG, RONALD J. Professor of history, Ryerson Polytechnical Institute, Toronto, Ontario.
George Hope Bertram. Hugh Ryan.

STANLEY, DELLA M. M. Coordinator of Canadian studies, Mount Saint Vincent University, Halifax, Nova Scotia.
Samuel Leonard Shannon.

STANLEY, LAURIE C. C. Assistant professor of history, St Francis Xavier University, Antigonish, Nova Scotia.
Walter Shanly [en collaboration avec J. D. Blackwell].

STARDOM, ELEANOR. Independent scholar, Winnipeg, Manitoba.
Roderick Finlayson.

STEVENS, JAMES RICHARD. College counsellor, Confederation College; president, Upland Pedlars Press; and operations manager, Nirivian Nation, Thunder Bay, Ontario.
Peemeecheekag.

STEVENS, PAUL D. Associate professor of history, York University, Downsview, Ontario.
Sir James David Edgar.

STEWART, IAN M. Academic coordinator of pre-university history, University of Toronto, Ontario.
Charles Eli Chadwick. William Weld.

STIEB, ERNST W. Associate dean and professor, Faculty of Pharmacy, University of Toronto, Ontario.
Hugh Miller.

STORTZ, GERALD J. Assistant professor of history, St Jerome's College, Waterloo, Ontario.
Francis McSpiritt. Dennis Ambrose O'Sullivan.

STORY, G. M. Henrietta Harvey professor of English, Memorial University of Newfoundland, St John's, Newfoundland.
Stephen Rendell. George Philliskirk Story.

SUTHERLAND, DAVID A. Associate professor of history, Dalhousie University, Halifax, Nova Scotia.
Daniel Cronan. Sir Edward Kenny.

SWAINSON, DONALD. Professor of history, Queen's University, Kingston, Ontario.
Sir Alexander Campbell. James Richardson [en collaboration avec B. S. Osborne].

SWAN, RUTH. Graduate student, Universities of Manitoba/Winnipeg, Winnipeg, Manitoba.
Charles Arkoll Boulton [en collaboration avec K. S. Coates].

SWANICK, ERIC L. Legislative librarian, New Brunswick Legislative Library, Fredericton, New Brunswick.
John Elisha Peck Hopper. Alexander Monro.

SWEENY, ALASTAIR. President, Ottawa Researchers, Ottawa, Ontario.
Duncan McIntyre.

SWEET, DOROTHY A. Formerly school teacher, Victoria, British Columbia.
William Barker [en collaboration avec K. Mather et S. M. Van Kirk].

SYKES, STEPHANIE L. Director-historical, Information Resource Centre, Bell Canada, Montréal, Québec.
Henry Taylor.

TAYLOR, M. BROOK. Assistant professor of history, Mount Saint Vincent University, Halifax, Nova Scotia.
Joseph Edmund Collins. William Kingsford.

THOMAS, CHRISTOPHER ALEXANDER. Doctoral student, Yale University, New Haven, Connecticut, U.S.A.
Thomas Fuller.

THOMAS, JOHN D. Senior consultant, Stephen Thomas Associates, Toronto, Ontario.
Alfred Moore Phillips.

THOMAS, MORLEY K. Formerly director general, Canadian Climate Centre, Atmospheric Environment Service, Downsview, Ontario.
Andrew Robertson Gordon.

THOMSON, DUANE. Instructor, Okanagan College, Kelowna, British Columbia.
Charles Pandosy.

THORPE, WENDY L. Public records archivist, Public Archives of Nova Scotia, Halifax, Nova Scotia.
Michael Joseph Power.

TIERNEY, FRANK M. Professor and chair, Department of English, University of Ottawa, Ontario.
Charles Sangster.

TIMPF, LISA. Halifax, Nova Scotia.
Albert Hamm.

TRAVILL, ANTHONY A. Professor of anatomy, Queen's University, Kingston, Ontario.
John Stewart.

TREMBLAY, ROBERT. Étudiant au doctorat en histoire, Université du Québec à Montréal, Québec.
James Robertson [en collaboration avec P. Bischoff].

TRIGGS, STANLEY G. Curator, Notman Photographic Archives, McCord Museum, Montréal, Québec.
William Notman.

TULCHINSKY, GERALD JACOB JOSEPH. Professor of history, Queen's University, Kingston, Ontario.
Augustin Cantin. Samuel Davis [en collaboration avec J. H. Lambert]. *Hollis Shorey.*

TURNER, LARRY. Historian and writer, Commonwealth Historic Resource Management Ltd, Perth, Ontario.
Moss Kent Dickinson. Billa Flint.

TURNER, ROBERT D. Chief, Historical Collections, Royal British Columbia Museum, Victoria, British Columbia.
Donald McGillivray.

VALLIÈRES, MARC. Professeur agrégé d'histoire, Université Laval, Québec, Québec.
James King. Joseph Gibb Robertson. Isidore Thibaudeau.

VAN KIRK, SYLVIA M. Associate professor of history, University of Toronto, Ontario.
William Barker [en collaboration avec K. Mather et D. A. Sweet]. *Fanny Bendixen. Josette Legacé (Work).*

VAUGEOIS, DENIS. Historien et éditeur, Septentrion, Sillery, Québec.
Sigismund Mohr.

VEILLEUX, CHRISTINE. Étudiante au doctorat en histoire, Université Laval, Québec, Québec.
Jean-Thomas Taschereau.

VERRETTE, MICHEL. Professeur d'histoire, Collège universitaire de Saint-Boniface, Manitoba.
Léopold Devisme.

VOISINE, NIVE. Professeur à la retraite, Pointe-au-Père, Québec.
Louis-François Laflèche. Elzéar-Alexandre Taschereau.

WAISER, W. A. Associate professor of history, University of Saskatchewan, Saskatoon, Saskatchewan.
Charles George Horetzky.

WAITE, P. B. Professor emeritus of history, Dalhousie University, Halifax, Nova Scotia.
Hewitt Bernard. Sir John Alexander Macdonald [en collaboration avec J. K. Johnson]. *Sir John Sparrow David Thompson.*

WALLACE, CARL M. Associate professor of history, Laurentian University, Sudbury, Ontario.
John Boyd. George Edward Fenety. Sir Samuel Leonard Tilley.

WALLACE, DAVID H. Director of business development, Annacis Terminals Ltd, Coquitlam, British Columbia.
Ranald Macdonald.

WARDROP, JAMES R. Manager, Special Collections, Royal British Columbia Museum, Victoria, British Columbia.
Gustavus Blinn Wright.

WARNER, MARY JANE. Associate professor and chair, Department of Dance, York University, Downsview, Ontario.
Anne Fairbrother (Hill).

WARWICK, PETER D. A. Free-lance writer, St Catharines, Ontario.
Patrick Joseph Larkin. Melancthon Simpson.

WEALE, DAVID E. Associate professor of history, University of Prince Edward Island, Charlottetown, Prince Edward Island.
Cornelius Howatt.

WEST, J. THOMAS. Manager and curator, Olympic Hall of Fame, Calgary, Alberta.
William George Beers.

WHITE, CLINTON O. Professor of history, University of Regina, Saskatchewan.
Sir Francis Godschall Johnson. Thomas Stone.

WHITE, PAUL W. Free-lance historical researcher, Toronto, Ontario.
Donald Alexander Macdonald (Sandfield) [en collaboration avec B. W. Hodgins].

WHITEHEAD, RUTH HOLMES. Assistant curator in history and staff ethnologist, Nova Scotia Museum, Halifax, Nova Scotia.
Jacques-Pierre Peminuit Paul.

WHITEMAN, BRUCE. Head, Rare Books and Special Collections, McGill University Libraries, Montréal, Québec.
Pamelia Sarah Vining (Yule).

WILBUR, RICHARD. Supervisor, Legislative Research Service, New Brunswick Legislative Library, Fredericton, New Brunswick.
James Mitchell.

WILLIAMS, BARBARA. Free-lance writer, Toronto, Ontario.
Anne Langton.

WILLIAMS, DAVID RICARDO. Adjunct professor of law, University of Victoria, British Columbia.
Sir Matthew Baillie Begbie. Theodore Davie.

WINKS, ROBIN W. Randolph W. Townsend Jr professor of history, Yale University, New Haven, Connecticut, U.S.A.
Sir William Francis Drummond Jervois.

WISTOW, DAVID. Education officer and writer, Art Gallery of Ontario, Toronto, Ontario.
Paul Peel.

WITHAM, JOHN. Chief, Historical Research Unit, Canadian Parks Service, Cornwall, Ontario.
Frederick Preston Rubidge.

WOODWARD, FRANCES MARY. Reference librarian, Special Collections and University Archives Division, University of British Columbia, Vancouver, British Columbia.
Henry Spencer Palmer.

WRIGHT, GLENN T. Archivist, National Archives of Canada, Ottawa, Ontario.
Toussaint Trudeau.

YOUNG, BRIAN. Professor of history, McGill University, Montréal, Québec.
Édouard-Charles Fabre.

YOUNG, D. MURRAY. Professor emeritus of history, University of New Brunswick, Fredericton, New Brunswick.
John James Fraser. John Glasier.

ZELLER, SUZANNE. Assistant professor of history, Wilfrid Laurier University, Waterloo, Ontario.
Charles Carpmael. George Lawson.

ZERKER, SALLY F. Associate professor of social science, York University, Downsview, Ontario.
Robert Wilson Clindinning.

IDENTIFICATION DES PERSONNAGES

DIVISIONS

Agriculture

Architectes

Arpenteurs

Artisans

Artistes

Auteurs

Clergé

Divers

Éducation

Explorateurs

Fonctionnaires

Forces armées

Gens d'affaires

Hommes politiques

Ingénieurs

Interprètes et traducteurs

Inventeurs

Journalistes

Marins

Médecine

Peuples autochtones

Philanthropes et réformateurs sociaux

Professions juridiques

Scientifiques

Sportifs

Traite des fourrures

Identification des personnages

Le tableau ci-dessous a été conçu dans le but d'aider le lecteur à retrouver rapidement les sujets qui l'intéressent dans ce volume du *Dictionnaire*. Autant que possible, les personnages ont été regroupés selon leurs occupations et, dans certains cas, selon leur secteur d'activité au Canada. Ce découpage ne pouvait toutefois s'appliquer aux peuples autochtones possédant une organisation et des structures bien particulières, et nous avons décidé d'identifier leurs représentants en les rattachant à la tribu (ou au peuple) à laquelle ils appartenaient, sous la rubrique PEUPLES AUTOCHTONES. Le lecteur intéressé par les mouvements migratoires ou par l'histoire des groupes ethniques du Canada consultera la première division de la Répartition géographique, où les personnages sont classés d'après leur lieu de naissance.

Quelques explications s'imposent afin d'aider le lecteur à repérer plus facilement les personnages qui l'intéressent. Ainsi, sous AGRICULTURE apparaissent une variété de gens engagés dans le développement agricole : les Agents de développement, qui comprennent les agents fonciers et les colonisateurs ; les Colons, c'est-à-dire les individus qui ont peuplé et défriché une nouvelle région ; les Fermiers, qui représentent toute personne, propriétaire ou non, qui exploite un domaine agricole ; et, finalement, les Seigneurs. Il est à noter que les spéculateurs fonciers se retrouvent sous le titre GENS D'AFFAIRES, Immobilier. La démarcation entre l'arpenteur, l'hydrographe et le cartographe étant assez difficile à faire, nous les avons regroupés sous la désignation ARPENTEURS. Sous le titre MARINS se trouvent réunis les capitaines de navire, les pilotes et les navigateurs, tandis que les officiers de marine apparaissent sous la rubrique FORCES ARMÉES. Nous avons intégré dans la catégorie TRAITE DES FOURRURES les trafiquants de fourrures, les administrateurs et les commis des compagnies de traite. Enfin, nous avons classé dans DIVERS les personnages qui ont réalisé des exploits, qui ont exercé des professions particulières ou encore qui échappaient au classement.

Dans certains cas, le lecteur devra consulter plusieurs rubriques afin de tirer le maximun de renseignements. Ainsi, s'il s'intéresse à l'architecture, à l'urbanisme et à la construction, il devra nécessairement se référer à la division INGÉNIEURS aussi bien qu'aux titres ARCHITECTES, ARTISANS (pour les maçons et les menuisiers, entre autres) et GENS D'AFFAIRES, Immobilier (pour les entrepreneurs de construction). Celui qui désire en connaître plus sur l'histoire de la médecine devra se reporter à la rubrique MÉDECINE, sans oublier celle qui s'intitule CLERGÉ, où l'on trouve aussi bon nombre de personnages ayant présidé à la fondation d'hôpitaux et d'hospices.

Bien que le DBC/DCB tente d'encourager la recherche dans les secteurs nouveaux autant que familiers, il est évident qu'il demeure tributaire, dans le choix des personnages susceptibles d'avoir une biographie, de la documentation existante et des recherches en cours. Ce tableau, par conséquent, ne saurait être utilisé pour une analyse quantitative de la période étudiée dans le volume XII ; il décrit avant tout le contenu du volume.

AGRICULTURE

Agents de développement

Colvile, Eden
King, William
Labelle, François-Xavier-Antoine
Langford, Edward Edwards

Colons

Clark, Alexander
Houghton, Charles Frederick
Johnson, Theresa Mary (Gowanlock)
Langton, Anne
Langton, John
Strickland, Catharine Parr (Traill)

Fermiers

Abbott, sir John Joseph Caldwell
Arsenault, Joseph-Octave
Bain, Francis
Barber, Polly (Scovill)
Barnard, Édouard-André
Bellingham, Sydney Robert
Bergin, Darby
Botsford, Amos Edwin
Boulton, Charles Arkoll
Bourassa, François
Breland, Pascal
Campbell, Robert (1808–1894)

Seigneurs

ARCHITECTES

ARPENTEURS

ARTISANS

ARTISTES

Comédiens

Fairbrother, Anne (Hill)
Finlayson, Margaret, dite Margaret Bloomer et Margaret Mather (Haberkorn ; Pabst)
Harrison, Mark Robert
Horn, Kate M. (Buckland)
McDowell, Eugene Addison
McLeay, James Franklin
Rankin, Arthur
Scales, Caroline, dite Caroline Miskel et Caroline Miskel-Hoyt (Hoyt)
Townsend, John

Musiciens

Crozier, St George Baron Le Poer
Gay, James
Jehin-Prume, Frantz
Labelle, Jean-Baptiste
Langton, Anne
Lavallée, Calixa
Martel, Pierre
Sefton, Henry Francis
Smith, Charles-Gustave

Orfèvres

Hendery, Robert
Newman, William Herman

Peintres

Berthon, George Theodore
Bradford, William
Connon, Thomas
Eaton, Wyatt
Fowler, Daniel
Fraser, John Arthur
Gilpin, John Bernard
Hamilton, James
Harrison, Mark Robert
Holman, James Henry
Huyghue, Samuel Douglass Smith
Langton, Anne
O'Brien, John Daniel O'Connell
O'Brien, Lucius Richard
Peel, Paul
Plamondon, Antoine
Smith, Charles-Gustave
Wilson, sir Daniel
Wright, Fanny Amelia (Bayfield)

Photographes

Bradford, William
Connon, Thomas
De Cosmos, Amor
Duffin, Simon
Horetzky, Charles George
Notman, William

AUTEURS

Journaux et mémoires

Baird, William Teel
Barthe, Joseph-Guillaume
Beach, Thomas Billis
Begg, Alexander
Boulton, Charles Arkoll
Chiniquy, Charles
Codd, Donald
Edgar, sir James David
Évanturel, François
Fowler, Daniel
Fry, Henry
Johnson, Theresa Mary (Gowanlock)
Langton, Anne
Moreton, Julian
Need, Thomas
Oxenden, Ashton
Rae, John
Ross, Alexander Milton
Strickland, Catharine Parr (Traill)
Tassé, Joseph
Taylor, James Wickes
Wait, Benjamin
Wiebe, Gerhard
Worthington, Edward Dagge

Opuscules, essais et pamphlets

Armour, Rebecca Agatha (Thompson)
Barthe, Joseph-Guillaume
Beers, William George
Begg, Alexander
Bellingham, Sydney Robert
Berthelot, Hector
Boucherville, Georges de
Chiniquy, Charles
Cochrane, William
Cordner, John
Cuoq, Jean-André
Dessaulles, Louis-Antoine
Drapeau, Stanislas
Eaton, Wyatt
Edgar, sir James David
Faucher de Saint-Maurice, Narcisse-Henri-Édouard
Fenety, George Edward
Fenwick, George Edgeworth
Fitzgerald, David
Fletcher, Edward Taylor
Galt, sir Alexander Tilloch
Graham, John Hamilton
Hagarty, sir John Hawkins
Hamilton, Peter Stevens
Hill, Philip Carteret
Hopper, John Elisha Peck
Horetzky, Charles George
Huyghue, Samuel Douglass Smith
Jenkins, John
King, John Mark
Kingsford, William
Kribs, Louis P.
Labelle, François-Xavier-Antoine
Laflèche, Louis-François
Lesperance, John
MacDougall, sir Patrick Leonard
McKellar, Archibald
Massey, Samuel
Maturin, Edmund
Medley, John
Meredith, Edmund Allen
Miles, Henry Hopper
Mitchell, Peter
Monk, Henry Wentworth
Monro, Alexander
Murray, Louisa Annie
O'Sullivan, Dennis Ambrose
Oxenden, Ashton
Patterson, George
Pringle, William Allen
Ross, Alexander Milton
Shadd, Mary Ann Camberton (Cary)
Shenston, Thomas Strahan
Spence, Thomas
Stevenson, James
Story, George Philliskirk
Taché, Alexandre-Antonin
Taché, Joseph-Charles
Taschereau, Elzéar-Alexandre
Tessier, Ulric-Joseph
Tocque, Philip
Vining, Pamelia Sarah (Yule)
Walsh, John

Wells, James Edward
Wilson, sir Daniel
Worthington, Edward Dagge

Ouvrages didactiques et scientifiques

Akins, Thomas Beamish
Allen, sir John Campbell
Ashe, Edward David
Bain, Francis
Barnard, Édouard-André
Begg, Alexander
Bill, Ingraham Ebenezer
Boucherville, Georges de
Brown, Robert
Bunting, William Franklin
Cochrane, William
Collins, Joseph Edmund
Cuoq, Jean-André
Dawson, sir John William
Denison, Frederick Charles
DesBrisay, Mather Byles
Drapeau, Stanislas
Edgar, sir James David
Fenety, George Edward
Fry, Henry
Garnier, John Hutchison
Gilpin, John Bernard
Graham, James Elliot
Graham, John Hamilton
Hale, Horatio Emmons
Hargrave, Joseph James
Hopper, John Elisha Peck
Horden, John
Hunt, Thomas Sterry
Hutton, James Scott
Kingsford, William
Langevin, Jean
Lawrence, Joseph Wilson
Lawson, George
MacDougall, sir Patrick Leonard
Mackenzie, Alexander
Miles, Henry Hopper
Monro, Alexander
Moyen, Jean
Oppenheimer, David
O'Sullivan, Dennis Ambrose
Palmer, Henry Spencer
Pâquet, Benjamin
Parkman, Francis
Patterson, George
Peters, James Horsfield
Provancher, Léon
Rae, John
Rose, George Maclean
Ross, Alexander Milton
Schwatka, Frederick
Sefton, Henry Francis
Shanly, Walter
Smith, Charles-Gustave
Strickland, Catharine Parr (Traill)
Taché, Alexandre-Antonin
Tassé, Joseph
Tocque, Philip
Toussaint, François-Xavier
Wilson, sir Daniel

Poésie, prose et théâtre

Adams, Mary Electa
Armour, Rebecca Agatha (Thompson)
Barthe, Georges-Isidore
Barthe, Joseph-Guillaume
Begg, Alexander
Berthelot, Hector
Boucherville, Georges de
Collins, Joseph Edmund
Edgar, sir James David
Faucher de Saint-Maurice, Narcisse-Henri-Édouard
Fenerty, Charles
Fenety, George Edward
Fletcher, Edward Taylor
Garnier, John Hutchison
Gay, James
Hagan, Michael
Hagarty, sir John Hawkins
Hamilton, Peter Stevens
Hunter-Duvar, John
Huyghue, Samuel Douglass Smith
Jennings, Amelia Clotilda
Lampman, Archibald
Lesperance, John
Lowell, Robert Traill Spence
MacColl, Evan
McLachlan, Alexander
Marchand, Félix-Gabriel
Murray, Louisa Annie
Rand, Theodore Harding
Robertson, Margaret Murray
Sangster, Charles
Strickland, Catharine Parr (Traill)
Taché, Joseph-Charles
Tessier, Ulric-Joseph
Vincent, Sarah Anne (Curzon)
Vining, Pamelia Sarah (Yule)
Wingfield, Alexander Hamilton

Récits d'aventures et de voyages et journaux de bord

Armstrong, sir Alexander
Ballantyne, Robert Michael
Bradford, William
Brown, Robert
Faucher de Saint-Maurice, Narcisse-Henri-Édouard
Fletcher, Edward Taylor
Gauthier, Marie-Angèle, dite sœur Marie-Angèle
Horetzky, Charles George
Kingsford, William
McCrea, Robert Barlow
MacLean, Malcolm Alexander
Mann, John
Mitchell, Peter
Moreton, Julian
Morton, George Elkana
Rae, John
Schwatka, Frederick
Strickland, Catharine Parr (Traill)

CLERGÉ

Anglicans

Burn, William John
Chase, Henry Pahtahquahong
Cochrane, Henry
Fitzgerald, David
Gibbons, Simon Thomas
Hills, George
Horden, John
Lowell, Robert Traill Spence
McMurray, William
Massey, Samuel
Maturin, Edmund
Medley, John
Moreton, Julian
Osler, Featherstone Lake
Oxenden, Ashton
Sullivan, Edward
Tocque, Philip
Williams, James William

Baptistes

Bill, Ingraham Ebenezer
Dadson, Ebenezer William
Hopper, John Elisha Peck
Pryor, John

Catholiques

Clercs de Saint-Viateur

Young, Joseph-Marie

Oblats de Marie-Immaculée

André, Alexis
Durieu, Paul
Nédélec, Jean-Marie
Pandosy, Charles
Taché, Alexandre-Antonin

Pères de Sainte-Croix

Lefebvre, Camille
Rézé, Joseph-Pierre

Rédemptoristes

Pampalon, Alfred
Tielen, Jean

Séculiers

Bouchard, Arthur
Chabert, Joseph
Chiniquy, Charles
Cleary, James Vincent
Fabre, Édouard-Charles
Labelle, François-Xavier-Antoine
Laflèche, Louis-François
Langevin, Jean
McDonald, Francis John
McIntyre, Peter
McSpiritt, Francis
Maréchal, Louis-Delphis-Adolphe
Méthot, Michel-Édouard
Montminy, Théophile
Pâquet, Benjamin
Power, Thomas Joseph
Provancher, Léon
Racine, Antoine
Taschereau, Elzéar-Alexandre
Wagner, James Theodore
Walsh, John

Sisters of Charity of Halifax

Harrington, Joanna, dite sœur Mary Benedicta

Sisters of Charity of Saint John

Conway, Honoria, dite mère Mary Vincent

Sœurs de la charité de la Providence

Têtu, Cléophée, dite Thérèse de Jésus

Sœurs de Sainte-Anne

Gauthier, Marie-Angèle, dite sœur Marie-Angèle

Sœurs marianites de Sainte-Croix

Gascoin, Léocadie, dite Marie des Sept-Douleurs

Sulpiciens

Charbonnel, Armand-François-Marie de
Cuoq, Jean-André
Dowd, Patrick
Moyen, Jean

Congrégationalistes

Cornish, George
Wetherald, William

Mennonites

Wiebe, Gerhard

Méthodistes

Beatty, William
Bland, Henry Flesher
Brooking, Robert
Burns, Alexander
Caughey, James
Chase, Henry Pahtahquahong
Disney, Richard Randolph
Douglas, George
Evans, Ephraim
Jeffers, Wellington
Jenkins, John
Phillips, Alfred Moore
Robinson, Joseph Hiram
Rundle, Robert Terrill
Story, George Philliskirk

Presbytériens

Chiniquy, Charles
Cochrane, William
Cook, John
Jenkins, John
King, John Mark
King, William
Macdonnell, Daniel James
McKnight, Alexander
McLeod, Angus Jonas
Mowat, John Bower
Patterson, George
Williamson, James

Société des amis

Wetherald, William

Unitariens

Cordner, John

DIVERS

Akins, Thomas Beamish
Barnard, Édouard-André
Beach, Thomas Billis
Bird, James
Cameron, sir Roderick William
Campbell, Andrew
Canning, Francis
Cassils, William
Cornish, George
Dyas, Thomas Winning
Estimauville, Joséphine-Éléonore d' (Taché ; Clément)
Gilmour, Allan
Gravelet, Jean-François, dit Charles Blondin
Haliburton, Susanna Lucy Anne (Weldon)
Harman, Samuel Bickerton
Kitchi-manito-waya
Legacé, Josette (Work)
McKellar, John
Mann, John
Mékaisto
Montminy, Théophile
Natawista
Onista'poka
Patterson, George
Peminuit Paul, Jacques-Pierre
Potts, Jerry
Pringle, William Allen
Ryan, James A.
Si'k-okskitsis
Swift, Henry
Taylor, James Wickes
Veney, Anderson

ÉDUCATION

Administrateurs scolaires

Abbott, sir John Joseph Caldwell
Adams, Mary Electa
Aikins, William Thomas
Bethune, Norman
Brown, Corydon Partlow
Burns, Alexander
Campbell, sir Alexander
Cochrane, William
Conway, Honoria, dite mère Mary Vincent
Cook, John
Dawson, sir John William
Desbarats, George-Édouard
Evans, Ephraim
Graham, John Hamilton
Hagan, Michael
Hewett, Edward Osborne
Hicks, William Henry
Hopper, John Elisha Peck
Hutton, James Scott
King, John Mark
Laflèche, Louis-François
Langevin, Jean
Lefebvre, Camille
Macdonnell, Daniel James
McKnight, Alexander
McLeod, Angus Jonas
Méthot, Michel-Édouard
Miles, Henry Hopper
Munro, George
Odet d'Orsonnens, Thomas-Edmond d'
Pâquet, Benjamin
Pryor, John
Racine, Antoine
Rand, Theodore Harding
Reeve, William Albert
Story, George Philliskirk
Taschereau, Elzéar-Alexandre
Toussaint, François-Xavier
Wetherald, William
Wilson, sir Daniel
Young, Joseph-Marie

Éducateurs

Abbott, sir John Joseph Caldwell
Adams, Mary Electa
Aikins, William Thomas
Angwin, Maria Louisa
Armour, Rebecca Agatha (Thompson)
Arsenault, Joseph-Octave
Balfour, William Douglas
Barber, Polly (Scovill)
Barr, Robert
Bethune, Norman
Burns, Alexander
Chabert, Joseph
Cochrane, Henry
Cochrane, William
Collins, Joseph Edmund
Conway, Honoria, dite mère Mary Vincent
Cornish, George
Creelman, Samuel
Creighton, Letitia (Youmans)
Crozier, St George Baron Le Poer
Dawson, sir John William
Devisme, Léopold
Douglas, George
Eaton, Wyatt
Evans, Ephraim
Fairbrother, Anne (Hill)
Fenelon, Maurice
Fenwick, George Edgeworth
Fraser, John Arthur
Gauthier, Marie-Angèle, dite sœur Marie-Angèle
Geoffrion, Christophe-Alphonse
Gibbons, Simon Thomas
Graham, James Elliot
Graham, John Hamilton
Haché, Juste
Hagarty, sir John Hawkins
Hamilton, James
Harrington, Joanna, dite sœur Mary Benedicta
Hicks, William Henry
Hopper, John Elisha Peck
Hunt, Thomas Sterry
Hutton, James Scott
Irvine, George
Jameson, Richard Willis
Jeffers, Wellington
Jehin-Prume, Frantz
King, John Mark
Labelle, Jean-Baptiste
Laflamme, Toussaint-Antoine-Rodolphe
Laflèche, Louis-François
Langevin, Jean
Langton, Anne
Lavallée, Calixa
Lawson, George
Lefebvre, Camille
Leprohon, Jean-Lukin
Lewis, Martha Hamm (Peters)
Macdonnell, Daniel James
McKnight, Alexander
MacLean, Malcolm Alexander
McLeay, James Franklin
McVicar, Victoria
Martel, Pierre
Méthot, Michel-Édouard
Miles, Henry Hopper
Mowat, John Bower
Moyen, Jean
Munro, George
Murray, Louisa Annie
O'Brien, Lucius Richard
Odet d'Orsonnens, Thomas-Edmond d'
Pâquet, Anselme-Homère
Pâquet, Benjamin
Perry, Stanislaus Francis
Plamondon, Antoine
Pringle, William Allen
Pryor, John
Racine, Antoine
Rand, Theodore Harding
Reeve, William Albert
Robertson, Margaret Murray
Rundle, Robert Terrill
Sefton, Henry Francis
Shadd, Mary Ann Camberton (Cary)
Shannon, Samuel Leonard
Smith, Charles-Gustave
Stewart, John
Story, George Philliskirk
Strickland, Catharine Parr (Traill)
Taschereau, Elzéar-Alexandre
Taschereau, Jean-Thomas
Tessier, Ulric-Joseph
Tocque, Philip
Toussaint, François-Xavier
Townsend, John
Vining, Pamelia Sarah (Yule)
Wait, Benjamin
Wells, James Edward
Wetherald, William
Williams, James William
Williamson, James
Wilson, sir Daniel
Wilson, James Crocket
Wood, John Fisher
Workman, Joseph
Wright, Fanny Amelia (Bayfield)
Young, Joseph-Marie

EXPLORATEURS

Armstrong, sir Alexander
Brown, Robert
Campbell, Robert (1808–1894)
Leech, Peter John
Macdonald, Ranald
McKay, Joseph William
Penny, William
Rae, John
Richards, sir George Henry
Schwatka, Frederick

FONCTIONNAIRES

Gouvernement fédéral

Barthe, Georges-Isidore
Bedson, Samuel Lawrence
Bernard, Hewitt
Breland, Pascal
Bryson, George
Burgess, Alexander Mackinnon
Carpmael, Charles
Chatelain, Nicolas
Christie, William Joseph
Codd, Donald
Drapeau, Stanislas
Fournier, Télesphore
Fuller, Thomas
Futvoye, George
Galt, sir Alexander Tilloch
Gilchrist, Frederick Charles
Gisborne, Frederic Newton
Gordon, Andrew Robertson
Griffin, William Henry
Hamilton, Peter Stevens
Herchmer, William Macauley
Hunter-Duvar, John
Hutton, Samuel
Johnson, sir Francis Godschall
Kingsford, William
Lampman, Archibald
Langton, John
Laviolette, Godefroy
Lawrence, Joseph Wilson
Light, Alexander Luders
MacColl, Evan
MacDougall, sir Patrick Leonard
McKay, Angus
McKay, Joseph William
MacLean, Malcolm Alexander
Macleod, James Farquharson
McMicken, Gilbert
McVicar, Victoria
Meredith, Edmund Allen
Mitchell, Peter
Monck, Charles Stanley, 4e vicomte Monck
Mowat, Thomas
Pope, Joseph
Robertson, Joseph Gibb
Robitaille, Théodore
Rogers, William Henry
Rubidge, Frederick Preston
St Jean, Pierre
Sangster, Charles
Scott, Thomas Seaton
Smith, Charles-Gustave
Smith, William
Taché, Joseph-Charles
Tassé, Joseph
Tourangeau, Adolphe
Trudeau, Toussaint
Valin, Pierre-Vincent
Willis, Edward
Wilmot, Samuel
Wingfield, Alexander Hamilton

Gouvernements provinciaux et territoriaux

Akins, Thomas Beamish
Allen, sir John Campbell
Anglin, Timothy Warren
Archibald, sir Adams George
Ashe, Edward David
Barnard, Édouard-André
Barr, Robert
Barthe, Joseph-Guillaume
Beaty, James
Begg, Alexander
Bell, Robert
Belleau, sir Narcisse-Fortunat
Bemister, John
Bernard, Hewitt
Blanshard, Richard
Boucherville, Georges de
Boyd, John
Breland, Pascal
Cameron, Malcolm Colin
Campbell, sir Alexander
Caron, Édouard
Carvell, Jedediah Slason
Chapleau, sir Joseph-Adolphe
Charbonnel, Armand-François-Marie de
Chase, Henry Pahtahquahong
Chipman, Samuel
Cook, John
Creelman, Samuel
Dawson, sir John William
DesBrisay, Mather Byles
Dessaulles, Louis-Antoine
Devisme, Léopold
Edmonds, Henry Valentine
Faucher de Saint-Maurice, Narcisse-Henri-Édouard
Fenelon, Maurice
Fenerty, Charles
Fenety, George Edward
Fitzgerald, David
Fletcher, Edward Taylor
Fraser, Christopher Finlay
Fraser, John James
Fry, Henry
Futvoye, George
Gisborne, Frederic Newton
Gzowski, sir Casimir Stanislaus
Haché, Juste
Hamilton, Peter Stevens
Haviland, Thomas Heath
Hensley, Joseph
Hill, sir Stephen John
Horetzky, Charles George
Huyghue, Samuel Douglass Smith
Jameson, Richard Willis
Johnson, sir Francis Godschall
Kenny, sir Edward
Kirkpatrick, sir George Airey
Labelle, François-Xavier-Antoine
Langton, John
Lawrence, Joseph Wilson
Lawson, George
Lesieur-Désaulniers, Louis-Léon
Lesperance, John
Light, Alexander Luders
Lowell, Robert Traill Spence
Macdonald (Sandfield), Donald Alexander

McKellar, Archibald
McLachlan, Alexander
McMicken, Gilbert
McMurray, William
Massey, Hart Almerrin
Meredith, Edmund Allen
Miles, Henry Hopper
Mitchell, James
Monro, Alexander
Need, Thomas
Nelson, Hugh
Odell, William Hunter
Ostell, John
Peters, James Horsfield
Pope, Joseph
Rand, Theodore Harding
Robinson, John Beverley
Robinson, sir William Cleaver Francis
Robitaille, Théodore
Rogers, William Henry
Ross, Flora Amelia (Hubbs)
Rubidge, Frederick Preston
Sangster, Charles
Schultz, sir John Christian
Shannon, Samuel Leonard
Smith, William
Spence, Thomas
Stevenson, James
Stuart, sir Andrew
Taché, Joseph-Charles
Tilley, sir Samuel Leonard
Tocque, Philip
Trudeau, Toussaint
Weeks, Otto Schwartz
Wilmot, Robert Duncan
Workman, Joseph

Gouvernements municipaux et locaux

Baird, William Teel
Barthe, Georges-Isidore
Bell, Robert
Bergin, Darby
Boulton, Charles Arkoll
Bruce, John
Bryson, George
Bunting, William Franklin
Caron, Édouard
Chadwick, Charles Eli
Connon, Thomas
Cook, John
Deschênes, Georges-Honoré
Draper, Francis Collier
Edmonds, Henry Valentine
Flint, Billa
Futvoye, George
Geoffrion, Félix
Gilchrist, Frederick Charles
Girard, Marc-Amable
Haché, Juste
Harman, Samuel Bickerton
Kingsford, William
Langton, John
Larocque de Rochbrune, Alphonse-Barnabé
Lawson, Alexander
Leblanc, Étienne
Leech, Peter John
MacLean, Malcolm Alexander
Massey, Hart Almerrin
Need, Thomas
Orr, Wesley Fletcher
Ostell, John
Parke, Ephraim Jones
Prendergast, James Luke
Robinson, John Beverley
Shenston, Thomas Strahan
Thériault, Lévite
Wilmot, Samuel
Withrow, John Jacob
Wood, Thomas

Gouvernements étrangers

Fauvel, William Le Boutillier
Huyghue, Samuel Douglass Smith
Leprohon, Jean-Lukin
Lewin, James Davies
Taylor, James Wickes

FORCES ARMÉES

Américaines

Armée : officiers

Schwatka, Frederick

Milice : officiers

Rankin, Arthur

Britanniques

Armée : officiers

Boulton, Charles Arkoll
Hewett, Edward Osborne
Jervois, sir William Francis Drummond
Luard, Richard George Amherst
McCrea, Robert Barlow
MacDougall, sir Patrick Leonard
Middleton, sir Frederick Dobson
Palmer, Henry Spencer
Robinson, John Beverley

Armée : soldats

Bedson, Samuel Lawrence
Kingsford, William
Leech, Peter John
McIntyre, Alexander
Smith, Alexander Mortimer

Marine : officiers

Armstrong, sir Alexander
Ashe, Edward David
Gordon, Andrew Robertson
Richards, sir George Henry
Wallis, sir Provo William Parry

Canadiennes

Armée : officiers

Borden, Harold Lothrop

Milice : officiers

Abbott, sir John Joseph Caldwell
Allen, sir John Campbell
Amyot, Guillaume
Baird, William Teel
Barnard, Édouard-André
Bedson, Samuel Lawrence
Bell, Robert
Bellerose, Joseph-Hyacinthe
Bellingham, Sydney Robert
Bergin, Darby
Bernard, Hewitt
Borden, Harold Lothrop
Botsford, Amos Edwin
Boulton, Charles Arkoll
Bourassa, François
Caron, Édouard
Chadwick, Charles Eli
Chipman, Samuel
Denison, Frederick Charles
Desbarats, George-Édouard
Draper, Francis Collier

Edmonds, Henry Valentine
Évanturel, François
Flint, Billa
Fraser, Christopher Finlay
Futvoye, George
Gilmour, Allan
Gzowski, sir Casimir Stanislaus
Haché, Juste
Haviland, Thomas Heath
Herchmer, William Macauley
Houghton, Charles Frederick
Hunter-Duvar, John
Kenny, sir Edward
Kirkpatrick, sir George Airey
Lesieur-Désaulniers, Louis-Léon
McKellar, Archibald
Mackenzie, Alexander
Macleod, James Farquharson
Marchand, Félix-Gabriel
Middleton, sir Frederick Dobson
Mowat, Thomas
Murchie, James
Need, Thomas
Ogilvie, William Watson
Orr, Wesley Fletcher
Pope, Joseph
Power, Michael Joseph
Prévost, Oscar
Pryor, Henry
Rankin, Arthur
Ross, David Alexander
Shannon, Samuel Leonard
Smith, Alexander Mortimer
Stevenson, James
Storm, William George
Taschereau, Jean-Thomas
Thériault, Lévite
Wilmot, Samuel
Worthington, Edward Dagge
Wright, Alonzo

États pontificaux

Barnard, Édouard-André

Françaises

Armée : officiers

Faucher de Saint-Maurice, Narcisse-Henri-Édouard

Patriotes et rebelles

Bourassa, François
Lépine, Maxime
Morin, Achille
Wait, Benjamin

GENS D'AFFAIRES

Commerce

Anderson, Robert
Arsenault, Joseph-Octave
Austin, James
Baker, Loran Ellis
Barsalou, Joseph
Beatty, William
Beaty, James
Begg, Alexander
Bell, Robert
Bellerose, Joseph-Hyacinthe
Bellingham, Sydney Robert
Bemister, John
Benjamin, Alfred David
Bertram, George Hope
Bertrand, Charles
Boulton, Charles Arkoll
Boyd, John
Brown, Corydon Partlow
Brunet, Wilfrid-Étienne
Bryson, George
Buntin, Alexander
Bunting, Christopher William
Burns, Kennedy Francis
Burstall, John
Cameron, sir Roderick William
Campbell, sir Alexander
Caron, Édouard
Carvell, Jedediah Slason
Cassils, William
Chase, Henry Pahtahquahong
Chewett, William Cameron
Chipman, Samuel
Connon, Thomas
Copp, William Walter
Cronan, Daniel
Daniel, Thomas Wilder
Davis, Samuel
De Cosmos, Amor
Denison, Frederick Charles
Dickinson, Moss Kent
Duffin, Simon
Dunn, Timothy Hibbard
Eda'nsa
Elliot, William
Fairweather, Charles Henry
Fauvel, William Le Boutillier
Fenelon, Maurice
Flint, Billa
Garnier, Constant
Gay, James
Gilchrist, Frederick Charles
Goodfellow, James
Graham, John Hamilton
Harris, John Leonard
Harris, Joseph
Hearn, John
Hendery, Robert
Houliston, George Baillie
Howland, William Holmes
Hudon, Victor
Jones, Oliver
Kenny, sir Edward
Kerry, John
Labelle, Jean-Baptiste
Larkin, Patrick Joseph
Larue, Auguste
Leblanc, Étienne
Livingston, Samuel Henry Harwood
Logan, Alexander
McArthur, Alexander
Macdonald (Sandfield), Donald Alexander
McGarvey, Owen
McInnes, Donald
McIntyre, Alexander
McIntyre, Duncan
MacLean, Malcolm Alexander
Maclear, Thomas
McLennan, Hugh
Macpherson, sir David Lewis
Marks, Thomas
Mather, John B.
Miller, Hugh
Moffatt, Lewis
Monroe, Moses
Morgan, Henry
Morin, Achille
Morton, George Elkana
Munn, Robert Stewart
Murchie, James
Nairn, Stephen
Need, Thomas
Neelon, Sylvester
Newman, William Herman
Notman, William
O'Brien, Lucius Richard
O'Leary, Henry
Oppenheimer, David
Orr, Wesley Fletcher
Ostell, John

Pope, Joseph
Power, Michael Joseph
Prendergast, James Luke
Rendell, Stephen
Renfrew, George Richard
Richardson, James
Robertson, James
Robertson, Joseph Gibb
Robinson, John Beverley
Robson, John
Rogers, William Henry
Ross, David Alexander
Sanford, William Eli
Schultz, sir John Christian
Shenston, Thomas Strahan
Shorey, Hollis
Simpson, Robert
Smith, Alexander Mortimer
Spence, Thomas
Starnes, Henry
Thibaudeau, Isidore
Thorburn, Alexander Gillan
Todd, Jacob Hunter
Turnbull, William Wallace
Viau, Charles-Théodore
Walker, Hiram
Weld, William
Wilmot, Robert Duncan
Withall, William John
Wood, Thomas
Workman, Joseph
Wright, Gustavus Blinn

Édition

Anglin, Timothy Warren
Balfour, William Douglas
Barthe, Georges-Isidore
Beaty, James
Beers, William George
Begg, Alexander
Berthelot, Hector
Boulton, Charles Arkoll
Brown, Corydon Partlow
Bunting, Christopher William
Burgess, Alexander Mackinnon
Cameron, Alexander
Carvell, Jedediah Slason
Chapleau, sir Joseph-Adolphe
Chewett, William Cameron
Collins, Joseph Edmund
Copp, William Walter
Dawson, sir John William
De Cosmos, Amor
Desbarats, George-Édouard
Dorion, sir Antoine-Aimé
Drapeau, Stanislas
Duhamel, Georges
Dyas, Thomas Winning
Elliot, William
Évanturel, François
Fenety, George Edward
Fournier, Télesphore
Hagan, Michael
Hopper, John Elisha Peck
Houliston, George Baillie
Kingsford, William
Kribs, Louis P.
Lawson, Alexander
Livingston, John
Lovell, John
Mackenzie, Alexander
Maclear, Thomas
Marchand, Félix-Gabriel
Marks, Thomas
Mitchell, Peter
Monro, Alexander
Morton, George Elkana
Munro, George
Plamondon, Marc-Aurèle
Provancher, Léon
Robinson, Joseph Hiram
Robson, John
Rose, George Maclean
Schultz, sir John Christian
Shadd, Mary Ann Camberton (Cary)
Shenston, Thomas Strahan
Smith, Charles-Gustave
Stewart, John
Thorburn, Alexander Gillan
Wait, Benjamin
Weld, William
Willis, Edward

Énergie et ressources

Arsenault, Joseph-Octave
Austin, James
Barker, William
Beatty, William
Beaty, James
Botsford, Amos Edwin
Breithaupt, Ezra Carl
Bryson, George
Burns, Kennedy Francis
Campbell, sir Alexander
Clark, Alexander
Daniel, Thomas Wilder
Davison, Edward Doran
Deschênes, Georges-Honoré
Dunn, Timothy Hibbard
Finlayson, Roderick
Flint, Billa
Galt, sir Alexander Tilloch
Gilmour, Allan
Glasier, John
Goodfellow, James
Gordon, Andrew Robertson
Hamm, Albert
Hutton, Samuel
Ives, William Bullock
King, James
Ledingham, John
Lewin, James Davies
Livingston, Samuel Henry Harwood
McArthur, Alexander
McKay, Joseph William
McKellar, John
Maclaren, James
McLeod, Donald
Mitchell, Peter
Mowat, Thomas
Murchie, James
O'Brien, Lucius Richard
Orr, Wesley Fletcher
Ostell, John
Pope, Joseph
Price, Evan John
Rankin, Arthur
Richardson, James
Robinson, John Beverley
Shanly, Walter
Smith, William
Stuart, sir Andrew
Swift, Henry
Todd, Jacob Hunter
Wait, Benjamin
Withall, William John
Wright, Alonzo
Wright, Gustavus Blinn

Immobilier

Austin, James
Baillairgé, Louis de Gonzague
Beatty, William
Bertrand, Charles
Bresse, Guillaume
Browne, John James
Cameron, Alexander
Cameron, sir Roderick William
Campbell, sir Alexander
Carvell, Jedediah Slason
Creelman, Samuel
De Cosmos, Amor
Denison, Frederick Charles
Dunn, Timothy Hibbard
Edmonds, Henry Valentine
Finlayson, Roderick
Flint, Billa
Fraser, Donald
Galt, sir Alexander Tilloch
Gzowski, sir Casimir Stanislaus
Harris, John Leonard
Haviland, Thomas Heath
Haythorne, Robert Poore
Hearn, John
Jameson, Richard Willis
Jones, Oliver
King, James
Leonard, Elijah
Logan, Alexander
Macdonald, sir John Alexander
McGreevy, Thomas
McIntyre, Alexander
McKellar, John
MacLean, Malcolm Alexander
McLeod, Donald
McMicken, Gilbert

McVicar, Victoria
Mather, John B.
Murchie, James
Need, Thomas
Newman, William Herman
Notman, William
Oppenheimer, David
Orr, Wesley Fletcher
Pemberton, Joseph Despard
Peters, James Horsfield
Pope, Joseph
Price, Evan John
Rastrick, Frederick James
Robertson, Joseph Gibb
Robinson, John Beverley
Sanford, William Eli
Schultz, sir John Christian
Shenston, Thomas Strahan
Tessier, Ulric-Joseph
Todd, Jacob Hunter
Turnbull, William Wallace
Viau, Charles-Théodore
Walker, Hiram

Institutions financières

Abbott, sir John Joseph Caldwell
Anderson, Robert
Armstrong, John Belmer
Austin, James
Baillairgé, Louis de Gonzague
Baker, Loran Ellis
Barsalou, Joseph
Belleau, sir Narcisse-Fortunat
Bethune, Robert Henry
Buntin, Alexander
Cameron, Alexander
Campbell, sir Alexander
Chadwick, Charles Eli
Daniel, Thomas Wilder
Dunn, Timothy Hibbard
Elliot, William
Fairweather, Charles Henry
Fraser, Christopher Finlay
Galt, sir Alexander Tilloch
Goldie, Thomas
Goodfellow, James
Hale, Horatio Emmons
Hamilton, James
Houliston, George Baillie
Howland, William Holmes
Hudon, Victor
Jeffery, Joseph
Jones, Oliver
Kenny, sir Edward
King, Edwin Henry
Larkin, Patrick Joseph
Laviolette, Godefroy
Lewin, James Davies
Macdonald, sir John Alexander
McInnes, Donald
Mackenzie, Alexander
Maclaren, James
McMicken, Gilbert
Mitchell, Peter
Moffatt, Lewis
Murchie, James
Nevins, James
Parke, Ephraim Jones
Pemberton, Joseph Despard
Robinson, John Beverley
Robitaille, Olivier
Robson, John
Shanly, Walter
Shenston, Thomas Strahan
Smith, Alexander Mortimer
Smith, William
Starnes, Henry
Stevenson, James
Taylor, Henry
Tessier, Ulric-Joseph
Thibaudeau, Isidore
Tourangeau, Adolphe
Turnbull, William Wallace
Withall, William John

Manufactures

Abbott, Job
Armstrong, John Belmer
Baldwin, William Henry
Barber, Polly (Scovill)
Barsalou, Joseph
Beatty, William
Begg, Alexander
Bell, Robert
Bertram, George Hope
Bertrand, Charles
Botsford, Amos Edwin
Boulton, Charles Arkoll
Breithaupt, Ezra Carl
Bresse, Guillaume
Brown, Corydon Partlow
Bryson, George
Buntin, Alexander
Burns, Kennedy Francis
Cameron, Malcolm Colin
Campbell, Robert (1826–1898)
Cantin, Augustin
Cassils, William
Chadwick, Charles Eli
Christie, William Mellis
Creelman, Samuel
Daniel, Thomas Wilder
Davis, Samuel
Davison, Edward Doran
Deschênes, Georges-Honoré
Dickinson, Moss Kent
Dunn, Timothy Hibbard
Elliot, William
Flint, Billa
Galt, sir Alexander Tilloch
Gilmour, Allan
Glasier, John
Goldie, Thomas
Goodfellow, James
Gzowski, sir Casimir Stanislaus
Hargrave, Joseph James
Harris, John Leonard
Heintzman, Theodor August
Hendery, Robert
Herring, John
Howland, William Holmes
Hudon, Victor
Hunter-Duvar, John
Hutton, Samuel
Ives, William Bullock
Jones, Oliver
Kenny, sir Edward
Kerry, John
King, James
Kirkpatrick, sir George Airey
Langton, John
Larkin, Patrick Joseph
Larue, Auguste
Laviolette, Godefroy
Lawrence, Joseph Wilson
Ledingham, John
Leonard, Elijah
McArthur, Alexander
Macdonald (Sandfield), Donald Alexander
McDougall, John
McGarvey, Owen
McInnes, Donald
McKay, Joseph William
McKellar, Archibald
Mackenzie, Alexander
Maclaren, James
McLeod, Donald
Macpherson, sir David Lewis
Massey, Hart Almerrin
Mitchell, Peter
Moir, William Church
Monroe, Moses
Murchie, James
Nairn, Stephen
Need, Thomas
Neelon, Sylvester
Nelson, Hugh
Nevins, James
Ogilvie, William Watson
O'Leary, Henry
Orr, Wesley Fletcher
Ostell, John
Paton, Andrew
Pope, Joseph
Renfrew, George Richard
Richardson, James
Robertson, James
Robertson, Joseph Gibb
Rochette, Cléophas
Ross, David Alexander
Ryan, Hugh
Sanford, William Eli
Shanly, Walter
Shorey, Hollis
Simpson, Melancthon
Southcott, James Thomas

Stone, Thomas
Taylor, Henry
Thorburn, Alexander Gillan
Todd, Jacob Hunter
Tourangeau, Adolphe
Tuckett, George Elias
Valin, Pierre-Vincent
Viau, Charles-Théodore
Wait, Benjamin
Walker, Hiram
Wanzer, Richard Mott
Waterous, Charles Horatio
Wilmot, Robert Duncan
Wilson, James Crocket
Wisner, Jesse Oldfield
Withall, William John
Withrow, John Jacob
Wood, Thomas
Wright, Alonzo

Secteur des services

Baker, Loran Ellis
Beatty, William
Bendixen, Fanny
Bertrand, Charles
Canning, Francis
Cassils, William
Chewett, William Cameron
Downs, Andrew
Dyas, Thomas Winning
Fraser, John Arthur
Garnier, Constant
Gay, James
Gzowski, sir Casimir Stanislaus
Hargrave, Joseph James
Harrison, Mark Robert
Horn, Kate M. (Buckland)
Jones, Oliver
Lawrence, Joseph Wilson
McDowell, Eugene Addison
McIntyre, Alexander
Marks, Thomas
Notman, William
O'Connor, William Joseph
Robinson, John Beverley
Schultz, sir John Christian
Townsend, John
Ward, James

Transport

Abbott, sir John Joseph Caldwell
Anderson, Robert
Armstrong, John Belmer
Austin, James
Baker, Loran Ellis
Beatty, William
Beaty, James
Belleau, sir Narcisse-Fortunat
Bergin, Darby
Botsford, Amos Edwin
Breithaupt, Ezra Carl
Buntin, Alexander
Burns, Kennedy Francis
Cameron, Alexander
Cameron, sir Roderick William
Campbell, sir Alexander
Carvell, Jedediah Slason
Cassils, William
Chipman, Samuel
Clark, Alexander
Daniel, Thomas Wilder
Dickinson, Moss Kent
Dunn, Timothy Hibbard
Edgar, sir James David
Edmonds, Henry Valentine
Fairweather, Charles Henry
Flint, Billa
Fraser, Christopher Finlay
Fry, Henry
Galt, sir Alexander Tilloch
Gisborne, Frederic Newton
Goldie, Thomas
Gzowski, sir Casimir Stanislaus
Hamilton, James
Harris, John Leonard
Hearn, John
Hickson, sir Joseph
Ives, William Bullock
Jones, Oliver
Larkin, Patrick Joseph
Leonard, Elijah
Lépine, Maxime
Lewin, James Davies
McCarthy, D'Alton
Macdonald, sir John Alexander
Macdonald, Ranald
Macdonald (Sandfield), Donald Alexander
McDougall, John
McGillivray, Donald
McGreevy, Thomas
McInnes, Donald
McIntyre, Duncan
Maclaren, James
McLennan, Hugh
McLeod, Donald
McMicken, Gilbert
Macpherson, sir David Lewis
Marks, Thomas
Mitchell, Peter
Moffatt, Lewis
Mowat, Thomas
Murchie, James
Neelon, Sylvester
Nelson, Hugh
Nevins, James
Oppenheimer, David
Ostell, John
Parke, Ephraim Jones
Pope, Joseph
Power, Michael Joseph
Price, Evan John
Richardson, James
Robertson, Joseph Gibb
Robinson, John Beverley
Robitaille, Théodore
Shanly, Walter
Simpson, Melancthon
Smith, Alexander Mortimer
Taylor, Henry
Tourangeau, Adolphe
Turnbull, William Wallace
Valin, Pierre-Vincent
Walker, Hiram
Wilmot, Robert Duncan
Withall, William John
Wright, Gustavus Blinn

HOMMES POLITIQUES

Gouvernement fédéral

Élus

Abbott, sir John Joseph Caldwell
Amyot, Guillaume
Anglin, Timothy Warren
Archibald, sir Adams George
Barthe, Georges-Isidore
Barthe, Joseph-Guillaume
Beaty, James
Bellerose, Joseph-Hyacinthe
Bergin, Darby
Bertram, George Hope
Bourassa, François
Bunting, Christopher William
Burns, Kennedy Francis
Cameron, Malcolm Colin
Chapleau, sir Joseph-Adolphe
De Cosmos, Amor
Denison, Frederick Charles
Dickinson, Moss Kent
Dorion, sir Antoine-Aimé
Edgar, sir James David
Fauvel, William Le Boutillier
Fournier, Télesphore
Galt, sir Alexander Tilloch

Geoffrion, Christophe-Alphonse
Geoffrion, Félix
Hearn, John
Houghton, Charles Frederick
Ives, William Bullock
Jameson, Richard Willis
Kirkpatrick, sir George Airey
Laflamme, Toussaint-Antoine-Rodolphe
Lesieur-Désaulniers, Louis-Léon
McCarthy, D'Alton
Macdonald, sir John Alexander
Macdonald (Sandfield), Donald Alexander
McGreevy, Thomas
McKay, Angus
Mackenzie, Alexander
Mercier, Honoré
Mitchell, Peter
Nelson, Hugh
Pâquet, Anselme-Homère
Perry, Stanislaus Francis
Robinson, John Beverley
Robitaille, Théodore
Rymal, Joseph
St Jean, Pierre
Schultz, sir John Christian
Shanly, Walter
Tassé, Joseph
Thompson, sir John Sparrow David
Tilley, sir Samuel Leonard
Tourangeau, Adolphe
Valin, Pierre-Vincent
Wilson, James Crocket
Wood, John Fisher
Wright, Alonzo

Nommés

Abbott, sir John Joseph Caldwell
Arsenault, Joseph-Octave
Belleau, sir Narcisse-Fortunat
Bellerose, Joseph-Hyacinthe
Botsford, Amos Edwin
Boulton, Charles Arkoll
Boyd, John
Burns, Kennedy Francis
Campbell, sir Alexander
Carvell, Jedediah Slason
Flint, Billa
Girard, Marc-Amable
Glasier, John
Haviland, Thomas Heath
Haythorne, Robert Poore
Ives, William Bullock
Kenny, sir Edward
Leonard, Elijah
Lewin, James Davies
McInnes, Donald
Macpherson, sir David Lewis
Mitchell, Peter
Nelson, Hugh
Odell, William Hunter
Pâquet, Anselme-Homère
Price, Evan John
Robitaille, Théodore
Sanford, William Eli
Schultz, sir John Christian
Tassé, Joseph
Tessier, Ulric-Joseph
Wilmot, Robert Duncan

Gouvernements provinciaux et territoriaux

Élus

Abbott, sir John Joseph Caldwell
Allen, sir John Campbell
Anglin, Timothy Warren
Archibald, sir Adams George
Arsenault, Joseph-Octave
Balfour, William Douglas
Beatty, William
Beaty, James
Bell, Robert
Bellerose, Joseph-Hyacinthe
Bellingham, Sydney Robert
Bemister, John
Bertrand, Charles
Botsford, Amos Edwin
Bourassa, François
Breland, Pascal
Bresse, Guillaume
Brown, Corydon Partlow
Bruce, John
Burns, Kennedy Francis
Campbell, sir Alexander
Caron, Édouard
Carter, sir Frederic Bowker Terrington
Chapleau, sir Joseph-Adolphe
Chipman, Samuel
Church, Levi Ruggles
Colvile, Eden
Creelman, Samuel
Davie, Theodore
Davison, Edward Doran
De Cosmos, Amor
DesBrisay, Mather Byles
Deschênes, Georges-Honoré
Dessaulles, Louis-Antoine
Dorion, sir Antoine-Aimé
Duhamel, Georges
Évanturel, François
Faucher de Saint-Maurice, Narcisse-Henri-Édouard
Fenelon, Maurice
Flint, Billa
Fournier, Télesphore
Fraser, Christopher Finlay
Fraser, John James
Galt, sir Alexander Tilloch
Geoffrion, Félix
Girard, Marc-Amable
Glasier, John
Haviland, Thomas Heath
Haythorne, Robert Poore
Hearn, John
Hensley, Joseph
Hill, Philip Carteret
Howatt, Cornelius
Irvine, George
Kent, Robert John
King, James
Laird, Alexander
Langton, John
Lawrence, Joseph Wilson
Leonard, Elijah
Lépine, Maxime
Lesieur-Désaulniers, Louis-Léon
Little, Philip Francis
Macdonald, sir John Alexander
Macdonald (Sandfield), Donald Alexander
McKay, Angus
McKay, Joseph William
McKellar, Archibald
Mackenzie, Alexander
McMicken, Gilbert
Macpherson, sir David Lewis
Marchand, Félix-Gabriel
Mercier, Honoré
Mitchell, James
Mitchell, Peter
Munn, Robert Stewart
Murchie, James
Neelon, Sylvester
Nelson, Hugh
O'Leary, Henry
Pâquet, Anselme-Homère
Pemberton, Joseph Despard
Perry, Stanislaus Francis
Pinsent, sir Robert John
Pope, Joseph
Power, Michael Joseph
Prendergast, James Luke
Pryor, Henry
Rankin, Arthur
Rendell, Stephen
Ritchie, sir William Johnston
Robertson, Joseph Gibb
Robinson, John Beverley
Robitaille, Théodore
Robson, John
Ross, David Alexander
Rymal, Joseph
Scott, Patrick J.
Shanly, Walter
Shannon, Samuel Leonard
Smith, Alexander Mortimer
Spence, Thomas
Starnes, Henry
Taché, Joseph-Charles
Tessier, Ulric-Joseph
Thériault, Lévite
Thibaudeau, Isidore
Thompson, sir John Sparrow David
Thorburn, Alexander Gillan
Tilley, sir Samuel Leonard

Valin, Pierre-Vincent
Weeks, Otto Schwartz
Wetmore, Andrew Rainsford
Willis, Edward
Wilmot, Robert Duncan
Wilson, sir Adam
Wright, Alonzo

Nommés

Arsenault, Joseph-Octave
Baker, Loran Ellis
Begbie, sir Matthew Baillie
Belleau, sir Narcisse-Fortunat
Bemister, John
Botsford, Amos Edwin
Breland, Pascal
Bryson, George
Chipman, Samuel
Christie, William Joseph
Colvile, Eden
Creelman, Samuel
Évanturel, François
Fenelon, Maurice
Finlayson, Roderick
Fraser, Donald
Fraser, John James
Girard, Marc-Amable
Hearn, John
Hensley, Joseph
Johnson, sir Francis Godschall
Kenny, sir Edward
Laflèche, Louis-François
Lépine, Maxime
McGreevy, Thomas
Macleod, James Farquharson
Mitchell, Peter
Monroe, Moses
Odell, William Hunter
Pemberton, Joseph Despard
Peters, James Horsfield
Pinsent, sir Robert John
Pope, Joseph
Rendell, Stephen
Ritchie, sir William Johnston
Ross, David Alexander
Schultz, sir John Christian
Starnes, Henry
Taché, Alexandre-Antonin
Thibaudeau, Isidore
Wood, Thomas

Gouvernements municipaux et locaux

Élus

Abbott, sir John Joseph Caldwell
Allen, sir John Campbell
Armstrong, John Belmer
Balfour, William Douglas
Barsalou, Joseph
Barthe, Georges-Isidore
Beaty, James
Bell, Robert
Belleau, sir Narcisse-Fortunat
Bellerose, Joseph-Hyacinthe
Bergin, Darby
Bertrand, Charles
Boulton, Charles Arkoll
Bourassa, François
Bresse, Guillaume
Brunet, Wilfrid-Étienne
Bryson, George
Cameron, Malcolm Colin
Campbell, sir Alexander
Caron, Édouard
Carvell, Jedediah Slason
Chadwick, Charles Eli
Denison, Frederick Charles
Dessaulles, Louis-Antoine
Dickinson, Moss Kent
Duhamel, Joseph
Edmonds, Henry Valentine
Fauvel, William Le Boutillier
Fenety, George Edward
Finlayson, Roderick
Flint, Billa
Fraser, Christopher Finlay
Gilchrist, Frederick Charles
Girard, Marc-Amable
Goldie, Thomas
Goodfellow, James
Haché, Juste
Hagarty, sir John Hawkins
Harman, Samuel Bickerton
Haviland, Thomas Heath
Hearn, John
Herring, John
Hill, Philip Carteret
Houliston, George Baillie
Howland, William Holmes
Ives, William Bullock
Jameson, Richard Willis
Jeffery, Joseph
Jones, Oliver
Kenny, sir Edward
Langton, John
Larkin, Patrick Joseph
Laviolette, Godefroy
Leonard, Elijah
Leprohon, Jean-Lukin
Logan, Alexander
Macdonald, sir John Alexander
Macdonald (Sandfield), Donald Alexander
McGreevy, Thomas
McKellar, Archibald
McKellar, John
MacLean, Malcolm Alexander
McMicken, Gilbert
Marchand, Félix-Gabriel
Marks, Thomas
Mather, John B.
Moffatt, Lewis
Monroe, Moses
Motton, Robert
Neelon, Sylvester
O'Brien, Lucius Richard
Oppenheimer, David
Orr, Wesley Fletcher
Paton, Andrew
Plamondon, Antoine
Power, Michael Joseph
Pryor, Henry
Richardson, James
Robertson, Joseph Gibb
Robinson, John Beverley
Robitaille, Olivier
Robson, John
Rose, George Maclean
St Jean, Pierre
Shorey, Hollis
Smith, Alexander Mortimer
Starnes, Henry
Tessier, Ulric-Joseph
Thériault, Lévite
Thompson, sir John Sparrow David
Todd, Jacob Hunter
Tourangeau, Adolphe
Tuckett, George Elias
Valin, Pierre-Vincent
Wilmot, Robert Duncan
Wilmot, Samuel
Wilson, sir Adam
Wilson, James Crocket
Withall, William John
Withrow, John Jacob
Wood, Thomas
Workman, Joseph

Nommés

Goodfellow, James
Harris, John Leonard
Rochette, Cléophas

INGÉNIEURS

Abbott, Job
Breithaupt, Ezra Carl
Dyas, Thomas Winning
Gisborne, Frederic Newton
Gzowski, sir Casimir Stanislaus
Hewett, Edward Osborne
Horetzky, Charles George
Jervois, sir William Francis Drummond
Ketchum, Henry George Clopper
Kingsford, William
Ledingham, John
Light, Alexander Luders
Macdougall, Alan
McGillivray, Donald
Mohr, Sigismund
Palmer, Henry Spencer
Pemberton, Joseph Despard
Rastrick, Frederick James
Shanly, Walter
Stewart, Donald Alexander
Tiedemann, Hermann Otto
Trudeau, Toussaint

INTERPRÈTES ET TRADUCTEURS

Bird, James
Chase, Henry Pahtahquahong
Chatelain, Nicolas
Cochrane, Henry
Horden, John
Potts, Jerry
Tassé, Joseph

INVENTEURS

Armstrong, John Belmer
Desbarats, George-Édouard
Fenerty, Charles
Gisborne, Frederic Newton
Heintzman, Theodor August
Peters, James Horsfield
Rogers, William Henry
Shenston, Thomas Strahan
Smith, Charles-Gustave

JOURNALISTES

Amyot, Guillaume
Anglin, Timothy Warren
Barnard, Édouard-André
Barthe, Georges-Isidore
Barthe, Joseph-Guillaume
Beers, William George
Begg, Alexander
Bellingham, Sydney Robert
Bernard, Hewitt
Berthelot, Hector
Bill, Ingraham Ebenezer
Bunting, Christopher William
Burgess, Alexander Mackinnon
Chapleau, sir Joseph-Adolphe
Collins, Joseph Edmund
Cordner, John
Dadson, Ebenezer William
Dawson, sir John William
De Cosmos, Amor
Dessaulles, Louis-Antoine
Disney, Richard Randolph
Drapeau, Stanislas
Duhamel, Georges
Edgar, sir James David
Evans, Ephraim
Évanturel, François
Faucher de Saint-Maurice, Narcisse-Henri-Édouard
Fenety, George Edward
Fenwick, George Edgeworth
Fournier, Télesphore
Fowler, Daniel
Fraser, Donald
Futvoye, George
Hagan, Michael
Hamilton, Peter Stevens
Hargrave, Joseph James
Hopper, John Elisha Peck
Hunter-Duvar, John
Jeffers, Wellington
Kingsford, William
Kribs, Louis P.
Lawson, Alexander
Leprohon, Jean-Lukin
Lesperance, John
Livingston, John
Mackenzie, Alexander
Marchand, Félix-Gabriel
Mercier, Honoré
Monk, Henry Wentworth
Monro, Alexander
Need, Thomas
Odet d'Orsonnens, Thomas-Edmond d'
Orr, Wesley Fletcher
Patterson, George
Phillips, Alfred Moore
Plamondon, Marc-Aurèle
Provancher, Léon
Robinson, Joseph Hiram
Robson, John

Rose, George Maclean
Sangster, Charles
Shadd, Mary Ann Camberton (Cary)
Smith, Charles-Gustave
Spence, Thomas
Stewart, John
Story, George Philliskirk
Taché, Joseph-Charles
Tassé, Joseph
Vincent, Sarah Anne (Curzon)
Wait, Benjamin
Weeks, Otto Schwartz
Weld, William
Wells, James Edward
Willis, Edward

MARINS

Canning, Francis
Clark, Alexander
Cronan, Daniel
Eda'nsa
Larkin, Patrick Joseph
Penny, William
Veney, Anderson
Ward, James
Wright, Gustavus Blinn

MÉDECINE

Aikins, William Thomas
Angwin, Maria Louisa
Armstrong, sir Alexander
Baird, William Teel
Beers, William George
Bergin, Darby
Bethune, Norman
Brunet, Wilfrid-Étienne
Church, Levi Ruggles
Cowan, Agnes
Fenwick, George Edgeworth
Garnier, John Hutchison
Gilpin, John Bernard
Graham, James Elliot
Kerry, John
Larocque de Rochbrune, Alphonse-Barnabé
Leprohon, Jean-Lukin
Lesieur-Désaulniers, Louis-Léon
Miller, Hugh
Morton, George Elkana
Natos-api
Odet d'Orsonnens, Thomas-Edmond d'
Pâquet, Anselme-Homère
Rae, John
Robitaille, Olivier
Robitaille, Théodore
Ross, Alexander Milton
Ross. Flora Amelia (Hubbs)
St Jean, Pierre
Schultz, sir John Christian
Stabb, Henry Hunt
Stewart, John
Taché, Joseph-Charles
Tilley, sir Samuel Leonard
Workman, Joseph
Worthington, Edward Dagge

PEUPLES AUTOCHTONES

Cris

Cochrane, Henry
Kitchi-manito-waya (?)
Ne-can-nete

Gens-du-Sang

Mékaisto
Natawista
Onista'poka
Si'k-okskitsis

Haïdas

Eda'nsa

Koutanis

Isadore

Kutchins

Sahneuti

Micmacs

Peminuit Paul, Jacques-Pierre

Pieds-Noirs

Api-kai-ees
Natos-api

Sauteux

Chase, Henry Pahtahquahong
Kitchi-manito-waya (?)
Peemeecheekag
Ponekeosh

Tsimshians

Legaic, Paul

PHILANTHROPES ET RÉFORMATEURS SOCIAUX

Baillairgé, Louis de Gonzague
Baker, Loran Ellis
Benjamin, Alfred David
Benoît, Olivier-David
Clindinning, Robert Wilson
Creighton, Letitia (Youmans)
Daniel, Thomas Wilder
Davis, Samuel
Dufresne, Jacques
Flint, Billa
Fry, Henry
Howland, William Holmes
Lessel, Arthur C.
Massey, Hart Almerrin
Massey, Samuel
Molson, Anne (Molson)
Monk, Henry Wentworth
Morton, Catharine (McLellan)
Munro, George
Phillips, Alfred Moore
Purvis, George
Rose, George Maclean
Ross, Alexander Milton
Ryan, Hugh
Sanford, William Eli
Shadd, Mary Ann Camberton (Cary)
Shenston, Thomas Strahan
Skirving, Catherine Seaton (Ewart)
Turnbull, William Wallace
Vincent, Sarah Anne (Curzon)
Walker, Hiram
Withrow, John Jacob

PROFESSIONS JURIDIQUES

Avocats

Abbott, sir John Joseph Caldwell
Akins, Thomas Beamish
Allen, sir John Campbell
Amyot, Guillaume
Archibald, sir Adams George
Baillairgé, Louis de Gonzague
Barthe, Georges-Isidore
Barthe, Joseph-Guillaume
Belleau, sir Narcisse-Fortunat
Bellingham, Sydney Robert
Bernard, Hewitt
Berthelot, Hector
Boucherville, Georges de
Cameron, Alexander
Cameron, Malcolm Colin
Campbell, sir Alexander
Carter, sir Frederic Bowker Terrington
Chapleau, sir Joseph-Adolphe
Church, Levi Ruggles
Davie, Theodore
Denison, Frederick Charles
Desbarats, George-Édouard
DesBrisay, Mather Byles
Dorion, sir Antoine-Aimé
Draper, Francis Collier
Duhamel, Georges
Duhamel, Joseph
Edgar, sir James David
Évanturel, François
Fournier, Télesphore
Fraser, Christopher Finlay
Fraser, John James
Futvoye, George
Geoffrion, Christophe-Alphonse
Girard, Marc-Amable
Hagarty, sir John Hawkins
Hamilton, Peter Stevens
Harman, Samuel Bickerton
Haviland, Thomas Heath
Hensley, Joseph
Herchmer, William Macauley
Hill, Philip Carteret
Houliston, George Baillie
Irvine, George
Ives, William Bullock
Jameson, Richard Willis
Johnson, sir Francis Godschall
Kent, Robert John
Kirkpatrick, sir George Airey
Laflamme, Toussaint-Antoine-Rodolphe
Little, Philip Francis
McCarthy, D'Alton
Macdonald, sir John Alexander
Macleod, James Farquharson
Mercier, Honoré
Mitchell, James
Mitchell, Peter
Motton, Robert
Odell, William Hunter
O'Sullivan, Dennis Ambrose
Parke, Ephraim Jones
Peters, James Horsfield
Pinsent, sir Robert John
Plamondon, Marc-Aurèle
Prévost, Oscar
Pryor, Henry
Reeve, William Albert
Ritchie, sir William Johnston
Robinson, John Beverley
Ross, David Alexander
Scott, Patrick J.
Shannon, Samuel Leonard
Stuart, sir Andrew
Taschereau, Jean-Thomas
Tessier, Ulric-Joseph
Thompson, sir John Sparrow David
Weeks, Otto Schwartz
Wetmore, Andrew Rainsford
Wilson, sir Adam
Wood, John Fisher

Juges

Allen, sir John Campbell
Archibald, sir Adams George
Begbie, sir Matthew Baillie
Botsford, Amos Edwin
Breland, Pascal
Bruce, John
Carter, sir Frederic Bowker Terrington
Church, Levi Ruggles
Davie, Theodore
DesBrisay, Mather Byles
Dorion, sir Antoine-Aimé
Fournier, Télesphore
Fraser, John James
Hagarty, sir John Hawkins
Hensley, Joseph
Irvine, George
Johnson, sir Francis Godschall
Little, Philip Francis
Macleod, James Farquharson
Motton, Robert
Odell, William Hunter
Parke, Ephraim Jones
Peters, James Horsfield
Pinsent, sir Robert John
Plamondon, Marc-Aurèle
Pryor, Henry
Ritchie, sir William Johnston
Shannon, Samuel Leonard
Stuart, sir Andrew
Taschereau, Jean-Thomas
Tessier, Ulric-Joseph

Thompson, sir John Sparrow David
Wetmore, Andrew Rainsford
Wilson, sir Adam

Juges de paix et magistrats stipendiaires

Archibald, sir Adams George
Barthe, Georges-Isidore
Bélanger, Horace
Bell, Robert
Bellerose, Joseph-Hyacinthe
Bellingham, Sydney Robert
Botsford, Amos Edwin
Breland, Pascal
Browne, John James
Bryson, George
Bunting, William Franklin
Christie, William Joseph
Creelman, Samuel
Cronan, Daniel
Edmonds, Henry Valentine
Flint, Billa
Gilchrist, Frederick Charles
Haché, Juste
Hickson, sir Joseph
Houghton, Charles Frederick
Hunter-Duvar, John
Langford, Edward Edwards
Larue, Auguste
Leech, Peter John
Lesieur-Désaulniers, Louis-Léon
McKay, Joseph William
MacLean, Malcolm Alexander
MacLeod, James Farquharson
McMicken, Gilbert
Massey, Hart Almerrin
Mékaisto
Miller, Hugh
Monro, Alexander
Motton, Robert
Mowat, Thomas
Murchie, James
Need, Thomas
Pemberton, Joseph Despard
Perry, Stanislaus Francis
Prendergast, James Luke
Reeve, William Albert
Shenston, Thomas Strahan
Swift, Henry
Thériault, Lévite
Thorburn, Alexander Gillan
Wilmot, Samuel
Wood, Thomas

Notaires

Geoffrion, Félix
Girard, Marc-Amable
Marchand, Félix-Gabriel
Tourangeau, Adolphe

SCIENTIFIQUES

Armstrong, sir Alexander
Ashe, Edward David
Bain, Francis
Brown, Robert
Carpmael, Charles
Cuoq, Jean-André
Dawson, sir John William
Downs, Andrew
Garnier, John Hutchison
Gilpin, John Bernard
Hale, Horatio Emmons
Hunt, Thomas Sterry
Lawson, George
Leech, Peter John
Moyen, Jean
Provancher, Léon
Ross, Alexander Milton
Strickland, Catharine Parr (Traill)
Williamson, James
Wilson, sir Daniel

SPORTIFS

Api-kai-ees
Beers, William George
Bethune, Robert Henry
Bunting, William Franklin
Goldie, Thomas
Hamm, Albert
Hutton, Samuel
O'Connor, William Joseph
Robinson, John Beverley
Stone, Thomas

TRAITE DES FOURRURES

Ballantyne, Robert Michael
Bélanger, Horace
Bird, James
Breland, Pascal
Campbell, Robert (1808–1894)
Chatelain, Nicolas
Christie, William Joseph
Clark, Alexander
Colvile, Eden
Finlayson, Roderick
Hargrave, Joseph James
Horetzky, Charles George
Leech, Peter John
McKay, Joseph William
McLeod, Donald
Rae, John
Sahneuti

RÉPARTITION GÉOGRAPHIQUE

CANADA

Alberta

Colombie-Britannique
Île de Vancouver
Terre ferme

Île-du-Prince-Édouard

Manitoba

Nouveau-Brunswick

Nouvelle-Écosse
Île du Cap-Breton
Terre ferme

Ontario
Centre
Est
Niagara
Nord
Sud-Ouest

Québec
Bas-Saint-Laurent–Gaspésie/Côte-Nord
Montréal/Outaouais
Nord-Ouest/Saguenay–Lac-Saint-Jean/
Nouveau-Québec
Québec
Trois-Rivières/Cantons-de-l'Est

Saskatchewan

Terre-Neuve et Labrador
Terre-Neuve
Labrador

Territoires du Nord-Ouest

Yukon

AUTRES PAYS

Allemagne
Antilles
Australie
Autriche
Belgique
Brésil
Chili
Égypte
États-Unis
France
Gibraltar
Grèce
Îles Anglo-Normandes
Inde
Isräel
Irlande
Italie
Jamaïque
Mexique
Pologne
République d'Afrique du Sud
République de Trinité-et-Tobago
République d'Irlande
République fédérale d'Allemagne
Royaume-Uni
Soudan
Union des Républiques Soviétiques Socialistes

ONTARIO

I—Est
II—Centre
III—Niagara
IV—Sud-Ouest
V—Nord

QUÉBEC

I—Bas-Saint-Laurent–Gaspésie/Côte-Nord
II—Québec
III—Trois-Rivières/Cantons-de-l'Est
IV—Montréal/Outaouais
V—Nord-Ouest/Saguenay–Lac-Saint-Jean/Nouveau-Québec

Répartition géographique

Le lecteur trouvera sous ce titre deux grandes divisions : LIEUX DE NAISSANCE, dans laquelle sont groupés les personnages d'après le lieu de leur naissance, et LIEUX D'ACTIVITÉ, selon le lieu où ils ont fait carrière. Chacune d'elles comprend les subdivisions CANADA et AUTRES PAYS.

Pour plus de clarté, le CANADA a été divisé en douze sections d'après les frontières actuelles des dix provinces et des deux territoires. De plus, cinq provinces ont été subdivisées : d'une part, la Colombie-Britannique, Terre-Neuve et le Labrador, et la Nouvelle-Écosse, chacune en deux sous-sections ; d'autre part, l'Ontario et le Québec, en cinq sous-sections chacune. La subdivision AUTRES PAYS est répartie selon les dénominations actuelles des pays auxquels s'ajoutent séparément les territoires d'outre-mer. Seul le Royaume-Uni a été subdivisé en sous-sections.

LIEUX DE NAISSANCE. Dans cette première division, les personnages sont groupés selon leur lieu de naissance, au Canada comme à l'étranger. Lorsqu'il n'est que probable qu'un personnage soit né dans une région donnée, son nom est suivi d'un point d'interrogation. De plus, il faut souligner que l'utilisation des divisions politiques actuelles cause certains anachronismes : ainsi, une personne née à Hanovre apparaîtra sous la section République fédérale d'Allemagne. Enfin, les documents mentionnent parfois le lieu de naissance de façon très générale. Exemple : Irlande. Nous avons donc dû créer une section Irlande, mais le lecteur devra aussi consulter la section République d'Irlande et la sous-section Irlande du Nord.

LIEUX D'ACTIVITÉ. Dans cette deuxième division, les personnages ont été distribués géographiquement d'après l'endroit où s'est déroulée leur activité à l'âge adulte ; les lieux des études, de la retraite et de la mort n'ont pas été retenus. Cependant, les personnages, tels les gouverneurs et les évêques, qui, de par leur fonction, avaient juridiction sur plusieurs régions ont été classés selon la section ou sous-section où était situé le siège de cette fonction en tenant compte aussi de leur activité décrite dans la biographie. Pour leur part, les hommes d'affaires sont classés d'après leur principale place d'affaires, à moins qu'ils ne se soient engagés dans une autre activité, et les explorateurs selon les lieux qu'ils ont découverts.

Sous la subdivision AUTRES PAYS, seuls les Canadiens nés sur le territoire actuel du Canada et dont une partie de la carrière se passe à l'étranger ont été retenus. Le pays où ils ont séjourné sert donc de critère d'inclusion.

LIEUX DE NAISSANCE

Canada

Moffatt, Lewis

ALBERTA

McKay, Angus
Mékaisto
Natawista (?)
Natos-api (?)
Onista'poka (?)
Si'k-okskitsis

COLOMBIE-BRITANNIQUE

Terre ferme

Eda'nsa
Isadore (?)
Legaic, Paul

ÎLE-DU-PRINCE-ÉDOUARD

Arsenault, Joseph-Octave
Bain, Francis
Haviland, Thomas Heath
Howatt, Cornelius
Huyghue, Samuel Douglass Smith
Laird, Alexander
Little, Philip Francis
McDonald, Francis John
McIntyre, Peter
Perry, Stanislaus Francis

MANITOBA

Cochrane, Henry
Hargrave, Joseph James
Lépine, Maxime
Logan, Alexander

NOUVEAU-BRUNSWICK

Allen, sir John Campbell
Armour, Rebecca Agatha (Thompson)
Baird, William Teel
Botsford, Amos Edwin
Brown, Corydon Partlow
Bunting, William Franklin
Carvell, Jedediah Slason
Fairweather, Charles Henry
Fraser, John James
Glasier, John
Haché, Juste
Harrington, Joanna, dite sœur Mary Benedicta
Harris, John Leonard
Hopper, John Elisha Peck
Jones, Oliver
Ketchum, Henry George Clopper
Lawrence, Joseph Wilson
Lewis, Martha Hamm (Peters)
Livingston, John
Macdonnell, Daniel James
Mitchell, James
Mitchell, Peter
Moore, John Warren
Morton, Catharine (McLellan)
Murchie, James
Nevins, James
O'Brien, John Daniel O'Connell
Odell, William Hunter
Peters, James Horsfield
Thériault, Lévite
Tilley, sir Samuel Leonard
Wells, James Edward
Wetmore, Andrew Rainsford
Wilmot, Robert Duncan

NOUVELLE-ÉCOSSE

Terre ferme

Akins, Thomas Beamish
Archibald, sir Adams George
Baker, Loran Ellis
Bill, Ingraham Ebenezer
Borden, Harold Lothrop
Chipman, Samuel
Creelman, Samuel
Davison, Edward Doran
Dawson, sir John William
De Cosmos, Amor
DesBrisay, Mather Byles
Fenerty, Charles
Fenety, George Edward

Haliburton, Susanna Lucy Anne (Weldon)
Hamilton, Peter Stevens
Hamm, Albert
Hill, Philip Carteret
Jennings, Amelia Clotilda
Lessel, Arthur C. (?)
Moir, William Church
Morton, George Elkana
Motton, Robert
Munro, George
Patterson, George
Peminuit Paul, Jacques-Pierre
Power, Michael Joseph
Pryor, Henry
Pryor, John
Rand, Theodore Harding
Ritchie, sir William Johnston
Rogers, William Henry
Shannon, Samuel Leonard
Stewart, Donald Alexander
Thompson, sir John Sparrow David
Turnbull, William Wallace
Wallis, sir Provo William Parry
Weeks, Otto Schwartz
Willis, Edward

ONTARIO

Centre

Aikins, William Thomas
Bergin, Darby
Bethune, Robert Henry
Boulton, Charles Arkoll
Chewett, William Cameron
Creighton, Letitia (Youmans)
Denison, Frederick Charles
Draper, Francis Collier
Gilchrist, Frederick Charles
Graham, James Elliot
Harris, Joseph
Howland, William Holmes
Massey, Hart Almerrin
Mather, John B.
O'Brien, Lucius Richard
O'Connor, William Joseph
O'Sullivan, Dennis Ambrose
Parke, Ephraim Jones
Phillips, Alfred Moore
Reeve, William Albert
Robinson, John Beverley
Ross, Alexander Milton
Simpson, Melancthon
Todd, Jacob Hunter
Wait, Benjamin
Wilmot, Samuel
Withrow, John Jacob

Est

Cameron, Malcolm Colin
Cameron, sir Roderick William
Chase, Henry Pahtahquahong
Flint, Billa
Fraser, Christopher Finlay
Kirkpatrick, sir George Airey
McArthur, Alexander
Macdonald (Sandfield), Donald Alexander
McLennan, Hugh
Monk, Henry Wentworth
Mowat, John Bower
Pringle, William Allen
Robson, John
St Jean, Pierre
Sangster, Charles
Starnes, Henry
Wood, John Fisher

Niagara

Johnson, Theresa Mary (Gowanlock)
Rymal, Joseph

Nord

Bethune, Norman
Christie, William Joseph
Ponekeosh (?)

Sud-Ouest

Armstrong, John Belmer
Breithaupt, Ezra Carl
Finlayson, Margaret, dite Margaret Bloomer et Margaret Mather (Haberkorn ; Pabst)
Kribs, Louis P.
Lampman, Archibald
McGillivray, Donald
McIntyre, Alexander
McKellar, John
McLeay, James Franklin
McLeod, Angus Jonas
Peel, Paul
Schultz, sir John Christian

QUÉBEC

Bas-Saint-Laurent–Gaspésie/Côte-Nord

Barthe, Georges-Isidore
Barthe, Joseph-Guillaume
Bélanger, Horace
Bertrand, Charles
Bouchard, Arthur
Chiniquy, Charles
Deschênes, Georges-Honoré
Fauvel, William Le Boutillier
Hudon, Victor
Mowat, Thomas
Taché, Alexandre-Antonin
Taché, Joseph-Charles

Montréal/Outaouais

Abbott, sir John Joseph Caldwell
Barber, Polly (Scovill)
Barsalou, Joseph
Beers, William George
Bourassa, François
Bresse, Guillaume
Chapleau, sir Joseph-Adolphe
Church, Levi Ruggles
Dessaulles, Louis-Antoine
Duhamel, Georges
Duhamel, Joseph
Eaton, Wyatt
Fabre, Édouard-Charles
Gauthier, Marie-Angèle, dite sœur Marie-Angèle
Geoffrion, Christophe-Alphonse
Geoffrion, Félix
Girard, Marc-Amable

Labelle, François-Xavier-Antoine
Laflamme, Toussaint-Antoine-Rodolphe
Larocque de Rochbrune, Alphonse-Barnabé
Lavallée, Calixa
Laviolette, Godefroy
Leblanc, Étienne
Lefebvre, Camille
Leprohon, Jean-Lukin
McVicar, Victoria
Marchand, Félix-Gabriel
Maréchal, Louis-Delphis-Adolphe
Martel, Pierre
Mercier, Honoré
Morin, Achille
Odet d'Orsonnens, Thomas-Edmond d'
Ogilvie, William Watson
Orr, Wesley Fletcher
Pâquet, Anselme-Homère
Prévost, Oscar
Rankin, Arthur
Robitaille, Théodore
Tassé, Joseph
Têtu, Cléophée, dite Thérèse de Jésus
Trudeau, Toussaint
Viau, Charles-Théodore
Wood, Thomas
Wright, Alonzo

Nord-Ouest/Saguenay–Lac-Saint-Jean/Nouveau-Québec

McKay, Joseph William

Québec

Amyot, Guillaume
Baillairgé, Louis de Gonzague
Baldwin, William Henry
Begg, Alexander
Belleau, sir Narcisse-Fortunat
Boucherville, Georges de
Browne, John James (?)
Brunet, Wilfrid-Étienne
Cantin, Augustin
Desbarats, George-Édouard
Drapeau, Stanislas
Dufresne, Jacques
Estimauville, Joséphine-Éléonore d' (Taché ; Clément)
Évanturel, François
Faucher de Saint-Maurice, Narcisse-Henri-Édouard
Fenwick, George Edgeworth
Irvine, George
King, James
Langevin, Jean
Larue, Auguste
McGreevy, Thomas
Méthot, Michel-Édouard
Molson, Anne (Molson)
Montminy, Théophile
Pampalon, Alfred
Pâquet, Benjamin
Plamondon, Antoine
Plamondon, Marc-Aurèle
Price, Evan John
Racine, Antoine
Renfrew, George Richard
Robitaille, Olivier
Rochette, Cléophas (?)
Ross, David Alexander
Stuart, sir Andrew
Taschereau, Elzéar-Alexandre
Taschereau, Jean-Thomas
Tessier, Ulric-Joseph
Thibaudeau, Isidore
Tourangeau, Adolphe
Toussaint, François-Xavier
Valin, Pierre-Vincent

Trois-Rivières/Cantons-de-l'Est

Adams, Mary Electa
Barnard, Édouard-André
Bellerose, Joseph-Hyacinthe
Berthelot, Hector
Caron, Édouard
Dorion, sir Antoine-Aimé
Dunn, Timothy Hibbard
Edgar, sir James David
Fournier, Télesphore
Houliston, George Baillie (?)
Ives, William Bullock
Laflèche, Louis-François
Lesieur-Désaulniers, Louis-Léon
Provancher, Léon
Shorey, Hollis

SASKATCHEWAN

Bird, James (?)
Breland, Pascal
Kitchi-manito-waya (?)

TERRE-NEUVE ET LABRADOR

Terre-Neuve

Angwin, Maria Louisa
Bemister, John
Carter, sir Frederic Bowker Terrington
Collins, Joseph Edmund
Pinsent, sir Robert John
Prendergast, James Luke
Scott, Patrick J.
Tocque, Philip

Labrador

Gibbons, Simon Thomas

Autres pays

ALLEMAGNE

Heintzman, Theodor August
Tiedemann, Hermann Otto

ANTILLES

Hill, sir Stephen John (?)

AUSTRALIE

Benjamin, Alfred David

AUTRICHE

Berthon, George Theodore

BELGIQUE

Jehin-Prume, Frantz
Tielen, Jean

ÉTATS-UNIS

Abbott, Job
Bradford, William
Chatelain, Nicolas (?)
Dickinson, Moss Kent
Disney, Richard Randolph
Downs, Andrew
Gilpin, John Bernard
Goldie, Thomas
Hale, Horatio Emmons
Herring, John
Hunt, Thomas Sterry
Labelle, Jean-Baptiste
Legacé, Josette (Work)
Leonard, Elijah
Lesperance, John
Lowell, Robert Traill Spence
Macdonald, Ranald
McDowell, Eugene Addison
Neelon, Sylvester
Parkman, Francis
Potts, Jerry
Ross, Flora Amelia (Hubbs)
Sahneuti
Sanford, William Eli
Scales, Caroline, dite Caroline Miskel et Caroline Miskel-Hoyt (Hoyt)
Schwatka, Frederick
Shadd, Mary Ann Camberton (Cary)
Taylor, James Wickes
Veney, Anderson

Vining, Pamela Sarah (Yule)
Walker, Hiram
Wanzer, Richard Mott
Waterous, Charles Horatio
Wisner, Jesse Oldfield
Wright, Gustavus Blinn

FRANCE

André, Alexis
Bendixen, Fanny
Chabert, Joseph
Charbonnel, Armand-François-Marie de
Cuoq, Jean-André
Devisme, Léopold
Durieu, Paul
Garnier, Constant
Gascoin, Léocadie, dite Marie des Sept-Douleurs
Gravelet, Jean-François, dit Charles Blondin
MacDougall, sir Patrick Leonard
Moyen, Jean
Nédélec, Jean-Marie
Pandosy, Charles
Rézé, Joseph-Pierre
Wagner, James Theodore
Young, Joseph-Marie

GRÈCE

Hendery, Robert

ÎLES ANGLO-NORMANDES

Canning, Francis
Withall, William John

INDE

Macdougall, Alan
Palmer, Henry Spencer

IRLANDE

Cameron, Alexander
Caughey, James
Clindinning, Robert Wilson
Cordner, John
Duffin, Simon
Horn, Kate M. (Buckland)
King, Edwin Henry

JAMAÏQUE

Bernard, Hewitt

POLOGNE

Mohr, Sigismund

RÉPUBLIQUE D'AFRIQUE DU SUD

Begbie, sir Matthew Baillie (?)
Jameson, Richard Willis

RÉPUBLIQUE D'IRLANDE

Anglin, Timothy Warren
Armstrong, sir Alexander
Beatty, William
Beaty, James
Bellingham, Sydney Robert
Bunting, Christopher William
Burns, Kennedy Francis
Cleary, James Vincent
Dowd, Patrick
Dyas, Thomas Winning
Edmonds, Henry Valentine
Fenelon, Maurice
Fitzgerald, David
Hagarty, sir John Hawkins
Hearn, John
Houghton, Charles Frederick
Jeffers, Wellington
Kenny, sir Edward
Kent, Robert John
Larkin, Patrick Joseph
Leech, Peter John
Livingston, Samuel Henry Harwood
Lovell, John
McCarthy, D'Alton
McSpiritt, Francis
Marks, Thomas
Maturin, Edmund
Monck, Charles Stanley, 4e vicomte Monck
O'Leary, Henry
Pemberton, Joseph Despard
Power, Thomas Joseph
Robinson, sir William Cleaver Francis
Ryan, Hugh
Ryan, James A.
Shanly, Walter
Walsh, John
Worthington, Edward Dagge

RÉPUBLIQUE FÉDÉRALE D'ALLEMAGNE

Oppenheimer, David

ROYAUME-UNI

McCrea, Robert Barlow
McMicken, Gilbert

Angleterre

Ashe, Edward David
Barker, William
Barr, Robert
Beach, Thomas Billis
Bedson, Samuel Lawrence
Bell, Robert
Bland, Henry Flesher
Blanshard, Richard
Brooking, Robert
Burn, William John
Burstall, John
Campbell, sir Alexander
Campbell, Andrew
Carpmael, Charles
Chadwick, Charles Eli
Codd, Donald
Colvile, Eden
Conway, Honoria, dite mère Mary Vincent
Copp, William Walter
Cornish, George
Cronan, Daniel
Crozier, St George Baron Le Poer
Dadson, Ebenezer William
Daniel, Thomas Wilder

Davie, Theodore
Davis, Samuel
Elliot, William
Evans, Ephraim
Fairbrother, Anne (Hill)
Fletcher, Edward Taylor
Fowler, Daniel
Fraser, John Arthur
Fry, Henry
Fuller, Thomas
Futvoye, George
Galt, sir Alexander Tilloch
Gay, James
Gisborne, Frederic Newton
Green, George Everitt
Griffin, William Henry
Hamilton, James
Harman, Samuel Bickerton
Harrison, Mark Robert
Haythorne, Robert Poore
Hensley, Joseph
Herchmer, William Macauley
Hicks, William Henry
Hickson, sir Joseph
Hills, George
Holman, James Henry
Horden, John
Jeffery, Joseph
Jenkins, John
Jervois, sir William Francis Drummond
Johnson, sir Francis Godschall
Kerry, John
Kingsford, William
Langford, Edward Edwards
Langton, Anne
Langton, John
Laver, Augustus
Light, Alexander Luders
Luard, Richard George Amherst
Massey, Samuel
Medley, John
Miles, Henry Hopper
Moreton, Julian
Murray, Louisa Annie
Need, Thomas
Osler, Featherstone Lake
Ostell, John
Oxenden, Ashton
Pope, Joseph
Rastrick, Frederick James
Rendell, Stephen
Richards, sir George Henry
Robinson, Joseph Hiram
Rubidge, Frederick Preston
Rundle, Robert Terrill
Scott, Thomas Seaton
Sefton, Henry Francis
Shenston, Thomas Strahan
Smith, Charles-Gustave
Southcott, James Thomas
Stabb, Henry Hunt
Stone, Thomas
Storm, William George
Story, George Philliskirk
Strickland, Catharine Parr (Traill)
Swift, Henry
Taylor, Henry
Townsend, John
Tuckett, George Elias
Vincent, Sarah Anne (Curzon)
Weld, William
Wetherald, William
Williams, James William
Wright, Fanny Amelia (Bayfield)

Écosse

Anderson, Robert
Balfour, William Douglas
Ballantyne, Robert Michael
Bertram, George Hope
Brown, Robert
Bryson, George
Buntin, Alexander
Burgess, Alexander Mackinnon
Campbell, Robert (1808–1894)
Cassils, William
Christie, William Mellis
Clark, Alexander
Cochrane, William
Connon, Thomas
Cook, John
Cowan, Agnes
Douglas, George
Finlayson, Roderick
Fraser, Donald
Garnier, John Hutchison
Gilmour, Allan
Goodfellow, James
Gordon, Andrew Robertson
Graham, John Hamilton
Horetzky, Charles George
Hunter-Duvar, John
Hutton, James Scott
King, John Mark
Lawson, Alexander
Lawson, George
Ledingham, John
MacColl, Evan
Macdonald, sir John Alexander
McDougall, John
McInnes, Donald
McIntyre, Duncan
McKellar, Archibald
Mackenzie, Alexander
McKnight, Alexander
McLachlan, Alexander
Maclaren, James
MacLean, Malcolm Alexander
McLeod, Donald
Macleod, James Farquharson
Macpherson, sir David Lewis
Mann, John
Miller, Hugh
Monro, Alexander
Morgan, Henry
Munn, Robert Stewart
Nairn, Stephen
Notman, William
Paton, Andrew
Penny, William
Purvis, George
Rae, John
Robertson, James
Robertson, Joseph Gibb
Robertson, Margaret Murray
Rose, George Maclean
Simpson, Robert
Skirving, Catherine Seaton (Ewart)
Smith, Alexander
Smith, Alexander Mortimer
Smith, William
Spence, Thomas
Stevenson, James
Stewart, John
Thorburn, Alexander Gillan
Williamson, James
Wilson, sir Adam
Wilson, sir Daniel
Wingfield, Alexander Hamilton

Irlande du Nord

Austin, James
Boyd, John
Burns, Alexander
Campbell, Robert (1826–1898)
Hutton, Samuel
King, William
McGarvey, Owen
Maclear, Thomas
McMurray, William
Meredith, Edmund Allen
Middleton, sir Frederick Dobson
Monroe, Moses
Nelson, Hugh
Richardson, James
Sullivan, Edward
Ward, James
Wilson, James Crocket
Workman, Joseph

Pays de Galles

Hewett, Edward Osborne
Lewin, James Davies

UNION DES RÉPUBLIQUES SOVIÉTIQUES SOCIALISTES

Gzowski, sir Casimir Stanislaus
Newman, William Herman
Wiebe, Gerhard

LIEUX D'ACTIVITÉ

Canada

ALBERTA

Adams, Mary Electa
André, Alexis
Api-kai-ees
Bird, James
Campbell, Andrew
Christie, William Joseph
Fraser, John Arthur
Gisborne, Frederic Newton
Hargrave, Joseph James
Horetzky, Charles George
Johnson, Theresa Mary (Gowanlock)
Livingston, John
Livingston, Samuel Henry Harwood
McKay, Joseph William
McLeod, Angus Jonas
McLeod, Donald
Macleod, James Farquharson
Mékaisto
Natawista
Natos-api
O'Brien, Lucius Richard
Onista'poka
Potts, Jerry
Rae, John
Rundle, Robert Terrill
Si'k-okskitsis
Spence, Thomas

COLOMBIE-BRITANNIQUE

Wilmot, Samuel

Île de Vancouver

Barr, Robert
Begbie, sir Matthew Baillie
Begg, Alexander
Bendixen, Fanny
Blanshard, Richard
Brown, Robert
Davie, Theodore
De Cosmos, Amor
Durieu, Paul
Evans, Ephraim
Finlayson, Roderick
Fraser, Donald
Fraser, John Arthur
Gauthier, Marie-Angèle, dite sœur Marie-Angèle
Gisborne, Frederic Newton
Hills, George
Houghton, Charles Frederick
Langford, Edward Edwards
Leech, Peter John
Legacé, Josette (Work)
Macdonald, Ranald
McGillivray, Donald
McKay, Joseph William
Morton, Catharine (McLellan)
Nelson, Hugh
O'Brien, Lucius Richard
Oppenheimer, David
Palmer, Henry Spencer
Pandosy, Charles
Pemberton, Joseph Despard
Rae, John
Richards, sir George Henry
Robson, John
Ross, Flora Amelia (Hubbs)
Tiedemann, Hermann Otto
Todd, Jacob Hunter

Terre ferme

Barker, William
Begbie, sir Matthew Baillie
Bendixen, Fanny
Brown, Robert
Campbell, Robert (1808–1894)
Davie, Theodore
Durieu, Paul
Eda'nsa
Edmonds, Henry Valentine
Evans, Ephraim
Finlayson, Roderick
Fraser, Donald
Fraser, John Arthur
Gauthier, Marie-Angèle, dite sœur Marie-Angèle
Gilchrist, Frederick Charles
Gisborne, Frederic Newton
Hagan, Michael
Hills, George
Horetzky, Charles George
Houghton, Charles Frederick
Isadore
Leech, Peter John
Legacé, Josette (Work)
Legaic, Paul
Livingston, Samuel Henry Harwood
Macdonald, Ranald
McGillivray, Donald

McKay, Joseph William
Maclaren, James
MacLean, Malcolm Alexander
Mowat, Thomas
Nelson, Hugh
O'Brien, Lucius Richard
Oppenheimer, David
Palmer, Henry Spencer
Pandosy, Charles
Pemberton, Joseph Despard
Rae, John
Richards, sir George Henry
Robson, John
Ross, Flora Amelia (Hubbs)
Stewart, Donald Alexander
Tiedemann, Hermann Otto
Todd, Jacob Hunter
Wright, Gustavus Blinn

ÎLE-DU-PRINCE-ÉDOUARD

Arsenault, Joseph-Octave
Bain, Francis
Carvell, Jedediah Slason
Evans, Ephraim
Fitzgerald, David
Gisborne, Frederic Newton
Haviland, Thomas Heath
Haythorne, Robert Poore
Hensley, Joseph
Howatt, Cornelius
Hunter-Duvar, John
Laird, Alexander
McDonald, Francis John
McIntyre, Peter
Perry, Stanislaus Francis
Peters, James Horsfield
Pope, Joseph
Robinson, sir William Cleaver Francis
Wright, Fanny Amelia (Bayfield)

MANITOBA

André, Alexis
Archibald, sir Adams George
Ballantyne, Robert Michael
Bedson, Samuel Lawrence
Begg, Alexander
Bélanger, Horace
Bird, James
Boulton, Charles Arkoll
Breland, Pascal
Brooking, Robert
Brown, Corydon Partlow
Bruce, John
Campbell, Robert (1808–1894)
Chapleau, sir Joseph-Adolphe
Christie, William Joseph
Cochrane, Henry
Codd, Donald
Colvile, Eden
Denison, Frederick Charles
Duffin, Simon
Finlayson, Margaret, dite Margaret Bloomer et Margaret Mather (Haberkorn ; Pabst)
Fraser, John Arthur
Girard, Marc-Amable
Gordon, Andrew Robertson
Hargrave, Joseph James
Harris, Joseph
Herchmer, William Macauley
Horetzky, Charles George
Houghton, Charles Frederick
Jameson, Richard Willis
Jehin-Prume, Frantz
Johnson, sir Francis Godschall
King, John Mark
Laflèche, Louis-François
Lépine, Maxime
Logan, Alexander
Macdougall, Alan
McDowell, Eugene Addison
McIntyre, Alexander
McKay, Angus
McKay, Joseph William
MacLean, Malcolm Alexander
Macleod, James Farquharson
McMicken, Gilbert
McVicar, Victoria
Mather, John B.
Middleton, sir Frederick Dobson
Nairn, Stephen
Orr, Wesley Fletcher
Peemeecheekag
Prévost, Oscar
Purvis, George
Rae, John
Rundle, Robert Terrill
Schultz, sir John Christian
Spence, Thomas
Stewart, Donald Alexander
Stone, Thomas
Taché, Alexandre-Antonin
Taylor, James Wickes
Thorburn, Alexander Gillan
Wells, James Edward
Wiebe, Gerhard

NOUVEAU-BRUNSWICK

Adams, Mary Electa
Allen, sir John Campbell
Anglin, Timothy Warren
Armour, Rebecca Agatha (Thompson)
Baird, William Teel
Bill, Ingraham Ebenezer
Botsford, Amos Edwin
Boyd, John
Brown, Corydon Partlow

Bunting, William Franklin
Burns, Kennedy Francis
Carvell, Jedediah Slason
Collins, Joseph Edmund
Conway, Honoria, dite mère Mary Vincent
Daniel, Thomas Wilder
Evans, Ephraim
Fairweather, Charles Henry
Fenety, George Edward
Fraser, John Arthur
Fraser, John James
Gisborne, Frederic Newton
Glasier, John
Haché, Juste
Haliburton, Susanna Lucy Anne (Weldon)
Harris, John Leonard
Holman, James Henry
Hopper, John Elisha Peck
Hutton, Samuel
Huyghue, Samuel Douglass Smith
Jehin-Prume, Frantz
Jones, Oliver
Ketchum, Henry George Clopper
Lawrence, Joseph Wilson
Lefebvre, Camille
Lewin, James Davies
Lewis, Martha Hamm (Peters)
Light, Alexander Luders
Livingston, John
McDowell, Eugene Addison
Mann, John
Medley, John
Mitchell, James
Mitchell, Peter
Monro, Alexander
Moore, John Warren
Murchie, James
Nevins, James
O'Brien, Lucius Richard
Odell, William Hunter
O'Leary, Henry
Rand, Theodore Harding
Ritchie, sir William Johnston
Smith, William
Thériault, Lévite
Tilley, sir Samuel Leonard
Turnbull, William Wallace
Wells, James Edward
Wetmore, Andrew Rainsford
Willis, Edward
Wilmot, Robert Duncan

NOUVELLE-ÉCOSSE

Île du Cap-Breton

Dawson, sir John William
Gibbons, Simon Thomas
Gisborne, Frederic Newton
Pryor, John

Terre ferme

Akins, Thomas Beamish
Angwin, Maria Louisa
Archibald, sir Adams George
Baker, Loran Ellis
Bill, Ingraham Ebenezer
Bradford, William
Chipman, Samuel
Cornish, George
Creelman, Samuel
Cronan, Daniel
Davison, Edward Doran
Dawson, sir John William
De Cosmos, Amor
DesBrisay, Mather Byles
Downs, Andrew
Evans, Ephraim
Fenerty, Charles
Gibbons, Simon Thomas
Gilpin, John Bernard
Gisborne, Frederic Newton
Haliburton, Susanna Lucy Anne (Weldon)
Hamilton, Peter Stevens
Hamm, Albert
Harrington, Joanna, dite sœur Mary Benedicta
Hewett, Edward Osborne
Hill, Philip Carteret
Hunter-Duvar, John
Hutton, James Scott
Huyghue, Samuel Douglass Smith
Jehin-Prume, Frantz
Jennings, Amelia Clotilda
Kenny, sir Edward
Ketchum, Henry George Clopper
Lawson, Alexander
Lawson, George
Lessel, Arthur C.
Luard, Richard George Amherst
MacDougall, sir Patrick Leonard
McDowell, Eugene Addison
McKnight, Alexander
Maturin, Edmund
Moir, William Church
Morton, George Elkana
Motton, Robert
Munro, George
Newman, William Herman
O'Brien, John Daniel O'Connell
Patterson, George
Peminuit Paul, Jacques-Pierre
Power, Michael Joseph
Pryor, Henry
Pryor, John
Rand, Theodore Harding
Rogers, William Henry
Shanly, Walter
Shannon, Samuel Leonard
Swift, Henry
Thompson, sir John Sparrow David
Tocque, Philip
Wallis, sir Provo William Parry
Weeks, Otto Schwartz

ONTARIO

Centre

Abbott, Job
Adams, Mary Electa
Aikins, William Thomas
Anglin, Timothy Warren
Austin, James
Beatty, William
Beaty, James
Benjamin, Alfred David
Bernard, Hewitt
Berthon, George Theodore
Bertram, George Hope
Bethune, Norman
Bethune, Robert Henry

Bland, Henry Flesher
Brooking, Robert
Browne, John James
Buntin, Alexander
Bunting, Christopher William
Burgess, Alexander Mackinnon
Burns, Alexander
Cameron, Alexander
Campbell, sir Alexander
Campbell, Robert (1826–1898)
Carpmael, Charles
Caughey, James
Charbonnel, Armand-François-Marie de
Chewett, William Cameron
Christie, William Mellis
Clindinning, Robert Wilson
Collins, Joseph Edmund
Copp, William Walter
Creighton, Letitia (Youmans)
Crozier, St George Baron Le Poer
Dadson, Ebenezer William
Denison, Frederick Charles
Disney, Richard Randolph
Douglas, George
Draper, Francis Collier
Dyas, Thomas Winning
Edgar, sir James David
Elliot, William
Evans, Ephraim
Fairbrother, Anne (Hill)
Finlayson, Margaret, dite Margaret Bloomer et Margaret Mather (Haberkorn ; Pabst)
Flint, Billa
Fraser, Christopher Finlay
Fraser, John Arthur
Fuller, Thomas
Gilchrist, Frederick Charles
Gordon, Andrew Robertson
Graham, James Elliot
Gzowski, sir Casimir Stanislaus
Hagarty, sir John Hawkins
Hamilton, James
Hamm, Albert
Harman, Samuel Bickerton
Harris, Joseph
Heintzman, Theodor August
Howland, William Holmes
Hutton, Samuel
Jameson, Rochard Willis
Jeffers, Wellington
Jehin-Prume, Frantz
King, John Mark
Kingsford, William
Kirkpatrick, sir George Airey
Kribs, Louis P.
Lampman, Archibald
Langton, Anne
Langton, John
Larkin, Patrick Joseph
Livingston, John
Lovell, John
McArthur, Alexander
McCarthy, D'Alton
Macdonald, sir John Alexander
Macdonnell, Daniel James
Macdougall, Alan
MacDougall, sir Patrick Leonard
McDowell, Eugene Addison
McKellar, Archibald
Mackenzie, Alexander
McLachlan, Alexander
MacLean, Malcolm Alexander
Maclear, Thomas
McLeay, James Franklin
Macleod, James Farquharson
McMurray, William
Macpherson, sir David Lewis
McSpiritt, Francis
Massey, Hart Almerrin
Meredith, Edmund Allen
Miller, Hugh
Moffatt, Lewis
Nairn, Stephen
Neelon, Sylvester
O'Brien, Lucius Richard
O'Connor, William Joseph
Osler, Featherstone Lake
O'Sullivan, Dennis Ambrose
Peel, Paul
Phillips, Alfred Moore
Rae, John
Rand, Theodore Harding
Rankin, Arthur
Reeve, William Albert
Robinson, John Beverley
Robinson, Joseph Hiram
Rose, George Maclean
Ross, Alexander Milton
Rubidge, Frederick Preston
Ryan, Hugh
Scales, Caroline, dite Caroline Miskel et Caroline Miskel-Hoyt (Hoyt)
Sefton, Henry Francis
Shadd, Mary Ann Camberton (Cary)
Shanly, Walter
Simpson, Melancthon
Simpson, Robert
Skirving, Catherine Seaton (Ewart)
Smith, Alexander Mortimer
Stevenson, James
Storm, William George
Sullivan, Edward
Tocque, Philip
Todd, Jacob Hunter
Vincent, Sarah Anne (Curzon)
Vining, Pamelia Sarah (Yule)
Walsh, John
Wells, James Edward
Wilmot, Samuel
Wilson, sir Adam
Wilson, sir Daniel
Withrow, John Jacob
Workman, Joseph

Est

Beach, Thomas Billis
Bell, Robert
Bergin, Darby
Bernard, Hewitt
Berthelot, Hector
Bethune, Robert Henry
Browne, John James
Burgess, Alexander Mackinnon
Cameron, Malcolm Colin
Cameron, sir Roderick William
Campbell, sir Alexander
Caughey, James
Chabert, Joseph
Chapleau, sir Joseph-Adolphe
Chase, Henry Pahtahquahong
Cleary, James Vincent
Codd, Donald
Cook, John
Dadson, Ebenezer William
Desbarats, George-Édouard
Dickinson, Moss Kent
Douglas, George
Drapeau, Stanislas
Dufresne, Jacques
Edgar, sir James David
Evans, Ephraim
Flint, Billa
Fournier, Télesphore
Fowler, Daniel
Fraser, Christopher Finlay
Fuller, Thomas
Gay, James
Gilmour, Allan
Gordon, Andrew Robertson
Griffin, William Henry
Hamilton, Peter Stevens
Herchmer, William Macauley
Herring, John
Hewett, Edward Osborne
Jeffers, Wellington
Jehin-Prume, Frantz
Kingsford, William
Kirkpatrick, sir George Airey
Kribs, Louis P.
Lampman, Archibald
Langton, Anne
Langton, John
Laver, Augustus
Lawson, George
Leblanc, Étienne
Luard, Richard George Amherst
McCarthy, D'Alton
MacColl, Evan
Macdonald, sir John Alexander
Macdonald (Sandfield), Donald Alexander
Macdonnell, Daniel James
MacDougall, sir Patrick Leonard

McInnes, Donald
Mackenzie, Alexander
Maclaren, James
McLennan, Hugh
Macleod, James Farquharson
Macpherson, sir David Lewis
Meredith, Edmund Allen
Monck, Charles Stanley, 4e vicomte Monck
Monk, Henry Wentworth
Mowat, John Bower
Murray, Louisa Annie
Need, Thomas
Nelson, Hugh
O'Brien, Lucius Richard
Pringle, William Allen
Purvis, George
Reeve, William Albert
Richardson, James
Ritchie, sir William Johnston
Robinson, Joseph Hiram
Robitaille, Théodore
Robson, John
Rose, George Maclean
Rubidge, Frederick Preston
Ryan, Hugh
St Jean, Pierre
Sangster, Charles
Scott, Thomas Seaton
Shanly, Walter
Smith, Charles-Gustave
Smith, William
Stevenson, James
Stewart, John
Strickland, Catharine Parr (Traill)
Taché, Joseph-Charles
Tassé, Joseph
Thompson, sir John Sparrow David
Tocque, Philip
Townsend, John
Trudeau, Toussaint
Williamson, James
Wood, John Fisher

Niagara

Adams, Mary Electa
Balfour, William Douglas
Beatty, William
Bell, Robert
Bethune, Robert Henry
Buntin, Alexander
Bunting, Christopher William
Burns, Alexander
Cameron, sir Roderick William
Campbell, Robert (1826–1898)
Caughey, James
Connon, Thomas
Creighton, Letitia (Youmans)
Crozier, St George Baron Le Poer
Disney, Richard Randolph
Douglas, George
Elliot, William
Evans, Ephraim
Finlayson, Margaret, dite Margaret Bloomer et Margaret Mather (Haberkorn ; Pabst)
Gravelet, Jean-François, dit Charles Blondin
Harrison, Mark Robert
Hutton, Samuel
Jehin-Prume, Frantz
Larkin, Patrick Joseph
Light, Alexander Luders
McInnes, Donald
McKellar, Archibald
McMicken, Gilbert
McMurray, William
Middleton, sir Frederick Dobson
Mowat, John Bower
Murray, Louisa Annie
Neelon, Sylvester
Orr, Wesley Fletcher
Osler, Featherstone Lake
Pringle, William Allen
Rae, John
Rastrick, Frederick James
Robson, John
Ryan, James A.
Rymal, Joseph
Sanford, William Eli
Simpson, Melancthon
Townsend, John
Tuckett, George Elias
Wait, Benjamin
Wanzer, Richard Mott
Wetherald, William
Wingfield, Alexander Hamilton

Nord

Bélanger, Horace
Chase, Henry Pahtahquahong
Chatelain, Nicolas
Clark, Alexander
Cochrane, Henry
Denison, Frederick Charles
Finlayson, Roderick
Fraser, John Arthur
Hagan, Michael
Horden, John
Horetzky, Charles George
McGillivray, Donald
McKellar, John
McMurray, William
McVicar, Victoria
Marks, Thomas
O'Brien, Lucius Richard
Peemeecheekag
Ponekeosh
Rae, John
Rankin, Arthur
Robinson, John Beverley
Stewart, Donald Alexander
Sullivan, Edward

Sud-Ouest

Armstrong, John Belmer
Balfour, William Douglas
Breithaupt, Ezra Carl
Brooking, Robert
Burns, Alexander
Cameron, Alexander
Cameron, Malcolm Colin
Caughey, James
Chadwick, Charles Eli
Chase, Henry Pahtahquahong
Cochrane, William
Connon, Thomas
Dadson, Ebenezer William
Disney, Richard Randolph
Dyas, Thomas Winning
Evans, Ephraim
Finlayson, Margaret, dite Margaret Bloomer et Margaret Mather (Haberkorn ; Pabst)
Garnier, John Hutchison
Gay, James
Goldie, Thomas
Green, George Everitt
Gzowski, sir Casimir Stanislaus
Hale, Horatio Emmons
Hamilton, James
Hewett, Edward Osborne
Jeffery, Joseph
Jehin-Prume, Frantz
King, William
Kribs, Louis P.
Leonard, Elijah
Macdonald, Ranald
McGillivray, Donald
McKellar, Archibald
McKellar, John
Mackenzie, Alexander
McLachlan, Alexander
McLeay, James Franklin
McMicken, Gilbert
McVicar, Victoria
Middleton, sir Frederick Dobson
Morin, Achille
Murray, Louisa Annie
Nairn, Stephen
O'Brien, Lucius Richard
Parke, Ephraim Jones
Paton, Andrew
Peel, Paul
Phillips, Alfred Moore
Rand, Theodore Harding
Rankin, Arthur
Rastrick, Frederick James
Robinson, Joseph Hiram
Robson, John
Rose, George Maclean
Sanford, William Eli
Sangster, Charles

Shadd, Mary Ann Camberton (Cary)
Shanly, Walter
Shenston, Thomas Strahan
Sullivan, Edward
Taylor, Henry
Thorburn, Alexander Gillan
Tocque, Philip
Veney, Anderson
Vining, Pamelia Sarah (Yule)
Wagner, James Theodore
Wait, Benjamin
Walker, Hiram
Walsh, John
Waterous, Charles Horatio
Weld, William
Wells, James Edward
Wetherald, William
Wisner, Jesse Oldfield

QUÉBEC

Bas-Saint-Laurent–Gaspésie/ Côte-Nord

Ballantyne, Robert Michael
Bertrand, Charles
Bouchard, Arthur
Chiniquy, Charles
Deschênes, Georges-Honoré
Estimauville, Joséphine-Éléonore d' (Taché ; Clément)
Fauvel, William Le Boutillier
Gisborne, Frederic Newton
Gordon, Andrew Robertson
Jehin-Prume, Frantz
Langevin, Jean
Light, Alexander Luders
Mowat, Thomas
Nédélec, Jean-Marie
O'Brien, Lucius Richard
Robitaille, Théodore
Taché, Joseph-Charles
Thériault, Lévite
Tocque, Philip
Withall, William John

Montréal/Outaouais

Abbott, Job
Abbott, sir John Joseph Caldwell
Anderson, Robert
Barber, Polly (Scovill)
Barnard, Édouard-André
Barsalou, Joseph
Barthe, Georges-Isidore
Barthe, Joseph-Guillaume
Beers, William George
Begg, Alexander
Bellerose, Joseph-Hyacinthe
Bellingham, Sydney Robert
Benoît, Olivier-David
Bergin, Darby
Bernard, Hewitt
Berthelot, Hector
Bland, Henry Flesher
Bouchard, Arthur
Boucherville, Georges de
Bourassa, François
Browne, John James
Bryson, George
Buntin, Alexander
Cantin, Augustin
Cassils, William
Caughey, James
Chabert, Joseph
Chapleau, sir Joseph-Adolphe
Charbonnel, Armand-François-Marie de
Chiniquy, Charles
Church, Levi Ruggles
Colvile, Eden
Cordner, John
Cornish, George
Creighton, Letitia (Youmans)
Cuoq, Jean-André
Dadson, Ebenezer William
Davis, Samuel
Dawson, sir John William
Desbarats, George-Édouard
Dessaulles, Louis-Antoine
Devisme, Léopold
Dickinson, Moss Kent
Dorion, sir Antoine-Aimé
Douglas, George
Dowd, Patrick
Drapeau, Stanislas
Duhamel, Georges
Duhamel, Joseph
Eaton, Wyatt
Estimauville, Joséphine-Éléonore d' (Taché ; Clément)
Fabre, Édouard-Charles
Fairbrother, Anne (Hill)
Fenwick, George Edgeworth
Finlayson, Margaret, dite Margaret Bloomer et Margaret Mather (Haberkorn ; Pabst)
Finlayson, Roderick
Fletcher, Edward Taylor
Fraser, John Arthur
Futvoye, George
Gascoin, Léocadie, dite Marie des Sept-Douleurs
Gauthier, Marie-Angèle, dite sœur Marie-Angèle
Geoffrion, Christophe-Alphonse
Geoffrion, Félix
Gibbons, Simon Thomas
Gilmour, Allan
Girard, Marc-Amable
Gisborne, Frederic Newton
Hargrave, Joseph James
Hendery, Robert
Hicks, William Henry
Hickson, sir Joseph
Horetzky, Charles George
Horn, Kate M. (Buckland)
Houghton, Charles Frederick
Hudon, Victor
Hunt, Thomas Sterry
Hutton, Samuel
Jeffers, Wellington
Jehin-Prume, Frantz
Jenkins, John
Jennings, Amelia Clotilda
Johnson, sir Francis Godschall
Kerry, John
King, Edwin Henry
Kingsford, William
Labelle, François-Xavier-Antoine
Labelle, Jean-Baptiste
Laflamme, Toussaint-Antoine-Rodolphe
Larocque de Rochbrune, Alphonse-Barnabé
Lavallée, Calixa
Laviolette, Godefroy
Lefebvre, Camille
Leprohon, Jean-Lukin
Lesperance, John
Light, Alexander Luders
Livingston, John
Lovell, John
Macdonald, Ranald
Macdonald (Sandfield), Donald Alexander
McDougall, John
McDowell, Eugene Addison
McGarvey, Owen
McIntyre, Duncan
Maclaren, James
McLeay, James Franklin
McLennan, Hugh
Macpherson, sir David Lewis
Marchand, Félix-Gabriel
Maréchal, Louis-Delphis-Adolphe
Martel, Pierre
Massey, Samuel

Nord-Ouest/Saguenay–Lac-Saint-Jean/Nouveau-Québec

Québec

Trois-Rivières/Cantons-de-l'Est

SASKATCHEWAN

André, Alexis
Bélanger, Horace
Bird, James
Breland, Pascal
Burn, William John
Cameron, Malcolm Colin
Christie, William Joseph
Fraser, John Arthur
Gilchrist, Frederick Charles
Gisborne, Frederic Newton
Herchmer, William Macauley
Horetzky, Charles George
Houghton, Charles Frederick
Kitchi-manito-waya
Laflèche, Louis-François
Lépine, Maxime
McKay, Joseph William
MacLean, Malcolm Alexander
McLeod, Donald
Macleod, James Farquharson
Middleton, sir Frederick Dobson
Ne-can-nete
Onista'poka
Rae, John
Rundle, Robert Terrill
Stewart, Donald Alexander
Taché, Alexandre-Antonin
Thorburn, Alexander Gillan
Wells, James Edward

TERRE-NEUVE ET LABRADOR

Terre-Neuve

Bemister, John
Bradford, William
Canning, Francis
Carter, sir Frederic Bowker Terrington
Collins, Joseph Edmund
Cowan, Agnes
Fenelon, Maurice
Garnier, Constant
Gibbons, Simon Thomas
Gisborne, Frederic Newton
Goodfellow, James
Hill, sir Stephen John
Kent, Robert John
Ledingham, John
Lewin, James Davies
Light, Alexander Luders
Little, Philip Francis
Lowell, Robert Traill Spence
McCrea, Robert Barlow
Monroe, Moses
Moreton, Julian
Munn, Robert Stewart
Pinsent, sir Robert John
Power, Thomas Joseph
Prendergast, James Luke
Rendell, Stephen
Scott, Patrick J.
Smith, Alexander
Southcott, James Thomas
Stabb, Henry Hunt
Story, George Philliskirk
Tocque, Philip

Labrador

Bradford, William
Gordon, Andrew Robertson

TERRITOIRES DU NORD-OUEST

Armstrong, sir Alexander
Bradford, William
Campbell, Robert (1808–1894)
Gordon, Andrew Robertson
Horetzky, Charles George
Penny, William
Rae, John
Richards, sir George Henry
Schwatka, Frederick

YUKON

Campbell, Robert (1808–1894)
Sahneuti
Schwatka, Frederick

Autres pays

ALLEMAGNE

Graham, James Elliot

AUSTRALIE

Cameron, sir Roderick William
Fenerty, Charles
Huyghue, Samuel Douglass Smith
Morin, Achille
O'Connor, William Joseph
Wait, Benjamin

BELGIQUE

Dessaulles, Louis-Antoine

BRÉSIL

Ketchum, Henry George Clopper

CHILI

Têtu, Cléophée, dite Thérèse de Jésus

ÉGYPTE

Denison, Frederick Charles

ÉTATS-UNIS

Adams, Mary Electa
Begg, Alexander
Bethune, Robert Henry
Bird, James
Boucherville, Georges de
Cameron, sir Roderick William
Carvell, Jedediah Slason
Chase, Henry Pahtahquahong
Chiniquy, Charles
Collins, Joseph Edmund
Creighton, Letitia (Youmans)
De Cosmos, Amor
Eaton, Wyatt
Fenety, George Edward
Finlayson, Margaret, dite Margaret Bloomer et Margaret Mather (Haberkorn ; Pabst)
Glasier, John
Hamm, Albert
Hopper, John Elisha Peck
Lavallée, Calixa
McKay, Joseph William
McKellar, John
McLeay, James Franklin
Massey, Hart Almerrin
Monk, Henry Wentworth
Munro, George
Natawista
O'Brien, Lucius Richard
O'Connor, William Joseph
Power, Michael Joseph
Pryor, John
Rankin, Arthur
Ross, Alexander Milton
Stewart, Donald Alexander
Têtu, Cléophée, dite Thérèse de Jésus
Tocque, Philip
Wait, Benjamin

FRANCE

Dessaulles, Louis-Antoine
Eaton, Wyatt
Lavallée, Calixa
O'Brien, Lucius Richard
Peel, Paul

GIBRALTAR

Boulton, Charles Arkoll

ISRAËL

Monk, Henry Wentworth

ITALIE

Barnard, Édouard-André
Bethune, Norman
Laflèche, Louis-François
Pâquet, Benjamin

MEXIQUE

Faucher de Saint-Maurice, Narcisse-Henri-Édouard

RÉPUBLIQUE D'AFRIQUE DU SUD

Borden, Harold Lothrop

RÉPUBLIQUE DE TRINITÉ-ET-TOBAGO

Bouchard, Arthur

RÉPUBLIQUE D'IRLANDE

Little, Philip Francis

ROYAUME-UNI

Chase, Henry Pahtahquahong

Angleterre

Creighton, Letitia (Youmans)
Hamm, Albert
Hill, Philip Carteret
Huyghue, Samuel Douglass Smith
McLeay, James Franklin
Monk, Henry Wentworth
Nevins, James
O'Brien, Lucius Richard
O'Connor, William Joseph
Rankin, Arthur
Wallis, sir Provo William Parry

Écosse

Bethune, Norman
Creighton, Letitia (Youmans)

SOUDAN

Bouchard, Arthur
Denison, Frederick Charles

INDEX

VOLUMES PARUS

I	(1000–1700)	VII	(1836–1850)
II	(1701–1740)	VIII	(1851–1860)
III	(1741–1770)	IX	(1861–1870)
IV	(1771–1800)	X	(1871–1880)
V	(1801–1820)	XI	(1881–1890)
VI	(1821–1835)	XII	(1891–1900)

VOLUME EN PRÉPARATION

XIII (1901–1910)

Index

L'index qui suit comprend les noms des personnes mentionnées dans le volume XII, lesquelles sont inscrites sous leur nom de famille, suivis des titres retenus et des prénoms. Les femmes mariées sont citées sous leur nom de jeune fille suivi, entre parenthèses, du nom de famille de leur (et parfois de leurs) époux. Les religieux sont présentés sous leur nom civil suivi, s'il y a lieu, de leur nom de religion. Dans la mesure du possible, on s'est efforcé d'inscrire en entier les désignations apparaissant dans le texte courant sous une forme incomplète. L'astérisque signifie qu'un personnage a sa biographie dans un volume déjà publié ou qu'il l'aura probablement dans un prochain volume, et la date du décès ou la dernière date inscrite entre parenthèses indique dans quel volume la biographie doit apparaître. Les chiffres en caractère gras renvoient aux pages où se trouvent les biographies dans le présent ouvrage. De nombreux renvois secondaires tiennent compte des titres, des surnoms, des orthographes différentes, des alliances matrimoniales et des noms de religion.